Stelkens/Bonk/Sachs
Verwaltungsverfahrensgesetz

Verwaltungsverfahrensgesetz

Kommentar

herausgegeben von

Prof. Dr. Paul Stelkens
Vorsitzender Richter am Oberverwaltungsgericht
für das Land Nordrhein-Westfalen a. D.,
Honorarprofessor an der Universität zu Köln

Prof. Dr. Heinz Joachim Bonk
Richter am Bundesverwaltungsgericht a. D.,
Rechtsanwalt, Honorarprofessor an der
Universität Potsdam

Prof. Dr. Michael Sachs
Universitätsprofessor an der Universität zu Köln

bearbeitet von

Prof. Dr. Heinz Joachim Bonk

Prof. Dr. Michael Sachs

Dr. Dieter Kallerhoff
Vizepräsident des Oberverwaltungsgerichts
für das Land Nordrhein-Westfalen

Dr. Heribert Schmitz
Ministerialrat
im Bundesministerium des Innern

Werner Neumann
Richter am Bundesverwaltungsgericht

Prof. Dr. Ulrich Stelkens
Universitätsprofessor an der Deutschen Hochschule
für Verwaltungswissenschaften Speyer

7., neubearbeitete Auflage

Verlag C. H. Beck München 2008

Bearbeiterverzeichnis

Einleitung	Sachs
§§ 1–3	Bonk/Schmitz
§ 3a	Schmitz
§§ 4–8	Bonk/Schmitz
§§ 9, 10	Schmitz
§§ 11–21	Bonk/Schmitz
§§ 22–23	Schmitz
§§ 24–26	Kallerhoff
§§ 27–30	Bonk/Kallerhoff
§§ 31–32	Kallerhoff
§§ 33–34	Bonk/Kallerhoff
§§ 35–39	U. Stelkens
§ 40	Sachs
§ 41	U. Stelkens
§§ 42–53	Sachs
§§ 54–62	Bonk
§§ 63–71	Sachs
§§ 71 a–e	Bonk
§§ 72–78	Bonk/Neumann
§§ 79–80	Kallerhoff
§§ 81–95	Bonk/Kallerhoff
§§ 96–97	Kallerhoff
§§ 98–101	Bonk/Kallerhoff
§ 102	Sachs
§ 103	Bonk/Kallerhoff

Zitiervorschlag

Verfasser, in Stelkens/Bonk/Sachs, VwVfG, 7. Aufl. 2008

Website:
www.sbs.beck.de

Verlag C. H. Beck im Internet:
www.beck.de

ISBN 978 3 406 56559 5

© 2008 Verlag C. H. Beck oHG
Wilhelmstraße 9, 80801 München

Satz und Druck: Druckerei C. H. Beck Nördlingen
(Adresse wie Verlag)

Gedruckt auf säurefreiem, alterungsbeständigem Papier
(hergestellt aus chlorfrei gebleichtem Zellstoff)

Vorwort zur 7. Auflage

30 Jahre nach dem Inkrafttreten der Verwaltungsverfahrensgesetze des Bundes und der Länder und 30 Jahre nach dem Erscheinen der 1. Auflage dieses Kommentars legen Herausgeber, Autoren und Verlag die 7. Auflage vor. Auch diese Auflage steht in der Tradition ihrer Vorgänger, Gesetzgebung, Wissenschaft und Praxis erklärend und fördernd, nicht selten kritisch, zu begleiten. Die Verwaltungsverfahrensgesetze des Bundes und der Länder haben sich in den 30 Jahren als „Grundgesetz der Verwaltung" bewährt. Ihre fachgebietsübergreifenden und lückenschließenden Strukturen sind unverzichtbar – trotz einer zunehmenden gesetzgeberischen Tendenz zu Besonderen Verwaltungsverfahrensgesetzen. Der Wandel der Verhältnisse in diesen Jahren berührt auch die Sicht auf das Verwaltungsverfahren, den Umgang mit dem Verwaltungsverfahren, die Gestaltung des Verwaltungsverfahrens durch Gesetzgebung im Allgemeinen und durch die Behörden im Konkreten sowie die Gerichtskontrolle des Verwaltungsverfahrens. Diese Veränderungen spiegeln sich in den Schwerpunkten der einzelnen Auflagen wider. Lag die Betonung zunächst auf der Vermittlung der rechtsstaatlichen Gestaltung des Verwaltungsverfahrens als Garanten einer materiell rechtmäßigen Entscheidung, insbesondere auf der Einführung und Durchsetzung der Rechte und Beteiligungen des „mündigen" Bürgers im Verwaltungsverfahren, ändern sich zunehmend die Erwartungen an das Verwaltungsverfahren und der Umgang mit dem Verwaltungsverfahren als Konsequenz der Veränderung der Rolle des Staates in der modernen Welt. Inwieweit diese Veränderungen neben der gewünschten Beschleunigung und Entbürokratisierung auch zu Akzentverschiebungen bei der Bewertung der Verfahrensrechte führen und Konsequenzen für die materielle Rechtsanwendung haben können, wird im Interesse der Wahrung öffentlicher Belange und der Belange betroffener Bürger beobachtet werden müssen. Losgelöst von diesen Fragen und dennoch mit ihnen verschmolzen waren in den letzten siebzehn Jahren zudem die Folgen der Wiedervereinigung für Aufbau und Verfahrensgestaltung einer rechtsstaatlichen Verwaltung zu bewältigen – ein Prozess, der ohne Vorbild in kürzester Zeit durchzuführen war.

Mit dieser Auflage wird wiederum ein hohes Niveau von Praxisnähe auf der Grundlage breiter Rechtsprechungsauswertung und wissenschaftlicher Durchdringung angestrebt. Die nicht immer einheitlichen Entwicklungslinien in der Verwaltungsrechtswissenschaft waren ebenso zu berücksichtigen wie die europarechtlichen Einwirkungen. Eine durchgehende Neubearbeitung war wegen der Vielzahl der Novellierungen und Neubekanntmachungen der Verwaltungsverfahrensgesetze des Bundes und der Länder seit der letzten Auflage unausweichlich. Die Novellen bescherten zahlreiche Veränderungen der Schreibweise des Gesetzestextes bis hin zu inhaltlichen Neuerungen auf Grund des 3. VwVfÄndG und einer Vielzahl von Spezialgesetzen. Der vom Bundesinnenministerium vorgelegte Gesetzentwurf zur Modernisierung der Vorschriften des öffentlich-rechtlichen Vertrags wird allerdings in absehbarer Zeit nicht mehr ins Gesetzgebungsverfahren eingebracht.

Hervorzuheben sind die Themen:
– Kommentierung der neuen Regelungen über elektronische Kommunikation vor allem des § 3a und der Ergänzungen in § 37 und in § 41,
– Akteneinsicht und Informationsfreiheit,
– Anforderungen der Behindertengleichstellungsgesetze an die barrierefreie Gestaltung von Verwaltungsverfahren,
– Beglaubigung und Beweisführung mit elektronischen Dokumenten,
– Berücksichtigung aktueller Entwicklungen beim Verwaltungsakt wie die Regulierungsverfügung, Entscheidungen in Verteilungssituationen (Vergaberecht, Vermögensprivatisierung, Zugang zum Öffentlichen Dienst) oder Entscheidungen im Europäischen Verwaltungsverbund,
– Kautelarpraxis der Nebenbestimmungen,
– Einarbeitung des Gesetzes zur Novellierung des Verwaltungszustellungsgesetzes vom 12. 8. 2005,

Vorwort

– Bedeutung von Verfahrensfehlern nach Umwelt-Rechtsbehelfsgesetz vom 7. 12. 2006 (Aarhus-Konvention),
– Bestandskraft des Verwaltungsaktes bei Verstößen gegen Europarecht,
– Neuregelung verjährungsrechtlicher Wirkungen des Verwaltungsaktes nach Änderung des BGB,
– aktuelle Entwicklungslinien des öffentlich-rechtlichen Vertragsrechts auch unter Berücksichtigung der Public Private Partnership,
– Mediation im Verwaltungsverfahren,
– vollständige Einarbeitung der europarechtlichen Bezüge einschließlich der Auswirkungen der EU-Dienstleistungsrichtlinie,
– aktuelle Entwicklung im Widerspruchsverfahren nach dem Recht des Bundes und der Länder,
– Auswirkungen von Spezialgesetzen auf die Struktur von Planfeststellungsverfahren, ohne dass das VwVfG selbst formal geändert wird, wie z. B. durch das Gesetz zur Beschleunigung von Planungsverfahren für Infrastrukturvorhaben vom 9. 12. 2006, das bereits erwähnte Umwelt-Rechtsbehelfsgesetz oder das Öffentlichkeitsbeteiligungsgesetz vom 9. 12. 2006.

Die Fülle des seit der letzten Auflage zu verarbeitenden Stoffes hat es notwendig gemacht, den Umfang des Werkes durch Straffung in der Kommentierung und durch Verzicht auf Textfassungen im Anhang (Dritter Teil) im Vergleich zur 6. Auflage zu reduzieren. Die Erläuterungen zu Nebengesetzen wie des Stasi-Unterlagen-Gesetzes (§ 29 Rn. 86 ff. der 6. Aufl.), des Umwelt-Informationsgesetzes (§ 29 Rn. 20 ff. der 6. Aufl.) oder des Rechts der Umweltverträglichkeitsprüfung (§ 63 Rn. 52 ff. der 6. Aufl.) musste gestrichen werden, zumal diese Gesetze inzwischen andernorts eigenständige Kommentierungen erhalten haben. Desgleichen musste auf die Darstellung der Entwicklung des Verwaltungs- und Verwaltungsverfahrensrechts in der DDR und nach dem Einigungsvertrag, wie sie noch in der 6. Auflage zusammenhängend in der Einleitung und jeweils bei der konkreten Norm erfolgt war, verzichtet werden; sie hat siebzehn Jahre nach der Wiedervereinigung an aktueller Bedeutung verloren. Soweit dieser Bereich im Einzelfall oder als rechtsgeschichtliches Ereignis in Deutschland noch benötigt werden sollte, kann auf die 6. Auflage, die zudem unter www.beck-online.de im Grundmodul Verwaltungsrecht plus erreichbar ist, zurückgegriffen werden. Im Übrigen wird die Rechtslage auch der neuen Länder, soweit sie vom Recht des BVwVfG abweicht, als Landesrecht bei der einzelnen Norm kommentiert. Weiterhin musste von dem Abdruck der Landesgesetze wie im Dritten Teil der 6. Auflage abgesehen werden. Soweit der Text eines Landesgesetzes von dem Text des BVwVfG abweicht, wird er bei der einzelnen Norm des BVwVfG im Wortlaut gebracht und dort unter dem Abschnitt „Landesrecht" kommentiert. Es reicht somit zur vollständigen Information aus, wenn im Dritten Teil der 7. Auflage nur noch die Überschriften und die Fundstellen dieser Gesetze sowie die der jeweiligen Novellen mitgeteilt werden. Der Abdruck der europarechtlichen Regelungen in vollständigem Text wie im Vierten Teil der 6. Auflage konnte ebenfalls nicht fortgeführt werden. Soweit erforderlich, wird der Text bei der konkreten Kommentierung einer Norm zitiert. Wird der vollständige Wortlaut der europarechtlichen Regelung benötigt, kann auf die im neuen Dritten Teil der 7. Auflage genannten Fundstellen einschließlich ihrer Internet-Adressen oder auf den Volltext im Vierten Teil der 6. Auflage einschließlich ihrer Internet- Version zurückgegriffen werden. Die in den Vorauflagen bei der Kommentierung jeder Norm dargestellte Entstehungsgeschichte wird, soweit sie für das aktuelle Verständnis nötig ist, zusammengefasst. Aufgeführt werden alle Änderungen des Gesetzes nach Inkrafttreten; für die Entstehungsgeschichte bis zum Erlass des BVwVfG wird auf die 6. Auflage verwiesen. Außerdem waren die Literaturangaben bei der Kommentierung jeder Norm zu straffen. Wegen älterer Literatur bis einschließlich 1995 wird auf die 6. Auflage verwiesen. Frühere Werke, die für die Kommentierung besondere Bedeutung behalten, und die Literatur ab 1996 werden weiterhin aufgeführt.

Die Manuskripte wurden grundsätzlich im Herbst 2007 abgeschlossen. Gesetzesnovellen sind bis zum Jahresende 2007 eingearbeitet.

Die Neubearbeitung durch die 7. Auflage hat Paul Stelkens zum Anlass genommen, sich auf seine Herausgebertätigkeit zu beschränken und die nach seiner Pensionierung begonnene Übertragung der Verantwortung für die Kommentierung der von ihm ursprünglich bearbeiteten Teile auf die Autoren Michael Sachs, Heribert Schmitz, Dieter Kallerhoff und Ulrich Stelkens abzuschließen.

Vorwort

Das Medium Internet ist über die oben genannte Möglichkeit des Zugriffs auf die 6. Auflage im beck-online-Modul Verwaltungsrecht plus hinaus durch die Website www.sbs.beck.de für diesen Kommentar in weitem Umfang erschlossen. Diese Internetseite bietet Informationen über die Werksgeschichte und seine Herausgeber und Autoren. Aktuelle Nachrichten über die Entwicklung des Gesetzes durch Gesetzgebung, Rechtsprechung und Literatur werden dort die 7. Auflage begleiten.

Die Herausgeber und Autoren sind weiterhin für Hinweise und Anregungen dankbar. Sie danken dem Verlag C. H. Beck und seinem Lektor Dr. Wolfgang Lent für die vertrauensvolle Zusammenarbeit auch bei dieser Auflage. Michael Sachs dankt außerdem für ihre Unterstützung insbes. bei der Sichtung des Materials Frau Akad. Rätin a. Z. Dr. Daniela Schroeder und Herrn Dr. Alexander Metz sowie Herrn Akad. Rat Dr. Jörg Geerlings.

Köln/Berlin, im Dezember 2007

Paul Stelkens   Heinz Joachim Bonk   Michael Sachs

Inhaltsverzeichnis

Vorwort V
Abkürzungsverzeichnis XIII
Literaturverzeichnis XXXI

Erster Teil. Gesetzestext

Verwaltungsverfahrensgesetz in der Fassung der Bekanntmachung vom 23. Januar 2003   1

Zweiter Teil. Kommentar

Einleitung 33
   I. Historische Grundlagen des VwVfG 34
   II. Der Musterentwurf 37
   III. Der Regierungsentwurf 1970 40
   IV. Der Regierungsentwurf 1973 41
   V. Inkrafttreten und weitere Entwicklung des VwVfG und der LandesVwVfGe 42
   VI. Das Nebeneinander von drei Verwaltungsverfahrensordnungen 44
   VII. Das Ziel der Verfahrensvereinheitlichung 47
   VIII. Europäisches Verwaltungsrecht 48
   IX. Sonstiges internationales Recht 60

Teil I. Anwendungsbereich, örtliche Zuständigkeit, elektronische Kommunikation, Amtshilfe

§ 1 Anwendungsbereich 61
§ 2 Ausnahmen vom Anwendungsbereich 162
§ 3 Örtliche Zuständigkeit 204
§ 3a Elektronische Kommunikation 220
§ 4 Amtshilfepflicht 241
§ 5 Voraussetzungen und Grenzen der Amtshilfe 259
§ 6 Auswahl der Behörde 274
§ 7 Durchführung der Amtshilfe 276
§ 8 Kosten der Amtshilfe 279

Teil II. Allgemeine Vorschriften über das Verwaltungsverfahren

Abschnitt 1. Verfahrensgrundsätze

§ 9 Begriff des Verwaltungsverfahrens 283
§ 10 Nichtförmlichkeit des Verwaltungsverfahrens 336
§ 11 Beteiligungsfähigkeit 346
§ 12 Handlungsfähigkeit 354
§ 13 Beteiligte 362
§ 14 Bevollmächtigte und Beistände 376
§ 15 Bestellung eines Empfangsbevollmächtigten 389
§ 16 Bestellung eines Vertreters von Amts wegen 393
§ 17 Vertreter bei gleichförmigen Eingaben 401
§ 18 Vertreter für Beteiligte bei gleichem Interesse 409
§ 19 Gemeinsame Vorschriften für Vertreter bei gleichförmigen Eingaben und bei gleichem Interesse 412

Inhalt

§ 20 Ausgeschlossene Personen	415
§ 21 Besorgnis der Befangenheit	436
§ 22 Beginn des Verfahrens	445
§ 23 Amtssprache	469
§ 24 Untersuchungsgrundsatz	493
§ 25 Beratung, Auskunft	528
§ 26 Beweismittel	543
§ 27 Versicherung an Eides statt	578
§ 28 Anhörung Beteiligter	586
§ 29 Akteneinsicht durch Beteiligte	615
§ 30 Geheimhaltung	651

Abschnitt 2. Fristen, Termine, Wiedereinsetzung

§ 31 Fristen und Termine	664
§ 32 Wiedereinsetzung in den vorigen Stand	685

Abschnitt 3. Amtliche Beglaubigung

§ 33 Beglaubigung von Dokumenten	710
§ 34 Beglaubigung von Unterschriften	722

Teil III. Verwaltungsakt

Abschnitt 1. Zustandekommen des Verwaltungsaktes

§ 35 Begriff des Verwaltungsaktes	728
§ 36 Nebenbestimmungen zum Verwaltungsakt	904
§ 37 Bestimmtheit und Form des Verwaltungsaktes	954
§ 38 Zusicherung	998
§ 39 Begründung des Verwaltungsaktes	1030
§ 40 Ermessen	1062
§ 41 Bekanntgabe des Verwaltungsaktes	1129
§ 42 Offenbare Unrichtigkeiten im Verwaltungsakt	1194

Abschnitt 2. Bestandskraft des Verwaltungsaktes

§ 43 Wirksamkeit des Verwaltungsaktes	1201
§ 44 Nichtigkeit des Verwaltungsaktes	1268
§ 45 Heilung von Verfahrens- und Formfehlern	1314
§ 46 Folgen von Verfahrens- und Formfehlern	1356
§ 47 Umdeutung eines fehlerhaften Verwaltungsaktes	1376
§ 48 Rücknahme eines rechtswidrigen Verwaltungsaktes	1390
§ 49 Widerruf eines rechtmäßigen Verwaltungsaktes	1446
§ 49a Erstattung, Verzinsung	1474
§ 50 Rücknahme und Widerruf im Rechtsbehelfsverfahren	1494
§ 51 Wiederaufgreifen des Verfahrens	1515
§ 52 Rückgabe von Urkunden und Sachen	1549

Abschnitt 3. Verjährungsrechtliche Wirkungen des Verwaltungsaktes

§ 53 Hemmung der Verjährung durch Verwaltungsakt	1558

Teil IV. Öffentlich-rechtlicher Vertrag

§ 54 Zulässigkeit des öffentlich-rechtlichen Vertrags	1578
§ 55 Vergleichsvertrag	1640
§ 56 Austauschvertrag	1655
§ 57 Schriftform	1673
§ 58 Zustimmung von Dritten und Behörden	1681
§ 59 Nichtigkeit des öffentlich-rechtlichen Vertrags	1690
§ 60 Anpassung und Kündigung in besonderen Fällen	1707

Inhalt

§ 61 Unterwerfung unter die sofortige Vollstreckung 1722
§ 62 Ergänzende Anwendung von Vorschriften 1731

Teil V. Besondere Verfahrensarten

Abschnitt 1. Förmliches Verwaltungsverfahren

§ 63 Anwendung der Vorschriften über das förmliche Verwaltungsverfahren 1749
§ 64 Form des Antrags 1758
§ 65 Mitwirkung von Zeugen und Sachverständigen 1761
§ 66 Verpflichtung zur Anhörung von Beteiligten 1769
§ 67 Erfordernis der mündlichen Verhandlung 1773
§ 68 Verlauf der mündlichen Verhandlung 1780
§ 69 Entscheidung 1787
§ 70 Anfechtung der Entscheidung 1794
§ 71 Besondere Vorschriften für das förmliche Verfahren vor Ausschüssen 1795

Abschnitt 1a. Beschleunigung von Genehmigungsverfahren

§ 71a Anwendbarkeit 1802
§ 71b Zügigkeit des Genehmigungsverfahrens 1813
§ 71c Beratung und Auskunft 1818
§ 71d Sternverfahren 1826
§ 71e Antragskonferenz 1832

Abschnitt 2. Planfeststellungsverfahren

§ 72 Anwendung der Vorschriften über das Planfeststellungsverfahren 1835
§ 73 Anhörungsverfahren 1858
§ 74 Planfeststellungsbeschluss, Plangenehmigung 1901
§ 75 Rechtswirkungen der Planfeststellung 1968
§ 76 Planänderungen vor Fertigstellung des Vorhabens 1991
§ 77 Aufhebung des Planfeststellungsbeschlusses 1997
§ 78 Zusammentreffen mehrerer Vorhaben 2001

Teil VI. Rechtsbehelfsverfahren

§ 79 Rechtsbehelfe gegen Verwaltungsakte 2009
§ 80 Erstattung von Kosten im Vorverfahren 2038

Teil VII. Ehrenamtliche Tätigkeit, Ausschüsse

Abschnitt 1. Ehrenamtliche Tätigkeit

§ 81 Anwendung der Vorschriften über die ehrenamtliche Tätigkeit 2078
§ 82 Pflicht zu ehrenamtlicher Tätigkeit 2083
§ 83 Ausübung ehrenamtlicher Tätigkeit 2085
§ 84 Verschwiegenheitspflicht 2089
§ 85 Entschädigung 2099
§ 86 Abberufung 2102
§ 87 Ordnungswidrigkeiten 2105

Abschnitt 2. Ausschüsse

§ 88 Anwendung der Vorschriften über Ausschüsse 2107
§ 89 Ordnung in den Sitzungen 2112
§ 90 Beschlussfähigkeit 2116
§ 91 Beschlussfassung 2122
§ 92 Wahlen durch Ausschüsse 2125
§ 93 Niederschrift 2128

Inhalt

Teil VIII. Schlussvorschriften

§ 94 Übertragung gemeindlicher Aufgaben	2131
§ 95 Sonderregelung für Verteidigungsangelegenheiten	2132
§ 96 Überleitung von Verfahren	2133
§ 97 (weggefallen)	2136
§ 98 (weggefallen)	2137
§ 99 (weggefallen)	2137
§ 100 Landesgesetzliche Regelungen	2137
§ 101 Stadtstaatenklausel	2140
§ 102 Übergangsvorschrift zu § 53	2141
§ 103 Inkrafttreten	2144

Dritter Teil. Anhang.
Verwaltungsverfahrensgesetze der Länder und europarechtliche Regelungen des Verwaltungsverfahrens

A. Verwaltungsverfahrensgesetze der Länder	2145
B. Europarechtliche Regelungen des Verwaltungsverfahrens	2152
I. Recht der Europäischen Union	2152
II. Recht des Europarates	2152
Sachregister	2155

Abkürzungsverzeichnis

a. A.	andere Ansicht, andere Auffassung
a. a. O.	am angegebenen Ort
a. D.	außer Dienst
a. E.	am Ende
a. F.	alte Fassung
a. M.	am Main; anderer Meinung
AbfG	Abfallbeseitigungsgesetz
abgedr.	abgedruckt
ABl	Amtsblatt
abl.	ablehnend
ABlEG	Amtsblatt der Europäischen Gemeinschaft
ABlEU	Amtsblatt der Europäischen Union
Abs.	Absatz
abw.	abweichend
abw. M.	abweichende Meinung
AcP	Archiv für civilistische Praxis
AdoptionsG	Adoptionsgesetz
AEG	Allgemeines Eisenbahngesetz
AFG	Arbeitsförderungsgesetz
AFWoG	Gesetz über den Abbau der Fehlsubventionierung im Wohnungswesen
AG	Amtsgericht, Aktiengesellschaft, Ausführungsgesetz
AGBG	Gesetz zur Regelung des Rechts der Allgemeinen Geschäftsbedingungen
AGH	Anwaltsgerichtshof
AgrarR	Agrarrecht
AGVwGO	Ausführungsgesetz zur Verwaltungsgerichtsordnung
AIG	Akteneinsichts- und Informationszugangsgesetz
AkadGradG	Gesetz über die Führung akademischer Grade
AktG	Aktiengesetz
allg.	allgemeine(r/s)
AllgV	Allgemeinverfügung
Alt.	Alternative
AMbG	Allgemeines Magnetschwebebahngesetz
AMG	Arzneimittelgesetz
amtl.	amtlich
Amtsbl	Amtsblatt
AmtsO	Amtsordnung
ÄndG	Änderungsgesetz
Änd-RL	Änderungsrichtlinie
AnfG	Anfechtungsgesetz
Anl.	Anlage
Anm.	Anmerkung
AnwBl	Anwaltsblatt
AO	Abgabenordnung
AO-StB	AO-Steuerberater
AöR	Archiv des öffentlichen Rechts
ApG	Gesetz über das Apothekenwesen
ArbGG	Arbeitsgerichtsgesetz
Arg, arg.	Argument
Art.	Artikel
AS	Amtliche Sammlung

Abkürzungen

ASRP-S L	Amtliche Sammlung von Entscheidungen der Oberverwaltungsgerichte Rheinland-Pfalz und Saarland
AsylbLG	Asylbewerberleistungsgesetz
AsylVfG	Asylverfahrensgesetz
AtG, AtomG	Atomgesetz
AtVfV	Atomrechtliche Verfahrensverordnung
Aufenthalts/EWG	Gesetz über Einreise und Aufenthalt von Staatsangehörigen der Mitgliedstaaten der EWG
AufenthG	Aufenthaltsgesetz
Aufl.	Auflage
AuR	Arbeit und Recht
ausf.	ausführlich
AuslG	Ausländergesetz
AuslInvG	Gesetz über den Vertrieb ausländischer Investmentanteile und über die Besteuerung der Erträge aus ausländischen Investmentanteilen
AVO	Ausführungsverordnung
AWG	Außenwirtschaftsgesetz
AZO	Arbeitszeitordnung, Allgemeine Zollordnung
BAB	Bundesautobahn
BAFöG	Bundesausbildungsförderungsgesetz
BAG	Bundesarbeitsgericht
BAGE	Entscheidungen des Bundesarbeitsgerichts (sog. Amtliche Sammlung)
BAnz	Bundesanzeiger
BÄO	Bundesärzteordnung
BArchG	Bundesarchivgesetz
BAT	Bundesangestelltentarif
BattV	Batterieverordnung
BauGB	Baugesetzbuch
BauGB 2007	Gesetz zur Erleichterung von Planungsvorhaben für die Innenentwicklung der Städte (BauGB 2007)
BauGB-MaßnG	Maßnahmengesetz zum Baugesetzbuch
Baul.	Bauland
BauO	Bauordnung
BauR	Baurecht
BauROG	Bau- und Raumordnungsgesetz
BaWü, bawü	Baden-Württemberg, baden-württembergisch
Bay, bay	Bayern, bayerisch
BayAfWoG	Gesetz über den Abbau der Fehlsubventionierung im Wohnungswesen in Bayern
BayEG	Bayerisches Gesetz über die entschädigungspflichtige Enteignung
BayHO	Bayerische Haushaltsordnung
BayKRG	Bayerisches Krankenhausgesetz
BayMABl	Bayerisches Ministerialamtsblatt
BayObLG	Bayerisches Oberstes Landesgericht
BayRDG	Bayerisches Rettungsdienstgesetz
BayVBl	Bayerische Verwaltungsblätter
BayVerf	Verfassung des Freistaates Bayern
BayVerfGH	Bayerischer Verfassungsgerichtshof
BayVGH	Bayerischer Verwaltungsgerichtshof
BayVGHE	Sammlung von Entscheidungen des Bayerischen Verfassungsgerichtshofs und des Bayerischen Verwaltungsgerichtshofs (sog. Amtliche Sammlung)
BayVwVfG	Bayerisches Verwaltungsverfahrensgesetz
BB	Der Betriebs-Berater
BBahnG	Bundesbahngesetz
BBauBl	Bundesbaublatt

Abkürzungen

BBauG	Bundesbaugesetz
BBergG	Bundesberggesetz
BBesG	Bundesbesoldungsgesetz
Bbg, bbg	Brandenburg, brandenburgisch
BBG	Bundesbeamtengesetz
BbgVerfGH	Brandenburgischer Verfassungsgerichtshof
BBiG	Berufsbildungsgesetz
BBodSchG	Gesetz zum Schutz des Bodens
BBodSchV	Bundes-Bodenschutz- und Altlastenverordnung
Bd.	Band
BDiszG	Bundesdisziplinargericht
BDO	Bundesdisziplinarordnung
BDSG	Bundesdatenschutzgesetz
BDVR	Bund Deutscher Verwaltungsrichter
BeamtVG	Beamtenversorgungsgesetz
BEG	Bundesentschädigungsgesetz
Begr.	Begründung
Bek.	Bekanntmachung
Bericht BT-Innenausschuss	Bericht und Antrag des BT-Innenausschusses (4. Ausschuss), BT-Drs 7/4494
BerRehaG	Berufliches Rehabilitierungsgesetz
Beschl	Beschluss
Bespr.	Besprechung
BetrVG	Betriebsverfassungsgesetz
BeurkG	Beurkundungsgesetz
BewG	Bewertungsgesetz
BezG	Bezirksgericht
BFH	Bundesfinanzhof
BFH/NV	Sammlung amtlich nicht veröffentlichter Entscheidungen des Bundesfinanzhofes
BFHE	Entscheidungen des Bundesfinanzhofes (sog. Amtliche Sammlung)
BFStrG	Bundesfernstraßengesetz
BGB	Bürgerliches Gesetzbuch
BGBl	Bundesgesetzblatt
BGH	Bundesgerichtshof
BGHSt	Entscheidungen des Bundesgerichtshofes in Strafsachen (sog. Amtliche Sammlung)
BGHZ	Entscheidungen des Bundesgerichtshofes in Zivilsachen (sog. Amtliche Sammlung)
BGSG	Gesetz über den Bundesgrenzschutz (jetzt: BPolG)
BGWöD	Gesetz zur Regelung der Wiedergutmachung nationalsozialistischen Unrechts für Angehörige des Öffentlichen Dienstes
BHO	Bundeshaushaltsordnung
BImSchG	Bundes-Immissionsschutzgesetz
BImSchV	Verordnung zur Durchführung des Bundes-Immissionsschutzgesetzes
BInvG	Investitionsgesetz
BJagdG	Bundesjagdgesetz
BK	Bonner Kommentar zum Grundgesetz
BLG	Bundesleistungsgesetz
Bln	Berlin, berliner
BLVO	Bundeslaufbahnverordnung
BMA	Bundesminister(ium) für Arbeit (und Soziales)
BMF	Bundesminister(ium) der Finanzen
BMI	Bundesminister(ium) des Innern
BMinG	Gesetz über die Rechtsverhältnisse der Mitglieder der Bundesregierung

Abkürzungen

BMJ	Bundesminister(ium) der Justiz
BMU	Bundesminister(ium) für Umwelt (Naturschutz und Reaktorsicherheit)
BMVg	Bundesminister(ium) der Verteidigung
BMWi	Bundesminister(ium) für Wirtschaft (und Technologie)
BNatSchG	Bundesnaturschutzgesetz
BNDG	Gesetz über den Bundesnachrichtendienst
BNotO	Bundesnotarordnung
BoSoG	Bodensonderungsgesetz
BPersVG	Bundespersonalvertretungsgesetz
BPolG	Bundespolizeigesetz
BR	Bundesrat
BRAGebO, BRAGO	Bundesrechtsanwaltsgebührenordnung
BRAK	Bundesrechtsanwaltskammer
BRAK-Mitt.	Bundesrechtsanwaltskammer-Mitteilungen
Brandenb.	Brandenburg, brandenburgisch
BRAO	Bundesrechtsanwaltsordnung
BRat	Bundesrat
BR-Dr(s)	Bundesratsdrucksache
BReg	Bundesregierung
Brem, brem	Bremen, bremisch
BRRG	Beamtenrechtsrahmengesetz
BRS	Baurechtssammlung
BRüG	Bundesrückerstattungsgesetz
BSG	Bundessozialgericht
BSGE	Entscheidungen des Bundessozialgerichts (sog. Amtliche Sammlung)
BSHG	Bundessozialhilfegesetz
BStBl	Bundessteuerblatt
BT	Bundestag
BTÄO	Bundestierärzteordnung
BtBG	Betreuungsbehördengesetz
BT-Dr(s)	Bundestagsdrucksache
BtG	Betreuungsgesetz
BtMG	Betäubungsmittelgesetz
BTOElt	Bundestarifordnung Elektrizität
BT-RechtsA	Bundestagsrechtsausschuss
Buchholz	Sammel- und Nachschlagewerk der Rechtsprechung des Bundesverwaltungsgerichts
BUKG	Bundesumzugskostengesetz
BVerfG	Bundesverfassungsgericht
BVerfG (K)	Bundesverfassungsgericht, Kammer
BVerfG (VPr)	Bundesverfassungsgericht, Vorprüfungsausschuss
BVerfGE	Entscheidungen des Bundesverfassungsgerichts (sog. Amtliche Sammlung)
BVerfGG	Bundesverfassungsgerichtsgesetz
BVerfSchG	Bundesverfassungsschutzgesetz
BVerwG	Bundesverwaltungsgericht
BVerwGE	Entscheidungen des Bundesverwaltungsgerichts (sog. Amtliche Sammlung)
BVerwGG	Gesetz über das Bundesverwaltungsgericht
BVFG	Bundesvertriebenengesetz
BW	Baden-Württemberg
BW FwG	Baden-württembergisches Feuerwehrgesetz
BW(a)StrG	Bundeswasserstraßengesetz
BWV	Die Bundeswehrverwaltung
BWVPr.	Baden-württembergische Verwaltungspraxis
bzw.	beziehungsweise

Abkürzungen

CDCJ	European Committee on Legal Cooperation
CDU	Christlich-Demokratische Union
cic	culpa in contrahendo
CMLR	Common Market Law Review
CR	Computer und Recht
CSU	Christlich-Soziale Union
d.	das, dem, den, der, des, die
DAngVers	Die Angestellten-Versicherung
DAV	Deutscher Anwaltverein
DB	Der Betrieb
DDR	Deutsche Demokratische Republik
DDR-GVVO	Verordnung über den Verkehr mit Grundstücken – Grundstücksverkehrsverordnung (der DDR)
DDR-VA	Verwaltungsakt, erlassen in der Deutschen Demokratischen Republik
DDR-VO	Verordnung der Deutschen Demokratischen Republik
DDR-ZPO	Zivilprozessordnung der Deutschen Demokratischen Republik
DenkmSchG	Denkmalschutzgesetz
ders.	derselbe
DeutschVerwGesch	Deutsche Verwaltungsgeschichte, hrsg. von Kurt G. A. Jeserich, Bd. 1 und 2, 1983; Bd. 3, 1984; Bd. 4, 1985; Bd. 5, 1987; Bd. 6, 1988
DGO	Deutsche Gemeindeordnung
d. h.	das heißt
dies.	dieselbe(n)
diff.	differenzierend
DIN	Deutsche Industrie-Norm, Deutsches Institut für Normung
Diss.	Dissertation
DJT	Deutscher Juristentag
DLRL	Dienstleistungsrichtlinie
DMW	Deutsche Medizinische Wochenzeitschrift
DÖD	Der Öffentliche Dienst
Dok.	Dokument
DokBerA	Dokumentarische Berichte aus dem BVerwG, Ausgabe A
DÖV	Die Öffentliche Verwaltung
DRiG	Deutsches Richtergesetz
DRiZ	Deutsche Richterzeitung
Drs	Drucksache
DRV	Deutsche Rentenversicherung
DStR	Deutsches Steuerrecht
DStZ	Deutsche Steuerzeitung
DtZ	Deutsch-deutsche Rechtszeitschrift
DuD	Datenschutz und Datensicherung
DuR	Demokratie und Recht
DVBl	Deutsches Verwaltungsblatt
DVP	Deutsche Verwaltungspraxis
DVO	Durchführungsverordnung
DVR	Datenverarbeitung und Recht
DZWir	Deutsche Zeitschrift für Wirtschaftsrecht
E	Entscheidungssammlung, Entwurf
EA	Europa-Archiv, Vertrag zur Gründung der Europäischen Atomgemeinschaft (in der nach dem 1. 5. 1999 geltenden Fassung)
EAG Bau	Europarechtsanpassungsgesetz Bau (2004)
EAGV	Vertrag zur Gründung der Europäischen Atomgemeinschaft (in der vor dem 1. 5. 1999 geltenden Fassung)
EALG	Entschädigungs- und Ausgleichsleistungsgesetz
EAO	Entwurf einer Abgabenordnung
EAS	Europäisches Arbeits- und Sozialrecht

Abkürzungen

ebda	ebenda
EDV	elektronische Datenverarbeitung
EEA	Einheitliche Europäische Akte
EEG NRW	Landesenteignungs- und -entschädigungsgesetz für das Land Nordrhein-Westfalen
EFG	Entscheidungen der Finanzgerichte
EG	Einführungsgesetz, Europäische Gemeinschaft(en), Vertrag zur Gründung der Europäischen Gemeinschaft (in der nach dem 1. 5. 1999 geltenden Fassung)
EGBGB	Einführungsgesetz zum Bürgerlichen Gesetzbuch
EGHRA	Ehrengerichtshof der Rechtsanwaltskammer
EGKS V	Vertrag über die Gründung der Europäischen Gemeinschaft für Kohle und Stahl
EGMR	Europäischer Gerichtshof für Menschenrechte
EGV	Vertrag zur Gründung der Europäischen Gemeinschaft (in der vor dem 1. Mai 1999 geltenden Fassung)
EheG	Ehegesetz
EinigV	Einigungsvertrag
Einl	Einleitung
EisenbahnkreuzG	Eisenbahnkreuzungsgesetz
EMRK	Europäische Menschenrechtskonvention
Entwurf 70	Regierungsentwurf 1970 zum Verwaltungsverfahrensgesetz, BT-Drs 6/1173
Entwurf 73	Regierungsentwurf 1973 zum Verwaltungsverfahrensgesetz, BT-Drs 7/910
EnWG	Energiewirtschaftsgesetz
EPL	European Public Law
ErgBd	Ergänzungsband
Erl	Erläuterungen zum Einigungsvertrag, BT-Drs 11/7817
EStDV	Durchführungsverordnung zum Einkommensteuergesetz
EStG	Einkommensteuergesetz
ESVGH	Entscheidungssammlung des Hessischen Verwaltungsgerichtshofs und des Verwaltungsgerichtshofs Baden-Württemberg
EU	Europäische Union, Vertrag über die Europäische Union (in der nach dem 1. Mai 1999 geltenden Fassung)
EuG	Gericht erster Instanz der Europäischen Gemeinschaften
EuGH	Europäischer Gerichtshof
EuGHE	Entscheidungen des Europäischen Gerichtshofes (sog. Amtliche Sammlung)
EuGHMR	Europäischer Gerichtshof für Menschenrechte
EuGRZ	Europäische Grundrechtszeitschrift
EuR	Europarecht
EuratomV	Vertrag zur Gründung der Europäischen Atomgemeinschaft
europ.	europäische(r/s)
EurUP	Zeitschrift für Europäisches Umwelt- und Planungsrecht
EUV	Vertrag über die Europäische Union (in der vor dem 1. Mai 1999 geltenden Fassung)
EuZW	Europäische Zeitschrift für Wirtschaftsrecht
EV, EVertr	Einigungsvertrag
EWG	Europäische Wirtschaftsgemeinschaft
EWGV	Vertrag über die Gründung der Europäischen Wirtschaftsgemeinschaft
EWiR	Entscheidungen zum Wirtschaftsrecht
EWS	Europäisches Wirtschafts- & Steuerrecht
f.	folgende
F. D. P.	Freiheitlich-Demokratische Partei Deutschlands
FAG	Fernmeldeanlagengesetz

Abkürzungen

FahrLG	Fahrlehrergesetz
FamRZ	Familienrechtszeitschrift
FeV	Fahrerlaubnisverordnung
ff.	(fort-)folgende
FFH-RL	Fauna-Flora-Habitat-Richtlinie = Richtlinie 92/43 EWG des Rates vom 21. 5. 1992 zur Erhaltung der natürlichen Lebensräume sowie der wildlebenden Tiere und Pflanzen, ABl Nr. L 206, 7.
FG	Festgabe, Finanzgericht
FGG	Gesetz über die Angelegenheiten der freiwilligen Gerichtsbarkeit
FGO	Finanzgerichtsordnung
FinA	Finanzamt
FLHG	Fleischhygienegesetz
FlugfunkV	Verordnung über Flugfunkzeugnisse
FlurbG	Flurbereinigungsgesetz
Fn	Fußnote
FNA	Fundstellennachweis A (zum Bundesgesetzblatt I)
FS	Festschrift
FStrG	Fernstraßengesetz
Fußn.	Fußnote
G	Gesetz
GA	Goltdammer's Archiv für Strafrecht, Generalanwalt
GAL	Gesetz über eine Altershilfe für Landwirte
GastG	Gaststättengesetz
GASP	Gemeinsame Außen- und Sicherheitspolitik
GBl	Gesetzblatt
GBO	Grundbuchordnung
GbR	Gesellschaft des bürgerlichen Rechts
GemH	Der Gemeindehaushalt
GemO	Gemeindeordnung
GenBeschlG	Genehmigungsverfahrensbeschleunigungsgesetz
GenG	Genossenschaftsgesetz
GenTAnhV	Gentechnikanhörungsverordnung
GenTG	Gentechnikgesetz
GenTVfV	Gentechnikverfahrensordnung
GewArch	Gewerbearchiv
GewO	Gewerbeordnung
GFaG	Gesetz zur Führung akademischer Grade
GFlHG	Geflügelhygienegesetz
GG	Grundgesetz
ggf., ggfs.	gegebenenfalls
GGO	Gemeinsame Geschäftsordnung
GGO BReg	Gemeinsame Geschäftsordnung der Bundesregierung
GjS	Gesetz über die Verbreitung jugendgefährdender Schriften
GK	Genfer Flüchtlingskonvention
GKG	Gerichtskostengesetz
GmbH	Gesellschaft mit beschränkter Haftung
GMBl	Gemeinsames Ministerialblatt
GNV	Gesetz der DDR über die Zuständigkeit und das Verfahren der Gerichte zur Nachprüfung von Verwaltungsentscheidungen
GO	Geschäftsordnung, Gemeindeordnung
GrdS(t)VG	Grundstücksverkehrsgesetz
GrS	Großer Senat
GrundwasserVO	Grundwasserverordnung
GS	Gedächtnisschrift, Gedenkschrift, Gemeinsamer Senat, Gesetzessammlung
GSG	Gesundheitsstrukturgesetz

Abkürzungen

GüKG	Güterkraftverkehrsgesetz
GV.NW., GV.NRW	Gesetz- und Verordnungsblatt für das Land Nordrhein-Westfalen
GVBl	Gesetz- und Verordnungsblatt
GVG	Gerichtsverfassungsgesetz
GVO	Grundstücksverkehrsordnung
GVwR	Grundlagen des Verwaltungsrechts, hrsg. von Hoffmann-Riem, Schmidt-Aßmann und Voßkuhle, s. Literaturverzeichnis
GWB	Gesetz gegen Wettbewerbsbeschränkungen
Halbbd.	Halbband
HandwFördVO	Handwerksförderungsverordnung
HandwO	Handwerksordnung
Hbg	Hamburg, hamburgisch(es)
HeilpG	Heilpraktikergesetz
HeimG	Heimgesetz
Hess, hess	Hessen, hessisch
HessVGRspr	Rechtsprechung der hessischen Verwaltungsgerichte
HG	Hochschulgesetz
HGB	Handelsgesetzbuch
HGrG	Gesetz über die Grundsätze des Haushaltsrechts des Bundes und der Länder
HGZ	Hessische Gemeindezeitung
HHG	Häftlingshilfegesetz
h. L.	herrschende Lehre
h. M.	herrschende Meinung
HRG	Hochschulrahmengesetz
HRR	Höchstrichterliche Rechtsprechung
HRRVwR	Menger/Erichsen/v. Mutius, Höchstrichterliche Rechtsprechung zum Verwaltungsrecht, ab 1971 ff.
Hrsg.	Herausgeber
HS	Halbsatz
HStR	Handbuch des Staatsrechts der Bundesrepublik Deutschland, hrsg. von Isensee und P. Kirchhof, s. Literaturverzeichnis
HumHAG	Gesetz über Maßnahmen für im Rahmen humanitärer Hilfsaktionen aufgenommene Flüchtlinge
i. d. F.	in der Fassung
i. d. R.	in der Regel
i. e. S.	im engeren Sinn
i. S. d.	im Sinne des
IFG	Informationsfreiheitsgesetz
IHK	Industrie- und Handelskammer
INF	Information über Steuer und Wirtschaft
InfAuslR	Informationsbrief Ausländerrecht
insbes.	insbesondere
InvZulG, InvestG	Investitionszulagengesetz
InvestVorG, InVorG	Investitionsvorranggesetz
IPBeschlG	Infrastrukturplanungsbeschleunigungsgesetz
IuKDG	Informations- und Kommunikationsdienstgesetz
i. V. m.	in Verbindung mit
IVU-RL	96/61/EG-Richtlinie des Rates über die integrierte Vermeidung und Verminderung der Umweltverschmutzung
i. w. S.	im weiteren Sinne
JA	Juristische Arbeitsblätter
JAG	Jugendamtsgesetz, Juristenausbildungsgesetz
JbSozRdG	Jahrbuch des Sozialrechts der Gegenwart
jew.	jeweils
JMBl	Justizministerialblatt

Abkürzungen

JR	Juristische Rundschau
JRP	Journal für Rechtspolitik
JurA	Juristische Analysen
Jura	Juristische Ausbildung
JuS	Juristische Schulung
JuS, L	JuS Lernbogen
Justiz	Die Justiz
JUTR	Jahrbuch des Umwelt- und Technikrechts
JW	Juristische Wochenschrift
JWG	Gesetz über Jugendwohlfahrt
JZ	Juristenzeitung
KAG	Kommunalabgabengesetz
Kap.	Kapitel
KatSG	Gesetz über die Erweiterung des Katastrophenschutzes
KDNVG	Kriegsdienstverweigerungs-Neuordnungsgesetz
KDVG	Kriegsdienstverweigerungsgesetz
KG	Kammergericht, Kommanditgesellschaft
KHG	Gesetz über die wirtschaftliche Sicherung der Krankenhäuser und zur Neuregelung der Kriegsopferfürsorge
KJ	Kritische Justiz
KJHG	Kinder- und Jugendhilfegesetz
KKZ	Kommunal-Kassen-Zeitschrift
KohleG	Kohlegesetz
KommJur	Kommunaljurist (Zeitschrift)
KompKonflGH	Gerichtshof für Kompetenzkonflikte beim BayObLG
KostRÄndG	Gesetz zur Änderung und Ergänzung kostenrechtlicher Vorschriften
KOVwVfG	Gesetz über das Verwaltungsverfahren der Kriegsopferfürsorge
KrG	Kreisgericht
krit.	Kritisch
KritV	Kritische Vierteljahresschrift für Gesetzgebung und Rechtswissenschaft
KrW-/AbfG	Kreislaufwirtschafts- und Abfallgesetz
KrWaffG	Gesetz über die Kontrolle von Kriegswaffen
KS	Vertrag über die Gründung der Europäischen Gemeinschaft für Kohle und Stahl (in der nach dem 1. 5. 1999 geltenden Fassung)
KSpV	Bundesvereinigung der Kommunalen Spitzenverbände
KStZ	Kommunale Steuerzeitschrift
KSZE	Konferenz für Sicherheit und Zusammenarbeit in Europa
KulturschutzG	Kulturschutzgesetz
KV	Kommunalverfassung
KWG	Gesetz über das Kreditwesen
LAG	Landesarbeitsgericht, Lastenausgleichsgesetz
LandschG	Landschaftsgesetz
LandbeschG	Landbeschaffungsgesetz
LBG	Landesbeamtengesetz
LBO	Landesbauordnung
LdR	Ergänzbares Lexikon des Rechts
LG	Landgericht
LHO	Landeshaushaltsordnung
lit.	litera, Buchstabe
Lit.	Literatur
LKV	Landes- und Kommunalverwaltung
LM	Lindenmaier-Möhring, Nachschlagewerk des BGH
LMBG	Lebensmittel- und Bedarfsgegenständegesetz
LMK	Lindenmaier-Möhring, Kommentierte Rechtsprechung
LOG	Landesorganisationsgesetz

Abkürzungen

LohnFG	Gesetz zur Regelung der Lohnzahlung an Feiertagen
LPartG	Lebenspartnerschaftsgesetz
LPG	Landwirtschaftliche Produktionsgenossenschaft
LPlG	Landschaftsplanungsgesetz
LS	Leitsatz
LSA	Sachsen-Anhalt
LSchlG	Ladenschlussgesetz
LSG	Landessozialgericht
LT	Landtag
LT-Dr(s)	Drucksachen des Landtages
LuftVG	Luftverkehrsgesetz
LuftVO	Luftverkehrsverordnung
LVwGSch(l)H	Allgemeines Verwaltungsgesetz für das Land Schleswig-Holstein
LVwVfG	Landesverwaltungsverfahrensgesetz
LWG	Landeswassergesetz
m.w.N.	mit weiteren Nachweisen
m.W.v.	mit Wirkung von
MADG	Gesetz über den militärischen Abschirmdienst
MBl	Ministerialblatt
MBPlG	Magnetschwebebahnplanungsgesetz
MDR	Monatsschrift für deutsches Recht
MDStV	Mediendienste-Staatsvertrag
MitbestG	Mitbestimmungsgesetz
MittRhNotK	Mitteilungen der Rheinischen Notarkammer
MMR	MultiMedia und Recht
MOG	Marktorganisationsverordnung
MOG-VO	Verordnungen auf Grund des Gesetzes zur Durchführung der gemeinsamen Marktorganisation
MRK	(Europäische) Menschenrechtskonvention
MRRG	Melderechtsrahmengesetz
MRVO	Britische Militärregierungsverordnung
MsbG	Magnetschwebebahnbedarfsgesetz
Münch.	München, münchener
MünchKommZPO	Münchener Kommentar zur Zivilprozessordnung mit Gerichtsverfassungsgesetz und Nebengesetzen
MuSchG	Mutterschutzgesetz
Musterentwurf	Musterentwurf eines Verwaltungsverfahrensgesetzes, 1963
Musterentwurf 68	Im Musterentwurf eines Verwaltungsverfahrensgesetzes, 2. Aufl., 1968, als Anhang abgedruckte „Münchener Fassung", 1968
MV, mv	Mecklenburg-Vorpommern, mecklenburg-vorpommerisch
n.F.	neue Fassung
NatSchG	Naturschutzgesetz
Nds, nds	Niedersachsen, niedersächsisch
NdsRpfl	Niedersächsische Rechtspflege
NdsVBl	Niedersächsische Verwaltungsblätter
NJ	Neue Justiz
NJOZ	Neue Juristische Online-Zeitschrift
NJW	Neue Juristische Wochenschrift
NJW-CoR	NJW-Computerreport
NJW-FER	NJW Entscheidungsdienst Familien- und Erbrecht
NJW-RR	NJW-Rechtsprechungsreport
NordÖR	Zeitschrift für Öffentliches Recht in Norddeutschland
Nr.	Nummer
n.r.	nicht rechtskräftig
NRW, nrw	Nordrhein-Westfalen, nordrhein-westfälisch
NSDAP	Nationalsozialistische Deutsche Arbeiterpartei

Abkürzungen

NStZ	Neue Zeitschrift für Strafrecht
NStZ-RR	Neue Zeitschrift für Strafrecht Rechtsprechungsreport
NuR	Natur und Recht
n. v.	nicht veröffentlicht
NVwZ	Neue Zeitschrift für Verwaltungsrecht
NVwZ-RR	Neue Zeitschrift für Verwaltungsrecht Rechtsprechungsreport
NW, nw	Nordrhein-Westfalen, nordrhein-westfälisch
NWVBl, NWVBL	Nordrhein-westfälische Verwaltungsblätter
NWVerfGH	Nordrhein-westfälischer Verfassungsgerichtshof
NZA	Neue Zeitschrift für Arbeits- und Sozialrecht
NZA-RR	Neue Zeitschrift für Arbeits- und Sozialrecht Rechtsprechungsreport
NZBau	Neue Zeitschrift für Bau- Vergaberecht
NZS	Neue Zeitschrift für Sozialrecht
NZV	Neue Zeitschrift für Verkehrsrecht
NZWehrr	Neue Zeitschrift für Wehrrecht
OBG	Ordnungsbehördengesetz
OEG	Gesetz über die Entschädigung von Opfern von Gewalttaten
OG DDR	Oberstes Gericht der DDR
ÖJZ	Österreichische Juristenzeitung
OLG	Oberlandesgericht
ör	öffentlich-rechtlich
OrdenG	Gesetz über Titel, Orden und Ehrenzeichen
OstEurR	Osteuroparecht
OVG	Oberverwaltungsgericht
OVG BlnE	Entscheidungen des Oberverwaltungsgerichts Berlin
OVGE	Entscheidungen der Oberverwaltungsgerichte für das Land Nordrhein-Westfalen in Münster und für das Land Niedersachsen in Lüneburg
OWiG	Gesetz über Ordnungswidrigkeiten
PAO	Patentanwaltsordnung
PassG	Passgesetz
PassVwV	Allgemeine Verwaltungsvorschriften zur Durchführung des Passgesetzes
PatG	Patentgesetz
2. PatG ÄndG	2. Gesetz zur Änderung des Patentgesetzes und anderer Gesetze
PBefG	Personenbeförderungsgesetz
PersAnpG	Personalanpassungsgesetz
PflVG	Pflichtversicherungsgesetz
PharmR	Pharmarecht
Pkt.	Punkt
PlenProt.	Plenarprotokoll
PlfV	Planfeststellungsverfahren
PlfBehörde	Planfeststellungsbehörde
PlfBeschl	Planfeststellungsbeschluss
PlVereinfG-E	Entwurf eines Gesetzes zur Vereinfachung der Planungsverfahren für Verkehrswege
PlVereinfG	Gesetz zur Vereinfachung der Planungen für Verkehrswege (Planungsvereinfachungsgesetz)
PlVG	Gesetz zur Vereinfachung des Planverfahrens für Fernmeldelinien
Pr.	Präsident, preußisch
PrGS	Gesetz-Sammlung für die Königlichen Preußischen Staaten
PrGS NW	Sammlung des in NW geltenden preußischen Rechts 1806–1945
ProdGew	Produzierendes Gewerbe
ProdSG	Produktsicherheitsgesetz
PrOVGE	Entscheidungen des Preußischen Oberverwaltungsgerichtes (sog. Amtliche Sammlung)
PStG	Personenstandsgesetz

Abkürzungen

PTRegG	Gesetz über die Regulierung der Telekommunikation und des Postwesens
PUDLV	Post-Universaldienstleistungsverordnung (PUDLV) v. 15. 12. 1999, BGBl I 2418
R.	Rechtsspruch
RAO	Reichsabgabenordnung
RBerG	Rechtsberatungsgesetz
RBG	Rechtsbereinigungsgesetz
RdA	Recht der Arbeit
RdE	Recht der Energiewirtschaft
RdErl	Runderlass
RdJB	Recht der Jugend und des Bildungswesens
RegE	Regierungsentwurf
ReNotPrüfG	Gesetz zur Prüfung von Rechtsanwaltszulassungen, Notarbestellungen und Berufungen ehrenamtlicher Richter
RG	Reichsgericht
RGBl	Reichsgesetzblatt
RGRK	Kommentar zum BGB, herausgegeben von Reichsgerichtsräten und Bundesrichtern, 12. Aufl., 1974 ff.
RGV	Rechtsanwaltsvergütungsgesetz
RGZ	Entscheidungen des Reichsgerichts in Zivilsachen
RHG	Gesetz über innerdeutsche Rechts- und Amtshilfe in Strafsachen
RiA	Recht im Amt
RiStBV	Richtlinien für das Straf- und Bußgeldverfahren
RIW-AWD	Recht der Internationalen Wirtschaft/Außenwirtschaftsdienst
RL	Richtlinie
Rn.	Randnummer(n)
ROG	Raumordnungsgesetz
ROW	Recht in Ost und West
RP	Rheinland-Pfalz
RpflAnpG	Rechtspflegeanpassungsgesetz
Rpfleger	Der Deutsche Rechtspfleger
Rs.	Rechtssache
Rspr.	Rechtsprechung
RStAngG	Reichs- und Staatsangehörigkeitsgesetz
RuStAÄndG	Änderungsgesetz zum Reichs- und Staatsangehörigkeitsgesetz
RuStAG	Reichs- und Staatsangehörigkeitsgesetz
RVO	Reichsversicherungsordnung
S.	Seite, Satz
s.	siehe
Saarl, saarl	Saarland, saarländisch
Sachgeb.	Sachgebiet
Sachs	Sachsen
sächs	Sächsisch
SächsVBl	Sächsische Verwaltungsblätter
SAE	Sammlung arbeitsrechtlicher Entscheidungen
SBZ	Sowjetisch besetzte Zone
SchfG	Schornsteinfegergesetz
SchlAnz	Schleswig-Holsteinische Anzeigen
SchlH, schlh	Schleswig-Holstein, schleswig-holsteinisch
SchlhAnz	Schleswig-Holsteinnische Anzeigen
SchuldRModG	Schuldrechtsmodernisierungsgesetz
SchwbG, SchwerbG	Schwerbehindertengesetz
SED	Sozialistischen Einheitspartei Deutschlands
SED-UnBerG	Gesetz zur Bereinigung des Unrechts der Sozialistischen Einheitspartei Deutschlands, SED-Unrechtsbereinigungsgesetz

Abkürzungen

SeuffArch	Seufferts Archiv für Entscheidungen der obersten Gerichte in den deutschen Staaten
SG	Sozialgericht
SGb	Die Sozialgerichtsbarkeit
SGB	Sozialgesetzbuch
SGB-AT	Sozialgesetzbuch – Allgemeiner Teil
SGB X	Sozialgesetzbuch – Verwaltungsverfahren (X. Buch)
SGG	Sozialgerichtsgesetz
SJZ	Süddeutsche Juristenzeitung
SMAD	Sowjetische Militäradministration in Deutschland
sog.	so genannte(s/r)
SoldG	Soldatengesetz
SozSich	Soziale Sicherheit
SozVers	Sozialversicherung
SPD	Sozialdemokratische Partei Deutschlands
SprengG	Sprengstoffgesetz
SpStr	Spiegelstrich
StA	Staatsanwaltschaft
Staat	Der Staat
StaatshaftungsG	Staatshaftungsgesetz
StAG	Staatsangehörigkeitsgesetz
StAnpG	Steueranpassungsgesetz
StARegG	1. Gesetz zur Regelung von Fragen der Staatsangehörigkeit
StatG/ProdGew	Gesetz über die Statistik im produzierenden Gewerbe
StAZ	Das Standesamt
StB, StBg	Die Steuerberatung
StBereinG	Steuerbereinigungsgesetz
StBauFG, StBFG	Gesetz über städtebauliche Sanierungs- und Entwicklungsmaßnahmen in den Gemeinden
StBp	Die steuerliche Betriebsprüfung
Sten. Ber.	Stenographische Berichte
StGB	Strafgesetzbuch
StGRat	Der Städte- und Gemeinderat
StGH	Staatsgerichtshof
StHG	Staatshaftungsgesetz
StKV	Staats- und Kommunalverwaltung
StPO	Strafprozessordnung
str.	strittig
st. Rspr.	ständige Rechtsprechung
StrÄndG	Strafrechtsänderungsgesetz
StRK	Steuer-Rechtsprechung in Karteikartenform
StrRehaG	Strafrechtliches Rehabilitierungsgesetz
StUG	Stasi-Unterlagen-Gesetz
StuR	Staat und Recht
StuW	Steuer und Wirtschaft
StV	Strafverteidiger
1. StVertr	Vertrag über die Schaffung einer Währungs-, Wirtschafts- und Sozialunion zwischen der Bundesrepublik Deutschland und der DDR
StVert	Staatsvertrag
StVG	Straßenverkehrsgesetz
StVO	Straßenverkehrsordnung
StVollzG	Strafvollzugsgesetz
StVZO	Straßenverkehrszulassungsordnung
StW	Information über Steuer und Wirtschaft, ab 2003: Information für Steuerberater und Wirtschaftsprüfer
SÜG	Sicherheitsüberprüfungsgesetz

XXV

Abkürzungen

SUrlV	Sonderurlaubsverordnung
SVG	Soldatenversorgungsgesetz
TA	Technische Anleitung
TelwegG	Telegraphenwege-Gesetz
Thür, thür	Thüringen, thüringisch
ThürVBl	Thüringer Verwaltungsblätter
TierschG	Tierschutzgesetz
TierzuchtG	Tierzuchtgesetz
TKG	Telekommunikationsgesetz
TKO	Telekommunikationsordnung
TVG	Tarifvertragsgesetz
Tz	Textziffer
u. a.	unter anderem
u. U.	unter Umständen
UA	Unterabsatz
UAG	Umweltauditgesetz
UG	Universitätsgesetz
UGB	Umweltgesetzbuch
UGB-AT-E	Entwurf zum Umweltgesetzbuch – Allgemeiner Teil
UGB-BT-E	Entwurf zum Umweltgesetzbuch – Besonderer Teil
UGB-KomE	Bundesministerium für Umwelt, Naturschutz und Reaktorsicherheit (Hrsg.), Umweltgesetzbuch (UGB-KomE)-Entwurf der Unabhängigen Sachverständigenkommission zum Umweltgesetzbuch beim Bundesministerium für Umwelt, Naturschutz und Reaktorsicherheit, 1998
UIG	Umweltinformationsgesetz
UIRL	Umweltinformationsrichtlinie, RL 90/313/EWG vom 7. 6. 1990, ABlEG Nr. L 158, 56
unbestr.	unbestritten
unstr.	unstrittig
unv.	unverändert
UPR	Umwelt- und Planungsrecht
URG	Umwelt-Rechtsbehelfsgesetz
URG-DDR	Umweltrahmengesetz der DDR
USA	Vereinigte Staaten von Amerika
UTR	Jahrbuch des Umwelt- und Technikrechts
UVP	Umweltverträglichkeitsprüfung
UVPÄnd-RL	Richtlinie zur Änderung der UVP-RL, RL 97/11 EG vom 3. 3. 1997, ABlEG Nr. L 73, 5
UVPG	Gesetz über die Umweltverträglichkeitsprüfung
UVP-RL	Richtlinie über die Umweltverträglichkeitsprüfung bei bestimmten öffentlichen und privaten Projekten, RL 85/337/EWG vom 27. 6. 1985, ABlEG Nr. L 175, 40
UVPRLUG	UVP-Richtlinie Umsetzungsgesetz
UVPVwV	Allgemeine Verwaltungsvorschrift zur Ausführung des Gesetzes über die Umweltverträglichkeitsprüfung
UZwG	Gesetz über den unmittelbaren Zwang
v.	von
VA	Verwaltungsakt, Verwaltungsrecht für die Anwaltspraxis
Var.	Variante
VBlBW	Verwaltungsblätter Baden-Württemberg
VDI	Verein Deutscher Ingenieure
VDStRL	Vereinigung der Deutschen Staatsrechtslehrer
verb.	verbunden
1. VereinfG NW	1. Gesetz zur Neuordnung und Vereinfachung der Verwaltung NW
Verf	Verfassung

Abkürzungen

VerfGH	Verfassungsgerichtshof
VerfO	Verfahrensordnung
Verh.	Verhandlung(en)
VerkPBG	Verkehrswegeplanungsbeschleunigungsgesetz
VermG, VermögensG	Gesetz zur Regelung offener Vermögensfragen
VermRÄndG	Vermögensrechtsänderungsgesetz
VerpackV	Verpackungsverordnung
VersG	Versammlungsgesetz
VersuchsanlG	Gesetz über den Bau und Betrieb von Versuchsanlagen zur Erprobung von Techniken für den spurgeführten Betrieb
Vertr	Vertrag
Verwaltung	Die Verwaltung
VerwArch	Verwaltungsarchiv
VerwRspr	Verwaltungsrechtsprechung
VG	Verwaltungsgericht
VGG	Gesetz über die Verwaltungsgerichtsbarkeit
VGH	Verwaltungsgerichtshof
vgl.	vergleiche
VgRÄG	Gesetz zur Änderung der Rechtsgrundlagen für die Vergabe öffentlicher Aufträge
VgV	Verordnung über die Vergabe öffentlicher Aufträge (Vergabeverordnung VGV) v. 9. 1. 2001, BGBl I 110
v. H.	vom Hundert
VIZ	Zeitschrift für Vermögens- und Wirtschaftsrecht
VK	Vergabekammer
VkBl	Verkehrsblatt
VO	Verordnung
VOB/A	Verdingungsordnung für das Bauwesen, Teil A
Vorb, Vorbem.	Vorbemerkung
Vorl.	Vorlage, vorläufig
VorlVV-BHO	Vorläufige Verwaltungsvorschriften zur Bundeshaushaltsordnung
VO-SF	Verordnung über die sonderpädagogische Förderung, den Hausunterricht und die Schule für Kranke
VR	Verwaltungsrundschau
VRL	Vogelschutz-RL = Richtlinie 79/409/EWG des Rates vom 2. 4. 1979 über die Erhaltung der wildlebenden Vogelarten, ABl Nr. L 103, 1
VRS	Verkehrsrechtssammlung
VV	Verwaltungsvorschriften
VVDStRL	Veröffentlichungen der Vereinigung der Deutschen Staatsrechtslehrer
VwGO	Verwaltungsgerichtsordnung
VwGOÄndG	Gesetz zur Änderung der Verwaltungsgerichtsordnung
VwGOE	Entwurf einer Verwaltungsgerichtsordnung
VwORG	Verwaltungsorganisationsreformgesetz
VwPO-E	Entwurf einer Verwaltungsprozessordnung
VwRehaG	Verwaltungsrechtliches Rehabilitierungsgesetz
VwVf	Verwaltungsverfahren
VwVfÄndG	Gesetz zur Änderung verwaltungsverfahrensrechtlicher Vorschriften
VwVfG	Verwaltungsverfahrensgesetz
VwVG	Verwaltungsvollstreckungsgesetz
VwZG	Verwaltungszustellungsgesetz
VZOG	Vermögenszuordnungsgesetz
WaffG	Waffengesetz
WährG	Währungsgesetz
WaStrG	Bundeswasserstraßengesetz
WBO	Wehrbeschwerdeordnung
WDO	Wehrdisziplinarordnung

Abkürzungen

WEG	Wohnungseigentumsgesetz
WeinG	Weingesetz
WHG	Wasserhaushaltsgesetz
WiB	Wirtschaftsrechtliche Beratung
WiRO	Wirtschaft und Recht in Osteuropa
WissHG	Gesetz über die wissenschaftlichen Hochschulen des Landes NW
WissR	Wissenschaftsrecht, Wissenschaftsverwaltung, Wissenschaftsförderung
wistra	Zeitschrift für Wirtschaft – Steuer – Strafrecht
WiVerw	Wirtschaft und Verwaltung (Beilage zum Gewerbearchiv)
WM	Wertpapiermitteilungen
II. WoBauG	Zweites Wohnungsbaugesetz
WoBindG	Wohnungsbindungsgesetz
WoGG	Wohngeldgesetz
WP	Wahlperiode
WPM	Wertpapiermitteilungen
WPflG	Wehrpflichtgesetz
WRV	Weimarer Reichsverfassung
WuB	Entscheidungssammlung zum Wirtschafts- und Bankrecht
WUFG	Währungsumstellungsfolgengesetz
WUR	Wirtschaftsverwaltungs- und Umweltrecht, Wirtschaft und Recht
WuV	Wirtschaft und Verwaltung (Beilage zum Gewerbearchiv)
WVG	Wasserverbandsgesetz
WzS	Wege zur Sozialversicherung
z. B.	zum Beispiel
z. T.	zum Teil
z. Zt.	zurzeit
ZaöRV	Zeitschrift für ausländisches öffentliches Recht
ZAR	Zeitschrift für Ausländerrecht und Ausländerpolitik
ZBl	Schweizerisches Zentralblatt für Staats- und Verwaltungsrecht
ZBR	Zeitschrift für Beamtenrecht
ZDG	Zivildienstgesetz
ZevKR	Zeitschrift für evangelisches Kirchenrecht
ZdB	Zeitschrift für Bergrecht
ZfBR	Zeitschrift für deutsches und internationales Baurecht
ZfSH/SGB	Zeitschrift für Sozialhilfe und Sozialgesetzbuch
ZfV	Zeitschrift für Verwaltung (österreichisch)
ZfW	Zeitschrift für Wasserrecht
ZfZ	Zeitschrift für Zölle und Verbrauchsteuern
ZG	Zeitschrift für Gesetzgebung
ZGB	Zivilgesetzbuch (der DDR)
ZGR	Zeitschrift für Unternehmens- und Gesellschaftsrecht
ZHG	Gesetz über die Ausübung der Zahnheilkunde
ZHR	Zeitschrift für das gesamte Handels- und Wirtschaftsrecht
Ziff.	Ziffer
ZIP	Zeitschrift für Wirtschaftsrecht und Insolvenzpraxis
zit.	Zitiert
ZJI	Zusammenarbeit in den Bereichen Justiz und Inneres
ZK	Zollkodex
ZKF	Zeitschrift für Kommunalfinanzen
ZLA	Zeitschrift für Lastenausgleich
ZLR	Zeitschrift für das gesamte Lebensmittelrecht
ZLW	Zeitschrift für Luft- und Weltraumrecht
ZMR	Zeitschrift für Miet- und Raumrecht
ZOV	Zeitschrift für offene Vermögensfragen
ZPO	Zivilprozessordnung
ZRP	Zeitschrift für Rechtspolitik

Abkürzungen

ZRVH	Zeitschrift für Recht und Verwaltung der Wissenschaftlichen Hochschulen und der wissenschaftspflegenden und -fördernden Organisationen und Stiftungen
ZSchwR	Zeitschrift für schweizerisches Recht
ZSEG	Gesetz über die Entschädigung von Zeugen und Sachverständigen
ZStW	Zeitschrift für die gesamte Staatswissenschaft, Zeitschrift für die gesamte Strafrechtswissenschaft
ZUR	Zeitschrift für Umweltrecht
zust.	zustimmend
ZuständigkeitslockerungsG	Zweites Gesetz zur Erleichterung der Verwaltungsreform in den Ländern (2. Zuständigkeitslockerungsgesetz) vom 3. 5. 2000, BGBl I 632
z. V. b.	zur Veröffentlichung bestimmt
ZZP	Zeitschrift für Zivilprozessrecht

Literaturverzeichnis*

Achterberg	Achterberg, Norbert, Allgemeines Verwaltungsrecht, 2. Aufl., 1986
Achterberg/Püttner/Würtenberger	Achterberg, Norbert/Püttner, Günter/Würtenberger, Thomas (Hrsg.), Besonderes Verwaltungsrecht, Band I, 2. Aufl., 2000, Band II, 2. Aufl., 2000
Adam	Adam, Winfried Anselm, Die Kontrolldichte-Konzeption des EuGH und deutscher Gerichte. Eine rechtsvergleichende Untersuchung der gerichtlichen Kontrolle im Dienst-, Außen- und Binnenwirtschaftsrecht, 1993
Allesch	Allesch, Erwin, Die Anwendbarkeit der Verwaltungsverfahrensgesetze auf das Widerspruchsverfahren nach der VwGO, 1984
Apelt	Apelt, Willibalt, Der verwaltungsrechtliche Vertrag, 1920, Neudruck 1964
App/Wettlaufer	Verwaltungsvollstreckungsrecht, 4. Aufl., 2005
v. Arnim	Arnim, Hans Herbert von, Rechtsfragen der Privatisierung, 1995
Axer	Axer, Peter, Die Widmung als Schlüsselbegriff des Rechts der öffentlichen Sachen, 1994
Bachof I, II	Bachof, Otto, Verfassungsrecht, Verwaltungsrecht, Verfahrensrecht in der Rechtsprechung des Bundesverwaltungsgerichts, Band I, 3. Aufl., 1966; Band II, 1967
Bachof	Bachof, Otto, Die verwaltungsrechtliche Klage auf Vornahme einer Amtshandlung, 2. Aufl., 1968
Bader u. a.	Bader, Johann/Funke-Kaiser, Michael/Kuntze, Stefan/Albedyll, Jörg v., Verwaltungsgerichtsordnung, Kommentar anhand der höchstrichterlichen Rechtsprechung, 3. Aufl., 2005
Battis	Battis, Ulrich, Allgemeines Verwaltungsrecht, 3. Aufl., 2002
Battis/Krautzberger/Löhr	Battis, Ulrich/Krautzberger, Michael/Löhr, Rolf-Peter, Kommentar zum Baugesetzbuch, 10. Aufl., 2007
Baumbach u. a.	Begründet von Baumbach, Adolf, fortgeführt zunächst von Lauterbach, Wolfgang, sodann von Albers, Jan, und Hartmann, Peter, nunmehr verfasst von Hartmann, Peter, Zivilprozessordnung, 65. Aufl., 2007
Baumeister	Baumeister, Peter, Der Beseitigungsanspruch als Fehlerfolge des rechtswidrigen Verwaltungsakts, 2006
Benda/Klein	Benda, Ernst/Klein, Eckart, Verfassungsprozeßrecht – ein Lehr- und Handbuch, 2. Aufl., 2001
Berliner Kommentar	Berliner Kommentar zum Baugesetzbuch s. unter Schlichter/Berkemann
Becker	Becker, Bernd, Öffentliche Verwaltung, 1989
Becker/Luhmann	Becker, Bernd/Luhmann, Niklas, Verwaltungsfehler und Vertrauensschutz, 1963
Bender	Bender, Bernd, Staatshaftungsrecht, 3. Aufl., 1981
Birk	Birk, Hans-Jörg, Städtebauliche Verträge – Inhalte und Leistungsstörungen, 4. Aufl., 2002
Bleckmann, Dogmatik	Bleckmann, Albert, Zur Dogmatik des Allgemeinen Verwaltungsrechts I, 1999

---

* Weitere Literaturnachweise bei den Einzelerläuterungen.

Literatur

Bleckmann, Europarecht	Bleckmann, Albert, Europarecht: Das Recht der Europäischen Union und der Europäischen Gemeinschaften, 6. Aufl., 1997
Blümel, Willi (Hrsg.)	Die Vereinheitlichung des Verwaltungsverfahrensrechts, 1984
Blümel, Planfeststellung	Blümel, Willi (Hrsg.), Planfeststellung und Flurbereinigung, Umweltverträglichkeitsprüfung, 1987
Blümel, Verkehrswegerecht	Blümel, Willi (Hrsg.), Verkehrswegerecht im Wandel, 1994
Blümel/Pitschas, Reform	Blümel, Willi/Pitschas, Rainer (Hrsg.), Reform des Verwaltungsverfahrensrechts, 1994
Blümel/Pitschas, Verwaltungsverfahren	Blümel, Willi/Pitschas, Rainer, Verwaltungsverfahren und Verwaltungsprozess im Wandel der Staatsfunktionen, 1997
Blümel/Ronellenfitsch	Blümel, Willi/Ronellenfitsch, Michael, Die Planfeststellung in der Flurbereinigung, 1975
BMWi, Investitionsförderung	BMWi (Hrsg.), Investitionsförderung durch flexible Genehmigungsverfahren, Bericht der Unabhängigen Expertenkommission zur Vereinfachung und Beschleunigung von Planungs- und Genehmigungsverfahren, 1994
Bosch/Schmidt	Bosch, Edgar/Schmidt, Jörg, Praktische Einführung in das verwaltungsgerichtliche Verfahren, 8. Aufl., 2005
Brandt/Sachs	Brandt, Jürgen/Sachs, Michael (Hrsg.), Handbuch Verwaltungsverfahren und Verwaltungsprozess, 2. Aufl., 2003
Brenner	Brenner, Michael, Der Gestaltungsauftrag der Verwaltung in der Europäischen Union, 1996
Breuer, Planung	Breuer, Rüdiger, Die hoheitliche raumgestaltende Planung, 1968
Breuer, Prinzipien	Breuer, Rüdiger, Verwaltungsrechtliche Prinzipien und Instrumente des Umweltschutzes – Bestandsaufnahme und Entwicklungstendenzen, 1989
Broß/Ronellenfitsch	Broß, Siegfried/Ronellenfitsch, Michael, Besonderes Verwaltungsrecht und Verwaltungsprozeßrecht, 5. Aufl., 1998
Brügelmann	Baugesetzbuch Kommentar, Loseblattausgabe, Erscheinungsdatum: GW – Stand: 63. Lieferung, Juni 2007
Buchholz	Sammel- und Nachschlagewerk der Rechtsprechung des BVerwG, begründet K. von Buchholz
Büchner/Schlotterbeck	Büchner, Hans/Schlotterbeck, Karlheinz, Verwaltungsprozeßrecht (VwPR) – Erstinstanzliche Verfahren einschließlich Vorverfahren, 6. Aufl., 2001
Bülow	Bülow, Petra, Fortentwicklung des Verwaltungsverfahrensrechts unter besonderer Berücksichtigung des Planfeststellungsrechts, 1996
Bull, Verwaltung	Bull, Hans Peter, Verwaltung durch Maschinen, 2. Aufl., 1964
Bull, Staatsaufgaben	Bull, Hans Peter, Die Staatsaufgaben nach dem Grundgesetz, 2. Aufl., 1977
Bull/Mehde	Bull, Hans Peter/Mehde, Veith, Allgemeines Verwaltungsrecht mit Verwaltungslehre, 7. Aufl., 2005
Bullinger, Vertrag	Bullinger, Martin, Vertrag und Verwaltungsakt, 1962
Bullinger, Beschleunigte Genehmigungsverfahren	Bullinger, Martin, Beschleunigte Genehmigungsverfahren für eilbedürftige Vorhaben, 1991
Burgi	Burgi, Martin, Verwaltungsprozeß und Europarecht, 1996
Busse/Linke	Busse, Felix/Linke, Bruno, Die anwaltliche Praxis im Verwaltungsverfahren I, 1987
Calliess/Ruffert	Calliess, Christian/Ruffert, Matthias (Hrsg.), Kommentar zu EU-Vertrag und EG-Vertrag, 3. Aufl., 2006
Classen	Classen, Claus Dieter, Die Europäisierung der Verwaltungsgerichtsbarkeit. Eine vergleichende Untersuchung zum deut-

Literatur

	schen, französischen und europäischen Verwaltungsprozessrecht, 1996
Cöster	Cöster, Enno H., Kassation, Teilkassation und Reformation von Verwaltungsakten durch die Verwaltungs- und Finanzgerichte, 1979
Daig	Daig, Hans-Wolfram, Nichtigkeits- und Untätigkeitsklagen im Recht der Europäischen Gemeinschaften unter besonderer Berücksichtigung der Rechtsprechung des Gerichtshofs der Europäischen Gemeinschaften und der Schlussanträge der Generalanwälte, 1985
von Danwitz	Danwitz, Thomas von, Verwaltungsrechtliches System und Europäische Integration, 1996
Dauses	Dauses, Manfred A. (Hrsg.), Handbuch des EU-Wirtschaftsrechts, Loseblattausgabe, Stand: 19. Lieferung, Juni 2007
Detterbeck	Detterbeck, Steffen, Allgemeines Verwaltungsrecht mit Verwaltungsprozessrecht, 5. Aufl., 2007
Dreher	Dreher, Martin, Die Amtshilfe, 1959
Dreier	Dreier, Horst (Hrsg.), Grundgesetz, Kommentar, Bände 1, 2, 2. Aufl. 2004/2006, Bd. 3, 2000
Driehaus	Driehaus, Hans-Joachim, Erschließungs- und Ausbaubeiträge, 7. Aufl., 2004
Driehaus/Pietzner	Driehaus, Hans-Joachim/Pietzner, Rainer, Einführung in das allgemeine Verwaltungsrecht, 3. Aufl., 1996
Dürig	Dürig, Jutta, Beweismaß und Beweislast im Asylrecht, 1990
Ehlers	Ehlers, Dirk, Die Europäisierung des Verwaltungsprozessrechts, 1999
Eichberger	Eichberger, Michael, Die Einschränkung des Rechtsschutzes gegen behördliche Verfahrenshandlungen. Ein Beitrag zur Dogmatik, Auslegung und Verfassungsmäßigkeit des § 44a VwGO, 1986
Eichler/Oestreicher/Schelter	s. Schelter/Schelter
Ellwein/Hesse	Ellwein, Thomas/Hesse, Joachim Jens, Das Regierungssystem der Bundesrepublik Deutschland, 2 Bde., 9. Aufl., 2004
Elster	Begünstigende Verwaltungsakte mit Bedingungen, Einschränkungen und Auflagen, 1979
Emmert	Emmert, Frank, Europarecht, 1996
Enneccerus/Nipperdey	Enneccerus, Ludwig/Kipp, Wolff, Lehrbuch des Bürgerlichen Rechts, Allgemeine Lehren, Personen, Rechtsobjekte, 1. Band, 15. Bearbeitung von Nipperdey, 1959
Engelhardt/App	Engelhardt, Hanns/App, Michael, Verwaltungs-Vollstreckungsgesetz – Verwaltungszustellungsgesetz, 7. Aufl., 2006
Erbguth	Erbguth, Wilfried, Rechtssystematische Fragen des Umweltrechts, 1987
Erbguth/Schink	Erbguth, Wilfried/Schink, Alexander, Gesetz über die Umweltverträglichkeitsprüfung, 2. Aufl., 1996
Erichsen	Erichsen, Hans-Uwe (Hrsg.), Allgemeines Verwaltungsrecht, 12. Aufl., 2002
Erichsen/Ehlers	Erichsen, Hans-Uwe/Ehlers, Dirk (Hrsg.), Allgemeines Verwaltungsrecht, 13. Aufl., 2006
Erman	Erman, Walter, Kommentar zum BGB, 1. und 2. Band, 11. Aufl., 2004
Evers	Das besondere Gewaltverhältnis, 1972
Eyermann	Eyermann, Erich/Fröhler, Ludwig (Begr.), Verwaltungsgerichtsordnung, 12. Aufl., 2006
Faber	Faber, Heiko, Verwaltungsrecht, 4. Aufl., 1995

Literatur

Fehling u.a.	Fehling, Michael/Kastner, Berthold/Wahrendorf, Volker (Hrsg.), Verwaltungsrecht VwVfG VwGO, Handkommentar, 2006
Feldhaus	Feldhaus, Gerhard v., Bundesimmissionsschutzrecht, Band 1, Loseblatt-Kommentar, Stand: 140. Lieferung, August 2007
FG	Festgabe; s. bezüglich Festgaben u. ä. allgemein auch unter FS
FG 50 Jahre BVerwG	FG 50 Jahre Bundesverwaltungsgericht, 2003
FG BVerwG	Verwaltungsrecht zwischen Freiheit, Teilhabe und Bindung, FG aus Anlass des 25jährigen Bestehens des Bundesverwaltungsgerichts, 1978
FG Thieme	FG für Werner Thieme zum 80. Geburtstag, 2003
FS	Festschrift
FS 50 Jahre BSG	FS 50 Jahre Bundessozialgericht, 2004
FS 100 Jahre SächsOVG	FS zum 100-jährigen Jubiläum des Sächsischen Oberverwaltungsgerichts, 2002
FS 600 Jahre Universität Heidelberg	Richterliche Rechtsfortbildung, Erscheinungsformen, Auftrag und Grenzen, FS der Juristischen Fakultät zur 600-Jahr-Feier der Ruprecht-Karls-Universität Heidelberg, 1986
FS Adamovich	Staatsrecht und Staatswissenschaften in Zeiten des Wandels, FS für Ludwig Adamovich zum 60. Geburtstag, 1992
FS Armbruster	Rechtsfragen im Spektrum des Öffentlichen, Mainzer FS für Hubert Armbruster, 1976
FS Adolf Arndt	FS für Adolf Arndt zum 65. Geburtstag, 1969
FS Bachof	FS für Otto Bachof zum 70. Geburtstag am 6. März 1984, 1984
FS Bartlsperger	Planung – Steuerung – Kontrolle, FS für Richard Bartlsperger zum 70. Geburtstag, 2006
FS Baur	Das neue Energierecht in der Bewährung, FS zum 65. Geburtstag von Jürgen F. Baur, 2002
FS BayVGH	Verwaltung und Rechtsbindung, FS zum hundertjährigen Bestehen des Bayerischen Verwaltungsgerichtshofes, 1979
FS Bernhardt	Recht zwischen Umbruch und Bewährung: Völkerrecht, Europarecht, Staatsrecht, FS für Rudolf Bernhardt, 1995
FS Blümel	Planung – Recht – Rechtsschutz, FS für Willi Blümel zum 70. Geburtstag am 6. Januar 1999, 1999
FS Böckenförde	Offene Staatlichkeit, FS für Ernst-Wolfgang Böckenförde zum 65. Geburtstag, 1995
FS Börner	Europarecht, Energierecht, Wirtschaftsrecht, FS für Bodo Börner zum 70. Geburtstag, 1992
FS Boorberg Verlag	Verwaltungsverfahren, FS zum 50-jährigen Bestehen des Richard Boorberg Verlag, 1977
FS Boujong	Verantwortung und Gestaltung, FS für Karlheinz Boujong zum 65. Geburtstag, 1996
FS Brohm	Der Wandel des Staates vor den Herausforderungen der Gegenwart, FS für Winfried Brohm zum 70. Geburtstag, 2002
FS Driehaus	Zwischen Abgabenrecht und Verfassungsrecht, Festschrift für Hans-Joachim Driehaus zum 65. Geburtstag, 2005
FS Erichsen	Liber amicorum Hans-Uwe Erichsen, Zum 70. Geburtstag am 15. Oktober 2004, 2004
FS Everling	FS für Ulrich Everling, Bände I und II, 1995
FS Feldhaus	25 Jahre Bundes-Immissionsschutzgesetz, FS Gerhard Feldhaus zum 70. Geburtstag, 1999
FS Folz	FS für Hans-Ernst Folz, 2003
FS Forsthoff	FS für Ernst Forsthoff zum 70. Geburtstag, 1972

Literatur

FS Friauf	Staat, Wirtschaft, Steuern, FS für Karl Heinrich Friauf zum 65. Geburtstag, 1996
FS Fröhler	Verwaltung im Dienste von Wirtschaft und Gesellschaft, FS für Ludwig Fröhler zum 60. Geburtstag, 1980
FS Gelzer	FS für Konrad Gelzer zum 75. Geburtstag, 1991
FS Götz	„Für Sicherheit, für Europa", FS für Volkmar Götz zum 70. Geburtstag, 2005
FS Häfelin	FS für Ulrich Häfelin zum 65. Geburtstag, 1989
FS Hahn	Währung und Wirtschaft, Das Geld im Recht, FS für Hugo J. Hahn, 1997
FS Hallstein	Probleme des Europäischen Rechts, FS für Walter Hallstein zu seinem 65. Geburtstag, 1966
FS Helmrich	Für Recht und Staat, FS für Herbert Helmrich zum 60. Geburtstag, 1994
FS v. d. Heydte I, II	Um Recht und Freiheit, FS für Friedrich August Freiherr von der Heydte zur Vollendung des 70. Lebensjahres, Bände 1 und 2, 1977
FS Heymanns Verlag I	Recht im Wandel, Beiträge zu Strömungen und Fragen im heutigen Recht, FS hundertfünfzig Jahre Carl Heymanns Verlag KG, 1965
FS Heymanns Verlag II	Verfassungsrecht im Wandel, Wiedervereinigung Deutschlands, Deutschland in der Europäischen Union, Verfassungsstaat und Föderalismus. Zum 180 jährigen Bestehen der Carl Heymanns Verlag KG, 1995
FS Hoppe	Planung, FS für Werner Hoppe zum 70. Geburtstag, 2000
FS Ipsen	Hamburg, Deutschland, Europa, Beiträge zum deutschen und europäischen Verfassungs-, Verwaltungs- und Wirtschaftsrecht, FS für Hans Peter Ipsen zum 70. Geburtstag, 1977
FS Jeserich	Verfassung und Verwaltung, FS für Kurt G. A. Jeserich zum 90. Geburtstag, 1994
FS Juristische Gesellschaft Berlin	FS zum 125 jährigen Bestehen der Juristischen Gesellschaft zu Berlin, 1984
FS Knöpfle	Der Verwaltungsstaat im Wandel, FS für Franz Knöpfle zum 70. Geburtstag, 1996
FS König	Institutionenwandel in Regierung und Verwaltung, FS für Klaus König zum 70. Geburtstag, 2004
FS Krasney	FS für Otto Ernst Krasney zum 65. Geburtstag am 16. Dezember 1997, 1997
FS Krause	Fiat iustitia. Recht als Aufgabe der Vernunft, FS für Peter Krause zum 70. Geburtstag 2006
FS Kruse	FS für Heinrich Wilhelm Kruse zum 70. Geburtstag, 2001
FS Kutscheidt	Umweltrecht und richterliche Praxis, FS für Ernst Kutscheidt zum 70. Geburtstag, 2003
FS Lerche	Wege und Verfahren des Verfassungslebens, FS für Peter Lerche zum 65. Geburtstag, 1993
FS Lüke	Verfahrensrecht am Ausgang des 20. Jahrhunderts, FS für Gerhard Lüke zum 70. Geburtstag, 1985
FS Lukes	FS für Rudolf Lukes zum 65. Geburtstag, 1989
FS Melichar	Erwin Melichar zum 70. Geburtstag, 1983
FS Menger	System des verwaltungsgerichtlichen Rechtsschutzes, FS für Christian-Friedrich Menger zum 70. Geburtstag, 1985
FS Mikat	Staat, Kirche, Wissenschaft in einer pluralistischen Gesellschaft, FS zum 65. Geburtstag von Paul Mikat, 1989
FS Obermayer	Rechtsstaat, Kirche, Sinnverantwortung, FS für Klaus Obermayer zum 70. Geburtstag, 1986

Literatur

FS Oppermann	Kulturverwaltungsrecht im Wandel. Rechtsfragen der Praxis in Schule und Hochschule, Thomas Oppermann zum 50. Geburtstag, 1981
FS Püttner	Erscheinungsbilder eines sich wandelnden Verfassungsrechts. Günter Püttner zum 70. Geburtstag, 2006
FS Redeker	Rechtsstaat zwischen Sozialgestaltung und Rechtsschutz, FS für Konrad Redeker zum 70. Geburtstag, 1993
FS Ress	Internationale Gemeinschaft und Menschenrechte, FS für Georg Ress zum 70. Geburtstag am 21. Januar 2005, 2005
FS Riese	FS für Otto Riese aus Anlass seines siebzigsten Geburtstages, 1964
FS Roellecke	Recht und Recht, FS für Gerd Roellecke zum 70. Geburtstag, 1997
FS Rudolf	Völkerrecht und deutsches Recht, FS für Walter Rudolf, 2001
FS Schiedermair	FS für Gerhard Schiedermair zum 70. Geburtstag, 1976
FS Schlichter	Planung und Plankontrolle: Entwicklungen im Bau- und Fachplanungsrecht, Otto Schlichter zum 65. Geburtstag, 1995
FS Scupin	Recht und Staat im sozialen Wandel, FS für Hans Ulrich Scupin zum 80. Geburtstag, 1983
FS Seidl-Hohenveldern	Liber Amicorum Professor Ignaz Seidl-Hohenveldern in honour of his 80th birthday, 1998
FS Sendler	Bürger, Richter, Staat, FS für Horst Sendler, Präsident des Bundesverwaltungsgerichts, zum Abschied aus seinem Amt, 1991
FS Simon	Ein Richter, ein Bürger, ein Christ, FS für Helmut Simon, 1987
FS Starck	Die Ordnung der Freiheit, Festschrift für Christian Starck zum siebzigsten Geburtstag, 2007
FS Steinberger	Tradition und Weltoffenheit des Rechts, FS für Helmut Steinberger, 2002
FS Stern	Verfassungsstaatlichkeit, FS für Klaus Stern zum 65. Geburtstag, 1997
FS Stree und Wessels	Beiträge zur Rechtswissenschaft, FS für Walter Stree und Johannes Wessels zum 70. Geburtstag, 1993
FS Thieme	FS für Werner Thieme zum 70. Geburtstag, 1993
FS Ule	Verwaltung im Rechtsstaat, FS für Carl Hermann Ule zum 80. Geburtstag, 1987
FS Vogel	Staaten und Steuern, FS für Klaus Vogel zum 70. Geburtstag, 2000
FS Wacke	Verfassung, Verwaltung, Finanzen, FS für Gerhard Wacke zum 70. Geburtstag, 1972
FS Weber	Im Dienst an Staat und Recht, FS für Werner Weber zum 70. Geburtstag, 1974
FS Weyreuther	Baurecht – Aktuell, FS für Felix Weyreuther, 1993
FS Winkler	Staat und Recht, FS für Günther Winkler, 1997
FS Wolf	Recht und Rechtserkenntnis, FS für Ernst Wolf zum 70. Geburtstag, 1985
FS Wolff	Fortschritte des Verwaltungsrechts, FS für Hans J. Wolff zum 75. Geburtstag, 1973
FS Zeidler	FS für Wolfgang Zeidler, Bände 1 und 2, 1987; s. allgemein zu FSen u. ä. auch unter FG
FS von Zezschwitz	Selbstbestimmung und Gemeinwohl, FS zum 70. Geburtstag von Friedrich von Zezschwitz, 2005
Finkelnburg/Lässig	Finkelnburg, Klaus/Lässig, Kurt L. Verwaltungsverfahrensgesetz, Kommentar, 1. Lieferung (§§ 1–10), 1979
Finkelnburg/Ortloff	Finkelnburg, Klaus/Ortloff, Karsten-Michael, Öffentliches Baurecht, Band II: Bauordnungsrecht, Nachbarschutz und Rechtsschutz, 5. Aufl., 2005

Literatur

Flume	Flume, Werner, Allgemeiner Teil des Bürgerlichen Rechts, Zweiter Band: Das Rechtsgeschäft, 4. Aufl., 1992
Forsthoff	Forsthoff, Ernst, Lehrbuch des Verwaltungsrechts, Erster Band: Allgemeiner Teil, 10. Aufl., 1973
Forsthoff/Blümel	Forsthoff, Ernst/Blümel, Willi, Raumordnungsrecht und Fachplanungsrecht, 1970
GS	Gedächtnisschrift, Gedenkschrift
GS Grabitz	GS für Eberhard Grabitz, 1995
GS Jellinek	Forschungen und Berichte aus dem öffentlichen Recht, GS für Walter Jellinek, 12. Juli 1885–9. Juni 1955, 1955
GS Martens	GS für Wolfgang Martens, 1987
GS Trzaskalik	GS für Christoph Trzaskalik, 2005
Geiger	Geiger, Rudolf, EUV/EGV. Vertrag über die Europäische Union und Vertrag zur Gründung der Europäischen Gemeinschaft. Kommentar, 4. Aufl., 2004
GK AufenthG	Fritz, Roland (Hrsg.), Gemeinschaftskommentar zum Aufenthaltsgesetz, Loseblattausgabe, Stand: 18. Lieferung, Juni 2007
GK AuslR	Fritz, Roland (Hrsg.), Gemeinschaftskommentar zum Ausländerrecht, Loseblattausgabe, 2004 eingestellt, s. nunmehr GK AufenthG
GK-SGB X 1	s. Krause/von Mutius/Schnapp/Siewert
Grabitz/Hilf	Grabitz, Eberhard/Hilf, Meinhard (Hrsg.), Das Recht der Europäischen Union, Kommentar, Loseblattausgabe, Stand: 32. Lieferung, April 2007
von der Groeben	von der Groeben, Hans, Empfiehlt es sich, den Allgemeinen Teil des Verwaltungsrechts zu kodifizieren?, 1962
von der Groeben u. a.	von der Groeben, Hans/Schwarze, Jürgen (Hrsg.), Kommentar zum Vertrag über die Europäische Union und zur Gründung der Europäischen Gemeinschaft, Bände 1 bis 4, 6. Aufl. 2003/2004
von der Groeben/Knack	von der Groeben, Hans/Knack, Hans-Joachim, Allgemeines Verwaltungsgesetz für das Land Schleswig-Holstein, 1968
Haedrich	Haedrich, Heinz, Atomgesetz, 1986
Hailbronner u. a.	Hailbronner, Kay/Klein, Eckart/Magiera, Siegfried/Müller-Graff, Peter-Christian, Handkommentar zum Vertrag über die Europäische Union (EUV/EGV), Loseblattausgabe, Stand: 7. Lieferung, Nov. 1998 (eingestellt)
Hatje	Hatje, Armin, Die gemeinschaftsrechtliche Steuerung der Wirtschaftsverwaltung, 1998
Henke	Henke, Wilhelm, Das Recht der Wirtschaftssubventionen als öffentliches Vertragsrecht, 1979
Herdegen	Herdegen, Matthias, Europarecht, 9. Aufl., 2007
Hill, Das fehlerhafte Verfahren	Hill, Hermann, Das fehlerhafte Verfahren und seine Folgen im Verwaltungsrecht, 1986
Hill, Zehn Jahre VwVfG	Hill, Hermann, Zehn Jahre Verwaltungsverfahrensgesetz, 1987
Hobe	Hobe, Stephan, Europarecht, 3. Aufl. 2006
Höfer/Huhn	Höfer, Gerhard/Huhn, Diether, Allgemeines Urkundenrecht, 1968
Hömig	Hömig, Dieter (Hrsg.), Grundgesetz für die Bundesrepublik Deutschland, 8. Aufl. 2007
Hoffmann-Riem/Schmidt-Aßmann, Effizienz	Hoffmann-Riem, Wolfgang/Schmidt-Aßmann, Eberhard (Hrsg.), Effizienz als Herausforderung an das Verwaltungsrecht, 1998

Literatur

Hoffmann-Riem/Schmidt-Aßmann, Innovation	Hoffmann-Riem, Wolfgang/Schmidt-Aßmann, Eberhard (Hrsg.), Innovation und Flexibilität des Verwaltungshandelns, 1994
Hoffmann-Riem/Schmidt-Aßmann, Konfliktbewältigung	Hoffmann-Riem, Wolfgang/Schmidt-Aßmann, Eberhard (Hrsg.), Konfliktbewältigung durch Verhandlungen, Bände I und II, 1990
Hoffman-Riem/Schmidt-Aßmann, Verwaltungsverfahren	Hoffmann-Riem, Wolfgang/Schmidt-Aßmann, Eberhard (Hrsg.), Verwaltungsverfahren und Verwaltungsverfahrensgesetz, 2002
Hoffmann-Riem/Schmidt-Aßmann/Schuppert	Hoffmann-Riem, Wolfgang/Schmidt-Aßmann, Eberhard/Schuppert, Gunnar Folke (Hrsg.), Reform des Allgemeinen Verwaltungsrechts, Grundfragen, Band 1, 1993
Hoffmann-Riem/Schmidt-Aßmann/Voßkuhle	Hoffmann-Riem, Wolfgang/ Schmidt-Aßmann, Eberhard/Voßkuhle, Andreas (Hrsg.), Grundlagen des Verwaltungsrechts, Bd. I, 2006; Bd. II im Erscheinen (zit.: GVwR)
Hoppe	Hoppe, Werner (Hrsg.), Gesetz über die Umweltverträglichkeitsprüfung (UVPG), Kommentar, 2. Aufl. 2002
Hoppe/Schlarmann/Buchner	Hoppe, Werner/Schlarmann, Hans/Buchner, Reimar, Rechtsschutz bei der Planung von Straßen und anderen Verkehrsanlagen, 3. Aufl., 2001
Huber, Allg. VwR	Huber, Peter M., Allgemeines Verwaltungsrecht, 2. Aufl., 1997
Huber, Europarecht	Huber, Peter M., Recht der Europäischen Integration, 2. Aufl., 2002
Hübschmann/Hepp/Spitaler	Hübschmann, Walter (Begr.)/Söhn, Hartmut (Bearb.), Abgabenordnung Finanzgerichtsordnung, Loseblatt, Stand: 194. Lieferung, August 2007
Hufeld	Hufeld, Ulrich, Die Vertretung der Behörde, 2003
Hufen	Hufen, Friedhelm, Fehler im Verwaltungsverfahren, 4. Aufl., 2002
Hufen Verwaltungsprozessrecht	Hufen, Friedhelm, Verwaltungsprozessrecht, 6. Aufl., 2005
Ipsen	Ipsen, Jörn, Allgemeines Verwaltungsrecht, 4. Aufl., 2005
Isensee/Kirchhof	Isensee, Josef/Kirchhof, Paul (Hrsg.), Handbuch des Staatsrechts der Bundesrepublik Deutschland, Band I, 3. Aufl., 2003; Band II, 3. Aufl., 2004; Band III[1], 1988; Band III[3], 3. Aufl., 2005; Band IV[1], 2. Aufl., 1999; Band IV[3], 3. Aufl., 2006; Band V, 2. Aufl., 2000; Band VI, 2. Aufl., 2001; Band VII, 1992; Band VIII, 1995; Band IX, 1997, Bd. X, 2000 (zit.: HStR)
Jachmann	Jachmann, Monika, Die Fiktion im öffentlichen Recht, 1998
Jagusch/Hentschel	Jagusch, Heinrich/Hentschel, Peter, Straßenverkehrsrecht, 39. Aufl., 2007
Jansen	Jansen, Paul, FGG, Gesetz über die Angelegenheiten der freiwilligen Gerichtsbarkeit mit Nebengesetzen und bundes- und landesrechtlichen Ergänzungs- und Ausführungsvorschriften, 3. Bd., Beurkundungsgesetz, 2. Aufl., 1971
Jarass/Pieroth	Jarass, Hans D./Pieroth, Bodo, Grundgesetz für die Bundesrepublik Deutschland, Kommentar, 9. Aufl., 2007
Jastrow/Schlatmann	Informationsfreiheitsgesetz, Kommentar, 2006

Literatur

Jellinek	Jellinek, Walter, Verwaltungsrecht, 3. Aufl., 1931, unveränderter Nachdruck 1948, mit Nachtrag 1950
Jeserich/Pohl/von Unruh	Jeserich, Kurt G./Pohl, Hans/von Unruh, Georg-Christoph, Deutsche Verwaltungsgeschichte, Bände I bis VI, 1983–1988 (zit. DeutschVerwGesch)
Jessnitzer/Ulrich	Jessnitzer, Kurt/Ulrich, Jürgen, Der gerichtliche Sachverständige, 12. Aufl., 2007
Kadelbach	Kadelbach, Stefan, Allgemeines Verwaltungsrecht unter europäischem Einfluss, 1999
Kissel/Mayer	Kissel, Otto Rudolf/Mayer, Herbert, Gerichtsverfassungsgesetz: GVG, 4. Aufl. 2005
Klappstein	Klappstein, Walter, Rechtseinheit und Rechtsvielfalt im Verwaltungsrecht, 1994
Klappstein/von Unruh	Klappstein, Walter/von Unruh, Georg-Christoph, Rechtsstaatliche Verwaltung durch Gesetzgebung, 1987
Klein, AO	Klein, Franz, Abgabenordnung, 9. Aufl., 2006
Knack	Knack, Hans-Joachim (Begr.), Verwaltungsverfahrensgesetz, 8. Aufl. 2004
Koch/Rubel/Heselhaus	Koch, Hans-Joachim/Rubel, Rüdiger/Heselhaus, F. Sebastian M., Allgemeines Verwaltungsrecht, 3. Aufl., 2003
Koch/Scholtz	Koch, Karl (Hrsg.)/Scholtz, Rolf-Detlev, Abgabenordnung, 5. Aufl., 1996
König/von Oertzen/Wagener	König, Klaus/von Oertzen, Hans-Joachim, Öffentliche Verwaltung in der Bundesrepublik Deutschland, 1981
Kopp/Schenke	Kopp, Ferdinand/Schenke, Rüdiger, Verwaltungsgerichtsordnung, 14. Aufl., 2005
Kopp, VwPO-E	Welchen Anforderungen soll eine einheitliche Verwaltungsprozessordnung genügen, um im Rahmen einer funktionsfähigen Rechtspflege effektiven Rechtsschutz zu gewährleisten?, Gutachten B in Verh. des 54. DJT, Band I, 1982
Kopp/Ramsauer	Kopp, Ferdinand/Ramsauer, Ulrich, Verwaltungsverfahrensgesetz, 9. Aufl., 2005
Korber	Korber, Hans, Einteiliges Aufhebungs- und zweiteiliges Wiederaufgreifungsverfahren. Ein Beitrag zur Lehre von der Beseitigung belastender Verwaltungsakte durch die Verwaltung, 1983
Krämer	Krämer, Clemens, Vorläufiger Rechtsschutz in VwGO-Verfahren, Kommentierung der §§ 42, 47, 80, 80a, 80b, 123, 146 VwGO und des vorläufigen Rechtsschutzes in ausgewählten Bereichen des besonderen Verwaltungsrechts mit Antragmustern und Checklisten für die Rechtspraxis, 1998
Krause	Krause, Peter, Rechtsformen des Verwaltungshandelns. Überlegungen zu einem System der Handlungsformen der Verwaltung, mit Ausnahme der Rechtsetzung, 1974
Krause/von Mutius/Schnapp/Siewert	Krause, Peter/Mutius, Albert von/Schnapp, Friedrich E./Siewert, Joachim, Gemeinschaftskommentar zum Sozialgesetzbuch – Verwaltungsverfahren (GK-SGB X 1), 1991
Kühling/Herrmann	Kühling, Jürgen/Herrmann, Nikolaus, Fachplanungsrecht, 2. Aufl., 2000
Kuhla/Hüttenbrink	Kuhla, Wolfgang/Hüttenbrink, Jost, Der Verwaltungsprozess, 3. Aufl., 2002
Larenz	Larenz, Karl, Lehrbuch des Schuldrechts, Erster Band, Allgemeiner Teil, 14. Aufl., 1987
Laubinger	Laubinger, Hans-Werner, Der Verwaltungsakt mit Doppelwirkung, 1967

Literatur

Leibholz/Rinck/Hesselberger	Leibholz, Gerhard/Rinck, Hans-Justus/Hesselberger, Dieter (Hrsg.), Grundgesetz für die Bundesrepublik Deutschland. Kommentar an Hand der Rechtsprechung des Bundesverfassungsgerichts, Loseblattausgabe, Stand: 46. Lieferung, Juli 2007
Lemke	Lemke, Hanno-Dirk, Verwaltungsvollstreckungsrecht des Bundes und der Länder, 1997
Lenz/Borchardt	Lenz, Carl Otto/Borchardt, Klaus-Dieter (Hrsg.), EU- und EG-Vertrag, Kommentar, 4. Aufl. 2006
Lerche/Schmitt Glaeser/ Schmidt-Aßmann	Lerche, Peter/Schmitt Glaeser, Walter/Schmidt-Aßmann, Eberhard, Verfahren als staats- und verwaltungsrechtliche Kategorie, 1984
Linhart	Linhart, Helmut, Fristen und Termine im Verwaltungsrecht, 4. Aufl., 2006
Lisken/Denninger	Lisken, Hans/Denninger, Erhard (Hrsg.), Handbuch des Polizeirechts, 3. Aufl., 2001
Lorenz	Lorenz, Dieter, Verwaltungsprozeßrecht, 2000
Lueg/von Maydell/Ruland	Lueg, Heinz-Werner/Maydell, Bernd von/Ruland, Franz (Hrsg.), Gemeinschaftskommentar zum Sozialgesetzbuch – Gesetzliche Rentenversicherung (GK-SGB VI), Loseblattausgabe, Stand: 126. Lieferung, Mai 2007
v. Mangoldt/Klein	Mangoldt, Herrmann v./Klein, Friedrich, Das Bonner Grundgesetz, 2. Aufl. Bd. I 1957, Bd. II 1964, Bd. III 1974
v. Mangoldt/Klein/ Starck, 3. Aufl.	Mangoldt, Hermann v./Klein, Friedrich (Hrsg.) Das Bonner Grundgesetz, 3. Aufl. Bd. 1, 1985, Bd. 6, 1991, Bd. 8, 1996, Bd. 14, 1991
v. Mangoldt/Klein/Starck	Mangoldt, Hermann v./Klein, Friedrich/Starck, Christian, (Hrsg.) Kommentar zum Grundgesetz, 5. Aufl., Bände 1–3 2005
Marschall/Schroeter/Kastner	Marschall, Ernst A./Schroeter, Hans-Wolfgang/Kastner, Fritz (Begr.), Bundesfernstraßengesetz (FStrG), 6. Aufl. 2006
Martens	Martens, Joachim, Die Praxis des Verwaltungsverfahrens, 1985
Maunz/Dürig	Maunz, Theodor/Dürig, Günter/Herzog, Roman/Scholz, Rupert/Herdegen, Matthias/Klein, Hans H. i. V. m. Badura, Peter/Di Fabio, Udo/Grzeszick, Bernd/Korioth, Stefan/Lerche, Peter/Papier, Hans-Jürgen/Randelzhofer, Albrecht/Schmidt-Aßmann, Eberhard/Uhle, Arnd, Grundgesetz, Kommentar, Loseblattausgabe, Stand: 49. Lieferung, März 2007
Maurer	Maurer, Hartmut, Allgemeines Verwaltungsrecht, 16. Aufl., 2006
Mayer/Kopp	Mayer, Franz/Kopp, Ferdinand, Allgemeines Verwaltungsrecht, 5. Aufl., 1985
Mayer	Mayer, Otto, Deutsches Verwaltungsrecht, Erster Band, 3. Aufl., 1924
Menger	Menger, Christian-Friedrich, System des verwaltungsgerichtlichen Rechtsschutzes. Eine verwaltungsrechtliche und prozeßvergleichende Studie, 1954
Menger/Erichsen/ von Mutius/Krebs (HRRVwR)	Menger, Christian-Friedrich/Erichsen, Hans-Uwe/Mutius, Albert von/Krebs, Walter, Höchstrichterliche Rechtsprechung zum Verwaltungsrecht, ab 1971 (Krebs ab 1977)
Messerschmidt	Messerschmidt, Burkhard (Hrsg.), Deutsche Rechtspraxis, 1991
Meyer/Borgs	Meyer, Hans/Borgs-Maciejewski, Hermann, Verwaltungsverfahrensgesetz, 2. Aufl., 1982

Literatur

Meyer-Ladewig/Keller/Leitherer	Meyer-Ladewig, Jens/Keller, Wolfgang/Leitherer, Stephan, Kommentar, Sozialgerichtsgesetz, 8. Aufl., 2005
von Münch/Kunig	Münch, Ingo von/Kunig, Philip (Hrsg.), Grundgesetz-Kommentar, 3 Bände, 5. Aufl. 2000/2001/2003
von Mutius	Mutius, Albert von, Das Widerspruchsverfahren der VwGO als Verwaltungsverfahren und Prozessvoraussetzung, 1969
Niehues	Niehues, Norbert, Schul- und Prüfungsrecht, Band 1: Schulrecht, 4. Aufl., 2006; Band 2: Prüfungsrecht, 4. Aufl., 2004
Nierhaus	Nierhaus, Michael, Beweismaß und Beweislast. Untersuchungsgrundsatz und Beteiligtenmitwirkung im Verwaltungsprozess, 1989
Obermayer	Obermayer, Klaus, Kommentar zum Verwaltungsverfahrensgesetz, 3. Aufl., 1999
Obermayer, Verwaltungsakt	Obermayer, Klaus, Verwaltungsakt und innerdienstlicher Rechtsakt, 1956
Obermayer, Einführung	Obermayer, Klaus, Verwaltungsverfahrensgesetz. Einführung und Erläuterung, 1976
Obermayer, Verwaltungsrecht	Obermayer, Klaus, Grundzüge des Verwaltungsrechts und des Verwaltungsprozessrechts, 3. Aufl., 1988
Oerder	Oerder, Michael, Das Widerspruchsverfahren der Verwaltungsgerichtsordnung. Einordnung zwischen Verwaltungsverfahrens- und Verwaltungsprozessrecht, 1989
Oppermann	Oppermann, Thomas, Nach welchen rechtlichen Grundsätzen sind das öffentliche Schulwesen und die Stellung der an ihm Beteiligten zu ordnen?, Gutachten C in Verh. des 51. DJT, 1976
Oppermann, Europarecht	Oppermann, Thomas, Europarecht, 3. Aufl., 2005
Ossenbühl, Verwaltungsvorschriften	Ossenbühl, Fritz, Verwaltungsvorschriften und Grundgesetz, 1968
Ossenbühl, Gutachten	Ossenbühl, Fritz, Welche normativen Anforderungen stellt der Verfassungsgrundsatz des demokratischen Rechtsstaates an die planende staatliche Tätigkeit, dargestellt am Beispiel der Entwicklungsplanung?, Gutachten B, in Verh. des 50. DJT, Band I, 1974
Ossenbühl	Ossenbühl, Fritz, Staatshaftungsrecht, 5. Aufl., 1998
Palandt	Kommentar zum Bürgerlichen Gesetzbuch, 66. Aufl., 2007
Palauro	Palauro, Reiner, Haftungsrelevante Probleme der allgemeinen verwaltungsrechtlichen Zusage, Diss. Konstanz, 1983
Papier	Papier, Hans-Jürgen, Recht der öffentlichen Sachen, 3. Aufl., 1998
Peine	Peine, Franz-Joseph, Allgemeines Verwaltungsrecht, 8. Aufl., 2006
Peschau	Peschau, Hans-Hermann, Die Beweislast im Verwaltungsrecht. Zur Verteilung des Aufklärungsrisikos im Verwaltungsprozess, 1983
Pestalozza	Pestalozza, Christian von, Formenmissbrauch des Staates. Zu Figur und Folgen des „Rechtsmissbrauchs" und ihrer Anwendung auf staatliches Verhalten, 1973
Peters/Sautter/Wolff	Peters, Horst/Sautter, Theodor/Wolff, Richard, Kommentar zur Sozialgerichtsbarkeit, Loseblattausgabe, Stand: 82. Lieferung, Januar 2006
Pietzner/Ronellenfitsch	Pietzner, Rainer/Ronellenfitsch, Michael, Das Assessorexamen im öffentlichen Recht. Widerspruchsverfahren und Verwaltungsprozess, 11. Aufl., 2004

Literatur

Pitschas	Pitschas, Rainer, Verwaltungsverantwortung und Verwaltungsverfahren. Strukturprobleme, Funktionsbedingungen und Entwicklungsperspektiven eines konsensualen Verwaltungsrechts, 1990
Plog/Wiedow	Plog, Ernst/Wiedow, Alexander/Lemhöfer, Bernt/Bayer, Detlef, Kommentar zum Bundesbeamtengesetz mit Beamtenversorgungsgesetz, Loseblattausgabe, Stand: 273. Lieferung, August 2007
Posser/Wolff	Posser, Herbert/Wolff, Heinrich Amadeus, Beck'scher Online-Kommentar VwGO, Stand: 2. Edition, Juli 2007
Püttner	Püttner, Günter, Verwaltungslehre, 3. Aufl., 2000
Redeker/von Oertzen	Redeker, Konrad/von Oertzen, Hans-Joachim/Redeker, Martin/Kothe, Peter, Verwaltungsgerichtsordnung, 14. Aufl., 2005
Rehbinder	Rehbinder, Manfred, Rechtssoziologie, 6. Aufl., 2007
Remmert	Remmert, Barbara, Private Dienstleistungen in staatlichen Verwaltungsverfahren, 2003
Rengeling	Rengeling, Hans-Werner, Rechtsgrundsätze beim Verwaltungsvollzug des Europäischen Gemeinschaftsrechts. Zu den Grundlagen des Verwaltungsvollzuges sowie zur Theorie und Konkretisierung der Rechtsgrundsätze unter besonderer Berücksichtigung der Rechtsvergleichung, 1977
Rengeling/Middeke/Gellermann	Rengeling, Hans-Werner/Middeke, Andreas/Gellermann, Martin, Rechtsschutz in der Europäischen Union. Durchsetzung des Gemeinschaftsrechts vor europäischen und deutschen Gerichten, 2. Aufl., 2003
Rosenberg/Schwab/Gottwald	Rosenberg, Leo/Schwab, Karl Heinz/Gottwald, Peter, Zivilprozessrecht, 16. Aufl., 2004
Sachs, GG	Sachs, Michael (Hrsg.) Grundgesetz, 4. Auflage 2007
Salzwedel	Salzwedel, Jürgen, Die Grenzen der Zulässigkeit des öffentlich-rechtlichen Vertrags, 1958
Schäfer/Bonk	Schäfer, Alfred/Bonk, Heinz Joachim, Staatshaftungsgesetz, Kommentar, 1982
Schelter/Schelter	Schelter, Kurt (Hrsg.), Verwaltungsverfahren in Deutschland und Europa, Bände 1–5, Loseblatt-Kommentar, Stand: September 2006
Schenke	Schenke, Rüdiger, Verwaltungsprozessrecht, 10. Aufl., 2005
Schimmelpfennig	Schimmelpfennig, Hans U., Vorläufige Verwaltungsakte, 1989
Schimpf	Schimpf, Christian, Der verwaltungsrechtliche Vertrag unter besonderer Berücksichtigung seiner Rechtswidrigkeit, 1982
Schlette	Schette, Volker, Die Verwaltung als Vertragspartner, 2000
Schlichter Kommission	s. unter BMWi, Investitionsförderung
Schlichter/Stich/Driehaus	Schlichter, Otto/Stich, Rudolf/Driehaus, Hans-Joachim (Hrsg.), Berliner Kommentar zum Baugesetzbuch, 3. Aufl., 2002, Loseblatt, Stand: 8. Lieferung, Juli 2007
Schlink	Schlink, Bernhard, Die Amtshilfe. Ein Beitrag zu einer Lehre von der Gewaltenteilung in der Verwaltung, 1982
Schmidt-Aßmann	Schmidt-Aßmann, Eberhard, Das allgemeine Verwaltungsrecht als Ordnungsidee, 2. Aufl., 2004
Schmidt-Aßmann, BesVwR	Schmidt-Aßmann, Eberhard (Hrsg.), Besonderes Verwaltungsrecht, 13. Aufl., 2005
Schmidt-Aßmann/Hoffmann-Riem	Schmidt-Aßmann, Eberhard/Hoffmann-Riem, Wolfgang (Hrsg.), Strukturen des Europäischen Verwaltungsrechts, 1999
Schmidt-Aßmann/Hoffmann-Riem, Informationsgesellschaft	Schmidt-Aßmann, Eberhard/Hoffmann-Riem, Wolfgang (Hrsg.), Verwaltungsrecht in der Informationsgesellschaft, 2000

Literatur

Schmidt-Aßmann/Hoffmann-Riem, Verwaltungskontrolle	Schmidt-Aßmann, Eberhard/Hoffmann-Riem, Wolfgang (Hrsg.), Verwaltungskontrolle, 2001
Schmidt-de Caluwe	Schmidt-de Caluwe, Reimund, Der Verwaltungsakt in der Lehre Otto Mayers, 1999
Schmitt Glaeser/Horn	Schmitt Glaeser, Walter/Horn, Hans-Detlef, Verwaltungsprozessrecht, 16. Aufl., 2007
Schmidt-Räntsch	Schmidt-Räntsch, Gunther, Deutsches Richtergesetz, Richterwahlgesetz, 6. Aufl., 2007
Schnell	Schnell, Martin, Der Antrag im Verwaltungsverfahren, 1986
Schoch	Schoch, Friedrich (Hrsg.), Das Verwaltungsrecht als Element der europäischen Integration. Referate und Diskussionsbeiträge des Neunten Deutsch-Polnischen Verwaltungskolloquiums vom 5.–10. September 1994 in Tübingen, 1995
Schoch u. a.	Schoch, Friedrich/Schmidt-Aßmann, Eberhard/Pietzner, Rainer (Hrsg.), Verwaltungsgerichtsordnung, Kommentar, Loseblattausgabe, Stand: 14. Lieferung, Februar 2007
Schönke/Schröder	Schönke, Adolf/Schröder, Horst, Strafgesetzbuch, Kommentar, 27. Aufl., 2006
Schreiber	Schreiber, Wolfgang, Handbuch des Wahlrechts zum Deutschen Bundestag, 7. Aufl., 2002 mit Nachtrag 2005
Schroeder, Bindungswirkungen	Schroeder, Daniela, Bindungswirkungen von Entscheidungen nach Art. 249 Abs. 4 EG im Vergleich zu denen von Verwaltungsakten nach deutschem Recht, 2006
Schroeder-Printzen	s. von Wulffen
Schuppert	Schuppert, Gunnar Folke, Verwaltungswissenschaft, 2000
Schulze/Zuleeg	Schulze, Reiner/Zuleeg, Manfred (Hrsg.), Europarecht, Handbuch für die deutsche Rechtspraxis, 2006
Schwarze	Schwarze, Jürgen, Europäisches Verwaltungsrecht. Entstehung und Entwicklung im Rahmen der Europäischen Gemeinschaft, Bände I und II, 2. Aufl. 2005
Schwarze, Hrsg.	Schwarze, Jürgen (Hrsg.), Das Verwaltungsrecht unter europäischem Einfluss. Zur Kongruenz der mitgliedstaatlichen Verwaltungsrechtsordnungen in der Europäischen Union, 1996
Schwarze/Schmidt-Aßmann	Schwarze, Jürgen/Schmidt-Aßmann, Eberhard, Das Ausmaß der gerichtlichen Kontrolle im Wirtschaftsverwaltungs- und Umweltrecht. Vergleichende Studien zur Rechtslage in Deutschland, Frankreich, Griechenland und in der Europäischen Gemeinschaft, 1996
Schweickhardt/Vondung	Schweickhardt, Rudolf/Vondung, Ute (Hrsg.), Allgemeines Verwaltungsrecht, 8. Aufl., 2004
Schweitzer	Schweitzer, Michael (Hrsg.), Europäisches Verwaltungsrecht, 1991
Schweitzer/Hummer	Schweitzer, Michael/Hummer, Waldemar, Europarecht. Das Recht der Europäischen Union – Das Recht der Europäischen Gemeinschaften (EGKS, EG, EAG) – mit Schwerpunkt EG, 5. Aufl., 1996 mit Nachtrag 1999
Schwerdtfeger	Schwerdtfeger, Gunther, Öffentliches Recht in der Fallbearbeitung, 12. Aufl., 2004
Seifert/Hömig	Seifert, Karl-Heinz/Hömig, Dieter, Grundgesetz für die Bundesrepublik Deutschland, Taschenkommentar, 7. Aufl., 2003 (s. jetzt: Hömig [Hrsg.], 8. Aufl., 2007)
Sodan/Ziekow	Sodan, Helge/Ziekow, Jan (Hrsg.), Verwaltungsgerichtsordnung, Großkommentar, 2. Aufl., 2006

Literatur

Sodan/Ziekow, ÖR	Sodan, Helge/Ziekow, Jan (Hrsg.), Grundkurs Öffentliches Recht, 2. Aufl., 2007
Soergel/Siebert	Soergel, Hans Theodor (Begr.)/Siebert, W., Bürgerliches Gesetzbuch mit Einführungsgesetz und Nebengesetzen, 13. Aufl., 1999 ff.
Stein/Jonas	Stein, Friedrich/Jonas, Martin, Kommentar zur Zivilprozessordnung, 22. Aufl., 2002 ff.
Steiner	Steiner, Udo (Hrsg.), Besonderes Verwaltungsrecht, 8. Aufl., 2006
Stelkens, VwVf	Stelkens, Paul, Verwaltungsverfahren, 1991
Stelkens, Verwaltungshaftungsrecht	Stelkens, Ulrich, Verwaltungshaftungsrecht, 1998
Stelkens, Verwaltungsprivatrecht	Stelkens, Ulrich, Verwaltungsprivatrecht, 2005
Stern, Staatsrecht	Stern, Klaus, Das Staatsrecht der Bundesrepublik Deutschland, Bd. I, 2. Aufl., 1984; Bd. II, 1980; Bd. III/1 (unter Mitwirkung von Sachs, Michael), 1988; Bd III/2 (unter Mitwirkung von Sachs, Michael), 1994, Bd. IV/1 (unter Mitwirkung von Sachs, Michael u. Dietlein, Johannes), 2006; Bd. V, 2000
Stern, Verwaltungsprozessuale Probleme	Stern, Klaus, Verwaltungsprozessuale Probleme in der öffentlich-rechtlichen Arbeit, 8. Aufl., 2000
Stober	Stober, Rolf, Kommunalrecht in der Bundesrepublik Deutschland, 3. Aufl., 1996
Streinz	EUV/EGV, 2003
Streinz, Europarecht	Streinz, Rudolf, Europarecht, 7. Aufl., 2005
Thomas/Putzo	Thomas, Heinz/Putzo, Hans, Zivilprozessordnung mit Gerichtsverfassungsgesetz, den Einführungsgesetzen und europarechtlichen Vorschriften, Kommentar, 28. Aufl., 2007
Tegethoff	Tegethoff, Carsten, Nebenbestimmungen in umweltrechtlichen Zulassungsentscheidungen, 2001
Tettinger	Tettinger, Peter J., Fairneß und Waffengleichheit. Rechtsstaatliche Direktiven für Prozess- und Verwaltungsverfahren, 1984
Tettinger/Erbguth/Mann	Tettinger, Peter J./Erbguth, Wilfried/Mann, Thomas, Besonderes Verwaltungsrecht, 9. Aufl., 2007
Tettinger/Stern	Tettinger, Peter J./Stern, Klaus (Hrsg.), Kölner Gemeinschaftskommentar zur Europäischen Grundrechte-Charta, 2006
Tettinger/Wahrendorf	Tettinger, Peter J./Wahrendorf, Volker, Verwaltungsprozeßrecht, 3. Aufl. 2005
Thieme	Thieme, Werner, Einführung in die Verwaltungslehre, 1995
Tipke/Kruse	Tipke, Klaus/Kruse, Heinrich W., Abgabenordnung, Finanzgerichtsordnung: Kommentar zur AO (ohne Steuerstrafrecht) und FGO, Loseblattausgabe, Stand: 112. Lieferung, Mai 2007
Trzaskalik	Trzaskalik, Christoph, Das Widerspruchsverfahren der Verwaltungsgerichtsordnung im Lichte der Allgemeinen Prozessrechtslehre, 1972
Ule, Verwaltungsgerichtsbarkeit	Ule, Carl Hermann, Verwaltungsgerichtsbarkeit, 2. Aufl., 1962
Ule, Probleme	Ule, Carl Hermann, Probleme des Verwaltungsverfahrensrechts in der Bundesrepublik Deutschland, veröffentlichter Vortrag in der Panteios Hochschule Athen, 1974
Ule, Verwaltungsprozeßrecht	Ule, Carl Hermann, Verwaltungsprozeßrecht, 9. Aufl., 1987
Ule/Becker	Ule, Carl Hermann/Becker, Hans, Verwaltungsverfahren im Rechtsstaat – Bemerkungen zum Musterentwurf eines Verwaltungsverfahrensgesetzes, 1964
Ule/Laubinger, Gutachten	Ule, Carl Hermann/Laubinger, Hans Werner, Empfehlen sich unter dem Gesichtspunkt der Gewährleistung notwendigen

Literatur

	Umweltschutzes ergänzende Regelungen im Verwaltungsverfahrens- und Verwaltungsprozessrecht?, Gutachten B, in Verh. des 52. DJT, Band I, 1978
Ule/Laubinger	Ule, Carl Hermann/Laubinger, Hans Werner, Verwaltungsverfahrensrecht, 4. Aufl., 1995
Ule/Laubinger, BImschG	Ule, Carl Hermann/Laubinger, Hans Werner, Bundes-Immissionsschutzgesetz, Kommentar, Loseblattausgabe, Stand: 152. Lieferung, Juni 2007
Volkmar	Volkmar, Dieter, Allgemeiner Rechtssatz und Einzelakt. Versuch einer begrifflichen Abgrenzung, 1962
Wagner	Wagner, Michael A., Die Genehmigung umweltrelevanter Vorhaben in parallelen und konzentrierten Verfahren, 1987
Wahl, Herausforderungen	Herausforderungen und Antworten: Das Öffentliche Recht der letzten fünf Jahrzehnte, 2006
Waldhausen	Waldhausen, Hubertus, Verwaltungsverfahrensgesetz Nordrhein-Westfalen, Kommentar, 2. Aufl., 1990
Waldhausen	Waldhausen, Hubertus, Verwaltungsverfahrensgesetz Brandenburg, 1994
de Wall	Wall, Heinrich de, Die Anwendbarkeit privatrechtlicher Vorschriften im Verwaltungsrecht, 1999
Wallerath	Wallerath, Maximilian, Allgemeines Verwaltungsrecht, 5. Aufl., 2005
Walter/Mayer	Walter, Robert/Mayer, Heinz, Grundriss des österreichischen Verwaltungsverfahrensrechts, 8. Aufl., 2003
Weides	Weides, Peter, Verwaltungsverfahren und Widerspruchsverfahren, 3. Aufl., 1993
Weyreuther, Revisionszulassung	Weyreuther, Felix, Revisionszulassung und Nichtzulassungsbeschwerde in der Rechtsprechung der obersten Bundesgerichte, 1971
Weyreuther, Verbandsklage	Weyreuther, Felix, Verwaltungskontrolle durch Verbände? Argumente gegen die verwaltungsgerichtliche Verbandsklage im Umweltrecht, 1975
Wilms/Masing/Jochum	Wilms, Heinrich/Masing, Johannes/Jochum, Georg, Telekommunikationsgesetz, Kommentar und Vorschriftensamm-lung, Loseblattausgabe, Stand: 7. Lieferung, Dezember 2006
Witte	Witte, Peter, Hrsg., Zollkodex, 4. Aufl., 2006
Wolff I	Wolff, Hans J., Verwaltungsrecht I, 8. Aufl. 1971
Wolff/Bachof II	Wolff, Hans J./Bachof, Otto, Verwaltungsrecht II, 4. Aufl. 1976
Wolff/Bachof III	Wolff, Hans J./Bachof, Otto, Verwaltungsrecht III (Ordnungs-, Leistungs- und Verwaltungsverfahrensrecht), 4. Aufl., 1978
Wolff/Bachof/Stober 1	Wolff, Hans J./Bachof, Otto/Stober, Rolf, Verwaltungsrecht, Band 1, 11. Aufl., 1999; Teilband 2, 6. Aufl., 2000
Wolff/Bachof/Stober 2	Wolff, Hans J./Bachof, Otto/Stober, Rolf, Verwaltungsrecht, Band 2, 6. Aufl., 2000
Wolff/Bachof/Stober 3	Wolff, Hans J./Bachof, Otto/Stober, Rolf, Verwaltungsrecht, Band 3, 5. Aufl., 2004
Wolff/Bachof/Stober I	Wolff, Hans J./Bachof, Otto/Stober, Rolf, Verwaltungsrecht I, 10. Aufl., 1994
Wolff/Bachof/Stober II, 5. Aufl.	Wolff, Hans J./Bachof, Otto/Stober, Rolf, Verwaltungsrecht II (Besonderes Organisations- und Dienstrecht), 5. Aufl., 1987
Wolff/Bachof u. a. I	Wolff, Hans J./Bachof, Otto/Stober, Rolf/Kluth, Winfried, Verwaltungsrecht I, 12. Aufl., 2007
Wolff/Decker	Wolff, Heinrich Amadeus/Decker, Andreas, Studienkommentar VwGO VwVfG, 2. Aufl., 2007

Literatur

von Wulffen	von Wulffen, Matthias (Hrsg.), Sozialverwaltungsverfahren und Sozialdatenschutz, Kommentar, 5. Aufl., 2005 (bis zur 3. Aufl. Hrsg. Schroeder-Printzen, Günther)
Würtenberger	Würtenberger, Thomas, Verwaltungsprozessrecht, 2. Aufl., 2006
Ziekow	Ziekow, Jan, Verwaltungsverfahrensgesetz, Kommentar, 2006
Ziemer/Birkholtz	Ziemer, Herbert/Birkholtz, Hans, Finanzgerichtsordnung mit ergänzenden Vorschriften, 3. Aufl., 1978
Zöller	Zöller, Richard, Zivilprozessordnung , 26. Aufl., 2007

Erster Teil. Gesetzestext

Verwaltungsverfahrensgesetz (VwVfG)

In der Fassung der Bekanntmachung vom 23. Januar 2003[1]) (BGBl. I S. 102)

FNA 201–6

geänd. durch Art. 4 Abs. 8 KostenrechtsmodernisierungsG v. 5. 5. 2004 (BGBl. I S. 718)

Inhaltsübersicht

Teil I. Anwendungsbereich, örtliche Zuständigkeit, elektronische Kommunikation, Amtshilfe §§

Anwendungsbereich	1
Ausnahmen vom Anwendungsbereich	2
Örtliche Zuständigkeit	3
Elektronische Kommunikation	3 a
Amtshilfepflicht	4
Voraussetzungen und Grenzen der Amtshilfe	5
Auswahl der Behörde	6
Durchführung der Amtshilfe	7
Kosten der Amtshilfe	8

Teil II. Allgemeine Vorschriften über das Verwaltungsverfahren

Abschnitt 1. Verfahrensgrundsätze

Begriff des Verwaltungsverfahrens	9
Nichtförmlichkeit des Verwaltungsverfahrens	10
Beteiligungsfähigkeit	11
Handlungsfähigkeit	12
Beteiligte	13
Bevollmächtigte und Beistände	14
Bestellung eines Empfangsbevollmächtigten	15
Bestellung eines Vertreters von Amts wegen	16
Vertreter bei gleichförmigen Eingaben	17
Vertreter für Beteiligte bei gleichem Interesse	18
Gemeinsame Vorschriften für Vertreter bei gleichförmigen Eingaben und bei gleichem Interesse	19
Ausgeschlossene Personen	20
Besorgnis der Befangenheit	21
Beginn des Verfahrens	22
Amtssprache	23
Untersuchungsgrundsatz	24
Beratung, Auskunft	25
Beweismittel	26
Versicherung an Eides statt	27
Anhörung Beteiligter	28
Akteneinsicht durch Beteiligte	29
Geheimhaltung	30

Abschnitt 2. Fristen, Termine, Wiedereinsetzung

Fristen und Termine	31
Wiedereinsetzung in den vorigen Stand	32

Abschnitt 3. Amtliche Beglaubigung

Beglaubigung von Dokumenten	33
Beglaubigung von Unterschriften	34

Teil III. Verwaltungsakt

Abschnitt 1. Zustandekommen des Verwaltungsaktes

Begriff des Verwaltungsaktes	35
Nebenbestimmungen zum Verwaltungsakt	36
Bestimmtheit und Form des Verwaltungsaktes	37
Zusicherung	38

---

[1]) Neubekanntmachung des VwVfG idF der Bek. v. 21. 9. 1998 (BGBl. I S. 3050) in der ab 1. 2. 2003 geltenden Fassung.

Text

Verwaltungsverfahrensgesetz

	§§
Begründung des Verwaltungsaktes	39
Ermessen	40
Bekanntgabe des Verwaltungsaktes	41
Offenbare Unrichtigkeiten im Verwaltungsakt	42

Abschnitt 2. Bestandskraft des Verwaltungsaktes

Wirksamkeit des Verwaltungsaktes	43
Nichtigkeit des Verwaltungsaktes	44
Heilung von Verfahrens- und Formfehlern	45
Folgen von Verfahrens- und Formfehlern	46
Umdeutung eines fehlerhaften Verwaltungsaktes	47
Rücknahme eines rechtswidrigen Verwaltungsaktes	48
Widerruf eines rechtmäßigen Verwaltungsaktes	49
Erstattung, Verzinsung	49a
Rücknahme und Widerruf im Rechtsbehelfsverfahren	50
Wiederaufgreifen des Verfahrens	51
Rückgabe von Urkunden und Sachen	52

Abschnitt 3. Verjährungsrechtliche Wirkungen des Verwaltungsaktes

Hemmung der Verjährung durch Verwaltungsakt	53

Teil IV. Öffentlich-rechtlicher Vertrag

Zulässigkeit des öffentlich-rechtlichen Vertrags	54
Vergleichsvertrag	55
Austauschvertrag	56
Schriftform	57
Zustimmung von Dritten und Behörden	58
Nichtigkeit des öffentlich-rechtlichen Vertrags	59
Anpassung und Kündigung in besonderen Fällen	60
Unterwerfung unter die sofortige Vollstreckung	61
Ergänzende Anwendung von Vorschriften	62

Teil V. Besondere Verfahrensarten

Abschnitt 1. Förmliches Verwaltungsverfahren

Anwendung der Vorschriften über das förmliche Verwaltungsverfahren	63
Form des Antrags	64
Mitwirkung von Zeugen und Sachverständigen	65
Verpflichtung zur Anhörung von Beteiligten	66
Erfordernis der mündlichen Verhandlung	67
Verlauf der mündlichen Verhandlung	68
Entscheidung	69
Anfechtung der Entscheidung	70
Besondere Vorschriften für das förmliche Verfahren vor Ausschüssen	71

Abschnitt 1 a. Beschleunigung von Genehmigungsverfahren

Anwendbarkeit	71 a
Zügigkeit des Genehmigungsverfahrens	71 b
Beratung und Auskunft	71 c
Sternverfahren	71 d
Antragskonferenz	71 e

Abschnitt 2. Planfeststellungsverfahren

Anwendung der Vorschriften über das Planfeststellungsverfahren	72
Anhörungsverfahren	73
Planfeststellungsbeschluss, Plangenehmigung	74
Rechtswirkungen der Planfeststellung	75
Planänderungen vor Fertigstellung des Vorhabens	76
Aufhebung des Planfeststellungsbeschlusses	77
Zusammentreffen mehrerer Vorhaben	78

Teil VI. Rechtsbehelfsverfahren

Rechtsbehelfe gegen Verwaltungsakte	79
Erstattung von Kosten im Vorverfahren	80

Teil VII. Ehrenamtliche Tätigkeit, Ausschüsse

Abschnitt 1. Ehrenamtliche Tätigkeit

Anwendung der Vorschriften über die ehrenamtliche Tätigkeit	81
Pflicht zu ehrenamtlicher Tätigkeit	82

Teil I. Anwendungsber., örtl. Zuständigk., elektr. Kommunikation, Amtshilfe **Text**

	§§
Ausübung ehrenamtlicher Tätigkeit	83
Verschwiegenheitspflicht	84
Entschädigung	85
Abberufung	86
Ordnungswidrigkeiten	87

Abschnitt 2. Ausschüsse

Anwendung der Vorschriften über Ausschüsse	88
Ordnung in den Sitzungen	89
Beschlussfähigkeit	90
Beschlussfassung	91
Wahlen durch Ausschüsse	92
Niederschrift	93

Teil VIII. Schlussvorschriften

Übertragung gemeindlicher Aufgaben	94
Sonderregelung für Verteidigungsangelegenheiten	95
Überleitung von Verfahren	96
(weggefallen)	97
(weggefallen)	98
(weggefallen)	99
Landesgesetzliche Regelungen	100
Stadtstaatenklausel	101
Übergangsvorschrift zu § 53	102
(Inkrafttreten)	103

Teil I. Anwendungsbereich, örtliche Zuständigkeit, elektronische Kommunikation, Amtshilfe

§ 1 Anwendungsbereich. (1) Dieses Gesetz gilt für die öffentlich-rechtliche Verwaltungstätigkeit der Behörden

1. des Bundes, der bundesunmittelbaren Körperschaften, Anstalten und Stiftungen des öffentlichen Rechts,
2. der Länder, der Gemeinden und Gemeindeverbände, der sonstigen der Aufsicht des Landes unterstehenden juristischen Personen des öffentlichen Rechts, wenn sie Bundesrecht im Auftrag des Bundes ausführen,

soweit nicht Rechtsvorschriften des Bundes inhaltsgleiche oder entgegenstehende Bestimmungen enthalten.

(2) ¹Dieses Gesetz gilt auch für die öffentlich-rechtliche Verwaltungstätigkeit der in Absatz 1 Nr. 2 bezeichneten Behörden, wenn die Länder Bundesrecht, das Gegenstände der ausschließlichen oder konkurrierenden Gesetzgebung des Bundes betrifft, als eigene Angelegenheit ausführen, soweit nicht Rechtsvorschriften des Bundes inhaltsgleiche oder entgegenstehende Bestimmungen enthalten. ²Für die Ausführung von Bundesgesetzen, die nach Inkrafttreten dieses Gesetzes erlassen werden, gilt dies nur, soweit die Bundesgesetze mit Zustimmung des Bundesrates dieses Gesetz für anwendbar erklären.

(3) Für die Ausführung von Bundesrecht durch die Länder gilt dieses Gesetz nicht, soweit die öffentlich-rechtliche Verwaltungstätigkeit der Behörden landesrechtlich durch ein Verwaltungsverfahrensgesetz geregelt ist.

(4) Behörde im Sinne dieses Gesetzes ist jede Stelle, die Aufgaben der öffentlichen Verwaltung wahrnimmt.

§ 2 Ausnahmen vom Anwendungsbereich. (1) Dieses Gesetz gilt nicht für die Tätigkeit der Kirchen, der Religionsgesellschaften und Weltanschauungsgemeinschaften sowie ihrer Verbände und Einrichtungen.

(2) Dieses Gesetz gilt ferner nicht für

1. Verfahren der Bundes- oder Landesfinanzbehörden nach der Abgabenordnung,

2. die Strafverfolgung, die Verfolgung und Ahndung von Ordnungswidrigkeiten, die Rechtshilfe für das Ausland in Straf- und Zivilsachen und, unbeschadet des § 80 Abs. 4, für Maßnahmen des Richterdienstrechts,
3. Verfahren vor dem Deutschen Patent- und Markenamt und den bei diesem errichteten Schiedsstellen,
4. Verfahren nach dem Sozialgesetzbuch,
5. das Recht des Lastenausgleichs,
6. das Recht der Wiedergutmachung.

(3) Für die Tätigkeit
1. der Gerichtsverwaltungen und der Behörden der Justizverwaltung einschließlich der ihrer Aufsicht unterliegenden Körperschaften des öffentlichen Rechts gilt dieses Gesetz nur, soweit die Tätigkeit der Nachprüfung im Verfahren vor den Gerichten der Verwaltungsgerichtsbarkeit unterliegt;
2. der Behörden bei Leistungs-, Eignungs- und ähnlichen Prüfungen von Personen gelten nur die §§ 3a bis 13, 20 bis 27, 29 bis 38, 40 bis 52, 79, 80 und 96;
3. der Vertretungen des Bundes im Ausland gilt dieses Gesetz nicht.

§ 3 Örtliche Zuständigkeit. (1) Örtlich zuständig ist
1. in Angelegenheiten, die sich auf unbewegliches Vermögen oder ein ortsgebundenes Recht oder Rechtsverhältnis beziehen, die Behörde, in deren Bezirk das Vermögen oder der Ort liegt;
2. in Angelegenheiten, die sich auf den Betrieb eines Unternehmens oder einer seiner Betriebsstätten, auf die Ausübung eines Berufs oder auf eine andere dauernde Tätigkeit beziehen, die Behörde, in deren Bezirk das Unternehmen oder die Betriebsstätte betrieben oder der Beruf oder die Tätigkeit ausgeübt wird oder werden soll;
3. in anderen Angelegenheiten, die
   a) eine natürliche Person betreffen, die Behörde, in deren Bezirk die natürliche Person ihren gewöhnlichen Aufenthalt hat oder zuletzt hatte,
   b) eine juristische Person oder eine Vereinigung betreffen, die Behörde, in deren Bezirk die juristische Person oder die Vereinigung ihren Sitz hat oder zuletzt hatte;
4. in Angelegenheiten, bei denen sich die Zuständigkeit nicht aus den Nummern 1 bis 3 ergibt, die Behörde, in deren Bezirk der Anlass für die Amtshandlung hervortritt.

(2) [1] Sind nach Absatz 1 mehrere Behörden zuständig, so entscheidet die Behörde, die zuerst mit der Sache befasst worden ist, es sei denn, die gemeinsame fachlich zuständige Aufsichtsbehörde bestimmt, dass eine andere örtlich zuständige Behörde zu entscheiden hat. [2] Sie kann in den Fällen, in denen eine gleiche Angelegenheit sich auf mehrere Betriebsstätten eines Betriebs oder Unternehmens bezieht, eine der nach Absatz 1 Nr. 2 zuständigen Behörden als gemeinsame zuständige Behörde bestimmen, wenn dies unter Wahrung der Interessen der Beteiligten zur einheitlichen Entscheidung geboten ist. [3] Diese Aufsichtsbehörde entscheidet ferner über die örtliche Zuständigkeit, wenn sich mehrere Behörden für zuständig oder für unzuständig halten oder wenn die Zuständigkeit aus anderen Gründen zweifelhaft ist. [4] Fehlt eine gemeinsame Aufsichtsbehörde, so treffen die fachlich zuständigen Aufsichtsbehörden die Entscheidung gemeinsam.

(3) Ändern sich im Lauf des Verwaltungsverfahrens die die Zuständigkeit begründenden Umstände, so kann die bisher zuständige Behörde das Verwaltungsverfahren fortführen, wenn dies unter Wahrung der Interessen der Beteiligten der einfachen und zweckmäßigen Durchführung des Verfahrens dient und die nunmehr zuständige Behörde zustimmt.

(4) [1] Bei Gefahr im Verzug ist für unaufschiebbare Maßnahmen jede Behörde örtlich zuständig, in deren Bezirk der Anlass für die Amtshandlung hervortritt. [2] Die nach Absatz 1 Nr. 1 bis 3 örtlich zuständige Behörde ist unverzüglich zu unterrichten.

§ 3a Elektronische Kommunikation. (1) Die Übermittlung elektronischer Dokumente ist zulässig, soweit der Empfänger hierfür einen Zugang eröffnet.

(2) [1] Eine durch Rechtsvorschrift angeordnete Schriftform kann, soweit nicht durch Rechtsvorschrift etwas anderes bestimmt ist, durch die elektronische Form ersetzt werden. [2] In diesem Fall ist das elektronische Dokument mit einer qualifizierten elektronischen Signatur nach dem Signa-

turgesetz zu versehen. ³Die Signierung mit einem Pseudonym, das die Identifizierung der Person des Signaturschlüsselinhabers nicht ermöglicht, ist nicht zulässig.

(3) ¹Ist ein der Behörde übermitteltes elektronisches Dokument für sie zur Bearbeitung nicht geeignet, teilt sie dies dem Absender unter Angabe der für sie geltenden technischen Rahmenbedingungen unverzüglich mit. ²Macht ein Empfänger geltend, er könne das von der Behörde übermittelte elektronische Dokument nicht bearbeiten, hat sie es ihm erneut in einem geeigneten elektronischen Format oder als Schriftstück zu übermitteln.

§ 4 Amtshilfepflicht. (1) Jede Behörde leistet anderen Behörden auf Ersuchen ergänzende Hilfe (Amtshilfe).

(2) Amtshilfe liegt nicht vor, wenn
1. Behörden einander innerhalb eines bestehenden Weisungsverhältnisses Hilfe leisten;
2. die Hilfeleistung in Handlungen besteht, die der ersuchten Behörde als eigene Aufgabe obliegen.

§ 5 Voraussetzungen und Grenzen der Amtshilfe. (1) Eine Behörde kann um Amtshilfe insbesondere dann ersuchen, wenn sie
1. aus rechtlichen Gründen die Amtshandlung nicht selbst vornehmen kann;
2. aus tatsächlichen Gründen, besonders weil die zur Vornahme der Amtshandlung erforderlichen Dienstkräfte oder Einrichtungen fehlen, die Amtshandlung nicht selbst vornehmen kann;
3. zur Durchführung ihrer Aufgaben auf die Kenntnis von Tatsachen angewiesen ist, die ihr unbekannt sind und die sie selbst nicht ermitteln kann;
4. zur Durchführung ihrer Aufgaben Urkunden oder sonstige Beweismittel benötigt, die sich im Besitz der ersuchten Behörde befinden;
5. die Amtshandlung nur mit wesentlich größerem Aufwand vornehmen könnte als die ersuchte Behörde.

(2) ¹Die ersuchte Behörde darf Hilfe nicht leisten, wenn
1. sie hierzu aus rechtlichen Gründen nicht in der Lage ist;
2. durch die Hilfeleistung dem Wohl des Bundes oder eines Landes erhebliche Nachteile bereitet würden.

²Die ersuchte Behörde ist insbesondere zur Vorlage von Urkunden oder Akten sowie zur Erteilung von Auskünften nicht verpflichtet, wenn die Vorgänge nach einem Gesetz oder ihrem Wesen nach geheim gehalten werden müssen.

(3) Die ersuchte Behörde braucht Hilfe nicht zu leisten, wenn
1. eine andere Behörde die Hilfe wesentlich einfacher oder mit wesentlich geringerem Aufwand leisten kann;
2. sie die Hilfe nur mit unverhältnismäßig großem Aufwand leisten könnte;
3. sie unter Berücksichtigung der Aufgaben der ersuchenden Behörde durch die Hilfeleistung die Erfüllung ihrer eigenen Aufgaben ernstlich gefährden würde.

(4) Die ersuchte Behörde darf die Hilfe nicht deshalb verweigern, weil sie das Ersuchen aus anderen als den in Absatz 3 genannten Gründen oder weil sie die mit der Amtshilfe zu verwirklichende Maßnahme für unzweckmäßig hält.

(5) ¹Hält die ersuchte Behörde sich zur Hilfe nicht für verpflichtet, so teilt sie der ersuchenden Behörde ihre Auffassung mit. ²Besteht diese auf der Amtshilfe, so entscheidet über die Verpflichtung zur Amtshilfe die gemeinsame fachlich zuständige Aufsichtsbehörde oder, sofern eine solche nicht besteht, die für die ersuchte Behörde fachlich zuständige Aufsichtsbehörde.

§ 6 Auswahl der Behörde. Kommen für die Amtshilfe mehrere Behörden in Betracht, so soll nach Möglichkeit eine Behörde der untersten Verwaltungsstufe des Verwaltungszweigs ersucht werden, dem die ersuchende Behörde angehört.

§ 7 Durchführung der Amtshilfe. (1) Die Zulässigkeit der Maßnahme, die durch die Amtshilfe verwirklicht werden soll, richtet sich nach dem für die ersuchende Behörde, die Durchführung der Amtshilfe nach dem für die ersuchte Behörde geltenden Recht.

(2) ¹Die ersuchende Behörde trägt gegenüber der ersuchten Behörde die Verantwortung für die Rechtmäßigkeit der zu treffenden Maßnahme. ²Die ersuchte Behörde ist für die Durchführung der Amtshilfe verantwortlich.

§ 8 Kosten der Amtshilfe. (1) ¹Die ersuchende Behörde hat der ersuchten Behörde für die Amtshilfe keine Verwaltungsgebühr zu entrichten. ²Auslagen hat sie der ersuchten Behörde auf Anforderung zu erstatten, wenn sie im Einzelfall 35 Euro übersteigen. ³Leisten Behörden desselben Rechtsträgers einander Amtshilfe, so werden die Auslagen nicht erstattet.

(2) Nimmt die ersuchte Behörde zur Durchführung der Amtshilfe eine kostenpflichtige Amtshandlung vor, so stehen ihr die von einem Dritten hierfür geschuldeten Kosten (Verwaltungsgebühren, Benutzungsgebühren und Auslagen) zu.

Teil II. Allgemeine Vorschriften über das Verwaltungsverfahren

Abschnitt 1. Verfahrensgrundsätze

§ 9 Begriff des Verwaltungsverfahrens. Das Verwaltungsverfahren im Sinne dieses Gesetzes ist die nach außen wirkende Tätigkeit der Behörden, die auf die Prüfung der Voraussetzungen, die Vorbereitung und den Erlass eines Verwaltungsaktes oder auf den Abschluss eines öffentlich-rechtlichen Vertrags gerichtet ist; es schließt den Erlass des Verwaltungsaktes oder den Abschluss des öffentlich-rechtlichen Vertrags ein.

§ 10 Nichtförmlichkeit des Verwaltungsverfahrens. ¹Das Verwaltungsverfahren ist an bestimmte Formen nicht gebunden, soweit keine besonderen Rechtsvorschriften für die Form des Verfahrens bestehen. ²Es ist einfach, zweckmäßig und zügig durchzuführen.

§ 11 Beteiligungsfähigkeit. Fähig am Verfahren beteiligt zu sein, sind
1. natürliche und juristische Personen,
2. Vereinigungen, soweit ihnen ein Recht zustehen kann,
3. Behörden.

§ 12 Handlungsfähigkeit. (1) Fähig zur Vornahme von Verfahrenshandlungen sind
1. natürliche Personen, die nach bürgerlichem Recht geschäftsfähig sind,
2. natürliche Personen, die nach bürgerlichem Recht in der Geschäftsfähigkeit beschränkt sind, soweit sie für den Gegenstand des Verfahrens durch Vorschriften des bürgerlichen Rechts als geschäftsfähig oder durch Vorschriften des öffentlichen Rechts als handlungsfähig anerkannt sind,
3. juristische Personen und Vereinigungen (§ 11 Nr. 2) durch ihre gesetzlichen Vertreter oder durch besonders Beauftragte,
4. Behörden durch ihre Leiter, deren Vertreter oder Beauftragte.

(2) Betrifft ein Einwilligungsvorbehalt nach § 1903 des Bürgerlichen Gesetzbuchs den Gegenstand des Verfahrens, so ist ein geschäftsfähiger Betreuter nur insoweit zur Vornahme von Verfahrenshandlungen fähig, als er nach den Vorschriften des bürgerlichen Rechts ohne Einwilligung des Betreuers handeln kann oder durch Vorschriften des öffentlichen Rechts als handlungsfähig anerkannt ist.

(3) Die §§ 53 und 55 der Zivilprozessordnung gelten entsprechend.

§ 13 Beteiligte. (1) Beteiligte sind
1. Antragsteller und Antragsgegner,
2. diejenigen, an die die Behörde den Verwaltungsakt richten will oder gerichtet hat,
3. diejenigen, mit denen die Behörde einen öffentlich-rechtlichen Vertrag schließen will oder geschlossen hat,
4. diejenigen, die nach Absatz 2 von der Behörde zu dem Verfahren hinzugezogen worden sind.

(2) ¹Die Behörde kann von Amts wegen oder auf Antrag diejenigen, deren rechtliche Interessen durch den Ausgang des Verfahrens berührt werden können, als Beteiligte hinzuziehen. ²Hat der Ausgang des Verfahrens rechtsgestaltende Wirkung für einen Dritten, so ist dieser auf Antrag als Beteiligter zu dem Verfahren hinzuzuziehen; soweit er der Behörde bekannt ist, hat diese ihn von der Einleitung des Verfahrens zu benachrichtigen.

(3) Wer anzuhören ist, ohne dass die Voraussetzungen des Absatzes 1 vorliegen, wird dadurch nicht Beteiligter.

§ 14 Bevollmächtigte und Beistände. (1) ¹Ein Beteiligter kann sich durch einen Bevollmächtigten vertreten lassen. ²Die Vollmacht ermächtigt zu allen das Verwaltungsverfahren betreffenden Verfahrenshandlungen, sofern sich aus ihrem Inhalt nicht etwas anderes ergibt. ³Der Bevollmächtigte hat auf Verlangen seine Vollmacht schriftlich nachzuweisen. ⁴Ein Widerruf der Vollmacht wird der Behörde gegenüber erst wirksam, wenn er ihr zugeht.

(2) Die Vollmacht wird weder durch den Tod des Vollmachtgebers noch durch eine Veränderung in seiner Handlungsfähigkeit oder seiner gesetzlichen Vertretung aufgehoben; der Bevollmächtigte hat jedoch, wenn er für den Rechtsnachfolger im Verwaltungsverfahren auftritt, dessen Vollmacht auf Verlangen schriftlich beizubringen.

(3) ¹Ist für das Verfahren ein Bevollmächtigter bestellt, so soll sich die Behörde an ihn wenden. ²Sie kann sich an den Beteiligten selbst wenden, soweit er zur Mitwirkung verpflichtet ist. ³Wendet sich die Behörde an den Beteiligten, so soll der Bevollmächtigte verständigt werden. ⁴Vorschriften über die Zustellung an Bevollmächtigte bleiben unberührt.

(4) ¹Ein Beteiligter kann zu Verhandlungen und Besprechungen mit einem Beistand erscheinen. ²Das von dem Beistand Vorgetragene gilt als von dem Beteiligten vorgebracht, soweit dieser nicht unverzüglich widerspricht.

(5) Bevollmächtigte und Beistände sind zurückzuweisen, wenn sie geschäftsmäßig fremde Rechtsangelegenheiten besorgen, ohne dazu befugt zu sein.

(6) ¹Bevollmächtigte und Beistände können vom Vortrag zurückgewiesen werden, wenn sie hierzu ungeeignet sind; vom mündlichen Vortrag können sie nur zurückgewiesen werden, wenn sie zum sachgemäßen Vortrag nicht fähig sind. ²Nicht zurückgewiesen werden können Personen, die zur geschäftsmäßigen Besorgung fremder Rechtsangelegenheiten befugt sind.

(7) ¹Die Zurückweisung nach den Absätzen 5 und 6 ist auch dem Beteiligten, dessen Bevollmächtigter oder Beistand zurückgewiesen wird, mitzuteilen. ²Verfahrenshandlungen des zurückgewiesenen Bevollmächtigten oder Beistands, die dieser nach der Zurückweisung vornimmt, sind unwirksam.

§ 15 Bestellung eines Empfangsbevollmächtigten. ¹Ein Beteiligter ohne Wohnsitz oder gewöhnlichen Aufenthalt, Sitz oder Geschäftsleitung im Inland hat der Behörde auf Verlangen innerhalb einer angemessenen Frist einen Empfangsbevollmächtigten im Inland zu benennen. ²Unterlässt er dies, gilt ein an ihn gerichtetes Schriftstück am siebenten Tage nach der Aufgabe zur Post und ein elektronisch übermitteltes Dokument am dritten Tage nach der Absendung als zugegangen. ³Dies gilt nicht, wenn feststeht, dass das Dokument den Empfänger nicht oder zu einem späteren Zeitpunkt erreicht hat. ⁴Auf die Rechtsfolgen der Unterlassung ist der Beteiligte hinzuweisen.

§ 16 Bestellung eines Vertreters von Amts wegen. (1) Ist ein Vertreter nicht vorhanden, so hat das Vormundschaftsgericht auf Ersuchen der Behörde einen geeigneten Vertreter zu bestellen

1. für einen Beteiligten, dessen Person unbekannt ist;
2. für einen abwesenden Beteiligten, dessen Aufenthalt unbekannt ist oder der an der Besorgung seiner Angelegenheiten verhindert ist;
3. für einen Beteiligten ohne Aufenthalt im Inland, wenn er der Aufforderung der Behörde, einen Vertreter zu bestellen, innerhalb der ihm gesetzten Frist nicht nachgekommen ist;
4. für einen Beteiligten, der infolge einer psychischen Krankheit oder körperlichen, geistigen oder seelischen Behinderung nicht in der Lage ist, in dem Verwaltungsverfahren selbst tätig zu werden;

5. bei herrenlosen Sachen, auf die sich das Verfahren bezieht, zur Wahrung der sich in Bezug auf die Sache ergebenden Rechte und Pflichten.

(2) Für die Bestellung des Vertreters ist in den Fällen des Absatzes 1 Nr. 4 das Vormundschaftsgericht zuständig, in dessen Bezirk der Beteiligte seinen gewöhnlichen Aufenthalt hat; im Übrigen ist das Vormundschaftsgericht zuständig, in dessen Bezirk die ersuchende Behörde ihren Sitz hat.

(3) [1]Der Vertreter hat gegen den Rechtsträger der Behörde, die um seine Bestellung ersucht hat, Anspruch auf eine angemessene Vergütung und auf die Erstattung seiner baren Auslagen. [2]Die Behörde kann von dem Vertretenen Ersatz ihrer Aufwendungen verlangen. [3]Sie bestimmt die Vergütung und stellt die Auslagen und Aufwendungen fest.

(4) Im Übrigen gelten für die Bestellung und für das Amt des Vertreters in den Fällen des Absatzes 1 Nr. 4 die Vorschriften über die Betreuung, in den übrigen Fällen die Vorschriften über die Pflegschaft entsprechend.

§ 17 Vertreter bei gleichförmigen Eingaben. (1) [1]Bei Anträgen und Eingaben, die in einem Verwaltungsverfahren von mehr als 50 Personen auf Unterschriftslisten unterzeichnet oder in Form vervielfältigter gleichlautender Texte eingereicht worden sind (gleichförmige Eingaben), gilt für das Verfahren derjenige Unterzeichner als Vertreter der übrigen Unterzeichner, der darin mit seinem Namen, seinem Beruf und seiner Anschrift als Vertreter bezeichnet ist, soweit er nicht von ihnen als Bevollmächtigter bestellt worden ist. [2]Vertreter kann nur eine natürliche Person sein.

(2) [1]Die Behörde kann gleichförmige Eingaben, die die Angaben nach Absatz 1 Satz 1 nicht deutlich sichtbar auf jeder mit einer Unterschrift versehenen Seite enthalten oder dem Erfordernis des Absatzes 1 Satz 2 nicht entsprechen, unberücksichtigt lassen. [2]Will die Behörde so verfahren, so hat sie dies durch ortsübliche Bekanntmachung mitzuteilen. [3]Die Behörde kann ferner gleichförmige Eingaben insoweit unberücksichtigt lassen, als Unterzeichner ihren Namen oder ihre Anschrift nicht oder unleserlich angegeben haben.

(3) [1]Die Vertretungsmacht erlischt, sobald der Vertreter oder der Vertretene dies der Behörde schriftlich erklärt; der Vertreter kann eine solche Erklärung nur hinsichtlich aller Vertretenen abgeben. [2]Gibt der Vertretene eine solche Erklärung ab, so soll er der Behörde zugleich mitteilen, ob er seine Eingabe aufrechterhält und ob er einen Bevollmächtigten bestellt hat.

(4) [1]Endet die Vertretungsmacht des Vertreters, so kann die Behörde die nicht mehr Vertretenen auffordern, innerhalb einer angemessenen Frist einen gemeinsamen Vertreter zu bestellen. [2]Sind mehr als 50 Personen aufzufordern, so kann die Behörde die Aufforderung ortsüblich bekannt machen. [3]Wird der Aufforderung nicht fristgemäß entsprochen, so kann die Behörde von Amts wegen einen gemeinsamen Vertreter bestellen.

§ 18 Vertreter für Beteiligte bei gleichem Interesse. (1) [1]Sind an einem Verwaltungsverfahren mehr als 50 Personen im gleichen Interesse beteiligt, ohne vertreten zu sein, so kann die Behörde sie auffordern, innerhalb einer angemessenen Frist einen gemeinsamen Vertreter zu bestellen, wenn sonst die ordnungsmäßige Durchführung des Verwaltungsverfahrens beeinträchtigt wäre. [2]Kommen sie der Aufforderung nicht fristgemäß nach, so kann die Behörde von Amts wegen einen gemeinsamen Vertreter bestellen. [3]Vertreter kann nur eine natürliche Person sein.

(2) [1]Die Vertretungsmacht erlischt, sobald der Vertreter oder der Vertretene dies der Behörde schriftlich erklärt; der Vertreter kann eine solche Erklärung nur hinsichtlich aller Vertretenen abgeben. [2]Gibt der Vertretene eine solche Erklärung ab, so soll er der Behörde zugleich mitteilen, ob er seine Eingabe aufrechterhält und ob er einen Bevollmächtigten bestellt hat.

§ 19 Gemeinsame Vorschriften für Vertreter bei gleichförmigen Eingaben und bei gleichem Interesse. (1) [1]Der Vertreter hat die Interessen der Vertretenen sorgfältig wahrzunehmen. [2]Er kann alle das Verwaltungsverfahren betreffenden Verfahrenshandlungen vornehmen. [3]An Weisungen ist er nicht gebunden.

(2) § 14 Abs. 5 bis 7 gilt entsprechend.

(3) [1]Der von der Behörde bestellte Vertreter hat gegen deren Rechtsträger Anspruch auf angemessene Vergütung und auf Erstattung seiner baren Auslagen. [2]Die Behörde kann von den Vertre-

Teil II. Allgemeine Vorschriften über das Verwaltungsverfahren **Text**

tenen zu gleichen Anteilen Ersatz ihrer Aufwendungen verlangen. ³Sie bestimmt die Vergütung und stellt die Auslagen und Aufwendungen fest.

§ 20 Ausgeschlossene Personen. (1) ¹In einem Verwaltungsverfahren darf für eine Behörde nicht tätig werden,
1. wer selbst Beteiligter ist;
2. wer Angehöriger eines Beteiligten ist;
3. wer einen Beteiligten kraft Gesetzes oder Vollmacht allgemein oder in diesem Verwaltungsverfahren vertritt;
4. wer Angehöriger einer Person ist, die einen Beteiligten in diesem Verfahren vertritt;
5. wer bei einem Beteiligten gegen Entgelt beschäftigt ist oder bei ihm als Mitglied des Vorstandes, des Aufsichtsrates oder eines gleichartigen Organs tätig ist; dies gilt nicht für den, dessen Anstellungskörperschaft Beteiligte ist;
6. wer außerhalb seiner amtlichen Eigenschaft in der Angelegenheit ein Gutachten abgegeben hat oder sonst tätig geworden ist.

²Dem Beteiligten steht gleich, wer durch die Tätigkeit oder durch die Entscheidung einen unmittelbaren Vorteil oder Nachteil erlangen kann. ³Dies gilt nicht, wenn der Vor- oder Nachteil nur darauf beruht, dass jemand einer Berufs- oder Bevölkerungsgruppe angehört, deren gemeinsame Interessen durch die Angelegenheit berührt werden.

(2) Absatz 1 gilt nicht für Wahlen zu einer ehrenamtlichen Tätigkeit und für die Abberufung von ehrenamtlich Tätigen.

(3) Wer nach Absatz 1 ausgeschlossen ist, darf bei Gefahr im Verzug unaufschiebbare Maßnahmen treffen.

(4) ¹Hält sich ein Mitglied eines Ausschusses (§ 88) für ausgeschlossen oder bestehen Zweifel, ob die Voraussetzungen des Absatzes 1 gegeben sind, ist dies dem Vorsitzenden des Ausschusses mitzuteilen. ²Der Ausschuss entscheidet über den Ausschluss. ³Der Betroffene darf an dieser Entscheidung nicht mitwirken. ⁴Das ausgeschlossene Mitglied darf bei der weiteren Beratung und Beschlussfassung nicht zugegen sein.

(5) ¹Angehörige im Sinne des Absatzes 1 Nr. 2 und 4 sind:
1. der Verlobte,
2. der Ehegatte,
3. Verwandte und Verschwägerte gerader Linie,
4. Geschwister,
5. Kinder der Geschwister,
6. Ehegatten der Geschwister und Geschwister der Ehegatten,
7. Geschwister der Eltern,
8. Personen, die durch ein auf längere Dauer angelegtes Pflegeverhältnis mit häuslicher Gemeinschaft wie Eltern und Kind miteinander verbunden sind (Pflegeeltern und Pflegekinder).

²Angehörige sind die in Satz 1 aufgeführten Personen auch dann, wenn
1. in den Fällen der Nummern 2, 3 und 6 die die Beziehung begründende Ehe nicht mehr besteht;
2. in den Fällen der Nummern 3 bis 7 die Verwandtschaft oder Schwägerschaft durch Annahme als Kind erloschen ist;
3. im Falle der Nummer 8 die häusliche Gemeinschaft nicht mehr besteht, sofern die Personen weiterhin wie Eltern und Kind miteinander verbunden sind.

§ 21 Besorgnis der Befangenheit. (1) ¹Liegt ein Grund vor, der geeignet ist, Misstrauen gegen eine unparteiische Amtsausübung zu rechtfertigen, oder wird von einem Beteiligten das Vorliegen eines solchen Grundes behauptet, so hat, wer in einem Verwaltungsverfahren für eine Behörde tätig werden soll, den Leiter der Behörde oder den von diesem Beauftragten zu unterrichten und sich auf dessen Anordnung der Mitwirkung zu enthalten. ²Betrifft die Besorgnis der Befangenheit den Leiter der Behörde, so trifft diese Anordnung die Aufsichtsbehörde, sofern sich der Behördenleiter nicht selbst einer Mitwirkung enthält.

(2) Für Mitglieder eines Ausschusses (§ 88) gilt § 20 Abs. 4 entsprechend.

§ 22 Beginn des Verfahrens. ¹Die Behörde entscheidet nach pflichtgemäßem Ermessen, ob und wann sie ein Verwaltungsverfahren durchführt. ²Dies gilt nicht, wenn die Behörde auf Grund von Rechtsvorschriften

1. von Amts wegen oder auf Antrag tätig werden muss;
2. nur auf Antrag tätig werden darf und ein Antrag nicht vorliegt.

§ 23 Amtssprache. (1) Die Amtssprache ist deutsch.

(2) ¹Werden bei einer Behörde in einer fremden Sprache Anträge gestellt oder Eingaben, Belege, Urkunden oder sonstige Dokumente vorgelegt, soll die Behörde unverzüglich die Vorlage einer Übersetzung verlangen. ²In begründeten Fällen kann die Vorlage einer beglaubigten oder von einem öffentlich bestellten oder beeidigten Dolmetscher oder Übersetzer angefertigten Übersetzung verlangt werden. ³Wird die verlangte Übersetzung nicht unverzüglich vorgelegt, so kann die Behörde auf Kosten des Beteiligten selbst eine Übersetzung beschaffen. ⁴Hat die Behörde Dolmetscher oder Übersetzer herangezogen, erhalten diese in entsprechender Anwendung des Justizvergütungs- und -entschädigungsgesetzes eine Vergütung.

(3) Soll durch eine Anzeige, einen Antrag oder die Abgabe einer Willenserklärung eine Frist in Lauf gesetzt werden, innerhalb deren die Behörde in einer bestimmten Weise tätig werden muss, und gehen diese in einer fremden Sprache ein, so beginnt der Lauf der Frist erst mit dem Zeitpunkt, in dem der Behörde eine Übersetzung vorliegt.

(4) ¹Soll durch eine Anzeige, einen Antrag oder eine Willenserklärung, die in fremder Sprache eingehen, zugunsten eines Beteiligten eine Frist gegenüber der Behörde gewahrt, ein öffentlich-rechtlicher Anspruch geltend gemacht oder eine Leistung begehrt werden, so gelten die Anzeige, der Antrag oder die Willenserklärung als zum Zeitpunkt des Eingangs bei der Behörde abgegeben, wenn auf Verlangen der Behörde innerhalb einer von dieser zu setzenden angemessenen Frist eine Übersetzung vorgelegt wird. ²Andernfalls ist der Zeitpunkt des Eingangs der Übersetzung maßgebend, soweit sich nicht aus zwischenstaatlichen Vereinbarungen etwas anderes ergibt. ³Auf diese Rechtsfolge ist bei der Fristsetzung hinzuweisen.

§ 24 Untersuchungsgrundsatz. (1) ¹Die Behörde ermittelt den Sachverhalt von Amts wegen. ²Sie bestimmt Art und Umfang der Ermittlungen; an das Vorbringen und an die Beweisanträge der Beteiligten ist sie nicht gebunden.

(2) Die Behörde hat alle für den Einzelfall bedeutsamen, auch die für die Beteiligten günstigen Umstände zu berücksichtigen.

(3) Die Behörde darf die Entgegennahme von Erklärungen oder Anträgen, die in ihren Zuständigkeitsbereich fallen, nicht deshalb verweigern, weil sie die Erklärung oder den Antrag in der Sache für unzulässig oder unbegründet hält.

§ 25 Beratung, Auskunft. ¹Die Behörde soll die Abgabe von Erklärungen, die Stellung von Anträgen oder die Berichtigung von Erklärungen oder Anträgen anregen, wenn diese offensichtlich nur versehentlich oder aus Unkenntnis unterblieben oder unrichtig abgegeben oder gestellt worden sind. ²Sie erteilt, soweit erforderlich, Auskunft über die den Beteiligten im Verwaltungsverfahren zustehenden Rechte und die ihnen obliegenden Pflichten.

§ 26 Beweismittel. (1) ¹Die Behörde bedient sich der Beweismittel, die sie nach pflichtgemäßem Ermessen zur Ermittlung des Sachverhalts für erforderlich hält. ²Sie kann insbesondere

1. Auskünfte jeder Art einholen,
2. Beteiligte anhören, Zeugen und Sachverständige vernehmen oder die schriftliche oder elektronische Äußerung von Beteiligten, Sachverständigen und Zeugen einholen,
3. Urkunden und Akten beiziehen,
4. den Augenschein einnehmen.

(2) ¹Die Beteiligten sollen bei der Ermittlung des Sachverhalts mitwirken. ²Sie sollen insbesondere ihnen bekannte Tatsachen und Beweismittel angeben. ³Eine weitergehende Pflicht, bei

der Ermittlung des Sachverhalts mitzuwirken, insbesondere eine Pflicht zum persönlichen Erscheinen oder zur Aussage, besteht nur, soweit sie durch Rechtsvorschrift besonders vorgesehen ist.

(3) [1] Für Zeugen und Sachverständige besteht eine Pflicht zur Aussage oder zur Erstattung von Gutachten, wenn sie durch Rechtsvorschrift vorgesehen ist. [2] Falls die Behörde Zeugen und Sachverständige herangezogen hat, erhalten sie auf Antrag in entsprechender Anwendung des Justizvergütungs- und -entschädigungsgesetzes eine Entschädigung oder Vergütung.

§ 27 Versicherung an Eides statt. (1) [1] Die Behörde darf bei der Ermittlung des Sachverhalts eine Versicherung an Eides statt nur verlangen und abnehmen, wenn die Abnahme der Versicherung über den betreffenden Gegenstand und in dem betreffenden Verfahren durch Gesetz oder Rechtsverordnung vorgesehen und die Behörde durch Rechtsvorschrift für zuständig erklärt worden ist. [2] Eine Versicherung an Eides statt soll nur gefordert werden, wenn andere Mittel zur Erforschung der Wahrheit nicht vorhanden sind, zu keinem Ergebnis geführt haben oder einen unverhältnismäßigen Aufwand erfordern. [3] Von eidesunfähigen Personen im Sinne des § 393 der Zivilprozessordnung darf eine eidesstattliche Versicherung nicht verlangt werden.

(2) [1] Wird die Versicherung an Eides statt von einer Behörde zur Niederschrift aufgenommen, so sind zur Aufnahme nur der Behördenleiter, sein allgemeiner Vertreter sowie Angehörige des öffentlichen Dienstes befugt, welche die Befähigung zum Richteramt haben oder die Voraussetzungen des § 110 Satz 1 des Deutschen Richtergesetzes erfüllen. [2] Andere Angehörige des öffentlichen Dienstes kann der Behördenleiter oder sein allgemeiner Vertreter hierzu allgemein oder im Einzelfall schriftlich ermächtigen.

(3) [1] Die Versicherung besteht darin, dass der Versichernde die Richtigkeit seiner Erklärung über den betreffenden Gegenstand bestätigt und erklärt: „Ich versichere an Eides statt, dass ich nach bestem Wissen die reine Wahrheit gesagt und nichts verschwiegen habe." [2] Bevollmächtigte und Beistände sind berechtigt, an der Aufnahme der Versicherung an Eides statt teilzunehmen.

(4) [1] Vor der Aufnahme der Versicherung an Eides statt ist der Versichernde über die Bedeutung der eidesstattlichen Versicherung und die strafrechtlichen Folgen einer unrichtigen oder unvollständigen eidesstattlichen Versicherung zu belehren. [2] Die Belehrung ist in der Niederschrift zu vermerken.

(5) [1] Die Niederschrift hat ferner die Namen der anwesenden Personen sowie den Ort und den Tag der Niederschrift zu enthalten. [2] Die Niederschrift ist demjenigen, der die eidesstattliche Versicherung abgibt, zur Genehmigung vorzulesen oder auf Verlangen zur Durchsicht vorzulegen. [3] Die erteilte Genehmigung ist zu vermerken und von dem Versichernden zu unterschreiben. [4] Die Niederschrift ist sodann von demjenigen, der die Versicherung an Eides statt aufgenommen hat, sowie von dem Schriftführer zu unterschreiben.

§ 28 Anhörung Beteiligter. (1) Bevor ein Verwaltungsakt erlassen wird, der in Rechte eines Beteiligten eingreift, ist diesem Gelegenheit zu geben, sich zu den für die Entscheidung erheblichen Tatsachen zu äußern.

(2) Von der Anhörung kann abgesehen werden, wenn sie nach den Umständen des Einzelfalls nicht geboten ist, insbesondere wenn
1. eine sofortige Entscheidung wegen Gefahr im Verzug oder im öffentlichen Interesse notwendig erscheint;
2. durch die Anhörung die Einhaltung einer für die Entscheidung maßgeblichen Frist in Frage gestellt würde;
3. von den tatsächlichen Angaben eines Beteiligten, die dieser in einem Antrag oder einer Erklärung gemacht hat, nicht zu seinen Ungunsten abgewichen werden soll;
4. die Behörde eine Allgemeinverfügung oder gleichartige Verwaltungsakte in größerer Zahl oder Verwaltungsakte mit Hilfe automatischer Einrichtungen erlassen will;
5. Maßnahmen in der Verwaltungsvollstreckung getroffen werden sollen.

(3) Eine Anhörung unterbleibt, wenn ihr ein zwingendes öffentliches Interesse entgegensteht.

§ 29 Akteneinsicht durch Beteiligte. (1) ¹Die Behörde hat den Beteiligten Einsicht in die das Verfahren betreffenden Akten zu gestatten, soweit deren Kenntnis zur Geltendmachung oder Verteidigung ihrer rechtlichen Interessen erforderlich ist. ²Satz 1 gilt bis zum Abschluss des Verwaltungsverfahrens nicht für Entwürfe zu Entscheidungen sowie die Arbeiten zu ihrer unmittelbaren Vorbereitung. ³Soweit nach den §§ 17 und 18 eine Vertretung stattfindet, haben nur die Vertreter Anspruch auf Akteneinsicht.

(2) Die Behörde ist zur Gestattung der Akteneinsicht nicht verpflichtet, soweit durch sie die ordnungsgemäße Erfüllung der Aufgaben der Behörde beeinträchtigt, das Bekanntwerden des Inhalts der Akten dem Wohl des Bundes oder eines Landes Nachteile bereiten würde oder soweit die Vorgänge nach einem Gesetz oder ihrem Wesen nach, namentlich wegen der berechtigten Interessen der Beteiligten oder dritter Personen, geheim gehalten werden müssen.

(3) ¹Die Akteneinsicht erfolgt bei der Behörde, die die Akten führt. ²Im Einzelfall kann die Einsicht auch bei einer anderen Behörde oder bei einer diplomatischen oder berufskonsularischen Vertretung der Bundesrepublik Deutschland im Ausland erfolgen; weitere Ausnahmen kann die Behörde, die die Akten führt, gestatten.

§ 30 Geheimhaltung. Die Beteiligten haben Anspruch darauf, dass ihre Geheimnisse, insbesondere die zum persönlichen Lebensbereich gehörenden Geheimnisse sowie die Betriebs- und Geschäftsgeheimnisse, von der Behörde nicht unbefugt offenbart werden.

Abschnitt 2. Fristen, Termine, Wiedereinsetzung

§ 31 Fristen und Termine. (1) Für die Berechnung von Fristen und für die Bestimmung von Terminen gelten die §§ 187 bis 193 des Bürgerlichen Gesetzbuchs entsprechend, soweit nicht durch die Absätze 2 bis 5 etwas anderes bestimmt ist.

(2) Der Lauf einer Frist, die von einer Behörde gesetzt wird, beginnt mit dem Tag, der auf die Bekanntgabe der Frist folgt, außer wenn dem Betroffenen etwas anderes mitgeteilt wird.

(3) ¹Fällt das Ende einer Frist auf einen Sonntag, einen gesetzlichen Feiertag oder einen Sonnabend, so endet die Frist mit dem Ablauf des nächstfolgenden Werktags. ²Dies gilt nicht, wenn dem Betroffenen unter Hinweis auf diese Vorschrift ein bestimmter Tag als Ende der Frist mitgeteilt worden ist.

(4) Hat eine Behörde Leistungen nur für einen bestimmten Zeitraum zu erbringen, so endet dieser Zeitraum auch dann mit dem Ablauf seines letzten Tages, wenn dieser auf einen Sonntag, einen gesetzlichen Feiertag oder einen Sonnabend fällt.

(5) Der von einer Behörde gesetzte Termin ist auch dann einzuhalten, wenn er auf einen Sonntag, gesetzlichen Feiertag oder Sonnabend fällt.

(6) Ist eine Frist nach Stunden bestimmt, so werden Sonntage, gesetzliche Feiertage oder Sonnabende mitgerechnet.

(7) ¹Fristen, die von einer Behörde gesetzt sind, können verlängert werden. ²Sind solche Fristen bereits abgelaufen, so können sie rückwirkend verlängert werden, insbesondere wenn es unbillig wäre, die durch den Fristablauf eingetretenen Rechtsfolgen bestehen zu lassen. ³Die Behörde kann die Verlängerung der Frist nach § 36 mit einer Nebenbestimmung verbinden.

§ 32 Wiedereinsetzung in den vorigen Stand. (1) ¹War jemand ohne Verschulden verhindert, eine gesetzliche Frist einzuhalten, so ist ihm auf Antrag Wiedereinsetzung in den vorigen Stand zu gewähren. ²Das Verschulden eines Vertreters ist dem Vertretenen zuzurechnen.

(2) ¹Der Antrag ist innerhalb von zwei Wochen nach Wegfall des Hindernisses zu stellen. ²Die Tatsachen zur Begründung des Antrags sind bei der Antragstellung oder im Verfahren über den Antrag glaubhaft zu machen. ³Innerhalb der Antragsfrist ist die versäumte Handlung nachzuholen. ⁴Ist dies geschehen, so kann Wiedereinsetzung auch ohne Antrag gewährt werden.

(3) Nach einem Jahr seit dem Ende der versäumten Frist kann die Wiedereinsetzung nicht mehr beantragt oder die versäumte Handlung nicht mehr nachgeholt werden, außer wenn dies vor Ablauf der Jahresfrist infolge höherer Gewalt unmöglich war.

(4) Über den Antrag auf Wiedereinsetzung entscheidet die Behörde, die über die versäumte Handlung zu befinden hat.

(5) Die Wiedereinsetzung ist unzulässig, wenn sich aus einer Rechtsvorschrift ergibt, dass sie ausgeschlossen ist.

Abschnitt 3. Amtliche Beglaubigung

§ 33 Beglaubigung von Dokumenten. (1) ¹Jede Behörde ist befugt, Abschriften von Urkunden, die sie selbst ausgestellt hat, zu beglaubigen. ²Darüber hinaus sind die von der Bundesregierung durch Rechtsverordnung bestimmten Behörden im Sinne des § 1 Abs. 1 Nr. 1 und die nach Landesrecht zuständigen Behörden befugt, Abschriften zu beglaubigen, wenn die Urschrift von einer Behörde ausgestellt ist oder die Abschrift zur Vorlage bei einer Behörde benötigt wird, sofern nicht durch Rechtsvorschrift die Erteilung beglaubigter Abschriften aus amtlichen Registern und Archiven anderen Behörden ausschließlich vorbehalten ist; die Rechtsverordnung bedarf nicht der Zustimmung des Bundesrates.

(2) Abschriften dürfen nicht beglaubigt werden, wenn Umstände zu der Annahme berechtigen, dass der ursprüngliche Inhalt des Schriftstücks, dessen Abschrift beglaubigt werden soll, geändert worden ist, insbesondere wenn dieses Schriftstück Lücken, Durchstreichungen, Einschaltungen, Änderungen, unleserliche Wörter, Zahlen oder Zeichen, Spuren der Beseitigung von Wörtern, Zahlen und Zeichen enthält oder wenn der Zusammenhang eines aus mehreren Blättern bestehenden Schriftstücks aufgehoben ist.

(3) ¹Eine Abschrift wird beglaubigt durch einen Beglaubigungsvermerk, der unter die Abschrift zu setzen ist. ²Der Vermerk muss enthalten

1. die genaue Bezeichnung des Schriftstücks, dessen Abschrift beglaubigt wird,
2. die Feststellung, dass die beglaubigte Abschrift mit dem vorgelegten Schriftstück übereinstimmt,
3. den Hinweis, dass die beglaubigte Abschrift nur zur Vorlage bei der angegebenen Behörde erteilt wird, wenn die Urschrift nicht von einer Behörde ausgestellt worden ist,
4. den Ort und den Tag der Beglaubigung, die Unterschrift des für die Beglaubigung zuständigen Bediensteten und das Dienstsiegel.

(4) Die Absätze 1 bis 3 gelten entsprechend für die Beglaubigung von

1. Ablichtungen, Lichtdrucken und ähnlichen in technischen Verfahren hergestellten Vervielfältigungen,
2. auf fototechnischem Wege von Schriftstücken hergestellten Negativen, die bei einer Behörde aufbewahrt werden,
3. Ausdrucken elektronischer Dokumente,
4. elektronischen Dokumenten,
    a) die zur Abbildung eines Schriftstücks hergestellt wurden,
    b) die ein anderes technisches Format als das mit einer qualifizierten elektronischen Signatur verbundene Ausgangsdokument erhalten haben.

(5) ¹Der Beglaubigungsvermerk muss zusätzlich zu den Angaben nach Absatz 3 Satz 2 bei der Beglaubigung

1. des Ausdrucks eines elektronischen Dokuments, das mit einer qualifizierten elektronischen Signatur verbunden ist, die Feststellungen enthalten,
    a) wen die Signaturprüfung als Inhaber der Signatur ausweist,
    b) welchen Zeitpunkt die Signaturprüfung für die Anbringung der Signatur ausweist und
    c) welche Zertifikate mit welchen Daten dieser Signatur zugrunde lagen;
2. eines elektronischen Dokuments den Namen des für die Beglaubigung zuständigen Bediensteten und die Bezeichnung der Behörde, die die Beglaubigung vornimmt, enthalten; die Unterschrift des für die Beglaubigung zuständigen Bediensteten und das Dienstsiegel nach Absatz 3 Satz 2 Nr. 4 werden durch eine dauerhaft überprüfbare qualifizierte elektronische Signatur ersetzt.

²Wird ein elektronisches Dokument, das ein anderes technisches Format als das mit einer qualifizierten elektronischen Signatur verbundene Ausgangsdokument erhalten hat, nach Satz 1 Nr. 2

beglaubigt, muss der Beglaubigungsvermerk zusätzlich die Feststellungen nach Satz 1 Nr. 1 für das Ausgangsdokument enthalten.

(6) Die nach Absatz 4 hergestellten Dokumente stehen, sofern sie beglaubigt sind, beglaubigten Abschriften gleich.

§ 34 Beglaubigung von Unterschriften. (1) ¹Die von der Bundesregierung durch Rechtsverordnung bestimmten Behörden im Sinne des § 1 Abs. 1 Nr. 1 und die nach Landesrecht zuständigen Behörden sind befugt, Unterschriften zu beglaubigen, wenn das unterzeichnete Schriftstück zur Vorlage bei einer Behörde oder bei einer sonstigen Stelle, der auf Grund einer Rechtsvorschrift das unterzeichnete Schriftstück vorzulegen ist, benötigt wird. ²Dies gilt nicht für
1. Unterschriften ohne zugehörigen Text,
2. Unterschriften, die der öffentlichen Beglaubigung (§ 129 des Bürgerlichen Gesetzbuchs) bedürfen.

(2) Eine Unterschrift soll nur beglaubigt werden, wenn sie in Gegenwart des beglaubigenden Bediensteten vollzogen oder anerkannt wird.

(3) ¹Der Beglaubigungsvermerk ist unmittelbar bei der Unterschrift, die beglaubigt werden soll, anzubringen. ²Er muss enthalten
1. die Bestätigung, dass die Unterschrift echt ist,
2. die genaue Bezeichnung desjenigen, dessen Unterschrift beglaubigt wird, sowie die Angabe, ob sich der für die Beglaubigung zuständige Bedienstete Gewissheit über diese Person verschafft hat und ob die Unterschrift in seiner Gegenwart vollzogen oder anerkannt worden ist,
3. den Hinweis, dass die Beglaubigung nur zur Vorlage bei der angegebenen Behörde oder Stelle bestimmt ist,
4. den Ort und den Tag der Beglaubigung, die Unterschrift des für die Beglaubigung zuständigen Bediensteten und das Dienstsiegel.

(4) Die Absätze 1 bis 3 gelten für die Beglaubigung von Handzeichen entsprechend.

(5) Die Rechtsverordnungen nach Absatz 1 und 4 bedürfen nicht der Zustimmung des Bundesrates.

Teil III. Verwaltungsakt

Abschnitt 1. Zustandekommen des Verwaltungsaktes

§ 35 Begriff des Verwaltungsaktes. ¹Verwaltungsakt ist jede Verfügung, Entscheidung oder andere hoheitliche Maßnahme, die eine Behörde zur Regelung eines Einzelfalls auf dem Gebiet des öffentlichen Rechts trifft und die auf unmittelbare Rechtswirkung nach außen gerichtet ist. ²Allgemeinverfügung ist ein Verwaltungsakt, der sich an einen nach allgemeinen Merkmalen bestimmten oder bestimmbaren Personenkreis richtet oder die öffentlich-rechtliche Eigenschaft einer Sache oder ihre Benutzung durch die Allgemeinheit betrifft.

§ 36 Nebenbestimmungen zum Verwaltungsakt. (1) Ein Verwaltungsakt, auf den ein Anspruch besteht, darf mit einer Nebenbestimmung nur versehen werden, wenn sie durch Rechtsvorschrift zugelassen ist oder wenn sie sicherstellen soll, dass die gesetzlichen Voraussetzungen des Verwaltungsaktes erfüllt werden.

(2) Unbeschadet des Absatzes 1 darf ein Verwaltungsakt nach pflichtgemäßem Ermessen erlassen werden mit
1. einer Bestimmung, nach der eine Vergünstigung oder Belastung zu einem bestimmten Zeitpunkt beginnt, endet oder für einen bestimmten Zeitraum gilt (Befristung);
2. einer Bestimmung, nach der der Eintritt oder der Wegfall einer Vergünstigung oder einer Belastung von dem ungewissen Eintritt eines zukünftigen Ereignisses abhängt (Bedingung);
3. einem Vorbehalt des Widerrufs

oder verbunden werden mit
4. einer Bestimmung, durch die dem Begünstigten ein Tun, Dulden oder Unterlassen vorgeschrieben wird (Auflage);

Teil III. Verwaltungsakt **Text**

5. einem Vorbehalt der nachträglichen Aufnahme, Änderung oder Ergänzung einer Auflage.

(3) Eine Nebenbestimmung darf dem Zweck des Verwaltungsaktes nicht zuwiderlaufen.

§ 37 Bestimmtheit und Form des Verwaltungsaktes. (1) Ein Verwaltungsakt muss inhaltlich hinreichend bestimmt sein.

(2) [1] Ein Verwaltungsakt kann schriftlich, elektronisch, mündlich oder in anderer Weise erlassen werden. [2] Ein mündlicher Verwaltungsakt ist schriftlich oder elektronisch zu bestätigen, wenn hieran ein berechtigtes Interesse besteht und der Betroffene dies unverzüglich verlangt. [3] Ein elektronischer Verwaltungsakt ist unter denselben Voraussetzungen schriftlich zu bestätigen; § 3a Abs. 2 findet insoweit keine Anwendung.

(3) [1] Ein schriftlicher oder elektronischer Verwaltungsakt muss die erlassende Behörde erkennen lassen und die Unterschrift oder die Namenswiedergabe des Behördenleiters, seines Vertreters oder seines Beauftragten enthalten. [2] Wird für einen Verwaltungsakt, für den durch Rechtsvorschrift die Schriftform angeordnet ist, die elektronische Form verwendet, muss auch das der Signatur zugrunde liegende qualifizierte Zertifikat oder ein zugehöriges qualifiziertes Attributzertifikat die erlassende Behörde erkennen lassen.

(4) Für einen Verwaltungsakt kann für die nach § 3a Abs. 2 erforderliche Signatur durch Rechtsvorschrift die dauerhafte Überprüfbarkeit vorgeschrieben werden.

(5) [1] Bei einem schriftlichen Verwaltungsakt, der mit Hilfe automatischer Einrichtungen erlassen wird, können abweichend von Absatz 3 Unterschrift und Namenswiedergabe fehlen. [2] Zur Inhaltsangabe können Schlüsselzeichen verwendet werden, wenn derjenige, für den der Verwaltungsakt bestimmt ist oder der von ihm betroffen wird, auf Grund der dazu gegebenen Erläuterungen den Inhalt des Verwaltungsaktes eindeutig erkennen kann.

§ 38 Zusicherung. (1) [1] Eine von der zuständigen Behörde erteilte Zusage, einen bestimmten Verwaltungsakt später zu erlassen oder zu unterlassen (Zusicherung), bedarf zu ihrer Wirksamkeit der schriftlichen Form. [2] Ist vor dem Erlass des zugesicherten Verwaltungsaktes die Anhörung Beteiligter oder die Mitwirkung einer anderen Behörde oder eines Ausschusses auf Grund einer Rechtsvorschrift erforderlich, so darf die Zusicherung erst nach Anhörung der Beteiligten oder nach Mitwirkung dieser Behörde oder des Ausschusses gegeben werden.

(2) Auf die Unwirksamkeit der Zusicherung finden, unbeschadet des Absatzes 1 Satz 1, § 44, auf die Heilung von Mängeln bei der Anhörung Beteiligter und der Mitwirkung anderer Behörden oder Ausschüsse § 45 Abs. 1 Nr. 3 bis 5 sowie Abs. 2, auf die Rücknahme § 48, auf den Widerruf, unbeschadet des Absatzes 3, § 49 entsprechende Anwendung.

(3) Ändert sich nach Abgabe der Zusicherung die Sach- oder Rechtslage derart, dass die Behörde bei Kenntnis der nachträglich eingetretenen Änderung die Zusicherung nicht gegeben hätte oder aus rechtlichen Gründen nicht hätte geben dürfen, ist die Behörde an die Zusicherung nicht mehr gebunden.

§ 39 Begründung des Verwaltungsaktes. (1) [1] Ein schriftlicher oder elektronischer sowie ein schriftlich oder elektronisch bestätigter Verwaltungsakt ist mit einer Begründung zu versehen. [2] In der Begründung sind die wesentlichen tatsächlichen und rechtlichen Gründe mitzuteilen, die die Behörde zu ihrer Entscheidung bewogen haben. [3] Die Begründung von Ermessensentscheidungen soll auch die Gesichtspunkte erkennen lassen, von denen die Behörde bei der Ausübung ihres Ermessens ausgegangen ist.

(2) Einer Begründung bedarf es nicht,

1. soweit die Behörde einem Antrag entspricht oder einer Erklärung folgt und der Verwaltungsakt nicht in Rechte eines anderen eingreift;
2. soweit demjenigen, für den der Verwaltungsakt bestimmt ist oder der von ihm betroffen wird, die Auffassung der Behörde über die Sach- und Rechtslage bereits bekannt oder auch ohne Begründung für ihn ohne weiteres erkennbar ist;
3. wenn die Behörde gleichartige Verwaltungsakte in größerer Zahl oder Verwaltungsakte mit Hilfe automatischer Einrichtungen erlässt und die Begründung nach den Umständen des Einzelfalls nicht geboten ist;

4. wenn sich dies aus einer Rechtsvorschrift ergibt;
5. wenn eine Allgemeinverfügung öffentlich bekannt gegeben wird.

§ 40 Ermessen. Ist die Behörde ermächtigt, nach ihrem Ermessen zu handeln, hat sie ihr Ermessen entsprechend dem Zweck der Ermächtigung auszuüben und die gesetzlichen Grenzen des Ermessens einzuhalten.

§ 41 Bekanntgabe des Verwaltungsaktes. (1) [1] Ein Verwaltungsakt ist demjenigen Beteiligten bekannt zu geben, für den er bestimmt ist oder der von ihm betroffen wird. [2] Ist ein Bevollmächtigter bestellt, so kann die Bekanntgabe ihm gegenüber vorgenommen werden.

(2) [1] Ein schriftlicher Verwaltungsakt gilt bei der Übermittlung durch die Post im Inland am dritten Tage nach der Aufgabe zur Post, ein Verwaltungsakt, der elektronisch übermittelt wird, am dritten Tage nach der Absendung als bekannt gegeben. [2] Dies gilt nicht, wenn der Verwaltungsakt nicht oder zu einem späteren Zeitpunkt zugegangen ist; im Zweifel hat die Behörde den Zugang des Verwaltungsaktes und den Zeitpunkt des Zugangs nachzuweisen.

(3) [1] Ein Verwaltungsakt darf öffentlich bekannt gegeben werden, wenn dies durch Rechtsvorschrift zugelassen ist. [2] Eine Allgemeinverfügung darf auch dann öffentlich bekannt gegeben werden, wenn eine Bekanntgabe an die Beteiligten untunlich ist.

(4) [1] Die öffentliche Bekanntgabe eines schriftlichen oder elektronischen Verwaltungsaktes wird dadurch bewirkt, dass sein verfügender Teil ortsüblich bekannt gemacht wird. [2] In der ortsüblichen Bekanntmachung ist anzugeben, wo der Verwaltungsakt und seine Begründung eingesehen werden können. [3] Der Verwaltungsakt gilt zwei Wochen nach der ortsüblichen Bekanntmachung als bekannt gegeben. [4] In einer Allgemeinverfügung kann ein hiervon abweichender Tag, jedoch frühestens der auf die Bekanntmachung folgende Tag bestimmt werden.

(5) Vorschriften über die Bekanntgabe eines Verwaltungsaktes mittels Zustellung bleiben unberührt.

§ 42 Offenbare Unrichtigkeiten im Verwaltungsakt. [1] Die Behörde kann Schreibfehler, Rechenfehler und ähnliche offenbare Unrichtigkeiten in einem Verwaltungsakt jederzeit berichtigen. [2] Bei berechtigtem Interesse des Beteiligten ist zu berichtigen. [3] Die Behörde ist berechtigt, die Vorlage des Dokuments zu verlangen, das berichtigt werden soll.

Abschnitt 2. Bestandskraft des Verwaltungsaktes

§ 43 Wirksamkeit des Verwaltungsaktes. (1) [1] Ein Verwaltungsakt wird gegenüber demjenigen, für den er bestimmt ist oder der von ihm betroffen wird, in dem Zeitpunkt wirksam, in dem er ihm bekannt gegeben wird. [2] Der Verwaltungsakt wird mit dem Inhalt wirksam, mit dem er bekannt gegeben wird.

(2) Ein Verwaltungsakt bleibt wirksam, solange und soweit er nicht zurückgenommen, widerrufen, anderweitig aufgehoben oder durch Zeitablauf oder auf andere Weise erledigt ist.

(3) Ein nichtiger Verwaltungsakt ist unwirksam.

§ 44 Nichtigkeit des Verwaltungsaktes. (1) Ein Verwaltungsakt ist nichtig, soweit er an einem besonders schwerwiegenden Fehler leidet und dies bei verständiger Würdigung aller in Betracht kommenden Umstände offensichtlich ist.

(2) Ohne Rücksicht auf das Vorliegen der Voraussetzungen des Absatzes 1 ist ein Verwaltungsakt nichtig,
1. der schriftlich oder elektronisch erlassen worden ist, die erlassende Behörde aber nicht erkennen lässt;
2. der nach einer Rechtsvorschrift nur durch die Aushändigung einer Urkunde erlassen werden kann, aber dieser Form nicht genügt;
3. den eine Behörde außerhalb ihrer durch § 3 Abs. 1 Nr. 1 begründeten Zuständigkeit erlassen hat, ohne dazu ermächtigt zu sein;

Teil III. Verwaltungsakt

4. den aus tatsächlichen Gründen niemand ausführen kann;
5. der die Begehung einer rechtswidrigen Tat verlangt, die einen Straf- oder Bußgeldtatbestand verwirklicht;
6. der gegen die guten Sitten verstößt.

(3) Ein Verwaltungsakt ist nicht schon deshalb nichtig, weil

1. Vorschriften über die örtliche Zuständigkeit nicht eingehalten worden sind, außer wenn ein Fall des Absatzes 2 Nr. 3 vorliegt;
2. eine nach § 20 Abs. 1 Satz 1 Nr. 2 bis 6 ausgeschlossene Person mitgewirkt hat;
3. ein durch Rechtsvorschrift zur Mitwirkung berufener Ausschuss den für den Erlass des Verwaltungsaktes vorgeschriebenen Beschluss nicht gefasst hat oder nicht beschlussfähig war;
4. die nach einer Rechtsvorschrift erforderliche Mitwirkung einer anderen Behörde unterblieben ist.

(4) Betrifft die Nichtigkeit nur einen Teil des Verwaltungsaktes, so ist er im ganzen nichtig, wenn der nichtige Teil so wesentlich ist, dass die Behörde den Verwaltungsakt ohne den nichtigen Teil nicht erlassen hätte.

(5) Die Behörde kann die Nichtigkeit jederzeit von Amts wegen feststellen; auf Antrag ist sie festzustellen, wenn der Antragsteller hieran ein berechtigtes Interesse hat.

§ 45 Heilung von Verfahrens- und Formfehlern. (1) Eine Verletzung von Verfahrens- oder Formvorschriften, die nicht den Verwaltungsakt nach § 44 nichtig macht, ist unbeachtlich, wenn

1. der für den Erlass des Verwaltungsaktes erforderliche Antrag nachträglich gestellt wird;
2. die erforderliche Begründung nachträglich gegeben wird;
3. die erforderliche Anhörung eines Beteiligten nachgeholt wird;
4. der Beschluss eines Ausschusses, dessen Mitwirkung für den Erlass des Verwaltungsaktes erforderlich ist, nachträglich gefasst wird;
5. die erforderliche Mitwirkung einer anderen Behörde nachgeholt wird.

(2) Handlungen nach Absatz 1 können bis zum Abschluss der letzten Tatsacheninstanz eines verwaltungsgerichtlichen Verfahrens nachgeholt werden.

(3) [1] Fehlt einem Verwaltungsakt die erforderliche Begründung oder ist die erforderliche Anhörung eines Beteiligten vor Erlass des Verwaltungsaktes unterblieben und ist dadurch die rechtzeitige Anfechtung des Verwaltungsaktes versäumt worden, so gilt die Versäumung der Rechtsbehelfsfrist als nicht verschuldet. [2] Das für die Wiedereinsetzungsfrist nach § 32 Abs. 2 maßgebende Ereignis tritt im Zeitpunkt der Nachholung der unterlassenen Verfahrenshandlung ein.

§ 46 Folgen von Verfahrens- und Formfehlern. Die Aufhebung eines Verwaltungsaktes, der nicht nach § 44 nichtig ist, kann nicht allein deshalb beansprucht werden, weil er unter Verletzung von Vorschriften über das Verfahren, die Form oder die örtliche Zuständigkeit zustande gekommen ist, wenn offensichtlich ist, dass die Verletzung die Entscheidung in der Sache nicht beeinflusst hat.

§ 47 Umdeutung eines fehlerhaften Verwaltungsaktes. (1) Ein fehlerhafter Verwaltungsakt kann in einen anderen Verwaltungsakt umgedeutet werden, wenn er auf das gleiche Ziel gerichtet ist, von der erlassenden Behörde in der geschehenen Verfahrensweise und Form rechtmäßig hätte erlassen werden können und wenn die Voraussetzungen für dessen Erlass erfüllt sind.

(2) [1] Absatz 1 gilt nicht, wenn der Verwaltungsakt, in den der fehlerhafte Verwaltungsakt umzudeuten wäre, der erkennbaren Absicht der erlassenden Behörde widerspräche oder seine Rechtsfolgen für den Betroffenen ungünstiger wären als die des fehlerhaften Verwaltungsaktes. [2] Eine Umdeutung ist ferner unzulässig, wenn der fehlerhafte Verwaltungsakt nicht zurückgenommen werden dürfte.

(3) Eine Entscheidung, die nur als gesetzlich gebundene Entscheidung ergehen kann, kann nicht in eine Ermessensentscheidung umgedeutet werden.

(4) § 28 ist entsprechend anzuwenden.

§ 48 Rücknahme eines rechtswidrigen Verwaltungsaktes. (1) ¹Ein rechtswidriger Verwaltungsakt kann, auch nachdem er unanfechtbar geworden ist, ganz oder teilweise mit Wirkung für die Zukunft oder für die Vergangenheit zurückgenommen werden. ²Ein Verwaltungsakt, der ein Recht oder einen rechtlich erheblichen Vorteil begründet oder bestätigt hat (begünstigender Verwaltungsakt), darf nur unter den Einschränkungen der Absätze 2 bis 4 zurückgenommen werden.

(2) ¹Ein rechtswidriger Verwaltungsakt, der eine einmalige oder laufende Geldleistung oder teilbare Sachleistung gewährt oder hierfür Voraussetzung ist, darf nicht zurückgenommen werden, soweit der Begünstigte auf den Bestand des Verwaltungsaktes vertraut hat und sein Vertrauen unter Abwägung mit dem öffentlichen Interesse an einer Rücknahme schutzwürdig ist. ²Das Vertrauen ist in der Regel schutzwürdig, wenn der Begünstigte gewährte Leistungen verbraucht oder eine Vermögensdisposition getroffen hat, die er nicht mehr oder nur unter unzumutbaren Nachteilen rückgängig machen kann. ³Auf Vertrauen kann sich der Begünstigte nicht berufen, wenn er
1. den Verwaltungsakt durch arglistige Täuschung, Drohung oder Bestechung erwirkt hat;
2. den Verwaltungsakt durch Angaben erwirkt hat, die in wesentlicher Beziehung unrichtig oder unvollständig waren;
3. die Rechtswidrigkeit des Verwaltungsaktes kannte oder infolge grober Fahrlässigkeit nicht kannte. ⁴In den Fällen des Satzes 3 wird der Verwaltungsakt in der Regel mit Wirkung für die Vergangenheit zurückgenommen.

(3) ¹Wird ein rechtswidriger Verwaltungsakt, der nicht unter Absatz 2 fällt, zurückgenommen, so hat die Behörde dem Betroffenen auf Antrag den Vermögensnachteil auszugleichen, den dieser dadurch erleidet, dass er auf den Bestand des Verwaltungsaktes vertraut hat, soweit sein Vertrauen unter Abwägung mit dem öffentlichen Interesse schutzwürdig ist. ²Absatz 2 Satz 3 ist anzuwenden. ³Der Vermögensnachteil ist jedoch nicht über den Betrag des Interesses hinaus zu ersetzen, das der Betroffene an dem Bestand des Verwaltungsaktes hat. ⁴Der auszugleichende Vermögensnachteil wird durch die Behörde festgesetzt. ⁵Der Anspruch kann nur innerhalb eines Jahres geltend gemacht werden; die Frist beginnt, sobald die Behörde den Betroffenen auf sie hingewiesen hat.

(4) ¹Erhält die Behörde von Tatsachen Kenntnis, welche die Rücknahme eines rechtswidrigen Verwaltungsaktes rechtfertigen, so ist die Rücknahme nur innerhalb eines Jahres seit dem Zeitpunkt der Kenntnisnahme zulässig. ²Dies gilt nicht im Falle des Absatzes 2 Satz 3 Nr. 1.

(5) Über die Rücknahme entscheidet nach Unanfechtbarkeit des Verwaltungsaktes die nach § 3 zuständige Behörde; dies gilt auch dann, wenn der zurückzunehmende Verwaltungsakt von einer anderen Behörde erlassen worden ist.

§ 49 Widerruf eines rechtmäßigen Verwaltungsaktes. (1) Ein rechtmäßiger nicht begünstigender Verwaltungsakt kann, auch nachdem er unanfechtbar geworden ist, ganz oder teilweise mit Wirkung für die Zukunft widerrufen werden, außer wenn ein Verwaltungsakt gleichen Inhalts erneut erlassen werden müsste oder aus anderen Gründen ein Widerruf unzulässig ist.

(2) Ein rechtmäßiger begünstigender Verwaltungsakt darf, auch nachdem er unanfechtbar geworden ist, ganz oder teilweise mit Wirkung für die Zukunft nur widerrufen werden,
1. wenn der Widerruf durch Rechtsvorschrift zugelassen oder im Verwaltungsakt vorbehalten ist;
2. wenn mit dem Verwaltungsakt eine Auflage verbunden ist und der Begünstigte diese nicht oder nicht innerhalb einer ihm gesetzten Frist erfüllt hat;
3. wenn die Behörde auf Grund nachträglich eingetretener Tatsachen berechtigt wäre, den Verwaltungsakt nicht zu erlassen, und wenn ohne den Widerruf das öffentliche Interesse gefährdet würde;
4. wenn die Behörde auf Grund einer geänderten Rechtsvorschrift berechtigt wäre, den Verwaltungsakt nicht zu erlassen, soweit der Begünstigte von der Vergünstigung noch keinen Gebrauch gemacht oder auf Grund des Verwaltungsaktes noch keine Leistungen empfangen hat, und wenn ohne den Widerruf das öffentliche Interesse gefährdet würde;
5. um schwere Nachteile für das Gemeinwohl zu verhüten oder zu beseitigen.
²§ 48 Abs. 4 gilt entsprechend.

(3) ¹Ein rechtmäßiger Verwaltungsakt, der eine einmalige oder laufende Geldleistung oder teilbare Sachleistung zur Erfüllung eines bestimmten Zwecks gewährt oder hierfür Voraussetzung ist, kann, auch nachdem er unanfechtbar geworden ist, ganz oder teilweise auch mit Wirkung für die Vergangenheit widerrufen werden,
1. wenn die Leistung nicht, nicht alsbald nach der Erbringung oder nicht mehr für den in dem Verwaltungsakt bestimmten Zweck verwendet wird;
2. wenn mit dem Verwaltungsakt eine Auflage verbunden ist und der Begünstigte diese nicht oder nicht innerhalb einer ihm gesetzten Frist erfüllt hat.
²§ 48 Abs. 4 gilt entsprechend.

(4) Der widerrufene Verwaltungsakt wird mit dem Wirksamwerden des Widerrufs unwirksam, wenn die Behörde keinen anderen Zeitpunkt bestimmt.

(5) Über den Widerruf entscheidet nach Unanfechtbarkeit des Verwaltungsaktes die nach § 3 zuständige Behörde; dies gilt auch dann, wenn der zu widerrufende Verwaltungsakt von einer anderen Behörde erlassen worden ist.

(6) ¹Wird ein begünstigender Verwaltungsakt in den Fällen des Absatzes 2 Nr. 3 bis 5 widerrufen, so hat die Behörde den Betroffenen auf Antrag für den Vermögensnachteil zu entschädigen, den dieser dadurch erleidet, dass er auf den Bestand des Verwaltungsaktes vertraut hat, soweit sein Vertrauen schutzwürdig ist. ²§ 48 Abs. 3 Satz 3 bis 5 gilt entsprechend. ³Für Streitigkeiten über die Entschädigung ist der ordentliche Rechtsweg gegeben.

§ 49a Erstattung, Verzinsung. (1) ¹Soweit ein Verwaltungsakt mit Wirkung für die Vergangenheit zurückgenommen oder widerrufen worden oder infolge Eintritts einer auflösenden Bedingung unwirksam geworden ist, sind bereits erbrachte Leistungen zu erstatten. ²Die zu erstattende Leistung ist durch schriftlichen Verwaltungsakt festzusetzen.

(2) ¹Für den Umfang der Erstattung mit Ausnahme der Verzinsung gelten die Vorschriften des Bürgerlichen Gesetzbuchs über die Herausgabe einer ungerechtfertigten Bereicherung entsprechend. ²Auf den Wegfall der Bereicherung kann sich der Begünstigte nicht berufen, soweit er die Umstände kannte oder infolge grober Fahrlässigkeit nicht kannte, die zur Rücknahme, zum Widerruf oder zur Unwirksamkeit des Verwaltungsaktes geführt haben.

(3) ¹Der zu erstattende Betrag ist vom Eintritt der Unwirksamkeit des Verwaltungsaktes an mit fünf Prozentpunkten über dem Basiszinssatz jährlich zu verzinsen. ²Von der Geltendmachung des Zinsanspruchs kann insbesondere dann abgesehen werden, wenn der Begünstigte die Umstände, die zur Rücknahme, zum Widerruf oder zur Unwirksamkeit des Verwaltungsaktes geführt haben, nicht zu vertreten hat und den zu erstattenden Betrag innerhalb der von der Behörde festgesetzten Frist leistet.

(4) ¹Wird eine Leistung nicht alsbald nach der Auszahlung für den bestimmten Zweck verwendet, so können für die Zeit bis zur zweckentsprechenden Verwendung Zinsen nach Absatz 3 Satz 1 verlangt werden. ²Entsprechendes gilt, soweit eine Leistung in Anspruch genommen wird, obwohl andere Mittel anteilig oder vorrangig einzusetzen sind. ³§ 49 Abs. 3 Satz 1 Nr. 1 bleibt unberührt.

§ 50 Rücknahme und Widerruf im Rechtsbehelfsverfahren. § 48 Abs. 1 Satz 2 und Abs. 2 bis 4 sowie § 49 Abs. 2 bis 4 und 6 gelten nicht, wenn ein begünstigender Verwaltungsakt, der von einem Dritten angefochten worden ist, während des Vorverfahrens oder während des verwaltungsgerichtlichen Verfahrens aufgehoben wird, soweit dadurch dem Widerspruch oder der Klage abgeholfen wird.

§ 51 Wiederaufgreifen des Verfahrens. (1) Die Behörde hat auf Antrag des Betroffenen über die Aufhebung oder Änderung eines unanfechtbaren Verwaltungsaktes zu entscheiden, wenn
1. sich die dem Verwaltungsakt zugrunde liegende Sach- oder Rechtslage nachträglich zugunsten des Betroffenen geändert hat;
2. neue Beweismittel vorliegen, die eine dem Betroffenen günstigere Entscheidung herbeigeführt haben würden;
3. Wiederaufnahmegründe entsprechend § 580 der Zivilprozessordnung gegeben sind.

(2) Der Antrag ist nur zulässig, wenn der Betroffene ohne grobes Verschulden außerstande war, den Grund für das Wiederaufgreifen in dem früheren Verfahren, insbesondere durch Rechtsbehelf, geltend zu machen.

(3) [1] Der Antrag muss binnen drei Monaten gestellt werden. [2] Die Frist beginnt mit dem Tage, an dem der Betroffene von dem Grund für das Wiederaufgreifen Kenntnis erhalten hat.

(4) Über den Antrag entscheidet die nach § 3 zuständige Behörde; dies gilt auch dann, wenn der Verwaltungsakt, dessen Aufhebung oder Änderung begehrt wird, von einer anderen Behörde erlassen worden ist.

(5) Die Vorschriften des § 48 Abs. 1 Satz 1 und des § 49 Abs. 1 bleiben unberührt.

§ 52 Rückgabe von Urkunden und Sachen. [1] Ist ein Verwaltungsakt unanfechtbar widerrufen oder zurückgenommen oder ist seine Wirksamkeit aus einem anderen Grund nicht oder nicht mehr gegeben, so kann die Behörde die auf Grund dieses Verwaltungsaktes erteilten Urkunden oder Sachen, die zum Nachweis der Rechte aus dem Verwaltungsakt oder zu deren Ausübung bestimmt sind, zurückfordern. [2] Der Inhaber und, sofern er nicht der Besitzer ist, auch der Besitzer dieser Urkunden oder Sachen sind zu ihrer Herausgabe verpflichtet. [3] Der Inhaber oder der Besitzer kann jedoch verlangen, dass ihm die Urkunden oder Sachen wieder ausgehändigt werden, nachdem sie von der Behörde als ungültig gekennzeichnet sind; dies gilt nicht bei Sachen, bei denen eine solche Kennzeichnung nicht oder nicht mit der erforderlichen Offensichtlichkeit oder Dauerhaftigkeit möglich ist.

Abschnitt 3. Verjährungsrechtliche Wirkungen des Verwaltungsaktes

§ 53 Hemmung der Verjährung durch Verwaltungsakt. (1) [1] Ein Verwaltungsakt, der zur Feststellung oder Durchsetzung des Anspruchs eines öffentlich-rechtlichen Rechtsträgers erlassen wird, hemmt die Verjährung dieses Anspruchs. [2] Die Hemmung endet mit Eintritt der Unanfechtbarkeit des Verwaltungsaktes oder sechs Monate nach seiner anderweitigen Erledigung.

(2) [1] Ist ein Verwaltungsakt im Sinne des Absatzes 1 unanfechtbar geworden, beträgt die Verjährungsfrist 30 Jahre. [2] Soweit der Verwaltungsakt einen Anspruch auf künftig fällig werdende regelmäßig wiederkehrende Leistungen zum Inhalt hat, bleibt es bei der für diesen Anspruch geltenden Verjährungsfrist.

Teil IV. Öffentlich-rechtlicher Vertrag

§ 54 Zulässigkeit des öffentlich-rechtlichen Vertrags. [1] Ein Rechtsverhältnis auf dem Gebiet des öffentlichen Rechts kann durch Vertrag begründet, geändert oder aufgehoben werden (öffentlich-rechtlicher Vertrag), soweit Rechtsvorschriften nicht entgegenstehen. [2] Insbesondere kann die Behörde, anstatt einen Verwaltungsakt zu erlassen, einen öffentlich-rechtlichen Vertrag mit demjenigen schließen, an den sie sonst den Verwaltungsakt richten würde.

§ 55 Vergleichsvertrag. Ein öffentlich-rechtlicher Vertrag im Sinne des § 54 Satz 2, durch den eine bei verständiger Würdigung des Sachverhalts oder der Rechtslage bestehende Ungewissheit durch gegenseitiges Nachgeben beseitigt wird (Vergleich), kann geschlossen werden, wenn die Behörde den Abschluss des Vergleichs zur Beseitigung der Ungewissheit nach pflichtgemäßem Ermessen für zweckmäßig hält.

§ 56 Austauschvertrag. (1) [1] Ein öffentlich-rechtlicher Vertrag im Sinne des § 54 Satz 2, in dem sich der Vertragspartner der Behörde zu einer Gegenleistung verpflichtet, kann geschlossen werden, wenn die Gegenleistung für einen bestimmten Zweck im Vertrag vereinbart wird und der Behörde zur Erfüllung ihrer öffentlichen Aufgaben dient. [2] Die Gegenleistung muss den gesamten Umständen nach angemessen sein und im sachlichen Zusammenhang mit der vertraglichen Leistung der Behörde stehen.

(2) Besteht auf die Leistung der Behörde ein Anspruch, so kann nur eine solche Gegenleistung vereinbart werden, die bei Erlass eines Verwaltungsaktes Inhalt einer Nebenbestimmung nach § 36 sein könnte.

Teil IV. Öffentlich-rechtlicher Vertrag

§ 57 Schriftform. Ein öffentlich-rechtlicher Vertrag ist schriftlich zu schließen, soweit nicht durch Rechtsvorschrift eine andere Form vorgeschrieben ist.

§ 58 Zustimmung von Dritten und Behörden. (1) Ein öffentlich-rechtlicher Vertrag, der in Rechte eines Dritten eingreift, wird erst wirksam, wenn der Dritte schriftlich zustimmt.

(2) Wird anstatt eines Verwaltungsaktes, bei dessen Erlass nach einer Rechtsvorschrift die Genehmigung, die Zustimmung oder das Einvernehmen einer anderen Behörde erforderlich ist, ein Vertrag geschlossen, so wird dieser erst wirksam, nachdem die andere Behörde in der vorgeschriebenen Form mitgewirkt hat.

§ 59 Nichtigkeit des öffentlich-rechtlichen Vertrags. (1) Ein öffentlich-rechtlicher Vertrag ist nichtig, wenn sich die Nichtigkeit aus der entsprechenden Anwendung von Vorschriften des Bürgerlichen Gesetzbuchs ergibt.

(2) Ein Vertrag im Sinne des § 54 Satz 2 ist ferner nichtig, wenn
1. ein Verwaltungsakt mit entsprechendem Inhalt nichtig wäre;
2. ein Verwaltungsakt mit entsprechendem Inhalt nicht nur wegen eines Verfahrens- oder Formfehlers im Sinne des § 46 rechtswidrig wäre und dies den Vertragschließenden bekannt war;
3. die Voraussetzungen zum Abschluss eines Vergleichsvertrags nicht vorlagen und ein Verwaltungsakt mit entsprechendem Inhalt nicht nur wegen eines Verfahrens- oder Formfehlers im Sinne des § 46 rechtswidrig wäre;
4. sich die Behörde eine nach § 56 unzulässige Gegenleistung versprechen lässt.

(3) Betrifft die Nichtigkeit nur einen Teil des Vertrags, so ist er im Ganzen nichtig, wenn nicht anzunehmen ist, dass er auch ohne den nichtigen Teil geschlossen worden wäre.

§ 60 Anpassung und Kündigung in besonderen Fällen. (1) ¹Haben die Verhältnisse, die für die Festsetzung des Vertragsinhalts maßgebend gewesen sind, sich seit Abschluss des Vertrags so wesentlich geändert, dass einer Vertragspartei das Festhalten an der ursprünglichen vertraglichen Regelung nicht zuzumuten ist, so kann diese Vertragspartei eine Anpassung des Vertragsinhalts an die geänderten Verhältnisse verlangen oder, sofern eine Anpassung nicht möglich oder einer Vertragspartei nicht zuzumuten ist, den Vertrag kündigen. ²Die Behörde kann den Vertrag auch kündigen, um schwere Nachteile für das Gemeinwohl zu verhüten oder zu beseitigen.

(2) ¹Die Kündigung bedarf der Schriftform, soweit nicht durch Rechtsvorschrift eine andere Form vorgeschrieben ist. ²Sie soll begründet werden.

§ 61 Unterwerfung unter die sofortige Vollstreckung. (1) ¹Jeder Vertragschließende kann sich der sofortigen Vollstreckung aus einem öffentlich-rechtlichen Vertrag im Sinne des § 54 Satz 2 unterwerfen. ²Die Behörde muss hierbei von dem Behördenleiter, seinem allgemeinen Vertreter oder einem Angehörigen des öffentlichen Dienstes, der die Befähigung zum Richteramt hat oder die Voraussetzungen des § 110 Satz 1 des Deutschen Richtergesetzes erfüllt, vertreten werden.

(2) ¹Auf öffentlich-rechtliche Verträge im Sinne des Absatzes 1 Satz 1 ist das Verwaltungs-Vollstreckungsgesetz des Bundes entsprechend anzuwenden, wenn Vertragschließender eine Behörde im Sinne des § 1 Abs. 1 Nr. 1 ist. ²Will eine natürliche oder juristische Person des Privatrechts oder eine nichtrechtsfähige Vereinigung die Vollstreckung wegen einer Geldforderung betreiben, so ist § 170 Abs. 1 bis 3 der Verwaltungsgerichtsordnung entsprechend anzuwenden. ³Richtet sich die Vollstreckung wegen der Erzwingung einer Handlung, Duldung oder Unterlassung gegen eine Behörde im Sinne des § 1 Abs. 1 Nr. 2, so ist § 172 der Verwaltungsgerichtsordnung entsprechend anzuwenden.

§ 62 Ergänzende Anwendung von Vorschriften. ¹Soweit sich aus den §§ 54 bis 61 nichts Abweichendes ergibt, gelten die übrigen Vorschriften dieses Gesetzes. ²Ergänzend gelten die Vorschriften des Bürgerlichen Gesetzbuchs entsprechend.

Teil V. Besondere Verfahrensarten

Abschnitt 1. Förmliches Verwaltungsverfahren

§ 63 Anwendung der Vorschriften über das förmliche Verwaltungsverfahren. (1) Das förmliche Verwaltungsverfahren nach diesem Gesetz findet statt, wenn es durch Rechtsvorschrift angeordnet ist.

(2) Für das förmliche Verwaltungsverfahren gelten die §§ 64 bis 71 und, soweit sich aus ihnen nichts Abweichendes ergibt, die übrigen Vorschriften dieses Gesetzes.

(3) [1]Die Mitteilung nach § 17 Abs. 2 Satz 2 und die Aufforderung nach § 17 Abs. 4 Satz 2 sind im förmlichen Verwaltungsverfahren öffentlich bekannt zu machen. [2]Die öffentliche Bekanntmachung wird dadurch bewirkt, dass die Behörde die Mitteilung oder die Aufforderung in ihrem amtlichen Veröffentlichungsblatt und außerdem in örtlichen Tageszeitungen, die in dem Bereich verbreitet sind, in dem sich die Entscheidung voraussichtlich auswirken wird, bekannt macht.

§ 64 Form des Antrags. Setzt das förmliche Verwaltungsverfahren einen Antrag voraus, so ist er schriftlich oder zur Niederschrift bei der Behörde zu stellen.

§ 65 Mitwirkung von Zeugen und Sachverständigen. (1) [1]Im förmlichen Verwaltungsverfahren sind Zeugen zur Aussage und Sachverständige zur Erstattung von Gutachten verpflichtet. [2]Die Vorschriften der Zivilprozessordnung über die Pflicht, als Zeuge auszusagen oder als Sachverständiger ein Gutachten zu erstatten, über die Ablehnung von Sachverständigen sowie über die Vernehmung von Angehörigen des öffentlichen Dienstes als Zeugen oder Sachverständige gelten entsprechend.

(2) [1]Verweigern Zeugen oder Sachverständige ohne Vorliegen eines der in den §§ 376, 383 bis 385 und 408 der Zivilprozessordnung bezeichneten Gründe die Aussage oder die Erstattung des Gutachtens, so kann die Behörde das für den Wohnsitz oder den Aufenthalt des Zeugen oder des Sachverständigen zuständige Verwaltungsgericht um die Vernehmung ersuchen. [2]Befindet sich der Wohnsitz oder der Aufenthaltsort des Zeugen oder des Sachverständigen nicht am Sitz eines Verwaltungsgerichts oder einer besonders errichteten Kammer, so kann auch das zuständige Amtsgericht um die Vernehmung ersucht werden. [3]In dem Ersuchen hat die Behörde den Gegenstand der Vernehmung darzulegen sowie die Namen und Anschriften der Beteiligten anzugeben. [4]Das Gericht hat die Beteiligten von den Beweisterminen zu benachrichtigen.

(3) Hält die Behörde mit Rücksicht auf die Bedeutung der Aussage eines Zeugen oder des Gutachtens eines Sachverständigen oder zur Herbeiführung einer wahrheitsgemäßen Aussage die Beeidigung für geboten, so kann sie das nach Absatz 2 zuständige Gericht um die eidliche Vernehmung ersuchen.

(4) Das Gericht entscheidet über die Rechtmäßigkeit einer Verweigerung des Zeugnisses, des Gutachtens oder der Eidesleistung.

(5) Ein Ersuchen nach Absatz 2 oder 3 an das Gericht darf nur von dem Behördenleiter, seinem allgemeinen Vertreter oder einem Angehörigen des öffentlichen Dienstes gestellt werden, der die Befähigung zum Richteramt hat oder die Voraussetzungen des § 110 Satz 1 des Deutschen Richtergesetzes erfüllt.

§ 66 Verpflichtung zur Anhörung von Beteiligten. (1) Im förmlichen Verwaltungsverfahren ist dem Beteiligten Gelegenheit zu geben, sich vor der Entscheidung zu äußern.

(2) Den Beteiligten ist Gelegenheit zu geben, der Vernehmung von Zeugen und Sachverständigen und der Einnahme des Augenscheins beizuwohnen und hierbei sachdienliche Fragen zu stellen; ein schriftlich oder elektronisch vorliegendes Gutachten soll ihnen zugänglich gemacht werden.

Teil V. Besondere Verfahrensarten

§ 67 Erfordernis der mündlichen Verhandlung. (1) ¹Die Behörde entscheidet nach mündlicher Verhandlung. ²Hierzu sind die Beteiligten mit angemessener Frist schriftlich zu laden. ³Bei der Ladung ist darauf hinzuweisen, dass bei Ausbleiben eines Beteiligten auch ohne ihn verhandelt und entschieden werden kann. ⁴Sind mehr als 50 Ladungen vorzunehmen, so können sie durch öffentliche Bekanntmachung ersetzt werden. ⁵Die öffentliche Bekanntmachung wird dadurch bewirkt, dass der Verhandlungstermin mindestens zwei Wochen vorher im amtlichen Veröffentlichungsblatt der Behörde und außerdem in örtlichen Tageszeitungen, die in dem Bereich verbreitet sind, in dem sich die Entscheidung voraussichtlich auswirken wird, mit dem Hinweis nach Satz 3 bekannt gemacht wird. ⁶Maßgebend für die Frist nach Satz 5 ist die Bekanntgabe im amtlichen Veröffentlichungsblatt.

(2) Die Behörde kann ohne mündliche Verhandlung entscheiden, wenn
1. einem Antrag im Einvernehmen mit allen Beteiligten in vollem Umfang entsprochen wird;
2. kein Beteiligter innerhalb einer hierfür gesetzten Frist Einwendungen gegen die vorgesehene Maßnahme erhoben hat;
3. die Behörde den Beteiligten mitgeteilt hat, dass sie beabsichtige, ohne mündliche Verhandlung zu entscheiden, und kein Beteiligter innerhalb einer hierfür gesetzten Frist Einwendungen dagegen erhoben hat;
4. alle Beteiligten auf sie verzichtet haben;
5. wegen Gefahr im Verzug eine sofortige Entscheidung notwendig ist.

(3) Die Behörde soll das Verfahren so fördern, dass es möglichst in einem Verhandlungstermin erledigt werden kann.

§ 68 Verlauf der mündlichen Verhandlung. (1) ¹Die mündliche Verhandlung ist nicht öffentlich. ²An ihr können Vertreter der Aufsichtsbehörden und Personen, die bei der Behörde zur Ausbildung beschäftigt sind, teilnehmen. ³Anderen Personen kann der Verhandlungsleiter die Anwesenheit gestatten, wenn kein Beteiligter widerspricht.

(2) ¹Der Verhandlungsleiter hat die Sache mit den Beteiligten zu erörtern. ²Er hat darauf hinzuwirken, dass unklare Anträge erläutert, sachdienliche Anträge gestellt, ungenügende Angaben ergänzt sowie alle für die Feststellung des Sachverhalts wesentlichen Erklärungen abgegeben werden.

(3) ¹Der Verhandlungsleiter ist für die Ordnung verantwortlich. ²Er kann Personen, die seine Anordnungen nicht befolgen, entfernen lassen. ³Die Verhandlung kann ohne diese Personen fortgesetzt werden.

(4) ¹Über die mündliche Verhandlung ist eine Niederschrift zu fertigen. ²Die Niederschrift muss Angaben enthalten über
1. den Ort und den Tag der Verhandlung,
2. die Namen des Verhandlungsleiters, der erschienenen Beteiligten, Zeugen und Sachverständigen,
3. den behandelten Verfahrensgegenstand und die gestellten Anträge,
4. den wesentlichen Inhalt der Aussagen der Zeugen und Sachverständigen,
5. das Ergebnis eines Augenscheins.

³Die Niederschrift ist von dem Verhandlungsleiter und, soweit ein Schriftführer hinzugezogen worden ist, auch von diesem zu unterzeichnen. ⁴Der Aufnahme in die Verhandlungsniederschrift steht die Aufnahme in eine Schrift gleich, die ihr als Anlage beigefügt und als solche bezeichnet ist; auf die Anlage ist in der Verhandlungsniederschrift hinzuweisen.

§ 69 Entscheidung. (1) Die Behörde entscheidet unter Würdigung des Gesamtergebnisses des Verfahrens.

(2) ¹Verwaltungsakte, die das förmliche Verfahren abschließen, sind schriftlich zu erlassen, schriftlich zu begründen und den Beteiligten zuzustellen; in den Fällen des § 39 Abs. 2 Nr. 1 und 3 bedarf es einer Begründung nicht. ²Ein elektronischer Verwaltungsakt nach Satz 1 ist mit einer dauerhaft überprüfbaren qualifizierten elektronischen Signatur zu versehen. ³Sind mehr als 50 Zustellungen vorzunehmen, so können sie durch öffentliche Bekanntmachung ersetzt werden. ⁴Die öffentliche Bekanntmachung wird dadurch bewirkt, dass der verfügende Teil des Verwal-

tungsaktes und die Rechtsbehelfsbelehrung im amtlichen Veröffentlichungsblatt der Behörde und außerdem in örtlichen Tageszeitungen bekannt gemacht werden, die in dem Bereich verbreitet sind, in dem sich die Entscheidung voraussichtlich auswirken wird. [5]Der Verwaltungsakt gilt mit dem Tage als zugestellt, an dem seit dem Tage der Bekanntmachung in dem amtlichen Veröffentlichungsblatt zwei Wochen verstrichen sind; hierauf ist in der Bekanntmachung hinzuweisen. [6]Nach der öffentlichen Bekanntmachung kann der Verwaltungsakt bis zum Ablauf der Rechtsbehelfsfrist von den Beteiligten schriftlich oder elektronisch angefordert werden; hierauf ist in der Bekanntmachung gleichfalls hinzuweisen.

(3) [1]Wird das förmliche Verwaltungsverfahren auf andere Weise abgeschlossen, so sind die Beteiligten hiervon zu benachrichtigen. [2]Sind mehr als 50 Benachrichtigungen vorzunehmen, so können sie durch öffentliche Bekanntmachung ersetzt werden; Absatz 2 Satz 3 gilt entsprechend.

§ 70 Anfechtung der Entscheidung. Vor Erhebung einer verwaltungsgerichtlichen Klage, die einen im förmlichen Verwaltungsverfahren erlassenen Verwaltungsakt zum Gegenstand hat, bedarf es keiner Nachprüfung in einem Vorverfahren.

§ 71 Besondere Vorschriften für das förmliche Verfahren vor Ausschüssen. (1) [1]Findet das förmliche Verwaltungsverfahren vor einem Ausschuss (§ 88) statt, so hat jedes Mitglied das Recht, sachdienliche Fragen zu stellen. [2]Wird eine Frage von einem Beteiligten beanstandet, so entscheidet der Ausschuss über ihre Zulässigkeit.

(2) [1]Bei der Beratung und Abstimmung dürfen nur Ausschussmitglieder zugegen sein, die an der mündlichen Verhandlung teilgenommen haben. [2]Ferner dürfen Personen zugegen sein, die bei der Behörde, bei der der Ausschuss gebildet ist, zur Ausbildung beschäftigt sind, soweit der Vorsitzende ihre Anwesenheit gestattet. [3]Die Abstimmungsergebnisse sind festzuhalten.

(3) [1]Jeder Beteiligte kann ein Mitglied des Ausschusses ablehnen, das in diesem Verwaltungsverfahren nicht tätig werden darf (§ 20) oder bei dem die Besorgnis der Befangenheit besteht (§ 21). [2]Eine Ablehnung vor der mündlichen Verhandlung ist schriftlich oder zur Niederschrift zu erklären. [3]Die Erklärung ist unzulässig, wenn sich der Beteiligte, ohne den ihm bekannten Ablehnungsgrund geltend zu machen, in die mündliche Verhandlung eingelassen hat. [4]Für die Entscheidung über die Ablehnung gilt § 20 Abs. 4 Satz 2 bis 4.

Abschnitt 1 a. Beschleunigung von Genehmigungsverfahren

§ 71 a Anwendbarkeit. Hat das Verwaltungsverfahren die Erteilung einer Genehmigung zum Ziel (Genehmigungsverfahren), die der Durchführung von Vorhaben im Rahmen einer wirtschaftlichen Unternehmung des Antragstellers dient, finden die §§ 71 b bis 71 e Anwendung.

§ 71 b Zügigkeit des Genehmigungsverfahrens. Die Genehmigungsbehörde trifft die ihr rechtlich und tatsächlich möglichen Vorkehrungen dafür, dass das Verfahren in angemessener Frist abgeschlossen und auf Antrag besonders beschleunigt werden kann.

§ 71 c Beratung und Auskunft. (1) [1]Die Genehmigungsbehörde erteilt, soweit erforderlich, Auskunft über Möglichkeiten zur Beschleunigung des Verfahrens, einschließlich der damit verbundenen Vor- und Nachteile. [2]Dies kann auf Verlangen schriftlich oder elektronisch geschehen, soweit es von der Bedeutung oder der Schwierigkeit der Sache her angemessen erscheint.

(2) [1]Die Genehmigungsbehörde erörtert, soweit erforderlich, bereits vor Stellung des Antrags auf Genehmigung mit dem zukünftigen Antragsteller,
1. welche Nachweise und Unterlagen von ihm zu erbringen sind,
2. welche sachverständigen Prüfungen im Genehmigungsverfahren anerkannt werden können,
3. in welcher Weise die Beteiligung Dritter oder der Öffentlichkeit vorgezogen werden kann, um das Genehmigungsverfahren zu entlasten,
4. ob es angebracht ist, einzelne tatsächliche Voraussetzungen der Genehmigung vorweg gerichtlich klären zu lassen (selbständiges Beweisverfahren).

[2]Andere Behörden und, soweit der zukünftige Antragsteller zustimmt, Dritte können von der Behörde hinzugezogen werden.

(3) Nach Eingang des Antrags ist dem Antragsteller unverzüglich mitzuteilen, ob die Angaben und Antragsunterlagen vollständig sind und mit welcher Verfahrensdauer zu rechnen ist.

§ 71d Sternverfahren. (1) Sind in einem Genehmigungsverfahren Träger öffentlicher Belange zu beteiligen, soll die zuständige Behörde diese, soweit sachlich möglich und geboten, insbesondere auf Verlangen des Antragstellers, gleichzeitig und unter Fristsetzung zur Stellungnahme auffordern (Sternverfahren).

(2) Äußerungen nach Ablauf der Frist werden nicht mehr berücksichtigt, es sei denn, die vorgebrachten Belange sind der Genehmigungsbehörde bereits bekannt oder hätten ihr bekannt sein müssen oder sind für die Rechtmäßigkeit der Entscheidung von Bedeutung.

§ 71e Antragskonferenz. Auf Verlangen des Antragstellers soll die Behörde eine Besprechung mit allen beteiligten Stellen und dem Antragsteller einberufen.

Abschnitt 2. Planfeststellungsverfahren

§ 72 Anwendung der Vorschriften über das Planfeststellungsverfahren. (1) Ist ein Planfeststellungsverfahren durch Rechtsvorschrift angeordnet, so gelten hierfür die §§ 73 bis 78 und, soweit sich aus ihnen nichts Abweichendes ergibt, die übrigen Vorschriften dieses Gesetzes; die §§ 51 und 71a bis 71e sind nicht anzuwenden, § 29 ist mit der Maßgabe anzuwenden, dass Akteneinsicht nach pflichtgemäßem Ermessen zu gewähren ist.

(2) [1]Die Mitteilung nach § 17 Abs. 2 Satz 2 und die Aufforderung nach § 17 Abs. 4 Satz 2 sind im Planfeststellungsverfahren öffentlich bekannt zu machen. [2]Die öffentliche Bekanntmachung wird dadurch bewirkt, dass die Behörde die Mitteilung oder die Aufforderung in ihrem amtlichen Veröffentlichungsblatt und außerdem in örtlichen Tageszeitungen, die in dem Bereich verbreitet sind, in dem sich das Vorhaben voraussichtlich auswirken wird, bekanntmacht.

§ 73 Anhörungsverfahren. (1) [1]Der Träger des Vorhabens hat den Plan der Anhörungsbehörde zur Durchführung des Anhörungsverfahrens einzureichen. [2]Der Plan besteht aus den Zeichnungen und Erläuterungen, die das Vorhaben, seinen Anlass und die von dem Vorhaben betroffenen Grundstücke und Anlagen erkennen lassen.

(2) Innerhalb eines Monats nach Zugang des vollständigen Plans fordert die Anhörungsbehörde die Behörden, deren Aufgabenbereich durch das Vorhaben berührt wird, zur Stellungnahme auf und veranlasst, dass der Plan in den Gemeinden, in denen sich das Vorhaben auswirkt, ausgelegt wird.

(3) [1]Die Gemeinden nach Absatz 2 haben den Plan innerhalb von drei Wochen nach Zugang für die Dauer eines Monats zur Einsicht auszulegen. [2]Auf eine Auslegung kann verzichtet werden, wenn der Kreis der Betroffenen bekannt ist und ihnen innerhalb angemessener Frist Gelegenheit gegeben wird, den Plan einzusehen.

(3a) [1]Die Behörden nach Absatz 2 haben ihre Stellungnahme innerhalb einer von der Anhörungsbehörde zu setzenden Frist abzugeben, die drei Monate nicht überschreiten darf. [2]Nach dem Erörterungstermin eingehende Stellungnahmen werden nicht mehr berücksichtigt, es sei denn, die vorgebrachten Belange sind der Planfeststellungsbehörde bereits bekannt oder hätten ihr bekannt sein müssen oder sind für die Rechtmäßigkeit der Entscheidung von Bedeutung.

(4) [1]Jeder, dessen Belange durch das Vorhaben berührt werden, kann bis zwei Wochen nach Ablauf der Auslegungsfrist schriftlich oder zur Niederschrift bei der Anhörungsbehörde oder bei der Gemeinde Einwendungen gegen den Plan erheben. [2]Im Falle des Absatzes 3 Satz 2 bestimmt die Anhörungsbehörde die Einwendungsfrist. [3]Mit Ablauf der Einwendungsfrist sind alle Einwendungen ausgeschlossen, die nicht auf besonderen privatrechtlichen Titeln beruhen. [4]Hierauf ist in der Bekanntmachung der Auslegung oder bei der Bekanntgabe der Einwendungsfrist hinzuweisen.

(5) [1]Die Gemeinden, in denen der Plan auszulegen ist, haben die Auslegung vorher ortsüblich bekannt zu machen. [2]In der Bekanntmachung ist darauf hinzuweisen,

1. wo und in welchem Zeitraum der Plan zur Einsicht ausgelegt ist;

2. dass etwaige Einwendungen bei den in der Bekanntmachung zu bezeichnenden Stellen innerhalb der Einwendungsfrist vorzubringen sind;
3. dass bei Ausbleiben eines Beteiligten in dem Erörterungstermin auch ohne ihn verhandelt werden kann;
4. dass
    a) die Personen, die Einwendungen erhoben haben, von dem Erörterungstermin durch öffentliche Bekanntmachung benachrichtigt werden können,
    b) die Zustellung der Entscheidung über die Einwendungen durch öffentliche Bekanntmachung ersetzt werden kann,
wenn mehr als 50 Benachrichtigungen oder Zustellungen vorzunehmen sind.

³Nicht ortsansässige Betroffene, deren Person und Aufenthalt bekannt sind oder sich innerhalb angemessener Frist ermitteln lassen, sollen auf Veranlassung der Anhörungsbehörde von der Auslegung mit dem Hinweis nach Satz 2 benachrichtigt werden.

(6) ¹Nach Ablauf der Einwendungsfrist hat die Anhörungsbehörde die rechtzeitig erhobenen Einwendungen gegen den Plan und die Stellungnahmen der Behörden zu dem Plan mit dem Träger des Vorhabens, den Behörden, den Betroffenen sowie den Personen, die Einwendungen erhoben haben, zu erörtern. ²Der Erörterungstermin ist mindestens eine Woche vorher ortsüblich bekannt zu machen. ³Die Behörden, der Träger des Vorhabens und diejenigen, die Einwendungen erhoben haben, sind von dem Erörterungstermin zu benachrichtigen. ⁴Sind außer der Benachrichtigung der Behörden und des Trägers des Vorhabens mehr als 50 Benachrichtigungen vorzunehmen, so können diese Benachrichtigungen durch öffentliche Bekanntmachung ersetzt werden. ⁵Die öffentliche Bekanntmachung wird dadurch bewirkt, dass abweichend von Satz 2 der Erörterungstermin im amtlichen Veröffentlichungsblatt der Anhörungsbehörde und außerdem in örtlichen Tageszeitungen bekannt gemacht wird, die in dem Bereich verbreitet sind, in dem sich das Vorhaben voraussichtlich auswirken wird; maßgebend für die Frist nach Satz 2 ist die Bekanntgabe im amtlichen Veröffentlichungsblatt. ⁶Im Übrigen gelten für die Erörterung die Vorschriften über die mündliche Verhandlung im förmlichen Verwaltungsverfahren (§ 67 Abs. 1 Satz 3, Abs. 2 Nr. 1 und 4 und Abs. 3, § 68) entsprechend. ⁷Die Erörterung soll innerhalb von drei Monaten nach Ablauf der Einwendungfrist abgeschlossen werden.

(7) Abweichend von den Vorschriften des Absatzes 6 Satz 2 bis 5 kann der Erörterungstermin bereits in der Bekanntmachung nach Absatz 5 Satz 2 bestimmt werden.

(8) ¹Soll ein ausgelegter Plan geändert werden und werden dadurch der Aufgabenbereich einer Behörde oder Belange Dritter erstmalig oder stärker als bisher berührt, so ist diesen die Änderung mitzuteilen und ihnen Gelegenheit zu Stellungnahmen und Einwendungen innerhalb von zwei Wochen zu geben. ²Wirkt sich die Änderung auf das Gebiet einer anderen Gemeinde aus, so ist der geänderte Plan in dieser Gemeinde auszulegen; die Absätze 2 bis 6 gelten entsprechend.

(9) Die Anhörungsbehörde gibt zum Ergebnis des Anhörungsverfahrens eine Stellungnahme ab und leitet diese möglichst innerhalb eines Monats nach Abschluss der Erörterung mit dem Plan, den Stellungnahmen der Behörden und den nicht erledigten Einwendungen der Planfeststellungsbehörde zu.

§ 74 Planfeststellungsbeschluss, Plangenehmigung. (1) ¹Die Planfeststellungsbehörde stellt den Plan fest (Planfeststellungsbeschluss). ²Die Vorschriften über die Entscheidung und die Anfechtung der Entscheidung im förmlichen Verwaltungsverfahren (§§ 69 und 70) sind anzuwenden.

(2) ¹Im Planfeststellungsbeschluss entscheidet die Planfeststellungsbehörde über die Einwendungen, über die bei der Erörterung vor der Anhörungsbehörde keine Einigung erzielt worden ist. ²Sie hat dem Träger des Vorhabens Vorkehrungen oder die Errichtung und Unterhaltung von Anlagen aufzuerlegen, die zum Wohl der Allgemeinheit oder zur Vermeidung nachteiliger Wirkungen auf Rechte anderer erforderlich sind. ³Sind solche Vorkehrungen oder Anlagen untunlich oder mit dem Vorhaben unvereinbar, so hat der Betroffene Anspruch auf angemessene Entschädigung in Geld.

(3) Soweit eine abschließende Entscheidung noch nicht möglich ist, ist diese im Planfeststellungsbeschluss vorzubehalten; dem Träger des Vorhabens ist dabei aufzugeben, noch fehlende oder von der Planfeststellungsbehörde bestimmte Unterlagen rechtzeitig vorzulegen.

Teil V. Besondere Verfahrensarten **Text**

(4) ¹Der Planfeststellungsbeschluss ist dem Träger des Vorhabens, den bekannten Betroffenen und denjenigen, über deren Einwendungen entschieden worden ist, zuzustellen. ²Eine Ausfertigung des Beschlusses ist mit einer Rechtsbehelfsbelehrung und einer Ausfertigung des festgestellten Plans in den Gemeinden zwei Wochen zur Einsicht auszulegen; der Ort und die Zeit der Auslegung sind ortsüblich bekannt zu machen. ³Mit dem Ende der Auslegungsfrist gilt der Beschluss gegenüber den übrigen Betroffenen als zugestellt; darauf ist in der Bekanntmachung hinzuweisen.

(5) ¹Sind außer an den Träger des Vorhabens mehr als 50 Zustellungen nach Absatz 4 vorzunehmen, so können diese Zustellungen durch öffentliche Bekanntmachung ersetzt werden. ²Die öffentliche Bekanntmachung wird dadurch bewirkt, dass der verfügende Teil des Planfeststellungsbeschlusses, die Rechtsbehelfsbelehrung und ein Hinweis auf die Auslegung nach Absatz 4 Satz 2 im amtlichen Veröffentlichungsblatt der zuständigen Behörde und außerdem in örtlichen Tageszeitungen bekannt gemacht werden, die in dem Bereich verbreitet sind, in dem sich das Vorhaben voraussichtlich auswirken wird; auf Auflagen ist hinzuweisen. ³Mit dem Ende der Auslegungsfrist gilt der Beschluss den Betroffenen und denjenigen gegenüber, die Einwendungen erhoben haben, als zugestellt; hierauf ist in der Bekanntmachung hinzuweisen. ⁴Nach der öffentlichen Bekanntmachung kann der Planfeststellungsbeschluss bis zum Ablauf der Rechtsbehelfsfrist von den Betroffenen und von denjenigen, die Einwendungen erhoben haben, schriftlich angefordert werden; hierauf ist in der Bekanntmachung gleichfalls hinzuweisen.

(6) ¹An Stelle eines Planfeststellungsbeschlusses kann eine Plangenehmigung erteilt werden, wenn

1. Rechte anderer nicht beeinträchtigt werden oder die Betroffenen sich mit der Inanspruchnahme ihres Eigentums oder eines anderen Rechts schriftlich einverstanden erklärt haben und
2. mit den Trägern öffentlicher Belange, deren Aufgabenbereich berührt wird, das Benehmen hergestellt worden ist.

²Die Plangenehmigung hat die Rechtswirkungen der Planfeststellung mit Ausnahme der enteignungsrechtlichen Vorwirkung; auf ihre Erteilung finden die Vorschriften über das Planfeststellungsverfahren keine Anwendung. ³Vor Erhebung einer verwaltungsgerichtlichen Klage bedarf es keiner Nachprüfung in einem Vorverfahren. ⁴§ 75 Abs. 4 gilt entsprechend.

(7) ¹Planfeststellung und Plangenehmigung entfallen in Fällen von unwesentlicher Bedeutung. ²Diese liegen vor, wenn

1. andere öffentliche Belange nicht berührt sind oder die erforderlichen behördlichen Entscheidungen vorliegen und sie dem Plan nicht entgegenstehen und
2. Rechte anderer nicht beeinflusst werden oder mit den vom Plan Betroffenen entsprechende Vereinbarungen getroffen worden sind.

§ 75 Rechtswirkungen der Planfeststellung. (1) ¹Durch die Planfeststellung wird die Zulässigkeit des Vorhabens einschließlich der notwendigen Folgemaßnahmen an anderen Anlagen im Hinblick auf alle von ihm berührten öffentlichen Belange festgestellt; neben der Planfeststellung sind andere behördliche Entscheidungen, insbesondere öffentlich-rechtliche Genehmigungen, Verleihungen, Erlaubnisse, Bewilligungen, Zustimmungen und Planfeststellungen nicht erforderlich. ²Durch die Planfeststellung werden alle öffentlich-rechtlichen Beziehungen zwischen dem Träger des Vorhabens und den durch den Plan Betroffenen rechtsgestaltend geregelt.

(1a) ¹Mängel bei der Abwägung der von dem Vorhaben berührten öffentlichen und privaten Belange sind nur erheblich, wenn sie offensichtlich und auf das Abwägungsergebnis von Einfluss gewesen sind. ²Erhebliche Mängel bei der Abwägung führen nur dann zur Aufhebung des Planfeststellungsbeschlusses oder der Plangenehmigung, wenn sie nicht durch Planergänzung oder durch ein ergänzendes Verfahren behoben werden können.

(2) ¹Ist der Planfeststellungsbeschluss unanfechtbar geworden, so sind Ansprüche auf Unterlassung des Vorhabens, auf Beseitigung oder Änderung der Anlagen oder auf Unterlassung ihrer Benutzung ausgeschlossen. ²Treten nicht voraussehbare Wirkungen des Vorhabens oder der dem festgestellten Plan entsprechenden Anlagen auf das Recht eines anderen erst nach Unanfechtbarkeit des Plans auf, so kann der Betroffene Vorkehrungen oder die Errichtung und Unterhaltung von Anlagen verlangen, welche die nachteiligen Wirkungen ausschließen. ³Sie sind dem Träger

des Vorhabens durch Beschluss der Planfeststellungsbehörde aufzuerlegen. [4] Sind solche Vorkehrungen oder Anlagen untunlich oder mit dem Vorhaben unvereinbar, so richtet sich der Anspruch auf angemessene Entschädigung in Geld. [5] Werden Vorkehrungen oder Anlagen im Sinne des Satzes 2 notwendig, weil nach Abschluss des Planfeststellungsverfahrens auf einem benachbarten Grundstück Veränderungen eingetreten sind, so hat die hierdurch entstehenden Kosten der Eigentümer des benachbarten Grundstücks zu tragen, es sei denn, dass die Veränderungen durch natürliche Ereignisse oder höhere Gewalt verursacht worden sind; Satz 4 ist nicht anzuwenden.

(3) [1] Anträge, mit denen Ansprüche auf Herstellung von Einrichtungen oder auf angemessene Entschädigung nach Absatz 2 Satz 2 und 4 geltend gemacht werden, sind schriftlich an die Planfeststellungsbehörde zu richten. [2] Sie sind nur innerhalb von drei Jahren nach dem Zeitpunkt zulässig, zu dem der Betroffene von den nachteiligen Wirkungen des dem unanfechtbar festgestellten Plan entsprechenden Vorhabens oder der Anlage Kenntnis erhalten hat; sie sind ausgeschlossen, wenn nach Herstellung des dem Plan entsprechenden Zustands 30 Jahre verstrichen sind.

(4) Wird mit der Durchführung des Plans nicht innerhalb von fünf Jahren nach Eintritt der Unanfechtbarkeit begonnen, so tritt er außer Kraft.

§ 76 Planänderungen vor Fertigstellung des Vorhabens. (1) Soll vor Fertigstellung des Vorhabens der festgestellte Plan geändert werden, bedarf es eines neuen Planfeststellungsverfahrens.

(2) Bei Planänderungen von unwesentlicher Bedeutung kann die Planfeststellungsbehörde von einem neuen Planfeststellungsverfahren absehen, wenn die Belange anderer nicht berührt werden oder wenn die Betroffenen der Änderung zugestimmt haben.

(3) Führt die Planfeststellungsbehörde in den Fällen des Absatzes 2 oder in anderen Fällen einer Planänderung von unwesentlicher Bedeutung ein Planfeststellungsverfahren durch, so bedarf es keines Anhörungsverfahrens und keiner öffentlichen Bekanntgabe des Planfeststellungsbeschlusses.

§ 77 Aufhebung des Planfeststellungsbeschlusses. [1] Wird ein Vorhaben, mit dessen Durchführung begonnen worden ist, endgültig aufgegeben, so hat die Planfeststellungsbehörde den Planfeststellungsbeschluss aufzuheben. [2] In dem Aufhebungsbeschluss sind dem Träger des Vorhabens die Wiederherstellung des früheren Zustands oder geeignete andere Maßnahmen aufzuerlegen, soweit dies zum Wohl der Allgemeinheit oder zur Vermeidung nachteiliger Wirkungen auf Rechte anderer erforderlich ist. [3] Werden solche Maßnahmen notwendig, weil nach Abschluss des Planfeststellungsverfahrens auf einem benachbarten Grundstück Veränderungen eingetreten sind, so kann der Träger des Vorhabens durch Beschluss der Planfeststellungsbehörde zu geeigneten Vorkehrungen verpflichtet werden; die hierdurch entstehenden Kosten hat jedoch der Eigentümer des benachbarten Grundstücks zu tragen, es sei denn, dass die Veränderungen durch natürliche Ereignisse oder höhere Gewalt verursacht worden sind.

§ 78 Zusammentreffen mehrerer Vorhaben. (1) Treffen mehrere selbständige Vorhaben, für deren Durchführung Planfeststellungsverfahren vorgeschrieben sind, derart zusammen, dass für diese Vorhaben oder für Teile von ihnen nur eine einheitliche Entscheidung möglich ist, und ist mindestens eines der Planfeststellungsverfahren bundesrechtlich geregelt, so findet für diese Vorhaben oder für deren Teile nur ein Planfeststellungsverfahren statt.

(2) [1] Zuständigkeiten und Verfahren richten sich nach den Rechtsvorschriften über das Planfeststellungsverfahren, das für diejenige Anlage vorgeschrieben ist, die einen größeren Kreis öffentlich-rechtlicher Beziehungen berührt. [2] Bestehen Zweifel, welche Rechtsvorschrift anzuwenden ist, so entscheidet, falls nach den in Betracht kommenden Rechtsvorschriften mehrere Bundesbehörden in den Geschäftsbereichen mehrerer oberster Bundesbehörden zuständig sind, die Bundesregierung, sonst die zuständige oberste Bundesbehörde. [3] Bestehen Zweifel, welche Rechtsvorschrift anzuwenden ist, und sind nach den in Betracht kommenden Rechtsvorschriften eine Bundesbehörde und eine Landesbehörde zuständig, so führen, falls sich die obersten Bundes- und Landesbehörden nicht einigen, die Bundesregierung und die Landesregierung das Einvernehmen darüber herbei, welche Rechtsvorschrift anzuwenden ist.

Teil VI. Rechtsbehelfsverfahren

§ 79 Rechtsbehelfe gegen Verwaltungsakte. Für förmliche Rechtsbehelfe gegen Verwaltungsakte gelten die Verwaltungsgerichtsordnung und die zu ihrer Ausführung ergangenen Rechtsvorschriften, soweit nicht durch Gesetz etwas anderes bestimmt ist; im Übrigen gelten die Vorschriften dieses Gesetzes.

§ 80 Erstattung von Kosten im Vorverfahren. (1) ¹Soweit der Widerspruch erfolgreich ist, hat der Rechtsträger, dessen Behörde den angefochtenen Verwaltungsakt erlassen hat, demjenigen, der Widerspruch erhoben hat, die zur zweckentsprechenden Rechtsverfolgung oder Rechtsverteidigung notwendigen Aufwendungen zu erstatten. ²Dies gilt auch, wenn der Widerspruch nur deshalb keinen Erfolg hat, weil die Verletzung einer Verfahrens- oder Formvorschrift nach § 45 unbeachtlich ist. ³Soweit der Widerspruch erfolglos geblieben ist, hat derjenige, der den Widerspruch eingelegt hat, die zur zweckentsprechenden Rechtsverfolgung oder Rechtsverteidigung notwendigen Aufwendungen der Behörde, die den angefochtenen Verwaltungsakt erlassen hat, zu erstatten; dies gilt nicht, wenn der Widerspruch gegen einen Verwaltungsakt eingelegt wird, der im Rahmen
1. eines bestehenden oder früheren öffentlich-rechtlichen Dienst- oder Amtsverhältnisses oder
2. einer bestehenden oder früheren gesetzlichen Dienstpflicht oder einer Tätigkeit, die an Stelle der gesetzlichen Dienstpflicht geleistet werden kann,

erlassen wurde. ⁴Aufwendungen, die durch das Verschulden eines Erstattungsberechtigten entstanden sind, hat dieser selbst zu tragen; das Verschulden eines Vertreters ist dem Vertretenen zuzurechnen.

(2) Die Gebühren und Auslagen eines Rechtsanwalts oder eines sonstigen Bevollmächtigten im Vorverfahren sind erstattungsfähig, wenn die Zuziehung eines Bevollmächtigten notwendig war.

(3) ¹Die Behörde, die die Kostenentscheidung getroffen hat, setzt auf Antrag den Betrag der zu erstattenden Aufwendungen fest; hat ein Ausschuss oder Beirat (§ 73 Abs. 2 der Verwaltungsgerichtsordnung die Kostenentscheidung getroffen, so obliegt die Kostenfestsetzung der Behörde, bei der der Ausschuss oder Beirat gebildet ist. ²Die Kostenentscheidung bestimmt auch, ob die Zuziehung eines Rechtsanwalts oder eines sonstigen Bevollmächtigten notwendig war.

(4) Die Absätze 1 bis 3 gelten auch für Vorverfahren bei Maßnahmen des Richterdienstrechts.

Teil VII. Ehrenamtliche Tätigkeit, Ausschüsse

Abschnitt 1. Ehrenamtliche Tätigkeit

§ 81 Anwendung der Vorschriften über die ehrenamtliche Tätigkeit. Für die ehrenamtliche Tätigkeit im Verwaltungsverfahren gelten die §§ 82 bis 87, soweit Rechtsvorschriften nichts Abweichendes bestimmen.

§ 82 Pflicht zu ehrenamtlicher Tätigkeit. Eine Pflicht zur Übernahme ehrenamtlicher Tätigkeit besteht nur, wenn sie durch Rechtsvorschrift vorgesehen ist.

§ 83 Ausübung ehrenamtlicher Tätigkeit. (1) Der ehrenamtlich Tätige hat seine Tätigkeit gewissenhaft und unparteiisch auszuüben.

(2) ¹Bei Übernahme seiner Aufgaben ist er zur gewissenhaften und unparteiischen Tätigkeit und zur Verschwiegenheit besonders zu verpflichten. ²Die Verpflichtung ist aktenkundig zu machen.

§ 84 Verschwiegenheitspflicht. (1) ¹Der ehrenamtlich Tätige hat, auch nach Beendigung seiner ehrenamtlichen Tätigkeit, über die ihm dabei bekannt gewordenen Angelegenheiten Verschwiegenheit zu wahren. ²Dies gilt nicht für Mitteilungen im dienstlichen Verkehr oder über Tatsachen, die offenkundig sind oder ihrer Bedeutung nach keiner Geheimhaltung bedürfen.

(2) Der ehrenamtlich Tätige darf ohne Genehmigung über Angelegenheiten, über die er Verschwiegenheit zu wahren hat, weder vor Gericht noch außergerichtlich aussagen oder Erklärungen abgeben.

(3) Die Genehmigung, als Zeuge auszusagen, darf nur versagt werden, wenn die Aussage dem Wohl des Bundes oder eines Landes Nachteile bereiten oder die Erfüllung öffentlicher Aufgaben ernstlich gefährden oder erheblich erschweren würde.

(4) ¹Ist der ehrenamtlich Tätige Beteiligter in einem gerichtlichen Verfahren oder soll sein Vorbringen der Wahrnehmung seiner berechtigten Interessen dienen, so darf die Genehmigung auch dann, wenn die Voraussetzungen des Absatzes 3 erfüllt sind, nur versagt werden, wenn ein zwingendes öffentliches Interesse dies erfordert. ²Wird sie versagt, so ist dem ehrenamtlich Tätigen der Schutz zu gewähren, den die öffentlichen Interessen zulassen.

(5) Die Genehmigung nach den Absätzen 2 bis 4 erteilt die fachlich zuständige Aufsichtsbehörde der Stelle, die den ehrenamtlich Tätigen berufen hat.

§ 85 Entschädigung. Der ehrenamtlich Tätige hat Anspruch auf Ersatz seiner notwendigen Auslagen und seines Verdienstausfalls.

§ 86 Abberufung. ¹Personen, die zu ehrenamtlicher Tätigkeit herangezogen worden sind, können von der Stelle, die sie berufen hat, abberufen werden, wenn ein wichtiger Grund vorliegt. ²Ein wichtiger Grund liegt insbesondere vor, wenn der ehrenamtlich Tätige
1. seine Pflicht gröblich verletzt oder sich als unwürdig erwiesen hat,
2. seine Tätigkeit nicht mehr ordnungsgemäß ausüben kann.

§ 87 Ordnungswidrigkeiten. (1) Ordnungswidrig handelt, wer
1. eine ehrenamtliche Tätigkeit nicht übernimmt, obwohl er zur Übernahme verpflichtet ist,
2. eine ehrenamtliche Tätigkeit, zu deren Übernahme er verpflichtet war, ohne anerkennenswerten Grund niederlegt.

(2) Die Ordnungswidrigkeit kann mit einer Geldbuße geahndet werden.

Abschnitt 2. Ausschüsse

§ 88 Anwendung der Vorschriften über Ausschüsse. Für Ausschüsse, Beiräte und andere kollegiale Einrichtungen (Ausschüsse) gelten, wenn sie in einem Verwaltungsverfahren tätig werden, die §§ 89 bis 93, soweit Rechtsvorschriften nichts Abweichendes bestimmen.

§ 89 Ordnung in den Sitzungen. Der Vorsitzende eröffnet, leitet und schließt die Sitzungen; er ist für die Ordnung verantwortlich.

§ 90 Beschlussfähigkeit. (1) ¹Ausschüsse sind beschlussfähig, wenn alle Mitglieder geladen und mehr als die Hälfte, mindestens aber drei der stimmberechtigten Mitglieder anwesend sind. ²Beschlüsse können auch im schriftlichen Verfahren gefasst werden, wenn kein Mitglied widerspricht.

(2) Ist eine Angelegenheit wegen Beschlussunfähigkeit zurückgestellt worden und wird der Ausschuss zur Behandlung desselben Gegenstands erneut geladen, so ist er ohne Rücksicht auf die Zahl der Erschienenen beschlussfähig, wenn darauf in dieser Ladung hingewiesen worden ist.

§ 91 Beschlussfassung. ¹Beschlüsse werden mit Stimmenmehrheit gefasst. ²Bei Stimmengleichheit entscheidet die Stimme des Vorsitzenden, wenn er stimmberechtigt ist; sonst gilt Stimmengleichheit als Ablehnung.

§ 92 Wahlen durch Ausschüsse. (1) ¹Gewählt wird, wenn kein Mitglied des Ausschusses widerspricht, durch Zuruf oder Zeichen, sonst durch Stimmzettel. ²Auf Verlangen eines Mitglieds ist geheim zu wählen.

Teil VIII. Schlussvorschriften

(2) ¹Gewählt ist, wer von den abgegebenen Stimmen die meisten erhalten hat. ²Bei Stimmengleichheit entscheidet das vom Leiter der Wahl zu ziehende Los.

(3) ¹Sind mehrere gleichartige Wahlstellen zu besetzen, so ist nach dem Höchstzahlverfahren d'Hondt zu wählen, außer wenn einstimmig etwas anderes beschlossen worden ist. ²Über die Zuteilung der letzten Wahlstelle entscheidet bei gleicher Höchstzahl das vom Leiter der Wahl zu ziehende Los.

§ 93 Niederschrift. ¹Über die Sitzung ist eine Niederschrift zu fertigen. ²Die Niederschrift muss Angaben enthalten über
1. den Ort und den Tag der Sitzung,
2. die Namen des Vorsitzenden und der anwesenden Ausschussmitglieder,
3. den behandelten Gegenstand und die gestellten Anträge,
4. die gefassten Beschlüsse,
5. das Ergebnis von Wahlen.

³Die Niederschrift ist von dem Vorsitzenden und, soweit ein Schriftführer hinzugezogen worden ist, auch von diesem zu unterzeichnen.

Teil VIII. Schlussvorschriften

§ 94 Übertragung gemeindlicher Aufgaben. ¹Die Landesregierungen können durch Rechtsverordnung die nach den §§ 73 und 74 dieses Gesetzes den Gemeinden obliegenden Aufgaben auf eine andere kommunale Gebietskörperschaft oder eine Verwaltungsgemeinschaft übertragen. ²Rechtsvorschriften der Länder, die entsprechende Regelungen bereits enthalten, bleiben unberührt.

§ 95 Sonderregelung für Verteidigungsangelegenheiten. ¹Nach Feststellung des Verteidigungsfalles oder des Spannungsfalles kann in Verteidigungsangelegenheiten von der Anhörung Beteiligter (§ 28 Abs. 1), von der schriftlichen Bestätigung (§ 37 Abs. 2 Satz 2) und von der schriftlichen Begründung eines Verwaltungsaktes (§ 39 Abs. 1) abgesehen werden; in diesen Fällen gilt ein Verwaltungsakt abweichend von § 41 Abs. 4 Satz 3 mit dem auf die Bekanntmachung folgenden Tag als bekannt gegeben. ²Dasselbe gilt für die sonstigen gemäß Artikel 80a des Grundgesetzes anzuwendenden Rechtsvorschriften.

§ 96 Überleitung von Verfahren. (1) Bereits begonnene Verfahren sind nach den Vorschriften dieses Gesetzes zu Ende zu führen.

(2) Die Zulässigkeit eines Rechtsbehelfs gegen die vor Inkrafttreten dieses Gesetzes ergangenen Entscheidungen richtet sich nach den bisher geltenden Vorschriften.

(3) Fristen, deren Lauf vor Inkrafttreten dieses Gesetzes begonnen hat, werden nach den bisher geltenden Rechtsvorschriften berechnet.

(4) Für die Erstattung von Kosten im Vorverfahren gelten die Vorschriften dieses Gesetzes, wenn das Vorverfahren vor Inkrafttreten dieses Gesetzes noch nicht abgeschlossen worden ist.

§ 97 (weggefallen)

§ 98 (weggefallen)

§ 99 (weggefallen)

§ 100 Landesgesetzliche Regelungen. Die Länder können durch Gesetz
1. eine dem § 16 entsprechende Regelung treffen;
2. bestimmen, dass für Planfeststellungen, die auf Grund landesrechtlicher Vorschriften durchgeführt werden, die Rechtswirkungen des § 75 Abs. 1 Satz 1 auch gegenüber nach Bundesrecht notwendigen Entscheidungen gelten.

§ 101 Stadtstaatenklausel. Die Senate der Länder Berlin, Bremen und Hamburg werden ermächtigt, die örtliche Zuständigkeit abweichend von § 3 dem besonderen Verwaltungsaufbau ihrer Länder entsprechend zu regeln.

§ 102 Übergangsvorschrift zu § 53. Artikel 229 § 6 Abs. 1 bis 4 des Einführungsgesetzes zum Bürgerlichen Gesetzbuche gilt entsprechend bei der Anwendung des § 53 in der seit dem 1. Januar 2002 geltenden Fassung.

§ 103 (Inkrafttreten)

Zweiter Teil. Kommentar

Einleitung

Literatur: Vgl. die im Literaturverzeichnis angegebenen Schriften sowie *Ule,* Verwaltungsverfahren und Verwaltungsgerichtsbarkeit, DVBl 1957, 597; *Bettermann,* Das Verwaltungsverfahren, VVDStRL 17 (1959), S. 118; *F. Becker,* Das allgemeine Verwaltungsverfahren in Theorie und Gesetzgebung, 1960; *Sendler,* Zum Stand der Erörterungen über ein Verwaltungsverfahrensgesetz, AöR 1969, 130; *Ule,* Verwaltungsverfahren und Verwaltungsprozeß, VerwArch 1971, 114; *Wahl/Pietzcker,* Verwaltungsverfahren zwischen Verwaltungseffizienz und Rechtsschutzauftrag, VVDStRL 41 (1983), S. 171/193; *Obermayer,* Verwaltungsrecht im Wandel, NJW 1987, 2642; *P. Stelkens,* Die Rolle der Verwaltungsgerichte bei der Umsetzung der Verwaltungsverfahrensgesetze, NWVBl 1989, 335; *Schmidt-Aßmann,* Verwaltungslegitimation als Rechtsbegriff, AöR 1991, 329; *Schoch,* Der Verfahrensgedanke im allgemeinen Verwaltungsrecht, Verwaltung 1992, 21; *v. Danwitz,* Fünfzehn Jahre Verwaltungsverfahrensgesetz, Jura 1994, 281; *Hoffmann-Riem/Schmidt-Aßmann* (Hrsg.), Innovation und Flexibilität des Verwaltungshandelns, 1994; *Hoffmann-Riem/Schmidt-Aßmann,* Öffentliches Recht und Privatrecht als wechselseitige Auffangordnungen, 1996; *Schmidt-Preuß/Di Fabio,* Verwaltung und Verwaltungsrecht zwischen gesellschaftlicher Selbstregulierung und staatlicher Steuerung, VVDStRL 56 (1997), S. 160/235; *H. Schmitz,* 20 Jahre Verwaltungsverfahrensgesetz – Neue Tendenzen im Verfahrensrecht auf dem Weg zum schlanken Staat, NJW 1998, 2866; *Laubinger,* Der Verfahrensgedanke im Verwaltungsrecht, in: König/Merten (Hrsg.), Verfahrensrecht in Verwaltung und Verwaltungsgerichtsbarkeit, 2000, 47; *Neumann,* Die Entwicklung des Verwaltungsverfahrensrechts, NVwZ 2000, 1245; *R. Schmidt,* Die Reform von Verwaltung und Verwaltungsrecht, VerwArch 2000, 149; *H. Schmitz,* Moderner Staat – Modernes Verwaltungsverfahrensrecht, NVwZ 2000, 1238; *Bonk,* 25 Jahre Verwaltungsverfahrensgesetz, NVwZ 2001, 636; *Voßkuhle,* „Schlüsselbegriffe" der Verwaltungsrechtsreform, VerwArch 2001, 184; *Ehlers,* Das Verwaltungsverfahrensgesetz im Spiegel der Rechtsprechung der Jahre 1998–2003, Verwaltung 2004, 255; *Blümel,* Neue Anforderungen an das Verwaltungshandeln und deren rechtliche Konsequenzen, in: FS Püttner, 2006, S. 17; *Schmidt-Aßmann,* Verwaltungsverfahren und Verwaltungskultur, NVwZ 2007, 40. Ausführlich zum Schrifttum vor 1996 sowie zum **Recht der DDR** und zum Einigungsvertrag s. Einl 6. Auflage. **Zum Europäischen Verwaltungsverfahrensrecht** s. unten VIII vor Rn. 67. **Weitere Literatur** bei §§ 1, 9, 35, 54, 63, 72.

Übersicht

	Rn.
I. Historische Grundlagen des VwVfG	1
1. Entwicklung bis 1945	1
2. Entwicklung nach 1945	6
3. Stand der Diskussion vor dem VwVfG	9
a) Motive für die Kodifikation	10
b) Grundsätzliche Bedenken	13
II. Der Musterentwurf	14
1. Vorarbeiten	14
2. Entwurf des Bund-Länder-Ausschusses	17
3. Weitere Entwicklung	29
III. Der Regierungsentwurf 1970	32
IV. Der Regierungsentwurf 1973	35
1. Überarbeitung des Entwurfs 1970	35
2. Verhältnis zu den VwVfGen der Länder	36
3. Versuche der Lösung neuer Verfahrensfragen durch den Entwurf	38
V. Inkrafttreten und weitere Entwicklung des VwVfG und der LandesVwVfGe	41
1. Inkrafttreten und Änderungen des VwVfG	41
2. Entwicklung in den Ländern	47
VI. Das Nebeneinander von drei Verwaltungsverfahrensordnungen	50
1. Trennung und Koordinierung der drei Verfahrensordnungen	50
2. Unterschiede der Verfahrensordnungen als Auslegungshilfe	59
VII. Das Ziel der Verfahrensvereinheitlichung	60
1. Das Vereinheitlichungsziel im Gesetzgebungsverfahren	60
2. Rechtsbereinigung und bereichsspezifisches Verfahrensrecht	62
VIII. Europäisches Verwaltungsrecht	67
1. Verwaltungsrecht in der Europäischen Union	67
a) Verwaltungsvollzug des EU- und EG-Rechts	67
b) Allgemeine (Verwaltungs-)Rechtsgrundsätze des EG-Rechts	81
c) Verwaltungsrechtsanpassung im Einzelfall, insbes. durch Richtlinien	91

	Rn.
2. Verwaltungsrecht durch Regelungen des Europarates	95
a) Menschenrechtsschutz durch Verfahren	95
b) Übereinkommen zu einzelnen verfahrensrechtlichen Komplexen	95
c) Entschließungen und Empfehlungen des Europarates	99
d) Auswirkungen auf die Mitgliedsstaaten	101
IX. Sonstiges internationales Recht	103

I. Historische Grundlagen des VwVfG

1. Entwicklung bis 1945

1   Durch das VwVfG ist ein Gedanke verwirklicht, der in Deutschland eine **beachtliche Tradition** hat.[1] Schon 1656 hat *Veit Ludwig von Seckendorff* in seinem **„Teutschen Fürsten-Stat"** Regeln richtiger Regierungs- und Verwaltungskunst aufgestellt. 100 Jahre danach hat *Gottlob von Justi* in seinem Werk **„Grundsätze der Policey-Wissenschaft"** neue Hinweise für die Praxis gegeben und den Grundsatz von der „Vermeidung des Widerstreits der Verwaltungsmittel" formuliert. Im 19. Jahrhundert beschäftigte sich dann vor allem *Lorenz von Stein* mit der Frage einer Kodifikation des Verwaltungsrechts.

2   Zum Ende des 19. Jahrhunderts kam es zu zwei bemerkenswerten Kodifikationen. Das **preußische Gesetz über die allgemeine Landesverwaltung** vom 30. 7. 1883[2] enthielt u. a. Regelungen über das Beschlussverfahren und das Verwaltungsstreitverfahren. Das Beschlussverfahren war ein förmliches Verfahren, das die Beteiligung des Volkes als Selbstverwaltungsidee aufnahm. Das Verwaltungsstreitverfahren war ein Kontrollverfahren, für das in erster Instanz dieselben kollegialen Ausschüsse zuständig waren. Allgemeine Verfahrensgrundsätze enthielt das Gesetz nicht.[3] Dies war anders bei der **badischen Landesherrlichen Verordnung, das Verfahren in Verwaltungssachen betreffend** vom 31. 8. 1884.[4] Doch stand auch dort das dem preußischen Beschlussverfahren vergleichbare Verfahren vor den Bezirksräten im Mittelpunkt.[5]

3   Erste Beispiele rechtsstaatlicher Verfahrensregelung in einem Reichsgesetz fanden sich in der **RVO** vom 19. 7. 1911 sowie der **RAO** vom 13. 12. 1919.[6] Auf Landesebene entstand mit der **Landesverwaltungsordnung für Thüringen** vom 10. 6. 1926/22. 7. 1930[7] die erste rechtsstaatlichen Erfordernissen entsprechende Kodifikation auf deutschem Boden; sie enthielt erstmals auch eine Zusammenfassung gewohnheitsrechtlich anerkannter Verfahrensgrundsätze.[8] Der nach sechsjähriger Arbeit 1931 vorgelegte **Entwurf eines Verwaltungsverfahrensgesetzes für Württemberg**[9] ist nach 1933 nicht mehr verwirklicht worden.[10]

4   „Die **Verwaltung im Führerstaat**"[11] basierte auf der Konzentration der Staatsgewalt beim „Führer".[12] Durch die Auflösung der Länder,[13] die Beseitigung der kommunalen Selbstverwal-

---

[1] Zusammenfassend zum Folgenden *Klappstein/von Unruh*, S. 7 ff.; *v. Unruh* NVwZ 1988, 690; eingehend zur Entwicklung der Verwaltungsrechtswissenschaft *Stolleis* GVwR I, § 2.
[2] PrGS 195.
[3] Zu Grundlagen und Arbeitsweise der preußischen Verwaltung der damaligen Zeit vgl. *Rüfner* in DeutschVerwGesch III, S. 678 ff.
[4] GVBl 385.
[5] Zu Grundlagen und Arbeitsweise der badischen Verwaltung der damaligen Zeit vgl. *Ott* in Deutsch-VerwGesch III, S. 753 ff. mit zahlreichen weiteren Nachweisen.
[6] Dazu *Tipke* AöR 1969, 224; zur einschlägigen Gesetzgebung in Österreich seit 1925 vgl. etwa *Walter/H. Mayer*, Grundriss des österreichischen Verwaltungsverfahrensrechts, 8. Aufl. 2003, S. 7 ff.
[7] GS 177 bzw. 123; dazu *Ule* LKV 1991, 189, 191; eingehend *Knauth* AöR 1928, 79.
[8] *Ule* DVBl 1957, 597, 598.
[9] Entwurf eines Verwaltungsverfahrensgesetzes für Württemberg, hrsg. von der Kommission für die Landesordnung des Allgemeinen öffentlichen Rechts als Anhang zur Verwaltungsrechtsordnung für Württemberg – Entwurf eines Gesetzes mit Begründung – 1931, mit ErgBd 1936; dazu *Maas*, Die Verwaltungsrechtsordnung für Württemberg: ein Versuch der Emanzipation des öffentlichen Rechts vom Privatrecht, 1996.
[10] Zu seiner exemplarischen Bedeutung etwa *Ule* DVBl 1960, 609.
[11] *Köttgen*, Deutsche Verwaltung, 1936, S. 4 ff.; *Forsthoff*, Der totale Staat, 2. Aufl. 1933; *Heckel* DVBl 1937, 1; Dokumente in *Hirsch/Majer/Meinck*, Recht, Verwaltung und Justiz im Nationalsozialismus, 1984; *Rebentisch*, Führerstaat und Verwaltung im Zweiten Weltkrieg, 1989; *Wolff/Bachof/Stober* 1, § 10; *Stern*, Staatsrecht V, S. 761 ff., insbes. S. 794 ff.
[12] S. mit letzter Konsequenz den Beschluss des Großdeutschen Reichstags vom 26. 4. 1942, RGBl I 247.
[13] Durch das Gesetz über den Neuaufbau des Reichs vom 30. 1. 1934, RGBl I 75.

tung[14] und die Ausrichtung aller Behörden nach dem „Führerprinzip" waren die Grundlagen für eine straff geführte Reichsverwaltung gelegt, neben der mit zunehmendem Einfluss Dienststellen der NSDAP auf allen Ebenen mit unklar gehaltenen hoheitlichen Befugnissen standen.[15] Der „Führerbefehl" als uneingeschränkt akzeptierte Rechtsquelle,[16] das „gesunde Volksempfinden" als maßgebender Interpretationsmaßstab, das „Volksinteresse", dem sich der Einzelne bis zur Rechtlosigkeit unterzuordnen hatte, ließen ein rechtsstaatliches VwVf nicht zu.[17] Folgerichtig wurde die bestehende (verwaltungs-)gerichtliche Kontrolle mit dem (preußischen) Gesetz über die Geheime Staatspolizei vom 10. 2. 1936[18] abgebaut; durch IV Abs. 2 des Erlasses des Führers und Reichskanzlers über die Vereinfachung der Verwaltung vom 28. 8. 1939[19] wurde die Anfechtungsklage allgemein durch ein verwaltungsinternes Beschwerdeverfahren ersetzt, ein verwaltungsgerichtlichen Verfahren war (nur) noch bei Zulassung durch die Beschwerdebehörde vorgesehen.[20]

Gleichwohl ist nicht jeder Staatsakt aus dieser Zeit als schlechthin nicht mehr zu beachtendes Unrecht anzusehen; die hierzu vom BVerfG aufgegriffene[21] sog. **Radbruchsche Formel**[22] lautet:

Der Konflikt zwischen der Gerechtigkeit und der Rechtssicherheit dürfte dahin zu lösen sein, daß das positive, durch Satzung und Macht gesicherte Recht auch dann den Vorrang hat, wenn es inhaltlich ungerecht und unzweckmäßig ist, es sei denn, dass der Widerspruch des positiven Gesetzes zur Gerechtigkeit ein so unerträgliches Maß erreicht, dass das Gesetz als ‚unrichtiges' der Gerechtigkeit zu weichen hat ...

Sie hat nach der Wiedervereinigung erhebliche Aktualität für das DDR-Staatsunrecht erlangt.[23] Soweit Verwaltungsentscheidungen in Rede stehen, dürfte der Konflikt durch Art. 19 EVertr gelöst sein (§ 43 Rn. 236 ff.).

2. Entwicklung nach 1945

Den Neubeginn der Verwaltung nach dem Zusammenbruch des NS-Staates bildet in der späteren Bundesrepublik die undatierte Proklamation Nr. I des Oberbefehlshabers der westalliierten Streitkräfte vom September 1944.[24] Sie lautete unter II:

„Die höchste gesetzgebende, rechtsprechende und vollziehende Machtbefugnis und Gewalt in dem besetzten Gebiet ist in meiner Person als oberster Befehlshaber der alliierten Streitkräfte und als Militär-Gouverneur vereinigt. Die Militärregierung ist eingesetzt, um diese Gewalten unter meinem Befehl auszuüben."

Der **Aufbau der deutschen Verwaltung** und einer als dringlich empfundenen Verwaltungsgerichtsbarkeit begann in den Westzonen schon in der Besatzungszeit unter Anknüpfung an Traditionen von vor 1933.[25] Die Einführung der Verwaltungsgerichtsbarkeit durch MRVO und erste

---

[14] Durch die Deutsche Gemeindeordnung vom 30. 1. 1935, RGBl I 49.
[15] Vgl. aus zeitgenössischer Sicht *Köttgen* JöR 1937, 1, 49 ff.
[16] S. aus zeitgenössischer Sicht *Köttgen* JöR 1937, 1, 145 ff.; zu späteren Diskussionen *Werle* NJW 1992, 2529, 2534; *Füßner* ZRP 1993, 180, 183; *Werle* NJW 1995, 1267, 1269.
[17] Bemerkenswerterweise kam es in Bremen noch zu dem mit Zustimmung der Reichsregierung verabschiedeten Gesetz über das Verwaltungsverfahren und den Verwaltungszwang v. 11. 4. 1934, GBl S. 132, in dem neben Regelungen zum Beschwerdeverfahren und zum Verwaltungszwang auch eine Reihe von Bestimmungen enthalten waren, die sich in ähnlicher Form noch im heute geltenden Recht (vgl. §§ 31, 32, 35, 37, 41, 42, 43 VwVfG, auch § 59 VwGO) finden, so dass 1960 hieran angeknüpft werden konnte (Rn. 11).
[18] PrGS 21.
[19] RGBl I 1535; zur Verwaltungsgerichtsbarkeit im Nationalsozialismus *Stolleis* in FS Menger, 1985, S. 57 ff.; *Sendler* VBlBW 1989, 41, 45 ff.; *Kohl*, Das Reichsverwaltungsgericht, 1991.
[20] Zur zögerlichen Umsetzung *Wolff/Bachof/Stober* 1, § 10 Rn. 6; zurückhaltender zum Widerstand der Justiz *BMJ* (Hrsg.), Im Namen des Deutschen Volkes, 1989, S. 272 ff.; 300 ff.; *Schmidt-Aßmann* in Rechtsentwicklung unter dem Bonner Grundgesetz, 1990, S. 79, 83 f., jeweils m. w. N.
[21] Vgl. *BVerfGE* 3, 225, 232 f.; *BVerfG (K)* NJW 1992, 2812, 2813 m. w. N.
[22] *Radbruch* SJZ 1946, 105, 108.
[23] Vgl. *BVerfGE* 95, 96, 130 ff.; *BGH* NJW 1995, 3324, 3326; s. allg. auch *Kaufmann* NJW 1995, 81; *Schmidt-Aßmann* in FS Stern, 1997, 745 (746 f.); *Schwill* KritV 2002, 79; *Hoffmann*, Das Verhältnis von Gesetz und Recht, 2003, S. 32 ff.
[24] ABl der amerikanischen Militärregierung S. 1, in vollem Wortlaut abgedr. bei *BMJ* (Hrsg.), Im Namen des Deutschen Volkes, 1989, S. 353.
[25] Vgl. *v. Unruh* in DeutschVerwGesch V, S. 122 ff. m. w. N.; *Ule* in FS Menger, 1985, S. 81 ff.; *Präsident des Oberverwaltungsgerichts NW* (Hrsg.), Die Verwaltungsgerichtsbarkeit im Land Nordrhein-Westfalen 1945–1969, Dokumentation, OVGE Münster ErgBd 1969, S. 9 ff., S. 123 ff.; *Schmidt-Aßmann* in Schoch u. a., Einl Rn. 82 ff.

Landesgesetze noch vor dem GG[26] zeigt, dass nicht nur eine Verwaltung des Mangels ohne rechtsstaatliche Bindung geleistet wurde. Die **Entwicklung** in der sowjetischen Besatzungszone (SBZ) und anschließend bis 1989/1990 **in der DDR** verlief unabhängig davon in eine andere Richtung; dazu und zur Überleitung in das grundgesetzlich verfasste System s. 6. Aufl. Einl Rn. 100 ff.[27]

8 **Verwaltungsverfahrensrechtliche Regelungen** wurden zunächst in einigen Spezialmaterien[28] geschaffen, die sich z. T. in § 2 (s. dort Rn. 100 ff.) wiederfinden. Daneben wurden in mehreren Ländern die Bemühungen um eine Kodifikation des Verwaltungsverfahrensrechts wieder aufgenommen.[29] Sie haben zum Teil zu Gesetzen geführt, zum Teil ist es bei Entwürfen geblieben. Sie alle sind bei der Ausarbeitung des Entwurfs des VwVfG herangezogen worden.

Im Einzelnen lagen vor **an Gesetzen:**

– VwVfG des Landes Bremen vom 11. 4. 1934[30] i. d. F. der Bekanntmachung vom 1. 4. 1960,[31]
– Landesverwaltungsgesetz des Landes Baden-Württemberg vom 7. 11. 1955,[32]
– Erstes Vereinfachungsgesetz des Landes Nordrhein-Westfalen vom 23. 7. 1957,[33]
– Gesetz über das Verfahren der Berliner Verwaltung vom 2. 10. 1958[34] und das
– Landesverwaltungsgesetz für Schleswig-Holstein vom 18. 4. 1967,[35] das in seinen §§ 53 bis 145 die Vorschriften des Musterentwurfs enthielt und insoweit als erstes gesetzgeberisches Resultat der Arbeiten zum Musterentwurf eines VwVfG anzusehen ist,

– an **Gesetzentwürfen:**

– Entwurf eines Gesetzes zur Regelung des VwVf im Lande Niedersachsen,[36]
– Referentenentwurf eines VwVfG für das Land Nordrhein-Westfalen (Stand 1960),
– Referentenentwurf eines Hamburgischen Verwaltungsgesetzes (Stand 1960).

3. Stand der Diskussion vor dem VwVfG

9 Die genannten Gesetze konnten freilich eine **bundeseinheitliche Kodifikation** nicht ersetzen, so dass schon früh dahin gehende Forderungen erhoben wurden.[37] Die Bestrebungen standen im Zusammenhang mit entsprechenden Entwicklungen in den **deutschsprachigen Nachbarländern**. Die VwVfGe **Österreichs** von 1925 wurden 1950 wiederverlautbart und weiterentwickelt.[38] Mit dem **Schweizer Bundesgesetz** über das VwVf vom 20. 12. 1968 wurde das VwVf für Bundesbehörden geregelt.[39]

10 a) **Motive für die Kodifikation.** Die für ein VwVfG wie für die gleichzeitige Umgestaltung der RAO zur AO und die Schaffung des SGB-VwVf (Rn. 50 ff.) vorgebrachten Gründe waren vielfältig (aus heutiger Sicht *Bonk/Schmitz*, § 1 Rn. 1 ff.). Im Hinblick auf die **Bürger** ging es zum einen um Anliegen des Rechtsstaates und der Grundrechte der von VwVf Betroffenen, namentlich Rechtsklarheit und Rechtssicherheit, denen auch durch Einheitlichkeit gedient wird, sowie umfassende Berücksichtigung der berührten grundrechtlichen Belange; zum anderen ging es um das (eher) demokratische Anliegen der Partizipation.[40]

11 Für die **Verwaltungsbehörden** versprach die Kodifikation bislang ungeschriebener Grundsätze wegen der größeren Rechtsklarheit allgemein Erleichterungen des Verwaltungsablaufs.[41] Eine einheitliche Kodifikation lag im **Interesse des Bundes,** um den Vollzug der Bundesgeset-

---

[26] Vgl. die Aufzählung in § 195 Abs. 2 Nr. 2 bis 6 VwGO.
[27] Nach Art. 5 Nr. 1 a aa des Zweiten Gesetzes über die Bereinigung von Bundesrecht im Zuständigkeitsbereich des Bundesministeriums des Innern vom 2. 12. 2006, BGBl I 2674, sind die Maßgaben zum VwVfG nach Anlage I zum EVertrKap. II, Sachgeb. B, Abschn. III Nr. 1 nicht mehr anzuwenden.
[28] Z. B. durch das Gesetz über das VwVf der Kriegsopferversorgung vom 2. 5. 1955, BGBl I 202.
[29] *Ule* DVBl 1985, 1029, 1030; *Obermayer* NJW 1987, 2642.
[30] GBl 132.
[31] GBl 37.
[32] GBl 225.
[33] GV NW 189; s. auch schon Rn. 6.
[34] GVBl 951.
[35] GVOBl 131; zur Entstehungsgeschichte im Einzelnen *Klappstein/von Unruh*, S. 80 ff.
[36] LT-Drs Nr. 1572 vom 28. 9. 1954.
[37] *Hufnagel* DVBl 1950, 560; im Einzelnen *Klappstein/von Unruh*, S. 58 ff.
[38] Vgl. *Walter/H. Mayer*, Grundriss des österreichischen Verwaltungsverfahrensrechts, 8. Aufl. 2003, S. 11, wonach die vorgenommenen Änderungen nach 1925 „nicht von entscheidender Bedeutung" sind.
[39] Vgl. *Häfelin/Müller* Grundriss des Allgemeinen Verwaltungsrechts, 5. Aufl. 2006, Rn. 1268 ff.; zur kantonalen Ebene etwa *Jaag* Staats- und Verwaltungsrecht des Kantons Zürich, 3. Aufl. 2005, Rn. 1902 ff.
[40] S. *H. H. Rupp* NJW 1972, 1537; auch *Schmitt Glaeser* VVDStRL 31 (1973), 179.
[41] Vgl. die Kritik *Werners* in *Klappstein/von Unruh*, S. 228.

ze nach einheitlichen Regeln zu erreichen, aber auch im **Interesse der Länder,** weil die Ausführung von Bundes- und Landesrecht durch dieselbe Landesbehörde durch die Anwendung gleicher Verfahrensregeln erleichtert wird.

Auch für die **Rechtsprechung** versprach eine gesetzliche Regelung des VwVf größere Rechtsklarheit, eine einheitliche Kodifikation zudem Möglichkeiten der vereinheitlichenden Weiterentwicklung des Verwaltungsrechts (zur Revisibilität s. § 137 Abs. 1 VwGO). Für die **Gesetzgebung** in Bund und Ländern konnte durch ein VwVfG ein grundlegender Maßstab für Erforderlichkeit und Ausgestaltung künftiger verwaltungsverfahrensrechtlicher Vorschriften in Einzelgesetzen geschaffen werden.

b) Grundsätzliche Bedenken gegen eine Kodifizierung, die sich allerdings nicht durchsetzen konnten, stützten sich auf folgende Gesichtspunkte:
- eine Kodifikation hemme die Fortentwicklung des Verwaltungsverfahrensrechts;
- andererseits: das Gebiet des Verwaltungsverfahrensrechts sei für eine Kodifikation noch nicht reif;
- schließlich: Es sei zu befürchten, dass das Vorhaben der einheitlichen Kodifikation in Bund und Ländern am Föderalismus scheitern und damit womöglich eine noch stärkere Zersplitterung bewirkt werden würde.

Die beiden zuerst genannten Aspekte waren **wenig überzeugend,** zumal in das VwVfG bewusst nur solche Materien aufgenommen wurden, bei denen ein gesicherter Stand erreicht war (s. auch Rn. 38 ff.). Die Bedenken wegen der Bundesstaatlichkeit sind durch die Entwicklung des Gesetzes bald prinzipiell widerlegt worden.

II. Der Musterentwurf

1. Vorarbeiten

An frühen Vorarbeiten für das VwVfG ist zuerst zu erwähnen, dass ein von der **Konferenz der Innenminister der Länder** eingesetzter Unterausschuss zur Erarbeitung von Grundsätzen für ein allgemeines Verfahrensgesetz 1957 die Grundkonzeption eines VwVfG ergänzt durch stichwortartige Angaben zum Inhalt der einzelnen Vorschriften entwickelt hat.[42]

Im Frühjahr 1957 berief der BMI auf Grund von Beschlüssen des BT und der BReg eine **„Sachverständigenkommission für die Vereinfachung der Verwaltung",**[43] deren Bericht im April 1960 der Öffentlichkeit vorgelegt wurde. Der Bericht der Kommission empfahl den alsbaldigen Erlass eines VwVfG, dessen Geltungsbereich – wegen der begrenzten Gesetzgebungskompetenz des Bundes – auf die Behörden des Bundes beschränkt bleiben sollte; nur eine Ausdehnung auf die Auftragsverwaltung wurde für erreichbar gehalten.[44] Zugleich sprach sich der Bericht für eine weitgehende Vereinheitlichung zwischen Bund und Ländern aus. Er enthielt eine Zusammenstellung der einzelnen im VwVfG des Bundes zu regelnden Fragen und dazu ausführliche, auf einen Vergleich zu Spezialgesetzen gestützte Hinweise auf Lösungsmöglichkeiten.[45]

Einen weiteren Impuls gab der **43. DJT 1960.** Seine öffentlich-rechtliche Abteilung fasste zum Thema: „Empfiehlt es sich, den allgemeinen Teil des Verwaltungsrechts zu kodifizieren?" folgenden Beschluss:

„Jede gesetzliche Regelung im Bereich des Allgemeinen Verwaltungsrechts muss dem Ziel der Rechtseinheit und Rechtssicherheit dienen. Daher sollte die darauf bezügliche Gesetzgebung des Bundes und der Länder und sollten die allgemeinen Bestimmungen in Spezialgesetzen möglichst übereinstimmen.
Eine einheitliche Regelung des Verwaltungsverfahrens in dem durch das Berliner Verwaltungsverfahrensgesetz vom 2. Oktober 1958 und den Bericht der Sachverständigenkommission für die Vereinfachung der Verwaltung beim Bundesministerium des Innern gezogenen Rahmen ist wünschenswert und notwendig.
In diese Regelung sollten konnexe Materien des Allgemeinen Verwaltungsrechts, insbesondere die Frage der Bestandskraft der Verwaltungsakte, einbezogen werden."[46]

---

[42] Vgl. Musterentwurf, Allg. Begründung, S. 57.
[43] Vorsitz: Staatssekretär a. D. *Dr. Danckwertz;* Vorsitz der Unterkommission II, „Verwaltungsaufbau, Verwaltungsverfahren, Verwaltungsgerichtsbarkeit": Prof. *Dr. Ule.*
[44] Bericht der Sachverständigenkommission, S. 57 f.
[45] Vgl. im Einzelnen vgl. Teil II des Berichts, S. 55 ff., und Anhang II, S. 177 ff.
[46] Vgl. Musterentwurf, Allg. Begründung, S. 58, wegen der Einzelheiten: Verh. des 43. DJT, Band I, 1960, Gutachten A *Spanner,* Band II, 1962, Teil D (Referate *v. d. Groeben* und *Weber,* Thesen, Diskussion und Beschluss); *Klappstein/von Unruh,* S. 67.

2. Entwurf des Bund-Länder-Ausschusses

17 Der „**Bund-Länder-Ausschusses** zur Erarbeitung des Musterentwurfs eines Verwaltungsverfahrensgesetzes" nahm am 13. 12. 1960 seine Arbeit auf.[47] Der Musterentwurf wurde in zwei Lesungen erarbeitet. Das Ergebnis der ersten Lesung wurde den Professoren *Bachof, Fröhler* und *Ule* als Gutachtern vorgelegt. Ihre Gegenvorschläge wurden wie die vorläufigen Äußerungen der Fachministerien des Bundes und der Länder, die ebenfalls nach der ersten Lesung eingeholt worden waren, bei der zweiten Lesung verwertet.[48] Das Ergebnis wurde am 17. 3. 1964 der Öffentlichkeit vorgelegt.

18 In seinen **Grundprinzipien,** seiner **Gliederung** und weitgehend auch in seinem **Inhalt** entsprach der Musterentwurf bereits dem späteren Gesetz. Ihm lagen folgende **grundsätzlichen Erwägungen** zugrunde[49]:

19 Der Ausschuss (Rn. 17) ging davon aus, dass ein allgemeines VwVfG für einige Sachgebiete nicht gelten solle, „deren Verfahrensvorschriften sich einmal durch längere Zeit hindurch bewährt haben und die zum anderen so stark auf die speziellen Bedürfnisse und Besonderheiten der fraglichen Rechtsgebiete abgestellt sind, dass es untunlich wäre, diese bewährten Regelungen zugunsten der Anwendung des VwVfG aufzuheben und damit organische Zusammenhänge zu zerreißen". Er gelangte so zu einer „**Verlustliste der Rechtseinheit**" (dazu § 2 Rn. 1 ff.), die er in § 85 Abs. 2 – Bundesfassung – niederlegte.

20 **Allgemeines VwVf** und **verwaltungsgerichtliches Verfahren** wurden als Teile eines Systems gesehen (zu den Zusammenhängen § 1 Rn. 59, § 9 Rn. 209 ff., 67 ff.). Der Ausschuss legte daher Wert auf eine Übereinstimmung der Begriffe des VwVfG mit denen der VwGO (vgl. zum VA § 35 Rn. 15; zur Behörde § 1 Rn. 240). Die Regelung des Vorverfahrens wurde in der VwGO belassen (§ 79). Zugleich hob der Ausschuss jedoch die eigenständige Bedeutung des Verwaltungsverfahrensrechts auch in der ersten und vielfach alleinigen Verwaltungsinstanz hervor.

21 Wegen des Zusammenhangs mit dem Prozess lehnte der Ausschuss völlige Formlosigkeit des VwVf ab, wollte aber im durch rechtsstaatliche Erfordernisse vorgegebenen Rahmen dem **Grundsatz der Nichtförmlichkeit** Geltung verschaffen, um – insbes. im Interesse des Bürgers – ein möglichst einfaches und wirksames Handeln der Behörden zu gewährleisten. Bewusst hat der Ausschuss diesen Grundsatz an die Spitze der Verfahrensgrundsätze gestellt.[50] Für Fälle, „in denen die Entscheidung der Verwaltung einen schwerwiegenden Eingriff in die Rechtssphäre des Betroffenen enthält oder erhebliche Auswirkungen auf seine wirtschaftlichen Verhältnisse haben kann", stellte bereits der Musterentwurf die besondere Verfahrensart des **förmlichen VwVf** zur Verfügung. Daneben sah er als weitere besondere Verfahrensart das **PlfV** vor.

22 Hinsichtlich des Umfangs der Kodifikation wollte der Ausschuss einerseits **übermäßige Perfektion,** andererseits aber auch eine „**Flucht in verfahrensrechtliche Generalklauseln**" vermeiden. Im Verlauf der Gesetzesvorbereitung hat sich auch der BMI bemüht, diesen Mittelweg beizubehalten. Wenn bei Überarbeitungen des Entwurfs nicht alle Anregungen der Wissenschaft berücksichtigt wurden, beruhte dies meist auf der angenommenen Alternative, entweder ein nicht perfektes Gesetz zu erhalten oder auf unabsehbare Zeit einem perfekten Gesetz nachzujagen.[51] Erst recht musste diese Erwägung für den gelegentlich geäußerten Wunsch gelten, auch gleich noch VwZG und VwVG in das VwVfG einzuarbeiten.[52]

23 Für den Umfang der Kodifikation von Bedeutung war vor allem auch die „**Aufnahme annexer Materien**" des allgemeinen Verwaltungsrechts, das sind „solche Gebiete, die so eng mit verfahrensrechtlichen Fragen zusammenhängen, dass eine sinnvolle Regelung des Verfahrensstoffes ihre gleichzeitige Behandlung in dem Verfahrensgesetz erfordert oder zumindest rechtfertigt". Damit hatten sich die Befürworter der Regelung dieser Materien durchgesetzt (vgl. Rn. 16; zur Gesetzgebungskompetenz § 1 Rn. 21 ff.). Zu diesen annexen Materien rechnete der Ausschuss:[53]

---

[47] *Klappstein/von Unruh,* S. 72 ff.; *Klappstein,* S. 20 f.
[48] Vgl. Musterentwurf, Allg. Begründung, S. 55.
[49] Vgl. Musterentwurf, Allg. Begründung, S. 62 ff.; aus dieser Quelle stammen auch die nachfolgenden wörtlichen Zitate (Rn. 19 ff.); s. ferner *Klappstein/von Unruh,* S. 74 ff.
[50] § 9 Musterentwurf, jetzt § 10.
[51] Vgl. Bulletin des Presse- und Informationsamtes der BReg Nr. 86/76 vom 6. 7. 1976, S. 808.
[52] Dazu *Schmitt Glaeser* in FS Boorberg Verlag, 1977, S. 6 f.; krit. *Renck* BayVBl 1990, 703.
[53] Musterentwurf, Allg. Begründung, S. 71.

II. Der Musterentwurf   24–29 **Einleitung**

– Begriff, Inhalt, Form, Begründung, Nebenbestimmungen, Fehlerberichtigung und Bestandskraft des VA,
– das Recht der Amtshilfe,
– die ehrenamtliche Tätigkeit,
– die Mitwirkung von Ausschüssen.

Erst bei der zweiten Lesung des Musterentwurfs entschloss sich der Ausschuss, auch den **öf-** 24 **fentlich-rechtlichen Vertrag** zu regeln. Er folgte damit dem einmütigen Votum der drei gutachtenden Professoren aufgrund der Überlegung, „dass eine Kodifikation des Verwaltungsverfahrensrechts nicht an einem Rechtsinstitut vorbeigehen darf, das in der Verwaltungspraxis eine ständig steigende Bedeutung hat".

Nicht aufgenommen hat der Ausschuss mit Rücksicht auf die uneinheitlichen Verhältnisse in 25 Bund und Ländern Regelungen der **Organisation** (§ 1 Rn. 158).[54] Auch Vorschriften über die **sachliche Zuständigkeit** wurden wegen der Vielfalt der dann zu regelnden Fallgestaltungen nicht aufgenommen (s. auch § 3 Rn. 10, § 44 Rn. 169).[55]

Ferner hat der Ausschuss mit Ausnahme des späteren § 10 Satz 2 **keine Grundsätze des** 26 **Verwaltungshandelns** festgelegt. Bei der Erarbeitung des Entwurfs 73 wurde noch die Ermessensausübung einbezogen, allerdings nur für den VA (vgl. § 40 Rn. 45).

Schließlich erschien dem Ausschuss auch eine Regelung des **Verordnungs- und Satzungs-** 27 **rechts** nicht tunlich.[56] Freilich sahen einzelne Ländern, z.B. Schleswig-Holstein, einen Handlungsbedarf für ihren Bereich.[57] Die Entwicklung war jedoch noch in Fluss, wie der Ausbau der Beteiligungsrechte in den 70iger Jahren im Bauplanungsrecht, die wachsende Kritik an der **Kontrolldichte** im Satzungsrecht[58] und die sich entwickelnde **Fehlerlehre** (vgl. § 1 Rn. 161 ff.) zeigen.

Der Ausschuss legte seinen Musterentwurf in einer **Bundes-** und einer **Länderfassung** vor, die weitgehend 28 übereinstimmten.[59] Die Bundesfassung sollte für die öffentlich-rechtliche Verwaltungstätigkeit der Behörden des Bundes und der bundesunmittelbaren juristischen Personen vom Bund, die Länderfassung für die entsprechenden Landesstellen vom jeweiligen Land erlassen werden. Diese Lösung war nicht davon abhängig, dass der Bund eine Gesetzgebungskompetenz für das VwVf von Landesbehörden hatte,[60] setzte aber parallele Gesetzgebung in zwölf Parlamenten voraus. Der Musterentwurf sah in beiden Fassungen einen **Wegfall der Subsidiarität** nach acht Jahren vor (§ 85 Abs. 2 S. 2 Bundesfassung, § 84 Abs. 2 S. 2 Länderfassung).

3. Weitere Entwicklung

Die Veröffentlichung des Musterentwurfs fand ein breites, im Wesentlichen zustimmendes 29 Echo.[61] Nachdem die BReg in ihrer **Regierungserklärung** vom 18. 10. 1963 den Erlass eines VwVfG in ihr Gesetzgebungsprogramm aufgenommen hatte,[62] stellte der BMI im Dezember 1965 den **Referentenentwurf** eines VwVfG fertig, der auf dem Musterentwurf beruhte, aber neben Anregungen der Literatur und verschiedener Gremien auch das Ergebnis zahlreicher Ressortbesprechungen innerhalb der BReg einbezog.[63] Der BMI bat den Bund-Länder-Ausschuss um Stellungnahme zu diesem Referentenentwurf, die jedoch die Stellungnahme der Länder im BR nicht präjudizieren sollte. Diese Stellungnahme wurde in der Zeit vom 14. bis 18. 3. 1966 in München mündlich erörtert. Das Ergebnis der Erörterungen fand seinen Niederschlag in der sog. **Münchener Fassung** des Musterentwurfs.[64]

---

[54] Zur abw. Situation in den Ländern *Klappstein/von Unruh*, S. 54 ff.; dort gibt es auch, wie in NRW, das Modell besonderer LOG; dazu *M. König*, Kodifikation des Landesorganisationsrechts, 2000, S. 114 ff.
[55] Abw. aber die problematischen Verordnungsermächtigungen in §§ 33, 34, dazu § 33 Rn. 17 f.
[56] Krit. etwa *Schmidt-Aßmann* in Lerche/Schmitt Glaeser/Schmidt-Aßmann, S. 22 ff. m. w. N. Allerdings geht es beim Erlass von Rechtsnormen funktional um Gesetzgebung, nicht um Verwaltung.
[57] Vgl. *Klappstein/von Unruh*, S. 182 ff.
[58] Z.B. *Götz/Klein/Starck*, Die öffentliche Verwaltung zwischen Gesetzgebung und richterlicher Kontrolle, 1985; *Sendler* NJW 1986, 1084; *Hill*, Gutachten D, in Verh. des 58. DJT, Bd. I 1990, und Sitzungsberichte N, ebda, Bd. II, 1991; *Schmidt-Jortzig* DVBl 1990, 920; *Schmidt-Aßmann* in FS Sendler, 1991, S. 121, 133.
[59] Abweichungen gab es beim Anwendungsbereich (§§ 1, 79, 84 der Länderfassung, § 85 der Bundesfassung), bei der Amtshilfe (§ 7), bei der Beglaubigung (§§ 25, 26) sowie bei einigen Schlussvorschriften (§§ 82 bis 85 der Bundesfassung, §§ 82 bis 84 der Länderfassung).
[60] Gegen die Notwendigkeit Kompetenzerweiterung Musterentwurf, Allg. Begründung, S. 54.
[61] Vgl. die Übersichten bei *Klappstein*, S. 21 ff.; *Redeker* DVBl 1973, 744 Fn. 3.
[62] BT, Sten. Ber., 4. WP, 90. Sitzung v. 18. 10. 1963, S. 4191 ff., 4204.
[63] *Klappstein/von Unruh*, S. 78.
[64] Hier wegen des Erscheinungsdatums seiner Buchausgabe als Musterentwurf 68 zitiert. Streng genommen handelte es sich nicht um einen (neuen) Musterentwurf des Bund-Länder-Ausschusses, sondern um

30 Der Bund-Länder-Ausschuss hatte die Allgemeine Begründung des Musterentwurfs mit einem Ausblick auf die **weitere Entwicklung** geschlossen. Darin hieß es: „Eine baldige übereinstimmende gesetzliche Regelung des allgemeinen Verwaltungsverfahrens in Bund und Ländern hält der Ausschuss nicht nur für wünschenswert, sondern sogar für notwendig ... Eine bestimmte zeitliche Reihenfolge bei der Einbringung der Verfahrensgesetze in Bund und Ländern glaubt der Ausschuss nicht vorschlagen zu müssen. Er ist im besonderen nicht der Auffassung, dass die Landesregierungen diesen Entwurf eines Verwaltungsverfahrensgesetzes ihren Parlamenten erst dann vorlegen sollten, wenn das Gesetzgebungsverfahren des Bundes abgeschlossen ist."[65] Gleichwohl zögerte die Mehrzahl der Länder, den Erlass eines VwVfG auf der Basis des Musterentwurfs in Angriff zu nehmen, wartete vielmehr zunächst die Entwicklung im Bund ab. Erst der Beschluss der Ständigen Konferenz der Innenminister der Länder vom 20. 2. 1976 (Rn. 37) gab den endgültigen Anstoß für die Ausarbeitung von Entwürfen für **LVwVfGe**.[66]

31 Allein **Schleswig-Holstein** unternahm es, das VwVf auf der Basis des Musterentwurfs zu kodifizieren. Das Verwaltungsverfahrensrecht war dort Teil des Entwurfs eines „Allgemeinen Verwaltungsgesetzes für das Land Schleswig-Holstein", der daneben noch Regelungen über die Verwaltungsorganisation (§ 1 Abs. 1 S. 2 LVwGSchlH) und über im Musterentwurf nicht geregelte Formen des Verwaltungshandelns enthielt. Der Entwurf wurde am 22. 12. 1965 dem Präsidenten des schlH Landtags zugeleitet.[67] Der eingesetzte Sonderausschuss des Landtags legte am 6. 2. 1967 seinen Bericht vor.[68] Einer Empfehlung des Ausschusses folgend verabschiedete der Landtag in Abweichung von der Regierungsvorlage die verwaltungsverfahrensrechtlichen Bestimmungen des Allgemeinen Verwaltungsgesetzes mit geringen Abweichungen nach Vorschlägen des Musterentwurfs 68 als Teil des LVwGSch(l)H vom 18. 4. 1967,[69] das am 1. 1. 1968 in Kraft trat und später an das VwVfG des Bundes angepasst wurde (dazu auch Rn. 48).[70]

III. Der Regierungsentwurf 1970

32 Auf Bundesebene ging aus dem Referentenentwurf nach der beschriebenen Entwicklung (vgl. Rn. 29) der **Regierungsentwurf 1970** (Entwurf 70)[71] hervor, dessen Begründung die wesentlichsten Argumente für die Kodifizierung des Verwaltungsverfahrensrechts zusammenstellte. Die wesentlichen Unterschiede zum Musterentwurf betrafen den Anwendungsbereich des Gesetzes und seine Subsidiarität.

33 Für die Erweiterung des **Anwendungsbereichs**, die bis zur endgültigen Verabschiedung des Gesetzes im Streit bleiben sollte (vgl. Rn. 60 ff., § 1 Rn. 36 ff.), war vor allem maßgeblich, dass der **bundeseinheitliche Vollzug** der Bundesgesetze durch die Länder sichergestellt werden sollte.[72]

34 Zur **Subsidiarität** des VwVfG hielt es der Entwurf 70 aus rechtspolitischen und praktischen Gründen nicht für möglich, das auf zahlreichen Sachgebieten gewachsene Verfahrensrecht uno actu zu beseitigen, meinte aber zugleich, dass schon die Vorbildfunktion des VwVfG nach und nach zur Beseitigung der Sonderregelungen führen werde.[73]

---

eine Fassung des Referentenentwurfs unter Berücksichtigung der Vorschläge der Ausschussmitglieder. Zum unterschiedlichen Anwendungsbereich s. Rn. 31.
[65] Musterentwurf, Allg. Begründung, S. 79 f.
[66] *Klappstein*, S. 40 ff.
[67] LT-Drs 5/650. Zu den grundsätzlichen Erwägungen zu dieser Gesetzesvorlage vgl. *von der Groeben* DVBl 1966, 289, die Einführung zu *von der Groeben/Knack* und *Klappstein/von Unruh*, S. 80 ff., 173 ff.
[68] LT-Drs 5/871; s. auch *Klappstein/von Unruh*, S. 222 ff.
[69] GVOBl 131. Vgl. zum 30 jährigen Bestehen *Henneke* DÖV 1997, 768; rückblickend auch *Klappstein* NordÖR 2000, 143.
[70] GVOBl 1979, 2; *Klappstein/von Unruh*, S. 148 ff.
[71] BT-Drs VI/1173; dazu *Klappstein/von Unruh*, S. 129; *Klappstein*, S. 35.
[72] Dazu ausführlich Entwurf 70, Allg. Begründung, S. 26.
[73] Entwurf 70, Allg. Begründung, S. 25 f. Skeptisch insbes. der BR, BT-Drs VI/1173, Anl. B Nr. 1 zu a).

IV. Der Regierungsentwurf 1973

1. Überarbeitung des Entwurfs 1970

Nachdem der Entwurf 70 wegen des vorzeitigen Endes der 6. Legislaturperiode nicht mehr abschließend beraten worden war, bildeten die Beratungsergebnisse aus BR und BT eine der wichtigen Grundlagen für die Erarbeitung des Entwurfs 73. Bei der auf der Konzeption des Entwurfs 70 aufbauenden Überarbeitung des BMI wurden berücksichtigt: 35

– die **Änderungsvorschläge** des BR zum Entwurf 70, denen die BReg zugestimmt hatte;
– die **Änderungen**, die sich aus den Beratungen des Innen- und Rechtsausschusses des BT ergeben hatten;
– die **Einwendungen**, die vom Finanzausschuss des BT anlässlich der Beratung des Entwurfs einer AO gegen den Entwurf 70 erhoben worden waren;
– die **Harmonisierung** der drei vorgesehenen Verwaltungsverfahrensrechts-Kodifikationen (VwVfG, AO, SGB – VwVf – Rn. 50 ff.) einschließlich des von der BReg in der 6. Legislaturperiode eingebrachten Entwurfes eines SGB – AT –;[74]
– die Forderung des BT-Innenausschusses nach **weiterer Angleichung** unterschiedlicher Regelungen des **VwVfG und der AO**;[75]
– **kritische Einwände der Wissenschaft**, insbes. zugunsten eines weiteren Ausbaus der Stellung des Bürgers im VwVf. In der gleichen Richtung hatte sich die Rechtsprechung fortentwickelt. Durch die Überarbeitung sollte dem sich entwickelnden Verständnis vom Rechtsstaat, von der Beteiligung des Bürgers am Verwaltungsgeschehen und der Voraussehbarkeit staatlicher Entscheidungen Rechnung getragen werden.

2. Verhältnis zu den VwVfGen der Länder

Wichtigster Punkt der **Stellungnahme des BR** zum Entwurf 73 war die Forderung, den **Anwendungsbereich** des Gesetzes wie im Musterentwurf auf die Stellen des Bundes zu beschränken.[76] Die BReg stimmte diesem Vorschlag nicht zu.[77] Der BT entschied sich für die Konzeption der BReg. Der BR rief erwartungsgemäß vor allem wegen dieser Frage den Vermittlungsausschuss an.[78] Dieser schlug die Lösung des neuen **Absatzes 3 in § 1** vor, wonach für die Ausführung von Bundesrecht durch die Länder das VwVfG des Bundes nicht gilt, soweit die öffentlich-rechtliche Verwaltungstätigkeit der Behörden landesrechtlich durch ein VwVfG geregelt ist (wegen der Einzelheiten vgl. § 1 Rn. 32 ff., 52 ff.).[79] 36

Nunmehr mussten die **Länder** möglichst übereinstimmende VwVfGe anstreben. Vor dem Bund hatte allein Schleswig-Holstein ein solches Gesetz bereits erlassen. Nachdem abzusehen war, dass das VwVfG des Bundes in der achten Legislaturperiode verabschiedet werden würde, fasste die **Ständige Konferenz der Innenminister der Länder am 20. 2. 1976** den **Beschluss**, im Interesse der Rechtseinheit auf die Verabschiedung inhaltsgleicher LVwVfGe nach Erlass des VwVfG des Bundes hinzuwirken.[80] Entsprechende Landesgesetze wurden meist noch 1976 oder (in Hamburg) wenig später erlassen. 37

3. Versuche der Lösung neuer Verfahrensfragen durch den Entwurf

Wie behutsam der damalige Gesetzgeber an Fragen heranging, die noch nicht wissenschaftlich abgeklärt oder erst in der Entwicklung waren (vgl. § 1 Rn. 274 f.), zeigen **zwei Problemkreise**, die im Zusammenhang mit dem Entwurf 73 beraten wurden. 38

Der Entwurf 73 wurde während der Beratungen in den Bundestagsausschüssen durch die Einfügung der **Vorschriften für Massenverfahren**, insbes. der neuartigen Regelungen der §§ 17 bis 19 ergänzt, um der sprunghaft ansteigenden Zahlen von Einwendern und Beteiligten in sog. Großverfahren als Folge der weiteren Öffnung der VwVf für die Beteiligung des Bürgers Herr zu werden. Eine solche Ergänzung hatte bereits der BR vorgeschlagen.[81] 39

---

[74] BT-Drs VI/3764.
[75] BT-Drs 7/4494, S. 3 f.
[76] BT-Drs 7/910, S. 99 f.
[77] Vgl. BT-Drs 7/910, S. 108.
[78] Vgl. BR-Dr 45/76 – Beschluss –.
[79] S. ferner *Baumann* DÖV 1976, 475; *Klappstein/von Unruh*, S. 131 ff.; *Klappstein*, S. 40.
[80] *Maurer*, § 5 Rn. 4 f.
[81] BT-Drs 7/910, S. 105.

Formulierungsvorschläge, die am 1. 9. 1975 vorgelegt wurden, beruhten unter anderem auf einem Gutachten der Hochschule für Verwaltungswissenschaften Speyer.[82] Auf diesen Vorschriften aufbauend brachte das 4. VwGOÄndG durch die §§ 56a, 65 Abs. 3, 67a, 93a, 121 Nr. 2 die Angleichung des gerichtlichen Verfahrens an diese Entwicklung (dazu § 17 Rn. 5).[83]

40 Im Zusammenhang mit der Beratung der Vorschriften für Massenverfahren wurde die Frage erörtert, ob in das VwVfG auch Bestimmungen über eine **Verbandsbeteiligung** einschließlich einer **Verbandsklage** aufgenommen werden sollten. Im Ergebnis hat man davon jedoch abgesehen. Im Bericht des Innenausschusses heißt es dazu: „Er (der Ausschuss) hat schließlich aber davon Abstand genommen, dieses im politischen, gesellschaftlichen und wissenschaftlichen Raum außerordentlich umstrittene Problem im VwVfG zu lösen, vor allem deshalb, weil dadurch das baldige Inkrafttreten dieses Gesetzes gefährdet worden wäre. Obwohl der Ausschuss der Meinung ist, dass zumindest auf einigen Gebieten des Umweltschutzrechts – vor allem beim Naturschutz – eine Beteiligung sachkundiger Verbände am VwVf zweckmäßig und erforderlich sein kann, könnten diese Einzelregelungen erst später getroffen werden."[84]

V. Inkrafttreten und weitere Entwicklung des VwVfG und der LandesVwVfGe

1. Inkrafttreten und Änderungen des VwVfG

41 Das VwVfG wurde am 25. 5. 1976 ausgefertigt, am 29. 5. 1976 verkündet[85] und ist gem. § 103 am **1. 1. 1977 in Kraft getreten.** Bereits vorher war eine kleine Änderung des § 20 durch Art. 7 Nr. 4 AdoptionsG vom 2. 7. 1976[86] (s. § 20 Rn. 59) erfolgt.

42 Danach erfolgten erste **marginale Änderungen** erst wieder durch Art. 7 § 3 BtG vom 12. 9. 1990[87] zu **§§ 12 und 16** (§ 12 Rn. 21, § 16 Rn. 22, 27, 32). Art. 12 Abs. 5 PostneuordnungsG v. 14. 9. 1994[88] hat **§ 2 Abs. 3 Nr. 4** aufgehoben (§ 2 Rn. 142). Spezifische Bedeutung für das VwVfG hatte dann das **Gesetz zur Änderung verwaltungsverfahrensrechtlicher Vorschriften** vom 2. 5. 1996,[89] durch das in Anlehnung an den aufgehobenen § 44a BHO (neben redaktionellen Änderungen der §§ 48, 49, 50) **§ 49 Abs. 3, § 49a** geschaffen wurden (s. näher § 49 Rn. 88; § 49a); auch **§ 2 Abs. 2 Nr. 4** erhielt eine neue Fassung (§ 2 Rn. 98f.).

43 Bemühungen um eine Verfahrensbeschleunigung mit dem Ziel der Sicherung des Wirtschaftsstandortes Deutschland führten zu zahlreichen Änderungen von Fachgesetzen in Bund und Ländern.[90] Das **GenBeschlG** vom 12. 9. 1996 hat aus diesem Gedanken weitreichende Konsequenzen auch für das VwVfG gezogen.[91] Es enthält neben einer Verschärfung der Regelungen für Massenverfahren in **§§ 17, 67, 69 und 74** Relativierungen der Bedeutung von Verfahrensfehlern, **§§ 45, 46** (dazu § 45 Rn. 13ff., 112ff., § 46 Rn. 4ff., 44ff.), und Abwägungsmängeln, **§ 75** (dazu § 75 Rn. 35ff.), die mit §§ 87, 94, 114 i.d.F. des 6. VwGOÄndG im Zusammenhang stehen,[92] sowie einen Abschnitt 1a in Teil V (**§§ 71a bis e**) mit neuen Instrumenten zur Beschleunigung wirtschaftsbezogener Genehmigungsverfahren. Zur Ergänzung des

---

[82] *Laubinger,* Gutachten über die künftige gesetzliche Regelung für Massenverfahren im Verwaltungsverfahrensrecht und im Verfahrensrecht für die Verwaltungsgerichte, 1975.
[83] S. auch *P. Stelkens* NVwZ 1991, 209, 213 m.w.N.
[84] BT-Drs 7/4494, S. 4. Zur Verbandsklage etwa *Sodan* in Sodan/Ziekow, § 42 Rn. 405.
[85] BGBl I 1253 (Nr. 59).
[86] BGBl I 1749.
[87] BGBl I 2002.
[88] BGBl I 2325.
[89] BGBl I 656; dazu zusammenfassend *Sachs/Wermeckes* NVwZ 1996, 1185; *Gröpl* VerwArch 1997, 23; *P. Baumeister* NVwZ 1997, 19.
[90] Vgl. die Zusammenstellung in der Voraufl., Einl Rn. 23a, b; auch § 1 Rn. 19ff.
[91] BGBl I 1354; dazu BR-Drs 29/96; BT-Drs 13/3995; zusammenfassend *Stüer* DVBl 1997, 326; *Bonk* NVwZ 1997, 320; *H. Schmitz/Wessendorf* NVwZ 1996, 955; *Jäde* UPR 1996, 361; zur Wirkung der Beschleunigungsgebote s. auch *Ziekow* DVBl 1998, 1101; zur Überleitung § 96 Rn 5.
[92] *Gromitsaris* SächsVBl 1997, 102; aus der vielfältigen Kritik z.B. *P. Stelkens* DVBl 1995, 1105, 1108; *ders.* NVwZ 1995, 325, 326; *Bracher* DVBl 1997, 534; *Berg/Dragunski* JZ 1998, 774, 780; *Berkemann* DVBl 1998, 446; *P. Stelkens* NVwZ 2000, 155; s. auch *Schulze-Fielitz* in FS Hoppe, 2000, S. 997; für die gegenteilige Bewertung etwa *Ronellenfitsch* NVwZ 1999, 586.

V. Inkrafttreten und weitere Entwicklung des VwVfG   **44–46 Einleitung**

§ 10 S. 2 um das Gebot, das Verfahren zügig durchzuführen, s. § 10 Rn. 25. Zur durch § 74 Abs. 6 allgemein eingeführten Plangenehmigung s. § 74 Rn. 222 ff.

Die **seither vorgenommenen Änderungen** des VwVfG sind überwiegend von vergleichsweise untergeordneter Bedeutung. Dies gilt vor allem für die einzelne Änderung in § 2 Abs. 2 Nr. 3 durch Art. 14 des **2. PatGÄndG**.[93] Aber auch das **2. VwVfÄndG** hat in Art. 1 eher geringfügige Änderungen gebracht.[94] Aufgrund der Ermächtigung durch Art. 2 des 2. VwVfÄndG ist am 21. 9. 1998 (BGBl I 3050) eine Neubekanntmachung des VwVfG erfolgt. Nach kleineren Änderungen durch 6. Euro-EG[95] und HZvNG[96] hat das **3. VwVfÄndG**[97] das VwVfG auf die elektronische Kommunikation eingestellt. Die Bek. der Neufassung[98] trägt den zahlreichen dadurch bedingten Textänderungen Rechnung. Seither ist durch das KostRMoG nur eine redaktionelle Änderung erfolgt.[99] Nicht unerhebliche Auswirkungen auf das Verwaltungsrecht auch ohne Niederschlag im Gesetzestext hatte die Schuldrechtsreform.[100] Das zur Ausführung einer EG-Richtlinie (Rn. 103) ergangene Umwelt-Rechtsbehelfsgesetz[101] lässt zwar den Gesetzestext des VwVfG unberührt, durchbricht aber in seinem § 4 bei besonders schwerwiegenden Verstößen gegen UVP-Pflichten den Ausschluss des Aufhebungsanspruchs nach § 46, führt außerdem in § 2 erweiterte Klagemöglichkeiten für dem Umweltschutz verpflichtete Vereinigungen ein (§ 50 Rn. 23). 44

Für die **Entwicklung** des Verwaltungsverfahrensrechts könnte **in der nächsten Zeit** das Ende 2006 verabschiedete Gesetz zur Beschleunigung von Planungsverfahren für Infrastrukturvorhaben[102] bedeutsam werden, das – mit Rücksicht auf die zeitaufwändige Koordination mit den Ländern bei einer Änderung der VwVfGe – zwar noch einmal auf Modifikationen der Spezialgesetze (Rn. 63) setzt; doch setzen BTag und BRat in übereinstimmenden Entschließungen eine Verankerung im VwVfG des Bundes sowie der Länder für alle PlfV gefordert.[103] Noch in Vorbereitung ist eine Novellierung der Vorschriften des VwVfG selbst über den ör Vertr (dazu § 1 Rn. 282; § 54 Rn. 13 ff.). Ob es nach der Föderalismusreform zur Verabschiedung eines UGB kommt (näher dazu § 2 Rn. 2 ff.), bleibt abzuwarten. Zu Auswirkungen der EU-Dienstleistungsrichtlinie s. § 1 Rn. 252. 45

Allgemeinere Entwicklungen, wie namentlich solche im Zuge der Modernisierung der Staatsorganisation, ihrer Aufgaben, ihrer Vorgehensweise, wie sie seit geraumer Zeit breiten Raum in der Diskussion einnehmen,[104] bleiben – wo sie nicht wie im GenBeschlG (Rn. 43) oder im 3. VwVfÄndG (zumal § 3a Rn. 1 ff.) zu konkreten Änderungen des VwVfG geführt haben – in ihrer **Bedeutung für das VwVf** im Allgemeinen weiterhin **diffus** und entziehen sich in ihren Einzelelementen einer zusammenfassenden Bewertung. Im Einzelnen vgl. zu (wirtschaftlich bedingten) Beschleunigungsbestrebungen näher § 1 Rn. 269 ff., zum „schlanken Staat" § 1 Rn. 5 f., zu Regulierung § 1 Rn. 150, zu Deregulierung § 1 Rn. 5 f., § 71a Rn. 20 ff.; zu Privatisierungen § 1 Rn. 122 ff., zu informellen VwVf § 9 Rn. 172, zu kooperativen VwVf § 9 Rn. 172, § 54 Rn. 43a ff.; zur Nutzung privaten Sachverstandes § 1 Rn. 259; § 26 Rn. 69 f.; zur Mediation § 54 Rn. 10; zum Neuen Steuerungsmodell Voraufl. Einl. Rn. 26. 46

---

[93] Vom 16. 7. 1998, BGBl I 1827, 1836.
[94] Vgl. § 15 Rn. 1, § 16 Rn. 19, § 33 Rn. 32, § 41 vor Rn. 1, § 44 vor Rn. 1, § 50 vor Rn. 1, § 61 Rn. 21 ff.; § 97 Rn. 1. Zudem wurde die Inhaltsübersicht eingefügt.
[95] Vom 3. 12. 2001, BGBl I 3306, Art. 16, zu § 8; dazu *Schmitz/Schlatmann* NVwZ 2002, 1281, 1293 f.
[96] Vom 21. 6. 2002, BGBl I 2166, Art. 13, zu §§ 49a, 53 und 102 (neu); dazu *Schmitz/Schlatmann* NVwZ 2002, 1281, 1292 f.
[97] Vom 21. 8. 2002, BGBl I 3322, Art. 1; dazu etwa *Catrein* NWVBl. 2001, 50; *Rosenbach* DVBl 2001, 332; *Schlatmann* DVBl 2002, 1005; *ders.* LKV 2002, 489; *Schmitz/Schlatmann* NVwZ 2002, 1281; *Storr* MMR 2002, 579; *Roßnagel* NJW 2003, 469.
[98] Vom 23. 1. 2003, BGBl I 102, Art. 1; darin auch etliche Aktualisierungen der Schreibweise.
[99] Vom 5. 5. 2004, BGBl I 718, Art. 4 Abs. 8, zu § 23 und § 26.
[100] Dazu etwa *Geis* NVwZ 2002, 385.
[101] Gesetz über ergänzende Vorschriften zu Rechtsbehelfen in Umweltangelegenheiten nach der EG-Richtlinie 2003/35/EG (Umwelt-Rechtsbehelfsgesetz) vom 9. 12. 2006, BGBl I 2816 (FNA 2129–46); dazu Gesetzesbeschluss Plen-Prot. 16/63, S. 6247; zuvor RegE, BT-Drs 16/2495; abl. Stellungnahme des BR, BT-Drs 16/2931, mit konträrer Gegenäußerung der BReg, Ausschussbericht, BT-Drs 16/3312.
[102] Vom 9. 12. 2006, BGBl I 2833; dazu Gesetzentwurf der BReg, BT-Drs 16/54; Beschlussempfehlung und Bericht, BT-Drs 16/3158, auch zu den Gesetzentwürfen des BR, BT-Drs 16/1338, und der FDP-Fraktion, BT-Drs 16/3008. Zur Verfahrensbeschleunigung allgemein *Schmidt-Aßmann* NVwZ 2007, 40, 43 f.
[103] BT-Drs 16/1338 zu VI. (S. 53 f.).
[104] Vgl. die Vorauf. Rn. 25 ff. sowie etwa *Voßkuhle* VerwArch 2001, 184; auch *Brenner* FS Scholz, 2007, 467 ff.

Inwieweit mit diesen und verwandten Schlagworten tatsächlich Gegenstände angesprochen sind, deren Behandlung es rechtfertigt, eine „Neue Verwaltungsrechtswissenschaft" auszurufen,[105] bleibt abzuwarten; deren Einfluss auf die Anwendung des geltenden Verwaltungsverfahrensrechts, auch auf neuartige Problemstellungen, ist jedenfalls einstweilen begrenzt. Zur gerichtlichen Kontrolldichte s. § 40 Rn. 220 ff.; zu den Verfahrensfehlerfolgen § 45 Rn. 116 ff.

2. Entwicklung in den Ländern

47 Die koordiniert erlassenen LVwVfGe der **alten** Länder (Rn. 8) sind zumeist mit dem BVwVfG am 1. 1. 1977 in Kraft getreten.[106] In den **neuen Ländern** wurde zunächst durch die allgemeine Regel des Art. 8 EVertr mit Wirkung vom 3. 10. 1990 das VwVfG des Bundes eingeführt,[107] das für die Verwaltungstätigkeit von Bundesstellen, aber (mangels vorrangiger Landesgesetze) auch für die Ausführung der Bundesgesetze durch die Länder unmittelbar einschlägig war. Für die Ausführung des Landesrechts sah der EVertr in Anl. I Kap. II Sachgeb. B Abschn. III vor, dass bis zur Einführung landeseigener VwVfGe, aber befristet bis Ende 1992, das VwVfG des Bundes maßgeblich sein sollte. Bis auf Thüringen gelang es den neuen Länder erst nach Ablauf der Frist, ihre LVwVfGe zu verabschieden.

48 Diese Gesetze folgen zwei Grundmodellen. Eine **Übernahme des Bundesgesetzes** in das Landesrecht[108] findet sich in fünf Ländern. Niedersachsen hat eine „statische" Verweisung auf das VwVfG des Bundes gewählt, die jeweils durch Gesetz auf dessen neueste Fassung umzustellen ist; Berlin, Rheinland-Pfalz, Sachsen sowie Sachsen-Anhalt verweisen demgegenüber „dynamisch"[109] auf die jeweils geltende Fassung des Bundesgesetzes. Den **Weg des eigenständigen Gesetzes** mit weitestgehend übereinstimmenden Formulierungen gingen nach dem Vorbild des schon 1967 erlassenen LVwG SchlH, das in seinem verwaltungsverfahrensrechtlichen Teil durch eine Neufassung[110] dem zwischenzeitlich erlassenen Bundesgesetz angepasst wurde, zunächst Baden-Württemberg, Bayern, Bremen, Hamburg, Hessen, Nordrhein-Westfalen und das Saarland, von den neuen Ländern Brandenburg, Mecklenburg-Vorpommern, Thüringen und ursprünglich Sachsen-Anhalt.

49 Die ursprünglich angestrebte **Einheitlichkeit** des allgemeinen Verwaltungsverfahrensrechts **in Bund und Ländern** (s. noch Rn. 60 f., auch Rn. 65) muss in allen Ländern, die keine dynamische Verweisung vorsehen, bei jeder Änderung des Bundesgesetzes durch Landesgesetze mit- oder doch nachvollzogen werden. Dies ist bislang weitgehend, aber nicht immer ohne Verzögerung und keineswegs lückenlos geschehen.[111] Umgekehrt können Länder ihrerseits durch abweichende Gesetzgebung die Einheitlichkeit in Frage stellen, und zwar auch dauerhaft, wenn der Bund und die anderen Länder sich nicht anschließen. Zur Entwicklung der LVwVfGe im Einzelnen s. Dritter Teil A.

VI. Das Nebeneinander von drei Verwaltungsverfahrensordnungen

1. Trennung und Koordinierung der drei Verfahrensordnungen

50 Die größten Sachbereiche, die aus dem Anwendungsbereich des VwVfG ausgenommen wurden (§ 2 Rn. 1), sind die Verfahren der Bundes- oder Landesfinanzbehörden nach der AO (§ 2

---

[105] S. etwa *Voßkuhle,* GVwR I, § 1; *Schuppert,* Verwaltungsrechtswissenschaft als Steuerungswissenschaft, in: Hoffmann-Riem/Schmidt-Aßmann, Reform des Allgemeinen Verwaltungsrechts, 1993, S. 93 ff.; *Voßkuhle* Verwaltung 1999, 547 ff.; zu neuen VwVf auch *Voßkuhle* in Hoffmann-Riem/Schmidt-Aßmann, Verwaltungsverfahren, 2002, S. 277.
[106] Neben dem älteren Gesetz in SchlH (Rn. 31) weicht Hamburg ab, dessen Gesetz (näher § 1 Rn. 259) erst am 1. 12. 1977 in Kraft getreten ist.
[107] S. im Einzelnen *P. Stelkens* DtZ 1991, 264.
[108] Bedenken hiergegen bei *Ehlers* DVBl 1979, 693.
[109] Gegen die Zulässigkeit *Pernice* in Dreier II, Art. 30 Rn. 21 (insbes. für Berlin); anders *Hoffmeister* NJ 1999, 393, 395.
[110] Allgemeines Verwaltungsgesetz für das Land Schleswig-Holstein – Landesverwaltungsgesetz – LVwG – i. d. F. vom 19. 3. 1979, GVOBl 181.
[111] Der Anpassung der LVwVfGe kann auch anderweitiges Bundesrecht entgegenstehen, wenn die Länder nicht zur Abweichung ermächtigt sind. Vgl. im Hinblick auf das Verhältnis von § 45 Abs. 2 VwVfG zu § 137 Abs. 2 VwGO hierzu § 45 Rn. 118; *H. Schmitz* NJW 1998, 2866, 2867.

VI. Das Nebeneinander von drei Verwaltungsverfahrensordnungen

Abs. 2 Nr. 1) und die Verfahren nach dem SGB (§ 2 Abs. 2 Nr. 4). Das VwVf auf diesen Gebieten wies nach allgemeiner Auffassung zu starke, durch die jeweilige Materie bedingte Besonderheiten auf, um es unterschiedslos in den Anwendungsbereich des VwVfG einzubeziehen.[112] Vor allem sind in **VwVf nach dem SGB** in der Regel **sozial schwächere Bürger** beteiligt, die stärker zu schützen sind, insbes. auch in ihrem Vertrauen in einmal gewährte Sozialleistungen.[113] Andererseits sind für eine gerechte Steuererhebung weit gehende verfahrensrechtlichen **Mitwirkungspflichten des Steuerpflichtigen** erforderlich; hierauf waren auch Aufhebungsregeln wie § 173 AO abzustellen. Für das VwVf auf beiden Gebieten sind daher eigene, allerdings in den Grundstrukturen übereinstimmende (Rn. 55 f.) Gesetze geschaffen worden, für den Bereich der **Finanzverwaltung die AO** (§ 2 Rn. 53 ff.), für den Bereich der **Sozialverwaltung der verwaltungsverfahrensrechtliche Teil des SGB** (SGB X) (§ 2 Rn. 94 ff.).

Die auf diese Weise entstandenen drei parallelen Kodifikationen sind nach folgendem, zuweilen als „**Drei-Säulen-Theorie**" bezeichneten System den drei **verwaltungsgerichtlichen Verfahrensordnungen** zugeordnet: **51**

– VwVf nach dem VwVfG den Verfahren nach der VwGO;
– VwVf nach der AO im Regelfall den Verfahren nach der FGO;
– VwVf nach dem SGB X im Regelfall den Verfahren nach dem SGG.

Danach schließt sich im Falle einer Klage an das nach den Besonderheiten des Sachgebiets gestaltete **VwVf** ein **gerichtliches Verfahren** an, dessen Ausgestaltung ebenfalls den Wesensmerkmalen dieses Sachgebiets Rechnung trägt. Durch den inhaltlichen Einfluss, den die jeweilige Gerichtsbarkeit auf das materielle Verwaltungsrecht und die Verfahrensgestaltung der zugehörigen Verwaltung ausübt, ergeben sich zwischen den Behörden und den Gerichten in den jeweiligen Säulen enge Bindungen.[114] Solange es drei öffentlich-rechtliche Gerichtsbarkeiten gibt, hat die Dreiteilung der Regelungen der VwVf einen guten Sinn auch darin, dass sie von vornherein Divergenzen bei der Anwendung desselben Gesetzes durch Gerichte verschiedener Gerichtsbarkeiten vermeidet. **52**

Die Gliederung in drei Säulen ist allerdings **nicht konsequent durchgeführt,** da die Rechtswegregelungen der Prozessgesetze an den Inhalt der strittigen Angelegenheiten anknüpfen, durchweg (anders § 33 Abs. 1 Nr. 2 FGO) aber nicht daran, welches Verwaltungsverfahrensrecht im VwVf maßgeblich war.[115] Immerhin bleibt die Zuordnung der „Säulen" insoweit gewahrt, als bei Verfahren vor den Finanzgerichten meist die Behörden der Finanzverwaltung, bei denen vor den Sozialgerichten Behörden der Sozialversicherungsträger beteiligt sind, während umgekehrt bei Beteiligung von Behörden der allgemeinen Verwaltung, auch soweit sie AO bzw. SGB X anzuwenden haben, durchweg die allgemeinen Verwaltungsgerichte zur Entscheidung berufen sind.[116] **53**

Eine Beseitigung der „drei Säulen" würde sich bei **Vereinheitlichung der Prozessgesetze** für die Zweige der Verwaltungsgerichtsbarkeit ergeben. Dies ist in der 9. und 10. Legislaturperiode auf der Basis eines sog. Speyerer Entwurfs bzw. des Entwurfs einer **VwPO** von 1978 versucht worden,[117] aber an tatsächlichen oder auch vermeintlichen Besonderheiten der Fachgerichtsbarkeiten gescheitert.[118] Neue Bestrebungen mit dem Ziel, eine Vereinheitlichung der öffentlichrechtlichen Gerichtsbarkeiten auf Landesebene zu ermöglichen,[119] sind in der 15. Le- **54**

---

[112] Nachweise bei *Klappstein,* S. 43 ff., 46 ff.
[113] Zur Legitimität der besonderen Regelung auch im „aktivierenden" Sozialstaat *Pitschas* in FS BSG, 2004, S. 765 ff.
[114] Zu frühen Forderungen dieses Einflusses vgl. den Bericht von drei französischen Hochschullehrern im Auftrag des Hohen Kommissars der Vereinigten Staaten über die deutschen Verwaltungsgerichte in der Bundesrepublik 1951, in *Präsident des Oberverwaltungsgerichts NW* (Hrsg.), Die Verwaltungsgerichtsbarkeit im Land Nordrhein-Westfalen 1945–1969, Dokumentation, OVGE Münster Ergänzungsband 1969, S. 277. Umfassend in neuerer Zeit *H. Jochum* Verwaltungsverfahrensrecht und Verwaltungsprozeßrecht, 2004; zur Gerichtsbezogenheit des deutschen Verwaltungsverfahrensrechts auch *Schmidt-Aßmann* NVwZ 2007, 40 f.
[115] Krit. etwa *Kopp/Ramsauer,* Einf Rn. 2.
[116] P. *Stelkens* in Schoch u. a., § 1 Rn. 17 m. w. N. Vgl. aber kürzlich die Erweiterung des Rechtswegs zu den Sozialgerichten insbes. in Angelegenheiten der Sozialhilfe gem. § 51 Abs. 1 Nr. 6 a durch Art. 1 Nr. 10 des 7. SGGÄndG v. 9. 12. 2004, BGBl I 3302.
[117] BT-Drs 9/1851, 10/3437 und 10/3477, dazu *Meyer-Ladewig* in FS Menger, 1985, S. 833.
[118] *Ule* DVBl 1991, 509; *Schmidt-Aßmann* in Schoch u. a., Einl Rn. 98.
[119] Vgl. den Gesetzentwurf eines Zusammenführungsgesetzes, BR-Drs 544/04 (Beschluss).

gislaturperiode des Bundestages nicht zum Abschluss gebracht worden, werden aber weiterverfolgt;[120] nach dem Entwurf sollen im Rahmen einer einheitlichen öffentlich-rechtlichen Fachgerichtsbarkeit für alle drei Gerichtsbarkeitsbereiche (oder nur für VwGO und SGG) besondere Spruchkörper für Verwaltungs-, Sozial- bzw. Finanzsachen bestehen, so dass die drei Säulen innerhalb des Modells fortbestehen würden.

55 Bei der Verabschiedung der drei getrennten VwVfGe wurde allerdings möglichst weitgehende **Übereinstimmung** angestrebt. Der BR hat zum Entwurf 73 hierzu ausgeführt:

„Die Bundesregierung wird gebeten, bei der Beratung der Entwürfe des Verwaltungsverfahrensgesetzes, der Abgabenordnung und des Sozialgesetzbuchs darauf hinzuwirken, dass die verfahrensrechtlichen Vorschriften der genannten Entwürfe sowohl dem Inhalt als auch dem Wortlaut nach einander angepasst werden, soweit nicht Besonderheiten eine abweichende Regelung in den verschiedenen Bereichen erfordern."[121]

Auch die BReg[122] und der BT-Innenausschuss[123] (Rn. 35) verfolgten das **Harmonisierungsziel**.

56 Im Ergebnis ist die **Kongruenz** zwischen den gleichzeitig entstandenen VwVfG und AO deutlicher ausgefallen als die zwischen dem erst 1980 verkündeten SGB X und den beiden anderen Kodifikationen. Neben zwischenzeitlichen Fortentwicklungen der Rechtsüberzeugungen (etwa beim Datenschutz) ist dafür wohl die verselbständigte Beratung des SGB X ausschlaggebend, bei der das Einheitlichkeitsanliegen gegenüber Wünschen nach einer sachgebietsspezifischen Ausgestaltung schwieriger zu behaupten war.

57 **Später** sind **Änderungen** und Ergänzungen im SGB AT und SGB X oder durch das StBereinG 1986[124] auch zur AO vorgenommen worden, ohne dass die anderen Gesetze entsprechend angepasst worden sind.[125] Umgekehrt sind Änderungen des 2. VwVfÄndG[126] zwar – wie inzwischen auch Teile des GenBeschlG – auf das SGB X, nicht aber auf die AO erstreckt worden. Kleinere Änderungen erfolgten durch das 6. Euro-EG[127] und HZvNG[128] (Rn. 44). Dagegen hat das **3. VwVfÄndG** in Art. 2 bis 4 weitgehend übereinstimmende Änderungen auch in SGB I und X sowie in der AO vorgenommen. Zur Auslegung gemeinsamer Begriffe s. Rn. 59.

58 Bei den **Rechtsbehelfsverfahren** war die Entwicklung in den drei Säulen uneinheitlich. Durch die Streichung des § 78 Abs. 2 SGG im EVertrG wurde das sozialgerichtliche Vorverfahren dem nach der VwGO[129] angeglichen, dagegen ist das außergerichtliche Rechtsbehelfsverfahren in der AO[130] im GrenzpendlerG[131] versteckt[132] geändert worden.

2. Unterschiede der Verfahrensordnungen als Auslegungshilfe

59 Bei der Kommentierung der einzelnen Vorschriften wird auf **Parallelen und Unterschiede** in Bezug auf die AO und das SGB X[133] hingewiesen, soweit dies erforderlich erscheint; vgl. allgemein auch § 2 Rn. 53 ff. und 94 ff. Die Unterschiede dieser Gesetze gegenüber dem VwVfG haben erhebliche Bedeutung für die Auslegung der Vorschriften des VwVfG, da sie in

---

[120] BR-Drs 47/06 und für den Gesetzentwurf des Bundesrates BT-Drs 16/1034; BT-Drs 16/1040; *Heister-Neumann* ZRP 2005, 13 f.; *Weth* ZRP 2005, 119; *ders.*, NZA 2006, 182.
[121] Stellungnahme, BT-Drs 7/910, S. 107.
[122] Vgl. BT-Drs 7/910, S. 111.
[123] Vgl. BT-Drs 7/4494, S. 3 f.
[124] BGBl I 1985, 2436.
[125] Zu den Problemen offener und verdeckter Harmonisierung s. *Fiedler* NJW 1981, 2093 m. w. N.
[126] Vom 6. 8. 1998, BGBl I S. 2022, Art. 1 (VwVfG), Art. 1a (SGB X); dazu etwa *Schmitz/Olbertz* NVwZ 1999, 126.
[127] Vom 3. 12. 2001, BGBl I 3305, Art. 16, zu § 8 VwVfG, nicht zu AO oder SGB X.
[128] Vom 21. 6. 2002, BGBl 2167, Art. 11 zu §§ 50, 52, 113, 120 u. a. SGB X im Gleichklang mit Art. 13, zu §§ 49 a, 53 und 102 VwVfG.
[129] Vgl. zu den aufgrund der Änderung des § 68 durch das 6. VwGOÄndG jetzt uneingeschränkt möglichen landesgesetzlichen Ausnahmen vom Vorverfahrenserfordernis *Kopp/Schenke* § 68 Rn. 17 a; *Geis* in Sodan/Ziekow, § 68 Rn. 125, 131 f.; ferner in NRW § 2 Nr. 3 des Ersten Gesetzes zum Bürokratieabbau vom 13. 3. 2007, GV NRW S. 133, und das am 19. 9. 2007 in zweiter Lesung vom Landtag verabschiedete Zweite Gesetz zum Bürokratieabbau (Bürokratieabbaugesetz II) vom 9. 10. 2007, LT-Drs 14/4199, GV NRW S. 393.
[130] Dazu *Wefers* NJW 1995, 1321; *Brockmeyer* in Klein, AO, Vorbem. § 347.
[131] BGBl I 1994, 1395, Art. 4.
[132] S. Kritik bei *Felix* NJW 1994, 2065; allgemein *Lüke* NJW 1995, 173; *P. Stelkens* NVwZ 1995, 325, 327.
[133] Zu diesen ausführlich *Bielefeld*, Das soziale Verfahrensrecht des SGB X, 1997, S. 43 ff.

aller Regel bewusst vom Koordinierungsziel (Rn. 32, 55) abweichen. Allerdings können Regelungen des VwVfG, falls sie Ausdruck eines allgemeinen Rechtsgrundsatzes sind, gleichwohl zur Ausfüllung echter Lücken (vgl. etwa § 80 Rn. 8 ff.) herangezogen werden (§ 1 Rn. 156, 283 ff.; § 2 Rn. 64, 67 ff.); dagegen sind die Versuche, aus abweichenden Regelungen der AO oder des SGB X[134] lückenschließende allgemeine Rechtsgedanken herauszufiltern, wenig überzeugend (s. auch § 2 Rn. 54 f.; § 26 Rn. 1).

VII. Das Ziel der Verfahrensvereinheitlichung

1. Das Vereinheitlichungsziel im Gesetzgebungsverfahren

Der Wille des Gesetzgebers zur **Verfahrensvereinheitlichung** auf der Grundlage des VwVfG durchzog wie ein roter Faden die **Gesetzgebungsarbeit**[135] (Rn. 9 ff., 32 f.). Er zeigt sich in dem Bemühen um die Abstimmung mit der AO und dem SGB X (Rn. 35) ebenso wie in der Bereitschaft der Länder zu einheitlichen LVwVfGen (Rn. 37 ff.), daneben vor allem in dem Bemühen, den Gedanken der Subsidiarität des Gesetzes gegenüber fachspezifischen Sonderregelungen in Grenzen zu halten. Der Musterentwurf sah sogar einen automatischen Wegfall fachspezifischer Sonderregelungen für Bund und Länder binnen acht Jahren vor, was aber im Entwurf 70 aufgegeben wurde (Rn. 32). Demgegenüber verlangte der BR in seiner Stellungnahme Maßnahmen für eine schnelle Rechtsbereinigung, die spätestens nach acht Jahren abgeschlossen sein sollte.[136] Die BReg entgegnete darauf nur, sie werde prüfen, „ob und in welchem Umfange dem Vorschlag des Bundesrates, eine Bereinigung des Verwaltungsverfahrensrechts vorzunehmen, entsprochen werden kann".[137]

Bei der Beratung des **Entwurfs 73** wiederholte der BR seinen Vorschlag.[138] Diesmal sagte die BReg zu, sie werde unmittelbar nach Inkrafttreten des VwVfG mit der Bereinigung des Verwaltungsverfahrensrechts beginnen, wies aber darauf hin, dass eine Reihe von sachgebietsbezogenen Bereinigungsgesetzen notwendig sein werde und dass die dafür notwendige Zeit nicht abschließend zu prognostizieren sei.[139] Der BT machte sich den Vorschlag des BR zu eigen. Auf Antrag seines Innenausschusses nahm er bei der Verabschiedung des VwVfG am 15. 1. 1976 eine **Entschließung** an, in der die BReg ersucht wurde, die Vereinheitlichung des Verwaltungsverfahrensrechts durch eine umfassende Rechtsbereinigung binnen acht Jahren zu verwirklichen und dabei alle nicht durch zwingende Gründe gerechtfertigten Sonderregelungen zu beseitigen.[140]

2. Rechtsbereinigung und bereichsspezifisches Verfahrensrecht

Die vom Bund vorzunehmende **Rechtsbereinigung** ging zunächst nur zögernd voran.[141] Da zunächst Vorschläge der BReg ausblieben, beantragte am 4. 3. 1982[142] die CDU/CSU-Fraktion, der BT möge die Untätigkeit der BReg missbilligen und sie auffordern, die Arbeiten an der Rechtsbereinigung „nunmehr unverzüglich und mit Nachdruck aufnehmen". In der Aussprache über diesen Antrag im Bundestagsplenum[143] setzten sich Sprecher aller drei Fraktionen – bei unterschiedlicher Akzentsetzung zum Antrag im Einzelnen – noch einmal nachdrücklich für eine Rechtsbereinigung ein. Tatsächlich wurden dann ab 1986 einige Bereinigungsgesetze erlassen (§ 1 Rn. 231).

Andererseits nimmt zugleich der Drang zur Wahrung tatsächlicher oder vermeintlicher **bereichsspezifischer Besonderheiten** einschließlich der weiteren Entwicklung im Bereich der

---

[134] Vgl. insoweit für wechselseitige Analogie grundsätzlich *Bielefeld*, Das soziale Verfahrensrecht des SGB X, 1997, S. 201 ff.
[135] *Klappstein*, S. 35 ff.
[136] BT-Drs VI/1173, S. 83.
[137] BT-Drs VI/1173, S. 89.
[138] BT-Drs 7/910, S. 99.
[139] BT-Drs 7/910, S. 108.
[140] Vgl. BT-Drs 7/4494, S. 13.
[141] *Bonk* DVBl 1986, 485; *P. Stelkens* NVwZ 1986, 541; *Klappstein*, S. 149 ff.
[142] BT-Drs 9/1415.
[143] Vgl. Plenarprotokoll 9/98 – Sten. Ber. über die 98. Sitzung am 30. 4. 1982, S. 5915.

AO und des SGB eher zu als ab (§ 1 Rn. 2, 14 ff., 269 ff.; § 9 Rn. 94 f.).[144] Dies erweckt besonders dann Bedenken, wenn aus Gründen der Beschleunigung in neuen Spezialgesetzen Verfahrensgarantien des VwVfG durchbrochen werden, die dann schließlich umso eher auch auf breiter Front in Frage gestellt werden könnten. Aber auch unabhängig davon sollte das nach wie vor gültige Vereinheitlichungsziel nicht ohne wirklich zwingende Gründe preisgegeben werden. In bestimmten Fällen macht allerdings das Europarecht für Teilbereiche besondere Regelungen unabweisbar (Rn. 91 ff.); Einheitlichkeit wäre dann allenfalls durch eine Verallgemeinerung solcher Regelungen (wieder-) herzustellen.

64 Das grundsätzliche gesetzliche Ziel der Vereinheitlichung hat auch für die **Auslegung** des Geltungsbereichs von Spezialnormen, die das VwVfG verdrängen könnten, entscheidende Bedeutung; es schließt aus, aus der Zweckbestimmung eines Gesetzes allzu leicht eine Verdrängung des VwVfG herzuleiten (§ 1 Rn. 231 ff.; s. ferner Rn. 59). Außerdem verlangt der Vereinheitlichungsgedanke, dass übereinstimmende **Begriffe** auch in verschiedenen Zusammenhängen grundsätzlich **einheitlich ausgelegt** werden (s. z. B. § 35 Rn. 12),[145] wenn sie nicht schon im Gesetz nur auf den jeweiligen Anwendungsbereich bezogen werden (s. z. B. § 1 Rn. 236; § 9 Rn. 85).

65 Das Ziel der Vereinheitlichung des Verwaltungsverfahrensrechts gilt nicht nur für das Bundesrecht, sondern erfasst – wie auch die durch § 97 eingeführte Revisibilität des Landesrechts nach § 137 Abs. 1 Nr. 2 VwGO belegt – ebenso das **Landesverwaltungsverfahrensrecht**, und zwar im Verhältnis zum VwVfG des Bundes (Rn. 60) und im Verhältnis zu landes- und bundesrechtlichen Spezialvorschriften (§ 1 Rn. 229 f.). Die vornehmlich von den Ländern im Bundesrat betriebene (Rn. 37) Vereinheitlichung widerspricht dem Grundsatz eigenverantwortlicher Durchführung der VwVf durch die Länder (Art. 30, 83 f. GG) nicht, ist vielmehr Ausdruck der unabhängigen Entscheidung der Länder, ihre Verantwortung im Bereich des Verwaltungsverfahrensrechts mit dem Schwerpunkt Rechtseinheit wahrzunehmen. Die Landesgesetzgebung ist rechtlich frei, davon abzuweichen, sollte aber wegen der unverändert fortbestehenden Gründe für die Vereinheitlichung möglichst weitgehend daran festhalten. Welche Auswirkungen die im Zuge der Föderalismusreform in Art. 84 Abs. 1 Satz 2 GG verankerte Abweichungskompetenz der Länder gegenüber bundesgesetzlichen Regelungen des VwVfG haben wird, bleibt abzuwarten.[146]

66 Die Praxis, vor allem die **Gerichtspraxis**, wird das Prinzip der Rechtseinheit auch gegenüber den LVwVfGen bei der Auslegung von Spezialnormen beachten müssen. Dies gilt vor allem bei der Frage, ob Bundesrecht nach der **Zweckbestimmung einer Norm** Landesverwaltungsverfahrensrecht verdrängt (s. Rn. 60), da sich hier neben dem Problem der Rechtseinheit die Frage nach der durch das GG verbürgten Eigenständigkeit der Landesverwaltung stellt. Daher ist allein aus dem materiellen Gehalt eines Bundesgesetzes die Verdrängung landesrechtlicher Verfahrensregelungen nicht herzuleiten.[147] Vielmehr ist mit dem *BVerfG* zu fordern, dass „nicht nur irgendein, sondern ein *verfahrensmäßiges* Verhalten der Verwaltung", dass nicht nur das „Ob" des behördlichen Handelns, sondern auch das „Wie" festlegt wird – wenn auch nur „verdeckt" oder „indirekt".[148]

VIII. Europäisches Verwaltungsrecht

Literatur: Vgl. *Everling,* Auf dem Weg zu einem europäischen Verwaltungsrecht, NVwZ 1987, 1; *Grabitz,* Europäisches Verwaltungsrecht – Gemeinschaftsrechtliche Grundsätze des Verwaltungsverfahrens, NJW 1989, 1776; *Jarass,* Voraussetzungen der innerstaatlichen Wirkung des EG-Rechts, NJW 1990, 2420; *Lenz,* Entwicklung und unmittelbare Geltung des Gemeinschaftsrechts, DVBl 1990, 903; *Ehlers,* Die Einwirkun-

---

[144] *Klappstein/von Unruh,* S. 167 ff.; *P. Stelkens* NVwZ 1986, 541, 542; *Bonk* DVBl 1986, 485; *Pitschas,* S. 78 ff.; *Kahl,* in Hoffmann-Riem/Schmidt-Aßmann, Verwaltungsverfahren, S. 67 ff.; auch *Schulte* JöR n. F. 55 (2007), 303 ff.; zur fehlenden Einheitlichkeit im Genehmigungsrecht etwa *Wahl* NVwZ 2002, 1192; auch *Schmitz/Schlatmann* NVwZ 2002, 1281, 1294. Zum Projekt eines UGB s. Rn. 45.

[145] Ebenso *Kopp/Ramsauer,* Einf Rn. 10 f.; vgl. im Einzelnen auch *Bielefeld,* Das soziale Verfahrensrecht des SGB X, 1997, der bei wortgleichen Vorschriften § 2 Abs. 1 RSprEinhG anwenden will (S. 207 ff.).

[146] Sehr skeptisch *Schulte* JöR n. F. 55 (2007), 303 ff.; vorsichtig auch *Blümel* in FS Püttner, 2006, S. 17, 39 ff.

[147] So z. B. BVerwGE 79, 163, dazu *Erbguth* NVwZ 1989, 531, und BVerwG NVwZ 1991, 999, dazu OVG Münster NVwZ-RR 1991, 265 und OVG Münster NVwZ-RR 1992, 209; NWVBl 1992, 142; ferner *P. Stelkens* Rn. 79 f. m. w. N.

[148] So BVerfGE 75, 108 (152).

gen des Rechts der Europäischen Gemeinschaften auf das Verwaltungsrecht, DVBl 1991, 605; *Jarass,* Folgen der innerstaatlichen Wirkung von EG-Richtlinien, NJW 1991, 2665; *Fischer,* Zur unmittelbaren Anwendung der EG-Richtlinien in der öffentlichen Verwaltung, NVwZ 1992, 635; *Engel,* Die Einwirkung des Europäischen Gemeinschaftsrechts auf das deutsche Verwaltungsrecht, Verwaltung 1992, 438; *Bleckmann,* Methoden der Bildung europäischen Verwaltungsrechts, DÖV 1993, 837; *Pagenkopf,* Zum Einfluss des Gemeinschaftsrechts auf nationales Wirtschaftsverwaltungsrecht, NVwZ 1993, 216; *Schmidt-Aßmann,* Zur Europäisierung des allgemeinen Verwaltungsrechts, FS Lerche, 1993, S. 513; *ders.,* Deutsches und Europäisches Verwaltungsrecht, DVBl 1993, 924; *E. Klein,* Der Einfluss des Europäischen Gemeinschaftsrechts auf das Verwaltungsrecht der Mitgliedstaaten, Der Staat 1994, 39; *Nettesheim,* Auslegung und Fortbildung nationalen Rechts im Lichte des Gemeinschaftsrechts, AöR 1994, 261; *Zuleeg und Rengeling,* Deutsches und europäisches Verwaltungsrecht, VVDStRL 53 (1994), S. 154/202; *Classen,* Strukturunterschiede zwischen deutschem und europäischem Verwaltungsrecht, NJW 1995, 2457; *Frenz,* Subjektiv-öffentliche Rechte aus Gemeinschaftsrecht vor deutschen Verwaltungsgerichten, DVBl 1995, 408; *Gassner,* Rechtsgrundlagen und Verfahrensgrundsätze des Europäischen Verwaltungsverfahrensrechts, DVBl 1995, 16; *Pietzcker,* Die Nichtanwendung europarechtswidriger Gesetze seitens der Verwaltung, in FS Everling, Bd. II, 1995, S. 1095; *Schoch,* Die Europäisierung des Allgemeinen Verwaltungsrechts, JZ 1995, 109; *Jannasch,* Wandel durch Annäherung? Zum Einfluss der Europäischen Integration und des Gemeinschaftsrechts auf die Praxis der Verwaltungsgerichte, VBlBW 1996, 163; *Schwarze,* Konvergenz im Verwaltungsrecht der EU-Mitgliedstaaten, DVBl 1996, 881; *Sommermann,* Europäisches Verwaltungsrecht oder Europäisierung des Verwaltungsrechts?, DVBl 1996, 889; *v. Danwitz,* Die Nichtumsetzung von EG-Recht durch die Legislative, NJW 1997, 7; *Pühs,* Der Vollzug von Gemeinschaftsrecht, 1997; *Classen,* Das nationale Verwaltungsverfahren im Kraftfeld des europäischen Gemeinschaftsrechts, Verwaltung 1998, 307; *v. Danwitz,* Die Eigenverantwortung der Mitgliedstaaten für die Durchführung von Gemeinschaftsrecht, DVBl 1998, 421; *Fastenrath,* Die veränderte Stellung der Verwaltung und ihr Verhältnis zum Bürger unter dem Einfluss des europäischen Gemeinschaftsrechts, Verwaltung 1998, 277; *Haibach,* Die Rechtsprechung des EuGH zu den Grundsätzen des Verwaltungsverfahrens, NVwZ 1998, 456; *Schmidt-Aßmann,* Europäisches Verwaltungsverfahrensrecht, in: Müller-Graff (Hrsg.), Perspektiven des Rechts in der Europäischen Union, 1998, S. 131 ff.; *Suerbaum,* Die Kompetenzverteilung beim Verwaltungsvollzug des Europäischen Gemeinschaftsrechts in Deutschland, 1998; *Schmidt-Aßmann/Hoffmann-Riem* (Hrsg.), Strukturen des Europäischen Verwaltungsrechts, 1999; *Gornig/Trüe,* Die Rechtsprechung des EuGH und des EuG zum europäischen Verwaltungsrecht – Teil 1, 2, 3, JZ 2000, 395, 446, 501; *Nitschke,* Harmonisierung des nationalen Verwaltungsvollzugs von EG-Umweltrecht, 2000; *Schily,* Die Europäisierung der Innenpolitik, NVwZ 2000, 883; *Schoch,* Die Europäisierung des verwaltungsgerichtlichen Rechtsschutzes, 2000; *Magiera/Sommermann* (Hrsg.), Verwaltung in der Europäischen Union, 2001; *Bergmann/Kenntner* (Hrsg.), Deutsches Verwaltungsrecht unter europäischem Einfluss, 2002; *Hill/Pitschas* (Hrsg.), Europäisches Verwaltungsverfahrensrecht, 2004; *Erbguth/Masing* (Hrsg.), Verwaltung unter dem Einfluss des Europarechts, 2006; *Ruffert,* Überlegungen zu den Rechtsformen des Verwaltungshandelns im europäisierten Verwaltungsrecht, FS Krause, 2006, S. 215; *ders.,* Von der Europäisierung des Verwaltungsrechts zum Europäischen Verwaltungsverbund, DÖV 2007, 761; s. ferner die europarechtlichen Titel im Literaturverzeichnis und § 1 Literatur zu 2 sowie bei den einzelnen Vorschriften zum Abschnitt Europarecht.

1. Verwaltungsrecht in der Europäischen Union

a) Verwaltungsvollzug des EU- und EG-Rechts: Die durch EGKSV, EWGV und EAGV begründeten Europäischen Gemeinschaften haben sich auf der Grundlage der vertraglich vereinbarten Befugnisse zu einer Staatengemeinschaft, ausgestattet mit (seit 1967 zusammengelegten[149]) **eigenen Organen** und eigener **Rechtsordnung** (näher Rn. 70 ff.), entwickelt. Durch den **Vertrag über die Europäische Union,** den sog. **Maastrichter Vertrag,** vom 7. 2. 1992[150] ist das Ziel einer Europäischen Union einschließlich einer Wirtschafts- und Währungsunion festgelegt worden; außerdem wurden die Grundlagen für eine gemeinsame Außen- und Sicherheitspolitik und die Zusammenarbeit in der Innen- und Rechtspolitik gelegt. Der EWG-Vertrag heißt seitdem **EG-Vertrag,** die Europäische Wirtschaftsgemeinschaft ist zur **Europäischen Gemeinschaft** geworden.[151] Weitere institutionelle und inhaltliche Fortentwicklungen der Vergemeinschaftung brachten der Amsterdamer Vertrag vom 2. 10. 1997[152] und der Vertrag von Nizza vom 26. 2. 2001.[153] Bisher nicht rechtswirksam geworden sind die Charta der Grundrechte der EU (Rn. 87) und der sie integrierende Vertrag über eine Verfassung für Europa,[154] der (noch) nicht allseits ratifiziert wurde.

67

---

[149] Vgl. FusV vom 8. 4. 1965, BGBl II 1454; ABl. 1965 Nr. 152.
[150] ABl. 1992 C 191; BGBl. II 1253; s. auch BT-Drs 12/3334.
[151] Daneben besteht nach dem Erlöschen des EGKS mit dem 23. 7. 2002 noch die EAG, so dass weiterhin auch von Europäischen Gemeinschaften im Plural die Rede sein kann.
[152] ABl. C 340, S. 173; BGBl 1998 II 387, ber. BGBl 1999 II 416; dazu *Hobe,* Rn. 33; *Streinz,* Europarecht, Rn. 49 ff.
[153] ABl. 2001 Nr. C 80/1, BGBl 2001 II 1667; dazu *Hobe,* Rn. 35 ff.; *Streinz,* Europarecht, Rn. 53 ff.
[154] ABl. 2004 Nr. C 310/1; dazu *Hobe,* Rn. 42, 1056 ff.; *Streinz,* Europarecht, Rn. 57 ff.

68 Die **verfassungsrechtliche Grundlage** für die EGen bildete in Deutschland[155] zunächst die Befugnis des Bundes nach **Art. 24 GG**, Hoheitsrechte auf zwischenstaatliche Einrichtungen zu übertragen.[156] Im Hinblick auf die durch den Maastrichter Vertrag angestoßene Weiterentwicklung zur EU ist mit dem Gesetz zur Änderung des GG vom 21. 12. 1992[157] als neues Bindeglied zwischen deutschem Verfassungsrecht und Europarecht **Art. 23 GG** neu gefasst worden. Aus Sicht des *BVerfG*[158] begründet der EU-Vertrag einen auf dynamische Entwicklung angelegten europäischen **Staatenverbund,** der von den Mitgliedstaaten getragen wird und deren nationale Identität achtet, er betrifft die Mitgliedschaft Deutschlands in der EU als einer supranationalen Organisation, begründet keine Zugehörigkeit zu einem europäischen Staat.

69 Durch den EG-Vertrag ist im Unterschied zu gewöhnlichen internationalen Verträgen mit dem Gemeinschaftsrecht eine eigene **supranationale Rechtsordnung** geschaffen worden,[159] deren unterschiedliche Normen mit ihrem Inkrafttreten Bestandteil der Rechtsordnung der Mitgliedstaaten werden können und gegebenenfalls, kontrolliert durch den *EuGH,* von ihren Behörden und Gerichten (Rn. 75) anzuwenden sind.[160] Aufgrund des EU-Vertrags treten im Rahmen der GASP und der PJZS Handlungsformen hinzu (Art. 12 bzw. 34 Abs. 2 UA 1), die grundsätzlich nach (allgemeinen) völkerrechtlichen Grundsätzen zu beurteilen sind;[161] soweit danach mögliche Rechtsakte überhaupt verbindlich sind, fehlt ihnen jedenfalls die unmittelbare Wirksamkeit in den Mitgliedstaaten (vgl. explizit Art. 34 Abs. 2 UA 1 S. 2 lit. b, c für [Rahmen-]Beschlüsse).[162]

70 **Primäres Gemeinschaftsrecht** sind die Gründungsverträge, vor allem der EG-Vertrag, nebst Anhängen und Protokollen, sowie (partiell)[163] der EU-Vertrag, jeweils in ihrer durch spätere Verträge fortgeschriebenen Fassung, und wohl auch aus diesen Rechtsquellen folgende allgemeine Rechtsgrundsätze des Verwaltungsrechts.[164] **Sekundäres Gemeinschaftsrecht** sind die unmittelbar umfassend verbindlichen Verordnungen nach Art. 249 Abs. 2 EG sowie die Richtlinien nach Art. 249 Abs. 3 EG, deren Verbindlichkeit differenziert zu betrachten ist (Rn. 91 f.).[165] Schließlich kann aufgrund entsprechender Ermächtigung, Art. 202, 3. SpStr EG, die Kommission nach Art. 211, 4. SpStr EG (u. a.) abstrakt-generelle Regelungen zur Durchführung von vom Rat erlassenen Vorschriften erlassen, die als **tertiäres Gemeinschaftsrecht** bezeichnet werden.[166] Zu den auf Gemeinschaftsrecht gegründeten Entscheidungen nach Art. 249 Abs. 4 EG, die – wie Durchführungsmaßnahmen im Einzelfall, § 35 Rn. 343 ff. – eine

---

[155] Für ausländische Verfassungsordnungen vgl. den ausführlichen Länderbericht von *Schroeder* in Depenheuer/Dogan/Can (Hrsg.), Deutsch-Türkisches Forum für Staatsrechtslehre, Bd. 3, Berlin 2006, S. 115 ff., und *Sachs,* ebda, S. 55 ff.

[156] Dazu *Stern,* Staatsrecht I, S. 512 ff.

[157] BGBl I 2086; dazu *Streinz* in Sachs, GG, Art. 23 Rn. 8 ff., 15 ff.

[158] BVerfGE 89, 155, 181 ff.; zum Meinungsstand *Hobe,* Rn. 71 ff.; *Streinz* Rn. 118 ff.; ders. in Sachs, GG, Art. 23 Rn. 2; *Hobe,* Rn. 71 ff.

[159] Zu den Rechtsquellen etwa *Nettesheim* EuR 2006, 737; *Wölker* EuR 2007, 32; zu Art. I-33 ff. EVV etwa *Geerlings* DVBl 2006, 131..

[160] Art. 10 EG; *EuGH,* Rs. C-2/88, EuGHE 1990, I-3365 = NJW 1991, 2409, 2410; *Neßler,* DVBl 1993, 1240; *Zuleeg* NJW 1994, 545; *Burgi,* S. 18 ff., 30 ff., 45 ff.; *Jannasch* VBlBW 1996, 163; zur verwaltungsgerichtlichen Klage auf Erfüllung individualberechtigter gemeinschaftsrechtlicher Regelungen *Frenz* DVBl 1995, 408. Gegen Ausweichmöglichkeiten durch Privatrechtsformen (für Richtlinien) *EuGH,* Rs. C-188/89, EuGHE 1990, I-3313 = NJW 1991, 3086.

[161] Vgl. *Streinz,* Europarecht, Rn. 5, 473 ff., der allerdings auch von „Unionssekundärrecht" spricht; *Hobe,* Rn. 1008 ff., 1038 ff.

[162] Dies betont namentlich BVerfGE 113, 273 (298 ff.); allerdings hat *EuGH,* Rs. C-105/03, EuGHE 2005, I-5285, in der Rs. Pupino den Grundsatz der gemeinschaftsrechtskonformen Auslegung auf Rahmenbeschlüsse erstreckt; dazu krit. *Herrmann* EuZW 2005, 436 f.; *Unger* NVwZ 2006, 46; keine Bedenken bei *Hobe,* Rn. 144; verallgemeinernd *Schroeder* EuR 2007, 349 ff.

[163] Vgl. *Streinz,* Europarecht, Rn. 2.

[164] *Oppermann,* Rn. 482 ff., 486; *Ehlers* in Erichsen, § 3 Rn. 13 ff.; auf die inhaltliche Qualität abstellend *Streinz,* Europarecht, Rn. 7, 412 ff.; s. auch § 1 Rn. 223 ff.

[165] S. zuletzt *v. Danwitz* JZ 2007, 697 ff. Zu den unverbindlichen Empfehlungen und Stellungnahmen nach Art. 249 Abs. 5 s. *Streinz,* Europarecht, Rn. 425, 469 f.

[166] Vgl. etwa *Streinz,* Europarecht, Rn. 521 ff.; näher *Möllers* in Schmidt-Aßmann/Schöndorf-Haubold (Hrsg.), Der Europäische Verwaltungsverbund, 2005, S. 293 ff.; *Riedel* EuR 2006, 512 m. w. N. auch zur Komitologieproblematik; begrifflich weiter *Groß* DÖV 2004, 20 ff.; zum Komitologieverfahren ferner etwa *Fuhrmann* DÖV 2007, 464 ff.

VIII. Europäisches Verwaltungsrecht 71–73 **Einleitung**

dem VA ähnliche Handlungsform darstellen, näher § 35 Rn. 345 ff.; § 39 Rn. 121 ff.; § 41 Rn. 239 ff.; § 43 Rn. 98 f., 104 ff.[167] Insgesamt auch § 1 Rn. 242 ff.

Das Gemeinschaftsrecht geht insgesamt dem nationalen Recht der Mitgliedstaaten vor,[168] sein **Anwendungsvorrang**[169] ist inzwischen weitestgehend anerkannt;[170] insbes. bei Richtlinien kann an Stelle der Unanwendbarkeit des nationalen Rechts seine **gemeinschaftsrechtskonforme Auslegung** treten.[171] Für die Geltung des Gemeinschaftsrechts verlangt das BVerfG, dass Rechtsakte der EG von der vertraglichen Ermächtigung gedeckt sind,[172] deren innerstaatliche Gültigkeit ihrerseits von der Verfassungsmäßigkeit der Vertragsgesetze abhängt.[173] 71

Der **direkte Verwaltungsvollzug** von Gemeinschaftsrecht durch die supranationalen Organe (vor allem die Kommission) sowie durch gemeinschaftsunmittelbare juristische Personen des öffentlichen Rechts[174] ist, wo er über den Binnenbereich der Gemeinschaften hinaus wirkt, die Ausnahme.[175] Er folgt ganz gemeinschaftsrechtlichen Regeln;[176] der Rechtsschutz wird durch die Gemeinschaftsgerichte gewährleistet.[177] 72

In der Regel obliegt es den Mitgliedstaaten, den **Verwaltungsvollzug** des Gemeinschaftsrechts durchzuführen (sog. **indirekter Verwaltungsvollzug**) (§ 1 Rn. 242), was gelegentlich auch in **Kooperation** mit der Kommission geschieht[178] und von ihr mit verschiedenen Mitteln beeinflusst werden kann.[179] Der indirekte Vollzug kommt in zwei Spielarten vor: Entweder wenden die Mitgliedstaaten nationales Recht an, das inhaltlich durch Gemeinschaftsrecht bestimmt ist, oder sie setzen unmittelbar sekundäres Gemeinschaftsrecht um; dabei haben sie ggf. aus primärem Gemeinschaftsrecht folgende Grundsätze zu beachten.[180] Zu Anwendungsbereichen s. § 1 Rn. 249 f. 73

---

[167] S. ferner *Oppermann*, Rn. 565; *Ehlers* DVBl 1991, 605; *Ossenbühl* in Erichsen, § 6 Rn. 95 ff.; *Lenz* DVBl 1990, 903; *Jarass* NJW 1990, 2420; *Groß* JuS 1990, 522; *Grabitz* NJW 1989, 1776; *Schwarze* NJW 1986, 1067; *Rengeling* DVBl 1986, 306; *Kasten* DÖV 1985, 570; zur unmittelbaren Wirkung von Assoziationsabkommen und Assoziationsratsbeschlüssen *EuGH*, Rs. C-192/89, EuGHE 1990, I-3461 = NVwZ 1991, 255; *EuGH*, Rs. C-237/91, EuGHE 1992, I-6781 = NVwZ 1993, 258.
[168] *EuGH*, Rs. 106/77, EuGHE 1978, 629; Rs. 218/85, EuGHE 1986, 3513; Rs. C-184/89, EuGHE 1991, I-297; Rs. C-10/97 bis C-22/97, EuGHE 1998, 6307; Rs. 103/88, EuGHE 1989, 1838; zuletzt etwa *EuGH*, Rs. C-119/05, DVBl 2007, 1167, 1169; BVerfGE 85, 191, 203 ff.; *Stern*, Staatsrecht I, S. 543; *Geiger*, Art. 10 Rn. 27 ff.; *v. Danwitz*, S. 109 f.; *Hatje*, S. 52 ff.; *Jarass* DVBl. 1995, 954; *Kadelbach*, S. 54 ff.; *Niedobitek* VerwArch 2001, 58; zum tertiären Gemeinschaftsrecht *Groß*, DÖV 2004, 20 ff.
[169] BVerfGE 106, 275 (295); *Jarass/Pieroth*, GG, Art. 23 Rn. 42.
[170] Zum weitgehend erledigten Streit hierüber *Zuleeg* VVDStRL 53 (1994), S. 154, 159 ff., 164 m. w. N.; zum Verhältnis zum (deutschen) Verfassungsrecht Zeit etwa *Hatje*, 353 ff.; *Kadelbach*, S. 183 ff.; *Schäffer* FS Püttner, 2006, S. 141 ff. jeweils m. w. N.; zur Verwerfung europarechtswidriger Gesetze duch die Verwaltung *Pietzcker* in FS Everling, Bd. II, 1995, S. 1095; zum Anwendungsvorrang gegenüber Grundrechten Rn. 81; allgemein auch § 1 Rn. 218 ff. Zur Frage einer temporären Durchbrechung des Vorrangs bei Entstehen einer inakzeptablen Regelungslücke s. *OVG Münster* NVwZ 2006, 1078 ff. und dazu kritisch *Terhechte* EuR 2006, 828 ff.
[171] Vgl. für Richtlinien Rn. 93; zur problematischen Erstreckung auf Rahmenbeschlüsse schon zu Rn. 69; allgemeiner etwa *Nettesheim* AöR 1994, 261; *Schwarz*, in: ders., EU-Kommentar, 2000, Art. 220 Rn. 24; *Oppermann*, Europarecht, § 7 Rn. 12 ff.; *Streinz*, Europarecht, Rn. 193 ff.; im Sinne primärrechtskonformer Auslegung des Sekundärrechts findet sich der Begriff bei *Oppermann*, Rn. 688.
[172] BVerfGE 58, 1, 30 f.; 89, 155, 188; *P. Kirchhof* NJW 1996, 1500, 1501; *Burgi*, S. 24 ff. jeweils m. w. N. Zu den prozessualen Konsequenzen etwa *Zuck/Lenz* NJW 1997, 1193.
[173] Noch zu Art. 24 GG BVerfGE 75, 223 (240) m. w. N.; jetzt Art. 23 Abs. 1 GG und dazu etwa *Streinz* in Sachs, GG, Art. 23 Rn. 86 ff.
[174] Dazu näher *Uerpmann* AöR 2000, 551; *Fischer-Appelt*, Agenturen der Europäischen Gemeinschaft, 1999, S. 38 ff.; *Helfritz*, Verselbständigte Verwaltungseinheiten der Europäischen Union, 2000, S. 12 ff.
[175] *Streinz*, Europarecht, Rn. 534 f.; auch § 1 Rn. 218. Zu Erweiterungen etwa *Caspar* DVBl 2002, 1437.
[176] Näher etwa *Streinz*, Europarecht, Rn. 546 ff.; *Kuntze* in Bergmann/Kenntner, Kap. 4 Rn. 8 ff.; gerade hier einschlägig ist auch Art. 41 EUGrundRCh; vgl. im Übrigen schon den Kodex für gute Verwaltungspraxis vom 13. 9. 2000, ABl L 267, dazu Entschließung Europ. Parl. vom 6. 9. 2001.
[177] *Lais* ZEUS 2002, 447 ff. m. w. N.
[178] *Pernice/Kadelbach* DVBl 1996, 1100, 1111; zur Verwaltungskooperation im Rahmen der EG s. allgemein etwa *Schmidt-Aßmann* EuR 1996, 270; s. auch *Sydow* Verwaltung 2001, 517; *Schmidt-Aßmann/Hoffmann-Riem* (insbes. *Benz*, S. 45; *Hufen*, S. 99, *Pitschas*, S. 123, *v. Danwitz*, S. 171).
[179] Vgl. etwa *Nitschke*, Harmonisierung des nationalen Verwaltungsvollzugs vom EG-Umweltrecht, 2000, S. 130 ff., dort, S. 140 ff., auch zur Möglichkeit, Verwaltungsaufgaben auf die Europäische Umweltagentur zu übertragen. Die Eigenverantwortung der Mitgliedstaaten betont *v. Danwitz* DVBl 1998, 421.
[180] Ausführlich zur gemeinschaftsrechtlichen Steuerung des nationalen Verwaltungsvollzuges insgesamt *Hatje*, S. 111 ff.; s. auch *Kadelbach*, S. 131 ff., 157 ff. und passim; auch *Ehlers* Verwaltung 2004, 255, 256 ff. Zur europäischen Dimension des Rechts des VwVf allgemein *Schmidt-Aßmann* NVwZ 2007, 40, 42 f.

Einleitung 74–77

74   Für den **innerdeutschen Verwaltungsvollzug** des Gemeinschaftsrechts durch Bundes- oder Landesbehörden gilt die Kompetenzverteilung nach Art. 83 ff. GG sinngemäß,[181] sofern diese Zuständigkeitsverteilung eine ordnungsgemäße Durchführung der entsprechenden Gemeinschaftsrechtsakte ermöglicht.[182] Die **VwVfGe** des Bundes bzw. der Länder sind (im Rahmen der §§ 1, 2) anzuwenden, soweit nicht besondere Regelungen (Rn. 91 f.; zu § 48 VwVfG s. Rn. 89)[183] oder hinreichend konkrete Aussagen allgemeiner Rechtsgrundsätze (§ 1 Rn. 247 ff.) des Gemeinschaftsrechts vorgehen. Ansätze einer eigenständigen europarechtlichen Verfahrensregelung[184] enthalten die Art. 6 ff. des Zollkodex[185] für dessen Anwendungsbereich.

75   Auch soweit Verhalten deutscher Behörden auf Gemeinschaftsrecht beruht, ist es nach **deutschem Prozessrecht gerichtlich überprüfbar;** das deutsche Gericht kann oder muss ggf. eine Vorabentscheidung des *EuGH* nach Art. 234 EG einholen.[186] Auch sonst wirkt das europäische Gemeinschaftsrecht auf die Verwaltungsgerichtsbarkeit in vielfältiger Weise ein.[187] Mangels gemeinschaftsrechtlicher Regelungen bleiben Aufbau und Verfahren der mitgliedstaatlichen Gerichtsbarkeit allerdings – bei Beachtung der Grundsätze der Effektivität und der Gleichwertigkeit (Rn. 77) – Sache des nationalen Rechts.[188]

76   Die supranationale Rechtssetzung und ihre Anwendung in den Gemeinschaften und den Mitgliedstaaten auf der Grundlage der Rechtsprechung des *EuGH* wirken sich im Rahmen der Aufgabenzuweisung und Leitgedanken des EG und EU sowie der EEA zweifach aus und bilden dadurch die Grundlage für eine Entwicklung zu einem **europäischen Verwaltungsrecht** mit wechselseitiger Wirkung zwischen den europäischen und nationalen Ebenen (Rn. 81 ff.).[189]

77   Allgemein verpflichtet der Grundsatz der **loyalen Zusammenarbeit** (Art. 10 EG) einerseits die Mitgliedstaaten, alle geeigneten Maßnahmen zu treffen, um die Geltung und die Wirksamkeit des Gemeinschaftsrechts zu gewährleisten **(Effektivitätsgebot),**[190] andererseits auch die Gemeinschaftsorgane im Verhältnis zu den Mitgliedstaaten, es sei denn, zwingende Gründe, die die Funktionsfähigkeit und Unabhängigkeit der Gemeinschaften beeinträchtigen, stünden entgegen.[191]

---

[181] BVerwGE 102, 119 (125 f.); *Dittmann* in Sachs, GG, Art. 83 Rn. 20 m. w. N.; ferner etwa *Suerbaum*, Die Kompetenzverteilung beim Verwaltungsvollzug des Europäischen Gemeinschaftsrechts in Deutschland, 1998; *Nitschke*, Harmonisierung des nationalen Verwaltungsvollzugs von EG-Umweltrecht, 2000, S. 27 ff.; auch *Egger* Staat 1999, 449; *Fisahn* DÖV 2002, 239.

[182] *EuGH*, Rs. C-156/91, EuGHE 1992, I-5589 = NJW 1993, 315, 316. *König* DVBl 1997, 581, bezweifelt, dass die Landesbehörden ohne Hilfe noch in der Lage sind, die EG-Anforderungen zu erfüllen. Die Lastentragung bei Verletzung supranationaler Verpflichtungen regelt seit der Föderalismusreform Art. 104 a Abs. 6 GG.

[183] *Rengeling* DÖV 1981, 366; *ders.* DVBl 1986, 306; *ders.* VVDStRL 53 (1994), S. 202, 213, 225; *Schwarze* NJW 1986, 1067; *Grabitz* NJW 1989, 1776, 1777, 1779 ff. mit Auflistung gemeinschaftsrechtlicher Sonderregeln; *Ehlers* DVBl 1991, 605, 611.

[184] Zur Notwendigkeit, deren generelle Einführung zu prüfen, vgl. 5. Sitz. des Beirats Verwaltungsverfahrensrecht beim BMI vom 16. 2. 2000.

[185] Vom 12. 10. 1992, ABl Nr. L 302/1, ber. ABl 1993 Nr. L 79/84 und ABl 1996 Nr. L 97/38, zul. geänd. mit VO Nr. 82/97, ABl Nr. L 17/1; zur problematischen Bestimmung des Anwendungsbereichs im Verhältnis zum nationalen Recht s. im Einzelnen näher *Alexander* in Witte, Art. 6 Rn. 3 ff.

[186] *Ehlers* DVBl 1991, 605, 613; *ders.* in Schoch u. a., §§ 40–Anh. Art. 177 EWGV; *EuGH*, Rs. C-231/89, EuGHE I 1990, 4003 Rn. 16 ff. = NJW 1991, 1470; zu Art. 35 EU s. etwa *Dörr/Mager* AöR 2000, 387.

[187] Vgl. im Überblick etwa *Schmidt-Aßmann* in Schoch u. a., Einl. Rn. 100 ff., 108 ff.; *Dörr* in Sodan/Ziekow, VwGO, Europäischer Verwaltungsrechtsschutz, Rn. 176 ff.; ferner etwa *Schoch* NVwZ 1999, 457; *Bergmann* VBlBW 2000, 169; *Groß* Verwaltung 2000, 415; *Kenntner* VBlBW 2000, 297; *P. Stelkens* NVwZ 2000, 155; *Gundel* VerwArch 2001, 81; *Brenner* LKV 2002, 304; *Dünchheim*, Verwaltungsprozeßrecht unter europäischem Einfluß, 2003, S. 20; *Ehlers* DVBl 2004, 1441; *Kwanka* Die Einwirkungen des Europarechts auf den vorläufigen Rechtsschutz im nationalen Verwaltungsprozess, 2006.

[188] *EuGH*, Rs. C-120/97; EuGHE 1999, I-240 Rn. 32 m. w. N.

[189] Zur Europäisierung des Rechts der VwVf und zu dessen Angleichung in Europa etwa *Battis* DÖV 2001, 988; *Henneke* ZG 2001, 71; *Scheuing* Verwaltung 2001, 107; *Hill* DVBl 2002, 1316; *Ladeur* (Hrsg.), The Europeanisation of Administrative Law, 2002; *Lindner* BayVBl 2002, 193; *Schmidt-Aßmann* in FS Steinberger, 2002, S. 1375; *ders.* FG 50 Jahre BVerwG, 2003, 487; *Schoch* NordÖR 2002, 1; *Siedentopf/Speer* DÖV 2002, 753; *Sommermann* DÖV 2002, 133; *Breuer* Verwaltung 2003, 271; *Ruffert* Verwaltung 2003, 293; *Wahl* DVBl 2003, 1285; *Kahl* VerwArch 2004, 1; die Beiträge in *Hill/Pitschas* (Hrsg.), Europäisches Verwaltungsverfahrensrecht, 2004; *Sydow* JuS 2005, 98; für einen Überblick über betroffene Rechtsbereiche des Verwaltungsrechts s. etwa die Beiträge in *Bergmann/Kenntner*.

[190] *EuGH*, Rs. 68/88, EuGHE 1989, 2965 = NJW 1990, 2245; verb. Rs. C-392/04 und C-422/04, EuGHE 2006, 2266; ausführlich etwa *Pühs*, Der Vollzug von Gemeinschaftsrecht, 1997. Zur Vereinbarkeit der deutschen Beschleunigungsgesetzgebung mit Anforderungen des europäischen Umweltrechts s. § 1 Rn. 226.

[191] *EuGH*, Rs. C-2/88, EuGHE 1990, I-3365 = NJW 1991, 2409, und NJW 1991, 2410; zusammenfassend *Schoch* JZ 1995, 109, 119; *Zuleeg* VVDStRL 53 (1994), S. 154, 165 ff.

VIII. Europäisches Verwaltungsrecht 78–82 **Einleitung**

Ergänzt werden diese Gebote durch das **Diskriminierungsverbot**,[192] nach dem die Anwendung des Gemeinschaftsrechts im Vergleich zu gleichartigem nationalen Recht ohne Diskriminierung erfolgen muss.[193]

Zudem werden insbes. auf Grund von Richtlinien in Erfüllung der Pflicht zur **Rechtsangleichung** nach Art. 94ff. EG (ähnlich Art. 100ff. EGV) allgemeines und besonderes **nationales Verwaltungsrecht** im Einzelfall **vereinheitlicht** (Rn. 91ff.). 78

Die dieser Entwicklung zugrunde liegenden **Leitgedanken** betreffen die Errichtung eines Gemeinsamen Marktes mit dem Ziel des Binnenmarktes auf der Grundlage der vier **Grundfreiheiten** des freien Waren-, Personen-, Dienstleistungs- und Kapitalverkehrs (Art. 23; 39; 43; 49; 56 Abs. 1 EG) durch eine einheitliche, ggf. auch nur kooperative Handels-, Währungs-, Agrar-, Verkehrs-, Energie- und Umweltpolitik sowie eine die Forschung und technologische Entwicklung betreffende Politik.[194] Die oft nur grenzüberschreitend zu lösenden Probleme werden die Förderung eines einheitlichen Verwaltungsverfahrensrechts bewirken (s. auch Rn. 91).[195] 79

Im Rahmen der durch den Amsterdamer Vertrag fortentwickelten[196] Titel V und VI EU mit Bestimmungen über die **Gemeinsame Außen- und Sicherheitspolitik (GASP)**, Art. 11ff. EU, und die **polizeiliche und justizielle Zusammenarbeit in Strafsachen (PJZS)**, Art. 29ff. EU, bleibt es bei normalen völkervertragsrechtlichen Bindungen, so dass unmittelbare Rechtswirkungen einschlägiger Rechtsakte ausscheiden. 80

b) **Allgemeine (Verwaltungs-)Rechtsgrundsätze des EG-Rechts** sind im direkten und im indirekten Vollzug, also auch von deutschen Behörden, (Rn. 69), zu beachten. Diese Grundsätze bilden sich zum Teil innerhalb des Systems des Primärrechts selbst,[197] zum Teil sind sie den Rechtsordnungen der Mitgliedstaaten gemeinsam (Art. 288 Abs. 2 EG), ergeben sich insbesondere aus den gemeinsamen Verfassungsüberlieferungen (Art. 6 Abs. 2 EUV); ihren Inhalt im Einzelnen stellt der *EuGH* durch wertenden Vergleich fest.[198] 81

Von besonderer Bedeutung ist namentlich ein gemeinsamer Standard von **Grundrechten**,[199] der mangels positiver Regelung (s. aber Rn. 86) in der **Judikatur des *EuGH*** entwickelt und zunehmend weiter entfaltet worden ist.[200] Mit Rücksicht auf diese Entwicklung verzichtet das *BVerfG* inzwischen auf die Überprüfung des Gemeinschaftsrechts bzw. darauf gestützter Rechtsakte deutscher Stellen am Maßstab der Grundrechte des Grundgesetzes, *solange* die Einhaltung des europäischen Standards vom *EuGH* überwacht wird;[201] dabei soll es genügen, wenn der jeweils als unabdingbar gebotene Grundrechtsschutz auf europarechtlicher Grundlage noch generell gewährleistet ist.[202] 82

---

[192] *EuGH*, verb. Rs. 205/82 bis 215/82, EuGHE 1983, 2633. Für die Bezeichnung als Äquivalenzprinzip *EuGH*, verb. Rs. C-392/04 und C-422/04, EuGHE 2006, 2266; *Gundel*, FS Götz, 2005, 191, 194 m. w. N.; zu einem weitergehenden Uniformitätsprinzip *Schroeder* AöR 2004, 3, 15 ff.

[193] Ausführliche Nachw. einschlägiger Judikatur insgesamt bei *Ruffert* in FS Krause, 2006, S. 215, 228 f.

[194] Im einzelnen *Behrens* EuR 1992, 145.

[195] § 35 Rn. 255 ff.; *Schmidt-Aßmann* DVBl 1993, 924, 934; *ders.* EuR 1996, 270, 293 ff.

[196] Vgl. etwa *Hilf/Pache* NJW 1998, 705, 707 f., 709 f.

[197] Diesen Aspekt betont *Hobe*, Rn. 136.

[198] Vgl. allgemein etwa *Oppermann*, Rn. 482 ff.; *Ehlers* in Erichsen, § 3; zu Unterschieden in den Rechtsordnungen der Mitgliedstaaten bei einzelnen Punkten s. *Everling* NVwZ 1987, 1, 2 ff.; *Schwarze* (Hrsg.); *ders.* NJW 1986, 1067.

[199] Dazu *Stern*, Staatsrecht III/1, S. 268 ff., 292 ff.; *Oppermann*, Rn. 489 ff.; *Geiger*, Art. 220 Rn. 32 ff.; *Borchardt* in Lenz, EG-Vertrag, Art. 220 Rn. 30 ff.; *Kingreen* in Callies/Ruffert, Art. 6 Rn. 93 ff.; Entschließung und Erklärung des Europäischen Parlaments über Grundrechte und Grundfreiheiten vom 12. 4. 1989, abgedr. NVwZ 1991, 759; *Pernice* NJW 1990, 2409; *Ress/Ukrow* EuZW 1990, 499; *Hilf* EuR 1991, 19; *Rengeling* Grundrechtsschutz in der Europäischen Gemeinschaft, 1993; *Zuleeg* NJW 1994, 545, 546; *Chwolik-Lanfermann*, Grundrechtsschutz in der Europäischen Union, 1994; *Notthoff* RIW 1995, 541; *Kokott* AöR 1996, 600; *Kugelmann*, Grundrechte in Europa, 1997; *Ritgen* ZRP 2000, 371; *Kingreen* JuS 2000, 857.

[200] Dazu allgemein etwa *Bleckmann/Pieper* in Dauses, B I 4 Rn. 60 ff.; *Pernice* in Grabitz/Hilf, Art. 164 Rn. 42 ff.; zur Rechtsprechung des *EuGH* im Überblick *Gornig/Trüe* JZ 2000, 501, 505 ff.

[201] Zur Entwicklung der Judikatur des *BVerfG* s. BVerfGE 37, 271, 277 – Solange I –; BVerfGE 73, 339, 375 f. – Solange II –; nicht ganz eindeutig BVerfGE 89, 155 – Maastricht –; ferner BVerwGE 85, 24, 29 f.; *Stern*, Staatsrecht I, S. 544 f.; *Kasten* DÖV 1985, 570, 572; *Everling* NVwZ 1987, 1, 8, 9; *Streinz*, Bundesverfassungsgericht und europäisches Gemeinschaftsrecht, 1989; *Scholz* NJW 1990, 941; *Pernice* NJW 1990, 2409; *Ehlers* DVBl 1991, 605, 606; *Schilling* EuZW 1991, 310; *Langguth* EuZW 1991, 393; *Pernice/Kadelbach* DVBl 1996, 1100, 1110 f., *Hirsch* NJW 1996, 2457; *Zuck/Lenz* NJW 1997, 1193, 1194 ff.; *Burgi*, S. 25 ff.; *Schmidt-Aßmann* in Schoch u. a., Einl Rn. 100 ff., jeweils m. w. N.

[202] So klarstellend BVerfGE 102, 147 (161 ff.).

Einleitung 83–85

83   Im Vordergrund der einschlägigen Judikatur der Gemeinschaftsgerichte stehen vor allem **wirtschaftlich relevante Grundrechte** wie die Berufsfreiheit mit den Rechten auf freie Berufswahl[203] und Berufsausübung[204] sowie das Eigentumsgrundrecht[205]. Ferner ist im Bereich der Wirtschaftsfreiheiten eine Anerkennung der Freiheit des Handels[206] sowie der allgemeinen Wirtschaftsfreiheit[207] zu verzeichnen.

84   Aber auch über den spezifisch wirtschaftlichen Lebensbereich hinaus sind inzwischen **zahlreiche weitere Grundrechte** in der Rechtsprechung anerkannt worden, wie namentlich Vereinigungsfreiheit,[208] Meinungsfreiheit,[209] Informationsfreiheit einschließlich des Schutzes spezifischer Bereiche, wie Buchhandel,[210] Presse,[211] Rundfunk,[212] Recht auf Ehe und Familie,[213] Schutz der Privat- und Individualsphäre,[214] Religionsfreiheit,[215] allgemeine Handlungsfreiheit,[216] Recht auf Leben und körperliche Unversehrtheit,[217] Achtung der Wohnung,[218] Freizügigkeit,[219] Versammlungsfreiheit.[220]

85   Der allgemeine **Gleichheits(grund)satz**, über die ausdrücklichen Diskriminierungsverbote des EG-Vertrags hinausreichend, wurde frühzeitig in den 60er Jahren vom *EuGH* angesprochen[221] und zählt zu den Grundprinzipien des Gemeinschaftsrechts.[222] Eine besonders prominente Rolle spielt wegen der vertraglichen Verankerung in Art. 141 EG die Gleichberechtigung der Geschlechter.[223]

---

[203] *EuGH*, Rs. 116/82, EuGHE 1986, 2519 Rn. 27.
[204] *EuGH*, Rs. 234/85, EuGHE 1986, 2897 Rn. 14; Rs. 133 bis 136/85, EuGHE 1987, 2289 Rn. 22; Rs. 265/87, EuGHE 1989, 2237, 2267 Rn. 15; aus neuerer Zeit Rs. C-415/93, EuGHE 1995, I-4921 Rn. 94; verb. Rs. C-248/95 und C-249/95, EuGHE 1997, I-4475 Rn. 71 ff.; insgesamt etwa *Wunderlich*, Das Grundrecht der Berufsfreiheit im Europäischen Gemeinschaftsrecht, 2000; *Blanke* in: Tettinger/Stern, Grundrechte-Charta, 2006, Art. 15 Rn. 10 ff.
[205] *EuGH*, Rs. 4/73, EuGHE 1974, 491 Rn. 13; Rs. 74/74, EuGHE 1975, 533 Rn. 44; Rs. 44/79, EuGHE 1979, 3727 Rn. 14; verb. Rs. 41/121 und 796/79, EuGHE 1980, 1979 Rn. 22; aus neuerer Zeit Rs. C-347/03, EuGHE 2005, I-3785 Rn. 119 ff.; verb. Rs. C-154/04 und C-155/04, EuGHE 2005, I-6451 Rn. 126; dazu etwa *Jarass* NVwZ 2006,1089.
[206] *EuGH*, Rs. 11/70, EuGHE 1970, 1125 Rn. 3; Rs. 4/73; EuGHE1974, 491 Rn. 14; Rs. 240/83, EuGHE 1985, 531 Rn. 12.
[207] *EuGH*, verb. Rs. 63/84 und 147/84, EuGHE 1985, 2857 Rn. 13 f.; Rs. C-143/88 und C-92/89, EuGHE 1991, I-534 Rn. 72 ff.; Rs. C-359/89, EuGHE 1991, I-1693 Rn. 15 ff.
[208] *EuGH*, Rs. 175/73, EuGHE 1974, 917 Rn. 14/16; Rs. C-415/93, EuGHE 1995, I-4921 Rn. 79 f. –.
[209] *EuGH*, Rs. 43 und 63/82 EuGHE 1984, 19 Rn. 34; Rs. 352/85, EuGHE 1988, 2124 Rn. 40; Rs. C-100/88, EuGHE 1989, 4304 Rn. 16; Rs. C-260/89, EuGHE 1991, I-2951 Rn. 41 ff.; Rs. C-EuGHE 1991, 4088 Rn. 30; EuGHE 1991, I-4035 Rn. 23; Rs. C-159/90, EuGHE 1991, I-4685 Rn. 30 ff.; Rs. C-159/90, EuGHE 1991, I-4733; Rs. C-219/91, EuGHE 1992, I-5502 Rn. 35 ff.; Rs. C-23/93, EuGHE 1994, I-4824 Rn. 23; Rs. C-368/95, EuGHE 1997, I-3709 Rn. 18, 25 f.
[210] *EuGH*, verb. Rs. 43/82 und 63/82, EuGHE 1984, 19 Rn. 34.
[211] *EuGH*, Rs. 100/88; EuGHE 1989, 4304 Rn. 16.
[212] *EuGH*, Rs. 260/89, EuGHE 1991, I-2951 Rn. 44 .
[213] *EuGH*, Rs. 261/83, EuGHE 1984, 3199 ff.; Rs. 267/83, EuGHE 1985, 567 ff.; Rs. 131/85, EuGHE 1986, 1573 ff.; Rs. 249/86, EuGHE 1989, 1263 ff.; ausführlich *Tettinger/Geerlings* EuR 2005, 411 ff.
[214] *EuGH* Rs. 1982, 1575 Rn. 18 ff. – AM&S/Kommission –; EuGHE 1989, 2859 Rn. 17 – Hoechst/Kommission –; EuGHE 1989, 3181 Rn. 14 ff. – Dow Chemical Iberia/Koch –; EuGHE I 1992, 2575 Rn. 23 – Kommission/Deutschland –; *EuGHE* I 1994, 4737 Rn. 17 – Aidstest –; EuGHE I 1994, 5173 Rn. 29 ff.; *EuGH* DVBl 2003, 185.
[215] *EuGH*, Rs. C-130/75, EuGHE 1976, 1589 Rn. 10/11.
[216] *EuGH*, Rs. 247/85, EuGHE 1987, 2334 Rn. 15.
[217] Dazu hat sich der *EuGH* nur indirekt und ohne ausdrückliche Anerkennung geäußert in EuGHE 1989, 216 Rn. 10, 14 ff. – Cowan –; EuGHE 1992, I-2601 Rn. 10 – Kommission/Bundesrepublik Deutschland –.
[218] *EuGH*, Slg. 2002, I-9039 Rn. 29 – Roquettes Frères –, wonach nunmehr auch Geschäftsräume geschützt werden, vgl. *Tettinger* in Tettinger/Stern, Grundrechte-Charta, Art. 7 Rn. 38 f. m. w. N.
[219] Durch Art. 18 EG, vgl. EuGH, Rs. C-413/99, EuGHE 2002, I-7091 = EuZW 2002, 765 Rn. 84; *Pernice* in Dreier, Art. 11 Rn. 5.
[220] *EuGH*, Rs. C-235/92 P, EuGHE 1999, I-4539 Rn. 137 – Montecatini; *Sachs*, in: Stern, Staatsrecht, Bd. IV/1, S. 1190 m. w. N.; abw. *Rixen* in Tettinger/Stern, Grundrechte-Charta, Art. 12 Rn. 2.
[221] EuGH, verb. Rs. 17/61 und 20/61, EuGHE 1962, 653, 692 f.; aus neuerer Zeit etwa *EuGH*, Rs. C-292/97, EuGHE 2000, I-2737 = EuGRZ 2000, 524.
[222] *EuGH*, Rs. 117/76, EuGHE 1977, 1753 Rn. 7; Rs. 59/83, EuGHE 1984, 4057 Rn. 19; Rs. 201/85, EuGHE 1986, 3477 Rn. 9; Rs. C-403/98, EuGHE 1994, I-103 Rn. 43 ff.; Rs. C-13/94, EuGHE 1996, I-2143 Rn. 18 ff.
[223] Dazu etwa *Langenfeld*, Die Gleichbehandlung von Mann und Frau im Europäischen Gemeinschaftsrecht, 1990; *Waas* EuR 1994, 97; *Kokott* NJW 1995, 1049; *Oetker/Preis* (Hrsg.), Recht der Gleichbehand-

VIII. Europäisches Verwaltungsrecht 86–89 **Einleitung**

Von großer Bedeutung für die Gemeinschaftsgrundrechte ist auch die **Europäische Men-** 86
schenrechtskonvention und ihre Überwachung durch den *EGMR*. Ein Beitritt der EG zur
EMRK ist jedoch wohl nicht ohne weiteres möglich[224] und zur Gewährleistung umfassenden
Grundrechtsschutzes allein wohl auch keine hinreichende Alternative.[225] Die Verzahnung dieser
Rechtsbereiche wird inzwischen durch Art. 6 Abs. 2 EU ausdrücklich ausgesprochen.[226]

Jedenfalls ist inzwischen die **Charta der Grundrechte der EU**[227] verabschiedet, deren zu- 87
künftige Bedeutung als Teil des EVV oder auch unabhängig davon[228] abzuwarten bleibt. Die
Charta soll nach ihrem Art. 51 Abs. 1 für die Organe und Einrichtungen der EU und für die
Mitgliedstaaten ausschließlich bei der Durchführung des Rechts der Union im Rahmen der
jeweiligen Zuständigkeiten gelten; damit umfasst ihr Anwendungsbereich den direkten und den
indirekten Vollzug des Gemeinschaftsrechts.

Von spezifischer Bedeutung für das VwVf ist vor allem das in Art. 41 der Grundrechte-Charta 88
vorgesehene **„Recht auf eine gute Verwaltung"** (§ 1 Rn. 37f.), das in vielem an bereits
anerkannte allgemeine Rechtsgrundsätze (Rn. 89) anknüpft. Danach hat jede Person[229] ein
Recht darauf, dass ihre Angelegenheiten von den Organen und Einrichtungen der Union unparteiisch, gerecht und innerhalb einer angemessenen Frist behandelt werden. Dieses Recht
umfasst nach Abs. 2 insbes. die vorherige Anhörung, den Aktenzugang und die Begründung der
Entscheidungen. Als Jedermann-Rechte garantiert sind auch ein Anspruch auf Schadensersatz
wegen Amtstätigkeit der Gemeinschaftsorgane oder -bediensteten (Abs. 3) und das Recht, sich
in einer Vertragssprache an die Unionsorgane zu wenden und eine entsprechende Antwort zu
erhalten (Abs. 4). Für EU-Bürger und alle Personen mit Wohnsitz oder satzungsmäßigem Sitz in
einem Mitgliedstaat sieht Art. 42 ferner das Recht auf **Zugang zu den Dokumenten** der
EU-Organe vor. Hervorzuheben ist zudem das jeder Person garantierte Recht auf einen **wirksamen Rechtsschutz nach fairen Maßstäben,** einschließlich eines Anspruchs Bedürftiger
auf Prozesskostenhilfe, Art. 47.

Zu den auf Grund ihrer sachlichen Nähe zur Frage des Grundrechtsschutzes teilweise in die 89
Grundrechte-Charta übernommenen allgemeinen Rechtsgrundsätzen des Gemeinschaftsrechts
zählen vor allem grundlegende **Prinzipien der Rechtsstaatlichkeit,**[230] wie
– der Grundsatz der Gesetzmäßigkeit der Verwaltung, durch Bindung an das primäre und sekundäre Gemeinschaftsrecht (Rn. 70ff.),
– der Grundsatz der Rechtssicherheit[231] (s. auch § 43 Rn. 26, § 53 Rn. 52),
– der damit eng verbundene Grundsatz des Vertrauensschutzes, insbes. bei Rücknahme
 und Widerruf.[232] Zur Rückforderung gemeinschaftsrechtswidriger Beihilfen näher § 48
 Rn. 19ff.,

---

lung von Frauen und Männern in der EG, 1996; *Trautwein* JA 1996, 192; *Suhr* EuGRZ 1998, 121; zur Frau-
enquotenproblematik s. ferner § 40 Rn. 110.
[224] *EuGH*, Rs. 2/94, EuGHE 1996, I-1759 Rn. 23 ff.
[225] S. nur *Losch/Radau* ZRP 2000, 84, 86; *Magiera* DÖV 2000, 1017, 1019 jeweils m. w. N.
[226] Dazu *Kokott* AöR 1996, 600, 602f., 634 ff.
[227] Vgl. ABlEG C 364 v. 18. 12. 2000, S. 1, abgedr. etwa in Sartorius II, Nr. 146. Dazu allgemein etwa
Breitemoser/Riemer/Seitz, Praxis des Europarechts – Grundrechtsschutz, 2006; *Jarass*, EU-Grundrechte, 2005;
Meyer, Grundrechte-Charta, 2. Aufl. 2006; *Tettinger/Stern*, Grundrechte-Charta, 2006; dort jeweils w. N.
auch zu den Einzelgrundrechten.
[228] Vgl. für Bezugnahmen auf die Charta bereits *EuGH*, Rs. T-54/99, EuGHE 2002, II-313 Rn. 48, 57;
Rs. T-112/98, EuGHE 2001, II-729 ff.; Rs. T-177/01, EuGHE 2002, II-2365 Rn. 42, 47; verb. Rs. 377/00
u. a., EuGHE 2003, II-1 Rn. 122; Rs. T-223/00, EuGHE 2003, II-2553; Rs. 242/02, EuGHE 2005,
II-2793.
[229] Trotz der Stellung in Kapitel V „Bürgerrechte" nicht nur die Unionsbürger, vgl. *Galetta/Gzreszick* in
Tettinger/Stern, Art. 41 Rn. 23.
[230] *Geiger*, Art. 220 Rn. 25 ff.; *Kokott* AöR 1996, 600, 616 ff.; *v. Danwitz*, S. 163 ff.; *Haibach* NVwZ 1998,
456; *Kadelbach*, S. 108 ff. (auch zu den weitergehenden Prinzipien); *Gornig/Trüe* JZ 2000, 395, 403 ff.; 446 ff.,
501 ff.; *Schilling* EuGRZ 2000, 3.
[231] *EuGH*, Rs. C-88/99, EuGHE 2000, I-10465 Rn. 22 = NJW 2001, 741, 742; 2003, 2663, 2665;
Rs. C-453/00, EuGHE 2004, I-837 Rn. 24; zur älteren Judikatur *Gornig/Trüe* JZ 2000, 501, 502 ff.
[232] Z. B. *EuGH*, Rs. 22/94, EuGHE 1997, I-1809 Rn. 25 m. w. N.; *BVerwGE* 74, 357, 360 f.; 95, 213,
224, 225; eingehend zum Vertrauensschutz *Borchardt*, Der Grundsatz des Vertrauensschutzes im Europäischen Gemeinschaftsrecht, 1988; s. ferner *Gilsdorf* RIW 1983, 22; *Rengeling* DVBl 1984, 33; *Borchardt*,
EuGRZ 1988, 309; *Grabitz* NJW 1989, 1776, 1780; *Triantafyllou* NVwZ 1992, 436; *Kokott* DVBl 1993, 1235;
dies. AöR 1996, 600, 626 ff.; *Hanf* ZaöRV 1999, 51; *Meesenburg*, Das Vertrauensschutzprinzip im europäischen Finanzverwaltungsrecht, 1998; *Gornig/Trüe* JZ 2000, 503 f.

Einleitung 90, 91   Einleitung

- die Grundsätze der Einzelermächtigung und der Subsidiarität (Art. 5 EG),[233]
- der Bestimmtheitsgrundsatz,[234]
- der Gleichheitsgrundsatz,[235]
- das Verhältnismäßigkeitsprinzip (s. auch im Zusammenhang mit dem kompetenzbezogenen Subsidiaritätsprinzip Art. 5 Abs. 3 EG),[236]
- das Fairnessgebot und der Grundsatz der Waffengleichheit (§ 9 Rn. 59 ff.),[237]
- die Pflicht des zuständigen Organs zur sorgfältigen und unparteiischen Untersuchung aller relevanten Gesichtspunkte,
- die Pflichten zu Anhörung[238] und Gewährung von Akteneinsicht,[239]
- die Pflicht zur Begründung von Verordnungen, Richtlinien und Entscheidungen (Art. 253 EG) (§ 39 Rn. 121 ff.),[240]
- Möglichkeiten der Vertretung und Beratung,[241]
- der Grundsatz gerichtlicher Kontrolle,[242] (eingeschränkt) auch bei Ermessen und bei unbestimmten Rechtsbegriffen (§ 40 Rn. 7 ff.),
- der Anspruch auf Ersatz der Schäden aus der Ausübung der Amtstätigkeit von EU-Organen und -bediensteten[243] und durch mitgliedstaatliche Verletzungen des Gemeinschaftsrechts.[244]

90 Neben den zugunsten der betroffenen Personen ausgerichteten Grundsätzen werden dem Recht der EG auch **Beschleunigungs- und Effizienzgrundsätze** entnommen, die von den nationalen Organen der Gesetzgebung, der Exekutive und der Gerichtsbarkeit fordern sollen, das nationale Recht und seinen Vollzug zur Sicherung der Wettbewerbsfähigkeit der Wirtschaft diesen Grundsätzen anzupassen.[245]

91 **c) Verwaltungsrechtsanpassung im Einzelfall, insbes. durch Richtlinien:** Durch die unmittelbare Wirkung der **Verordnungen,** aber auch auf Grund der **Richtlinien** (Rn. 70) sowie unverbindlicher **Empfehlungen** wird in den einzelnen Rechtsbereichen (nicht nur) des **besonderen Verwaltungsrechts** und **Verwaltungsverfahrensrechts** eine allmähliche **Rechts-**

---

[233] Dazu *Möschel* NJW 1993, 3025.
[234] *EuGH*, verb. Rs. 46/87 und 227/88, EuGHE 1989, 2859 Rn. 19; *Alber* in Tettinger/Stern, Grundrechte-Charta, Art. 49 Rn. 6; *Streinz* in ders., EUV/EGV, Art. 49 GrCh Rn. 3.
[235] *EuGH*, Rs. C-13/94, EuGHE 1996, I-2143 = NJW 1996, 2421; *Kokott* AöR 1996, 600, 630 ff.
[236] St. Rspr., EuGH, verb. Rs. 41/79 u. a., EuGHE 1980, 1979, 1997; Rs. 265/87, EuGHE 1989, 2237, 2269; *Schiller* RIW/AWD 1983, 928; *Pache* NVwZ 1999, 1033; *Gornig/Trüe* JZ 2000, 446, 451, 501 f.; *Kischel* EuR 2000, 380; *Emmerich-Fritsche,* Der Grundsatz der Verhältnismäßigkeit als Direktive und Schranke der EG-Rechtsetzung, 2000; *Koch* Grundsatz der Verhältnismäßigkeit in der Rechtsprechung des Gerichtshofs der Europäischen Gemeinschaften 2003; s. auch Art. 52 Abs. 1 S. 2 Grundrechte-Charta.
[237] *Gassner* DVBl 1995, 16, 23; *Gornig/Trüe* JZ 2000, 395, 404 f.; zum Recht auf einen fairen Prozess *Pache* NVwZ 2001, 1342.
[238] *EuGH*, Rs. 136/79, EuGHE 1980, 2033; Rs. C-269/90, EuGHE 1991, I-5469 Rn. 14= NVwZ 1992, 358, 359; *Lenaerts* EuR 1997, 17, 26 ff.; *Gassner* DVBl 1995, 16, 17 ff.; *Classen* Verwaltung 1998, 307, 310 m. w. N. aus der Rspr.
[239] St. Rspr. des *EuGH* und des *EuG,* vgl. z. B. EuGH, verb. Rs. T-10/92 u. a., EuGHE 1992, II-2667 Rn. 39. S. ferner *Gassner* DVBl 1995, 16, 20 ff.; *Kokott* AöR 1996, 600, 619 f.; *Lenaerts* EuR 1997, 17, 31 ff.; *Classen* Verwaltung 1998, 307, 311; *Gornig/Trüe* JZ 2000, 395, 405. Wegen der Aufnahme in die Grundrechte-Charta s. Rn. 88.
[240] *EuGH*, Rs. 296 und 318/82 EuGHE 1985, 809 Rn. 19 ff. = NJW 1985, 2887, 2888; Rs. C-41/93 Rn. 34, EuGHE 1994, 1829 = NJW 1994, 3341; verb. Rs. 329/93 u. a., EuGHE 1996, 5151 Rn. 22 = NVwZ 1997, 475, 477; *Gassner* DVBl 1995, 16, 22 ff.; *Kokott* AöR 1996, 600, 621 f.; *Lenaerts* EuR 1997, 17, 45 ff.; *Classen* Verwaltung 1998, 307, 316 f. m. w. N.; *Gornig/Trüe* JZ 2000, 446, 452 m. w. N. aus der neueren Rspr.; *Müller-Ibold,* Die Begründungspflicht im europäischen und im deutschen Recht, 1990, S. 53 ff.
[241] *Gassner* DVBl 1995, 16, 22; *Classen* Verwaltung 1998, 307, 311 m. w. N. aus der Rspr.; s. jetzt auch Art. 47 Abs. 2 S. 2 Grundrechte-Charta.
[242] S. jetzt auch Art. 47 Grundrechte-Charta. Zum Rechtsschutz in angemessener Frist schon *EuGH*, Rs. C-185/95 P, EuGHE 1998, I-8417 Rn. 20 f., und dazu *Schlette* EuGRZ 1999, 369; *Alber* in Tettinger/Stern, Grundrechte-Charta, Art. 47 Rn. 69.
[243] Vgl. *EuGH*, Rs. 4/69, EuGHE 1971, 337; Rs. 26/81 EuGHE 1982, 3057; *Weis* JZ 1980, 480; *v. Bogdandy* in Grabitz/Hilf, Art. 215 Rn. 25 ff.; jetzt auch Art. 41 Abs. 3 Grundrechte-Charta.
[244] *EuGH*, verb. Rs. C-6/90 und C-9/90, EuGHE 1991, I-5357; Rs. C-46 und C-48/93, EuGHE, 1996, I-1029; hierzu etwa *J. Geiger,* Der gemeinschaftsrechtliche Grundsatz der Staatshaftung, 1997; *Folz* in FS Seidl-Hohenveldern, 1998, S. 175; *Gromitsaris* SächsVBl 2001, 157; *Weber* NVwZ 2001, 287; *Kluth* DVBl 2004, 393; *Geiger,* EUV/EGV, Art. 10 Rn. 46 ff.; auch § 1 Rn. 227.
[245] Z. B. für § 48 VwVfG *EuGH*, Rs. C-24/95, EuGHE 1997, 1591 = DVBl 1997, 951; allgemein *Kokott* AöR 1996, 600, 622 f.; eingehend *BMWi,* Investitionsförderung, S. 87 ff.

VIII. Europäisches Verwaltungsrecht 92, 93 **Einleitung**

angleichung (Art. 94 f. EG) bewirkt. Wegen der schon über die allgemeinen Rechtsgrundsätze (Rn. 81) in das Europarecht hineinwirkenden Bedeutung der verschiedenen nationalen Rechtsordnungen ist damit zu rechnen, dass dabei jedenfalls teilweise, ggf. schon aus Sprachgründen, von einem anderen Rechtssystem ausgegangen wird[246] bzw. dass sich ein deutscher Standard (sonst) gegenüber Standards anderer Staaten nicht durchsetzen kann.[247] Das deutsche Verwaltungs-(verfahrens)recht muss sich dieser europäischen Entwicklung stellen.[248] Bislang hat der deutsche Verwaltungsvollzug durchaus Probleme, die europäischen Anforderungen zu erfüllen.[249]

Bei der **Umsetzung von Richtlinien** haben die Mitgliedstaaten, d. h. alle Träger öffentlicher Gewalt in den Mitgliedstaaten einschließlich der Gerichte, gem. Art. 249 Abs. 3 EG die Pflicht, bei freier Wahl von Form und Mittel zur Erreichung des vorgeschriebenen Zieles erforderliche allgemeine und besondere Maßnahmen zu treffen.[250] Wird das nationale Recht den Richtlinien angepasst, gilt für den Vollzug der nationale Text (zu den Problemen dabei Rn. 91; § 1 Rn. 93; § 23 Rn. 74 ff.).[251] Umgesetzt werden muss die Richtlinie durch eine zwingende Vorschrift von unzweifelhafter Verbindlichkeit, Verwaltungsvorschriften reichen dazu jedenfalls grundsätzlich mangels Außenwirkung nicht aus.[252] Auch ist es nicht zulässig, durch eine Übergangsvorschrift die Umsetzungspflicht zu unterlaufen.[253] Vor Ablauf einer in der Richtlinie bestimmten Umsetzungsfrist können aus ihr aber keine Rechte hergeleitet werden.[254] 92

Soweit die **Richtlinie (noch) nicht umgesetzt** worden ist, wirkt sie sich in der Regel noch nicht auf das Verwaltungshandeln im Verhältnis Mitgliedstaat – Bürger aus, kann aber eine Pflicht zur richtlinienkonformen Auslegung des nationalen Rechts begründen.[255] Auch kann sich der Bürger vor Gericht darauf berufen, dass der Mitgliedstaat Maßnahmen zur Erreichung 93

---

[246] Vgl. insgesamt die Beiträge in *Schwarze,* Hrsg.; *Emmert* BayVBl 1997, Heft 1, Beiheft VI; zu Problemen der Verwaltungskooperation in der EG *Schmidt-Aßmann* EuR 1996, 270. Ferner etwa zur Rechtsquellenlehre nach französischem Vorbild *Sonnenberger* in FS Lerche, 1993, S. 545; zum Verständnis des italienischen Verfahrensrechts *Masucci* AöR 1996, 261; Rn. 141; zu einem am romanischen Recht orientierten Verständnis einer eingeschränkten materiellen Rechtskraft, der faktischen Betroffenheit und des subjektiv öffentlichen Rechts mit Konsequenzen für die Behandlung von Verfahrensfehlern z. B. *v. Danwitz* NJW 1993, 1108; *Classen* NJW 1995, 2457; *Kahl* NVwZ 1996, 865; *Ladeur* UPR 1996, 419; *Pernice/Kadelbach* DVBl 1996, 1100, 1108; *Schneider* DVBl 1996, 1301; *Redeker* NJW 1997, 373, 374.
[247] S. z. B. Eingriff in die Bestands- und Rechtskraft deutscher VAe und Gerichtsurteile, wenn eine Richtlinie nicht umgesetzt wird, dazu *Stadie* NVwZ 1994, 435; zum Rechtsschutz und zur gerichtlichen Kontrolldichte in verschiedenen Staaten s. Nachweise zu Rn. 141; zum vorläufigen Rechtsschutz, zur Aussetzung der Vollziehung und zum Regel-Ausnahmeverhältnis des § 80 Abs. 1 VwGO *EuGH* NVwZ 1991, 460 m. Anm. *Gornig* JZ 1992, 93; *Brinker* NJW 1996, 1333 = EuZW 1995, 837 m. Anm. *Burmeister, Miersch; EuGH* NJW 1997, 1225, 1227; *OVG Münster* NJW 1996, 3291; *Classen* NJW 1995, 2457; *Haibach* ZRP 1996, 173; *Brinker* NJW 1996, 2851; *Ehlers/Pünder* EuR 1997, 74; *Schoch und P. Stelkens* in Schoch u. a., Vorb § 80 Rn. 16 ff., § 80 Rn. 19, 267 ff. und § 1 Rn. 50; zum Vertrauensschutz und anderen Verfahrensgrundsätzen Rn. 81.
[248] S. z. B. *Ziekow* in Pitschas/Kisa (Hrsg.), Internationalisierung von Staat und Verfassung im Spiegel des deutschen und japanischen Staats- und Verwaltungsrechts, 2002, S. 187, 203 ff.; zum transnationalen VA § 35 Rn. 255 ff.
[249] Vgl. *Lübbe-Wolff* (Hrsg.), Der Vollzug des europäischen Umweltrechts, 1996.
[250] *EuGH,* Rs C-72/95, EuGHE 1996, I-5403, Rn. 55 = NVwZ 1997, 473, 475; Rs. C-32/05, Rn. 32 ff., DVBl 2007, 374 f.
[251] Vgl. *Leonhardt* in König/von Oertzen/Wagener, S. 405.
[252] *EuGH,* Rs. C-361/88, EuGHE 1991, 2567 Rn. 20 = NVwZ 1991, 866, 867 f.; Rs. C-58/89, EuGHE 1991, 5019 = NVWZ 1992, 459, 460; dazu etwa *Gellermann,* Beeinflussung des bundesdeutschen Rechts durch Richtlinien der EG, 1995, insbes. S. 30 ff.; 36 ff.; 57 ff.; *Ruffert,* Subjektive Rechte im Umweltrecht der Europäischen Gemeinschaft, 1996, S. 72 ff., 146 ff.; *v. Danwitz* NWVBl 1997, 7; *Renke,* EG-Richtlinien und verwaltungsrechtlicher Rechtsschutz, 1998; *Doerfert* JA 1999, 949, 951 f.; *Hoppe* in Ipsen/Stüer, Öffentliche Verwaltung in Europa, 1999, S. 5 ff.; *Giesberts/Hilf* UPR 1999, 168 ff.; *Breuer* in ders., Regelungsmaß und Steuerungskraft des Umweltrechts, 2000, S. 27, 35 ff.; *Uerpmann* BayVBl 2000, 705, 710 f.; auch die Beiträge in *Hohloch* (Hrsg.), Richtlinien der EU und ihre Umsetzung in Deutschland und Frankreich, 2001; anders *Sauerland,* Die Verwaltungsvorschrift im System der Rechtsquellen, 2005, S. 481 ff.
[253] *EuGH,* Rs. C-396/92, EuGHE 1994, 3717 Rn. 17 = NVwZ 1994, 1093. Ist die Übergangsvorschrift nichtig, greift *BVerwG* NVwZ 1996, 788, auf die Richtlinie zurück, sofern die Voraussetzungen nach Rn. 94 vorliegen.
[254] *BVerwG* NVwZ 1992, 1093.
[255] *EuGH,* Rs. C-72/95, EuGHE 1996, I-5403 = EuZW 1997, 318; Rs. C-212/04, EuGH *(GK)* NJW 2006, 2465, LS 4; s. auch *Oppermann,* Rn. 550 ff.; erweiternd *Hatje,* S. 71 ff.; *Kadelbach,* S. 95 ff.; *Claßen,* Nichtumsetzung von Gemeinschaftsrichtlinien, 1999; *Ehricke* ZIP 2001, 1311; *Schliesky* DVBl 2003, 631; *Gronen,* Die „Vorwirkung" von EG-Richtlinien, 2006; zu Fragen einer Verfassungsbeschwerde *Schneider* AöR 1994, 294. Zur gemeinschaftsrechtskonformen Auslegung schon Rn. 71.

des Ziels der Richtlinie entgegen Art. 249 Abs. 3 EG nicht getroffen hat.[256] Wird eine Umsetzung versäumt, kann der Mitgliedstaat verschuldensunabhängig dem Bürger gegenüber **schadensersatzpflichtig** werden.[257]

94 Im **Ausnahmefall** kann eine **unmittelbare Außenwirkung** der Richtlinie angenommen werden, wenn sie genügend konkretisiert, also klar, eindeutig, unbedingt und keines Ausführungsaktes bedürftig ist[258] und der Mitgliedstaat die vollständige oder teilweise Umsetzung innerhalb der vorgesehenen Frist versäumt.[259] Auch eine unmittelbar wirksame Richtlinie wirkt nur zugunsten der Bürger, sie kann daher für den Einzelnen nur Rechte, aber keine Pflichten begründen.[260] Bei Anwendung einer solchen Richtlinie muss berücksichtigt werden, dass ihre Merkmale einen gegenüber den deutschen Rechtsbegriffen unterschiedlichen Begriffsinhalt haben können (Rn. 91 f.). Soweit Spielräume bleiben, werden Ansprüche nur im der Umsetzung zwingend vorgegebenen Umfang begründet.[261]

2. Verwaltungsrecht durch Regelungen des Europarates

95 a) **Menschenrechtsschutz durch Verfahren:** Auf die Entwicklung zu einem Europäischen Verwaltungsrecht wirken sich ferner die Regelungen des Europarats aus,[262] vor allem die **Konventionen**,[263] wie die EMRK (Rn. 96), die **europäische Sozialcharta**,[264] das **Europäische Niederlassungsabkommen**[265] und z. B. die **Datenschutzkonvention**[266] oder die Übereinkommen über **Rechts- und Amtshilfe** (§ 4 Rn. 23).[267]

96 Die **Konvention zum Schutz der Menschenrechte** und Grundfreiheiten (EMRK) (§ 1 Rn. 93)[268] ist in Deutschland unmittelbar geltendes Recht; sie muss im Licht ihres besonderen Charakters als ein völkerrechtlicher Vertrag zum Schutz der Menschen ausgelegt werden; dabei sind ihre Bestimmungen so zu deuten, dass sie konkret anwendbar und wirksam sind.[269] Über Art. 6 Abs. 2 EU haben diese Rechte Eingang in das Europarecht der EU gefunden,[270] wo sie auch für die Bedeutung der Grundrechte-Charta mitbestimmend sind (Rn. 87).[271]

97 Auswirkungen der Menschenrechte auf die Gestaltung des **VwVf** zeigen sich insbes. in folgenden Elementen:

---

[256] *EuGH*, Rs. C-72/95, EuGHE 1996, I-5403 = NVwZ 1997, 473, 475; vgl. zum Problembereich ausführlich *Renke*, EG-Richtlinien und verwaltungsgerichtlicher Rechtsschutz, 1998.
[257] St. Rspr. *EuGH,* verb. Rs. C-6/90 und C-9/90, EuGHE 1991, I-5357 = NJW 1992, 165; Rs. C-334/92, EuGHE 1993, I-6911 = NJW 1994, 921; verb. Rs. C-178/94 u. a., EuGHE 1996, I-4845 = NJW 1996, 3141; dazu u. a. *Häde* BayVBl 1992, 449; *Ossenbühl* DVBl 1992, 493, 993; *Nettesheim* DÖV 1992, 999; *Pieper* NJW 1992, 2454; *Jarass* NJW 1994, 881; *S. Kopp* DÖV 1994, 201; *Folz* in FS Seidl-Hohenveldern, 1998, S. 175; auch für primäres Gemeinschaftsrecht *EuGH* NJW 1996, 1267, dazu *Böhm* JZ 1997, 53; *Meier* NVwZ 1996, 660; *v. Danwitz* DVBl 1997, 1.
[258] S. *EuGH*, Rs. 188/89, EuGHE 1990, I-3313 = NJW 1991, 3086; verb. Rs. C-6/90 und C-9/90, EuGHE 1991, I-5357 = NJW 1992, 165; Rs. C-236/92, EuGHE 1994, I-483 Rn. 8 ff. = NVwZ 1994, 885; BVerfGE 75, 223, 235 ff. = BVerfG NJW 1988, 1459, 1460; BVerfGE 85, 191, 203 ff. = BVerfG NJW 1992, 964; BVerwGE 100, 238, 240 ff. = BVerwG NVwZ 1996, 788; *Fischer* EuZW 1991, 557; *ders.* NVwZ 1992, 635; auch § 1 Rn. 221.
[259] Dazu *Bach* JZ 1990, 1108, 1113; *Winter* DVBl 1991, 657; *ders.* NuR 1991, 453 zum Rechtsschutz; ferner *Zuleeg* NJW 1993, 31, 35; *Haneklaus* DVBl 1993, 129; *Jarass* NJW 1991, 2665; *ders.* NJW 1990, 2420, 2423; *Ehlers* DVBl 1991, 605, 607; zur Staatshaftung in diesem Fall s. Rn. 93.
[260] *Bach* JZ 1990, 1108, 1115; *Oppermann*, Rn. 556; gegen eine Wirkung zwischen Privaten auch *EuGH* NJW 1996, 1401.
[261] VGH Kassel NVwZ 2007, 348.
[262] *Ehlers* DVBl 1991, 605; *Schmidt-Aßmann* in FS Lerche, 1993, S. 513, 515.
[263] Dazu *Oppermann*, Rn. 64 ff.; *Streinz*, Europarecht, Rn. 72.
[264] BGBl 1964 II 1261; 1965 II, 1122; *Oppermann*, Rn. 66 ff.
[265] BGBl 1959 II 997.
[266] BGBl 1985 II 539.
[267] Dazu *Jellinek* NVwZ 1982, 535.
[268] BGBl 1952 II 685. Dazu etwa *Oppermann*, Rn. 76 ff. Zur Neugestaltung des Überwachungsmechanismus Protokoll Nr. 11 vom 11. 5. 1994 (G v. 24. 7. 1995, BGBl II 578), dazu *Borchmann* NJW 1997, 101, 105 f.
[269] *EGMR* in st. Rspr., etwa NJW 1991, 3079, 3081 m. w. N.
[270] *Kokott* AöR 1996, 600, 602 f. Wegen des Verhältnisses der EMRK zum nationalen Recht s. *Lippold* NJW 1991, 2383, 2386 ff. m. w. N. Zur innerstaatlichen Verbindlichkeit auch der Entscheidungen des EGMR s. BVerfGE 111, 307 (315 ff.).
[271] *Grabenwarter* in Tettinger/Stern, Grundrechte-Charta, B III Rn. 3 ff.; *Pechstein* in Streinz, Art. 6 EUV Rn. 10 ff.

VIII. Europäisches Verwaltungsrecht 98–100 **Einleitung**

- Menschenrechtsschutz durch Verfahren (vgl. Grundrechtsschutz durch Verfahren, § 1 Rn. 45 ff.; § 9 Rn. 21 ff.),
- Willkürverbot auch bei Verfahrensermessen (vgl. § 9 Rn. 49 f.),
- Recht auf ein faires Verfahren (vgl. § 9 Rn. 44, 60 f.),
- Recht des Betroffenen auf vollständige Information, Anhörung und Berücksichtigung seiner Ansichten im Verfahren,
- angemessene Frist für Rechtsmittel,
- Verbot einer de-facto-Entscheidung durch zu lange Dauer des Verfahrens.[272]

b) Neben den erwähnten Abkommen sind im Rahmen des Europarats **Übereinkommen** **98** **zu einzelnen verfahrensrechtlichen Komplexen** getroffen worden wie das Europäische Übereinkommen vom 24. 11. 1977 über die **Zustellung** von Schriftstücken in Verwaltungssachen im Ausland (Dritter Teil, B II Nr. 1 und § 41 Rn. 218 f.) und das Europäische Übereinkommen vom 15. 3. 1978 **über die Erlangung von Auskünften und Beweisen** in Verwaltungssachen im Ausland (Dritter Teil B II Nr. 3).

c) Standards für ein Europäisches VwVf bilden im Übrigen **Entschließungen und Emp-** **99** **fehlungen des Europarats**[273] zu Einzelfragen des Verwaltungsverfahrensrechts, die im Sinne der Rechtsvereinheitlichung auf der Grundlage gemeinsamer Werte im Interesse des Schutzes der Individuen verabschiedet worden sind. Zur Herstellung eines **gemeinsamen Mindeststandards** in den Mitgliedstaaten wurde vom Ministerkomitee eine Entschließung über den Individualschutz im Verhältnis zu behördlichen Akten verabschiedet.[274] Hiernach soll das nationale Verwaltungsverfahrensrecht **fünf Grundsätze** beachten:
- Anspruch auf Gehör,
- Anspruch auf Akteneinsicht,
- Anspruch des Bürgers, sich im VwVf beraten und vertreten zu lassen,
- Pflicht zur Begründung von VAen (§ 39 Rn. 121 ff.),
- Pflicht zur Beifügung einer Rechtsbehelfsbelehrung (§ 37 Rn. 117 f.).

In der Folgezeit haben die Arbeiten des Europarates zu **weiteren Empfehlungen** mit Be- **100** deutung für Verwaltungsverfahren geführt;[275] dazu gehören namentlich:
- Empfehlung Nr. R (80) 2 vom 11. 3. 1980 über die Ermessensausübung durch Verwaltungsbehörden (§ 40 Rn. 3).[276]
- Empfehlung Nr. R (87) 16 vom 17. 9. 1987 über VwVf, die eine große Zahl von Personen betreffen.[277]
- Empfehlungen im Bereich des Datenschutzes, wie die Recommendation No. R (87) 15 regulating the use of personal data in the police sector vom 17. 9. 1987 oder die Recommendation No. R (91) 10 on the communication to third parties of personal data held by public bodies vom 9. 9. 1991.[278]
- Empfehlung zum einstweiligen Rechtsschutz (Recommendation No. R [89] 8 vom 13. 9. 1989, s. Dritter Teil B II Nr. 12).
- Empfehlung zu Verwaltungssanktionen (Recommendation No. R [91] 1 vom 13. 2. 1991, s. Dritter Teil B II Nr. 13).
- Empfehlung über die Vollstreckung von Verwaltungsentscheidungen und verwaltungsgerichtlichen Entscheidungen (Recommendation Nr. R [2003] 16 vom 9. 9. 2003, s. Dritter Teil B II Nr. 20).
- Empfehlung über die gerichtliche Kontrolle von Verwaltungsmaßnahmen (Recommendation No. R [2004] 20 vom 15. 12. 2004, s. Dritter Teil B II Nr. 21).

---

[272] Vgl. dazu eindrucksvoll *EGMR* NJW 1991, 2199. S. zur Bedeutung des Art. 6 EMRK für Gerichtsverfahren § 1 Rn. 73; zur Frage des grundgesetzlich verbürgten Rechtsschutzes in angemessener Zeit *BVerfG(K)* NJW 1992, 2472; *BayVGH* NJW 1991, 2895 m. w. N.; *Schmidt-Aßmann* und *P. Stelkens* in Schoch u. a., Einl Rn. 141 f., § 1 Rn. 10; *Sachs* in ders., GG, Art. 19 Rn. 144; *P. M. Huber* in v. Mangoldt/Klein/Starck, Art. 19 Rn. 483 ff. jeweils m. w. N.; für VwVf § 10 Rn. 5 f.; § 24 Rn. 75 f.
[273] Zu deren Verbindlichkeit vgl. *Wittinger* Der Europarat: Die Entwicklung seines Rechts und der „europäischen Verfassungswerte", 2005, S. 202 ff.
[274] Entschließung Nr. (77) 31 vom 28. 9. 1977 (s. Dritter Teil B II Nr. 7).
[275] Dazu kurz etwa *U. Stelkens* ZEUS 2004, 129, 133 ff.
[276] Dritter Teil B II Nr. 8; vgl. hierzu *Jellinek* ZRP 1981, 68; *ders.* NJW 1981, 2235.
[277] Deutsche Übersetzung NVwZ 1988, 708; zur englischen Fassung s. Dritter Teil B II Nr. 11.
[278] Vgl. auch *Wurst* JuS 1991, 448, 450; Dritter Teil B II Nr. 14.

101 d) **Auswirkungen auf die Mitgliedstaaten:** Vor allem die Entschließung Nr. (77) 31 vom 28. 9. 1977 (Rn. 99) war in der Folgezeit in verschiedenen Mitgliedstaaten des Europarats (Mit-) Anlass, entsprechende Verfahrensregeln zu treffen oder das Verfahren entsprechend zu gestalten.[279] Seit die **mittel- und osteuropäischer Staaten** Mitglieder im Europarat werden konnten, sind auch dort entsprechende Bemühungen unternommen worden.[280]

102 In der **Bundesrepublik Deutschland** bestand wegen des bereits erreichten verfahrensrechtlichen Standards keine Veranlassung, die gerade erlassenen VwVfGe zu ergänzen. Mit zunehmender Verdrängung bürgerfreundlicher Regelungen durch die Neufassung der §§ 45, 46 und durch Spezialgesetze besteht allerdings die Gefahr, dass die Summe der Abweichungen die im VwVfG niedergelegten Grundsätze zu Ausnahmen werden lassen, die den Entschließungen nicht mehr gerecht werden.[281]

IX. Sonstiges internationales Recht

103 Noch weniger ausgeprägt sind bislang verfahrensrechtliche Anforderungen aus dem vom Europarat unabhängigen Völkerrecht im Übrigen.[282] Für die Zukunft ist allerdings auch mit Impulsen aus diesem Bereich zu rechnen; namentlich betrifft dies die allerdings regional auf Europa begrenzte, durch EG-Richtlinie[283] aufgegriffene sog. **Aarhus-Konvention** (UN/ECE-Konvention über den Zugang zu Informationen, die Öffentlichkeitsbeteiligung an Entscheidungsverfahren und den Zugang zu Gerichten in Umweltangelegenheiten),[284] die inzwischen zu einem Gesetzesbeschluss geführt hat (Rn. 45).

104 Ferner ergeben sich Verfahrensanforderungen im Zusammenhang mit völkerrechtlichen **Vereinbarungen** über **materielle Fragen.** So folgt aus den **Genfer Flüchtlingskonvention,** dass es ein formalisiertes Verfahren zur Feststellung der Flüchtlingseigenschaft geben muss, auch wenn dessen Ausgestaltung im Einzelnen nicht vorgegeben ist.[285]

---

[279] Vgl. insgesamt etwa *Jekewitz* in Hill/Pitschas, Europäisches Verwaltungsverfahrensrecht, 2004, S. 13 ff. sowie ebda die verschiedenen Länderberichte zur Europäisierung des Verwaltungsverfahrensrechts; *Schwarze* EuGRZ 1993, 381; zu Spanien *Mir Puigpelat* DÖV 2006, 841 ff.

[280] Länderberichte Polen, Tschechien, Ungarn in Hill/Pitschas, Europäisches Verwaltungsverfahrensrecht, 2004; zur Bedeutung für die Aufnahme in den Europarat etwa *Wittinger*, Der Europarat: Die Entwicklung seines Rechts und der „europäischen Verfassungswerte", 2005 S. 404.

[281] Vgl. *Fikentscher* in FS Lerche, 1993, S. 893; *Pitschas* (Hrsg.), Rechtsberatung und Verwaltungsförderung in Mittel- und Osteuropa, 1994; *Herrnfeld,* Recht europäisch, Rechtsreform und Rechtsangleichung in den Visegrád-Staaten, 1995; *Galligan,* Administrative Law in Central and Eastern Europe: 1996–1998, 1999.

[282] Vgl. zusammenfassend *Ruffert*, GVwR I, § 17 Rn. 149 ff., insbes. Rn. 158 ff. zur WTO.

[283] Richtlinie 2003/35/EG vom 26. 5. 2003, ABl EU Nr. L 156, S. 17.

[284] BTags-Beschluss des Zustimmungsgesetzes vom 9. 11. 2006, Plen-Prot. 16/63, S. 6247; vorher Reg-Entw. BT-Drs 16/2497; ferner BT-Drs 16/2895, 16/3313; Text auch in ABl EU 2005 Nr. L 124, S. 4; NVwZ-Beilage III/2001, 5; dazu allg. etwa *Zschiesche* ZUR 2001, 177; *Epiney* ZUR 2003, 176; *v. Danwitz* NVwZ 2004, 272; *Walter* EuR 2005, 305; *Schmidt/Zschiesche/Rosenbaum,* Die naturschutzrechtliche Verbandsklage in Deutschland, 2004, S. 105 ff.; *Schmidt-Preuß* NVwZ 2005, 489, 494 ff.; *Ziekow* NVwZ 2005, 263, 265 ff.; *Ekardt/Pöhlmann* NVwZ 2005, 532 ff.; *Alleweldt* DÖV 2006, 621 ff.; *Ekardt* NVwZ 2006, 55 ff.; *Oestreich* Verwaltung 2006, 29 ff.; *Sachs* in GVwR II, § 32 Rn. 62.

[285] Zu den Auswirkungen auf die Drittstaatenregelung BVerfGE 94, 49, 91 f. S. auch die Verfahrensanforderungen der Richtlinie 5 der UNHCR-Richtlinien über anwendbare Kriterien und Standards betreffend die Haft von Asylsuchenden, abgedr. in NVwZ-Beilage I/7 2001, 73.

Verwaltungsverfahrensgesetz[1] (VwVfG)

i. d. F. der Bekanntmachung vom 23. Januar 2003
(BGBl I S. 102)

geänd. durch Art. 4 Abs. 8 KostenrechtsmodernisierungsG v. 5. 5. 2004 (BGBl I S. 718).

Teil I.
Anwendungsbereich, örtliche Zuständigkeit, elektronische Kommunikation, Amtshilfe

§ 1 Anwendungsbereich

(1) **Dieses Gesetz gilt für die öffentlich-rechtliche Verwaltungstätigkeit der Behörden**
1. des Bundes, der bundesunmittelbaren Körperschaften, Anstalten und Stiftungen des öffentlichen Rechts,
2. der Länder, der Gemeinden und Gemeindeverbände, der sonstigen der Aufsicht des Landes unterstehenden juristischen Personen des öffentlichen Rechts, wenn sie Bundesrecht im Auftrag des Bundes ausführen,

soweit nicht Rechtsvorschriften des Bundes inhaltsgleiche oder entgegenstehende Bestimmungen enthalten.

(2) ¹Dieses Gesetz gilt auch für die öffentlich-rechtliche Verwaltungstätigkeit der in Absatz 1 Nr. 2 bezeichneten Behörden, wenn die Länder Bundesrecht, das Gegenstände der ausschließlichen oder konkurrierenden Gesetzgebung des Bundes betrifft, als eigene Angelegenheit ausführen,

soweit nicht Rechtsvorschriften des Bundes inhaltsgleiche oder entgegenstehende Bestimmungen enthalten. ²Für die Ausführung von Bundesgesetzen, die nach Inkrafttreten dieses Gesetzes erlassen werden, gilt dies nur, soweit die Bundesgesetze mit Zustimmung des Bundesrates dieses Gesetz für anwendbar erklären.

(3) Für die Ausführung von Bundesrecht durch die Länder gilt dieses Gesetz nicht, soweit die öffentlich-rechtliche Verwaltungstätigkeit der Behörden landesrechtlich durch ein Verwaltungsverfahrensgesetz geregelt ist.

(4) Behörde im Sinne dieses Gesetzes ist jede Stelle, die Aufgaben der öffentlichen Verwaltung wahrnimmt.

Entstehungsgeschichte (im Einzelnen auch Einl Rn. 14 ff.): Der Bund-Länder-Ausschuss zur Erarbeitung des Musterentwurfs eines Verwaltungsverfahrensgesetzes hatte den Erlass gleich lautender Verwaltungsverfahrensgesetze für die öffentlich-rechtliche Verwaltungstätigkeit der Behörden des Bundes einerseits und der Länder und Gemeinden andererseits vorgeschlagen (vgl. Einl Rn. 17 ff.), § 1 der Bundesfassung des **Musterentwurfs** beschränkte demgemäß den Anwendungsbereich auf die heute unter Absatz 1 Nr. 1 genannten Behörden.

Mit der Erarbeitung des Referentenentwurfs im Bundesinnenministerium wurde die Konzeption paralleler Gesetze für Bund und Länder aufgegeben und zugleich das Prinzip der Subsidiarität des VwVfG eingeführt. Der Musterentwurf 68, der aus Stellungnahmen des Bund-Länder-Ausschusses zum Referentenwurf entstanden ist (vgl. Einl Rn. 29), vollzog diese grundsätzliche Änderung ebenfalls. § 1 **Musterentwurf 68** lautete daher:

---

[1] Zu den **landesrechtlichen Vorschriften** siehe die Übersicht im Dritten Teil dieses Kommentars (S. 2145 ff.) sowie bei den einzelnen Paragraphen.

§ 1

Teil I. Anwendungsbereich, örtliche Zuständigkeit, Amtshilfe

„*§ 1 Anwendungsbereich*

(1) Dieses Gesetz gilt für die öffentlich-rechtliche Verwaltungstätigkeit der Behörden
a) des Bundes, der bundesunmittelbaren Körperschaften,
Anstalten und Stiftungen des öffentlichen Rechts,
b) des Landes,
der Gemeinden und Gemeindeverbände, der sonstigen der Aufsicht des Landes unterstehenden juristischen Personen des öffentlichen Rechts, wenn sie das bei Inkrafttreten dieses Gesetzes bestehende Bundesrecht im Auftrag des Bundes ausführen,
soweit nicht Rechtsvorschriften des Bundes inhaltsgleiche oder entgegenstehende Bestimmungen enthalten.

(2) Teil III und IV des Gesetzes gelten auch für die öffentlich-rechtliche Verwaltungstätigkeit der Behörden des Landes, der Gemeinden und Gemeindeverbände, der sonstigen Aufsicht des Landes unterstehenden juristischen Personen des öffentlichen Rechts, wenn sie das bei Inkrafttreten dieses Gesetzes bestehende Bundesrecht als eigene Angelegenheit ausführen, soweit nicht Rechtsvorschriften des Bundes inhaltsgleiche oder entgegenstehende Bestimmungen enthalten.

(3) Dieses Gesetz gilt ferner für die öffentlich-rechtliche Verwaltungstätigkeit der in Absatz 1 bezeichneten Behörden, wenn es durch ein Gesetz des Bundes für anwendbar erklärt wird.

(4) Behörde im Sinne dieses Gesetzes ist jede Stelle, die Aufgaben der öffentlichen Verwaltung wahrnimmt."

Der **Entwurf 70** (Einl Rn. 32 ff.) übernahm die wenig befriedigende Vorschrift des Absatzes 2 Musterentwurf 68 über die teilweise Geltung des VwVfG in den Fällen, in denen die Länder, Gemeinden und Gemeindeverbände Bundesrechts als eigene Angelegenheit ausführen, nicht. Die Absätze 1 und 2 hatten vielmehr im Entwurf 70 bereits die Fassung, die Gesetz geworden ist. Absatz 3 erhielt folgende Fassung: „Dieses Gesetz gilt ferner für die öffentlich-rechtliche Verwaltungstätigkeit der in Absatz 1 Nr. 2 bezeichneten Behörden, soweit es durch Gesetz eines Landes für anwendbar erklärt wird." Absatz 4 Musterentwurf 68 wurde unverändert übernommen.

In seiner Stellungnahme zum Entwurf 70 forderte der Bundesrat, das Handeln der Behörden der Länder, Gemeinden und Gemeindeverbände im Auftrag des Bundes nicht in Absatz 1, sondern in Absatz 2 aufzuführen, da er auch auf dem Gebiet der Auftragsverwaltung eine „Vorratsgesetzgebung" für nicht verfassungsgemäß ansah. „Die(se) Abhängigkeit der Verfahrensvorschriften von der ihnen zugrunde liegenden materiellen Norm schließt es aus, daß bereits Verfahrensregelungen für künftige bundesrechtliche Vorschriften einbezogen werden. Dies muß auch für die Ausführung von Bundesrecht im Auftrag des Bundes berücksichtigt werden" (BT-Drs VI/1173, S. 83). Ferner schlug der Bundesrat die Streichung des Absatzes 3 vor, da dieser überflüssig und ohne normativen Gehalt sei.

Die Bundesregierung stimmte beiden Änderungsvorschlägen nicht zu. Zur Kompetenzfrage vertrat sie die Auffassung: „Da der Bund in allen nach Art. 85 GG zu vollziehenden Bundesgesetzen gleich lautende Verfahrensregeln treffen kann, muß es auch zulässig sein, das gleiche Ziel mit einer einheitlichen Verfahrensregelung zu erreichen, die auch für künftig zu erlassende Sachregelungen des Bundes gilt" (BT-Drs VI/1173, S. 89).

Im **Entwurf 73** (Einl Rn. 35 ff.) wurde der Absatz 3 des Entwurfs 70 gleichwohl gestrichen. Die Absätze 1, 2 und 4 (nunmehr 3) wurden unverändert übernommen.

Bei den Beratungen im Bundestag setzte sich – im Gegensatz zur vorhergehenden Legislaturperiode – ein Antrag Bayerns durch, Absatz 1 Nr. 2 und Absatz 2 Entwurf 73 zu streichen, den Anwendungsbereich des VwVfG also auf die Behörden des Bundes, der bundesunmittelbaren Körperschaften, Anstalten und Stiftungen des öffentlichen Rechts zu beschränken.

Der Bundesrat argumentierte diesmal nicht verfassungsrechtlich, sondern verwaltungspolitisch: „Soweit Bundesrecht von den Ländern im Auftrag des Bundes oder als eigene Angelegenheit ausgeführt wird, wäre das Verfahrensrecht des im Entwurf vorliegenden Gesetzes zugrunde zu legen, während dagegen für die auf Grund der gleichen Bundesgesetze ergangene Verordnungen des Landes Landesverfassungsrecht gälte. Für Bundesrahmenrecht und Landesrecht wäre das Landesverfassungsrecht anwendbar. Da häufig innerhalb eines Verfahrensganges Bundesrecht und Landesrecht oder Bundesrahmenrecht und sonstiges Bundesrecht nebeneinander angewendet werden muß, würde das zu einer unzumutbaren Vermengung von zwingend selbständigen Verfahrensrechten führen" (BT-Drs 7/910, S. 99). Die Schwierigkeiten seien nur durch Anknüpfung des Verfahrensrechts an die Behördenzuständigkeit zu vermeiden.

Die Bundesregierung lehnte den Vorschlag des Bundesrates ab. Sie hielt die praktischen Schwierigkeiten nicht für sehr groß und wollte im Interesse der Rechtseinheit an dem vorgeschlagenen Anwendungsbereich festhalten. Ferner wies sie in ihrer Stellungnahme auf die Frage der mangelnden Kompetenz der Länder zum Erlass von Regelungen über annexe Materien auf dem Gebiet der ausschließlichen Gesetzgebungskompetenz des Bundes hin (vgl. hierzu auch Rn. 52): „Darüber hinaus fehlt den Ländern im Bereich der ausschließlichen Gesetzgebungskompetenz des Bundes nach Artikel 73 des Grundgesetzes die Befugnis, das Landesverwaltungsverfahrensrecht auch insoweit anzuwenden, als es sich um Vorschriften handelt, die zugleich auch materielles Verwaltungsrecht darstellen, wie dies bei den Teilen III und IV des vorliegenden Gesetzentwurfs der Fall ist." (BT-Drs 7/910, S. 108).

Der Bundestag beschloss in zweiter Lesung ohne, in dritter Lesung mit den Stimmen der Opposition im Sinne der Regierungsvorlage (zu den Erwägungen des Innenausschusses vgl. dessen Bericht zu § 1).

Der Bundesrat rief daraufhin den Vermittlungsausschuss an. Das Ergebnis des Vermittlungsverfahrens ist der nunmehrige Absatz 3 (zu den mit dieser Lösung verbundenen Einzelfragen vgl. Rn. 71 ff.).

§ 1 Anwendungsbereich § 1

Absatz 4 war mit dem jetzigen Wortlaut bereits im Musterentwurf (dort Satz 2) enthalten. Er wurde im Musterentwurf 68 als eigener Absatz verselbständigt. Veränderungen sind während aller folgenden Beratungen nicht vorgenommen worden.

Literatur: 1. Allgemeine Fragen, Rechssystematisches: *Spanner,* Grundsätzliches zum Verwaltungsverfahren DÖV 1958, 651; *Bettermann/Melichar,* Das Verwaltungsverfahren, VVDStRL 17 (1959), 118 ff.; *Becker,* Das allgemeine Verwaltungsverfahren in Theorie und Gesetzgebung, 1960; *Spanner/von der Groeben,* Empfiehlt es sich, den Allgemeinen Teil des Verwaltungsrechts zu kodifizieren?, Verhandlungen des 43. Deutschen Juristentags, 1960; Bericht der Sachverständigenkommission für die Vereinfachung der Verwaltung beim Bundesminister des Innern, 1960; *Baring,* Bloß kein Gesetz!, JR 1960, 214; *Ule/Becker,* Verwaltungsverfahren im Rechtsstaat, 1964; *Luhmann,* Legitimation durch Verfahren, 1969; *Kopp,* Verfassungsrecht und Verwaltungsverfahrensrecht, 1971; *Häberle,* Verfassungsprinzipien „im" VwVfG, FS Boorberg Verlag, 1977, S. 47 ff.; *Schmitt Glaeser,* Anspruch, Hoffnung und Erfüllung, Das Verwaltungsverfahren und sein Gesetz, FS Boorberg Verlag, 1977, 1 ff.; *Obermayer,* Dogmatische Probleme des Verwaltungsverfahrens, FS Boorberg Verlag, 1977, 111 ff.; *Schmidt-Aßmann,* Die Grundgedanken des Verwaltungsverfahrens und das neue VwVfG, Jura 1979, 505; *Fiedler,* Die materiellrechtlichen Bestimmungen des VwVfG und die Systematik der verwaltungsrechtlichen Handlungsformen, AöR 105 (1980), 78 ff.; *Heberlein,* Auswirkungen der VwVfGe auf die Dogmatik des Verwaltungsrechts, 1981; *Schmidt-Aßmann,* Das allgemeine Verwaltungsrecht als Ordnungsidee und System, 2. Aufl. 2004; *Lerche/Schmitt Glaeser/Schmidt-Aßmann,* Verfahren als tatsachen- und verwaltungsrechtliche Kategorie, 1984; *Ule,* Rechtsstaat und Verwaltung, VerwArch 76 (1985), 1 ff.; 129 ff.; 136 ff.; *Obermayer,* Verwaltungsrecht im Wandel, NJW 1987, 2642; *Hill,* Zehn Jahre Verwaltungsverfahrensgesetz, Speyerer Arbeitshefte Nr. 78/1987; *Schmidt-Aßmann,* Die Lehre von den Rechtsformen des Verwaltungshandelns, DVBl 1989, 533; *Bulling,* Kooperatives Verwaltungshandeln (Vorverhandlungen, Arrangements, Agreements und Verträge) in der Verwaltungspraxis, DÖV 1989, 277; *Giegerich,* Kollision und Transformation von Normen – Versuch zu § 1 VwVfG, DVBl 1989, 379; *Degenhart,* Die Bewältigung der wissenschaftlichen und technischen Entwicklung durch das Verwaltungsrecht, NJW 1989, 2435; *Hill* (Hrsg.), Verwaltungshandeln durch Verträge und Absprachen, 1990; *Pitschas,* Verwaltungsverantwortung und Verwaltungsverfahren, 1990; *Lazaratos,* Rechtliche Auswirkungen der Verwaltungsautomation auf das Verwaltungsverfahren, 1990; *Hoffmann-Riem/Schmidt-Aßmann* (Hrsg.), Konfliktbewältigung durch Verhandlungen, 1990; *Würtenberger,* Akzeptanz durch Verwaltungsverfahren, NJW 1991, 257; *K. Becker-Schwarze* u. a. (Hrsg.), Wandel der Handlungsformen im öffentlichen Recht, 1992; *Schoch,* Der Verwaltungsgedanke im Verwaltungsrecht, Die Verwaltung 25 (1992), 21. *Hoffmann-Riem/Schmidt-Aßmann/Schuppert* (Hrsg.), Reform des Allgemeinen Verwaltungsrechts – Grundfragen, 1993; *Blümel/Pitschas* (Hrsg.), Reform des Verwaltungsverfahrensrechts, 1993; *Brohm,* Rechtsstaatliche Vorgaben für informelles Verwaltungshandeln, DVBl 1994, 133; *Hoffmann-Riem,* Reform des Allgemeinen Verwaltungsrechts: Vorüberlegungen, DVBl 1994, 1381; *Hoffmann-Riem/Schmidt-Aßmann* (Hrsg.), Innovation und Flexibilität des Verwaltungshandelns, 1994; *Benz,* Kooperative Verwaltung, 1994; *Hofe,* Wandel der Staatsfunktionen – Wandel in Verwaltungsverfahren und Verwaltungsprozess, BayVBl 1995, 225; *Schneider,* Kooperatives Verwaltungsverfahren, VerwArch 87 (1996), 38; *Thieme,* Über die Notwendigkeit einer Reform des Allgemeinen Verwaltungsrechts, DÖV 1996, 757; *Schmitz/Wessendorf,* Das Genehmigungsverfahrensbeschleunigungsgesetz – Neue Regelungen im Verwaltungsverfahrensrecht und der Wirtschaftsstandort Deutschland, NVwZ 1996, 955; *Bonk,* Strukturelle Änderungen des Verwaltungsverfahrens durch das Genehmigungsverfahrensbeschleunigungsgesetz, NVwZ 1997, 320; *Henneke,* 30 Jahre LVwG, 20 Jahre VwVfG – Stabilität und Flexibilität des Verwaltungshandelns, DÖV 1997, 768; *Gaentzsch,* Gesetzmäßigkeit und Wirtschaftlichkeit der Verwaltung: Beißt oder verträgt sich das?, DÖV 1998, 952; *Schmitz,* 20 Jahre VwVfG – Neue Tendenzen im Verfahrensrecht auf dem Weg zum schlanken Staat, NJW 1998, 2866; *Ziekow* (Hrsg.), Beschleunigung von Planungs- und Genehmigungsverfahren, 1998; *Pitschas,* Struktur- und Funktionswandel der Aufsicht im Neuen Verwaltungsmanagement, DÖV 1998, 907; *Schmitz/Olbertz,* Das Zweite Gesetz zur Änderung verwaltungsverfahrensrechtlicher Vorschriften – Eine Zwischenbilanz?, NVwZ 1999, 126; *Schmitz,* Aktuelle Tendenzen zur Reform des Genehmigungs- und Verwaltungsverfahrensrechts, VA 2000, 144; *Ziekow,* Auswirkungen der Modernisierung der Verwaltung auf das Verwaltungsverfahrensrecht, VM 2000, 202; *Schmitz,* Moderner Staat – Modernes Verwaltungsverfahrensrecht, NVwZ 2000, 1238; *Neumann,* Die Entwicklung des Verwaltungsverfahrensrechts, NVwZ 2000, 1244; *Bonk,* 25 Jahre Verwaltungsverfahrensgesetz, NVwZ 2001, 636; *Hoffmann-Riem/Schmidt-Aßmann* (Hrsg.), Verwaltungsverfahren und Verwaltungsverfahrensgesetz, 2002; *Kahl,* Das Verwaltungsverfahrensgesetz zwischen Kodifikationsidee und Sonderrechtsentwicklungen, in Hoffmann-Riem/Schmidt-Aßmann (Hrsg.), ebda., S. 67; *Schmitz,* Fortentwicklung des Verwaltungsverfahrensgesetzes: Konkrete Gesetzgebungsideen und weitere Perspektiven, in Hoffmann-Riem/Schmidt-Aßmann (Hrsg.), ebda., S. 135; *Wahl,* Fehlende Kodifizierung der förmlichen Genehmigungsverfahren im Verwaltungsverfahrensgesetz, NVwZ 2002, 1192; *Schmidt-Aßmann/Hoffmann-Riem* (Hrsg.), Methoden der Verwaltungswissenschaft, 2004; *U. Stelkens,* Verwaltungsprivatrecht, 2005; *Schmitz,* „Die Verträge sollen sicherer werden" – Zur Novellierung der Vorschriften über den öffentlich-rechtlichen Vertrag, DVBl 2005, 17; *Schmidt-Preuß,* Gegenwart und Zukunft des Verfahrensrechts, NVwZ 2005, 489; *U. Stelkens,* „Kooperationsvertrag" und Vertragsanpassungsansprüche: Zur beabsichtigten Reform der §§ 54 ff. VwVfG, NWVBl 2006, 1; *Dolde,* Verwaltungsverfahren und Deregulierung, NVwZ 2006, 857; *Ziekow,* Allgemeines und bereichsspezifisches Verwaltungsverfahrensrecht, FS Bartlsperger, 2006, S. 247; *Wahl,* Herausforderungen und Antworten: Das Öffentliche Recht der letzten fünf Jahrzehnte, 2006; *Maurer,* Fortentwicklung des Verwaltungsverfahrensrechts – aber wohin?, FS Püttner, 2006, S. 43; *Kaltenborn,* Streitvermeidung und Streitbeilegung im Verwaltungsrecht, 2007; *Schmidt-Aßmann,* Verwaltungsverfahren und Verwaltungskultur, NVwZ 2007, 40. – Ferner Literaturangabe bei Einl vor Rn. 1; § 9 vor Rn. 1. – **2. Für den Bereich Europäisches Verwaltungsrecht:** Literaturangabe Einl vor Rn. 67. Ferner *Siedentopf/Hauschild,* Europäische Integration und die öffentlichen Verwaltungen der Mitgliedstaaten, DÖV 1990, 445; *Ehlers,* Die Einwirkung des Rechts der Europäischen

Gemeinschaften auf das Verwaltungsrecht, DVBl 1991, 605; *Bleckmann,* Methoden der Bildung europäischen Verwaltungsrechts, DÖV 1993, 837; *Gornig/Trüe,* Die Rechtsprechung des EuGH zum europäischen allgemeinen Verwaltungsrecht, JZ 1993, 934; *Papier,* Direkte Wirkung von Richtlinien der EG im Umwelt- und Technikrecht, DVBl 1993, 809; *Schmidt-Aßmann,* Deutsches und Europäisches Verwaltungsrecht – Wechselseitige Einwirkungen, DVBl 1993, 932; *ders.,* Zur Europäisierung des allgemeinen Verwaltungsrechts, in Badura/Scholz (Hrsg.), FS Lerche, 1993, 513; *Klein, E.,* Der Einfluss des Europäischen Gemeinschaftsrechts auf das Verwaltungsrecht der Mitgliedstaaten, Der Staat 33 (1994), 39; *Nettesheim,* Auslegung und Fortbildung nationalen Rechts im Lichte des Gemeinschaftsrechts, AöR 119 (1994), 261; *Rengeling,* Deutsches und Europäisches Verwaltungsrecht – Wechselseitige Einwirkungen, VVDStRL 53 (1994), 204; *Scheuing,* Europarechtliche Impulse für innovative Ansätze im deutschen Verwaltungsrecht, in Hoffmann-Riem/Schmidt-Aßmann (Hrsg.), Innovation und Flexibilität des Verwaltungshandelns, 1994, 289; *Stadie,* Unmittelbare Wirkung von EG-Richtlinien und Bestandskraft von Verwaltungsakten, NVwZ 1994, 438; *Zuleeg,* Deutsches und europäisches Verwaltungsrecht – wechselseitige Einwirkungen, VVDStRL 53 (1994), 154; *ders.,* Die Rolle der rechtsprechenden Gewalt in der europäischen Integration, JZ 1994, 1; *Gassner,* Rechtsgrundlagen und Verfahrensgrundsätze des Europäischen Verwaltungsverfahrensrechts, DVBl 1995, 16; *Rengeling,* Europäische Normgebung und ihre Umsetzung in nationales Recht, DVBl 1995, 945; *Schoch,* Die Europäisierung des Allgemeinen Verwaltungsrechts, JZ 1995, 109; *Schwarze/Starck* (Hrsg.), Vereinheitlichung des Verwaltungsverfahrensrechts in der EG, Europarecht, Beiheft 1/1995; *v. Danwitz,* Verwaltungsrechtliches System und Europäische Integration, 1996; *Dünchheim,* Die Europäisierung der Verwaltungsrechtsordnung und die „Hydra des Europäischen Rechts", VR 1996, 181; *Jannasch,* Wandel durch Annäherung? – Zum Einfluss der Europäischen Integration und des Gemeinschaftsrechts auf die Praxis der Verwaltungsgerichte, VBlBW 1996, 163; *Kahl,* Hat die EG die Kompetenz zur Regelung des Allgemeinen Verwaltungsrechts?, NVwZ 1996, 865; *Sommermann,* Europäisches Verwaltungsrecht oder Europäisierung des Verwaltungsrechts?, DVBl 1996, 889; *Schwarze,* Konvergenz im Verwaltungsrecht der EU-Mitgliedstaaten, DVBl 1996, 881; *Ruffert,* Dogmatik und Praxis des subjektiv-öffentlichen Rechts unter dem Einfluss des Gemeinschaftsrechts, DÖV 1998, 70; *Scholz,* Zum Verhältnis von europäischem Gemeinschaftsrecht und nationalem Verwaltungsverfahrensrecht, DÖV 1998, 261; *Schmidt-Aßmann,* Europäisches Verwaltungsverfahrensrecht, in Müller-Graff (Hrsg.), Perspektiven des Rechts in der Europäischen Union, 1998, S. 131; *Fastenrath,* Die veränderte Stellung der Verwaltung und ihr Verhältnis zum Bürger unter dem Einfluss des europäischen Gemeinschaftsrechts, Die Verwaltung 31 (1998), 277; *Classen,* Das nationale Verwaltungsverfahren im Kraftfeld des europäischen Gemeinschaftsrechts, Die Verwaltung 31 (1998), 305; *Schoch,* Individualrechtsschutz im deutschen Umweltrecht unter dem Einfluss des Gemeinschaftsrechts, NVwZ 1999, 457; *Wahl,* Die zweite Phase des öffentlichen Rechts in Deutschland – Die Europäisierung des Öffentlichen Rechts, Der Staat 38 (1999), 495; *Schoch,* Die Europäisierung des verwaltungsgerichtlichen Rechtsschutzes, 2000; *Schily,* Die Europäisierung der Innenpolitik, NVwZ 2000, 883; *Šarčević,* Der EuGH als gesetzlicher Richter, DÖV 2000, 941; *Schnapauff,* Deutsche Verwaltung und Europäische Integration, in Magiera/Sommermann (Hrsg.), Verwaltung in der Europäischen Union, 2001, S. 13; *Knöll,* Die Charta der Grundrechte der Europäischen Union, NVwZ 2001, 392; *Schoch,* Europäisierung des Allgemeinen Verwaltungsrechts und des Verwaltungsprozessrechts, NordÖR 2002, 1; *Wahl,* Das Verhältnis von Verwaltungsverfahren und Verwaltungsprozessrecht in europäischer Sicht, DVBl 2003, 1285; *Hill/Pitschas* (Hrsg.), Europäisches VwVfR, 2004; *U. Stelkens,* Europäische Rechtsakte als „Fundgruben" für allgemeine Grundsätze des deutschen Verwaltungsverfahrensrechts, ZEuS 2004, 129; *Schliesky,* Das Recht auf gute Verwaltung, 2006; *Klappstein,* Das Recht auf eine gute Verwaltung: Art. 41 und 42 der Charta der Grundrechte der EG, 2006, S. 22. – **3. Zu Entstehungsgeschichte und Inhalt der VwVfGe:** *Baumann* DÖV 1976, 475; *Bonk* BWVerw 1976, 385; *Götz* NJW 1976, 1425; *Maurer* JuS 1976, 485, *Obermayer* RiA 1976, 81; *Ule* DVBl 1976, 421; *Waldhausen* ZBR 1977, 16, ferner Einl Rn. 12 ff., 36 ff. – **4. Zum Anwendungsbereich:** *Baumann* DÖV 1976, 475; *Knack* DÖV 1976, 772 (mit Erwiderung von *Baumann*); *Obermayer* Der Landkreis 1977, 475; *Schmidt-Aßmann,* Städte- und Gemeindebund 1977, 9; *Naujoks* JZ 1978, 41; *Bäumler* DVBl 1978, 291 (für Parlamentsausschüsse), ferner die Nachweise in Rn. 1 ff., 60 ff. und Einl Rn. 32 ff., 36 ff. – **5. Zur Grundrechtsrelevanz des Verfahrensrechts:** *Redeker,* Grundgesetzliches Recht auf Verfahrensteilhabe, NJW 1980, 1593; *Goerlich,* Grundrechte als Verfahrensgarantie, 1981; *Becker,* Grundrechtsschutz durch Verfahrensgestaltung – Expandiert der Freiheitsschutz der Bürger?, RiA 1982, 186; *Blümel,* Grundrechtsschutz durch Verfahrensgestaltung, in Schriftenreihe der Hochschule Speyer, Bd. 87 (1982), 23 ff.; *Dolde,* Grundrechtsschutz durch einfaches Verfahrensrecht?, NVwZ 1982, 65; *Hufen,* Heilung und Unbeachtlichkeit grundrechtsrelevanter Verfahrensfehler?, NJW 1982, 2160; *Laubinger,* Grundrechtsschutz durch Gestaltung des Verwaltungsverfahrens, VerwArch 73 (1982), 60 ff.; *v. Mutius,* Grundrechtsschutz contra Verwaltungseffizienz im Verwaltungsverfahren?, NJW 1982, 2150; *Held,* Der Grundrechtsbezug des Verwaltungsverfahrens, 1984; *Rüping,* Verfassungs- und Verfahrensrecht im Grundsatz des rechtlichen Gehörs, NVwZ 1985, 304; *Grimm,* Verfahrensfehler als Grundrechtsverstöße, NVwZ 1985, 865; *Schmidt-Aßmann,* Zur Gesetzesbindung der verhandelnden Verwaltung, FS Brohm, 2002, S. 547; *Kahl,* Grundrechtsschutz durch Verfahren in Deutschland und in der EU, VerwArch 95 (2004), 1. Ferner Rn. 45 ff. und § 9 Rn. 17. – **6. Zur Abgrenzung öffentliches/privates Recht:** *Bullinger,* Öffentliches und Privatrecht, 1968; *Menger,* Zum Stand der Meinungen über die Unterscheidung von öffentlichem und privatem Recht, FS Wolff, 1973, 149; *Pestalozza,* Kollisionsrechtliche Aspekte der Unterscheidung von öffentlichem Recht und Privatrecht, DÖV 1974, 188; *Bachof,* Über öffentliches Recht, FG BVerwG, 1978, 1; *Zuleeg,* Die Anwendungsbereiche des öffentlichen Rechts und des Privatrechts, VerwArch 73 (1982), 384; *Ehlers,* Rechtsstaatliche und prozessuale Probleme des Verwaltungsprivatrechts, DÖV 1983, 422; *ders.,* Verwaltung in Privatrechtsform, 1984; *Christ,* Die Verwaltung zwischen öffentlichem und privatem Recht, 1984; *Schmidt,* Die Unterscheidung von privatem und öffentlichem Recht, 1985; *Ehlers,* Die Unterscheidung von privatem und öffentlichem Recht, Die Verwaltung 20 (1987), 373; *Broß,* Rechtswegprobleme zwischen Zivil- und Verwaltungsgerichtsbarkeit, VerwArch 79 (1988), 97; *Hill,* Das hoheitliche Moment im Verwaltungsrecht der Gegenwart, DVBl 1989, 321; *Scherer,*

§ 1 Anwendungsbereich

Realakte mit Doppelnatur, NJW 1989, 2724; *Gündling,* Modernisiertes Privatrecht und öffentliches Recht, 2006; *Burgi,* Von der Zweistufenlehre zur Dreiteilung des Rechtsschutzes im Vergaberecht, NVwZ 2007, 737; *Siegel,* Die Zwei-Stufen-Theorie auf dem Rückzug, DVBl 2007, 942. – **7. Zur Privatisierung von Verwaltungsaufgaben:** *Ossenbühl,* Die Erfüllung von Verwaltungsaufgaben durch Private, VVDStRL 29 (1971), 137; *v. Heimburg,* Verwaltungsaufgaben und Private, 1982; *Ehlers,* Verwaltung in Privatrechtsform, 1984; *Schachtschneider,* Staatsunternehmen und Privatrecht, 1986; *König,* Entwicklung der Privatisierung in der Bundesrepublik Deutschland, VerwArch 79 (1988), 241; *Kempen,* Die Formenwahlfreiheit der Verwaltung – Die Verwaltung zwischen öffentlichem und privatem Recht, 1989; *Di Fabio,* Verwaltungsentscheidung durch externen Sachverstand, VerwArch 81 (1990), 193; *Ehlers,* Die wirtschaftliche Betätigung der öffentlichen Hand in der Bundesrepublik Deutschland, JZ 1990, 1089; *Schnapp,* Öffentliche Verwaltung und privatrechtliche Handlungsformen, DÖV 1990, 826; *Schmidt-Aßmann,* Verwaltungslegitimation als Rechtsbegriff, AöR 116 (1991), 329; *K. Becker-Schwarze u. a.* (Hrsg.), Wandel der Handlungsformen im öffentlichen Recht, 1992; *Spannowsky,* Die Verantwortung der öffentlichen Hand für die Erfüllung öffentlicher Aufgaben und die Reichweite ihrer Einwirkungspflicht auf Beteiligungsunternehmen, DVBl 1992, 1072; *Schoch,* Der Beitrag des kommunalen Wirtschaftsrechts zur Privatisierung öffentlicher Aufgaben, DÖV 1993, 377; *Wahl,* Die Einschaltung privatrechtlich organisierter Verwaltungseinrichtungen in den Straßenbau, DVBl 1993, 517; *Ipsen* (Hrsg.), Privatisierung öffentlicher Aufgaben, 1994; *Blümel* (Hrsg.), Verkehrswegerecht im Wandel, 1994; *Brohm,* Wirtschaftstätigkeit der öffentlichen Hand und Wettbewerb, NJW 1994, 281; *Lecheler,* Privatisierung von Verwaltungsaufgaben, BayVBl 1994, 555; *Schoch,* Privatisierung von Verwaltungsaufgaben, DVBl 1994, 962; *Blümel* (Hrsg.), Einschaltung Privater beim Verkehrswegebau – Innenstadtverkehr, 3. Aufl. 1995; *Heuer,* Privatwirtschaftliche Wege und Modelle zu einem modernen (anderen?) Staat, DÖV 1995, 85; *Krölls,* Rechtliche Grenzen der Privatisierungspolitik, GewArch 1995, 129; *Röhl,* Verwaltung und Privatrecht – Verwaltungsprivatrecht?, VerwArch 86 (1995), 531; *Bull,* Privatisierung öffentlicher Aufgaben, VerwArch 86 (1995), 621; *von Danwitz,* Vom Verwaltungsprivat- zum Verwaltungsgesellschaftsrecht – Zu Begründung und Reichweite öffentlich-rechtlicher Ingerenzen in der mittelbaren Kommunalverwaltung –, AöR 120 (1995), 595; *Erbguth,* Die Zulässigkeit der funktionalen Privatisierung im Genehmigungsrecht, UPR 1995, 369; *Hoffmann-Riem/Schneider* (Hrsg.), Verfahrensprivatisierung im Umweltrecht, 1996; *ders.,* Verfahrensprivatisierung als Modernisierung, DÖV 1996, 225; *Hoppe/Bleicher,* Rechtsprobleme bei der Verfahrensprivatisierung von Standortauswahlverfahren im Abfallrecht, NVwZ 1996, 421; *Weidemann,* Übergangsprobleme bei der Privatisierung des Abfallwesens, NJW 1996, 2757; *Pabst,* Verfassungsrechtliche Grenzen der Privatisierung im Fernstraßenbau – Die diskutierten Privatisierungsmodelle und ihr verfassungsrechtlicher Rahmen, 1997; *Scholz,* Staatliche Sicherheitsverantwortung zu Lasten Privater, in Wendt u. a. (Hrsg.), FS Friauf, 1996, S. 439; *Ronellenfitsch,* Privatisierung und Regulierung des Eisenbahnwesens, DÖV 1996, 1028; *Schmidt-Preuß,* Verwaltung und Verwaltungsrecht zwischen gesellschaftlicher Selbstregulierung und staatlicher Steuerung VVDStRL 56 (1997), 160; *Scholz,* Verkehrsüberwachung durch Private?, NJW 1997, 14; *Schönershofen/Binder-Falcke,* Zur wirtschaftlichen Betätigung der Gemeinden, VR 1997, 109; *Peine,* Grenzen der Privatisierung – verwaltungsrechtliche Aspekte, DÖV 1997, 353; *Pitschas,* Gefahrenabwehr durch private Sicherheitsdienste?, DÖV 1997, 393; *Glauben,* Wirtschaftliche Betätigung der Kommunen in Privatrechtsform, ZG 1997, 148; *Unruh,* Kritik des privatrechtlichen Verwaltungshandelns, DÖV 1997, 653; *Brüning,* Der Verwaltungsmittler – eine neue Figur bei der Privatisierung kommunaler Aufgaben, NWVBl 1997, 286; *Gusy,* Privatisierung und parlamentarische Kontrolle, ZRP 1998, 265; *Ehlers,* Rechtsprobleme der Kommunalwirtschaft, DVBl 1998, 497; *Menzer,* Privatisierung der atomaren Endlagerung, DVBl 1998, 820; *Wiesemann,* Benutzungsgebühren und Privatisierung, NWVBl 1998, 257; *Brüning,* Steht das alte Rechtsinstitut der Beleihung vor einer neuen Zukunft?, SächsVBl 1998, 201; *Pabst/Schwartmann,* Privatisierte Staatsverwaltung und staatliche Aufsicht, DÖV 1998, 315; *Noch,* Ausschreibungspflicht privater Unternehmen, DÖV 1998, 623; *König,* Rückzug des Staates – Privatisierung der öffentlichen Verwaltung, DÖV 1998, 963; *Schuppert,* Die öffentliche Verwaltung im Kooperationsspektrum staatlicher und privater Aufgabenerfüllung, Die Verwaltung 31 (1998), 415; *Gramm,* Schranken der Personalprivatisierung bei der inneren Sicherheit, VerwArch 90 (1999), 329; *Hoffmann-Riem,* Justizdienstleistungen im kooperativen Staat, JZ 1999, 421; *Ronellenfitsch,* Staat und Markt: Rechtliche Grenzen einer Privatisierung kommunaler Aufgaben, DÖV 1999, 705; *Di Fabio,* Privatisierung und Staatsvorbehalt, JZ 1999, 585; *Seidel,* Privater Sachverstand und staatliche Garantenstellung im Verwaltungsrecht, 2000; *Bonk,* Rechtliche Rahmenbedingungen einer Privatisierung im Strafvollzug, JZ 2000, 435; *Kruis,* Haftvollzug als Staatsaufgabe, ZRP 2000, 1; *Sodan,* Vorrang der Privatheit als Prinzip der Wirtschaftsverfassung, DÖV 2000, 361; *Britz,* Die Mitwirkung Privater an der Wahrnehmung öffentlicher Aufgaben durch Einrichtungen des öffentlichen Rechts, VerwArch 91 (2000), 418; *Pitschas,* „Sicherheitspartnerschaften" der Polizei und Datenschutz, DVBl 2000, 1805; *Eifert,* Die rechtliche Sicherung privater Interessen in Public Private Partnerships, VerwArch 93 (2002), 561; *Pieroth/Hartmann,* Grundrechtsschutz gegen wirtschaftliche Betätigung der öffentlichen Hand, DVBl 2002, 412; *Wolfers/Kaufmann,* Private als Anstaltsträger, DVBl 2002, 507; *Weisel,* Das Verhältnis von Privatisierung und Beleihung, 2003; *Hardraht,* Zur Sanierung öffentlicher Haushalte durch Privatisierung öffentlicher Aufgaben, SächsVBl 2003, 53; *Gramm,* Privatisierung und notwendige Staatsaufgaben, DVBl 2003, 1366; *Heintzen/Voßkuhle,* Beteiligung Privater an der Wahrnehmung öffentlicher Aufgaben und staatliche Verantwortung, VVDStRL 62 (2003), 220 ff., 266 ff.; *Becker,* Das Demokratieprinzip und die Mitwirkung Privater an der Erfüllung öffentlicher Aufgaben, DÖV 2004, 910; *Freitag,* Das Beleihungsrechtsverhältnis, 2005; *Lindner,* Der Private als „Behörde" i. S. des Art. 84 I GG?, NVwZ 2005, 907; *Scholl,* Der private Sachverständige im Verwaltungsrecht, 2005; *Kirchhof,* Rechtsfolgen der Privatisierung, AöR 132 (2007), 215; *Mösinger,* Privatisierung des Strafvollzugs, BayVBl 2007, 417; *Schmidt am Busch,* Die Beleihung: Ein Rechtsinstitut im Wandel, DÖV 2007, 533; *Burgi,* Vergaberechtliche Probleme der Privatfinanzierung von Fernstraßen, DVBl 2007, 649; *Lämmerzahl,* Die Beteiligung Privater an der Erledigung öffentlicher Aufgaben, 2007. – **8. Zum Behördenbegriff:** *Laubinger,* Bespr. von BVerwG NJW 1983, 2516, VerwArch 76 (1985), 449; *Jakobs,* Staat, Staatsorgane, Behörde, VBlBW 1990, 361; *Pitschas,* Verwaltungsverantwortung und Verwaltungs-

§ 1 Teil I. Anwendungsbereich, örtliche Zuständigkeit, Amtshilfe

verfahren, 1990, S. 621 ff.; *Schmidt Glaeser/Mackeprang,* Zur Institution des öffentlich-rechtlichen Beauftragten, Die Verwaltung 24 (1991), 15; *Rossen-Stadtfeld,* Die verhandelnde Verwaltung – Bedingungen, Funktionen, Perspektiven, VerwArch 97 (2006), 23; *Eifert,* Die Beteiligung Privater an der Rechtsverwirklichung, Die Verwaltung 36 (2006), 309; *Kruse,* Der öffentlich-rechtliche Beauftragte, 2007. – **9. Zu Rechtsvereinheitlichung und -bereinigung, Verwaltungseffizienz, Entbürokratisierung, Beschleunigung von Verfahren:** *Blümel* (Hrsg.), Zur Vereinheitlichung des Verwaltungsverfahrensrechts, 1984; *Grupp* DVBl 1984, 510; *Leisner,* Verwaltungseffizienz als Verfassungsgebot, 1983; Zu Verwaltungsverfahren zwischen Verwaltungseffizienz und Rechtsschutzauftrag: *Wahl/Pietzcker* VVdStRL 41 (1982), 151 ff., 193 ff.; *Ossenbühl,* NVwZ 1982, 465; *Degenhart* DVBl 1982, 872; *Steinberg* DÖV 1982, 619, *Schenke* VBlBW 1982, 313; Zweiter Bericht zur Rechts- und Verwaltungsvereinfachung, herausgegeben vom Bundesminister des Innern, 1986; *Ellwein/Hesse* (Hrsg.), Verwaltungsvereinfachung und Verwaltungspolitik, 1985; *Seibel,* Entbürokratisierung in der Bundesrepublik Deutschland, Die Verwaltung 19 (1986), 137; *Bonk,* Vereinheitlichung und Fortentwicklung des Verwaltungsverfahrensrechts in Bund und Ländern, DVBl 1986, 485; *Stelkens,* Bereinigung des Verwaltungsverfahrensrechts?, NVwZ 1986, 541; *M. Hesse,* Zum Stand der Verwaltungsvereinfachung bei Bund und Ländern, DÖV 1987, 474; *Ellwein,* Verwaltung und Verfahrensvorschriften. Notwendigkeit und Chance der Vorschriftenvereinfachung, 1989; *Helmrich* (Hrsg.), Entbürokratisierung – Dokumentation und Analyse, 1989; *Bullinger,* Verwaltung im Rhythmus von Wirtschaft und Gesellschaft, JZ 1991, 53; *ders.,* Beschleunigte Genehmigungsverfahren für eilbedürftige Vorhaben, 1991; *ders.,* Beschleunigung von Investitionen durch Parallelprüfung und Verfahrensmanagement, JZ 1993; 492; *Bundeswirtschaftsministerium* (Hrsg.), Investitionsförderung durch flexible Genehmigungsverfahren, Bericht der Unabhängigen Expertenkommission zur Vereinfachung und Beschleunigung von Planungs- und Genehmigungsverfahren, 1994; *Bericht über die Deregulierungsmaßnahmen der Bundesregierung vom 22. 4. 1994,* BT-Drs 12/7468; *Bullinger,* Investitionsförderung durch nachfragerechte und kooperative Beschleunigung von Genehmigungsverfahren, JZ 1994, 1129; *Rombach,* Der Faktor Zeit in umweltrechtlichen Genehmigungsverfahren, 1994; *Schlichter,* Investitionsförderung durch flexible Genehmigungsverfahren, DVBl 1995, 173; *Jäde,* Vereinfachungsprobleme des Anlagenzulassungsrechts, WiVerw 1995, 119; *Krumsiek/Frenzen,* Beschleunigung von Planungs- und Genehmigungsverfahren, DÖV 1995, 1013; *Schöne,* Verfahrensbeschleunigung bei der Zulassung von Industrie- und Entsorgungsanlagen durch Projektmanagement, UPR 1996, 94; *Steinberg,* Zeit, Umwelt und Beschleunigung bei der Planung von Verkehrswegeprojekten, NuR 1996, 6; *Schmitz/Wessendorf,* Das Genehmigungsverfahrensbeschleunigungsgesetz – Neue Regelungen im Verwaltungsverfahrensrecht und der Wirtschaftsstandort Deutschland, NVwZ 1996, 955; *Jäde,* Beschleunigung von Genehmigungsverfahren nach dem Genehmigungsverfahrensbeschleunigungsgesetz, UPR 1996, 361; *Bonk,* Strukturelle Änderungen des Verwaltungsverfahrens durch das Genehmigungsverfahrensbeschleunigungsgesetz, NVwZ 1997, 320; *Stüer,* Die Beschleunigungsnovellen 1996, DVBl 1997, 326; *Wasielewski,* Beschleunigung von Planungs- und Genehmigungsverfahren, LKV 1997, 77; *Dehner,* Deutschland – Standortfaktor Rechtsstaat, UPR 1997, 226; *Hatje,* Die Heilung formell rechtswidriger Verwaltungsakte im Prozess als Mittel der Verfahrensbeschleunigung, DÖV 1997, 477; *Hoffmann-Riem,* Tendenzen in der Verwaltungsrechtsentwicklung, DÖV 1997, 433; *Schmitz,* Fortentwicklung des Verwaltungsverfahrensrechts im Schlanken Staat, in Ziekow (Hrsg.), Beschleunigung von Planungs- und Genehmigungsverfahren, 1998, S. 171; *ders.,* Moderner Staat – Modernes Verwaltungsverfahrensrecht, NVwZ 2000, 1238; *Hill,* Bürokratieabbau und Verwaltungsmodernisierung, DÖV 2004, 721; *Bull,* Bürokratieabbau – Richtige Ansätze unter falscher Flagge, Die Verwaltung 38 (2005), 285.
Ausführlich zum Schrifttum vor 1996 s. § 1 der 6. Auflage.

Übersicht

	Rn.
I. Allgemeines *(Bonk/Schmitz)*	1
1. Ziel und Bedeutung der Verwaltungsverfahrensgesetze von Bund und Ländern	1
a) Kodifikationswirkung als „Grundgesetz der Verwaltung"	1
b) Funktion des Verwaltungsverfahrensrechts	4
c) Bedeutung in der Praxis	5
d) Grenzen der Vereinheitlichung	14
e) Strukturelle Veränderungen seit 1990	19
f) Zunehmende Bedeutung des Gemeinschaftsrechts	25
2. Verfassungsrechtliche Aspekte	30
a) Begriff des Verwaltungsverfahrens i. e. S. und i. w. S.	30
b) Gesetzgebungs- und Verwaltungskompetenzen von Bund und Ländern	32
c) Rechtsstaatliches Verwaltungsverfahren	39
d) Grundrechtsrelevanz des Verwaltungsverfahrens; grundrechtliche Schutzpflichten	45
3. Verwaltungsverfahren im Verhältnis zum materiellen Recht und Verwaltungsprozessrecht	52
II. Anwendungsbereich der VwVfGe von Bund und Ländern *(Bonk/Schmitz)*	60
1. Trennung zwischen Bundes- und Landesbehörden	60
2. Ausnahmen vom Anwendungsbereich	63
3. Geltung des VwVfG des Bundes im Bundesbereich (§ 1 Abs. 1 Nr. 1)	64
a) für Bundesbehörden	64
b) Ausführung von Bundesrecht; Rahmengesetze	67

	Rn.
4. Geltung der VwVfGe der Länder im Landes- und Kommunalbereich (§ 1 Abs. 1 Nr. 2, Abs. 2 und 3)	68
a) Bundesauftragsverwaltung, landeseigene Verwaltung (§ 1 Abs. 1 Nr. 2 und Abs. 2)	69
b) Bedeutung der Landesverwaltungsverfahrensgesetze (§ 1 Abs. 3)	71
c) Konsequenzen für die Länder- und Kommunalbehörden	73
d) Geltung der Ausnahme des § 1 Abs. 3	75
III. Öffentlich-rechtliche Verwaltungstätigkeit *(Schmitz)*	83
1. Begriff „öffentlich-rechtlich"/Abgrenzung zum Privatrecht	83
2. Fiskalisches Handeln/Verwaltungsprivatrecht	112
3. Privatisierung	121
a) Formelle Privatisierung (Organisationsprivatisierung)	124
b) Materielle Privatisierung (Aufgabenprivatisierung)	129
c) Vermögensprivatisierung	133
d) Funktionale Privatisierung	134
4. Verwaltungstätigkeit	137
a) Handlungsformen	137
b) Schlicht-hoheitliches Handeln, Realakte	144
c) Tätigkeit der Verwaltung	158
d) Völkerrechtliche Akte	169
e) Verfassungsrechtliche Tätigkeit	173
f) Gesetzgebung	174
g) Regierungstätigkeit	186
h) Gnadenakte	192
i) Organisationsakte	200
j) Justizakte/Rechtsprechung	201
IV. Subsidiarität (Abs. 1, letzter Halbsatz) *(Bonk/Schmitz)*	206
1. Allgemeines und besonderes Verwaltungsverfahrensrecht in Bund und Ländern	206
2. Vorrang inhaltsgleicher und entgegenstehender Rechtsvorschriften des Bundes	208
a) Bundesrecht	210
b) Geltungsvorrang von Gemeinschaftsrecht der EG/EU	218
3. Subsidiaritätsklauseln im Landesrecht	229
4. Auslegungs- und Anwendungsprobleme	231
V. Begriff der Behörde (Abs. 4) *(Schmitz)*	236
1. Verfahrensrechtlicher Begriff und Definitionen	236
a) Verfahrensrechtlicher Begriff	236
b) Definitionen	240
2. Organisatorische Selbständigkeit (Stelle)	248
3. Aufgaben öffentlicher Verwaltung/privatrechtliche Tätigkeit	253
4. Beliehene	256
5. Stellen, die andere öffentliche Aufgaben wahrnehmen	268
VI. Verfahrensrechtsvereinheitlichung, -bereinigung und -beschleunigung im Bund *(Bonk/Schmitz)*	269
VII. Fortentwicklung des Verwaltungsverfahrensrechts *(Bonk/Schmitz)*	271
1. Abstrakte Verwaltungstätigkeit	272
2. Interne Verwaltungstätigkeit	273
3. Schlichte/informelle Verwaltungstätigkeit	274
4. Beirat Verwaltungsverfahrensrecht	276
5. 3. VwVfÄndG 2002 *(Schmitz)*	277
6. Kooperationsprinzip/Public Private Partnership *(Schmitz)*	278
7. Geplante VwVfG-Änderungen *(Schmitz)*	282
VIII. Anwendung des VwVfG als Ausdruck allgemeiner Rechtsgrundsätze *(Bonk/Schmitz)*	283
IX. Verwaltungsverfahrensgesetze der Länder *(Bonk/Schmitz)*	287
1. Voll- und Verweisungsgesetze; Rechtsbereinigung	287
2. Revisibilität von Landesverwaltungsverfahrensrecht	288
X. Recht der DDR und des Einigungsvertrags *(Schmitz)*	290

I. Allgemeines

1. Ziel und Bedeutung der Verwaltungsverfahrensgesetze von Bund und Ländern

1 a) **Kodifikationswirkung als „Grundgesetz der Verwaltung":** Die Verwaltungsverfahrensgesetze von Bund und Ländern enthalten nach einer nahezu 20-jährigen, wechselvollen Entstehungsgeschichte (hierzu Einl Rn. 14 ff.) allgemeine Verfahrensregelungen für die ör Verwaltungstätigkeit der Behörden von Bund, Ländern und Kommunen. Mit diesen Gesetzen sind, zusammen mit dem SGB X für den Sozialbereich und der AO für den Abgabenbereich (zur Drei-Säulen-Theorie vgl. noch Einl Rn. 50 ff.; § 2 Rn. 1 ff.), vor allem für die allgemeine innere Verwaltung auf allen drei staatlichen Ebenen die bis dahin geltenden, weitgehend ungeschriebenen oder von Rechtsprechung und Literatur nur behelfsmäßig und ohne Allgemeinverbindlichkeit entwickelten Verfahrensregeln über die Rechte und Pflichten von Behörden und Bürgern bei öffentlich-rechtlicher Verwaltungstätigkeit (Rn. 83 ff.) auf **eine einheitliche und klare gesetzliche Grundlage** gestellt worden. Die Verwaltungsverfahrensgesetze von Bund und Ländern (zur Aufteilung der Anwendungsbereiche vgl. § 1 Rn. 60 ff.) sind daher eine **Art „Grundgesetz der Verwaltung".**[2] Sie sind nach wie vor fachgebietsübergreifende **Querschnittsgesetze**, gelten – sofern nicht Ausnahmen vom Anwendungsbereich gesetzlich angeordnet sind – für die ör Verwaltungstätigkeit der Behörden von Bund und Ländern sowie der Kommunen und enthalten zumindest lückenschließend gewissermaßen **„vor die Klammer"** gezogenes allgemeines Verwaltungs(verfahrens)recht (zur Abgrenzung gegenüber dem materiellen Verwaltungsrecht vgl. Rn. 52 ff.), das trotz einer Reihe von Einschränkungen (Rn. 15 ff.) für einen großen Teil der Verwaltungstätigkeit der Behörden auf allen staatlichen Ebenen gilt. Mit den gesetzlichen Regelungen der VwVfGe wurde **entgegenstehendes Gewohnheits- und Richterrecht obsolet**. Soweit das VwVfG begrifflich an frühere gesetzliche Regelungen anknüpft und sie übernimmt, kann auf die frühere Rechtsprechung zurückgegriffen werden, allerdings ist sie im Lichte neuerer, vor allem verfassungsrechtlicher Erkenntnisse zu interpretieren und fortzuentwickeln.

2 Damit ist trotz des weitgehenden Vorrangs des Spezialrechts und zahlreicher Ausnahmen vom Anwendungsbereich (§ 2 Rn. 1 ff.) für die Behörden von Bund, Ländern und Kommunen bei der ör Verwaltungstätigkeit für das Behördenverfahren ein **Mindestmaß an Homogenität** erreicht. Diese Klammerfunktion mit allgemein geltenden Grundsätzen für die ör Verwaltungstätigkeit ist angesichts der zunehmenden Zahl spezieller Regelungen nur für bestimmte Bereiche und Sachgebiete und die damit einhergehende Diversifizierung der Rechtsordnung im Interesse der Herstellung oder Bewahrung **einheitlicher Strukturen** wichtiger denn je. Insofern nimmt der Bedarf an gemeinsamen, fachgebietsübergreifenden Regelungen nicht ab, sondern zu. Die Jahre seit dem Inkrafttreten dieser Gesetze haben gezeigt, dass von ihnen trotz der zahlreichen politischen, gesellschaftlichen, sozialen und wirtschaftlichen Veränderungen seit 1977 und nach 1989 nach wie vor beachtliche **maßstabbildende Kraft** ausgeht; sie haben sich bisher im Wesentlichen **bewährt**.[3] Allerdings ist auch deutlich, dass mit diesen Verfahrensgesetzen nur ein Teilausschnitt der verfahrensrechtlichen Probleme normiert ist und damit längst nicht alle Fragen und Probleme gesetzlich geregelt und gelöst sind, die in der Verwaltungspraxis eine Rolle spielen (hierzu noch Rn. 19 ff., 39 ff., 206 ff.). Da das Verwaltungsverfahrensrecht die notwendige **Ergänzung zum materiellen Verwaltungsrecht** darstellt (hierzu noch Rn. 52), ist es geradezu zwangsläufig, dass sich hier die veränderten Probleme in Deutschland und Europa (zur Bedeutung des EG-Rechts vgl. Rn. 25 f., 218 f.; Einl Rn. 67 ff.) niederschlagen und Antworten auch im Verwaltungs(verfahrens)recht fordern.[4]

---

[2] *Häberle,* FS Boorberg Verlag, S. 47, 49; *Schily* NVwZ 2000, 883, 887.
[3] Hierzu *Püttner* DÖV 1989, 137; *Schmidt-Aßmann* DVBl 1989, 533; *Bonk* DVBl 1986, 485; *Stelkens* NVwZ 1986, 541; *Hill,* Zehn Jahre Verwaltungsverfahrensgesetz, Speyerer Arbeitsberichte Nr. 78/1987; *ders.* DVBl 1989, 32 *Thieme,* Über die Notwendigkeit einer Reform des Allgemeinen Verwaltungsrechts, DÖV 1996, 757, 760; *Hoffmann-Riem/Schmidt-Aßmann* (Hrsg.), Verwaltungsverfahren und Verwaltungsverfahrensgesetz, 2002.
[4] Vgl. *Hoffmann-Riem/Schmidt-Aßmann* (Hrsg.), Schriften zur Reform des Verwaltungsrechts, Bde. 1–10, 1993–2004; *Schmitz/Wessendorf,* Das Genehmigungsverfahrensbeschleunigungsgesetz – Neue Regelungen im Verwaltungsverfahrensrecht und der Wirtschaftsstandort Deutschland, NVwZ 1996, 955; *Bonk,* Strukturelle Änderungen des Verwaltungsverfahrens durch das GenBeschlG, NVwZ 1997, 320; *Stüer,* Die Beschleuni-

§ 1 Anwendungsbereich   3, 4 § 1

Das VwVfG ist nach der Herstellung der Einheit Deutschlands gemäß Art. 8 i. V. m. Anl. I **3**
Kap. II Sachgeb. B Abschn. III Nr. 1 des Einigungsvertrags in den **neuen Bundesländern**
ohne Übergangsregelung unmittelbar und vollständig für anwendbar erklärt worden (Rn. 306).
Inzwischen haben alle neuen Länder eigene VwVfG erlassen (vgl. Einzelnachweise in
Rn. 288 ff.) Es kann freilich nicht verkannt werden, dass diese übergangsbedingte Grundsatzentscheidung jedenfalls am Anfang zu **Schwierigkeiten** bei der praktischen Anwendung und
Durchführung geführt hat, weil neue Behörden mit regelmäßig neuem Personal auf neuen
Rechtsgebieten ohne Vorerfahrungen stringente Verfahrensregelungen anzuwenden hatten, deren Nichtbeachtung zu Rechtsfehlern und einer Anfechtung und Aufhebung von Entscheidungen im behördlichen und verwaltungsgerichtlichen Verfahren führen konnten. Dadurch entstand
gerade in den neuen Bundesländern ein Zielkonflikt zwischen **Verwaltungseffektivität und
Rechtsschutzauftrag**[5] (ferner Rn. 4, 19 ff., 39 ff.). Andererseits führte der durch das VwVfG
bewirkte **hohe rechtsstaatliche Standard** schnell zu berechenbaren und nachprüfbaren
VwVf, mit denen freies Belieben der Behörden, ihr Verfahren bis zu einer Entscheidung faktisch
unkontrolliert zu gestalten, nicht mehr zulässig war. Inzwischen sind die Übergangsschwierigkeiten überwunden. Mit der zunehmenden **Konsolidierung** der Behördentätigkeit in den neuen Ländern sind Unterschiede zwischen alten und neuen Ländern nicht mehr auszumachen.
Deshalb besteht kein Anlass zu einer negativen Bewertung der Grundsatzentscheidung des Einigungsvertrags, ohne Übergangsregelung ab sofort die strengen Verfahrensregelungen des VwVfG
unabhängig davon anzuwenden, ob Bundes- oder Landesbehörden Bundes- oder/und Landesrecht ausführten (zur Frage der Gesetzgebungskompetenz vgl. Rn. 32 ff.; zum Anwendungsbereich vgl. ferner Rn. 60 ff.).

b) Funktion des Verwaltungsverfahrensrechts: Das Verwaltungsverfahrensrecht gehört **4**
zum formellen Verwaltungsrecht (Rn. 52). Es hat mehrfache Funktionen und Zielsetzungen. Es
soll 1. unabhängig davon, ob individuelle Rechtspositionen betroffen sind, als Bestandteil des
Prinzips der Gesetzmäßigkeit der Verwaltung im öffentlichen Interesse **einheitliche und berechenbare Verfahrensabläufe** bei der Ausführung von Gesetzen und der Umsetzung von abstrakten Normen in konkrete Entscheidungen gewährleisten. Dadurch hat es 2. eine **dienende
Funktion** zur Durchsetzung und **Sicherung des materiellen Rechts** (vgl. § 45 Rn. 10 ff.);[6]
die Funktion als **Richtigkeitsgarant** im Hinblick auf das Verfahrensergebnis ist der dienenden
immanent.[7] Eine zu starke Betonung der Richtigkeitsgewähr durch Verfahren, die sich auf **gemeinschaftliche Vorgaben** für bestimmte VwVf stützen kann, ist neben der umfassenden
materiell-rechtlichen Gerichtskontrolle, die das deutsche Verwaltungsrecht prägt, nicht sinnvoll.[8]
Die unterschiedlichen Ansätze von nationalem und von Gemeinschaftsrecht sollten nicht dazu
führen, bewährte Wege des nationalen Rechts vorschnell zu verlassen;[9] vielmehr geht es um
Ko-Evolution von Gemeinschaftsrecht und nationalem Recht, bei der das deutsche
Recht mit seinen Traditionen beträchtliche und ausreichende Chancen der Mitgestaltung hat.[10]
Nach der Rechtsprechung des *BVerwG* erfüllt eine Verfahrensbeteiligung als solche regelmäßig
keinen Selbstzweck, sondern gewährt – wie sich aus § 13 Abs. 1 und 2 ergibt – Schutz allein im
Hinblick auf die bestmögliche Verwirklichung einer materiellrechtlichen Rechtsposition, es sei
denn, das Spezialrecht gewährt selbständig durchsetzbare isolierte Verfahrensbeteiligungen unabhängig von einer potentiellen Betroffenheit in der eigenen Rechtssphäre.[11] Dies führt dazu, dass

---

gungsnovellen 1996, DVBl 1997, 326; *Dehner,* Deutschland – Standortfaktor Rechtsstaat, UPR 1997, 226; kritisch *Hatje,* Die Heilung formell rechtswidriger Verwaltungsakte im Prozeß als Mittel der Verfahrensbeschleunigung, DÖV 1997, 344; ferner *Hoffmann-Riem,* Tendenzen in der Verwaltungsrechtsentwicklung, DÖV 1997, 433; *Schily,* Die Europäisierung der Innenpolitik, NVwZ 2000, 883; Einl Rn. 91 ff.
[5] Hierzu *Pietzcker/Wahl* VVDStRL 41 (1982), 151 ff. und 193 ff.; *Ossenbühl* NVwZ 1982, 465; *Degenhart*
DVBl 1982, 872; *Steinberg* DÖV 1982, 619; *Schenke* VBlBW 1982, 313; *Hill* NVwZ 1991, 1048; *Stelkens*
DVBl 1992, 248.
[6] „Dienende Funktion" drückt keine Geringschätzung oder einen Nachrang aus; *Hufen* Rn. 589 a.E.; vgl.
auch *Schmidt-Aßmann,* 6. Kap., Rn. 46, 149; *Schmidt-Preuß* NVwZ 2005, 489, 490; demgegenüber kritisch
Ziekow NVwZ 2005, 263, 264.
[7] A. A. *Burgi* NJW 2006, 2439, 2444.
[8] *Schmidt-Aßmann,* 6. Kap., Rn. 149; *Wahl* DVBl 2003, 1285, 1291.
[9] So aber *Dolde* NVwZ 2006, 857, 863: Reduzierung der gerichtlichen Kontrolldichte.
[10] *Wahl,* Herausforderungen, 2006, S. 102 f.; ferner *Papier* EuGRZ 2007, 133, 134.
[11] *BVerwGE* 64, 325, 331 ff. = NJW 1982, 1546; 92, 258, 261, 263 = NVwZ 1993, 890; 105, 6 =
NVwZ 1998, 281.

das Verwaltungsverfahrensrecht 3. jedenfalls in den Fällen **Grundrechtsrelevanz** hat, in denen Grundrechtspositonen durch rechtswidrige Verfahrenshandlungen oder -unterlassungen unmittelbar verletzt werden (hierzu noch Rn. 45 ff.; ferner zu §§ 45, 46). Angesichts der relativ behördenfreundlichen Regelungen der §§ 45, 46 ist die ausdrückliche Betonung erforderlich, dass alle Vorschriften des **VwVfG** nach wie vor **zwingendes Recht** sind und von den Behörden auch im Interesse der Beschleunigung der Erledigung von VwVf nicht bewusst oder unbewusst außer acht gelassen werden dürfen. Ihre Einhaltung ist – unabhängig von den Auswirkungen auf den Einzelfall – im Wege der Rechtsaufsicht durch generelle Weisungen oder Einzelfallmaßnahmen sicherzustellen. **Verfahrensfehler sind Rechtsfehler** und führen grundsätzlich zu rechtswidrigen Entscheidungen. Ob und inwieweit Verfahrensfehler absolute oder relative Rechtsfehler sind und – unabhängig von ihrer Auswirkungen auf die Sachentscheidung, – **heilbar** sind, damit im Ergebnis irrelevant sein können, ist im Hinblick auf §§ 45, 46 noch nicht abschließend geklärt. Gerade wenn diese beiden behördenfreundlichen Vorschriften wegen des ihnen zugrundeliegenden Beschleunigungszwecks Verfahrens- und Formfehler leichter behebbar machen, ist die im öffentlichen und subjektiven Interesse bestehende **Bindungs- und Schutzfunktion** des zwingenden Verfahrensrechts relativiert und die verwaltungsrechtliche Dogmatik berührt.[12] Wenn §§ 45, 46 sich angesichts des weiten Gestaltungsspielraums des Gesetzgebers bei der einfachgesetzlichen Ausgestaltung des Verwaltungsverfahrensrechts noch innerhalb des Rahmens der **Mindestforderungen** des rechtsstaatlichen VwVfs halten (hierzu Rn. 39 ff.), müssen sie **verfassungskonform ausgelegt und angewendet** werden, weil jedenfalls materiellrechtliche Grundrechtspositionen – auch in Ansehung berechtigter Beschleunigungstendenzen – nicht verfahrensrechtlich unterlaufen oder derogiert werden können (hierzu im Einzelnen etwa bei §§ 24, 25, 28, 39, 41, 45, 46). Insgesamt gesehen enthalten die VwVfGe, unabhängig ob sie in den Ländern als sog. Vollgesetze oder Verweisungsgesetze konzipiert sind (hierzu Rn. 287 ff.), gesetzliche Verallgemeinerungen oder Klarstellungen bewährter Regelungen aus Spezialgesetzen (etwa §§ 10–14, 20, 21, 24 ff.), teilweise die Festschreibung, Fortschreibung oder Erweiterung bzw. Änderung bisheriger höchstrichterlicher Rechtsprechung (etwa zu §§ 48, 49), vielfach aber auch die erstmalige gesetzliche Regelung bisher nicht normierter Problembereiche, die sich als einfachgesetzliche Konkretisierung und Ausgestaltung des Prinzips der Gesetzmäßigkeit der Verwaltung und des darauf beruhenden **rechtsstaatlichen Verfahrens** (hierzu noch Rn. 25 ff.) darstellen (etwa §§ 4–8, 11–14, 17–19, 23, 25, 28, 29, 30, 54–62, 71 a–e, 81 ff.).

5 **c) Bedeutung in der Praxis:** Das VwVfG hat, wie die zwischenzeitliche Erfahrung zeigt, in seinen verschiedenen Regelungsteilen **unterschiedliche praktische und rechtssystematische Bedeutung** erlangt. Seit Inkrafttreten des VwVfG im Jahre 1977 ist zudem ein deutlicher Wandel der Rahmenbedingungen bei der Durchführung von VwVf eingetreten. Dies bezieht sich nicht so sehr auf die rechtssystematische Ausgestaltung einzelner Vorschriften des VwVfG, sondern auf eine Veränderung der objektiven politischen, wirtschaftlichen und sozialen Verhältnisse in Deutschland, die mit den Schlagworten **Schlanker Staat, Aktivierender Staat, Beschleunigung, Deregulierung und Privatisierung von Verwaltungsaufgaben** gekennzeichnet sind und durch die bereits erlassenen Vereinfachungs- und Beschleunigungsgesetze zu deutlich **veränderten Strukturen** des Verwaltungsverfahrensrechts geführt haben und weiter führen dürften (hierzu die Literaturnachweise zu § 1, ferner im Einzelnen Rn. 121 ff.). Auch das **gewandelte Bürger-Staat-Verhältnis** und die Pflicht zu bürgerfreundlichem Verhalten der Behörden[13] haben eine weitgehend neue Rechts- und Verwaltungskultur entwickelt.[14] Sie führt zu vielfältigen Partizipationsmöglichkeiten vor einer Entscheidung der Behörde und setzt sich in einem lückenlosen Rechtsschutz gegen praktisch alle bedeutsamen Verwaltungsentscheidungen auch mit Dritt- und Doppelwirkung (hierzu § 50) fort. Die einseitig autoritäre Verwaltungspraxis gerät tendenziell zunehmend den Hintergrund und weicht mehr und mehr einer auf Akzep-

---

[12] *Bonk* NVwZ 1997, 320, 323; *Bracher* DVBl 1997, 534; eingehend *Hatje* DÖV 1997, 477; ferner *Redeker* NVwZ 1997, 625.
[13] Etwa *OVG Koblenz* NJW 1990, 465, ferner hierzu §§ 9, 10, 25, 71 a ff.
[14] Hierzu *Hoffmann-Riem/Schmidt-Aßmann* (Hrsg.), Konfliktbewältigung durch Verhandlungen, 1990; *Brohm* NVwZ 1991, 1025, 1028; *Württenberger* NJW 1991, 257; *Benz*, Kooperative Verwaltung, 1994; *Schneider* VerwArch 87 (1996), 38; *Thieme* DÖV 1996, 757, 760 m. w. N.; *Westphal* DÖV 2000, 996.

§ 1 Anwendungsbereich 6, 7 § 1

tanz und Kooperation gerichteten Verwaltungsführung.[15] Die Folge der zunehmenden **Zahl von Rechtsvorschriften** ist eine zunehmende **Dauer von VwVf** mit Unsicherheit über den letztendlichen Ausgang und oft anschließenden verwaltungsgerichtlichen Verfahren. An die Stelle der rein einseitigen VwVf tritt zunehmend das informelle oder **kooperative Verwaltungsverfahren,** bei dem die Grenzen der Zulässigkeit von Absprachen, Arrangements und Vereinbarungen unterhalb der förmlichen Vertragsebene zweifelhaft und praktisch sowie rechtssystematisch bisher nur unzureichend aufgearbeitet sind (hierzu § 9 Rn. 172 ff.; § 54 Rn. 1 ff., 40 ff.). Dieser Trend ist durch die Vorschriften zum **Beschleunigten Genehmigungsverfahren,** insbesondere zu Vor-Antrags-Verfahren, Sternverfahren und Antragskonferenz (§ 71c Abs. 2, §§ 71d und e) bundesgesetzlich bestätigt, in denen Elemente des dialogischen und kooperativen VwVf enthalten sind (hierzu Näheres dort). Ein weiterer grundsätzlicher Aspekt neben der Dauer von VwVf, allerdings in sie hineinwirkendes Element, ist ihre tendenziell zunehmende **grundrechtliche Bedeutung:** Weil Verwaltung nicht mehr aus Gründen des Allgemeinwohls subjektive Rechte und Interessen hintanstellen darf und die Grundrechte nicht nur das materielle Recht beeinflussen, sondern auch das dazu gehörende Behördenverfahren (ferner Rn. 39 ff.), werden die Befugnisse der Behörden tendenziell begrenzt. Das führt nicht automatisch zu einer Verlängerung der Dauer von Verfahren oder einer Verminderung der Verwaltungseffektivität, sondern ist die Konsequenz rechtsstaatlichen VwVfs und bewirkt den notwendigen Schutz des Einzelnen und seiner Sphäre vor einem allmächtigen Staat.[16]

Schließlich hat sich auf nationaler Ebene auch der Ablauf komplexer Entscheidungsprozeduren 6 veränderte, insbesondere bei **Groß- oder Massenverfahren** mit Auswirkungen auf eine Vielzahl von potentiell Beteiligten und Betroffenen, die wegen der Vielzahl zu beachtender Vorschriften und zu beteiligender Behörden zu langen VwVf führen und daher den Vereinfachungs- und Beschleunigungsgesetzen von 1991, 1993 und 1996 (hierzu Rn. 269 f.) geführt haben (hierzu ferner §§ 9, 17 ff., 45, 46, 71a ff., 72 ff.).

Aus der Vielzahl der offenen verfahrensrechtlichen Probleme wird – ohne Anspruch auf Vollständigkeit – schlagwortartig auf folgende Bereiche hingewiesen, in denen noch zahlreiche ungeklärte Einzel- und Grundsatzfragen des Verwaltungsverfahrensrechts vorhanden sind:

aa) Vor allem wegen der **Subsidiarität** und den **Ausnahmen vom Anwendungsbereich** 7 (hierzu Rn. 19; § 2 Rn. 22) und dem – nicht besonders übersichtlichen – Nebeneinander von allgemeinen und besonderem Verfahrensrecht besteht die **Notwendigkeit einer weiteren Rechtsvereinheitlichung und -bereinigung** unverändert fort. Die Rechtsvereinheitlichung und -bereinigung auf Bundesebene (hierzu Rn. 269 f.) ist nach 1990 nicht weiter fortgeschritten. Sie drängt sich auch nach den jüngsten Beschleunigungsgesetzen auf, denn solange die Vielzahl von Rechtsvorschriften für eine Vielzahl von Verfahren mit einer Vielzahl in verschiedenen Formen an Verwaltungsentscheidungen zu beteiligender Behörden nicht durch straffere und einheitlichere **Verfahren** ersetzt wird, bleibt der Beschleunigungseffekt der Beschleunigungsgesetze begrenzt.[17] Plakativ lässt sich sagen: Ein **schlanker Staat** braucht **schlanke Rechtsvorschriften.** Aufgeblähte Regelungen können kaum beschleunigend wirken. Keine wirkliche Rechtsbereinigung bewirken Bereinigungsgesetze wie das vom 19. 2. 2006 (BGBl I S. 334), wenn hierdurch nur Regelungsreste förmlich aufgehoben werden, die von der Praxis gar nicht mehr wahrgenommen wurden.[18]

---

[15] *Hoffmann-Riem/Schmidt-Aßmann* (Hrsg.), Innovation und Flexibilität des Verwaltungshandelns, 1994; *Hofe* BayVBl 1995, 225; *König* DÖV 1995, 349; *Schneider* VerwArch 87 (1996), 38; *Schmitz* DVBl 2005, 17; ferner § 9 Rn. 112 ff.; § 54 Rn. 40 ff.

[16] Vgl. BVerfGE 84, 34 und 84, 59 = NJW 1991, 2005 und 2008; zustimmend *Kopp,* DVBl 1991, 988; *Pietzcker* JZ 1991, 1084; kritisch *Seebaas* NVwZ 1992, 609; ferner etwa *Hoffmann-Riem,* Tendenzen in der Verwaltungsrechtsentwicklung, DÖV 1997, 433. Zur Grundrechtsrelevanz von Verwaltungsverfahren ferner Rn. 45 ff.

[17] Vgl. in dieser Richtung die Tendenz der Sachverständigenanhörung des Innen-, Rechts-, Wirtschafts- und Umweltausschusses des Deutschen Bundestags am 8. 5. 1996 zum GenBeschlG-E (BT-Drs 13/3995) und zum 6. VwGOÄndG (BT-Drs 13/3993; hierzu Ausschussdrucksache 13/271 und Prot. Nr. 31 des 16. Ausschusses; ferner *Schneider* VerwArch 87 (1996), 581; *Schmitz/Wessendorf* NVwZ 1996, 955; *Bonk* NVwZ 1997, 320, *Stüer* DVBl 1997, 326; *Hatje* DÖV 1997, 477.

[18] Beispiele aus diesem Bereinigungsgesetz: Auflösung des Ersten Bundesbesoldungserhöhungsgesetzes von 1972 (Art. 40) oder Aufhebung der VO über die Einführung der mitteleuropäischen Sommerzeit für die Jahre 1998, 1999, 2000 und 2001 (Art. 98). Vgl. auch *Bull* Die Verwaltung 38 (2005), 285, 307.

8   bb) Von den allgemeinen Vorschriften zum **Verwaltungsverfahren** (zu zahlreichen offenen Problemen hierzu § 9 m. w. N.) haben insbesondere die Regelungen zu Beteiligten (§ 13), Bevollmächtigten (§ 14), zu ausgeschlossenen und befangenen Amtswaltern (§§ 20, 21), den Untersuchungspflichten der Behörde (§§ 24–27) und den teilweise damit korrespondierenden Mitwirkungspflichten der Beteiligten, ferner zur Anhörung (§ 28), Akteneinsicht (§ 29) und Geheimhaltung (§ 30) besondere praktische und rechtsstaatliche Bedeutung.

9   cc) Die Regelungen zum **Verwaltungsakt** (§§ 35–53) stehen nach wie vor im Mittelpunkt des praktischen Interesses, weil der Verwaltungsakt weiterhin die typische Handlungsform der Verwaltung für Einzelfallentscheidungen ist. Dabei sind vor allem die Vorschriften zu Nebenbestimmungen (§ 36), zum Ermessen (§ 40), zur Rechtswidrigkeit und Nichtigkeit nebst den Folgen von Verfahrens- und Formfehlern (§§ 44–46) sowie zu Rücknahme und Widerruf von Verwaltungsakten (§§ 48, 49) mit zahlreichen Einzel- und Grundsatzfragen – etwa bei VA mit Doppel-, Dritt- und Dauerwirkung – von erheblicher praktischer Bedeutung und teilweise auch nach der Einführung der neuen §§ 80 a und b VwGO (hierzu bei § 50) noch nicht endgültig gelöst (Näheres bei §§ 35 ff.). Von besonderer praktischer und rechtlicher Bedeutung sind die **geänderten §§ 45, 46,** mit denen die Heilung bestimmter Verfahrensvorschriften nunmehr bis zum Abschluss der letzten Tatsacheninstanz eines verwaltungsgerichtlichen Verfahrens zulässig ist (§ 45 Abs. 2) und Aufhebungsansprüche bei Verfahrens- und Formfehlern davon abhängig gemacht werden, dass sie offensichtlich die Entscheidung in der Sache beeinflusst haben (§ 46). Diese Vorschriften sollen nach ihrer gesetzlichen Konzeption primär der Beschleunigung von Verfahren dienen.[19] Insgesamt gesehen reduzieren sie das Verfahrensrecht in seiner praktischen und rechtlichen Relevanz und werfen eine Reihe grundsätzlicher Fragen auf (hierzu im Einzelnen bei §§ 45, 46). Neu im VwVfG sind ferner die Regelungen über die Zulässigkeit des Widerrufs von Geld- und SachleistungsVAen für die Vergangenheit bei zweckwidriger Verwendung öffentlicher Mittel gemäß § 49 Abs. 3 VwVfG n. F. nebst Erstattung und Verzinsung gemäß §§ 48, 49, 49 a VwVfG nach Art. 1 des des Gesetzes zur Änderung verwaltungsverfahrensrechtlicher Vorschriften vom 6. 5. 1996.[20] Durch die in diesem Gesetz erfolgte gleichzeitige Streichung des § 44 a BHO ist der wichtige Bereich auf Grund VA bewilligter, aber fehlgeleiteter öffentlicher Gelder, insbesondere von Subventionen und sonstigen Zuwendungen wieder in das allgemeine Verwaltungsverfahrensrecht zurückholt (Näheres bei § 49 Abs. 3 und § 49 a).

10   dd) Beim **ör Vertrag,** der neben dem VA die zweite ihm rechtssystematisch gleichrangige Handlungsform der Verwaltung zur Entscheidung von Einzelfällen ist (§§ 54–62), stellen sich wie bisher vor allem Fragen nach den Grenzen der Vertragsfreiheit im öffentlichen Recht und den Folgen rechtswidrigen Vertragshandelns (hierzu § 59). Hinzu kommen nach wie vor nicht gelöste Fragen nach den faktischen Erscheinungsformen und der rechtlichen Zulässigkeit des sog. informellen Verwaltungsverfahrens, die begrifflich teilweise auch als **schlichtes/informelles/kooperatives Verwaltungshandeln** bezeichnet wird (hierzu Rn. 274 ff.; § 9 Rn. 172 ff.; § 54 Rn. 40 ff.) und Zwischenformen wie Vorverhandlungen, Arrangements, Agreements und sonstige Einvernehmensformen ohne förmlichen Vertragscharakter betrifft (hierzu §§ 54, 59 m. w. N.). Zur Fortentwicklung der Vertragstypologie über §§ 55, 56 hinaus sowie zu Fragen der Folgen von Nicht- oder Schlechterfüllung von ör Verträgen (§ 62) vgl. Rn. 278 ff. und bei den einzelnen Vorschriften.

11   ee) Im Bereich des **Förmlichen Verwaltungsverfahrens** (§§ 63–71) bestehen insbesondere bei umweltrelevanten Vorhaben mit in der Regel vielen Beteiligten und Betroffenen unterschiedliche Probleme durch in den einzelnen Rechtsgebieten uneinheitlich geregelte **gestufte, parallele und/oder konzentrierte Verfahren** einschließlich daraus resultierender uneinheitlicher Verfahrensabläufe (vgl. § 72 Rn. 1 ff.).[21]

---

[19] Vgl. die Begr des RegE, BT-Drs 13/3995, S. 8.
[20] BGBl I S. 656; vgl. hierzu Gesetzentwurf der BReg in BT-Drs 13/1354 und Beschlussempfehlung und Bericht des BT-Innenausschusses, BT-Drs 13/3868.
[21] *Kutscheidt,* Das gestufte Genehmigungsverfahren – Glanz und Elend eines Rechtsinstituts, FS Sendler, S. 303; *Lämmle,* Konkurrenz paralleler Genehmigungen – Analyse und Lösung des Problems aus der Sicht des Allgemeinen Verwaltungsrechts, 1991; *Salis,* Gestufte Verwaltungsverfahren im Umweltrecht, 1991; *Wieland,* Die Stufung von Anlagengenehmigungen im Atomrecht, DVBl 1991, 616; *Landel,* Die Umweltverträglichkeitsprüfung in parallelen Zulassungsverfahren, 1995, *Becker,* Verfahrensbeschleunigung durch Genehmigungskonzentration, VerwArch 87 (1996), 581.

§ 1 Anwendungsbereich 12–16 § 1

ff) Durch das GenBeschlG sind in das VwVfG Regelungen über **Beschleunigte Genehmigungsverfahren (§§ 71 a–e)** neu eingeführt worden. Mit diesen ergänzenden Vorschriften sollen Genehmigungsverfahren, die der Durchführung von Vorhaben im Rahmen einer wirtschaftlichen Unternehmen eines Antragstellers dienen, schneller als bisher erledigt werden und dadurch den Wirtschaftsstandort Deutschland sichern helfen.[22] Diese im Anwendungsbereich etwas unscharfen Vorschriften mit ihren Regelungen über die Zügigkeit des Verfahrens (§ 71 b), Beratung und Auskunft auch bei sog. Vor-Antrags-Verfahren (§ 71 c Abs. 2), zu Sternverfahren (§ 71 d) und zur Antragskonferenz (§ 71 e) enthalten in der Praxis bereits durchaus gebräuchliche,[23] aber als Rechtsvorschrift neue **Elemente des informellen, dialogischen oder kooperativen Verwaltungsverfahrens** und sind insoweit bemerkenswerte Fortentwicklungen der bisherigen Strukturen des VwVfs. Sie treten zu den geltenden Regelungen hinzu, schaffen aber keine dritte neue Besondere Verfahrensart neben dem Förmlichen VwVf und dem Planfeststellungsverfahren. Sie sind in rechtlicher Hinsicht unbedenklich. Ob sie auch den gewünschten praktischen Effekt haben, ist bislang nicht erkennbar geworden. Das Grundproblem besteht hier darin, dass mit ihnen die notwendige **Rechtsvereinheitlichung und -bereinigung** nicht geschaffen wird, so dass weder das materielle Anlagenzulassungsrecht vereinheitlicht und vereinfacht wird noch die höchst unterschiedlich gestalteten gestuften, parallelen, konzentrierten, vorläufigen und endgültigen Verfahren harmonisiert sind. Die §§ 71 a ff. werden daher ohne weitere und **flankierende** Maßnahmen der Deregulierung[24] das gewünschte Ziel kaum erreichen. 12

gg) Durch das GenBeschlG sind für das **Planfeststellungsverfahren** zahlreiche neue Vorschriften eingeführt, mit denen diese Verfahren a) im Wege von Fristabkürzungen und Präklusionsregelungen auch zu Lasten drittbeteiligter Behörden gestrafft werden sollen (§ 73), b) das im Spezialrecht teilweise bereits vorhandene Plangenehmigungsverfahren in einfach gelagerten Fällen als allgemeines Institut eingeführt wird (§ 74 Abs. 6 und 7) und c) die Auswirkungen von Abwägungsmängeln im Planfeststellungs- und Plangenehmigungsverfahren zu Gunsten des Planerhalts abgemildert werden (§ 75 Abs. 1 a; Einzelheiten jeweils dort). Diese Vorschriften sind überwiegend aus vorhandenen Regelungen des Fachplanungsrechts übernommen und nunmehr zum Maßstab des allgemeinen Verwaltungsverfahrensrechts gemacht (Näheres bei §§ 72 ff.). 13

d) Grenzen der Vereinheitlichung: Die Kodifikations- und Vereinheitlichungswirkung der VwVfGe von Bund und Ländern ist trotz des umfassenden gesetzlichen Ansatzes in mehrfacher Hinsicht begrenzt. 14

aa) Subsidiarität: Die Vereinheitlichkeitswirkung wird relativiert zunächst durch den weitgehenden Vorrang inhaltsgleicher und entgegenstehender Rechtsvorschriften. Diese Subsidiarität gegenüber dem Spezialrecht gilt sowohl nach dem VwVfG des **Bundes** als auch nach den meisten entsprechenden **Ländergesetzen** (hierzu und zu Ausnahmen vgl. Rn. 186 ff.). Der dadurch begründete Vorrang führt in der Verwaltungspraxis zu einer Reihe von Schwierigkeiten, weil das **Nebeneinander** von Spezialrecht und allgemeinem Verwaltungsverfahrensrecht eine ständige Prüfung des anwendbaren Rechts im Einzelfall mit oft unklarem oder manchmal unbefriedigenden Ergebnissen zur Folge hat. Der Tendenz zur **Partikularisierung** der Rechtsordnung durch viele selbständig nebeneinander existierende Sonderregelungen ohne verbindliche und gemeinsame Grundstrukturen ist soweit wie möglich entgegenzuwirken,[25] weil auch durch eine Rechtszersplitterung Rechtssicherheit und Berechenbarkeit des (Verfahrens-)Rechts Schaden nehmen können. 15

Andererseits ist festzustellen, dass die Gesetzgeber von Bund und Ländern um einen normativen **Abbau von Spezialvorschriften** und eine **Rechtsvereinheitlichung** bemüht sind. Diese Vereinheitlichungs- und Vereinfachungsbestrebungen werden u. a. unter den Stichworten Rechtsbereinigung, Entbürokratisierung, Privatisierung, Verwaltungsvereinfachung und Be- 16

---

[22] Begründung des RegE, BT-Drs 13/3995, S. 8 ff.; hierzu *Schlichter* DVBl 1995, 173; *Hoffmann* DÖV 1995, 237; *Lübbe-Wolff* ZUR 1995, 57; *Büllesbach* DÖV 1995, 710; *Schmitz/Wessendorf* NVwZ 1996, 955; ferner die Literaturnachweise zu § 1.
[23] *Schmitz/Wessendorf* NVwZ 1996, 955, 959.
[24] Vgl. hierzu den Bericht der Bundesregierung vom 22. 4. 1994, BT-Drs 12/7468, aus dem sich der nur punktuelle Charakter der Bemühungen um eine Deregulierung deutlich ergibt; ferner die Literaturnachweise vor Rn. 1.
[25] Vgl. *BVerwGE* 85, 79 = NVwZ 1990, 1066; 88, 130, 132 = NVwZ 1992, 63; ferner die Nachweise Rn. 233 ff.

schleunigung bisher mit begrenztem Erfolg betrieben (vgl. die Nachweise Rn. 206 ff.). Bei allen diesen Bemühungen ist freilich nicht zu verkennen, dass es mit der zunehmenden Spezialisierung der Verwaltungszweige eine starke Tendenz zur Konservierung spezialgesetzlicher Vorschriften gibt, die nur schwer aufzuweichen ist.

17 **bb) Ausnahmen vom Anwendungsbereich:** Eine weitere Grenze der Vereinheitlichung des Verwaltungsverfahrensrechts ergibt sich neben der Subsidiarität aus den Ausnahmen vom Anwendungsbereich durch § 2 (Näheres hierzu dort). Mit dieser **Verlustliste der Rechtseinheit** hat der Gesetzgeber der Tatsache Rechnung tragen müssen, dass nicht für alle Behörden und nicht für alle Verwaltungszweige ein einziges Verfahrensrecht passt. Zahlreiche Besonderheiten haben es insbesondere angezeigt erscheinen lassen, für das Abgaben- und Sozialverfahren durch die AO und das SGB X eigene Verfahrensgesetze zu erlassen (zur sog. **Drei-Säulen-Theorie** vgl. § 2 Rn. 2 ff.; Einl Rn. 51).

18 **cc) Beschränkung auf Verwaltungsverfahren im engeren Sinne:** Eine dritte Begrenzung des Kodifikationseffektes ergibt sich – sieht man von den Regelungen zur Amtshilfe (§§ 4–8) und zur amtlichen Beglaubigung (§§ 33, 34) ab – aus der Beschränkung des VwVfG auf **(externe) Verwaltungsverfahren,** die auf den Erlass eines VA oder den Abschluss eines ör Vertrags gerichtet sind (§ 9). Ausgenommen sind damit das **abstrakte Verwaltungshandeln** für Rechtsverordnungen, Satzungen und allgemeine Verwaltungsvorschriften sowie **internes Verwaltungshandeln;** darüber hinaus das Verwaltungshandeln ohne unmittelbaren Regelungscharakter für die faktisch oft sehr wichtigen Vorverhandlungen, Arrangements, Agreements und faktischen Absprachen, ferner normersetzende oder -verhindernde Verhaltensweisen oder sonstige verwaltungsinterne Verfahren ohne unmittelbare Außenwirkung (sog. **informelle oder kooperative Verwaltungsverfahren;** hierzu Rn. 274 ff.; § 9 Rn. 172 ff.). Hier bleibt noch ein weites Betätigungsfeld für Gesetzgeber, Rechtsprechung und Lehre.

19 **e) Strukturelle Veränderungen seit 1990:** Der Gesetzgeber hat auf die zahlreichen politischen, wirtschaftlichen und sozialen Veränderungen in Deutschland und der Welt mit einer Reihe von gesetzlichen Regelungen reagiert, die auf die Verwaltungsverfahren und -prozesse nicht unerheblich einwirken. Unter den Stichworten **Schlanker Staat, Sicherung des Wirtschaftsstandorts Deutschland, Beschleunigung von Verfahren, Deregulierung und Privatisierung** ist dies bisher insbesondere geschehen durch folgende Gesetze (s. auch Rn. 269):
– Verkehrswegeplanungsbeschleunigungsgesetz vom 16. 12. 1991,[26] das am 17. 12. 2006 durch das Gesetz zur Beschleunigung von Planungsverfahren für Infrastrukturvorhaben[27] ersetzt wurde,
– Planungsvereinfachungsgesetz vom 17. 12. 1993,[28]
– (Erstes) Gesetz zur Änderung verwaltungsverfahrensrechtlicher Vorschriften vom 2. 5. 1996,[29]
– Genehmigungsverfahrensbeschleunigungsgesetz vom 12. 9. 1996,[30]
– 6. VwGO-Änderungsgesetz vom 7. 11. 1996[31] und
– Gesetz zur Beschleunigung von Planungsverfahren für Infrastrukturvorhaben vom 9. 12. 2006.[32]

20 Demgegenüber hat das 2. VwVfÄndG vom 6. 8. 1998[33] keine strukturellen Änderungen, sondern vor allem redaktionelle Anpassungen und Bereinigung von Unstimmigkeiten, die durch die vorangegangenen Änderungsgesetze entstanden waren, gebracht.[34] Kritik wurde an der Bezeichnung „2. VwVfÄndG" geübt; diese sei eher für das GenBeschlG zu verwenden gewesen.[35] Die ersten Arbeitsentwürfe für die Änderung des VwVfG durch das GenBeschlG waren tatsächlich mit „2. VwVfÄndG" überschrieben. Die Bezeichnung „Gesetz zur Änderung verwaltungs-

---

[26] BGBl I S. 2174.
[27] BGBl I S. 2833, ber. 2007 I S. 691; hierzu Rn. 269; § 72 Rn. 22 ff., *Otto* NVwZ 2007, 379.
[28] BGBl I S. 2123.
[29] BGBl I S. 656.
[30] BGBl I S. 1354.
[31] BGBl I S. 1626.
[32] BGBl I S. 2833.
[33] BGBl I S. 2022.
[34] *Schmitz/Olbertz* NVwZ 1999, 126.
[35] So *Maurer* (12. Aufl.) § 5 Rn. 5 c.

§ 1 Anwendungsbereich   21–24 § 1

verfahrensrechtlicher Vorschriften" soll jedoch solchen Gesetzen vorbehalten bleiben, die wie das Gesetz vom 2. 5. 1996 neben dem VwVfG auch entsprechende Vorschriften des SGB X und/oder der AO ändern. Denkbar wäre nun gewesen, Art. 1 des GenBeschlG mit „Gesetz zur Änderung des VwVfG – VwVfGÄndG" zu überschreiben; hiervon ist jedoch abgesehen worden, weil die Gefahr von Missverständnissen bei der Unterscheidung von „x. VwVfGÄndG" und „x. VwVfÄndG" als zu groß angesehen wurde.

Zwar ist durch die in Rn. 19f. genannten Gesetze die formale Ausgestaltung des VwVfG nur **21** unwesentlich verändert worden. Inhaltlich gibt es aber eine Reihe neuer Vorschriften, die **Struktur, Ablauf und Funktion des Verwaltungsverfahrens** deutlich modifizieren, etwa durch die allgemeine Einführung des Zügigkeitsprinzips (§ 10), durch erweiterte Heilungsmöglichkeiten für Fehler bei der Anwendung von Verfahrens- und Formvorschriften (§§ 45, 46), durch Fristabkürzungen und Präklusionen im Planfeststellungs- und -genehmigungsverfahren (§§ 72 ff.), durch die Einführung des Instituts der Plangenehmigung (§ 74 Abs. 6), durch die Absenkung der Relevanz von Abwägungsmängeln in Planungsverfahren (§ 75 Abs. 1a) sowie durch neue Regelungen für beschleunigte Genehmigungsverfahren bei wirtschaftlichen Unternehmungen (§§ 71 a–e, hierzu dort). Vor allem die §§ 71 a ff. mit ihren Regelungen zum Vor-Antrags-Verfahren (§ 71 c Abs. 2) sowie zum Sternverfahren und zur Antragskonferenz (§§ 71 d und e) enthalten Elemente des **informellen** (Rn. 148, § 9 Rn. 172), **dialogischen und kooperativen** (Rn. 278 ff.) **Verwaltungsverfahrens** und sind insoweit Fortentwicklungen des bisherigen eher statischen VwVfs.

Andererseits ist der **Vorrang des Spezialrechts** aufrechterhalten, weil die notwendige De- **22** regulierung zwar angestrebt, bisher aber nicht verwirklicht ist.[36] Diese neuen Regelungen werden die bisherige **Behördenpraxis** nicht unerheblich verändern, weil sie den Antragstellern bisher nicht vorhanden gewesene Rechte einräumen, mit denen die bisherige weitgehende Verfahrensherrschaft der Behörde eingeschränkt wird. Von den Neuregelungen werfen vor allem **§§ 45, 46** mit ihren weitgehenden Heilungsmöglichkeit von Verfahrens- und Formfehlern auch (verfassungs)rechtliche Fragen nach der Bedeutung und Wert von Verfahrensrecht in Ansehung von Art. 19 Abs. 4 und Art. 20 Abs. 3 GG auf.[37] Es geht dabei im Kern darum, diese Vorschriften – die im Ergebnis von der Gestaltungsfreiheit des Gesetzgebers und der ihm zustehenden Interessenabwägung zwischen der Verwaltungseffektivität und dem Rechtsschutzauftrag wohl noch gedeckt sind[38] – insbesondere in den Fällen **verfassungskonform auszulegen und anzuwenden,** in denen Grundrechtspositionen des Bürgers durch Verfahrenshandlungen der Behörde beeinträchtigt werden (vgl. Einzelheiten insbesondere bei §§ 10, 17, 25, 28, 39, 45, 46, 71 a ff., 73).

Begleitet und ergänzt werden die vorgenannten Regelungen durch weitere Vorschriften über **23** die **Privatisierung von Verwaltungsaufgaben,** die bisher hoheitlich wahrgenommen wurden, etwa im Bereich von Post, Bahn und Luftverkehrsaufsicht (vgl. hierzu Art. 87 d Abs. 2, 87 e und 87 f GG i. V. m. der jeweiligen Ausführungsgesetzgebung, hierzu noch Rn. 101 ff., § 2 Rn. 135 ff. m. w. N.). Die Entwicklung ist in diesem Bereich nicht abgeschlossen. Sie geht im Kern darum, welche Aufgaben der Staat notwendigerweise i. S. von Art. 33 Abs. 4 und 5 GG weiterhin wahrzunehmen hat und inwieweit er sie verfassungsrechtlich bzw. -politisch formell und materiell privatisieren darf oder soll (hierzu Rn. 121 ff. m. w. N.). Zur **Verfahrensprivatisierung** vgl. Rn. 41, 121 ff.

Aus allen diesen Teilaspekten wird deutlich, dass auch das Verwaltungsverfahrensrecht **dyna- 24 misches Recht und Spiegelbild** der inhaltlichen Veränderungen im Staat-Bürger-Verhältnis ist. Aus den genannten neuen Gesetzen und mit ihnen verfolgten Grundtendenz der Beschleunigung und Vereinfachung des Behördenverfahren ergibt sich der Sache nach in einer sich verändernden Welt ein teilweiser Abschied vom früheren Wohlstandverwaltungs(verfahrens)rechts. Die Verhältnisse des Jahres 1976 bei Erlass des VwVfG sind nicht die der Jahre 1996 ff. Deshalb darf und muss der Gesetzgeber darauf auch im Verfahrensrecht normativ reagie-

---

[36] Vgl. dazu den Bericht der Bundesregierung, BT-Drs 12/7468; ferner Rn. 269 f. m. w. N.
[37] Kritisch zu §§ 45, 46 etwa *Bracher* DVBl 1997, 534 – speziell zur Nachholung der Anhörungen; *Redeker,* NVwZ 1997 625; *Hatje* DÖV 1997, 477, 480 ff.; *Bonk* NVwZ 1997, 320, 322; ferner die Stellungnahmen in der gemeinsamen Anhörung der Ausschüsse des Bundestags am 8. 5. 1996, Ausschuss-Drs 93/271, Teil I–V.
[38] Vgl. *Redeker* NVwZ 1997, 625; *Bonk* NVwZ 1997, 320, 322 ff.; a. A. *Bracher* DVBl 1997, 534; *Hatje* DÖV 1997, 477.

ren. Bei der Beurteilung der neuen Regelungen ist aber die **rechtspolitische** Frage, ob sie sinnvoll und zweckmäßig sind und den gewünschten Effekt zeitigen werden, strikt von der **verfassungsrechtlichen Frage** zu trennen, ob der Gesetzgeber seinen weitgehenden Gestaltungsspielraum noch gewahrt oder den **Mindeststandard rechtsstaatlichen Verwaltungsverfahrens** bei §§ 45, 46 schon verletzt hat (Näheres dort). Auch die Anpassung des Verwaltungsverfahrensrechts im Hinblick auf den zunehmenden IT-Einsatz in der öffentlichen Verwaltung wirft neue, noch zu lösende Probleme auf (dazu § 3a).

25 **f) Zunehmende Bedeutung des Gemeinschaftsrechts:** Von zunehmendem Einfluss auf das nationale Verwaltungs(verfahrens)recht ist ferner das EG-Recht (Rn. 4). Das primäre und sekundäre Gemeinschaftsrecht (Gemeinschaftsverträge mit Anlagen und Protokollen, Verordnungen, Richtlinien sowie die allgemeinen Rechtsgrundsätze, hierzu noch Rn. 218ff.) beeinflusst und verändert einerseits das nationale **materielle Verwaltungsrecht** auf einer steigenden Anzahl von Rechtsgebieten der nationalen Rechtsordnung, etwa im Wirtschaftsverwaltungsrecht, u. a. im öffentlichen Auftragswesen, bei der Beihilfegewährung nach Art. 87, 88 EGV, im Umwelt- und Abfallrecht, aber auch im Beamten- und Kommunalrecht sowie bei der Raumordnung.[39]

26 Die **Charta der Grundrechte der Europäischen Union** (Einl Rn. 87ff.),[40] die beim Europäischen Rat in Nizza im Dezember 2000 proklamiert wurde, enthält in Kapitel V „Bürgerrechte" auch eine die Verwaltung betreffende Regelung:[41]

Artikel 41. Recht auf eine gute Verwaltung
  (1) Jede Person hat ein Recht darauf, dass ihre Angelegenheiten von den Organen und Einrichtungen der Union unparteiisch, gerecht und innerhalb einer angemessenen Frist behandelt werden.
  (2) Dieses Recht umfasst insbesondere
– das Recht einer jeden Person, gehört zu werden, bevor ihr gegenüber eine für sie nachteilige individuelle Maßnahme getroffen wird,
– das Recht einer jeden Person auf Zugang zu den sie betreffenden Akten unter Wahrung des legitimen Interesses der Vertraulichkeit sowie des Berufs- und Geschäftsgeheimnisses,
– die Verpflichtung der Verwaltung, ihre Entscheidungen zu begründen.
  (3) Jede Person hat Anspruch darauf, dass die Gemeinschaft den durch ihre Organe oder Bediensteten in Ausübung ihrer Amtstätigkeit verursachten Schaden nach den allgemeinen Rechtsgrundsätzen ersetzt, die den Rechtsordnungen der Mitgliedstaaten gemeinsam sind.
  (4) Jede Person kann sich in einer der Sprachen der Verträge an die Organe der Union wenden und muss eine Antwort in derselben Sprache erhalten.

Die Charta gilt nach ihrem Art. 51 Abs. 1 für die Organe und Einrichtungen der Union unter Einhaltung des Subsidiaritätsprinzips und für die Mitgliedstaaten ausschließlich bei der Durchführung des Rechts der Union.

Im Zusammenhang mit „guter Verwaltung" wird im europäischen und internationalen Bereich häufig auch der Begriff **„Good Governance"** verwandt, der ursprünglich aus der Ökonomik stammt. Das Konzept Good Governance entstand in den 1980er Jahren und meinte eine Gesamtheit von rechtsstaatlichen und institutionellen Anforderungen an die Infrastruktur des Regierungs- und Verwaltungshandelns als Voraussetzung für die Berücksichtigung eines Staates bei der Kreditvergabe (u.a. durch die Weltbank). Eine einheitliche Definition des Begriffs Good Governance gibt es nicht; zu den guten Prinzipien gezählt werden häufig Begriffe wie Transparenz, Effizienz, Partizipation, Verantwortlichkeit, Marktwirtschaft, Rechtsstaat, Demokratie und Gerechtigkeit.[42] „Good Governance" wird in jüngerer Zeit auch im Rahmen von Konzepten zu Verwaltungsethik rezipiert.

27 Darüber hinaus entwickeln sich in bestimmten Bereichen, etwa des Beihilfen- oder Umweltrechts, Grundsätze eines **EG-Verwaltungsverfahrensrechts,** das zwar begrifflich vom materiellen Recht nicht scharf trennbar ist, aber – soweit es innerstaatlich wirksam ist – ebenfalls

---

[39] Vgl. hierzu Literaturhinweise Nr. 2 vor Rn. 1.
[40] ABlEG C 364 v. 18. 12. 2000, S. 1; der Entwurf der Charta ist auch abgedruckt als Anlage zu BR-Dr 666/00; s. auch *Knöll* NVwZ 2001, 392.
[41] Hierzu *Hill* DVBl 2002, 1316, 1318; *U. Stelkens* ZEuS 2004, 129, 136ff.; *Goerlich* DÖV 2006, 313; *Klappstein,* Das Recht auf eine gute Verwaltung, 2006, S. 22; weitere Nachweise bei *Stern,* Staatsrecht IV/1, § 109 VIII 4.
[42] Vgl. *Voßkuhle* GVwR I, § 1 Rn. 68.

§ 1 Anwendungsbereich 28, 29 § 1

Anwendungs-/Geltungsvorrang⁴³ auch vor nationalem Verwaltungsverfahrensrecht hat (hierzu Rn. 218 ff.). Dieses EG-Verfahrensrecht ist bisher allerdings in den meisten Bereichen noch nicht deutlich strukturiert und beschränkt sich durchweg (noch) auf allgemeine Rechtsgrundsätze ohne Detailregelung, so dass derzeit noch weitgehend – sofern nicht bereits unmittelbar wirksame Regelungen oder Rechtsgrundsätze des primären und sekundären Gemeinschaftsrechts bestehen – nationales Verfahrensrecht anwendbar bleibt (hierzu im Einzelnen Rn. 218 ff.; zum Vergaberecht Rn. 131). Zu den allgemeinen verfahrensrechtlichen europäischen **Rechtsgrundsätzen** gehören insbesondere diejenigen zum rechtlichen Gehör, zur Akteneinsicht, Begründung von Verwaltungsentscheidungen sowie zur Beratung und Vertretung in VwVf.⁴⁴ Die Entwicklung des EG-Verfahrensrechts wird vielfach durch eine vergleichende Analyse der nationalen Regelungen geprägt; auch für den *EuGH* stellt der wertende Rechtsvergleich eine Rechtsfindungsmethode dar.⁴⁵

Grundsätzliche Fragen wirft das **europäisierte Verständnis des subjektiven öffentlichen Rechts** auf. Vor allem im Zusammenhang mit unzureichender Umsetzung von EG-Richtlinien in nationales Recht gewährt die Rechtsprechung des *EuGH* unter bestimmten Voraussetzungen individuelle Rechte unmittelbar aus der Richtlinie. Kennzeichnend ist, dass das EG-Recht bei der Feststellung von Individualrechten weniger auf eine tatsächliche Betroffenheit absstellt, sondern auch die normative Erfassung typisierter Interessen einer Gesamtheit als Schutz von Rechtsgütern des Einzelnen anerkennt.⁴⁶ So dient z. B. die Trinkwasser-Richtlinie nicht nur der Volksgesundheit, sondern auch der des einzelnen Menschen.⁴⁷ 28

Insbesondere auf der Grundlage von Art. 87, 88 EGV hat sich eine zunehmend bedeutsame Rechtsprechung des *EuGH* speziell zu Voraussetzungen und Grenzen eines Vertrauensschutzes bei der **Rücknahme rechtswidriger Subventionsbescheide** entwickelt, vor allem bei der Rückforderung EG-rechtswidrig gewährter Beihilfen, wonach der nach den nationalen §§ 48, 49 relativ stark ausgeprägte Vertrauensschutz des Begünstigten weitgehend aufgehoben wird, weil nach dieser Rechtsprechung bei der Anwendung nationalen Rechts dem Gemeinschaftsinteresse voll Rechnung getragen werden muss und die Durchsetzung von Gemeinschaftsrecht nicht praktisch unmöglich gemacht werden darf.⁴⁸ Die grundsätzliche Tendenz der *EuGH*-Rechtsprechung ist im Falle des **Anwendungsvorrangs** unmittelbar wirksamen Gemeinschaftsrechts (hierzu im einzelnen Rn. 218 ff.) klar: Je umfassender nicht nur materielles Verwaltungsrecht, sondern auch Verwaltungsverfahrensrecht gemeinschaftsrechtlich verbindlich geregelt wird, desto mehr tritt das nationale (Verfahrens)Recht in den Hintergrund und kommt ihm **Anwendungsnachrang** vor EU-Recht zu. Es muss daher jeweils geprüft werden, ob und inwieweit nationales Verfahrensrecht gemeinschaftsrechtlich überlagert wird (vgl. nachfolgend Rn. 218 ff. und die Nachweise bei den einzelnen Vorschriften), und zwar nicht nur durch ge- 29

---

⁴³ Zu den Begriffen Anwendungs-/Geltungsvorrang vgl. z. B. *Niedobitek* VerwArch 92 (2000), 58, 61.
⁴⁴ Vgl. hierzu *Schwarze/Starck* (Hrsg.), Vereinheitlichung des Verwaltungsverfahrensrechts in der EG-EuR Beiheft 1/1995; *Gassner*, Rechtsgrundlagen und Verfahrensgrundsätze des Europäischen Verwaltungsverfahrensrechts, DVBl 1995, 16; *Schwarze* (Hrsg.), Das Verwaltungsrecht unter europäischem Einfluß, 1996, S. 123, 154 f. mit Länderberichten; *ders.*, Konvergenz im Verwaltungsrecht der EU-Mitgliedstaaten, DVBl 1996, 881; *Sommermann*, Europäisches Verwaltungsrecht oder Europäisierung des Verwaltungsrechts?, DVBl 1996, 889, 897, der die Zeit für eine allgemeine Verwaltungskodifikation des Verwaltungsverfahrensrechts noch nicht reif sieht; ferner Rn. 217; ferner zu §§ 14, 25, 28, 29 m. w. N.
⁴⁵ Vgl. *Schmidt-Aßmann* in Müller-Graff, Perspektiven des Rechts in der Europäischen Union, 1998, S. 131, 135; zusammenfassend *Gornig/Trüe* JZ 2000, 395 ff., 446 ff., 501 ff. mit zahlreichen Einzelnachweisen.
⁴⁶ *Schoch* NordÖR 2002, 1, 7 f. m. w. N. auch der Rspr. des *EuGH*; ferner *Callies* zur „Privatisierung des Gemeinwohls" NJW 2003, 97, 98.
⁴⁷ *EuGHE* 1991, 4983 = NVwZ 1992, 459.
⁴⁸ Vgl. *EuGH* Slg. 1983, 2633 – Deutsche Milchkontor –; 1987, 921 – Deufil –; 1989, 189 – Alcan; 1990, 3453 – BUG-Alutechnik; *EuGH* DVBl 1996, 249; ferner *BVerwGE* 92, 81 = NJW 1993, 2764 sowie Vorlagebeschluss an den *EuGH* zur Auslegung des § 48 Abs. 4, NVwZ 1995, 703 = EuZW 1995, 314. Hierzu hat der *EuGH* (*EuGHE* I 1997, 1591 = EuZW 1997, 276 mit Anm. *Hoenike* = NJW 1998, 47) erneut entschieden, dass bei unter Verstoß gegen Art. 92, 93 EGV (jetzt Art. 87, 88 EGV) gemeinschaftsrechtswidrig gewährten Beihilfen (von nationalen und EG-Mitteln) a) kein Vertrauensschutz gewährt wird, b) die Berufung auf eine Entreicherung ausscheidet und c) die Jahresfrist des Abs. 4 Satz 1 nicht anzuwenden ist (zur Bewertung dieser Rechtsprechung und ihren Einfluss auf das nationale Verfahrensrecht *BVerwGE* 106, 328 = NJW 1998, 3728; bestätigt durch *BVerfG* (K) NJW 2000, 2015; s. Rn. 218 ff.; ferner §§ 48, 49). Zum Gesamtkomplex der Beihilfengewährung und -rückforderung vgl. *Tryantafyllou* DÖV 1999, 51; *Koenig/Kühling* NJW 2000, 1065; Rn. 225; ferner § 48.

schriebenes Verfahrensrecht des primären und sekundären Gemeinschaftsrechts, sondern auch durch vom *EuGH* zunehmend entwickelte ungeschriebene europäische Rechtsgrundsätze (hierzu Rn. 218 ff. m.w.N.). Hierbei ist zu berücksichtigen, dass das Gemeinschaftsrecht und das nationale Recht noch keine einheitliche Rechtsordnung bilden, woraus sich Rücksichtsnahmepflichten für beide Rechtsordnungen (Kooperationspflichten) ergeben.[49]

2. Verfassungsrechtliche Aspekte

30 a) **Begriff „Verwaltungsverfahren" i. e. S. und i. w. S.:** Das VwVf bezieht sich auf das **Wie** des Verwaltungshandelns bei ör Verwaltungstätigkeit, also auf die **Art und Weise** des Zustandekommens einer nach außen gerichteten Verwaltungsentscheidung, unabhängig von der Frage, ob ein materiellrechtlicher Anspruch auf ein Tun oder Unterlassen der Behörde in dem jeweiligen Rechtsgebiet besteht.[50] Zwar ist die Abgrenzung zwischen materiellem Recht und Verfahrensrecht nicht immer scharf zu treffen (vgl. noch Rn. 52 ff.). Im Sinne von **Art. 84 Abs. 1 GG** gehören nach der Rechtsprechung des *BVerfG* zum Begriff des **Verwaltungsverfahrens i. w. S.** aber – weil nicht auf einen bestimmten, zeitlich fixierten Stand staatsrechtlicher Praxis und dogmatischer Erkenntnis abgestellt werden darf, sondern die Zuordnung in den einen oder anderen Bereich dem Wandel der Verhältnisse offen bleiben muss, der sich aus der Veränderung der Staatsaufgaben und der dafür erforderlichen Instrumente zu ihrer Bewältigung als unabweisbar erweist – jedenfalls diejenigen gesetzlichen Bestimmungen, die die Tätigkeit der Verwaltungsbehörden im Hinblick auf die Art und Weise der Ausführung des Gesetzes einschließlich ihrer Handlungsformen, die Form der behördlichen Willensbildung, die Art der Prüfung und Vorbereitung der Entscheidung, deren Zustandekommen und Durchsetzung sowie verwaltungsinterne Mitwirkungs- und Kontrollvorgänge in ihrem Ablauf regeln.[51] Zu annexen Materien vgl. Rn. 37 ff.

31 Die Beschränkung des Begriffs des VwVfs i. S. v. **§ 9 VwVfG** (§ 9 Rn. 83 ff.) auf die nach außen gerichtete und auf VA oder ör Vertr abzielende Verwaltungstätigkeit erfasst nur einen Teilausschnitt des nach Art. 84 Abs. 1 GG regelbaren Verwaltungsverfahrensrechts **(Verwaltungsverfahren i. e. S.).** Der Geltungsbereich des VwVfG könnte daher nach Art. 84 GG einfachgesetzlich über § 9 hinaus auch auf weitere Regelungen ausgedehnt werden, etwa auf **abstrakte, schlichte oder interne Verwaltungstätigkeit** z. B. in Form von Regelungen über das Zustandekommen von Normen und Verwaltungsvorschriften, von Willenserklärungen, Realakten, Absprachen, Verständigungen und Agreements unterhalb der förmlichen Vertragsebene i. S. von §§ 54 ff. sowie auf interne Prüf- Mitwirkungs- und Kontrolltätigkeiten, auch im Verhältnis zwischen vorgesetzten und nachgeordneten Behörden **(Verwaltungsverfahren i. w. S.).**[52]

32 b) **Gesetzgebungs- und Verwaltungskompetenzen von Bund und Ländern:** Eine ausdrückliche **Gesetzgebungszuständigkeit** des Bundes für das VwVf ist – im Gegensatz zu der Kompetenz zur Regelung des Gerichtsverfahrens nach Art. 74 Nr. 1 GG – im Grundgesetz nicht vorgesehen. Das GG sieht das VwVf **nicht als eigenständige Sachmaterie** an, sondern zählt es zu demjenigen Bereich, für den die materiellrechtliche Gesetzgebungskompetenz besteht.[53] Die Zuständigkeit ergibt sich vielmehr als Annexkompetenz zur sachlichen Regelungskompetenz der Art. 70 ff. GG.[54] Andererseits räumt **Art. 84 Abs. 1 GG** den Ländern die Verwaltungskompetenz für das VwVf ein, wenn sie Bundesgesetze in Landeseigenverwaltung

---

[49] Vgl. *Šarčević* DÖV 2000, 941, 943 f.; *Schoch,* Die Europäisierung des verwaltungsgerichtlichen Rechtsschutzes, 2000, S. 17 ff.

[50] *BVerfGE* 37, 363, 385 = NJW 1974, 1751; 55, 274, 319 = NJW 1981, 329; 75, 108, 150 = NJW 1987, 3115.

[51] *BVerfGE* 55, 274, 320 f. = NJW 1981, 329; 75, 108, 152 = NJW 1987, 3115; *Lerche* in Maunz/Dürig Art. 84 Rn. 30 ff.; *Dittmann* in Sachs, GG, Art. 84 Rn. 9 m. w. N. Zur Zustimmungsbedürftigkeit von bundesrechtlichen Verfahrensregelungen im Rahmen der Bundesauftragsverwaltung *Britz* DÖV 1998, 636, 640 f.

[52] Hierzu Rn. 271 ff.; ferner *Hoffmann-Riem/Schmidt-Aßmann* (Hrsg.), Innovation und Flexibilität des Verwaltungshandelns, 1994; *Schulte,* Schlichtes Verwaltungshandeln, 1995; *Spannowsky,* Grenzen des Verwaltungshandelns durch Verträge und Absprachen, 1994; *Maurer* § 15.

[53] Vgl. *Neuser,* Die Gesetzgebungskompetenz für das Verwaltungsverfahren, 1974, S. 293 ff.; *BVerwGE* 95, 188, 192 = NVwZ 1994, 1102 für das Gebührenrecht.

[54] *Lerche* in Maunz/Dürig Art. 84 Rn. 43 ff., 57 ff.; *Fiedler* AöR 105 (1980), 79; *Kopp/Ramsauer* Einf Rn. 12.

§ 1 Anwendungsbereich

ausführen. Insofern treffen zwei nicht kongruente Kompetenzen aufeinander, so dass dieser Normenkonflikt einer Lösung bedarf: Das VwVfG beruht auf der Überlegung, dass, wenn und soweit dem Bund die materiellrechtliche Gesetzgebungskompetenz zusteht, er diese auch in der Weise ausüben kann, dass er die verwaltungsverfahrensrechtlichen Regelungen aus den von ihm auf Grund seiner Sachkompetenz erlassenen und zu erlassenden Gesetzen zum Zwecke der Vereinheitlichung „**vor die Klammer zieht**" und in einem eigenständigen Gesetz zusammenfasst.[55] Wenn und soweit der Bund eine Gesetzgebungskompetenz hat und in Anspruch nimmt, wird Landesverwaltungsverfahrensrecht nach Maßgabe von Art. 30, 31, 70 ff. GG verdrängt, soweit a) er nicht die Länder zur Regelung ausdrücklich ermächtigt, wie dies auch durch § 1 Abs. 3 geschehen ist (vgl. Rn. 71 ff.), oder b) die Länder von der durch die sog. **Föderalismusreform 2006** geschaffenen Abweichungsbefugnis des Art. 84 Abs. 1 Satz 2 GG[56] Gebrauch machen, ohne dass der Bund wiederum wegen eines besonderen Bedürfnisses nach bundeseinheitlicher Regelung seine Verfahrensregelung mit Zustimmung des Bundesrats abweichungsfest gemacht hat (Art. 84 Abs. 1 Satz 5, 6 GG).[57] Durch die im GG getroffene Zuständigkeitsverteilung ist eine umfassende Gesetzgebungskompetenz des Bundes für das VwVf der Behörden sowohl des Bundes als auch der Länder gem. Art. 83 ff. GG ausgeschlossen.[58] Insofern ist die in § 1 Abs. 1 Nr. 1 und Nr. 2 und Abs. 2 vorgesehene und durch § 1 Abs. 3 praktisch überholte Regelung[59] zutreffender Ausdruck der **gespaltenen Gesetzgebungs- und Verwaltungskompetenz** im Verwaltungsverfahrensrecht zwischen Bund und Ländern. Auf dieser Grundlage beruht der im Gesetzgebungsverfahren letztlich durch die Einführung des § 1 Abs. 3 gefundene Kompromiss zwischen Bund und alten Ländern (vgl. hierzu Einl Rn. 35 ff.; ferner nachfolgende Rn. 37 ff.).

Durch den **Einigungsvertrag** hat sich die Gesetzgebungskompetenz des Bundes und der **33** Länder für das Verwaltungsverfahrensrecht nicht grundsätzlich verändert, weil Art. 3 EV das GG mit der bisher bestehenden Kompetenzabgrenzung auf die **neuen Länder** erstreckt und sich aus Art. 4 EV nichts anderes ergibt. Die einzige Ausnahme bezog sich auf die Anwendbarkeitserklärung des VwVfG für die Ausführung von Landesrecht durch Landesbehörden nach der Maßgabe a) der Anl. I Kap. II Sachgeb. B Abschn. III Nr. 1 zu Art. 8 EV bis längstens 31. 12. 1992.[60] Hierbei handelte es sich aber der Sache nach **nicht** um eine **zuständigkeitswidrige Kompetenzberührung** des Bundes,[61] sondern um eine Übergangsregelung, mit der den neuen Ländern eine verfahrensrechtliche vorläufige Rechtsgrundlage zur Verfügung gestellt wurde, weil diese Länder zwar formal durch das Ländereinführungsgesetz der Volkskammer vom 22. 7. 1990[62] bereits gebildet, aber erst nach den Landtagswahlen vom 14. 10. 1990 faktisch handlungsfähig waren. Mit der Befugnis für die neuen Länder, jederzeit das für anwendbar erklärte VwVfG des Bundes durch eigene Landesgesetze abzulösen, reklamierte der Bund demnach keine Gesetzgebungskompetenz für sich. Mit der Maßgabe-Klausel wurde vielmehr der Rechtszu-

---

[55] Vgl. BVerfGE 3, 407, 421 ff.; 8, 143, 149 ff. = DVBl 1959 393; 26, 246, 256 ff. = DVBl 1969, 694.
[56] I. d. F. des Gesetzes vom 28. 8. 2006 (BGBl I S. 2034). Zur Neuordnung der Gesetzgebungskompetenzen *Degenhart* NVwZ 2006, 1209.
[57] Vgl. *BMI/BMJ*, Bericht über die Auswirkungen der Föderalismusreform auf die Vorbereitung von Gesetzentwürfen der Bundesregierung und das Gesetzgebungsverfahren, BR-Drs 651/06, Anlg. S. 10: Soll ein Abweichungsrecht nur für das Verfahrensbestimmungen ausgeschlossen werden, sind in der Schlussbestimmung die maßgeblichen Vorschriften, von denen nicht abgewichen werden darf, konkret zu nennen („Von den in den §§ ... getroffenen Regelungen des Verwaltungsverfahrens kann durch Landesrecht nicht abgewichen werden."). Auf eine Einzelaufzählung kann lediglich in den (Ausnahme-)Fällen verzichtet werden, in denen sich der Ausschluss einer Abweichungsmöglichkeit auf alle Regelungen des betreffenden Stammgesetzes erstrecken soll. In diesen Fällen lautet die Formulierung: „Von den in diesem Gesetz getroffenen Regelungen des Verwaltungsverfahrens kann durch Landesrecht nicht abgewichen werden." Da eine solche Vorschrift jedoch die Zustimmungsfreiheit späterer Gesetzesänderungen zum Verfahrensrecht verhindern kann (d. h. spätere Gesetzesänderungen zum Verfahrensrecht bei Beibehaltung der Klausel zustimmungsbedürftig würden), sollte sie sparsam verwendet und auch bei Ausschluss des Abweichungsrechts für alle – aber absolut nicht viele – Regelungen des Verwaltungsverfahrens in einem Gesetz möglichst eine Einzelaufzählung vorgenommen werden.
[58] Vgl. *Maunz*, Zur geteilten Verwaltung im Bundesstaat, FS Boorberg Verlag, S. 95 ff.
[59] A. A. wohl *Giegerich* DÖV 1989, 379, 384.
[60] Nach Art. 5 Nr. 1 b) aa) des Gesetzes vom 2. 12. 2006, BGBl I S. 2674, sind die das VwVfG betreffenden Maßgaben ab 7. 12. 2006 nicht mehr anzuwenden.
[61] So *Grawert*, Rechtseinheit in Deutschland, Der Staat 30 (1991), 204, 229.
[62] GBl DDR I S. 955.

stand in den neuen Bundesländern hergestellt, der nach Maßgabe des § 1 Abs. 3 auch in den alten Ländern besteht.

34 Im Einzelnen gilt Folgendes: Die Gesetzgebungszuständigkeit des Bundes für das Verfahren der **Bundesbehörden** bei Ausführung von Bundesrecht durch bundeseigene Verwaltung i. S. von Art. 86 ff. GG folgt aus Art. 70 ff. i. V. m. Art. 86 ff. GG und den Grundsätzen über die Zuständigkeit kraft Sachzusammenhangs oder als Annexkompetenz.[63]

35 Die Gesetzgebungskompetenz für das Verfahren von Landesbehörden folgt, wenn es sich um den Bereich der **Bundesauftragsverwaltung** gem. Art. 85 GG handelt, aus Art. 70 ff. i. V. m. Art. 85 Abs. 1 GG und den Grundsätzen über die Zuständigkeit kraft Sachzusammenhangs.[64] Bundesauftragsverwaltung ist eine **Form der Landesverwaltung;** die Länder üben hierbei Landesstaatsgewalt aus und ihre Behörden handeln – auch wenn sie nach Art. 85 Abs. 3 GG einer Rechtmäßigkeits- und Zweckmäßigkeitskontrolle unterliegen – als Landes-, nicht als Bundesorgane und üben dabei eine Wahrnehmungskompetenz aus.[65] Die Nichterwähnung der Regelung des VwVfs in Art. 85 GG ist ein Redaktionsversehen; die Kompetenz des Bundes ist in diesem Bereich nicht geringer als bei der landeseigenen Verwaltung des Art. 84 GG.[66]

36 Für das Verfahren von Landesbehörden beim Vollzug von Bundesgesetzen durch die Länder als eigene Angelegenheit gemäß Art. 84 Abs. 1 GG (sog. **landeseigener Vollzug**) kann der Bund nur mit Zustimmung des Bundesrats Regelungen ohne Abweichungsmöglichkeit schaffen (Art. 70 ff. in Verbindung mit Art. 84 GG, Rn. 32). Dabei kann sich die Zustimmung des Bundesrats nur jeweils auf konkrete Gesetzentwürfe beziehen, dies allerdings in Ausnahmefällen auch in Form einer Verweisung auf eine generelle Regelung wie die des VwVfG;[67] im Regelfall werden die Vorschriften, von denen nicht abgewichen werden darf, konkret benannt (Rn. 32). Die im Gesetzgebungsverfahren zum VwVfG früher zwischen Bundesregierung (bejahend) und Bundesrat (verneinend) strittig gewesene Frage, ob die Zustimmung auch allgemein schon im Voraus erteilt werden kann, hat durch die Einfügung von Abs. 3 ihre Bedeutung verloren.

37 Die Gesetzgebungszuständigkeit für die „annexen Materien", zu denen insbesondere die Regelungen über die Aufhebung von Verwaltungsakten (§§ 48, 49, 49a) und zum ör Vertr (§§ 54 ff.) gehören (Einl Rn. 23), folgt aus dem engen Zusammenhang zwischen materiellrechtlicher Regelung und VwVf.[68]

38 Bei der näheren Ausgestaltung des § 1 war die dadurch vorgegebene Struktur zu berücksichtigen. Ihr ist durch die Unterscheidung zwischen bundeseigener Verwaltung (Art. 86) in Abs. 2 Nr. 1, Auftragsverwaltung durch die Länder (Art. 85 GG) in Abs. 1 Nr. 2 und Ausführung durch die Länder als eigene Angelegenheit (Art. 84 GG) in Absatz 2 Rechnung getragen. Da dem Bund hiernach nur eine **begrenzte Gesetzgebungszuständigkeit für das Verwaltungsverfahren** zusteht (Rn. 34 f.) und sich die Forderung nach einer weitergehenden Kompetenz im Gesetzgebungsverfahren nicht durchsetzte, ist durch § 1 Abs. 3 ein letztlich tragfähiger Kompromiss erreicht, mit dem die komplizierte Differenzierung des § 1 Abs. 1 und 2 im Ergebnis irrelevant geworden ist: Das **VwVfG des Bundes gilt nur für Bundesbehörden.** Die **VwVfGe der Länder** gelten **für die Länder- und Kommunalbehörden** bei der Ausführung sowohl von Bundes- als auch von Landesrecht; unerheblich ist, ob die Länder Bundesgesetze als eigene Angelegenheit (Art. 84 GG) oder im Auftrag des Bundes (Art. 85 GG) ausführen (hierzu noch Rn. 60.). Zur Subsidiarität Rn. 206 ff.

39 c) **Rechtsstaatliches Verwaltungsverfahren:** Die gesetzliche Regelung des Verwaltungsverfahrensrechts in Bund und Ländern ist einerseits ein **rechtspolitischer Beitrag zur Fortentwicklung des öffentlichen Rechts** (zum Verhältnis zwischen materiellem Verwaltungsrecht und Verwaltungsprozessrecht vgl. Rn. 52 ff.). Mit diesen Gesetzen sind die bis zum VwVfG gegen eine Normierung des Rechts der VwVf und annexer Materien früher erhobenen

---

[63] BVerfGE 26, 338, 369 ff. = DVBl 1970, 108; 82, 17 = NVwZ 1990, 561; *Klein* AöR 88 (1963), 377, 401, 405; *Kopp/Ramsauer* Einf Rn. 12.
[64] *Lerche* in Maunz/Dürig Art. 85 Rn. 11; *Klein* AöR 88 (1963), 377, 401; *Rohwer-Kahlmann* AöR 79 (1953), 208, 222; *Kopp/Ramsauer* Einf Rn. 12.
[65] Vgl. BVerfGE 81, 310, 331 f. = NVwZ 1990, 955; BVerwGE 100, 56, 58 = NVwZ 1996, 595.
[66] BVerfGE 26, 338, 385 = DVBl 1970, 108.
[67] *Lerche* in Maunz/Dürig Art. 84 Rn. 62 ff.; *Waldhausen* ZBR 1977, 17; *Kopp/Ramsauer* Einf Rn. 15.
[68] Musterentwurf, Allg. Begründung, S. 71; *Kratzer* BayVBl 1964, 273; *Bullinger* in Peters-GS, S. 668, *Feneberg* DVBl 1956, 222; *Kopp/Ramsauer* Einf Rn. 16, der auf die Sachmaterie abstellt.

grundsätzlichen Bedenken, die auf Erhaltung des „Schmelzes" von Literatur und Rechtsprechung in einem gesetzlich weitgehend nicht geregelten Bereich hinausliefen,[69] obsolet geworden.

Die gesetzliche Regelung des VwVf und annexer Materien entspricht darüber hinaus und in 40 erster Linie dem verfassungsrechtlichen Gebot der **Gesetzmäßigkeit der Verwaltung** (Art. 20 Abs. 3 GG) und darauf folgend dem Prinzip des (objektiv) **rechtsstaatlichen** und (subjektiv) **grundrechtsrelevanten Verwaltungsverfahrens** (vgl. § 9 Rn. 49 ff.).[70] Die VwVfGe von Bund und Ländern entsprechen ferner dem Verfassungspostulat des **Vorbehalts des Gesetzes**, wonach alle wesentlichen Entscheidungen des Staates über den Bereich der Eingriffe in Freiheit und Eigentum hinaus einer gesetzlichen Grundlage bedürfen; dazu gehört auch das VwVf, jedenfalls soweit es der Durchsetzung und Sicherung von Grundrechtspositionen dient.[71] Aus den Regelungen zum VwVf erwächst eine **Bindung der Behörden** an die vorhandenen Vorschriften und die dazu entwickelte höchstrichterliche Rechtsprechung; umgekehrt hat der Beteiligte in „seinem" VwVf einen vor allem durch §§ 45, 46 relativierten **Anspruch auf Einhaltung** des geltenden materiellen Rechts und Verfahrensrechts (vgl. zu §§ 9, 13).

Hieraus folgt allerdings noch **nicht,** dass das Verwaltungs(verfahrens-)recht in der durch das 41 VwVfG ursprünglich gefundenen Gestalt als solches in toto unmittelbar aus dem GG abgeleitetes und unveränderbares **„konkretisiertes Verfassungsrecht"**[72] wäre. Die einfachgesetzlichen Regelungen erfahren keine verfassungsrechtlichen Überhöhungen mit einer entsprechenden Verfassungsfestigkeit, sind aber oftmals einfachgesetzlicher Ausdruck verfassungsrechtlicher Gebote und Erkenntnisse (vgl. etwa die Regelungen in §§ 4–8, 13, 20, 21, 28–30; Näheres jeweils dort). Allerdings gebieten die Verfassungsgrundsätze der Gesetzmäßigkeit der Verwaltung und des Vorbehalts des Gesetzes, dass ein rechtsstaatliches VwVf gewährleistet ist und die dazu gehörenden einfachgesetzlichen Bestimmungen, jedenfalls soweit Grundrechtspositionen berührt sind (hierzu Rn. 45 ff.), diesen Grundsätzen entsprechen. Bei der einfachgesetzlichen Ausgestaltung verbleiben viele **Konkretisierungsspielräume**[73] in Richtung auf eher bürgerfreundliche oder mehr staatsbezogene Regelungen, ohne dass diese oder jene gesetzliche Ausgestaltung zwingend nur einen einzigen verfassungsrechtlich gebotenen Inhalt haben kann. Daher sind Veränderungen des einfachgesetzlichen Verfahrensrechts nicht ausgeschlossen, wenn sich dies zur Wahrung der Funktionstüchtigkeit und **Effektivität der Verwaltung** als notwendig erweist und der **Mindeststandard rechtsstaatlicher Verwaltungsverfahren** gewahrt bleibt.[74] Zur verfassungskonformen Auslegung und Anwendung des VwVfG sowie zur Grundrechtsrelevanz von Verfahrensrecht vgl. Rn. 45 ff.; zur Heilbarkeit von Verfahrens- und Formfehlern vgl. zu §§ 45, 46. Auch Regelungen über eine sog. **Verfahrensprivatisierung**, z. B. die Verlagerung bestimmter behördlicher Maßnahmen durch verfahrensentlastende Eigenbeiträge in die Verantwortung des Antragstellers, der Einsatz behördlich bestellter Projektmanager oder privater Verfahrensmittler, die Übertragung von Prüfaufgaben auf Private oder die Beteiligung privater Gutachter und Sachverständiger bei Planungsaufgaben (vgl. hierzu nunmehr §§ 71 a ff.)[75] sind von der Regelungs- und Gestaltungsbefugnis des Gesetzgebers grundsätzlich gedeckt und nicht von vornherein ausgeschlossen: Allerdings muss in solchen Fällen die Letztverantwortung der federführenden Behörden gewahrt bleiben und Private dürfen nicht ohne ihre Befugnisse kon-

---

[69] Vgl. etwa *Baring,* Bloß kein Gesetz!, JR 1960, 214; *Werner Weber,* Referat beim 43. Deutschen Juristentag, 1960, Bd. II D, S. 36 ff.

[70] *Goerlich,* Grundrechte als Verfahrensgarantie, 1981; *Laubinger,* Grundrechtsschutz durch Gestaltung des Verwaltungsverfahrens, VerwArch 73 (1982), 60; *Grimm,* Verfahrensfehler als Grundrechtsverstöße, NVwZ 1985, 865; *Ule,* Rechtsstaat und Verwaltung, VerwArch 76 (1985), 1 ff., 129 ff., 136 ff.; *Denninger,* Auswirkungen der Verfassungsrechtsprechung auf Verwaltung und Verwaltungsverfahren, Der Staat 25 (1986), 103 ff.; *Klappstein/von Unruh,* Rechtsstaatliche Verwaltung durch Gesetzgebung, 1987.

[71] St. Rspr. seit BVerfGE 40, 237 ff. = NJW 1976, 34.

[72] Seit *Fritz Werner* DVBl 1958, 527; *Ule/Becker,* Verwaltungsverfahren im Rechtsstaat, 1964, S. 4.

[73] Vgl. BVerfGE 60, 253, 290 = NJW 1982, 2425.

[74] Vgl. hierzu BVerfGE 52, 380, 389 f. = NJW 1980, 1153; 53, 30, 65 f. = NJW 1980, 759; 56, 216, 236 f. = NJW 1981, 1436; 60, 16, 41 f. = NJW 1982, 2599; 60, 253, 295 f. = NJW 1982, 2116 = NJW 1982, 2173; 69, 161, 170 = NJW 1985, 2019; 77, 381, 405 f. = DVBl 1988, 342; 83, 111, 118 = NJW 1981, 1877; *Häberle,* FS Boorberg Verlag, S. 48; *Ossenbühl* NVwZ 1982, 470; *Ule* DVBl 1976, 421 (425), *ders.* VerwArch 1985, 136 ff.; *Dolde* NVwZ 1982, 70; *Laubinger* VerwArch 73 (1982), 60; *v. Mutius* NJW 1982, 2157; *Redeker* NVwZ 1996, 521, 523; *Schmitz/Wessendorf* NVwZ 1996, 955, 957.

[75] Zur Privatisierung von Verwaltungsaufgaben vgl. Rn. 121 ff. m. w. N.

kretisierenden Beleihungsakt unkontrolliert und eigenverantwortlich über das Bestehen oder Nichtbestehen öffentlicher Rechte und Pflichten in einem VwVf abschließend entschieden (Rn. 44; hierzu noch § 9 Rn. 111 ff. m. w. N.).

42 Der **Gesetzgeber** ist trotz des ihm zustehenden Regelungs- und Gestaltungsspielraums in der einfach gesetzlichen Ausgestaltung des VwVf **nicht völlig frei.** Die aus Art. 20 Abs. 1 und 3 GG sowie aus Art. 19 Abs. 4 GG abzuleitenden Grundsätze des **rechtsstaatlichen Verfahrens** und der **Gesetzmäßigkeit der Verwaltung** gebieten die Einhaltung eines bestimmten **Mindeststandards** bei der Ausführung von Gesetzen und der Umsetzung von abstrakten Normen in konkrete Entscheidungen und sonstige Maßnahmen der Behörden. Dazu gehört – erstens –, dass das VwVf dem Prinzip der **Gewaltenteilung** entspricht, d. h. die zuständigen Behörden haben das Erstentscheidungsrecht und unterliegen auf der Grundlage des geltenden Rechts einer Kontrolle durch Legislative und Judikative. Ferner – zweitens – ist erforderlich, dass das VwVf in Bezug auf die jeweilige Materie und den konkreten Regelungsgegenstand **sachgerecht, geeignet und zumutbar** ist und den Beteiligten ein **faires und objektives** Verfahren gewährleistet.[76] Das VwVf darf den Bürger und Beteiligten – drittens – **nicht zum bloßen Objekt** behördlicher Entscheidungen machen und **nicht** darauf angelegt sein, **den gerichtlichen Rechtsschutz** zu **vereiteln** oder zu unzumutbar erschweren.[77] Es muss – viertens – bei der Ausgestaltung dem Prinzip der **Zwecktauglichkeit** entsprechen, d. h. es darf zur Erreichung des mit ihm verfolgten Zwecks nicht objektiv untauglich oder schlechthin ungeeignet sein.[78] Notwendig ist – fünftens – ein Mindestmaß an **rechtlichem Gehör**[79] und **Partizipation** in Form der Verfahrensteilhabe, wegen der Grundrechtsrelevanz des Verwaltungsverfahrensrechts und der darin enthaltenen Sicherungs- und Schutzfunktion jedenfalls bei eigener Grundrechtsbetroffenheit (hierzu Rn. 45 ff.). Zum Mindeststandard rechtsstaatlichen Verfahrens bei ör Verwaltungstätigkeit gehören – sechstens – ferner Vorschriften, die die **Funktionsfähigkeit und Effektivität der Verwaltung** sicherstellen.[80] Zwischen widerstreitenden Prinzipien ist ein **sachgerechter Interessenausgleich** herzustellen (vgl. § 9 Rn. 46 ff.).

43 Mit solchen Regelungen ist den auch im VwVf geltenden Verfassungsprinzipien der **Bindung** der Verwaltung **an Gesetz und Recht,** dem **Verhältnismäßigkeitsprinzip** und dem **Gleichheitsgebot** Rechnung zu tragen. Die weiteren Verfassungsgrundsätze der **Menschenwürde,** des **Demokratieprinzips,** der **Sozialstaatsklausel** und das Prinzip der Gewaltenteilung wirken ferner auf die Verfahrensvorschriften ein und sind bei der verfassungskonformen Auslegung und Anwendung des geltenden Verfahrensrechts zu beachten. Es liegt auf der Hand, dass das **Spannungsverhältnis** zwischen den subjektivrechtlich ausgerichteten Aspekten und den im öffentlichen Interesse bestehenden Erfordernissen der **Funktionsfähigkeit der Verwaltung,** dem Gebot der **Verwaltungseffizienz** (§ 9 Rn. 79 f.; § 10 Rn. 23) sowie dem **Rechtsschutzauftrag** aufgelöst werden muss.[81] Es bedarf daher im Einzelfall einer **Abwägung** dieser widerstreitenden Rechte und Interessen. Nicht jede unzweckmäßige Regelung oder Individualinteressen nicht für allein maßgeblich erklärende Vorschrift ist schon eine rechtswidrige oder verfassungswidrige Regelung.[82]

---

[76] Vgl. *BVerfGE* 60, 253, 295 = NJW 1982, 2425; 69, 1 = NJW 1985, 1519, 1523; 78, 123 = DVBl 1988, 782; *BVerwG* NVwZ 1987, 886; *Schmitt Glaeser/Schmidt-Aßmann,* Verfahren als staats- und verwaltungsrechtliche Kategorie, 1984; *Tettinger,* Fairneß und Waffengleichheit, München 1984; *Denninger,* Auswirkungen der Verfassungsrechtsprechung auf Verwaltung und Verwaltungsverfahren, Der Staat 25 (1986), 103 jeweils m. w. N.
[77] *BVerfGE* 61, 82 = NJW 1982, 2173; 84, 34 und 84, 59 = NJW 1991, 2005 und 2008 zu Prüfungsverfahren; *Pietzcker* JZ 1991, 1084; *BVerwG* NVwZ 1998, 846.
[78] Vgl. *BVerfGE* 69, 82, 110 = NJW 1985, 1519, 1523.
[79] Hierzu *Waldner,* Der Anspruch auf rechtliches Gehör, 1989; *Weyreuther,* Einflußnahme durch Anhörung, FS Sendler, S. 183; sehr kritisch zu § 28 Abs. 2 i. d. F. des GenBeschlG: *Bracher* DVBl 1997, 537; *Redeker* NVwZ 1997, 625; *Hatje* DVBl 1997, 477; Näheres §§ 28, 66, 73.
[80] *BVerfGE* 60, 253, 295 = NJW 1982, 2425; 61, 82, 112 f. = NJW 1982, 2173; *Bonk* NVwZ 1997, 320, 322 m. w. N.
[81] Hierzu etwa *BVerfGE* 60, 253, 270 = NJW 1982, 2425; 61, 82 = NJW 1982, 2173; *BVerwGE* 67, 207 = NJW 1984, 188; *Leisner,* Verwaltungseffizienz als Verfassungsgebot, 1983; weitere Literaturhinweise vor Rn. 1.
[82] Vgl. *BVerfGE* 69, 1 = NJW 1985, 1519, 1523 ff.; 67, 206 = NJW 1984, 188; zur Grundrechtsrelevanz des Verwaltungsverfahrens vgl. aber Rn. 45 ff. Zur Heilbarkeit von Verfahrens- und Formfehlern vgl. §§ 45, 46.

Der sog. **Verwaltungsvorbehalt**[83] gibt für die verfassungsrechtliche Ableitung mehr oder 44 weniger bürgerfreundlicher Verfahrensregelungen unmittelbar nichts her; er will der Verwaltung lediglich einen verfassungsrechtlich abgesicherten **„Kernbereich"** an **Exekutivfunktionen** sichern und betrifft damit das Verhältnis der Exekutive zu Gesetzgebung und Rechtsprechung.[84]

d) Grundrechtsrelevanz des Verwaltungsverfahrens; grundrechtliche Schutzpflich- 45 **ten:** Nach der Rechtsprechung von *BVerfG* und *BVerwG* muss die von der Behörde getroffene Entscheidung nicht nur materiellrechtlich (inhaltlich) mit den Grundrechten in Einklang stehen. Darüber hinaus muss auch das dieser Entscheidung zugrunde liegende Behördenverfahren, wenn und soweit Grundrechte berührt sind, so gestaltet sein, dass es den Erfordernissen des jeweiligen Grundrechts genügt. Die Grundrechte beeinflussen demgemäß nicht nur das gesamte materielle Recht, sondern auch das Verwaltungsverfahrensrecht, soweit dieses für einen **effektiven Grundrechtsschutz** von Bedeutung ist.[85] Die Grundrechte setzen damit Maßstäbe sowohl für eine den Grundrechtsschutz effektuierende normative Organisations- und Verfahrensgestaltung (als **Grundrechtsschutz durch Verfahren** – 1. Stufe –) als auch für eine grundrechtsfreundliche Auslegung und Anwendung der vorhandenen Verfahrensvorschriften im konkreten VwVf (**Grundrechtsschutz im Verfahren** – 2. Stufe –).[86] Verwaltungsverfahrensrechtliche Vorschriften sind daher stets auch im Lichte der jeweiligen Grundrechtsverbürgungen, nicht notwendig stets einseitig zugunsten der individuellen Rechtspositionen der Beteiligten auszulegen und anzuwenden; ggfls. sind sie im Wege **verfassungskonformer Auslegung** zu ergänzen oder zu korrigieren.[87] Insofern wirken sich die verfassungsmäßigen Grenzen der Grundrechte, zugleich aber auch der Vorbehalt des Gesetzes bereits im VwVf aus. Dem Gesetzgeber kommt dabei aber eine gewisse **Gestaltungsfreiheit** zu; aus dem materiellen Grundrechten lassen sich nicht immer definitive, sondern oftmals nur **elementare, rechtsstaatlich unverzichtbare Verfahrensanforderungen** ableiten.[88] Das VwVf darf allerdings vor allem im grundrechtsrelevanten Bereich nicht so angelegt sein, dass der gerichtliche Rechtsschutz vereitelt oder unzumutbar erschwert wird.[89]

Die Grundrechtsrelevanz des Verwaltungsverfahrensrechts gebietet nicht nur eine grund- 46 rechtskonforme Auslegung und Anwendung von Verfahrensrecht, sondern kann unter bestimmten Umständen auch **zu grundrechtlichen Schutzansprüchen** führen, mit denen staatliches Tätigwerden zur Sicherung grundrechtlich geschützter Rechtsgüter geboten sein kann. Bei der Erfüllung derartiger grundrechtlicher Schutzpflichten durch Handlungs- und Leistungsansprüche kommt sowohl dem Gesetzgeber als auch der vollziehenden Gewalt ein weiter **Einschätzungs-, Wertungs- und Gestaltungsspielraum** zu, der auch Raum lässt, konkurrierende öffentliche und private Interessen zu berücksichtigen und der gerichtlich nur in begrenztem Umfang überprüfbar ist. Der mit einer staatlichen Schutzpflicht verbundene grundrechtliche Anspruch ist daher im Hinblick auf diese Gestaltungsfreiheit regelmäßig nur darauf gerichtet, dass die öffentliche Gewalt mögliche Vorkehrungen zum Schutz der betroffenen Grundrechte

---

[83] *BVerfGE* 9, 268, 281 f. = NJW 1959, 1171; 49, 89, 124 f. = NJW 1979, 359; 67, 100, 139 = NJW 1984, 2271; *Schmidt* NVwZ 1984, 545; *Degenhart* NJW 1984, 2184; *Schröder* DVBl 1984, 814; *von Danwitz* DVBl 1998, 928, 931; § 9 Rn. 163.
[84] S. auch *Gaentzsch* DÖV 1998, 952.
[85] *BVerfGE* 53, 30, 65 = NJW 1980, 759; 56, 216, 236 = NJW 1981, 1436; 60, 348, 357 f. = NJW 1982, 2728; 61, 82, 114 f. = NJW 1982, 2173; 65, 76, 94 = NJW 1983, 2929; 73, 280, 296 = NJW 1987, 887; 83, 130, 152 = NJW 1991, 1471; ferner *BVerfGE* 84, 34 und 84, 59 = NJW 1991, 2005 und 2008 zu verschärften Anforderungen an den Rahmen von Prüfungen und die Leistungsbewertungen, hierzu noch § 2 Rn. 116 ff.; im beamtenrechtlichen Beurteilungsverfahren bietet die Verwaltungspraxis ausreichenden Grundrechtsschutz, so dass die Rspr. zu Prüfungsentscheidungen hier nicht übernommen werden muss, *BVerfG* (K) NVwZ 2002, 1368. S. ferner *BVerwGE* 67, 206, 209 f. = NJW 1984, 188; 74, 109, 112 = NJW 1986, 2449; 75, 214, 226 = NVwZ 1987, 578; 75, 304, 309 = NVwZ 1987, 2174; 91, 262 f. = NVwZ 1993, 677; 94, 100, 115 = NVwZ 1994, 275; 99, 185 = NJW 1996, 2670; allgemein hierzu: *Goerlich*, Grundrechte als Verfahrensgarantie, 1981; *Laubinger* VerwArch 73 (1982), 60 ff.; *Held*, Der Grundrechtsbezug des Verwaltungsverfahrens, 1984; *Denninger* Der Staat 25 (1986), 103 ff.; *Schmitz* NJW 1998, 2866, 2869; *Kahl* VerwArch 95 (2004), 1, jeweils m. w. N.
[86] Vgl. *BVerfGE* 53, 30, 65 ff. = NJW 1980, 759; 69, 315, 355 = NJW 1985, 2395; *BVerwGE* 87, 62, 71 f. = NVwZ 1991, 162.
[87] *BVerfGE* 53, 30, 65 = NJW 1980, 759; zu den Konsequenzen bei Prüfungsentscheidungen nach Art. 12 GG vgl. § 2 Rn. 123 ff. m. w. N
[88] *BVerfGE* 60, 253, 290 = NJW 1982, 2425.
[89] *BVerfGE* 22, 49, 81 = NJW 1967, 1219; 61, 82, 110 = NJW 1982, 2173.

trifft, die **nicht gänzlich ungeeignet oder völlig unzulänglich** sind. Nur unter ganz besonderen Umständen kann sich diese Gestaltungsfreiheit bei wesentlichen Eingriffen in Grundrechtsgüter in der Weise verengen, dass allein durch eine bestimmte Maßnahme der Schutzpflicht genügt wird.[90] Art und Ausmaß des dem Staat zustehenden Entschließungs- und Auswahlermessens hängen vor allem von der **Art, Nähe und Intensität möglicher Gefahren** oder gravierender Nachteile ab. Eine Pflicht zur Nachbesserung von (Verfahrens-)Regelungen kommt allenfalls dann in Betracht, wenn eine bestehende Regelung wegen zwischenzeitlicher Änderung der Verhältnisse **untragbar** geworden ist und weiteres Untätigbleiben grundrechtliche Rechtspositionen **evident** verletzen würde.[91] In diesem Sinne sind bestehende Verfahrensvorschriften verfassungskonform zu interpretieren und anzuwenden (vgl. auch Rn. 42).

47 Aus diesen verfassungsrechtlichen Grundansätzen hat die Rechtsprechung nicht unerhebliche verwaltungsverfahrensrechtliche Konsequenzen gezogen, die deutlich machen, dass sich der Grundrechtsschutz durch Verfahren aus seinem teilhaberechtlichen Ansatz gelöst hat und selbst als Grundrechtsfunktion zu betrachten ist.[92] Beispielhaft werden erwähnt:

48 Die **Rechtsprechung des *BVerfG*** hat sich mit der Grundrechtsrelevanz des Verwaltungsverfahrensrechts vor allem befasst in Bezug auf **Art. 1 Abs. 1 GG** mit dem von ihr entwickelten Anspruch auf informationelle Selbstbestimmung,[93] dem durch das Gesetz zur Fortentwicklung der Datenverarbeitung und des Datenschutzes vom 16. 12. 1990[94] und dem darin enthaltenen BDSG[95] sowie den Geheimschutzgesetzen – BVerfSchG, MADG und BNDG –[96] Rechnung getragen wird; hierzu ferner bei §§ 5, 28, 29 und 30. Nicht abschließend geklärte Fragen ergeben sich daraus im Zusammenhang mit **Art. 2 Abs. 2 GG**.[97] Auch **Art. 5 GG**[98] und **Art. 8 GG**[99] haben verfahrensrechtliche Bedeutung. Eine deutliche Verschärfung der verfahrensrechtlichen Anforderungen an Prüfungen und die Leistungsbewertungen selbst ergibt sich aus der Rspr des *BVerfG*,[100] wonach bei berufsbezogenen Prüfungen aus **Art. 12 Abs. 1 GG** die Pflicht zu organisatorischen Vorkehrungen in den Prüfungsämtern und zum Ausgleich fehlerhaft gestellter Aufgaben hergeleitet wird; auch der Beurteilungsspielraum bei der Leistungsbewertung selbst wird tendenziell eingeschränkt und an strengere Prüfkriterien gekoppelt.[101] Auch **Art. 14 Abs. 1 und 3 GG** entfalten eine Vielzahl verfahrensrechtlicher Wirkungen, insbesondere Anhörungs- und Prüfpflichten vor Enteignungsmaßnahmen.[102]

49 Auch in der **Rechtsprechung des *BVerwG*** spielt der Grundrechtsschutz durch Verfahren und im Verfahren eine nicht unerhebliche Rolle. Auch hier wird beispielhaft auf folgende Entscheidungen hingewiesen: Es hat in seiner Rechtsprechung bestätigt, dass sich aus Grundrechten – insbesondere aus **Art. 2 Abs. 2 GG** – nicht nur Abwehransprüche gegen den Staat ergeben können,[103] sondern unter bestimmten Umständen auch staatliches Tätigwerden mit dem Ziel der Sicherung grundrechtlich geschützter Rechtsgüter geboten sein kann. Es hat unter Hinweis

---

[90] Vgl. *BVerfGE* 49, 89, 142 = NJW 1979, 359; 77, 170, 214, 215 = NJW 1988, 1651; 79, 174, 202 = NJW 1989, 1271; 85, 191, 212 = NJW 1992, 964; *BVerwGE* 61, 40, 42 = DVBl 1981, 190; *BVerwGE* NJW 1996, 1297.
[91] Vgl. *BVerfGE* 56, 54, 81 = NJW 1981, 1655; NJW 1996, 651.
[92] *Hufen* Rn. 22; ihm folgend *Pöcker* DÖV 2003, 980, 983.
[93] *BVerfGE* 65, 1 = NJW 1984, 419.
[94] BGBl I S. 2954.
[95] Hierzu *Büllesbach* NJW 1991, 2593; *Dammann* NVwZ 1991, 640.
[96] Hierzu *Bäumler* NVwZ 1991, 643.
[97] *BVerfGE* 49, 89 = NJW 1979, 359; 53, 30, 65ff. = NJW 1980, 759 mit der Pflicht zum Schutz der dort genannten Rechtsgüter bei Verfahren in Bezug auf Genehmigung und Bau von Atomkraftwerken, hierzu noch bei §§ 63, 72, 73.
[98] *BVerfGE* 63, 131, 143 = NJW 1983, 1179 zum Gegendarstellungsanspruch des Betroffenen; *BVerfGE* 83, 130 = NJW 1991, 1471 – Mutzenbacher.
[99] *BVerfGE* 69, 315, 355 = NJW 1985, 2395 zu Grenzen und Möglichkeiten des Versammlungs- und Demonstrationsrechts.
[100] *BVerfGE* 84, 34 und 84, 59 = NJW 1991, 2005 und 2008.
[101] Zustimmend *Kopp* DVBl 1991, 805; *Pietzcker* JZ 1991, 1984; *Niehues* NJW 1991, 3003. Zu Begründungspflichten bei Leistungsbewertungen vgl. Rn. 49; § 2 Rn. 123ff. m.w.N.
[102] Vgl. *BVerfGE* 37, 132, 141, 148 = NJW 1974, 1499; 46, 325, 334 = NJW 1978, 368; 49, 220, 225 = NJW 1979, 534 zur Eigentumsgarantie. Präklusionsregelungen sind auch dann zulässig, wenn davon Grundrechtspositionen – etwa aus Art. 2 Abs. 2 Satz 1 und Art. 4 Abs. 1 Satz 1 GG – betroffen sind, vgl. *BVerfGE* 1, 82, 114; *BVerwGE* NVwZ 1997, 489; *BVerwGE* 104, 337 = NVwZ 1998, 847.
[103] Zum Atomrecht vgl. etwa *BVerwGE* 72, 300 = NVwZ 1986, 208; 101, 347 = NVwZ 1997, 161 – KKW Krümmel – und 105, 6 = NVwZ 1998, 281 – Endlager Morsleben –.

§ 1 Anwendungsbereich **49** § 1

auf die Rechtsprechung des *BVerfG* (hierzu Rn. 48) den zuständigen Behörden eine Gestaltungsfreiheit im Einzelfall zugebilligt und nur unter besonderen Umständen eine Ermessensreduzierung auf Null mit einer Pflicht zu einem bestimmten Einschreiten bejaht.[104] Vorschriften des Verwaltungsverfahrensrechts, die einen Einwendungsausschluss mit Wirkung für das verwaltungsgerichtliche Verfahren vorschreiben, verstoßen jedenfalls dann gegen die Gebote des **rechtlichen Gehörs,** wenn im VwVf Einwendungen fristgemäß nur unter Voraussetzungen vorgebracht werden können, die den Anforderungen widersprechen, welche der Grundsatz des rechtlichen Gehörs an eine (aus dem Rechtsstaatsprinzip abgeleitete) faire Verfahrensgestaltung stellt.[105] *BVerwGE* 67, 206, 209, 210[106] nimmt an, dass die individuelle Zustellung des Planfeststellungsbeschlusses gem. Art. 74 Abs. 5 BayVwVfG verfassungsrechtlich zulässig durch dessen öffentliche Bekanntmachung ersetzt werden darf, wenn außer an den Träger des Vorhabens mehr als 300 individuelle Zustellungen vorzunehmen wären; das Rechtsschutzinteresse des einzelnen ist hiernach auch in grundrechtsrelevanten Bereichen nicht dermaßen vorrangig, dass zu seiner optimalen Erfüllung die im Interesse der Allgemeinheit zu erfüllenden Aufgaben der Verwaltung übermäßig behindert oder gar nahezu blockiert werden dürften.[107] *BVerwGE* 74, 109, 112[108] nimmt an, dass der Eigentümer eines Grundstücks im Hinblick auf Art. 14 Abs. 1 GG im Enteignungsverfahren (nach dem LandbeschG) nicht nur die Verletzung eigener Rechte geltend machen können muss, sondern alle für die Rechtmäßigkeit der beabsichtigten Maßnahmen möglichen Einwendungen einschließlich der Nichtbeachtung öffentlicher Belange und eines fehlerhaften Abwägungsvorgangs. *BVerwGE* 75, 214, 230 ff.[109] zum Flughafen München II entnimmt § 73 Abs. 6 VwVfG einen Anspruch auf **„substantielle" Anhörung** und zählt dazu auch einen Anspruch auf Behandlung vorhandener Gutachten im Erörterungstermin bzw. Durchführung eines solchen Termins nach Einholung von Gutachten.[110] *BVerwGE* 75, 214[111] entnimmt dem rechtsstaatlichen Verfahren ferner das **Gebot fairer Verfahrensgestaltung** durch Einhaltung verfahrensrechtlich geordneter Entscheidungsebenen mit dem Verbot der Mitwirkung eines Amtsträgers in einem VwVf auf zwei Seiten (§ 20 Abs. 1 Nr. 5 VwVfG) verbunden mit dem Verbot für die (Planfeststellungs-)Behörde, sich einer (politischen) Einflussnahme auszusetzen, die ihr die Freiheit der Entscheidung faktisch nimmt oder weitgehend beschränkt. Bei berufsbezogenen **Prüfungen i. S. von Art. 12 GG** nehmen *BVerwGE* 91, 262 und 99, 185[112] für schriftliche und mündliche Prüfungsleistungen im Anschluss an *BVerfGE* 84, 34 und 84, 59[113] (mit Recht) eine grundsätzliche Rechtspflicht zur Begründung an; damit wird durch die Grundrechtsrelevanz dieses Verfahrens die in § 2 Abs. 3 Nr. 2 einfachgesetzlich verneinte Begründungspflicht für Leistungs-, Eignungs- und ähnliche Prüfungen im Wege **verfassungskonformer Auslegung** und Anwendung von Verfahrensrecht im Ergebnis derogiert (§ 2 Rn. 123 ff.). *BVerwG* NVwZ 1998, 858 stellt klar, dass das Grundrecht der Gewissensfreiheit nach **Art. 4 Abs. 1 GG** keinen Anspruch auf tierverbrauchsfreies universitäres Zoologie-Praktikum gibt. *BVerwG* NVwZ 1998, 859 sieht unter rechtsstaatlichen Gesichtspunkten angesichts geringer Grundrechtsrelevanz und Unübersichtlichkeit der zu regelnden Materie keine Pflicht des Gesetzgebers, **Zeugnisnoten** im versetzungsrelevanten Fach durch Gesetz selbst zu regeln. Ferner werden vor allem die Amtshilfe (§§ 4–8) und die Akteneinsicht (§ 29) zuneh-

---

[104] Vgl. *BVerwG* NJW 1996, 1297 zum verneinten Anspruch für Benutzer von Linienflugzeugen, dass die Luftverkehrsbehörde über bestehende sog. Nichtraucherflüge hinaus für alle Inlandsflüge ein absolutes Rauchverbot für Flugpersonal und Passagiere anordnet.
[105] *BVerwG* NVwZ 1984, 234 im Anschluss an *BVerwGE* 60, 297 = NJW 1981, 359 und *BVerfGE* 61, 82 = NJW 1982, 2173 zur AtAnlVO –. Im Übrigen ist in der Rechtsprechung anerkannt, dass Präklusionsvorschriften auch dann nicht verfassungswidrig sind, wenn sie im konkreten Fall zum Ausschluss grundrechtsrelevanter Positionen führen, vgl. *BVerfGE* 61, 82, 114 = NJW 1982, 2173; *BVerwG* NVwZ 1997, 486 und *BVerwG* 104, 337 = NVwZ 1998, 847.
[106] = NJW 1984, 188.
[107] Vgl. nunmehr zur Absenkung der Richtzahl in sog. Massenverfahren von bisher mehr als 300 auf mehr als 50 Bekanntgaben und Zustellungen nach §§ 17, 67, 69, 73, 74 n. F., Näheres jeweils dort.
[108] = NJW 1986, 2449.
[109] = NVwZ 1987, 578.
[110] Vgl. ferner *Waldner,* Der Anspruch auf rechtliches Gehör, 1989; *Weyreuther,* Einflußnahme durch Anhörung, FS Sendler, S. 183.
[111] = NVwZ 1987, 578; ebenso *BVerwGE* 78, 347 = NJW 1988, 1863.
[112] = NVwZ 1993, 677 und NJW 1996, 2670.
[113] = NJW 1991, 2005 und 2008.

mend durch den Anspruch auf **informationelle Selbstbestimmung** und den daraus folgenden Persönlichkeitsschutz eingeschränkt.[114] Zu weiteren grundrechtlichen Aspekten des VwVfs vgl. §§ 9, 28, 29, 30, 39, 45, 46, 73, jeweils m.w.N. Die Entwicklung in diesem Bereich ist nicht abgeschlossen. Tendenziell nimmt die Einwirkung grundrechtlicher Aspekte in das VwVf deutlich zu.

50 Die **Literatur** hat aus dieser Rechtsprechung von *BVerfG* und *BVerwG* unterschiedliche, überwiegend subjektrechtlich betonte weitreichende Folgerungen in Bezug auf die Grundrechtsrelevanz des Verwaltungsverfahrensrechts und seine grundrechtsfreundliche Auslegung und Anwendung gezogen. Sie reichen von der Auffassung einer grundsätzlichen Notwendigkeit der Aufhebung jeder Verwaltungsentscheidung bei jedem Verfahrensfehler im VwVf (sog. absolute Verfahrensfehler) über ein generelles grundgesetzliches Recht auf Verfahrensteilhabe an VwVf bis hin zur These der Verfassungswidrigkeitserklärung einzelner Vorschriften, die die rechtliche Relevanz eines Verfahrensfehlers teilweise relativieren, z.B. bei § 46 oder § 45 Abs. 2[115]

51 Die Rechtsprechung von *BVerfG* und *BVerwG* wird dabei teilweise einseitig interpretiert: Weder ist einerseits eine generell restriktive Interpretation von Verfahrensvorschriften im öffentlichen Interesse aus Sorge um Stringenz und Berechenbarkeit des VwVfs und seiner Effizienz geboten[116] noch ist die einseitige Überbetonung und Verabsolutierung individueller Interessen im VwVf und ihre regelmäßige Aufwertung zur Grundrechtspositionen angezeigt. Im Spannungsverhältnis zwischen Rechtsschutzauftrag und Verwaltungseffizienz des VwVfs bietet vielmehr der **Grundansatz vernünftiger Ausbalancierung** beider Positionen[117] eine sachgerechte und tragfähige Lösung. Aus dem Grundsatz der grundrechtsfreundlichen Auslegung und Anwendung des Verwaltungsverfahrensrechts folgt nicht, dass bereits jeder Verfahrensfehler als Grundrechtsverletzung zu beurteilen ist.[118] Es bedarf bei der **Grundrechtsrelevanz** vielmehr einer **Prüfung im Einzelfall**, ob a) im Sinne einer tatsächlichen Grundrechtsbetroffenheit überhaupt eine Verfahrensposition in den grundrechtlich geschützten Bereich hineinreicht oder einfachgesetzlicher Disposition bei fehlender Grundrechtsqualität unterliegt und ob b) dem Schutzzweck nach eine grundrechtliche Verfahrensposition (auch) subjektiven Rechten zu dienen bestimmt ist. Ferner ist jeweils zu prüfen, ob der Mindeststandard **rechtsstaatlichen Verwaltungsverfahren** gewahrt ist. Ob dies der Fall ist, muss nach Maßgabe der betreffenden Verfahrensnorm und des jeweiligen Einzelfalls entschieden werden. Im allgemeinen wird davon auszugehen sein, dass das vorhandene Verfahrensrecht in Gestalt des VwVfG grundrechtlichen Anforderungen genügt, so dass für unmittelbar aus dem Grundrechtskatalog abgeleitete „gesonderte" und zusätzliche Verfahrensrechte außerhalb des VwVfG in der Regel kein Raum sein wird. Das Problem verlagert sich damit in den Bereich **verfassungskonformer Auslegung und Anwendung** des geltenden Verwaltungsverfahrensrechts im Lichte (neuester) verfassungsrechtlicher Erkenntnisse, etwa im Rahmen der §§ 4–8, 13, 20, 21, 28, 29, 30, 39, 40, 45, 46, 48, 49, 66, 73 (Einzelnachweise jeweils dort). Von den bisherigen Regelungen wird vor allem § 2 Abs. 3 Nr. 2 verfassungskonform ausgelegt und angewendet, denn entgegen dem Wortlaut dieser Vorschrift, wonach § 39 unanwendbar ist, bejaht die Rechtsprechung mit Recht eine Begründungspflicht für schriftliche und mündliche Prüfungsleistungen.[119]

---

[114] Vgl. *BVerwGE* 74, 115 = NVwZ 1986, 838; *BVerwGE* 82, 45 = NJW 1989, 2960 – Krankenakte –; 84, 375 = NJW 1990, 2761 – zu den Grenzen der Sammlung personenbezogener Daten im Bereich des Verfassungsschutzes und Auskunftsrechten Dritter –; vgl. dazu *Krüger* DÖV 1990, 641; ferner BGH NJW 1988, 1016; *Schoenemann* DVBl 1988, 520 m w. N.

[115] Vgl. hierzu *Redeker* NJW 1980, 1593; *Becker* RiA 1982, 186; *Dolde* NVwZ 1982, 65; *Hufen* NJW 1982, 2160; *Laubinger* VerwArch 73 (1982), 60; *v. Mutius* NJW 1982, 2150, zusammenfassend *Held*, Der Grundrechtsbezug des Verwaltungsverfahrens, 1984, 96 ff.; *Grimm* NVwZ 1985, 865; *Meyer* NVwZ 1986, 522; *Bethge* DVBl 1989, 850; *Wahl* NVwZ 1990, 431; *Di Fabio* VerwArch 81 (1990), 214; *Hufen*, Fehler im Verwaltungsverfahren, 4. Aufl. 2002. Zu inter- und supranationale Aspekten *Ziekow* NVwZ 2005, 263, 266. Für Verfassungswidrigkeit des § 45 Abs. 2 i. d. F. des GenBeschlG bei Anhörungsfehlern: *Bracher* DVBl 1997, 534; *Hatje* DÖV 1997, 477 ff.; kritisch ferner – ohne Vorhalt der Verfassungswidrigkeit – *Redeker* NVwZ 1997, 625, 626.

[116] So wohl *Müller* Die Verwaltung 17 (1984), 249; *Bracher* DVBl 1997, 534; *Hatje* DÖV 1997, 477.

[117] So bereits die 2. Auflage, § 63 Rn. 4a; zustimmend *Schmidt-Aßmann* DÖV 1984, 442; ders. DVBl 1989, 533; ferner *Grimm* NVwZ 1985, 865.

[118] *BVerfGE* 53, 30, 65 = NJW 1980, 759 und 56, 216, 241 = NJW 1981, 1436.

[119] Vgl. *BVerwGE* 91, 262 = NVwZ 1993, 667; 99, 185 = NJW 1996, 2670.

3. Verwaltungsverfahren im Verhältnis zum materiellen Recht und Verwaltungsprozessrecht

a) Das Verwaltungsverfahrensrecht regelt nur einen Teilungsausschnitt der öffentlich-rechtlichen Verwaltungstätigkeit der Behörden von Bund, Ländern und Kommunen (vgl. § 9 Rn. 20, 30 ff.). Es betrifft nach seinem Regelungsgegenstand das **Wie**, also die **Art und Weise des Verwaltungshandelns** der Behörden bis zu einer Entscheidung nach außen, entscheidet also nicht über das Bestehen eines materiellrechtlichen Anspruchs. Das **Ob** eines Anspruchs hängt vom materiellen Recht ab. Allerdings ist eine begriffliche und inhaltliche Trennung des Verfahrensrechts und annexer Materien vom materiellen Recht nicht immer eindeutig.[120] Das Verwaltungsverfahrensrecht gehört zum **Verwaltungsrecht i. w. S.**, das sich in materielles und formelles Verwaltungsrecht aufteilen lässt. Das **materielle** (allgemeine und besondere) **Verwaltungsrecht** regelt hingegen die inhaltlichen Rechte und Pflichten von Behörden und Bürgern, entscheidet also vor allem darüber, ob und unter welchen Voraussetzungen ein Recht des Bürgers auf ein Tun oder Unterlassen gegen die Behörde auf Grund von Ist-, Soll- oder Kann-Bestimmungen besteht. Ob solche Ansprüche bestehen, ergibt sich aus den Spezialgesetzen der verschiedenen Verwaltungszweige, die neben den materiellrechtlichen Regelungen teilweise zusätzlich auch formelle Vorschriften enthalten. Zum **formellen Verwaltungsrecht i. w. S.** gehört das Verwaltungsorganisationsrecht und das Verwaltungsverfahrensrecht. Ersteres regelt Aufbau, Organisation und (örtliche, sachliche und funktionelle) Zuständigkeiten der verschiedenen Behörden. In den Bereich des **Verwaltungsorganisationsrechts** gehören die Bemühungen um eine Verwaltungsvereinfachung, Entbürokratisierung, Privatisierung und Beschleunigung von VwVf (vgl. die Literaturnachweise vor Rn. 1). Dabei gibt es zahlreiche Überschneidungen nach Verzahnungen mit der Rechtsvereinheitlichung und -bereinigung (hierzu Rn. 269 ff.). Die Streitfrage, ob das Recht des **VA und ör Vertrags** zum allgemeinen materiellen Verwaltungsrecht oder Verwaltungsverfahrensrecht gehört,[121] hat der Gesetzgeber dadurch entschieden, dass er beide Bereiche als konnexe **(annexe) Materien** des Verwaltungsverfahrensrechts in die VwVfGe aufgenommen hat.

Ob eine Norm zum materiellen Verwaltungsrecht oder zum Verwaltungsverfahrensrecht gehört, ist nicht nur von begrifflicher Bedeutung. Rechtserheblich ist die Zuordnung in den einen oder anderen Bereich vor allem deshalb, weil ein **Verstoß gegen materielles Recht** grundsätzlich zur endgültigen und nicht heilbaren Rechtswidrigkeit und Kassation der getroffenen Entscheidung führt, sofern der Betroffene dadurch in seinen Rechten verletzt wird (§ 113 Abs. 1 Satz 1 VwGO). **Verfahrensfehler** führen hingegen wegen der Regelungen der §§ 45, 46 nur zu einer **relativen Rechtswidrigkeit,** weil bestimmte Verfahrens- und Formfehler nach Maßgabe von § 45 Abs. 2 geheilt und damit folgenlos gemacht werden können (vgl. Einzelheiten bei § 45), ferner die Verletzung von Vorschriften über das Verfahren, die Form oder die örtliche Zuständigkeit – abgesehen von Fällen der Nichtigkeit gemäß § 44 – nur den in § 46 genannten engen Voraussetzungen zur Aufhebung eines Verwaltungsakts führt (Näheres bei § 46). Insofern ist **Verfahrensrecht relatives Recht** und **Verfahrensfehler sind relative Rechtsfehler.** Dies ist nur aus dem Gedanken der dienenden Funktion des Verfahrensrecht für die Durch- und Umsetzung des materiellen Rechts zu erklären und nur dann zu rechtfertigen, wenn dem Verwaltungsverfahrensrecht eine eigenständige, absolute Funktion aberkannt wird (vgl. hierzu Rn. 30 ff.).

Mit den Neuregelungen in den §§ 45, 46 durch das GenBeschlG wurde die früher strittige Frage, ob eine Nachholbarkeit oder Heilbarkeit von Verfahrensfehlern auch dann zulässig ist, wenn ein sog. **absolutes Verfahrensrecht** verletzt wurde[122] erneut aktuell. Das Gleiche gilt für die

---

[120] Zum Verhältnis gegenüber der materiellen Rechtslage *Fiedler* AöR 105 (1980), 79 ff.; *Ule/Laubinger* § 2; *Wolff,* Verfahrensrecht und materielles Recht, VR 1996, 367; zum Begriff Verwaltungsverfahren i. e. S. und i. w. S. vgl. Rn. 30 f.; § 9 Rn. 83 ff. m. w. N.
[121] Hierzu bereits *BVerwG* DVBl 1957, 391 und 1957, 731, *Bettermann* VVDStRL 17 (1959), 118 ff.; *Ule/Laubinger* § 2.
[122] Vgl. hierzu *BVerwGE* 9, 69, 72, 73 = DVBl 1959, 747; 11, 195, 205, 206 = DVBl 1961, 287; 28, 268, 269, 270 = DVBl 1968, 651; 56, 230, 233; 87, 62 = NVwZ 1991, 162 zur bejahten „absoluten" Rechtswidrigkeit einer Verwaltungsentscheidung wegen Nichtbeteiligung eines nach § 29 Abs. 1 Nr. 4 BNatSchG a. F. anerkannten Naturschutzverbandes; kritisch hierzu *Dolde* NVwZ 1991, 960; zur konkreten Möglichkeit anderweitiger Entscheidung vgl. *BVerwG* 69, 256, 269, 270 = NVwZ 1984, 718; *BVerwG* NVwZ 1996, 1011 zum Planfeststellungsrecht.

Frage, ob Verfahrensfehler nach §§ 45, 46 auch dann irrelevant sein können, wenn die Behörde durch den Verstoß gegen gesetzliche Verfahrenspflichten Grundrechtspositionen von Beteiligten unmittelbar und irreparabel beeinträchtigt. Hier gebietet es die **Grundrechtsrelevanz des Verfahrensrechts** (Rn. 45 ff.), §§ 45, 46 **verfassungskonform** dahin auszulegen und anzuwenden, dass solche bewussten oder unbewussten einfachrechtlichen Verstöße, insbesondere bei Verstoß gegen gesetzliche Anhörungspflichten, nicht ausnahmslos und generell irrelevant bleiben (Näheres bei §§ 45, 46).

55   Zum **Verwaltungsverfahren i. e. S.** gehört nur das sog. **externe** VwVf, welches das rechtliche Außenverhältnis der Verwaltung zum Bürger betrifft und auf den Erlass eines VA oder den Abschluss eines ör Vertr gerichtet ist (§ 9). Das sog. **interne** Verwaltungsverfahren wird zwar von § 9 nicht erfasst; allerdings sind wichtige Teilaspekte des behördlichen Internums ebenfalls im VwVfG geregelt, nämlich die Amtshilfe (§§ 4–8) und das Mitwirkungsverbot für ausgeschlossene und befangene Amtswalter (§§ 20, 21).

56   Zum **Verwaltungsverfahren i. w. S.**, im Hinblick auf § 9 vom VwVfG aber nicht erfasst, gehört auch die **Verwaltungszustellung** (hierzu noch § 41) und die **Verwaltungsvollstreckung** (hierzu noch § 9 Rn. 215; § 61 Rn. 1 ff.). Sie sind in besonderen Gesetzen in Bund und Ländern bereits seit längerer Zeit geregelt.[123]

57   b) Zum VwVf gehört auch das sog. **Vorverfahren**, das in bestimmten Fällen dem verwaltungsgerichtlichen Verfahren vorgeschaltet und in **§§ 68 ff. VwGO** geregelt ist. Dieses Widerspruchsverfahren ist prozessuale Sachentscheidungsvoraussetzung und VwVf zugleich.[124] § 79 verweist insoweit auf die Vorschriften der VwGO, erklärt jedoch im Übrigen das VwVfG für anwendbar (Einzelheiten hierzu bei § 9 Rn. 209; § 79).

58   c) Das **Verwaltungsverfahren** der Behörden und das **Gerichtsverfahren** haben trotz oft faktischer Interdependenz unterschiedliche Funktionen und Zielsetzungen (s. auch § 9 Rn. 67 ff.): Den Behörden obliegt neben den Bereichen planerischer Gestaltung insbesondere der Gesetzesvollzug durch Umsetzung und Konkretisierung abstrakter Normen in Einzelfallentscheidungen. Die hiervon institutionell, personell und organisatorisch getrennten Gerichte hingegen haben (neben gewissen präventiven Rechtsschutzmöglichkeiten) die Aufgabe der (repressiven) Rechtmäßigkeitskontrolle staatlichen Verwaltungshandelns und gewähren subjektiven Rechtsschutz.[125] Trotz insoweit gewisser gegenseitiger Abhängigkeiten[126] ist das gerichtliche Verfahren nicht die Fortsetzung des VwVfs, sondern ihm gegenüber ein **aliud;** das Behördenverfahren ist umgekehrt auch nicht lediglich „Verwaltungsvorverfahren" und bloße Zulässigkeitsvoraussetzung für den gerichtlichen Rechtsschutz, sondern hat **eigenständige faktische und rechtliche Bedeutung.**[127]

59   Hieraus folgt, dass für eine unmittelbare oder entsprechende Anwendung prozessrechtlicher Vorschriften im VwVf grundsätzlich kein Raum ist. Lücken im Verwaltungsverfahrensrecht können deshalb durch unmittelbare **Heranziehung etwa von ZPO- oder VwGO-Vorschriften** in der Regel **nicht** geschlossen werden. Dies gilt auch etwa für Verbindung, Trennung und Aussetzung von Verfahren;[128] nicht ausgeschlossen ist freilich, die ihnen zugrundeliegenden Grundgedanken im Behördenverfahren mit zu berücksichtigen (vgl. § 9 Rn. 201 ff.). Bei **parallelen Regelungen** für Behörden- und Gerichtsverfahren sowie bei über-

---

[123] Vgl. Verwaltungszustellungsgesetz des Bundes vom 12. 8. 2005, BGBl I S. 2354 und die entsprechenden Ländergesetze sowie Verwaltungsvollstreckungsgesetz des Bundes vom 27. 4. 1953, BGBl I S. 157 nebst den parallelen Ländergesetzen.
[124] *V. Mutius*, Das Widerspruchsverfahren der VwGO als Verwaltungsverfahren und Prozeßvoraussetzung, 1969; *Allesch*, Die Anwendbarkeit der VwVfGe auf das Widerspruchsverfahren nach der VwGO, 1984; *Hofmann*, Das Widerspruchsverfahren als Sachentscheidungsvoraussetzung und als Verwaltungsverfahren, FS Menger, S. 605 ff.
[125] Vgl. *Wilke*, Die Kontrollfunktion der Verwaltungsgerichte, in *Merten* (Hrsg.), Gewaltentrennung im Rechtsstaat, 1990, 135; zur gerichtlichen Kontrolldichte *Erbguth* DVBl 1989, 473, *Wahl* NVwZ 1991, 1469; zu norminterpretierenden Verwaltungsvorschriften vgl. *Gerhardt* NJW 1989, 2233; ferner Rn. 213.
[126] Vgl. *Schwarze*, Der funktionale Zusammenhang von verwaltungs- und verwaltungsgerichtlichem Rechtsschutz, 1974; *Lerche/Schmitt Glaeser/Schmidt-Aßmann*, Verfahren als staats- und verwaltungsrechtliche Kategorie, 1984.
[127] Vgl. BVerfGE 49, 89, 136 = NJW 1979, 359; 61, 82, 109 ff. = NJW 1982, 2173; BVerwGE 55, 250 = DVBl 1978, 591, 594; *v. Mutius*, Gerichtsverfahren und Verwaltungsverfahren, FS Menger, S. 575.
[128] Hierzu noch § 9 Rn. 203 ff.

einstimmenden Begriffen und Problemlagen sind Rechtsprechung und Literatur beiderseits voll verwendbar.[129] Zum Begriff des Verwaltungsrechtsverhältnisses § 9 Rn. 10 ff. Die Trennung zwischen Verwaltungs- und Gerichtsverfahren hat auch Bedeutung bei der Frage nach der **Bindungswirkung** einer behördlichen Entscheidung in einem gerichtlichen Verfahren (hierzu § 43 m. w. N.). In Amtshaftungsprozessen bejaht *BGH* in st. Rspr.[130] eine Bindung der Zivilgerichte (nur) an rechtskräftige Gerichtsentscheidungen, lässt aber eine neue Überprüfung von bestandskräftigen VA auch für die Beurteilung der Frage der Rechtmäßigkeit/Rechtswidrigkeit durch die Zivilgerichte zu.[131] Zur Tatbestands- und Feststellungswirkung von VA vgl. ferner § 43.

II. Anwendungsbereich der VwVfGe von Bund und Ländern

1. Trennung zwischen Bundes- und Landesbehörden

Die im Gesetzgebungsverfahren bis zum Schluss strittige Frage über den sachlichen Anwendungsbereich des VwVfG im Bund-Länder-Verhältnis (nähere Nachweise vor Rn. 1) hat durch die im Vermittlungsverfahren beschlossene Einfügung des § 1 Abs. 3 und der dadurch ausgelösten Ländergesetzgebung zu einer klaren Trennung der Geltungs- und Anwendungsbereiche der Verwaltungsverfahrensgesetze von Bund und Ländern bei der öffentlich-rechtlichen Verwaltungstätigkeit (hierzu Rn. 83 ff.) der Behörden des Bundes einerseits und der Länder einschließlich der Kommunen andererseits geführt. Damit ist die komplizierte Differenzierung der Anwendungsbereiche nach § 1 Abs. 1 Satz 1 Nr. 1 und § 1 Abs. 1 Satz 1 Nr. 2 und 3 und Abs. 2 praktisch obsolet geworden:[132] Für die öffentlich-rechtliche Verwaltungstätigkeit der **Behörden des Bundes** (hierzu noch Rn. 32) gilt (nur) das VwVfG des Bundes, für die entsprechende Tätigkeit der **Länder- und Kommunalbehörden** der Bundesländer gelten – auch wenn sie Bundesrecht in Landeseigenverwaltung (Art. 84 GG) oder als Bundesauftragsverwaltung (Art. 85 GG) ausführen – (nur) die bis auf gewissen Abweichungen hiermit übereinstimmenden Landesverwaltungsverfahrensgesetze.[133]

Dieser rechtssystematisch neuartige und für die Rechtsanwendung mit mancher Zweifelsfrage behaftete Zustand ist angesichts des Fehlens einer umfassenden Gesetzgebungskompetenz des Bundes für das Verwaltungsverfahrensrecht (vgl. Rn. 32) Ausdruck der insoweit gespaltenen Gesetzgebungszuständigkeit zwischen Bund und Ländern. Die **Wahrung der Rechtseinheit** ist trotz der rechtlichen Möglichkeit von legislatorischen Alleingängen der Länder bisher im Wesentlichen gesichert. Zur Revisibilität von Bundes- und Landesrecht vgl. § 137 Abs. 1 Nr. 2 VwGO, hierzu Rn. 304; § 97 Rn. 10 ff. Zu Abweichungen vom VwVfG im Landesrecht vgl. Rn. 287 ff.

In den **neuen Ländern** galt das VwVfG des Bundes bei der Ausführung von Bundesrecht durch alte und neue **Bundes- und Landesbehörden** bis längstens 31. 12. 1992 (zu Einzelheiten vgl. § 1 Rn. 12 a, 29 a, 157 ff. der 4. Aufl.) unmittelbar nach § 1 Abs. 1 Nr. 1, weil sich durch Art. 3 und 8 EV i. V. m. der Anlage I nur der räumliche Geltungsbereich auf die in den neuen Bundesländern errichteten Behörden erweitert hat. In der Zwischenzeit haben alle neuen Länder eigene VwVfGe (Rn. 288 ff.), so dass zwischen alten und neuen Ländern kein Unterschied mehr besteht.

2. Ausnahmen vom Anwendungsbereich

Bei der Anwendung der VwVfGe von Bund oder Ländern sind die dort enthaltenen besonderen Ausnahmeklauseln vom Anwendungsbereich zu beachten. Es handelt sich hierbei insbe-

---

[129] Ebenso *Kopp/Ramsauer*, Einf Rn. 43.
[130] Vgl. *BGHZ* 9, 129, 132 = NJW 1953, 862; 90, 17, 22 = NJW 1984, 1169; 93, 87, 90 f. = NJW 1985, 2817; 118, 253, 255 = NJW 1992, 2218; *BGH* NJW 1994, 3158.
[131] Kritisch zur Zweitprüfung im Sekundärverfahren *Schröder* DVBl 1991, 751; *Broß* VerwArch 82 (1991), 593; *Nierhaus* JZ 1992, 209.
[132] A. A. wohl *Giegerich* DÖV 1989, 379, 384, 385.
[133] Zur Revisibilität von Landesverwaltungsverfahrensrecht und der Wahrung der Rechtseinheit vgl. Rn. 304 sowie § 97 Nr. 3.

sondere um die in der Regel bestehende Subsidiarität dieser Gesetze (hierzu Rn. 206 ff.), Ausnahmen vom Anwendungsbereich für bestimmte Sachgebiete (hierzu § 2 Rn. 1 ff.) sowie die Beschränkung der Geltung auf VwVf im engeren Sinne des § 9 (vgl. § 9 m. w. N.).

3. Geltung des VwVfG des Bundes im Bundesbereich (§ 1 Abs. 1 Nr. 1)

64 **a) Für Bundesbehörden:** Das VwVfG des Bundes gilt nach Maßgabe der weiteren Voraussetzungen der §§ 1 und 2 für die Behörden des Bundes (Rn. 236 ff.) sowie die bundesunmittelbaren Körperschaften, Anstalten und Stiftungen des öffentlichen Rechts (hierzu Rn. 69 ff.).[134] Unerheblich für die Anwendung des VwVfG ist, ob das Spezialgesetz vor oder nach dem VwVfG in Kraft getreten ist.

65 Erfasst ist von § 1 Abs. 1 Nr. 1 die **bundesunmittelbare und -mittelbare Bundesverwaltung** i. S. von Art. 86 ff. GG mit und ohne eigenen Verwaltungsunterbau des Bundes, jedoch ohne die Bundesauftragsverwaltung nach Art. 85 GG (hierzu Rn. 69). Zur Privatisierung von Verwaltungsaufgaben vgl. Rn. 121 ff. m w. N. Die **bundeseigene Verwaltung** ist die Verwaltung durch eigene, aber rechtlich unselbständige zentrale wie nachgeordnete Behörden des Bundes **(= unmittelbare Bundesverwaltung).** Dies ist der Behördenapparat, dessen Träger der Bund selbst ist. Zu ihm gehören beispielsweise das Bundespräsidialamt, das Bundeskanzleramt, die Bundesministerien als oberste Bundesbehörden, die ihnen unterstehenden Bundesbehörden mit Zuständigkeit für das ganze Bundesgesetz (z. B. Bundesverwaltungsamt), die diesen gleichzustellenden „Zentralstellen" nach Art. 87 Abs. 1 Satz 2 GG (z. B. Bundeskriminalamt) sowie die Mittel- und Unterbehörden in Bundesverwaltungen mit eigenem Verwaltungsunterbau (z. B. Wasser- und Schifffahrtsdirektionen und -ämter). Eine Sonderstellung nehmen die Oberfinanzdirektionen und deren Leiter ein, die gleichzeitig Bundes- und Landesbehörden sind;[135] je nachdem ob im konkreten Fall Funktionen des Bundes oder eines Landes wahrgenommen werden, kommt das VwVfG des Bundes oder des Landes zur Anwendung. Die Zuordnung zur bundeseigenen Verwaltung steht der Aufgabenerledigung in der Form der mittelbaren Bundesverwaltung nicht entgegen. Unmittelbare Verwaltung durch Bundesbehörden ist ausgeschlossen, soweit das GG mittelbare Verwaltung vorschreibt.[136]

66 Zur **mittelbaren Bundesverwaltung** gehören alle Behörden, deren Träger nicht der Bund selbst ist, sondern eine rechtlich selbständige „bundesunmittelbare", das heißt dem Bund (außerhalb der Landesverwaltung) unmittelbar zuzuordnende und seiner Aufsicht unterstehende juristische Person des öffentlichen Rechts, einerlei, ob es sich um Körperschaften, Anstalten oder Stiftungen des öffentlichen Rechts handelt;[137] zum Beispiel: Bundesagentur für Arbeit, Stiftung Bundeskanzler-Adenauer-Haus; auch Beliehene gehören dazu. **Keine Bundesbehörden** sind durch Staatsvertrag oder Verwaltungsabkommen zwischen einzelnen Ländern oder allen Ländern geschaffene Behörden (z. B. Gemeinsames Prüfungsamt der Länder Hamburg, Bremen und Schleswig-Holstein; Zentralstelle für die Vergabe von Studienplätzen). Zur Tätigkeit supranationaler Behörden vgl. Rn. 217 ff.

67 **b) Ausführung von Bundesrecht, Rahmengesetze:** Das VwVfG des Bundes gilt nur, soweit von den in Absatz 1 genannten Behörden **Bundesrecht** (hierzu Rn. 209 ff.) ausgeführt wird. Entsprechendes gilt im Bereich der sog. gesetzesfreien Bundesverwaltung sowie bei sog. nicht gesetzesakzessorischer Verwaltungstätigkeit. Nicht aufgeführt und damit vom VwVfG nicht erfasst sind somit die **Rahmengesetze** des Bundes. Auf dem Gebiet der Rahmengesetzgebung haben die Länder – wie bei der konkurrierenden Gesetzgebung – das Gesetzgebungsrecht, soweit der Bund keine gesetzliche Regelung trifft; der Bund ist aber – anders als bei der konkurrierenden Gesetzgebung – darauf beschränkt, einen allgemeinen Rahmen zu setzen, der der Ausfüllung durch die Gesetzgebung der Länder bedarf (vgl. Art. 75 Abs. 2 GG n. F.). Die Gegenstände der Rahmengesetzgebung nennt Art. 75 Abs. 1 GG. Da die Rahmengesetzgebung des Bundes **zwingend zu Landesgesetzen** führt (Art. 75 Abs. 2 GG n. F.), können sie auch

---

[134] Zum Verhältnis von Bundes- und Landesverwaltung zueinander vgl. *Maunz*, FS Boorberg Verlag, S. 95 ff., zum Begriff der Behörde vgl. Rn. 236 ff.
[135] Vgl. hierzu *Maunz*, FS Boorberg Verlag, S. 95, 98.
[136] Vgl. B*Verf*GE 63, 1, 36 = NVwZ 1983, 537 zu Art. 87 Abs. 2 Satz 1.
[137] Vgl. B*Verf*GE 11, 105, 108 = NJW 1960, 1099; 63, 1, 36 = NVwZ 1983, 537; BFHE 69, 616, 621 f. = BB 1960, 932; BSGE 59, 122, 125 = NZA 1986, 444.

nur von ihnen ausgeführt werden. Der Entwurf 73 hat (wie schon der Entwurf 70) darauf verzichtet, die Rahmengesetzgebung aufzunehmen, um das Gesetzgebungsvorhaben nicht mit der damaligen verfassungsrechtlichen Diskussion zu belasten, ob der Bund für seine Rahmengesetze auch verwaltungsverfahrensrechtliche Vorschriften erlassen könne.[138] Nach der Einfügung des § 1 Abs. 3 kommen nur die Landes-VwVfGe zur Anwendung.

4. Geltung der VwVfGe der Länder im Landes- und Kommunalbereich (§ 1 Abs. 1 Nr. 2, Abs. 2 und 3)

Die Regelungen des Abs. 1 Nr. 2 und des Abs. 2 sehen nach ihrem Wortlaut unter bestimm- 68 ten Voraussetzungen die Anwendung des VwVfG des Bundes vor. Mit ihnen sollte der **beschränkten Gesetzgebungskompetenz** des Bundes für das Verwaltungsverfahrensrecht (vgl. Rn. 21) Rechnung getragen werden. Allerdings laufen beide Vorschriften wegen des im Laufe des Vermittlungsverfahrens eingefügten Abs. 3 im Ergebnis leer,[139] so dass es in den dort genannten Fällen nicht zu einer Anwendung des Bundes-VwVfG kommt, sondern über Abs. 3 die VwVfGe der Länder gelten.

Die sich aus Abs. 1 Nr. 2 und Abs. 3 bei isolierter Betrachtung ergebende Rechtsfolge stellt sich wie folgt dar:

a) Bundesauftragsverwaltung, landeseigene Verwaltung (§ 1 Abs. 1 Nr. 2 und 69 **Abs. 2):** Abs. 1 Nr. 2 betrifft die **Auftragsverwaltung.** Auch sie ist eine Form der Landes-, nicht der Bundesverwaltung.[140] Die Länder üben dabei (nur) **Landesstaatsgewalt** aus und ihre Behörden handeln als **Landesorgane,** nicht als Bundesorgane, und zwar in eigenem Namen. Dem Land steht die Wahrnehmungskompetenz zu; die Sachkompetenz kann der Bund aber an sich ziehen.[141] Die **Kommunen** sind insoweit staatsorganisatorisch den Ländern eingegliedert.[142] Wegen der Einzelheiten der Auftragsverwaltung vgl. Art. 85 GG; zum Umfang der Weisungsbefugnis des Bundes nach Art. 85 Abs. 3 GG und Länderrechten in der Bundesauftragsverwaltung vgl. BVerfGE 81, 310 = NVwZ 1990, 955; 84, 25, 31 = NVwZ 1991, 870; 84, 290, 298 = NJW 1991, 2472.[143] Im Bereich der Bundesauftragsverwaltung ist es unerheblich, ob die jeweiligen Bundesgesetze vor oder nach Inkrafttreten des VwVfG erlassen worden sind; das Verwaltungsverfahrensgesetz des Landes findet in jedem Falle über Abs. 3 Anwendung.

Die landeseigene Verwaltung im Sinne des Abs. 2, d. h. die Ausführung von Bundesgesetzen 70 durch die Länder **„als eigene Angelegenheit",** ist nach Art. 83 GG der Normalfall der Ausführung von Bundesgesetzen. In diesem Bereich gilt das VwVfG nach Abs. 2 Satz 1 für Bundesrecht, das Gegenstände der ausschließlichen oder konkurrierenden Gesetzgebung des Bundes betrifft (nicht dagegen für Rahmengesetze; vgl. Rn. 67), vorbehaltlich des Absatzes 3. Da alle Bundesländer entsprechende Landesverwaltungsverfahrensgesetze erlassen oder bestehendes Recht angepasst haben, hat § 1 Abs. 2 Satz 1 keine praktische Bedeutung erlangt: in keinem Bundesland führen Landesbehörden Bundesrecht nach dem VwVfG des Bundes aus. Nach Absatz 2 Satz 2 hätte das VwVfG auf dem durch Abs. 2 Satz 1 umschriebenen Gebiet für die Ausführung von Bundesgesetzen, die nach Inkrafttreten des VwVfG erlassen werden, nur gegolten, soweit die Bundesgesetze mit Zustimmung des Bundesrates des VwVfG ausdrücklich für anwendbar erklären. Auf Grund der durch § 1 Abs. 3 und den Erlass der Verwaltungsverfahrensgesetze geschaffenen Rechtslage hat sich jedoch auch die Notwendigkeit zur Einfügung von „Anwendungsklauseln" nicht ergeben, da diese ins Leere gehen würden.

b) Bedeutung der Landesverwaltungsverfahrensgesetze (§ 1 Abs. 3): Abs. 3 wurde 71 erst am Ende der parlamentarischen Beratungen durch den Vermittlungsausschuss eingefügt (vgl.

---

[138] Begründung zu § 1 Entwurf 73.
[139] A. A. wohl *Giegerich,* DÖV 1989, 379, 384, 385.
[140] *BVerfGE* 81, 310 f. = NVwZ 1990, 955 mit Trennung zwischen Sach- und Wahrnehmungskompetenz.
[141] Vgl. *BVerfGE* 81, 310 = NVwZ 1990, 955; *BVerwGE* 100, 56 = NVwZ 1996, 595, 596.
[142] Vgl. *BVerwG* DÖV 1996, 210; NVwZ 1996, 595, 596.
[143] Hierzu *Ossenbühl* DVBl 1991, 833; *Dieners* DÖV 1991, 923; *Zimmermann* DVBl 1992, 93. Zu den Sachgebieten der Auftragsverwaltung gehören: die Zivilverteidigung (Art. 87b Abs. 2 GG), die Kernenergieverwaltung (Art. 87c GG), die Luftverkehrsverwaltung (Art. 87d Abs. 2 GG), die Bundeswasserstraßenverwaltung (Art. 89 Abs. 2 GG), die – durch § 2 Abs. 2 Nr. 5 vom Anwendungsbereich des VwVfG ausgenommene – Verwaltung des Lastenausgleichs (Art. 120a GG), ferner nach Art. 104a Abs. 3 GG die Verwaltung bei allen Geldleistungsgesetzen, bei denen der Bund mindestens die Hälfte der Ausgaben trägt.

vor Rn. 1; Einl Rn. 35 ff.). Durch die Vorschrift erfährt der Anwendungsbereich des VwVfG des Bundes eine starke Einschränkung: Das Gesetz gilt für die Ausführung von Bundesrecht durch die Länder nicht, soweit die ör Verwaltungstätigkeit der Behörden landesrechtlich durch ein VwVfG geregelt ist. Da alle Länder über ein solches Gesetz verfügen, wird damit praktisch die Geltung des VwVfG des Bundes auf die öffentlich-rechtliche Tätigkeit seiner Behörden beschränkt, wie dies der Bundesrat vorgeschlagen hatte (Rn. 40).

72   Die durch Abs. 3 gefundene Lösung für den langandauernden Streit um den Anwendungsbereich des Gesetzes ist ein **Novum** in der Gesetzgebungspraxis. Sie verkehrt den Grundsatz „Bundesrecht bricht Landesrecht" (Art. 31 GG) in sein Gegenteil. Sie ist Ausdruck der gespaltenen Gesetzgebungskompetenz im Verwaltungsverfahrensrecht zwischen Bund und Ländern (Rn. 30 ff.) und verfassungsrechtlich unbedenklich, da weder Art. 31 noch Art. 72 ff. GG den Bund nötigen, seine Befugnis zur Rechtsetzung auszuschöpfen.[144] Sie entspricht der gestärkten Rechtsposition der Länder u. a. nach Art. 72 Abs. 2 und 125 a GG mit den darin enthaltenen erweiterten Befugnissen der Länder gegenüber dem Bund.

73   **c) Konsequenzen für die Länder- und Kommunalbehörden:** Im Einzelnen gilt Folgendes: Abs. 3 behandelt die Ausführung von **Bundesrecht** durch die Länder. Zum Begriff des Bundesrechts vgl. Rn. 209 ff., 217 ff. Für die Ausführung von **Landesrecht** gelten die Verwaltungsverfahrensgesetze der Länder ohnedies, da der Bund insoweit keine Gesetzgebungskompetenz hat und eine Anwendung auf die Ausführung von Landesrecht nicht vorgesehen werden konnte.

74   Abs. 3 betrifft die Ausführung von Bundesrecht durch „die **Länder**". Eine Ländertätigkeit liegt nicht nur vor beim landeseigenen Vollzug von Bundesrecht, sondern auch im Bereich der Bundesauftragsverwaltung[145] und bei der Ausführung von Gesetzen im Bereich des Rahmenrechts des Bundes (Rn. 67). Offenbar aus redaktionellen Gründen ist darauf verzichtet worden, in Abs. 3 wie in den Abs. 1 und 2 die Behörden „der Länder, der Gemeinden und Gemeindeverbände, der sonstigen der Aufsicht des Landes unterstehenden juristischen Personen des öffentlichen Rechts" aufzuführen. Die Begriffe sind jedoch deckungsgleich. Der Begriff „Länder" umfasst somit auch die **Gemeinden, Gemeindeverbände und alle sonstigen kommunalen Rechtsträger,** seien sie juristische Personen oder nur teilrechtsfähig (§ 11 Nr. 1 oder 2), da sie insoweit staatsorganisatorisch den Ländern eingegliedert sind.[146] Es muss sich, soll das VwVfG anwendbar sein, um **öffentlich-rechtliche Verwaltungstätigkeit** der genannten **Behörden** handeln. Zu diesen Begriffen vgl. Rn. 83 ff., 236 ff.

75   **d) Geltung der Ausnahme des § 1 Abs. 3:** Sie gilt nur, soweit die Verwaltungstätigkeit landesrechtlich durch ein **Verwaltungsverfahrensgesetz** geregelt ist. Hierunter ist eine gesetzliche Regelung zu verstehen, die es – wie das Verwaltungsverfahrensgesetz des Bundes – unternimmt, die verwaltungsverfahrensrechtlichen Regelungen für den Bereich des Landes in einer möglichst umfassenden **Gesamtkodifikation** zusammenzufassen. Sie kann auch in der Weise geschehen, dass – wie z. B. in den Ländern Berlin, Niedersachsen, Rheinland-Pfalz, Sachsen und Sachsen-Anhalt geschehen (Nachweise im Dritten Teil dieses Kommentars) – das Bundesgesetz durch **Verweisungsgesetz** in das Landesrecht übernommen wird. Alle VwVfGe der Länder erfüllen derzeit die Voraussetzungen als Gesamtkodifikation. Strittig ist bei den VwVfGen von Berlin, Rheinland-Pfalz, Sachsen und Sachsen-Anhalt wegen der dort enthaltenen **dynamischen Verweisung** auf Bundesrecht, ob diese Gesetze verfassungsrechtlich unbedenklich sind. Dies ist zu bejahen, weil es sich um eine Verweisung auf staatliches Recht handelt und hinreichend klar ist, welche Vorschriften im Einzelnen gelten sollen.[147]

76   Nicht subsidiär ist das VwVfG dagegen gegenüber einzelnen verwaltungsverfahrensrechtlichen Regelungen in **Spezialgesetzen des Landesrechts;** diese werden durch das VwVfG des Bundes verdrängt (Art. 31 GG). Das VwVfG des Landes kann sich jedoch seinerseits Subsidiari-

---

[144] *Kopp/Ramsauer* § 1 Rn. 42; *Ule/Laubinger* § 8 Rn. 1 ff.; *Finkelnburg/Lässig* § 1 Rn. 56; *Baumann* DÖV 1976, 475, 477; a. A. *Schenke* NJW 1980, 478.
[145] Zum Umfang des Weisungsrechts des Bundes und Landesrechten in der Bundesauftragsverwaltung vgl. BVerfGE 81, 310 = NVwZ 1990, 955; 84, 25, 31 = NVwZ 1991, 870; 84, 290, 298 = NJW 1991, 2472; *Ossenbühl* DVBl 1991, 833; *Dieners* DÖV 1991, 923.
[146] BVerwG DÖV 1996, 210; NVwZ 1996, 595, 596.
[147] Vgl. BVerfGE 47, 285, 311 f. = NJW 1978, 1475; 60, 135, 161 = NJW 1982, 2859; 67, 348, 363 f. = NJW 1985, 1329; BVerwG NVwZ 2005, 699; BayVerfGH DVBl 1989, 621; *Kopp/Ramsauer* Einf Rn. 9; *Ziekow* § 1 Rn. 13; *Schmitz* NJW 1998, 2866, 2867; a. A. *Riedl* in Obermayer Einl Rn. 61.

tät gegenüber verwaltungsverfahrensrechtlichen Regelungen des Landesrechts zulegen. Diese Subsidiarität wird damit Bestandteil der „landesrechtlichen Regelung der Verwaltungstätigkeit durch ein Verwaltungsverfahrensgesetz" im Sinne des Abs. 3, so dass im Ergebnis insoweit doch eine Subsidiarität des VwVfG des Landes auch gegenüber landesrechtlichen Sonderregelungen besteht. Der Vorrang landesverfahrensrechtlicher Spezialregelungen gegenüber dem VwVfG des Landes ist allerdings in einigen Ländern (Bremen und Saarland) bereits beseitigt.

Umgekehrt gilt Abs. 3 **nur gegenüber dem VwVfG des Bundes,** nicht auch gegenüber spezialgesetzlichen Vorschriften des Bundesrechts. Diese gehen vielmehr (im Bereich der Gesetzgebungs- und Verwaltungszuständigkeit des Bundes nach Art. 84 f. GG) gemäß Art. 31 GG den Verwaltungsverfahrensgesetzen der Länder vor.[148] Dabei kann die bundesrechtliche Sonderregelung die Vorrangklausel des Abs. 3 in der Weise verdrängen, dass sie die Geltung gerade von Vorschriften des VwVfG des Bundes auch für die Ausführung von Bundesrecht durch Landesbehörden anordnet.[149]

Die Formulierung „soweit die ... Verwaltungstätigkeit ... durch ein Verwaltungsverfahrensgesetz **geregelt ist"** bedeutet nicht, dass Abs. 3 nur dann wirksam wird, wenn das Landesverwaltungsverfahrensgesetz bei Inkrafttreten des VwVfG bereits erlassen war. Abs. 3 gilt vielmehr auch für Verwaltungsverfahrensgesetze der Länder, die nach Inkrafttreten des Bundesgesetzes erlassen werden. Das gilt auch für die **neuen Länder,** so dass die von ihnen nach der vom Einigungsvertrag bestätigten Gesetzgebungskompetenz zum Erlass eigener LVwVfG nicht nur für die Ausführung von Landesrecht durch die Landesbehörden gelten, sondern auch bei der Ausführung von Bundesrecht durch die Länder (§ 1 Abs. 3). Es tritt somit derselbe Rechtszustand ein, der auch für die alten Länder besteht.

Die Subsidiarität des Gesetzes nach Abs. 3 ist nur gegeben, **soweit** die öffentlich-rechtliche Verwaltungstätigkeit der Behörden des Landes landesrechtlich durch ein Verwaltungsverfahrensgesetz geregelt ist. Zwar muss das Landesverwaltungsverfahrensgesetz den Charakter einer **Gesamtkodifikation** haben (vgl. Rn. 75), doch brauchen Inhalt und Umfang mit dem des Verwaltungsverfahrensgesetzes des Bundes nicht identisch zu sein. Es ist möglich, dass das Gesetz auch organisationsrechtliche und andere Fragen, etwa des Zustellungs- und Vollstreckungsrechts regelt oder einzelne Fragen, die im VwVfG des Bundes geregelt sind, nicht behandelt, ohne doch damit seinen Charakter als Gesamtkodifikation zu verlieren. Dies hat etwa vor seiner Novellierung für das schleswig-holsteinische Landesverwaltungsgesetz gegolten, das eine Gesamtkodifikation darstellt, aber als älteres Gesetz eine Reihe von Regelungen des Bundesgesetzes (z.B. die Vorschriften für Massenverfahren) nicht enthielt. Ist dies der Fall, so besteht insoweit **Subsidiarität nur im Umfang des Landesgesetzes.** Soweit dieses keine Regelungen enthält, gilt ergänzend das Verwaltungsverfahrensgesetz des Bundes.[150] Angesichts der Tatsache, dass alle Bundesländer durch **Verweisungsgesetze** oder **Vollregelung** über ein Verwaltungsverfahrensgesetz im Umfang des Bundesgesetzes verfügen, ist die Frage, ob eine Gesamtkodifikation auch bei Wegfall einer Regelung der annexen Materien vorläge, theoretischer Natur. Ob eine „Lücke" im Landesverwaltungsverfahrensgesetz vorliegt, die eine subsidiäre Anwendung des Bundesgesetzes ermöglicht, oder ob der Landesgesetzgeber bewusst eine abweichende, aber abschließende Regelung getroffen hat, ist Auslegungsfrage.[151] Trifft das Landesgesetz eine ausführliche Regelung, so kann in der Regel davon ausgegangen werden, dass sie als abschließend zu verstehen ist.[152] Bei inhaltlichen Abweichungen des VwVfG des Landes vom VwVfG des Bundes **geht das Landesgesetz vor;** ebenso bei Übereinstimmungen der VwVfGe von Bund und Ländern (§ 1 Abs. 3; zur Revisibilität von Landesverfahrensrecht vgl. § 97 Nr. 3 = § 137 Abs. 1 Nr. 2 VwGO).

---

[148] Kopp/Ramsauer § 1 Rn. 41; Finkelnburg/Lässig § 1 Rn. 61 a; Schmidt-Aßmann, Städte- und Gemeindebund 1977, 10; Schmitz, FG 50 Jahre BVerwG, S. 677, 686 f.; ders. DÖV 2005, 885, 889; a. A. Meyer in Knack § 3 a Rn. 23.
[149] Finkelnburg/Lässig § 1 Rn. 55, 61 a; Meyer/Borgs § 1 Rn. 20; Paetow in Kunig/Paetow/Versteyl, Kreislaufwirtschafts- und Abfallgesetz, 2. Aufl. 2003, § 34 Rn. 2.
[150] Vgl. Baumann DÖV 1976, 475 und 1976, 773; Finkelnburg/Lässig § 1 Rn. 59; Kopp/Ramsauer § 1 Rn. 48; Ziekow § 1 Rn. 14; Schlatmann DVBl 2002, 1005, 1007; a. A. Knack DÖV 1976, 772; Meyer in Knack § 1 Rn. 42; Einzelheiten Rn. 206 ff.
[151] Zum Fall einer Lücke bei Wortgleichheit von Bundes- und LandesVwVfG, aber Regelungsdefizit des LVwVfG mangels ausreichender Kompetenz des Landesgesetzgebers Schmitz, NJW 1998, 2866, 2867 f.
[152] Kopp/Ramsauer § 1 Rn. 49.

80 Voraussetzung für eine Regelung durch Landesrecht ist jedoch, dass die zu regelnden Tatbestände **überhaupt** einer **Regelung durch den Landesgesetzgeber zugänglich** sind. Dies ist grundsätzlich dort nicht der Fall, wo die Regelung annexer Materien im Landesverwaltungsverfahrensgesetz sich auch auf Gegenstände erstrecken soll, die der ausschließlichen Gesetzgebungskompetenz des Bundes unterliegen. Die Bundesregierung hat auf diese Problematik bereits in ihrer Gegenäußerung zur Stellungnahme des Bundesrates zum Entwurf 73 hingewiesen.[153] Enthält das Fachrecht des Bundes Verfahrensbestimmungen, für deren nähere Ausgestaltung das VwVfG Regelungen enthält, gehen diese abweichenden oder fehlenden Regelungen in den LVwVfGen vor.[154]

81 In den genannten Bereichen haben aber nach **Art. 71 GG** die Länder die Befugnis zur Gesetzgebung dann, wenn (und soweit) sie hierzu in einem Bundesgesetz **ausdrücklich ermächtigt** werden. Für die Formulierung des Gesetzestextes einer solchen Ermächtigung ist zu verlangen, dass aus ihr hervorgeht, dass 1. eine ergänzende Regelung zugelassen ist, 2. dass diese durch die Länder, und zwar durch die Landesgesetzgeber erfolgen soll.[155] Abs. 3 lässt den Schluss zu, dass der Bundesgesetzgeber dem Landesgesetzgeber die Möglichkeit zu einer Gesamtkodifikation des Verwaltungsverfahrensrechts in einem Landesverwaltungsverfahrensgesetz eröffnen wollte.[156] Dabei wird – entsprechend dem im Vermittlungsverfahren mit § 1 Abs. 3 gefundenen Kompromiss – davon ausgegangen, dass die Rechtseinheit zwischen Bund und Ländern soweit wie möglich gewahrt wird und landesrechtliche Abweichungen tunlichst vermieden werden (hierzu noch Rn. 287 ff.).

82 Soweit die Länder Regelungen des VwVfG des Bundes wortgleich in ihr LVwVfG übernommen haben, ist für die **Auslegung der Landesnorm** auch die **Begründung des Bundesgesetzes** – ggfs. vorrangig – **maßgebend**.[157] Nur so kann die Einheitlichkeit der Auslegung und Anwendung der VwVfG von Bund und Ländern gewahrt werden. Diesem Ziel dient auch § 137 Abs. 1 Nr. 2 VwGO.

III. Öffentlich-rechtliche Verwaltungstätigkeit

1. Begriff „öffentlich-rechtlich"/Abgrenzung zum Privatrecht

83 Das VwVfG gilt nur für die **öffentlich-rechtliche** Verwaltungstätigkeit der (in Abs. 1 näher bezeichneten und in Abs. 4 definierten) Behörden. Der Begriff der ör Verwaltungstätigkeit umschreibt also den **Anwendungsbereich** des VwVfG im Grundsatz; er wird in Abs. 1, 2 und 3 verwendet und ist in der in Abs. 4 genannten „Wahrnehmung von Aufgaben der öffentlichen Verwaltung" enthalten (Rn. 253).

84 Der **Begriff des öffentlichen Rechts** durchzieht das gesamte VwVfG: Bei der Definition des VwVf in § 9 wird die ör Verwaltungstätigkeit vorausgesetzt (Rn. 137 ff., § 9 Rn. 2). Auf das öffentliche Recht müssen sich der Inhalt der hoheitlichen Maßnahme im Sinne des § 35 (dort Rn. 104, 209) und der Gegenstand der ör Vertr im Sinne des § 54 (dort Rn. 68 ff.) beziehen. Aus der Entstehungsgeschichte,[158] die ihren Niederschlag in § 1 Abs. 1 gefunden hat, folgt ferner, dass eine privatrechtliche Tätigkeit von Verwaltungsbehörden nicht dem VwVfG unterliegen soll, wenngleich auch diese Tätigkeit Verwaltungstätigkeit sein kann (s. Rn. 112 ff., s. aber Rn. 117).

85 Diese Regeln zeigen also, dass das VwVfG die überkommene Unterscheidung zwischen öffentlichem und privatem Recht voraussetzt, **ohne eine eigene Definition** anzubieten.[159] § 9 führt zu keinem anderen Schluss. Soweit der Begriff der ör Verwaltungstätigkeit i. S. d. VwVfG

---

[153] BT-Drs 7/910, S. 108.
[154] *Schmitz/Schlatmann* NVwZ 2002, 1281, 1291; *Schlatmann* DVBl 2002, 1005, 1006 f.; § 3 a Rn. 43; *Kopp/Ramsauer* § 3 a Rn. 16; a. A. *Meyer* in Knack § 3 a Rn. 23.
[155] *Maunz* in Maunz/Dürig Art. 71 Rn. 18 ff. Die Vorschrift hat kaum praktische Bedeutung, vgl. *Schnapauff* in Hömig Art. 71.
[156] Vgl. auch *BVerfGE* 116, 24 = NVwZ 2006, 807, 811.
[157] Vgl. auch *BVerwGE* 116, 332 = NVwZ 2003, 221, 223.
[158] 5.5 der Allgemeinen Begründung zum Musterentwurf; Begründung zu § 9 Entwurf 73.
[159] Zur rechtlichen Bedeutung der Unterscheidung von Staat und Gesellschaft *Kahl* Jura 2002, 721, 724.

§ 1 Anwendungsbereich   86–89 § 1

auf den Erlass eines VA oder den Abschluss eines ör Vertr durch § 9 für das VwVfG eingeschränkt gesehen wird,[160] kann dem nicht gefolgt werden. Allein schon §§ 4 bis 8, 33, 34 zeigen, dass auch andere Formen ör Handlungsweisen vom VwVfG erfasst werden.[161] Zu Recht wird darauf hingewiesen, dass in der Beschränkung der Sicht auf diese beiden Handlungsformen die Gefahr liegt, notwendige Fortentwicklungen zu erschweren.[162]

Inhalt und Abgrenzung der ör Verwaltungstätigkeit finden ihre Parallele in der **öffentlich- 86 rechtlichen Streitigkeit nichtverfassungsrechtlicher Art** im Sinne des § 40 VwGO.[163] Sie werden in der **Abgrenzung zum privaten Recht,** dem die bürgerliche Rechtsstreitigkeit im Sinne des § 13 GVG entspricht, gefunden. Die zu § 40 VwGO und § 13 GVG ergangene Rechtsprechung und Literatur kann daher herangezogen werden.[164]

In der Regel der Fälle hat der Abgrenzungsstreit keine praktische Bedeutung, da sich die Zu- 87 ordnung von Rechtsverhältnissen aus dem Polizeirecht, Gewerberecht etc. zum öffentlichen Recht von selbst versteht.[165] Das Zuordnungsproblem entsteht in den Fällen, bei denen die Behörde berechtigt oder unberechtigt ein Wahlrecht bei der Erfüllung ihrer Aufgaben in Anspruch nimmt (Rn. 104 f.). Anders als im Verwaltungsprozess stellt sich die Abgrenzungsfrage im VwVf aus einer **vorausschauenden Sicht:** Daher ist bei der Übertragung der Rechtsprechung zu § 40 VwGO, § 13 GVG zu beachten, dass sie zur Beurteilung abgeschlossener Sachverhalte ergangen ist. Für Behörde und Bürger im VwVf hat demgegenüber die Frage nach der Rechtsnatur behördlicher Tätigkeit vor allem Bedeutung **im Rahmen eines Entscheidungsprozesses** (§ 9 Rn. 100 ff.). Hier geht es nicht um die Bewertung eines Rechtsverhältnisses durch den Richter, sondern um die Begründung des Rechtsverhältnisses, welches Recht, Zivilrecht oder öffentliches Recht, zwingend oder zweckmäßigerweise anzuwenden ist und welche formellen und materiellen Grenzen einzuhalten sind.

Die Abgrenzung ist häufig die Vorfrage für die Überlegung, welche Verfahrensrechte gewährt 88 werden sollen oder müssen, oder ob das angestrebte Ziel angemessen durch VA oder ör Vertr auf der einen Seite oder durch privatrechtliche Vereinbarungen auf der anderen Seite erreicht werden kann. Besteht eine Wahlmöglichkeit, hängt die Entscheidung für die eine oder andere Form von den Erfordernissen des Einzelfalles ab: Über privatrechtliche Vereinbarungen kann z. B. der Staat den Bürger intensiver binden als durch Forderungen auf Grund öffentlichen Rechts. Andererseits kann sich, wenn bei Absprachen bereits die Bewältigung von Leistungsstörungen einkalkuliert werden muss, auf der Grundlage des Amtsermittlungsgrundsatzes die Möglichkeit des ör Rechtsschutzes für den Bürger günstiger auswirken. Je frühzeitiger die Beteiligten sich über diese Fragen Klarheit verschaffen haben, umso sachgerechter verläuft der Entscheidungsprozess und umso geringer ist das Prozessrisiko.[166]

Soweit die Rechtsprechung zur Abgrenzung der Rechtswege auf die besondere Sachkunde 89 und Sachnähe der einzelnen Gerichte abstellt,[167] gibt folglich dieses Merkmal der Behörde und dem Bürger keinen Hinweis für ihre Überlegungen. Wenn nach der Rechtsprechung des *GmSOGB*[168] die Frage, ob eine Streitigkeit öffentlich- oder bürgerlichrechtlich ist, nicht von der ör Rechtsnatur der beanspruchten Handlung, sondern von der **Natur des Rechtsverhältnisses,** aus der der Anspruch abgeleitet wird, abhängig ist, ist diese Sicht – im Prozess zu Recht – nur von dem konkreten Rechtsverhältnis zwischen Bürger und Behörde bestimmt. Bei der Beurteilung von Verwaltungstätigkeit wird aber die Tätigkeit selbst und ihre Ableitung aus Kompetenzregelungen unabhängig von einer konkreten (Außen-)Rechtsbeziehung und unabhängig von einem konkreten Anspruch stärker in den Blick genommen werden müssen. Über-

---

[160] So *Hoffmann* in Obermayer § 1 Rn. 5; wohl auch *Maurer* § 5 Rn. 13.
[161] Rn. 140 ff., 127; *Schnapp* AöR 108 (1983), 136, 141.
[162] *Fiedler* AöR 105 (1980), 79, 100; *Schmidt-Aßmann* in Lerche/Schmitt Glaeser/Schmidt-Aßmann, S. 23.
[163] Zur beabsichtigten Identität der Begriffe s. Einl Rn. 20, 64.
[164] Vgl. aber Rn. 91, 93; Zusammenstellung der Theorien Rn. 94 ff.
[165] *Maurer* § 3 Rn. 20 f.
[166] S. im Einzelnen *Stelkens* NWVBl 1989, 335, 338.
[167] Z. B. *BGHZ* 102, 343 = NJW 1988, 1264; 103, 255 = NJW 1988, 1731.
[168] BGHZ 97, 312 = BVerwGE 74, 368 = NJW 1986, 2359; *BGHZ* 102, 280 = NJW 1988, 2295, 2297; kritisch *Scherer* NJW 1989, 2724 ff. für Realakte (Rn. 98); ihr folgend BVerwGE 87, 115 = NVwZ 1991, 774; *BGH* NJW 1987, 773; NJW 1988, 337; *BGHZ* 102, 343 = NJW 1988, 1264; 103, 255 = NJW 1988, 1731, 1732; 114, 218 = NJW 1991, 2963; 116, 339 = NJW 1992, 1237.

dies bleibt nach der von der Rechtsprechung für den Prozess gefundenen Abgrenzung die Frage, wann das Rechtsverhältnis dem einen oder anderen Recht zuzuordnen ist (s. auch Rn. 101). Daher verweist der GmSOGB[169] auf die unter Rn. 94 ff. geschilderten Theorien. Auch nach dieser Rechtsprechung kommt es regelmäßig darauf an, ob die Beteiligten in einem hoheitlichen Verhältnis der Über- und Unterordnung stehen und ob sich der Träger hoheitlicher Gewalt der besonderen Rechtssätze des öffentlichen Rechts bedient.

90 Soweit außerhalb des Anwendungsbereichs des Gesetzesvorbehalts keine Rechtssätze i. e. S. herangezogen werden können, genügt jede Grundlage des öffentlichen Rechts, z. B. allgemeine Rechtsgrundsätze des öffentlichen Rechts, Verwaltungsvorschriften. Bei der Bewertung ist in der Praxis weniger die Qualifizierung der einen oder anderen Rechtsnorm als ör oder privatrechtlich problematisch als die **Zuordnung** des konkreten Falles zu der jeweiligen Norm,[170] insbesondere im Bereich der Leistungsverwaltung, bei Realhandlungen (Rn. 98) oder bei der Gestaltung von Verträgen. Die Rspr. des GmSOGB[171] stellt daher bei Gleichgeordneten, z. B. bei Vertragsabschluss, auf den Gegenstand und Zweck des angestrebten Vertrags ab, was allerdings nicht alle Zweifelsfälle bei einer Mischung von privatrechtlichen und ör Elementen in einem vorgesehenen Vertrag **(gemischter Vertrag)** lösen kann (§ 54 Rn. 77 ff.). Soweit hier auf eine Gesamtbetrachtung abgestellt wird, scheint diese Betrachtungsweise durch BVerwGE 84, 183 = NJW 1990, 1679; NVwZ 1994, 1012, in Zweifel gezogen zu werden, da hierin nicht von einer Gesamtbetrachtung ausgegangen wird, sondern von einer Teilbarkeit des Vertrags an der Schnittstelle von öffentlichem Recht und Zivilrecht (dazu näher § 54 Rn. 77).

91 Aus Rn. 86 ist nicht der Schluss zu ziehen, als begrenze § 40 VwGO den Anwendungsbereich des VwVfG. Soweit kein Ausschluss durch inhaltsgleiche oder entgegenstehende Bestimmungen im Sinne des § 1 Abs. 1, 2 oder durch § 2 erfolgt, unterliegt dem VwVfG **jede öffentlich-rechtliche Verwaltungstätigkeit**, auch wenn ihre Kontrolle einem anderen Rechtsweg zugewiesen ist. Insbesondere betrifft dies die Bereiche der ör Verwaltungstätigkeit, die den ordentlichen Gerichten kraft Gesetzes zur Überprüfung zugewiesen sind.[172] Dazu zählen die Amtshandlungen eines Standesbeamten, für die ungeachtet der Zuweisung zur freiwilligen Gerichtsbarkeit (§ 48 PStG = § 51 PStG 2007) das VwVfG gilt, soweit das PStG keine speziellen Bestimmungen enthält.[173]

92 Beispiele für die Anwendbarkeit des VwVfG[174] sind Entscheidung des Amtsgerichts bei polizeilicher Verwahrung,[175] landwirtschaftsrechtliche Verfahren,[176] Umlegungsverfahren.[177] Allerdings erstreckt sich der Anwendungsbereich des VwVfG nicht auf alle ör Streitigkeiten, die diesen Gerichten zugewiesen sind, wie sich aus § 2 Abs. 2 Nr. 2, Abs. 3 Nr. 1 ergibt. Auch bedeutet die Zuweisung einer Streitigkeit zu den Verwaltungsgerichten durch § 40 VwGO nicht, dass deshalb immer das VwVfG anzuwenden ist, wie § 2 Abs. 2 Nr. 1 und 4 zeigt, s. Einl Rn. 53.

93 Angesichts der Rechtsprechung des *Europäischen Gerichtshofs für Menschenrechte* zu Art. 6 der Konvention zum Schutz der Menschenrechte und Grundfreiheiten[178] ist darauf hinzuweisen, dass die **innerstaatliche Abgrenzung** zwischen Privatrecht und öffentlichem Recht nicht notwendig von **supranationalen Behörden** und Gerichten (Rn. 170) übernommen wird. Daher haben innerstaatliche Behörden bei der Anwendung von EG-Recht unterschiedliche Begriffsinhalte zu beachten.[179]

---

[169] BGHZ 97, 312, 313 f. = BVerwGE 74, 368 = NJW 1986, 2359, dazu kritisch *Broß* VerwArch 79 (1988), 97 ff., auch GmSOGB BGHZ 108, 284, 286 f. = NJW 1990, 1527.
[170] Vgl. *Maurer* § 3 Rn. 20.
[171] Auch BGHZ 119, 93 = NJW 1993, 789; BVerwG NJW 1994, 2909.
[172] Im einzelnen *Ehlers* in Schoch u. a. § 40 Rn. 482 ff., 499 ff.; *Kopp/Schenke* § 40 Rn. 48 ff.; *Rennert* in Eyermann § 40 Rn. 99 ff.
[173] *Hepting/Gaaz*, Personenstandsrecht, Rn. 14 vor § 45 PStG; *Wagenitz/Bornhofen*, Handbuch des Eheschließungsrechts, 1998, 2. Teil Rn. 37; *Ehlers* in Schoch u. a. § 40 Rn. 650.
[174] S. ferner § 79 Rn. 29; *Meyer* in Knack § 1 Rn. 63.
[175] BVerwG NJW 1989, 1048; OVG Münster NJW 1990, 3224.
[176] BGHZ 91, 172 = NJW 1984, 2577.
[177] BGH NVwZ 1987, 532; BGH NVwZ 1991, 1022.
[178] Vgl. NJW 1979, 477; NJW 1982, 2714; NJW 1987, 2141, 2142; NJW 1989, 652; NJW 1991, 2199, 2202, dazu Einl Rn. 96; zu dieser Rspr. BVerwG NJW 1983, 531.
[179] BVerwGE 82, 278 = NJW 1990, 1435, 1436; Einl Rn. 91.

Zur Bestimmung der Voraussetzung für eine ör Tätigkeit dienen insbesondere folgende **Theorien,** die sich in Rechtsprechung – dort **kumulativ** gebraucht – und Lehre bewährt haben, wenngleich im Einzelfall Unklarheiten bleiben können.[180] 94

Nach der **Subjektions- oder Subordinationstheorie** gehört das in Frage stehende Rechtsverhältnis dem öffentlichen Recht an, wenn der Einzelne dem Träger öffentlicher Gewalt unterworfen ist, wenn also der Träger öffentlicher Gewalt dazu befähigt ist, einseitig (= hoheitlich, § 35 Rn. 104) in die Rechte des Einzelnen einzugreifen.[181] Ein **Über- und Unterordnungsverhältnis** wird nach dieser Theorie vorausgesetzt, z. B. im Polizei- und Ordnungsrecht.[182] Zur Unanwendbarkeit dieser Theorie beim Vertrag s. § 54 Rn. 61. 95

Das nach der Subjektionstheorie erforderliche Über- und Unterordnungsverhältnis lässt sich nicht immer nachweisen, ohne dass aber gesagt werden könnte, dass die Eingriffsverwaltung heute in der Praxis an Bedeutung verloren hätte. Vielfach stehen sich zwei Träger öffentlicher Gewalt, aber auch der Bürger dem Staat **gleichgeordnet** gegenüber. Die **Interessentheorie**[183] gibt für diese Bereiche Abgrenzungsmerkmale. Hiernach ist abzustellen auf den **Zweck der Norm,** auf der das Rechtsverhältnis beruht. Ist diese Norm im überwiegenden öffentlichen Interesse erlassen, ist es dem Privatrecht zuzuordnen.[184] 96

Einen weiteren Hinweis bietet die von *H. J. Wolff* begründete **Zuordnungs-, Sonderrechts- oder (jüngere) Subjektstheorie.** Sie hat sich als herrschende Abgrenzungstheorie durchgesetzt, ohne dass auf die übrigen Theorien in der Praxis verzichtet wird (Rn. 94). Beruft sich der Träger öffentlicher Gewalt auf Rechtssätze (dazu Rn. 89), die für jedermann gelten, handelt er privatrechtlich, macht er dagegen ein **Sonderrecht** des Trägers hoheitlicher Gewalt geltend, handelt er ör.[185] Unerheblich ist, ob die Norm, auf die sich die Behörde beruft, zu Recht oder zu Unrecht eine Aufgabe zur hoheitlichen deklariert hat.[186] Maßgebend ist, dass die Aufgabe hoheitlich sein soll (s. auch Rn. 102).[187] 97

Die Zuordnung von **schlicht-hoheitlichem Handeln** (Realakte, Realhandlungen) einschließlich der Geschäftsführung ohne Auftrag (Rn. 262) zum öffentlichen oder privaten Recht bereitet Schwierigkeiten, da dieses Handeln selbst „zuordnungsneutral" ist. Öffentlich-rechtlich ist es, wenn es in Erfüllung ör Zuständigkeit erfolgt, ohne dass der Wille, privatrechtlich zu handeln, nach außen in Erscheinung tritt.[188] Bei **Rückabwicklungsansprüchen** richtet sich die Zuordnung nach der Rechtsqualität des Leistungsanspruchs.[189] Hinzuweisen ist aber darauf, dass die öffentliche Zielsetzung einer Maßnahme allein nicht zulässt, auf deren ör Charakter zu schließen.[190] 98

Öffentlich-rechtliche Gesichtspunkte können auch auf **privatrechtliche Rechtsverhältnisse** Einfluss nehmen, ohne sie zu ör Rechtsverhältnissen umzugestalten, z. B. bei einem Zurückbe- 99

---

[180] *GmSOGB* BGHZ 108, 284 = NJW 1990, 1527; BGHZ 97, 312 = BVerwGE 74, 368 = NJW 1986, 2359; *Menger,* FS Wolff, S. 149 ff.; *Bachof,* FG BVerwG, S. 1 ff., 3 f.; *Finkelnburg,* FS Menger, S. 279; *Ehlers* Die Verwaltung 20 (1987), 373; ferner Literaturangabe vor Rn. 1; kritisch zu der Abgrenzung hoheitliche Tätigkeit – fiskalische Tätigkeit *Burmeister* DÖV 1975, 695 ff. und den Abgrenzungstheorien *Krause* NJW 1981, 81, 84; ferner Rn. 87, 101, 104.
[181] *BVerwGE* 29, 159, 161 f.; *GmSOGB* BGHZ 97, 312 = BVerwGE 74, 368 = NJW 1986, 2359; Rn. 89.
[182] *GmSOGB* BGHZ 108, 284 = NJW 1990, 1527; kritisch zu dem Sprachgebrauch *Zuleeg* VerwArch 73 (1982), 384, 391; *Schnapp* DÖV 1986, 811, 813; *Hill* DVBl 1989, 321 ff.
[183] *Bachof,* FG BVerwG, S. 1 ff., 16 ff., m. w. N.; *GmSOGB* BGHZ 97, 312 = BVerwGE 74, 368 = NJW 1986, 2359; kritisch *Ehlers* in Schoch u. a. § 40 Rn. 222; *Rennert* in Eyermann § 40 Rn. 43.
[184] S. *Broß* VerwArch 79 (1988), 97, 100.
[185] *Wolff* AöR 101 (1976), 200, 207 ff.; *GmSOGB* BGHZ 108, 284 = NJW 1990, 1527; *BVerwGE* 82, 278 = NJW 1990, 1435, 1436; 38, 281 = DÖV 1972, 389; 47, 247 = NJW 1975, 891; BGHZ 41, 264, 266 f.; *Menger* VerwArch 68 (1977), 293, 296; vgl. *Wolff/Bachof* u. a. I § 22 Rn. 28; s. aber *Wolff/Bachof* u. a. I § 22 Rn. 29: Modifizierung der formalen Sonderrechtstheorie durch die materielle Sonderrechtstheorie, die verlangt, dass sich der Rechtssatz nicht nur an einen Träger hoheitlicher Gewalt richtet, sondern dass der Träger auch in dieser Eigenschaft berechtigt oder verpflichtet wird; auch *Bettermann* NJW 1977, 513, 515; *Bachof,* FG BVerwG, S. 1, 3; *Ehlers* in Schoch u. a. § 40 Rn. 235 ff.; *Barbey* WiVerw 1978, 77, 84; *Zuleeg* VerwArch 73 (1982), 384, 386.
[186] Dazu BVerfGE 21, 239, 248.
[187] Für die Anwendung auf Maßnahmen von Privatpersonen siehe *Pestalozza* JZ 1975, 50 ff.
[188] *Christ,* Die Verwaltung zwischen öffentlichem und privatem Recht, 1984, S. 26 ff., 40 ff., 95; *Scherer* NJW 1989, 2724 ff.
[189] *BVerwGE* 84, 274 = NJW 1990, 2482 = JZ 1990, 862 m. Anm. *Maurer.*
[190] *BVerwGE* 35, 103 = DVBl 1971, 111; NVwZ 1985, 48; OVG Münster NJW 1991, 61.

haltungsrecht bei einer privatrechtlichen Übernahme einer Mülldeponie.[191] Benutzungsverhältnisse ör Anstalten können sowohl privatrechtlich als auch ör ausgestaltet werden.[192]

100 Handeln nach öffentlichem und Privatrecht kann in einem Lebenssachverhalt zusammenfallen, s. § 35 Rn. 106, 112 ff. Ein einheitlicher Regelungsgegenstand darf aber nicht aufgeteilt werden.[193] Für Zweifelsfälle s. Rn. 102; ferner § 35 Rn. 117 f.

101 Neben den oben genannten drei Theorien sind noch weitere entwickelt worden, die bisher in der Praxis weniger Bedeutung erlangt haben. Als Beispiele seien genannt: Die **Hoheitstheorie**,[194] die, sofern der Gesetzgeber keine besondere Kollisionsentscheidung[195] getroffen hat, in Art. 19 Abs. 4 GG eine Entscheidung zugunsten des öffentlichen Rechts sieht. Ferner die **Rechtsverhältnis- oder Sachwaltertheorie**,[196] die die Abgrenzung auf der Grundlage von Rechtsverhältnissen sieht, in denen zumindest eines der an ihnen beteiligten Rechtssubjekte auf Grund eines weiteren es hierzu legitimierenden Rechtsverhältnisses als Sachwalter des Gemeinwohls auftritt.[197] Aus der Schwierigkeit, eine Theorie zu schaffen, die allen Abgrenzungsfällen gerecht wird, ist schließlich mit der **Kompetenztheorie**[198] die Forderung gestellt worden, der Gesetzgeber solle im Rahmen des § 1 die Abgrenzung durch Definition klären.

102 Bestehen **Zweifel,** ob die Behörde hoheitlich oder privatrechtlich handelt, gilt bei einem Organ des öffentlichen Rechts im Rahmen seiner hoheitlichen Kompetenz die **Vermutung,** dass es hoheitlich handelt,[199] im Übrigen aber die Vermutung privatrechtlicher Tätigkeit.[200] Demgegenüber stellt die **Sachzusammenhangstheorie** darauf ab, ob der zu qualifizierende Rechtssatz oder bei Fehlen eines solchen das zu beurteilende Rechtsverhältnis in einem untrennbaren sachlichen Zusammenhang mit einem Rechtssatz steht, der eindeutig ör zu qualifizieren ist;[201] in Fällen analoger oder rechtsgrundsätzlicher Anwendung privatrechtlicher Normen im öffentlichen Recht bedarf es dieser Theorie jedoch nicht (Rn. 106). Für Benutzung öffentlicher Einrichtungen s. Rn. 99; § 35 Rn. 117 ff.; § 54 Rn. 45 f. Zur Abgrenzung allgemein siehe *BVerwG* DVBl 1969, 552, *Komp-Konfl.GH* DVBl 1975, 370, 371, ferner § 54 Rn. 73 ff., 77 ff.

103 Bewertet die Behörde einen **privatrechtlichen Tatbestand** fälschlich als ör und regelt ihn unter Berufung auf ihre ör Befugnisse durch **Verwaltungsakt,** muss der Streit hierüber vor den Verwaltungsgerichten ausgetragen werden.[202]

104 Im Rahmen der Leistungsverwaltung kann der Behörde nach h. M. ein **Wahlrecht** zustehen, ob sie ihre Verwaltungsaufgaben **öffentlich-rechtlich** oder **privatrechtlich** erfüllen will.[203] Vielfach kann das sehr durchnormierte Zivilrecht Lösungsmöglichkeiten anbieten, die im öffentlichen Recht (noch) nicht entwickelt sind (s. ferner Rn. 86 ff.). Hieraus folgt, dass eine Wahlfreiheit nicht besteht, wenn eine ör Handlungsform vorgeschrieben ist oder sich die Tätig-

---

[191] *OLG Koblenz* NVwZ 1989, 1189.
[192] Im einzelnen § 35 Rn. 73 f.; *BGHZ* 91, 84 = NJW 1985, 197, 200; *VGH München* NJW 1978, 2410 m. Anm. *Badura*; *VGH München* NJW 1982, 120; zur neueren Rechtsprechung des *BVerwG* NVwZ 1991, 59 bei Übertragung dieser Aufgabe auf Private s. Rn. 127.
[193] *BVerwGE* 61, 291 = NVwZ 1983, 220, 221; *OVG Hamburg* NJW 1984, 683; offen *BVerwGE* 71, 1 = NJW 1986, 2387; zur Verknüpfung einer privatrechtlichen Leistung mit einem ör Gebührenanspruch Rn. 104, 106, 135; § 9 Rn. 18; § 35 Rn. 118.
[194] *Zuleeg* JuS 1985, 106, 109; *ders.* VerwArch 73 (1982), 384, 391.
[195] Dazu *Pestalozza*, Formenmißbrauch des Staates, 1973, S. 166 ff.; *Kempen*, Formenwahlfreiheit der Verwaltung, 1989, S. 112 ff., 117 ff.
[196] *Achterberg* § 1 Rn. 20; § 19 Rn. 1 ff.; *ders.,* Die Rechtsordnung als Rechtsverhältnisordnung, 1982; s. auch *Renck* JuS 1986, 268 ff.; *Kasten/Rapsch* NVwZ 1986, 708, 710.
[197] Anders wohl *BGHZ* 89, 250 = NJW 1984, 1820, wonach Bestellung der am Rechtsverhältnis beteiligten Rechtssubjekte nicht ausschlaggebend sein kann, s. ferner Rn. 86 ff.
[198] *Gern* ZRP 1985, 56. Zur Gesetzgebungskompetenztheorie näher *U. Stelkens*, Verwaltungsprivatrecht, 2005, S. 344 ff.
[199] *BVerwGE* 82, 278 = NJW 1990, 1435, 1436; *OVG Münster* NJW 1976, 820; *VGH Mannheim* DÖV 1978, 569; NJW 1979, 1900; *BGHZ* 63, 119 = NJW 1975, 106, 107; NVwZ 1985, 517.
[200] *Renck* JuS 1986, 268, 270; vgl. kritisch *Wolff/Bachof u. a.* I § 22 Rn. 42 f. m. w. N.
[201] *Wolff/Bachof u. a.* I § 22 Rn. 44 ff.; *Stern,* Staatsrecht I, § 3 I 1; *Kopp/Ramsauer* § 1 Rn. 10.
[202] *BVerwGE* 84, 274 = JZ 1990, 862; NVwZ 1985, 264; MDR 1980, 344; *Schenke* VerwArch 72 (1981), 185, 190; § 35 Rn. 16.
[203] Vgl. *BVerwG* DVBl 1970, 735 m. Anm. *Kopp* DVBl 1970, 724; *BVerwGE* 92, 56 = NJW 1993, 2695, 2697; 94, 229, 231 f. = NJW 1994, 1169; *BGHZ* 91, 84, 86 = NJW 1985, 197, 200; NJW 1985, 1778 f.; 115, 311, 313 = NJW 1992, 171; eingehend *Kempen,* Formenwahlfreiheit der Verwaltung, 1989, S. 112 ff., 117 ff.; beim Vertrag § 54 Rn. 10, jew. m. w. N.

keit auf ein Über- und Unterordnungsverhältnis (Rn. 95) bezieht.[204] Hat die Behörde z. B. wegen des Gesetzesvorbehalts kein Gebührenfindungsrecht,[205] kann sie den Gesetzesvorbehalt nicht durch Ausweichen in das Privatrecht umgehen. Die Wahlfreiheit besteht also nur im Rahmen der Kompetenz des Organs, so dass etwa eine öffentliche Schule kein privatrechtliches Nutzungsverhältnis begründen kann.[206] Bei der Ausübung des privatrechtlichen Handelns auf Grund des Wahlrechts sind die in Rn. 116 aufgezeigten Grenzen zu beachten.

Das VwVfG geht von dieser Wahlmöglichkeit aus in dem Sinne, dass es zu der zum Zeitpunkt des Inkrafttretens bekannten Übung keine Stellung nimmt, sie vor allem nicht untersagt (Rn. 116). So gehört zur Gestaltungsfreiheit der Partner eines ör Vertr, bei der Unterwerfung unter die sofortige Zwangsvollstreckung zwischen der Form des § 61 Abs. 1 S. 1 und der Aufnahme einer Urkunde gem. § 794 Abs. 1 Nr. 5 ZPO zu wählen.[207] Die Wahlfreiheit des Staates zwischen den Handlungsformen des öffentlichen Rechts und des Privatrechts stößt in der Literatur vielfach auf Kritik.[208] Zum Wahlrecht zwischen ör Handlungsformen s. Rn. 142. Von dem Recht der Behörde, bei ihrer Tätigkeit die Handlungsformen auszuwählen, ist die Auswahl der öffentlichen oder privaten **Organisationsform** zu unterscheiden (s. Rn. 116, 124, 127, 263).

Keine Frage der Abgrenzung von öffentlichem Recht und Zivilrecht ist die **Anwendung zivilrechtlicher Regelungen im öffentlichen Recht.** Hier werden auf der Ebene der ör Verwaltungstätigkeit zivilrechtliche Regelungen angewandt, weil entsprechende ör Normen (noch) nicht existieren und der allgemeine Rechtsgedanke im Zivilrecht bereits ausformuliert ist oder die Lücke durch eine analoge Anwendung der im Zivilrecht definierten Rechtsfolgen geschlossen werden kann.[209] Analogie setzt aber eine Rechtsähnlichkeit des geregelten Tatbestandes voraus, die eingehender Untersuchung bedarf.[210] Das VwVfG verweist für einige Bereiche auf diese Möglichkeit z.B. in §§ 53, 59 Abs. 1, 62. Weitere Beispiele: Verwirkung (§ 53 Rn. 21), Gute Sitten (§ 44 Rn. 152); Bekanntgabe, Rücknahme und Anfechtung von Willenserklärungen (str., s. § 22 Rn. 66ff.; 78ff.; § 35 Rn. 238f.); Schriftform (§ 22 Rn. 31 einerseits, § 37 Rn. 104 andererseits); Fristen (§ 31 Rn. 1); §§ 226, 278, 285 BGB im ör Benutzungsverhältnis;[211] Verzugszinsen der öffentlichen Hand analog § 288 Abs. 2 BGB;[212] Prozesszinsen analog § 291 S. 1 BGB;[213] Beweislastverteilung nach § 282 BGB;[214] zur Geschäftsführung ohne Auftrag Rn. 262.

Einzelheiten zur Abgrenzung bei Vertrag s. § 54 Rn. 73ff., bei Verwaltungsakt § 35 Rn. 106ff., insbesondere zur Zweistufentheorie bei Subventionen und bei der Zulassung zu öffentlichen Einrichtungen (§ 35 Rn. 112ff.; § 54 Rn. 51), Auftragsvergabe (§ 35 Rn. 123), Hausverbot (§ 35 Rn. 131ff.; § 68 Rn. 29; § 89 Rn. 10), Vorkaufsrecht (§ 35 Rn. 135). S. auch die Liste mit Einzelfällen bei *Ehlers* in Schoch u.a. § 40 Rn. 730–879. Weitere **Beispiele: Privatrechtlich:** Beziehungen zwischen Rundfunkanstalten (§ 2 Rn. 21 ff.) und Privaten, bei denen es um die Abwägung der Interessen an freier Programmgestaltung gegenüber dem Schutz der Privatsphäre geht;[215] Streit auf Zulassung zur Lehramtsausbildung unter Übernahme ins Angestelltenverhältnis;[216] über die Aufnahme in eine politische Partei;[217] Tätigkeit des Jugendamts

---

[204] *BGHZ* 91, 84, 86 = NJW 1985, 197, 200; *BVerwGE* 49, 125 = NJW 1976, 341; *Hill* DVBl 1989, 323 ff.
[205] *BVerwG* NJW 1991, 2851 für Kfz-Kennzeichen auf Wunsch, dazu *Würkner* NJW 1991, 2816; *OLG Schleswig* NuR 1991, 199 für Wasserabgabe.
[206] *Niehues* 1, Rn. 10.
[207] *BVerwGE* 96, 326, 334 = NJW 1995, 1104, 1106 sieht den mit § 61 Abs. 1 S. 1 und 2 verfolgten Schutzzweck jedenfalls bei Verpflichtungen des Bürgers gegenüber dem Staat als nicht unterlaufen an; s. auch § 61 Rn. 5.
[208] *Pestalozza* DÖV 1974, 188; *Ossenbühl* JuS 1979, 681, 686; *Zuleeg* VerwArch 73 (1982), 384, 397 f.; *Ehlers* DVBl 1983, 422; *Rupp*, FG BVerwG, S. 539 ff.; *v. Zezschwitz* NJW 1983, 1873 ff.; *Gusy* DÖV 1984, 872; *ders.* Jura 1985, 578; *Kasten/Rapsch* NVwZ 1986, 708, 711; *Kempen*, Formenwahlfreiheit der Verwaltung, 1989, S. 98 ff.; dazu *Schnapp* DÖV 1990, 826; *Ehlers* JZ 1990, 1089, 1094; *Schild* NVwZ 1990, 339. Zur Wahl des Zivilrechts im Umweltschutz *Kloepfer* NuR 1990, 337, 338.
[209] *Maurer* § 3 Rn. 28 ff.; *Sendler* NJW 1964, 2137 ff., jew. m. w. N.
[210] S. z. B. zur Willenserklärung *Kluth* NVwZ 1990, 608, 610; am Beispiel ordnungsrechtlicher und zivilrechtlicher Verursachung zusammenfassend *Selmer* JuS 1992, 97, 101 m. w. N.
[211] *VGH Mannheim* NVwZ-RR 1991, 325; § 54 Rn. 45.
[212] § 62 Rn. 34; *Schön* NJW 1993, 961.
[213] *BVerwGE* 99, 53 = NJW 1995, 3135; § 62 Rn. 34; *Wolff/Bachof* u. a. I § 55 Rn. 150.
[214] *BGH* DVBl 1978, 108 m. Anm. *Grave* DVBl 1978, 450.
[215] *BGHZ* 66, 182 = NJW 1976, 1198; ihm folgend *BVerwG* JZ 1995, 401 m. Anm. *Hoffmann-Riem*.
[216] *BVerwG* NVwZ 1983, 220.
[217] *VGH Mannheim* NJW 1977, 72.

als Amtspfleger oder Amtsvormund;[218] **Bürgschaftsvertrag** für ör Schuld.[219] Allerdings sind auch ör Fallgestaltungen möglich, s. § 62 Rn. 41; Haftungserklärung.[220] Aus einer Bürgschaft oder einem Schuldbeitritt bei einer Subventionsgewährung folgt deshalb nicht die Befugnis der Behörde, gegen den Pflichtigen einen Leistungsbescheid zu erlassen.[221]

108 Beim **abstrakten Schuldanerkenntnis** lassen BGH[222] und BVerwG[223] offen, ob es privatrechtlich ist, wenn ihm ein ör Rechtsverhältnis zugrunde lag; ein Schuldanerkenntnis, das an Stelle einer möglichen Regelung durch VA tritt[224] oder einen VA ermöglichen soll,[225] ist im Zweifel nicht als abstraktes Schuldanerkenntnis i.S.v. § 781 BGB anzusehen, sondern ör (ferner § 54 Rn. 113; § 62 Rn. 41).

109 Nach der herrschenden **Akzessorietätstheorie** ist der Streit um die Unterlassung von **Warnungen, Empfehlungen** und ähnlicher Erklärungen (Rn. 145 f.; § 35 Rn. 86) oder den Widerruf **ehrverletzender Äußerungen** von **Amtsträgern** ör oder privatrechtlich, je nachdem welche Rechtsnatur das zugrundeliegende Rechtsgeschäft hat.[226] Wenn Gerichte[227] darauf abstellen, ob die Äußerung in der Funktion als Hoheitsträger oder als Privater abgegeben wurde, sieht BVerwG NJW 1988, 2399 darin keinen Widerspruch. Privatrechtlich auch, wenn derartige Erklärungen von privatrechtlichen Organisationen, die aus öffentlichen Haushalten finanziert werden, abgegeben werden.[228]

110 Der Streit hat sich von der Frage nach der Rechtsnatur auf die der **Befugnis** zur Abgabe von Warnungen und ähnlichen Erklärungen, insbesondere durch Regierungsorgane (dazu Rn. 187, 190) sowie der Rechtsgrundlagen von Abwehr- und Unterlassungsansprüchen verlagert, dazu Rn. 145 f. Zur Rechtsnatur dieser Äußerungen als schlicht-hoheitliche Maßnahmen s. Rn. 145, § 35 Rn. 83 f. Wehrt sich ein **Privater** seinerseits durch ehrverletzende Äußerungen gegen die Äußerungen eines Hoheitsträgers, ist der Streit darüber privatrechtlich.[229] Herabsetzende Äußerungen eines Privaten über einen anderen bei einer Verwaltungsbehörde erfolgen im sog. ehrenschutzfreien Raum, wenn zwischen der ehrverletzenden Behauptung und dem Anliegen des Äußernden gegenüber der Behörde ein Zusammenhang besteht, es sich nicht um eine Formalbeleidigung handelt und die Behauptung nicht offenkundig unwahr ist.[230] Zum Anspruch auf Widerruf ehrverletzender Äußerungen in der Begründung eines VA s. § 35 Rn. 143.[231]

111 **Öffentlich-rechtlich:** Vereinbarung über Kosten zur Beamtenausbildung,[232] Ausbildungsverhältnis eigener Art für Ausländer bei jur. Vorbereitungsdienst;[233] Streit über Grabgestaltung auf kirchlichem Friedhof;[234] Entscheidung einer Kirchengemeinde als Friedhofsträger über Um-

---

[218] OVG Münster NJW 1979, 1220; a. A. OVG Hamburg NJW 1979, 1219.
[219] VGH München NJW 1990, 1006; VG Stade InfAuslR 1986, 102; BGH NJW 1984, 1622; OLG Frankfurt NVwZ 1985, 375 m. Bespr. Zuleeg JuS 1985, 106; OLG Hamm InfAuslR 1991, 12.
[220] VGH München NJW 1990, 1006 m. Anm. Arndt.
[221] VGH München NJW 1988, 2690; anders BVerwG NJW 1990, 1435 für Verfall einer Ausschreibungskaution.
[222] BGHZ 102, 343 = NJW 1988, 1264.
[223] BayVBl 1988, 310.
[224] Z. B. Rückforderung zu viel gezahlter Dienstbezüge, BGHZ 102, 343, 348 f. = NJW 1988, 1264.
[225] Z. B. Rückzahlung von Ausbildungsbeihilfen bei Einbürgerung, BVerwGE 96, 326 = NJW 1994, 2909.
[226] BGH NJW 1978, 1860 f., dazu Brodersen JuS 1978, 861; OLG Saarbrücken NVwZ 1982, 332; Berg JuS 1984, 521, 522.
[227] BVerwG DÖV 1968, 429; VGH Mannheim NJW 1990, 1808, 1809; NVwZ 1991, 184; OVG Koblenz NJW 1987, 1660; VGH Kassel DÖV 1988, 468; OVG Münster NVwZ 1986, 400; VG Düsseldorf NJW 1982, 2333; VG Frankfurt NVwZ 1992, 86 (für Gemeindevertreter); OLG Dresden NVwZ-RR 1998, 343.
[228] Dazu BVerwGE 90, 112 = NJW 1992, 2496; Heintzen NuR 1991, 301; § 35 Rn. 112.
[229] Vgl. OLG Düsseldorf NJW 1986, 1262.
[230] OLG Düsseldorf NJW 1998, 435.
[231] Zum Widerruf einer ehrverletzenden Äußerung eines Richters OVG Münster NJW 1988, 2636, dazu Hager NJW 1989, 885; in einer Gerichtsentscheidung s. § 2 Rn. 109. Zum Widerruf einer Presseerklärung der Staatsanwaltschaft BVerwG NJW 1989, 412; OVG Koblenz NJW 1991, 2659; § 2 Rn. 109. Zur Ausräumung der Ansehensbeeinträchtigung durch amtliche Äußerung des vorgesetzten Ministers über Beamten (Fürsorgepflichtverletzung) BVerwGE 99, 56 = NJW 1996, 210; hierzu Haas, FS Walther Fürst zum 90. Geburtstag, 2002, S. 159 ff.; ferner OVG Koblenz NVwZ-RR 2000, 805; für Soldaten BVerwGE 113, 158 = NVwZ 1998, 403, 405. Zum Schutz des Beamten vor unberechtigten Vorwürfen Dritter gegen Amtsführung OVG Lüneburg NVwZ 2007, 963.
[232] BAG NJW 1991, 943 m. Anm. Kopp JZ 1991, 564.
[233] OVG Münster NVwZ 1990, 889.
[234] VGH München NVwZ-RR 1991, 250.

bettung;[235] Nutzungsrechte am Gemeindegliedervermögen;[236] Streitigkeiten zwischen Aufsichtsratsmitgliedern einer kommunalen GmbH;[237] Vereinbarung über Folgenkostenpauschale für Anschluss an Versorgungseinrichtung;[238] Ermächtigung des Bundesministers für Wirtschaft zum Umgang mit Verschlusssachen im Rüstungsbereich;[239] Ausgleichsansprüche auf Ersatz von Atomschäden auf Grund von Billigkeitsrichtlinie[240] und nach § 38 Abs. 2 AtomG;[241] Bannrecht der bayerischen Gebäudebrandversicherung.[242] Stellt eine Gemeinde als Eigentümerin Asylbewerbern Wohnraum zur Verfügung, liegt regelmäßig ör Gebrauchsüberlassung vor, auch wenn das Entgelt als „Mietzins" bezeichnet ist.[243] Ein entstandener ör Gebührenanspruch aus einem Postbenutzungsverhältnis wurde durch spätere Privatisierung der Post nicht rückwirkend in einen zivilrechtlichen Anspruch verändert.[244] Die Verpflichtungserklärung nach § 68 AufenthG zur Übernahme der Kosten für den Lebensunterhalt eines Ausländers, die von der Verwaltung im Rahmen eines VwVf (Erteilung einer Aufenthaltsgenehmigung) entgegengenommen wird, ist nicht ohne weiteres befristet und auf den bestimmten Aufenthaltstitel bezogen.[245]

2. Fiskalisches Handeln/Verwaltungsprivatrecht

Nicht anwendbar ist das VwVfG demnach in den Bereichen, in denen Behörden privatrechtlich handeln. Dies gilt zunächst für die sog. **fiskalischen Hilfsgeschäfte**.[246] Auch dieses Handeln gehört im weiteren Sinne zur Verwaltungstätigkeit (Rn. 254). Deshalb darf der Fiskus hierbei seine vom Gemeinschaftsinteresse geprägte Verantwortung nicht außer Acht lassen.[247] Heute gibt es keinen Unterschied zwischen den rechtlichen Anforderungen an fiskalisches oder verwaltungsprivatrechtliches Handeln mehr;[248] zur Auftragsvergabe § 35 Rn. 123 ff., zur Vermögensprivatisierung § 35 Rn. 127. Dem entspricht auch die EG-rechtlich veranlasste Durchziehung des öffentlichen Auftragswesens mit Verfahrensregeln, die dem VwVf nachgebildet sind.[249]

Dennoch klammert das VwVfG durch die Definition des § 1 die privatrechtliche Tätigkeit aus dem Anwendungsbereich des VwVfG aus. Dies schließt nicht aus, dass die Behörde auch bei diesen Geschäften rechtliche Grenzen außerhalb des VwVfG einzuhalten hat. Sie sind im Einzelnen streitig;[250] z.B. Aufklärungspflichten ör Körperschaften bei Vertragsabschluss.[251] Eine unmittelbare **Grundrechtsbindung** besteht auch in allen Bereichen der privatrechtlich handelnden Verwaltung.[252]

Gleiches gilt für die **erwerbswirtschaftliche Tätigkeit** der öffentlichen Hand z.B. durch Eigenbetriebe.[253]

---

[235] *OVG Münster* NWVBl 1992, 261, s. § 2 Rn. 41.
[236] *OVG Münster* NVwZ-RR 1991, 276.
[237] *LG Deggendorf* BayVBl 2006, 315 = NJOZ 2006, 107.
[238] *VGH Mannheim* NVwZ 1991, 583; s. auch *OVG Koblenz* NVwZ-RR 1991, 322; § 54 Rn. 147.
[239] *BVerwG* NJW 1988, 1991, 1993.
[240] *VG Köln* NJW 1988, 1995.
[241] *OVG Münster* NJW 1990, 3226.
[242] *VGH München* NJW 1978, 2410 m. Anm. *Badura.*
[243] *VGH Mannheim* NVwZ 1993, 203.
[244] *BVerwG* NJW 1996, 1010; BGHZ 130, 13 = NJW 1995, 2295, 2296.
[245] *BVerwGE* 108, 1 = NVwZ 1999, 779 zu § 84 AuslG a. F.; s. a. *Schlette* NVwZ 1998, 125 m. w. N.
[246] Bedarfsverwaltung, z.B. Kauf von Büromaterial, Sachgüter für Verteidigungsaufgaben *BGH* NJW 1967, 1911; Beschaffung von Hilfsmitteln, *GmSOGB* BGHZ 97, 312, 316 f. = BVerwGE 74, 368; *BGH* NJW 1991, 2963; *OLG Koblenz* NVwZ-RR 1989, 682; Rn. 86 ff.
[247] So schon frühzeitig Rspr. und Literatur: *BGH* NJW 1967, 1911 m. w. N.
[248] *Ehlers* DVBl 1983, 422, 424; *v. Zezschwitz* NJW 1983, 1873, 1877; *Pitschas*, Verwaltungsverantwortung, S. 634 ff.; vgl. ferner die umfassenden Nachweise bei *U. Stelkens*, Verwaltungsprivatrecht, 2005, S. 30 ff.
[249] *Pernice/Kadelbach* DVBl 1996, 1100, 1106; zur Anwendung europarechtlicher Vorschriften in Vergabeverfahren auch *Kamphausen/Bork* Städte- und Gemeinderat 1996, 343; *Dreher* NVwZ 1997, 343; *Hösch* BayVBl 1997, 193; s. auch Rn. 157.
[250] Vgl. *Wolff/Bachof u. a.* I § 23 Rn. 41 ff.; *Ehlers* in Erichsen/Ehlers § 3 Rn. 84 ff.; *Maurer* § 3 Rn. 9 ff.; *Ehlers,* Verwaltung in Privatrechtsform, S. 74 ff.; *ders.* DVBl 1983, 422, 425.
[251] *BGH* LKV 1992, 63.
[252] *Maurer* § 3 Rn. 10; *U. Stelkens*, Verwaltungsprivatrecht, 2005, S. 30 ff.; *Meyer* in Knack § 1 Rn. 73 f.; *Ziekow* § 1 Rn. 26.
[253] *OVG Münster* NVwZ-RR 1989, 576; s. auch Rn. 124. Zum Begriff *Wolff/Bachof/Stober* 3 § 88 Rn. 33; *B. Becker*, Öffentliche Verwaltung, S. 350 f.; *Püttner* § 15.

115 Eine besondere Ausgestaltung findet bei der sog. **wirtschaftlichen Randnutzung**[254] statt, der wirtschaftlichen Tätigkeit einer öffentlichen Anstalt bei Gelegenheit ihrer gesetzlichen Aufgabenerfüllung zwecks besserer Ausnutzung ihrer Einrichtungen.[255] Gegenüber dem Anstaltsnutzer wird diese Tätigkeit wohl als ör angesehen, der mit einer Leistungs- oder Unzulässigkeitsklage begegnet werden kann.

116 Ausgenommen aus dem Anwendungsbereich des VwVfG ist ferner der Bereich des **Verwaltungsprivatrechts**.[256] Für ihn ist charakteristisch, dass nach h. M. die Verwaltung für Bereiche der Leistungsverwaltung ein **Wahlrecht** hat, sich zur Erledigung ihr obliegender öffentlicher Aufgaben der Handlungsformen des Privatrechts zu bedienen (Rn. 104 f.). Da sie somit öffentliche Gewalt ausübt, ist ihr Handeln in diesem Bereich – weitergehend als bei der fiskalischen Tätigkeit (Rn. 112) – an die Grundrechte[257] und bestimmte Grundsätze des öffentlichen Rechts gebunden. Die **Grenzen** privatrechtlichen Handelns – im Einzelnen streitig – ergeben sich vor allem aus dem Gleichheitsgebot, dem Willkürverbot und den Freiheitsrechten der Verfassung, aus fachgesetzlichen Grenzen sowie dem Organisationsrecht der Behörde und der durch sie vertretenen Körperschaft.[258] Das öffentliche Recht kann die Geltendmachung zivilrechtlicher Ansprüche durch einen Hoheitsträger ausschließen. So rechtfertigt das Fehlen einer spezialgesetzlichen Schadensersatzverpflichtung für sich allein nicht, zu Lasten des Bürgers auf die Anwendung des zivilrechtlichen Leistungsstörungsrechts auszuweichen.[259] Vorschriften des Polizeirechts zur Ersatzvornahme einschl. Gebührenerhebung sind erschöpfend und schließen einen Anspruch aus Geschäftsführung ohne Auftrag aus.[260] Zu den Grenzen europäischer Bindung s. Einl Rn. 91 f. Bei der Wahl privatrechtlichen Entgelts anstelle von Gebühren (Rn. 100) – Wahlrecht vorausgesetzt (Rn. 104) – sind die grundlegenden Prinzipien öffentlicher Finanzgebarung zu beachten.[261] Der Behörde stehen also die Formen des Privatrechts, nicht aber die Freiheiten und die Möglichkeiten der Privatautonomie zu.[262] Eine weitere Form der Verlagerung von Verwaltungsaufgaben in das Privatrecht und damit des Verwaltungsprivatrechts kann durch Privatisierung erfolgen (Rn. 121 ff.). Wenn die öffentliche Hand ihren Bedarf an Gütern und Dienstleistungen durch privatrechtlichen Erwerb dieser Leistungen deckt, ist auch das **Vergaberechtsverhältnis** bürgerlich-rechtlich.[263] Zum Vergabeverfahren i. S. d. EG-Vergaberichtlinien s. Rn. 255.

117 Soweit nunmehr mit unterschiedlichen Konstruktionen versucht wird, auch die oder einige **Regeln des VwVfG** als Grenzen des Verwaltungsprivatrechts aufzuzeigen,[264] muss differenziert werden.[265] Grundsätzlich schließen der Wortlaut des § 1 und seine Entstehungsgeschichte für das privatrechtliche Handeln der Behörde das VwVfG aus (Rn. 84), anders bei der schlichthoheitlichen Tätigkeit (s. Rn. 150 ff.). Dies gilt auch für das Verwaltungsprivatrecht: Der Bund-

---

[254] Hierzu auch Rn. 131.
[255] *BVerwGE* 82, 29, 34 = NJW 1989, 2409; *OVG Lüneburg* NJW 1988, 1867, 1868; *Jarass* DVBl 2006, 1, 8; *Scharpf* DÖV 2006, 23.
[256] Aus der Fülle der Literatur: *Ehlers*, Verwaltung in Privatrechtsform, 1984; ders. JZ 1990, 1089; ders. DVBl 1983, 422; *von Zezschwitz* NJW 1983, 1873; *Gusy* DÖV 1984, 872; ders. Jura 1985, 578; *Röhl* VerwArch 86 (1995), 531; kritisch *Maurer* § 3 Rn. 32, jeweils m. w. N. aus der Rspr.; ferner *BVerwG* NVwZ 1991, 59; DÖV 1990, 614; *BGH* NJW 1985, 1892, 1894; NJW 1985, 197; *BGHZ* 155, 166 = NJW 2003, 2451.
[257] Eingehend *Stern*, Staatsrecht III/1, § 74 IV 4.
[258] *BVerwG* NVwZ 1991, 59; DÖV 1990, 614; *Wolff/Bachof* u. a. I § 23 Rn. 64 ff.; *von Danwitz* AöR 120 (1995), 595; *Ehlers*, Verwaltung in Privatrechtsform, S. 246 ff.; ders. JZ 1990, 1089; ders. DVBl 1983, 422, 423; *von Zezschwitz* NJW 1983, 1873, 1878; *Gusy* Jura 1985, 578, 584.
[259] *BVerwGE* 101, 51, 54 = NJW 1996, 2669 zur Schadensersatzhaftung ehrenamtlicher Organwalter; hierzu *U. Stelkens* DVBl 1998, 301, 304.
[260] *BGHZ* 156, 394 = NVwZ 2004, 373; hierzu *U. Stelkens*, Verwaltungsprivatrecht, S. 634 ff.; *Linke* DVBl 2006, 148.
[261] *Dahmen* KStZ 1988, 107; § 9 Rn. 18.
[262] *BVerwG* NVwZ 1991, 59; DÖV 1990, 614; *BGH* NJW 1985, 197, 200; *OLG Koblenz* NVwZ-RR 1989, 182; *Ehlers* DVBl 1983, 422; ders., Die Verwaltung 20 (1987), 373, 381 f.; ders. JZ 1990, 1089; *Brohm* NJW 1994, 281, 284; zur Kritik an dem Wahlrecht s. Rn. 105.
[263] *BVerwG* NVwZ-2007, 820 = NJW 2007, 2275; hierzu *Burgi* NVwZ 2007, 737; *Siegel* DVBl 2007, 942; a. A. noch *OVG Münster* NVwZ 2006, 1083.
[264] Z. B. *Naujoks* JZ 1978, 41; *von Zezschwitz* NJW 1983, 1873, 1881; *Harries* NJW 1984, 2190; *Röhl* VerwArch 86 (1995), 531, 559 f.
[265] Zutreffend *BGHZ* 155, 166 = NJW 2003, 2451, 2453, dass die Frage der Anwendung nicht für alle verfahrensrechtlichen Bestimmungen einheitlich und nicht ohne Berücksichtigung der Besonderheiten des Einzelfalls entschieden werden kann: beim Subventionsabwicklungsverhältnis unter Einschaltung einer Privatbank keine Anwendung der Regelungen in §§ 40 und 49; krit. hierzu *Wittkowski* LMK 2003, 162.

§ 1 Anwendungsbereich

Länderausschuss zur Erarbeitung des Musterentwurfs hatte erwogen, diejenige privatrechtliche Tätigkeit der Behörden, die unmittelbar der Erfüllung öffentlicher Aufgaben gegenüber einem Dritten dient, wenigstens insoweit in das Gesetz einzubeziehen, als die Rechte und Pflichten der für eine Behörde Tätigen[266] und der Behörden untereinander[267] geregelt werden.[268] Im Ergebnis ist davon abgesehen worden, weil die Frage, wann sich eine Behörde privatrechtlicher Handlungsformen unmittelbar zur Erfüllung öffentlicher Aufgaben gegenüber einem Dritten bedient, große Abgrenzungsschwierigkeiten bereitet.[269]

Einzelne Regeln des VwVfG (z. B. §§ 28, 29, 38) können in ihrer konkreten Ausgestaltung in der Regel (noch) **nicht als Ausdruck eines allgemeinen Rechtsgedankens** (näher hierzu Rn. 283 ff.) in das privatrechtliche Rechtsgeschäft übernommen werden.[270] Zum einen ist zu beachten, dass die Grenze zum Zivilrecht überschritten werden muss. Zum anderen wird der Rückgriff auf das VwVfG als neuere ör Verfahrensordnung, in der die allgemeinen Erfahrungen und Rechtsgedanken zusammenfließen, erst dann möglich sein, wenn die Vereinheitlichung des Verfahrensrechts sichtbaren Ausdruck gefunden und die Bereitschaft des Gesetzgebers, aus sogenannten Sachgründen von wesentlichen Forderungen des VwVfG Abstand zu nehmen, nachgelassen hat (s. Rn. 154 ff.; Einl Rn. 59, 60 f., 63; § 2 Rn. 54 f., 143 f.; § 9 Rn. 42). 118

Lediglich Regelungen wie § 20 (dort Rn. 21), § 21, § 23 (dort im Einzelnen differenzierend Rn. 18 ff.), § 24 (dort Rn. 13), § 25 (dort Rn. 6), § 30, § 31 kann man schon, weil in allen Verfahrensordnungen enthalten (vgl. aber § 2 Rn. 120, 123), als allgemeine Grundsätze ansehen (s. auch Rn. 153 ff., 163). Zur Amtshilfe s. § 4 Rn. 14. Werden diese Grundsätze verletzt, richten sich die Rechtsfolgen jedoch nach Privatrecht, so dass die Verletzung der Sachverhaltsermittlungspflicht Schadenersatz aus cic oder positiver Vertragsverletzung rechtfertigen könnte. 119

Die konkrete Ausgestaltung der Verfahrensregeln des VwVfG ist auch **nicht als verfassungsrechtlich zwingend gebotene Regel** in das privatrechtliche Rechtsgeschäft zu übernehmen.[271] Ob aber gerade § 28 in dem vornehmlich vom Vertragsrecht bestimmten Privatrecht relevant werden kann, ist auch deshalb fraglich, weil § 28 selbst bei einem ör Vertr nicht anzuwenden ist (§ 62 Rn. 10, 15). 120

3. Privatisierung

Unbefriedigende volkswirtschaftliche Entwicklung und knappe öffentliche Finanzmittel geben der Privatisierungsdiskussion weiteren Auftrieb. Dass der Umfang der Privatisierung einen gravierenden Wandel der Staatsfunktion[272] mit sich bringen wird, ist bereits jetzt erkennbar. Hierauf zielende Schlagworte „**Schlanker Staat**" oder „**Aktivierender Staat**" sind indes ebenso unscharf wie das Ziel des Wandels.[273] Die Vorprägungen aus der politischen Diskussion beziehen sich vielfach auf – zumeist nur behauptete – **Vor- und Nachteile von Privatisierungsmaßnahmen**.[274] So wurde schon früh eine Entfernung aus dem juristisch verifizierbaren Bereich beklagt.[275] Für eine Privatisierung wird regelmäßig geltend gemacht, dass die jeweilige Aufgabe, die bisher der Verwaltung oblag, von Privaten schneller, besser, flexibler und wirtschaftlicher wahrgenommen werden kann. Der Staat solle Dynamik, Know-how, Effizienz und Initiative der privaten Akteure im Interesse des Gemeinwohls nutzen; in diesem Sinne sei von 121

---

[266] §§ 15, 66 bis 78 Musterentwurf.
[267] §§ 3 bis 7 Musterentwurf.
[268] Musterentwurf, Allg. Begr., S. 69.
[269] Musterentwurf, Allg. Begr., S. 70; Einl Rn. 26.
[270] S. *Ehlers* DVBl 1983, 422, 427; Diskussion 7. Deutscher Verwaltungsrichtertag, Dokumentation S. 166; *Gusy* Jura 1985, 578, 584 m. w. N.; weitergehend *Kopp/Ramsauer* Einf Rn. 51 ff.; *Rapsch* ZBR 1987, 168, 170 m. w. N.
[271] Vgl. *Ehlers* DVBl 1983, 422, 426, dort aber für § 28 a. A.; s. auch Rn. 25 f.; § 9 Rn. 21.
[272] Prinzipienwende von imperativer Gestaltung hin zu gesellschaftlicher Selbstregulierung; so *Schmidt-Preuß* VVDStRL 56 (1997), 160, 169; Wandel des bisherigen ordnungsrechtlichen Steuerungskonzepts hin zu einer „Verantwortungsgemeinschaft" von Risikoproduzenten und Staat für Risikovorsorge und -bekämpfung unter gleichzeitiger Rückverlagerung der Risikoschutz- und -vorsorgefunktionen aus der öffentlichen Verwaltung auf die Wirtschaft, so *Pitschas*, Öffentlich-rechtliche Risikokommunikation, in Di Fabio u. a. (Hrsg.), Jahrbuch des Umwelt- und Technikrechts 1996, S. 175, 177.
[273] S. auch *Stelkens* NVwZ 1995, 325, 331. Zum Abschlussbericht des von der BReg in der 13. Wahlperiode eingesetzten Sachverständigenrats „Schlanker Staat" s. *Meyer-Teschendorf/Hofmann* DÖV 1998, 217; zu den Empfehlungen des Sachverständigenrats für das VwVfG *Schmitz* NJW 1998, 2866, 2868 ff.
[274] *Schoch* DVBl 1994, 962.
[275] *Ossenbühl* VVDStRL 29 (1971), 137, 152.

einem Postulat größtmöglicher Aktivierung selbstregulativer Eigenbeiträge zu sprechen.[276] Vielfach lassen die Bemühungen um Privatisierung ein tiefes Misstrauen gegen Kraft und Fähigkeit von Staat und Verwaltung erkennen oder sind von eigenen wirtschaftlichen Interessen nicht frei.[277] Demgegenüber besorgen Kritiker einer Privatisierung, dass die Zuverlässigkeit der Aufgabenwahrnehmung, der Schutz von Drittbetroffenen, die Umweltverträglichkeit der Aufgabenerledigung, die Sozialverträglichkeit des Entgelts u. a. nicht gewährleistet seien. Fundamentale Kritik sieht eine allgemein im Staatsverständnis Platz greifende Privatisierung des Öffentlichen. Dadurch werde eine sachorientierte Wahrnehmung staatlicher Aufgaben nicht gefördert, sondern zurückgenommen und die Absage an politische Verantwortung sowie Gemeinwohlgedanken legitimiert.[278] Für eine Beteiligung Privater an öffentlichen Aufgaben sind also rechtliche Kriterien erforderlich, die einem Gesamtkonzept folgen, für das der Staat verantwortlich ist.[279] Die Veränderung der Grundstrukturen des Verwaltungshandelns lässt sich besonders deutlich am Beispiel des jüngeren Bauordnungsrechts in den Ländern verfolgen.[280] Vereinfachte Genehmigungsverfahren, teilweise verbunden mit der Fiktion einer Baugenehmigung, Anzeigeverfahren und anzeigefreie Vorhaben (§ 9 Rn. 87ff.; § 35 Rn. 35, 155ff.) beinhalten eine sog. **Verfahrensprivatisierung** (Rn. 41). Bei diesen Formen der Privatisierung hält der Staat zwar an der materiellen Rechtsordnung fest, begibt sich aber in unterschiedlichem Maße seiner Ordnungsfunktion im Vorgang der konkreten Rechtsverwirklichung.[281] Das schwindende Vertrauen in staatliche Organe gibt dem Bestreben privater Akteure Raum, z. B. über **Ausweitung von Verbandsklagerechten** die Verwaltungstätigkeit zu kontrollieren („Privatisierung des Gemeinwohls").[282] Mit dieser Entwicklung einer geht eine zunehmende Verwendung des Dienstleistungsvokabulars: Der Staat wird zum Servicebetrieb, der Bürger zum Kunden, der Hoheitsakt zur Dienstleistung.[283] Dabei wird übersehen, dass die Pflicht des Beamten, dem ganzen Volk zu dienen (§ 35 Abs. 1 BRRG), weit mehr ist als das Erbringen von Dienstleistungen im günstigen Preis-Leistungs-Verhältnis.[284] Die Wirtschaft kann nicht Quellcode der Gesellschaft sein: Wenn sich Beamte der Logik des Tauschs von Wirtschaftgütern zu stark beugen, geht das zu Lasten der andersartigen Grundorientierung, nämlich auf einen bürgerfreundlichen Gesetzesvollzug.[285] Dienstleistungs- und Kundenorientierung können den Kommunikations- und Koordinierungsaufwand, Auslagerung öffentlicher Aufgaben die Transaktions- und Überwachungskosten erhöhen und damit neue Bürokratietendenzen entwickeln.[286]

122 Der **Begriff** Privatisierung umfasst rechtlich verschieden zu bewertende Sachverhalte. Zu unterscheiden sind zunächst formelle und materielle Privatisierung. Als weitere Privatisierungstypen werden im neueren Schrifttum die Vermögensprivatisierung und die funktionale Privatisierung genannt.[287] Noch größer wird die Typenvielfalt bei Berücksichtigung von Möglichkeiten der Teilprivatisierung.[288] Das Bundesrecht enthält eine Pflicht zur Prüfung, inwieweit staatliche

---

[276] So *Schmidt-Preuß* DÖV 2001, 45, 49; *ders.* VVDStRL 56 (1997), 160, 170f.
[277] Hierzu *Heuer* DÖV 1995, 85, 86; *Unruh* DÖV 1997, 653, 654ff.
[278] *Enders* Der Staat 35 (1996), 351, 387. Differenzierend *Schmidt-Aßmann* VBlBW 2000, 45, 46f.: Regulierungsrecht als Ausdruck gegenläufiger Publifizierung privatisierter Rechtsgebiete.
[279] Rn. 128; s. auch *Heintzen* VVDStRL 62 (2003), 220, 226f.
[280] Vgl. *Jäde*, Die Reform des Bauordnungsrechts in Deutschland, in: Dokumentation zum 14. Deutschen Verwaltungsrichtertag 2004, S. 77.
[281] So *Goerlich* DVBl 1996, 1, 3; s. auch § 35 Rn. 36.
[282] *Callies* NJW 2003, 97, 100. Vgl. auch *Gündling*, Modernisiertes Privatrecht und öffentliches Recht, 2006, S. 81ff., 85ff.
[283] Dem haftet etwas vom Ruch des Etikettenschwindels an, so *Bertram* NJW 1998, 1842, 1843, mit Hinweis auf eine Umfrage, nach der die Erwartungen der Bevölkerung an die staatlichen Amtsträger in folgende Werteskala zu bringen sind: zunächst Unbestechlichkeit, Gleichbehandlung, Gesetzlichkeit, dann erst Raschheit und Freundlichkeit. So auch *Kruse*, Der öffentlich-rechtliche Beauftragte, 2007, S. 133f.
[284] *Ronellenfitsch* DÖV 1999, 705, 708. Entsprechend für den Justizbereich *Schoch* VBlBW 2000, 41, 42. Zur Privatisierung im Strafvollzug vgl. *Kruis* ZRP 2000, 1; *Bonk* JZ 2000, 435.
[285] So zutreffend *Di Fabio*, Die Kultur der Freiheit, 2005, S. 122f.
[286] Vgl. *Hill* DÖV 2004, 721, 728.
[287] Vgl. *Wahl* DVBl 1993, 517, 518f.; *Schoch* DVBl 1994, 962; *Hoppe/Bleicher* NVwZ 1996, 421, 422; *Schuppert* Die Verwaltung 31 (1998), 415; *Di Fabio* JZ 1999, 585; *Kirchhof* AöR 132 (2007), 215; *Schulze-Fielitz* GVwR I, § 12 Rn. 108 ff.; auf die bislang fehlende einheitliche Terminologie weist *Schmidt-Preuß* VVDStRL 56 (1997), 160, 168 Fn. 20 m. w. N., hin.
[288] Zusammenstellung der unterschiedlichen Beteiligungstypen bei *Wolff/Bachof/Stober* 3 Rn. 10ff. vor § 90; *König*, Entwicklung der Privatisierung, VerwArch 79 (1988), 241; *Gramlich*, Öffentliche Unternehmungen im Verfassungsstaat, BB 1990, 1493; *Stober* NJW 1984, 449; *Goerlich/Hegele* in Stober (Hrsg.),

Aufgaben oder öffentlichen Zwecken dienende wirtschaftliche Tätigkeiten durch Ausgliederung und Entstaatlichung oder Privatisierung erfüllt werden können (§ 7 Abs. 1 Satz 2 BHO).[289] Festzuhalten ist, dass es **Grenzen der Privatisierung** gibt. Art. 84 Abs. 1 GG hindert die Länder nicht, bei der Ausführung von Bundesgesetzen Private einzubinden, solange dadurch die Garantenstellung des Landes nicht beeinträchtigt wird.[290] Bestimmte Staatsaufgaben sind nicht privatisierungsfähig. Dazu zählen die klassischen Staatsaufgaben wie z. B. die Selbstorganisation des Staates und der Justizgewährungsanspruch.[291] Der prinzipiell hoheitliche Charakter der Staatsaufgabe „Gewährleistung der inneren Sicherheit" ist zwar noch unbestritten. Indes mehren sich Stimmen, die auch hier keine ausschließliche Staatsaufgabe mehr sehen, sondern die Übertragung der Ausübungsverantwortung auf private Sicherheitsunternehmen zulassen wollen, ggfs. im Wege der Beleihung.[292] Bei derartigen Überlegungen wird allerdings nicht klar, wie verhindert werden kann, dass private Sicherheitsdienste als staatlich anerkannte Privatpolizei tätig werden.[293] Auch sind Fragen des Datenschutzes, die sich bei einer Kooperation von Polizei und privatem Sicherheitsgewerbe stellen, noch ungeklärt.[294] Zu **Public Private Partnership (P. P. P.)** s. Rn. 281.

Für den Bereich der **Eisenbahnen des Bundes** gibt Art. 87e GG dem Gesetzgeber den Auftrag zur formellen und beschränkten materiellen Privatisierung.[295] Dass dabei dem Wohl der Allgemeinheit, insbesondere den Verkehrsbedürfnissen, Rechnung getragen wird, weist dabei Art. 87e Abs. 4 GG dem Bund als fortbestehende Verantwortung zu.[296] Die Aufgabe der Untersuchung gefährlicher Ereignisse im Bereich der Eisenbahn kann nicht privatisiert werden, weil Eisenbahnaufsicht und Gefahrenabwehr notwendige Staatsaufgaben sind.[297] Auch im Bereich des **Postwesens** und der **Telekommunikation** sind der Auftrag zur Privatisierung und die Zuweisung der Infrastrukturverantwortung nun grundgesetzlich geregelt.[298] 123

a) Bei der **formellen Privatisierung** (Organisationsprivatisierung) bedient sich der Verwaltungsträger zur Aufgabenwahrnehmung der Formen des Privatrechts, z. B. durch Schaffung von **Eigengesellschaften.** Davon abzugrenzen sind die sog. **Eigenbetriebe,** wirtschaftliche Unternehmen von Gemeinden ohne eigene Rechtspersönlichkeit, deren Organisation in den Gemeindeordnungen und dem jeweiligen Eigenbetriebsrecht geregelt ist.[299] Privatisiert wird nur die Organisation der Aufgabe, nicht die öffentliche Aufgabe selbst. Die Verwaltung soll hier von den Fesseln des ör Organisationsrechts befreit werden, um – u. a. – flexibler und kostengünstiger handeln zu können; so bei Personalbeschaffung, Personaleinsatz und Personalentlohnung.[300] 124

Handbuch des sächsischen Staats- und Verwaltungsrechts, 1996, § 3 Rn. 35 ff.; *Gusy* DÖV 1984, 872; *v. Heimburg,* Verwaltungsaufgaben und Private, 1982; *Peine,* Grenzen der Privatisierung – verwaltungsrechtliche Aspekte, DÖV 1997, 353, 354 f.; kritisch: *Ehlers,* Wirtschaftliche Betätigung der öffentlichen Hand, JZ 1990, 1089, 1094; *Schachtschneider,* Staatsunternehmen und Privatrecht, 1986; *Steiner,* Privatisierung der Nebenbetriebe an Bundesautobahnen, NJW 1994, 1712; *Brohm,* Wirtschaftstätigkeit der öffentlichen Hand und Wettbewerb, NJW 1994, 281; *Schneider,* Verfahrensprivatisierung im Umweltrecht (Tagungsbericht), DVBl 1995, 837; vgl. auch Rn. 254, 263, 265.

[289] Hierzu *Sanden* Die Verwaltung 38 (2005), 367.
[290] *Lindner* NVwZ 2005, 907.
[291] *Peine* DÖV 1997, 353, 357; s. auch Rn. 123.
[292] Vgl. *Pitschas* DÖV 1997, 393, 399; *ders.* DÖV 2002, 221, 223 ff.; *ders.* NVwZ 2002, 519, 521 ff. (insb. zu europäischen Perspektiven); auch *Scholz* NJW 1997, 14, 16 f.; *ders.,* FS Friauf, S. 439, 447; *Peilert* DVBl 1999, 282; *Stober* ZRP 2001, 260. Ein eigenes Kooperationsgesetz für diesen Bereich schlägt *Storr* DÖV 2005, 101, 109 f., vor. Zur Beleihung Rn. 256 ff., 263, auch Rn. 265. Zur Privatisierung der Sicherheitsverantwortung in Fußgängerzonen durch Überführung öffentlicher Straßen in private Trägerschaft des Einzelhandels *Krölls* NVwZ 1999, 233.
[293] A. A. *Pitschas* DÖV 1997, 393, 400 f., der eine gesetzliche Grenzziehung für tauglich hält.
[294] Vgl. *Pitschas* DVBl 2000, 1805 m. w. N.
[295] Zu den Einzelheiten § 2 Rn. 148 f.; ferner *Windthorst* in Sachs, GG, Art. 87e Rn. 31 ff.; *Battis* in Sachs, GG, Art. 143a Rn. 4 f.; zu den finanzverfassungsrechtlichen Folgen der Neuorganisation *Siekmann* in Sachs, GG, Art. 106a Rn. 1 ff.; allgemein zur Privatisierung und Regulierung des Eisenbahnwesen *Ronellenfitsch* DÖV 1996, 1028.
[296] *Windthorst* in Sachs, GG, Art. 87e Rn. 48 ff.
[297] *Ronellenfitsch* NVwZ 1998, 1021.
[298] Vgl. § 2 Rn. 145 ff.; *Windthorst* in Sachs, GG, Art. 87f Rn. 4 ff., 24 ff.; *Battis* in Sachs, GG, Art. 143b Rn. 6 ff.; s. auch *Scherer* NJW 1996, 2953; *Stern* DVBl 1997, 309; *Müller-Terpitz* NWVBl 1999, 292, 295; Rn. 130 f.
[299] Näher *Wolff/Bachof/Stober* 3 § 88 Rn. 33. Zu den Formen der Privatisierung *Lämmerzahl,* Die Beteiligung Privater an der Erledigung öffentlicher Aufgaben, 2007, S. 96 ff.
[300] Zu weiteren Motiven für privatrechtliche Organisation und zu möglichen Nachteilen *Wolff/Bachof/Stober* 3 Rn. 25 ff. vor § 90.

Diesen Vorteilen stehen in der Praxis vielfach auch nicht unwesentliche Nachteile gegenüber. Neben der reduzierten demokratischen Kontrolle solcher Eigengesellschaften zählt hierzu, dass Leitungsfunktionen häufig fachfremd – z. B. mit ehemaligen Kommunalpolitikern – besetzt werden, wobei die Gehälter an denen der echten Privatwirtschaft orientiert werden.[301] Vielfach erscheint deshalb die materielle (echte) Privatisierung vorzugswürdig, soweit eine Aufgabenverlagerung rechtlich zulässig ist.[302] Ist ein Privater durch ör Vertr zur Wahrnehmung von Aufgaben der öffentlichen Verwaltung berufen, werden seine Mitarbeiter, denen er innerhalb dieses Aufgabenbereichs bestimmte Sachgebiete auf Dauer zur eigenverantwortlichen Bearbeitung überträgt, zu Amtsträgern.[303]

125 Festzustellen ist eine zunehmende **Tendenz bei den Kommunen,** zur Erfüllung ihrer Aufgaben **in privatrechtliche Organisationsformen auszuweichen.**[304] Solange es sich dabei wie bei der **Abfallentsorgung** gem. § 3 Abs. 2 AbfG nur um eine formelle oder eine funktionale Privatisierung (Rn. 134) handeln konnte, weil eine materielle Privatisierung wegen des pflichtigen Aufgabencharakters unzulässig war,[305] blieb das Recht der entsorgungspflichtigen Körperschaft zur Gebührenerhebung trotz privatrechtlicher Organisationsform unberührt.[306] Gleiches gilt für die kommunale Abwasserentsorgung,[307] die für die Gemeinde schlicht hoheitliche Tätigkeit darstellt.[308] Nun kann aber nach § 16 Abs. 2 KrW-/AbfG die nach Landesrecht zuständige Behörde unter bestimmten Voraussetzungen die Pflichten selbst mit befreiender Wirkung auf einen Privaten übertragen, der dann als Beliehener (Rn. 256 ff.) vollständig an die Stelle des öffentlichen Entsorgungsträgers tritt.[309] Der Umstand, dass die Abfallentsorgung zum Bereich der Daseinsvorsorge[310] gehört, schließt die gesetzliche Aufgabenübertragung an Private nicht aus,[311] bedingt jedoch eine Erweiterung der behördlichen Überwachungsaufgaben und

---

[301] S. auch *Heuer* DÖV 1995, 85, 87 f.; zur Begrenzung der Geschäftsführerbezüge *Borgmann* BayVBl 1997, 654.
[302] Kritisch zur bloßen Organisationsprivatisierung, die die Verwaltung nicht „schlanker", beweglicher und effizienter mache, („bloßer Etikettenschwindel") *Isensee* ZBR 1998, 295, 303; ferner *Schmitz* in Ziekow (Hrsg.), Beschleunigung von Planungs- und Genehmigungsverfahren, 1998, S. 171, 184 f., 199.
[303] BGHSt 43, 370 = NJW 1998, 1874 für Deutsche Gesellschaft für Technische Zusammenarbeit (GTZ): Der Begriff „Aufgaben der öffentlichen Verwaltung" i. S. v. § 11 StGB bestimmt sich nach seiner verwaltungsrechtlich geprägten Bedeutung.
[304] *Ehlers* DÖV 1986, 897 ff.; *ders.* DVBl 1998, 497; *Rapsch* ZBR 1987, 168 m. w. N.; *von Danwitz* AöR 120 (1995), 595; *Schönershofen/Binder-Falcke* VR 1997, 109; *Glauben* ZG 1997, 148; *Hardraht* SächsVBl 2003, 53; zur Kopplung der Wirtschaftsförderung einer Gemeinde mit einer Industrieaklertätigkeit einer KG, an der die Gemeinde beteiligt ist, *VGH Mannheim* NJW 1995, 274; für kommunale Unternehmen in den neuen Bundesländern *Schützenmeister* LKV 1991, 213; zur kommunalen Trinkwasserversorgung *Kumanoff/Schwarzkopf/Fröse* LKV 1998, 417; zur Überwachung des ruhenden Verkehrs (Feststellung von Parkverstößen) durch private Firma *KG* NJW 1997, 2894; *BayObLG* NJW 1997, 3454; Rn. 265.
[305] *Schoch* DÖV 1993, 377, 378.
[306] *Sponer* LKV 1995, 392; a. A. *VG Leipzig* LKV 1995, 407; bestätigt durch *OVG Bautzen* LKV 1998, 22; s. auch Rn. 135; ferner *Wiesemann* NVwZ 2005, 391.
[307] *Dedy* NWBl 1993, 245, 246, 250; *Haverkämper* VR 1996, 223. Das Verlangen privatrechtlicher Entgelte von Benutzern öffentlicher Einrichtungen (Abwasserbeseitigung) generell für unzulässig hält *OVG Magdeburg* LKV 1999, 150 m. abl. Bspr. *Hüting/Koch* LKV 1999, 132.
[308] BGHZ 54, 299, 301 = DVBl 1971, 400; DVBl 1978, 108.
[309] Vgl. *BVerwG* NVwZ 2006, 829; *Kahl* DVBl 1995, 1327, 1329 f.; a. A. *Weidemann* DVBl 1998, 661, 665. Die Übertragung ist abzugrenzen vom Fall der Einschaltung eines Drittbeauftragten nach § 16 Abs. 1 KrW-/AbfG, dessen Handeln als Verwaltungshelfer (Rn. 261) allein dem ör Entsorgungsträger zugerechnet wird, *Rose* NVwZ 1998, 1130. Zu vergaberechtlichen Aspekten bei Privatisierung der Abfallentsorgung *EuGH* NVwZ 2005; 187; *Bell/Rehak* LKV 2001, 185; *Pape/Holz* NJW 2005, 2264. Zur Abgrenzung zwischen Beleihung und Konzession *Burgi* DVBl 2003, 949, 950. Zu 10 Jahre KrW-/AbfG *Herbert* NVwZ 2007, 617.
[310] Zur Daseinsvorsorge *BVerfGE* 66, 248, 258 = NJW 1984, 1872, 1873: Leistung, deren der Bürger zur Sicherung einer menschenwürdigen Existenz unumgänglich bedarf. Vgl. auch *Ronellenfitsch*, Daseinsvorsorge als Rechtsbegriff, in Blümel (Hrsg.), Ernst Forsthoff, 2003, S. 53, 79 ff.
[311] Zur Privatisierung der Entsorgungsordnung nach dem KrW-/AbfG *Kahl* DVBl 1995, 1327; *Weidemann* NJW 1996, 2757; *Petersen/Stöhr/Kracht* DVBl 1996, 1161; *Schink* ZG 1996, 97; *Kummer/Giesberts* NVwZ 1996, 1166; *Brüning* SächsVBl 1998, 201; *Bree* NJW 1998, 1127; zu Vorgaben des Vergaberechts (Rn. 255; § 35 Rn. 70 ff.) für die kommunale Abfallwirtschaft *Tomerius* NVwZ 2000, 727; zur Bedeutung des KrW-/AbfG für die Zulassung von Industrieanlagen *Fluck* DVBl 1997, 463; allgemein zum KrW-/AbfG *Petersen* NJW 1998, 1113. Dass das KrW-/AbfG ungeachtet der Tendenzen zur Ökonomisierung der Rechtsordnung in erster Linie ein Umweltschutzgesetz und nicht als Wettbewerbsgesetz zu verstehen ist, betont zu Recht *VGH Mannheim* NVwZ 1999, 1243; ebenso *Schoch* VBlBW 2000, 41, 44; a. A. *Weidemann* VerwArch 90 (1999), 533.

-befugnisse.³¹² Durch die Privatisierung darf die Position des Bürgers nicht verschlechtert werden. Private sollen in die Erfüllung öffentlicher Aufgaben eingeschaltet werden, um die Leistungen für die Bürger zu verbilligen oder zu verbessern. Das schließt aus, dass den Privaten über die Gebührenpflichtigkeit des Bürgers beliebige Gewinnmöglichkeiten eingeräumt werden.³¹³ Dabei ist selbstverständlich, dass sich auch die Gemeinde durch den Umweg über die Privatisierung keine Einnahmen verschaffen darf, die sie bei der ör Organisationsform nicht hätte.³¹⁴ Auch **staatliche Kulturförderung** wird zunehmend privatrechtlich ausgestaltet. Kunstrelevante Entscheidungen wie die Zulassung zu bedeutenden Ausstellungen berühren das Teilhaberecht des Künstlers an der staatlichen Kunstförderung. Sie dienen zugleich aber der Durchsetzung – immanent subjektiv geprägter – künstlerischer Konzeptionen der von der öffentlichen Hand beauftragten Privaten (z.B. des künstlerischen Leiters der documenta in Kassel).³¹⁵

Zur Frage, inwieweit diesen Privaten **Beamte** zu Dienstleistungen überlassen werden dürfen **126** *BVerwGE* 69, 303 = NVwZ 1985, 197. Die Zuweisung von Tätigkeiten bei anderen Einrichtungen an Beamte ist in § 123a BRRG geregelt; vgl. auch Postpersonalrechtsgesetz (= Art. 4 des PTNeuOG) i.V.m. Art. 143b Abs. 3 GG Rechtsgrundlage für die Überleitung von mehr als 300 000 „Privatisierungsbeamten" (oder „AG-Beamten") zu den Post-Unternehmen.³¹⁶ Der Funktionsvorbehalt des Art. 33 Abs. 4 GG steht den aktuellen Privatisierungstendenzen nicht entgegen, da er – vom Kern hoheitlich wahrzunehmender Staatsaufgaben abgesehen – keine Regelung enthält, welche Aufgaben vom Staat wahrzunehmen sind.³¹⁷ Bedenken bestehen jedoch gegen die Versetzung von Beamten der Telekom zu einer konzerninternen Personalserviceagentur ohne Zuweisung einer amtsangemessenen Beschäftigung.³¹⁸

Auch in Bereichen, in denen sich die öffentliche Hand zur Erfüllung ihrer Aufgabe durch **127** Privatisierung privatrechtlicher Gesellschaften **(Eigengesellschaften)** oder Beteiligungen an diesen Gesellschaften bedient, ist diese Tätigkeit aus dem Anwendungsbereich des VwVfG ausgeklammert. In diesen Bereichen handelt es sich je nach Fallgestaltung um fiskalisches Handeln (Rn. 112) oder um Verwaltungsprivatrecht (Rn. 116). Wurde privatisiert, handeln die privatrechtlichen Gesellschaften ausschließlich privatrechtlich,³¹⁹ wenngleich sie bei der Erfüllung staatlicher Aufgaben zur Staatsgewalt i.S.d. Art. 20 Abs. 2 GG gehören.³²⁰ Allerdings gewährt *BVerwG* NVwZ 1991, 59 dem Bürger auch dann einen ör Zulassungsanspruch gegen die öffentliche Hand, wenn dieser Anspruch bei unmittelbarer Durchführung der Aufgabe durch die öffentliche Hand bestünde; der Zulassungsanspruch kann durch Privatisierung nicht unterlaufen werden.³²¹ Es ist dann Sache der öffentlichen Hand, die auf private Einrichtung einzuwirken, um diesen Anspruch durchzusetzen.

Die demokratisch und rechtsstaatlich legitimierte Einschaltung Privater zur faktischen Erfül- **128** lung öffentlicher Aufgaben setzt voraus, dass die Verwaltung ihrer **Aufgabenverantwortung** jederzeit nachkommen kann; die Verwaltung bleibt für die pflichtgemäße Aufgabenerfüllung verantwortlich.³²² Durch den Vorgang der Privatisierung wandelt sich die Rechtsstellung des Staates

---

³¹² *VGH Mannheim* NVwZ 1999, 1243; s. auch Rn. 130.
³¹³ So zutreffend *Peine* DÖV 1997, 353, 359. S. auch *Ronellenfitsch* DÖV 1999, 705, 711.
³¹⁴ *Wiesemann* NWVBl 1998, 257, 260.
³¹⁵ Vgl. *OLG Frankfurt/M.* NJW 1993, 1472; *VG Kassel* NJW 1997, 1177; hierzu *Hufen* NJW 1997, 1112; allg. zur Privatisierung kommunaler Kulturbetriebe *Kadelbach* NJW 1997, 1114.
³¹⁶ *Weiß* ZBR 1996, 225; s. auch *Battis* in Sachs, GG, Art. 143b Rn. 9ff.
³¹⁷ So *Badura* ZBR 1996, 321, 327; *Di Fabio* JZ 1999 585, 590f.; *Kruis* ZRP 2000, 1, 4; *Bonk* JZ 2000, 435; a. A. *Haug* NVwZ 1999, 816, 820. Art. 33 Abs. 4 GG als ein nicht alleiniges Prüfkriterium für die Zulässigkeit von Privatisierungen sehen *Jachmann/Strauß* ZBR 1999, 289, 295ff.
³¹⁸ *OVG Münster* NVwZ 2005, 354.
³¹⁹ *BVerwG* NVwZ 1985, 48; *B. Becker,* Öffentliche Verwaltung, S. 247ff., 258; für Stiftung *BVerwG* NVwZ 1990, 754; *VGH Mannheim* NVwZ 1985, 437; *OVG Koblenz* NVwZ-RR 1991, 322, 323.
³²⁰ *Schmidt-Aßmann* AöR 116 (1991), 329, 346, 385f.; zur Frage der Grundrechtsfähigkeit *BVerfGE* 45, 63, 80 = NJW 1977, 1960; NJW 1990, 1783.
³²¹ *BVerwG* NJW 1990, 134; *Herdegen* DÖV 1986, 906; zur Post *Mussig* NJW 1991, 472; *Gramlich* NJW 1994, 2785, 2787; § 2 Rn. 142ff.; § 9 Rn. 21.
³²² Vgl. *Spannowsky* DVBl 1992, 1072; *von Danwitz* AöR 120 (1995), 595, 603f.; auch *Scholz* NJW 1997, 14, 18; *Borgmann* BayVBl 1997, 654, 655. Zusammenfassend zur demokratischen Legitimation (bei ör Körperschaft) vgl. *BVerfGE* 93, 37 = NVwZ 1996, 574; *BVerfGE* 106, 64 = Buchholz 11 Art. 20 GG Nr. 161 – Emschergenossenschaft; NVwZ 1999, 870 – Lippeverband; nachfolgend *BVerfGE* 107, 59 = NVwZ 2003, 974 m. Anm. *Becker* DÖV 2004, 910; ferner *BerlVerfGH* NVwZ 2000, 794 m. Anm. *Wolfers* NVwZ 2000, 765; *Britz* VerwArch 91 (2000), 418.

von einer staatsrechtlichen zu einer gesellschaftsrechtlichen Position.[323] Auch die Verbindung von Elementen der Mitbestimmung mit staatlicher Tätigkeit kann hier das grundsätzliche Problem der demokratischen Legitimation staatlichen Handelns aufwerfen.[324] Sind überragende Gemeinwohlbelange und Angelegenheiten Dritter wahrzunehmen (z. B. lebenswichtige Aufgaben der Daseinsvorsorge), scheidet jede Art von Privatisierung, bei der sich private gegen öffentliche Interessen durchsetzen können, aus.[325] In eingriffstypischen Handlungsfeldern, wo einseitig Rechte und Pflichten des Bürgers festgelegt und notfalls unter Einsatz des Gewaltmonopols durchgesetzt werden, muss die Verwaltung eine tatsächliche Sachherrschaft behalten.[326] Dies gilt insbesondere im Bereich des **Strafvollzugs**. Können z. B. Bauunterhaltung von Justizvollzugsanstalten, Verpflegung der Gefangenen und Organisation von Arbeitsplätzen Privaten übertragen werden,[327] so müssen die Kernfunktionen des Haftvollzugs wie Bewachung oder Durchsetzung von Resozialisierungsmaßnahmen unmittelbar in staatlicher Hand bleiben.[328] Denn das Niveau demokratischer Legitimation hat mit der Intensität möglicher Grundrechtsrelevanz amtlichen Handelns zu wachsen.[329] Tatsächlich führt die formelle Privatisierung zu schleichendem **Kompetenzverlust der öffentlichen Verwaltung**, deren Einfluss zu mindern gerade auch Motiv für die Organisationsänderung ist.[330] Eine wirksame Kontrolle z. B. durch Aufsichtsratsmitglieder ist häufig nicht möglich, da dieses oft nur aus Betriebsmitgliedern und Politikern zusammengesetzte Gremium nach Ausschaltung der Verwaltung gar nicht über das erforderliche Sachwissen verfügt.[331] Verbunden mit der Schwächung der Einwirkungsmöglichkeiten der Exekutive auf das öffentliche Unternehmen ist zwangsläufig eine Minderung der Reichweite parlamentarischer Kontrolle.[332] Nach längerer Aufgabenabstinenz wird der Staat auch nicht mehr in der Lage sein, eine **Rückholoption** effektiv wahrzunehmen. Deshalb sind hier **Überleitungspflichten** zu vereinbaren, die den Privaten zwingen, nach Beendigung seiner Tätigkeit für einen Übergangszeitraum Betriebsmittel und Know-how zur Verfügung zu stellen.[333]

129 b) Eine wirkliche Aufgabenverlagerung findet bei der **materiellen Privatisierung** (Aufgabenprivatisierung) statt. Die Aufgabe als solche wird von der öffentlichen Verwaltung aufgegeben. Die Verwaltung selbst ist zur Aufgabenprivatisierung in der Lage, soweit keine gesetzliche Aufgabenzuordnung entgegensteht. Handelt es sich um **Pflichtaufgaben der öffentlichen Verwaltung**, bedarf die Privatisierung einer gesetzlichen Grundlage.[334]

130 Dabei wird jeweils zu prüfen sein, ob und wie eine fortbestehende Verwaltungsverantwortung zu gewährleisten ist.[335] Grundsätzlich endet mit der materiellen Privatisierung jede – auch parlamentarische – Kontrolle der Geschäftspolitik des Unternehmens.[336] Soweit dieses Ergebnis verfassungsrechtlich bedenklich oder zumindest politisch unerwünscht ist, schließt die Aufgabenprivatisierung hier regelmäßig die Normierung von steuernden und kontrollierenden Rechtsvorschriften ein.[337] So werden auf Vollzugsebene Überwachungsinstitutionen geschaffen und mit **Regulierungsaufgaben** betraut. Beispiel: Bundesnetzagentur für Elektrizität, Gas, Telekommunikation, Post und Eisenbahnen (Bundesnetzagentur) als Bundesoberbehörde gem. § 1 BNetzAG, die hervorgegangen ist aus der Regulierungsbehörde für Telekommunikation

---

[323] *Gusy* ZRP 1998, 265, 267.
[324] Vgl. *Pabst/Schwartmann* DÖV 1998, 315, 322.
[325] *BVerwGE* 106, 64 = Buchholz 11 Art. 20 GG Nr. 161.
[326] KG NJW 1997, 2894, 2896; *Di Fabio* JZ 1999, 585, 592. Dies schließt auch eine „Bundeswehr AG" aus; *Gramm* DVBl 2003, 1366, 1369. Zur Veränderung der Vorstellung vom Umfang des privatisierungsfesten Bereichs *Hardraht* SächsVBl 2003, 53, 56.
[327] Hiervon zu unterscheiden ist die Tätigkeit vertraglich verpflichteter Personen gem. § 155 Abs. 1 S. 3 StVollzG, die Amtsträger i. S. v. § 11 Abs. 1 VerpflG sind; vgl. *Bonk* JZ 2000, 435, 441.
[328] So auch *Bonk* JZ 2000, 435, 441; *Wagner* ZRP 2000, 169; ferner *Hoffmann-Riem* JZ 1999, 421, 428; *Lange* DÖV 2001, 898; *Mösinger* BayVBl 2007, 417.
[329] Vgl. auch *Kruis* ZRP 2000, 1.
[330] *Schoch* DÖV 1993, 377, 382; auch *Bull* VerwArch 86 (1995), 621, 629.
[331] So zu kommunalen Eigengesellschaften *Rossa* VR 1992, 113, 114 f.
[332] *Gusy* ZRP 1998, 265, 267; *Isensee* ZBR 1998, 295, 303. Zur Aufsichtspflicht in privatrechtlich organisierten Verwaltungseinheiten ferner *John*, Verwaltungsorganisation im Reformprozeß, 1998, S. 181 ff.
[333] *Voßkuhle* VVDStRL 62 (2003), 266, 326.
[334] *Schoch* DVBl 1994, 962, 974.
[335] Hierzu z. B. *Schuppert*, Die Verwaltung 31 (1998), 415; *ders.* DÖV 1998, 831.
[336] *Gusy* ZRP 1998, 265, 268.
[337] *Wahl* DVBl 1993, 517, 519; s. auch Rn. 125; § 9 Rn. 21.

§ 1 Anwendungsbereich   131   § 1

und Post gem. § 66 TKG.[338] Die Regulierung der Telekommunikation wird sowohl in § 1 des G über die Regulierung des Postwesens und der Telekommunikation als auch in § 2 TKG als hoheitliche Aufgabe des Bundes deklariert. Ziele der Regulierung sind u. a. Wahrung des Fernmeldegeheimnisses, Sicherung des Wettbewerbs,[339] Gewährleistung der Grundversorgung, Wahrung der Interessen der öffentlichen Sicherheit.[340] Je mehr sich der Staat zugunsten selbstregulativer Beiträge zurücknimmt und je größer die involvierten Risiken sind, desto stärker trifft ihn eine aus der Schutzpflicht folgende Gewährleistungsverantwortung. Auch soweit Prüftätigkeiten Privaten überlassen werden, ist eine dem Gefahrenpotential adäquate „Kontrolle der Kontrolle" sicherzustellen.[341] Entsprechend aufwändige Mechanismen können den ursprünglich angestrebten Deregulierungseffekt relativieren („Re-Regulierung") und letztlich zu mehr anstatt zu weniger Regulierung führen. Privatisierung ändert insoweit die Steuerungsansätze, macht diese aber nicht notwendig einfacher.[342]

Soweit die Tätigkeit der öffentlichen Hand – auch – **wirtschaftlichen Charakter** hat, wird in der Literatur zunehmend auch die Frage nach einem Privatisierungsgebot gestellt.[343] Dabei wird in der wirtschaftlichen Betätigung der öffentlichen Hand prinzipiell eine **Beeinträchtigung der Grundrechte privater Konkurrenten** gesehen,[344] bei einer Expansion über die Gemeindegrenzen hinweg auch eine Beeinträchtigung des Selbstverwaltungsrechts der passiv betroffenen Gemeinden.[345] Die Rechtsprechung steht diesem Gedanken bislang sehr zurückhaltend gegenüber. So betont das *BVerwG*, dass Art. 12 GG nicht vor Konkurrenz, auch nicht der öffentlichen Hand, schütze und kommunalgesetzliche Vorschriften über die wirtschaftliche Betätigung von Gemeinden nicht den Schutz privater Konkurrenz bezwecken.[346] Eine abweichende Tendenz zeigt sich bei der **Fortentwicklung des EG-Rechts**.[347] So wurden dort im Ausschreibungswesen schon vor der Anpassung des deutschen Rechts durch das Vergaberechtsänderungsgesetz v. 29. 5. 1998[348] auch materielle Bieterrechte wie die Berufsfreiheit und die Chancengleichheit im Wettbewerb geschützt.[349] Zur Auswirkung des Vergaberechts auf die

131

---

[338] Zur Neustrukturierung des Bundesnetzagentur *Schmidt* NVwZ 2006, 907. Allgemein zur staatlichen Regulierung *Eifert* GVwR I, § 19.
[339] Nicht bedenkenfrei ist insoweit die Versteigerung der UMTS-Lizenzen durch die Regulierungsbehörde im Jahre 2000. Knappe Ressourcen wurden hier nach Marktmacht verteilt, unterlegene Bewerber dauerhaft vom Markt ausgeschlossen und Aspekte des Gemeinwohls reduziert auf die – allerdings erhebliche – Minderung des Haushaltsdefizits des Bundes.
[340] § 2 Abs. 2 TKG; *Spoerr/Deutsch* DVBl 1997, 300, 302, 306; s. auch Rn. 123.
[341] So zutreffend *Schmidt-Preuß* VVDStRL 56 (1997), 160, 172 f.
[342] *Stober*, Rückzug des Staates im Wirtschaftsverwaltungsrecht, 1997, S. 31 ff.; *Berkemann* SächsVBl 2002, 279, 280; *Hill* DÖV 2004, 721, 728.
[343] *Schoch* DÖV 1993, 377, 379 f.
[344] Vgl. *von Arnim*, Rechtsfragen der Privatisierung, 1995, S. 55 ff. m. w. N.; *Tettinger* NJW 1998, 3473, 3474; *ders.* DVBl 1999, 679, 685 f.; *Cosson* DVBl 1999, 891, 895 f.; *Faber* DVBl 2003, 761; weniger restriktiv *Pieroth/Hartmann* DVBl 2002, 421; zusammenfassend *Faßbender* DÖV 2005, 89; *Suerbaum* Die Verwaltung 40 (2007), 29. Zum Rechtsweg bei Beeinträchtigung Privater durch erwerbswirtschaftliches Handeln von Kommunen *Althammer/Zieglmeier* DVBl 2006, 810.
[345] *Becker* DÖV 2000, 1032; *Heilshorn* VerwArch 96 (2005), 88, 95 f.; *Guckelberger* BayVBl 2006, 293, 297.
[346] BVerwGE 39, 329, 336 = MDR 1972, 804; NJW 1995, 2938; *Schoch* DÖV 1993, 377, 380; *Schulze-Fielitz* GVwR I, § 12 Rn. 138; a. A. *Stober*, Rückzug des Staates im Wirtschaftsverwaltungsrecht 1997, S. 53 m. w. N. Drittschützenden Charakter der gemeindewirtschaftlichen Vorschriften der GO NRW nimmt jetzt auch *OVG Münster* NVwZ 2003, 1520 an; hierzu *Antweiler* NVwZ 2003, 1466; *Micker* NWVBl 2003, 181; *Schliesky* DVBl 2004, 138; *Grooterhorst/Törnig* DÖV 2004, 685; *Schliesky* NdsVBl 2005, 113, 116. Zur Verschärfung des Kommunalwirtschaftsrechts durch die RhPfGO *RhPfVerfGH* NJW 2000, 801 = DVBl 2000, 992 m. Anm. *Henneke* und. Anm. *Ruffert* NVwZ 2000, 763; zur Regelung nach der BayGO *Hösch* DÖV 2000, 393. Umgekehrt schützt das Selbstverwaltungsrecht der Kommunen nicht vor privater Konkurrenz – soweit nicht eine Monopolisierung durch Anschluss- und Benutzungszwang zulässig ist –; zur Zulassung von Feuerbestattungsanlagen in privater Trägerschaft *BayVerfGH* BayVBl 1996, 590. Zur Aufsicht über die kommunale wirtschaftliche Betätigung *Ruffert* VerwArch 92 (2001), 27.
[347] Hierzu Rn. 25 ff., 218 ff.
[348] BGBl I S. 2512. Hierzu *Byok* NJW 1998, 2774; *Thieme/Correll* DVBl 1999, 884; *Roebling* Jura 2000, 453; Rn. 255; § 9 Rn. 99; § 35 Rn. 123 ff. Zur weiteren Entwicklung des Vergaberechts *Byok* NJW 2004, 198.Übersicht zu den Grundzügen des deutschen und des europäischen Vergaberechts bei *Koenig/Haratsch* NJW 2003, 2637.
[349] S. *Pernice/Kadelbach* DVBl 1996, 1100, 1105 f.; *Franke* ZfBR 1996, 291; *Hösch* BayVBl 1997, 193, 195; *Classen* VerwArch 88 (1997), 645, 661 f.; jew. mit Hinw. auch auf die Rspr. des *EuGH*. Diese Rspr. des *EuGH* zum Konkurrentenschutz dient also nicht nur dem supranationalen Gemeinschaftsinteresse, sondern

Auswahl bei der Beleihung Rn. 267. Zur behördlichen Auftragsvergabe/Auftragssperre § 35 Rn. 123. Die wirtschaftliche Betätigung einer Gemeinde durch Beteiligung an einem privatrechtlich organisierten Unternehmen gibt dessen privaten Konkurrenten keinen Einwirkungsanspruch gegenüber der Gemeinde, solange das behördliche Verhalten nicht dazu führt, dass die private Konkurrenz unmöglich gemacht wird.[350] Die wirtschaftliche Nutzung von Verwaltungsressourcen kann, soweit es sich nicht nur um gewinnorientierte Annextätigkeiten[351] handelt, verfassungsrechtlich bedenklich sein. Die Finanzierung staatlicher Aufgaben in Bund und Ländern einschließlich der Gemeinden muss in erster Linie der Steuer vorbehalten bleiben.[352] Solange die öffentliche Hand die wirtschaftliche Tätigkeit „bei Gelegenheit" der Erfüllung ihrer öffentlichen Aufgabe betreibt, um sonst brachliegendes Wirtschaftspotential, das im Übrigen öffentlichen Zwecken dient, auszunutzen, ist dies auch ohne besondere gesetzliche Regelung zulässig. Die Grenzen der Zulässigkeit werden aber überschritten, wo die Randnutzung[353] über den Funktionsbereich des Verwaltungsträgers hinausgeht, mit den öffentlichen Zwecken der Verwaltungstätigkeit nicht vereinbar ist oder die sachgerechte Aufgabenerledigung beeinträchtigt.[354] Unzulässig ist ferner die Verwendung amtlich erlangter Information zur Förderung fremden Wettbewerbs unter Ausnutzung amtlicher Autorität.[355] Wirtschaftliche Betätigung der Kommunen auf dem Telekommunikationsmarkt verstößt nicht gegen das Gebot der Privatwirtschaftlichkeit des Art. 87 f Abs. 2 S. 1 GG, sondern beschleunigt gerade die Herstellung einer umfassenden Wettbewerbssituation zum noch marktbeherrschenden Netzinhaber Telekom AG.[356] Festzuhalten bleibt, dass sich Grenzen für die erwerbswirtschaftlich-fiskalische Tätigkeit der öffentlichen Hand eher aus dem Kommunal- und Wettbewerbsrecht oder aus § 65 Abs. 1 der Haushaltsordnungen als direkt aus verfassungsrechtlichen Bestimmungen ergeben können.

132 Einer Klärung im Einzelnen bedürfen noch zahlreiche Fragen zur **Überleitung von zur Aufgabenerfüllung erforderlichen Rechten** der öffentlichen Hand auf Private wie Betretungs- und Besichtigungsrechten oder – umgekehrt – von Rechten der Bürger gegenüber bisher zuständigen Behörden wie Akteneinsichtsrecht oder Beteiligungsrechten Dritter.

133 c) **Vermögensprivatisierung** meint die Übertragung staatlichen oder kommunalen Eigentums auf Private. Dies ist grds. rechtlich unproblematisch, da der Bestand öffentlicher Aufgaben nicht verändert wird.[357] Wirtschaftlich von Bedeutung ist hier die Veräußerung von Industriebe-

---

ebenso den transnationalen Interessen der Gemeinschaftsbürger und der Mitgliedstaaten an einer gleichmäßigen Vertragserfüllung; so im Zusammenhang mit dem europäischen Beihilferecht *Schneider* DVBl 1996, 1301, 1308; ferner *Reufels*, Europäische Subventionskontrolle durch Private, 1997. Kritisch zur zögerlichen Umsetzung EG-rechtlicher Vorgaben im nationalen Recht *Boesen* NJW 1997, 345. Zum Neutralitätsgrundsatz im Vergaberecht OLG Brandenburg NVwZ 1999, 1142; *Neßler* NVwZ 1999, 1081. Zum Anspruch des Konkurrenten auf Gleichbehandlung ferner *Sachs*, Der Gleichheitssatz als eigenständiges subjektives Grundrecht, FS Friauf, S. 309, 311 und passim. Zur Ausschreibungspflicht privatisierter Unternehmen *Noch* DÖV 1998, 623; *Byok* NJW 1998, 2774, 2777; Rn. 255. Zum Gemeinschaftsrecht der EG/EU s. ferner Rn. 218 ff.

[350] BVerwGE 39, 329, 336 f. = MDR 1972, 804; NJW 1995, 2938; *VGH Kassel* NVwZ 1996, 816.

[351] Z. B. Vermarktung von selbstentwickelter Software; vgl. *Zundel* VR 1996, 340, oder – vom redaktionellen Teil getrennte – Werbung in amtlichen Publikationen; vgl. *Mempel* KommJur 2005, 292. Die Beköstigung Externer in behördlichen Kantinen mit einem Anteil von unter 20% überschreitet nicht die Grenzen zulässiger Annextätigkeiten; a. A. *Schenkewitz* VR 2001, 193.

[352] BVerfGE 78, 249, 266 f. = NJW 1988, 2529; 82, 159, 178 = NVwZ 1991, 53; 93, 319, 342 = NVwZ 1996, 469; *Ronellenfitsch* DÖV 1999, 705, 709; auch *Sodan* DÖV 2000, 361, 370. Unzulässig deshalb Praktiken wie Sponsoring im Standesamt (Produktwerbung von Firmen, die mit den Brautleuten ins Geschäft kommen wollen, in amtlich herausgegebenen und verteilten Katalogen); hierzu *Wagenitz/Bornhofen*, Handbuch des Eheschließungsrechts, 1998, 2. Teil, 3. Abschnitt Rn. 56; ferner *Schmitz* in Ziekow (Hrsg.), Beschleunigung von Planungs- und Genehmigungsverfahren, 1998, S. 171, 183 f.

[353] Hierzu auch Rn. 115; kritisch zur Figur der „Randnutzung" *Schliesky* DVBl 1999, 78, 83. Vgl. auch *Ruffert* VerwArch 92 (2001), 27, 42.

[354] BVerwGE 82, 29 = NJW 1989, 2409; vgl. auch *Ehlers* DVBl 1998, 497, 500 f.; ders. Jura 1999, 212. Zur Tätigkeit kommunaler Unternehmen außerhalb des Gemeindegebiets *Schulz* BayVBl 1998, 449; *Heintzen* NVwZ 2000, 743; *Kühling* NJW 2001, 177; *Gern* NJW 2002, 2593; *Mann* JZ 2002, 819, 825; *Brosius-Gersdorf* AöR 130 (2005), 392; *Jarass* DVBl 2006, 1, 8 f. Konsequent gegen gemeinwirtschaftliche Tätigkeit öffentlicher Stellen *Schoch* NVwZ 2006, 872, 876.

[355] BGH, NJW 2002, 1718, 1721.

[356] Vgl. *Wolff* VR 1999, 420, 422 ff.; *Möstl* BayVBl 1999, 547, 550; *Erbsen* DVBl 1997, 1039, 1042; a. A. *Windthorst* in Sachs, GG, Art. 87 f Rn. 28 a; jew. m. w. N; s. ferner BVerfG NVwZ 1999, 520, das die unentgeltliche Durchleitung von Telekommunikationslinien durch Gemeindegebiet als zulässig ansieht.

[357] *Di Fabio* JZ 1999, 585.

teiligungen des Bundes.³⁵⁸ Das Verfahren der Vermögensprivatisierung unterliegt zwar grds. nicht dem Vergaberecht, eine freihändige Vergabe kann jedoch mit Vorschriften des nationalen und des europäischen Rechts kollidieren.³⁵⁹

d) Bei der funktionalen Privatisierung wird lediglich der Vollzug der Aufgabe auf einen Privaten übertragen, der als Verwaltungshelfer (Rn. 261) fungiert. Die **Aufgabenzuständigkeit und -verantwortung** verbleibt bei dem Träger der öffentlichen Verwaltung. Die Letztentscheidungsverantwortung der Behörde darf durch die Tätigkeit des Privaten nicht angetastet oder faktisch ausgehöhlt werden.³⁶⁰ Vorbereitungshandlungen und Vorentscheidungen können deshalb problematisch sein, weil zwar die Formalstruktur der Kompetenzverteilung zwischen Verwaltung und Verwaltungshelfer gewahrt bleibt, frühere **Weichenstellungen** aber spätere Phasen präjudizieren und die förmliche Entscheidung nicht mehr alles einholen und überformen kann, was vorher schon faktisch in eine bestimmte Richtung gelenkt worden ist.³⁶¹ Jedenfalls ist eine – im Einzelfall schwierige – Abgrenzung zwischen einfachen Vollzugsaufgaben, die ohne gesetzliche Regelung übertragen werden dürfen, und Entscheidungsbefugnissen, deren Übertragung eine Beleihung (Rn. 256 ff., s. auch Rn. 125) voraussetzt, erforderlich.³⁶² Der Verwaltungsträger hat für seine Verwaltungshelfer auch bei funktionaler Privatisierung nach Amtshaftungsgrundsätzen einzustehen; ob einem privatautonom handelnden Unternehmen hier die Regressbeschränkung des Art. 34 Satz 2 GG zugute kommen soll, erscheint jedoch zweifelhaft.³⁶³ Zur Feststellung von Parkverstößen durch private Firmen Rn. 265. Die Übertragung und Abrechnung von Beihilfeanträgen der **Beamten** an eine private Krankenversicherung ist zulässig.³⁶⁴ Das System der Beihilfen hat seine Grundlage in der Fürsorgepflicht des Dienstherrn (§ 79 BBG). Der Charakter der Beihilfe als einer ergänzenden Hilfeleistung lässt dem Dienstherrn einen erheblichen Spielraum, innerhalb dessen er auch Art und Weise dieser speziellen Fürsorgepflicht bestimmen kann.³⁶⁵ Die Grenze zur unzulässigen faktischen Beleihung kann leicht überschritten werden. Einrichtung und Pflege der **Internetpräsenz** von ör Körperschaften oder Behörden kann einem privaten Unternehmen als Verwaltungshelfer übertragen werden.³⁶⁶ Bei der funktionalen Privatisierung durch Einschaltung privater Verwaltungshelfer sind die Regeln des Vergaberechts zu berücksichtigen.³⁶⁷

Bei der funktionalen Privatisierung sind verschiedene Formen denkbar. Bei dem **Submissionssystem** erbringt ein privater Unternehmer zugunsten der Bürger Leistungen, für die er von dem Verwaltungsträger bezahlt wird, der seinerseits gegenüber den Bürgern einen Gebühren-

---

³⁵⁸ Vgl. Bericht der BReg. zur Verringerung von Beteiligungen und Liegenschaften des Bundes, BT-Drs 12/6889; ferner *König* DÖV 1998, 963, 964.
³⁵⁹ Denkbar sind Verstöße gegen nationales Haushaltsrecht und europäisches Beihilferecht (vgl. *Eggers/Malmendier* NJW 2003, 780; ferner *Hardraht* SächsVBl 2003, 53, 59 u. 61) sowie gegen den allgemeinen Verfahrensgrundsatz der Transparenz (vgl. § 9 Rn. 57; *Hufen* Rn. 52).
³⁶⁰ *Hoppe/Bleicher* NVwZ 1996, 412, 423; § 35 Rn. 60. Die Heranziehung von Verwaltungshelfern dient auch der Abgrenzung zwischen exekutiver Gewährleistungs- und privatwirtschaftlicher Erfüllungsfunktion; vgl. *Ehlers* DVBl 1998, 497, 506.
³⁶¹ So *Wahl* DVBl 1993, 517, 523; ders. in *Blümel*, Einschaltung Privater beim Verkehrswegebau – Innenstadtverkehr, 3. Aufl. 1995, S. 44 f.; *Di Fabio* VerwArch 81 (1990), 193, 216 ff.; *Brohm* DVBl 1990, 321, 327; *Erbguth* UPR 1999, 369, 375; *Burgi* Die Verwaltung 33 (2000), 183, 194 f.; ferner *Kaltenborn*, Streitvermeidung und Streitbeilegung im Verwaltungsrecht, 2007, S. 288 ff. Zur Verfahrensprivatisierung von Standortauswahlverfahren im Abfallrecht durch Einholung von Standortgutachten privater Sachverständiger *Hoppe/Bleicher* NVwZ 1996, 421.
³⁶² *Wahl* DVBl 1993, 517, 520. S. auch VGH München NVwZ 1999, 1122: Zulassung eines Schaustellers zu einem als öffentliche Einrichtung einer Gemeinde betriebenen Volksfest durch Schaustellerverband ist unzulässig.
³⁶³ Vgl. *U. Stelkens* JZ 2004, 656.
³⁶⁴ *Battis/Kersten* ZBR 2000, 145; a. A. OVG Münster NJW 1998, 1809, das hier eine Umgehung des geltenden Beihilferechts annimmt, das die Beteiligung einer „Beihilfeberechnungsstelle" am VwVf als Verwaltungshelfer (Rn. 236) nicht vorsehe; OVG Koblenz ZBR 2002, 368; *Werres* ZBR 2001, 429, 431; etwas differenzierter – „EDV-Outsourcing" zulässig, nicht aber Weitergabe personenbezogener Beihilfedaten – OVG Münster NWVBl 2004, 107; auch nicht von Gemeinde an Kreis OVG Münster NWVBl 2006, 13.
³⁶⁵ BVerwGE 60, 212 = ZBR 1980, 349, 353.
³⁶⁶ Vgl. zur Internetpräsenz als öffentliche Einrichtung *Frey* DÖV 2005, 411, 413 f.; ferner *Eifert* VerwArch 93 (2002), 561; Amtsblätter als Informationsinstrumente von Gemeinden stellen keine öffentlichen Einrichtungen dar, die zur Benutzung durch die Einwohner gewidmet sind, OVG Bautzen SächsVBl 2003, 48.
³⁶⁷ Vgl. *Burgi* NVwZ 2001, 601, 604.

spruch hat (z. B. Müllabfuhr durch Entsorgungsfirma; s. auch Rn. 125). Bei dem **Konzessionssystem** erhält der Nutzer gegen Entgelt eine Leistung des privaten Betreibers.[368] Die Wirtschaftlichkeit solcher Konzessionsmodelle erscheint aus Sicht des Bürgers fraglich. Vorgebliche politische Vorteile sollen vielfach das wahre Motiv – die Verschleierung von Haushaltsdefiziten – verdecken.

136 Auch behördenintern kommt eine funktionale Privatisierung in Betracht. So kann die staatliche Verwaltung technische Hilfsfunktionen wie umfassende IT-Dienstleistungen auf Private als Verwaltungshelfer (Rn. 261) übertragen. Steuerung, Verantwortung und Kontrolle durch die beauftragende Behörde sind vertraglich sicherzustellen.[369] Die Verarbeitung personenbezogener Daten unterliegt dabei unmittelbar der Regelung der Auftragsverarbeitung gem. § 11 BDSG oder der entsprechenden Landesgesetze.

4. Verwaltungstätigkeit

137 a) Bei der ör Tätigkeit i. S. d. § 1 (Rn. 83) muss es sich um **Verwaltungstätigkeit** handeln. Nur dieser Teilbereich des öffentlichen Rechts unterliegt dem VwVfG.

138 Das **VwVfG bietet keine Definition**; es setzt diesen Begriff voraus. Weder kann als Verwaltungstätigkeit die Tätigkeit einer Behörde definiert werden (s. § 1 Abs. 1), da § 1 Abs. 4 die Behörde wieder als Stelle begreift, die Aufgaben der öffentlichen Verwaltung wahrnimmt (Rn. 253 ff.). Noch kann als Verwaltungstätigkeit nur der Gesetzesvollzug verstanden werden, wie es § 1 Abs. 1 Nr. 2, Abs. 2, 3 („Ausführung von Bundesrecht", dem folgend „Ausführung von Landesrecht" im EVertr) nahelegen könnte: Für die Einschränkung in Nr. 2 im Gegensatz zu Nr. 1 war ausschließlich die Zuständigkeitsregelung des **Art. 84 Abs. 1 GG** maßgebend (Rn. 46, 14 ff.). Das GG selbst hilft mit seinem Sprachgebrauch nicht weiter, sondern gibt allenfalls Hinweise: Es kennzeichnet die Verwaltung als **vollziehende Gewalt** (Art. 1 Abs. 3, Art. 20 Abs. 2, VIII. Abschnitt GG) und lässt damit einen funktionalen Bezug zum Gesetzesvollzug erkennen.[370] Art. 20 Abs. 2 GG umfasst den vollständigen Bereich administrativen Handelns, gleichgültig ob es ör oder privat erfolgt.[371] Der Begriff des VwVfs soll die Gesamtheit dieser Tätigkeit umfassen[372] und kann daher nur als **Verwaltungsverfahren i. w. S.** (Rn. 30 ff.) in Abgrenzung zu § 9 verstanden werden. Weit definiert BVerfGE 75, 108 = NJW 1987, 3115 daher auch: „Vorschriften über das Verwaltungsverfahren (Art. 84 Abs. 1 GG) sind gesetzliche Bestimmungen, die die Tätigkeit der Verwaltungsbehörden im Blick auf die Art und Weise der Ausführungen der Gesetze einschließlich ihrer Handlungsform, die Form der behördlichen Willensbildung, die Art der Prüfung und Vorbereitung der Entscheidung, deren Zustandekommen und Durchsetzung sowie verwaltungsinterne Mitwirkung und Kontrollvorgänge in ihrem Ablauf regeln." Verwaltungstätigkeit stellt sich danach als Wahrnehmung einer im öffentlichen Recht wurzelnden Verwaltungsaufgabe – im Gegensatz zu Rechtsetzung und Rechtsprechung – dar.[373]

139 Zur Verwaltungstätigkeit zählt, wie Art. 84 Abs. 2 GG zeigt, auch der Erlass von Verwaltungsvorschriften. Das **Wie** des behördlichen Handelns zur Umsetzung des materiellen Verwaltungsrechts (Rn. 36) mit externer Wirkung und das Handeln im internen Funktionsbereich ist mithin nach dem GG Verwaltungstätigkeit.

140 Das **VwVfG zeigt nur Beispiele von Verwaltungstätigkeit** auf. § 9 weist auf das Verfahren hin, das zum Erlass eines VA oder eines ör Vertr führt. Das VwVfG nimmt auch das Produkt des Handelns, den VA oder den ör Vertr, ihre Wirkungen und Korrekturmöglichkeiten auf, ohne die Streitfrage beantworten zu wollen, ob die Voraussetzungen eines VA oder eines ör Vertr dem Verwaltungsverfahrensrecht oder dem materiellen Verwaltungsrecht zugerechnet werden (Rn. 36, § 9 Rn. 193). Andere Formen des Verwaltungshandelns sind ebenfalls erwähnt; z. B. §§ 4 ff., 33 f. Diese im Gesetz erwähnten Beispiele zeigen, dass der **Begriff** der Verwaltungstä-

---

[368] Zur Leistung des Konzessionärs bei Verträgen zur Nutzerfinanzierung des Fernstraßenbaus *Uechtritz* VBlBW 2002, 317, 318 f.; zu Rechtsnatur und Berechnung des Entgelts *Drömann / Tegtbauer* NVwZ 2004, 296.
[369] Zur Verlagerung auch der Kontrollverantwortung vom Staat auf Private *Eifert* Die Verwaltung 36 (2006), 309.
[370] *Stern,* Staatsrecht II, § 41; vgl. auch unten Rn. 189.
[371] *Schmidt-Aßmann* AöR 116 (1991), 329, 341; OVG Münster NJW 2005, 2028.
[372] *Pitschas,* Verwaltungsverantwortung, S. 24 ff.
[373] OVG Münster NVwZ-RR 2003, 800, 801; NJW 2005, 2028 f.

tigkeit sämtliche Formen des Verwaltungshandelns umfasst und hierzu jedes der Exekutive zurechenbare Verhalten zu rechnen ist, das in einem Handeln, Tun oder Unterlassen besteht.[374]

Das Verwaltungshandeln äußert sich in bestimmten **Handlungsformen**.[375] Obwohl dieser Begriff unscharf ist,[376] haben sich Versuche, als Handlungsform nur das tatsächliche Verwaltungshandeln, dagegen als Rechtsform das Handeln mit Regelungs- und Rechtsquellengehalt zu bezeichnen,[377] noch nicht durchsetzen können. Ein **numerus clausus der ör Handlungsformen** sollte nicht begründet werden.[378]

In § 9 ist keine Option des Gesetzgebers für den VA oder den ör Vertr zu sehen.[379] Dem steht nicht entgegen, dass der Gesetzgeber einer Anregung des DAV, durch Ergänzung des § 9 auch andere Handlungsformen des öffentlichen Rechts, insbesondere das schlicht-hoheitliche Handeln, einzubeziehen, nicht gefolgt ist. Maßgebend für die Zurückhaltung bei § 9 war allein, dass die Entwicklung in diesem Rechtsbereich noch nicht als für eine Kodifizierung genügend abgeschlossen angesehen wurde.[380] S. aber Rn. 153. Die Frage nach der grundsätzlich bestehenden **Wahlfreiheit** zwischen den ör Handlungsformen des VA, des ör Vertr, der Verordnung oder dem schlicht-hoheitlichen Handeln[381] beantwortet das VwVfG ebenso wenig wie die nach der Wahlfreiheit zwischen ör und privatrechtlichem Handeln (Rn. 104). Es nimmt damit auch nicht zu möglichem Missbrauch Stellung (§ 10 Rn. 16).

Schließlich sprechen §§ 9 ff. nicht nur das Handeln der Behörde, sondern auch Verfahrenshandlungen des Bürgers, die Voraussetzung oder Unterstützung behördlichen Handelns sind, an (vgl. § 9 Rn. 124). Das VwVfG geht folglich von einem weiten Begriff der Verwaltungstätigkeit aus, der die Mitwirkung des Bürgers einschließt und das Resultat des Verfahrens und seine Folgen erfasst.

b) Verwaltungstätigkeit ist daher auch **schlicht-hoheitliches Handeln** (Realakte, Realhandlungen). Dieser Sammelbegriff umschreibt alles ör Verwaltungshandeln, das nicht in Ausübung obrigkeitlicher Gewalt erfolgt.[382] Statt obrigkeitliche Gewalt oder obrigkeitliches Handeln wird heute häufig der Begriff **hoheitliches Handeln** verwandt, das einseitig verbindlich regelnd, d. h. durch VA, die Sphäre des Bürgers verändert.[383] Demnach ist schlicht-hoheitliches Handeln das Verwaltungshandeln, das nicht wie der VA eine Rechtsfolge festsetzt, aber auf Grund öffentlichen Rechts und in Ausübung öffentlicher Gewalt i. S. v. Art. 19 Abs. 4 GG erfolgt (s. Rn. 148 f.). Die Abgrenzung dieser Maßnahmen vom VA kann schwierig sein,[384] insbesondere wenn von der Behörde über einen Anspruch auf schlicht-hoheitliches Handeln entschieden wird.[385]

Die **allgemeine Leistungsklage** ist die geeignete Klageform zur Durchsetzung oder **Abwehr schlicht-hoheitlicher Maßnahmen**. Die Anspruchsgrundlagen ergeben sich, wenn nicht spezialgesetzlich geregelt, aus allgemeinen Grundsätzen, z. B. für den Widerruf oder die Unterlassung wegen einer **Empfehlung, Beratung, Warnung, Belehrung oder eines Werturteils** durch eine Behörde oder ein Regierungsorgan (dazu Rn. 186 f.) als Folgenbeseitigungsanspruch, begründet in Art. 2 GG und anderen Grundrechten,[386] aus beamtenrechtlicher Fürsorgepflicht (Rn. 110) oder als quasinegatorischer Abwehranspruch aus § 1004 BGB ent-

---

[374] Vgl. *Schmidt-Aßmann* DVBl 1989, 533.
[375] *Ossenbühl* JuS 1979, 681; *Schmidt-Aßmann* DVBl 1989, 535; *König* VR 1990, 401.
[376] *Kempen*, Formenwahlfreiheit der Verwaltung, 1989, S. 92 ff.
[377] Dazu *Pauly* in K. Becker-Schwarze, Wandel der Handlungsformen im öffentlichen Recht, 1992; *ders.* DVBl 1991, 521; differenzierend schon *Krause*, Rechtsformen des Verwaltungshandelns, 1974, S. 54 ff.
[378] Rn. 85; § 9 Rn. 93; s. aber den Versuch einer Vierertypik (Norm, VA, ör Vertr, Realakt) von *Di Fabio* in K. Becker-Schwarze, Wandel der Handlungsformen im öffentlichen Recht, 1992.
[379] *Fiedler* AöR 105 (1980), 79; Rn. 85; § 35 Rn. 8; § 54 Rn. 10.
[380] Entwurf 73, S. 41; Einl Rn. 21, 48; *Schleicher* DÖV 1976, 550, 552; *Bonk* DVBl 1986, 485, 493. Für verfehlt hält die Begrenzung des Anwendungsbereichs u. a. *Schmidt-Aßmann*, FS Brohm, S. 547, 564; s. auch Rn. 288.
[381] Vgl. § 9 Rn. 162 f.; § 35 Rn. 8; zum Vertrag *Scherzberg* JuS 1992, 205, 208, § 54 Rn. 10; kritisch *Rupp*, FG BVerwG, S. 539, 548 ff.; zum Regelungsvorbehalt *Pauly* DVBl 1991, 521.
[382] *Jellinek* § 2 I; *Wolff/Bachof* u. a. I § 23 Rn. 78; *Robbers* DÖV 1987, 272; zur Abgrenzung ör/privatrechtliches Handeln Rn. 98.
[383] § 35 Rn. 104 f.; *Hill* DVBl 1989, 321 ff.
[384] Beispiele bei § 35 Rn. 82 ff.
[385] Vgl. *OVG Bremen* NJW 1989, 926; z. B. für Auskunft § 35 Rn. 58, für Zusicherung § 38 Rn. 15.
[386] BVerwGE 82, 76, 82 f. = NJW 1989, 2272, 2277; NJW 1991, 1766, 1767; *OVG Lüneburg* NJW 1992, 192; *VG Berlin* NJW 1993, 2548 für Äußerungen des Bundesbeauftragten für Stasi-Unterlagen.

sprechend.[387] Das *BVerwG*[388] verlangt für derartige Tätigkeit eine **Befugnis** der Behörde, häufig als Annex zur **Gefahrenabwehr;** zugleich wird die Frage der Verbandskompetenz aufgeworfen.[389] Das Recht zur Informationsarbeit allein reicht jedenfalls bei Erklärungen dieser Art durch Regierungen dafür aus.[390] Soweit die Befugnis aus dem Recht zur Gefahrenabwehr abgeleitet wird, sind besondere Anforderungen an die Sachverhaltsermittlung zu stellen.[391] Für bestimmte gezielte Informationsakte gibt es bereits gesetzliche Ermächtigungsgrundlagen (z. B. § 69 Abs. 4 AMG; § 6 a 22. BImSchVO; § 10 GPSG). *VG Köln* entnimmt die Befugnis des **Datenschutzbeauftragten** zu öffentlichen Äußerungen zu Belangen des Datenschutzes einer Gesamtschau von Regelungen des BDSG, Bedeutung des Datenschutzes und Staatspraxis, obwohl insoweit nur Unterrichtung und Beratung von Bundesregierung und Bundestag von der gesetzlichen Aufgabenzuweisung getragen werden.[392] Soweit in der Literatur die Aufnahme einer allgemeinen, tatbestandlich umgrenzten Ermächtigungsnorm in das VwVfG erwogen wird,[393] stellt sich die Frage, wie eine solche Norm die Vielfalt der komplexen Lebenssachverhalte erfassen könnte, ohne selbst jeder Kontur zu entbehren.

146 Zu diesen Ansprüchen ferner § 35 Rn. 83 ff.;[394] zur Abgrenzung privatrechtlich/ör Abwehranspruch gegen Warnung Rn. 109. Zur Haftung der Behörde bei Produktwarnung *OLG Stuttgart* NJW 1990, 2690. Zur Pressemitteilung § 2 Rn. 109. Zum Folgenbeseitigungsanspruch und ör Erstattungsanspruch s. § 9 Rn. 39 f. Zum Abwehranspruch gegen hoheitliche Eingriffe in Informationsfreiheit *BayVerfGH* DÖV 1991, 931; ferner gegen **Emissionen** aus öffentlichen Einrichtungen *BVerwG* NJW 1988, 2396.[395] Die Veröffentlichung eines **Warentests** von Futtermitteln durch eine Landwirtschaftskammer bedarf im Hinblick auf Art. 12 GG einer ausdrücklichen gesetzlichen Grundlage.[396] Zu zivilrechtlichen Abwehransprüchen aus § 1004 BGB gegen Beeinträchtigungen z. B. durch Straßenbegleitgrün *BGH* NJW 1991, 2826.[397] Zu

---

[387] *VGH Mannheim* NJW 1990, 1808; VBlBW 1990, 431; NJW 1986, 340; *OVG Hamburg* NVwZ 1995, 498; offen *BVerwG* UPR 1990, 267.

[388] U. a. NJW 1984, 2591; *BVerwGE* 82, 76 = NJW 1989, 2272, dazu *BVerfG* NJW 1989, 3269 und Rn. 186 f.; *BVerwGE* 87, 37 = NJW 1991, 1766 und JZ 1991, 625, dazu *Schoch* DVBl 1991, 667, *Gröschner* JZ 1991, 628, *ders.* DVBl 1990, 619; *Heintzen* NJW 1990, 1448; *Di Fabio* JZ 1993, 689; *ders.* JuS 1997, 1; *BVerwG* NJW 1991, 1770, dazu *Schatzschneider* NJW 1991, 3202; *BVerwG* NJW 1996, 3161; *OVG Koblenz* NJW 1991, 2659; *OVG Münster* NVwZ 1991, 176; NWVBl 1996, 188; NVwZ 1997, 302; *VGH Kassel* NVwZ 1995, 611; vgl. auch *Oebbecke* DVBl 1994, 147, und die Rechtsprechungsübersicht bei *Abel* NJW 1997, 426. Grenzen zeigt *BVerwG* NJW 2006, 1303 auf.

[389] Vgl. *BVerfGE* 105, 252 = NJW 2002, 2621, 2623; 105, 279 = NJW 2002, 2626, 2630; *Murswiek* DVBl 1997, 1021; *ders.* NVwZ 2003, 1; *Haussühl* VBlBW 1998, 90; *Ruge* ThürVBl 2003, 49; Zu amtlichen Äußerungen einer Gemeinde wegen verfassungsfeindlicher Bestrebungen des Betreibers einer Tagungsstätte *OVG Münster* NWVBl 2006, 32.

[390] *BVerfGE* 105, 252 = NJW 2002, 2621, 2623; 105, 279 = NJW 2002, 2626, 2629; *BVerwG* 87, 37, 46 = NJW 1991, 1766, 1768 f.; NJW 1991, 1770; hierzu *Discher* JuS 1993, 463; *BVerwG* NVwZ 1994, 162; *OVG Münster* NJW 1995, 1629, 1630; für politische Meinungsäußerung NJW 1984, 2591; a. A. *Gröschner* JZ 1991, 628; *Heintzen* NJW 1990, 1448; *Schoch* Die Verwaltung 25 (1992), 21, 50; *Leidinger* DÖV 1993, 295; *Murswiek* DVBl 1997, 1021, 1030; *Lege* DVBl 1999, 569, 578.

[391] *Heintzen* NuR 1991, 301; aus materiellen Abwehransprüchen herleitend *BVerwG* NJW 1991, 1770, 1771.

[392] *VG Köln* NVwZ 1999, 912.

[393] So *Di Fabio* JuS 1997, 1.

[394] Zur Warnung etc. als informelles Instrument des Umweltrechts *Kloepfer* JZ 1991, 737, 738; *Lübbe-Wolff*, Umweltberatung, NJW 1987, 2705; *Mohr*, Umweltberatung durch Privatpersonen und Behörden, NuR 1989, 101; *Heintzen* in K. Becker-Schwarze, Wandel der Handlungsformen im öffentlichen Recht, 1992, *ders.* VerwArch 81 (1990), 532; *Meyn* JuS 1990, 630; *Böhm* JA 1997, 794, 799 (auch durch Kommunen), jew. m. w. N. Zur Warnung vor den Gesundheitsgefahren des Rauchens und zur Indienstnahme privater Organisations- und Finanzkraft für diese Aufgabe der Gesundheitspolitik *BVerfGE* 95, 173 = NJW 1997, 2871; hierzu *Di Fabio* NJW 1998, 2863. Zusammenfassend zu Empfehlungen und Warnungen als Mittel des Verwaltungshandelns *Gusy* NJW 2000, 977.

[395] Dazu *Laubinger* VerwArch 80 (1989), 261; *BVerwG* NJW 1989, 1291; *BVerwGE* 81, 197, 199; *VGH Kassel* NJW 1989, 1500; *OVG Berlin* UPR 1988, 32; *VGH München* NJW 1991, 2660; NJW 1990, 2845, BayVBl 1988, 241; *OVG Münster* NJW 1984, 1982; DVBl 1986, 697; BauR 1987, 46, 49; NVwZ 1991, 900; BGHZ 111, 63, dazu *Wagner* NJW 1991, 3247.

[396] *BVerwG* NJW 1996, 3161. S. auch *BVerwGE* 71, 183 = NJW 1985, 2774 (Arzneimittel-Transparenzlisten); 87, 37 = NJW 1991, 1766 = DVBl 1991, 699 m. Anm. *Schoch* DVBl 1991, 667 (Glykol-Wein-Liste); auch *BVerfGE* 105, 252 = NJW 2002, 2621 sieht in der Veröffentlichung der Glykol-Wein-Liste eine Funktion der Staatsleitung, die aber nicht in Art. 12 GG eingreife.

[397] Aus der Literatur zu Abwehransprüchen: *Hoffmann*, Der Abwehranspruch gegen rechtswidrige Realakte, 1970; *Steiner* JuS 1984, 853; *Schoch* VerwArch 79 (1988), 1 ff.; zum Unterlassungsanspruch *Köckerbauer/Büllesbach* JuS 1991, 373.

Rechtsnatur und Umfang des **presserechtlichen Auskunftsanspruchs** OVG *Münster* DÖV 1996, 255. Zur Anwendbarkeit des § 123 VwGO *VGH Kassel* NJW 1985, 1356; NJW 1989, 1753. Zum Anspruch der **Fachpresse** auf Gleichbehandlung bei der Belieferung mit Gerichtsentscheidungen durch die Gerichtsverwaltung OVG *Lüneburg* NJW 1996, 1489; entgegen BVerwG NJW 1993, 675, 676, ist dabei eine Auswahl des Publikationsorgans nach fachwissenschaftlichen Qualitätskriterien nicht zulässig.[398] Zur Beachtung des Gleichbehandlungsgrundsatzes bei der unaufgeforderten Versendung von Informationsmaterialien an **Presseorgane** durch eine Stadtverwaltung OVG *Münster* NJW 1996, 2882.[399] Schon dieser Grundsatz schließt es aus, dass die Verwaltung einzelnen Presseorganen einen Aktualitätsvorsprung verschafft.[400] Der amtsbezogene Charakter eines Pressegesprächs kann nicht durch die gewählte äußere Form (private Verköstigung der Journalisten) umgangen werden.[401]

Das **VwVfG** äußert sich zu schlicht-hoheitlichem Handeln nur mittelbar auf der Grundlage der herkömmlichen Klassifizierung (Rn. 148): **Willenserklärungen** (Rn. 148) sind vor allem der Antrag (§ 22, § 45 Abs. 1 Nr. 1), die Mitwirkung bei § 35 (dort Rn. 229 ff.). Sie liegen dem ör Vertr zugrunde, den die herkömmliche Meinung zu den schlicht-hoheitlichen Handlungen zählt.[402] Ferner die Zusicherung, falls man sie nicht als VA wertet (§ 38 Rn. 29 ff.); Amtshilfeersuchen (§§ 4 ff.). Hierzu zählen weitere Willenserklärungen, die nicht im VwVfG erwähnt sind, wie z. B. die Aufrechnung,[403] das Zurückbehaltungsrecht; der Verzicht (§ 53 Rn. 29 ff.) oder die Anordnung der sofortigen Vollziehung nach § 80 Abs. 2 Nr. 4 VwGO (§ 35 Rn. 164). Ferner Verwaltungsinterna wie Weisung (§ 35 Rn. 178), Erlass allgemeiner Verwaltungsvorschriften oder Organisationsakte, soweit sie keine VA sind (§ 35 Rn. 300).

Nach neuerer Unterscheidung[404] werden von den schlicht-hoheitlichen Maßnahmen als auf einen Rechtserfolg gerichtete **Willenserklärung der Behörde**[405] das sogenannte **schlichte Verwaltungshandeln, die Realakte oder Tathandlungen,** unterschieden, die nicht auf einen Rechtserfolg, sondern auf einen tatsächlichen Erfolg gerichtet sind. Diese wiederum werden unterteilt in **Wissenserklärungen** und **tatsächliche Verrichtungen oder Realakte** i. e. S. Hier soll entsprechend der in Rn. 144 genannten Aufteilung auch dieses schlichte Verwaltungshandeln als schlicht-hoheitliches Handeln verstanden werden. Schlicht-hoheitlich sind folglich Wissenserklärungen, wie z. B. Auskünfte (§ 35 Rn. 83) im Rahmen der Amtshilfe (§ 4), eines VwVfs (§ 25) oder einer Beweisaufnahme (§ 26). Ferner Beglaubigungen (§ 33 Rn. 6), Erstattungen von Gutachten (§ 35 Rn. 168), Aufstellung und Veröffentlichung eines örtlichen Mietspiegels durch Gemeinde[406] oder Warnungen und Belehrungen (s. Rn. 145 f.). **Informelles Handeln** (§ 9 Rn. 172) und Meinungsäußerungen gehören ebenfalls hierzu (§ 35 Rn. 82 f.). Auch wenn es sich nicht um Willenserklärungen handelt, muss das schlicht-hoheitliche Handeln vom Willen der Behörde getragen sein.[407]

Schließlich gehören zu den schlicht-hoheitlichen Handlungen **Realakte**[408] wie Verrichtungshandlungen z. B. im Rahmen der Amtshilfe, Streifentätigkeit der Polizei,[409] Durchführung einer Ortsbesichtigung im Rahmen der Beweisaufnahme (§ 26). Zulassung zu einer Informationsveranstaltung[410] oder Vollzugshandlungen, die dem Vollzug von Anordnungen oder der Vollstre-

---

[398] So jetzt auch *BVerwGE* 104, 105 = NJW 1997, 2694; hierzu *Huff* NJW 1997, 2651; insb. zum Anspruch von Datenbankbetreibern *Bohne* NVwZ 2007, 656; ferner – generell zum Öffentlichkeitsauftrag der Gerichte – *Tiedemann* NVwZ 1997, 1187.
[399] Ferner *OVG Münster* NVwZ-RR 1998, 311 m. Bespr. *Berg* JuS 1998, 997; *VG Minden* NJW 2001, 315.
[400] *KG* NJW 1998, 3573; *VG Sigmaringen* NJW 1998, 3584.
[401] *VG Bremen* NJW 1997, 2696.
[402] A. A. *Robbers* DÖV 1987, 272, 274.
[403] S. § 226 AO; § 44 Rn. 37 ff.
[404] *Maurer* § 15; *Remmert* in Erichsen/Ehlers §§ 35, 36; *Achterberg* § 20 Rn. 255 ff. im Gegensatz zu *Jellinek* § 2 I, *König* VR 1990, 401, 404 und einem vielfachen Sprachgebrauch in der Praxis, vgl. *BVerwG* NJW 1989, 2272, 2273; *VGH Kassel* NJW 1985, 1356.
[405] Dazu *Kluth* NVwZ 1990, 608 m. w. N.; Beispiele Rn. 92, § 35 Rn. 69 ff.; für materielle und verfahrensrechtliche Willenserklärungen des Bürgers s. § 22 Rn. 15 ff.; § 35 Rn. 229 ff.
[406] Vgl. *BVerwGE* 100, 262 = NJW 1996, 2046: keine unmittelbare abstrakte verwaltungsgerichtliche Kontrolle.
[407] Insoweit zutreffend *FG Cottbus* EFG 2004, 544; aufgehoben durch *BFHE* 211, 19 = NJW 2006, 1550 (unberechtigte Steuererstattung durch Manipulation der behördlichen EDV-Anlage).
[408] Rn. 148; *Maurer* § 15.
[409] Zu Realakten bei der Polizei *Rasch* DVBl 1992, 207.
[410] *VGH Kassel* NJW 1985, 1356.

ckung dienen (§ 35 Rn. 164 ff.). Auch die Duldung kann hierher gehören.[411] Zur Geschäftsführung ohne Auftrag Rn. 262.

150 Der weite Bereich schlicht-hoheitlicher Maßnahmen macht es erforderlich, das **VwVfG** auf sie **differenziert anzuwenden**. §§ 1 bis 8 sind ohne Einschränkungen anwendbar.

151 In die §§ 9 ff. eingebaut sind schlicht-hoheitliche Handlungen, die **im Rahmen eines VwVf** ergehen, angefangen schon vom Wortlaut mit dem ör Vertr, aber auch mit Vorbereitungshandlungen, die dem Erlass eines VA oder dem Abschluss eines ör Vertr seitens der Behörde vorausgehen (§ 9 Rn. 161); ihre Abgrenzung zum VA ist nicht immer einfach. Hierzu zählen Auskünfte und Belehrungen nach § 25, Entgegennahme von Erklärungen nach § 24 Abs. 3, Durchführung von Augenscheinseinnahmen nach § 26. Auf die Durchführung einer Beweisaufnahme sind deshalb §§ 20, 21 ebenso anzuwenden wie § 25 oder § 29. Während früher Erteilung von **Auskunft** und Gewährung von **Akteneinsicht** stets Realakte waren,[412] findet nun ein eigenständiges VwVf statt, wenn entsprechende Ansprüche nach dem **Informationsfreiheitsgesetz** des Bundes[413] geltend gemacht werden.

152 Zu der unter Rn. 151 genannten Gruppe müssen auch die schlicht-hoheitlichen Handlungen zählen, die von einer **anderen Behörde** als die das VwVf durchführenden Behörde **im Zusammenhang mit diesem VwVf** ausgeführt werden. Hierzu zählen Amtshilfehandlungen der ersuchten Behörde, Mitwirkungshandlungen der in § 44 Abs. 3 Nr. 4 oder § 45 Abs. 1 Nr. 5 genannten Behörden (§ 9 Rn. 127; § 35 Rn. 167, 169 f.; § 44 Rn. 183 ff., 188 f.).

153 Fraglich ist die Anwendbarkeit der dem § 9 nachfolgenden Vorschriften dagegen bei den schlicht-hoheitlichen Handlungen, die **außerhalb eines VwVf** i.S.d. § 9 ergehen. Zwar ging der Gesetzgeber von der Nichtanwendung der §§ 9 ff. auf schlicht-hoheitliche Maßnahmen aus (Rn. 142). Der Aufbau des Gesetzes zeigt, dass die Abschnitte 2 (Fristen, Termine, Wiedereinsetzung) und 3 (Amtliche Beglaubigung) dem Teil II (Verwaltungsverfahren) zugeordnet sind. Daher können diese Vorschriften nicht generell übernommen werden.[414] Wortlaut und Sinn der §§ 31 bis 33 zeigen aber deutlich, dass sie für eine andere Verwaltungstätigkeit als VA oder ör Vertr ebenso anwendbar sein sollen. Ferner gibt der für die schlicht-hoheitliche Handlung des ör Vertr (Rn. 147) geschaffene § 62 Satz 1 den Hinweis, dass, soweit nicht die Eigenart der jeweiligen ör Handlung entgegensteht, die Vorschriften dieses Gesetzes entsprechend anwendbar sind.

154 Hieraus folgt, dass auch die im Teil II in Abschnitt 1 genannten Vorschriften nicht notwendigerweise auf das VwVfG i.S.d. § 9 beschränkt sein müssen. Soweit diese Vorschriften **allgemeine Grundsätze für jegliches ör Verwaltungshandeln** enthalten, sind sie deshalb anzuwenden. Diese Voraussetzung kann aber nicht generell für alle Normen der §§ 9 ff., die dem Grundsatz nach auf Verwaltungsentscheidungen mit Außenwirkung zugeschnitten sind, angenommen werden (Allgemeiner Teil der Begründung zu § 9 Entwurf 73). Im Übrigen ist die einzelne Ausgestaltung der Norm im Vergleich zu den Parallelvorschriften in der AO, dem SGB und etwaigen Spezialvorschriften zu unterschiedlich (s. Rn. 108 f.; Einl Rn. 59; § 2 Rn. 55, 68, 150 f.).

155 Bei jeder einzelnen Norm muss deshalb geprüft werden, ob sie in ihrer konkreten Ausgestaltung Ausdruck eines allgemeinen Rechtsgedankens für das ör Verfahrensrecht ist (Rn. 156; für das Verwaltungsprivatrecht s. Rn. 118 f.). Als derartige Vorschriften kommen in Betracht: §§ 20, 21;[415] §§ 23 (dort Rn. 15, 18), 24 (dort Rn. 13), 25 (dort Rn. 9), 27, 30, 31; aus dem Teil III § 40 (dort Rn. 47). Die §§ 28, 29, 38, 39 (dort Rn. 17), 51, 80 z.B. sind in ihrer konkreten Ausgestaltung dagegen nur auf Verwaltungsentscheidungen mit Außenwirkung in einem VwVf i.Sd. § 9 zugeschnitten (s. Rn. 156 f.; § 2 Rn. 55, 68, 150 f.).[416]

156 Aus Rn. 117 f. für privatrechtliches Verwaltungshandeln und Rn. 150 ff., 154 f. für schlicht-hoheitliches Handeln folgt, dass es keine generelle Antwort auf die Frage gibt, ob die Regeln

---

[411] § 40 Rn. 122.
[412] *VGH Mannheim* VBlBW 2002, 306.
[413] Vom 5. 9. 2005, BGBl I 2722; hierzu *Schmitz/Jastrow* NVwZ 2005, 984, 989 f.
[414] A. A. wohl *Pitschas*, Verwaltungsverantwortung, S. 632 f.; *ders.* NJW 1986, 2861, 2867.
[415] Einschränkend dazu *Jäde*, Befangenheit im Raumordnungsverfahren, BayVBl 1986, 614 ff. oder bei Einschränkungen aus dem materiellen Recht: so *BVerwG* NVwZ 1988, 66 für dienstliche Beurteilung: Befangenheit, nicht Besorgnis der Befangenheit; § 2 Rn. 127.
[416] A. A. für § 28 *Hochhuth* NVwZ 2003, 30, 35.

des VwVfG als **Ausdruck eines allgemeinen Rechtsgedankens** in die Bereiche zu übertragen sind, in denen nach §§ 1, 2 das VwVfG nicht gelten soll. Auch insoweit ist zu differenzieren: Soweit ör Handeln angesprochen ist, das keine Verwaltungstätigkeit im formellen und materiellen Sinn darstellt (Rn. 159 ff., 165 ff.), finden §§ 9 ff. keine Anwendung (z. B. Rn. 161, 167, 203). Dies schließt die Anwendbarkeit verfassungsrechtlich gebotener Verfahrensgrundsätze – unabhängig vom VwVfG – nicht aus.

Soweit es sich um abgeschlossene Rechtsgebiete für Verwaltungsentscheidungen mit Außenwirkung handelt, die von §§ 1 und 2 nicht erfasst werden, können im Grundsatz bestehende „Lücken" nicht durch Regeln des VwVfG ausgefüllt werden. Daher hat das *BVerwG* z. B. in § 51 keinen allgemein übergreifenden Rechtsgrundsatz erkannt[417] und die materielle Vorschrift des § 48 nicht in das durch § 2 ausgeschlossene Lastenausgleichsrecht übernommen.[418] Inzwischen scheint insoweit aber die Entwicklung von einer Lückenfüllung durch statische Verweisung auf allgemeine Verwaltungs(verfahrens)grundsätze zum Zeitpunkt des Inkrafttretens des VwVfG zu einer im Einzelfall vorzunehmenden Prüfung zu führen, inwieweit in Regeln des VwVfG trotz aller Unterschiedlichkeit gegenüber entsprechenden Regeln in der AO und dem SGB (Einl Rn. 59; § 1 Rn. 154) allgemeine Verfahrensgrundsätze für Verwaltungsentscheidungen mit Außenwirkung zum Ausdruck kommen.[419] Diese Tendenz wird allerdings gefährdet durch zahlreiche neue verwaltungsverfahrensrechtliche Regelungen in Spezialgesetzen, die trotz konnexer Materien nicht übereinstimmen. Hierzu zählen auch die Regelungen des Planungsvereinfachungsgesetzes und des Verkehrswegeplanungsbeschleunigungsgesetzes,[420] das inzwischen außer Kraft getreten ist (Rn. 19). Ohne die Unität zum Selbstzweck zu erheben, ist der Bestand solcher abweichenden Regelungen nicht zuletzt unter den Gesichtspunkten der Rechtseinheit und der Rechtssicherheit (s. Einl Rn. 16, 61 ff.) kritisch zu prüfen.[421] Die prägende Funktion des VwVfG für die Ausbildung allgemeiner Verfahrensgrundsätze kann auch beeinträchtigt werden durch die EG-rechtliche Gestaltung von VwVf, die mit neuen prozeduralen Details die Tendenz zur Spezifizierung des Verfahrensrechts weiter fördert.[422] Zur Anwendung privater Regelungen im öffentlichen Recht s. Rn. 106.

c) Durch den Begriff **Tätigkeit** ist klargestellt, dass das VwVfG **nicht das Verwaltungsorganisationsrecht** regeln will.[423] Lediglich § 3 als Regelung örtlicher Zuständigkeit ist eine Ausnahme. Sehr viel weiter können die Landesverwaltungsverfahrensgesetze gehen, s. §§ 2 bis 52 LVwG SchlH; Einl Rn. 31. In anderen Ländern ist das Organisationsrecht in selbständigen Gesetzen geregelt: z. B. LOG NRW. Einzelne Organisationsakte sind dagegen Verwaltungstätigkeit (Rn. 200). Zur Aktenführung als Organisationsmaßnahme § 9 Rn. 60.

Der Begriff Verwaltungstätigkeit umfasst seinem Wortlaut nach jede Tätigkeit einer Verwaltung, so dass er sowohl im formellen Sinn als auch materiellen Sinne (Rn. 165) verstanden werden kann (Rn. 36). Als **Verwaltung im formellen Sinn** versteht man – anknüpfend an die Verwaltungsorganisation – jede Tätigkeit einer Verwaltungsbehörde, gleichgültig ob sie Tätigkeit im materiellen Sinn oder Rechtsetzung (Rn. 161 ff.) ist.[424] Von diesem weiten Begriff muss für die Tätigkeit von Verwaltungsorganisationen zunächst auch in § 1 ausgegangen werden, da § 1 keine Einschränkung enthält.

Dieser formelle Verwaltungsbegriff ist für den Anwendungsbereich des VwVfG jedoch einerseits zu eng, andererseits zu weit: Verwaltung kann nicht nur von organisatorisch ihr zugeordneten Stellen ausgeübt werden. Auch andere staatliche oder private Stellen (Rn. 184 f., 256) können dazu befugt sein. Für diese Stellen soll das VwVfG ebenfalls gelten, wenn sie ör Verwaltungstätigkeit ausüben. Ermöglicht wird dies durch den materiellen Verwaltungsbegriff (Rn. 165).

---

[417] *BVerwGE* 88, 103, 106 = NVwZ-RR 1992, 645.
[418] *BVerwG* NVwZ 1986, 913. S. § 2 Rn. 101, 150 f., s. aber *BVerwGE 78, 139* = NJW 1988, 1682 für § 48 Abs. 2 als Ausdruck des allgemeinen Vertrauensschutzgedankens.
[419] Im einzelnen § 2 Rn. 101, 104, 150 ff.; vgl. z. B. *OVG Münster* NWVBl 1991, 388; s. auch *Klappstein* S. 144 ff.
[420] Vgl. *Schmitz/Wessendorf* NVwZ 1996, 955, 961 f.
[421] Vgl. auch *Bull* Die Verwaltung 38 (2005), 285, 305, zum Aspekt des „Bürokratie"-Abbaus.
[422] *Pernice/Kadelbach* DVBl 1996, 1100, 1113; s. auch Rn. 112.
[423] Einl Rn. 25; § 1 Rn. 239; zum Organisationsrecht Rn. 36 und im Einzelnen *B. Becker*, Öffentliche Verwaltung, S. 190 ff.
[424] *Maurer* § 1 Rn. 2, 4; *Wolff/Bachof* u. a. I § 3 Rn. 23.

161 Für den weit überwiegenden Teil des VwVfG, nämlich die Vorschriften ab §§ 9 ff., ist der formelle Verwaltungsbegriff zu weit:

§ 9 zeigt, dass die Regeln über das VwVf (§§ 9 ff.) nur für den Erlass eines VA oder den Abschluss eines ör Vertr gedacht sind. Durch § 9 wird zwar nicht der Begriff „öffentlich-rechtliche Verwaltungstätigkeit" eingeschränkt (Rn. 85, 140 ff.), wohl aber der Anwendungsbereich der §§ 9 ff. (§ 9 Rn. 6 ff.). Diesem im Wortlaut der Vorschrift niedergelegten Willen des Gesetzgebers entspricht es **nicht, wenn für die rechtsetzende Tätigkeit** der Behörde (Rechtsverordnung, Satzung) Vorschriften der §§ 9 ff. als Ausdruck allgemeinen Rechtsgedankens angewandt werden,[425] mögen eine Rechtsverordnung oder eine Satzung auch auf Grund eines als VwVf bezeichneten rechtsförmlichen Verfahrens erlassen werden.[426] Bei der Weite des Begriffs eines VwVf (Rn. 138) gibt diese Bezeichnung nichts für einen Hinweis auf konkrete Befugnisse, Rechte und Pflichten her, mag auch an einer entsprechenden **Fehlerlehre** gearbeitet werden.[427]

162 Eine allgemein anerkannte Rechtsfehlerlehre zu Rechtsverordnungen hat sich bislang noch nicht ausgebildet.[428] Bei Anfechtung eines Gebührenbescheids kommt ein Absehen von der inzidenten Feststellung der Unwirksamkeit einer kommunalen Satzung grds. nicht infrage, um damit verbundene mittelbare Folgen zu vermeiden.[429] Eine fachgerichtliche Übergangsrechtsprechung bei Fehlen einer gesetzlichen Grundlage für staatliches Handeln, sog. Übergangsbonus, ist zulässig.[430] Die Grenzen dieser VwVf ergeben sich aus den jeweiligen Fachgesetzen, z. B. den §§ 1 ff. BauGB oder den Befangenheitsregelungen der Gemeindeordnung, nicht aus §§ 9 ff. VwVfG.

163 Diese Vorschriften sind in ihrer konkreten Ausgestaltung (noch) nicht Ausdruck eines allgemeinen Rechtsgedankens (Rn. 118, 156). Deshalb sind z. B. §§ 28, 29 im Verfahren zum Erlass einer Rechtsverordnung oder Satzung nicht anwendbar.[431] Zum Wahlrecht zwischen Rechtsetzung und VA § 35 Rn. 18.

164 Hieraus folgt: Der Begriff Verwaltungstätigkeit in § 1 umfasst sowohl den formellen als auch den materiellen Verwaltungsbegriff. Entsprechend weit ist der Anwendungsbereich der §§ 3 bis 8; für den Bereich der §§ 9 ff. gilt dagegen nur der materielle Begriff.

165 Herkömmlich wird der Begriff der **materiellen Verwaltung** durch die klassische **Negativklausel** (Substraktionsdefinition) umschrieben: „Verwaltung ist die Tätigkeit außerhalb von Rechtsetzung (Rn. 174) und Rechtsprechung (Rn. 201)."[432] Die Versuche einer positiven Definition enden, wie schon *Forsthoff* § 1 ausführt, weitgehend in der Beschreibung von Verwaltungsmerkmalen.[433]

166 In der Regel erweist sich für die Praxis die in Rn. 165 zitierte Negativformel als ausreichend.[434] Sie stellt nicht auf die Organisation wie der formelle Verwaltungsbegriff (Rn. 159) ab, sondern auf die **ausgeübte Funktion** (vgl. Rn. 138), wer auch immer sie ausübt. Soweit u. a.

---

[425] Vgl. Einl Rn. 27; § 1 Rn. 156; weitergehend *Kopp/Ramsauer* Einf Rn. 41 ff.
[426] *Pitschas*, Verwaltungsverantwortung, S. 629 m. w. N.
[427] *Ossenbühl* NJW 1986, 2805; Dokumentation 8. Verwaltungsrichtertag 1986, S. 112; *Hill* S. 66 ff., 154 ff., 181 f.; zum Normergänzungsanspruch *BVerwG* NVwZ 1990, 162, dazu *Robbers* JuS 1990, 978; *Hartmann* DÖV 1991, 62; *Schenke* VerwArch 82 (1991), 307; ferner *BVerwGE* 80, 355 = NJW 1989, 1495; NVwZ 1993, 471; Einl Rn. 27; *BVerfGE* 91, 148 = NJW 1995, 1537, 1540: Nichtigkeit wegen materieller Fehler regelmäßig, wegen Verfahrensfehlern nur bei Evidenz, z. B. nun bei Erlass im Umlaufverfahren; zum Recht von Rechtsprechung und Verwaltung, bei Untätigkeit des VO-Gebers tätig zu werden *BVerfG* NJW 1989, 1271, 1273; zur Haftung bei normativem Unrecht *Schenke/Guttenberg* DÖV 1991, 945; allgemein *Baumeister*, Das Rechtswidrigwerden von Normen, 1996. Zum Stand der Fehlerfolgenlehre im Städtebaurecht – Entwicklung des Grundsatzes der Planerhaltung – s. *Hoppe/Henke* DVBl 1997, 1407.
[428] Zur Fehlertypologie der Verordnungsgebung s. *von Danwitz*, Die Gestaltungsfreiheit des Verordnungsgebers, 1989, S. 73 ff.
[429] *BVerwG* NVwZ-RR 1996, 54.
[430] *BVerwGE* 84, 375, 384 m. w. N. = NVwZ-RR 1995, 241; 96, 189, 200 = DVBl 1995, 43, 46; *Muckel* NJW 1993, 2283.
[431] Für Anhörung *OVG Koblenz* NVwZ 1987, 243; zu § 21 s. *Jäde* BayVBl 1986, 614; zu § 31 s. aber § 31 Rn. 3, 4; zu § 39 s. dort Rn. 17; zu Verfahrensfehlern § 97 Rn. 7.
[432] *O. Mayer* Bd. I, S. 9; *Jellinek* § 1 I.
[433] Vgl. z. B. *Wolff/Bachof u. a.* I § 3 Rn. 20; *Ehlers* in Erichsen/Ehlers § 1 Rn. 6, § 3 Rn. 1 ff.; *Maurer* § 1 Rn. 9 ff.; *Pitschas*, Verwaltungsverantwortung, S. 16; s. auch Rn. 36, 118.
[434] Wie hier *Kopp/Ramsauer* § 1 Rn. 5, 19.

§ 1 Anwendungsbereich 167–171 § 1

Meyer/Borgs § 1 Rn. 8, 9[435] über die Negativklausel hinaus auf die Weisungsgebundenheit oder -berechtigung von Trägern einer Staatsfunktion als Abgrenzungsmerkmal hinweisen, müssen sie in den Ausnahmefällen der Tätigkeit weisungsfreier Funktionsträger[436] wieder auf obige Definition zurückgreifen.

Neben den Ausgrenzungskriterien unter Rn. 165 (Rechtsetzung, Rechtsprechung) muss – wie schon § 40 VwGO gezeigt hat – auch die Tätigkeit auf dem Gebiet des **Völkerrechts** (Rn. 169), des **Verfassungsrechts** (Rn. 173) und die **Regierungstätigkeit** (Rn. 186) von der materiellen Verwaltungstätigkeit unterschieden werden. Daher wird zuweilen vorgeschlagen, die Substraktionsdefinition entsprechend zu erweitern.[437] Demgegenüber sind die in § 2 aufgeführten Bereiche Verwaltungstätigkeit, für die aber das VwVfG nicht gilt (Rn. 156; für Amtshilfe s. § 4 Rn. 12f., ferner § 2 Rn. 1ff.). 167

Zur Verwaltung gehört dagegen die Tätigkeit der **Bundeswehrverwaltung**. Ebenso der **zivile Ersatzdienst** und der **zivile Bevölkerungsschutz**. Herkömmlich ausgegrenzt wegen seiner Eigenart ist lediglich die militärische Kommandogewalt, der militärische Befehl.[438] 168

d) **Völkerrechtliche Akte** deutscher Stellen gehören in der Regel zur Regierungstätigkeit[439] und fallen damit unter die nicht anfechtbaren Hoheitsakte.[440] Zur Erteilung einer Exequatur *BVerwGE* 15, 59. Zur Entscheidung der Bundesregierung über die Bewilligung der Ein- oder Auslieferung *BVerfG* NJW 1983, 1725; *OVG Münster* NJW 1989, 2209; MDR 1981, 435; ferner *Schröder* BayVBl 1979, 231; *Vogler* NJW 1982, 468, 469, und zur Gewährung von Auslandsschutz *BVerwG* NJW 1989, 2208; § 2 Rn. 83, 89, 111. Für die Tätigkeit der **diplomatischen Vertretungen** des Bundes im Ausland gilt das VwVfG auch insoweit nicht, als VAe erlassen werden, z.B. soweit Auslandsvertretungen nach § 71 Abs. 2 AufenthG zuständig sind (§ 2 Rn. 140), anders bei der früheren Ständigen Vertretung der Bundesrepublik Deutschland bei der ehemaligen DDR, s. § 2 Rn. 141. 169

Dass Entscheidungen von **Organen ausländischer, internationaler und supranationaler Behörden** nicht als Verwaltungstätigkeit i.S.d. VwVfG zu werten sind, ergibt sich aus dem Behördenbegriff des § 1 Abs. 1 bis 3. Dies gilt auch dann, wenn sie auf dem Boden der Bundesrepublik Deutschland tätig werden.[441] Vgl. für Tätigkeit der Euro-control-Organisation *BVerwGE* 54, 291 = NJW 1978, 1759;[442] s. aber zu Forderungen für Flugsicherungs-Streckengebühren nun *VGH Kassel* NVwZ-RR 1996, 287. Ob vor dem Beitritt westdeutsche Behörden **Hoheitsgewalt gegenüber den Bürgern der DDR** hatten, entschied sich nach dem besonderen deutschen Verhältnis.[443] Für die Frage, ob ausländische Behörden **hoheitlich** handeln, s. *BGH* NJW 1979, 1101.[444] S. auch Rn. 93. 170

Bis zur Wiedererlangung der vollen Souveränität auf Grund Art. 7 Abs. 1 des Zwei-plus-Vier-Vertrages und der Erklärung zur Aussetzung der Wirksamkeit der Vier-Mächte-Rechte und -Verantwortlichkeiten vom 1. 10. 1990[445] stellte sich vielfach die Frage nach der Ausübung hoheitlicher Gewalt durch ausländische, in der Bundesrepublik Deutschland stationierte **Streitkräfte**[446] oder durch Maßnahmen der **Alliierten** in West-Berlin.[447] Die Stellung der in 171

---

[435] Kritisch dazu *Achterberg* § 1 Rn. 10.
[436] Zum Begriff ministerialfreier Räume *Pitschas,* Verwaltungsverantwortung, S. 15ff.; *Müller* JuS 1985, 497ff., jew. m. w. N.; Rn. 239.
[437] *Ehlers* in Erichsen/Ehlers § 1 Rn. 11.
[438] *Forsthoff* § 1; zur Abgrenzung Bundeswehrverwaltung – Streitkräfte *Roellecke* DÖV 1992, 200; ferner *Stern,* Staatsrecht II, § 42 III, IV; ferner Rn. 190, 247.
[439] *BVerfGE* 68, 1 = NJW 1985, 603ff.
[440] *BVerfGE* 63, 215 = NJW 1983, 1725, 1726, s. Rn. 186.
[441] Z. B. Europäisches Patentamt in München, § 2 Rn. 91; Europäische Schule *BVerwGE* 91, 126 = NJW 1993, 1409; s. aber für Europäische Schule in München *VGH München* EuR 1989, 359; vgl. weiter Gesetz zur Vereinbarung v. 21. 6. 1994 über die Satzung der Europäischen Schulen v. 31. 10. 1986, BGBl II S. 2558; *Gruber* VBlBW 2000, 420.
[442] Ferner *BVerfGE* 58, 1 = NJW 1982, 507ff.; *BVerfGE* 59, 63, 85ff. und *EuGH* NJW 1977, 489.
[443] *BVerfGE* 77, 137 = NJW 1988, 1313, 1317ff., dazu *Gussek* NJW 1988, 1302, 1305.
[444] Ferner *OLG München* NJW 1975, 2144 m. w. N.
[445] Dazu im Einzelnen *Stern/Schmidt-Bleibtreu,* Verträge und Rechtsakte zur Deutschen Einheit, Band 3, 1991, S. 26, 30, 43f.
[446] Dazu *Sennekamp* NJW 1983, 2731ff.; *Stiebritz* NJW 1984, 770; *Ronellenfitsch* VerwArch 76 (1985), 317, 319 m. w. N.
[447] Dazu *Geulen* NJW 1985, 1055; *Forch* NJW 1988, 1823 m. w. N.

Deutschland stationierten Truppen ergab sich zunächst nach dem Beitritt auf der Grundlage des Rechtsverordnungs-Gesetzes vom 24. 9. 1990 (BGBl II S. 1246) und Vereinbarungen mit den drei westlichen Alliierten und der Sowjetunion,[448] weiter aus dem Gesetz zu den Notenwechseln vom 25. 9. 1990 und vom 23. 9. 1991 über die Rechtsstellung der in Deutschland stationierten verbündeten Streitkräfte vom 3. 1. 1994 (BGBl II S. 26).[449] Das Gesetz über die Rechtsstellung ausländischer Streitkräfte bei vorübergehenden Aufenthalten in der Bundesrepublik Deutschland (Streitkräfteaufenthaltsgesetz – SkAufG) vom 20. 7. 1995 ermächtigt nun die Bundesregierung, erforderliche Vereinbarungen mit ausländischen Staaten durch VO ohne Zustimmung des BR in Kraft zu setzen.

172 Soweit **deutsche Behörden auf Veranlassung** ausländischer, internationaler oder supranationaler Behörden etwa im Wege der Amtshilfe[450] tätig werden, üben sie Aufgaben der Verwaltung aus, sind damit Behörden im Sinne des § 1 und können VAe erlassen.[451] Zu den Regelungen des **deutsch-österreichischen Vertrags vom 31. 5. 1988 über Amts- und Rechtshilfe in Verwaltungssachen** (BGBl 1990 II S. 5357) vgl. die Durchführungshinweise des BMI in GMBl 1990, 546.[452] S. ferner § 2 Rn. 82ff.; § 4 Rn. 23, auch zu Rechtshilfeersuchen ausländischer Stellen und ihrer Bewilligung, ferner *Vogler* NJW 1982, 468ff. Zur **Vollziehung ausländischer Verwaltungsakte** durch deutsche Behörden *Papier/Olschewski* DVBl 1976, 475. Verwaltungstätigkeit, wenn eine deutsche Behörde unmittelbar auf Grund von Verordnungen oder Richtlinien der **EG** entscheidet (Einl Rn. 67ff.). Wegen Rechtsbehelfen und Folgen des Verstoßes gegen Gemeinschaftsrecht s. Einl Rn. 67ff.; § 44 Rn. 109; § 51 Rn. 20.

173 e) Eine Maßnahme gehört zum **Verfassungsrecht,** wenn sie dem materiellen Verfassungsrecht zuzuordnen ist. Als Verfassungstätigkeit unterliegt sie nicht dem VwVfG. Die Abgrenzung aus § 40 VwGO kann übernommen werden. Verfassungsrecht ist angesprochen bei Rechtsbeziehungen zwischen Verfassungsorganen und am Verfassungsleben beteiligten Organen zueinander, es sei denn, aus der Rechtsnatur des geltend gemachten Anspruchs ergibt sich, dass nicht das verfassungsrechtliche Grundverhältnis, sondern ein verwaltungsrechtliches Verhältnis Gegenstand der Rechtsbeziehungen ist.[453] Nicht zum Verfassungsrecht zählen Rechtsbeziehungen zwischen dem Bürger und dem Staat, selbst wenn ein Verfassungsorgan daran beteiligt ist.[454] Insoweit kann materielles Verwaltungsrecht vorliegen (Rn. 165). Zur Abgrenzung beim Vertrag s. § 54 Rn. 70.

174 f) Aufgaben der Verwaltung werden nicht wahrgenommen bei der Tätigkeit von **Gesetzgebungsorganen.** Insoweit liegt materiell Rechtsetzung vor (Rn. 165, s. aber Rn. 184). Dies schließt nicht aus, dass Ansprüche im Zusammenhang mit dem Erlass untergesetzlicher Rechtsnormen vor den Verwaltungsgerichten durchgesetzt werden könnten.[455] Keine Verwaltungstätigkeit ist das Verfahren nach dem **Parlamentsbeteiligungsgesetz** vom 18. 3. 2005,[456] durch das beim militärischen Einsatz von Streitkräften dem Prinzip eines konstitutiven Parlamentsvorbehalts, der dem Grundgesetz zu entnehmen ist,[457] Rechnung getragen wird.

175 Im Zusammenhang mit der Gesetzgebung stehen auch die Maßnahmen, die zur **ordnungsmäßigen Durchführung** der Gesetzgebung erforderlich sind, z.B. Aufhebung der Immunität eines Abgeordneten; Ausschließung eines Abgeordneten aus einer Sitzung gemäß § 38 GO BT, wie überhaupt Maßnahmen auf Grund der GO BT oder BR durch das VwVfG nicht berührt werden sollen, da die **Geschäftsordnung** unmittelbar internes Organisationsrecht der Legislati-

---

[448] Dazu *Stern/Schmidt-Bleibtreu,* Verträge und Rechtsakte zur Deutschen Einheit, Band 3, 1991, S. 207ff., 43f., 36f.; *Repkewitz* VerwArch 82 (1991), 388, 396; *Raap* MDR 1991, 1129.
[449] Zur früheren Stellung sowjetischer Truppen in Berlin *Repkewitz* VerwArch 82 (1991), 388, 425.
[450] Dazu aber *Riegel* BayVBl 1978, 289, 293f.
[451] *Riegel* BayVBl 1978, 289, 294.
[452] Ein aktualisiertes Verzeichnis der von den Ländern bestimmten zentralen Anlaufstellen (Behörden) in Deutschland ist abgedruckt in GMBl 2000, 460.
[453] *BVerwG* NJW 1985, 2244 und 2346; *BVerwG* DÖV 1976, 345 mit Anm. *Pestalozza* NJW 1976, 1087; *Schneider* DÖV 1976, 416; *BVerwGE* 50, 124 = NJW 1976, 1113.
[454] *BVerwG* NJW 1985, 2344 und 2346; NJW 1976, 637, 638.
[455] *BVerwGE* 80, 355 = NJW 1989, 1495; s. auch Rn. 161ff. Zum Wesen der Gesetzgebung *BVerfGE* 33, 125, 158f. = NJW 1972, 1504; 45, 297 = NJW 1977, 2349, 2352. Zur Abgrenzung Gesetzgebung von Verwaltung auf Grund des Gewaltenteilungsprinzips *OVG Münster* DÖV 1977, 854 (zu § 7 AtomG), dazu *BVerfGE* 49, 89 = NJW 1979, 359.
[456] Hierzu *Wiefelspütz* NVwZ 2005, 496; zum Problem schon *Schmidt,* FS Adolf Arndt, 1969, S. 437.
[457] *BVerfGE* 90, 286 = NJW 1994, 2207.

§ 1 Anwendungsbereich   176, 177 § 1

ve,[458] aber kein VwVf regelt (Begründung zu § 2 Entwurf 73; § 2 Rn. 16).[459] Die Rechtssphäre Dritter wird hierdurch nicht berührt; ebenso nicht bei einer **parlamentarischen Rüge**.[460] Die Rechtsbeziehung des Abgeordneten zur **Fraktion** (Innenverhältnis) und der Fraktion zu Organen ör Körperschaften (Außenverhältnis) wird unterschiedlich gesehen.[461] Durch § 46 des AbgeordnetenG ist klargestellt, dass Fraktionen rechtsfähige Vereinigungen, aber nicht Teil der öffentlichen Verwaltung sind; ihre Entscheidungen und Beschlüsse sind Parlaments-, keine Verwaltungsakte.[462] Der Streit über konkrete Abgeordnetenbezüge ist (wohl) ein verwaltungsrechtlicher,[463] anders der über Zuschüsse an Fraktionen.[464]

Maßnahmen des **Untersuchungsausschusses** als Hilfsorgan des Parlaments (Art. 44 GG) sind in der Regel politischer Art, sie können aber gegenüber Bürgern auch Verwaltungstätigkeit mit der Folge gerichtlichen Rechtsschutzes sein;[465] zur Behördeneigenschaft Rn. 249. Das Verfahren ist jedoch eigenen Regeln unterworfen, die dem Verfahren im politischen Raum Rechnung tragen;[466] sie verdrängen das VwVfG. Soweit der Ausschuss Anträge an das Gericht zur Durchführung von Maßnahmen stellt (z. B. auf Durchführung von Beugehaft für Zeugen), sind sie schon mangels Außenwirkung keine VA.[467] Im Übrigen bei *BVerfG* NJW 1988, 890 offen, ob Maßnahmen des Untersuchungsausschusses Verwaltungsaktsqualität haben; wohl für VA: *BVerfG* NJW 1988, 1924; kein VA: Ladung eines Zeugen;[468] Herausgabe von Beweismitteln.[469] S. aber zur Befugnis des Amtsgerichts *AG Bonn* NJW 1989, 1101 m.w.N. Die Tätigkeit einer parlamentarischen **Enquete-Kommission** nach § 56 GOBT[470] stellt kein VwVf i.S.v. § 9 dar, sondern ist auf die Informationsbeschaffung, Sachverhaltsanalyse und Politikberatung für das Parlament beschränkt. Sie ist zumindest bis zur Veröffentlichung eines Abschlussberichts ein parlamentarisches Internum, das grundsätzlich keine rechtlichen Außenwirkungen erzeugt.[471] Zur Frage der **Indemnität** eines Sachverständigen in einem Bundestags-Hearing *BGH* NJW 1981, 2117. Vgl. für Beantwortung einer kleinen Anfrage Rn. 190.

Ein **Petitionsbescheid,** in dem dem Petenten mitgeteilt wird, in welcher Weise mit seiner Eingabe verfahren werden soll oder was mit ihr geschehen ist, stellt mangels Regelung mit Außenwirkung keinen VA dar.[472] Das Verfahren über öffentliche Petitionen gehört zum spezifischen Bereich der Wahrnehmung parlamentarischer Aufgaben.[473] S. Verfahrensgrundsätze des Petitionsausschusses des BT NVwZ 1989, 843.[474] Ein Anspruch auf Begründung besteht

---

[458] Dazu *BVerfGE* 44, 308 = NJW 1977, 1767; 70, 324 = NJW 1986, 907, 909; *BVerfGE* 80, 190 = NJW 1990, 373, dazu *Ziekow* JuS 1991, 28, *Dreier* JZ 1990, 310; *BVerfGE* 84, 304 = NJW 1991, 2474.
[459] Zu Regelungen für den Erlass von Rechtsnormen, insb. zur Dokumentation von Abwägungsvorgängen und Abwägungsergebnissen bei der Gesetzgebung *Kloepfer* DVBl 1995, 441.
[460] *BVerfGE* 60, 374 = NJW 1983, 379 m. Bespr. *Achterberg* JuS 1983, 840.
[461] S. *BVerfGE* 80, 190 = NJW 1990, 373; 84, 304 = NJW 1991, 2474; *VGH München* NJW 1988, 2754; NVwZ 1989, 1105; *OVG Münster* NJW 1989, 1105; *Stern*, Staatsrecht I, § 23 I 2; *Borchert* AöR 102 (1977), 210; *Ziekow* NWVBl 1998, 297 m.w.N. Zum Hausrecht an Fraktionszimmer *OVG Münster* NVwZ-RR 1991, 35, ferner § 35 Rn. 131 f.; zur Doppelnatur bei Sperrung eines Telefonanschlusses für Abgeordneten oder Fraktion *StGH BW* DVBl 1988, 632 m. Anm. *Weichert*; zum Fraktionsausschluss *Ipsen* NVwZ 2005, 361 und *Lenz* NVwZ 2005, 364.
[462] Bericht 1. Ausschuss BT-Drs 12/6067, S. 10.
[463] *BVerfG* NJW 1985, 2344.
[464] *BVerfGE* 80, 190 = NJW 1990, 373; *BVerwG* NJW 1985, 2346; kritisch *Pestalozza* NJW 1986, 33, zustimmend *Ziekow* NJW 1986, 1595.
[465] *BVerfGE* 77, 1 = NJW 1988, 890, 897; BayVBl 1981, 214; 79, 1924 = NJW 1988, 1924; *Hill* NVwZ 1987, 537; *Quaas/Zuck* NJW 1988, 1873, kritisch *Ossenbühl*, GS Martens, S. 177 ff.; *Schröder*, Gutachten E 57. Dt. Juristentag 1988, S. 33 ff.; *Kästner* NJW 1990, 2649, 2656 ff.; ferner § 2 Rn. 111, § 4 Rn. 15.
[466] *BVerfGE* 77, 1 = NJW 1988, 890, 897.
[467] *BVerfGE* 77, 1 = NJW 1988, 890, 897.
[468] *OVG Münster* NJW 1989, 1103 m.w.N.
[469] *OVG Münster* NVwZ 1987, 608; NVwZ 1990, 1083; hierzu *Kästner* JuS 1993, 109, der bereits das Vorliegen von Verwaltungstätigkeit verneint.
[470] Näher hierzu *Magiera* in Sachs, GG, Art. 40 Rn. 20.
[471] *OVG Münster* NJW 1998, 3659.
[472] *BVerfG* JZ 1976, 682; *OVG Berlin* DVBl 1976, 261, 262; *OVG Bremen* JZ 1990, 965, bestätigt durch *BVerwG* NJW 1991, 936; a. A. *Kopp/Ramsauer* § 1 Rn. 56 a.
[473] *Schmitz* NVwZ 2003, 1437, 1439.
[474] Aktualisierte Fassung auf den Internetseiten des Petitionsausschusses unter www.bundestag.de mit Zulassung elektronischer Übermittlung ab 1. 9. 2005; dazu bereits *Schmitz* NVwZ 2003, 1437 (Stellungnahme für die Tagung der Vorsitzenden der Petitionsausschüsse von Bund und Ländern).

nicht.[475] Zum Anspruch auf Vorlage von Personalakten *OVG Münster* NJW 1988, 2496. Zur Petition an Gemeinderat s. Rn. 181. Allgemein zur Petition *Vitzthum/März* JZ 1985, 809.

178 Der **Wehrbeauftragte** (Art. 45 b GG) übt ähnlich wie der in Rheinland-Pfalz tätige **Bürgerbeauftragte** Tätigkeit als Hilfsorgan des Parlaments aus,[476] also keine Verwaltungstätigkeit, anders der Zivildienstbeauftragte (§ 2 ZDG) oder der Datenschutzbeauftragte des Bundes (§ 22 Abs. 5 BDSG);[477] s. auch Rn. 251.

179 Nicht zur Legislative, sondern zur Verwaltung gehört Tätigkeit des **Rechnungshofes**.[478] Er übt Verwaltungstätigkeit (Rn. 138) aus. Dass die Mitglieder eines Rechnungshofes richterliche Unabhängigkeit besitzen, ist ohne Bedeutung für die Behördeneigenschaft.[479] Hierfür spricht auch, dass der Gesetzgeber den Bundesrechnungshof in § 1 BRHG ausdrücklich als Oberste Bundesbehörde bezeichnet[480] und zuletzt mit § 3 Nr. 1 lit. e IFG für ihn eine Ausnahme von den Behörden sonst gem. § 1 Abs. 1 Satz 1 IFG obliegenden Informationspflichten geschaffen hat.[481] Daraus folgt jedoch nicht, dass für seine Prüfungsverfahren das VwVfG generell anwendbar wäre; seine Regelungen werden – für den Bundesrechnungshof – vielmehr von denen der BHO und des BRHG weitgehend verdrängt.[482] So ist die Prüfungsankündigung (§ 94 BHO) gegenüber einem Zuwendungsempfänger kein VA, sondern ein Realakt (Rn. 148 f.).[483]

180 Aufgaben der Verwaltung sind nicht die **Wahlen** zum Deutschen Bundestag oder zu einem Landtag (s. im Einzelnen § 2 Rn. 12 ff.). Das gleiche gilt für Wahlen zur kommunalen oder anderen Vertretungskörperschaften (§ 2 Rn. 15) oder zu einem **Volksbegehren**.[484]

181 Die Tätigkeit **kommunaler Vertretungskörperschaften** oder der **Vertretungskörperschaften ör Körperschaften, Anstalten und Stiftungen** ist ebenfalls keine materielle Verwaltungstätigkeit, soweit der Erlass von **Satzungen** in Rede steht (Rn. 161 ff.). Die Rechtsetzungstätigkeit der Gemeinden ist nach dem System der Gewaltenteilung zwar Verwaltung; deshalb ist auch die Regelung von Satzungsrecht VwVf i. S. d. Art. 84 Abs. 1 GG.[485] Der legislatorische Charakter, den gleichwohl das Satzungsrecht aufweist,[486] verbietet es aber, diese Aufgaben zur materiellen Verwaltungstätigkeit zu zählen. Diese Tätigkeit sollte bewusst nicht durch das VwVfG geregelt werden (Rn. 161 ff.; Einl Rn. 27) Entsprechend der Aufteilung unter Rn. 161 f., 163 f. sind §§ 1 bis 8 anwendbar, nicht aber §§ 9 ff. Geschäftsordnungen von Gebietskörperschaften sieht *BVerwG* NVwZ 1988, 1119 als Rechtssatz im materiellen Sinn an, auf die § 47 VwGO Anwendung finden kann.[487] Durch solche Geschäftsordnungen kann zwingendes Recht, das spontane Anhörungen von Einwohnern in Ratssitzungen ermöglicht, nicht abstrakt-generell im Voraus abbedungen werden.[488] Der ör Vereinbarung von Gemeinden über eine Eingemeindung kommt normative Wirkung zu; sie ist deshalb kein ör Vertr

---

[475] *BVerfGE* 2, 225, 230; *BVerfG* NJW 1992, 3033 m. Anm. *Sachs* JuS 1993, 251; *BVerwG* NJW 1991, 936: *OVG Bremen* JZ 1990, 965 m. Anm. *Lücke; BayVerfGH* NVwZ 1988, 820; *Rühl* DVBl 1993, 14; a. A. *Siegfried* DÖV 1990, 279, jew. m. w. N.
[476] *Stern*, Staatsrecht II, § 26 IV 2 d; *Wolff/Bachof* 3 § 102 Rn. 27 f.; *Kempf/Uppendahl*, Ein deutscher Ombudsmann, 1986.
[477] Dazu *Büllesbach* NJW 1991, 2593, 2599.
[478] *BVerfGE* 74, 69 = NVwZ 1987, 573; *OVG Münster* DVBl 1979, 431 mit Bespr. *Krebs* VerwArch 71 (1980), 77; *BbgVerfG* NVwZ-RR 1998, 209; *VGH Kassel* NVwZ-RR 1994, 511; 1994, 515; *Fittschen* VerwArch 83 (1992), 165, 172 ff.; *Groß* VerwArch 95 (2001), 194, 202 f.; a. A. *VG Düsseldorf* NJW 1981, 1396, dazu *Kopp* JuS 1981, 419; *Müller* JuS 1985, 497, 499; *Grupp* NWVBl 1992, 265; *Stackmann* BayVBl 1993, 362; differenzierend *Kopp/Ramsauer* § 1 Rn. 56 a (Behörde nur im Verhältnis zu privaten Unternehmer, nicht zu Parlament oder Regierung); vgl. ferner Rn. 201 und im Einzelnen *Stern*, Staatsrecht II, § 34. Zur Weitergabe von Prüfergebnissen des Rechnungshofs *BVerwGE* 104, 20 = NVwZ 1998, 950.
[479] *BVerwG* Buchholz 310 § 99 VwGO Nr. 29.
[480] So aus *VGH Kassel* ESVGH 51, 81 = DÖV 2001, 873; a. A. *Hauser* DVBl 2006, 539, 542 f. Entsprechendes gilt für die Landesrechnungshöfe, vgl. dazu *OVG Münster* NWVBl 2006, 292.
[481] Vgl. zum Schutzgrund der externen Finanzkontrolle *Schmitz/Jastrow* NVwZ 2005, 984, 991; *Jastrow/Schlatmann*, IFG, 2006, § 3 Rn. 37 ff.
[482] So wohl auch *Kopp/Ramsauer* § 2 Rn. 67.
[483] *VG Schleswig* 17. 6. 2003–14 A 148/01 (juris); *Hauser* DÖV 2004, 786; § 9 Rn. 126; a. A. *VGH Kassel* ESVGH 51, 81 = DÖV 2001, 873; ausführlich *Groß* VerwArch 95 (2004), 194, 216.
[484] *VGH München* NVwZ 1991, 386; § 2 Rn. 11.
[485] Rn. 138; *BVerfGE* 65, 283 = NJW 1984, 430; *BGHZ* 111, 349 = NJW 1990, 3260 für enteignungsgleichen Eingriff durch Satzung.
[486] *BVerfGE* 32, 346, 361 = NJW 1972, 860; *Oerder* NJW 1990, 2104.
[487] Ebenso *OVG Lüneburg* NVwZ-RR 2000, 314. S. im Einzelnen *Rothe* DÖV 1991, 486.
[488] *OVG Lüneburg* NVwZ-RR 2000, 314.

§ 1 Anwendungsbereich **182–185** § 1

i. S. v. §§ 54 ff.[489] Zu Maßnahmen des Bürgermeisters nach der **Geschäftsordnung** des Rates (Rauchverbot) *OVG Münster* DVBl 1983, 53.[490] Zum Fraktionsausschluss im Kommunalrecht *Schmidt-Jortzig/Hansen* NVwZ 1994, 116; *Ziekow* NWVBl 1998, 297.

Im Rahmen des Selbstverwaltungsrechts kann die **Genehmigung einer Satzung durch** **182** **die Aufsichtsbehörde** neben ihrer Funktion als Mitwirkungsakt im Rechtsetzungsverfahren VA gegenüber dem Satzungsgeber, nicht jedoch gegenüber dem Bürger sein.[491] Zur Rücknahme einer derartigen Genehmigung s. § 48 Rn. 10. Aus Rechtssicherheitsgründen ist die Genehmigung bedingungsfeindlich.[492]

VA ist auch die Zustimmung der Aufsichtsbehörde zu Allgemeinen Bedingungen von Eigen- **183** betrieben.[493] Zuweilen wird eine Maßnahme einem bestimmten Adressatenkreis gegenüber als VA, anderen gegenüber als Rechtsnorm angesehen.[494] Kein VA ist der Beschluss des Gemeinderates über die Bedenken eines Ratsmitgliedes gegen das Verfahren bei der Aufstellung eines Bebauungsplanes[495] oder der Beschluss, der die Verletzung der Verschwiegenheitspflicht eines Ratsmitglieds feststellt.[496] Nur ausnahmsweise wird ein Rat verwaltend tätig.[497]

Jedoch können Gesetzgebungsorgane, andere **Verfassungsorgane und Vertretungskörper- 184 schaften außerhalb ihrer verfassungsrechtlichen Aufgaben im Einzelfall** – in der Regel durch ihre Repräsentativorgane – **materiell Verwaltungstätigkeit** ausüben (Rn. 160 ff.) und daher VA erlassen,[498] z. B. Parlamentsverwaltung; Präsident des Bundestages bei Entscheidung über Erstattung von Wahlkampfkosten;[499] Landtagspräsident bei Entscheidung über Ausnahme vom Versammlungsverbot in Bannmeile (vgl. § 1 Abs. 2 BannmeilenG NRW); Festsetzung einer Buße;[500] Abgabenverzicht durch Rat der Gemeinde;[501] s. auch Rn. 183; Gemeindeaufsichtsmaßnahmen.[502] Inwieweit die Verwaltungen des Deutschen Bundestages und des Bundesrates organisatorisch der Exekutive oder Legislative zuzurechnen sind, ist nicht sicher zu bestimmen.[503] Sie sind jedoch nur dann Behörde i. S. d. § 1 Abs. 4, wenn sie zuständig sind, eine externe konkrete Verwaltungstätigkeit auszuüben, nicht aber im Verhältnis von einem Organ zum anderen derselben Körperschaft.[504] Entscheidung eines Wahlleiters über das Ausscheiden eines Kreisbeigeordneten als Stadtverordneter ist VA.[505]

Müssen ein Gesetzgebungsorgan oder ein Parlamentsausschuss einer Maßnahme einer Behör- **185** de zustimmen, wird dadurch die Maßnahme nicht zu einem Akt der Gesetzgebung, z. B. Zustimmung des Bundesrates zur Ernennung eines Beamten der Verwaltung des Bundesrates. S. auch Rn. 241 ff. Anfrage eines Parlamentspräsidenten/-präsidiums an Verfassungsschutzbehörde, um Auskünfte über Mitarbeiter der Parlamentsverwaltung zu erhalten, ist Verwaltungs-

---

[489] Hierzu neigt auch *OVG Bautzen* LKV 1998, 237, 238.
[490] Zum Sitzungsausschluss *VGH München* BayVBl 1988, 16; 1988, 83, kritisch dazu und allgemein zum Ordnungsrecht des Vorsitzenden kommunaler Organe *Gramlich* BayVBl 1989, 9; § 35 Rn. 118 ff. Zur Petition an Gemeinderat *BVerwG* NJW 1981, 700; *Schmitz* VR 1990, 87. Zur Behandlung von Petitionen durch Behörden *Woike* DÖV 1984, 419.
[491] *BVerwGE* 16, 83 = DVBl 1963, 776; *VGH München* BayVBl 1987, 657, 659; *BVerwGE* 34, 301 ff. = DVBl 1970, 414; 75, 142, 146 = NJW 1987, 1344; *Küchenhoff* JuS 1965, 52; *Pappermann* JuS 1973, 689, 694 in Besprechung von *BVerwGE* 40, 323; *Kopp/Ramsauer* § 35 Rn. 72; *Pietzcker* in Schoch u. a. § 42 Abs. 1 Rn. 57, 72; *Sodan* in Sodan/Ziekow § 42 Rn. 115.
[492] S. *VGH Mannheim* NVwZ-RR 1992, 175 für Zustimmung zur LSchVO; § 36 Rn. 11 f., 93.
[493] So wohl *BGHZ* 79, 111 = NJW 1981, 569.
[494] *BSGE* 40, 190 = NJW 1976, 689, 690 für Beschluss des Verwaltungsrates der Bundesanstalt für Arbeit nach § 116 Abs. 4 Arbeitsförderungsgesetz oder *OVG Münster* NVwZ 1990, 187 für im Wege der Ersatzvornahme durch die Aufsichtsbehörde erlassene Satzung.
[495] *VGH München* BayVBl 1977, 182.
[496] *VG Minden* NVwZ 1983, 495.
[497] Rn. 184. Zur Anfrage eines Ratsmitgliedes im Gemeinderat *OVG Münster,* Rechtsprechung zum kommunalen Verfassungsrecht NRWGO § 40 Nr. 3. Zu Kommunalverfassungsstreitigkeiten *OVG Münster* DVBl 1978, 150; NJW 1979, 1726; *OVG Koblenz* NVwZ 1985, 283, dazu *Schoch* JuS 1987, 783; § 35 Rn. 192.
[498] *VGH Mannheim* VerwRspr. 25, Nr. 51.
[499] *BVerfGE* 27, 152.
[500] *OVGE Münster* 15, 64.
[501] *BVerwG* NJW 1984, 2113.
[502] *OVGE Lüneburg* 2, 225; *BGHZ* 11, 192.
[503] Vgl. *Müller* JuS 1985, 497, 499.
[504] S. *Papier* DÖV 1980, 292, 295 m. w. N.
[505] *VGH Kassel* NVwZ 1984, 666.

§ 1   186–188   Teil I. Anwendungsbereich, örtliche Zuständigkeit, Amtshilfe

tätigkeit einer Behörde. Zur Verwaltungstätigkeit von **Parlamentsausschüssen** *Bäumler* DVBl 1978, 291 ff. Bei der Mitwirkung von **Richterwahlausschüssen**[506] ist es umstritten, ob sie Verwaltungstätigkeit ausüben.[507]

186   g) Keine Aufgabe der Verwaltung ist nach h. M.[508] ferner die **Regierungstätigkeit** (s. auch Rn. 169). Das Problem des Regierungsaktes ist vornehmlich unter dem Gesichtspunkt der **Justitiabilität** diskutiert worden.[509] Die überwiegende Meinung, in Einzelheiten unterschiedlich, geht dahin, eine Justitiabilität politischer Entscheidungen, Entscheidungen von staatspolitischer Bedeutung,[510] zu verneinen.[511] Unter der Geltung des Art. 19 Abs. 4 GG muss jedoch angenommen werden, dass die grundrechtlich geschützte Rechtssphäre des Einzelnen auch nicht durch einen politischen Akt tangiert werden darf.[512] Folgerichtig ist der Verwaltungsrechtsweg gegeben bei der Forderung nach Widerruf politischer Meinungsäußerungen der Regierung.[513]

187   Ob die verfassungsrechtlichen Befugnisse der Bundesregierung zur Information und Aufklärung der Öffentlichkeit das Recht auf **Warnung** z. B. vor Jugendsekten, Lebensmittelgefährdung einschließen, war umstritten.[514] Hier ist bereits schwierig, zwischen Regierungshandeln und Verwaltungshandeln abzugrenzen.[515] Inzwischen hat das BVerfG klargestellt, dass die Bundesregierung aufgrund ihrer Aufgabe der Staatsleitung überall dort zur Informationsarbeit berechtigt ist, wo ihr eine gesamtstaatliche Verantwortung zukommt, die mit Hilfe von Informationen wahrgenommen werden kann; es bedarf auch dann keiner besonderen gesetzlichen Ermächtigung, wenn es zu mittelbar-faktischen Grundrechtsbeeinträchtigungen führt.[516] Dabei hat die Bundesregierung die Grenzen der Verbandskompetenz zu beachten.[517] Neue Formen der Internetkommunikation, die sich in den letzten Jahren entwickelt haben (behördliche Internetpräsenz, Einrichtung von Diskussionsforen zu Gesetzgebungsvorhaben, Chat mit Bundesminister), bedürfen noch der rechtlichen Einordnung; sie müssen Gelegenheit zur Erprobung haben und sollten nicht als Risiko für die Freiheit gesellschaftlicher Meinungsbildung vorzeitig beschränkt werden.[518] Zum Schutz eines Beamten gegen ansehensmindernde amtliche Äußerungen des vorgesetzten Ministers (Fürsorgepflichtverletzung) *BVerwGE* 99, 56.[519] Zum Schutz eines Wahlkandidaten gegen Öffentlichkeitsarbeit der Regierung *BVerfG* NVwZ 1988, 817; s. ferner zum Ehrenschutz im öffentlichen Recht Rn. 109 f.

188   Für das VwVfG ist maßgebend, ob die jeweils wahrgenommene Aufgabe – von welcher Seite auch immer – eine materielle Aufgabe der Verwaltung ist (Rn. 165, 166). Aufgaben der Verwaltung und Regierungsaufgaben lassen sich nur von der jeweiligen Natur der Aufgabe her bestimmen; nicht entscheidend ist, ob die Aufgabe von einem Verwaltungs- oder Regierungs-

---

[506] Hierzu *Stelkens* in Schoch u. a. § 38 Rn. 14.
[507] Dafür *VGH Kassel* DVBl 1990, 306, a. A. *Leiner* DVBl 1990, 1242.
[508] Vgl. *BVerwGE* 63, 215 = NJW 1983, 1725, 1726; a. A. *Schnapp* AöR 108 (1983), 137, 138 m. w. N.
[509] *BVerwGE* 15, 63 = NJW 1963, 677; *OVG Münster* DVBl 1967, 51; *VGH Kassel* DÖV 1968, 574; *Stern*, Staatsrecht II, § 39 II 2.
[510] *OVG Münster* DVBl 1967, 51.
[511] *Stern*, Staatsrecht II, § 39 II 2; vgl. aber *VGH Kassel* NJW 1980, 2660 f. m. w. N. und *Frotscher* DÖV 1971, 259 ff., wonach auch insoweit keine öffentlich-„rechtliche" Streitigkeit i. S. d. § 40 VwGO vorliege.
[512] *VGH Kassel* NJW 1980, 2660 f.
[513] *OVG Münster* NJW 1983, 2403; *BVerwG* NJW 1984, 2591; *Frotscher* JuS 1979, 505, 510.
[514] *BVerfG* NJW 1989, 3269; *BVerwGE* 82, 76, 80 f. = NJW 1989, 2272; 90, 112, 123 = NJW 1992, 2496 m. Anm. *Alberts* NVwZ 1992, 1164 = JZ 1993, 33 m. Anm. *Badura*; NJW 1991, 1766; JZ 1991, 625; NJW 1984, 2591; NVwZ-RR 2000, 598; *VerfGH NRW* NWVBl 1992, 14; *OVG Münster* NVwZ 1986, 400; NJW 1996, 2114; NJW 1996, 2115; NJW 1996, 3355; NVwZ-RR 2000, 599; *VGH Mannheim* NJW 1996, 2116; *Tettinger* DVBl 1999, 679, 685; kritisch *Krebs*, Hoheitliche Äußerungen über sogenannte Jugendreligionen, 1998, S. 104 ff.; 123 ff.; zur Befugnis einer Landesregierung *BVerwG* NVwZ 1994, 162; *OVG Hamburg* NVwZ 1995, 498; *VGH Mannheim* NJW 1997, 754, 756; zutreffend *VGH München* NVwZ 1995, 502, dass Gemeinden jedenfalls keine solche Befugnis haben, da die Warnung vor Gefahren bestimmter Religionen nicht zu deren Aufgaben gehört; ebenso *Wittzack* BayVBl 1998, 37, 39; im Einzelnen s. Rn. 145 m. w. N.
[515] Dazu *Lege* DVBl 1999, 569, 575.
[516] *BVerfGE* 105, 252 = NJW 2002, 2621; 105, 270 = NJW 2002, 2626; hierzu *Bumke* Die Verwaltung 37 (2004), 3, 21 ff.; *Murswiek* NVwZ 2003, 1; *Ruge* ThürVBl 2003, 49; vgl. ferner *VGH München* NVwZ 2003, 998.
[517] Ausdrücklich für informelles Handeln *BVerfGE* 104, 249 = NVwZ 2002, 585.
[518] Vgl. *Ladeur* DÖV 2002, 1, 6 mit Hinweis auf eine Gefahr der Umgehung des Funktionsverbots für den Staat auf dem Gebiet von Presse und Rundfunk.
[519] = NJW 1996, 210. Bei Soldaten *BVerwG* NVwZ 1998, 403.

§ 1 Anwendungsbereich   189–191 § 1

organ erfüllt wird (Rn. 160 ff.). Einem Regierungsakt liegt ein **staatspolitischer Moment** zugrunde.[520] Hierunter sind nur die die Politik betreffenden Führungsentscheidungen zu verstehen.[521] Demnach wird auch ein Regierungsorgan verwaltungsrechtlich tätig, wenn es **im Bereich der vollziehenden Gewalt,** sei es auch als Spitze der Exekutive, handelt.

Die vollziehende Gewalt (Rn. 138) ist nach dem Grundsatz der Gewaltenteilung alle Tätigkeit der Regierung außerhalb ihrer Mitwirkung bei der Gesetzgebung und Normsetzung.[522] Allgemein ist das Verhältnis von Verwaltungs- und Regierungstätigkeit mit *Scheuner*, FS Smend, 1953, S. 253, 277,[523] wie folgt zu sehen: „Während zur Verwaltung die laufende Tätigkeit, die Ausführung der rechtlich festgelegten Aufträge und Maßstäbe des staatlichen Handelns gehört, erst recht das Technische, Lokale, das besondere und Einzelne, zählt zur Regierung die politische Entscheidung, die Festlegung der Richtlinien, darüber hinaus aber die Oberleitung des Staates, durch die der Staat seine Einheit herstellt. Bei der Regierung geht es um die Zusammenfassung des politischen Willens des Staates, die Beziehungen der obersten Organe untereinander, die Bestellung der leitenden Personen, kurz um Handlungen der politischen Staatsführung." 189

Beispiele: *OVG Münster* DVBl 1967, 51 für Beantwortung einer kleinen Anfrage, wonach das Tätigwerden der Bundesregierung auf Grund des parlamentarischen Kontrollrechts Teil der vollziehenden Gewalt sein kann. In der Regel ist die Beantwortung der kleinen Anfrage aber parlamentarische Tätigkeit.[524] Die Ablehnung eines Ministeriums, einen bestimmten Verband bei der Vorbereitung eines Gesetzes zu hören, ist keine Verwaltungstätigkeit. Davon zu unterscheiden ist allerdings der Anspruch einer Spitzenorganisation nach § 94 BBG gegenüber der Verwaltung.[525] Wird seine Beteiligung abgelehnt, liegt darin ein VA. Desgleichen nicht die Anhörung kommunaler Gebietskörperschaften zum Entwurf eines Neugliederungsgesetzes.[526] Hingegen ist die Versagung der Aussagegenehmigung für einen Minister durch das Kabinett nach § 7 BMinG ein VA.[527] Dagegen wurde die Anordnung des militärischen Bereitschaftsdienstes nach § 6 Abs. 6 WPflG als politischer Akt gewertet.[528] Regierungsakt ist die Ernennung und Entlassung eines Bundesministers (Art. 64 GG), VA dagegen die Versetzung eines politischen Beamten in den einstweiligen Ruhestand.[529] Zum Recht der Regierung zur politischen Meinungsäußerung s. Rn. 186. Die Erklärung eines Ministerpräsidenten in der Öffentlichkeit, er halte eine politische Partei für radikal, ist nach Ansicht des *OVG Lüneburg* NJW 1975, 76 kein Hoheitsakt, zumindest kein justitiabler Hoheitsakt.[530] Zur Entscheidung der Bundesregierung über Bewilligung der Auslieferung s. Rn. 169. 190

Die Tätigkeit des Verfassungsschutzes und der **Nachrichtendienste** ist keine Regierungstätigkeit. Daher wird auch vom administrativen Verfassungsschutz durch Institutionen eigener Art gesprochen.[531] Diese Dienste sind Behörden (s. § 2 BVerfSchG; § 1 Abs. 1 S. 2 des Gesetzes über die parlamentarische Kontrolle nachrichtendienstlicher Tätigkeit des Bundes). Ihre Aufgaben werden allerdings in der Regel nicht im Wege eines VwVf i. S. d. § 9 wahrgenommen.[532] Zur Amtshilfe § 4 Rn. 9 f. Zum Verfassungsschutzbericht und eventuellen Abwehransprüchen *BVerfGE* 113, 63 = NJW 2005, 2912; *Murswiek* NVwZ 2006, 121. Kritisch zur Verdachtsberichterstattung *Murswiek* NVwZ 2004, 769. Zu den Befugnissen der Nachrichtendienste zur 191

---

[520] *BVerfGE* 9, 268, 280 f. = NJW 1959, 1171; *BVerwGE* 2, 36, 38 = NJW 1955, 1247.
[521] *OVG Münster* DVBl 1967, 51, 52; NJW 1983, 2402, 2403, bestätigt durch *BVerwG* NJW 1984, 2591 m. w. N.; im Einzelnen *Stern*, Staatsrecht II, § 39 II, III.
[522] *OVG Münster* DVBl 1967, 511 unter Bezugnahme auf *Bettermann* DVBl 1965, 887.
[523] Ähnlich *Stern*, Staatsrecht II, § 39 II, III; *Ellwein* S. 318 ff., 361 ff., *Achterberg* § 8 Rn. 3.
[524] *BVerfGE* 57, 1 = NJW 1981, 1359; allgemein zu parlamentarischen Anfragen *Lennartz / Kiefer* DÖV 2006, 185; zum Thema Jugendsekten *BVerfG* NJW 1996, 2085, hierzu auch Rn. 125, 167.
[525] *Plog / Wiedow* § 94 Rn. 1.
[526] *OVGE Münster* 25, 21 mit ablehnender Anm. *Bethge* NJW 1975, 77; *Ossenbühl* DÖV 1969, 548; *Seibert* DVBl 1970, 791.
[527] *BVerwGE* 109, 258 = NJW 2000, 160, 161; *BGH* LM § 839 [Ca] BGB Nr. 17 Bl. 8. Zur Aussagegenehmigung für V-Leute des Verfassungsschutzes Rn. 191.
[528] *BVerwGE* 15, 63 = NJW 1963, 677 m. Anm. *Czermak* DÖV 1963, 235; *Bachof* II, Anm. 38; oben Rn. 168.
[529] *BVerwGE* 19, 332, 335 f. = DÖV 1965, 92; *Bachof* II, Anm. 260.
[530] S. Anm. *Bethge* NJW 1975, 662 und auch JuS 1975, 326; *BVerfGE* 40, 287 = NJW 1976, 38.
[531] *Stern*, Staatsrecht I, § 6 VI 1, 3.
[532] Vgl. *Rieger* ZRP 1985, 3 ff.; *Schwagerl* ZRP 1988, 167, 169 ff.

Informationsbeschaffung auf Grund des BVerfSchG *Gusy* DVBl 1991, 1288; *Bäumler* NVwZ 1991, 643; *Gusy* NVwZ 1986, 6 ff.; *Schwagerl* ZRP 1988, 167, 171. Der Streit um die Erteilung einer Aussagegenehmigung für einen V-Mann des Verfassungsschutzes ist eine ör Streitigkeit nichtverfassungsrechtlicher Art.[533]

192   h) Ob als Folge von Verwaltungstätigkeit **Gnadenakte** VA darstellen, ist umstritten, zumindest wenn es um Gnadenakte des Staatsoberhauptes oder für ihn handelnd eines Ministers geht.[534]

193   Historisch betrachtet, ist die Ausübung des Gnadenrechts keine Aufgabe der Verwaltung, sondern gerichtsfreie Kompetenz des Staatsoberhauptes.[535] Die Gnade wurde nicht dem „**Rechts**"bereich zugerechnet. Mit dieser Begründung hat es *BVerfGE* 25, 352, 358 ff.;[536] abgelehnt, den Gnadenakt als Akt der justitiablen Verwaltung anzusehen (a. A. Minderheitsmeinung, S. 363 ff.), den Widerruf eines Gnadenaktes dagegen als derartige Maßnahme anerkannt.[537] Der *HessStGH* DÖV 1974, 128 sieht die ablehnende Gnadenentscheidung „im Ergebnis" als Akt der vollziehenden Gewalt an.[538]

194   Ob die Ausübung des Gnadenrechts eine Aufgabe der Verwaltung darstellt, wird auch von dem VwVfG selbst nicht beantwortet. Allerdings geht die Begründung zu § 2 Abs. 3 des Entwurfs 73 unter Berufung auf *BVerfGE* 25, 352 = NJW 1969, 1895 davon aus, dass das **Gnadenrecht keine Verwaltungstätigkeit** darstelle. Diese Begründung war bereits im Entwurf 70 enthalten und gibt die Tendenz des Musterentwurfes wieder, der das Gnadenverfahren nicht als VwVf ansah (Allgemeine Begründung 5.4). Die Entscheidung des *BVerfG* vom 12. 6. 1971[539] war noch nicht ergangen, als der Entwurf 70 den gesetzgebenden Körperschaften zugeleitet wurde. Obwohl *BVerfGE* 30, 108 = NJW 1971, 108 für den Widerruf der Gnadenentscheidung einen erheblichen Teil des Gnadenrechts verrechtlicht hat, ist diese Entscheidung sowie die erhebliche Kritik, die *BVerfGE* 25, 352 = NJW 1969, 1895 in der Literatur gefunden hat, in der Begründung zum Entwurf 73 nicht verarbeitet worden. Auch in der parlamentarischen Beratung ist dieses Problem nicht angesprochen worden.

195   Daher kann nicht davon ausgegangen werden, dass das Gnadenrecht schon durch die Definition des § 1 nicht dem VwVfG unterliegt. Konsequenterweise wird nach **Art. 2 Abs. 2 Nr. 3 BayVwVfG** das Gnaden- und Ehrenrecht (s. Rn. 199; § 2 Rn. 18 ff.) ausdrücklich aus dem BayVwVfG herausgenommen.[540] Zu dieser Frage muss auf die frühere Rechtsprechung und Literatur zurückgegriffen werden.[541] Zum Gnadenrecht in Disziplinarsachen *BVerwG* VerwRspr 27 (1976), 943.

---

[533] *VG Schwerin* NVwZ 2007, 852; zur Aussagegenehmigung für Bundesminister Rn. 190.
[534] Vgl. die Zusammenstellung der Meinungen bei *BVerwGE* 49, 221, 224 = NJW 1976, 305 f.; NJW 1983, 187 f., m. Bespr. *Bachof* JZ 1983, 469; *BayVerfG* BayVBl 1983, 624; OLG Hamburg NJW 1977, 255 m. Anm. *Streng*. Aus dem verwaltungsrechtlichen Schrifttum als VA: *Kopp/Ramsauer* § 1 Rn. 19 c, § 35 Rn. 46; *Meyer/Borgs* § 2 Rn. 20; *Achterberg* § 20 Rn. 54; *Janßen* in Obermayer § 35 Rn. 40 f.; *Wolff/Bachof* u. a. I § 45 Rn. 34 ff.; *Schnapp* AöR 108 (1983), 137, 138; *Hennecke* in Knack § 35 Rn. 75; auch *Meyer* ebd. § 1 Rn. 80; *Ehlers* in Schoch u. a. § 40 Rn. 124 ff.; kein VA: *Ule/Laubinger* § 48 Rn. 9; jedenfalls nicht, soweit keine gesetzlichen Vorschriften bestehen; *Stern*, Staatsrecht I, § 20 IV 5, jew. m. w. N. Zur landesverfassungsrechtlichen Eröffnung des Rechtswegs *BayVerfGHE* 23, 6 ff.; 24, 54; BayVBl 1977, 14; BayVBl 1983, 624; *HessStGH* DÖV 1974, 128.
[535] Art. 60 Abs. 2 GG; Anordnung des Bundespräsidenten über die Ausübung des Begnadigungsrechts des Bundes vom 5. 10. 1965. S. auch § 452 StPO und die bei *Schönfelder*, Deutsche Gesetze, zu § 452 StPO abgedruckten Regelungen; zur Zuständigkeitsverteilung auf Bund und Länder *Schneider* MDR 1991, 101, 102. Zum Begriff Gnade s. *Schätzler* NJW 1975, 1249 m. w. N. und *ders*. Handbuch des Gnadenrechts, 2. Aufl. 1992, Anm. 1.3 und 1.4.
[536] Ihm folgend *BVerwG* NJW 1983, 187 f.; zuletzt wieder *BVerfG (K)* NJW 2001, 3771.
[537] *BVerfGE* 30, 108 = NJW 1971, 108; s. OLG Stuttgart MDR 1987, 959: § 49 VwVfG entspr.
[538] Abl. Anm. v. *Evers* DÖV 1974, 131; Besprechung *Petersen* JuS 1974, 502; *Brandt/Oettl* DVBl 1974, 925 ff.; *von Olshausen* JZ 1974, 440; Zusammenstellung der Meinungen bei *Weber* JuS 1974, 455; kein justitiabler Anspruch auf Akteneinsicht eines Rechtsanwaltes des Gnadenpetenten, OLG Hamburg NJW 1975, 1985 m. abl. Anm. *Maurer* NJW 1976, 123.
[539] *BVerfGE* 30, 108 = NJW 1971, 108.
[540] Nach der Begründung BayLT-Drs 8/3551, S. 29 allerdings nur zur Klarstellung.
[541] Eingehend *Schätzler* NJW 1975, 1249 und Handbuch des Gnadenrechts, 2. Aufl. 1992, Anm. 8, insb. 8.1.5 und 8.3.4 f.; *Mertens*, Rechtsstaatlichkeit und Gnade, 1978; *BVerwGE* 49, 221 = NJW 1976, 305 f.; *BayVerfGH* BayVBl 1979, 114; OLG Hamm JMBl NRW 1973, 150; *Mörtel* BayVBl 1968, 81 ff.; *Wolff/Bachof* u. a. I § 45 Rn. 34 ff.; *Erichsen* HRRVwR 1971, A 21; *Baltes* DVBl 1972, 564, weitere Fundstellen in JuS 1974, 455.

Weder das historische Argument, es handele sich um die gerichtsfreie Kompetenz des Staats- 196
oberhauptes, noch das Argument in *BVerwGE* 14, 73 = NJW 1962, 1410, der Ministerpräsident
handelte nicht als Verwaltungsbehörde, sondern als Verfassungsorgan, können überzeugend begründen, dass der Gnadenakt heute nicht zum Aufgabenbereich der Verwaltung gehört. Mit der
Minderheitsmeinung in *BVerfGE* 25, 352, 363 ff. = NJW 1969, 1895 muss die Maßnahme
im Regelfall zum **Aufgabenkreis der Verwaltung** gezählt werden, wobei allerdings die
Mehrzahl der Fälle dem Bereich der Justizverwaltung, die nicht dem VwVfG unterliegt (§ 2
Abs. 3 Nr. 1) zuzuzählen ist.[542] Diese Tendenz liegt auch den Entscheidungen des *BVerfGE* 45,
187 ff. = NJW 1977, 1525; *BVerfGE* 64, 261 ff. = NJW 1984, 33 zugrunde, die eine Verrechtlichung der gnadenweise Entlassung lebenslänglich Verurteilter fordern. Aufgrund von Gnadenordnungen, z. B. Gnadenordnung NRW vom 26. 11. 1975, ist eine die Zuständigkeit, das Verfahren und die Entscheidung betreffende weitgehende Verrechtlichung geschaffen worden,
wenngleich diese Gnadenordnungen als Allgemeine Verfügungen erlassen sind und deshalb das
VwVfG über § 1 nicht verdrängen können. Für Strafvollstreckung § 57 a StGB.[543]

Gegenläufig ist auch die Begründung zu § 1 des Informationsfreiheitsgesetzes,[544] wonach die
Vorbereitung präsidentieller **Akte des Bundespräsidenten** und die vom Bundespräsidenten
delegierten Akte nicht in den Anwendungsbereich des IFG fallen. Zu diesen Akten werden ausdrücklich die verfassungsrechtlichen Prüfungsbefugnisse im Rahmen des Art. 82 Abs. 1 GG, die
Ausübung des Gnadenrechts gem. Art. 60 Abs. 2 GG und die Ausübung des Ordensrechts gezählt.[545]

Denkbar ist allerdings **im Einzelfall,** dass nicht ein Akt der Verwaltung, sondern ein **Regie-** 197
rungsakt (Rn. 186 ff.) vorgenommen wird, z. B. bei einer Begnadigung aus außenpolitischen
Gründen. Maßgebend ist das Motiv, aus dem die Gnade ausgesprochen wird.[546]

Für das **Ergebnis** stellt sich aber die Frage, ob eine Lösung des Problems Justitiabilität ein 198
Gewinn für den auf Gnade Hoffenden ist. Auch wenn die Entscheidung der Gnadenbehörde
der gerichtlichen Kontrolle unterliegt, bedeutet dies nicht, dass auch begnadigt werden müsste.
Wenn, wie im Regelfall, keine bestimmten gesetzlichen Tatbestandsmerkmale für die Ausübung
des Gnadenrechts vorliegen, besteht kein Anspruch auf Begnadigung. Die gerichtliche Kontrolle
gewährleistet zwar Schutz vor Willkür,[547] nicht aber Begnadigung.[548] Ein Gewinn für den auf
Gnade Hoffenden ist nur insoweit gegeben, als die dem VwVfG unterliegenden Fälle nach den
Verfahrensgrundsätzen dieses Gesetzes abgewickelt werden müssen, zu deren wichtigste die **Begründungspflicht des § 39** gehört. Das würde der bisherigen Praxis widersprechen,[549] die
allerdings „in geeigneten Fällen" eine Begründung auch kannte (§ 18 Abs. 2 GnO NRW). Die
vom *HessStGH* DÖV 1974, 128, 131 gegen eine Begründungspflicht aufgeführten Bedenken
lassen sich gegen die Begründung jeder Ermessensentscheidung erheben; diese ist aber in § 39
Abs. 1 S. 3 anerkannt. Soweit im Einzelfall eine Regierungstätigkeit vorliegt (Rn. 197), erübrigt
sich auch eine Begründung nach § 39.[550]

Wie die Gnadenakte sind auch **Ordensverleihungen und sonstige Ehrungen,** insbeson- 199
dere deren Ablehnung oder Widerruf, zu werten.[551] Zu Art. 2 Abs. 2 Nr. 3 BayVwVfG
s. Rn. 195; § 2 Rn. 20. Nach h. M. sind sie nur justitiabel, wenn ihre Voraussetzungen rechtlich
normiert sind.[552] Eine derartige Regelung sieht *OVGE Lüneburg* 17, 485 ff. nicht in §§ 4, 5 des
Gesetzes über Titel, Orden und Ehrenzeichen, während *Wolff/Bachof u. a.* I § 45 Rn. 36 für die
in § 4 Satz 2 des Gesetzes genannten Fälle eine rechtliche Normierung annimmt. Für Verlei-

---

[542] Wie hier *Ziekow* § 1 Rn. 28; *Hönig* DVBl 2007, 1328, 1330. Vgl. *BVerfGE* 25, 352, 366 = NJW 1969, 1895; *BVerwGE* 49, 221 = NJW 1976, 305, 306; *OLG Saarbrücken* MDR 1979, 338; Beispielfall *Schloßareck* JuS 1991, 579; vgl. auch *Maurer* JZ 1969, 741.
[543] Dazu *BVerfGE* 72, 105 = NJW 1986, 2241; *Schneider* MDR 1991, 101, 104.
[544] Hierzu *Schmitz/Jastrow* NVwZ 2005, 984.
[545] BT-Drs 15/4493, S. 8.
[546] Vgl. zu den Gnadenmotivationen *Schätzler* NJW 1975, 1250 f.; *Bachof* JZ 1983, 469, 470.
[547] *HessStGH* DÖV 1974, 128.
[548] *Bachof* JZ 1983, 469, 470; *Oettl* DVBl 1974, 927, 928; siehe auch *OVGE Lüneburg* 17, 485 ff. für den rechtsähnlichen Fall der Ordensverleihung.
[549] *Schätzler,* Handbuch des Gnadenrechts, 2. Aufl. 1992, Anm. 12.4; *BayVerfGH* BayVBl 1977, 14; BayVBl 1983, 624.
[550] Zu den Begründungsproblemen *Bachof* JZ 1983, 469, 471.
[551] *Wolff/Bachof u. a.* I § 45 Rn. 36.
[552] Vgl. *Kopp/Ramsauer* § 35 Rn. 46.

hung einer Rettungsmedaille *OVGE Lüneburg* 17, 485 ff. Als privatrechtliche Angelegenheit wird von *BVerwGE* 18, 118 die Verleihung des Sportabzeichens trotz seiner Anerkennung als Ehrenzeichen im Sinne des Ordensgesetzes angesehen. Zum weiteren Tragen von Auszeichnungen der ehemaligen **DDR** *Bernzen/Feder* DtZ 1995, 267.

200 **i) Organisationsakte** im Bereich der Verwaltung als Bestandteil des Organisationsrechts (Rn. 158) zählen nicht zu den Regierungsakten.[553] Der einzelne Organisationsakt ist Verwaltungstätigkeit. Er ist ein Rechtsakt, mit der die Art und Weise der behördlichen Aufgabenwahrnehmung geregelt wird. Eine andere Frage ist, ob die Organisationsakte, soweit sie nicht in Form eines Rechtssatzes ergehen, lediglich ein Verwaltungsinternum darstellen oder schon in die Rechte Dritter eingreifen und deshalb die §§ 9 ff. auf sie angewandt werden können (§ 35 Rn. 300). Diese Frage ist nicht allgemein, sondern nur unter Würdigung der jeweils dafür maßgebenden Rechtsvorschriften zu beantworten.[554] Zur Rechtsnatur und Anfechtbarkeit von Neugliederungsmaßnahmen vgl. § 35 Rn. 300.

201 **j)** Die Tätigkeit der **Rechtsprechung** gehört nicht zur Verwaltungstätigkeit (Rn. 165). Deshalb unterliegen **Justizakte,** d. h. in einem förmlichen Verfahren ergangene, in der Regel auf Antrag streitentscheidende Akte oder Vorbereitungsakte eines Organs, das sachlich und persönlich unabhängig ist,[555] nicht dem VwVfG. Die Abgrenzung erfolgt auch nach der historischen Aufgabenzuweisung,[556] so dass Akte von Richtern (s. auch Rn. 202) – wie in der freiwilligen Gerichtsbarkeit –, die materiell VAe darstellen,[557] zur Rechtsprechung zählen, wie andererseits z. B. die Tätigkeit des unabhängigen Rechnungshofs Verwaltungstätigkeit ist (Rn. 179). Trotz der justizförmigen Ausgestaltung des Verfahrens gehört die Tätigkeit der Mitarbeiter des Deutschen Patent- und Markenamts nicht zur Rechtsprechung.[558] Bei der Zuordnung steht dem Gesetzgeber ein Spielraum zu.[559] Zur Rechtshilfe s. § 4 Rn. 36, § 2 Rn. 82 ff.

202 Zu diesem Bereich gehören schließlich auch die Maßnahmen von Beamten, die **unmittelbar in der Rechtspflege** tätig sind, wie die der Staatsanwaltschaft (§ 2 Rn. 75, 106, 116), des Urkundenbeamten der Geschäftsstelle (§ 13 VwGO, § 153 GVG). Maßnahmen des Rechtspflegers sind Maßnahmen im Rahmen der Rechtspflege; er wirkt als Richter (§ 1, 9 RPflG).

203 Grundsätzlich nicht ausgeschlossen ist, auch im Rechtspflegebereich **verwaltungsrechtliche Regeln ergänzend** heranzuziehen; dies aber nur, soweit es sich um allgemeine, für das konkrete Gerichtsverfahren geeignete (Verfahrens-)Rechtsgrundsätze handelt. Die konkreten Regeln des VwVfG sind dies nicht (Rn. 156 f.). Bedenklich daher *OVG Münster* DVBl 1983, 952, 954,[560] wonach im Prozesskostenhilfeverfahren die allgemeinen Regeln über das Wiederaufgreifen i. w. S. (§ 51 Rn. 13 ff.) herangezogen werden, auch wenn die derzeitige Rechtslage nach § 120 Abs. 4 ZPO unbefriedigend erscheint.[561]

204 Der **Geschäftsverteilungsplan** eines Gerichts[562] ist weder eine Verwaltungsmaßnahme noch eine Maßnahme der Justizverwaltung. Er ist Organisationsakt der gerichtlichen Selbstverwaltung[563] und gehört unmittelbar zur Rechtspflege, soweit er die Verteilung der richterlichen Geschäfte regelt. Soweit er Zuständigkeiten regelt, wird er als Rechtssetzung eigener Art angesehen.[564] Die Anfechtung durch einen Beteiligten des Gerichtsverfahrens ist nach h. M. aus-

---

[553] *Wolff/Bachof* u. a. I § 45 Rn. 30, 68 f.
[554] *BVerwGE* 18, 40, 41 f. = DVBl 1964, 819; *BVerwG* MDR 1972, 803 ff. für Organisation des Bestattungswesens; *BVerwG* NJW 1983, 1990 zur Organisation von Eingangsuntersuchungsstellen nach EG-Recht; zur Organisation in Kindergärten *OVG Münster* NVwZ-RR 1990, 1; allgem. *Rasch* DVBl 1983, 617. Zu Schulorganisationsakten § 35 Rn. 275, 302.
[555] Art. 97 GG; *Stern*, Staatsrecht I, § 20 IV 5; Staatsrecht II, § 43; *VGH Mannheim* DVBl 1981, 1011; *Achterberg*, FS Menger, S. 125.
[556] *Achterberg* § 7 Rn. 19.
[557] Umstr.: *Wertenbruch* DÖV 1958, 732 ff.; *Wolff/Bachof/Stober* 2 § 45 Rn. 25; *BVerfGE* 76, 100 = NJW 1988, 405, dazu *Sachs* JuS 1988, 900; *OVG Lüneburg* NJW 1985, 1572 f.
[558] *BVerfG (K)* NVwZ-RR 2003, 469.
[559] *BVerfGE* 76, 100 = NJW 1988, 405.
[560] Dazu *Behn* BayVBl 1983, 690.
[561] *Hartmann* in Baumbach u. a. § 120 Rn. 25.
[562] Hierzu *Stelkens* in Schoch u. a. § 4 Rn. 19 ff.
[563] *BVerwGE* 50, 11, 16 = NJW 1976, 1224, dazu *Erichsen* VerwArch 68 (1977), 179; *Stelkens* in Schoch u. a. § 4 Rn. 32; *Stern*, Staatsrecht II, § 38 II 5 f.; s. auch *MünchKommZPO-Wolf* § 21 a GVG Rn. 12, der die Tätigkeit des Präsidiums als Akt materieller Verwaltungstätigkeit (Rn. 201) wertet.
[564] Ausführlich *BayVerfGH* NJW 1986, 1673 m. w. N.

§ 1 Anwendungsbereich 205–208 § 1

geschlossen; für einen betroffenen Richter ist eine verwaltungsgerichtliche Feststellungsklage möglich.[565] Akte gerichtlicher Selbstverwaltung, nicht aber Verwaltungstätigkeit sind ferner Maßnahmen im Zusammenhang mit der Wahl zum Präsidium eines Gerichts.[566]

Von den Justizakten sind die **Justizverwaltungsakte** zu unterscheiden, die zwar nicht Maßnahmen der Rechtsprechung sind oder zu ihrer unmittelbaren Vorbereitung oder Unterstützung dienen, die der Sache nach aber ebenfalls der Rechtspflege, nicht dem Aufgabenbereich der Verwaltung zuzuordnen sind.[567] Auf sie ist § 2 Abs. 3 Nr. 1 anwendbar (§ 2 Rn. 106ff.). Übt ein Justizorgan **materielle Verwaltung** aus, ist das VwVfG anzuwenden (§ 2 Rn. 118). S. ferner Rn. 110. 205

IV. Subsidiarität (Abs. 1, letzter Halbsatz)

1. Allgemeines und besonderes Verwaltungsverfahrensrecht in Bund und Ländern

Die Anwendung des VwVfG des Bundes steht (im Gegensatz zum Vorschlag des Musterentwurfs, vgl. vor Rn. 1; Einl Rn. 18ff.) unter dem allgemeinen Vorbehalt anderweitiger bundesrechtlicher Regelung. Ein Verzicht auf diese Subsidiaritätsregelung hätte bedeutet, dass zunächst das gesamte in Frage kommende Bundesrecht auf abweichende verfahrensrechtliche Bestimmungen hin hätte überprüft und zur Aufhebung bzw. Anpassung vorgeschlagen werden müssen, was die Kodifikation zumindest verzögert, wenn nicht vereitelt hätte. Der Bundesgesetzgeber hat deshalb auf eine derartige, praktisch nicht machbare vorrangige Rechtsvereinheitlichung und -anpassung verzichtet und erst nach dem Inkrafttreten des VwVfG die Rechtsbereinigung in Angriff genommen (Rn. 269ff.). Sind in Rechtsvorschriften des Bundes **inhaltsgleiche** oder **entgegenstehende** Regelungen getroffen, so verdrängen diese die entsprechenden Vorschriften des Verwaltungverfahrensgesetzes. Entsprechendes gilt für die **VwVfGe der Länder,** die sich durchweg – bis auf Bremen und das Saarland, wo bereits in den VwVfGen eine (partielle) Rechtsvereinheitlichung und -bereinigung angeordnet ist (Rn. 287ff.), Subsidiarität gegenüber inhaltsgleichen oder entgegenstehenden Rechtsvorschriften des Landes beimessen. 206

Für die Rechtsanwendung bedeutet dies ein beständiges **Nebeneinander** von allgemeinem Verfahrensrecht nach dem jeweiligen VwVfG und besonderem Verfahrensrecht des Spezialgesetzes. Es ist daher im **Einzelfall zu prüfen,** welche Regelung anzuwenden ist oder verdrängt wird; hierzu im Einzelnen Rn. 229ff. Diese Prüfung erleichtert die Anwendung des VwVfG in der Verwaltungspraxis nicht und verstärkt die Notwendigkeit der Rechtsvereinheitlichung und -bereinigung. Ein erster Schritt hierzu ist auf Bundesebene mit dem **1. VerfahrensbereinigungsG** des Bundes vom 18. 2. 1986[568] getan, mit dem zahlreiche Verfahrensregelungen in Spezialvorschriften an das VwVfG angepasst worden sind.[569] Das **1. und 2. RechtsbereinigungsG** vom 24. 4. 1986[570] und vom 16. 12. 1986[571] enthalten ebenfalls einige solche Anpassungen im Übrigen aber Vorschriften zur Verwaltungsvereinfachung und Entbürokratisierung. Mit dem **3. RechtsbereinigungsG** des Bundes vom 28. 6. 1990[572] sind wesentliche Änderungen und Anpassungen des fachgesetzlichen Planfeststellungsrechts an die §§ 72ff. erreicht worden, insbesondere im BFStrG (Art. 26), PBefG (Art. 28), BWaStrG (Art. 32), LuftVG (Art. 37) und im TelWegG (Art. 38). Zu den Bemühungen um eine weitere Rechtsvereinheitlichung auch in den **Ländern** vgl. Rn. 288ff. 207

2. Vorrang inhaltsgleicher und entgegenstehender Rechtsvorschriften des Bundes

Soweit in Rechtsvorschriften des Bundes inhaltsgleiche oder entgegenstehende Regelungen enthalten sind, verdrängen sie im Sinne eines **Anwendungsvorrangs** das VwVfG von Bund 208

---

[565] BVerfG DRiZ 1991, 100; Albers in Baumbach u. a. § 21 e GVG Rn. 24.
[566] VGH Kassel NJW 1987, 1219.
[567] Albers in Baumbach u. a. Anh § 21 GVG.
[568] BGBl I S. 265.
[569] Vgl. hierzu Bonk DVBl 1986, 485; Stelkens NVwZ 1986, 541.
[570] BGBl I S. 560.
[571] BGBl I S. 2441.
[572] BGBl I S. 1221.

und Ländern.⁵⁷³ Inhaltsgleiche oder entgegenstehende **Rechtsvorschriften** des Bundes können solche des nationalen **Bundesrechts** oder des **EG/EU-Gemeinschaftsrecht** sein, soweit dieses innerstaatlich unmittelbar anwendbar ist (hierzu nachfolgend Rn. 218 ff.). Zur Subsidiarität der VwVfG der Länder gegenüber speziellem **Landesrecht** vgl. Rn. 68 ff., 229 ff.

209 **Inhaltsgleich** sind Rechtsvorschriften des Bundes dann, wenn sie den gleichen Wortlaut haben (vgl. § 137 Abs. 1 Nr. 2 VwGO) oder zwar mit dem VwVfG nicht wörtlich übereinstimmen, aber inhaltlich mit ihm voll identisch sind und dasselbe regeln. In beiden Fällen gehen die Spezialregelungen dem VwVfG insoweit vor, als die inhaltliche (sachliche) Übereinstimmung reicht. Ob bei unterschiedlichem Wortlaut im Spezialrecht eine inhaltlich vom VwVfG abweichende Regelung vorliegt, bedarf der Auslegung des Inhalts der jeweiligen Norm nach allgemeinen Auslegungsgrundsätzen unter Berücksichtigung von Wortlaut, Sinn und Zweck sowie Entstehungsgeschichte der Regelung. Je nach den Umständen des Einzelfalls kann bei unterschiedlichem Wortlaut auch auf einen ggfls. teilweise anderen Regelungsgehalt geschlossen werden; dies kann zu einer Teil-Subsidiarität führen (hierzu Rn. 231 ff.). **Entgegenstehend** ist eine Rechtsvorschrift dann, wenn und soweit sie einen anderen Wortlaut hat und wegen des unterschiedlichen Wortlauts auch einen (ggfls teilweise) anderen Regelungsinhalt hat. Ob dies der Fall ist, bedarf ebenfalls der Auslegung im Einzelfall nach den üblichen Auslegungsmethoden. Verfahrensverfahrensrechtliche **Lücken im Spezialrecht** werden im Anwendungsbereich der §§ 1, 2 wegen der allgemeinen Ergänzungs- und Lückenschließungsfunktion des VwVfG als fachgebietsübergreifendes Querschnittsgesetz bei ör Verwaltungstätigkeit der Behörden von Bund, Ländern und Kommunen (Rn. 1, 30 ff., 236 ff.) grundsätzlich durch die ergänzende Anwendung der Vorschriften des VwVfG geschlossen (Einzelheiten hierzu Rn. 231 ff.).

210 **a) Bundesrecht. aa)** Zu den **Rechtsvorschriften des Bundes** gehört zunächst das **GG** mit seinen Einzelregelungen einschließlich der daraus entwickelten allgemeinen Verfassungsprinzipien, etwa des Rechtsstaatsprinzips, des Vorrangs und Vorbehalts des Gesetzes, der Rechtssicherheit und des Vertrauensschutzes sowie des Verhältnismäßigkeitsprinzips. Auch aus den **Grundrechten** der Art. 1–19 GG können sich Vorrangwirkungen gegenüber dem VwVfG und seinen Regelungen ergeben. Voraussetzung für einen solchen Vorrang vor dem VwVfG ist, dass sich aus Normen und Prinzipien des GG **verfahrensrechtliche Inhalte** ableiten lassen und diese im Widerspruch zu den einfachgesetzlichen Regelungen des VwVfG stehen. Ein solcher Anwendungsvorrang kann sich vor allem aus den Gesichtspunkten des **rechtsstaatlichen Verfahrens** und der **Grundrechtsrelevanz** des Verwaltungsverfahrensrechts ergeben.⁵⁷⁴ Ein sich aus Verfassungsrecht ergebender Vorrang gegenüber einfachem Verfahrensrecht entsteht sich nicht erst auf Grund der Subsidiaritätsklausel des § 1 Abs. 1, sondern bereits auf Grund der Prinzipien des Vorrangs des Gesetzes bzw. aus einer verfassungskonformen Auslegung und Anwendung des geltenden Verwaltungsverfahrensrechts (hierzu Rn. 39 ff.).

211 **bb)** Unter Rechtsvorschriften i. S. von § 1 Abs. 1 sind die **(Parlaments-)Gesetze im formellen und materiellen Sinne** zu verstehen. Vorausgesetzt wird dabei, dass sie im Außenverhältnis unmittelbare Rechts- und Bindungswirkung für und gegen Behörden und Bürger erzeugen. Daher haben Gesetze, soweit sie dieser Rechtswirkung entbehren, keinen Vorrang vor dem VwVfG. Zu den Rechtsvorschriften i. S. von § 1 Abs. 1 gehören ferner die **Rechtsverordnungen**; sie sind nach Maßgabe von Art. 80 Abs. 1 S. 2 GG Gesetze im materiellen Sinne. **Satzungen** bundesunmittelbarer Körperschaften, Anstalten und Stiftungen des öffentlichen Rechts (zu Satzungen der Kommunen vgl. Rn. 73 ff.), bei denen nicht die Bundesrepublik handelt, sondern von ihr geschaffene rechtlich selbständige juristische Personen, gehören nicht zu den dem VwVfG vorgehenden Rechtsvorschriften, da sie nur ihnen, nicht aber dem Rechtsträger Bundesrepublik Deutschland zugerechnet werden können.⁵⁷⁵

212 **cc)** Die verschiedenen Arten von **Verwaltungsvorschriften** des Bundes (vgl. nachfolgend) sind, auch soweit sie von der Bundesregierung mit Zustimmung des Bundesrats nach Art. 84

---

⁵⁷³ Vgl. *BVerwGE* 82, 17 = NVwZ 1990, 561; DVBl 1992, 1371; hierzu noch Rn. 217 ff.
⁵⁷⁴ Vgl. hierzu Rn. 39 ff., 45 ff., etwa im Prüfungsrecht, wonach sich auf Grund der Rechtsprechung von *BVerfG* und *BVerwG* – vgl. § 2 Rn. 131 – nunmehr entgegen dem ausdrücklichen Wortlaut des § 2 Abs. 3 Nr. 2 Begründungspflichten (§ 39) für Prüfungsentscheidungen ergeben; zur verfassungsrechtlichen Bedeutung z. B. von §§ 14, 20, 21, 24 ff., 28, 29, 30, 39, 45, 46 vgl. jeweils dort.
⁵⁷⁵ Vgl. Begr. zu § 1 Entwurf 73; *Schmidt-Aßmann*, Städte- und Gemeindebund 1977, 9 (15).

Abs. 2 GG erlassen wurden und verfahrensrechtlichen Inhalt haben, Vorschriften der Verwaltung für die Verwaltung und daher **keine Rechtsvorschriften i. S. von § 1 Abs. 1** mit Bindungswirkung im Außenverhältnis.[576] Sie können gegenüber Gesetzen und Rechtsverordnungen keine Vorrangwirkung entfalten und Rechtsvorschriften des VwVfG nicht verdrängen und ihnen nicht vorgehen. Sie sind nach Struktur und Inhalt im Allgemeinen generelle und abstrakte Regelungen der vorgesetzten Behörden an den nachgeordneten Bereich, und zwar zur einheitlichen Auslegung und Anwendung von Gesetzen und Rechtsverordnungen. Sie wenden sich regelmäßig nur an die damit befassten Behörden und sind für sie nur im Innenverhältnis verbindlich, also „**Innenrecht**", haben aber im Außenverhältnis für Gerichte regelmäßig keine Bindungswirkung wie Rechtsnormen.[577] Sie entfalten faktische Außenwirkung erst dann, wenn und soweit die Behörden nach ihnen verfahren. Sie begrenzen zugleich die Befugnis der jeweiligen Behörden im Innenverhältnis, sich selbst solche innerbehördlich bedeutsame Vorschriften zu geben.[578] Die Befugnis zum Erlass allgemeiner Verwaltungsvorschriften entspricht der Organisations- und Geschäftsleitungsbefugnis der obersten Behörden.[579] Eine prinzipielle Pflicht zur **Veröffentlichung** von Verwaltungsvorschriften besteht im Allgemeinen nicht, doch kann im Rahmen eines VwVfs nach Maßgabe der jeweiligen Umstände des Einzelfalls ggfs. **Auskunft** über die für die behördliche Entscheidung maßgeblichen Verwaltungsvorschriften verlangt werden, wenn dies zur sachgerechten Wahrnehmung eigener Interessen geboten oder hilfreich erscheint.[580] Entfalten Verwaltungsvorschriften unmittelbare Außenwirkung gegenüber Dritten, unterliegen sie dem rechtsstaatlichen Publikationsgebot; eine selektive Wiedergabe ihres Inhalts genügt nicht.[581] Im Einzelnen gibt es zwischen den verschiedenen Arten von Verwaltungsvorschriften zur Frage einer Vorrangwirkung vor Vorschriften des VwVfG einige Unterschiede:[582]

Norminterpretierende Verwaltungsvorschriften der Bundesregierung oder oberster 213 Bundesbehörden enthalten, auch wenn sie mit Zustimmung des Bundesrats erlassen worden sind (vgl. Art. 84 Abs. 2 GG), auf der Grundlage bestehender Rechtsnormen – insbesondere im Bereich der Massenverwaltung, etwa im Steuer-, Ausbildungsförderungs- oder öffentlichen Dienstrecht – innerbehördlich bindende Anweisungen über die Auslegung und Anwendung von Gesetzen, insbesondere bei unbestimmten Gesetzesbegriffen **ohne Beurteilungsspielräume,** vor allem bei außerhalb von normativ nicht geregelten Grenzwertfestsetzungen im Sicherheits- und Technikbereich mit (Un)Schädlichkeits- bzw. Erheblichkeits- oder (Un)Zumutbarkeitsgrenzen, in denen der Gesetzgeber – aus unterschiedlichen Gründen – auf eine Normierung verzichtet hat. Solche Verwaltungsvorschriften binden zwar im Innenverhältnis die Behörden, im Hinblick auf Art. 19 Abs. 4 GG nicht auch die Gerichte und können von ihnen daher grundsätzlich **vollinhaltlich** auf ihre Vereinbarkeit mit Gesetz und Verfassung **überprüft** werden.[583] Da sie nicht zu den Rechtsvorschriften i. S. v. § 1 Abs. 1 gehören, können in solchen Verwaltungsvorschriften enthaltene inhaltsgleiche oder entgegenstehende Verfahrensregelungen Normen des VwVfG nicht verdrängen.

Normkonkretisierende Verwaltungsvorschriften beziehen sich auf „offene" Tatbe- 214 stände mit unbestimmten Gesetzesbegriffen, in denen für die Behörden ein **Beurteilungsspielraum** besteht, und zwar insbesondere im Sicherheits- und Technikbereich, soweit der Gesetzgeber in verfassungsrechtlich zulässiger Weise[584] auf eine exakte normative Festlegung

---

[576] Für ein gewandeltes Verständnis von Verwaltungsvorschriften als exekutivisches Außenrecht *Wahl,* FG 50 Jahre BVerwG, S. 571. Vgl. auch die Darstellung bei *Sauerland,* Die Verwaltungsvorschriften im System der Rechtsquellen, 2005, S. 352 ff., 515.
[577] Vgl. *BVerfGE* 11, 9, 18 = DVBl 1960, 592; 22, 180, 210 = NJW 1967, 1795; 78, 214, 227 = NJW 1989, 666; grundlegend *Ossenbühl,* Verwaltungsvorschriften und Grundgesetz, 1968; *Selmer,* Rechtsverordnung und Verwaltungsvorschrift, 1968, 114; *Ellwein,* Verwaltung und Verwaltungsvorschrift, 1989; *Hill* (Hrsg.), Verwaltungsvorschriften, 1991; *Maurer* § 24; *Leisner,* Verwaltungsgesetzgebung durch Erlasse, JZ 2002, 219.
[578] Vgl. *BVerfGE* 76, 1, 76 = NJW 1988, 626; 91, 148 = NJW 1995, 1537; *BVerwGE* 79, 130 = DVBl 1988, 738; BFHE 147, 428, 431 = BB 1986, 2318.
[579] Vgl. *BVerfGE* 26, 338, 396 = DVBl 1970, 108; *BVerwGE* 67, 222, 229 = NJW 1983, 2589.
[580] Vgl. *BVerfGE* 40, 237, 252 f. = NJW 1976, 34; *BVerwGE* 61, 15, 16 f. = NJW 1981, 535; 61, 40, 41 f. = DVBl 1981, 190; 69, 278 = NJW 1984, 2590.
[581] *BVerwGE* 122, 264 = NVwZ 2005, 602, 604; *Sodan/Ziekow* ÖR § 64 Rn. 9; *Maurer* § 24 Rn. 36.
[582] Zur Typologie *Sauerland,* Die Verwaltungsvorschriften im System der Rechtsquellen, 2005, S. 62 ff.
[583] Vgl. *BVerfGE* 11, 89, 100 = JZ 1960, 569; 78, 214, 226 = NJW 1989, 666.
[584] Vgl. *BVerfGE* 49, 136 ff. = NJW 1979, 359.

verzichtet und Handlungsanweisungen mit Spielräumen für die Verwaltung unterhalb der Normebene erlässt, weil er – aus unterschiedlichen Gründen – eine genaue normative Festlegung, etwa von Schädlichkeitsgrenzen im Umwelt- und Immissionsschutzrecht, verzichtet und der Verwaltung Beurteilungs- und Entscheidungsspielräume eröffnet und nur einen Handlungsrahmen vorgibt, aber Einzelheiten offenlässt.[585] Solche normkonkretisierenden Verwaltungsvorschriften werden (unterschiedlich) als technische Regelwerke, antizipierte Sachverständigungsgutachten, allgemeiner Erfahrungssatz und/oder als widerlegliche Beweisregel angesehen (Nachweise bei § 26 Rn. 32 ff.). Sie beziehen sich regelmäßig nur auf materiellrechtliche Fragen und können, weil die gerichtliche Überprüfung beschränkt ist, insoweit **quasi normersetzende materiellrechtliche Bedeutung** haben und in Gesetzen oder Rechtsverordnungen fehlende Festlegungen ersetzen und damit der Sache nach gesetzesvertretende Verordnungen sein. Sie sind nach h. M. darauf überprüfbar, ob die darin festgelegten Grenzwerte eingehalten oder ob diese durch den Stand von Wissenschaft und Technik überholt sind.[586] Soweit in derartigen normkonkretisierenden Verwaltungsvorschriften Verfahrensregelungen enthalten sind, können sie mangels Rechtsnormqualität Vorschriften des VwVfG (etwa §§ 24 ff.) zwar nicht verdrängen, aber inhaltlich ausfüllen, so dass Verstöße gegen Verfahrensrecht tendenziell schwer festzustellen sind. Private technische Regelwerke wie **DIN-Vorschriften** entlasten den Staat bei dem Erlass von Verwaltungsvorschriften,[587] ohne selbst Verwaltungsvorschrift zu sein.[588]

215 **Ermessenslenkende Verwaltungsvorschriften** sind nicht auf der Tatbestandsseite angesiedelt, sondern beziehen sich auf die **Rechtsfolgenseite**. Sie setzen die Erfüllung der gesetzlichen Tatbestandsvoraussetzungen voraus und sollen eine einheitliche Ermessensausübung auf der Rechtsfolgenseite sicherstellen, insbesondere die gleichmäßige oder einheitliche Verteilung öffentlicher Mittel gewährleisten, auf deren Gewährung kein Rechtsanspruch besteht. Solche Verwaltungsvorschriften sind sog. **generelle Ermessensentscheidungen**. Sie führen auf der Grundlage des Art. 3 Abs. 1 GG zu einer Selbstbindung der Verwaltung und erfüllen im Bereich der Leistungsverwaltung rein faktisch zwar regelmäßig eine Funktion, wie sie Rechtsnormen zukommt, haben aber ebenfalls nur rechtliche **Innenwirkung.** Rechtssystematisch begründen sie nicht wie Gesetze und Rechtsverordnungen schon durch ihr Vorhandensein Rechte des Bürgers, sondern wenden sich nur an die zuständigen Behörden. Sie unterliegen – soweit in ihnen unbestimmte Rechtsbegriffe verwendet werden – insoweit **keiner** abstrakten und **eigenständigen richterlichen Auslegung wie Rechtsnormen.** Entscheidend ist vielmehr auch für die gerichtliche Überprüfung der Maßstab des Art. 3 Abs. 1 GG, d. h. maßgebend ist, wie die zuständigen Behörden die Verwaltungsvorschrift und die darin enthaltenen (Rechts-)Begriffe im maßgeblichen Zeitpunkt in ständiger Praxis handhaben und in welchem Umfang sich die Verwaltung selbst gebunden hat (Art. 3 Abs. 1 GG). Das gilt insbesondere für Fälle, in denen der Wortlaut einer Verwaltungsvorschrift unklar und daher auslegungsbedürftig ist.[589] Insofern kann auch eine von einem unklaren Wortlaut abweichende gleichmäßige praktische Handhabung rechtens sein. Die Änderung einer Verwaltungspraxis für die Zukunft ist zulässig, weil es grundsätzlich keinen Vertrauensschutz in den Fortbestand einer bestimmten Verwaltungspraxis gibt.[590] Eine rückwirkende Änderung der Verwaltungspraxis darf nicht in bereits abgeschlossene und bestandskräftig entschiedene Fälle eingreifen, es sei denn, die Aufhebung von Verwaltungsent-

---

[585] Zur Problematik von Grenzwertfestsetzungen vgl. etwa *Hansmann*, FS Sendler, S. 285 ff.; *Böhm* UPR 1994, 132; *Gusy* NVwZ 1995, 105; *Jachmann*, Die Bindungswirkung normkonkretisierender Verwaltungsvorschriften, 1995.
[586] Vgl. zu strittigen Einzelheiten etwa *BVerfGE* 49, 89, 134 ff. = NJW 1979, 359 – Kalkar –; *BVerwGE* 69, 37 = NVwZ 1984, 371; 72, 300, 320 = NVwZ 1986, 208 – Wyhl –; 78, 177, 180 f. = DVBl 1988, 148 – Brokdorf; 80, 207, 217 f. = NVwZ 1989, 52 – Mülheim-Kärlich –; NVwZ 1995, 994 zu § 5 Abs. 1 Nr. 2 BImSchG i. V. m. Nr. 3.1.6 TA Luft 1986; 110, 216 = NVwZ 2000, 440 zu Nr. 3.1.7 TA Luft 1986; 101, 347 = NVwZ 1997, 161 – Krümmel; *Schultze-Fielitz* JZ 1993, 772; *Ossenbühl*, FS Redeker, S. 55; *Hofmann* NVwZ 1995, 740; *Ladeur* DÖV 2000, 217; *Uerpmann* BayVBl 2000, 705; *Schmidt-Preuß* DVBl 2000, 767, 775 ff.
[587] Vgl. *Schmidt-Preuß* in Kloepfer (Hrsg.), Selbst-Beherrschung im technischen und ökologischen Bereich, 1998, S. 89, 93.
[588] § 26 Rn. 34; § 44 Rn. 81.
[589] Vgl. *BVerwGE* 34, 278, 281 = NJW 1970, 675; 36, 323, 327 = NJW 1971, 1579; 44, 1, 6 = DVBl 1973, 888; 52, 193, 199 = DÖV 1978, 110; 58, 45, 51 = NJW 1979, 2059; NVwZ-RR 1996, 47, 48; NJW 1996, 1766.
[590] So auch *BVerwG* NVwZ 1998, 273.

scheidungen ist mit Rückwirkungsverboten und den §§ 48, 49, 51 vereinbar. Ermessenslenkende Verwaltungsvorschriften sind, soweit die Verfahrensregelungen enthalten, keine Rechtsvorschriften i. S. v. § 1 und können das VwVfG nicht verdrängen.

dd) Gewohnheitsrecht des Bundes ist als ungeschriebenes Recht[591] zwar auch eine Rechtsquelle und insoweit Rechtsvorschrift i. S. von § 1 Abs. 1, da es i. S. von Art. 20 Abs. 3 GG zwar nicht zum „Gesetz", aber zum „Recht" gehört.[592] Eine dem VwVfG abweichende verwaltungsverfahrensrechtliche langjährige Handhabung als Voraussetzung für die Bildung von Verfahrens-Gewohnheitsrecht kann sich aber wegen des Vorbehalts des Gesetzes allenfalls praeter legem, nicht aber contra legem bilden[593] und demnach keine dem VwVfG entgegenstehende Rechtsvorschrift i. S. d. § 1 Abs. 1 sein.

ee) Richterrecht ist zwar keine Rechtsvorschrift, kann aber unter Umständen wie eine solche wirken. Es ist von der Rechtsprechung i. e. S. zu unterscheiden, die auf der Grundlage vorhandener konkreter gesetzlicher Vorschriften zu konkreten Fragestellungen ergeht und insoweit vorhandenes Gesetzesrecht auslegt und anwendet. Demgegenüber gehören zum Richterrecht i. e. S. (nur) diejenigen Entscheidungen der höchstrichterlichen Rechtsprechung, vornehmlich der des BVerfG, die ohne jede gesetzliche Vorregelung allein auf Grund grundlegender verfassungsrechtlicher Prinzipien – etwa des Rechtsstaats- und/oder des Verhältnismäßigkeitsprinzips oder des Gleichheitssatzes – entwickelt worden sind. Beispiele dafür sind bisher die Rechtsprechung zu Streik und Aussperrung, zum Verhältnis von Rechtssicherheit und Vertrauensschutz (jetzt §§ 48, 49, 49a VwVfG) oder zur nichtehelichen Lebensgemeinschaft. Richterrecht kann sich nicht gegen kodifiziertes neues Recht bilden und fortbestehen. Ein solches Richterrecht i. e. S. kann nur in gesetzlich nicht vorgeregelten Bereichen auch verfahrensrechtliche Bedeutung haben und nur insoweit Regelungen des VwVfG derogieren.

b) Geltungsvorrang von Gemeinschaftsrecht der EG/EU. Das nationale Verwaltungsrecht wird zunehmend von EG/EU-Gemeinschaftsrecht beeinflusst und überlagert. Dieser **Anwendungsvorrang** innerstaatlich unmittelbar anwendbaren Gemeinschaftsrechts vor nationalem Recht gilt nicht nur für das **materielle Recht,** sondern auch für das **Verwaltungsverfahrensrecht.** Daher können Rechtsvorschriften des primären und sekundären Gemeinschaftsrechts (vgl. die Literaturhinweise vor § 1 und Einl Rn. 67), auch soweit sie verfahrensrechtlichen Inhalt haben und innerstaatlich unmittelbar bindend sind, gemäß § 1 Abs. 1 Vorrang vor inhaltsgleichen oder entgegenstehenden nationalen Rechtsvorschriften des VwVfG und anderen Bestimmungen haben, weil auch unmittelbar in Deutschland geltendes Gemeinschaftsrecht zu den „Rechtsvorschriften" i. S. von § 1 Abs. 1 gehört. Im Anwendungsbereich des VwVfG kommt ein solcher Vorrang nur beim sog. **indirekten Verwaltungsvollzug von EG-Recht durch deutsche Behörden** bei Ausübung ör Verwaltungstätigkeit i. S. von § 1 Abs. 1 in Betracht, denn der davon zu unterscheidende sog. **direkte Verwaltungsvollzug** von Gemeinschaftsrecht betrifft nur den Fall, dass die EU/EG-Organe selbst durch ihre Behörden und Verwaltungsinstitutionen Gemeinschaftsrecht mit Außenwirkung für die Gemeinschaftsbürger vollziehen.[594] Insofern liegt nur beim indirekten Verwaltungsvollzug von Gemeinschaftsrecht ör Verwaltungstätigkeit deutscher Behörden nach § 1 vor, auf die das VwVfG anwendbar ist, nicht aber beim Handeln von Gemeinschaftsorganen und -institutionen.

Aufgrund von **Art. 23 und 24 GG** (a. F. und n. F.) bestehendes Recht der Europäischen Gemeinschaften ist nicht unmittelbarer Bestandteil der innerstaatlichen Rechtsordnung, sondern eigenständiges autonomes **Recht einer zwischenstaatlichen Einrichtung.**[595] Sofern es in-

---

[591] Vgl. etwa BVerwGE 2, 22, 24 = NJW 1955, 1609; BGHZ 16, 366, 374; VerfG NRW DÖV 1983, 28; Freitag, Gewohnheitsrecht und Rechtssystem, 1976.
[592] Kritisch zu Eignung und Notwendigkeit des Verwaltungsgewohnheitsrechts Schmidt NVwZ 2004, 930.
[593] Vgl. BVerwGE 55, 369, 377 = NJW 1978, 2564; Maurer § 4 Rn. 22.
[594] Vgl. Rengeling, Rechtsgrundsätze beim Verwaltungsvollzug europäischen Gemeinschaftsrechts, 1977, 9; Schweitzer DV 1984, 138, 139; Grabitz NJW 1989, 1777; Schmidt-Aßmann DVBl 1993, 924; Arnold und Vedder, in Schwarze/Starck (Hrsg.), Vereinheitlichung des Verwaltungsverfahrensrechts in der EG, Europarecht, Beiheft 1/1995, S. 7 und 79; Schily, Die Europäisierung der Innenpolitik, NVwZ 2000, 883, 887 f.; Henneke ZG 2001, 71; Schmidt-Aßmann GVwR I, § 5 Rn. 35 ff.; Schmidt-Aßmann NVwZ 2007, 40, 42 f. Zur wechselseitigen Einwirkung von Eigenverwaltungsrecht und nationalem Verfahrensrecht Wahl DVBl 2003, 1285; Kahl VerwArch 95 (2004), 1.
[595] Vgl. BVerfGE 89, 155 = NJW 1993, 3047: Recht eines Staatenverbundes.

nerstaatliche Wirkung hat und von deutschen Behörden vollzogen wird, kann Gemeinschaftsrecht inhaltsgleiche oder entgegenstehende Rechtsvorschriften enthalten und das VwVfG verdrängen. Insoweit kann nicht nur materiellem Verwaltungsrecht der Gemeinschaft, sondern auch innerstaatlich bindendem europäischem Verwaltungsverfahrensrecht ein **Anwendungs-/Geltungsvorrang** vor nationalem Bundes- und Landesrecht zukommen. Das bedeutet nicht, dass das nationale Recht innerstaatlich nichtig oder unwirksam wird oder sonst seine rechtliche Existenz verliert und in Fortfall kommt.[596] Es bleibt vielmehr rechtlich existent, aber wegen des Anwendungsvorrangs des Gemeinschaftsrechts außer Ansatz, soweit und solange letzteres besteht. M. a. W.: Nationales Recht, das im Widerspruch zum Gemeinschaftsrecht steht, darf einer behördlichen oder gerichtlichen Entscheidung nicht zugrunde gelegt werden.[597] Die Anwendung von innerstaatlich unmittelbar wirksamem Gemeinschaftsrecht (hierzu Rn. 220) bleibt beim indirekten Vollzug aber **Ausübung deutscher Staatsgewalt**. Es ist **wie Bundesrecht** zu behandeln und i. S. von § 137 Abs. 1 Nr. 1 VwGO revisibel.[598] Der Vorrang gilt nur, wenn und soweit EG-Recht bereits mit einem vom VwVfG abweichenden **konkreten Inhalt** vorhanden und ohne oder mit Transformationsakt **innerstaatlich unmittelbar wirksam** ist.

220 Zum **primären Gemeinschaftsrecht,** das unmittelbare Bindungswirkungen für und gegen alle entfaltet, gehören die Gründungsverträge (EGKS V, EAGV und EGV) einschließlich der dazu erstellten Anlagen, Protokolle und Änderungen. Aus diesen Verträgen ergeben sich nur wenige ausdrückliche verfahrensrechtliche Regelungen, insbesondere bestimmte Begründungs- und Bekanntgabepflichten für bestimmte Behördenentscheidungen (Art. 253 und 254 EGV) sowie Unterrichtungspflichten vor der Gewährung von Subventionen nach Art. 87, 88 EGV (hierzu nachfolgend Rn. 233 und zu §§ 48, 49).

221 Auch **sekundäres Gemeinschaftsrecht** kann Verfahrensregelungen enthalten und den Vorschriften des VwVfG vorgehen. Dies gilt insbesondere für die **Verordnungen,** die nach Art. 249 Abs. 2 EGV erlassen werden und ohne nationalen Transformationsakt in den Mitgliedstaaten unmittelbar verbindlich sind. **Richtlinien** (Art. 249 Abs. 3 EGV) gelten nicht unmittelbar in den Mitgliedstaaten, sondern sind nur hinsichtlich des zu erreichenden Ziels verbindlich. Die Wahl der Form und der Mittel bleibt grundsätzlich ihnen überlassen. Sie bedürfen, damit sie innerstaatliche Wirkung erzeugen, grundsätzlich eines **nationalen Umsetzungsakts** durch die nationalen Gesetzgebungsorgane. Ausnahmsweise können Richtlinien innerstaatlich **unmittelbare Wirkung** haben und direkte Rechte und Pflichten von Gemeinschaftsbürgern begründen, wenn der Mitgliedstaat die Richtlinie nicht, nicht rechtzeitig oder unvollständig umgesetzt hat und wenn sie inhaltlich hinreichend bestimmt sind, ihre abstrakte Anwendung nach ihrem Inhalt keines weiteren Ausführungsakts bedarf und zugunsten (nicht zu Lasten) der Gemeinschaftsbürger wirkt. Vor Ablauf der Umsetzungsfrist ist eine Richtlinie daher innerstaatlich grundsätzlich unanwendbar. Die Verwendung unbestimmter Rechtsbegriffe schließt die Annahme hinreichender Bestimmtheit nicht aus, solange der EG-Normgeber – wie etwa bei der **UVP-Richtlinie** 85/337/EWG[599] – auf Begriffe zurückgreift, die für den Rechtsanwender und die Gerichte mit Hilfe der üblichen Auslegungsmethoden auslegungsfähig sind.[600] Die unmittel-

---

[596] Vgl. *BVerwG* NVwZ 2000, 1039: Der Geltungsvorrang führt nicht dazu, dass jede Normenkollision als Nichtigkeitsgrund zu behandeln wäre.
[597] *BVerwGE* 87, 154, 158 = NVwZ 1992, 783; NVwZ 2000, 1039.
[598] Vgl. *BVerfGE* 31, 145, 174 = NJW 1971, 2122; 75, 223, 224 = DVBl 1988, 38; 89, 155 ff. = NJW 1993, 3047 – zum Maastrichter Vertrag: Recht eines „Staatenbundes" zugleich zur Frage, inwieweit EG-Recht am Maßstab des GG einschließlich seiner Grundrechte gemessen werden darf; *EuGH* Slg. 1978, 629 (Rn. 21–23); 1989, 1861, 1871; *EuGH* DVBl 1991, 861; *BVerwGE* 74, 357, 360 = NVwZ 1987, 44; NJW 1998, 2195.
[599] Nach *BVerwGE* 100, 238 = NVwZ 1996, 788; NVwZ 1996, 906 war für vor Ablauf der Umsetzungsfrist am 3. 7. 1988 gestellte Anträge auf Projektzulassung keine UVP-Prüfung notwendig; bis zum 1. 8. 1990 war die Richtlinie unmittelbar anwendbar. Sie verschärft aber hiernach nicht die materiellrechtlichen (nationalen) Zulassungsvoraussetzungen und ersetzt auch nicht fehlende Umweltstandards. Die gegen diese Rechtsprechung gerichtete Verfassungsbeschwerde ist von der 1. Kammer des 1. Senats des *BVerfG* als „jedenfalls vertretbar" nicht zur Entscheidung angenommen worden (NVwZ 1997, 481). Zum Verhältnis von Gemeinschaftsrecht zu nationalen Präklusionsnormen vgl. noch *EuGH* DVBl 1996, 249; hierzu *v. Danwitz* UPR 1996, 323; ferner dazu noch bei §§ 73, 74. Das *BVerwG* hat nunmehr die Vereinbarkeit nationaler Präklusionsnormen in PflV mit der UVP-Richtlinie ausdrücklich bestätigt, vgl. *BVerwGE* 104, 337 = NVwZ 1998, 847. Zur ungenügenden Umsetzung der UVP-Richtlinie durch die Bundesrepublik Deutschland *EuGH* NVwZ 1998, 1281.
[600] Vgl. *EuGH* Slg., 1982, 53, 71; 1986, 737, 748; 1994, 497, 502; 1996, 236; *BVerfGE* 75, 223, 244 f. = DVBl 1988, 28; *BVerwGE* 100, 238 = NVwZ 1996, 788; *BGH* NJW 1990, 2889.

bare Anwendung von Richtlinien ist, auch soweit sie verfahrensrechtlichen Inhalt haben, demnach die Ausnahme.

Entscheidungen (Art. 249 Abs. 4 EGV) haben keinen Rechtssatzcharakter, sondern gleichen nach Inhalt und Wirkungsweise einem auf die Entscheidung eines Einzelfalls gerichteten Verwaltungsakt (vgl. Einl Rn. 70) und sind daher keine (abstrakte) Rechtsvorschrift i. S. von § 1 Abs. 1. **Stellungnahmen und Empfehlungen** (Art. 249 Abs. 5 EGV) sind unverbindlich und erzeugen keinen Anwendungszwang, entbehren daher ebenfalls eines Rechtssatzcharakters.[601] 222

Nicht abschließend geklärt ist, ob und inwieweit auch **Allgemeine Rechtsgrundsätze eines Europäischen Verwaltungs(verfahrens)rechts** als Bestandteil des primären oder sekundären Gemeinschaftsrechts Anwendungsvorrang vor Regelungen des VwVfG haben können. Solche Grundsätze können sich unmittelbar aus Wortlaut und Sinn primären oder sekundären Gemeinschaftsrechts selbst ergeben (sog. **unmittelbarer Rechtsgrundsatz**) oder entweder im Sinne eines ius commune unabhängig von Text und Sinn des geschriebenen Gemeinschaftsrechts als gemeinsamer Bestand und Standard EU-weit bestehen oder vom *EuGH* durch seine (ständige) Rechtsprechung begründet werden (sog. **mittelbarer Rechtsgrundsatz**). Auch solche Rechtsgrundsätze können Anwendungsvorrang vor nationalen Rechtsvorschriften haben.[602] Tendenziell gibt es derzeit – ausgehend von der 1977 verabschiedeten Entschließung des Ministerkomitees des Europarats zur Herstellung eines gemeinsamen Mindeststandards in Verwaltungsangelegenheiten (Präambel der Resolution Nr. (77) 31 des Europarats – fünf Bereiche, bei denen solche gemeinsamen allgemeinen Grundsätze bestehen oder sich entwickeln, nämlich das **rechtliche Gehör, die Akteneinsicht** im eigenen Verfahren, die **Begründung und Bekanntgabe von Verwaltungsentscheidungen** sowie die **Beratung und Vertretung** in VwVf. Vgl. hierzu auch Art. 41 der Charta der Grundrechte der Europäischen Union (Rn. 26). Hinzu kommen einige Grundsätze zur Rücknahme und zum Widerruf begünstigender **Verwaltungsakte und zum Vertrauensschutz,** die vom *EuGH* insbesondere aus Anlass der Aufhebung und Rückforderung gemeinschaftsrechtswidrig gewährter Subventionen aus EG- oder nationalen Mitteln entwickelt wurden (hierzu Rn. 225). Diese Bereiche haben bereits in §§ 14, 28, 29, 39, 48, 49, 49a ihre einfachgesetzliche nationale Ausformung erhalten, können aber insbesondere auf Grund einer zunehmend auch das Verwaltungsverfahrensrecht betreffenden Rechtsprechung des *EuGH* europäisch überlagert werden. Andere Bereiche des Verfahrensrechts sind nicht ausgenommen, haben sich aber bisher in der Rechtsprechung des *EuGH* noch nicht zu hinreichend konkreten europäischen Allgemeinen Rechtsgrundsätzen verdichtet.[603] 223

Unmittelbare und mittelbare allgemeine Rechtsgrundsätze des EG-Verwaltungsverfahrensrechts können dann Anwendungsvorrang vor nationalen Rechtsvorschriften haben, **wenn und soweit** sie bereits jetzt einen **konkreten Inhalt** haben, der **vom VwVfG abweicht,** also einen anderen Regelungsgehalt hat als die nationalen Rechtsvorschriften. Für eine Verdrängungswirkung der Regelungen des VwVfG durch allgemeine Rechtsgrundsätze des europäischen Verwaltungs(verfahrens)rechts reicht es im Allgemeinen zurzeit noch nicht aus, dass überhaupt die Existenz eines bestimmten Rechtsgrundsatzes für einen bestimmten Bereich bejaht werden kann, etwa zum rechtlichen Gehör, zur Akteneinsicht, zur Beratung und Vertretung sowie zur Begründungs- und Bekanntgabepflicht für bestimmte Verwaltungsentscheidungen oder zum Vertrauensschutz bei der Aufhebung begünstigender VAe. Ein Vorrang von EG-Rechtsgrundsätzen kann sich aber dann ergeben, wenn das nationale Recht hinter ihnen zurückbleibt und vom europäischen Standard abweicht, insbesondere zu Lasten der Gemeinschaftsbürger. Für 224

---

[601] Zur Bindungswirkung von Gemeinschaftsrahmen und Leitlinien im EG-Beihilferecht vgl. *Jestaedt/Häsemeyer* EuZW 1995, 787.

[602] Vgl. hierzu etwa *EuGH* NVwZ 1993, 973; *BVerwG* Buchholz 451.90 EG-Recht Nr. 128, wo neben dem Gemeinschaftsrecht „allgemeine Rechtsgrundsätze" ausdrücklich genannt sind; ferner: *Sommermann,* Europäisches Verwaltungsrecht oder Europäisierung des Verwaltungsrechts, DVBl 1996, 889, 897: „Die Zeit für eine Gemeinschaftskodifikation des Verwaltungsverfahrensrechts ist noch nicht reif."

[603] Zum Gesamtkomplex vgl. etwa *Oppermann* DVBl 1994, 901; *Gassner,* Rechtsgrundlagen und Verfahrensgrundsätze des Europäischen Verwaltungsverfahrensrechts, DVBl 1995, 16, 17 f.; *Schoch* JZ 1995, 109; *Horn* DVBl 1995, 89; *Jarass* DVBl 1995, 954; *Vedder,* in Schwarze/Starck, Vereinheitlichung des Verwaltungsverfahrensrechts, Europarecht, Beiheft 1/1995, S. 75 ff.; *Kahl,* Hat die EG die Kompetenz zur Regelung des Allgemeinen Verwaltungsrechts?, NVwZ 1996, 685; *Sommermann* DVBl 1996, 889; *Schwarze* DVBl 1996, 881; Einl Rn. 67 f.; zur Rechtsprechung des *EuGH* zu den Grundsätzen des VwVf ferner *Haibach* NVwZ 1998, 456; *Gornig/Trüe* JZ 2000, 395 ff., 446 ff., 501 ff. mit zahlreichen Einzelnachweisen.

einen solchen vom VwVfG abweichenden und ihm vorgehenden europäischen Rechtsgrundsatz des Verwaltungsverfahrensrechts ist regelmäßig 1. seine inhaltliche Konkretisierung und 2. eine klare und eindeutige Bestätigung durch eine Grundsatz-**Entscheidung des EuGH** oder der höchstrichterlichen Rechtsprechung der Bundesrepublik Deutschland notwendig. Durch sie muss zugleich der genaue, vom VwVfG abweichende Inhalt des Rechtsgrundsatzes **eindeutig und unmißverständlich als bestehend** klargestellt sein, weil erst dann die notwendige Klarheit besteht, ob und inwieweit der europäische Rechtsgrundsatz an die Stelle einer nationalen Regelung tritt und inwieweit detaillierte Bestimmungen des nationalen Rechts außer Ansatz zu bleiben haben. Dazu ist ein **konkreter Vergleich** der sich gegenüberstehenden Normen des nationalen Verfahrensrechts mit dem davon abweichenden Rechtsgrundsatz des Gemeinschaftsrechts notwendig. Grundsatz- und Detailregelungen des nationalen Rechts, zu denen ein thematisch einschlägiger allgemeiner europäischer Rechtsgrundsatz anerkannt werden kann – etwa bei §§ 14, 25, 28, 29, 39, 48 –, werden **nicht schon deshalb** von einem allgemeinen europäischen Rechtsgrundsatz insgesamt **verdrängt** und schlechthin unanwendbar, weil es zu diesem Bereich auf Europaebene überhaupt einen EG-Rechtsgrundsatz zu dem einschlägigen Thema gibt. Selbst wenn nationale Regelung und europäischer Grundsatz übereinstimmen, ist das nationale Recht der VwVfG weiterhin anwendbar, soweit darin weitergehende Details normiert sind als im Allgemeinen EG-Rechtsgrundsatz. Allein in der **Literatur** bestehende (auch überwiegende oder herrschende) Auffassungen zum Vorhandensein bestimmter europäischer Rechtsgrundsätze reichen ohne eine eindeutige und unmißverständliche Bestätigung durch eine eindeutige Rechtsprechung des *EuGH* für einen Anwendungsvorrang von nationalem Verfahrensrecht in aller Regel nicht aus.

225 Für den derzeitigen Zeitpunkt dürfte ein grundsätzlicher Anwendungsvorrang von EG-Verwaltungsverfahrensrecht vor dem VwVfG für zwei Bereiche anzunehmen sein, bei dem der *EuGH* mit seiner **integrationsfordernden Rechtsprechung**[604] aus Regelungen des Gemeinschaftsrechts verfahrensrechtliche Konsequenzen gezogen hat. Der erste Bereich betrifft vor allem im Hinblick auf die Regelungen der Art. 87, 88 EGV **gemeinschaftsrechtswidrig gewährte Subventionen.**[605] Für diese Fälle hat der *EuGH* entschieden, dass Vertrauensschutz entgegen den Regelungen des § 48 Abs. 2 und 4 VwVfG regelmäßig nicht schutzwürdig ist, sofern Subventionen (aus nationalen und EG-Mitteln) unter Verstoß gegen die Notationspflichten der Art. 87, 88 EGV bewilligt wurden, weil die Rückforderung solcher Mittel auf Grund nationalen Verfahrensrechts nicht „praktisch unmöglich" gemacht werden darf; vielmehr ist dieses so auszulegen und anzuwenden, dass das „Gemeinschaftsinteresse voll berücksichtigt" wird.[606] In seinem Urteil vom 20. 3. 1997 – Rs. C-24/95 –[607] hat der *EuGH* diese Rechtsprechung bestätigt und ausgeweitet: Er hat entschieden, dass bei Nichteinhaltung des Verfahrens nach Art. 88 EGV 1. kein berechtigtes Vertrauen in die Ordnungsmäßigkeit der Beihilfe entstehen kann, 2. die nach nationalem Recht mögliche Berufung auf den Wegfall einer Bereicherung ausgeschlossen ist und 3. die Ausschlussfrist des § 48 Abs. 4 Satz 1 VwVfG nicht gilt. Damit sind mehrere Grundsatzentscheidungen des nationalen Verwaltungsverfahrensrechts in § 48 Abs. 2 und 4 bei gemeinschaftsrechtswidrig gewährten Subventionen obsolet. Es lässt sich derzeit nicht sicher beurteilen, ob diese den Vertrauensschutz minimierende Entscheidung sich auf gemeinschaftsrechtswidrig gewährte Subventionen beschränkt oder Auswirkungen auch auf die Rechtsprechung des *EuGH* zur Frage der Rücknahme sonstiger rechtswidriger begünstigender VA deutscher Behörden insgesamt haben wird. Für Letzteres gibt es derzeit keine Anhaltspunkte. Die Rechtsprechung des *EuGH* schränkt zwar den nationalen Standard des Vertrauensschutzes ein, verletzt aber noch keine rechtsstaatlich unverzichtbaren **Grundrechtsgewährleistungen.** In seinem Urteil vom 13. 1. 2004 – Rs. C-453/00 –[608] betont der *EuGH*, dass das

---

[604] Hierzu auch *Schmitz* StAZ 1999, 138.
[605] Zu den neuen Verfahrensordnungen in Beihilfesachen (Verordnung [EG] Nr. 994/98 und Nr. 659/1999) *Sinnaeve* EuZW 1999, 270. Zum Verhältnis von europarechtlicher Beihilfeaufsicht und nationalem Gesetzgebungsverfahren *Ossenbühl* DÖV 1998, 811. Zu Grundfragen der Beihilfeaufsicht vgl. *von Danwitz* JZ 2000, 429.
[606] Vgl. *EuGH* EuZW 1990, 387; hierzu den Vorlagebeschluss des *BVerwG* NVwZ 1995, 703; hierzu ferner *Happe* JZ 1993, 292; *Schütterle* EuZW 1994, 265; *Fastenrath* Die Verwaltung 31 (1998), 277; weitere Nachweise bei Rn. 29; §§ 48, 49.
[607] *EUGHE* I 1997, 1591 = NJW 1998, 47 (i. S. Alcan).
[608] *EuGHE* I 2004, 837 = NVwZ 2004, 459.

§ 1 Anwendungsbereich   226 § 1

Gemeinschaftsrecht grundsätzlich nicht zur Rücknahme bestandskräftiger Verwaltungsentscheidungen verpflichtet, es sei denn, das nationale Rceht gibt eine entsprechende Befugnis. Auch überschreitet der *EuGH* nicht seine ihm nach Art. 234 EGV übertragene Kompetenz, wenn er die Grenzen nationaler (Verfahrens-)Gesetzgebung in Bezug auf Verfahren zur Verwirklichung des Gemeinschaftsrechts feststellt.[609] Problematisch ist der Wirksamkeitsansatz des *EuGH*, wenn er anerkannte Institute des nationalen Verfahrensrechts in ihrem Bestand unsicher werden lässt. Eine Reduzierung richterrechtlicher Übersteuerung zur Schonung mitgliedschaftlichen Rechts[610] löst das Problem nicht. Vielmehr dürfte ein Zustand erreicht sein, der eine koordinierte Fortentwicklung des europäischen und der nationalen Verwaltungsverfahrensrechte dringlich macht. Nur so kann auch dem **Prinzip widerspruchsfreier Normgebung** hinreichend Rechnung getragen werden.[611] Aufgabe der Mitgliedstaaten ist es, gemeinsame Verfahrensstrukturen herauszuarbeiten und diese bei Änderungen des nationalen Rechts zu berücksichtigen; Vorgaben des EU-Rechts lassen sich nur mit den vorhandenen Kategorien des mitgliedstaatlichen Rechts effektiv umsetzen.[612] Die Sogkraft des Gemeinschaftsrechts begünstigt die Tendenz, sich an dessen Standard auszurichten (Rn. 4).[613] Formen des kooperativen Verwaltungshandelns und formeller Privatisierung zählen hierzu.[614] Dies darf sich nicht nur in zunehmenden bereichsspezifischen Regelungen manifestieren, die den Bedeutungsgehalt der allgemeinen Verfahrensvorschriften der VwVfGe mindern.[615]

Der 2. Bereich betrifft das **Umwelt(verfahrens)recht.**[616] Hier hat der *EuGH* zuletzt unter 226
Zugriff auf die Kategorien des Vorbehalts des Gesetzes und des subjektiv-öffentlichen Rechts den in UVP-Richtlinien der EG enthaltenen Verfahrensvorschriften tendenziell einen Anwendungsbereich vor nationalen **Präklusionsvorschriften** zugebilligt und dies damit begründet, Verfahren in Anwendung von EG-Richtlinien dürften nicht ungünstiger gestaltet werden als bei solchen, die nur innerstaatliches Recht betreffen. Hiernach dürfen die nationalen Verfahrensvorschriften „die Ausübung der durch die Gemeinschaftsrechtsordnung verliehenen Rechts **nicht praktisch unmöglich machen oder übermäßig erschweren**". Für die Frage, ob dies der Fall ist, sind nach *EuGH* die Stellung der Vorschriften im gesamten Verfahren, der Verfahrensablauf und die Besonderheiten des Verfahrens vor den verschiedenen nationalen Stellen zu prüfen. Ferner sind die Grundsätze zu prüfen, die dem nationalen Rechtsschutzsystem zugrunde liegen, wie z. B. der Grundsatz der Beteiligungs- und Verteidigungsrechte und der ordnungsgemäße Ablauf des Verfahrens.[617] Hieraus folgt, dass die im Interesse der Verfahrensbeschleunigung erlassenen Präklusionsnormen des nationalen Rechts (etwa § 20 Abs. 2 Satz 1 AEG, § 17 Abs. 4 Satz 3 FStrG, § 17 Nr. 1 Satz 2 WaStrG, § 10 Abs. 2 Nr. 3 Satz 2 LuftVG, § 29 Abs. 4 Satz 3 PBefG) bei Anlegung dieser Grundsätze nicht zwangsläufig mit EG-Umweltverfahrensnormen kollidieren müssen, wenn Planungsverfahren ordnungsgemäß, wenn auch gestrafft, ablaufen und den Betroffenen Gelegenheit zur Stellungnahme und zu Einwendungen gegeben worden ist.[618]

---

[609] BVerwGE 106, 328 = NJW 1998, 3728; bestätigt durch BVerfG (K) NJW 2000, 2015; *Fastenrath,* Die Verwaltung 31 (1998), 277, 295; a. A. *Scholz* DÖV 1998, 261 und in einem Parteigutachten für die Klägerin des vorbezeichneten Verfahrens; dagegen *Frowein* DÖV 1998, 806, 807; *Winkler* DÖV 1999, 148; *Schwarze* NVwZ 2000, 241, 251. Zum Verhältnis der Kompetenzen von europäischen und nationalen Gerichten ferner *Weber* DÖV 1997, 624; *Šarčević* DÖV 2000, 941.
[610] Vgl. *Schmidt-Aßmann* in Müller-Graff (Hrsg.), Perspektiven des Rechts in der Europäischen Union, 1998, S. 131, 141 f.
[611] Vgl. *Frenz* DÖV 1999, 41, 49.
[612] Für eine Kodifikation des Eigenverwaltungsrechts als ersten Schritt, weil einfacher durchzusetzen *Schmidt-Aßmann* in Müller-Graff (Hrsg.), Perspektiven des Rechts in der Europäischen Union, 1998, S. 131, 161 ff.
[613] Zur notwendigen Außenorientierung des deutschen öR *Wahl* Der Staat 38 (1999), 495; *ders.*, Herausforderungen, 2006, S. 101 ff.
[614] Vgl. *Dreier* DÖV 2002, 537, 542 ff.
[615] Vgl. *Ehlers* Die Verwaltung 31 (1998), 53, 56 f.; *Schmitz* NJW 1998, 2866, 2870 f.
[616] Insbesondere im Umweltrecht nehmen bereichsspezifische Verfahrensregeln, deren Notwendigkeit mit gemeinschaftsrechtlichen Vorgaben begründet wird, ohne hinreichende Abstimmung mit dem allgemeinen Verwaltungsverfahrensrecht ständig zu; *Schmitz* NJW 1998, 2866, 2870 f.
[617] Vgl. zuletzt *EuGH* DVBl 1996, 249; bereits früher *EuGH* Slg. 1988, 1099 Nr. 12 und 1988, 4517 Nr. 17.
[618] Zur Zulässigkeit von Präklusionen vgl. BVerfGE 61, 82 = NJW 1982, 2173 zur AtAnlV; BVerwG NVwZ 1995, 903; 1995, 904; 1996, 267; 1997, 171; zur Wiedereinsetzung vgl. BVerwG NVwZ 1997, 391; ferner *v. Danwitz* VerwArch 84 (1993), 73 ff.; DÖV 1996, 481; UPR 1996, 323; ferner § 73 jeweils m. w. N.

§ 1   227–229   Teil I. Anwendungsbereich, örtliche Zuständigkeit, Amtshilfe

Dementsprechend hat das *BVerwG* entschieden, dass eine ortsübliche Auslegung des Plans den Anforderungen der Art. 6 und 8 der UVP-Richtlinie genügt, verspätete Einwendungen zu einem materiellen Einwendungsausschluss mit Wirkung auch für das Gerichtsverfahren ohne Verstoß gegen Gemeinschaftsrecht führen und dies auch dann nicht verfassungswidrig ist, wenn sie im konkreten Fall grundrechtsrelevante Rechtspositionen (etwa nach Art. 2 Abs. 2 und Art. 14 Abs. 1 GG) betrifft.[619]

227   Durch die vom *EuGH* zuletzt mehrfach bestätigte **Haftung der nationalen Staaten für verspätete Umsetzung von Gemeinschaftsrecht** in nationales Recht (Einl Rn. 91) wird der Trend zur raschen Anpassung und Übernahme von Gemeinschaftsrecht mittelbar verstärkt.[620] Zur Frage von EG-Verfahrensrecht betr. Vertretung und Beratung, zum rechtlichen Gehör, zur Akteneinsicht und zur Begründung von Verwaltungsentscheidungen vgl. die Hinweise in §§ 14, 25, 28, 29 und 39. Wegen der Vereinbarkeit der neuen §§ 45, 46 mit Gemeinschaftsrecht vgl. dort.

228   Die neue **EG-Dienstleistungsrichtlinie**[621] soll ab 2010 den Binnenmarkt auch im Bereich der Dienstleistungs- und Niederlassungsfreiheit realisieren. Die Richtlinie soll einen Rechtsrahmen schaffen, durch den die Gründung betrieblicher Niederlassungen in einem anderen EU-Mitgliedstaat erleichtert und das Erbringen von Dienstleistungen über die Landesgrenzen hinweg vereinfacht wird. Hierzu soll es jedem Dienstleistungserbringer ermöglicht werden, über einen so genannten **„einheitlichen Ansprechpartner"** alle Formalitäten zur Aufnahme oder Ausübung einer Dienstleistung – auf Wunsch **auch elektronisch** – abzuwickeln. Eine weitere wichtige Funktion des einheitlichen Ansprechpartners besteht darin, den Dienstleistungserbringern und -empfängern hierzu sämtliche relevanten Informationen zur Verfügung zu stellen. Zudem enthält die Richtlinie die Verpflichtung zur Normprüfung und Vereinfachung der bisherigen Verfahrensvorschriften sowie umfangreiche Vorgaben zu Genehmigungsverfahren. Sie wird erhebliche Auswirkungen auch im Verwaltungsverfahrensrecht nach sich ziehen; ihre Verfahrenserleichterungen werden nicht nur EU-Ausländern (keine „Inländer-Diskriminierung") zuteilwerden. Kernbestimmungen sind die Benennung einheitlicher Ansprechpartner für sämtliche Genehmigungsverfahren (Art. 6),[622] die Möglichkeit zur elektronischen Verfahrensabwicklung (Art. 8; vgl. § 3a Rn. 56) sowie die Vereinfachung von Genehmigungsverfahren (Art. 9 ff.).[623] Es geht hier nicht nur um eine bedeutende Herausforderung an die Verwaltungsorganisation, sondern letztlich um einen gravierenden Eingriff in die Verwaltungsautonomie der Mitgliedstaaten.[624] Schon jetzt ist absehbar, dass die dreijährige Umsetzungsfrist angesichts des erheblichen Umsetzungsbedarfs knapp bemessen ist, um in der föderalen Struktur zu einer sinnvollen Umsetzung zu gelangen (Rn. 282). Die Dienstleistungsrichtlinie jedoch nur als Bedrohung bewährter Institute des nationalen Verwaltungsverfahrensrechts zu sehen, wird dem Ziel, einen europäischen Raum des Rechts zu schaffen, nicht gerecht. Vielmehr sollte sie als Impuls für die Bemühungen der europäischen Verwaltungsrechtswissenschaft um dogmatische Durchdringung und Systembildung im gemeineuropäischen Verwaltungsrecht wahrgenommen werden.[625]

3. Subsidiaritätsklauseln im Landesrecht

229   a) § 1 Abs. 3 mit dem darin enthaltenen Vorrang des Landesverwaltungsverfahrensrechts vor dem VwVfG des Bundes gilt nicht gegenüber **spezialgesetzlichen Vorschriften des Bundes**.

---

[619] *BVerwGE* 104, 337 = NVwZ 1998, 847.
[620] Vgl. etwa *EuGHE* I 1995, 4599 = NJW 1996, 1267 = JZ 1996, 789 – Brasserie du pecheur/Factortame III – mit Besprechung von *Ehlers* JZ 1996, 776; hierzu eine Staatshaftung nach nationalem Recht verneinend *BGHZ* 134, 30 = NJW 1997, 123; zur Staatshaftung wegen verspäteter Umsetzung einer EG-Richtlinie im Fall des Konkurses von vgl. *EuGHE* I 1996, 4845 = NJW 1996, 3141 – MP Travel; zum Gesamtkomplex grundlegend früher bereits *EuGHE* I 1991, 5357 = NJW 1992, 165 – Francovich; hierzu *Ossenbühl* DVBl 1992, 993.
[621] Zur Rechtsetzungsermächtigung vgl. *Müller-Graff* in Streinz Art. 52 EGV Rn. 1 ff.
[622] Hierzu *Windoffer* DVBl 2006, 1210.
[623] Zum Entwurf der Dienstleistungsrichtlinie *Schliesky* DVBl 2005, 887.
[624] *Ohler* BayVBl 2006, 261.
[625] Zutreffend *Schliesky* DVBl 2005, 887, 895; vgl. auch die Bestandsaufnahme durch die Beiträge in *Hill/Pitschas* (Hrsg.), Europäisches Verwaltungsverfahrensrecht, 2004, und *Siedentopf* (Hrsg.), Der Europäische Verwaltungsraum, 2004.

Insofern geht vom VwVfG abweichendes Bundesrecht über **Art. 31 GG** auch den Landesverwaltungsverfahrensgesetzen und anderem Landesrecht vor.[626] Da sich diese Ländergesetze – sofern in ihnen oder nachfolgenden Gesetzen nicht bereits (wie etwa in Bremen und im Saarland) eine Rechtsvereinheitlichung oder -bereinigung enthalten ist (vgl. hierzu Rn. 159 ff.) – gegenüber spezialgesetzlichem sonstigem Landesrecht in der Regel Subsidiarität beimessen, wird über § 1 Abs. 3 und die entsprechenden Landesverwaltungsverfahrensgesetze im Ergebnis eine Subsidiarität auch gegenüber landesrechtlichen Sonderregelungen hergestellt (Rn. 73 ff.). Auch aus diesem Grunde zeigt sich die Notwendigkeit weiterer Rechtsbereinigungen im Bundes- und Landesbereich (Rn. 269 ff.).

b) Ob und inwieweit **landesrechtliche Rechtsvorschriften gegenüber den Landesverwaltungsverfahrensgesetzen** vorgehen, bemisst sich im Einzelfall nach den gleichen Auslegungs- und Anwendungsgrundsätzen wie im Bundesrecht zwischen VwVfG und Spezialgesetzen (hierzu Rn. 209, 231 ff.). **Rechtsvorschriften des Landes** i. S. der VwVfGe der Länder sind ihre Verfassungen, formelle und materielle **Landesgesetze und Rechtsverordnungen** (hierzu und zu Verwaltungsvorschriften vorstehend Rn. 212 ff.). Keine Rechtsvorschriften in diesem Sinne sind die von den Kommunen auf der Grundlage von Art. 28 Abs. 2 GG i. V. m. dem Kommunalverfassungsrecht des jeweiligen Landes bzw. nach Bundesrecht erlassenen **Satzungen**. Sie können wegen der Grundsatzes des Vorrangs des Gesetzes und wegen Art. 31 GG Bundes- und Landesrecht nicht brechen. Im Selbstverwaltungsbereich der **Gemeinden** können aber, soweit eine Regelungskompetenz der Kommune besteht, andere verfahrensrechtliche Regelungen als im Bundes- und Landesrecht enthalten sein. Im Zweifel ist auch hier zugunsten einer **Lückenschließung** durch die VwVfG zu entscheiden, es sei denn, es liegt eine Gesamtkodifikation des Spezialrechts vor, die einer Ergänzung weder fähig ist noch ihrer bedarf. Ungewollte Regelungslücken, die – etwa durch eine Teilregelung im Spezialgesetz entstehen können – sind im Zweifel durch eine ergänzende Anwendung des VwVfG des Landes zu schließen.[627]

4. Auslegungs- und Anwendungsprobleme

In der praktischen Handhabung wirft das Subsidiaritätsprinzip im Bundes- und Landesverwaltungsverfahrensrecht eine Reihe von Auslegungs- und Anwendungsproblemen auf. Zu unterscheiden sind dabei die Fälle a) vom VwVfG **abweichender** (also ihm entgegenstehender) Verfahrensrechtsvorschriften, b) des **Fehlens** dem VwVfG entsprechender Regelungen und c) der Fall einer normativen **Teilregelung** des anzuwendenden Verfahrensrechts.

a) Eine **Verdrängung des Verwaltungsverfahrensgesetzes** tritt dann ein, wenn die in Betracht kommenden Spezialregelungen ein Gebiet oder eine Einzelfrage **abweichend,** also **anders** als das VwVfG von Bund oder Ländern regeln.[628] Ob dies der Fall ist, muss im **Einzelfall** geprüft werden. Dabei ist vor allem bei nicht eindeutigem Wortlaut auch der Frage nachzugehen, ob – insbesondere zeitlich folgende – verwaltungsverfahrensrechtliche Sonderregelungen überhaupt darauf zielen, das VwVfG zu verdrängen, da ja durch die Kodifikationen der letzten Jahre der Bundesgesetzgeber (und ihm nachfolgend die Landesgesetzgeber) seinen Willen zur Rechtsvereinheitlichung eindeutig klargemacht hat.[629] Schon von daher ist es unzulässig, bei unklarem Inhalt einer Regelung allein aus der Zweckbestimmung eines Gesetzes oder aus der „Natur der Sache" auf eine Verdrängung des VwVfG schließen zu wollen.[630] Inhaltsgleich oder dem VwVfG entgegenstehend ist eine Rechtsvorschrift regelmäßig nur dann, wenn es sich um

---

[626] Vgl. BVerwGE 82, 17 = NVwZ 1990, 561; ferner Rn. 208 ff.
[627] Vgl. VGH München NVwZ 1989, 685, 686. In diesem Sinne ferner VGH Mannheim NVwZ 1984, 382; § 99 BauO BW schließt die Anwendung des § 48 Abs. 4 LVwVfG BW nicht aus; VG Köln NVwZ 1984, 537 zum Verhältnis von HaushaltsG NRW 1981 zu §§ 48, 49 mit Teilverdrängung. Vgl. ferner BVerwGE 75, 262 = NJW 1987, 1346 = DVBl 1987, 486, 488, wo zu Unrecht ein Ausschluss von Regelungen des VwVfG durch frühere ungeschriebene Grundsätze des allgemeinen Verwaltungsrechts für möglich erachtet wird (vgl. hierzu Rn. 233).
[628] Kopp/Ramsauer § 1 Rn. 34; Finkelnburg/Lässig § 1 Rn. 45; Erichsen VerwArch 69 (1978), 303, 306.
[629] Zum Vorrang der ergänzenden BGB-Regelungen i. V. m. § 62 S. 2 beim ör Vertr gegenüber Art. 71 Abs. 1 BayAGBGB BayObLG NVwZ-RR 2005, 135, 137.
[630] So aber etwa VGH Kassel NJW 1987, 1436; ähnlich BVerwGE 71, 369 = NJW 1986, 1888, 1889 und NVwZ 1987, 488, weil dies dem Harmonisierungsauftrag des VwVfG widerspricht.

eine **ausdrückliche Vorschrift** handelt; **Schweigen des Spezialrechts** reicht für einen Ausschluss der ergänzenden Anwendung des VwVfG grundsätzlich nicht aus. Eine außerhalb der VwVfG von Bund oder Ländern bestehende Rechtsvorschrift kann trotz Fehlens einer ausdrücklich gegenteiligen Regelung ausnahmsweise dann abschließend und durch Vorschriften des VwVfG nicht ergänzungsfähig sein, wenn und soweit sich dies trotz eines verträglichen Wortlauts beider Vorschriften aus Entstehungsgeschichte, Sinn und Zweck und unter Berücksichtigung der jeweiligen Interessenlage eindeutig ergibt.[631] **Im Zweifel** bleibt es bei der Anwendbarkeit des VwVfG (Rn. 235).

233   b) Bei weitgehendem oder jedwedem **Fehlen von Verfahrensregelungen im Spezialrecht** findet das VwVfG ergänzend (voll) Anwendung. Im Zweifel ist daher bei Fehlen, aber ebenso bei einer nur rudimentären oder unvollständigen Regelung des VwVfs das VwVfG im Spezialrecht zur **Lückenschließung** anwendbar (hierzu ferner Rn. 235). Das BVerwG nimmt mit Recht an,[632] dass eine das VwVfG **ausschließende Wirkung nur solche (Spezial-)Vorschriften haben, die ihrerseits die Folgen abschließend regeln**.[633] Der Ausschluss der Anwendbarkeit der VwVfGe von Bund oder Ländern beschränkt sich nicht auf solche Fälle, in denen andere Rechtsvorschriften ausdrücklich eine inhaltsgleiche oder entgegenstehende Bestimmung treffen;[634] eine außerhalb der VwVfGe bestehende Bestimmung wird vielmehr als inhaltsgleich oder entgegenstehend auch dann angenommen, wenn ihr durch Auslegung zu ermittelnder Regelungsanspruch abschließend ist;[635] soweit das BVerwG[636] darin die Ausschlusswirkung „unter Berücksichtigung der ungeschriebenen Grundsätze des allgemeinen Verwaltungsrechts" ermittelt, ist diese Begründung (nicht notwendig auch das Ergebnis; vgl. Rn. 232) problematisch, weil gerade diese ungeschriebenen Grundsätze durch das VwVfG ersetzt werden sollen (Rn. 1 ff.). Das BVerwG[637] rechtfertigt daher den Ausschluss einer ergänzenden Anwendung VwVfG im Subventionsrecht zu § 48 Abs. 4 systematisch zutreffend nicht mit dem Hinweis auf ungeschriebene Grundsätze des (früheren) allgemeinen Verwaltungsrechts, sondern leitet ihn aus Entstehungsgeschichte, Sinn und Zweck des Spezialrechts und den daraus abgeleiteten besonderen Zwecken des Subventionsrechts ab. Einen Grundsatz der (stillschweigenden) Verdrängung des VwVfG durch **frühere „ungeschriebene Rechtsgrundsätze** des allgemeinen Verwaltungs(verfahrens)rechts" gibt es nicht (Rn. 235).[638]

234   In einer neueren Gesetzgebung finden sich in Spezialgesetzen im Hinblick auf die Ergänzungs- und Lückenschließungsfunktion des VwVfG zunehmend Beispiele für einen völlig

---

[631] Vgl. BVerwG NVwZ 1987, 488; DVBl 1994, 409 mit Ausschluss der Jahresfrist des § 48 Abs. 4 für Subventionserlangung durch vorsätzlich und leichtfertig falsche Angaben; zur Rückforderung gemeinschaftswidriger Subventionen vgl. den Vorlagebeschluss des BVerwG NVwZ 1995, 703; zum praktischen Ausschluss von Vertrauensschutz bei der Aufhebung gemeinschaftsrechtswidriger Subventionsbescheide nach der Rechtsprechung des EuGH vgl. EuGHE I 1997, 1591 = EuZW 1997, 276 = NJW 1998, 47, hierzu Rn. 225; § 48 Rn. 261.
[632] BVerwG Buchholz 316 § 1 VwVfG Nr. 2.
[633] Ebenso BVerwGE 88, 130 = NVwZ 1992, 63 (Verhältnis KDVNG/VwVfG): Unmittelbare Ergänzung und Lückenschließung des Spezialrechts durch VwVfG, soweit in ersterem keine entgegenstehenden Regelungen enthalten sind. Ähnlich BVerwGE 67, 207 = NJW 1984, 188 zur Anwendung des Art. 74 Abs. 5 BayVwVfG im luftverkehrsrechtlichen Verfahren, ferner VGH Mannheim 1984, 382 für das Verhältnis von § 99 BauO BW zu § 48 Abs. 4; ebenso VGH München NVwZ 1989, 685 zur ergänzenden Anwendung des Art. 76 BayVwVfG auf Art. 83 BayWassG; BVerwG NVwZ 1984, 715: Rücknahme einer Zurückstellung vom Wehrdienst nur unter den Voraussetzungen der §§ 48 ff. BVerwG NVwZ 1989, 153: Ergänzende Anwendung des § 75 VwVfG auf die bahnrechtliche Planfeststellung nach § 36 BBahnG. Andererseits BGH NVwZ 1987, 532: Grundsätzlich Unanwendbarkeit der §§ 48–51 auf einen Umlegeplan nach § 73 BBauG. Ferner BVerwGE 88, 130 = NVwZ 1992, 63: Ergänzende Anwendung der §§ 48, 49 auf die Verfahren zur Aberkennung als Kriegsdienstverweigerer. Das StAG schließt, insbesondere bei Einbürgerungen, eine ergänzende Anwendung des § 48 nicht aus, BVerfGE 116, 24 = NVwZ 2006, 807, 811 ff.; hierzu Kämmerer NVwZ 2006, 1015; Mehde Jura 2007, 440; BVerwGE 119, 17 = NVwZ 2004, 487; ferner Sachs in Stern, Staatsrecht IV/1, § 101 II 1 c. Andererseits BVerwGE 81, 74 = NVwZ 1989, 453: Abschließende Regelung des Widerrufs einer Gaststättenerlaubnis in § 15 Abs. 2 und 3 GastG ohne Ergänzung durch § 49.
[634] BVerwG NVwZ 1987, 488.
[635] Von BVerwG NVwZ 1987, 488 bejaht für § 1 Abs. 3 der landesrechtlichen VO über die Straßenverzeichnisse für Gemeindeverbindungsstraßen in BW mit der Folge des Ausschlusses des § 48 Abs. 4 VwVfG; BVerwG 105, 214 = NJW 1998, 2756 für Widerruf der ärztlichen Approbation gem. § 5 Abs. 2 BÄO (Ausschluss der §§ 49 Abs. 2 Satz 2, 48 Abs. 4 Satz 1 VwVfG).
[636] BVerwG NVwZ 1987, 488.
[637] BVerwG DVBl 1994, 409.
[638] Vgl. BVerwGE 85, 79, 83 = NVwZ 1990, 1066; 88, 130, 132 = NVwZ 1992, 63.

§ 1 Anwendungsbereich   235 § 1

oder weitgehenden **Verzicht** auf verfahrensrechtliche Vorschriften. Das **AbfallG** vom 27. 8. 1986[639] enthielt z. B. in §§ 7, 8 nur die Anordnung eines Planfeststellungsverfahrens, im Übrigen galten §§ 72 ff. Diesem Ziel der Rechtsvereinheitlichung dient in diesem Bereich das 3. Rechtsbereinigungsgesetz vom 28. 6. 1990,[640] in dem insbesondere Spezialregelungen in Fachplanungsgesetzen von FStrG, PBefG, WaStrG, LuftVG, TelWegG gestrichen wurden und damit §§ 72 ff. unmittelbar anwendbar sind (hierzu noch §§ 72 ff.). **Beispiele** für die **partielle Sonderregelung** und einer im Übrigen ergänzenden Anwendung des VwVfG im Spezialrecht: **§ 10 Abs. 1 MOG**, wonach rechtswidrige begünstigende Bescheide in bestimmten Fällen ohne Ermessensmöglichkeit zurückzunehmen sind, im Übrigen aber § 48 Abs. 2–4 VwVfG anzuwenden ist (ebenso § 10 Abs. 2 **MOG** für den Widerruf); ferner etwa **§ 16a Abs. 1 Nr. 1 PflanzenschutzG:** Die Zulassung kann außer in den Fällen des § 49 VwVfG widerrufen werden, wenn der Inhaber der Zulassung es beantragt. Ähnlich *BVerwG* NVwZ 1987, 44 = *BVerwGE* 74, 357, wonach **§ 9 Abs. 2 der BeihilfenVO – Magermilch** bei der Rücknahme von Bewilligungen und der Rückforderung von Beihilfen zwar das Ermessen, nicht jedoch den Vertrauensschutz des § 48 Abs. 2 VwVfG ausschließt. *BVerwG* Buchholz 316 § 1 VwVfG Nr. 4 nimmt an, dass §§ 60 Abs. 1, 64 **FlurbG** den VwVfGen vorgehen. *BVerwG* NVwZ 1987, 215: §§ 48, 49 VwVfG werden durch **§ 11 des Gasöl-Verwendungsgesetzes – Landeswirtschaft** vom 22. 9. 1967[641] i. d. F. vom 26. 6. 1981[642] ausgeschlossen mit der Folge einer Pflicht zur Rückforderung für zu Unrecht gewährte Verbilligungsbeiträge, wobei hinsichtlich Rechtsmissbrauchs offengelassen wird, ob die Berufung auf Vertrauensschutz generell ausgeschlossen werden kann (als bedenklich bezeichnet in *BVerfGE* 59, 128, 152 = NJW 1983, 103 für das Vertriebenenrecht). Für eine Anwendung von § 24 und § 28 ist neben **§ 5 Abs. 1 FlurbG** kein Raum.[643] Die Jahresfrist des § 48 Abs. 4 Satz 1 findet keine Anwendung auf Rücknahme und Rückforderung einer Gasölbetriebsbeihilfe nach Art. 2 § 1 Nr. 5 VerkFG i. V. m. § 11 **Gasöl-Betriebsbeihilfe-VO-Straßenverkehr**, weil diese Vorschriften abschließende Sonderregelungen enthalten, die nach Sinn und Zweck der Spezialvorschriften weder ergänzungsfähig noch -bedürftig sind und es dem Zweck der speziellen Rückforderungsregelungen widerspräche, wenn eine Verzögerung der Rücknahme und Rückforderung zum Verlust der Rückforderungsbefugnis führte und so dem Empfänger eine gesetzwidrig gewährte Beihilfe verbliebe.[644] **§ 41 Abs. 1 BImSchG** schließt, soweit es um Lärmschutz geht, grundsätzlich die Anwendung des § 74 Abs. 2 Satz 2 aus; das gilt nicht, wenn eine zwecks Lärmsanierung an einer vorhandenen Straße einseitig errichtete Schallschutzwand durch Reflexion des vorhandenen Verkehrslärms zu einer zusätzlichen Lärmbeeinträchtigung von Anwohnern auf der gegenüberliegenden Seite führt.[645]

c) Eine Ergänzung vor allem der vor den VwVfG ergangenen verfahrensrechtlichen Regelungen findet ferner statt, wenn das Spezialgesetz nur eine **Teilregelung** trifft. Durch *BVerwGE* 85, 79 = NVwZ 1990, 1066 (zum Verhältnis BVFG a. F./VwVfG)[646] und 88, 130 = NVwZ 1992, 63 (zum Verhältnis KDVNG/VwVfG) kann nunmehr als geklärt angesehen werden, dass in allen Fällen, in denen keine ausdrücklichen entgegenstehenden Rechtsvorschriften vorhanden sind, **Lücken** mit dem Inhalt des VwVfG **zu schließen sind.** Zum VwVfG als Ausdruck eines bereits allgemeinen Rechtsgrundsatzes vgl. Rn. 283.[647] Soweit das **Spezialgesetz schweigt, greift das VwVfG ein.** Im Wege der Auslegung durch Einzelanalyse[648] zu prüfen ist, ob eine abschließende oder Teilregelung vorliegt. Bei dieser Entscheidung – die Rechts-, nicht Ermes-

235

---

[639] BGBl I S. 1410.
[640] BGBl I S. 1221.
[641] BGBl I S. 1339.
[642] BGBl I S. 537.
[643] *BVerwG* Rd L 1993, 95.
[644] Vgl. *BVerwG* DVBl 1994, 409.
[645] Vgl. *BVerwGE* 97, 367 = NVwZ 1995, 907.
[646] Nach Aufhebung des § 18 BVFG a. F. richtet sich die Einziehung von Vertriebenenausweisen nur noch nach den Bestimmungen der VwVfGe, *BVerwG* NVwZ-RR 1998, 400.
[647] Vgl. zu Einzelfragen beim Bundes-Immissionsschutzgesetz *Ule* DVBl 1976, 729; beim Baurecht *Stelkens* BauR 1978, 158; 1980, 7; 1986, 390; beim Kartellrecht *Bunte* BB 1980, 1073, 1076; bei der Versicherungsaufsicht *Franz* VersR 1977, 105; beim Personenstandsrecht *Sachse* StAZ 1979, 139, 142; im Beamtenrecht *Wagner* DÖV 1988, 277.
[648] *Erichsen* VerwArch 72 (1981), 349; *Schmidt-Aßmann* Städte- und Gemeindebund 1977, 9, 11.

sensfrage ist[649] – ist im Zweifel nach dem Zweck der VwVfG von Bund und Ländern im Sinne einer **Ergänzung und Lückenschließung** des Spezialrechts zu entscheiden.[650] Hier wird, wenn es sich um den Vergleich von Vorschriften des VwVfG mit älteren Tatbeständen handelt, der Gesichtspunkt zum Tragen kommen, dass Sinn und Zweck der fachgesetzlichen Sonderregelung mittlerweile anders zu sehen sind, als der Gesetzgeber sie einst gesehen hat, und die Rechtsentwicklung fortgeschritten ist, zumeist, wenn auch nicht notwendig in Richtung einer bürgerfreundlicheren Auslegung und Anwendung des VwVfG.[651] Ein weiterer wichtiger Gesichtspunkt für die Auslegung muss sein, dem VwVfG als fachgebietsübergreifendem Dachgesetz für die ör Verwaltungstätigkeit entsprechend seiner ursprünglichen gesetzgeberischen Konzeption einer Lückenschließung und Harmonisierung des gesamten Verfahrensrecht (Rn. 2 ff.) **einen möglichst umfassenden Anwendungsbereich zu sichern**.[652] Zu teilweise gegenteiligen Tendenzen Rn. 234. Einen Grundsatz der **stillschweigenden Verdrängung** des VwVfG aus der Zweckbestimmung des Spezialgesetzes oder aus der „Natur der Sache" gibt es **nicht** (Rn. 233).

V. Begriff der Behörde (Abs. 4)

1. Verfahrensrechtlicher Begriff und Definitionen

236 a) Der Begriff der „Behörde" gehört mit den Begriffen „Verwaltungsverfahren" (§ 9), „Verwaltungsakt" (§ 35 Rn. 50 ff.) und „öffentlich-rechtlicher Vertrag" (§ 54) zu den begrifflichen Grundelementen des Gesetzes. Er wird in einer großen Anzahl von Vorschriften verwendet.[653] **Absatz 4** stellt daher klar, was im VwVfG als Behörde verstanden wird, nämlich jede Stelle, die Aufgaben der öffentlichen Verwaltung wahrnimmt (s. auch Rn. 247). In gleicher Weise drücken sich §§ 1 Abs. 2 SGB X und § 6 Abs. 1 AO aus. Diese Begriffsbestimmung ist nicht logisch abgeleitet, sondern pragmatisch gewonnen. Da sie nur als Definition für **„dieses Gesetz"** gedacht ist, kann sie nicht ohne weiteres für andere Rechtsgebiete, z. B. für den Verwaltungsprozess (s. aber Rn. 242 f.), für das Organisationsrecht (Rn. 238 f.) oder Beamtenrecht,[654] das Personenstandsrecht (§ 61 Abs. 1 PStG),[655] den Datenschutz (§ 2 BDSG), das Bergrecht (§ 15 BBergG)[656] oder das Presserecht[657] übernommen werden.[658] Wenn die Voraussetzungen des Behördenbegriffs aus anderen Rechtsbereichen vorliegen, sind in der Regel auch die Voraussetzungen des Begriffs des VwVfG erfüllt, nicht aber umgekehrt. Im Entwurf eines UGB der Unabhängigen Sachverständigenkommission beim BMU ist für den Behördenbegriff maßgebend, dass eine Aufgabe des Umweltschutzes wahrgenommen wird.[659]

237 Die häufig als **allgemeiner Behördenbegriff** definierten Voraussetzungen „die in den Organismus der Staatsverwaltung eingeordnete, organisatorische Einheit von Personen und sächlichen Mitteln, die mit einer gewissen Selbständigkeit ausgestattet und dazu berufen ist, unter öffentlicher Autorität für die Erreichung der Zwecke des Staates oder von ihm geförderter Zwecke tätig zu sein",[660] sind mithin für das VwVfG nicht abschließend. Anlass für die Aufnahme einer ausdrücklichen Definition in das Gesetz war klarzustellen, dass hier ein auf die Zwecke des Geset-

---

[649] *Schmidt-Aßmann* Städte- und Gemeindebund 1977, 9, 11.
[650] So *BVerwGE* 85, 79 = NVwZ 1990, 1066 und 88, 130 = NVwZ 1992, 63; auch *Kopp/Ramsauer* § 1 Rn. 34.
[651] *Schmidt-Aßmann* Städte- und Gemeindebund 1977, 9, 15.
[652] So auch *BVerwGE* 85, 79, 82, 83 = NVwZ 1990, 1066 und 88, 130, 132, 133 = NVwZ 1992, 63; *Kopp/Ramsauer* § 1 Rn. 34.
[653] Vgl. vor allem § 35 Rn. 50 ff.
[654] *BVerwGE* 87, 310 = NJW 1991, 2980; *OVG Münster* DVBl 1991, 1210.
[655] Der Zielsetzung von § 61 PStG entsprechend sind als Behörden i. S. d. Vorschrift – abweichend von § 1 Abs. 4 VwVfG – alle Stellen anzusehen, die Aufgaben im öffentlichen Interesse wahrnehmen und in diesem Zusammenhang auf die Kenntnis von Personenstandsangaben angewiesen sind, z. B. Suchdienste des Deutschen Roten Kreuzes (hierzu aber auch Rn. 268), die im ausdrücklichen Auftrag der Verwaltung tätig sind. Der Behördenbegriff des § 61 PStG ist daher weiter als der des VwVfG zu verstehen. S. auch *Hepting/Gaaz*, Personenstandsrecht, § 61 PStG Rn. 24 ff.
[656] *BVerwG* NVwZ 1999, 876.
[657] S. *BGH* NJW 2005, 1720; *OVG Münster* DÖV 1986, 82.
[658] Weitergehend *Achterberg* § 13 Rn. 17.
[659] Vgl. *Hagenah* DVBl 1998, 87, 89.
[660] *BVerwG* NJW 1991, 2980 m. w. N.

zes bezogener **verwaltungsverfahrensrechtlicher Begriff** zugrunde gelegt und nicht an einen anderen, insbesondere organisationsrechtlichen Begriff angeknüpft wird. Auf der anderen Seite ist Absatz 4 auch keine Definition für jede Vorschrift dieses Gesetzes, die den Begriff der Behörde enthält. Auch das VwVfG gebraucht den Begriff „Behörde" **nicht immer einheitlich.** Der Zweck der einzelnen Vorschrift kann einen anderen Begriffsinhalt als den allgemeinen für das VwVfG als zweckmäßig erkannten verlangen. Dies ist z.B. in § 38 (dort Rn. 65 ff.) und § 48 (dort Rn. 212) der Fall.

Damit wird dieser Begriff ähnlich dem des VA (§ 35 Rn. 43, 49) von den Zielen des VwVfG bestimmt.[661] Maßgebend ist nicht die Organisation der Behörde, ihre organisationsrechtliche Zuordnung oder die Frage der Organschaft einer juristischen Person. Deshalb ist auch nicht für diesen Behördenbegriff entscheidend, ob die Rechtsfolgen der Maßnahmen der Behörde im Außenverhältnis nicht dem Organ Behörde, sondern der juristischen Person zugerechnet werden können.[662] Lediglich §§ 1 bis 3 LVwGSchlH unterscheiden entsprechend dem weiten Anwendungsbereich des LVwGSchlH (Einl Rn. 31) zwischen dem Träger der Verwaltung, pars pro toto den Körperschaften, und den Behörden, die als Organ für den Träger die Verwaltungstätigkeit ausüben. 238

Das VwVfG benutzt, wo es die Sache erfordert (z.B. §§ 8 Abs. 1 S. 2, 19 Abs. 3, 80 Abs. 1), ohne eigene Definition auch den Begriff des **Rechtsträgers.** Da es aber die Organisation nicht regelt (Rn. 158), verzichtet es bei § 1 auf diese Unterscheidung, die auf die herrschende Organisationsrechtslehre[663] zurückgeht. Auch aus § 9 folgt keine organisationsrechtliche Festlegung (Rn. 243). Daher stellt sich für das VwVfG auch nicht die weitergehende Frage, inwieweit die Behörde für die ausgeübte Staatsgewalt legitimiert ist, insbesondere im Bereich weisungsfreier Verwaltung (Rn. 166) oder bei der Zuordnung von Ermessens- und Beurteilungsermächtigungen.[664] 239

b) Das VwVfG stellt allein darauf ab, ob materielle Aufgaben der Verwaltung (vgl. Rn. 164 ff.) nach den Regeln des VwVfG durchgeführt werden sollen. Die Stelle, die diese Aufgaben erfüllt, wird als **Behörde im funktionellen Sinn** bezeichnet.[665] Für sie kann zunächst auf den über den organisationsrechtlich hinausgehenden **umfassenden Behördenbegriff** zurückgegriffen werden, wie er von der Rechtsprechung zur VwGO entwickelt worden ist.[666] Allerdings definiert die VwGO ihren Behördenbegriff nicht selbst. Die Entwicklung ging aber von deren Vorläuferin § 25 Abs. 2 br. MRVO Nr. 165 aus: „Verwaltungsbehörde i. S. dieser Verordnung ist jede mit Aufgaben der öffentlichen Verwaltung im Geltungsbereich dieser Verordnung betraute deutsche Stelle, ohne Rücksicht auf ihre Rangstufe oder Besetzung, jedoch mit Ausnahme der Gerichte und der Amtsstellen der Religionsgesellschaften." Diese z.T. wortgleiche Übereinstimmung mag Anlass sein, dass nunmehr in der Kommentierung **auch für die VwGO** der Begriff des § 1 Abs. 4 übernommen wird.[667] Die Selbstbeschränkung auf „dieses Gesetz" in § 1 (Rn. 236) und die z.T. unterschiedlichen Zweckbestimmungen (Rn. 242) dürfen aber nicht unbeachtet bleiben. 240

Die **weite Definition des § 1 Abs. 4** umfasst demnach zunächst jede Person des öffentlichen Rechts und ihre Organe,[668] d.h. jede Stelle, die durch Organisationsrecht gebildet, vom Wechsel des Amtsinhabers unabhängig und nach der einschlägigen Zuständigkeitsregelung berufen ist, unter eigenem Namen nach außen eigenständige Aufgaben der öffentlichen Verwaltung wahrzunehmen.[669] 241

---

[661] Wie hier *Ule/Laubinger* § 9 Rn. 4; *Schnapp*, FS Wertenbruch, S. 140, 152.
[662] So aber *Schnapp* SGb 1985, 89, 90; wohl auch *Erichsen* in ders. § 12 Rn. 14 auf Grund der besonderen Regeln des LVwGSchlH.
[663] Zusammengefasst in *Wolff/Bachof/Stober* 3 §§ 80–98; *Wolff*, Organschaft und Juristische Person, Band 1 und 2, Berichtigter Neudruck 1968; zum organisatorischen Behördenbegriff *B. Becker*, Öffentliche Verwaltung, S. 233 ff.
[664] *BVerfGE* 83, 130 = NJW 1991, 1471 = DVBl 1991, 261, 264 f.; zur Legitimationsfrage *BVerfGE* 83, 60 = NJW 1991, 159, 160; *Schmidt-Aßmann* AöR 116 (1991), 329, 343.
[665] *Maurer* § 21 Rn. 33.
[666] Zur Einheitlichkeit der Begriffe Einl Rn. 20; *BVerwGE* 9, 172, 178; *OVG Münster* NJW 1967, 949; Begründung zu § 1 Entwurf 73.
[667] *Redeker/von Oertzen* § 42 Rn. 64; *Pietzcker* in Schoch u.a. § 42 Abs. 1 Rn. 83; *Meyer/Borgs* § 1 Rn. 23; *Ehlers*, FS Menger, S. 379, 389.
[668] *BVerwG* NJW 1962, 409, 410.
[669] *OVG Münster* NJW 1967, 949; *OVGE* 30, 1, 17; NVwZ 1986, 761; NJW 1989, 549; ähnlich *BVerwGE* 9, 172, 178; *Ule/Laubinger* § 9 Rn. 5; enger *BVerfGE* 10, 20, 48; ihm folgend *BVerwGE* 87, 310 = NJW 1991, 2980 (Rn. 213); *BGHZ* 40, 225, 228 = NJW 1964, 299.

242 Diese **Definition**, abgestellt auf **die Bedürfnisse des Verwaltungsprozesses,** muss für den Behördenbegriff des § 1 Abs. 4 allerdings noch modifiziert werden. Da es für den Behördenbegriff i. S. d. VwVfG nicht wie für den prozessualen Begriff auf die Erfüllung des Rechtsträgerprinzips[670] ankommt, ist es für das VwVfG letztlich gleichgültig, ob die Handlungen der Stelle einer bestimmten juristischen Person zugeordnet werden können, ob die Stelle also die Funktion eines Organs hat (Rn. 238). Soweit ferner verwaltungsprozessual unter Verwaltungsbehörden nur die Organe verstanden werden, die zuständig sind, unmittelbar gegenüber Privatpersonen VAe zu erlassen[671] ist die Definition für den Aufgabenbereich des VwVfG zu eng.[672] Das VwVfG bezieht sich nicht nur auf den Erlass von VA, sondern auf jegliche ör Verwaltungstätigkeit (Rn. 140 ff.).

243 Es muss daher als Behörde auch die Stelle angesehen werden, die **nicht** unmittelbar i. S d. § 9 oder § 35 **„nach außen",** d. h. in den Rechtsbereich von Privatpersonen wirkt, z. B. weil sie nur gutachtlich-beratend tätig ist. § 9 bewirkt keine Rückführung in das Organisationsrecht (Rn. 239). Ob die Stelle, die Aufgaben der Verwaltung wahrnimmt, für den Erlass von VA oder den Abschluss eines ör Vertr zuständig ist, ist eine Frage der Rechtmäßigkeitsvoraussetzungen dieses Handelns, nicht eine Frage des Begriffs Behörde.[673]

244 Wie § 45 Abs. 1 Nr. 5 zeigt, kann eine Behörde an dem nach außen wirkenden VwVf einer anderen Behörde mitwirken, ohne also unmittelbar in den Rechtskreis einer Privatperson einzugreifen. Auch diese Tätigkeit ist Verwaltungstätigkeit einer Behörde,[674] wie auch die schlichthoheitliche Tätigkeit dazu gehört (Rn. 242). Deshalb handelt auch als Behörde i. S. d. § 1 die Gemeinde oder Ausländerbehörde, die für eine andere Behörde einen Antrag entgegennimmt (vgl. § 94 Abs. 3 VwVfG BW; § 14 Abs. 2 S. 2 AsylVfG).

245 „Nach außen" i. S. obiger Definition (Rn. 241) bedeutet demnach, dass die Maßnahme ihr zugerechnet wird.[675] Es ist die Abgrenzung zur innerbehördlichen Tätigkeit, z. B. eines organisatorisch unselbständigen Referats innerhalb einer Behörde (s. Rn. 250). Deshalb ist der Personalrat, der in der Dienststelle gebildet wird (§ 12 BPersVG), nur Teil einer Behörde, der Dienststelle i. S. d. § 6 BPersVG, ebenso wie der Dienststellenleiter.[676] Die Fiktion der Selbständigkeit einer Nebenstelle nach § 6 Abs. 3 BPersVG[677] sagt zu § 1 Abs. 4 nichts aus. Keine Behörde ist die Schiedsstelle nach § 18 a KHG.[678]

246 Behörden sind alle unmittelbaren und mittelbaren **Bundes-, Landes- oder Kommunalbehörden,**[679] auch Organe der Körperschaften, Stiftungen und Anstalten des öffentlichen Rechts,[680] so der Vorstand einer Rechtsanwaltskammer[681] oder einer Zahnärztekammer,[682] Organe von Wasserverbänden.[683] Zu Rundfunkanstalten s. § 2 Rn. 23. Aus § 1 Abs. 1 und 2 ist nicht der Schluss zu ziehen, als könnten nur unmittelbare Organe des Bundes und der übrigen dort bezeichneten Körperschaften (Rn. 65) als Behörden gemeint sein.[684] § 1 Abs. 1 und 2 setzen den Behördenbegriff des § 1 Abs. 4 voraus, schränken ihn aber nicht ein.

---

[670] *Ehlers,* FS Menger, S. 379, 386 ff.
[671] Vgl. *Ule/Laubinger* § 9 Rn. 4.
[672] *Pitschas,* Verwaltungsverantwortung, S. 621 ff.
[673] § 35 Rn. 50; *Meyer/Borgs* § 1 Rn. 30; *Pitschas,* Verwaltungsverantwortung, S. 622; a. A. *Ule/Laubinger* § 9 Rn. 6; *Laubinger* VerwArch 76 (1985), 449, 461; *Erichsen* in ders. § 12 Rn. 14; *Maurer* § 21 Rn. 33; *Schnapp* SGb 1985, 89, 90 f.; *Wallerath* in von Maydell/Ruland Kap. 12 Rn. 22.
[674] Vgl. *Bäumler* DVBl 1978, 291, 294 für mitwirkende Parlamentsausschüsse.
[675] Z. B. für Werksleitung eines kommunalen Eigenbetriebs *OVG Münster* NVwZ-RR 1989, 576; *OVG Bautzen* SächsVBl 2004, 286; für Stelle innerhalb einer Fakultät für die Durchführung von Leistungskontrollen *OVG Münster* NJW 1991, 2586; für Rechnungshof *Fittschen* VerwArch 83 (1992), 165, 173.
[676] § 7 BPersVG; wie hier ohne Begr. *BVerwGE* 66, 291 = NJW 1983, 2516 m. Bespr. *Laubinger* VerwArch 76 (1985), 449, 460 ff.; s. § 88 Rn. 11; *BVerwGE* 75, 62 = NVwZ 1987, 230; *Battis* NVwZ 1986, 884, 889; s. Rn. 252.
[677] Dazu *BVerwGE* 88, 233 = NVwZ-RR 1992, 199.
[678] S. *Wagner* NJW 1991, 737 m. w. N.; insoweit offen *BVerwGE* 94, 301 = NJW 1994, 2435.
[679] Im einzelnen B. *Becker,* Öffentliche Verwaltung, S. 299 ff., 328 ff., 337 ff.
[680] Vgl. §§ 18, 21 LOG NRW; zum Anstaltsbegriff *Wolff/Bachof/Stober* 3 § 88; *Berg* NJW 1985, 2294; VVDStRL 44 (1986), 169 ff.
[681] *BVerwGE* 1, 169; s. aber § 2 Rn. 119.
[682] *VG Minden* NWVBl 2006, 66.
[683] *BVerwGE* 7, 17, 23 f. = NJW 1959, 401. Zur demokratischen Legitimation für die Ausübung von Staatsgewalt bei Amtswaltern in Kollegialorganen der Wasserverbände *BVerwGE* 106, 64 = Buchholz 11 Art. 20 GG Nr. 161 (Vorlagebeschluss Emschergenossenschaft); NVwZ 1999, 870 (Vorlagebeschluss Lippeverband).
[684] So aber *Götz* NJW 1978, 30, 31; *Meyer* in Knack § 1 Rn. 9.

§ 1 Anwendungsbereich   247–250 § 1

Entscheidend für den Behördenbegriff sind die unter Rn. 236 ff. genannten Kriterien. Es **247**
kommt **nicht** darauf an, ob die **Bezeichnung** „Behörde" ausdrücklich geführt wird. Behörden
können auch Einrichtungen z. B. i. S. d. § 14 LOG NRW wie Institute, Forschungsanstalten,
Krankenanstalten und Schulen in der Trägerschaft der öffentlichen Hand,[685] sein. Andererseits
besagt die Bezeichnung „Behörde" für sich allein noch nicht, dass es sich um eine Behörde im
Sinne des VwVfG handelt (z. B. sind militärische Kommandobehörden im Bereich der Bundeswehr
keine Behörden im Sinne des Absatz 4, da sie lediglich ein Element der militärischen Befehlsstruktur
darstellen – Begründung zu § 1 Entwurf 73; Rn. 168). Die ursprünglich ör Rechtsstellung
einer Einrichtung kann einem gewohnheitsrechtlich begründeten Wandel unterliegen.[686]

2. Organisatorische Selbständigkeit (Stelle)

Wenn der Behördenbegriff des Absatz 4 auch nicht organisationsrechtlicher Natur ist, so setzt **248**
er doch eine gewisse, im Einzelnen umstrittene **organisatorische Selbständigkeit der handelnden
Stelle** voraus (so ausdrücklich § 3 Abs. 2 LVwGSchlH). In der Regel wird diese Selbständigkeit
durch die Merkmale der Definition in Rn. 241 umschrieben. Vor allem sind maßgebend
eine eigene Leitung und eine eigene Zuständigkeit.

Daher sind die Kassen z. B. einer Gemeinde nach § 2 VwVG NRW Behörden für die Geldvollstreckung.[687] **249**
Soweit *OVG Münster* KStZ 1986, 178 einer Stadtkasse die verwaltungsprozessuale
Behördeneigenschaft versagt, beruht dies auf der Sicht, nur die Stellen als Behörde ansehen
zu können, die Organeigenschaft haben (Rn. 242). Außenstelle des Sächsischen Landesamtes
zur Regelung offener Vermögensfragen, die befugt ist, unter eigenem Namen Regelungen mit
Auswirkung zu erlassen, ist Behörde.[688] Keine Behörde ist wegen mangelnder ständiger Organisation
nach *OVG Lüneburg* DVBl 1986, 476 ein parlamentarischer Untersuchungsausschuss (dazu
Rn. 176) bei der Verhängung einer Buße gegen einen Zeugen.[689] Eine ständige Organisation ist
allerdings nicht erforderlich.[690] *BVerfGE* 76, 363 = NJW 1988, 897, 900; *OVG Münster* NVwZ
1990, 678, 679 lassen die Frage offen, s. aber *BVerwG* DÖV 1981, 300.

Als Behörden nicht in Betracht kommen daher bloße, nach außen nicht in Erscheinung tretende **250**
Arbeitseinheiten einer Behörde (**Referate** in Ministerien, **Dezernate** in nachgeordneten
Behörden, Dienststellen,[691] Projektgruppen, **Frauenbeauftragte**[692] und dergl.) oder mehrere
Behörden oder Körperschaften wie z. B. **Rechenzentren** oder **Arbeitsgemeinschaften,** es sei
denn, ihnen wird durch Gesetz die Behördeneigenschaft zugeschrieben oder die Befugnis erteilt,
in eigener Zuständigkeit Aufgaben der Verwaltung wahrzunehmen.[693] So ist der von der
Bundesregierung gem. § 35 VwGO bestellte **Vertreter des Bundesinteresses beim Bundesverwaltungsgericht**
(VBI) trotz seiner organisatorischen Einbindung in das Bundesministerium
des Innern Behörde i. S. v. § 1 Abs. 4.[694] Die organisatorische Verbindung mit einer anderen
Behörde, z. B. Landesjustizprüfungsamt als Abteilung eines Justizministeriums, schließt
Behördeneigenschaft nicht aus, soweit die verbundene Stelle nach außen – insb. aufgrund gesetzlicher
Bestimmungen – eigenständig auftritt; die Funktionsbezeichnung „Präsident" des
Abteilungsleiters und ein gesetzlicher Entscheidungsvorbehalt (§ 13 MVJAG) verdeutlichen
dies.[695] Behördeneigenschaft haben können die zahlreichen **Beauftragten der Bundesregie-**

---

[685] *BVerwGE* 87, 310 = NJW 1991, 2980, 2881; „Ehrengerichte" der Lotsenbruderschaften *BVerwGE* 96, 189 = NVwZ-RR 1995, 241.
[686] *VG Bremen* NVwZ-RR 1998, 28 zur Umwandlung des Fischeramts Bremen in einen privatrechtlichen Erwerbsverein.
[687] *Seibert* JuS 1985, 625, 628 m. w. N.
[688] *BezG Dresden* LKV 1992, 340; *VG Dresden* SächsVBl 1993, 260; a. A. *VG Leipzig* ZOV 1994, 513.
[689] Dagegen zu Recht *VG Hannover* NJW 1988, 1928.
[690] *OVG Münster* NVwZ 1987, 608, 609; *Hill* NVwZ 1987, 537, 538 m. w. N.
[691] Anders aber der Begriff der Dienststelle in § 6 BPersVG, Rn. 245.
[692] Organisationsrechtlich paradox, wenn die Frauenbeauftragte unter einem Briefkopf „Frauenbeauftragte des …" firmiert und ohne Zusatz „I. A." zeichnet; vgl. *Walz* BWV 1997, 63 zu einem entsprechenden Erlass des BMVg; *ders.* BWV 1997, 202, 203. Zum Verhältnis Frauenbeauftragte/Kommune s. *SachsAnhVerfG* NVwZ 1999, 760; *Böhm* NVwZ 1999, 721; *Kruse*, Der öffentlich-rechtliche Beauftragte, 2007, S. 266 ff.
[693] Vgl. § 6 Abs. 2 Nr. 2 AO, vgl. auch Gesetz zur Einrichtung des Rechenzentrums der Finanzverwaltung, GVBl NRW 1986, 656; § 94 i. V. m. § 88 Abs. 3 SGB X, dazu *Pickel* DVBl 1984, 1156, 1158.
[694] Der VBI ist mit unveränderter Aufgabe Nachfolgeeinrichtung des früheren – dem BMI nachgeordneten – Oberbundesanwalts beim BVerwG; Einzelheiten vgl. *Schnapauff*, FG 50 Jahre BVerwG, S. 185.
[695] A. A. LKV 2003, 565.

rung,[696] auch wenn sie Angehörige und die sie unterstützenden Arbeitseinheiten (Geschäftsstellen) Teile von Ministerien sind; entscheidend ist hier die auch gegenüber dem sonst vorgesetzten Minister eigenverantwortlich wahrzunehmende Zuständigkeit. Abgrenzung mangels Erkennbarkeit des konkreten Umfangs der Beauftragung im Einzelfall schwierig (Behördeneigenschaft insoweit anzunehmen z. B. für die dem BMI angehörenden Beauftragten der Bundesregierung für Aussiedlerfragen und nationale Minderheiten; vgl. auch Rn. 178).

251 Schwierig kann im Einzelfall die Abgrenzung bei **„Ämtern"** insbesondere bei der Kommunalverwaltung sein.[697] Ihnen kann Behördeneigenschaft zukommen, wenn ihre Bildung nicht im Ermessen der Gemeinde steht, sondern sie kraft gesetzlicher Regelung besonders zu bilden sind (z. B. Ämter für Ausbildungsförderung oder Standesämter gem. § 51 PStG[698]) und selbständig unter eigenem Namen tätig sind (vgl. Rn. 241). Daher kann im Ausnahmefall die Behördeneigenschaft auch den voneinander unabhängigen Stellen innerhalb einer organisationsrechtlich einheitlichen Behörde zustehen. Diese Voraussetzungen liegen bei einem Personalrat nicht vor (Rn. 245). Die Abgrenzung hat Bedeutung vor allem in Hinblick auf die Amtshilfe und den Datenschutz. Zur Frage des In-sich-Verfahrens zwischen Stellen der Kommunalverwaltung vgl. § 35 Rn. 192.

252 Wird auf Seiten der Behörde ein **Ausschuss** (§ 88) tätig, kann er selbst Behörde oder nur als unselbständiger Teil einer Behörde angegliedert oder in sie eingegliedert sein, selbst wenn er weisungsfrei arbeitet (vgl. im Einzelnen § 88 Rn. 6 ff.; § 44 Rn. 183).[699] Soweit in diesem Gesetz von Behörde die Rede ist, trifft diese Regelung auf einen Ausschuss daher nur zu, wenn er selbst Behörde ist. Hierbei ist von dem weiten verfahrensrechtlichen Behördenbegriff (Rn. 236 ff.) auszugehen.[700] Keine Behörde ist z. B. der Prüfungsausschuss des Justizprüfamtes.[701] Die Abgrenzung ist im Einzelfall schwer, weil jeder Ausschuss ein Mindestmaß an innerer Organisation voraussetzt (§ 88 Rn. 8). Zur Verwaltungstätigkeit von Parlamentsausschüssen siehe Rn. 185. Zum Personalrat Rn. 221; § 44 Rn. 183; § 45 Rn. 94; § 88 Rn. 11.

3. Aufgaben öffentlicher Verwaltung/privatrechtliche Tätigkeit

253 Im Gegensatz zu § 3 Abs. 2 LVwGSchlH stellt Absatz 4 auf die Wahrnehmung öffentlicher Aufgaben ab. Der Begriff **„Aufgaben öffentlicher Verwaltung"** ist weiter als der der „öffentlichen Verwaltungstätigkeit" i. S. d. Absätze 1, 2, 3. Die ör Verwaltungstätigkeit stellt auf die Rechtsform der Tätigkeit ab (Rn. 83 f., 112 ff.), während Aufgaben öffentlicher Verwaltung als Aufgaben auf dem Gebiet der Verwaltung in Abgrenzung zur Rechtsprechung und Rechtsetzung verstanden werden müssen. Maßgebend ist folglich der **materielle Verwaltungsbegriff** (Rn. 165 ff.) ohne Rücksicht auf die Rechtsform, in der die Verwaltungsaufgabe gelöst wird.[702]

254 Hieraus folgt, dass eine Behörde sowohl eine Stelle sein kann, die **öffentlich-rechtlich** (hoheitlich oder schlicht hoheitlich, Rn. 144) oder **privatrechtlich** (fiskalisch, Rn. 112, oder verwaltungsprivatrechtlich, Rn. 116) handelt.[703] Allerdings ist für deren privatrechtliches Handeln das VwVfG nicht anzuwenden (Rn. 117 ff.). Sie können aber von anderen Behörden bei deren ör Verwaltungstätigkeit im Wege der Amtshilfe ersucht werden (§ 4 Rn. 16). Grenzen des Privatrechts sind bei § 5 Abs. 2 Nr. 1 zu berücksichtigen. Neben dieser Anwendbarkeit im Rahmen der §§ 4 ff. unterscheidet sich die ausschließlich privatrechtlich handelnde Behörde im Sinne des § 1 von dem Behördenbegriff der VwGO; dort wäre diese Stelle allerdings keine

---

[696] Zu Aufgaben, Rechtsgrundlagen und Status dieser Beauftragten *Busse* Der Staat 45 (2006), 245, 261 ff.; umfassend und kritisch *Kruse*, Der öffentlich-rechtliche Beauftragte, 2007, insb. S. 137: inflationärer Einsatz, S. 145: Aktionismus, Unfähigkeit der zuständigen Stellen, S. 158 ff.: Partikularinteressenvertretung.
[697] Zu der Mehrdeutigkeit des Begriffs „Amt" *D. Bayer* LKV 1991, 342.
[698] *Kopp/Ramsauer* § 1 Rn. 55; VGHE München 60, 53 = DÖV 2007, 345, 346.
[699] Weisungsfreiheit eines Ausschusses als Kriterium für Behördeneigenschaft nimmt *Röper* NVwZ 2000, 1392, 1393 an.
[700] *Schnapp*, FS Wertenbruch, S. 140, 152 f.; ders. SGb 1985, 89, 90.
[701] OVG Münster DÖV 1975, 361.
[702] S. auch VerfGH NRW NVwZ 1987, 211 ff.; BGHSt 43, 370 = NJW 1998, 1874; OVG Münster NVwZ-RR 2003, 800; NJW 2005, 2028.
[703] *Meyer/Borgs* § 1 Rn. 21; OVG Münster NVwZ-RR 2003, 441; a. A. *Ule/Laubinger* § 9 Rn. 6; *Kopp/Ramsauer* § 1 Rn. 52; *Pitschas*, Verwaltungsverantwortung, S. 621 f., sofern ausschließlich fiskalisch gehandelt wird; offen BVerwGE 94, 301 = NJW 1994, 301. Wie hier zur „Stelle öffentlicher Verwaltung" i. S. v. § 2 Abs. 1 Nr. 1 UIG BVerwG NVwZ 2006, 343 = DVBl 2006, 182 m. Anm. *Schoch*, wobei zu beachten ist, dass das UIG einen eigenständigen Begriff der Stelle öffentlicher Verwaltung verwendet, also nicht unbesehen identische Auslegung für § 1 Abs. 4 angenommen werden kann.

Behörde. Soweit die öffentliche Hand nicht nur in Form von Eigenbetrieben[704] auftritt, sondern **private Gesellschaften** gegründet hat (Rn. 114, 124), sind diese Gesellschaften nur unter den Voraussetzungen der Rn. 257 ff. Behörden i. S. d. § 1.

Keine unmittelbare Verbindung zum Begriff der Behörde hat der des öffentlichen Auftraggebers i. S. d. EG-Vergaberichtlinien und des deutschen Ausführungsrechts zum **Vergabeverfahren**.[705] Hier ist ein funktioneller Auftraggeberbegriff zugrunde zu legen, der neben staatlichen Stellen auch Einrichtungen des öffentlichen und privaten Rechts (§ 98 Abs. 2 GWB) der Ausschreibungspflicht unterwirft.[706] Merkmal solcher Einrichtungen ist, dass sie im Allgemeininteresse liegende Aufgaben wahrnehmen, zu diesem besonderen Zweck gegründet sind und diese Aufgaben nichtgewerblicher Art sind. Der Begriff des öffentlichen Auftraggebers ist dabei weit auszulegen, um i. S. d. Vergaberichtlinien bei privatisierten Unternehmen eine „Flucht ins Privatrecht" und die damit verbundene Umgehung des Vergaberechts zu verhindern.[707] Zur Auswirkung des Vergaberechts auf die Auswahl bei der Beleihung Rn. 267. **255**

4. Beliehene

Da § 1 Abs. 4 nicht auf unmittelbare Staatsorgane beschränkt ist, werden auch private Stellen, denen hoheitliche, auch schlicht-hoheitliche Befugnisse durch oder **auf Grund eines Gesetzes**[708] übertragen worden sind, als Behörde verstanden (sog. **beliehene Private** oder **Beliehene**). Richtiger drückt es § 2 Abs. 3 LVwG SchlH aus, wenn dort die privaten Stellen als Träger öffentlicher Verwaltung (Rn. 238) anerkannt werden,[709] es sei denn, sie übten ihre Befugnis für einen ör Träger aus.[710] Der verwaltungsorganisationsrechtliche Grundsatz der begrifflichen Trennung zwischen Verwaltungsträger und Behörde wird im Zusammenhang mit Beliehenen nicht immer beachtet.[711] Sie üben Staatsgewalt i. S. d. Art. 20 Abs. 2 GG aus.[712] Die Beliehenen sind der Verwaltung an-, nicht eingegliedert[713] und haben die Pflicht, persönlich die Amtspflichten anhand der einschlägigen Gesetze einschließlich des VwVfG auszuführen.[714] Die Erfüllung dieser Verwaltungsaufgaben durch Private ist verfassungsrechtlich anerkannt.[715] Durch Beleihung sollen private Initiative, fachlicher und technischer Sachverstand und Verwaltungspotential des Privaten genutzt werden. Im Bereich seiner hoheitlichen Aufgaben unterliegt der Beliehene nicht nur der Rechtsaufsicht, sondern auch der Fachaufsicht der zuständigen Aufsichtsbehörde.[716] Ein Privater kann auch mit der Trägerschaft einer ör Anstalt beliehen werden;[717] die erforderliche demokratischen Legitimation des Beliehenen liegt im gesetzlichen Bestellungsakt.[718] Zur Auswirkung des Vergaberechts auf die Auswahl bei der Beleihung Rn. 267. Zur Passivlegitimation im Prozess *Ehlers*, FS Menger, S. 379, 387 ff. **256**

Der Private darf als Behörde nach § 4 im Rahmen eines ör Aufgabenbereiches um Amtshilfe ersucht werden. Die Übertragung unterliegt jedoch dem **Gesetzesvorbehalt**.[719] Die gesetzliche **257**

---

[704] Zur Behördeneigenschaft eines Werkleiters Rn. 245.
[705] §§ 97 ff. GWB; Rn. 131; § 9 Rn. 99; § 35 Rn. 123 ff.
[706] *EuGH* NVwZ 1999, 397, 400; *Noch* NVwZ 1999, 1083; *Thieme/Correll* DVBl 1999, 884, 889; *Tomerius* NVwZ 2000, 727, 730; zur Deutschen Post AG *Vergabeüberwachungsausschuss Bund* NVwZ 1999, 1150.
[707] *Noch* NVwZ 1999, 1083, 1085.
[708] Z. B. für die Abwicklung von Zuwendungen durch juristische Personen des Privatrechts gegenüber privaten Letztempfängern § 44 Abs. 3 BHO i. d. F v. 22. 9. 1994; *Helfrich* DÖV 1990, 553; vgl. ferner § 88 Abs. 3 SGB X; für die Beleihung der Zulassungsstelle für Umweltgutachter § 28 UAG i. V. m. der UAG-Beleihungsverordnung v. 18. 12. 1995; für Aufgaben im Zusammenhang mit atomarer Endlagerung § 9 a Abs. 4 AtG; hierzu *Menzer* DVBl 1998, 820.
[709] *Wolff/Bachof/Stober* 3 § 90 Rn. 4; *Maurer* § 23 Rn. 56 ff.; *Meyer* in Knack § 1 Rn. 19.
[710] Wie hier *Burgi* in Erichsen/Ehlers § 9 Rn. 32.
[711] Ausführlich *Stelkens* NVwZ 2004, 304; s. aber auch *Freitag*, Das Beleihungsrechtsverhältnis, 2005, S. 23 f.; ferner – zur förmlichen Zustellung durch Beschäftigte der Deutsche Post AG – Rn. 264.
[712] *Schmidt-Aßmann* AöR 116 (1991), 329, 346 f. m. w. N.
[713] Hierzu auch *Groß* GVwR I, § 14 Rn. 90; *Jestaedt* GVwR I, § 14 Rn. 31.
[714] OVG Koblenz NJW 1990, 465; VGH Mannheim NVwZ 1987, 431, 432; *Wolff/Bachof/Stober* 3 § 90 Rn. 19; *Heintzen* VVDStRL 62 (2003), 220, 243..
[715] BVerfG NJW 1987, 2501 m. Bspr. *Sachs* JuS 1988, 399; BVerwG VerwRspr. 28 (1977), Nr. 50 m. w. N.
[716] VG Göttingen NVwZ-RR 1998, 171; a. A. *Groß* GVwR I, § 13 Rn. 90.
[717] *Wolff/Bachof/Stober* 3 § 88 Rn. 13; *Wolfers/Kaufmann* DVBl 2002, 507, 508 f.; *Freitag*, Das Beleihungsrechtsverhältnis, 2005, S. 44 ff.
[718] *Wolfers/Kaufmann* DVBl 2002, 507, 511; *Trute* GVwR I, § 6 Rn. 92..
[719] BVerwGE 81, 185 = NVwZ 1989, 864; BayVBl 1989, 247; NVwZ 1985, 48; NJW 1981, 2482; DVBl 1970, 735 m. Anm. *Kopp* DVBl 1970, 724; OVG Münster NJW 1989, 1406.

Übertragung enthält aber nicht immer zugleich die Befugnis zum Erlass eines VA.[720] Deshalb keine Befugnis Privater, Verkehrszeichen wirksam aufzustellen.[721] Ohne die Übertragung dieser Befugnis können Private unter sich keinen ör Vertr schließen.[722] Zur Gefahrenabwehr durch Private s. ferner Rn. 265. Zum Verhältnis zur Widerspruchsbehörde *BVerwG* BayVBl 1989, 247; *OVG Münster* NVwZ 1990, 678 und zur Weisung § 35 Rn. 184.

258 Maßt sich der Private unbefugt hoheitliche Funktionen an, kann auch eine **nachträgliche Zustimmung** der Behörde diese private Maßnahme nicht in eine behördliche Entscheidung und damit in einen VA umwandeln (§ 35 Rn. 62).[723] Davon zu unterscheiden ist der Fall einer fehlerhaften Beleihung, die staatlich veranlasst wurde (§ 35 Rn. 65).[724]

259 Von der Übertragung hoheitlicher Befugnisse auf einen Privaten als Beliehenem in dem Sinn, dass dieser sie in eigenem Namen **als** Behörde ausüben kann, sind andere hoheitliche oder privatrechtliche Tätigkeiten des Privaten zu unterscheiden, bei denen der Private nicht als Behörde auftritt. Hierunter fällt die Tätigkeit eines Sachverständigen in einem von einer staatlichen Behörde betriebenen Verfahren (s. dazu TÜV, Rn. 264), die **Mitwirkung** eines Privaten **in einer Behörde,**[725] die **Beauftragung** und **Bevollmächtigung** eines Privaten durch die Behörde, wonach der Private im Namen der Behörde tätig wird im Rahmen des Verwaltungsprivatrechts.[726] Hierunter ist jedoch nicht der **Betriebsbeauftragte** zu verstehen, der wie z.B. der Immissionsschutzbeauftragte (Rn. 265) den Betreiber einer Anlage bei der Erfüllung seiner ör Pflichten unterstützt.[727] Die Beauftragung kann nicht so weit gehen, im Namen der Behörde einen VA zu erlassen. Wegen der gesetzlichen Zuständigkeitsverteilung ist die Befugnis, eine ör Willenserklärung abzugeben, nur auf Grund einer gesetzlichen Ermächtigung möglich.[728]

260 Dies schließt nicht aus, dass dann, wenn die Behörde selbst die wesentliche ör Entscheidung trifft, der **Private als Bote oder Werkzeug** der Behörde auftritt.[729] Diese Grenze zwischen Bote bei der Bekanntgabe und Erlass eines VA verwischt *VGH München* NJW 1984, 2962. Ist der Private nur Bote, verbleibt die Verantwortung für die Einhaltung der Regeln des VwVfG bei der Behörde.

261 Wie der Beauftragte leistet der **Verwaltungshelfer** oder **Verwaltungsgehilfe** lediglich Dienste für die Behörde, ohne selbst Behörde zu sein.[730] Für das Bauleitplanverfahren stellt § 4b BauGB klar, dass die Gemeinde einen Dritten mit Vorbereitungshandlungen beauftragen kann.[731] Ein Verwaltungshelfer kann nicht selbständig VA im Namen des Auftraggebers erlassen.[732] Die Beteiligung von Verwaltungshelfern kann auch gesetzlich vorgeschrieben sein, z.B. das Beteiligungsrecht der anerkannten Naturschutzverbände gem. § 58 Abs. 1 Nr. 2, § 60 Abs. 2 Nr. 6 BNatSchG.[733] Zum Konfliktmittler/Projektmittler s. im Übrigen § 9 Rn. 190 f.

---

[720] *VGH München* BayVBl 1989, 596; § 35 Rn. 25 ff.
[721] *VGH München* DÖV 1992, 671.
[722] S. § 54 Rn. 65; *Kasten/Rapsch* NVwZ 1986, 708 ff. m. w. N.; offen *BVerwG* NJW 1992, 2908.
[723] Deshalb berechtigte Kritik von *Bettermann*, FG BVerwG, S. 61 ff., 67, an *BVerwGE* 35, 334 f. = NJW 1970, 2075; *BVerwG* folgend *OVG Münster* NJW 1980, 1406, 1408, zur Zustimmung zu der Aufstellung eines Verkehrsschildes durch Straßenbauunternehmer.
[724] S. auch *Stelkens* NVwZ 2004, 304, 308.
[725] Z. B. in einem Ausschuss, *BVerfGE* 83, 130.
[726] *BVerwG* NVwZ 1990, 754.
[727] *Schmidt Glaeser/Mackeprang*, Zur Institution des öffentlich-rechtlichen Beauftragten, Die Verwaltung 24 (1991), 15; *Fuchs*, Verwaltung durch Beauftragte, DÖV 1986, 363.
[728] Rn. 257, s. auch die Bedenken bei *VG Düsseldorf* NJW 1981, 1283; *Steinhilber* NJW 1983, 2429; a. A. wohl *Kopp* DVBl 1970, 724, 726.
[729] Für Abschleppunternehmer: *OVG Münster* DVBl 1983, 1074; *Kottmann* DÖV 1983, 493, 502; zur Haftung des Staates oder des Abschleppunternehmers gegenüber dem Halter *BGH* NJW 1978, 2502; *BGHZ* 121, 161 = NJW 1993, 1258 m. Anm. *Kreissl* NVwZ 1994, 349 und *Würtenberger* JZ 1993, 1003. Die öffentliche Verwaltung kann sich jedenfalls im Bereich der Eingriffsverwaltung der Amtshaftung für fehlerhaftes Verhalten ihrer Bediensteten nicht dadurch entziehen, dass sie die Durchführung einer von ihr angeordneten Maßnahme durch privatrechtlichen Vertrag auf einen privaten Unternehmer überträgt; s. auch Rn. 134, 261.
[730] *Sodan/Ziekow* ÖR § 60 Rn. 31; *Wolff/Bachof/Stober* 3 § 90 a Rn. 1; s. auch Rn. 134, 136. Zum Drittbeauftragten als Verwaltungshelfer nach § 16 Abs. 1 KrW-/AbfG *Rose* NVwZ 1998, 1130.
[731] *Lüers* ZfBR 1997, 231, 237; *ders.* DVBl 1998, 433, 444; *Stollmann* NuR 1998, 578; *Dolde/Menke* NJW 1999, 1070, 1239.
[732] *OVG Schleswig* NordÖR 2006, 263, 265 für Gebührenbescheide.
[733] Zu § 29 BNatSchG a. F.: *BVerwGE* 87, 62, 70 f. = NVwZ 1991, 162; 102, 358 = NVwZ 1997, 905; 105, 348 = NVwZ 1998, 395.

§ 1 Anwendungsbereich 262–264 § 1

Beispiele für die Beauftragung: Abschleppunternehmer, der den durch die Polizei sichergestellten PKW nur gegen Zahlung der Vollstreckungskosten herausgeben darf.[734]

Handelt ein Privater in **Geschäftsführung ohne Auftrag** (§§ 677 ff. BGB entspr.; Rn. 106) 262 für eine Behörde, wird er dadurch nicht zur Behörde, unbeschadet der Fragen, ob er zu diesem Handeln befugt ist[735] und ob es dem ör oder privatrechtlichen Rechtskreis zuzuordnen ist.[736]

Von der Übertragung hoheitlicher Aufgaben auf Private zur ör Erfüllung ist ferner die **Privatisierung** 263 (Rn. 121 ff.) zu unterscheiden, bei der sich die öffentliche Hand von ihren Aufgaben trennt und sie der selbständigen Erfüllung durch Private überlässt. In diesem Bereich handeln die Privaten ausschließlich privatrechtlich (Rn. 127, 129 ff.; s. aber Rn. 122).

Einzelfälle: Zum beliehenen Unternehmer s. *Steiner* DÖV 1970, 526; *Ossenbühl* DÖV 1970, 264 743; *BVerwG* DVBl 1970, 735. Zum beliehenen Sachverständigen s. *Scholl*, Der private Sachverständige im Verwaltungsrecht, 2005, S. 244 ff. **Öffentlich-rechtlich:** staatlich anerkannte Privatschule;[737] staatlich anerkannter Kindergarten,[738] Seeschifffahrtskapitän nach § 106 Seemannsgesetz;[739] Deutsche Flugsicherungs GmbH;[740] Flugkoordinator;[741] Personal für Personen- und Gepäckkontrolle auf Flughäfen nach § 29 c Abs. 1 S. 3 LuftVG;[742] Flugzeugkommandant nach § 29 Abs. 3 LuftVG,[743] nicht aber Betriebspersonal privatisierter Verkehrsunternehmen;[744] Fleischbeschautierarzt;[745] Arzt, der (Privat-)Rezept ausstellt;[746] private Prüfstelle für Prüfungsbescheinigung im Bergbau;[747] anerkannte Beschäftigungsstelle für Zivildienstleistende;[748] von der Bauaufsicht beauftragter Prüfingenieur;[749] öffentlich bestellter Vermessungsingenieur.[750] Ein wettbewerbsrechtlicher Streit zwischen Vermessungsingenieur und Staatl. Vermessungsamt ist jedoch privatrechtlich.[751] Die Wahrnehmung von Hoheitsbefugnissen bei der Vermessung begründet keine Pflicht des öffentlich bestellten Vermessungsingenieurs zu vergütungsloser Tätigkeit zugunsten des staatlichen Vermessungswesens.[752] Bei Schornsteinfegermeister **umstritten**.[753] Beim **Technischen Überwachungsverein** stellt sich die nach den einzelnen Tätigkeiten zu differenzierende Frage, ob er als Beliehener zu abschließenden hoheitlichen Maßnahmen befugt ist oder als Sachverständiger in einem Verfahren einer Behörde mitwirkt (vgl. Rn. 259).[754] Auch bei bloßer Mitwir-

---

[734] *OVG Münster* NJW 1980, 1974; DVBl 1983, 1074; *BGHZ* 121, 161, 164 ff. = NJW 1993, 1258; NVwZ 2006, 964; *Kottmann* DÖV 1983, 493 ff.

[735] *BVerwGE* 80, 170 = NJW 1989, 922; *OVG Münster* KStZ 1989, 195.

[736] Vgl. *Scherer* NJW 1989, 2724 m. w. N.; Rn. 98. Zur Geschäftsführung ohne Auftrag s. § 54 Rn. 53; *BVerwGE* 82, 215 = NVwZ 1990, 78; 80, 170 = NJW 1989, 922, dazu *Blas* BayVBl 1989, 648; *OVG Münster* KStZ 1989, 195; *OVG Lüneburg* NVwZ 1991, 81; *VGH Mannheim* NJW 1991, 2986; *BVerwG* NVwZ 1992, 24 = JZ 1992, 460 m. Anm. *Lorenz*; *BGH* NJW 1978, 1258; NJW 1975, 207, 208.

[737] *BVerwGE* 17, 41 mit krit. Anm. *Evers* JuS 1967, 257; dazu *Bachof* II, Anm. 149; *VGH Mannheim* NJW 1980, 2597; *OVG Münster* NVwZ 1990, 678; *Müller/Kromer* NVwZ 1984, 77; § 2 Rn. 38 f., 124; dagegen für die nur staatlich genehmigte Schule *BVerwGE* 45, 117; zur staatlichen Einflussnahme auf den Betrieb von Privatschulen *Becker* BayVBl 1996, 609.

[738] *BVerwG* NVwZ 1987, 677, § 2 Rn. 51.

[739] *BVerwG* NVwZ 1985, 48.

[740] *VG Frankfurt/M.* NVwZ 1995, 410.

[741] *Tschentscher/Koenig* NVwZ 1991, 219, 220, 221.

[742] *BGHSt* 45, 16 = NJW 1999, 2378, 2379.

[743] S. aber *BGHZ 85, 301* = NJW 1983, 448 zur Abgrenzung der privatrechtlichen Befugnisse.

[744] *BVerwG* NVwZ 1985, 48.

[745] *BVerwGE* 29, 166 = DVBl 1968, 919.

[746] Hinsichtlich der Erlaubnis an den Apotheker, Medikamente herauszugeben, ist der Arzt Beliehener, der ör handelt.

[747] *BVerwG* NVwZ-RR 1991, 330.

[748] *BGHZ* 118, 304, 307 = NJW 1992, 2882; NVwZ 1990, 1103, dort auch zu Schadensersatzanspruch aus dem ör Rechtsverhältnis, dazu § 97 Rn. 3; *BGHZ* 135, 341 = NJW 1998, 298, 299.

[749] *OLG Hamm* NVwZ 1989, 502.

[750] *BVerwG* BayVBl 1989, 247; *VGH Mannheim* NVwZ 1987, 431; NVwZ-RR 1998, 152 (auch zur Frage der VA-Qualität einer staatlichen Weisung des Landesvermessungsamts); *OVG Münster* 41, 144 (zur Gebührenerhebung) und *Thieme*, Der öffentlich bestellte Vermessungsingenieur als Behörde im Umlegungs- und Grenzlegungsverfahren, Städte- und Gemeindebund 1989, 3; *Sodan* in Herrmann/Backhaus, Staatlich gebundene Freiberufe im Wandel, 1998, S. 41, 61 f.; ferner *KG* NVwZ-RR 1998, 102.

[751] *BGHZ* 121, 126 = NJW 1993, 1659.

[752] *BVerwG* NVwZ 1995, 484.

[753] *BVerwGE* 84, 244 = NVwZ-RR 1990, 439; *OVG Koblenz* NJW 1990, 465; *VG Göttingen* NVwZ-RR 1998, 171.

[754] Ausführlich zur technischen Überwachung – im Erg. hoheitlich – *Seidel*, Privater Sachverstand und staatliche Garantenstellung im Verwaltungsrecht, 2000, S. 216 ff.

kung in einem VwVf kann er gegenüber dem Bürger i. S. d. Amtshaftungsprozesses hoheitlich tätig werden. Hoheitlich auch bei Vorprüfung eines überwachungsbedürftigen Anlage;[755] ebenso bei Überprüfung einer Heizungsanlage.[756] Außerdem umfasst sein Aufgabengebiet privatrechtliche Tätigkeiten.[757] Hoheitlich handeln die anerkannten Werkstätten bei der Abgasuntersuchung gem. § 47a StVZO.[758] Keine Befugnis des Straßenbauunternehmers besteht zur Aufstellung von Verkehrszeichen.[759] Bei Währungsumstellung von Mark der DDR auf DM wurden Geldinstitute als beliehene Unternehmer tätig.[760] Die von der Regulierungsbehörde für Briefzustelldienstleistungen lizenzierten Unternehmen sind gem. § 33 Abs. 1 S. 2 PostG nach der Privatisierung (Rn. 123) mit dem Recht der förmlichen Zustellung beliehen;[761] im Bereich der einfachen Briefzustellung, zu der auch das neue Einwurf-Einschreiben[762] gehört, ist die Deutsche Post AG nicht beliehen und erstellt mithin keine öffentlichen Urkunden.[763] Hoheitsrechte (Dienstherrenbefugnisse) kann ein Post-Nachfolgeunternehmen gegen bei ihm beschäftigte Beamte nur noch nach Maßgabe von Art. 143b Abs. 3 GG, § 1 Abs. 1 PostPersRG ausüben.[764] Zur Frage, wer seit der Privatisierung „Post" ist, s. auch § 41 Rn. 112ff. Beliehener soll der Versammlungsleiter bei der Wahrnehmung öffentlicher Interessen sein.[765]

265 **Kein Beliehener** dagegen Betriebsbeauftragter (Rn. 259) wie Immissionsschutzbeauftragter.[766] Ein anerkannter Naturschutzverband wird bei der Wahrnehmung seiner satzungsgemäßen Aufgaben nicht als Behörde tätig, er ist kein Beliehener, auch wenn seine Aufgaben öffentlichen Belangen entsprechen, da sie ihm nicht als öffentliche Aufgaben übertragen worden sind, sondern als private Aufgaben wahrgenommen werden.[767] Privatrechtlich auch Trabrennverband bei Lizenz für Trainer;[768] staatlich anerkannter Züchterverband.[769] Der Arbeitgeber wird beim Lohnsteuerabzug nicht als Beliehener, sondern auf Grund von arbeitsrechtlichen Fürsorgepflichten tätig.[770] Zur Übertragung von Beihilfeaufgaben auf Private Rn. 134. Zur Verfahrensprivatisierung von Standortauswahlverfahren im Abfallrecht *Hoppe/Bleicher* NVwZ 1996, 421;

---

[755] Für Amtshaftung *BGHZ* 122, 85 = NJW 1993, 1784.
[756] *OLG Oldenburg* NVwZ-RR 1992, 284.
[757] Vgl. *BVerwG* NJW 1987, 2501; privatrechtlich auch Überprüfung des TÜV auf Grund Unfallverhütungsvorschriften, *OVG Lüneburg* GewArch 1977, 222. S. auch *VGH München* NJW 1975, 1796 m. Anm. *Steiner* und *Menger* VerwArch 67 (1976), 205 sowie *VGH München* BayVBl 1989, 596 (für Gebührenerhebung). Zur Amtshaftung bei Tätigkeit des TÜV allgemein und für den Sachverständigen des Technischen Überwachungsvereins bei der Erteilung der Prüfplakette nach § 29 StVZO *BGHZ* 49, 108 = NJW 1968, 443; 122, 85 = NJW 1993, 1784; *OLG Köln* NJW 1989, 2065; *OLG Braunschweig* NJW 1990, 2629; *Borchert* JuS 1974, 723, 726; *Hübner* NJW 1988, 441. Zur Fahrprüfung § 2 Rn. 124. S. für neue Bundesländer *Stober*, Technische Prüfstellen für den Kfz-Verkehr in den neuen Bundesländern, 1992.
[758] *OLG Schleswig* NJW 1996, 1218.
[759] *BVerwGE* 35, 334f. = NJW 1970, 2075; *von Mutius* HRRvWR 1971 C 2 + 3 (D 3); Rn. 257.
[760] *KrG Leipzig-Stadt* LKV 1991, 318; WM 1991, 1216.
[761] *OLG Frankfurt/M.* NJW 1996, 3159; dort aber unzutreffend Annahme einer Beleihung der einzelnen Postangestellten (s. auch Rn. 256); ebenso *BGH* NJW 1998, 1716; *Benedict* NVwZ 2000, 167, 169. Wie hier *BGH* NJW 2001, 832; *Gramlich* NJW 1998, 866, 867; *Badura* in Badura u. a., PostG, § 33 Rn. 11. Vgl. ferner *OLG Düsseldorf* NJW 2000, 2831. Trotz Beleihung der Deutschen Post AG will *VG Frankfurt/M.* NJW 1997, 3329 Postzustellungsurkunden, die von Mitarbeitern aufgenommen worden sind, nur die Beweiskraft von Privaturkunden zumessen; dagegen zutreffend *BFH* 29. 4. 1998 – IV B 15/97 (juris), dass § 16 PostG 1994 (jetzt § 33 PostG) die Deutsche Post AG ermächtigt, sich bei der ihr übertragenen förmlichen Zustellungen ihrer eigenen Einrichtungen zu bedienen; ebenso *OVG Bautzen* NVwZ-RR 2002, 478. Auch die Einschaltung einer sog. Postagentur der Deutschen Post AG bei Ersatzzustellung durch Niederlegung ist zulässig, *BGH* NJW 2001, 832.
[762] Hierzu mit unterschiedlicher Auffassung zur Zugangsvermutung *LG Potsdam* NJW 2000, 3722; *AG Paderborn* NJW 2000, 3722; ferner *Dübbers* NJW 1997, 2503; *Reichert* NJW 2001, 2523. Die Anforderungen des VwZG an eine förmliche Zustellung erfüllt das Einwurf-Einschreiben nicht, *BVerwGE* 112, 78 = NJW 2001, 458.
[763] *Bauer/Diller* NJW 1998, 2795; s. auch *Benedict* NVwZ 2000, 167, 168.
[764] *VG Darmstadt* NVwZ-RR 1999, 707; § 2 Rn. 147.
[765] So *Wolff/Bachof* III § 131 Rn. 12; *Gusy* JuS 1986, 608, 612 m.w. N. auch der Gegenmeinung.
[766] S. *Tettinger* DVBl 1976, 752; *Steiner* DVBl 1987, 1133, 1138; *Feldhaus* in Salzwedel (Hrsg.), Neuere Entwicklungen im Immissionsschutzrecht, 1991, 572 ff.; Betriebsbeauftragter für Gewässerschutz, s. *Nisipeanu* NuR 1990, 439, 447, *ders.*, Abwasserrecht, 1991, S. 279 ff.
[767] *BezG Dresden* NVwZ 1992, 900; zur Rechtsposition der anerkannten Naturschutzverbände auch *BVerwGE* 87, 62, 73 = NVwZ 1991, 162; 98, 100 = NVwZ 1996, 392, 393.
[768] *BVerwG* DÖV 1977, 784.
[769] *BVerfGE* 88, 366 = NJW 1993, 2599; *BVerwG* NJW 1981, 2482, dazu *Steiner* NJW 1981, 2452.
[770] *BAGE* 26, 187 = DB 1974, 2210; 31, 236 = NJW 1979, 2223; *Heuermann* ThürVBl 1999, 153, 156.

§ 1 Anwendungsbereich 266–268 § 1

Rn. 134. Aufgrund von § 7 Abs. 2 Nr. 5 AtomG können zwar durch Auflage ein Werkschutz (Objektsicherungsdienst) gefordert, nicht aber hoheitliche Befugnisse der Gefahrenabwehr übertragen werden.[771] Keine Übertragung von Entscheidungsbefugnis auf sog. private Konfliktmittler, s. § 9 Rn. 179. Der Einsatz von V-Personen[772] bei der Aufklärung von Straftaten macht diese nicht zu Beliehenen; ihnen sind keine hoheitlichen Aufgaben durch Gesetz übertragen. Anders als verdeckte Ermittler betreiben sie gerade keine amtliche Sachverhaltsermittlung, sondern sind nur sog. bestellte Zeugen, so dass es einer Beleihung auch nicht bedarf.[773] Die Feststellung von Parkverstößen durch private Firmen ist nicht nur technische Verwaltungshilfe; sie greift unmittelbar in die Ermessensausübung der Verfolgungsbehörde ein und ist ohne gesetzliche Ermächtigung unzulässig, auch wenn diese nach Auswertung der festgestellten Parkverstöße den Bußgeldbescheid erlässt.[774] Davon zu unterscheiden ist die zulässige Übertragung von Geschwindigkeitskontrollen durch Zweckvereinbarung mehrerer Gemeinden auf eine von ihnen.[775] Zur Privatisierung beim Strafvollzug s. Rn. 128.

266 Das **europäische Recht** kennt den Beliehenen nicht. Privater Sachverstand wird durch „**benannte Stellen**" herangezogen.[776] Dieser Begriff wird in § 11 Geräte- und Produktsicherheitsgesetz als „zugelassene Stellen" übernommen, wobei diese nicht beliehen, sondern anerkannt werden. Die zugelassenen Stellen sind private Gesellschaften, die in bestimmten Fällen das von den Binnenmarktrichtlinien vorgesehene Konformitätsbewertungsverfahren durchführen, das Grundlage für den freien Warenverkehr mit Industrieprodukten ist und durch Versehen des Produkts mit dem CE-Zeichen dokumentiert wird. Entscheidungen der zugelassenen Stellen beurteilen die Richtlinienkonformität des Produkts abschließend. Ihre Einordnung als Beliehene erscheint geeignet, die zugelassenen Stellen in einen umfassenden, ihre Tätigkeit an die öffentliche Verwaltung annähernden Rechtsrahmen einzubinden.[777]

267 Die Prägung des nationalen Rechts durch europäische Vorgaben wirft die Frage auf, ob Behörden vor der **Auswahl eines zu Beleihenden** ein ggfs. **Vergabeverfahren** nach §§ 97 ff. GWB durchführen müssen. Der Beleihungsakt selbst unterfällt nicht dem Vergaberecht;[778] aus wirtschaftlicher Gesamtbetrachtung mit den flankierenden Vereinbarungen, die dem Beliehenen eine Gegenleistung sichern, wird jedoch auf eine Ausschreibungspflicht geschlossen.[779] Dies erscheint weder zwingend noch aus nationaler Sicht wünschenswert: Art. 86 Abs. 2 EGV erlaubt eine Befreiung von den Wettbewerbsregelungen zur Erreichung politischer (Gemeinwohl-)Ziele unter der Voraussetzung, dass das Unternehmen durch Hoheitsakt auf bestimmte Gemeinwohlverpflichtungen festgelegt wird.[780] Dem kann durch entsprechende Gestaltung eines ör Vertr genügt werden. Ggfs. erfüllt die Beleihung auch den Tatbestand der Bereichsausnahme des Art. 45 EGV, wenn die Tätigkeit des zu Beleihenden mit der unmittelbaren Ausübung öffentlicher Gewalt verbunden ist.[781]

5. Stellen, die andere öffentliche Aufgaben wahrnehmen

268 Da der Behördenbegriff von der Wahrnehmung der Aufgaben öffentlicher Verwaltung abhängig ist, sind alle Stellen, die ör Aufgaben erfüllen, die **materiell keine Verwaltungsaufgaben** darstellen (Rn. 104 ff.), keine Behörden. Im **Einzelfall** können sie dagegen Behörden sein,

---

[771] BVerwGE 81, 185 = NVwZ 1989, 864 = DVBl 1989, 517 mit Anm. *Bracher; ders.* Gefahrenabwehr durch Private, 1987, S. 26 ff.; *Karpen* Anm. zu BVerwG a. a. O., JZ 1989, 898; s. auch Rn. 122.
[772] Personen, die – anders als „Verdeckte Ermittler" – keiner Strafverfolgungsbehörde angehören und bereit sind, diese bei der Aufklärung von Straftaten auf längere Zeit vertraulich zu unterstützen, und deren Identität grundsätzlich geheimgehalten wird; vgl. RiStBV, Anlg. D I Nr. 2.2, II Nr. 2.1. S. auch § 2 Rn. 111; § 26 Rn. 77.
[773] A. A. *Duttge* JZ 1996, 556, 563.
[774] BayObLGSt 1997 107 = NJW 1997, 3454, das allerdings kein Beweisverwertungsverbot annimmt; differenzierend *Gramm* VerwArch 90 (1999), 329, 350 ff.; *Jachmann/Strauß* ZBR 1999, 289, 298 ff.
[775] BayObLGSt 1999, 38 = NJW 1999, 2200.
[776] Vgl. z. B. Entschließung des Rates über eine neue Konzeption auf dem Gebiet der technischen Harmonisierung und der Normung v. 7. 5. 1985, ABl Nr. C 136 v. 4. 6. 1985, S. 1.
[777] *Scheel* DVBl 1999, 442, 448; a. A. *Merten* DVBl 2004, 1211. Vgl. auch *Scholl*, Der private Sachverständige im Verwaltungsrecht, 2005, S. 78 ff., 244 ff.
[778] So auch BGHZ 148, 55 = DVBl 2001, 1607; *Meyer* in Knack § 1 Rn. 17.
[779] *Zeiss* DVBl 2003, 534; *Meyer* in Knack § 1 Rn. 17.
[780] Vgl. *Koenig/Kühling* in Streinz Art. 86 EGV Rn. 45 f., 52.
[781] *Burgi* NVwZ 2007, 383, 385 f.

z. B. Gesetzgebungs- und Verfassungsorgane (Rn. 184), Justizorgane (Rn. 201 ff.; § 2 Rn. 117). Soweit Kirchen[782] und Weltanschauungsgemeinschaften staatliche Gewalt ausüben, sind sie Behörden i. S. d. VwVfG (§ 2 Rn. 40); § 25 Abs. 2 MRVO Nr. 165 nahm die Amtsstellen der Religionsgesellschaften ganz aus. Stellen, die öffentliche Aufgaben **privat** wahrnehmen, wie Rotes Kreuz,[783] Naturschutzverbände (Rn. 265) etc. gehören ebenfalls nicht dazu.

VI. Verfahrensrechtsvereinheitlichung, -bereinigung und -beschleunigung im Bund

269 Das derzeitige weitgehende **Nebeneinander** von Verwaltungsverfahrensrecht nach dem VwVfG und besonderem Verfahrensrecht in einzelnen Fachgesetzen, zudem noch kompliziert durch die Aufteilung zwischen Bundes- und Landesbereich (vgl. Rn. 60 ff.), führt für die Verwaltungspraxis, aber auch für den betroffenen Bürger zu einer **nicht besonders übersichtlichen Rechtssituation.** Deshalb ist die Frage nach Vereinheitlichung und Vereinfachung des Behördenverfahrensrechts ebenso verständlich wie nahe liegend. Freilich muss Vereinheitlichung für sich genommen noch kein Wert an sich sein, denn die Fach- und Sachgerechtheit darf unter Einheitlichkeit nicht leiden.[784] Insofern kann unerlässlich notwendiges bereichsspezifisches Recht nicht unbesehen zugunsten der Einheitlichkeit einfach abgeschafft werden. Es gibt systemimmanente Grenzen für eine Vereinheitlichung auch im Verwaltungsverfahrensrecht, weil sie für sich genommen noch kein Ersatz für Sach- und Fachgerechtigkeit ist und Einheitlichkeit um ihrer selbst willen als Rechtfertigungsgrund nicht ausreicht.[785] An eine solche Einstufung sind aber trotz der praktischen Bedürfnisse nach einer Beschleunigung von VwVf und der dazu erlassenen Gesetze, insbesondere des VerkPBG, PlVereinfG und GenBeschlG, **strenge Maßstäbe** anzulegen. Denn auch wenn das Verwaltungsverfahrensrecht praktische Erfordernisse unterschiedlicher Bereiche zu berücksichtigen hat, muss ein **Mindestmaß allgemeinverbindlicher Strukturen** als Ausdruck und Bestandteil rechtsstaatlicher Verfahren **erhalten** bleiben. Eine aus Gründen kurzfristiger Bedürfnisse erfolgende **Diversifizierung** des Verwaltungs(verfahrens)rechts mit einer Vielzahl von Spezialgesetzen ist eher kontraproduktiv und bringt letztlich kaum den gewünschten Effekt. In den legislatorischen Bemühungen um eine Verfahrensrechtsvereinheitlichung und Rechtsbereinigung bis 1990 war neben einigen Fortschritten durch die bisherigen drei Rechtsbereinigungsgesetze allerdings ein beachtliches **Beharrungsvermögen** in behördlichen Fachbereichen festzustellen, die die rechtlichen Vereinheitlichungsbemühungen nur langsam vorankommen ließen und mäßige legislative Erfolge zur Folge hatten.[786] Die nach der Herstellung der Einheit Deutschlands erlassenen **Beschleunigungs- und Vereinfachungsgesetze** – insbesondere das VerkPBG von 1991, das PlVereinfG von 1993 und das GenBeschlG 1996 – verfolgten zwar Gesichtspunkte der Herstellung gleicher Lebensverhältnisse in alten und neuen Ländern und sollten der Sicherung des Standorts Deutschland dienen,[787] veränderten 20 Jahre nach Inkrafttreten der VwVfG zugleich aber auch Strukturen und Bedeutung des Verfahrensrechts nicht unerheblich.[788] Das **Gesetz zur Beschleunigung von Planungsverfahren für Infrastrukturvorhaben** vom 9. 12. 2006[789] schafft weitere Regelungen, die auf eine Vereinfachung

---

[782] *Stern,* Staatsrecht I, S. 6 m. w. N.
[783] S. hierzu aber auch Rn. 236.
[784] Hierzu *Bettermann,* VVDStRL 17 (1959), 118, 143, 150; *Sendler,* DVBl 1982, 812; *Schenke* DÖV 1982, 713; zusammenfassend *Wahl* in Blümel (Hrsg.). Die Vereinheitlichung des Verwaltungsverfahrensrechts, 1983, S. 19, 26 ff., *Klappstein / von Unruh,* Rechtsstaatliche Verwaltung durch Gesetzgebung, 1987; *Oldiges,* Einheit der Verwaltung als Rechtsproblem, NVwZ 1987, 737 (hierzu ebenfalls *Bryde* DÖV 1987, 56; *Haverkate* DÖV 1987, 1058; *Oebbecke* DVBl 1987, 866; *Sachs* NJW 1987, 2338; *Schuppert* DÖV 1987, 757; *Wendt* NWVBl 1987, 33); s. auch § 2 Rn. 5.
[785] *Bonk* NVwZ 2001, 636, 637.
[786] Vgl. hierzu *Helmrich* (Hrsg.), Entbürokratisierung – Dokumentation und Analyse, 1989; *Hoffmann-Riem / Schmidt-Aßmann,* Konfliktbewältigung durch Verhandlungen, 1990, *Bullinger,* Beschleunigte Genehmigungsverfahren für eilbedürftige Vorhaben, 1990; *Brohm* NVwZ 1991, 1025; *Ronellenfitsch* DÖV 1991, 771; *Hill* NVwZ 1991, 1048.
[787] Vgl. hierzu *Bullinger* JZ 1994, *Schlichter* DVBl 1995, 173; *Krumsiek / Frenzen* DÖV 1995, 1013; *Steinberg* NuR 1996, 6; *Schöne* UPR 1996, 94; *Schmitz / Wessendorf* NVwZ 1996, 955, 959.
[788] Vgl. *Bonk* NVwZ 1997, 320.
[789] BGBl I S. 2833, ber. 2007 I S. 691; hierzu *Lecheler* DVBl 2007, 713, 716 ff.

und Beschleunigung der Planungsprozesse für den Verkehrsbereich zielen (zu den Einzelheiten § 72 Rn. 22 ff.). Der Gesetzgeber hat dabei nicht das VwVfG geändert, sondern – weil schneller zu realisieren – die Fachplanungsgesetze, die für die wesentlichen Verkehrsvorhaben einschlägig sind (§§ 18a ff. AEG; §§ 17a FStrG; §§ 14a ff. WaStrG; § 10 Abs. 2 LuftVG; §§ 2ff MBPlG; §§ 43a ff EnWG). Dabei war ihm bewusst, dass damit die Zersplitterung des Verwaltungsverfahrensrechts weiter zunimmt. Er hat deshalb am 27. 10. 2006 mit dem Gesetzesbeschluss eine Entschließung angenommen, in der es heißt:[790]

> „Die Praxis erwartet eine möglichst einheitliche Regelung des Zulassungsrechts über die einzelnen Fachmaterien hinweg. Jede weitere Zersplitterung des Planfeststellungsrechts erhöht die Komplexität der Regelungen, macht die Regelungen für Anwender schwerer verständlich und handhabbar und erhöht ihre Fehleranfälligkeit verbunden mit der Gefahr von Verzögerungen im Verfahrensablauf. Zugleich hätte eine Verankerung des Beschleunigungsgedankens im allgemeinen Verfahrensrecht den Vorteil, dass nach diesem Vorbild auch einfacher die landesrechtlichen allgemeinen Verfahrensregelungen angepasst werden könnten. Änderungen in einer Vielzahl der landesrechtlichen Fachplanungsregelungen wären so entbehrlich. (…) Der Deutsche Bundestag fordert die Bundesregierung daher auf: (…) Die beschleunigenden Maßgaben des Gesetzentwurfs sind auf den gesamten Anwendungsbereich der Planfeststellungsverfahren auszudehnen und im Verwaltungsverfahrensgesetz (VwVfG) des Bundes sowie der Länder sobald wie möglich einem gesonderten Gesetzgebungsverfahren zu verankern."

Eine entsprechende Entschließung hat auch der Bundesrat gefasst.[791]

Dem Anliegen der (Verfahrens-)Rechtsbereinigung zuwider laufen Vorhaben, die als **Signalgesetzgebung**[792] oder Symbolische Gesetzgebung[793] zu qualifizieren sind. Signalgesetzgebung verfolgt primär das Ziel, Aktivität vorzutäuschen und den Schein normativer Steuerung zu verbreiten, weniger oder nicht, das Verhalten von Normunterworfenen zu steuern. Sie trägt nicht nur zur Inflation der Normen (Gesetzesflut) bei, sondern unterminiert die Autorität der Gesetzgebung. Die offenkundig fehlende Ernsthaftigkeit des Gesetzgebers in der Auseinandersetzung mit dem Regelungsgegenstand legt dem Vollzug nahe, das Gesetz selbst nicht ernst zu nehmen.[794] Überflüssig sind auch Klassifizierungen, Lehrsätze oder Deklamationen wie „Zweck dieses Gesetzes ist …". Die Gebote der Verwaltungskunst, die jeder richtig ausgebildete Verwalter beachtet, weil sie letztlich selbstverständlich sind, brauchen nicht im Gesetz zu stehen. Zudem kann das Gesetz insofern ohnehin nicht vollständig sein, und die Gesetzesform eignet sich auch nicht sonderlich gut für die Festlegung von Prinzipien, deren Verständnis sich im Laufe der Zeit notwendigerweise wandelt; das Gesetz ist dafür entweder zu starr oder es muss so unbestimmt formuliert werden, dass es kaum Steuerungskraft entfalten kann.[795]

VII. Fortentwicklung des Verwaltungsverfahrensrechts

Das bisher geltende Verwaltungsverfahrensrecht von Bund und Ländern kann **nicht als statisches Recht** begriffen werden.[796] Es bedarf vielmehr einer stetigen Überprüfung auf Sachgerechtigkeit, Vollständigkeit und insbesondere einer Übereinstimmung mit den Erfordernissen eines **rechtsstaatlichen Verwaltungsverfahrens** (hierzu Rn. 39 ff.) und den daraus zu ziehenden Konsequenzen. Der Gesetzgeber hat bei der Ausgestaltung des Verwaltungsverfahrensrechts einen **weiten Konkretisierungs- und Gestaltungsspielraum.** Zulässig sind daher mehr bürgerfreundliche, aber auch eher dem öffentlichen Interesse dienende und die Verwaltungseffizienz in den Vordergrund stellende Vorschriften, sofern mit ihnen die **Mindeststandards rechtsstaatlicher Verwaltungsverfahren** (dazu Rn. 39 ff.) gewahrt bleiben. Da der kompetenzrechtliche Begriff des VwVfs i. S. von Art. 84 GG über den einfachgesetzlichen Begriff des § 9 hin-

---

[790] BT-Drs 16/3158, S. 53 f.
[791] BR-Drs 764/06 unter Bezugnahme auf den Wortlaut der Entschließung des Bundestags.
[792] Hierzu *Schmitz* NJW 1998, 2866; *ders.* NVwZ 2000, 1238; ferner § 10 Rn. 25.
[793] Offenbar besonders im Umweltrecht verbreitet, vgl. *Lübbe-Wolff* in Hansjürgens/Lübbe-Wolff, Symbolische Umweltpolitik, 2000, S. 25.
[794] So zutreffend *Bußjäger* ÖJZ 2004, 701, 702 f.
[795] So *Bull*, FG Thieme, 2003, S. 9, 24.
[796] Zum Reformbedarf *Schmitz* NJW 1998, 2866, 2868; *ders.* in Hoffmann-Riem/Schmidt-Aßmann, Verwaltungsverfahren, S. 135; *ders.* DVBl 2005, 17; ferner *Schmidt-Aßmann* NVwZ 2007, 40, 42. Zur Strukturierung von allgemeinem und bereichsspezifischem Verwaltungsverfahrensrecht *Ziekow*, FS Bartlsperger, 2006, S. 247.

ausgeht (hierzu Rn. 30 ff.), könnte der Bundesgesetzgeber bisher normativ nicht einheitlich geregelte Bereiche ör Verwaltungstätigkeit in das VwVfG einbeziehen.[797] Dazu würden insbesondere Vorschriften über 1. abstraktes, 2. internes, 3. schlichtes Verwaltungshandeln gehören. Schließlich könnte daran gedacht werden, das VwVfG zur Grundlage der rechtlichen Beziehungen zwischen Verwaltung und Bürger insgesamt werden zu lassen.[798]

1. Abstrakte Verwaltungstätigkeit

272   Diese Art Verwaltungstätigkeit bezieht sich vornehmlich auf das Verfahren zum Erlass von Rechtsverordnungen und Satzungen bundesunmittelbare oder bundesmittelbare Körperschaften, Anstalten oder Stiftungen des öffentlichen Rechts. Solche Regelungen enthielten auch Elemente des **Verwaltungsorganisationsrechts** und gehen über eine auf die Entscheidung von Einzelfällen abzielende, nach außen gerichtete Verwaltungstätigkeit i. S. von §§ 35 ff. und §§ 54 ff. hinaus. Insoweit ist ein Bedürfnis nach bundeseinheitlicher Regelung bisher nicht ersichtlich. Im Übrigen müssten Regelungen über die **Fehlerfolgen** abstrakten Verwaltungshandelns aufgenommen werden; dazu gibt es bisher noch keine **Fehlertypologie** (vgl. *Hufen* Rn. 2; hier Rn. 162).

2. Interne Verwaltungstätigkeit

273   Zum VwVf i. S. von Art. 84 GG (hierzu Rn. 30 ff.) gehört auch die **interne Mitwirkungs-, Beteiligungs- und Kontrolltätigkeit** derjenigen Behörden, die zwar nicht im Außenverhältnis für die abschließende Entscheidung zuständig sind (zu Zuständigkeitsfragen vgl. § 3 m. w. N.), aber vor ihrem Erlass durch Anhörungs-, Benehmens- oder Einvernehmensregelungen zu beteiligen sind. Teilaspekte in diesem Bereich sind bereits jetzt durch die Vorschriften zu §§ 4 ff., 33, 34, 81 ff. und 88 ff. geregelt. Darüber hinausgehende weitere Regelungen würden gleichfalls Elemente des allgemeinen **Bundesverwaltungs(organisations)rechts** – wie dies in einigen Ländern, etwa in Schleswig-Holstein für seine Landesverwaltungsorganisation besteht – enthalten. Auch insoweit ist kein dringliches Normierungsbedürfnis zu erkennen.

3. Schlichte/informelle Verwaltungstätigkeit

274   Von besonderer praktischer und rechtssystematischer Bedeutung ist die schlichte bzw. schlicht-hoheitliche und/oder informelle Verwaltungstätigkeit (Rn. 144 ff.). Eine eindeutige begriffliche und inhaltliche Einordnung und Abgrenzung dieser Tätigkeit gibt es bisher weder in der Gesetzgebung noch in der Rechtsprechung oder Literatur.[799] Zum Bereich schlichten Verwaltungshandelns werden gerechnet z. B. **Realakte**, ör **Willenserklärungen** (§ 9 Rn. 172 ff.; § 54 Rn. 35 ff.; § 62 Rn. 26 ff.), ferner **Empfehlungen, Warnungen, Belehrungen**[800] sowie **Vorab-Zuleitungen von Anträgen** (hierzu nunmehr § 71 c Abs. 2) sowie (faktische) **Verständigungen, Absprachen, Agreements** innerhalb der förmlichen Vertragsebene, auch im Rahmen eines Sternverfahrens oder einer Antragskonferenz (§§ 71 d und e, Einzelheiten hierzu dort). In allen Fällen geht es um die Frage, unter welchen Voraussetzungen solche informellen/schlichten/kooperativen/dialogischen Verfahren zulässig sind (hierzu auch § 9 Rn. 172 ff.) und Rechtsverbindlichkeit etwa im Sinne einer „Bestandskraft" wie bei VAen oder einem förmlichen ör Vertr i. S. d. §§ 35 ff., 54 ff. erlangen, wann sie rechtswidrig sind sowie ob und inwieweit auch aus ihnen auf Erfüllung oder Schadensersatz oder Entschädigung geklagt werden kann. Hierzu fehlen bisher verlässliche Antworten in Rechtsprechung und Literatur.[801] Dieser

---

[797] Vgl. *Schmidt-Aßmann*, FS Brohm, S. 547, 564; ferner Rn. 142.
[798] So *Masing* VVDStRL 63 (2004), 377, 43 f. unter Hinweis auf die bereits jetzt über das VwVf hinausführenden Vorschriften des VwVfG.
[799] Vgl. die Nachweise bei *Schulte*, Schlichtes Verwaltungshandeln, 1995; *Maurer* § 15, der zwischen Realakten und informellem Verwaltungshandeln unterscheidet; *Wolff/Bachof u. a.* I § 57, der unter dem Oberbegriff „Verwaltungsrealakte" im Einzelnen undeutlich „tatsächliche bzw. schlichte Verwaltungshandlungen (Verwaltungsrealakte) einschließlich informeller Verwaltungshandlungen" untersucht und trennt.
[800] Hierzu etwa *Körner*, Informelles Verwaltungshandeln im Umweltrecht – Eine Untersuchung seiner Zulässigkeit, Grenzen und Rechtsfolgen, Diss. Potsdam, 1999; Rn. 145 f., 186 f.
[801] Vgl. hierzu *Schulte*, Schlichtes Verwaltungshandeln, 1995, Rn. 729; *Spannowsky*, Grenzen der Zulässigkeit von Absprachen, 1994; *Thieme*, Über die Notwendigkeit einer Reform des Allgemeinen Verwaltungsrechts, DÖV 1996, 757; *Keller*, Vorvertragliche Sonderverhältnisse im Verwaltungsrecht – zugleich ein Beitrag zur Rechtsverhältnislehre, 1997, S. 130 ff.

§ 1 Anwendungsbereich

Bereich erscheint derzeit, auch wegen der heterogenen Strukturen, (noch) nicht normierungsfähig.

Gewissen Unklarheiten bestehen ferner zu Begriff, Inhalt, Gegenstand und Bedeutung des **Verwaltungsrechtsverhältnisses** (hierzu § 9 Rn. 16 ff.) sowie zu **verwaltungsrechtlichen Schuldverhältnissen** (§ 54 Rn. 44 ff.). Die Rechtsprechung hat hier insbesondere bei Anstaltungsnutzungsverhältnissen weitgehend auf eine entsprechende Anwendung von Vorschriften des Zivilrechts zurückgegriffen und dabei vor allem §§ 275 ff. BGB für Fragen der Haftung modifiziert angewendet.[802] Eine allgemeine bundesrechtliche Regelung in diesem Bereich wäre zwar einerseits vorteilhaft; andererseits ermöglicht das Fehlen einer umfassenden gesetzlichen Regelung flexible Lösungen im Einzelfall. Dieser Rechtszustand ist hinnehmbar.

4. Beirat Verwaltungsverfahrensrecht

Die großen Kodifikationen des Verfahrensrechts sind ein hochempfindliches Instrumentarium, das mit Augenmaß zu handhaben ist.[803] Erster Schritt zu Novellierungen wird auch die Behandlung des jeweiligen Themas im Beirat Verwaltungsverfahrensrecht beim Bundesministerium des Innern[804] sein. Diesem Beirat,[805] der das BMI zu Fragen der Fortentwicklung des Verfahrensrechts berät, gehören Praktiker aus der Anwaltschaft, aus Genehmigungsbehörden, aus der Industrie, Wissenschaftler, Richter und für die Verwaltungsverfahrensgesetze verantwortliche Ministerialbeamte an. Aktuelle Themen des Beirats sind u. a. die **Fortentwicklung der Vorschriften über den ör Vertr** – insb. zu Fragen der Fehlerheilung[806] und zu kooperativen Verfahren wie **Public Private Partnership** (Rn. 281 f.) –, die Anpassung des Verwaltungsverfahrensrechts im Hinblick auf **moderne Kommunikationsmittel** (§ 3a; Rn. 277), die durch die **Europäisierung des Verwaltungsrechts** erforderlichen Anpassungen des nationalen sowie die Normierung europäischen Verwaltungsverfahrensrechts,[807] die Normierung **neuer Verfahrenstypen**[808] und – als Dauerthema[809] – die **Rechtsbereinigung** des Verfahrensrechts (Rn. 269 f.).

5. 3. VwVfÄnG 2002

Das Dritte Gesetz zur Änderung verwaltungsverfahrensrechtlicher Vorschriften vom 21. 8. 2002 – 3. VwVfÄndG –[810] ist ein zentrales Element der Verwaltungsmodernisierung.[811] Es hat auf der Basis des novellierten Gesetzes über Rahmenbedingungen für elektronische Signaturen[812] die Voraussetzungen für rechtsverbindliche elektronische Kommunikation durch Verwendung elektronischer Signaturen zwischen Bürger und Verwaltung geschaffen. Wie das Gesetz zur Anpassung der Formvorschriften des Privatrechts und anderer Vorschriften an den modernen Rechtsgeschäftsverkehr,[813] durch das insbesondere die §§ 126 ff. BGB neugefasst

---

[802] Einzelheiten – auch zu ör Verwahrung, ör Geschäftsführung ohne Auftrag und zu ör Willenserklärungen § 54 Rn. 441 ff.; *Ossenbühl*, Staatshaftungsrecht, 5. Aufl., 1998, S. 339 ff.; *Maurer* § 28; *Wolff/Bachof u. a.* I §§ 40 ff.; *Büllesbach*, Die ör Verwahrung, 1994; *Nedden*, Die GoA im öffentlichen Recht, 1994; *Bonk* in Sachs, GG, Art. 34 Rn. 51 f., jeweils m. w. N.
[803] *Schmitz/Olbertz* NVwZ 1999, 126, 132; *Schmitz* in Ziekow (Hrsg.), Beschleunigung von Planungs- und Genehmigungsverfahren (1998), S. 171, 191; *Hufen* in Schuppert (Hrsg.), Das Gesetz als zentrales Steuerungsinstrument des Rechtsstaates (1998), S. 11, 18.
[804] S. NVwZ 1998, 596; ferner *Schmitz* NJW 1998, 2866, 2868; *ders./Olbertz* NVwZ 1999, 126, 131.
[805] Mitglieder sind (Stand 1. 10. 2007): RA Prof. Dr. Hans-Jörg Birk (Vorsitz), RA Thomas Frangenberg (DaimlerChrysler AG), RD'n Isolde Haag (RP Leipzig), LRD Udo Kotzea (RP Köln), RiBVerwG Werner Neumann, RD Lorenz Prell (BMI), VRiVG Prof. Ulrich Dr. Ramsauer (VG Hamburg), MR Dr. Heribert Schmitz (BMI), RA Dr. Dieter Sellner, MR Volkhard Spilarewicz (BayStMI), Prof. Dr. Jan Ziekow (DHV Speyer).
[806] S. Bericht und Beschlussempfehlung des *Beirats* NVwZ 2002, 834; ferner *Schmitz* NVwZ 2000, 1238, 1240 f.; *ders.* DVBl 2005, 17; *Ziekow*, FS König, S. 303; *Stelkens* Die Verwaltung 37 (2004), 193.
[807] *Schily* in König/Schnapauff, Die deutsche Verwaltung unter 50 Jahren Grundgesetz, 2000, S. 23, 35; *ders.* NVwZ 2000, 883, 888; *Schnapauff* in Magiera/Sommermann, Verwaltung in der Europäischen Union, 2001, S. 13, 20 ff.; ferner Rn. 198 f.
[808] Vgl. *Wahl* NVwZ 2002, 1192; ferner § 2 Rn. 2; § 9 Rn. 87 ff.; § 35 Rn. 8, 34 ff., 158.
[809] S. auch *Bull*, FG Thieme, 2003, S. 9, 23.
[810] BGBl I S. 3322.
[811] Vgl. *Schlatmann*, Novellierung des Verwaltungsverfahrensgesetzes, in Roßnagel (Hrsg.), Die elektronische Signatur in der öffentlichen Verwaltung, 2002, S. 61.
[812] Signaturgesetz – SigG – vom 16. 5. 2001, BGBl I S. 876.
[813] Vom 13. 7. 2001, BGBl I S. 1542.

wurden, berücksichtigt es die Anforderungen, die sich für den elektronischen Rechtsverkehr aus der EG-Richtlinie 1999/93/EG vom 13. 12. 1999 über gemeinschaftliche Rahmenbedingungen für elektronische Signaturen[814] und der EG-Richtlinie 2000/31/EG vom 8. 6. 2000 über den elektronischen Rechtsverkehr[815] ergeben. Neben dem neuen § 3a, der die Gleichwertigkeit von durch Gesetz angeordneter Schriftform und – mit qualifizierter elektronischer Signatur versehener – elektronischer Form bestimmt, wird in § 37 Abs. 4 klarstellend der elektronische VA als neuer Typ eingeführt. Angepasst wurden – neben zahlreichen Vorschriften des besonderen Verwaltungsrechts – die §§ 14, 15, 23, 26, 33, 39, 41, 42, 44, 45, 66, 69, 71c. Daneben wurden Änderungen der §§ 45, 61 und 101 in das 3. VwVfÄndG eingestellt.[816]

6. Kooperationsprinzip/Public Privat Partnership

278 Das verwaltungsrechtliche Denken ist bis heute von dem von Otto Mayer geprägten Grundsatz „Der Staat paktiert nicht"[817] beeinflusst; danach gibt es grds. nur einseitiges Handeln in Form des VA und ist der ör Vertr atypisch.[818] Dieses Denken ist zu überwinden. Zwar ist der VA weiterhin ein taugliches Instrument zur rechtmäßigen und sachrichtigen Erledigung von Verwaltungsaufgaben und z. B. für die Bewältigung massenhafter täglicher Verwaltungsaufgaben unentbehrlich. Der Entscheidungsprozess nach den Verfahrensregeln des VwVfG ist auch beim VA ausreichend flexibel und in der Lage, Kooperation, Konsens und Akzeptanz zu fördern.[819] Gewandeltem Staatsverständnis (kooperativer Staat) muss aber das passende rechtliche Instrumentarium zur Verfügung stehen.[820] So bestand **Bedarf, die Frage einer Fortentwicklung der bisherigen Regelungen der §§ 54–62 mit den dort vorgesehenen Handlungsformen des ör Vertr** wissenschaftlich vertieft weiter zu überprüfen. War der VA-ersetzende früher vorherrschend, steht mittlerweile der kooperative im Vordergrund. Verwaltungsrecht ist zudem nicht nur Kollisionsrecht zwischen öffentlichen und privaten Interessen; vielmehr geht es – wie etwa §§ 11, 12 BauGB zeigen – zunehmend um die Regulierung privater Belange unter öffentlicher Verwaltung.[821] Hier kann der ör Vertr ein besonders taugliches Instrument zum gerechten Interessenausgleich sein.

279 Entwicklungsbedarf wurde nicht nur von der Wissenschaft hinsichtlich rückständiger Vertragsrechtsdogmatik,[822] sondern auch aus der Praxis zu konkreten Problemen angemeldet. Hinderlich für die Anwendung des ör Vertr erschien vor allem die zwingende Folge der Nichtigkeit bei bestimmten Rechtsmängeln. Interessant war, dass der Gesetzgeber in den letzten Jahren den VA durch Einschränkung der Kontrolldichte und erweiterte Möglichkeiten zur **Fehlerheilung** haltbarer gemacht, die Rechtsgültigkeit des ör Vertr hingegen nicht verstärkt hatte. Das traditionelle Fehlerfolgenregime beim ör Vertr war bislang geprägt von dem Ziel der Begrenzung des Missbrauchs staatlicher Handlungsübermacht. Es erscheint heute aber zweifelhaft, ob in allen Kooperationsverhältnissen die Vertragspartner eines solchen Schutzes bedürfen, der letztlich sinnvolle Kooperation behindert (hierzu ferner § 54 Rn. 1 ff.).

280 **Staats- und Verwaltungsmodernisierung** ist Anliegen der letzten Bundesregierungen. In der 13. Wahlperiode hieß das Stichwort **„Schlanker Staat"**;[823] in der 14. wollte der Begriff des

---

[814] ABl. EG 2000 Nr. L 13 S. 12.
[815] ABl. EG Nr. L 178 S. 1.
[816] Zu den Einzelheiten des 3. VwVfÄndG *Schmitz/Schlatmann* NVwZ 2002, 1281. S. ferner die Erläuterungen bei den geänderten Vorschriften.
[817] *Mayer* AöR 3 (1888), 3, 42.
[818] In der Verwaltungsrechtslehre bekannt war der ör Vertr als weitere Handlungsform der Verwaltung allerdings bereits im 19. Jh.; vgl. *Maurer* § 14 Rn. 21.
[819] Vgl. § 35 Rn. 8; *Schoch* in Hoffmann-Riem/Schmidt-Aßmann, Innovation, S. 199, 207; *Hoffmann-Riem* DÖV 1997, 433, 435; *Henneke* DÖV 1997, 768, 771; *R. Schmidt* VerwArch 91 (2000), 149, 158.
[820] Kooperative Vorgehensweisen ergänzen imperatives Verwaltungshandeln, *Hoffmann-Riem* DÖV 1997, 433, 435; *Grziwotz* JuS 1998, 807. Zu konsensualen Instrumenten im Umweltschutzrecht, insbesondere im Kommissionsentwurf für ein UGB (hierzu § 2 Rn. 2; § 35 Rn. 8, 27) vgl. *Schröder* NVwZ 1998, 1011. Zum Kooperationsprinzip im Umweltrecht *Di Fabio* NVwZ 1999, 1153; generell *Westphal*, Das Kooperationsprinzip als Rechtsprinzip, DÖV 2000, 996; *Rossen-Stadtfeld*, Die verhandelnde Verwaltung, VerwArch 97 (2006), 23.
[821] *R. Schmidt* VerwArch 91 (2000), 149, 150 f.
[822] Vgl. *R. Schmidt* VerwArch 91 (2000), 149, 158 f. m. w. Nachw.
[823] Vgl. *Voßkuhle* GVwR I, § 1 Rn. 62.

„aktivierenden Staates"[824] zumindest eine andere Akzentuierung deutlich machen. Das Leitbild des **„aktivierenden Staates"** findet sich bereits in der Koalitionsvereinbarung vom 20. 10. 1998.[825] Mit Kabinettbeschluss vom 1. 12. 1999 zum Thema „Moderner Staat – Moderne Verwaltung" wurde eine Konkretisierung versucht. Vier Prinzipien sind danach maßgebend: neue Verantwortungsteilung, mehr Bürgerorientierung, staatliche Vielfalt und effiziente Verwaltung.

Ein Leitprojekt war überschrieben „Rechtliche Regelungen für **Public Private Partnership** – P. P. P.".[826] Wie häufig bei Verwendung fremdsprachiger Ausdrücke, die einem ausländischen Rechtskreis entnommen sind, ist der Begriff P.P.P. mit gewissen Unschärfen behaftet. Dennoch ist er inzwischen zu einem gängigen Terminus in Verwaltungslehre[827] und Verwaltungsrecht geworden. P.P.P. ist ein Sammelbegriff für unterschiedliche **Kooperationsmodelle**[828] zwischen Hoheitsträgern und Privaten bei der Gewährleistung, Finanzierung[829] und Durchführung öffentlicher Dienstleistungen. Kooperatives Handeln ermöglicht gezielte Dialoge und wechselseitige Einflussnahmen. Es schafft durch den mitgestaltenden Einfluss der Betroffenen zusätzliche Bindung an die erzielte Verhandlungslösung. Der Spielraum für Verhandlungslösungen wird von gesetzlichen Regelungen – etwa in §§ 11, 12 BauGB –[830] und Verfassungsprinzipien unmittelbar begrenzt. Um Lockerungen der Gesetzbindung auszuschließen, kann einvernehmliches Handeln sich **nur in den Grenzen des gesetzlich festgelegten Ordnungsrahmens** bewegen.[831] Zu vermeiden ist, dass durch Verhandlungslösungen partikulare Interessen Vorrang gewinnen vor Gemeinwohlinteressen, deren Wahrung insbesondere den staatlichen Organen obliegt. Deshalb sollen rechtliche Rahmenbedingungen für kooperative Vertragsverhältnisse geschaffen werden. Der Staat kann dabei darauf hinwirken, dass gesellschaftliche Kooperationsgewinne erzielt werden.[832] Kooperation findet derzeit nicht nur auf der Ebene des ör Vertr statt, vielfach lässt es sich einordnen in Begriffe wie **agreements, Absprachen, Verständigung, Beratung, Duldung**; diese Formen werden auch unter dem Begriff des informellen Verfahrens zusammengefasst.[833] Zu denken war hier an eine rechtliche Angebotsordnung als Kombination organisatorischer, verfahrensmäßiger, vertraglicher und informeller Regelungen: Gesetzlich geregelt werden könnte eine Rahmenordnung für abzuschließende Verträge mit der Möglichkeit abgestufter Formalisierung. Konkrete Handlungstypen[834] könnten darüber hinaus der Verwaltung Hilfe bei der Anwendung leisten, ihr also Routine bei der Bewältigung – zunächst so erscheinender – Atypik bieten. Zwei Hauptziele sollte ein evtl. Regelwerk verfolgen: die Nutzung der Gemeinwohlkompetenz privater und halbstaatlicher Akteure und zur Gemeinwohlsicherung die **Begrenzung von Kooperation** durch Normierung von Informationsrechten, Steuerungsrechten, Rückholrechten der Verwaltung sowie von Regelungen zum Drittschutz,[835] insbesondere auch zum Datenschutz.[836] Rechtliche Regelungen für P.P.P. zu schaffen, sollte dabei aber nicht Formalisierung des Informellen bedeuten.

---

[824] Vgl. *Voßkuhle* GVwR I, § 1 Rn. 63.
[825] Kap. IX Nr. 11, 2. Abs.
[826] Hierzu *Tettinger*, Die rechtliche Ausgestaltung von Public Private Partnership, DÖV 1996, 764; *Mehde*, Ausübung von Staatsgewalt und Public Private Partnership, VerwArch 91 (2000), 540; *Schmitz* VA 2000, 144, 145 f.; *ders.* NVwZ 2000, 1238, 1241 f.; *Bonk* DVBl 2004, 141; *Bausback* DÖV 2006, 901.
[827] Zur Verwaltungslehre *Bull* NordÖR 2006, 1; *Stolleis* GVwR I, § 2 Rn. 101 f.
[828] S. auch § 54 Rn. 1 ff., 40 ff.; *Henneke* in Knack Rn. 12 vor § 54. Zum Kooperationsprinzip im Kreislaufwirtschafts- und Abfallrecht *Fluck* UPR 2000, 281; ferner § 1 Rn. 125.
[829] Teilweise wird hier auch die speziellere Figur der Public Finance Initiatives (P. F. I.) genannt, die auf die (Mit-)Finanzierung öffentlicher Aufgaben durch Private abzielt; hierzu *Reidt* NVwZ 1996, 1156. Beispiel: Privatfinanzierung von Fernstraßen; hierzu *Burgi* DVBl 2007, 649.
[830] Vgl. hierzu *Kahl*, Das Kooperationsprinzip im Städtebaurecht, DÖV 2000, 793.
[831] *Rossen-Stadtfeld* VerwArch 97 (2006), 23, 29.
[832] *Hoffmann-Riem* Die Verwaltung 33 (2000), 155, 163 f.: Der Staat kann versuchen, „im Huckepackverfahren auch Gemeinwohlziele zu erreichen".
[833] Vgl. Rn. 182 ff.; ferner § 54 Rn. 40 ff. m. w. N.
[834] Vgl. *Hoffmann-Riem* Die Verwaltung 33 (2000), 155, 166.
[835] Zur notwendigen Entwicklung eines Verwaltungskooperationsrechts *Schuppert* Die Verwaltung 31 (1998), 415, 442 ff.
[836] Vgl. für datenschutzrechtlich besonders sensible „Sicherheitspartnerschaften" von Polizei und privaten Sicherheitsdienstleistern *Pitschas* DVBl 2000, 1805 m. w. N. Ein detailliertes Kooperationsgesetz schlägt *Storr* DÖV 2005, 101, 109 f. für die Zusammenarbeit des Staates mit Privaten im Bereich polizeilicher Aufgaben vor.

7. Geplante VwVfG-Änderungen

282 Das Bundesministerium des Innern hatte zur Vorbereitung eines entsprechenden Gesetzgebungsvorhabens zunächst auf Anregung des Beirats Verwaltungsverfahrensrecht (Rn. 276) zwei wissenschaftliche Gutachten eingeholt, wobei die Gutachten unterschiedliche Ansätze verfolgen und sich insofern ergänzen sollten: *Schuppert* (HU Berlin) widmete sich vor allem der Frage, wie das Leitbild des aktivierenden Staates im Verwaltungsverfahrensrecht konzeptionell verwirklicht werden kann („Erfordernis verwaltungsrechtlicher Kooperationsverhältnisse [Public Private Partnership]"). *Ziekow* (DHV Speyer) setzte seinen Schwerpunkt bei der rechtlichen und regelungstechnischen **Weiterentwicklung der Regelungen zum ör Vertr** („Verankerung verwaltungsrechtlicher Kooperationsverhältnisse [Public Private Partnership] im VwVfG").[837] Gutachten und weitere Beratungen im Beirat Verwaltungsverfahrensrecht waren Grundlage für einen Bund/Länder-Musterentwurf, der sieht vorsieht, den Kooperationsvertrag als neuen Vertragstyp aufzunehmen und den ör Vertr durch Beseitigung verschiedener „Nichtigkeitsfallen" zu stärken.[838] Ein Arbeitsentwurf des BMI übernimmt die Vorschläge des Musterentwurfs; ein Abschluss des Gesetzgebungsverfahrens ist derzeit nicht absehbar. Vorrangig erscheinen zwei andere Vorhaben: Bundestag und Bundesrat haben mit ihren Beschlüssen zum **Gesetz zur Beschleunigung von Planungsverfahren für Infrastrukturvorhaben** vom 9. 12. 2006[839] die Bundesregierung aufgefordert, die zunächst in die Fachgesetze eingestellten Beschleunigungsregelungen in das VwVfG zu überführen (Rn. 269, § 72 Rn. 22ff.). Die Verwaltungsverfahrensrechtsreferenten des Bundes und der Länder wollen hierzu noch in der 16. WP einen Musterentwurf erarbeiten. Gleiches gilt für die Umsetzung der **EU-Dienstleistungsrichtlinie** (Rn. 228) im Verwaltungsverfahrensrecht. Erwogen wird ein neuer Abschnitt nach § 71e zum Verfahren über eine einheitliche Stelle („einheitlicher Ansprechpartner" i. S. der Richtlinie), dessen Regelungen durch entsprechende Anwendbarkeitserklärung im Fachrecht Geltung erlangen.[840]

VIII. Anwendung des VwVfG als Ausdruck allgemeiner Rechtsgrundsätze

283 Der Anwendungsbereich des VwVfG ist in mehrfacher Hinsicht nach Maßgabe der §§ 1, 2 und 9 begrenzt. Bei der Frage, wie bei nach außen gerichteter, einzelfallbezogener sonstiger ör Verwaltungstätigkeit von Behörden – etwa bei **schlichtem Verwaltungshandeln** (hierzu Rn. 274; § 9 Rn. 172ff.; § 35 Rn. 82, 91) – entstehende **Lücken** im Verwaltungsverfahrensrecht geschlossen werden können und wann Regelungen des VwVfG als allgemeiner Rechtsgrundsatz anwendbar sind, muss differenziert werden (Rn. 117f., 150ff., 154f., 156): Wo **abschließende und eigenständige gesetzliche Verfahrensregelungen** vorhanden sind und ein rechtsstaatliches VwVf auf normativer Grundlage sicherstellen – auch wenn sie vom VwVfG abweichende Regelungen enthalten –, gelten ausschließlich sie. Das gilt insbesondere für den Abgaben- und Sozialbereich, weil mit der AO und dem SGB X neuzeitliches Verwaltungsverfahrensrechts vorhanden ist. Insoweit kommt ein ergänzender Rückgriff auf die Vorschriften des VwVfG nicht in Betracht (sog. Drei-Säulen-Theorie, § 2 Rn. 1ff.). Hier ist aber zu prüfen, ob spezialgesetzliche Verfahrensvorschriften den Geboten des rechtsstaatlichen, grundrechtsrelevanten Verfahrens genügen (hierzu Rn. 39ff.).

284 Bei Lücken im geschriebenen spezialgesetzlichen Verwaltungsverfahrensrecht (außerhalb von SGB und AO) in den **übrigen Rechtsgebieten** kann das VwVfG – auch wenn und soweit es sich um die einzelfallbezogene ör Verwaltungstätigkeit von Behörden mit Außenwirkung auch **außerhalb förmlicher VwVf** i. S. von § 9 handelt – als Ausdruck allgemeiner Rechtsgrund-

---

[837] Abgedruckt in: *Bundesministerium des Innern* (Hrsg.), Verwaltungskooperationsrecht (Public Private Partnership), Berlin 2002. Auch im Internet: www.bmi.bund.de über die Rubrik „Veröffentlichungen", Suchwort „Verwaltungskooperationsrecht".

[838] Zu den Einzelheiten s. *Schmitz* DVBl 2005, 17; *Bonk* DVBl 2004, 141; § 54 Rn. 13ff.; teilweise kritisch zum Entwurf *U. Stelkens* NWVBl 2006, 1; *Gurlit* in Erichsen/Ehlers § 31 Rn. 20. Siehe auch *Reicherzer*, Reform des ör Vertr, ZRP 2004, 112; *Gündling*, Modernisiertes Privatrecht und öffentliches Recht, 2006, S. 121 ff.; ferner *Becker*, Rechtsrahmen für Public Private Partnerships, ZRP 2002, 303; *Häfner*, Aspekte einer Normierung von Public Private Partnerships (PPP), LKV 2005, 340; *Maurer*, Fortentwicklung des Verwaltungsverfahrensrechts – aber wohin?, FS Püttner, 2006, S. 43, 49ff.; *Lämmerzahl*, Die Beteiligung Privater an der Erledigung öffentlicher Aufgaben, 2007, S. 223ff.

[839] BGBl I S. 2833, ber. 2007 I S. 691.

[840] Zur Gesetzgebungstechnik vgl. Anordnung von PlfV, § 72 Rn. 27, 72.

§ 1 Anwendungsbereich   285, 286 § 1

sätze jedenfalls dann angewendet werden, soweit inhaltlich **übereinstimmende Regelungen** in SGB X, AO und VwVfG vorhanden sind, weil durch eine solche Übereinstimmung bereits ein **Rechtsgrundsatz des allgemeinen Verwaltungs(verfahrens)rechts** zum Ausdruck gebracht ist. Wenn das VwVfG selbst für einen bestimmten Bereich seine nur **teilweise Anwendung** anordnet (etwa § 2 Abs. 3 Nr. 1 und Nr. 2), können jedenfalls gerade die ausdrücklich ausgenommenen Vorschriften des VwVfG nicht auf dem Umweg über Grundsätze des allgemeinen Verwaltungsverfahrensrechts wieder zur Geltung gebracht werden, weil dies der gesetzlichen Intention widersprechen würde.[841] Auch hier ist die Zulässigkeit solcher Ausschlussklauseln besonders zu prüfen.

Bei **gänzlichem Fehlen** geschriebenen Verwaltungsverfahrensrechts ist die Frage des Rückgriffs auf das VwVfG besonders aktuell. Die Rechtsprechung hat hier teilweise (zu § 2 Abs. 2 Nr. 5 und Nr. 6, dort Rn. 100 ff.) eine sog. statische Verweisung angenommen und nur diejenigen Grundsätze des allgemeinen Verwaltungs(verfahrens)rechts für anwendbar erklärt, die im Zeitpunkt des Inkrafttretens des VwVfG anerkannt worden waren. Diese normative „Versteinerung" und **Festschreibung eines früheren Rechtszustandes** in einem ausdrücklich begrenzten Bereich ist **unbefriedigend,** zeigt aber die Grenzen richterlicher Rechtsfortbildung bei einer problematischen normativen Festschreibung auf. 285

In **allen übrigen Fällen** außerhalb des § 2 Abs. 2 Nr. 5 und Nr. 6 – also in solchen neuen Verwaltungsbereichen, die vom Ausnahmekatalog des § 2 nicht erfasst werden, aber die Ausübung nach außen gerichteter, auf Einzelfälle abzielende ör Verwaltungstätigkeit in Form schlichten, VA-ähnlichen Verwaltungshandelns zum Inhalt haben – darf nicht außer Betracht bleiben, dass das VwVfG (ebenso wie SGB X und AO) nach seiner ursprünglichen gesetzgeberischen Intention und Konzeption „vor die Klammer" gezogenes, fachgebietsübergreifendes und lückenschließendes Verfahrensrecht ist, mit dem den Geboten eines rechtsstaatlichen VwVfs Rechnung getragen werden soll (Rn. 39 ff.). Deshalb sollten in den nicht von VwVfG, SGB X und AO erfassten Bereichen jedenfalls bei nach außen gerichtetem **VA-ähnlichem Verwaltungshandeln** diejenigen Vorschriften des kodifizierten Verwaltungsverfahrensrechts zur Anwendung kommen, die zugleich Ausdruck und Bestandteil **des rechtsstaatlichen Verwaltungsverfahrens** sind. Hierzu können wegen ihrer Ableitung aus Prinzipien des Art. 19 Abs. 4, 20 Abs. 3 GG (vgl. Rn. 39 ff.; § 9 Rn. 49 ff.) jedenfalls die **Grundsatzentscheidungen der 4–7, 14, 20, 21, 23 Abs. 1, 24–27** gerechnet werden. Auch der Grundsatz des rechtlichen Gehörs, der in **§ 28** mit seinen abstufenden Vorschriften in Abs. 1 bis 3 gesetzlich detailliert geregelt und zugleich Rechtsgrundsatz des Gemeinschaftsrechts ist (vgl. § 28 Rn. 8, 74), wird bei Fehlen von Spezialregelungen zumindest im Falle von Eingriffen in Grundrechtspositionen durch ör Verwaltungstätigkeit (vgl. auch §§ 66, 73) allgemein Anwendung finden, sofern es sich nicht um einen in sich abgeschlossenen Bereich handelt, der wegen unabweislicher vorrangiger öffentlicher Interessen einer Ergänzung durch das VwVfG weder fähig noch bedürftig ist.[842] Entsprechendes kann auch für **§ 29** mit der Regelung zur Akteneinsicht Beteiligter bei Vorhandensein eines rechtlichen Interesses jedenfalls als Ermessensvorschrift angenommen werden (zur Begrenzung des Einsichtsrechts vgl. § 29 Abs. 2 und 3, dort Rn. 51 ff., 72 ff.).[843] Auch **§ 30** drückt einen allgemeinen Rechtsgrundsatz aus und ist auch außerhalb des Anwendungsbereichs des VwVfG anwendbar, sofern spezielle Regelungen fehlen. Die Vorschriften zum **VA** können bei schlichtem Verwaltungshandeln mit Regelungscharakter unter Umständen ebenfalls nicht grundsätzlich ausgeklammert bleiben. Aus der Unanwendbarkeit einiger neuer Regelungen auf Grund der Rechtsprechung des BVerwG etwa zu § 2 Abs. 2 Nr. 5 (dort Rn. 103 ff.) darf nicht der Schluss auf eine völlige Unanwendbarkeit aller Regelungen der §§ 35–53 gezogen werden. Anwendbar sind, damit die gebotene Rechtssicherheit im Einzelfall entsteht, jedenfalls die Grundgedanken der **§§ 37, 39,**[844] **41, 43.** Auch **§ 38** ist auf reales Verwaltungshandeln ohne VA-Qualität entsprechend anwendbar.[845] Ob 286

---

[841] Ebenso *Dolzer* DÖV 1985, 14; weitergehend *Kopp/Ramsauer* Einf Rn. 48; ferner hier Einl Rn. 64 ff.
[842] Vgl. etwa OVG Münster NWVBl 1992, 132; BVerwG NVwZ-RR 1993, 90 im Soldatenrecht; BayObLG NJWE-FER 2000, 64 = StAZ 2000, 76 für VwVf nach Art. 7 § 1 FamRÄndG.
[843] Vgl. auch VG Potsdam LKV 1999, 155.
[844] Hierzu im Einzelnen § 39 Rn. 18 ff.
[845] Vgl. BVerwGE 97, 323, 331 = NJW 1995, 1977 für Zusicherungen baulicher Maßnahmen zur Einengung einer Straße.

§ 1 287 Teil I. Anwendungsbereich, örtliche Zuständigkeit, Amtshilfe

und inwieweit die Grundsätze der §§ 48, 49, 51 auf anderes einzelfallbezogenes Handeln anwendbar ist, das nicht die Tatbestandsmerkmale des VA (§ 35) erfüllt, bedarf einer Prüfung im Einzelfall. Hier ist eine deutliche Zurückhaltung angezeigt, die darin enthaltenen Regelungen auf andere einzelfallbezogenen Verwaltungsmaßnahmen mit Regelungscharakter zu übertragen, denn die Interessenabwägung zwischen den Geboten der Gesetzmäßigkeit der Verwaltung nach Art. 20 Abs. 3 GG und dem Vertrauensschutz als Bestandteil des Rechtsstaatsprinzips (Art. 20 Abs. 1 GG), die zu den §§ 48 ff. geführt hat, gilt nur für die typische Handlungsform des VA, nicht auch für sonstige Verwaltungsmaßnahmen. Diese widerstreitenden Verfassungsprinzipien können auch ohne unmittelbaren Rückgriff auf §§ 48 ff. zu einem Ausgleich gebracht werden. Auch §§ 54–62 beziehen sich ausdrücklich nur auf förmliche und formbedürftige (§ 57) ör Vertr; sie können auf sonstiges schlichtes/kooperatives/dialogisches Verwaltungshandeln – auch nach §§ 71a ff. – nicht ohne weiteres übertragen werden. Dies schließt es aber nicht von vornherein aus, im Einzelfall auch die Grundgedanken der Vorschriften etwa zur Zulässigkeit gemäß § 54 Satz 1, zur notwendigen Beteiligung Dritter und anderer Behörden (§ 58) sowie zur Nichtigkeit (§ 59)[846] sowie zu Fehlen und Wegfall der Geschäftsgrundlage (§ 60), ferner die Verweisung in § 62 Satz 2 auf die ergänzende und entsprechende Anwendung des BGB nutzbar zu machen. Die übrigen Vorschriften des VwVfG (§§ 63 ff.) sind auf schlichtes Verwaltungshandeln im Zweifel nicht übertragbar. Auch § 80 ist kein allgemeiner Rechtsgrundsatz (Näheres dort).

IX. Verwaltungsverfahrensgesetze der Länder

1. Voll- und Verweisungsgesetze; Rechtsbereinigung

287 Alle Länder haben auf der Grundlage des § 1 Abs. 3 VwVfG eigene VwVfGe erlassen. Abgesehen von wenigen landesrechtlich bedingten Besonderheiten stimmen sie inhaltlich weitgehend überein, so dass die **Rechtseinheit** im Verwaltungsverfahrensrecht in Deutschland im Wesentlichen **gewahrt** ist (zur Revisibilität vgl. Rn. 288). Die Länder haben bei der Übernahme des VwVfG in Landesrecht (§ 1 Abs. 3) gesetzestechnisch zwei unterschiedliche Wege gewählt: Bei den sog. **Vollgesetzen** wird der Wortlaut des Bundesgesetzes vollinhaltlich wiederholt und durch landesrechtliche Besonderheiten ergänzt. Bei den sog. **Verweisungsgesetzen** beschränkt sich das Landesgesetz auf die Verweisung auf das VwVfG und regelt nur die Abweichungen gegenüber dem Bundesgesetz. Die Verweisungsgesetze können **dynamisch**[847] (Berlin, Rheinland-Pfalz, Sachsen, Sachsen-Anhalt) oder **statisch** (Niedersachsen) sein. **Nordrhein-Westfalen** bestimmt in einem neuen § 99 Abs. 3 VwVfG NRW,[848] dass das LVwVfG am 30. 6. 2009 **außer Kraft treten** soll. Wäre dies ernst gemeint, würde dort anschließend für die Ausführung von Bundesrecht im Auftrag des Bundes das VwVfG des Bundes gelten (§ 1 Abs. 3);[849] vermutlich handelt es sich aber um bloße Signalgesetzgebung (Rn. 270), die ihren Wert vor allem darin findet, dass sie den **Mindersinn einer generellen Befristung von Gesetzen** exemplarisch deutlich macht.[850] Unterschiedliche Regelungen enthalten die VwVfG der Länder zur (landesrechtlichen) **Rechtsbereinigung;** insoweit sind vom VwVfG des Landes abweichende Regelungen teilweise bereits bereinigt und das VwVfG angepasst worden, teilweise solche Regelungen nach Ablauf bestimmter Fristen außer Kraft getreten. Zur **Subsidiarität** der VwVfGe der Länder im Verhältnis zu Bundesrecht einschließlich EU-Recht sowie zu Spezialgesetzen des Landes vgl. Rn. 30 ff., 206 ff., 229 ff.

---

[846] Vgl. hierzu *OVG Lüneburg* NJW 1988, 2126, 2127; *OVG Bautzen* LKV 1998, 237, 238.
[847] Zur Zulässigkeit auch dynamischer Verweisungen vgl. Rn. 75.
[848] Vgl. LT-Drs 13/4986 vom 29. 1. 2004. Neuer § 99 Abs. 3 nun auch in Bremen mit Befristung zum 31. 12. 2010, Gesetz vom 21. 11. 2006, BremGBl S. 457; Befristung in Hessen durch § 96 HVwVfG zum selben Termin, Gesetz vom 21. 3. 2005, GVBl I S. 218.
[849] Offen bliebe allerdings, wie sichergestellt wird, dass bundesrechtliche Verfahren, auch soweit sie keine Auftragsverwaltung darstellen, nach Außerkrafttreten des VwVfG NRW nach rechtsstaatlichen Verfahrensgrundsätzen durchgeführt werden (Einschreiten des Bundes nach Art. 28 Abs. 3 GG?).
[850] Vgl. nur *Zimmermann* DÖV 2003, 940.

2. Revisibilität von Landesverwaltungsverfahrensrecht

Durch die strikte Trennung der Geltungsbereiche der VwVfGe von Bund und Ländern ist die Wahrung der Rechtseinheit des Verwaltungsverfahrensrechts von erheblicher Bedeutung für Bürger und Behörden. Da sich die (alten) Länder beim Erlass ihrer eigenen VwVfGe auf der Grundlage des § 1 Abs. 3 durchweg beachtliche Disziplin auferlegt haben, halten sich die Abweichungen im Einzelnen in Rn. 288 ff.). Der Wahrung dieser Rechtseinheit dient insbesondere die durch § 97 Nr. 3 eingefügte Neufassung des **§ 137 Abs. 1 Nr. 2 VwGO,** wonach eine Revision auch darauf gestützt werden kann, dass das angefochtene Urteil auf der Verletzung einer Vorschrift des Verwaltungsverfahrensgesetzes eines **Landes** beruht, die ihrem Wortlaut nach mit dem VwVfG des Bundes wörtlich übereinstimmt. Auf diese Weise wird ein **Mindestmaß an Rechtseinheit** im Verwaltungsverfahrensrecht von Bund und Ländern erreicht. Das Landesrecht muss ein allgemeines Verwaltungsverfahrensrecht im **Typus des VwVfG** des Bundes sein (vgl. § 1 Abs. 3); dabei müssen nur die miteinander zu vergleichenden Normen wörtlich übereinstimmen; eine Übereinstimmung des gesamten VwVfG des Landes mit dem VwVfG des Bundes ist für die Revisibilität nach § 137 Abs. 1 Nr. 2 VwGO nicht erforderlich. Zusätze bei (nur) einer der in Frage stehenden Vorschriften, die Sinn oder Tragweite modifizieren, heben die Übereinstimmung auf.[851] Geringe sprachliche Besonderheiten ohne inhaltliche Abweichung sind allerdings unbeachtlich.[852] Die Anpassung des Sprachgebrauchs in § 44 Abs. 1 an die Terminologie der §§ 25 und 46 durch das 2. VwVfÄndG („offensichtlich" statt vorher „offenkundig") hat zwangsläufig zur Folge, dass der Wortlaut der LVwVfGe ohne dynamische Verweisung auf das VwVfG des Bundes für eine Übergangszeit nicht identisch ist. Trotz des Bemühens von Bund und Ländern um Simultangesetzgebung bei den VwVfGen ist im Hinblick auf die große Zahl der beteiligten Gesetzgeber ein zeitgleiches Inkrafttreten praktisch nicht zu verwirklichen. Wenn der Bundesgesetzgeber wie bei der Änderung des § 44 Abs. 1 ausdrücklich betont, dass nur der Sprachgebrauch ohne Bedeutungsänderung vereinheitlicht werden soll,[853] wird die Revisibilität der §§ 44 LVwVfGe bis zu deren Anpassung nicht beseitigt.[854]

Die wörtliche Übereinstimmung von sonstigem spezialgesetzlich und selbständig erlassenem Landesrecht, das mit dem VwVfG des Bundes wörtlich übereinstimmt, reicht für § 137 Abs. 1 Nr. 2 VwVfG nicht aus.[855]

§ 137 Abs. 1 Nr. 2 VwGO gilt auch für die VwVfG der **neuen Länder.** Diese Vorschrift war auch in den Fällen anzuwenden, in denen diese Länder bereits vor dem Inkrafttreten ihrer eigenen LVwVfG auf der Grundlage des Einigungsvertrags Landesrecht durch Landesbehörden ausgeführt haben, weil auch in diesem Fall trotz der Geltung des VwVfG des Bundes durch den Einigungsvertrag im Landesbereich der Sache nach das VwVfG insoweit als Landesrecht anzusehen war, also keine unzulässige Kompetenzberührung des Bundes in den neuen Ländern in der Übergangszeit vorlag, sondern wörtlich mit dem Bundesrecht übereinstimmendes Recht als Quasi-Landesrecht und daher das Bedürfnis nach Revisibilität gemäß § 137 Abs. 1 Nr. 2 VwGO bestand.

X. Recht der DDR und des Einigungsvertrags

Zu folgenden Fragen wird verwiesen auf die **Ausführungen in der 6. Aufl.:**
1. Fortgeltung von Verfahrensregelungen der DDR auf Grund des Einigungsvertrags (Rn. 281–291);[856]
2. Übernahme des VwVfG durch den Einigungsvertrag (Rn. 292–294);

---

[851] Vgl. *Kopp/Schenke* § 137 Rn. 15.
[852] Vgl. 4. Aufl., § 97 Rn. 40; *Clausen* in Knack, 5. Aufl. 1996, § 97 Rn. 5.2; *P. Schmidt* in Eyermann § 137 Rn. 15.
[853] Vgl. *Schmitz/Olbertz* NVwZ 1999, 126, 127.
[854] A. A. *Roth* NVwZ 1999, 388, der eine Überforderung des BVerwG bei der für die Beurteilung der Revisibilität entscheidenden Frage, ob beide Begriffe dasselbe bedeuten, befürchtet.
[855] Vgl. *BVerwG* Buchholz 310 § 137 Abs. 1 VwGO Nr. 5 n. F.; NVwZ 1984, 101; NJW 1984, 2113.
[856] Aus jüngerer Zeit noch *Dietlein*, FS Kutscheidt, 2003, S. 119.

3. Abgrenzung ör Verwaltungstätigkeit und Zivilrecht nach dem Recht der DDR (Rn. 295–305);[857]
4. Verwaltungsbehörde und Staatsorgane/Rechtsnachfolge (Rn. 306–309);
5. Verfahrensrechtliche Sonderregelungen auf Grund des Einigungsvertrags (Rn. 310–312).

Die das VwVfG betreffenden Maßgaben des Einigungsvertrags sind ab 7. 12. 2006 nicht mehr anzuwenden.[858]

§ 2 Ausnahmen vom Anwendungsbereich

(1) Dieses Gesetz gilt nicht für die Tätigkeit der Kirchen, der Religionsgesellschaften und Weltanschauungsgemeinschaften sowie ihrer Verbände und Einrichtungen.

(2) Dieses Gesetz gilt ferner nicht für
1. Verfahren der Bundes- oder Landesfinanzbehörden nach der Abgabenordnung,
2. die Strafverfolgung, die Verfolgung und Ahndung von Ordnungswidrigkeiten, die Rechtshilfe für das Ausland in Straf- und Zivilsachen und, unbeschadet des § 80 Abs. 4, für Maßnahmen des Richterdienstrechts,
3. Verfahren vor dem Deutschen Patent- und Markenamt und den bei diesem errichteten Schiedsstellen,
4. Verfahren nach dem Sozialgesetzbuch,
5. das Recht des Lastenausgleichs,
6. das Recht der Wiedergutmachung.

(3) Für die Tätigkeit
1. der Gerichtsverwaltungen und der Behörden der Justizverwaltung einschließlich der ihrer Aufsicht unterliegenden Körperschaften des öffentlichen Rechts gilt dieses Gesetz nur, soweit die Tätigkeit der Nachprüfung im Verfahren vor den Gerichten der Verwaltungsgerichtsbarkeit unterliegt;
2. der Behörden bei Leistungs-, Eignungs- und ähnlichen Prüfungen von Personen gelten nur die §§ 3a bis 13, 20 bis 27, 29 bis 38, 40 bis 52, 79, 80 und 96;
3. der Vertretungen des Bundes im Ausland gilt dieses Gesetz nicht.

Entstehungsgeschichte: Vgl. Einl Rn. 14 ff.

Die vom **Musterentwurf** 1963 vorgesehenen Ausnahmen waren in zwei Vorschriften des Schlussteils aufgeführt worden, in § 79 und § 85 Abs. 2. Der § 79 (Ausnahmen vom Anwendungsbereich) umfasste – mit textlichen und geringen inhaltlichen Abweichungen – den jetzigen Abs. 1 und die Nummern 1 und 2 des Abs. 3.

§ 85 Abs. 2 lautete:
„(2) Entgegenstehende und inhaltsgleiche Rechtsvorschriften und Verwaltungsvorschriften bleiben unberührt, soweit es sich handelt um
1. die Reichsabgabenordnung und ihre Nebengesetze,
2. das Gesetz über Ordnungswidrigkeiten,
3. das Patentrecht,
4. das Disziplinarrecht,
5. das Bundestagswahlrecht,
6. das Post- und Fernmeldewesen,
7. die Sozialversicherung einschließlich der Arbeitslosenversicherung,
8. die Kriegsopferversorgung mit Ausnahme der Kriegsopferfürsorge,
9. das Kriegsgefangenenentschädigungsrecht,
10. das Lastenausgleichsrecht,
11. die Gesetze über die Wiedergutmachung.
Alle übrigen inhaltsgleichen und entgegenstehenden Rechtsvorschriften treten spätestens acht Jahre nach der Verkündung des Gesetzes außer Kraft."

Diese Fassung war nach der Umstellung auf generell subsidiäre Geltung des Verwaltungsverfahrensgesetzes nicht mehr möglich. Der **Entwurf 70** fasste daher sämtliche Ausnahmen vom Anwendungsbereich erstmals in der heutigen Form des § 2 zusammen.

---

[857] Aus jüngerer Zeit noch zur Fortgeltung von VA der DDR im gesamten Bundesgebiet BVerwG NVwZ 2006, 1423; näher hierzu § 35 Rn. 366 ff..
[858] Art. 5 Nr. 1b) aa) des Zweiten Gesetz über die Bereinigung von Bundesrecht im Zuständigkeitsbereich des Bundesministeriums des Innern vom 2. 12. 2006, BGBl I S. 2674.

§ 2 Ausnahmen vom Anwendungsbereich § 2

Die Vorbereitung des Entwurfs 70, insbesondere die Abstimmung mit den Bundesressorts führte zu einer weiteren Differenzierung und Präzisierung des Ausnahmekatalogs. Seit dem Entwurf 70 sind nur noch verhältnismäßig geringfügige Änderungen eingetreten:

Abs. 1 war inhaltsgleich bereits im Entwurf 70 enthalten. Aus redaktionellen Gründen ist lediglich im Entwurf 73 die Formulierung „deren Verbände" durch die jetzige Fassung „ihrer Verbände" ersetzt worden.

In **Abs. 2 Nr. 1** war noch im Entwurf 73 auf Verfahren „nach der Reichsabgabenordnung und ihren Nebengesetzen" abgestellt. Die Formulierung wurde geändert, als bei Abschluss der Beratungen im BT-Innenausschuss abzusehen war, dass die neue Abgabenordnung gleichzeitig mit dem VwVfG in Kraft treten würde. Die **Nr. 2** enthielt im Entwurf 70 statt des Wortes „Strafverfolgung" noch die Formulierung „Strafverfolgung durch Hilfsorgane der Staatsanwaltschaft". Der einschränkende Zusatz wurde in den Entwurf 73 nicht übernommen, um den Irrtum vorzubeugen, die Strafverfolgung falle im Übrigen unter das Gesetz **Nr. 3** war im Entwurf 70 bereits mit dem jetzigen Text enthalten. Unter **Nr. 4** waren im Entwurf 70 lediglich die in § 51 des Sozialgerichtsgesetzes bezeichneten Angelegenheiten enthalten. Die Ergänzungen, die im Entwurf 73 vorgenommen wurden und in der parlamentarischen Beratung unverändert blieben, sind das Ergebnis einer Abstimmung mit dem Anwendungsbereich des Sozialgesetzbuchs. Die **Nr. 5 und 6** sind seit dem Entwurf 70 unverändert geblieben.

In **Abs. 3 Nr. 1** Entwurf 70 war abgestellt auf die „Behörden der Justizverwaltung einschließlich der ihrer Aufsicht unterliegenden Körperschaften des öffentlichen Rechts und der Gerichtsverwaltungen". Die durch den Entwurf 73 eingeführte besondere Nennung der Gerichtsverwaltungen bewirkt, dass die Tätigkeit der Gerichtsverwaltungen aller Gerichtsbarkeiten unabhängig davon, ob sie Teil der Justizverwaltung sind oder nicht, unter die Rechtswegklausel fällt. **Nr. 2** ist seit Entwurf 70 inhaltlich unverändert; **Nr. 3** war schon im Entwurf 70 in der jetzigen Fassung enthalten. Unter **Nr. 4** hatte der Entwurf 70 eine Ausnahme auch vorgesehen für die Tätigkeit der Post bei post- und fernmelderechtlichen Genehmigungsverfahren. Das Argument, hier handele es sich ebenso wie bei der Benutzung des Post- und Fernmeldewesens um Vorgänge, die Tag für Tag in ungewöhnlich großer Zahl anfielen (Begründung Entwurf 70) wurde bei den Beratungen in der 6. Legislaturperiode mit Recht nicht akzeptiert. Der Entwurf 73 sah daher von dieser Ausnahmeregelung ab.

Spätere Änderungen: Abs. 2 Nr. 3 wurde geändert m. W. v. 1. 11. 1998 durch Gesetz vom 16. 7. 1998 (BGBl I S. 1827) – hierzu Rn. 91; Abs. 2 Nr. 4 wurde geändert m. W. v. 21. 5. 1996 durch das (1.) VwVfÄndG vom 2. 5. 1996 (BGBl I S. 656) – hierzu Rn. 98 ff.; Abs. 3 Nr. 2 wurde geändert m. W. v. 1. 2. 2003 durch das 3. VwVfÄndG vom 21. 8. 2002 (BGBl. I S. 3322) – hierzu Rn. 123; Abs. 3 Nr. 4 wurde aufgehoben m. W. v. 1. 1. 1995 durch Art. 12 Abs. 5 des Gesetzes zur Neuordnung des Postwesens und der Telekommunikation vom 14. 9. 1994 (BGBl I S. 2325) – hierzu Rn. 142 ff.

Literatur: Vgl. die Nachweise zu § 1.

Übersicht

	Rn.
I. Allgemeines *(Bonk/Schmitz)*	1
1. § 2 als Verlustliste der Rechtseinheit	1
a) Ausnahmeregelungen im Bundesbereich	6
b) Ausnahmeregelungen im Landesbereich	9
2. Bedeutung der Ausnahmeregelungen	10
3. Unbenannte Sonderbereiche	11
a) Bundestags- und Landtagswahlrecht	12
b) Geschäftsordnungsrecht der Parlamente	16
c) Gnadenrecht	18
d) Orden, sonstige Ehrungen	20
e) Rundfunk- und Fernsehanstalten, Neue Medien	21
f) Sonstige nicht enumerierte Bereiche	27
II. Kirchen, Religionsgesellschaften und Weltanschauungsgemeinschaften, Landesrecht (Abs. 1) *(Schmitz)*	30
1. Regelungsbereich des Absatzes 1	30
2. Staatsbezogene Tätigkeit/Innerkirchlicher Bereich	34
3. Begriffe	45
a) Kirchen	45
b) Religionsgesellschaften	46
c) Weltanschauungsgemeinschaften	48
d) Verbände und Einrichtungen	50
III. Insgesamt ausgenommene Bereiche (Abs. 2) *(Schmitz)*	52
1. VwVfG und AO (Abs. 2 Nr. 1)	53
a) Verhältnis VwVfG zur AO	53
b) Anwendungsbereich AO – Bundesrecht	56
c) Anwendungsbereich AO – Landesrecht	59
2. Verfolgung von Straftaten und Ordnungswidrigkeiten, Rechtshilfe, Richterdienstrecht (Abs. 2 Nr. 2)	73
a) Strafverfolgung/Ahndung von Ordnungswidrigkeiten	74
b) Rechtshilfe für das Ausland	82
c) Richterdienstrecht	90

	Rn.
3. Patentverfahren (Abs. 2 Nr. 3)	91
4. Verfahren nach dem Sozialgesetzbuch (Abs. 2 Nr. 4)	94
5. Lastenausgleichsrecht (Abs. 2 Nr. 5)	100
6. Wiedergutmachungsrecht (Abs. 2 Nr. 6)	102
IV. Tätigkeitsbereiche mit beschränkter Anwendung (Abs. 3)	105
1. Gerichts- und Justizverwaltung (Abs. 3 Nr. 1) *(Schmitz)*	106
a) Ausnahmen für Gerichtsverwaltung und Justizbehörden	106
b) Justizverwaltungsakte	108
c) Justizverwaltung	117
d) Justizbehörden	119
e) Sonderregelungen, die den Verwaltungsrechtsweg ausschließen	120
f) Gerichtsverwaltung	122
2. Ausnahmen *(Schmitz)*	
a) für Prüfungen (Abs. 3 Nr. 2)	123
b) Schulen, Hochschulen	137
3. Auslandsvertretungen (Abs. 3 Nr. 3) *(Bonk/Schmitz)*	140
4. Postwesen und Telekommunikation (Abs. 3 Nr. 4 a. F.) *(Bonk/Schmitz)*	142
5. Bundesbahn *(Bonk/Schmitz)*	148
V. Landesrecht *(Schmitz)*	150
VI. Vorverfahren *(Schmitz)*	151

I. Allgemeines

1. § 2 als Verlustliste der Rechtseinheit

1 Schon bei der Erarbeitung des Musterentwurfs (hierzu vor Rn. 1) wurde deutlich, dass trotz aller Bemühungen, dem VwVfG im Interesse der Vereinheitlichung einen möglichst umfassenden Anwendungsbereich zu erschließen, eine nicht unerhebliche Reihe von Ausnahmen – eine **„Verlustliste der Rechtseinheit"**[1] – unvermeidlich sein würde. Dies hat sich im Verlauf des Gesetzgebungsverfahrens zum VwVfG bestätigt: Es ist im Ergebnis nicht gelungen, ein einziges und einheitliches Behördenverfahrensgesetz für alle Verwaltungszweige zu schaffen, obwohl Rechts- und Innenausschuss des Deutschen Bundestages darum besonders bemüht waren (vgl. die Nachweise Einl Rn. 35 ff. und vor Rn. 1). Auch der Abbau von Sonderverfahrensrecht kam nicht im gewünschten Sinn zustande (vgl. die Entstehungsgeschichte vor § 1, dort vor Rn. 1; ferner § 1 Rn. 206 ff.). Ausschlaggebend für die Schaffung der Ausnahmeregelungen in § 2 war im Falle des Abs. 1 eine verfassungsrechtliche Überlegung (vgl. Art. 140 GG i. V. m. Art. 137 Abs. 3 WRV), im Übrigen vor allem die Erwägung, dass das Verwaltungsverfahrensrecht auf einzelnen Sachgebieten (insbesondere im Abgaben- und Sozialbereich) bereits eine verfestigte, durch die Besonderheiten der Materie bedingte charakteristische Prägung erhalten hatte, die – wenn überhaupt – nur unter großen Schwierigkeiten zu beseitigen sein würde (Näheres dazu unter Rn. 53 ff., 94 ff.). Dabei sind einzelne Ausnahmeregelungen berechtigterweise stets umstritten geblieben.[2] Als Ergebnis der parlamentarischen Beratungen hat sich eine verwaltungsverfahrensrechtliche **„Drei-Säulen-Theorie"** (vgl. Einl Rn. 50 ff.) für die **Abgaben-, Sozial- und Allgemeine Verwaltung** mit Sonderregelungen für einige atypische sonstige Verwaltungsbereiche durchgesetzt. Diese 3 Verwaltungsverfahrensordnungen werden für den jeweiligen Bereich durch jeweils eine gesonderte Prozessordnung ergänzt, nachdem die Bemühungen um eine einheitliche **Verwaltungsprozessordnung** im Ergebnis ebenfalls **gescheitert** sind.[3] Nunmehr ist für jede der 3 „Säulen" im Sozial-, Abgaben- und Allgemeinen Verwaltungsrecht ein jeweils „eigenes" Verwaltungsverfahrens- und Gerichtsverfahrensgesetz maßgebend: **VwVfG/VwGO; SGB X/SGG und AO/FGO.** Auch diese Lösung ermöglicht die Durchführung rechtsstaatlicher und sachgerechter Behörden- und Gerichtsverfahren. Zu den weiteren von der Anwendbarkeit des VwVfG ausgenommenen Sonderbereichen vgl. Rn. 73 ff., 105 ff.

---

[1] Musterentwurf, Allg. Begründung, S. 67; Einl Rn. 68.
[2] Zur Kritik vgl. insbesondere *Schmitt Glaeser*, FS Boorberg Verlag, S. 1, 19 ff.
[3] Hierzu *Stelkens* NVwZ 1991, 209; *Lässig* NVwZ 1991, 1140; *Schmidt-Aßmann* in Schoch u. a. Einl Rn. 18 ff. m. w. N.

§ 2 Ausnahmen vom Anwendungsbereich

Die 1998 und 1999 bekannt gewordenen Fassungen sog. Diskussions- oder Arbeitsentwürfe eines **Umweltgesetzbuchs I**[4] enthielten eigenständige Regelungen für Genehmigungsverfahren, die vielfach an entsprechende Bestimmungen des VwVfG angelehnt waren, aber im Detail regelmäßig hiervon abwichen. Der Entwurf, der das bestehende Umweltrecht vereinheitlichen und vereinfachen wollte, barg jedoch die Gefahr weiterer Rechtszersplitterung und größerer Unübersichtlichkeit.[5] Der Rechtsanwender sollte – teilweise neue – Genehmigungsvoraussetzungen auch im UGB I finden. Der Versuch des BMU, die Realisierung des UGB I gegen die politischen Widerstände durch Verknüpfung mit der dringlichen Umsetzung von UVP-Änderungs-[6] und IVU-Richtlinie[7] zu fördern, scheiterte mit der Folge einer verspäteten Richtlinienumsetzung.[8] Die Konzeption einer integrierten Vorhabengenehmigung im UGB I (§ 35 Rn. 9) war vor allem wegen Überschreitung der Bundeskompetenz verfassungsrechtlich nicht vertretbar.[9] Die Richtlinien wurden inzwischen durch ein Artikelgesetz umgesetzt; das UGB I sollte erst nach einer anzustrebenden Verfassungsänderung weiter verfolgt werden.[10] Ob das Vorhaben einer Verfassungsänderung mit Kompetenzverlagerung zu Lasten der Länder Erfolg haben wird, schien zunächst fraglich.[11] Durch die sog. Föderalismusreform 2006 ist nun insbesondere auch das Wasserhaushaltsrecht in den Bereich der konkurrierenden Gesetzgebung aufgenommen worden (Art. 72 Abs. 3 Nr. 5, 74 Abs. 1 Nr. 32 GG).[12] Zweifelhaft erscheint indes weiterhin, ob die Errichtung einer verwaltungsverfahrensrechtlichen „4. Säule", die das UGB I nach seiner bisherigen Konzeption als bereichsspezifisches Verwaltungsverfahrensrecht für den Umweltbereich darstellen würde, wirklich erforderlich ist.[13] Die Innenministerkonferenz hat 1998 zu dem Plan eines UGB I eine Stellungnahme abgegeben, in der es heißt:[14]

„Die Innenministerkonferenz begrüßt die Zielsetzung des Umweltgesetzbuches, das geltende Recht für die Zulassung umweltrelevanter Vorhaben zu vereinheitlichen und zu vereinfachen.
Die Arbeitsentwürfe wurden diesem Ziel allerdings nicht gerecht. Sie bewirken keine Verringerung des Normenbestandes. Vielmehr tragen sie noch mehr zur Zersplitterung und Unübersichtlichkeit des Umweltrechts bei, indem sie zwar Teilbereiche aus bestehenden Gesetzen und Verordnungen herauslösen und zusammenfassen, die betroffenen Gesetze und Verordnungen jedoch mit zwei Ausnahmen (4. und 9. BImSchV) mit dem Restbestand an Normen (insbesondere BImSchG, KrW-/AbfG, WHG) oder in geänderter Form (UVPG) bestehen lassen.
Die umfassenden Verfahrensregelungen im UGB I stellen sich weitgehend als ,4. Säule' neben den drei Verfahrensordnungen Verwaltungsverfahrensgesetz, Sozialgesetzbuch X und Abgabenordnung dar. Das Verfahrensrecht wird dadurch nicht einfacher, sondern schwieriger. Hinzu kommt, daß die Arbeitsentwürfe erhebliche Abweichungen vom Verwaltungsverfahrensgesetz enthalten, während die bisherigen ,3 Säulen' (Verwaltungsverfahrensgesetz, Sozialgesetzbuch X und Abgabenordnung) im wesentlichen wortgleich sind. Unklar ist, warum bei den §§ V 6 ff. nicht ein Verweis auf die einschlägigen Bestimmungen des Verwaltungsverfahrensgesetzes ausreicht. Besonders kritisch ist die Frage zu prüfen, ob es wirklich erforderlich ist, neue Verfahrenstypen einzuführen, die zu den bestehenden Verfahrenstypen des Verwaltungsverfahrensgesetzes hinzutreten sollen. Dies gilt für die ,gebundene Vorhabengenehmigung' und vor allem für die ,planerische Vorhabengenehmigung'; letztere droht zu einer Zersplitterung des für die Planung maßgebenden Rechts zu führen.

---

[4] Die Entwürfe wurden erstellt auf der Basis des Entwurfs einer Unabhängigen Sachverständigenkommission zum UGB beim BMU, veröffentlicht als *BMU* (Hrsg.), Umweltgesetzbuch (UGB-KomE), 1998; hierzu *Storm* NVwZ 1999, 35; *Sellner* DVBl 2000, 778.
[5] So auch *Fluck* NVwZ 1998, 1016, 1021.
[6] Richtlinie 97/11 EG des Rates v. 3. 3. 1997 zur Änderung der Richtlinie 85/337/EWG über die Umweltverträglichkeitsprüfung bei bestimmten öffentlichen und privaten Projekten (ABlEG Nr. L 73 S. 5).
[7] Richtlinie 96/61/EG des Rates v. 24. 9. 1996 über die integrierte Vermeidung und Verminderung der Umweltverschmutzung (ABlEG Nr. L 257 S. 26).
[8] Vgl. *Wasielewski* NVwZ 2000, 15, insb. 19 ff. zur Sachbehandlung durch das BMU.
[9] Vgl. *Wasielewski* NVwZ 2000, 15, 19.
[10] Beschluss des *Bundeskabinetts* vom 1. 9. 1999; vgl. *Schmidt-Preuß* NVwZ 2000, 252.
[11] S. auch Tagungsbericht von *Ochtendung* NVwZ 2000, 1144. Die verfassungsrechtlichen Bedenken werden von *Sendler* eher als vorgeschoben vermutet; vgl. Tagungsbericht von *Stüer/Hönig* DVBl 2000, 1836 und *Sendler* NVwZ 2001, 52, der die reservierte Haltung der Länder bagatellisiert. Eine insoweit zutreffende Beschreibung der Bedenken gegen den UGB I-Entwurf gibt *Feldmann*, FG Lukes, 2000, 15, 27, 29.
[12] I. d. F. des Gesetzes vom 28. 8. 2006 (BGBl I S. 2034). Zur Neuordnung der Gesetzgebungskompetenzen *Degenhart* NVwZ 2006, 1209. Obwohl auch die Neufassung des GG keine umfassende Umweltkompetenz des Bundes begründet hat, will *Frenz* NVwZ 2006, 742, 744, unzutreffend eine solche aus kompetenzbegründenden Sachzusammenhängen bei integriertem Umweltschutz herleiten.
[13] Vgl. *Schmitz* NJW 1998, 2866, 2870 f.; *ders.* NVwZ 2000, 1238, 1242; *Hufen* Rn. 45; *Henneke* in Knack Rn. 8 vor § 1; dagegen *Sendler* NVwZ 1999, 132.
[14] 153. Sitzung der Ständigen Konferenz der Innenminister und -senatoren der Länder am 20. 11. 1998 in Bonn, Beschluss zu TOP 12.

Eine nahezu abschließende verfahrensrechtliche Regelung im Umweltgesetzbuch würde dem seit Jahrzehnten von den Ländern verfolgten rechtspolitischen Kurs, die Landeskompetenz im Bereich des Verfahrensrechts zu erhalten, widersprechen.

Daher wird gefordert, daß ein neues Umweltgesetzbuch den Vorrang der Verwaltungsverfahrensgesetze akzeptiert. (...)

Nur der Vorrang der Verwaltungsverfahrensgesetze wird der Forderung nach Vereinfachung und Beschleunigung von Verwaltungsverfahren gerecht und vermeidet überflüssige Normen."

4 In dieselbe Richtung zielt ein Beschluss der früheren Unabhängigen Kommission für Rechts- und Verwaltungsvereinfachung des Bundes, in dem es heißt:[15]

„Die Unabhängige Kommission für Rechts- und Verwaltungsvereinfachung des Bundes (...) hat an die zuständigen Stellen appelliert, neues Sonderverfahrensrecht in Zukunft zu vermeiden und bestehendes zu reduzieren. Weiterhin hat die Unabhängige Kommission der Bundesregierung empfohlen, eine Reform des Verwaltungsverfahrensrechts mit dem Ziel in Angriff zu nehmen, den Bestimmungen des Verwaltungsverfahrensrechts wieder eine möglichst breite Anwendung zu verschaffen. (...) Aus dem gleichen Grund sollte auch vermieden werden, neben den bereits bestehenden ‚Drei Säulen' des Verwaltungsverfahrensrechts (VwVfG, SGB X, AO) weitere zu etablieren. Die Unabhängige Kommission wertet die Einsetzung des Beirates ‚Verwaltungsverfahrensrecht'[16] als Chance, hierbei gegenteiligen Entwicklungen gegenzusteuern."

5 Das BMU hat 2006 die Arbeit an einem UGB wieder aufgenommen.[17] Kernelement soll dabei die sog. **integrierte Vorhabengenehmigung** sein. Um dem Ziel, das Verwaltungsverfahrensrecht möglichst übersichtlich und einheitlich zu gestalten, näher zu kommen, ist jedoch zu überlegen, ob sich die verfahrensrechtlichen Anliegen des UGB nicht in die VwVfGe des Bundes und der Länder integrieren lassen.[18] Die Kodifizierung des Verwaltungsverfahrensrechts kann ihre Ziele nur erreichen, wenn das VwVfG tatsächlich die Grundlage für sämtliche einzelgesetzlichen Regelungen bildet.[19] Soweit nicht die enge Verknüpfung mit dem materiellen Recht des Referenzfeldes sonderverfahrensrechtliche Lösungen fordert, führt eine **Vernachlässigung der Integrationsaufgabe des allgemeinen Verfahrensrechts** auf die Dauer zu Systembrüchen und Intransparenzen, die sowohl dem rechtsunterworfenen Bürger als auch den mit der Rechtsanwendung befassten Behörden kaum zu vermitteln sind.[20]

6 **a) Ausnahmeregelungen im Bundesbereich.** Durch § 2 werden bestimmte Sachgebiete vom Anwendungsbereich des Verwaltungsverfahrensgesetzes ganz (Abs. 2) oder teilweise (Abs. 3) ausgenommen. Dies dient insofern der **Rechtsklarheit**, als auf den ausgenommenen Sachgebieten sich die Frage nach Sonderregelungen, die möglicherweise auf Grund der Subsidiaritätsklausel des § 1 die Anwendung des VwVfG im Einzelfall ausschließen, gar nicht erst stellt.[21] Das hat zur Folge, dass auf diesen Gebieten die Regelungen des VwVfG in der Regel jedenfalls unmittelbar auch dann nicht heranzuziehen sind, wenn auf ihnen spezialgesetzliche verwaltungsverfahrensrechtliche Vorschriften nicht ergangen sind und deshalb ein gesetzlich geregeltes Verfahrensrecht nicht besteht. Dies schließt jedoch wegen der Notwendigkeit der Gewährleistung **rechtsstaatlicher Verwaltungsverfahren** (hierzu § 1 Rn. 39 ff.) nicht aus, dass die in dem Gesetz nunmehr kodifizierten allgemeinen Verfahrensgrundsätze auch auf diesen Gebieten unter bestimmten Voraussetzungen als allgemeine Rechtsgrundsätze zur Anwendung kommen können.[22] Dieses Erfordernis besteht umso mehr in den Bereichen, in denen sonst

---

[15] 61. Sitzung der Unabhängigen Kommission für Rechts- und Verwaltungsvereinfachung des Bundes am 15. 6. 1998, Beschluss zu TOP 1: Überprüfung des Sonderverwaltungsverfahrensrechts.
[16] Zum Beirat VwVfR s. § 1 Rn. 276; NVwZ 1998, 596; *Schmitz* NJW 1998, 2866, 2868.
[17] Vgl. *Kloepfer* (Hrsg.), Das kommende Umweltgesetzbuch, 2007.
[18] Vgl. *Schmitz/Olbertz* NVwZ 1999, 126, 131; *Schmitz* NVwZ 2000, 1238, 1243; *Weinl* UPR 2001, 46, 50; *Hennke* in Knack Rn. 8 zur § 1; so auch schon *Breuer* Gutachten B zum 59. DJT 1992, B 82 ff.; 59. DJT 1992, Abt. Umweltrecht, Beschluss Nr. 20 (Antrag Gaentzsch/Sellner); ferner *Wahl* in Blümel/Pitschas (Hrsg.), S. 83, 96; *Schlarmann*, FS Hoppe, S. 837, 846 f.; § 9 Rn. 91; allgemein zur Gefahr der Zersplitterung des Verwaltungsverfahrensrechts Einl Rn. 60 ff.; § 1 Rn. 1 ff., 206 ff., 269 f.; *Schmitz/Wessendorf* NVwZ 1996, 955, 961 f. Anders als *Kahl* in Hoffmann-Riem/Schmidt-Aßmann, Verwaltungsrecht, 2002, S. 67, 107, meint, wäre die vereinheitlichende Wirkung eines UGB sehr beschränkt, da die meisten Umweltgesetze wegen anderer Bezüge nicht ersatzlos gestrichen werden können; soweit ein UGB sich auf Fragen des materiellen Rechts beschränkte, könnte es tatsächlich der Rechtsbereinigung dienen.
[19] *Schlarmann*, FS Hoppe, S. 837, 846; *Wahl* NVwZ 2002, 1192, 1194.
[20] So *Ziekow* in Durner/Walter (Hrsg.), Rechtspolitische Spielräume bei der Umsetzung der Århus-Konvention, 2005, S. 39, 55 f., unter Bezugnahme auf *Schmitz/Wessendorf* NVwZ 1996, 955, 961 f.; s. auch § 1 Rn. 269 f.
[21] *Kopp/Ramsauer* § 2 Rn. 4; *Schmidt-Aßmann*, Städte- und Gemeindebund 1977, 9, 11.
[22] Begr. zu § 2 Entwurf 73; § 1 Rn. 283 m. w. N.

nicht genau feststehende „ungeschriebene Grundsätze des allgemeinen Verwaltungsrecht", vor allem bei Zugrundelegung einer sog. statischen Verweisung (etwa wie im LAG-Recht, nach Abs. 2 Nr. 5, hierzu Rn. 100 ff.), zur Anwendung kämen (hierzu § 1 Rn. 206 ff., 283 ff.).

§ 2 nennt in Abs. 1 und 2 Gebiete, auf die das VwVfG **ganz allgemein keine Anwendung** 7 findet, in Abs. 3 Gebiete, auf denen das Gesetz **mit Beschränkungen** anwendbar ist, da eine allgemeine Anwendung wegen der Besonderheiten des Sachgebiets nicht in Frage kommt. In beiden Fällen bestehen eine Reihe von Unklarheiten über das anzuwendende Verfahrensrecht, wenn die Regelungen des VwVfG ausscheiden (§ 1 Rn. 283 ff.). Zu den **benannten Ausnahmen** in Abs. 2 und 3 kommen noch einige **nicht benannte Ausnahmen** vom Anwendungsbereich hinzu, die sich gewissermaßen aus der Natur der jeweils einschlägigen Materie ergeben (hierzu Rn. 11 ff.).

In der Zwischenzeit ist § 2 an zwei Stellen geändert worden: Als Folge aus der Umwandlung 8 der ehemals ör organisierten **Deutschen Bundespost** in drei privatrechtlich organisierte Unternehmen mit nunmehr weitgehend zivilrechtlich ausgestalteten Leistungs- und Nutzungsbeziehungen und -entgelten wurde **§ 2 Abs. 3 Nr. 4 a. F.** durch das Postneuordnungsgesetz vom 14. 9. 1994[23] ersatzlos gestrichen. Trotz der nach Art. 87f, 143b GG vollzogenen **Organisationsprivatisierung des Postwesens und der Telekommunikation** ist das VwVfG in bestimmten Bereichen aber weiterhin anwendbar, soweit ör Verwaltungstätigkeit ausgeübt wird (hierzu Rn. 142 ff.).

§ 2 Abs. 2 Nr. 4 wurde durch das (1.) VwVfÄndG vom 2. 5. 1996[24] neu gefasst und soll die bisher ungenaue Abgrenzung der Anwendbarkeit des **Sozialverfahrensrechts** in bestimmten Grenzbereichen klären und den misslichen Zustand beseitigen, dass weder das VwVfG noch das SGB X auf sie Anwendung finden (hierzu Rn. 94 ff.).

b) Ausnahmeregelungen im Landesbereich. Die **Länder** haben in ihren VwVfGen den 9 Ausnahmekatalog des § 2 des Bundesgesetzes im Wesentlichen übernommen. Zusätzlich haben sie wegen der besonderen Verhältnisse in den Ländern **für bestimmte Sachgebiete weitere Ausnahmen** – in etwas unterschiedlichem Umfang – von der Anwendung der VwVfGe vorgesehen, z. B. für Angelegenheiten der Rundfunk- und Fernsehanstalten (hierzu und zahlreichen offenen Fragen in Zusammenhang mit der **dualen Rundfunkordnung** auch nach den Rundfunkstaatsverträgen und im **Postwesen und der Telekommunikation** noch Rn. 21 ff.), bei **Begnadigungen** und **Ehrungen** (hierzu Rn. 18 ff., § 1 Rn. 192 ff.) sowie im **Schul- und Prüfungsrecht** (hierzu Rn. 123). Bestimmte Bereiche sind zusätzlich ausdrücklich ausgenommen, die auch im VwVfG des Bundes nicht unter den Geltungsbereich des Gesetzes fallen, etwa Verfahren nach dem **(Landes-)Wahlgesetz** (vgl. § 2 Abs. 2 Nr. 6 BremVwVfG, § 1 Abs. 3 Nr. 6 Rh.-Pf. VwVfG; hierzu Rn. 8 ff.). Bei der **Anwendung der VwVfGe der Länder** nach Maßgabe des § 1 Abs. 3 (hierzu § 1 Rn. 71 f.) ist daher stets zu prüfen, ob Sonderverfahrensrecht (insbesondere nach der AO oder dem SGB X; zu Zweifelsfragen in Bezug auf die Ausnahmen im **(Kommunal-)Abgaben-** sowie **Sozialbereich** vgl. Rn. 53 ff., 94 ff.) zur Anwendung kommt, es beim VwVfG verbleibt, nur einige Vorschriften des VwVfG (etwa über § 2 Abs. 3 Nr. 2) anwendbar sind oder ob Regelungen des VwVfG oder früheres ungeschriebenes Richter- oder Gewohnheitsrecht (hierzu § 1 Rn. 206 ff.) als Ausdruck eines allgemeinen Rechtsgrundsatzes (hierzu noch § 1 Rn. 283 ff.) ganz oder teilweise heranzuziehen sind. Diese komplizierte Prüfung – zusätzlich zu den Fragen im Zusammenhang mit der Subsidiarität (vgl. hierzu § 1 Rn. 206 ff.) des VwVfG – erleichtert die Anwendung des Gesetzes nicht.

2. Bedeutung der Ausnahmeregelungen

Ob ein Sachgebiet unter das VwVfG fällt oder eine volle bzw. teilweise Ausnahme gem. § 2 10 eingreift, hat nicht nur unter dem Gesichtspunkt der Rechtsvereinheitlichung oder sonstigen rechtssystematischen Erwägungen Bedeutung. Die Frage, ob und ggfls. welches Verfahrensgesetz zur Anwendung kommt (insbesondere VwVfG, AO oder SGB X, hat vor allem wegen der nicht voll übereinstimmenden Regelungen von VwVfG, AO und SGB X **erhebliche praktische Auswirkungen** bei der Durchführung von VwVf. So ist es durchaus von Bedeutung, ob etwa

---

[23] BGBl I S. 2325.
[24] BGBl I S. 656.

die Regelungen zur Beteiligung im Verfahren (§ 13), über die Anhörung Beteiligter (§ 28), zur Akteneinsicht (§ 29), die Vorschriften über Bestimmtheit, Form und Begründung (§§ 37, 39, 41) sowie zur Aufhebung von VA (insbesondere §§ 48, 49) und über die Bedeutung von Form- und Verfahrensfehlern (§§ 45, 46) sowie die Kosten des Widerspruchsverfahrens (§ 80) zur Anwendung kommen, ob ein ör Vertr nach §§ 54 ff. geschlossen werden darf oder ob stattdessen nach Maßgabe der vom VwVfG deutlich abweichenden Regelungen in AO oder SGB X oder aber nach sonstigen „ungeschriebenen Grundsätzen des allgemeinen Verwaltungsrechts", vielleicht sogar im Sinne einer sog. statischen Verweisung auf einen früheren Rechtszustand zu entscheiden ist (hierzu etwa Rn. 100 ff., § 1 Rn. 283 ff.).

3. Unbenannte Sonderbereiche

11 Die VwVfGe von Bund und Ländern gelten aus unterschiedlichen Gründen in einer Reihe von Fällen ganz oder teilweise nicht, die im Enumerationskatalog des § 2 und den entsprechenden Länderregelungen nicht ausdrücklich aufgeführt sind (**sog. unbenannte Ausnahmen**). Sie kommen zu den in § 2 enumerierten **benannten Ausnahmen** hinzu. Insofern hat § 2 in der Fassung des Bundes- und der Ländergesetze **keine abschließende Bedeutung** für die vom Geltungsbereich ausgenommenen Sachgebiete.

12 a) **Bundestags- und Landtagswahlrecht.** Ausgenommen vom Anwendungsbereich des VwVfG ist zunächst, obwohl in § 2 nicht genannt, das **Recht der Wahlen zum Deutschen Bundestag** einschließlich der Feststellung oder Berichtigung des Wahlergebnisses[25] sowie das **Wahlprüfungsverfahren.**[26] Das Recht der Wahlen zum Deutschen Bundestag fasst Regelungen zusammen, die auf die Bildung eines obersten Staatsorganes gerichtet sind, ist also inhaltlich keine öffentlich-rechtliche Verwaltungstätigkeit.[27] Die Wahlorgane und Wahlbehörden werden nach dem Grundsatz der Selbstorganisation des Bundes ad hoc, ohne auf Dauer angelegte Institutierung errichtet und lassen sich mit den üblichen Bundes- oder Landesbehördentätigkeiten nicht vergleichen. Infolgedessen kann auch von einer administrativen Durchführung des Wahlgesetzes nach allgemeinem Verwaltungsverfahrensrecht nicht die Rede sein. Die Wahlorgane und Wahlbehörden treffen zwar während des Wahlgeschäftes eine Vielzahl von Entscheidungen und Maßnahmen, die sich unmittelbar auf die Wahl beziehen, doch handelt es sich dabei nicht um VAe i. S. v. § 35. Der Gesetzgeber hat denn auch alle Entscheidungen und Maßnahmen, die sich unmittelbar auf das Wahlverfahren beziehen, der Nachprüfung durch die Verwaltungsgerichte entzogen. Sie können nur mit den in dem Bundeswahlgesetz und in der Bundeswahlordnung vorgesehenen Rechtsbehelfen sowie im Wahlprüfungsverfahren angefochten werden (§ 49 Bundeswahlgesetz). Das Wahlprüfungsverfahren dient dem Schutz des objektiven Wahlrechts, insbesondere der gesetzmäßigen Zusammensetzung der gewählten Körperschaften und ist im Bundestags- und Landtagswahlrecht den Wahlorganen selbst sowie den Verfassungsgerichten vorbehalten.[28]

13 Inwieweit zu den nur nach § 49 Bundeswahlgesetz anfechtbaren Entscheidungen und Maßnahmen außer den „zentralen" Angelegenheiten des **Wahlverfahrens** auch Entscheidungen gehören, die sich konkret auf das Wahlrecht des einzelnen Wählers beziehen, oder ob insoweit nicht vielmehr mit den gewöhnlichen Rechtsbehelfen anfechtbare VAe vorliegen, ist streitig. Zu denken ist insbesondere an die Aufnahme in das Wählerverzeichnis und die Erteilung des Wahlscheines. Für die damit zusammenhängenden Fragen geht das BWG jedenfalls als Spezialgesetz dem VwVfG vor, so dass für seine ergänzende Anwendung kein Raum bleibt (vgl. auch § 1 Rn. 174).

14 Obwohl die Begründung zu § 2 Entwurf 73 nur vom Recht der Wahlen zum Deutschen Bundestag spricht, gelten die Gründe für die Nichtanwendbarkeit der VwVfG der Länder we-

---

[25] Vgl. *VGH München* BayVBl 1975, 335; NVwZ 1985, 848.
[26] *NWVerfGH* NVwZ 1991, 1175.
[27] Hierzu Begr. RegE, S. 33; *Kopp/Ramsauer* § 2 Rn. 67; ferner § 1 Rn. 174 ff. Dementsprechend stellt die Wahrnehmung von Ehrenämtern bei Wahlen und Abstimmungen durch einen im Beruf des Reichters tätigen Bürger keine Wahrnehmung von Aufgaben der vollziehenden Gewalt dar, *BVerwG* NJW 2002, 2263.
[28] *BVerfGE* 1, 430, 433; 40, 11, 30 ff.; 66, 378 ff.; 79, 50; *NWVerfGH* NVwZ 1991, 1175; *OVG Münster* DÖV 1992, 172.

§ 2 Ausnahmen vom Anwendungsbereich   15–19 § 2

gen des Fehlens einer ör Verwaltungstätigkeit[29] auch für das **Landtagswahlrecht**. In § 2 Abs. 2 Nr. 6 BremVwVfG und § 1 Abs. 3 Nr. 6 LVwVfG Rh.-Pf. sind ausdrückliche Ausnahmeregelungen enthalten; sie gelten sinngemäß auch in den anderen Ländern, in denen solche ausdrücklichen Klauseln nicht bestehen.[30] Dies wird auch durch die Entstehungsgeschichte des § 2 bestätigt: Im Musterentwurf war außer einer Regelung für das Bundestagswahlrecht in der Bundesfassung (vgl. die Textfassung vor Rn. 1) auch eine Ausnahme für das Landtagswahlrecht in der Länderfassung vorgesehen. Sie ist später als selbstverständlich weggelassen worden.

Auch für Verfahren im Zusammenhang mit **Volksabstimmungen** scheidet eine Anwendung 15 des VwVfG aus, weil es sich dabei nicht um ör Verwaltungstätigkeit, insbesondere nicht i. S. v. § 9 handelt.[31] Für das **Kommunalwahlrecht** und das **kommunale Wahlprüfungsverfahren** gelten die jeweiligen landesrechtlichen Vorschriften; sie gehen in aller Regel den VwVfG vor.[32] Dasselbe gilt bei anderen Maßnahmen außerhalb des kommunalen Wahlrechts, etwa bei sog. **kommunalen Verfassungsstreitverfahren** zwischen kommunalen Organen und Organwaltern (vgl. § 1 Rn. 181 m. w. N.).

b) Geschäftsordnungsrecht der Parlamente. Ferner wurden in den Ausnahmekatalog 16 nicht aufgenommen die Regeln der Verfassungsorgane von Bund und Ländern, die ihre inneren Angelegenheiten betreffen (interna corporis); hierzu gehören insbesondere **Geschäftsordnungen des Deutschen Bundestages der Bundesregierung,**[33] **des Bundesrates** sowie der **Landesparlamente.** Sie enthalten kein Verwaltungsrecht, sondern das unmittelbare interne Organisationsrecht der Regierung bzw. Legislative. Die nach ihnen handelnden Organe üben demnach insoweit keine öffentlich-rechtliche **Verwaltungs**tätigkeit aus (vgl. § 1 Rn. 180 ff. m. w. N.). Zur Frage der Nichtanwendbarkeit des VwVfG auf die Tätigkeit von parlamentarischen Untersuchungs- und Petitionsausschüssen, Wehr- und Bürgerbeauftragten vgl. § 1 Rn. 176 ff., 184 ff.

Allerdings muss hiervon diejenige Tätigkeit der Verfassungsorgane unterschieden werden, in 17 denen sie wie **normale Behörden** – etwa im Beamtenrecht gegenüber ihren Bediensteten – öffentlich-rechtliche Verwaltungstätigkeit ausüben (hierzu im Einzelnen § 1 Rn. 180 ff.).

c) Gnadenrecht. Ebenfalls nicht aufgenommen in den Aufnahmekatalog des § 2 ist das 18 **Gnadenrecht** (anders Art. 2 Abs. 2 Nr. 3 BayVwVfG, wonach „Verfahren im Zusammenhang mit Ehrungen und der Ausübung des Begnadigungsrechts"[34] vom Anwendungsbereich ausgenommen sind). Es ist, weil „Gnade vor Recht" geht, nach seiner historischen Entwicklung keine Aufgabe der Verwaltung, sondern obliegt dem Staatsoberhaupt, bei **Bundessachen** nach Art. 60 Abs. 2 GG dem Bundespräsidenten (zu Umfang und Ausübung des Gnadenrechts vgl. die Anordnung des Bundespräsidenten vom 5. 10. 1965,[35] zur Zuständigkeit nach **Landesrecht** vgl. *Nierhaus* in Sachs, GG, Art. 60 Rn. 14 m. w. N.).

Diese strenge Unterscheidung zwischen Gnade und Recht ist in der Zwischenzeit durch die 19 Rechtsprechung[36] und die daraus resultierenden Gnadenordnungen mit ihren Verrechtlichungen überholt. Zur differenzierenden Betrachtung vgl. § 1 Rn. 192 ff. Deshalb können Gnadenentscheidungen des Bundes und der Länder nicht allgemein von der gerichtlichen Überprüfbarkeit

---

[29] Wohl auch *Kopp/Ramsauer* § 2 Rn. 67.
[30] Vgl. *Olschewski*, Wahlprüfung und subjektiver Wahlrechtsschutz, 1990, *v. Heyl*, Wahlfreiheit und Wahlprüfung; *Ockermann* NVwZ 1991, 1150; *Goerlich* NWVBl 1991, 332; *NWVerfGH* NVwZ 1991, 1175.
[31] Vgl. *VGH Kassel* NVwZ 1991, 1098; *VGH München* NVwZ 1991, 386.
[32] Vgl. *Saftig*, Kommunalwahlrecht, 1990; *BVerwG* NVwZ 2003, 619; *OVG Münster* DÖV 1992, 172. Zur Frage einer Rechtsgrundlage für die Feststellung eines Mandatsverlustes vgl. *OVG Münster* NWVBl 1991, 233. Zur Beiladung im gerichtlichen Wahlanfechtungsverfahren betr. die Ungültigkeitserklärung einer Kommunalwahl bei schweren Fehlern *BVerfGE* 40, 36; 44, 154; *OVG Münster* NWVBl 1991, 234; ferner die Nachweise bei *Schreiber*, BWahlG, 7. Aufl. 2002, § 49 Rn. 1 ff.
[33] Zur Rechtmäßigkeit des bisher praktizierten Umlaufverfahrens vgl. *BVerwGE* 89, 121 = NJW 1992, 2648; hierzu *BVerfGE* 91, 148 = NJW 1995, 1537.
[34] Nach der Begründung zu dieser Vorschrift nur zur Klarstellung (vgl. LT-Drs 3/3551, S. 29).
[35] BGBl I S. 1573.
[36] *BVerfGE* 25, 366 – kein Akt der öffentlichen Gewalt i. S. v. Art. 19 Abs. 4 GG –; 30, 108 = NJW 1971, 795 – Überprüfbarkeit aber des Widerrufs einer Gnadenentscheidung –; ferner *BVerfGE* 45, 187 = NJW 1977, 1525; 64, 261 = NJW 1984, 33; ebenfalls die Verrechtlichung von Gnadenentscheidungen bejahend: *BayVerfGH* 18, 140; 23, 6; 24, 54; 29, 38; *HessStGH* NJW 1974, 791; *Schätzler*, Handbuch des Gnadenrechts, 2. Aufl., 1992; *ders.* NJW 1975, 1249; *Hönig* DVBl 2007, 1328.

ausgenommen werden.[37] Ob sich das Begnadigungsrecht auch auf Nebenstrafen und Sanktionen mit strafrechtsähnlichem Charakter, etwa Wehrstraf-, Disziplinar- und Ehrengerichtssachen sowie die Verwirkung von Grundrechten erstreckt, ist umstritten.[38] Im Ergebnis wird für Gnadenentscheidungen im Bereich der Justizverwaltung die Anwendbarkeit des VwVfG i. d. R. jedenfalls deshalb nicht in Betracht kommen, weil insoweit die Anwendbarkeit nach § 2 Abs. 3 Nr. 1 entfällt.

20 **d) Orden, sonstige Ehrungen.** Ähnliches gilt für **Ordensverleihungen** und ähnliche **Ehrungen** (§ 1 Rn. 199). Durch Art. 2 Abs. 2 Nr. 3 BayVwVfG, § 2 Abs. 2 Nr. 7 ThürVwVfG sind Verfahren im Zusammenhang mit Ehrungen ausdrücklich ausgenommen. Sofern eine solche ausdrückliche Negativregelung fehlt, ist eine prinzipielle Freistellung vom VwVfG nicht möglich, soweit sich die Tätigkeit als ör Verwaltungstätigkeit darstellt und die positiven und negativen Voraussetzungen über Ordensverleihungen und Ehrungen rechtlich normiert sind.[39] So ist die Genehmigung zur Annahme und Führung eines von einem ausländischen Staatsoberhaupt verliehenen Titels VA und kein außerrechtlicher, nicht justitiabler Gunsterweis.[40]

21 **e) Rundfunk- und Fernsehanstalten, Neue Medien.** Für die Anwendung der VwVfG von Bund bzw. Ländern im Bereich der **Fernseh- und Rundfunkanstalten** gilt Folgendes:

Die **herkömmlichen** ör Fernseh- und Rundfunkanstalten sind nach den bestehenden Rundfunkstaatsverträgen in der **dualen Rundfunkordnung** (Rn. 24, dort ferner zu neuen Medien) selbständige Träger von Rechten und Pflichten und durchweg juristische Personen des öffentlichen Rechts, die einer – wenn auch eingeschränkten – Aufsicht unterstehen, die bei Anstalten des Bundesrechts vom Bund, bei Anstalten des Landesrechts von einem Land, von mehreren Ländern (NDR) oder von allen Ländern (ZDF) ausgeübt wird. Sie erfüllen, soweit sie ör organisiert sind, in dieser Tätigkeit „**öffentlich-rechtliche Aufgaben**", weil sie im öffentlichen Interesse die informelle **Grundversorgung** der Bevölkerung zu gewährleisten haben, aus der zugleich eine Bestands- und Entwicklungsgarantie folgt. Sie haben das grundrechtlich gewährleistete Recht auf Programmautonomie und Selbstverwaltung, auf Staatsfreiheit und Binnenpluralismus.[41] Sie üben auch in bestimmtem Umfang ör Verwaltungstätigkeit aus, etwa bei Einziehung von Rundfunkgebühren, Entscheidungen über Rundfunkgebührenbefreiungsanträge, Zuteilung von Sendezeiten.[42] Die Veranstaltung von Rundfunksendungen einschließlich der Haushaltswirtschaft ist aber keine staatliche Verwaltungstätigkeit;[43] der WDR ist deshalb insoweit keine Behörde i. S. von § 4 des LandespresseG NW und der Presse gegenüber nicht auskunftspflichtig.[44] Auch wenn die Nutzungsverhältnisse zwischen dem ör Rundfunk und den Benutzern weitgehend ör geordnet sind,[45] folgt daraus nicht notwendig eine ausschließliche Regelung der Rechtsbeziehungen zu den Benutzern und anderen Dritten nach den Regeln des öffentlichen Rechts. Jedenfalls für Leistungs- und Unterlassungsklagen von Privatpersonen wegen des **Inhalts von Sendungen** ist der Rechtsweg zu den Zivilgerichten eröffnet, weil der Persönlichkeitsschutz einheitlich zu betrachten ist.[46] Zum **neuen Telekommunikationsrecht** vgl. Rn. 135 ff.

---

[37] Ebenso *Stern*, Staatsrecht III/1, S. 1376; *Sachs* in Sachs, GG, Art. 19 Rn. 119, jeweils m. w. N.
[38] Vgl. *Nierhaus* in Sachs, GG, Art. 60 Rn. 12 m. w. N.
[39] Vgl. etwa §§ 4, 5 des Gesetzes über Titel, Orden und Ehrenzeichen mit der dort vorgesehenen Entziehung und Genehmigung; ähnlich *Wolff/Bachof u. a.* I § 45 Rn. 36; *Knemeyer* DÖV 1970, 121; *BVerwGE* 18, 118 = DVBl 1964, 764 sieht für die Klage auf Gewährung eines Sportabzeichens nach § 3 Abs. des Ordensgesetzes den Zivilrechtsweg als gegeben an.
[40] OVG *Münster* NVwZ-RR 1999, 313.
[41] Vgl. die Grundsatzentscheidungen des BVerfG zur dualen Rundfunkordnung *BVerfGE* 12, 205; 31, 314; 57, 295 = NJW 1981, 1774; 73, 118 = NJW 1987, 239; 74, 297 = NJW 1987, 2987; 83, 295; 87, 181 = NJW 1992, 3285; 90, 60 = NJW 1994, 1942; *Bethge* in Sachs, GG, Art. 5 Rn. 90 ff., 107. Ferner *BayVerfGH* DVBl 1991, 1254 und 1260 sowie OVG *Münster* NVwZ 1992, 68 zum Anspruch politischer Parteien auf Berücksichtigung bei Wahlhearings bzw. zu den Grenzen der Rundfunkfreiheit und Rügerechten der Rundfunkteilnehmer (zum weiteren Begriff des Rundfunks vgl. Rn. 24).
[42] Hierzu *BVerfGE* 65, 227 = NJW 1984, 719.
[43] OVG *Münster* DÖV 1986, 82.
[44] Zu „Teilhabeansprüchen" am Rundfunk vgl. BVerwG NVwZ 1986, 379.
[45] *BVerfGE* 12, 205, 244 f.; 31, 314, 328 = NJW 1971, 1739.
[46] Vgl. BVerwG NJW 1994, 2500 unter Hinweis auf *BGHZ* 66, 182 = NJW 1976, 1198; a. A. VGH *München* BayVBl 1994, 345.

§ 2 Ausnahmen vom Anwendungsbereich

aa) Die **Länder,** denen im Allgemeinen die Regelung des Rundfunkwesens zusteht,[47] haben in ihren LVwVfGen weitgehend ausdrücklich die (ör) **Rundfunkanstalten des Landesrechts vom Anwendungsbereich ausgenommen** (§ 2 Abs. 1 LVwVfG BW für Südwestrundfunk, Art. 2 Abs. 1 BayVwVfG für Bayerischen Rundfunk, § 2 Abs. 4 VwVfG Bln für Sender Freies Berlin, § 2 Abs. 1 Nr. 2 BremVwVfG für Radio Bremen, § 2 Abs. 1 Satz 2 HmbVwVfG für Norddeutschen Rundfunk, § 2 Abs. 1 HVwVfG für Hessischen Rundfunk, § 2 Abs. 1 VwVfG NRW für Westdeutschen Rundfunk, § 1 Abs. 2 Nr. 2 LVwVfG RP für Zweites Deutsches Fernsehen, § 2 Abs. 1 SVwVfG für Saarländischen Rundfunk, § 2 Abs. 1 Satz 2 VwVfG LSA für Mitteldeutschen Rundfunk, § 2 Abs. 1 ThürVwVfG für Thüringer Rundfunk). Diese Ausnahmen beziehen sich auf die inhaltliche Tätigkeit des Rundfunks und sind schon deshalb gerechtfertigt, weil diese in aller Regel nicht auf VwVf i. S. von § 9 abzielen. Sie können allerdings nicht dazu führen, dass der Rundfunk, soweit er in der dualen Rundfunkordnung nach den Rundfunkstaatsverträgen oder den Landesmediengesetzen öffentlich rechtlich organisiert ist und seine Tätigkeit auf die hoheitliche Regelung von Einzelfällen abzielt, von jedweden Bindungen an rechtsstaatliche VwVf freigestellt ist. Es ist deshalb im Einzelfall zu prüfen, ob sie VwVf i. S. von § 9 sind. Dies wird insbesondere bei **Genehmigungs-, Zulassungs- oder Lizenzanträgen** privater Veranstalter bei ör Rundfunkanstalten und -behörden in Betracht kommen. Vor allem in diesem Bereich können deren Entscheidungen als hoheitliche Maßnahmen VA-Charakter haben, so dass insoweit die VwVfG subsidiär anwendbar sind.[48] Zu Postdienstleistungen vgl. Rn. 142 ff. Trotz der Ausnahmeklausel, die sich nicht auf Lizenz- und Frequenzvergabeverfahren bezieht, wird in diesen Fällen bei ör Verwaltungstätigkeit wegen der Notwendigkeit der Gewährleistung **rechtsstaatlicher Verfahren** eine Bindung an allgemeine Rechtsgrundsätze des VwVfs zu bejahen sein. Hieraus werden regelmäßig jedenfalls die Grundgedanken der §§ 24–27, 28, 30 und 39[49] zu beachten sein (hierzu noch § 1 Rn. 283 ff.). Auch die Verteilung von Hörfunkfrequenzen an private Veranstalter durch **Medienanstalten** zu Lasten ör Rundfunkanstalten ist eine ör Streitigkeit und im Verwaltungsrechtsweg überprüfbar.[50] Zur Amtshaftung eines nicht berücksichtigten Rundfunkanbieters bei Versagung einer Sendelizenz vgl. *LG Berlin* NVwZ-RR 1997, 35: Nur bei Vorliegen einer Beurteilungs- bzw. Ermessensreduzierung zu seinen Gunsten auf Null. Zum presserechtlichen Auskunftsanspruch (des ZDF) gegenüber einer Bundesbehörde und der dafür gegebenen ör Klageart vgl. *OVG Berlin* NVwZ-RR 1997, 32.

bb) Im VwVfG des Bundes fehlt eine den Länderregelungen entsprechende Ausnahmeklausel für die Anwendbarkeit des VwVfG auf die **Rundfunkanstalten des Bundesrechts** „Deutsche Welle" und „Deutschlandfunk" (jetzt „Deutschlandradio").[51] Das VwVfG ist daher im Bereich dieser Rundfunkanstalten anwendbar, soweit die übrigen Voraussetzungen des § 1 Abs. 1 vorliegen und ihre Tätigkeit (ausnahmsweise) auf den Erlass eines VA oder den Abschluss eines ör Vertr abzielt. Allerdings geht das o. a. Gesetz (das u. a. in §§ 26, 27 Regelungen über die Vergabe von Sendezeiten trifft) als lex specialis vor. Im Ergebnis bleibt also für die Anwendung des VwVfG nur wenig Raum.

cc) Durch den am 12. 3. 1987 von den (alten) Ländern unterzeichneten Staatsvertrag zur Neuordnung des Rundfunkwesens **(Rundfunkstaatsvertrag)** sind wichtige Rahmenbedingungen für den gesamten Bereich des Rundfunks und anderer moderner Medien verbindlich

---

[47] Vgl. *BVerfGE* 12, 205, 225 ff.; zum (im Einzelnen allerdings str.) weiten Rundfunkbegriff, der Hörfunk und Fernsehen sowie alle Formen des drahtlosen Raumfunks, des leitungsgebundenen Drahtfunks und der modernen Telekommunikation umfasst, soweit sich die Sendungen an die Allgemeinheit richten vgl. *BVerfGE* 74, 350 ff.; *OVGE Münster* 32, 126 = DVBl 1977, 207; *Hömig/Seifert* Art. 5 Rn. 16 ff.
[48] Vgl. *Hesse,* Rundfunkrecht, 1990, S. 174; *Ronellenfitsch* VerwArch 83 (1992), 119; *Hiltl/Großmann,* Grundfragen des neuen Telekommunikationsrechts, BB 1996, 169, 172; *Bethge* in Sachs, GG, Art. 5 Rn. 113; ferner etwa nach Art. § 19 des Rundfunkstaatsvertrags vom 31. 8. 1991, Rn. 24.
[49] Vgl. *OVG Berlin* DVBl 1991, 1265, 1267 – zugleich zum Drittschutz und zum Umfang der gerichtlichen Kontrolle; *OVG Magdeburg* LKV 1994, 60: Anwendbarkeit von § 39.
[50] Vgl. *BVerwG* NVwZ 1997, 61, zugleich zum Rechtsbegriff der Grundversorgung; *Bethge* NVwZ 1997, 1, 3 ff.
[51] Vgl. Gesetz über die Errichtung von Rundfunkanstalten des Bundesrechts vom 29. 11. 1960 – BGBl I, S. 862 –, geändert durch Gesetz vom 30. 4. 1990, BGBl I S. 823; nunmehr Gesetz über die Neuordnung der Rundfunkanstalten des Bundesrechts und des RIAS Berlin vom 20. 12. 1993 (BGBl I S. 2246), wonach die Rechte und Pflichten des Deutschlandfunks und des RIAS Berlin auf die Körperschaft des öffentlichen Rechts „Deutschlandradio" übergeleitet und die Aufgaben der gemeinnützigen Anstalt „Deutschlandfunk" als Rundfunkanstalt des Bundesrechts zum 31. 12. 1993 beendet wurden.

fixiert worden. Damit soll insbesondere der Rechtsprechung des BVerfG[52] Rechnung getragen werden, mit der die Schaffung einer **dualen Rundfunk- und Medienordnung** postuliert wird, durch die die bisherigen öffentlich-rechtlichen Rundfunkanstalten eine Grundversorgung, die nicht bloße Mindestversorgung sein darf,[53] zu gewährleisten haben; daneben bleiben private Medien mit privaten Anbietern und einer privaten Organisation und privaten Anschluss- und Benutzungsbedingungen zulässig.[54]

25 Durch den am 31. 8. 1991 zwischen allen 16 Ländern geschlossenen **Staatsvertrag über den Rundfunk im vereinten Deutschland** und seine ab 1. 1. 1997 geltenden Änderungen[55] werden die Grundsatzentscheidungen über die Zweiteilung des Rundfunks (zum weiten Begriff vgl. Art. 1 § 2 des neuen Staatsvertrags) – sog. **duale Rundfunkordnung** – bestätigt und durch zahlreiche Einzelheiten über alte und neue Organisationsstrukturen bis hin zur Gebührenerhebung geregelt (vgl. Art. 1: Rundfunkstaatsvertrag, Art. 2: ARD-Staatsvertrag, Art. 3 ZDF-Staatsvertrag, Art. 4: Rundfunkgebührenstaatsvertrag, Art. 5: Rundfunkfinanzierungsstaatsvertrag, Art. 6: Bildschirmtext-Staatsvertrag, Art. 7: Übergangsbestimmung, Kündigung, Inkrafttreten, Art. 8: Außerkrafttreten). Dem **ör Rundfunk** werden in der Präambel Bestand und Entwicklung gewährleistet, seine finanziellen Grundlagen durch Rundfunkgebühren (als Zwangsentgelte, Art. 4 Rundfunkgebührenstaatsvertrag), die im Verwaltungszwangsverfahren von den Rundfunkanstalten beigetrieben werden, gesichert. Den **privaten Veranstaltern** werden Ausbau und Fortentwicklung, vor allem in technischer und programmlicher Hinsicht ermöglicht. Soweit hiernach die Rundfunkanstalten ör organisiert sind und ör Verwaltungstätigkeit ausüben, ist ihre Tätigkeit von der Bindung an Grundsätze rechtsstaatlicher Verfahren nicht freigestellt; die unerlässlichen **rechtsstaatlichen Mindesterfordernisse** an solche Verfahren sind in **Lizenz-, Drittbeteiligungs- und Konkurrenzverfahren** – etwa im Zulassungsverfahren nach Art. III § 19 – zu wahren, selbst wenn das VwVfG nach Maßgabe des Landesrechts nicht unmittelbar anwendbar sein sollte.[56]

26 Zu beachten ist in diesem Zusammenhang ferner die Neustrukturierung des Post- und Fernmeldewesens der Deutschen Bundespost durch das **Poststrukturgesetz** vom 8. 6. 1989,[57] mit dem statt der vorherigen ör Rechtsbeziehungen und ör Nutzungsverhältnisse privatrechtliche Geschäftsbeziehungen zu den neu gegründeten drei öffentliche Unternehmen **(Postdienst, Postbank, Telekom)** und Leistungsentgelte eingeführt wurden (vgl. hierzu noch Rn. 142 ff.). Das VwVfG wurde hierdurch tendenziell weniger anwendbar, soweit sich die Abläufe zivilrechtlich gestalten. Anders ist es jedoch dort, wo sich im Zusammenhang mit privater Tätigkeit die Notwendigkeit ör Genehmigungen, Zulassungen oder sonstiger Lizensierungen ergeben (vgl. Rn. 22 ff.).

27 **f) Sonstige nicht enumerierte Bereiche.** Eine Reihe von sonstigen, nicht enumerierten Sachgebieten, die atypische oder periphere Verwaltungstätigkeit – teilweise mit besonderen Verfahrensabläufen – enthalten, aber in dem Ausnahmekatalog nicht ausdrücklich genannt sind, fallen **grundsätzlich unter das VwVfG**. Allerdings gibt es dort weitgehend Sonderregelungen, so dass der Anwendungsbereich des VwVfG begrenzt bleibt. Hierzu gehört etwa das **Flurbereinigungs-, Berg-, Kataster-,** ferner das **Kriegsgefangenenentschädigungs-** und **Häftlingshilferecht.**

---

[52] Vor allem dem Urteil vom 4. 11. 1986 zum Nds. LRundfG = BVerfGE 73, 118 = NJW 1987, 239 sowie dem Beschluss vom 24. 3. 1987 zum MedienG BW = NJW 1987, 2987 = DÖV 1987, 776; zum NW-Rundfunkrecht vgl. BVerfG NJW 1990, 331 und BVerfGE 83, 238 = NJW 1991, 899 mit Besprechung Goerlich/Radeck NJW 1990, 302.
[53] Vgl. BVerfGE 74, 297, 325 f. = NJW 1987, 2987.
[54] Zur neuen Rundfunkordnung vgl. etwa Kübler NJW 1987, 2961; Bullinger JZ 1987, 257; Hoffmann-Riem in Jarass (Hrsg.), Medienwandel-Gesellschaftswandel. 10 Jahre dualer Rundfunk 1994, S. 261 ff.; Bethge Die Verwaltung 27 (1994), 438 ff.; ders. NJW 1995, 557; NVwZ 1997, 1. Allgemein hierzu Herrmann, Rundfunkrecht, 1994. Zur aktuellen Entwicklung Hesse BayVBl 1997, 146.
[55] Hierzu Kreile NJW 1997, 1329 m. w. N.
[56] Vgl. OVG Münster DVBl 1991, 1265; OVG Münster NWVBl 1991, 416; OVG Bremen DVBl 1991, 1270; VGH München BayVBl 1991, 146; vgl. auch BVerfGE 82, 1, 5 = NJW 1990, 2541; 83, 130 = NJW 1991, 1471. Zur Zahlung von Entgelten für den ör Rundfunk vgl. BVerfGE 90, 60 = NJW 1994, 1942; VGH Kassel DÖV 1991, 985 Nr. 198; nunmehr Art. 4 des ab 1. 1. 1997 geänderten Rundfunkgebührenstaatsvertrags, hierzu Kreile NJW 1997, 1329 m. w. N.
[57] BGBl I S. 1026. Vgl. zur Begr. BT-Drs 11/2854, hierzu noch Schatzschneider NJW 1989, 2371; Gramlich JuS 1991, 88; Ehlers JZ 1991, 234; Lässig NJW 1991, 2371; Schwonke NVwZ 1991, 149; Rn. 135 ff.

Auch im **Disziplinarrecht** von Bund und Ländern gilt das VwVfG, soweit BDG und LDGe **28** nicht vorrangige Sondervorschriften enthalten (vgl. § 3 BDG). Das **Vertriebenenrecht,** insbesondere das Ausweisentziehungsverfahren nach § 18 BVFG, fällt gleichfalls unter den Anwendungsbereich des VwVfG, soweit nicht im BVFG etwas anderes ausdrücklich geregelt ist. Die Regelungen des BVFG sind unmittelbar durch das VwVfG zu ergänzen, so dass eine Modifizierung des BVFG durch eine statische Verweisung auf (frühere) ungeschriebene Grundsätze des allgemeinen Verwaltungsrechts, wie etwa im LAG-Recht (hierzu Rn. 110 ff.), nicht in Betracht kommt.[58]

Das **Personalvertretungsrecht** fällt ebenfalls grundsätzlich unter das VwVfG, weil und so- **29** weit ör Verwaltungstätigkeit ausgeübt wird; allerdings gehen die dortigen spezialgesetzlichen Regelungen oftmals dem VwVfG vor.[59]

II. Kirchen, Religionsgesellschaften und Weltanschauungsgemeinschaften, Landesrecht (Abs. 1)

1. Regelungsbereich des Absatzes 1

In den VwVfG der meisten Bundesländer ist in der § 2 Abs. 1 entsprechenden Vorschrift eine **30** Ausnahme für die ör Tätigkeit der **Rundfunk- und Fernsehanstalten** vorgesehen (dazu Rn. 21 ff.).

Nach § 2 Abs. 1 gilt das VwVfG nicht für die Tätigkeit der **Kirchen, der Religionsgesell- 31 schaften und Weltanschauungsgemeinschaften sowie ihrer Verbände und Einrichtungen.** Soweit der **Staat** in Bezug auf Angelegenheiten der Kirchen usw. verwaltend **tätig** wird, greift § 2 Abs. 1 nicht ein. **Beispiele:** Gewährung von Subventionen an Verein mit dem Ziel kritischer Auseinandersetzung mit neuen religiösen Bewegungen;[60] Übertragung der Trägerschaft an einem kommunalen Kindergarten auf einen kirchlichen Träger;[61] Schutz der Sonn- und Feiertagsruhe;[62] Abwehranspruch gegen Zeitschlagen von Kirchturmuhren;[63] Genehmigung als Bekenntnisschule[64] oder Weltanschauungsschule;[65] staatliche Warnung z. B. vor Jugendsekten;[66] anders bei kirchlicher Kritik an anderer Religionsgesellschaft.[67]

Jedoch bestehen in diesen Fällen vielfach auch für das VwVf **sondergesetzliche Regelun- 32 gen,** die dem VwVfG vorgehen.[68] Soweit der Staat insoweit tätig wird, hat er die Grenzen kirchlichen Selbstbestimmungsrechts im Rahmen seines VwVf zu respektieren.[69]

---

[58] Zutreffend daher *OVG Münster* NWVBl 1991, 388: Anwendbarkeit des § 48 Abs. 4. BVerwGE 85, 79 = NVwZ 1990, 1066 lässt auf dieser Grundlage mit Recht eine unmittelbare Ergänzung des § 18 BVFG durch die Regelungen des § 48 Abs. 3 zu; ähnlich BVerwG Buchholz 412.3 § 18 BFVG Nr. 16.

[59] Vgl. *BVerwGE* 66, 15; 66, 291 = NJW 1983, 2516; 68, 189; 75, 62 = NVwZ 1987, 230 und 1988, 193; kritisch zu dieser Rechtsprechung *Laubinger* VerwArch 76 (1985), 449; ferner § 88 Rn. 11 m. w. N.

[60] *BVerwGE* 90, 112 = NJW 1992, 2496 m. Anm. *Alberts* NVwZ 1992, 1164; NVwZ 1993, 672; *OVG Münster* NVwZ 1991, 174; *Heintschel v. Heinegg/Schäfer* DVBl 1991, 1341; *Scholz* NVwZ 1994, 127, 132; § 35 Rn. 112.

[61] *OVG Münster* NVwZ-RR 1990, 1; § 35 Rn. 302.

[62] *BVerwGE* 87, 332 = NVwZ-RR 1991, 601, 607.

[63] *BVerwGE* 90, 163 = NJW 1992, 2779, dazu *Laubinger* VerwArch 83 (1992), 623; zum Glockengeläut s. Rn. 31.

[64] *BVerwGE* 90, 1 = DVBl 1992, 1027.

[65] *BVerwGE* 89, 368 = DVBl 1992, 1033.

[66] *BVerfGE* 105, 279 = NJW 2002, 2626; *BVerwGE* 82, 76 = NJW 1989, 2272; NJW 1991, 1770; NVwZ 1994, 162; *OVG Münster* NVwZ 1991, 176; dazu § 1 Rn. 145; 187 m. w. N.

[67] *BVerfG* NVwZ 1994, 159 m. Anm. *Sachs* JuS 1994, 521; *Scholz* NVwZ 1994, 127; vgl. auch *VGH München* NVwZ-RR 2006, 587.

[68] Vgl. Gesetz betr. den Austritt aus den Religionsgesellschaften öffentlichen Rechts vom 30. 11. 1920 (PrGS NW S. 63); *BVerwG* NJW 1979, 2322; *VGH München* BayVBl 1976, 466 m. Anm. *Renck*; *OVG Hamburg* NJW 1975, 1900 zur Unzulässigkeit sog. modifizierter Kirchenaustritte m. Anm. *Listl* NJW 1975, 1902 und *Weber* NJW 1975, 1904; *VGH München* DVBl 1976, 908 m. Anm. *Weides,* dagegen *OLG Frankfurt* NJW 1977, 1732; § 12 des Gesetzes über die Erhebung von Kirchensteuern im Land Nordrhein-Westfalen vom 13. 11. 1968. Zur Kirchensteuer *BVerfG* NJW 1984, 969; *Weber,* FS Sendler, S. 553, 565; für neue Bundesländer s. Rn. 33.

[69] Zur Vereinsautonomie und religiösen Vereinsfreiheit *BVerfGE* 83, 341 = NJW 1991, 2623; *Kopp* NJW 1989, 2497; *ders.* NJW 1990, 2669; *v. Campenhausen* NJW 1990, 887; *ders.* NJW 1990, 2670; *Schockenhoff* NJW 1992, 1013; für die Befreiung von Rundfunkgebühren für Ordensleute *BVerwG* DVBl 1986, 1107;

33 Aus Art. 39 Abs. 2 DDR-Verf. 1968/1974 wurde in der **DDR** der Schluss gezogen, dass Kirchen und Religionsgesellschaften bei strikter Trennung von Staat und Kirche als Vereinigungen von Bürgern angesehen worden sind.[70] Mit dem **EVertr** trat nach Anlage II Kap. IV Abschnitt I Nr. 5 das Gesetz zur Regelung des Kirchensteuerwesens in Kraft, das in den §§ 1 bis 3 die Anerkennung der Kirchen und Religionsgesellschaften als Körperschaften des öffentlichen Rechts vorsieht.[71]

2. Staatsbezogene Tätigkeit/Innerkirchlicher Bereich

34 Die Ausnahme nach § 2 Abs. 1 rechtfertigt sich nach der Begründung zu § 2 Entwurf 73 durch den Bezug auf Art. 140 GG i. V. m. Art. 137 Abs. 3 WRV. Durch § 2 Abs. 1 ist zunächst der Ansatz gekennzeichnet, dass Religionsgesellschaften, soweit sie **Körperschaften** des öffentlichen Rechts sind (Art. 140 GG, Art. 137 Abs. 5 WRV),[72] **öffentlich-rechtlich i. S. d. § 1** verwaltend tätig sein **können** (§ 1 Rn. 83 ff., 137 ff., 268).[73] In diesem Bereich ist noch vieles streitig.[74] Ör korporierte Releionsgemeinschaften können in Ausübung eines öffentlichen Amtes (Art. 34 GG) Haftungsansprüche nach § 839 BGB auslösen.[75] Die auf die kirchliche Tätigkeit bezogene **privatrechtliche Betrachtungsweise** in der Literatur[76] wurde vom VwVfG nicht übernommen.

35 Soweit Kirchen, Religionsgesellschaften oder Weltanschauungsgemeinschaften keine ör Körperschaften sind, handeln sie nicht ör und unterliegen deshalb nicht dem VwVfG. Mit diesem Ansatz ist noch nicht die Frage beantwortet, ob § 2 Abs. 1 deklaratorisch nur den innerkirchlich eigenverantwortlich verwalteten Bereich ausschließt oder auch konstitutiv die in den staatlichen Bereich hineinwirkende verwaltende Tätigkeit der Kirchen usw. und ihrer Einrichtungen, z. B. durch staatlich anerkannte Schulen (§ 1 Rn. 264, s. dazu Rn. 38 ff.).

36 Wenn nach Art. 137 Abs. 3 WRV jede Religionsgesellschaft **ihre Angelegenheit selbständig ordnet und verwaltet,** beruht dies auf der Annahme, dass die Herrschaftsgewalt der Kirchen usw. als eine ursprüngliche, nicht vom Staat abgeleitete Gewalt anzusehen ist. Die Betätigung ihrer Gewalt in Gestalt des Ordnens und Verwaltens ihrer Angelegenheiten liegt damit auf einer anderen Ebene als der staatlichen.[77] Damit bleiben sie auch in ihrer Eigenschaft als Körperschaften des öffentlichen Rechts Organismen eigener Art.[78] Soweit innerkirchliche Maßnahmen ergangen sind, hat sie deshalb der Staat hinzunehmen, bis sie kirchlicherseits aufgehoben sind.[79]

37 Die **Grenze** ist das für jedermann geltende Gesetz, zu dem – wegen § 2 Abs. 1 – das VwVfG nicht zählt.[80] Einzelfragen betreffen Art. 137 Abs. 3 WRV,[81] kirchliches Glockengeläut,[82] Ruf

---

zum Verhältnis staatlicher Heimaufsicht und Kirchenfreiheit *OVG Koblenz* NVwZ-RR 1990, 81; zur staatlichen Rechnungsprüfung gegenüber kirchlichen Einrichtungen *Mainusch* NVwZ 1994, 736. Übersicht zum Grundrecht auf Religions- und Weltanschauungsfreiheit in der höchstrichterlichen Rspr. bei *Kästner* AöR 123 (1998), 408.

[70] Rechtslexikon, Stichwort Religionsfreiheit, S. 306.
[71] Im Einzelnen *Stern/Schmidt-Bleibtreu*, Bd. 2, S. 949 ff.; *Renck* LKV 1993, 374. Zur Fortführung des Reichskonkordats und des Preußenkonkordats in den neuen Ländern s. *Depenbrock* NVwZ 1992, 736; dagegen *Renck* NVwZ 1994, 770.
[72] Hierzu *Muckel* Der Staat 38 (1999), 569.
[73] Vgl. auch *BGH* NJW 2001, 3537: Qualifizierung von Äußerungen eines kirchlichen Sektenbeauftragten als öffentlich-rechtlich.
[74] Vgl. *Renck* NVwZ 1991, 1038.
[75] Für Äußerungen eines kirchlichen Sektenbeauftragten in der Presse *BGHZ* 154, 54 = NJW 2003, 1308; hierzu auch *Wilms* NJW 2070; a. A. noch *OLG Düsseldorf* NVwZ 2001, 1449. Kirchenbeamte sind jedoch keine Amtsträger im strafrechtlichen Sinne, *BGHSt* 37, 191 = NJW 1991, 367.
[76] S. Nachweise in *BVerwGE* 68, 62 = NJW 1984, 989 m. Anm. *Schatzschneider*.
[77] *BVerfGE* 42, 312 = NJW 1976, 2123; *BVerwG* NJW 1983, 2582; *BVerwGE* 68, 62 = NJW 1984, 989; *OVG Münster* DVBl 1978, 921 ff.; Überblick über die Rechtsprechung *Hollerbach* AöR 106 (1981), 218, 236 ff.; *Maurer*, FS Menger, S. 285; *Weber*, FS Sendler, S. 553, 558.
[78] *Maurer* § 23 Rn. 34 m. w. N.
[79] *OVG Münster* DVBl 1978, 926, 930 m. w. N.
[80] Ebenso *Ule/Laubinger* § 8 Rn. 6 und 20.
[81] *BVerfGE* 66, 1 = NJW 1984, 2401; 72, 278 = NJW 1987, 427 = DVBl 1978, 1101.
[82] *BVerwGE* 68, 62 = NJW 1984, 989 m. Anm. *Schatzschneider;* 90, 163 = NJW 1992, 2779; NJW 1994, 956 m. Anm. *Lorenz* JuS 1995, 492; NVwZ 1997, 390; *Martens*, FS Wacke, S. 343 ff.; *Hense*, Glockenläuten und Uhrenschlag, 1998; *VG Freiburg* NVwZ 1999, 797; *VG Würzburg* NVwZ 1999, 799; *LG Aschaffenburg* NVwZ 2000, 965; Rn. 42.

§ 2 Ausnahmen vom Anwendungsbereich 38–40 § 2

des Muezzin,[83] Gefahrenabwehr,[84] Tierschutz und Religionsfreiheit,[85] Denkmalschutz,[86] Datenschutz,[87] kirchliche Kritik an anderer Religionsgesellschaft,[88] das sog. Kirchenasyl (Rn. 41), die Geltung landesverfassungsrechtlicher Regeln für Kirchen,[89] die Abgrenzung parlamentarischer Untersuchungsausschuss und kirchliches Selbstbestimmungsrecht.[90]

Durch den Hinweis auf die Regeln der Art. 140 GG, 137 WRV ist klargestellt, dass nur die **38** Maßnahmen von Kirchen usw. aus dem Anwendungsbereich des VwVfG ausgeschlossen sein sollen, die sich auf den **innerkirchlichen Bereich** beziehen. Eine weitergehende Ausnahme wäre nicht zu rechtfertigen. Der Wortlaut der Vorschrift erfordert sie nicht, auch soweit sie für **Verbände und Einrichtungen** gilt.[91] Auch bei diesen Instituten ist eine **Trennung zwischen innerkirchlicher und in den staatlichen Bereich hineinwirkender Tätigkeit** möglich und für die Frage des Verwaltungsrechtsweges unabhängig von § 2 Abs. 1 erforderlich, wie das Beispiel **staatlich anerkannter Schulen** (§ 1 Rn. 264) zeigt.

Innerkirchlich ist die Bestimmung des Erziehungsinhalts,[92] der staatliche Bereich wird ange- **39** sprochen, soweit die Schule durch Zeugnisse und die daraus resultierenden Berechtigungen als Beliehener (s. § 1 Rn. 256, 264) handelt. Gerade an dem Beispiel kirchlicher Schulen, die der Anzahl nach einen wesentlichen Teil staatlich anerkannter Schulen ausmachen, zeigt sich, dass dieser erhebliche Teil des Schulwesens nur dann aus dem Anwendungsbereich des VwVfG herausgenommen worden wäre, wenn besondere Gründe dafür gesprochen hätten und in dem Gesetzeswortlaut erkennbar geworden wären.[93]

Soweit die Kirchen vom Staat verliehene Befugnisse ausüben[94] oder soweit ihre Maßnah- **40** men den innerkirchlichen Bereich überschreiten oder in den **staatlichen Bereich hineinreichen**, betätigen die Kirchen aber auch mittelbar staatliche Gewalt[95] und üben damit **Verwaltungstätigkeit i. S. d. § 1** aus[96] oder unterliegen insoweit in sonstiger Weise dem staatlichen Recht.[97] Die Reichweite des staatlichen **Rechtsschutzes** im kirchlichen Bereich wird seit Jahrzehnten kontrovers diskutiert.[98] Im Hinblick auf Art. 140 GG i. V. m. Art. 137 Abs. 3 WRV ist der allgemeine Justizgewährleistungsanspruch (Art. 2 Abs. 1 GG i. V. m. dem Rechtsstaatsprinzip und Art. 92 GG) insoweit modifiziert, als staatliche Gerichte Regeln des kirchlichen Amtsrechts jedenfalls nicht vor Erschöpfung eines kirchlichen Rechtswegs entscheiden sollen.[99] Demgegenüber kann die staatliche Gerichtsbarkeit bei einem zivilrechtlichen Streitgegenstand wegen der Justizgewährleistungspflicht einer Entscheidung nicht ausweichen, auch wenn dazu innergemeinschaftliche Vorfragen geklärt werden müssen.[100] Ob die Rechtsprechung zukünftig daran festhält, dass in Statusangelegenheiten Geistlicher der Rechtsweg zu den staatlichen Gerichten verschlossen ist, erscheint im Hinblick auf jüngere Entscheidungen

---

[83] *Muckel* NWVBl 1998, 1.
[84] *BVerwG* NJW 1989, 2272; § 1 Rn. 145.
[85] *Kuhl/Unruh* DÖV 1994, 644; *BVerwGE* 99, 1 = NVwZ 1996, 61; *Trute* Jura 1996, 462.
[86] *VGH Mannheim* NVwZ 2003, 1530.
[87] Zum Datenschutz *Büllesbach* NJW 1991, 2593, 2596; *Hoeren* NVwZ 1993, 650; *Lorenz* DVBl 2001, 428.
[88] *BVerfG* NVwZ 1994, 159, dazu *Sachs* JuS 1994, 521; *VGH München* NVwZ 1994, 598 und 787; BayVBl 2000, 52.
[89] *Winkelmann* DVBl 1991, 791.
[90] *Link/de Wall* JZ 1992, 1152.
[91] A. A. *Meyer* NJW 1977, 1705, 1706.
[92] Vgl. *BAG* NJW 1985, 1855.
[93] Wie hier *Meyer* in Knack § 2 Rn. 11 f.; *Kopp/Ramsauer* § 2 Rn. 8, anders Rn. 11; *Finkelnburg/Lässig* § 2 Rn. 13. Weitergehend für die gesamte staatsbezogene Tätigkeit der Kirchen *Meyer/Borgs* § 2 Rn. 4 i. V. m. § 1 Rn. 31; *Meyer* NJW 1977, 1705, 1706; *Ule/Laubinger* § 8 Rn. 20; *Ehlers* in Listl/Pirson, Handbuch des Staatskirchenrechts der Bundesrepublik Deutschland, Bd. 2, 2. Aufl. 1996, § 74 II 1.
[94] *Obermayer* DVBl 1977, 437, 439.
[95] *OVG Münster* DVBl 1978, 921, 922 m. Anm. *Tammler*.
[96] *VG Schleswig* NJW 1977, 1412; § 1 Rn. 268.
[97] *VGH München* BayVBl 1987, 720.
[98] Vgl. zunächst *BVerwGE* 66, 241 = NJW 1983, 2580; NJW 1983, 2582, dazu *Ehlers* JuS 1989, 364; *v. Campenhausen* AöR 112 (1987), 623 ff.; ferner *BVerfG* NJW 1999, 349; NVwZ 1999, 758, dazu *Kirchberg* NVwZ 1999, 734; aus jüngerer Zeit *BVerwGE* 117, 145 = NJW 2003, 2112; BGHZ 154, 306 = NJW 2003, 2097; *BVerfG* NJW 2004, 3099; *Weber* NJW 2003, 2067.
[99] Vgl. *BVerfG* NJW 1999, 349; *OVG Münster* NVwZ 2002, 1527.
[100] *Sachs* DVBl 1989, 487, 494; ihm folgend *BGH* NJW 2000, 1555, 1556 m. Anm. *Nolte* NJW 2000, 1844 und *Kästner* NVwZ 2000, 889.

vor allem des BGH[101] zweifelhaft; danach schränkt das kirchliche Selbstbestimmungsrecht die Justizgewährleistungspflicht nicht ein, sondern nur das Maß der Kontrolle: Staatlich zu prüfen bleibt, ob die Maßnahme gegen Grundprinzipien der Rechtsordnung verstößt (z. B. Willkürverbot, gute Sitten, ordre public).[102]

41 Im Einzelnen ist vieles streitig;[103] so zum **Friedhofsrecht**,[104] zur Zulassung von Feuerbestattungsanlagen in privater Trägerschaft,[105] zur Widmung eines Kirchengebäudes zur **res sacra** und zum staatlichen Anspruch auf Entwidmung.[106] Für die neuen Bundesländer nimmt *Renck*[107] an, dass das Recht der res sacrae als ör Rechtsinstitut untergegangen ist. Kirchengebäude sind nicht als res sacrae der staatlichen Rechtsordnung entzogen; sie bieten keine Schutzzone gegenüber den einschlägigen Bestimmungen des GG, AsylVfG und AufenthG. Für das sog. **Kirchenasyl** gibt es auch im Übrigen keine rechtliche Grundlage.[108] Kirchenrechtliche Vorschriften sehen gleichfalls keine Gewährung von Kirchenasyl vor.[109] Solche widersprächen dem Gebot der gegenseitigen Rücksichtnahme, das aus der Privilegierung der Kirchen gem. Art. 140 GG i. V. m. Art. 137 Abs. 5 WRV erwächst.[110] Zudem unterstützten sie die nachlassende Akzeptanz des staatlichen Rechts und des staatlichen Gewaltmonopols.[111] Der Rechtsstatus einer Körperschaft des öffentlichen Rechts wird den Religionsgesellschaften vom Staat in der Absicht angeboten, ihr Wirken zu fördern und mit ihnen zu ihrem Nutzen dauerhaft zusammenzuarbeiten. Eine solche Kooperation ist ohne ein Mindestmaß an gegenseitigem Respekt nicht vorstellbar.[112]

42 Zum **innerkirchlichen Bereich** gehören die kultischen Handlungen,[113] die Bestimmung und Vermittlung des Lehrinhalts, das kirchliche Organisationsrecht einschließlich der Organisation der Vermögensverwaltung,[114] des kirchlichen Amts- und Dienstrechts[115] einschließlich des

---

[101] BGHZ 154, 306 = NJW 2003, 2097.
[102] Vgl. auch *BVerfG* NJW 2004, 3099 mit abw. Votum *Lübbe-Wolff*.
[103] Vgl. Zusammenfassung der Rechtsprechung des *BVerwG* bei *Fischer*, FG BVerwG, S. 183 ff.; *Weber* NJW 1983, 2541 ff.; *ders.* NJW 1989, 2217; *ders.*, FS Sendler, S. 553; *Sachs* DVBl 1989, 487 ff.; *Steiner* NVwZ 1989, 410 ff.; Dokumentation des 9. Deutschen Verwaltungsrichtertages 1989; *Lorenz* NJW 1996, 1855; *Weber* NJW 2003, 2067.
[104] BVerwGE 25, 364 = DVBl 1967, 451; NJW 1990, 2079; *VGH München* NVwZ-RR 1991, 250; BayVBl 1991, 465; *OVG Hamburg* NVwZ 1992, 1212; *Renck* DÖV 1992, 485; *ders.* DÖV 1993, 517, dazu *Sperling* DÖV 1994, 207; *ders.* DÖV 1993, 197; § 1 Rn. 111.
[105] *BayVerfGH* BayVBl 1996, 590.
[106] BVerfGE 99, 100 = NVwZ 1999, 753; BVerwGE 87, 115 = NVwZ 1991, 774, dazu *Bachof* JZ 1991, 621; *Renck* BayVBl 1991, 214; *Müller-Volbehr* NVwZ 1991, 142; *Weber*, FS Sendler, S. 553, 568; *VGH München* NVwZ 1996, 1120; dazu *Renck* NVwZ 1996, 1078; *BayVerfGH* NVwZ 1997, 379; zur spezifisch staatskirchenrechtlichen Eigentumsgarantie *Kästner* JuS 1995, 784. Der Begriff der res sacrae beschreibt einen eng begrenzten Kreis kirchlicher Vermögensgegenstände, die auf Grund kirchlicher Widmung unmittelbar gottesdienstlichen Zwecken dienen (Glocken; Kirchengebäude, Friedhöfe). Ihr Schutz beruht auf dem Grundrecht der freien Religionsausübung, dem kirchlichen Selbstbestimmungsrecht und der Kirchengutsgarantie. Er kommt daher nicht nur den ör korporierten, sondern auch den privatrechtlich organisierten Religions- und Weltanschauungsgemeinschaften zugute. Für die Eigenschaft als res sacra ist nicht entscheidend, ob der Vermögensgegenstand im Eigentum der Religionsgemeinschaft steht.
[107] BayVBl 1996, 264; LKV 2002, 58.
[108] Dazu *v. Münch* NJW 1995, 565; *Isensee* in Listl/Pirson, Handbuch des Staatskirchenrechts der Bundesrepublik Deutschland, Bd. 2, 2. Aufl. 1996, § 59 C II 2 f.; *Muckel*, Religiöse Freiheit und staatliche Letztentscheidung, 1997, S. 110, 160 f.; *Maaßen* Kirche und Recht 1997, 37.
[109] Der CIC von 1983 sieht ein Kirchenasyl nicht mehr vor, weil dieses von den staatlichen Gesetzen fast gar nicht mehr anerkannt wird und die Kirche dieses Rechts auch nicht mehr bedürfe; vgl. *Fessler* NWVBl 1999, 449, 456 m. w. N.
[110] Von vertrags(kirchenrechts)widriger Nötigung staatlicher Behörden spricht *Baldus* NVwZ 1999, 716, 719.
[111] Hierzu auch *Maaßen* Kirche und Recht 1997, 37, 50.
[112] BVerwGE 105, 117 = NJW 1997, 2396; Rn. 46. S. auch *Muckel* Der Staat 38 (1999), 569, 589 f. Nicht nachvollziehbar *Müller* NVwZ 2001, 879, der Fälle für denkbar hält, bei denen die Gewährung von Kirchenasyl als Glaubensausübung i. S. v. Art. 4 Abs. 1 und 2 GG eine Abschiebung hindern könne.
[113] Einschließlich Glockengeläut, soweit es sakral ist, BVerwGE 68, 62 = NJW 1984, 989; 90, 163, 167 = NJW 1992, 2779; NJW 1994, 956.
[114] *OVG Münster* DVBl 1978, 921 ff. m. w. N. für Maßnahmen in Bezug auf Kirchenvorstandswahl; *OLG Hamm* NVwZ 1994, 205 zur wirksamen Vertretung einer Kirchengemeinde, dazu *Zilles/Kämper*, Kirchengemeinden als Körperschaft im Rechtsverkehr, NVwZ 1994, 109; *OLG Köln* NJW 1995, 3319 zur Rechtsfähigkeit der Hohen Domkirche als Eigentümerin des Kölner Doms auch für den staatlichen Rechtskreis.
[115] BVerwGE 25, 364 = DVBl 1967, 451; 28, 345, 348 = NJW 1968, 1345; 30, 326 = DVBl 1969, 467; 66, 241 = NJW 1983, 2580; NJW 1983, 2582 m. Bespr. *Steiner* NJW 1983, 2560; BVerfGE 42, 312 = NJW 1976, 2123; NJW 1980, 1041; NJW 1983, 2569; s. auch EKMR NJW 1982, 2719.

§ 2 Ausnahmen vom Anwendungsbereich

Verfahrensrechts,[116] des Besoldungsrechts,[117] der Personalvertretung,[118] des Zutrittsrechts von Gewerkschaften zu kirchlichen Einrichtungen[119], Wahl des Kirchenvorstands[120] und des Vertretungsrechts von Rechtsanwälten vor kirchlichen Verwaltungsgerichten.[121] Den Kirchen bleibt es gemäß § 135 S. 2 BRRG überlassen, die Rechtsverhältnisse der kirchlichen Beamten dem BRRG entsprechend zu regeln.[122]

43 Zahlreiche Streitfragen zur Abgrenzung des innerkirchlichen Bereichs waren bereits Gegenstand gerichtlicher Auseinandersetzung; so zur Verleihung und zum Entzug der kirchlichen Lehrsendung,[123] zur Kirchenfreiheit im Bereich der Berufsbildung,[124] zu Folgen kirchlicher Beanstandung einer wissenschaftlichen Lehrmeinung,[125] zu theologischen Fakultäten,[126] zur Frage, ob die Einrichtung eines Diplomstudiengangs Katholische Theologie an einer staatlichen Universität gegen den Willen der Kirche das kirchliche Selbstbestimmungsrecht verletzt,[127] zur Berufung von Hochschullehrern an den theologischen Fakultäten in den neuen Ländern,[128] zur Wahl und Wahlanfechtung eines Amtsträgers,[129] zur Mitwirkung des Staates bei der Besetzung kirchlicher Ämter (Bischofsernennungen).[130] Innerkirchlich: kirchliche Disziplinarverfügung,[131] Entlassung eines Hilfspfarrers,[132] Beurlaubung und Versetzung von Pfarrern.[133] Zum innerkirchlichen Bereich gehört nicht nur das Dienstverhältnis des Pfarrers als solches, sondern auch das entsprechende Verfahren vor kirchlichen Behörden und Gerichten. Deshalb können kirchliche Verfahrensregeln die Zulassung von Bevollmächtigten auf Angehörige der betreffenden Kirche beschränken.[134] Vermögensrechtliche Ansprüche von Geistlichen und sonstigen Amtsträgern gehören dagegen zum staatlichen Bereich.[135] In diesen Fällen kann bei der Gewährung staatlichen Rechtsschutzes ein eingeschränkter Prüfungsmaßstab anzuwenden sein; so kommt eine Inzidentprüfung von statusrechtlichen Maßnahmen („verkappte Statusklage") nicht in Betracht.[136]

44 Soweit **Kirche und Staat gemeinsam** öffentliche Aufgaben wahrnehmen, ist bereits der Gesetzgeber gehalten, sowohl dem selbständigen Ordnen und Verwalten der eigenen Angelegenheiten durch die Kirchen als auch dem staatlichen Schutz anderer für das Gemeinwesen bedeutsamer Rechtsgüter in einer Güterabwägung Rechnung zu tragen, wobei dem Eigenverständnis der Kirchen besonderes Gewicht beizumessen ist.[137]

---

[116] *BVerwG* NJW 1981, 1972. Der Ermittlungsführer in einem kirchlichen Disziplinarverfahren ist kein Amtsträger i. S. v. § 11 Abs. 1 Nr. 2 StGB, *OLG Düsseldorf* NJW 2001, 85.
[117] *OVG Münster* NVwZ 2002, 1527; *VG Düsseldorf* NVwZ-RR 2003, 807.
[118] Bisch. Schlichtungsstelle NJW 1985, 1857 ff.; *VGH München* NVwZ 1999, 785.
[119] *BVerfGE* 57, 220 = NJW 1981, 1829.
[120] *VG Neustadt* NVwZ 1999, 796; entsprechend bei anderen Religionsgemeinschaften (Jüdische Gemeinde) *OVG Magdeburg* NJW 1998, 3070, ihm folgend *OLG Naumburg* NJW 1998, 3060.
[121] *BVerfG* NJW 1983, 2570.
[122] *BVerwGE* 66, 241 = NJW 1983, 2580, 2582.
[123] *VG Aachen* DVBl 1974, 57; *BVerfG* NJW 1980, 1041.
[124] *BVerfGE* 72, 278 = DVBl 1986, 1101 = NJW 1987, 427.
[125] *Böckenförde* NJW 1981, 2101 m. w. N.
[126] *VGH Mannheim* NVwZ 1985, 126; *Heckel*, FS Bachof, S. 29 ff.; *Böckenförde* NJW 1981, 2101; *Weber* NVwZ 2000, 848; grundlegend kritisch zur Verfassungsverträglichkeit der theologischen Fakultäten *Renck* NVwZ 1996, 333.
[127] *BVerwG* NVwZ 1989, 859, vorhergehend *VGH Kassel* ESVGH 37, 287 = NVwZ 1988, 850; *BVerwGE* 101, 309 = NJW 1996, 3287, vorhergehend *VGH Kassel* NJW 1995, 505. Zu diesen Verfahren auch *Quaritsch* NVwZ 1990, 28; *Kriewitz* NVwZ 1995, 767; *Lecheler* NJW 1997, 439; *Morlok/Müller* JZ 1997, 549; *Muckel* DVBl 1997, 873.
[128] *v. Campenhausen* NVwZ 1995, 757, dazu *Vulpius* NVwZ 1996, 460.
[129] *BVerwG* NVwZ 1993, 672 m. Anm. *Peglau* NVwZ 1994, 564.
[130] *Renck* BayVBl 1995, 682; *Pirson* BayVBl 1996, 641; *Müller* BayVBl 1996, 644.
[131] *BVerfGE* 70, 138 = DÖV 1985, 975 = NJW 1986, 367; *OVG Münster* DVBl 1978, 925; *VGH Kassel* NJW 1999, 377; zum Disziplinarrecht allgemein *Maurer* NVwZ 1993, 609.
[132] Verf.- und Verwaltungsgericht der Ver. Ev.-Luth. Kirche NJW 1985, 1862.
[133] *OVG Münster* DVBl 1978, 926, 927.
[134] *BVerfG* NJW 1983, 2570.
[135] *BVerwGE* 66, 241 = NJW 1983, 2580; NJW 1983, 2582; s. aber *OVG Lüneburg* NVwZ 1991, 796; *OVG Koblenz* DÖV 1986, 115.
[136] Vgl. *BVerwGE* 95, 379 = NJW 1994, 3367; *OVG Münster* NJW 1994, 3368; *VG Berlin* NVwZ 1995, 512; a. A. *Ehlers* in Schoch u. a. § 40 Rn. 122.
[137] *BVerfGE* 53, 366 = NJW 1980, 1895.

3. Begriffe

45 a) Das VwVfG benutzt die Begriffe Kirchen, Religionsgesellschaften und Weltanschauungsgemeinschaften nebeneinander. Als Oberbegriff wird für sie gelegentlich der Begriff **Bekenntnisgemeinschaften** verwandt.[138] Unter **Kirchen** sind die **staatlich anerkannten christlichen Religionsgemeinschaften** zu verstehen: die katholische Kirche, die evangelischen Landeskirchen, die altkatholische Kirche, die evangelisch-methodistische Kirche, der Bund freikirchlicher Gemeinden (Baptisten) und die russisch-orthodoxe Kirche.[139]

46 b) Der Begriff Religionsgesellschaft wird in Art. 137 WRV als Oberbegriff gebraucht. In § 2 Abs. 1 werden dagegen Kirchen und Religionsgesellschaften nebeneinander aufgeführt. **Religionsgesellschaften** sind daher alle anderen, auf der Gemeinsamkeit des religiösen Bekenntnisses beruhenden Personengemeinschaften, die nicht Kirchen sind,[140] z.B. die Neuapostolische Kirche,[141] die Herrnhuter Brüdergemeinde[142] und die jüdischen Gemeinden, die ihrerseits Körperschaften des öffentlichen Rechts werden können.[143] Die Zeugen Jehovas sollten nach früherer Auffassung des *BVerwG* keinen Anspruch darauf haben, vom Staat als Körperschaft des öffentlichen Rechts anerkannt zu werden, da sie dem demokratisch verfassten Staat nicht die für eine dauerhafte Zusammenarbeit unerlässliche Loyalität entgegenbringen.[144] Demgegenüber sieht es das *BVerfG* nun als ausreichend an, wenn eine Religionsgemeinschaft rechtstreu ist, insbesondere die ihr übertragene Hoheitsgewalt nur in Einklang mit den verfassungsrechtlichen und sonstigen Bindungen ausübt, und außerdem die in Art. 79 Abs. 3 GG umschriebenen Verfassungsprinzipien, die dem staatlichen Schutz anvertrauten Grundrechte Dritter sowie die Grundprinzipien des freiheitlichen Religions- und Staatskirchenrechts des GG nicht gefährdet.[145] Auch Akzeptanzprobleme gegenüber zunehmend geltend gemachten Ansprüchen anderer, insbesondere muslimischer Gemeinden führen immer wieder zu gerichtlichen Auseinandersetzungen; z.B. wegen Bau eines 25 m hohen Minaretts in München.[146]

47 Nach *BVerwGE* 61, 152[147] setzt ein **religiöses Bekenntnis** ein Glaubensbekenntnis voraus, durch das die der Religionsgemeinschaft Angehörigen sich mit einer oder mehreren Gottheiten verbunden fühlen und der oder denen sie kultische Verehrung erweisen. Neben dem abstrakten Bekenntnis ist ein konkretes Wirken erforderlich.[148] Hierzu können auch **Sekten** zählen, s. Rn. 49 a. E. Rechtsprechung zu Einzelfällen betrifft u.a. die Scientology Kirche,[149] die Baháí-Gemeinschaft,[150] die Baghwan- und Osho-Rajneesh-Bewegung.[151] Allgemein zu den neueren Glaubensgemeinschaften *Abel* NJW 2001, 410; 2003, 264; 2005, 114.

---

[138] *Obermayer* DVBl 1981, 615; *Renck* NVwZ 1991, 1038.
[139] *Finkelnburg/Lässig* § 2 Rn. 8; a. A. für russisch-orthodoxe Kirche *Hoffmann* in Obermayer § 2 Rn. 7. *Meyer* in Knack § 2 Rn. 2 stellt nicht auf die staatliche Anerkennung, sondern auf die traditionell anerkannten christlichen Kirchen ab.
[140] *Kopp/Ramsauer* § 2 Rn. 13.
[141] *Kopp/Ramsauer* § 2 Rn. 12; *Finkelnburg/Lässig* § 2 Rn. 8; a.A. *Meyer* in Knack § 2 Rn. 2.
[142] GV NW 1994, 220.
[143] S. Art. 137 Abs. 5 WRV; § 1 Gesetz über die jüdischen Kultusgemeinden NW; Verzeichnis der Verleihungen der Rechte einer Körperschaft des öffentlichen Rechts an Religionsgemeinschaften, abgedruckt *von Hippel/Rehborn*, Gesetze des Landes NW, Nr. 89 a; vgl. ferner Rn. 34.
[144] *BVerwGE* 105, 117 = NJW 1997, 2396; hierzu *Abel* NJW 1997, 2370; *Thüsing* DÖV 1998, 25; s. auch Rn. 41. Zu Zeugen Jehovas der ehemaligen DDR *BVerwG* NVwZ 1996, 998; ferner *OLG Köln* NJW 1998, 235. Zur Frage, unter welchen Voraussetzungen der Status „Körperschaft des öffentlichen Rechts" einer altkorporierten Religionsgesellschaft (hier: Israelitische Synagogengemeinde) verloren gehen kann *BVerwGE* 107, 255 = NJW 1998, 253 m. Anm. *Sachs* JuS 1998, 1169; *Weber* NJW 1998, 197; vorhergehend *OVG Berlin* NVwZ 1997, 396; *Kunig/Uerpmann* DVBl 1997, 248.
[145] *BVerfGE* 102, 370 = NJW 2001, 429 unter Aufhebung von *BVerwGE* 105, 117 = NJW 1997, 2396; *Wilms* NJW 2003, 1083.
[146] *VGH München* NVwZ 1997, 1016; s. auch *Muckel* NWVBl 1998, 1; *Šarčević* DVBl 2000, 519 zum Ruf des Muezzins.
[147] = NJW 1981, 1460; *Weber*, FS Sendler, S. 553, 559, jew. m. w. N.
[148] *BVerwG* NJW 1985, 393, 394.
[149] *BVerwG* 61, 152 = NJW 1981, 1460, dazu *VG Darmstadt* NJW 1983, 2595 und wiederum *BVerwG* NJW 1985, 393; *OVG Hamburg* NVwZ 1995, 498; *BAG* NJW 1996, 143; *VGH Mannheim* NVwZ-RR 2004, 904.
[150] *BVerfGE* 83, 341 = NJW 1991, 2623, dazu Rn. 32.
[151] *BVerfGE* 105, 279 = NJW 2002, 2626; *BVerwG* NJW 1991, 1770; *OVG Münster* NVwZ 1991, 174 und 176, dazu Rn. 31 und § 1 Rn. 145.

§ 2 Ausnahmen vom Anwendungsbereich

c) Weltanschauungsgemeinschaften sind nach Art. 137 Abs. 7 WRV „Vereinigungen, die sich die gemeinschaftliche Pflege einer Weltanschauung zur Aufgabe machen". Darunter sind Vereinigungen zu verstehen, die durch ihre Lehren eine wertende Stellungnahme zum Ganzen der Welt bieten und damit eine Antwort auf Fragen nach Ursprung, Sinn und Ziel der Welt und des Lebens des Menschen geben wollen.[152] Ihre Eigenschaft als Weltanschauungsgemeinschaft im Sinne des Art. 137 Abs. 7 WRV verlieren sie auch nicht dadurch, dass sie – als sogenannte „unechte" Weltanschauungsgemeinschaften – darauf zielen, auf der Grundlage ihrer Weltanschauung Staat, Gesellschaft und Rechtsordnung nach ihren Vorstellungen umzugestalten.[153] Der Anspruch auf Verleihung der Rechtsstellung einer Körperschaft des öR setzt die Gewähr der Dauer voraus, für die insbesondere die Mitgliederzahl von Bedeutung ist.[154]

Für Religionsgesellschaften und Weltanschauungsgemeinschaften gleichermaßen gefordert wird, dass es sich um einen **Zusammenschluss von Personen mit gemeinsamen Auffassungen** von Sinn und Bewältigung des menschlichen Lebens handelt, der den vorhandenen Konsens in umfassender Weise bezeugt. Was die Kirchen und Religionsgesellschaften einerseits von der Weltanschauungsgemeinschaft andererseits unterscheidet, ist, dass sie den Menschen nicht lediglich aus innerweltlichen („immanenten") Bezügen begreifen, sondern von einer den Menschen überschreitenden und umgreifenden („transzendenten") Wirklichkeit ausgehen.[155] Für das VwVfG ist die Unterscheidung nicht von Bedeutung, da es, sofern nur eines der Merkmale vorliegt, nicht mehr anwendbar ist. **Überblick** über die Religionsgesellschaften und Weltanschauungsgemeinschaften *Reller u. a.* (Hrsg.), Handbuch Religiöse Gemeinschaften, 5. Aufl. 2000.

d) Von § 2 Abs. 1 angesprochen sind nicht nur Maßnahmen der organisierten Kirche und von rechtlich selbständigen Teilen dieser Organisation, sondern von allen der Kirche in bestimmter Weise zugeordneten **Einrichtungen ohne Rücksicht auf ihre Rechtsform,** wenn sie nur nach kirchlichem Selbstverständnis ihrem Zweck und ihrer Aufgabe entsprechend berufen sind, ein Stück Auftrag der Kirche in dieser Welt wahrzunehmen.[156]

Zu den **Verbänden** und **Einrichtungen** der Kirchen, Religionsgesellschaften und Weltanschauungsgemeinschaften gehören ihre Zusammenschlüsse und Untergliederungen, beispielsweise: die deutsche Kolpingsfamilie,[157] das Evangelische Jungmännerwerk, die Evangelisch-Lutherische Missionsgesellschaft sowie die von den Kirchen getragenen Krankenhäuser, Jugendheime,[158] Schulen (auch wenn sie staatlich anerkannt sind). S. aber Rn. 39, soweit die Schule als Beliehene (§ 1 Rn. 256, 264) staatliche Aufgaben wahrnimmt. Zum staatlich anerkannten Kindergarten *BVerwG* NVwZ 1987, 677.[159] Zur Übertragung der Trägerschaft an einem kommunalen Kindergarten auf einen kirchlichen Träger und zur Heimaufsicht Rn. 25 f. Verfolgt ein eingetragener Verein nach seinem Selbstverständnis religiöse Zwecke, kann ihm bei tatsächlich überwiegender wirtschaftlicher Tätigkeit die Rechtsfähigkeit nach § 43 Abs. 2 BGB entzogen werden, auch wenn er eine Religions- oder Weltanschauungsgemeinschaft ist.[160] Insbesondere Art. 4 Abs. 1 und 2 GG gewährleistet nicht eine bestimmte, erst recht nicht die nach Auffassung des betroffenen Vereins komfortabelste zivilrechtliche Organisationsform. Auch aus der verfassungsrechtlich gewährleisteten Freiheit der Rechtsformwahl[161] folgt kein Anspruch auf die Erlangung einer bestimmten Rechtsfähigkeit.[162] Der Verein hat sich nach den Gründungs- und Fortbestandsvoraussetzungen der gewählten Rechtsform zu richten und nicht umgekehrt. Auf

---

[152] *Maunz/Dürig* Art. 140 Rn. 20; *Finkelnburg/Lässig* § 2 Rn. 9.
[153] BVerwGE 37, 344 = DVBl 1971, 616; *Fischer,* FG BVerwG, S. 186.
[154] OVG Berlin NVwZ-RR 2000, 604; VG Berlin NVwZ-RR 2000, 606.
[155] BVerwGE 61, 152 = NJW 1981, 1460; NJW 1985, 393; VG Darmstadt NJW 1983, 2595; kritisch zu dieser Unterscheidung *Obermayer* DVBl 1981, 615; *Müller-Volbehr* JuS 1981, 728; *Kopp* NVwZ 1982, 178.
[156] Vgl. BVerfGE 46, 73 = NJW 1978, 581; 57, 220 = NJW 1981, 1829.
[157] BAG NJW 1988, 3283 f.
[158] BVerfGE 70, 138 = NJW 1986, 367.
[159] Dazu *Müller-Volbehr* JuS 1987, 869; OVG Lüneburg NVwZ 1987, 708, 710, dort auch zum Wahlrecht, ob Benutzungsverhältnis privat- oder öffentlich-rechtlich durchgeführt wird.
[160] BVerwGE 105, 313 = NJW 1998, 1166 zu Untergliederung von Scientology m. Anm. *K. Schmidt* NJW 1998, 1124; a. A. noch VGH Mannheim NJW 1996, 3358; hierzu auch VG Hamburg NJW 1996, 3363.
[161] BVerfGE 70, 138, 164.
[162] *von Campenhausen,* Religiöse Wirtschaftsbetriebe als Idealvereine, NJW 1990, 887.

Religions- oder Weltanschauungsgemeinschaften sind dabei die für die betreffende Betätigung einschlägigen allgemeinen Gesetze anzuwenden.[163] Ein „Religionsprivileg" gibt es im Vereinsrecht nicht.[164] Aus Art. 137 Abs. 3 und 4 WRV kann der Gedanke entnommen werden, dass eine Religionsausübung dort, wo sie in den Bereich des durch das staatliche Recht geregelten Zusammenlebens der Bürger hineinwirkt, insoweit grundsätzlich den staatlichen Gesetzen unterliegt.[165] Bei dem Betrieb eines Gewerbes kommt es nicht auf den damit verfolgten Zweck an, auch wenn damit nach dem Selbstverständnis des Gewerbetreibenden religiöse oder weltanschauliche Zwecke verfolgt werden.[166] Tendenzen, im Rahmen der Entziehung der Vereinsform die Eigenschaft des Vereins als Religions- oder Weltanschauungsgemeinschaft zu prüfen und ggfs. dies zu berücksichtigen,[167] führen im Ergebnis dazu, entgegen der Regelung in Art. 140 GG i. V. m. Art. 137 Abs. 4 WRV auf Vereine, die vortragen, eine Religions- oder Weltanschauungsgemeinschaft zu sein, § 43 Abs. 2 BGB nicht mehr anwenden zu können.

III. Insgesamt ausgenommene Bereiche (Abs. 2)

52 Durch Absatz 2 ist eine Anzahl von Sachgebieten von der Anwendung des VwVfG insgesamt ausgenommen. Es handelt sich um ör – im Gegensatz zu Abs. 1 (vgl. Rn. 34) – staatliche Verwaltung, die an sich unter den Anwendungsbereich des Gesetzes fallen würde. Sie wurden aus unterschiedlichen, ganz überwiegend verwaltungspraktischen Erwägungen ausgenommen (Verlustliste der Rechtseinheit, dazu Einl Rn. 19, 50 ff.; § 2 Rn. 1 ff.).

1. VwVfG und AO (Abs. 2 Nr. 1)

53 a) Ausgenommen sind durch **Abs. 2 Nr. 1** Verfahren der Bundes- oder Landesfinanzbehörden nach der **Abgabenordnung** in der jeweils gültigen Fassung (s. im übrigen Rn. 72). Absatz 2 Nr. 1 ist Ausdruck der „Drei-Säulen-Theorie" (Einl Rn. 50 ff.). Soweit ursprünglich auch steuerliche Nebengesetze der RAO angesprochen waren (Begr. 73, S. 33), sind sie aufgehoben (§ 96 EGAO). Die Herausnahme der Verfahren nach der Abgabenordnung aus dem Anwendungsbereich des VwVfG beruht darauf, dass das **Besteuerungsverfahren** eine Reihe von Besonderheiten aufweist, die durch die Eigenart des materiellen Steuerrechts bedingt sind oder dem Charakter des Besteuerungsverfahrens Rechnung tragen;[168] aus den gleichen Gründen hat sich die entgegengesetzte Tendenz für eine einheitliche Verwaltungsprozessordnung nicht durchsetzen können (Einl Rn. 54). Im Laufe der parlamentarischen Beratungen waren die Bestrebungen stark, vergleichbare Vorschriften beider Gesetze einander anzugleichen (wegen der Einzelheiten vgl. Einl Rn. 35).

54 Soweit Vorschriften des VwVfG, der AO und des SGB (s. Rn. 73 ff.; Einl Rn. 77) **gleich lautende Regelungen** enthalten, wird man Rechtsprechung und Literatur zu allen Vorschriften aus jedem Rechtsgebiet zur Auslegung heranziehen können (Einl Rn. 64). **Unterscheiden sich** vergleichbare Vorschriften, z.B. § 39 VwVfG, § 121 AO und § 35 SGB X, sind diese Unterschiede unter Berücksichtigung der jeweiligen Besonderheiten des Rechtsgebiets zu werten (Einl Rn. 59). Sie geben wertvolle Hinweise auf den Willen des Gesetzgebers auch für das andere Verfahren. Andererseits zeigen sie zugleich, dass die Vorschriften des VwVfG (aber auch der AO und des SGB) in ihrer konkreten Ausgestaltung noch nicht Ausdruck eines allgemeinen Rechtsgedankens sind (§ 1 Rn. 154, 156; § 1 Rn. 283 ff.).

55 **Fehlen** in einem Gesetz Vorschriften im Gegensatz zu einem anderen, kann die entsprechende Regelung nicht ohne weiteres mit der Begründung in das andere übernommen werden, es sei „das neuere" oder „das umfassendere" Gesetz.[169] Auch insoweit ist davon auszugehen, dass

---

[163] Vgl. auch *BVerwGE* NVwZ 1995, 473, 475.
[164] *OLG Düsseldorf* NJW 1983, 2573, 2575; *K. Schmidt* NJW 1988, 2574.
[165] Vgl. für Art. 137 Abs. 3 WRV *BVerwG* NVwZ 1998, 852; ferner *BVerwGE* 68, 62 = NJW 1984, 989, 990; *BVerfGE* 42, 312, 333 f. = NJW 1976, 2123.
[166] *BVerwG* NVwZ 1995, 473, 474; s. auch *Röper* VR 1997, 342.
[167] *VGH Mannheim* NJW 1996, 3358; *VG Hamburg* NJW 1996, 3363.
[168] Zweifelnd hinsichtlich der Notwendigkeit der Ausnahmeregelung: *Kopp/Ramsauer* § 2 Rn. 16; *Schmitt Glaeser*, FS Boorberg Verlag, S. 1, 23; *Mohr* NJW 1978, 790.
[169] Einl Rn. 59; zu § 80 VwVfG im Verhältnis zur AO, § 80 Rn. 11 ff., 8, oder die besonderen Mitwirkungsregeln des SGB, § 26 Rn. 1.

§ 2 Ausnahmen vom Anwendungsbereich

die Verfahrensgesetze in sich abgeschlossene Verfahrensordnungen sind, deren Lücken nur unter Berücksichtigung der Besonderheiten des Rechtsgebiets geschlossen werden können. Ausnahme nur, wenn in einer Vorschrift ein **allgemeiner Rechtsgedanke** für alle Verfahrensordnungen zum Ausdruck kommt, der als solcher übernommen werden kann (s. § 1 Rn. 157, 185 f.).

b) Der **Anwendungsbereich der AO** bestimmt sich nach § 1 AO. Hiernach gilt die AO für alle durch Bundesrecht oder Recht der Europäischen Gemeinschaften geregelten **Steuern oder Steuervergütungen,** soweit sie durch Bundesfinanzbehörden oder durch Landesfinanzbehörden verwaltet werden. Der Begriff der **Finanzbehörde** ist in §§ 1, 2 Gesetz über die Finanzverwaltung, für den Anwendungsbereich der AO in § 6 AO definiert.

Der Begriff **Steuern** ist in § 3 AO geregelt und umfasst auch Zölle und Abschöpfungen. Für **sonstige Abgaben,** soweit auf sie nicht bereits als steuerliche Nebenleistungen (§ 3 Abs. 3 AO) die AO sinngemäß anzuwenden ist (§ 1 Abs. 3 AO), ist die AO nur maßgebend, wenn und soweit sich dies aus dem besonderen Gesetz ergibt. Steuervergütung meint im Unterschied zur Steuererstattung die Rückvergütung an einen Dritten, der im Verhältnis zum ursprünglichen Steuerschuldner wirtschaftlich die Steuer trägt. Die Investitionszulage ist keine Steuervergütung;[170] die Rücknahme einer gemeinschaftswidrigen Investitionszulagebescheinigung richtet sich nach § 48.[171]

Soweit ein **Bundesgesetz** hinsichtlich des Verfahrens ganz oder teilweise auf die AO verweist, geht insoweit die AO vor (s. § 1 Abs. 1 1. Halbsatz). Für Grunderwerbs- und Feuerschutzsteuern s. Art. 97 § 3 EGAO, für Realsteuern § 1 Abs. 2 AO. Für Vollstreckungsverfahren s. § 5 VwVG, § 9 Rn. 204.

c) Soweit **Landesgesetze** auf die Abgabenordnung verweisen, folgt die Unanwendbarkeit des VwVfG des Bundes nicht aus § 2 Abs. 2 Nr. 1, da es sich um die Ausführung von Landesrecht handelt.[172] Die Geltung der Abgabenordnung beruht in diesen Fällen auf einem Gesetzesbefehl des Landes.[173] Die Kompetenz ergibt sich auch für die Ausführung von Bundesgesetzen aus Art. 83 ff. GG (vgl. § 1 Rn. 32 ff., 69 ff.). Problematisch daher die Rechtsprechung des *BVerwG,*[174] wonach materielles Bundesrecht (hier Erschließungsbeitragsrecht) über Art. 31 GG die nach Maßgabe des Landesrechts geltenden §§ 172 ff. AO verdrängen soll.[175]

Dies gilt auch für die Anwendung auf **landesrechtlich geregelte Steuern.** Auf sie sind auch die Landesverwaltungsverfahrensgesetze nicht anwendbar, weil in ihnen eine den § 2 Abs. 2 Nr. 1 entsprechende Regelung enthalten ist. Verweisen die Landesgesetze auf Teilbereiche der AO, kann – muss aber nicht – für den nicht geregelten Teil das VwVfG des Landes Anwendung finden. Maßgebend ist, ob sich das einzelne Landesgesetz als abschließende Regelung begreift. Während der Eingangshalbsatz („Dieses Gesetz gilt ferner nicht ...") auf eine vollständige Verdrängung hindeutet,[176] wird vielfach aus der jeweiligen mehr oder weniger detaillierten Sonderregelung der Schluss gezogen, dass das VwVfG für den nicht geregelten Bereich anwendbar bleibt (s. im einzelnen Rn. 61 ff.).

Diese Frage stellt sich vor allem im Bereich der **kommunalen Abgabenverwaltung** einschließlich der landesrechtlichen Abwicklung des **Erschließungsbeitragsrechts.**[177] Hiermit sind jedoch nur Fallgestaltungen angesprochen, die unmittelbar Verfahren über Kommunalabgaben betreffen, nicht nur damit im Zusammenhang stehen. Daher gehören der Abschluss eines Erschließungsvertrages nach § 124 BauGB (s. § 54 Rn. 143 f.) ebenso wenig zum Abgabenrecht[178] wie der Vorfinanzierungsvertrag.[179] Dagegen beziehen sich sogenannte Ablösungsverträge auf Kommunalabgaben, so dass sich bei ihnen „nur" die Frage stellt, ob sie durch die AO

---
[170] *BVerwG* NJW 1985, 1972.
[171] *BVerwGE* 92, 81 = NJW 1993, 2764.
[172] *BVerwG* Buchholz 316, § 1 VwVfG Nr. 1; § 1 Rn. 73.
[173] *BVerwG* NVwZ 1984, 101.
[174] *BVerwG* NVwZ 1988, 938; *BVerwGE* 79, 163, 166 = NVwZ 1989, 159; 80, 96 = NVwZ 1989, 471; 82, 215 = NVwZ 1990, 78; NVwZ 1991, 999; 1994, 903; BayVBl 1993, 758. Kritisch zu dieser Rechtsprechung *Erbguth* NVwZ 1989, 531, *Stelkens* NWVBl 1989, 335, 339.
[175] Vgl. demgegenüber *VGH Mannheim* NVwZ-RR 1989, 162, 163; *OVG Münster* NVwZ-RR 1992, 209; NVwZ-RR 1991, 265; NWVBl 1992, 142; offen *VGH Kassel* KStZ 1995, 58.
[176] Vgl. *VGH Kassel* HSGZ 1978, 404.
[177] *BVerwG* Buchholz 316, § 1 VwVfG Nr. 1; NVwZ 1982, 377; *Jachmann* BayVBl 1993, 326.
[178] *OVG Münster* DÖV 1989, 176.
[179] *OVG Münster* NJW 1989, 1879.

ausgeschlossen sind (Rn. 62 ff.; § 54 Rn. 124 ff.) oder als allgemein abgabenrechtliches Institut gelten,[180] falls sie nicht auf Grund einer konkreten Rechtsgrundlage erlaubt sind.[181]

62 Die Ausnahmeregelung des § 2 Abs. 2 Nr. 1 bezieht sich nur auf Bundes- und Landesfinanzbehörden (Rn. 53, 56). Die LVwVfG (außer Hamburg) knüpfen nicht an bestimmte Behörden an, sondern enthalten vergleichbare, wenn auch bemerkenswert unterschiedlich formulierte Ausnahmeregelungen, die nach dem Eingangssatz „Dieses Gesetz gilt ferner nicht ..." (s. Rn. 54) zumeist auf **„Verfahren nach der Abgabenordnung"** abstellen.

63 Im Einzelnen: LVwVfG BW: „Verfahren, die ganz oder überwiegend nach den Vorschriften der Abgabenordnung durchzuführen sind" (mit Vorbehalten für Vertrag und § 80); BayVwVfG ursprünglich: „Verfahren der Finanzbehörden nach der Abgabenordnung und Verfahren, die unter Art. 10 des Kommunalabgabengesetzes fallen"; durch Gesetz vom 24. 7. 1990 wurde der Halbsatz „und Verfahren, die unter Art. 10 des Kommunalabgabengesetzes fallen" gestrichen, wodurch nur noch die Tätigkeit der Finanzbehörden ausgeschlossen wurde (s. Rn. 65); VwVfG Bln, SächsVwVfG: Übernahme des VwVfG des Bundes; BremVwVfG: „Verfahren, soweit für sie die Abgabenordnung anzuwenden ist"; HmbVwVfG: „Verfahren der Landesfinanzbehörden in Steuerangelegenheiten"; VwVfGBbg, HVwVfG, VwVfG.NRW, ThürVwVfG: „Verwaltungsverfahren, in denen Rechtsvorschriften der Abgabenordnung anzuwenden sind"; NVwVfG seit dem Gesetz vom 2. 7. 1985, VwVfG LSA: „Verwaltungsverfahren, soweit in ihnen Rechtsvorschriften der Abgabenordnung anzuwenden sind"; Rh.-Pf. LVwVfG: „Verfahren nach der Abgabenordnung"; VwVfG M-V: „Verfahren, die nach den Vorschriften der Abgabenordnung durchzuführen sind"; ebenso SVwVfG, seit dem Gesetz vom 26. 11. 1997 mit der weiteren Klarstellung: „;; soweit in diesen Verfahren ein Vorverfahren nach den §§ 68 bis 73 der Verwaltungsgerichtsordnung stattfindet, ist § 80 anzuwenden,"; LVwGSchlH mit anderem Eingangssatz: „Durch die Bestimmungen dieses Gesetzes ... werden Rechtsvorschriften nicht berührt, soweit es sich handelt um ... die Rechtsvorschriften, die Abgabenordnung für anwendbar erklären." Siehe dazu noch § 80 Rn. 13.

64 Betrachtet man die Regelungen im Zusammenhang mit dem Eingangssatz: „Dieses Gesetz gilt nicht" (Rn. 60), kommt man zu folgendem Ergebnis: Nach Wortlaut und Sinn sollen auch alle landesrechtlichen VwVf von dem Anwendungsbereich des VwVfG des Landes ausgenommen sein, die **wesentlich durch die AO geprägt** sind, nicht dagegen die, die nur einzelne Vorschriften der AO für anwendbar erklären.[182] In diesen Fällen soll durch das rechtstechnische Mittel der Verweisung der Grundgedanke der „Drei-Säulen-Theorie" für die Bundes- und Landesabgabenverwaltung als Sonderbereich der Verwaltung (vgl. Einl Rn. 50 ff., 59) auch für die kommunale Abgabenverwaltung eine **eigenständige Verfahrensordnung** geschaffen werden, es sei denn, der entgegengesetzte Wille des Landesgesetzgebers sei aus der jeweiligen Entstehungsgeschichte erkennbar.[183] Daher wird in diesen Fällen das **VwVfG insgesamt verdrängt** (zu der Frage, ob Lücken durch entsprechende Anwendung von Vorschriften des VwVfG geschlossen werden können, s. Rn. 66, 67 f.).

65 Allerdings zeigen die Änderungen des Niedersächsischen und Bayerischen VwVfG (Rn. 63) einen Wandel in dieser gesetzgeberischen Absicht. Während das *BVerwG* für Niedersachsen[184] und Bayern[185] obige Ansicht im Ergebnis vertritt, erfolgte als Reaktion hierauf die Änderung der jeweiligen LVwVfG, um die frühere entgegengesetzte Rechtsprechung des *OVG Lüneburg* und des *VGH München* aufzufangen.[186] Nach der neuen Fassung ist an eine Verdrängung des

---

[180] *OVG Münster* KStZ 1989, 196; offen *OVG Münster* NVwZ 1991, 1106.
[181] Z. B. § 133 Abs. 3 S. 5 BauGB, dazu *BVerwGE* 87, 77 = NVwZ 1991, 1069; 84, 183 = NJW 1990, 1679; zum Vertrag über Vorauszahlung von Erschließungsbeiträgen – keine Anwendung des VwVfG – auch *OVG Münster* NVwZ-RR 2000, 341.
[182] *Erichsen* VerwArch 70 (1979), 349, 352; *BVerwG* NVwZ 1982, 377, 378; *OVG Saarlouis* NVwZ 1987, 508; *OVG Münster* NVwZ 1992, 585.
[183] Vgl. *Allesch* DÖV 1990, 270, 272 m. w. N.; *Erichsen* VerwArch 70 (1979), 349, 353; für eigenständige Verfahrensordnung weitergehend schon bei Verweisung auf wenige Vorschriften, da sonst zum einen kein Unterschied zur Subsidiaritätsregel des § 1 LVwVfG bestünde, zum anderen der unterschiedliche Aufbau zwischen § 2 Abs. 2 und Abs. 3 der vergleichbaren LVwVfG nicht zu erklären sei: *OVG Münster* Gemeindehaushalt 1991, 41, 42.
[184] Buchholz 316 § 1 VwVfG Nr. 1.
[185] *BVerwGE* 82, 336, 338 = NVwZ 1990, 651; dazu kritisch *Allesch* KStZ 1990, 63; *ders.* DÖV 1990, 270, 274.
[186] Zu den Motiven *Geiger* BayVBl 1991, 107; *Boettcher* BayVBl 1991, 297.

§ 2 Ausnahmen vom Anwendungsbereich   66, 67   § 2

gesamten VwVfG nicht mehr gedacht, sondern nur noch insoweit, als eine konkrete Norm der AO, ggf. über KAG, anzuwenden ist. Die Anwendung der AO über KAG ist in diesen Ländern damit zu einer Frage der Sub-sidiarität nach § 1 (§ 1 Rn. 229f.) geworden.[187] Gleiches gilt für Sachsen.[188] Ähnlich dürfte die Rechtslage in Berlin, Bremen, Hamburg, Schleswig-Holstein und Thüringen sein, da die dortigen Abgabengesetze ihrerseits für Gebühren und Abgaben ergänzend auf die LVwVfG verweisen.[189] Demgegenüber hat sich *VGH Mannheim*[190] für die Auslegung des bw Landesrechts unter Aufgabe seiner entgegengesetzten Rechtsprechung dem *BVerwG*[191] angeschlossen (s. aber § 80 Rn. 14).

Soweit in einigen LVwVfG (Rn. 62f.) der Begriff **„Verwaltungsverfahren"**, in denen Rechtsvorschriften der AO anzuwenden sind, genannt ist, stellt sich die Frage, ob der Ausschluss des VwVfG auch für das **Vorverfahren** gilt. Das Problem stellt sich, weil auf die § 79 entsprechende Vorschrift des § 365 AO in den LVwVfG nicht verwiesen wird. Hierdurch entsteht jedoch keine Lücke. Es ist in § 2 Abs. 2 Nr. 1 dieser LVwVfG von einem weiteren Verwaltungsverfahrensbegriff als i. S. d. § 9 auszugehen.[192] Wie in den übrigen LVwVfG ist allgemein das Verfahren gemeint, es umfasst somit das Vorverfahren (s. Rn. 70) ebenso wie Verwaltungstätigkeit, die nicht auf den Erlass eines VA oder den Abschluss eines ör Vertr gerichtet ist (z. B. Amtshilfe). § 9 gibt zwar eine Definition des Begriffes „Verwaltungsverfahren i. S. d. Gesetzes", schließt im Einzelfall aber eine weitergehende Anwendung nicht aus (vgl. z. B. § 51 Rn. 131; ferner § 2 Rn. 70). Es besteht der allgemeine verfahrensrechtliche Grundsatz, dass in einem Rechtsbehelfsverfahren die gleichen Verfahrensbefugnisse bestehen wie in der vorhergehenden Instanz.[193] **66**

Die **Kommunalabgabengesetze** der Länder erklären durchweg nur **enumerativ aufgeführte Vorschriften der AO** für anwendbar. Soweit im Einzelfall das LVwVfG ergänzend heranzuziehen ist (Rn. 55), gelten die Regeln des Subsidiaritätsgrundsatzes (§ 1 Rn. 229f.). In den Fällen des vollständigen Ausschlusses des LVwVfG (Rn. 64) stellt sich dagegen nur die Frage, ob eine **Lücke** in der abgeschlossenen Verfahrensregelung vorliegt, weil sie bereits in der AO vorhanden ist (Einl Rn. 59) oder mangels ausreichender Verweisung durch das landesrechtliche Abgabenrecht entstanden ist. Kernpunkt der Diskussion sind die Vorschriften über den ör Vertr;[194] zur Schriftform;[195] zum Vergleichsvertrag;[196] differenzierend nach Steuern und sonstigen Abgaben *Heun* DÖV 1989, 1053; § 55 Rn. 6. Einzelne Landesgesetze lassen den Vertrag zu wie § 2 Abs. 2 Nr. 1 i. V. m. § 61 Abs. 3 LVwVfG BW; s. auch § 40 Nr. 4 KAG Rh.-Pf.; zum Erschließungs-, Vorfinanzierungs- und Ablösungsvertrag s. Rn. 61; das Wiederaufgreifen nach § 51 (§ 51 Rn. 1); Auskunft und Zusicherung,[197] das Vorverfahren (Rn. 60, 64), insbesondere die Kosten des Vorverfahrens nach § 80.[198] Sofern wirklich eine Lücke im Gesetz festgestellt werden kann, kann sie durch **allgemeine Verfahrensgrundsätze** (§ 1 Rn. 157) ausgefüllt werden, zu denen aber die §§ 38, 51,[199] 54ff., 80 nicht zählen.[200] **67**

---

[187] Für Bayern *Allesch* BayVBl 1992, 621; *Boettcher* BayVBl 1992, 623; *ders.* BayVBl 1991, 297.
[188] *OVG Bautzen* SächsVBl 2003, 43, 44; *VG Leipzig* NVwZ 2002, 891, 892.
[189] Vgl. *Heun* DÖV 1989, 1053, 1055; für Schleswig-Holstein *Kleiner* KStZ 1991, 68; bei Thüringen *OVG Weimar* LKV 2001, 231 für § 61 ThürVwVfG; a.A. ThürVBl 2005, 20, 21 für § 80 ThürVwVfG sowie *OVG Weimar* 21. 6. 204 – 4 KO 865/03.
[190] NVwZ 1992, 584.
[191] *BVerwGE* 82, 336 = NVwZ 1990, 651.
[192] § 9 Rn. 85, 183, 198; § 79 Rn. 6, 35f.; *OVG Münster* NVwZ 1992, 585; offen *OVG Münster* Gemeindehaushalt 1991, 41; im Ergebnis wie hier *BVerwGE* 82, 336, 338 = NVwZ 1990, 651 (dazu § 79 Rn. 6), dem der *VGH Mannheim* NVwZ 1992, 584; auch NVwZ-RR 1994, 301 nunmehr gefolgt ist (Rn. 65); a.A. *OVG Saarlouis* NVwZ 1987, 508).
[193] § 79 Rn. 36; *Allesch* DÖV 1990, 272, 273.
[194] Vgl. § 54 Rn. 124ff.; *Heun* DÖV 1989, 1053; *Gern* KStZ 1979, 161; *ders.* NVwZ 1987, 1042, 1049; *Schmidt* KStZ 1984, 61, 66; *Allesch* DÖV 1988, 103; *ders.* DÖV 1990, 272, 275; *OVG Lüneburg* KStZ 1985, 113; NJW 1988, 2126, dazu Rn. 61; *VGH München* DÖV 1987, 644; zur a. F. s. Rn. 55.
[195] *OVG Münster* NVwZ 1986, 779, dazu kritisch *Heun* DÖV 1989, 1053, 1064.
[196] *BVerwG* DÖV 1978, 611; *OVG Münster* KStZ 1988, 15; *VGH München* NVwZ 1989, 167.
[197] *Schmid* KStZ 1984, 61; *Allesch* DÖV 1990, 270, 277; § 38 Rn. 33ff.
[198] § 80 Rn. 11ff.; s. ferner *Haurand/Vahle* VR 1997, 12.
[199] Wie hier *Allesch* DÖV 1990, 270, 278; nur im Sinn eines Wiederaufgreifens i. w. S., § 51 Rn. 10ff., *OVG Münster* KStZ 1990, 239; Gemeindehaushalt 1989, 37
[200] S. Rn. 5; bestr. s. § 38 Rn. 29ff.; § 51 Rn. 1; § 54 Rn. 124ff., abw § 30 KAG Rh.-Pf.; § 2 Abs. 2 Nr. 1 LVwVfG BW; differenzierend *Heun* DÖV 1989, 1053; *Allesch* DÖV 1990, 270, 275; § 80 Rn. 8ff., aber § 2 Abs. 2 Nr. 1 i. V. m. § 80 Abs. 4 LVwVfG BW.

68 Weder kann mit der Begründung, das KAG wolle die im kommunalen Abgabenrecht in der Praxis häufig anzutreffenden **Vertragsgestaltungen** nicht unterbinden, eine Lücke, die durch §§ 54 ff. VwVfG aufzufüllen wäre, nachgewiesen werden[201] noch kann § 78 Nr. 3 AO als Beleg für eine derartige Lücke in der AO angesehen werden. § 78 Nr. 3 AO ist zwar kein Redaktionsversehen, sondern für die wenigen Fälle vorgesehen, in denen ein ör Vertr auch im Anwendungsbereich der AO zulässig ist.[202] Er besagt aber als Beteiligungsregel nichts zu der Frage, in welchen Bereichen ein Vertrag zulässig ist. Zur einvernehmlichen Festlegung eines steuerlich erheblichen streitigen Sachverhalts durch sog. tatsächliche Verständigung zwischen Finanzverwaltung und Steuerpflichtigem § 9 Rn. 170.

69 Für **Beitragsverfahren, die keine Kommunalabgaben** betreffen, ist das VwVfG des Landes anwendbar, falls keine andere Spezialregel besteht.[203]

70 Ist das LVwVfG in Fällen der Rn. 61, 67 nicht anwendbar, gilt es auch nicht für das **Vorverfahren** (s. Rn. 66; § 79 Rn. 6, 36), insbesondere für § 80.[204]

71 Soweit auf die AO verwiesen wird, ist die Vorschrift der AO keine Verfahrensvorschrift im Sinne des § 137 Abs. 1 Nr. 2 VwGO, auf deren Verletzung eine **Revision** gestützt werden könnte. Das gleiche gilt für die dem § 2 Abs. 3 Nr. 1 vergleichbaren Landesregelungen, soweit sie nicht wörtlich mit § 2 Abs. 1 übereinstimmen.

72 Haben **Bundes- oder Landesfinanzbehörden** nicht die AO anzuwenden, haben sie bei **ihrer sonstigen Verwaltungstätigkeit** das VwVfG des Bundes oder des Landes heranzuziehen.

2. Verfolgung von Straftaten und Ordnungswidrigkeiten, Rechtshilfe, Richterdienstrecht (Abs. 2 Nr. 2)

73 Die Rechtsprechung selbst gehört nicht zur Verwaltungstätigkeit i. S. d. § 1 (s. § 1 Rn. 201). Abs. 2 Nr. 2 nimmt eine Reihe von Maßnahmen mit **Bezug zur Rechtsprechung und zum Prozessrecht** aus dem Geltungsbereich des VwVfG aus.

74 a) Nach Nr. 2 gilt das VwVfG nicht für die **Strafverfolgung** sowie für die Verfolgung und Ahndung von **Ordnungswidrigkeiten.** Diese Gebiete sind ausgenommen worden, weil es sich um Vorschriften handelt, die stark an das Strafprozessrecht angepasst sind und dadurch eine besondere Eigenart gewonnen haben. Im wesentlichen hat Nr. 2 nur **Klarstellungsfunktion.** § 315 LVwGSchlH verzichtet daher auf eine entsprechende Vorschrift. Die Abgrenzung zu dem wichtigeren Abs. 3 Nr. 1 ist nicht immer einfach. Unter Nr. 2 können daher nur Maßnahmen fallen, die nicht Rechtsprechung sind (§ 1 Rn. 201) und für die als Verwaltungsmaßnahme nicht der Verwaltungsrechtsweg eröffnet ist (§ 2 Abs. 3 Nr. 1). Die Herausgabe von personenbezogenen Stasi-Unterlagen kann nicht durch Maßnahmen nach der StPO erzwungen werden, für die Überprüfung von Entscheidungen des Bundesbeauftragten ist hier gem. § 31 Abs. 1 StUG der Verwaltungsrechtsweg eröffnet;[205] anders bei Akten anderer Behörden, wenn die oberste Dienstbehörde keine **Sperrerklärung** abgibt.[206]

75 Soweit Strafverfolgungsmaßnahmen den **Gerichten** obliegen, sind sie daher nicht erfasst; sie sind keine Verwaltungstätigkeit (§ 1 Rn. 201). Zwar ist die **Staatsanwaltschaft** eine Verwaltungsbehörde, der Sache nach ist sie aber der Dritten Gewalt als Organ der Rechtspflege zugeordnet.[207] Das Gleiche gilt für die **Bundesanwaltschaft.**[208] Als Rechtspflegemaßnahme unter-

---

[201] So aber *Allesch* DÖV 1988, 103, 104; *ders.* DÖV 1990, 270, 275 m. w. N., allerdings aus der früheren bayerischen Rechtsprechung, die nach dem Subsidiaritätsgrundsatz verfährt, dazu Rn. 65; *Meyer* in Knack § 2 Rn. 13.
[202] BFH BStBl II 1991, 45; offen OVG *Münster* NWVBl 1991, 194; *Allesch* DÖV 1990, 270, 276; *Heun* DÖV 1989, 1053, 1056; Beispiele bei *Klein/Orlopp* § 78 Anm. 4; OVG *Lüneburg* NJW 1988, 2126.
[203] OVG *Münster* 25. 5. 1987–3 A 1100/85, insoweit nicht in ZfW 1988, 96 veröff., für Wassergenossenschaftsbeitrag.
[204] S. BVerwGE 82, 336 = NVwZ 1990, 651; § 80 Rn. 8 ff.
[205] KG DtZ 1992, 331.
[206] BGH DVBl 1992, 1220 = JZ 1993, 365 m. Anm. *Hilgendorf;* s. auch Rn. 111.
[207] § 141 GVG; *Albers* in Baumbach u. a. Einf §§ 141–152 GVG Rn. 1; zur Tätigkeit der Staatsanwaltschaft als Justizbehörde BVerwGE 49, 221, 225 = NJW 1976, 305, 306; s. auch Rn. 111, 116.
[208] Generalbundesanwalt beim BGH, § 148 GVG, und – als Vertreter übergeordneter Interessen des Gemeinwohls in Verwaltungsstreitverfahren – Vertreter des Bundesinteresses (VBI) beim BVerwG, § 35 VwGO (hierzu *Schmitz* in BeckOK VwGO § 35 Rn. 1 ff.; *Gerhardt/Olbertz* in Schoch u. a. § 35 Rn. 1 ff., 8 ff.; *Geiger* in Eyermann § 35 Rn. 4 ff.; *Guckelberger* in Sodan/Ziekow § 35 Rn. 1 ff.).

liegt ihre Tätigkeit schon aus den Gründen des § 1 nicht dem VwVfG (§ 1 Rn. 202), so dass es für sie der Ausnahme nach § 2 Abs. 2 Nr. 2 nicht bedurft hätte (nach der Entstehungsgeschichte war dies auch nicht beabsichtigt, vgl. Rn. 76). Dies gilt auch, wenn die Staatsanwaltschaft die Ahndung einer Ordnungswidrigkeit übernimmt (§§ 40–42, 63 OWiG).

Die Nr. 2 enthielt im Entwurf 70 statt des Wortes „Strafverfolgung" noch die Formulierung „Strafverfolgung durch Hilfsorgane der Staatsanwaltschaft". Der einschränkende Zusatz wurde in den Entwurf 73 nicht übernommen, um dem Irrtum vorzubeugen, die Strafverfolgung falle im Übrigen unter das Gesetz. Für die **Ermittlungspersonen der Staatsanwaltschaft** (§ 152 GVG) war Nr. 2 zumindest zur Klarstellung nützlich. Zum Zeitpunkt des Erlassens des VwVfG war der Begriff der Justizbehörde, der in Abs. 3 Nr. 1 in Anlehnung an § 179 VwGO, § 23 EGGVG benutzt wird, noch nicht abschließend geklärt (s. Rn. 111). Würde er mit der Mindermeinung nur organisationsrechtlich als mit der Rechtspflege verbundene Behörde verstanden, wäre die Tätigkeit der Ermittlungspersonen der Staatsanwaltschaft nicht von Abs. 3 Nr. 1 erfasst worden. In aller Regel ist dagegen mit der herrschenden Meinung bei einem funktionellen Behördenbegriff die unter Abs. 2 Nr. 2 genannte Tätigkeit der Ermittlungspersonen der Staatsanwaltschaft schon von Abs. 3 Nr. 1 erfasst. 76

Wer Ermittlungsperson der Staatsanwaltschaft ist, ergibt sich aus den **auf § 152 Abs. 2 GVG beruhenden Rechtsverordnungen der Landesregierungen**[209] sowie auf Grund von Bundesgesetzen, z. B. § 19 Abs. 1 Bundeskriminalamtgesetz, § 25 Abs. 2 BJagdG. Das Landesrecht kann dagegen keine Bundesbeamten zu Ermittlungspersonen der Staatsanwaltschaften bestellen.[210] 77

Eine Ausgrenzung der Tätigkeit der **Verwaltungsbehörden, die eine Ordnungswidrigkeit verfolgen und ahnden** (§ 35 OWiG), ist ebenfalls nur aus Klarstellungsgründen erforderlich. Das OWiG enthält eine eigenständige Verfahrensregelung, so dass § 1 Abs. 1 VwVfG schon den Vorrang des OWiG klarmacht. Als Bundesrecht geht das OWiG ohnehin dem LVwVfG vor. § 2 Abs. 2 Nr. 2 bewirkt die Klarstellung, dass das VwVfG nicht ergänzend herangezogen werden kann.[211] Zur Rechtshilfe s. Rn. 87. 78

Unter **Strafverfolgung** ist im Wesentlichen die Tätigkeit der Staatsanwaltschaft und ihrer Ermittlungspersonen nach §§ 160 ff. StPO zu verstehen. S. auch § 2 Abs. 1 und 2 StrEG. 79

Mit **Verfolgung und Ahndung von Ordnungswidrigkeiten** ist die Tätigkeit der Verwaltungsbehörden nach § 35 OWiG gemeint. Sobald die Polizei oder andere Behörden zur **Verhütung von Straftaten und Ordnungswidrigkeiten** tätig werden, nehmen sie Aufgaben der Gefahrenabwehr wahr; das VwVfG ist anwendbar (s. Rn. 113). 80

Soweit Aufgaben der **Strafvollstreckung** vom Gericht und der Staatsanwaltschaft wahrgenommen werden (§ 451 StPO), sind dies Maßnahmen der Rechtspflege und als solche keine Verwaltungstätigkeit (Rn. 70).[212] Zur Ausübung des **Gnadenrechts** s. § 1 Rn. 192 ff. Soweit Maßnahmen des **Strafvollzugs** angesprochen sind, gilt für diese besonderen Justizverwaltungsmaßnahmen das StVollzG mit einem eigenen Rechtsbehelfsverfahren, so dass hierfür § 2 Abs. 3 Nr. 1 heranzuziehen ist (Rn. 121). 81

b) Ferner ausgenommen ist die **Rechtshilfe für das Ausland in Straf- und Zivilsachen.** Dies geschah wegen der starken Anklänge an das Straf- und Zivilprozessrecht (Begründung zu § 2 Entwurf 73). 82

Zum Begriff **Rechtshilfe** und zur Abgrenzung von der Amtshilfe s. zunächst § 4 Rn. 36, wonach als Rechtshilfe nur die richterliche Tätigkeit verstanden wird. Dieser Begriff kann für § 2 Abs. 2 Nr. 2 jedoch nicht übernommen werden. Ausgehend von dem Umstand, dass das VwVfG selbst den Begriff Amtshilfe von dem der Rechtshilfe nicht abgrenzt (§ 4 Rn. 36), kann Rechtshilfe in § 2 Abs. 2 Nr. 2 nur aus dem Kontext dieser Vorschrift verstanden werden. Wenn dort „**Rechtshilfe für das Ausland**" als Ausschließungsmerkmal aufgeführt wird, kann es nur in dem Sinn gemeint sein, wie er in dem internationalen Verkehr gebraucht wird, d. h. sowohl 83

---

[209] Abgedruckt bei *Schönfelder*, Deutsche Gesetze, zu § 152 GVG, z. B. VO über die Ermittlungspersonen der Staatsanwaltschaft NRW vom 30. 4. 1996.
[210] *Franz* NJW 1962, 1910. Zu Angehörigen der Umweltschutzbehörden als Ermittlungspersonen der Staatsanwaltschaft *Stober* DVBl 1985, 81; zur Steuerfahndung *BFHE* 138, 164 m. Bespr. *Klos* JuS 1987, 703, 706; zur Betriebssicherung der Oberpostdirektion *BVerwGE* 80, 143 = NJW 1989, 848.
[211] A. A. für Rücknahme einer Verwarnung *KG* NJW 1990, 1803 f.
[212] Nach *Kopp/Ramsauer* § 2 Rn. 21 unterliegen sie dagegen § 2 Abs. 3 Nr. 1.

§ 2   84–89   Teil I. Anwendungsbereich, örtliche Zuständigkeit, Amtshilfe

für die Tätigkeit der Gerichte als auch der der Behörden, soweit sie in Straf- und Zivilsachen Unterstützung gewähren.²¹³

84   Nicht gemeint ist die Tätigkeit der Auslandsvertretung (s. dazu Rn. 140) im Zusammenhang mit einem Einlieferungsbegehren zur Strafverfolgung.²¹⁴

85   § 2 Abs. 2 Nr. 2 ist für die Rechtshilfe für das Ausland allenfalls zur **Klarstellung** erforderlich. Soweit Gerichte, z. B. in Auslieferungsverfahren zu entscheiden haben, unterliegt diese Tätigkeit schon aus den Gründen zu § 1 Rn. 201 nicht dem VwVfG. Im Übrigen handelt es sich bei dieser Hilfe, soweit sie von Behörden durchgeführt wird, zwar um Verwaltungstätigkeit, die jedoch in der Regel der Justizverwaltung obliegt. Da insoweit § 23 EGGVG anzuwenden ist,²¹⁵ wird dieser Fall ebenfalls von § 2 Abs. 3 Nr. 1 erfasst (Rn. 117).

86   Unter **Rechtshilfe in Strafsachen** wird die Unterstützung eines Staates durch den ersuchten Staat in Verfahren zur Ermittlung und Ahndung von Straftaten einschließlich der Vollstreckung (§§ 2, 48, 59 IRG) und Vollzug²¹⁶ verstanden.²¹⁷ Hierbei ist es gleichgültig, ob seitens der ersuchenden oder der ersuchten Stelle ein Gericht oder eine Behörde tätig wird.²¹⁸ Vor allem ist als Rechtshilfe gemeint: Auslieferung (§ 2 IRG; s. aber Rn. 85), Durchlieferung und Herausgabe von Gegenständen (§§ 43, 59, 66 IRG). Bei der Überstellung verurteilter Personen nach dem Überstellungsausführungsgesetz vom 26. 9. 1991 handelt es sich nicht um Rechtshilfe für das Ausland; es wird eine Strafverbüßung des in der Bundesrepublik verurteilten Ausländers in seinem Heimatland ermöglicht. Das Verfahren gehört entweder zum Bereich der Gerichte (§ 1 Rn. 201) oder der Justizverwaltung (vgl. Rn. 118, 121).

87   Soweit Rechtshilfe auch bei der Verfolgung und Ahndung von **Ordnungswidrigkeiten** gewährt wird, sollte ebenfalls eine Ausnahme vom Anwendungsbereich des VwVfG angenommen werden. Hierfür sollte die Definition der „strafrechtlichen Angelegenheit" in § 1 IRG, die auch ein Verfahren nach dem OWiG umfasst, übernommen werden. Es wäre nicht konsequent, bei der inländischen Verfolgung und Ahndung von Ordnungswidrigkeiten den Ausschluss nach § 2 Abs. 2 Nr. 2, 2. Alternative vorzunehmen (Rn. 78), die Rechtshilfe für das Ausland aber nach den Grundsätzen des VwVfG auszugestalten. Dies gilt umso mehr, als die Abgrenzung zwischen der einzelnen Straftat und einer Ordnungswidrigkeit nach in- und ausländischem Recht unterschiedlich sein kann.²¹⁹

88   Die Unterstützung und Förderung von privatrechtlichen Verfahren sind als **Rechtshilfe in Zivilsachen** anzusehen, gleichgültig, ob sie das Gebiet des allgemeinen bürgerlichen Rechts oder des Handelsrechts, des Arbeitsrechts usw. betreffen.

89   Maßgebend für die **Durchführung der Rechtshilfe** in Strafsachen ist das IRG,²²⁰ das das DAG abgelöst hat.²²¹ In Zivilsachen gilt die Rechtshilfeordnung für Zivilsachen.²²² Im Übrigen sind völkerrechtliche Vereinbarungen, bei deren Fehlen die Grundsätze völkerrechtlicher Höflichkeit²²³ maßgebend. In Zivilsachen vor allem die Haager Übereinkunft vom 18. 3. 1970,²²⁴ in Strafsachen z. B. das Europäische Übereinkommen über die Auslieferung und die sonstige Rechtshilfe in Strafsachen (vgl. Zusammenstellung in § 84 IRG) sowie das Gesetz über die Zusammenarbeit mit dem Internationalen Strafgerichtshof für das ehemalige Jugoslawien v. 10. 4. 1995;²²⁵ ferner das Gesetz zum Römischen Statut des Internationalen Strafgerichtshofs v. 17. 7. 1998 (IStGH-Statutgesetz).²²⁶

---

²¹³ Vgl. § 59 Abs. 2 IRG; Rn. 86, 88; wie hier *Meyer/Borgs* § 2 Rn. 9; *Meyer* in Knack § 2 Rn. 31; *Kopp/Ramsauer* § 2 Rn. 22.
²¹⁴ Vgl. *OVG Münster* NJW 1989, 2209; Rn. 104.
²¹⁵ S. z. B. *Albers* in Baumbach u. a. Anh § 168 GVG Rn. 3.
²¹⁶ Vgl. § 57 IRG; vgl. z. B. *Bartsch* NJW 1984, 513.
²¹⁷ Übersicht zu neueren Rechtshilfeübereinkommen in Strafsachen im Rahmen der EU bei *Schomburg* NJW 1999, 540.
²¹⁸ Vgl. §§ 59, 74 IRG, Rn. 83.
²¹⁹ Vgl. *BGH* NJW 1972, 1015; *EGMR* NJW 1985, 1273.
²²⁰ Dazu *Vogeler* NJW 1983, 2614.
²²¹ Zum Rechtsweg *BVerwG* NJW 1991, 649.
²²² S. *Albers* in Baumbach u. a. Anh § 168 GVG Rn. 3.
²²³ *BVerwG* NJW 1984, 574.
²²⁴ Dazu *Albers* in Baumbach u. a. Anh I § 168 GVG.
²²⁵ BGBl I S. 485; dazu *Trautwein* NJW 1995, 1658.
²²⁶ BGBl 2000 II S. 1393; zu den Bemühungen um einen ständigen Internationalen Strafgerichtshof *Ambos* ZRP 1996, 263; *Roggemann* ZRP 1996, 388; *Kinkel* NJW 1997, 2860.

§ 2 Ausnahmen vom Anwendungsbereich   90–94 § 2

c) Ausgenommen nach Nr. 2 sind schließlich – unbeschadet des § 80 Abs. 4 (s. § 80 **90**
Rn. 103) – Maßnahmen des **Richterdienstrechts,** das im DRiG und, für die Richter im Landesdienst, in den Landesrichtergesetzen geregelt ist. Für das Dienstrecht der Staatsanwälte wie der übrigen beamteten Rechtspflegeorgane bleiben die Beamtengesetze maßgebend, neben die – subsidiär (§ 1) – das VwVfG tritt. Damit gilt das VwVfG auch für das **Disziplinarrecht.**[227] Maßnahmen, die das Richterdienstrecht betreffen, unterliegen zum Schutz richterlicher Unabhängigkeit häufig der Nachprüfung durch die Richterdienstgerichte (§ 62 DRiG), zum Teil ist der Rechtsweg zu den Verwaltungsgerichten gegeben.[228] Zum Richterwahlausschuss s. § 1 Rn. 185. Da die Abgrenzung nach dem Rechtsweg zu Schwierigkeiten und Ungereimtheiten führen würde (Begründung zu § 2 Entwurf 73), sind sie ganz aus dem Anwendungsbereich des VwVfG ausgenommen worden. Dies schließt aber die Anwendung **allgemeiner Verfahrensgrundsätze,** auch soweit sie im VwVfG ihren Niederschlag gefunden haben, nicht aus.[229]

3. Patentverfahren (Abs. 2 Nr. 3)

Art. 14 des 2. PatÄndG vom 16. 7. 1998 hat in Abs. 2 Nr. 3 die Bezeichnung „Deutsches Patent- **91**
amt" in „Deutsches Patent- und Markenamt" geändert.[230] Nach Abs. 2 Nr. 3 vom Anwendungsbereich ausgenommen sind **Verfahren vor dem Deutschen Patent- und Markenamt** und den bei diesem errichteten **Schiedsstellen.**[231] Auf Verfahren vor dem **Europäischen Patentamt** ist das VwVfG schon deshalb nicht anwendbar, weil es sich nicht um eine deutsche Behörde handelt (§ 1 Rn. 236ff.). Die Ausnahme in Nr. 3 erfolgte, weil das Verfahren vor dem Patentamt in einer eigenständigen, vom allgemeinen VwVf erheblich abweichenden, weitgehend justizmäßigen Form (z. B. Entscheidung durch Spruchkörper) geregelt ist und einen klar umgrenzten, mit anderen Sachgebieten nicht vergleichbaren Bereich der justizähnlichen Verwaltungstätigkeit betrifft. Das Deutsche Patent- und Markenamt ist zwar Verwaltungsbehörde und nicht Gericht[232] und deshalb sind die dortigen Verfahren auch VwVf im weiteren Sinne, sie zielen aber mehr auf zivilrechtliche Wirkungen durch die Patenterteilung oder -versagung, nicht aber auf einen VA i. S. d. § 35 (vgl. §§ 1 ff., 35 ff. PatG). So hat das Patent- und Markenrecht einen eigenständigen Begriff der Nichtigkeit entwickelt; danach entspricht die auf Antrag oder Klage erfolgende Löschung wegen Nichtigkeit eher einer Vernichtung (§ 22 PatentG, § 52 Abs. 2 MarkenG).[233]

Zum Patentverfahren mit der Folge des Ausschlusses des VwVfG und der alleinigen Geltung **92**
des Sonderrechts zählen auch die **Gebrauchsmusterverfahren** nach dem Gebrauchsmustergesetz mit nachfolgenden Änderungen und die **Warenzeichenschutzverfahren** des Warenzeichengesetzes.[234]

Nicht zu den Patentverfahren „vor dem Patent- und Markenamt" gehört die Tätigkeit des **93**
Deutschen Patent- und Markenamts, soweit es nicht in speziellen Verfahren nach den genannten Gesetzen, sondern als allgemeine Verwaltungsbehörde tätig wird, etwa in Angelegenheiten ihres Personals.[235] Hier gilt das VwVfG unter den Voraussetzungen der §§ 1, 2.

4. Verfahren nach dem Sozialgesetzbuch (Abs. 2 Nr. 4)

a) Durch die frühere und jetzige Fassung des Abs. 2 Nr. 4 (Rn. 97) ist die sog. **Drei-Säulen-** **94**
Theorie verwirklicht, nämlich die Aufteilung des Verwaltungsverfahrensrechts zwischen VwVfG für die allgemeine Verwaltung, AO für die Abgabenverwaltung[236] und SGB X für die

---

[227] *BVerwG* NVwZ-RR 1990, 424; Rn. 22; § 1 Rn. 234.
[228] S. *BVerwGE* 67, 222 = NJW 1983, 2589.
[229] *BGHZ* 90, 328 = NJW 1984, 2533; s. aber § 1 Rn. 157, 203.
[230] BGBl I S. 1827, Inkrafttreten 1. 11. 1998. Folgeänderung zur Umbenennung dieser Bundesoberbehörde durch Art. 1 dieses Gesetzes.
[231] Schiedsstellen sind errichtet durch § 14 i. V. m. § 18 Abs. 1 Gesetz über die Wahrnehmung von Urheberrechten und verwandten Schutzrechten vom 9. 9. 1965 (BGBl I S. 1294) und die VO über die Schiedsstelle für Urheberrechtsstreitfälle vom 20. 12. 1985 (BGBl I S. 2543).
[232] Vgl. *BVerwGE* 8, 350 = NJW 1959, 1507.
[233] Vgl. *BPatG* GRUR 1999, 932.
[234] Vgl. ebenso *Kopp/Ramsauer* § 2 Rn. 27; *Hoffmann* in Obermayer, § 2 Rn. 30; *Meyer* in Knack § 2 Rn. 33.
[235] Ebenso *Kopp/Ramsauer* § 2 Rn. 27; *Meyer/Borgs* § 2 Rn. 11.
[236] Zu zahlreichen Zweifelsfragen vgl. hierzu die Kommentare zur AO von *Klein*, 8. Aufl., 2003; *Tipke/Kruse* (Lose-Blatt).

Sozialverwaltung (Einl Rn. 50 ff.). Abs. 2 Nr. 4 a. F. war dem Grunde und Inhalt nach im Gesetzgebungsverfahren[237] umstritten, weil die durch „**soziale Erwägungen bedingten Besonderheiten dieser Sachgebiete**" bei den eher förmlichen Vorschriften[238] bezweifelt worden waren: Der BT-Rechtsausschuss hatte sich für eine Streichung der Nummer 4 ausgesprochen, da nach seiner Auffassung die Besonderheiten des Sozialbereichs einen eigenen verwaltungsverfahrensrechtlichen Teil des SGB nicht rechtfertigen; der BT-Innenausschuss und das Plenum sind dem jedoch nicht gefolgt[239] und haben den Weg zur Realisierung der 3-Säulen-Theorie freigemacht (Rn. 1 ff.).

95 Im Gesetzgebungsverfahren sind die Vorschriften von **VwVfG, AO und SGB X soweit wie möglich harmonisiert** worden. Eine Reihe bedeutsamer Unterschiede zwischen den 3 Gesetzen sind wegen der jeweiligen Besonderheiten dieser unterschiedlichen Sachgebiete geblieben. Das SGB enthält insbesondere bei der Rücknahme und dem Widerruf von VAen (§§ 44 ff. SGB X) und beim ör Vertr (§§ 53 ff. SGB X) bürgerfreundlichere Regelungen als das VwVfG. Das erreichte Rechtsgefälle zwischen Sozialverfahrensrecht und VwVfG entspricht den unterschiedlichen Gegebenheiten und Bedürfnissen beider Bereiche.

96 Soweit VwVfG, AO und SGB X **gleich lautende Regelungen** enthalten, wird Rechtsprechung und Literatur zu allen Vorschriften aus allen Bereichen zur Auslegung einer Norm heranzuziehen sein. Bei **Lücken oder Abweichungen** kann auf die anderen Verfahrensordnungen nicht rekurriert werden, weil alle 3 Gesetze in sich abgeschlossene Regelungen enthalten und insoweit durch fehlende oder abweichende Vorschriften gegenüber anderen Verfahrensgesetzen nicht ergänzungs- oder korrekturfähig und -bedürftig sind (s. ferner Einl Rn. 59). Dies schließt nicht aus, Regelungen, die einen **allgemeinen Rechtsgrundsatz** enthalten, als solchen zu übernehmen (vgl. auch § 1 Rn. 283 ff.).

b) Im Einzelnen ergibt sich für die Abgrenzung der Anwendungsbereiche zwischen SGB und VwVfG nach Abs. 2 Nr. 4 a. F. und n. F. folgendes:

97 **aa)** § 2 Abs. 2 Nr. 4 in der **alten,** bis 20. 5. 1996 geltenden **Fassung** lautete:
„*Dieses Gesetz gilt ferner nicht für ...*
4. die in § 51 des Sozialgerichtsgesetzes bezeichneten Angelegenheiten sowie das Recht der Ausbildungsförderung, das Schwerbeschädigtenrecht, das Wohngeldrecht und das Recht der Sozialhilfe, der Jugendhilfe und der Kriegsopferfürsorge."
Die Fassung von Abs. 2 Nr. 4 a. F. erklärte sich daraus, dass bereits während der Vorarbeiten für das VwVfG des Bundes die Absicht bestand, ein eigenständiges Sozialverfahrensrecht zu schaffen, dem die in Nr. 4 a. F. aufgeführten Rechtsgebiete zugeordnet werden sollten. In Art. II § 1 SGB I vom 11. 12. 1975[240] waren sodann aber nicht die in Abs. 2 Nr. 4 a. F. genannten Materien aufgeführt worden, sondern ursprünglich 18 einzelne Sozialgesetze, die sich mit Nr. 4 a. F. inhaltlich nicht deckten. Durch die alte Fassung entstanden damit Bereiche, für die weder das VwVfG noch das SGB X zur Anwendung kam.[241]

98 **bb)** Diese Lücke wurde mit der durch das Gesetz zur Änderung verwaltungsverfahrensrechtlicher Vorschriften vom 2. 5. 1996[242] auf Vorschlag des BRats[243] eingefügten **neuen Fassung der Nr. 4** geschlossen. **Verfahren nach dem Sozialgesetzbuch,** auf die das VwVfG keine Anwendung findet, betreffen die bereits als **eigene Bücher in das SGB eingeordneten Gesetze** (SGB II – Grundsicherung für Arbeitsuchende, SGB III – Arbeitsförderung, SGB IV – Gemeinsame Vorschriften für die Sozialversicherung, SGB V – Gesetzliche Krankenversicherung, SGB VI – Gesetzliche Rentenversicherung, SGB VII – Gesetzliche Unfallversicherung, SGB VIII – Kinder- und Jugendhilfe, SGB IX – Rehabilitation und Teilhabe behinderter Menschen,– SGB X – Sozialverwaltungsverfahren und Sozialdatenschutz, SGB XI – Soziale Pflegeversicherung, SGB XII – Sozialhilfe) sowie die **in § 68 SGB I aufgeführten Gesetze,** die bis zu ihrer Einordnung in das

---

[237] Zur Entstehungsgeschichte vgl. § 2 vor Rn. 1.
[238] Vgl. Begründung RegE BT-Drs 7/910, S. 33.
[239] Vgl. Bericht BT-Innenausschuss zu § 2.
[240] BGBl I S. 3015.
[241] Vgl. die Stellungnahme des BRats, BT-Drs 13/1354, S. 10.
[242] BGBl I S. 656.
[243] Vgl. BT-Drs 13/1354 zu Art. 1 vor Nr. 1, S. 10, 13; bereits vorher BT-Drs 10/5343, BR-Drs 652/91 – Beschluss – und BT-Drs 12/2297.

§ 2 Ausnahmen vom Anwendungsbereich

SGB als besondere Teile gelten: Bundesausbildungsförderungsgesetz, Reichsversicherungsordnung, Gesetz über die Alterssicherung der Landwirte, Gesetz über die Krankenversicherung der Landwirte, Zweites Gesetz über die Krankenversicherung der Landwirte, Bundesversorgungsgesetz (auch soweit andere Gesetze die entsprechende Anwendung der Leistungsvorschriften des Bundesversorgungsgesetzes vorsehen), Gesetz über das Verwaltungsverfahren der Kriegsopferversorgung, Bundeskindergeldgesetz, Wohngeldgesetz, Adoptionsvermittlungsgesetz, Unterhaltsvorschussgesetz, der Erste Abschnitt des Bundeserziehungsgeldgesetzes, Altersteilzeitgesetz und Gesetz zur Hilfe für Frauen bei Schwangerschaftsabbrüchen in besonderen Fällen.

Das VwVfG bleibt in Sozialverfahren anwendbar, wenn nicht auf Grund von Bundes- oder Landesrecht die Verfahrensvorschriften des SGB gelten oder für anwendbar erklärt werden.[244] Besteht eine solche ausdrückliche Anwendbarkeitserklärung für Verfahren nach dem SGB nicht, so bleibt bei ör Verwaltungstätigkeit das VwVfG anwendbar; ihm kommt insoweit eine Art **Auffangzuständigkeit** zu.

5. Lastenausgleichsrecht (Abs. 2 Nr. 5)

Nach Nr. 5 ist vom Anwendungsbereich des VwVfG ausgenommen das **Recht des Lastenausgleichs**. Der Begriff „Recht des Lastenausgleichs" umfasst alle Gesetze, die von der Ausgleichsverwaltung auf Grund des Artikels 120a GG durchgeführt werden.[245] Zu den Lastenausgleichsgesetzen gehören außer dem LAG als Kerngesetz: Feststellungsgesetz (FG), Gesetz über einen Währungsausgleich für Sparguthaben Vertriebener (WAG), Altsparergesetz (ASpG), Allgemeines Kriegsfolgengesetz (AKG), Beweissicherungs- und Feststellungsgesetz (BFG), Flüchtlingshilfegesetz (FlüHG) und Reparationsschädengesetz (RepG).[246] Dieses Rechtsgebiet weist wegen des früheren massenhaften Anfalls von Anträgen bestimmte Besonderheiten auf, zu denen materielle Eigenheiten (wie z.B. die Erteilung von Bescheiden durch Geldinstitute), aber auch eigene verwaltungsverfahrensrechtliche Regelungen gehören. Grundsätzliche Probleme wirft zudem die Tatsache auf, dass der Präsident des Bundesausgleichsamt gesetzlich zum Erlass von Verwaltungsvorschriften mit inhaltlich rechtsgestaltender Natur ermächtigt ist. Eine unter diesem Umständen sehr schwierige Umstellung auf das VwVfG erschien dem Gesetzgeber in den Jahren bis 1976 nicht gerechtfertigt angesichts der Tatsache, dass die Ausgleichsverwaltung aus damaliger Sicht den Großteil ihrer Aufgaben bereits abgewickelt hatte, die Zahl der Ausgleichsämter und der Bediensteten bereits zurückgegangen war und angenommen wurde, dass ein derartiger Anpassungsprozess den verbliebenen Apparat stark belasten würde. **Kein Bestandteil** des Lastenausgleichs sind die **Begleit- und Folgegesetze zum Einigungsvertrag**, z.B. VermG und EALG.[247]

Nach Auffassung des *BVerwG*[248] bedeutet die Ausschlussklausel des § 2 Abs. 2 Nr. 5, dass die **Verweisung auf Grundsätze des allgemeinen Verwaltungsrechts** in Einzelvorschriften des Lastenausgleichsrechts (etwa §§ 290 Abs. 1 Satz 1, 335a Abs. 2, 350a Abs. 1 LAG) allein eine **statische Verweisung** zum Inhalt hat. Damit ist nach grundsätzlich auch eine entsprechende Anwendung jedenfalls solcher Vorschriften des VwVfG ausgeschlossen, durch die Grundsätze des allgemeinen Verwaltungsrechts gesetzlich neu bestimmt worden sind. Für unanwendbar jedenfalls zum gegenwärtigen Zeitpunkt werden daher z.B. § 48 Abs. 2 und 4 VwVfG gehalten.[249] Stattdessen kommen nach dieser Rechtsprechung des *BVerwG* die Grundsätze des allgemeinen Verwaltungsrechts nur mit dem Inhalt zur Anwendung, wie sie **im Zeitpunkt des Inkrafttreten des VwVfG** allgemein (von der Rechtsprechung) anerkannt worden waren und seither anerkannt sind.[250] Nach *BVerwG*, Beschl. vom 17. 2. 1986[251] besteht deshalb im Lastenausgleichsrecht kein Rechtssatz, dass ein rechtswidriger begünstigender VA schon deshalb nicht

---

[244] Vgl. die Begründung des BRats, BT-Drs 13/1354, S. 10.
[245] BT-Drs 7/910, Begr. S. 34; *BVerwG* Buchholz 316 § 48 VwVfG Nr. 40.
[246] Vgl. die umfassende Darstellung wichtiger Fragen des Rechtsgebietes bei *Schaefer*, FG BVerwG, S. 551 ff.
[247] *Schaefer* in von Münch/Kunig Art. 120a Rn. 28; *Siekmann* in Sachs, GG, Art. 120a Rn. 7.
[248] *BVerwG* Buchholz 427.3 § 360 LAG Nr. 58.
[249] *BVerwG* Urt. vom 17. 1. 1985, MittBlBAA 1985, 110 und Urt. vom 9. 5. 1985; *BVerwGE* 71, 261, 263 = NVwZ 1986, 913.
[250] Vgl. *BVerwGE* 71, 261 = NVwZ 1986, 913.
[251] – 3 B 99.85 – Buchholz 427.3 § 261 LAG Nr. 51.

mehr zum Nachteil des Begünstigten geändert werden darf, weil dieser im berechtigten Vertrauen auf die vermeintliche Rechtmäßigkeit des VA die auf dessen Grundlage erhaltene Geldleistung verbraucht hat und das Erlangte nicht mehr vorhanden ist. Ein Recht auf Vertrauensschutz, das der Rücknahme eines eine Geldleistung bewilligenden VA und der Rückforderung der bereits ausgezahlten Geldleistung entgegensteht, setzt nach *BVerwG* vom 9. 5. 1985[252] voraus, dass dem Begünstigten die Rückzahlung nach seinen Einkommens- und Vermögensverhältnissen sowie sonstigen Lebensverhältnissen nicht zuzumuten ist. *BVerwG*, Beschl. vom 30. 5. 1988,[253] bezieht sich dementsprechend nicht unmittelbar auf § 48 Abs. 2 Satz 3 Nr. 2 VwVfG, sondern auf eine parallele frühere Rechtsprechung. Auch bei der Frage nach den Voraussetzungen für einen Anspruch auf Wiederaufgreifen eines bestandskräftig abgeschlossenen Verfahrens wird in *BVerwG*, Beschl. vom 12. 10. 1988,[254] nicht auf § 51 VwVfG zurückgegriffen, sondern auf einen (damaligen) Zustand nach der Rechtsprechung. Ähnlich *BVerwG*, Urt. vom 12. 3. 1987:[255] Unanwendbarkeit des § 48 Abs. 2 und 4 auf LAG-Verfahren, insbesondere auch des § 48 Abs. 2 Satz 6 – Berufung auf den Wegfall der Bereicherung. Ein zeitweise wichtiger Teilbereich ör Verwaltungstätigkeit nimmt hiernach an der zwischenzeitlichen Fortentwicklung des allgemeinen Verwaltungs(verfahrens)rechts bedauerlicherweise nicht oder nur bedingt teil. Nach *BVerwG*, Urt. vom 18. 4. 1985[256] bezieht sich der Ausschluss durch § 2 Abs. 2 Nr. 5 wohl auf den 4., nicht aber auf den 6. Teil des Allgemeinen Kriegsfolgengesetzes. Zur Problematik einer Lückenschließung vgl. § 1 Rn. 206 ff.

6. Wiedergutmachungsrecht (Abs. 2 Nr. 6)

102 a) Ausgenommen ist schließlich durch Nr. 6 das Gebiet des **Rechts der Wiedergutmachung**. Es umfasst folgende Gesetze: Bundesrückerstattungsgesetz, Bundesentschädigungsgesetz, Bundesgesetz zur Wiedergutmachung nationalsozialistischen Unrechts in der Kriegsopferversorgung, Bundesgesetz zur Wiedergutmachung nationalsozialistischen Unrechts in der Kriegsopferversorgung für Berechtigte im Ausland, Gesetz zur Regelung der Wiedergutmachung nationalsozialistischen Unrechts in der Sozialversicherung, Gesetz zur Regelung der Wiedergutmachung nationalsozialistischen Unrechts für Angehörige des öffentlichen Dienstes und Gesetz zur Regelung der Wiedergutmachung nationalsozialistischen Unrechts für die im Ausland lebenden Angehörigen des öffentlichen Dienstes.

103 Zum Recht der Wiedergutmachung im Sinne der Nr. 6 gehört auch eine Reihe gesetzlich nicht geregelter Härteausgleichsrichtlinien zur Wiedergutmachung, die lediglich auf einem Kabinettbeschluss und einer Haushaltsermächtigung beruhen und durch Verwaltungsvorschriften näher konkretisiert sind (sogenannte „Härtefonds"). Ein Teil der genannten Gesetze fällt zugleich unter die Ausnahme nach Abs. 2 Nr. 4. Schon unter dem Gesichtspunkt des einheitlichen Verfahrensrechts für das gesamte Rechtsgebiet schien es der Bundesregierung geboten, auch die restlichen Gesetze für eine Ausnahmeregelung vorzuschlagen.[257] Im Übrigen gelten für das Gebiet der Wiedergutmachung ähnliche Gesichtspunkte wie für das Gebiet des Lastenausgleichs (Rn. 100 ff.). Auch hier handelt es sich aus damaliger Sicht um **auslaufendes Recht.** Es kommt noch hinzu, dass ein großer Teil der Wiedergutmachungsberechtigten im Ausland lebt. Die ausländischen Antragsteller und deren Rechtsvertreter kennen – so wurde damals angenommen – das geltende Wiedergutmachungsrecht und die dazu ergangene höchstrichterliche Rechtsprechung. Ihnen sollte nicht zugemutet werden, sich für die Endphase der Abwicklung noch in ein ihnen unbekanntes und möglicherweise schwer zugängliches neues Verfahrensrecht einzuarbeiten.[258] Der Gesetzgeber hat sich diesem Standpunkt der Bundesregierung angeschlossen.

104 b) Die Ausnahmeregelung des Abs. 2 Nr. 6 bewirkt – wie die nach Nr. 5 – eine **statische Verweisung;** für einen Rückgriff auf die im Zeitpunkt des Inkrafttretens des VwVfG anerkannten ungeschriebenen Rechtsgrundsätze des allgemeinen Verwaltungsrechts bei Fehlen spezieller

---

[252] Buchholz 427.3 § 335 a LAG Nr. 76.
[253] Buchholz 427.3 § 335 a LAG Nr. 84.
[254] Buchholz 427.2 § 13 FG Nr. 99.
[255] Buchholz 427.3 § 288 LAG Nr. 8.
[256] – 3 C 2.84 – Buchholz 316 § 48 VwVfG Nr. 40.
[257] Vgl. Begr. zu § 2 Entwurf 73.
[258] Vgl. Begr. zu § 2 Entwurf 73.

§ 2 Ausnahmen vom Anwendungsbereich

verfahrensrechtlicher Regelungen im Wiedergutmachungsrecht – im Ergebnis also die Erkenntnisse der damaligen Rechtsprechung – gelten die gleichen Erwägungen wie beim Lastenausgleichsrecht (Rn. 100, 101). Demnach werden entsprechend der Rechtsprechung des *BVerwG* **Lücken** in der Regel nicht unmittelbar durch die Vorschriften des VwVfG als Ausdruck allgemeiner Rechtsgrundsätze zu schließen sein, sondern (allein) durch die bei Inkrafttreten des VwVfG allgemein anerkannten und seither anerkannten Grundsätze des allgemeinen Verwaltungsrechts. Ob diese im Ergebnis problematische Festschreibung und „**Versteinerung**" eines früheren Rechtszustandes durch die Rechtsprechung wirklich zwingend ist, erscheint zweifelhaft. Sie kann offenbar kaum durch richterliche Rechtsfortbildung geändert, sondern nur vom Gesetzgeber bereinigt werden.

IV. Tätigkeitsbereiche mit beschränkter Anwendung (Abs. 3)

Im Gegensatz zu Absatz 2 (Rn. 52) sind in Absatz 3 diejenigen Tätigkeitsbereiche zusammengefasst, in denen das Gesetz mit Einschränkungen anwendbar ist, sei es, dass es für Teilbereiche nicht gilt (Nr. 1, 3 und 4), sei es, dass nur bestimmte Vorschriften des Gesetzes anwendbar sind (Nr. 2).

1. Gerichts- und Justizverwaltung (Abs. 3 Nr. 1)

a) Nach **Nr. 1** gilt das Gesetz für die Tätigkeit der **Gerichtsverwaltungen** und der **Behörden der Justizverwaltung** einschließlich der ihrer Aufsicht unterliegenden Körperschaften des öffentlichen Rechts nur, soweit die Tätigkeit der Nachprüfung in Verfahren vor den Gerichten der **Verwaltungsgerichtsbarkeit** unterliegt.[259] Die Regelung knüpft an § 179 VwGO an. Durch diese Vorschrift ist im Hinblick auf die Besonderheiten der Justizverwaltung die Mehrzahl ihrer VAe durch Änderung der §§ 23 ff. EGGVG einer Prüfung durch die ordentlichen Gerichte unterworfen worden. Für diese Maßnahmen hat sich der Begriff **Justizverwaltungsakt** eingebürgert.[260]

Die Schaffung dieser Rechtswegklausel ist insofern sinnvoll, als es schwer gewesen wäre, innerhalb der Vielzahl der von § 23 EGGVG erfassten Justizverwaltungsakte solche auszuwählen, auf deren Erlass der Sache nach das Gesetz anwendbar sein sollte, und solche, bei denen dies nicht wünschenswert wäre.[261] Im Übrigen entspricht die Rechtswegklausel dem auch sonst in § 2 verfolgten Prinzip des Einklangs von Verfahrensrecht und Gerichtsverfahrensrecht (s. aber Einl Rn. 20, 51). Die Klausel ist aber insofern problematisch, als in Fällen, in denen die gerichtliche Zuständigkeit unklar ist, auch Unklarheit über das anzuwendende Verfahrensrecht besteht.[262] Aufgrund der Rechtsprechung des *BVerwG* zum funktionellen Behördenbegriff in § 23 EGGVG (Rn. 111) ist die Zahl der Abgrenzungsstreitfälle jedoch deutlich gesunken.

b) Damit gilt das Gesetz in erster Linie (vgl. Rn. 120) nicht für den Erlass von **Justizverwaltungsakten i. S. d. § 23 EGGVG**. Sie sind keine Maßnahmen der Rechtsprechung, keine Justizakte, gehören der Sache nach aber zur Rechtspflege, sind damit nicht dem Aufgabenbereich der Verwaltung zugeordnet (§ 1 Rn. 201). Ein Teil dieser Maßnahmen wird zugleich von § 2 Abs. 2 Nr. 2 erfasst (Rn. 74, 76).

§ 23 EGGVG sieht für die Justizverwaltungsakte ein **besonderes Anfechtungsverfahren** vor den ordentlichen Gerichten vor, das auch für **schlichtes Verwaltungshandeln** gilt.[263] So für Bauten zur Durchführung eines Prozesses;[264] Zuweisung eines Sitzungssaales;[265] für Einsicht in staatsanwaltliche Ermittlungsakten;[266] für Presseerklärungen der Staatsanwaltschaft[267] und für

---

[259] *Stelkens* in Schoch u. a. § 38 Rn. 8 f.; Rn. 117, 120.
[260] S. auch *Ehlers* in Schoch u. a. § 40 Rn. 593.
[261] Kritisch dazu *Kopp/Ramsauer* § 2 Rn. 33.
[262] S. auch Rn. 112.
[263] *OVG Münster* NJW 1977, 1790; *VGH Kassel* VerwRspr 28 (1977), 1009. Siehe auch Beispiele bei *Böttcher, Grote* NJW 1974, 1647.
[264] *VG Stuttgart* NJW 1975, 1294.
[265] *OLG Hamburg* NJW 1979, 279.
[266] *OLG Celle* NJW 1992, 253; hierzu auch *BVerfG* NJW 1994, 3219; *OLG Hamburg* NJW 1997, 3255.
[267] *BGH* NJW 1994, 1950. Ebenso für Presseauskunft oder Einsicht in Ermittlungsakten durch Pressevertreter *OVG Münster* NJW 2001, 3803; a. A. *VG Berlin* NJW 2001, 3799.

Presseerklärungen der Polizei zu anhängigen staatsanwaltlichen Ermittlungsverfahren;[268] nicht aber Mitteilung eines Richters über anhängige Zivilklage gegen einen Notar an Präsidenten des LG als Aufsichtsbehörde;[269] Verwaltungsrechtsweg aber für Presseerklärung der Staatsanwaltschaft zu abgeschlossenen Ermittlungsverfahren.[270] Wegen eines **Vorverfahrens** s. BVerfGE 40, 237 = NJW 1976, 34, § 24 Abs. 2 EGGVG. Die Bewilligung von Reiseentschädigung an eine mittellose Prozesspartei ist Akt der Rechtsprechung, nicht Justizverwaltungsakt.[271] Funktionell zur Rechtspflege gehört auch die Versendung von Fragebögen durch die Staatsanwaltschaft an Zeugen zur Sachverhaltsaufklärung im Ermittlungsverfahren.[272] Ehrverletzende Passagen[273] in der Begründung einer gerichtlichen Entscheidung sind als Äußerungen in Ausübung richterlicher Tätigkeit nur nach der für die jeweilige Gerichtsbarkeit geltenden Verfahrensordnung angreifbar.[274]

110 In Zivilsachen sind Justizverwaltungsakte Angelegenheiten nach § 1309 Abs. 2 BGB;[275] Gewährung der Akteneinsicht an Dritte (§ 299 Abs. 2 ZPO); Ablehnung eines Amtshilfeersuchens auf Akteneinsicht.[276] Keine Justizverwaltungsakte sind demgegenüber VwVf nach Art. 7 § 1 FamRÄndG;[277] Hinterlegungsgeschäfte nach der Hinterlegungsordnung; Verwaltungsgeschäfte nach der Stiftungsaufsicht.[278]

111 **Justizbehörden**, die Justizverwaltungsakte erlassen, sind nicht nur die organisatorisch mit der Rechtspflege betrauten Behörden. Vielmehr ist auch in § 23 EGGVG der **Behördenbegriff funktionell** zu verstehen, so dass auch Hilfsbeamte der Staatsanwaltschaft (§ 152 GVG; Rn. 76f.) als Justizbehörden tätig werden können.[279] Maßgebend für die Abgrenzung ist, ob die in Rede stehende Amtshandlung in Wahrnehmung einer Aufgabe vorgenommen wird, die der Behörde als ihre **spezifische Aufgabe** zugewiesen ist.[280] Deshalb keine Maßnahme der Strafrechtspflege, sondern Verwaltungstätigkeit bei **Sperrerklärung** des Innenministers nach § 96 StPO über die Vorlage von Kriminalakten oder die Identität eines Zeugen;[281] desgleichen die Verweigerung der Namensnennung eines V-Mannes;[282] Maßnahme nach § 23 EGGVG ist die Sperrerklärung des Justizministers hinsichtlich einer von der Anklagebehörde im Rahmen der Strafrechtspflege geführten Akte,[283] ebenso Auskunftsverlangen der Steuerfahndung, das nach Einleitung eines Steuerstrafverfahrens und unter Hinweis darauf an einen Dritten gerichtet wird.[284] Der Streit über die Aussagegenehmigung eines Beamten ist dagegen ein verwaltungsrechtlicher.[285] Die Weigerung des Gerichts, einem parlamentarischen Untersuchungsausschuss während des laufenden Strafverfahrens Einsicht in die Akten zu gewähren oder diese zu übersenden, stellt nicht Justizverwaltungsakt, sondern Akt der Rechtspflege dar.[286] Verwaltungstätig-

---

[268] OLG Karlsruhe NJW 1995, 899.
[269] A. A. OLG Dresden NJW 2000, 1503, das Justizverwaltungsakt annimmt, um Rechtsschutz im Hinblick auf informationelle Selbstbestimmung gewähren zu können, dann aber – zutreffend – wegen innerbehördlichen Charakters der Wissensmitteilung Klagebefugnis verneint.
[270] S. BVerwG NJW 1989, 412; NJW 1992, 62; kritisch hierzu Ehlers in Schoch u. a. § 40 Rn. 600.
[271] BGHZ 64, 139 = NJW 1975, 1124.
[272] OLG Frankfurt/M. NStZ-RR 2005, 13.
[273] Hierzu auch § 1 Rn. 109f., 146.
[274] VGH München NJW 1995, 2940.
[275] Versagung der Befreiung von der Beibringung eines Ehefähigkeitszeugnisses, BGHZ 41, 136, 138f. = NJW 1964, 976.
[276] OLG Celle NJW 1990, 1802.
[277] Anerkennung ausländischer Scheidungsurteile, BayObLG StAZ 2000, 76 = NJWE-FER 2000, 64.
[278] Beispiele der Begr. zu § 79 Musterentwurf; s. aber OLG Koblenz MDR 1976, 234 zur Hinterlegung und KG NJW 1981, 1220 zur Stiftung.
[279] BVerwGE 47, 255 = NJW 1975, 893; 49, 221, 225 = NJW 1976, 305, 306; 69, 192 = NJW 1984, 2233; ferner BGHSt 44, 107 = NJW 1998, 3577.
[280] Zur Zweckbestimmung polizeilicher Informationsverarbeitung Peitsch ZRP 1990, 384.
[281] BVerwGE 69, 192 = NJW 1984, 2233; bestätigt BVerwGE 75, 1 = NJW 1987, 202, gegen VGH Kassel NJW 1984, 1253; wie BVerwG VGH Mannheim NVwZ 1991, 895; jetzt auch BGHSt 44, 107 = NJW 1998, 3577; anders dagegen noch nach § 23 EGGVG OVG Lüneburg NJW 1984, 940; OLG Hamm MDR 1986, 163; OLG Stuttgart MDR 1986, 690; OLG Celle NJW 1991, 856.
[282] A.A. OLG Stuttgart NJW 1985, 77; 1991, 1071; s. zum Begriff V-Person § 1 Rn. 265, ferner § 26 Rn. 77.
[283] OVG Münster NJW 1977, 1790; s. auch Rn. 74.
[284] S. BFHE 138, 164 = NJW 1983, 2720.
[285] BVerwGE 66, 39 = NJW 1983, 638 m. Bespr. Hantel JuS 1984, 516; Ehlers in Schoch u. a. § 40 Rn. 609.
[286] OLG Köln NJW 1985, 336; OLG Stuttgart NJW 1996, 1908.

keit Herausgabe von Ermittlungsakten der Staatsanwaltschaft an einen Untersuchungsausschuss, s. § 1 Rn. 176. Ebenso Tätigkeit der Auslandsvertretung (dazu aber Rn. 140) im Zusammenhang mit einem Einlieferungsersuchen.[287] Die Auswahlentscheidung zur Person des Insolvenzverwalters ist Akt der Rechtspflege.[288]

§ 23 EGGVG greift nicht bei **präventiv-polizeilichen Maßnahmen** ein.[289] Ob die Maßnahme der Strafverfolgung oder dem sonstigen Aufgabengebiet der Polizei **zuzurechnen** ist, entscheidet sich danach, wie sich der im Allgemeinen einheitlich zu betrachtende Lebenssachverhalt einem verständigen Bürger in der Lage des Betroffenen bei natürlicher Betrachtungsweise darstellt: „Schwergewichtstheorie".[290] Im Einzelfall kann es erhebliche Abgrenzungsprobleme geben,[291] zur Videoüberwachung,[292] zu Polizeieinsatz bei Fehlalarm einer Alarmanlage,[293] zu Bild- und Tonaufnahmen auf Grund des § 12a VersG;[294] die daraus resultierende unübersichtliche Rechtswegzuweisung ist verfassungsrechtlich bedenklich.[295] 112

In Anlehnung an § 8 Abs. 2 Musterentwurf eines einheitlichen Polizeigesetzes treten neben strafprozessuale Befugnisse ggfs. ergänzende verwaltungsrechtliche Regeln, insbesondere über die Vollstreckung nach den PolG.[296] Soweit diese Befugnisse angewandt werden, muss auch das dieses Recht ergänzende VwVfG angewandt werden. Deshalb verliert die Unterscheidung mit der Neuregelung des § 17 Abs. 2 S. 1 GVG nicht an Bedeutung;[297] diese Konsequenzen für den Rechtsweg berühren nicht die Fragen der Anwendung des VwVfG. Unerheblich für die Anwendung des VwVfG ist, ob einzelne präventiv-polizeiliche Maßnahmen speziellgesetzlich durch die Amtsgerichte überprüft werden.[298] 113

Soweit **erkennungsdienstliche Maßnahmen** der Polizeibehörden auf Grund von § 81b StPO streitig sind, sind sie Justizverwaltungsmaßnahmen, wenn sie der **Strafverfolgung** (Rn. 80, 111) dienen,[299] andernfalls gehören sie zum Aufgabenbereich der **(Polizei-)Verwaltung**.[300] Zum Auskunftsanspruch *BVerwGE* 84, 375; *BVerwG* NJW 1990, 2765, dazu *Simitis/Fuckner* NJW 1990, 2713; *VGH München* NVwZ-RR 1992, 72; § 25 Rn. 13. Zum Löschungsanspruch von Eintragungen in die Zentrale Namenskartei der StA *OLG Frankfurt* NJW 1989, 47. 114

Die präventiven Maßnahmen im Rahmen sog. moderner **operativer Kriminalstrategie** (Informationsbeschaffung durch Bewegungsbilder, Rasterfahndung, Datenabgleich) verändern die Grenze zwischen vom Einzelfall bestimmter Strafverfolgung und konkreter Gefahrenabwehr.[301] Nach den herkömmlichen Unterscheidungsmerkmalen sind sie den klassischen Aufgabengebieten schwer zuordbar.[302] Im Zusammenhang mit den Überlegungen über die polizeiliche Datenerhebung[303] und die informationelle Zusammenarbeit zwischen Staatsanwaltschaft, 115

---

[287] *OVG Münster* NJW 1989, 2209; Rn. 83.
[288] *OLG Hamm* NJW 2005, 834; *OLG Celle* NJW 2005, 2405; a.A. *OLG Koblenz* NJW-RR 2005, 1075.
[289] Rn. 114f.; *OLG Karlsruhe* NJW 1976, 1417.
[290] *BVerwG* NJW 1975, 893, 895; *VGH Mannheim* VBlBW 1989, 16; DÖV 1989, 171; *VGH München* BayVBl 1993, 429; *Götz* NVwZ 1984, 211, 215; ders. JuS 1985, 869, 872.
[291] Vgl. *Dreier* JZ 1987, 1009.
[292] *BGH* NJW 1991, 2651 = NStZ 1992, 44 m. Anm. *Rogall*.
[293] *VGH München* BayVBl 1999, 277.
[294] *OVG Bremen* NVwZ 1990, 1188.
[295] *Maunz/Dürig* Art. 19 IV Rn. 98, 230; *Ehlers* in Schoch u.a. § 40 Rn. 484, 884; *Schoch*, FS Stree/Wessels, S. 1095, 1117. Hierzu auch *BVerfG* NJW 1997, 2165; *BGHSt* 44, 107 = NJW 1998, 3577.
[296] S. *Götz* NVwZ 1984, 211, 212.
[297] S. *Götz* NVwZ 1994, 652, 658.
[298] Vgl. *VGH München* NJW 1989, 1754 für Ingewahrsamnahme nach bay. Polizeirecht.
[299] *OVG Koblenz* NJW 1994, 2108; *OVG Schleswig* NJW 1999, 1418.
[300] *BVerwGE* 11, 181 = NJW 1961, 571; 26, 169 = NJW 1967, 1192 – Aufbewahren von Lichtbildern –; *BVerwGE* 66, 192, 196, 200 = NJW 1983, 772; *VGH München* BayVBl 1993, 211 – Aufbewahren anderer erkennungsdienstlicher Unterlagen –; *BVerwG* NJW 1975, 895 (Leitsatz); *BVerwG* NJW 1990, 2768, 2669 – Speicherung personenbezogener Daten –; Beseitigungsverlangen von Eintragungen in Kriminalakten *VGH München* NJW 1984, 2235, dazu *Flümann* NJW 1985, 1452; *Schoreit* NJW 1985, 169; ferner *VGH München* NJW 1986, 915; BayVBl 1991, 657; vgl. § 29 Rn. 28, § 35 Rn. 101.
[301] Vgl. kritisch *Backes* KritV 1986, 315, 326 ff. m.w.N.
[302] Kritisch *Denninger* KritV 1986, 291, 297; *Hund* ZRP 1991, 463; *VG Frankfurt* NJW 1991, 120; a.A. *Kniesel* ZRP 1987, 377; ders. ZRP 1989, 329; *Pitschas/Anlehner* NJW 1989, 2353; *K. Merten/H. Merten* ZRP 1991, 213.
[303] *Peitsch* ZRP 1992, 127 m.w.N.

§ 2   116–120   Teil I. Anwendungsbereich, örtliche Zuständigkeit, Amtshilfe

Polizei und Nachrichtendiensten und die Reform der StPO scheint die Grenze der Aufgabenbereiche sowohl zwischen Staatsanwaltschaft und Polizei[304] als auch zwischen Polizei und Verfassungsschutz in Fluss geraten zu sein.[305] Abgrenzungschwierigkeiten bestehen insbesondere bei der Überwachung des Fernmeldeverkehrs nach § 100 a StPO.[306] VwVf ist Telefonüberwachung nach G 10.[307]

116   Zu den Maßnahmen der Strafverfolgung gehören allerdings nicht Prozesshandlungen, die Verfahrensbeteiligte, wie die Staatsanwaltschaft, vornehmen, um Straftaten zu ermitteln, aufzuklären und zu ahnden (Rn. 80). **Prozesshandlungen** unterliegen strafrechtlicher Überprüfung im Strafverfahren.[308]

117   c) Die **sonstige Tätigkeit** der Behörde der Justizverwaltung unterliegt dem VwVfG, soweit der Verwaltungsrechtsweg gegeben ist. Der Begriff Justizverwaltung ist identisch mit dem in § 4 EGGVG, unterscheidet sich aber von dem der Gerichtsverwaltung, wie er auch in § 4 Abs. 2 Nr. 1 DRiG verwandt wird.[309] **Justizverwaltung** umfasst neben den Verwaltungsgeschäften, die die Gerichte selbst betreffen, sich insoweit mit dem Begriff Gerichtsverwaltung überschneiden, die Geschäfte, die zum Bereich der Justiz gehören, z. B. den Strafvollzug (hierzu aber Sonderregelung, Rn. 121). Von den Verwaltungsgeschäften, die die Gerichte betreffen, sind nur die der **ordentlichen Gerichtsbarkeit** gemeint (Rn. 122). Hierunter fallen vor allem Dienstaufsichtsmaßnahmen[310] mit Ausnahme des Richterdienstrechts (Rn. 90), Justizhaushalt, Erstattung gerichtlicher Gutachten, Erteilung von Erlaubnissen, Referendarausbildung,[311] Entscheidungen des LG-Präsidenten über die allgemeine Verwendung von Dolmetschern.[312] Die zum Begriff der Justizverwaltung im Sinne des § 4 EGGVG gehörende Rechtshilfe für das Ausland[313] ist durch § 2 Abs. 2 Nr. 2 erfasst (Rn. 82 ff.).

118   Wird daher der **Gerichtspräsident** nicht auf dem Gebiet der Rechtspflege tätig, erfüllt er allgemeine Aufgaben der Verwaltung, z. B. Zulassung zur Gerichtsbibliothek,[314] Versendung veröffentlichungswürdiger Entscheidungen,[315] bei beamtenrechtlichen Maßnahmen. Insoweit erlässt er VAe. Der **Geschäftsverteilungsplan** eines Gerichts ist Akt gerichtlicher Selbstverwaltung, soweit er die richterlichen Geschäfte verteilt (§ 1 Rn. 204).

119   d) **Behörden der Justizverwaltung** sind das Justizministerium, die ihm unterstehenden Gerichte, auch die Staatsanwaltschaften (Rn. 75, 122). § 315 Abs. 3 Nr. 4 LVwGSchlH benennt darüber hinaus zur Klarstellung ausdrücklich noch die Vollzugsbehörden. Die Nennung der der **Aufsicht der Justizverwaltung unterstehenden Körperschaften des öffentlichen Rechts** hat nur klarstellende Bedeutung und wurde aufgenommen, da zweifelhaft sein könnte, ob diese unter den Begriff „Behörden der Justizverwaltung" fallen. Hierzu zählen Rechtsanwalts- (§ 62 BRAO), Notar- (§ 65 BNotO) und Patentanwaltskammern. Zur Tätigkeit der Rechtsprechung § 1 Rn. 201 ff.

120   e) Für diese Behörden bestehen neben § 23 EGGVG (Rn. 108) **weitere Sonderregelungen**, die den Verwaltungsrechtsweg ausschließen, so dass für die davon betroffenen Maßnahmen der Justizbehörden die Anwendung des VwVfG ebenfalls entfällt. Hierzu zählen: § 223

---

[304] Vgl. Kritik *Schlink* NVwZ 1986, 249; *Simitis* NJW 1986, 2795; *Gusy* ZRP 1987, 45; *Ernesti* ZRP 1987, 57; *Baumann* JuS 1987, 681, 683; *Schoreit* MDR 1987, 887; ders. ZRP 1987, 153; *Dreier* JZ 1987, 1009; *Knemeyer* NVwZ 1988, 193, 196; *Knemeyer/Deubert* NJW 1992, 3131; *Lisken* ZRP 1994, 49; dagegen *Schelter* ZRP 1994, 52; ferner VG *Frankfurt* NJW 1991, 120.
[305] Zum sog. Trennungsgebot *Albert* ZRP 1995, 105.
[306] S. *Globig* ZRP 1991, 81; ders. ZRP 1991, 289 gegen *Riegel* ZRP 1991, 286; *Hassemer* ZRP 1991, 121.
[307] *BGHSt* 36, 396 = NJW 1990, 1799.
[308] OLG *Stuttgart* NJW 1977, 2276 m. w. N. zur Durchsuchung von anwaltlichen Wohn- und Geschäftsräumen und der Beschlagnahme dort aufgefundener Schriftstücke; kritisch dazu *Dörr* NJW 1984, 2258, 2259; Versagung der Akteneinsicht im Ermittlungsverfahren *BVerfG* NJW 1984, 1451 = NStZ 1984, 228; NJW 1985, 1019; anders dagegen für Akteneinsicht an Dritte OLG *Koblenz* NJW 1985, 2038; NJW 1986, 3093; s. ferner *Schäfer* NStZ 1985, 198; *Jekewitz* NStZ 1985, 395; Rn. 122.
[309] *Stelkens* in Schoch u. a. § 38 Rn. 13; Rn. 122.
[310] Gegenüber Gerichtsvollzieher s. *BVerwGE* 65, 260 = NJW 1983, 896, 899.
[311] *BGHZ* 112, 197 = NJW 1991, 423, 424.
[312] *OLG Celle* NdsRPfl 1993, 295.
[313] *Albers* in Baumbach u. a. § 4 EGGVG Rn. 3.
[314] *VGH München* VGHE BY 34, 119.
[315] *OVG Bremen* NJW 1989, 926; *OLG Celle* NJW 1990, 2570 sieht die Veröffentlichung von Entscheidungen als richterliche Amtspflicht; ferner Rn. 122; zu Pressemitteilung Rn. 110.

BRAO,³¹⁶ § 111 BNotO,³¹⁷ § 184 PAO³¹⁸ für VAe, die nach diesen Gesetzen ergehen. § 223 BRAO ist nunmehr wie eine Generalklausel auszulegen, die auch eine allgemeine Leistungsklage ermöglicht.³¹⁹ Für Anträge von Bürgern auf Einschreiten der Rechtsanwaltskammer ist nicht § 223 BRAO, sondern der Verwaltungsrechtsweg maßgebend.³²⁰ § 223 BRAO dagegen bei Streit über Aufnahme in sog. Vortrittslisten³²¹ und über die Erlaubnis von Fachanwaltsbezeichnungen.³²² Dienstanordnung für Notare ist kein VA i. S. d. § 111 BNotO.³²³

Strafvollzugsmaßnahmen unterliegen ebenfalls dem § 2 Abs. 3 Nr. 1 (Rn. 81). Siehe §§ 109 ff. des StVollzG³²⁴ und Art. XI § 1 KostRÄndG, z. B. für Aufrechnungserklärung der Strafvollstreckungsbehörde.³²⁵ Entscheidung des Justizministers über den Antrag eines Journalisten, einen Strafgefangenen zu besuchen, ist keine Entscheidung nach § 23 EGGVG, sondern Strafvollzugsmaßnahme.³²⁶ Zu Maßnahmen im Zusammenhang von Krankenbehandlung bei Untersuchungsgefangenen *BGHZ* 109, 354 = NJW 1990, 1604. Die Verweigerung der Akteneinsicht, die eine Strafvollzugsbehörde im Wege der Amtshilfe zum Zweck der Akteneinsicht an den Strafgefangenen übersandt erhalten hatte, ist dagegen als reine Verwaltungsmaßnahme nicht durch § 2 Abs. 3 Nr. 1 ausgeschlossen.³²⁷ Zur Überstellung ins Ausland Rn. 86. Zum Gerichtskostenrecht *Fischer-Hüftle* BayVBl 1983, 687 und zum Rechtsweg bei Streitigkeiten wegen Erlasses von Gerichtskosten der ordentlichen Gerichtsbarkeit *BVerwG* Buchholz 310 § 40 VwGO Nr. 171.

121

f) Durch die gesonderte Aufführung der „**Gerichtsverwaltungen**" sollte klargestellt werden, dass nicht nur die Gerichtsverwaltungen, die Teil der Justizverwaltung sind,³²⁸ erfasst werden sollen, sondern auch die Verwaltungen der anderen Gerichtszweige (Begründung Entwurf 70). Insoweit deckt sich der Begriff mit dem der Gerichtsverwaltung i. S. d. § 4 Abs. 1 Nr. 1 DRiG (s. Rn. 117). Soweit diese Justizverwaltungsakte anderer Gerichtsverwaltungen nicht nach § 23 EGGVG von den ordentlichen Gerichten, sondern von den Verwaltungsgerichten überprüft werden,³²⁹ stellt sich die Frage, ob für sie das VwVfG anwendbar ist. Der Einklang von VwVf und gerichtlichen Verfahren sowie der ausdrückliche Bezug des letzten Halbsatzes in Abs. 3 Nr. 1 auch auf die Tätigkeit der Gerichtsverwaltung spricht dafür. Z. B. Gewährung der Akteneinsicht außerhalb eines Prozessrechtsverhältnisses durch Direktor eines Arbeitsgerichtes.³³⁰ Die Veröffentlichung von Gerichtsentscheidungen ist eine öffentliche Aufgabe der Gerichtsverwaltung.³³¹

122

2. Ausnahmen für Prüfungen (Abs. 3 Nr. 2)

a) Für die Tätigkeit der Behörden bei **Leistungs-, Eignungs- und ähnlichen Prüfungen** gelten nach **Nr. 2** nur die dort aufgeführten Vorschriften des Gesetzes, z. B. für elektro-

123

---

³¹⁶ *OVG Münster* NJW 1995, 3403.
³¹⁷ Zum – weiten – Anwendungsbereich von § 111 BNotO *OLG Dresden* NJW 2000, 1505.
³¹⁸ *VGH München* NJW 1995, 674.
³¹⁹ *EGH Hamburg* NJW 1985, 1084 m. w. N. Zur Anfechtung der Rücknahme einer Zulassung *BGH* MDR 1978, 1020; *BGHZ* 107, 281 = NJW 1989, 2889.
³²⁰ *VGH Mannheim* NJW 1982, 2011.
³²¹ *BVerwG* NJW 1984, 191.
³²² *BVerwG* NJW 1993, 2883.
³²³ *BGH* NJW 1980, 1854. Zur Weisung des Landgerichtspräsidenten in Notarkostensachen *BayObLG* NJW 1986, 1622. Zum Leistungsbegehren auf Schaffung weiterer Notarstellen *BGH* NJW 1996, 123.
³²⁴ Z. B. zur Anordnung, den Sichtspion an der Zellentür freizuhalten *BGHSt* 37, 380 = NJW 1991, 2652; zum Rechtsschutz eines Gefangenen gegen Baumaßnahmen in der Justizvollzugsanstalt *OLG Hamburg* NJW 1993, 1153; zum Anklopfen an Zellentür *BVerfG* NJW 1996, 2643; zur Ausgestaltung eines Vollzugsplans *BVerfG* NJW 1993, 3188; zur Gewährleistung menschenwürdiger Haftbedingungen *BVerfG* NJW 1993, 3190. Zusammenfassend zur Rechtsprechung des BVerfG zum Vollzug von Straf- und Untersuchungshaft *Kruis/Wehowsky* NStZ 1998, 593.
³²⁵ *AG Hannover* NJW 1975, 178.
³²⁶ *BGHSt* 27, 284 = NJW 1978, 282.
³²⁷ Vgl. *VGH München* NVwZ 1987, 613.
³²⁸ *BGHZ* 112, 197 = NJW 1991, 423, 424.
³²⁹ *Redeker/von Oertzen* § 40 Rn. 55.
³³⁰ *OVG Koblenz* NVwZ 1984, 526; a. A. *OLG Schleswig* NJW 1989, 110, dazu *Oetker* MDR 1989, 600; s. auch Rn. 109.
³³¹ *BVerwGE* 104, 105 = NJW 1997, 2694; vorhergehend *OVG Lüneburg* DVBl 1996, 443; ferner Rn. 111; § 1 Rn. 146.

nische Kommunikation[332] oder Wiederaufgreifen.[333] Es gelten **nicht:** §§ 3, 14 bis 19, 28, 39, 53, 54 bis 78, 81 bis 93. Anwendbar sind aber insbesondere §§ 20, 21 (vgl. hierzu § 20 Rn. 16 ff.).[334] § 109 Abs. 2 LVwGSchlH sieht eine mündliche, ggfs. schriftlich zu bestätigende Begründung vor. Der höchstpersönliche Charakter von Prüfungen schließt notwendigerweise die Anwendung bestimmter Vorschriften des Gesetzes, insbesondere der über Bevollmächtigung und Beistände, aus.[335] Häufig ist das Prüfungsverfahren durch **Prüfungsordnungen** geregelt. Sie verdrängen als Gesetz oder Rechtsverordnung entgegenstehende Bestimmungen des VwVfG.[336] Eine als Satzung erlassene Prüfungsordnung wäre dagegen dazu nicht imstande (§ 1 Rn. 208). Die wesentlichen Regelungen berufsbezogener Prüfungen (Rn. 124) bedürfen rechtssatzförmiger Regelung.[337] Ergänzend treten allgemeine Grundsätze des Prüfungsverfahrens hinzu (Rn. 131). Möglich ist, dass das VwVfG durch andere Bestimmungen des § 2 ausgeschlossen wird.[338] Wegen der Übernahme des § 10 S. 2 ist eine bestimmte Verfahrensgestaltung im Einzelfall nicht ausgeschlossen (§ 10 Rn. 16). Bildungsveranstaltungen und Prüfungen zur beruflichen Fortbildung gem. §§ 53 ff. BBiG können privatrechtlich organisiert werden.[339]

124 Nr. 2 gilt nur für die Tätigkeit von **Behörden** bei den genannten Prüfungen. Der Behördenbegriff des § 1 ist maßgebend (§ 1 Rn. 236 ff.). Voraussetzung ist mithin eine Verwaltungstätigkeit. Allerdings kann die Entscheidung einer Privatperson Prüfung sein, wenn ihr die hoheitliche Prüfungsbefugnis übertragen ist;[340] streitig bei Entscheidungen des amtlichen Prüfers beim TÜV über Bestehen oder Nichtbestehen der Fahrprüfung.[341]

125 Gemeint ist nur die Tätigkeit der Behörde **bei den genannten Prüfungen,** nicht für Verfahren, die nur im Zusammenhang mit Prüfungen stehen (Begr. zu § 79 Musterentwurf). Soweit VwVf durchgeführt werden, die die Zulassung zur Prüfung betreffen, ist deshalb das VwVfG ohne Einschränkung anzuwenden, z. B. der Abschluss eines Vergleichsvertrags möglich.[342] Desgleichen gilt das VwVfG ohne Einschränkung für (Zwischen-)Verfahren, Widerspruchs- und Gerichtsverfahren, die den äußeren Ablauf der Prüfung, Zusammensetzung des Prüfungsgremiums, den Prüfungsort und die Prüfungszeit sowie das Prüfungsverfahren betreffen.[343] Schließlich ist als Prüfungsverfahren nicht gemeint eine prüfungsähnliche Ermittlung von Voraussetzungen im Rahmen eines VwVf, wie z. B. bei Feststellung der Sachkunde für die Bestellung eines Sachverständigen[344] oder im Rahmen des Fachkundenachweises zum Umgang mit radioaktiven Substanzen.[345]

126 Ferner ist nur die **Prüfung von Personen,** nicht von Sachen oder Vorgängen gemeint. Um solche **höchstpersönlichen Prüfungen** handelt es sich nicht bei Zuverlässigkeitskontrollen der Gewerbeordnungsbehörden und beim Materialeignungsverfahren[346] sowie bei der Beurteilung von Tieren. Ebensowenig fallen hierunter Bewertungen z. B. über die Verfassungsmäßigkeit eines Vereins, die Gefährlichkeit einer Veranstaltung oder Publikation,[347] selbst wenn der Behörde eine Beurteilungsermächtigung[348] zustehen sollte.

---

[332] Aufnahme von § 3a durch das 3. VwVfÄndG v. 21. 8. 2002 (BGBl I S. 3322).
[333] *BVerwG* DVBl 1989, 1196 = NVwZ-RR 1990, 26.
[334] Vgl. zusammenfassend *Brehm/Zimmerling,* Die Entwicklung des Prüfungsrechts seit 1996, NVwZ 2000, 875; ferner *Zimmerling/Brehm,* Vorläufiger Rechtsschutz im Prüfungsrecht, DVBl 2001, 27.
[335] Kritisch *Kopp/Ramsauer* § 2 Rn. 42.
[336] § 1 Rn. 206 ff., 229 ff.; *VGH Kassel* NVwZ 1989, 890, 891.
[337] *BVerfGE* 84, 34, 45 = NJW 1991, 2005; *BVerwGE* 92, 132, 140 f. = NVwZ 1993, 681; zu Prüfungsordnungen für Beamtenanwärter *BVerwGE* 98, 324 = DVBl 1995, 1243 = NVwZ 1997, 73.
[338] S. für Steuerberaterprüfung Anwendbarkeit der AO, dazu *BFH* BStBl II 1986, 870.
[339] *BVerwG* NVwZ-RR 1993, 251 zu §§ 46 ff. BBiG a. F.; *Niehues,* Schul- und Prüfungsrecht 2, 4. Aufl. 2004, Rn. 7.
[340] S. § 1 Rn. 256 ff., 264 für staatlich anerkannte Privatschule.
[341] VA: *OVG Koblenz* AS 9, 300; a. A. *Sauer* DVBl 1970, 486; vgl. § 1 Rn. 264.
[342] Rn. 135; wie hier *Kopp/Ramsauer* § 2 Rn. 42, 46; *Meyer/Borgs* § 2 Rn. 21; *Meyer* in Knack § 2 Rn. 41.
[343] Wie hier *Kopp/Ramsauer* § 2 Rn. 42, 46.
[344] Vgl. *BVerwG* NVwZ 1991, 268.
[345] Vgl. *BVerwGE* 97, 266 = NJW 1996, 798, 801.
[346] *Schmidt-Aßmann* Städte- und Gemeindebund 1977, 9, 14.
[347] Zum Verfahren der Bundesprüfstelle für jugendgefährdende Schriften vgl. *Würkner/Kerst-Würkner* NJW 1993, 1446; § 40 Rn. 193; § 63 Rn. 14.
[348] § 40 Rn. 161 ff.; zur gerichtlichen Kontrolle Rn. 131.

§ 2 Ausnahmen vom Anwendungsbereich 127–130 § 2

127 Der **Begriff** Prüfung ist weit zu fassen. Gemeint sind nicht nur förmliche, verselbständigte Prüfungsverfahren nach einer gesetzlichen oder verwaltungsinternen Prüfungsordnung.[349] Die Ausgestaltung des Verfahrens ist mithin nicht entscheidend. Die Prüfung kann ein nichtförmliches Verfahren i. S. d. §§ 9, 10 sein, sie kann auch nur eine Vorbereitungshandlung in einem VwVf darstellen.[350] Dann wird durch sie eine Vorfrage der endgültigen Regelung bewertet; diese Zwischenentscheidung wäre noch kein VA, z. B. eine Einzelbenotung über eine Schulleistung (§ 35 Rn. 204 f.) oder eine dienstliche Beurteilung (§ 35 Rn. 199), dgl. die als unselbständiger Teil des Zulassungsverfahrens ausgestaltete Prüfung nach §§ 11 f. UAG i. V. m. der UAG-Zulassungsverfahrensverordnung v. 18. 12. 1995 (BGBl I S. 1841). Die ausgeschlossenen Vorschriften des VwVfG sind dann nur für diesen Verfahrensabschnitt nicht anwendbar, z. B. § 14 oder § 21,[351] im Übrigen jedoch heranzuziehen (s. Rn. 130).

128 Als Prüfung i. S. d. Nr. 2 wird die Erforschung und Bewertung der menschlichen **Leistung** (insbesondere bei Prüfungen in der Ausbildung oder Fortbildung) oder **Eignung** (z. B. Verfassungstreue eines Beamtenbewerbers,[352] Eignung zum Aufstieg eines Beamten[353] verstanden. Die Unterrichtung durch einen Lehrer ist (noch) keine Prüfung, selbst wenn sie ihrer Vorbereitung dient. Unter **„ähnlichen Prüfungen"** i. S. d. Vorschrift sind Prüfungen zu verstehen, die ebenfalls auf höchstpersönliche menschliche Eigenschaften und Fähigkeiten abstellen. Maßgebend ist dafür, dass auch eine Mitwirkung des Prüflings erforderlich ist, die **unmittelbar** Rückschlüsse auf die zu prüfende Eigenschaft zulässt. Die Eigenart dieser Prüfungen besteht darin, dass es für die Urteilsbildung der Behörde auf die **höchstpersönliche Äußerung oder Tätigkeit des Prüflings** und den gerade hieraus gewonnenen Eindruck von seiner Persönlichkeit ankommt.[354]

129 Keine Prüfung ist daher eine medizinische Untersuchung über den Krankheitszustand im Gegensatz z. B. die Bewertung einer sportlichen Übung über die körperlichen Fähigkeiten eines Polizeibeamten. Der Musterung eines Wehrpflichtigen gem. § 17 ff. WPflG dürfte mangels zu beurteilender Tätigkeit des Wehrpflichtigen die Prüfungseigenschaft fehlen,[355] anders bei Kriegsdienstverweigerung. Ebenfalls sind keine Prüfungen die Beurteilung der persönlichen Zuverlässigkeit eines Gastwirts, die Akkreditierung zur Berichterstattung bei einem Staatsbesuch, da das Akkreditierungsverfahren nicht die höchstpersönliche Natur eines Prüfungsverfahrens hat.[356] Anders aber das Einstellungsgespräch mit einem Beamtenbewerber[357] und das Auswahlverfahren bei Beförderung.[358] Die Feststellung der Bewährung oder Nichtbewährung eines Beamten am Ende der laufbahnrechtlichen Probezeit beruht weder auf einer Berufszugangsprüfung noch einer berufsbezogenen Abschlussprüfung. Die Probezeit ist Bestandteil des verfassungsrechtlich vorgegebenen Laufbahnprinzips (Art. 33 Abs. 5 GG). Erfolg oder Misserfolg der Probezeit werden deshalb nicht nach Ausbildungs- und Prüfungskriterien, sondern ausschließlich nach den Kriterien des Art. 33 Abs. 2 GG ermittelt.[359] Art. 33 GG lässt als Spezialvorschrift für alle Berufe des öffentlichen Dienstes weitgehend Sonderregelungen zu, so dass sich insbesondere die Berufsfreiheit des Bewerbers auf das Recht des gleichen Zugangs zu den öffentlichen Ämtern reduziert.[360]

130 Indem das Gesetz bestimmte Vorschriften von der Anwendung ausschließt, setzt es **im Übrigen die Anwendbarkeit des Gesetzes** voraus (s. aber Rn. 123), so z. B. § 21[361] im Gegensatz

---

[349] Wie hier *BVerwGE* 62, 169, 172 = NJW 1981, 2136; Buchholz 232.1 § 33 BLV Nr. 1; *BGH* NJW-RR 1994, 747; *Meyer* in Knack § 2 Rn. 42; *Kopp/Ramsauer* § 2 Rn. 43; a. A. *Schoch* NJW 1985, 545, 548 f.
[350] So auch *BVerwGE* 62, 169 = NJW 1981, 2136; 107, 363 = NVwZ-RR 1999, 438: VwVf „Prüfung".
[351] Dazu *BVerwG* NVwZ 1988, 66 für dienstliche Beurteilung; § 1 Rn. 155; § 21 Rn. 13.
[352] S. § 14 Rn. 4.
[353] *BVerwG* Buchholz 232.1 § 33 BLV Nr. 1.
[354] *BVerwGE* 62, 169 = NJW 1981, 2136.
[355] A. A. *Hoffmann* in Obermayer § 2 Rn. 60.
[356] *VG Köln* 16. 3. 1979 – 6 K 2591/78.
[357] *BVerwGE* 62, 169 = NJW 1981, 2136; wohl auch *HessStGH* DVBl 1989, 215 [L]; vgl. *VG Bremen* NJW 1976, 768; *Wagner* DÖV 1988, 277, 278; *Meyer* in Knack § 2 Rn. 42; *Kopp/Ramsauer* § 2 Rn. 45; s. ferner § 14 Rn. 3 f.; *Stelkens* in Schoch u. a. § 44 a Rn. 17.
[358] *VGH Kassel* NVwZ 1989, 73.
[359] *BVerwGE* 92, 147 = NJW 1993, 1110.
[360] Hierzu *Tettinger/Mann* in Sachs, GG, Art. 12 Rn. 39 ff., 42, kritisch Rn. 43, jew. m. w. N.
[361] *VGH Mannheim* DVBl 1988, 1122.

§ 2   131   Teil I. Anwendungsbereich, örtliche Zuständigkeit, Amtshilfe

zur Befangenheit bei dienstlicher Beurteilung (Rn. 127), § 29³⁶² oder § 46.³⁶³ S. ferner Rn. 135. Nr. 2 sieht auch die genannten **Prüfungen als Verwaltungsverfahren** i. S. d. § 9 (aber Rn. 127), die Feststellung des Prüfungsergebnisses als VA an. Dies war bereits früher die Auffassung der Rechtsprechung.³⁶⁴

131   Die Nichtanwendbarkeit bestimmter Vorschriften nach Nr. 2 bedeutet nicht, dass hierdurch **allgemeine Grundsätze des Prüfungsverfahrens**³⁶⁵ ausgeschlossen würden. Das BVerfGE 84, 34 und 59 = NJW 1991, 2005 und 2008³⁶⁶ hat zusätzlich die **Anforderungen an das Prüfungsverfahren** einschließlich der gerichtlichen Kontrolle nach dem Grundsatz des Grundrechtsschutzes durch Verfahren (§ 9 Rn. 21) bei **berufsbezogenen Prüfungen**³⁶⁷ erweitert. Sie betreffen vor allem die Anhörung, die Kompetenz der Prüfer,³⁶⁸ Korrekturfehler,³⁶⁹ die Selbstkontrolle der Prüfer,³⁷⁰ die Protokollierung,³⁷¹ die Bewertungsgrundsätze,³⁷² die Begründung,³⁷³ die Regelung von Sanktionen bei Täuschungsversuchen im Prüfungsverfahren,³⁷⁴ die Dauer von Prüfungsverfahren,³⁷⁵ die Pflicht zur fehlervermeidenden Verfahrensgestaltung³⁷⁶ und den Umfang der gerichtlichen Kontrolle.³⁷⁷ Der gerichtlichen Nachprüfung unterliegt die Bewertung,

---

³⁶² Dazu *Kunz* VR 1994, 217.
³⁶³ *BVerwG* Buchholz 421.0 Prüfungswesen Nr. 283; *VGH München* NVwZ 1991, 499; *VGH Kassel* NVwZ-RR 1992, 628 und *Rozek* NVwZ 1992, 33.
³⁶⁴ *BVerwGE* 2, 22 = NJW 1955, 1609 für Diplomprüfung für Volkswirte; *OVG Lüneburg* NJW 1973, 1317 für Große Juristische Staatsprüfung; *VGH München* NJW 1973, 2124 für Fahrlehrerprüfung.
³⁶⁵ S. *Niehues,* Schul- und Prüfungsrecht 2, 4. Aufl. 2004, Rn. 101; § 9 Rn. 35 f.
³⁶⁶ M. Anm. *Kopp* DVBl 1991, 989, dazu *Niehues* NJW 1991, 3001; *ders.* NJW 1997, 557, 559; *Pietzcker* JZ 1991, 1086; *Theuersbacher* BayVBl 1991, 649; *Scherzberg* NVwZ 1992, 31; *Redeker* NVwZ 1992, 305; *Rozek* NVwZ 1992, 343; *Muckel* JuS 1992, 201; *Hufen* JuS 1992, 252; *König* VerwArch 83 (1992), 351; *Wortmann* NWVBl 1992, 304, 311 ff.; *Höfling* RdJB 1995, 387; *OVG Münster* NVwZ 1992, 379 m. Anm. *Muckel* NVwZ 1992, 348; *dass.* NWVBl 1992, 63 m. Anm. *Krüger;* s. aber *dass.* DVBl 1992, 1050 und 1051; *VGH München* DVBl 1992, 1046; ferner *BVerfG* NVwZ 1992, 55; NJW 1993, 917. Zusammenfassend zur weiteren Entwicklung des Prüfungsrechts seit 1996 *Brehm/Zimmerling* NVwZ 2000, 875; *Zimmerling/Brehm* DVBl 2001, 27.
³⁶⁷ Aber wohl nicht auf sie beschränkt, s. *OVG Schleswig* MDR 1991, 1209; *VGH Kassel* ESVGH 43, 171; *Redeker* NVwZ 1992, 305, 309; für Überprüfung von DDR-Richtern durch Richterwahlausschuss (Rn. 123) *Stelkens* DVBl 1992, 536, 539; nicht jedoch für die dienstliche Beurteilung, s. *BVerwG* DVBl 1993, 956. Zu den aus den grundrechtlichen Verfahrensgarantien erwachsenden Amtspflichten der Prüfungsbehörden gegenüber den Prüflingen *BGHZ* 139, 200 = NJW 1998, 2738. Die Zulassungsprüfung eines Beamten zum Aufstieg in die nächsthöhere Laufbahn ist keine grundrechtlich geschützte berufsbezogene Prüfung, *VGH München* NVwZ-RR 1997, 357.
³⁶⁸ Zu Habilitationsverfahren *BVerwGE* 95, 237 = NVwZ 1994, 1209 = JZ 1995, 40 m. Anm. *Krüger;* vorhergehend *OVG Münster* NWVBl 1993, 256 m. Anm. *Krüger;* zur Besetzung von Professorenstellen *OVG Schleswig* NVwZ-RR 1996, 660; *VG Gießen* NVwZ-RR 1996, 661; *VGH München* NVwZ-RR 1999, 119 (Abweichung von Vorschlagsliste); zur Besetzung von Professorenstellen einer Fachhochschule *VGH München* NVwZ-RR 1999, 641; zur Besetzung der Stelle eines Universitätspräsidenten *VGH Kassel* NVwZ-RR 2000, 787; zur Zwangsgeldandrohung zur Durchführung eines Habilitaionsverfahrens *VG Münster* NVwZ 2005, 476.
³⁶⁹ *BVerwGE* 105, 328 = NVwZ 1998, 636.
³⁷⁰ S. *BVerwG* DVBl 1994, 1362; *BVerwGE* 98, 324 = DVBl 1995, 1243 = NVwZ 1997, 73; *OVG Koblenz* NVwZ 1994, 805.
³⁷¹ Dazu *BVerfG* BayVBl 1996, 335; NVwZ 1997, 263; *BVerwG* NVwZ 1995, 494; 2006, 478; *OVG Münster* DVBl 1992, 1049; *VGH Kassel* DVBl 1997, 621.
³⁷² U. a. zum sog. Antwortspielraum des Prüflings: vertretbare und folgerichtig begründete Lösungen dürfen nicht als falsch gewertet werden, *BVerwG* NVwZ 1993, 686, 687 = DVBl 1993, 848; *VGH München* NJW 1996, 1614, 1617; *OVG Bautzen* SächsVBl 1999, 65, 66; zu den Anforderungen an den Inhalt von Prüferbewertungen: *BVerwG* NVwZ-RR 1994, 582; 1996, 505; zur Änderung des Bewertungssystems und zum Nachschieben beliebiger Gründe *BVerwG* NJW 2000, 1055; ferner § 20 Rn. 16 ff.; § 40 Rn. 177 ff., 224.
³⁷³ Pflicht zur schriftlichen Begründung ergibt sich nicht aus § 39, sondern aus dem Gebot effektiven Rechtsschutzes gem. Art. 19 Abs. 4 GG, *BVerwGE* 91, 262, 264 f. = NVwZ 1993, 677; s. auch *OVGE Münster* 44, 38 = NVwZ-RR 1994, 585; NJW 1996, 2675; *BVerwGE* 99, 185, 192 = NJW 1996, 2670 m. Bespr. *Hösch* JuS 1997, 602; ebenso *BFHE* 184, 157 = NVwZ-RR 1998, 376, 378; *VGH Kassel* DVBl 1997, 621; *OVG Bautzen* SächsVBl 1999, 65, 66 (geringere Anforderungen bei Klausuren in laufenden Schuljahr); zur Begründung der Vergabe sog. Sozialpunkte in der juristischen Staatsprüfung *Schnapp/Henkenötter* NWVBl 1998, 41; Übersicht zur Rspr. *Müller-Franken* VerwArch 92 (2001), 507; § 39 Rn. 2, 109 ff.
³⁷⁴ *VGH Kassel* NVwZ-RR 1996, 654.
³⁷⁵ *BVerfG* NVwZ 1999, 1102.
³⁷⁶ *BVerfGE* 84, 59, 73 = NJW 1991, 2008; *BVerwG* 107, 363 = NVwZ-RR 1999, 438.
³⁷⁷ Dazu *BVerwGE* 94, 64 = NVwZ 1994, 486; *Michaelis* VBlBW 1997, 441; § 40 Rn. 177 ff., 224. Zum Sachverständigenbeweis im Gerichtsverfahren wegen juristischer Staatsprüfung *BVerwG* NVwZ 1999, 187.

ob mit einer Prüfungsaufgabe fachlich Unmögliches verlangt wird, ob die Prüfungsaufgabe verständlich gestellt oder in sich widersprüchlich ist und ob entsprechend dem Grundsatz der Chancengleichheit bei allen Prüflingen die gleichen Maßstäbe für die Bewertung einer Prüfungsleistung eingehalten worden sind.[378] Soweit gegen Prüfungsentscheidungen kein Widerspruchsverfahren i. S. von §§ 68 ff. VwGO vorgesehen ist, wird hierin vielfach eine Art Zwischenverfahren gesehen,[379] nicht aber eine besondere Form der Anhörung, auf die §§ 45 Abs. 2, 46 anzuwenden sind.[380] Das Rechtsschutzinteresse für eine Klage gegen einen Prüfungsbescheid entfällt nicht durch eine bestandene Wiederholungsprüfung.[381]

Es bestehen Bedenken, die durch Nr. 2 geschaffenen und damit gewollten Lücken durch aus dem Rechtsstaatsprinzip hergeleitete Verfahrensrechte, die den ausgeschlossenen Vorschriften entsprechen, wieder schließen zu wollen.[382] Die Weite und Unbestimmtheit des **Rechtsstaatsprinzips** verbietet nicht ein sachangemessenes Verfahren, solange der Rechtsschutz und die Durchsetzung materieller Gerechtigkeit garantiert sind.[383] Sachangemessen ist auch die Normierung einer Ausschlussfrist von einem Monat für die Geltendmachung von Mängeln im Prüfungsverfahren, da die Zeitnähe eine zuverlässige Sachaufklärung ermöglicht.[384]

Die Prüfungsbehörde darf einen Antrag auf **Zulassung zur Prüfung** ohne weitere sachliche Überprüfung ablehnen, wenn die mit Ablehnungsandrohung gesetzte Frist zur Beibringung fehlender Unterlagen verstrichen ist. Vorbehaltlich einer abweichenden spezialgesetzlichen Grundlage hat das Gericht im folgenden Klageverfahren nachträglich beigebrachte Unterlagen jedoch zu berücksichtigen; prüfungsrechtliche Besonderheiten stehen dem nicht entgegen.[385] Anders dürfte zu entscheiden sein, wenn die Unterlagen erst zu einem Zeitpunkt beigebracht werden, in dem z. B. mangels Bedarfs an geprüften Kandidaten weitere Prüfungen nicht mehr vorgesehen sind (s. auch § 22 Rn. 60 zum sog. Windhundprinzip). Die Festlegung von **Stichtagen,** bis zu denen alle maßgeblichen Leistungen erbracht sein müssen, liegt nicht nur im Interesse einer geordneten Verwaltung, sondern dient auch der Wahrung der Chancengleichheit aller Bewerber. Entsprechende Regelungen schaffen keine zusätzlichen Berufszugangsvoraussetzungen; vielmehr sind sie notwendige verfahrensrechtliche Voraussetzungen einer gerechten Auswahl.[386] Es kann sogar geboten sein, Bewerbungsfristen als Ausschlussfristen zu gestalten.[387] Zur **Mitwirkungspflicht** und **Mitwirkungslast** auch § 2 Rn. 55; § 9 Rn. 30 ff.; § 22 Rn. 44; § 24 Rn. 28 f., 50; § 26 Rn. 46 f., 57 f.[388] Zum vorläufigen Rechtsschutz bei Ablehnung der Zulassung zu einer berufsbezogenen Prüfung *BVerfG* DVBl 1996, 1367.

Der Ausschluss bestimmter Vorschriften nach Nr. 2 regelt nicht nur eine Frage der Kompetenz, sondern erklärt sich aus der Natur der Prüfung und ihres unvoreingenommenen Ablaufs (vgl. Erwägungen in Begr. zu § 79 Musterentw.). Eine Prüfung, die eine Vertretung zuließe, ist keine höchstpersönliche Prüfung mehr; eine Anhörung passt nicht zu einer Beurteilung (Musterentw. Begr. zu § 79) usw. Wollte man der Behörde im Einzelfall die Kompetenz einräumen, auch diese Vorschriften anzuwenden, würde sie zudem das Prüfungsverfahren unterschiedlich gestalten, damit gegen den Grundsatz der Chancengleichheit verstoßen. Bei dem weiten Prüfungsbegriff (Rn. 127) ist in Anlehnung an Art. 2 Abs. 3 Nr. 2 BayVwVfG (Rn. 136)

---

[378] *BVerwG* NVwZ-RR 1998, 176.
[379] S. *BVerwGE* 92, 132 = NVwZ 1993, 681, 683 ff. = DVBl 1993, 842 m. Anm. *Becker* NVwZ 1993, 1129 und *Hufen* JuS 1994, 522; NJW 1998, 323, 327; 109, 211 = NJW 2000, 1055; ihm folgend *BFHE* 172, 273 = BStBl II 1994, 50; *BFH* NVwZ-RR 1995, 577; *OVG Münster* DVBl 1994, 644, 647; NWVBl 1995, 225; *VGH München* BayVBl 2003, 19 („formalisiertes Gegenvorstellungsrecht"); umfassend *Niehues,* Schul- und Prüfungsrecht 2, 4. Aufl. 2004, Rn. 759 ff.; § 9 Rn. 208.
[380] *BVerwG* NVwZ 1993, 689; DVBl 1994, 1362.
[381] *BVerwGE* 88, 111, 112 = NJW 1992, 707; NVwZ-RR 1997, 101.
[382] Vgl. auch *Schnapp/Henkenötter* NWVBl 1998, 41, 42 f.; § 1 Rn. 157; gegen eine analoge Anwendung von § 45 Abs. 2 auch *BVerwGE* 91, 262 = NVwZ 1993, 677, 680.
[383] Vgl. *BVerfG* NJW 1985, 1767; s. auch *BVerwGE* 91, 262 = NVwZ 1993, 677, 679 f.; 92, 132 = NVwZ 1993, 681, 684 zur Neubewertung der Prüfungsleistungen im laufenden Verwaltungsstreitverfahren.
[384] Vgl. *BVerwG* NVwZ 1995, 492.
[385] *BVerwG* NVwZ-RR 1997, 355.
[386] *BGHZ* 126, 39 = NJW 1994, 3353, 3355.
[387] So für Ausschreibung von Notarstellen *BGH* NJW 1995, 2359.
[388] Das Geltendmachen und der Nachweis einer gesundheitlichen Prüfungsverhinderung obliegt dem Prüfling, vgl. *BVerwG* DVBl 1996, 1379. Allgemein zur Rügepflicht des Prüflings *Birnbaum* NVwZ 2006, 286.

der Behörde nur dann ein Rückgriff auf die ausgeschlossenen Vorschriften gestattet, wenn die Vorschrift mit dem besonderen Prüfungsverfahren vereinbar ist und die Anwendbarkeit in allen Verfahren zugelassen ist.[389] In Verfahren vor den Ausschüssen für Kriegsdienstverweigerung ist dies sogar ausdrücklich zugelassen (§ 10 KDVNG i.V.m. §§ 63, 14 VwVfG, § 11 Abs. 2 KDVNG). Bei schulischen Leistungsprüfungen würde dagegen die Unmittelbarkeit und Unbefangenheit in der Prüfung durch einen Beistand tangiert. Die Anwendbarkeit der §§ 81 bis 93 ist dann möglich, wenn ihr Ausschließungsgrund, in der Regel Spezialregelungen (Begr. zu § 79 Musterentw.), im Einzelfall nicht vorliegen sollte.[390]

135 Über die Prüfung selbst kann kein ör Vertr geschlossen werden. Dies schließt Verträge im Zusammenhang mit einer Prüfung, z.B. einen Vergleichsvertrag, ggfs. vor Gericht, über die Wiederholung einer Prüfung nicht aus (vgl. Rn. 125; § 54 Rn. 10). Zu den Vorschriften im Übrigen siehe die Hinweise bei den einzelnen Vorschriften, z.B. § 10 Rn. 17; § 14 Rn. 3f.; § 20 Rn. 17; § 21 Rn. 14 und o. Rn. 130; § 24 Rn. 71; § 31 Rn. 50; § 39 Rn. 2, 109ff.; § 40 Rn. 171, 177ff., 220ff.; § 44 Rn. 121; zu § 46 s.o. Rn. 130; § 51 Rn. 118; ferner *Stelkens* in Schoch u.a. § 44a Rn. 17, 29.

136 Die **Länderregelungen** entsprechen durchweg der Bundesregelung (s. aber Rn. 130ff.). Art. 2 Abs. 3 Nr. 2 BayVwVfG setzt eine Einzelfallprüfung voraus, da es den Ausschluss der Vorschriften des VwVfG von den Besonderheiten des Prüfungsverfahrens abhängig macht (vgl. auch Rn. 134). Die Regelung in den übrigen VwVfG kann hierbei Auslegungshilfe sein. Als Begründung einer Prüfungsentscheidung auf Grund einer mündlichen Prüfung kann eine mündliche Begründung genügen.[391] Für Schleswig-Holstein s. § 39 Rn. 126.

137 b) § 79 Abs. 3 des Musterentwurfs und § 2 Abs. 3 Nr. 2 Entwurf 70 erstreckten die Ausnahmeregelung noch auf **„innere Schulangelegenheiten"**. Wenngleich es auch vom Bund betriebene Schulen und Fachhochschulen gibt, wurde im Entwurf 73 auf diese Regelung verzichtet. In den Landesgesetzen finden sich unterschiedliche Ausnahmeregeln für Schulen und Hochschulen.

138 Zusammengefasst lässt sich sagen, dass die in Nr. 2 nicht erwähnten Vorschriften ebenfalls nicht im sog. „inneren Schulbetrieb" anzuwenden sind. Hierunter werden im Gegensatz zu **„äußeren Schulangelegenheiten"** d.h. der Schulorganisation (§ 35 Rn. 302), die gesamten Angelegenheiten des Erziehungs- und Ausbildungswesens verstanden (Begründung zu § 79 Abs. 3 Musterentwurf). Z.B. § 2 Abs. 3 Nr. 2 LVwVfG BW: Tätigkeiten der Schulen bei Versetzungs- und anderen Entscheidungen, die auf einer Leistungsbeurteilung beruhen (s. auch § 35 Rn. 204f.). Daneben erlaubt § 2 Abs. 4 LVwVfG BW durch Rechtsverordnung § 20 zur Aufrechterhaltung eines ordnungsgemäßen Schulbetriebes auszuschließen. Ähnlich wie BW: Berlin, Bremen, Hessen, Mecklenburg-Vorpommern, Niedersachsen, Saarland, Sachsen-Anhalt, Thüringen. Aus der ausdrücklichen Erwähnung des § 20 folgt, dass § 21 voll anwendbar ist, wenn er nicht ebenfalls ausgeschlossen wurde (s. § 2 Abs. 3 Nr. 3 BremVwVfG). Dies gilt auch in den Ländern, in den § 20 nicht ausgeschlossen wurde, z.B. § 2 Abs. 3 Nr. 3 VwVfG NW. Allerdings ist zu beachten, dass § 21 nur in einem VwVf nach § 9 gilt; die Unterrichtung durch einen Lehrer ist noch kein derartiges Verfahren (Rn. 128). Sind auch nach § 2 Abs. 2 VwVfG Bln und § 2 Abs. 3 Nr. 3 NVwVfG die Regelungen über den ör Vertr im Bildungsbereich nicht anwendbar, so gilt dies indes nicht für Vereinbarungen über die Teilnahme an alternativen (freiwilligen) Schulveranstaltungen wie Klassenfahrten.[392]

139 Für **Hochschulen** sind in den meisten Landesgesetzen weitere Einschränkungen, vor allem für das Berufungsverfahren,[393] vorgesehen. Das bundesgesetzlich geregelte Hochschulrecht legt dem „Ruf" an einen Bewerber um eine Professorenstelle keine VA-Qualität bei; der „Ruf" ist lediglich eine unselbständige Vorbereitungshandlung, durch die die Bereitschaft bekundet wird, mit dem Adressaten in Berufungsverhandlungen einzutreten.[394]

---

[389] So auch *Meyer/Borgs* § 2 Rn. 21 für Beistand bei Einstellungsgespräch eines Beamtenbewerbers.
[390] Für Ausschluss auch in diesem Fall *Hoffmann* in Obermayer § 2 Rn. 64.
[391] *VGH München* NJW 1982, 2685; s. aber Rn. 128.
[392] *VG Berlin* NJW 2000, 2040; *VG Saarlouis* NVwZ-RR 2003, 488; *VG Braunschweig* NJW 2005, 698.
[393] Hierzu auch Rn. 131.
[394] BVerwGE 106, 187 = NVwZ 1998, 971.

§ 2 Ausnahmen vom Anwendungsbereich　　　　　　　　　　140–142　§ 2

3. Auslandsvertretungen (Abs. 3 Nr. 3).

Nach **Nr. 3** gilt das Gesetz nicht für die **Tätigkeit der Vertretungen im Ausland** (Botschaften, Konsulate, Ständige Vertretungen bei internationalen und supranationalen Organisationen), etwa die Entscheidung über **Einreisevisa** oder eine Zeugenvernehmung im Ausland. Die Ausnahme wird im Gegensatz zu den anderen Nummern dieses Absatzes nicht begründet mit einem besonderen Charakter dieser Tätigkeit selbst (in dieser Hinsicht wäre eine Ausnahme auch kaum zu rechtfertigen), sondern mit den besonderen äußeren Bedingungen und Voraussetzungen, unter denen sie auf fremdem Territorium, innerhalb eines anderen Rechtskreises stattfindet.[395] Mit § 2 Abs. 3 Nr. 3 entzieht der Gesetzgeber jedwede Tätigkeit von Auslandsvertretungen dem Anwendungsbreich des VwVfG, soweit diese im Ausland Wirkung entfaltet. Erfasst wird auch der Fall, dass die Auslandsvertretung als deutsche Passbehörde einem deutschen Staatsangehörigen im Ausland gegenüber einen VA nach deutschem Recht erlässt. Denn auch hier findet die **Tätigkeit innerhalb des ausländischen Rechtskreises** statt. Das erfordert auch, manche deutsche Rechtsvorstellungen von einem ordnungsgemäßen Verfahren zurücktreten zu lassen. So kann das Anhörungsgebot des § 28 als einfachgesetzliche Ausprägung rechtsstaatlicher Grundsätze für die Tätigkeit der Auslandsvertretungen keine Geltung beanspruchen.[396] In der Praxis hat sich jedoch – soweit die örtlichen Gegebenheiten dies im Einzelfall zulassen – eine analoge Anwendung des VwVfG herausgebildet. Das von den Auslandsvertretungen zu beachtende Verfahren ist teilweise im Gesetz über die Konsularbeamten, ihre Aufgabe und Befugnisse **(KonsularG)** geregelt. Diese Voraussetzung trifft nicht zu auf die Tätigkeit dieser Behörden **im Inland** sowie auf diejenige des **Auswärtigen Amtes** selbst.[397] Soweit dessen Tätigwerden nicht in der Pflege der Beziehungen zu auswärtigen Staaten besteht, sondern in Verwaltungshandeln im Sinne des § 9 – etwa in Personalangelegenheiten –, findet daher das VwVfG Anwendung.

140

Nach der Einheit Deutschlands ist die frühere Ausnahmeregelung für die Tätigkeit der Ständigen Vertretung der Bundesrepublik Deutschland **bei der ehemaligen Deutschen Demokratischen Republik** (hierzu 2. Auflage § 2 Rn. 103) gegenstandslos geworden.

141

4. Postwesen und Telekommunikation (Abs. 3 Nr. 4 a. F.)

a) Nach dem durch Art. 12 Abs. 5 des Gesetzes vom 14. 9. 1994[398] aufgehobenen **Abs. 3 Nr. 4 a. F.** galt das VwVfG nicht für die Tätigkeit der Behörden der **Deutschen Bundespost** im Rahmen der **Benutzung der Einrichtungen des Post- und Fernmeldewesens.**[399] Die nur teilweise Anwendbarkeit des VwVfG auf die Tätigkeit der Post beruhte bei der früheren **ör Poststruktur** auf einer doppelten gedanklichen Voraussetzung: Zunächst wurde davon ausgegangen, dass die Tätigkeit der Post als **öffentlich-rechtliche Verwaltungstätigkeit** zu qualifizieren war.[400] Da es sich dabei aber weitgehend um **Massenverfahren** handelte, sollte die reibungslose schnelle Abwicklung der Postgeschäfte durch förmliche Regelungen aber möglichst nicht behindert werden.[401] Zur Benutzung der Einrichtungen des Post- und Fernmeldewesens gehörten die Benutzung des Brief-, Paket-, Postanweisungs- und Postauftragsdienstes, das Fernsprech-(Telefon-)teilnehmerverhältnis,[402] des Postscheckdienstes und des Postsparkassendienstes,[403] soweit die Tätigkeit dieser Dienste ihre Rechtsgrundlage in den benutzungsrechtlichen Vorschriften des PostG und in den auf Grund des § 14 PostVwG[404] erlassenen Benut-

142

---

[395] Begründung zu § 2 Entwurf 73.
[396] A. A. *OVG Münster* 22. 5. 2000 – 8 A 5431/96.
[397] Vgl. auch *Hochreuter* NVwZ 2000, 1376, 1378.
[398] BGBl I S. 2325.
[399] Nicht, wie *Weides* JuS 1982, 51 meint, für das „Handeln der Bundespost" schlechthin.
[400] Vgl. *BVerwGE* 11, 274 = NJW 1961, 283; 13, 133 = DVBl 1962, 377; *BVerwG* NJW 1985, 1916; *BGHZ* 16, 111 = NJW 1955, 458; 19, 126; 66, 305.
[401] Ebenso *BVerwG* NJW 1989, 1817 zum Fernsprechteilnehmerverhältnis; zur dualen Rundfunkordnung und zu den neuen Medien wie etwa Bildschirmtext, Kabelfernsehen, Teletext, Datex-P- und L-Dienste vgl. Rn. 21 ff. Zum neuen Telekommunikationsgesetz vom 25. 7. 1996 Rn. 146. Zur Zulässigkeit kommunaler Telekommunikationsdienstleistungen § 1 Rn. 131.
[402] *BVerwG* NJW 1989, 1817; *OVG Bremen* NJW 1986, 2131.
[403] *VG Hannover* NJW 1986, 1630 zum Postgiro.
[404] Zur Verfassungsmäßigkeit dieser Ermächtigungsnorm vgl. *BVerfG* NJW 1984, 1871; ferner *BVerwG* NJW 1985, 1916.

zungsordnungen fand (§ 7 PostG). Ferner rechneten dazu die Begründung oder Beendigung von Dauernutzungsverhältnissen, z. B. im Postzeitungsdienst, im Postscheck- und Postsparkassendienst[405] einschließlich der Verweigerung der Zulassung wegen Fehlens der benutzungsrechtlichen Voraussetzungen.

143 Sind auf (alter) ör **Rechtsgrundlage** noch wirksam ör Ansprüche der Post aus einem ör Postbenutzungsverhältnis entstanden, so werden sie durch die zwischenzeitliche **Umwandlung** der Post in privatwirtschaftliche Unternehmen nach § 14 PostUmwG vom 14. 9. 1994[406] nicht nachträglich in zivilrechtliche Ansprüche verändert; sie können von den Nachfolgeunternehmen noch ör geltend gemacht und vollstreckt werden.[407]

144 b) Nach dem Gesetz zur Neustrukturierung des Post- und Fernmeldewesens und der Deutschen Bundespost vom 8. 6. 1989[408] – **Postreform I** – wurden unter Aufrechterhaltung von Monopolen der Post beim Fernmeldenetz und Telefondienst drei öffentliche Unternehmen **(Postdienst, Postbank und Telekom)** neu gegründet, bei denen die bisherigen ör Benutzungsbedingungen und Gebühren nach § 65 PostVerfG durch privatrechtliche Geschäftsbedingungen und Leistungsentgelte ersetzt wurden (Art. 1 § 65 des vorgenannten Gesetzes). Diese „**Privatisierung der Post**" führte zu einer (weiteren) Unanwendbarkeit des VwVfG, weil bereits insoweit eine ör Verwaltungstätigkeit i. S. des § 1 (dort Rn. 83) fehlte, so dass es der Ausnahmeklausel in § 2 nicht mehr bedurfte. Auch Streitigkeiten über das Ob der **Zulassung zur Benutzung** privatrechtlich organisierter Unternehmen sind zivilrechtliche Streitigkeiten und von den Zivilgerichten zu entscheiden; die 2-Stufen-Theorie nötigt nicht dazu, das Ob der Zulassung als ör Angelegenheiten zu behandeln und nur die Ausgestaltung des Benutzungsverhältnisses in den Zivilrechtsweg zu verweisen, weil damit einheitliche Lebenssachverhalte ohne Not zerteilt werden.[409] Allerdings ist im Einzelfall zu prüfen, ob (gerade auch in der Übergangszeit) Handlungen in Rede standen, die sich als Ausübung ör Verwaltungstätigkeit darstellten und innerhalb eines VwVfs (§ 9) stattfanden, so dass insoweit das VwVfG anwendbar bleibt.

145 c) Nach der ab 1. 1. 1995 geltenden **Postreform II** und den neuen Regelungen in Art. 87 f und 143 b GG n. F. und dem Gesetz zur Neuordnung des Postwesens und der Telekommunikation vom 14. 9. 1994[410] werden die Dienstleistungen der 3 Postunternehmen und anderer privater Anbieter gemäß Art. 87 f Abs. 2 Satz 1 GG als **privatwirtschaftliche Tätigkeiten** erbracht (hierzu § 41 Rn. 112 ff.).[411] Aus diesem Grunde ist die ursprüngliche Ausnahmeklausel des **§ 2 Abs. 3 Nr. 4 VwVfG a. F.** als entbehrlich **gestrichen** worden, weil die für eine Anwendbarkeit des VwVfG vorausgesetzte ör Verwaltungstätigkeit von Behörden insoweit nicht besteht; zum **Fortbestand** wirksam entstandener ör Ansprüche der alten Post vgl. Rn. 143.

146 Zum **Postwesen** i. S. von Art. 73 Nr. 7 GG n. F. zählen die herkömmlichen Postdienste, insbesondere Brief- und Paketdienst, Postzeitungsdienst und das Postbankwesen.[412] Der Begriff der **Telekommunikation** i. S. der Art. 73 Nr. 7, 87 f GG und des Telekommunikationsgesetzes (TKG) vom 25. 7. 1996[413] bezieht sich auf die **neue Medien** und modernen Kommunikationsformen. Er ist im Anschluss an den früheren Begriff des **Fernmeldewesens** als die derzeitige und künftige körperlose („moderne") Übermittlung und Wiedergabe von Informationen zu verstehen, einerlei, ob es sich um fernmeldetechnische, analoge oder digitale, leitungsgebundene oder drahtlose Kommunikationswege handelt und ist technikneutral.[414] Streitigkeiten über den

---

[405] Hierzu *BVerwG* NJW 1984, 2304 = JZ 1985, 675 mit kritischer Anmerkung von *Ehlers* zum unzureichenden Minderjährigenschutz.
[406] BGBl I S. 2325.
[407] Vgl. *BVerwG* NJW 1996, 1010; vgl. auch *BGHZ* 130, 13 = NJW 1995, 2295, 2296.
[408] BGBl I S. 1026. Hierzu *Schatzschneider* NJW 1989, 2371; *Gramlich* JuS 1991, 88; *Ehlers* JZ 1991, 234; *Lässig* NJW 1991, 2371; *Schwonke* NVwZ 1991, 149; ferner Begr. in BT-Drs 11/2854.
[409] Str., wie hier: *VGH München* NJW 1990, 2485; *KG* NJW-RR 1991, 1007; *OLG Frankfurt* DVBl 1993, 1323; *Kopp/Ramsauer* § 2 Rn. 65; a. A.: *VG Frankfurt* NJW 1993, 2067; *VG Regensburg* NJW 1994, 2040.
[410] BGBl I S. 2325.
[411] Zum Infrastrukturgewährleistungsauftrag des Art. 87 f Abs. 1 GG *Stern* DVBl 1997, 309; *Ebsen* DVBl 1997, 1039.
[412] Vgl. *Degenhart* in Sachs, GG, Art. 73 Rn. 31 m. w. N.
[413] BGBl I S. 1120.
[414] Vgl. Begr. RegE, BT-Drs 12/6717, S. 3; zum neuen TKG vgl. *Scherer* NJW 1996, 2953; *Degenhart* in Sachs, GG Art. 73 Rn. 32 ff.; *Seifert/Hömig* Art. 73 Rn. 7; *Tettinger* JZ 1984, 400, jeweils m. w. N. zu Streit- und Zweifelsfragen der Kompetenzabgrenzung zwischen Bund und Ländern. Zur Postreform II vgl. ferner *Gramlich* NJW 1994, 2785; *ders.* NJW 1996, 696; *Rottmann* ArchPT 1994, 193; *Müller/Using* ArchPT 1995,

§ 2 Ausnahmen vom Anwendungsbereich 147–149 § 2

Zugang zur Benutzung der privatisierten 3 Postunternehmen sind wie nach der Postreform I auch unter der Postreform II einheitlich zivilrechtliche Streitigkeiten, so dass dort auch über das Ob des Zugangs, nicht nur über die Modalitäten der Benutzung zu entscheiden ist (vgl. Rn. 144 m. w. N.). Weitere Regelungen zu den neuen Medien treffen seit dem 1. 8. 1997 das Informations- und Kommunikationsdienste-Gesetz (IuKDG) sowie der Mediendienste-Staatsvertrag der Länder (MDStV).[415]

Nach Maßgabe von Art. 87f Abs. 2 Satz 2 GG verbleiben trotz der weitgehenden Organisationsprivatisierung der Postdienste – wie nach der Postreform I – noch **Hoheitsaufgaben** im Bereich des Postwesens und der Telekommunikation, die in bundeseigener Verwaltung ausgeführt werden. Dazu gehören z. B. Fragen der Standardisierung und Normierung der Funkfrequenzverwaltung, die Erteilung von **Genehmigungen und Lizensierungen** für Funkanlagen und Frequenzen sowie die Vorsorge für den Krisen- und Katastrophenfall.[416] Dasselbe gilt für Maßnahmen der Monopolüberleitungen der bisherigen Deutschen Bundespost und ihrer Unternehmen mit den Veräußerungssperren nach Maßgabe von Art. 143b Abs. 2 GG und Entscheidungen im Rahmen der Weiterbeschäftigung von Postbeamten gemäß Art. 143b Abs. 3 GG und der darauf beruhenden Ausführungsgesetzgebung.[417] Die damit zusammenhängende Tätigkeit ist **ör Verwaltungstätigkeit i. S. v. § 1 Abs. 1,** so dass das VwVfG auf sie subsidiär anwendbar ist, insbesondere soweit die Tätigkeit der neuen **Medienbehörden** des Bundes und der Länder (Rn. 145 ff.; ferner Rn. 21 ff.) auf VA und/oder ör Vertr abzielen.[418] Aus der Streichung des bisherigen Abs. 3 Nr. 4 darf daher nicht der unzutreffende Schluss gezogen werden, das VwVfG sei auf ör Verwaltungstätigkeit von Behörden im Zusammenhang mit Postwesen und Telekommunikation schlechthin unanwendbar. Auch wenn eine ör Verwaltungstätigkeit kein VwVf i. S. von § 9 ist, müssen die **Mindeststandards rechtsstaatlicher Verfahren** gewahrt bleiben (hierzu § 1 Rn. 283 ff.). Das **öffentliche Interesse an der Grundversorgung** mit Postdienstleistungen ist auch nach dem Strukturwandel im Postwesen bei Bauleitplanung und Baugenehmigung zu berücksichtigen.[419]

5. Bundesbahn

Eine dem bisherigen Abs. 3 Nr. 4 entsprechende Ausnahme für die vergleichbaren Tätigkeiten der Behörden der **Deutschen Bundesbahn** im Rahmen der Benutzung ihrer Einrichtungen brauchte nicht vorgesehen zu werden, da diese Tätigkeiten bereits nach bisheriger Auffassung nicht vom VwVfG erfasst wurden. Während nämlich die höchstrichterliche Rechtsprechung das Postbenutzungsverhältnis vor der Poststrukturreform dem öffentlichen Recht zurechnete (vgl. die Nachweise Rn. 142), wird das **Bahnbenutzungsverhältnis** seit jeher dem **Privatrecht** zugeordnet,[420] so dass die nach § 1 vorausgesetzte ör Verwaltungstätigkeit hier nicht gegeben war. Alles Handeln im Rahmen des Bahnbenutzungsverhältnisses (z. B. Fahrkartenverkauf, Beförderung von Personen und Gütern) war durch **privatrechtliche Rechtsbeziehungen,** nicht durch Verwaltungsakt geregelt.

Daran hat sich auch durch die zum 1. 1. 1994 in Kraft getretene **Bahnreform** mit der Umwandlung der in bundeseigener Verwaltung geführten Bundeseisenbahnen in ein Wirtschaftsunternehmen mit der Gründung der **Deutschen Bahn AG** auf Grund von Art. 87e und 143a GG i. V. m. dem Eisenbahnneuordnungsgesetz vom 27. 12. 1993[421] im Grundsatz nichts geändert.

46; *Schulz* JA 1995, 417. Zu Rechtsschutzproblemen auf den Märkten für Postdienstleistungen vgl. *Gramlich* NJW 1996, 697. Zu Grundrechtsfragen im Bereich von Postwesen und Telekommunikation *von Arnauld* DÖV 1998, 437.
[415] Vgl. *Hochstein* NJW 1997, 2977; *Engel-Flechsig/Maennel/Tettenborn* NJW 1997, 2981; *Gounalakis* NJW 1997, 2993; *Scherer* NJW 1998, 1607; *Roßnagel* NVwZ 2000, 622. Zu europäischen Aspekten des Telekommunikationsrechts *Hoffmann-Riem* DVBl 1999, 125.
[416] Vgl. Begr. BT-Drs 12/6717, S. 4 zu Nr. 3 I und BT-Drs 12/7269, S. 5 zu Nr. 3 I; *Windhorst* in Sachs, GG, Art. 87f Rn. 33 ff.
[417] Hierzu § 1 Rn. 264. Zur Verwendung der früheren Postbeamten auch § 1 Rn. 126.
[418] Vgl. etwa *VGH München* BayVBl 1997, 146 betr. nicht berücksichtigte Rundfunkanbieter; *BVerwG* NJW 1997, 3040 betr. DSF; allgemein *Hesse* BayVBl 1997, 132 ff., 165 ff.
[419] *BVerwGE* 121, 192 = NVwZ 2004, 1352; 121, 205 = NVwZ 2004, 1355.
[420] Std. Rspr., z. B. *BGH* BB 1960, 420.
[421] BGBl I S. 2378, hierzu *Heintze* NVwZ 1994, 748; *ders.* BayVBl 1994, 266; *Schmidt-Aßmann/Röhl* DÖV 1994, 577; *Fromm* DVBl 1994, 187; *Ronellenfitsch* DÖV 1996, 1028.

Daneben bleibt trotz der Organisationsprivatisierung der Bahn ein nicht unerheblicher Bereich **ör Verwaltungstätigkeit:** Art. 87 e Abs. 2 GG lässt weiterhin die Übertragung von Hoheitsbefugnissen auf Behörden der **Eisenbahnverkehrsverwaltung** zu, nämlich auf die Eisenbahnaufsicht des Eisenbahn-Bundesamts bei nichtbundeseigenen Eisenbahnen gemäß § 5 AEG und die in § 3 des Gesetzes über die Eisenbahnverkehrsverwaltung vom 27. 12. 1993[422] genannten weiteren ör Aufgaben. Soweit die dazu gehörenden Verfahren VwVf i. S. von § 9 VwVfG sind, gelten für das Eisenbahn-Bundesamt die Vorschriften des VwVfG nach Maßgabe seines § 1 Abs. 1 subsidiär. Das gilt etwa für Planfeststellungs- und -genehmigungsverfahren nach §§ 18 ff. AEG, die an die Stelle des früheren § 36 BBahnG getreten sind[423] und für Verfahren zur Widmung und Entwidmung von Bahnanlagen.[424] Auch bei Status- und Personalangelegenheiten von Beamten der Bundeseisenbahnen auf der Grundlage von Art. 143 a Abs. 1 Satz 2 GG und der darauf beruhenden Ausführungsgesetzgebung kann das VwVfG subsidiär anwendbar sein.[425]

V. Landesrecht *(Schmitz)*

150
Allgemein: Rn. 9,
zu Abs. 1: Rn. 30, 21 ff.,
zu Abs. 2 Nr. 1: Rn. 59 ff.,
zu Abs. 3 Nr. 2: Rn. 123, 136 ff.

VI. Vorverfahren *(Schmitz)*

151 § 2 gilt auch für das Vorverfahren (§ 79, dort Rn. 29, 35), zur AO noch § 2 Rn. 66, 70.

§ 3 Örtliche Zuständigkeit

(1) Örtlich zuständig ist
1. in Angelegenheiten, die sich auf unbewegliches Vermögen oder ein ortsgebundenes Recht oder Rechtsverhältnis beziehen, die Behörde, in deren Bezirk das Vermögen oder der Ort liegt;
2. in Angelegenheiten, die sich auf den Betrieb eines Unternehmens oder einer seiner Betriebsstätten, auf die Ausübung eines Berufs oder auf eine andere dauernde Tätigkeit beziehen, die Behörde, in deren Bezirk das Unternehmen oder die Betriebsstätte betrieben oder der Beruf oder die Tätigkeit ausgeübt wird oder werden soll;
3. in anderen Angelegenheiten, die
   a) eine natürliche Person betreffen, die Behörde, in deren Bezirk die natürliche Person ihren gewöhnlichen Aufenthalt hat oder zuletzt hatte,
   b) eine juristische Person oder eine Vereinigung betreffen, die Behörde, in deren Bezirk die juristische Person oder die Vereinigung ihren Sitz hat oder zuletzt hatte;
4. in Angelegenheiten, bei denen sich die Zuständigkeit nicht aus den Nummern 1 bis 3 ergibt, die Behörde, in deren Bezirk der Anlass für die Amtshandlung hervortritt.

---

[422] BGBl I S. 2378.
[423] Hierzu Näheres bei §§ 72 ff.; *Blümel/Kiesewetter* (Hrsg.), Aktuelle Probleme des Eisenbahnrechts, Speyerer Forschungsberichte Nr. 160/1996; *Steenhoff,* Planfeststellung für Betriebsanlagen von Eisenbahnen, DVBl 1996, 1136 m. w. N.; *Vallendar,* Planfeststellung im Spiegel der aktuellen Rechtsprechung des BVerwG, UPR 1995, 296; 1996, 121; 1997, 129.
[424] Hierzu *BVerwG* vom 29. 8. 1961, Buchholz 11 Art. 14 GG Nr. 47, S. 16, 21; *BVerwGE* 81, 111, 118 = NVwZ 1989, 655: eine Entwidmung kann nur durch eindeutigen Hoheitsakt erfolgen, der für jedermann klare Verhältnisse schafft, ob und welche Flächen für andere Nutzungen offen stehen; 102, 269 = NVwZ 1997, 920: Betriebsanlagen der Eisenbahn i. S. von § 18 AEG i. V. m. § 3 EBO können nicht entwidmet werden, solange sie ihre Funktion beibehalten.
[425] Vgl. *Blanke/Sterzel* AuR 1993, 265; *Engels/Müller/Mauß* DB 1994, 473; *Fromm* DVBl 1994, 187; *Lorenzen* PersV 1994, 145.

§ 3 Örtliche Zuständigkeit § 3

(2) ¹Sind nach Absatz 1 mehrere Behörden zuständig, so entscheidet die Behörde, die zuerst mit der Sache befasst worden ist, es sei denn, die gemeinsame fachlich zuständige Aufsichtsbehörde bestimmt, dass eine andere örtlich zuständige Behörde zu entscheiden hat. ²Sie kann in den Fällen, in denen eine gleiche Angelegenheit sich auf mehrere Betriebsstätten eines Betriebs oder Unternehmens bezieht, eine der nach Absatz 1 Nr. 2 zuständigen Behörde als gemeinsame zuständige Behörde bestimmen, wenn dies unter Wahrung der Interessen der Beteiligten zur einheitlichen Entscheidung geboten ist. ³Diese Aufsichtsbehörde entscheidet ferner über die örtliche Zuständigkeit, wenn sich mehrere Behörden für zuständig oder für unzuständig halten oder wenn die Zuständigkeit aus anderen Gründen zweifelhaft ist. ⁴Fehlt eine gemeinsame Aufsichtsbehörde, so treffen die fachlich zuständigen Aufsichtsbehörden die Entscheidung gemeinsam.

(3) Ändern sich im Lauf des Verwaltungsverfahrens die die Zuständigkeit begründenden Umstände, so kann die bisher zuständige Behörde das Verwaltungsverfahren fortführen, wenn dies unter Wahrung der Interessen der Beteiligten der einfachen und zweckmäßigen Durchführung des Verfahrens dient und die nunmehr zuständige Behörde zustimmt.

(4) ¹Bei Gefahr im Verzug ist für unaufschiebbare Maßnahmen jede Behörde örtlich zuständig, in deren Bezirk der Anlass für die Amtshandlung hervortritt. ²Die nach Absatz 1 Nr. 1 bis 3 örtlich zuständige Behörde ist unverzüglich zu unterrichten.

Vergleichbare Vorschriften: §§ 17–29 AO, § 2 SGB X.

Abweichendes Landesrecht: Vgl. Rn. 48; ferner Übersicht zu Änderungen der LVwVfGe im Dritten Teil dieses Kommentars.

Entstehungsgeschichte: Bis zum Inkrafttreten des VwVfG vgl. § 3 der 6. Auflage.

Literatur: *Obermayer,* Die Übertragung von Hoheitsbefugnissen im Bereich der Verwaltungsbehörden, JZ 1956, 625; *Ringe,* Zur funktionellen Zuständigkeit der übergeordneten Behörde, DVBl 1957, 676; *Rasch,* Die Festlegung und Veränderung staatlicher Zuständigkeiten, DÖV 1957, 337; *Groschupf,* Wohnsitzwechsel und örtliche Behördenzuständigkeit, DVBl 1963, 661; *Musgnug,* Das Recht auf den gesetzlichen Verwaltungsbeamten?, 1970; *Adami,* Zuständigkeit, Unzuständigkeit und Unzuständigkeitsfolgen in der staatlichen Verwaltung, Diss. Würzburg, 1971; *Obermayer,* Die Regelung der örtlichen Zuständigkeit durch § 3 VwVfG, RiA 1976, 225; *Foerster,* Die örtliche Zuständigkeit der Verwaltungsbehörde, SKV 1976, 162; *Schmidt,* Der Verlust der örtlichen Zuständigkeit während des Verwaltungsverfahrens, DÖV 1977, 774; *Bettermann,* Zuständigkeitsfragen in der Rechtsprechung des Bundesverwaltungsgerichts, FG BVerwG, 1978, 61; *Schnapp,* Dogmatische Überlegungen zu einer Theorie des Organisationsrechts, AöR 105 (1980), 243; *Achterberg,* Verwaltungsorganisationsrecht, JA 1980, 701; *Stettner,* Grundfragen der Kompetenzlehre, 1983; *Horn,* Das organisationsrechtliche Mandat, NVwZ 1986, 808; *Louis/Abry,* Wechsel der örtlichen Zuständigkeit einer Behörde während des Widerspruchs- oder Klageverfahrens, DVBl 1986, 331; *Süß,* Zur gesetzlichen Verankerung des Selbsteintrittsrechts in BayVwVfG, BayVBl 1987, 1; *Eiselstein,* Verwaltungsaufgaben und Zuständigkeiten, JuS 1987, 30; *Oldiges,* Verbandskompetenz, DÖV 1989, 873; *Kaup,* Das subjektive Recht der regelrecht zuständigen Behörde auf den selbsteintrittsfreien Funktionsbereich, BayVBl 1990, 193 (mit Erwiderung *Boettcher* BayVBl 1990, 202); *Herdegen,* Der Selbsteintritt von Aufsichtsbehörden im Verwaltungsrecht DV 1990, 183; *Guttenberg,* Weisungsbefugnisse und Selbsteintritt, BayVBl 1992; *Lücke,* Behördliche und gerichtliche Notkompetenzen im Lichte der Verfassung, FS Thieme, 1993, 539; *Oebbecke,* Mehrfachzuständigkeiten in der Verwaltung als Verfassungsproblem, FS Wessels, 1993, 119; *Gillmaier,* Das Selbsteintrittsrecht in Bayern nach Art. 3 a BayVwVfG, Diss. Passau, 1994; *Lipski,* Die örtliche Zuständigkeit im Staatsangehörigkeitsrecht, StAZ 1998, 6; *K. Redeker,* Behördlicher Zuständigkeitswechsel während anhängigen Verwaltungsprozesses, NVwZ 2000, 1223; *Collin/Fügemann,* Zuständigkeit – Eine Einführung zu einem Grundelement des Verwaltungsorganisationsrechts, JuS 2005, 694.

Übersicht

	Rn.
I. Allgemeines	1
1. Anwendungsbereich des § 3	1
2. Bedeutung und Arten der Zuständigkeit	4
a) örtliche Zuständigkeit	7
b) sachliche Zuständigkeit	8
c) instanzielle Zuständigkeit	10
d) funktionelle Zuständigkeit	11
e) Verbandszuständigkeit	12

	Rn.
3. Keine Zuständigkeitsvereinbarungen	13
4. Zuständigkeit und Amtshilfe	15
II. Regelung der örtlichen Zuständigkeit (Abs. 1)	16
1. Zuständigkeit nach der Belegenheit der Sache (Nr. 1)	18
2. Zuständigkeit nach Unternehmen, Betriebsstätte, Beruf (Nr. 2)	19
3. Zuständigkeit nach gewöhnlichem Aufenthalt oder Sitz (Nr. 3)	23
4. Zuständigkeit nach dem Anlass (Nr. 4)	27
III. Mehrfache Zuständigkeit (Abs. 2)	29
1. Erstbefasste Behörde (Satz 1)	29
2. Bestimmungsrecht der Aufsichtsbehörde (Satz 2)	34
3. Zuständigkeitsstreit (Sätze 3 und 4)	35
IV. Zuständigkeitswechsel (Abs. 3)	38
1. Fortführung durch die bisherige Behörde	38
2. Zustimmung der neu zuständigen Behörde	41
V. Zuständigkeit bei Gefahr im Verzug (Abs. 4)	43
VI. Rechtsfolgen bei Nichteinhaltung von Vorschriften über die örtliche Zuständigkeit	46
VII. Europarecht	47
VIII. Landesrecht	48
IX. Vorverfahren	49

I. Allgemeines

1. Anwendungsbereich des § 3

1 § 3 mit seiner Regelung (nur) für die **örtliche** Zuständigkeit (zur sachlichen, instanziellen und funktionellen Zuständigkeit sowie zur Verbandszuständigkeit Rn. 8 ff.) ist die einzige **verwaltungsorganisationsrechtliche** Vorschrift im VwVfG. Sie setzt die Anwendbarkeit des VwVfG nach Maßgabe von **§§ 1, 2** voraus, also insbesondere ör Verwaltungstätigkeit. § 3 gilt bei allen VwVf i. S. von § 9, also in Verfahren betr. VA (§§ 35 ff.), ör Vertr (§§ 54 ff.), Förmlichen Verfahren (§§ 63 ff.), Beschleunigten Verfahren (§§ 71 a ff.), PlfV und PlGV (§§ 72 ff.). § 3 ist darüber hinaus – wie auch die Stellung im VwVfG vor den §§ 9 ff. zeigt – für eine **sonstige ör Verwaltungstätigkeit** bei Fehlen einer gesetzlichen Regelung anwendbar.[1] Die allgemeine Festlegung des Anwendungsbereichs des VwVfG durch § 1 Abs. 1 schließt nicht aus, einzelnen Vorschriften einen erweiterten Geltungsbereich zu verschaffen.[2] § 3 kommt wegen der allgemeinen **Subsidiarität** des VwVfG (hierzu § 1 Rn. 206 ff.) jedoch nur zur Anwendung, wenn inhaltsgleiche oder entgegenstehende Rechtsvorschriften fehlen (s. auch Rn. 30).

Solche von § 3 abweichende Rechtsvorschriften des Bundes finden sich etwa in § 3 FlurbG, § 16 BVFG, § 206 BauGB, § 61 GewO, § 32 Abs. 2 FahrlG, § 43c Abs. 2 PStG, § 98 SGB XII.[3]

2 Wenn Behörden nicht ör Verwaltungstätigkeit (§ 1 Rn. 83 ff.) ausüben, sondern **(verwaltungs)privatrechtlich** (§ 1 Rn. 116 ff.) handeln, sind sie von der Beachtung der allgemeinen Zuständigkeitsverordnung nicht freigestellt. Sofern dafür nicht besondere Regelungen bestehen, werden die Grundsätze des § 3 auch für diese Tätigkeit **lückenschließend** sinngemäß heranzuziehen sein, wenn es um dingliche Angelegenheiten (Nr. 1), Unternehmen und Betriebe (Nr. 2), Privatpersonen (Nr. 3) und die Notwendigkeit des Handelns von Behörden aus sonstigem Anlass (Nr. 4) geht.[4] Welche Folgen die Verletzung von Vorschriften über die örtliche Zuständigkeit bei zivilrechtlicher Tätigkeit hat, richtet sich nach den dafür geltenden Vorschriften.

---

[1] Ebenso *Kopp/Ramsauer* § 3 Rn. 2; *Meyer* in Knack Rn. 33 vor § 3; a. A. *Hoffmann* in Obermayer § 3 Rn. 1. S. auch § 3 a Rn. 46 zur vergleichbaren Frage bei der Anwendbarkeit des § 3 a.

[2] Vgl. *BVerwGE* 77, 364, 366 = NVwZ 1987, 1070; § 1 Rn. 283 ff. m. w. N. OVG Weimar 21. 6. 2004 – 4 KO 865/03 wendet § 3 analog an, nachdem es zuvor die Anwendung des VwVfG – unzutreffend – vollständig ausgeschlossen hat; hierzu § 2 Rn. 65.

[3] Abweichung von § 2 SGB X: Leistung von Sozialhilfe in Anknüpfung an tatsächlichen Aufenthaltsort des Hilfeempfängers; vgl. *BVerwGE* 114, 326 = NVwZ 2002, 483 zu § 97 BSHG a. F.

[4] Offen *Kopp/Ramsauer* § 3 Rn. 3; *Ule/Laubinger* § 10 Rn. 24.

§ 3 Örtliche Zuständigkeit

Die **Länder** haben § 3 in ihren VwVfGen im Wesentlichen übernommen, allerdings gibt es 3 – überwiegend wegen landesrechtlicher Besonderheiten – eine Reihe von Abweichungen und Ergänzungen (vgl. etwa § 96 LVwVfG BW, Art. 94 und 3b BayVwVfG;[5] § 3 Abs. 1 BremVwVfG, § 3 HmbVwVfG[6] und § 31 Abs. 5 LVwG SchlH). Sie kommen nach Maßgabe des § 1 Abs. 3 zur Anwendung (§ 1 Rn. 60 ff.).

2. Bedeutung und Arten der Zuständigkeit

§ 3 enthält keine Entscheidung zur Frage, ob und in welchen Fällen die Festlegung der Zu- 4 ständigkeit dem **Gesetzesvorbehalt** unterliegt und in welchen Fällen eine Zuständigkeitsbestimmung durch bloße Verwaltungsanordnung erfolgen kann.[7] § 3 entscheidet für eine Reihe von prototypischen Fällen nur die Frage, **welche** Behörde bei Fehlen spezieller Regelungen örtlich zuständig ist, wenn mehrere regional unterschiedliche Behörden dafür in Betracht kommen können.

Die Beachtung der örtlichen, sachlichen und instanziellen Zuständigkeit ist Bestandteil des 5 Gebots gesetzmäßiger Verwaltung, daher eine **Rechtspflicht der Behörden** zur Wahrung der gesetzlichen Kompetenzordnung und in jeder Lage des Verfahrens **von Amts wegen** zu beachten; die Zuständigkeit muss vorbehaltlich anderer Regelungen spätestens im Zeitpunkt der maßgeblichen Amtshandlung bestehen. Die Beachtung der Kompetenzordnung dient der **Vermeidung von Mehrfachzuständigkeiten** und schafft für die jeweiligen Behörde in positiver Hinsicht Handlungspflichten, in negativer Beziehung Handlungsverbote und dient damit der **Rechtssicherheit**. Sie hat zugleich eine Schutzfunktion für die von Behördenhandeln Betroffenen, weil damit eine beliebige Zuständigkeitswahrnehmung durch andere Behörden ausgeschlossen werden soll.[8] Zu Amts- und Verwaltungshilfe, Delegation, Mandat und Organleihe vgl. § 4 Rn. 41 ff. **Rügeloses Einlassen** heilt einen Zuständigkeitsmangel grundsätzlich nicht; § 295 ZPO ist unanwendbar.[9]

Auch der Bürger hat einen – durch §§ 45, 46 relativierten – **Anspruch** auf das Handeln der zu- 6 ständigen Behörde.[10] **Adressaten** von Zuständigkeitsvorschriften sind nicht Personen oder Organwalter, sondern Institutionen, also **Rechtsträger und Behörden**. Innerhalb der örtlich zuständigen Behörde gibt es grundsätzlich keinen Anspruch auf den „gesetzlichen Beamten" parallel zum gesetzlichen Richter, weil dies dem Organisationsrecht der Behörden widerspräche.[11] Etwas anderes gilt nur, wenn durch Rechtsvorschrift bestimmt ist, dass innerhalb einer Behörde ein bestimmter Organwalter in institutioneller Eigenschaft zu handeln hat (zur funktionellen Zuständigkeit, etwa der Behördenleiter, vgl. Rn. 11).[12] Zu Mitwirkungsrechten und -pflichten in Leistungs- und Eignungsprüfungen vgl. § 2 Rn. 123 ff. m.w.N. Das Direktionsrecht des Behördenleiters oder der vorgesetzten Behörde bleibt von diesen Sonderfällen abgesehen unberührt; es reicht zur Wahrung der Zuständigkeit eine allgemeine Handlungskompetenz im Außenverhältnis.[13] Zu den Rechtsfolgen beim Handeln einer unzuständigen Behörde vgl. §§ 44, 45, 46 m.w.N.

---

[5] Zum Selbsteintrittsrecht vgl. *Süß* BayVBl 1987, 1 ff.; hierzu *Kaup* BayVBl 1990, 193 mit Erwiderung *Boettcher* BayVBl 1990, 202.
[6] Hierzu *Wagener* DÖV 1982, 61, 62.
[7] Hierzu und zur strittigen Frage des Gesetzesvorbehalts in der Leistungsverwaltung etwa *BVerfGE* 8, 155, 167 f. = NJW 1959, 235; 40, 237, 250 = NJW 1976, 34; *BVerwGE* 36, 327, 329 = DÖV 1971, 317; 58, 45, 48 = NJW 1979, 2059; 90, 112, 126 = NJW 1992, 2496; *Stettner*, Grundfragen der Kompetenzlehre, 1983, 349 ff.; *Guttenberg*, Weisungsbefugnisse und Selbsteintritt, 1990, 171 ff.; *Ule/Laubinger* § 10 Rn. 15; *Meyer* in Knack Rn. 9 ff. vor § 3; *Kopp/Ramsauer* § 3 Rn. 7, jeweils m.w.N.
[8] Vgl. *BVerfGE* 8, 122 = NJW 1958, 1341; *BVerwGE* 11, 195, 202 = DVBl 1961, 287; NJW 2005, 2330; *Maurer* § 21 Rn. 46; *Wolff/Bachof u. a.* I § 30 Rn. 22 ff. Dass die vorstehend genannten Aspekte einen umfassenden Anspruch des Bürgers auf Entscheidung der zuständigen Behörde begründen, verkennt *Eifert*, Electronic Government, 2006, S. 199.
[9] Vgl. auch *BSGE* 70, 133 – GrS – = NJW 1992, 2444; ferner *Rasch* DÖV 1957, 337; *Brunner* DÖV 1969, 773; *Obermayer* RiA 1976, 226; *Schnapp* AöR 105 (1980), 243; *Achterberg* JA 1980, 701; *Maurer* § 21 ff.; vgl. aber *BVerfGE* 40, 237, 250 = NJW 1976, 34: Bestimmung der Behördenzuständigkeit bei der Leistungsverwaltung unterliegt nicht dem Gesetzesvorbehalt.
[10] *OVG Münster* NJW 1979, 1058; *VGH München* BayVBl 1984, 665; vgl. *Maurer* § 21.
[11] Vgl. *Mußgnug*, Das Recht auf den gesetzlichen Verwaltungsbeamten?, 1970.
[12] Zu Behördenleiterregelungen im Polizeirecht vgl. *Lisken/Mörken* NVwZ 1991, 609, 612; *Ule/Laubinger* § 10 Rn. 10; *Maurer* § 21 Rn. 50.
[13] *BVerwGE* 26, 31, 36 = NJW 1967, 1434.

7 **a) Örtliche Zuständigkeit:** Die örtliche Zuständigkeit betrifft den räumlichen Tätigkeitsbereich der Behörden, die dem gleichen oder verschiedenen Rechtsträgern zugehören und die gleiche sachliche Zuständigkeit haben. Auch sie dient der Vermeidung von Doppelzuständigkeiten; die positive Wirkung besteht in einer Handlungspflicht, die negative in einem grundsätzlichen Handlungsverbot außerhalb des eigenen räumlichen Tätigkeitsbereichs (zur mehrfachen Zuständigkeit Rn. 29; zur Notzuständigkeit Rn. 43 f.).

8 **b) Sachliche Zuständigkeit:** Eine Regelung auch der sachlichen Zuständigkeit, d. h. die Zuweisung einer Sachaufgabe (z. B. im Bau-, Gewerbe- oder Schulrecht) an eine bestimmte Behörde, ist dagegen in das VwVfG **nicht aufgenommen** worden. Schon der Musterentwurf enthielt keine Vorschriften über diese Zuständigkeit, da dem Bund-Länderausschuss derartige Regelungen wegen der unterschiedlichen Behördenorganisation im Bund und in den Ländern nicht möglich erschienen: „Eine Einheitlichkeit der Vorschriften über die sachliche Zuständigkeit hat niemals bestanden und wird bei der Verschiedenartigkeit der Behördenorganisation auch niemals bestehen können."[14]

9 Wenn auch im VwVfG keine Regelung der sachlichen Zuständigkeit getroffen ist, setzt die Anwendung des § 3 im Einzelfall diese jedoch voraus. Um dies klarzustellen, hatte § 2 Abs. 1 Musterentwurf die einleitenden Worte vorgesehen: „Örtlich zuständig ist **im Bereich ihrer sachlichen Zuständigkeit** …" Das Vorliegen allein der Voraussetzungen des Abs. 1 oder des Abs. 4 Satz 1 kann in keinem Fall eine an sich nicht gegebene sachliche Zuständigkeit begründen. Eine fehlende Zuständigkeit der Behörde führt stets zur Rechtswidrigkeit des VA, auch wenn die Maßnahme materiell rechtmäßig ist.[15]

10 **c) Instanzielle Zuständigkeit:** Ein **Unterfall der sachlichen Zuständigkeit** ist die sogenannte instanzielle Zuständigkeit, d. h. die Zuweisung einer sachlichen Zuständigkeit an eine bestimmte Verwaltungsebene in einem mehrstufigen Verwaltungsaufbau, insbesondere der Zuständigkeit für Rechtsbehelfe. Aus der sachlichen und instanziellen Zuständigkeit folgt im Instanzenzug der Behörden, dass nur die dazu berufenen Stellen nach Maßgabe der gesetzlichen Kompetenzordnung zum Handeln befugt sind und dritte, auch vorgesetzte Behörden, grundsätzlich kein Erstentscheidungsrecht haben und Verwaltungsaufgaben nur dann an sich ziehen können, wenn sie ein **gesetzliches Selbsteintrittsrecht** haben.[16] Hinzu kommt, dass die sachliche Zuständigkeit üblicherweise im Zusammenhang mit den jeweiligen Vorschriften des materiellen Rechts geregelt wird (z. B. § 51 PStG, § 22 Abs. 1 II. WobauG, § 11 Abs. 1 GjS, § 24 d GewO, § 54 HandwO, § 6 KWG, § 10 BBG). Zu Zuständigkeitsvereinbarung und einseitiger Zuständigkeitsübertragung Rn. 13.

11 **d) Funktionelle Zuständigkeit:** Sie betrifft die Frage, ob innerhalb einer Behörde bestimmte Organwalter mit bestimmten Funktionen oder Qualifikationen bestimmte Aufgaben und Zuständigkeiten (ausschließlich) wahrzunehmen haben. Da diese im Allgemeinen nur einer bestimmten Behörde oder einem bestimmten Rechtsträger zugewiesen sind und es ein Recht auf den „gesetzlichen Beamten" grundsätzlich nicht gibt (Rn. 6, 8), hängt die besondere funktionelle Zuständigkeit davon ab, ob sie **durch oder auf Grund spezieller Rechtsvorschriften** angeordnet ist. Insofern ist sie ein Sonderfall der örtlichen und sachlichen Zuständigkeit. Derartige funktionelle Zuständigkeiten etwa für den Behördenleiter oder für juristisch vorgebildete Bedienstete innerhalb einer Behörde sind im VwVfG für Leiter, gesetzliche Vertreter oder Beauftragte von juristischen Personen und Behörden in § 12 Abs. 1 Nr. 3 und Nr. 4 (bei der Handlungsfähigkeit), § 27 Abs. 2 (für die Aufnahme eidesstattlicher Versicherungen), § 61 Abs. 1 Satz 2 (bei Unterwerfungserklärungen in ör Vertr) und in § 65 Abs. 5 (bei Ersuchen in Förmlichen Verfahren) vorgesehen. Ähnliche funktionale Zuständigkeiten bestehen für den (jeweiligen) Verhandlungsleiter oder Vorsitzenden in § 68 Abs. 2 und 3, §§ 89, 93. Bei Fehlern der die funktionelle Zuständigkeit begründenden Voraussetzungen ist ggfs. der Grundsatz zu berücksichtigen, dass die Unwirksamkeit der Bestellung von Organen bis zur Rechtskraft der Entscheidung hierüber Rechtsbestand und Verbindlichkeit ihrer Maßnahmen und Beschlüsse unberührt lässt.[17]

---

[14] Begründung zu § 2 Musterentwurf.
[15] *BVerwG* NJW 2005, 2330; vgl. auch *Jestaedt* GVwR I, § 14 Rn. 47, 51.
[16] Zu Art. 3b (früher Art. 3a) BayVwVfG vgl. *Süß* BayVBl 1987, 1; *Kaup* BayVBl 1990, 193 mit Erwiderung *Boettcher* BayVBl 1990, 202.
[17] *BVerwGE* 108, 169 = NJW 1999, 2292; NVwZ 2003, 995, 996.

§ 3 Örtliche Zuständigkeit 12–14 § 3

e) **Die Verbandszuständigkeit:** Die Verbandszuständigkeit (teils auch **Verbandskompetenz** genannt)[18] ist eine übergreifende Ergänzung zur örtlichen, sachlichen, instanziellen und funktionellen Zuständigkeit. Sie betrifft die äußere Begrenzung des Kompetenzbereichs eines selbständigen Rechtsträgers, insbesondere im Verhältnis von Bund, Ländern und Kommunen sowie im Verhältnis mehrerer sonstiger rechtlich selbständiger Rechtsträger zueinander.[19] Eine solche Festlegung geschieht überwiegend nicht ausdrücklich, sondern ergibt sich i.d.R. aus der Kompetenzabgrenzung zwischen Bund, Ländern und Kommunen nach Maßgabe von Art. 70ff. und 83ff. GG, innerhalb der Länder aus dem dafür geltenden Recht. Aus der Aufgabenzuweisung folgt im Allgemeinen auch die Zuständigkeit und Befugnis zur „verbandsmäßigen" Aufgabenerledigung. Die Verbandszuständigkeit schließt Verwaltungshandeln mit **überregionaler** Wirkung und Tätigwerden im Bereich eines anderen Rechtsträgers nicht schlechthin aus; dafür ist aber eine Ermächtigungsgrundlage notwendig.[20] Die Verletzung einer Verbandszuständigkeit ist Zuständigkeitsfehler, dessen Rechtsfolgen sich nach §§ 44–46 bemessen. Zwar wird die Wahrnehmung einer Zuständigkeit durch den falschen Verband regelmäßig ein objektiv schwerer Verfahrensfehler sein; eine Nichtigkeit wird nach § 44 Abs. 1 aber erst dann anzunehmen sein, wenn dieser Fehler auch offensichtlich ist. Ob dies der Fall ist, hängt von den Umständen des Einzelfalls ab.[21] Auch wiederholtes Nichtbefolgen einer Weisung berechtigt nicht ohne weiteres die Übernahme der Aufgabe durch eine andere Behörde; sie muss mit den gesetzlich vorgesehenen Mitteln und in dem dafür vorgesehenen Verfahren erledigt werden.[22] Für das Bund-Länder-Verhältnis vgl. Art. 37, 84 Abs. 3 und 4, 85 Abs. 3 und 4 GG.

3. Keine Zuständigkeitsvereinbarungen

Wegen der Bindung der Verwaltung an Gesetz und Recht und die gesetzlich normierte Kompetenzordnung sind im Verwaltungsverfahrensrecht **Zuständigkeitsvereinbarungen** zwischen Behörden oder zwischen Behörde und Bürger **grundsätzlich unzulässig** und nur bei gesetzlicher Ermächtigung wirksam (vgl. Rn. 42, § 58 Rn. 1 ff.). Auch eine einseitige Zuständigkeitsübertragung (etwa durch Organleihe, Delegation oder Mandat, hierzu § 4 Rn. 7, 39 ff.; § 35 Rn. 59) ist ohne ausdrückliche gesetzliche Grundlage unzulässig.[23] Dasselbe gilt für ein **Selbsteintrittsrecht,** mit der eine vorgesetzte Behörde die Kompetenz einer anderen Behörde an sich zieht, z.B. nach § 1 Abs. 5 Satz 2 i.V.m. Abs. 7 VZOG und § 25 Abs. 1 Satz 2 VermG, im Landesrecht nach Art. 3b BayVwVfG.[24] Insoweit haben Zuständigkeitsvorschriften gegenüber anderen Behörden auch Abwehr- und Ausschlussfunktion. Zur örtlichen Zuständigkeit bei **Gefahr im Verzuge** vgl. Rn. 43 ff. Zum maßgeblichen **Zeitpunkt** für das Vorhandensein der örtlichen Zuständigkeit vgl. Rn. 16.

Wird eine örtlich (oder sachlich) unzuständige Behörde angegangen, so hat sie bei Fehlen einer ausdrücklichen gesetzlichen Pflicht – auch wegen des Grundsatzes bürgerfreundlichen Verfahrens (§ 1 Rn. 3 ff.; § 9 Rn. 1 ff.) – zumindest **ein nobile officium zur Weiterleitung oder Weiterverweisung** an die zuständige Behörde (vgl. auch § 24 Abs. 3, § 25). Bei einem Antragsverfahren bedarf es aber für eine Pflicht zur Weiterleitung einer gesetzlichen Anord-

---

[18] Vgl. *Oldiges* DÖV 1989, 875; zu den Begriffen Aufgabe, Zuständigkeit, Kompetenz, Befugnis vgl. *Ule/Laubinger* § 10 Rn. 1; *Jestaedt* GVwR I, § 14 Rn. 52 ff.
[19] Teils weitergehend im Sinne einer eigenständigen Kategorie: *Bull/Mehde* Rn. 387; *Oldiges* DÖV 1989, 875.
[20] Vgl. *Wolff/Bachof u.a.* I § 30 Rn. 22 ff., § 48 Rn. 47; *Maurer* § 21 Rn. 45; *Oldiges* DÖV 1989, 875; zu länderübergreifenden Amtshilfe- und Vollstreckungsmaßnahmen und anderen gesetzlich zugelassenen Unterstützungsmaßnahmen vgl. *Kopp* BayVBl 1994, 229; *OVG Münster* NJW 1979, 1057 = DÖV 1979, 102; *VG Gelsenkirchen* DÖV 1986, 528; *Kreiling* KKZ 1985, 28; zur Vollzugskompetenz einer Immissionsschutzbehörde für die hoheitlich betriebene Anlage eines anderen Trägers *BVerwGE* 117, 1 = NVwZ 2003, 346.
[21] Vgl. § 44 Rn. 161 ff., 169; § 46 Rn. 42; *BVerwGE* 90, 25 = NVwZ 1993, 481 zu § 45, 45 a BAföG: Behördenwechsel von einem Bundesland in ein anderes als Fehler (nur) der örtlichen Zuständigkeit; ferner *Collin/Fügemann* JuS 2005, 694, 697; *Isensee* HdbStR Bd. IV, 1990, § 98 Rn. 34, 36 m.w.N.
[22] Vgl. *OVG Berlin* NJW 1977, 1066; *VGH Mannheim* ESVGH 42, 315 = NVwZ-RR 1992, 602; *OVG Weimar* LKV 1993, 428; *Ule/Laubinger* § 10 Rn. 21.
[23] Ebenso *Ule/Laubinger* § 10 Rn. 16 ff.; *Kopp/Ramsauer* § 3 Rn. 12; *VGH München* NVwZ-RR 2004, 599 zur kompetenzwidrigen Entscheidung durch einen Beirat.
[24] Hierzu *Jestaedt* GVwR I, § 14 Rn. 45; *Süß* BayVBl 1987, 1; *Kaup* BayVBl 1990, 193; *Boettcher* BayVBl 1990, 202; *Gillmaier*, Das Selbsteintrittsrecht in Bayern nach Art. 3a BayVwVfG, Diss. Passau, 1994; ferner *OVG Berlin* NJW 1977, 1066; *Brunner* DÖV 1969, 773; *Engel* DVBl 1982, 757.

nung.²⁵ Zustimmung eines anderen Beteiligten ist nur bei entsprechender gesetzlicher Vorschrift erforderlich. Ob **Fristwahrung** bei Anhängigkeit bei einer unzuständigen Behörde möglich ist, hängt von der Regelung im Einzelfall ab (hierzu § 22 m.w.N.). Im allgemeinen wird die Möglichkeit der Fristwahrung in einem solchen Fall nur dann zu bejahen sein, wenn eine Rechtsvorschrift dies vorsieht.²⁶

4. Zuständigkeit und Amtshilfe

15   Amtshilfeersuchen und -leistungen (§§ 4–8, Näheres dort) ändern an der bestehenden sachlichen, örtlichen und instanziellen Zuständigkeit für das Gesamtvorhaben grundsätzlich nichts, weil die Amtshilfe als ergänzende Hilfe innerhalb eines Vorhabens in eigenem Namen nur von den zuständigen Behörden erbeten und nach Maßgabe von §§ 5–8 erbracht wird, wenn auch in fremdem Interesse (§ 4 Rn. 4 ff.). Mit ihrer Begrenzung auf eine ergänzende Hilfe im Einzelfall auf Ersuchen (§ 4 Rn. 34 ff.) unterscheidet sie sich von dem durch den Einigungsvertrag (Art. 15) neu geschaffenen – und als Übergangsregelung mittlerweile ausgelaufenen – Rechtsinstitut der **Verwaltungshilfe**; diese erweiterte die vorherigen Begrenzungen der Amtshilfe, enthielt Elemente der **Organleihe, Delegation und des Mandats** (hierzu § 4 Rn. 39 ff.), sogar der Rechtshilfe (§ 4 Rn. 41), und stellte sich als neues eigenständiges staatsrechtliches Institut mit einem weitergehenden Begriffsinhalt und nach 1990 zunächst erheblicher praktischer Bedeutung dar. Soweit durch den Einigungsvertrag selbst oder in der Folge davon Staatsverträge zwischen alten und neuen Ländern Zuständigkeitsvereinbarungen enthalten, gehen sie regelmäßig untergesetzlichen Kompetenzvorschriften vor. Zweifelhaft ist aber, ob sie Gesetzesrecht – auch soweit sie Zuständigkeitsregelungen derogieren – außer Kraft setzen oder zumindest faktisch leerlaufen lassen können.²⁷ Eine Zuständigkeitsverlagerung im Außenverhältnis fand auch bei der Verwaltungshilfe nicht statt, da die personellen, organisatorischen und/oder finanziellen Hilfeleistungen alter Behörden/Rechtsträger gegenüber neuen Behörden/Rechtsträgern **nur mit Innenwirkungen** zur Herstellung der Funktionstüchtigkeit der neuen Institutionen erbracht wurden. Im Außenverhältnis wurden die Handlungen und Rechtsakte den neuen Behörden, auch soweit sie durch Personal oder mit Mitteln alter Behörden erbracht wurden, zugerechnet; sie waren rechtlich Akte der neuen Behörden/Rechtsträger (hierzu noch § 4 Rn. 36 ff.). Die Zweifelsfragen sind durch das Auslaufen der Regelungen (hierzu § 4 Rn. 45 ff.) obsolet geworden.

II. Regelung der örtlichen Zuständigkeit (Abs. 1)

16   Die örtliche Zuständigkeit ist die Zuständigkeit, innerhalb eines bestimmten räumlichen Bereichs Amtshandlungen im Rahmen der – im VwVfG nicht geregelten (vgl. Rn. 8 f.) – sachlichen Zuständigkeit vorzunehmen. Demgemäß ist der **Bezirk** einer Behörde das Gebiet, das ihr nach dem Verwaltungsorganisationsrecht zugewiesen ist und ihre Zuständigkeit gegenüber dem Tätigkeitsbereich anderer örtlich zuständiger Behörden abgrenzt. Die **örtliche Zuständigkeit** ist – ebenso wie die sachliche Zuständigkeit – zwingende **Voraussetzung rechtmäßigen Handelns** der Behörde (Rn. 4 f.; zur Nichtbeachtung der örtlichen Zuständigkeit vgl. Rn. 46). Ihre Voraussetzungen müssen noch in dem **Zeitpunkt** vorliegen, in dem die Amtshandlung vorgenommen oder der VA erlassen oder der ör Vertr abgeschlossen wird oder eine sonstige Entscheidung mit Außenwirkung ergeht;²⁸ vorausgesetzt ist dabei, dass eine Zuständigkeit bereits ab Handlungsbeginn besteht (§ 22) oder im Laufe des Verfahrens hergestellt wird. Zum späteren Wegfall der Voraussetzungen vgl. Rn. 31 ff. Zum Zuständigkeitswechsel im Verfahren Rn. 48.

17   Die Behörde hat infolgedessen vor der Vornahme von Amtshandlungen und insbesondere vor ihrer Entscheidung die örtliche Zuständigkeit **von Amts wegen** zu prüfen. Der Aufbau des

---

[25] Vgl. BVerwGE 46, 83, 85; ferner § 22.
[26] Ebenso *Meyer/Borgs* § 3 Rn. 28; *Kopp/Ramsauer* § 3 Rn. 14; ferner § 22 Rn. 34 ff.
[27] Hierzu allgemein *Klein* DÖV 1991, 569; *Weis* AöR 116 (1991), 1; *Kloepfer/Kröger* DVBl 1991, 1094; *Bayer* DVBl 1991, 1014; *Anker* DÖV 1991, 1062; *Sauthoff/Bauer* DÖV 1991, 1054; *Hill* NVwZ 1991, 1048.
[28] Vgl. *VGH München* BayVBl 1976, 726; *Hoffmann* in Obermayer § 3 Rn. 8; *Kopp/Ramsauer* § 3 Rn. 12.

§ 3 Örtliche Zuständigkeit   18, 19 § 3

Abs. 1 soll ihr das erleichtern. Er regelt die örtliche Zuständigkeit ähnlich wie § 52 VwGO nach vier **verschiedenen Anknüpfungspunkten** in der Weise, dass der konkreteste (Zuständigkeit nach der Belegenheit der Sache) am Anfang, der am wenigsten konkrete (Zuständigkeit nach dem Anlass der Amtshandlung) am Ende des Kataloges steht. Jeder Anknüpfungspunkt ist – da sich die aufgezählten Fälle in der **Reihenfolge** ihrer Aufzählung gegenseitig ausschließen[29] – erst zu prüfen, wenn der vorhergehende als nicht gegeben abgelehnt wird.[30] Soweit sich die Zuständigkeit nach dem Wohnort des Antragstellers richten kann (Abs. 1 Nr. 2 und Nr. 3a), hat dieser der Behörde grds. die Wohnungsanschrift und nicht nur eine Postfachanschrift mitzuteilen.[31]

1. Zuständigkeit nach der Belegenheit der Sache (Nr. 1)

Nach Nr. 1 ist für Angelegenheiten, die sich auf **unbewegliches Vermögen** oder ein **orts- 18 gebundenes Recht** beziehen, die Behörde örtlich zuständig, in deren Bezirk das Vermögen oder der Ort liegt. Die Vorschrift folgt dem Prinzip der **sachnahen Entscheidung:** zuständig ist diejenige Behörde, die mit den örtlichen Verhältnissen, auf die es hier besonders ankommt, am besten vertraut ist. Das **unbewegliche Vermögen** umfasst die in § 864 ZPO genannten Gegenstände, also Grundstücke und Berechtigungen, für welche die sich auf Grundstücke beziehenden Vorschriften gelten (z.B. Erbbaurecht, Wohnungs- und Bergwerkseigentum), insbesondere auch eingetragene und eintragungsfähige Schiffe bzw. Schiffsbauwerke. Unter den **ortsgebundenen Rechten** sind die sogenannten radizierten Realrechte zu verstehen, d.h. an ein bestimmtes Grundstück geknüpfte Befugnisse zur Ausübung eines Gewerbes (z.B. beim Betrieb einer Gastwirtschaft oder einer Apotheke), ortsbezogene Genehmigungen, z.B. wasserrechtliche Erlaubnisse nach §§ 2, 3 WHG, Besitz- und Mietrechte in einem Haus oder an einer Wohnung,[32] sowie sonstige Rechte, die zu einem bestimmten Territorium in besonderer Beziehung stehen, etwa Forst-, Wege- oder Jagdrechte.[33] Das Beamtenverhältnis, auch das eines Kommunalbeamten, ist kein ortsgebundenes Rechtsverhältnis.[34]
Das VwVf muss sich **unmittelbar** auf das unbewegliche Vermögen, das ortsgebundene Recht oder Rechtsverhältnis beziehen. Daher keine Zuständigkeit nach der Belegenheit der Sache bei der Omnibuslinie in Bezug auf die befahrene Strecke.[35]

2. Zuständigkeit nach Unternehmen, Betriebsstätte, Beruf (Nr. 2)

a) In Nr. 2 sind zwei Zuständigkeiten verwandter Art zusammengefasst, die sich auf Unter- 19 nehmen und Betriebe beziehen. Auch hier geht das Gesetz wie in Nr. 1 von dem Gedanken aus, die Behörde mit der größtmöglichen **Sachnähe** für zuständig zu erklären. In Angelegenheiten, die sich an den **Betrieb eines Unternehmens oder eine seiner Betriebsstätten** beziehen, ist die Behörde örtlich zuständig, in deren Bezirk das Unternehmen oder die Betriebsstätte **betrieben** wird oder betrieben werden soll. **Unternehmen** im Sinne dieser Vorschrift sind jegliche Unternehmen, die zum Zwecke der Versorgung Dritter oder der Allgemeinheit mit Gütern oder Dienstleistungen betrieben werden. Auf die Rechtsform des Unternehmens (z.B. AG, GmbH, Einzelkaufmann) kommt es nicht an; auch nicht darauf, ob das Unternehmen wirtschaftlichen Zwecken dient (z.B. Fabrikation, Handel, Service-Betrieb) oder solche Zwecke nicht verfolgt (z.B. Krankenhäuser, Kindergärten, Schulen, kulturelle Einrichtungen).[36]

---

[29] Begr. RegE 73, S. 36; *Obermayer* RiA 1976, 226; *Meyer* in Knack § 3 Rn. 12; *Kopp/Ramsauer* § 3 Rn. 18.
[30] *Finkelnburg/Lässig* § 3 Rn. 17, wollen zu Unrecht außer im Falle der Nr. 1 im Einzelfall mehrere Nummern parallel bejahen mit der Folge, dass im Zweifel nach Abs. 2 zu verfahren ist.
[31] Vgl. *BVerwG* NJW 1999, 2608 mit Hinweis auf Ausnahmefälle wie schutzwürdige Geheimhaltungsinteressen.
[32] *OVGE Münster* 2, 19, 20.
[33] *BVerwGE* 18, 26, 28; Begründung zu § 3 Entwurf 73.
[34] *BVerwGE* 18, 26.
[35] *OVGE Münster* 2, 95, 97 ff.; *Redeker/von Oertzen* § 52 Rn. 2.
[36] Ebenso *Kopp/Ramsauer* § 3 Rn. 23; *Meyer* in Knack § 3 Rn. 17; a.A. *Meyer/Borgs* § 3 Rn. 11; *Finkelnburg/Lässig* § 3 Rn. 25.

20 Die gesonderte Aufführung der **Betriebsstätte** als eines organisatorisch in gewissem Maße verselbständigten Teiles eines Unternehmens dient dazu, in Anpassung an die Gegebenheiten der Wirtschaft dem Prinzip der orts- und sachnahen Entscheidung noch stärker Geltung zu verschaffen. Die Betriebsstätte ist in **§ 12 AO** wie folgt definiert:

Betriebsstätte ist jede feste Geschäftseinrichtung[37] oder Anlage, die der Tätigkeit eines Unternehmens dient.
Als Betriebsstätte sind insbesondere anzusehen:
1. die Stätte der Geschäftsleitung,
2. Zweigniederlassungen,
3. Geschäftsstellen,
4. Fabrikations- oder Werkstätten,
5. Warenlager,
6. Ein- oder Verkaufsstellen,
7. Bergwerke, Steinbrüche oder andere stehende, örtlich fortschreitende oder schwimmende Stätten der Gewinnung von Bodenschätzen,
8. Bauausführungen oder Montagen, auch örtlich fortschreitende oder schwimmende, wenn
    a) die einzelne Bauausführung oder Montage
    oder
    b) eine von mehreren zeitlich nebeneinander bestehenden Bauausführungen oder Montagen
    oder
    c) mehrere ohne Unterbrechung aufeinander folgende Bauausführungen oder Montagen
    länger als sechs Monate dauern.

Diese Definition kann auch für den Bereich des VwVfG übernommen werden.

21 b) In Angelegenheiten, die sich auf die **Ausübung eines Berufes** oder auf eine **andere dauernde Tätigkeit** beziehen, ist die Behörde örtlich zuständig, in deren Bezirk der Beruf oder die Tätigkeit **ausgeübt** wird oder werden soll. Der Begriff des **Berufs** ist identisch mit dem in Art. 12 Abs. 1 Satz 1 GG. Unter Beruf ist somit jede sinnvolle, erlaubte, auf eine gewisse Dauer berechnete Tätigkeit zu verstehen, die der Schaffung einer wirtschaftlichen Lebensgrundlage dient.[38] Wegen der Einzelheiten wird auf die Kommentierung zu Art. 12 GG verwiesen. Ein rechtlich umrissenes oder durch Tradition festgelegtes Berufsbild ist nicht Voraussetzung; ausreichend vielmehr jede, auch untypische Betätigung, die den obigen Kriterien genügt.[39] Unerheblich ist, ob es sich um einen Haupt- oder Nebenberuf handelt.[40]

22 Dem Beruf gleichgestellt sind **andere dauernde Tätigkeiten.** Hierunter sind Tätigkeiten zu verstehen, die mit einer gewissen Intensität und nicht nur ganz vorübergehend ausgeübt werden, denen aber im Einzelfall die Merkmale des Berufs, vor allem im Hinblick auf die Schaffung der Lebensgrundlage, fehlen. Dabei kommt es nicht darauf an, ob die Tätigkeit an sich als Beruf geeignet wäre, nur nach den genannten Kriterien im Einzelfall nicht als Beruf anzusehen ist (z. B. Geschäftsführung für eine gemeinnützige Organisation) oder nicht Beruf sein kann (Aktivitäten in einem Verein). In beiden Fällen muss es sich zumindest bei natürlichen Personen um gegenüber dem gewöhnlichen Aufenthalt der Nr. 2 hinausgehende spezielle, qualifizierende Tätigkeiten handeln, damit der Anwendungsbereich der Nr. 2 im Vergleich zu Nr. 3 nicht zu stark erweitert wird.[41] Liebhaberei oder reine Freizeitgestaltung ist keine der Berufsausübung vergleichbare Tätigkeit.

3. Zuständigkeit nach gewöhnlichem Aufenthalt oder Sitz (Nr. 3)

23 Bei den Anknüpfungspunkten in **Nr. 3** wird zwischen natürlichen (a) und juristischen Personen bzw. Vereinigungen (b) unterschieden.

a) In Angelegenheiten, die eine **natürliche Person** betreffen, ist – soweit nicht bereits eine Zuständigkeit nach Nr. 1 oder 2 gegeben ist – örtlich zuständig die Behörde, in deren Bezirk die natürliche Person ihren **gewöhnlichen Aufenthalt** hat **(Buchstabe a).** Auf eine – vorrangige oder alleinige – Anknüpfung an den **Wohnsitz** ist verzichtet worden, weil es dann erforderlich gewesen wäre, außer der tatsächlichen Niederlassung auch den für die Begründung eines

---

[37] Zu diesem Begriff *VGH München* NVwZ-RR 1989, 156; *Gersch* in Klein, AO, § 12 Rn. 2 ff.
[38] *BVerfGE* 7, 377, 397 = NJW 1958, 1035; 54, 301, 313 = NJW 1981, 33; *Scholz* in Maunz/Dürig Art. 12 Rn. 19.
[39] Zur Problematik des Berufsbildes vgl. *Scholz* in Maunz/Dürig Art. 12 Rn. 24 ff.
[40] *Meyer* in Knack § 3 Rn. 19.
[41] Ähnlich *Kopp/Ramsauer* § 3 Rn. 24.

§ 3 Örtliche Zuständigkeit

Wohnsitzes erforderlichen Niederlassungswillen (vgl. § 7 BGB) festzustellen,[42] was im Einzelfall mit Schwierigkeiten verbunden sein kann.[43] Aus diesem Grunde ist auch der BT-Innenausschuss einem Vorschlag des Rechtsausschusses, in erster Linie an den Wohnsitz anzuknüpfen, nicht gefolgt.[44] Vom gewöhnlichen Aufenthalt zu unterscheiden ist – da nicht in allen Fällen Identität vorliegt – auch der Begriff der „**Wohnung**"[45] oder „**Hauptwohnung**"[46] im Sinne der §§ 11 Abs. 5 und 12 Abs. 2 MRRG. **Nebenwohnung** ist jede weitere Wohnung (§ 12 Abs. 3 MRRG); auf die melderechtliche Ab- oder Anmeldung kommt es dabei nicht an.[47]

Durch den Verzicht auf eine allgemeine Verwendung des Begriffs des Wohnsitzes steht das VwVfG im Gegensatz zur AO, die wegen der besonderen Verhältnisse in der Finanzverwaltung an den Wohnsitz anknüpft (vgl. § 19 Abs. 1 AO) und auch eine Definition des Wohnsitzes enthält (§ 8 AO).

Mit der Anknüpfung an den **gewöhnlichen Aufenthalt** (nicht: des dauernden Aufenthalts) folgt das VwVfG dem Beispiel einer Vielzahl von Gesetzen (vgl. §§ 606, 606a ZPO, § 43c Abs. 2 PStG, § 5 Abs. 1 Satz 2 Bundes-Seuchengesetz und die anderen in der Begründung zu § 3 Entwurf 73 genannten Beispiele). Eine Definition des Begriffs „gewöhnlicher Aufenthalt" wird im VwVfG nicht gegeben, doch kann hier auf die **Definition in § 9 AO** und in **§ 30 Abs. 3 S. 2 SGB I** zurückgegriffen werden.[48] Diese lautet:

24

> Den gewöhnlichen Aufenthalt hat jemand dort, wo er sich unter Umständen aufhält, die erkennen lassen, dass er an diesem Ort oder in diesem Gebiet **nicht nur vorübergehend verweilt**. Als gewöhnlicher Aufenthalt im Geltungsbereich dieses Gesetzes ist stets und von Beginn an ein zeitlich zusammenhängender Aufenthalt von **mehr als sechs Monaten** Dauer anzusehen; kurzfristige Unterbrechungen bleiben unberücksichtigt. Satz 2 gilt nicht, wenn der Aufenthalt ausschließlich zu Besuchs-, Erholungs-, Kur- oder ähnlichen privaten Zwecken genommen wird und nicht länger als ein Jahr dauert.

Das bedeutet: Gewöhnlicher Aufenthalt besagt in etwa dasselbe wie **dauernder Aufenthalt**. Eine Person hat einen gewöhnlichen Aufenthalt dort, wo sie nicht nur vorübergehend lebt, sondern auf unabsehbare Zeit, weil die **Beendigung** des Aufenthalts **ungewiss** ist. Der tatsächliche Aufenthalt wird also erst zum gewöhnlichen Aufenthalt, wenn davon auszugehen ist, dass die Person nicht nur vorübergehend an dem betreffenden Ort bleibt.[49] Abweichend vom dauernden Aufenthalt bedarf es bei der Prüfung, ob ein gewöhnlicher Aufenthalt besteht, **keiner Prognose** der Verhältnisse in die Zukunft.[50] Entscheidend ist allein die Tatsache des Aufenthalts; ob er freiwillig oder erzwungen besteht, ist **unerheblich**, ebenso ob die Person **polizeilich gemeldet** ist oder nicht.[51] Nach dieser Definition kann jemand – z. B. ein berufstätiger Wochenendpendler – auch **zwei Orte** haben, an denen er sich gewöhnlich aufhält; ggfs. ist hier eine Entscheidung nach Abs. 2 notwendig. **Minderjährige** haben ihren gewöhnlichen Aufenthalt an dem Ort, an dem sie ihre Erziehung erhalten,[52] also bei den Eltern oder dem erziehenden Elternteil, ggfs. bei den Pflegeeltern oder in einem Heim. Strittig ist, ob **Studenten** ihren gewöhnlichen Aufenthalt stets am Studienort haben und ob es darauf ankommt, ob sie in größerer Entfernung vom Elternhaus wohnen und wo sie sich quantitativ am längsten aufhalten. Hier

---

[42] *BVerwGE* 28, 193 = NJW 1968, 1059; 71, 309 = NJW 1986, 674; 82, 177, 179 = NJW 1989, 2904.
[43] Begr. zu 3 Entwurf 73.
[44] Bericht BT-Innenausschuss zu § 3.
[45] Hierzu *BVerwG* DVBl 1984, 90; *BVerwGE 88, 66* = NJW 1991, 1904: Wohnung – i. S. von § 3 Abs. 2 VwZG i. V. m. § 178 ZPO – ist jede Räumlichkeit, die der Adressat tatsächlich zum Wohnen und Schlafen benutzt, auch wenn er verreist war oder abgemeldet ist; ferner *BGH* NJW 1978, 1878.
[46] Hierzu *BVerwGE* 89, 110 = NJW 1992, 484 zu §§ 2, 7, 9 MRRG: dort, wo sich ein Einwohner rein quantitativ am häufigsten aufhält; eine Gewichtung von Aufenthaltszeiten durch Bildung von prägenden Vergleichszeiten findet nicht statt; ferner *VGH Mannheim* NVwZ 1987, 1007; *OVG Münster* NVwZ 1987, 1009; *VG Freiburg* NVwZ 1987, 1017.
[47] *BVerwGE* 89, 110 = NJW 1992, 484. Zur örtlichen Zuständigkeit bei der Änderung der (Haupt-)Wohnung des Wehrpflichtigen im Einberufungsverfahren vgl. *BVerwGE* 71, 63 = NVwZ 1986, 126.
[48] *BVerwG* NVwZ-RR 1997, 751.
[49] Vgl. *OVG Hamburg* NVwZ-RR 2006, 827, 828.
[50] Vgl. *BVerwGE 92*, 116, 124 = NVwZ 1993, 782 zum Ausländerrecht; a. A. *OVG Greifswald* 8. 9. 98 – 2 M 80/98 = NVwZ-Beilage 1999, 22.
[51] Ebenso *Schleicher* DÖV 1976, 551; *Kopp/Ramsauer* § 3 Rn. 28; a. A. *OVG Greifswald* NVwZ-Beilage 1999, 22.
[52] Vgl. *BVerwGE 64*, 224, 231 = ZfSH 1982, 184; *OVG Koblenz* NVwZ-RR 1990, 312; *OLG Schleswig* FamRZ 2000, 1426; *Kopp/Ramsauer* § 3 Rn. 32.

wird tendenziell auf die längste Verweildauer im ganzen Jahr abgestellt.[53] Der Studienort ist regelmäßig nicht der ständige Aufenthalt.[54] Ein gewöhnlicher Aufenthalt von **Ausländern** im Bundesgebiet ist anzunehmen, wenn nach Ausländerrecht und Handhabung der einschlägigen Ermessensvorschriften durch die Behörden davon auszugehen ist, dass der Ausländer nicht nur vorübergehend im Bundesgebiet bleiben kann.[55]

25 Hat die Person keinen gewöhnlichen Aufenthalt im Geltungsbereich des Gesetzes, etwa wegen eines Umzugs ins **Ausland** (vgl. für diesen Fall auch § 15 und § 16 Abs. 1 Nr. 3), so ist, sofern nicht die Voraussetzungen der Nr. 1–3 vorliegen, die Behörde zuständig, in deren Bereich die Person ihren gewöhnlichen Aufenthalt **zuletzt** hatte. Durch die Worte „oder zuletzt hatte" soll also keine Doppelzuständigkeit eröffnet werden.[56] Nicht geregelt ist der Fall, dass eine Person sich im Inland weder aufhält noch aufgehalten hat, aber aufhalten will (vgl. hierzu Rn. 28).

26 b) Nach **Buchstabe b** ist bei **juristischen Personen** und **Vereinigungen** die Behörde örtlich zuständig, in deren Bezirk die juristische Person oder die Vereinigung ihren **Sitz** hat oder zuletzt hatte. Auch hinsichtlich der Definition des Sitzes kann auf § 11 AO zurückgegriffen werden. Danach hat eine Körperschaft, Personenvereinigung oder Vermögensmasse ihren Sitz an dem Ort, der durch Gesetz, Gesellschaftsvertrag, Satzung, Stiftungsgeschäft oder dergleichen bestimmt ist. Fehlt es an einer derartigen Bestimmung, so ist auf § 17 Abs. 1 Satz 2 ZPO zurückzugreifen und als Sitz der Ort anzunehmen, an dem die **(Haupt-)Verwaltung** geführt wird.[57]

4. Zuständigkeit nach dem Anlass (Nr. 4)

27 In dem weitaus meisten Fällen wird sich die örtliche Zuständigkeit nach den Nr. 1 bis 3 ergeben. Dennoch gibt es Fälle, für die dieser Zuständigkeitskatalog nicht ausreicht. Für sie bestimmt der umfassende **Auffangtatbestand** der **Nr. 4** die Zuständigkeit in der Weise, dass die Behörde örtlich zuständig ist, in deren Bezirk der **Anlass** für die Amtshandlung hervortritt. Das VwVfG greift damit auf ein Anknüpfungsmerkmal zurück, das sich auf bestimmten Sachgebieten, z. B. dem Polizeirecht, in einer Reihe von Sonderregelungen findet (z. B. § 12 Abs. 1 PolG NRW). In Betracht kommt hier etwa der Fall, dass die Behörde den Erlass eines VA beabsichtigt, der an einen durchreisenden Ausländer gerichtet werden soll. Zur Zuständigkeit bei Gefahr im Verzug Rn. 43.

28 Dass selbst der so weite Auffangtatbestand der Nr. 4 noch nicht alle Fälle umfasst, zeigt sich, wenn ein im **Ausland Lebender,** der in Deutschland bisher nicht gelebt hat, z. B. eine Aufenthaltserlaubnis oder einen Waffenschein beantragt, um bereits damit in die Bundesrepublik einreisen zu können. Für einen solchen Fall, der weder durch Nr. 3a noch durch Nr. 4 erfasst wird, erklärt § 49 Abs. 1 Nr. 1a WaffG die Behörde für zuständig, in deren Bereich sich der Antragsteller **„aufhalten will"**. Dies kann, sofern nichts anderes (etwa im Ausländer- oder Asylrecht) geregelt ist, auch für andere Handlungen und Anträge angenommen werden, es sei denn, einer der Fälle der Nr. 1 bis 3 liegt vor, z. B. bei Verfahren in Bezug auf dingliche Rechte nach Nr. 1. Im Zweifel ist Nr. 4 dahin auszulegen, dass die Durchsetzung möglicher materieller Rechte nicht am Fehlen einer örtlichen Zuständigkeit irgendeiner Behörde scheitert.[58]

III. Mehrfache Zuständigkeit (Abs. 2)

1. Erstbefasste Behörde (Satz 1)

29 Der Katalog des Abs. 1 soll bewirken, dass möglichst nur eine Behörde für eine Angelegenheit zuständig ist. Gleichwohl sind Fälle mehrfacher Zuständigkeit denkbar (etwa wenn eine

---

[53] Hierzu *VG Freiburg* NVwZ 1987, 1017; *VGH Mannheim* NJW 1987, 250; *BVerwGE* 89, 110 = NJW 1992, 782.
[54] *VG Hamburg* NVwZ 1995, 681.
[55] Vgl. *BVerwGE* 92, 116, 124 = NVwZ 1993, 782 mit Nachw. zur Rspr des *BSG; Kopp/Ramsauer* § 3 Rn. 31.
[56] *Meyer* in Knack § 3 Rn. 24.
[57] *BFHE* 123, 188 = DB 1978, 56; *BVerwGE* 69, 104 = NVwZ 1986, 380; *Offerhaus* NJW 1978, 614.
[58] *OVG Hamburg* NVwZ-RR 2004, 799.

§ 3 Örtliche Zuständigkeit

Betriebsstätte im Bezirk zweier Behörden liegt). Vorkehrungen zur **Vermeidung** eines positiven oder negativen **Kompetenzkonfliktes**[59] trifft **Abs. 2 Satz 1**. Danach entscheidet, wenn mehrere Behörden nach Absatz 1 zuständig sind, die Behörde, die zuerst mit der Sache befasst worden ist, es sei denn, die gemeinsame fachlich zuständige Aufsichtsbehörde[60] bestimmt, dass eine andere örtlich zuständige Behörde zu entscheiden hat.

Seinem Wortlaut nach regelt Abs. 2 nur Kompetenzkonflikte, die sich aus Zuständigkeiten nach Abs. 1 ergeben. Der Geltungsanspruch des § 3 für sämtliche ör Verwaltungstätigkeit (Rn. 1) rechtfertigt die Anwendung des richtungweisenden gestuft-differenzierten Konfliktlösungsregimes,[61] das Abs. 2 bereitstellt, auch in Fällen, in denen sich die Zuständigkeit mehrerer Behörden aus Vorschriften außerhalb des VwVfG ergibt, soweit vorrangige Spezialregelungen nicht bestehen.[62]

Zuerst mit der Sache befasst bedeutet nicht, dass beide Behörden bereits faktisch tätig geworden sein müssen; es reicht die „Befassung" durch **(zeitlich) erste Tätigkeit einer** von zwei oder mehreren Behörden. Erkennbarkeit nach außen ist nicht erforderlich. Es reicht der objektive Nachweis einer erbrachten Verfahrenshandlung.[63] Der Begriff ist somit weiter als der des Beginns des VwVf nach § 22 Satz 1 (§ 22 Rn. 4 ff.). Dass die Behörde bereits ein VwVf im Sinne des § 9 eingeleitet hat, ist für die Begründung ihrer Zuständigkeit nach Satz 1 nicht maßgebend. Nicht erforderlich ist die Herstellung des Einvernehmens der anderen Behörde; deren Belange sind aber soweit wie erforderlich und bei den gegebenen Umständen möglich zu berücksichtigen,[64] ausreichend z. B. auch ein einer Antragstellung vorausgehendes informelles Gespräch mit dem Antragsteller.

Die auf diese Weise begründete Zuständigkeit nach Satz 1 kann durch die **gemeinsame fachlich zuständige Aufsichtsbehörde** (§ 31 Abs. 5 LVwG SchlH: „Fachaufsichtsbehörde") aufgehoben werden. Diese kann bestimmen, dass eine andere Behörde zu entscheiden hat. Die Worte „zu entscheiden hat" machen deutlich, dass die Aufsichtsbehörde die Möglichkeit der Bestimmung durch eine **Art Interventionsrecht** nur so lange besitzt, wie die erste Behörde nicht entschieden hat.[65] Die Aufsichtsbehörde kann die Entscheidung auch nur einer Behörde übertragen, die örtlich und sachlich zuständig ist; sie kann durch die Weisung keine sonst nicht zulässige, artfremde Zuständigkeit oder den Selbsteintritt begründen.

Die in Satz 1 getroffene Regelung dient der **Beschleunigung des Verfahrens.** Es ist daher davon abgesehen worden vorzuschreiben, dass die zuerst befasste Behörde das Einvernehmen mit der ebenfalls zuständigen Behörde herstellen muss.[66] Andernfalls müsste die Aufsichtsbehörde immer tätig werden, wenn das Einvernehmen nicht erzielt wird.[67] Die zuerst befasste Behörde ist **fortan allein** zuständig, sie hat aber die Belange der anderen Behörde zu wahren[68] und kann sich der Bearbeitung der Angelegenheit regelmäßig nicht mehr durch Abgabe an eine später befasste Behörde entledigen.

2. Bestimmungsrecht der Aufsichtsbehörde (Satz 2)

Nach **Satz 2** kann die gemeinsame fachlich zuständige Aufsichtsbehörde ferner in Fällen, in denen eine gleiche Angelegenheit sich auf mehrere Betriebsstätten eines Betriebes oder Unternehmens bezieht, eine nach Abs. 1 Nr. 2 zuständigen Behörde als **gemeinsame zuständige Behörde** bestimmen, wenn dies unter Wahrung der Interessen der Beteiligten zur einheitlichen Entscheidung geboten ist. Satz 2 knüpft demnach nicht an Satz 1 an, sondern schafft eine **Sonderregelung zur Ergänzung von Abs. 1 Nr. 2;** Zuständigkeitskonkurrenz zwischen

---

[59] OVG Münster BauR 1990, 336.
[60] Zur Fachaufsicht Pieper, Aufsicht, 2006, S. 418 ff.
[61] So Jestaedt GVwR I, § 14 Rn. 50.
[62] Vgl. auch BVerwG DVBl 1998, 1023: Eine weitere Zuständigkeit lässt diejenige der tätig gewordenen Behörde unberührt.
[63] OVG Münster BauR 1990, 336.
[64] Begr. RegE zu § 3; ebenso Meyer in Knack § 3 Rn. 28; Finkelnburg/Lässig § 3 Rn. 36.
[65] Meyer in Knack § 3 Nr. 29; Kopp/Ramsauer § 3 Rn. 39; zum Selbsteintrittsrecht vorgesetzter Behörden vgl. Rn. 3, 4.
[66] Vgl. OVG Münster BauR 1990, 336, 337.
[67] Vgl. Begründung zu § 3 Entwurf 73.
[68] OVG Münster BauR 1990, 336.

den beteiligten Behörden besteht aber nicht. Gedacht ist etwa an Fälle, in denen ein Unternehmen beabsichtigt, an mehreren Betriebsstätten genehmigungspflichtige Tätigkeiten gleicher Art, z.B. durch Einbau gleicher Vorrichtungen, vorzunehmen. Hier schien es geboten, im Interesse der Verfahrenserleichterung, aber auch der Einheitlichkeit der Verwaltungsentscheidung und damit der Gesetzesanwendung die Entscheidung in die Hand einer einzigen Behörde zu legen, die damit zur örtlich allein zuständigen Behörde wird. Der Begriff **„gleiche Angelegenheit"** meint nicht völlige Identität, sondern, wie sich aus der Begründung zu § 3 Entwurf 73 ergibt, Gleichartigkeit. Das ist der Fall bei völliger oder weitgehender sachlicher und/oder rechtlicher Parallelität, einerlei, ob eine oder mehrere selbständige Entscheidungen zu treffen sind. Die Aufsichtsbehörde hat bei ihrer Entscheidung die Interessen der Beteiligten zu wahren. Deren Zustimmung ist jedoch nicht erforderlich.

3. Zuständigkeitsstreit (Sätze 3 und 4)

35   Auch über die Fälle des Satzes 2 hinaus sind **Zweifel an der Zuständigkeit** möglich. Auch in diesen Fällen soll nach **Satz 3** die fachlich zuständige Aufsichtsbehörde über die Zuständigkeit entscheiden. Beispielhaft hervorgehoben sind die Fälle, in denen sich mehrere Behörden für zuständig (positiver Kompetenzkonflikt) oder für unzuständig (negativer Kompetenzkonflikt) erachten. Der gemeinsamen fachlichen Aufsichtsbehörde wird die **Kompetenz-Kompetenz** eingeräumt. Satz 3 trifft eine Regelung für die **Ausräumung von Zweifeln innerhalb der Verwaltung,** wenn die Zuständigkeit aus anderen Gründen zweifelhaft ist. Die Befugnis bezieht sich allein auf Fragen der **örtlichen Zuständigkeit,** nicht auf andere Zweifelsfragen, etwa auf sonstige Rechtsfragen.[69] Er gilt nicht für den Fall, dass eine oder mehrere Behörden sich gegenüber einem Bürger (z.B. Antragsteller) als unzuständig bezeichnen und mit dieser Begründung den Erlass eines VA ablehnen. In diesen Fällen ist der Bürger darauf verwiesen, seine Rechte im Widerspruchsverfahren geltend zu machen. Die Entscheidung der Aufsichtsbehörde ist innerbehördlicher Vorgang ohne VA-Qualität; allerdings kann die Zuständigkeitsbestimmung im Rahmen der Überprüfung des VA der für zuständig erklärten Behörde überprüft, ggfs. durch Untätigkeitsklage (§ 75 VwGO) erzwungen werden.

36   Satz 4 bestimmt schließlich, dass, wenn es an einer **gemeinsamen fachlich zuständigen Aufsichtsbehörde fehlt,** die fachlich zuständigen Aufsichtsbehörden die nach Absatz 2 erforderlichen Entscheidungen gemeinsam treffen. An einer gemeinsamen fachlich zuständigen Aufsichtsbehörde fehlt es insbesondere, wenn die Behörden **verschiedenen Rechtsträgern** angehören (z.B. Bundesbehörde – Landesbehörde oder Behörden zweier Länder), aber auch dann, wenn sie zwar demselben Rechtsträger, nicht aber derselben Fachverwaltung angehören. Maßgebend ist das Verwaltungsorganisationsrecht. Nicht geregelt ist der Fall, dass es für **eine oder beide Behörden keine Aufsichtsbehörde gibt** oder eine Einigung nicht zustande kommt. Im ersten Fall ist Satz 4 analog anwendbar; im letzteren Fall ist die Zuständigkeit ggfs. im Rahmen einer gerichtlichen Überprüfung der erlassenen oder unterlassenen Maßnahme zu klären.

37   Die Zuständigkeitsbestimmung ist ein **innerbehördlicher Vorgang** und daher nicht selbständig, sondern regelmäßig (vgl. § 44a VwGO) vom betroffenen Bürger nur zusammen mit der Sachentscheidung anfechtbar.[70]

IV. Zuständigkeitswechsel (Abs. 3)

1. Fortführung durch die bisherige Behörde

38   Abs. 3 trifft – allein für die örtliche Zuständigkeit – eine subsidiäre Regelung mit der Möglichkeit einer Fortführung des Verfahrens (ähnlich § 26 AO, § 2 Abs. 2 SGB X) für den Fall des **Zuständigkeitswechsels** nach Beginn, aber vor Abschluss eines VwVf. Diese Regelung dient der **Vereinfachung und Beschleunigung** des VwVf, berücksichtigt aber auch die schutzwür-

---

[69] Ebenso *Kopp/Ramsauer* § 3 Rn. 45; *Meyer* in Knack § 3 Rn. 34.
[70] Vgl. BVerwGE 21, 352 = DVBl 1966, 498; *Meyer/Borgs* § 3 Rn. 24; *Meyer* in Knack § 3 Rn. 31; jetzt auch *Kopp/Ramsauer* § 3 Rn. 38.

§ 3 Örtliche Zuständigkeit

digen Interessen des betroffenen Bürgers.[71] Wegen der allgemeinen Bedeutung des § 3 ist dieser Begriff weiter als der in § 9 zu verstehen; er gilt – wie sich aus § 79 VwVfG ergibt – bis zum Abschluss eines Widerspruchsverfahrens, umfasst mithin auch das **Vorverfahren**.[72] Daher kann Abs. 3 auch noch nach Erlass des VA, aber vor Ergehen des Widerspruchsbescheids anwendbar sein. Ein Zuständigkeitswechsel kann durch einen **Wechsel des gewöhnlichen Aufenthalts** des Antragstellers (Abs. 1 Nr. 3 Buchst. a), aber auch durch eine **Neufestlegung von Behördenzuständigkeiten**[73] veranlasst sein.[74] Die örtliche Zuständigkeit knüpft an bestimmte tatsächliche Merkmale (Abs. 1 Nr. 1 bis 4) an. Aus dem Grundsatz der Gesetzmäßigkeit der Verwaltung folgt an sich, dass, wenn sich diese tatsächlichen Merkmale ändern, die Zuständigkeit auf die nach den neuen Merkmalen zuständige Behörde übergeht.[75] Die Zuständigkeit der bisher tätigen Behörde entfällt, **anders** als nach dem den Gerichtsverfahrensordnungen eigenen Grundsatz der **perpetuatio fori,** wonach ein Gericht für ein einmal begonnenes Verfahren grundsätzlich zuständig bleibt (vgl. § 90 Abs. 3 VwGO, § 94 Abs. 3 SGG, § 66 Abs. 3 FGO). In der Praxis wird es jedoch häufig unzweckmäßig sein, wenn die nach den neuen tatsächlichen Merkmalen zuständige Behörde das Verfahren übernimmt. Daher lässt Abs. 3 bei Fehlen einer entgegenstehenden Rechtsvorschrift unter bestimmten Voraussetzungen die Beibehaltung der alten örtlichen Zuständigkeit und die Befugnis zur weiteren Sachentscheidung. Dies gilt auch bei einer Veränderung der sog. Verbandskompetenz, wenn diese durch Rechtsvorschrift zugelassen ist (vgl. etwa § 45 a BAföG).[76]

Auch Abs. 3 kommt aber subsidiär nur zur Anwendung, wenn inhaltsgleiche oder **entgegenstehende Rechtsvorschriften** nichts anderes regeln (§ 1 Rn. 206 ff.), vgl. etwa den gesetzlichen Zuständigkeitswechsel nach § 45 BAföG,[77] andererseits Fixierung von Zuständigkeiten nach § 24 WpflG:[78] Fortbestand von Behördenzuständigkeiten bei Nichterfüllung von Meldepflichten. Ob eine Änderung der die Zuständigkeit begründenden Umstände i. S. von Abs. 3 vorliegt, hängt vom **objektiven Vorliegen** solcher Umstände ab, setzt aber nicht zugleich auch die behördliche Kenntnis davon voraus,[79] es sei denn, die Kenntnis ist für die Behördenentscheidung unerlässlich.[80] Zur **Fortführung** gehören alle Handlungen, die nach der Einschätzung der neuen Behörde zum Abschluss des VwVf notwendig sind. Hierzu gehören regelmäßig aktive Tätigkeiten; bloße Untätigkeit reicht hierfür nicht aus. 39

Erforderlich ist einmal, dass die Fortführung unter Wahrung der Interessen der Beteiligten der **einfachen und zweckmäßigen Durchführung** des Verfahrens dient. Abs. 3 ist somit eine Konkretisierung des allgemeinen Grundsatzes des § 10 Satz 2. **Die Sonderregelungen** in § 48 Abs. 5, § 49 Abs. 4, § 51 Abs. 4 gehen vor.[81] Die Behörde hat zunächst zu prüfen, ob überhaupt die Beibehaltung der bisherigen Zuständigkeit eine einfachere und zweckmäßigere Durchführung erwarten lässt. Sie hat sodann in ihre Erwägungen aber auch die Interessen der **Beteiligten** (§ 13) einzubeziehen. Deren **Zustimmung** ist **nicht** erforderlich, ihr Vorliegen entbindet aber andererseits die Behörde nicht von der genannten Zweckmäßigkeitsprüfung. Auch ist den Beteiligten die Fortführung des Verfahrens durch die bisher zuständige Behörde **mitzuteilen.** Der DAV hatte im Gesetzgebungsverfahren das Erfordernis der Zustimmung vorgeschlagen, da im Einzelfall das Interesse des Beteiligten sehr wohl auch dahin gehen könne, dass die Zuständigkeit übergeht. Der Vorschlag ist nicht aufgegriffen worden. 40

---

[71] Vgl. Begr. des RegE 73; *BVerwGE* 71, 63, 70 = NVwZ 1986, 126.
[72] Vgl. *BVerwG* NVwZ 1987, 224.
[73] Verfahrensvorschriften und ihre Änderungen werden nach allgemeinen Grundsätzen mit ihrem Inkrafttreten unmittelbar wirksam; vgl. BSGE 92, 283 = NZS 2005, 274, 275 f.
[74] Für den Fall der kommunalen Gebietsreform vgl. *VGH München* BayVBl 1976, 726.
[75] *OVG Münster* DÖV 1980, 803; *OVG Hamburg* NVwZ-RR 1999, 633; *Meyer* in Knack § 3 Rn. 36.
[76] Hierzu *BVerwGE* 90, 25 = NVwZ 1993, 481; *OVG Münster* NJW 1989, 2906 bei Wohnortwechsel zwischen Bundesländern.
[77] Hierzu *BVerwGE* 90, 25 = NVwZ 1993, 481.
[78] Hierzu *BVerwGE* 71, 63 = NVwZ 1986, 126.
[79] *BVerwG* 12. 12. 1986–8 C 34.84 – Buchholz 316 § 3 VwVfG Nr. 3.
[80] Hierzu *BVerwGE* 71, 63 = NVwZ 1986, 126 zur Verletzung von Meldepflichten nach WPflG. Zur Fortdauer der örtlichen Zuständigkeit im Vertriebenenrecht vgl. *BVerwGE* 52, 167; *VG Regensburg* NVwZ 1989, 184.
[81] Vgl. *BVerwGE* 90, 25 = NVwZ 1993, 481 zu § 45 a BAföG; ferner NVwZ-RR 1996, 538: Die zuständige Behörde entscheidet über die Rücknahme eines VA auch dann, wenn der aufzuhebende Bescheid von einer örtlich unzuständigen Behörde erlassen worden ist.

2. Zustimmung der neu zuständigen Behörde

41 Erforderlich ist nach Abs. 3 außerdem, dass die **nunmehr zuständige Behörde** der Fortführung des Verfahrens durch die bisher zuständige Behörde **zustimmt**. Durch dieses Einverständnis wird auch der **Verbandskompetenz** im Verhältnis zwischen Bund und Ländern sowie zwischen verschiedenen Ländern (Rn. 12) in ausreichender Weise Rechnung getragen, weil die Zustimmungserklärung von Behörden eines **anderen Bundeslandes** oder eines sonstigen anderen Rechtsträgers den durch die Verbandskompetenz geschützten Befugnissen und Interessen in ausreichender Weise Rechnung trägt.[82] Die Zustimmung kann nur solange erteilt werden, bis die bisher zuständige Behörde sich ihrer Entscheidung entäußert hat.[83] Ersetzung der Zustimmung im Aufsichts- oder Gerichtswege ist möglich. Grundsätzlich muss sich die in das Verfahren neu einrückende Behörde alle Handlungen und Unterlassungen der bisherigen Behörde **wie eigene** zurechnen lassen; das gilt auch für den Lauf von Fristen und etwaige Kenntnisnahmen (etwa für die Berechnung der Jahresfrist nach § 48 Abs. 4). Nach außen noch nicht verlautbarte Neubewertungen tatsächlicher oder rechtlicher Umstände sind aber durch die neue Behörde zulässig.

42 Im Gegensatz zur AO geht das VwVfG nicht so weit, allgemein eine **Zuständigkeitsvereinbarung** vorzusehen (vgl. § 27 AO). Sie ist in dem Bereich der einheitlicheren Finanzverwaltung möglich; generelle Absprachen über die Fortführung von Einspruchsverfahren durch das bisher zuständige Finanzamt sind mit § 26 Satz 2 AO nicht vereinbar.[84] Einen Vorschlag des BT-Rechtsausschusses, eine solche Zuständigkeitsvereinbarung auch im VwVfG vorzusehen, hat der Innenausschuss nicht aufgegriffen.[85] Zuständigkeitsvereinbarungen zwischen zwei Behörden oder mit dem Bürger sind somit grundsätzlich unzulässig (vgl. Rn. 13; ferner § 58 Rn. 26); mangelnde Zuständigkeit kann auch durch **rügeloses Einlassen** auf ein VwVf nicht geheilt werden (Rn. 5).[86]

V. Zuständigkeit bei Gefahr im Verzug (Abs. 4)

43 Die Zuständigkeitsregelung in Abs. 1 erfasst nur den Normalfall. In Ausnahmesituationen wird es in der Praxis nicht immer möglich sein, diesem Zuständigkeitsschema zu folgen, wenn nicht ein Handeln der Verwaltung überhaupt ausbleiben soll. Dies gilt insbesondere für den Fall der **Gefahr im Verzug.** Dies bedeutet, dass eine konkrete Gefahr für die Allgemeinheit, einen Beteiligten oder einen Dritten besteht und bei ex-ante-Betrachtung eine **sofortige Entscheidung** im öffentlichen Interesse **notwendig** erscheint.[87] Abs. 4 schafft daher einen besonderen **Notzuständigkeitstatbestand** für solche Fälle. Bei Gefahr im Verzug ist für unaufschiebbare Maßnahmen **jede Behörde** örtlich zuständig, in deren Bezirk der Anlass für die Amtshandlung hervortritt **(Satz 1).** Dies ist i.d.R. der Ort, wo die zu schützenden Interessen verletzt oder gefährdet werden.[88] Die von der Behörde beabsichtigte Amtshandlung muss also – auch bei Berücksichtigung der Gefahr im Verzug – **unaufschiebbar** sein. Nur für solche Amtshandlungen wird eine Sonderzuständigkeit eingeräumt. Kommt die Behörde zu dem Ergebnis, dass ein Aufschuss dennoch möglich ist, darf sie nicht tätig werden. Sie ist dann allerdings verpflichtet, die zuständige Behörde zu unterrichten, damit diese die noch verbleibende Zeit nutzen kann. Sind **vorläufige Maßnahmen** ausreichend, so muss sich die Behörde auf diese beschränken.[89]

---

[82] Vgl. *BVerwGE* 90, 25, 28f. = NVwZ 1993, 481 zu § 45a BAföG; *OVG Münster* NJW 1989, 2906; *VG Regensburg* NVwZ 1989, 184; *OVG Hamburg* NVwZ-RR 1999, 633; *Alexy* NJW 1989, 2850; *Isensee* HdbStR, Bd. IV, 1990, § 98 Rn. 34, 36, 102.; enger *OVG Münster* NJW 1979, 1057: Jedenfalls dann, wenn die Länder ein Bundesgesetz als eigene Angelegenheit ausführen, ist die Verbandskompetenz verletzt, wenn die Behörde eines Landes anstelle der an sich zuständigen Behörde eines anderen Landes handelt; § 3 Abs. 3 und § 46 erstrecken sich hiernach nicht auf die Verbandskompetenz; ähnlich *Oldiges* DÖV 1989, 880.
[83] *Meyer* in Knack § 3 Rn. 43; *Finkelnburg/Lässig* § 3 Rn. 51.
[84] *FG Karlsruhe* EFG 1987, 274.
[85] Vgl. Bericht BT-Innenausschuss zu § 3.
[86] *Kopp/Ramsauer* § 3 Rn. 12; ferner § 46 Rn. 5.
[87] Vgl. *BVerwGE* 68, 267, 271 = NVwZ 1984, 577; 80, 299 = NJW 1989, 993; ferner § 28 Abs. 2 Satz 1.
[88] Vgl. *VGH München* NVwZ-RR 2002, 575: bei einem Obdachlosen der Ort, wo er obdachlos geworden ist, nicht der des gewöhnlichen Aufenthalts.
[89] *Meyer* in Knack § 3 Rn. 49; *Finkelnburg/Lässig* § 3 Rn. 59; *Kopp/Ramsauer* § 3 Rn. 56.

§ 3 Örtliche Zuständigkeit 44–47 § 3

Nicht erwähnt, aber auch hier vorausgesetzt ist (woran das Wort „jede" zweifeln lassen könnte) die **sachliche Zuständigkeit**.[90] Eine sachlich nicht zuständige Behörde wird auch nicht durch Abs. 4 kompetent. Eine entsprechende Anwendung des Abs. 4 für solche Fälle scheidet aus, weil der gesamte § 3 nur für Fragen der örtlichen Zuständigkeit gilt und darin seine Grenze findet.[91] Selbsteintritt vorgesetzter (örtlich zuständiger) Behörden ist im Falle von Abs. 4 nicht ausgeschlossen. 44

Die Behörde, die nach Abs. 4 tätig geworden ist, hat die nach Abs. 1 Nr. 1 bis 3 zuständige Behörde unverzüglich, d. h. ohne schuldhaftes Zögern, **zu unterrichten** (S. 2). Diese entscheidet, wie das Verfahren fortgeführt und ob die Entscheidung der notzuständigen Behörde bestätigt, geändert, erweitert oder aufgehoben wird. 45

VI. Rechtsfolgen bei Nichteinhaltung von Vorschriften über die örtliche Zuständigkeit

Erlässt eine Behörde unter Nichteinhaltung der Vorschriften über die örtliche Zuständigkeit einen VA, so gilt:
Der VA ist nichtig, wenn die Behörde entgegen der Regelung des Abs. 1 Nr. 1 (Zuständigkeit nach der **Belegenheit der Sache**) einen VA erlässt, ohne dazu ermächtigt zu sein – § 44 Abs. 2 Nr. 3. In **allen übrigen Fällen** ist ein VA nicht schon allein wegen der Nichteinhaltung der Vorschriften über die örtliche Zuständigkeit nichtig – § 44 Abs. 3 Nr. 1 (nähere Einzelheiten dort). Auch § 46 ist bei VA im Falle einer Verletzung der örtlichen Zuständigkeit anwendbar.[92] In welchen Fällen eine Nichtigkeit nach § 44 Abs. 1 in Betracht kommt, hängt von den Umständen des Einzelfalls ab (zur Verletzung der Verbandszuständigkeit Rn. 12). Zur Wirksamkeit einer von einer örtlich unzuständigen Behörde abgegebenen Zusicherung i. S. von **§ 38** vgl. Näheres dort. Die Rechtsfolgen eines von einer örtlich unzuständigen Behörden abgeschlossenen **ör Vertrags** richten sich nach den dafür geltenden Vorschriften, vgl. insbesondere § 59 Abs. 2 Nr. 2 und Nr. 3 (Näheres dort). 46

VII. Europarecht

Nationales Verwaltungsrecht wird zunehmend grenzüberschreitend vollzogen.[93] Verfassungsrechtlich ist das hoheitliche Tätigwerden ausländischer Behörden im Inland als Form der Hoheitsbeschränkung (d. h. Duldung der Ausübung fremder Hoheitsgewalt unter Fortbestehen der eigenen Gebietshoheit)[94] zulässig. Die bloße Beschränkung wird deutlich gemacht durch räumliche oder sachliche Eingrenzungen der ausländischen Hoheitsrechte oder durch Beschränkung auf eigene Staatsangehörige des handelnden Staates.[95] Beispiel ist der dt.-niederländische Vertrag über die grenzüberschreitende polizeiliche Zusammenarbeit vom 2. 3. 2005.[96] Soweit dort (Art. 6 Abs. 3, 4) vorgesehen ist, dass Beamte zur Gefahrenabwehr auf fremdem Gebiet hoheitlich tätig werden dürfen und dabei an das Recht des anderen Vertragsstaates gebunden sind, ist auch diese dynamische Verweisung auf ausländisches öffentliches Recht verfassungsrechtlich zulässig. Sie beruht auf hinreichenden sachlichen Anknüpfungsmomenten zum fremden Jurisdiktionsbereich, wonach der Lebenssachverhalt für die Ordnungszwecke der Regelungsmaterie einen überwiegenden Sachbezug zum fremden Souveränitätsbereich aufweisen muss.[97] Danach handelt es sich nicht um eine verantwortungsverlagernde Zuständigkeitsübertragung, sondern um eine Zuständigkeitskollision, in der auch der fremde Staat aufgrund sachlicher Anknüpfungspunkte originäre Zuständigkeit besitzt und der deutsche Gesetzgeber diese sachbezogene 47

---

[90] *Meyer* in Knack § 3 Rn. 47; *Finkelnburg/Lässig* § 3 Rn. 56.
[91] Ebenso *OVG Weimar* LKV 1993, 428; *Meyer* in Knack § 3 Rn. 47.
[92] Vgl. *BVerwG* NJW 1995, 346 zu § 4 StVG, § 68 Abs. 2 StVZO.
[93] Zum transnationalen VA § 35 Rn. 358 ff.
[94] Vgl. *Streinz* in Sachs, GG, Art. 24 Rn. 68.
[95] Vgl. *Ohler* DVBl 2002, 880, 887.
[96] BT-Dr 16/57.
[97] Vgl. *BVerfGE* 63, 343, 370 = NJW 1983, 2727.

§ 3a Teil I. Anwendungsbereich, örtliche Zuständigkeit, Amtshilfe

Zuständigkeitsanknüpfung lediglich als überwiegend sachverhaltsprägend anerkennt. Hieraus folgt zudem, dass der Auslandsbezug auch unter den geregelten materiellen Voraussetzungen nur dann als sachprägend angesehen wird, wenn er von solchem Gewicht ist, dass die grenzüberschreitende Sachgesetzlichkeit auch eine grenzüberschreitende Verwaltungsorganisation veranlasst. Schranke für die Übertragung bleibt der verfassungsrechtliche deutsche ordre public.

VIII. Landesrecht

48 Die alten und neuen Länder haben dem § 3 entsprechende Vorschriften, die teils aber durch landesrechtliche Besonderheiten ergänzt oder geändert sind. Abweichungen sind vor allem enthalten in den LVwVfGen von BW (§ 96), Bay (Art. 94), HH (§ 3) und MV (§ 111). Generell ist zu beachten, dass § 3 nur **subsidiär** gilt, so dass auch andere inhaltsgleiche und entgegenstehende Rechtsvorschriften vorgehen (§ 1 Rn. 206 ff.). Insbesondere bei Wohnsitz- oder Aufenthaltswechsel (zu den Begriffen Rn. 38 ff.) ändert sich die Zuständigkeit nach Maßgabe der jeweils einschlägigen besonderen Regelungen. Bei einer Änderung der Verbandszuständigkeit (Rn. 12, 41), also etwa bei einem Aufenthalts- oder Wohnsitzwechsel von einem Bundesland in ein anderes oder von einer Kommune in eine andere, ist der Rechtsgedanke von § 3 Abs. 1 und 3 – als Ausdruck eines allgemeinen Rechtsgedankens mit dem Ziel größtmöglicher Effektivität und sachnaher Entscheidung zu berücksichtigen. Zu Zuständigkeitswechsel und -fortbestand in Widerspruchsverfahren vgl. Rn. 49.

IX. Vorverfahren

49 Da das gerichtliche Vorverfahren ein selbständiges VwVf ist (§ 79), richtet sich die örtliche Zuständigkeit der Widerspruchsbehörde grundsätzlich ebenfalls nach § 3. Hiervon abweichende Vorschriften (vgl. auch §§ 73, 79 VwGO und landesrechtliche Zuständigkeitsregelungen) gehen aber vor. B*VerwG* NVwZ 1987, 224 (ferner Rn. 38) nimmt für das Wehrpflichtrecht an, dass das VwVf mit der Einlegung des Widerspruchs im **Widerspruchsverfahren** i. S. von § 3 Abs. 3 **fortgeführt** wird. Daher kann bei einem Wohnsitzwechsel eines Wehrpflichtigen die Zustimmung der nunmehr zuständigen Behörde zur Fortführung des VwVf durch die bisher zuständige Behörde wirksam bis zum Abschluss des Widerspruchsverfahrens erklärt werden.[98]

§ 3a Elektronische Kommunikation

(1) **Die Übermittlung elektronischer Dokumente ist zulässig, soweit der Empfänger hierfür einen Zugang eröffnet.**

(2) [1]**Eine durch Rechtsvorschrift angeordnete Schriftform kann, soweit nicht durch Rechtsvorschrift etwas anderes bestimmt ist, durch die elektronische Form ersetzt werden.** [2]**In diesem Fall ist das elektronische Dokument mit einer qualifizierten elektronischen Signatur nach dem Signaturgesetz zu versehen.** [3]**Die Signierung mit einem Pseudonym, das die Identifizierung der Person des Signaturschlüsselinhabers nicht ermöglicht, ist nicht zulässig.**

(3) [1]**Ist ein der Behörde übermitteltes elektronisches Dokument für sie zur Bearbeitung nicht geeignet, teilt sie dies dem Absender unter Angabe der für sie geltenden technischen Rahmenbedingungen unverzüglich mit.** [2]**Macht ein Empfänger geltend, er könne das von der Behörde übermittelte elektronische Dokument nicht bearbeiten, hat sie es ihm erneut in einem geeigneten elektronischen Format oder als Schriftstück zu übermitteln.**

---

[98] B*VerwG* NVwZ 1987, 224. Zum Wechsel der örtlichen Zuständigkeit einer Behörde während des Widerspruchs- oder Klageverfahrens vgl. *Louis/Abry* DVBl 1986, 331; *Schmidt* DÖV 1977, 774 jeweils m. w. N. Vgl. ferner B*VerwG* NJW 1987, 2179 (keine Einbürgerungsverpflichtung einer bisherigen beklagten Behörde bei zwischenzeitlicher Verlegung des Wohnsitzes eines Einbürgerungsbewerbers, jedoch Möglichkeit einer Fortsetzungsfeststellungsklage mit Offenlassung der Frage, ob die nunmehr zuständige Behörde die Fortführung durch die bisherige Behörde zustimmen kann).

§ 3a Elektronische Kommunikation § 3a

Vergleichbare Vorschriften: § 87a AO; § 36a SGB I; § 126a BGB; § 55a VwGO.

Abweichendes Landesrecht: Vgl. Rn. 58f.; ferner Übersicht zu Änderungen der LVwVfGe im Dritten Teil dieses Kommentars.

Entstehungsgeschichte: § 3a ist die zentrale Vorschrift zur elektronischen Kommunikation, die m. W. v. 1. 2. 2003 durch das 3. VwVfÄndG v. 21. 8. 2002, BGBl I 3322, in das VwVfG eingefügt wurde. Zugrunde lag zunächst der Bund/Länder-Musterentwurf der Verwaltungsverfahrensrechtsreferenten von Bund und Ländern (sog. Magdeburger Entwurf vom 24. 11. 2000), hierzu *Schmitz* NVwZ 2000, 1238; *Rosenbach* DVBl 2001, 332; *Catrein* NWVBl 2001, 50; *ders.* NVwZ 2001, 413. Nach dem Referentenentwurf vom 1. 7. 2001 (hierzu *Schlatmann* in Roßnagel (Hrsg.), Die elektronische Signatur in der öffentlichen Verwaltung, 2002, S. 61) wurden noch unterschiedliche Vorstellungen von Bund und Ländern zusammengeführt durch Fortschreibungen des Bund/Länder-Musterentwurfs als sog. Berliner Entwurf vom 28. 9. 2001 und schließlich als sog. Düsseldorfer Entwurf vom 6. 12. 2001. Dieser war dann Grundlage des Regierungsentwurfs BT-Dr 14/9000 (hierzu *Schlatmann* DVBl 2002, 1005).

Der Wortlaut des 2. Halbsatzes von **Absatz 1** lautete im Magdeburger Entwurf noch „soweit ein Zugang hierfür eröffnet ist".

Absatz 2 war inhaltsgleich bereits im Magdeburger Entwurf enthalten. Abweichend von Satz 2 war dort die Signierung mit einem Pseudonym noch gänzlich ausgeschlossen. Eine Regelung, dass im EU-Verkehr eine qualifizierte elektronische Signatur auch dann ausreichend sein soll, wenn deutsches Recht dauerhafte Überprüfbarkeit der Signatur vorsieht, wurde im Regierungsentwurf fallengelassen.

Der jetzige Wortlaut des **Absatzes 3** enthält gegenüber den Vorentwürfen nur redaktionelle Verbesserungen.

Literatur: *Ebnet,* Rechtsprobleme bei der Verwendung von Telefax, NJW 1992, 2985; *Bachofer,* Die Rechtsgültigkeit der elektronischen Unterschrift, NJW-CoR 1993, 25; *Schmittmann,* Zu Telefaxübermittlungen im Geschäftsverkehr und den Gefahren der Manipulation, DB 1993, 2575; *Roßnagel,* Digitale Signaturen im Rechtsverkehr, NJW-CoR 1994, 96; *Melullis,* Zum Regelungsbedarf bei der elektronischen Willenserklärung, MDR 1994, 109; *Reinermann* (Hrsg.), Neubau der Verwaltung – Informationstechnische Realitäten und Visionen, 1995; *Burgard,* Das Wirksamwerden empfangsbedürftiger Willenserklärungen im Zeitalter moderner Telekommunikation, AcP 195 (1995), 74; *Heun,* Elektronisch erstellte oder übermittelte Dokumente und Schriftform, CR 1995, 2; *Zielinski,* Urkundenfälschung durch Telefax, CR 1995, 286; *Daumke,* Rechtsproblem der Telefaxübermittlung, ZIP 1995, 722; *Köhler,* Die Unterschrift als Rechtsproblem, FS Schippel, 1996; S. 209; *Wuermeling,* Zugangsbeweis durch Sendeprotokoll: „Der Telefax-Standard" (DTS) soll Rechtssicherheit schaffen, NJW-CoR 1996, 231; *Pape/Notthoff,* Prozessrechtliche Probleme bei der Verwendung von Telefax, NJW 1996, 417; *Mertes,* Gesetz und Verordnung zur digitalen Signatur – Bewegung auf der Datenautobahn?, CR 1996, 769; *Bröhl,* Rechtliche Rahmenbedingungen für neue Informations- und Kommunikationsdienste, CR 1997, 73; *Ultsch,* Zugangsprobleme bei elektronischen Willenserklärungen, NJW 1997, 3007; *Rosenbach,* Verfahrensrechtliche Rahmenbedingungen für den Einsatz der elektronischen Datenverarbeitung in der Verwaltung, NWVBl 1997, 121; *ders.,* Elektronische Datenverarbeitung und das Verwaltungsverfahrensgesetz, NWVBl 1997, 326; *ders.,* Zur geplanten Änderung der BGB-Regelungen betreffend die Schriftform und deren Auswirkungen auf das Verwaltungshandeln, NWVBl 2000, 161; *Pordesch,* Das fehlende Nachweis der Präsentation signierter Daten, DuD 2000, 89; *Roßnagel,* Neues Recht für Multimediadienste, NVwZ 1998, 1; *ders.,* Elektronische Signaturen in Europa, MMR 1998, 331; *ders.,* Die Sicherheitsvermutung des Signaturgesetzes, NJW 1998, 3312; *ders.,* Recht der Multimediadienste 1998/1999, NVwZ 2000, 622; *Eifert/Schreiber,* Elektronische Signatur und der Zugang zur Verwaltung, MMR 2000, 340; *Schmitz,* Moderner Staat – Modernes Verwaltungsverfahrensrecht, NVwZ 2000, 1238, 1243; *ders.,* Neuere Tendenzen zur Reform des Genehmigungs- und Verwaltungsverfahrensrechts, VA 2000, 144, 148; *Groß,* Öffentliche Verwaltung im Internet, DÖV 2001, 159; *Catrein,* Moderne elektronische Kommunikation und Verwaltungsverfahrensrecht, NWVBl 2001, 50; *ders.,* Anmerkungen zum Entwurf eines Gesetzes zur Änderung der Verwaltungsverfahrensgesetze des Bundes und der Länder, NVwZ 2001, 413; *Roßnagel,* Die elektronische Signatur in Verwaltungsrecht, DÖV 2001, 221; *Schmitz,* Fortentwicklung des Verwaltungsverfahrensgesetzes: Konkrete Gesetzgebungspläne und weitere Perspektiven, in Hoffmann-Riem/Schmidt-Aßmann (Hrsg.), Verwaltungsverfahren und Verwaltungsverfahrensgesetz, 2002, S. 135, 144; *Britz,* Reaktionen des Verwaltungsverfahrensrechts auf die informationstechnischen Vernetzungen der Verwaltung, ebda., S. 213; *Schlatmann,* Novellierung des Verwaltungsverfahrensgesetzes, in Roßnagel (Hrsg.), Die elektronische Signatur in der öffentlichen Verwaltung, 2002, S. 61; *ders.,* Anmerkungen zum Entwurf eines Dritten Gesetzes zur Änderung verwaltungsverfahrensrechtlicher Vorschriften, DVBl 2002, 1005; *ders.,* Verwaltungsverfahrensrecht und elektronischer Rechtsverkehr, LKV 2002, 489; *Mankowski,* Wie problematisch ist die Identität des Erklärenden bei E-Mails wirklich?, NJW 2002, 2822; *Schmitz/Schlatmann,* Digitale Verwaltung? – Das Dritte Gesetz zur Änderung verwaltungsverfahrensrechtlicher Vorschriften, NVwZ 2002, 1281; *Storr,* Elektronische Kommunikation in der öffentlichen Verwaltung, MMR 2002, 579; *Schmitz,* Änderungen des Verwaltungsverfahrensrechts durch moderne Informationstechniken, FG 50 Jahre BVerwG, 2003, S. 677; *Schmitz/Bornhofen,* Digitale Verwaltung – auch im Standesamt, StAZ 2003, 97; *Roßnagel,* Das elektronische Verwaltungsverfahren, NJW 2003, 469; *Schliesky,* Auswirkungen des E-Government auf Verfahrensrecht und kommunale Verwaltungsstrukturen, NVwZ 2003, 1322; *Skrobotz,* Zugang elektronischer Nachrichten im Verwaltungsverfahren, VR 2003, 397; *Laubinger,* Elektronisches Verwaltungsverfahren und elektronischer Verwaltungsakt – zwei (fast) neue Institute des Verwaltungsrechts, FS König, 2004, S. 517; *Mankowski,* Zum Nachweis des Zugangs bei elektronischen Erklärungen, NJW 2004, 1901; *Hill,* Bürokratieabbau und Verwaltungsmodernisierung, DÖV 2004, 721;

§ 3a 1   Teil I. Anwendungsbereich, örtliche Zuständigkeit, Amtshilfe

Groß, Die Informatisierung der Verwaltung, VerwArch 95 (2004), 400; *Bachmann/Pavlitschko,* Akteneinsicht in elektronische Behördenakten, MMR 2004, 370; *Riesenkampff,* Beweisbarkeit der form- und fristgemäßen Übermittlung durch Telefaxgeräte, NJW 2004, 3296; *Kintz,* Der elektronische Widerspruch, NVwZ 2004, 1429; *Skrobotz,* Das elektronische Verwaltungsverfahren, 2005; *Schwoerer,* Die elektronische Justiz, 2005; *Ernst,* Modernisierung der Wirtschaftsverwaltung durch elektronische Kommunikation, 2005; *Kunstein,* Die elektronische Signatur als Baustein der elektronischen Verwaltung, 2005; *Schmitz,* Rechtsfragen elektronischer Verwaltungsverfahren, in Bär u. a. (Hrsg.), Rechtskonformes eGovernment – eGovernment-konformes Recht, 2005, S. 99; *Schliesky,* E-Government – Schlüssel zur Verwaltungsmodernisierung oder Angriff auf bewährte Verwaltungsstrukturen?, LKV 2005, 89; *Dietlein/Heinemann,* eGovernment und elektronischer Verwaltungsakt, NWVBl 2005, 53; *Schmitz,* Die Regelung der elektronischen Kommunikation im Verwaltungsverfahrensgesetz, DÖV 2005, 885; *Eifert,* Electronic Government, 2006; *Kersten,* Elektronische Kommunikation im Beamtenrecht, ZBR 2006, 35; *Guckelberger,* Informatisierung der Verwaltung und Zugang zu Verwaltungsinformationen, VerwArch 97 (2006), 62; *Roßnagel/Fischer-Dieskau,* Elektronische Dokumente als Beweismittel – Neufassung der Beweisregelungen durch das Justizkommunikationsgesetz, NJW 2006, 806; *Hartmann/Nöllenberg,* Die elektronische Bewerbung im öffentlichen Dienst, ZBR 2007, 242; *Britz,* Von der elektronischen Verwaltung zur elektronischen Verwaltungsjustiz, DVBl 2007, 993.

Übersicht

	Rn.
I. Allgemeines	1
II. Zulässigkeit elektronischer Übermittlung (Abs. 1)	6
1. Zugang	9
2. Freiwilligkeit	10
a) Privatpersonen	12
b) Behörden, Geschäftsverkehr	13
III. Elektronische Form (Abs. 2 Satz 1)	17
1. Schriftform	17
2. Erweiterung auf elektronische Form	18
IV. Qualifizierte elektronische Signatur (Abs. 2 Satz 2)	20
1. Allgemeines	20
2. Signaturen nach dem Signaturgesetz	21
a) Einfache „elektronische Signaturen"	22
b) „Fortgeschrittene elektronische Signaturen"	23
c) „Qualifizierte elektronische Signaturen"	24
d) „Qualifizierte elektronische Signaturen mit Anbieterakkreditierung"	26
e) Sonstige Signaturverfahren	30
3. Qualifizierte Signatur, Funktionsweise	31
V. Signierung mit Pseudonym (Abs. 2 Satz 3)	38
VI. Kommunikationsprobleme (Abs. 3)	39
VII. Nachweis des Zugangs	44
VIII. Reichweite des § 3a	45
1. Auswirkungen auf das VwVfG	45
2. Auswirkungen auf das Besondere Verwaltungsrecht	46
a) Unmittelbare Wirkung des § 3a	46
b) Feinsteuerung des Besonderen Verwaltungsverfahrensrechts	47
c) Ausschlüsse der elektronischen Form	49
3. Schutz von Geheimnissen	50
IX. Europarecht	51
X. Landesrecht	58
XI. Vorverfahren	60

I. Allgemeines

1   Dem technischen Fortschritt auf dem Telekommunikationssektor stehen Verfahrensordnungen gegenüber, deren Konzeption noch auf einer Versendung von Schriftstücken auf dem Postweg beruht. Moderne Kommunikationsformen müssen auch im Verkehr Bürger – Staat möglich sein, ohne dass dabei Bürger oder Behörden technisch überfordert werden. Die Verwaltung muss für den Bürger übliche Standards der Kommunikation erfüllen.[1] Es ist ein Anliegen aller staatlichen Stellen, im Rahmen einer umfassenden Modernisierung der Verwaltung[2] elektroni-

---

[1] *Schmitz,* FG 50 Jahre BVerwG, S. 677, 682 ff.; *Eifert,* Electronic Government, 2006, S. 59.
[2] Ziele der Modernisierung sind Effizienzsteigerung und Kostenreduktion; vgl. *Schliesky* LKV 2005, 89, 90; skeptisch hinsichtlich der Realisierung von Kostensenkungspotentialen in der Einführungsphase *Schmitz,*

sche Dienste – **eGovernment** –³ mit der rechtlichen Verbindlichkeit entsprechender elektronischer Dokumente anzubieten.⁴ **Elektronische Dokumente** sind aus technischer Sicht Folgen von elektrischen Impulsen, die mittels eines (Berechnungs-)Programms in lesbare Zeichen umgewandelt werden.⁵ Negativ formuliert handelt es sich um eine Datenansammlung, die nicht in Papierform fixiert ist.⁶ Die Entscheidung des Gesetzgebers, elektronische Dokumente nicht als Kategorie der Schriftform aufzufassen, erforderte terminologische Anpassungen. So wurde „Dokument" als neuer gemeinsamer Oberbegriff für Schriftstücke und elektronische Dokumente eingeführt (vgl. §§ 23 Abs. 2 Satz 1, 33 und 42 Satz 3).⁷

Der Grundsatz der Nichtförmlichkeit des VwVf (§ 10) erlaubte auch bisher elektronische Kommunikationsformen.⁸ Es bestand jedoch das – bei §§ 22, 37 und 41 sowie zahlreichen Bestimmungen des besonderen Verwaltungsrechts gemeinsame – Problem, ob eine (fach-)gesetzliche Anforderung der Schriftform⁹ und der davon abhängigen Bekanntgabeform (vgl. § 22 Rn. 32 f.; § 37 Rn. 57 ff., 80 ff., 121 ff.; § 41 Rn. 86 ff., 194 ff.) durch die Wahl des Übermittlungsmediums seitens des Antragstellers oder der Behörde vernachlässigt oder uminterpretiert werden kann¹⁰ oder ob dies dem Gesetzgeber vorbehalten bleiben muss. Bund und Länder haben sich entschlossen, moderne **Textübermittlungsformen gesetzlich** zu **regeln,** um Schriftformerfordernisse durch elektronische Formen, die Telefax, E-Mail und andere DFÜ-Verfahren¹¹ einschließen, ersetzen zu können.¹² 2

Die ersten Schritte zu einer Regelung hatte der Bundesgesetzgeber mit der Novellierung des Signaturgesetzes¹³ und dem Gesetz zur Anpassung der Formvorschriften des Privatrechts und anderer Vorschriften an den modernen Rechtsgeschäftsverkehr¹⁴ gemacht. Die Novellierung der **§§ 126 ff. BGB** ermöglicht die Ersetzung einer gesetzlich vorgeschriebenen Schriftform durch die mit einer qualifizierten Signatur nach dem Signaturgesetz verbundenen elektronischen Form. Zugleich führt sie für Formtatbestände, bei denen kein Beteiligter ein Interesse an einer Fälschung haben kann, die „Textform" ein (§ 126 b BGB). Diese ist gekennzeichnet durch die Fixierung einer Mitteilung in lesbaren Schriftzeichen bei Verzicht auf eigenhändige Unterschrift und Urkundenerfordernis, also der Bindung an das Papier.¹⁵ 3

FG 50 Jahre BVerwG, S. 677, 695. Zur Frage, inwieweit durch neue Techniken „Bürokratie" entsteht, *Hill* DÖV 2004, 721, 728.
³ Electronic Government ist keine eigenständige Form der Verwaltung, sondern zielt auf Optimierung von Verfahrensabläufen durch Einsatz moderner Informationstechnik, womit tiefgreifende Veränderungen von Organisation und Arbeitsweise verbunden sein können; vgl. *Eifert*, Electronic Government, 2006, S. 451 ff.; *Voßkuhle* GVwR I, § 1 Rn. 65 ff.
⁴ Vgl. die Entschließung des Bundesrats vom 9. 6. 2000 – BR-Dr 231/00; ferner *Kopp/Ramsauer* § 3 a Rn. 3; *Schlatmann* DVBl 2002, 1005.
⁵ *Catrein* NWVBl 2001, 50, 52.
⁶ So *Schliesky* NVwZ 2003, 1322, 1324 unter Hinweis auf § 33 Abs. 4 Nr. 3 u. 4.
⁷ *Schmitz/Schlatmann* NVwZ 2002, 1281, 1289; *Schliesky* NVwZ 2003, 1322, 1324. Auch wenn der Anwendungsbereich der elektronischen Form grds. dem der Schriftform entspricht, ist die elektronische eine eigenständige Form und nicht nur ein Sonderfall der Schriftform; a. A. *Palandt-Heinrichs/Ellensberger*, BGB, 67. Aufl. (2008), § 126 a Rn. 1.
⁸ *Schmitz/Schlatmann* NVwZ 2003, 1281, 1284; *Catrein* NVwZ 2001, 413, 414; *Kopp/Ramsauer* § 3 a Rn. 6.
⁹ So ist es möglich, dass das Fachrecht besondere Anforderungen stellt, z. B. um die Eigenhändigkeit nachzuweisen wie bei Anträgen auf Zulassung (Anmeldung) zu Prüfungen.
¹⁰ Vgl. *Brockhaus*, Die Enzyklopädie, 20. Aufl., Bd. 19 (1998), Stichwort „Schrift": „Im modernen Sprachgebrauch ist S. eine allgemeine Bez. für eine Form oder ein Verfahren der Aufzeichnung oder Einprägung von Information (digitaler und analoger) auf oder in einen Träger, häufig in Zusammensetzungen verwendet; z. B. ….Wechseltakt-S. ist eine Aufzeichnung auf Magnetschichtspeichern." Diesem Verständnis entspricht auch der Beschluss des Gemeinsamen Senats der Obersten Gerichtshöfe des Bundes vom 5. 4. 2000 zur formwirksamen Übermittlung bestimmender Schriftsätze durch elektronische Übertragung einer Textdatei mit eingescannter Unterschrift, GmS-OGB BVerwGE 111, 377 = NJW 2000, 2340. Als „in anderer Weise erlassen" verstand solche VAe, fixiert auf den Weg der historischen Auslegung – Gesetzgeber verbindet mit dem Begriff „schriftlich" stets ein Papierdokument –, *Rosenbach* NWVBl 1997, 326, 328; ähnlich *Catrein* NWVBl 2001, 50, 52.
¹¹ Zu diesen Kommunikationsmitteln auch *Czybulka* in Sodan/Ziekow § 60 Rn. 88 ff.
¹² Beschluss der Innenministerkonferenz vom 24. 11. 2000; vgl. *Catrein* NVwZ 2001, 413, 414; *Schmitz/Schlatmann* NVwZ 2003, 1281, 1283.
¹³ Signaturgesetz – SigG (= Art. 1 des Gesetzes über Rahmenbedingungen für elektronische Signaturen und zur Änderung weiterer Vorschriften) vom 16. 5. 2001, BGBl I S. 876. Hierzu *Roßnagel* NJW 2001, 1817.
¹⁴ Vom 13. 7. 2001, BGBl I S. 1542. Hierzu *Hähnchen* NJW 2001, 2831; *Boente/Riehm* Jura 2001, 793.
¹⁵ Kritisch – nicht notwendig – zur Einführung der Textform *Mallmann/Heinrich* ZRP 2000, 470, 472.

§ 126 Schriftform

(1) Ist durch Gesetz schriftliche Form vorgeschrieben, so muss die Urkunde von dem Aussteller eigenhändig durch Namensunterschrift oder mittels notariell beglaubigten Handzeichens unterzeichnet werden.

(2) Bei einem Vertrag muss die Unterzeichnung der Parteien auf derselben Urkunde erfolgen. Werden über den Vertrag mehrere gleichlautende Urkunden aufgenommen, so genügt es, wenn jede Partei die für die andere Partei bestimmte Urkunde unterzeichnet.

(3) Die schriftliche Form kann durch die elektronische Form ersetzt werden. wenn sich nicht aus dem Gesetz ein anderes ergibt.

(4) Die schriftliche Form wird durch die notarielle Beurkundung ersetzt.

§ 126 a Elektronische Form

(1) Soll die gesetzlich vorgeschriebene schriftliche Form durch die elektronische Form ersetzt werden, so muss der Aussteller der Erklärung dieser seinen Namen hinzufügen und das elektronische Dokument mit einer qualifizierten elektronischen Signatur nach dem Signaturgesetz versehen.

(2) Bei einem Vertrag müssen die Parteien jeweils ein gleichlautendes Dokument in der in Absatz 1 bezeichneten Weise elektronisch signieren.

§ 126 b Textform

Ist durch Gesetz Textform vorgeschrieben, so muss die Erklärung in einer Urkunde oder auf andere zur dauerhaften Wiedergabe in Schriftzeichen geeignete Weise abgegeben, die Person des Erklärenden genannt und der Abschluss der Erklärung durch Nachbildung der Namensunterschrift oder anders erkennbar gemacht werden.

4   Bei der Frage nach den **Auswirkungen auf das Verwaltungsverfahrensrecht** wurde die Auffassung vertreten, dass die Änderungen des BGB wenn nicht unmittelbar rechtliche Wirkungen auf das VwVf entfalten,[16] so jedenfalls vor dem Hintergrund des Grundsatzes der Nichtförmlichkeit des Verfahrens einen faktischen Zwang zur Anerkennung und Entgegennahme digitaler Erklärungen bei den Behörden erzeugen. Der Grundsatz der Nichtförmlichkeit des VwVf unterstützt und erleichtert beim Verwaltungshandeln die Anpassung an technische Entwicklungen; gleichwohl waren rechtliche Änderungen und Ergänzungen notwendig, um dem Bürger bei elektronischen Kommunikation mit der Verwaltung hinreichende Rechtssicherheit zu bieten. Deshalb wurde eine spezielle Norm im VwVfG für die ausdrückliche **Regelung der elektronischen Form im Verwaltungsrecht** als erforderlich angesehen.[17] Elektronische Form und elektronischer VA (§ 37 Abs. 2) ermöglichen eine vollständig elektronische Aktenführung.[18] Auch eine elektronische Akte muss den Geschehensablauf wahrheitsgetreu und vollständig dokumentieren, dabei ebenso gegen nachträgliche Manipulation geschützt sein.[19]

5   Das Verwaltungsverfahrensrecht ist vom Effizienzgedanken geprägt und folglich sparsam mit Formvorschriften.[20] Die genannte Zahl von 3900 Schriftformbestimmungen im Verwaltungsrecht[21] erscheint hoch. Um eine Basis für die Feststellung gesetzgeberischen Handlungsbedarfs – insb. Anpassung des Fachrechts – zu gewinnen, hat das Bundesministerium des Innern 1999 die Schriftformerfordernisse im Bundesrecht mit einer Ressortabfrage erhoben.[22] Es zeigte sich, dass Schriftform häufig für den das VwVf einleitenden Antrag und für die abschließende Entscheidung der Verwaltung angeordnet wird, nicht aber für – u.U. – zahlreiche Kontakte der Beteiligten im laufenden VwVf.[23] § 3a soll die bisher geübte Praxis elektronischer Kommunikation nicht beschränken,[24] sondern weitere Bereiche – bei denen Schriftform angeordnet ist – hierfür öffnen.

---

[16] Zutreffend verneint von *Eifert/Schreiber* MMR 2000, 340, 342 f.; s. auch schon *Sendler* NJW 1964, 2137, 2139.
[17] *Schmitz* VA 2000, 144, 148; *ders.* NVwZ 2000, 1238, 1243 f.; *U. Stelkens* VerwArch 94 (2003), 48, 66; *Schliesky* NVwZ 2003, 1322, *1323; *Dietlein/Heinemann* NWVBl 2005, 53; vgl. auch *Rosenbach* NWVBl 2000, 161, 165. Dass hierbei die Besonderheiten der Ausübung von Staatsgewalt zu berücksichtigen sind, betont zutreffend *Groß* DÖV 2001, 159, 164.
[18] *Bachmann/Pavlitschko* MMR 2004, 370.
[19] *Schmitz* DÖV 2005, 885, 891; *Britz* in Hoffmann-Riem/Schmidt-Aßmann, Verwaltungsverfahren, S. 213, 257; *Kunstein*, Die elektronische Signatur als Baustein der elektronischen Verwaltung, 2005, S. 205 ff.; § 29 Rn. 25.
[20] Vgl. § 9 Rn. 76 ff., § 10 Rn. 1 ff.
[21] *Roßnagel* in Hoffmann-Riem/Schmidt-Aßmann, Informationsgesellschaft, S. 257, 319.
[22] Abgedruckt in: *Deutscher Städtetag* (Hrsg.), Digitale Signatur auf der Basis multifunktionaler Chipkarten, 1999, S. 76.
[23] *Schmitz/Schlatmann* NVwZ 2002, 1281, 1282.
[24] Eine gesonderte Hervorhebung der für den Privatrechtsverkehr in § 126 b BGB normierten Textform war deshalb entbehrlich; so auch *Kopp/Ramsauer* § 3a Rn. 6.

II. Zulässigkeit elektronischer Übermittlung (Abs. 1)

Abs. 1 stellt nicht nur die allgemeine Zulässigkeit elektronischer Übermittlung entsprechend **6**
dem Grundsatz der Nichtförmlichkeit des VwVf (§ 10) klar,[25] sondern gewährleistet weitergehend den Schutz des Kommunikationspartners. „Elektronische Kommunikation" ist hier weit zu verstehen.[26] Erfasst sind unabhängig von Format und Kompatibilität sämtliche Formen elektronischer Kommunikation und elektronischer Dokumente.

Kein elektronisches Dokument (Rn. 1) ist das **Telefax**. Der Entäußerungswille des Absenders ist **7**
hier regelmäßig auf die elektronische Übermittlung eines Schriftstücks gerichtet; ob dieses beim Empfänger unmittelbar ausgedruckt, zwischengespeichert oder auf dem PC verbleibt, entzieht sich der Einflussmöglichkeit des Absenders. Auch beim Versand unmittelbar aus dem PC heraus (**Computerfax**) ändert sich nichts an der gewollten Schriftform, da der Absender vom bestimmungsgemäßen Ausdruck der Sendung durch das Faxgerät des Empfängers ausgehen kann.[27]

Begrifflich zu trennen von der Übermittlung elektronischer Dokumente ist die Verweisung **8**
auf **jedermann zugängliche Internetseiten**. Textdateien, die dort in einem gängigen Datenformat dauerhaft bereitgehalten werden, stellen allgemein zugängliche Informationen dar. Wie bei anderen technischen Medien kommt es nicht darauf an, dass der Nutzer zunächst einen Netzanschluss herstellen und die Verbindungskosten übernehmen muss.[28] Die Möglichkeit, einen Text von einer Internetseite herunterzuladen, stellt keine Übermittlung in Textform dar.[29] Demgegenüber kann eine **SMS-Nachricht** die Textform erfüllen;[30] an der erforderlichen Zugangseröffnung (Rn. 10 ff.) wird es hier jedoch regelmäßig mangeln.

1. Zugang

Anwendung finden kann die elektronische Kommunikation nur, wenn alle Verfahrensbeteiligten **9**
hierzu bereit sind; der Rückgriff auf klassische Kommunikationsformen kann insbesondere von der Verwaltung nicht ohne weiteres ausgeschlossen werden.[31] Dies wird sichergestellt durch das Erfordernis der Zugangseröffnung (Rn. 10 ff.). Der Begriff „Zugang" stellt auf die objektiv vorhandene technische Kommunikationseinrichtung ab, also z. B. auf die Verfügbarkeit eines elektronischen Postfachs. Zugegangen ist eine Willenserklärung, wenn sie derart in den Machtbereich des Empfängers gelangt ist, dass bei Annahme gewöhnlicher Verhältnisse damit zu rechnen ist, dass er von ihr Kenntnis erlangen kann.[32] Zu technischen Problemen beim Zugang s. Rn. 39 ff. Auch § 5 Abs. 5 Satz 1 VwZG[33] sieht nun vor, dass ein elektronisches Dokument elektronisch zugestellt werden kann, „soweit der Empfänger hierfür einen Zugang eröffnet".

2. Freiwilligkeit

Den individuellen Möglichkeiten der Kommunikationspartner wird durch das Erfordernis der **10**
„Eröffnung" dieses Zugangs Rechnung getragen. Der Empfänger eröffnet seinen Zugang durch entsprechende Widmung. Dies kann ausdrücklich oder konkludent erfolgen. Im Einzelfall wird hier die Verkehrsanschauung, die sich mit der Verbreitung elektronischer Kommunikationsmittel fortentwickelt, maßgebend sein.[34] Die Formulierung von § 3a Abs. 1 verdeutlicht den Willen

---

[25] O. Rn. 2; h. M., vgl. *Kopp/Ramsauer* § 3a Rn. 1, 6 m.w.N.
[26] Vgl. *Rosenbach* DVBl 2001, 332, 335.
[27] *Schlatmann* in Bieler/Schwarting, e-Government, 2007, Rn. 319; im Ergebnis ebenso *BVerwG* NJW 2006, 1989, 1990; a. A. *Kunstein*, Die elektronische Signatur als Baustein der elektronischen Verwaltung, 2005, S. 127; weitere Einzelheiten zur Nutzung von Telefax s. § 22 Rn. 32 ff.
[28] *VGH München* NJW 2004, 2768. Vgl. auch § 9 Abs. 3 IFG; danach kann ein Informationsantrag abgelehnt werden, wenn die nachgefragte Information im Internet verfügbar ist, Begr zum IFG, BT-Dr 15/4493, S. 16; hierzu ferner *Schmitz/Jastrow* NVwZ 2005, 984.
[29] Zutreffend *H. Redeker,* IT-Recht, 4. Aufl. 2007, Rn. 853 m.w. N. auch der Gegenansicht.
[30] So *H. Redeker,* IT-Recht, 4. Aufl. 2007, Rn. 853.
[31] So auch *Schmidt-Aßmann* in Hoffmann-Riem/ders., Informationsgesellschaft, S. 405, 422; *Schmitz* in FG 50 Jahre BVerwG, 2003, S. 677, 685.
[32] St. Rspr.; vgl. *BGHZ* 67, 271, 275 = NJW 1977, 194; 137, 205, 208 = NJW 1998, 976; zuletzt *BGH,* NJW 2002, 2391, 2393.
[33] Vom 12. 8. 2005, BGBl I S. 2354. Zur Reform des VwZG *Kremer* NJW 2006, 332.
[34] Zur Bedeutung der Verkehrsanschauung für die Beurteilung des Zugangs auch *BGH* NJW 2002, 1565.

des Gesetzgebers, Zwang auf Bürger oder Behörden zur Nutzung moderner Kommunikationstechniken grundsätzlich zu vermeiden.[35] Für besondere Bereiche, bei denen im Regelfall alle Beteiligten über elektronische Kommunikationsmittel verfügen, kann die Behörde jedoch verlangen, dass ihr **elektronischer Zugang** benutzt wird (zur Benutzung von Formularen § 10 Rn. 13 f., § 22 Rn. 38).[36]

11   Zu berücksichtigen sind die unterschiedlichen schutzwürdigen Interessen der Beteiligten: Eine Behörde mit Internetauftritt ist in dieser Hinsicht weniger schutzwürdig als ein Bürger mit Internetadresse.

12   a) **Privatpersonen.** Derzeit werden Internet und E-Mail von Privatpersonen überwiegend zur privaten Kommunikation verwendet. Private Rechtsgeschäfte haben eine andere Qualität als die Beteiligung an einem VwVf. Dem **Bürger** bleibt deshalb die Möglichkeit offen, seine elektronische Kommunikation auf seinen privaten Bereich zu beschränken und dem Staat konventionell gegenüberzutreten. Der bloße Besitz einer E-Mail-Adresse ist nach der Verkehrsanschauung noch nicht als Bereitschaft zum Empfang von rechtlich verbindlichen Erklärungen zu deuten; das gilt auch bei Angabe der E-Mail-Adresse im privaten Briefkopf (s. auch § 41 Rn. 90).[37] Insbesondere entspricht es zumindest heute noch nicht der Verkehrsanschauung, dass der Private täglich seine E-Mails abruft und liest.[38] Dieses Schutzes bedarf der Bürger nicht mehr, wenn er der Verwaltung durch ausdrückliche Erklärung oder praktizierten E-Mail-Verkehr – z. B. einen elektronischen Antrag[39] – zu erkennen gegeben hat, dass er auch mit ihr elektronisch zu kommunizieren bereit ist (hierzu auch § 41 Rn. 87 ff.). Für die Beurteilung der Frage, ob der Zugang auch für den Empfang von Dokumenten in elektronischer Form (§ 3 a Abs. 2) eröffnet ist, wird die Verkehrsanschauung auch die Verbreitung der hierfür erforderlichen Signaturtechnik zu berücksichtigen haben. Der Bundesgesetzgeber hat – anders als Hamburg und Schleswig-Holstein (Rn. 59) – bewusst keine ausdrückliche Zustimmung des Empfängers verlangt; eine Anknüpfung an die sich verändernde Verkehrsanschauung erschien entwicklungsoffener und dem Prinzip der Formfreiheit (§ 10) näher.[40] Die Eröffnung eines Zugangs kann angenommen werden, wenn der Bürger das VwVf durch einen elektronischen Antrag in Gang gesetzt hat.[41] Diese Einwilligung kann er jederzeit – also auch im Laufe des VwVf – für die Zukunft zurücknehmen.[42]

13   b) **Behörden, Geschäftsverkehr.** Die Ausgangslage bei der **Behörde** ist eine andere: Private Kommunikation kann es für sie nicht geben. Dennoch ist auch bei ihr zu berücksichtigen, dass sie möglicherweise organisatorisch noch nicht zur Durchführung elektronischer VwVf in der Lage ist. Daran anknüpfend wurde die Befürchtung geäußert, dass die elektronische Form auf absehbare Zeit vor allem kleinere Verwaltungen überfordern und dort zu enormen Erschwernissen führen würde.[43] Allerdings muss sie diese Umstände nach außen bekannt gegeben haben. Grundsätzlich ist von der Eröffnung eines entsprechenden Zugangs auszugehen, wenn etwa eine E-Mail-Adresse im Briefkopf angegeben wird (Rn. 14). Diesen Erwägungen wird durch den Begriff „soweit" in § 3 a Rechnung getragen. Elektronische Kommunikation setzt hiernach voraus, dass ein Zugang zu diesem Zweck eröffnet worden ist. Dadurch wird auch klargestellt, dass keine Verpflichtung besteht, die Voraussetzungen für elektronische Kommunikation zu schaffen (hierzu auch § 37 Rn. 51). Die interne Ausgestaltung der elektronischen Kommunikation bleibt jeder Behörde überlassen. Sie ist also frei darin, wie sie elektronische

---

[35] Zutreffend *Skrobotz* VR 2003, 397, 403.
[36] Vgl. Pflicht zur elektronischen Abgabe von Lohnsteuer-Anmeldungen und Umsatzsteuer-Voranmeldungen; hierzu *Brockmeyer* in Klein, AO, § 151 Rn. 18. Keine Bedenken bestehen auch, für Stellen, die IT-Kenntnisse voraussetzen, Online-Bewerbungen vorzuschreiben; hierzu *Hartmann/Nöllenburg* ZBR 2007, 242, 244.
[37] Wohl weitergehend bei Bekanntmachung der e-Mail-Adresse *Ultsch* NJW 1997, 3007, 3008. Zur Rechtslage in Österreich nach der Verwaltungsverfahrens-Novelle 1998 vgl. *Wessely* ÖJZ 2000, 701, 705 f.
[38] *Schmitz/Schlatmann* NVwZ 2002, 1281, 1285; § 41 Rn. 95.
[39] *Laubinger*, FS König, S. 517, 534.
[40] A. A. Stellungnahme des BR zum RegE, BT-Dr 14/9259, S. 1; *Roßnagel* NJW 2003, 469, 473.
[41] Auch *Meyer* in Knack § 3 a Rn. 31.
[42] Zutreffend *Laubinger*, FS König, S. 517, 534.
[43] *Rosenbach* NWVBl 2000, 161, 163; der dementsprechend defensive Gesetzgebungsvorschlag für eine elektronische Kommunikation „Behörde ist berechtigt, die technischen Rahmenbedingungen vorzugeben" (ebda., 165) übersah, dass technische Inkompatibilität bereits den wirksamen Zugang verhindert.

Eingänge im Einzelnen im Geschäftsgang bewältigt. Die Behörde kann deren Bearbeitung vollelektronisch fortsetzen bis hin zum vollelektronischen Bescheid.[44] Sie kann aber auch jeden Eingang ausdrucken und ihn sodann in herkömmlicher Weise, d. h. insbesondere auf Papier, weiterbearbeiten. Bei einem Medientransfer ist stets auch für eine rechtssichere Transformation Sorge zu tragen (vgl. § 33 Abs. 4 bis 6).[45]

Innerhalb einer Dienststelle entscheidet der Dienstherr über die Form, in der er mit seinen Beamten kommuniziert; diese können sich elektronischer Kommunikation nicht durch Berufung auf eine fehlenden Zugang verweigern.[46] Entsprechendes gilt im Verhältnis Arbeitgeber/Arbeitnehmer.

Wenn die **Behörde einen Kommunikationsweg eröffnet,** z. B. durch Angabe der E-Mail-Adresse (ebenso Telefaxnummer) in allgemein zugänglichen Verzeichnissen, auf Briefbögen oder auf der Homepage im **Internet**,[47] kann der Bürger diesen Weg nutzen[48] und darauf vertrauen, dass die Behörde ihn ordnungsgemäß beobachtet (regelmäßige Abfrage von E-Mail-Eingängen, Weiterleitung von eingegangenen Telefaxen innerhalb der Behörde). Die Behörde, die auf ihrem Briefkopf eine E-Mail-Adresse angibt, erklärt damit konkludent ihre Bereitschaft, Eingänge – also insbesondere auch Dokumente mit qualifizierter elektronischer Signatur – auf diesem Weg anzunehmen.[49] Gegenteiliges oder Einschränkungen muss sie ausdrücklich erklären, z. B. durch Hinweise auf dem Briefkopf oder auf ihrer Internetseite, also dort, wo die Angabe einer E-Mail-Adresse den Anschein einer Zugangsmöglichkeit erweckt.[50] Ggfs. ist auch den in Betracht kommenden Mitarbeitern die dienstliche Pflicht aufzuerlegen, regelmäßig den Nachrichteneingang auf ihrem Arbeitsplatz-PC zu prüfen.[51] Um Missverständnissen vorzubeugen, empfiehlt es sich, dass die Behörde auf ihren Briefbögen eindeutige Hinweise anbringt, auf welchen Kommunikationswegen sie Anträge entgegennimmt.[52] Beispielhaft sind die weitgehend identischen Hinweise auf den Internetseiten von Bundesverfassungsgericht und Bundesverwaltungsgericht[53] oder ein Runderlass des Innenministeriums Sachsen-Anhalt, der allen Behörden empfiehlt, bei Angabe einer E-Mail-Adresse einen klar-

---

[44] Zum Ablauf eines elektronischen VwVf vgl. *Schmitz/Schlatmann* NVwZ 2003, 1281, 1287; *Schmitz* DÖV 2005, 885, 886.
[45] Zu Konzepten für rechtssichere Transformation *Kunz/Schmidt/Viebeg* DuD 2005, 279.
[46] *Kersten* ZBR 2006, 35, 37.
[47] Zutreffend nimmt *VG Saarlouis* NJW 1998, 3221 Wirksamkeit der Anmeldung zur Diplomprüfung über eine entsprechende Internet-Seite der Hochschule auch ohne besondere Rechtsgrundlage an.
[48] *BVerwG* NJW 1995, 2121 für Klageerhebung durch Btx-Mitteilung; *OLG Düsseldorf* NJW 1995, 2177 für über T-Online aufgegebene und dem Gericht als Telefax zugegangene Rechtsmittelschrift; § 24 Rn. 83. Wohl nicht mehr vertretbar die Auffassung, dass Telefax gesetzlich angeordneter Schriftform nicht genügt; so aber noch *Riesenkampff* NJW 2004, 3296.
[49] So *Schmitz/Schlatmann* NVwZ 2002, 1281, 1285; *Schlatmann* DVBl 2002, 1005, 1008 f.; auch *Schmitz,* FG 50 Jahre BVerwG, S. 677, 685 f.; *Roßnagel* DÖV 2001, 221, 223; *Schmitz* DÖV 2005, 885, 890.
[50] So wohl auch *Meyer* in Knack § 3 a Rn. 31. Auch partielle Einschränkungen, z. B. Ausschluss elektronischer Signaturen, sind zu publizieren; vgl. *Ernst,* Modernisierung der Wirtschaftsverwaltung durch elektronische Kommunikation, 2005, S. 47 f.
[51] Beispielhaft die „Richtlinie zum zum Einsatz von Informationstechnik im Bundesministerium des Innern (IT-Richtlinie BMI)" vom 25. 6. 2007, die u. a. bestimmt: „8.3.1.1 Regelmäßige Prüfung auf neue Eingänge: Das Bürokommunikationsprogramm (z. Z. Outlook) ist geöffnet zu halten, damit der Eingang von E-Mails, Besprechungsanfragen etc. unmittelbar erkannt werden kann. Das personenbezogene Postfach ist mehrfach täglich auf neue Posteingänge zu überprüfen. 8.3.1.2 Vertretungsregelung: Für den Fall unvorhersehbarer Abwesenheit ist der regelmäßige Vertreter mit entsprechenden Rechten auszustatten, um den Posteingang des abwesenden Mitarbeiters nach dienstlichen E-Mails überprüfen zu können. ... 8.3.1.4 Irrläufer: E-Mails, die nicht der fachlichen Zuständigkeit des Empfängers unterliegen, sind unverzüglich an die zuständige Stelle weiterzuleiten. Der Absender ist darüber entsprechend zu unterrichten. Ist der fachlich zuständige Mitarbeiter nicht bekannt, ist die E-Mail an die zentrale Posteingangsstelle des BMI zu schicken. Ist eine empfangene Nachricht nicht lesbar, kann sie ebenfalls an die zentrale Posteingangsstelle des BMI oder an den Benutzerservice weitergeleitet werden. ... 8.4.4 Abwesenheitsassistent: Bei mehr als 24-stündiger Abwesenheit vom Dienst an Arbeitstagen ist der Abwesenheitsassistent mit Hinweis auf die Dauer der Abwesenheit einzuschalten, um den Absender einer E-Mail entsprechend zu informieren. Ferner sollten der Vertreter und dessen Erreichbarkeitsdaten benannt werden."
[52] Vgl. *Rosenbach* NWVBl 1997, 121, 122.
[53] Impressum – Wichtiger Hinweis: Der E-Mail-Kommunikationsweg steht ausschließlich für Verwaltungsangelegenheiten zur Verfügung. Es wird darauf hingewiesen, daß mit diesem Kommunikationsmittel Verfahrensanträge oder Schriftsätze nicht rechtswirksam eingereicht werden können. Sollte Ihre Nachricht einen entsprechenden Schriftsatz beinhalten, ist eine Wiederholung der Übermittlung mittels Telefax ((0341) 2007–1000) oder auf dem Postwege unbedingt erforderlich.

stellenden Zusatz hinzuzufügen.[54] Sind in einer Behörde alle technischen Voraussetzungen gegeben, kann sich aus der zunehmenden Üblichkeit elektronischer Kommunikation eine Pflicht zur Eröffnung eines entsprechenden Zugangs ergeben.[55]

15 Entsprechendes gilt, wenn elektronische Kommunikationsmittel im Rahmen eines ständigen **Geschäftsbetriebs** (z. B. von **Firmen** oder **Rechtsanwälten**) genutzt werden.[56]

16 Für den elektronischen Rechtsverkehr mit zahlreichen Gerichten (z. B. BVerwG, BFH, den Verwaltungsgerichten und Finanzgerichten in NRW) ist ein Zugang über das „**elektronische Gerichts- und Verwaltungspostfach**" **(EGVP)** eröffnet worden. Dies ist eine spezielle Übertragungssoftware, die vom Bund kostenlos zur Verfügung gestellt wird (http://www.egvp.de). In das EGVP ist eine spezielle, besonders sichere Verschlüsselungssoftware integriert, die die übermittelten Daten automatisch vor unbefugter Kenntnisnahme während des Transports schützt. Zukünftig sollen auch Verwaltungsbehörden teilnehmen. Das EGVP bietet einen „Rund um die Uhr"-Zugang zu den teilnehmenden Gerichten und Behörden. Der Absender erhält sofort eine signierte Eingangsbestätigung der Empfangseinrichtung des Adressaten. Versandt werden können Dokumente in den gängigen Formaten, wobei alle akkreditieren Signaturkarten (Rn. 35) nach dem SigG unterstützt werden.

In manchen Bereichen erlauben Verordnungen[57] die Übermittlung elektronischer Dokumente in Form eines Dateianhangs an eine (gewöhnliche) E-Mail mittels des (allg üblichen) SMTP-Protokolls an die dafür vorgesehene E-Mail-Adresse. Für eine Verschlüsselung muss der Benutzer selbst sorgen; erforderliche Schlüssel können von den Internetseiten der Adressaten herunter geladen werden.

III. Elektronische Form (Abs. 2 Satz 1)

1. Schriftform

17 Der Begriff „schriftlich" ist in einem weiten Sinne zu verstehen. Er erfasst sowohl die Fälle der gewillkürten als auch die Fälle der gesetzlich angeordneten Schriftform. Anders als im Zivilrecht ist der Begriff der Schriftform im Verwaltungsrecht nicht stets mit der eigenhändigen Unterzeichnung eines Dokuments verbunden, er ist offener, ohne verbindliche einheitliche Bedeutung und kann in den jeweiligen Fachgesetzen mit eigener Bedeutung erfüllt werden (§ 22 Rn. 31 ff.; § 37 Rn. 46, 96, 104). Die Schriftform hat, sei es kumulativ, sei es zum Teil,
– eine Abschlussfunktion, d. h. sie bringt das Ende der Erklärung zum Ausdruck,
– eine Perpetuierungsfunktion, d. h. sie gewährleistet die fortdauernde Wiedergabe der Erklärung in einer Urkunde mit der Möglichkeit zur Überprüfung,
– eine Identitätsfunktion, d. h. sie ermöglicht es, den Erklärenden zu erkennen,
– eine Echtheitsfunktion, d. h. sie gewährleistet die inhaltliche Zuordnung der Erklärung zum Erklärenden,
– eine Verifikationsfunktion, d. h. sie dient der Überprüfbarkeit der Echtheit der Erklärung
– eine Beweisfunktion, d. h. sie ist zum Nachweis der Erklärung geeignet,
– eine Warnfunktion, d. h. der Erklärende wird auf die rechtliche Verbindlichkeit der Erklärung hingewiesen und vor Übereilung geschützt.
Allgemeines Kennzeichen der Schriftform ist, dass der Sinngehalt eines entsprechenden Dokuments mittels Schriftzeichen auf einem Substrat – regelmäßig ist dies Papier – auf Dauer fi-

---

[54] Bis zur Realisierung der technischen und organisatorischen Voraussetzungen für die rechtsverbindliche elektronische Kommunikation unter Verwendung qualifizierter elektronischer Signaturen (...) empfehle ich allen Behörden, (...) folgenden Zusatz (gegebenenfalls als Fußnote) hinzuzufügen: „E-Mail-Adresse nur für formlose Mitteilungen ohne elektronische Signatur"; Runderlass vom 7. 12. 2005 (MBl. LSA, S. 704).
[55] Vgl. *Britz* in Hoffmann-Riem/Schmidt-Aßmann, Verwaltungsverfahren, S. 213, 233; *Kopp/Ramsauer* § 3a Rn. 8; *Ernst*, Modernisierung der Wirtschaftsverwaltung durch elektronische Kommunikation, 2005, S. 59 f.
[56] Vgl. *LG Nürnberg-Fürth* NJW-RR 2002, 1721.
[57] Z. B. in Rh-Pf die VO über den elektronischen Rechtsverkehr in der Verwaltungsgerichtsbarkeit i. d. F. vom 7. 12. 2004 (GVBl S. 542) oder die Elektronische Rechtsverkehrsverordnung Amtsgericht Olpe – ERVVOAGOlpe – vom 5. 8. 2005 (GV NRW S. 693), befristet bis zum 31. 8. 2008, für ein Gericht mit 7 ½ Richterstellen.

xiert ist (s. auch § 37 Rn. 58). Ein schriftliches Dokument weist eine besondere Eignung als Beweismittel auf und ist u. a. Urkunde i. S. d. Prozessrechts.

2. Erweiterung auf elektronische Form

Neben dem eine gesetzliche Schriftform ersetzenden **elektronischen VA**[58] bleiben aber auch die Möglichkeiten des formfreien Verwaltungshandelns ungeschmälert erhalten. Dem Begriff „elektronisch" kommt damit eine sehr weite, umfassende Bedeutung bei. Er bezieht sich nicht auf ein bestimmtes Formerfordernis, sondern erfasst jegliche Erscheinungsform elektronischer Arbeitsweise und jegliche Art elektronischer Dokumente. Für das Verwaltungsverfahrensrecht ist somit eine **einfache E-Mail** (ggfs. mit einfacher elektronischer Signatur i. S. v. § 2 Nr. 1 SigG, Rn. 22) als Mindeststandard elektronisch übermittelter Dokumente nicht ausgeschlossen. Dabei verzichtet das Verwaltungsverfahrensrecht jedoch anders als § 126b BGB – Textform –[59] auf eine ausdrückliche Formulierung zur Beschreibung der **Textform,** um den besonderen Gegebenheiten des öffentlichen Rechts Rechnung zu tragen. So werden bei der elektronischen Übermittlung von Dokumenten an die Verwaltung nicht nur Schriftzeichen verwendet, sondern etwa Pläne oder technische Daten übermittelt. Dies ändert allerdings nichts an dem Erfordernis der Lesbarkeit dieser Daten. Auch hier gilt, wie im Zivilrecht, dass nur lesbare Daten auch zugegangen sein können. 18

Wählt man statt der schriftlichen Form die **elektronische Alternative,** so muss diese entsprechendes leisten können **(Schriftformäquivalenz).**[60] Ohne elektronische Signatur hat ein elektronisches Dokument im allgemeinen eine nur geringe Beweisqualität. Spezifische Nachteile sind spurlose Veränderbarkeit und folgend mangelnde Integrität und Authentizität.[61] Erst durch die elektronische Signatur können Vollständigkeit und inhaltliche Richtigkeit des elektronischen Dokumentes bewiesen werden.[62] Ein elektronisches Dokument mit einer qualifizierten elektronischen Signatur weist erheblich höhere Sicherheit vor Fälschung und Verfälschung auf als ein herkömmliches Schriftdokument mit handschriftlicher Unterschrift. In Signaturschlüssel-Zertifikaten oder in **Attribut-Zertifikaten** können alle Funktionen, Zuständigkeiten, Rechte usw. von Behördenmitarbeitern ausgewiesen werden.[63] Eine monetäre Beschränkung der Signatur bezieht sich nur auf unmittelbare finanzielle Transaktionen, nicht aber auf Erklärungen in einem Schriftsatz, die mittelbare Haftungsrisiken enthalten.[64] Das Signaturgesetz (Rn. 21 ff.) unterscheidet zwischen qualifizierten elektronischen Signaturen nach EU-Mindeststandard und qualifizierten elektronischen Signaturen nach § 15 SigG. Der Unterschied dieser Signaturen besteht darin, dass im ersten Fall die Erfüllung der gesetzlichen Anforderungen weitgehend nur auf Behauptungen der Unternehmen beruht, die Produkte und Leistungen für diese Signaturen bereitstellen, während im zweiten Fall die Sicherheit der Produkte und Leistungen durch öffentlich anerkannte, fachkundige, unabhängige Dritte (z. B. TÜV's) vorab umfassend geprüft und bestätigt sein muss. Nur bei Signaturen, die auf einem qualifizierten Zertifikat eines in dieser Weise akkreditierten Zertifizierungsdiensteanbieters nach § 15 SigG beruhen, besteht nachgewiesene Sicherheit. Außerdem ist nur bei diesen Signaturen eine **dauerhafte Überprüfbarkeit** gewährleistet. Nur bei akkreditierten Zertifizierungsdiensteanbietern ist eine Übernahme der Zertifikate und der gesamten Dokumentation durch die zuständige Behörde vorgesehen, wenn diese ihren Betrieb einstellen und kein anderer akkreditierter Zertifizierungsdiensteanbieter ihn fortführt (vgl. § 15 Abs. 6 Satz 3 SigG). Stellt ein nicht akkreditierter Zertifizierungsdiensteanbieter seinen Betrieb ein und führt kein anderer ihn fort, so sind die auf seinen Zertifikaten basierenden Signaturen nicht mehr überprüfbar. Dies kann bei einer abgeschlossenen finanziellen Transaktion unerheblich sein, bei Verträgen mit längerfristiger Wirkung oder amtlichen Dokumenten aber unvertretbare Folgen haben. 19

---

[58] *Schmitz/Schlatmann* NVwZ 2002, 1281, 1286; ferner § 37 Rn. 64 f.
[59] Unter die „Textform" fallen alle Willenserklärungen, die in Schriftzeichen lesbar sind, die Person des Erklärenden angeben und bei denen der Abschluss der Erklärung in geeigneter Form erkennbar gemacht ist, ohne dass es auf eine elektronische Signatur ankommt.
[60] *Schmitz/Schlatmann* NVwZ 2003, 1281, 1284; *Schmitz,* FG 50 Jahre BVerwG, S. 677, 684.
[61] Vgl. *Skrobotz,* Das elektronische Verwaltungsverfahren, 2005, S. 40 f.
[62] *Schmitz/Schlatmann* NVwZ 2003, 1281, 1284.
[63] Zur Darstellung von Amtsbezeichnung und Dienstsiegel *Kunstein,* Die elektronische Signatur als Baustein der elektronischen Verwaltung, 2005, S. 176 ff.
[64] BFHE 215, 47 = MMR 2007, 234; hierzu *Britz* DVBl 2007, 993, 999 f.; *Fischer-Dieskau/Hornung* NJW 2007, 2897.

IV. Qualifizierte elektronische Signatur (Abs. 2 Satz 2)

1. Allgemeines

20 § 3a Abs. 2 Satz 1 enthält eine Generalklausel, mit der geregelt wird, wie eine durch materielles Gesetz angeordnete Schriftform durch eine elektronische Form gleichwertig ersetzt werden kann. Im Bereich der Formfreiheit bedarf es keiner Regelung, dort ist grundsätzlich die Verwendung elektronischer Dokumente jeder Art möglich (§ 10). Die **Gleichsetzung der elektronischen Form mit der gesetzlich angeordneten Schriftform** ordnet die Verbindlichkeit dieses Grundsatzes für das VwVf in all seinen Fachbereichen an. Damit wird eine fachübergreifend geltende Regelung des Formerfordernisses erreicht. Die Wirkung der elektronischen Form muss mit derjenigen der Schriftform vergleichbar sein, damit eine Gleichsetzung erfolgen kann (Rn. 17). Im Bereich der elektronischen Kommunikation können diese Funktionen nur durch Verwendung einer **qualifizierten elektronischen Signatur i. S. d. Signaturgesetzes** erfüllt werden.[65] Nach dem eindeutigen Wortlaut des § 3a Abs. 2 Satz 1 darf die Behörde auch im Einzelfall ein gesetzliches Schriftformerfordernis **nicht dahin auslegen,** dass sie z. B. **unter Zweckmäßigkeitsgesichtspunkten unsignierte Dokumente akzeptiert.**[66] Ein entsprechender **Formfehler** kann jedoch geheilt werden (z. B. zunächst unwirksamer durch nachträglichen formgerechten Antrag; vgl. Rn. 60; § 45 Rn. 28, § 22 Rn. 30 ff.).

2. Signaturen nach dem Signaturgesetz

21 Das Signaturgesetz unterscheidet vier nach Anforderungsprofil, Nachweisverfahren und Rechtsfolgen verschiedene Signaturstufen.

22 a) **Einfache „elektronische Signaturen"** i. S. v. § 2 Nr. 1 SigG sind Daten, die anderen elektronischen Daten beigefügt werden und der Authentifizierung dienen. Da sie weder fälschungssicher noch mit den anderen Daten fest verknüpft sein müssen, haben sie keinen Sicherheitswert. Hierzu zählt z. B. eine eingescannte Unterschrift, die jederzeit gefälscht oder entfernt werden kann, aber auch Namensdaten im E-Mail-Textfeld oder die bloße Namensangabe im Text.[67]

23 b) **„Fortgeschrittene elektronische Signaturen"** i. S. v. § 2 Nr. 2 SigG müssen ausschließlich dem Signaturschlüssel-Inhaber zugeordnet sein, seine Identifizierung ermöglichen, mit Mitteln erzeugt werden, die der Signaturschlüssel-Inhaber unter seiner alleinigen Kontrolle halten kann, und mit den Daten, auf die sie sich beziehen, so verknüpft sein, dass eine nachträgliche Veränderung der Daten erkannt werden kann. Weitergehende Anforderungen an die Sicherheit der Schlüsselverwaltung und der technischen Komponenten werden nicht gestellt.

24 c) **„Qualifizierte elektronische Signaturen"** i. S. v. § 2 Nr. 3 SigG sind „fortgeschrittene elektronische Signaturen", die auf einem zum Zeitpunkt ihrer Erzeugung gültigen „qualifizierten Zertifikat" beruhen und mit einer „sicheren Signaturerstellungseinheit" erzeugt wurden (Näheres Rn. 31 ff.). „Qualifizierte Zertifikate" sind nach § 2 Nr. 7 SigG Zertifikate, die die Voraussetzungen des § 7 SigG erfüllen und von Zertifizierungsdiensteanbietern ausgestellt werden, die allen Anforderungen des Gesetzes und der Verordnung genügen. Sie dürfen nur für natürliche Personen ausgestellt werden. „Sichere Signaturerstellungseinheiten" sind nach § 2 Nr. 10 SigG Software- oder Hardwareeinheiten zur Speicherung und Anwendung des jeweiligen Signaturschlüssels, die für qualifizierte elektronische Signaturen bestimmt sind und die Gesetzesanforderungen erfüllen. Qualifizierte Signaturverfahren erzeugen Signaturen, die den Anforderungen des Signaturgesetzes entsprechen. Sie können nach den entsprechenden Formgesetzen die **eigenhändige Unterschrift ersetzen** und den Genuss der Beweisvermutung des § 292a ZPO vermitteln. Ihre Verwendung gibt dem Empfänger die Möglichkeit eines Haf-

---

[65] *Schmitz/Schlatmann* NVwZ 2003, 1281, 1284.
[66] *OVG Lüneburg* NVwZ 2005, 470; *VGH Kassel* NVwZ-RR 2006, 377; *OVG Koblenz* NVwZ-RR 2006, 519 (zu § 55a VwGO); *Kopp/Ramsauer* § 3a Rn. 14a; *Ziekow* § 3a Rn. 6; *Guckelberger* VerwArch 97 (2006), 62, 68; *Eifert*, Electronic Government, 2006, S. 103; a.A. *Britz* in Hoffmann-Riem/Schmidt-Aßmann, Verwaltungsverfahren, S. 213, 224; *Kintz* NVwZ 2004, 1429, 1434.
[67] *Geis* in Spindler/Schmitz/Geis, TDG, 2004, Einf SigG Rn. 10.

tungsanspruchs gegen den Zertifizierungsdiensteanbieter. Allerdings wird bei qualifizierten Verfahren die Einhaltung der gesetzlichen Anforderungen nicht vorab überprüft.[68] Das für sie geltende Aufsichtssystem darf nicht zu systematischen Kontrollen führen. Qualifizierte Zertifikate müssen vom Zertifizierungsdiensteanbieter nur für eine relativ kurze Zeit aufbewahrt werden – nämlich für die Dauer ihrer Gültigkeit plus fünf Jahre. Danach müssen sie gelöscht werden. Bei Insolvenz des Anbieters können sie noch früher verloren gehen. Sind sie nicht mehr prüfbar, können sie keine Formvorschrift erfüllen und sind als Beweismittel untauglich. Bei qualifizierten Verfahren müssen alle Signaturen aus der Europäischen Gemeinschaft und dem Europäischen Wirtschaftsraum anerkannt werden, die nach den jeweiligen – recht unterschiedlichen – Regelungen der Mitgliedstaaten der europäischen Signaturrichtlinie entsprechen, ohne dass deren Sicherheit überprüft wird.

Bei allem Bemühen der Verwaltung, dem Bürger den Kontakt durch elektronische Kommunikationswege zu erleichtern, sind jedoch Erwartungen, in absehbarer Zeit könne auf herkömmliche Kommunikationsmittel verzichtet werden, überzogen. Dabei ist nicht allein die **Durchsetzung der qualifizierten elektronischen Signatur** entscheidend.[69] Der Kontakt mit der Verwaltung ist in der Lebenswirklichkeit des normalen Bürgers randständig: Selten besteht mehr als ein- oder zweimal im Jahr hierfür ein Bedürfnis: Steuererklärung, Ummeldung bei Wohnungswechsel, neuer Pass oder Personalausweis, Eheschließung[70] sind wohl die häufigsten Anlässe. Bei anderen Gelegenheiten wird eine elektronische Kommunikation vielfach gar nicht gewünscht sein: Ein Bauwilliger wird z. B. den persönlichen Kontakt zu dem Sachbearbeiter in der Behörde suchen, um im Gespräch seine Möglichkeiten zu eruieren und ggfs. eine Verhandlungslösung zu erzielen. Schließlich wird für nicht absehbare Zeit ein großer Teil der Bevölkerung keinen Zugang zu der für elektronische Kommunikation erforderlichen Technik haben (Verfügbarkeit eines PC, Fähigkeit zur entsprechenden Nutzung).[71] 25

d) „Qualifizierte elektronische Signaturen mit Anbieterakkreditierung" (kurz auch: akkreditierte Signaturen) i. S. v. § 15 Abs. 1 SigG sind „qualifizierte elektronische Signaturen", die auf Zertifikaten von Zertifizierungsdiensteanbietern beruhen, die nach einer Prüfung ihrer Organisation und ihrer technischen Komponenten von der Regulierungsbehörde für Telekommunikation und Post akkreditiert worden sind. 26

Akkreditierte Signaturverfahren erzeugen die gleichen Rechtsfolgen wie qualifizierte elektronische Signaturen. Akkreditierte Zertifizierungsdiensteanbieter werden jedoch zusätzlich in Bezug auf ihre organisatorische und technische Sicherheit vor Betriebsaufnahme behördlich überprüft. Für sie kann dadurch der „Nachweis der umfassend geprüften administrativen Sicherheit" erbracht werden. Nur akkreditierte Signaturen sind **langfristig prüfbar,** weil der Zertifizierungsdiensteanbieter ihre Zertifikate nach Ablauf ihrer Gültigkeit noch mindestens 30 Jahre online prüfbar halten muss. Im Konkurs des Zertifizierungsdiensteanbieters übernimmt die Regulierungsbehörde für Telekommunikation und Post nach § 15 Abs. 6 SigG die Zertifikate und hält sie für die restliche Zeit vorrätig. Bei akkreditierten Verfahren sind ausländische Signaturen nur dann inländischen akkreditierten Signaturen gleichgestellt, wenn für sie eine gleichwertige Sicherheit tatsächlich nachgewiesen worden ist. Im Vergleich mit qualifizierten Signaturen sind akkreditierte Signaturen hinsichtlich der rechtlichen Rahmenbedingungen und Folgeregelungen überlegen. Sie werden von Anwendungen genutzt werden, die auf ein hohes nachgewiesenes 27

---

[68] Das Erfordernis einer qualifizierten elektronischen Signatur ist auch erfüllt, wenn sich im Nachhinein herausstellt, dass der Zertifizierungsdiensteanbieter die gesetzlichen Anforderungen nicht eingehalten hat. Aus Gründen der Rechtssicherheit ist das Signaturerfordernis insoweit formal zu interpretieren; zutreffend *Eifert,* Electronic Government, 2006, S. 108 ff.; *Britz* DVBl 2007, 993, 999. S. auch § 19 Abs. 5 SigG: Danach bleiben qualifizierte Zertifikate auch nach Rücknahme oder Widerruf einer Akkreditierung ausgestellt sind; vgl. *Geis* in Spindler/Schmitz/Geis, TDG, 2004, § 19 SigG Rn. 6.
[69] Fehlende Akzeptanz der elektronischen Signatur als Hindernis für die Elektronisierung des Verwaltungshandelns sieht *Groß* VerwArch 95 (2004), 400, 401. Ausführlich *Skrobotz,* Das elektronische Verwaltungsverfahren, 2005, S. 73 ff.; ferner *Eifert,* Electronic Government, 2006, S. 117 f. Zu organisatorischen Aspekten der Einführung der elektronischen Signatur *Ganßer* VM 2003, 89.
[70] Andere personenstandsrechtliche Ereignisse werden regelmäßig von Dritten (Geburt durch die Klinik, Tod durch den Bestatter) angezeigt.
[71] *Schmitz* in Bär u. a., Rechtskonformes eGovernment – eGovernment-konformes Recht, 2005, S. 99, 111; zum Parallel-Betrieb von e-Government und herkömmlichem Verfahren auch *Schliesky* NVwZ 2003, 1322, 1327; *Groß* 95 (2004), 400, 406.

Sicherheitsniveau angewiesen sind, die kein Risiko hinsichtlich der Formerfüllung und der Beweissicherheit eingehen können sowie eine langfristige Verfügbarkeit der signierten Dokumente benötigen. Signaturen nach § 15 Abs. 1 SigG akkreditierter Zertifizierungsdiensteanbieter erfüllen die Anforderung dauerhafter Überprüfbarkeit bei VAen i. S. v. § 37 Abs. 4.[72]

28 Durch § 87a Abs. 6 AO und die Steuerdatenübermittlungsverordnung wurde befristet bis Ende 2005 mit den **„qualifizierten elektronische Signatur mit Einschränkungen"** noch eine weitere Signaturstufe eingeführt.[73] Dabei handelte es sich nicht um eine qualifizierte Signatur, sondern um eine fortgeschrittene Signatur (Rn. 23), die sich von qualifizierten Signaturen durch genau definierte Ausnahmen unterscheidet.

29 Von den **Rechtsfolgen** her sind nur akkreditierte, qualifizierte und sonstige Signaturen zu unterscheiden. Einfache, fortgeschrittene und qualifizierte elektronische Signaturen mit Einschränkungen entsprechen nicht den spezifischen Anforderungen des Signaturgesetzes und werden von diesem auch nicht erfasst. Sie sind sonstige Signaturverfahren i. S. v. § 1 Abs. 2 SigG.

30 **e) Sonstige Signaturverfahren** nach § 1 Abs. 2 SigG gewährleisten keine amtlich geprüfte oder auch nur gesetzlich vorgegebene Sicherheit, erfüllen keine gesetzliche Form, erbringen **keine belastbaren Beweismittel,** gehen durch die Betriebseinstellung des Zertifizierungsdiensteanbieters nachträglich verloren, gewährleisten keine langfristige Prüfbarkeit und bieten dem Signaturempfänger keine Haftungsansprüche. Für rechtsverbindliches Handeln sind sonstige Signaturverfahren daher nicht geeignet. Dementsprechend genügt eine einfache E-Mail nicht dem Schriftformerfordernis des § 70 Abs. 1 Satz 1 VwGO für die Einlegung eines Widerspruchs[74] oder dem des § 38 Abs. 1 Satz 1 VwVfG für eine wirksame Zusicherung.[75]

3. Qualifizierte Signatur, Funktionsweise

31 Eine elektronische Signatur kann mit einem Siegel für ein elektronisches Dokument verglichen werden. Signiert wird mittels eines privaten kryptographischen Schlüssels, der mathematisch erzeugt wird.[76] Diesem korrespondiert ein öffentlicher Schlüssel zur jederzeit möglichen Überprüfung der Signatur. Die Schlüsselpaare sind einmalig; sie werden durch anerkannte Stellen natürlichen Personen fest zugeordnet. Das beglaubigende Signaturschlüssel-Zertifikat ist ein signiertes elektronisches Dokument, das den jeweiligen öffentlichen Schlüssel sowie den Namen der ihm zugeordneten Person enthält. Dieser sog. Signaturschlüssel-Inhaber erhält das Zertifikat und kann es signierten Daten zu deren Überprüfung beifügen. Das Zertifikat ist daneben über öffentlich erreichbare Telekommunikationsverbindungen jederzeit für jeden nachprüfbar. Die Definition der elektronischen Form greift daher auf die qualifizierte elektronische Signatur i. S. d. Signaturgesetzes zurück. Wegen dessen sämtliche Rechtsmaterien übergreifenden, technischen Charakters wurde im VwVfG die Form einer Verweisung gewählt. Diese ist zur Erreichung der nötigen Flexibilität im Hinblick auf technische Entwicklungen dynamisch gestaltet. Um die Nutzung moderner Kommunikationstechnik im Verkehr mit der öffentlichen Verwaltung nicht unnötig zu erschweren, sollen Bürger und Unternehmen möglichst nicht mit unterschiedlichen rechtlichen Anforderungen konfrontiert werden. Auch deshalb entspricht Abs. 2 Satz 1 und 2 inhaltlich § 126a Abs. 1 BGB.

32 Ein Verständnis der Regelungen des 3. VwVfÄndG setzt Grundkenntnisse der Funktionsweise von elektronischen Signaturen voraus.[77] Die Vorgänge beim **Anbringen der Signatur** sind

---

[72] *Schmitz/Schlatmann* NVwZ 2002, 1281, 1287.
[73] Vgl. *Eifert,* Electronic Government, 2006, S. 104.
[74] *VG Sigmaringen* VBlBW 2005, 154 m. w. N.; Rn. 60.
[75] *OVG Lüneburg* NVwZ 2005, 470.
[76] Praktisch erfolgt die Speicherung der relevanten Daten auf einer Chipkarte, die nur mit einer PIN und in der Regel in einem Chipkartenleser eines Personal-Computers eingesetzt werden kann. Wenn das zu signierende Dokument ausgewählt wurde, muss der Befehl „Signieren" gegeben werden.
[77] Anders als *Hartmann* in Baumbach/Lauterbach/Albers/Hartmann, ZPO, 60. Aufl. (2002), § 292a Rn. 5, meint, ist der „Wust von Begriffen, durch die es sich zu quälen gilt", nicht deutscher Überperfektion geschuldet, sondern erfüllt die Vorgaben des europäischen Gemeinschaftsrechts (EG-Richtlinie 1999/93/EG vom 13. 12. 1999 über gemeinschaftliche Rahmenbedingungen für elektronische Signaturen, ABlEG 2000 Nr. L 13, S. 12, und EG-Richtlinie 2000/31/EG vom 8. 6. 2000 über den elektronischen Rechtsverkehr, ABlEG Nr. L 178, S. 1.

für den Anwender einfach.[78] Ein Mausklick auf den entsprechenden Button in der Symbolleiste der Textanwendung und die Eingabe einer PIN genügen, um im Hintergrund mathematisch komplexe Vorgänge ablaufen zu lassen, teilweise in dem Rechner, auf dem die Anwendung ausgeführt wird, teilweise auf einer Chipkarte (Rn. 35). Allerdings ist **Vorsicht bei der Signierung nicht selbst erstellter Dokumente** geboten. Der Ersteller muss sicher sein können, dass er nur signiert, was er auch sieht. Dateiformate, die versteckte Informationen (z. B. Text mit weißer Schriftfarbe) enthalten können, geben **Möglichkeit zur Manipulation**.[79] Sicherheit bietet hier derzeit das Format PDF/A.

Das **Verifizieren** (Prüfen) eines Dokuments ist ebenfalls für den Anwender unkompliziert. Dabei wird die empfangene Signatur mit Hilfe des öffentlichen Schlüssels des Absenders „entschlüsselt" und mit dem ebenfalls auf eine Prüfsumme (Hashwert) reduzierten empfangenen Dokument verglichen. Stimmen die entschlüsselte Signatur und die Prüfsumme überein, so ist das Dokument unverfälscht und kann nur vom Inhaber des Schlüsselzertifikats stammen.

Obwohl die Prüfung einer elektronischen Signatur sehr viel einfacher möglich ist als die Prüfung einer herkömmlichen analogen Unterschrift, wird ihr häufig eine viel größere Bedeutung zugemessen. Dabei wird außer Acht gelassen, dass die analoge Unterschrift auch nur bei wirklich bedeutsamen Vorgängen überprüft, z. B. mit einem Ausweis verglichen wird. Im alltäglichen Schriftverkehr wird sie in der Regel nicht angezweifelt. Das Zertifikat einer gesetzeskonformen elektronischen Signatur hat im Grunde dieselbe Gültigkeitsvermutung wie ein behördlicher Ausweis.

Zum Signieren und Verschlüsseln wird ein asymmetrisches kryptographisches Verfahren angewandt. Für jeden Beteiligten am Signatursystem wird ein Schlüsselpaar generiert, ein geheimer und ein öffentlicher Schlüssel, die in einem bestimmten mathematischen Verhältnis zueinander stehen. Diese Schlüsselpaare werden von Zertifizierungsstellen an Anwender ausgegeben. Der private Schlüssel bleibt in der Obhut des Besitzers. Den öffentlichen Schlüssel erhalten alle relevanten Kommunikationspartner. Er muss nicht vor Einsichtnahme geschützt werden. Ein Schlüssel, der beispielsweise beim RSA-Verfahren aus 1024 Bit besteht, entspricht etwa einer 300-stelligen Dezimalzahl. Die Rücktransformation einer verschlüsselten Information ohne Kenntnis des Schlüssels ist auch bei bekanntem Algorithmus nicht möglich. Die Sicherheit liegt also in der Geheimhaltung des privaten Schlüssels und wächst mit der Schlüssellänge. Schlüssellängen von 1024 Bit und mehr gelten derzeit (2007) als sicher.[80] Für derart lange Schlüssel, die man sich nicht merken kann, ist ein Speichermedium (z. B. eine **Chipkarte**) erforderlich, die den geheimen Schlüssel sicher speichert und als Kryptokarte auch den Signiervorgang ausführen kann.

Zum Erzeugen der elektronischen Signatur benutzt der Absender seinen geheimen Schlüssel, praktisch als spezielles Unterschriftsmerkmal. Der zu „unterschreibende" Text wird zunächst mit einem sogenannten Hash-Verfahren komprimiert. Eine Hashfunktion komprimiert (Eingabe-)Daten beliebiger Länge zu einem (Ausgabe-)Wert fester Länge. Die Hashfunktion muß die Einwegeigenschaft besitzen. Dies bedeutet, daß es nicht möglich sein darf, zu einem gegebenen Hashwert einen Text mit gleichem Hashwert zu finden (Einwegfunktion). Weiterhin darf es nicht möglich sein, zwei Texte mit dem gleichen Hashwert zu konstruieren (Kollisionsresistenz).

Das so entstandene Komprimat wird nach einem vorgegebenen Algorithmus mit dem geheimen Schlüssel verknüpft. Das Ergebnis wird als elektronische Signatur den signierten Daten angehängt. Für die Überprüfung der Signatur komprimiert der Rechner des Empfängers nun ebenfalls den Text und vergleicht dieses Ergebnis mit dem angehängten Komprimat, das sich durch Entschlüsseln der Signatur mit dem öffentlichen Schlüssel des Absenders ergibt. Bei Übereinstimmung steht fest, dass die Datei unverfälscht übertragen wurde (**Integrität**), es also weder Manipulationen noch Übertragungsfehler gegeben hat. Es steht auch fest, dass nur der Absender, der im Besitz des geheimen Schlüssels ist, die Signatur erzeugt haben kann, weil sonst

---

[78] Die folgende Darstellung stützt sich auf: *Deutscher Städtetag* (Hrsg.), Digitale Signatur auf der Basis multifunktionaler Chipkarten, 1999, S. 15 f. Übersicht zum technischen/mathematischen Vorgang bei der qualifizierten elektronischen Signatur bei *Schmitz* DÖV 2005, 885, 886 ff.
[79] Vgl. *Pordesch* DuD 2000, 89; *Roßnagel/Fischer-Dieskau* NJW 2006, 806, 807.
[80] Ab 2008 werden 2048 Bit empfohlen. Als sicher gilt allgemein, wenn der Schlüssel nach Einschätzung von Experten für die nächsten 6 Jahre als nicht dechiffrierbar erscheint.

der öffentliche Schlüssel nicht „passen" würde. Die Echtheit (**Authentizität**) des Absenders ist nachweisbar.

V. Signierung mit Pseudonym (Abs. 2 Satz 3)

38 § 3a Abs. 2 Satz 3[81] schließt eine Signierung mit einem Pseudonym, das die Identifizierung des Signaturschlüsselinhabers nicht ermöglicht, aus. Da § 7 Abs. 1 Nr. 1 SigG die Zuordnung von Signaturen zu Personen unter einem Pseudonym erlaubt, bedurfte es der Klarstellung, dass zwar die Signierung durch eine Behörde ohne Nennung des Bearbeiters mittels Pseudonym – z.B. „Der Oberbürgermeister von Köln"[82] – ebenso wie die Verwendung von Künstler- oder Ordensnamen[83] möglich, die missbräuchliche Pseudonymverwendung im rechtsverbindlichen Verkehr mit der Verwaltung – z.B. „Donald Duck" – aber unzulässig ist.[84] Pseudonym umfasst hier sowohl die namensrechtliche Verwendung mit Verkehrsgeltung, also in der Funktion des bürgerlichen Namens, als auch die Namensverdeckung mit erschwerter Identifizierung. In jedem Fall ist die Möglichkeit einer Namensaufdeckung erforderlich; es muss „klar sein, wer gemeint ist".[85] Pseudonym ist mithin von Anonym, das die Aufdeckung der dahinter stehenden Person verhindern soll, zu scheiden. Die Regelung zur Pseudonymverwendung ist keine Formvorschrift; so verlangen auch §§ 126f. BGB nicht, dass bei Unterschriftsleistung oder Signierung der richtige (bürgerliche) Name verwandt wird, um die Form zu wahren. Deshalb wurde der Ausschluss der Pseudonymverwendung in § 3a als materielle Verfahrensvoraussetzung angeordnet.

VI. Kommunikationsprobleme (Abs. 3)

39 Unterschiedliche Text- und Kommunikationsprogramme können mangels einheitlicher technischer Standards dazu führen, dass der Inhalt elektronischer Dokumente vom Empfänger nicht oder nicht vollständig zur Kenntnis genommen werden kann. § 3a Abs. 3 löst **technische Probleme der elektronischen Kommunikation** auf der verwaltungsverfahrensrechtlichen Ebene. Grundsätzlich gilt, dass technische Kommunikationsprobleme zu Lasten des Absenders gehen. Aus § 3a Abs. 3 ergeben sich jedoch Obliegenheiten für die Beteiligten, bei der Bewältigung solcher Probleme aktiv mitzuwirken.[86] Schlägt die elektronische Kommunikation trotz eröffneten Zugangs fehl, soll dies nicht zum Abbruch des Verfahrens führen. Vielmehr ist ein zeitnaher neuer Versuch der Kommunikation zu unternehmen. Um die Anzahl der Fehlschläge möglichst gering zu halten, sind die Rahmenbedingungen aufzuklären. Dadurch wird die Vielfalt der vorhandenen Möglichkeiten innerhalb der neuen Techniken berücksichtigt. Es ist möglich, dass die verwendeten Kommunikationsmethoden zueinander nicht kompatibel sind, so dass entweder Bürger oder Behörde übermittelte elektronische Dokumente nicht lesen und damit nicht bearbeiten kann. Zur Abhilfe sollen Bürger und Behörden ggfs. die eigenen „Systemvoraussetzungen" mitteilen und bei nicht herzustellender Kompatibilität auf in jedem Fall „passen-

---

[81] Ebenso § 36a Abs. 2 Satz 3 SGB I; jede Verwendung eines Pseudonyms wird von § 87a Abs. 3 Satz 3 AO ausgeschlossen (vgl. zu dieser Regelung der AO die Begründung in BT-Dr 14/9000 vom 13. 5. 2002, S. 36).
[82] Insoweit folgt das Begriffsverständnis von Pseudonym in § 3a dem in § 7 I Nr. 1 SigG, was *Meyer* in Knack § 3a Rn. 44 verkennt; wie hier BT-Dr 14/9000, S. 31; *Kopp/Ramsauer* § 3a Rn. 24.
[83] Der Begriff „Pseudonym" umfasst hier auch den sog. Wahlnamen (Ordens- oder Künstlernamen), der nur bei besonders bekannten Persönlichkeiten keine Irrtümer aufkommen lässt, um auch für den Regelfall die Identifizierbarkeit sicherzustellen. Dies entspricht auch allgemeinem Sprachgebrauch; vgl. Brockhaus, Die Enzyklopädie, 20. Aufl., Bd. 17 (1998), Stichwort „Pseudonym".
[84] *Schmitz/Schlatmann* NVwZ 2003, 1281, 1285.
[85] *Skrobotz*, Das elektronische Verwaltungsverfahren, 2005, S. 228, 234, der – kritisch zu der getroffenen Pseudonymregelung – auch ein Bedürfnis für anonymes Handeln („kann es durchaus Fälle geben") annimmt, S. 233 f.; das dort genannte Beispiel einer einfachen Melderegisterauskunft ist jedenfalls nicht einschlägig, da für diese kein Schriftformerfordernis besteht (vgl. z.B. § 34 Abs. 1 MeldeG NRW).
[86] Diese Bestimmung konkretisiert die Obliegenheiten aus dem spezifischen Verwaltungsrechtsverhältnis (§ 9 Rn. 16 ff.), das sich für die Kommunikationspartner aus der gegenseitigen Zugangseröffnung ergibt; vgl. *Storr* MMR 2002, 579, 583.

de", herkömmliche schriftliche Dokumente zurückzugreifen. Im Rahmen des Verwaltungsrechtsverhältnisses (§ 9 Rn. 16 ff., 33), das Bürger und Verwaltung durch ihre Kommunikation schaffen, kann dabei von den Partnern erwartet werden, den jeweils anderen darüber zu unterrichten, dass die von ihm gewählte Form der elektronischen Kommunikation nicht möglich ist, die übermittelten Zeichen nicht lesbar sind (s. auch § 41 Rn. 108). Zweckmäßigerweise wird jede Seite den Partner dabei über ihre Möglichkeiten der elektronischen Kommunikation unterrichten. Soweit sie dies nicht tut, trägt sie das Risiko, dass sie mit dem Einwand, übermittelte Dokumente seien nicht lesbar gewesen, nicht mehr gehört wird.[87] Daneben ist die Angabe der Person des Erklärenden zur Vereinfachung der Kommunikation sinnvoll und der erkennbare Abschluss der Erklärung notwendig.

Die Pflicht der Behörde, unverzüglich, also ohne schuldhaftes Zögern (§ 121 Abs. 1 Satz 1 BGB, näher § 41 Rn. 108), mitzuteilen, dass ein Dokument nicht bearbeitet werden kann, besteht nur und ausschließlich gegenüber dem jeweiligen Absender, da regelmäßig nur dieser dasselbe Dokument erneut übermitteln kann. Der Begriff der Bearbeitung ist weit zu verstehen, so erfasst er z. B. sowohl die fehlende Möglichkeit der Öffnung des Dokuments als auch die fehlende oder eingeschränkte Lesbarkeit oder Weiterverwendbarkeit. „Sonstige Empfänger" i. S. d. Regelung sind innerhalb von VwVf zum einen die Beteiligten, zum anderen aber beispielsweise auch Sachverständige, Gutachter oder Dritte. Außerhalb des VwVf erfasst der Begriff jeden, dem die Behörde ein elektronisches Dokument übermittelt. Unerheblich ist für die Anwendung der Regelung, von wem das übermittelte Dokument ursprünglich stammt; sie gilt also auch, wenn die Behörde nicht Urheber ist. **40**

Teilt der **Empfänger** mit, er könne das **elektronische Dokument nicht bearbeiten,** hat die Behörde eine **neue Übermittlung in geeigneter Form** vorzunehmen (§ 3a Abs. 3 Satz 2). Daraus folgt nicht generell, dass eine mangelhafte Übermittlung der elektronischen Daten keine Rechtsfolgen auszulösen vermag. Solange der Inhalt der Mitteilung eindeutig zu erkennen ist, also z. B. Umlaute durch andere Zeichenkombinationen ersetzt werden, ohne den Text unverständlich zu machen, werden der Zugang und evtl. Fristsetzungen nicht beeinträchtigt.[88] § 3a Abs. 3 trifft insoweit keine Regelung über den Zugang von elektronischen Dokumenten; dieser bestimmt sich vielmehr nach den allgemeinen Grundsätzen.[89] Ist das übermittelte Dokument gar nicht oder in wesentlichen Teilen unlesbar, fehlt es am Zugang.[90] Gleichwohl ist die Behörde zur erneuten Übermittlung in geeigneter Form aber auch dann verpflichtet, wenn das Dokument trotz fehlerbehafteter elektronischer Übermittlung zugegangen ist, da der Begriff „Bearbeitung" in § 3a Abs. 3 weit zu verstehen ist.[91] **41**

Die allgemeinen Grundsätze, insb. hinsichtlich der Wahrung von Fristen, gelten ebenfalls bei der elektronischen Übermittlung vom Bürger zur Verwaltung.[92] § 3a Abs. 3 Satz 1 stellt klar, dass die Behörde im Rahmen des **durch die Kommunikation entstandenen Verwaltungsrechtsverhältnisses** bei Kommunikationsproblemen dem Bürger unverzüglich (§ 122 Abs. 1 Satz 1 BGB) die notwendigen Informationen – z. B. über ein von ihr lesbares Textformat – zu geben hat. **42**

Zu **unterscheiden** von **Fehlern durch die Kommunikationstechnik** sind **inhaltliche Fehler** bei Verwaltungsakten. Die Berichtigungsmöglichkeiten nach § 42 erfassen auch offenbare Unrichtigkeiten in einem elektronischen Dokument. **43**

VII. Nachweis des Zugangs

Abs. 3 trifft **keine Regelung über den Zugang** von elektronischen Dokumenten, dieser bestimmt sich vielmehr nach den allgemeinen Grundsätzen (s. z. B. § 41 Rn. 87 ff.; zum Zugang **44**

---

[87] *Schmitz* NVwZ 2000, 1238, 1244; s. auch § 41 Rn. 108.
[88] *Schmitz/Schlatmann* NVwZ 2003, 1281, 1285; *Meyer* in Knack § 3a Rn. 49; vgl. § 41 Rn. 66, 94.
[89] So ausdrücklich die Begründung zu § 3 Abs. 3; vgl. BT-Dr 14/9000 vom 13. 5. 2002, S. 32.
[90] H. M.; a. A. *Eifert,* Electronic Government, 2006, S. 69.
[91] *Schmitz/Schlatmann* NVwZ 2003, 1281, 1285; *Meyer* in Knack § 3a Rn. 49. Ausreichend hierfür kann also auch sein, dass bestimmte Zeichen (wie Umlaute oder „§§"-Zeichen) vom Textprogramm des Empfängers nicht richtig wiedergegeben werden.
[92] Vgl. § 22 Rn. 30 ff.

von Anträgen ferner § 22 Rn. 50 ff.).[93] Ist eine technische Zugangsmöglichkeit eingerichtet, bestehen keine Bedenken, dem für E-Mail-Programme typischen Nachweis des E-Mail-Zugangs zumindest starken indiziellen Beweiswert zuzuerkennen.[94] In den handelsüblichen E-Mail-Programmen kann der Absender die Funktionen „Übermittlungsbestätigung" und „Lesebestätigung" aktivieren. Der Empfänger kann seinerseits einstellen, ob sein E-Mail-Programm auf Anfragen für Lesebestätigungen antwortet. Die weitergehende Annahme, selbst beim Bürger könne man mittlerweile davon ausgehen, dass der Zugang spätestens am Tag nach Eingang in der Mailbox erfolgt, ohne dass es auf eine Bekanntgabe oder Widmung der E-Mail-Adresse für rechtsgeschäftlich bedeutsame Erklärungen ankomme,[95] verkennt die Praxis und entspricht nicht der Verkehrsanschauung. Selbst die automatisch generierte Lesebestätigung eines Empfängers, der keinen Zugang ausdrücklich für rechtsgeschäftliche Erklärungen geöffnet hat, begründet heute noch keinen Anscheinsbeweis für den Zugang der betreffenden E-Mail.[96] Der tatsächliche Umgang mit privaten PCs erlaubt weder die Annahme, dass der überwiegende Teil der Nutzer täglich seine Mailbox abfragt, noch die, dass eine generierte Lesebestätigung stets von dem Adressaten der E-Mail veranlasst worden ist.[97] Dem Ziel des Gesetzgebers, den elektronischen Rechtsverkehr zu fördern, dient es nicht, Rechtsfolgewirkungen allein an der Praxis eines technisch besonders fortgeschrittenen Teils der Bevölkerung zu orientieren. Das Risiko unbewusster oder ungewollter Rechtsfolgen könnte eine Zurückhaltung der Normal-Nutzer begründen und damit dem ferneren Ziel der allgemeinen Verbreitung elektronischer Kommunikationsmittel zuwiderlaufen.[98] Erhebliche Probleme erwachsen aus der Frage des Zugangsnachweises bei einfacher E-Mail nicht: Seit langem sind im Massengeschäft des Versandhandels telefonische Bestellungen üblich, obwohl die Beweisprobleme vergleichbar sind. Nur bei Geschäften mit großem Wert wird auf förmliche Nachweise nicht verzichtet. Im Verkehr zwischen Bürger und Verwaltung liegt es ebenfalls nahe, formale Hürden nicht als Selbstzweck, sondern nur als Schutz gegen tatsächlich bestehende Manipulationsgefahren zu errichten.

VIII. Reichweite des § 3 a

1. Auswirkungen auf das VwVfG

45 Das VwVfG enthält in den §§ 14, 17, 18, 27, 38,[99] 39, 57, 58, 60, 64, 67, 68, 69, 70, 71, 73, 74, 75, 90 und 93 durch Gesetz angeordnete Schriftformerfordernisse.[100] Diese werden nunmehr formwirksam auch durch die elektronische Form i. S. d. § 3 a Abs. 2, also jedes mit qualifizierter elektronischer Signatur versehene elektronische Dokument,[101] erfüllt. Bei den in den §§ 27, 68 und 93 angesprochenen Niederschriften bleiben die formalen Anforderungen unberührt; entsprechend einer schriftförmlichen Niederschrift müssen dann der Schriftführer und der die jeweilige Verhandlung Leitende die elektronische Niederschrift signieren.[102]

2. Auswirkungen auf das Besondere Verwaltungsrecht

46 a) **Unmittelbare Wirkung des § 3 a.** § 3 a Abs. 2 modifiziert den Begriff der Schriftform auch in Bundesgesetzen, deren Verfahren gem. § 1 Abs. 3 grds. durch die VwVfGe der Länder geregelt wird. Bsp.: Nach § 10 Abs. 1 BImschG setzt das Genehmigungsverfahren einen schriftlichen Antrag voraus.[103] Durch diese Bestimmung des Bundesrechts ist das Schriftformerfordernis einer abweichenden Regelung durch den Landesgesetzgeber nicht mehr zugänglich.[104] Da-

---

[93] *Skrobotz* VR 2003, 397, 399.
[94] So auch *Mankowski* NJW 2004, 1901, 1903.
[95] *Mankowski* NJW 2004, 1901, 1902 m. w. N. auch der Gegenmeinung.
[96] A. A. *Mankowski* NJW 2004, 1901, 1906.
[97] A. A. *Mankowski* NJW 2002, 2822, 2824.
[98] *Schmitz* DÖV 2005, 885, 890 f.
[99] Vgl. *Rosenbach* DVBl 2001, 332, 334; § 38 Rn. 60.
[100] Vgl. dazu schon mit Abweichungen im Detail *Rosenbach* DVBl 2001, 332, 334.
[101] Vgl. *Schlatmann* LKV 2002, 489, 491.
[102] *Schmitz/Schlatmann* NVwZ 2003, 1281, 1289.
[103] Zum Schriftformerfordernis de lege lata bei diesem Beispiel *Roßnagel* DÖV 2001, 221, 222 f.
[104] Vgl. § 1 Rn. 80.

mit fällt die Regelungskompetenz insoweit wieder dem Bundesgesetz zu.[105] Dem Bund steht es frei, Schriftlichkeit einheitlich in einem Bundesgesetz zu definieren; hierfür eignet sich auch das VwVfG.[106] Im Übrigen ist § 3a – wie die Stellung im VwVfG vor den §§ 9ff. zeigt – auch für sonstige öffentlich-rechtliche Verwaltungstätigkeit anwendbar.[107] Gleiches gilt für die Schriftlichkeit der Rechtsbehelfsbelehrung gem. § 58 Abs. 1 VwGO; hier ist aber eine Klarstellung durch das JKomG[108] erfolgt, die nun auch formfreie elektronische Kommunikation („schriftlich oder elektronisch", Rn. 18) einschließt. Auch wenn § 3a das VwZG unmittelbar erfasste,[109] sind bei der anschließenden Novellierung des Verwaltungszustellungsrechts Details für eine wirksame elektronische Zustellung bestimmt worden.[110]

b) Feinsteuerung des Besonderen Verwaltungsverfahrensrechts. Aus dem umfassenden Artikelgesetz, mit dem das Verwaltungsverfahrensrecht des Bundes angepasst wurde, lässt sich bereits der Wille des Gesetzgebers entnehmen, dass **§ 3a uneingeschränkt gilt,** wo **in Fachgesetzen** im Rahmen dieses Vorhabens **keine besonderen Regelungen** getroffen wurden.[111] Da mit dem Inkrafttreten des 3. VwVfÄndG das gesamte Verwaltungsverfahrensrecht des Bundes für rechtsverbindliches elektronisches Handeln geöffnet ist, bedürfen insbesondere einschränkende Änderungen des Fachrechts in Zukunft eines erheblichen Begründungsaufwands.[112] Die Anpassung der besonderen verwaltungsverfahrensrechtlichen Regelungen des Bundes war nur erforderlich, wo von den Grundregelungen des VwVfG abgewichen werden soll. Dies war nur sehr selten der Fall; so wurden Anpassungen und Sonderregelungen unmittelbar nur für 65 Bundesgesetze vorgenommen. Inhaltlich waren drei Varianten zu unterscheiden: für eine Verwaltungsentscheidung soll die Anforderung dauerhafter Überprüfbarkeit der elektronischen Form festgeschrieben werden; neben der elektronischen Form sollen auch einfache Möglichkeiten elektronischer Kommunikation bei schriftformbedürftigem Handeln eröffnet werden; die Nutzung der elektronischen Form soll ausgeschlossen werden, weil etwa faktische oder rechtliche Hemmnisse rechtsverbindlichen elektronischen Anwendungen entgegenstehen. 47

Typische Beispiele für die Öffnung des Fachrechts sind die Änderungen des Bundesreise- und Bundesumzugskostengesetzes,[113] mit denen elektronische Workflow-Prozesse ermöglicht werden. Auch im Kontakt von Behörden etwa eines Verwaltungszweigs untereinander ist teilweise auf die Sicherung der Dokumente durch qualifizierte elektronische Signaturen verzichtet worden.[114] 48

c) Ausschlüsse der elektronischen Form betreffen vor allem besonders formal ausgestaltete Verwaltungsentscheidungen, wie etwa die Ernennungsurkunden für Mitglieder der Bundesregierung oder für Beamte und Soldaten, aber z.B. auch seerechtlich erforderliche Dokumente, die mitgeführt werden müssen. Daneben ist die elektronische Form für eine Reihe von landwirtschaftsrechtlichen Vorschriften ausgeschlossen worden; hier, wie etwa auch beim Ausschluss für den Bereich des Kreislaufwirtschafts- und Abfallgesetzes, spielen vielfach EU-rechtliche Formerfordernisse eine Rolle. Für atomrechtliche Genehmigungen und allgemeine Zulassungen musste grundsätzlich die Nutzung der elektronischen Form ausgeschlossen werden, da der gegenwärtige Stand der Technik für die Geltungsdauer dieser Verwaltungsakte als nicht ausreichend erschien. 49

---

[105] Ausführlich zu dieser Frage *Schlatmann* DVBl 2002, 1005, 1006f.; ferner *Schmitz/Schlatmann* NVwZ 2003, 1281, 1291; a.A. *Meyer* in Knack § 3a Rn. 23.
[106] *Kopp/Ramsauer* § 3a Rn. 16.
[107] Zur vergleichbaren Frage bei der Anwendbarkeit des § 3 s. § 3 Rn. 1.
[108] Vom 22. 3. 2005, BGBl I S. 837. Hierzu *Schwoerer,* Die elektronische Justiz, 2005; *Viefhues* NJW 2005, 1009; *Hähnchen* NJW 2005, 2257.
[109] Hierzu *Schlatmann* DVBl 2002, 1005, 1013; *Schmitz/Schlatmann* NVwZ 2003, 1281, 1291.
[110] Gesetz zur Novellierung des Verwaltungszustellungsrechts vom 12. 8. 2005, BGBl I S. 2354; hierzu *Kremer* NJW 2006, 332.
[111] Vgl. dazu bereits *Catrein* NWVBl 2001, 50, 57, aber auch die Begründung des 3. VwVfÄndG, BT-Dr 14/9000 vom 13. 5. 2002, unter A. II. 1. und A. III. 1.
[112] *Schmitz/Schlatmann* NVwZ 2003, 1281, 1291.
[113] Art. 10 und 11 des 3. VwVfÄndG.
[114] Vgl. etwa § 17 BStatG i. d. F. von Art. 16 des 3. VwVfÄndG.

3. Schutz von Geheimnissen

50 Elektronische Kommunikation außerhalb besonders geschützter Verbindungen birgt stets die Gefahr, dass auch Unbefugte Kenntnis erlangen. In § 3a bedurfte es keiner besonderen Regelung zum Schutz von Geheimnissen der Beteiligten eines VwVf. Die Behörde muss, wie in § 30 vorgesehen, die notwendigen Sicherheitsvorkehrungen treffen, also etwa elektronische Dokumente in geeigneter Weise verschlüsseln.[115] Wer hier eine – überflüssige – ausdrückliche Bestimmung verlangt,[116] verkennt den Charakter des VwVfG, dass seinen Wert u. a. aus seiner Abstraktions- und Systematisierungsleistung bezieht und sich nicht in der Steuerungsebene von Verwaltungsvorschriften verliert.

IX. Europarecht

51 Die **EU-Richtlinie 1999/93/EG**[117] lässt den Mitgliedstaaten bei der Umsetzung einen großen Ermessensspielraum. So werden etwa an die Prüfmodalitäten (Prüfstellen, Prüfkriterien) für „sichere Signaturerstellungseinheiten" oder die Überwachung der Zertifizierungsdiensteanbieter nur sehr allgemeine Anforderungen gestellt. Dies wird – im Hinblick auf die komplexen technischen und administrativen Abläufe bei elektronischen Signaturen – voraussichtlich dazu führen, dass qualitativ unterschiedliche elektronische Signaturen in der EG im Umlauf sein werden. Grds. sind sie unabhängig von ihrer Qualität auf Grund der Binnenmarktgrundsätze[118] alle anzuerkennen. Art. 3 Abs. 7 der EU-Richtlinie 1999/93/EG räumt den Mitgliedstaaten jedoch ausdrücklich das Recht ein, elektronische Signaturen im öffentlichen Bereich zusätzlichen Anforderungen zu unterwerfen. Von dieser Möglichkeit musste wegen der unter Rn. 24 beschriebenen Aspekte zwingend Gebrauch gemacht werden.

52 Allerdings dürfen die zusätzlichen Anforderungen für grenzüberschreitende Dienste für den Bürger kein Hindernis darstellen.[119] Deshalb war im sog. Magdeburger Entwurf für das 3. VwVfÄndG als § 3a Abs. 2 Satz 3 vorgesehen: „Bei grenzüberschreitenden Diensten zu einem anderen Mitgliedstaat der Europäischen Union oder zu einem anderen Vertragsstaat des Abkommens über den europäischen Wirtschaftsraum genügt die Form des Satzes 1, auch wenn Rechtsvorschriften eine dauerhaft überprüfbare qualifizierte elektronische Signatur verlangen." Diese Regelung wurde im Lauf des Gesetzgebungsverfahrens fallengelassen. Sie bedeutete eine indirekte Inländer-Diskriminierung und insbesondere unterschiedliche Verfahrensweisen bei deutschen Bürgern im Inland und im europäischen Ausland. Im Hinblick auf im Inland lebende Deutsche, die sowohl Signaturdienste als auch E-Mail-Dienste ausschließlich im europäischen Ausland in Anspruch nehmen, wäre nicht auszuschließen gewesen, dass das Kriterium der grenzüberschreitenden Dienste auch diesen ein Unterschreiten deutscher Standards erlaubt hätte. Zur EU-Rechtskonformität Rn. 54f.

53 Die Durchdringung des nationalen Verwaltungsverfahrensrechts durch Europarecht führt zu einer in diesem Zusammenhang relevanten **Beschränkung der Möglichkeiten des nationalen Gesetzgebers.** Zwar hat die EU-Signatur-Richtlinie Vorgaben für den nationalen Gesetzgeber gemacht; die Europäische Union hat aber ihr eigenes Recht bislang nicht an diese Vorgabe angepasst. Daraus ergibt sich für den nationalen Gesetzgeber folgende Situation: Lässt das EU-Recht die elektronische Form ausdrücklich zu, wird die elektronische Form national durch § 3a Abs. 2 umgesetzt, eine Änderung des Fachrechts war nicht notwendig. Auch soweit das EU-Recht kein Schriftformerfordernis enthält, ein solches aber im Rahmen der nationalen Umsetzung eingeführt worden ist, bedurfte es auf Grund des § 3a Abs. 2 regelmäßig keiner Änderung des Fachrechts. Bei EU-rechtlichen Schriftformerfordernissen hingegen war jeweils zu prüfen, ob die EU-Regelung die elektronische Form zweifelsfrei zulässt. Ist dies nicht der

---

[115] *Schmitz/Schlatmann* NVwZ 2003, 1281, 1288; *Schmitz* in Bär u. a., Rechtskonformes eGovernment – eGovernment-konformes Recht, 2005, S. 99, 109.
[116] Z. B. *Roßnagel* NJW 2003, 469, 474 m. w. N.
[117] Richtlinie 1999/93/EG des Europäischen Parlaments und des Rates vom 13. 12. 1999 über gemeinschaftliche Rahmenbedingungen für elektronische Signaturen (AblEG 2000 Nr. L 13, S. 12); zu dem entsprechenden Richtlinienvorschlag der EU-Kommission *Roßnagel* MMR 1998, 331.
[118] Vgl. Art. 4 der EU-Richtlinie 1999/93/EG.
[119] Vgl. Art. 3 Abs. 7 Satz 3 der EU-Richtlinie 1999/93/EG.

§ 3a Elektronische Kommunikation   54–57 § 3a

Fall, mussten wegen § 3a die nationalen Umsetzungsvorschriften entsprechend angepasst werden, d. h. die elektronische Form war auszuschließen.[120]

Ein weiterer komplexer Bereich europarechtlicher Fragestellungen ergab sich im Zusammenhang mit der Frage einer **Notifizierungspflicht** des Vorhabens eines 3. VwVfÄndG. Die Möglichkeit des Bestehens einer solchen Pflicht konnte sich europarechtlich unter zwei Gesichtspunkten ergeben: Zum einen konnte eine Notifizierungspflicht im Hinblick auf die **Signatur-Richtlinie** bestehen. Das 3. VwVfÄndG nutzt qualifizierte elektronische Signaturen nach dem – notifizierten – Signaturgesetz, das seinerseits auf der Signatur-Richtlinie beruht. Eine Notifizierungspflicht konnte sich aus der Einschränkung der Nutzung von Pseudonymsignaturen ergeben, aus der Regelung dauerhaft überprüfbarer Signaturen, einer im Signaturgesetz nicht speziell normierten Anforderung, oder der Herabsetzung der Anforderungen an qualifizierte elektronische Signaturen in § 87a Abs. 6 AO. Dabei war allerdings auch die in der Signatur-Richtlinie vorgenommene Öffnung des Signaturrechts für die öffentliche Verwaltung (Art. 3 Abs. 7 RL) zu berücksichtigen, die genau solche Abweichungen für das öffentliche Recht ermöglichen soll. § 1 Abs. 3 SigG wiederholt diese Regelung für das nationale Recht. 54

Des Weiteren konnte eine Notifizierungspflicht nach der sog. **Infodiensterichtlinie**[121] bestehen. Hiernach sind nationale Regelungen zu notifizieren, wenn eine Vorschrift speziell Regelungen für Dienste der Informationsgesellschaft trifft. Auch dies kam in Betracht, da jedenfalls die Regelungen, die Festlegungen über besondere Anforderungen an elektronische Signaturen enthalten, zumindest mittelbar auch Vorgaben für die Marktteilnehmer enthalten. Andererseits ist das durch das 3. VwVfÄndG geänderte nationale Verwaltungsverfahrensrecht nur in Teilen vergemeinschaftetes Recht, dies gilt noch mehr für die geringen Teil des nationalen Rechts, für den das Gesetz höhere Anforderungen vorsieht, so dass eine Mitregelungskompetenz der Europäischen Union fragwürdig erscheint. Im Hinblick auf die einschlägige Judikatur des *EuGH*,[122] nach der ein Verstoß gegen die Notifizierungspflicht zur Unanwendbarkeit der betreffenden Vorschriften führt, so dass sie dem Einzelnen nicht entgegengehalten werden können, hat das für das 3. VwVfÄndG federführende BMI eine pragmatische Vorgehensweise gewählt: Der Gesetzentwurf wurde der Kommission ohne Anerkennung einer Rechtspflicht mit der Bitte übermittelt, kurzfristig mitzuteilen, ob aus ihrer Sicht eine Notifizierungspflicht besteht. Die Kommission hat darauf hin ein Notifizierungsverfahren eingeleitet. Die mit diesem Notifizierungsverfahren verbundene dreimonatige Stillhaltefrist für das nationale Gesetzgebungsverfahren lief ab, ohne dass es zu einer Stellungnahme oder zu Bemerkungen der Kommission oder der Mitgliedstaaten gekommen wäre. Damit war insoweit die Europarechtskonformität des Gesetzes gegeben; die dahinter stehende Frage bleibt aber weiterhin offen. 55

Die Regelungen zur elektronischen Kommunikation sind auch Voraussetzung für die in der **EG-Dienstleistungsrichtlinie** (Art. 8 DL-RL; vgl. § 1 Rn. 228) enthaltenen Verpflichtung, alle Verfahrensschritte für Aufnahme und Ausübung einer Dienstleistungstätigkeit mit der zuständigen Stelle elektronisch abwickeln zu können. Welche weiteren Regelungen im nationalen Verfahrensrecht hierzu erforderlich sind,[123] wird derzeit geprüft. 56

Die Übereinstimmung des deutschen Rechts mit der EG-Signaturrichtlinie (Rn. 51) erlaubt jedoch **nicht** den Schluss, dass Schriftformerfordernissen bereits jetzt **europaweit** durch Verwendung qualifizierter elektronischer Signaturen genügt werden kann.[124] So lässt der *EuGH* bei Übermittlung per E-Mail bislang weder elektronische Signaturen noch am PC erstellte Faksimi- 57

---

[120] Beispielhaft hierfür ist der für das Kreislaufwirtschafts- und Abfallgesetz durch Art. 69 des 3. VwVfÄndG vorgenommene Ausschluss der elektronischen Form.
[121] Richtlinie 98/34/EG des Europäischen Parlaments und des Rates vom 22. 6. 1998 über ein Informationsverfahren auf dem Gebiet der Normen und technischen Vorschriften (ABl. EG Nr. L 204 S. 37) in der durch Richtlinie 98/48/EG des Europäischen Parlaments und des Rates vom 20. 7. 1998 (Abl. EG Nr. L 217 S. 18) bezüglich der Dienste der Informationsgesellschaft geänderten Fassung (Infodiensterichtlinie).
[122] Vgl. *EuGH,* Urt. vom 30. 4. 1996 in der Rechtssache C-194/94, CIA Security International, Slg. 1996, I-2201, Rz. 54f.; Urt. vom 26. 9. 2000 in der Rechtssache C-443/98 Unilever/Central Food, Slg. 2000, I-7535, Rz. 49.
[123] *Schliesky* DVBl 2005, 887, 891f.
[124] *Schmitz* DÖV 2005, 885, 889. Zum elektronischen Rechtsverkehr in Österreich vgl. *Heuberger/Steiner* ZfV 2002, 2; *Gottwald/Viefhues* MMR 2004, 792.

les der Unterschrift[125] zu. Bei Einreichung eines Schriftstücks per E-Mail wird fristwahrend nur eine gescannte Kopie der unterzeichneten Urschrift angenommen, wenn die Urschrift anschließend binnen zehn Tagen bei der Kanzlei des Gerichtshofs eingeht.[126]

X. Landesrecht

58 Das für das Verwaltungsverfahrensrecht in Bund und Ländern eingeführte und bewährte Modell einer **Simultangesetzgebung**[127] war auch Grundlage für die Konzeption des 3. VwVfÄndG,[128] die von der der Innenministerkonferenz am 24. 11. 2000 gebilligt worden war.[129] Die Länder haben dann ihre VwVfGe zügig angepasst.

59 Zu Besonderheiten der LVwVfGe:
Baden-Württemberg: Der vormalige § 3a (Datenschutzklausel) wurde § 3b. Dem neuen § 3a wurde in Abs. 1 ein Satz 2 beigefügt:

> Für elektronische Dokumente an Behörden, die verschlüsselt oder signiert sind oder sonstige besondere technische Merkmale aufweisen, ist ein Zugang nur eröffnet, soweit dies ausdrücklich von der Behörde festgelegt oder im Einzelfall zwischen Behörde und Absender vereinbart wurde.

Außerdem wurde ein weiterer Absatz angefügt:

> (4) Erfolgt eine Antragstellung in elektronischer Form, kann die zuständige Behörde Mehrfertigungen sowie die Übermittlung der dem Antrag beizufügenden Unterlagen auch in schriftlicher Form verlangen.

Bayern: wie Bund. Der vormalige Art. 3a (Selbsteintritt) wurde Art. 3b.[130]
Brandenburg: wie Bund. Der vormalige § 3a (Datenschutzklausel) wurde § 3b.
Hamburg: Der vormalige § 3a (Datenschutzklausel) wurde § 3b. Entgegen der politischen Absprache des Bund-/Länder-Musterentwurfs eröffnet Hamburg – wie Schleswig-Holstein in § 52a Abs. 5 LVwG – einen Sonderweg, der das Prinzip der Einheitlichkeit der VwVfGe (Einl Rn. 60, 62) bei einer zentralen Anforderung verletzt,[131] indem es an den neuen § 3a einen zusätzlichen Absatz anfügt:

> (4) Der Senat wird ermächtigt, durch Rechtsverordnung zu bestimmen, dass ein auf Landesrecht beruhendes Schriftformerfordernis auch durch andere als mit einer qualifizierten elektronischen Signatur versehene elektronische Dokumente gewahrt werden kann. Die Identität des Urhebers des elektronischen Dokuments sowie die Unversehrtheit und Authentizität der Daten ist auf eine der Schriftform gleichwertige Weise sicherzustellen. Die technischen Einzelheiten regelt die Rechtsverordnung.

Hessen: § 3a Abs. 1 regelt in Satz 2 und 3 die Zugangseröffnung durch Bekanntgabe auf der Behördenhomepage unter Angabe technischer und organisatorischer Rahmenbedingungen.
Mecklenburg-Vorpommern: § 3a Abs. 1 regelt in Satz 2 und 3 die Zugangseröffnung durch öffentliche Bekanntgabe unter Angabe technischer und organisatorischer Rahmenbedingungen.
Nordrhein-Westfalen: Der vormalige § 3a (Datenschutzklausel) wurde § 3b. Der neue § 3a entspricht der hessischen Regelung.
Schleswig-Holstein: § 52a Abs. 4 LVwG entspricht der Regelung in Baden-Württemberg, Abs. 5 der Regelung des Abs. 4 in Hamburg.

XI. Vorverfahren

60 Auch das Schriftformerfordernis für den Widerspruch in § 70 Abs. 1 Satz 1 VwGO wird durch § 3a modifiziert.[132] Hat die Behörde im VwVf mit dem Bürger elektronisch kommuni-

---

[125] Anders in Deutschland GmS-OGB, BVerwGE 111, 377 = BGHZ 144, 160 = NJW 2000, 2340; hierzu *Schmitz,* FG 50 Jahre BVerwG, S. 679 ff.
[126] Vgl. die Praktischen Anweisungen für Klagen und Rechtsmittel vor dem Gerichtshof der Europäischen Gemeinschaften, ABl. EU 2004 L 361 S. 15.
[127] Hierzu *Henneke* in Knack Rn. 4, 34 vor § 1.
[128] *Schmitz/Schlatmann* NVwZ 2002, 1281, 1292.
[129] Vgl. *Catrein* NVwZ 2001, 413, 414; *Schmitz/Schlatmann* NVwZ 2003, 1281, 1283.
[130] Vgl. *Deubert* BayVBl 2003, 426.
[131] Vgl. *Eifert,* Electronic Government, 2006, S. 105.
[132] *Schmitz/Schlatmann* NVwZ 2002, 1281, 1288; ebenso *Kopp/Schenke* § 70 Rn. 2 mit Hinweis auf §§ 3a, 79; *Hufen,* Verwaltungsprozessrecht, § 6 Rn. 28; *Kintz* NVwZ 2004, 1429, 1430; vgl. auch *VGH*

ziert, muss sie ihn bei einem formfehlerhaften Widerspruch (ohne qualifizierte Signatur; hierzu Rn. 20) hierauf unverzüglich hinweisen; andernfalls ist regelmäßig Wiedereinsetzung in den vorigen Stand zu gewähren.[133]

§ 4 Amtshilfepflicht

(1) **Jede Behörde leistet anderen Behörden auf Ersuchen ergänzende Hilfe (Amtshilfe).**

(2) **Amtshilfe liegt nicht vor, wenn**
1. **Behörden einander innerhalb eines bestehenden Weisungsverhältnisses Hilfe leisten;**
2. **die Hilfeleistung in Handlungen besteht, die der ersuchten Behörde als eigene Aufgabe obliegen.**

Vergleichbare Vorschriften: § 111 AO; § 3 SGB X; § 14 VwGO; § 5 SGG; § 13 FGO; §§ 156 ff. GVG.

Abweichendes Landesrecht: Vgl. Rn. 49; ferner Übersicht zu Änderungen der LVwVfGe im Dritten Teil dieses Kommentars.

Entstehungsgeschichte: Bis zum Inkrafttreten des VwVfG vgl. § 4 der 6. Auflage.

Literatur: Grundgesetzkommentare zu Art. 35 Abs. 1 GG. Ferner: *Moll*, Das Problem der Amtshilfe, DVBl 1954, 697; *Probst*, Die Amtshilfe nach Bundesrecht, DÖV 1956, 80; *Dreher*, Die Amtshilfe, 1959; *Schmidt, J.*, Die Amtshilfe nach dem VwVfG, FS Boorberg Verlag, 1977, S. 135; *Bull*, Datenschutz contra Amtshilfe – Von der „Einheit der Staatsgewalt" zur „informationellen Gewaltenteilung", DÖV 1979, 689; *Meyer-Teschendorf*, Die Amtshilfe, JuS 1981, 187; *Goebel*, Amtshilfe durch Informationshilfe, 1981; *Martens*, Polizeiliche Amts- und Vollzugshilfe, JR 1981, 353; *Steinbömer*, Amtshilfe und Geheimhaltungspflichten, DVBl 1981, 340; *Jellinek*, Die Europäischen Übereinkommen über Amts- und Rechtshilfe, NVwZ 1982, 535; *Schlink*, Die Amtshilfe, 1982; *Schnapp/Friehe*, Prüfungskompetenz und Rechtsschutz bei Streitigkeiten über Amtshilfeverpflichtungen, NJW 1982, 1422; *Wessel*, Verfassungs- und verfahrensrechtliche Probleme der Amtshilfe im Bundesstaat, 1983; *Barbey*, Amtshilfe durch Informationshilfe und „Gesetzesvorbehalt", FS 125 Jahre Juristische Gesellschaft Berlin, 1984, S. 25; *Knemeyer*, Geheimhaltungsanspruch und Offenbarungsbefugnis im Verwaltungsverfahren, NJW 1984, 2241; *Scholz/Pitschas*, Informationelle Selbstbestimmung und staatliche Informationsverantwortung, 1984; *Bäumler*, Datenschutz beim Verfassungsschutz, AöR 110 (1985), 30; *Merten*, Datenschutz und Datenverarbeitungsprobleme bei den Sicherheitsbehörden, 1985; *Stüer*, Amtshilfeersuchen zwischen Sozialleistungsträgern und allgemeinen Verwaltungsbehörden, DÖV 1985, 720; *Horn*, Das organisationsrechtliche Mandat, NVwZ 1986, 808; *Simitis*, Von der Amtshilfe zur Informationshilfe, NVwZ 1986, 2795; *Schlink*, Datenschutz und Amtshilfe, NVwZ 1986, 249; *Schnapp*, Zum Anwendungsbereich der Amtshilfevorschriften, insbesondere im „ressortüberschreitenden" Amtshilfeverkehr, DVBl 1987, 561; Zur „Einheit der Verwaltung als Rechtsproblem": *Bryde* DÖV 1987, 56; *Haverkate* DÖV 1987, 1058; *Oebbecke* DVBl 1987, 866; *Sachs* NJW 1987, 2338; *Schuppert* DÖV 1987, 757; *Steinberg*, Grenzüberschreitende Informationsansprüche im Bundesstaat – untersucht am Beispiel der interstaatlichen Nachbarrechts, NJW 1987, 2345; *Vogelgesang*, Grundrecht auf informationelle Selbstbestimmung?, 1987; *Meyer-Teschendorf*, Das Recht- und Amtshilfegebot des Art. 35 Abs. 1 GG: Antwort auf ein Föderalismusproblem, DÖV 1988, 901; *Jahn/Riedel*, Streitkräfteeinsatz im Wege der Amtshilfe, DÖV 1988, 957; *Hirschberger*, Organleihe – Begriff und Rechtmäßigkeit, 1989; *Meier*, Europäische Amtshilfe, EuR 1989, 237; *Bäumler*, Das neue Geheimdienstrecht des Bundes, NVwZ 1991, 643; *Hüsch*, Verwertungsverbote im Verwaltungsverfahren, 1991; *Benz*, Neue Formen der Zusammenarbeit zwischen den Ländern, DÖV 1993, 85; *Pitschas*, Verwaltungsintegration in den neuen Bundesländern?, NJ 1993, 49; *Kopp/Kopp*, Die länderübergreifende Amtshilfe und Verwaltungsvollstreckungshilfe, BayVBl 1994, 229; *Carl/Klos*, Subsidiarität der zwischenstaatlichen Amtshilfe gegenüber innerstaatlichen Ermittlungsvorschriften?, RIW/AWD 1995, 146; *Klos*, Gerichts- und Behördenakten als Informationsquelle für die Finanzbehörden, DStZ 1995, 32; *Gola*, Die Entwicklung des Datenschutzrechts im Jahre 1994/95, NJW 1995, 3283; *ders.* hierzu für die folgenden Jahre, NJW 1996, 3312; NJW 1998, 3750; NJW 1999, 3753; NJW 2000, 3749; *ders./Klug*, NJW 2001, 3747, NJW 2002, 2431; NJW 2003, 2431; NJW 2004, 2434; NJW 2005, 2434; NJW 2006, 2454; NJW 2007, 2452; *Ehlers*, Rechts- und Amtshilfe, in: *Listl/Pirson* (Hrsg.), Handbuch des Staatskirchenrechts, Bd. II, S. 1117 ff. (Stand: 1996); *Lehner*, Der Vorbehalt des Gesetzes für die Übermittlung von Informationen im Wege der Amtshilfe, 1996; *Kumanoff/Schwarzkopf/Fröse*, Die Verwaltungshilfe als Variante der Hoheitsver-

---

Kassel NVwZ-RR 2006, 377. Zur Modifikation von Vorschriften des Verwaltungsprozessrechts durch das VwVfG vgl. *Schmitz* NJW 1998, 2866, 2867; ebenso *P. Schmidt* in Eyermann § 137 Rn. 27; *Kopp/Schenke*, VwGO, 13. Aufl. 2003, § 137 Rn. 27; *Pietzner/Ronellenfitsch*, Das Assessorexamen im Öffentlichen Recht, 10. Aufl. 2000, § 38 Rn. 23 m. w. N. auch der Gegenansicht.

[133] *Kintz* NVwZ 2004, 1429, 1433 f.; *Geis* in Sodan/Ziekow § 70 Rn. 18. Dies gilt insbesondere, wenn die Behörde den Widerspruch anstandslos – gegen Eingangsbestätigung – entgegengenommen hat; hierzu BVerwGE 50, 248, 254 f. = NJW 1976, 1332.

waltung durch die Gemeinde, SächsVBl 1997, 73; *Kischel,* Handle und liquidiere? – Keine Geschäftsführung ohne Auftrag im öffentlichen Recht, VerwArch 90 (1999), 391; *Hufeld,* Die Vertretung der Behörde, 2003, S. 198 ff.

Ausführlich zum Schrifttum vor 1996 s. § 4 der 6. Auflage.
Zu europarechtlichen Problemen der Amtshilfe: vgl. Rn. 48.

Übersicht

	Rn.
I. Allgemeines	1
1. Amtshilfe als Verfassungsinstitut (Art. 35 Abs. 1 GG)	1
2. Funktion und Grenzen der Amtshilfe	5
3. Amtshilfe, Datenschutz und Gesetzesvorbehalt	9
II. Anwendungsbereich der §§ 4–8	12
1. Vorrang inhaltsgleicher und entgegenstehender Rechtsvorschriften	12
2. Verwaltungsprivatrechtliche Tätigkeit	14
3. Geltung nicht nur für Verwaltungsverfahren i. S. v. § 9	16
4. Rechtsgrundlagen und Grenzen der Amtshilfe für ersuchende und ersuchte Behörde; Rechtswegfragen	19
5. Amtshilfe im Verhältnis zum Ausland	23
III. Merkmale der Amtshilfe (Abs. 1)	25
1. Hilfeleistung zwischen Behörden	25
2. Arten der Amtshilfeleistungen	26
3. Ergänzende Hilfe	27
4. Hilfe im Einzelfall	30
5. Ersuchen	31
IV. Negative Abgrenzung der Amtshilfe (Abs. 2)	33
1. Weisungsverhältnisse (Abs. 2 Nr. 1)	34
2. Eigene Aufgabenerfüllung (Abs. 2 Nr. 2)	35
V. Verwandte Rechtsinstitute	38
1. Rechtshilfe	38
2. Organleihe	39
3. Mandat	40
4. Delegation	41
5. Vollzugshilfe	42
6. Verwaltungshilfe	43
VII. Europarecht	48
VIII. Landesrecht	49
IX. Vorverfahren	50

I. Allgemeines

1. Amtshilfe als Verfassungsinstitut (Art. 35 Abs. 1 GG)

1 Nach Art. 35 Abs. 1 GG leisten sich alle Behörden des Bundes und der Länder gegenseitig Rechts- und Amtshilfe. Diese Verfassungsnorm ist unmittelbar geltendes, aber konkretisierungsfähiges und -bedürftiges Recht[1] und begründet **unmittelbare verfassungsrechtliche Rechte und Pflichten** der Behörden (zum Behördengriff § 1 Rn. 236 ff.) und ihrer Rechtsträger in ihrem Verhältnis zueinander auf allen staatlichen Ebenen von **Bund, Ländern und Kommunen.**[2] Mit dieser Verfassungsnorm hat der Grundgesetzgeber an die Vorläufer in den Kompetenznormen des Art. 4 Nr. 11 der Reichsverfassung von 1871 („Erledigung von Requisitionen") und des Art. 7 Nr. 3 WRV („Amtshilfe zwischen Behörden" als Gegenstand der konkurrierenden Gesetzgebung des Reichs) angeknüpft.[3] Auf jenen Grundlagen war damals die Pflicht zu gegenseitiger Hilfeleistung für die Behörden (zur Abgrenzung gegenüber der Rechtshilfe vgl. Rn. 38) innerhalb eines Landes anerkannt. Streitig geblieben war jedoch, ob diese Unterstützungspflicht auch zwischen Behörden des Reichs und der Länder sowie zwischen Be-

---

[1] Vgl. *Hömig* in Hömig, GG, Art. 35 Rn. 4; *Jarass/Pieroth,* GG, 8. Aufl. 2006, Art. 35 Rn. 1.
[2] *Maunz* in Maunz/Dürig, GG, Art. 35 Rn. 1 ff.; *Gubelt* in v. Münch/Kunig, GG, Art. 35 Rn. 1 ff.; *Hömig* in Hömig, GG, Art. 35 Rn. 1, 4; *Kopp/Ramsauer* § 4 Rn. 4; für Beschränkung allein auf das Verhältnis Bund/Länder sowie zwischen Ländern: *Jarass/Pieroth,* GG, 5. Aufl., Art. 35 Rn. 1.
[3] Hierzu *Meyer-Teschendorf* DÖV 1988, 901 m. w. N.

hörden mehrerer Länder bestünde.⁴ Diese Unklarheiten sind nunmehr mit der in Art. 35 Abs. 1 GG zum Ausdruck kommenden **Bindungswirkung** für alle Behörden auf Bundes- und Länderebene einschließlich des Kommunalbereichs beseitigt:

Das verfassungsrechtlich begründete Amtshilfegebot des Art. 35 Abs. 1 GG ist einerseits die Antwort auf ein Föderalismusproblem der Trennung der Staatsgewalten von Bund und Ländern; es soll andererseits über das Bund/Länder-Verhältnis hinaus ein **Mindestmaß an Hilfs- und Unterstützungsrechten** und -pflichten der Behörden und Gerichte (zur Abgrenzung der Amtshilfe gegenüber der Rechtshilfe vgl. Rn. 38) in ihrem Verhältnis zueinander auf allen staatlichen Ebenen sicherstellen.⁵ Die Beistandspflicht der Amtshilfe stellt sich auch **zwischen den Ländern** und **innerhalb der Länder** als notwendige Folge der Gewaltentrennung und der Ausübung der Staatsgewalt durch verschiedene Rechtsträger und Behörden dar.⁶ Insofern ist Art. 35 Abs. 1 GG Ausdruck der **Einheit des Staatsorganismus,** weil er auf Grund des im bundesstaatlichen Gesamtverband bestehenden gegenseitigen Treuverhältnisses und Rücksichtnahmegebots sämtliche Behörden des Staates dem gemeinsamen Ganzen verbindet.⁷ Unmittelbare **Rechte des Einzelnen** lassen sich aus Art. 35 Abs. 1 GG hingegen grundsätzlich nicht herleiten.⁸ Zugleich entsteht durch den mit der Amtshilfe erweiterten Zuwachs an Wissen und Kenntnis von Fakten auf Grund behördenkongruenter und grenzüberschreitender Information auch die rechtsstaatliche Frage nach der **Legitimation und Begrenzung** eines derartigen **Kenntniszuwachses** insbesondere im Bereich personenbezogener, vor allem IT-gestützter Informationen⁹ (hierzu Rn. 6 ff.). Zu Voraussetzungen und Grenzen der Amtshilfe Rn. 5 ff.; zu Rechtsschutzfragen im Amtshilfeverkehr vgl. § 5 Rn. 38 ff., § 7 Rn. 9.

Adressat der Regelung des Art. 35 Abs. 1 GG sind **alle Staatsorgane, Behörden und Gerichte** von Bund und Ländern. Er enthält einen umfassenden Behördenbegriff (ohne die Begrenzungen des § 1 Abs. 4 VwVfG) und richtet sich auch an die Verfassungsorgane von Bund und Ländern (hierzu noch Rn. 15), also auch an Bundestag und Bundesrat¹⁰ und gilt begrenzt für Untersuchungsausschüsse,¹¹ nicht auch für Parteien.¹² Soweit **Kirchen** nicht ausnahmsweise als Organe oder Institutionen des Staates (etwa durch Beleihung) tätig werden, sind sie keine staatlichen Verwaltungsträger, die ör Verwaltungstätigkeit ausüben. Deshalb besteht zu ihnen kein Amtshilfeverhältnis nach Art. 35 GG, §§ 4 ff. VwVfG.¹³ Zum Verhältnis zu Kirchen und Religionsgesellschaften vgl. auch § 2 Rn. 30 ff. Art. 35 GG bringt nur den **Grundsatz der gegenseitigen Unterstützungspflicht** im Bund-Länder-Verhältnis zum Ausdruck, regelt darüber hinaus aber selbst nicht Voraussetzungen, Umfang, Inhalt und Grenzen, Durchführung und Kosten der Amtshilfe zwischen anderen Behörden, sondern überlässt dies der **Konkretisierung** durch einfaches Gesetz. Diese Einzelfragen sind nunmehr mit §§ 4–8 geregelt.¹⁴ Zur Rechtshilfe vgl. Rn. 38. Diese Vorschriften sind in den **VwVfGen der Länder** praktisch ohne Abweichung übernommen worden. Auch die **AO** enthält für den Abgabenbereich eine inhaltsgleiche Regelung (§§ 111 ff. AO), ebenso das SGB X in den §§ 3, 68 ff. Wegen dieser übereinstimmenden Vorschriften zur Amtshilfe können §§ 4–8 als Ausdruck eines **allgemeinen Rechtsgrundsatzes des Verwaltungs(verfahrens)rechts** bezeichnet und daher bei ör Verwaltungstätigkeit (hierzu § 1 Rn. 83 ff.) auch in den durch § 2 ausgeschlossenen Rechtsgebieten angewendet werden (§ 1

---

⁴ Nachweise in Begr. Musterentwurf, S. 87; *Dreher,* Die Amtshilfe, 1959, 21 ff.; *Schlink,* Die Amtshilfe, 1982, 34 ff.; *Meyer-Teschendorf* JuS 1981, 187; *ders.* DÖV 1988, 901; zur dogmatischen Grundlage der Amtshilfe ferner *Bull* DÖV 1979, 689, 691.
⁵ *BVerwGE* 79, 339, 342 = NJW 1988, 1924 zu parlamentarischen Untersuchungsausschüssen von Landesparlamenten und bundesweiten Zeugenpflichten –; *Meyer-Teschendorf* DÖV 1988, 901; *Erbguth* in Sachs, GG, Art. 35 Rn. 4.
⁶ *BVerfGE* 31, 43, 46; 42, 91, 95; ferner Rn. 4 ff.
⁷ *BVerwGE* 38, 336, 340 = DÖV 1972, 571; 79, 339, 342 = NJW 1988, 1924; *BAGE* 9, 324, 327 = NJW 1960, 2118; *Hömig* in Hömig, GG, Art. 35 Rn. 1, 4.
⁸ *BFHE* 96, 455, 456 = NJW 1970, 679; zur Anhörung Rn. 23; ferner § 7 Rn. 11.
⁹ Zur Entwicklung des Datenschutzrechts in den Jahren 2000 bis 2005 vgl. *Gola/Klug* NJW 2001, 3747; NJW 2002, 2431; NJW 2003, 2420; NJW 2004, 2428; NJW 2005, 2334; NJW 2006, 2454; NJW 2007, 2452.
¹⁰ Nicht in ihrem Verhältnis zueinander, vgl. *BVerfGE* 67, 100, 129 = NJW 1984, 2271.
¹¹ Hierzu *BVerfG* NVwZ 1994, 54, 55; *BVerwG* NJW 2000, 160, 163.
¹² Vgl. *BVerwGE* 32, 333, 336 = BayVBl 1970, 25.
¹³ *Erbguth* in Sachs, GG, Art. 35 Rn. 6; *Ehlers* Jura 2003, 30, 33.
¹⁴ Vgl. *OVG Münster* NVwZ-RR 1992, 527; Rn. 6 ff.; § 5 Rn. 3.

Rn. 283 ff.). Zur Anwendbarkeit bei **(verwaltungs)privatrechtlicher Tätigkeit** von Behörden vgl. Rn. 14.

4 Bei der Konzeption der Amtshilfevorschriften der §§ 4–8 ist Bedacht darauf genommen worden, die verfassungsrechtlich gegebenen Grenzen nicht zu überschreiten. Die Amtshilfe wird nach Merkmalen umschrieben, wobei streitig ist, ob hierin eine **Definition** zu sehen ist.[15] Richtig ist, dass mit der Klammerdefinition des § 4 Abs. 1 in Verbindung mit der Ausschlussklausel des Abs. 2 alle Merkmale der Amtshilfe genannt sind (ferner hierzu Rn. 17 ff.), so dass hierin zugleich eine konkretisierende und **verlautbarende Klarstellung** des Amtshilfebegriffs des Art. 35 Abs. 1 GG jedenfalls für das VwVf zu sehen ist. Damit ist aber nicht zugleich auch eine positive Definition der Rechtshilfe (Rn. 38) und eine Abgrenzung zu verwandten Instituten (Organleihe, Vollzugshilfe, Mandat, Delegation, Verwaltungshilfe – hierzu Rn. 39 ff.) vorgenommen.

2. Funktion und Grenzen der Amtshilfe

5 Die Amtshilfe mit gegenseitiger Beistands- und Unterstützungspflicht **zwischen Behörden** verschiedener oder gleicher Rechtsträger ist i. S. von Art. 35 Abs. 1 GG verfassungsrechtlich gewährleistetes **Institut**, zugleich faktisches **Kooperationsinstrument.** Sie ist Folge der Trennung der Staatsgewalten, der föderativen Gliederung des Staates und der Ausübung der Staatsgewalt durch verschiedene Behörden auf unterschiedlichen Ebenen und zugleich Antwort auf die damit verbundenen Probleme der horizontalen und vertikalen Kompetenzabgrenzungen insbesondere zwischen Bund, Ländern und Kommunen mit ihren verschiedenen Behörden; die Amtshilfe stellt ein **Mindestmaß an Einheit der Staatsgewalt** her.[16] Die Amtshilfe als verfassungsrechtliches Institut hat damit gewissermaßen **janusköpfige Bedeutung:** Sie ist einerseits Instrument zur Herstellung eines Mindestmaßes an Einheit der Verwaltung, sie drückt zugleich aber auch ihre „Uneinheit" infolge Diversifizierung auf verschiedene Staatsgewalten und Rechtsträger aus und ist damit Mittel zur Überwindung der dadurch entstehenden Folgen.[17] Allerdings ist unverkennbar, dass sich die Amtshilfe durch die nunmehr in §§ 4 ff. konkretisierten Voraussetzungen und Grenzen der Amtshilfe rechtssystematisch und praktisch von der früher maßgeblichen Idee der unbegrenzten „Einheit der Verwaltung" entfernt und einer **„informationellen Gewaltenteilung"**[18] nähert. Zwischen beiden ist ein sachgerechter **Ausgleich** herzustellen (hierzu Rn. 9 ff.; § 5 Rn. 1 ff.).

6 Die Amtshilfe dient funktionell der Nutzung vorhandener oder einfacher zu mobilisierender sachlicher und/oder personeller Kapazitäten bei anderen Behörden und soll auch kostenträchtige Doppel- und Mehrfacharbeit vermeiden helfen. Insoweit ist sie auch Ausdruck eines **einfachen, zweckmäßigen, wirtschaftlichen und zügigen Verfahrens** (§ 10). Die Amtshilfe dient dem Interesse der Allgemeinheit an einer effektiven Verwirklichung der Verwaltungsaufgaben, nicht aber dem Schutz einzelner verfahrensbeteiligter Dritter.[19] Sie ist bundesstaatliches Koordinations- und Kooperationsinstrument mit Elementen des **Altruismus** (d. h. Tätigkeit in eigenem Namen, aber für „fremde" Verfahren in fremdem Interesse, hierzu noch Rn. 25 ff.) und des Subsidiaritätsprinzips, allerdings kein Mittel zur Verschiebung der gesetzlichen Kompetenzordnung der örtlich und sachlich zuständigen Behörden (hierzu noch Rn. 19 ff.).

7 Die Amtshilfe verschafft ersuchenden oder ersuchten Behörden insbesondere **keine Erweiterung oder Veränderung ihrer** örtlichen und sachlichen **Zuständigkeiten und (Eingriffs-) Befugnisse** (hierzu auch § 5 Rn. 4 ff.). Die Amtshilfe ist innerhalb einer Gesamtmaßnahme auf eine Teilunterstützung mit Komplementärwirkung beschränkt („Hilfe"; zur Verwaltungshilfe Rn. 41 ff.), überträgt die Verantwortung für das jeweils in Rede stehende, durch Amtshilfeleis-

---

[15] Bejahend *Meyer/Borgs* § 4 Rn. 7; *Schlink,* Die Amtshilfe, 1982, S. 216.
[16] Vgl. *BVerfGE* 7, 183, 190 = NJW 1958, 97; 31, 43, 46; 42, 91, 95; *BVerwGE* 79, 339, 342 = NJW 1988, 1924.
[17] Zur Einheit der Verwaltung als Rechtsproblem und ihren verschiedenen, auch amtshilferechtlichen Aspekten vgl. *Haverkate* DÖV 1987, 1058; *Bryde* DÖV 1987, 1056; *Sachs* NJW 1987, 2338; *Oebbecke* DVBl 1987, 866; *Schuppert* DÖV 1987, 757; *Wendt* NWVBL 1987, 33; *Meyer-Teschendorf* DÖV 1988, 901; *Erbguth* in Sachs, GG, Art. 35 Rn. 2; *Gubelt* in v. Münch/Kunig, GG, Art. 35 Rn. 1; *Hömig* in Hömig, GG, Art. 35 Rn. 1.
[18] *Bull* DÖV 1979, 689.
[19] *BVerwG* NVwZ 1999, 535, 536.

tungen zu unterstützende Vorhaben und seine Rechtmäßigkeit sowie Zweckmäßigkeit nicht auf die hilfeleistende Behörde (hierzu noch § 7) und bewirkt auch keine Veränderung der gesetzlich festgelegten **Verwaltungs- und Finanzierungskompetenz** i. S. des Art. 104a GG. Sie kommt daher nur unter den gesetzlich bestimmten Voraussetzungen und Grenzen der §§ 4ff. zur Anwendung.

Eine **freiwillige Amtshilfe** ohne Hilfeersuchen und ohne Vorliegen der gesetzlichen Voraussetzungen scheidet daher, sofern nicht spezialgesetzliche Regelungen etwas anderes zulassen, grundsätzlich aus (hierzu § 5 Rn. 5ff.), da sonst durch einvernehmliches Verhalten verschiedener Behörden die gesetzliche Zuständigkeitsverteilung einschließlich der damit verbundenen Verwaltungs- und Finanzierungskompetenz disponibel werden würde.[20] Zur sog. **Notzuständigkeit** vgl. § 3 Rn. 43. Zur sog. **Spontanhilfe** Rn. 24. Eine Pflicht zu Amtshilfeersuchen kann insbesondere durch die Sachverhaltsermittlungspflicht nach §§ 24, 26 ausgelöst werden; allerdings zeigen das Gesetz zur Fortentwicklung der Datenverarbeitung und des Datenschutzes, insbesondere das Bundesdatenschutzgesetz vom 20. 12. 1990[21] und die Geheimdienstgesetze des BVerfSchG, BNDG und MADG,[22] dass der gestärkte Anspruch auf **informationelle Selbstbestimmung** eine Grenze für Sachverhaltsfeststellungsrechte und -pflichten und damit auch für Amtshilfeersuchen und -leistungen bildet. Das kommt u. a. durch § 1 Abs. 5 BDSG mit dem dort angeordneten **Vorrang des BDSG** vor dem VwVfG hinsichtlich der bei der Ermittlung des Sachverhalts verarbeiteten personenbezogenen Daten sowie der Erweiterung des Anwendungsbereichs des neuen BDSG durch die teilweise **Einbeziehung von Akten** (§ 3 Abs. 3 BDSG) zum Ausdruck (hierzu noch § 5 Rn. 15ff.).

3. Amtshilfe, Datenschutz und Gesetzesvorbehalt

In der streitigen Diskussion um eine „**amtshilfefeste**" Begrenzung des Informationsflusses zwischen verschiedenen Behörden, ausgelöst und gekennzeichnet durch die **Stichworte** Datenschutz, informationelle Selbstbestimmung, personenbezogene Informationen, Zweckbindungsgebote, Weitergabe- und Verwertungsverbote insbesondere nach dem Volkszählungsurteil[23] ist festzuhalten: Die **Amtshilfe** bleibt auch nach dem BDSG und den Geheimdienstgesetzen des Bundes (hierzu Rn. 5, 7ff.) mit den dort vorgesehenen Einschränkungen bei der Sachverhaltsermittlung[24] **als verfassungsrechtliches Institut** in ihrer Existenz **unberührt**. Allerdings werden **die Voraussetzungen** sowohl für die **Zulässigkeit** von Amtshilfeersuchen (hierzu § 5 Abs. 1, dort Rn. 4ff.) als auch für die Zulässigkeit und Grenzen der Hilfeleistungen durch die ersuchte Behörde (§ 5 Abs. 2, hierzu dort Rn. 14ff. und § 7, dort Rn. 2ff.) nicht unerheblich **verschärft**. Das Institut der Amtshilfe wird damit und durch den gestärkten Persönlichkeitsschutz bei personenbezogenen Informationen in seinem Anwendungsbereich eingeschränkt. Hinzu kommen zahlreiche weitere Begrenzungen durch die **Landesdatenschutzgesetze** der Länder sowie die Regelungen für die Sicherheitsbehörden des Verfassungsschutzes und der Nachrichtendienste (Rn. 8) mit den darin enthaltenen zahlreichen Konkretisierungen und Begrenzungen der Zuständigkeiten und (Eingriffs-)Befugnisse, insbesondere bei der Erhebung personenbezogener Daten, ferner Regelungen zur Zulässigkeit der Speicherung, Veränderung, Nutzung und Übermittlung personenbezogener Daten nebst Berichtigungs-, Löschungs- und

---

[20] Str., vgl. § 3 Rn. 6; ferner *Ule/Laubinger* § 4 Rn. 11; *Meyer/Borgs* § 4 Rn. 31; *Steinbömer* DVBl 1981, 340, 341.
[21] BGBl I S. 2954 – hierzu *Büllesbach* NJW 1991, 2593; *Dammann* NVwZ 1991, 640.
[22] Hierzu *Bäumler* NVwZ 1991, 643.
[23] *BVerfGE* 65, 1 = NJW 1984, 419. Hierzu *Scholz/Pitschas*, Informationelle Selbstbestimmung und staatliche Informationsverantwortung, 1984 – kritisch zur Gesamtentwicklung –; *Wilde*, Amtshilfe und Datenschutz im Lichte des Volkszählungsurteils, BayVBl 1989, 230; *Simitis*, Von der Amtshilfe zur Informationshilfe, NJW 1986, 2795; *Schlink*, Datenschutz und Amtshilfe, NVwZ 1986, 2, 9; *Denninger*, Das Recht auf informationelle Selbstbestimmung, in Hohmann (Hrsg.), Freiheitssicherung durch Datenschutz, 1987, S. 127; *Heußner*, Datenverarbeitung und Grundrechtsschutz, ebda., S. 110; *Bull*, Vom Datenschutz zum Informationsrecht – Hoffnungen und Enttäuschungen, ebda., S. 173; *ders.* bereits DÖV 1979, 689; *Vogelgesang*, Grundrecht auf informationelle Selbstbestimmung?, 1987; *Lehner*, Der Vorbehalt des Gesetzes für die Übermittlung von Informationen im Wege der Amtshilfe, 1996; *Gola*, Die Entwicklung des Datenschutzrechts in den Jahren 1994ff., NJW 1995, 3283; 1996, 3312; 1998, 3750; 1999, 3753; NJW 2000, 3749; *ders./Klug*, NJW 2001, 3747; NJW 2002, 2431; NJW 2003, 2420; NJW 2004, 2428; NJW 2005, 2434; NJW 2006, 2454; NJW 2007, 2452, jeweils m. w. N.
[24] Hierzu *Büllesbach* NJW 1991, 2593; *Dammann* NJW 1991, 640.

Sperrungsvorschriften sowie Auskunftsansprüchen von Betroffenen.[25] Diese Regelungen **gehen den §§ 4 ff. vor** und schränken Amtshilfeersuchen und -leistungen auf allgemeiner Grundlage ein. Die Bestimmungen des BDSG werden vom **Stasi-Unterlagen-Gesetz** verdrängt.[26] Die frühere Idee der (Informations-)Einheit der Verwaltung weicht zunehmend **informationellen Parzellierungen** mit Zweckbindungsgeboten sowie Weitergabe- und Verwertungsverboten (vgl. auch § 30) sowohl zwischen den Verwaltungszweigen als auch innerhalb einzelner Behörden (hierzu noch Rn. 25 ff.).

10 Der frühere Streit über **Inhalt und Ausmaß des Gesetzesvorbehalts** für die Sammlung und Weitergabe von Daten in EDV-Systemen – wesentlich beeinflusst durch den nicht unbegrenzten[27] Grundrechtsanspruch auf informationelle Selbstbestimmung[28] und für dadurch mögliche zwischenbehördliche Amtshilfeleistungen[29] ist in den Grundsatzfragen durch die BDSG, BVerfSchG, MADG und BNDG (Rn. 8) weitgehend entschieden. Er beruht auf der Erkenntnis, dass durch die nahezu unbegrenzten Speicherkapazitäten und Informationsaustauschmöglichkeiten in und aus EDV-Anlagen und die dadurch leicht zu realisierenden Eingriffswirkungen in die **Persönlichkeitssphäre** ein grundrechtlich geschütztes Interesse daran besteht, dass ein nicht zwingend erforderliches Zusammenwirken verschiedener Behörden und ein Informationsaustausch unterbleibt oder an strenge Voraussetzungen geknüpft wird. Tendenziell wird deshalb jede automatische Datenerhebung, -speicherung und -übermittlung von personenbezogenen Informationen dem Gesetzesvorbehalt und bereichsspezifischen Regelungen unterworfen. **„Amtshilfefeste" spezialgesetzliche Regelungen** zum Schutz personenbezogener Informationen mit Zweckbindungsgeboten, Weitergabe- und Verwertungsverboten nebst Auskunfts- und Löschungsansprüchen sollen dem Volkszählungsurteil des *BVerfG*[30] Rechnung tragen und den Persönlichkeitsschutz hinsichtlich personenbezogener Informationen stärken (vgl. nunmehr die BDSG, BVerfSchG, MADG und BNDG, Rn. 8).

11 Für die übrigen Bereiche der **„normalen" Amtshilfe** außerhalb EDV-gespeicherter Informationen – sofern sie nicht mit Eingriffshandlungen gegenüber Dritten verbunden ist (sog. gesteigerte Amtshilfe, vgl. Rn. 18, 29) – sind die Amtshilferegelungen der §§ 4–8 nebst Parallelvorschriften in SGB X und AO **als ausreichende gesetzliche Grundlage** für Amtshilfeleistungen anzusehen, da §§ 4 ff. Voraussetzungen und Grenzen der Amtshilfe hinreichend konkret umschreiben (vgl. ferner § 5 Rn. 4 ff.). Zur **Verwaltungshilfe** nach dem Einigungsvertrag vgl. Rn. 43 ff.

II. Anwendungsbereich der §§ 4–8

1. Vorrang inhaltsgleicher und entgegenstehender Rechtsvorschriften

12 §§ 4–8 kommen – entsprechend dem allgemeinen **Subsidiaritätsprinzip** des § 1 (hierzu dort Rn. 206 ff.) – nur zur Anwendung, soweit inhaltsgleiche oder entgegenstehende Rechtsvorschriften des Bundes oder der Länder fehlen. Gesetzliche **Teilregelungen** (etwa § 135 FlurbG) sind daher durch §§ 4 ff. ergänzungfähig und -bedürftig. Weitergehende oder engere Rechtspflichten für Amtshilfeersuchen und -leistungen i.w.S. in **Spezialgesetzen**, ggfs. auch auf anderer Rechtsgrundlage als Art. 35 Abs. 1 GG, bleiben unberührt. In ihnen können Regelungen über eine **institutionelle Zusammenarbeit** unabhängig von den (beschränkenden) Amtshilfemerkmalen des § 4 Abs. 1 vorgesehen werden.

13 Vorausgesetzt wird für §§ 4 ff. grundsätzlich **ör Verwaltungstätigkeit i.S.d. § 1** (hierzu dort Rn. 83 ff.). Amtshilfe muss **zwischen** verschiedenen Behörden bestehen. Unterstützungs-

---

[25] Hierzu *Bäumler* NVwZ 1991, 643.
[26] *VG Berlin* LKV 1992, 419; *OVG Berlin* LKV 1992, 417; hierzu noch § 29 Rn. 92 ff.
[27] *BVerwG* DVBl 1990, 707.
[28] *BVerfGE* 65, 1 = NJW 1984, 419.
[29] Hierzu etwa *Barbey*, Amtshilfe durch Informationshilfe und „Gesetzesvorbehalt", in FS Juristische Gesellschaft Berlin, S. 25 ff.; *Schlink*, Die Amtshilfe, S. 145 ff.; *Bull* in Hohmann (Hrsg.), Freiheitssicherung durch Datenschutz, 1987, S. 173 ff.; *Scholz/Pitschas*, Informationelle Selbstbestimmung und staatliche Informtionsverantwortung, 1984; *Haverkate* DÖV 1987, 1058, 1059; *Bryde* DÖV 1987, 1056 jeweils m.w.N.; zum Verhältnis Amtshilfe und Datenschutz vgl. § 5 Rn. 18 ff.
[30] *BVerfGE* 65, 1 = NJW 1984, 419.

handlungen **innerhalb einer Behörde** (etwa zwischen einzelnen Ämtern, Referaten oder Abteilungen) sind grundsätzlich keine Amtshilfe (vgl. Abs. 2 Nr. 1, hierzu Rn. 25, 34 ff.). Innerdienstliche Mitteilungen innerhalb einer Behörde sind aber nicht unbegrenzt zulässig, sondern an eine dienstlich notwendige, im sachlichen Zuständigkeitsbereich liegende und für die Sachentscheidung erforderliche Kenntnis von Fakten gebunden, Verschwiegenheit ist demnach nach § 30 grundsätzlich auch innerhalb einer Behörde zu wahren. Bloßes Interesse an der Faktenkenntnis in anderen Aufgabenbereichen und Behördenteilen reicht daher regelmäßig nicht aus.[31]

2. Verwaltungsprivatrechtliche Tätigkeit

Strittig ist, ob eine Amtshilfe i. S. d. §§ 4 ff. auch für **privatrechtliches und verwaltungsprivatrechtliches Handeln** der ersuchenden Behörde zulässig ist.[32] Sofern eine Stelle Aufgaben der öffentlichen Verwaltung wahrnimmt, deshalb Behörde i. S. d. § 1 Abs. 4 ist, die Aufgaben im öffentlichen Interesse aber privatrechtlich erledigt, sind an sie gerichtete Amtshilfeersuchen anderer Behörden in ör Angelegenheiten nach Maßgabe der §§ 5, 7 zu erledigen. Grenzen auch des Privatrechts sind im Rahmen des § 5 Abs. 2 Nr. 1 zu berücksichtigen. Da §§ 4–8 eine verlautbarende und konkretisierende Klarstellung des Begriffs der Amtshilfe nach Art. 35 GG darstellt (Rn. 4), diese Vorschrift das Bund/Länder-Verhältnis in den ör Rechtsbeziehungen umfassend regelt und §§ 4 ff. in ihrem Anwendungsbereich über VwVf i. S. des § 9 hinausgehen (Rn. 3 ff., 16), ist kein hinreichender Grund ersichtlich, die im öffentlichen Interesse liegende privatrechtliche und verwaltungsprivatrechtliche Tätigkeit der Behörden von Amtshilferechten und -pflichten jedenfalls im Wege einer **analogen Anwendung** der §§ 5–8 generell auszunehmen, zumal Bund und Länder praktisch die gleichen Rechtsvorschriften (§§ 4 ff.) haben, auch wenn sie in formell getrennten Gesetzen enthalten sind, die gleichermaßen Art. 35 GG konkretisieren. Amtshilfe ist daher auch für Maßnahmen möglich, die für sich betrachtet zwar keine ör Tätigkeit sind, aber Behörden bei der **Erfüllung öffentlicher Aufgaben** dienen.[33] Allerdings sind auch in diesem Falle die sich aus § 5 ergebenden **Amtshilfeverbote** (§ 5 Rn. 14 ff.), etwa wegen der Wahrung von Betriebs- und Geschäftsgeheimnissen oder anderer geschützter personenbezogener Informationen, zu beachten. Einer (verwaltungs)privatrechtlich handelnden Behörde können in diesem Bereich grundsätzlich **keine weitergehenden Rechte** zustehen **als bei hoheitlichem Handeln**, weil auch insoweit die verfassungsrechtliche Kompetenzordnung zu beachten ist. Zusätzlich aus dem Zivilrecht sich ergebende vertragliche oder gesetzliche **Informationsverbote** sind ebenfalls zu beachten, weil die Amtshilfe auch in diesem Bereich kein Mittel sein darf, sich über die geltende ör und zivilrechtliche Rechtsordnung und die darin enthaltenen Begrenzungen hinwegzusetzen oder sie zu umgehen. Insoweit wirken sich §§ 4 ff., wenn sie nicht unmittelbar oder analog anwendbar sind, jedenfalls als Ausdruck eines allgemeinen Rechtsgrundsatzes (Rn. 3) aus. Die Rechtslage ist vergleichbar mit den Verhältnissen bei Ausschluss oder der Befangenheit von Amtsträgern nach Maßgabe der §§ 20, 21 auch bei (verwaltungs)privatrechtlicher Tätigkeit (vgl. § 20 Rn. 19 m. w. N.).

Im Verhältnis der **Verfassungsorgane** zueinander können amtshilfeähnliche Unterstützungsmaßnahmen in Betracht kommen, auch wenn §§ 4 ff. auf solche Verfassungsrechtsverhältnisse nicht unmittelbar anwendbar sind (§ 1 Rn. 110). Allerdings sind die Rechtsgedanken insbesondere des § 5 auch hier sinngemäß heranzuziehen. Für **Untersuchungsausschüsse** des Bundestags vgl. die Sondervorschrift des Art. 44 Abs. 3 GG, wonach Gerichte und Verwaltungsbehörden diesen Ausschüssen gegenüber zu Rechts- und Amtshilfe verpflichtet sind.[34]

---

[31] Vgl. etwa zur vertraulichen Führung von Personalakten und zur Pflicht zur Enthaltung des damit befassten Personenkreises § 90 a BBG; *BVerwGE* 75, 17 = NJW 1987, 1214; NJW 1989, 2640; *BAGE* 54, 365 = NJW 1988, 791; ferner §§ 29, 30.

[32] Bejahend: *Wais* NJW 1982, 1265; *Foerster* SKV 1975, 272; wohl auch *BAGE* 9, 324 = NJW 1960, 2118; verneinend: *BFHE* 94, 558 = JZ 1969, 527; *Clausen* in Knack Rn. 20 vor § 4 und § 4 Rn. 9; *Kopp/Ramsauer* § 4 Rn. 5; *Meyer/Borgs* § 4 Rn. 9; *Dreher*, Die Amtshilfe, 1959, S. 97; *Finkelnburg/Lässig* § 4 Rn. 11.

[33] Für analoge Anwendung auch *Ule/Laubinger* § 11 Rn. 6; a. A. *Kopp/Ramsauer* § 4 Rn. 5; vgl. ferner wie hier *OVG Frankfurt/O.* RiA 1998, 298 für Einstellung von Angestellten im öffentlichen Dienst.

[34] Vgl. *BVerfGE* 67, 100, 129 ff. = NJW 1984, 2271, wonach das Aktenherausgabeverlangen eines Untersuchungsausschusses gegenüber der Bundesregierung durch das Steuergeheimnis des § 30 AO begrenzt sein kann; zu Art. 44 Abs. 3 GG ferner *BVerfGE* 76, 363 = NJW 1988, 897; *BVerfG* NVwZ 1994, 54, 55;

3. Geltung nicht nur für Verwaltungsverfahren i. S. v. § 9

16 Die Amtshilfevorschriften gelten in erster Linie für bereits begonnene (§ 22) Verwaltungsverfahren i. S. d. § 9, die also auf einen VA oder einen ör Vertr abzielen. Wie sich aus der Stellung im Gesetz (vor § 9), aber auch aus der Ausgestaltung als gesetzliche Konkretisierung des verfassungsrechtlichen Instituts der Amtshilfe (Rn. 1 ff.) mit der Wirkung als **allgemeiner Grundsatz des Verwaltungs(verfahrens)rechts** ergibt (§ 1 Rn. 283 ff.), sind §§ 4–8 auch für die sonstige ör Verwaltungstätigkeit i. S. d. § 1 (dort Rn. 83 ff.) zwischen den Ländern und innerhalb von ihnen (zumindest analog) anwendbar, also auch für **planende, rechtsetzende** (kommunale) oder interne ör Verwaltungstätigkeit, und zwar auch schon vor Beginn und nach Abschluss eines VwVf im weiteren Sinne.[35] Die allgemeine Festlegung des Anwendungsbereichs des VwVfG in § 1 Abs. 1, § 9 schließt nicht aus, einzelne Vorschriften für einen erweiterten Geltungsbereich heranzuziehen.[36] Zur Anwendung der §§ 4 ff. bei (verwaltungs)privatrechtlicher Tätigkeit Rn. 14.

17 §§ 4 ff. sind auch anzuwenden auf diejenige ör Verwaltungstätigkeit, für die das VwVfG nach § 2 nicht gilt (vgl. auch § 1 Rn. 185 ff.), es sei denn, §§ 111 ff. AO oder §§ 3, 68 SGB X kommen unmittelbar zur Anwendung. In diesen Fällen richten sich Voraussetzungen und Grenzen von Amtshilfemaßnahmen in **Abgaben- und Sozialverfahren** ohne Rückgriff auf §§ 4 ff. ausschließlich nach den dafür geltenden Vorschriften. Vor allem im Abgabenbereich gibt es zahlreiche besondere Rechtsgrundlagen, in denen weitergehende Befugnisse für die zuständigen Abgabenbehörden zur Feststellung des maßgeblichen Sachverhalts durch spezielle Auskunfts-, Mitteilungs- und Vollstreckungsrechte- und -pflichten statuiert sind, etwa im **EG-Amtshilfegesetz** vom 24. 12. 1985[37] oder nach dem Gesetz zur Änderung von Verbrauchssteuergesetzen und des EG-Amtshilfe-Gesetzes vom 12. 7. 1996.[38]

18 Bei der Frage, ob §§ 4 ff. auf **ör Vollzugs- und Vollstreckungsakte** anwendbar sind, muss zwischen dem Verfahren bis zum Zustandekommen eines Vollstreckungstitels und der anschließenden Vollstreckungs-(Vollziehungs-)maßnahme selbst unterschieden werden. Im erstgenannten Fall ist Amtshilfe nach den normalen Regeln und Grenzen der §§ 4 ff. zu leisten, sofern nicht spezielle Rechtsvorschriften vorgehen. Dabei kommt es vor allem darauf an, ob die damit zusammenhängenden Maßnahmen eigene oder fremde Aufgaben im i. S. v. § 4 Abs. 2 Nr. 2 sind; nur wenn eine Behörde fremde Aufgaben wahrnimmt, gelten §§ 5–8, sofern nichts anderes geregelt ist. Ob Vollstreckungs-(Vollzugs-)akte als solche noch Teil eines einheitlichen VwVf oder aber rechtlich selbständig sind, hängt von der Ausgestaltung des jeweils maßgeblichen Rechts ab. Für das Vollstreckungsverfahren als solches gelten insbesondere die Verwaltungsvollstreckungsgesetze des Bundes oder der Länder mit den darin vorgesehenen Rechten und Pflichten. Nach § 4 Abs. 1 VwVG des Bundes sind darauf zahlreiche Vorschriften der AO anwendbar; wird die Vollstreckung im Wege der Amtshilfe von Organen der Länder durchgeführt **(sog. Vollzugshilfe i. e. S.,** hierzu noch Rn. 42), ist sie nach – sehr unterschiedlichen – landesrechtlichen Vorschriften durchzuführen. Damit wird Verbandskompetenz der Länder gewahrt,[39] wonach eine Beschränkung der Landesstaatsgewalt auf das Landesgebiet nicht ohne weiteres aus dem GG entnommen werden kann. Auch im **Vollstreckungsverfahren** selbst kann Amtshilfe in Anspruch genommen werden, sofern nichts anderes bestimmt ist.[40] Dabei ist zu beachten, dass auch hier als Amtshilfe nur **Teilakte** innerhalb einer Gesamtmaßnahme zuläs-

---

BVerwGE 79, 339 = NJW 1988, 1924; 109, 258 = NJW 2000, 160, 162 zur bundesweiten Zeugenpflicht gegenüber Untersuchungsausschüssen der Landesparlamente (bejahend); NVwZ-RR 1992, 414 zu Voraussetzungen und Grenzen der Mitteilungsbefugnis der Finanzbehörden an Gewerbebehörden über Steuerrückstände als mögliches Kriterium der Unzuverlässigkeit für die Ausübung eines Gewerbes.

[35] Ebenso *Schlink*, Die Amtshilfe, 1982, S. 222; *Kopp/Ramsauer* § 4 Rn. 3; *Meyer/Borgs* § 4 Rn. 6; *Finkelnburg/Lässig* § 4 Rn. 5 (analoge Anwendung); a. A. *Hoffmann* in Obermayer Rn. 8 vor § 4 – nur VwVf i. S. von § 9 –.

[36] Vgl. BVerwGE 77, 364, 366 = NVwZ 1987, 1070.

[37] BGBl I S. 2441, hierzu etwa *BFHE* 177, 242 = EuZW 1995, 453.

[38] BGBl I S. 962; vgl. auch Rn. 23.

[39] Zur länderübergreifenden Amtshilfe und Verwaltungsvollstreckungshilfe vgl. *Kopp/Kopp* BayVBl 1994, 229; *Engelhardt/App* § 5 VwVG, Anh. 1 zu § 250 AO; vgl. BVerwGE 22, 299, 307 = NJW 1966, 1282; 79, 339, 342 = NJW 1988, 1924.

[40] Offen gelassen von BVerwG NVwZ 2006, 94, 95 f. für das Zusammenwirken unterschiedlicher Behörden beim Vollzug aufenthaltsbeendender Maßnahmen nach § 63 AuslG a. F. (jetzt § 71 AufenthG).

sig sind, denn die gesamte Kompetenz zur Durchführung von Vollstreckungsmaßnahmen kann durch Amtshilfe nicht auf eine andere Behörde oder einen anderen Rechtsträger übertragen werden.[41]

4. Rechtsgrundlagen und Grenzen der Amtshilfe für ersuchende und ersuchte Behörde; Rechtswegfragen

Bei den Rechtsgrundlagen für Zulässigkeit und Grenzen der Amtshilfe wirken sich wie auch sonst die unterschiedlichen Anwendungsbereiche der VwVfGe von Bund und Ländern, aber auch ihr Verhältnis zu SGB X, AO und allgemeinen Rechtsgrundsätzen aus: 19

a) Im Falle der sog. **gesetzeskongruenten bzw. behördenhomogenen Amtshilfe,** wenn also sowohl für die ersuchende als auch für die ersuchte Behörde einheitlich das VwVfG von Bund bzw. Ländern maßgeblich ist, richten sich Rechte und Pflichten aus der Amtshilfe ausschließlich nach dem VwVfG, dem SGB X oder der AO.[42] 20

b) Bei der sog. **grenzüberschreitenden (gesetzesinkongruenten)** Amtshilfe innerhalb von Deutschland, also wenn außerhalb der Amtshilfe für die ersuchende und die ersuchte Behörde (formal) unterschiedliches Verfahrensrecht anzuwenden wäre – also etwa VwVfG einerseits und SGB X oder AO andererseits oder das VwVfG von Bund und Land – richtet sich die Befugnis für Amtshilfeersuchen nach dem Recht der ersuchenden Behörde; für Zulässigkeit und Grenzen der Amtshilfeleistung oder etwaige Amtshilfeverbote oder -beschränkungen ist das für die ersuchte Behörde maßgebliche Recht anzuwenden.[43] Ob und inwieweit für die ersuchte Behörde **Amtshilfeverbote oder -beschränkungen** bestehen, muss die ersuchte Behörde im Einzelfall auf der Grundlage des für sie maßgeblichen Amtshilferechts und sonstiger spezialgesetzlicher Regelungen, etwa im Datenschutz- oder Verfassungsschutzrecht überprüfen. Die materielle Entscheidung, die mit der Amtshilfe unterstützt werden soll, bildet nur den Hintergrund des Verfahrens, entscheidet aber nicht über die Zulässigkeit und Grenzen der Amtshilfe.[44] Diese Rechtsfolge ergibt sich deshalb, weil durch die Amtshilfe die Zuständigkeiten und Befugnisse der ersuchenden und vor allem der ersuchten Behörde nicht erweitert oder verändert werden; die Amtshilfe sichert nur **innerhalb der bestehenden Zuständigkeit und Befugnisse** die Erledigung der übertragenen Aufgabe durch ergänzende Hilfe zu Teilmaßnahmen mit Komplementärfunktion (hierzu noch Rn. 5), begründet aber nicht erstmals und originär eine sonst nicht bestehende Kompetenz und Eingriffsbefugnis (ferner § 5 Rn. 4 ff.; § 7 Rn. 2 ff.). Zum Einwand der **Rechtswidrigkeit** und **Unzweckmäßigkeit** des einem Ersuchen zugrunde liegenden Vorhabens § 5 Rn. 15 ff., 37 m. w. N. 21

c) Auch der **Rechtsweg** bei einem gesetzeskongruenten oder grenzüberschreitenden Amtshilfeersuchen richtet sich demnach nach den für die **ersuchte Behörde** geltenden Vorschriften über Voraussetzungen, Inhalt und Grenzen der Amtshilfe; unerheblich ist für die Rechtswegfrage die materielle Entscheidung, die mit der Amtshilfe unterstützt werden soll.[45] Für die Klage einer AOK betr. eine im Wege der Amtshilfe erbetene Auskunft von einer Industrie- und Handelskammer ist daher nicht der für die AOK gegebene Sozial-, sondern der für die IHK und ihre Tätigkeit eröffnete Verwaltungsrechtsweg gegeben;[46] hierzu ferner § 5 Rn. 38 ff. 22

5. Amtshilfe im Verhältnis zum Ausland

Für die Amtshilfe im Verhältnis zum Ausland gelten die §§ 4–8 wegen des vornehmlich nationalen Anwendungsbereichs für deutsche ör Verwaltungstätigkeit (§ 1 Rn. 83 ff.) im Allgemeinen nicht (vgl. § 1 Rn. 169; § 2 Rn. 90 ff.). Ob Amtshilfe im Verhältnis zum Ausland für ersu- 23

---

[41] Vgl. Rn. 27 ff. m. w. N.; so auch *Ziekow* § 4 Rn. 12.
[42] Vgl. *BVerwGE* 78, 363 = NVwZ 1988, 624; *Stüer* DÖV 1985, 720, 721, 722.
[43] Vgl. *BVerwG* NVwZ 1986, 467 = DVBl 1986, 1199; *VGH Mannheim* NVwZ-RR 1990, 37; *Stüer* DÖV 1985, 720; *Clausen* in Knack Rn. 21 vor § 4; *Kopp/Ramsauer* Rn. 21 vor § 4 und § 4 Rn. 4; *Finkelnburg/Lässig* § 4 Rn. 7; a. A. *Schleicher* DÖV 1976, 550, 551; *Hauck/Haines*, SGB X, 2. Aufl., § 3 Rn. 11; kritisch zur Unterscheidung *Ule/Laubinger* § 11 Rn. 5; *Schnapp* DVBl 1987, 561, 564.
[44] So *BVerwG* NVwZ 1986, 467 = DVBl 1986, 1199, vgl. ferner § 5 Rn. 4 ff.
[45] *BVerwG* NVwZ 1986, 467 = DVBl 1986, 1199; *Stüer* DÖV 1985, 720; kritisch *Schnapp* DVBl 1987, 561, ferner *Schnapp/Friehe* NJW 1982, 1422, 1423.
[46] *BVerwG* NVwZ 1986, 467 = DVBl 1986, 1199.

§ 4   24   Teil I. Anwendungsbereich, örtliche Zuständigkeit, Amtshilfe

chende und/oder ersuchte Behörden zu leisten ist, richtet sich in erster Linie nach den dafür bestehenden **völkerrechtlichen** und **zwischenstaatlichen Vereinbarungen** sowie – soweit vorhanden – allgemein anerkannten völkerrechtlichen Regeln.[47] Die in derartigen Vereinbarungen enthaltenen Vorschriften bestimmen Art, Inhalt und Verfahren der Amtshilfe mit den dazu erforderlichen materiellen Voraussetzungen und formalen Prozeduren. Vgl. etwa die **Europäischen Übereinkommen** über Amts- und Rechtshilfe betreffend die **Zustellung von Schriftstücken** in Verwaltungssachen im Ausland vom 24. 11. 1977 sowie über die Erlangung von Auskünften und Beweisen in Verwaltungssachen im Ausland vom 15. 3. 1978 nebst den Zustimmungsgesetzen hierzu vom 20. 7. 1981,[48] ferner das Gesetz zur Durchführung der EG-Richtlinie über die gegenseitige Amtshilfe im Bereich der direkten Steuern und der Mehrwertsteuer – **EG-Amtshilfe-Gesetz** – vom 24. 12. 1985;[49] zu Verbrauchssteuern vgl. Gesetz vom 12. 7. 1996.[50] Amtshilfeersuchen österreichischer Behörden nach dem **deutsch-österreichischen Vertrag vom 31. 5. 1988 über Amts- und Rechtshilfe in Verwaltungssachen** (§ 1 Rn. 172), mit denen österreichische Verwaltungsstrafen gegen deutsche Kraftfahrzeughalter wegen Nichtbenennung des Fahrers vollstreckt werden sollen, sind nicht auszuführen, da die Vollstreckung derartiger Strafverfügungen das Auskunfts- und Zeugnisverweigerungsrecht zugunsten naher Angehöriger sowie das Verbot einer Verpflichtung zur Selbstbezichtigung verletzen würde.[51] Amtshilfe nach diesem Vertrag wird – anders als nach Abs. 2 Nr. 2 – nicht dadurch ausgeschlossen, dass es sich bei der als Hilfeleistung gewünschten Handlung um eine der ersuchten Behörde als eigene Aufgabe obliegende handelt. Gleiches gilt in anderen – nicht vertraglich geregelten – Fällen, z. B. bei der Bearbeitung von Anfragen ausländischer Stellen an Meldeämter.

24   Soweit über die Voraussetzungen und Grenzen der Amtshilfe in den internationalen Rechtsgrundlagen keine ausdrücklichen Vorschriften enthalten sind, bleiben **§§ 4 ff. ergänzend und lückenfüllend** anwendbar. Bei Fehlen völkerrechtlicher Vereinbarungen (zur Rechts- und Amtshilfe in Zivil- und Strafsachen gegenüber dem Ausland vgl. ferner § 2 Rn. 90 ff.) richten sich Amtshilferechte und -pflichten nach den **Grundsätzen völkerrechtlicher Höflichkeit**.[52] Dabei sind aber die Grenzen völkerrechtlicher Souveränität und Indemnität ausländischer Staatsorgane und exterritorialer Personen zu beachten (vgl. Art. 25 GG, §§ 18 ff. GVG), so dass sich hierdurch Grenzen für die Ermittlungstätigkeit deutscher Behörden und Gerichte im Ausland ergeben.[53] Soweit eine Behörde (zulässige) Ermittlungen im Ausland für notwendig hält, sind **Amtshilfeersuchen** in der Regel über die vorgesetzten Behörden auf **diplomatischem oder konsularischem Wege** zu veranlassen (vgl. §§ 2, 15 ff. des KonsularG, ferner § 9 VwZG, § 363 ZPO). Die Zulässigkeitsvoraussetzungen für Amtshilfeersuchen und -leistungen nach §§ 4 ff. bleiben unberührt. Zur Mitwirkung der Kommunalbehörden bei der Zustellung ausländischer Schriftstücke in Verwaltungssachen nach dem Europäischen Zustellungsabkommen vgl. *Korber* BayVBl 1983, 301. Zu grenzüberschreitenden Informationsansprüchen im Bundesstaat, untersucht am Beispiel des Internationalen Nachbarrechts vgl. *Steinberg* NJW 1987, 2345. Zur europäischen Zusammenarbeit in der Visa-, Einwanderungs- und Asylpolitik sowie im Strafrechtsbereich und Zollwesen vgl. *Müller-Graff* (Hrsg.), Europäische Zusammenarbeit in den Bereichen Justiz und Inneres, 1996, S. 63 ff. m.w.N. Zur **grenzüberschreitenden Behördenbeteiligung** vgl. § 8 UVPG, § 11a der 9. BImSchV; vgl. Rn. 19 ff.

---

[47] Hierzu *Stein*, Amtshilfe in auswärtigen Angelegenheiten, 1975; *Müller-Graff* (Hrsg.), Europäische Zusammenarbeit in den Bereichen Justiz und Inneres, 1996, 11 ff.
[48] BGBl II S. 533. Vgl. dazu *Jellinek* NVwZ 1982, 535.
[49] BGBl I 2441. Hierzu *Runge* Der Betrieb 1986, 191; *Krabbe* RIW/AWD 1986, 126.
[50] BGBl I S. 962. Zur Europäischen Amtshilfe vgl. ferner *Meier* EuR 1989, 237.
[51] A. A. *AG Bad Hersfeld* 5. 6. 1997 – OWi 57/96 (1); wie hier Verwaltungspraxis in den meisten Bundesländern, vgl. z. B. RdErl des MI Nds. v. 19. 6. 1997, Nds.MBl 1997, 1095. Generell genügen die Rechtsschutzmöglichkeiten in Österreich bei der Anwendung des Vertrags dem deutschen ordre public, *VGH Mannheim* NVwZ 2001, 338.
[52] *BVerwG* NJW 1984, 574.
[53] *BVerwG* DVBl 1989, 261 = NJW 1989, 678, wonach ein Antrag auf Vernehmung des indischen Verteidigungsministers über Handlungen seines Staates für die Entscheidungen eines Asylantrags unzulässig ist; ferner *BVerwG* NJW 1984, 574.

III. Merkmale der Amtshilfe (Abs. 1)

1. Hilfeleistung zwischen Behörden

Die Amtshilfe ist auf Ersuchen geleistete ergänzende Hilfe **zwischen verschiedenen Behörden** (zum Begriff § 1 Rn. 236 ff.), nicht notwendig auch zwischen verschiedenen Rechtsträgern oder juristischen Personen des öffentlichen Rechts (zur Abgrenzung gegenüber der Rechtshilfe Rn. 38), die – wie sich aus Abs. 2 ergibt – nicht innerhalb instanzieller Weisungsverhältnisse besteht und auch nicht der ersuchten Behörde als eigene Angelegenheit obliegt (Abs. 2 Nr. 1 und 2, hierzu Rn. 33 ff.). Ergänzende Hilfe **innerhalb einer Behörde** scheidet in der Regel als Amtshilfe aus (Rn. 13), es sei denn, es handelt sich um unterschiedliche Funktionen innerhalb einer Behörde mit **verschiedenen Rechtsträgern**. Keine Amtshilfe daher innerhalb einer Kommunalbehörde in Selbstverwaltungs- und Auftragsangelegenheiten; Amtshilfe aber möglich innerhalb einer Oberfinanzdirektion, soweit sie zugleich Bundes- und Landesbehörde ist. Zu beachten sind spezialgesetzliche **Weitergabe- und Informationsverbote** auch innerhalb von Behörden, insbesondere bei IT-gestützten Informationen und speziellen Geheimhaltungspflichten, insbesondere bei Akten mit sensiblen Daten (vgl. § 5 Rn. 27 ff.). Die Amtshilfe hat i.d.R. nur faktische **Binnenwirkung** ohne Entscheidungsgehalt im Außenverhältnis und greift nicht unmittelbar in Rechte Dritter ein (Rn. 6; vgl. aber Rn. 29 und § 5 Rn. 6, 41). Zu Rechtsschutzfragen vgl. Rn. 22; § 5 Rn. 38 ff.

2. Arten der Amtshilfeleistungen

Amtshilfe ist dem Inhalt nach nicht nur **Informationshilfe** im Sinne einer Weitergabe von Wissensmitteilungen aus dem Bereich der ersuchten Behörde, sondern umfasst auch unterschiedliche **Real- oder sonstige Handlungen,** zu denen die ersuchte Behörde nach dem für sie maßgeblichen Recht befugt und in der Lage ist (hierzu § 5 Rn. 15 ff.). Hierzu gehören etwa die Erteilung von Auskünften,[54] die Übersendung von Akten und Urkunden,[55] die Bereitstellung von Räumen und Einrichtungen, etwa für das Ausrechnen der Höhe von Gebühren auf Grund vorgegebener Daten, das Absenden von Bescheiden[56] ferner die (vorübergehende und hilfsweise) Zurverfügungstellung von Personal, die Feststellung eines Sachverhalts etwa durch Ortsbesichtigung, Zeugenvernehmung oder Durchführung technischer Untersuchungen, die Abgabe gutachtlicher Stellungnahmen, ferner die öffentliche Bekanntmachung von Planunterlagen oder sonstigen Mitteilungen, sofern dies nicht in Wahrnehmung eigener Aufgaben geschieht (§ 4 Abs. 2 Nr. 2),[57] die Exhumierung einer Leiche für einen Sozialhilfeträger,[58] die Erteilung von Hinweisen und Ratschlägen auf Grund größerer Sach- oder Ortsnähe oder praktischer Erfahrung. Amtshilfe ist auch für die Durchführung von Maßnahmen möglich, die nicht selbst ör Tätigkeit sind, aber der Erfüllung öffentlicher Aufgaben dienen.[59] Auch Auskünfte mit **rechtlichem Inhalt,** ferner Informationen aus EDV-Anlagen können grundsätzlich Amtshilfe sein (zu den Voraussetzungen und Grenzen im Datenschutzrecht vgl. § 5 Abs. 2 Nr. 1, hierzu dort Rn. 16 ff.). Ob institutionelle, auf längere Zeit angelegte **Zusammenarbeit in gleichen oder ähnlichen Angelegenheiten** als Amtshilfe i.e.S. von § 4 Abs. 1 ausscheiden muss, hängt von den Umständen des Einzelfalls ab (hierzu nachfolgend Rn. 27). Der Amtshilfe fehlt in der Regel die Außenwirkung und der Eingriffscharakter, weil sie sich nach ihrer Struktur auf eine reine Binnenfunktion beschränkt (zu dieser Problematik vgl. aber Rn. 6 ff., 29 ff.).

3. Ergänzende Hilfe

Aus dem Kriterium der „ergänzenden" Hilfe folgt, dass als Amtshilfe nur **(subsidiäre) Unterstützungshandlungen** zu einem „fremden" Hauptverfahren (in § 7 Abs. 1 „Maßnahme"

---

[54] BVerwGE 38, 336, 338 = DÖV 1972, 571.
[55] VGH München NVwZ 1987, 613.
[56] Vgl. BVerwG NVwZ-RR 1997, 648.
[57] Vgl. OVG Koblenz DÖV 1978, 377; VGH Mannheim NVwZ-RR 1990, 338.
[58] OVG Koblenz DÖV 1972, 720; KStZ 1985, 58.
[59] OVG Frankfurt/O. RiA 1998, 298 für Einstellung von Angestellten im öffentlichen Dienst; ferner Rn. 14.

genannt, hierzu § 7 Rn. 2) einer anderen Behörde, also **in fremdem Interesse** in Betracht kommen. Amtshilfe hat sich auf Unterstützung durch **Teilmaßnahmen** zu beschränken. Dabei wird regelmäßig das Hauptverfahren bereits begonnen haben, zu dem ergänzende Hilfe erbeten wird. Allerdings kann eine Amtshilfe auch zur Prüfung der Frage in Betracht kommen, ob ein solches Hauptverfahren eingeleitet und durchgeführt werden soll. Zur Frage, dass es sich nicht um ein VwVf i. S. d. § 9 und ör Verwaltungstätigkeit handeln muss, vgl. Rn. 16 ff. Eine zu restriktive Auslegung des Merkmals der „ergänzenden" Hilfe ist nicht angezeigt, denn wenn die Amtshilfe auch zu zügigen (vgl. § 10 Satz 2), effektiven und wirtschaftlichen Verfahren beitragen soll (vgl. Rn. 6), kann im Rahmen der Organisationsgewalt der Behörden auch eine **gemeinsame Einrichtung** zur Erledigung von Aufgaben betrieben werden, wenn dies wirtschaftlich vorteilhafter und effektiver ist und keine Rechtsvorschriften entgegenstehen (tendenziell enger Rn. 18 der 5. Aufl.). Insofern kann Amtshilfe ausscheiden, wenn keine zwischenbehördliche Hilfe besteht, weil i. S. von § 4 Abs. 2 Nr. 2 eigene Aufgaben mit eigenen – aber gemeinsam mit anderen errichteten und genutzten – Einrichtungen erledigt werden, so dass die Bindungen der §§ 5 ff. entfallen. Voraussetzung für eine Zuordnung als Amtshilfe bleibt, sofern es sich um Hilfeleistungen zwischen selbständigen Behörden handelt, dass nur **Teilleistungen** innerhalb eines Hauptverfahrens zu erbringen sind. Die Grenze besteht in der Zuständigkeitsveränderung durch Delegation, Mandat und Organleihe (vgl. Rn. 37 ff.).

28 Keine (ergänzende) Amtshilfe liegt daher vor, wenn nicht nur eine Teilmaßnahme bzw. ein Teilabschnitt mit Hilfscharakter erbracht oder geleistet werden soll, sondern das **Verfahren insgesamt** oder sein wesentlicher Teil bzw. ein **selbständiger Verfahrensabschnitt** mit eigener Bedeutung. Ob noch ergänzende (Amts)Hilfe zu einem „fremden" Verfahren vorliegt oder bereits ein selbständiges Verfahren bei der ersuchten Behörde initiiert wird, muss unter Berücksichtigung der Negativabgrenzung des Abs. 2 nach den Umständen des Einzelfalls entschieden werden. Ein **Vollstreckungsverfahren** ist daher regelmäßig kein Amtshilfeverfahren (vgl. Rn. 18). Allerdings ist auch innerhalb einer Vollstreckungsmaßnahme die Gewährung von **Vollstreckungs-(Vollzugs-)hilfe** möglich (zur Rechtsnatur vgl. Rn. 40).

29 Die sog. **gesteigerte Amtshilfe**[60] (zur erweiterten Rn. 30) ist mit **Eingriffen in Rechte Dritter** im Außenverhältnis verbunden, geht also über das bloße innerbehördliche Verhältnis hinaus und bedarf daher einer **gesetzlichen Ermächtigung**. Auch sie kann begrifflich noch zur Amtshilfe gerechnet werden, soweit sie Hilfe in fremden Verfahren darstellt und Ergänzungsfunktion hat.[61] Auch bei einer solchen Eingriffsbefugnis gelten aber die Voraussetzungen und Grenzen des § 5. Außerdem wird „gesteigerte" Amtshilfe oft als eigene Angelegenheit wahrgenommen und scheidet aus dem (engen) Amtshilfebegriff gemäß § 4 Abs. 2 Nr. 2 aus.

4. Hilfe im Einzelfall

30 Die Amtshilfe muss grundsätzlich für den Einzelfall erbeten und gewährt werden. Ein allgemeines, etwa durch schlechte personelle oder sachliche Ausstattung bestehendes Defizit kann von der ersuchenden Behörde nicht durch Amtshilfeersuchen ausgeglichen werden. Eine auf eine **längere Zeit oder auf Dauer angelegte Zusammenarbeit** für ein bestimmtes Bündel von gleichartigen Verwaltungsaufgaben zwischen verschiedenen Behörden, auch wenn sie aus Effektivitäts- oder Wirtschaftlichkeitsgesichtspunkten unterhalten wird, kann den Unterstützungscharakter überschreiten (Rn. 27) und jedenfalls begrifflich als Amtshilfe ausscheiden. Der Betrieb eines **IT-Rechenzentrums** fällt dann u. U. nicht mehr unter Amtshilfe, wenn es sich um eine **gemeinschaftliche Einrichtung** von zwei oder mehreren Rechtsträgern oder Behörden handelt.[62] In gewissen Zeitabständen **wiederkehrende (gleichartige)** Unterstützungshandlungen (teilweise **erweiterte Amtshilfe** genannt) können je nach den Umständen des Einzelfalls noch Amtshilfe sein, wenn sie Unterstützungshandlungen mit Komplementärfunktion zu Hauptverfahren sind und bleiben, etwa die Entgegennahme von Anträgen, die Auszahlung von Geld, das Absenden von Bescheiden oder die Weitergabe von Informationen an einer Grenzübergangsstelle (zu den Grenzen der Mitteilungsrechte vgl. § 5 Rn. 18 ff.). Aus der Tatsa-

---

[60] Kritisch zum Begriff *Ule/Laubinger* § 11 Rn. 42.
[61] Ebenso *Kopp/Ramsauer* § 4 Rn. 11; a. A. *Riegel* BayVBl 1978, 294.
[62] Ähnlich *Hoffmann* in Obermayer § 4 Rn. 14; *Meyer/Borgs* § 4 Rn. 19; *Bull* DÖV 1979, 689, 694, der für eine solche Kooperationsform eine gesetzliche Grundlage fordert; ferner Rn. 27, 37.

che einer gewissen Regelmäßigkeit sich **wiederholender Vorgänge** darf daher nicht auf die grundsätzliche Unzulässigkeit als Amtshilfeleistung geschlossen werden (vgl. Rn. 27).[63]

5. Ersuchen

Amtshilfe setzt ferner ein Ersuchen voraus, wird also **nicht von Amts wegen** gewährt (zur Problematik freiwilliger Amtshilfe Rn. 5). Das Ersuchen muss von der für das Haupt-(Grund-)verfahren zuständigen bzw. federführenden Behörde ausgehen. Innerbehördliche Einvernehmens- oder Benehmensregelungen für Amtshilfeersuchen bleiben unberührt. Das Ersuchen muss deutlich werden lassen, aus welchem Grunde die ersuchende Behörde der Hilfe bedarf (§ 5 Abs. 1 Nr. 1, hierzu dort Rn. 4 ff.) und **konkret** bezeichnen, welche Unterstützungshandlung von der ersuchten Behörde erbeten wird (§ 5 Abs. 2, hierzu dort Rn. 14 ff.). Durchweg wird es sich um konkrete Hilfe in einem konkreten (Einzel-)Fall handeln. **Generelle und wiederholte Ersuchen** für gleiche, gleichartige, ähnliche oder künftige Fälle sind nicht von vornherein ausgeschlossen und unzulässig (Rn. 37). Auch **mehrfache** Ersuchen in ein und derselben Angelegenheit kommen in Betracht.[64] Zum Adressaten des Ersuchens vgl. § 6 Rn. 2 ff. Das Ersuchen wird **in der Regel schriftlich** an die ersuchte Behörde zu richten und von dem innerhalb der ersuchenden Behörde zuständigen Bediensteten zu unterzeichnen sein. Mündliche, fernschriftliche, telefonische oder sonstige technisch mögliche Ersuchen sind nicht grundsätzlich ausgeschlossen, wenn dies wegen der Besonderheiten des Einzelfalls, etwa wegen Dringlichkeit oder Gefahr im Verzug (hierzu § 3 Rn. 34; § 28 Rn. 38), notwendig ist. Das Ersuchen ist offiziell an die ersuchte Behörde zu richten (hierzu § 6 Rn. 3, 5) und muss verdeutlichen, dass es sich um eine amtliche Anfrage handelt. Das Ersuchen ist jederzeit **rücknehmbar** (möglicherweise mit Kostenfolgen gem. § 8). Seiner Rechtsnatur nach ist das Ersuchen **kein VA**, sondern nichtregelnde Willenserklärung.[65] Ein Anspruch der Beteiligten (§ 13) auf **Anhörung** vor der Stellung eines Amtshilfeersuchens oder einer Amtshilfeleistung besteht grundsätzlich nicht, es sei denn, es liegt bereits darin ein Eingriff in eine geschützte Rechtsposition.[66]

Weil Amtshilfe nicht von Amts wegen gewährt wird, kommt auch eine sog. **Spontanhilfe** nicht als Amtshilfe in Betracht. Ein unaufgefordertes Tätigwerden in einem fremden Aufgabenbereich widerspricht grundsätzlich der gesetzlichen Kompetenzordnung und ist ohne gesetzliche Ermächtigung in der Regel unzulässig.[67] Allerdings kann eine nichtzuständige Behörde im Wege der **Notzuständigkeit** (§ 3 Abs. 4, hierzu dort) unaufschiebbare Maßnahmen treffen. Zulässigkeit und Rechtsfolgen der Spontanhilfe richten sich nach den auch im öffentlichen Recht analog anwendbaren Regeln der Geschäftsführung ohne Auftrag.[68]

IV. Negative Abgrenzung der Amtshilfe (Abs. 2)

Abs. 2 nimmt **kraft gesetzlicher Entscheidungen zwei Bereiche** aus dem Begriff der Amtshilfe **heraus,** bei denen ohne die einfachgesetzliche Regelung die Zugehörigkeit zur Amtshilfe hätte zweifelhaft sein können. Die Konsequenz der Regelung des Abs. 2 besteht darin, dass in den dortigen Fällen für sie die begrenzenden (positiven und negativen) Voraussetzungen der §§ 5–7 sowie die Kostenregelungen des **§ 8 nicht gelten.** Zu beachten ist allerdings, dass auch § 4 Abs. 2 unter dem Vorbehalt der **Subsidiarität des § 1** steht, so dass entgegenstehende Rechtsvorschriften vorgehen, vgl. hierzu Rn. 12 und § 1 Rn. 206 ff. Soweit für Amtshil-

---

[63] Zu den Grenzen informationeller Zusammenarbeit zwischen Polizei und Verfassungsschutz vgl. *Riegel* DVBl 1988, 121; *Borgs-Maciejewski* DVBl 1988, 388. Zu Auskunftspflichten der Sozialbehörden in Ermittlungsverfahren vgl. *Hardtung* NJW 1992, 211.
[64] Vgl. BVerwG BayVBl 1985, 443.
[65] Ebenso *Hoffmann* in Obermayer § 4 Rn. 12 f.; *Kopp/Ramsauer* § 4 Rn. 14; a. A. *Meyer/Borgs* § 4 Rn. 29.
[66] Vgl. BFHE 148, 1 = DB 1987, 138; *Mössner* DVBl 1987, 1233 – zur Anhörung bei einem Ersuchen an einen ausländischen Staat –.
[67] Ebenso *Dreher*, Die Amtshilfe, S. 32; *Finkelnburg/Lässig* § 4 Rn. 14; *Clausen* in Knack § 4 Rn. 11; *Meyer-Teschendorf* JuS 1981, 187, 189.
[68] Hierzu BVerwGE 80, 170 = NJW 1989, 922; NVwZ 1992, 264; *Klein* DVBl 1968, 166; § 54 Rn. 24; *Nedden*, Die Geschäftsführung ohne Auftrag im öffentlichen Recht, 1994. Grundsätzlich kritisch *Kischel* VerwArch 90 (1999), 391.

feersuchen und -leistungen, etwa im Datenschutz- und Sicherheitsbereich (hierzu noch § 5 Rn. 14 ff.), allgemeine oder innerbehördliche Weitergabe- oder Informationsbeschränkungen oder -verbote bestehen, gehen sie den allgemeinen Amtshilferegeln vor (hierzu auch § 7 Rn. 2 ff.).

1. Weisungsverhältnisse (Abs. 2 Nr. 1)

34 Nach Abs. 2 Nr. 1 liegt Amtshilfe nicht vor, wenn Behörden einander innerhalb eines bestehenden Weisungsverhältnisses Hilfe leisten. Diese Ausgrenzung beruht auf der Erwägung, dass nachgeordnete Behörde im Weisungsstrang gegenüber vorgesetzten Behörden i. d. R. ohnehin **weitergehenden Pflichten** unterliegen und von der Rechts- oder Fachaufsichtsbehörde unter Rechts- oder Zweckmäßigkeitsgesichtspunkten angewiesen werden können; umgekehrt können nachgeordnete gegenüber vorgesetzten Behörden weitergehende Beratungs- und Unterstützungsrechte haben. Abs. 2 Nr. 1 gilt also im beiderseitigen Verhältnis („einander").[69] Amtshilfe entfällt allerdings nur, soweit eine durch Amtshilfe zu unterstützende Maßnahme dem Weisungsverhältnis unterfällt.[70] Im Kommunalbereich ist daher Amtshilfe etwa möglich im Verhältnis zur Aufsichtsbehörde, soweit Selbstverwaltungsangelegenheiten in Rede stehen. Zu beachten ist hier allerdings stets eine gesetzliche Spezialregelung, durch die auch im **Aufsichtsstrang** zwischen vorgesetzter und nachgeordneter Behörde innerbehördliche Weitergabe- oder Informationsverbote oder -beschränkungen bestehen können, Rn. 9 ff., ferner § 5 Rn. 14 ff.

2. Eigene Aufgabenerfüllung (Abs. 2 Nr. 2)

35 Amtshilfe liegt nach Abs. 2 Nr. 2 ferner nicht vor bei Handlungen, die der ersuchten Behörde als eigene Aufgaben obliegen. Diese Regelung ist deshalb gerechtfertigt, weil Amtshilfe ihrem Wesen nach Beistands- und Unterstützungshandlung mit Komplementärfunktion in einem für die ersuchte Behörde „fremden" Verfahren in „fremdem" Interesse ist, so dass bei Erfüllung einer eigenen Aufgabe das **altruistische Element** fehlt (Rn. 6). Durch diese Regelung wird damit eine Reihe von Fällen aus dem Amtshilfebereich ausgeklammert, die sonst möglicherweise hierzu gerechnet worden wären. Maßgebend ist also, ob **durch oder auf Grund Gesetzes,** Rechtsverordnung oder sonstige (kommunale) Rechtsnorm einer Behörde eine Aufgabe im Bereich ör Verwaltungstätigkeit (Rn. 13, § 1 Rn. 83 ff.) zur eigenständigen Erledigung in eigenem Namen[71] übertragen ist. Eigene Aufgaben i. S. v. Abs. 2 Nr. 2 setzen grds. voraus, dass für die ersuchende Behörde auf die im Aufgabenbereich liegende Hilfeleistung außerhalb von Amtshilfe ein Anspruch besteht.[72]

36 **Eigene Aufgaben** sind etwa Auskunftserteilungen nach § 26 Abs. 5 StVZO zur Haltereigenschaft eines Kraftfahrzeugs,[73] nach § 39 Abs. 1 BZRG Auskünfte aus dem Bundeszentralregister, nach § 30 Abs. 1 Nr. 2 und Abs. 2 StVG aus dem Verkehrszentralregister, die Wahrnehmung polizeilicher Aufgaben, auch wenn sie auf Anforderung einer anderen Behörde erfolgt, die Planauslegung nach § 73 Abs. 3 durch die Gemeinde, die Mitwirkung einer anderen Behörde beim Erlass eines mehrstufigen VA,[74] die Sicherheitsüberprüfung einer Person durch die Verfassungsschutzbehörden,[75] die Erteilung eines amtsärztlichen Zeugnisses,[76] ferner auch die Vollzugshilfe durch Vollstreckungsbehörden, soweit sie dieser als eigene Aufgaben übertragen ist (vgl. Rn. 18, 42).

37 Eine eigene Aufgabenerfüllung kann auch dann vorliegen und von der Organisationsgewalt der Behörden gedeckt sein, wenn mehrere Behörden – vor allem aus Kostengründen – eine

---

[69] Ebenso Begr. Reg-E, S. 37; *VGHE München* 60, 53 = DÖV 2007, 345, 347; a. A. *Kopp/Ramsauer* § 4 Rn. 15.
[70] Ebenso *Clausen* in Knack § 4 Rn. 17; *Meyer/Borgs* § 4 Rn. 17; *Hoffmann* in Obermayer § 4 Rn. 42.
[71] Zur Abgrenzung sonstiger „Betrauungen" als Oberbegriff (*BVerfGE* 63, 1, 31 = NVwZ 1983, 537) von Organleihe, Mandat, Delegation vgl. Rn. 38 ff.
[72] *OVG Frankfurt/O.* RiA 1998, 298.
[73] Hierzu *BVerwG* NJW 1986, 2331; *Hirte* NJW 1986, 1899.
[74] *BVerwGE* 31, 328, 329 = DÖV 1969, 433.
[75] Hierzu *BVerfG* NVwZ 1988, 1119, *OVG Koblenz* AS 16, 160; vgl. das SÜG vom 20. 4. 1994, BGBl I S. 867.
[76] *BGHZ* 148, 139 = NJW 2001, 2799; *OVG Münster* NVwZ-RR 1992, 527; *OVG Frankfurt/O.* RiA 1998, 299.

gemeinsame Einrichtung, ggfs. mit gemeinsamem Personal, errichten und betreiben, z. B. ein gemeinsames Rechenzentrum.⁷⁷ In einem solchen Fall erfüllen Behörden i. S. v. Abs. 2 Satz 2 eigene Aufgaben mit „eigenen" sächlichen und personellen Mitteln, so dass die Begrenzungen der §§ 5 ff. nicht eingreifen. Es fehlt ferner an dem für die Amtshilfe erforderlichen Merkmal der Hilfe zwischen verschiedenen Behörden (Rn. 13). Art. 35 Abs. 1 GG und §§ 4 ff. enthalten keine Organisationsge- oder -verbote und stehen, sofern es sich nicht um unzulässige Mischverwaltung handelt, einer ständigen **Kooperation** mehrerer Rechtsträger oder Behörden durch gemeinsame Einrichtungen nicht entgegen. Das Institut der Amtshilfe enthält – wie § 5 Abs. 1 Nr. 2 und Nr. 5 sowie Abs. 3 bestätigen – **kein Autarkiegebot** für Behörden und ihre Rechtsträger, für jeden denkbaren Fall allein die volle sachliche und personelle Ausstattung vorzuhalten (hierzu noch Rn. 30). Dies wird auch bei der Einrichtung der von der **EU-Dienstleistungsrichtlinie** vorgesehenen **einheitlichen Ansprechpartner** (§ 1 Rn. 228) von Bedeutung sein.⁷⁸

V. Verwandte Rechtsinstitute

1. Rechtshilfe

Das VwVfG enthält – ebenso wie Art. 35 Abs. 1 GG – keine begriffliche **Abgrenzung** zwischen Rechtshilfe und Amtshilfe. Sie wurde nicht für erforderlich erachtet, da Regelungsgegenstand des VwVfG allein die Hilfeleistung zwischen Verwaltungsbehörden betrifft und dies unstreitig Amts- und nicht Rechtshilfe (§§ 156 ff. GVG, § 14 VwGO) ist.⁷⁹ Umgekehrt wird die Tätigkeit **von Gerichten für Gerichte** auch unabhängig vom Inhalt der Tätigkeit (zu weitgehend) schlechthin als Rechtshilfe bezeichnet.⁸⁰ Das entscheidende Abgrenzungskriterium ist mit der überwiegenden Meinung darin zu sehen, ob die gewährte Hilfeleistung in einer **richterlichen,** d. h. dem Richter vorbehaltenen, oder einer nichtrichterlichen **Handlung** besteht.⁸¹ Eine dem Richter in einem bestimmten Verfahren vorbehaltene Handlung, etwa die eidliche Vernehmung von Zeugen (vgl. § 65), ist daher Rechtshilfe, einerlei, ob sie gegenüber einer Behörde erbracht wird oder in einem gerichtlichen Verfahren anfällt. Als Amtshilfe stellen sich hingegen die nichtrichterlichen Handlungen von Gerichten oder Verwaltungsbehörden (etwa die Bereitstellung von Räumen) dar, ebenso die Unterstützungshandlungen von Verwaltungsbehörden gegenüber Gerichten sowie zwischen Verwaltungsbehörden.⁸²

38

2. Organleihe

Keine Amtshilfe ist ferner die Organleihe. Sie ist dadurch gekennzeichnet, dass das Organ eines Rechtsträgers ohne Verlagerung von Kompetenzen⁸³ ermächtigt und beauftragt wird, einen Aufgabenbereich eines anderen Rechtsträgers im **Außenverhältnis** wahrzunehmen und dabei **in eigenem Namen** zu handeln. Das entliehene Organ wird als Organ des Entleihers tätig, dessen Weisungen es unterworfen ist und dem die von dem geliehenen Organ getroffenen Maßnahmen und Entscheidungen zugerechnet werden.⁸⁴ Ebenso wie bei der Amtshilfe unter-

39

---

⁷⁷ Zum grundsätzlichen Verbot der sog. Mischverwaltung vgl. *BVerfGE* 11, 105, 124 = NJW 1960, 1099; 39, 96, 120 = NJW 1975, 819; 63, 1, 36 f. = NVwZ 1983, 537; grundsätzlich *Ronellenfitsch,* Die Mischverwaltung im Bundesstaat, 1975; *Maurer* § 22 Rn. 45.
⁷⁸ Vgl. *Eifert,* Electronic Government, 2006, S. 247.
⁷⁹ Begr. RegE 1973, zu § 4.
⁸⁰ Vgl. *Kissel,* GVG, § 156 Rn. 3.
⁸¹ *Dreher,* Die Amtshilfe, 1959, S. 15 ff.; *Schlink,* Die Amtshilfe, 1982, 43 ff.; *Kopp/Schenke* § 14 Rn. 1, *Kopp/Ramsauer* § 4 Rn. 10; *Clausen* in Knack Rn. 17 vor § 4.
⁸² Vgl. hierzu *Maunz* in Maunz/Dürig Art. 35 Rn. 2; *Schmidt,* FS Boorberg Verlag, S. 135, 139 ff.; *Ganßer* BayVBl 1983, 713; *Finkelnburg/Lässig* § 4 Rn. 2; *Kopp/Ramsauer* § 4 Rn. 11; *Meyer/Borgs* § 4 Rn. 12; zum engeren Rechtshilfebegriff des § 2 Abs. 2 Nr. 2, vgl. dort Rn. 60 ff.
⁸³ *BVerfGE* 63, 1, 32. Vgl. auch *Jestaedt* GVwR I, § 14 Rn. 35, 49.
⁸⁴ Vgl. *BVerfGE* 63, 1, 31 = NVwZ 1983, 537; *BVerwGE* 17, 87, 91 = DVBl 1964, 273; NJW 1976, 1468 = DÖV 1976, 319, 320; *Knemeyer* DÖV 1988, 397, 401; *Hirschberger,* Organleihe – Begriff und Rechtmäßigkeit, 1989, 23 ff. Hieraus ergibt sich zugleich, dass eine Organleihe zwischen Organen eines Verwaltungsträgers weder erforderlich noch logisch denkbar ist: Eine Veränderung von Weisungs- und Verantwortungsstrang für das handelnde Organ findet nicht statt; a. A. *Eifert,* Electronic Government, 2006, S. 220.

stützt ein Verwaltungsträger hierbei einen anderen allein durch Zuverfügungstellen von **personellen und (oder) sachlichen Mitteln,** weil dieser aus Kosten- oder sonstigen (Zweckmäßigkeits)Gesichtspunkten entsprechende Einrichtungen nicht schaffen will. Von der Amtshilfe unterscheidet sich die Organleihe aber dadurch, dass sie **nicht auf einen Einzelfall beschränkt** wird, sondern in der Regel auf einen ganzen Aufgabenbereich, d. h. ein **Bündel von Entscheidungen und auf eine gewisse Dauer** angelegt ist.[85] Ob noch Einzelfälle vorliegen und der Aushilfscharakter gegeben ist, hängt vom Einzelfall ab.[86] Zum Streitkräfteeinsatz der Bundeswehr im Wege der Amtshilfe vgl. (ablehnend) *John/Riedel* DÖV 1988, 957; (offener) *Wiefelspütz* BWV 2004, 121.

3. Mandat

40 Das organisationsrechtliche Institut des zwischenbehördlichen Mandats[87] weist gewisse Ähnlichkeiten mit der Amtshilfe auf, unterscheidet sich aber von ihr deutlich. Ein Mandatsverhältnis liegt nach h. M. vor, wenn eine **Kompetenz** von ihrem regulären Inhaber (dem Mandanten) für einen oder mehrere Einzelfälle oder generell auf ein anderes öffentlich-rechtliches Subjekt (den Mandatar) in der Weise **übertragen** wird, dass der Mandatar die Kompetenz im **Außenverhältnis** im Namen des Mandanten, also **in fremdem Namen** ausübt.[88] Während beim Mandatsverhältnis das Handeln des Mandatars rechtlich dem Mandanten zugerechnet wird, handelt bei der Amtshilfe die ersuchte Behörde im eigenen Namen, aber in fremdem Interesse (Rn. 5) und regelmäßig ohne unmittelbare Wirkung im Außenverhältnis (Rn. 25, 30). Beim Mandatsverhältnis fehlt in der Regel das Verhältnis von Hauptverfahren bei der ersuchenden Behörde und ergänzender Hilfe hierzu durch die ersuchte Behörde. Die Begründung von generellen zwischenbehördlichen Mandatsverhältnissen erfordert eine **gesetzliche Ermächtigung.**[89]

4. Delegation

41 Ähnliche Unterschiede bestehen auch zwischen Amtshilfe und Delegation, bei der Teile einer **Zuständigkeit** von einer Behörde auf eine andere (endgültig oder bewahrend) **übertragen** werden, wobei der die Zuständigkeit erhaltende Teil in **eigenem Namen** und in **eigener Verantwortung** handelt. Die Delegation kann eine sog. **echte** (endgültige, befreiende) sein, bei der sich der Delegant seiner bisherigen Befugnis zum Erlass von Hoheitsakten vorbehaltlos begibt und auf den Delegatar überträgt, oder aber eine **unechte** (bewahrende, konservierende) sein, bei der sich der Delegant eine Rückholung der Kompetenz vorbehält. Ferner ist zwischen der **Einzel- und Generaldelegation** zu unterscheiden. Da es sich in allen Fällen um Durchbrechungen der regulären Zuständigkeitsordnung handelt, ist die Delegation nur **durch oder auf Grund Gesetzes** zulässig.[90] Ist die Delegation mit (Eingriffs-)Befugnissen im Außenverhältnis verbunden, muss eine Generaldelegation nach den Bekanntmachungsregeln wie bei einem Rechtssatz, bei einer Einzeldelegation eine Bekanntgabe an die Betroffenen erfolgen.[91] Delegation ist in der Regel keine Amtshilfe, weil es durchweg an einer Unterstützungshandlung in fremdem Interesse zu einem Hauptverfahren einer anderen Behörde fehlen wird.

5. Vollzugshilfe

42 Umstritten ist das Verhältnis der Vollzugshilfe zur Amtshilfe (vgl. hierzu Rn. 18). Das Polizeirecht der Bundesländer enthält durchweg eigene Vorschriften über die Vollzugshilfe, die aller-

---

[85] BVerfGE 63, 1, 31 = NVwZ 1983, 537; *Schmidt-Bleibtreu/Klein,* GG, Art. 35 Rn. 7a.
[86] Vgl. *Klückmann* DÖV 1976, 333 zum Verhältnis zwischen Bundespolizei (früher: Bundesgrenzschutz) und Land im Anforderungsfall der Art. 35 Abs. 2 Satz 2 GG; ferner *Martens* JR 1981, 353.
[87] *Hufeld,* Die Vertretung der Behörde, 2003, § 6 (S. 198 ff.).
[88] Vgl. *Ule/Laubinger* § 10 Rn. 18, 19; *Schenke* VerwArch 68 (1977), 118, 150 ff.; ders. DÖV 1985, 452; *Horn* NVwZ 1986, 808; *Jestaedt* GVwR I, § 14 Rn. 48; *BDiszG* NVwZ 1986, 866.
[89] *BDiszG* NVwZ 1986, 866; *Ziekow* § 3 Rn. 9; vgl. ferner *BVerwG* DVBl 1965, 163, 164; *OVG Koblenz* NVwZ 1986, 843 – auch durch ör Vertr –; § 35 Rn. 59.
[90] *Ule/Laubinger* § 10 Rn. 16, 17; *Rasch* DVBl 1983, 617, 619 ff.; *Schenke* VerwArch 68 (1977), 118 ff.; *Wolff/Bachof/Stober* 3 § 84 Rn. 69; *Achterberg,* S. 236.
[91] Vgl. *VGH München* BayVBl 1988, 467; *Schenke* VerwArch 68 (1977), 118, 141 f.; *Ule/Laubinger* § 10 Rn. 17.

dings unterschiedlich umschrieben wird. Die am Musterentwurf eines einheitlichen Polizeigesetzes orientierten Gesetze beschränken die Vollzugshilfe darauf, auf Ersuchen anderer Behörden unmittelbaren Zwang anzuwenden (z. B. Art. 50 ff. BayPAG, § 37 BremPolG, § 96 POG RP, §§ 47 ff. PolG NRW, § 168 Abs. 2 LVwG SH). Diese Gesetze sehen eine entsprechende Geltung der Grundsätze der Amtshilfe vor. Auch in anderen Bereichen sind Vollstreckungsmaßnahmen bestimmten Behörden als **eigene Aufgaben** zugewiesen worden (vgl. §§ 1 ff. VwVG und die entsprechenden Landesvollstreckungsgesetze; § 61 bei ör Vertr). Schon daraus folgt, dass es sich jedenfalls nach heutiger Gesetzeslage bei der Vollzugshilfe nicht um Amtshilfe i. e. S., sondern um ein **aliud** handelt.[92] So weist z. B. § 5 Abs. 1 VereinsG den Vollzug eines vom BMI verfügten Vereinsverbots den zuständigen Landesbehörden als eigene Aufgabe zu; der gegenteilige Hinweis in der Begründung des VereinsG aus dem Jahr 1964[93] ist seit dem Inkrafttreten der VwVfGe überholt.[94] Nach anderer Auffassung ist die Vollzugshilfe eine Sonderform der Amtshilfe.[95] Unterscheidungskriterium soll dabei das Hinauswirken über die innerbehördliche Amtshilfe sein. Da in beiden Fällen die Vollzugs(hilfe)maßnahmen den zuständigen Behörden in der Regel als eigene Aufgaben i. S. des § 4 Abs. 2 Nr. 2 übertragen sind, unterfallen sie nach dieser gesetzlichen Beschränkung nicht dem (engen) Amtshilfebegriff des § 4 Abs. 1; Rechte und Pflichten richten sich vielmehr nach dem jeweils einschlägigen Spezialrecht (vgl. z. B. § 15 BDBOSG)[96]. Unanwendbar ist daher auch z. B. § 8. Soweit Rechtsvorschriften fehlen, sind die „materiellen" Grundsätze der Amtshilfe aber entsprechend anwendbar.

6. Verwaltungshilfe

Ergänzend zu Art. 35 GG enthält **Art. 15** EV Sonderregelungen über eine „**Verwaltungshilfe**". Hiernach leisteten die alten Länder und der Bund Verwaltungshilfe beim Aufbau der Landesverwaltungen der neuen Länder (Art. 15 Abs. 2). Sie war inhaltlich nicht näher umschrieben und daher in einem umfassenden Sinne zu verstehen; insbesondere umfasste sie **personelle, organisatorische** und **finanzielle Hilfe** im weitesten Sinne. Nach Art. 15 Abs. 3 leisteten die alten Länder und der Bund auf Ersuchen der Ministerpräsidenten der neuen Länder eine derartige Verwaltungshilfe bei der Durchführung bestimmter Fachaufgaben, und zwar längstens bis zum 30. 6. 1991. Soweit Stellen und Angehörige der alten Länder und des Bundes Verwaltungshilfe bei der Durchführung von Fachaufgaben leisteten, räumte der Ministerpräsident der neuen Länder ihnen insoweit ein Weisungsrecht ein (Art. 15 Abs. 3 Satz 2 EV). 43

Über diese allgemeinen Regelungen hinaus enthielten die Anlagen zum EV einige **spezialgesetzlich enumerierte Aufgaben,** bei denen Behörden der alten Bundesländer Behörden der neuen Länder „Verwaltungshilfe" leisteten, etwa im Immissionsschutzrecht,[97] wo nach **§ 10a BImSchG** Anlagen, die der Genehmigung nach Spalte 1 des Anhangs zur 4. DVO zum BImSchG bedürfen, im Falle ihrer Genehmigungsfähigkeit von einer Behörde in den alten Bundesländern zu begutachten waren. § 10a BImSchG wurde durch das Gesetz vom 26. 6. 1992[98] bis 30. 6. 1994 verlängert und trat danach außer Kraft. 44

Die Verwaltungshilfe war ein durch den Einigungsvertrag geschaffenes, befristetes **neues Rechtsinstitut.** Es trat zur Amtshilferegelung des Art. 35 Abs. 1 GG und zu §§ 4 ff. **ergänzend** hinzu, ließ die darin enthaltenen begrifflichen und inhaltlichen Merkmale aber unberührt. Durch Art. 15 EV und seine spezialgesetzlichen Regelungen war der Anwendungsbereich der Amtshilfe, auch diejenige auf der Grundlage von AO und SGB X (zur sog. länderüberschreitenden Amtshilfe vgl. Rn. 21), nicht berührt. Beide Rechtsinstitute standen also grundsätzlich **ne-** 45

---

[92] *Martenes* JR 1981, 353, 354; *Finkelnburg/Lässig* § 2 Rn. 21; *Kopp/Ramsauer* § 4 Rn. 17.
[93] Tätigwerden der Vollzugsbehörden im Wege der Amtshilfe, BT-Drs IV/430, S. 16.
[94] A. A. *Wache* in Erbs/Kohlhaas, Strafrechtliche Nebengesetze, Stand: September 2006, § 5 VereinsG Rn. 2, mit unveränderter Wiedergabe der Gesetzesbegründung.
[95] So *Klückmann*, DVBl 1977, 952, 953.
[96] Gesetz über die Errichtung einer Bundesanstalt für den Digitalfunk der Behöreden und Organisationen mit Sicherheitsaufgaben vom 28. 8. 2006, BGBl I S. 2039. Danach erfolgt die Umsetzung von Anordnungen des Präsidenten zur Gefahrenabwehr durch die zuständige Polizei- oder Ordnungsbehörde, wobei generelle Eruchen zulässig und Einzelheiten durch vorherige Vereinbarung festzulegen sind.
[97] Vgl. Anl. I Kap. XII Sachgeb. A Abschn. II.
[98] BGBl I S. 1161.

beneinander, schlossen sich also gegenseitig nicht aus. Die Verwaltungshilfe auf der Grundlage des Art. 15 EV ermöglichte umfassende Hilfeleistungen für die neuen Bundesländer auf allen ihren Ebenen, einschließlich des Kommunalbereichs in personeller, finanzieller und organisatorischer Hinsicht.[99]

46   Die Begrenzungen des § 4 durch die tatbeständlichen Merkmale der Amtshilfe, insbesondere eine nur ergänzende Hilfe im Einzelfall für Teilmaßnahmen innerhalb eines Gesamtprojekts oder VwVf, zudem abhängig von einem Ersuchen um Hilfeleistung (hierzu Rn. 27 ff.), galten deshalb für die Verwaltungshilfe nicht. Insofern hatte die Verwaltungshilfe nach dem EV wegen ihres weiten Anwendungsbereichs Elemente teilweise der Organleihe, teils auch solche des Mandats und der Delegation sowie der Rechtshilfe (zu den Unterschieden zwischen ihnen Rn. 38 ff.). Durch ihren institutionellen Charakter und ihre gewisse Langzeitwirkung ähnelte sie **am ehesten der Organleihe,** weil sie nicht nur der bloßen Einzelfallerledigung diente; da die Kompetenz bei der Verwaltungshilfe von dem unterstützten Rechtsträger im Außenverhältnis aber in eigenem Namen wahrgenommen wird, hatte die Verwaltungshilfe auch Merkmale des Mandats (Rn. 40).

47   Trotz der grundsätzlichen Trennung der Rechtsinstitute der Verwaltungs- und Amtshilfe konnten auch innerhalb einer Verwaltungshilfe **Amtshilfeleistungen** in Betracht kommen. In einem solchen Fall blieben die Zulässigkeitsvoraussetzungen für Amtshilfeersuchen und -leistungen nach §§ 5 ff. unberührt. Insbesondere durfte auch im Rahmen von Verwaltungshilfe Amtshilfe **nicht rechtswidrig** ausgeübt werden, so dass insoweit die rechtlichen Grenzen der Amtshilfe auch für die Verwaltungshilfe galten (hierzu § 5 Rn. 1 ff. m.w.N.).

VII. Europarecht

48   Im primären Gemeinschaftsrecht findet sich der (enge) Amtshilfebegriff des § 4 nicht. Allerdings gibt es eine Reihe von Vorschriften, in denen eine über die Hilfestellung im Einzelfall hinausgehende generelle **Zusammenarbeit** der Mitgliedstaaten auf einer Reihe von Gebieten vereinbart ist, etwa im Ausländerwesen, im Bereich der Wirtschafts- und Umweltpolitik sowie bei Justiz und Polizei.[100] Konkrete grenzüberschreitende Amtshilferegelungen sind ferner enthalten im **Europäischen Übereinkommen** über Rechts- und Amtshilfe betreffend die **Zustellung von Schriftstücken** in Verwaltungssachen im Ausland vom 24. 11. 1977 sowie über die Erlangung von **Auskünften und Beweisen** im Verwaltungssachen im Ausland vom 15. 3. 1978.[101] Sehr weitgehende Regelungen, deren den betroffenen Bürger u. U. belastende Wirkungen im Hinblick auf gleiche Sprache und ähnliche Rechtstradition vertretbar sind, enthält der **deutsch-österreichische Vertrag vom 31. 5. 1988** über Amts- und Rechtshilfe in Verwaltungssachen (Rn. 23; § 1 Rn. 172). Auch im **Steuerrecht** gibt es konkrete gesetzliche Amtshilferegelungen, etwa das **EG-Amtshilfegesetz** betr. direkte Steuern und die Mehrwertsteuer vom 24. 12. 1985[102] und für Verbrauchsteuern vom 12. 7. 1996.[103] **Grenzüberschreitende Behördenbeteiligungen** in konkreten Fällen gibt es ferner insbesondere im Umwelt- und Immissionsbereich, weil die Auswirkungen nicht an den Grenzen der einzelnen Mitgliedstaaten enden, vgl. etwa § 8 UVPG, § 7a AtVfV, § 11a der 9. BImSchV. Vgl. hierzu noch Rn. 23, 24. Zur **EU-Dienstleistungsrichtlinie** Rn. 37, § 1 Rn. 228, § 5 Rn. 41.

---

[99] *Krumsiek,* Der Beitrag der Länderjustizverwaltungen zur Deutschen Einheit, DVBl 1990, 1301; zur Konstituierung der neuen Länder vgl. *Bayer* DVBl 1991, 1014; *Hill,* Effektive Verwaltung in den neuen Ländern, NVwZ 1991, 1048; *Pitschas,* Verwaltungsintegration in den neuen Ländern?, NJ 1993, 49; *Kilian,* Zwischen Identitätsfindung und Reformdruck – 10 Jahre neue Bundesländer, DVBl 2000, 1385.

[100] Vgl. die Nachweise bei *Müller-Graff* (Hrsg.), Europäische Zusammenarbeit in den Bereichen Justiz und Inneres 1996, mit Nachweisen zum allgemeinen unionsvertraglichen Rahmen der Europäischen Zusammenarbeit (S. 11 ff.) sowie Einzelbeiträge u. a. zur Visa-, Einwanderungs- und Asylpolitik sowie zur Zusammenarbeit im Zollwesen und bei der Strafverfolgung (S. 63 ff.). Zu Fragen der mitgliedschaftlichen Vollzugshilfe gem. Art. 22 Abs. 6 der EG-Verfahrensverordnung zur gemeinschaftlichen Beihilfekontrolle *Lindner* BayVBl 2002, 193, 200. Ferner *Schily,* Die Europäisierung der Innenpolitik, NVwZ 2000, 883; *Scheuing* in Hoffmann-Riem/Schmidt-Aßmann, Innovation, S. 289, 294 ff.; *Schliesky* DVBl 2005, 887, 893 f. (zur – seinerzeit erst geplanten – EU-Dienstleistungsrichtlinie).

[101] BGBl II 1981, S. 533.
[102] BGBl I S. 2441.
[103] BGBl I S. 962.

VIII. Landesrecht

Die Länder haben in ihren VwVfGen, einerlei ob in Form eines Verweisungs- oder Vollgesetzes, dem § 4 entsprechende Regelungen. Im Bereich der Kostenerstattung (§ 8) sind teilweise Abweichungen vorhanden. In allen Fällen ist zu beachten, dass die Amtshilferegelungen nur **subsidiär** gelten, so dass spezielle Rechtsvorschriften der Länder vorgehen (§ 1 Rn. 206 ff.). Die Landesdatenschutzgesetze enthalten z. B. eine Reihe von (teilweise unterschiedlichen) Regelungen, durch die die Zulässigkeit von Amtshilfe, insbesondere zum Schutz personenbezogener Informationen, eingeschränkt oder ausgeschlossen ist (zum Datenschutzrecht des Bundes Rn. 9 ff.). Zur Amtshilfe in (verwaltungs)privatrechtlichen Angelegenheiten vgl. Rn. 14. **49**

IX. Vorverfahren

§ 4 ist auch in jedem Vorverfahren anwendbar (§ 79). **50**

§ 5 Voraussetzungen und Grenzen der Amtshilfe

(1) Eine Behörde kann um Amtshilfe insbesondere dann ersuchen, wenn sie
1. aus rechtlichen Gründen die Amtshandlung nicht selbst vornehmen kann;
2. aus tatsächlichen Gründen, besonders weil die zur Vornahme der Amtshandlung erforderlichen Dienstkräfte oder Einrichtungen fehlen, die Amtshandlung nicht selbst vornehmen kann;
3. zur Durchführung ihrer Aufgaben auf die Kenntnis von Tatsachen angewiesen ist, die ihr unbekannt sind und die sie selbst nicht ermitteln kann;
4. zur Durchführung ihrer Aufgaben Urkunden oder sonstige Beweismittel benötigt, die sich im Besitz der ersuchten Behörde befinden;
5. die Amtshandlung nur mit wesentlich größerem Aufwand vornehmen könnte als die ersuchte Behörde.

(2) ¹Die ersuchte Behörde darf Hilfe nicht leisten, wenn
1. sie hierzu aus rechtlichen Gründen nicht in der Lage ist;
2. durch die Hilfeleistung dem Wohl des Bundes oder eines Landes erhebliche Nachteile bereitet würden.

²Die ersuchte Behörde ist insbesondere zur Vorlage von Urkunden oder Akten sowie zur Erteilung von Auskünften nicht verpflichtet, wenn die Vorgänge nach einem Gesetz oder ihrem Wesen nach geheim gehalten werden müssen.

(3) Die ersuchte Behörde braucht Hilfe nicht zu leisten, wenn
1. eine andere Behörde die Hilfe wesentlich einfacher oder mit wesentlich geringerem Aufwand leisten kann;
2. sie die Hilfe nur mit unverhältnismäßig großem Aufwand leisten könnte;
3. sie unter Berücksichtigung der Aufgaben der ersuchenden Behörde durch die Hilfeleistung die Erfüllung ihrer eigenen Aufgaben ernstlich gefährden würde.

(4) Die ersuchte Behörde darf die Hilfe nicht deshalb verweigern, weil sie das Ersuchen aus anderen als den in Absatz 3 genannten Gründen oder weil sie die mit der Amtshilfe zu verwirklichende Maßnahme für unzweckmäßig hält.

(5) ¹Hält die ersuchte Behörde sich zur Hilfe nicht für verpflichtet, so teilt sie der ersuchenden Behörde ihre Auffassung mit. ²Besteht diese auf der Amtshilfe, so entscheidet über die Verpflichtung zur Amtshilfe die gemeinsame fachlich zuständige Aufsichtsbehörde oder, sofern eine solche nicht besteht, die für die ersuchte Behörde fachlich zuständige Aufsichtsbehörde.

Vergleichbare Vorschriften: § 112 AO; § 4 SGB X.

§ 5 1, 2   Teil I. Anwendungsbereich, örtliche Zuständigkeit, Amtshilfe

Abweichendes Landesrecht: Vgl. Rn. 43; ferner Übersicht zu Änderungen der LVwVfGe im Dritten Teil dieses Kommentars.

Entstehungsgeschichte: Bis zum Inkrafttreten des VwVfG vgl. § 5 der 6. Auflage.

Literatur: s. zu § 4.

Übersicht

	Rn.
I. Allgemeines	1
1. Konkretisierung der Amtshilferechte und -pflichten	1
2. „Amtshilfefeste" Regelungen	3
II. Zulässigkeitsvoraussetzungen für Amtshilfeersuchen einer Behörde (Abs. 1)	4
1. Bindungswirkungen des Abs. 1; Ermessen	4
2. Die einzelnen Zulässigkeitstatbestände für Amtshilfeersuchen	6
III. Unzulässigkeit von Amtshilfeleistungen der ersuchten Behörde (Abs. 2)	14
1. Abschließende Regelung der Amtshilfeverbote nach Abs. 2	14
2. Amtshilfeverbot für die ersuchte Behörde aus Rechtsgründen, insbesondere bei personenbezogenen Informationen (Abs. 2 Satz Nr. 1)	15
3. Staatswohlklausel (Abs. 2 Satz 1 Nr. 2)	23
4. Besondere Geheimhaltungspflichten (Abs. 2 Satz 2)	27
IV. Möglichkeit der Ablehnung von Amtshilfe (Abs. 3)	33
V. Grenzen des Ablehnungsrechts (Abs. 4)	37
VI. Meinungsverschiedenheiten über Amtshilferechte und -pflichten; Rechtsschutzfragen (Abs. 5)	38
VII. Landesrecht	43
VIII. Vorverfahren	44

I. Allgemeines

1. Konkretisierung der Amtshilferechte und -pflichten

1   § 5 ist das die Amtshilfegebote des Art. 35 Abs. 1 GG konkretisierende, dem rechtsstaatlichen VwVf Rechnung tragende (Rn. 3) **Kernstück der Amtshilferegelungen** der §§ 4–8. In **Abs. 1** sind (nicht abschließende) Zulässigkeitsvoraussetzungen für die in das Ermessen der ersuchenden Behörde gestellten Amtshilfeersuchen umschrieben. In **Abs. 2** werden die Grenzen für Amtshilfeleistungen im Sinne von (abschließend formulierten) Amtshilfeverboten festgelegt. In beiden Fällen geht das Gesetz von der Überlegung aus, dass Amtshilfe stets nur ergänzende Hilfe ist (hierzu im Einzelnen § 4 Rn. 25 ff.), es also der ersuchenden Behörde regelmäßig selbst obliegt, die ihr übertragenen Aufgaben mit eigenen sächlichen und personellen Mitteln zu erfüllen. Nur in Ausnahmefällen soll die „federführende" Behörde dabei auf die Hilfe einer anderen Behörde zurückgreifen können. Abs. 1 und 2 werden ergänzt durch die Verantwortlichkeitsvorschrift in § 7, mit der die rechtliche Zulässigkeit der durch die Amtshilfe verwirklichten Maßnahme auf Seiten der ersuchenden und der ersuchten Behörde sichergestellt werden soll. **Abs. 3** stellt unter bestimmten Voraussetzungen – anders als Abs. 2 mit seinem Hilfeleistungsverbot – Amtshilfeleistungen in das Ermessen der ersuchten Behörde und zählt abschließende Möglichkeiten der Ablehnung der Amtshilfe auf. **Abs. 4** zeigt Grenzen des Ablehnungsrechts auf. **Abs. 5** schließlich regelt das behördeninterne Entscheidungsverfahren bei Meinungsverschiedenheiten über die Verpflichtung zur Amtshilfe (zu **Rechtswegfragen** vgl. Rn. 38 ff. und § 4 Rn. 19 ff.)

2   § 5 gilt – entsprechend dem allgemeinen Grundsatz des § 1 – nur **subsidiär**, also nur, soweit inhaltsgleiche oder entgegenstehende Rechtsvorschriften (§ 1 Rn. 206 ff.) fehlen. Soweit § 5 nicht unmittelbar anwendbar ist und auch SGB X oder AO mit ihren Amtshilfevorschriften nicht eingreifen, können die in § 5 ausgedrückten Regelungen als **Grundsatz des allgemeinen Verwaltungs(verfahrens)rechts** herangezogen werden (§ 1 Rn. 283 ff.; § 4 Rn. 3). In **Sozial- und Abgabeverfahren** gelten ausschließlich die dafür vorgesehenen speziellen Regelungen des § 4 SGB X sowie § 112 AO nebst Sondervorschriften. § 5 ist als gesetzliche Konkretisierung des Art. 35 Abs. 1 GG **zwingendes Recht,** und zwar sowohl für ersuchende als auch für ersuchte Behörden. Er bindet mittelbar aber auch die Beteiligten eines Verfahrens. § 5 kann daher weder vertraglich noch sonst einvernehmlich oder einseitig (etwa durch Aufsichtsbehörden) ganz oder teilweise ausgeschlossen oder verändert werden. Unberührt bleibt die Möglichkeit innerbehördlicher Einvernehmens- oder Benehmensregelungen für Amtshilfeersuchen und -leistungen, auch die Festlegung bestimmter Dienstwege. Durch sie dürfen im Ergebnis aber mittels aufsichtsbehördlicher Anordnungen die in Art. 35 Abs. 1 GG begründeten Amtshilfegebote weder erweitert, eingeschränkt noch unterlaufen werden. Auch bei **verwaltungsprivatrechtlicher Tätigkeit** von Behörden ist § 5 sinngemäß anwendbar (§ 4 Rn. 14).

2. „Amtshilfefeste" Regelungen

Mit den insbesondere in Abs. 1 und 2 enthaltenen Zulässigkeitsvoraussetzungen und Hilfeleistungsverboten wird dem auch im Amtshilferecht geltenden **Grundsatz des rechtsstaatlichen Verfahrens,** besonders **der Gesetzmäßigkeit der Verwaltung,** in hinreichender Weise Rechnung getragen: Die Amtshilfe stellt die beteiligten Behörden von der Beachtung des für sie geltenden Rechts, insbesondere zur Wahrung der örtlichen und sachlichen Zuständigkeit und den damit verbundenen Rechten und Pflichten nicht frei. Die als Amtshilfe geforderte Amtshandlung kann nur nach Maßgabe derjenigen Vorschriften geleistet werden, die die Rechtmäßigkeit gerade dieser Amtshandlung als Amtshilfe bestimmen (vgl. hierzu Rn. 14 ff.); zum **Gesetzesvorbehalt** im Amtshilferecht vgl. ferner § 4 Rn. 9 ff. m. w. N. Insbesondere in der Diskussion um einen „amtshilfefesten" Schutz des aus Art. 2 i. V. m. Art. 1 Abs. 1 GG hergeleiteten **Rechts auf informationelle Selbstbestimmung**[1] bei Verwendung individueller personenbezogener Informationen aus IT-gestützten Systemen und ihrem Schutz gegen Zweckentfremdung durch Weitergabe- und Verwertungsverbote nebst Auskunftsansprüchen (Nachweise hierzu § 4 vor Rn. 1 und § 4 Rn. 9) – gesetzlich konkretisiert durch das BDSG[2] sowie die Gesetze für BfV, BND und MAD[3] vom 20. 12. 1990[4] – sind die durch Abs. 1 für die ersuchende Behörde, noch mehr aber die durch Abs. 2 statuierten Amtshilfeverbote zu beachten. Durch sie wird gemäß § 1 Abs. 4 BDSG sichergestellt, dass durch das Institut der Amtshilfe kein rechtlich unzulässiger Informationsaustausch stattfindet und auch gesetzliche **behördeninterne oder -externe Informationsschranken**[5] beachtet werden. Die Voraussetzungen für die Zulässigkeit von Amtshilfeleistungen werden damit verschärft; als Institut bleibt die Amtshilfe aber unberührt (§ 4 Rn. 6). Um Beschaffung personenbezogener Daten im Ausland zur Durchführung einer Sicherheitsüberprüfung im Inland kann der MAD, dem insoweit Kompetenz und Zuständigkeit fehlen, auch nicht den BND im Wege der Amtshilfe ersuchen.[6] Der Vorrang, der dem BDSG (allein) bei der Ermittlung des Sachverhalts bei **verarbeiteten personenbezogenen Daten** vor dem VwVfG zukommt (§ 1 Abs. 4 BDSG), bedeutet in den übrigen Bereichen keine Freistellung von den Bindungen des § 5 für ersuchende und ersuchte Behörde. Insoweit findet durch das BDSG weder eine Erweiterung noch eine Einschränkung der Zulässigkeit von Amtshilfe statt. Amtshilfebestimmungen erlauben nicht, die Länder bei Naturkatastrophen und besonders schweren **Unglücksfällen** durch die Bundeswehr mit **spezifisch militärischen Waffen** zu unterstützen.[7]

II. Zulässigkeitsvoraussetzungen für Amtshilfeersuchen einer Behörde (Abs. 1)

1. Bindungswirkungen des Abs. 1; Ermessen

Abs. 1 liegt die Überlegung zugrunde, dass auch Art. 35 Abs. 1 GG eine Behörde nicht berechtigt, eine andere Behörde schrankenlos um Amtshilfe zu ersuchen. Grundsätzlich hat jede örtlich, sachlich und funktionell (instanziell) zuständige Behörde die ihr übertragenen Aufgaben

---

[1] BVerfGE 65, 1 = NJW 1984, 419.
[2] Hierzu *Büllesbach* NJW 1991, 2593; *Dammann* NVwZ 1991, 640.
[3] Hierzu *Bäumler* NVwZ 1991, 643.
[4] BGBl I S. 2954.
[5] Etwa nach § 3 MRRG im Melderecht, § 9 VZG 1987 im Volkszählungsrecht, §§ 35 SGB I, 68 ff. SGB X im Sozial- oder §§ 2, 10 BDSG im Datenschutzrecht, § 30 AO zum Steuergeheimnis, § 30a AO zum Bankengeheimnis; hierzu auch § 30 m. w. N.
[6] BVerwGE 125, 56 = NVwZ-RR 2006, 622, 624.
[7] BVerfGE 115, 118 = NJW 2006, 751, 755

mit eigenen Mitteln und eigenem Personal in **alleiniger Verantwortung** zu erledigen. Die Einschaltung dritter Behörden durch Amtshilfe findet also nur unter den strengen Voraussetzungen des § 5 Abs. 1 statt. Solche Ersuchen setzen dabei regelmäßig (zu Ausnahmen § 4 Rn. 5) die **örtliche und sachliche Zuständigkeit** der ersuchenden Behörde zur Durchführung des Hauptverfahrens (hierzu § 4 Rn. 27) voraus. Nur für die ergänzenden Hilfemaßnahmen mit der vorausgesetzten Komplementärfunktion (§ 4 Rn. 25 ff.) soll sie sich an eine andere Behörde wenden können, wenn die Durchführung einzelner Verfahrenshandlungen oder eines Teilabschnitts eines Verfahrens (§ 4 Rn. 8) von der hauptzuständigen Behörde nur sehr viel aufwändiger zu bewältigen wäre als von der ersuchten Behörde;[8] zum Wirtschaftlichkeits- und Effektivitätszweck der Amtshilfe vgl. Rn. 6.

5   Die Worte „kann ... ersuchen" haben doppelte Bedeutung: Sie bringen ein der ersuchenden Behörde eingeräumtes **Ermessen** (§ 40) zum Ausdruck, so dass sie ein Amtshilfeersuchen stellen kann, aber nicht muss. Sie kann von der Amtshilfeleistung absehen und – wenn dies rechtlich zulässig ist – die fehlende Leistung selbst erbringen oder durchführen. Außerdem enthält Abs. 1 eine **Zulässigkeitsvoraussetzung und -begrenzung** für Amtshilfeersuchen, so dass ohne Vorliegen der Voraussetzungen der §§ 4, 5 eine rechtmäßige **Amtshilfe in aller Regel** (zur sog. Notzuständigkeit vgl. § 3 Abs. 4, hierzu dort Rn. 42) **nicht** in Betracht kommen wird, denn ohne solche normativen Festschreibungen könnte die gesetzliche Kompetenzordnung durch einvernehmliche oder einseitige, gesetzlich nicht vorgesehene Hilfeleistungen disponibel gemacht werden.[9] Da die Aufzählung in Abs. 1 Nr. 1–5 aber **keinen numerus clausus,** sondern nur die wesentlichen Tatbestände für Amtshilfeersuchen enthält, wie sich aus der „insbesondere"-Klausel ergibt, können auch in nicht enumerierten weiteren Fällen Amtshilfemöglichkeiten gegeben sein (hierzu Rn. 13).

Die ersuchende Behörde hat gegenüber der ersuchten Behörde bei Vorliegen der gesetzlichen Voraussetzungen einen **Rechtsanspruch** auf die Amtshilfe, wenn keine Weigerungsgründe nach Abs. 2–4 entgegenstehen.[10] Eine **Zweckmäßigkeitsprüfung** für das Haupt- oder Grundverfahren (§ 4 Rn. 27) steht der ersuchten Behörde grundsätzlich nicht zu (Abs. 4).[11] Zur Form des Ersuchens § 4 Rn. 31; zum Adressaten des Amtshilfebegehrens § 6 Rn. 2 ff.

2. Die einzelnen Zulässigkeitstatbestände für Amtshilfeersuchen

6   a) Nach **Nr. 1** kann eine Behörde um Amtshilfe ersuchen, wenn sie aus **rechtlichen Gründen** die Amtshandlung nicht selbst vornehmen kann. Dieses rechtliche Unvermögen bedeutet nicht, dass sich eine nicht zuständige Behörde durch die Amtshilfe erstmals eine Kompetenz und eine Befugnis für die Vornahme der Gesamtmaßnahme verschaffen kann (Rn. 3; § 4 Rn. 6). Mit Nr. 1 sind die Fälle gemeint, in denen die ersuchende Behörde für die Gesamtmaßnahme an sich **generell zuständig und** zu ihr **befugt** ist, ein bestimmter Teilaspekt („die Maßnahme") von ihr aber ohne Rechtsverstoß nicht selbst erledigt werden kann. Dies kann etwa der Fall sein, wenn eine Maßnahme ein Tätigwerden (eine Nachschau) im Gebiet einer anderen Behörde erfordert und dort nur die örtlich zuständige Behörde tätig werden darf oder eine bestimmte Amtshandlung rechtmäßig nur von einer bestimmten, ausschließlich sachlich zuständigen Behörde, ggfls. unter Beachtung bestimmter Informationsschranken (etwa im Datenschutzrecht) erbracht werden kann. Nr. 1 begründet hingegen nicht eine allein auf die Amtshilfe gestützte, sonst nicht bestehende örtliche und sachliche Zuständigkeit einer Behörde, weil die Amtshilfe **keine Veränderung der gesetzlichen Kompetenzordnung** und der Eingriffsbefugnis bewirkt (§ 4 Rn. 6). Keine Amtshilfe ferner für Maßnahmen, die der Behörde als eigene Aufgabe obliegen (hierzu § 4 Rn. 35 ff.).

7   b) Nach **Nr. 2** kann eine Behörde um Amtshilfe ersuchen, wenn sie aus **tatsächlichen** Gründen eine Amtshandlung nicht vornehmen kann. Als für die Praxis bedeutsamster Fall bei-

---

[8] Begr. RegE 73 zu § 5.
[9] Vgl. *Ule/Laubinger* § 11 Rn. 16; *Meyer/Borgs* § 5 Rn. 31; *Clausen* in Knack § 5 Rn. 2, 7.
[10] *VGH Mannheim* NVwZ-RR 1990, 337; *Meyer-Teschendorf* DÖV 1988, 901; *Schmidt*, FS Boorberg Verlag, S. 152; *Schnapp/Friehe* NJW 1982, 1424; *Kopp/Ramsauer* § 5 Rn. 5; a. A. *Pitschas* SGb 1990, 233, 238.
[11] Hierzu Rn. 35. Ferner Art. 85 Abs. 3 GG bei der Bundesauftragsverwaltung, hierzu BVerfGE 81, 310 = NJW 1990, 955; dazu *Ossenbühl* DVBl 1991, 833; *Dieners* DÖV 1991, 923; *Zimmermann* DVBl 1992, 93; zur Rechtmäßigkeitsprüfung des Ersuchens und der Amtshilfeleistung vgl. Rn. 15.

spielhaft hervorgehoben ist, dass der ersuchenden Behörde die zur Vornahme der Amtshandlung erforderlichen **Dienstkräfte oder Einrichtungen fehlen**. Bei der Feststellung dieser Voraussetzung ist ein tendenziell strenger Maßstab anzulegen (hierzu § 4 Rn. 27ff.). Die Behörde hat insbesondere zu beachten, dass es sich bei der Amtshilfe um ergänzende Hilfe **im Einzelfall** handelt. Auf diesen Einzelfall ist auch das Fehlen der Dienstkräfte und Einrichtungen zu beziehen. **Nicht** ausreichend ist, dass die Behörde – etwa durch mangelnde personelle oder sachliche Ausstattung oder durch vorübergehenden besonders starken Arbeitsanfall – **allgemein** überlastet ist.

An den erforderlichen **Dienstkräften** fehlt es beispielsweise, wenn der Behörde ein bestimmter, für das konkrete Vorhaben unentbehrlicher Fachmann nicht zur Verfügung steht,[12] sei es, dass er ihr überhaupt nicht angehört, sei es, dass er etwa wegen Krankheit ausgefallen ist. Ein Fehlen von **Einrichtungen** ist z.B. anzunehmen, wenn Büroräume oder Sitzungssäle fehlen oder eine Behörde, die üblicherweise ohne IT-Anlagen arbeitet, auf die Benutzung eines behördlichen Rechenzentrums oder einer fremden behördlichen EDV-Anlage angewiesen ist. Regelmäßige Vergabe von IT-Arbeiten an ein solches Rechenzentrum hält sich noch im Rahmen der **Organisationsgewalt** der Behörden und kann auch vertraglich vereinbart werden. Allerdings ist in einem solchen Fall fraglich, ob durch „**ständige Aushilfen**" der Rahmen zulässiger Amtshilfe überschritten wird.[13] Nr. 2 darf nicht zu eng interpretiert werden, denn § 4 schließt weder **wiederholte** noch **generelle Ersuchen** für gleiche oder ähnliche Fälle als Amtshilfeersuchen aus (§ 4 Rn. 27ff.) Ferner enthält Art. 35 Abs. 1 GG **kein Autarkiegebot** für Behörden dahingehend, dass sie in jeden Fall mit eigener Ausstattung in sächlicher und personeller Hinsicht gerüstet sein müssen; im Zweifel dürfen sie wegen der Komplementärfunktion der Amtshilfe auf fremde, ergänzende Hilfe zurückgreifen (zum Grundgedanken der Amtshilfe § 4 Rn. 1ff.). Soweit sich die Hilfestellung auf den reinen Binnenbereich beschränkt und die Sachherrschaft und Organisationsgewalt der ersuchenden Behörde für die Entscheidung im Außenverhältnis bestehen bleibt, ist auch der Betrieb einer **gemeinsamen Einrichtung** (etwa eines Rechenzentrums) mehrerer Behörden oder Rechtsträger (§ 4 Rn. 37) organisationsrechtlich i.d.R nicht ausgeschlossen. In einem solchen Fall erfüllt sie, wenn die Einrichtung als Bestandteil (auch) der ersuchenden Behörde organisatorisch ausgestaltet ist, eigene Aufgaben mit eigenen Mitteln i.S. von § 4 Abs. 2 Satz 2, so dass in einem solchen Fall schon deshalb § 5 unanwendbar ist, weil keine *zwischen*behördliche Hilfe vorliegt. Liegt Hilfeleistung zwischen verschiedenen Behörden vor, kann sich die ersuchte Behörde durch Abs. 3 und die Möglichkeit der Einschaltung der Aufsichtsbehörden (Abs. 5) vor Überforderung schützen. Die Grenze für Amtshilfeersuchen liegt aber vor, wo eine gesetzlich bestehende Zuständigkeitsordnung durch **Delegation, Mandat** oder **Organleihe** (hierzu § 4 Rn. 36ff.) unzulässig verändert wird.

c) Eine Behörde kann nach **Nr. 3** um Amtshilfe ersuchen, wenn sie zur Durchführung ihrer Aufgaben auf die **Kenntnis von Tatsachen** angewiesen ist, die ihr **unbekannt** sind und die sie **nicht selbst ermitteln** kann. Fälle, in denen die Behörde aus rechtlichen Gründen die Tatsachen nicht selbst ermitteln kann, sind bereits von Nr. 1 erfasst; Fälle, in denen die Unfähigkeit zu eigener Ermittlung auf dem Fehlen von Dienstkräften oder Einrichtungen beruht, von Nr. 2. Für Nr. 3 müssen demnach andere **tatsächliche** Gründe[14] vorliegen. Zu denken ist beispielsweise an eine technische Hilfe oder die Feststellung von Daten, die zu Beweiszwecken benötigt werden;[15] insoweit sind aber die **Grenzen** für Amtshilfeleistungen insbesondere bei personenbezogenen Informationen zu beachten (Rn. 15ff.). Nicht unter diese Regelung, sondern unter Nr. 4 oder die nicht enumerierten sonstigen Ersuchensrechte nach Abs. 1 (vgl. Rn. 13, § 4 Rn. 18), fällt dagegen die Erstellung eines **Gutachtens** oder die Erteilung von **Rechtsauskünften**.[16] Durch das Merkmal „angewiesen" wird klargestellt, dass die Amtshilfe für eine konkrete Aufgabenerledigung **notwendig** ist; damit ist eine nur vorsorgliche Informationsbeschaffung „auf Halde" ausgeschlossen. Zur Amtshilfe von Behörden des Verfassungsschutzes vgl. Rn. 19.

---

[12] Z.B. zur Durchführung von Disziplinar- und ähnlichen Verfahren; *OVG Münster* DÖV 1979, 343.
[13] Vgl. auch § 4 Rn. 18, 22, 29; *Kopp/Ramsauer* § 5 Rn. 9; *Finkelnburg/Lässig* § 5 Rn. 7; *Clausen* in Knack § 5 Rn. 8.
[14] Vgl. Begründung zu § 5 Entwurf 73.
[15] *Kopp/Ramsauer* § 5 Rn. 10.
[16] *Kopp/Ramsauer* § 5 Rn. 11.

10 d) Nach **Nr. 4** kann eine Behörde um Amtshilfe ersuchen, wenn sie zur Durchführung ihrer Aufgaben **Urkunden** oder **sonstige Beweismittel benötigt,** die sich im Besitz der ersuchten Behörde befinden. Die Urkunde ist als wichtiges Beweismittel hervorgehoben, im Übrigen vgl. zum Begriff der Beweismittel unter § 26. Gedacht ist vor allem an die Fälle, in denen sich **Akten** (§ 29) bei einer anderen Behörde befinden, derer die ersuchende Behörde zur Durchführung ihres Vorhabens bedarf. Hinreichend ist dabei, dass die Behörde im Zeitpunkt des Amtshilfeersuchens von der Annahme ausgehen durfte, dass einzelne Urkunden oder Beweismittel bzw. Akten für ihr Vorhaben von Bedeutung sind, auch wenn sich nach ihrer Vorlage ergibt, dass diese für das Vorhaben doch keine Bedeutung haben. Dass die Behörde ein VwVf bereits begonnen hat (§ 22), ist nicht erforderlich, da im Einzelfall die Urkunden oder sonstigen Beweismittel auch zu den Entscheidungen benötigt werden, ob überhaupt ein VwVf begonnen werden soll (§ 4 Rn. 16 ff.). Vorausgesetzt ist für die Anwendung der Nr. 4, dass sich das Beweismittel bei der ersuchten Behörde tatsächlich **befindet** oder ohne Schwierigkeiten **beschafft** werden kann. Müsste die ersuchte Behörde für die Beschaffung der Beweismittel selbst erst erheblichen Aufwand treiben, kann sie gemäß Abs. 3 Nr. 1 auf eine andere Behörde verweisen. Auch die Anforderungen von Akten **von Gerichten** fällt unter Nr. 4, da das Ersuchen sich an das Gericht als Behörde und nicht als Spruchkörper richtet (vgl. § 4 Rn. 38).

Der Unterschied zwischen Nr. 3 und Nr. 4 liegt darin, dass nach Nr. 3 die Vornahme einer Amtshandlung durch die ersuchte Behörde erbeten wird, während die Hilfeleistung nach Nr. 4 darin besteht, dass die ersuchte Behörde der ersuchenden Behörde die tatsächliche Möglichkeit verschafft, die Amtshandlung selbst vorzunehmen. Zu den Grenzen solcher Amtshilfeleistungen vgl. Rn. 14 ff.; §§ 29, 30.

11 e) Ferner kann eine Behörde um Amtshilfe ersuchen, wenn sie die Amtshandlung nur im **wesentlich größerem Aufwand** vornehmen könnte als die ersuchte Behörde **(Nr. 5).** Hierdurch kommt einerseits das Verhältnismäßigkeits-, zugleich auch das Wirtschaftlichkeits- und Effektivitätsprinzip zum Ausdruck (§ 4 Rn. 6; § 10 Rn. 1 ff.). Zu den Fällen der Nr. 1 bis 4, in denen die Behörden auf die Hilfe angewiesen ist, um ihr Vorhaben durchzuführen, tritt hier ein Fall, in dem die Behörde an sich rechtlich und tatsächlich in der Lage wäre, die Amtshandlung selbst vorzunehmen, in dem ihr dies aber wesentlich höhere Sach- oder/und Personalkosten verursachen würde als einer anderen Behörde. Aus Gründen der Verwaltungsrationalisierung (§ 10) soll sie dann berechtigt sein, die andere Behörde um Vornahme der Amtshandlung zu ersuchen (§ 4 Rn. 6, 35).

12 Die Behörde hat allerdings nach den Umständen des **Einzelfalles** zu prüfen, ob eine **wesentliche** Vereinfachung oder Verbilligung zu erwarten steht. Ergibt der vorzunehmende Kostenvergleich, dass nur ein unwesentlicher Unterschied besteht, sollte nicht um Amtshilfe ersucht werden. Auch die Tatsache allein, dass die andere Behörde mit besseren personellen und sachlichen Mitteln ausgestattet ist und deshalb rationeller arbeiten kann, berechtigt nicht, die Aufgabe an diese „abzuschieben", ebenso bloße Zeitersparnis bei im Übrigen nur unwesentlich geringerem Aufwand.

13 f) Da Abs. 1–5 keine abschließende Aufzählung der ein Amtshilfeersuchen begründenden Möglichkeit enthält („insbesondere"-Klausel), können zusätzliche **sonstige triftige Gründe** ein Amtshilfeersuchen rechtfertigen. Sie müssen in ihrer Gewichtigkeit den Nr. 1–5 entsprechen. Dabei ist ein **strenger Maßstab** anzulegen, da Amtshilfe als Ausnahme von der Regelzuständigkeit keiner Aufweichung der Kompetenzordnung dienen darf, andererseits die **Organisationsfreiheit** der Behörden aber unberührt lässt, so dass sinnvolle und wirtschaftliche **Kooperationen** von §§ 4 ff. nicht ausgeschlossen werden (Rn. 8; § 4 Rn. 6 ff., 35 ff.). Neben der deutlich effektiveren und wirtschaftlichen Erledigung durch Amtshilfe (Rn. 11, 12) können aber auch **Interessen der Beteiligten** (§ 13) oder Betroffenen (§ 73) ein Amtshilfeersuchen rechtfertigen. In Betracht kommen unter diesen strengen Voraussetzungen etwa die Erteilung einer (Rechts-)**Auskunft** oder die Erstattung eines **Rechtsgutachtens** oder einer sonstigen **Beratung** (vgl. Rn. 10; § 4 Rn. 26).

III. Unzulässigkeit von Amtshilfeleistungen der ersuchten Behörde (Abs. 2)

1. Abschließende Regelung der Amtshilfeverbote nach Abs. 2

Abs. 2 zählt die Gründe auf, aus denen die ersuchte Behörde ein Amtshilfeersuchen abzulehnen hat (Amtshilfeverbot). Amtshilfeleistungen können auch **nicht im Ermessenswege** erbracht werden, weil sonst der Grundsatz der Gesetzmäßigkeit der Verwaltung verletzt und eine Verschiebung der gesetzlichen Kompetenzordnung möglich wäre, was dem Wesen der Amtshilfe widerspricht (Rn. 4; § 4 Rn. 5). Die Regelung des Abs. 2 ist **abschließend** und entspricht im Wesentlichen dem bisherigen Recht.[17] Ob ein **Unzulässigkeitsgrund** besteht, ist nach dem für die ersuchte Behörde geltenden Recht zu beurteilen, und zwar sowohl bei der sog. gesetzeskongruenten (behördenhomogenen) als auch bei der sog. grenzüberschreitenden Amtshilfe (hierzu § 4 Rn. 19 ff.). Die ersuchte Behörde darf Amtshilfe regelmäßig nicht mit dem Argument verweigern, die Maßnahme (§ 7) sei **unzweckmäßig** oder **rechtswidrig**,[18] es sei denn die Rechtswidrigkeit der Maßnahme ist offenkundig und die ersuchte Behörde macht dies geltend (Rn. 17, zum weiteren Verfahren in einem solchen Fall Rn. 37). Die ersuchte Behörde muss also im Einzelfall auf der Grundlage der für sie geltenden Vorschriften des Amtshilferechts und des übrigen Rechts die Zulässigkeit der erbetenen Amtshilfeleistung, auch etwa im Hinblick auf eine Geheimhaltung oder den Datenschutz, prüfen.[19] Dies gilt auch für das nach Abs. 2 Satz 2 bestehende Amtshilfeverbot (hierzu Rn. 27 ff.) wegen bestehender Geheimhaltungsverpflichtungen. Mit dieser Maßgeblichkeit des für die ersuchte Behörde geltenden Rechts ist sichergestellt, dass der ersuchenden Behörde durch die Amtshilfe keine ihr sonst nicht zustehenden Rechte und Zuständigkeiten zuwachsen und ihre Befugnisse mittels der Amtshilfe nicht erweitert werden (vgl. § 4 Rn. 6, 19 ff. m. w. N.). Wird eine Amtshilfeleistung unter Verstoß gegen § 5 Abs. 2 erbracht, so liegt darin eine **Verfahrensfehler**, dessen Erheblichkeit im Rahmen von § 46 zu prüfen ist.[20]

14

2. Amtshilfeverbot für die ersuchte Behörde aus Rechtsgründen, insbesondere bei personenbezogenen Informationen (Abs. 2 Satz 1 Nr. 1)

Nach Nr. 1 darf die ersuchte Behörde die erbetene Amtshilfe nicht leisten, wenn sie **aus rechtlichen Gründen** hierzu nicht in der Lage ist, wenn sie also durch die Vornahme der Unterstützungshandlung gegen das für sie maßgebliche Recht verstoßen würde (vgl. auch § 7, dort Rn. 2 ff., Abs. 1, 2. Halbsatz und Abs. 2 Satz 2). Diese Vorschrift enthält **zwingendes Recht** (vgl. auch Rn. 4). Ein solches Amtshilfeverbot muss durch Gesetz oder auf Grund Gesetzes durch Rechtsverordnung angeordnet sein. Bloße Verwaltungsvorschriften reichen nicht aus (zu den Grenzen vgl. noch Rn. 28). Die eine Amtshilfe ausschließlich Rechtsnorm darf **nicht in den Kernbereich** der Art. 35 GG hineinreichen und muss ein Mindestmaß an Amtshilferechten und -pflichten gewährleisten. Einschränkungen sind aber zulässig, wenn sonst Grundrechtspositionen Dritter beeinträchtigt würden (vgl. noch Rn. 17 ff.). Ein Rechtsverstoß kann vorliegen, wenn die ersuchte Behörde für die erbetene Maßnahme (außerhalb der Amtshilfe) örtlich und sachlich **nicht zuständig** ist und deshalb zur Amtshandlung keine Beziehung hat oder ihr für die ersuchte Behörde die **rechtliche Befugnis** zur Vornahme der erbetenen Amtshandlung **fehlt**, z. B. weil ihrem Tätigwerden generell oder speziell die Eingriffsermächtigung fehlt und der Durchführung der Amtshilfeleistung – etwa durch Datenschutzgesetze – damit rechtliche Schranken gesetzt sind (Rn. 17 ff.). Eine Zuständigkeit für die erbetene Amtshandlung besteht bereits dann, wenn die Amtshandlung unabhängig von dem Ersuchen in Wahrnehmung einer eigenen Kompetenz rechtmäßig erbracht werden könnte.[21]

15

Obliegt die erbetene Handlung der ersuchten Behörde als **eigene Aufgabe,** liegt allerdings nach § 4 Abs. 2 Nr. 2 keine Amtshilfe vor (dort Rn. 35). Eine Unzulässigkeit nach dem Recht

16

---

[17] Ebenso *Ule/Laubinger* § 11 Rn. 23 ff.; *Hoffmann* in Obermayer § 5 Rn. 27; *Kopp/Ramsauer* § 5 Rn. 15; *Clausen* in Knack § 5 Rn. 18; a. A. *Schmidt,* FS Boorberg Verlag, S. 135, 148.
[18] *VGH Mannheim* NVwZ-RR 1990, 337; *Kopp,* § 5 Rn. 11.
[19] *BVerwG* DVBl 1986, 1199 = NVwZ 1986, 467; *Stüer* DÖV 1985, 720; *Clausen* in Knack § 5 Rn. 20; *Meyer/Borgs* § 5 Rn. 8; *Kopp/Ramsauer* § 5 Rn. 16; a. A. *Schleicher* DÖV 1976, 550, 551, *Hauck/Haines,* SGB X, § 3 Rn. 11; ferner § 4 Rn. 11.
[20] Ebenso *Ule/Laubinger* § 11 Rn. 23; *Meyer/Borgs* § 7 Rn. 11; ferner zu § 7.
[21] *Finkelnburg/Lässig* § 5 Rn. 17; *Meyer-Teschendorf* ZBR 1979, 265.

der ersuchten Behörde kann sich ferner daraus ergeben, dass innerhalb einer an sich rechtmäßigen Gesamtmaßnahme des Hauptverfahrens der ersuchenden Behörde die als Amtshilfe erbetene **Teilmaßnahme** nach dem Recht der ersuchten Behörde **unzulässig** ist, weil behördeninterne oder -externe Informations-, Weitergabe- oder Verwertungsverbote, insbesondere für personenbezogene Informationen bestehen, etwa im Melderecht nach § 3 MRRG, im Volkszählungsrecht (§ 9 Abs. 1 VZG 1987), im Sozialrecht (§ 35 SGB I, §§ 68 ff. SGB X) oder im Abgabenrecht (§§ 30, 30a AO). Zu § 30 und besonderen Geheimhaltungspflichten nach Abs. 2 Satz 2 vgl. Rn. 27 ff. Einer der Amtshilfeleistung entgegenstehenden gesetzlichen Regelung gleichzustellen ist eine **Verfassungsrechtsprechung,** soweit sie Bindungswirkung nach § 31 BVerfGG erzeugt.[22]

17   Der **Einwand der rechtlichen Unzulässigkeit der Gesamtmaßnahme** ist, wie sich aus Abs. 2 Nr. 1 und Abs. 4 i. V. m. § 7 Abs. 1 ergibt, für die ersuchte Behörde nicht vorgesehen.[23] Allerdings wird man im Falle **offensichtlicher Rechtswidrigkeit** der Gesamtmaßnahme – wenn der Rechtsmangel dem Vorhaben gleichsam „auf die Stirn geschrieben" ist – die ersuchte Behörde nicht für verpflichtet halten können, sehenden Auges an einer derartigen rechtswidrigen Maßnahme durch Amtshilfe mitzuwirken.[24] Im Zweifel ist das Verfahren nach Abs. 5 einzuleiten (vgl. auch § 7 Rn. 2, 5 ff.). Die ersuchte Behörde kann nicht den Einwand der **Unzweckmäßigkeit** des Vorhabens erheben, weil die Entscheidungsbefugnis darüber bei der ersuchenden Behörde liegt (Rn. 37).

18   Auch nach dem Volkszählungsurteil des *BVerfG* sind **Datenschutz und Amtshilfe nicht grundsätzlich unvereinbar,**[25] wenn auch die Anforderungen an die Zulässigkeit von Amtshilfeleistungen mit den dort und durch das BDSG postulierten Zweckbindungsgeboten sowie Weitergabe- und Verwertungsverboten nicht unerheblich verschärft wurden.[26] Ist eine Übermittlung gespeicherter Informationen zulässig, so ist die ersuchte Behörde nach Maßgabe der §§ 4 ff. zur Amtshilfe grundsätzlich befugt und verpflichtet. Umgekehrt gilt ebenso, dass ein Verbot oder eine Beschränkung gegenüber bestimmten Behörden oder in bestimmten Verfahren hinsichtlich der Erhebung, Speicherung, Verarbeitung oder Weitergabe auch einen rechtlichen **Unzulässigkeitsgrund** für eine Amtshilfeleistung i. S. des Abs. 2 Nr. 1 abgeben wird. Amtshilfe- und Datenschutzvorschriften schließen sich also nicht aus, sondern ergänzen sich.

19   Eine Vielzahl der früheren Streitfragen über Inhalt und Grenzen des Anspruchs auf informationelle Selbstbestimmung[27] im Staat-Bürger-Verhältnis sowie Voraussetzungen und Grenzen des Informationsaustauschs zwischen den Verfassungsschutzbehörden ist nunmehr durch das **BDSG**[28] sowie durch die **Geheimdienstgesetze** des Bundes, nämlich das BVerfSchG, MADG und BNDG[29] sowie durch **§ 43 StuG** gesetzlich geregelt. Hervorzuheben unter dem Gesichtspunkt zulässiger Amtshilfe ist der **Vorrang des BDSG** vor den Vorschriften des VwVfG bei der Ermittlung des Sachverhalts hinsichtlich personenbezogener Informationen (§ 1 Abs. 4 BDSG). Gemäß § 15 Abs. 1 BDSG ist die Übermittlung personenbezogener Daten **an öffentliche** Stellen (vgl. § 2 Abs. 1–3 BDSG) zulässig, wenn zwei Voraussetzungen (kumulativ) vorliegen, wenn 1. sie zur Erfüllung der in der Zuständigkeit der übermittelnden Stelle oder des Empfängers liegenden Aufgaben erforderlich ist, und 2. die Voraussetzungen vorliegen, die eine Nutzung nach § 14 BDSG zulassen würden. Nur wenn diese Voraussetzungen zu bejahen sind, darf eine Behörde einer anderen personenbezogene Daten i. S. von § 3 BDSG im Wege der Amtshilfe

---

[22] Vgl. etwa *BVerfGE* 65, 1 = NJW 1984, 419 mit dem dort entwickelten verfassungsrechtlichen Grundrechtsanspruch auf informationelle Selbstbestimmung, hierzu die Nachweise § 4 vor Rn. 1, ferner dort Rn. 4 ff.
[23] *VGH Mannheim* NVwZ-RR 1990, 337; *Finkelnburg/Lässig* § 5 Rn. 11 ff.; *Clausen* in Knack § 5 Rn. 18, 20; a. A. *Schlink,* Die Amtshilfe, 1982, S. 258.
[24] Ebenso *Kopp/Ramsauer* § 5 Rn. 15, 28; *Bull* DÖV 1979, 693; offengelassen von *VGH Mannheim* NVwZ-RR 1990, 337.
[25] *BVerfGE* 65, 1 = NJW 1984, 419.
[26] Hierzu – mit unterschiedlichen Tendenzen – etwa *Bull* DÖV 1979, 689; *Scholz/Pitschas,* Informationelle Selbstbestimmung und staatliche Informationsverarbeitung, 1984; *Simitis* NJW 1986, 2795; *Wilde* BayVBl 1986, 230; *Schlink* NVwZ 1986, 249; *Schoreit* ZRP 1987, 153; *Vogelgesang,* Grundrecht auf informationelle Selbstbestimmung?, 1987; *Pitschas/Aulehner* NJW 1989, 2353.
[27] *BVerfGE* 65, 1 = NJW 1984, 419.
[28] Hierzu *Dammann* NVwZ 1991, 640; *Büllesbach* NJW 1991, 2593.
[29] Hierzu *Bäumler* NVwZ 1991, 643.

§ 5 Voraussetzungen und Grenzen der Amtshilfe

übermitteln.[30] Da die ersuchte Behörde nach § 7 Abs. 2 nur eingeschränkt verantwortlich ist, hat sie auch nach § 5 keine weitergehenden Prüfungspflichten als nach dem BDSG.[31] Auch **elektronisch gespeicherte Dokumente und Daten** unterliegen nach Maßgabe von § 3 Abs. 2 BDSG dem Datenschutz. Soweit nach dem BDSG und den neuen Sicherheitsgesetzen Erhebungs-, Speicherungs- und Weitergabeverbote bestehen, wird dadurch auch zulässige Amtshilfe ausgeschlossen.

Erheblich eingeschränkt sind die Befugnisse der **Verfassungsschutz- und Sicherheitsbehörden** des Bundes und der Länder. Sie haben nur die in den für sie geltenden Gesetzen – insbesondere im BVerfSchG, MADG und BNDG – im Einzelnen vorgesehenen Rechte und Pflichten, auch in ihrem Verhältnis zueinander. § 9 Abs. 3 BVerfSchG legt ausdrücklich fest, dass das Bundesamt für Verfassungsschutz die Polizei auch nicht im Wege der Amtshilfe um Maßnahmen ersuchen darf, zu denen es selbst nicht befugt ist. Ferner besteht keine Befugnis des BND zur Weitergabe bei der Fernsprechüberwachung im Rahmen der sog. verdachtslosen Rasterfahndung gewonnenen Daten an andere Behörden.[32]

Unbeschadet der einzelnen Befugnisse der Sicherheitsbehörden bestehen zwischen ihnen und den übrigen Behörden in nicht aufgabenspezifischen Bereichen die allgemeinen Amtshilferechte und -pflichten. Allerdings darf eine Hilfe **nicht in Widerspruch** zu einer gesetzlich festgelegten und begrenzten Aufgabe und den der Behörde zugewiesenen Befugnissen von Polizei, Verfassungsschutz und Nachrichtendiensten stehen. Dürfen hiernach Erkenntnisse nur für **bestimmte Zwecke oder bestimmte Verfahren** gesammelt werden, dürfen sie auch nur den dafür zuständigen Behörden zur Verfügung gestellt werden.[33] Eine personenbezogene Akte darf bei der Kriminalpolizei nur zu präventiv-polizeilichen Zwecken geführt werden.[34] Der datenschutzrechtliche **Auskunftsanspruch** Betroffener ist geregelt durch § 19 BDSG.[35] Das BDSG wird hingegen vom **StUG** verdrängt.[36]

Nach der Rspr. des *BVerwG* ist das Luftfahrtbundesamt zur Auskunftserteilung an Luftfahrtbehörden, Staatsanwaltschaften und Gerichte über Straftaten und Ordnungswidrigkeiten eines Luftfahrers grundsätzlich nach § 2 Abs. 1 Nr. 14 LBAG i. V. m. BDSG befugt.[37] Unzulässigkeit ist die Übermittlung personenbezogener Informationen hingegen für die Mitteilung eines Pfändungs- und Überweisungsbeschlusses von der Besoldungsstelle an die Beschäftigungsbehörde eines Beamten.[38] Die Referendar**personalakte** einer Rechtsanwältin wird nicht zusammen mit der Referendarpersonalakte bei dem Landgericht, bei dem sie zugelassen ist, weitergeführt, sondern verbleibt beim Oberlandesgericht.[39] Asylbezogene Angaben eines Asylbewerbers können bei Zweifeln an seiner Identität im Wege der Amtshilfe bei Verdacht illegalen Aufenthalts überprüft werden.[40] Behörden können bei nicht nur geringen Steuerrückständen zur Offenbarung von Steuergeheimnissen nach Maßgabe des § 30 Abs. 4 Nr. 5 AO gegenüber anderen Behörden

---

[30] Ebenso *Ule/Laubinger* § 11 Rn. 15; *Kopp/Ramsauer* § 5 Rn. 19, 24; a. A. *Auernhammer*, BDSG, 3. Aufl., § 15 Rn. 19.
[31] *VGH Kassel* NVwZ 2003, 755; *Ziekow* § 5 Rn. 15.
[32] Vgl. *BVerfGE* 93, 181 = NJW 1996, 114. Zum Datenschutz bei Sicherheitsbehörden vgl. *Bäumler* AöR 110 (1985), 30; *Merten*, Datenschutz und Datenverarbeitungsprobleme bei den Sicherheitsbehörden, 1985; *Roewer* NJW 1985, 773; *Kutscha* ZRP 1986, 194 und DVBl 1987, 994; *Schoreit* ZRP 1987, 153; *Gusy* ZRP 1987, 45; *Riegel* DVBl 1988, 121, mit Erwiderung von *Borgs-Maciejewski* DVBl 1988, 388.
[33] *Bull* DÖV 1979, 691; *Gusy* DÖV 1980, 435 und NVwZ 1983, 322. Zur Führung kriminalpolizeilicher personenbezogener Sammlungen vgl. *BayVerfGH* DÖV 1986, 69; *OVG Berlin* NJW 1986, 2004.
[34] *VGH Mannheim* NJW 1987, 3022; hierzu noch § 29 Rn. 1 ff.
[35] Hierzu *BVerwGE* 89, 14 = NJW 1992, 451: Abwägung im Einzelfall zwischen Auskunftsinteresse des Betroffenen und dem staatlichen Geheimhaltungsinteresse, wobei ersterem der Vorrang zukommen kann, wenn ausreichende Anhaltspunkte dafür vorliegen, dass eine Information wider besseres Wissen oder leichtfertig falsch an die Behörde gegeben wurde.
[36] Vgl. *VG Berlin* LKV 1992, 419; *OVG Berlin* LKV 1992, 417. Zur streitigen Frage der Verwertung rechtswidrig erlangter Erkenntnisse vgl. § 24 Rn. 32 ff. Zur Zulässigkeit von Maßnahmen nach § 81 a StPO vgl. *BVerfG* NJW 1996, 771. Zur Aufbewahrung erkennungsdienstlicher Unterlagen nach § 81 b StPO vgl. *BVerwG* NJW 1989, 2640; *VGH Mannheim* NJW 1987, 2762 ff.; *VG Frankfurt* NJW 1987, 2248; zur Verweigerung der Akteneinsicht durch die Behörde vgl. *LG Aachen* NJW 1989, 531; ferner § 26 Rn. 21 ff. m. w. N.
[37] *BVerwG* DÖV 1985, 357.
[38] *BVerwGE* 75, 17 = NJW 1987, 1214.
[39] *BVerwGE* 75, 351 = NJW 1987, 1657. Zum Personaldatenrecht vgl. auch *Gola* NJW 1995, 3283, 3286 m. w. N.
[40] *VGH München* BayVBl 1988, 631; nunmehr § 16 AsylVfG.

im gewerberechtlichen Untersagungsverfahren wegen zwingenden öffentlichen Interesses befugt sein.[41] Auch Regelungen des Landesrechts können die Übermittlung personenbezogener Daten im Wege der Amtshilfe ausschließen.[42]

3. Staatswohlklausel (Abs. 2 Satz 1 Nr. 2)

23 Nach Nr. 2 darf die Behörde Amtshilfe nicht leisten, wenn durch sie dem **Wohl des Bundes oder eines Landes erhebliche Nachteile** bereitet würden. Diese Staatswohlklausel ist nicht nur Konkretisierung und Unterfall der Nr. 1 des Abs. 2, sondern geht über diese Regelung insofern hinaus, als eine Unzulässigkeit der Amtshilfeleistung auch bei Fehlen einer die Amtshilfe ausdrücklich ausschließenden ausdrücklichen Rechtsvorschrift unter den in Nr. 2 genannten Voraussetzungen besteht. Nr. 2 hat insofern gegenüber Nr. 1 eigenständige Bedeutung. Sie lehnt sich an vergleichbare Regelungen in § 29 Abs. 2 und § 84 Abs. 3 VwVfG (Näheres dort), §§ 99 Abs. 1 Satz 2 VwGO, 119 Abs. 1 SGG, 86 Abs. 2 FGO und 62 Abs. 1 BBG an. Mit der Staatswohlklausel der Nr. 2 soll sichergestellt werden, dass unter **eng begrenzten Voraussetzungen** im öffentlichen Interesse das Gemeinwohl gewahrt bleibt und auch nicht durch einen Informationsaustausch zwischen Behörden erhebliche Nachteile erleidet. Die Entscheidung ist **gerichtlich** voll **überprüfbar**, soweit unbestimmte Gesetzesbegriffe in Rede stehen, bei Ermessensspielräumen auf Einhaltung der Ermessensgrenzen.[43] Nr. 2 stellt für das Amtshilfeverfahren ein **Weitergabe- und Verwertungsverbot** auf und dient dem Zweck, Dienstgeheimnisse in gewissen Grenzen auch im Amtshilfeverkehr zu schützen.[44] Eine **Sperrerklärung** kann, wenn sie im Rahmen des Abs. 5 von einer (gemeinsamen) fachlich zuständigen Aufsichtsbehörde erklärt oder bestätigt wird, ähnlich wie im Rahmen von § 96 StPO und § 99 VwGO gerichtlich nur beschränkt darauf überprüft werden, ob – da der Inhalt des betreffenden Vorgangs nicht bekannt ist und nicht werden soll – die Sperrerklärung formell ordnungsgemäß zustande gekommen ist und ob die (oberste) Aufsichtsbehörde ihrer Entscheidung über die Sperre einen zutreffenden rechtlichen Maßstab zugrunde gelegt hat, so dass die Verweigerung auch unter Berücksichtigung der Bedeutung der Amtshilfe für das Hauptverfahren unumgänglich ist.[45] Ob sich hier eine andere Bewertung unter Berücksichtigung der neueren Rechtsprechung des *BVerwG* zum **in-camera-Verfahren** ergibt, bleibt abzuwarten.[46]

24 Geschützt ist das Wohl des Bundes oder eines Landes **als Körperschaften des öffentlichen Rechts,** also nicht allein das der jeweiligen Regierung. Die ersuchte Behörde hat nicht nur das Wohl ihres eigenen Rechtsträgers, sondern auch das Wohl der anderen durch die Vorschrift geschützten Rechtsträger zu beachten. Erforderlich ist daher eine **Abwägung** der betroffenen unterschiedlichen Interessen und Belange. Für die Weigerung zur Amtshilfeleistung müssen jedenfalls solche **Gründe** dargelegt werden, dass daraus die Berechtigung der Ablehnung noch als **triftig** anerkannt werden kann.[47] Zu den geschützten Rechtsträgern gehören nicht die Gemeinden und Gemeindeverbände sowie die übrigen in § 1 genannten Rechtsträger. Deren Rechte und Interessen sind aber durch Abs. 2 Satz 1 Nr. 1 und Abs. 2 Satz 2 geschützt.

25 Als (objektiv in Betracht kommende, also nicht nur hypothetische) **Nachteile** für das Wohl des Bundes oder eines Landes kommen etwa in Betracht die Beeinträchtigung oder Gefährdung der **äußeren oder inneren Sicherheit,** (erhebliche) Störungen der öffentlichen Ordnung,

---

[41] Vgl. *BVerwGE* 65, 1 = NVwZ 1982, 503; NVwZ 1988, 432; GewArch 1997, 68; *BFHE* 149, 387 = NVwZ 1988, 474; ferner hierzu *Selmer* JuS 1983, 72; *Steinbach* DÖV 1985, 549; *Meier* GewArch 1985, 319; *Hahn* GewArch 1997, 42; vgl. auch den Erlass des *BMF* NVwZ 1988, 417.
[42] Z. B. Patientendaten i. S. v. § 14 GesundheitsdienstG BW; vgl. *VGH Mannheim* NJW 1997, 3110.
[43] *BVerwGE* 89, 14 = NJW 1992, 451.
[44] Vgl. *BVerfGE* 67, 100, 129 ff. = NJW 1984, 2271; *BVerwGE* 75, 1 = NJW 1987, 202 zur Geheimhaltungsbedürftigkeit von Verfassungsschutzakten, hierzu noch § 29 Rn. 72.
[45] Vgl. *BVerfGE* 57, 250, 290 = NJW 1981, 1719; 34, 252 = NJW 1973, 499; 66, 39 = NJW 1984, 601; *BVerwGE* 75, 1 = NJW 1987, 202, 203.
[46] *BVerwG* DVBl 2006, 359: Zu den nach § 99 Abs. 1 Satz 1 VwGO grundsätzlich vorzulegenden Urkunden oder Akten gehören auch die behördlichen Akten, in die Einblick zu nehmen die Fachbehörde unter Berufung auf etwaige im jeweiligen Fachgesetz normierte Geheimhaltungsgründe abgelehnt; vgl. § 29 Rn. 87. Gegen eine umfassende Anwendung des in-camera-Verfahrens *Schmitz/Jastrow* NVwZ 2005, 984, 990 f.; a. A. *Rudisile* in Schoch u. a. § 100 Rn. 48 a.
[47] *BVerwGE* 75, 1, 14 = NJW 1987, 202.

Beeinträchtigung des Verhältnisses zu anderen (ausländischen) Staaten und internationalen Organisationen. Fiskalische Nachteile reichen in der Regel nicht aus, es sei denn, dass die Funktionstüchtigkeit des Staatsapparates oder wichtige Leistungen des Staates ernstlich in Frage gestellt würden (Nachweise bei § 29 Rn. 63 ff.).

Die Nachteile müssen – nach der Fassung in § 5 RegE 1973 – **erheblich,** also von einiger (objektiver) Bedeutung, sein. Diese Ergänzung ist im Lauf der parlamentarischen Beratungen in das Gesetz eingefügt worden. Unwesentliche, nicht darstellbare Folgewirkungen reichen daher grundsätzlich für die Erheblichkeit nicht aus. Maßgeblich sind die **Verhältnisse des Einzelfalls.** Was erheblich ist, bestimmt sich nach objektiver Wertung aus der Sicht eines verständigen Betrachters, ggfs. unter Abwägung gegenläufiger Rechte und Interessen. 26

4. Besondere Geheimhaltungspflichten (Abs. 2 Satz 2)

Abs. 2 Satz 2 mit der darin enthaltenen Geheimnisregelung knüpft – wie sich aus dem Wort „insbesondere" ergibt – an Abs. 2 Satz 1 Nr. 1 an und enthält ähnlich wie § 99 Abs. 1 Satz 2 VwGO sowie § 29 Abs. 2 VwVfG für die Vorlage von Urkunden und Akten eine Konkretisierung, Spezifizierung und Klarstellung der Unzulässigkeit einer Amtshilfeleistung. Die Formulierung „ist nicht verpflichtet" bedeutet aber **nicht die Einräumung eines Ermessens** für die ersuchte Behörde, ob sie insoweit Amtshilfe gewährt oder nicht. Bei Vorliegen der Voraussetzungen des Abs. 2 Satz 2 besteht vielmehr ein nicht disponibles (hierzu § 4 Rn. 9 ff.) **Amtshilfeverbot.**[48] 27

Spezialgesetzliche Regelungen, die Amtshilfeleistungen ausschließen, können sowohl in **förmlichen Gesetzen** als auch in **Rechtsverordnungen** enthalten sein. Diese dürfen den Kernbereich des Art. 35 Abs. 1 GG nicht einschränken; zulässig sind aber Beschränkungen zum Schutz von Grundrechtspositionen (vgl. Rn. 15 ff.). Verwaltungsvorschriften oder Richtlinien reichen ohne gesetzliche Grundlage für eine Einschränkung der gesetzlich vorgeschriebenen Amtshilferechte und -pflichten (§ 4 Rn. 1) auch für ein Amtshilfeverbot nicht aus. Hiervon zu trennen ist allerdings die Befugnis vorgesetzter Behörden, Inhalt und Grenzen zulässiger Amtshilfe für die ihrem Geschäftsbereich zugehörenden Behörden im Interesse einheitlicher Anwendung durch **Erlass oder Richtlinie** allgemein festzulegen. 28

Gesetzliche Geheimhaltungspflichten bestehen etwa im Steuer- und Abgabenrecht, § 30 AO,[49] im Post- und Fernmelderecht **(Art. 10 GG, §§ 39 ff. PostG, § 88 ff. TKG),** im Statistikrecht **(§ 16 BStatG),** im Melde- und Volkszählungsrecht **(§§ 3, 18 MRRG),** im Berufsrecht insbesondere das Arztgeheimnis **(§ 203 Abs. 1 Nr. 1 StGB)** und bei anderen freien Berufen mit ähnlichen Geheimnispflichten (hierzu auch nachfolgend), im Kreditwesenrecht insbesondere das Bankgeheimnis (vgl. **§ 30 a AO, §§ 383 Abs. 1 Nr. 6, 384 Nr. 3, 408 ZPO, § 32 BBankG).** Auch das Sozialgeheimnis schafft nach Maßgabe des **§ 35 SGB I, §§ 68 ff. SGB X** – nicht unbegrenzte – Geheimhaltungspflichten auch im Amtshilfeverfahren.[50] Entsprechendes gilt für die Geheimhaltungsregelung des **§ 30 VwVfG:**[51] soweit ein Beteiligter in einem VwVf gegen die federführende Behörde einen Anspruch auf Schutz seiner Geheimnisse hat (näheres bei § 30), darf dieser Schutz nicht dadurch relativiert oder aufgehoben 29

---

[48] H. M., vgl. *Ule/Laubinger* § 11 Rn. 24 Fn. 74 m. w. N., vgl. auch Rn. 15 ff.
[49] Zu Mitteilungen der Finanz- und Sozialbehörden an Gewerbebehörden aus Gründen des öffentlichen Interesses *BVerwGE* 65, 1 = NVwZ 1982, 503; NVwZ 1988, 432; GewArch 1997, 68: jedenfalls bei nicht nur geringfügigen Steuerrückständen grundsätzlich zulässig; *BFHE* 149, 387 = NVwZ 1988, 474; ferner Erlass des *BMF* in NVwZ 1988, 417; *Selmer* JuS 1983, 72; *Steinbach* DÖV 1985, 549; *Hahn* GewArch 1997, 41, 42; zur sinngemäßen Anwendung des § 96 StPO gegenüber einem parlamentarischen Untersuchungsausschuss und der Wahrung des Steuergeheimnisses vgl. *BVerfGE* 67, 100, 129 ff. = NJW 1984, 2271; ferner *BVerwGE* 75, 1 = NJW 1987, 202.
[50] *VGH München* BayVBl 1989, 214: Weiterleitungsbefugnis von personenbezogenen Daten der hilfsbedürftigen Ehefrau eines Ausländers von der Sozial- zur Ausländerbehörde; *VG Bremen* NVwZ-RR 1991, 564; zu den Grenzen der Offenbarung von Sozialdaten im berufsgerichtlichen Verfahren vgl. *OVG Schleswig* DVBl 1994, 1316; zur begrenzten Befugnis zur Weiterleitung von Patientendaten nach §§ 14, 16 ÖGDG vgl. *VGH Mannheim* DVBl 1997, 660; zusammenfassend *Hauck/Heines*, SGB I, § 35 Rn. 3 ff.; § 68 Rn. 1 ff.; ferner *Kunkel*, Die Mitteilungspflichten des Jugend- und Sozialamtes nach dem neuen AuslG, DVBl 1991, 567. Zur Maßgeblichkeit der für die ersuchte Behörde maßgeblichen Rechtslage vgl. *BVerwG* NVwZ 1986, 467, hierzu Rn. 14 und § 4 Rn. 19.
[51] Ebenso *Hoffmann* in Obermayer § 5 Rn. 3; *Kopp/Ramsauer* § 5 Rn. 24; a. A. *Clausen* in Knack § 5 Rn. 26.

werden, dass geschützte Erkenntnisse einer Behörde im Rahmen der Amtshilfe anderen Behörden zur Verwertung zur Verfügung gestellt werden. Zum Verhältnis der Amtshilfe gegenüber dem Datenschutz bei personenbezogenen Informationen auch im Sicherheitsbereich vgl. Rn. 19 ff. Zu beachten ist ferner, dass auch relative, teilweise auf bestimmte Verfahren oder Behörden **begrenzte Geheimhaltungspflichten** nach Maßgabe spezialgesetzlicher und bereichsspezifischer Regelungen bestehen können, so dass eine Amtshilfe nicht generell und grundsätzlich für alle Behörden und alle Verfahren ausscheiden muss, sondern nur für bestimmte Fälle und Verfahren bestehen kann (hierzu noch Rn. 19).

30   Die allgemeine (beamten- oder tarifrechtliche) Pflicht zur **Amtsverschwiegenheit** begründet nach bisher h. M. grundsätzlich keine Geheimhaltungspflichten im Amtshilfeverkehr, wenn und soweit diese Hilfe den **innerdienstlichen Verkehr** betrifft (§ 61 Abs. 1 Satz 2 BBG).[52] Ob diese Offenbarungsbefugnis angesichts der neueren Entwicklung mit dem Ziel weitergehender innerbehördlichen Schweigepflichten auch bei personenbezogenen Informationen (hierzu Rn. 3, 15 ff.) weiterhin angenommen werden kann, ist fraglich und i. d. R. zu verneinen. Ein ungehinderter Informationsfluss innerhalb der Behörde für alle Fakten ist nur insoweit zulässig, als er zur rechtmäßigen Aufgabenerfüllung **unerlässlich** ist und **Persönlichkeitsrechte** nicht entgegenstehen. Zu beachten sind insbesondere die innerbehördlichen Informations-, Weitergabe- und Verwertungsverbote, insbesondere für personenbezogene Daten (Rn. 15 ff.). Daran ändert auch das **Informationsfreiheitsgesetz** des Bundes nichts.[53]

31   Ob ein dem Amtshilfeverbot des Abs. 2 Satz 2 unterliegender Vorgang **dem Wesen nach** geheimzuhalten ist, muss nach Maßgabe des Einzelfalls beurteilt werden. Da auf Grund des Gesetzesvorbehalts davon auszugehen ist, dass Geheimhaltungsgebote in der neueren Gesetzgebung (vgl. Rn. 17 ff.) durch oder auf Grund Gesetzes ausdrücklich bezeichnet werden, bedarf es bei älteren Gesetzen **bei Schweigen** der Norm oder in nicht geregelten Bereichen einer sorgfältigen Abwägung gegenläufiger öffentlicher und privater Interessen, ob eine Geheimhaltungspflicht dem Wesen nach besteht. Die (früher maßgebliche) gewohnheitsrechtliche Betrachtung[54] mit der tendenziell großzügigen Annahme einer Weitergabebefugnis reicht heute dafür allein nicht aus. Vielmehr müssen bei der Abwägung zwischen dem öffentlichen Interesse an der Amtshilfe und dem Schutz der Individualsphäre im Lichte eines rechtsstaatlichen VwVf (hierzu § 1 Rn. 30 ff.; § 9 Rn. 32 ff.) die verfassungsrechtlich geschützten individuellen Persönlichkeitsrechte und der Anspruch auf grundsätzliche Geheimhaltung personenbezogener Informationen stärker als bisher berücksichtigt werden, so dass für personenbezogene Informationen im Zweifel keine Weitergabebefugnis mehr bejaht werden kann.[55]

32   **Beispiele** für dem Wesen nach geheimzuhaltende Vorgänge nach bisheriger Auffassung: **Personalakten,**[56] soweit sie nicht mit dem Einverständnis des Betroffenen gegenüber anderen Behörden verwendet werden;[57] **Sicherheitsakten.**[58] Die früher streitige Frage, ob **Prüfungsakten** dem Wesen nach geheimzuhalten sind,[59] ist mit dem vom BVerfG entwickelten Grundrechtsanspruch auf ein faires Prüfungsverfahren, einem Anspruch auf Fehlerbeseitigung im Prüfungsverfahren und der verstärkten Kontrollbefugnis bei der Leistungsbewertung für berufsbezogene Prüfungen nach Art. 12 Abs. 1 GG nicht mehr zu bejahen.[60] Grundsätzliche Ge-

---

[52] Vgl. hierzu Begr. S. 39, ferner *BGHZ* 34, 184 = NJW 1961, 918; *BAGE* 9, 324 = NJW 1960, 2118; *Meyer-Teschendorf* JuS 1981, 187, 191; *Schickedanz* MDR 1981, 546; *Schmidt,* FS Boorberg Verlag, S. 135, 149; *Ule/Laubinger* § 11 Rn. 25 m. w. N.
[53] Vgl. *Jastrow/Schlatmann,* IFG, 2006, § 3 Rn. 88; zum IFG ferner *Schmitz/Jastrow* NVwZ 2005, 984.
[54] Vgl. *Hoffmann* in Obermayer § 5 Rn. 48.
[55] *BVerwGE* 84, 375 = NJW 1990, 2761 = DVBl 1990, 707 mit krit. Bespr. *Bäumler* DVBl 1990, 865; *BVerwGE* 89, 14 = NJW 1992, 451 zu § 19 BDSG; *Geis* JZ 1991, 112; ferner die Nachweise zu § 30 Rn. 7 ff.
[56] *BVerwGE* 19, 179, 185 = NJW 1965, 214; 38, 336 = DÖV 1972, 571; 50, 301, 310 = DVBl 1976, 423; OVG Koblenz DVBl 1995, 629; a. A. *Kopp/Ramsauer* § 5 Rn. 27.
[57] Zum Einsichtsrecht im Konkurrentenstreitverfahren vgl. *VGH Kassel* NVwZ 1994, 338, hierzu noch § 29 Rn. 43 ff. m. w. N.; eine Weitergabebefugnis der Mitteilung von Erkenntnissen des Verfassungsschutzes zwischen Behörden in Bewerbungsverfahren grundsätzlich bejahend *BVerwGE* 69, 53 = NJW 1984, 1636.
[58] *BVerwGE* 55, 186 = NJW 1978, 1643; vgl. nunmehr § 29 SÜG.
[59] Bejaht von *BVerwGE* 19, 128, 130 = NJW 1965, 707; 50, 309; a. A. *VGH München* BayVBl 1986, 151; *Kopp/Ramsauer* § 5 Rn. 27.
[60] *BVerfGE* 84, 34 und 84, 57 = NJW 1991, 2005 und 2008; vgl. hierzu noch § 2 Rn. 123 ff.

heimhaltungsbedürftigkeit aber bei **Patientenakten**,[61] **Arztkartei**,[62] **Tonbändern**,[63] **Suchtkrankenberatungsunterlagen**,[64] **Geschäftsgeheimnissen** und vertraulichen Auskünften,[65] **Verschlusssachen**,[66] **Verfassungsschutzakten**,[67] zum **Tagebuch** und seiner – zulässigen – Verwertung in einem Strafverfahren vgl. BVerfGE 80, 397 = NJW 1990, 563;[68] weitere Einzelheiten vgl. § 30 Rn. 1 ff.

IV. Möglichkeit der Ablehnung von Amtshilfe (Abs. 3)

33 Den Fallgruppen des Abs. 2, bei denen die ersuchte Behörde verpflichtet ist, die Amtshilfe abzulehnen, stellt **Abs. 3** Gründe an die Seite, bei deren Vorliegen die Behörde die Amtshilfe ablehnen **kann**. Auch diese Aufzählung ist **abschließend** (dies wird in Abs. 4 ausdrücklich klargestellt); die Gründe sind alternativ aufgeführt. Ob die Behörde im Einzelfall von ihrem Ablehnungsrecht Gebrauch macht, steht in ihrem **Ermessen**.[69]

34 Zu den **Ablehnungsmöglichkeiten** im Einzelnen: Nach **Nr. 1** braucht die ersuchte Behörde Hilfe nicht zu leisten, wenn eine andere Behörde die Hilfe **wesentlich einfacher oder mit wesentlich geringerem Aufwand** leisten kann. Die Vorschrift soll der Durchsetzung des Prinzips der Einfachheit und Billigkeit des Verfahrens (§ 10) dienen (§ 4 Rn. 6, 35). Sie steht insofern in Zusammenhang mit Abs. 1 Nr. 5 und § 6. Während dort jedoch die Betrachtungsweise der ersuchenden Behörde maßgebend ist, wird hier auf die ersuchte Behörde abgestellt. Sie kann die Amtshilfe mit der Begründung ablehnen, dass eine andere, dritte Behörde die Amtshilfe wesentlich einfacher oder mit wesentlich geringerem Aufwand leisten könne. Zum Begriff des wesentlich geringeren Aufwandes vgl. Rn. 12. Im Gegensatz zu Abs. 1 Nr. 5 kommt hier jedoch auch der Gesichtspunkt einer wesentlich einfacheren (insbesondere rascheren) Erledigung alternativ in Betracht. Die ersuchte Behörde kann immer nur auf eine **andere Behörde** verweisen, **nicht** darauf, dass die Handlung, um deren Vornahme sie ersucht worden ist, wesentlich einfacher oder mit wesentlich geringerem Aufwand von **privater Seite** (etwa durch ein kommerzielles Unternehmen) vorgenommen werden könne. Dies gilt auch, wenn es sich um eine Leistung handelt, deren Erbringung gegenüber Dritten die Behörde privatisiert hat.[70]

35 Die ersuchte Behörde braucht Hilfe ferner nicht zu leisten, wenn sie sie nur **mit unverhältnismäßig großem Aufwand** leisten könnte **(Nr. 2)**. Vergleichsmaßstab ist der Aufwand, der für die Erledigung der Amtshilfe in Ansehung der eigenen Aufgaben der Behörde erforderlich ist, nicht die Relation zwischen dem Aufwand für die Amtshilfe und dem Vorhaben der ersuchenden Behörde. Steht der aus der Amtshilfe zu erwartende Aufwand hierzu in einem erkennbaren Missverhältnis, so hat die Behörde die Möglichkeit, das Amtshilfeersuchen zurückzuweisen.[71] Ein Vorschlag der KSpV, als zweite Alternative vorzustehen, dass die Behörde die Amtshilfe auch ablehnen könne, wenn sie nicht über das erforderliche Personal oder die sächlichen Einrichtungen verfügt, wurde nicht aufgegriffen. Daraus kann aber nicht im Umkehrschluss gefolgert werden, dass eine Pflicht zur (erstmaligen) Personal- und Sachmittelbeschaffung besteht, um eine Amtshilfeleistung erbringen zu können (vgl. Rn. 7, 11, 12).

---

[61] *BVerwGE* 82, 45 = NJW 1989, 2960; *BGHZ* 85, 327 = NJW 1983, 328; 85, 339 = NJW 83, 330; 106, 146 = NJW 1989, 764; 115, 123 = NJW 1991, 2955; zu normativen Regelungen mit begrenzten Befugnissen zur Weiterleitung im Rahmen von Amtshilfe im Landesrecht vgl. *VGH Mannheim* DVBl 1997, 660; *Gola* NJW 1996, 3312, 3314, 3318.
[62] *BVerfGE* 32, 373 = NJW 1972, 1123; *BGHZ* 116, 268 = NJW 1992, 737; *Taupitz* MDR 1992, 421.
[63] *BVerfGE* 34, 238 = NJW 1973, 891.
[64] *BVerfGE* 44, 353 = NJW 1977, 1489.
[65] *BVerwGE* 5, 95 = NJW 1957, 1248; *OVG Berlin* NJW 1971, 1378; *OVG Koblenz* NJW 1977, 266; hierzu noch § 30 Rn. 1 ff.
[66] Hierzu *BVerfGE* 67, 100 = NJW 1984, 2271.
[67] Im Strafverfahren gem. § 96 StPO nach *BVerwG* NJW 1987, 202 nicht automatisch ihrem Wesen nach geheimzuhalten.
[68] Hierzu *Geis* JZ 1991, 112.
[69] *Finkelnburg/Lässig* § 5 Rn. 32; *Kopp/Ramsauer* § 5 Rn. 28; *Meyer/Borgs* § 5 Rn. 12; *Clausen* in Knack § 5 Rn. 32; *Martens* JR 1981, 353, 355; *A. A. Schmidt*, FS Boorberg Verlag, S. 135, 148.
[70] Z. B. Beauftragung eines Privatunternehmens durch staatliches Archiv, nachgefragte Kopien von Archivalien gegen Berechnung zu erstellen.
[71] Vgl. Begründung zu § 5 Entwurf 73.

36 Die ersuchte Behörde braucht nach **Nr. 3** Hilfe dann nicht zu leisten, wenn sie unter Berücksichtigung der Aufgaben der ersuchenden Behörde durch die Hilfeleistung die **Erfüllung ihrer eigenen Aufgaben ernstlich gefährdet** würde. Im Gegensatz zu Nr. 2 ist hier nicht der mit der Hilfeleistung verbundene Aufwand der Anknüpfungspunkt, sondern die Gefahr, die Erfüllung der eigenen Aufgaben zu beeinträchtigen. In der Praxis dürfte freilich nicht selten die Gefährdung gerade durch den besonderen Aufwand, den die Amtshilfe erfordert, eintreten. Jedoch ist der Umfang der Hilfeleistung nicht der Einzige denkbare Gesichtspunkt. Der BT-Innenausschuss hat daher auch den Vorschlag des Rechtsausschusses, ausdrücklich auf den Umfang der Hilfeleistung abzustellen, als zu einengend abgelehnt.[72] Das Wort **„ernstlich"** macht deutlich, dass ein strenger Maßstab anzulegen ist. Geringfügige Verzögerungen und Erschwerungen bei der Erfüllung der eigenen Aufgaben muss die Behörde hinnehmen.[73] Sie darf zudem bei der Prüfung der Voraussetzungen ihren Blick nicht allein auf ihre eigene Tätigkeit richten, sondern muss die Aufgaben der ersuchenden Behörde, insbesondere auch Bedeutung und Dringlichkeit des konkreten Vorhabens in ihre Abwägung mit einbeziehen. Im Zweifelsfall kann die **Aufsichtsbehörde** eingeschaltet werden (Rn. 5).

V. Grenzen des Ablehnungsrechts (Abs. 4)

37 Abs. 4 dient der Verdeutlichung der Grenzen des Ablehnungsrechts. Die Vorschrift stellt klar, dass die ersuchte Behörde über die in Abs. 3 genannten Fälle hinaus **nicht** die Möglichkeit hat, die Amtshilfe **aus Zweckmäßigkeitserwägungen** abzulehnen. Über die Frage der Zweckmäßigkeit entscheidet vielmehr im Übrigen nur die ersuchende Behörde, die Herrin des Verfahrens bleibt (vgl. auch § 7). Dies gilt auch, wie die zweite Alternative des Abs. 4 deutlich macht, für die Frage, ob die mit der Amtshilfe zu verwirklichende Maßnahme zweckmäßig sei oder nicht. Unter **Maßnahme** ist das von der ersuchenden Behörde verfolgte Vorhaben, nicht die Amtshandlung zu verstehen, die Gegenstand der Amtshilfe sein soll (§ 7 Rn. 2). Zu dem Fall, dass die ersuchte Behörde die zu verwirklichende Gesamtmaßnahme oder die einzelne Amtshilfeleistung für rechtswidrig erachtet, vgl. Rn. 15; § 7 Rn. 2ff. Über den Wortlaut des Abs. 4 hinaus wird nach allgemeinen Rechtsgrundsätzen ein Ablehnungsrecht dann zu bejahen sein, wenn Amtshilfeersuchen offensichtlich **rechtsmissbräuchlich** sind und insbesondere illegitimen, vorgeschobenen Zielen dienen,[74] denn die Amtshilfe ist kein Mittel zur Herbeiführung rechtswidriger Zustände und Erfolge (§ 4 Rn. 4ff.). An einen solchen Nachweis sind aber strenge Anforderungen zu stellen.

VI. Meinungsverschiedenheiten über Amtshilferechte und -pflichten, Rechtsschutzfragen (Abs. 5)

38 In der Praxis können **Zweifel** darüber entstehen, ob die ersuchte Behörde zur **Amtshilfe verpflichtet** ist oder nicht. Die Zweifel können sich daraus ergeben, dass die ersuchte Behörde das Vorliegen der Voraussetzungen des Abs. 1 bestreitet (wenn sie z.B. der Auffassung ist, dass die Vornahme der Amtshandlung der ersuchenden Behörde selbst rechtlich und tatsächlich möglich ist), dass sie vom Vorliegen eines zwingenden Ablehnungsgrundes nach Abs. 2 oder einer Ablehnungsmöglichkeit nach Abs. 3 ausgeht. Hält die Behörde unter einem dieser Gesichtspunkte sich zur Hilfe nicht für verpflichtet, so hat sie dies nach **Abs. 5 Satz 1** der ersuchenden Behörde **mitzuteilen.** Sie hat der ersuchenden Behörde den Ablehnungsgrund zu benennen und die Ablehnung näher zu **begründen.** Schließt sich die ersuchende Behörde ihrer Auffassung nicht an, sondern besteht sie auf der Amtshilfe, so muss diese die Ablehnung mit der Darstellung ihres Standpunktes der **Aufsichtsbehörde** vorlegen. Über die Verpflichtung zur Amtshilfe entscheidet sodann die **gemeinsame fachlich zuständige** Aufsichtsbehörde (Be-

---

[72] Bericht BT-Innenausschuss zu § 5.
[73] Begründung zu § 5 Entwurf 73.
[74] *Dreher,* Die Amtshilfe, 1959, S. 122; *Finkelnburg/Lässig* § 5 Rn. 12; *Kopp/Ramsauer* § 5 Rn. 36; offengelassen von *VGH Mannheim* NVwZ-RR 1990, 337.

sonderheiten in §§ 33 und 36 LVwGSH). Besteht keine gemeinsame fachliche Aufsichtsbehörde, so entscheidet die für die ersuchte Behörde fachlich zuständige Aufsichtsbehörde. Welche Behörde dies ist, richtet sich nach dem jeweiligen Verwaltungsorganisationsrecht und den dort enthaltenen Regelungen. Fachlich zuständige Aufsichtsbehörde kann daher auch die Rechtsaufsichtsbehörde sein.

Gegen die aufsichtsbehördliche Entscheidung ist jedenfalls die **Dienstaufsichtsbeschwerde** gegeben.[75]

Über Amtshilferechte und -pflichten sind auch **gerichtliche Rechtsstreitigkeiten** zwischen den beteiligten Behörden zulässig, jedenfalls dann, wenn sie verschiedenen Rechtsträgern (§ 8 Rn. 12) oder unterschiedlichen juristischen Personen des öffentlichen Rechts angehören.[76] Auch innerhalb einer juristischen Person sind über Amtshilferechte und -pflichten gerichtliche Streitigkeiten dann zulässig, wenn sie in ihrem Verhältnis zueinander Träger eigener Rechte und Pflichten, also Zuordnungssubjekt von Rechtssätzen, sind, z. B. bei den sog. Kommunalstreitverfahren.[77] Vor der Erhebung einer Klage ist regelmäßig eine – sofern vorhanden – gemeinsame **Aufsichtsbehörde** einzuschalten.[78]

Die **privaten Beteiligten** eines Amtshilfestreits zwischen verschiedenen Behörden werden in der Regel in ihren Rechten unmittelbar betroffen sein und selbst eine eigene Klagebefugnis nicht besitzen, da die Amtshilfe als zwischenbehördliches Rechtsinstitut in der Regel **keine unmittelbaren Auswirkungen im Außenverhältnis** hat.[79] § 44 a VwGO gilt auch im Amtshilfeverkehr, so dass grundsätzlich erst die Endentscheidung der federführenden Behörde, nicht bereits die Verfahrenshandlung der Amtshilfe anfechtbar ist.[80] Allerdings ist eine Beteiligung des privaten Betroffenen und ein Klagerecht gemäß § 44 a Satz 2 VwGO dann nicht ausgeschlossen, wenn Grundrechtspositionen bereits durch Amtshilfeleistungen im Außenverhältnis unmittelbar verletzt worden sind.[81]

Für die Frage, in welchem **Rechtsweg** Amtshilfestreitigkeiten zwischen Behörden auszutragen sind, kommt es auf das **Recht der ersuchten Behörde** und den für die Tätigkeit (außerhalb der Amtshilfe) sonst gegebenen Rechtsweg an; die Rechtsnatur der materiellen Verwaltungsaufgaben, die mit der Amtshilfe gefördert werden soll, bildet nur den Hintergrund für den Prozess, entscheidet aber nicht über den Gerichtszweig, in dem der Amtshilfeprozess durchzuführen ist.[82] Für die Klage einer AOK gegen eine Industrie- und Handelskammer auf Auskunfterteilung ist daher nicht der Sozial-, sondern der Verwaltungsrechtsweg gem. § 40 Abs. 1 VwGO gegeben.[83] Als Klageart werden Anfechtungs- und Verpflichtungsklagen in der Regel nicht in Betracht kommen, da die Amtshilfeleistung bzw. ihre Verweigerung kein VA, sondern nichtregelnde Willenserklärung auf dem Gebiet des öffentlichen Rechts ist; durchweg wird daher **Leistungs-(Unterlassungs-)klage** zu erheben sein. Vorher ist das in Abs. 5 vorgesehene Verfahren bei den Aufsichtsbehörden durchzuführen.[84]

VII. Landesrecht

Die Länder haben in ihren VwVfG dem § 5 entsprechende Regelungen. Zu beachten ist, dass sich aus bundes- und landesrechtlichen Regelungen spezialgesetzliche Einschränkungen von

---

[75] Vgl. *Wendt* NWVBl 1987, 33, 39, 40; ferner auch *BSGE* 18, 273, 277; *Dreher*, Die Amtshilfe, 1959, S. 217.
[76] *BVerwG* DVBl 1986, 1199 = NVwZ 1986, 467; *OLG Celle* NJW 1990, 1802; *Schlink*, Die Amtshilfe, 1982, S. 259 ff.; *Meyer/Borgs* § 5 Rn. 35; *Kopp/Ramsauer* § 5 Rn. 41 ff.; *Schmidt*, FS Boorberg Verlag, S. 135, 153.
[77] Hierzu *Hoppe*, Organstreitigkeiten vor dem Verwaltungs- und Sozialgerichten, 1970; *Ewald* DVBl 1970, 237, ferner § 11 Rn. 15 ff. m. w. N.; zur Zulässigkeit von sog. In-sich-Prozessen verschiedener Behörden desselben Rechtsträgers vgl. *Kopp/Schenke* § 63 Rn. 7; *Czybulka* in Sodan/Ziekow § 63 Rn. 24.
[78] *VG Minden* NVwZ 1989, 90.
[79] *BVerwG* NVwZ 1999, 535, 536; § 4 Rn. 6, 25; vgl. aber § 4 Rn. 29 und § 5 Rn. 6 ff.
[80] Vgl. *VGH München* BayVBl 1988, 341, bestätigt durch *BVerwG* 7. 6. 1988–1 B 38.88 = Buchholz 310 § 44 a VwGO Nr. 3; ferner § 7 Rn. 9 ff.
[81] Vgl. *VGH München* BayVBl 1988, 342; ferner § 7 Rn. 9 ff.
[82] *BVerwG* NVwZ 1986, 467.
[83] *BVerwG* NVwZ 1986, 467.
[84] *VG Minden* NVwZ 1989, 90; *OLG Celle* NJW 1990, 1802.

Amtshilferechten und -pflichten ergeben, durch die insbesondere Abs. 2 und 3 modifiziert werden. Dies gilt insbesondere für Amtshilfeverbote auf Grund der Datenschutzgesetze von Bund und Ländern (hierzu Rn. 15 ff.). Zur Amtshilfe bei (verwaltungs)privatrechtlicher Tätigkeit § 4 Rn. 14.

VIII. Vorverfahren

44 § 5 ist auch im Vorverfahren anwendbar (§ 79).

§ 6 Auswahl der Behörde

Kommen für die Amtshilfe mehrere Behörden in Betracht, so soll nach Möglichkeit eine Behörde der untersten Verwaltungsstufe des Verwaltungszweigs ersucht werden, dem die ersuchende Behörde angehört.

Vergleichbare Vorschriften: § 113 AO; § 5 SGB X.

Abweichendes Landesrecht: Vgl. Rn. 7; ferner Übersicht zu Änderungen der LVwVfGe im Dritten Teil dieses Kommentars.

Entstehungsgeschichte: Bis zum Inkrafttreten des VwVfG vgl. § 6 der 6. Auflage.

Literatur: vgl. zu § 4.

Übersicht

	Rn.
I. Allgemeines	1
II. Auswahl bei mehreren amtshilfeverpflichteten Behörden	5
III. Landesrecht	7
IV. Vorverfahren	8

I. Allgemeines

1 **1.** Während § 5 die rechtlichen Voraussetzungen der Amtshilfeersuchen festlegt (Abs. 1) und die Grenzen negativ umschreibt, innerhalb derer die ersuchte Behörde zur Leistung der Amtshilfe verpflichtet ist (Abs. 2 bis 5), gibt § 6 der ersuchenden Behörde eine **Leitlinie** für den besonderen Fall, dass unter den Voraussetzungen des § 5 **mehrere Behörden** für die Amtshilfe in Betracht kommen.

2 **2.** § 6 trifft damit nur eine **Teilregelung** für die in Betracht kommenden Adressaten von Amtshilfeersuchen und die zur Amtshilfe verpflichteten **(passivlegitimierten) Behörden**. Inaltsgleiche oder entgegenstehende Rechtsvorschriften des Bundes oder Landes gehen daher entsprechend dem allgemeinen **Subsidiaritätsgrundsatz** des VwVfG (hierzu § 1 Rn. 206 ff.) vor, wie etwa § 4 HmbVwVfG.

3 Im Allgemeinen ist das Amtshilfeersuchen an diejenige Behörde zu richten, die zu der erbetenen Amtshandlung **befugt und in der Lage** ist und die örtliche, sachliche und instanzielle **Zuständigkeit** besitzt; durch die Amtshilfe werden Kompetenzen und Befugnisse aber nicht erstmals begründet, inhaltlich verändert oder erweitert (§ 4 Rn. 7 ff.; § 5 Rn. 11 ff.). Die ersuchende Behörde muss daher stets **von Amts wegen** prüfen, an wen sie das Amtshilfeersuchen richtet. Insofern enthält § 6 mit seiner Teilregelung die Klarstellung, dass das Amtshilfeersuchen aus verfahrensökonomischen Gründen und wegen der Sachnähe zu der erbetenen Unterstützung regelmäßig **nicht an die oberste oder vorgesetzte Behörde** zu richten ist, sondern **direkt** an die für die ersuchte Amtshandlung örtlich und sachlich zuständige Behörde auf der **untersten Stufe** des jeweiligen Verwaltungszweiges (Rn. 5). Eine Einschaltung oder Information der vorgesetzten Behörden ist aber möglich und kann im eigenen Behördenstrang auch festgelegt werden, wird von § 6 aber nicht gefordert. Auch interne Benehmens- oder Einver-

nehmensrechte der weisungsbefugten vorgesetzten Behörden vor der Erbringung der Amtshilfeleistungen bleiben von § 6 unberührt (zur Begrenzung der Regelungsbefugnis vgl. auch § 5 Rn. 15). Ein an eine unzuständige Behörde gerichtetes Amtshilfeersuchen soll an die für zuständig gehaltene Stelle (unter Abgabenachricht an die ersuchende Behörde) **weitergeleitet** oder mit Stellungnahme der ersuchenden Behörde zurückgegeben werden; ggfs. ist das in § 5 Abs. 5 vorgesehene behördeninterne Abstimmungsverfahren einzuleiten (zu Prozessrechtsfragen vgl. dort Rn. 38 ff.).

Die **ersuchte Behörde** hat nach dem für sie geltenden Amtshilferecht und den **für sie sonst maßgeblichen Rechtsvorschriften,** ggfs. unter Beachtung behördeninterner oder -externer Informations-, Weitergabe- oder Verwertungsverbote (etwa des Datenschutzes oder sonstiger Geheimhaltungspflichten) zu prüfen, ob sie die erbetene Amtshilfeleistung erbringen darf und kann (zur Rechtmäßigkeits- und Zweckmäßigkeitsprüfung vgl. § 5 Rn. 14 ff.). **4**

II. Auswahl bei mehreren amtshilfeverpflichteten Behörden

1. Voraussetzung für eine Anwendung des § 6 ist, dass für die Amtshilfe überhaupt **zwei oder mehr Behörden** als passivlegitimiert für die ersuchte Amtshilfeleistung (Rn. 2, 3) in Betracht kommen. Bei der Auswahl wird die ersuchende Behörde zunächst diejenigen Behörden ausscheiden, die nach § 5 Abs. 3 Nr. 1 Amtshilfe ohnedies nicht würden zu leisten brauchen, weil sie auf eine dritte Behörde **verweisen** könnten, die die Hilfe wesentlich einfacher oder mit wesentlich geringerem Aufwand leisten kann. Kommen danach noch mehrere Behörden in Betracht und ist unter ihnen eine **Behörde der untersten Verwaltungsstufe** des Verwaltungszweiges, dem die ersuchende Behörde angehört, so soll diese gewählt werden. Mit **Verwaltungszweig** ist die nach dem Ressortprinzip bestimmte Fachverwaltung (z. B. allgemeine innere Verwaltung, Wehrverwaltung, Schifffahrtsverwaltung) gemeint. Innerhalb dieses Verwaltungszweiges soll die Behörde der **untersten** Verwaltungsstufe (Gemeinde oder Kreisverwaltung, Wehrbezirksverwaltung, Schifffahrtsamt) gewählt werden. Die unterste Verwaltungsstufe ist gewählt worden, weil bei ihr zu vermuten steht, dass sie auf Grund der Ortsnähe die Amtshilfe **am zweckmäßigsten und billigsten** vornehmen kann.[1] Bei Vorliegen spezieller Rechtsvorschriften gehen diese vor (Rn. 2). **§ 6 HmbVwVfG** trifft in einem zusätzlichen Satz 2 die konkretisierende Bestimmung, dass, wenn neben anderen Behörden der Hamburger Verwaltung ein Bezirksamt in Betracht kommt, dieses ersucht werden soll. Keine Amtshilfe jedoch bei Hilfeersuchen gegenüber einer Behörde der eigenen Verwaltung, gegenüber der Weisungsbefugnis besteht (§ 4 Abs. 2 Nr. 1). **5**

2. Es handelt sich um eine **Soll-Vorschrift,** d. h. „müssen" im Regelfall. Durch die Worte „nach Möglichkeit" ist der ersuchenden Behörde zudem noch ein weiterer **Spielraum** für die Anwendung der Grundregel eingeräumt, die Umstände des Einzelfalles zu berücksichtigen (z. B. wenn die in Aussicht genommene Behörde der untersten Verwaltungsstufe des eigenen Verwaltungszweigs bekanntermaßen personell und materiell so schlecht ausgestattet ist, dass eine andere Behörde die Amtshife schneller, einfacher und mit weniger Kostenaufwand leisten könnte). **Nichtbeachtung** des § 6 hat keine rechtlichen Folgen (Rn. 3). Andererseits hat die ersuchte Behörde bei Unzuständigkeit ein Weigerungsrecht nach § 5 Abs. 2 und 3 (dort Rn. 33 ff.). Es gelten ferner die Erwägungen zu § 5 Abs. 4 (dort Rn. 37 ff.). **6**

III. Landesrecht

§ 6 ist auch in den VwVfGen der Länder – teilweise mit landesrechtlichen Besonderheiten – enthalten. Die Vorschrift wird durch spezialgesetzliche Regelungen, insbesondere für den Kommunalbereich, ergänzt; diese gehen dem § 6 nach allgemeinen Grundsätzen (§ 1 Rn. 206 ff.) vor (Rn. 2, 5). **7**

---

[1] *Clausen* in Knack § 6 Rn. 2.

IV. Vorverfahren

8 § 6 ist auch im Vorverfahren anwendbar (§ 79).

§ 7 Durchführung der Amtshilfe

(1) **Die Zulässigkeit der Maßnahme, die durch die Amtshilfe verwirklicht werden soll, richtet sich nach dem für die ersuchende Behörde, die Durchführung der Amtshilfe nach dem für die ersuchte Behörde geltenden Recht.**

(2) ¹**Die ersuchende Behörde trägt gegenüber der ersuchten Behörde die Verantwortung für die Rechtmäßigkeit der zu treffenden Maßnahme.** ²**Die ersuchte Behörde ist für die Durchführung der Amtshilfe verantwortlich.**

Vergleichbare Vorschriften: § 114 AO; § 6 SGB X..

Abweichendes Landesrecht: Vgl. Rn. 12; ferner Übersicht zu Änderungen der LVwVfGe im Dritten Teil dieses Kommentars.

Entstehungsgeschichte: Bis zum Inkrafttreten vgl. § 7 der 6. Auflage.

Literatur: *Pickel,* Durchführung und Kosten der Amtshilfe im Sozialrecht, NZA 1985, 416.

Übersicht

	Rn.
I. Allgemeines	1
II. Anzuwendendes Recht für die beteiligten Behörden (Abs. 1)	2
1. Maßgebliches Recht für die ersuchende Behörde	2
2. Maßgebliches Recht für die ersuchte Behörde	3
III. Verantwortlichkeit der beteiligten Behörden (Abs. 2)	5
IV. Landesrecht	12
V. Vorverfahren	13

I. Allgemeines

1 Die Vorschrift stellt **ergänzend zu § 5** mit den dort enthaltenen Regelungen über die Voraussetzungen und Grenzen der Amtshilfe klar, nach welchem Recht die **Zulässigkeit** der Maßnahme, die durch die Amtshilfe verwirklicht werden soll, und die **Durchführung** der Amtshilfe zu beurteilen sind (Abs. 1). Sie grenzt im Verhältnis der beteiligten Behörden untereinander die rechtliche Verantwortlichkeit im Rahmen der Amtshilfe ab (Abs. 2). § 7 umschreibt damit die **Grenzen rechtmäßiger Amtshilfe**.

II. Anzuwendendes Recht für die beteiligten Behörden (Abs. 1)

1. Maßgebliches Recht für die ersuchende Behörde

2 Die Amtshilfe ist ergänzende Hilfe (§ 4 Abs. 1, nähere Einzelheiten hierzu § 4 Rn. 25 ff.) bei der Durchführung einer Verwaltungsmaßnahme. **Herr dieses Verfahrens** bleibt in jedem Stadium die ersuchende Behörde. Sie allein hat über die Inangriffnahme des Vorhabens und über seine Durchführung im ganzen zu entscheiden und trägt dafür die Verantwortung. **Abs. 1** bestimmt daher konsequenterweise, dass sich die **rechtliche Zulässigkeit der (Gesamt-)Maßnahme**, die durch die Amtshilfe verwirklicht werden soll, nach dem Recht der **ersuchenden** Behörde bestimmt. Mit dieser Regelung ist ergänzend zu § 5 Abs. 1 Nr. 1 klargestellt, dass sich durch die Amtshilfe die Zuständigkeit, Rechtmäßigkeit und Eingriffsbefugnis nicht ändern, insbesondere nicht zu Lasten Außenstehender erweitern. Eine Maßnahme, die von der ersuchenden Behörde rechtens nicht in Angriff genommen und durchgeführt werden darf, kann

§ 7 Durchführung der Amtshilfe   3–6 § 7

auch nicht auf dem Umweg über die Amtshilfe ganz oder teilweise realisiert werden (§ 4 Rn. 4 ff. m. w. N.).[1] Unter „**Maßnahme**" (das Hauptverfahren, vgl. § 4 Rn. 27) ist dabei das von der ersuchenden Behörde verfolgte **Vorhaben** zu verstehen, nicht die einzelne Handlung, um die durch die Amtshilfe ersucht wird. Zum Einwand der rechtlichen Unzulässigkeit der Maßnahme durch die ersuchte Behörde vgl. Rn. 5 ff.; § 5 Rn. 17.

2. Maßgebliches Recht für die ersuchte Behörde

Dagegen richtet sich die **Durchführung** der Amtshilfe nach dem Recht, das für die **ersuch- 3 te** Behörde gilt.[2] Würde man auch hier auf das Recht der ersuchenden Behörde abstellen, so könnten der ersuchten Behörde daraus unter Umständen Befugnisse erwachsen, die sie für die Durchführung ihrer eigenen Aufgaben nicht besitzt.[3] Dies würde den Grundsätzen der Amtshilfe widersprechen.[4] Die ersuchte Behörde muss daher **von Amts wegen** prüfen, ob sie nach dem für sie maßgeblichen Recht die Amtshilfeleistung erbringen darf und ob etwaige **Amtshilfeverbote oder -beschränkungen,** etwa im Datenschutzrecht, bestehen.[5] Insofern enthält Abs. 1 Halbsatz 1 eine **Klarstellung** und Wiederholung des in § 5 Abs. 2 Satz 1 Nr. 1 und Satz 2 enthaltenen Grundsatzes über die Maßgeblichkeit des anzuwendenden Rechts der ersuchten Behörde, weil durch die Amtshilfe der ersuchenden und der ersuchten Behörde keine zusätzlichen Zuständigkeiten und Befugnisse zuwachsen (§ 4 Rn. 6; § 5 Rn. 14 ff.). Unterscheiden sich die für die ersuchende und die ersuchte Behörde geltenden rechtlichen Verhältnisse, so hat die ersuchte Behörde die Amtshilfe in jeder Hinsicht nach ihrem Recht durchzuführen. Sie handelt dabei nach außen **in eigenem Namen,** aber fremdem Interesse (§ 4 Rn. 6); zur Haftung Rn. 10. Sie darf einerseits nur die Mittel einsetzen, die ihr nach ihrem eigenen Recht zustehen, kann andererseits aber von allen ihr zustehenden Befugnissen auch dann Gebrauch machen, wenn das Recht der ersuchenden Behörde sie nicht vorsehen.

Die örtliche Zuständigkeit für das Gesamtvorhaben bleibt bei der ersuchenden Behörde, sie 4 geht nicht durch die Vornahme einer Einzelmaßnahme auf die ersuchte Behörde über. Diese muss jedoch für Maßnahmen der mit der Amtshilfe zu verwirklichenden Art grundsätzlich **örtlich** und **sachlich zuständig** sein (§ 5 Rn. 15 ff.); die ersuchte Behörde muss auch, sofern eine Eingriffshandlung Gegenstand des Amtshilfeersuchens ist, die dazu erforderliche **Eingriffsbefugnis** besitzen (§ 4 Rn. 29, 37; § 5 Rn. 15 ff.). Bei Amtshilfeersuchen von Behörden gegenüber solchen in einem anderen Bundesland kommen damit zwei formell getrennte VwVfGe – oder andere Regelungen – zur Anwendung, auch wenn die Gesetze gleichen Inhalt haben (zu Verbandskompetenz und den Folgen der Verletzung von Verbandzuständigkeiten vgl. § 3 Rn. 12).

III. Verantwortlichkeit der beteiligten Behörden (Abs. 2)

1. Abs. 2 regelt die Verantwortlichkeit der Behörden im Rahmen der Amtshilfe. Die Vor- 5 schrift betrifft in erster Linie das **Innenverhältnis** zwischen ersuchender und ersuchter Behörde.[6] Allerdings können sich durch die Verantwortlichkeitsregelung auch Auswirkungen auf das Verhältnis der Behörden gegenüber dem Bürger im **Außenverhältnis** ergeben.

Die Regelung des Abs. 2 Satz 1 korrespondiert mit der des Abs. 1. Richtet sich nach Abs. 1 6 die **Zulässigkeit** der Maßnahme, die durch die Amtshilfe verwirklicht werden soll, nach dem für die ersuchende Behörde geltenden Recht, so trägt diese nach Abs. 2 auch die **Verantwortung für die Rechtmäßigkeit** der Maßnahme. Unter „Maßnahme" ist in Abs. 2 wie in Abs. 1 das von der ersuchenden Behörde verfolgte **Gesamtvorhaben** (das Haupt- oder Grundverfahren, § 4 Rn. 19) zu verstehen, zu der Hilfe erbeten wird, nicht die Amtshilfehandlung, um die ersucht wird. Richtet sich nach Absatz 1 die Zulässigkeit der Amtshilfe nach dem für die

---

[1] Vgl. z. B. BVerwGE 125, 56 = NVwZ-RR 2006, 622, 623 zu Amtshilfeersuchen an BND, für Sicherheitsüberprüfung personenbezogene Daten im Ausland zu beschaffen.
[2] Vgl. BVerwG DVBl 1986, 1199 = NVwZ 1986, 467, ferner hierzu § 5 Rn. 14 ff.
[3] BVerwGE 38, 336, 340 = DÖV 1972, 571; *Finkelnburg/Lässig* § 7 Rn. 3; *Kopp/Ramsauer* § 7 Rn. 6.
[4] Vgl. Begründung zu § 7 Entwurf 73.
[5] BVerwG DVBl 1986, 1199 = NVwZ 1986, 467; hierzu ferner § 4 Rn. 19 ff.; § 5 Rn. 15 ff.
[6] So Begr. RegE 1973, 40.

ersuchte Behörde geltenden Recht, so ist andererseits diese nach Abs. 2 Satz 2 auch der ersuchenden Behörde gegenüber für die Durchführung der Amtshilfe verantwortlich, da die ersuchende Behörde grundsätzlich (zu den Ausnahmen § 5 Abs. 2–5, hierzu dort Rn. 14ff.) einen Rechtsanspruch auf die Amtshilfe durch die ersuchte Behörde hat (§ 4 Rn. 1 ff., ferner Rn. 8).

7 Ob eine Maßnahme **zweckmäßig** oder sonst vertretbar ist, liegt in der Verantwortung der ersuchenden Behörde als Herrin des Verfahrens (§ 5 Abs. 4, hierzu dort Rn. 35). Zur Frage, ob die ersuchte Behörde zum **Einwand der Rechtswidrigkeit** des gesamten Vorhabens berechtigt ist, damit zugleich zur Unzulässigkeit der Amtshilfeleistung vgl. § 5 Rn. 17 m. w. N.

8 Für **Art, Form und Inhalt** der Durchführungshandlungen im Rahmen der Amtshife trägt die **ersuchte Behörde** die Verantwortung (Satz 2), z. B. für die Richtigkeit einer erteilten Auskunft, für den Zeitpunkt einer Untersuchung und die Funktionstüchtigkeit überlassener Geräte. Diese Rechtsfolge ergibt sich deshalb, weil die Amtshilfe zwar im fremden Interesse, aber mit eigenem Personal und in eigenem Namen erbracht wird, so dass für das „Ob" und „Wie" der Durchführung die Verantwortung bei der ersuchten Behörde verbleibt. Zur Prüfungspflicht der Zulässigkeit der Amtshilfe durch die ersuchte Behörde vgl. § 5 Rn. 14 ff.

9 2. Für den Bürger folgt aus der in Abs. 2 getroffenen Regelung indirekt, dass er **Rechtsmittel** gegen einen im Amtshilfeverfahren durchgeführten Eingriff in seine Rechte gegen die Behörde richten muss, die **unmittelbar** ihm gegenüber den belastenden Akt erlassen hat. Nur wenn eine Amtshilfeleistung im Sinne des § 44a Satz 2 VwGO eine solche **Außenwirkung gegenüber dem Bürger** gehabt hat, kann er sich ihr gegenüber zur Wehr setzen; erzeugt erst die mit Hilfe der ersuchten Behörde zustande gekommene Maßnahme des Haupt-(Grund-)verfahrens die belastende Wirkung, so richten sich die Rechtsmittel gegen die ersuchende Behörde; § 44a VwGO ist also im Amtshilfeverkehr anwendbar;[7] ggfs. ist in einem Prozessfall die ersuchte Behörde beizuladen.[8]

10 Bei der **Haftung** ist zu differenzieren: Ist ein Schaden unmittelbar durch eine Amtshilfehandlung mit Außenwirkung eingetreten, so haftet im Falle ihrer Rechtswidrigkeit die ersuchte Behörde im **Außenverhältnis**, auch wenn sie diese Unterstützungshandlung in fremdem Interesse (§ 4 Rn. 6) erbracht hat. Ggfls. kann sie im **Innenverhältnis** Rückgriff nehmen, wenn die ersuchende Behörde die Rechtswidrigkeit (mit)verursacht hat. Das Amtshilfeersuchen allein reicht wegen der Verantwortlichkeit der ersuchten Behörde für die Rechtmäßigkeit der von ihr erbrachten Amtshifeleistung (Abs. 1, § 5 Abs. 2) nicht aus. In den übrigen Fällen, insbesondere bei Rechtswidrigkeit der Hauptmaßnahme, haftet im Außenverhältnis die ersuchende Behörde als Herrin des Verfahrens (Abs. 2 Satz 1).[9] § 7 Abs. 2 ist selbst keine eigenständige Anspruchsgrundlage für **Regressansprüche**; ob sie im Innenverhältnis zwischen ersuchender und ersuchter Behörde bestehen, richtet sich nach allgemeinen Grundsätzen (vgl. auch Art. 104a Abs. 5 GG).[10] Die analoge Anwendung der §§ 662, 276, 278 BGB scheidet grundsätzlich aus.[11]

11 Einen Anspruch darauf, dass ein bestimmtes Amtshilfeersuchen ergeht, hat der Beteiligte (§ 13) nicht. Er hat grundsätzlich auch keinen Anspruch auf **Anhörung** (§ 4 Rn. 34) vor einem Ersuchen oder nach einer Amtshilfeleistung. Stellt sich nach seiner Auffassung das Unterlassen des Amtshilfeersuchens als **mangelnde Sachverhaltsermittlung** dar, so kann er dies als Verletzung von §§ 24, 26 im Rahmen des § 46 VwVfG, § 44a VwGO rügen. Die Amtshilfe ist innerhalb des gesamten Verfahrens eine **Verfahrenshandlung**. Für Rechtsbehelfe gegen sie gilt daher § 44a VwGO.

---

[7] Vgl. *VGH München* NVwZ 1987, 614; *Clausen* in Knack § 7 Rn. 11; *Meyer/Borgs* § 7 Rn. 12; *Kopp/Ramsauer* § 7 Rn. 12; *U. Stelkens*, Verwaltungshaftungsrecht, S. 264; hierzu auch § 5 Rn. 37 ff.
[8] Vgl. *Ule/Laubinger* § 10; *Finkelnburg/Lässig* § 7 Rn. 14; *Schmidt*, FS Boorberg Verlag, S. 154.
[9] Vgl. zu alledem noch *RGRK-Kreft*, BGB, 12. Aufl., 1989, § 839 Rn. 51 ff.; *Palandt/Sprau* § 839 Rn. 25 ff.
[10] Hierzu BVerwGE 96, 45 = NVwZ 1995, 56; § 8 Rn. 5; ferner hierzu *Schmidt-Bleibtreu/Klein*, GG, 8. Aufl. 1995, Art. 104a Rn. 26: Erstattung von Kosten der Amtshilfe im Bund-Länder-Verhältnis nicht ausgeschlossen.
[11] Str., bejahend: *Kopp/Ramsauer* § 7 Rn. 15; *Finkelnburg/Lässig* § 7 Rn. 15; einschränkend *Ule/Laubinger* § 11 Rn. 51 Fn. 127; *Jarass/Pieroth*, GG, 5. Aufl., 2000, Art. 104a Rn. 14; *Siekmann* in Sachs, GG, Art. 104a Rn. 62 ff.

IV. Landesrecht

Die Länder haben in ihren VwVfGen dem § 7 entsprechende Regelungen. Zu Rechtsgrundlagen für Regressansprüche vgl. Rn. 10; zur Anhörung Beteiligter Rn. 11; § 4 Rn. 34. 12

V. Vorverfahren

§ 7 ist auch im Vorverfahren anwendbar (§ 79). 13

§ 8 Kosten der Amtshilfe

(1) ¹Die ersuchende Behörde hat der ersuchten Behörde für die Amtshilfe keine Verwaltungsgebühr zu entrichten. ²Auslagen hat sie der ersuchten Behörde auf Anforderung zu erstatten, wenn sie im Einzelfall 35 Euro übersteigen. ³Leisten Behörden desselben Rechtsträgers einander Amtshilfe, so werden die Auslagen nicht erstattet.

(2) Nimmt die ersuchte Behörde zur Durchführung der Amtshilfe eine kostenpflichtige Amtshandlung vor, so stehen ihr die von einem Dritten hierfür geschuldeten Kosten (Verwaltungsgebühren, Benutzungsgebühren und Auslagen) zu.

Vergleichbare Vorschriften: § 115 AO; §§ 7, 64 Abs. 2 SGB X.
Abweichendes Landesrecht: Vgl. Rn. 15; ferner Übersicht zu Änderungen der LVwVfGe im Dritten Teil dieses Kommentars.
Entstehungsgeschichte: Bis zum Inkrafttreten des VwVfG vgl. § 8 der 6. Auflage. **Änderungen:** Lediglich die ursprüngliche Betragsangabe „fünfzig Deutsche Mark" in Abs. 1 Satz 2 wurde durch Art. 16 des Sechsten Euro-Einführungsgesetzes vom 3. 12. 2001 (BGBl I S. 3306) mit Wirkung vom 1. 1. 2002 durch „35 Euro" ersetzt.
Literatur: *Pickel,* Durchführung und Kosten der Amtshilfe im Sozialrecht, NZA 1985, 416.

Übersicht

	Rn.
I. Allgemeines	1
II. Beschränkte Kostenerstattungspflicht (Abs. 1)	7
III. Einnahmen aus der Amtshilfe (Abs. 2)	14
IV. Landesrecht	15
V. Vorverfahren	16

I. Allgemeines

1. Die Frage, ob und in welchem Umfang der ersuchten Behörde die durch die Durchführung der Amtshilfe entstandenen Kosten von der ersuchenden Behörde zu erstatten sind, war bislang umstritten.[1] Durch § 8 ist nunmehr eine gesetzliche Regelung getroffen. Art. 35 Abs. 1 GG steht ihr nicht entgegen, da er keine absolut kostenfreie Amtshilfe gebietet.[2] § 8 betrifft allein das **Verhältnis zwischen ersuchender und ersuchter Behörde,** nicht das Verhältnis gegenüber dem Bürger. Auf von diesem geschuldete Kosten geht Absatz 2 nur hinsichtlich der Frage ein, welcher der Behörden die Kosten zustehen. Leistet eine Behörde einem **Gericht** in erheblichem Umfang Amtshilfe, so kann sie in entsprechender Anwendung des Justizvergütungs- und -entschädigungsgesetzes Ersatz für ihre personellen und sachlichen Auslagen verlangen; die Erhebung einer Benutzungsgebühr ist aber ausgeschlossen.[3] 1

---

[1] Vgl. *Prost* DÖV 1956, 80; *Moll* DVBl 1954, 697; *Dreher,* Die Amtshilfe, 1959, S. 129 ff.; *BVerwGE* 31, 328, 329 = DÖV 1969, 433 – grundsätzlich keine Gebührenpflicht –; *BVerwG* DÖV 1972, 720.
[2] Vgl. *BVerwGE* 77, 364 = NVwZ 1987, 1070; 78, 363 = NVwZ 1988, 624; *OVG Koblenz* KStZ 1985, 58; *OVG Münster* NVwZ-RR 1992, 527; *VG München* NVwZ-RR 2000, 742.
[3] *OLG Hamburg* NJW 1987, 1095; vgl. auch *Ziekow* § 8 Rn. 3, der § 8 generell für die Bestimmung des Umfangs der Amtshilfekosten heranziehen will; wie hier *Kopp/Ramsauer* § 8 Rn. 2.

2 Ziel der Kostenregelung des § 8 ist außer der Klärung der Grundsatzfrage, die gegenseitige Abrechnung von Kosten zwischen Behörden im Interesse der **Verwaltungsvereinfachung** und der **Gegenseitigkeit** der Amtshilferechte und -pflichten (§ 4 Rn. 2) möglichst zu beschränken. Für eine Kostenerhebung gegenüber dem **Bürger** bedarf es stets spezieller Kostengesetze (Rn. 12).

3 2. § 8 setzt **ör Verwaltungstätigkeit** von Behörden i. S. von § 1 Abs. 1 und 4 voraus (hierzu dort Rn. 83 ff., 236 ff.). Die Beschränkungen der Entgeltregelung bei Amtshilfeleistungen greifen daher bei formeller und materieller **Privatisierung von Verwaltungsaufgaben** durch Unternehmen in privater Rechtsform (hierzu § 1 Rn. 121 ff.) nicht ein.

4 § 8 gilt ferner nur, soweit inhaltsgleiche oder entgegenstehende Rechtsvorschriften fehlen (etwa § 135 Abs. 2 und 3 FlurbG). In ihren VwVfGen haben die **Länder** den § 8 weitgehend unverändert übernommen (abweichend z. B. § 8 Abs. 1 Satz 2 BayVwVfG, Rn. 15, so dass insoweit weitgehend Rechtseinheit zwischen Bund und Ländern besteht. Auch **§ 115 AO** und **§ 7 SGB X** (hierzu aber noch Rn. 5, 6) stimmen hiermit im Wesentlichen überein. Die Kostenregelung in § 7 SGB X findet nur auf VwVf vor den Sozialbehörden Anwendung; für die Amtshilfe von Behörden, die nicht unter das SGB fallen, greift § 8 ein.[4] **Abweichende Rechtsvorschriften** können sich insbesondere aus speziellem Verwaltungskostenrecht oder aus sonstigen Rechtsvorschriften ergeben und gehen dem § 8 nach Maßgabe des § 1 (hierzu dort Rn. 206 ff.) vor.[5]

5 § 8 kommt nur zur Anwendung, wenn **Amtshilfe i. S. d. § 4** vorliegt (zu den Merkmalen dort Rn. 25 ff.). Ist im Hinblick auf § 4 Abs. 2 keine Amtshilfe i. S. dieses Gesetzes gegeben, so greift auch die Wirkung des § 8 nicht ein; in diesem Falle ist eine anderweitige Gebühren- und Auslagenerhebung nach Maßgabe spezialgesetzlicher Regelungen möglich.[6] Im Falle der sog. **grenzüberschreitenden Amtshilfe**, wenn also für ersuchende und ersuchte Behörden unterschiedliche Verfahrensvorschriften als Rechtsgrundlage in Betracht kommen (hierzu § 4 Rn. 19 ff.), richtet sich auch die Kostenerstattungspflicht der ersuchenden Behörde nach dem **Recht der ersuchten Behörde**.[7] Spezialgesetzliche Kostenregelungen für die Amtshilfe dürfen aber keine prohibitive Wirkung entfalten oder zur Ungleichheit der gegenseitigen Amtshilferechte und -pflichten (§ 4 Rn. 6) führen.

6 3. § 8 enthält **zwingendes Recht** und unterliegt nicht der Disposition der beteiligten Behörden. Daher sind auch **Vereinbarungen** über von § 8 abweichende Kostenerstattungsvoraussetzungen nur bei **gesetzlicher Ermächtigung** (wie dies durch § 7 Abs. 1 Satz 3 SGB X geschehen ist) zulässig, denn im öffentlichen Abgabenrecht besteht grundsätzlich – auch im Verhältnis der Behörden zueinander, jedenfalls bei verschiedenen Rechtsträgern (hierzu Rn. 10) – keine Dispositionsfreiheit gegenüber zwingenden gesetzlichen Regelungen.[8] Im Rahmen der Verwaltungskostengesetze ist aber die **(gegenseitige) Befreiung** von Gebührenpflichten zwischen verschiedenen Rechtsträgern zulässig. Zulässig sind ferner **Pauschalierungen**, um den Abrechnungsverkehr zu erleichtern,[9] weil damit der ohnehin von einem **Antrag** (hierzu Rn. 10, 13) abhängigen Auslagenerstattung Rechnung getragen wird. Eine Rechtspflicht zur Antragstellung (in voller Höhe) besteht nicht; die Anforderung nur von Teilbeträgen oder ein Verzicht auf die Antragstellung ist unter Wahrung des Gleichbehandlungsgebots zulässig (ferner Rn. 11). Auf diese Weise bleibt eine flexible Handhabung möglich.

II. Beschränkte Kostenerstattungspflicht (Abs. 1)

7 1. **Abs. 1** trifft keine Regelung für die durch die Amtshilfe bei der ersuchten Behörde entstehenden **allgemeinen** (personellen und sachlichen) **Verwaltungskosten**. Diese sind vielmehr

---

[4] BVerwGE 77, 364 = NVwZ 1987, 1070; 78, 363 = NVwZ 1988, 624 zu § 64 Abs. 2 Satz 1 SGB X, Rn. 6; *Pickel* NZA 1985, 416.
[5] OVG Koblenz KStZ 1985, 58; OVG Münster NVwZ-RR 1992, 527; vgl. auch BVerwGE 77, 364 = NVwZ 1987, 1070; 78, 363, 365 = NVwZ 1988, 624, wonach § 64 Abs. 2 Satz 5 SGB X eine Spezialvorschrift ist, die anlässlich der Beantragung, Erbringung oder Erstattung einer Sozialleistung stets Kostenfreiheit anordnet, gleichgültig ob die betreffenden Maßnahmen als Amtshilfe anzusehen sind.
[6] Vgl. *VGH Mannheim* BWVPr 1985, 255; OVG Münster NVwZ-RR 1992, 527.
[7] Hierzu BVerwGE 77, 364 = NVwZ 1987, 1070.
[8] Ebenso *Clausen* in Knack § 8 Rn. 12; vgl. auch BVerwGE 8, 329 = NJW 1959, 1937; 48; 166 = NJW 1978, 790; a. A. *Finkelnburg/Lässig* § 8 Rn. 3; *Meyer/Borgs* § 8 Rn. 9.
[9] Ebenso *Clausen* in Knack § 8 Rn. 12.

von der Behörde oder ihrem Rechtsträger nach dem Grundsatz des Art. 104a Abs. 1 und 5 GG zu tragen, wonach Bund und Länder für die Kosten ihrer Behörden selbst aufkommen.[10] Insofern ist § 8 auch Bestätigung dafür, dass die Amtshilfe nicht zu einer Verschiebung der Verwaltungs- und Finanzierungskompetenz i. S. des Art. 104 ff. GG führt (vgl. auch § 4 Rn. 8). Haben die Länder die Verwaltungsausgaben im Bereich der Bundesauftragsverwaltung zu tragen, haben sie die Auslagen einer im Wege der Amtshilfe tätigen Bundesbehörde zu erstatten (z. B. Ausschreibungskosten des Beschaffungsamts des BMI).

Aus den gleichen Überlegungen bestimmt Abs. 1 Satz 1 auch, dass die ersuchende Behörde **8** der ersuchten Behörde für die Amtshilfe **keine Verwaltungsgebühren** zu entrichten hat, auch wenn für die vorgenommene Amtshandlung nach dem Recht der ersuchten Behörde eine Gebühr fällig wäre. Soweit eine Handlung keine Amtshilfe i. S. des § 4 darstellt, können ohne Sperre durch § 8 Verwaltungsgebühren erhoben werden.[11] Die Inanspruchnahme einer Übermittlung von Daten aus dem Melderegister einer Gemeinde an einen Sozialleistungsträger ist nach § 64 Abs. 2 Satz 1 SBG X kostenfrei;[12] hiernach ebenso die von einem Sozialleistungsträger erbetene Auskunft aus dem Fahrzeugregister über einen Fahrzeughalter.[13] Dagegen bleibt der ersuchten Behörde ein eventueller Anspruch auf **Benutzungsgebühren,** wie der Umkehrschluss aus Abs. 1 Satz 1 zeigt, erhalten, wenn es sich bei der Amtshilfe um die Inanspruchnahme von Einrichtungen handelt, deren Aufwand durch Benutzungsgebühren gedeckt werden soll.[14] Hierfür bedarf es einer **speziellen Rechtsgrundlage**.[15]

2. Eine Erstattungspflicht der ersuchenden Behörde besteht dagegen nach **Satz 2** für **bare** **9** **Auslagen** (zum Begriff vgl. § 10 Abs. 1 VwKostG) der ersuchten Behörde (Art. 8 Abs. 1 Satz 2 BayVwVfG spricht von „besonderen Aufwendungen"). Zu ihnen gehören insbesondere Porto-, Telefon- und Reisekosten.

Die Erstattung erfolgt **auf Antrag** und nur, wenn die Auslagen im Einzelfall **35 Euro** über- **10** steigen. Eine Rechtspflicht zur Antragstellung besteht nicht (vgl. auch Rn. 6).

Mit **Einzelfall** (in Art. 8 Abs. 1 Satz 2 BayVwVfG fehlt der Zusatz „im Einzelfall") ist das **11** **einzelne Amtshilfeersuchen** gemeint, nicht der einzelne Auslagenposten. Hat eine Behörde daher in einer (einzigen) Verwaltungsangelegenheit zweimal um Amtshilfe ersucht, so hat sie die durch die Erledigung der Ersuchen erwachsenen Auslagen nicht zu erstatten, wenn die im Rahmen eines jeden Ersuchens entstandenen Auslagen für sich die Bagatellgrenze nicht überschreiten; dass die Summe aller Auslagen über der Bagatellgrenze liegt, ist in diesen Fällen grundsätzlich unerheblich.[16] Die **Bagatellgrenze** von ursprünglich fünfzig DM ist umstritten gewesen. Sie war in dieser Höhe bereits im Musterentwurf vorgesehen. Angesichts der inzwischen eingetretenen Geldentwertung hätte manches dafür gesprochen, die Grenze bei der Euro-Umstellung 2002 auf 50 Euro oder einen höheren Betrag anzuheben. In der Praxis belastet jedoch die Pflicht zur Amtshilfe vor allem Behörden der untersten Verwaltungsstufe mit zuweilen geringer Verwaltungskapazität (vgl. § 6), für die die dort entstehenden Auslagen von besonderem Gewicht sind, weil sich die durch die Amtshilfeersuchen verursachten Kosten im Verhältnis zwischen den Behörden nicht gegenseitig aufheben. § 7 Abs. 1 SGB X hat die Bagatellgrenze von 35 Euro übernommen, sieht jedoch bei Amtshilfe zwischen Versicherungsträgern eine Grenze von 100 Euro vor.[17]

Die Pflicht zur Erstattung der baren Auslagen entfällt ganz, wenn ersuchende und ersuchte **12** Behörde **demselben Rechtsträger** (§ 35 Abs. 1 Satz 2 LVwG SchlH: „Träger der öffentlichen Verwaltung") angehören **(Satz 3).** Sie gehören demselben Rechtsträger an, wenn sie derselben

---

[10] A. A. *U. Stelkens,* Verwaltungshaftungsrecht, 1998, S. 263.
[11] Vgl. *VGH Mannheim* BWVPr 1985, 255 zu Verwaltungsgebühren für die Erteilung von Auszügen aus dem Liegenschaftskataster durch Vermessungsbehörden; *OVG Münster* NVwZ 1992, 527 für amtsärztliche Zeugnisse.
[12] *BVerwGE* 77, 364 = NVwZ 1987, 1070.
[13] *BVerwGE* 78, 363 = NVwZ 1988, 624 unter Offenlassung der Frage, ob Auskünfte an Behörden nach § 26 Abs. 5 StVZO Amtshilfe i. S. v. §§ 4 Abs. 1 und 2, 8 VwVfG bzw. §§ 3, 7 SGB X sind.
[14] Vgl. Begründung zu § 8 Entwurf 73; *OVG Koblenz* KStZ 1985, 58; *Kopp/Ramsauer* § 8 Rn. 6; *Clausen* in Knack § 8 Rn. 5; *Meyer/Borgs* § 8 Rn. 4.
[15] *OVG Koblenz* KStZ 1985, 58.
[16] *BVerwG* BayVBl 1985, 443.
[17] Zur Frage der Kostenfreiheit nach § 64 SGB X vgl. *VGH Mannheim* BWVPr 1985, 255; *BVerwGE* 77, 364 = NVwZ 1987, 1070; 78, 363 = NVwZ 1988, 624.

Rechtsperson zuzuordnen sind, z.B. wenn eine Behörde der unmittelbaren Bundesverwaltung eine andere Behörde der unmittelbaren Bundesverwaltung um Amtshilfe ersucht, nicht wenn sie eine bundesunmittelbare Körperschaft, Anstalt oder Stiftung ersucht.[18] Daher sind vorbehaltlich entgegenstehender Rechtsvorschriften nicht nur zwischen Bund und Ländern, zwischen Ländern (und Kommunen), sondern auch innerhalb des Bundes oder eines Landes bei verschiedenen Rechtsträgern Erstattungspflichten nach § 8 möglich.

13 3. Im Interesse der Verwaltungsvereinfachung ist die Kostenerstattung im Rahmen der Amtshilfe durch § 8 auf ein geringes Maß beschränkt. Auch in dem vorgegebenen Rahmen ist die ersuchte Behörde verpflichtet, die von der ersuchenden Behörde zu erstattenden Auslagen **so gering wie möglich** zu halten. Da sie nach § 7 Abs. 2 Satz 2 der ersuchenden Behörde für die Durchführung der Amtshilfe verantwortlich ist, kann sie **unnötige Kosten** der Amtshilfe **nicht erstattet** verlangen;[19] dies gilt auch, wenn die ersuchte Behörde die Amtshilfe leistet, obwohl sie dies nach § 5 Abs. 3 Nr. 2 hätte ablehnen können, für die **unverhältnismäßigen** Auslagen. Keine Zahlungspflicht für **rechtswidrige** Amtshilfemaßnahmen, weil sie nicht notwendig und daher auch nicht erstattungsfähig sind.[20]

III. Einnahmen aus der Amtshilfe (Abs. 2)

14 Nimmt die ersuchte Behörde zur Durchführung der Amtshilfe eine kostenpflichtige Amtshandlung vor, so stehen ihr nach **Abs. 2** die **von einem Dritten hierfür geschuldeten Kosten** (Verwaltungsgebühren, Benutzungsgebühren und Auslagen) selbst zu; sie braucht sie nicht an die ersuchende Behörde abzuführen, ebenso § 7 Abs. 2 SGB X, § 115 AO. Es wäre unbillig, wenn derartige Kosten der ersuchenden Behörde zugute kämen, nur weil sie den Anstoß dafür gegeben hat, dass die ersuchte Behörde die für den Bürger kostenpflichtige Amtshandlung vornimmt. Absatz 2 stellt **keine selbständige Rechtsgrundlage** für die Erhebung von Kosten dar, sondern setzt diese voraus (Rn. 8). Ob und in welcher Höhe der **Bürger** Kosten zu entrichten hat, ergibt sich aus den Verwaltungskostengesetzen des Bundes und der Länder bzw. speziellen – auch kommunalen – Gebührenregelungen.[21]

IV. Landesrecht

15 Die Länder haben in ihren VwVfGen dem § 8 entsprechende Regelungen. Abweichend § 8 Abs. 1 Satz 2 BayVwVfG: Besondere Aufwendungen hat sie der ersuchten Behörde auf Anforderung zu erstatten, wenn sie fünfundzwanzig Euro übersteigen. Für Verfahren vor den Sozial- und Abgabenbehörden gelten §§ 7, 64 Abs. 2 Satz 1 SGB X und § 115 AO (vgl. Rn. 2, 6, 9 auch zum Anwendungsbereich dieser Vorschriften). Spezialgesetzliche Regelungen des Landesrechts, insbesondere in Kostengesetzen, gehen dem § 8 vor (Rn. 2, 6, 8, 9, 14).

V. Vorverfahren

16 § 8 ist auch im Vorverfahren anwendbar (§ 79).

---

[18] *Clausen* in Knack § 8 Rn. 9; *Kopp/Ramsauer* § 8 Rn. 10.
[19] *Clausen* in Knack § 8 Rn. 8; a. A. *U. Stelkens*, Verwaltungshaftungsrecht, 1998, S. 264.
[20] *Ule/Laubinger* § 11 Rn. 53.
[21] *OVG Koblenz* KStZ 1985, 58; *OVG Münster* NVwZ-RR 1992, 527.

Teil II. Allgemeine Vorschriften über das Verwaltungsverfahren

Abschnitt 1. Verfahrensgrundsätze

§ 9 Begriff des Verwaltungsverfahrens

Das Verwaltungsverfahren im Sinne dieses Gesetzes ist die nach außen wirkende Tätigkeit der Behörden, die auf die Prüfung der Voraussetzungen, die Vorbereitung und den Erlass eines Verwaltungsaktes oder auf den Abschluss eines öffentlich-rechtlichen Vertrags gerichtet ist; es schließt den Erlass des Verwaltungsaktes oder den Abschluss des öffentlich-rechtlichen Vertrags ein.

Vergleichbare Vorschrift: § 8 SGB X. Die AO kennt zwar den Begriff des VwVf (s. § 86), es fehlt aber eine allgemeine Begriffsbestimmung. Im Mittelpunkt steht das besondere Steuerfestsetzungs- und Feststellungsverfahren (§§ 155 ff. AO) sowie das Erhebungsverfahren (§§ 218 ff. AO). S. ferner Rn. 9, 18.

Abweichendes Landesrecht: Vgl. Rn. 222; ferner Übersicht zu Änderungen der LVwVfGe im Dritten Teil dieses Kommentars.

Entstehungsgeschichte: Bis zum Inkrafttreten des VwVfG vgl. § 9 der 6. Auflage.

Literatur: *Bettermann,* Verwaltungsverfahren, VVDStRL 17 (1959), 118; *Schmidt-Aßmann,* Anwendungsbereich Verwaltungsverfahrensrecht, Städte- und Gemeindebund 1977, 9; *Schmidt Glaeser* (Hrsg), Verwaltungsverfahren, FS Boorberg Verlag, 1977; *Fiedler,* Materiellrechtliche Bestimmungen des VwVfG und Systematik verwaltungsrechtlicher Handlungsformen, AöR 105 (1980), 79; *Kopp,* Mittelbare Betroffenheit im Verwaltungsverfahren und Verwaltungsprozeß, DÖV 1980, 504; *Schmidt-Aßmann,* Das allgemeine Verwaltungsrecht als Ordnungsidee, 2. Aufl., 2004; *Ossenbühl,* Verwaltungseffizienz und Rechtsschutzauftrag, NVwZ 1982, 465; *Steinberg,* Komplexe Verwaltungsverfahren zwischen Verwaltungseffizienz und Rechtsschutzauftrag, DÖV 1982, 619; *Blümel* (Hrsg.), Die Vereinheitlichung des Verwaltungsverfahrensrechts, 1983; *Wahl* und *Pietzcker,* Verwaltungsverfahren zwischen Verwaltungseffizienz und Rechtsschutzauftrag, VVDStRL 41 (1983), 151 und 193; *Tettinger,* Fairneß und Waffengleichheit, 1984; *Dörr,* Faires Verfahren, 1984; *Lerche/Schmitt Glaeser/Schmidt-Aßmann,* Verfahren als staats- und verwaltungsrechtliche Kategorie, 1984; *Martens,* Die Praxis des Verwaltungsverfahrens, 1985; *Rapsch,* Grundsätze des Verwaltungshandelns, Fortbildung 1985, 101; *Ule,* Rechtsstaat und Verwaltung, VerwArch 76 (1985), 129, 136 ff.; *Hufen,* Fehler im Verwaltungsverfahren, 1986 (4. Aufl., 2002); *Hill,* Zehn Jahre VwVfG, Speyerer Arbeitshefte 78, 1987; *Klappstein/von Unruh,* Rechtsstaatliche Verwaltung durch Gesetzgebung, 1987; *Eichberger,* Einschränkung des Rechtsschutzes gegen behördliche Verfahrenshandlungen, 1987; *Hufen,* Zur Systematik der Folgen von Verfahrensfehlern, DVBl 1988, 69; *Seibert,* Die Bindungswirkung von Verwaltungsakten, 1989; *Schmidt-Aßmann,* Die Lehre von den Rechtsformen des Verwaltungshandelns, DVBl 1989, 533; *Maurer,* Der Verwaltungsvertrag, DVBl 1989, 798; *Stelkens,* Die Rolle der Verwaltungsgerichte bei der Umsetzung der VwVfG, NWVBl 1989, 335; *Lazaratos,* Rechtliche Auswirkungen der Verwaltungsautomation auf das Verwaltungsverfahren, 1990; *J. Martens,* Übereinstimmung, Unterschiede und Wechselwirkung zwischen Verwaltungs- und Gerichtsverfahren, SGb 1990, 219; *Pitschas,* Verwaltungsverantwortung und Verwaltungsverfahren, 1990, dazu *Sachs* BayVBl 1991, 479; *Becker/Schwarze/Köck/Kupka/von Schwanenflügel* (Hrsg.), Wandel der Handlungsformen im öffentlichen Recht, 1991; *Lämmle,* Konkurrenz paralleler Genehmigungen, 1991; *Bullinger,* Beschleunigte Genehmigungsverfahren für eilbedürftige Vorhaben, 1991; *ders.,* Verwaltung im Rhythmus von Wirtschaft und Gesellschaft, JZ 1991, 53; *Kutscheidt,* Das gestufte Genehmigungsverfahren – Glanz und Elend eines Rechtsinstituts, FS Sendler, 1991, S. 303; *Breuer,* Verfahrens- und Formfehler der Planfeststellung für raum- und umweltrelevante Großvorhaben, FS Sendler, 1991, S. 357; *Schmidt-Aßmann,* Verwaltungsverträge im Städtebaurecht, FS Gelzer, 1991, S. 117; *Schmidt-Preuß,* Möglichkeiten und Grenzen reduzierter Regelungsstandards bei Parallelgenehmigungen, DVBl 1991, 229; *Würtenberger,* Akzeptanz durch Verwaltungsverfahren, NJW 1991, 257; *F.J. Kopp,* Vorläufiges Verwaltungsverfahren und vorläufiger Verwaltungsakt, 1992; *Schoch,* Der Verfahrensgedanke im allgemeinen Verwaltungsrecht, Die Verwaltung 25 (1992), 21; *Bauer,* Verwaltungsrechtslehre im Umbruch?, Die Verwaltung 25 (1992), 301; *König/Dose* (Hrsg.), Instrumente und Formen staatlichen Handelns, 1993; *von Arnim/Lüder* (Hrsg.), Wirtschaftlichkeit in Staat und Verwaltung, 1993; *Gaentzsch,* Ermittlungs- und Bewertungsdefizite im Verwaltungsverfahren, FS Redeker, 1993, S. 405; *Blümel/Pitschas* (Hrsg.), Reform des Verwaltungsverfahrensrechts, 1994; *Hoffmann-Riem/Schmidt-Aßmann* (Hrsg.), Innovation und Flexibilität des Verwaltungshandelns, 1994; *Bey,* Begleitende Verwaltungskontrolle – Zur gerichtlichen Durchsetzung subjektiver Verfahrensrechte, Diss. Bonn, 1994; *Schulze-Fielitz,* Kooperatives Recht im Spannungsfeld von Rechtsstaatsprinzip und Verfahrensökonomie, DVBl 1994, 657; *Olbertz,* Der sozialrechtliche Herstellungsanspruch im Verwaltungsrecht, 1995; *Ladeur,* Die Zukunft des Verwaltungsakts, VerwArch 86 (1995), 511; *Wallerath,* Verwaltungserneuerung, VerwArch 88 (1997), 1; *Eckert,* Europarechtliche Voraussetzungen des eisenbahnrechtlichen Zulassungsverfahrens, DVBl 1997, 158; *dies.,* Beschleunigung von Planungs- und Genehmigungsverfahren, Speyerer Forschungsberichte 164, 1997;

Blümel, Fachplanung durch Bundesgesetz (Legalplanung), DVBl 1997, 205; *Bonk*, Strukturelle Änderungen des Verwaltungsverfahrens durch das Genehmigungsverfahrensbeschleunigungsgesetz, NVwZ 1997, 320; *Schoch*, Die Europäisierung des verwaltungsgerichtlichen vorläufigen Rechtsschutzes, DVBl 1997, 289; *Franßen*, 50 Jahre Verwaltungsgerichtsbarkeit in der Bundesrepublik Deutschland, DVBl 1998, 413; *Steinbeiß-Winkelmann*, Verfassungsrechtliche Vorgaben und Grenzen der Verfahrensbeschleunigung, DVBl 1998, 809; *Fluck*, Anzeige statt Genehmigung, in Hendler u. a. (Hrsg.), Rückzug des Ordnungsrechts im Umweltschutz, 1999, S. 165; *Penski*, Staatlichkeit öffentlicher Verwaltung und ihre marktmäßige Modernisierung, DÖV 1999, 85; *Niedobitek*, Rechtsbindung der Verwaltung und Effizienz des Verwaltungsverfahrens, DÖV 2000, 761; *Schmitz*, Aktuelle Tendenzen zur Reform des Genehmigungs- und Verwaltungsverfahrensrechts, VA 2000, 144; *ders.*, Moderner Staat – Modernes Verwaltungsverfahrensrecht, NVwZ 2000, 1238; *Siegel*, Die Verfahrensbeteiligung von Behörden und anderen Trägern öffentlicher Belange, 2001; *Wahl*, Fehlende Kodifizierung der förmlichen Genehmigungsverfahren im Verwaltungsverfahrensgesetz, NVwZ 2002, 1192; *ders.*, Bedeutungsverlust und Bedeutungsgewinn für das Institut der Genehmigungen, FS Kutscheidt, 2003, S. 199; *Hase*, Das Verwaltungsrechtsverhältnis, Die Verwaltung 38 (2005), 453; *Kahl*, Privatrechtliches Verwaltungshandeln und Verwaltungsverfahrensgesetz am Beispiel des Vergaberechts, FS von Zezschwitz, 2005, S. 151. – **Zu informellen Verfahren:** *Bauer*, Informelles Verwaltungshandeln im öffentlichen Wirtschaftsrecht, VerwArch 78 (1987), 241; *Bohne*, Informales Verwaltungshandeln im Umweltschutzrecht, VerwArch 75 (1984), 343, 361; *Beyerlin*, Schutzpflicht der Verwaltung gegenüber dem Bürger außerhalb des formalen Verwaltungsverfahrens?, NJW 1987, 2713; *Eberle*, Arrangements im Verwaltungsverfahren, Die Verwaltung 17 (1984), 439; *Hill*, Rechtsstaatliche Bestimmtheit oder situationsgerechte Flexibilität des Verwaltungshandelns, DÖV 1987, 885; *Lübbe-Wolff*, Kooperationsprinzip im Umweltrecht, NuR 1989, 295, 297 ff.; *Hermes/Wieland*, Staatliche Duldung rechtswidrigen Verhaltens, 1988; *Rengeling*, Kooperationsprinzip im Umweltrecht, 1988; *Püttner*, Der Rechtsstaat und seine offenen Probleme, DÖV 1989, 137, 140; *Bulling*, Kooperatives Verwaltungshandeln, DÖV 1989, 277; *Maurer*, Der Verwaltungsvertrag, DVBl 1989, 798, 802; *Schmidt-Aßmann*, Die Lehre von den Rechtsformen des Verwaltungshandelns, DVBl 1989, 533, 540 f.; *Hill* (Hrsg.), Verwaltungshandeln durch Verträge und Absprachen, 1990; *Hoffmann-Riem/Schmidt-Aßmann* (Hrsg.), Konfliktbewältigung durch Verhandlungen, Bd. I und II; 1990; *Holznagel*, Konfliktlösung durch Verhandlungen, 1990; *Brohm*, Verwaltungsverhandlungen mit Hilfe von Konfliktmittlern?, DVBl 1990, 321; *Müggenburg*, Formen des Kooperationsprinzips im Umweltrecht der Bundesrepublik Deutschland, NVwZ 1990, 909; *Henneke*, Informelles Verwaltungshandeln im Wirtschaftsverwaltungs- und Umweltrecht, NuR 1991, 267; *Kloepfer*, Zu den umweltrechtlichen Handlungsformen des Staates, JZ 1991, 737; *Hufen* Rn. 103 ff.; *Kunig*, Verträge und Absprachen zwischen Verwaltung und Privaten, DVBl 1992, 1193; *Henke*, Wandel der Dogmatik des öffentlichen Rechts, JZ 1992, 541, 547; *Erbguth*, Informale Standortsuche für eine Hausmülldeponie und Abwägungsgebot, NuR 1992, 262; *Brohm*, Rechtsgrundsätze für normersetzende Absprachen, DÖV 1992, 1025; *Burmeister* und *Krebs*, Verträge und Absprachen zwischen der Verwaltung und Privaten, VVDStRL 52 (1993), 190 und 248; *Benz*, Kooperative Verwaltung, 1994; *Oebbecke*, Beratung durch Behörden, DVBl 1994, 147, 149; *Brohm*, Rechtsvorgaben für informelles Verwaltungshandeln, DVBl 1994, 193; *Busse*, Kooperatives Recht im Bauplanungsrecht, BayVBl 1994, 353; *Kippes*, Bargaining, 1995; *J.-P. Schneider*, Kooperative Verwaltungsverfahren, VerwArch 87 (1996), 38; *Di Fabio*, Selbstverpflichtungen der Wirtschaft – Grenzgänger zwischen Freiheit und Zwang, JZ 1997, 969; *Schmitz*, 20 Jahre Verwaltungsverfahrensgesetz – Neue Tendenzen auf dem Weg zum schlanken Staat, NJW 1998, 2866; *Ziekow* (Hrsg.), Beschleunigung von Planungs- und Genehmigungsverfahren, 1998; *Kind*, Umweltabsprachen – eine neue Handlungsform des Staates?, ÖJZ 1998, 893; *Kautz*, Absprachen im Verwaltungsrecht, 2002, *Kahl*, Das Kooperationsprinzip im Städtebaurecht, DÖV 2000, 793; *Hill*, Zur Rechtsdogmatik von Zielvereinbarungen, NVwZ 2002, 1059; *Klüppel*, Informales Handeln des Bundes als Kompetenzproblem, Jura 2003, 262; *Bethge*, Zur verfassungsrechtlichen Legitimation informalen Staatshandelns, Jura 2003, 327; *Kellner*, Haftungsprobleme bei informellem Verwaltungshandeln, 2004; *Kellner*, Haftungsprobleme bei informellem Verwaltungshandeln, 2004; *Rossen-Stadtfeld*, Die verhandelnde Verwaltung – Bedingungen, Funktionen, Perspektiven, VerwArch 97 (2006), 23. S. auch Literatur vor Einl und §§ 1, 45, 54, 63, 72.

Ausführlich zum Schrifttum vor 1996 s. § 9 der 6. Auflage.

Übersicht

	Rn.
I. Allgemeine Vorschriften über das Verwaltungsverfahren (Teil II des VwVfG)	1
II. Verwaltungsverfahren als Rechtsverhältnis	5
1. Verfahrensrechtsverhältnis	5
2. Verwaltungsrechtsverhältnis	16
3. Das mehrpolige Verwaltungsrechtsverhältnis	25
4. Verfahrensrechtliche Nebenpflichten aus dem Rechtsverhältnis	30
III. Verfahrensgrundsätze (Abschnitt 1)	42
1. Allgemeine Verfahrensgrundsätze	46
a) Verfassungsgrundsätze	46
b) Grundsätze des rechtsstaatlichen Verfahrens	49
c) Grundsatz der Verfahrenseffizienz	76
2. Verfahrensgrundsätze des VwVfG	82
IV. Begriff des Verwaltungsverfahrens	83
1. Verwaltungsverfahren im Sinne dieses Gesetzes (§ 9)	83
2. Arten des Verwaltungsverfahrens	93
3. Verwaltungsverfahren als Entscheidungsprozess	100

§ 9 Begriff des Verwaltungsverfahrens   1–3   § 9

	Rn.
V. Beginn und Durchführung des Verwaltungsverfahrens	105
1. Voraussetzungen des Beginns	105
2. Verfahrensgegenstand	108
3. Nach außen wirkende Tätigkeit	113
a) Behördeninterne und -externe Tätigkeit innerhalb eines VwVf	114
b) Verwaltungsinterne Maßnahmen außerhalb eines VwVf	126
c) Beteiligung anderer Behörden	127
d) Weisungen	130
4. Prüfung der Voraussetzungen, Vorbereitung	131
a) Finalität der Tätigkeit	131
b) Prüfung der Voraussetzungen	133
c) Sachentscheidungsvoraussetzungen	138
d) Verfahrenshandlungsvoraussetzungen	143
e) Einzelfragen (Sachentscheidungskompetenz, Sachentscheidungsinteresse)	146
f) Vorbereitung	161
g) Auswahl zwischen Verfahrensarten	162
VI. Informelles Verfahren	172
1. Vor einem Verwaltungsverfahren	175
2. Neben einem Verwaltungsverfahren	181
3. Statt eines Verwaltungsverfahrens	182
4. Grenzen informeller Verfahren	183
5. Einzelfragen	190
VII. Beendigung des Verwaltungsverfahrens	193
1. Erlass eines Verwaltungsakts	193
2. Abschluss eines öffentlich-rechtlichen Vertrags	198
3. Sonstige Beendigung des Verwaltungsverfahrens	199
VIII. Verhältnis des Verwaltungsverfahrens zu anderen Verfahren	201
1. Trennung/Verbindung	201
2. Gestaffelte Verfahren	202
3. Zwischenverfahren/Aussetzung	203
4. Verhältnis zum Vorverfahren (§ 79)	209
5. Verhältnis zum gerichtlichen Verfahren	210
6. Verhältnis zum Vollstreckungsverfahren	215
7. Verhältnis zur Anordnung der sofortigen Vollziehung	218
8. Verhältnis zu Aufhebungsverfahren nach §§ 48 bis 51	220
IX. Europarecht	221
X. Landesrecht	222
XI. Vorverfahren	223

I. Allgemeine Vorschriften über das Verwaltungsverfahren (Teil II des VwVfG)

Die Überschrift des Teiles II des VwVfG, der die §§ 9 bis 34 umfasst, umreißt als rechtsstaatliche Ausformung des VwVf (Rn. 42; Einl Rn. 2; § 1 Rn. 39) das Kernstück des VwVfG, die „vor die Klammer" gezogenen allgemeinen Regeln für das VwVf, allerdings nicht im Sinne eines Lehrbuchs des Allgemeinen Verwaltungsrechts. Abschnitt 1 dieses Teils zählt nur die wichtigsten Verfahrensgrundsätze auf (Rn. 5, 42, 82). Abschnitte 2 und 3 befassen sich mit Fragen der Fristenberechnung und der amtlichen Beglaubigung. 1

Der **Anwendungsbereich dieser Vorschriften** ist zunächst begrenzt durch **§§ 1 und 2.** §§ 9ff. gelten folglich nur für die **öffentlich-rechtliche Verwaltungstätigkeit** der in § 1 genannten Behörden (dazu § 1 Rn. 83ff., 64ff., 236ff.). Auf die **Rechtsetzung durch Verwaltung** (§ 1 Rn. 161ff., 181) und auf **privates Handeln** durch Behörden (§ 1 Rn. 112ff.), insbesondere auf der Grundlage des **Verwaltungsprivatrechts** (§ 1 Rn. 116) sind diese Regeln grundsätzlich nicht anwendbar. Sie sind in ihrer konkreten Ausgestaltung nicht Ausdruck eines allgemeinen, in das Privatrecht übergreifenden Rechtsgedankens.[1] 2

Soweit durch Spezialgesetze das **VwVfG ganz ausgeschlossen** ist, gelten die §§ 9ff. ebenfalls nicht, auch nicht als Ausdruck eines allgemeinen Rechtsgedankens (§ 1 Rn. 154ff., 275ff.). Ist **es teilweise ausgeschlossen,** sind sie ergänzend heranzuziehen (§ 1 Rn. 206ff., 235, 283). 3

---

[1] Vgl. § 1 Rn. 113, 117ff., Ausnahmen in § 1 Rn. 119.

4 Eine weitere **Einschränkung** des Anwendungsbereichs folgt aus der **Begriffsbestimmung des § 9.** Die Regeln des Teiles II gelten nach seiner Überschrift nur für das **Verwaltungsverfahren,** das seinerseits durch § 9 für das VwVfG („Verwaltungsverfahren im Sinne dieses Gesetzes") definiert wird (dazu Rn. 83 ff.). §§ 9 ff. gelten also in der Regel nicht für **andere Handlungsformen** ör Verwaltungstätigkeit, insbesondere nicht für **schlicht-hoheitliche Tätigkeit.** Dies schließt nicht aus, dass bei jeder Vorschrift überprüft werden muss, ob sie entsprechend auf andere Handlungsformen ör Verwaltung übertragen werden kann.[2] Insbesondere Abschnitte 2 und 3 sind auch außerhalb eines VwVf anwendbar (§ 1 Rn. 153). Inwieweit die einzelne Regel als **Vor- oder Nachwirkung** des VwVf verstanden oder nur während des VwVf anzuwenden ist, ist bei der jeweiligen Bestimmung zu entscheiden (vgl. § 1 Rn. 151 und § 9 Rn. 30).

II. Verwaltungsverfahren als Rechtsverhältnis

1. Verfahrensrechtsverhältnis

5 Im **Teil II des Gesetzes** sind lediglich **einzelne Tätigkeitsbereiche** der Behörde (§ 9) und die Art und Weise ihrer Durchführung definiert (§§ 10, 22, 23), die beteiligten Personen und ihre Vertreter beschrieben (§§ 11 bis 19), Anforderungen an die Amtswalter gestellt (§§ 20, 21) und einige besonders markante Rechte und Pflichten der Behörde und der Beteiligten aufgeführt (§§ 24 bis 30).

6 Dass sich der Gesetzgeber auf diese Regeln beschränkt und vor allem den **Schwerpunkt im VwVfG** auf den Schlussakt des VwVf, den VA und den ör Vertr, allgemeiner: auf die Handlungsformen, gelegt habe, ist vielfach kritisiert worden. Schwerpunkt der Betrachtungsweise müssten das Rechtsverhältnis (Rn. 16 f.), insbesondere das Dauerrechtsverhältnis, werden, um die Aufgaben der Verwaltung im sozialen Leistungsstaat bewältigen zu können[3] und das grundsätzlich gleichrangige Verhältnis von Verwaltung und Bürger darzustellen.[4]

7 Ob diese **Kritik** berechtigt ist, mag dahinstehen.[5] Ihren wesentlichen Ansatzpunkt findet sie vor allem an der materiellen Frage, Betonung der durch VA geschaffenen Rechte und Pflichten oder des materiellen Rechtsverhältnisses (Rn. 16 ff.), und entzündet sich damit eher an Entwicklungen im Besonderen Verwaltungsrecht. Für das Verfahren bedeutet die gesetzgeberische Zurückhaltung aus der Erkenntnis, nicht zu früh durch eine Entscheidung die Entwicklung abzubrechen, jedenfalls kein Verbot, die Regeln des VwVfG in das Verfahrensrechtsverhältnis einzubeziehen und sie dem jeweiligen materiellen Recht entsprechend anzuwenden, soweit sie anwendbar sind.

8 Das VwVfG steht auch nicht einer Handhabung entgegen, bei der der Bürger als vollwertiger Partner der Behörde auftritt.[6] Soweit insbesondere für die planende und leistende Verwaltung weitere Verfahren und Handlungsformen erforderlich sind, hindert das VwVfG nicht ihre Entwicklung.[7] Schließlich erlaubt das VwVfG auch eine Betrachtungsweise des VwVf als Entscheidungsprozess (Rn. 100 ff.), ist also nicht auf die Ergebnisse des Verfahrens beschränkt.

9 Das **Verfahrensrechtsverhältnis** ist dem im Einzelnen umstrittenen **Prozessrechtsverhältnis** vergleichbar,[8] wenngleich das Prozessrechtsverhältnis in erster Linie zwischen den Parteien, nicht aber zwischen ihnen und dem Gericht gesehen wird.[9] Ein Verfahrensrechtsverhältnis kann auch zwischen intern beteiligten Behörden (Rn. 127) angenommen werden. Dass diese Mitwirkungshandlungen Verwaltungsinterna sind, steht dem nicht entgegen.[10] Ebensowenig wie die Prozessordnungen das Prozessrechtsverhältnis definieren, enthält das VwVfG eine **Definition**

---

[2] Begr. zu § 9 Entwurf 73; § 1 Rn. 140 ff., Ausnahmen in § 1 Rn. 150 ff.
[3] Vgl. § 1 Rn. 85, § 35 Rn. 5; *Schmitt Glaeser,* FS Boorberg Verlag, S. 1, 35 f.; *Häberle* BayVBl 1977, 748; *Achterberg* § 20 Rn. 33; Zusammenfassung der Kritik der Dt. Staatsrechtslehrer 1986 bei *Kirchhof* AöR 112 (1987), 264 ff., 271 ff.; ferner *Bauer* Die Verwaltung 25 (1992), 301, 306 ff.
[4] *Martens* KritV 1986, 104, 114 ff.
[5] Zurückhaltung bei *Maurer* § 8 Rn. 24; *Schmidt-Aßmann* DVBl 1989, 533, 539 ff.; *Hase* Die Verwaltung 38 (2005), 453, 460 ff.; § 35 Rn. 5.
[6] So auch *Martens* KritV 1986, 104, 128.
[7] Vgl. *Püttner,* FS Bachof, S. 115, 121 ff.; *Bauer* Die Verwaltung 25 (1992), 301, 319 ff.; s. aber Einl Rn. 4; § 1 Rn. 85, 141.
[8] *Wolff/Bachof u. a.* I § 32 Rn. 35 ff.; im Einzelnen *Hill,* S. 276 ff.; *Martens* Rn. 68 ff.
[9] Dazu *Hartmann* in Baumbach u. a. Grundzüge vor § 128 Rn. 4 ff. m. w. N.
[10] A. A. *Hartmann* DÖV 1990, 8, 13.

des Verfahrensrechtsverhältnisses. Das gleiche gilt für das SGB X. Die Sozialgesetzbücher im Übrigen regeln das materielle Sozialrechtsverhältnis, ähnlich wie §§ 37 ff. AO das materielle Steuerverhältnis (Rn. 18).

Die Regeln des VwVfG verdrängen nicht das **Verfahrensrechtsverhältnis als Grundlage** 10 der Verfahrensrechte und -pflichten der Behörde wie des Bürgers. Es umschreibt die durch das VwVf bedingten **Rechtsbeziehungen** (Rn. 16 f.) zwischen der Behörde und den Beteiligten, aber auch zwischen den Beteiligten untereinander (Rn. 25 f.), z. B. was die Geheimhaltungspflichten anbelangt. Es ist aber nicht inhaltlich mit dem VwVf i. S. d. § 9 identisch. An die Voraussetzungen des § 9 knüpfen die Rechte und Pflichten der §§ 10 ff., nicht an das Verfahrensrechtsverhältnis.[11]

Der Zeitraum des Verfahrensrechtsverhältnisses ist ein anderer als der des VwVf, wenngleich 11 in der Regel die Aussage zutreffend sein wird, das Verfahrensrechtsverhältnis **beginne und ende** mit dem **Verwaltungsverfahren**,[12] ohne verfahrensrechtliche Vor-, Neben- und Nachpflichten auszuschließen (Rn. 30). Der Unterschied zeigt sich vor allem im Antragsverfahren und bei der Hinzuziehung Dritter gem. § 13 Abs. 2 (§ 22 Rn. 56).

Soweit VwVf **außerhalb** eines Verfahrens i. S. d. § 9 (Rn. 85) ablaufen, z. B. für schlicht- 12 hoheitliches Handeln, können auch insoweit Verfahrensrechtsverhältnisse entstehen. Immer ist aber eine konkrete Rechtsbeziehung zwischen Behörde und Bürger erforderlich, die – wie bei § 9 (Rn. 105) – eine Willensentscheidung der Behörde auf **Einleitung des Verfahrens** voraussetzt.[13] Auf diese Verfahrensrechtsverhältnisse sind die §§ 9 ff. nicht generell anwendbar.[14] Von dem Verfahrensrechtsverhältnis zu unterscheiden ist der **Gegenstand des Verwaltungsverfahrens,** der nur bedingt mit dem prozessualen Streitgegenstand verglichen werden kann (s. Rn. 108).

Aus dem Verfahrensrechtsverhältnis heraus sind Inhalt und Umfang der Verfahrensrechte und 13 -pflichten zu definieren. Sie dienen **einem Entscheidungsprozess** (Rn. 110), sind damit **nicht Bestandteil** einer bestimmten **materiellen Entscheidung.** Dies erklärt, dass sie nicht nach den materiellen Regeln, z. B. der Anfechtung oder Bedingung, behandelt werden können. Wird z. B. auf Grund eines verfahrensrechtlichen Antrages ein VwVf eröffnet, Sachverhaltsermittlung betrieben, andere Personen beteiligt etc., können diese Tatsachen und Wirkungen nicht durch Anfechtung entspr. §§ 119 ff. BGB rückwirkend beseitigt werden; sie sind zudem bedingungsfeindlich.[15]

Ist das Verfahrensrechtsverhältnis die maßgebliche Grundlage, sind die Rechtsbeziehungen 14 zwischen den Beteiligten und der Behörde durch die im **VwVfG** genannten Rechte und Pflichten **nicht erschöpfend** dargestellt. Weitere kommen hinzu (Rn. 21 ff., 43 ff.).

Außerhalb dieses Rechtsverhältnisses bestehen die genannten Rechte und Pflichten nicht. 15 Andererseits genügt das Bestehen dieses Rechtsverhältnisses, um die **Verfahrensrechte und -pflichten entstehen** zu lassen. Nicht erforderlich ist, dass zwischen Behörde und Beteiligten auch ein **materielles Rechtsverhältnis** besteht (Rn. 18), wenngleich es oftmals bestehen wird und auf das Verfahren auch einwirken kann (Rn. 20, 34 ff.). Hiervon zu unterscheiden ist die Feststellung, dass es ein VwVf ohne Bezug zu einem von der Behörde oder dem Antragsteller angestrebten Rechtsverhältnis ebenso wenig geben kann wie einen Prozess, der nicht der Durchsetzung eines materiellen Rechts dienen sollte. Vielfach, z. B. bei einer Polizeiverfügung (Rn. 18), ist das materielle Rechtsverhältnis erst das Ergebnis des VwVf (§ 35 Rn. 142).

2. Verwaltungsrechtsverhältnis

Das Verfahrensrechtsverhältnis ist ein Unterfall des **Verwaltungsrechtsverhältnisses.**[16] Es 16 beruht auf der allgemeinen Begriffsbestimmung des **Rechtsverhältnisses,** die auch zur Ausle-

---

[11] Vgl. *Meysen,* Die Haftung aus Verwaltungsrechtsverhältnis, 2000, S. 51: Das Rechtsverhältnis kann die ordnende Kraft des VA nicht ersetzen. Ähnlich *Schoch* in Hoffmann-Riem/Schmidt-Aßmann, Innovation, S. 199, 214 f.
[12] *BVerwGE* 72, 172 = NJW 1986, 1826; s. Rn. 105 f., 193 ff., 188 f.
[13] *Beyerlin* NJW 1987, 2713, 2718; *Martens* Rn. 99, jew. m. w. N.
[14] Rn. 4; a. A. *Hoffmann-Riem* VVDStRL 40 (1982), 224.
[15] § 22 Rn. 76 f.; *Stelkens* NuR 1985, 213, 218; a. A. *Schnell* S. 145 ff., jew. m. w. N.
[16] Zur Funktion der Rechtsverhältnislehre *Pietzcker* Die Verwaltung 30 (1997), 281; *Gröschner* Die Verwaltung 30 (1997), 301; *von Danwitz* Die Verwaltung 30 (1997), 339; *Hase* Die Verwaltung 38 (2005), 453; jew. m. w. N.

gung des § 43 VwGO herangezogen wird. Hierunter wird ein rechtlich bedeutsames und deshalb vom objektiven Recht bestimmtes Lebensverhältnis verstanden, das in einer rechtswirksamen Beziehung einer Person zu anderen Personen oder zu Gegenständen (Sachen oder Rechten) besteht.[17] Im Gegensatz zu dem zwischen Bürger und Staat bestehenden **allgemeinen Rechtsverhältnis**[18] handelt es sich bei dem Rechtsverhältnis um einen **konkreten Lebenssachverhalt**, der Grundlage der Rechtsbeziehung ist. Sind die Beziehungen vom Verwaltungsrecht bestimmt, handelt es sich um ein Verwaltungsrechtsverhältnis.[19]

17 Ob der Begriff des Rechtsverhältnisses zwingend voraussetzt, dass die Rechtsbeziehungen nur zwischen **Rechtssubjekten** bestehen können[20] oder ob diese Beziehung auch zwischen einem Rechtssubjekt und einem **Rechtsobjekt** hergestellt werden kann,[21] ist umstritten. Das VwVfG, das das Institut des dinglichen VA aufnimmt (dazu § 35 Rn. 192 m. w. N.), unterstützt die zuletzt genannte Ansicht. Ebenso umstritten ist, ob das materielle Rechtsverhältnis nur durch Ansprüche und Leistungspflichten zwischen Verwaltung und Bürger als gleichgeordneten Rechtssubjekten charakterisiert wird.[22]

18 Diese verwaltungsrechtlichen Beziehungen können **materieller Art** sein: z. B. Beamtenverhältnis (§ 2 BRRG; § 35 Rn. 198), Wehrdienstverhältnis (§ 1 SG), Schulverhältnis (vgl. § 1 Allgem. SchulO NW), das Rechtsverhältnis, das durch eine konkrete Beziehung wie z. B. durch eine Polizeiverfügung, die Festsetzung einer Beihilfe[23] oder das Begehren um eine Halterauskunft nach § 26 Abs. 5 StVZO[24] begründet wird, Benutzungsverhältnisse[25] wie das Anstaltsbenutzungsverhältnis, die Benutzung einer Entwässerungsanlage,[26] ör Schuldverhältnisse[27] wie Steuerschuldverhältnis (§ 37 AO), Sozialschuldverhältnis, Subventionsschuldverhältnis.[28] Zum **verwaltungsrechtlichen Schuldverhältnis** § 54 Rn. 44 ff.[29] Ob die Rechtsbeziehungen innerhalb eines Rechtsverhältnisses dem öffentlichen und/oder dem Privatrecht angehören können, entscheidet sich nach dem jeweiligen Fachrecht, z. B. ob nach den allgemeinen Grundsätzen des Abgabenrechts eine Verquickung privatrechtlicher Leistungen mit ör Gebühr möglich ist.[30] Zu Fragen der **Aufgabenübertragung auf Private** s. § 1 Rn. 121 ff.

19 Wie unter Rn. 5 ff. gezeigt, kann das Rechtsverhältnis auch **verfahrensrechtlicher Natur** sein. Daher ist der allgemeinere Ausdruck Verwaltungsrechtsverhältnis auch gebräuchlich für den Begriff Verfahrensrechtsverhältnis.[31] Benutzt man den allgemeineren Ausdruck, sollte er in seiner materiellrechtlichen und verfahrensrechtlichen Bedeutung unterschieden werden, da die Rechtsfolgen unterschiedlich sind.[32]

20 Vielfach wird auch das **Verfahrensrechtsverhältnis** durch die **materiellen Beziehungen bestimmt:** Wenn **spezialgesetzliche Sonderregeln** über § 1 dem VwVfG vorgehen, gestalten sie das VwVf der Materie entsprechend. Auch wenn sie fehlen, kann oder muss sogar das materielle Recht in die Verfahrensgestaltung wirken (§ 10 Rn. 17). Beispiele: Handelt es sich um schwerwiegende Eingriffe, erhöht sich die Sachverhaltsermittlungspflicht der Behörde (§ 24 Rn. 36). Das Verfahrensrecht muss so ausgestaltet sein, dass es, z. B. im Rahmen des Drittschutzes,[33] der

---

[17] *Enneccerus/Nipperdey* I § 71 1.
[18] Früher allgemeines Gewaltverhältnis, s. *Wolff/Bachof u. a.* I § 32 Rn. 17, weitere Nachweise bei *Achterberg* § 20 Rn. 36 f.
[19] *Maurer* § 8 Rn. 16 ff.; *Martens* Rn. 63 ff; *Pitschas*, Verwaltungsverantwortung, S. 120; *Bauer* Die Verwaltung 25 (1992), 301, 319; *Henneke* DÖV 1997, 768, 772 f.
[20] So *Achterberg* § 20 Rn. 16.
[21] So *Wolff/Bachof u. a.* I § 32 Rn. 32; *Enneccerus/Nipperdey* I § 71 1; zu dieser auch im Zivilrecht umstrittenen Frage s. *Hadding* JZ 1986, 926, dazu *Niehues* JZ 1987, 453; dazu *Hadding* JZ 1987, 454.
[22] *Martens* Rn. 19 ff. m. w. N.
[23] BVerwG NVwZ 1991, 169.
[24] BVerwGE 74, 115, 119 = NVwZ 1986, 838.
[25] *Gries/Willebrand* JuS 1990, 103, 193.
[26] VGH Mannheim NVwZ-RR 1991, 325.
[27] Dazu *Tipke* JuS 1985, 345.
[28] *Jakobs* BayVBl 1985, 353; s. allgemein zu Rechtsverhältnissen in der Leistungsverwaltung *Ehlers* DVBl 1986, 912; *Hill* NJW 1986, 2602; *Schnapp* DÖV 1986, 811.
[29] Ferner *Meysen*, Die Haftung aus Verwaltungsrechtsverhältnis, 2000.
[30] BVerwGE 71, 1 = NJW 1986, 2387 m. w. N.; § 1 Rn. 100.
[31] BVerwGE 72, 172 = NJW 1986, 1826; OVG Münster 17. 2. 1986 – 11 A 663/85.
[32] So auch *Henneke* DÖV 1997, 768, 772 f.
[33] S. Rn. 26; zum Rechtsschutz des Ausländers gegen atomrechtliche Genehmigung BVerwGE 75, 285 = NJW 1987, 1154.

§ 9 Begriff des Verwaltungsverfahrens　　　　　　　　　　　　　21, 22　§ 9

Verwirklichung des materiellen Rechtes dienen kann. Besondere verfahrensrechtliche Nebenpflichten können sich aus dem materiellen Verwaltungsrechtsverhältnis ergeben, z.B. aus dem Beamten- oder Prüfungsverhältnis (s. Rn. 35 f.).

Der **Grundrechtsschutz durch Verfahren**[34] verlangt nur ausnahmsweise – vom Gesetzgeber – neue Verfahrensregeln. Allerdings werden zunehmend auch Forderungen an den Gesetzgeber gestellt: z.B. *BVerfGE* 84, 239 = NJW 1991, 2129 m. Anm. *Goerlich* JZ 1991, 1133, wonach der Gleichheitssatz (im Steuerrecht) den Gesetzgeber zu einem VwVf zwingt, dass Art. 3 GG gewährleistet. *BVerfGE* 83, 130 = NJW 1991, 1471[35] verlangt aus Art. 5 Abs. 3 GG ein VwVf, das geeignet ist, die Grenze zwischen Kunst und Jugendschutz „abzustecken". Auch Art. 12 GG gab bei berufsbezogenen Prüfungen Anlass zur Forderung besonderer Verfahrensgarantien (Rn. 208; § 2 Rn. 131; § 10 Rn. 18; § 39 Rn. 2, 109 ff.). Objektives Verfahrensrecht wie die Regelung zur Verweigerung der Aktenvorlage in § 99 Abs. 1 Satz 2 VwGO kann Betroffenen im Hinblick auf erforderlichen Grundrechtsschutz (Art. 12 Abs. 1, 14 Abs. 1 GG) ein subjektives Recht auf Durchführung dieses Verfahrens geben.[36] Insbesondere bereichsspezifische Verfahren (Rn. 89) wie solche bei der Zulassung industrieller Anlagen sehen Regeln zur angemessenen Interessenartikulation sowie zur Transparenz und Publizität der Entscheidungen vor. Sie dienen damit nicht zuletzt dem Schutz der betroffenen Grundrechtsträger, denen durch eine allein nachträgliche repressive gerichtliche Kontrolle nur unzureichend geholfen werden könnte (s. auch Rn. 67 f.); der Grundrechtsschutz durch Organisation und Verfahren erfordert eine präventive Berücksichtigung von Grundrechtsinteressen.[37] Der Anspruch des Bürgers auf ein grundrechtskonformes VwVf verbietet es, Sachentscheidungen auf eine von der Verwaltung unabhängige juristische Person des Privatrechts zu übertragen, ohne dass sich die nach dem Gesetz für die Erledigung zuständige kommunale Körperschaft hinreichende Eingriffs- und Kontrollbefugnisse vorbehält.[38] Soweit das einfachrechtliche Verfahrensrecht Regelungen enthält, gehen sie zunächst als Konkretisierung des Verfahrens vor. Sie sind (nur, aber auch voll) darauf zu überprüfen, ob sie grundgesetzlich geforderte **Mindeststandards** einhalten.[39]

Von den Behörden verlangt der Grundsatz, dass die gesetzlichen Regeln im Sinn einer **bestmöglichen Durchsetzung** des Grundrechts gehandhabt werden.[40] Er ist **Anwendungsmaßstab** für die Verwaltung.[41] Er wirkt damit auf alle Verfahrensabschnitte ein, z.B. bei der Sachverhaltsermittlung[42] und kann demgemäß auch die Auswahl zwischen mehreren möglichen Verfahrensarten (Rn. 162 ff.) bestimmen und insoweit unter dem Gesichtspunkt des vorverlagerten Rechtsschutzes ein subjektiv-öffentliches Recht auf Beteiligung in dem Verfahren begründen, das am ehesten zur Sicherung der Grundrechte geeignet ist.[43] Ein Verstoß gegen eine grundrechtsrelevante Verfahrensnorm[44] ist dann zugleich ein Grundrechtsverstoß. Hierbei ist dem Grundrechtsschutz des einzelnen nicht aus sich heraus immer Vorrang einzuräumen. Es muss eine **Abwägung** sowohl mit dem Grundrechtsschutz anderer Beteiligter (Rn. 26 ff., 63) als auch mit den Verfassungsprinzipien, die die **Allgemeinheit** schützen, stattfinden.[45] Für mehrpolige Verwaltungsverhältnisse s. Rn. 25 ff. Zum Anspruch auf behördliches Einschreiten Rn. 63.

---

[34] § 1 Rn. 45 ff.; § 9 Rn. 49; § 45 Rn. 129 f.; *Stern*, Staatsrecht III/1, § 69 V 6.
[35] Dazu Anm. *Gusy* JZ 1991, 470; *Hufen* JuS 1992, 249; *Redeker* NVwZ 1992, 305; *Würkner* NVwZ 1992, 1; *ders.* NVwZ 1992, 309; *Geis* NVwZ 1992, 25; zu der folgenden Rechtsprechung des BVerwG *BVerwGE* 91, 211 = NJW 1993, 1491; 91, 217 = NJW 1993, 1492; 91, 223 = NJW 1993, 1490; NWVBl 1993, 254; *Würkner/Kerst-Würkner* NJW 1993, 1446; s. auch § 24 Rn. 58.
[36] *OVG Münster* NVwZ 2000, 449.
[37] *Schulze-Fielitz* DVBl 1994, 657, 664.
[38] *OVG Lüneburg* NVwZ-RR 1993, 393 für Entscheidung über Aufstellen von Werbeplakaten für eine Demonstration, bestätigt durch *BVerwG* NVwZ-RR 1995, 129; s. auch Rn. 190; § 1 Rn. 127 f., 130.
[39] *BVerfGE* 60, 253 = NJW 1982, 2425; 67, 208, 211 = NJW 1984, 2567; 82, 209 = NJW 1990, 2306; *BVerwG* NVwZ 1984, 234; Rn. 42.
[40] *BVerfGE* 74, 109, 112 = NJW 1986, 2249.
[41] *BVerfGE* 49, 89, 141 f. = NJW 1976, 204.
[42] *BVerfG* NJW 1991, 1529. Zu den Problemen, die sich in der Sachverhaltsermittlung im Asylrecht ergeben s. *BVerfGE* 76, 143 = NVwZ 1988, 237 = DVBl 1988, 45 (m. kritischer Anm. *Bertrams* DVBl 1988, 49), dazu *BVerwG* NVwZ 1989, 69; ferner *BVerfG* InfAuslR 1990, 165; *BVerfG* NVwZ 1990, 674; *BVerwGE* 85, 92 = NVwZ 1990, 878; 87, 152 = NVwZ 1991, 382; *Rothkegel* NVwZ 1992, 313; *Sachs* NVwZ 1991, 637; *Stelkens* ZAR 1985, 15 ff.
[43] Offen *BVerwG* DVBl 1989, 509.
[44] *BVerfGE* 60, 253 = NJW 1982, 2425; dazu *Grimm* NVwZ 1985, 865, 869 m.w.N.
[45] *BVerfGE* 82, 209 = NJW 1990, 2306; § 1 Rn. 50.

Zur Ersetzung von Behördenentscheidungen durch Parlamentsbeschlüsse (**Maßnahmegesetze**) s. Rn. 95.

23 Von dem Grundrechtsschutz durch Verfahren ist der **Grundrechtsschutz im Verfahren** zu unterscheiden, der bewirkt, dass die durch die Verfassung vorgeschriebenen Verfahrensgrundsätze (**Verfahrensgrundrechte**) eingehalten werden (Rn. 42 ff.; § 1 Rn. 45). Diese Grundsätze mögen unter den besonderen Bedingungen des förmlichen und Planfeststellungsverfahrens zu verwirklichen sein.[46] Auch bei VwVf, die nicht in den Anwendungsbereich des VwVfG fallen, sind nach dem Rechtsstaatsprinzip (Art. 20 Abs. 3 GG) Verfahrensgrundsätze (Rn. 42 ff.) wie das Gebot zur Gewährung rechtlichen Gehörs zu beachten.[47]

24 Inwieweit aber das nichtförmliche Verfahren auf Grund der Ausbildung des Personals und unter dem Druck hoher Erledigungsstatistik oder bei Einsatz von Verwaltungsautomation[48] die Gewährleistung individueller Verfahrensgestaltung auf Grund des Grundrechtsschutzes bieten kann, ist durchaus zweifelhaft.[49] Hier wird die verfassungskonforme Gestaltung des Verfahrens allgemein in Verwaltungsvorschriften und Anweisungen an die Mitarbeiter umgesetzt werden müssen (§ 10 Rn. 13).

3. Das mehrpolige Verwaltungsrechtsverhältnis

25 Das Rechtsverhältnis muss zunehmend nicht mehr nur zwischen dem Betroffenen und einer Behörde (Körperschaft) als sog. **zweipoliges** Verwaltungsrechtsverhältnis gesehen werden, sondern mehr und mehr gewinnt das **dreiseitige Verwaltungsrechtsverhältnis** bis zur Ausgestaltung vielfacher Beziehungen gerade im Rahmen der planenden Verwaltung in sog. **Massenverfahren** (§ 17 Rn. 2; Einl Rn. 39) Bedeutung. Neben den sich hieraus ergebenden materiellen Verwaltungsrechtsverhältnissen[50] treten die **mehrpoligen Verwaltungsrechtsverhältnisse**[51] als Verfahrensbeziehungen ins Blickfeld (s. schon Rn. 10).

26 Das VwVfG enthält nur wenige Regeln, die diese Beziehungen erkennen lassen:[52] §§ 13 Abs. 2, 17, 28 Abs. 1, 41 Abs. 1, vor allem die Vorschriften über das förmliche und das Planfeststellungsverfahren sowie die materiell-rechtliche Norm des § 50. Bei der Ausgestaltung und Anwendung dieser Verfahrensrechte sind die unter Rn. 20 erwähnten Auswirkungen des materiellen Rechtsverhältnisses zu beachten. Insbesondere gestalten auch die **Grundrechte des Dritten** das Verfahren,[53] so dass er zu ihrer Durchsetzung im Sinne einer aus dem Rechtsstaatsprinzip abgeleiteten **Waffengleichheit** (Rn. 59, s. auch Rn. 179) die gleichen verfahrensrechtlichen Möglichkeiten bekommen muss wie der Antragsteller. Insoweit wirken Grundrechte auf § 13 Abs. 2, die Gewährung der Auskunft, Anhörung, Akteneinsicht, den Inhalt der Begründung, die Bekanntgabe usw. Art und Umfang der Einwirkung werden vom Einzelfall bestimmt.[54]

27 Es muss sichergestellt werden, dass die **materielle Mehrpoligkeit ihr verfahrensrechtliches Pendant** erhält.[55] Gesetze, die nur aus vermeintlichen Beschleunigungsgründen für den Antragsteller ausschließlich die verfahrensrechtlichen Möglichkeiten des Dritten beschneiden, sind daher bedenklich und erfordern eine entsprechende verfassungskonforme Auslegung.[56] So leitet das

---

[46] Z. B. Schutz des informationellen Selbstbestimmungsrechts bei der öffentlichen Bekanntgabe eines Planfeststellungsbeschlusses, *BVerfG* NVwZ 1990, 1162; § 39 Rn. 103.
[47] Z. B. im VwVf zur Anerkennung ausländischer Entscheidungen in Ehesachen gem. Art. 7 § 1 FamRÄndG, *BayObLG* NJW-FER 2000, 64 = StAZ 2000, 76.
[48] S. *Lazaratos*, Rechtliche Auswirkungen der Verwaltungsautomation auf das Verwaltungsverfahren, 1990, zu den einzelnen Verfahrensabschnitten.
[49] *Stelkens* NWVBl 1989, 335, 340; vgl. Rn. 71, 74.
[50] Z. B. im Baunachbarrecht, dazu *BVerwGE* 80, 184 = NJW 1989, 467; *Wahl* JuS 1984, 577; *Martens* NJW 1985, 2302, 2308; im Wasserrecht *BVerwGE* 78, 40 = DVBl 1987, 1265, dazu *Burgi* ZfW 1990, 1; *Bauer* JuS 1990, 24; im Schulverhältnis, dazu *OVG München* NJW 1986, 1950.
[51] *Schmidt-Aßmann*, Das allgemeine Verwaltungsrecht als Ordnungsidee und System, Kap. 3 Rn. 106; *Bauer* Die Verwaltung 25 (1992), 301, 323; *Koenig* AöR 117 (1992), 513.
[52] Kritik bei *Wahl* in Blümel, S. 55.
[53] Rn. 22; *Steinberg* NJW 1984, 457; *Wahl* JuS 1984, 577.
[54] Zur Frage der Erstattung von Verfahrenskosten als Forderung der Waffengleichheit s. *BVerfGE* 74, 78 = NJW 1987, 2569 und § 80 Rn. 48. Vgl. auch *BVerwG* NVwZ 1984, 234 zur Präklusion.
[55] So auch *Reimer* VerwArch 94 (2003), 543, 548.
[56] Vgl. z. B. zu Planfeststellungsverfahren *BVerwGE* 77, 134 = NVwZ 1987, 590, 591; s. aber Rn. 29; *Raeschke-Kessler/Eilers* NVwZ 1988, 37 zu *OVG Münster* NVwZ 1988, 74; zu § 69 BauO NW *Stelkens* BauR 1986, 390, 397; *ders.* UPR 1987, 241, 243.

§ 9 Begriff des Verwaltungsverfahrens 28–32 § 9

BVerwG aus dem **Selbstverwaltungsrecht** der Gemeinde einen Anspruch auf Verfahrensteilhabe her.[57] Hierbei können die Gemeinden zugleich das Wohl der Allgemeinheit verteidigen, soweit dieses durch ihre Selbstverwaltungsbefugnisse qualifiziert ist, und Träger eigener Rechte sein.[58]

Die Sicherung der Verfahrensrechte eines Dritten darf jedoch nicht dazu führen, **berechtigte** 28 **Interessen** (Datenschutz, Grundrechte) **eines anderen Beteiligten** zu verletzen. Die unterschiedlichen Verfahrensrechte müssen **aufeinander abgestimmt** werden, und zwar in Abwägung mit dem Grundrechtsschutz anderer Beteiligter und den Verfassungsprinzipien, die die Allgemeinheit schützen (Rn. 22, 63 ff.). Diese mehrpolige Sicht kann bis in die materielle Entscheidung durchschlagen (§ 50 Rn. 2, 7). Verfahrensgestaltungen wie förmliches oder Planfeststellungsverfahren sind besonders geeignet, diese unterschiedlichen Interessen- und Berechtigungsströme zu kanalisieren.[59]

Einen **Anspruch auf Einhaltung bestimmter Verfahrensregelungen oder auf Durch-** 29 **führung** eines bestimmten Verfahrens hat ein betroffener Dritter aber nur, wenn die gewünschte Verfahrensgestaltung auch seinem subjektiv-öffentlichen Recht dient und nicht nur im Allgemeininteresse begründet wurde.[60] Besondere, Dritten gesetzlich gewährte Beteiligungsrechte wie § 58 Abs. 1 Nr. 2, § 60 Abs. 2 Nr. 6 BNatSchG geben einen Anspruch auf Verfahrensteilhabe.[61]

4. Verfahrensrechtliche Nebenpflichten aus dem Rechtsverhältnis

Das konkrete Verwaltungsrechtsverhältnis kann **Nebenpflichten** auslösen, es erschöpft sich 30 also nicht in der verfahrensrechtlichen **Hauptpflicht,** bei Vorliegen der materiellen Voraussetzungen den VA zu erlassen,[62] noch weniger bestehen nur die durch Vertr oder VA festgelegten materiellen Hauptpflichten, -berechtigungen oder -lasten, die allerdings auch ihrerseits weitere Pflichten auslösen können, z. B. bewirken die einem Planfeststellungsbeschluss beigefügten nachbarschützenden Auflagen zugleich eine Amtspflicht der verpflichteten Gemeinde, diese Auflagen gegenüber dem Berechtigten einzuhalten.[63] Eine Nebenpflicht besteht gegenüber dem Verfahrensbeteiligten jedoch nur dann, wenn die entsprechende Verfahrenshandlung oder Unterlassung in seinem Interesse, also nicht im Interesse der Allgemeinheit verlangt wird.[64] Neben **materiellrechtlichen** Nebenpflichten[65] erwachsen auch eine Reihe von **verfahrensrechtlichen Nebenpflichten,**[66] und zwar sowohl auf der Seite der Behörde als auch auf der Seite des Betroffenen. Die Nebenpflichten können **vor, neben oder nach Abschluss des Verfahrens** bestehen.

Bei den Nebenpflichten muss es sich aber um **Rechtspflichten** handeln. Das konkrete Ver- 31 waltungsrechtsverhältnis muss ihre Grundlage sein. Allgemeine humanitäre und moralische Pflichten reichen dazu nicht aus. Die Nebenpflichten werfen zugleich die bisher noch nicht gelöste Frage auf, inwieweit für sie eine **gesetzliche Ermächtigung** erforderlich ist.[67] Diese wird man nur annehmen können, wenn sich die Nebenpflicht zu einer selbständig durchsetzbaren Pflicht konkretisiert, z. B. einer Duldungspflicht.[68]

Dies schließt nicht aus, dass insbesondere **Nebenpflichten des Bürgers** vor dem Hinter- 32 grund des Art. 2 Abs. 1 GG oder spezieller Grundrechte ihre **Rechtfertigung** fordern, andernfalls würde jedes den Zweck des Rechtsverhältnisses aus der Sicht der Behörde fördernde Verhalten vom Bürger gefordert werden können.[69] Die Zulässigkeitsvoraussetzungen des § 36, insbesondere des Abs. 3 (s. dort Rn. 73, 80), das Kopplungsverbot in § 56 Abs. 2, der Unterschied zwischen gesetzlicher Mitwirkungspflicht und Mitwirkungslast i. S. d. § 26 Abs. 2 (s. dort Rn. 46 f., 57 ff.), der Grundsatz, dass eine Behörde nichts fordern darf, um lediglich die Erfül-

---

[57] *BVerwGE* 77, 128, 133 = NJW 1987, 2096; 77, 134, 138 = NVwZ 1987, 590.
[58] *BVerwG* NVwZ 2000, 675.
[59] *BVerwGE* 77, 134 = NVwZ 1987, 590, 591.
[60] § 45 Rn. 125 ff.; § 50 Rn. 21 f.; § 9 Rn 165; § 10 Rn. 18; zusammenfassend *BVerwGE* 85, 368 = NVwZ 1991, 369, 371; NJW 1992, 256; weitergehend z. B. *Pitschas,* Verwaltungsverantwortung, S. 623.
[61] *BVerwGE* 87, 62 = NVwZ 1991, 162; Einl Rn. 40.
[62] *BVerwGE* 72, 172 = NJW 1986, 1826; *Bauer* Die Verwaltung 25 (1992), 301, 322.
[63] *BGHZ* 97, 97 = NJW 1986, 2309 für Beseitigung von Klärschlamm.
[64] Vgl. für Amtspflichtverletzung *BGH* NVwZ-RR 1995, 1.
[65] Z. B. Unterrichtspflicht von dem Unterschreiten der angedrohten Kosten der Ersatzvornahme, *BVerwG* NJW 1984, 2591; Rn. 34 ff.
[66] *BVerwGE* 72, 172 = NJW 1986, 1826.
[67] Vgl. *Kirchhof* AöR 112 (1987), 264, 278.
[68] § 44 Rn. 58; *Stelkens* NuR 1983, 261.
[69] Im Ergebnis wohl auch *BVerfG* InfAuslR 1991, 133, 134 f.

lung ihrer Aufgabe zu erleichtern (Rn. 37), zeigen die Notwendigkeit der Rechtfertigung. Hieraus folgt als Mindestvoraussetzung, dass nicht gesetzlich geregelte Nebenpflichten auf Seiten des Bürgers nur begründet werden dürfen, wenn und soweit ihre Erfüllung erforderlich ist, um den Zweck des Rechtsverhältnisses zu verwirklichen, und die Aufgabe, soweit sie der Verwirklichung von Allgemeininteressen dient, nicht von der Behörde selbst gelöst werden kann. Zu den Grenzen einer Nebenpflicht im Einzelfall s. Rn. 38.

33 Etliche Nebenpflichten sind **bereits im VwVfG** enthalten: z.B. auf der Seite der Behörde: §§ 24 Abs. 3, 25 auch als Pflichten vor Beginn des VwVf, Schutz des persönlichen Geheimnisses (§ 30) auch als Pflicht neben und nach Abschluss eines VwVf. Auf der Seite des Betroffenen: Mitwirkungslast und Förderungspflicht nach § 26 Abs. 2, z. B. in Planfeststellungs- und Massenverfahren mit der Last, Einwendungen zu erheben[70] oder zu ermitteln, ob man bei einer öffentlichen Bekanntgabe eines Planfeststellungsbeschlusses betroffen ist.[71] Auf beiden Seiten: Gegenseitige Information zur Lösung technisch bedingter Schwierigkeiten bei der elektronischen Kommunikation (§ 3a Abs. 3).[72]

34 Weitere verfahrensrechtliche Nebenpflichten sind **ungeschriebenes Recht**.[73] Sie ergeben sich aus dem **Verfahrensrechtsverhältnis**, z.B. als Beschleunigungspflicht der Behörde vor dem Hintergrund des § 75 VwGO,[74] nicht aber als allgemeine Verfahrensförderungspflicht für die Beteiligten (§ 26 Rn. 47), vor allem aber aus dem konkreten **materiellen Verwaltungsrechtsverhältnis**:

35 Auf Seiten der **Behörde**: Aus dem Beamtenverhältnis und den Umständen bei einem Einstellungsverfahren kann sich eine Schrumpfung des Ermessens auf Null bei Akteneinsicht ergeben.[75] **Kooperations- und Beratungspflichten** zwischen Polizei und Veranstalter einer Versammlung[76] oder gegenüber Dritten im Umweltrecht;[77] **Auskunftspflicht** auf Grund des Beitragsverhältnisses über die Preisgestaltung bei einem ör Vertr;[78] Beratungs-, **Koordinierungs- und Beschleunigungspflichten** aus dem Baurechtsverhältnis,[79] s. auch die konkreten Beratungs- und **Erörterungspflichten** aus dem jeweiligen Fachrecht wie z.B. § 175 BauGB. Eine verfahrensrechtliche Nebenpflicht auf Beratung entbindet den Betroffenen aber nicht von seinen Mitwirkungspflichten nach § 26. **Hinweispflichten** aus dem Prüfungsverhältnis,[80] nicht aber aus einem Gasthörerverhältnis.[81] Der „Mutterfakultät" obliegt gegenüber bei ihr Habilitierten eine **Betreuungspflicht** hinsichtlich der Wahrnehmung von Chancen auf dem Weg zur Hochschullehrerlaufbahn.[82] Die Pflicht zur Erteilung von Auskunft oder Gewährung von **Akteneinsicht** nach Abschluss des Verfahrens kann sich aus dem Bedürfnis des Betroffenen bei Verfolgung seiner berechtigten Interessen ergeben.[83] Aus dem verfassungsrechtlich geprüften Prüfungsverfahren[84] folgt die Verpflichtung des Prüfers zur **Sachlichkeit**,[85] zum **Übermaßverbot**[86] und zur **Fairness**.[87]

36 Auf der Seite des **Betroffenen**: Aus dem Prüfungsverhältnis die Pflicht des Prüflings, eine Beeinträchtigung des Prüfungsverfahrens wegen einer Störung des äußeren Prüfungsverlaufs unverzüglich zu rügen,[88] aus der Treuepflicht des Beamten, einen EDV-geschriebenen Bescheid

---

[70] *BVerfGE* 61, 82, 109 ff. = NJW 1982, 2173.
[71] *BVerfG* NJW 1985, 729.
[72] § 3a Rn. 39; *Schmitz/Schlatmann* NVwZ 2002, 1281, 1286; *Schliesky* NVwZ 2003, 1322, 1325.
[73] *Hase* Die Verwaltung 38 (2005), 453, 463; kritisch *Peters* Die Verwaltung 35 (2002), 177, 212.
[74] Vgl. § 24 Rn. 77; s. auch § 10 Rn. 24; für Bundesrecht *BVerwGE* 32, 204, 206 = NJW 1969, 1684.
[75] *BVerwG* DVBl 1984, 53, 55.
[76] *BVerfGE* 69, 315, 355 ff. = NJW 1985, 2395; *Gusy* JuS 1986, 608, 612 f.; *Hoffmann-Riem*, FS Simon, S. 379; s. aber § 26 Rn. 59.
[77] *Beyerlin* NJW 1987, 2713, dazu Rn. 177, 179.
[78] *BVerwGE* 84, 183 = NJW 1990, 1679.
[79] *BVerwGE* 72, 172 = NJW 1986, 1826.
[80] *BVerwGE* 99, 172 = NJW 1996, 2439, 2442.
[81] *BVerwG* NWVBl 1990, 373, 374.
[82] *BVerwGE* 91, 24, 44 = NVwZ-RR 1993, 621.
[83] *VGH Mannheim* NJW 1996, 613.
[84] *BVerwGE* 78, 55 = NVwZ 1987, 977.
[85] *BVerwGE* 70, 143, 151 f. = NVwZ 1985, 187; *VGH Mannheim* VBlBW 1990, 473; Rn. 62.
[86] *BVerfGE* 13, 97, 117 f. = NJW 1961, 2011.
[87] *BVerwGE* 55, 355, 360 f. = NJW 1978, 2408; 70, 143, 144 f. = NVwZ 1985, 187; Rn. 60.
[88] *BVerwGE* 69, 46 = NJW 1985, 447; für weitere prüfungsrechtliche Mitwirkungspflichten *von Mutius* Jura 1982, 555, 556.

ggfs. mit fremder Hilfe zu entschlüsseln, Überprüfungspflicht der Besoldungsunterlagen bei Veränderung der Besoldungsmerkmale;[89] aus Dienstleistungspflicht Pflicht zur zumutbaren Heilbehandlung;[90] Auskunftspflicht zur Sicherheitsüberprüfung.[91] Aus dem Baurechtsverhältnis die Pflicht des Baugenehmigungsinhabers als Inhaber der tatsächlichen Gewalt, Auskunft über den Eigentümer zu geben.[92] Aus dem baurechtlichen Nachbarschaftsverhältnis (Rn. 25) muss sich der Nachbar so behandeln lassen, als sei ihm die Baugenehmigung bekannt gemacht worden, wenn er von ihr Kenntnis hatte oder sie hätte kennen müssen.[93] Aus der Schutzpflicht für Kulturdenkmale können sich für den Eigentümer Pflichten zur Auskunft sowie zur Gestattung von Betretung und Besichtigung ergeben.[94]

Die **Grenzen der Nebenpflichten** des Betroffenen liegen in **gesetzlichen Regelungen** wie Geheimnisschutz oder dem allgemeinen Persönlichkeitsrecht,[95] in der **Zumutbarkeit**[96] und in der **Verhältnismäßigkeit** (s. ferner Rn. 32). Im Rahmen der Eingriffsverwaltung zeigen Vorschriften wie § 20 Abs. 2 S. 1 OBG NRW den allgemeinen Grundsatz, dass die Nebenpflichten **nicht** ausschließlich dazu begründet werden dürfen, um der Behörde ihre **Aufgabe zu erleichtern,** vgl. auch § 26 Rn. 51; § 36 Rn. 121, 146. 37

Sanktionen der Verletzung sind unterschiedlich, wenn sie sich nicht konkret aus dem Gesetz ergeben. Sind verfahrensrechtliche Nebenpflichten von der Behörde verletzt worden, sind § 46 VwVfG und § 44a VwGO zu beachten. Diese Vorschriften gelten für alle verfahrensrechtlichen Haupt- und Nebenpflichten, gleichgültig, ob sie im VwVfG stehen oder nicht, und schließen insoweit auch eine Feststellungsklage aus. Weiterhin: Wiedereinsetzung in den vorigen Stand, Amtshaftung,[97] die einer verwaltungsgerichtlichen Feststellungsklage über dieses Rechtsverhältnis vorgeht.[98] Ferner sind insbesondere im Bereich des Ermessens und der Beurteilungsermächtigung materiellrechtliche Auswirkungen möglich. Verletzt der Betroffene Nebenpflichten, sind die Folgen in aller Regel nur mittelbarer Art: Präklusion, Mitverschulden bei Amtshaftung, Mitverursachung bei Folgenbeseitigungsanspruch,[99] Verlust des Vertrauensschutzes bei Aufhebung eines VA (vgl. § 26 Rn. 55). Nebenpflichten dürfen **durch VA** nur durchgesetzt werden, wenn dafür eine gesetzliche Ermächtigung besteht (Rn. 32). 38

Nicht zu den Nebenpflichten gehören Rechtsansprüche auf Grund von **Rückabwicklungen früher eingegangener Verwaltungsrechtsverhältnisse.** Sie sind selbständige Ansprüche und Pflichten, deren Ursache das materielle Verwaltungsrechtsverhältnis ist,[100] mögen die Anspruchsgrundlagen auch z. B. aus dem Rechtsstaatsprinzip oder den Freiheitsrechten hergeleitet werden wie z. B. **Folgenbeseitigungsansprüche**[101] oder gewohnheitsrechtlich als gleichsam umgekehrte Leistungsansprüche in Form der ör **Erstattungsansprüche**[102] angesehen werden. 39

---

[89] *BVerwG* NVwZ 1985, 907.
[90] *BVerwG* NJW 1991, 766.
[91] *OVG Münster* ZBR 1987, 151.
[92] *OVG Münster* 17. 2. 1986 – 11 A 663/85.
[93] Vgl. *BVerwGE* 44, 294 = NJW 1974, 1261; DVBl 1987, 1276; NVwZ 1988, 730; *VGH Mannheim* BauR 1987, 285; BauR 1991, 597; § 41 Rn. 230.
[94] *Melchinger* VBlBW 1995, 49, 51 f.
[95] *BVerfGE* 84, 192 = NJW 1991, 2411 zur Offenbarung einer Entmündigung im Zivilrecht.
[96] *BVerfGE* 61, 82, 109 ff. = NJW 1982, 2173; *BVerwGE* 69, 46 = NJW 1985, 447.
[97] *BVerwG* NJW 1984, 2591.
[98] *BVerwGE* 72, 172 = NJW 1986, 1826.
[99] *BVerwGE* 69, 366 = NJW 1985, 817, 819; *VGH Mannheim* NJW 1985, 1482; Rn. 39 f.
[100] S. z. B. *BVerwGE* 94, 100 = NVwZ 1994, 275; *OVG Münster* NJW 1986, 1950.
[101] *BVerwGE* 69, 366 = NJW 1985, 817, 788; NJW 1988, 2399; 80, 178 = NJW 1989, 118; 82, 76 = NJW 1989, 2272, 2277; 82, 24 = NJW 1989, 2484 (unter Berücksichtigung von Mitverantwortung), dazu *Schenke* JuS 1990, 370; 94, 100, 114 = NVwZ 1994, 275: faktische Macht darf sich gegenüber dem Bürger nicht deshalb durchsetzen, weil sie vollzogen wurde, sondern weil sie von der Rechtsordnung hierzu legitimiert ist; *VGH München* BayVBl 1990, 627, 628; *VGH Mannheim* NJW 1985, 1482, s. aber *VGH Mannheim* NVwZ-RR 1990, 449; NJW 1990, 2770; NVwZ 1991, 583; *Fiedler* NVwZ 1986, 969, *Broß* VerwArch 76 (1985), 817; *Redeker* DÖV 1987, 194, *Maaß* BayVBl 1987, 520; *Schoch* VerwArch 79 (1988), 1 ff.; *Köckerbauer* JuS 1988, 782; zum Folgenbeseitigungsanspruch bei VA mit Drittwirkung *OVGE Münster* 44, 1 = NVwZ-RR 1995, 187; *Schenke* DVBl 1990, 328; *Kraft* BayVBl 1992, 456, jew. m. w. N.; § 1 Rn. 145.
[102] *BVerwGE* 71, 85 = NJW 1985, 2436 m. Bespr. *Weber* JuS 1986, 29; NVwZ 1991, 574; 99, 101 = NJW 1996, 1073; BSGE 61, 11 = NVwZ 1988, 95; *VGH Mannheim* NJW 1985, 2603; *Ossenbühl* NVwZ 1991, 513; zum Untergang des ör Erstattungsanspruchs nach dem Grundsatz von Treu und Glauben *OVG Münster* NJW 1992, 2245; zum abgabenrechtlichen Erstattungsanspruch aus § 37 Abs. 2 AO *Weber* BB 1992, 404.

40 Die Grundlage in dem materiellen Verwaltungsrechtsverhältnis hindert nicht, dass zur Durchsetzung dieser Ansprüche neue VwVf eingegangen werden müssen. VwVf i. S. d. § 9 sind sie aber nur, wenn für die Rückabwicklung ein VA erforderlich wird. Dies ist bei einem Erstattungsanspruch oder einem Folgenbeseitigungsanspruch in der Regel nicht der Fall.[103] Allerdings ist für einen Folgenbeseitigungsanspruch kein Raum, wenn die angeblich rechtswidrigen Folgen auf einem unanfechtbaren VA beruhen.[104] Dieser VA müsste zunächst aufgehoben werden.

41 Einen dem **sozialrechtlichen Herstellungsanspruch vergleichbaren Erfüllungsanspruch** kennt das allgemeine Verwaltungsrecht nicht (§ 25 Rn. 17). Der sozialrechtliche Herstellungsanspruch dient dem Ausgleich von Schäden aus Fehldispositionen eines Sozialleistungsberechtigten wegen mangelnder behördlicher Information, insbesondere wegen falscher Auskunft durch den Sozialleistungsträger.[105] Die Frage, ob ein behördlicher Beratungsfehler, der zur Versäumung einer materiellen Ausschlussfrist mit der Folge eines Anspruchsverlusts führt, einen Herstellungsanspruch rechtfertigt, stellt sich nur, wenn der Gesetzgeber nicht selbst die Voraussetzungen der Beseitigung des Rechtsnachteils geregelt hat. Die im Wohngeldverfahren vorgesehene Möglichkeit einer Wiedereinsetzung in den vorigen Stand bei schuldloser Versäumung der gesetzlichen Antragsfristen schließt demnach einen Herstellungsanspruch aus.[106]

III. Verfahrensgrundsätze (Abschnitt 1)

42 Abschnitt 1 des Teiles II umfasst die Verfahrensgrundsätze, die für die praktische Arbeit ausformuliert werden konnten. Auf Generalklauseln wurde verzichtet (Allgem. Begr. 6.1 Musterentwurf; Einl Rn. 22). Er enthält einen in seiner konkreten Ausgestaltung **einfachrechtlichen Standard** von Verfahrensregeln, der, geboten durch die rechtsstaatliche Forderung nach Berechenbarkeit, Rechtsklarheit und Rechtssicherheit,[107] dem verfassungsrechtlich geforderten **Mindeststandard** für Verfahrensrechte[108] gerecht wird. Gleiches gilt für europarechtliche Anforderungen (Einl Rn. 100). Diese Vorschriften können auch (noch) nicht als Ausdruck eines **allgemeinen Rechtsgedankens** angesehen werden (§ 1 Rn. 118, 154 ff.; 283 ff.; § 2 Rn. 54 f.).

43 Eine **abschließende Aufzählung** enthält der Abschnitt 1 **nicht**. Verfahrensgrundsätze des jeweiligen **Fachrechts** gehen den §§ 10 ff. vor; sie ergänzen oder verdrängen die allgemeinen Regeln. Diese Grundsätze des Fachrechts können – zumindest als ergänzende Regeln, ob auch als verdrängende ist umstritten (§ 1 Rn. 275 ff.) – auch **ungeschrieben** sein, wie z. B. der Grundsatz der Praktikabilität im Abgabenrecht, der zu Modifizierungen der Sachverhaltsermittlungspflicht führen kann (§ 24 Rn. 38).

44 Insbesondere bei Verfahren mit Ausländern ist zu beachten, dass auch verfahrensrechtlich der Mindeststandard der allgemeinen **Regeln des Völkerrechts** als innerstaatliches Gesetzesrecht (Art. 25 GG) eingehalten wird. Hierzu zählt auch die Verpflichtung, alles zu unterlassen, was einer unter Verstoß gegen allgemeine Regeln des Völkerrechts vorgenommenen Handlung nichtdeutscher Hoheitsträger Wirksamkeit verschafft.[109] Diese Grundsätze können z. B. Bedeutung gewinnen bei der Verwertung ausländischer hoheitlicher Erkenntnisse im Rahmen der Sachverhaltsermittlung. Als derartige Grundsätze kommen in Betracht: Mindeststandard elementarer Verfahrensgerechtigkeit, die ein faires Verfahren garantiert. Die Hinzuziehung eines Dolmetschers für die mündliche Verhandlung im Gerichtsverfahren gehört auch dazu;[110] für VwVf dürfte diese Verpflichtung aus dem Völkerrecht aber (noch) nicht bestehen. Zum EG-Recht und zur Entwicklung im Europarat Einl Rn. 129 ff.

---

[103] *BVerwGE* 69, 366 = NJW 1985, 817; anders wohl *Broß* VerwArch 76 (1985), 217, 223.
[104] *BVerwG* NVwZ 1987, 788.
[105] *Ossenbühl*, Staatshaftungsrecht, § 39, 1; *ders.* DVBl 1994, 977, 983; *Schmidt-De Caluwe*, Der sozialrechtliche Herstellungsanspruch, 1992; *Olbertz*, Der sozialrechtliche Herstellungsanspruch im Verwaltungsrecht, 1995, S. 16 ff.
[106] *BVerwG* NJW 1997, 2966; anders (Vorinstanz) *VG Bremen* NVwZ-RR 1996, 272, das den sozialrechtlichen Herstellungsanspruch für den Bereich des Wohngeldrechts anwenden wollte.
[107] Rn. 49 f., § 1 Rn. 39; *Bonk* DVBl 1986, 485, 488; *Hill* DÖV 1987, 885; *Schmidt-Aßmann* in Lerche/Schmitt Glaeser/Schmidt-Aßmann, S. 17 ff.; *Schoch* Die Verwaltung 25 (1992), 21 ff.; s. ferner die Wertentwicklung bei *Pitschas*, Verwaltungsverantwortung, S. 441 ff.
[108] *BVerfGE* 67, 208, 211 = NJW 1984, 2567; NJW 1987, 2219, 2220; Rn. 21; § 1 Rn. 42.
[109] *BVerfGE* 75, 1 = NJW 1987, 2155; NJW 1988, 1462; *BVerwG* NJW 1989, 678; Rn. 142.
[110] *BVerfG* NJW 1988, 1462, 1464.

§ 9 Begriff des Verwaltungsverfahrens

Besondere Verfahren mit eigenständigen **ergänzenden Verfahrensgrundsätzen** enthält auch 45
das VwVfG, nämlich in §§ 63 ff. für das **förmliche Verfahren** und in §§ 72 ff. für das **Planfeststellungsverfahren** (§§ 63 Abs. 2, 72 Abs. 1). Die **Umweltverträglichkeitsprüfung** ist kein selbständiges VwVf, sondern als Teil der Ermittlung und Bewertung in enumerativ aufgeführte Verfahren integriert.

Weitere allgemeine Verfahrensgrundsätze kommen hinzu:

1. Allgemeine Verfahrensgrundsätze

a) Verfassungsgrundsätze: Das **GG,** für die Landesbehörden zudem die **Landesverfas-** 46
sungen, wirken in besonderer Weise auf die Verfahrensgestaltung ein. Sie sind Maßstäbe für die Handhabung des Verfahrens (Rn. 21 ff.; § 1 Rn. 39 ff.). Der Bedeutungswandel ist zu berücksichtigen: Grundrechte nicht nur als Abwehrrechte, sondern als Teilnahme- und Teilhaberechte.[111] **Art. 1 GG** verbietet, den Bürger als **Objekt staatlichen Handelns** zu sehen.[112] Er gebietet, ihn in seiner Personalität als gemeinschaftsbezogenes Subjekt, mithin im Sinn einer Partnerschaft anzuerkennen: Eine der wesentlichsten Konsequenzen ist die Gewährung des Anhörungsrechts; die für das rechtliche Gehör vor Gericht entwickelten Überlegungen[113] treffen insoweit auch für das VwVf zu (§ 28 Rn. 1, 2).

Weitere Folgerungen ergeben sich aus dem Einzelfall: Eine Nummerierung des Bürgers an- 47
stelle eines Namens ist unzulässig,[114] eine Begründung ist verständlich abzufassen (§ 39 Rn. 41), selbstherrliches technokratisches Verhalten des Behördenvertreters ist unangebracht;[115] zum Duzen durch den Amtsträger *BVerwG* NJW 1990, 2575, s. ferner Rn. 60, § 23 Rn. 25, § 25 Rn. 1, 7. Das **Sozialstaatprinzip** fordert die Unterstützung des sozial Schwachen in der Durchsetzung seiner Rechte, z. B. bei der Anwendung des § 25. Der **Gleichheitsgrundsatz** gebietet auch gleiche Chancen im Verfahren, er untersagt die **Diskriminierung.**

Landesverfassungen enthalten besondere Forderungen, z. B. zum Datenschutz in Art. 4 Verf- 48
NW. Noch nicht abschließend geklärt ist, inwieweit das in **Art. 20 a GG** und in einigen Landesverfassungen enthaltene **Staatsziel Umweltschutz** einschließlich des Schutzes der Lebensgrundlagen über die Umweltverträglichkeitsprüfung (Rn. 45) hinaus eine Verfahrensgestaltung erfordert, die die Belange dieses Staatsziels besonders zur Geltung bringt. Aus Art. 20 a GG folgt zwar keine Verpflichtung des Gesetzgebers oder der Exekutive, ein konkretes VwVf bereit zu halten, das dem Umweltschutz dient.[116] Erforderlich ist jedoch, im Rahmen des jeweils zur Verfügung gestellten VwVf, das Staatsziel Umweltschutz als auch das Verfahrensermessen beeinflussende Faktoren in dem Sinn einzubringen, dass gesetzlich zu berücksichtigende Belange des Umweltschutzes artikuliert und bei der Entscheidung berücksichtigt werden können.

b) Grundsätze des rechtsstaatlichen Verfahrens: Von besonderer Verfahrensrelevanz ist 49
Art. 20 Abs. 3 GG. Er fordert ein **rechtsstaatliches Verwaltungsverfahren,** ohne dass sich hieraus in allen Einzelheiten eindeutig bestimmte Ge- oder Verbote, Rechte oder Pflichten ergäben.[117] Diese Forderung erstreckt sich sowohl auf das materielle Rechtsverhältnis, z. B. auf den Grundsatz des Gesetzesvorbehalts (§ 44 Rn. 45 ff.), als auch auf weitere allgemeine Grundsätze der Verwaltungsorganisation, des VwVf wie auch allgemein des Verwaltungshandelns. Können Grundrechte keine materiellen Maßstäbe für bestimmte grundrechtsrelevante staatliche Maßnahmen liefern oder kann eine Ergebniskontrolle an materiellen Maßstäben erst erfolgen, wenn eine etwaige Grundrechtsverletzung nicht mehr korrigierbar ist, ist der **Grundrechtsschutz in den Prozess der Entscheidungsfindung vorzuverlagern** und nicht erst auf das Entscheidungsergebnis zu beziehen.[118]

---

[111] *Sachs* in Stern, Staatsrecht III/1, §§ 66, 67.
[112] *BVerfG* NJW 1991, 1411 m. w. N.
[113] *BVerfG* NJW 1991, 2078 m. w. N.
[114] *BVerwG* NJW 1987, 2454; S. z. B. die Einschränkungen bei §§ 18 f, 18 g SGB IV.
[115] *OVG Koblenz* NJW 1990, 465.
[116] Vgl. *Waechter* NuR 1996, 321, 327 m. w. N.; ferner *Murswiek* in Sachs, GG, Art. 20 a Rn. 75.
[117] *BVerfGE* 7, 89, 92 = DVBl 1957, 642; 53, 115, 127 = NJW 1980, 1565; 65, 283, 290 = NVwZ 1984, 430; 74, 129, 152 = NJW 1987, 1689; *BVerwGE* 74, 109, 112 = NJW 1986, 2449; NVwZ 1987, 886; Stern, Staatsrecht I, § 20 IV 4; *Ule* VerwArch 76 (1985), 136; *Schoch* Die Verwaltung 25 (1992), 21 ff.; *Bonk* NVwZ 1997, 320, 322; jew. m. w. N., s. ferner Rn. 42, im Einzelnen § 1 Rn. 39 ff.
[118] *BVerfGE* 90, 60 = NJW 1994, 1942, 1946; s. auch *BVerfG* NJW 1995, 1606; Rn. 21 ff.

50 Auch über das Rechtsstaatsgebot wirken die Verfassungsgrundsätze, vor allem die Grundrechte und die in Art. 20 GG niedergelegten Prinzipien, auf das Verwaltungsverfahren ein.[119] Hierzu gehören das **Willkürverbot**,[120] der Grundsatz der **Verhältnismäßigkeit** (Übermaßverbot; § 40 Rn. 83) und das Gebot der Beachtung des **Vertrauensschutzes**.[121] Die Verfahrenshandlung muss **geeignet, erforderlich und zumutbar** sein. Weil diese Grundsätze nach Ansicht des Verfassers des Gesetzes weniger das VwVf als das Ergebnis des Handels bestimmen, sind sie nicht in das VwVfG aufgenommen worden (Allgem. Begr. 6.8. Musterentw.; Rn. 42). Dass diese Grundsätze bei der Ausgestaltung des Verfahrens, insbesondere bei der Ausübung des Verfahrensermessens, z. B. bei der Auswahl der Beweismittel, ihre Bedeutung haben, ist selbstverständlich. S. zum Mitteleinsatz, um sich die Arbeit zu erleichtern, Rn. 37.

51 Darüber hinaus wirkt sich das Gebot rechtsstaatlichen Handelns auf die **Verfahrensgestaltung** aus.[122] Dies bedeutet zunächst, dass der **Zugang zu den Behörden** nicht in unzumutbarer, aus Sachgründen nicht mehr zu rechtfertigender Weise erschwert wird. Ausgehend von den vom Gesetzgeber zur Verfügung gestellten Verfahrensordnungen sind diese Regeln dem genannten Gebot entsprechend auszulegen und zu handhaben. Das VwVf darf nicht darauf angelegt sein, den **gerichtlichen Rechtsschutz** unzumutbar zu erschweren oder zu vereiteln.[123] Das Recht auf rechtsstaatliche Verfahrensgestaltung verleiht indessen dem Betroffenen keinen Anspruch auf isolierte gerichtliche Feststellung von Verfahrensfehlern. Ziel des VwVf ist die materiell zutreffende Sachentscheidung, nicht die Richtigkeit des Entscheidungsprozesses.[124] Zum Anspruch auf Verfahrensgestaltung Rn. 29; § 10 Rn. 18.

52 Zugleich sind der Behörde die für die Durchführung dieser Verfahren notwendigen **persönlichen und sächlichen Mittel** zur Verfügung zu stellen, z. B. müssen für den Eingang von Erklärungen die Einrichtungen geschaffen werden, die dem heutigen Stand der Nachrichtentechnik entsprechen und eine Ausnutzung der Frist bis zum Fristende ermöglichen (vgl. § 24 Rn. 82). Einen Anspruch auf die Ausstattung hat der Bürger jedoch nicht. Fehlt sie, darf ihm hieraus kein Nachteil erwachsen.

53 Ohne dass es einer speziellen gesetzlichen Grundlage bedarf, ergibt sich das Recht und die Pflicht der Behörde zur **schriftlichen und vollständigen Aktenführung** aus ihrer jeweiligen Aufgabenzuweisung.[125] Dies gilt selbst für die Sammlung personenbezogener Daten im Rahmen der Datenschutzgesetze.[126] Aus der rechtsstaatlichen Pflicht zur Aktenführung folgen weder ein Anspruch des Bürgers auf **Aufnahme** von Vorgängen in die Akte noch grundsätzlich ein **Anspruch auf Beseitigung** rechtmäßig in die Akte gelangter Unterlagen im Einzelnen.[127] Die Pflicht zum Gesetzesvollzug in rechtsstaatlicher Weise ist ohne eine Dokumentation der einzelnen Verwaltungsvorgänge ebenso wenig wahrzunehmen wie eine ordnungsgemäße Durchführung des VwVf, wie z. B. das Recht auf Akteneinsicht zeigt (vgl. § 29 Rn. 25 ff.). Überdies ist eine korrekte Aktenführung für die Durchführung der allgemeinen Aufsicht und der speziellen Rechtskontrolle unerlässlich. Verstöße der Behörde gegen die Pflicht zur ordnungsgemäßen Aktenführung können im Einzelfall zur Umkehr der Beweislast führen.[128]

---

[119] Rn. 21 ff., 46, 48; § 1 Rn. 42 f.; *Sachs* in ders., GG, Art. 20 Rn. 110.
[120] § 40 Rn. 93; § 10 Rn. 4; zu jüngeren Entwicklungen in der Judikatur des BVerfG vgl. § 40 Rn. 94 f.; *Sachs* JuS 1997, 124.
[121] *BVerfG* NJW 1993, 3191; § 40 Rn. 48.
[122] *BVerfGE* 69, 381 = NJW 1986, 244; ferner Rn. 63 ff.
[123] *BVerfGE* 67, 208, 211 = NJW 1984, 2567; NJW 1991, 2076; § 1 Rn. 42; *Schmidt-Aßmann* in Schoch u. a. Einl Rn. 196 ff., 199 ff.; zur Amtshaftung bei Vereitelung einer beamtenrechtlichen Konkurrentenklage *BGHZ* 129, 226 = NJW 1995, 2344; zu Prüfungsverfahren *BVerfGE* 84, 34 = NJW 1991, 2005; 84, 59 = NJW 1991, 2008 und § 2 Rn. 131.
[124] Rn. 100 ff., vgl. auch *RhPfVerfGH* NJW 1995, 444; *Stelkens* in Schoch u. a. § 44a Rn. 2 f. Zur Verletzung eines sog. absoluten Verfahrensrechts – Beteiligung anerkannter Naturschutzverbände – *BVerwGE* 87, 62 = NVwZ 1991, 162; aber einschränkend *BVerwGE* 102, 358 = NVwZ 1997, 905; 104, 367 = NVwZ 1998, 279; ferner Rn. 163, Einl Rn. 40; *Stelkens* in Schoch u. a. § 44a Rn. 32 m. w. N.
[125] Zur Aktenführung *Püttner*, Verwaltungslehre, § 17 III.
[126] *BVerwGE* 84, 375 = NJW 1990, 2761; NJW 1990, 2765; *OVG Münster* NJW 1989, 2966.
[127] § 29 Rn. 25 ff.; § 35 Rn. 101; § 2 Rn. 114. Zum Anspruch auf Vernichtung einer rechtswidrig angelegten Gesundheitsakte *VGH Kassel* NJW 1993, 3011.
[128] *OVG Greifswald* NVwZ 2002, 104, 106.

Art und Weise der Aktenführung ebenso wie die **Aktenaufbewahrung** werden durch das 54 allgemeine Organisationsrecht bestimmt.[129] Die Akte ist in deutscher Sprache zu führen.[130] Dazu sind besondere Rechtspflichten, z.B. zur Protokollierung von Aussagen, und Zweckmäßigkeitserwägungen auf der Grundlage des § 10 zu beachten. In die Akte aufzunehmen ist jede Notiz, Mitteilung, Information usw., die einen sachlichen Bezug zu dem Verfahrensgegenstand (Rn. 108) aufweisen.[131] Hierzu gehören auch Bewertungen durch den Bediensteten.

Eine dem äußeren Anschein nach ordnungsgemäß geführte Akte hat die Vermutung der Voll- 55 ständigkeit für sich.[132] Ist die Akte unvollständig, hat dies mittelbare Folgen für den Verfahrensablauf und das Ergebnis, da z.B. eine korrekte Sachverhaltsermittlung nicht nachgewiesen werden kann mit der Folge, dass die Anhörung unvollständig ist; eine Ermessensentscheidung kann insoweit auf unvollständig ermitteltem Sachverhalt beruhen.

Allgemeine gesetzliche Grenzen sind bei der Aktenführung einzuhalten (s. § 24 Rn. 31). 56 Da die Sammlung und Dokumentierung von Informationen über Personen deren allgemeines Persönlichkeitsrecht tangieren können, rechtfertigt der Grundsatz der Vollständigkeit der Aktenführung nur dann die Aufnahme dieser Information in die Akte, wenn sie in einem sachlichen Bezug zu dem Aufgabenbereich der Behörde steht und der Grundsatz der Verhältnismäßigkeit beachtet ist.[133] Dass die abschließende Entscheidung ebenfalls zu den Akten zu nehmen ist, versteht sich von selbst. Für durch IT-Anlagen hergestellte Akte s. § 37 Rn. 74.

Der **Grundsatz der Formen- und Verfahrensklarheit** verlangt, dass der von dem Verfah- 57 ren Betroffene nicht in Zweifel gelassen wird, in welchem Verfahren er sich befindet, welche Form die Behörde anwendet und wie der Verfahrensgang gestaltet wird.[134] Hierzu gehört ebenfalls die Gewissheit, in welchem ör Rechtsverhältnis sich der Betroffene befindet.[135] Gleiches gilt für internes Verwaltungshandeln. So gebietet der Grundsatz der Weisungsklarheit, dass eine angewiesene Behörde erkennen kann, dass und mit welchem Inhalt eine Weisung erlassen worden ist.[136]

Über den Stand des Verfahrens ist der Betroffene zu unterrichten. Gegen diesen Grundsatz 58 verstößt eine Behörde, die auf einen Antrag mündlich einen ablehnenden VA erlässt, den Betroffenen aber in dem Glauben lässt, er würde noch schriftlich beschieden.[137] Ähnlich: Hat die Behörde (auf Grund fachspezifischer Vorschriften) einen VA zur Durchsetzung von Auskünften erlassen, muss sie diese Auskünfte auch einholen und kann nicht parallel dazu die benötigten Angaben im Wege der Schätzung ermitteln.[138] Differenziert die Behörde zwischen Teilgenehmigung und Nachtrag, muss sie sich daran halten lassen.[139] Unzulässig ist die Vermischung von Vorverfahren und Rücknahme.[140]

Das Recht auf rechtsstaatliche Verfahrensgestaltung wirkt sich zudem auf die **Durchführung** 59 **des Verfahrens** aus. Hierzu zählt, dass bei einer Beteiligung mehrerer Betroffener mit unterschiedlicher Interessenlage eine verfahrensrechtliche **Waffengleichheit** (Rn. 26, 63) gewährleistet werden muss, und zwar nicht in Vertröstung auf ein mögliches Gerichtsverfahren, sondern bereits in der jeweiligen Verwaltungsinstanz.[141]

Vor allem ist wesentlicher, aus Art. 2 Abs. 1 GG i.V.m. Art. 20 Abs. 3 GG zunächst für das 60 Prozessrecht entwickelter Grundsatz jeglichen rechtsstaatlichen Verfahrens das für jedermann

---

[129] *BVerwGE* 78, 364 = NVwZ 1988, 434; NVwZ 1988, 621.
[130] § 23 Rn. 22; s. aber auch § 22 Rn. 30.
[131] *BVerfG* NJW 1983, 2135; *BVerwG* NVwZ 1988, 621, 622.
[132] *OVG Koblenz* NVwZ 1992, 384.
[133] Vgl. *VG Frankfurt* NJW 1988, 1613.
[134] *BVerwGE* 74, 124 = NJW 1986, 2447; *OVG Münster* NVwZ-RR 1993, 289; ferner *BVerwGE* 101, 64, 69 = NVwZ 1997, 272, 273 bei Wahl zwischen Rücknahme- und Abhilfebescheid; § 35 Rn. 27. Zum Verfahrensgrundsatz der Transparenz *Hufen* Rn. 52.
[135] *BVerwGE* 81, 111 = UPR 1989, 264, 276 = NVwZ 1989, 655.
[136] *BVerfGE* 81, 310 = NVwZ 1990, 955.
[137] Vgl. *Stelkens* NVwZ 1987, 471 zu *BVerwG* NVwZ 1986, 1011, dazu auch *Martens* JuS 1988, 776; § 37 Rn. 50.
[138] *OVG Münster* 23. 3. 1987 – 3 A 2110/83, dazu auch *BVerwG* 12. 11. 1987 – 3 B 29.87.
[139] *VGH Mannheim* NVwZ-RR 1990, 535.
[140] § 48 Rn. 67. S. ferner § 35 Rn. 27, 71.
[141] *BVerfGE* 74, 78 = NJW 1987, 2569, 2570; zusammenfassend *Tettinger,* Fairness und Waffengleichheit, 1984, S. 18 ff.

geltende Recht auf ein **faires Verfahren**.[142] Allerdings steht es nur den **Beteiligten** i. S. d. § 13, nicht dem **Bevollmächtigten** oder **unbeteiligten Dritten** als eigenes Recht zu.[143] Dabei ist ggfs. Besonderheiten des jeweiligen Adressatenkreises Rechnung zu tragen.[144] Dieses Recht gewährleistet aktive verfahrensrechtliche Befugnisse, die dem Beteiligten die Möglichkeit geben, zur Wahrung seiner Rechte auf den Gang und das Ergebnis des Verfahrens Einfluss zu nehmen, um zu verhindern, dass er zu einem **Objekt des Verfahrens** (Rn. 46) herabgewürdigt wird. Zugleich garantieren die Beteiligungsrechte unabhängig von der individuellen Betroffenheit die Identifikation mit dem Gemeinwesen.[145] Dieser Grundsatz regelt nur einen Mindeststandard an Verfahrensrechten, zunächst sind die Rechte und Pflichten durch die Verfahrensordnungen konkretisiert.[146] Bei der Anwendung und Ausgestaltung dieser Rechte, z. B. bei der Wahrnehmung der Aufklärungs- und Betreuungspflicht des § 25,[147] bei Anhörung (§ 28 Rn. 16), Akteneinsicht, Dolmetschereinsatz (§ 23 Rn. 26), Gestaltung des Planfeststellungsverfahrens, insbesondere des Erörterungstermins nach § 73 Abs. 6[148] etc. zieht der Grundsatz des fairen Verfahrens die unverzichtbare Grenze, ausgerichtet auf die unterschiedliche Zwecksetzung der einzelnen Verfahren. Das Recht auf faire Verfahrensgestaltung wird verletzt, wenn die Behörde bei einem Nachbarwiderspruch statt einer Abhilfe- eine an sich zulässige Rücknahmeentscheidung trifft, um sich der sonst bestehenden Kostenlast des § 80 Abs. 1 S. 1 zu entziehen.[149] Ist ein Verfahren im allseitigen Einvernehmen 16 Jahre nicht betrieben worden, hat die Behörde den Antragsteller vor einer Bescheidung auf diese Absicht hinzuweisen, u. a. um ihm eine kostengünstigere Antragsrücknahme zu ermöglichen.[150] Zur Präklusion s. § 26 Rn. 54.

61 Soweit es das Verfahren erfordert, dass **andere Personen** hinzugezogen werden können, ohne dass sie Beteiligte werden, wie Einwender im Planfeststellungsverfahren, aber auch Zeugen,[151] Sachverständige, Dolmetscher etc. gelten diese Grundsätze auch ihnen gegenüber, soweit sie eigene Rechte aus ihrer jeweiligen Verfahrensstellung herleiten können (vgl. auch § 25 Rn. 25; § 26 Rn. 80).

62 Aus dem Rechtsstaatsgebot folgt das Gebot der **Sachlichkeit** und **Neutralität**.[152] Die Forderung sachgemäßen, unparteiischen und unvoreingenommenen Verwaltungshandelns gehört zudem zu den hergebrachten Grundsätzen des Berufsbeamtentums,[153] ist aber auch dem Beruf des Rechtsanwalts als Organ der Rechtspflege nicht fremd.[154] Das Gebot verlangt, das Verfahren vorurteilslos, tolerant und emotionslos zu betreiben (s. § 24 Rn. 48). §§ 20, 21 sind Folgerungen dieses Grundsatzes (s. auch § 23 Rn. 47). Hat die Verwaltung in einem Verfahren auch eigene Interessen, kann dies zur Reduzierung eines grundsätzlich gegebenen Beurteilungsspielraums und damit tiefer gehender gerichtlicher Kontrolle führen.[155] Insoweit ist es unbefriedigend, wenn *OVG Münster* NWVBl 1995, 68[156] die Übertragung von Genehmigungs- und Aufsichtsaufgaben über private Notfallrettungs- und Krankentransportunternehmen auf die konkurrierende Berufsfeuerwehr als Zweckmäßigkeitsfrage ansieht, der allein rechtspolitisch Rechnung zu tragen sei.

63 Die Ausgestaltung des VwVf nach rechtsstaatlichen Grundsätzen muss vor allem sicherstellen, dass das **materielle Recht des Einzelnen und der Allgemeinheit,** ggf. in Abwägung mit

---

[142] *BVerfGE* 42, 64 = NJW 1976, 1391; 49, 220, 225 = NJW 1979, 534; 83, 182 = NJW 1991, 1878; *BVerwG* NVwZ 1991, 781; zusammenfassend *Tettinger*, Fairness und Waffengleichheit, 1984, S. 18 ff.; *Dörr*, Faires Verfahren, 1984; *Stern*, Staatsrecht III/1, § 75 II 4; Rn. 35; § 1 Rn. 42, 49.
[143] *BVerwG* NJW 1985, 339; *VGH München* NuR 1987, 270; s. aber Rn. 61.
[144] *BVerfG* DVBl 1994, 631, 632.
[145] *Ossenbühl* NVwZ 1982, 465, 466.
[146] *BVerfGE* 64, 135 = NJW 1983, 2762; *BVerwG* NVwZ 1987, 886; jew. m. w. N.
[147] Vgl. *BVerfGE* 42, 64 = NJW 1976, 1391.
[148] *BVerwGE* 75, 214; NVwZ 1991, 781.
[149] *BVerwGE* 101, 64 = NVwZ 1997, 272.
[150] *BVerwG* NVwZ 2001, 94.
[151] Vgl. *BVerfG* NJW 1993, 2301.
[152] *BVerwGE* 70, 143 = NJW 1985, 187; DÖV 1987, 870; NVwZ 1987, 886; Rn. 35.
[153] *BVerwG* NVwZ 1988, 66.
[154] *BVerfG* NJW 1991, 2274, 2275.
[155] *BVerfGE* 88, 40 = NVwZ 1993, 666 zur Genehmigung einer Privatschule durch Unterrichtsverwaltung, die zugleich Interessen der konkurrierenden öffentlichen Schulen wahrnimmt; hierzu auch *Pieroth/Kemm* JuS 1995, 780, 782.
[156] Unter Bezugnahme auf die Rechtsprechung des *BVerwG* NVwZ 1987, 886.

den Interessen Dritter, **in der Sache richtig und zweckmäßig** angewandt wird. Soweit möglich, bietet es eine Richtigkeitsgewähr, nimmt – im Einzelnen umstritten und in den Grundzügen in der Entwicklung befindlich – **Konkretisierungsfunktion** wahr,[157] erfüllt zur **Durchsetzung von Individualrechten Rechtsschutzfunktion,** ohne allerdings die Rolle der Gerichte übernehmen zu können.[158] Der Grundsatz des § 10 zeigt, dass dieser Auftrag von der Verwaltung im Wege des nichtförmlichen Verfahrens erfüllt werden soll.[159] **Art. 19 Abs. 4 GG** wirkt auf die Ausgestaltung des dem Gerichtsverfahrens vorgelagerten VwVf dergestalt ein, dass es den Rechtsschutz weder vereiteln noch unzumutbar erschweren darf.[160] Art. 19 Abs. 4 GG hilft über das Fehlen eines materiellrechtlichen Anspruchs nicht hinweg, da er als Verfahrensgrundrecht keine materiellrechtlichen Rechtspositionen schafft, sondern diese voraussetzt. So ergibt sich auch kein verwaltungsgerichtlich durchsetzbarer Anspruch auf behördliches Einschreiten, wenn die zur Konfliktbereinigung berufenen und primär in Anspruch genommenen Zivilgerichte die Durchsetzung der bei ihnen geltend gemachten Ansprüche nicht effektiv sichern.[161]

Die Rechtsschutzfunktion des VwVf schwindet allerdings in dem Maße, in dem das Gerichtsverfahren die Rolle der Feststellung des materiellen Rechts übernimmt (§ 113 VwGO; Rn. 67 ff.). Es wäre aber verkürzt, dem VwVf im Verhältnis zum materiellen Recht nur eine dienende Bestimmung zuzugestehen, eine Ansicht, die §§ 45, 46 VwVfG, § 44 a VwGO nahe legt,[162] die aber nicht der Wechselwirkung von VwVf und Bestimmung des materiellen Rechts im konkreten Fall gerecht würde. **64**

Dem Grundsatz der Gewaltenteilung folgend hat die Behörde eine eigenständige verfassungsrechtliche **Pflicht zum Gesetzesvollzug,** und zwar auch im Allgemeininteresse.[163] Diese der Verwaltung allgemein obliegende Pflicht wird jedenfalls in für die Allgemeinheit besonders wichtigen Sachbereichen durch die Pflicht zur gleichmäßigen Gesetzesanwendung ergänzt (§ 10 Rn. 17). Die Pflicht zum Gesetzesvollzug ist umso ernster zu nehmen, als der Konkretisierungsauftrag zunehmend alleinverantwortlich von der Verwaltung bei der Umsetzung von Beurteilungsermächtigung und technischen Normen erfüllt werden muss,[164] ohne dass aber schon generell eine eigenverantwortliche Ermittlung und Bewertung durch die Verwaltung anerkannt wäre.[165] **65**

Aus dieser Funktion ist zu erklären, dass die Beteiligungsrechte des Bürgers über die Wahrung seiner individuellen Rechte hinaus den Zweck haben, der Behörde eine breitere Entscheidungsgrundlage auch im Interesse der Allgemeinheit zu vermitteln und der Entscheidung selbst zu **breiterer Akzeptanz** zu verhelfen.[166] Wird diese Funktion des VwVf verkannt, besteht die Gefahr, dass für die Allgemeinheit und die Betroffenen zweierlei Recht verwirklicht wird: Das Recht derjenigen, die sich mit der Verwaltungsentscheidung begnügen, und das Recht derjenigen, die eine Gerichtsentscheidung erwirken.[167] Gegen diesen Grundsatz verstoßen z.B. eine Baubehörde, die eine Entscheidung über einen baurechtlichen Dispens nur von dem Einverständnis der Nachbarn abhängig macht, die materiellen Voraussetzungen des Dispenses aber ungeprüft lässt, oder eine Staatsbauaufsicht, die im Vertrauen auf die eigene Genehmigungsbefugnis Abweichungen vom materiellen Recht bei Staatsbauten gestattet. **66**

---

[157] *Schmidt-Aßmann* in Hoffmann-Riem/Schmidt-Aßmann, Konfliktbewältigung, Bd. II, S. 9, 11 ff.; *Schoch* Die Verwaltung 25 (1992), 21, 23 ff.; *Pitschas,* Verwaltungsverantwortung, S. 66, 640 ff.; Einl Rn. 2; § 35 Rn. 24 f.
[158] Zum Unterschied zwischen VwVf und Gerichtsverfahren *Schmidt-Aßmann* in Schoch u. a. Einl Rn. 196 ff.
[159] *Pitschas,* Verwaltungsverantwortung, S. 682.
[160] *BVerfGE* 69, 1 = NJW 1985, 1519; NJW 1990, 501 = DVBl 1989, 1247 m. Anm. *Busch* DVBl 1990, 106; 82, 209 = NJW 1990, 2306, 2308; *OVG Münster* DVBl 1988, 155 m. w. N.
[161] *VGH Mannheim* NJW 1997, 1798.
[162] Vgl. § 45 Rn. 8 ff.; § 46 Rn. 4; kritisch *Meyer* NVwZ 1986, 513 ff.; *Schoch* Die Verwaltung 25 (1992), 21, 27 ff., 39 ff.
[163] Einl Rn. 20; § 1 Rn. 43; BSGE 60, 209 = NJW 1987, 1846 m. w. N.; s. ferner Rn. 169; § 22 Rn. 2, 6; § 24 Rn. 2.
[164] Im einzelnen umstr., s. *Pitschas,* Verwaltungsverantwortung, S. 559 ff., 618 ff.; *Schoch* Die Verwaltung 25 (1992), 21, 51 f.; § 40 Rn. 190 ff.; § 26 Rn. 8 ff.
[165] *BVerwGE* 85, 368 = NVwZ 1990, 369, 372.
[166] Rn. 79; *Ossenbühl* NVwZ 1982, 465 f.; *Schmitt Glaeser* in Lerche/Schmitt Glaeser/Schmidt-Aßmann, S. 37 ff.; *Schmidt-Aßmann* AöR 116 (1991), 329, 332, 369 ff.; *Württemberger* NJW 1991, 257; *Brohm* NVwZ 1991, 1025; *Schoch* Die Verwaltung 25 (1992), 21, 30 ff.
[167] Vgl. *Stelkens* NWVBl 1989, 335, 340; *ders.* NVwZ 1982, 81.

67 Soweit der Grundsatz des rechtsstaatlichen Verwaltungshandelns das VwVf prägt, wirkt er sich deshalb **unabhängig** von der Möglichkeit **verwaltungsgerichtlicher Kontrolle** aus. Nicht allein weil nur ein Bruchteil der Entscheidungen der Behörde Gegenstand eines verwaltungsgerichtlichen Verfahrens wird,[168] muss bereits das VwVf in eigener Verantwortung den Grundsatz der Gesetzmäßigkeit sicherstellen,[169] sondern weil das VwVf gegenüber dem Gerichtsverfahren bereits von seiner Zielsetzung her ein aliud ist.[170]

68 Das VwVf dient der Verwirklichung des materiellen Verwaltungsrechts im Allgemein- und Individualinteresse (Rn. 63, s. auch Rn. 21) aus einer **Sicht ex ante**, die auch bei der Bewertung der Allgemeininteressen politische Entscheidungen im Rahmen gesetzlicher Zielsetzungen einschließt und deshalb des Ermessens, der Planung und der eigenständigen Beurteilung bis zur zukunftsorientierten Prognose bedarf.[171] Im Rahmen des Verfahrensermessens hat daher auch der Bürger vielfältigen Einfluss auf die Verfahrensgestaltung, der jedoch nicht immer genutzt wird (vgl. Rn. 102; § 10 Rn. 28). Das Gerichtsverfahren dient dagegen der Durchsetzung des bestimmten Verwaltungsrechts, und zwar nur zur Durchsetzung individueller Rechte in den Fällen, in denen das VwVf aus einer **Sicht ex post** gescheitert ist.[172]

69 Vor diesem Hintergrund ist eine Rechtsprechung, die zu sehr betont, dass der Rechtsschutz nur durch das Gerichtsverfahren gewährleistet wird, problematisch;[173] sie gerät überdies zu leicht in die Gefahr, Verwaltungsfunktion zu übernehmen.[174] Dieser Gefahr entgeht das *BVerwG*, wenn es schreibt: „Es ist nicht Aufgabe des Gerichts, ein ‚steckengebliebenes' Genehmigungsverfahren in den Einzelheiten durchzuführen", und die Sache an die Verwaltung „zurückweist".[175] Soweit die aktuellen Bestrebungen zur Beschleunigung von VwVf zu einem Abbau von allgemein- und drittschützenden Regelungen führen, ist dies nur durch verstärkten gerichtlichen Rechtsschutz kompensierbar. Gerichtliche Kontrolle gewinnt an Bedeutung, je mehr die Verwaltung in ein Beschleunigungskorsett gezwungen wird.[176] S. ferner für den Unterschied verwaltungsbehördlicher Planung und gerichtlicher Planungskontrolle *BVerwGE* 87, 332, 334f. = NVwZ-RR 1991, 601. Diesen Unterschied nimmt § 113 Abs. 2, 3 VwGO i.d.F. des 4. VwGOÄndG gegen den Widerstand des *BVerwG*[177] auf.[178]

70 Andererseits kann das **VwVf nicht** die materielle Überprüfung garantieren, die ein **Gerichtsverfahren** gewährleisten soll; es ist nicht die **Vorwegnahme eines Gerichtsverfahrens**. Ein rechtsstaatliches Verfahren hat sich an der vorgegebenen unterschiedlichen Aufgabenzuweisung (Rn. 63ff.), die sich in der Organisation der Behörde einschließlich der Ablauforganisation des Verfahrens,[179] in Ausbildung und Anzahl des Personals[180] sowie in der Zuweisung sächlicher Mittel niederschlägt, zu orientieren.[181] Der Grundsatz der Rechtsstaatlichkeit verlangt daher (nur) ein VwVf, das mit diesen Mitteln in der Lage ist, die spezifischen Aufgaben der Verwaltung zu erfüllen.[182] Entsprechende Konsequenzen zieht mithin das Amtshaftungsrecht,

---

[168] *Stelkens* NWVBl 1989, 335, 336, 340.
[169] Rn. 63; so schon Allgem. Begr. 4.4-Musterentwurf; Einl Rn. 20. Zur eigenständigen Rechtswahrungsfunktion des VwVf auch *Schmidt-Aßmann* DVBl 1997, 281, 287f.
[170] § 1 Rn. 58; *Ule*, Verwaltungsprozessrecht, § 3; *Schmidt-Aßmann*, FS Menger, S. 107, 113; *Bonk* DVBl 1986, 485, 486; *J. Martens* SGb 1990, 219.
[171] *Brohm* DVBl 1986, 321, 329; *Hill*, Verfahren, S. 193ff., 199ff.; ders. DÖV 1987, 885, 888; *Möller* VR 1990, 109, 110.
[172] *Wahl* in Blümel, S. 41.
[173] Im einzelnen *Stelkens* NWVBl 1989, 335, 340ff.; vgl. z.B. *BVerwGE* 72, 265 = NJW 1986, 1120; ferner NVwZ 1986, 1011, dazu *Stelkens* NVwZ 1987, 471, *Martens* JuS 1988, 776, *OVG Münster* BauR 1988, 68; *BVerwG* NJW 1987, 1564; *BVerwGE* 78, 3 = NVwZ 1988, 51; wie Rspr. *Schenke* NVwZ 1986, 522, 525; differenzierend *ders.* WiVerw 1988, 145; wie hier auch *Franßen*, FS Zeidler, S. 429, 435; *ders.* DVBl 1998, 413, 419ff.
[174] *OVG Münster* BauR 1989, 315.
[175] *BVerwG* NVwZ 1990, 257; ähnlich *OVG Hamburg* NJW 1989, 605; *VGH Kassel* NuR 1991, 185, 186.
[176] Vgl. *Sendler* bei *Köck*, Tagungsbericht, NuR 1995, 521, 523.
[177] *BVerwGE* 87, 288 = DVBl 1991, 449.
[178] Vgl. *Redeker* DVBl 1991, 972; *Redeker/von Oertzen* § 113 Rn. 10; *Stelkens* NVwZ 1991, 209, 216f.
[179] Vgl. *Püttner*, Verwaltungslehre, § 17.
[180] *Püttner*, Verwaltungslehre, § 12 III.
[181] Vgl. nur die Kosten einer Richterarbeitsstunde bei *Franzen/Apel* NJW 1988, 1059 mit entsprechenden Verwaltungskosten.
[182] Wie hier *Clausen* in Knack Rn. 28 vor § 9.

§ 9 Begriff des Verwaltungsverfahrens

das es den Zivilgerichten gebietet, auch bestandskräftige VA auf ihre Rechtmäßigkeit zu überprüfen.[183]

Weil die rechtlichen Anforderungen an das VwVf mit der personellen und sachlichen Ausstattungsmöglichkeit der Behörden konform gehen müssen, folgt daraus zum einen: **Prozessrechtliche Grundsätze** sind nicht eo ipso geeignet, Lücken im VwVfrecht auszufüllen (§ 1 Rn. 59). Z. B. könnte ein Recht auf Parteiöffentlichkeit in einer Beweisaufnahme die Erfüllung einer Verwaltungsaufgabe konterkarieren (§ 26 Rn. 13 f.). Zum anderen sind die **Verfahrensregeln** nach dem andersgearteten Zweck und den anderen, z.T. beschränkteren Möglichkeiten des VwVfs **auszulegen.** Personalmangel, Schwächen in der Aus- und Fortbildung, Mängel an sachlichen Hilfsmitteln, wachsende Kompliziertheit der Sachmaterien, verstärkter Ausbau von Verfahrensrechten und materiellen Ansprüchen des Einzelnen und von Gruppen sind zunehmend Ursachen von Verfahrensfehlern.[184] In einem Gerichtsverfahren wären sie nicht hinnehmbar; in einem VwVf kann ihnen auch mit Regeln der Heilung und Unbeachtlichkeit begegnet werden. Auch vor diesem Hintergrund sind Vorschriften der §§ 45, 46 VwVfG, § 44a VwGO zu sehen (§ 45 Rn. 8; § 1 Rn. 54).

Soweit Begriffe im VwVfG und in der VwGO übereinstimmend geregelt worden sind, sind sie jedoch einheitlich zu gebrauchen (Einl Rn. 20). Schließlich findet über das Verfahrensermessen eine starke Durchdringung des Verwaltungsverfahrensrechts durch das materielle Recht statt. Im Prozessrecht wäre dies nicht möglich. Dies gilt umso mehr bei den im VwVfG geregelten annexen Materien (Einl Rn. 23). So ist z.B. der Umfang der Bindungswirkung eines VA wesentlich von dem tatsächlichen Ausspruch vor dem Hintergrund des jeweiligen materiellen Rechts bestimmt (vgl. § 35 Rn. 71, 242).

Bei der Anwendung der Verfahrensnormen ist ferner, ebenfalls im Gegensatz zu einem Gerichtsverfahren, der **Unterschied zwischen den einzelnen Arten der VwVf** (s. Rn. 93 ff.) zu berücksichtigen. Verfahrensvorschriften haben in Verfahren, in denen der Behörde ein Ermessen oder eine Beurteilungsermächtigung eingeräumt ist, als Garantie eines rechtsstaatlichen Ergebnisses eine erheblich höhere Bedeutung als im Rahmen der gebundenen Verwaltung. Die Anforderungen an Organisation und Ausgestaltung eines Planfeststellungsverfahrens oder einer öffentlichen Planung[185] sind andere als die an nichtförmliche Verfahren mit dem Ziel, VA in großer Zahl ohne erhebliche sachliche Auswirkungen zu erlassen.[186]

Verfahrensanforderungen sind bereichsspezifisch. Sie können nicht aus atypischen Großverfahren abgeleitet und dann als allgemeinverbindlich angesehen werden. Eine derartige Verallgemeinerung könnte sogar gegen die Grundsätze der Nichtförmlichkeit des Verfahrens nach § 10 oder der Verwaltungseffizienz verstoßen, vgl. § 10 Rn. 1. Es geht auch an der Wirklichkeit vorbei, im nichtförmlichen Verfahren die gleichen Anforderungen an den Grundrechtsschutz durch und im Verfahren zu stellen wie im förmlichen und Planfeststellungsverfahren (Rn. 23 f.).

Die **Orientierung an Sinn und Zweck des VwVfs** bezieht sich auf die Frage, wie die Verfahrensrechte gehandhabt werden. Sie kann nicht bedeuten, dass ausdrücklich normierte Rechte und Pflichten, z.B. §§ 28, 39, so ausgelegt werden, als bestünden sie im Regelfall nicht.[187] Ein genereller Verzicht einer Behörde auf Anhörung oder Begründung (s. § 45 Rn. 25) verstößt gegen das Rechtsstaatsgebot. Das Gleiche gilt, wenn aus Sparsamkeitsgesichtspunkten generell auf eine sachgerechte Sachverhaltsermittlung verzichtet wird (§ 24 Rn. 37). *Püttner*, FS Bachof, S. 115, 123 weist darauf hin, dass selbst in der Rechtswissenschaft die Gefahr einer derart das Gesetz verdrehenden „praxisnahen" Auslegung besteht. Wird eine Anhörung nach § 45 Abs. 1 Nr. 3, Abs. 2 nachgeholt, hat die Behörde unter Würdigung des Vorbringens des Betroffenen zu entscheiden, ob sie den VA aufrecht erhält; die bloße Verteidigung der einmal getroffenen Entscheidung reicht insoweit nicht.[188] Grundsätzlich kann die Behörde aber – unter Wiederholung früherer Verfahrensabschnitte – bis zum Abschluss des VwVf jederzeit einen von ihr erkannten oder auch nur als möglich unterstellten Mangel beseitigen.[189]

---

[183] *BGHZ* 113, 17 = NJW 1991, 1168, 1170.
[184] *Schwarze* DÖV 1980, 581; *Stelkens* NVwZ 1982, 81 ff.; *Clausen* in Knack Rn. 19 vor § 9.
[185] Vgl. *BVerfGE* 82, 209 = NJW 1990, 2306, 2307.
[186] Vgl. § 24 Rn. 36; *Wahl* in Blümel, S. 41 ff.
[187] Vgl. Rn. 78; § 10 Rn. 20; § 39 Rn. 65 ff.; § 45 Rn. 26.
[188] *OVG Bautzen* NVwZ-RR 1994, 551.
[189] *BVerwGE* 75, 214, 218 f., 227 = NVwZ 1991, 781; 98, 126, 129 f. = NVwZ 1995, 901.

76 **c) Grundsatz der Verfahrenseffizienz:** Es gibt für die öffentliche Verwaltung einen **Grundsatz der Verwaltungseffizienz,** wie auch andere Organisationen oder Privatpersonen versuchen werden, im Sinn einer **Zweck-Mittel-Relation** mit minimalen Mitteln bestmöglich einen Zweck zu erreichen. Für einen demokratischen und sozialen Rechtsstaat zielt die Effizienz darüber hinaus – unabhängig von Ressortüberlegungen – auf eine bestmögliche Verwirklichung rechtsstaatlicher, sozialer und demokratischer Prinzipien.[190] Dieser Grundsatz ist, selbst im grundrechtsrelevanten Raum, ein aus Art. 20 Abs. 2, 83 ff. GG herzuleitendes **Verfassungsprinzip,** das seinerseits andere Verfahrensrechte und -prinzipien **einschränken** kann.[191]

77 Der Grundsatz hat in einige Vorschriften des VwVfG hineingewirkt: §§ 10, 13 Abs. 2 S. 2; §§ 15 bis 19, § 28 Abs. 2, § 29 Abs. 2, § 39 Abs. 2 bis hin zu § 74 Abs. 5.[192] Auch Heilungsvorschriften und Kontrollbegrenzungen wie §§ 45, 46 VwVfG, § 44a VwGO gehören dazu. Soweit der Grundsatz der **Zweckmäßigkeit** angesprochen wird, ist damit zwar häufig nicht die Verfahrensgestaltung, sondern nur das Ergebnis einer Ermessensentscheidung angesprochen (s. § 40 Rn. 45). Die Bedeutung effektiver Verfahrensgestaltung durch effektiven Gebrauch des Verfahrensermessens wird aber zunehmend erkannt (Rn. 100 ff., 162 ff.; § 10 Rn. 16 ff.), bis hin zum Einsatz informeller Handlungsabläufe (Rn. 172 ff.). Durch Einräumung eines Auswahlermessens soll die Behörde insbesondere die Möglichkeit erhalten, den Verwaltungsaufwand zu berücksichtigen, den eine bestimmte Verfahrensweise hervorruft. Demgemäß ist der zu erwartende Arbeitsaufwand in Verhältnis zu der personellen und sächlichen Ausstattung der Behörde und ihrer aktuellen Arbeitsbelastung zu setzen.[193] Vom Effektivitätsgrundsatz geprägt sind ferner die Vorschriften des VwVfG, die der Automation Rechnung tragen: § 28 Abs. 2 Nr. 4, § 37 Abs. 4, § 39 Abs. 2 Nr. 3.

78 Der Zweck, den die Verwaltung zu erfüllen hat, ist entweder konkret oder durch allgemeine Zielvorgaben gesetzlich vorgeschrieben. Der haushaltsrechtlich eingebundene personelle und sachliche **Mitteleinsatz** der Behörde muss im Interesse der Allgemeinheit, aber auch im Interesse des Betroffenen sowie der Beteiligten anderer VwVf, die eine Bearbeitung durch die Behörde benötigen, bestmöglich, effizient erfolgen. Immer ist dieser Grundsatz beschränkt auf die Frage, welche Mittel wann und wie zur Erfüllung des gesetzlichen Auftrags eingesetzt werden. Weder darf unter Berufung auf diesen Grundsatz von der Erfüllung eines gesetzlichen Auftrags abgesehen werden (Rn. 75), noch kann er als Ersatz für eine gesetzliche Befugnis dienen.[194]

79 Welche Mittel zu welchem Zweck **effizient** sind, lässt sich nicht generell sagen. Begriffe wie **Beschleunigung, Vereinfachung, Praktikabilität, Flexibilität, Verfahrensökonomie** sollen Anforderungen an das VwVf als Mittel zur Zweckerreichung kennzeichnen.[195] Sie sind jedoch häufig Leerformeln. Gelegentlich bezeichnen sie den „betriebswirtschaftlichen" Aspekt der Effizienz (zu **Sparsamkeit** und **Wirtschaftlichkeit** § 10 Rn. 26). Sie bringen selten eine Lösung aufgestauter materieller Probleme, die die Länge des Verfahrens verursachen (Einl Rn. 63), und lassen die weiteren von jeder staatlichen Verwaltung zu beachtende Zielvorstellung (Rn. 76) außer acht. Daher kann eine Bürgerbeteiligung, die zu größerer Akzeptanz des Vorhabens führt, effektiv sein, selbst wenn dadurch das Vorhaben verzögert wird. Eine Beschleunigung, die die gesamte Sachverhaltsermittlung von dem VwVf in das Gerichtsverfahren verlagert, ist dagegen nicht effektiv.[196] Ist allerdings der Gesetzeszweck auf derartige topoi angelegt, müssen sie bei der **Auslegung** der in dem Gesetz genannten besonderen Verfahrensregeln berücksichtigt werden,[197] ohne die allgemeinen Regeln aber vollständig verdrängen zu können (§ 1

---

[190] Im einzelnen von *Mutius* NJW 1982, 2150; *Ossenbühl* NVwZ 1982, 465; *Steinberg* DÖV 1982, 619, 620 f.; *Degenhart* DVBl 1982, 872; *Pietzcker* VVDStRL 41 (1983), 193; jew. m. w. N.
[191] *BVerwGE* 67, 206 = NJW 1984, 188 f. m. w. N.; *Gaentzsch* DÖV 1998, 952, 957.
[192] Dazu *BVerwGE* 67, 206 = NJW 1984, 188.
[193] Vgl. *BVerwGE* 102, 282 = NJW 1997, 753 zu Art und Weise der Erfüllung des Informationsanspruchs gem. § 4 Abs. 1 Satz 2 UIG, bei der die Zielsetzung der Umweltinformationsrichtlinie 90/313/EWG vom 23. 6. 1990 einen Anspruch auf fehlerfreie Ermessensausübung gibt und in ermessensbindender Weise inhaltliche Maßstäbe für die Auswahl des Informationsmittels setzt; hierzu *Röger* DVBl 1997, 885.
[194] Kritisch zu dieser letzteren Tendenz *Denninger* KritV 1986, 291, 297.
[195] *BVerwGE* 75, 214 = NVwZ 1987, 578; *Hill* DÖV 1987, 885; *Bullinger* JZ 1991, 53; *Brohm* NVwZ 1991, 1025; § 10 Rn. 20.
[196] *VGH Kassel* NVwZ 1982, 136; *Stelkens* NVwZ 1982, 81.
[197] *BVerwGE* 75, 214, 219 = NVwZ 1987, 578; NVwZ 1991, 792.

Rn. 232 f.). Dass Grundsätze der Praktikabilität Auslegungsmaßstab materieller Ermächtigung sein können, ist anerkannt.[198]

Verwaltungseffizienz ist daher zum einen ein **formales, organisatorisches Prinzip,** mit 80 dem sich die Verwaltungslehre befasst[199] und dessen Verwirklichung nicht durch gerichtliche Kontrolle, sondern durch den **Rechnungshof** zu überprüfen ist. **Unmittelbare Auswirkungen auf das Verfahrensrechtsverhältnis** gewinnt es dagegen, wenn die Verwirklichung verfassungsrechtlicher Prinzipien angesprochen ist oder wenn das Gesetz dazu die geeignete Grundlage bietet. Ansatzpunkte dazu sind §§ 10 S. 2 (dort Rn. 4, 20 ff.), 24 Abs. 3 (dort Rn. 90), 45, 46 VwVfG, 44 a VwGO (§ 45 Rn. 8 f.), aber auch Regeln über eine Präklusion (§ 26 Rn. 54; § 73 Rn. 100 f.), ohne es aber zu erlauben, dass unter Berufung auf den Praktikabilitätsgrundsatz von rechtlichen Pflichten wie der Sachverhaltsermittlung (§ 24 Rn. 70), der Anhörung oder der Verständlichkeit des VA (§ 37 Rn. 70 ff.) zulasten des Bürgers (§ 10 Rn. 27) Abstand genommen wird. Wie die zunehmende Datenverarbeitung rechtlich eingebunden werden kann, ist daher im Einzelnen noch str.[200]

Verhandlungsspielräume vor, im, neben oder anstelle des VwVf können zur Beschleunigung 81 ausgenutzt werden, soweit sie nicht gesetzlich untersagt sind (informelle Verfahren Rn. 172 ff.). Eine Verkennung des Beschleunigungs- und Praktikabilitätsgrundsatzes hat in der Regel nur **mittelbare Folgen,** Amtspflichtverletzungsansprüche wegen Verzögerungen[201] oder unzutreffender Sachverhaltsermittlung, Untätigkeitsklage nach § 75 VwGO.[202] Selten wird sich ein Verstoß unmittelbar rechtlich auswirken, z. B. gesetzlich fingierte Genehmigung bei Fristablauf. Werden unter Berufung auf diese Grundsätze allerdings Verfahrensrechte missachtet (Rn. 26, 75, 78), knüpfen die Rechtsfolgen an der Verletzung dieser Verfahrensrechte an.

2. Verfahrensgrundsätze des VwVfG

Die wichtigsten Verfahrensgrundsätze des VwVfG, die den rechtsstaatlichen Anforderungen 82 genügen sollen (Rn. 42), sind: Nichtförmlichkeit (§ 10), Verfahrensermessen (§ 10 Rn. 16 ff.), der Untersuchungsgrundsatz (§ 24 Rn. 4 f.), Offizial- und Dispositionsmaxime (§ 24 Rn. 12), die Pflicht zur Unbefangenheit und Unvoreingenommenheit des Amtswalters (§§ 20, 21), die Pflicht, Drittbetroffene zu beteiligen (§ 13 Abs. 2, § 41 Abs. 1, § 73), das Recht, einen Vertreter oder Beistand hinzuzuziehen (§ 14), Anhörungs- und Akteneinsichtsrecht (§§ 28, 29, 67), Beratungs- und Betreuungspflicht (§ 25), Begründungspflicht (§ 39), Schutz der Individualsphäre (§ 30).

IV. Begriff des Verwaltungsverfahrens

1. Verwaltungsverfahren im Sinne dieses Gesetzes (§ 9)

Der **Begriff Verwaltungsverfahren** ist ohne Konturen (§ 1 Rn. 52). Art. 30, 83 ff. GG de- 83 finieren VwVf weit (§ 1 Rn. 138). In Literatur und Rechtsprechung sind vielfältige Definitionen vorgenommen worden, die den Ordnungscharakter des Verfahrens und das Ziel der Verwaltungstätigkeit ausdrücken sollen. § 9 versucht eine Definition des VwVf im Sinne dieses Gesetzes, die einen für die Praxis brauchbaren Abstraktionsgrad nicht übersteigt (Kritik Rn. 6 f.). Die **Legaldefinition** ist notwendig, da der Begriff des VwVf zu den begrifflichen Grundlagen des VwVfG gehört.

Der Zweck der Definition liegt vor allem darin, den Anwendungsbereich der Verfahrensre- 84 geln zu kennzeichnen (Rn. 4). Der **Zweck des Verwaltungsverfahrens** ist vor allem die Verwirklichung des materiellen Verwaltungsrechts aus einer Sicht ex ante durch ein geordnetes Verfahren unabhängig von einem Gerichtsverfahren (Rn. 63 ff.).

---

[198] Rn. 43; *BVerfGE* 71, 354 = NJW 1986, 2242; *BVerwGE* 68, 249, 253 f. = NVwZ 1984, 437; NJW 1986, 1122; s. auch § 24 Rn. 38.
[199] Vgl. z. B. *Reinermann/Ehlers,* Bürokommunikation und VwVf, JA 1990, 103.
[200] *Lazaratos,* Rechtliche Auswirkungen der Verwaltungsautomation auf das Verwaltungsverfahren, 1990, S. 148 ff., 157 ff., 176 ff.
[201] *BGH* DVBl 1991, 1140; *BayObLG* BayVBl 1991, 282; § 10 Rn. 6.
[202] § 10 Rn. 6; § 24 Rn. 77.

85 Durch die Einschränkung **im Sinne dieses Gesetzes** ist **negativ ausgedrückt,** dass die Definition nichts zu Verwaltungsverfahrensbegriffen **in anderen Gesetzen,** insbesondere nicht zu dem Begriff in Art. 84 GG (§ 1 Rn. 128), oder **für andere Handlungsformen** als für VA oder ör Vertr (Rn. 4) aussagen will. Wenn Fachgesetze, für die das VwVfG gilt, – wie in der Regel – keinen eigenen Verfahrensbegriff enthalten, gilt § 9 nach den Regeln des § 1.[203] Auch **im Rahmen des VwVfG** wird der Begriff Verwaltungsverfahren **nicht einheitlich** gebraucht (s. § 2 Rn. 66, 70; § 51 Rn. 131; § 79 Rn. 6).

86 Eingegrenzt wird durch § 9 der **Anwendungsbereich** der nachfolgenden Verfahrensgrundsätze (s. Rn. 2 bis 4 m.w.N.). Er schließt damit aus dem Verwaltungsverfahrensbegriff dieses Gesetzes alle andere Verwaltungstätigkeit aus, die nicht auf den Erlass eines VA oder den Abschluss eines ör Vertr gerichtet ist[204] und beschließt das VwVf mit dem Abschluss dieser Handlungsformen (Rn. 193ff.). Also gehören nicht zum VwVf i.S.d. VwVfG: (verwaltungs-)privatrechtliches Handeln (§ 1 Rn. 83ff., 116ff., 254), schlicht-hoheitliches Handeln (§ 1 Rn. 144ff.), Rechtsetzung (§ 1 Rn. 161, 181). Die Vorschriften über die ehrenamtliche Tätigkeit (§§ 81 bis 87) gelten nur im VwVf (§ 81 Rn. 10).

87 In den letzten Jahren entwickeln sich Verfahrenstypen, die nicht dem klassischen des VwVfG – also Antrag, Prüfung, Entscheidung durch VA – entsprechen. Bisher erforderliche Genehmigungsverfahren wurden ersatzlos beseitigt, in Verfahren oder Rechtsfolge modifiziert oder fingiert. Hinter Bezeichnungen wie **Anzeigeverfahren** oder **Genehmigungsfreistellungsverfahren** verbergen sich im Einzelnen unterschiedliche Verfahren, bei denen die Anwendbarkeit der Vorschriften des VwVfG nicht immer ohne weiteres klar ist.

88 So ist Gegenstand des Anzeigeverfahrens gem. § 15 BImSchG zur Änderung genehmigungsbedürftiger Anlagen[205] die Klärung der Genehmigungsbedürftigkeit, nicht die Genehmigung selbst.[206] Äußert sich die Behörde hier binnen Frist von 1 Monat nicht, darf die Änderung der Anlage vorgenommen werden: „gesetzliche Gestattung".[207] Alternativ kann die Behörde auch mitteilen, dass keine Genehmigung erforderlich ist: „Negativmitteilung"[208] oder dass eine solche erforderlich ist: „Positivmitteilung". Beide Mitteilungen sind mehr als Auskunft über die Rechtslage; sie regeln, setzen Rechtsfolge und sind damit VA. Sie treffen eine Feststellung über die Genehmigungsbedürftigkeit, die Negativmitteilung erlaubt zusätzlich den sofortigen Beginn der geplanten Maßnahme.[209] Problematisch wird es, wenn die Behörde einen Fehler macht und eine rechtswidrige Negativmitteilung abgibt. Entfällt die Genehmigungspflicht, so ersetzt die Negativmitteilung doch nicht die Genehmigung,[210] eine Konzentrationswirkung kommt ihr nicht zu.[211] Beim Vorhabenträger bleibt das Risiko, dass nachträglich rechtlich relevante Einwände erkennbar werden. Leitend für den Gesetzgeber bei der Regelung in § 15 BImSchG war, die behördliche Kontrolldichte zugunsten einer verstärkten Inanspruchnahme eigenverantwortlichen Handelns des Betreibers zu verringern.[212] Der Betreiber, der sicher gehen will, wird aber die gem. § 16 Abs. 4 BImSchG auch für bloß anzeigepflichtige Vorhaben mögliche Genehmigung[213] beantragen. „Vereinfachung" und „Beschleunigung" von VwVf bedeutet also nicht ohne weiteres „Verbesserung".[214]

---

[203] Dort Rn. 206 ff.; zum baurechtlichen Verfahren s. *Stelkens* BauR 1986, 390 f.; zum Asylverfahren *ders.* ZAR 1985, 15, 16 f.
[204] Z.B. Tätigkeit einer Gutachterkommission für ärztliche Haftungsfragen nach § 6 Abs. 1 Nr. 8 HeilBerG, *OVG Münster* DVBl 1999, 1053, oder Festlegung von Flugrouten durch das Luftfahrt-Bundesamt, *OVG Münster* NWVBl 2003, 95.
[205] Zur Neufassung *Moormann* UPR 1996, 408, 413 ff.; s. auch § 35 Rn. 35, 158.
[206] *Fluck* VerwArch 88 (1997), 265, 285.
[207] *Fluck* VerwArch 88 (1997), 265, 288; *Führ* UPR 1997, 421, 427 f.
[208] Wird z. T. auch als Positivmitteilung i.S.v. „Änderung erlaubt" bezeichnet; so z.B. *Führ* UPR 1997, 421, 426.
[209] A. A. *Führ* UPR 1997, 421, 427, der in der Negativmitteilung (von ihm als Positivmitteilung bezeichnet) einen VA zur Verkürzung der Wartezeit sieht, diesem aber keine Feststellungswirkung hinsichtlich der Genehmigungsbedürftigkeit beimisst.
[210] § 35 Rn. 35: keine Genehmigungsfiktion.
[211] *Fluck* VerwArch 88 (1997), 265, 289.
[212] Die Schmälerung der Verfahrensposition Drittbetroffener wurde bei der Neuregelung in Kauf genommen; *Führ* UPR 1997, 421. Politische Stichworte waren hier „Schlanker Staat" in der 13. und „Aktivierender Staat" in der 14. Wahlperiode. S. auch § 1 Rn. 271 ff.
[213] Ggfs. auch im nicht vereinfachten Verfahren gem. § 19 Abs. 3 BImSchG.
[214] *Bull* Die Verwaltung 38 (2005), 285, 311.

§ 9 Begriff des Verwaltungsverfahrens

Die unter dem Druck regionaler Standortsicherung hat seit Beginn der 90er Jahre in wirtschaftsrelevanten Bereichen des Besonderen Verwaltungsrechts stattgefundene Diversifizierung zeigt sich besonders deutlich in der weitgehenden Zersplitterung der Genehmigungsverfahren durch die 1994/95 durchgeführten Änderungen der Landesbauordnungen.[215] Der vorläufige „Abschied von der Baugenehmigung"[216] ist durch zwei Grundmodelle **genehmigungsfreien Bauens** – genauer: von Verboten mit Anzeigevorbehalt – gekennzeichnet: dem Freistellungsverfahren und dem Anzeigeverfahren.[217] Auch hier gibt es im Einzelnen erhebliche Unterschiede: In einigen Ländern finden sich z. B. Regelungen zur Information der Nachbarn durch die Behörde oder den Bauherrn, in anderen nicht.[218] Jedenfalls stimmt keine landesrechtliche Regelung zur Genehmigungsfreistellung mit der eines anderen Bundeslandes oder mit dem Vorschlag der Musterbauordnung überein.[219] Diese neuen Verfahrenstypen[220] werfen vielfältige Fragen auf, deren wichtigste sich so zusammenfassen lassen: Handelt es sich um VwVf i. S. v. § 9? Wo bleibt bei den bloßen Anzeigeverfahren der Drittschutz?[221] Welche Planungssicherheit bieten diese Verfahren?[222] Ein VA erwächst in Bestandskraft. Anzeigeverfahren, die nicht in einer fiktiven Genehmigung münden, erreichen dies nicht.[223] Die Freistellungsverfahren zielen gerade nicht auf den Erlass eines VA; die Anwendung der §§ 9 ff. scheidet also aus.[224] Damit ist § 13 Abs. 2, der die Hinzuziehung Dritter zum VwVf regelt, prinzipiell nicht anwendbar. Selbst wenn man § 13 als Ausdruck allgemeiner Rechtsgrundsätze versteht,[225] die auch außerhalb von Verwaltungsverfahren nach §§ 9 ff. anzuwenden sind, hilft das hier kaum weiter. Das beschränkte Programm des Anzeigeverfahrens dient der Prüfung, ob dessen Voraussetzungen vorliegen, nicht der Prüfung drittschützender Normen. Eine weitere Verfahrensart steht zwischen Baugenehmigung und Anzeigeverfahren: das **vereinfachte Baugenehmigungsverfahren.** Hier tritt nach Ablauf der gesetzlich bestimmten Entscheidungsfrist eine Genehmigungsfiktion ein (§ 35 Rn. 66 ff.).[226]

Einige Bauordnungen lassen dem Bauherrn die Wahl zwischen Genehmigungs- und Anzeigeverfahren.[227] In anderen Ländern wird dem Bauherrn das vom Normgeber intendierte eigenverantwortliche Handeln aufgedrängt. Die Verantwortung für die Übereinstimmung des Vorhabens mit dem Bauordnungsrecht wird vom Staat auf den Bauherrn verlagert; das Baurecht wird also „privatisiert".[228] Z. T. ist die Entwicklung wie in NRW wieder rückläufig, wenn z. B. an Stelle der Genehmigungsfreiheit dem Bauherrn ein Wahlrecht eingeräumt wird.

Die Beispiele der Anlagenänderung nach dem BImSchG und der baurechtlichen Vorhaben zeigen normative Lücken auf. Bei deren Schließung kann es nicht darum gehen, das vom Ge-

---

[215] Hierzu *Jäde* UPR 1995, 81; *ders.* GewArch 1995, 187; *Erbguth/Stollmann* JZ 1995, 1141; *Degenhart* NJW 1996, 1433; *Ehlers*, FS Bartlsperger, S. 463, 471. Überblick zur Musterbauordnung 2002 bei *Jäde* NVwZ 2003, 668. *Uechtritz* NVwZ 1996, 640. Vgl. § 35 Rn. 36, 155 ff.; § 43 Rn. 64, 68.
[216] Zur Entwertung der Baugenehmigung durch Ablehnung der sog. Schlusspunkttheorie vgl. Rn. 152; § 43 Rn. 68. Anders die BbgBO mit Schlusspunktfunktion; hierzu *Ortloff* NVwZ 2003, 1218; *Jäde* ThürVBl 2004, 197, 198 m. w. N.; zur Konzentrationswirkung in der HBauO *Koch* NordÖR 2006, 56, 57.
[217] *Sauter* BayVBl 1998, 2; *Jäde/Weiß* BayVBl 1998, 7; *Preschel* DÖV 1998, 45; *Löffelbein*, Genehmigungsfreies Bauen und Nachbarrechtsschutz, 2000, S. 58 ff.; *Schmaltz* NdsVBl 2003, 257; *Saurer* DVBl 2006, 605.
[218] Einzelheiten bei *Löffelbein*, Genehmigungsfreies Bauen und Nachbarrechtsschutz, 2000, S. 103 ff. Zur Nachbarinformation nach der BayBO *Gröpl/Schleyer* BayVBl 1998, 97.
[219] *Ortloff* NVwZ 2005, 1381, 1382; *Wahl*, FS Kutscheidt, S. 199, 207.
[220] Zu den einzelnen Varianten vgl. auch § 35 Rn. 34 ff.
[221] Hierzu § 35 Rn. 37.
[222] Kritisch insb. zur SächsBO *Labrenz* SächsVBl 2006, 129, 133.
[223] Hierzu auch § 35 Rn. 34. So warnt das Bauamt einer brandenburgischen Stadt in einer Öffentlichen Bekanntmachung: „Wir möchten doch, dass Sie wissen, dass Pressemitteilung wie ‚die Landesregierung hat weitere Bauvorhaben genehmigungsfrei gestellt ...' nicht ohne Risiko für denjenigen sind, der dann ohne Genehmigung baut. Verstößt er gegen Vorschriften, kann auch dies zum Rückbau (der amtlichen Umschreibung des Abrisses) führen." (Amtsbl für die Stadt Hohen Neuendorf vom 20. 9. 2003, S. 23).
[224] A. A. *Fluck*, Anzeige statt Genehmigung, in Hendler u. a. (Hrsg.), Rückzug des Ordnungsrechts im Umweltschutz, 1999, S. 165, 196: Beim Anmeldeverfahren prüfe die Behörde, ob sie eine Unterlassungsverfügung erlassen muss. Hiergegen spricht jedoch, dass die Tätigkeit der Behörde beim Anzeigeverfahren gerade nicht auf den Erlass eines das Vorhaben selbst genehmigenden VA i. S. v. § 9 gerichtet (Rn. 131) ist; in diesem Sinne auch *Fluck* VerwArch 88 (1997), 265, 285; ferner *Schmitz* VA 2000, 144, 147.
[225] So *Kopp/Ramsauer* § 13 Rn. 6; vgl. auch § 1 Rn. 286.
[226] Vgl. *OVG Saarlouis* NVwZ-RR 2006, 678, 679 mit Hinweis auf die grundsätzliche Anwendbarkeit des § 48.
[227] Vgl. § 35 Rn. 34.
[228] *Decker* JA 1998, 799 m. w. Nachw.

setzgeber gewollte Programm – Eigenverantwortlichkeit des Bürgers, Beschleunigung des Verfahrens – zu revidieren, auch wenn europarechtliche Tendenzen, z. B. zum Habitatschutz,[229] gegenläufig sind.[230] Auch die Rechtsverhältnislehre (Rn. 5 ff.) eignet sich nicht, die Regelungen der §§ 9 ff. außerhalb entsprechender VwVf anzuwenden.[231] Eine denkbare Lösung für die dargestellten Probleme ist, die Anzeige- und Genehmigungsfreistellungsverfahren als besondere Verfahrensarten in das VwVfG zu integrieren;[232] eine andere, den Begriff des VwVf nach § 9 mit seiner Beschränkung auf VA und ör Vertr als Verfahrensziel zu erweitern.[233] Bedenken gegen eine Erfassung der Anzeigeverfahren im VwVfG könnten darauf gestützt werden, dass es sich tatsächlich um durch das Fachrecht sehr heterogen gestaltete Verfahren handelt. Es kann hierbei aber nicht um eine systematische Erfassung dieser Verfahren in all ihren Spielarten gehen. Das VwVfG könnte nur eine Auswahl entsprechender **Verfahrenstypen** anbieten.[234] Darüber hinausgehende Varianten im Fachrecht wären dann im Rahmen einer Rechtsbereinigung auf diese Typen zurückzuführen. Dass **Standort für solche Typenbausteine nur die VwVfGe** sein können, hat nicht nur systematische Gründe; vielmehr hat die Diskussion über ein UGB I gezeigt,[235] dass das Verwaltungsverfahrensrecht eine „neutrale" und nicht von bestimmten (nicht notwendig idealtypischen) Fachverfahren bereits okkupierte Materie darstellt.[236] Vor einem Tätigwerden des Gesetzgebers bedarf es hier jedoch noch weiterer wissenschaftlicher Diskussion.[237] Dass entsprechende Änderungen des VwVfG nicht in einem „beschleunigten Gesetzgebungsverfahren" erfolgen können, sondern sorgfältiger Vorbereitung bedürfen, sollte selbstverständlich sein. Die großen Kodifikationen des Verfahrensrechts sind ein hochempfindliches Instrumentarium, das mit besonderer Vorsicht zu handhaben ist.[238]

92 Zu Überlegungen hinsichtlich weiterer **neuer Verfahrenstypen im Umweltbereich** (UGB I) wie der Vorhabengenehmigung s. § 2 Rn. 2; § 35 Rn. 9, 34.

2. Arten des Verwaltungsverfahrens

93 Das VwVfG geht von dem **nichtförmlichen** (§ 10) VwVf als **allgemeinem VwVf** aus (Rn. 83 ff.). Es kann **zwei- oder mehrpolig** (Rn. 25 ff.) ausgestaltet sein. Da der Regelungsbereich durch VA im Grundsatz nicht beschränkt ist (§ 35 Rn. 213), gibt es auch **keinen numerus clausus** des VwVf (§ 1 Rn. 141; § 9 Rn. 181). Ob ein VwVf durchgeführt werden kann, entscheidet sich nach dem jeweiligen materiellen Recht. §§ 9, 10 bieten dazu ebenso wenig eine **Befugnis** (§ 10 Rn. 8) wie § 35 eine Ermächtigungsnorm für den Erlass eines VA darstellt (§ 35 Rn. 25; ferner § 9 Rn. 197, 78). Daher gibt es Verfahren zur **vorläufigen Regelung** und zu **Teilregelungen**,[239] ohne dass deshalb Überlegungen des Prozessrechts (z. B. für eine analoge Anwendung des § 123 VwGO oder wegen einer Teilregelung analog § 110 VwGO) übernommen werden müssten,[240] zu **gestuften Verfahren** s. Rn. 171, 202 und § 35 Rn. 167, 256; § 43 Rn. 75 ff.; zu **feststellenden Regelungen** s. § 35 Rn. 219 f., zu **informel-**

---

[229] Richtlinie 92/43/EWG (FFH-RL), Richtlinie des Rates vom 21. 5. 1992 zur Erhaltung der natürlichen Lebensräume sowie der wildlebenden Tiere und Pflanzen, ABl. EG 1992, Nr. L 206, S. 7.
[230] Zum gemeinschaftsrechtlich begründeten Genehmigungszwang *Gellermann* NuR 1996, 548, 552. Allgemein zur stärkeren Proceduralisierung des Gemeinschaftsrechts *Ziekow* VM 2000, 202, 203 m. w. Nachw.; ferner *Voßkuhle* VerwArch 92 (2001), 184, 200; *Kahl* VerwArch 95 (2004), 1, 8 ff.
[231] Rn. 11 f.; s. auch *von Danwitz* Die Verwaltung 30 (1997), 339, 359.
[232] So auch *Fluck*, Anzeige statt Genehmigung, in Hendler u. a. (Hrsg.), Rückzug des Ordnungsrechts im Umweltschutz, 1999, S. 165, 196; *Wahl* NVwZ 2002, 1192; ferner *Bull*, FS Thieme, S. 9, 14, 20, 23.
[233] Vgl. *Pietzker* VVDStRL 41 (1983), 215.
[234] Bemerkenswert ist in diesem Zusammenhang, dass die §§ 71 a ff. VwVfG als neuer Abschnitt mit der Überschrift „Beschleunigung von Genehmigungsverfahren" eingestellt worden sind. Als besondere Verfahrensart sind Genehmigungsverfahren nur in Form von Planfeststellungsverfahren (§§ 72 ff.) geregelt. Der Begriff Genehmigungsverfahren wird im VwVfG bisher nicht mehr besonders erwähnt.
[235] Hierzu § 2 Rn. 2 ff.
[236] So zutreffend *Jäde* in Verein Deutscher Verwaltungsrichtertag (Hrsg.), Dokumentation zum 14. Deutschen Verwaltungsrichtertag, 2004, S. 77, 84.
[237] Grundlegend *Wahl* NVwZ 2002, 1192.
[238] *Schmitz/Olbertz* NVwZ 1999, 126, 132; *Schmitz* in Ziekow (Hrsg.), Beschleunigung von Planungs- und Genehmigungsverfahren, 1998, S. 171, 191; *Hufen* in Schuppert (Hrsg.), Das Gesetz als zentrales Steuerungsinstrument des Rechtsstaates, 1998, S. 11, 18.
[239] S. § 35 Rn. 241 ff.; § 24 Rn. 22; § 43 Rn. 37, 50; *Di Fabio* DÖV 1991, 629, 635 m. w. N.; zum Vorbescheid s. § 35 Rn. 251 ff.
[240] Rn. 71 f.; § 1 Rn. 59; *Clausen* in Knack Rn. 32 vor § 9 und § 9 Rn. 22.

§ 9 Begriff des Verwaltungsverfahrens

len Verfahren Rn. 172 ff. Zur **Auswahl der Verfahren** s. Rn. 162 ff.; zur **Beweissicherung** § 26 Rn. 12.

Als **besondere Verfahren** regelt Teil V des VwVfG das **förmliche** (§§ 63 ff.) und das **Planfeststellungsverfahren** (§§ 72 ff.). Sie unterscheiden sich von dem allgemeinen Verfahren durch ihren gegenständlich beschränkten Anwendungsbereich (s. § 63 Rn. 1 ff., § 72 Rn. 1 ff.); ihre Regeln sind keine allgemeinen Verfahrensregeln (s. Rn. 73 f.), vielmehr werden ihre besonderen Verfahrensregeln durch allgemeine Verfahrensvorschriften ergänzt (§ 63 Abs. 2, § 72 Abs. 1). Sie werden auch **bereichsspezifische VwVf** genannt.[241] Ihre Eigenart ist zur besseren Verwirklichung des besonderen materiellen Rechts erforderlich. Das **elektronisch abgewickelte Verfahren** (§ 3 a) ist kein spezifisches, eigenständiges VwVf i. S. v. § 9: Das VwVfG setzt nur Rahmenbedingungen für den Technikeinsatz in der Praxis als Hilfsmittel zur Durchführung von VwVf.[242]

Im weiteren Sinne bereichsspezifisch sind alle VwVf, die in dem jeweiligen materiellen Recht eine besondere Ausgestaltung gefunden haben: Genehmigungs- oder Anzeigeverfahren, Baugenehmigungsverfahren,[243] Verfahren nach personenstandsrechtlichen Vorschriften,[244] Asylverfahren,[245] ausländerrechtliches Verfahren etc. Verfahrensrechtlich geben sie Hinweise auf in den Fachgesetzen mögliche verfahrensrechtliche Besonderheiten, die den §§ 9 ff. vorgehen (Rn. 3). Inwieweit aus der **Zweckbestimmung** dieser materiellen Verfahren Einschränkungen des Anwendungsbereichs der Verfahrensregeln des VwVfG möglich sind, ist umstritten (§ 1 Rn. 232 f.). Bereichsspezifisch in besonderer Weise ist die Verfahrensgestaltung der **Investitionsmaßnahmegesetze**.[246] Um die Realisierung größerer Infrastrukturmaßnahmen zu vereinfachen und zu beschleunigen, kann die Ersetzung des regulären behördlichen Verfahren durch Parlamentsbeschlüsse in Frage kommen. Dabei sind zwei Möglichkeiten zu unterscheiden: Die Ersetzung behördlicher Genehmigungen durch Entscheidungen des Parlaments kann zum einen durch Gesetz erfolgen, das inhaltlich alle Fragen regelt, die sonst in einer Genehmigung geregelt werden (**„Legalplanung"** oder „gesetzesförmige Genehmigung"). So wurde z. B. der Bau der „Südumfahrung Stendal" genehmigt.[247] Das Bauvorhaben erfolgt nach Plänen, die dem Maßnahmegesetz als Anlage beigefügt werden. De facto hat das **Zulassungsgesetz** die **Wirkung eines Planfeststellungsbeschlusses**.[248] Zum anderen – hierfür gibt es allerdings noch kein praktisches Beispiel – könnte ein Parlament sich für einzelne Projekte zur zuständigen Genehmigungsbehörde erklären, ein im Übrigen reguläres Genehmigungsverfahren durchführen und die Genehmigung für das projektierte Vorhaben mittels einfachen Parlamentsbeschlusses erteilen („einfache Parlamentsgenehmigung").[249] Beide Möglichkeiten begegnen – neben praktischen – auch schwerwiegenden verfassungsrechtlichen Bedenken: Die Ersetzung behördlicher Genehmigungsverfahren durch Parlamentsbeschlüsse weicht von der dem Grundgesetz zugrunde liegenden Konzeption staatlichen Handelns ab, die von der Begründung allgemeiner Handlungsnormen durch den Gesetzgeber und deren konkretisierendem Vollzug durch die Verwaltung ausgeht. Bedenken hinsichtlich der verfassungsrechtlichen Zulässigkeit der Abweichung von dieser Funktionsaufteilung bestehen unter dem Aspekt der bundesstaatlichen Kompetenzordnung, des rechtsstaatlichen Prinzips der Gewaltenteilung,[250] des Verbots grundrechtsbeeinträchtigender Einzelfallgesetze und der Garantie des effektiven Rechtsschutzes. Die beschleunigende Wirkung von Maßnahmegesetzen wird vor allem durch Beschränkung des verwal-

---

[241] *Wahl* in Blümel S. 30, 43 ff.; *Ule/Laubinger,* Gutachten, B 24 ff.; Einl Rn. 63.
[242] Vgl. auch *Groß* VerwArch 95 (2004), 400, 416.
[243] Dazu *Stelkens* BauR 1986, 390.
[244] Z. B. die Anmeldung der Eheschließung gem. § 4 PStG (vgl. § 1 Rn. 91).
[245] Dazu *Stelkens* ZAR 1985, 15.
[246] Hierzu *Ronellenfitsch,* Verkehrswegeplanung in Deutschland, Beschleunigungsgesetz – Investitionsmaßnahmegesetze, in Blümel (Hrsg.), Verkehrswegeplanung in Deutschland, Speyerer Forschungsberichte Bd. 105, 1991 (3. Aufl., 1993), S. 5; *Stüer,* Investitionsmaßnahmegesetze als Verfassungsproblem, ebda, S. 21; allgemein zur verfassungsrechtlichen Zulässigkeit von Maßnahmegesetzen *Sachs* in Sachs, GG, Art. 19 Rn. 16; *Degenhart* in Sachs, GG, Art. 70 Rn. 11.
[247] G vom 29. 10. 1993, BGBl I S. 1906; dazu Beschlussempfehlung und Bericht des 16. BT-Ausschusses BT-Drs. 12/5126.
[248] Vgl. *Ronellenfitsch* DVBl 1994, 441, 444; *ders.* in Blümel (Hrsg.), Verkehrswegerecht im Wandel, 1994, S. 179, 192 ff.
[249] Hierzu *Rombach,* Der Faktor Zeit in umweltrechtlichen Genehmigungsverfahren, 1994, S. 232 ff.
[250] Hierzu *Sachs* in Sachs, GG, Art. 20 Rn. 79 ff.; ferner zum Verwaltungsvorbehalt Rn. 163; § 1 Rn. 44.

tungsgerichtlichen Rechtsschutzes erzielt.²⁵¹ Das *BVerfG* hat das Gesetz über den Bau der „Südumfahrung Stendal" als mit dem Grundgesetz vereinbar angesehen. Es billigt dem Gesetzgeber unter Hinweis auf die grundsätzliche Zuständigkeit der sachverständigen Verwaltung zu, die Fachplanung an sich zu ziehen, wenn im Einzelfall die schnelle Verwirklichung des Vorhabens – wie im Rahmen der Verkehrsprojekte „Deutsche Einheit" – von besonderer Bedeutung für das Gemeinwohl ist (Rn. 96).²⁵² Ob angesichts der verfassungsrechtlichen Bedenken, die wohl nur im Hinblick auf die besondere Situation nach Herstellung der deutschen Einheit zurückgestellt worden sind, keine weiteren Gesetze dieser Art erlassen werden,²⁵³ bleibt abzuwarten. Zum Grundrechtsschutz durch Verfahren s. auch Rn. 21 f.

96 Eingebunden in das System von Verwaltungsentscheidung und gerichtlicher Kontrolle wird noch die rechtspolitisch diskutierte Ausweitung gesetzgeberischer Planung sein. Die damit verbundenen Fragen sind durch die **Stendal-Entscheidung** des *BVerfG*²⁵⁴ zum Gesetz über die den Bau der Südumfahrung Stendal (Rn. 95) noch nicht vollständig gelöst. Hiernach steht der Grundsatz der Gewaltenteilung einer anlagenbezogenen Fachplanung des parlamentarischen Gesetzgebers durch Gesetz nicht entgegen, solange hierfür „gute Gründe" bestehen, etwa weil die schnelle Verwirklichung des Vorhabens von besonderer Bedeutung für das Gemeinwohl sei. Insofern stehe dem Gesetzgeber ein Beurteilungs- und Einschätzungsspielraum zu. Üblicherweise sei die konkrete Fachplanung allerdings der Verwaltung vorzubehalten, die hierfür den erforderlichen Verwaltungsapparat und Sachverstand besäße. Die Entscheidung hat erhebliche Kritik erfahren, weil sie sie es ermöglicht durch Legalplanung den Rechtsschutz zu verkürzen, soweit das Vorhaben nur als eilig angesehen wird.²⁵⁵ Ungeklärt sind wohl noch die Konsequenzen, die sich daraus ergeben, dass der Gesetzgeber auf diese Weise ein bestimmtes Vorhaben dem Anwendungsbereich der §§ 9 ff., 72 ff. VwVfG entziehen kann, ohne dass an dessen Stelle ein vergleichbares formalisiertes Planaufstellungsverfahren tritt, wie es etwa für den Satzungsgeber in den §§ 1 ff. BauGB vorgesehen ist. Dementsprechend heißt es in der Gesetzesbegründung der Bundesregierung, dass „der Beschleunigungseffekt dadurch (entsteht), dass die Vorbereitung des Gesetzgebungsverfahrens zum einem dazu zwingt, zum anderen die Möglichkeit eröffnet, den Planungsentwurf zügig und unbürokratisch mit den Planungsbehörden der Länder, den Trägern öffentlicher Belange sowie den Kreisen und Kommunen abzustimmen und dabei die betroffene Öffentlichkeit angemessen einzubeziehen, ohne auf die Durchführung förmlicher Verwaltungsverfahren angewiesen zu sein" (BT-Drs. 513/92, S. 8).

97 Das *BVerfG* geht dagegen wohl grundsätzlich davon aus, dass das für alle Planungsbereiche geltende Gebot, die durch die Planung betroffenen öffentlichen und privatrechtlichen Belange gegeneinander und untereinander gerecht **abzuwägen** (§ 40 Rn. 42 f.; § 72 Rn. 9; § 74 Rn. 19 ff.) an sich auch für gesetzgeberische Legalplanungen gelte, da es besonders hervorhebt, dass das Gesetz über die Südumfahrung Stendal auf eine Initiative der Bundesregierung zurückzuführen sei, dem ein in ihrem Auftrag von der privatrechtlichen Planungsgesellschaft DEGES²⁵⁶ ausgearbeitetes Plankonzept zugrunde gelegen habe und dass zudem vor der Einbringung in den Bundestag Auslegungen, Anhörungen und Erörterungen nach Art eines Planfeststellungsverfahrens durchgeführt worden seien, der Gesetzgeber sich also davon leiten ließ, den Sachverhalt zutreffend und vollständig zu ermitteln und die in Rede stehenden Belange umfassend und nachvollziehbar abzuwägen. Jedoch geht das *BVerfG* nicht auf den **materiellen Gehalt dieses Verfahrens** ein: Es prüft nur, dass eine Sachverhaltsermittlung stattgefunden hat, nicht aber ob und nach welchen Maßstäben eine zutreffende Sachverhaltsermittlung stattgefunden hat. Es beschränkt vielmehr seine Prüfung darauf, zu untersuchen, ob Anhaltspunkte dafür bestehen, dass der Gesetzgeber seine Pflicht, die Ermittlungen vollständig und zuverlässig durchzuführen

---

²⁵¹ Hierzu kritisch *Blümel* DVBl 1997, 205, 210 ff.
²⁵² *BVerfGE* 95, 1 = NJW 1997, 383, 384; hier ist allerdings nicht geklärt, welche rechtsstaatlichen Anforderungen an das Sachverhaltsermittlungs- und Abwägungsverfahren die Stellen einzuhalten haben, die vom Gesetzgeber beauftragt werden.
²⁵³ So die Erwartung von *Dürr* in Knack Rn. 26 vor § 72; im Ergebnis ebenso *Blümel* DVBl 1997, 205, 216.
²⁵⁴ *BVerfGE* 95, 1 = NJW 1997, 383 m. Anm. *Hufeld* JZ 1997, 302, *Pabst* UPR 1997, 284, *Schneller* ZG 1998, 177 und *Sachs* JuS 1998, 364.
²⁵⁵ Hierzu *Blümel* DVBl 1997, 205 ff.
²⁵⁶ Hierzu *Bucher*, Privatisierung von Bundesfernstraßen, 1996, 128 ff.; *Wahl* in Blümel, Einschaltung Privater beim Verkehrswegebau – Innenstadtverkehr, 1993, S. 24 ff., 53.

verletzt hat,[257] und stellt somit letztlich eine **Vermutung der Richtigkeit** der Sachverhaltsermittlung und des Abwägungsvorgangs auf. Insoweit war das verfassungsgerichtliche Verfahren auch nicht darauf eingerichtet, Stellungnahmen von den durch die Planung betroffenen Bürgern zur Kenntnis zu nehmen. Das *BVerfG* geht deshalb auch nicht auf die Frage ein, inwieweit die funktionale Privatisierung der Sachverhaltsermittlung rechtsstaatlichen Erfordernissen genügt (hierzu § 1 Rn. 134). Der Hinweis auf den kurzen Ortstermin der Berichterstatter des zuständigen Bundestagsausschusses und die Anhörung im Ausschuss können wohl keine Maßstäbe für ein gesetzgeberisches Planungsverfahren geben, da sie tatsächlich jedenfalls nicht geeignet waren, eine derart parzellenscharfe Sachverhaltsermittlung und Abwägungsentscheidung zu treffen. Der Mangel wird den Abgeordneten noch nicht einmal bewusst, da bei Legalplanungen keine Begründungspflicht der Planentscheidung im Einzelnen besteht und eine solche Begründung auch nicht erfolgt ist.[258]

Die Frage der Sachverhaltsermittlung durch den Gesetzgeber bei Maßnahmegesetzen stellt sich nicht nur bei der Verkehrswegeplanung. So verlangt *BerlVerfGH*[259] bei Aufhebung eines Studienganges unmittelbar durch Gesetz, dass zuvor die Belange von Wissenschaft, Forschung und Lehre angemessen sorgfältig ermittelt und gewichtet und die vom Staat beabsichtigten Maßnahmen mit diesen Belangen der Hochschule abgewogen werden müssen. Dabei müsse der Hochschule Gelegenheit gegeben werden, sich nach fundierter Vorbereitung unter Einschaltung der zuständigen Hochschulorgane zu der geplanten Maßnahme sachgerecht zu äußern und ihre Auffassung zur Geltung zu bringen. Auch bei gesetzlichen Regelungen zum Biotopschutz (§ 32 BbgNatSchG, § 62 NRWLandschaftsG) wird die Frage gestellt, ob sie Verwaltung in Gesetzesform darstellen.[260] **98**

Zunehmende Bedeutung gewinnen **Vergabeverfahren** i. S. d. EG-Vergaberichtlinien[261] und des deutschen Ausführungsrechts (§§ 97 ff. GWB).[262] Die Vergabeentscheidung ist eher dem öR als dem Privatrecht zuzuordnen (§ 35 Rn. 70). Rechtsschutz bietet nun ein besonderes Verfahren vor Behörden und Gerichten. Die Vergabestelle hat dem übergangenen Bieter rechtzeitig vor Erteilung des Zuschlags Kenntnis der Ablehnungsgründe und davon zu geben, welche Bieter berücksichtigt werden sollen, um effektiven Rechtsschutz gem. Art. 19 Abs. 4 GG zu ermöglichen.[263] Der übergangene Bieter kann eine Überprüfung der Vergabeentscheidung durch die behördlichen Vergabeprüfstellen oder auch unmittelbar vor den Vergabekammern (§§ 107 ff. GWB) beantragen. Dabei handelt es sich – abhängig von der Zurechnung des Auftrags – um Vergabekammern des Bundes (beim Bundeskartellamt) oder der Länder, die Teil der Verwaltung, aber in ihrer Entscheidung weisungsunabhängig sind. Die Vorschriften des VwVfG sind neben den für das Verfahren vor den Vergabekammern geltenden §§ 107 ff. GWB ergänzend anzuwenden.[264] Gegen Entscheidungen der Vergabekammer ist sofortige Beschwerde zum OLG (Vergabesenat) zulässig. **99**

---

[257] *BVerfGE* 95, 1, 25 = NJW 1997, 383.
[258] Nach *BVerfGE* 95 ff., 1, 25 = NJW 1997, 383 unproblematisch, da die sich aus den Gesetzgebungsmaterialien ergebenden Begründungen in Verbindung mit den ergänzenden Sachverhaltsermittlungen des Ausschusses für Verkehr als Grundlage für eine durch Beschlussfassung im Bundestag zu treffende Abwägungsentscheidung genügen sollen.
[259] NVwZ 1997, 790 m. Anm. *Hufen* JuS 1998, 751.
[260] *Krämer/Meyer* LKV 1998, 8, 11; vgl. ferner *OVG Münster* NuR 1995, 301; *BVerfG* NuR 1999, 99.
[261] Richtlinien 89/665/EWG vom 21. 12. 1989 zur Koordinierung der Rechts- und Verwaltungsvorschriften für Anwendung der Nachprüfungsverfahren im Rahmen der Vergabe öffentlicher Liefer- und Bauaufträge, 92/13/EWG vom 25. 2. 1992 zur Koordinierung der Rechts- und Verwaltungsvorschriften für die Anwendung der Gemeinschaftsvorschriften für die Auftragsvergabe durch Auftraggeber im Bereich der Wasser-, Energie- und Verkehrsversorgung sowie im Telekommunikationssektor, 92/50/EWG vom 18. 6. 1992 über die Koordinierung der Verfahren zur Vergabe öffentlicher Dienstleistungsaufträge, 93/36/EWG vom 14. 6. 1993 zur Koordinierung der Verfahren zur Vergabe öffentlicher Lieferaufträge, 93/37/EWG vom 14. 6. 1993 zur Koordinierung der Verfahren zur Vergabe öffentlicher Bauaufträge, 93/38/EWG vom 14. 6. 1993 zur Koordinierung der Auftragsvergabe durch Auftraggeber im Bereich der Wasser-, Energie- und Verkehrsversorgung sowie im Telekommunikationssektor.
[262] Allgemein zur Neuregelung des Vergabewesens 1999 *Byok* NJW 1998, 2774; *Schneevogl/Horn* NVwZ 1998, 1242; *Sturmberg* BauR 1998, 1063; *Thieme/Correll* DVBl 1999, 884; *Kahl*, FS von Zezschwitz, S. 151; § 1 Rn. 131, 255; § 35 Rn. 123 ff.; zur Vergabeverordnung vom 9. 1. 2001 (BGBl. I S. 110) *Höfler/Bert* NJW 2000, 3310; zu kommunaler Abfallwirtschaft und Vergaberecht *Tomerius* NVwZ 2000, 727.
[263] *VK Bund* NJW 2000, 151 unter Hinweis auf *BVerfG* NJW 1990, 501 zur beamtenrechtlichen Konkurrentenklage; Rn. 63.
[264] So auch *Clausen* in Knack Rn. 30 vor § 9; a. A. *Ziekow* § 1 Rn. 27.

3. Verwaltungsverfahren als Entscheidungsprozess

Ablauf des Verwaltungsverfahrens

Vor Antragstellung	Antrag	Beginn der Prüfung	Sachverhaltsermittlung aufgrund des Rechtsstandpunktes der Behörde durch				Anhörung zu dem Ermittlungsergebnis	Berücksichtigung der in der Anhörung vorgetragenen Gesichtspunkte	Ausfertigung des VA nebst Begründung	Bekanntgabe des VA
			Zeugen	Sachverständigenbeweis	Augenscheinbeweis	Freibeweis				
§§ 22, 24		§ 9		§§ 24, 26			§ 28		§§ 37, 39	§ 41
			Hinzuziehung Dritter § 13							
§ 71c Abs. 1 u. 2 → ←			Beratung § 25							
		Auskunft § 72c Abs. 3								
		Antragskonferenz § 71e								
		Sternverfahren § 71d								
			Akteneinsicht § 29							

Informelles Verfahren

100 Durch § 9 wird das VwVf als **Verfahrensgang,** nicht als ein **Verfahrensergebnis** definiert, letzteres nur als der Abschluss des VwVf angesprochen. Im Vordergrund steht die Tätigkeit, die für den Erlass des VA oder den Abschluss des ör Vertr erforderlich ist. Die **Normen des Verwaltungsverfahrens** haben daher für den Ablauf des Verfahrens unterschiedliche **Funktionen** (s. ferner Rn. 63). Sie sind a) Definitionen von verwaltungsrelevanten Rechtsbegriffen, b) Handlungsanweisungen an den Beamten, c) der Rahmen, innerhalb dessen die Mitwirkung des Bürgers im VwVf stattfindet.

101 In der gerichtlichen und damit in der veröffentlichten Praxis wird die **Funktion a)** in den Mittelpunkt gerückt. Sie legt nahe, die Grenzen administrativen Handelns zu bestimmen und mit Rücksicht auf den gerichtlich zu beurteilenden Einzelfall das Augenmerk vor allem auf Heilungsmöglichkeiten (§ 45) und Fragen der Einschränkung gerichtlicher Kontrolle (§ 46 VwVfG, § 44a VwGO) zu richten. Konsequenterweise wird die Rechtswidrigkeit eines VA i. S. d. § 113 VwGO definiert als nach Auffassung des Gerichts vorliegender Verstoß gegen das objektive Recht, nicht als Pflichtwidrigkeit des Verwaltungshandelns.[265]

102 Demgegenüber geben die **Funktionen b) und c)** den Blick frei für den **primären Zweck** des VwVf aus der Sicht der handelnden Behörde und des beteiligten Bürgers während des Ablaufs dieses Entscheidungsprozesses, aus der Sicht ex ante also (Rn. 68; § 35 Rn. 5). Sie zeigen die Möglichkeiten, die Beamte und Bürger haben, um einfach und zweckmäßig (§ 10) das Ziel anzustreben. Diese Möglichkeiten zu ergreifen und auszubauen, sollte verstärkt genutzt werden.[266] Eine Überbetonung der Heilung unterlassener Anhörung (aus der Sicht der Rechtsprechung, aus der Sicht ex post also) vertut z. B. die Chance, durch Anhörung zu einer Einigung über zu ergreifende Maßnahme zu kommen, die den Erlass eines VA oder seine Vollstreckung unnötig macht (§ 10 Rn. 9). Sie verstellt z. B. auch den Blick darauf, dass Anhörung mit Beratung verbunden zugleich einen Ausgleich dafür schaffen kann, dass der eigentliche Entscheidungsprozess durch den Einsatz technisch formalisierter Systeme auf individuelle Nuancen des Falles nicht mehr eingeht.[267]

103 Das Verfahren als Entscheidungsprozess hat **Konsequenzen: Änderungen** während des Verfahrens sind zwangsläufig. Als Änderungen hinsichtlich des angestrebten **Ziels** kommen in Betracht: a) Aufgabe der beabsichtigten Maßnahme, z. B. weil sich bei der Sachverhaltsermittlung

---

[265] Nachweise und Kritik bei *Martens* Rn. 7 f.; *Rupp,* FS Zeidler, S. 455, 466; *Stelkens* NWVBl 1989, 335, 340 ff., jew. m. w. N.; s. ferner oben Rn. 63 ff.
[266] S. auch *Martens* Rn. 9 ff.; § 10 Rn. 28.
[267] Vgl. *Pitschas* DÖV 1987, 622, 632 m. w. N.

§ 9 Begriff des Verwaltungsverfahrens

herausgestellt hat, dass die vermutete Gefahr nicht besteht. Das VwVf wird formlos eingestellt. b) **Änderung der angestrebten Maßnahmen**, z.B. durch Änderung des Antrages (§ 22 Rn. 66, 74f.) oder während des VwVf stellt sich heraus, dass anstelle eines formlosen VwVf ein Planfeststellungsverfahren erforderlich wird oder dass anstelle einer Regelung durch VA der Abschluss eines ör Vertr zweckmäßigerweise ist (s. Rn. 168). a) und b) können zusammenfallen, z.B. wird auf Grund des Ergebnisses einer Anhörung von einer Fortsetzung des VwVf abgesehen, weil der Sachverhalt zweckmäßiger durch einen privatrechtlichen Vertrag geregelt wird (s. ferner § 1 Rn. 142, 104f.). Änderungen der beabsichtigten Verfahrenshandlung, des **Mittels,** z.B. Auswechseln beabsichtigter Beweismittel auf Grund von Einwänden des Betroffenen. Schließlich wird von dem Verfahrensermessen auch der **Verfahrensablauf** bestimmt: z.B. durch **Aussetzung, Verbindung** oder **Trennung** des Verfahrens (Rn. 134ff., 201).

Rechtsbehelfe richten sich gegen das Ergebnis des VwVf, gegen die vorbezeichneten Änderungen des Verfahrens sind sie schon aus Gründen des § 44a VwGO nicht isoliert zulässig. Im übrigen wirken sich deren Rechtsfolgen allenfalls mittelbar aus: für Aussetzung s. § 35 Rn. 148. **104**

V. Beginn und Durchführung des Verwaltungsverfahrens

1. Voraussetzungen des Beginns

Der **Beginn eines VwVf** wird in der Überschrift des § 22 und als Regelung des Zeitpunktes auch indirekt durch seine Voraussetzungen angesprochen (s. § 22 Rn. 4). § 22 lässt eine Differenzierung danach zu, ob das VwVf **von Amts wegen** (s. § 22 Rn. 2) oder **auf Antrag**[268] eingeleitet wird. In §§ 9ff. fehlt es an einer Regelung wie §§ 69 und 81 VwGO (s. auch § 64, dort Rn. 3). Diese Regelungen enthalten allenfalls für ein Rechtsbehelfsverfahren, nicht aber für ein VwVf, einen allgemein gültigen Rechtsgedanken. Deshalb bestimmt auch für das Antragsverfahren **in der Sache** § 9 den Beginn des VwVf. Maßgebend ist auch hier der Zeitpunkt, in dem die auf die Prüfung der Voraussetzungen und die Vorbereitung gerichtete und nach außen wirkende Tätigkeit der Behörde (Rn. 113ff., 133ff., 161ff.) anfängt.[269] Abzustellen ist folglich auf eine **Entscheidung** der Behörde, mit dem Verfahren zu beginnen, mag diese Entscheidung auch nicht nach außen erkennbar sein.[270] Diese Entscheidung ist kein VA (Rn. 167, § 22 Rn. 58). **105**

Von dem Beginn des Verfahrens zu unterscheiden ist die Frage nach dem Antrag als Verfahrens- und Sachentscheidungsvoraussetzung (Rn. 142; § 22 Rn. 24, 55). Mit Beginn entsteht in der Regel das Verfahrensrechtsverhältnis (Rn. 5ff., 11; § 22 Rn. 56). Das VwVf als Entscheidungsprozess (Rn. 100ff.) nimmt seinen Anfang. Die Ausgestaltung des Verfahrens im Einzelnen wird durch die im konkreten Fall zwingend anzuwendenden Verfahrensgrundsätze (Rn. 82, 42ff.), im Übrigen durch § 10 bestimmt. **106**

Vor dem Beginn liegen häufig **Vorbereitungshandlungen** (s. Rn. 161, 175ff.). Abgrenzungen im Einzelfall können schwierig sein: Geht eine anonyme Anzeige wegen einer gravierenden Umweltverschmutzung der zuständigen Behörde zu, wird in der Regel die Prüfung der Voraussetzungen i.S.d. § 9 sofort beginnen. Anders aber dann, wenn die Anzeige querulatorische Anzeichen verrät oder nur ganz geringe Verstöße erkennen lässt, s. Rn. 114f. **107**

2. Verfahrensgegenstand

Der Rahmen, der den Inhalt der Prüfung im VwVf bestimmt, wird von dem **Verfahrensgegenstand,** dem prozessualen Streitgegenstand nur bedingt ähnlich,[271] festgelegt. Im VwVfG wird der Begriff nur in § 68 Abs. 4 Nr. 3 verwandt. Der **Verfahrensgegenstand** eines auf **Erlass eines VA** gerichteten VwVf wird in Verfahren nach der Offizialmaxime von dem **Regelungswillen** der Behörde, in Verfahren nach der Dispositionsmaxime von dem **Antrag** des An- **108**

---

[268] § 22 Rn. 15ff., 55. Bereichsspezifisch (Rn. 95) kann die Bezeichnung für den Antrag variieren: Anmeldung u.ä.
[269] *Martens* Rn. 102, *Ziekow* § 9 Rn. 15; a.A. *Meyer/Borgs* § 9 Rn. 9; *Riedl* in Obermayer § 9 Rn. 34; weiter differenzierend *Engelhardt* in Obermayer § 22 Rn. 8ff.
[270] Rn. 12, 115; *Martens* Rn. 62, 102; *Pitschas,* Verwaltungsverantwortung, S. 622ff.
[271] Str.; *Hill,* S. 256 m.w.N.; a.A. *Kopp/Ramsauer* § 9 Rn. 24.

tragstellers in tatsächlicher und rechtlicher Hinsicht festgesetzt (§ 24 Rn. 12; § 22 Rn. 46, § 35 Rn. 71). Im VwVf mit dem Ziel des **Abschlusses eines ör Vertr** richtet sich der Verfahrensgegenstand nach dem **Vertragsangebot**.[272] Mit ihm wird das Ziel (Rn. 131) ausgedrückt, das durch das VwVf auf Grund eines konkreten Lebenssachverhaltes im Rahmen eines geltend gemachten materiellen Rechtsverhältnisses erreicht werden soll,[273] z. B. die von der Behörde geltend gemachte Befugnis, eine Verfügung zu erlassen, oder der Antrag auf Grund eines materiellen Rechts, eine Genehmigung zu erhalten oder auch gegenüber einem **Dritten** eine belastende Entscheidung zu erlassen.

109 Von Letzterem zu unterscheiden sind die Fälle, in denen die Behörde auf Grund einer **Anregung** eines Dritten ausschließlich aus eigenem Recht einen belastenden VA erlassen will. In diesem Fall ist Verfahrensgegenstand ausschließlich der von der Behörde geltend gemachte Anspruch.[274] Keine Frage des Verfahrensgegenstandes ist es, wie die durch das Verfahren erstrebte Entscheidung konkret aussieht: Ablehnung eines Antrages, Genehmigung oder Genehmigung unter Nebenbestimmungen. Der Verfahrensgegenstand kann sich im Lauf des VwVf ändern (Rn. 103, 130). Er unterscheidet sich von dem Verfahrensrechtsverhältnis (Rn. 10) und dem Regelungsgegenstand (Rn. 112).

110 Ist das Ziel auf mehrere materielle VA gerichtet, liegt eine **Verfahrenshäufung** vor, ohne dass die Voraussetzung des § 44 VwGO entsprechend herangezogen werden müssten (§ 1 Rn. 59). Insoweit sind auch mehrere Verfahrensgegenstände gegeben, die aber in einem einheitlichen VwVf, entsprechend der nachträglichen **formlosen Verbindung** (Rn. 201), entschieden werden können, insbesondere wenn sie sich aus demselben Lebenssachverhalt ergeben und im zeitlichen Zusammenhang ergehen sollen. Dies ist selbstverständlich bei gegenseitiger Abhängigkeit der VAe (§ 35 Rn. 45, 226, § 36 Rn. 83), ist aber nicht darauf beschränkt. Auch ist nicht maßgebend, ob die Regelungen in einem oder mehreren formellen VAen (§ 35 Rn. 43 ff.) ergehen sollen, zumal diese Frage häufig erst am Schluss des VwVf nach Zweckmäßigkeitsgesichtspunkten beantwortet werden kann.

111 Ist das Ziel des VwVf die Entscheidung über die Legalisierung eines bereits errichteten Bauvorhabens, können die Ablehnung der beantragten Baugenehmigung und die Abrissverfügung sowohl in einem formellen VA als auch in zwei getrennten VAen ergehen. Desgleichen kann die Baugenehmigung zugleich mit einem Dispens oder in zwei getrennten formellen VAen erteilt werden. Zur Trennung und Verbindung von VwVfs s. Rn. 201.

112 Bedeutung hat die Festlegung des Verfahrensgegenstandes vor allem für den Umfang der Sachverhaltsermittlung auf der Grundlage der Rechtsvorstellung der Behörde (§ 24 Rn. 25), die Zulässigkeit des Nachschiebens von Gründen (§ 45 Rn. 45) und der Abgrenzung zur Umdeutung nach § 47, bei Anträgen des Bürgers, die die Behörde nicht gegen seinen Willen ändern darf, s. bei Teilung § 43 Rn. 195, bei Rücknahme § 48 Rn. 102. Nach Abschluss des VwVf wird die Bedeutung des Verfahrensgegenstandes von dem Inhalt des VA, z. B. dem Regelungsgegenstand, und dessen Bindungs- und Feststellungswirkung (§ 35 Rn. 142) verdrängt. Dieser Inhalt ist maßgebend, der Verfahrensgegenstand ist nur zu seiner Auslegung heranzuziehen.

3. Nach außen wirkende Tätigkeit

113 Voraussetzung für das VwVf ist eine verfahrensrechtlich relevante **Verwaltungstätigkeit der Behörde** (Rn. 2), die nach außen wirkt. Hiermit ist im Grundsatz die Gesamtheit des Behördenhandelns innerhalb des konkreten VwVf gemeint, die dazu bestimmt ist, Rechte und Pflichten für einen Einzelfall festzulegen. Die maßgeblichen Konturen versuchen die Begriffe „**Außenwirkung**" (Rn. 114 ff.) und „**auf Prüfung der Voraussetzungen ... gerichtet ist**" (Rn. 131 ff.) zu ziehen.

114 a) Die Ähnlichkeit der Voraussetzung **Außenwirkung** mit der Definition in § 35 („auf unmittelbare Rechtswirkung nach außen gerichtet ist") darf nicht zur Gleichsetzung verführen.

---

[272] § 62 VwVfG i. V. m. § 145 BGB, s. aber auch § 150 BGB, wie hier *Kopp/Ramsauer* § 9 Rn. 24; *Ziekow* § 9 Rn. 23.
[273] *Martens* Rn. 90 ff., im Ergebnis wohl auch *Riedl* in Obermayer Rn. 5 vor § 9.
[274] BVerwG NJW 1990, 787, 788; beide Fälle gleich behandeln dagegen *Martens* Rn. 92 ff. i. S. eines Antrags; *Ule/Laubinger* § 15 Rn. 6; *dies.*, Gutachten, B 47 i. S. einer Anregung; s. auch § 22 Rn. 15, 21.

§ 35 beschreibt das materielle Ergebnis des VwVf, § 9 den Entscheidungsprozess (Rn. 100). § 9 meint damit die Behördentätigkeit, deren **Ziel** ein VA oder ör Vertr ist (Rn. 117f.; § 35 Rn. 146; § 1 Rn. 140). Um dieses Ziel zu erreichen, muss zwischen der Behörde und außenstehenden Personen, Beteiligten i. S. d. § 13, ein **Verfahrensrechtsverhältnis** (Rn. 5 ff.) begründet werden. Beginn und Ende des VwVf bewirkt auch Beginn und Ende des Verfahrensrechtsverhältnisses (Rn. 11, 105, 193). § 9 umschreibt also die Verwaltungstätigkeit im **inhaltlichen** Rahmen dieses Verfahrensrechtsverhältnisses und **für die Zeitspanne** dieses Rechtsverhältnisses. Ist noch unklar, ob ein Verfahrensrechtsverhältnis zu einer bestimmten oder bestimmbaren Person begründet werden soll (z. B. Ordnungsbehörde prüft bei vagen Hinweisen, ob überhaupt eine Störung in Betracht kommen kann, die eine Beseitigung durch sie selbst oder eine Ermittlung des Störers „gegen Unbekannt" rechtfertigen würde), liegt kein VwVf i. S. d. § 9 vor (Rn. 107). Hiervon zu unterscheiden ist aber die Prüfung innerhalb eines VwVf, ob ein VA erlassen werden soll (Rn. 133).

Welche **Tätigkeit im Einzelnen** den Beginn des VwVf auslöst oder im weiteren Verlauf 115 zum VwVf zählt, ist umstritten. Zwar ist der Beginn des VwVf von einer **Willensentscheidung** der Behörde abhängig (Rn. 105), diese muss aber als Voraussetzung des Beginns nicht notwendigerweise dem betroffenen Bürger erkennbar sein.[275] Maßgebend ist auch hier die Außenwirkung der Verfahrenshandlung (Rn. 123).

Der **Begriff Außenwirkung** ist umstritten: Diese Wirkung wird einerseits jeglicher **behör-** 116 **deninternen** und **behördenexternen** Tätigkeit zugeschrieben, die nach einer unmittelbar nach außen wirkenden Maßnahme als Beginn des VwVf im Zusammenhang mit diesem VwVf bis zu dessen Ende vorgenommen wird.[276] Nach Ansicht von *Kopp*[277] sind anderseits darunter nur die Handlungen zu verstehen, die im Ergebnis unmittelbar auf rechtlich geschützte Rechtspositionen des Bürgers wirken.

Wortlaut und Sinn des § 9 legen folgende Auslegung nahe: Tätigkeit mit Außenwirkung 117 i. S. d. § 9 ist – im zeitlichen und inhaltlichen Zusammenhang mit einem Verfahrensrechtsverhältnis (Rn. 114) – zunächst jede **unmittelbar** aus dem Bereich der Verwaltung in die Sphäre des Bürgers hineinwirkende Tätigkeit der Behörde, die den Beginn des Verfahrens einleitende Tätigkeit inbegriffen.[278] Die in §§ 13 Abs. 2, 25, 28, 29 angesprochenen Tätigkeiten sind Beispiele. Im Unterschied zu § 35 fehlt in § 9 aber das Merkmal „Unmittelbarkeit". Auf die Tatsache, dass die Handlung den Bereich der Behörde verlässt, insbesondere dem Betroffenen oder den Beteiligten bekannt wird, kann es daher nicht ankommen.

Maßgebend kann nur sein, ob die Tätigkeit der Behörde die **Sachentscheidung beeinflus-** 118 **sen** kann, mag sie auch nur im Bereich der Behörde stattfinden, z. B. Anforderung von Stellungnahmen anderer behördeninterner Ämter. Diese Auslegung wird dem Sinn eines Verfahrens eher gerecht: Das VwVf als Entscheidungsprozess (Rn. 100) kann nicht in einzelne Handlungen aufgesplittet werden, jede einzelne Handlung ist in das Entscheidungssystem eingebettet.[279] Daher kann der Beginn des Verfahrens z. B. auch in dem Entschluss bestehen, ohne Kenntnis des Betroffenen eine Lärmmessung vorzunehmen oder eine Lebensmittelprobe zu besorgen.

Hiervon zu unterscheiden ist die Frage, ob die Behörde, nachdem sie sich zur Eröffnung des 119 Verfahrens entschlossen hat, verpflichtet ist, den Bürger zur Wahrung seiner Rechte von dem Beginn zu benachrichtigen.[280] Häufig wird sie dazu aus rechtsstaatlichen Gründen (Rn. 57 f., 60) oder gem. § 13 Abs. 2 verpflichtet sein. Besondere Gründe des Allgemeinwohls können es aber erfordern, dass diese Benachrichtigung z. B. erst nach einer durchgeführten Beweisaufnahme stattfindet (Rn. 71; § 24 Rn. 42; § 26 Rn. 13 f.). Mittelbare Außenwirkung haben daher Mitwirkungshandlungen anderer Behörden (Rn. 128), Weisungen (Rn. 130), Ersuchen um Amtshilfe im Zusammenhang mit einem VwVf.

---

[275] So auch *Engelhardt* in Obermayer § 22 Rn. 10; *Ziekow* § 9 Rn. 15; a. A. wohl *Meyer/Borgs* § 9 Rn. 9 ff.; *Kopp/Ramsauer* § 9 Rn. 28; § 22 Rn. 19; *Martens* Rn. 102.
[276] So *Meyer/Borgs* § 9 Rn. 5.
[277] VwVfG, 6. Aufl., § 9 Rn. 4 (anders jetzt *Kopp/Ramsauer* § 2 Rn. 10); VGH München NVwZ 1993, 495, 496; wie hier wohl auch *Riedl* in Obermayer § 9 Rn. 3 ff.
[278] Wie hier *Ule/Laubinger* § 19 Rn. 10, anders nur für die Maßnahme, die den Beginn auslöst, s. Rn. 115; wohl auch *Clausen* in Knack § 9 Rn. 14.
[279] *Hill*, S. 197; allgemein *Pitschas*, Verwaltungsverantwortung, S. 622 ff.
[280] Wie hier wohl *Ule/Laubinger* § 20 Rn. 1.

120 Die nur mittelbar nach außen wirkende Tätigkeit bedeutet nicht, dass auf das gesetzliche Erfordernis der Außenwirkung völlig verzichtet werden darf.[281] Die Tatsache, dass der VA selbst in seiner Rechtswirkung Außenwirkung hat, genügt nicht. Die Sachentscheidung mittelbar beeinflussen kann nur eine **(interne) Entscheidung** der Behörde; interne Vorberatungen, Entscheidungsentwürfe, Vorbereitungshandlungen in Erwartung eines VwVf (Rn. 107, 161, 175 ff.) haben noch keine Auswirkungen auf die Sachentscheidung,[282] anders aber die beratende Mitwirkung einer anderen Behörde, da diese sich gegenüber der das Verfahren betreibenden Behörde festgelegt hat (Rn. 127).

121 Im Unterschied zu § 35 braucht die einzelne Tätigkeit keine mittelbare oder unmittelbare **Rechtswirkung** (§ 35 Rn. 146) auslösen. Ausdrücklich gefordert ist auch nicht, dass die einzelne Tätigkeit formelle oder materielle Rechte oder berechtigte Interessen von Bürgern berühren müsste,[283] so dass auch tatsächliches Handeln ohne diese Wirkung genügt.[284]

122 Die einzelne Tätigkeit wird häufig als **Verfahrenshandlung** bezeichnet. Der Begriff Verfahrenshandlung ist – ohne Definition – in dem durch § 97 eingefügten § 44a VwGO genannt, im Übrigen spricht das Gesetz von „tätig werden" (§§ 20, 21), „Tätigkeit" (§§ 1, 9), „Mitwirken" (§§ 44 Abs. 3, 45 Abs. 1). Daher ist die Definition im Einzelnen noch umstritten.[285]

123 Soweit sie der **Behörde** zuzurechnen sind, versteht man darunter alle im Laufe eines VwVf ergehenden Maßnahmen, die zwar geeignet sind, dieses zu fördern, es aber nicht abschließen.[286] Obgleich Bestandteil eines einheitlichen VwVf, das im Grund nicht in einzelne Handlungen aufgesplittet werden kann (Rn. 118), können sie ausnahmsweise isoliert Gegenstand besonderer Auseinandersetzung zwischen dem Bürger und der Behörde sein. Als solche sind die Verfahrenshandlungen nach § 44a VwGO anzusehen. Hierzu zählen nur die Handlungen, die der verfahrensleitenden Behörde zuzurechnen sind:[287] Versteht man unter Verfahrenshandlung nur die durch § 44a VwGO angesprochenen Handlungen,[288] fallen darunter nur die Handlungen, die selbst Außenwirkung (Rn. 117) haben, Beratungen etc. zählen nicht dazu.

124 Als Verfahrenshandlung im Zusammenhang mit einem VwVf müssen aber auch die Verfahrenshandlungen des **Bürgers** verstanden werden, die ebenfalls Teil eines VwVf (Akteneinsicht, Mitwirkung) oder Anlass für ein VwVf (Antrag) sein können. Auf Verfahrenshandlungen der Behörde und des Bürgers beziehen sich die Verfahrenshandlungsvoraussetzungen (Rn. 143). Verfahrenshandlungen können in der Abgabe oder auch in der Entgegennahme von Verfahrenshandlungen bestehen; über sie kann, nicht muss, durch VA in einem Zwischenverfahren entschieden werden (Rn. 197, 203, s. auch Rn. 126).

125 Einzelne Verfahrenshandlungen werden in den § 9 nachfolgenden Vorschriften angesprochen: z.B. §§ 13 Abs. 2, 23, 24, 28, 29. Auf Verfahrenshandlungen beziehen sich Vorschriften wie §§ 45, 46 VwVfG, § 44a VwGO. Auch die **Weigerung oder Unterlassung** einer Verfahrenshandlung kann Verfahrenshandlung sein. Bei der Weigerung wird über die Vornahme der Handlung ausdrücklich oder konkludent entschieden (§ 35 Rn. 99). §§ 45, 46 zeigen aber auch die Relevanz der schlichten Unterlassung, insbesondere dann, wenn die Behörde zur Vornahme der Handlung verpflichtet gewesen wäre. Zu **Rücknahme, Anfechtung und Bedingung** bei Verfahrenshandlungen s. Rn. 13 und § 22 Rn. 66 ff., 76 ff.; zur **Verwirkung und Verzicht** § 53 Rn. 21 ff.

126 **b)** Verwaltungsinterne Maßnahmen **ohne Zusammenhang mit einem konkreten VwVf** i.S.d. § 9 oder **vor Beginn** eines VwVf sind nicht von § 9 erfasst; auf sie sind die §§ 9 ff. nicht anwendbar (§ 1 Rn. 153 ff.). Hinzu gehören: Organisationsmaßnahmen (§ 1 Rn. 158, § 35 Rn. 300 ff.), auch Organisationsüberlegungen in Vorbereitung eines erwarteten VwVf (Rn. 161), Ausarbeitung und Erlass von Verwaltungsvorschriften (§ 10 Rn. 13); Rechnungsprüfung, Verkehrsschau durch die Kreisbehörde, Bedarfsplanung, Beratung, s. § 88 Rn. 15; Prüfungsverfah-

---

[281] *Schmidt-Aßmann* Städte- und Gemeindebund 1977, 9, 12; *Ule/Laubinger* § 19 Rn. 10.
[282] *Ule/Laubinger* § 19 Rn. 10; *Riedl* in Obermayer § 9 Rn. 6 u. Rn. 110 vor § 9.
[283] S. auch die Begriffe „tätig" in §§ 20, 21 (§ 20 Rn. 24) und „Mitwirkung" in § 44 Abs. 3, § 45 Abs. 1 (§ 44 Rn. 184 ff., ferner § 9 Rn. 127 f.).
[284] *Kopp/Ramsauer* § 9 Rn. 10.
[285] § 97 Rn. 10; *Laubinger*, FS Ule, S. 161, 171.
[286] BFHE 146, 99 = NVwZ 1987, 174.
[287] *Eichberger*, S. 170.
[288] *Eichberger*, S. 122 ff.

ren der Rechnungshöfe;[289] die Festlegung von Tiefflugzonen durch das Bundesministerium der Verteidigung.[290] Der Anspruch auf oder die Abwehr einer einzelnen Verfahrenshandlung kann allerdings auch Gegenstand eines **selbständigen VwVf,** nicht nur eines Zwischenverfahrens (Rn. 123), sein, insbesondere wenn sie auf eine eigenständige materielle Norm gestützt werden.

c) Die **Beteiligung anderer Behörden** ist nach den unter Rn. 114 ff. genannten Kriterien zu beurteilen: § 44 Abs. 3 Nr. 3 und 4, § 45 Abs. 1 Nr. 4 und 5, § 58 Abs. 2, § 88 zeigen, dass Behörden und Ausschüsse an einem VwVf einer anderen Behörde (zum behördeninternen Ausschuss s. § 1 Rn. 245, 252) beteiligt sein können (§ 35 Rn. 167, 169 ff.).[291] Einzelheiten ergeben sich aus dem Fachrecht, das ggfs. die Beteiligungsform in das Ermessen der federführenden Behörde legen kann.[292] Soweit sie im Rahmen eines VwVf einer anderen Behörde verwaltungsintern mitwirkt,[293] ist sie Teil dieses VwVf.[294] Zum **Sternverfahren** s. § 71 d. Auch die Zusammenarbeit bei der Umweltverträglichkeitsprüfung **(UVP)** ist als unselbständiger Teil der Ermittlung und rechtlichen Bewertung innerhalb enumerativ aufgeführter Verfahren angelegt.[295] Es macht keinen Unterschied, ob die Mitwirkungsakte intern verbindlich (§ 35 Rn. 170; § 44 Rn. 184 ff.) oder nur beratender Art sind.[296] 127

Die mitwirkende Behörde hat im Rahmen ihrer Mitwirkungsbefugnis die **allgemeinen Verfahrenspflichten** des VwVfG zu erfüllen, insbesondere im Rahmen ihrer Mitwirkung den Sachverhalt zu ermitteln, § 30 zu beachten.[297] Zu §§ 20, 21 s. § 20 Rn. 23; § 44 Rn. 187 f. Sie hat außerhalb besonderer Regelungen allerdings keine **unmittelbaren Verfahrenspflichten und -rechte** gegenüber den Beteiligten, z. B. auf Vorlage zusätzlicher Unterlagen, Anhörung oder Akteneinsicht zu gewähren. Will sie den Bürger über das von der das Verfahren führenden Behörde vorgesehene Maß hinaus in Anspruch nehmen, muss sie dies über diese Behörde tun, die allein „nach außen" die Verantwortung trägt. Entsprechend kann der Bürger Verfahrenshandlungen und -ansprüche nur gegen die das Verfahren führende Behörde richten, z. B. Einsicht nur in die Akten, die diese Behörde führt oder beigezogen hat.[298] Zur Frage, ob die mitwirkende Behörde materiell an ihre Erklärungen gegenüber der das Verfahren führenden Behörde gebunden ist, s. § 35 Rn. 170. Durch eine Rücknahme dieser Erklärungen werden zwischenzeitliche Verfahrenshandlungen nicht rückgängig gemacht (vgl. Rn. 13). Sieht eine gesetzliche Vorschrift ein durch Fristablauf hergestelltes Einvernehmen der mitwirkenden Behörde vor, wird diese nicht stärker gebunden als bei ausdrücklich erklärtem Einvernehmen; sie kann also auch den fiktiven verwaltungsinternen Mitwirkungsakt bis zum Erlass des VA rückgängig machen.[299] 128

Soweit die andere Behörde oder der Ausschuss eigenständig einen **Verwaltungsakt** erlässt (zur Abgrenzung § 35 Rn. 170 ff.), gelten für dieses Verfahren die §§ 9 ff. selbständig,[300] zum Zusammenhang der Entscheidungen s. auch Rn. 147 ff. Findet die Zusammenarbeit außerhalb eines VwVf statt, z. B. gemeinsame Beratung (§ 88 Rn. 15), sind §§ 9 ff. nicht anwendbar. 129

d) Die Beurteilung von **Weisungen** geschieht ebenfalls nach vorstehenden Unterscheidungen. Das bedeutet: Sie können innerhalb eines konkreten VwVf ergehen (Rn. 127), dabei zugleich gegenüber der den VA erlassenden Stelle selbst einen VA darstellen (Rn. 129): in dem 130

---

[289] § 1 Rn. 179; *Hauser* DÖV 2004, 786, 787.
[290] *BVerwGE* 97, 203, 210 f. = NJW 1995, 1690 = JZ 1995, 510 m. Anm. *Ossenbühl*: betroffene Bürger und Gemeinden haben die Möglichkeit, Rechtsschutz u. a. im Wege der Unterlassungsklage zu erhalten.
[291] S. auch *Siegel*, Die Verfahrensbeteiligung von Behörden und anderen Trägern öffentlicher Belange, 2001.
[292] S. z. B. *BVerwGE* 85, 251 = NVwZ 1991, 66.
[293] *BVerwG* NVwZ 1986, 556.
[294] Wie hier *Bäumler* BayVBl 1978, 492, 495; *Meyer/Borgs* § 9 Rn. 5, 6; *Ule/Laubinger* § 19 Rn. 10; *Clausen* in Knack § 9 Rn. 9; a. A. *Eibert* BayVBl 1978, 496; *Schmidt-Aßmann* Städte- und Gemeindebund 1977, 9; s. aber *BVerwGE* 81, 277, 280 f. = NVwZ 1989, 875, wonach die Beteiligung eines Personalrates (§ 1 Rn. 245) ein eigenständiges Verfahren sein soll.
[295] § 2 Abs. 1 UVPG; Rn. 138; *BVerfGE* 84, 25 = NVwZ 1991, 870; *Schmidt-Preuß* DVBl 1995, 485, 486; *Schink* NVwZ 1999, 11, 13 f.; § 74 Rn. 119.
[296] Rn. 120; *Meyer/Borgs* § 9 Rn. 6.
[297] A. A. *Eibert* BayVBl 1978, 497.
[298] Wie hier *Meyer/Borgs* § 9 Rn. 6; *Clausen* in Knack § 9 Rn. 9; *Ule/Laubinger* § 19 Rn. 10; a. A. *Bäumler* BayVBl 1978, 490, 495; s. auch Rn. 207.
[299] Vgl. *VGH Kassel* NVwZ 1993, 908; *VGH Mannheim* VBlBW 1995, 364.
[300] Vgl. *Stelkens* BauR 1986, 390, 394.

jeweiligen Rahmen sind §§ 9 ff. anzuwenden. Weisungen außerhalb oder vor Beginn eines VwVf (insbesondere die Weisung, ein VwVf zu beginnen) sind Verwaltungsinterna, auf die § 9 nicht zutrifft.

4. Prüfung der Voraussetzungen, Vorbereitung

131 a) Nur die nach außen wirkende Tätigkeit (Rn. 113 ff.) ist durch § 9 angesprochen, die einem bestimmten Zweck dient. Diese Absicht kommt in § 9 durch das Wort **gerichtet** zum Ausdruck (= **Finalität der Tätigkeit**). Das Handeln dient inhaltlich der Prüfung der Voraussetzungen, der Vorbereitung und dem Erlass eines VA (Rn. 193) oder dem Abschluss eines ör Vertr (Rn. 198). Der Erlass eines VA oder der Abschluss eines ör Vertr müssen somit das Ziel des Handelns im Rahmen eines VwVf bleiben (s. auch Rn. 108). Auf dieses Ziel hin orientieren sich Vorbereitung und Prüfung der Voraussetzungen. Wenn auch der letzte Satzteil von § 9 sagt, dass der VA selbst oder der Abschluss des ör Vertr Teil des VwVf sind, heißt dies nicht, dass nur dann von einem VwVf gesprochen werden kann, wenn dieses Ziel auch erreicht wird. Vielmehr reicht die Tätigkeit aus, wenn sie nur dieses Ziel verfolgt, mögen im Laufe des VwVf auch Änderungen eintreten und das VwVf enden, bevor das Ziel erreicht ist: s. Rn. 103 und Rn. 199 ff., ferner § 35 Rn. 146.

132 Die Wege zu diesem Ziel werden durch die Merkmale **Prüfung der Voraussetzungen** (Rn. 133) als Unterfall der **Vorbereitung** (Rn. 161) gekennzeichnet. Zugleich wird durch diese Merkmale auch der **Beginn** des VwVf definiert (Rn. 105).

133 b) Die **Prüfung der Voraussetzungen** umfasst im Rahmen des Verfahrensgegenstandes (Rn. 108) die **rechtlichen und tatsächlichen** Überlegungen und Ermittlungen, die notwendig sind, um einen VA erlassen oder einen ör Vertr abschließen zu können. Sie schließen die Frage, ob ein VA erlassen werden soll, ein.[301] Maßgebend ist, ob nach den rechtlichen Vorstellungen der Behörde dieses Ziel zu erreichen ist (vgl. Rn. 109). Bei den Zielvorstellungen hat die Behörde das gesetzlich vorgesehene **Entscheidungsprogramm** (Entscheidungsablauf, Entscheidungsinhalt) einzuhalten.[302] Zur Frage, wenn die Behörde kein VwVf zum Zweck des Erlasses eines VA eröffnen will, nach der rechtlichen Beurteilung der Widerspruchsbehörde oder des Gerichts aber ein VA erlassen worden ist, s. § 35 Rn. 35.

134 Die Prüfung umfasst die rechtliche Klärung der formellen und materiellen Voraussetzungen der Entscheidung einschließlich notwendiger Vorfragen,[303] die **Ermittlung des Sachverhaltes** auf der Grundlage der §§ 24, 26, ferner **Zweckmäßigkeitsüberlegungen,** soweit zulässig, auch unter politischen und wirtschaftlichen Gesichtspunkten (Rn. 68). Kommt es zum Abschluss des VwVf durch einen VA, sind die wesentlichen Gründe der Prüfung in die **Begründung** nach § 39 aufzunehmen (§ 39 Rn. 43 ff.).

135 Für die **Prüfung der rechtlichen Voraussetzungen** gelten im VwVf nicht die strengen Regeln wie im Prozess, die von der Rechtskraftwirkung des Urteils bestimmt sind. Die strenge Aufteilung in **Zulässigkeits-** (Rn. 141 f.) **und Begründetheitsprüfung** ist im Verfahren nach § 9 weder generell durchführbar noch erforderlich.[304] Dem stehen die Unterschiede des Prozessrechts und des VwVf einschließlich des Ausbildungsstandes der Bearbeiter (Rn. 71) entgegen. Z. B. kann ein unzulässiger Antrag ohne Prüfung der Zulässigkeitsvoraussetzungen mangels Begründetheit abgelehnt werden, insbesondere wenn die Begründetheitsfragen schnell zu beantworten sind.

136 In Verfahren dagegen, die nach **förmlichen Regeln** ablaufen und in denen die Bestandskraft des VA an Bedeutung gewinnt, insbesondere in förmlichen, in Planfeststellungsverfahren, in Verfahren mit mehrpoligen Rechtsverhältnissen und in Vorverfahren,[305] gewinnt die Aufteilung nach Zulässigkeits- und Begründetheitserfordernissen an Bedeutung und verlangt die getrennte Prüfung und Entscheidung. Gleiches kann im Einzelfall aus dem Schutzzweck einer Norm einschließlich der Grundrechte auch im Verfahren nach § 10 folgen. So ist z.B. die Handlungsfähigkeit in einem Antragsverfahren zuerst zu prüfen, falls insoweit Bedenken bestehen.

---

[301] *Riedl* in Obermayer § 9 Rn. 10; s. zur Abgrenzung Rn. 114, 107.
[302] So *BVerwGE* 85, 251 = NVwZ 1991, 66.
[303] § 35 Rn. 144; OVG Münster DVBl 1992, 377.
[304] § 24 Rn. 53; zum Aufbau eines VA § 37 Rn. 95; § 39 Rn. 39; *Clausen* in Knack Rn. 32 vor § 9.
[305] *Pietzner/Ronellenfitsch* § 29 Rn. 1; s. § 358 AO; arg. aus § 72 VwGO.

§ 9 Begriff des Verwaltungsverfahrens

Maßgebender **Zeitpunkt** für die **Feststellung des Sachverhaltes** und seine **rechtliche** 137
Beurteilung über die Zulässigkeit und Begründetheit ist in der Regel der Zeitpunkt der **Entscheidung der Behörde**,[306] so dass z.b. bei der Antragstellung fehlende Voraussetzungen grundsätzlich (s. aber zur Frist § 32 Rn. 8 ff.) bis zu diesem Zeitpunkt nachgeholt werden können. Ändert sich z.B. zwischen Anhörung und Entscheidung die Beurteilungsgrundlage, muss deshalb die Anhörung wiederholt werden (§ 28 Rn. 37). Im Einzelfall kann für die Begründetheit nach dem jeweiligen Fachrecht auch eine frühere Sach- und Rechtslage maßgebend sein, z.B. Feststellung über einen früheren Rechtszustand.

c) **Sachentscheidungsvoraussetzungen** sind die Umstände, die vorliegen müssen, damit 138
eine Entscheidung der Behörde in der Sache ergehen kann.[307] Diese auf den **Erlass eines VA** abgestimmte Definition ist wegen der Begriffsbestimmung des § 9 auch auf den Abschluss eines **ör Vertr** zu übertragen.[308] Hierbei muss aber gesehen werden, dass sie in erster Linie als Zulässigkeitsvoraussetzung einer Behördenentscheidung (aus prozessrechtlichen Vorläufern) entwickelt worden ist. Auf den Abschluss eines ör Vertr passen diese Entscheidungsmuster nicht unmittelbar. Sie können nur insoweit Bedeutung gewinnen, als die Durchführung eines VwVf mit dem Ziel des Abschlusses eines ör Vertr bei Fehlen einer Sachentscheidungsvoraussetzung unzulässig wäre.

Liegen die Sachentscheidungsvoraussetzungen nicht vor, ist die von der Behörde angestrebte 139
oder verlangte materielle **Entscheidung** durch VA **unzulässig**.[309] Auch in diesen Fällen ist das VwVf nicht eo ipso beendet: Die Behörde muss im Antragsverfahren durch VA die Entscheidung als unzulässig treffen (s. § 22 Rn. 62, § 24 Rn. 71 ff.). Im Offizialverfahren kann das VwVf eingestellt (Rn. 198) oder durch VA, der die Unzulässigkeit ausspricht, beendet werden. Vor der Beendigung erhält der Beteiligte Akteneinsicht und behält sein Recht auf § 28.

Von der einzelnen Sachentscheidungsvoraussetzung ist abhängig, ob und bis **zu welchem** 140
Zeitpunkt sie geheilt werden kann (s. z.B. § 45 Abs. 1 Nr. 1). Hat die Behörde trotz fehlender Sachentscheidungsvoraussetzung in der Sache durch VA entschieden, sind die Rechtsfolgen für den VA von der Bedeutung der jeweiligen Voraussetzung abhängig, s. z.B. für Antrag § 35 Rn. 239, für Zuständigkeit § 44 Rn. 160 ff. Die Rechtsfolgen für den ör Vertr bestimmen sich nach § 59, wenn der Vertr abgeschlossen worden ist. Lehnt die Behörde den Abschluss eines Vertr ab, weil eine Sachentscheidungsvoraussetzung nicht vorliegt, ist diese Entscheidung kein VA.[310]

Ausgehend von der im Prozessrecht üblichen, aber nicht völlig unumstrittenen **Reihen-** 141
folge[311] ist folgende, den Normalfall erfassende Aufteilung gebräuchlich, ohne dass im Verfahren nach § 10 die Prüfung der einzelnen, nur im konkreten Fall relevanten Voraussetzungen dieser Reihenfolge gemäß erwartet werden kann (Rn. 135 f., zur Begründung s. § 39 Rn. 45).

(1) **Deutsche Hoheitsgewalt**.[312] Die **Immunität** wirkt sich bei der Eingriffsverwaltung, 142
nicht aber bei der Leistungsverwaltung aus.[313]

(2) **Öffentlich-rechtliche Verwaltungstätigkeit** i.S.d. § 1 (§ 1 Rn. 83 ff.; 137 ff.)

(3) **Zuständigkeit**[314] sachliche, örtliche (§ 3), funktionelle (§ 44 Rn. 160 ff., 169; § 24 Rn. 86); Sachentscheidungskompetenz (Rn. 146 ff.)

(4) **Beteiligtenfähigkeit** (§ 11)

---

[306] S. § 44 Rn. 16 ff.
[307] *Laubinger*, FS Ule, S. 161, 166.
[308] *Riedl* in Obermayer Rn. 61 vor § 9.
[309] *Laubinger*, FS Ule, S. 161, 174 ff.
[310] § 54 Rn. 36; § 22 Rn. 59.
[311] S. z.B. *Redeker/von Oertzen* § 109 Rn. 3; für das Vorverfahren: § 79 Rn. 18; *Pietzner/Ronellenfitsch* § 29 Rn. 3; für das VwVf *Riedl* in Obermayer Rn. 61 ff. vor § 9; für das Antragsverfahren *Schnell*, S. 24.
[312] Kein deutsches Genehmigungsverfahren für ausländischen Flughafen, *VGH München* UPR 1983, 270; s. aber Rechte eines Ausländers gegen deutsche Atomgenehmigung *BVerwGE* 75, 285 = NJW 1987, 1154; keine Ladung an ausländische Hoheitsträger, um als Zeuge über seine hoheitliche Tätigkeit gehört zu werden (*BVerwG* NJW 1989, 678; Rn. 44; für Beweisaufnahme im Ausland § 26 Rn. 18; § 24 Rn. 47), Telefonüberwachung von Konsularbeamten (*BGHSt* 36, 396 = NJW 1990, 1799); kein deutsches VwVf wegen Antenne auf ausländischer Botschaft, *VG Köln* 21. 5. 1985 – 13 K 4063/83; für Prozesshandlungen s. *Mann* NJW 1990, 618.
[313] *OVG Münster* NJW 1992, 2043.
[314] *BVerwG* NJW 1987, 2179.

(5) Handlungsfähigkeit (§ 12, dazu insbesondere *Laubinger,* FS Ule, S. 161 ff., für Antrag ferner § 35 Rn. 236)
(6) Vertretungsmacht (§§ 14, 16 ff.)
(7) Frist (z. B. § 48 Abs. 4)
(8) Im **Antragsverfahren** (s. § 22 Rn. 24, 55 ff.; s. ferner § 24 Rn. 74). Ferner: **a) Antragsfrist** (§ 31 Rn. 9 f.; § 32 Abs. 2, § 51 Abs. 3), ggf. Wiedereinsetzung (§ 32); **b)** Vorliegen eines **formgerechten Antrags** (§ 24 Rn. 88 ff.; § 22 Rn. 30 ff.), **c) Antragsbefugnis** (§ 42 Abs. 2 VwGO analog, § 22 Rn. 63); **d) Antrags-(Sachentscheidungs-)interesse** (Rn. 153).

143 **d) Verfahrenshandlungsvoraussetzungen** sind die Umstände, die vorliegen müssen, damit eine einzelne Verfahrenshandlung (Rn. 122 ff.) zulässigerweise vorgenommen werden kann.[315] Sie sind nur insoweit zu überprüfen, wie der konkrete Fall Anlass dazu gibt. Sie können zugleich Sachentscheidungsvoraussetzungen sein und teilen insoweit ihre Rechtsfolgen (Rn. 139).

144 Welche **Rechtsfolgen** im übrigen bei ihrem Fehlen eintreten, ist noch nicht abschließend untersucht. Die übliche Unterteilung, dass in diesem Fall die einzelne, von der Behörde vorgenommene Verfahrenshandlung **unzulässig** ist, soweit sie aber von einem Beteiligten vorgenommen wird, **unwirksam** in dem Sinne ist, dass aus ihr keine Rechtsfolgen entstehen können, trifft für viele Entscheidungsvarianten zu, erfasst aber nicht alle Fälle. Wie *Laubinger*[316] anhand fehlender Handlungsfähigkeit aufgezeigt hat, kann bei ihrem Fehlen zum einen die Verfahrenshandlung einer Behörde auch unwirksam sein, z. B. die Anhörung eines Handlungsunfähigen, zum anderen kann die Verfahrenshandlung eines Beteiligten unzulässig sein, z. B. ist der Antrag eines handlungsunfähigen Beteiligten unzulässig; er ist aber insoweit wirksam, als er ein VwVf in Gang setzt. Die Behörde muss diesen Antrag durch VA als unzulässig abweisen (s. Rn. 139).

145 Neben den Voraussetzungen, die für alle Verfahrenshandlungen im VwVf genannt sind, z. B. die Beteiligten- und Handlungsfähigkeit, sind bei einzelnen Verfahrenshandlungen besondere Voraussetzungen genannt: z. B. in §§ 32 Abs. 2; 13 Abs. 2.

146 **e)** Die **Sach-(entscheidungs-)kompetenz** (Regelungskompetenz) ist der Gegenstand, auf den sich die sachliche Zuständigkeit erstreckt, wiewohl häufig auch beide Begriffe synonym verwandt werden.[317] Die **Sachkompetenz** folgt mithin der gesetzlichen **Zuständigkeitsordnung.** Sie ist bereits bei der Einleitung und im Verlauf des VwVf zu beachten, um eine mögliche Überschneidung der Regelungsinhalte der VA zu vermeiden. Bei einer Konkurrenz der Sachkompetenzen (Rn. 147 ff., 142) stellt sich mithin die Frage nach dem Umfang der Prüfungspflicht innerhalb des VwVf und nach dem Inhalt der einzelnen Genehmigung (§ 43 Rn. 57 ff.).

147 Eine **Konkurrenz der Sachkompetenz** kann auftreten, wenn bei bestimmten Anlagen mehrere Genehmigungen erforderlich werden, so dass auch eine **Konkurrenz verschiedener Genehmigungen** entstehen kann.[318] Zu Konsequenzen für das Eilverfahren nach § 80 VwGO BVerwGE 80, 16 = NVwZ 1988, 1022. Ein besonderes Konkurrenzproblem sieht BVerfGE 81, 310 = NVwZ 1990, 955 im Bereich der Bundesauftragsverwaltung (§ 1 Rn. 69; § 35 Rn. 177), indem es zwischen der **Wahrnehmungskompetenz** des Landes und der Sachkompetenz unterscheidet, die der Bund ggfs. an sich ziehen kann. Auch – zulässiges – informelles Handeln (Rn. 172 ff., 184) des Bundes findet seine Grenze an der Wahrnehmungskompetenz, die nicht durch Selbsteintritt verdrängt werden darf.[319]

148 Soweit der Gesetzgeber durch eine **Konzentration des Verfahrens** selbst wie in Planfeststellungsverfahren (§ 75) oder in immissionsschutzrechtlichen Verfahren (§ 13 BImSchG) durch eine einheitliche Entscheidung mehrere materielle Regelungen ermöglicht, ist die Sachkompe-

---

[315] *Laubinger,* FS Ule, S. 161, 167.
[316] FS Ule, S. 161, 174 ff.
[317] *Wolff/Bachof/Stober* 3 § 84 Rn. 6; *Wendt* NVwBl 1987, 33, 36.
[318] § 43 Rn. 68 m. w. N.; Dokumentation 8. Dt. Verwaltungsrichtertag 1986, S. 136 ff.; Berichte dazu *Klein-Kleiner* NJW 1986, 2814; NVwZ 1986, 903; *Mühl-Jäckel* DVBl 1986, 607; Referat *Gaentzsch* NJW 1986, 2787; *ders.* NuR 1986, 89; *Upmeier* NuR 1986, 309; *Sander* NuR 1986, 317; Nachweise der Rechtsprechung BVerwGE 82, 61 = NVwZ 1989, 1163, Vorinstanz OVG Münster DVBl 1988, 155, dazu *Schmidt-Preuß* DVBl 1991, 229; Rn. 152.
[319] BVerfGE 104, 249 = NVwZ 2002, 585, 586 f.; hierzu *Klüppel* Jura 2003, 262; *Betghe* Jura 2003, 327; *Shirvani* BayVBl 2005, 164.

§ 9 Begriff des Verwaltungsverfahrens   149–152 § 9

tenz festgelegt.[320] Ein (nichtförmliches) Verfahren muss mangels Sachkompetenz beendet werden (Rn. 199), wenn sich im Lauf des VwVf herausstellt, dass ein besonderes VwVf von einer anderen Behörde durchzuführen ist.[321] Denkbar sind aber auch gesetzliche Gestaltungen, wonach das **besondere Verfahren** keine **verdrängende Wirkung** ausübt, sondern das Ergebnis dieses Verfahrens (nur) in die spätere Entscheidung eines anderen Verfahrens materiell aufgenommen wird. Hierzu zählt das sog. **Huckepackverfahren,** in dem ein besonderer materieller Prüfungsrahmen auf ein einem anderen Prüfungsrahmen dienendes Genehmigungsverfahren aufgesattelt wird, z. B. § 18 BNatSchG.[322] Zu einer verfahrensrechtlichen Konzentration durch interne Beteiligungsverfahren s. Rn. 127; § 35 Rn. 167, 169 ff. Die Umweltverträglichkeitsprüfung soll, soweit erforderlich, für mehrere Verfahren gemeinsam durchgeführt werden (§ 14 UVPG; Rn. 127).

Fehlt die verfahrensrechtliche **Konzentrationswirkung** durch Gesetz, behilft sich die 149 Rechtsprechung wie folgt: In der Regel schließt es die gebotene Bestimmtheit der gesetzlichen Zuständigkeitsregeln aus, dass mehrere Behörden zur verbindlichen Regelung (i. S. d. § 35) der gleichen Frage befugt sind;[323] z. B. Genehmigung des Linienverkehrs (§ 13 PBefG) und Entscheidungen der Straßenverkehrsbehörde gemäß § 45 Abs. 1 S. 2 StVO.[324] Entscheidungsbefugt ist die Behörde, zu deren **originärer Zuständigkeit** der Regelungsgegenstand den stärkeren Bezug hat; sie führt das VwVf durch. Eine Prüfungspflicht der Voraussetzungen der Parallelgenehmigungen besteht nicht **(Separationsmodell).**[325] Das *BVerwG* geht sogar auf der Grundlage einer Einheit der Verwaltung soweit, einer zu Lasten einer anderen Behörde angenommenen Entscheidungskompetenz keine Rechtsfehlerfolge für die stattgebende Genehmigungsentscheidung zuzurechnen.[326] Insoweit dürfte es sich um eine Prüfung einer Vorfrage handeln (Rn. 150). Rechtsfehler dagegen, wenn zu Unrecht die fehlende Sachkompetenz angenommen worden ist und deshalb der Genehmigungsantrag abgelehnt wurde. Stehen zwei Entscheidungen in sachlicher Konkurrenz in dem Sinne, dass sie voneinander abhängig sind, stellt sich für das zuerst begonnene Verfahren die Frage nach dem Sachentscheidungsinteresse (Rn. 153 ff.) und der Aussetzung (Rn. 203).

Keine Frage der Konkurrenz unterschiedlicher Genehmigungen ist es, wenn die gleichen 150 **Vorfragen** Prüfungsvoraussetzung für unterschiedliche Behörden sind. Insoweit tritt durch die Entscheidung der einen Behörde für die andere keine rechtliche Bindungswirkung ein. Diese Prüfung wird **Teil der Begründung** des VAs, nicht der Regelung durch den VA.[327] Eine faktische Indizwirkung der vorentschiedenen Frage tritt aber häufig für andere Verfahren ein.

Die Sachentscheidungskompetenz weist auf den Umfang der **Bindungswirkung** des VA hin. 151 Allerdings nur in dem Sinne eines Hinweises für die **Auslegung** des VA, nicht in dem Sinne einer rechtlichen Grenzbestimmung der Bindungswirkung.[328] S. zur Bindungswirkung § 43 Rn. 56 ff., 73 f.

Beispiele: Verhältnis bergrechtlicher Betriebsplan-Baugenehmigung;[329] Fachplanung gem. 152 § 38 BauGB – bauaufsichtliches Verfahren gem. § 29 BauGB;[330] atomrechtliche Genehmigung – wasserrechtliche Erlaubnis,[331] atomrechtliche Genehmigung – Baugenehmigung;[332] luftver-

---

[320] S. dazu und zum Unterschied der verfahrensrechtlichen Konzentrationswirkung zu einer vom Gesetzgeber ausdrücklich zu bestimmenden materiellrechtlichen Konzentrationswirkung *Gaentzsch* NJW 1986, 2787, 2789; *Laubinger* VerwArch 78 (1987), 77; zu Auswirkungen auf interne Beteiligungsrechte anderer Behörden *Uechtritz* DVBl 1991, 466; so wohl auch *BVerwGE* 85, 251 = NVwZ 1991, 66.
[321] Vgl. *BVerwGE* 85, 251 = NVwZ 1991, 66.
[322] Dazu (§ 8 BNatSchG a. F.) *Kuschnerus* NVwZ 1996, 235 m. w. N.
[323] *Wendt* NWVBl 1987, 33, 36 m. w. N.
[324] *BVerwG* NJW 1990, 930.
[325] So wohl *BVerwGE* 82, 61, 71, dazu *Schmidt-Preuß* DVBl 1991, 229, 236; weiter noch *BVerwGE* 74, 315, 324 = NJW 1987, 1713 = DVBl 1986, 1273 m. Anm. *Seibert* DVBl 1986, 1277; *BVerwG* NJW 1980, 1406; *Gaentzsch* NJW 1986, 2792.
[326] *BVerwGE* 85, 251 = NVwZ 1991, 66.
[327] § 35 Rn. 144, § 43 Rn. 79 ff.; *BVerwGE* 72, 300, 330 = NVwZ 1986, 208; NVwZ 1988, 535; 82, 61; 85, 251 = NVwZ 1991, 66; s. auch Rn. 147; ferner *Seibert* DVBl 1986, 1277, 1279; *Gaentzsch* NJW 1986, 2787, 2790; *Heine* NJW 1990, 2425, 2432 f.; s. auch Rn. 149.
[328] § 35 Rn. 71; a. A. wohl *Krause* GewArch 1980, 41, 46.
[329] *BVerwGE* 74, 315 = NJW 1987, 1713; *Gaentzsch,* FS Sendler, S. 403 ff.
[330] *BVerwGE* 81, 111 = NVwZ 1989, 655.
[331] *BVerwG* NJW 1980, 1406; *BVerwGE* 72, 300 = NVwZ 1986, 208.
[332] *BVerwGE* 82, 61 = NVwZ 1989, 1163; dazu Rn. 147.

kehrsrechtliches Verfahren und Baugenehmigung;[333] immissionsschutzrechtliche Genehmigung – wasserrechtliche Gestattung,[334] abfallrechtliche Genehmigung – wasserrechtliche Erlaubnis;[335] Naturschutzrecht – Abfallrecht;[336] wasserrechtliches Planfeststellungsverfahren – Baugenehmigung;[337] wasserrechtliche – luftrechtliche Erlaubnis;[338] Baugenehmigung – Gaststättenerlaubnis;[339] Baugenehmigung – Denkmalschutz;[340] Baugenehmigung – landschaftsschutzrechtliche Genehmigung;[341] Baugenehmigung – Festsetzung einer Bushaltestelle;[342] Baugenehmigung – Zweckentfremdungsgenehmigung[343] zum Verhältnis Baugenehmigung zu anderen Genehmigungen GrS VGHE München 46, 47 = NVwZ 1994, 304, Ablehnung der sog. **Schlusspunkttheorie;**[344] ferner § 43 Rn. 66 ff.

153 Dem **Sachentscheidungsinteresse** im VwVf entspricht das Rechtsschutzinteresse im Verwaltungsprozess.[345] Der Bürger muss ein **rechtliches oder wirtschaftliches Interesse** an der Entscheidung der Behörde haben. Fehlt es, wird die Entscheidung unzulässig (Rn. 139). Fehlendes Sachentscheidungsinteresse rechtfertigt jedoch nicht, die Entgegennahme von Erklärungen und Anträgen zu verweigern, § 24 Abs. 3.[346] Das Interesse kann aus vielerlei Gründen fehlen:

154 Es muss die Möglichkeit bestehen, die erstrebte Genehmigung oder Erlaubnis auszunutzen. Diese fehlt, wenn ihr schlechthin **nicht auszuräumende Hindernisse** entgegenstehen,[347] z.B.:

155 – bei **mangelnder Befugnis** zu der Tätigkeit, für die die Erlaubnis begehrt wird. Beispiele: Versagung der erforderlichen Zustimmung des Eigentümers;[348] Antrag des Nachbarn auf Ausnahme von Baumschutzverordnung, wenn der Eigentümer die Beseitigung der Störung verweigert;[349] keine privatnützige wasserrechtliche Planfeststellung bei entgegenstehendem Eigentum;[350] keine Baugenehmigung, deren Verwirklichung offensichtlich private Rechte Dritter entgegenstehen.[351] Die fehlende Befugnis muss zivil- oder verwaltungsrechtlich rechts-

---

[333] BVerwGE 85, 251 = NVwZ 1991, 66; dazu Rn. 148 ff.
[334] BVerwG DVBl 1990, 57.
[335] OVG Münster NVwZ 1988, 179, 181.
[336] VGH Kassel NVwZ-RR 1996, 383, anders NVwZ 1996, 317 m. w. N.
[337] VGH München MDR 1988, 86; VGHE 46, 47 = NVwZ 1994, 304; Uechtritz NVwZ 1988, 316.
[338] VGH Mannheim NVwZ 1991, 623.
[339] BVerwGE 80, 259 = NVwZ 1989, 258; NVwZ 1992, 569; OVG Bremen NVwZ-RR 1994, 80; – bei abgelehnter Baugenehmigung BVerwGE 84, 11 = NVwZ 1990, 559; VGH München NVwZ 1987, 429; GewArch 1988, 128; OVG Lüneburg GewArch 1988, 273; ferner Ortloff NVwZ 1987, 373, 378.
[340] OVG Münster NVwZ 1987, 430.
[341] VGH Kassel NuR 1990, 81; VGH München NuR 1992, 277.
[342] VGH Mannheim NVwZ-RR 1990, 59, 60.
[343] BVerwG DVBl 1997, 433.
[344] Ebenso jetzt VGH Mannheim DVBl 1996, 686 m. Anm. Selmer JuS 1996, 943; OVG Greifswald LKV 1998, 460. Entsprechend der Entscheidung des VGH München bezieht sich nun nach Art. 79 Abs. 1 BayBO die Feststellung der Vereinbarkeit des Vorhabens mit ör Vorschriften nur auf solche, die im bauaufsichtlichen Genehmigungsverfahren zu prüfen sind. Damit wird es Aufgabe des Bauherrn, vor Baubeginn herauszufinden, welche weiteren Genehmigungen einzuholen sind; s. hierzu Erbguth/Stollmann JZ 1995, 1141, 1146. Zu ähnlichen Problemen beim genehmigungsfreien Bauen vgl. Rn. 89; § 35 Rn. 34 ff. Nach BVerwGE 99, 351 = NVwZ 1996, 377 m. Anm. Selmer JuS 1996, 467 (vorhergehend OVG Bautzen LKV 1995, 405, 406), Sache des Landesrechts, welchen Einfluss das Fehlen einer sanierungsrechtlichen Genehmigung auf die Erteilung der Baugenehmigung hat. Zusammenfassend Ortloff NVwZ 1997, 333, 338; Löffelbein, Genehmigungsfreies Bauen und Nachbarrechtsschutz, 2000, S. 26 f. S. ferner OVG Münster DÖV 2004, 302. Gegen die Festschreibung der Schlusspunkttheorie durch § 71 Abs. 5 BbgBauO Lässig LKV 1998, 339; hierzu auch Ortloff NVwZ 2003, 1218; Jäde ThürVBl 2004, 197, 198. Kritisch zur Konzentrationswirkung der Baugenehmigung und § 62 HBauO Koch NordÖR 2006, 56, 57; eher zustimmend Wickel/Bieback NordÖR 2006, 45, 48.
[345] BVerwGE 75, 304 = NVwZ 1987, 505; Foerster, Fehlendes Sachbescheidungsinteresse im VwVf, NuR 1985, 58; Wittreck, Das Sachbescheidungsinteresse im VwVf, BayVBl 2004, 193.
[346] § 24 Rn. 71 ff. Dieser allgemeine Verwaltungsgrundsatz gilt auch außerhalb des Anwendungsbereichs des VwVfG. So ist der Standesbeamte nicht befugt, die Beglaubigung oder Beurkundung von Erklärungen zur Namensführung davon abhängig zu machen, dass die Erklärungen der materiellen Rechtslage entsprechen, OLG Rostock StAZ 1996, 367.
[347] BVerwGE 48, 242, 247; 84, 11 = DVBl 1990, 206; NVwZ 1994, 482.
[348] BVerwG NVwZ-RR 1994, 381.
[349] Uerpmann NuR 1994, 386, 388. Vgl. auch BGHZ 120, 239, 248 = NJW 1993, 925 m. Anm. K. Schmidt JuS 1993, 691; danach soll der Eigentümer auf Antrag des Nachbarn im Zivilprozess zur Stellung eines Ausnahmeantrags verurteilt werden können.
[350] OVGE Münster 43, 117 = UPR 1994, 105.
[351] BVerwG NVwZ 1994, 482; VGH Mannheim VBlBW 1995, 318.

oder bestandskräftig festgestellt[352] oder zumindest offensichtlich sein. Eine qualifizierte Anwartschaft auf einen erforderlichen Eigentumserwerb kann demgegenüber ausreichen.[353] Bei erheblichen Zweifeln steht die Zurückweisung des Antrages im Ermessen der Behörde;[354]

– wenn ihrer Ausnutzung **tatsächliche Gründe** entgegenstehen, z. B. mangelnde Erschließungsmöglichkeit bei Bodenverkehrsgenehmigung[355] oder bei Bebauungsgenehmigung;[356] keine Eintragung als Bauland, wenn nicht ausgenutzt werden kann.[357] Ein von eingereichten Bauvorlagen während des VwVf ohne Genehmigung erheblich abweichend verwirklichtes Bauvorhaben beseitigt die Genehmigungsfähigkeit des ursprünglichen Bauantrags, da in den Bauvorlagen das tatsächlich vorhandene Gebäude als Bestand darzustellen ist;[358] 156

– wenn eine weiterhin benötigte Genehmigung **rechtskräftig oder bestandskräftig** versagt worden ist. Zu prüfen ist jedoch, ob die Bindungswirkung der Ablehnung nicht mehr auszuräumen ist.[359] Gleichgesetzt wird der bestandskräftigen Ablehnung der Fall der evidenten Genehmigungsunfähigkeit[360] oder die Feststellung, dass zwingende Gründe der Genehmigung entgegenstehen;[361] 157

– wenn **vorrangig eine andere Genehmigung erforderlich,** aber noch nicht erteilt worden ist;[362] z. B. Befreiung vom Bauverbot einer LandschaftsschutzVO vor Erteilung einer Baugenehmigung;[363] wasserrechtliche Erlaubnis – Baugenehmigung;[364] allgemein Genehmigungen *GrS VGHE München* 46, 47 = NVwZ 1994, 304; atomrechtliche Genehmigung, wasserrechtliche Genehmigung, Baugenehmigung.[365] Allerdings sind insoweit Entscheidungen unter der Bedingung der noch zu erteilenden zweiten Genehmigung oder unter einem entsprechenden Widerrufsvorbehalt denkbar;[366] bei Voranfragen kann die Vorfrage ausgeklammert werden,[367] im Übrigen ist eine Aussetzung des Verfahrens in Betracht zu ziehen (Rn. 203); 158

– wenn der erstrebte Erfolg nicht auf anderem Weg **einfacher zu erreichen** ist. Dies bestimmt sich nach dem jeweiligen Fachrecht: Ausländerrechtliche Aufenthaltsmöglichkeit ersetzt nicht Asylanerkennung,[368] wohl aber nach *BVerwGE* 74, 342 = NVwZ 1987, 417 m. w. N. eine Wehrdienstausnahme die Anerkennung als Kriegsdienstverweigerer. Ein Gerichtsverfahren ist nicht von vornherein das „bessere" Verfahren, das das VwVf verdrängt;[369] 159

– bei **missbräuchlicher Inanspruchnahme** des VwVf. Ob das Interesse eines Asylbewerbers an einer Sachentscheidung über seinen Asylantrag allein wegen der Weigerung, seinen Aufenthaltsort zu benennen, zu verneinen ist,[370] erscheint sehr fraglich. Insoweit liegt, vorbehaltlich fachgesetzlicher besonderer Pflichten wie §§ 15, 22, 24 AsylVfG, lediglich ein Verstoß gegen eine Mitwirkungslast vor (§ 26 Rn. 45 ff.). Missbrauch einer Eigentümerstellung liegt vor, wenn der Eigentumserwerb nur dazu dienen soll, die formalen Voraussetzungen für dem Eigentümer vorbehaltene Rechtsausübung zu schaffen, nicht aber um die mit dem Eigentum verbundene Gebrauchsmöglichkeit zu nutzen.[371] 160

---

[352] Vgl. *BVerwGE* 42, 115 = NJW 1973, 1518; 61, 128 = NJW 1981, 2426; DÖV 1990, 934, 935; *VGH München* NVwZ-RR 1991, 600.
[353] Vgl. *VGH München* NVwZ-RR 2002, 260, 262.
[354] So *VGH Mannheim* NVwZ-RR 1991, 600; *Preschel* DÖV 1998, 45, 47.
[355] *BVerwG* NJW 1982, 1060.
[356] *BVerwGE* 61, 128 = NJW 1981, 2426.
[357] *BVerwG* NVwZ 1995, 377.
[358] *OVG Münster* BRS 58 (1996) Nr. 132.
[359] *BVerwGE* 84, 11 = DVBl 1990, 206; *Wittreck* BayVBl 2004, 193, 196 f.; s. auch § 43 Rn. 60.
[360] *Schmidt-Preuß* DVBl 1991, 229, 237 m. w. N.
[361] *OVG Koblenz* NuR 1991, 189.
[362] Rn. 147 ff.; *Gaentzsch* NJW 1986, 2787, 2793.
[363] *BVerwG* BauR 1985, 544.
[364] *VGH München* BayVBl 1984, 566, 567.
[365] Beispiele Rn. 152; s. aber zu bad.württ. Baurecht und städtebauförderungsrechtl. Genehmigung *VGH Mannheim* NVwZ-RR 1991, 284.
[366] Vgl. *BVerwGE* 74, 315 = NJW 1987, 1713; 81, 111 = UPR 1989, 264, 267 = NVwZ 1989, 655; § 36 Rn. 78 ff.; § 35 Rn. 248 f.
[367] *VGH Kassel* NuR 1992, 283.
[368] *BVerwGE* 75, 304 = NVwZ 1987, 505.
[369] Rn. 63 f., 67 f.; vgl. *BSG* NJW 1991, 2101, 2102; Rn. 169 f.
[370] So *VGH Kassel* NVwZ 1987, 626.
[371] *BVerwGE* 112, 135 = NVwZ 2001, 427 für Überlassungsvertrag bzgl. eines „Sperrgrundstücks" an einen Naturschutzverband mit unentgeltlichem Nießbrauchsrecht zugunsten des Veräußerers.

161 f) Unter **Vorbereitung** sind die gesamten tatsächlichen und rechtlichen Handlungen der Behörde **innerhalb eines VwVf** zu verstehen, die der von der Behörde zu treffenden Entscheidung vorausgehen. Sie sind geeignet, das VwVf zu fördern, schließen es aber nicht ab; sie sind schlichtes Verwaltungshandeln.[372] Die Vorbereitung umfasst die eigens in § 9 ausgesprochene Prüfung der Voraussetzungen (Rn. 132 ff.). Da nur die Verwaltungstätigkeit gemeint ist, die nach Beginn des VwVf vorgenommen wird (Rn. 105, 113 ff.), gehören nicht zur Vorbereitung verwaltungsinterne Vorbereitungshandlungen **in Erwartung eines VwVf** (z.B. technische Vorbereitungen für ein in Zukunft erwartetes Massenverfahren, s. ferner Rn. 120); allerdings sind Nebenpflichten vor Beginn des VwVf nicht ausgeschlossen (Rn. 30).

162 g) Die Frage, ob die Behörde überhaupt den Weg eines VwVf gehen oder **verwaltungsprivatrechtlich** handeln will, entscheidet sie nach h. M. im Rahmen der Leistungsverwaltung nach ihrem Ermessen (§ 1 Rn. 102, 116), sofern das Fachrecht nichts anderes vorschreibt. Im Rahmen der Eingriffsverwaltung besteht dieses **Wahlrecht** nicht.[373] Steht der Behörde nach dem materiellen Recht das Wahlrecht zu, bestimmt sie, ob sie einen VA, einen ör Vertr oder einen privatrechtlichen Vertr anstrebt (s. auch Rn. 167). Das Ziel eines privatrechtlichen Vertr könnte nicht mit einem VwVf i. S. d. § 9 erreicht werden (Rn. 86). Von einem VwVf kann auch nicht **hilfsweise** für den Fall gesprochen werden, dass der privatrechtliche Weg scheitert. In diesem Fall ist die Durchführung des VwVf noch im Stadium der Vorbereitung (Rn. 161). Ein Wechsel der Zielrichtung im Verlauf des VwVf ist dagegen möglich und zulässig (Rn. 103, 168). Das VwVf i. S. d. § 9 endet, wenn statt der ör Lösung ein verwaltungsprivatrechtlicher Vertr geschlossen werden soll (Rn. 199; § 1 Rn. 116).

163 **Welches VwVf** (Rn. 94 ff.) durchzuführen ist und **wie** es im Einzelnen **ausgestaltet** wird, bestimmt sich zunächst nach den jeweiligen vorrangigen Gesetzen. Bietet das **Fachrecht** unterschiedliche Verfahrensarten an (Anzeige- oder Genehmigungsverfahren, Planfeststellungs- oder vereinfachtes Planverfahren), gehen auch für die Auswahl die Grundsätze des Fachrechts vor (vgl. auch Rn. 146 ff.).[374]

164 Dann folgen die **allgemeinen Grundsätze** (s. Rn. 46 ff.), z. B. der Grundsatz der Verfahrensklarheit (Rn. 57) oder die Pflicht, durch zusätzliche Verfahrensanforderungen oder ein Planfeststellungsverfahren materielle und formelle Rechte eines Dritten zu gewährleisten.[375] Im übrigen richtet sich die Auswahl nach der **Zweckmäßigkeit**, wie sie verfahrensrechtlich § 10 vermittelt (§ 10 Rn. 17).

165 Ein **Anspruch** auf Durchführung eines bestimmten VwVf besteht nur, wenn das VwVf auch dem subjektiv-öffentlichen Recht dient und nicht nur im Allgemeininteresse begründet ist.[376] Es besteht kein Anspruch auf eine bestimmte Verfahrensgestaltung nach §§ 9, 10.[377] Ob im Rahmen der Eingriffsverwaltung der Betroffene verfahrensrechtlich aus Art. 3 GG geltend machen kann, dass gegen ihn kein Verfahren eröffnet wird, bevor nicht auch gegen andere Betroffene eingeschritten wird, ist umstritten, s. § 10 Rn. 18. Nach vorstehenden Grundsätzen ebenso,

---

[372] BFHE 146, 99 = NVwZ 1987, 174.

[373] Auch im Verhältnis öffentlicher Träger untereinander ist ggfs. das Erfordernis einer VA-Befugnis zu beachten; vgl. *VGH München* BayVBl 2005, 183.

[374] Zur Übertragung der Planfeststellungsbefugnis und Durchführung des Anhörungsverfahrens nach § 36 BBahnG a. F. (jetzt § 18 AEG) *BVerwG* NVwZ 1991, 781; zur Auswahl z. B. zwischen Fachplanung und Bauleitplanung *Paetow* UPR 1990, 321; bei Straßenplanung zwischen Bebauungsplan und Planfeststellungsverfahren s. *BVerwGE* 38, 152 = NJW 1971, 1627; 94, 100 = NVwZ 1994, 275; *OVG Münster* NVwZ-RR 1990, 234; *VGH Kassel* NuR 1990, 468; *Fickert* BauR 1988, 678; für Wasserflächen zwischen Bebauungsplan und Planfeststellung *OVG Münster* NuR 1991, 341; *VGH München* ZfW 1991, 33; zwischen Abfallrecht und Immissionsschutzrecht *Blankenagel/Bohl* DÖV 1993, 585; zur einfachen Ablehnung eines Planfeststellungsantrags *OVG Koblenz* NuR 1991, 189; zur Verletzung des Beteiligungsrechts von anerkannten Naturschutzverbänden nach § 29 Abs. 1 Satz 1 Nr. 4 BNatSchG a. F. (jetzt § 58 Abs. 1 Nr. 2, § 60 Abs. 2 Nr. 6 BNatSchG) bei zu Unrecht unterlassenem Planfeststellungsverfahren *OVG Lüneburg* NVwZ 1992, 903; *VGH Mannheim* DVBl 1993, 163; *OVG Magdeburg* NuR 1995, 476, 478. Hierzu auch Rn. 51; Einl Rn. 40; s. aber für Fälle zulässigen Verzichts auf Planfeststellungsverfahren *Schmitz/Wessendorf* NVwZ 1996, 955, 961. Ferner *BVerwGE* 87, 62 = NVwZ 1991, 162; aber *BVerwGE* 104, 367 = NVwZ 1998, 279 einschränkend für Fälle der Plangenehmigung und *BVerwGE* 102, 358 = NVwZ 1997, 905 im Hinblick auf ergänzende Verfahren nach § 17 Abs. 6 c S. 2 FStrG.

[375] *BVerfGE* 82, 209 = NJW 1990, 2306; *BVerwGE* 77, 134 = NVwZ 1987, 590, 591; 85, 251 = NVwZ 1991, 66; Rn. 21 ff., 26 ff.

[376] Zusammenfassend *BVerwG* NJW 1992, 256; *OVG Münster* NVwZ-RR 1989, 64; Rn. 29.

[377] *Hill* NVwZ 1985, 449, 452; § 10 Rn. 18.

wenn die Auswahl zwischen einem VwVf i. S. d. § 9 und **einer anderen Verwaltungstätigkeit** (Rechtsverordnung, Satzung, schlicht-hoheitliches Handeln) in Frage kommt. Daher ist grundsätzlich auch eine Auswahl zwischen dem Abschluss eines ör Vertr und dem Erlass einer RVO, z. B. im Naturschutzrecht, möglich.[378]

Keine Frage der Auswahl des VwVf auf der Vollzugsebene ist es, wenn sich der Gesetzgeber **166** für ein Verfahrensmodell entscheidet, das normalerweise einer anderen Handlungsform dient (z. B. gesetzliche Regelung einer Genehmigung und ihrer Aufhebung durch RVO gem. § 8 Gesetz über die Kontrolle von Kriegswaffen). Eine Frage verfassungsrechtlicher Überprüfung des Gesetzes ist es, ob die vom Gesetzgeber gewählte Form eines Gesetzes anstelle eines VwVf zulässig ist, insbesondere den Grundrechtsschutz durch Verfahren gewährleisten kann.[379]

Bei der grundsätzlichen Zulässigkeit der Auswahl zwischen einer Regelung durch **VA oder** **167** **ör Vertr** (§ 54 Rn. 10; § 1 Rn. 140 ff.) entscheidet die Behörde nach ihrem Ermessen, welche Handlungsform sie verwenden will (s. auch Rn. 162). Sie hat, wenn sie nicht auf Grund des Fachrechts durch VA entscheiden muss, ein Wahlrecht, ob sie sich auf ör Vertragsverhandlungen einlassen will oder auch ein Vertragsangebot nur zum Anlass nimmt, durch einen VA zu reagieren.[380] Das grundrechtlich geschützte Recht der privatrechtlichen Vertragsfreiheit auf Grund von Art. 2 GG[381] steht einer Behörde zur Erfüllung ör Verwaltungsaufgaben aber nicht zu.[382] Die Entscheidung, keinen ör Vertr abschließen zu wollen, ist kein VA (Rn. 140).

Auch bei einem **Wechsel der erstrebten Handlungsform** (Rn. 162, 167) im Lauf ei- **168** nes VwVf bleibt es **dasselbe VwVf** (Rn. 103), bei dem die Behörde als Herrin des Verfahrens grundsätzlich dieselben Verfahrensgrundsätze beachten muss (s. § 62 S. 1, § 63 Abs. 2, § 72 Abs. 1). Schon durchgeführte Verfahrenshandlungen sind auch für den weiteren Verlauf des Verfahrens beachtlich; sie brauchen nicht wiederholt zu werden. Waren sie rechtswidrig erfolgt und noch kausal für den endgültigen gewählten Abschluss des VwVf, richten sich ihre **Rechtsfolgen** nach den Regeln der Handlungsform, mit der das VwVf abgeschlossen worden ist, z. B. § 46 oder § 59. Bei Abschluss des VwVf muss die Handlungsform feststehen (Rn. 130).

In Betracht kommt auch die Auswahl zwischen VwVf und **Inanspruchnahme des Ge-** **169** **richts**. Allerdings besteht diese Möglichkeit nicht, wenn die Behörde auf Grund von Ermächtigungsgrundlagen **befugt** (§ 44 Rn. 55 ff., § 35 Rn. 25 ff.) ist, ihre Ansprüche durch VA geltend zu machen. Sie hat, dem Gewaltenteilungsgrundsatz folgend, in der Regel die **Pflicht zum Gesetzesvollzug** durch VA (Rn. 65). Erhebt sie dennoch eine Leistungsklage, würde ihr hierfür das Rechtschutzinteresse fehlen, es sei dann, es ist von Anfang an mit einer gerichtlichen Auseinandersetzung zu rechnen.[383] Dies gilt umso mehr bei einer **gesetzlichen Pflicht** zum Erlass eines VA.[384] Kein Wahlrecht zwischen Verwaltungszwang und gerichtlicher Vollstreckung besteht für die öffentliche Hand; ihr fehlt das Rechtschutzinteresse, wenn das Vollstreckungsziel auch durch Verwaltungszwang erreicht werden kann.[385] S. ferner Rn. 210.

Für den Bürger kann sich ebenfalls die Frage stellen, ob er einen **Anspruch gegen die Be-** **170** **hörde** durch einen Antrag auf Erlass eines gewährenden VA oder durch Leistungsklage verfolgen will. Sofern das VwVf mit dem Ziel eines VA nicht gesetzlich vorgeschrieben ist, hat der Bürger das Wahlrecht. Im Einzelfall entscheidet das Sachentscheidungsinteresse (Rn. 153 ff.) und das Rechtschutzinteresse, welches Verfahren den Vorrang verdient. Ist insbesondere zu erwarten, dass die Behörde die beantragte Leistung ablehnen wird, ist das Rechtschutzinteresse für die Klage gegeben. Sieht eine Verordnung für den Erstattungsanspruch zwischen gleichberechtigten Hoheitsträgern ausnahmsweise die Geltendmachung durch Leistungsbescheid vor, wird

---

[378] Vgl. *Di Fabio* DVBl 1990, 338, 340; *Gellermann/Middeke* NuR 1991, 457; § 35 Rn. 43.
[379] S. *Repkewitz* VerwArch 88 (1997), 137, 145; ferner zu Maßnahmegesetzen Rn. 95.
[380] *OVG Münster* 13. 11. 1986 – 3 A 1995/84; *Scherzberg* JuS 1992, 205, 208 f. m. w. N.
[381] *BVerfGE* 12, 341, 347 = NJW 1961, 1395; 70, 115, 123 = NJW 1986, 243; § 305 BGB.
[382] § 54 Rn. 11 f.; *Stober*, Rückzug des Staates im Wirtschaftsverwaltungsrecht, 1997, S. 60; *Henneke* DÖV 1997, 768, 776.
[383] Str.; s. *BVerwGE* 25, 280, 290 = NJW 1967, 946; 28, 155 = DVBl 1968, 641; 80, 164, 165 f.; *OVG Hamburg* DVBl 1989, 214; *VGH Mannheim* VBlBW 1995, 314, 315; *VG Minden* KStZ 1991, 58; als Voraussetzung einer ausländischen Vollstreckung *VG Schleswig* NJW 1991, 1129; *BSG* NJW 1991, 2101, 2102; NJW 1987, 1846.
[384] *BFHE* 147, 1 = NVwZ 1987, 87.
[385] *OVG Münster* 18. 12. 1992 – 11 E 1383/92.

hierdurch die grundsätzlich zulässige Form der Geltendmachung durch Leistungsklage nicht ausgeschlossen.[386]

171 Grundsätzlich ist – wenn es nicht sogar gesetzlich vorgeschrieben ist – ein **gestuftes VwVf** zulässig,[387] es sei denn, es ist gesetzlich untersagt.[388] Ob die Behörde diese Verfahrensweise bestimmt, richtet sich zunächst nach dem Antrag des Betroffenen, im Übrigen eröffnet es die Behörde nach ihrem Verfahrensermessen.

VI. Informelles Verfahren

172 Der Begriff informelles Verfahren – zuweilen auch informales Verfahren genannt[389] – hat sich eingebürgert für ein Verfahren, das zwar nicht regellos ist,[390] aber nicht den Regeln des VwVfG entspricht. Teilweise wird hier auch von kooperativen Verfahren gesprochen (Rn. 192). **Vor Beginn eines VwVf,** informelle Vorverhandlungen genannt, ist es geeignet, den späteren Verlauf des VwVf zu steuern (Rn. 175 ff.). Beschleunigung des Verfahrens, höhere Akzeptanz durch konsensuales Verhalten werden hierdurch erwartet. Auch **im Rahmen eines VwVf** kann es sich auf Grund zweckmäßiger Verfahrensgestaltung nach § 10 auswirken (Rn. 181). **Anstelle eines VwVf** i. S. d. § 9 wird es gewählt, um ein vergleichbares Ergebnis in der Sache zu erreichen, ohne sich den gesetzlichen Verfahrensregeln und Handlungsformen zu unterwerfen (Rn. 182). Das informelle Verfahren wird skizziert durch Begriffe wie agreements, Kooperation, Absprachen,[391] Verständigung, Beratung,[392] Überzeugungen, Duldungen,[393] Warnungen (§ 1 Rn. 109 f., 145 f.; auch § 9 Rn. 183; § 35 Rn. 8), die nur faktisches, noch kein rechtlich verbindliches Handeln bewirken sollen, obgleich die Grenze zur Zusicherung und zum ör Vertr auch überschritten werden kann (s. aber Rn. 180; § 38 Rn. 30; § 54 Rn. 40 f.). Bei aller begrifflichen Unschärfe war bisher in der Literatur stets die Tendenz „keine Flucht in informelles Verfahren, um rechtliche Bindungen zu umgehen" erkennbar.[394] Die **verstärkte Zuwendung zu informellen Verfahren** ist verknüpft sowohl mit dem Rückzug des Staates aus bisher wahrgenommenen Aufgabenfeldern[395] als auch der Verkleidung der Verwaltung mit dem angeblich zeitgemäßen Gewand eines Dienstleistungsbetriebs. Hierdurch soll – einschlägigem Idiom gemäß – eine stärker vom Design eines Dienstleistungsbetriebs geformte Organisation geschaffen werden, die wirtschaftliches mit kundenorientiertem Denken verbindet und ein neues – postbürokratisches – Zeitalter einläutet.[396] Bedenken begegnet diese Entwicklung weniger im Hinblick darauf, dass vielfach nur neue – unzutreffende – Etikettierungen erfolgen. Schwerwiegender ist, wenn als Ausdruck von Pragmatismus die Rechtmäßigkeit des Verwaltungshandelns zu einer bloßen von zahlreichen, teilweise mit anderen konfligierenden Zielvorstellung für komplexe Entscheidungen herabgestuft wird.[397] Der Druck auf die öffentliche Hand zu kooperativen Verfahren erschließt staatliches Handeln auch dem Einfluss von Wirtschaft und Gesellschaft und hebt die ökonomischen Freiheiten gegenüber den politischen hervor.[398] Die Begrenzung der

---

[386] *VGH München* BayVBl 1993, 374: Wahlrecht des Ausbildungsdienstherrn bei Anspruch auf Erstattung von Ausbildungskosten.
[387] Zum Begriff § 35 Rn. 169, 256; § 43 Rn. 75 ff.; § 9 Rn. 54; § 10 Rn. 5; *Gaentzsch* NJW 1986, 2787, 2789; zum atomrechtlichen Verfahren *BVerwGE* 72, 300 = NVwZ 1987, 208; 80, 207 = NVwZ 1989, 52; 92, 185, 191 f. = NVwZ 1993, 578; *Kutscheidt,* FS Sendler, S. 303; *Wieland* DVBl 1991, 618; *Gaentzsch,* FS Redeker, S. 405, 415 ff.; zum Freigabevorbehalt *Rumpel* NVwZ 1989, 1132, 1134; § 43 Rn. 172.
[388] Z. B. für Verhältnis Luftverkehrsgenehmigung – Baurecht *BVerwGE* 85, 251 = NVwZ 1991, 66.
[389] *Erichsen* in ders. § 32; ferner *Kippes,* Bargaining, 1995, S. 11 ff.; zur Begrifflichkeit *Kautz,* Absprachen im Verwaltungsrecht, 2002, S. 32 ff.
[390] *Hill* DÖV 1987, 885, 892.
[391] Zu „Umweltabsprachen" *Kind* ÖJZ 1998, 893.
[392] Außerhalb des VwVf, *Oebbecke* DVBl 1994, 147, 149 ff.; auch im VwVf, *Henneke* DÖV 1997, 768, 771, 773 f.
[393] § 35 Rn. 92.
[394] Vgl. *Erichsen* in ders. § 32 Rn. 3 f. m. w. N.
[395] Zur Privatisierung von Aufgaben § 1 Rn. 121 ff.; s. auch § 9 Rn. 21.
[396] Vgl. *Wallerath* VerwArch 88 (1997), 1, 8; *Penski* DÖV 1999, 85.
[397] Vgl. *Wagener* VVDStRL 41 (1983), 272, 273; differenzierend i. S. der Optimierung einer Interessenverarbeitung unter Beachtung rechtlicher Grenzziehungen *Hoffmann-Riem* AöR 119 (1994), 590, 599 ff., 623 ff.
[398] *Kirchhof* DVBl 1999, 637, 657.

Kooperationsteilnehmer im Einzelfall wirft Fragen nach der Wahrung von **Rechtsstaats- und Demokratieprinzip** auf.[399] Auch der durch leere öffentliche Kassen verstärkte **Reformdruck** sollte nicht Scheinlösungen hervorbringen, um dafür den schwer lösbar erscheinenden Problemen auszuweichen. Es führt indes kein Weg an der Erkenntnis vorbei, dass jede durchgreifende **Verbesserung der Verwaltungsleistungen** die dauerhafte **Bereitstellung qualifizierten Personals voraussetzt** und damit nicht gratis ist.[400]

Informelles Verwaltungshandeln hat durchaus **Vorzüge:** Fehlinvestitionen werden verhindert, Rechtsunsicherheit kann abgebaut werden, Rechtsstreitigkeiten werden vermieden, die Grundsätze der Verwaltungseffizienz (Rn. 76 ff.) verwirklicht. Bei komplexen Verfahren sind Absprachen auch vor Abschluss der Sachverhaltsermittlung (§§ 24, 26) möglich. Verhandeln ist dabei nicht eine Form ergebnisoffenen Diskurses; dieser wird vielmehr ziel- und ergebnisorientiert geführt.[401] Die Vorzüge sind zugleich die **Nachteile:** Verfahrensvorschriften werden entwertet, Drittpositionen gefährdet,[402] förmliche Genehmigungsverfahren können durch Vorverhandlungen ohne Bürgerbeteiligung zur Farce werden, staatliche Aufsicht und gerichtliche Kontrolle werden erschwert.[403] Selbst eine zügige Verwaltungstätigkeit kann verzögert werden.[404]

173

Das gegen die Fähigkeit der Verwaltung, zweckmäßig zu handeln, gehegte Misstrauen (§ 1 Rn. 121) sowie der Wechsel von der Kodifikation zur Augenblicks- und Stimmungsgesetzgebung[405] verstärken die Tendenz zur Formalisierung informellen Verfahrens.[406] Skepsis gegen diese Tendenz gründet sich auch auf die Erfahrung, dass jede Formalisierung zu weiterer Vorverlagerung informellen Handelns führt.[407] Kasuistische Gesetze, die die Verwaltung gängeln und auf bloße Vollziehung beschränken, erschweren oder verhindern eine gerechte und situationsadäquate Aufgabenwahrnehmung.[408] Der **Verwaltungsvorbehalt** ist zu beachten.[409]

174

1. Vor einem Verwaltungsverfahren

In der Literatur, weniger in der Rechtsprechung, wird untersucht, inwieweit die Praxis **informeller Vorverhandlungen** zulässig ist. Solche informellen Verfahren, die schon vor der Thematisierung des „Schlanken Staats" (§ 1 Rn. 5, 19, 121, 280) weitgehend üblich waren, sind bisher als Teil der Verwaltungslehre und unteren Verwaltungsorganisation behandelt worden. Die Diskussion der letzten Jahre über den Wirtschaftsstandort Deutschland hat in eine Verrechtlichung von Teilaspekten gemündet.[410] Dabei werden nun in §§ 71 a ff. weniger rechtliche Bindungen normiert, als vielmehr Verfahrenspflichten der Behörde postuliert, was der aktuell starken ökonomischen Akzentuierung des politischen Diskurses entspricht. Mit der Verrechtlichung ist allerdings das Problem verbunden, dass das Niveau des „Informellen" verlassen und deshalb ggfs. eine erneute Entwicklung informellen Verhandelns außerhalb des verrechtlichten Informellen beginnen wird (Rn. 174).

175

Die Vorverhandlungen sind noch nicht Teil des VwVf, sondern liegen vor seinem Beginn. Sie sollen das VwVf vorbereiten. Im Einzelfall können sie Elemente der Antragsberatung enthalten (Rn. 179; § 22 Rn. 44; § 71 c Rn. 2, 4 ff.) oder in Zusagen einmünden (s. aber Rn. 180). Auch ein fließender Übergang in das VwVf ist nicht ausgeschlossen. Diese Vorabsprachen unterscheiden sich im Grunde nicht von anderen informellen Verfahren mit dem Ziel, anstelle eines VwVf

176

---

[399] Vgl. VerwArch 97 (2006), 23, 40 f.
[400] S. auch Rn. 24; § 10 Rn. 25; *Wallerath* VerwArch 88 (1997), 1, 7; *Schmidt-Preuß* VVDStRL 56 (1997), 160, 179 Fn. 61.
[401] *Ortloff* NVwZ 2002, 1310, 1313.
[402] Dazu vor allem *Beyerlin* NJW 1987, 2713; *Erichsen* in ders. § 32 Rn. 3; auch *Kunig* DVBl 1992, 1193, 1202; *Ladeur* VerwArch 86 (1995), 511, 520; ferner *Schmidt-Aßmann*, FS Brohm, S. 547, 555; *Eifert* GVwR I, § 19 Rn. 46.
[403] Vgl. *Rossen-Stadtfeld* in Schmidt-Aßmann/Hoffmann-Riem, Verwaltungskontrolle, S. 117, 193.
[404] *Bauer* VerwArch 78 (1987), 241, 256.
[405] Hierzu *Kirchhof* DStR 1989, 263, 269; *Münch* NJW 1996, 3320, 3321.
[406] S. auch § 71 a Rn. 5, 12.
[407] Rn. 175; *Schmidt-Preuß* VVDStRL 56 (1997), 160, 178 f.; *Schmidt-Aßmann* VBlBW 2000, 45, 48.
[408] Vgl. *Brohm* NVwZ 1988, 794; *Stober*, Rückzug des Staates im Wirtschaftsverwaltungsrecht, 1997, S. 49.
[409] Vgl. BVerfGE 49, 89; 68, 1, 36; § 1 Rn. 32; *Wolff/Bachof u. a.* I § 3 Rn. 4, § 12 Rn. 27, § 18 Rn. 21, § 24 Rn. 16, 23, § 31 Rn. 2, jew. m. w. N.; zu Maßnahmegesetzen Rn. 95.
[410] Einl Rn. 43; s. auch *Ladeur* VerwArch 86 (1995), 511, 530; *Schmitz* NJW 1998, 2866; ders. in Ziekow, Beschleunigung von Planungs- und Genehmigungsverfahren, 1998, S. 171, 174.

ein ähnliches Ergebnis zu erzielen (z. B. Duldung statt Genehmigung; Rn. 182) oder durch Absprachen während eines VwVf dieses zu fördern (im einzelnen Rn. 181 f.; § 54 Rn. 41).

177 Informelle Vorverhandlungen finden bei einer Vielzahl sowohl nichtförmlicher (z. B. sog. Bauberatung) als auch besonderer VwVf (z. B. zur Vorbereitung eines immissionsschutzrechtlichen Antrags) statt. §§ 71 c Abs. 2, 71 e VwVfG, § 2 Abs. 2 9. BImSchV, § 5 UVPG[411] bieten gesetzliche Ansatzpunkte dazu. In ihnen einigen sich Behörden und zukünftige Beteiligte, zuweilen auch nur Behörde und einzelne Beteiligte zulasten anderer, über eine bestimmte Verfahrensgestaltung, ohne allerdings eine vertragliche Bindung einzugehen.[412] Die Voraussetzungen des Antrags werden inhaltlich geklärt und de facto häufig bereits entschieden. Erst wenn die Genehmigungsfähigkeit durch Nebenbestimmungen weitgehend gesichert ist, wird der entsprechende Antrag gestellt. Zu der besonderen atomrechtlichen Variante der sog. Vorabzustimmung s. Rn. 185.

178 Vorverhandlungen haben **Vor- und Nachteile** (s. Rn. 173). Vorverhandlungen und Absprachen während des Verfahrens über einzelne Fragen der Verfahrensgestaltung, z. B. den Umfang vorzulegender Unterlagen, anderen Beteiligten zu gewährende Akteneinsicht oder Anhörung usw., sind durch das VwVfG nicht generell untersagt, soweit der Behörde ein Verfahrensermessen zusteht (s. im einzelnen Rn. 181; s. auch § 71 c Abs. 2).

179 Inwieweit aus dem jeweiligen materiellen und verfahrensrechtlichen Fachrecht und aus § 25 VwVfG eine **Beratungs- und Informationspflicht** des Staates gegenüber betroffenen Dritten bereits während oder im Anschluss an die Vorverhandlungen erfolgt, ist im Einzelnen umstritten.[413] **Grenzen** sind einzuhalten (s. Rn. 184 ff.). Im Rahmen des § 25 oder sonstiger Beratungspflichten (Rn. 35) können entsprechende Hinweise der Behörde sogar geboten sein, ohne dass eine allgemeine Beratungs- und Betreuungspflicht der Behörde bestünde (§ 25 Rn. 5 ff.). Die Grenze des § 25 wird jedenfalls überschritten, wenn nicht mehr nur Einzelauskünfte und -beratungen erfolgen, sondern inhaltlich der Entscheidungsprozess, insbesondere bei der Sachverhaltsermittlung, der Bewertung bis hin zur UVP und der Abwägung vorweggenommen wird.[414] Weitergehende Beratungsmöglichkeiten bieten Vorschriften wie § 2 Abs. 2 der 9. BImSchV, § 5 UVPG (Rn. 111), § 71 c VwVfG. Auch informelles Verfahren kann ein Verwaltungsrechtsverhältnis (Rn. 16 ff.) begründen, aus dem Nebenpflichten erwachsen (Rn. 30 ff.), die u. U. auch eine **Amtshaftung** begründen (Rn 38).[415]

180 Selbst eine **de facto Vor-Entscheidung** bewirkt regelmäßig nicht, dass mit informellen Vorverhandlungen ein Verfahren i. S. d. § 9 begonnen wird, noch ist die Vor-Entscheidung ein VA, auch nicht in Form eines Vorbescheids (§ 35 Rn. 251 ff.), oder ein ör Vertr (§ 54 Rn. 41), etwa in Form eines Vergleichsvertrags i. S. d. § 55.[416] Ebenfalls scheidet in der Regel eine Zusicherung nach § 38 aus, da aus den Gesamtumständen geschlossen werden muss, dass die de-facto-Einigung rechtlich noch ohne Bindungswille erfolgt ist.[417] Wird das VwVf später durchgeführt, wird die Behörde es allerdings kaum ohne Hinzuziehung der Vorgänge über die Vorverhandlungen durchführen können, so dass diese Akten dann von § 29 im Rahmen des späteren Verfahrens erfasst werden.

2. Neben einem Verwaltungsverfahren

181 Die Befugnis zum informellen Verfahren gründet in der allgemeinen Aufgabenzuweisung, soweit ein VwVf betrieben wird, in § 10 (§ 10 Rn. 9); es ist also nicht schlechthin illegitim, wenn auch nicht unkritisch zu betrachten.[418] Insbesondere bei komplexen Sachverhalten ist es

---

[411] Zum scoping s. § 24 Rn. 6.
[412] Rn. 180; *Ule/Laubinger*, Gutachten, B 28, B 75; *Meyer-Abich* ZRP 1984, 40; *Beyerlin* NJW 1987, 2713; *Jäde* BayVBl 1988, 264; *Hufen* Rn. 103 ff.; zur informellen Standortsuche für Deponie *Erbguth* NuR 1992, 262.
[413] S. *Beyerlin* NJW 1987, 2713.
[414] S. z. B. *Erbguth* NuR 1992, 262.
[415] Vgl. auch *Kellner*, Haftungsprobleme bei informellem Verwaltungshandeln, 2004, S. 229.
[416] *Hill* DÖV 1987, 885, 890; weitergehend in den Rechtsfolgen *Bullinger* DÖV 1989, 277; kritisch zur Abkopplung der Entscheidung vom VwVf *Kautz*, Absprachen im Verwaltungsrecht, 2002, S. 164 ff.
[417] § 38 Rn. 21; insoweit weniger restriktiv wohl *Kunig* DVBl 1992, 1193, 1198.
[418] *Schmidt-Aßmann*, Verwaltungsrecht als Ordnungsidee, S. 30; *Schoch* Die Verwaltung 25 (1992), 21, 30; *Erichsen* in ders. § 32.

ein auch in anderen Verfahrensrechten verfassungsrechtlich zulässiges Steuerungsmittel.[419] Eine gesetzliche Begrenzung ör Handlungsformen besteht ebenso wenig (Rn. 93, § 1 Rn. 141) wie die Notwendigkeit eines Gesetzesvorbehaltes.[420] Dies schließt gesetzliche Beratungs- und Betreuungsregeln (vgl. Rn. 179) nicht aus.

3. Statt eines Verwaltungsverfahrens

Die Behörde hat **keine unbegrenzte Wahlfreiheit,** anstelle eines nichtförmlichen VwVf i. S. d. § 10 oder während eines derartigen Verfahrens auf ein informelles Verfahren „umzuschwenken", z. B. anstelle eines Genehmigungsverfahrens das ungenehmigte Vorhaben zu dulden.[421] Wo die Grenzen im Einzelnen liegen, ist kaum allgemein auszudrücken. Allenfalls kann das jeweilige materielle und verfahrensrechtliche Rechtsverhältnis (Rn. 16 ff.) als Ordnungsrahmen angegeben werden,[422] insbesondere in seiner zwei- oder mehrpoligen Struktur (Rn. 25). In manchen Fällen kann es sich empfehlen, ein nicht-förmliches Verfahren zu praktizieren, solange der Bürger hiermit einverstanden ist; so befriedet mit einer formlose (höfliche) Erläuterung, warum einer Informationsbitte nach dem **Informationsfreiheitsgesetz**[423] nicht entsprochen werden kann, u. U. mehr als ein förmlicher Bescheid mit Rechtsbehelfsbelehrung.[424] Soweit das Fachrecht bestimmte Verfahren förmlicher Art, insbesondere mit Bürgerbeteiligung, vorschreibt (z. B. § 2 Abs. 1 S. 3, § 9 UVPG), sind sie durchzuführen; auf ihrer Grundlage sind die Entscheidungen zu treffen. Vom Staat im Wege informellen Verwaltungshandelns angeregte **Selbstverpflichtungen der Wirtschaft** gewinnen insbesondere in der Umweltpolitik als kooperatives Handlungsinstrument zunehmende Bedeutung. Als „freiwillige" Selbstverpflichtung bezeichnet, sind sie häufig durch massive staatliche Regelungsandrohungen veranlasst und werfen die Frage nach dem rechtsstaatlichen Gebot der Klarheit bei Ausübung öffentlicher Gewalt auf.[425]

4. Grenzen informeller Verfahren

Der Sache nach ist das informelle Handeln dem schlichten Verwaltungshandeln zuzuordnen (§ 1 Rn. 148). Als informelles Verwaltungshandeln werden auch rechtstatsächliche Formen wie Informationen, Empfehlungen, Warnungen (§ 1 Rn. 145 f., 187) angesehen.[426] Obwohl in der Praxis weit verbreitet (vor allem in Bereichen der Wirtschaftsförderung, der Subvention, des Bau- und Umweltrechts), zeigen sich etliche Probleme: Entscheidungskompetenz und höherer Informationsstand, das Prozessrisiko und die Schadensersatzforderungen etc. werden als Druckmittel für Absprachen verwandt und lösen den Ruf nach rechtlichen Bindungen aus, die als vermeintliches Hindernis effektiven Handelns durch das informelle Verfahren gerade vernachlässigt werden sollten.[427]

Allgemein finden Absprachen über die Verfahrensgestaltung ihre **Grenzen:**
– **an der Zuständigkeit** der Behörde. Sie ist insbesondere gefährdet bei politischer Einflussnahme auf Grund von Absprachen auf politischer Ebene mit nur einem Teil der Verfahrensbeteiligten. Informelles Handeln darf nicht in fremde Wahrnehmungskompetenz eingreifen (Rn. 147);
– an gesetzlichen **Sonderregeln.** Hierzu gehört: Besteht die Pflicht zum Gesetzesvollzug durch VA (Rn. 65, 169), muss das VwVf mit dem Ziel des Erlasses des VA betrieben werden.

---

[419] Zu den engen Grenzen im Strafrecht: BVerfG NJW 1987, 2662; zur sog. tatsächlichen Verständigung im Steuerrecht als Ausdruck informellen Handelns *Bauer* Die Verwaltung 25 (1992), 301, 322; *Carl/Klos* AnwBl 1995, 338.
[420] *Hill* DÖV 1987, 885, 891.
[421] BVerwGE 85, 368 = NVwZ 1991, 369, 370; *Fluck* NuR 1990, 197.
[422] *Bauer* VerwArch 78 (1987), 241, 259; *ders.* Die Verwaltung 25 (1992), 322; *Beyerlin* NJW 1987, 2713; *Hill* DÖV 1987, 894.
[423] Zum IFG des Bundes *Schmitz/Jastrow* NVwZ 2005, 984.
[424] *Bull* ZG 2002, 201, 219.
[425] *Di Fabio* JZ 1997, 969.
[426] *Di Fabio* JuS 1997, 1; Rn. 172.
[427] Im japanischen Recht sind Regelungen für das informelle Verfahren vorgesehen. So soll der Antragsteller den Wechsel vom informellen zum normalen, gesetzesanwendenden VwVf verlangen können; vgl. *Bullinger* VerwArch 84 (1993), 65, 69 zu Art. 27 JapVwVfG-E.

Die Behörde kann z. B. nicht auf eine vorgeschriebene Genehmigung verzichten und sich mit einer Duldung zufrieden geben (Rn. 182). Eine atomrechtliche informelle **Vorabzustimmung** anstelle des formstrengen Genehmigungsverfahrens verstößt gegen den Grundsatz des Gesetzesvorbehalts.[428] Daher wird die Vorabzustimmung von *VGH Kassel* NVwZ-RR 1990, 128 nicht als informelles Agreement ohne Bindung, sondern als vorweggenommene Zustimmung zu einer späteren inhaltlichen Veränderung, falls sie beantragt wird, angesehen, so dass bei ihrer Erteilung die Genehmigungsvoraussetzungen erfüllt sein und das entsprechende Genehmigungsverfahren eingehalten werden müssen. Sie ist keine Zusicherung i. S. d. § 38 (s. dort Rn. 19);

186 – an den **Verfahrensrechten der anderen Beteiligten** nach dem VwVfG;[429]

187 – an den **Verfahrenspflichten** für die Behörde im **Allgemeininteresse** nach dem VwVfG, z. B. der Amtsermittlungsgrundsatz. Hiermit ist häufig die Erwartungshaltung nicht zu vereinbaren, die auf Grund von politischen Zusagen in einem Katastrophenfall, es werde unbürokratische Hilfe gewährt, entstehen muss;[430]

188 – an **allgemeinen Verfahrensgrundsätzen** wie den Grundsätzen rechtsstaatlichen Verfahrens (Rn. 49 ff.), darunter dem Gleichheitsgrundsatz, insbes. dem Grundsatz der Waffengleichheit und des fairen Verfahrens (Rn. 59, 60) sowie

189 – an dem jeweiligen **materiellen Recht,** z. B. an der Pflicht, bei der Abwägung das Abwägungsmaterial zu sammeln und zu gewichten.[431]

5. Einzelfragen

190 Im Rahmen der Suche nach Konfliktlösungen durch Verhandlungen stecken Überlegungen in den Anfängen, insbesondere bei komplexen VwVf nach amerikanischen Vorbildern einen **privaten Konfliktmittler** einzuschalten.[432] Sein Einsatz dürfte in den Grenzen informellen Verfahrens (Rn. 181 f., 184 ff.) zulässig sein, darf jedoch nicht zu einer faktischen Delegierung der Entscheidungsbefugnis von der Behörde, der nach wie vor die Verantwortung für das Verwaltungshandeln auch im Allgemeininteresse obliegt (Rn. 63), auf den Konfliktmittler führen. Bedenken gegen die Beauftragung des Investors mit Aufgaben wie der Durchführung der Bürgerbeteiligung bestehen nicht nur wegen Indizierung eines fehlerhaften Abwicklungsergebnisses,[433] sondern bereits wegen § 20 Abs. 1 Satz 1 Nr. 1 (vgl. dort Rn. 29 f.). Die Einschaltung eines Konfliktmittlers eignet sich weder für Standardverfahren, für die sie zu aufwändig ist, noch für Verfahren, bei denen Kompromisse ausgeschlossen erscheinen, weil die Grundauffassungen in der Gesellschaft diametral gegenüberstehen.[434] Konflikte, die hier liegen, lassen sich durch Verfahrensmodifikationen nicht beheben. Gerade bei großen Verkehrsprojekten gewinnt das Begriffspaar „Ökologie – Ökonomie" Freund-Feind-Charakter. Verfahren können ihrem Zweck nicht dienen, wo Kompromissbereitschaft – wie bei der Fundamentalopposition gegen technische Großvorhaben – nicht existiert.[435] Bedenken gegen die Einschaltung eines Konfliktmittlers können sich auch daraus ergeben, dass der Staat in der Gesellschaft vorwiegend dem Eigennutz verpflichteter Akteure der Distanz zu ihm bedrängenden Interessenten bedarf, um gegenüber Mächtigen entscheidungskräftig zu bleiben und so Gemeinwohlinteressen durchsetzen zu können.[436]

---

[428] *Burianek* NJW 1987, 2727; *LG Hanau* NJW 1988, 571, 574, dazu § 44 Rn. 46 ff.
[429] Dazu vor allem *Beyerlin* NJW 1987, 2713.
[430] *Sendler* NJW 1989, 1765; *Roßnagel* DVBl 1987, 65; *Broß* in Blümel (Hrsg.), Verkehrslärmschutz – Verfahrensbeschleunigung, 1991 (2. Aufl., 1995), S. 69, 85 f.; s. Beispiel bei *Brock/Berenz* DÖV 1991, 835.
[431] BVerwGE 75, 214 = NVwZ 1987, 578 für politische Vorgespräche; § 40 Rn. 42, 44.
[432] *Brohm* DVBl 1990, 321; *Schmidt-Aßmann* in Hoffmann-Riem/ders., Konfliktbewältigung, 1990, S. 9 ff.; *Würtenberger* NJW 1991, 257; *Pitschas*, FS Brohm, S. 709; *Kaltenborn*, Streitvermeidung und Streitbeilegung im Verwaltungsrecht, 2007, S. 180 ff.; zum Vergleich mit den USA *Holznagel*, Konfliktlösung durch Verhandlungen, 1990, S. 103 ff.; jew. m. w. N.; § 54 Rn. 42 ff.
[433] A. A. *Lüers* DVBl 1998, 433, 444.
[434] *J.-P. Schneider* VerwArch 87 (1996), 38, 45; a. A. *Kaltenborn*, Streitvermeidung und Streitbeilegung im Verwaltungsrecht, 2007, S. 109, wobei der Konfliktmittler einvernehmlich bestellt werden soll (ebda., S. 112).
[435] Vgl. *Guckelberger* DÖV 2006, 97, 101: „Erörterungstermin mutiert zum Kampftermin".
[436] So zutreffend *Kunig* DVBl 1992, 1193, 1202; s. auch § 10 Rn. 24.

Weniger problematisch aus verwaltungsverfahrensrechtlicher Sicht ist demgegenüber der **behördliche Konfliktmittler.**[437] Allerdings wird geltend gemacht, Behördenbedienstete könnten nicht ausreichende Distanz zu der eigeninteressierten Verwaltung wahren und das erforderliche Vertrauen in die Vertraulichkeit von Einzelgesprächen begründen.[438] 191

Schließlich sind die Probleme des informellen Verwaltungshandelns bei mancher Ähnlichkeit nicht identisch mit der Entwicklung des **Kooperationsprinzips** im Umweltrecht, bei dem es um Absprachen und Regelungen auch informeller Art zwischen Staat und Wirtschaft zur Lösung umweltrelevanter Probleme auf einer Ebene oberhalb des Vollzugs im Einzelfall geht. Es sind normersetzende Absprachen.[439] Allerdings ist der Begriff rechtlich noch nicht fixiert, so dass auch jedes konsensuale Handeln darunter verstanden wird.[440] Ausdruck informellen Verwaltungshandelns sind Absprachen zwischen Politik und Verwaltung oder innerhalb der Verwaltung zwischen Leitungs- und Arbeitsebene im Rahmen des sog. **Neuen Steuerungsmodells.** Dabei sollen verbindliche Zielvereinbarungen getroffen werden, welche Rahmenbedingungen von der Verwaltung zu beachten und welche Leistungs- und Finanzziele von ihr zu erfüllen sind. Im Rahmen des **Kontraktmanagements** soll die Verwaltung/Arbeitsebene operative Freiheit haben und die Politik-/Leitungsebene sich auf Kontrolle der Zielerreichung beschränken.[441] Derartige Vereinbarungen können gesetzliche, insbesondere kommunalverfassungsrechtlich zugewiesene Befugnisse nicht verändern. Sie betreffen keine außenverbindlichen Rechtsverhältnisse und es fehlt ihnen die rechtliche Durchsetzbarkeit außerhalb der Hierarchiestrukturen;[442] mithin können sie nur als informelles Handeln, nicht etwa als ör Vertr verstanden werden.[443] 192

VII. Beendigung des Verwaltungsverfahrens

1. Erlass eines Verwaltungsakts

§ 9, 1. Halbs. gibt den Erlass eines VA und den Abschluss eines ör Vertr als Ziel des Verwaltungshandelns an (Rn. 131); der 2. Halbs. stellt klar, dass diese Handlungen zugleich als **Teil des VwVf dessen Abschluss** bilden. Strittig ist, welcher Zeitpunkt als Ende des Verfahrens anzusehen ist. Nach *Kopp/Ramsauer* § 9 Rn. 30, *Clausen* in Knack § 9 Rn. 31 ist es der Eintritt der Unanfechtbarkeit des VA, nach *Ule/Laubinger* § 53 Rn. 2[444] ist es der Zeitpunkt, in dem der VA die Behörde verlässt. Maßgebend ist jedoch der **Zeitpunkt der Bekanntgabe.**[445] 193

Dies folgt aus dem **Begriff Erlass des VA,** auf den § 9 abstellt. Dass § 9 nicht die Unanfechtbarkeit meint, folgt bereits aus § 79 VwVfG und § 69 VwGO; hiernach beginnt mit dem Widerspruch ein neues VwVf.[446] Auch § 45 VwVfG setzt den Abschluss des VwVf vor Unanfechtbarkeit voraus. Dem steht nicht entgegen, dass der Begriff des VwVf außerhalb des § 9 durchaus eine weitergehende Bedeutung haben kann (Rn. 83 ff.; § 2 Rn. 60). Entgegen *Kopp/Ramsauer,* o. Rn. 193, gibt § 13 Abs. 1 Nr. 2 („den VA ... gerichtet hat") für die Auslegung des § 9 nichts her. § 13 Abs. 1 Nr. 2 sagt nichts über die Unanfechtbarkeit des VA aus, sondern hat den Fall möglicher Nachwirkungen des VwVf (Rn. 30) vor Augen (§ 13 Rn. 23). 194

Der Begriff Erlass wird vielfach verwandt, aber nicht **definiert:** s. § 59 VwGO und § 37 Abs. 2 S. 1, Abs. 4, § 39 Abs. 2 Nr. 3 VwVfG. Aus ihnen könnte der Schluss gezogen werden, 195

---

[437] Auch Projektmanager genannt. Zu aktuellen Tendenzen bei der Fortentwicklung des Verwaltungsverfahrensrechts *Schmitz* NJW 1998, 2866, 2870; ders. in Ziekow, Beschleunigung von Planungs- und Genehmigungsverfahren, 1998, S. 171, 190.
[438] *J.-P. Schneider* VerwArch 87 (1996), 38, 63 m. w. N.; a. A. *Brohm* DVBl 1990, 321, 324 ff.; *Benz,* Kooperative Verwaltung, 1994, S. 329 f.
[439] S. z. B. *Müggenborg* NVwZ 1990, 909; *Scherer* DÖV 1991, 1; *Brohm* DÖV 1992, 1025; § 26 Rn. 32 ff. Vgl. auch *Kaltenborn,* Streitvermeidung und Streitbeilegung im Verwaltungsrecht, 2007, S. 164 ff.
[440] *Hill,* Zehn Jahre VwVfG, S. 58; *Schoch* Die Verwaltung 25 (1992), 30.
[441] Vgl. *Otting* VR 1997, 361; *Pünder* DÖV 1998, 63, 65.
[442] *Kopp/Ramsauer* Einf. Rn. 89.
[443] Zur Rechtsdogmatik von Zielvereinbarungen *Hill* NVwZ 2002, 1059 m. w. N.
[444] Wohl auch *OVG Hamburg* InfAuslR 1983, 258.
[445] Wie hier *Ziekow* § 9 Rn. 16; *Riedl* in Obermayer § 9 Rn. 36; *Maurer* § 9 Rn. 64; unklar *Badura* in Erichsen § 38 Rn. 1 einerseits, Rn. 19 andererseits.
[446] Rn. 209, wohl auch *BVerwG* NVwZ 2006, 1294.

dem Erlass der VA als Tätigkeit der Behörde folge die Bekanntgabe nach,[447] wenngleich sie auch den Einschluss der Bekanntgabe nicht ausschließen, bei dem Erlass mündlicher VA (§ 37 Abs. 2) sogar verlangen. § 53 Abs. 1 zeigt, wie der Begriff Erlass zu verstehen ist. Erst mit der **Bekanntgabe des VA** kann die Unterbrechung der Verjährung eintreten (§ 53 Rn. 44f.). Als Erlass eines VA ist also der gesamte Vorgang der Willensäußerung der Behörde in dem dafür vorgesehenen Verfahren und der dafür vorgesehenen Form mit Einschluss der Bekanntgabe gemeint (§ 35 Rn. 20ff.).[448] Da der Zeitpunkt der Bekanntgabe im Gegensatz zu dem des Verlassens des VA aus dem Bereich der Behörde zeitlich genau fixiert werden kann (§ 41 Rn. 9), bietet diese Auslegung zudem den Vorteil größerer Rechtssicherheit. Allerdings kann das VwVf nur durch eine **wirksame Bekanntgabe** beendet werden, da erst hiermit der Bekanntgabevorgang beendet ist. Fehlt diese Wirksamkeit, kann die Bekanntgabe innerhalb des fortbestehenden VwVf nachgeholt werden (§ 41 Rn. 222). Zum nichtigen VA s. Rn. 196.

196 Als VA i. S. d. § 9 ist die **Sachentscheidung** gemeint, die Zweck des VwVf war und durch die die Behörde verbindlich über den Verfahrensgegenstand (Rn. 98) entschieden hat.[449] Ob eine wirksame Sachentscheidung Voraussetzung der Beendigung des VwVf ist, ergibt sich aus dem Gesetz nicht eindeutig. Die materielle Wirksamkeit würde z. B. fehlen bei einem nichtigen VA (§ 43 Abs. 3) oder bei einer rückwirkenden Aufhebung (§ 43 Abs. 2). Gerade das letztere Beispiel zeigt, dass es für die Beendigung des die Verfahrensrechte und -pflichten vermittelnden VwVf, an das sich ggfs. ein Widerspruchsverfahren (Rn. 209) oder ein Rücknahmeverfahren (Rn. 220) anschließt, nur auf den Erlass eines formellen VA unabhängig von seiner materiellen Wirksamkeit ankommen kann (vgl. auch Rn. 212, 213, 220; § 43 Rn. 209). Voraussetzung bleibt jedoch, dass die Bekanntgabe selbst wirksam ist, da es andernfalls an einem Erlass des VA mangelt (Rn. 195). Die Sachentscheidung kann zur **Zulässigkeit** oder **Begründetheit** (Rn. 135) ergehen; sie kann aus **einem oder mehreren materiellen oder formellen VA** bestehen. Maßgebend ist, ob die verschiedenen VA zum selben VwVf (Rn. 110f.) gehören. Zur Trennung und Verbindung von Verfahren s. Rn. 201. Der ursprünglich angestrebte VA kann sich im Laufe des VwVf geändert haben (Rn. 103, s. auch Rn. 168).

197 Die Entscheidung über eine einzelne **Verfahrenshandlung** kann, nicht muss VA sein (Rn. 122; § 35 Rn. 148, 168). Als **Zwischenentscheidung** ist sie Teil des VwVf (Rn. 124, 203), nicht selbständig das Ziel eines eigenen VwVf. Entsteht über einzelne Verfahrensabschnitte Streit, kann die Behörde diese Frage durch VA auf Grund ihrer allgemeinen Aufgabenzuweisung als Vorfrage regeln.[450] Eine Entscheidung durch VA über eine Verfahrenshandlung ohne Zusammenhang mit einem konkreten VwVf (Rn. 126) ist dagegen Gegenstand eines **selbständigen VwVf** und Sachentscheidung i. S. d. Rn. 196. Zum Verfahren bei Wiedereinsetzung § 32 Rn. 43ff.

2. Abschluss eines öffentlich-rechtlichen Vertrags

198 Das VwVf wird schließlich durch den Abschluss eines ör Vertr beendet. Dies setzt voraus, dass im Laufe des VwVf geklärt ist, ob ein ör Vertr geschlossen oder ein VA erlassen werden soll (Rn. 103, 108, 168; § 54 Rn. 39). Der ör Vertr ist abgeschlossen mit dem Zustandekommen (§ 54 Rn. 31). Der Vertr muss **wirksam zustandegekommen** sein. Das VwVf wird fortgesetzt, wenn sich die Unwirksamkeit herausstellt. Der nichtige Vertrag (§ 59) beendet dagegen das VwVf (vgl. zum VA Rn. 196). Das Anpassungsbegehren nach § 60 ist nach Abschluss des VwVf in einem eigenen VwVf zu behandeln. Zur Entscheidung, keinen Vertrag abschließen zu wollen, s. Rn. 167.

3. Sonstige Beendigung des Verwaltungsverfahrens

199 Das VwVf kann auch in anderer Weise enden: durch **Rücknahme** des Antrages (§ 22 Rn. 67ff.), durch **Erledigung der Hauptsache,** d. h. des Verfahrensgegenstandes (Rn. 108),

---

[447] So *Ule/Laubinger* § 53 Rn. 2.
[448] Wie hier *OVG Koblenz* DVBl 1983, 955; im Ergebnis auch *BVerwGE* 55, 299 = NJW 1978, 1988; a. A. *Schmidt-De Caluwe* VerwArch 90 (1999), 49, 60, der zwischen Erlass des VA als Abgabe der Willenserklärung und Bekanntgabe als ihrem Zugang unterscheidet.
[449] *Eichberger,* S. 192.
[450] § 44 Rn. 68; § 35 Rn. 28; *FG Hannover* NVwZ 1984, 271.

durch jegliche Beendigung der Tätigkeit i. S. d. § 9. Die Ursachen dafür sind vielfältig: Mangelnde Aufklärbarkeit des Sachverhaltes, Unzweckmäßigkeit weiteren Vorgehens, zweckmäßigere Regelung auf Privatrechtsebene (Rn. 103, 162), Untersagung der Fortführung durch Aufsichtsbehörde, Wechsel in ein VwVf einer anderen Behörde (Rn. 148) etc. Mit der Einstellung der Tätigkeit endet das VwVf, ohne dass es einer besonderen Einstellungsverfügung bedarf.[451] § 69 Abs. 3 oder besondere fachgesetzliche Regelungen sind ebenso wenig verallgemeinerungsfähig wie die Grundsätze des Prozessrechts über Hauptsacheerledigung und Klagerücknahme.[452]

Hat allerdings der Betroffene einen Anspruch auf Durchführung des Verfahrens geltend gemacht, muss dieser Antrag durch VA beschieden werden.[453] Im übrigen kann sich aus Zweckmäßigkeitsgründen eine Einstellungsmitteilung, die – auch bei Mitteilung einer Begründung – kein VA ist,[454] empfehlen, etwa wenn bereits eine Anhörung stattgefunden hat.[455] Das Fachrecht entscheidet, ob die Behörde das VwVf ohne Sachentscheidung einstellen darf.[456] Liegen die Voraussetzungen des § 22 S. 2 Nr. 1 noch vor, muss das Verfahren fortgeführt werden; die Behörde hat keine Befugnis, das Verfahren aus Zweckmäßigkeitsgründen einzustellen.

VIII. Verhältnis des Verwaltungsverfahrens zu anderen Verfahren

1. Trennung/Verbindung

Die Behörde entscheidet nach ihrem Verfahrensermessen auf Grund des § 10, ob sie ein einheitliches VwVf in mehrere **VwVf trennt** oder **mehrere VwVf**, insbesondere bei einem einheitlichen Verfahrensgegenstand (Rn. 108), zu einem einheitlichen VwVf **verbindet**.[457] Dies gilt auch für den Fall, dass mehrere VA von dem Antragsteller begehrt werden (zur Verfahrenshäufung s. Rn. 110). Die Grenzen der §§ 44, 93 VwGO brauchen nicht eingehalten zu werden,[458] wenngleich sie Auslegungshilfen geben können. Eine Verbindung kann allerdings nur vorgenommen werden, wenn die Behörde für beide Verfahren **zuständig** ist. Deshalb ist die gesetzlich angeordnete gemeinsame Durchführung mehrerer Verfahren vor unterschiedlichen Behörden kein einheitliches VwVf, auch wenn eine der Behörden für die andere als Bote Zustellungsfunktion wahrnimmt (§ 41 Rn. 53). Bei einer Verbindung müssen die Verfahrensgrundsätze angewandt werden, die für den Bürger die günstigsten sind, z. B. darf auf eine Anhörung nicht verzichtet werden, wenn für eine der beiden VA eine Ausnahme nach § 28 Abs. 2 zulässig wäre.[459]

2. Gestaffelte Verfahren

Mehrere Verfahren können untereinander insoweit in **inhaltlicher Abhängigkeit** stehen, als die Entscheidung über einen VA die Entscheidung eines anderen voraussetzt. Es bleiben getrennte VwVf, es sei denn, sie sind bereits verbunden worden. Hierzu zählen die Verfahren bei Konkurrenz der Sachentscheidungskompetenz (Rn. 146 ff.), die sog. **gestuften** Verfahren (Rn. 171), Dispenserteilungen vor Genehmigungsverfahren, im Steuerrecht Grundlagenbescheid und Folgebescheid,[460] Steuerfestsetzung mit nachfolgendem Billigkeitserlass,[461] es sei denn,

---

[451] Wie hier *VGH München* NJW 1988, 1615.
[452] § 1 Rn. 59.
[453] Ähnlich *BVerwGE* 85, 251 = NVwZ 1991, 66.
[454] *OVG Münster* NWVBl 1996, 356; vgl. auch § 79 Rn. 48.
[455] Weitergehend *VGH München* BayVBl 1990, 622, 623: Wille der Behörde, das VwVf abzuschließen, muss dem Betroffenen erkennbar sein.
[456] So kann im Beamtenrecht der Dienstherr auf Grund seines Organisationsrechts ein Auswahlverfahren zur Besetzung einer Beförderungsstelle jederzeit aus sachlichen Gründen abbrechen, *BVerwGE* 101, 112 = NVwZ 1997, 283.
[457] *BVerwGE* 125, 9 = DVBl 2006, 842. Vor einer Trennung/Verbindung im laufenden VwVf kann sich ggfs. eine Hinweispflicht der Behörde ergeben; vgl. *VGH München* BayVBl 2006, 18, 21.
[458] § 1 Rn. 59; wie hier *Martens* Rn. 114; *Clausen* in Knack Rn. 32 vor § 9 und § 9 Rn. 23; *Kopp/Ramsauer* § 9 Rn. 46; *Ziekow* § 9 Rn. 22.
[459] Zum Zusammentreffen mehrerer Vorhaben, für die Planfeststellungsverfahren vorgeschrieben sind, s. § 78 Rn. 5; *Ronellenfitsch* VerwArch 88 (1997), 175.
[460] *BVerwG* NJW 1993, 2453, 2454.
[461] *BFH* BB 1986, 1697.

die Billigkeitsgesichtspunkte sind bereits bei der Festsetzung zu berücksichtigen.[462] Soweit die Verfahren unterschiedlichen Behörden zugeordnet sind, werden sie als Ausdruck **inneradministrativer Gewaltenteilung** verstanden.[463]

3. Zwischenverfahren/Aussetzung

203 Zwischenverfahren über den Ablauf des VwVf oder über einzelne Verfahrenshandlungen sind Teil des einheitlichen VwVf.[464] Zur Mitwirkung anderer Behörden s. Rn. 127 f.; zum **Sternverfahren** § 71 d Rn. 10 ff. Dies gilt auch für die Frage, ob ein Verfahren **ausgesetzt** wird (§ 35 Rn. 148). Die Aussetzung erfolgt auf Grund des Verfahrensermessens nach § 10. § 94 VwGO ist nicht entsprechend anwendbar;[465] hier ist eine Analogie schon mangels Lücke nicht erforderlich: das behördliche Verfahrensermessen genügt, um die entsprechenden Aspekte berücksichtigen zu können.[466] Eine willkürliche Aussetzung wäre unstatthaft (§ 10 Rn. 5). Bei einer Konkurrenz von Sachentscheidungskompetenz (Rn. 136 ff.) wird häufig eine Aussetzung eines der Verfahren bis zur Entscheidung der anderen Behörde zweckmäßig sein; andere Entscheidungen sind aber möglich (Rn. 158). Ein **Ruhen des VwVf** i. S. v. § 251 ZPO findet nicht statt;[467] das zeitweilige Nichtbetreiben des VwVf bedarf nicht der Förmlichkeiten der ZPO (Beschluss auf übereinstimmenden Antrag der Beteiligten), sondern unterliegt – ggfs. auf Anregung des Antragstellers – der pflichtgemäßen Verfahrensgestaltung durch die Behörde.[468]

204 Ob eine Pflicht der Behörde besteht, nach Wegfall eines rechtlichen Hindernisses ein ausgesetztes oder unterbrochenes Verfahren sofort **wiederaufzunehmen**, lässt BVerwG NJW 1988, 926 offen. Diese Pflicht dürfte dann bestehen, wenn auch eine Pflicht zu Beginn des VwVf auf Antrag besteht (vgl. § 22 Rn. 23). Zur vollstreckungsrechtlichen Aussetzung § 35 Rn. 165.

205 Über die Möglichkeit zur Aussetzung kann eine sinnvolle Verfahrensgestaltung herbeigeführt werden, wenn in der Person eines Beteiligten Tatbestände nach §§ 239 ff. ZPO (**Tod, Insolvenz, Handlungsunfähigkeit,** Tod oder Handlungsunfähigkeit des Vertreters) eintreten.[469] Einer automatischen **Unterbrechung** bedarf es nicht, soweit sich nicht diese Rechtsfolge zwingend aus dem Gesetz ergibt;[470] sie würde überdies in der Eingriffsverwaltung der Aufgabe der Behörde widersprechen. Die Behörde muss auf Grund ihrer Aufgabenzuweisung und Amtsermittlungspflicht ermitteln, wer z. B. als Rechtsnachfolger oder als anderer Adressat eines VA in Frage kommt, und ihm gegenüber das Verfahren fortsetzen.[471] Zur Aufnahme eines wegen Insolvenzeröffnung unterbrochenen Verfahrens s. § 185 InsO.[472]

206 Eine Frage des materiellen Rechts ist es, ob und wer als **Rechtsnachfolger**[473] in das Antragsverfahren eintritt oder im Offizialverfahren von der Behörde als Beteiligter herangezogen werden darf. Ist eine Rechtsnachfolge nicht festzustellen oder wird in einem Verfahren nach § 22 S. 1 die Zweckmäßigkeit, das Verfahren gegen den Rechtsnachfolger fortzuführen, verneint, ist das Verfahren formlos einzustellen.[474]

207 Von diesen Zwischenverfahren zu unterscheiden sind die **Beteiligungen anderer Behörden** (Rn. 127). Die Konzeption der §§ 9 ff. geht von einer das Verfahren führenden und für es verantwortlichen Behörde aus. Sie hat schon aus Gründen der Entscheidungskompetenz (Rn. 146 ff.) und der Verfahrensklarheit (Rn. 57) das alleinige Recht und die Pflicht, das Verfahren durchzuführen, den Umfang des Verfahrens zu bestimmen, die Rechte der Beteiligten zu wahren sowie Verfahrensverstöße gerichtlich zu verantworten.

---

[462] BVerwG NVwZ 1987, 601.
[463] *Schmidt-Aßmann* in Lerche/Schmitt Glaeser/Schmidt-Aßmann, S. 22; *ders.* JuS 1986, 833; *Schlink*, Amtshilfe, S. 11 f. m. w. N.; ferner § 10 Rn. 8.
[464] S. Rn. 197; *Eichberger* S. 143.
[465] § 1 Rn. 59; *Ziekow* § 9 Rn. 22; a. A. *Riedl* in Obermayer § 9 Rn. 61.
[466] So auch *Wolff/Bachof u. a.* I § 60 Rn. 27.
[467] Missverständlich, wenn BVerwG NVwZ 2001, 94 vom „faktischen Ruhen des Verfahrens spricht".
[468] So auch *Riedl* in Obermayer § 9 Rn. 53.
[469] Offengelassen von OVG Bautzen NVwZ-RR 2003, 674.
[470] OVG Magdeburg NVwZ 1994, 1227 zur Eröffnung des Gesamtvollstreckungsverfahrens; s. auch § 1 Rn. 59; § 14 Rn. 18 ff., s. aber § 11 Rn. 9 unter Berufung auf OVG Bremen NVwZ 1985, 917.
[471] So auch VG Leipzig 27. 11. 2002–3 K 1395/02 (juris).
[472] Zu § 146 Abs. 5 KO a. F. BVerwG NJW 1989, 314; OVGE Lüneburg 39, 441.
[473] Dazu *Rumpf* VerwArch 78 (1987), 269; *Stadie* DVBl 1990, 501; § 35 Rn. 260 ff.
[474] Für analoge Anwendung der Aufnahmevorschriften der §§ 239 ff. ZPO *Kopp/Ramsauer* § 11 Rn. 23.

Der Begriff des **Zwischenverfahrens** wird in neuerer Zeit auch für ein besonderes verwaltungseigenes, den Entscheidungsprozess begleitendes oder ihm nachfolgendes **Überprüfungs- oder Korrekturverfahren** außerhalb des Widerspruchsverfahrens einschließlich des Abhilfeverfahrens nach § 72 VwGO verwandt. Eine allgemeine Regelung besteht insoweit nicht, wenngleich sie auch gefordert wird[475] und sich im Rahmen des Verfahrensermessens als zweckmäßig erweisen kann. Umstritten ist, ob BVerfGE 84, 34 und 59 = NJW 1991, 2005 und 2008 insbesondere aus Art. 12 GG eine derartige Verfahrensgestaltung zur Überprüfung ableitet (§ 2 Rn. 131 m. w. N.).

4. Verhältnis zum Vorverfahren (§ 79)

Da das VwVf mit der Bekanntgabe des VA endet (Rn. 195 ff.), ist das Vorverfahren nach §§ 68 ff. VwGO – wie auch andere Rechtsbehelfsverfahren vor Verwaltungsbehörden (§ 79 Rn. 29) – ein eigenständiges, **neues VwVf**, das mit der Erhebung des Widerspruchs beginnt und auf den Erlass eines Widerspruchsbescheides gerichtet ist.[476] Dies schließt nicht aus, dass in manchen Vorschriften ein weitergehender Verfahrensbegriff verwandt wird (Rn. 194). § 79 bestimmt, inwieweit die Vorschriften der §§ 9 ff. auf dieses VwVf anwendbar sind (§ 79 Rn. 29). Die Durchführung des Vorverfahrens hindert die erstinstanzliche Behörde nicht, parallel dazu ein Rücknahmeverfahren nach § 48 durchzuführen.[477] Aus BVerfG (Rn. 208) ist zu schließen, dass die Anforderungen an das VwVf steigen, wenn ein Vorverfahren gesetzlich ausgeschlossen ist.

5. Verhältnis zum gerichtlichen Verfahren

Das VwVf unterscheidet sich in Funktion und Ablauf vom gerichtlichen Verfahren. Das gerichtliche Verfahren ist nicht die Fortsetzung des VwVf.[478] Ein Recht, zwischen **VwVf und Gerichtsverfahren zu wählen**, besteht nicht, wenn die Behörde eine Pflicht zum Gesetzesvollzug hat (s. Rn. 169), oder der Bürger durch eine Behördenentscheidung einfacher zum Ziel kommt und deshalb das Rechtsschutzinteresse fehlt (s. Rn. 170).

Zeitliche Überschneidungen beider Verfahren kommen bei der **Untätigkeitsklage** nach § 75 VwGO vor.[479] Solange die Behörde nicht entschieden hat, ist das VwVf noch nicht beendet. Die Behörde kann jederzeit während des Gerichtsverfahrens ihre Entscheidung treffen. Ob die Durchführung des Vorverfahrens als Sachurteilsvoraussetzung für die Klage nach § 75 VwGO notwendig ist, ist umstritten,[480] berührt aber die **Berechtigung** der Behörde zur Durchführung des VwVf nicht. Die Behörde ist bei ihrer Entscheidung innerhalb der Frist des § 75 S. 3 VwGO inhaltlich nicht durch die Erhebung der Klage gebunden. Hat die Behörde entschieden, ist das VwVf beendet. Zu den Auswirkungen auf das Gerichtsverfahren s. Kommentierung zu §§ 75 S. 4, 161 Abs. 3 VwGO.[481] Wird die Behörde zu dem Erlass des VA verurteilt, ist das VwVf bei inhaltlicher Bindung im Rahmen der Rechtskraft fortzuführen.

Wird die Behörde auf Grund eines **Verpflichtungsurteils** nach § 113 Abs. 4 VwGO zur Erteilung eines VA verurteilt, hat sie ein neues VwVf nach § 9 zu beginnen, das früher durch den ablehnenden VA beendete VwVf wird nicht fortgeführt. Die Rechtskraft des Urteils bestimmt die inhaltliche Bindung der Behörde.

Die Aufhebung des VA durch Urteil nach § 113 Abs. 1 VwGO auf Grund einer **Anfechtungsklage** hebt die Beendigung des einmal durchgeführten VwVf nicht wieder auf.[482] Ob und mit welchem Ziel die Behörde ein weiteres VwVf durchführt, steht, vorbehaltlich fachgesetzlicher Regelung (vgl. § 22 S. 2) und Bindung durch die Rechtskraft des Urteils, im Ermessen der Behörde. § 113 Abs. 2, 3 VwGO i. d. F. des 4. VwGOÄndG sieht eine besondere Form

---

[475] S. *Pitschas*, Verwaltungsverantwortung, S. 391 ff.
[476] § 79 Rn. 4 f.; *Hufen* Rn. 396, 401 ff.
[477] § 48 Rn. 63 ff.; § 50 Rn. 3.
[478] § 1 Rn. 58; § 9 Rn. 67 f.
[479] *Ule*, Verwaltungsprozessrecht, § 37 III; *Weides/Bertrams*, Nachträgliche Verwaltungsentscheidung im Verfahren der Untätigkeitsklage, NVwZ 1988, 673.
[480] S. BVerwGE 66, 342 = NJW 1983, 2276.
[481] Z. B. *Dolde* in Schoch u. a. § 75 Rn. 19 ff.; *Clausing*, ebda., § 161 Rn. 39 ff.; s. auch *Weides/Bertrams* NVwZ 1988, 673.
[482] BVerwG InfAuslR 1989, 353, 354.

von Aufhebung des VA durch das Gericht und Neubescheidung durch die Behörde vor (dazu Rn. 69). Auch eine Aufhebung des VA durch das *BVerfG*[483] lässt das frühere VwVf nicht wieder aufleben.

214 Für alle Klagearten gilt, dass die Behörde auf Grund eines Gerichtsverfahrens **nicht gehindert** ist, in eigener Verantwortung die Recht- und Zweckmäßigkeit des VA zu überwachen, insbesondere eigene Sachverhaltsermittlungen anzustellen (s. § 24 Rn. 65) und auf Grund dieser Ermittlungen einen fehlerhaften VA aufzuheben.[484] Die Dispositionsfreiheit der Verwaltung geht insoweit durch ein laufendes gerichtliches Verfahren nicht verloren.[485] Während der Anhängigkeit des Verwaltungsrechtsstreits um die Gewährung von **Sozialhilfe** kann die Behörde, um (vermeintliche) Notfälle zu regeln, weitere sog. **verfahrensbegleitende Bescheide** erlassen, die dann aus prozessökonomischen Gründen in die verwaltungsgerichtliche Kontrolle des bereits anhängigen Verfahrens einbezogen werden.[486]

6. Verhältnis zum Vollstreckungsverfahren

215 Das Vollstreckungsrecht hat in den VwVGen des Bundes und der Länder seine **eigene rechtliche Regelung** gefunden.[487] Soweit sie die **AO** für anwendbar erklären (§ 5 VwVG), gehen diese Regeln vor (§ 2 Rn. 58). Soweit das VwVfG gilt, ist hierdurch zu dem Verhältnis des Vollstreckungsverfahrens zu dem VwVf nach § 9 nichts gesagt. Folgende Aufteilung ist möglich:

216 Schließt das VwVf mit dem Erlass eines gebietenden oder verbietenden **VA** ab, folgt die Vollstreckung in einem weiteren Verfahren nach § 9, soweit die **Vollstreckungsmaßnahmen VA** sind (§ 35 Rn. 165). Der Verfahrensbegriff des § 9 erfasst nicht nur das „Erkenntnisverfahren", das Verfahren also, das einen VA mit Titelfunktion (§ 35 Rn. 38 f.) zum Ziel hat, sondern auch das VwVf, das einen Vollstreckungsverwaltungsakt zum Inhalt hat. Dies folgt aus § 28 Abs. 2 Nr. 5. Ein neues VwVf wird ebenfalls begonnen, nachdem ein VwVf **durch Vertrag**, in dem die Unterwerfung unter die sofortige Vollstreckung nach § 61 (s. dort) geregelt worden ist, abgeschlossen worden ist, und die Vollstreckung auf Grund des VwVG durch VA durchgeführt wird. Vollstreckungsmaßnahmen, die keinen VA darstellen, sind zwar ebenfalls Verwaltungstätigkeit i. S. d. § 1, begründen hingegen kein neues VwVf i. S. d. § 9.

217 Insbesondere in den Fällen des § 13 Abs. 2 VwVG sind die VA als **Titel und die Androhung** des Zwangsmittels miteinander verbunden. Sie sind ein einheitlicher Verfahrensgegenstand (Rn. 108). Über sie wird in einem einheitlichen VwVf entschieden. Nicht zum Vollstreckungsverfahren gehören **Folgenbeseitigungs- und ör Erstattungsanspruch**, s. dazu Rn. 39.

7. Verhältnis zur Anordnung der sofortigen Vollziehung

218 Die **Anordnung der sofortigen Vollziehung** nach § 80 Abs. 2 Nr. 4 VwGO ist kein VA (§ 35 Rn. 164, bestr.), sie ergeht daher nicht auf Grund eines selbständigen VwVf i. S. d. § 9.[488] Zum Rechtsbehelf § 79 Rn. 24 f. Entsprechend für Aussetzung der Vollziehung *VGH München* KStZ 1988, 37.[489] Vielmehr ergeht sie wie eine Zwischenentscheidung (Rn. 186) im Rahmen des VwVf für den VA, dessen sofortige Vollziehung angeordnet wird.[490] Zur vollstreckungsrechtlichen Aussetzung s. § 35 Rn. 165. Mangels eines VwVf i. S. d. § 9 sind selbst dann die Regeln der §§ 9 ff. nicht anzuwenden, wenn die Anordnung der sofortigen Vollziehung erst nach Abschluss des VwVf erfolgt; daher ist auch eine Anhörung nicht erforderlich.[491] Auch ist

---

[483] *BVerfGE* 84, 1 = NVwZ 1991, 560.
[484] Vgl. Rn. 209; § 50 Rn. 3 f.; *Stelkens* NVwZ 1982, 81 ff.
[485] *Schmitz/Wessendorf* NVwZ 1996, 955, 958.
[486] *BVerwGE* 39, 261, 265 = DÖV 1973, 95; ZfSH 1978, 115; BayVBl 1992, 760, 761 = NVwZ 1993, 995.
[487] § 1 Rn. 56; Einl Rn. 22.
[488] *VG Frankfurt/M.* NVwZ-RR 2002, 736; *Ziekow* § 9 Rn. 21.
[489] Unter Hinweis auf *VGHE* n. F. 19, 128 gegen *BFHE* 136, 523 = NVwZ 1983, 244.
[490] *OVGE* Berlin 20, 49 = NVwZ 1993, 198; wohl auch *OVG Koblenz* NVwZ 1985, 919.
[491] *OVG Koblenz* NVwZ 1988, 748; *VGH Mannheim* NVwZ-RR 1990, 561; BauR 1992, 494 für § 80 a VwGO; VBlBW 1994, 447; 1995, 92; NVwZ-RR 1995, 17, 19; *OVG Schleswig* NVwZ-RR 1993, 587; *Redeker* BauR 1991, 525, 527 f.; *Hamann* DVBl 1989, 969, dazu *Renck* DVBl 1990, 1038 m. Erw. *Hamann*; *Schröder* VBlBW 1995, 384; a. A. für § 28 analog *OVGE Lüneburg* 42, 489, 491 = NVwZ-RR 1993, 585;

die Begründung nach § 80 Abs. 3 VwGO keine Begründung nach § 39, wenngleich sie eine ähnliche Bedeutung hat;[492] die fehlende Begründung nach § 80 Abs. 3 VwGO kann daher auch nicht nach § 45 Abs. 1 Nr. 2 und nur in dem zeitlichen Rahmen des § 45 Abs. 2 nachgeholt werden.[493] Den Rechtsgedanken aus § 46 wenden *OVG Münster* NWVBl 1994, 424; *OVGE Lüneburg* 42, 489, 493 = NVwZ-RR 1993, 585 an. Zu unterscheiden hiervon ist die Frage, ob im Verfahren nach § 80 Abs. 5 VwGO die fehlende Anhörung oder Begründung des VA selbst nachgeholt werden kann.[494]

Für die Anordnung der sofortigen Vollziehung ist allein das **Verfahren nach § 80 VwGO** 219 maßgebend. Bei der besonderen Ausgestaltung dieses Verfahrens dürfte selbst für die Anhänger der Meinung, die der Anordnung der sofortigen Vollziehung oder ihrer Ablehnung Verwaltungsaktsqualität beimessen, das Verfahren nach § 80 VwGO das VwVfG nach § 1 Abs. 1 verdrängen.[495]

8. Verhältnis zu Aufhebungsverfahren nach §§ 48 bis 51

Die Verfahren über die **Rücknahme, den Widerruf und das Wiederaufgreifen** sind 220 **selbständige VwVf** i. S. d. § 9.[496] Wegen ihres inhaltlichen Bezuges zu den vorausgegangenen VA enthalten diese Vorschriften einige **Sonderregeln**: § 48 Abs. 5, § 49 Abs. 4, § 51 Abs. 4 und Abs. 2. Das Rechtsbehelfsverfahren über den früheren VA kann parallel zu dem Rücknahme- und Widerrufsverfahren betrieben werden (Rn. 198, 203). Das Verfahren nach § 51 ist allerdings erst nach Unanfechtbarkeit des ersten VA zulässig (§ 51 Rn. 87). Wird der frühere VA nach §§ 48 bis 50 aufgehoben, wird dadurch nicht das früher abgeschlossene VwVf beseitigt. Die Behörde muss auf Grund der neuen Rechtslage prüfen, ob sie, z. B. auf Grund eines Antrages, ein neues VwVf beginnt (vgl. auch Rn. 213). Sie ist allerdings nicht gehindert, in einem einheitlichen VwVf sowohl die Aufhebung der früheren Entscheidung als auch einen neuen VA durchzuführen. Bei einem **Änderungs- und Ersetzungsbescheid** wird dies häufig der Fall sein (§ 48 Rn. 244). Änderungs- und Ersetzungsverfahren sind überdies auf Grund eines Neuantrages (§ 51 Rn. 47) denkbar, z. B. wenn auf Grund eines weiteren Bauantrages eine frühere Baugenehmigung entweder ganz entfallen[497] oder abgeändert werden soll.[498] Im Verfahren nach § 51 entscheidet die Behörde bereits in diesem Verfahren bei einem zulässigen und begründeten Antrag neben der Aufhebung auch in der Sache selbst (§ 51 Rn. 69 ff.). S. ferner § 79 Rn. 49.

IX. Europarecht

Das sich zügig fortentwickelnde Recht der EU kann auch bei der Durchführung eines innerstaatlichen VwVf zu berücksichtigen sein. Dabei kann es zu Traditions- und Systembrüchen mit den Grundsätzen des deutschen Verwaltungsrechts kommen, wenn in bestimmten Fällen auch deutsche Verfahrensvorschriften zu modifizieren sind, um Konflikte mit dem europäischen 221

VGH München BayVBl 1988, 369; *VG Berlin* NVwZ-RR 1992, 527; *Müller* NVwZ 1988, 702. Bei einer analogen Anwendung von § 28 müsste konsequenterweise auch § 45 Abs. 2 entsprechende Anwendung finden, so dass eine Anhörung noch im gerichtlichen Eilverfahren nachgeholt werden könnte.

[492] *OVG Magdeburg* DVBl 1994, 808; missverständlich *OVG Münster* InfAuslR 1983, 2 und *Schreiber* BayVBl 1983, 182.

[493] Für analoge Anwendung bis Antragstellung *OVG Koblenz* NVwZ 1985, 919, zeitlich weitergehend *VGH Kassel* DÖV 1985, 75; zur Begründung der sofortigen Vollziehbarkeit einer Allgemeinverfügung § 39 Rn. 73.

[494] Zusammenfassend *VGH Kassel* DÖV 1988, 1023; NVwZ-RR 1989, 113; *OVGE Berlin* 19, 247 = LKV 1992, 133, 138; *Schmaltz* DVBl 1992, 230, 232 ff. m. w. N.; § 45 Rn. 86 f.

[495] Im Ergebnis wie hier *VGH München* BayVBl 1988, 369; *OVG Koblenz* NVwZ 1988, 748; *OVG Lüneburg* DVBl 1989, 887; *VGH Mannheim* DÖV 1991, 167; VBlBW 1995, 92; *Hamann* DVBl 1989, 969; *Schmaltz* DVBl 1992, 230, 232; a. A. *OVGE Lüneburg* 42, 489, 491 = NVwZ-RR 1993, 585; offen *VGH Mannheim* GewArch 1987, 34; NVwZ-RR 1990, 561; *VG Regensburg* KStZ 1987, 239, das §§ 48, 49 durch § 80 Abs. 6 VwGO verdrängt sieht; s. ferner § 28 Rn. 11.

[496] § 48 Rn. 253; § 49 Rn. 115; § 51 Rn. 8, 22; a. A. anscheinend für Asylfolgeverfahren BVerwGE 80, 313 = NVwZ 1989, 473, 474.

[497] So wohl *OVG Münster* BauR 1988, 709, 710 = NVwZ 1989, 379.

[498] *VGH München* BayVBl 1984, 596; *OVG Münster* 11. 6. 1991 – 10 A 1783/88.

§ 10   Teil II. Allgemeine Vorschriften über das Verwaltungsverfahren

Recht zu vermeiden.[499] So stellen die Art. 2 bis 5 des GenBeschlG sicher, dass bei bestimmten UVP-pflichtigen Vorhaben der Planfeststellungsbeschluss nicht gem. § 74 Abs. 6 durch eine Plangenehmigung ersetzt werden kann.[500] Aus dem Gebot der **Vertragstreue** folgt für die Mitgliedstaaten die Pflicht, **Ziele einer EU-Richtlinie** bereits vor Ablauf der Umsetzungsfrist **nicht zu unterlaufen.**[501] Die Europäisierung des Verwaltungsrechts schreitet unaufhaltsam fort und ist unumkehrbar. Längst ist hiervon nicht nur das Wirtschaftsrecht betroffen; die notwendige Berücksichtigung des Gemeinschaftsrechts beim innerdeutschen Verwaltungsvollzug (Einl Rn. 74) erfasst auch weite Bereiche der Innenpolitik wie z. B. das Ausländerrecht und das Umweltrecht. Bei dieser Entwicklung kann es **nicht** darum gehen, **europäischen Organen** vor allem **neue Kompetenzen** zuzuweisen. Voraussetzung für den Rechtsunterworfenen zumutbare und Akzeptanz genießende Ergebnisse ist vielmehr die ordnende und formende juristische Gediegenheit bei der Weiterentwicklung der **Verzahnung des Gemeinschaftsrecht mit dem nationalen Verwaltungsrecht und Verwaltungsverfahrensrecht** einschließlich des Verwaltungsprozessrechts.[502] Zum Europäischen Verwaltungsrecht s. Einl Rn. 129 ff.; zum Recht auf eine gute Verwaltung nach Art. 41 der Charta der Grundrechte der Europäischen Union § 1 Rn. 26; zur Verwaltungsrechtsanpassung und zur Wechselbeziehung zwischen europäischem und nationalem Recht insb. Einl Rn. 91. S. auch die Erläuterungen im Abschnitt „Europarecht" bei den einzelnen Vorschriften.

X. Landesrecht

222   Das Landesrecht entspricht § 9. Zu besonderen Verfahrensentwicklungen s. Rn. 89 ff.

XI. Vorverfahren

223   Vgl. Rn. 209 m. w. N.

§ 10 Nichtförmlichkeit des Verwaltungsverfahrens

¹Das Verwaltungsverfahren ist an bestimmte Formen nicht gebunden, soweit keine besonderen Rechtsvorschriften für die Form des Verfahrens bestehen. ²Es ist einfach, zweckmäßig und zügig durchzuführen.

Vergleichbare Vorschrift: § 9 SGB X.

Abweichendes Landesrecht: Vgl. Rn. 30; ferner Übersicht zu Änderungen der LVwVfGe im Dritten Teil dieses Kommentars.

Entstehungsgeschichte: Bis zum Inkrafttreten des VwVfG vgl. § 10 der 6. Auflage. **Änderungen:** Satz 2 wurde geändert m. W. v. 19. 9. 1996 durch Art. 1 Nr. 1 des GenBeschlG; Begr. BT-Drs 13/3995; vgl. Rn. 25.

Literatur: *Hill,* Verfahrensermessen, NVwZ 1985, 449; *ders.* DÖV 1987, 885; *Leisner,* Die untätige Behörde, VerwArch 91 (2000), 227; vgl. ferner die Literaturhinweise zu § 9.

Übersicht

	Rn.
I. Grundsatz der Nichtförmlichkeit (Satz 1, 1. Halbs.)	1
1. Formfreiheit	1
2. Willkürverbot, angemessene Bearbeitungsdauer	4
3. Kein Dispens von allgemeinem Recht	7

---

[499] So auf Grund der Umweltinformationsrichtlinie (§ 29 Rn. 20), die z. B. den Informationsanspruch des Bürgers von jeder materiellen Betroffenheit ablöst; hierzu *Breuer* NVwZ 1997, 833, 839; oder auf Grund der vorrangigen Rückabwicklung gemeinschaftsrechtswidriger Subventionen gegenüber entgegenstehenden nationalen Ausschlussfristen (§ 1 Rn. 225 – Fall Alcan).
[500] Hierzu *Schmitz/Wessendorf* NVwZ 1996, 955, 960 f.; das Fehlen einer entsprechenden Umweltklausel für Vorhaben nach dem AEG moniert *Eckert* DVBl 1997, 158, 160.
[501] BVerwGE 107, 1, 22 = NVwZ 1998, 961.
[502] Dazu *Schoch* DVBl 1997, 289, 296 f.

§ 10 Nichtförmlichkeit des Verwaltungsverfahrens 1–3 § 10

	Rn.
II. Verfahren auf Grund besonderer Rechtsvorschriften (Satz 1, 2. Halbs.)	10
III. Verfahrensermessen, Einfachheit, Zweckmäßigkeit und Zügigkeit (Satz 2)	16
1. Verfahrensermessen	16
2. Einfachheit, Zweckmäßigkeit und Zügigkeit	20
3. Inhalt der Verfahrensgestaltung	23
a) Effektivität	23
b) Beschleunigung	24
c) Verfahrensökonomie	26
IV. Europarecht	29
V. Landesrecht	30
VI. Vorverfahren	31

I. Grundsatz der Nichtförmlichkeit (Satz 1, 1. Halbs.)

1. Formfreiheit

Der **Grundsatz der Nichtförmlichkeit** ist bewusst als erster der Verfahrensgrundsätze des VwVfG aufgeführt worden (§ 9 Rn. 82), um die Position des VwVf klarzustellen und den Vollzug in die Verantwortung der Behörde zu legen (§ 9 Rn. 65). Er war bereits vor Erlass des VwVfG anerkannt.[1] Der Musterentwurf nahm dieses Prinzip auf.[2] Es muss einerseits rechtsstaatlichen Erfordernissen (§ 9 Rn. 42, 49 ff.), andererseits der Forderung nach einfacher und wirksamer Verwaltung genügen (§ 9 Rn. 70, 79 f.). Das VwVfG beschreitet einen Mittelweg, indem es die Gestaltung des Verfahrens im Grundsatz in das pflichtgemäße Ermessen der Behörde, dem Grundsatz der Verwaltungseffizienz (§ 9 Rn. 76 f.) folgend, stellt (§ 10 S. 2, § 22), durch Normierung weiterer Verfahrensgrundsätze aber rechtsstaatliche Sicherungen vorsieht (§ 9 Rn. 82, 42) und eine eher justizförmige Ausgestaltung den Fällen besonderer Bedeutung (förmliches Verwaltungsverfahren, Planfeststellungsverfahren) vorbehält. Das nichtförmliche VwVf ist damit die **Regel,** das förmliche und das Planfeststellungsverfahren sind die Ausnahmen; dies ist bei der Auslegung von Verfahrensrechten und -pflichten zu berücksichtigen (§ 9 Rn. 73). S. ferner Rn. 12. 1

Der Begriff der Nichtförmlichkeit, auch als Maßstab für künftige Gesetzgebung gedacht,[3] ist **nicht definiert** (und wohl auch kaum definierbar). Er bedeutet nicht Regellosigkeit, sondern wird nur durch die Nichtbindung an bestimmte Formen (Satz 1) und die einfache und zweckmäßige Durchführung (Satz 2) partiell bestimmt. Weitere Gesichtspunkte lassen sich aus dem Vergleich mit den genannten förmlichen Verfahren gewinnen: kein Formzwang bei Anträgen (§ 22 Rn. 30), keine obligatorische mündliche Verhandlung, keine besonderen Vorschriften über das Beweisverfahren, keine besonderen Formerfordernisse für die Entscheidung und ihre Bekanntgabe. 2

Der Grundsatz des § 10 begründet eine **Vermutung der Formfreiheit.** Angesprochen wird in erster Linie die **Verfahrensgestaltung** im konkreten Fall (s. § 9 Rn. 51, 77, 165), soweit nicht konkrete Rechtsvorschriften vorgehen (Rn. 10 ff.). Alle die Vorschriften des VwVfG, die Verfahrensermessen (Rn. 16) einräumen,[4] bieten dazu Raum (s. ferner § 9 Rn. 102 f., 163, 182). **Ob** und **wann** ein VwVf begonnen werden muss oder kann, bestimmt § 22 (dort Rn. 6 f.). Unberührt bleibt für bindende Verfahrensregeln der allgemeine **Grundsatz,** sie im Zweifel so auszulegen und anzuwenden, dass sie für den Bürger keine unvertretbaren Schranken für die Durchsetzung materieller Ansprüche, insbesondere bei der Wahrung von Grundrechten, darstellen.[5] 3

---

[1] *BVerwGE* 23, 24, 27 = NJW 1967, 70.
[2] Vgl. Musterentwurf, Allg. Begr., S. 74; Einl Rn. 21.
[3] Begr. zu § 10 Entwurf 73.
[4] Z. B. § 13 Abs. 2 S. 1, § 26 Abs. 1, § 28 Abs. 2, § 39 Abs. 2.
[5] Vgl. *BVerfGE* 49, 252 = NJW 1979, 538; *BVerwG* NJW 1984, 444; BGH NJW 1995, 2344; Rn. 27; § 9 Rn. 22, 63.

2. Willkürverbot, angemessene Bearbeitungsdauer

4   Der Grundsatz der Nichtförmlichkeit ermächtigt die Behörde nicht, ihr Verfahren **willkürlich** zu gestalten und z. B. auf Verfahrensgrundsätze zu verzichten (§ 9 Rn. 75, 78). Das Willkürverbot im VwVf zwingt die Behörde zur Herbeiführung einer gesetzmäßigen und gerechten Entscheidung und ergänzt dadurch den in Rn. 3 genannten Grundsatz. Allerdings ist nicht jede fehlerhafte Verfahrensgestaltung willkürlich. Das wäre sie nur, wenn sie unter keinem rechtlichen Gesichtspunkt vertretbar wäre und sich daher der Schluss aufdrängen würde, dass das Verhalten, wenn auch schuldlos, auf sachfremden Erwägungen beruht.[6]

5   Nach diesen Grundsätzen beantwortet sich auch die Frage, ob im Einzelfall ein Anspruch auf eine **Entscheidung in angemessener Frist** besteht,[7] der eine Verfahrensverschleppung, auch durch formell erfolgte, aber nicht erforderliche Aussetzung des Verfahrens (§ 9 Rn. 203) oder durch fortwährende Sachverhaltsermittlung (§ 26 Rn. 20) verbietet. Ob dieser Anspruch schon aus allgemeinen verfahrensrechtlichen Grundsätzen abgeleitet werden kann, ist offen (s. § 24 Rn. 75). Er kann sich darüber hinaus auch aus dem Grundsatz des Grundrechtsschutzes durch Verfahren oder als Nebenpflicht aus dem Verwaltungsrechtsverhältnis (§ 9 Rn. 35) ergeben. Zu Recht weist BFHE 165, 469 = NJW 1992, 1526 darauf hin, dass eine Verfahrensverschleppung allein einen erlassenen VA nicht rechtswidrig werden lässt. Durch unangemessen lange Bearbeitungszeit einer Steuererklärung kann das Finanzamt den Zinsanspruch verwirken.[8]

6   Prozessual durchsetzbar ist der Anspruch nur mittelbar durch Untätigkeitsklage oder im Wege der Amtshaftung;[9] nur ausnahmsweise kann er bei Ermessensentscheidungen das Entscheidungsergebnis beeinflussen.[10] Gelegentlich kann im Wege der Weisung eine Beschleunigung erreicht werden.[11] § 10 räumt jedoch Einwirkungsmöglichkeiten zur Beschleunigung des Verfahrens ein (Rn. 24). Zum ausdrücklichen Gebot zügiger Verfahrensdurchführung s. Rn. 25. Auf Seiten des Bürgers werden diese Möglichkeiten noch zu wenig genutzt; zuweilen liegt eine Verzögerung des Verfahrens auch im Interesse des Bürgers (Rn. 28). Zur Reihenfolge der Bearbeitung § 22 Rn. 60.

3. Kein Dispens von allgemeinem Recht

7   Aus dem 2. Halbsatz kann nicht der Rückschluss gezogen werden, dass Bindungen an **das allgemeine Recht** aufgegeben würden. Die Behörde hat daher einzuhalten:
(1) die Zulässigkeitsvoraussetzungen (§ 9 Rn. 138 ff., 142),
(2) die allgemeinen Verfahrensgrundsätze (§ 9 Rn. 46 ff.) und die Vorschriften des VwVfG, vor allem §§ 11 ff. (§ 9 Rn. 75),
(3) den Rahmen des materiellen Rechts (§ 9 Rn. 20 ff.).

8   Als Regelung der Verfahrensgestaltung macht § 10 keine Aussage zu der Frage, welche Handlungsform verwandt werden darf (§ 1 Rn. 141 f.), noch zu dem Inhalt, insbesondere auch nicht zu der **Bindungswirkung** eines VA. Diese bestimmt sich nach dem jeweiligen materiellen Fachrecht (§ 35 Rn. 71; § 43 Rn. 55 ff.). Deshalb kann auf § 10 weder die **Zulässigkeit** einer **vorläufigen Regelung** noch einer **Teilregelung** gegründet werden.[12] Aus § 10 S. 2 ergibt sich lediglich das an die Behörde gerichtete Verfahrensgebot zu prüfen, ob eine Verfahrensbeschleunigung durch Erlass einer solchen Regelung möglich ist.[13] Gleiches gilt für die Zulässigkeit eines **gestuften** und eines **gestaffelten Verfahrens**.[14] Wenn das Fachrecht die gewünschte Hand-

---

[6] § 40 Rn. 93, für Gerichtsverfahren BVerfGE 83, 82 = NJW 1991, 157; NJW 1993, 1699; BayVerfGH NJW 1991, 2413 m. w. N.
[7] Zu einem besonders eklatanten Fall BVerfGE 69, 161 = NJW 1985, 2019.
[8] FG Neustadt EFG 1992, 646.
[9] § 9 Rn. 81; § 24 Rn. 77; s. auch Oberrath/Hahn VBlBW 1997, 241, 242; zur Amtshaftung bei Bauantrag BGH BauR 1983, 231; DVBl 1991, 1140; DVBl 1994, 278; BayObLG NJWZ-RR 1992, 534; zum Problem einer Rechtsänderung während verzögerlicher Bearbeitung BGH NVwZ 1991, 298.
[10] § 40 Rn. 122. Aus Art. 2 Abs. 1 GG i. V. m. dem Rechtsstaatsprinzip folgt bei Ordnungswidrigkeiten- und Strafverfahren, dass eine übermäßig lange Verfahrensdauer beim Rechtsfolgenausspruch zu berücksichtigen ist, BVerfG NJW 1992, 2472.
[11] Insoweit zur Weisungskompetenz des Bundes gegenüber dem Land BVerfGE 81, 310 = NJW 1990, 955; dazu Zimmermann DVBl 1992, 93; s. auch § 24 Rn. 26.
[12] S. § 9 Rn. 93; a. A. OLG Celle NVwZ 1985, 218; Götz JuS 1983, 924, 927; jew. ohne Begr.
[13] Vgl. Ziekow DVBl 1998, 1101, 1105.
[14] § 9 Rn. 93, 171, 202; wie hier Hill NVwZ 1985, 451.

lungs- oder Verfahrensform erlaubt, nicht notwendig gebietet, gibt § 10 die nähere Ausgestaltung in die Hand der Behörde.[15]

Aus der allgemeinen Aufgabenzuweisung, nicht aus § 10, folgt auch die Befugnis der Behörde **9** zu **informellen Verfahren** vor einem oder anstelle eines VwVf i. S. d. § 9 (dort Rn. 175 ff., 181 ff.). Soweit eine derartige Handhabung innerhalb eines VwVf stattfindet, ist ihre Grundlage § 10. Es kann z. B. sinnvoll sein, über die Verpflichtung des § 28 Abs. 1 hinaus eine Anhörungsgespräch, das sowohl die Rechtsfragen als auch weitere Verfahrensgegenstände (§ 9 Rn. 108) umfasst, zu führen, um anstelle eines EingriffsVA und seiner möglichen Vollstreckung zu einer einvernehmlichen Regelung zu kommen (§ 9 Rn. 102).

II. Verfahren auf Grund besonderer Rechtsvorschriften (Satz 1, 2. Halbs.)

Der **Vorbehalt** für besondere Rechtsvorschriften wurde trotz der Subsidiaritätsklausel des § 1 **10** Abs. 1 und 2 aufgenommen, da er zum Grundsatz der Nichtförmlichkeit zu rechnen ist und insoweit eine notwendige Einschränkung darstellt.[16] Der **Grundsatz der Nichtförmlichkeit** gilt also nur, **soweit keine besonderen Rechtsvorschriften** für die Form des Verfahrens, d. h. für die Ausgestaltung (Rn. 3), bestehen. Solche Vorschriften finden sich in einer Vielzahl von Gesetzen, insbesondere bei Genehmigungs- und Planfeststellungsverfahren. Im Rahmen der Rechtsbereinigung werden einige abgebaut (§ 1 Rn. 269 ff.), andere neu geschaffen. Zum Begriff Rechtsvorschrift § 1 Rn. 208 ff.; § 36 Rn. 115.

Zu den Rechtsvorschriften im Sinne des Satzes 1 gehören auch die zwingenden Vorschriften **11** VwVfG wie z. B. §§ 22 S. 2, 24 Abs. 2, 28 Abs. 1, 37 Abs. 2, 39 Abs. 1 S. 2,[17] 57 sowie die Vorschriften des VwVfG über das förmliche VwVf, die Beschleunigung von Genehmigungsverfahren und das Planfeststellungsverfahren und die übrigen Vorschriften über Verfahrensgrundsätze (s. im übrigen Rn. 7). Ausnahmen vom Grundsatz der Formfreiheit sind nicht schlechthin eng auszulegen; der Zweck der Ausnahmeregelung ist für die Bestimmung des Anwendungsbereiches maßgebend.[18]

Soweit **besondere Rechtsvorschriften** bestehen, ist im Einzelfall zu prüfen, ob sie zwin- **12** gend anzuwenden sind oder der Behörde einen **Anwendungsspielraum** lassen, der ggf. nach § 10 S. 2 auszufüllen ist. Werden Grundsätze des VwVfG in Fachgesetzen ausgeschlossen, ist zu prüfen, ob das Fachrecht im Einzelfall dennoch die Anwendung dieses Grundsatzes unter Berücksichtigung von § 10 S. 2 gestattet, z. B. Anhörung eines Dritten trotz § 74 BauO NRW.[19] Soweit **besondere Verfahren** wie förmliches oder Planfeststellungsverfahren keine entgegenstehenden Regeln enthalten, ist § 10 anzuwenden;[20] er gilt insoweit für alle VwVf.[21] Die Vorschriften zur Beschleunigung von Genehmigungsverfahren in §§ 71 a ff. nennen Verfahrensmodelle mit Beschleunigungswirkung, die teilweise schon in Verwaltungsvorschriften enthalten waren;[22] sie konkretisieren insoweit § 10.[23]

Der Vorbehalt betrifft nur die Frage, ob die Behörde durch gesetzliche Vorschriften zu einer **13** in einer bestimmten Weise formgebundenen Abwicklung des VwVf gezwungen ist. Bereits aus dem allgemeinen Organisationsrecht, das insoweit durch die Befugnis der Behörde, das VwVf in den Grenzen der Rechtsvorschriften zu gestalten, nicht eingeschränkt wird, folgt auch die Befugnis, ihre Mitarbeiter durch **Verwaltungsvorschriften** zu einer bestimmten Abwicklung von VwVf zu veranlassen.[24] Dies schließt **Formulare für die Antragstellung** (Rn. 14), ggfs. auch die **Benutzung eines elektronischen Zugangs** (§ 3 a Rn. 10) ein. Damit wird häufig eine

---

[15] Z. B. für die Beteiligung einer anderen Behörde BVerwGE 85, 251 = NVwZ 1991, 66; zum Freigabevorbehalt s. § 43 Rn. 172; *Rumpel* NVwZ 1992, 1132, 1134.
[16] Vgl. Begr. zu § 10 Entwurf 73.
[17] S. Rn. 17.
[18] Vgl. *Weihrauch* VerwArch 82 (1991), 543, 555 m. w. N.
[19] Dazu *Stelkens* BauR 1986, 390, 396 ff.
[20] § 63 Abs. 2, § 72 Abs. 1.
[21] *Hill* NVwZ 1985, 451.
[22] *Schmitz/Wessendorf* NVwZ 1996, 955, 959; vgl. auch Rn. 13.
[23] So auch *Ziekow* DVBl 1998, 1101, 1106.
[24] *VG Berlin* DVBl 1983, 283.

Beschleunigung des Verfahrensablaufs bezweckt, was der in Satz 2 niedergelegten Zielsetzung entspricht. Die allgemeinen Grenzen (Rn. 7, 17) sind bereits bei Erlass der Verwaltungsvorschrift einzuhalten. Sie dürfen nicht zu einer sachlich nicht gerechtfertigten Bevorzugung[25] oder ungleichmäßigen Inanspruchnahme und Belastung einzelner, insbesondere der Verfahrensbeteiligten führen (Rn. 18). Hierbei ist dem Grundsatz des Grundrechtsschutzes durch und im Verfahren Rechnung zu tragen (§ 9 Rn. 21, 23).

14 Die Verwendung bestimmter **Vordrucke, Formulare** wird zudem häufig vom EDV-Einsatz gefordert; die dient auch der möglichst gleichmäßigen, an Art. 3 GG orientierten Arbeitsweise.[26] Soweit Formulare **IT-gerecht** angelegt sind, bestehen jedoch folgende **Gefahren:**[27] Der Sachverhalt kann oder wird nicht mehr auf den Einzelfall bezogen ermittelt werden, sondern nur in dem vom Programm bestimmten Umfang. Korrekturen während des VwVf sind nur schwer möglich. Bei der Anwendung unbestimmter Rechtsbegriffe oder im Ermessenbereich ist die Entscheidung „vorprogrammiert", das Programm wird zur Verwaltungsvorschrift (§ 37 Rn. 72). Der Zweck des Formulareinsatzes im einzelnen VwVf beantwortet im Verhältnis zum Bürger allerdings noch nicht **einzelne Fragen:** Kann vom Bürger die Benutzung von (Antrags-)Formularen verlangt werden?[28] Wie verständlich müssen Formulare ausgestaltet sein?[29] Muss der Bürger bei der Ausfüllung von Formularen beraten werden?[30] In welchem Umfang kann die Behörde formularmäßig einen VA gestalten?[31]

15 Aus diesen Überlegungen kann nicht geschlossen werden, dass die Behörde ohne gesetzliche Grundlage in der materiellen Überprüfung zu einer **typisierenden Arbeitsweise** berechtigt wären.[32] Zur Frage, inwieweit Antragsfristen gesetzt werden können, s. § 31 Rn. 13, 24ff. Nicht ausgeschlossen ist es, durch Verwaltungsvorschriften zusätzliche, dem Bürger günstige Verfahrensanforderungen zu stellen, z.B. auf Öffentlichkeit des Verfahrens[33] oder auf Anwendung des § 28 Abs. 1 auch in bestimmten Fällen des Absatzes 2.

III. Verfahrensermessen, Einfachheit, Zweckmäßigkeit und Zügigkeit (Satz 2)

1. Verfahrensermessen

16 § 40 zeigt vom Wortlaut her, dass das VwVfG nicht nur von einer Ermessensausübung im Rahmen der materiellen Entscheidung ausgeht, sondern Ermessen auch bei der Verfahrensgestaltung kennt (§ 40 Rn. 45). Dieses **Verfahrensermessen**[34] ist Voraussetzung für die zweckmäßigen Umsetzung des materiellen Rechts, des Gesetzesvollzugs (§ 9 Rn. 65). Es findet seine **Ermächtigungsgrundlage in einer Vielzahl einzelner Bestimmungen** des VwVfG, und zwar für die **Auswahl des Verfahrens** einschließlich der **Handlungsform** (§ 9 Rn. 162ff.), für den **Beginn und die Durchführung** insgesamt (§ 9 Rn. 77f.; § 22 Rn. 6f.) wie z.B. durch die generelle Anordnung von Antragsfristen (§ 31 Rn. 9ff.) oder im Einzelfall die **Verbindung, Trennung und Aussetzung** oder das zeitweilige Nichtbetreiben der VwVf (§ 9 Rn. 103, 201, 203) in §§ 10 S. 2, 22 S. 1, für die **Beteiligung** anderer Behörden,[35] für **einzelne Verfahrenshandlungen** bei den für sie geltenden Regelungen, soweit diese durch die Be-

---

[25] Vgl. z.B. Warteliste bei Lehramtskandidaten BVerwG NVwZ-RR 1990, 619; § 22 Rn. 60.
[26] Vgl. zusammenfassend zu dem Einsatz von Formularen *Püttner*, Verwaltungslehre, § 17 III 3; *Brinckmann/Grimmer/Höhmann/Kuhlmann/Schäfer*, Formulare im Verwaltungsverfahren, 1986; ferner § 24 Rn. 70, 90; § 25 Rn. 23.
[27] *H. Redeker* NVwZ 1986, 545.
[28] S. dazu § 24 Rn. 89ff.; § 22 Rn. 39.
[29] S. dazu § 24 Rn. 90; § 25 Rn. 23.
[30] S. § 25 Rn. 30.
[31] S. dazu § 39 Rn. 95ff.
[32] S. § 24 Rn. 70.
[33] *VG Berlin* DVBl 1983, 283.
[34] *Hill* NVwZ 1985, 449; *ders.* DÖV 1987, 885; *Schoch* Die Verwaltung 25 (1992), 21, 36; *Pitschas*, Verwaltungsverantwortung, S. 694ff.; *Rombach*, Der Faktor Zeit in umweltrechtlichen Genehmigungsverfahren, 1994, S. 44ff.; jew. m.w.N.
[35] § 9 Rn. 127; BVerwGE 85, 251 = NVwZ 1991, 66.

griffe wie „kann", „sollen", „ist befugt" gekennzeichnet sind[36] oder auch **in allgemeinen verwaltungsverfahrensrechtlichen Grundsätzen.**[37]

Als Unterfall des Ermessens sind die **Ermessensgrenzen,** die § 40 partiell umschreibt, beim Verfahrensermessen ebenfalls einzuhalten. Weder kann der Ermessensrahmen ausgedehnt werden[38] noch dürfen die zwingenden Vorschriften auf der Tatbestandsseite der Ermessensnorm (§ 40 Rn. 32 ff.) übersehen werden.[39] Die Zielsetzung des Ermessens wird durch den gesetzgeberischen Zweck der jeweiligen Verfahrensnorm bestimmt. Zugleich wirkt das durchzusetzende **materielle Recht** auf die Verfahrensgestaltung ein (Rn. 3; § 9 Rn. 20, 27 f., 63 f., 163 f.), wie sich z. B. im Prüfungsrecht[40] oder bei Art und Weise der Gewährung von Zugang zu Umweltinformationen nach § 3 Abs. 2 UIG[41] oder allgemein zu Behördeninformationen nach § 1 Abs. 2 Satz 2 IFG[42] zeigt. Von den **allgemeinen Grundsätzen** sind vor allem das Verhältnismäßigkeitsprinzip und das Willkürverbot (s. Rn. 4; § 40 Rn. 82 ff.) zu beachten und bieten die Möglichkeit, einen **Verfahrensmissbrauch** zu verhindern (§ 1 Rn. 142; § 9 Rn. 164). 17

Steht die Gestaltung des Verfahrens im Ermessen der Behörde, besteht **kein Anspruch** auf eine bestimmte Verfahrensgestaltung, abgesehen im Fall einer Ermessensschrumpfung auf Null.[43] Dies schließt nicht aus, dass der Bürger im Rahmen des Ermessens in vielfältiger Weise Einfluss auf die Verfahrensgestaltung nehmen kann (Rn. 28). Soweit die Ausübung des Ermessens durch Verwaltungsvorschriften geregelt ist (Rn. 13), kann sich die Bindung aus **Art. 3 GG** ergeben (§ 40 Rn. 91, 97, 104 ff.), vorausgesetzt das Ermessen ist insoweit auch im Interesse des Beteiligten ausgeübt worden (§ 40 Rn. 131 ff., 139 ff., s. auch Rn. 21). Ob aus Art. 3 GG und/oder aus Art. 20 Abs. 3 GG folgt, dass bei der Eingriffsverwaltung ein Anspruch auf **gleichmäßige Verfahrensdurchführung** gegen alle die durch die materielle Norm tatbestandsmäßig erfassten Fälle gegeben ist, ist umstritten.[44] Aus BVerfGE 84, 239 = NJW 1991, 2129[45] kann der Schluss gezogen werden, dass jedenfalls eine generelle Verfahrensgestaltung in für die Allgemeinheit bedeutsamen Angelegenheiten, die zu einer **ungleichen Belastung** der Betroffenen führen würde, durch Art. 3 GG untersagt ist. Art. 3 GG wirkt sich hiernach nicht in allen VwVf gleichermaßen aus; er ist bereichsspezifisch anzuwenden (§ 9 Rn. 21). BVerfGE 84, 348 = NJW 1992, 423 zeigt, dass Art. 3 GG auch eine Grenze für die Gestaltung typischer (Massen-)Verfahren zieht (§ 24 Rn. 70). Die grundsätzliche Wahlfreiheit der Behörde, einem Widerspruch stattzugeben oder den angefochtenen VA in einem eigenständigen VwVf nach § 48 Abs. 1 Satz 1 zurückzunehmen, kann nach **Treu und Glauben** (§ 242 BGB) eingeschränkt sein, z. B. wenn die Behörde nur einen Kostenanspruch des Widerspruchführers vermeiden will.[46] 18

Nicht geklärt ist, ob die Ausübung des Verfahrensermessens erkennbar sein muss, wie es z. B. *VGH Kassel* NVwZ-RR 1989, 113 für das Absehen von der Anhörung nach § 28 Abs. 2 fordert. Dem wird nicht gefolgt. Das VwVf als Entscheidungsprozess (§ 9 Rn. 100 ff.) ist von einer Vielzahl von Ermessensentscheidungen geprägt, die nicht alle aktenkundig (§ 9 Rn. 53, 55) gemacht werden können. Dies wird selbst für ein Gerichtsverfahren nicht gefordert. Die Anforderungen an die **Begründung** des Verfahrensermessens sind daher geringer als in § 39 Abs. 1 S. 3 genannt (dort Rn. 53). 19

---

[36] § 40 Rn. 21 ff., z. B. für die Hinzuziehung als Beteiligter in § 13 Abs. 2, für die Bestellung zum Vertreter in § 17 Abs. 2, § 18 Abs. 1, für die Behandlung fremdsprachiger Schriftstücke in § 23 Abs. 2, für die Gestaltung der Sachverhaltsermittlung (§ 24 Rn. 25 f.) wie die Beweisaufnahme in § 26 Abs. 1, die Anhörung in § 28 Abs. 2, die Akteneinsicht in § 29 Abs. 2, die Begründung in § 39 Abs. 2.
[37] *BVerwG* NVwZ-RR 1997, 355: Ablehnung eines Antrags nach fruchtloser Fristsetzung zur Beibringung von Unterlagen mit Ablehnungsandrohung.
[38] Z. B. bei §§ 22 S. 2, 24 Abs. 1; s. Rn. 20.
[39] Z. B. bei § 28 Abs. 2, 3, § 39 Abs. 2, s. ferner Rn. 12.
[40] Vgl. etwa *BVerwGE* 85, 323 = NJW 1991, 442; NVwZ-RR 1997, 355; *OVG Koblenz* NVwZ 1988, 457; *OVG Münster* NVwZ 1988, 455; NVwZ 1988, 458; NVwZ 1988, 459; NVwZ 1988, 461; *VGH München* NJW 1988, 2632; § 2 Rn. 131 ff.
[41] *BVerwGE* 102, 282 = NJW 1997, 753.
[42] Vgl. *Schmitz/Jastrow* NVwZ 2005, 984, 989; *Jastrow/Schlatmann*, IFG, 2006, § 1 Rn. 50 ff.
[43] *Hill* NVwZ 1985, 449, 452; § 9 Rn. 29, 51, 165.
[44] Dafür *VGH Kassel* NVwZ 2005, 683 m. Anm. *Weitzel* NuR 1986, 126; zust. *Wolny* UPR 1987, 121; diff. *Rechenbach* NVwZ 1987, 383; § 22 Rn. 12.
[45] Unter Bezugnahme auf *BVerfGE* 48, 127, 168 f. = NJW 1978, 1245. Allgemein zur Entwicklung der Judikatur des BVerfG zum allgemeinen Gleichheitssatz *Sachs,* Die Maßstäbe des allgemeinen Gleichheitssatzes – Willkürverbot und sogenannte neue Formel, JuS 1997, 124.
[46] *BVerwGE* 118, 84 = NVwZ-RR 2003, 871, 872.

2. Einfachheit, Zweckmäßigkeit und Zügigkeit

20 Satz 2 legt fest, dass das VwVf von der Behörde **einfach, zweckmäßig und zügig** durchzuführen ist, und definiert z. T. den Grundsatz der Nichtförmlichkeit (Rn. 3). Mit diesem Grundsatz wird nur der „**Zweckmäßigkeitsbereich**" der Betätigung des Verfahrensermessens (Rn. 16) umschrieben. Soweit die Ausübung des Ermessens auch Rechtsanwendung ist, bleibt es bei den allgemeinen Regeln (Rn. 17). Der Grundsatz bestimmt zum einen **Auswahl und Anwendung** der Vorschriften des VwVfG, soweit sie nicht zwingend anzuwenden sind. Zum anderen ist er bei der Auswahl und Anwendung von fachgesetzlichen Regelungen anzuwenden, z. B. ob gemäß § 20 Abs. 4 BNatSchG eine Regelung in einem Fachplan oder in einem Begleitplan durchzuführen ist.[47] Nicht dagegen bedeutet der Grundsatz, dass **Verpflichtungen** der Behörde unter Berufung auf diesen Grundsatz **nicht erfüllt** werden, z. B. darf aus vermeintlichen Zweckmäßigkeitsgründen nicht generell von der Anhörungspflicht abgesehen werden (Rn. 17; § 45 Rn. 25; ferner § 9 Rn. 75, 78). Der Grundsatz gibt der Behörde keine Handhabe, neue, (noch) nicht vom Gesetz vorgesehene Verfahrenselemente, die den Antragsteller belasten, aufzunehmen, wenn sie es zur Vermeidung späterer Rechtsstreitigkeiten für zweckmäßig hält. Deshalb war § 10 S. 2 keine Rechtfertigung, unter Außerachtlassung des nationalen, noch nicht angepassten Rechts auf Grund einer unmittelbaren Wirkung der UVP-Richtlinie für bestimmte Vorhaben eine UVP-Pflichtigkeit vorzusehen.

21 Bei der Normierung dieses Grundsatzes handelt es sich nicht nur um einen Programmsatz.[48] Als Teilregelung einer Ermessensvorschrift ist sie Rechtssatz, **unmittelbar anwendbares Recht**. Die Behörde ist daher verpflichtet, das Verfahren einfach, zweckmäßig und zügig zu führen. Allerdings werden, abgesehen von den Fällen einer Ermessensschrumpfung auf Null, aus diesem Grundsatz nur selten einzelne einklagbare Rechte des Bürgers hergeleitet werden können,[49] ohne dass aber dieser Grundsatz nur als rechtlich verbindliche Last[50] angesehen werden könnte. Als Ermessensvorschrift dient sie vor allem dem Interesse des Bürgers an der raschen Abwicklung „seines" Verfahrens und vermittelt ihm insoweit ein subjektiv öffentliches Recht (§ 40 Rn. 131 ff., 139 ff.). Dem steht nicht entgegen, dass zugleich auch die Forderung nach Wirtschaftlichkeit in der Verwaltung konkretisiert wird (Rn. 26).

22 Ein **Verstoß** gegen die oben genannten rechtlichen Grenzen des Ermessens macht die Verfahrensgestaltung rechtswidrig, z. B. wenn die Auswahl der Beweismittel nach § 26 unverhältnismäßig ist. Die Rechtsfolgen richten sich nach dem konkreten Verfahrensverstoß und § 46 VwVfG, § 44 a VwGO.[51] Verstößt die Auswahl dagegen „nur" gegen den Grundsatz des Satzes 2, handelt die Behörde unzweckmäßig im Sinn des Ermessensrechts, so dass der VA nicht rechtswidrig wird (§ 40 Rn. 72). Insoweit können jedoch mittelbare Rechtsfolgen eintreten, z. B. dass unklare Antragsformulare zu Lasten der Behörde ausgelegt werden (§ 24 Rn. 90). Vgl. auch § 9 Rn. 81.

3. Inhalt der Verfahrensgestaltung

23 **Inhaltlich** bestimmen die Anforderungen des Einzelfalles, ausgerichtet an der bestmöglichen Durchsetzung des materiellen Rechts und dem Ziel des jeweiligen Verfahrensrechts (Rn. 3; § 9 Rn. 63, 84), die einfache und zweckmäßige Verfahrensgestaltung. Allgemein weist Satz 2 vor allem auf folgende Merkmale hin:

a) den Grundsatz der **Effektivität** (§ 9 Rn. 76 ff.). Zweckmäßig bedeutet, dass die mögliche Verwirklichung aller jeweils bestehenden Handlungsziele anzustreben ist. Damit ist **Effizienz** (§ 9 Rn. 79 f.) aber im Hinblick auf das eine oft zugleich die Vereitelung eines anderen Ziels.[52]

---

[47] *Gaentzsch* NuR 1986, 89, 90 zu § 8 Abs. 4 BNatSchG a. F.
[48] Anders die Entstehungsgeschichte seit Musterentwurf, Begr. zu § 9 und *Meyer/Borgs* § 10 Rn. 3; wie hier *Clausen* in Knack § 10 Rn. 9; *Riedl* in Obermayer § 10 Rn. 21; *Kopp/Ramsauer* § 10 Rn. 1; *Hill* NVwZ 1985, 451; *Ule/Laubinger* § 19 Rn. 13; *Ronellenfitsch* DVBl 1994, 441, 448.
[49] Rn. 18; weitergehend *Kopp/Ramsauer* § 10 Rn. 1.
[50] So *Ule/Laubinger* § 19 Rn. 13.
[51] *Hill* NVwZ 1985, 452; ferner Rn. 17.
[52] Vgl. *Pietzcker* VVDStRL 41 (1983), 193, 200, 209; *Ziekow* DVBl 1998, 1101, 1103; *Voßkuhle* VerwArch 92 (2001), 184, 215 ff.; zur Berücksichtigung von Kosten-Nutzen-Analysen im Rahmen des Verfahrensermessens *Fehling* VerwArch 95 (2004), 443, 467 ff.; differenzierend zwischen den Begriffen Effektivität und Effizienz *Gröpl* VerwArch 93 (2002), 459, 463 f.

Im VwVf wird der Gedanke der Effizienz als Maßgröße für einen vertretbaren Verwaltungsaufwand als Grundlinie und ggfs. auch als Topos benutzt, um bestimmte verfahrensbezogene Pflichtentatbestände restriktiv zu handhaben.[53] Der Handlungsanweisung der Effizienz kommt letztlich nur die Bedeutung eines ermessensleitenden Gesichtspunkts zu.[54]

b) insbesondere den Grundsatz der Beschleunigung (Rn. 25; § 9 Rn. 79). Wie *BVerfGE* 69, 161 = NJW 1985, 2019 zeigt (Rn. 5), kann durch eine zu starke Verzögerung des Verfahrens die Rechtsgrenze des verfassungsrechtlichen Willkürverbotes überschritten sein (s. Rn. 4; § 24 Rn. 75). Die Diskussion über die Beschleunigung von Planungs- und **Genehmigungsverfahren** hat sich teilweise von der Realität entfernt. Die Dauer dieser Verfahren hat gegenüber anderen Faktoren eine geringere Bedeutung für die Investitionsbereitschaft und Innovationsfähigkeit der Wirtschaft.[55] In der Bundesrepublik Deutschland gelten zwar vergleichsweise strenge und weitreichende Vorschriften zum Schutz der natürlichen Lebensgrundlagen. Verschiedene Studien[56] haben aber gezeigt, dass diese Vorschriften in Deutschland und im internationalen Vergleich keine nennenswerten Standortnachteile bilden. Diese Studien ziehen auch hinsichtlich der ökonomischen Wirkung des Umweltschutzes insgesamt eine positive Gesamtbilanz. Sie weisen darauf hin, dass bei der Diskussion über die Belastungen durch Umweltschutz eher die schwer oder nicht quantifizierbaren Effekte eine tragende Rolle spielen. Das sind die qualitativen Faktoren wie Industriefreundlichkeit, Technikoffenheit an den Investitionsstandorten, Kooperationsmöglichkeiten mit anderen Betrieben und mit Verwaltungen und nicht zuletzt die Akzeptanz in der Bevölkerung für bestimmte Techniken. Spektakuläre Großprojekte lassen mitunter den Eindruck entstehen, dass **Verfahrensvorschriften** bürokratischer Selbstzweck und/oder **Waffe der jeweiligen Projektgegner** sind. Dabei gerät leicht die Tatsache aus dem Blickfeld, dass das Verfahren und insbesondere die Öffentlichkeitsbeteiligung konsensstiftend wirken sollen.[57] Im weitaus größten Teil der Fälle wird dieses Ziel auch erreicht.[58] Anders ist es bei den Projekten, bei denen die Grundauffassungen in der Gesellschaft diametral gegenüberstehen. **Gesellschaftliche Konflikte,** die hier liegen, **lassen sich durch Verfahrensvorschriften nicht beheben.** Gerade bei großen Verkehrsprojekten gewinnt das Begriffspaar „Ökologie – Ökonomie" Freund-Feind-Charakter. Verfahren können ihrem Zweck nicht dienen, wo Kompromissbereitschaft – wie bei der Fundamentalopposition gegen technische Großvorhaben – nicht existiert.[59] Die spezifische Rationalität von VwVf erschließt sich emotionalisierten Betroffenen nicht.[60] Vorschläge, die allein am Verfahren ansetzen, sind letztlich nicht zielführend. Mehr Erfolg als vom Versuch, Verfahren zu verbessern, ist von der Modifizierung materiell-rechtlicher Anforderungen zu erwarten.[61] Ebenso muss klar sein, dass Akzeptanz kein Synonym für die Herstellung einer allgemeinen Zufriedenheit ist, sondern vielmehr die Hinnahme einer Entscheidung bedeutet, die – obwohl sie rechtmäßig ist – mitunter den Betroffenen gerade nicht überzeugt.[62]

Das durch das **GenBeschlG**[63] in den Gesetzestext aufgenommene Gebot der Zügigkeit bedeutet keine inhaltliche Änderung.[64] Es ist Bestandteil jedes rechtsstaatlichen Verfahrens und folgt

---

[53] So *Schmidt-Aßmann* in Hoffmann-Riem/ders., Effizienz, S. 245, 261.
[54] Vgl. *Schmidt* VerwArch 91 (2000), 149, 155 f.
[55] Vgl. *Schatz*, Wettbewerbsfähigkeit des Standortes Deutschland – Vereinfachung und Beschleunigung von Planungs- und Genehmigungsverfahren, Vortragsmanuskript, 3. Treffen der Kieler Doctores Iuris, Mai 1995, Nr. 27 ff.
[56] Z. B. von DIW, RWI und Prognos; vgl. Bericht der UMK-Arbeitsgruppe „Beschleunigung von Planungs- und Genehmigungsverfahren" vom 11. 11. 1993; auch *Krumsiek/Frenzen* DÖV 1995, 1013, 1015.
[57] So auch *U. Becker* VerwArch 87 (1996), 581, 607.
[58] A. A. *Krumsiek/Frenzen* DÖV 1995, 1013, 1014: Erwartung größerer Akzeptanz habe sich zum großen Teil nicht erfüllt.
[59] S. auch *Wulfhorst* VerwArch 88 (1997), 163, 164 zur Politisierung von Genehmigungsverfahren; ferner § 9 Rn. 190.
[60] *R. Fisch*, Verwaltung im 21. Jahrhundert – Die Rolle der Entscheider, Speyerer Vorträge Heft 65, 2002, S. 7 f.
[61] Vgl. *Breuer* NVwZ 1997, 833, 836, der auf die Praxis vielfach komplizierter Änderungen des Verwaltungsverfahrensrechts ohne Reduzierung der extremen Dominanz materiellrechtlicher Anforderungen hinweist.
[62] S. auch *Schmitz* in Ziekow (Hrsg.), Beschleunigung von Planungs- und Genehmigungsverfahren, 1998, S. 171, 175 f.
[63] Hierzu *Schmitz/Wessendorf* NVwZ 1996, 955; *Jäde* UPR 1996, 361; *Eckert*, Beschleunigung von Planungs- und Genehmigungsverfahren, Speyerer Forschungsberichte 164, 1997; *Bonk* NVwZ 1997, 320; 323.
[64] So auch *Oberrath/Hahn* VBlBW 1997, 241, 242; *Kopp/Ramsauer* § 10 Rn. 17; kein einklagbarer Anspruch, sondern Appellfunktion *Holznagel* in Hoffmann-Riem/Schmidt-Aßmann, Effizienz, S. 205, 209; nunmehr

bereits aus dem Willkürverbot (Rn. 4) oder als Nebenpflicht aus dem materiellen Rechtsverhältnis.[65] Der Grundsatz der Verfahrensbeschleunigung war zudem schon in den Grundsätzen der Einfachheit und Zweckmäßigkeit enthalten.[66] Durch die ausdrückliche Erwähnung des Zügigkeitsgebots soll dessen Bedeutung für das VwVf besonders betont werden;[67] eine weitere Betonung des Beschleunigungsgebots enthält § 71 b.[68] Die Dauer von Genehmigungsverfahren erweist sich daher eher als Imagefrage, die durch gesetzgeberisches Signal zugunsten eines besseren Investitionsklimas (**Signalgesetzgebung**)[69] gelöst werden sollte.[70] Dass sich hieraus Wirkungen für die Praxis ergeben haben, ist bislang nicht bekannt geworden. Solche hängen in erster Linie davon ab, ob die Behörden überhaupt tatsächlich in der Lage sind, zügiger zu arbeiten. Sie müssen über **ausreichende sachliche und personelle Reserven** verfügen, **die zum Zweck der Verfahrensbeschleunigung mobilisiert werden können.**[71] Auch organisatorische Maßnahmen zur Verfahrensvereinfachung für den Bürger („Genehmigung aus einer Hand", „Bürgerbüro", „Verfahrensmanager") können wohl nur in günstig gelagerten Fällen mit bloßer Personalverlagerung verwirklicht werden.[72] Liegen diese Voraussetzungen nicht vor, kann ein Beschleunigungseffekt nur dadurch erzielt werden, dass die Gesamtheit der Anträge weniger intensiv geprüft wird oder bestimmte, besonders eilbedürftige Verfahren auf Kosten der anderen besonders zügig abgewickelt werden. Die eilige Behandlung bestimmter Verfahren zu Lasten anderer gerät jedoch in Konflikt mit dem Grundsatz, alle Verfahren in angemessener Frist abzuschließen (s. aber § 71 b Rn. 7; auch § 71 a Rn. 1). Die Senkung der Prüfungsintensität aller der Behörde vorliegenden Anträge kollidiert z.B. bei der Zulassung umweltrelevanter Vorhaben mit dem verfassungsrechtlichen Schutz der in solchen Verfahren tangierten Rechtsgüter Dritter, und zwar sowohl Privater als auch von Gebietskörperschaften. Hierdurch entstehen **Beschleunigungsverluste,** wenn die Behörde für nachträgliche Anpassungen höhere Vollzugsaufwendungen tragen muss, um gleiche Vollzugsergebnisse zu erzielen.[73]

Das Gebot der Zügigkeit setzt der Behörde Grenzen bei der Verlängerung der Bearbeitungsfrist, auch wenn eine Antragsbegründung ausbleibt. Das Fehlen der Begründung kann zu Lasten

---

eine Rechtspflicht der Behörde, aus der ggfs. ein subjektiver Rechtsanspruch eines Beteiligten auf zügige Erledigung des VwVf hergeleitet werden kann, wird angenommen von *Bonk* NVwZ 1997, 320, 323; *ders.* NVwZ 2001, 636, 639.

[65] Rn. 5; § 24 Rn. 75; auch *Kopp/Ramsauer* § 10 Rn. 17 f.

[66] Rn. 21; *Clausen* in Knack § 10 Rn. 7; *Kopp/Ramsauer* § 10 Rn. 16 f.; a. A. *Meyer/Borgs* § 10 Rn. 6; *Stober,* Rückzug des Staates im Wirtschaftsverwaltungsrecht, 1997, S. 69.

[67] Begr., BT-Drs. 13/3995, S. 7. Tatsächliche Verwaltungspraxis erforderte dies jedoch nicht. Es gibt keine gesicherten Studien, die eine überlange Dauer von Genehmigungsverfahren in Deutschland im Vergleich zu anderen Staaten belegen; zu den europäischen Nachbarländern gibt es kaum Unterschiede (vgl. *Infratest Industria,* Empirische Untersuchung der Genehmigungsverfahren für gewerbliche Investitionsvorhaben in Deutschland, Frankreich, England, Italien, Spanien und Belgien sowie ihre Bedeutung für den Wirtschaftsstandort Deutschland, Bericht für den Bundesminister für Wirtschaft, April 1994; *Krumsiek/Frenzen,* Beschleunigung von Planungs- und Genehmigungsverfahren – Eine Bestandsaufnahme, DÖV 1995, 1013, 1015 f.; *Schatz,* Wettbewerbsfähigkeit des Standortes Deutschland – Vereinfachung und Beschleunigung von Planungs- und Genehmigungsverfahren, Vortragsmanuskript, 3. Treffen der Kieler Doctores Iuris, Mai 1995; Nr. 25 f.; zum „Zeitverbrauch" *Fisch,* Zeit und Entscheidung – Zur Rolle der Zeit bei Genehmigungsverfahren für technische Großverfahren, in Fisch/Beck (Hrsg.), Abfallnotstand als Herausforderung für die öffentliche Verwaltung, Speyerer Forschungsberichte 150, 1995, S. 249 ff.; *Steinberg,* Zeit, Umwelt und Beschleunigung bei der Planung von Verkehrswegeprojekten, NuR 1996, 6; Grünbuch zur Innovation der *Europäischen Kommission* (Bulletin der EU, Beil. 5/95), S. 50.

[68] S. § 71 b Rn. 1, 4; *Jäde* UPR 1996, 361, 364 f.; *Eckert,* Beschleunigung von Planungs- und Genehmigungsverfahren, Speyerer Forschungsberichte 164, 1997, S. 48.

[69] *Schmitz* NVwZ 2000, 1238; vgl. auch § 1 Rn. 270.

[70] Vgl. *Schmitz/Wessendorf* NVwZ 1996, 955, 956; *Eckert,* Beschleunigung des Verwaltungsverfahrens – Ein Beitrag zur Sicherung des Wirtschaftsstandorts Deutschland?, FS Hahn, 1997, S. 591, 594 f.; *dies.,* Beschleunigung von Planungs- und Genehmigungsverfahren, Speyer Forschungsberichte 164, 1997, S. 8 f.; *Repkewitz* VerwArch 88 (1997), 137, 140 f.; auch *Wulfhorst* VerwArch 88 (1997), 163, 164 f., der zutreffend darauf hinweist, dass die Verfahrensdauer in Deutschland nicht signifikant länger ist, aber einen international nicht erreichten Bestandsschutz vermittelt.

[71] S. auch § 9 Rn. 172; *Ziekow* DVBl 1998, 1101; 1103; *Leisner* VerwArch 91 (2000), 227, 256. Skepsis gegenüber neuen Gesetzen schon deshalb, weil sie weder personelle und sachliche noch technische Verwaltungsprobleme beseitigen, für angezeigt hält *Stober,* Rückzug des Staates im Wirtschaftsverwaltungsrecht, 1997, S. 67. Für die Belastung von Bürger und Verwaltung ist nicht nur der deutsche Gesetzgeber verantwortlich; das Ansteigen der Normenflut ist auch gemeinschaftsrechtlich bedingt; vgl. *Rabe* NJW 1993, 1.

[72] Vgl. *Dietz* DÖV 2005, 772, 777.

[73] *Voßkuhle* Die Verwaltung 34 (2001), 347, 363.

des Antragstellers gehen; es rechtfertigt grds. jedoch keine Verzögerungen.[74] Davon zu unterscheiden ist der Fall, dass bereits der Antrag nicht vollständig ist.[75] Unzulässig ist es, die Entscheidung über einen Antrag zu verzögern, um ihn nach einer absehbaren Rechtsänderung ablehnen[76] oder um möglichst lange ungebunden bleiben[77] zu können. Im Einzelfall kann es zweckmäßig sein und im Interesse aller Beteiligten liegen, das Verfahrensermessen dahin auszuüben, dass ausnahmsweise nicht zügig entschieden, sondern das VwVf zeitweise nicht betrieben wird (Rn. 16).[78] Rechtliche Schwierigkeiten rechtfertigen aber nicht ohne Zustimmung des Betroffenen das Abwarten einer gerichtlichen Entscheidung zu einem anderen VwVf.[79]

c) und den Grundsatz der **Verfahrensökonomie** (§ 9 Rn. 79). Dieser Grundsatz besteht in erster Linie im Interesse der Beteiligten am konkreten Verfahren, aber auch wegen der Gesamtbelastung im Interesse der Beteiligten anderer anhängiger und zukünftiger Verfahren. Er ist somit bürgerorientiert und deshalb von der der Behörde nach den Haushaltsordnungen (z. B. § 7 BHO) obliegenden haushaltsrechtlichen Pflicht zur **Wirtschaftlichkeit und Sparsamkeit** zu unterscheiden.[80] Verfahrensökonomie verlangt, dass alle zur Herbeiführung der gesetzmäßigen Entscheidung nicht notwendigen Maßnahmen unterbleiben.[81]   26

Die Forderung nach Einfachheit und Wirtschaftlichkeit darf jedoch nicht zu einer **unzumutbaren Belastung** für den betroffenen Bürger (z. B. durch unverständliche Formulare) führen (vgl. Rn. 14) oder Gerechtigkeit oder Rechtssicherheit beeinträchtigen.[82] Der Eckpunkt Gesetzmäßigkeit ist für die Verwaltung nicht disponibel.[83] Erkennt die Behörde, dass die besondere Struktur eines Verfahrens oder die Art der zu treffenden Entscheidung die Gefahr typischer oder absehbarer Fehler in sich birgt, müssen verfahrensrechtliche Möglichkeiten zur Fehlervermeidung genutzt werden.[84]   27

In der Praxis macht der **Bürger** häufig von **Einwirkungsmöglichkeiten,** die er zur Beschleunigung des VwVf in weit größerem Umfang als im gerichtlichen Verfahren nutzen könnte, keinen Gebrauch.[85] Es sind: früher Kontakt mit dem bearbeitenden Beamten, Absprachen über Sachverhaltsermittlung, Akteneinsicht, Stellungnahmen in der Anhörung, Alternativvorschläge zur Verfahrensgestaltung und zu dem angestrebten Ergebnis etc. Sie können ergiebiger als Rechtsbehelfe sein.   28

IV. Europarecht

Das Recht auf ein Verfahren innerhalb angemessener Frist gilt ebenso wie andere Verfahrensrechte der EMRK auch für das VwVf vor der Kommission.[86] Vgl hierzu auch Art. 41 Abs. 1 der Charta der Grundrechte der Europäischen Union (§ 1 Rn. 26) sowie Art. 17 des Europäischen Kodex für gute Verwaltungspraxis, der genauer ausführen soll, was das in der Charta verankerte Recht auf gute Verwaltung in der Praxis bedeutet:[87]   29

---

[74] Vgl. *Leisner* VerwArch 91 (2000), 227, 252.
[75] Vgl. *BGH* NVwZ 1998, 1329 zu § 5 Abs. 4 BauGBMaßnG.
[76] Vgl. *BGH* NVwZ 1993, 299; *OLG Schleswig* NVwZ-RR 1998, 6 zu Bauvoranfrage und darauf geplante Änderung des Bebauungsplans.
[77] *VGH München* NVwZ-RR 2007, 465 zur Miete von Räumen einer Universität.
[78] Vgl. *BVerwG* NVwZ 2001, 94: allseitiges Einvernehmen, ein (atomrechtliches) VwVf 16 Jahre nicht zu betreiben.
[79] *Axer* DÖV 2003, 271 m. w. N.
[80] Dazu *OVG Münster* KStZ 1991, 115; *Walther* BayVBl 1990, 231; *ders.* VR 1993, 14.
[81] Vgl. *Riedl* in Obermayer § 10 Rn. 19; *Leisner* VerwArch 91 (2000), 227, 235, die diesen Grundsatz dem Merkmal der Zügigkeit (Verfahrenseffizienz) zuordnen.
[82] Dazu *Ossenbühl* NVwZ 1982, 465.
[83] *Gaentzsch* DÖV 1998, 952, 953; *Gröpl* VerwArch 93 (2002), 459, 467 f.
[84] BVerfGE 84, 34 = NJW 1991, 2005 zu multiple-choice Prüfungsverfahren, § 2 Rn. 124; s. ferner Rn. 18 zu BVerfGE 84, 239 = NJW 1991, 2129.
[85] Rn. 6, 18; § 9 Rn. 102; ferner *Martens* Rn. 9 ff.
[86] *EuG* Slg. 1997, II-1739 = EuZW 1998, 410, 412; hierzu *Montag* NJW 1998, 2088, 2094.
[87] Am 6. 9. 2001 nahm das Europäische Parlament eine Entschließung zur Annahme des Kodex für gute Verwaltungspraxis an, den die Organe und Institutionen der Europäischen Union, ihre Verwaltungen und Beamte in ihren Beziehungen zur Öffentlichkeit befolgen sollen.

§ 11 Teil II. Allgemeine Vorschriften über das Verwaltungsverfahren

Artikel 17. Angemessene Frist für die Entscheidungsfindung

(1) Der Beamte stellt sicher, dass über jedes Ersuchen bzw. jede Beschwerde an das Organ innerhalb einer angemessenen Frist, unverzüglich und auf keinen Fall später als zwei Monate nach dem Datum des Eingangs entschieden wird. Die gleiche Regelung gilt für die Beantwortung von Schreiben von Einzelpersonen und für Antworten auf Verwaltungsmitteilungen, die der Beamte seinen Vorgesetzten mit dem Ersuchen übermittelt hat, Anweisungen bezüglich der erforderlichen Beschlüsse zu erteilen.

(2) Kann über eine an das Organ gerichtete Forderung oder Beschwerde wegen des komplexen Charakters der aufgeworfenen Fragen nicht innerhalb der vorstehend genannten Frist entschieden werden, unterrichtet der Beamte den Verfasser so rasch wie möglich. In diesem Falle sollte eine abschließender Entscheidung dem Verfasser in der kürzestmöglichen Zeit mitgeteilt werden.

V. Landesrecht

30   Das Landesrecht entspricht § 10.

VI. Vorverfahren

31   § 10 gilt auch für das Vorverfahren, soweit nicht durch die VwGO und die AGVwGO der Länder Sonderregeln bestehen (§ 79). Das Vorverfahren ist kein förmliches Verfahren i. S. d. §§ 63 ff., s. § 79 Rn. 38. Zum Bescheidungsanspruch § 24 Rn. 75 ff.

§ 11 Beteiligungsfähigkeit

Fähig, am Verfahren beteiligt zu sein, sind
1. **natürliche und juristische Personen,**
2. **Vereinigungen, soweit ihnen ein Recht zustehen kann,**
3. **Behörden.**

Vergleichbare Vorschriften: § 10 SGB X, § 61 VwGO.

Abweichendes Landesrecht: Vgl. Rn. 26; ferner Übersicht zu Änderungen der LVwVfGe im Dritten Teil dieses Kommentars.

Entstehungsgeschichte: Bis zum Inkrafttreten des VwVfG vgl. § 11 der 6. Auflage.

Literatur: *Krüger,* Juristische Personen des öffentlichen Rechts, DÖV 1951, 263; *Bachof,* Teilrechtsfähige Verbände des öffentlichen Rechts, AöR 83 (1958), 209; *Fabricius,* Relativität der Rechtsfähigkeit, 1963; *Klotz,* Beschränkter Wirkungskreis der juristischen Personen des öffentlichen Rechts, DÖV 1964, 181; *Ewald,* Zur Beteiligtenfähigkeit im Kommunalstreitverfahren, DVBl 1970, 237; *Kopp,* Der Beteiligtenbegriff des Verwaltungsverfahrensrechts, FS Boorberg Verlag, S. 159; *Stettner,* Die Beteiligten im Verwaltungsprozeß, JA 1982, 394; *Schmidt,* Die Partei- und Grundbuchunfähigkeit nichtrechtsfähiger Vereine, NJW 1984, 2249; *Kainz,* Die Parteifähigkeit regionaler Untergliederungen politischer Parteien im Zivilprozeß, NJW 1985, 2616; *Erichsen,* Der Innenrechtsstreit, FS Menger, S. 211; *Dolde,* Die Beteiligungsfähigkeit im Verwaltungsprozeß (§ 61 VwGO), FS Menger, S. 423; *Hohm,* Grundrechtsträgerschaft und Grundrechtsmündigkeit Minderjähriger am Beispiel öffentlicher Heimerziehung, NJW 1986, 3106; *v. Mutius,* Das Embryo als Grundrechtssubjekt, Jura 1987, 109; *ders.,* Die Beteiligung im Verwaltungsprozeß. II Beteiligungsfähigkeit, Jura 1988, 470; *Laubinger,* Prozeßfähigkeit und Handlungsfähigkeit, FS Ule, S. 161; *Schulz,* Die Parteifähigkeit nichtrechtsfähiger Vereine, NJW 1990, 1893; *Spannowsky,* Probleme der Rechtsnachfolge im Verwaltungsverfahren und Verwaltungsprozeß, NVwZ 1992, 426; *Zilles/Kämper,* Kirchengemeinden als Körperschaften im Rechtsverkehr, NVwZ 1994, 109; *Pauckstadt-Maihold,* Rechtsfähigkeit, JA 1994, 378; *Erichsen/Biermann,* Der Kommunalverfassungsstreit, Jura 1997, 157; *Siegel,* Die Verfahrensbeteiligung von Behörden und anderen Trägern öffentlicher Belange, 2001; vgl. ferner die Literaturnachweise zu §§ 12, 13.

Übersicht

	Rn.
I. Allgemeines	1
1. Inhalt und Bedeutung des § 11	1
2. Mängel der Beteiligtenfähigkeit	8
II. Beteiligtenfähigkeit im Einzelnen	13
1. Natürliche und juristische Personen (Nr. 1)	13
2. Vereinigungen, soweit ihnen ein Recht zustehen kann (Nr. 2)	16
3. Behörden (Nr. 3)	25

§ 11 Beteiligungsfähigkeit   1–6 § 11

	Rn.
III. Landesrecht	26
IV. Vorverfahren	27

I. Allgemeines

1. Inhalt und Bedeutung des § 11

§§ 11–16 enthalten allgemeine Regelungen über **(subjektive) Voraussetzungen,** die die **1** handelnden Rechtssubjekte im VwVf aufweisen müssen, um **(aktiv)** ein VwVf einzuleiten und eine Sachentscheidung erreichen zu können bzw. **(passiv)** ein solches Verfahren gegen sich durchführen und abschließen (§ 9 Halbsatz 2) zu lassen. § 11 steht – in Verbindung mit § 13 – an der Spitze, weil in ihm festgelegt ist, welche Rechtssubjekte oder Stellen überhaupt am VwVf aktiv und passiv beteiligt sein können. Die getroffene Regelung weicht vom Zivilprozess (§ 50 ZPO) ab, entspricht aber weitgehend der Regelung im Verwaltungsprozess (**§ 61 VwGO**) mit den Besonderheiten des § 13 für die Bedürfnisse des VwVf (ferner Rn. 13 ff.).

§ 13 regelt nur eine (formelle und faktische) Beteiligtenstellung, besagt aber nichts darüber, **2** unter welchen allgemeinen rechtlichen Voraussetzungen ein Rechtssubjekt (oder eine außerhalb der Behörde stehende Stelle) überhaupt eine Beteiligtenstellung einnehmen kann, d. h. **beteiligungsfähig** ist. Dies wird durch § 11 geregelt. Beteiligungsfähigkeit als **subjektive Sachentscheidungsvoraussetzung** ist die allgemeine Fähigkeit, als Zuordnungssubjekt von Rechten und Pflichten Subjekt eines VwVf zu sein, also als Antragsteller, Antragsgegner Adressat des VA, Partner eines ör Vertr oder als „Hinzugezogener" (§ 13) aktiv und/oder passiv an ihm teilnehmen zu können.

Mit der Beteiligtenfähigkeit ist noch nicht automatisch die **Handlungsfähigkeit** (§ 12) ver- **3** bunden, also die Befugnis zur selbständigen Vornahme oder Entgegennahme von Verfahrenshandlungen oder -ergebnissen in eigenem Namen und eigener Person (Rn. 5) ohne Mitwirkung Dritter (hierzu noch § 12 Rn. 1 ff.; zur Verfahrensführungsbefugnis Rn. 7). Wegen dieses unterschiedlichen Regelungsgehaltes bedurfte es deshalb der Regelungen in § 11 neben §§ 12, 13.

§ 11 gilt nur, soweit nicht besondere Rechtsvorschriften des Bundes oder der Länder inhalts- **4** gleiche oder entgegenstehende Regelungen enthalten (§ 1 Rn. 206 ff.). Spezialgesetzliche **Sonderregelungen** (etwa § 10 FlurbG) sind daher zulässig und gehen § 11 vor.

Rechtssystematisch entspricht die Beteiligtenfähigkeit des § 11 (ebenso § 10 SGB X) der Be- **5** teiligtenfähigkeit im Verwaltungsprozess (§ 61 VwGO) und der Parteifähigkeit im Zivilprozess (§ 50 ZPO), ist letzterer gegenüber aber durch die Nr. 2 und 3 für die Bedürfnisse des Behördenverfahrens erweitert.[1] Die Beteiligtenfähigkeit für das VwVf und den Verwaltungsprozess ist stets **von Amts wegen** zu prüfen. Fehlt die Beteiligtenfähigkeit zu Beginn des Verfahrens, und wird sie auch nicht bis zum Ende des Verfahrens hergestellt (Rn. 8), ist das VwVf ohne Sachentscheidung zu beenden und dies durch einen entsprechenden Bescheid festzustellen, damit ggfs. die Streitfrage gerichtlich geklärt werden kann (zur Beteiligtenfähigkeit in diesem Fall bis zur Klärung Rn. 10). Sie muss nicht notwendig für beide Teile bestehen; nach Maßgabe der Rechtsordnung können unterschiedliche Regelungen für VwVf und Verwaltungsprozess in Betracht kommen.[2] Die Bedeutung der Beteiligtenfähigkeit besteht darin, dass die in § 11 genannten **Rechtssubjekte als solche** (nicht ihre Mitglieder, Angehörigen, Bediensteten, Interessierten, Betroffenen oder eine hinter ihnen stehende Organisation) und unter ihrem Namen[3] am VwVf beteiligt sein können.[4] Für juristische Personen und Vereinigungen handeln ihre Vertreter und Beauftragten (§ 12 Nr. 3); Behörden durch ihre Leiter, deren Vertreter oder Beauftragte.

Die Beteiligtenfähigkeit ist zwar **verfahrensrechtlich** zu verstehen (vgl. noch Rn. 8, 9), **6** gleichwohl ist sie Folge und verfahrensrechtliche Konsequenz des **materiellen Rechts** und

---

[1] Zu Streitfragen im Zusammenhang der fehlenden Parteifähigkeit „nichtrechtsfähiger" Vereine im Zivilrecht vgl. BGHZ 109, 15 = NJW 1990, 186: keine aktive Parteifähigkeit für „normale" nicht rechtsfähige Vereine; ferner *Schmidt* NJW 1984, 2249; *Kainz* NJW 1985, 2616; *Schulz* NJW 1990, 1893; hierzu noch Rn. 16 ff.
[2] Vgl. *OVG Lüneburg* DVBl 1989, 114; *VG Bremen* DVBl 1989, 114.
[3] Vgl. *OVG Lüneburg* NJW 1992, 192.
[4] *BVerwG* NJW 1993, 79.

dient seiner verfahrensmäßigen Sicherung. Denn wenn ein Rechtssubjekt **Träger von Rechten und Pflichten** sein kann, also Endsubjekt rechtstechnischer Zuordnung,[5] muss es auch in der Lage sein, diese im VwVf aktiv und passiv zu vertreten. Die rechtssystematische Bedeutung besteht darin, dass § 11 – anders als nach § 50 Abs. 2 ZPO (Rn. 5) – im VwVf nicht nur die sog. **vollrechtsfähigen Rechtssubjekte** der Nr. 1, sondern auch die sog. **teilrechtsfähigen Vereinigungen** der Nr. 2 (zum strittigen Begriff vgl. Rn. 16 ff.)[6] sowie **Behörden** nach Nr. 3 (vgl. noch Rn. 25) als beteiligungsfähig anerkennt.[7]

7   Die Beteiligungsfähigkeit ist **Sachentscheidungsvoraussetzung** (hierzu noch § 9 Rn. 138 ff.). Sie gilt für alle Verfahren des VwVfG, auch nach §§ 63, 72, einschließlich des Widerspruchsverfahrens (§ 79) sowie das beschleunigte Genehmigungsverfahren nach §§ 71 a–e. Der Antrag eines Beteiligungsunfähigen führt – ähnlich wie im Prozessrecht ein Partei(Beteiligten)unfähiger ein Prozessrechtsverhältnis begründen kann – zur Entstehung eines Verwaltungsverfahrensverhältnisses (vgl. noch § 9 Rn. 5 ff.; zur Beteiligtenfähigkeit im Streitfall über ihr Vorhandensein oder Fehlen vgl. Rn. 10). Die Behörde darf aber dem Beteiligungsunfähigen gegenüber keine Sachentscheidung treffen, sondern hat einen Antrag in der Regel – wenn sie die Unfähigkeit erkennt – als unzulässig abzulehnen, sofern er von einem rechtlich nicht anerkannten Subjekt herrührt. Allerdings hat die Behörde stets zu prüfen, ob der Antrag von den handelnden Rechtsobjekten wegen einer bestehenden **Verfahrensführungsbefugnis**[8] oder einer **Treuhänderschaft**[9] als gestellt angesehen werden kann, so dass das Verfahren – etwa bei einer in Gründung befindlichen Bauherrengemeinschaft (vgl. auch Rn. 22) – für und gegen sie geführt werden darf.[10] Ggfs. ist die Behörde zur **Rückfrage** bei den handelnden Subjekten verpflichtet. Die Aktiv- und Passivlegitimation als Frage der materiellen Trägerschaft von Rechten und Pflichten ist gesondert zu prüfen.

2. Mängel der Beteiligtenfähigkeit

8   Stellt sich die Beteiligungsunfähigkeit **während des Verfahrens** heraus und ist dieser Mangel nicht behebbar, so ist das Verfahren – wenn es nicht gegen die dahinterstehenden Rechtssubjekte weitergeführt werden kann (Rn. 7) – **einzustellen,** soweit es sich auf den Beteiligungsunfähigen bezieht. Ggfs. kann ein ursprünglicher Beteiligungsmangel – auch mit rückwirkender Kraft[11] – **geheilt** werden. Endgültig fehlende Beteiligungsfähigkeit kann nicht durch die Bestellung eines Vertreters von Amts wegen oder nach § 14 geheilt werden, da sie die Beteiligungsfähigkeit des zu Vertretenden voraussetzt.[12]

9   Ein gegenüber einem objektiv Beteiligungsunfähigen erlassener VA oder ein mit ihm geschlossener Vertrag ist in der Regel **nichtig,** da kein rechtlich anerkannter Adressat oder Vertragspartner vorhanden ist.[13] Bei **Tod eines Beteiligten** während des VwVf wird dieses nicht automatisch beendet, sondern grundsätzlich nur unterbrochen; §§ 239 ff. ZPO sind nur bedingt anzuwenden.[14] Zulässig und nach Maßgabe des in Betracht kommenden materiellen Rechts notwendig ist die Fortsetzung des Verfahrens – sofern es sich nicht um ein höchstpersönliches Recht handelt, das in der Regel die Erledigung der Hauptsache zur Folge hat – gegenüber den **Rechtsnachfolgern.** Ihnen gegenüber kann grundsätzlich auch ein VA bekannt gegeben wer-

---

[5] *Wolff/Bachof* u. a. I § 32 Rn. 7 f.
[6] Grundlegend aus organschaftlicher Sicht: *Bachof* AöR 83 (1958), 208, 263, 264; *Wolff/Bachof* u. a. I § 32 Rn. 9 f.; *Fabricius*, Relativität der Rechtsfähigkeit, 1963, S. 60, 61, 235.
[7] BVerwG DÖV 1980, 516, 517 = NJW 1981, 239; BVerwG 90, 76 = NVwZ-RR 1992, 572 – Personalrat –; OVG Lüneburg NJW 1992, 192; VGH Kassel NVwZ 1988, 1040; *Spannowsky* NVwZ 1992, 426.
[8] BVerwGE 61, 334 = NVwZ 1982, 38, 39; *Kopp/Ramsauer* § 11 Rn. 1.
[9] BFHE 157, 155 = NJW 1990, 71.
[10] BVerwG NJW 1993, 79; BFHE 157, 155 = NJW 1990, 71; Rn. 21.
[11] Ebenso *Kopp/Ramsauer* § 11 Rn. 20.
[12] Wie hier *Meyer/Borgs* § 11 Rn. 1; ähnlich VG Hamburg NVwZ 1988, 1058 zu nicht beteiligungsfähigen „Seehunden in der Nordsee" im Verwaltungsprozess.
[13] Ebenso *Riedl* in Obermayer § 11 Rn. 42; *Clausen* in Knack, § 11 Rn. 16; *Kopp/Ramsauer* § 11 Rn. 25.
[14] Vgl. VGH München BayVBl 1983, 756; OVG Bremen NVwZ 1985, 917; *Spannowsky* 1992, 426; vgl. BSG NJW 1991, 1909: Fortsetzung eines Prozesses bei Tod des Beteiligten erst nach der Aufnahme des Verfahrens durch die Rechtsnachfolger; hierzu noch § 9 Rn. 205 ff.

den, wenn sie in die Rechte und Pflichten des toten Beteiligten einrücken; sonst ist das Verfahren einzustellen (hierzu § 9 Rn. 205; § 35 Rn. 236, 260; § 41 Rn. 24).

Im **Streit über die Beteiligungsfähigkeit** gilt das Rechtssubjekt, sofern es rein faktisch existiert, insoweit als beteiligungsfähig und kann rechtswirksam bis zur rechtskräftigen Entscheidung der Streitfrage die dafür notwendigen aktiven und passiven Verfahrenshandlungen vornehmen.[15]

Aufgelöste Körperschaften und sonstige bisher beteiligungsfähige Rechtssubjekte bleiben bis zum Abschluss der Abwicklung oder Liquidation beteiligungsfähig und können ihre Rechte und Pflichten im Streit um die Rechtmäßigkeit ihrer Auflösung, Verlagerung, Umwandlung usw. im VwVf und einem nachfolgenden Prozess geltend machen.[16]

Wird die Beteiligungsunfähigkeit erst **nach Abschluss** des VwVf bekannt, so sind von Amts wegen der maßgebliche Zeitpunkt und die sich daraus ergebenden Rechtsfolgen durch einen (neuen) Bescheid festzustellen; ggfs. haben alle Beteiligten einen Anspruch auf Wiederaufgreifen des Verfahrens nach Maßgabe des § 51, mit dem – soweit möglich – die durch die fehlende Beteiligungsfähigkeit entstandenen Rechtsfolgen beseitigt werden können.[17]

II. Beteiligungsfähigkeit im Einzelnen

1. Natürliche und juristische Personen (Nr. 1)

Nach Nr. 1 sind fähig, am Verfahren beteiligt zu sein, **natürliche** und **juristische** Personen. Ihnen ist die **Vollrechtsfähigkeit** gemeinsam. Die natürliche Person beginnt mit der Vollendung der Geburt (§ 1 BGB). Als **natürliche Personen** kommt auch die **Leibesfrucht** in Betracht, sofern ihr Rechte in dem laufenden Verfahren zustehen können.[18] Auch ein **Betreuter** (vgl. § 12 Rn. 21 ff.) ist als natürliche Person beteiligtenfähig. Die natürliche Personeneigenschaft endet mit dem **Tode** eines Menschen (hierzu Rn. 9), bei juristischen Personen erst mit der Auflösung oder Liquidation (zum Fortbestand der Beteiligtenfähigkeit während des Streits über die Auflösung vgl. Rn. 10). Der Tod eines natürlichen Menschen bedeutet nicht automatisch die Beendigung des Verfahrens; aus dem Verfahrensrecht und dem materiellen Recht können sich fortwirkende Rechte und Pflichten über den Tod hinaus ergeben (ferner § 9 Rn. 205ff.). Regelmäßig bedarf es, sofern es sich nicht um höchstpersönliche Rechte und Pflichten handelt, der Fortsetzung des VwVf durch den **Rechtsnachfolger** (vgl. Rn. 9). **Tiere** oder **Sachen** sind nicht beteiligungsfähig;[19] zu herrenlosen Sachen vgl. § 16 Rn. 25 f.

Die Rechtsfähigkeit juristischer Personen kann diesen kraft Zivilrechts oder kraft öffentlichen Rechts verliehen sein. Zu den **juristischen Personen des Zivilrechts** gehören: rechtsfähige Vereine (zu „nichtrechtsfähigen" Vereinen i. S. § 50 Abs. 2 ZPO vgl. die Nachweise Rn. 5, 21), Stiftungen des Privatrechts, Aktiengesellschaften, Kommanditgesellschaften auf Aktien, Gesellschaften mit beschränkter Haftung, Genossenschaften, bergrechtliche Gewerkschaften. Ferner sind hierzu zu rechnen die Offene Handelsgesellschaft und die Kommanditgesellschaft, die zwar

---

[15] Ebenso *Kopp/Ramsauer*, § 11 Rn. 21; *Riedl* in Obermayer § 11 Rn. 37; für das Prozessrecht *BVerwGE* 30, 24, 26 = DVBl 1968, 887; *OVG Münster* NJW 1989, 186; *BGHZ* 18, 184 = NJW 1955, 1714, st. Rspr.; *OVG Lüneburg* NJW 1992, 192, 193 behandelt eine Personenvereinigung mit 2 Mitgliedern, die ihre Rechtsfähigkeit durch Eintragung in das Vereinsregister erreichen möchte, als Vor-Verein in Gründung und zugleich beteiligungsfähige Vereinigung i. S. v. § 61 Nr. 2 VwGO und gesteht ihr auch materielle Klagerechte für das Recht zu, um das gestritten wird.
[16] *BVerfGE* 34, 216, 226 = NJW 1973, 609; 38, 231, 237 = DÖV 1975, 484; 42, 345 = DÖV 1977, 60 zur Beteiligungsfähigkeit aufgelöster Gemeinden; *BVerwGE* 1, 266 = NJW 1955, 566; *OVG Lüneburg* OVGE 9, 402; *VGH Mannheim* DÖV 1979, 605; *OVG Münster* NJW 1989, 186 bei aufgelösten und liquidierten Kommanditgesellschaften zur Abgabe von Erledigungserklärungen; *BGHZ* 74, 212 = NJW 1979, 1592; *BFHE* 125, 107 = BB 1978, 1001; *BAGE* 36, 125 = NJW 1982, 1831; *BayVerfGH* BayVBl 1985, 363 = NJW 1985, 2894.
[17] Ebenso *Kopp/Ramsauer* § 11 Rn. 25.
[18] Verneint von *BVerwG* NJW 1992, 1524 für atomrechtliche Genehmigungsverfahren, in denen für ein Embryo die Einstellung des Betriebs eines Endlagers zur Ablagerung radioaktiver Abfälle begehrt wurde; ferner auch *BVerwG* NVwZ 1995, 1002. Zum Embryo als Grundrechtssubjekt vgl. ferner *v. Mutius* Jura 1987, 109.
[19] Vgl. *VG Hamburg* NVwZ 1988, 1058 zu „Seehunden in der Nordsee".

nicht rechtsfähig sind, aber gemäß §§ 124, 161 HGB Träger von Rechten und Pflichten sein können[20] und die Reederei gemäß § 493 HGB.[21]

15 Als **juristische Personen des öffentlichen Rechts** und Träger von Rechten und Pflichten (**Rechtsträgerprinzip;** zur Beteiligungsfähigkeit auch von Behörden – **Behördenprinzip** – nach Nr. 3 vgl. Rn. 25ff.) kommen in Betracht: Körperschaften, Anstalten und Stiftungen des öffentlichen Rechts von Bund, Ländern und Kommunen. Unter den Begriff fallen ferner – obwohl nicht juristische Personen – die frühere Deutsche Bundesbahn und Deutsche Bundespost als Sondervermögen, denen durch Gesetz (§ 2 Abs. 1 BundesbahnG, § 4 Abs. 1 PostVerwG, zur Neustrukturierung der Post vgl. § 2 Rn. 142) die Fähigkeit zu selbständigem Rechtshandeln verliehen war; nunmehr betrieben als Aktiengesellschaft auf der Grundlage von Art. 87e und 87f GG nebst Ausführungsgesetzgebung (Deutsche Bahn AG, Deutsche Post AG, Deutsche Postbank AG, Deutsche Telekom AG; hierzu § 1 Rn. 123; § 2 Rn. 142ff.). Diese sind als Rechtsnachfolger der früheren Sondervermögen in Rechte und Pflichten eingetreten und können frühere ör Forderungen weiterhin ör geltend machen;[22] ferner die evangelische und katholische Kirche mit ihren Kirchengemeinden und sonstigen Trägern von Rechten und Pflichten[23] sowie religiöse Ordensgemeinschaften,[24] ferner andere Religionsgemeinschaften nach Maßgabe des § 2 Abs. 1 (hierzu dort Rn. 30ff.) sowie ausländische juristische Personen des Privatrechts und öffentlichen Rechts nach Maßgabe des Internationalen Privatrechts und der innerstaatlich wirkenden Regeln und Vereinbarungen des Völkerrechts.[25] Zu **EU-Behörden** vgl. § 1 Rn. 218ff.; § 2 Rn. 82ff.; § 14 Rn. 34. Alle juristischen Personen handeln, da sie als solche nicht handlungsfähig sind, durch ihre **gesetzlichen oder satzungsmäßigen Vertreter und Beauftragte** (vgl. § 12 Nr. 3); diese sind in ihrem Verhältnis zueinander Träger von Rechten und Pflichten und können, insbesondere zur Wahrung ihrer Befugnisse und Verpflichtungen, beteiligtenfähig sein (hierzu noch Rn. 22ff.).[26] Zur Beteiligungsfähigkeit von Behörden Rn. 25ff.

2. Vereinigungen, soweit ihnen ein Recht zustehen kann (Nr. 2)

16 a) Fähig, am Verfahren beteiligt zu sein, sind nach **Nr. 2 Vereinigungen,** soweit ihnen ein Recht zustehen kann. Mit dieser aus § 61 Nr. 2 VwGO übernommenen Regelung wird den Besonderheiten und Bedürfnissen des VwVf Rechnung getragen (vgl. Rn. 6). In organschaftlicher Beziehung wird mit diesem auch im Verwaltungsprozess noch umstrittenen Begriff[27] die Dualität zwischen (voll)rechtsfähigen und nichtrechtsfähigen Rechtssubjekten[28] überwunden und die sog. **Teilrechtsfähigkeit** anerkannt. Diese liegt vor, wenn ein Gebilde zwar nicht generell und für den Regelfall, aber doch durch Einzelzuweisungen für eine Gruppe von Rechtssätzen zum Träger von Rechten und Pflichten erhoben worden ist;[29] die bloße Rechtsbehauptung der Existenz solcher Rechte reicht regelmäßig nicht aus, vielmehr ist ihre schlüssige Darlegung notwendig (Rn. 21). Diese Teilrechtsfähigkeit ist zugleich eine **relative Beteiligungsfähigkeit,** weil sie nur der Sicherung materieller Rechte dient und im Wesentlichen mit ihnen korrespondiert (Rn. 6, 20). Die Rechtsfolge des § 11 Nr. 2 besteht darin, dass die Vereinigung **als solche** und unter ihrem Namen am VwVf teilnehmen kann und Beteiligter i.S. des § 13 ist,[30] nicht die einzelnen Mitglieder, Betroffenen, Interessierten usw. Diese können daher

---

[20] Vgl. *OVG Münster* NJW 1989, 186; *Kopp/Ramsauer* § 11 Rn. 6; für Anwendung von Nr. 2: *Clausen* in Knack § 11 Rn. 8; *Meyer/Borgs* § 11 Rn. 5.
[21] *Redeker/von Oertzen* § 61 Rn. 2.
[22] Vgl. *BGHZ* 130, 13 = NJW 1995, 2295, 2296; *BVerwG* NJW 1996, 1010.
[23] *OVG Münster* NJW 1983, 2592; *VGH Mannheim* DÖV 1967, 309; *Zilles/Kämper* NVwZ 1994, 109; ferner § 2 Rn. 30ff.
[24] Hierzu *Renck* BayVBl 1984, 713; *Kopp/Ramsauer* § 11 Rn. 6.
[25] Art. 7 EGBGB, hierzu *BGHZ* 51, 27 = NJW 1969, 188; *OLG Frankfurt* NJW 1990, 2204.
[26] Zum sog. In-Sich-Prozess im Verwaltungsrecht vgl. *Redeker/von Oertzen* § 63 Rn. 8; *Kopp/Schenke* § 63 Rn. 7; *J. Schmidt* in Eyermann § 61 Rn. 10; *Czybulka* in Sodan/Ziekow § 61 Rn. 41ff., § 63 Rn. 24.
[27] Hierzu *Dolde,* FS Menger, S. 423ff.
[28] Zur Problematik der sog. nichtrechtsfähigen Vereine und Parteien vgl. *Schmidt* NJW 1984, 2249; *Kainz* NJW 1985, 2616; *Schulz* NJW 1990, 1893; Rn. 22 m.w.N.
[29] Vgl. *BVerwGE* 90, 76 = NVwZ-RR 1992, 572 – für Personalrat –; *Wolff/Bachof* u.a. I § 32 Rn. 9f.; *Bachof* AöR 83 (1958), 208, 263, 264; *Fabricius,* Relativität der Rechtsfähigkeit, 1963.
[30] Vgl. *OVG Lüneburg* NJW 1992, 192, 193; *VGH Kassel* NVwZ 1997, 922.

etwa als Zeuge vernommen werden, nicht als selbst Beteiligte. Auch Zustellungen, Bekanntgaben usw. haben gegenüber der Vereinigung als solcher zu erfolgen (hierzu vgl. § 41 m. w. N.). **Adressaten der Maßnahmen und Bekanntgaben** sind bei Vereinigungen i. S. Nr. 2 die Vertreter und Beauftragten i. S. v. § 12 Nr. 2. An sie hat sich die Behörde in erster Linie zu wenden; ggfs. sind zunächst diese handlungsfähigen und -befugten Personen von der Behörde zu ermitteln.[31]

Unter Vereinigungen sind **Personenmehrheiten** sowie Organe und Organteile zu verstehen, denen ein **Mindestmaß an Organisation** eigen ist, wenigstens soweit, dass sie die Repräsentanz der Mehrheit durch einzelne ermöglicht (Rückschluss aus § 12 Nr. 3).[32]

17

Streitig ist wie bei § 61 Nr. 2 VwGO, ob die Vereinigung eine feste, auf eine gewisse Dauer gerichtete **körperschaftliche Struktur** haben muss.[33] Da die Vereinigung als solche und unter ihrem Namen, nicht erst die Gesamtheit der Mitglieder, Beteiligte ist (vgl. Rn. 5), kann nicht jedwedes **kurzfristige** oder **zufällige** Zusammentreffen gleicher oder unterschiedlicher Interessen dazu führen, ein solches Gebilde als Vereinigung i. S. des § 11 Nr. 2 zu behandeln. Dies gilt etwa für eine Demonstration auf der Straße, eine sonstige kurzfristige Menschenansammlung[34] und – je nach Sachlage und Organisationsstruktur – auch für **Bürgerinitiativen.** Sie werden erst und nur dann als beteiligtenfähig anerkannt werden können, wenn sie die genannten Mindestvoraussetzungen in zeitlicher, organschaftlicher und struktureller Beziehung aufweisen. Im **Zweifelsfall** soll sich die Behörde an die handelnden natürlichen Personen halten und an sie ihre Mitteilungen und Bekanntgaben richten (Rn. 7, 24). Zu Einzelfällen nach Nr. 2 vgl. Rn. 22, 23. Aus Art. 19 Abs. 4 GG folgt keine Pflicht zur Anerkennung jeder Personenmehrheit als beteiligtenfähiges Rechtssubjekt,[35] weil die Rechte der einzelnen Mitglieder unberührt bleiben.

18

b) Solche Vereinigungen sind beteiligtenfähig, **soweit ihnen ein Recht zustehen** kann. Voraussetzung ist zunächst, dass es auf dem Gebiete des öffentlichen Rechts liegt und einen ör Bezug hat, aus dem sich die Notwendigkeit zur Rechtsverfolgung oder/und -verteidigung in einem VwVf ergibt. Zusätzlich ist notwendig, dass die Vereinigung überhaupt in einem bestimmten Bereich oder in Bezug auf eine bestimmte Angelegenheit nach einem Rechtssatz des materiellen Rechts Rechtssubjekt sein kann. Ör Kompetenzen einer ör Einrichtung i. w. S. können dann zu einem „Recht" i. S. v. Nr. 2 führen, wenn sie dem Organ oder Organteil (auch) als **eigene Rechte** zugeordnet sind und in einem Behörden- und Gerichtsverfahren wegen Beeinträchtigung der „eigenen" Rechtssphäre verfolgt werden dürfen, etwa im Kommunalstreitverfahren.[36]

19

Für die Beteiligtenfähigkeit reicht jedoch nicht irgendein Recht aus. Erforderlich ist vielmehr zusätzlich, dass das **im konkreten Verwaltungsverfahren** geltend gemachte Recht der Vereinigung zustehen kann. Wenn dies unter keinen denkbaren Umständen der Fall ist, ist die Beteiligtenfähigkeit zu verneinen.[37] Nicht gefolgt wird somit der Gesetzesbegründung, nach der irgendein Recht genügt, „auch wenn es nicht auf das konkrete VwVf bezogen ist".[38] Wollte man dies genügen lassen, würde praktisch die materielle Teilrechtsfähigkeit hinsichtlich eines einzelnen Bereichs zur Vollrechtsfähigkeit in Bezug auf VwVf schlechthin führen.[39] Die **Teilrechtsfähigkeit** (ferner Rn. 6) ist damit zugleich eine **relative Rechtsfähigkeit,** weil sie ein materielles Recht in verfahrensrechtlicher Hinsicht absichern soll.[40] Zu beachten ist insbesondere, dass zwischen Rechten im VwVf und gerichtlich durchsetzbaren Rechten zu differenzieren

20

---

[31] Vgl. BVerwG NJW 1993, 79; NJW-RR 1995, 73 zur „Wohnungseigentümergemeinschaft".
[32] Vgl. *OVG Lüneburg* NJW 1992, 192, 193 für einen Verein in Gründung; *OVGE Münster* 29, 279 = NJW 1975, 463; *Redeker/von Oertzen* § 61 Rn. 4.
[33] So *OVGE Münster* 29, 279 = NJW 1975, 463; *VGH München* NJW 1984, 2116; *Blumenwitz* BayVBl 1980, 230; a. A. *Kopp/Ramsauer* § 11 Rn. 13; *Riedl* in Obermayer § 11 Rn. 14.
[34] Ebenso *OVGE Münster* 29, 279 = NJW 1975, 463; *VGH München* NJW 1984, 2116, *Kopp/Ramsauer* § 11 Rn. 13.
[35] So aber *Kopp/Ramsauer* § 11 Rn. 12.
[36] Vgl. *Hoppe,* Organstreitverfahren, 1969; *Ewald* DVBl 1970, 237; ferner Rn. 22.
[37] So auch *Kopp/Ramsauer* § 11 Rn. 12; *Meyer/Borgs* § 11 Rn. 3; *Redeker/von Oertzen* § 61 Rn. 4.
[38] Begründung zu § 11 Entwurf 73.
[39] *OVG Lüneburg* NJW 1979, 735.
[40] Vgl. *BVerwG* NJW 1981, 239; *VGH Kassel* NVwZ 1988, 1040; *OVG Lüneburg* DVBl 1989, 114 und NJW 1992, 192, 193; *OVG Frankfurt/O.* NVwZ-RR 2002, 479, 482; *VG Bremen* DVBl 1989, 114.

ist, so dass eine getrennte Prüfung der Beteiligtenfähigkeit nach § 11 Nr. 2 VwVfG und § 61 Nr. 2 VwGO notwendig ist.[41] Anerkannte **Naturschutzverbände** sind im Rahmen von §§ 58 Abs. 1 Nr. 2, 60 Abs. 2 Nr. 6 BNatSchG in VwVf und im Verwaltungsprozess beteiligungsfähig.[42] Die Formulierung „soweit ihnen ein Recht zustehen kann" ist nicht so zu verstehen, dass Beteiligungsfähigkeit nur dann vorliegt, wenn die Vereinigung ein Recht **aktiv** geltend macht; sie ist vielmehr auch dann gegeben, wenn sie von der Behörde wegen einer Pflicht **passiv** in Anspruch genommen werden soll, die aus einer ihr zukommenden Rechtsstellung erwächst. So kann z. B. ein nichtrechtsfähiger Verein als Inhaber der tatsächlichen Gewalt über eine zum Vereinsvermögen gehörende Sache als Ordnungspflichtiger in Anspruch genommen werden; er ist insoweit fähig, am VwVf beteiligt zu sein.[43]

21 Das Recht muss der Vereinigung **als solcher** zustehen können. Es genügt nicht, dass es allen Mitgliedern der Vereinigung je gesondert zustehen kann. Ob die einzelnen Mitglieder der Vereinigung oder diese unmittelbar als Rechtssubjekt Träger von Rechten und Pflichten ist (Rn. 6), bestimmt sich nach dem jeweiligen **materiellen Recht,** zu dessen Sicherung die verfahrensrechtliche Beteiligtenfähigkeit dient (Rn. 19). § 11 Nr. 2 schafft also für sich gesehen keine Teilrechtsfähigkeit, sondern setzt entsprechende materielle Regelungen voraus.[44] Erforderlich ist daher eine Prüfung im **Einzelfall.** Handlungsfähig sind die Vertreter und Beauftragten (§ 12 Nr. 3, dort Rn. 14 ff.). An sie hat sich die Behörde für Verhandlungen und Bekanntgaben zu wenden.[45]

22 Als **Vereinigung i. S. der Nr. 2** kommen in Betracht: nichtrechtsfähige Vereine in Abweichung von § 50 Abs. 2 ZPO,[46] soweit sie auf ör Gebiet Rechte und Pflichten haben können,[47] der Personalrat – für Beschlussverfahren[48] –; politische Parteien (soweit sie nicht bereits unter Nr. 1 fallen) einschließlich ihrer Gebietsverbände nach Maßgabe des § 3 PartG,[49] die Gewerkschaften mit ihren Untergliederungen, soweit diesen eigene Rechte und Pflichten zustehen können,[50] Arbeitgeberverbände sowie Betriebsräte nach Maßgabe der gesetzlichen Regelungen,[51] Organe und Organteile einschließlich Fraktionen im Kommunalbereich zur Wahrung eigener (Mitgliedschafts-)Rechte,[52] anerkannte Verbände für Verfahren nach §§ 58, 60 BNatSchG;[53] aufgelöste und liquidierte Kommanditgesellschaften zur Abgabe von Erledigungserklärungen;[54] offene Handelsgesellschaften;[55] die Teilnehmergemeinschaft der Flurbereinigung,[56] der Intendant einer Rundfunkanstalt im Streit mit dem Verwaltungsrat über die Programmgestaltung;[57] AStA, Konvent und Studentenschaft einer Universität oder Hochschule nach Maßgabe der gesetzlichen Regelung ihrer Rechte und Pflichten;[58] die Fakultät einer Universität hinsicht-

---

[41] Vgl. *VG Bremen* DVBl 1989, 114.
[42] Vgl. *BVerwGE* 78, 347 = NVwZ 1988, 527; 87, 62 = NVwZ 1991, 162; 102, 358 = NVwZ 1997, 905; hierzu noch § 13 Rn. 35; ferner Rn. 22.
[43] *OVG Lüneburg* NJW 1979, 735.
[44] *OVG Saarlouis* NVwZ 1993, 902; *OVG Bautzen* NVwZ 1998, 656.
[45] *BVerwG* NJW 1993, 79; Rn. 7.
[46] Hierzu restriktiv *BGHZ* 109, 15 = NJW 1990, 186.
[47] Vgl. *OVG Lüneburg* NJW 1992, 192, 193 für einen Verein in Gründung als Vor-Verein i. S. v. § 61 Nr. 2 VwGO; *OVG Frankfurt/O.* NVwZ-RR 2002, 479 für eine Vorgründungsgesellschaft; ferner Rn. 19.
[48] *BVerwGE* 90, 76 = NVwZ-RR 1992, 572.
[49] Zu Streitfragen *BVerwGE* 56, 56, 57 = NJW 1978, 1937; 32, 333, 334 = BayVBl 1970, 25; *VGH Mannheim* DÖV 1987, 874; teilweise abweichend im Hinblick auf § 50 Abs. 2 ZPO *BGHZ* 109, 15 = NJW 1990, 186 für „normale" Vereine; *OLG Frankfurt* DÖV 1985, 78; *Schmidt* NJW 1984, 2249; *Kaintz* NJW 1985, 2616; *Schulz* NJW 1990, 1893.
[50] Hierzu aber *BGHZ* 42, 210 = NJW 1965, 156; 50, 325 = NJW 1968, 1830 teilweise einschränkend für das Zivilrecht im Hinblick auf § 50 Abs. 2 ZPO.
[51] *BVerwGE* 5, 293 = NJW 1958, 433.
[52] *VGH Mannheim* NVwZ 1988, 799; *OVG Schleswig* NVwZ-RR 1996, 103; *Hoppe* DVBl 1970, 895; *Ewald* DVBl 1970, 237; *Hahn* DVBl 1974, 509.
[53] *BVerwGE* 87, 62 = NVwZ 1991, 162; 102, 358 = NVwZ 1997, 905 für PlfV, ferner 78, 347 = NVwZ 1988, 527; *OVG Berlin* NVwZ 1986, 318 mit Anm. *Möllers* NuR 1987, 217, *VGH Kassel* NVwZ 1988, 1150 und 543; ferner § 13 Rn. 35, § 74 Rn. 279.
[54] *OVG Münster* NJW 1989, 186.
[55] *OVG Frankfurt/O.* NJW 1998, 3513 mit Hinweis auf die körperschaftsähnliche Struktur der OHG.
[56] *BVerwGE* 80, 334, 336 = NVwZ 1989, 870.
[57] *VG Hamburg* DVBl 1980, 491.
[58] *OVG Lüneburg* DVBl 1978, 272.

lich ihrer Rechte und Pflichten;[59] das Präsidium eines Gerichts hinsichtlich der Wahl und Befugnisse seiner Mitglieder;[60] Arbeitsgemeinschaften und Ausschüsse im Krankenhausrecht und bei der sozialen Krankenversicherung;[61] die Eigentümer bei einer ungeteilten Erbengemeinschaft;[62] die im Zeitpunkt der Antragstellung bereits existierende, nicht mehr in Gründung befindliche Bauherrengemeinschaft für ein bestimmtes Bauobjekt hinsichtlich der Baugenehmigung;[63] die Wohnungseigentümergemeinschaft nach WEG;[64] eine Interessengemeinschaft (e. V.) zur Verhinderung einer Schnellbahntrasse;[65] ein in Gründung befindlicher Verein mit 2 Mitgliedern, der die Rechtsfähigkeit erstrebt;[66] ein Naturschutzbeirat.[67]

Nicht beteiligungsfähig sind etwa Demonstrationen, Menschenansammlungen und ihre Organisationskomitees;[68] i. d. R. Bürgerinitiativen als solche (vgl. aber Rn. 18); Stammtischrunden;[69] der Elternbeirat einer Schule bei fehlenden eigenen Rechten;[70] der Fachbereich einer niedersächsischen Hochschule im Außenverhältnis;[71] die Schulkonferenz bei – gerichtlichen – Streitigkeiten über die Umwandlung einer Schule.[72]   **23**

In allen Fällen empfiehlt sich für die verfahrensführende Behörde, sich den handlungsfähigen und -befugten **Beauftragen** oder **Vertreter** i. S. des § 12 Abs. 1 Nr. 3 (hierzu § 12 Rn. 16) benennen zu lassen, damit sie an ihn (zugleich mit Wirkung für und gegen die Vereinigung) als Verfahrensführungsbefugten (Rn. 7) Mitteilungen richten und Bekanntgaben oder Zustellungen vornehmen kann (auch Rn. 16).   **24**

3. Behörden (Nr. 3)

Nach Nr. 3 sind – ergänzend zu Nr. 1 mit dem dort enthaltenen Rechtsträgerprinzip – alle Behörden fähig, am Verfahren beteiligt zu sein. Hierin weicht § 11 von § 61 VwGO ab, der den Zusatz enthält „sofern das Landesrecht dies bestimmt". Dem Gesetzgeber schien es sinnvoll, für das VwVf aus verfahrensökonomischen Gründen das **Behördenprinzip** allgemein einzuführen, also auch dort, wo die Länder für das verwaltungsgerichtliche Verfahren am Rechtsträgerprinzip festgehalten haben. Allerdings handelt die Behörde auch dort, wo sie als Beteiligte auftritt, stets mit Wirkung **für und gegen den Rechtsträger,** dem sie angehört. Zum **Begriff** der Behörde vgl. § 1 Rn. 236 ff. Zu sog. In-sich-Verfahren vgl. Rn. 19; § 5 Rn. 38 ff.   **25**

III. Landesrecht

Dem § 11 entsprechende Regelungen finden sich auch in den VwVfGen der Länder. Mit der Einführung des Behördenprinzips nach § 11 Nr. 3 wird die Durchführung von VwVf praktisch erleichtert, weil damit die unmittelbar zuständigen Stellen innerhalb einer juristischen Person des öffentlichen Rechts tätig werden können. Zur Frage der Zulässigkeit von In-sich-Verfahren vgl. Rn. 19; § 5 Rn. 36 ff.   **26**

---

[59] *BVerwGE* 45, 39, 43 = DÖV 1974, 493; *VGH Mannheim* VRspr. 21, 251.
[60] *BVerwGE* 44, 172, 175 = DÖV 1974, 96; *VGH Kassel* DRiZ 1984, 62.
[61] Hierzu *Sonnenschein* DVBl 1983, 117.
[62] Str., *Kopp/Ramsauer* § 11 Rn. 6; *J. Schmidt* in Eyermann § 61 Rn. 9; *Redeker/von Oertzen* § 61 Rn. 4.
[63] Str., bejahend: *VGH Mannheim* NVwZ-RR 1993, 334 = VBlBW 1993, 177; NJWE-MietR 1996, 65 = 1996, 22; *VGH Kassel* NJW 1997, 1938; *OVG Bautzen* NJW 2002, 1361 (Aufgabe der früheren Rspr. NVwZ 1998, 656); *BFHE* 178, 108 = NVwZ-RR 1996, 178 (zur Beiladung); *Stettner* JA 1982, 395; *Kopp/Ramsauer* § 11 Rn. 16; zur Haftung des Treuhänders bei nicht zustande gekommener Bauherrengemeinschaft vgl. BGHZ 105, 283 = NJW 1989, 894; ferner *BFHE* 157, 155 = NJW 1990, 71. Allg. zur Rechts- und Parteifähigkeit der GbR BGHZ 146, 341 = NJW 2001, 1056.
[64] *BVerwG* NJW 1988, 3279 zugleich zur fehlenden Klagebefugnis; *BVerwG* NJW-RR 1995, 73; einschränkend *BVerwG* NJW 1993, 79: die Miteigentümer als gemeinsame Wohnungseigentümer; ferner *OVG Bremen* NJW 1985, 2660; *VGH Kassel* NJW 1984, 1645; BGHZ 106, 222 = NJW 1989, 1091.
[65] *BVerwG* NVwZ 1991, 781.
[66] Vgl. *OVG Lüneburg* NJW 1992, 192, 193: „Vor-Verein".
[67] *VGH Kassel* UPR 1992, 398.
[68] *OVG Münster* DÖV 1974, 820, *VGH München* NJW 1984, 2116; a. A. *Kopp/Ramsauer* § 11 Rn. 13.
[69] *Kopp/Ramsauer* § 11 Rn. 13.
[70] *VGH München* BayVBl 1981, 719; *VGH Mannheim* NVwZ-RR 1996, 85 betr. ein Verfahren wegen Verlegung einer Schule.
[71] *OVG Lüneburg* DVBl 1989, 114.
[72] *VG Bremen* DVBl 1989, 114.

IV. Vorverfahren

27 § 11 ist auch im Vorverfahren anwendbar (§ 79).

§ 12 Handlungsfähigkeit

(1) Fähig zur Vornahme von Verfahrenshandlungen sind
1. natürliche Personen, die nach bürgerlichem Recht geschäftsfähig sind,
2. natürliche Personen, die nach bürgerlichem Recht in der Geschäftsfähigkeit beschränkt sind, soweit sie für den Gegenstand des Verfahrens durch Vorschriften des bürgerlichen Rechts als geschäftsfähig oder durch Vorschriften des öffentlichen Rechts als handlungsfähig anerkannt sind,
3. juristische Personen und Vereinigungen (§ 11 Nr. 2) durch ihre gesetzlichen Vertreter oder durch besonders Beauftragte,
4. Behörden durch ihre Leiter, deren Vertreter oder Beauftragte.

(2) Betrifft ein Einwilligungsvorbehalt nach § 1903 des Bürgerlichen Gesetzbuchs den Gegenstand des Verfahrens, so ist ein geschäftsfähiger Betreuter nur insoweit zur Vornahme von Verfahrenshandlungen fähig, als er nach den Vorschriften des bürgerlichen Rechts ohne Einwilligung des Betreuers handeln kann oder durch Vorschriften des öffentlichen Rechts als handlungsfähig anerkannt ist.

(3) **Die §§ 53 und 55 der Zivilprozeßordnung gelten entsprechend.**

Vergleichbare Vorschriften: § 79 AO; § 11 SGB X; § 62 VwGO.

Abweichendes Landesrecht: Vgl. Rn. 27; ferner Übersicht zu Änderungen der LVwVfGe im Dritten Teil dieses Kommentars.

Entstehungsgeschichte: Bis zum Inkrafttreten des VwVfG vgl. § 12 der 6. Auflage. **Änderungen:** Abs. 2 n. F. eingefügt und bisheriger Abs. 2 umbenannt in Abs. 3 m. W. v. 1. 1. 1992 durch das Betreuungsgesetz vom 12. 9. 1990 (BGBl. I S. 2003).

Literatur: *Krause,* Die Willenserklärungen des Bürgers im Bereich des öffentlichen Rechts, VerwArch 61 (1970), 297; *Hablitzel,* Öffentlich-rechtliche Willenserklärungen und Minderjährigenrecht, BayVBl 1973, 197; *Boujong,* Vertretungsbefugnis und Vertretungsmangel im öffentlichen Recht, WuV 1979, 48; *Kunz,* Zur Handlungsfähigkeit minderjähriger Ausländer im ausländerbehördlichen Verfahren, NJW 1982, 2707; *ders.,* Zur Rechtsstellung der Minderjährigen im öffentlichen Recht, ZfJ 1984, 397; *Roell,* Die Geltung der Grundrechte für Minderjährige, 1984; *Hohm,* Grundrechtsträgerschaft und „Grundrechtsmündigkeit" Minderjähriger am Beispiel öffentlicher Heimerziehung, NJW 1986, 3107; *Ehlers,* Benutzung kommunaler Einrichtungen durch Minderjährige, DVBl 1986, 918; *Habermehl,* Vertretung der Kommune, DÖV 1987, 144; *Laubinger,* Prozeßfähigkeit und Handlungsfähigkeit, FS Ule, 1987, S. 161; *Robbers,* Partielle Handlungsfähigkeit Minderjähriger im öffentlichen Recht DVBl 1987, 709; *Meyer,* Die Stellung des Minderjährigen im öffentlichen Recht, 1988; *Zimmermann/Damrau,* Das neue Betreuungs- und Unterbringungsrecht, NJW 1991, 538; *Damrau/Zimmermann,* Betreuungsgesetz, 1991; *Bork,* Die Prozeßfähigkeit nach neuem Recht (ab 1. 1. 1992), MDR 1991, 97; *Schreiber,* Geschäftsfähigkeit, Jura 1991, 24; *Dodegge,* Das Betreuungsbehördengesetz und die Landesausführungsgesetze, NJW 1992, 1936; *Jürgens/Kröger/Marschner/Winterstein,* Das neue Betreuungsrecht, 2. Aufl., 1992; *Klüsener/Rausch,* Praktische Probleme bei der Umsetzung des neuen Betreuungsrechts, NJW 1993, 617; *Peschel-Gutzeit,* Elterliche Vertretung und Minderjährigenschutz, FamRZ 1993, 1009; *Schmidt/Böcker,* Betreuungsrecht, 2. Aufl., 1993; *Bienwald,* Betreuungsrecht, Komm. zum BtG und BtBG, 2. Aufl., 1994; *Coester-Waltjen,* Überblick über Probleme der Geschäftsfähigkeit, Jura 1994, 331; *Laubinger/Repkewitz,* Der Betreute im Verwaltungsverfahren und Verwaltungsprozeß, VerwArch 85 (1994), 86; *Paukstädt-Maihold,* Geschäftsfähigkeit, JA 1994, 465 u. 552; *Kohler/Gehrig,* Vertretung und Vertretungsmängel der Gemeinde im Privatrechtsverkehr, VBlBW 1996, 441; *Hufeld,* Die Vertretung der Behörde, 2003; vgl. ferner die Literaturnachweise zu §§ 11, 13, 14, 50.

Übersicht

	Rn.
I. Allgemeines	1
1. Inhalt und Bedeutung des § 12	1
2. Mangel der Handlungsfähigkeit	5
II. Handlungsfähige Personen (Abs. 1)	7
1. Geschäftsfähige natürliche Personen (Nr. 1)	7
2. Partiell handlungsfähige natürliche Personen (Nr. 2)	9

	Rn.
3. Vertreter und Beauftragte juristischer Personen und Vereinigungen (Nr. 3)	14
4. Leiter, Vertreter oder Beauftragte von Behörden (Nr. 4)	17
III. Beschränkte Handlungsfähigkeit geschäftsfähiger Betreuter (Abs. 2)	21
IV. Entsprechende Anwendung der §§ 53, 55 ZPO (Abs. 3)	24
V. Landesrecht	27
VI. Vorverfahren	28

I. Allgemeines

1. Inhalt und Bedeutung des § 12

Zu den Grundsätzen eines rechtsstaatlichen VwVf gehört es, dass der Staat den Bürger nicht als bloßes Objekt obrigkeitlichen Handelns betrachtet, sondern ihm die Möglichkeit eröffnet, durch (aktive und passive, Rn. 4) Beteiligungen am VwVf seine Rechte, Belange und Interessen wahrzunehmen (vgl. § 13 Rn. 1 ff.). Wer sich am Verfahren beteiligen will, muss jedoch handlungsfähig sein, das heißt im Sinne einer **subjektiven Sachentscheidungsvoraussetzung** die Fähigkeit besitzen, die Verfahrenshandlungen, als deren Summe sich das VwVf darstellt, auf seiner Seite selbst **rechtswirksam allein** oder durch seine Organe vorzunehmen bzw. durch einen von ihm selbst bestimmten Vertreter vornehmen zu lassen (aktive Wirkung) und gegen sich durchführen zu lassen (passive Wirkung). § 12 steht als Vorschrift über die Handlungsfähigkeit somit in **engem innerem Zusammenhang mit den §§ 11 und 13.** Im Verwaltungsprozessrecht entspricht der Handlungsfähigkeit nach § 12 die in § 62 VwGO geregelte Prozessfähigkeit. § 12 Nr. 1 und 2 bringen dabei das **Minderjährigenschutzprinzip**[1] zum Ausdruck. Nr. 3 und Nr. 4 regeln die Handlungsbefugnis bei **juristischen Personen** und ihnen gleichstehenden Gebilden sowie bei **Behörden,** sind inhaltlich eigentlich Vertretungsregelungen, regeln aber nicht die Handlungsfähigkeit i. e. S.[2] Neu eingefügt ist Abs. 2 durch das Betreuungsgesetz vom 12. 9. 1990,[3] hierzu Rn. 21 ff.

§ 12 beruht dabei auf der gedanklichen Grundlage, dass ein beteiligungsfähiges Rechtssubjekt i. S. des § 11 nicht notwendig auch selbst (allein) zur rechtswirksamen Abgabe und Entgegennahme von Erklärungen und Verfahrenshandlungen befugt sein muss; unter bestimmten Voraussetzungen bedarf es daher der **Mitwirkung dritter Personen** (Nr. 1 und Nr. 2), innerhalb einer juristischen Person oder einer Behörde (Nr. 3 und Nr. 4) einer Festlegung der zu Verfahrenshandlungen befugten Organwalter.

Die Handlungsfähigkeit der Beteiligten ist Voraussetzung für die Durchführung des VwVf und von der Behörde **in jeder Lage des Verfahrens von Amts wegen**[4] zu prüfen. Ist ihr Vorliegen streitig, so ist sie bis zur Beendigung des Streites hierüber als gegeben zu unterstellen.[5] Aus der Tatsache, dass einem Beteiligten § 20 StGB zugebilligt worden ist, darf noch nicht ohne weiteres auf Handlungsunfähigkeit geschlossen werden.[6] Handlungsunfähigkeit kann auch **partiell** vorliegen (vgl. Rn. 8, 9).

Die Worte „Vornahme von Verfahrenshandlungen" sind nicht so zu verstehen, dass nur die **aktive** Handlungsfähigkeit gemeint sei (Stellung von Anträgen, Abgaben von Erklärungen, Erteilung einer Vollmacht), vielmehr gehört auch deren Entgegennahme dazu, die **passive** Handlungsfähigkeit.[7] Gegenüber einem Handlungsunfähigen darf im Interesse seines Schutzes kein (belastender) VA erlassen werden.[8] Ein ihm persönlich bekannt gegebener VA ist nicht wirksam

---

[1] Hierzu *Robbers* DVBl 1987, 709; *Laubinger,* Prozeßfähigkeit und Handlungsfähigkeit, FS Ule, S. 161; *C.-R. Meyer,* Die Stellung des Minderjährigen im öffentlichen Recht, 1988; *Peschel-Gutzeit* FamRZ 1993, 1009.
[2] Vgl. *Ule/Laubinger* § 16 Rn. 2.
[3] BGBl. I S. 2002.
[4] *BVerwG* DVBl 1986, 146.
[5] *BVerwGE* 30, 24, 26 = DVBl 1968, 887; *VGH Kassel* NJW 1990, 403; *BSGE* 5, 176; *BGHZ* 86, 184 = NJW 1983, 996; NJW 1986, 1358; *Clausen* in Knack § 12 Rn. 19; *Kopp/Ramsauer* § 12 Rn. 20.
[6] Für die Prozessfähigkeit: *BVerwG* VerwRspr 20, 639; *Redeker/von Oertzen,* § 62 Rn. 2.
[7] Vgl. Begründung zu § 12 Entwurf 73.
[8] *BVerwG* NJW 1985, 576 zum behördlichen Asylverfahren.

bekannt gemacht.[9] Allerdings ist eine **Heilung** der Wirksamkeit von Bekanntgaben gegenüber (partiell) Handlungsunfähigen durch Genehmigung seitens des Vertreters möglich.[10]

2. Mangel der Handlungsfähigkeit

5   Wer nicht nach § 12 handlungsfähig ist, muss einen **gesetzlichen Vertreter** haben, da auch für die Bestellung eines Bevollmächtigten nach § 14 bürgerlich-rechtliche Geschäftsfähigkeit erforderlich ist.[11] Ein **Mangel** der Handlungsfähigkeit kann durch deren nachträglichen Eintritt **geheilt** werden.[12] Ebenso durch Genehmigung seitens des gesetzlichen Vertreters.[13] Tritt keine Heilung ein, so bleiben die Verfahrenshandlungen eines Handlungsunfähigen unwirksam. Im **Streit** über das Vorliegen seiner Handlungsfähigkeit ist der Beteiligte bis zur Entscheidung des Streits als handlungsfähig zu betrachten (§ 11 Rn. 10).

6   Die Handlungsunfähigkeit muss spätestens im **Zeitpunkt** des Abschlusses des VwVf gegeben sein, also bei Erlass der VA oder Abschluss des ör Vertr. Liegt nach Beginn eines Verfahrens (§ 22) noch keine Handlungsfähigkeit vor, muss die Behörde mit dem gesetzlichen Vertreter korrespondieren. Zwischenzeitlicher Wegfall einer früher gegebenen bzw. nachträgliche Herstellung einer ursprünglich fehlenden Handlungsfähigkeit sind von Amts wegen zu berücksichtigen. Auf fehlende Handlungsfähigkeit mit den sich daraus ergebenden Konsequenzen können sich auch die (übrigen) Beteiligen berufen. **Zweifel** über die Handlungsunfähigkeit gehen im Allgemeinen zu Lasten desjenigen, der daraus für sich günstige Rechtsfolgen herleitet.[14] Ein Geschäftsunfähiger oder beschränkt Geschäftsfähiger handelt i. d. R. durch seinen **gesetzlichen Vertreter** (ggfs. nach § 16 bestellt, hierzu Rn. 12 für minderjährige Ausländer). Jedenfalls zur Abwehr schwerer **Eingriffe in das Persönlichkeitsrecht** kann zusätzlich eine **Anhörung** oder sonstige Mitwirkung des Betroffenen geboten sein,[15] weil das Persönlichkeitsrecht des Betroffenen auch unmittelbar geschützt werden muss und er bei natürlicher Einsichtsfähigkeit nicht einseitig zum bloßen Objekt behördlicher Maßnahme gemacht werden darf (ferner Rn. 9).

II. Handlungsfähige Personen (Abs. 1)

1. Geschäftsfähige natürliche Personen (Nr. 1)

7   Nach **Abs. 1 Nr. 1** sind handlungsfähig natürliche Personen, die nach bürgerlichem Recht **geschäftsfähig** sind. Geschäftsfähig ist, wer volljährig ist. Die Volljährigkeit tritt nach § 2 BGB mit Vollendung des 18. Lebensjahres ein. Sie beginnt am 18. Geburtstag um 0 Uhr, § 187 Abs. 2 Satz 2 BGB. Seit **1. 1. 1992** ist die frühere Entmündigung Volljähriger durch das Institut der Betreuung ersetzt,[16] hierzu ferner Abs. 2 (Rn. 21 ff.). Bei **Ungewissheit** über den Tag der Geburt ist im Interesse des Minderjährigenschutzes (Rn. 1) von dem innerhalb eines bekannten Geburtsjahres spätest möglichen Geburtsdatum auszugehen.[17]

8   **Geschäftsunfähigkeit** kann auch **partiell** vorliegen, etwa dann, wenn die Handlungsfähigkeit auf Grund krankhaften Querulantentums, durch das der Streit mit Behörden zum Selbstzweck und Lebensinhalt geworden ist, für bestimmte Lebensbereiche und Verwaltungs- und/oder Gerichtsverfahren zu verneinen ist.[18] Bei einem Schuldner im Insolvenzverfahren ist die

---

[9] Vgl. *VGH München* NJW 1984, 2845, *VGH Mannheim* VBlBW 1992, 474.
[10] *BVerwG* Buchholz 402.25 § 6 AsylVfG Nr. 1; NJW 1994, 2633; *OVG Schleswig* NVwZ-RR 1994, 484; ferner § 41 Rn. 51 f.; § 43 Rn. 176 ff. m. w. N.
[11] *Kopp/Ramsauer* § 12 Rn. 21; *Clausen* in Knack § 12 Rn. 18; *Meyer/Borgs*, § 12 Rn. 2.
[12] *Redeker/von Oertzen*, § 62 Rn. 7.
[13] *Clausen* in Knack § 12 Rn. 21; einschränkend *BVerwG* NJW 1985, 576; *OVG Lüneburg* DVBl 1982, 218; *OVG Schleswig* NVwZ-RR 1994, 484.
[14] Vgl. *BVerwG* NJW 1994, 2633, 2634; *VGH München* BayVBl 1984, 757; *Kopp/Ramsauer* § 12 Rn. 20.
[15] Vgl. *BVerwG* NVwZ-RR 1990, 441; zur Anhörung vor der Anordnung einer Betreuung Volljähriger nach dem BtG vgl. *Zimmermann/Damrau* NJW 1991, 538.
[16] Hierzu *Zimmermann/Damrau* NJW 1991, 538, *Bork* MDR 1991, 967; für VwVf vgl. *Laubinger/Repkewitz* VerwArch 85 (1994), 86.
[17] *BVerwG* NJW 1985, 576.
[18] *VGH Mannheim* VBlBW 1992, 474 bei Depressionen und Suizidgefahr; *VGH Kassel* NJW 1962, 70 und NJW 1990, 403 für krankhafte Wahnvorstellungen; *BVerwGE* 30, 24 = DÖV 1969, 255; *Dinger/Koch*, Querulanz in Gericht und Verwaltung, 1992.

§ 12 Handlungsfähigkeit 9–11 § 12

materiell-rechtliche Verwaltungs- und Verfügungsbefugnis hinsichtlich der Insolvenzmasse auf den Insolvenzverwalter übergegangen (§ 80 Abs. 1 InsO); die Handlungsfähigkeit des Schuldners ist daher insoweit zu verneinen.[19]

2. Partiell handlungsfähige natürliche Personen (Nr. 2)

Handlungsfähig sind ferner nach **Nr. 2** natürliche Personen, die nach **bürgerlichem Recht** 9
in der Geschäftsfähigkeit beschränkt sind, soweit sie für den Gegenstand des Verfahrens durch Vorschriften des bürgerlichen Rechts als geschäftsfähig oder durch Vorschriften des **öffentlichen Rechts** als handlungsfähig anerkannt sind. Insofern ist Nr. 2 eine aus dem bürgerlichen und öffentlichen Recht abgeleitete Rechtsfolge. Die dadurch entstehenden Rechte und Pflichten hängen also maßgeblich von der Ausgestaltung der jeweiligen Materie zugunsten und zu Lasten der für partiell handlungsfähig erklärten Personen ab. Eine unmittelbar aus dem Grundgesetz abgeleitete, verfassungsrechtlich gebotene zusätzliche generelle Handlungsfähigkeit zugunsten einsichtsfähiger Minderjähriger bei sog. **Grundrechtsmündigkeit** über spezielle gesetzliche Vorschriften hinaus besteht nicht (vgl. noch Rn. 13). Allerdings ist das einfache Recht jeweils verfassungskonform auszulegen und anzuwenden (hierzu Rn. 11 ff.). Hierzu kann auch die **Anhörung** unmittelbar Betroffener gehören, ohne dass dies eine Handlungsfähigkeit für das VwVf im übrigen begründet, wenn es sich um schwere Eingriffe in das Persönlichkeitsrecht handelt und eine natürliche Einsichtsfähigkeit bejaht werden kann.[20] Anhörung eines Minderjährigen auch vor Verhängung einer Schulstrafe;[21] ebenso bei Anfechtung einer Prüfungsentscheidung.[22]

a) **Beschränkt geschäftsfähig** nach **bürgerlichem Recht** sind Minderjährige, die das 10
7. Lebensjahr vollendet haben. Die Regelung über die Geschäftsunfähigkeit von Personen, die wegen Geistesschwäche, Verschwendung, Trunksucht oder Rauschgiftsucht entmündigt sind (§ 114 BGB a. F.), sowie Personen, die nach § 1906 BGB unter vorläufige Vormundschaft gestellt sind (§ 114 BGB a. F.), gilt nach der Aufhebung der §§ 6, 104 Nr. 3, 114, 115 BGB durch das BtG nicht mehr.[23] Abs. 1 Nr. 2 findet nur noch auf die Minderjährigen Anwendung.[24] Ist beispielsweise ein Minderjähriger **partiell geschäftsfähig** im Hinblick auf für bestimmte Gegenstände nach Maßgabe von §§ 112, 113 BGB, so gilt dies auch in VwVf, die diesen Bereich betreffen.[25]

b) Vorschriften des **öffentlichen Rechts,** die jemanden als „geschäftsfähig" anerkennen, gibt 11
es nicht. Dagegen gibt es in zahlreichen Rechtsgebieten mit unterschiedlicher Interessenlage und unterschiedlichen Altersgrenzen[26] Bestimmungen, die Minderjährigen im Verwaltungsprozess und im VwVf eine Stellung einräumen, die die Handlungsfähigkeit begründet oder voraussetzt. Im Gegensatz zu § 62 VwGO und zu § 11 Entwurf 70 hat daher erstmals Entwurf 73 eine Formulierung gewählt, die zwischen der Geschäftsfähigkeit und der Handlungsfähigkeit unterscheidet.[27] Ob eine Vorschrift dem beschränkt Geschäftsfähigen für einen bestimmten Rechtskreis Handlungsfähigkeit einräumt, ist durch Auslegung zu ermitteln.[28] Zu den **Bestimmungen in Spezialgesetzen,** die eine beschränkte Handlungsfähigkeit verleihen, gehören etwa § 5

---

[19] BVerfGE 51, 405, 408 = NJW 1979, 2510.
[20] Str., vgl. *Kunz* NJW 1982, 2707; *Robbers* DVBl 1987, 709; zur Anhörung vor der Anordnung einer Betreuung nach dem neuen BtG *Zimmermann/Damrau* NJW 1991, 538, 543.
[21] *VGH Mannheim* DVBl 1985, 66.
[22] Die Anfechtung selbst erfolgt durch den gesetzlichen Vertreter; so auch *Kopp/Ramsauer* § 12 Rn. 8; *Robbers* DVBl 1987, 709.
[23] Zu den Auswirkungen der Änderungen durch das BtG für VwVf und Prozess *Zimmermann/Damrau* NJW 1991, 538; *Bork* MDR 1991, 97; zu Betreuten nach Abs. 2 ferner Rn. 21 ff.
[24] Begr. RegE-BtG, BT-Drs. 11/4528, S. 189.
[25] Vgl. *BVerwG* DVBl 1996, 1143 betr. die Verpflichtungserklärung eines minderjährigen Polizisten um 5jährigen Verbleib im Dienst.
[26] Zusammenstellung bei *Robbers* DVBl 1987, 709, 710; *Meyer,* Die Stellung des Minderjährigen im öffentlichen Recht, 1988; *Peschel-Gutzeit* FamRZ 1993, 1009. Das Bundesrecht verlangt nicht einen auf allen Gebieten des privaten und öffentlichen Rechts gleich gestellten Minderheitenschutz; *BVerwG* Buchholz 316 § 12 VwVfG Nr. 3.
[27] Vgl. Begründung zu § 12 Entwurf 73.
[28] *BVerwG* NJW 1982, 539; *OVG Bremen* NVwZ-RR 2004, 658; *Kopp/Ramsauer* § 12 Rn. 7; *Ziekow* § 12 Rn. 5.

SGB I, wonach mit der Vollendung des 15. Lebensjahres Sozialleistungen beantragt werden können; § 5 des Gesetzes über die religiöse Kindererziehung vom 15. Juli 1921[29] – maßgebend auch für die Entscheidung über die Teilnahme am Religionsunterricht ab 14 Jahre (sog. Religionsmündigkeit);[30] §§ 19 Abs. 5, 44 Abs. 1 Nr. 5 WPflG im Zusammenhang mit der Wehrerfassung und der Erfüllung der Wehrpflicht;[31] § 2 Abs. 4 KDVNG für das Anerkennungsverfahren als Kriegsdienstverweigerer mit 17 1/2 Jahren;[32] § 61 Abs. 2 PStG hinsichtlich der Befugnis, Personenstandsbücher einzusehen. Weitere Fälle: Erlangung eines Führerscheins ab 16 Jahre (§ 5 FahrerlaubnisVO);[33] Erlangung eines Jugendjagdscheins ab 16 Jahre (§§ 16, 17 BJagdG); Entscheidung über Art und Ort der Bestattung ab 14 Jahre (§ 12 BestG NRW); im Verfahren der Einbürgerung ab 16 Jahre (§ 8 Abs. 1 Nr. 1 StAG). Zur Benutzung kommunaler Einrichtungen durch Minderjährige vgl. *Ehlers* DVBl 1986, 918.[34] Zu weiteren Beispielen einer partiellen Handlungsfähigkeit vgl. *Meyer*, Die Stellung des Minderjährigen im öffentlichen Recht, 1988; *Robbers*, DVBl 1987, 709.

12 Die früher streitige Frage der Handlungsfähigkeit minderjähriger **Ausländer über 16 Jahre** für das ausländer- und asylrechtliche Verfahren[35] ist nunmehr durch § 80 AufenthG, § 12 Abs. 1 AsylVfG ausdrücklich bejaht. Danach haben sie für die damit zusammenhängenden Verfahren eine umfassende positive und negative Handlungsfähigkeit (vgl. ferner Rn. 26). Maßgebend ist abweichend von Art. 7 EGBGB (Rn. 26) ausschließlich das deutsche Recht (vgl. § 80 Abs. 3 AufenthG, § 12 Abs. 2 AsylVfG).[36] Bei minderjährigen Ausländern **unter 16 Jahren** verpflichtet § 80 Abs. 4 AufenthG die gesetzlichen Vertreter und die sonstigen Personen, die an Stelle der gesetzlichen Vertreter den Ausländer im Bundesgebiet betreuen, zur Stellung erforderlicher Anträge in Bezug auf Aufenthaltsgenehmigungen, Pässe und Passersatzpapiere. Eine entsprechende Regelung enthält das AsylVfG nicht. Ob eine Vormundschaft oder Pflegschaft für Asylbewerber unter 16 Jahren anzuordnen ist, richtet sich deshalb nach allgemeinen Grundsätzen, so dass auch Maßnahmen nach § 16 VwVfG möglich sind.[37] Ein wegen Handlungsunfähigkeit des Asylbewerbers zunächst unwirksamer Antrag kann nachträglich durch (auch stillschweigende) Genehmigung des bisherigen Verfahrens seitens des gesetzlichen Vertreters wirksam werden.[38] Eine auf Handlungsunfähigkeit wegen Minderjährigkeit eines Asylbewerbers gestützte Klage auf Feststellung der Nichtigkeit eines ablehnenden Bescheids ist wegen mangelnden Rechtsschutzinteresses regelmäßig unzulässig.[39]

13 Wegen dieser differenzierten und abgestuften, freilich nicht besonders übersichtlichen Einzelregelungen partieller Handlungsfähigkeiten Minderjähriger ist die Frage zu verneinen, ob über die spezialgesetzlichen Regelungen hinaus aus dem GG noch eine weitergehende allgemeine Handlungsfähigkeit einsichtsfähiger Minderjähriger allein grundrechtlich hergeleitet werden kann, weil sie Grundrechtsträger sind und ihnen deshalb sog. **Grundrechtsmündigkeit** zukomme.[40] Dies überdehnt den Minderjährigenschutz, höhlt das Elternrecht aus und widerspricht dem in § 12 mit seinem abgestuften System zum Ausdruck kommenden umfassenden Minderjährigenschutz[41] und kann jedenfalls für den Anwendungsbereich des § 12 bei ör Verwaltungstätigkeit nicht angenommen werden.

---

[29] RGBl S. 939.
[30] *OVG Koblenz* DÖV 1981, 586.
[31] Hierzu *BVerwGE* 7, 66 = NJW 1958, 2032; BayVBl 1984, 57, 58.
[32] Hierzu *BVerwGE* 74, 327 = NVwZ 1986, 1021; 84, 50 = NVwZ-RR 1990, 204; zur Prozessfähigkeit im verfassungsgerichtlichen Verfahren vgl. *BVerfGE* 10, 302, 306; 65, 317 = NJW 1984, 1025.
[33] Vgl. *BVerwG* BayVBl 1984, 57, 58.
[34] Ferner *OVG Bremen* NJW 1998, 3583 zur Benutzung öffentlicher Bibliotheken und Heranziehung zu Säumnisentgelten; bestätigt durch *BVerwG* Buchholz 316 § 12 VwVfG Nr. 3.
[35] Hierzu *BVerwG* NJW 1982, 539; 1985, 576.
[36] BT-Drs. 12/2062.
[37] Vgl. *Baer* ZAR 1991, 135; *Renner*, Ausländerrecht, 8. Aufl. 2005, § 80 AufenthG Rn. 8; § 12 AsylVfG Rn. 6.
[38] *BVerwG* Buchholz 402.25 § 6 AsylVfG Nr. 1.
[39] *BVerwG* Buchholz 402.25 § 6 AsylVfG Nr. 2 und 3.
[40] Bejahend: *Kopp/Ramsauer* § 12 Rn. 9; *VG Köln* NVwZ 1985, 217; verneinend: *Ule/Laubinger* § 16 Rn. 13 ff.; *Clausen* in Knack § 12 Rn. 7; *Ziekow* § 12 Rn. 5; *Robbers* DVBl 1987, 713.
[41] Vgl. *BVerwG* NJW 1985, 576; *Hohm* NJW 1986, 3107; vgl. auch *Peschel-Gutzeit* FamRZ 1993, 1009.

3. Vertreter und Beauftragte juristischer Personen und Vereinigungen (Nr. 3)

Der **Wortlaut** der **Nr. 3** ist insofern irreführend, als er den Schluss nahe legt, juristische Personen des öffentlichen und privaten Rechts und Vereinigungen nach § 11 Nr. 2 seien als solche handlungsfähig. In Wahrheit bedürfen sie des **Organhandelns** „durch ihre gesetzlichen Vertreter oder durch besonders Beauftragte", damit die Vereinigungen und juristischen Personen durch deren Handlungen rechtlich gebunden, nämlich berechtigt und verpflichtet werden. Nr. 3 ist der Sache nach eher eine Vertretungsregelung (Rn. 1). Zum **Begriff** der juristischen Person vgl. § 11 Rn. 13 ff.; zum Begriff der Vereinigung § 11 Rn. 15 ff. Die Vertretung von Behörden – wenn nicht eine juristische Person des öffentlichen Rechts als solche beteiligt ist – richtet sich (allein) nach Nr. 4; zu Vertretungsmängeln Rn. 15. 14

Wer **gesetzlicher Vertreter** ist, bestimmt sich nach materiellem Recht (GG, Gesetze, Rechtsverordnungen, Satzung). So handeln beispielsweise für die Aktiengesellschaft der Vorstand, für die GmbH die Geschäftsführer, für die OHG ihre Gesellschafter, für den Verein der Vorstand. Ob einzelne oder mehrere Personen vertretungsberechtigt sind, richtet sich nach dem maßgebenden Organisationsrecht. Die zivilrechtlichen Grundsätze über Vertretungsbefugnisse und -mängel gelten grundsätzlich auch im VwVf,[42] sofern nicht durch Rechtsvorschriften des öR die gesetzliche Vertretung von juristischen Personen des öR anders und abschließend geregelt ist (zur Anscheins- und Duldungsvollmacht und Vertretungsmängeln vgl. § 14 Rn. 13).[43] Eine ausdrückliche Erklärung, für den Vertretenen zu handeln, ist für die aus der Vertretung folgende Bindungswirkung nicht erforderlich.[44] 15

Neben diesen Vertretern sind handlungsfähig auch besonders **Beauftragte**. Diese Vorschrift hat Bedeutung insbesondere für die Vereinigungen (§ 11 Rn. 2). Das Wort „besonders" ist nicht dahin zu verstehen, dass eine Beauftragung für das jeweilige Verfahren gesondert vorliegen muss, es genügt vielmehr auch eine **allgemeine (sinngemäße, faktische) Beauftragung,** die juristische Person oder Vereinigung in VwVf einer bestimmten Art zu vertreten. Wird ein Auftrag an einen Bediensteten oder Angehörigen einer juristischen Person oder Vereinigung erteilt, so handelt es sich um einen Beauftragten im Sinne des § 12 Abs. 1 Nr. 3; wird der Auftrag an einen Außenstehenden vergeben, um eine Bevollmächtigung nach § 14 Abs. 1.[45] 16

4. Leiter, Vertreter oder Beauftragte von Behörden (Nr. 4)

Ebenso wie die juristischen Personen und Vereinigungen sind auch Behörden nicht selbst handlungsfähig. Handlungsfähig sind auch hier nur natürliche Personen als Organwalter, deren Handeln die Behörde (und damit deren Rechtsträger) bindet. Spezialgesetzliche Regelungen, insbesondere im Kommunalbereich,[46] gehen § 12 Abs. 1 Nr. 4 vor. Es handelt sich dabei (auch) um eine **funktionelle** Zuständigkeitsregelung (§ 3 Rn. 11). 17

Geborener Vertreter der Behörde ist zunächst deren **Leiter,** ferner aber auch sein **Vertreter** (wobei es nicht darauf ankommt, ob er ständiger oder allgemeiner Vertreter ist). Einer Beauftragung bedarf es bei ihnen nicht; es kann daher auch keine Vollmacht verlangt werden.[47] Außerdem kommen auch hier **Beauftragte** in Betracht. Einer besonderen Beauftragung für den Einzelfall bedarf es auch hier nicht; dies würde einer bewährten Verwaltungspraxis und dem Grundsatz der einfachen und zweckmäßigen Durchführung des VwVf (§ 10) widersprechen. Vielmehr kann ein Behördenbediensteter für einen bestimmten Sachbereich insgesamt mit der Abwicklung von VwVf betraut werden. Sein dienstlicher Aufgabenbereich ergibt sich in aller Regel aus Geschäftsordnung und Geschäftsverteilungsplan; in der Beauftragung liegt regelmäßig zugleich das Vertretungsrecht im Außenverhältnis. Fragen der Vertretung der Behörde, insbe- 18

---

[42] *Krause* VerwArch 61 (1970), 297; *Boujong* WuV 1979, 48; *Kohler-Gering* VBlBW 1996, 441, hierzu ferner § 14 Rn. 13 ff.
[43] Zur Vertretung ausländischer juristischer Personen *BGH* NJW 1990, 3088.
[44] *VGH Mannheim* NVwZ-RR 2005, 273.
[45] *Clausen* in Knack § 12 Rn. 12; *Kopp/Ramsauer* § 12 Rn. 13; a.A. *Meyer/Borgs* § 12 Rn. 6, die die Grenze hierfür fließend halten. Zu Vertretungsmacht und Vertretungsmängeln im öffentlichen Recht *Krause* VerwArch 61 (1970), 297; *Boujong* WuV 1979, 48; *Habermehl* DÖV 1987, 144 (für den Kommunalbereich); dazu auch *Kohler/Gehrig* VBlBW 1996, 441. Zur Anscheins- und Duldungsvollmacht vgl. § 14 Rn. 13; § 57 Rn. 24.
[46] Vgl. *Habermehl* DÖV 1987, 144.
[47] *Clausen* in Knack § 12 Rn. 13; *Meyer/Borgs* § 12 Rn. 7.

sondere der Zeichnungsberechtigung, sind solche des Verwaltungsorganisationsrechts; sie können verwaltungsverfahrensrechtliche Bedeutung gewinnen, z. B. hinsichtlich der Wirksamkeit von VA (Näheres § 41 Rn. 54; § 35 Rn. 54 ff.). Insoweit ist die Vertretungsmacht des Beauftragten abhängig von der innerorganisatorischen Aufgabenzuweisung.[48] So wird in der Vertretungsordnung BMI u. a. bestimmt, welcher Leiter einer nachgeordneten Dienststelle in VwVf die Bundesrepublik Deutschland statt des BMI vertreten kann;[49] für diesen handeln dann i. d. R. seine Mitarbeiter „im Auftrag".

19 Die Beauftragung kann aber auch für ein **einzelnes Verfahren** oder für einzelne Verfahrenshandlungen ausgesprochen werden. Dies wird häufig dann der Fall sein, wenn im Interesse der Verfahrensvereinfachung vermieden werden soll, dass sich ein neuer Sachbearbeiter in den anstehenden Fall einarbeiten muss, und daher der bisherige Bearbeiter, der an sich inzwischen ein neues Sachgebiet zugewiesen bekommen hat, mit der Abwicklung bestimmter Verfahren beauftragt wird.

20 Die Behördenleiter, deren Vertreter oder die Beauftragten können nur Handlungen innerhalb des Aufgabengebietes ihrer Behörde vornehmen. Ob sie im VwVf tätig werden dürfen (hierzu § 20 Rn. 13 ff.), ist unabhängig von der Frage, ob sie im Streitfall als **Beteiligte, Zeuge oder Sachverständige** vernommen werden können. Nach *BVerwG* NJW 1988, 2491 und NJW 1981, 1748 sind sämtliche Bedienstete einer Behörde als Beteiligte zu vernehmen.[50] Zu Vertretungsmängeln Rn. 15.

III. Beschränkte Handlungsfähigkeit geschäftsfähiger Betreuter (Abs. 2)

21 Abs. 2 trifft eine Sonderregelung der Handlungsfähigkeit für betreute Personen; er ist durch Art. 7 § 3 des Betreuungsgesetzes (BtG) vom 12. 9. 1990[51] mit Wirkung vom 1. 1. 1992 in das VwVfG eingefügt worden. Mit dem BtG sind die Rechtsinstitute der Entmündigung, der Vormundschaft für Volljährige und der Gebrechlichkeitspflegschaft aufgehoben worden; an ihre Stelle ist das neue Rechtsinstitut der **Betreuung** getreten. Die Anwendung des Abs. 2 setzt voraus, dass das Vormundschaftsgericht für eine Person einen **Betreuer bestellt** hat. Voraussetzung dafür ist nach § 1896 Abs. 1 BGB, dass der Betroffene an einer psychischen Krankheit oder einer körperlichen, geistigen oder seelischen Behinderung leidet und zur Besorgung der eigenen Angelegenheiten nicht fähig ist. Die Betreuerbestellung nimmt dem Betroffenen nicht seine bürgerlich-rechtliche Geschäftsfähigkeit, sofern er nicht wegen einer nicht nur vorübergehenden krankhaften Störung seiner Geisteskrankheit gemäß § 104 Nr. 2 BGB geschäftsunfähig ist. Der Betreute ist daher i. S. v. § 12 **grundsätzlich handlungsfähig** und kann selbständig **wirksame Verfahrenshandlungen** vornehmen, also etwa Anträge stellen; die Behörde kann ihm gegenüber insoweit wirksam Entscheidungen bekannt geben. Das gilt auch dann, wenn das VwVf in den Aufgabenbereich fällt, für den der Betreuer bestellt worden ist.

22 Da der Betreuer den Betreuten aber in dem nach § 69 Abs. 1 Nr. 2 FGG festzulegenden Aufgabenkreis nach Abs. 3 i. V. m. § 53 ZPO (vgl. auch § 1902 BGB) gerichtlich und außergerichtlich vertritt, kann der **Betreuer** auch ein VwVf **jederzeit an sich ziehen**; der Betreute ist insoweit mit ex nunc-Wirkung nicht mehr selbst handlungsfähig; vorherige aktive und passive Verfahrenshandlungen bleiben aber wirksam.[52] Verfahrenshandlungen, die dem Betreuten lediglich einen **rechtlichen Vorteil** bringen oder nur **geringfügige Angelegenheiten des tägli-**

---

[48] Kritisch *Hufeld*, Die Vertretung der Behörde, 2003, S. 220 ff., der ein innerbehördliches Mandat jeder Person zuschreiben will, die ein zugeordnetes Amt ausfüllt und regelmäßig unter dem Namen der Behörde handelt. Zur Vertretung durch eigene Bedienstete auch § 35 Rn. 55 ff.

[49] Anordnung über die Vertretung der Bundesrepublik Deutschland im Geschäftsbereich des Bundesministers des Innern sowie über das Verfahren bei der Vertretung und Bestimmungen über das Verfahren nach der Zustellung von Pfändungs- und Überweisungsbeschlüssen oder Pfändungsbenachrichtigungen vom 30. 12. 2005, GMBl 2006, 71.

[50] A. A. *VGH Mannheim* NJW 1988, 3282, wonach nur der Leiter der Behörde, die einen VA erlassen hat, und dessen ständiger Vertreter im Streitfall als Beteiligte, alle übrigen Bediensteten als Zeugen oder Sachverständigen vernommen werden (hierzu noch §§ 24 ff.; § 65).

[51] BGBl I S. 2002.

[52] Vgl. *Ule/Laubinger* § 16 Rn. 6; *Laubinger/Repkewitz* VerwArch 85 (1994), 86.

chen Lebens betreffen, kann er – wie § 1903 Abs. 3 Satz 1 und 2 BGB vorsehen – auch ohne Einwilligung seines Betreuers selbst vornehmen.[53]

Hat das Vormundschaftsgericht einen **Einwilligungsvorbehalt** gemäß § 1903 BGB angeordnet, und ist ein Verfahren anhängig, das sich inhaltlich auf diesen Gegenstand bezieht, ist der Betreute nach **Abs. 2** mit ex-tunc-Wirkung zur Vornahme solcher Verfahrenshandlungen (aktiv und passiv) nur insoweit fähig, als er nach den Vorschriften des bürgerlichen Rechts ohne Einwilligung des Betreuers handeln kann (etwa nach §§ 112, 113 BGB) oder durch Vorschriften des öffentlichen Rechts als handlungsfähig anerkannt ist. Der Betreute wird insoweit faktisch weitgehend einem **beschränkt Geschäftsfähigen gleichgestellt** (hierzu Rn. 9 ff.); er bedarf insoweit für Verfahrenshandlungen, sofern nicht die genannten Ausnahmen vorliegen, stets der Zustimmung des Betreuers. Insofern enthält Abs. 2 einen **weitergehenden Schutz des Betreuten**. 23

IV. Entsprechende Anwendung der §§ 53 und 55 ZPO (Abs. 3)

Abs. 3 hat Bedeutung für die Handlungsfähigkeit im Falle der **Pflegschaft** (§ 53 ZPO) sowie für **Ausländer** (§ 55 ZPO). Er wurde erst im Laufe der parlamentarischen Beratungen in Anpassung an § 79 AO angefügt. Noch der Entwurf 73 vertrat den Standpunkt, dass eine Übernahme des § 62 Abs. 3 VwGO (durch die die §§ 53 bis 58 ZPO für anwendbar erklärt werden) entbehrlich sei, da die Vorschriften über die Zivilprozessordnung im VwVf keine Bedeutung hätten.[54] Für entsprechend anwendbar erklärt worden sind diejenigen Vorschriften der ZPO, die sich mit der Prozessfähigkeit von Personen, die im Prozess von einem Pfleger vertreten werden und mit der Prozessfähigkeit von Ausländern beschäftigen. Die Vorschriften lauten: 24

§ 53 Prozessunfähigkeit bei Betreuung oder Pflegschaft
Wird in einem Rechtsstreit eine prozessfähige Person durch einen Betreuer oder Pfleger vertreten, so steht sie für den Rechtsstreit einer nicht prozessfähigen Person gleich.

§ 55 Prozessfähigkeit von Ausländern
Ein Ausländer, dem nach dem Recht seines Landes die Prozessfähigkeit mangelt, gilt als prozessfähig, wenn ihm nach dem Recht des Prozessgerichts die Prozessfähigkeit zusteht.

a) Pflegschaft. Im Falle einer **Abwesenheitspflegschaft** (§ 1911 BGB) wegen unbekannten Aufenthalts sowie bei einer **Pflegschaft für einen unbekannten Betroffenen** (§ 1913 BGB) wird der betroffene Volljährige im VwVf trotz bestehender Geschäftsfähigkeit durch den Pfleger vertreten, sofern das VwVf in den Aufgabenkreis des Pflegers fällt. Insoweit dient auch Abs. 3 dem gleichen Schutz wie bei einem Betreuten. Der Pfleger kann daher auch die Durchführung eines Verfahrens ablehnen.[55] In Betracht kommt ein Verfahren nach § 16. 25

b) Ausländer. Abs. 3 i. V. m. § 55 ZPO verbessert die Rechtsstellung von minderjährigen Ausländern, die nach dem Recht ihres Heimatstaates nicht prozessfähig wären, für inländische VwVf. Hierdurch wird der betreffende Ausländer hinsichtlich der Handlungsfähigkeit deutschen Minderjährigen gleichgestellt. **Spezielle Rechtsvorschriften**, etwa des Ausländer- und Asylrechts, gehen Abs. 3 vor (vgl. § 80 AufenthG, § 12 AsylVfG mit der dort vorgesehenen Maßgeblichkeit deutschen Rechts, hierzu Rn. 12).[56] 26

V. Landesrecht

Die Länder haben in ihren VwVfGen dem § 12 entsprechende Regelungen. Die sich aus dem Betreuungsgesetz ergebenden Änderungen (Rn. 10) haben sie in ihre VwVfGe übernommen. Zusätzlich zu § 12 sind spezialgesetzliche Vorschriften des Landes zu beachten, insbesondere zur Vertretungsbefugnis von juristischen Personen des öR im Kommunalbereich.[57] 27

---

[53] Vgl. *Laubinger/Repkewitz* VerwArch 85 (1994), 86, 87; *Bork* MDR 1991, 98.
[54] Vgl. Begründung zu § 12 Entwurf 73.
[55] Vgl. *Kopp/Ramsauer* § 12 Rn. 17.
[56] Zur Vertretung ausländischer juristischer Personen *BGH* NJW 1990, 3088.
[57] Hierzu *Habermehl* DVBl 1987, 144; *Kohler/Gehrig* VBlBW 1996, 441; ferner § 14 Rn. 13.

VI. Vorverfahren

28 § 12 ist auch im Vorverfahren anzuwenden (§ 79).

§ 13 Beteiligte

(1) **Beteiligte sind**
1. **Antragsteller und Antragsgegner,**
2. **diejenigen, an die die Behörde den Verwaltungsakt richten will oder gerichtet hat,**
3. **diejenigen, mit denen die Behörde einen öffentlich-rechtlichen Vertrag schließen will oder geschlossen hat,**
4. **diejenigen, die nach Absatz 2 von der Behörde zu dem Verfahren hinzugezogen worden sind.**

(2) ¹Die Behörde kann von Amts wegen oder auf Antrag diejenigen, deren rechtliche Interessen durch den Ausgang des Verfahrens berührt werden können, als Beteiligte hinzuziehen. ²Hat der Ausgang des Verfahrens rechtsgestaltende Wirkung für einen Dritten, so ist dieser auf Antrag als Beteiligter zu dem Verfahren hinzuzuziehen; soweit er der Behörde bekannt ist, hat diese ihn von der Einleitung des Verfahrens zu benachrichtigen.

(3) **Wer anzuhören ist, ohne dass die Voraussetzungen des Absatzes 1 vorliegen, wird dadurch nicht Beteiligter.**

Vergleichbare Vorschriften: § 78 AO; § 12 SGB X; § 63 VwGO.

Abweichendes Landesrecht: Vgl. Rn. 49; ferner Übersicht zu Änderungen der LVwVfGe im Dritten Teil dieses Kommentars.

Entstehungsgeschichte: Bis zum Inkrafttreten des VwVfG vgl. § 13 der 6. Auflage.

Literatur: *Dagtoglou*, Partizipation Privater an Verwaltungsentscheidungen, DVBl 1972, 712; *Schmitt Glaeser*, Partizipation an Verwaltungsentscheidungen, VVDStRL 31 (1973), 175; *v. Oertzen* (Hrsg.), Demokratisierung und Funktionsfähigkeit der Verwaltung, 1974; *Battis*, Partizipation im Städtebaurecht, 1976; *Mayer-Tasch*, Die Bürgerinitiativbewegung, 1976; *Naumann*, Verwaltungsverfahrensgesetz und Massenverfahren, GewArch 1976, 41; *Kopp*, Der Beteiligtenbegriff des Verwaltungsverfahrensrechts, in FS Boorberg Verlag, 1977, S. 159; *ders.*, Beteiligung, Rechts- und Rechtsschutzpositionen, FG BVerwG, 1978, S. 387; *ders.*, Mittelbare Betroffenheit im Verwaltungsverfahren und Verwaltungsprozeß, DÖV 1980, 504; *Meyer*, Der Parteienbegriff im allgemeinen Verwaltungsverfahren, ZfV 1977, 485; *Bender*, Die Verbandsbeteiligung, DVBl 1977, 708; *ders.*, Von der Verbandsbeteiligung zur Verbandsklage?, FG BVerwG, 1978, S. 37; *Benkendorff*, Die Beteiligten im Sinne der Abgabenordnung, ZfZ 1978, 136; *Breuer*, Wirksamer Umweltschutz durch Reform des Verwaltungsverfahrens und Prozeßrechts, NJW 1978, 1558; *Redeker*, Grundgesetzliche Rechte auf Verfahrensteilhabe, NJW 1980, 1593; *Weber*, Beteiligung und Rechtsschutz ausländischer Nachbarn in atomrechtlichen Genehmigungsverfahren, DVBl 1980, 330; *Schmitt*, Notwendige Beiladung betroffener Dritter im Kartellverwaltungsverfahren, BB 1981, 758; *Stettner*, Die Beteiligung im Verwaltungsprozeß, JA 1982, 397; *Schmidt*, Parteien im Verwaltungsprozeß, VBlBW 1983, 131; *Ortloff*, Nachbarschutz durch Nachbarbeteiligung am Baugenehmigungsverfahren, NJW 1983, 961; *Broß*, Überlegungen zur Stellung der Beteiligten im (fern)straßenrechtlichen Planfeststellungsverfahren, DÖV 1985, 513: *Ress* (Hrsg.), Grenzüberschreitende Verfahrensbeteiligung im Umweltschutz der Mitgliedstaaten der EG, 1985; *Rüping*, Verfassungs- und Verfahrensrecht im Grundsatz des rechtlichen Gehörs, NVwZ 1985, 304; *Stelkens*, Der Antrag – Voraussetzung eines Verwaltungsverfahrens und eines Verwaltungsakts?, NuR 1985, 213; *Gusy*, Der Antrag im Verwaltungsverfahren, BayVBl 1985, 484; *Schnell*, Der Antrag im Verwaltungsverfahren, Schriften zum Öffentlichen Recht, Bd. 502; 1986; *Horn*, Das Anhörungsrecht des mit Drittwirkung Betroffenen nach § 28 VwVfG, DÖV 1987, 20; *Dimaras*, Anspruch „Dritter" auf Verfahrensbeteiligung, 1987; *Raeschke-Kessler/Eilers*, Die grundrechtliche Dimension des Beteiligungsgebots in § 13 Abs. 2 VwVfG – Zur Verfahrensbeteiligung als Grundrechtssicherung, NVwZ 1988, 37; *Bleckmann*, Neue Aspekte der Drittwirkung der Grundrechte, DVBl 1988, 938; *Northoff*, Beteiligung des Kreises an Aufsichtsentscheidungen, NVwZ 1990, 141; *Waskow*, Mitwirkung von Naturschutzverbänden in Verwaltungsverfahren, 1990; *Bieber*, Informationsrechte Dritte im Verwaltungsverfahren, DÖV 1991, 857; *Huber*, Konkurrenzschutz im Verwaltungsrecht, 1991; *Schlotterbeck*, Nachbarschutz an anlagenbezogenen Immissionsschutzrecht, NJW 1991, 2669; *Weber*, Zur Beteiligung der Naturschutzverbände im Planfeststellungsverfahren, NVwZ 1991, 960; *Weber*, Die Verfahrensbeteiligung von Mietern und sonstigen Nutzungsberechtigten nach dem Vermögensgesetz, NJW 1991, 343; *Stühler*, Merkmale von Betroffenheit und Beteiligung Betroffener im PlfV, VBlBW 1991, 321; *Spannovsky*, Probleme der Rechtsnachfolge im Verwaltungsverfahren und im Verwaltungsprozeß, NVwZ 1992, 426; *Wittkowki*, Die Konkurrentenklage im Beamtenrecht (unter besonderer Berücksichtigung des vorläufigen Rechtsschutzes), NJW 1993, 817; *Herbert,* § 29 Abs. 1 BNatSchG, Verfahrensbeteiligung als „formelles" oder „materielles" Recht, NuR 1994, 218; *Kollmer,* Die verfahrensrechtliche Stellung der Beteiligten nach dem UVPG, NVwZ 1994, 1057; *Winkelmann,* Die Verbandsklage im Umweltrecht im internationalen Vergleich, ZUR 1994, 12; *Kopp,* Zur landesrechtlichen Verbandsklage der Naturschutzverbände gegen Maßnahmen von Bundesbehörden, NuR 1994, 77; *Wolff,* Zur Entwicklung der Verbandsklage im Umweltrecht, ZUR 1994, 1; *Faber,* Drittschutz bei der Vergabe öffentlicher Aufträge, DÖV 1995, 403; *Hauth,* Besteht ein Rechtsanspruch des Bauherrn auf Beteiligung des Nachbarn im Baugenehmigungsverfahren?, LKV 1995, 387; *Wittkowski,* Die Konkurrentenklage im Beamtenrecht, NJW 1995, 817; *Benkel,* Die Verfahrensbeteiligung Dritter, 1996; *Spaeth,* Die Rechtsposition des „nicht Hinzugezogenen" im Lichte des neuen Rechtsbehelfsverfahrens (der AO), BB 1996, 929; *Diefenbach,* Klagemöglichkeiten der Naturschutzverbände auf dem Gebiet der Verkehrswegeplanung nach der Rechtsprechung des BVerwG, NuR 1997, 573; *Alpert,* Zur Beteiligung am Verwaltungsverfahren nach dem Verwaltungsverfahrensgesetz des Bundes: Die Beteiligtenstellung des § 13 Abs. 1 VwVfG, 1999; *Siegel,* Die Verfahrensbeteiligung von Behörden und anderen Trägern öffentlicher Belange, 2001; *Wilrich,* Vereinsbeteiligung und Vereinsklage im neuen Bundesnaturschutzrecht, DVBl 2002, 872; *Pöcker,* Rechtsschutzfragen bei Verteilungsentscheidungen der öffentlichen Hand, NVwZ 2003, 688; *ders.,* Das Verfahrensrecht wirtschaftsverwaltungsrechtlicher Verteilungsentscheidungen: Der einheitliche Verteilungsverwaltungsakt, DÖV 2003, 193; vgl. ferner die Literaturnachweise zu §§ 14, 22, 28, 29, 50, 63, 73.

Übersicht

	Rn.
I. Allgemeines	1
1. Begriff und Bedeutung der Beteiligtenstellung	1
2. Rechtsstellung der verfahrensführenden Behörde	6
3. Weitere Beteiligte nach spezialgesetzlicher Regelung	8
II. „Geborene" Beteiligte (Abs. 1 Nr. 1 bis Nr. 3)	12
1. Antragsteller und Antragsgegner (Nr. 1)	13
2. Adressat eines VA (Nr. 2)	21
3. Partner eines ör Vertrags (Nr. 3)	24
III. Hinzugezogene Beteiligte (Abs. 1 Nr. 4, Abs. 2)	25
1. Zweck der Hinzuziehung	25
2. Einfache Hinzuziehung (Abs. 2 Satz 1)	31
3. Notwendige Hinzuziehung (Abs. 2 Satz 2)	40
4. Rechtsfolgen einer unterlassenen Hinzuziehung	46
IV. Anzuhörende (Abs. 3)	47
V. Europarecht	48
VI. Landesrecht	49
VII. Vorverfahren	50

I. Allgemeines

1. Begriff und Bedeutung der Beteiligtenstellung

a) Zum **rechtsstaatlichen Verwaltungsverfahren** gehört es, dass der Bürger nicht mit einem Verfahren überzogen wird, dessen bloßes Objekt er ist, sondern dass ihm die aktive Wahrnehmung seiner Rechte und rechtlich geschützten Interessen durch eine Partizipation an beabsichtigten Verwaltungsentscheidungen[1] innerhalb eines nach **rechtsstaatlichen Grundsätzen geordneten Verfahrens** ermöglicht,[2] zugleich aber auch seine aus der Rechtsordnung folgende passive Rolle festgelegt wird. Äußerer Ausdruck dieses Prinzips ist seine Stellung als **„Beteiligter"** i. e. S. des VwVfG in einem VwVf gemäß § 9. Nur hierauf bezieht sich § 13. Da das VwVfG an diese Beteiligtenstellung eine Reihe von Rechten und Pflichten knüpft (vgl. z. B. §§ 14, 15, 16, 18, 20, 26, 28, 29, 30, 41, 42, 45, 46, 66, 67, 68, 69, 71, 73), war es erforderlich, in einer gesonderten Vorschrift festzulegen, wer im formalen Sinne (Rn. 3) Beteiligter an einem VwVf i. S. d. § 9 ist. Der Begriff des **Betroffenen** deckt sich nicht mit dem des Beteiligten (hierzu Rn. 10; § 73 Rn. 69 ff., 94 ff.), sondern ist weiter und an andere Voraussetzungen geknüpft. Ferner ist zwischen der **Beteiligtenstellung** nach § 13 und der **Beteiligten- und Handlungsfähigkeit** (§§ 11, 12) strikt zu unterscheiden: Ein Beteiligter kann, muss aber nicht selbst auch beteiligten- und handlungsfähig sein, weil §§ 11, 12 bestimmte subjektive Sachent-

---

[1] Hierzu *Dagtoglou* DVBl 1972, 712; *Schmitt Glaeser* VVDStRL 31 (1973), 175, *Kopp,* FS Boorberg, Verlag, S. 160 ff.; *Blümel,* FG BVerwG, S. 516; *Ossenbühl* NJW 1981, 376; *Hauth* LKV 1995, 387.
[2] Vgl. BVerwGE 60, 297 = NJW 1981, 359; 61, 256 = NJW 1981, 1393; 75, 285 = NJW 1987, 1154; DVBl 1989, 509; ferner § 1 Rn. 30 ff.; § 9 Rn. 25 ff.

scheidungsvoraussetzungen enthalten. §§ 11 bis 13 finden ihre Entsprechung in §§ 61–63 VwGO für den Verwaltungsprozess und stehen wie diese in engem innerem Zusammenhang. Von § 13 **nicht** erfasst werden ferner alle **sonstigen Partizipations- oder Mitwirkungsformen,** die auf abstraktes oder entscheidungsvorbereitendes Verwaltungshandeln abzielen und nicht zum VwVf i. S. v. § 9 gehören.[3] So können sich aus der Verfassung ableitbare Vorwirkungen auf ein VwVf dahingehend ergeben, dass einem potentiellen Beteiligten Informationen zur Verfügung zu stellen sind.[4] Zur **Verbandsbeteiligung** vgl. Rn. 4, 15, 35.

2   b) Wer nach § 13 **Beteiligter** ist, nimmt an den Verfahren mit der Befugnis teil, seine Rechte selbständig zu vertreten bzw. vertreten zu lassen, insbesondere Anträge zur Sache und zum Verfahren zu stellen (**aktive** Beteiligtenstellung), muss aber auch Maßnahmen der Behörde gegen sich gelten lassen (**passive** Beteiligtenstellung). Der Beteiligte i. S. vom § 13 kann daher nicht zugleich als Zeuge oder Sachverständiger an dem Verfahren teilnehmen (vgl. § 26 Rn. 42). Zur Rechtsstellung der verfahrensführenden Behörde Rn. 6. Zwischen ihr und den Beteiligten i. S. von § 13 besteht ein **Verfahrensrechtsverhältnis** mit den sich daraus ergebenden Rechten und Pflichten (§ 9 Rn. 5 ff.). Es kann bereits **vor Beginn** eines förmlichen VwVf bestehen, wenn eine hinreichend konkrete Beziehung zwischen ihr und einem Bürger besteht, etwa in einem sog. Vor-Antrags-Verfahren nach § 71 c Abs. 2 (Näheres dort; ferner Rn. 35).

3   c) Der Begriff des **Beteiligten** i. S. d. § 13 wird als **Oberbegriff** für alle Beteiligungsarten und -formen (in Anlehnung an § 63 VwGO) verwendet. Er ist für das VwVf von ähnlich grundlegender Bedeutung wie der der **Partei** des zivilgerichtlichen Verfahrens. Die Beteiligtenstellung ist zwar im verfahrensrechtlichen **(förmlichen) Sinne** zu verstehen. Sie besteht aber deshalb, weil das Vorhandensein möglicher materieller Rechtspositionen gedankliche Voraussetzung für die Notwendigkeit der Einräumung einer solchen Rechtsstellung im Behördenverfahren ist. Zwischen Beteiligung und **(potentieller) Betroffenheit** im Verfahren besteht also ein Zusammenhang; die Verfahrensbeteiligung ist insoweit Ausfluss möglicher materieller Rechtspositionen. Sie ist **kein Selbstzweck,** sondern dient der bestmöglichen **Durchsetzung und Sicherung einer eigenen (subjektiven) materiellrechtlichen Rechtsposition.** Darin kommt die primär dienende Funktion des Verwaltungsverfahrensrechts zum Ausdruck (§ 1 Rn. 52 ff.).[5]

4   d) Dem Gesetzgeber bleibt es unbenommen, einem Rechtssubjekt oder Trägern öffentlicher Belange aus von ihm für wichtig erachteten Gründen ein vom materiellen Recht unabhängiges, selbständig durchsetzbares Beteiligungsrecht zuzubilligen, also ein **Recht auf Verfahrensteilhabe.** Dafür bedarf es einer ausdrücklichen **(spezial-)gesetzlichen Regelung.** Aus ihr muss sich ausdrücklich oder sinngemäß ergeben, ob eine solche selbständige verfahrensrechtliche Rechtsposition einen Anspruch auf Durchführung eines VwVf überhaupt oder auf eine ordnungsgemäße Beteiligung an einem (anderweitig) eingeleiteten VwVf umfasst. Ob ein solches „absolutes" Verfahrensrecht besteht, muss ggfs. durch Auslegung der jeweils einschlägigen Normen ermittelt werden.[6] Davon hat der Gesetzgeber in **§ 58 Abs. 1 Nr. 2, § 60 Abs. 2 Nr. 6 BNatSchG** Gebrauch gemacht (hierzu Rn. 15, 35). § 13 selbst schafft ein solches (absolutes, isoliertes) Recht auf Verfahrensteilhabe nicht, steht ihr aber auch nicht entgegen. § 13 selbst geht von einer Verknüpfung zwischen einer potentiellen materiellen Rechtsposition und Beteiligtenstellung aus und macht sie neben den Fällen unmittelbarer und eigener Betroffenheit nach Abs. 1 Nr. 1–3 – wie Abs. 1 Nr. 4 i. V. m. Abs. 2 zeigt – insbesondere in den Fällen einer **Drittbetroffenheit** zusätzlich von der Hinzuziehung zum Verfahren abhängig (hier noch Rn. 25 ff.). Damit soll – primär im Behördeninteresse – einer Ausweitung von Beteiligtenstellungen entgegengewirkt werden. Soweit eine spezialgesetzliche Regelung nicht abschließend ist, kann § 13 ergänzend angewandt werden.[7]

---

[3] Vgl. hierzu etwa *Wickrath*, Bürgerbeteiligung im Recht der Raumordnung und Landesplanung, 1992.
[4] *BVerwGE* 118, 270 = NJW 2003, 2696, 2697 = NVwZ 2003, 1114, 1115 aus Art. 12 Abs. 1 GG (Berufsfreiheit) und Art. 19 Abs. 4 GG (Prozessgrundrecht) für potentiellen Konzessionsbewerber.
[5] Vgl. BVerwGE 64, 325, 331 f. = NJW 1982, 1546; 88, 286, 289 = NVwZ 1993, 177; 92, 258, 261, 263 = NVwZ 1993, 890; 105, 6 = NVwZ 1998, 281; *Weyreuther*, FS Sendler, S. 183, 195; *Kopp* FS Boorberg Verlag, S. 163; *ders.*, FG BVerwG, S. 23.
[6] Vgl. BVerwGE 44, 235, 239 = NJW 1974, 813; 64, 325, 332 = NJW 1982, 1546; 92, 258, 263 = NVwZ 1993, 890.
[7] OVG Greifswald NordÖR 2005, 424, 427 für Beteiligung von Nachbarn an Baugenehmigungsverfahren; VGH München NVwZ-RR 2001, 373 für immissionsschutzrechtliches Genehmigungsverfahren.

e) Mit der in § 13 Abs. 1 Nr. 4 und Abs. 2 getroffenen Beteiligungsregelung wird ferner verdeutlicht, dass das VwVf **kein „kontradiktorisches" und notwendig bipolares Verfahren** zwischen 2 Parteien ist, die sich mit unterschiedlichen Zielen und Interessen gegenüber stehen. Das VwVf ist vielmehr ein im öffentlichen Interesse durchgeführtes, oftmals **mehrpoliges** Verfahren unterschiedlicher Rechtssubjekte des öffentlichen und privaten Rechts zur Ausführung von Gesetzen und Herbeiführung von Einzelentscheidungen i. S. v. § 9. Dabei ist es einerlei, ob sie **„geborene"** Beteiligte gem. Abs. 1 Nr. 1–3 oder **„gekorene"** (hinzugezogene) Beteiligte gem. Abs. 1 Nr. 4 und Abs. 2 sind. Insofern dient § 13 auch den Geboten der **Verfahrenskonzentration** und des **rechtlichen Gehörs**, so dass zwischen § 13 und §§ 28, 66, 73 ein innerer Zusammenhang besteht:[8] Ein von einem VwVf i. S. d. § 9 potentiell Betroffener soll nicht erst im gerichtlichen Verfahren **(repressiven) Rechtsschutz** erlangen, sondern durch seine **(präventive) Beteiligung** bereits im Behördenverfahren soll seine individuelle Mitwirkung vor der ihn betreffenden Behördenentscheidung erreicht und eine subjektive Rechtsverletzung möglichst ohne nachfolgenden Prozess verhindert werden.[9]

2. Rechtsstellung der verfahrensführenden Behörde

Nicht zu den Beteiligten i. e. S. des § 13 gehört nach der gesetzlichen Regelung die für das VwVf **federführende Behörde** als Herrin (Trägerin) des Verfahrens. Diese Ausklammerung der verfahrensführenden Behörde aus dem Beteiligungsbegriff i. e. S. ist nicht unproblematisch, weil sie für Rechte und Pflichten der (übrigen) Beteiligten passiv- bzw. aktivlegitimierte Stelle ist und zwischen ihr und den anderen Beteiligten i. S. d. § 13 ein **Verwaltungs-(verfahrens-)rechtsverhältnis** besteht.[10] Der Kreis der Beteiligten i. e. S. des § 13 und der an einem Verwaltungs-(verfahrens-)rechtsverhältnis beteiligten Rechtssubjekte und Behörden deckt sich also nicht. Zur Vermeidung verfahrensrechtlicher Friktionen kann gleichwohl die für das VwVf federführende Behörde als **Trägerin des Verfahrens** zum Kreis der **Beteiligten i. w. S.** gerechnet werden, weil regelmäßig gegen sie Ansprüche geltend gemacht werden oder Handlungs- bzw. Leistungsgebote oder -verbote von ihr ausgesprochen werden, so dass sich Bürger und Behörde faktisch oft „kontradiktorisch" gegenüberstehen.[11] **Andere Behörden,** die an einem VwVf durch Genehmigungs-, Zustimmungs-, Einvernehmens-, Benehmens- oder Anhörungsrechte und -pflichten mitzuwirken haben, sind hingegen nicht Beteiligte i. S. v. § 13 (vgl. Abs. 3, hierzu Rn. 47). Sie können aber als **Mitwirkende** im weiteren Sinne bezeichnet werden. Zur Einbeziehung dritter (privater) Rechtssubjekte beim ör Vertr vgl. § 58 Abs. 1, hierzu dort Rn. 8 ff.

Durch die Änderungen des VwVfG im **GenBeschlG** vom 12. 9. 1996[12] hat sich die formal strenge Unterscheidung zwischen der Stellung als Beteiligter und Nichtbeteiligter i. S. v. § 13 zwar nicht rechtlich, aber teilweise faktisch verändert, weil die Verfahrensherrschaft der Behörden im Beschleunigten Verfahren nach §§ 71 a–e durch das Vor-Antrags-Verfahren, die Antragskonferenz und das Sternverfahren auf Veranlassung des Antragstellers deutlich relativiert ist: Der Antragsteller ist jedenfalls teilweise **mitgestaltender Partner** des Inhalts und Ablaufs des Verfahrens.[13] Die darin enthaltenen Elemente des dialogischen, kooperativen und informellen VwVf modifizieren die **Verfahrensherrschaft** der federführenden Behörde und machen sie tendenziell vom reinen Hoheits-, teilweise (auch) zum **Servicebetrieb** für den Antragsteller. Insofern ändert sich auch die Rolle des Antragstellers und Beteiligten strukturell.[14]

---

[8] Vgl. *Horn* DÖV 1987, 20, 21; *Raeschke-Kessler/Eilers* NVwZ 1988, 37.
[9] Zur materiellrechtlichen Relevanz einer verfahrensrechtlichen Beteiligung in grundrechtsrechtsrelevanten Verfahren vgl. *BVerfGE* 53, 30, 71 ff. = NJW 1980, 759; 77, 381, 406 = DVBl 1988, 342; *BVerwGE* 60, 297, 303 = NJW 1981, 359; 61, 256, 275 = NJW 1981, 1393; 75, 285, 291 = NJW 1987, 1154; 85, 54, 56 = NVwZ 1990, 967; 88, 286, 288 = NVwZ 1993, 177; zur Partizipation an Verwaltungsentscheidungen ferner (teilweise weitergehend) *Dagtoglou* DVBl 1972, 712; *Schmitt Glaeser* VVDStRL 31 (1973), 175; *Redeker* NJW 1980, 1593; *Raeschke-Kessler/Eilers* NVwZ 1988, 37; *Kopp/Ramsauer* § 13 Rn. 26 ff.; *Clausen* in Knack § 13 Rn. 12; *Ule/Laubinger* § 15 Rn. 5 f.; ferner Rn. 6 ff.
[10] Hierzu § 9 Rn. 5 ff.; *Hill,* 10 Jahre Verwaltungsverfahrensgesetz, Speyerer Arbeitshefte 78, 1987, S. 1 ff.; *Kopp* Die Verwaltung 20 (1987), 1 ff.; *Hufen* DVBl 1988, 1.
[11] Ebenso *Kopp/Ramsauer* § 13 Rn. 10; *Kopp,* FS Boorberg Verlag, S. 159 ff., *ders.,* FG BVerwG, S. 387; *Clausen* in Knack § 13 Rn. 6; *Martens* JuS 1977, 809; einschränkend *Ule/Laubinger* § 15 Rn. 6.
[12] BGBl I S. 1354.
[13] Vgl. *Schmitz/Wessendorf* NVwZ 1996, 855; *Jäde* UPR 1996, 361; *Bonk* NVwZ 1997, 320.
[14] Näheres bei §§ 71 a ff.; *Bonk* NVwZ 1997, 320; *Stüer* DVBl 1997, 326, 327; *Hatje* DÖV 1997, 477.

3. Weitere Beteiligte nach spezialgesetzlicher Regelung

8   Neben der **positiven** Bestimmung derer, die am Verfahren beteiligt sind, zielt die Vorschrift auch darauf, den Kreis der Beteiligten klar einzugrenzen und **(negativ)** festzustellen, **wer nicht Beteiligter ist.** Die Aufzählung in § 13 Abs. 1 ist nur für das VwVfG abschließend. **Weitere Beteiligte** am Verfahren können im Einzelfall **kraft spezialgesetzlicher Regelung** hinzukommen (hierzu Rn. 4, 7). Der ursprünglich in Abs. 3 vorgesehene Satz 1, wonach Rechtsvorschriften, aus denen sich ergibt, dass auch andere beteiligt sind, unberührt bleiben, ist nur deshalb weggefallen, weil er nach der Umstellung auf die subsidiäre Geltung des VwVfG nur noch deklaratorische Bedeutung gehabt hätte.

9   Unberührt von § 13 bleiben die **spezialgesetzlichen Rechte und Pflichten** der am VwVf mitwirkenden **Einwender** oder sonstigen „Betroffenen". Hierbei ist zwischen **Beteiligten i. e. S.** des § 13 und „Beteiligten" **i. w. S.** zu unterscheiden. Zu ersteren gehören solche beteiligten privaten Rechtssubjekte oder öffentliche Rechtsträger, deren Beteiligung an einem VwVf i. S. v. § 9 durch spezielle Rechtsvorschriften über den Kreis der in § 13 genannten Rechtssubjekte vorgeschrieben ist und die die gleichen Rechte und Pflichten zugewiesen erhalten haben, unabhängig davon, ob sie diese Rechtsstellung im eigenen (subjektiven) oder öffentlichen Interesse ausüben. Hierzu gehören etwa als **private Rechtssubjekte** die anerkannten Naturschutzverbände i. S. von § 58 Abs. 1 Nr. 2, § 60 Abs. 2 Nr. 6 BNatSchG;[15] ferner die Beteiligten nach § 10 FlurbG. **Öffentliche Rechtsträger** können sich an VwVf auf Grund spezieller Rechtsvorschriften neben den federführenden Behörden beteiligen etwa im Handwerks- und Gewerberecht (§§ 8 Abs. 4, 12 HandwerksO: Handwerks- oder Industrie- und Handelskammern). Eine Sonderstellung nehmen die Teilnehmergemeinschaften im Flurbereinigungsrecht ein, die aus privaten Eigentümern besteht und Körperschaft des öR ist (§ 16 FlurbG).

10 Zu den **Beteiligten i. w. S.** zählen ferner solche Personen, Rechtssubjekte und privaten oder öffentlichen Institutionen, die außerhalb von förmlichen Verfahren i. S. v. § 63ff. oder PlfV i. S. v. §§ 72ff. die spezialgesetzlich begründete Befugnis erhalten haben, sich insbesondere in umweltrelevanten (Massen-)Verfahren (hierzu § 17 Rn. 2ff. m. w. N.) durch Einwendungen, Anregungen oder sonstigen Mitwirkungen i. w. S. „beteiligen" zu können; ihre Rechte und Pflichten im VwVf richten sich ausschließlich nach den **Spezialregelungen;** ein (ergänzender) Rückgriff auf § 13 kommt regelmäßig nicht in Betracht (hierzu Rn. 25ff.). Zur Beteiligung sonstiger Behörden vgl. Rn. 6. In allen Fällen entstehen keine quasi-kontradiktorischen Verfahren allein zwischen Antragsteller und Behörde, sondern **mehrpolige Verwaltungsverfahren.**[16] Nicht zu den Beteiligten i. e. S. zählt schließlich nach der Regelung des **§ 13 Abs. 3,** wer anzuhören ist, ohne dass die Voraussetzungen des Abs. 1 vorliegen (hierzu Rn. 47).[17]

11 Die Regelung über die **Hinzuziehung Drittbetroffener** (insbes. Abs. 1 Nr. 4, Abs. 2) vor allem in umweltrelevanten Vorhaben verfolgt neben der Gehörsfunktion (Rn. 5) noch das (rechtstechnische) weitere Ziel der **Verfahrensrationalisierung.** Durch Einbeziehung aller, die vom Ausgang des Verfahrens in ihren rechtlichen Interessen oder Belangen berührt sein könnten, sollen zugleich tendenziell Rechte auf **Verfahrensteilhabe** – insbesondere in **grundrechtlich geschützten Bereichen**[18] – gesichert, **Bindungswirkungen** für Drittbetroffene erzeugt, ferner weitere Verfahren möglichst vermieden und eine Zusammenfassung **(Konzentration)** der Verfahren erreicht werden. Allerdings ist nicht zu verkennen, dass die Rechtspre-

---

[15] Zu § 29 Abs. 1 Nr. 4 BNatSchG a. F. *BVerwGE* 87, 62 = NVwZ 1991, 162: Beteiligungsbefugnis schon im VwVf als „eigenes" (subjektives) Recht. Das *BVerwG* sieht sie mit näherer Begründung aber nicht als Träger öffentlicher Belange an, vgl. *BVerwGE* 104, 367 = NVwZ 1998, 279; hierzu noch Rn. 35.

[16] Rn. 25ff.; § 9 Rn. 18ff. Zur Funktion von Drittbeteiligungen Rn. 9, 2 5ff.; ferner § 50. Zum Nachbarschutz in immissionsschutzrechtlichen Verfahren vgl. *Schlotterbeck* NJW 1991, 2669 m. w. N.

[17] Zur Rechtsstellung von Einwendern im atomrechtlichen Genehmigungsverfahren vgl. *BVerfGE* 53, 30, 62ff. = NJW 1980, 759; 77, 381, 406 = DVBl 1988, 342; *BVerwGE* 60, 297, 304, 306 = NJW 1981, 359; 61, 256, 275 = NJW 1981, 1393; 75, 285, 291 = NJW 1987, 1154; 85, 54, 56 = NVwZ 1990, 967; 88, 286, 288 = NVwZ 1993, 177; *VGH München* NVwZ 1988, 1054 = DVBl 1988, 1179.

[18] Hierzu *BVerfGE* 53, 30 = NJW 1980, 759; 77, 381, 406 = DVBl 1988, 342; *BVerwGE* 60, 297, 304, 306 = NJW 1981, 359; 61, 256, 275 = NJW 1981, 1393; 75, 285, 291 = NJW 1987, 1154; 85, 54, 56 = NVwZ 1990, 967; 88, 286, 288 = NVwZ 1993, 177; DVBl 1989, 509; *Redeker* NJW 1980, 1593; *Raeschke-Kessler/Eilers* NVwZ 1988, 37; zur Drittwirkung der Grundrechte vgl. *Bleckmann* DVBl 1988, 938; hierzu ferner § 1 Rn. 30ff.; § 9 Rn. 32ff. m. w. N.

chung ein Recht auf Verfahrensteilhabe bereits vor einer Verwaltungsentscheidung nur zurückhaltend bejaht (hierzu Rn. 25 ff.).

II. „Geborene" Beteiligte (Abs. 1 Nr. 1 bis 3)

Das VwVfG knüpft die Beteiligteneigenschaft zunächst an eine Reihe formeller Positionen, denen eine bestimmte **rechtliche Beziehung zu der Behörde,** die das VwVf durchführt (zur Beteiligtenstellung der Behörden vgl. Rn. 6), gemeinsam ist.   12

1. Antragsteller und Antragsgegner (Abs. 1 Nr. 1)

a) Nach **Absatz 1 Nr. 1** sind in den sog. Antragsverfahren, die nicht von Amts wegen, sondern nur auf Grund Antrags eingeleitet werden (§ 22 Rn. 9 ff.), Beteiligte der **Antragsteller** und **Antragsgegner;** die Beteiligtenstellung in den von Amts wegen unabhängig von einem Antrag durchzuführenden Verfahren **(sog. Amtsverfahren)** richtet sich allein nach Nr. 2–4 (hierzu nachfolgend). Antragsteller im weiteren Sinne ist jeder, der von einer Behörde eine irgendwie geartete Leistung vor allem in Form eines auf eine Geld- oder sonstige Sachleistung gehenden VA begehrt, sei es für sich selbst, sei es für andere und eine Entscheidung der Behörde darüber erwartet (§ 22 Rn. 15 ff.).[19] Von dem Antrag zu unterscheiden sind bloße **Anregungen** oder **Hinweise,** ein Verfahren von Amts wegen einzuleiten; hierdurch wird noch keine Beteiligtenstellung begründet (Rn. 16 ff.). Ob der Antrag in der Sache selbst **zulässig** und **begründet,** ist für die Entstehung der Beteiligtenstellung unerheblich (Rn. 16).   13

Der Antrag muss, auch wenn dies für die Entstehung einer Beteiligtenstellung und die Begründung eines Verfahrensrechtsverhältnisses grds. unerheblich ist, für einen Erfolg in der Sache bestimmten **Mindestanforderungen der Substantiierung** genügen, insbesondere den erstrebten Inhalt der Verwaltungsentscheidung hinreichend deutlich machen, einer gesetzlich vorgeschriebenen Form entsprechen (schriftlich, mündlich oder zur Niederschrift der zuständigen Behörde, hierzu noch Rn. 16), die Antragsberechtigung erkennen lassen, eine vorgeschriebene Frist wahren und bei der zuständigen Behörde eingereicht werden. Zur Begründung, Substantiierung, Anfechtung, Rücknahme und Änderung von Anträgen vgl. § 22 Rn. 24 ff.[20]   14

§ 13 steht jedoch unter den Voraussetzungen des § 9, so dass unter dem **Antragsteller** hier nur derjenige verstanden werden kann, der bei einer Behörde **in eigener Sache** den Erlass eines VA oder den Abschluss eines ör Vertr beantragt oder durch einen Vertreter beantragen lässt und so die Durchführung eines VwVf i. S. d. § 9 veranlasst oder veranlassen will; **Popularanträge** für die Allgemeininteressen gehören – sofern gesetzlich nichts anderes geregelt ist – regelmäßig nicht dazu (Rn. 9; § 22 Rn. 17, 63). Allerdings können **spezialgesetzlich** subjektive („eigene") Rechte auf Beteiligung in einem bestimmten VwVf auch einem (anerkannten) Verband zugebilligt werden, etwa bei **Naturschutzverbänden.**[21] Dabei kommt es nicht darauf an, ob die Behörde das Verfahren auf Antrag durchführen muss oder nur auf Antrag durchführen darf; erfasst wird vielmehr auch der Fall, dass die Behörde bei vorliegendem Antrag nach ihrem Ermessen über die Einleitung des Verfahrens entscheidet. Führt sie ein Verfahren durch, so ist auch in diesem Falle der Antragsteller Beteiligter.   15

Die Beteiligtenstellung des Antragstellers **beginnt** in einem Antragsverfahren (Rn. 13) mit einem Antrag auf eine individuelle Leistung an den Antragsteller in der Regel nicht automatisch sofort mit dem Eingang des Antrags bei der (zuständigen) Behörde, sondern regelmäßig erst, wenn nach den Umständen des Einzelfalls bei verständiger Würdigung seines Inhalts (Rn. 14) eine Bearbeitung erwarten werden kann, also auch wenn die Behörde untätig bleibt oder die   16

---

[19] *Stelkens* NuR 1985, 213; *Gusy* BayVBl 1985, 484; *Schnell,* Der Antrag im Verwaltungsverfahren, 1986, S. 43 ff.; zu Einwendungen § 73 Rn. 69 ff.
[20] BVerwG NJW 1980, 1120; FamRZ 1981, 208, 209; *VGH München* DVBl 1982, 1011, 1012; *Schnell,* Der Antrag im Verwaltungsverfahren, 1986, S. 101 ff.; *Stelkens* NuR 1985, 213; *Gusy* BayVBl 1985, 484; jeweils auch zur Bedeutung von Willensmängeln beim Antrag.
[21] Vgl. BVerwGE 87, 62 = NVwZ 1991, 162, 164; 104, 367 = NVwZ 1998, 279; 105, 348 = NVwZ 1998, 395, zu Naturschutzverbänden und ihren (begrenzten) Anhörungs- und Einsichtsrechten in Sachverständigengutachten gem. § 58 Abs. 1 Nr. 2, § 60 Abs. 2 Nr. 6 BNatSchG; hierzu noch Rn. 35.

inhaltliche Prüfung des Antrags ablehnt,[22] spätestens mit dem nach außen erkennbaren Beginn der Durchführung des Verfahrens. Im Falle völlig **unsubstantiierter,** ganz **allgemeiner** oder **querulatorischer** Anträge entsteht regelmäßig noch kein Verfahrensrechtsverhältnis (Näheres bei §§ 9, 22).

17 Wird der **Antrag durch einen Vertreter** gestellt, so ist Antragsteller der Vertretene. Der Lieferant von Informationen im Stufenplanverfahren bei der Zulassung von Arzneimitteln wird dadurch nicht Beteiligter i. S. d. § 13.[23] Der Vertreter (§ 12) oder Bevollmächtigte (§ 14), der die Interessen eines Beteiligten oder Dritten wahrnimmt, ist nicht selbst Beteiligter i. S. d. § 13 und erhält keine von diesem unabhängige Rechte;[24] ferner § 14 Rn. 11. Zur **Verfahrensführungsbefugnis** § 11 Rn. 7.

18 **b)** Bei der Aufnahme des Begriffspaares „Antragsteller und **Antragsgegner**" war offenbar das Bestreben ausschlaggebend, die Vorschrift in ihrem Aufbau so weit wie möglich an § 63 VwGO anzunähern.[25] Die Verwendung dieses Begriffspaares ist indessen irreführend. Denn während im kontradiktorischen verwaltungsgerichtlichen Verfahren i. d. R. Bürger und Behörde einander als Kläger und Beklagte gegenüberstehen, wird das VwVf von der **Behörde** selbst durchgeführt. Sie ist im rechtlichen Sinne **nicht Antragsgegnerin** oder sonst am Verfahren Beteiligte, sondern dessen Trägerin (vgl. Rn. 6).

19 **Antragsgegner** ist stets ein anderer als der Antragsteller oder die Behörde, bei der der Antrag gestellt worden ist. Dies ist derjenige, zu dessen Lasten oder Nachteil die Behörde entscheiden soll, d. h. gegen den sich ihre Entscheidung richtet (negative Wirkung), aber auch derjenige, dessen bisherige unklare Rechtsstellung durch die Behördenentscheidung festgestellt und geklärt werden soll.[26] Antragsgegner kann es demnach nur in denjenigen Fällen geben, wo in einem auf Erlass eines **VA mit Doppelwirkung** gerichteten Verfahren durch den Antrag mittelbar zu Lasten eines Dritten, somit auf eine Beeinträchtigung der Rechte des „Antragsgegners" gezielt wird (z. B. Antrag eines Nachbarn, die Ordnungsbehörde möge gegen den Eigentümer einer Bauruine als Störer vorgehen oder Verfahren zur Geltendmachung von Wild- und Jagdschäden nach §§ 29 ff. BJagdG).[27] Der Antragsgegner braucht nicht in dem Sinne **„Gegner"** zu sein, dass die Behörde gegen ihn oder zu seinen Lasten entscheiden soll, vielmehr kann Ziel des Antrags auch eine **Klärung** oder **Wahrung** eines rechtlichen **Status** sein (Rn. 36, 37).

20 Die Beteiligtenstellung des Antraggegners beginnt (anders als beim Antragsteller, Rn. 16) erst mit ausdrücklichen oder sinngemäßen **Mitteilungen** der federführenden Behörde an den Antragsgegner von der Verfahrenseinleitung oder vom Eingang des Antrags des Antragstellers. Der von einem Antrag eines Antragstellers nicht informierte Antragsgegner wird grundsätzlich nicht durch die Antragstellung automatisch Beteiligter, es sei denn, er verhält sich selbst wie ein bereits informierter (herangezogener) Beteiligter.[28] Zur Wirksamkeit und Anfechtung eines dem

---

[22] Str., ebenso BVerwGE 9, 219 = NJW 1960, 213; Ule/Laubinger § 15 Rn. 6; Kopp/Ramsauer § 13 Rn. 18; ähnlich Clausen in Knack § 13 Rn. 8.
[23] VG Berlin DVBl 1983, 283. Zur Beteiligung von Mietern an einem wohnungsaufsichtsrechtlichen Verfahren vgl. VG Berlin DVBl 1984, 1187 (verneinend); hierzu abl. Tietzsch DVBl 1985, 410. Für eine Verfahrensbeteiligung von Mietern und sonstigen Nutzungsberechtigten nach dem Vermögensgesetz vgl. Weber NJW 1991, 343.
[24] BVerwG NJW 1981, 2270.
[25] Vgl. auch Begr. zu § 12 Musterentwurf.
[26] Vgl. Kopp/Ramsauer § 13 Rn. 19; Clausen in Knack § 13 Rn. 8; nur bei negativer Wirkung: Ule/Laubinger § 15 Rn. 6.
[27] Zur Zulässigkeit der beamtenrechtlichen Konkurrentenklage und der Rechtsstellung des nicht berücksichtigten (unterlegenen) Mitbewerbers vgl. BVerwGE 80, 127 = NVwZ 1989, 158; 80, 228 = NVwZ-RR 1989, 109: Die Mitteilung an (Mit-)Bewerber, ein anderer sei ausgewählt worden, ist ein belastender VA, bei dem im Verwaltungsstreitverfahren die zugrundeliegende Auswahlentscheidung überprüfbar ist. Zum Einsichtsrecht und seinen Grenzen vgl. § 29 Rn. 29 ff.); allgemein hierzu Wittkowski NJW 1995, 817; Kopp/Schenke § 42 Rn. 49. Zur Konkurrentenklage im Gewerbe- und Subventionsrecht vgl. BVerwG NJW 1988, 1277; BVerwGE 80, 270 = NJW 1989, 1749 (nach GüKG); Frers DÖV 1988, 670 jeweils m. w. N.; ferner Kopp/Schenke § 42 Rn. 45 ff. Vgl. auch BSG NJW 1991, 2989: Keine Klagebefugnis eines Kassenarztes gegen eine einem Dritten erteilte Ermächtigung zur Teilnahme an der krankenärztlichen Versorgung. Zum Nachbarschutz im anlagenbezogenen Immissionsschutzrecht vgl. Schlotterbeck NJW 1991, 2669. Zu Konkurrentenklagen im EG-Beihilfenrecht vgl. Schneider DVBl 1996, 1301.
[28] Ebenso im Ergebnis Kopp/Ramsauer § 13 Rn. 20; teilweise einschränkend Ule/Laubinger § 15 Rn. 6; a. A. Clausen in Knack § 13 Rn. 8.

Dritten nicht bekannt gegebenen VA vgl. §§ 41, 43, 50 m. w. N.; ferner zum Drittschutz § 80a VwGO; zur Mitwirkung eines Dritten bei einem ör Vertr vgl. § 58 Rn. 20 ff. Zur Anfechtung nach § 44a VwGO vgl. ferner Rn. 38 f.

2. Adressat eines VA (Abs. 1 Nr. 2)

Nach **Absatz 1 Nr. 2** sind Beteiligte am Verfahren diejenigen, an die die Behörde den **VA richten will oder gerichtet hat.** Nr. 2 ergänzt die Nr. 1 insofern, als sie für Verfahren, die nicht durch Antrag eingeleitet worden sind (sog. **Amtsverfahren**), die Beteiligtenstellung denjenigen einräumt, die das Handeln der Behörde unmittelbar betrifft.[29] Ein VA richtet sich an denjenigen, für den er **bestimmt** ist (§ 41 Abs. 1 Satz 1 1. Alternative, vgl. § 41 Rn. 70 f.). Wer **betroffen** ist (§ 41 Abs. 1 Satz 1 2. Alternative) oder in seinen rechtlichen Interessen berührt wird (§ 13 Abs. 2 Satz 1), ist dadurch – wie auch der Umkehrschluss aus § 13 Abs. 2 ergibt – noch nicht Adressat des VA.[30] Eine Beteiligung kann in seinem solchen Fall nur über Abs. 1 Nr. 4 und Abs. 2 erreicht werden (Rn. 25 ff.).

Die Behörde muss den VA an den Adressaten richten wollen oder gerichtet haben. **„Richten wollen"** bedeutet nicht, dass jedwede – möglicherweise noch unbestimmte – Absicht der Behörde, einen VA zu erlassen, ausreicht. Erforderlich vielmehr, dass die Behörde über bloße vorbereitende Verwaltungsinterna hinausgegangen ist und durch **objektiv erkennbare Maßnahmen** ein konkretes VwVf i. S. d. § 9 betreibt. Die Beteiligtenstellung beginnt in diesem Falle unabhängig davon, ob der Beteiligte über den Beginn des Verfahrens offiziell informiert worden ist, dass (von Amts wegen) ein VwVf eingeleitet wurde.[31] Sie besteht solange, wie die Behörde das VwVf betreibt, unabhängig davon ob es letztlich zum Erlass eines VA oder zum Abschluss eines ör Vertr führt oder nicht.

Die Formulierung „oder **gerichtet hat"** soll klarstellen, dass die Beteiligtenstellung auch nach Abschluss des VwVf vor allem mit Rücksicht auf die Nachwirkungen des VwVf, insbesondere für die Akteneinsicht und das Rechtsbehelfsverfahren, erhalten bleibt.[32] Zur Beendigung der Rechte und Pflichten mit Abschluss des VwVf vgl. § 9 Rn. 193 ff.

3. Partner eines ör Vertrags (Abs. 1 Nr. 3)

Beteiligte sind nach Nr. 3 ferner diejenigen, mit denen die Behörde **einen ör Vertrag schließen will oder geschlossen hat.** Nr. 3 stellt somit eine Parallele zu Nr. 2 dar; sie trägt der Tatsache Rechnung, dass nach § 9 ein VwVf außer den Erlass eines VA auch auf den Abschluss eines ör Vertr gerichtet sein kann. Beteiligte sind diejenigen, mit denen die Behörde nach außen objektiv erkennbar faktisch über einen Vertragsabschluss **verhandelt** und die zugleich von einem ör Vertr als **Vertragspartner** unmittelbar begünstigt oder belastet werden sollen. Verwaltungsinterne Vorbereitungen, insbesondere interne Erwägungen, einen Vertrag abzuschließen, begründen allein noch nicht die Beteiligtenstellung des in Aussicht genommenen Partners.[33] Soweit Dritte durch den ör Vertr in ihren Rechten beeinträchtigt werden (§ 58 Abs. 1), werden sie Beteiligte nur über Abs. 1 Nr. 4, Abs. 2 (hierzu Rn. 25 ff.), zur Rechtsstellung mitwirkungspflichtiger Behörden vgl. Rn. 6 und § 58 Abs. 2, dort Rn. 25 ff. Ein **Vertragsangebot** des Bürgers gegenüber der Behörde reicht – sofern nicht bereits Vertragsverhandlungen stattgefunden haben – für die Begründung einer Beteiligtenstellung allein nicht aus; es bedarf zusätzlich eines Mindestmaßes externer (nicht notwendig bereits definitiver) Reaktion der Behörde (Rn. 16).

---

[29] *VG Berlin* DVBl 1984, 1187.
[30] *VG Berlin* DVBl 1984, 1187: Keine Beteiligung von Mietern an einem wohnungsaufsichtlichen Verfahren; kritisch hierzu *Tietzsch* DVBl 1985, 410; für Beteiligtenstellung von Mietern in Verfahren nach dem Vermögensgesetz vgl. *Weber* NJW 1991, 343. Zu Einwendern und Betroffenen im Planfeststellungsverfahren vgl. § 73 Rn. 69 ff.
[31] Ebenso *Ule/Laubinger* § 15 Rn. 6; *Clausen* in Knack § 13 Rn. 9; a. A. *Kopp/Ramsauer* § 13 Rn. 21.
[32] Vgl. Begründung zu § 12 Musterentwurf.
[33] *Kopp/Ramsauer* § 13 Rn. 22; *Clausen* in Knack § 13 Rn. 10.

III. Hinzugezogene Beteiligte (Abs. 1 Nr. 4, Abs. 2)

1. Zweck der Hinzuziehung

25 Neben diejenigen, denen die Stellung als Beteiligte im VwVf auf Grund bestimmter rechtlicher Beziehungen zur Verwaltungsbehörde kraft Gesetzes zuerkannt ist (Abs. 1 Nr. 1 bis 3), treten in **Nr. 4** diejenigen Beteiligten, die nach Abs. 2 von der Behörde erst als „**gekorene**" **Beteiligte** zu dem Verfahren hinzugezogen worden sind. Die Aufführung beider Gruppen in dem einheitlichen Katalog des Absatzes 1 macht deutlich, dass zwischen ihnen in ihrer rechtlichen Stellung keine Unterschiede bestehen. Die Besonderheit dieser Vorschrift liegt darin, dass es hier letztlich die Behörde in der Hand hat, ob sie einem Dritten eine Beteiligtenstellung einräumt. In jedem Fall entsteht diese – wie der eindeutige Wortlaut der Nr. 4 erweist – nicht schon dann, wenn die verfahrensführende Behörde (rechtlich) hätte hinzuziehen können oder müssen, sondern konkret und **tatsächlich hinzugezogen hat**. Erst dieser Akt hat **konstitutive Bedeutung** und ist **VA** (Rn. 30). Zu den Rechtsfolgen der unterlassenen Hinzuziehung vgl. Rn. 46. Unterlassene Beteiligung im Behördenverfahren führt oft zu vermeidbaren verwaltungsgerichtlichen Verfahren (Rn. 27). Nr. 4 dient **öffentlichen und gleichermaßen individuellen Interessen** (Rn. 11).

26 Abs. 1 Nr. 4, Abs. 2 unterscheiden 2 Fälle der Hinzuziehung, nämlich die sog. **einfache** Hinzuziehung nach dem Ermessen der Behörde (Abs. 2 Satz 1, hierzu Rn. 31 ff.) und die **notwendige** Hinzuziehung als Rechtspflicht der federführenden Behörde (Abs. 2 Satz 2, hierzu Rn. 40 ff.).

27 Der **Zweck** der Hinzuziehung Drittbetroffener besteht darin, ihnen ähnlich wie bei der Beiladung nach § 65 VwGO für den Fall ihrer (Dritt)Betroffenheit bereits im VwVf Gelegenheit zum **rechtlichen Gehör** zu gewähren und einen effektiven (präventiven) (Grund-)Rechtsschutz schon im Behördenverfahren zu gewährleisten, sie also nicht erst auf einen (repressiven) Rechtsschutz im gerichtlichen Verfahren zu verweisen,[34] eine Ausdehnung der **Bindungswirkung** einer Behördenentscheidung auf sie zu erreichen,[35] der **Verfahrensökonomie und -konzentration** zu dienen und im Falle der Beeinträchtigung einer objektiv bestehenden materiellen **Grundrechtsposition** die Grundrechtssicherung durch Verfahrensteilhabe zu gewährleisten.[36]

28 Die Hinzuziehungsregelungen des § 13 Abs. 2 mit ihren nur begrenzten Rechtspflichten für die verfahrensführende Behörde bieten nur eine beschränkte Möglichkeit zur Gewährung **präventiven Rechtsschutzes für Dritte** bereits im VwVf. Unterbliebene Heranziehungen können i.d.R. erst mit der Anfechtung einer Entscheidung in der Sache selbst geltend gemacht werden (zu § 44a VwGO vgl. Rn. 38 f.). Weitergehende Beteiligungsrechte werden nur auf spezialgesetzlicher Grundlage begründet.[37] Dies gilt vor allem im **Immissionsschutz- und Atomrecht**[38] und im PlfV (§ 73); hierzu noch Rn. 35 ff. Der durch § 13 Abs. 2 für die verfahrensführende Behörde entstehende Spielraum zur (Betroffenen)Beteiligung bereits vor der Verwaltungsentscheidung kann letztlich nur damit erklärt werden, dass sie nicht durch eine Vielzahl von Drittbeteiligungen in ihrer Handlungsfähigkeit zu stark beschränkt werden soll, wenn und soweit nach Abschluss eines VwVf noch hinreichend effektiver Rechtsschutz gewährt werden kann. Dementsprechend ist die Rechtsprechung gegenüber „präventiven" Beteiligungen bereits im VwVf tendenziell zurückhaltend.[39] Durch die unterlassene frühzeitige Beteiligung wird das

---

[34] *Redeker* NJW 1980, 1593; *Horn* DÖV 1987, 20, 22; *Raeschke-Kessler/Eilers* NVwZ 1988, 37, 40; Rn. 3.
[35] BGHZ 158, 19 = NVwZ-RR 2004, 399, 400; *VGH München* NVwZ-RR 2006, 303, 304.
[36] BVerfGE 53, 30, 71 ff. = NJW 1980, 759; 77, 381, 406 = DVBl 1988, 342; BVerfG EuGRZ 1988, 424 = UPR 1988, 387; BVerwGE 60, 297, 304, 306 = NJW 1981, 359; 61, 256, 275 = NJW 1981, 1393; 75, 285, 291 = NJW 1987, 1154; 78, 177 = DVBl 1988, 148; 85, 54, 76 = NVwZ 1990, 967; 88, 286, 288 f. = NVwZ 1993, 177; zur Partizipation an Verwaltungsentscheidungen vgl. *Dagtoglou* DVBl 1972, 712; *Schmitt Glaeser* VVDStRL 31 (1973), 175 f.; *Redeker* NJW 1980, 1593; *Raeschke-Kessler/Eiler* NVwZ 1988, 37; *Hauth* LKV 1995, 387.
[37] Z. B. Beteiligungsrecht der anerkannten Naturschutzverbände gem. § 58 Abs. 1 Nr. 2, § 60 Abs. 2 Nr. 6 BNatSchG; vgl. BVerwGE 87, 62 = NJW 1991, 162 (zu § 29 Abs. 1 Nr. 4 BNatSchG a. F.).
[38] Vgl. BVerwGE 88, 286, 288 = NVwZ 1993, 177; *Schlotterbeck* NJW 1991, 2669 m. w. N.
[39] Vgl. BVerwGE 44, 235, 240 = NJW 1974, 813 – zum Wasserrecht –; 64, 325 = NJW 1982, 1546 – zum Straßenrecht –; 92, 258, 263 = NVwZ 1993, 890; 96, 99 = NJW 1984, 1250 – zum Wasserstraßenrecht –.

Problem aber oft nur **in das gerichtliche Verfahren verlagert.**[40] Die verfassungsrechtlich zwingenden Maßstäbe für eine Partizipation im VwVf sind nach wie vor nicht abschließend geklärt (vgl. Rn. 41).

Das Institut der „Hinzuziehung" im VwVf ist systematisch dem der **Beiladung** im verwaltungsgerichtlichen Verfahren (vgl. § 63 Nr. 3, § 65 VwGO) **vergleichbar.** Die Heranziehung gem. Abs. 1 Nr. 4, Abs. 2 darf allerdings nicht völlig mit der Beiladung nach § 65 VwGO gleichgesetzt werden, weil sich Voraussetzungen, Funktionen und Rechtsstellung in beiden Instituten nicht notwendig decken. Deshalb können Lücken in der verwaltungsverfahrensrechtlichen Regelung nicht pauschal durch analoge Anwendung der §§ 65, 66 VwGO geschlossen werden.[41] Zu den Rechtsfolgen fehlerhafter oder unterlassener Hinzuziehungen vgl. noch Rn. 44; §§ 45, 46, 50 jeweils m. w. N.; § 58 Rn. 1 ff. Die Beteiligtenstellung der Hinzugezogenen beginnt nicht automatisch mit ihrer rechtlichen oder faktischen Betroffenheit (hierzu Rn. 3), sondern **konstitutiv** erst mit der Hinzuziehung durch die Behörde.[42]

Der **Hinzuziehungsakt** wird i. d. R. förmlich und schriftlich zu erfolgen haben, damit der Hinzugezogene die Rechtswirkungen seiner Beteiligung erkennen kann. Er ist verfahrensrechtlicher **VA** mit Dauerwirkung und bis zum Abschluss des Verfahrens zulässig.[43] Ausnahmsweise kann die Hinzuziehung aber auch **faktisch** durch reale Beteiligung geschehen. Hierfür reicht in der Regel jede Handlung der federführenden Behörde aus, mit der sie durch ausdrückliches oder konkludentes Verhalten zu erkennen gibt, dass sie von einer Mitwirkung des Hinzugezogenen als Beteiligter und Betroffener ausgeht, so dass also nicht nur eine **Benachrichtigung** gemäß Abs. 2 Satz 2 oder eine **Anhörung** gemäß Abs. 3 vorliegt. Für die Hinzuziehung ist eine **aktive Handlung** der Behörde nach außen (etwa Ladung zu einem Erörterungstermin, Aufforderung zur Abgabe einer Stellungnahme) notwendig. Ob die Gewährung von **Akteneinsicht** als Heranziehungsakt gewertet werden kann, hängt von den Gesamtumständen des Falles ab. Wenn die Einsicht eine Reaktion der Behörde auf ein förmliches Ersuchen um Beteiligung am Verfahren ist, wird man darin eine Heranziehung sehen können. Nicht ausreichend ist **Schweigen** bzw. Untätigkeit der federführenden Behörde auf ein Beteiligungsbegehren eines bisher nicht beteiligten Dritten. Maßgebend für die Beurteilung, ob eine Hinzuziehung als Beteiligter stattgefunden hat, sind die **Umstände des Einzelfalls** und die verständige Würdigung des Verhaltens der Behörde aus der Sicht eines objektiven Betrachters. Der Hinzugezogene ist wie ein „normaler" Beteiligter i. S. des Abs. 1 Nr. 1–3 zu behandeln; zu den Folgen einer abgelehnten oder unterlassenen Beteiligung Rn. 39, 46.

2. Einfache Hinzuziehung (Abs. 2 Satz 1)

Nach Abs. 2 Satz 1 können – also nach dem Ermessen der federführenden Behörde – diejenigen auf Antrag oder von Amts wegen als Beteiligte hinzugezogen werden, deren rechtliche (nicht: berechtigte) Interessen durch den Ausgang des Verfahrens berührt werden können. Spezialgesetzliche Regelungen mit weitergehenden Beteiligungs- und Einwendungsmöglichkeiten unberührt (Rn. 8).

a) Der Begriff der **„rechtlichen Interessen"** ist enger als der u. a. im Sozialrecht übliche Begriff der „berechtigten Interessen" (vgl. § 43 VwGO § 75 SGG, § 12 Abs. 2 Satz 2 SGB X). Zu ersterem gehören alle Interessen, die durch eine **Rechtsnorm** des öffentlichen oder privaten Rechts, also durch GG, Gesetz, Rechtsverordnung oder Satzung, regelmäßig nicht auch durch Verwaltungsvorschrift (§ 1 Rn. 212 ff.) – auch – im individuellen (eigenen) Interesse (Rn. 34) eingeräumt sind.[44] Dazu gehören insbesondere auch die Grundrechtsgüter des Art. 2 Abs. 2 und 14 GG.[45] Bloße wirtschaftliche, finanzielle, ideelle oder soziale Interessen, die nicht durch eine

---

[40] Kritisch dazu *Hauth* LKV 1995, 387; *Füßer* LKV 1996, 314.
[41] So aber *Kopp/Ramsauer* § 13 Rn. 34.
[42] Hierzu noch Rn. 25; *VG Frankfurt* NJW 1988, 92, 93; *Kopp/Ramsauer* § 13 Rn. 8, 28.
[43] *BVerwGE* 92, 32 = NJW 1993, 1729; *OVG Koblenz* NVwZ 1988, 76; *VGH Kassel* NVwZ 2000, 828; *Horn* DÖV 1987, 2; *Kopp/Ramsauer* § 13 Rn. 28.
[44] Vgl. *VG Berlin* DVBl 1984, 1188; *Ule/Laubinger* § 15 Rn. 15; *Meyer/Borgs* § 13 Rn. 9; *Kopp/Ramsauer* § 13 Rn. 36.
[45] *BVerwGE* 61, 256, 271= NJW 1981, 1393; 75, 285, 291 = NJW 1987, 1154; 88, 286, 288 = NVwZ 1993, 177.

Rechtsnorm geschützt sind und bloß faktische Auswirkungen darstellen, reichen als „rechtliches" Interesse nicht aus;[46] sie können jedoch ein – hier nicht genügendes – berechtigtes Interesse begründen. Die Grenze zwischen faktischen Auswirkungen und „Berührung" (Rn. 36) rechtlicher Interessen ist praktisch oft schwer zu ziehen. Zur **Ermessensentscheidung** bei (einfacher) Hinzuziehung Rn. 38. Aus einem Beigeladenenstatus als solchem lässt sich die Berührung rechtlicher Interessen noch nicht ableiten, denn Regelungen über die Beiladung (Rn. 29) dienen nicht stets der Durchsetzung solcher Interessen.[47]

33 Weder Staatsangehörigkeit noch Wohnsitz sind maßgeblich für die Verfahrensbeteiligung natürlicher Personen; gleiches gilt für Staatszugehörigkeit oder Sitz juristischer Personen. Rechtsgüterschutz besteht auch im Hinblick auf den territorialen Geltungsbereich einer Norm nicht nur im Inland, denn die Wirkung der deutschen Rechtsordnung ist nicht auf das Inland beschränkt. Ob rechtliche Interessen von **im Ausland** ansässigen Ausländern berührt sein können, bedarf der Prüfung im Einzelfall.[48] Im atomrechtlichen Genehmigungsverfahren hat das *BVerwG*[49] ein Beteiligungsrecht auch Ausländern zugestanden, die im Nachbarland von der Anlage betroffen sind.

34 Bei den rechtlichen Interessen muss es sich um **eigene Interessen** im subjektiven Rechtskreis handeln. Wer Drittinteressen oder allein Allgemeininteressen ohne Tangierung (auch) der Individualsphäre wahrnimmt, kann nicht deshalb hinzugezogen werden. § 13 Abs. 2 Satz 1 sichert auf der Basis einer ermessensfehlerfreien Entscheidung der Behörde (hierzu § 40) nicht ein Recht auf sog. Jedermann-Einwendungen, sondern dient dem **präventiven Individualrechtsschutz**.[50]

35 Einem **anerkannten Naturschutzverband** ist in PflV über Vorhaben, die mit Eingriffen in Natur und Landschaft i. S. d. § 18 BNatSchG verbunden sind, nach **§ 58 Abs. 1 Nr. 2, § 60 Abs. 2 Nr. 6 BNatSchG** Gelegenheit zur Äußerung sowie Einsicht in die Sachverständigengutachten zu geben. Dies ist ein inhaltlich **begrenztes selbständiges Beteiligungsrecht** (nur) im VwVf, dessen Verletzung gerichtlich gerügt werden kann (§ 61 Abs. 2 Nr. 3 BNatSchG).[51] Das **Anhörungsrecht** des Verbandes, der dabei **nicht als Träger öffentlicher Belange** handelt,[52] fordert – wie nach § 28 Abs. 1 – nur, daß die Darlegungen von der Behörde zur Kenntnis genommen und in Erwägung gezogen werden; eine Verpflichtung zur Herstellung eines Benehmens oder Einvernehmens mit dem Verband folgt daraus nicht.[53] Das Einsichtsrecht in Pläne und Sachverständigengutachten bedeutet nicht, dass dem Verband alle Planungsunterlagen und alle Sachverständigengutachten nach freier Wahl zugänglich gemacht und zugesandt werden.[54] Als Verletzung seines Beteiligungsrechts kann nicht geltend gemacht werden, die behördliche Ermittlungstätigkeit in einem PlfV sei unzureichend und die Abwägung nicht sachgerecht vorgenommen worden; zulässig ist aber die Anregung weiterer Ermittlungen und das Angebot weiterer Hilfestellung.[55] Zum „Recht auf Verfahrensteilhabe" für **Privatrechtssubjekte** vgl. Rn. 38. In dem Bericht der Enquete-Kommission „Zukunft des **Bürgerschaftlichen Engagements**"[56] wird gefordert, abweichend von § 13 auch diejenigen am VwVf zu beteiligen, „die sich in einem Bereich bürgerschaftlich engagieren, in dem die Behörde handeln will". Diese Anregung hat bislang keine Folgerungen gehabt. Sie ist auch nicht praktikabel: Der Kreis potentiell Beteiligter wäre nicht mehr eingrenzbar; eine Entscheidung der Behörde könnte nur willkürlich sein. So wäre es auch verfehlt, die durch § 13 Abs. 2 gewährleisteten Verfahrensrechte

---

[46] *VG Berlin* DVBl 1984, 1188; § 41 Rn. 16; § 50 Rn. 6 ff.; *Kopp,* FS Boorberg Verlag, S. 159, 169 m. w. N.
[47] Vgl. *OVG Münster* MMR 1999, 553, 555 f. = NWVBl 1999, 423 zur Beiladung nach § 74 Abs. 2 Nr. 3 TKG, die lediglich ein Berühren von Interessen voraussetzt.
[48] Vgl. *Fastenrath* Die Verwaltung 31 (1998), 277, 299 f., der vermutet, dass solche Fälle eher die Ausnahme bleiben.
[49] *BVerwGE* 75, 285, 289 = NJW 1987, 1154.
[50] Vgl. *BVerwG* NVwZ 1985, 745; *OVG Münster* DVBl 1989, 527.
[51] Vgl. *Wilrich* DVBl 2002, 872, 879 f.
[52] *BVerwGE* 104, 367 = NVwZ 1998, 279. Zum Begriff der „Träger öffentlicher Belange" *Siegel,* Die Verfahrensbeteiligung von Behörden und anderen Trägern öffentlicher Belange, 2001, S. 18 ff.
[53] Vgl. *BVerwG* NVwZ-RR 1997, 606.
[54] Vgl. *BVerwG* NVwZ 1996, 1011.
[55] Vgl. *BVerwG* NVwZ 1997, 491; hierzu ferner *Herbert* NuR 1994, 218; weitergehend *Hauber* VR 1991, 313; *Krüger* NVwZ 1992, 552.
[56] BT-Dr 14/8900 vom 3. 6. 2002, S. 289 f.

auf den gesamten Kooperationsprozess vor und neben dem VwVf auszudehnen: Die eine Konsensfindung im informellen Bereich erleichternde Beschränkung der Beteiligtenzahl wäre nicht mehr gewährleistet, was zu neuen Vor-Vorverhandlungen führen würde.[57]

b) Voraussetzung für die Beiziehung ist ferner, dass durch den Ausgang des Verfahrens, d. h. die zum Abschluss ergehende Verwaltungsentscheidung, eigene rechtliche Interessen **"berührt werden können"**. Das ist der Fall, wenn sich die **Rechtsposition des Dritten** durch die Verwaltungsentscheidung **verbessern oder verschlechtern** könnte; es reicht die **konkrete Möglichkeit** des Berührtseins.[58] An die Darlegung der Berührung eigener rechtlicher Interessen werden daher strengere Anforderungen als an die Geltendmachung einer Klagebefugnis (§ 42 Abs. 2 VwGO) zu stellen sein; notwendig ist eine Darlegung solcher Tatsachen, dass eine Berührung **ernsthaft** in Betracht kommen kann. Für eine Beteiligung ist aber keine Darlegung einer konkret möglichen Rechtsverletzung notwendig, sondern eine bloße Berührung. Daher muss nicht notwendig stets die Abwehr einer Verschlechterung des bisherigen rechtlichen oder tatsächlichen Zustandes geltend gemacht werden; auch das Interesse an der Aufrechterhaltung des bisherigen **status quo** durch den Verzicht auf einen begünstigenden oder rechtsneutralen Aktes gegenüber Dritten reicht dafür aus.

c) Weitere Voraussetzung für eine (einfache) Heranziehung ist, dass das eigene rechtliche Interesse durch den **Ausgang des Verfahrens** berührt sein kann. Dazu bedarf es einer Prüfung, mit welcher Endentscheidung der Behörde zu rechnen ist (also insbesondere ein belastender VA) und inwieweit die eigene Sphäre des Hinzuziehenden dadurch tangiert wird. Wird sie dadurch nicht verschlechtert, kommt eine Hinzuziehung auch dann in Betracht, wenn – z. B. im Baurecht – der Dritte gerade an der Aufrechterhaltung des rechtlichen und/oder tatsächlichen **status quo** ein rechtliches Interesse hat.

d) Die Hinzuziehung kann **von Amts wegen oder auf Antrag** erfolgen. Sie steht grundsätzlich im **Ermessen** der Behörde (anders bei der notwendigen Hinzuziehung, Rn. 40 ff.),[59] kann daher auf Ermessensfehler nach Maßgabe des § 40 überprüft werden. Die Rechtsprechung des *BVerwG* ist hierzu sehr zurückhaltend. In ihr ist entschieden, dass Verfahrensbeteiligungen bereits vor einer Verwaltungsentscheidung keinen Selbstzweck erfüllen, sondern Schutz allein im Hinblick auf die bestmögliche Verwirklichung einer materiellrechtlichen Rechtsposition gewähren.[60] Wenn und soweit nachträglicher gerichtlicher **Rechtsschutz ausreicht,** hat es ein selbständiges und zusätzliches „Recht auf Verfahrensteilhabe" bereits im VwVf – abgesehen von spezialgesetzlichen Beteiligungsrechten im Atom- und Immissionsschutzrecht (vgl. die Nachweise Rn. 10) und bei PlfV nach Maßgabe von § 73 – nur ausnahmsweise bejaht,[61] im Übrigen aber verneint.[62] Die bloße Stellung eines Antrags, hinzugezogen zu werden, begründet noch keine Beteiligtenstellung (Rn. 29, 30). **Rechtsbehelfe** gegen eine nicht gewollte Hinzuziehung zum VwVf nach § 13 Abs. 2 Satz 1 werden durch **§ 44 a VwGO** nicht ausgeschlossen.[63] Der Hinzugezogene kann die Aufhebung der Hinzuziehung verlangen, wenn deren Voraussetzungen offensichtlich nicht (mehr) vorliegen.[64]

Die **Ablehnung** einer Hinzuziehung kann der Drittbetroffene nach Maßgabe des **§ 44 a VwGO** in der Regel nicht zum Gegenstand eines selbständigen Klageverfahrens machen, sondern muss erst die Gesamtentscheidung abwarten.[65] Etwas anderes wird aus dem Gesichtspunkt

---

[57] Zutreffend *Voßkuhle* VVDStRL 62 (2003), 266, 318 m. w. N.; ferner § 9 Rn. 175.
[58] *BVerwG* Buchholz 310 § 65 VwGO Nr. 119; *VG Berlin* DVBl 1984, 1188; *Clausen* in Knack § 13 Rn. 16.
[59] Vgl auch *Pöcker* DÖV 2003, 193, 196 f.
[60] *BVerwGE* 64, 325, 331 ff. = NJW 1982, 1546; 92, 258, 261, 263 = NVwZ 1993, 890; 105, 6 = NVwZ 1998, 281.
[61] Für Gemeinden im luftverkehrsrechtlichen Genehmigungsverfahren: *BVerwG* NJW 1969, 1133; NJW 1974, 1961; *BVerwGE* 81, 95, 106 = NVwZ 1989, 750.
[62] Vgl. *BVerwGE* 44, 235, 240 = NJW 1974, 813 für das Wasserrecht; 64, 325, 332 = NJW 1982, 1546 für das Straßenrecht; 92, 258, 263 = NVwZ 1993, 890 für das Bahnrecht; 66, 99 = NJW 1984, 1250 für das Wasserstraßenrecht. Kritisch zur zurückhaltenden Verwaltungspraxis *Raeschke-Kessler/Eilers* NVwZ 1988, 37, 40; hierzu *Hauth* LKV 1994, 387.
[63] *BVerwG* NVwZ 2000, 1179; vorhergehend *VGH Kassel* ESVGH 50, 50 = NVwZ 2000, 828.
[64] *BVerwG* NVwZ 2000, 1179.
[65] Str., *BVerfG* EuGRZ 1988, 424 = UPR 1988, 387; *BVerwG* NVwZ-RR 1997, 663; *OVG Lüneburg* UPR 1988, 309; *VGH München* NVwZ 1988, 1054; vgl. ferner *Kopp/Ramsauer* § 13 Rn. 33; *Clausen* in Knack § 13 Rn. 12; *Meyer/Borgs* § 13 Rn. 13; *Ule/Laubinger* § 15 Rn. 21.

eines effektiven Rechtsschutzes dann in Betracht kommen, wenn durch die Nichtbeteiligung irreparable Schäden entstehen, die nachträglich nicht mehr beseitigt werden könnten.[66] Ein am Verfahren Beteiligter kann die Hinzuziehung weiterer Rechtssubjekte nicht isoliert, sondern nur im Rahmen des § 44 a VwGO anfechten. Vor der Entscheidung über die Hinzuziehung sind die übrigen Beteiligten nicht zu hören.[67] Die **Rechtsfolgen** einer abgelehnten oder unterlassenen Hinzuziehung richten sich, weil es sich ggfs. um einen Verfahrensfehler handelt, im Übrigen grds. nach § **46** (Näheres dort; vgl. aber Rn. 35).

3. Notwendige Hinzuziehung (Abs. 2 Satz 2)

40 Hat der Ausgang des Verfahrens **rechtsgestaltende Wirkung** für einen Dritten, so **ist** dieser nach Abs. 2 Satz 2 **auf Antrag** als Beteiligter hinzuzuziehen (sog. **notwendige Hinzuziehung,** vgl. auch § 65 Abs. 2 VwGO). Der Behörde ist also kein Ermessen hinsichtlich der Hinzuziehung eingeräumt, sobald diese beantragt ist. Die Behörde hat in diesem Falle hinzuzuziehen. Rechtsgestaltende Wirkung besteht dann, wenn die in Betracht kommende Entscheidung **unmittelbar Rechte** eines Dritten **begründet, ändert oder aufhebt.**[68] Auch gestaltende, genehmigende, erlaubende oder bewilligende Entscheidungen, insbesondere VA, können dazu gehören, so dass auch in diesem Fall Abs. 2 Satz 2 eingreift. Zur Erweiterung auf feststellende, befehlende oder verbietende VA vgl. Rn. 44.

41 Obwohl dies in Satz 2 nicht ausdrücklich gesagt ist, ergibt sich aus dem Zusammenhang mit Satz 1, dass die Behörde, wenn ein solcher Antrag nicht gestellt wird, auch **von Amts wegen hinzuziehen kann.** Da es sich bei der notwendigen Hinzuziehung um einen wesentlichen Bestandteil des rechtsstaatlichen VwVf handelt (§ 1 Rn. 30 ff.; § 9 Rn. 32 ff.), ist eine Hinzuziehung unter den genannten Voraussetzungen auch in den VwVf erforderlich, in denen **Grundrechtspositionen Drittbetroffener** durch die Entscheidung unmittelbar beeinträchtigt sind.[69] Bestehen Zweifel, ob eine solche Grundrechtsbeeinträchtigung – etwa des Art. 2 Abs. 2 und 14 GG – vorliegt, so sollte eine Hinzuziehung jedenfalls der bekannten potentiell Betroffenen erfolgen. Das Grundproblem besteht in derartigen Fällen allerdings in der Frage, wann das jeweilige materielle Recht dem Einzelnen eine eigenständige Verfahrensstellung dergestalt einräumt, dass sich daraus ein (verfassungsrechtlicher) **Anspruch auf Verfahrensteilhabe** i. S. *BVerfGE* 53, 30 = NJW 1980, 759 (hierzu und zur zurückhaltenden Rechtsprechung vgl. noch Rn. 3 ff., 35 ff.) wegen einer grundrechtsgeschützten, aber (konkret) gefährdeten Rechtsposition ableiten lässt; „Verfahrensrechte" für „Jedermann-Einwender" ohne zureichende Darlegung einer Beeinträchtigung von Grundrechtsgütern allein reichen nicht aus. Es muss vielmehr jedenfalls für den gerichtlichen Rechtsschutz eine einklagbare Rechtsposition i. S. **Art. 19 Abs. 4 GG** bestehen (vgl. Rn. 44).[70]

42 Dass der Ausgang des Verfahrens die rechtsgestaltende Wirkung tatsächlich hat, ist nicht erforderlich und im Zeitpunkt der Hinzuziehung wohl auch in vielen Fällen gar nicht abzusehen. Die konkrete, nicht nur abstrakte **Möglichkeit** der Gestaltungswirkung (vgl. auch § 20 Rn. 19) reicht daher aus.[71] Den **Hauptanwendungsfall** der notwendigen Hinzuziehung bilden die VwVf, die auf den Erlass eines VA mit **Doppelwirkung** gerichtet sind, d. h. durch den der eine Beteiligte (in der Regel der Antragsteller) unmittelbar begünstigt, der andere benachteiligt wird (hierzu § 50 Rn. 1 ff. m.w.N.).

43 Die Beteiligtenstellung beginnt (wie bei der einfachen Hinzuziehung, Rn. 31) nicht schon mit der materiellen Betroffenheit, sondern erst mit der **tatsächlichen Hinzuziehung** durch

---

[66] Vgl. *BVerfG* NJW 1991, 415.
[67] *Kopp/Ramsauer* § 13 Rn. 29.
[68] *VG Berlin* DVBl 1984, 1187; *Kopp/Ramsauer* § 13 Rn. 39; *Clausen* in Knack § 13 Rn. 18.
[69] *BVerfGE* 53, 30 = NJW 1980, 759; 77, 381, 406 = DVBl 1988, 342; *BVerwGE* 60, 297, 304 = NJW 1981, 359; 61, 256, 275 = NJW 1981, 1393; 75, 285, 291 = NJW 1987, 1154; 88, 286, 288 = NVwZ 1993, 177; *Redeker* NJW 1980, 1593; *Hufen* NJW 1980, 2163; *Raeschke-Kessler/Eilers* NVwZ 1988, 37.
[70] Von *BVerfG* EuGRZ 1988, 424 = UPR 1988, 387 verneint für einen Anspruch auf Öffentlichkeitsbeteiligung nach der AtVfV; ähnlich *BVerwGE* 90, 255, 264 = DVBl 1992, 1236 zum Endlager Morsleben; *VGH München* NVwZ 1988, 1054 zur WAA Wackersdorf und der Bedeutung des § 44a VwGO. Ferner *OVG Lüneburg* UPR 1988, 309: kein Anspruch auf förmliche Hinzuziehung zum Genehmigungsverfahren nach §§ 4, 10 BImSchG.
[71] *BVerwGE* 18, 124 = DVBl 1964, 870; 74, 19, 22 = NJW 1986, 2775; 80, 228, 230 = NVwZ 1989, 109 zu § 65 Abs. 2 VwGO.

die federführende Behörde. Durch diesen **konstitutiven** Heranziehungsakt (zur Rechtsnatur als VA Rn. 30) kann das Beteiligungsrecht Dritter in der Praxis relativiert werden, denn wenn die Behörde trotz einer entsprechenden Rechtspflicht die Heranziehung unterlässt, kann Rechtsschutz regelmäßig erst in einem gerichtlichen Verfahren gewährt werden (§ 44a VwGO). Zu Form und Rechtsnatur der Heranziehung vgl. Rn. 30; zur Anfechtung einer Heranziehung durch andere Beteiligte vgl. Rn. 39.

Eine Ausdehnung der notwendigen Beteiligung nach § 13 Abs. 2 Satz 2 auf **andere als rechtsgestaltende** Verwaltungsentscheidungen, etwa auf alle genehmigenden und untersagenden VAe unabhängig von der darin enthaltenen Rechtswirkung[72] mag rechtspolitisch sinnvoll sein, wird durch Abs. 2 aber nicht gefordert. Eine Hinzuziehungspflicht kann sich vorbehaltlich einer entgegenstehenden Regelung in den Fällen ergeben, in denen **Grundrechtspositionen** durch die einem Dritten erteilte Genehmigung, Erlaubnis oder eine sonstige Rechtsgestaltung (Rn. 40) unmittelbar beeinträchtigt sind und **repressiver Rechtsschutz zu spät** käme.[73] Das Problem liegt hier aber i.d.R. in der Einschätzung, ob eine solche Grundrechtsbeeinträchtigung tatsächlich vorliegt, ob ein selbständig einklagbares Recht auf „Verfahrensteilhabe" besteht (Rn. 4, 35 ff.) und ob effektiver nachträglicher gerichtlicher Rechtsschutz ausreicht.[74] In Zweifelsfällen empfiehlt sich eine Heranziehung jedenfalls der bekannten (potentiell) Betroffenen, soweit sie einen entsprechenden Antrag auf Beteiligung gestellt haben, weil dadurch ein frühzeitiger Ausgleich divergierender Interessen erreicht und ein Prozess vermieden werden kann. 44

Nach Satz 2, 2. Halbsatz **hat** die Behörde einen Dritten, für den der Ausgang des Verfahrens rechtsgestaltende Wirkung haben kann, von der Einleitung des Verfahrens **zu benachrichtigen.** Ihm wird so die Gelegenheit eröffnet, einen Antrag auf Hinzuziehung zu stellen. Die Vorschrift war im Entwurf 73 als Soll-Vorschrift ausgestaltet und ist auf Vorschlag des BT-Rechtsausschusses vom Innenausschuss zur Muss-Vorschrift umformuliert worden. Damit wird das Recht auf Verfahrensteilhabe verdeutlicht und abgesichert. 45

4. Rechtsfolgen einer unterlassenen Hinzuziehung

Welche Rechtsfolgen eine **unterlassene oder abgelehnte** notwendige Hinzuziehung für den Drittbetroffenen hat, richtet sich nach den allgemein geltenden Verfahrensvorschriften des § 44a VwGO und der §§ 43 ff. Die getroffene Verwaltungsentscheidung kann daher, sofern sie gegenüber dem Betroffenen bekannt gegeben wurde (§ 43 Rn. 176 ff.), insgesamt nichtig sein, wenn es sich um einen schweren und offenkundigen Verfahrensfehler handelt (§ 44); ist dies nicht der Fall, richtet sich die Bedeutung des Verfahrensfehlers nach §§ 45, 46 (Näheres dort). Zur Rechtswirkung einer unterlassenen Beteiligung eines (privaten) Dritten beim ör Vertr vgl. § 58 Rn. 10 ff., zur Unterlassung der Beteiligung von mitwirkungspflichtigen Behörden § 58 Rn. 25 ff. 46

IV. Anzuhörende (Abs. 3)

Abs. 3 stellt klar, dass die **Anhörung,** die in einer Anzahl von VwVf (z.B. §§ 66, 71 VwGO, § 8 Abs. 3 HandwO) vorgeschrieben ist, nicht dazu führt, dass der Angehörte wegen der Anhörung bereits Beteiligter am VwVf ist. Er kann gleichwohl gleichzeitig Beteiligter sein, wenn die Voraussetzungen des Abs. 1 vorliegen.[75] Der Personalrat wird durch die „Beteiligung" nach den PersVG nicht zum Beteiligten i.S. des § 13.[76] Die Anhörung von Interessenverbänden macht sie grundsätzlich ebenfalls nicht zu Beteiligten, es sei denn, der Verband hat spezialgesetz- 47

---

[72] So *Kopp/Ramsauer* § 13 Rn. 40.
[73] *BVerfGE* 53, 30 = NJW 1980, 759; 77, 381, 406 = DVBl 1988, 342; *Redeker* NJW 1980, 1593; *Raeschke-Kessler/Eilers* NVwZ 1988, 37.
[74] Hierzu *BVerwGE* 60, 297, 303, 307 = NJW 1981, 359; 61, 256, 275 = NJW 1981, 1393; 75, 285, 291 = NJW 1987, 1154; 85, 54, 56 = NVwZ 1990, 967; 88, 286, 288 = NVwZ 1993, 177 – insbesondere zu atom- und immissionsschutzrechtlichen Verfahren, hierzu auch *Schlotterbeck* NJW 1991, 2669 m.w.N.
[75] Zum Verhältnis von § 13 und § 28 vgl. *Horn* DÖV 1987, 20.
[76] *BVerwGE* 66, 291 = DVBl 1983, 509, 510 = NJW 1983, 2516.

V. Europarecht

48 In Vorschriften des Gemeinschaftsrechts wird der Begriff des Beteiligten deutlich weiter als in § 13 verstanden. So sind nach Art. 1 Buchst. h der EG-Verfahrensordnung zur gemeinschaftlichen Beihilfenkontrolle Beteiligte alle Mitgliedstaaten, Personen, Unternehmen und Unternehmensvereinigungen, deren Interessen aufgrund der Gewährung einer Beihilfe beeinträchtigt sein können, zumal der Empfänger, der Konkurrent und auch Berufsverbände.[78]

VI. Landesrecht

49 Die Länder haben in ihren VwVfGen dem § 13 entsprechende Regelungen. Durch landesrechtliche Vorschriften können aber wie in bundesrechtlichen Verfahren (Rn. 8, 9) über den § 13 hinaus insbesondere weitere Beteiligungsrechte Dritter geschaffen werden.[79]

VII. Vorverfahren

50 § 13 findet auch im Vorverfahren Anwendung (§ 79).[80] Erkennt die Widerspruchsbehörde, dass eine mögliche oder gebotene Heranziehung Dritter insbesondere nach Maßgabe des Abs. 2 unterlassen wurde, so ist sie gehalten, etwaige Rechts- einschließlich Ermessensfehler durch Nachholung einer Beteiligung zur Vermeidung von Verfahrensfehlern (§§ 44 ff.) zu korrigieren.

§ 14 Bevollmächtigte und Beistände

(1) ¹Ein Beteiligter kann sich durch einen Bevollmächtigten vertreten lassen. ²Die Vollmacht ermächtigt zu allen das Verwaltungsverfahren betreffenden Verfahrenshandlungen, sofern sich aus ihrem Inhalt nicht etwas anderes ergibt. ³Der Bevollmächtigte hat auf Verlangen seine Vollmacht schriftlich nachzuweisen. ⁴Ein Widerruf der Vollmacht wird der Behörde gegenüber erst wirksam, wenn er ihr zugeht.

(2) Die Vollmacht wird weder durch den Tod des Vollmachtgebers noch durch eine Veränderung in seiner Handlungsfähigkeit oder seiner gesetzlichen Vertretung aufgehoben; der Bevollmächtigte hat jedoch, wenn er für den Rechtsnachfolger im Verwaltungsverfahren auftritt, dessen Vollmacht auf Verlangen schriftlich beizubringen.

(3) ¹Ist für das Verfahren ein Bevollmächtigter bestellt, so soll sich die Behörde an ihn wenden. ²Sie kann sich an den Beteiligten selbst wenden, soweit er zur Mitwirkung verpflichtet ist. ³Wendet sich die Behörde an den Beteiligten, so soll der Bevollmächtigte verständigt werden. ⁴Vorschriften über die Zustellung an Bevollmächtigte bleiben unberührt.

(4) ¹Ein Beteiligter kann zu Verhandlungen und Besprechungen mit einem Beistand erscheinen. ²Das von dem Beistand Vorgetragene gilt als von dem Beteiligten vorgebracht, soweit dieser nicht unverzüglich widerspricht.

(5) Bevollmächtigte und Beistände sind zurückzuweisen, wenn sie geschäftsmäßig fremde Rechtsangelegenheiten besorgen, ohne dazu befugt zu sein.

---

[77] Vgl. *BVerwGE* 78, 347 = DÖV 1988, 560; 87, 62 = NVwZ 1991, 162, 164; *VGH Kassel* NVwZ 1988, 1150; *OVG Bremen* NuR 1986, 129.
[78] Vgl. *Lindner* BayVBl 2002, 193, 195.
[79] Etwa im Personalvertretungsrecht; § 88 Rn. 11 m. w. N.; zur Beteiligung in landesrechtlichen Verfahren vgl. *BVerwG* NVwZ 1988, 364; im Bundesrecht *BVerwGE* 101, 73 = NVwZ 1996, 901.
[80] Vgl. *VGH München* NVwZ 2001, 339.

§ 14 Bevollmächtigte und Beistände   § 14

(6) ¹Bevollmächtigte und Beistände können vom Vortrag zurückgewiesen werden, wenn sie hierzu ungeeignet sind; vom mündlichen Vortrag können sie nur zurückgewiesen werden, wenn sie zum sachgemäßen Vortrag nicht fähig sind. ²Nicht zurückgewiesen werden können Personen, die zur geschäftsmäßigen Besorgung fremder Rechtsangelegenheiten befugt sind.

(7) ¹Die Zurückweisung nach den Absätzen 5 und 6 ist auch dem Beteiligten, dessen Bevollmächtigter oder Beistand zurückgewiesen wird, mitzuteilen. ²Verfahrenshandlungen des zurückgewiesenen Bevollmächtigten oder Beistands, die dieser nach der Zurückweisung vornimmt, sind unwirksam.

Vergleichbare Vorschriften: § 80 AO; § 13 SGB X; § 67 Abs. 2 VwGO.

Abweichendes Landesrecht: Vgl. Rn. 43; ferner Übersicht zu Änderungen der LVwVfGe im Dritten Teil dieses Kommentars.

Entstehungsgeschichte: Bis zum Inkrafttreten des VwVfG vgl. § 14 der 6. Auflage. **Änderungen:** Durch Art. 1 Nr. 5 des 3. VwVfÄndG wurde Absatz 6 Satz 1 geringfügig modifiziert (Rn. 39).

Literatur: *Fritz,* Die Vertretung im Verwaltungsrecht. Diss. Tübingen, 1962; *v. Mutius,* Gilt eine für das Verwaltungsverfahren erteilte Vollmacht auch im nachfolgenden Verwaltungsprozeß?, VerwArch 1973, 445; *Ratz,* Zur Verweigerung des Rechtsbeistandes bei Einstellungsgesprächen, ZRP 1975, 135; *Olschewski,* Kommunale Vertretungsverbote für Rechtsanwälte, NJW 1976, 933; *v. Mutius,* Zur verfassungsrechtlichen Zulässigkeit des kommunalen Vertretungsverbots, VerwArch 68 (1977), 73; hierzu *ders.,* auch in VerwArch 69 (1978), 218; 71 (1980), 191; *Plagemann,* Rechtsbeistand bei Einstellungsgesprächen, NJW 1977, 564; *Boujong,* Vertretungsbefugnis und Vertretungsmangel im öffentlichen Recht, WuV 1979, 48; *Geil-Werneburg/Günther,* Zum Anspruch auf Beistand eines Rechtsanwalts bei Überprüfung der Verfassungstreue eines Beamtenbewerbers, DuR 1982, 333; *Schoch,* Rechtsbeistand beim Einstellungsgespräch von Beamtenbewerbern, NJW 1982, 545; *Sonnek,* Die gewillkürte Vertretung des Beteiligten im Verwaltungsverfahren nach § 14 VwVfG, Diss. FU Berlin, 1984; *Bornemann,* Prozeßvertretung durch Hochschullehrer und das Rechtsberatungsgesetz, MDR 1985, 192; *Prölss,* Vertretung ohne Vertretungsmacht, JuS 1985, 577; *Pickel,* Bevollmächtigte und Vertreter im sozialrechtlichen Verfahren, SGb 1986, 353; *Habermehl,* Die Vertretung der Kommune, DÖV 1987, 144; *Ostler,* Rechtslehrer an Hochschulen als Rechtsanwälte im Nebenberuf?, AnwBl 1987, 263; *Wilms,* Die Besorgung fremder Rechtsangelegenheiten durch Rechtslehrer an deutschen Hochschulen, NJW 1987, 1302; *Langohr,* Ist die Zustellung des Widerspruchsbescheids an den Bevollmächtigten zwingend?, DÖV 1987, 138; *Eyermann,* Rechtslehrer auch Rechtsvertreter?, BayVBl 1988, 555; *Drescher,* Der übergangene Bevollmächtigte – Bekanntgabe an den Betroffenen selbst trotz Bestellung eines Verfahrensbevollmächtigten, NVwZ 1988, 680; *Gornig,* Probleme der Niederlassungsfreiheit und Dienstleistungsfreiheit für Rechtsanwälte in den Europäischen Gemeinschaften, JuS 1989, 1120; *Willandsen,* Die verwaltungs- und standesrechtliche Stellung des auch im Ausland zugelassenen Rechtsanwalts oder Rechtsbeistandes, NJW 1989, 1128; *Schenke,* Die Vertretungsbefugnis von Rechtslehrern an einer deutschen Hochschule im verwaltungsgerichtlichen Verfahren, DVBl 1990, 1151.

Übersicht

	Rn.
I. Allgemeines	1
1. Rechtsstaatliche Bedeutung	1
2. Anwendungsbereich	3
II. Bevollmächtigung (Abs. 1)	6
1. Übertragung durch Rechtsgeschäft (Satz 1)	6
2. Umfang der Vertretungsbefugnis (Satz 2)	11
3. Form und Nachweis der Vollmacht (Satz 3)	14
4. Widerruf der Vollmacht (Satz 4)	17
III. Weiterbestehen der Vollmacht in besonderen Fällen (Abs. 2)	18
IV. Pflichten der Behörden gegenüber dem Bevollmächtigten (Abs. 3)	21
1. Grundsätzliche Kontaktpflicht zum Bevollmächtigten (Satz 1 und 3)	21
2. Kontakte zum Beteiligten (Satz 2)	23
3. Zustellungsvorschriften (Satz 4)	24
V. Beistand (Abs. 4)	26
1. Tätigkeit neben dem Beteiligten (Satz 1)	26
2. Widerspruchsrecht des Beteiligten (Satz 2)	30
VI. Zurückweisung von Bevollmächtigten und Beiständen (Abs. 5 bis 7)	32
1. Geschäftsbesorgungsbefugnis (Abs. 5 und 6 Satz 2)	32
2. Zurückweisung (Abs. 6 Satz 1)	36
VII. Europarecht	42
VIII. Landesrecht	43
IX. Vorverfahren	44

I. Allgemeines

1. Rechtsstaatliche Bedeutung

1 § 14 statuiert das Recht jedes an einem VwVf Beteiligten, sich **in jeder Lage des Verfahrens** und zu einem von ihm selbst bestimmten Zeitpunkt durch einen (oder mehrere, Rn. 10) von ihm selbst ausgesuchten **Bevollmächtigten** vertreten (Abs. 1 Satz 1) oder/und durch einen **Beistand** unterstützen (Abs. 4 Satz 1) zu lassen. Dieses Recht wurde auch nach bisheriger Rechtslage als gegeben anerkannt und ist Bestandteil des **rechtsstaatlichen** (fairen) **Verwaltungsverfahrens**,[1] insbesondere des Anspruchs auf rechtliches Gehör[2] sowie des allgemeinen Persönlichkeitsrechts des Art. 2 Abs. 1 GG.[3] Die Befugnis, sich durch einen Bevollmächtigten vertreten zu lassen, besteht **nicht erst mit** dem **Beginn** eines VwVf (§ 22) und einer Beteiligtenstellung (§ 13), sondern in jeder Lage des Verfahrens bereits vorher. Das Zivil- und Verwaltungsrecht kennen keine Bevollmächtigungsverbote; die Rechte und Pflichten des Bevollmächtigten entstehen aber erst im VwVf und mit einer Beteiligtenstellung. **§ 3 Abs. 3 BRAO** bestätigt das Recht, sich in Rechtsangelegenheiten aller Art durch einen Rechtsanwalt seiner Wahl vor Behörden und Gerichten vertreten zu lassen.

2 Der am beteiligte Bürger kann auf Grund der durch § 14 bestätigten Möglichkeit, einen sachkundigen und verhandlungsgewandten Bevollmächtigten zu bestellen oder einen Beistand hinzuzuziehen, den Vorsprung – zumindest teilweise – ausgleichen, den die Behörde in Verhandlungen mit ihm häufig auf Grund größerer Sachkenntnis und Routine besitzt. Dieser Grundsatz der **Waffengleichheit** ist aus dem Rechtsstaatsprinzip und Gleichbehandlungsgebot abgeleitet. Die Regelung des § 14 liegt aber auch im Interesse der Behörde, die auf diese Weise vielfach zu einer konzentrierteren und möglichst effektiven Behandlung der Sache gelangen wird.[4]

2. Anwendungsbereich

3 § 14 gilt nur nach Maßgabe der §§ 1, 2, also im Anwendungsbereich der VwVfGe von Bund und Ländern (§ 1 Abs. 3), soweit inhaltsgleiche oder entgegenstehende Rechtsvorschriften fehlen. Er bezieht sich nur auf die sog. **gewillkürte Vertretung** der Beteiligten (§ 13 Rn 11 ff.) durch Bevollmächtigte und Beistände,[5] also nicht auf die gesetzliche und organschaftliche Vertretung der Beteiligten (hierzu §§ 11, 12), ferner nicht auf die Vertretungsfälle der §§ 15, 16 und 17–19. Allerdings schließen diese Vorschriften eine Bevollmächtigung i. S. des § 14 nicht aus (näheres dort). Die Befugnis zur Bevollmächtigtenbestellung besteht als **allgemeiner Rechtsgrundsatz** regelmäßig auch in anderen Behördenverfahren, die keine VwVf i. S. v. § 9 sind (vgl. § 1 Rn. 283 ff.).

4 § 14 kommt, soweit nichts anderes geregelt ist, nicht zur Anwendung für die Tätigkeit der Behörden **bei Leistungs-, Eignungs- und ähnlichen Prüfungen** (vgl. § 2 Abs. 3 Nr. 2). Dieser Begriff wird in der Rechtsprechung **weit ausgelegt**: er bezieht sich nicht nur auf verselbständigte, in einem förmlichen Verfahren abzulegende Prüfungen, sondern unabhängig von der verfahrensmäßigen Gestaltung auf alle Fälle, in denen die Behörde der Sache nach die höchstpersönlichen Leistungen, Eignungen, Tätigkeiten oder Ähnliches prüft.[6] Ein Anspruch auf Anwesenheit eines anwaltlichen Beistands bei Einstellungsgesprächen einer Behörde mit Beamtenbewerbern besteht daher nicht.[7] Entsprechendes gilt wegen des prüfungsähnlichen höchstpersönlichen Charakters[8] auch bei einem Überprüfungsgespräch mit einem Bewerber um einen Beförderungsdienstposten; der Anwalt hat dabei kein Teilnahmerecht aus § 3 Abs. 3 BRAO.[9]

---

[1] Hierzu *Schoch* NJW 1982, 547; *Drescher* NVwZ 1988, 681; § 1 Rn. 30 ff., § 9 Rn. 46 ff.
[2] *Kopp*, Verfassungsrecht und Verwaltungsverfahrensrecht, S. 81; *Meyer/Borgs* § 14 Rn. 2.
[3] *BVerfGE* 38, 105 = NJW 1975, 103; *Clausen* in Knack § 14 Rn. 3.
[4] *Clausen* in Knack § 14 Rn. 2.
[5] Hierzu *Sonnek*, Die gewillkürte Vertretung des Beteiligten im Verwaltungsverfahren nach § 14 VwVfG, Diss. FU Berlin, 1984.
[6] *BVerwGE* 62, 169 = NJW 1981, 2136; *VGH Kassel* NVwZ 1989, 73.
[7] Vgl. *BVerwGE* 62, 169; ebenso *OVG Bremen*, DÖV 1976, 62; *OVG Berlin* ZBR 1974, 335; *Clausen* in Knack § 14 Rn. 3; *Meyer/Borgs* § 14 Rn. 4; a. A. *OVG Hamburg* DÖV 1976, 174.
[8] Hierzu ferner *Ratz* ZRP 1975, 135; *Plagemann* NJW 1977, 564; *Schoch* NJW 1982, 545.
[9] *VGH Kassel* NVwZ 1989, 73.

Nach den von der Bundesregierung am 17. 1. 1979 beschlossenen „Grundsätzen für die Prü- 5
fung der **Verfassungstreue**"[10] ist jedoch auf Antrag des Bewerbers die Mitwirkung eines
Rechtsbeistandes insoweit zu gestatten, als sie sich auf die Beratung des Bewerbers und auf Verfahrensfragen beschränkt.[11] Anders ist es, wenn die Behörde ein Dienstgespräch mit einem im
Dienst befindlichen Beamten führt, das sein **Dienstverhältnis** betrifft und der Aufklärung eventueller dienstlicher Verfehlungen dient; da dies nicht zum Prüfungsbereich des § 2 Abs. 3 Nr. 2
gehört, besteht ein Recht auf Hinzuziehung eines Bevollmächtigten oder Beistandes.[12] Bei Ausübung der militärischen Disziplinargewalt kann dagegen ein Vertreter zurückgewiesen werden.[13]
Im Verfahren der Prüfungsausschüsse für **Kriegsdienstverweigerer** ist eine Antragsbefugnis
auch des gesetzlichen Vertreters ausdrücklich zugelassen (§ 11 Abs. 1 KDVNG).

II. Bevollmächtigung (Abs. 1)

1. Übertragung durch Rechtsgeschäft (Satz 1)

Nach **Abs. 1 Satz 1** kann ein Beteiligter sich im VwVf durch einen Bevollmächtigten ver- 6
treten lassen. Die Befugnis zur Bestellung eines Verfahrensbevollmächtigten besteht schon **vor
Beginn** eines VwVf (Rn. 1). Ein Anspruch auf kostenfreie Beiordnung eines Rechtsanwalts
erwächst daraus nicht.[14] Geregelt wird nur die **rechtsgeschäftliche** Übertragung der Vertretungsmacht, nicht die gesetzliche Vertretung, auch nicht die organschaftliche Vertretung nach
§ 12 Abs. 1 Nr. 3 und 4 (Rn. 3). Ein **Zwang** zur Vertretung ergibt sich aus § 14 selbst **nicht**.[15]
Wo das VwVfG von Bevollmächtigten spricht, ist in der Regel nur der nach §§ 14, 15 bestellte
Bevollmächtigte, nicht der Vertreter nach §§ 16 ff. gemeint.

Ist ein Bevollmächtigter bestellt, so tritt dieser im Verfahren **für** den Beteiligten auf und han- 7
delt **in seinem Namen** (§ 164 Abs. 1 BGB). Demgegenüber wird der **Beistand** (Abs. 4) **neben** dem Beteiligten oder seinem Vertreter tätig (Rn. 26). Seine Verfahrenshandlungen sind für
den Beteiligten in gleicher Weise **verpflichtend,** als wenn er selbst sie vorgenommen hätte.
Der Beteiligte ist nicht länger verpflichtet, persönlich am Verfahren teilzunehmen, soweit nicht
die Vornahme höchstpersönlicher Handlungen (z. B. Abgabe einer eidesstattlichen Versicherung)
dies gebietet.[16] Aus dem Gesichtspunkt der Mitwirkungspflicht nach § 26 (vgl. dort Rn. 44 ff.)
kann sich jedoch die Notwendigkeit einer persönlichen Beteiligung ergeben. Seine Befugnis
zum eigenen Vortrag wird durch die Bestellung eines Bevollmächtigten jedoch nicht abgeschnitten.[17] Bei dadurch entstehenden widersprechenden Anträgen oder Erklärungen hat im Zweifel
der zuletzt erklärte Wille den Vorrang,[18] allerdings ist die Behörde auf Grund ihrer Ermittlungspflichten nach §§ 24 ff. zur Rückfrage verpflichtet, wenn ein offensichtlicher Widerspruch zwischen dem jeweiligen Vorbringen des Vertreters und des Vertretenen oder ein unbewusster (wesentlicher) Dissens besteht (hierzu ferner Rn. 25, 30; § 22 Rn. 23). Entsprechend anwendbar ist
Abs. 4 Satz 2.

Die Vertretungsmacht des Bevollmächtigten wird diesem vom Vollmachtgeber **durch Rechts-** 8
geschäft übertragen. Daraus folgt, dass der Vollmachtgeber im Zeitpunkt der Übertragung
hinsichtlich des Innenverhältnisses geschäfts- und hinsichtlich der Bestellung gegenüber der Behörde handlungsfähig sein muss. Wer als Minderjähriger für den Gegenstand des Verfahrens
als handlungsfähig anerkannt ist (vgl. § 12 Abs. 1 Nr. 3), kann in diesem Rahmen auch einen Bevollmächtigten mit seiner Vertretung im Verfahren beauftragen. Eine einmal rechtswirksam erteilte Vollmacht erlischt nach Abs. 2 auch nicht durch eine Änderung der Handlungsfähigkeit

---

[10] BT-Drs 8/2482, S. 5.
[11] Hierzu *Geil-Werneburg/Günther* DuR 1982, 333.
[12] *OVG Bremen* DÖV 1976, 76; *Clausen* in Knack § 14 Rn. 3; ebenso für die Erörterung einer dienstlichen Beurteilung *VG Köln* AnwBl 1978, 260.
[13] *BVerwG* NJW 1976, 2032.
[14] Zu Gebühren und Auslagen eines Rechtsanwalts in eigener Angelegenheit vgl. *Mümmler* JurBüro 1982, 1129; ferner § 80 Rn. 20.
[15] *Clausen* in Knack § 14 Rn. 3; *Kopp/Ramsauer* § 14 Rn. 2.
[16] *Clausen* in Knack § 14 Rn. 4.
[17] *VGH München* BayVBl 1976, 221; *Clausen* in Knack § 14 Rn. 6.
[18] *Kopp/Ramsauer* § 14 Rn. 8; *Clausen* in Knack § 14 Rn. 6.

des Vollmachtgebers. Das **Innenverhältnis** zwischen Bevollmächtigtem und Vertretenem bestimmt sich auch im Fall des § 14, sofern darin nichts anderes geregelt ist, im Übrigen nach den **BGB-Vorschriften** über das Grundgeschäft.[19] Es muss daher im Einzelfall geprüft werden, ob es sich z. B. um einen unentgeltlichen Auftrag, einen Geschäftsbesorgungs-, Dienst- oder Werkvertrag handelt. Nach § 164 Abs. 1 BGB ist daher grundsätzlich nur derjenige Vertreter, der Vertretungsmacht hatte;[20] §§ 177 ff. BGB sind entsprechend anwendbar (Rn. 14). Zur Frage des Nachweises der Vollmacht, zu Widerruf, Verzicht und Niederlegung Rn. 14 ff. Zur **Anscheins-** und **Duldungsvollmacht** Rn. 16.

9   Der **Bevollmächtigte muss,** da er für den Vollmachtgeber im Verfahren handeln soll, **handlungsfähig** im Sinne des § 12 sein. Da es an einer dem § 165 BGB entsprechenden Vorschrift fehlt, genügt für den Bevollmächtigten nicht eine beschränkte Handlungsfähigkeit i. S. d. § 12 Abs. 1 Nr. 3.[21]

10   Der Bevollmächtigte muss, wie sich schon aus den vorgesehenen Zurückweisungsmöglichkeiten (Abs. 5–7) ergibt, stets eine **natürliche Person** sein, soweit nicht besondere Rechtsvorschriften anderes bestimmen.[22] Bei einer juristischen Person kann daher nicht diese selbst, sondern nur z. B. ihr Geschäftsführer oder eine sonstige handlungsfähige Person bestellt werden.[23] Im übrigen werden an die Person des Bevollmächtigten keine besonderen Voraussetzungen geknüpft. Insbesondere wird eine irgendwie geartete besondere Eignung oder ein Status etwa als Rechtsanwalt im Hinblick auf den Gegenstand des Verfahrens nicht verlangt. Ein Abgeordneter, der sich bezüglich individueller Anliegen von Bürgern seines Wahlkreises an Behörden wendet, handelt nicht als Bevollmächtigter oder Beistand i. S. v. § 14; die rechtliche Vertretung einzelner Bürger in der Funktion als Abgeordneter wäre mit dem verfassungsrechtlichen Status eines Abgeordneten (Art. 38 Abs. 1 GG) nicht zu vereinbaren.[24] Der Beteiligte ist frei, sich eine **Person seines Vertrauens** zu wählen, geht bei der Wahl einer unfähigen Person jedoch das Risiko unzureichender Vertretung seiner Interessen, ggfs. der Zurückweisung nach Abs. 6 ein. Erteilung einer **Untervollmacht** ist möglich, sofern sie nicht vertraglich ausgeschlossen ist (Rn. 13).[25] Zum Vertreter ohne Vertretungsmacht vgl. Rn. 15. Bei **mehreren Bevollmächtigten** kann im Zweifel jeder Einzelne von ihnen den Beteiligten vertreten, sofern nicht eine gemeinschaftliche Vertretung gewollt ist (vgl. § 84 ZPO). In der Regel genügt es daher, dass die Behörde mit einem von ihnen verhandelt und sich an ihn wendet.[26]

2. Umfang der Vertretungsmacht (Satz 2)

11   Nach **Satz 2** ermächtigt die Vollmacht grundsätzlich zu **allen** das **VwVf** betreffenden **Verfahrenshandlungen,** sofern sich aus ihr nicht etwas anderes ergibt. Der Begriff der Verfahrenshandlungen ist weit auszulegen. Es rechnen hierzu nicht allein alle das Verfahren selbst betreffenden **aktiven** Handlungen (z. B. Antragstellung, Geltendmachen der Besorgnis der Befangenheit, Akteneinsicht), sondern auch alle Handlungen, die zugleich Rechtswirkungen auf den Gegenstand des Verfahrens haben (z. B. Aufrechnung, Kündigung, Vergleich), auch **passive,** wie die Entgegennahme von Erklärungen der Behörde (vgl. Rn. 10). Die Handlungen werden jedoch ausschließlich **für den Bevollmächtigten** wahrgenommen, also im Auftrag und Interesse des von ihm vertretenen Verfahrensbeteiligten, **nicht** jedoch **kraft eigenen Rechts.**[27] Zu den Wirkungen für und gegen den Vertretenen Rn. 6 ff. Ein Rechtsanwalt wird daher nicht in eigenen Rechten verletzt, wenn ihm im Rahmen eines Anhörungsverfahrens zwar Gelegenheit zur Befragung des von ihm vertretenen Asylsuchenden gegeben, aber nicht gestattet wird, dies gera-

---

[19] *Clausen* in Knack § 14 Rn. 4; *Kopp/Ramsauer* § 14 Rn. 9.
[20] *OVG Hamburg* NVwZ 1985, 350.
[21] *Meyer/Borgs* § 14 Rn. 16; *Kopp/Ramsauer* § 14 Rn. 11; *Clausen* in Knack § 14 Rn. 4.
[22] Z. B. Vertretungsbefugnisse in bestimmten verwaltungs- und sozialrechtlichen Verfahren für anerkannte Verbände gem. § 12 Behindertengleichstellungsgesetz.
[23] *Meyer/Borgs* § 14 Rn. 16; a. A. – jedenfalls bis zu Zurückweisung nach § 14 Abs. 6 Satz 1 – *OVG Bautzen* SächsVBl 2000, 290.
[24] *VGH Mannheim* NVwZ-RR 1999, 525.
[25] *Clausen* in Knack § 14 Rn. 6; *Kopp/Ramsauer* § 14 Rn. 15.
[26] *BVerwG* NJW 1984, 2115: bei mehreren Prozessbevollmächtigten genügt die Zustellung oder Bekanntgabe an einen von ihnen, vgl. auch § 184 Abs. 1 ZPO, § 67 Abs. 3 VwGO. Zur Zustellung an mehrere Betroffene vgl. *VGH Mannheim* NVwZ 1984, 249.
[27] *BVerwG* NVwZ 1991, 487, 488; NJW 1981, 2270; NJW 1974, 715.

de zu jedem von ihm bestimmten Zeitpunkt.²⁸ Ein zum Bevollmächtigten bestellter Rechtsanwalt hat auch nicht etwa auf Grund seiner Stellung als Organ der Rechtspflege einen eigenen Anspruch auf Akteneinsicht, denn er ist selbst kein Verfahrensbeteiligter nach § 13;²⁹ auch kein eigenes Recht auf Teilnahme an einem Überprüfungsgespräch gem. § 2 Abs. 3 Nr. 2.³⁰ Der Rechtsanwalt hat grundsätzlich auch keinen Rechtsanspruch auf Zugänglichmachung nicht veröffentlichter Verwaltungsvorschriften außerhalb eines allein auf Grund seiner beratenden und vertretenden Tätigkeit.³¹ Nicht in Betracht kommt die Vornahme solcher Verfahrenshandlungen, die **höchstpersönlich** durch den Beteiligten vorzunehmen sind (z. B. Abgabe einer eidesstattlichen Versicherung).

Aus der Bevollmächtigung „zu allen das Verwaltungsverfahren betreffenden Verfahrenshandlungen" ergibt sich, dass sie für ein **späteres gerichtliches Verfahren im Zweifel nicht** gilt, sofern dies nicht ausdrücklich erklärt wird.³² Eine umfassende Vertretungsbefugnis auch für das Gerichtsverfahren muss regelmäßig ausdrücklich erteilt sein, sofern sich nicht aus den Umständen des Einzelfalls etwas anderes ergibt. Eine Vollmacht für das VwVf erfasst nicht die Geltendmachung von Ansprüchen, die vor den ordentlichen Gerichten geltend zu machen sind.³³ 12

Der Zusatz „sofern sich aus ihrem Inhalt nicht etwas anderes ergibt" macht deutlich, daß der Beteiligte die Vollmacht auch **inhaltlich beschränkt,** insbesondere auch nur für bestimmte Verfahrensabschnitte erteilen kann. Ist die Begrenzung der Vollmacht der Behörde nicht mitgeteilt worden (vgl. auch § 83 ZPO), so hat das Überschreiten der Vertretungsmacht auf die Wirksamkeit der vorgenommenen Verfahrenshandlungen keinen Einfluss, da eine Vermutung zugunsten einer nicht eingeschränkten Vollmacht besteht.³⁴ Im Innenverhältnis können jedoch Schadensersatzansprüche entstehen. 13

3. Form und Nachweis der Vollmacht (Satz 3)

Eine bestimmte **Form** ist für die Erteilung der Vollmacht – anders als nach § 67 Abs. 3 VwGO – **nicht vorgeschrieben.** Satz 3 bestimmt lediglich, dass der Bevollmächtigte der Behörde auf Verlangen seine Vollmacht **schriftlich nachzuweisen** hat. Sie kann daher auch mündlich erfolgen. Die Vorlage der Vollmacht ist gemäß Abs. 1 Satz 3 nicht Voraussetzung der Vertretungsbefugnis, sondern dient nur dem Nachweis der Vollmacht, kann daher auch **konkludent** erteilt werden.³⁵ Dies kann auch durch Erklärung des Beteiligten zur Niederschrift geschehen. Im Regelfall ist eigenhändige Unterschrift des Vollmachtgebers erforderlich.³⁶ Besondere Formvorschriften (z. B. § 123 FlurbG – Schriftform –, § 110 Abs. 2 BauGB – öffentlich beglaubigte Vollmacht –) gehen vor. **Verfahrenshandlungen,** die ohne Vorlage der Vollmacht vorgenommen werden, sind – auch wenn durch sie Fristen in Gang gesetzt werden – weder unzulässig noch unwirksam.³⁷ Bis zur schriftlichen Aufforderung zur Vorlage einer Vollmacht muss die Behörde, weil sie jederzeit den Nachweis verlangen kann, den Vertreter **als bevollmächtigt** behandeln,³⁸ sofern sie nicht hinreichend konkrete Anhaltspunkte hat, dass die behauptete Vollmacht in Wahrheit nicht besteht. Zur Bekanntgabe und Zustellung vgl. Rn. 24. Hat die Behörde einen Rechtsanwalt, der für die Bevollmächtigung im VwVf ein Strafprozessvollmacht vorlegt, nicht zum schriftlichen Nachweis einer ordnungsgemäßen Vollmacht gem. 14

---

²⁸ *BVerwG* NVwZ 1991, 487.
²⁹ *BVerwG* NJW 1981, 2270.
³⁰ *VGH Kassel* NVwZ 1989, 73; Rn. 4, 5.
³¹ *BVerwGE* 69, 278 = NJW 1984, 2590; NJW 1985, 1234; *VGH Mannheim* NJW 1979, 2117.
³² *BSG* NJW 1992, 196: Eine für das VwVf erteilte Vollmacht bezieht sich jedenfalls dann nicht auf die Klageerhebung, wenn sonstige Umstände dagegen sprechen; *Clausen* in Knack § 14 Rn. 6; *Meyer/Borgs* § 14 Rn. 10; *Kopp/Ramsauer* § 14 Rn. 15; *Keller/Leitherer* in Meyer-Ladewig u. a., SGG, 8. Aufl. 2005, § 73 Rn. 13a; hierzu ferner *von Mutius* VerwArch 64 (1973), 445.
³³ Z. B. Herausgabe von Mieteinnahmen nach einem Restitutionsverfahren, *BGH* VIZ 2003, 526 = MDR 2004, 1283.
³⁴ *OVG Weimar* ThürVBl 2003, 132 zu fehlender Ermächtigung eines Zweckverbandsvorsitzenden durch Beschluss der Verbandsversammlung.
³⁵ Vgl. *VGH Mannheim* NVwZ-RR 1993, 433; *Kopp/Ramsauer* § 14 Rn. 17.
³⁶ Vgl. *Meyer/Borgs* § 14 Rn. 13.
³⁷ Vgl. *BVerwG* NJW 1980, 1120; *VGH Mannheim* NVwZ-RR 1993, 433.
³⁸ *VGH Mannheim* NVwZ-RR 1993, 433; für das Prozessrecht vgl. *BVerwGE* 71, 20 = NJW 1985, 2963.

Abs. 1 Satz 3 aufgefordert, muss sie ihn als Bevollmächtigten i. S. v. Abs. 1 Satz 1 mit der Folge behandeln, dass sie sich gem. Abs. 3 in der Regel an ihn wenden muss.[39]

15 Einen **Vertreter ohne Vertretungsmacht**[40] kann die Behörde einstweilen zulassen. Seine Handlungen sind schwebend unwirksam und werden unwirksam, wenn nicht innerhalb einer dafür gesetzten Frist die Vollmacht beigebracht wird oder der Vertretene die Erklärung genehmigt.[41]

16 Im VwVf gelten im Allgemeinen die Grundsätze über die **Anscheins- und Duldungsvollmacht** im bürgerlichen Recht dem Rechtsgedanken nach, es sei denn, es ergibt sich etwas anderes aus bestimmten Vorschriften des öffentlichen Recht. Eine Anscheinsvollmacht liegt vor, wenn der Vertretene das Handeln seines angeblichen Vertreters nicht kennt, es aber bei pflichtgemäßer Sorgfalt hätte erkennen und verhindern müssen und wenn ferner der Partner (vor allem die Behörde) nach Treu und Glauben annehmen durfte, der Vertretene dulde und billige das Handeln seines Vertreters; Duldungsvollmacht als stillschweigende Vollmacht hingegen bei Duldung des dem Vertretenen bekannten Verhaltens des Vertreters.[42] Duldet ein Beteiligter das Handeln eines Dritten, der wie ein Vertreter des Beteiligten auftritt, so muss er sich grundsätzlich dessen Handeln zurechnen lassen.[43]

4. Widerruf der Vollmacht (Satz 4)

17 Satz 4 behandelt den **Widerruf** der Vollmacht. Er wird – aus Gründen der Rechtssicherheit – der Behörde gegenüber erst wirksam, wenn er ihr **zugeht.** Das Innenverhältnis zwischen Beteiligten und Bevollmächtigtem wird davon nicht berührt. Der Widerruf wird in der Regel durch schriftliche oder mündliche Erklärung **gegenüber der Behörde** erfolgen, doch wird die Behörde auch schlüssiges Verhalten berücksichtigen müssen.[44] Auch ein **Verzicht** des Bevollmächtigten oder eine **Niederlegung** des Mandats ist unter den gleichen Voraussetzungen wie ein Widerruf möglich.[45] Ob eine dem bisherigen Bevollmächtigten gegenüber vorgenommene Zustellung wirksam ist, ist streitig.[46] Auch eine **unwiderruflich** erteilte Vollmacht, der keine Kausalvereinbarung zugrunde liegt, ist frei widerruflich.[47]

III. Weiterbestehen der Vollmacht in besonderen Fällen (Abs. 2)

18 Wenn der Antragsteller oder derjenige, an den die Behörde den VA richten oder mit dem sie einen ör Vertrag abschließen will, stirbt, endet in der Regel das VwVf (hierzu § 9 Rn. 193 ff.; § 11 Rn. 9). In einigen Fällen gilt dies jedoch nicht, insbesondere wenn vermögensrechtliche Ansprüche, die auf die Erben übergehen, Gegenstand des Verfahrens sind. Daher erschien es angezeigt, eine ausdrückliche Regelung für den Fall des **Todes des Vollmachtgebers** aufzunehmen.[48] Abs. 2 regelt die Frage in Anlehnung an gerichtliche Verfahrensordnungen (§ 86

---

[39] Vgl. *VGH Kassel* NVwZ-RR 1993, 432.
[40] Hierzu *Prölss* JuS 1985, 577; ferner §§ 177 ff. BGB.
[41] *Kopp/Ramsauer* § 14 Rn. 20; *Clausen* in Knack § 14 Rn. 8.
[42] *BVerwG* NJW 1993, 2884; *BVerwGE* 95, 176 = NVwZ 1994, 913; NJW-RR 1995, 73; *OVG Münster* NVwZ-RR 2004, 72; *Palandt/Heinrichs* § 167 Rn. 1. Hierzu im Einzelnen *VGH Kassel* NVwZ 1987, 898 zur Zustellung eines Bauscheins an einen von zwei Ehegatten, der als Bauherr auch für seinen Ehepartner auftritt; *OVG Lüneburg* NdsRpfl 1987, 62 zur Vollmacht des Architekten im Baugenehmigungsverfahren; *VGH Mannheim* NJW 1985, 1574 zur Zustellung an eine Stiftung des öffentlichen Rechts; *VGH München* BayVBl 1982, 213 zur Zustellung an einen empfangsbevollmächtigten Kraftfahrer einer Behörde; *VGH München* BayVBl 1979, 733 – wirksame Urteilszustellung an einen verstorbenen Anwalt; vgl. ferner *Grund,* Die Anscheinsvollmacht bei Behörden, DVBl 1978, 428; *Broß* SGb 1982, 406.
[43] Str., ebenso *BVerwGE* 95, 176 = NVwZ 1994, 913; BGHZ 86, 273 = NJW 1983, 1308; *BGH* NJW 1988, 1199, 1200; *Kopp/Ramsauer* § 14 Rn. 22; a. A. BSGE 37, 44; *Krause* VerwArch 61 (1970), 315: kein Vertrauensschutz zugunsten der Behörde. Zur Anscheinsvollmacht von Erziehungsberechtigten vgl. *Pawlowski* MDR 1989, 775.
[44] *Clausen* in Knack § 14 Rn. 9; ferner Rn. 22.
[45] Zur Prozessvollmacht vgl. *BGH* VersR 1977, 334; *BVerwG* MDR 1984, 170, 171 = DVBl 1984, 90.
[46] Bejahend *BVerwG* NVwZ 1985, 337; verneinend *OVG Hamburg* NVwZ 1985, 350.
[47] *BGH* NJW 1988, 2603.
[48] Begründung zu § 14 Entwurf 73.

ZPO, § 173 VwGO i. V. m. § 86 ZPO) und in Abweichung von dem bisherigen Recht[49] dahin, dass die Vollmacht weder durch den Tod des Vollmachtgebers noch durch eine **Veränderung in seiner Handlungsfähigkeit** oder seiner **gesetzlichen Vertretung** endet (ferner § 41). Durch Abs. 2 wird jedoch nicht ausgeschlossen, dass der Vollmachtgeber die Vollmacht bis zum Zeitpunkt seines Todes begrenzt; da Abs. 1 Satz 2 eine ausdrückliche inhaltliche Beschränkung der Vollmacht zulässt, muss auch diese Beschränkung möglich sein;[50] vgl. ferner Rn. 17.

Anderes gilt, wenn der **Bevollmächtigte handlungsunfähig** wird. In diesem Falle endet seine Vertretungsmacht ebenso wie im Falle seines Todes oder seiner Zurückweisung nach Abs. 5 und 6; §§ 177 ff. BGB sind entsprechend anwendbar (Rn. 8).

Tritt der Bevollmächtigte für den **Rechtsnachfolger** (z. B. den Erben) im VwVf auf, so hat er nach Abs. 2 (zweiter Halbsatz) dessen Vollmacht schriftlich beizubringen, wenn die Behörde dies von ihm verlangt.

IV. Pflichten der Behörde gegenüber dem Bevollmächtigten (Abs. 3)

1. Grundsätzlich Kontaktpflicht zum Bevollmächtigten (Satz 1 und 3)

Abs. 3 enthält Regeln für das **Verhalten der Behörde,** wenn für das Verfahren ein Bevollmächtigter bestellt ist. **Satz 1** bestimmt, dass sie sich in diesem Fall an den Bevollmächtigten **wenden soll.** Der Bevollmächtigte ist für das Verfahren der primäre Gesprächspartner der Behörde. Dabei umfasst der Begriff „sich wenden an" **sämtliche Formen der Kontaktaufnahme,**[51] insbesondere die mündliche wie die schriftliche Verbindung. Die Regelung dient sowohl **öffentlichen Interessen** an einer effektiven Verfahrensgestaltung (§ 10) als auch **individuellen Interessen des Beteiligten;** eigene (originäre) Rechte des Bevollmächtigten bei einer Verletzung von Abs. 3 werden nicht berührt.[52] Die Behörde hat daher grundsätzlich auch einen VA dem Bevollmächtigten **bekannt zugeben.** Zur Zustellungspflicht und Bekanntgabe- und Zustellungsfehlern vgl. Rn. 24; § 41 Rn. 31 ff.

Die Ausgestaltung als **Soll-Vorschrift** (Muss-Regelung aber in § 67 Abs. 3 Satz 2 VwGO, § 13 Abs. 3 SGB X) besagt, dass der Behörde dieses Vorgehen für den **Regelfall** als Quasi-Pflicht auferlegt (vgl. § 40 Rn. 26), aber nicht zwingend vorgeschrieben wird. Die Soll-Vorschrift lässt kein freies Belieben der Behörde zu, sondern verpflichtet sie zum Kontakt mit dem Bevollmächtigten, es sei denn, es liegt ein **atypischer Fall** oder ein sonstiger **wichtiger Grund** für die unmittelbare Kontaktaufnahme mit dem Beteiligten selbst vor.[53] In besonders gelagerten Einzelfällen kann sich die Behörde statt an den Bevollmächtigten auch **an den Beteiligten** selbst wenden. Ein solcher Fall kann z. B. gegeben sein, wenn der Bevollmächtigte auf Zuschriften der Behörde nicht reagiert, wenn eine unwichtige Auskunft von dem mit der Behörde in Kontakt stehenden Beteiligten eingeholt werden kann und es unter den Gesichtspunkten einer einfachen und zweckmäßigen Durchführung des VwVf (§ 10 Satz 2) unsinnig wäre, zuvor den Bevollmächtigten einzuschalten, oder wenn die Erledigung eines Details dringlich, der Bevollmächtigte aber nicht erreichbar ist. Es ist auch denkbar, dass sich die Behörde an den ortsanwesenden Verfahrensbeteiligten wendet, wenn er sich ohne besonderen Grund einen weit entfernt wohnenden Bevollmächtigten nimmt, der das Verfahren nur zurückhaltend oder formularmäßig, etwa in Asylverfahren[54] betreibt. Abs. 3 ist daher verfassungsrechtlich unbedenklich.

---

[49] Vgl. *Kopp/Ramsauer* § 14 Rn. 23.
[50] *Meyer/Borgs* § 14 Rn. 21.
[51] *VG Berlin* NVwZ 1984, 601; *VGH Mannheim* VBlBW 1987; *OVG Münster* DÖV 1990, 170.
[52] Vgl. *BVerwG* NJW 1974, 715, 716; DVBl 1984, 1080 = NJW 1985, 339, 340; *VGH Kassel* NVwZ 2000, 207 unter Aufgabe der gegenteiligen Auffassung NVwZ 1984, 802; *Kopp/Ramsauer* § 14 Rn. 25; *Ule/Laubinger* § 17 Rn. 11; a. A. hinsichtlich des Bevollmächtigten *VG Berlin* NVwZ 1984, 601.
[53] *VGH Kassel* NVwZ 1984, 802; *VG Berlin* NVwZ 1984, 601; *VGH Mannheim* NVwZ-RR 1993, 432, 433.
[54] *VG Köln* InfAuslR 1982, 111.

2. Kontakte zum Beteiligten (Satz 2)

23 Nach **Satz 2** kann sich die Behörde **an den Beteiligten** auch wenden, soweit dieser im Rahmen seiner Mitwirkung (vgl. § 26 Rn. 44 ff.) Auskünfte zu geben hat, die nur er geben kann. Satz 2 ist unabhängig von Satz 1 zu sehen. Der Feststellung der für eine Abweichung von Satz 1 zu fordernden atypischen Situation bedarf es in diesem Falle nicht. Wendet sich die Behörde an den Beteiligten, so **soll** der **Bevollmächtigte verständigt** werden **(Satz 3)**, damit er über den Stand des Verfahrens auf dem Laufenden bleibt. Dafür reichen in der Regel zur Kenntnisnahme übersandte Durchschriften, Fotokopien o. ä. aus. Dem auf eine Anregung des DAV zurückgehenden Vorschlag des BT-Rechtsausschusses, die Pflicht zur Verständigung des Bevollmächtigten zwingend vorzuschreiben, ist der Innenausschuss nicht gefolgt; er wollte der Behörde für besondere Fälle der Praxis auch hier eine gewisse Flexibilität sichern.[55] Aber auch durch die jetzige Regelung ist der Rahmen eng gezogen. Nach *BVerwG* NJW 1985, 339 dient die Benachrichtigungspflicht neben dem öffentlichen Interesse an einer zweckmäßigen Verfahrensgestaltung dem subjektiven Interesse und dem **Schutz der Verfahrensbeteiligten,** nicht jedoch dem Schutz des Bevollmächtigten. Daher ergibt sich hiernach weder aus Abs. 3 Satz 3 noch aus sonstigem Bundesrecht, auch nicht aus §§ 1, 3 Abs. 2 BRAO ein Rechtsanspruch des Anwalts auf Benachrichtigung von der Festnahme seines Mandanten (in einem ausländerrechtlichen Verfahren).[56] Hat die unterlassene Benachrichtigung einen Irrtum über einen Fristbeginn begünstigt, kann dies bei der Entscheidung über die Wiedereinsetzung berücksichtigt werden.[57]

3. Zustellungsvorschriften (Satz 4)

24 Nach Satz 4 bleiben Vorschriften über die **Zustellung** an Bevollmächtigte **unberührt.** Die Frage, ob eine Zustellung an den Bevollmächtigten erfolgen kann, beurteilt sich daher nach § 7 VwZG. Zustellungen können an den Bevollmächtigten gerichtet werden (§ 7 Abs. 1 Satz 1 VwZG). Sie sind an ihn zu richten, wenn er eine schriftliche Vollmacht vorgelegt hat (§ 7 Abs. 1 Satz 2 VwZG).[58] Eine Zustellung an den Vertretenen ist dann unwirksam.[59] Eine Zustellung an den Bevollmächtigten muss ein Beteiligter auch dann gegen sich gelten lassen, wenn der Beteiligte den Bevollmächtigten handeln lässt, auch wenn er ihm keine förmliche Vollmacht erzielt hat.[60] Die einem Rechtsanwalt erteilte und der Behörde vorgelegte schriftliche Vollmacht endet erst, wenn der Rechtsanwalt die Beendigung des Mandatsverhältnisses anzeigt und die wirksame Kündigung des Vertragsverhältnisses durch den Mandanten nachweist.[61] Bei mehreren Bevollmächtigten oder Beiständen reicht die Zustellung oder Bekanntgabe an einen von ihnen.[62] Zur **Bekanntgabe** des VA an den Bevollmächtigten vgl. § 41 Abs. 1 Satz 2, dort Rn. 36 ff. Auch wenn ein Bevollmächtigter für das VwVf bestellt war, genügt für seine Wirksamkeit (vgl. § 41 Abs. 1 Satz 1) und das In-Lauf-Setzen der Klagefrist nach § 74 Abs. 1 Satz 2 VwGO die Bekanntgabe an den Adressaten.[63]

25 Absatz 3 regelt nur die Pflichten der Behörde gegenüber dem Bevollmächtigten. Sie betrifft **nicht die Rechtsstellung des Beteiligten,** insbesondere berührt sie nicht die ihm gegebene Möglichkeit, unabhängig von seinem Bevollmächtigten von sich aus oder auf Anfrage mit der Behörde selbst zu verhandeln. In einem solchen Verhalten liegt in aller Regel auch kein Widerruf der Vollmacht durch schlüssiges Verhalten. Der Anspruch des Bevollmächtigten auf Zustellung behördlicher Entscheidungen, die gegenüber dem Beteiligten ergangen sind, bleibt durch das selbständige Verhandeln unberührt.[64]

---

[55] Bericht BT-Innenausschuss zu § 14.
[56] Vgl. *BVerwG* NJW 1985, 339, i.a. *VGH München* BayVBl 1979, 123; *VG Berlin* InfAuslR 1984, 169; hierzu ferner *Wittling* VR 1986, 157 und *Meier* VR 1986, 161; ferner Rn. 4.
[57] *FG Hamburg* NordÖR 2006, 492, 493.
[58] Hierzu *Langohr* DÖV 1987, 138; § 41 Rn. 36 ff.
[59] *BVerfG* NJW 1978, 1575; *BFH* NVwZ 1998, 998; a. A. wohl *VGH Mannheim* NVwZ-RR 1993, 432.
[60] *BVerwG* NVwZ 1997, 993.
[61] *VGH Kassel* NVwZ 1998, 1313.
[62] *BVerwG* NJW 1984, 2145.
[63] *BVerwGE* 105, 288, 293 f. = NVwZ 1998, 1292, 1293; *BFHE* 204, 403 = NVwZ-RR 2005, 765, 766; *OVG Münster* NVwZ-RR 2003, 386, 387; *VGH Mannheim* NVwZ-RR 2006, 154, 155; vgl. ferner § 41 Rn. 51 ff.
[64] *VGH München* NJW 1976, 1117 mit Anm. *Redeker; Clausen* in Knack § 14 Rn. 11.

V. Beistand (Abs. 4)

1. Tätigkeit neben dem Beteiligten (Satz 1)

Nach **Absatz 4 Satz 1** kann ein Beteiligter zu Verhandlungen und Besprechungen mit einem **Beistand** erscheinen. Die Vorschrift gilt nur im Anwendungsbereich des § 1 selbst, daher nicht in den durch § 2 ganz oder teilweise ausgenommenen Rechtsgebieten (insbesondere des Prüfungsbereichs i. S. d. § 2 Abs. 3 Nr. 2, hierzu Rn. 4, 31), ferner nur bei Fehlen spezieller Rechtsvorschriften. Sie stimmt inhaltlich mit § 90 ZPO überein. Sie eröffnet dem Beteiligten die Möglichkeit, sich bei seinen Verhandlungen mit der Behörde der Unterstützung einer Person seines Vertrauens zu versichern. Der Beistand wird, anders als der Bevollmächtigte nach Abs. 1 **nicht für** den Beteiligten, sondern **neben** ihm tätig. Aus den einschränkenden Worten „zu Verhandlungen und Besprechungen" ergibt sich, daß der Beistand nur im Rahmen **mündlicher Erörterungen** mit der Behörde auftreten kann, vgl. auch § 67 Abs. 2 VwGO. Er kann jedoch, wie der Umkehrschluss aus Abs. 6 Satz 1 ergibt, das in der Verhandlung Vorzutragende auch schriftlich formulieren.[65] 26

Einer ausdrücklichen **Anmeldung** des Beistandes bei der Behörde bedarf es nicht; der Beistand gilt als handlungsbefugt, wenn der Beteiligte bei der Verhandlung oder Besprechung mit ihm „erscheint". 27

Der Beistand kann **nur in Anwesenheit** des Beteiligten verhandeln. Kurzfristige Abwesenheit ist unschädlich; lässt jedoch der Beteiligte (etwa durch endgültiges Verlassen der Verhandlung oder durch Nichterscheinen bei einer Fortsetzungsverhandlung) erkennen, daß er die Verhandlungsführung allein dem Beistand überlassen will, dürfte dieser fortan als Bevollmächtigter anzusehen sein; in diesem Falle sollte die Behörde eine Vollmacht verlangen oder ihn einstweilen zulassen (vgl. Rn. 14). 28

Gedacht ist bei Abs. 4 vor allem an die Mitnahme eines **Fachmannes,** der auf Seiten des Beteiligten das nötige Fachwissen in die Verhandlungen bei der Behörde einbringen soll (z. B. Mitnahme des Architekten zu Verhandlungen über eine Baugenehmigung). Beistand kann im Einzelfall auch ein Rechtsanwalt sein, wenn der Beteiligte ihn nicht mit seiner Vertretung beauftragen will (Abs. 1), sondern für den Fall, dass rechtliche Fragen erörtert werden sollten, zu seiner Beratung präsent haben möchte. Die Einbringung besonderen **Fachwissens** ist jedoch **nicht Voraussetzung.** Von Abs. 4 erfasst werden sollen vielmehr auch die Fälle, in denen ein Beteiligter mit einem Verwandten oder Freund zu Verhandlungen oder Besprechungen erscheint, von dem er eine geschicktere Verhandlungsweise erwartet, als er selbst sie sich zutraut. Das Gesetz knüpft daher an die Person des Beistandes keine besonderen Voraussetzungen (mit dem Risiko der Zurückweisung nach Abs. 5 und 6). Der Beistand muss lediglich eine **handlungsfähige natürliche Person** sein.[66] 29

2. Widerspruchsrecht des Beteiligten (Satz 2)

Der Behörde soll andererseits die Verhandlung mit dem Beteiligten nicht dadurch erschwert werden, dass dieser und sein Beistand unterschiedliche Auffassungen vertreten und die Behörde nicht mehr weiß, wessen Vortrag gelten soll. **Abs. 4 Satz 2** bestimmt daher, dass das von dem Beistand Vorgetragene als von dem Beteiligten vorgebracht gilt, soweit dieser **nicht unverzüglich widerspricht** (vgl. auch § 85 Satz 2 ZPO). Schweigen gilt als Zustimmung. Fraglich ist, welcher Zeitpunkt für ein unverzügliches Widersprechen maßgebend sein soll. Für den Regelfall kann erwartet werden, daß der Beteiligte dem Vortrag seines Beistandes sofort, zumindest aber noch im Laufe der Verhandlung widerspricht, da nach deren Abschluss die Behörde von einem Verhandlungsergebnis ausgehen können muss. Nur in ganz besonders gelagerten Fällen, etwa bei der Erörterung besonders schwieriger Fachfragen, kann es als ausreichend erachtet werden, wenn der Beteiligte widerspricht, nachdem er das Ergebnis der Verhandlung mit seinem 30

---

[65] Für Beschränkung auf mündliche Verhandlungen: *Clausen* in Knack § 14 Rn. 14; *Meyer/Borgs* § 14 Rn. 24; ähnlich wie hier: *Kopp/Ramsauer* § 14 Rn. 33; *Ule/Laubinger* § 17 Rn. 14. Zur Begrenzung der Befugnisse von Rechtsbeiständen im Verhältnis zu Rechtsanwälten vgl. BVerfGE 75, 246 = NJW 1988, 545.
[66] So auch *Meyer/Borgs* § 14 Rn. 34; *Clausen* in Knack § 14 Rn. 14.

Beistand noch einmal durchgegangen ist; dazu wird es regelmäßig eines ausdrücklichen Erklärungsvorbehalts gegenüber der Behörde bedürfen. Dieser wird aber nicht mehr nach einer Entscheidung der Behörde möglich sein oder dann, wenn eine Nachfrist abgelaufen ist. **Zustellungen oder Bekanntgaben** abschließender Entscheidungen an den Beistand können nicht in Betracht kommen.[67]

31 Das **Recht,** mit einem **Beistand zu erscheinen,** gilt dort nicht, wo eine Rechtsvorschrift dies unmittelbar oder ihrem Sinn nach ausschließt.[68] Dies gilt z. B. bei **Leistungs-, Eignungs- oder ähnlichen Prüfungen,** bei denen es allein auf das Wissen und die höchstpersönliche Äußerung des Beteiligten ankommen kann. Für diese Fälle ist die Anwendbarkeit des § 14 durch § 2 Abs. 3 Nr. 2 ausgeschlossen (vgl. Rn. 26, 4, 5).

VI. Zurückweisung von Bevollmächtigten und Beiständen (Abs. 5 bis 7)

1. Geschäftsbesorgungsbefugnis (Abs. 5, 6 Satz 2)

32 Die **Abs. 5 bis 7** regeln die **Zurückweisung** von Bevollmächtigten und Beiständen durch die Behörde. Nach **Abs. 5** sind Bevollmächtigte und Beistände zurückzuweisen, wenn sie geschäftsmäßig (Rn. 36) fremde Rechtsangelegenheiten besorgen, ohne dazu nach dem RBerG **befugt** zu sein (ähnlich § 13 Abs. 5 SGB X, § 11 Abs. 3 ArbGG, § 157 Abs. 1 ZPO, § 62 Abs. 2 FGO, § 67 VwGO).[69] Erkennt die Behörde, dass ein solcher Fall gegeben ist, so **hat** sie stets **zurückzuweisen.** Sie soll unter keinen Umständen dulden dürfen, dass vor ihr Personen auftreten, die sich gesetzwidrig betätigen und sich einer Ordnungswidrigkeit (vgl. Art. 1 § 8 RBerG) schuldig machen.[70] Keine Zurückweisung daher allein deshalb, weil der Beistand nicht seinen Personalausweis mit sich führt;[71] allerdings muss er seine Identität auf sonstige Weise dartun.

Es ist vorgesehen, Regelungen über die Zurückweisung von Bevollmächtigten und Beiständen in § 14 an die durch das geplante Gesetz über außergerichtliche Rechtsdienstleistungen **(RechtsdienstleistungsG)** liberalisierten Vorschriften zur Erbringung von Rechtsdienstleistungen anzupassen. Für die **Neufassung des Abs. 5** ist vorgesehen „Bevollmächtigte und Beistände sind zurückzuweisen, wenn sie Rechtsdienstleistungen erbringen, die ihnen untersagt sind." Der Begriff der geschäftsmäßigen Besorgung fremder Rechtsangelegenheiten entfällt mit dem RechtsdienstleistungsG; dem trägt die Änderung Rechnung, indem sie eine Ausschlusspflicht in einem VwVf nur noch vorsieht, wenn die Tätigkeit nach dem RechtsdienstleistungsG untersagt ist.

33 Die Zurückweisung i. S. v. Abs. 5 und 6 ist dadurch gekennzeichnet, dass dem Bevollmächtigten ganz oder teilweise **für ein konkretes Verfahren untersagt** wird, als Vertreter des Beteiligten aufzutreten mit der Wirkung, dass in diesem Umfang seine Vertretungsmacht im Verhältnis zur Behörde beendet wird und er ihr gegenüber (Abs. 7 Satz 2) seine Rechtsstellung als Bevollmächtigter verliert.[72] **Allgemeine Zurückweisungen** werden dadurch nicht ausgeschlossen; sie müssen aber konkret den Kreis der betroffenen Verfahren bezeichnen und die dafür maßgeblichen Gründe erkennen lassen. In einer Beschränkung von Fragerechten oder sonstigen Konkretisierungen seiner Befugnisse durch die handelnde Behörde liegt regelmäßig keine Zurückweisung.[73]

34 Allgemein zur Besorgung fremder Rechtsangelegenheiten **befugt** sind **Rechtsanwälte** (§ 3 BRAO), **Patentanwälte** (§ 3 PatAnwO), **Steuerberater** (§ 119 SteuerberG). Ob **Rechtslehrer** an einer deutschen Hochschule, soweit sie nach § 67 VwGO zur Prozessvertretung vor den

---

[67] Meyer/Borgs § 14 Rn. 24.
[68] Begründung zu § 14 Entwurf 73.
[69] Zum RBerG und der Zulässigkeit der Abschaffung einer Vollerlaubnis für Rechtsbeistände mit Beschränkung auf bestimmte Sachbereiche vgl. BVerfGE 41, 378, 390 = NJW 1976, 1349; 75, 246 = NJW 1988, 545; BVerwG NJW 1992, 522.
[70] Vgl. BVerfGE 52, 42 = NJW 1980, 33; BVerwGE 83, 315 = NJW 1988, 220; VGH München DVBl 1985, 530, 531.
[71] VG Köln, Urt. 14. 1. 1986 – 2 K 1761/85.
[72] BVerfGE 52, 42, 51 = NJW 1980, 33; BVerwG NVwZ 1991, 487; zur Anfechtung der Zurückweisung Rn. 41.
[73] BVerwG 1991, 477.

Verwaltungsgerichten zuzulassen sind, bereits im VwVf vor den Behörden (gewohnheitsrechtlich) zur Vertretung befugt sind, ist streitig.[74] Rechtsanwälte aus dem **EU-Bereich** sind nach dem Urteil des *EuGH* vom 25. 2. 1988[75] entgegen dem Rechtsanwaltsdienstleistungsgesetz vom 16. 8. 1980,[76] geändert durch Gesetz vom 7. 8. 1981[77] grundsätzlich zur selbständigen Bevollmächtigtentätigkeit auch in deutschen VwVf befugt;[78] vgl. nunmehr das **Gesetz über die Tätigkeit europäischer Rechtsanwälte** in Deutschland (EURAG) vom 9. 3. 2000.[79] Ihre Befugnis kann auch im freien Dienstleistungsverkehr für in der Gemeinschaft niedergelassene Rechtsanwälte von hinreichenden Sachkundenachweisen abhängig gemacht werden.[80]

Nach § 5 RBerG ist erlaubnisfrei die Besorgung von Rechtsangelegenheiten in der Weise, 35 dass kaufmännische oder sonstige gewerbliche **Unternehmer** für ihre Kunden rechtliche Angelegenheiten erledigen, die mit einem Geschäft ihres Gewerbebetriebes in unmittelbarem Zusammenhang stehen (Nr. 1),[81] dass öffentlich bestellte **Wirtschaftsprüfer** in Angelegenheiten, mit denen sie beruflich befasst sind, auch die rechtliche Beratung übernehmen, soweit diese mit den Aufgaben der Wirtschaftsprüfer in unmittelbarem Zusammenhang steht (Nr. 2) und **dass Vermögensverwalter, Hausverwalter und ähnliche Personen** die mit der Verwaltung in unmittelbarem Zusammenhang stehenden Rechtsangelegenheiten erledigen (Nr. 3). Nach § 7 Satz 1 RBerG bedarf es einer Erlaubnis nicht, wenn auf berufständischer oder ähnlicher Grundlage gebildete Vereinigungen oder Stellen im Rahmen ihres Aufgabenbereichs ihren Mitgliedern Rat und Hilfe in Rechtsangelegenheiten gewähren. Als Bevollmächtigte kommen aber nur deren Geschäftsführer oder andere natürliche Personen in Betracht (vgl. Rn. 10). Ferner **Notare** (§ 3 RBerG, § 80 Abs. 5 AO), und zwar auch für Anträge auf Erteilung der Bodenverkehrsgenehmigung für von ihnen beurkundete Kaufverträge.[82] Auch die übrigen in **§ 67 Abs. 1 VwGO** genannten Personen, die zur Prozessvertretung im Verwaltungsprozess zugelassen sind, können nach § 14 Abs. 5 in VwVf grundsätzlich nicht zurückgewiesen werden. Ausschlaggebend ist, dass die Befugnis zur Rechtsberatung gerade für den Gegenstand des **konkreten Verfahrens** gegeben ist.[83]

2. Zurückweisung (Abs. 6)

Voraussetzung für die Zurückweisung ist die **geschäftsmäßige Besorgung** fremder Rechts- 36 angelegenheiten, nicht die „gewerbsmäßige". Geschäftsmäßig ist regelmäßig eine entgeltliche, ferner auch eine unentgeltliche, aber wiederholte und auf Wiederholung angelegte Besorgung fremder Rechtsangelegenheiten.[84]

Zurückzuweisen sind Bevollmächtigte und Beistände, die unter Verletzung (nach Landesrecht 37 unterschiedlicher) **kommunalrechtlicher Vertretungsverbote** tätig werden.[85] Das kommu-

---

[74] Verneinend für die (geschäftsmäßige) Vertretung im Prozess *BVerwGE* 83, 315 = NJW 1988, 220; *VGH München* NJW 1988, 2553; *OVG Koblenz* NJW 1988, 2555; *Bornemann* MDR 1985, 182; auch keine gewohnheitsrechtliche Befugnis nach *BVerfG* NJW 1988, 2535; *VGH Mannheim* NJW 1991, 1195; *Clausen* in Knack § 14 Rn. 16; a. A. *VGH München* NJW 1988, 2554; *Kopp/Schenke* § 67 Rn. 15; *Kopp/Ramsauer* § 14 Rn. 34, 38); *Porz* in Fehling u. a. § 14 VwVfG Rn. 19; *Wilms* NJW 1987, 1302; *Eyermann* BayVBl 1988, 555; *Schenke* DVBl 1990, 1151; vgl. ferner *BVerfGE* 41, 378, 390 = NJW 1976, 1349.
[75] *EuGHE* 1988, 1123 = NJW 1988, 887 = JZ 1988, 506 mit Anm. *Bleckmann*.
[76] BGBl. I S. 1453.
[77] BGBl. I S. 803.
[78] Zu Problemen der Niederlassungsfreiheit für Rechtsanwälte in der EG vgl. *Gornig* NJW 1989, 1120; *Willandsen* NJW 1989, 1128.
[79] BGBl. I S. 182, ber. 1349.
[80] Vgl. *EuGHE* I 1991, 2357 = NJW 1991, 2073 zu griechischen RAen in der BRD; ferner *EuGHE* I 1991, 3591 = NJW 1991, 3084 zu französischen Zulassungsregelungen und *BGHZ* 108, 342 = NJW 1990, 108.
[81] Zur Rechtsberatung durch Berufsständische Vereinigung *OLG Köln* NJW 1990, 683; durch Unternehmensberater *OLG Hamm* NJW-RR 1990, 1061 mit krit. Anm. *Berger* NJW 1990, 2335.
[82] *VGH München* BayVBl 1972, 53.
[83] Zur Begrenzung der Vertretungsbefugnisse für Rechtsbeistände im Verhältnis zu Rechtsanwälten vgl. *BVerfGE* 75, 246 = NJW 1988, 545; zu Wirtschaftsprüfern *BGHZ* 102, 128 = NJW 1988, 561.
[84] Vgl. *BVerwGE* 19, 339, 343 = BayVBl 1965, 346; *VGH München* DÖV 1988, 605, 606; *Kopp/Ramsauer* § 14 Rn. 34 mit Zweifeln an der Verfassungsmäßigkeit.
[85] *BVerfGE* 52, 42 = NJW 1980, 33; 56, 99 = NJW 1981, 1599; 61, 68 = NJW 1982, 2177; NJW 1988, 694; *BVerwGE* 19, 339 = BayVBl 1965, 346; NJW 1988, 1994 zur Zulässigkeit von Vertretungsbefugnissen nach Maßgabe des (unterschiedlichen) Landesrechts (auch für nicht ortsbezogene Angelegenheiten); *VGH Kassel* NVwZ 1987, 919; *Schoch* NVwZ 1984, 626; *Clausen* in Knack § 14 Rn. 16; *Meyer/Borgs* § 14

nale Vertretungsverbot findet keine Anwendung auf einen Rechtsanwalt, der mit einem Ratsmitglied in einer Bürogemeinschaft verbunden ist.[86] Nach *BVerfG*[87] gilt dies auch für den Sozius eines dem Rat angehörenden Rechtsanwalts, wenn dieser allein tätig wird.

38   In keinem Falle zurückgewiesen werden können dagegen Personen, die zur geschäftsmäßigen Besorgung fremder Rechtsangelegenheiten **befugt** sind (vgl. Rn. 34). Dies gilt auch dann, wenn sie im Einzelfall nach der Überzeugung der Behörde zum mündlichen oder schriftlichen Vortrag nicht geeignet sind.

Die Grundlage für die Privilegierung dieser Personengruppe entfällt mit dem **RechtsdienstleistungsG** (Rn. 32). Um einen Wertungswiderspruch zu vermeiden, kommt der Ausschluss ungeeigneter Personen allerdings nicht in Frage, wenn die betreffende Person zur Vertretung im verwaltungsgerichtlichen Verfahren befugt ist. Deshalb ist für die **Neufassung des Abs. 6 Satz 2** vorgesehen: „Nicht zurückgewiesen werden können Personen, die zur Vertretung im verwaltungsgerichtlichen Verfahren befugt sind.".

39   Alle übrigen Personen, die als Bevollmächtigte oder Beistände auftreten, können nach **Abs. 6 Satz 1** vom **Vortrag** zurückgewiesen werden, wenn sie dazu nicht geeignet sind, und vom **mündlichen Vortrag** nur, wenn sie zum sachgemäßen Vortrag nicht fähig sind. Beide Arten der Betätigung sind also gesondert zu betrachten. Die mangelnde Eignung für die eine Vortragsart rechtfertigt noch keine Zurückweisung hinsichtlich des anderen Grundes.[88] Abs. 6 Satz 1 wurde durch das 3. VwVfÄndG neu gefasst, um klarzustellen, dass ungeeigneter Vortrag, gleich ob er mittels schriftlicher oder elektronischer Dokumente erfolgt, zurückgewiesen werden kann; zudem wurde präzisiert, dass beim mündlichen Vortrag die Zurückweisung des Bevollmächtigten oder Beistands nur möglich ist, wenn dieser zum sachgemäßen Vortrag nicht in der Lage ist. Die Vorschrift ist **restriktiv** auszulegen. **Ungeeignet** ist ein Bevollmächtigter oder Beistand nicht schon deshalb, weil er unbeholfen, weitschweifig oder sachunkundig ist (hierin liegt lediglich das Risiko dessen, der ihn ausgewählt hat) oder weil er emotional und unsachlich argumentiert, sondern nur, wenn nicht erkennbar wird, was er vortragen will. Zum sachgemäßen Vortrag **nicht fähig** ist der Bevollmächtigte oder Beistand, der sich mündlich nicht hinreichend ausdrücken kann oder durch seine beharrliche Unsachlichkeit ein sinnvolles Gespräch nicht zulässt. Die Behörde muss stets zunächst versuchen, sich mit klärenden Fragen oder der Abmahnung der unsachlichen Argumentation zu behelfen. Sie wird im Ergebnis erst dann zur Zurückweisung als **ultima ratio** greifen dürfen, wenn trotz Nachfragen nicht klar wird, was der Bevollmächtigte oder Beistand vortragen will. Zu Umfang und Wirkung einer **Zurückweisung** vgl. Rn. 32 ff.

40   Die Zurückweisung kann **in jeder Lage des Verfahrens** ausgesprochen werden. Sie beendet – mit dem Zeitpunkt ihres Zugangs – die Vertretungsmacht gegenüber der Behörde (nur) in konkreten VwVf.[89] Nach *VGH München* DVBl 1985, 530 darf jemand (im Sozialverwaltungsverfahren gem. § 13 Abs. 5 Satz 1 SGB X) ebenfalls nur in Bezug auf ein **konkretes** VwVf oder mehrere konkrete Verfahren zurückgewiesen werden; eine „globale" oder „pauschale" Zurückweisung für sämtliche zukünftige Verfahren ist hiernach nicht zulässig. Etwas anderes wird allerdings bei wiederholter unzulässiger Tätigkeit anzunehmen sein, wenn vorangegangene (bestandskräftige) Zurückweisungen fruchtlos geblieben sind (vgl. Rn. 33). Verfahrenshandlungen, die bis zu diesem Zeitpunkt vorgenommen worden sind, bleiben wirksam.[90] **Verfahrenshandlungen,** die der Zurückgewiesene möglicherweise nach diesem Zeitpunkt vorgenommen hat, sind nach Abs. 7 **Satz 2 unwirksam.** Damit der Beteiligte, dessen Bevollmächtigter oder Beistand zurückgewiesen wird, sich auf die dadurch entstandene Lage einrichten kann, hat nach Absatz 7 Satz 1 die Behörde dem Beteiligten die Zurückweisung **mitzuteilen.** Sie wird daher auch erst mit dem Zugang bei ihm wirksam.[91]

Rn. 18; *Kopp/Ramsauer* § 14 Rn. 36; a. A. noch *OLG Hamm* NJW 1978, 2253; *VG Kassel* NJW 1981, 40; *Baltes* NJW 1975, 912; *Olschewski* NJW 1976, 953; *von Mutius* VerwArch 68 (1977), 73, *ders.* auch VerwArch 69 (1978), 218 und 71 (1980), 191.

[86] *BVerwGE* 56, 99 = NJW 1981, 1509 = DVBl 1981, 489 mit Anm. *Schoch,* S. 678.
[87] *BVerfGE* 61, 68 = NJW 1982, 2177; auch *OVG Münster* DVBl 1981, 693.
[88] *Clausen* in Knack § 14 Rn. 17.
[89] *BVerwG* NVwZ 1991, 487.
[90] *Kopp/Ramsauer* § 14 Rn. 44; *Clausen* in Knack § 14 Rn. 19.
[91] *VGH München* DVBl 1985, 530, 531; *Kopp/Ramsauer* § 14 Rn. 44; a. A. *Meyer/Borgs* § 14 Rn. 19, wonach für die Wirksamkeit Zugang beim Bevollmächtigten oder Beteiligten genügen soll.

Gegenüber dem Zurückgewiesenen ist die Zurückweisung ein selbständiger **VA**, gegen den **41** die gewöhnlichen Rechtsbehelfe gegeben sind. Der Beteiligte, dessen Bevollmächtigter oder Beistand zurückgewiesen worden ist, kann die Entscheidung nach § 44a VwGO nur zusammen mit der Sachentscheidung anfechten.[92]

VII. Europarecht

Das Recht zur freien Wahl seines Vertreters in VwVf gehört zu den allgemeinen Rechts- **42** grundsätzen des europäischen Verwaltungsverfahrensrechts.[93] Da sich daraus aber bisher – abgesehen von den für Rechtsanwälte geltenden Vorschriften (vgl. Rn. 34) – noch keine genaueren Inhalte ableiten lassen, gehen die Regelungen des § 14 vor, bis entgegenstehende konkrete europäische Regelungen oder Rechtsgrundsätze entstehen.[94]

VIII. Landesrecht

Die Länder haben in ihren VwVfGen dem § 14 entsprechend Vorschriften. Die kommunalen **43** Vertretungsverbote sind landesrechtlich teilweise unterschiedlich geregelt (Rn. 37).

IX. Vorverfahren

§ 14 gilt auch im Vorverfahren (§ 79). **44**

§ 15 Bestellung eines Empfangsbevollmächtigten

¹Ein Beteiligter ohne Wohnsitz oder gewöhnlichen Aufenthalt, Sitz oder Geschäftsleitung im Inland hat der Behörde auf Verlangen innerhalb einer angemessenen Frist einen Empfangsbevollmächtigten im Inland zu benennen. ²Unterlässt er dies, gilt ein an ihn gerichtetes Schriftstück am siebenten Tage nach der Aufgabe zur Post und ein elektronisch übermitteltes Dokument am dritten Tage nach der Absendung als zugegangen. ³Dies gilt nicht, wenn feststeht, dass das Dokument den Empfänger nicht oder zu einem späteren Zeitpunkt erreicht hat. ⁴Auf die Rechtsfolgen der Unterlassung ist der Beteiligte hinzuweisen.

Vergleichbare Vorschriften: § 81 Abs. 1 Nr. 3, § 123 AO; § 14 SGB X; § 56 Abs. 3 VwGO; §§ 183f. ZPO, § 7 VwZG.

Abweichendes Landesrecht: Vgl. Rn. 16; ferner Übersicht zu Änderungen der LVwVfGe im Dritten Teil dieses Kommentars.

Entstehungsgeschichte: Bis zum Inkrafttreten des VwVfG vgl. § 15 der 6. Auflage. **Änderungen:** Satz 1 wurde geändert m. W. v. 14. 8. 1998 durch Art. 1 Nr. 1 des 2. VwVfÄndG; Begr. BT-Drs 13/8884; vgl. Rn. 1. Satz 2 wurde m. W. v. 1. 2. 2003 durch das 3. VwVfÄndG um eine Regelung für die Übermittlung elektronischer Dokumente erweitert, sein ursprünglicher 2. Satzteil zu Satz 3; Begr BT-Drs 14/9000, S. 32; vgl. Rn. 12f.

Übersicht

	Rn.
I. Allgemeines	1
II. Benennung eines Empfangsbevollmächtigten (Satz 1)	5
III. Rechtsfolgen des Unterlassens (Sätze 2 und 3)	11
IV. Hinweis auf die Rechtsfolgen (Satz 4)	15
V. Landesrecht	16
VI. Vorverfahren	17

---

[92] *VGH München* DVBl 1985, 530, 531; Rn. 32.
[93] Vgl. *Gassner* DVBl 1995, 16, 22; Einl Rn. 89.
[94] Zum Verhältnis Bundesrecht/Gemeinschaftsrecht vgl. § 1 Rn. 218ff. m. w. N.

I. Allgemeines

1 §§ 15, 16 schaffen besondere – **subsidiär** geltende (Rn. 4) – Regelungen für den Fall, dass ein Beteiligter i. S. d. § 13 im Inland **keinen Wohnsitz, Aufenthalt oder Sitz** (hierzu § 3 Rn. 23 ff.) hat (§ 15) oder aber aus sonstigen Gründen für die federführende Behörde **nicht ohne weiteres erreichbar** ist (§ 16), so dass Mitteilungen oder Entscheidungen ihn nicht erreichen und das VwVf deshalb nicht vorangebracht und abgeschlossen werden kann. § 15 gibt daher der federführenden Behörde im **öffentlichen Interesse,** aber auch im Interesse der **übrigen Beteiligten** das Recht, ohne Einschaltung eines Gerichts (zur Vertreterbestellung durch das Vormundschaftsgericht vgl. § 16) die Benennung eines Empfangsbevollmächtigten zu verlangen. § 15 lehnt sich dabei an ähnliche Regelung in § 56 Abs. 3 VwGO und §§ 183 f. ZPO an, aus denen sich die Pflicht zur Bestellung eines Zustellungsbevollmächtigten auf Verlangen für denjenigen ergibt, der nicht im Inland[1] wohnt.[2] Da § 15 dazu dient, die umständliche Zustellprozedur im Ausland zu umgehen, ist die Vorschrift nicht auf inländische Obdachlose als Beteiligte eines VwVf anwendbar (vgl. § 41 Rn. 74).

2 § 15 und 16 haben teilweise ähnliche, aber nicht deckungsgleiche Voraussetzungen und unterschiedliche Rechtsfolgen. Der Empfangsbevollmächtigte nach **§ 15** wird von der federführenden Behörde nur für eine begrenzte Aufgabe benannt und hat **nur passive** Verfahrenspflichten; der Vertreter nach **§ 16** hat umfassendere **(aktive und passive) Befugnisse und Pflichten** und wird auf Antrag der Behörde vom Vormundschaftsgericht bestellt. Insofern unterscheiden sich § 15 und § 16 deutlich. Das Vorhandensein eines Bevollmächtigten nach § 15 schließt eine Vertreterbestellung nach § 16 nicht aus, wenn dies nach den Umständen des Einzelfalls notwendig ist (vgl. auch § 16 Rn. 4 und 21).

3 Auch § 15 dient mit seiner **Anstoß- und Warnfunktion** des Satzes 1 nicht nur der technischen Erleichterung für die Behörde, sondern maßgeblich auch dem **rechtlichen Gehör** des Beteiligten.[3] Die Regelung des § 15 hat den Vorteil, einfacher und rascher realisierbar zu sein als das Verfahren nach § 16, aber den Nachteil, dass die Behörde damit **nicht** einen **Vertreter** des Beteiligten, sondern lediglich einen **Empfangsbevollmächtigten** mit geringeren Rechten und Pflichten gewinnt. Immerhin kann sie auf diese Weise rechtswirksam gegenüber dem Vollmachtgeber Mitteilungen, Ladungen und Zustellungen bewirken,[4] insbesondere auch im Falle der Bekanntgabe eines VA nach § 41 Absatz 1 Satz 2 (vgl. § 41 Rn. 36 ff.). Ist ein **Bevollmächtigter** nach § 14 bestellt, so ist § 15 nicht anwendbar.

4 § 15 gilt nur **subsidiär** und nur für VwVf, nicht auch in einem (Verwaltungs-)Prozess. Insoweit gilt die vergleichbare Regelung des § 56 Abs. 3 VwGO und §§ 183 f. ZPO. Auch andere spezialgesetzliche Regelungen gehen vor, etwa § 10 AsylVfG (Rn. 10), § 51 b BImSchG. Unberührt bleiben ferner Zustellungen und Bekanntgaben nach Maßgabe **völkerrechtlicher Verträge,** etwa nach dem Deutsch-österreichischen Vertrag vom 31. 5. 1988.[5] Zum **Landesrecht** vgl. Rn. 16.

II. Benennung eines Empfangsbevollmächtigten (Satz 1)

5 Bei § 15 geht es **nicht** – wie in § 16 – um die gerichtliche **Bestellung** eines umfassend befugten (§ 14 Abs. 1) Bevollmächtigten, sondern, wie sich aus Satz 1 ergibt, darum, dass der **Beteiligte** – wozu er auch ohne Aufforderung der Behörde berechtigt wäre – auf Verlangen der Behörde einen begrenzt berechtigten und verpflichteten **Empfangsbevollmächtigten namhaft macht.** Er kann von der Behörde dazu aufgefordert werden, wenn er im Inland weder

---

[1] Die ursprüngliche Formulierung „im Geltungsbereich dieses Gesetzes" war nach Herstellung der Deutschen Einheit nicht mehr erforderlich und wurde durch das 2. VwVfÄndG aufgegeben; vgl. *Schmitz/Olbertz* NVwZ 1999, 126, 127.
[2] Hierzu *Kopp/Schenke* § 56 Rn. 11 ff.
[3] *BVerfGE* 37, 93, 97 = BayVBl 1974, 382; *BayVerfGH* NJW 1982, 2660; *Schmitz,* Fiktive Auslandszustellung, 1980.
[4] *Kopp/Ramsauer* § 15 Rn. 1; *Clausen* in Knack § 15 Rn. 2.
[5] BGBl II 1990, S. 357; vgl. hierzu die Durchführungsbestimmungen des BMI, GMBl 1990, 546; ferner § 1 Rn. 172; § 4 Rn. 23, 48.

§ 15 Bestellung eines Empfangsbevollmächtigten 6–10 § 15

Wohnsitz noch gewöhnlichen Aufenthalt, bei juristischen Personen weder Sitz noch Geschäftsleitung (hierzu Rn. 6, § 3 Rn. 23) hat. Unberührt bleibt das Recht des Beteiligten, von sich aus bei gegebenem Anlass **freiwillig** einen Empfangsbevollmächtigten im Inland zu benennen. An ihn wird sich sodann in aller Regel die Behörde wenden müssen. Die **Aufforderung** zur Benennung eines Empfangsbevollmächtigten ist **VA**, gegen den sich der Beteiligte insbesondere mit dem Hinweis zur Wehr setzen kann, die Voraussetzungen für die Benennung lägen nicht vor.[6]

Wohnsitz ist der Ort der ständigen Niederlassung im Sinne des § 7 BGB. Bei mehrfachem 6 Wohnsitz schließt bereits eine Wohnung im Geltungsbereich des Gesetzes ein Vorgehen nach § 15 aus.[7] Zu den **Begriffen** des Wohnsitzes, gewöhnlichen Aufenthalts und des Sitzes vgl. § 3 Rn. 23 ff. Bei juristischen Personen ist außer auf den Sitz auch auf die Geschäftsleitung abgestellt; nicht schädlich dagegen eine bloße Zweigniederlassung im Inland. Wann es sich um die Geschäftsleitung einer juristischen Person handelt oder um eine bloße Niederlassung, ist nach den Umständen des Einzelfalles zu entscheiden. Hinweise gibt die jeweilige Registereintragung (vgl. z. B. §§ 3, 10 GmbHG, §§ 106, 162 HGB; §§ 5, 23, 29 AktG).

Ob die Behörde von der Möglichkeit des Satzes 1 Gebrauch macht oder nicht, steht in ihrem 7 **pflichtgemäßen Ermessen** (§ 40). Voraussetzung für die Aufforderung ist, dass der Beteiligte für einen längeren, nicht unerheblichen Zeitraum im Inland keinen Wohnsitz, Sitz oder gewöhnlichen Aufenthalt hat, hier auch nicht erreichbar ist und auch keine anderen Vertreter oder Bevollmächtigten benannt hat. Liegen die Voraussetzungen des § 15 Satz 1 vor, dann handelt die Behörde regelmäßig ermessensfehlerfrei, wenn sie den Beteiligten zur Benennung auffordert.[8] Die Behörde wird von der Aufforderung insbesondere dann absehen, wenn ein ständiger Kontakt zu dem Beteiligten – bei im Übrigen gegebenen Voraussetzungen – bereits auf andere Weise hergestellt ist: in diesem Falle könnte die Benennung eines Empfangsbevollmächtigten entbehrlich sein, auch unnötige Kosten verursachen. Sie kann nach § 15 jedoch regelmäßig dann vorgehen, wenn anders die Durchführung des VwVf unangemessen verzögert würde.

Die Behörde hat dem Beteiligten eine **angemessene Frist** zu setzen. Was angemessen ist, 8 beurteilt sich nach den Umständen des Einzelfalles, insbesondere danach, wie leicht oder schwer es dem Beteiligten von seinem derzeitigen Aufenthaltsort aus voraussichtlich möglich sein wird, einen geeigneten Bevollmächtigten zu finden.[9] Die Frist wird daher namentlich bei Aufenthalt in Übersee reichlich zu bemessen sein. Die Frist kann im Übrigen – gegebenenfalls auch nachträglich – **verlängert** werden (§ 31 Abs. 7 Satz 1 und 2).

Das Verlangen der Behörde richtet sich auf die Benennung eines Empfangsbevollmächtigten 9 im Inland. Für dessen Person gelten die allgemeinen Regeln für Bevollmächtigte (vgl. § 14 Rn. 9 f.). Die Angabe allein einer Adresse oder eines Postfachs genügt nicht,[10] sofern nicht aus den Umständen des Einzelfalls die Ernsthaftigkeit des Erfolgs dieser Adresse bejaht werden kann.[11] **Inhalt und Umfang** der Befugnisse des Bevollmächtigten müssen von der Behörde **substantiiert** werden. Daher ist das fragliche VwVf vollständig und verständlich zu bezeichnen. Unklarheiten gehen zu Lasten der Behörde. Hat der Beteiligte einen Empfangsbevollmächtigten benannt, so soll die Behörde sich an ihn wenden (§ 14 Abs. 3 Satz 1 analog), d. h. sie ist **berechtigt, aber nicht ausnahmslos verpflichtet,** Bekanntgaben an den Bevollmächtigten zu richten. Zustellungen an den Beteiligten selbst sind jedoch wirksam und setzen auch Rechtsbehelfs- und -mittelfristen in Gang.[12]

Da § 15 auch dem rechtlichen Gehör des Beteiligten dient (Rn. 1), ist Voraussetzung für den 10 Eintritt der Rechtsfolgen des Satzes 2, dass die erste **Aufforderung** zur Benennung eines Empfangsbevollmächtigten den Beteiligten **erreicht** (Rn. 11, 12). Daher ist sie für die Behörde auch mit Risiken verbunden. Die Behörde muss sich in jedem Falle vergewissern, ob die genannten Voraussetzungen vorliegen. Bloße Unkenntnis der Behörde genügt nicht. **Spezialgesetzliche Regelungen** gehen dem § 15 vor, etwa **§ 10 AsylVfG**. Hat hiernach ein Asylbewerber ohne

---

[6] Vgl. *VGH München* BayVBl 1973, 474; 1974, 503; *Kopp/Ramsauer* § 15 Rn. 3; *Ziekow* § 15 Rn. 4.
[7] *Clausen* in Knack § 15 Rn. 4.
[8] Vgl. *OVG Koblenz* NJW 1993, 2457.
[9] *Clausen* in Knack § 15 Rn. 5; *Kopp/Ramsauer* § 15 Rn. 5.
[10] *Clausen* in Knack § 15 Rn. 5; *Kopp/Ramsauer* § 15 Rn. 6.
[11] Zu Deckadressen *BVerwG* NJW 1961, 844.
[12] Vgl. zu § 56 Abs. 3 VwGO *J. Schmidt* in Eyermann § 56 Rn. 19.

weitere Angaben seinen Wohnsitz verlassen und muss angenommen werden, dass er in sein Heimatland zurückgekehrt ist, rechtfertigt § 10 Abs. 2 AsylVfG als Sondervorschrift eine Zustellung unter seiner alten Anschrift; hierauf ist der Asylbewerber aber vorher hinzuweisen (§ 10 Abs. 7 AsylVfG), so dass insoweit das rechtliche Gehör gewahrt ist.[13]

III. Rechtsfolgen des Unterlassens (Sätze 2 und 3)

11   Satz 2 umschreibt – bei Vorrang von spezialgesetzlichen Regelungen (Rn. 1) – die **Rechtsfolgen,** die eintreten, wenn der Beteiligte die Bestellung eines Empfangsbevollmächtigten unterlässt. Sie waren des Sachzusammenhanges wegen hier und nicht in den Zustellungsgesetzen zu regeln, weil § 15 nicht nur für die Zustellung i. e. S., sondern für alle Formen der Bekanntgaben (§ 41 Rn. 17 ff.) gilt; zur Zustellung von Widerspruchsbescheiden ins Ausland vgl. Rn. 17. Da § 15 auch der Wahrung des rechtlichen Gehörs dient (Rn. 1), ist Voraussetzung für den Eintritt der Rechtsfolgen des Satzes 2, dass der Beteiligte überhaupt **Kenntnis** von der Aufforderung zur Bestellung nach Satz 1 erlangt hat. Der Nachweis hierüber obliegt der Behörde; Nichterweislichkeit geht zu ihren Lasten.[14] Satz 2 erleichtert ihr also nur den weiteren Verkehr mit dem Beteiligten, erspart es ihr aber nicht, einmal, nämlich bei der Aufforderung, mit dem Beteiligten selbst in Verbindung zu treten. Insofern hat Satz 1 **Warn- und Anstoßfunktion** zugleich. Der häufigste Fall wird der sein, dass der Aufenthaltsort des Beteiligten im Ausland der Behörde bekannt ist. Ist ein solcher nachweislicher Kontakt nicht gelungen, so ist kein Raum für eine Anwendung des Satzes 2. Der Behörde bleibt dann nur der Weg der Bestellung eines Vertreters von Amts wegen nach § 16.[15] Kommt es auch dazu nicht, kann das VwVf – sofern es allein den Beteiligten selbst betrifft – nicht abgeschlossen werden; es ist ruhen zu lassen oder ohne Sachentscheidung (vorläufig) einzustellen.

12   Hat der Beteiligte trotz Aufforderung keinen Empfangsbevollmächtigten benannt, so **gilt ein** an ihn gerichtetes **Schreiben** (in Anlehnung an § 184 ZPO) am siebten Tag nach der Aufgabe zur Post und ein **elektronisches Dokument** (entsprechend § 41 Abs. 2) am dritten Tag nach der Absendung als zugegangen. Die Regelung zur elektronischen Übermittlung trägt der kurzen Übermittlungszeit Rechnung, die die Entfernung zum Bestimmungsort bedeutungslos macht. Bei **Übermittlung durch e-Mail oder Telefax** ist daher diese kürzere Frist maßgebend.[16]

13   **Satz 3** ermöglicht, die **Vermutung** zu **widerlegen,** wenn feststeht, dass das Dokument den Empfänger nicht oder zu einem späteren Zeitpunkt erreicht hat. Dies kann entweder vom Beteiligten selbst nachgewiesen werden oder sich aus anderen Umständen objektiv ergeben. **Nichterweislichkeit** über den Zugang geht nach Satz 3 zu Lasten des Beteiligten. Hinsichtlich der Tatsache, dass ein Schriftstück vor dem siebten Tag oder ein elektronische Dokument vor dem dritten Tag zugegangen ist, ist die Vermutung dagegen unwiderleglich.[17]

14   Die Folgen nach Satz 2 treten auch dann ein, wenn der Beteiligte nach nachweislich bei ihm eingegangener Aufforderung zwar einen Empfangsbevollmächtigten benennt, diese Benennung aber **widerruft,** ohne einen Nachfolger namhaft zu machen.[18] Die Folge des Satzes 2 tritt nicht ein, wenn der Empfangsbevollmächtigte sein Amt niederlegt und dies der Behörde auch mitgeteilt hat. Diese muss das aufwendige Verfahren ggfs. wiederholen.

IV. Hinweis auf die Rechtsfolgen (Satz 4)

15   Nach **Satz 4** ist der Beteiligte auf die Rechtsfolgen des Satzes 2 hinzuweisen. Dies hat, auch wenn es im Gegensatz zu § 23 Abs. 4 Satz 3 nicht ausdrücklich gesagt ist, zugleich mit der Auf-

---

[13] *OVG Koblenz* InfAusR 1988, 179; vgl. im Übrigen § 7 VwZG.
[14] *Kopp/Ramsauer* § 15 Rn. 7; *Clausen* in Knack § 15 Rn. 10.
[15] Ebenso *Clausen* in Knack § 15 Rn. 3, 10.
[16] *Schmitz/Schlatmann* NVwZ 2002, 1281, 1288.
[17] Die Bundesregierung hatte im Laufe des Gesetzgebungsverfahrens für das VwVfG zunächst eine insgesamt unwiderlegliche Vermutung vorgeschlagen. Sie sollte sogar den Fall einschließen, dass feststeht, dass die Sendung als unzustellbar zurückgekommen ist, und auf diese Weise den fiktiven Charakter der Zugangsregelung im Interesse der Verfahrenserleichterung betonen. Der Gesetzgeber ist diesem Vorschlag jedoch nicht gefolgt (§ 15 Vor Rn. 1).
[18] *Meyer/Borgs* § 15 Rn. 2.

§ 16 Bestellung eines Vertreters von Amts wegen

forderung zur Benennung eines Empfangsbevollmächtigten nach Satz 1, die den Lauf der Frist in Gang setzt, zu erfolgen.[19] Nachholung ist nur möglich, wenn zugleich eine neue angemessene Frist gesetzt wird.

V. Landesrecht

Die Länder haben in ihren VwVfGen dem § 15 entsprechende Regelungen (auch Rn. 2). **16**

VI. Vorverfahren

§ 15 ist auch im Vorverfahren anwendbar (§ 79). Für die Zustellung von Widerspruchsbescheiden im Ausland gelten die Sonderregelungen der VwGO (§§ 73 Abs. 3, 56 Abs. 3 VwGO; hierzu § 79 Rn. 28).[20] **17**

§ 16 Bestellung eines Vertreters von Amts wegen

(1) Ist ein Vertreter nicht vorhanden, so hat das Vormundschaftsgericht auf Ersuchen der Behörde einen geeigneten Vertreter zu bestellen
1. für einen Beteiligten, dessen Person unbekannt ist;
2. für einen abwesenden Beteiligten, dessen Aufenthalt unbekannt ist oder der an der Besorgung seiner Angelegenheiten verhindert ist;
3. für einen Beteiligten ohne Aufenthalt im Inland, wenn er der Aufforderung der Behörde, einen Vertreter zu bestellen, innerhalb der ihm gesetzten Frist nicht nachgekommen ist;
4. für einen Beteiligten, der infolge einer psychischen Krankheit oder körperlichen, geistigen oder seelischen Behinderung nicht in der Lage ist, in dem Verwaltungsverfahren selbst tätig zu werden;
5. bei herrenlosen Sachen, auf die sich das Verfahren bezieht, zur Wahrung der sich in Bezug auf die Sache ergebenden Rechte und Pflichten.

(2) Für die Bestellung des Vertreters ist in den Fällen des Absatzes 1 Nr. 4 das Vormundschaftsgericht zuständig, in dessen Bezirk der Beteiligte seinen gewöhnlichen Aufenthalt hat; im Übrigen ist das Vormundschaftsgericht zuständig, in dessen Bezirk die ersuchende Behörde ihren Sitz hat.

(3) [1]Der Vertreter hat gegen den Rechtsträger der Behörde, die um seine Bestellung ersucht hat, Anspruch auf eine angemessene Vergütung und auf die Erstattung seiner baren Auslagen. [2]Die Behörde kann von dem Vertretenen Ersatz ihrer Aufwendungen verlangen. [3]Sie bestimmt die Vergütung und stellt die Auslagen und Aufwendungen fest.

(4) Im Übrigen gelten für die Bestellung und für das Amt des Vertreters in den Fällen des Absatzes 1 Nr. 4 die Vorschriften über die Betreuung, in den übrigen Fällen die Vorschriften über die Pflegschaft entsprechend.

Vergleichbare Vorschriften: § 81 AO; § 15 SGB X.

Abweichendes Landesrecht: Vgl. Rn. 33; ferner Übersicht zu Änderungen der LVwVfGe im Dritten Teil dieses Kommentars.

Entstehungsgeschichte: Bis zum Inkrafttreten des VwVfG vgl. § 16 der 6. Auflage. **Änderungen:** Durch das Betreuungsgesetz vom 12. 9. 1990 (BGBl I S. 2002) sind Abs. 1 Nr. 4, Abs. 2 und Abs. 4 geändert worden.

---

[19] A. A. *Riedl* in *Obermayer* § 15 Rn. 34; s. auch *Clausen* in Knack § 15 Rn. 11, der dies nur für zweckmäßig hält.
[20] *BVerwGE* 39, 257, 259 = DÖV 1972, 790; NJW 1980, 1482; 1983, 2344, 2345; *Langrohr* DÖV 1987, 139.

Abs. 1 Nr. 3 wurde redaktionell geändert m. W. v. 14. 8. 1998 durch Art. 1 Nr. 1 des 2. VwVfÄndG; Begr. BT-Drs 13/8884; vgl. Rn. 19.

Literatur: *Cremer,* Die Bekanntgabe des Verwaltungsaktes an einen gemäß § 16 VwVfG bestellten Vertreter, VR 1988, 384; *Zimmermannn/Damrau,* Das neue Betreuungs- und Unterbringungsrecht, NJW 1991, 538; *Bork,* Die Prozessfähigkeit nach neuem Recht, MDR 1991, 97; *Laubinger/Repkewitz,* Der Betreute im Verwaltungsverfahren und Verwaltungsprozeß, VerwArch 85 (1994), 86; zum BtG vgl. ferner die Literaturnachweise zu § 12; ferner zu § 14.

Übersicht

	Rn.
I. Allgemeines	1
II. Fälle der Vertreterbestellung (Abs. 1)	13
1. Beteiligter, dessen Person unbekannt ist (Nr. 1)	14
2. Abwesender Beteiligter (Nr. 2)	16
3. Beteiligter im Ausland (Nr. 3)	19
4. Gebrechlicher Beteiligter (Nr. 4)	22
5. Herrenlose Sachen (Nr. 5)	25
III. Zuständiges Vormundschaftsgericht (Abs. 2)	27
IV. Vergütung, Auslagenerstattung (Abs. 3)	29
V. Anwendbarkeit der Vorschriften über die Betreuung und Pflegschaft (Abs. 4)	32
VI. Landesrecht	33
VII. Vorverfahren	34

I. Allgemeines

1   Nach § 16 ist es unter bestimmten Voraussetzungen möglich, für einen Verfahrensbeteiligten (bzw. für eine herrenlose Sache, vgl. Abs. 1 Nr. 5, Rn. 25, 26) auf Ersuchen der federführenden Behörde durch das **Vormundschaftsgericht von Amts wegen** einen **Vertreter** zu bestellen, wenn ein Beteiligter unbekannt (Nr. 1), abwesend oder verhindert (Nr. 2), ohne Aufenthalt in Deutschland (Nr. 3) oder wegen einer psychischen Krankheit oder sonstigen Behinderung (Nr. 4) seine Rechte und Pflichten in einem VwVf nicht ordnungsgemäß wahrnehmen kann. Dasselbe gilt für herrenlose Sachen (Nr. 5) unter näheren Voraussetzungen. Die Regelung des § 16 dient zwei Zielen: Zunächst dem **Schutz der betroffenen Beteiligten** selbst. Insoweit knüpft das Gesetz an Erwägungen an, die dem Rechtsinstitut der **Pflegschaft** im bürgerlichen Recht (§§ 1909 ff. BGB) zugrunde liegen. Durch Absatz 4 a. F. wurden für die Bestellung und das Amt des Vertreters die Vorschriften über die Pflegschaft für entsprechend anwendbar erklärt. Nunmehr ist Abs. 4 durch das Betreuungsgesetz (s. vor Rn. 1) neu gefasst (Rn. 32).

2   Andererseits ist die Schaffung der Möglichkeit, einen Vertreter von Amts wegen zu bestellen, **auch im Interesse der Verwaltung sowie der übrigen Beteiligten** geboten, da ohne sie aus Gründen der Rechtsstaatlichkeit die Durchführung eines sachlich unumgänglichen VwVf vielfach unmöglich oder zumindest erschwert wäre. Da die Vertreterbestellung einen nicht unwesentlichen **Eingriff** in die Verfahrensrechte eines Beteiligten darstellt (Rn. 10, 11), ist sie **ultima ratio** (Rn. 8); grundsätzlich ist der Beteiligte vorher **anzuhören**, sofern er nur faktisch erreichbar ist und natürliche Einsichtsfähigkeit (Rn. 22 ff.) hat.

3   Schon vor Inkrafttreten des VwVfG gab es vergleichbare Regelungen in **Spezialgesetzen** (vgl. den früheren § 149 BBauG – jetzt § 207 BauGB –, § 29a LandbG, § 119 FlurbG, der in der Fassung der Bekanntmachung vom 16. März 1976[1] seinerseits dem § 16 VwVfG angepasst worden ist; ferner § 11b VermG. Das VwVfG knüpft ausdrücklich[2] an das Vorbild des alten § 149 BBauG (jetzt § 207 BauGB) an und weitet es zu einer für alle Sachgebiete anwendbaren Regelung aus.

4   Voraussetzung für ein Ersuchen der Behörde ist, dass **nicht bereits ein Vertreter oder Bevollmächtigter** (§ 14) **vorhanden** ist. Die Existenz eines Empfangsbevollmächtigten (§ 15) schließt eine Vertreterbestellung nicht aus, wenn dies nach den Umständen des Einzelfalles not-

---

[1] BGBl. I S. 546.
[2] Vgl. Begr. zu § 15 Entwurf 73.

wendig ist (vgl. auch § 15 Rn. 2). Vertreter ist jeder, der im konkreten Verfahren rechtsverbindlich für den Beteiligten zu handeln befugt ist. Es kommt nicht darauf an, ob die Vertreterstellung auf Gesetz (z. B. gesetzliche Vertretung eines Kindes durch die Eltern, einer juristischen Person durch ihre Organe) beruht, auf rechtsgeschäftlicher Bestellung (§ 14) oder auf einer Bestellung als Pfleger nach §§ 1909 ff. BGB, die die Besorgung des betreffenden VwVf einschließt (hierzu noch Rn. 1).

Trotz eines vorhandenen Vertreters ist eine Vertreterbestellung nach § 16 dann zulässig, wenn in der Person des Vertreters selbst die Voraussetzungen der Nr. 2 bis 4 gegeben sind, da die Schwierigkeiten für die Behörde in diesem Falle die gleichen sind, wie wenn diese Voraussetzungen in der Person eines nicht vertretenen Beteiligten gegeben wären.[3] **5**

Die Formulierung „hat das Vormundschaftsgericht ... zu bestellen" bedeutet nicht, dass das Gericht jedem Ersuchen der Behörde Folge zu leisten hätte. Vielmehr soll klargestellt werden, dass das **Gericht** in Bezug auf die Vertreterbestellung auf die Prüfung des Vorliegens der gesetzlichen Voraussetzungen des § 16 beschränkt ist (die Pflicht hierzu ergibt sich aus § 12 FGG), darüber hinaus aber **keinen Ermessensspielraum** hat und die Bestellung nicht von anderen als den gesetzlich vorgesehenen Voraussetzungen, z. B. Zweckmäßigkeitserwägungen, abhängig machen kann.[4] Die Worte „auf Ersuchen der Behörde" machen zugleich deutlich, dass das Vormundschaftsgericht **nicht von Amts wegen** tätig werden darf und **nicht auf Antrag eines Beteiligten**; dieser kann aber bei der Behörde die Stellung eines entsprechenden Antrags anregen. Gegen die Ablehnung des Antrags kann die Behörde nach § 20 Abs. 2 FGG Beschwerde zum Landgericht erheben; soweit Rechte eines sonstigen Beteiligten beeinträchtigt sind (etwa in Fällen einer Drittbetroffenheit bei VAen mit Doppel- und Drittwirkung, hierzu § 50), kann auch er nach Maßgabe des § 44a Satz 2 VwGO beschwerdeberechtigt sein. Die Bestellung des Vertreters kann von dem Vertretenen und dem Vertreter selbst mit der Beschwerde (§ 20 Abs. 1 FGG) **angefochten** werden.[5] **6**

Die gesetzlichen Voraussetzungen sind für einen Antrag von der Behörde in jeder Lage des Verfahrens **von Amts wegen** zu prüfen. Sind sie **fortgefallen**, ist die Bestellung des Vertreters auf Antrag der Behörde vom Vormundschaftsgericht aufzuheben (vgl. Rn. 11). **7**

Die Formulierung des Gesetzes lässt offen, ob der **Behörde** hinsichtlich der Stellung des Ersuchens ein **Ermessensspielraum** eingeräumt ist oder nicht. Die Frage ist zu bejahen. Leitlinie für die Ausübung des Ermessens darf dabei jedoch nicht allein das Interesse der Behörde an einer möglichst zügigen und reibungslosen Abwicklung des Verfahrens sein, vielmehr hat sie auch zu berücksichtigen, dass durch die Vertreterbestellung die Wahrnehmung der Rechte des Beteiligten sichergestellt werden soll. Im Einzelfall können beide Gesichtspunkte im Widerstreit stehen. Ist ersichtlich, dass ohne eine Vertreterbestellung ein VwVf nicht zu Ende gebracht werden kann und werden dadurch Rechte oder rechtlich geschützte Interessen **Dritter** verletzt, kann das Ermessen auf Null schrumpfen. Von einer Vertreterbestellung kann umgekehrt beispielsweise abgesehen werden, wenn die zu erwartenden, nach Absatz 3 Satz 2 dem Vertretenen aufzuerlegenden Kosten außer Verhältnis zu dem von diesem zu verfolgenden wirtschaftlichen Interesse stehen.[6] **8**

Die Behörde kann dann nicht nach § 16 vorgehen, wenn die Voraussetzungen des Abs. 1 voraussichtlich **leicht zu beseitigen** sind und der Stand des Verfahrens ein **gewisses Zuwarten** erlaubt. In diesen Fällen muss sich die Behörde zunächst innerhalb vernünftiger Grenzen (etwa durch Einholung leicht erreichbarer Auskünfte) um die Beseitigung der Schwierigkeiten bemühen. Eine zeitlich begrenzte, nur vorübergehende Verhinderung des Beteiligten macht den Weg für § 16 i. d. R. nicht frei. Zur Anhörung eines Beteiligten vgl. Rn. 2.

Das Vormundschaftsgericht hat auf Ersuchen der Behörde einen **geeigneten Vertreter** zu bestellen. Die Verantwortung für die **Auswahl** des Vertreters liegt beim **Gericht**. Es ist an Vorschläge der Behörde, die diese allerdings machen kann, nicht gebunden. Im Gegensatz zur Vertreterbestellung nach § 207 BauGB ist Rechts- und Sachkunde des Vertreters nicht ausdrücklich **9**

---

[3] *Kopp/Ramsauer* § 16 Rn. 6; *Meyer/Borgs* § 16 Rn. 2; *Clausen* in Knack § 16 Rn. 3; *Ule/Laubinger* § 18 Rn. 5.
[4] *Kopp/Ramsauer* § 16 Rn. 25; *Ule/Laubinger* § 18 Rn. 15; *Meyer/Borgs* § 16 Rn. 6.
[5] *Clausen* in Knack § 16 Rn. 10; *Kopp/Ramsauer* § 16 Rn. 8 f.; *Ule/Laubinger* § 18 Rn. 16.
[6] *Clausen* in Knack § 16 Rn. 3.

vorgeschrieben, aber je nach wahrzunehmender Materie im Interesse eines fairen rechtsstaatlichen Verfahrens (§ 1 Rn. 39 ff.; § 9 Rn. 42 ff.) angezeigt.[7]

10 Der vom Vormundschaftsgericht Bestellte kann im VwVf alle **Handlungen mit Bindungswirkung** für den vertretenen Beteiligten vornehmen. Die Behörde ihrerseits kann sich ihm gegenüber (im Gegensatz etwa zu einem nach § 15 bestellten Empfangsbevollmächtigten) ihrer Pflichten einschließlich erforderlicher Bekanntgaben und Zustellungen von Bescheiden wie gegenüber dem Beteiligten selbst entledigen. Im Verhältnis zum Beteiligten hat der Vertreter die Stellung eines **gesetzlichen Vertreters**. Der **Beteiligte selbst** kann, wenn ein Vertreter nach § 16 bestellt ist, in dem betreffenden VwVf keine Handlungen mehr vornehmen, wenn und solange die Vertreterbestellung nicht aufgehoben ist, denn er steht einer nicht handlungsfähigen Person gleich.[8] Hat die Behörde Kenntnis von dem **(Wieder-)Vorhandensein** eines (handlungsfähigen) Beteiligten, soll sie tunlichst seine originären Rechte wiederherstellen und die Aufhebung der Vertreterbestellung beantragen.

11 Die Vertreterbestellung kann nur solange Bestand haben, wie die gesetzlichen Voraussetzungen nach Abs. 1 vorliegen. Die Vertreterbestellung ist von der Behörde unverzüglich zu beantragen und unverzüglich vom Vormundschaftsgericht **aufzuheben,** sobald der Wegfall bekannt wird. Sie ist insbesondere auch aufzuheben, sobald der Beteiligte rechtsgeschäftlich einen Vertreter bestellt, da dann im Sinne des Abs. 1 „ein Vertreter vorhanden" ist und die Notwendigkeit einer anderweitigen Vertretung der Interessen des Beteiligten im Verfahren nicht mehr besteht (Rn. 32, 33).

12 Zur Schaffung der dem § 16 entsprechenden **Regelungen in den Landesgesetzen** bedurfte es einer Ermächtigung durch den Bundesgesetzgeber, die in § 100 Nr. 1 aufgenommen wurde. Sie war deshalb erforderlich, weil die Bestellung eines Vertreters von Amts wegen hinsichtlich der materiellen Voraussetzungen von den Vorschriften des BGB über die Bestellung eines Pflegers (§§ 1909 f. BGB) und hinsichtlich des Verfahrens von den Vorschriften des FGG (§§ 35 f.) abweicht; die Kompetenzsperre musste daher für Ländergesetze bundesgesetzlich gelöst werden (§ 100 Rn. 1). Die Ermächtigung ist von allen Ländern genutzt worden. Die Vorschriften in den Landesgesetzen mussten in Abs. 1 Nr. 3 auf den Geltungsbereich des Grundgesetzes abstellen, enthalten aber keine inhaltlichen Abweichungen. Die Länder haben die durch das Betreuungsgesetz vom 12. 9. 1990 (vor Rn. 1) eingetretenen Änderungen des § 16 in ihren VwVfGen vollzogen; ferner Rn. 33.

II. Fälle der Vertreterbestellung (Abs. 1)

13 Der **Katalog** der Nr. 1 bis 5 in Abs. 1 nennt im Einzelnen die Voraussetzungen, unter denen eine Vertreterbestellung zulässig ist. Die Aufzählung ist **abschließend.**[9] In anderen als den gesetzlich genannten Fällen darf, weil mit § 16 ein nicht unwesentlicher Eingriff in die Verfahrensrechte eines Beteiligten verbunden ist (Rn. 2, 8) und sonst ein Verstoß gegen das Prinzip des Vorbehalts des Gesetzes entstünde, ein Vertreter von Amts wegen nicht bestellt werden. Also beispielsweise auch dann nicht, wenn ein Beteiligter, der in einem VwVf selbst handelt, zum geordneten Sachvortrag nicht in der Lage ist, ohne doch im Sinne der Nr. 4 behindert zu sein. Eine **analoge Anwendung** des § 16 ist in außergewöhnlichen Fällen für juristische Personen des öffentlichen Rechts dann zulässig, wenn sie sonst schlechthin handlungsunfähig wäre.[10] Zu den Fällen der Nr. 1–5 im Einzelnen:

---

[7] Zu Einzelheiten des Bestellungsverfahrens, der Rechtsstellung des Vertreters, zur grundsätzlichen Pflicht zur Übernahme des Amtes und zum Anspruch auf Vergütung und Auslagenersatz nach den BGB-Vorschriften zur Betreuung im Falle des Abs. 1 Nr. 4 bzw. zur Pflegschaft in den übrigen Fällen vgl. *Laubinger/ Repkewitz* VerwArch 85 (1994), 86, 98 ff.; vgl. Rn. 32.

[8] Vgl. *Laubinger/Repkewitz* VerwArch 85 (1994), 86, 114; *Riedl* in *Obermayer* § 16 Rn. 116; *Meyer/Borgs* § 16 Rn. 3; a. A. *Clausen* in *Knack* § 16 Rn. 9.

[9] *Meyer/Borgs* § 16 Rn. 2; *Clausen* in Knack § 16 Rn. 3; *Kopp/Ramsauer* § 16 Rn. 7.

[10] Vgl. LG Görlitz LKV 1994, 72 für eine Gemeinde, die weder über Einwohner noch über handlungsfähige Gemeindeorgane verfügt.

1. Beteiligter, dessen Person unbekannt ist (Nr. 1)

Nach Nr. 1 kann ein Vertreter bestellt werden für einen Beteiligten dessen **Person unbekannt** ist. Vorausgesetzt ist somit eine bereits i.S. des § 13 bestehende Beteiligtenstellung in einem konkreten VwVf. Eine vorsorgliche Vertreterbestellung ohne den Anlass eines solchen Verfahrens ist nicht zulässig. Die früher in § 149 Satz 1 Nr. 1 BBauG (jetzt § 207 BauGB) enthaltene zweite Variante, wonach eine Vertreterbestellung auch dann zulässig ist, wenn zwar die Person bekannt, ihre Beteiligtenstellung aber ungewiss ist, ist nicht übernommen worden. Diese Frage hat die Behörde selbst zu entscheiden.[11] Eine Spezialregelung enthält **§ 11 b VermG**.

Unbekannt ist eine Person dann, wenn der Behörde nicht bekannt ist, wem die mit der Beteiligtenstellung verknüpften Rechte und Pflichten zustehen. Sie können im Einzelfall außer einer natürlichen Person auch einer juristischen Person, einer Behörde, aber auch einer **Personenmehrheit** (z.B. Erbengemeinschaft) zustehen. Sind **einzelne Mitglieder** dieser Personenmehrheit bekannt, so darf – sofern nicht zivilrechtliche oder ör Vorschriften entgegenstehen – nur für die nicht bekannten ein – gemeinsamer – Vertreter bestellt werden. Die Behörde darf jedoch erst und nur dann nach Nr. 1 vorgehen, wenn sie sich zuvor nach der gebotenen, ggfls. zeitaufwändigen und nachhaltigen, das Verhältnismäßigkeitsprinzip wahrenden Sachaufklärung (§ 24) erfolglos bemüht hat, sich durch **eigene Ermittlungen** über die Person des Beteiligten Gewissheit zu verschaffen. Die Unkenntnis darf sich auch nur auf den Beteiligten selbst beziehen; ist lediglich der gesetzliche Vertreter unbekannt, liegt kein Fall des § 16 vor.[12] Unbekannt ist die Person des Beteiligten auch dann, wenn für die Beteiligtenstellung rechtlich und faktisch untrennbar **mehrere Personen** in Frage kommen, der Behörde aber nicht erkennbar (und auch durch angemessene Ermittlungen nicht erforschbar) ist, welcher dieser Personen die Beteiligtenstellung wirklich zusteht.[13] Kommt in einem VwVf die Bestellung eines Vertreters zur Wahrnehmung der mit einer Sache verbundenen Rechte und Pflichten in Betracht und ergeben die Ermittlungen der Behörde eindeutig, dass die Sache keinen Eigentümer hat, sondern **herrenlos** ist, so kann die Behörde nicht nach Nr. 1, sondern nur nach Nr. 5 vorgehen.

2. Abwesender Beteiligter (Nr. 2)

Nach Nr. 2 kann ein Vertreter von Amts wegen bestellt werden für einen **abwesenden Beteiligten, dessen Aufenthalt unbekannt** ist oder der **an der Besorgung seiner Angelegenheiten verhindert** ist. Nummer 2 ist ein Unterfall der Nr. 1 und entspricht dem früheren § 149 Satz 1 Nr. 2 BBauG (jetzt § 207 Satz 1 Nr. 2 BauGB). Der dort verwendete Begriff „Vermögensangelegenheiten" ist durch „Angelegenheiten" ersetzt worden, da im Anwendungsbereich des VwVfG eine Vielzahl von Verfahren vorkommen, die andere Angelegenheiten als das Vermögen betreffen.[14] Erfasst werden von Nr. 2 zwei Gruppen von abwesenden Beteiligten. Die erste Variante betrifft den abwesenden Beteiligten, dessen **Aufenthalt unbekannt** ist. Der Unterschied zu Nr. 1 liegt darin, dass hier über die Person des Beteiligten Klarheit besteht, nur sein Aufenthalt der Behörde nicht bekannt ist. Auch hier ist Voraussetzung für eine Vertreterbestellung, dass sich die Behörde in vertretbarem und hinreichendem Maße (Rn. 15) um die Beseitigung der Unklarheit durch Ermitteln der Anschrift bemüht hat.[15]

Bei der zweiten Variante der Nr. 2 stehen zwar Person, Beteiligtenstellung und Aufenthalt des Abwesenden fest (§ 80 Abs. 1 Nr. 2 LVwG SchlH enthält daher in der zweiten Variante den klarstellenden Zusatz „dessen Aufenthalt zwar bekannt ist"), er muss aber an der Besorgung seiner Angelegenheiten **objektiv** verhindert sein; subjektive Unwilligkeit reicht daher regelmäßig nicht. Gerade die **Abwesenheit** (z.B. Auslandsreise mit nicht absehbarem Ende, Rn. 18) muss **Ursache** der Verhinderung sein. Ist der Beklagte abwesend, beruht aber seine Verhinderung z.B. auf Gebrechlichkeit, so kommt ein Vorgehen nach Nr. 4, nicht aber nach Nr. 3 in Betracht. Kriterium für die Abwesenheit ist der Ort, an dem die Verfahrenshandlung vorzunehmen ist. Der Beteiligte kann im Einzelfall daher auch abwesend im Sinne der Vorschrift sein,

---

[11] *Clausen* in Knack § 16 Rn. 4.
[12] *Clausen* in Knack § 16 Rn. 4.
[13] *Kopp/Ramsauer* § 16 Rn. 13; *Clausen* in Knack § 16 Rn. 4; *Ule/Laubinger* § 18 Rn. 7.
[14] Vgl. Begr. zu § 15 Entwurf 73.
[15] Etwa bei der Meldebehörde eines noch bekannten letzten Wohnsitzes; *BFH* NVwZ 1988, 576.

wenn er sich an seinem Wohnort nicht aufhält.[16] Es kommt nicht darauf an, dass der anwesende Beteiligte nicht in der Lage ist, seine Angelegenheiten **persönlich** zu besorgen. Schon wenn ihm die rechtsgeschäftliche Bestellung eines Vertreters ohne weiteres möglich ist, liegt eine Verhinderung nicht vor, da diese nach objektiven Maßstäben zu bemessen ist.

18 In beiden Fällen der Nr. 2 hat die Behörde in ihre Erwägungen, ob sie ein Ersuchen um Vertreterbestellung stellen will, die **Dauer der Abwesenheit** zu berücksichtigen, soweit diese vorhersehbar ist. Rechtfertigt die Lage des Verfahrens es, bis zur Rückkehr des Beteiligten zu warten, darf die Behörde nicht nach § 16 vorgehen und dem Beteiligten damit unnötige Kosten verursachen. Anders, wenn die Fortführung des Verfahrens (z. B. bei Abbruchverfügung) eilbedürftig und ein Zuwarten nicht möglich ist.

3. Beteiligter im Ausland (Nr. 3)

19 Ein Vertreter von Amts wegen kann auch bestellt werden für einen **Beteiligten ohne Aufenthalt im Inland,**[17] wenn er der Aufforderung, der Behörde, einen Vertreter zu bestellen, innerhalb einer ihm gesetzten Frist nicht nachgekommen ist (Nr. 3); Aufforderung zur Benennung eines Empfangsbevollmächtigten nach § 15 Satz reicht aus, wenn damit das VwVf durchgeführt oder beendet werden kann. Die Vorschrift soll – wie auch § 15 – der Behörde den Umgang mit Verfahrensbeteiligten erleichtern, die sich im Ausland aufhalten. Person und Beteiligtenstellung müssen auch hier feststehen, wegen des Erfordernisses der Aufforderung auch der Aufenthaltsort im Ausland (andernfalls Vorgehen nach Nr. 2), ferner die Gewissheit, dass sich der Beteiligte nicht im Inland aufhält. Ein Vorgehen nach Nr. 3 kommt schon dann nicht in Betracht, wenn sich der Beteiligte überhaupt im Bundesgebiet aufhält oder dies nicht auszuschließen ist. Dass er einen **Wohnsitz** (§ 7 BGB) oder seinen gewöhnlichen **Aufenthalt** (zu den Begriffen vgl. § 3 Rn. 23 ff.) im Inland hat, ist nicht erforderlich.

20 Ein Vorgehen nach Nr. 3 setzt ferner voraus, dass die Behörde den Beteiligten **aufgefordert hat,** von sich aus einen Vertreter zu bestellen und diese Aufforderung den Beteiligten nachweislich erreicht hat (§ 15 Rn. 5). Sie ist an eine bestimmte Form nicht gebunden, ergeht aber zweckmäßigerweise schriftlich. Erst wenn der Beteiligte dieser Aufforderung nicht innerhalb einer von der Behörde gesetzten **angemessenen** Frist nachkommt, ist Vertreterbestellung nach § 16 möglich. Bei der Bemessung der Frist hat die Behörde die Umstände des Einzelfalles zu berücksichtigen. Es gelten dieselben Erwägungen wie bei Fristsetzung nach § 15 (vgl. § 15 Rn. 8).

21 Die hier vorausgesetzte Aufforderung ist **nicht** notwendig (Rn. 19) **identisch mit der Aufforderung nach § 15.**[18] Während sie in § 15 allein auf die Bestellung eines **Empfangsbevollmächtigten** im Inland gerichtet ist, zielt sie in § 16 auf die Bestellung eines umfassend befugten und verpflichteten (Rn. 10) **Vertreters.** § 15 und § 16 Abs. 1 Nr. 3 sind als **alternative** Handlungsmöglichkeiten der Behörde aufzufassen, von denen sie je nach den Umständen des Einzelfalles wahlweise Gebrauch machen kann. Die Behörde ist insbesondere dadurch, dass der Beteiligte bereits nach § 15 einen Empfangsbevollmächtigten bestellt hat, nicht gehindert, in einem späteren Stadium des Verfahrens, in dem ihr die Bestellung eines Vertreters unumgänglich erscheint, nach Nr. 3 vorzugehen.[19] Bestellt der Beteiligte noch **nach Ablauf der Frist** einen Vertreter, so ist eine inzwischen erfolgte oder in die Wege geleitete Vertreterbestellung nach Nr. 3 aufzuheben. Die Kosten sind dabei dem Beteiligten aufzuerlegen. Zur Anfechtbarkeit der Aufforderung § 15 Rn. 5.

4. Gebrechlicher Beteiligter (Nr. 4)

22 Nach Nr. 4 kann ein Vertreter für einen Beteiligten bestellt werden, der infolge körperlicher oder geistiger Gebrechen (nunmehr nach dem **BtG:** infolge einer psychischen Krankheit oder körperlichen, geistigen oder seelischen Behinderung, vgl. vor Rn. 1) nicht in der Lage ist, in dem VwVf selbst tätig zu werden. Sie soll in den nicht seltenen Fällen, in denen ein Beteiligter

---

[16] *Clausen* in Knack § 16 Rn. 5.
[17] Die ursprüngliche Formulierung „im Geltungsbereich dieses Gesetzes" war nach Herstellung der Deutschen Einheit nicht mehr erforderlich und wurde durch das 2. VwVfÄndG aufgegeben; vgl. *Schmitz/Olbertz* NVwZ 1999, 126, 127.
[18] A. A. *Kopp/Ramsauer* § 16 Rn. 16; *Clausen* in Knack § 16 Rn. 6.
[19] A. A. *Kopp/Ramsauer* § 16 Rn. 17.

aus gesundheitlichen Gründen i.w.S. nicht in der Lage ist, in einem VwVf selbst tätig zu werden, die Fortführung des Verfahrens ermöglichen.

Zu **körperlichen Gebrechen** gehören etwa Lähmung, Blindheit, Taubheit, Bettlägrigkeit, 23 allgemeine Altersgebrechlichkeit. Zu den **geistigen Gebrechen** ist jede Minderung geistiger Kräfte von erheblichem Umfang zu rechnen (insbesondere Geisteskrankheit oder Geistesschwäche). Nicht erforderlich ist, dass der Beteiligte deswegen entmündigt ist. Eine seelische Behinderung oder psychische Krankheit muss nach Schwere und Dauer **erheblich** sein und nicht nur zu einem relativen Unvermögen vorübergehender Art führen. Die in Abs. 1 Nr. 4 vorgesehene Bestellung eines Vertreters für einen Beteiligten, der nicht in der Lage ist, im VwVf tätig zu werden, knüpft an die in § 1896 BGB geregelten Voraussetzungen für die Bestellung eines **Betreuers** an.[20] Die Behörde muss vor einem Antrag an das Vormundschaftsgericht mit der gebotenen Rücksicht und Vorsicht vorgehen und darf von der Möglichkeit eines Ersuchens auf eine Vertreterbestellung nur Gebrauch machen, wenn dies im öffentlichen oder privaten Interesse **unerlässlich** ist. Sie muss auch im Rahmen ihrer **Betreuungspflicht nach § 25** die Schwierigkeiten zu beheben suchen.[21]

Das Gebrechen bzw. die Behinderung muss zur Folge haben, dass der Beteiligte **nicht in der** 24 **Lage** ist, im VwVf selbst tätig zu werden. Auch diese Ursächlichkeit ist von der Behörde zu prüfen. Im Einzelfall kann auch partielle Unfähigkeit in Bezug auf den Gegenstand des Verfahrens in Betracht kommen (hierzu auch § 12 Rn. 8). Aus ähnlichen Erwägungen wie zu Nr. 2 (vgl. Rn. 17) kommt Bestellung eines Vertreters nach Nr. 4 dann nicht in Betracht, wenn der Gebrechliche eine **natürliche Einsichtsfähigkeit** hat und zur Bestellung eines Bevollmächtigten nach § 14 und zur Kommunikation mit ihm noch in der Lage ist, doch auf die Bestellung eines Bevollmächtigten verzichtet. Er kann insoweit nicht anders behandelt werden als ein gesunder Beteiligter, der nach dem VwVfG im Regelfall nicht verpflichtet ist, am Verfahren aktiv teilzunehmen.[22]

5. Herrenlose Sachen (Nr. 5)

Bezieht sich ein VwVf auf **herrenlose Sachen,** so kann nach Nr. 5 von Amts wegen zur 25 Wahrnehmung der sich in Bezug auf die Sache ergebenden Rechte und Pflichten ein Vertreter bestellt werden. Vorbild für diese Vorschrift ist der frühere § 149 Satz 1 Nr. 5 BBauG (jetzt § 207 Satz 1 Nr. 5 BauGB), auf den die Begründung zu § 15 Entwurf 73 hinweist. Die Vorschrift ist hier jedoch nicht auf herrenlose Grundstücke beschränkt, sondern erfasst, dem weiten Anwendungsbereich des Gesetzes entsprechend, alle (beweglichen und unbeweglichen) Sachen (zum Begriff der Sache vgl. § 90 BGB).

Herrenlos ist eine Sache, wenn sie nie einen Eigentümer gehabt hat oder wenn der bisherige Eigentümer das Eigentum an ihr aufgegeben hat und kein anderer sich die Sache angeeignet hat. §§ 958 f. BGB sind entsprechend anwendbar. Für die Anwendung der Nr. 5 muss für die Behörde feststehen, dass die Sache im genannten Sinne herrenlos ist. Hat sie Anhaltspunkte dafür, dass es einen Eigentümer gibt, ist ihr nur dessen Person nicht bekannt, muss sie nach Nr. 1 vorgehen. Auch im Falle der Nr. 5 steht es im **Ermessen** der Behörde, ob sie ein Ersuchen an das Vormundschaftsgericht richtet oder nicht. Eine zurückhaltende Praxis ist angezeigt (Rn. 2, 23).

Zu den Pflichten, die sich in Bezug auf die Sache ergeben, kann im Einzelfall auch die Poli- 26 zei-(Ordnungs-)pflicht gehören.[23] Auch in diesem Falle ist, wie sich aus der Formulierung „Sachen, auf die sich das Verfahren bezieht" ergibt, die Vertreterbestellung nicht allgemein, sondern nur in Bezug auf ein konkretes Verfahren zulässig.[24]

III. Zuständiges Vormundschaftsgericht (Abs. 2)

Zuständig für die Bestellung des Vertreters ist in den Fällen des Abs. 1 Nr. 4 (Gebrechlichkeit 27 des Beteiligten) nach Abs. 2 das Vormundschaftsgericht, in dessen Bezirk der Beteiligte seinen

---

[20] Begr. BT-Drs. 11/4528, S. 189.
[21] *Clausen* in Knack § 16 Rn. 7.
[22] *Meyer/Borgs* § 16 Rn. 13; zu den Mitwirkungspflichten des Beteiligten vgl. *Grupp* VerwArch 80 (1989), 44; § 26 Rn. 44 ff.
[23] Vgl. Begr. zu § 15 Entwurf 73.
[24] *Kopp/Ramsauer* § 16 Rn. 23; *Meyer/Borgs* § 16 Rn. 14.

gewöhnlichen Aufenthalt hat (zum Begriff § 3 Rn. 14 ff.), in allen übrigen Fällen das Vormundschaftsgericht, in dessen Bezirk die ersuchende Behörde ihren Sitz hat. Noch der Entwurf 73 stellte allein auf den Sitz der Behörde ab und wies zur Begründung darauf hin, dass bei einem Verfahren zur Bestellung eines Vertreters das Gericht in erster Linie mit der antragstellenden Behörde zu verhandeln habe. Zur **Behördenzuständigkeit** einer Vertreterbestellung vgl. § 11 b Abs. 1 Satz 1 VermG.

28   Im Laufe der parlamentarischen Beratungen wurde es für angezeigt erachtet, dass der Staat dem gebrechlichen Beteiligten „entgegenkommt", so dass ihm möglicherweise noch die Chance einer persönlichen Mitwirkung an dem Verfahren zur Vertreterbestellung eröffnet wird. Abs. 2 berücksichtigt nunmehr das neue Betreuungsrecht.[25] Zu den **Rechten** und **Pflichten** des Vormundschaftsgerichts vgl. ferner Rn. 6.

IV. Vergütung, Auslagenerstattung (Abs. 3)

29   Abs. 3 Satz 1 gibt dem Vertreter gegenüber dem Rechtsträger der Behörde, die um seine Bestellung ersucht hat, einen Anspruch auf eine **angemessene Vergütung** und auf die **Erstattung seiner baren Auslagen.** Er ist eigenständige, vom BGB unabhängige Anspruchsgrundlage. Der Vertreter von Amts wegen wird auf Ersuchen einer Behörde bestellt, der dadurch die Durchführung eines VwVf ermöglicht werden soll. Seine Bestellung liegt somit vor allem (Rn. 1) im öffentlichen Interesse, und es ist von dieser Interessenlage her angemessen und in der Praxis der Auffindung geeigneter Personen dienlich, demjenigen, der diese Aufgabe übernimmt, anders als bei der Vormundschaft (§ 1836 Abs. 1 Satz 1 BGB) eine Vergütung zu gewähren. **Verzicht** ist zulässig, muss aber eindeutig, i. d. R. schriftlich erklärt werden.

30   Da dem Vertreter nicht zugemutet werden soll, Vergütung und Auslagen von dem Vertretenen selbst einzutreiben, gibt ihm das Gesetz einen Anspruch **unmittelbar gegenüber dem Rechtsträger** der Behörde, die um seine Bestellung ersucht hat. Die Behörde ihrerseits kann nach Abs. 3 Satz 2 von dem Vertretenen **Ersatz ihrer Aufwendungen** verlangen. Ob sie von der Ermächtigung Gebrauch macht, steht in ihrem pflichtgemäßen Ermessen (§ 40). Einen etwa entstehenden Ausfall muss sie tragen, soweit sie nicht im Rahmen des jeweils anzuwendenden Kostenrechts die ihr entstandenen Kosten als notwendige Verfahrenskosten einem Dritten auferlegen kann.[26]

31   Der Anspruch des Vertreters richtet sich auf eine nach seinen persönlichen Verhältnissen bemessene, ggf. auch pauschalierte **angemessene Vergütung** sowie auf die **Erstattung der baren Auslagen.** Letzterer Begriff ist enger als der der notwendigen Auslagen (vgl. § 85 Rn. 5), auch der von Aufwendungen i. S. v. §§ 1908, 1835 Abs. 1 und 2 BGB bei der Betreuung.[27] Zu den baren Auslagen gehören außer Post- und Schreibgebühren z. B. auch Tagegelder und Reisekosten.[28] Der Behörde obliegt es, die Vergütung zu bestimmen sowie die Auslagen und Aufwendungen **festzusetzen** (Abs. 3 Satz 3). Dies geschieht durch **VA** (Leistungsbescheid). Abzustellen ist bei der Angemessenheit auf den Umfang und die Schwierigkeit der Tätigkeit, nicht dagegen auf den Wert der Sache, um die es im VwVf geht.[29]

V. Anwendbarkeit der Vorschriften über die Betreuung und Pflegschaft (Abs. 4)

32   Nach Abs. 4, der mit Wirkung vom 1. 1. 1992 durch das Betreuungsgesetz vom 12. 9. 1990[30] geändert wurde, gelten für die Bestellung und für das Amt des Vertreters im Falle des Abs. 1 Nr. 4 die Vorschriften über die **Betreuung** (§§ 1896 ff. BGB),[31] im Übrigen die Vorschriften über die **Pflegschaft** (§§ 1909 ff. BGB) entsprechend. Insoweit sind über § 1915 BGB u. a. §§ 1773 ff.

---

[25] Hierzu *Zimmermann/Damrau* NJW 1991, 538; *Bork* MDR 1991, 97.
[26] Begr. zu § 15 Entwurf 73.
[27] Hierzu *Zimmermann/Damrau* NJW 1991, 538, 540.
[28] BVerwGE 120, 344, 348 = VIZ 2004, 399.
[29] *Clausen* in Knack § 16 Rn. 11.
[30] BGBl I S. 2002.
[31] Hierzu *Zimmermann/Damrau* NJW 1991, 538 f.; *Bork* MDR 1991, 97.

BGB, §§ 33 ff. FGG entsprechend anwendbar. Sofern Ablehnungsgründe i. S. v. §§ 1785 ff. BGB fehlen, ist jeder Deutsche grundsätzlich zur Übernahme des Vertreteramtes verpflichtet.[32] Zum Anspruch Vergütung und Auslagenersatz vgl. Abs. 3, hierzu Rn. 29 ff.

VI. Landesrecht

Die Länder haben in ihren VwVfGen dem § 16 entsprechende Regelungen. Sie haben von der Ermächtigung des § 100 Nr. 1, mit der die Kompetenzsperre des Bundes im Bereich des Bürgerlichen Rechts (Art. 74 Nr. 1 GG)[33] gelöst worden ist (vgl. Rn. 12, 17; § 100 Rn. 1), sämtlich Gebrauch gemacht. **33**

VII. Vorverfahren

§ 16 ist auch im Vorverfahren anwendbar (§ 79). **34**

§ 17 Vertreter bei gleichförmigen Eingaben

(1) ¹Bei Anträgen und Eingaben, die in einem Verwaltungsverfahren von mehr als 50 Personen auf Unterschriftslisten unterzeichnet oder in Form vervielfältigter gleich lautender Texte eingereicht worden sind (gleichförmige Eingaben), gilt für das Verfahren derjenige Unterzeichner als Vertreter der übrigen Unterzeichner, der darin mit seinem Namen, seinem Beruf und seiner Anschrift als Vertreter bezeichnet ist, soweit er nicht von ihnen als Bevollmächtigter bestellt worden ist. ²Vertreter kann nur eine natürliche Person sein.

(2) ¹Die Behörde kann gleichförmige Eingaben, die die Angaben nach Absatz 1 Satz 1 nicht deutlich sichtbar auf jeder mit seiner Unterschrift versehenen Seite enthalten oder dem Erfordernis des Absatzes 1 Satz 2 nicht entsprechen, unberücksichtigt lassen. ²Will die Behörde so verfahren, so hat sie dies durch ortsübliche Bekanntmachung mitzuteilen. ³Die Behörde kann ferner gleichförmige Eingaben insoweit unberücksichtigt lassen, als Unterzeichner ihren Namen oder ihre Anschrift nicht oder unleserlich angegeben haben.

(3) ¹Die Vertretungsmacht erlischt, sobald der Vertreter oder der Vertretene dies der Behörde schriftlich erklärt; der Vertreter kann eine solche Erklärung nur hinsichtlich aller Vertretenen abgeben. ²Gibt der Vertretene eine solche Erklärung ab, so soll er der Behörde zugleich mitteilen, ob er seine Eingabe aufrechterhält und ob er einen Bevollmächtigten bestellt hat.

(4) ¹Endet die Vertretungsmacht des Vertreters, so kann die Behörde die nicht mehr Vertretenen auffordern, innerhalb einer angemessenen Frist einen gemeinsamen Vertreter zu bestellen. ²Sind mehr als 50 Personen aufzufordern, so kann die Behörde die Aufforderung ortsüblich bekannt machen. ³Wird der Aufforderung nicht fristgemäß entsprochen, so kann die Behörde von Amts wegen einen gemeinsamen Vertreter bestellen.

Vergleichbare Vorschriften: § 67 Abs. 1 Satz 4, § 69 Abs. 2 Satz 2 und Abs. 3 Satz 2, § 73 Abs. 5 Satz 2 Nr. 4 und Abs. 6 Satz 4, § 74 Abs. 5 Satz 1 VwVfG; §§ 56a, 65 Abs. 3, 67a, 93a VwGO.

Abweichendes Landesrecht: Vgl. Rn. 33; ferner Übersicht zu Änderungen der LVwVfGe im Dritten Teil dieses Kommentars.

Entstehungsgeschichte: Bis zum Inkrafttreten des VwVfG vgl. § 17 der 6. Auflage. **Änderungen:** Abs. 4 Satz 2 wurde geändert m. W. v. 19. 9. 1996 durch Art. 1 Nr. 2 des GenBeschlG; Begr. BT-Drs 13/3995; vgl. Rn. 6.

---

[32] Nähere Einzelheiten bei *Laubinger/Repkewitz* VerwArch 85 (1994), 86, 112 m. w. N.
[33] *Schnapauff* in Hömig, GG, Art. 74 Rn. 2.

Literatur: *Blümel,* Masseneinwendungen im Verwaltungsverfahren, FS Werner Weber, 1974, S. 539; *Laubinger,* Gutachten über eine künftige gesetzliche Regelung für Massenverfahren im Verwaltungsverfahrensrecht und im Verfahrensrecht für die Verwaltungsgerichte, 1975; *Naumann,* Verwaltungsverfahrensgesetz und Massenverfahren, GewArch 1977, 41; *von Mutius,* Akteneinsicht im atom- und immissionsschutzrechtlichen Genehmigungsverfahren, DVBl 1978, 665; *Schmitt Glaeser,* Massenverfahren vor den Verwaltungsgerichten, DRiZ 1980, 289; *Kopp,* Gesetzliche Regelungen zur Bewältigung von Massenverfahren, DVBl 1980, 320; *ders.,* Die Beteiligung des Bürgers an „Massenverfahren" im Wirtschaftsrecht, FS Ludwig Fröhler, 1980, S. 231; *Henle,* Die Masse im Massenverfahren, BayVBl 1981, 1; *Schmel,* Massenverfahren vor den Verwaltungsbehörden und den Verwaltungsgerichten, 1982; *Blümel,* Die öffentliche Bekanntmachung von Verwaltungsakten in Massenverfahren, VerwArch 73 (1982), 5; *Mache,* Probleme bei Zustellungen in Massenverfahren, VR 1982, 209; *Meyer-Ladewig,* Massenverfahren in der Verwaltungsgerichtsbarkeit, NVwZ 1982, 349; *Henle,* Probleme der gemeinsamen Vertretung in Massenverfahren (§§ 17–19 VwVfG), DVBl 1983, 780; *Fröhlinger,* Zum vorläufigen Rechtsschutz in verwaltungsgerichtlichen Massenverfahren, DÖV 1983, 363; *Bambey,* Massenverfahren und Individualzustellung, DVBl 1984, 374.

Übersicht

	Rn.
I. Allgemeines	1
1. §§ 17–19 als Sonderregelungen für sog. Massenverfahren	1
2. Sonstige Vorschriften für Massenverfahren im VwVfG	4
3. Gerichtliches Massenverfahren	7
4. Anwendungsbereich der §§ 17–19	9
II. Begriff der gleichförmigen Eingaben (Abs. 1 Satz 1)	13
III. Vertreter (Abs. 1 Satz 2)	17
IV. Nichtberücksichtigung gleichförmiger Eingaben (Abs. 2)	19
V. Erlöschen der Vertretungsmacht (Abs. 3)	24
VI. Bestellung eines neuen Vertreters (Abs. 4)	27
VII. Landesrecht	33
VIII. Vorverfahren	34

I. Allgemeines

1. §§ 17–19 als Sonderregelungen für sog. Massenverfahren

1 §§ 17–19 enthalten für **sog. Massenverfahren** (zum Begriff Rn. 6) besondere Regelungen, durch die der Behörde der Umgang mit einer Vielzahl von Beteiligten, Einwendern und Betroffenen (hierzu noch Rn. 10; § 18 Rn. 3) erleichtert werden soll, um die zügige Durchführung von VwVf zu ermöglichen. §§ 17–19 enthalten dabei – zusammen mit anderen Regelungen im VwVfG (hierzu Rn. 4) – „vor die Klammer" gezogene Vorschriften für Vertreter bei gleichförmigen Eingaben (§ 17), Vertreter für Beteiligte bei gleichem Interesse (§ 18) und gemeinsame Vorschriften für Vertreter bei gleichförmigen Eingaben und bei gleichem Interesse (§ 19). Diese in der praktischen Effektivität umstrittenen Vorschriften (hierzu Rn. 12) dienen der Lösung eines **Zielkonflikts,** nämlich den Geboten einer im **Individualinteresse** liegenden möglichst weitgehenden Partizipation der Bürger bereits im VwVf (hierzu die Nachweise bei § 13), wenn sie von Verwaltungsentscheidungen unmittelbar betroffen sein können, einerseits und dem öffentlichen Interesse an einer möglichst **effektiven Verwaltung**[1] andererseits.

2 §§ 17–19 waren im Entwurf 73 und in den vorhergehenden Entwürfen noch nicht enthalten. Der Entwurf 73 ging noch allein vom herkömmlichen VwVf aus, das regelmäßig nur eine begrenzte Zahl von Verfahrensbeteiligten und Einwendern kannte (vgl. zur Entstehungsgeschichte vor Rn. 1). Seither kommen aber in steigendem Maße Verfahren mit einer **Vielzahl (u. U. Zehntausenden) von Beteiligten** und Einwendern vor.[2] Die Ursachen hierfür liegen in der immer komplexeren und gefahrträchtigeren Struktur technischer Anlagen einerseits und dem gewachsenen Umweltbewusstsein und der gestiegenen Bereitschaft zum Engagement in der

---

[1] Hierzu § 1 Rn. 30ff., § 10 Rn. 23ff. Die Vorschriften über das Massenverfahren lassen sich auch als gesetzgeberische Effizienzentscheidungen verstehen; vgl. *Schmidt-Aßmann* in Hoffmann-Riem/ders., Effizienz, 1998, S. 245, 261.
[2] *Ule/Laubinger* § 45 Rn. 2 Fn. 4 nennt 100 000 Einwendungen betr. Atomkraftwerk Wyhl und 881 000 betr. WAA Wackersdorf.

Bevölkerung andererseits. In Betracht kommen beispielsweise Genehmigungsverfahren nach § 10 BImSchG, Genehmigungs- und Planfeststellungsverfahren nach §§ 31 ff. KrW-/AbfG, § 9b AtG, §§ 14 ff. WaStrG, § 28 PBefG, § 31 WHG, §§ 18 ff. AEG, §§ 17 ff. FStrG, §§ 8 ff. LuftVG und einer Vielzahl anderer komplexer VwVf mit Auswirkungen auf eine Vielzahl von unmittelbar Betroffenen.[3] Diese Verfahren mit einer Vielzahl von Beteiligten, Einwendern, Betroffenen bzw. Interessenten setzen sich vielfach in gerichtlichen Verfahren fort, so dass es auch **Massenverfahren im Verwaltungsprozess** gibt (hierzu Rn. 7 m. w. N.).

Die auf Vorschläge eines Gutachtens des Forschungsinstituts der Hochschule für Verwaltungswissenschaften Speyer[4] zurückgehende normative Lösung im VwVfG besteht in einer **Bündelung und Reduzierung** des Personenkreises durch Konzentration auf bestimmte **Sprecher (Vertreter)**, mit denen die zuständige Behörde in Kontakt zu treten hat, wenn gleichförmige Eingaben (§ 17) oder eine Vielzahl von Beteiligten im gleichen Interesse (§ 18) in einem VwVf bei ihr eingehen. § 19 enthält für beide Fälle gemeinsame Vorschriften für die Sprecher (Vertreter). Zu **verfassungsrechtlichen Aspekten** vgl. Rn. 8, 24; § 19 Rn. 9.

2. Sonstige Vorschriften für Massenverfahren im VwVfG

§§ 17–19 werden ergänzt durch eine Reihe anderer Vorschriften des VwVfG, mit denen das **Spannungsverhältnis** zwischen dem subjektiven Beteiligungsinteresse betroffener Bürger vor einer Verwaltungsentscheidung einerseits und dem Gebot effektiver Verwaltung gelöst werden soll: Es sind dies die Regelungen in
- § 29 Abs. 1 Satz 3 (Beschränkungen bei der Akteneinsicht),
- § 63 Abs. 3 (öffentliche Bekanntmachungen im förmlichen Verfahren),
- § 67 Abs. 1 Sätze 4–6 (Erleichterungen für die Behörde bei der Ladung zur mündlichen Verhandlung durch öffentliche Bekanntmachungen),
- § 68 Abs. 4 Satz 4 (Vereinfachungen im Zusammenhang mit der Verhandlungsniederschrift),
- § 69 Abs. 2 Sätze 2–5 (Zulässigkeit öffentlicher Bekanntmachungen bei der Zustellung von VAen),
- § 69 Abs. 3 Satz 2 (öffentliche Bekanntmachung bei Abschluss eines Verfahrens auf andere Weise),
- § 72 Abs. 1 und 2 (Begrenzungen der Akteneinsicht sowie Zulässigkeit öffentlicher Bekanntmachungen im PlfV),
- § 73 Abs. 5 (öffentliche Bekanntmachung der Planauslegung und vom Erörterungstermin),
- § 73 Abs. 6 Sätze 4 und 5 (Ladung zum Erörterungstermin durch öffentliche Bekanntmachung),
- § 74 Abs. 5 (Zustellung des PlfBeschlusses durch öffentliche Bekanntmachung).

Allen diesen Vorschriften ist gemeinsam, dass ab einer bestimmten Vielzahl von Beteiligten, Einwendern, Betroffenen usw. die Behörde auf eine Vielzahl **individueller Ladungen**, Benachrichtigungen und Zustellungen verzichten und stattdessen die erforderliche Information und Anstoßwirkung durch **öffentliche Bekanntmachungen** in amtlichen Verkündungsblätter und/oder örtlichen Tageszeitungen vornehmen darf (zu Streitfragen vgl. Rn. 7 f. und die Nachweise bei den Einzelvorschriften).

Für derartige Verfahren hat sich der **Begriff „Massenverfahren"** eingebürgert.[5] Darunter fallen nur solche Verfahren, bei denen eine Vielzahl von Beteiligten, Einwendern, Betroffenen an *einer* Verwaltungsentscheidung, regelmäßig *einem* VA, vorhanden sind (sog. **echte Massenverfahren**). Handelt es sich hingegen um eine größere Anzahl von Personen, denen gegenüber *viele* gleichartige oder ähnliche VAe in einer Vielzahl gleicher oder gleichgelagerter VwVf erlassen werden sollen, so liegen **unechte Massenverfahren** vor, etwa im Abgaben-, numerus clausus-, Volkszählungsrecht, u. U. auch bei formularmäßig betriebenen Asylverfahren. Insoweit gibt

---

[3] Vgl. hierzu etwa *Naumann*, VwVfG und Massenverfahren, GewArch 1977, 41; *Henle*, Die Masse im Massenverfahren, BayVBl 1981, 1; *Schmel*, Massenverfahren vor den Verwaltungsbehörden und den Verwaltungsgerichten, 1982; *Henle*, Probleme der gemeinsamen Vertretung in Massenverfahren, DVBl 1983, 780; *Bambey*, Massenverfahren und Individualzustellung, DVBl 1984, 374.
[4] Vgl. *Laubinger*, Über eine künftige gesetzliche Regelung für Massenverfahren im Verwaltungsverfahrensrecht und im Verfahrensrecht für die Verwaltungsgerichte, Januar 1975.
[5] Vgl. *Stelkens* DVBl 1975, 138, Fußn. 14; *Götz* NJW 1976, 1427; *Ule* DVBl 1976, 426; *Schmidt* DVBl 1982, 148.

es zusätzliche Verfahrensregelungen, etwa in § 28 Abs. 2 Nr. 4 (zur Anhörung) und § 39 Abs. 2 Nr. 3 (bei der Begründung von VAen). Bei den sog. echten Massenverfahren gab es zunächst **2 Richtzahlen** im VwVfG und in Parallelvorschriften von Spezialgesetzen (hierzu die Nachweise in §§ 63 ff. und §§ 72 ff.): Einmal um eine Personen-(Beteiligten-, Einwender-, Betroffenen-)zahl von mehr als **50** (sog. echte Massenverfahren i. w. S., etwa §§ 17, 18; §§ 56 a, 67 a VwGO, hierzu Rn. 7). Im übrigen setzten die Erleichterungen für die Behörde bisher bei öffentlichen Bekanntmachungen pp. ab regelmäßig **300** Personen, Einwendern usw. an (echte Massenverfahren i. e. S.). Die bisherige Richtzahl 300 ist durch das **GenBeschlG** vom 12. 9. 1996[6] beseitigt und einheitlich auf die **Richtzahl 50 abgesenkt** worden. Zur Praktikabilität und Verfassungsmäßigkeit dieser Vorschriften jeweils bei den Einzelvorschriften.

3. Gerichtliches Massenverfahren

7 Durch das **4. VwGOÄndG** vom 20. 12. 1990[7] sind ab 1. 1. 1991 auch in die VwGO eine Reihe von Regelungen aufgenommen worden, durch die massenweise Verfahren vor den Verwaltungsgerichten unter Wahrung der subjektiven Rechtsschutzgarantie des Art. 19 Abs. 4 GG auf eindeutigen und klaren gesetzlichen Vorgaben erledigt werden können sollen. Dazu gehören § 56 a VwGO bei Bekanntgaben an mehr als 50 Personen, **§ 65 Abs. 3** VwGO im Falle von Beiladungen sowie **§ 67 a** VwGO bei der Bestellung eines gemeinsamen Bevollmächtigten, ferner insbesondere **§ 93 a** VwGO mit der Befugnis zur verfassungsrechtlich zulässigen[8] Aussetzung von Verfahren und der Vorabdurchführung von **Musterverfahren** sowie **§ 121 Nr. 2** VwGO mit der Erstreckung der Rechtskraft unter bestimmten Voraussetzungen auf Dritte. Diese Vorschriften lehnen sich teilweise wörtlich an §§ 17 ff. an.[9] Durch das **6. VwGOÄndG** vom 1. 11. 1996[10] sind auch hier die **Richtzahlen** – von 50 auf 20 – **abgesenkt** worden.

8 Die grundsätzliche **Zulässigkeit** von Verfahrenserleichterungen für das Verwaltungsverfahren und für -prozesse kann im Hinblick auf den relativ weiten **Gestaltungsspielraum des Gesetzgebers** (§ 1 Rn. 271) seit *BVerwGE* 67, 206 = NJW 1984, 188 (zu öffentlichen Bekanntmachungen im PlfV) sowie *BVerfGE* 54, 39 = NJW 1980, 1511 (zu Musterverfahren im Verwaltungsprozess) als geklärt angesehen werden, so dass die teilweise erhobenen, die subjektivrechtlichen Aspekte verabsolutierenden verfassungsrechtlichen Bedenken[11] im Ergebnis nicht durchgreifen; dies schließt aber die sorgfältige Prüfung der gebotenen Interessenabwägung in der Norm selbst sowie das Vorliegen der Voraussetzungen im Einzelfall bei Ermessensentscheidungen nicht aus (Nachweise bei den Einzelvorschriften).

4. Anwendungsbereich der §§ 17–19

9 Durch § 17 ist eine Vertretensregelung geschaffen, die dazu dienen soll, bei standardisierten Einwendungen die **Zahl der Personen** zu **begrenzen,** mit denen sich die Behörde in einem VwVf unmittelbar auseinanderzusetzen hat. Der Gesetzgeber ist dabei von der Vorstellung ausgegangen, dass Verfahrenserleichterungen dann zulässig sind, wenn die Initiative für oder gegen ein Projekt der Verwaltung von anderen Personen ausgeht und der Beitrag des einzelnen Einwenders lediglich in der Hinzufügung seines Namens und seiner Anschrift besteht und dies im Zweifel für ein **relativ geringes Sachengagement** spricht.

10 In der Praxis werden gleichförmige Eingaben (sog. **Sammeleinwendungen**) häufig auch von Personen unterzeichnet, die von dem Vorhaben, das Gegenstand des VwVf ist, in keiner Weise betroffen sein können, sondern lediglich beabsichtigen, andere in ihrer Haltung zu dem Vorhaben zu unterstützen. Da sich das Verhältnis des einzelnen Einwenders zu dem Vorhaben jedoch nicht vorweg bestimmen lässt, kommt es bei § 17 nicht darauf an, ob der Einwender auch als **Beteiligter** im Sinne des § 13 anzusehen ist. Ist ein Unterzeichner einer Eingabe nach

---

[6] BGBl I S. 1354.
[7] BGBl I S. 2809.
[8] *BVerfGE* 54, 39 = NJW 1980, 1511.
[9] Zu Streitfragen im Zusammenhang mit gerichtlichen Massenverfahren vgl. *Schmitt Glaeser* DRiZ 1980, 289; *Meyer-Ladewig* NVwZ 1982, 349; *Schmidt* DVBl 1982, 148; *Fröhlinger* DÖV 1983, 363; *Stelkens* NVwZ 1991, 209, 213.
[10] BGBl I S. 1626.
[11] Vgl. *Kopp/Schenke* § 56 a Rn. 2; *Schmieszek* NVwZ 1991, 524.

§ 17 zugleich Beteiligter i.S.d. § 13, Betroffener oder Einwender in einem PlfV, bleibt diese verfahrensrechtliche Stellung von §§ 17–19 grundsätzlich unberührt.

§ 17 findet nicht nur in den Fällen Anwendung, in denen ein VwVf als förmliches oder beschleunigtes Verfahren oder als PlfV nach dem VwVfG durchgeführt wird, sondern **in allen VwVf** i.S.d. § 9, auch dann, wenn das Verfahren nach besonderen Verfahrensvorschriften in **Fachgesetzen** (vgl. Rn. 1) stattfindet, soweit sie Sonderregelungen über Massenverfahren nicht enthalten, so dass das VwVfG auch mit seinen §§ 17–19 ergänzend zur Anwendung kommt (zur Lückenschließungs- und Harmonisierungsfunktion vgl. § 1 Rn. 1f., 208ff., 283). **11**

Ob §§ 17–19 praktikabel sind und der mit ihnen bezweckte **Entlastungseffekt** erreicht werden kann, mag zweifelhaft sein.[12] **Empirische Untersuchungen** über den Effekt der §§ 17ff. und der Personalregelungen sind nicht bekannt. Jedenfalls fällt auf, dass zu §§ 17–19 eine verwaltungsgerichtliche Rechtsprechung praktisch völlig fehlt; es bleiben allerdings von den gesetzlichen Neuregelungen zum Massenverfahren eine Reihe von rechtlich und praktisch bedeutsamen Problemen im Zusammenhang mit der Ersetzung individueller durch **öffentliche Bekanntmachungen,** Bekanntgaben und Zustellungen sowie Fragen im Zusammenhang mit der Berechnung der maßgeblichen **Richtzahl** von – durch das GenBeschlG nunmehr einheitlich abgesenkt – 50 Einwendern, Bekanntmachungen, Zustellungen usw. (§§ 41 Abs. 3 und 4, 63 Abs. 3, 69 Abs. 2 und 3, 72 Abs. 2, 73 Abs. 5 und 6, 74 Abs. 4 und 5, vgl. hierzu jeweils dort). Es kann daher nicht angenommen werden, dass §§ 17–19 und die sonstigen Vorschriften für Massenverfahren im VwVfG insgesamt leerlaufen und ohne praktischen Anwendungsbereich sind. **12**

II. Begriff der gleichförmigen Eingaben (Abs. 1 Satz 1)

Die Vorschrift ist nur anwendbar bei Vorliegen gleichförmiger Eingaben. Als solche definiert sind Anträge und Eingaben, die in einem VwVf von mehr als 50 Personen auf Unterschriftslisten unterzeichnet oder in Form vervielfältigter gleich lautender Texte eingereicht worden sind. **13**

Es muss sich um **Anträge und Eingaben** handeln, die in **einem** bereits **anhängigen VwVf** i.S.v. § 9 eingereicht worden sind. Nicht in Betracht kommt demnach der Antrag des Antragstellers (§ 13 Abs. 1 Nr. 1), auf Grund dessen die Behörde das VwVf erst einleitet (§ 22 Satz 2 Nr. 2). Vielmehr ist unter **Antrag** jede auf die Geltendmachung eines materiellen oder formellen Rechts innerhalb eines laufenden oder einzuleitenden VwVf gerichtete Willensäußerung zu verstehen (hierzu § 22 Rn. 1ff.). Erforderlich ist, dass der Antrag **hinreichend substantiiert** ist, so dass ihm bei verständiger Würdigung entnommen werden kann, welches konkretes Anliegen und Ziel mit ihm verfolgt wird und wofür oder wogegen sich der Antrag wendet. Er ist vergleichbar mit der Einwendung i.S.v. § 73 (dort Rn. 66ff.). Eine inhaltliche oder juristische **Begründung** ist für die Wirksamkeit **nicht erforderlich.** Die formalen Anforderungen dürfen nicht überspannt werden: Da § 17 eine Beteiligtenstellung i.S.d. § 13 (Näheres dort) nicht voraussetzt, ist er außer auf Anträge auch auf **bloße Eingaben** anwendbar, z.B. jegliche Einwendungen nach § 73 oder nach § 10 Abs. 3 Satz 2 BImSchG, auch sonstige **konkrete Willensäußerungen,** soweit sie im Rahmen eines VwVf vorgebracht werden. Auch für die Eingabe als Oberbegriff in § 17 ist ein **Mindestmaß an Substantiierung** notwendig. Bei ihr ist kein bestimmtes Petitum erforderlich; es reicht aus, dass auf eine bestimmte Entscheidung in einem VwVf Einfluss genommen werden soll.[13] Auch der allgemeine „Protest" für oder gegen ein konkretes Vorhaben oder die Anregung zu einer bestimmten Beweiserhebung oder gegen einen bestimmten Bediensteten reicht aus, sofern die Eingabe *in* einem bereits laufenden VwVf eingereicht wird. Erst und nur wenn das mit Antrag und/oder Eingabe verfolgte Anliegen bei verständiger Würdigung ihres Inhalts nicht erkenn- oder konkretisierbar sind, braucht die Behörde nicht tätig zu werden. **14**

Die Anträge und Eingaben müssen **schriftlich** und damit nachlesbar eingereicht sein; Handschriftlichkeit genügt. Mündlich oder fernmündlich gestellte Anträge reichen für § 17 nicht aus. **15**

---

[12] Vgl. die kritischen Stellungnahmen von *Kopp* DVBl 1980, 320; *Blümel* VerwArch 73 (1982), 5 – mit weitgehenden verfassungsrechtlichen Zweifeln –; *Henle* BayVBl 1981, 1 und DVBl 1983, 780, 787: „gesetzgeberische Fehlleistung".

[13] Vgl. *Ule/Laubinger* § 45 Rn. 14; *Riedl* in *Obermayer* § 17 Rn. 4.

Dafür müssen sie von **mehr als 50 Personen,** also von mindestens 51 individualisierbaren natürlichen Einzelpersonen unterzeichnet und eingereicht worden sein. Sie müssen persönlich und einzeln unterzeichnet haben; wollte man auch Unterzeichnung durch (gesetzlichen oder bestellten) Vertreter für ausreichend erachten, würde dies der Behörde zusätzliche Aufklärungsschwierigkeiten bereiten, die der durch §§ 17 ff. angestrebten Verfahrensvereinfachung widersprächen.[14] Aus den gleichen Erwägungen sind nicht beteiligungsfähige und nicht handlungsfähige Personen nur dann außer Betracht zu lassen, wenn dieser Umstand der Behörde bekannt ist; zu Nachforschungen ist sie nicht verpflichtet.[15] Mitzuzählen sind zur Erleichterung der Handhabung auch Personen, deren Angaben **unleserlich** (zu deren Mindesterfordernissen einer gültigen Unterschrift vgl. § 37 Rn. 101 ff.; § 57 Rn. 17) oder unvollständig sind. Wird die gesetzliche Mindestzahl von 51 Personen **nicht erreicht,** hat die Behörde die Anträge und Eingaben wie „normale" (individuelle) Vorgänge zu behandeln. Die Zahlengrenze von 50 bezieht sich auf **die einzelne** gleichförmige Liste, nicht auf alle im Rahmen eines VwVf eingereichten gleichförmigen Eingaben.[16] Ob die einzelnen Unterzeichner Beteiligte i. S. v. § 13 sind, ist – anders als bei § 18 – unerheblich.

16   Die **Unterschriftsliste** braucht nicht auf demselben Blatt wie der Text der Eingabe zu stehen, sie kann diesem auch beigefügt sein. Ein gleich lautender Text ist dann **vervielfältigt,** wenn Mehrfertigungen mittels technischer Hilfsmittel hergestellt worden sind, z.B. durch Druck, Fotokopie. Eine Vervielfältigung i. S. d. § 17 Abs. 1, also keine Individualeingabe liegt auch vor, wenn ein vorgegebener Text von Hand oder maschinenschriftlich abgeschrieben wird.[17] Die Texte sind **gleich lautend,** wenn sie bis auf die geforderten Angaben zur Person (Namen, Anschrift) übereinstimmen. Ein Text mit individuellen Zusätzen oder Streichungen ist nicht gleich lautend mit dem standardisierten Text ohne Zusatz. Besondere Ausführungen bezüglich einzelner Betroffener (z.B. Grundstückseigentümer) sind unschädlich, solange sie Inhalt des gleich lautenden Textes sind.[18]

III. Vertreter (Abs. 1 Satz 2)

17   Die Formulierung „gilt als Vertreter" macht deutlich, dass die **Vertretung** im Falle des § 17 Abs. 1 kraft Gesetzes **fingiert** ist.[19] Die Konstruktion ist atypisch, weil der Vertreter nicht weisungsgebunden ist (§§ 164 ff., 177 ff. BGB), sondern frei handeln kann (§ 19 Abs. 1 Satz 3, Näheres dort; zur Rechtsstellung des Vertreters und zum Umfang der Vertretungsbefugnis vgl. unter § 19). Für diese Fiktion ist da kein Raum, wo der Vertreter bereits von einzelnen Unterzeichnern als **Bevollmächtigter** i. S. d. § 14 bestellt worden ist. Diese rechnen aber bei der Zahl der Unterzeichner mit.[20] Der Vertreter ist mit seinem **Namen, seinem Beruf und seiner Anschrift** anzugeben. Fehlt die Berufsbezeichnung,[21] so dann darin jedenfalls dann kein wesentlicher Mangel angenommen werden, wenn die Identität des Listenführers ohne Schwierigkeiten festgestellt werden kann und eine Verwechslungsgefahr nicht besteht.[22] Die Behörde hat eine sachgerechte Ermessensentscheidung zu treffen, ob sie eine solche Eingabe unberücksichtigt lässt.

18   Schon aus der Tatsache, dass der „Beruf" des Vertreters genannt sein muss, geht hervor, dass Vertreter nur eine **natürliche Person** sein kann. Satz 2 hat daher nur klarstellende Bedeutung. Die Angaben über die Person des Vertreters allein genügen nicht; er muss, wie sich aus den Worten „derjenige Unterzeichner" ergibt, auch **selbst unterzeichnen.** Der Gesetzgeber hat

---

[14] A. A. *Kopp/Ramsauer* § 17 Rn. 11.
[15] A. A. *Meyer/Borgs* § 17 Rn. 4.
[16] So der Bericht des IA-BT, BT-Drs. 7/4494, S. 5; ebenso *Ule/Laubinger* § 45 Rn. 16 m. w. N.
[17] So auch *Kopp/Ramsauer* § 17 Rn. 14; *Ziekow* § 17 Rn. 4; a. A. *Ule/Laubinger* § 45 Rn. 17; hier noch 6. Aufl.
[18] *Kopp/Ramsauer* § 17 Rn. 14, 15.
[19] So im Bericht des IA-BT, BT-Drs. 7/4494, S. 6; es handelt sich inhaltlich eher um eine unwiderlegliche Vermutung, vgl. auch *Ule/Laubinger* § 45 Rn. 20 Fn. 43; *Kopp/Ramsauer* § 17 Rn. 6; *Maurer* JuS 1976, 485, 490 Fn. 44.
[20] *Clausen* in Knack § 17 Rn. 11; a. A. *Kopp/Ramsauer* § 17 Rn. 13; *Meyer/Borgs* § 17 Rn. 4.
[21] Vgl. auch den Streichungsvorschlag in LT-Drs. NRW 11/3080 zu § 17 VwVfG.
[22] Ähnlich *Kopp/Ramsauer* § 17 Rn. 8.

durch diese Regelung verhindern wollen, dass die Unterzeichner einen Vertreter ohne oder gegen dessen Willen benennen. Die Vertretungsmacht bezieht sich grundsätzlich auf das **gesamte Verfahren** bis zu seinem Abschluss durch die zuständige Behörde (§ 9), also auch auf weitere Verfahrenshandlungen, welche die Behörde gegenüber den Betroffenen oder Einwendern vorzunehmen hat.[23] Will jemand sich nicht mehr vertreten lassen, muss er von den (jederzeitigen) Rechten des Abs. 3 Gebrauch machen. Betreibt ein Listenführer gleichförmige Eingaben **geschäftsmäßig** oder sonst unbefugt, so können er bzw. die von ihm initiierte Liste **zurückgewiesen** werden (vgl. § 19 Abs. 2 i. V. m. § 14 Abs. 5–7, Näheres jeweils dort); ggfls. hat die Behörde nach § 17 Abs. 4 zu verfahren. Zum **Ende der Rechtswirkungen** vgl. ferner Rn. 24 ff., 32.

IV. Nichtberücksichtigung gleichförmiger Eingaben (Abs. 2)

Der Gesetzgeber hat nicht den Versuch unternommen, für gleichförmige Eingaben bestimmte Formalien bindend vorzuschreiben. Er hat vielmehr in **Abs. 2** die Regelung des Abs. 1 dadurch sanktioniert, dass gleichförmige Eingaben, die nicht nach Abs. 1 gestaltet sind, unter bestimmten Voraussetzungen von der Behörde **unberücksichtigt** gelassen werden können. Die Behörde kann Eingaben daher unbearbeitet und ohne Antwort lassen, sie braucht es aber nicht. Der Gesetzgeber hat der Behörde angesichts der Vielzahl möglicher Fallgestaltungen ein **Ermessen** (§ 40) eingeräumt. Die Behörde wird wegen des Grundsatzes rechtsstaatlicher, bürgerfreundlicher Verwaltung (§ 1 Rn. 39 ff.; § 9 Rn. 1 ff.) von einem Vorgehen nach Absatz 2 jedenfalls abzusehen haben, wenn die individuelle Betroffenheit offensichtlich oder wenig zweifelhaft ist. Ferner hat die Behörde zu prüfen, ob die Eingabe als Antrag auf Beteiligung i. S. d. § 13 zu verstehen ist. 19

Unberücksichtigt lassen kann die Behörde gleichförmige Eingaben, die die Angaben des Abs. 1 Satz 1 nicht deutlich auf jeder mit einer Unterschrift versehenen Seite tragen. Der Gesetzgeber will dadurch sicherstellen, dass jeder Unterzeichner **auf die Person des Vertreters hingewiesen** wird. Lässt sich eine Eingabe in Text- und Unterschriftsteil trennen, so brauchen die reinen Textseiten die Angaben nicht zu enthalten. Unterschrift ist auch die Unterschrift des Vertreters; hat dieser also getrennt vom Unterschriftsteil, etwa auf einem Titelblatt, unterschrieben, so muss auch dieses Blatt die Angaben enthalten. Bei gleich lautenden Texten muss jedes Unterschriftsblatt die Angaben tragen.[24] **Deutlich** sind die Angaben dann, wenn der Unterzeichner einer Unterschriftsliste bei nicht nur ganz oberflächlichem Lesen auf sie aufmerksam wird. 20

Die Behörde kann gleichförmige Eingaben auch dann unberücksichtigt lassen, wenn sie dem Erfordernis des Abs. 1 Satz 2 nicht entsprechen, als Vertreter also **keine natürliche Person** angegeben ist. Dies ist dann der Fall, wenn z. B. eine Firma, eine Partei, ein eingetragener Verein oder eine Bürgerinitiative als Vertreter angegeben ist. Zulässig ist aber eine von mehreren Listenführern initiierte Eingabe. Ein Zusatz, etwa der in Klammern angegebene Vorsitzende der Bürgerinitiative, kann ebenfalls genügen. 21

Die Behörde muss, wenn sie nach Satz 1 vorgehen will, dies gemäß Abs. 2 Satz 2 durch **ortsübliche Bekanntmachung** mitteilen (hierzu § 41 Rn. 159 ff.). Im förmlichen Verfahren und im PlfV ist mit Rücksicht auf die Einheitlichkeit der Bekanntmachungsart im Verfahren öffentliche Bekanntmachung vorgeschrieben (vgl. § 63 Abs. 3, § 72 Abs. 2; Näheres dort). Eine individuelle Benachrichtigung ist möglich, aber nicht notwendig.[25] 22

Schließlich kann die Behörde gleichförmige Eingaben auch insoweit unberücksichtigt lassen, als Unterzeichner ihren **Namen oder ihre Anschrift nicht oder unleserlich angegeben haben** (Abs. 2 Satz 3). Auch hier hat die Behörde nach pflichtgemäßem Ermessen (§ 40) zu handeln. Unleserlichkeit liegt vor, wenn Name und/oder Adresse nicht unzweifelhaft entzifferbar sind. Da eindeutige Leserlichkeit nur selten vorliegen wird, hat die Behörde ihr Ermessen bürgerfreundlich auszuüben. Unterzeichner, die nach Abs. 2 Satz 3 ausscheiden, rechnen gleich- 23

---

[23] Ebenso *Kopp/Ramsauer* § 17 Rn. 10.
[24] *Clausen* in Knack § 17 Rn. 12; *Kopp/Ramsauer* § 17 Rn. 14, 15.
[25] Weitergehend wohl *Ule/Laubinger* § 45 Rn. 22.

wohl bei der Zahl der Unterzeichner nach Abs. 1 Satz 1 mit.[26] Eine Mitteilung an die Unterzeichner durch ortsübliche Bekanntmachung findet nicht statt.

V. Erlöschen der Vertretungsmacht (Abs. 3)

24   Die Vertretungsmacht (zu ihrem Inhalt vgl. § 19) **erlischt, sobald der Vertreter oder der Vertretene dies der Behörde schriftlich erklärt (Satz 1)**. Scheiden einzelne Vertreter aus, so bleibt die Vertretung für die übrigen bestehen; unerheblich ist, ob dadurch die Zahl der weiterhin Vertretenen auf unter 51 sinkt.[27] Den Unterzeichnern gleichförmiger Eingaben eine Vertretensregelung nach Abs. 1 aufzuerlegen, war **verfassungsrechtlich** nur möglich, wenn zugleich die Möglichkeit für den einzelnen Unterzeichner vorgesehen wurde, aus dieser Vertretensregelung auszuscheiden und seine Interessen und Rechte selbst und unmittelbar gegenüber der Behörde zu verfolgen. Der Vertretene kann daher die Erklärung auch ohne Angabe von Gründen **jederzeit** bis zum Abschluss des VwVf abgeben und sich einen Bevollmächtigten (§ 14) **wählen** oder sich selbst als individueller Beteiligter (§ 13) melden. Deshalb greifen auch die **verfassungsrechtlichen Bedenken** gegen diese Regelung[28] **nicht** durch.[29]

25   Das Erlöschen der Vertretungsmacht ist schriftlich **gegenüber der Behörde** zu erklären. Erklärung gegenüber dem Vertreter genügt nicht. Maßgebend für den Zeitpunkt des Erlöschens ist der Eingang der Erklärung bei der Behörde. Der **Vertreter** kann die Vertretung **nicht hinsichtlich einzelner** von ihm vertretener Personen für beendet erklären, da dies das Verfahren zu stark komplizieren würde und einer **Blockbildung** durch den Vertreter entgegengewirkt werden soll. Er hat nur die Möglichkeit, die Vertretung insgesamt niederzulegen oder sich zum Bevollmächtigten (§ 14) – auch einzelner Unterzeichner – bestellen zu lassen.

26   Die **zusätzliche Mitteilung** des Vertretenen nach Abs. 3 Satz 2, ob er seine Eingabe aufrechterhält und ob er einen Bevollmächtigten bestellt hat, soll die Behörde in die Lage versetzen festzustellen, ob der Vertretene ganz aus dem Verfahren ausscheiden will, im Verfahren bleibt und einen Bevollmächtigten bestellt hat, so dass er für die Einbeziehung in ein Verfahren nach Abs. 4 nicht in Betracht kommt oder ohne Vertreter im Verfahren bleibt, so daß er in ein Vorgehen nach Abs. 4 einbezogen werden kann. Der Vertretene soll mitteilen, ob er einen Bevollmächtigten bestellt **hat**, nicht ob er ihn bestellen **will**, da dies seinen Status nicht klären würde.

Der Gesetzgeber hat die Vorschrift im Übrigen als **Soll-Vorschrift** ausgestattet, da sie nicht mit einer Sanktion bewehrt werden kann.[30] Die Behörde wird bei Unterlassen im Zweifel nach Abs. 4 vorgehen können.[31]

VI. Bestellung eines neuen Vertreters (Abs. 4)

27   Endet die Vertretungsmacht, so **kann** die Behörde den nicht mehr Vertretenen aufgeben, innerhalb einer **angemessenen Frist** einen gemeinsamen Vertreter zu bestellen (nunmehr ebenso § 67a VwGO). Die Behörde soll die Initiative ergreifen können, um auch dann, wenn die fingierte Vertretung nach Abs. 1 gescheitert ist, zu einer Vertretensregelung zu gelangen, um das VwVf durchführen zu können. Deshalb können ggfls. von der Behörde auch **mehrere Vertreter** angeboten und bestellt werden, wenn dadurch die Durchführung des Verfahrens erleichtert wird.

28   Gleichgültig ist, ob das **Ende der Vertretungsmacht** des Vertreters nach Abs. 3 herbeigeführt wurde oder auf Grund anderer Umstände, etwa durch Tod des Vertreters, eingetreten ist. Das Ende der Vertretungsmacht nach Abs. 3 braucht nicht durch den Vertreter herbeigeführt worden zu sein. Die Behörde kann sich vielmehr auch an einzelne Personen wenden, die deshalb nicht mehr vertreten sind, weil sie selbst die Vertretungsmacht für sich zum Erlöschen ge-

---

[26] *Clausen* in Knack § 17 Rn. 10; *Kopp/Ramsauer* § 17 Rn. 21; *Meyer/Borgs* § 17 Rn. 4.
[27] Ebenso *Ule/Laubinger* § 45 Rn. 25.
[28] Vgl. *Blümel*, FS Werner Weber, 1974, S. 557; *ders.* VerwArch 73 (1982), 5, 6.
[29] Ebenso *Kopp/Ramsauer* § 17 Rn. 2.
[30] *Clausen* in Knack § 17 Rn. 13; *Kopp/Ramsauer* § 17 Rn. 22.
[31] *Clausen* in Knack § 17 Rn. 13.

bracht haben. In diesen Fällen wird die Behörde allerdings nur vorgehen können, wenn die Zahlengrenze des Abs. 1 Satz 1 überschritten ist. Ist ein Unterzeichner einer gleichförmigen Eingabe nach Beendigung der Vertretungsmacht zu eigenem Sachvortrag übergegangen, so kann die Behörde ihn nicht mehr auffordern, da er damit aus dem Kreis der Unterzeichner der gleichförmigen Eingabe nach Abs. 1 gänzlich ausgeschieden ist. Nicht in Betracht kommt auch derjenige, der nach Beendigung der Vertretungsmacht einen Bevollmächtigten i. S. d. § 14 bestellt hat und somit vertreten ist (vgl. Rn. 26).

Die Behörde hat den nicht mehr Vertretenen bei ihrer Aufforderung eine **angemessene** 29 **Frist** zu setzen. Was angemessen ist, ist nach den Umständen des Einzelfalles zu bemessen. Die Behörde wird dabei zu berücksichtigen haben, daß die Verständigung unter den einzelnen Unterzeichnern, auch wenn sie die gleichförmige Eingabe auf einer Unterschrift unterzeichnet haben, schwer fallen kann, da diese sich in der Regel nicht kennen. Unangemessener **Zeitdruck** darf daher von der Behörde nicht ausgeübt werden. Umgekehrt ist einer bewussten oder in Kauf genommenen **Verzögerung** entgegenzuwirken.

Die Behörde kann die Aufforderung **ortsüblich** (hierzu § 41 Rn. 159 ff.; im förmlichen 30 VwVf und im PlfV: öffentlich – vgl. § 63 Abs. 3, § 72 Abs. 2) bekannt machen, wenn – nunmehr nach der Änderung des Abs. 4 durch das GenBeschlG – mehr als 50 (bisher: 300) Personen aufzufordern sind. Zur Berechnung dieser Zahl jeweils dort.

Wenn der Aufforderung nicht fristgerecht entsprochen wird, kann die Behörde **von Amts** 31 **wegen** einen (oder mehrere) sachkundigen gemeinsamen Vertreter **bestellen.** Sie darf ihn im Hinblick auf §§ 20, 21 nicht aus den eigenen Reihen nehmen. Zu den Rechten und Pflichten des Vertreters sowie zu Haftungsfragen vgl. § 19 Rn. 3 ff. Zur Sachkunde § 18 Rn. 9.

Auch wenn die Behörde nach Abs. 4 Satz 2 einen Vertreter bestellt, bleibt das Austrittsrecht 32 des einzelnen Vertretenen nach Abs. 3 Satz 1 bestehen.

VII. Landesrecht

Die Länder haben in ihren VwVfGen dem § 17 entsprechende Regelungen; Abweichungen 33 zu Abs. 4 enthält aber das VwVfG von Hamburg (Textnachweise in Teil III). Zusätzlich sind spezialgesetzliche Sonderregelungen bei landesrechtlichen förmlichen Verfahren und PlfV entsprechend §§ 63 Abs. 3, 67 Abs. 1, 69 Abs. 2, 72 Abs. 2, 73 Abs. 5, 74 Abs. 5 (Näheres jeweils dort) zu beachten.

VIII. Vorverfahren

§ 17 ist auch im Vorverfahren anwendbar. Die Rechtswirkungen des § 17 enden grundsätz- 34 lich mit Abschluss des VwVf, also mit dem Erlass des VA oder dem Abschluss des ör Vertrags, gelten also regelmäßig **nicht** für ein **nachfolgendes Widerspruchs- oder Klageverfahren.** Hierfür bedarf es in aller Regel einer zusätzlichen Vereinbarung oder ausdrücklichen Beauftragung. Eine formularmäßige Vertretungsbefugnis „für alle Verfahren(-sabschnitte)" (oder ähnlich) reicht ohne zusätzliche und unzweifelhafte Bevollmächtigung für die Zeit nach Abschluss des VwVf nicht aus; vgl. hierzu noch § 14 Rn. 13.[32]

§ 18 Vertreter für Beteiligte bei gleichem Interesse

(1) [1]Sind an einem Verwaltungsverfahren mehr als 50 Personen im gleichen Interesse beteiligt, ohne vertreten zu sein, so kann die Behörde sie auffordern, innerhalb einer angemessenen Frist einen gemeinsamen Vertreter zu bestellen, wenn sonst die ordnungsmäßige Durchführung des Verwaltungsverfahrens beeinträchtigt wäre. [2]Kommen sie der Aufforderung nicht fristgemäß nach, so kann die Behörde von Amts wegen einen gemeinsamen Vertreter bestellen. [3]Vertreter kann nur eine natürliche Person sein.

---

[32] *Schmitt Glaeser*, FS Boorberg Verlag, S. 1, 8 ff.

(2) ¹Die Vertretungsmacht erlischt, sobald der Vertreter oder der Vertretene dies der Behörde schriftlich erklärt; der Vertreter kann eine solche Erklärung nur hinsichtlich aller Vertretenen abgeben. ²Gibt der Vertretene eine solche Erklärung ab, so soll er der Behörde zugleich mitteilen, ob er seine Eingabe aufrechterhält und ob er einen Bevollmächtigten bestellt hat.

Vergleichbare Vorschriften: § 67a VwGO.

Abweichendes Landesrecht: Vgl. Rn. 11; ferner Übersicht zu Änderungen der LVwVfGe im Dritten Teil dieses Kommentars.

Entstehungsgeschichte: Bis zum Inkrafttreten des VwVfG vgl. § 17 der 6. Auflage.

Literatur: vgl. § 17.

Übersicht

	Rn.
I. Allgemeines	1
II. Die Anwendungsvoraussetzungen (Abs. 1)	3
III. Erlöschen der Vertretungsmacht (Abs. 2)	10
IV. Landesrecht	11
V. Vorverfahren	12

I. Allgemeines

1   Wie § 17 ist auch § 18 für die sog. **echten Massenverfahren** (§ 17 Rn. 6) geschaffen worden, um die **Zahl der Personen** zu begrenzen, mit denen sich die Behörde in einem VwVf unmittelbar auseinanderzusetzen hat. Sie verfolgt die gleiche Tendenz wie § 17 und ist inhaltlich inzwischen durch das 4. VwGOÄndG als § 67a VwGO auch in das gerichtliche Massenverfahren übernommen. Die Voraussetzungen für eine Anwendung des § 18 sind jedoch im Vergleich zu § 17 in zwei Punkten grundsätzlich verschieden: § 18 knüpft im Gegensatz zu § 17 nicht an die Gleichheit der äußeren Form an, sondern an das **inhaltlich gleiche Interesse,** das in den Einwendungen zum Ausdruck kommt. Im Gegensatz zu § 17 bezieht sich § 18 andererseits aber nur auf solche Einwender, bei denen feststeht, daß sie als geborene oder hinzugezogene **Beteiligte** am VwVf i. S. d. § 13 anzusehen sind. Insofern ist § 18 eine Ergänzung zu § 13 und hat einen engeren Anwendungsbereich als § 17, denn er setzt voraus, daß Dritte von Amts wegen auf Antrag zu dem Verfahren bereits tatsächlich hinzugezogen worden sind (hierzu § 17 Rn. 10). Zusätzlich ist eine Gefährdung der ordnungsmäßigen Durchführung eines VwVf Voraussetzung für eine Anwendung des § 18 (hierzu Rn. 3ff.). Zu verfassungsrechtlichen Fragen vgl. § 17 Rn. 8, 24; § 19 Rn. 9.

2   § 18 ist nur in einem **VwVf i. S. v. § 9** anwendbar; dazu gehören auch die besonderen Verfahrensarten der **§§ 63ff., 71a–e** und **72ff.,** § 18 kommt daher auch dann zur Anwendung, wenn die Behörde Dritte nach §§ 67 Abs. 1, 73 Abs. 6 zum Erörterungstermin anhören will.

II. Die Anwendungsvoraussetzungen (Absatz 1)

3   Voraussetzung für ein Vorgehen nach § 18 ist, daß die Einwender **Beteiligte** im Sinne des § 13 sind. In der Regel wird es sich um Beteiligte nach § 13 Abs. 2 Satz 1 handeln, nämlich um Personen, deren rechtliche Interessen durch den Ausgang des Verfahrens (etwa die Genehmigung einer Anlage nach § 10 BImSchG),[1] berührt werden können und die von der Behörde deshalb zum Verfahren von Amts wegen oder auf Antrag hinzugezogen worden sind. Die Einwender werden hier – sofern die Behörde eine Aufforderung nach § 18 erlässt – als Beteiligte angesehen, obwohl sie streng genommen nach § 13 Abs. 1 Nr. 4 von der Behörde zunächst durch einen gesonderten, förmlichen Akt hätten herangezogen werden müssen. Heranziehung

---

[1] Hierzu *OVG Lüneburg* UPR 1988, 309.

nach § 13 Abs. 1 Nr. 4 und Vorgehen nach § 18 können, müssen aber nicht uno actu erfolgen.[2] Einer förmlichen Heranziehung nach § 13 Abs. 2 bedarf es nicht, sofern in der Aufforderung nach § 18 Abs. 1 implicit der Beteiligungswille der Behörde hinreichend deutlich zum Ausdruck kommt. Das ist der Fall, wenn Einwender und Betroffene zu eine Anhörung, Erörterung o. ä. in einem förmlichen oder beschleunigten Verfahren oder PlfV geladen worden sind (§§ 67 Abs. 1, 73 Abs. 6).[3]

Die Beteiligung muss im **gleichen Interesse** erfolgen. Dies ist dann gegeben, wenn die Einwendungen **inhaltlich auf dasselbe Ziel** gerichtet sind.[4] Zwar sind bei einer derartigen verbindenden Zielsetzung Meinungsverschiedenheiten in Einzelfragen nicht schlechthin ausgeschlossen,[5] doch ist der Begriff des gleichen Interesses eng auszulegen. Besteht bei Aufgeforderten zwar **im Ergebnis** Einigkeit über das zu erreichende Ziel (etwa Verhinderung des Baus einer Anlage), wird in rechtlicher oder tatsächlicher Hinsicht aber in wesentlichen Punkten **unterschiedlich argumentiert,** so sind die Voraussetzungen für eine Bündelung nach § 18 nicht ohne weiteres gegeben. Ggfs. muss die Behörde für ein faires Verfahren verschiedene Gruppen von Beteiligten bilden, bei denen jeweils getrennt § 18 zu Anwendung kommt. 4

Die **Zahlengrenze** von mehr als 50 Personen als Voraussetzung für die Anwendung des § 18 ist die gleiche wie in § 17 (dort Rn. 13 ff.). 5

Einbezogen in ein Vorgehen nach § 18 kann nur werden, wer im gleichen Interesse beteiligt ist, **ohne vertreten zu sein.** Vertreten ist, wer von sich aus für das Verfahren einen Bevollmächtigten bestellt hat (§ 14); vertreten ist auch, wer durch die Behörde bereits in eine (fingierte) Vertretung nach § 17 einbezogen worden ist.[6]

Die Behörde darf nach § 18 nur vorgehen, wenn sonst die **ordnungsmäßige Durchführung des Verwaltungsverfahrens (konkret) beeinträchtigt wäre.** Die Behörde muss also in jedem Einzelfalle prüfen, ob es ihre Arbeitskapazität nicht doch zuließe, auf ein Vorgehen nach § 18 zu verzichten; dabei sind auch mögliche organisatorische Maßnahmen wie Einsatz zusätzlicher Arbeitskräfte oder Zurückstellen weniger wichtiger Arbeiten in Betracht zu ziehen. Außerdem muss durch die Vertreterbestellung der **Beeinträchtigungseffekt ganz oder zumindest teilweise beseitigt** werden. Selbst wenn dies bei Anlegung eines strengen Maßstabs bejaht wird, hat die Behörde im Rahmen des ihr eingeräumten **Ermessens** (§ 40) zu prüfen, ob sie nicht von dem Bündelungsversuch der Aufforderung zur Vertreterbestellung absieht und gewisse zusätzliche Belastungen durch eine größere Zahl von Beteiligten in Kauf nimmt. 6

Die Behörde kann nach § 18 die Beteiligten (in der Regel schriftlich) **auffordern,** innerhalb angemessener Frist einen gemeinsamen Vertreter zu bestellen. Dies ist in jedem Falle erforderlich, bevor die Behörde nach Satz 2 von sich aus einen Vertreter bestellen darf. Die Aufforderung ist an jeden **einzelnen** zu richten, da Namen und Anschriften der Behörde bekannt sind; Ersatzformen – etwa durch öffentliche oder ortsübliche Bekanntmachung – sind, wie sich aus dem Fehlen einer dem § 17 Abs. 4 Satz 2 entsprechenden Regelung ergibt, nicht zulässig,[7] auch wenn dies praktisch und/oder rechtspolitisch erwünscht sein mag.[8] Durch diese Regelung soll sichergestellt werden, daß Beteiligte unmittelbar und selbst angesprochen werden, damit sie sich über eine eigene Beteiligung oder eine Bevollmächtigung (§ 14) schlüssig werden können. Die Aufforderung zur Vertreterbestellung ist nach Maßgabe des **§ 44 a VwGO** regelmäßig nur mit der Sachentscheidung selbst anfechtbar. Der Vertreter muss **gemeinsamer** Vertreter **aller** von der Behörde aufgeforderten Beteiligten sein. Wie bei § 17 kann auch hier Vertreter nur eine **natürliche Person** sein (Abs. 1 Satz 3, hierzu § 17 Rn. 18). Es können auch **mehrere** gemeinsame Vertreter benannt werden. Kommt nur ein Teil der Aufgeforderten der Aufforderung nach, kann die Behörde insoweit nach Satz 2 vorgehen. 7

Zur Bestellung des Vertreters hat die Behörde den Aufgeforderten eine **angemessene Frist** einzuräumen. Sie wird dabei in Rechnung stellen müssen, daß die Aufgeforderten in der Regel 8

---

[2] Vgl. *Clausen* in Knack § 18 Rn. 5; *Meyer/Borgs* § 18 Rn. 1.
[3] Ebenso *Ule/Laubinger* § 45 Rn. 28.
[4] *Ule/Laubinger* § 45 Rn. 28; *Henle* DVBl 1983, 780, 785; *Kopp/Ramsauer* § 18 Rn. 7, 8; *Clausen* in Knack § 18 Rn. 6.
[5] *Clausen* in Knack § 18 Rn. 6.
[6] *Meyer/Borgs* § 18 Rn. 3.
[7] *Clausen* in Knack § 18 Rn. 10; *Ule/Laubinger* § 45 Rn. 29.
[8] So *Henle* DVBl 1983, 780, 785.

keinen Kontakt miteinander haben werden, sie andererseits aber in die Lage versetzt werden müssen, einen gemeinsamen Vertreter zu bestimmen. Die Frist ist großzügig zu bemessen, denn die Behörde kann nicht die organisatorischen Schwierigkeiten, denen sie durch ihr Vorgehen nach § 18 entgehen möchte, den Beteiligten aufbürden. § 18 ist kein Mittel zur Behinderung von Beteiligungsrechten. Zur Angemessenheit der Frist ferner § 17 Rn. 27.

9   Erst wenn die Aufforderung an die Beteiligten, einen gemeinsamen Vertreter zu bestellen, nicht zum Erfolg geführt hat, kann die Behörde von sich aus einen oder mehrere Vertreter (nur eine natürliche Person, **Abs. 1 Satz 3**) bestellen. Vertreter kann ein Rechtsanwalt sein; die Behörde kann aber auch jede andere **sachkundige Person**, die sie für geeignet hält, auswählen. Sie wird, schon um Fälle des Abs. 2 zu vermeiden, die Auswahl insbesondere unter den Gesichtspunkten der Kenntnis der anstehenden Materie, der Lokalkenntnis und eines zu vermutenden Vertrauens der Vertretenen treffen. Sie ist wegen des Gebots rechtsstaatlichen, fairen Verfahrens (§ 1 Rn. 39 ff.; § 9 Rn. 49 ff.) zu einer sachgerechten Bestellung verpflichtet; sachunkundige, unwillige oder ersichtlich einseitige Vertreter dürfen grundsätzlich nicht bestellt werden (§ 19 Rn. 3 ff.).

III. Erlöschen der Vertretungsmacht (Abs. 2)

10 Abs. 2 stimmt wörtlich mit § 17 Abs. 3 überein. Wegen der Einzelheiten, auch zu verfassungsrechtlichen Aspekten vgl. § 17 Rn. 24; § 19 Rn. 9. Eine dem § 17 Abs. 3 entsprechende Vorschrift ist in § 18 nicht aufgenommen worden. Die Behörde hat jedoch gleichwohl die Möglichkeit, wenn der Vertreter die Vertretung niedergelegt hat oder diese anderweitig erloschen ist, nochmals nach Abs. 1 vorzugehen, wenn sie das für sinnvoll erachtet.

IV. Landesrecht

11 § 18 ist (bis auf Hamburg) in den VwVfGen der Länder enthalten.

V. Vorverfahren

12 § 18 ist auch im Vorverfahren anwendbar (§ 79); vgl. hierzu § 17 Rn. 34.

§ 19 Gemeinsame Vorschriften für Vertreter bei gleichförmigen Eingaben und bei gleichem Interesse

(1) ¹Der Vertreter hat die Interessen der Vertretenen sorgfältig wahrzunehmen. ²Er kann alle das Verwaltungsverfahren betreffenden Verfahrenshandlungen vornehmen. ³An Weisungen ist er nicht gebunden.

(2) § 14 Abs. 5 bis 7 gilt entsprechend.

(3) ¹Der von der Behörde bestellte Vertreter hat gegen deren Rechtsträger Anspruch auf angemessene Vergütung und auf Erstattung seiner baren Auslagen. ²Die Behörde kann von den Vertretenen zu gleichen Anteilen Ersatz ihrer Aufwendungen verlangen. ³Sie bestimmt die Vergütung und stellt die Auslagen und Aufwendungen fest.

Abweichendes Landesrecht: Vgl. Rn. 13; ferner Übersicht zu Änderungen der LVwVfGe im Dritten Teil dieses Kommentars.

Entstehungsgeschichte: Bis zum Inkrafttreten des VwVfG vgl. § 17 der 6. Auflage.

Literatur: vgl. § 17.

Übersicht

	Rn.
I. Allgemeines	1
II. Rechte und Pflichten des Vertreters im Verfahren (Abs. 1)	3
III. Zurückweisung von Vertretern (Abs. 2)	10
IV. Vergütungs- und Erstattungsanspruch (Abs. 3)	11
V. Landesrecht	13
VI. Vorverfahren	14

I. Allgemeines

Die Vorschrift regelt **Rechte und Pflichten** gemeinsamer Vertreter nach § 17 und § 18. Sie gilt einmal für den Vertreter bei gleichförmigen Eingaben, gleichgültig ob er nach § 17 Abs. 1 Satz 1 als Vertreter gilt oder nach § 17 Abs. 4 von den Einwendern oder der Behörde als Vertreter bestellt ist. Sie gilt zum anderen bei Beteiligung im gleichen Interesse für den Vertreter, der nach § 18 Abs. 1 von den Beteiligten oder der Behörde bestellt worden ist. 1

Die zusammenfassende Regelung der Rechtsstellung in § 19 beruht darauf, daß das Gesetz den Vertreter in allen genannten Fällen vorsieht, um die Zahl der Personen, mit denen sich die Behörde unmittelbar auseinanderzusetzen hat, zu verringern, und daß deshalb seine rechtliche Stellung notwendig eine andere als die des Vertreters nach § 16 und des Bevollmächtigten nach § 14 sein musste und daher besonderer Regelung bedurfte.

Durch die umfassende Befugnis und das ihm kraft Gesetzes zustehende **freie Mandat** des Vertreters tritt zwar eine weitgehende „Entmündigung" der Vertretenen ein; dies wird aber durch das **jederzeitige Austrittsrecht** für sie nach § 17 Abs. 2, § 18 Abs. 2 ausgeglichen. **Verfassungsrechtliche Bedenken** gegen die rechtspolitisch möglicherweise nicht optimale Regelung greifen daher im Ergebnis **nicht** durch (Rn. 9). 2

II. Rechte und Pflichten des Vertreters im Verfahren (Abs. 1)

Die Rechtsstellung des gemeinsamen Vertreters in den Fällen der §§ 17, 18 ist diejenige eines **gesetzlichen Vertreters,** nicht also die eines Bevollmächtigten i. S. v. § 14,[1] einerlei, ob er von den Vertretenen als selbst bestimmt gilt (§ 17 Abs. 1) bzw. von ihnen bestellt ist (§ 17 Abs. 4 Satz 1, § 18 Abs. 1 Satz 1) oder aber von der Behörde bestellt wurde (§ 17 Abs. 4 Satz 3, § 18 Abs. 1 Satz 2). Ist der Vertreter von dem Vertretenen bestimmt, so richten sich die Rechte und Pflichten nach dem zugrundeliegenden (zivilrechtlichen) Rechtsverhältnis, i. d. R. also unentgeltlicher Auftrag (§§ 662 ff. BGB) oder entgeltliche Geschäftsbesorgungsvertrag (§§ 675, 670, 612, 632 BGB) mit den daraus ggfs. ergebenden Haftungsfolgen. Entsprechendes gilt im Falle einer Bestellung durch die Behörde (zum Vergütungsanspruch vgl. Rn. 11 ff.). 3

Im Gegensatz zu § 16 Abs. 4 erklärt § 19 nicht die Vorschriften über die Pflegschaft oder Betreuung anwendbar. Er umschreibt vielmehr Rechte und Pflichten des Vertreters unmittelbar. Der Vertreter hat die Interessen der Vertretenen **sorgfältig wahrzunehmen (Satz 1)**. Er darf sich also nicht – womöglich im Vertrauen auf seine Weisungsungebundenheit – darauf beschränken, beiläufig zu agieren, sondern hat sich in die von ihm vertretende Sache einzuarbeiten und sorgfältig abzuwägen, welches Vorgehen innerhalb des VwVf den Interessen der von ihm Vertretenen am ehesten dienlich ist. Auch **einseitig** aus der Sicht der Beteiligten, Betroffenen oder Einwender orientiertes Handelns zur Wahrung ihrer privaten Rechte und Interessen ist zulässig; allein am öffentlichen Interesse ausgerichtete Tätigkeit darf von ihm (wie auch sonst bei Bevollmächtigten nach § 14) nicht erwartet werden. In der Wahl der Mittel zur Wahrnehmung der Interessen ist er jedoch im Übrigen weitgehend frei. 4

Bei der Sorgfaltspflicht des Vertreters handelt es sich bei einer Bestellung durch die Vertretenen ihnen gegenüber um eine **privatrechtliche Verpflichtung,** nicht um eine Amtspflicht, 5

---

[1] Ebenso *Clausen* in Knack § 19 Rn. 4; *Meyer/Borgs* § 19 Rn. 4; *Ule/Laubinger* § 45 Rn. 33; *Henle* DVBl 1983, 780, 786: Vertretung sui generis.

deren Verletzung öffentlich-rechtliche Haftungsansprüche auslösen könnte. Anders ist es bei der **Haftung** der Behörde im Zusammenhang mit der Bestellung des Vertreters nach Abs. 3; insoweit kann sie bei nicht sachgerechter Auswahl eines ungeeigneten Vertreters auch ihnen gegenüber bestehende Amtspflichten verletzen, so daß Ansprüche aus Art. 34 GG i. V. m. § 839 BGB entstehen können.[2]

6   Der Vertreter kann ferner **alle das VwVf betreffenden Verfahrenshandlungen vornehmen (Satz 2)**. Er tritt in vollem Umfang an die Stelle des Vertretenen und kann insbesondere Anträge aller Art stellen, Tatsachen vortragen, Beweismittel vorschlagen etc.; auch verfahrensbeendende Erklärungen gehören dazu.[3] Der durch ihn Vertretene hat daneben kein eigenes Antragsrecht,[4] auch kein Recht auf Akteneinsicht (§ 29 Abs. 1 Satz 3). Die ausdrückliche Hervorhebung des fehlenden Akteneinsichtsrechts in § 29 Abs. 1 Satz 3 trägt nur der besonderen Bedeutung dieses Punktes Rechnung und lässt nicht den Umkehrschluss zu, daß im Übrigen die Rechte des Vertretenen bestehen bleiben sollen.[5] Die Behörde bleibt aber befugt, sich im Rahmen der Mitwirkungspflicht der Beteiligten nach § 26 Abs. 2 auch unmittelbar an den Vertretenen zu wenden.[6]

7   Den das VwVf abschließenden VA kann die Behörde nicht gegenüber dem Vertreter mit Wirkung für den Betroffenen **bekannt geben** (vgl. § 41 Abs. 1 Satz 2, wo der Bevollmächtigte, nicht aber der Vertreter nach §§ 17 ff. genannt ist). Diese Unterscheidung war gewollt (vgl. § 41 Rn. 38).[7] Dies beruht darauf, daß die Behörde dadurch den ihr entstehenden Verwaltungsaufwand auf den Vertreter abwälzen würde. Es kann nicht verkannt werden, daß der Vereinfachungseffekt für die Behörden dadurch aber gerade oft nicht eintritt. Sie wird für die wichtigsten Fälle ohnehin von der öffentlichen Bekanntmachung Gebrauch zu machen haben (§ 69 Abs. 2 Satz 2 und Abs. 3 Satz 2, § 74 Abs. 1 Satz 2 und Abs. 5 Satz 1). Der Vertretene kann, da er nur für des VwVf Befugnisse hat, weder **Widerspruch noch Klage** erheben, sofern nichts anderes vereinbart ist (vgl. § 17 Rn. 34).

8   Der Vertreter ist an **Weisungen nicht gebunden (Satz 3)**. Auch diese Regelung beruht auf der Erwägung, daß nur bei einem freien Mandat die faktische Handlungsfähigkeit des Vertreters gewährleistet ist. Im übrigen bleibt der Vertreter zu **Information** und zu **Kontakten** im Innenverhältnis verpflichtet, soweit dies nach den Umständen des Einzelfalls bei der Vielzahl der Vertretenen möglich und der Sache nach angemessen ist.

9   Obwohl die Vorschrift dem Bürger kein Weisungsrecht gegenüber dem Vertreter gibt, ist sie im Ergebnis **verfassungsrechtlich nicht zu beanstanden:** Einmal hat der Bürger die Möglichkeit, bei der **Auswahl** des Vertreters mitzuwirken. Zum anderen kann er, wenn die Tätigkeit des Vertreters nicht seinen Vorstellungen entspricht, aus der Vertretensregelung jederzeit nach § 17 Abs. 3 oder § 18 Abs. 2 ausscheiden. Auch für die Erklärung, aus dem VwVf überhaupt **ausscheiden** zu wollen, bedarf es nicht der Mitwirkung des Vertreters.[8] Verfassungsrechtliche Bedenken auch unter dem Gesichtspunkt des Art. 19 Abs. 4 GG bestehen daher nicht.[9]

Dass der Vertreter an Weisungen nicht gebunden ist, schließt nicht aus, daß er, mit den von ihm Vertretenen in Verbindung tritt und ihre Weisungen einholt.

III. Zurückweisung von Vertretern (Abs. 2)

10   Ein Vertreter nach §§ 17 ff. kann von der federführenden Behörde ebenso wie ein Bevollmächtigter oder Beistand zurückgewiesen werden. Abs. 2 verweist auf § 14 Abs. 5 bis 7 (§ 19 Abs. 2 HmbVwVfG auf § 14 Abs. 5 HmbVwVfG).

---

[2] Rn. 3; ähnlich *Kopp/Ramsauer* § 19 Rn. 9.
[3] Ebenso *Clausen* in Knack § 19 Rn. 4; *Kopp/Ramsauer* § 19 Rn. 5; *Ule/Laubinger* § 45 Rn. 33.
[4] *Clausen* in Knack § 19 Rn. 5; *Kopp/Ramsauer* § 19 Rn. 5.
[5] *Meyer/Borgs* § 19 Rn. 4.
[6] *Clausen* in Knack § 19 Rn. 6; *Kopp/Ramsauer* § 19 Rn. 5.
[7] *Ziekow* § 19 Rn. 4; *Riedl* in Obermayer § 19 Rn. 20; a. A. *Clausen* in Knack § 19 Rn. 4; *Kopp/Ramsauer* § 19 Rn. 4; *Meyer/Borgs* § 19 Rn. 4, die hierin ein gesetzgeberisches Versehen sehen.
[8] *Kopp/Ramsauer* § 19 Rn. 7; *Clausen* in Knack § 19 Rn. 7.
[9] So auch *Schleicher* DÖV 1976, 550; a. A. *Blümel*, FS Werner Weber, 1974, S. 539 ff.; vgl. auch *Redeker* ZPR 1976, 163.

IV. Vergütungs- und Erstattungsanspruch (Abs. 3)

Abs. 3 entspricht weitgehend § 16 Abs. 3. Auf die dortige Kommentierung (Rn. 29 ff.) wird **11** verwiesen. Der Anspruch nach Abs. 3 Satz 1 entsteht regelmäßig aus einem **Auftragsverhältnis** zwischen Behörde und Vertreter, er richtet sich gegen den Rechtsträger der Behörde, die um die Bestellung ersucht hat (§ 80c Abs. 3 LVwG SchlH: Träger der öffentlichen Verwaltung) und steht nur dem **von der Behörde bestellten,** nicht dem von den Einwendern nach § 17 Abs. 1 benannten oder nach § 17 Abs. 4 bestellten oder dem nach § 18 Abs. 1 von den Beteiligten bestellten Vertreter zu. Ob in den zuletzt genannten Fällen ein Anspruch gegenüber den Vertretenen besteht, lässt das Gesetz offen; dies hängt von dem zivilrechtlichen Rechtsverhältnis ab, das zwischen Vertretenen und Vertreter im Einzelfall besteht und entzieht sich deshalb allgemeingültiger Beurteilung. Ob ein Vergütungsanspruch besteht, richtet sich nach BGB, so dass nach Maßgabe des Einzelfalls z. B. ein unentgeltlicher Auftrag (§ 662 BGB) oder entgeltlicher Geschäftsbesorgungsvertrag (§§ 675, 670, 612, 632 BGB) in Betracht kommen kann. **Honorarvereinbarungen** in diesen Fällen sind grundsätzlich zulässig, müssen aber ausdrücklich und gesondert erfolgen. Der Gesetzgeber wollte mit dem Anspruch für den von der Behörde bestellten Vertreter dieser eine Möglichkeit geben, bei der Suche nach einem geeigneten Vertreter einen – wenn auch geringen – **materiellen Anreiz** zu bieten. Einen geeigneten Vertreter zu gewinnen, wäre der Behörde nicht oder nur unter großen Schwierigkeiten möglich, wenn sie den als Vertreter in Aussicht Genommenen darauf verweisen müsste, Vergütungen und Auslagen unmittelbar von den – unter Umständen sehr zahlreichen – Vertretenen einzutreiben.[10] Doppel- und Mehrfachhonorare sind zu vermeiden.

Die Behörde kann nach Abs. 3 Satz 2 von den Vertretenen in der Regel **zu gleichen Anteilen** Ersatz ihrer Aufwendungen verlangen.[11] Es handelt sich um eine Ermessensentscheidung **12** (§ 40) für die Behörde, so dass sie keine Rechtspflicht hat, Aufwendungsersatz zu verlangen. Dass eine Ersatzleistung gegenüber der Behörde normalerweise die Vertretenen zu gleichen Teilen trifft, rechtfertigt sich daraus, dass es sich um gleichförmige Eingaben oder um Beteiligungen bei gleichem Interesse handelt, was im Zweifel eine sinnvolle und praktikable Differenzierung nicht möglich macht.[12]

V. Landesrecht

Die Länder haben in ihren VwVfGen dem § 19 entsprechende Regelungen, teils mit geringfügigen Abweichungen oder Klarstellungen (Rn. 10, 11). **13**

VI. Vorverfahren

§ 19 ist auch im Vorverfahren anwendbar (§ 79). Zu den zeitlichen Grenzen der Rechtswirkungen der §§ 17–19 vgl. § 17 Rn. 34. **14**

§ 20 Ausgeschlossene Personen

(1) ¹In einem Verwaltungsverfahren darf für eine Behörde nicht tätig werden,
1. wer selbst Beteiligter ist;
2. wer Angehöriger eines Beteiligten ist;
3. wer einen Beteiligten kraft Gesetzes oder Vollmacht allgemein oder in diesem Verwaltungsverfahren vertritt;
4. wer Angehöriger einer Person ist, die einen Beteiligten in diesem Verfahren vertritt;

---

[10] Bericht BT-IA, BT-Drs. 7/4494 zu § 19.
[11] Wie hier: *Clausen* in Knack § 19 Rn. 11.
[12] Ähnlich *Kopp/Ramsauer* § 19 Rn. 15.

§ 20

5. wer bei einem Beteiligten gegen Entgelt beschäftigt ist oder bei ihm als Mitglied des Vorstands, des Aufsichtsrates oder eines gleichartigen Organs tätig ist; dies gilt nicht für den, dessen Anstellungskörperschaft Beteiligte ist;
6. wer außerhalb seiner amtlichen Eigenschaft in der Angelegenheit ein Gutachten abgegeben hat oder sonst tätig geworden ist.

²Dem Beteiligten steht gleich, wer durch die Tätigkeit oder durch die Entscheidung einen unmittelbaren Vorteil oder Nachteil erlangen kann. ³Dies gilt nicht, wenn der Vor- oder Nachteil nur darauf beruht, dass jemand einer Berufs- oder Bevölkerungsgruppe angehört, deren gemeinsame Interessen durch die Angelegenheit berührt werden.

(2) Absatz 1 gilt nicht für Wahlen zu einer ehrenamtlichen Tätigkeit und für die Abberufung von ehrenamtlich Tätigen.

(3) Wer nach Absatz 1 ausgeschlossen ist, darf bei Gefahr im Verzug unaufschiebbare Maßnahmen treffen.

(4) ¹Hält sich ein Mitglied eines Ausschusses (§ 88) für ausgeschlossen oder bestehen Zweifel, ob die Voraussetzungen des Absatzes 1 gegeben sind, ist dies dem Vorsitzenden des Ausschusses mitzuteilen. ²Der Ausschuss entscheidet über den Ausschluss. ³Der Betroffene darf an dieser Entscheidung nicht mitwirken. ⁴Das ausgeschlossene Mitglied darf bei der weiteren Beratung und Beschlussfassung nicht zugegen sein.

(5) ¹Angehörige im Sinne des Absatzes 1 Nr. 2 und 4 sind:
1. der Verlobte,
2. der Ehegatte,
3. Verwandte und Verschwägerte gerader Linie,
4. Geschwister,
5. Kinder der Geschwister,
6. Ehegatten der Geschwister und Geschwister der Ehegatten,
7. Geschwister der Eltern,
8. Personen, die durch ein auf längere Dauer angelegtes Pflegeverhältnis mit häuslicher Gemeinschaft wie Eltern und Kind miteinander verbunden sind (Pflegeeltern und Pflegekinder).

²Angehörige sind die in Satz 1 aufgeführten Personen auch dann, wenn
1. in den Fällen der Nummern 2, 3 und 6 die die Beziehung begründende Ehe nicht mehr besteht;
2. in den Fällen der Nummern 3 bis 7 die Verwandtschaft oder Schwägerschaft durch Annahme als Kind erloschen ist;
3. im Falle der Nummer 8 die häusliche Gemeinschaft nicht mehr besteht, sofern die Personen weiterhin wie Eltern und Kind miteinander verbunden sind.

Vergleichbare Vorschriften: §§ 82, 84 AO; § 16 SGB X; ferner Rn. 2, 3.

Abweichendes Landesrecht: Vgl. Rn. 68; ferner Übersicht zu Änderungen der LVwVfGe im Dritten Teil dieses Kommentars.

Entstehungsgeschichte: Bis zum Inkrafttreten des VwVfG vgl. § 20 der 6. Auflage. **Änderungen:** Die im Entwurf 73 vorgesehene und bei der Verabschiedung des VwVfG beibehaltene frühere Nummer 8 („Personen, die durch Annahme an Kindes Statt miteinander verbunden sind") wurde durch Art. 7 Nr. 4 des Gesetzes über die Annahme als Kind und zur Änderung anderer Vorschriften (Adoptionsgesetz) vom 2. Juli 1976 (BGBl. I S. 1749) gestrichen. Auf der Änderung durch das Adoptionsgesetz beruht auch die jetzige Fassung des Satzes 2.

Literatur: *Haueisen,* Die Bedeutung der Interessenkollision im Verwaltungsrecht, DVBl 1950, 774; *von Turegg,* Verwaltungsentscheidungen in eigener Sache, NJW 1955, 81; *Marré,* Befangenheit im Verwaltungsverfahren, 1960; *Wimmer,* Der befangene Amtsträger im behördlichen Verfahren, MDR 1962, 11; *Dagtoglou,* Befangenheit und Funktionshäufung in der Verwaltung, FS Forsthoff, 1967, S. 65; *Besche,* Die Besorgnis der Befangenheit im Verwaltungsverfahren – insbesondere im Prüfungswesen, DÖV 1972, 636; *Stahl,* Der Interessenwiderstreit im Gemeinderecht, DVBl 1972, 768; *von Mutius,* Voraussetzungen und Rechtsfolgen der Interessenkollision bei Mitwirkung an Entscheidungen im Bereich der kommunalen Bauleitplanung, VerwArch 65 (1974), 429; *Kirchhof,* Die Bedeutung der Unbefangenheit für die Verwaltungsentscheidung,

VerwArch 66 (1975), 370; *Foerster,* Ausschluß wegen Interessenkollision und Befangenheit von Organwaltern, SKV 1975, 11; *Wenzel,* Amtsausübung und Interessenkollision, DÖV 1976, 411; *Schmitt-Vockenhausen,* Befangenheit im Kommunalrecht unter Berücksichtigung des VwVfG, Städte- und Gemeindebund, 1978, 224; *Thelen,* Die Ausschließung und die Besorgnis der Befangenheit von Mitgliedern des Widerspruchsausschusses, DAngVers 1980, 312; *Steimel,* Rechtsfolgen der Befangenheit von Mitgliedern eines Kollegialorgans, VR 1981, 381; *Borchmann,* Interessenkollision im Gemeinderecht, NVwZ 1982, 17; *Scheuing,* Der Amtskonflikt als Ausschlußgrund im Verwaltungsverfahrensrecht, NVwZ 1982, 487; *Wais,* Gefahr von Interessenkollisionen bei gleichzeitiger Wahrnehmung eines öffentlichen Amts und eines Aufsichtsratsmandats?, NJW 1982, 1263; *Osterloh,* Mitgliedschaft eines Amtsträgers im Organ eines Verfahrensbeteiligten als Ausschlußgrund im Verwaltungsverfahren, JuS 1983, 314; *Kopp,* Befangenheit öffentlicher Amtsträger gemäß § 20 Abs. 1 Nr. 5 VwVfG bei gleichzeitiger Wahrnehmung eines Aufsichtsratsmandats?, WuV 1983, 226; *ders.,* Die Anwendbarkeit des § 20 VwVfG auf die Mitwirkung privatrechtlich organisierter Träger öffentlicher Aufgaben an Verwaltungsverfahren, AgrarR 1984, 145; *Roeper,* Kommunale Befangenheit von Aufsichtsratsmitgliedern, MDR 1984, 632; *Achterberg,* Die Abstimmungsbefugnis des Abgeordneten bei Betroffenheit in eigener Sache, AöR 109 (1984), 505; *Peine,* Der befangene Abgeordnete, JZ 1985, 914; *Geiger,* Ausgeschlossene Personen im Verwaltungsverfahren, JA 1985, 169; *Jäde,* Befangenheit im Raumordnungsverfahren, BayVBl 1986, 614; *ders.,* Befangenheitsschranken behördlicher Beratungspflicht, BayVBl 1988, 264; *Foerster,* Die unentdeckte Befangenheit, VR 1987, 111; *Hassel,* Die Bedeutung des Unmittelbarkeitskriteriums für eine sachgerechte Anwendung der kommunalen Befangenheitsvorschrift, DVBl 1988, 711; *Zuck,* Befangenheit als Rechtsquelle fairen Verfahrens, DRiZ 1988, 172; *Hammer,* Interessenkollisionen des Verwaltungsverfahren, insbesondere der Amtskonflikt, 1989; *Trute/Pfeifer,* Schutz vor Interessenkollisionen im Rundfunkrecht: Zu § 53 NWLRG, DÖV 1989, 192; *Schink,* Befangenheit von Rats- und Ausschußmitgliedern, NWVBl 1989, 109; *Berkemann,* Fairneß als Rechtsprinzip, JR 1989, 221; *Broß,* Probleme des Kommunalrechts, 2. Befangenheit, VerwArch 80 (1989), 150; *Kazele,* Interessenkollision und Befangenheit im Verwaltungsrecht, 1990; *Kopp,* Die Neubewertung fehlerhaft bewerteter Prüfungsarbeiten, BayVBl 1990, 684; *Molitor,* Der Unmittelbarkeitsbegriff in der kommunalen Befangenheitsvorschrift und der Ausschluß bei der Flächennutzungsplanung, JA 1992, 303; *ders.,* Die Befangenheit von Gemeinderatsmitgliedern, Diss. Passau, 1993; *Hager,* Grundfragen der Befangenheit von Gemeinderäten, VBlBW 1994, 263; *Kösling,* § 21 VwVfG und der Rechtsschutz der Betroffenen, NVwZ 1994, 455; *Kopp,* Die Ablehnung befangener Amtsträger im Verwaltungsverfahrensrecht, BayVBl 1994, 109; *Glage,* Mitwirkungsverbote in den Gemeindeordnungen, 1995 (Göttinger Rechtswissenschaftliche Studien, Bd. 147); *Groß,* Das Kollegialprinzip in der Verwaltungsorganisation, 1999, S. 295; *Neßler,* Der Neutralitätsgrundsatz im Vergaberecht, NVwZ 1999, 1081; *Otting,* Chancengleichheit, Transparenz und Neutralitätsgebot im Vergaberecht, NJW 2000, 484; *Maier,* Befangenheit im Verwaltungsverfahren: die Regelungen der EU-Mitgliedstaaten im Rechtsvergleich, 2001; *v. Komorowski,* Das Beteiligungsverbot des § 20 VwVfG in der Planfeststellung, NVwZ 2002, 1455; *Stüer/Hönig,* Befangenheit in der Planfeststellung, DÖV 2004, 642; *Scholl,* Der private Sachverständige im Verwaltungsrecht, 2005, S. 459 ff.

Übersicht

	Rn.
I. Allgemeines	1
1. §§ 20, 21 als Ausdruck rechtsstaatlichen Verwaltungsverfahrens	1
a) Unbefangenheitsprinzip	1
b) Verfahrenspflichten für Behörden und Beteiligte	4
c) Individuelle/institutionelle Betätigungsverbote	8
d) Verhältnis zu § 21	9
2. Anwendungsbereich der §§ 20, 21	13
a) Ör Verwaltungstätigkeit	14
b) Prüfungs- und sonstige Leistungsbewertungen	16
c) Verwaltungsprivatrechtliche Behördentätigkeit	19
II. Unzulässiges Tätigwerden in einem Verwaltungsverfahren (Abs. 1 Satz 1)	20
1. Tätigkeit in einem Verwaltungsverfahren i. w. S.	20
2. für eine Behörde	26
3. Kausalzusammenhang	27
III. Die einzelnen Ausschlussgründe (Abs. 1 Satz 1 Nr. 1–6 und Sätze 2 und 3)	29
1. Eigene Beteiligung (Nr. 1)	29
2. Angehörigeneigenschaft (Nr. 2)	31
3. Vertretung (Nr. 3)	32
4. Angehörigeneigenschaft in Bezug auf Vertreter (Nr. 4)	34
5. Tätigkeit bei einem Beteiligten (Nr. 5)	35
6. Gutachter- oder sonstige private Tätigkeit (Nr. 6)	39
IV. Beteiligtengleiche Interessenkollisionen (Abs. 1 Satz 2 und 3)	41
1. Erlangung eines unmittelbaren Vor- oder Nachteils (Satz 2)	41
2. Gruppenvorteil (Satz 3)	46
V. Wahlen zu ehrenamtlicher Tätigkeit (Abs. 2)	48
VI. Gefahr im Verzug (Abs. 3)	51
VII. Sonderregelung für Ausschussmitglieder (Abs. 4)	53
VIII. Angehörigenbegriff (Abs. 5)	55

	Rn.
IX. Europarecht	67
X. Landesrecht	68
XI. Folgen eines Verstoßes gegen § 20	69
XII. Vorverfahren	71

I. Allgemeines

1. §§ 20, 21 als Ausdruck rechtsstaatlichen Verwaltungsverfahrens

1 a) **Unbefangenheitsprinzip.** In den §§ 20 und 21 wird als wesentlicher Bestandteil des **rechtsstaatlichen** (fairen, objektiven, unparteiischen, allein an Recht und Gesetz orientierten) **Verwaltungsverfahrens**[1] erstmals mit Geltung für das allgemeine Verwaltungsverfahrensrecht der von der Rechtsprechung und Wissenschaft bereits vor Inkrafttreten des VwVfG anerkannte,[2] in Einzelheiten aber umstritten gebliebene **Grundsatz** kodifiziert, dass in einem VwVf (hierzu Rn. 14 ff.) nur solche Personen für eine Behörde tätig werden dürfen, bei denen nicht Umstände vorliegen, die objektiv geeignet sind, **Misstrauen gegen ein neutrales, unparteiisches Verhalten** zu rechtfertigen. Der Bürger soll die Gewähr haben, dass die Entscheidung über seinen Fall allein nach Recht und Gesetz ergeht und an ihrer inhaltlichen Vorbereitung keine Personen teilnehmen, deren Unbefangenheit gegenüber der zu treffenden Entscheidung wegen mangelnder Distanz zum Gegenstand des Verfahrens gefährdet sein könnte (**Objektivitäts- und Unbefangenheitsprinzip**). Neben dieser für den beteiligten Bürger maßgeblichen Funktion soll das Unbefangenheitsprinzip ferner die Belange der Behörde durch die Vermeidung einer Kollision ihrer Interessen mit denen des Amtswalters wahren und auch den Amtswalter selbst vor Konflikten schützen.[3] § 20 enthält die **unwiderlegliche Vermutung** einer Interessenkollision und zugleich ein **gesetzliches Mitwirkungs- und Betätigungsverbot** für die davon betroffenen Personen.[4] Er kann weder einseitig noch einvernehmlich abbedungen oder sonst außer Betracht gelassen werden.

2 Der Grundsatz der §§ 20, 21 selbst ist nicht neu. Er findet sich bereits in einer Reihe von Gesetzen, insbesondere (wegen der größeren Gefahr von Interessenkollisionen im begrenzten Bereich kommunaler Selbstverwaltung) in den **Gemeindeordnungen** (vgl. z. B. § 25 GO He, § 26 GO Ns, § 35 GO RPf, §§ 22, 32 GO SchlH, § 23 GO NRW)[5] und **Beamtengesetzen** (§ 59 BBG), aber auch in anderen **Spezialgesetzen** (z. B. § 13 Abs. 3 KgfEG, § 43 SchwerbG). §§ 20, 21 enthalten damit auch eine eigenständige verwaltungsverfahrensrechtliche Ausprägung der hergebrachten Grundsätze des Berufsbeamtentums, wonach das Verwaltungshandeln sachgemäß, unparteiisch und objektiv zu sein hat und den **„bösen Schein"** möglicher Parteilichkeit vermeiden muss.[6] Zum Anwendungsbereich der §§ 20, 21 vgl. Rn. 13 ff.

3 §§ 20, 21 sind mit den prozessualen Vorschriften über Ausschluss und Ablehnung von **Richtern** (z. B. § 41 ff. ZPO, §§ 22 ff. StPO, § 54 VwGO, § 60 SGG, §§ 115 ff. FGO) tendenziell vergleichbar.[7] Auch mit diesen Vorschriften soll sichergestellt werden, dass an einem gerichtli-

---

[1] BVerfGE 52, 380, 390 = NJW 1980, 1153; BVerwGE 55, 355, 360 = NJW 1978, 2408; 70, 143, 151 = NVwZ 1985, 187; 75, 214, 230 = NVwZ 1987, 578; LKV 1996, 456; *Berkemann,* Fairness als Rechtsprinzip, JR 1989, 221; ferner hierzu § 1 Rn. 30 ff.; § 9 Rn. 46 ff.
[2] Hierzu BVerwGE 12, 273 = DÖV 1961, 901; 16, 150, 152 = NJW 1963, 1640; 29, 70 = MDR 1968, 524; 38, 105 = NJW 1971, 1957; 43, 42, 43 = ZBR 1970, 195; *Haueisen* DVBl 1950, 774; *v. Turegg* NJW 1955, 81; *Wimmer* MDR 1962, 11; *Dagtoglou,* FS Forsthoff, 1967, S. 65 ff.; *Kirchhof* VerwArch 66 (1975), 370 ff., jeweils m. w. N.
[3] Vgl. *Dagtoglou,* FS Forsthoff, 1967, S. 81; *Ule/Laubinger* § 12 Rn. 1; zusammenfassend *Kazele,* Interessenkollision und Befangenheit im Verwaltungsrecht, 1990.
[4] Vgl. BVerwGE 69, 256, 264 = NVwZ 1984, 718.
[5] Hierzu *Stahl* DVBl 1972, 768; *Schmitt-Vockenhausen,* Städte- und Gemeindebund 1978, 224; *Borchmann* NVwZ 1982, 17; *Hassel* DVBl 1988, 711; *Broß* VerwArch 80 (1989), 150; *Glage,* Mitwirkungsverbote in den Gemeindeordnungen, 1995.
[6] BVerfGE 9, 268, 286 = NJW 1959, 1171; 52, 380, 390 = NJW 1980, 1153; BVerwGE 69, 256 = NVwZ 1984, 718; 75, 214, 230 = NVwZ 1987, 578; NVwZ 1988, 66; BVerwGE 78, 347 = NVwZ 1988, 527, 530 = DÖV 1988, 560, 563; *VGH Mannheim* DVBl 1988, 1122; *OVG Lüneburg* NVwZ 1996, 606, 609, jeweils m. w. N.
[7] Vgl. *LSG Schleswig* NJW 1998, 2925.

chen Verfahren keiner als Richter oder in sonstiger Eigenschaft an der Entscheidung mitwirkt, dessen Objektivität oder Neutralität bezweifelt werden kann. Zeigt jemand im Wege **richterlicher Selbstanzeige** Umstände an, die seine Ablehnung rechtfertigen könnten, so darf das nicht als innerdienstlicher Vorgang behandelt werden; Art. 103 Abs. 1 GG gebietet vielmehr, dass die Anzeige den Verfahrensbeteiligten mitgeteilt und ihm Gelegenheit zur Äußerung gegeben wird.[8] Zur Mitteilung an die Beteiligten im Behördenverfahren vgl. Rn. 6.

b) Verfahrenspflichten für Behörden und Beteiligte. Während im gerichtlichen Verfahren den Verfahrensbeteiligten ein subjektives Ablehnungsrecht eingeräumt wird, enthalten die §§ 20 und 21 nicht unmittelbar Rechtsansprüche auf Ablehnung bestimmter Amtsverwalter einer Behörde, sondern richten sich einerseits an die Behörde und ihre Bediensteten. Die Behörde muss selbst nach objektiven Kriterien entscheiden, ob ein Ausschluss oder Befangenheitsgrund vorliegt oder nicht. Dies schließt wegen der Grundsätze des rechtsstaatlichen Verwaltungsverfahrens (§ 1 Rn. 30 ff.) und der **Mitwirkungspflichten** des Beteiligten im Verfahren nicht aus, dass sich ein Beteiligter **vor der Entscheidung** des VwVf auf einen Ausschluss oder Befangenheitsgrund beruft und entsprechende **Anträge** stellt; er kann unter Umständen dazu sogar verpflichtet sein, wenn er Rechtsnachteile vermeiden will.[9] Die Behörde wird sich damit gesondert oder in ihrer Entscheidung, insbesondere dem VA, auseinanderzusetzen haben. Auch **nachträgliche** Ablehnungs- oder Ausschlussgesuche sind bei unentdeckter Befangenheit grundsätzlich zulässig und im Rahmen eine Rechtmäßigkeitskontrolle der angegriffenen Entscheidung zu prüfen und zu bescheiden;[10] zu den Rechtsfolgen unzulässiger Tätigkeit Rn. 69f.

Ein **förmliches Ablehnungsrecht** der Beteiligten ist – in Übereinstimmung mit der Rechtsprechung[11] – deshalb **nicht aufgenommen** worden, weil eine missbräuchliche Ausnutzung zur Verschleppung von VwVf befürchtet wurde.[12] Eine **Ausnahme** sieht das VwVfG nur für das förmliche VwVf vor. Dort korrespondiert in einem Ausschussverfahren das Ablehnungsrecht mit einer Rügeobliegenheit des Beteiligten (§ 71 Abs. 3 Satz 1 und 3).[13] Zum Ablehnungsrecht gegenüber **Sachverständigen** vgl. *OVG Lüneburg* NVwZ 1996, 606; hierzu noch Abs. 1 Satz 1 Nr. 6 und Abs. 1 Satz 2; ferner Rn. 25, § 21 Rn. 7; ferner § 65 Abs. 1 Satz 2 i. V. m. § 406 ZPO im förmlichen Verfahren.[14] Zu den besonderen Regelungen für Wahlen und Abberufungen zu/von ehrenamtlicher Tätigkeit vgl. Abs. 2 (Rn. 48); bei einem Ausschussmitglied vgl. Abs. 4 (Rn. 53).

Wenn während eines VwVf auf Seiten der beteiligten Behörden ein Bediensteter oder Funktionsträger eine mögliche Interessenkollision erkennt, ist er auf Grund seiner beamtenrechtlichen Treue- oder sonstigen Vertragspflichten gehalten, dies der verfahrensführenden Behörde unverzüglich mitzuteilen (sog. **Selbstanzeige**). Entsprechendes gilt, wenn ein **Beteiligter** einen Ausschlussgrund selbst kennt. In beiden Fällen muss die zuständige Behörde **von Amts wegen** in eine sachliche **Prüfung des Ausschlussgrundes** eintreten und ggfs. entscheiden, ob der Betreffende sich einer weiteren Tätigkeit zu enthalten hat oder weiter tätig werden darf. Die Verfahrensregelungen des Abs. 4 und des § 21 Satz 1 und 2 sind auch im Rahmen des § 20 Abs. 1 entsprechend anwendbar (Rn. 53; § 21 Rn. 21).[15] **Mitteilung** über das Ergebnis an den antragstellenden Beteiligten ist – abgesehen von Fällen der Querulanz oder wiederholter unbegründeter Eingaben – grundsätzlich angezeigt. Die Selbstanzeige eines Amtswalters ist ein **innerbehördlicher Vorgang,** der – anders bei einer richterlichen Selbstanzeige im gerichtlichen

---

[8] Vgl. *BVerfGE* 89, 28 = NJW 1993, 2229; zur Selbstablehnung beim BVerfG vgl. *BVerfGE* 88, 17 = NJW 1993, 2230 – Böckenförde –; zur Richterablehnung ferner *BAGE* 71, 293 = NJW 1993, 879; *BSG* NJW 1993, 2261, 2262; *Lamprecht* NJW 1993, 2222.
[9] Vgl. *Kopp* BayVBl 1994, 109; *Kopp/Ramsauer* § 21 Rn. 2; zur rechtzeitigen Geltendmachung von Ausschluss- und Befangenheitsgründen bei Prüfungen und anderen Leistungsbewertungen vgl. etwa *BVerwGE* 90, 287 = DVBl 1992, 1490; Rn. 53; § 21 Rn. 6.
[10] Vgl. *Foerster* VR 1987, 111; *BVerwG* NVwZ 1991, 1187 zu gesetzlichen Grenzen.
[11] *BVerwGE* 29, 70 = MDR 1968, 524.
[12] Begr. zu § 17 Entwurf 73.
[13] Hierzu *BVerwGE* 90, 287 = DVBl 1992, 1490.
[14] Vgl. *BVerwG* NVwZ 1991, 1187: Ablehnung eines Sachverständigen (nur) im behördlichen, nicht auch noch im gerichtlichen Verfahren, ferner § 65 Rn. 17 ff. sowie *Scholl*, Der private Sachverständige im Verwaltungsrecht, 2005, S. 459 ff.
[15] Ebenso *Kopp/Ramsauer* § 20 Rn. 59.

Verfahren[16] – die verfahrensrechtliche Rechtsstellung der Behörden durch vorbereitende Handlungen normalerweise nicht berührt, so dass in diesem Fall eine Information des Beteiligten regelmäßig nicht erforderlich ist.[17] Eine **Selbstablehnung** führt aber nicht zum automatischen Ausscheiden aus weiterer Tätigkeit, vielmehr bleibt die Entscheidung der Behörde abzuwarten.[18] § 20 gilt auch für diejenigen **Vorgesetzten,** die über einen Ausschluss oder Befangenheitsgrund zu entscheiden haben; ggfs. müssen sie sich also selbst eines Tätigwerdens enthalten (vgl. auch § 21 Satz 2). Die **Entbindung** von einer Amtsausübung nach §§ 20, 21 ist nach BVerwG NVwZ 1994, 785 für den betroffenen Beamten (unter Offenlassen der Frage nach anderen Rechtsschutzformen) **kein VA** und berührt ihn auch sonst nicht in seinen Rechten; entsprechendes wird i. d. R. auch für dritte Personen und andere Behörden gelten.[19]

7 Da die Beteiligten kein formelles Ablehnungsrecht haben (zu den Ausnahmen Rn. 53), kann der Ausschluss oder Befangenheitsgrund i. S. d. §§ 20, 21 nach § 97 Nr. 2, § 44a VwGO (näheres dort) grundsätzlich erst nach Ergehen der Verwaltungsentscheidung mit den dagegen gerichteten **Rechtsbehelfen** zur Nachprüfung gestellt werden.[20] Das schließt nicht aus, dass die Beteiligten bereits **vorher** auf Grund von **Mitwirkungspflichten** – etwa im Prüfungs- und Leistungsbewertungsverfahren – Hinweis- und Mitteilungspflichten haben, um sich die Rüge eines Verfahrensverstoßes gegen §§ 20, 21 zu erhalten.[21] Die Zulässigkeit vorläufigen Rechtsschutzes richtet sich §§ 80, 123 VwGO. Zu den **Rechtsfolgen einer unzulässigen Mitwirkung** nach §§ 20, 21 vgl. Rn. 69 f., auch zur Kausalität zwischen einem unzulässigen Tätigwerden und dem Ergebnis der Entscheidung; ferner § 44 Rn. 178 ff., §§ 45, 46. Aufgrund ihrer Organisationsgewalt kann die Behörde sich abzeichnenden Schwierigkeiten je nach Sachlage dadurch begegnen, dass sie den betreffenden Amtswalter von der weiteren Mitwirkung **entbindet,** wenn dadurch der böse Schein eines möglichen Interessenkonflikts vermieden werden kann. Ggfs. sind bestimmte Verfahrenshandlungen zu wiederholen.

8 c) **Individuelle/institutionelle Betätigungsverbote.** § 20 enthält als verwaltungsverfahrensrechtliche Regelung nur ein auf das Handeln bestimmter natürlicher Personen oder Amtsträger abzielendes **individuelles** Mitwirkungs- und Betätigungsverbot. Er findet weder unmittelbar noch analog Anwendung auf die **Zuständigkeit von Behörden** oder Rechtsträgern, etwa weil diese wegen „eigener" Interessen oder einer gewissen sonstigen Nähe an einem bestimmten Ergebnis einer Sachentscheidung interessiert sind, enthält also **kein institutionelles Handlungsverbot.** Die Zuständigkeitsordnung darf zwar nicht gegen das im Rechtsstaatsprinzip wurzelnde Gebot des fairen Verfahrens verstoßen; Betroffene sind durch die Möglichkeit der Nachprüfung der nach außen wirksamen Behördenentscheidungen in aller Regel hinreichend dagegen geschützt, ob Behörde und öffentliche Rechtsträger ihren „Eigeninteressen" rechtswidrig den Vorzug gegeben haben oder eine rechtserhebliche Interessenkollision bestanden hat.[22] Deshalb führt z. B. die Identität zwischen Anhörungs-, Planfeststellungs- und Plangenehmigungsbehörde nicht zu einer institutionellen Befangenheit; die Tatsache der Zuständigkeitskonzentration allein begründet auch keine personelle Befangenheit der handelnden Amtsträger.[23]

9 d) **Verhältnis zu § 21.** Mit der unterschiedlichen Regelung in § 20 und (dem erst durch den Entwurf 73 eingefügten) § 21 folgt das VwVfG insofern Vorbildern in den gerichtlichen Verfahrensordnungen, als es zwischen Fällen unterscheidet, in denen automatisch ein Ausschluss vom Verfahren eintritt (§ 20), und solchen, in denen eine Besorgnis konkreter Befangenheit zum Ausschluss führen kann (§ 21, wegen der Einzelheiten vgl. dort). § 20 ist die **strengere Regelung,** weil bereits die abstrakte Zugehörigkeit zu den darin genannten Personenkreisen

---

[16] Vgl. *BVerfGE* 89, 28 = NJW 1993, 2229.
[17] Ebenso *Ule/Laubinger* § 12 Rn. 28 Fn. 46 mit dem Argument, es bestehe kein Anspruch auf den „gesetzlichen Beamten", hierzu § 3 Rn. 6.
[18] Vgl. *BVerwG* NVwZ 1985, 576; auch Rn. 53.
[19] Vgl. hierzu auch *Kösling* NVwZ 1994, 455.
[20] Vgl. *BVerwGE* 29, 70 = MDR 1968, 524 zum bisherigen Recht; *Ule/Laubinger* § 12 Rn. 20; *Kopp/Ramsauer* § 20 Rn. 56; *Scheuing* NVwZ 1982, 490.
[21] Hierzu *BVerwGE* 90, 287 = DVBl 1992, 1490; Rn. 16, § 2 Rn. 101 ff., §§ 44 ff.
[22] Vgl. *BVerwG* LKV 1996, 456, wonach die bei Landkreisen und kreisfreien Städte eingerichteten Ämter zur Regelung von Vermögenswerten auch dann zur Entscheidung befugt bleiben, wenn sie über die Rückgabe von kommunalem Eigentum zu befinden haben.
[23] Vgl. *OVG Bautzen* 5. 4. 2006 – 5 BS 239/05 (juris) = NVwZ-RR 2006, 767 (LS). Zur Identität von Ausgangs- und Widerspruchsbehörde auch Rn. 71.

zum automatischen **Verbot** jedweder weiterer Tätigkeit im VwVf führt (Rn. 20ff.); hingegen greift § 21 erst bei **konkreter Besorgnis** der Befangenheit – gewissermaßen auf der zweiten Ebene – ein und führt nach seinem wenig glücklichen Wortlaut zu einem **innerbehördlichen Prüfungsverfahren.** Die rechtssystematischen Unterschiede beider Vorschriften dürfen daher nicht unterschätzt werden (vgl. noch § 21 Rn. 2). Liegt der Tatbestand eines Ausschlussgrundes nach § 20 nicht vor, müssen für die Annahme eines Grundes der Besorgnis einer Befangenheit nach § 21 zusätzliche und besondere Umstände hinzutreten.[24] Insofern ist § 21 im Verhältnis zu § 20 die subsidiäre Regelung.[25] Grundsätzlich besteht für die Behörde und die Beteiligten **kein Wahlrecht,** ob sie ein Ausschluss oder ein Befangenheitsverfahren nach § 20 oder § 21 betreiben.[26] **Vorrangig ist § 20;** die Merkmale des § 20 und § 21 schließen sich aber nicht aus, sondern können gleichzeitig vorliegen.

§ 20 Absatz 1 enthält einen Katalog einzelner Fallgruppen, bei denen (im Gegensatz zu den Fällen des § 21 – vgl. dort Rn. 2) die **Befangenheit (abstrakt) gesetzlich unwiderleglich vermutet** wird.[27] Der Ausschluss des Bediensteten vom VwVf findet statt unabhängig davon, ob der Bedienstete objektiv im Einzelfall befangen ist oder nicht. Es reicht für die Anwendung der Ausschluss und Befangenheitsregelung bereits die **formale Zugehörigkeit** zu dem in § 20 Abs. 1 und 5 enumerierten Personenkreis und dem dadurch unwiderleglich vermuteten „bösen Schein" möglicher Parteilichkeit und einer Verquickung öffentlicher und privater Interessen wegen mangelnder Distanz zum Gegenstand des Verfahrens.[28] Zur **Kausalität** zwischen unzulässigem Tätigwerden und dem Ergebnis der Verwaltungsentscheidung vgl. Rn. 27 ff.

Der Katalog des Abs. 1 ist **abschließend.** Weder nach § 20 noch nach § 21 automatisch ausgeschlossen ist ein Bediensteter, der bereits an dem Verfahren in der **Vorinstanz** mitgewirkt hat.[29] Besondere Rechtsvorschriften gehen aber vor.[30] § 54 Abs. 2 VwGO ist im VwVf nicht (auch nicht entsprechend) anwendbar.[31]

Da es – anders als in Österreich[32] – außerhalb des Prüfungsrechts **keinen** Anspruch auf einen „gesetzlichen Verwaltungsbeamten" gibt und der jeweilige Sachbearbeiter weisungsgebunden ist, ist bei Zweifeln an der Objektivität und Distanz eine **vorsorgliche Herausnahme** eines Bediensteten oder Funktionsträgers aus der weiteren Tätigkeit nach dem pflichtgemäßen Ermessen (§ 40) der Behörde – i.d.R. zulässig. Der Bedienstete kann die Entbindung von der Amtsausübung wegen eines Ausschlussgrundes nach § 20 grds. nicht selbständig anfechten (Rn. 6).

2. Anwendungsbereich der §§ 20, 21

§ 20 mit seiner relativ weitgehenden Ausschlussregelung enthält ein **gesetzliches Mitwirkungs- und Betätigungsverbot** („darf nicht")[33] und ist weder einseitig noch einvernehmlich abdingbar. Für die Anwendung der Vorschrift sind eine Reihe von Besonderheiten zu beachten.

a) Ör Verwaltungstätigkeit. §§ 20, 21 gelten unmittelbar im Anwendungsbereich des VwVfG nach Maßgabe seiner §§ 1, 2, also nur **bei ör Verwaltungstätigkeit** (hierzu § 1 Rn. 83ff.), soweit nicht inhaltsgleiche oder entgegenstehende Rechtsvorschriften (§ 1 Rn. 206ff.) vorhanden sind und soweit es sich um eine Tätigkeit **in einem VwVf** (hierzu Rn. 20ff.) handelt. § 20 gilt daher in Verfahren nach §§ 35 ff., 54 ff., 63 ff., 71 a ff. und 72 ff. Der Begriff ist **weit** auszulegen und erfasst nach Sinn und Zweck der Regelung auch sonstige einzelfallbezogene ör Verwaltungstätigkeit (hierzu Rn. 20ff.). **Sondervorschriften** aus den einzelnen Rechtsgebieten gehen

---

[24] *BVerwGE* 75, 214, 229 = NVwZ 1987, 578.
[25] Ebenso *Ule/Laubinger* § 12 Rn. 3.
[26] Zum gerichtlichen Verfahren ebenso *BVerfGE* 30, 149, 153 = NJW 1971, 1029.
[27] *BVerwGE* 69, 256, 269 = DVBl 1984, 1075, 1078 = NVwZ 1984, 718.
[28] Begr. MustE zu § 15 Abs. 1 Nr. 4; *BVerwGE* 69, 256 = NVwZ 1984, 718; 78, 347 = NVwZ 1988, 527, 530 = DÖV 1988, 560, 563.
[29] *BVerwGE* 30, 172 = ZBR 1969, 181; 66, 15 = ZBR 1983, 161; *VGH München* NVwZ 1981, 511.
[30] Vgl. *BVerwGE* 63, 84, 86 = ZBR 1978, 407; NVwZ 1987, 325, wonach im Wehrbeschwerdeverfahren ein Vorgesetzter von der Entscheidung über eine Beschwerde gegen eine eigene Maßnahme ausgeschlossen ist.
[31] *BVerwG* NVwZ 2000, 915, 916.
[32] Vgl. *Berchtold* EuGRZ 1982, 246, 25.
[33] Vgl. *BVerwGE* 69, 256, 264 = NVwZ 1984, 718.

den §§ 20, 21 vor, so dass ein Rückgriff auf §§ 20, 21 insoweit regelmäßig ausscheidet, (vgl. etwa §§ 26 Abs. 2 Nr. 3 und Abs. 3 WDO,[34] im Flurbereinigungsrecht[35] oder im Personalvertretungsrecht,[36] ferner § 23 GeschmacksmusterG.

15 Die **Länder** haben in ihren VwVfG §§ 20, 21 unverändert übernommen (Rn. 68). Allerdings ist auch hier zu beachten, dass inhaltsgleiche oder entgegenstehende Rechtsvorschriften den §§ 20, 21 vorgehen, insbesondere die **kommunalrechtlichen** Regelungen zur Interessenkollision, vgl. Rn. 2.[37]

16 b) **Prüfungs- und sonstige Leistungsbewertungen.** §§ 20, 21 gelten nach Maßgabe des § 2 Abs. 3 Nr. 2 VwVfG grundsätzlich auch im **Prüfungswesen,** soweit es auf den Erlass eines VA oder den Abschluss eines ör Vertrags abzielt und deshalb VwVf i. S. des § 9 ist.[38] Wer sich ohne Vorbehalt einer Prüfung unterzieht, obwohl er möglicherweise Anlass zu Bedenken gegen die Neutralität eines Prüfers oder des Vorsitzenden hat, kann regelmäßig nicht nachträglich einen Befangenheitsgrund geltend machen.[39] Zur Befugnis zur Neubewertung einer Arbeit durch denselben Prüfer nach gerichtlicher Aufhebung seiner Erstbewertung vgl. Rn. 17; ferner § 21 Rn. 14; § 2 Rn. 123 ff.

17 Im **Prüfungsrecht** ist ein Prüfer nach Aufhebung einer von ihm verursachten rechtswidrigen Prüfungsentscheidung nach vorherrschender Auffassung nicht zwingend von der Wiederholungsprüfung oder Neuentscheidung ausgeschlossen.[40] Die Neubewertung kann nach dieser Rechtsprechung grundsätzlich durch die **gleichen Prüfer** erfolgen, weil der Grundsatz formal gleicher Prüfungschancen die Beseitigung von Bewertungsfehlern durch dieselben Prüfer gebiete, es sei denn, es lägen objektive Anhaltspunkte dafür vor, dass diese nicht willens oder fähig seien, sich bei der erneuten Bewertung von früheren Voten zu lösen.[41] Es ist fraglich, ob trotz dieser Rechtsprechung damit allenthalben den psychologischen Nachwirkungen eines vorangegangenen Rechtsstreits in Prüfungssachen hinreichend Rechnung getragen werden kann. Die neuere Rechtsprechung des *BVerwG* trägt diesem Aspekt nunmehr mit Recht dadurch Rechnung, dass es eine mögliche Befangenheit von Prüfern z. B. aus dem Umgang mit den eigenen Fehlern bei späteren Nachkorrekturen oder aus einem jahrelangen Ausscheiden aus einer Prüfungstätigkeit für möglich hält.[42] Der Grundsatz der Chancengleichheit verbietet ferner eine Verschlechterung des Prüfungsergebnisses, die auf eine Änderung des Bewertungssystems oder einem Nachschieben beliebiger Gründe beruht.[43] Jedenfalls bei einer Selbstablehnung sollte eine

---

[34] Hierzu *BVerwGE* 53, 332, 334; 63, 84 = ZBR 1978, 407: Ablehnung eines militärischen Vorgesetzten ist jedenfalls dann möglich, wenn durch die von ihm zu treffende Entscheidung seine eigenen rechtlichen Interessen berührt werden, weil er über eigene Maßnahmen selbst entscheiden müsste; *BVerwG* NVwZ 1987, 325.

[35] Vgl. *VGH München* BayVBl 1992, 180: Für die Mitwirkung von Vorstandsmitgliedern, die im Flurbereinigungsplan auch über ihre eigene Abfindung mitentscheiden gelten §§ 20, 21 nicht, weil die Regelungen des FlurbG entgegenstehende Rechtsvorschriften enthalten.

[36] Vgl. hierzu *BVerwGE* 66, 15 zu befangenen Beisitzern der Einigungsstelle in Personalangelegenheiten; *VG Hamburg* PersR 1990, 81: Keine unmittelbare oder analoge Anwendung der §§ 20, 21 bei Personalratsmitgliedern.

[37] Zu den Rechtsfolgen im Bau(planungs)recht bei Mitwirkung befangener Ausschuss- und Ratsmitglieder vgl. *BVerwGE* 79, 200 = NVwZ 1988, 916 = DVBl 1988, 958: Keine Nichtigkeit eines Bebauungsplanes nach Bundesrecht allein deshalb, weil Gemeinderatsbeschlüsse infolge der Mitwirkung befangener Gemeindevertreter nach Landesrecht rechtswidrig sind; Nichtigkeit aber nach Landesrecht bei unzulässiger Mitwirkung, vgl. *VGH Mannheim* NVwZ 1990, 588; *OVG Münster* DÖV 1989, 27 und NVwZ 1984, 667; *OVG Koblenz* NVwZ 1984, 670 und 817 sowie NVwZ 1985, 177; ferner zur Interessenkollision im Kommunalbereich vgl. *Stahl* DVBl 1972, 768; *von Mutius* VerwArch 65 (1974), 429; *Schmitt-Vockenhausen* Städte- und Gemeindebund 1978, 224; *Borchmann* NVwZ 1982, 17; *Hassel* DVBl 1988, 711; *Arnim* JA 1986, 2; *Schink* NWVBl 1989, 109, zusammenfassend *Glage,* Mitwirkungsverbote in den Gemeindeordnungen, 1995.

[38] Hierzu *BVerwGE* 66, 15 = ZBR 1983, 161; NVwZ 1985, 576; *VGH Mannheim* DVBl 1988, 1122; zusammenfassend *Brehm/Zimmerling* NVwZ 2000, 875.

[39] Vgl. *OVG Münster* NWVBl 1993, 293; vgl. ferner § 2 Rn. 166 ff.

[40] Vgl. *BVerfGE* 84, 34, 47 = NJW 1991, 2005; *OVG Münster* DÖV 1981, 589; *VGH München* BayVBl 1982, 85; BayVBl 1978, 214; ebenso in DVBl 1991, 759, 760; ferner *BVerwG* DVBl 1983, 90.

[41] *BVerwG* DVBl 1983, 90; *VGH München* DVBl 1991, 759; *Seebass* NVwZ 1985, 521; ferner Rn. 17; auch § 2 Rn. 101 ff.

[42] Vgl. *BVerwG* NVwZ 2000, 915.

[43] *BVerwGE* 109, 211 = NJW 2000, 1055. Zur Entwicklung des Prüfungsrechts seit 1996 vgl. *Brehm/Zimmerling* NVwZ 2000, 875; § 2 Rn. 123 ff.

Auswechselung der Prüfer erfolgen.[44] Eine fachlich unrichtige und deshalb rechtswidrige Bewertung kann der Prüfling, der gegen den Prüfungsbescheid rechtzeitig Klage erhoben hat, mit substantiellen Einwendungen bis zum Schluss der letzten mündlichen Verhandlung vor dem Tatsachengericht rügen.[45]

§§ 20, 21 sind auch bei **sonstigen Leistungsbewertungen** anwendbar, etwa in Verfahren zur Feststellung der Eignung etwa für einen Aufstieg in die höhere Laufbahn; dass der Vorsitzende einer Auswahlkommission unmittelbarer Vorgesetzter eines Bewerbers ist, schließt ihn nicht automatisch aus und ist für sich allein kein Grund zur Besorgnis der Befangenheit.[46] In **beamtenrechtlichen Auswahlverfahren** kann eine familiäre Situation die persönliche Eignung eines Bewerbers ausschließen, wenn ein **Vorgesetztenverhältnis gegenüber Verwandten** und damit ein Anlass für Befreiung von Amtshandlungen entstünde.[47] In einem Zwangspensionierungsverfahren sind der Dienstvorgesetzte und der Personalsachbearbeiter von jeder Beteiligung als Ermittlungsbeamter ausgeschlossen.[48] Hingegen finden die Vorschriften der §§ 20, 21 für Mitglieder von Ausschüssen und Beisitzer der Einigungsstelle nach dem BPersVG keine Anwendung, weil sie kein Ausschuss i. S. d. § 88 VwVfG ist.[49] Zur Frage der Anwendbarkeit der §§ 20, 21 auf **dienstliche Beurteilungen** vgl. Rn. 21 und § 21 Rn. 13. **18**

c) **Verwaltungsprivatrechtliche Behördentätigkeit.** Die Grundgedanken der §§ 20, 21 sind bei Fehlen sonstiger Regelungen zumindest **lückenschließend** im Grundsatz auch auf die verwaltungsprivatrechtliche und fiskalische Tätigkeit (hierzu § 1 Rn. 83 ff. und 116 ff.) von Behörden anwendbar, weil auch dort eine Interessenkollision und der böse Schein möglicher Parteilichkeit vermieden werden müssen.[50] Hiervon gehen auch die Grundsätze der Bundesminister der Finanzen und der Justiz unter Berufung auf *BVerwGE* 69, 256 = NVwZ 1984, 718 für die Betätigung von Bediensteten als Mitglieder des Vorstands, des Aufsichtsrats oder eines gleichartigen Organs in juristischen Personen des öffentlichen und privaten Rechts aus, wonach ihre Mitwirkung bei mangelnder Distanz zum Entscheidungsvorgang nach Maßgabe der §§ 20, 21 unabhängig vom Inhalt der Tätigkeit zu unterbleiben hat – Stand Juli 1989 –. Die Mitwirkung eines **Beamten** an der Bestellung von Produkten, die er außerdienstlich entwickelt hat und für deren Verkauf er ein Entgelt erhält, verstößt gegen § 20.[51] Der Neutralitätsgrundsatz bindet die öffentliche Hand auch bei der Auftragsvergabe in privatrechtlichen Formen; er wird verletzt, wenn an einer **Vergabeentscheidung** i. S. d. §§ 102 ff. GWB[52] Personen aus der Verwaltung als Auftraggeber mitwirken, die zugleich Aufsichtsfunktionen in Unternehmen auf Bieterseite ausüben.[53] Ergänzend bedarf es bei (verwaltungs-)privatrechtlicher Tätigkeit nach Maßgabe des zur Anwendung kommenden privaten oder öffentlichen Rechts einer Prüfung im Einzelfall, ob die von einem ausgeschlossenen oder befangenen Amtsträger getroffene Verwaltungshandlung rechtlichen Bestand hat, ggfs. von anderen Bediensteten zu wiederholen ist und/oder ob (nur) Schadensersatz bzw. Folgenbeseitigung in Betracht kommt. Zur Frage der Anwendung der **19**

---

[44] Ähnlich *Kopp* DVBl 1991, 989, 990.
[45] *BVerwG* NVwZ 2000, 921 m. w. N.
[46] *BVerwG* Buchholz 316 § 2 VwVfG Nr. 1 = ZBR 1983, 182.
[47] Zutreffend *VGH München* BayVBl 2002, 215.
[48] Vgl. *OVG Lüneburg* ZBR 1984, 220.
[49] *BVerwGE* 66, 15 = Buchholz 316 § 20 VwVfG Nr. 3 = ZBR 1983, 161; mit Recht kritisch hierzu *Laubinger* VerwArch 76 (1985), 449, 463; ferner § 88 Rn. 11.
[50] *BVerwGE* 111, 35 = NVwZ 2000, 1418, 1419; ebenso *Achterberg* JA 1985, 510; *v. Zeschwitz* NJW 1983, 1881; *Groß*, Das Kollegialprinzip in der Verwaltungsorganisation, 1999, S. 298; *Kopp/Ramsauer* § 20 Rn. 7.
[51] Sie verletzt zugleich die Pflicht des Beamten zur uneigennützigen Amtsführung, *BVerwG* NVwZ 2000, 1418, 1419 unter Hinweis auf die ausdrückliche Normierung des Verbots der Verknüpfung von persönlichen Interessen und dienstlichem Handeln in § 59 Abs. 3 BBG i. V. m. § 20 Abs. 1 S. 1 Nr. 1 u. 2 sowie S. 2 VwVfG.
[52] S. § 1 Rn. 131, 255; § 9 Rn. 99; § 35 Rn. 70 ff.; *Schmidt-Aßmann* VBlBW 2000, 45, 47 weist zutreffend darauf hin, dass diese Materie ohne Rückgriff auf zentrale Wertungen des Verwaltungsverfahrensrechts nicht auskommen kann; ebenso *Kahl*, FS von Zezschwitz, 2005, S. 151, 165 f.; zur Vergabekammer ferner Rn. 54.
[53] *OLG Brandenburg* NVwZ 1999, 1142, 1146 f.; diese Entscheidung überinterpretiert *Neßler* NVwZ 1999, 1081, 1082, wenn er ihr für Unternehmen mit Beteiligung der öffentlichen Hand den grds. Ausschluss von Ausschreibungen entnimmt: Nur die das Aufsichtsmandat wahrnehmende Person hat sich jeder innerbehördlichen Mitwirkung an der Vergabeentscheidung zu enthalten; so auch *Malmendier* DVBl 2000, 963, 966. S. ferner *Otting* NJW 2000, 484; Rn. 36 ff.

§§ 20, 21 in den von § 2 ausgeschlossenen Sachgebieten und als allgemeiner Rechtsgrundsatz vgl. § 1 Rn. 283.

II. Unzulässiges Tätigwerden in einem Verwaltungsverfahren (Abs. 1 Satz 1)

20 a) **Tätigkeit in einem Verwaltungsverfahren i. w. S.** Die Ausschlussregelung des § 20 gilt nur für bestimmte Personen, die **für eine Behörde** in einem VwVf tätig werden. Das Mitwirkungs- und Betätigungsverbot nach § 20 beruht auf der unwiderleglichen abstrakten **Vermutung einer Interessenkollision** und soll im Interesse eines rechtsstaatlichen Verfahrens dem Schein einer möglichen Parteilichkeit entgegenwirken.[54] Es enthält allein **individuelle,** nicht auch institutionelle Betätigungsverbote (Rn. 8). Von § 20 erfasst wird also nur der Fall der Tätigkeit einzelner (natürlicher) Personen in einem VwVf, nicht auch die Frage, ob eine Behörde in einem Verfahren mitzuwirken hat (Rn. 8).

21 **Verwaltungsverfahren** sind diejenigen Verfahren i. S. des § 9, die auf den Erlass eines VA oder den Abschluss eines ör Vertr gerichtet sind. § 20 gilt daher nicht für diejenigen Handlungsformen der öffentlichen Verwaltung, die auf abstraktes Verwaltungshandeln (vgl. hierzu die Literaturhinweise vor Rn. 1), etwa den Erlass einer Rechtsverordnung oder einer (kommunalen) Satzung[55] abzielen. Die Anwendung der §§ 20, 21 als Ausdruck eines **allgemeinen Rechtsgrundsatzes**[56] oder im Wege der Analogie kann bei sonstiger ör Tätigkeit nicht generell verneint werden; dies gilt vor allem für sonstiges einzelfallbezogenes Verwaltungshandeln, auch schon vor dem förmlichen Beginn eines VwVf und bei nicht auf einen VA oder einen ör Vertrag, sondern auf **VA-ähnliche Verwaltungshandlungen** (etwa Zusicherungen nach § 38, vertragsähnliche Absprachen, ör Willenserklärungen und Realakte) abzielende ör Behördentätigkeit. §§ 20, 21 gelten ferner für **beschleunigte Genehmigungsverfahren nach §§ 71 a ff.,** auch für die Vor-Antrags-Verfahren nach § 71 c Abs. 2. §§ 20, 21 gelten nicht (unmittelbar) für dienstliche **Beurteilungen,** weil diese keine VA sind.[57] Aus dem Gebot rechtsstaatlichen und fairen Verfahrens (§ 1 Rn. 30 ff.) folgt eine **Pflicht zur objektiven Beurteilung** der Leistungen eines Prüflings. Ein Verstoß gegen diese Pflicht liegt nicht schon bei Besorgnis der Befangenheit vor, sondern erst dann, wenn der Beurteiler tatsächlich ausgeschlossen oder befangen war; erst dann kann ein Verstoß gegen das Unbefangenheitsprinzip (Rn. 1) bejaht und eine Beurteilung oder sonstige Leistungsbewertung aufgehoben werden.[58] Zum Ausschluss von der dienstlichen Beurteilung bei bloßer Besorgnis der Befangenheit im Soldatenrecht vgl. *BVerwGE* 53, 361, 363; ZBR 1980, 290; zum Ausschluss von der Entscheidung über Beschwerden gegen eigene Maßnahmen vgl. *BVerwG* NVwZ 1987, 325. Zur Zuständigkeit eines Vorgesetzten für dienstliche Beurteilungen von Beamten vgl. ferner *BVerwG* NVwZ 1987, 135. Die Selbstablehnung eines Prüfers begründet noch nicht allein seine Befangenheit.[59] Zur Abstimmungsbefugnis des Abgeordneten bei Betroffenheit in eigener Sache *Achterberg* AöR 109 (1984), 505; *Peine* JZ 1985, 914.

22 Die zum **Mitwirkungsverbot** (Rn. 13) führende persönliche Eigenschaft oder Rechtsstellung i. S. des Abs. 1 und 5 muss grundsätzlich „**in**" einem VwVf bestanden haben, d. h. in der Zeit nach Beginn und vor Abschluss des Verfahrens. Allerdings gibt es in einigen Fällen **Vor- und Nachwirkungen,** so dass auch frühere und spätere Tätigkeiten oder Zugehörigkeiten einen Ausschlussgrund bilden können (etwa Abs. 1 Satz 1 Nr. 6 und Abs. 5, hierzu Rn. 39, 55 ff.). Auch die Funktionsträgereigenschaft des Abs. 1 Satz 1 Nr. 5 muss „im" VwVf bestanden haben; wenn das Amt in dieser Zeit noch nicht oder nicht mehr bestand, scheidet eine unzulässige Einflussnahme grundsätzlich aus.[60]

---

[54] *BVerwGE* 69, 256 = NVwZ 1984, 718; Rn. 1 ff.
[55] Zu Bebauungsplänen vgl. *BVerwGE* 79, 200 = NVwZ 1988, 916.
[56] Vgl. z. B. *OLG Brandenburg* NVwZ 1999, 1142, 1146; ferner *LSG Schleswig* NJW 1998, 2925.
[57] *BVerwGE* 28, 191 = DVBl 1968, 640; 49, 351, 353 = NJW 1976, 1281; NVwZ 1988, 66, wonach die aus der subjektiven Sicht des Beurteilten begründende Besorgnis der Befangenheit noch nicht zur Rechtswidrigkeit einer dienstlichen Beurteilung eines Beamten führt; daraus folgt aber nicht, dass ein objektiv befangener Bediensteter tätig werden darf (hierzu ferner § 21 Rn. 13).
[58] Vgl. *BVerwG* NVwZ 1988, 66; *BVerwG* vom 24. 6. 1996 – 2 B 97.95 (juris), bestätigt durch *BVerfG* vom 18. 11. 1996 – 2 BvR 1471/96.
[59] *BVerwG* NVwZ 1985, 576.
[60] *BVerwGE* 75, 214, 228 = NVwZ 1987, 578; 78, 347 = NVwZ 1988, 527; 79, 200 = NVwZ 1988, 916.

Die Tätigkeit muss sich ferner gerade in dem VwVf **vollzogen haben,** für die der Ausschluss- oder Befangenheitsgrund besteht.[61] Von Abs. 1 werden daher nur Tätigkeiten für eine Behörde erfasst, die auf Grund einschlägiger Verfahrensvorschriften **dem Verwaltungsverfahren selbst zuzurechnen** sind; dazu zählt auch ein Verfahren, das gegenüber dem eigentlichen VwVf **Aufsichtsfunktionen** wahrnimmt.[62] § 20 hat **nicht** die Funktion, die entscheidungsbedingte Behörde schlechthin **vor jedweder Einflussnahme** durch Privatpersonen oder durch andere Behörden und Funktionsträger zu schützen; Kontakte in Wahrnehmung gesetzlich übertragener Aufgaben können den Verdacht der Parteilichkeit regelmäßig nicht begründen.[63] Gegen „atmosphärische" Einflussnahmen im Umfeld eines VwVf muss sich die Behörde auf Grund des Grundsatzes des objektiven, rechtsstaatlichen Verfahrens (Rn. 1) aber allgemein wehren und den bösen Schein der Parteilichkeit oder Interessenkollision vermeiden.[64] 23

Ein **Tätigwerden** in einem VwVf i. S. d. § 20 liegt nur bei **aktivem Handeln,** nicht aber bei bloß passivem Verhalten vor.[65] Untersagt sind alle schriftlichen und mündlichen Äußerungen oder sonstigen Handlungen, die zur Meinungsbildung der zuständigen Behörde über das **Verfahren** oder über die **Sachentscheidung** beitragen sollen, insbesondere Weisungen oder weisungsähnliche Handlungen.[66] Mitwirkung am Zustandekommen eines Planfeststellungsbeschlusses gehört dazu, sofern die konkrete Möglichkeit eines Einflusses des Fehlers auf die Sachentscheidung besteht.[67] Nicht untersagt sind hingegen bloße Kontaktaufnahmen, Informationen und Kenntnisnahmen in Wahrnehmung gesetzlicher Aufgaben, sofern daraus nicht im Einzelfall **entscheidungsbezogene** unzulässige Aktivitäten in Bezug auf das weitere Verfahren oder den möglichen Inhalt der Entscheidung hervorgehen.[68] Informationsgespräche sind daher nicht automatisch als solche unzulässige Einflussnahme anzusehen; auch die schweigende Teilnahme ohne sachliche Mitwirkung oder bloße Kenntnisnahmen von einem Vorgang sind kein Tätigwerden i. S. d. § 20.[69] 24

Nicht entscheidungsbezogene **technische Hilfen,** etwa durch Schreibkräfte, Boten o. ä. werden daher von § 20 nicht erfasst. Ob **Dolmetscher, Protokollführer** und/oder **Sachverständige** entscheidungsbezogene Tätigkeit ausüben, hängt von den Umständen des Einzelfalls ab. Sofern sie von der verfahrensführenden **Behörde herangezogen** worden sind und deshalb „für eine Behörde" tätig werden (Rn. 20, 26), hängt ein möglicher Ausschluss nach § 20, also nicht nur eine Ablehnung wegen konkreter Besorgnis der Befangenheit nach § 21,[70] davon ab, ob bei der im **Einzelfall** für die Behörde ausgeübten Tätigkeit die konkrete Möglichkeit (Rn. 27) einer Einflussnahme auf das Verfahren oder den Inhalt der Entscheidung bestand. Dies wird jedenfalls bei der Tätigkeit eines von ihr selbst herangezogenen – nicht von einem Beteiligten als Parteigutachter mitgebrachten oder angebotenen – Sachverständigen als „Gehilfen" der Behörde (§ 26 Rn. 68) regelmäßig anzunehmen sein, weil Sachverständige durch ihre Fachkunde Entscheidungshilfen für die Behörde liefern, so dass ihre **Gutachtertätigkeit** Einfluss auf das Verfahren und sein Ergebnis haben kann und entscheidungsbezogene Tätigkeit ist. Sachverständige können je nach den Umständen des Einzelfalls nach Abs. 1 Satz 1 Nr. 6 und Abs. 1 Satz 2 ausgeschlossen, unter Umständen auch befangen i. S. v. § 21 sein.[71] Eine Klage wegen Hinzuziehung eines für ausgeschlossen oder befangen gehaltenen Sachverständigen oder anderen Personen kann nach **§ 44 a VerGO** nicht selbständig vorab angefochten werden.[72] 25

---

[61] *BVerwGE* 75, 214, 229 = NVwZ 1987, 578.
[62] *BVerwGE* 69, 256, 267 = NVwZ 1984, 718; 75, 214, 230 = NVwZ 1987, 578; ähnlich *BGHZ* 114, 127 = NJW 1991, 1830 zu einem (unzulässigen) Beratungsvertrag eines Aufsichtsrats für den Vorstand desselben Unternehmens.
[63] *OVG Münster* NWVBl 1992, 27.
[64] *BVerwGE* 75, 214, 230 = NVwZ 1987, 578.
[65] *BVerwGE* 69, 256, 267 = DVBl 1984, 1075, 1077 = NVwZ 1984, 718.
[66] *BVerwGE* 52, 47, 49 = BayVBl 1977, 574; 69, 256, 267 = DVBl 1984, 1075, 1077 = NVwZ 1984, 718.
[67] *BVerwGE* 78, 347 = NVwZ 1988, 527; *OVG Greifswald* NordÖR 2005, 32; ferner Rn. 27.
[68] *BVerwGE* 69, 256, 267 = DVBl 1984, 1075, 1077 = NVwZ 1984, 718.
[69] *BVerwGE* 69, 256, 267 = NVwZ 1984, 718.
[70] Hierzu § 23 Rn. 47 m. w. N.; vgl. *OVG Saarlouis,* Beschl. vom 9. 6. 1989 – 3 W 42/89 – n. v.
[71] Vgl. *OVG Lüneburg* NVwZ 1996, 606, 608 f.; ferner Rn. 39; § 21 Rn. 11. Zum Begriff der Mitwirkung i. S. § 54 Abs. 2 VwGO und seiner weitergehenden Interpretation im gerichtlichen Verfahren vgl. *BVerwGE* 52, 47 = BayVBl 1977, 574; *Buchholz* 310 § 54 VwGO Nr. 1; *Buchholz* 310 § 54 VwGO Nr. 25. Zur Mitwirkung von Ministern und Verwaltungsbeamten bei Wahrnehmung eines Aufsichtsratsmandats in amtlicher oder privater Eigenschaft vgl. Rn. 19, 36 ff.; ferner § 26 Rn. 84.
[72] *VGH Kassel* NVwZ-RR 1997, 75.

26 **b) für eine Behörde:** Die Tätigkeit muss „für eine Behörde" (Rn. 20) in einem VwVf ausgeübt werden. Der (ausgeschlossene) Personenkreis, der „für eine Behörde tätig wird", ist relativ weit gezogen, weil eine entscheidungsbezogene Mitwirkung i. S. von § 20 unabhängig davon ist, ob die handelnden Personen **Amtsträger oder besonders Verpflichtete** i. S. von § 11 Nr. 2 und 3 StGB sind. „Für eine Behörde" i. S. von Abs. 1 tätig sind alle Personen unabhängig von ihrem förmlichen Status – also auch wenn sie nicht Beamte, Angestellte oder Arbeiter sind oder sich in einem sonstigen Dienst- oder Arbeitsverhältnis zur Behörde befinden –, sofern sie auf Grund einer von der verfahrensführenden Behörde ausgehenden Initiative **zur Mitwirkung auf Seiten der Behörde aufgefordert** worden sind, um sie bei der Entscheidungsfindung im VwVf zu unterstützen, etwa als Sachverständiger oder Dolmetscher (Rn. 25). Hiervon zu unterscheiden sind die Fälle der von den Beteiligten selbst gestellten oder mitgebrachten Helfer, die nicht „für die Behörde tätig" sind, sondern **für den Beteiligten.**[73] Die Zuordnung in den einen oder anderen Bereich hängt von den Umständen des Einzelfalls ab. Beamte, Angestellte, Arbeiter oder Beliehene, aber auch Minister, Staatssekretäre oder sonstige leitende Verwaltungsbeamte einschließlich der kommunalen Wahlbeamten werden von § 20 erfasst, wenn sie in einem **Organwalterverhältnis** zur Behörde stehen oder von ihr zur Unterstützung bei der Vorbereitung der Entscheidung im Rahmen von §§ 22 ff. **herangezogen** worden sind (Rn. 20; zur Problematik der Organtätigkeiten in Nr. 5 vgl. Rn. 35 ff.). Auch **private Beauftragte,** die „in" einem Verfahren i. S. d. § 9 „für eine Behörde" tätig werden, fallen unter § 20;[74] hierzu zählen auch in das VwVf eingeschaltete **Konfliktmittler** (§ 9 Rn. 190 f.).[75] Deshalb dürfte die Beauftragung eines Investors mit der Durchführung der Bürgerbeteiligung (§ 3 i. V. m. § 4 b BauGB) oder der Beteiligung der Träger öffentlicher Belange (§ 4 i. V. m. § 4 b BauGB) unzulässig sein.[76] Gleiches gilt für die Beauftragung eines Privaten mit der Durchführung eines Volksfests, bei dem dieser Auswahlentscheidungen trifft und zugleich Mitbewerber ist.[77] Zum maßgeblichen Zeitpunkt des Tätigwerdens in einem VwVf vgl. Rn. 22.

27 **c) Kausalzusammenhang.** Ein objektiver Verstoß gegen das Mitwirkungsverbot des § 20 ist ein **Verfahrensfehler.** Seine Rechtsfolgen richten sich daher, wenn es sich um einen VA handelt, nach §§ 44 ff. (Näheres dort, ferner hier Rn. 69 f.). § 44 Abs. 3 Nr. 2 bestimmt lediglich, dass ein VA nicht schon deshalb nichtig ist, weil eine nach § 20 Abs. 1 Satz 1 Nr. 2–6 ausgeschlossene Person mitgewirkt hat. Zwar wird die Befangenheit der nach § 20 ausgeschlossenen Person unwiderleglich vermutet (Rn. 10), nicht aber auch der **Kausalzusammenhang** zwischen einer unzulässigen Betätigung in einem VwVf und dem Ergebnis der Verwaltungsentscheidung. Deshalb kommt eine Rechtswidrigkeit oder Nichtigkeit der Entscheidung dann nicht in Betracht, wenn sich die unzulässige Mitwirkung auf die Entscheidung in der Sache nicht ausgewirkt hat.[78] Bei der Feststellung der nach § 46 bedeutsamen Kausalität ist weder auf die abstrakte Möglichkeit noch auf eine positive Kenntnis oder einen definitiven Nachweis der Auswirkung abzustellen; der Kausalzusammenhang ist vielmehr erst und nur dann zu bejahen, wenn die **konkrete Möglichkeit** besteht, dass ohne den angenommenen Verfahrensmangel die Entscheidung anders ausgefallen wäre.[79] Zu den Rechtsfolgen unzulässiger Mitwirkung vgl. ferner § 44 Rn. 178 ff.

28 Die Ursächlichkeit einer unzulässigen Mitwirkung entfällt, wenn die Handlung ohne die ausgeschlossene Person **nachgeholt** oder **wiederholt** wird und der vorangegangene Einfluss auf die neue Entscheidung nicht fortbesteht.[80] Notwendig ist daher stets eine Prüfung der Verhältnisse des Einzelfalles. Wenn die Verfahrenshandlung, etwa eine Leistungsbeurteilung, **keines**

---

[73] Vgl. *BVerwG* NVwZ 1991, 1187.
[74] Vgl. auch *OVG Münster* NVwZ-RR 2004, 721 zu Privaten, deren Geräuschmessungen Einfluss auf den Ausgang eines VwVf haben.
[75] *Kaltenborn,* Streitvermeidung und Streitbeilegung im Verwaltungsrecht, 2007, S. 114 f.
[76] Offengelassen von *Lüers* DVBl 1998, 433, 444; s. auch § 1 Rn. 261; § 9 Rn. 190.
[77] *VG Augsburg* NVwZ-RR 2001, 468.
[78] *BVerwGE* 69, 256, 269 = DVBl 1984, 1075, 1078 = NVwZ 1984, 718.
[79] St. Rspr., vgl. *BVerwGE* 69, 256, 270 = DVBl 1984, 1075, 1078 = NVwZ 1984, 718; 75, 214, 228 = NVwZ 1987, 578; 78, 347 = NVwZ 1988, 527; 79, 200, 208 = NVwZ 1988, 916, 918; *OVG Greifswald* NordÖR 2005, 32; *OLG Brandenburg* NVwZ 1999, 1142, 1146 f.; a. A. *Kopp/Ramsauer* § 20 Rn. 70; *Kahl,* FS von Zezschwitz, 2005, S. 151, 166 – bloße Möglichkeit ausreichend –. Zu § 46 n. F. vgl. dort Rn. 44 ff.
[80] *BVerwGE* 69, 256, 269 = NVwZ 1984, 718; 75, 214, 245 = NVwZ 1987, 578; 78, 347 = NVwZ 1988, 527; Buchholz 316 § 46 VwVfG Nr. 15; ferner *Scheuing* NVwZ 1982, 487, 490.

weiteren **Vollzugs** bedarf, also ihre Rechtswirkungen in sich trägt, ist ein **Kausalzusammenhang i. S. v. § 46** entbehrlich; es kommt dann nur darauf an, ob eine objektiv ausgeschlossene Person gehandelt hat und die Maßnahme rechtswidrig ist.[81]

III. Die einzelnen Ausschlussgründe (Abs. 1 Satz 1 Nr. 1–6 und Sätze 2 und 3)

1. Eigene Beteiligung (Nr. 1)

Nach Abs. 1 Nr. 1 darf auf Seiten einer Behörde nicht tätig werden (zum Begriff vgl. Rn. 26), wer selbst **Beteiligter** ist. Damit sind alle Personen, die in dem konkreten VwVf eine Beteiligtenstellung nach § 13 innehaben (z. B. als Antragsteller, Adressat, Hinzugezogener), von jeder Mitwirkung am „eigenen" Verfahren ausgeschlossen. Sinn der Regelung ist, die durch das persönliche Interesse am Ausgang des VwVf unausweichliche Interessenkollision und eine **Doppelfunktion auf beiden Seiten** zu vermeiden. Die Anwendung von Nr. 1 setzt die Erlangung einer **formelle Beteiligtenstellung** i. S. v. § 13 voraus, also i. d. R. auch eine bereits erfolgte Heranziehung nach § 13 Abs. 1 Nr. 4 und Abs. 2. Den Beteiligten gleichgestellt sind **Einwender** und **Betroffene** in PlfV (Beteiligte i. w. S.; vgl. § 72 Rn. 85), soweit sie durch das Verfahren Vor- oder Nachteile erlangen können (Abs. 1 Satz 2; s. aber auch Rn. 46 zu Satz 3).[82] Kein Beteiligter ist eine Person, die in einem von Amts wegen durchzuführenden Verfahren die Durchführung eines Verfahrens nur anregt.[83] **Sachverständige** in einem von der Behörde durchzuführenden Verfahren gehören ebenfalls nicht unter Nr. 1; sie können aber unter Nr. 6 und Satz 2 fallen (hierzu dort und Rn. 25, 26). Wer in dem betreffenden Verfahren **anzuhören** ist, ohne dass die Voraussetzungen des § 13 Abs. 1 vorliegen, wird nach § 13 Abs. 3 nicht schon dadurch Beteiligter und ist somit nicht nach Nummer 1 ausgeschlossen, möglicherweise jedoch nach Abs. 1 Satz 2.

Die Mitwirkung eines Beteiligten an einem ihn betreffenden Verfahren birgt in sich eine besonders gravierende Form der Interessenkollision. Ein auf ein solches Verfahren – etwa infolge Bestechung[84] – ergangener VA kann daher als nichtig anzusehen sein (Umkehrschluss aus § 44 Abs. 3 Nr. 2 – vgl. § 44 Rn. 178 ff.). Dieser Fall ist herausgehoben aus allen anderen Ausschließungsfällen.

Unter Nummer 1 fällt – neben den nach § 13 Abs. 1 Nr. 4 bereits Hinzugezogenen – entgegen dem Wortlaut auch der Bedienstete, der noch nicht Beteiligter ist, aber nach § 13 Abs. 2 zum Verfahren hinzugezogen werden möchte, hinsichtlich der Frage seiner Hinzuziehung.[85]

2. Angehörigeneigenschaft (Nr. 2)

Nach **Nr. 2** ist von der Mitwirkung im Verfahren ausgeschlossen, wer **Angehöriger eines Beteiligten** ist. Zum Begriff des Angehörigen vgl. Rn. 55 ff. Durch die Vorschrift soll verhindert werden, dass ein Bediensteter in Versuchung gerät, einem Angehörigen Vorteile zu verschaffen. Sie soll ihn außerdem vor Konflikten bewahren, wenn Handlungen vorzunehmen oder Entscheidungen zu treffen sind, die sich für seine Angehörigen vorteilhaft oder nachteilig auswirken können. Wirkt er gleichwohl mit, so ist ein unter seiner Mitwirkung ergangener VA nach Maßgabe der Umstände des Einzelfalls nichtig, ggfs. nur rechtswidrig (Näheres §§ 44 ff.).

3. Vertretung (Nr. 3)

Eine Interessenkollision wird auch dort vermutet, wo **ein Bediensteter einen Beteiligten** kraft Gesetzes oder Vollmacht allgemein oder in dem konkreten VwVf **vertritt**. Nr. 3 sieht

---

[81] Vgl. *BVerwG* NVwZ 1988, 66; *BVerwG* 24. 6. 1996 – 2 B 97.95 (juris) – zur Notwendigkeit objektiver Befangenheit bei einer Leistungsbeurteilung.
[82] Ebenso *Kopp/Ramsauer* § 13 Rn. 13, der von „partiell Beteiligten" spricht; *VGH München* BayVBl 1981, 724; *VG Köln* NWVBl 2003, 37; *Stüer/Hönig* DÖV 2004, 642, 643; a. A. *VGH München* DVBl 1985, 805. Für strikte Einbeziehung von Einwendern und Betroffenen als Beteiligte i. S. v. § 13 *v. Komorowski* NVwZ 2002, 1455.
[83] Vgl. *OVG Bremen* NuR 1986, 130; *Ule/Laubinger* § 12 Rn. 7.
[84] Vgl. hierzu *VG Berlin* NVwZ 1988, 3282.
[85] A. A. *Clausen* in Knack § 20 Rn. 13.

daher auch in diesem Falle den Ausschluss von der Mitwirkung im Verfahren vor. Außer der Vertretung im konkreten Verfahren führt zur Ausschließung auch eine **allgemeine Vertretung** (z. B. durch einen Vermögensverwalter). Dies auch dann, wenn die allgemeine Vertretung im konkreten Verfahren nicht stattfindet.[86] Der Loyalitätskonflikt (etwa eines Vermögensverwalters), um den es hier geht, wird nicht dadurch aufgehoben, dass derjenige, der ihm eine allgemeine Vollmacht erteilt hat, für das konkrete Verfahren einen besonderen Vertreter bestellt. Für die hier dargelegte Auffassung spricht im Übrigen auch die unterschiedliche Fassung in Nr. 3 und 4. Wäre gewollt gewesen, dass die allgemeine Vertretungsmacht auch im konkreten Verfahren bestehen muss, hätte Nr. 3 wie Nr. 4 formuliert und mit dieser zusammengefasst werden können. Dass der Bedienstete allgemeiner Vertreter eines Beteiligten **gewesen** ist, führt nicht zum Ausschluss vom Verfahren.

33   Auf die **rechtliche Grundlage** der Vertretungsmacht kommt es nicht an. Sie kann auf **Gesetz** beruhen oder **rechtsgeschäftlich** übertragen sein. Dazu gehören etwa die Eltern, der Vormund, der Pfleger, ferner der Vorstand einer rechtsfähigen Stiftung oder eines rechtsfähigen Vereins sowie Vorstandmitglieder oder Geschäftsführer von AG, GmbH, OHG, KG sowie die Vorstände ör Körperschaften, etwa einer Jagdgenossenschaft oder eines Wasser- und Bodenverbandes, es sei denn, § 20 ist auf Grund spezialgesetzlicher Regelungen nicht anwendbar (hier Rn. 14, 15). Auch Vertreterstellung durch gerichtliche Bestellung (§ 16) oder kraft gesetzlicher Fiktion (§§ 17, 18) gehört dazu, nicht dagegen Bestellung als Empfangsbevollmächtigter nach § 15, da dieser zur Vertretung im Übrigen nicht befugt ist.[87] Hinsichtlich der Vertretung juristischer Personen und beteiligungsfähiger Vereinigungen vgl. § 12 Rn. 14ff. Die noch im Entwurf 73 vorgesehene Ausnahme für Fälle der Vertretung in **amtlicher Eigenschaft** (§ 16 Abs. 1 Nr. 4 Entwurf 73) ist weggefallen. Auch diese Vertretungen führen somit zur Ausschließung vom Verfahren.[88] Wegen der **Rechtsfolgen** eines Verstoßes vgl. §§ 44ff.

4. Angehörigeneigenschaft in Bezug auf Vertreter (Nr. 4)

34   Nach **Nr. 4** ist von der Mitwirkung im VwVf ausgeschlossen, wer **Angehöriger einer Person** ist, **die einen Beteiligten** in dem konkreten VwVf auf Grund – allgemein oder besonders erteilter – **Vertretungsmacht vertritt**. Eine **allgemeine**, jedoch für das konkrete Verfahren durch Bestellung eines anderen Vertreters ausgeschlossene Vertretungsmacht führt, im Gegensatz zu Nr. 3, nicht zum Ausschluss vom Verfahren. Dies gilt auch bei Aufsichtsratsmitgliedschaften in Unternehmen, die der Daseinsvorsorge dienen, und auch bei Mitgliedschaften, unabhängig davon, ob sie in privater oder in amtlicher Eigenschaft wahrgenommen werden (vgl. Rn. 23, 55). Zum Begriff des Angehörigen vgl. Rn. 55ff., wegen der Rechtsfolgen eines Verstoßes Rn. 27; § 44 Rn. 12ff.

5. Tätigkeit bei einem Beteiligten (Nr. 5)

35   Nr. 5 knüpft an eine **Doppelfunktion** auf verschiedenen Seiten eines VwVf an und den dadurch entstehenden äußeren Anschein einer sachwidrigen Verflechtung privater oder/und öffentlicher Interessen.[89] Ausgeschlossen ist nach Nr. 5 daher, wer bei **einem Beteiligten gegen Entgelt beschäftigt** ist. Dies beruht auf der Überlegung, dass der Arbeitnehmer von seinem Arbeitgeber in der Regel weitgehend wirtschaftlich abhängig ist und aus diesem Grunde versucht sein könnte, die Interessen seines Arbeitgebers im VwVf vorrangig zu berücksichtigen. Die Vorschrift hat Vorbilder in den Gemeindeordnungen der Länder. Aus den Worten „bei ... beschäftigt" ergibt sich nach dem Sinn der Regelung, dass nicht nur eine **abhängige** Tätigkeit, sondern auch eine **freiberufliche** unter Nr. 5 fällt (z. B. Beratungstätigkeit durch Rechtsanwalt); ebenso eine teilweise unentgeltliche Tätigkeit in gleicher Eigenschaft. Der Ausschluss-

---

[86] Wie hier: *Clausen* in Knack § 20 Rn. 15; *Kopp/Ramsauer* § 20 Rn. 20; *Ziekow* § 20 Rn. 7; a. A. *Meyer/Borgs* § 20 Rn. 5.
[87] *Clausen* in Knack § 20 Rn. 15; *Kopp/Ramsauer* § 20 Rn. 19.
[88] *Ziekow* § 20 Rn. 7; wohl auch *Kopp/Ramsauer* § 20 Rn. 22 (unklar dort Fußn. 29); a. A. *Clausen* in Knack § 20 Rn. 15. Vgl. *Grawert* NWVBl 1998, 209, 211 zu Mitwirkungsverboten in kommunalen Zweckverbänden.
[89] BVerwGE 69, 256, 264 = NVwZ 1984, 718; 75, 214, 228 = NVwZ 1987, 578; 78, 347 = NVwZ 1988, 527.

grund gilt nur für die Zeit der formellen Innehabung des Amtes; er endet mit dem Ende oder der (nachprüfbaren) Aufgabe der Stellung.[90] Allerdings ist zu prüfen, ob noch nachwirkende Rechtspflichten bestehen. Insoweit kann § 21 ergänzend anwendbar sein.

Dem Arbeitnehmer ist nach Nr. 5 **gleichgestellt,** wer bei einem Beteiligten als **Mitglied des Vorstandes, des Aufsichtsrates oder eines gleichartigen Organs** tätig ist. Auch bei solchen Personen wird – obwohl sie keine Arbeitnehmer sind – auf Grund ihrer Tätigkeit eine Interessenkollision vermutet. Hierbei handelt es sich um ein neues, bisher nicht im Bundesrecht vorhanden gewesenes Betätigungsverbot.[91] Es gilt auch für Minister, Staatssekretäre und sonstige leitende Verwaltungsbeamte.[92] Ein Organ ist „gleichartig", wenn es (wie der Vorstand) leitende oder (wie der Aufsichtsrat) kontrollierende Befugnisse hat; dies ist nicht der Fall bei lediglich beratenden Beiräten.[93] 36

Das Mitglied eines solchen Organs braucht – anders als nach Nr. 5 1. Alt. – **nicht gegen Entgelt** tätig sein. Auch unentgeltliche Beschäftigung unter Zahlung einer **Aufwandsentschädigung** reicht aus. Es kommt auch nicht darauf an, ob die Mitgliedschaft in dem Organ in **amtlicher Eigenschaft** wahrgenommen wird oder **in privatem Interesse;** auch die Zugehörigkeit zu einer verfahrensbeteiligten Gesellschaft o. ä. in privatem Interesse und privater Rechtsform fällt unter Nr. 5.[94] Noch § 16 Entwurf 73 hatte für eine Mitgliedschaft in amtlicher Eigenschaft eine Ausnahme vorgesehen. Somit kann nach *BVerwG*[95] ein in den Aufsichtsrat eines Unternehmens entsandter Staatssekretär oder Minister der entscheidungsbefugten Behörde nicht in einem VwVf tätig werden, in dem dieses Unternehmen Beteiligter ist.[96] Dies ist auch praktikabel: Die Behörde muss und kann durch andere Personen handeln. Der Ausschlussgrund besteht nur für die **Zeit der Ausübung** des Doppelmandats; er entfällt bei Aufgabe der Organtätigkeit,[97] ebenso auch bei der nach außen erkennbaren Erklärung (vor Beginn des Verfahrens), sich aus dem kollidierenden Verfahren zurückzuziehen und jeder Tätigkeit zu enthalten.[98] Zur Maßgeblichkeit des Tätigwerdens „im" VwVf Rn. 20 ff. 37

Eine **Ausnahme** gilt nach Nr. 5, 2. Hs. für den, dessen **Anstellungskörperschaft Beteiligter** ist. Damit soll verhindert werden, dass ganze Behörden – nicht nur einzelne Bedienstete und Funktionsträger – lahmgelegt werden und von einer Aufgabenwahrnehmung gegenüber ihrer Anstellungskörperschaft ausgeschlossen wären.[99] Fälle dieser Art sind vor allem dort vorstellbar, wo die Anstellungskörperschaft im Rahmen fiskalischen Handelns an einem Verfahren beteiligt ist (z.B. Bearbeitung eines Baugenehmigungsantrags des Kreises durch den Landrat als Genehmigungsbehörde). Die Klausel ist nicht analog auf den umgekehrten Fall anwendbar, dass ein Amtsträger auf Grund seiner Dienstfunktion zur Wahrnehmung öffentlicher Interessen Mitglied oder Vorstand ist.[100] Daher ist ein PlfBeschluss rechtswidrig, wenn ein Minister zugleich als PlfBehörde und Mitglied des antragstellenden Beteiligten ist.[101] Bestünde die Ausnahme nicht, 38

---

[90] Vgl. *BVerwGE* 75, 214 = NVwZ 1987, 578; *Kopp/Ramsauer* § 20 Rn. 24.
[91] *BVerwGE* 69, 256, 263 = NVwZ 1984, 718; 75, 214 = NVwZ 1987, 578; 78, 347 = NVwZ 1988, 527, 530; jetzt auch *BGH* NVwZ 2002, 509, hierzu *Ehlers* Die Verwaltung 37 (2004), 255, 262.
[92] *BVerwGE* 69, 256, 263 = NVwZ 1984, 718; 75, 214 = NVwZ 1987, 578; 78, 347 = NVwZ 1988, 527, 530; s. auch Rn. 19 für verwaltungsprivatrechtliche Behördentätigkeit; dazu *OLG Brandenburg* NVwZ 1999, 1142, 1146.
[93] Vgl. auch *BGHZ* 114, 127 = NJW 1991, 1830: Nichtigkeit eines Beratungsvertrages zwischen einem Aufsichtsmitglied und dem Vorstand desselben Unternehmens, wenn die vertraglich übernommene Beratungstätigkeit von der im Rahmen der Überwachungsaufgabe des Aufsichtsrates bestehenden Beratungspflicht umfasst wird.
[94] Vgl. *BVerwGE* 78, 347 = NVwZ 1988, 527; 69, 256 = NVwZ 1984, 718 für Aufsichtsratsmandate in amtlicher Eigenschaft.
[95] *BVerwGE* 69, 256, 263 = NVwZ 1984, 718; 75, 214 = NVwZ 1987, 578; 78, 347 = NVwZ 1988, 527, 530.
[96] So auch *Clausen* in Knack § 20 Rn. 17; *Kopp/Ramsauer* § 20 Rn. 27. Kritisch zu dieser Lösung: *Kopp* AgrarR 1984, 145; *Scheuing* NVwZ 1982, 487; *Wais* NVwZ 1982, 1263; *Osterloh* JuS 1983, 314; s. auch Rn. 19; zu kommunalen Befangenheit von Aufsichtsratsmitgliedern vgl. *Roeper* MDR 1984, 632.
[97] *BVerwGE* 75, 214, 228 = NVwZ 1987, 578.
[98] *BVerwGE* 78, 347 = NVwZ 1988, 527.
[99] Vgl. *Clausen* in Knack § 20 Rn. 17; *Ule/Laubinger* § 12 Rn. 11.
[100] Vgl. *BVerwGE* 69, 256, 263 = NVwZ 1984, 718; *VGH München* BayVBl 1981, 401; *BGH* NVwZ 2002, 509, 511; *Ule/Laubinger* § 12 Rn. 11; *Engelhardt* in Obermayer § 20 Rn. 64; nunmehr auch *Kopp/Ramsauer* § 20 Rn. 28.
[101] *BVerwGE* 69, 256, 263 = NVwZ 1984, 718.

wäre wegen des Ausschlusses aller in Frage kommenden Bearbeiter die Durchführung eines VwVf nicht möglich. Wegen der **Rechtsfolgen eines Verstoßes** vgl. Rn. 69; § 44 Rn. 12 ff.

6. Gutachter- oder sonstige private Tätigkeit (Nr. 6)

39 Nach **Nr. 6** ist von der Mitwirkung im VwVf schließlich ausgeschlossen, wer **außerhalb seiner amtlichen Eigenschaften** ein **Gutachten** abgegeben hat **oder sonst** in der Angelegenheit **tätig geworden** ist. Die Vorschrift enthält ein **zeitlich unbefristetes** Mitwirkungsverbot.[102] Erfasst werden Tätigkeiten vor Beginn des VwVf, für das der Ausschluss geprüft wird. Nr. 6 beruht auf der Überlegung, dass jemand, der in einer Angelegenheit bereits privat tätig gewesen ist, insbesondere durch Erstellung eines Gutachtens, nicht mehr die für seine Mitwirkung im VwVf erforderliche Unbefangenheit und Distanz aufbringen wird. Tätigkeit „in der **Angelegenheit**" liegt vor, wenn das Tätigwerden in engem Zusammenhang zu dem zu beurteilenden Lebenssachverhalt steht. Maßgebend ist, ob eine materielle **Vergleichbarkeit** der zu begutachtenden Fragen besteht. Ob Gutachten in parallel gelagerten Fällen dazu gehören, hängt daher von den Umständen des Einzelfalls ab. Ein Sachverständiger ist nicht schon deshalb nach Nr. 6 ausgeschlossen, weil er sich in vergleichbaren Verfahren auf eine bestimmte Meinung festgelegt hat; allerdings kann je nach Sachlage ein unmittelbarer Vor- oder Nachteil i. S. v. Abs. 1 Satz 2 oder eine Befangenheit nach § 21 vorliegen.[103] Zur Unabhängigkeit von Umweltgutachtern vgl. § 6 UAG.

40 Ob der Betreffende gegen Entgelt oder ohne Entgelt tätig geworden ist, ist unerheblich. Auch die Erteilung einer Nebentätigkeitsverpflichtung (§ 64 BBG) heilt den Verstoß gegen § 20 Abs. 1 Nr. 6 nicht; z. B. Mitwirkung des Vizepräsidenten einer Genehmigungsbehörde in einer Sachverständigenkommission, deren Votum für die Entscheidung der Behörde von maßgeblicher Bedeutung ist. Eine gutachtliche Tätigkeit in amtlicher Eigenschaft, d. h. in Wahrnehmung seiner **amtlichen Aufgaben** führt nicht zur Ausschließung; die Wahrnehmung gesetzlich übertragener Aufgaben begründet keinen Verdacht der Parteilichkeit.[104] Von Nr. 6 wird nur die **frühere private Tätigkeit** erfasst.[105] Hierdurch soll die amtliche Handlungsfähigkeit des Amtsträgers wiederhergestellt werden.[106] Unter die zweite Alternative fallen auch diejenigen Personen, die im konkreten VwVf unter den Voraussetzungen der Nr. 3 bis 5 tätig gewesen sind, deren Tätigkeit aber inzwischen beendet ist. Wegen der **Rechtsfolgen eines Verstoßes** vgl. Rn. 69 und zur Kausalität zwischen Mitwirkung und Ergebnis der Verwaltungsentscheidung Rn. 27 f.; ferner § 44 Rn. 12 ff.

IV. Beteiligtengleiche Interessenkollisionen (Abs. 1 Satz 2 und 3)

1. Erlangung eines unmittelbaren Vor- oder Nachteils (Satz 2)

41 a) Der Ausschluss Beteiligter von der Mitwirkung im VwVf knüpft an ihre formale Stellung an, beruht sachlich jedoch darauf, dass bei ihnen ein möglicherweise zum Interessenkonflikt führendes persönliches Interesse am Ausgang des Verfahrens vermutet wird (Rn. 1 ff.). Konsequenterweise wird daher nach **Satz 2** dem Beteiligten gleichgestellt, wer durch die Tätigkeit im VwVf oder durch die Entscheidung einen **unmittelbaren Vorteil oder Nachteil** erlangen kann. Das VwVfG normiert hier einen Teilaspekt des von der Rechtsprechung entwickelten Grundsatzes, dass darin nicht mitwirken darf, wer am Ausgang des Verfahrens ein eigenes, insbesondere auch wirtschaftliches Interesse hat und damit den „bösen Schein" möglicher Parteilichkeit hervorruft.[107] Der Vor- oder Nachteil kann **rechtlicher oder wirtschaftlicher** Art sein (§§ 718, 722 BGB).[108] Auch **immaterielle** Interessen können dazu gehören.[109]

---

[102] BVerwGE 75, 214, 228 = NVwZ 1987, 578.
[103] Vgl. OVG Lüneburg NVwZ 1996, 606 betr. Gutachter in atomrechtlichen Verfahren.
[104] OVG Münster NWVBl 1992, 27 hinsichtlich sachverständiger Änderungen eines Landeskonservators als Vertreter des Denkmalsamts in einer Besprechung mit der Stadtverwaltung.
[105] BVerwGE 75, 214, 229 = NVwZ 1987, 578; Stüer/Hönig DÖV 2004, 642, 645; a. A. Ule/Becker, S. 31.
[106] BVerwGE 75, 214, 229 = NVwZ 1987, 578.
[107] Vgl. Rn. 2; BVerwGE 79, 200 = NVwZ 1988, 916; OVG Münster DÖV 1989, 27; jeweils zur Mitwirkung ausgeschlossener Gemeinderäte im Verfahren zur Aufstellung eines Bebauungsplanes.
[108] Vgl. BVerwGE 78, 347 = NVwZ 1988, 527.
[109] Vgl. VG Minden NVwZ 1989, 689, 691; VG Köln NWVBl 2003, 37; Trute/Pfeifer DÖV 1989, 192, 195.

Nach der von Satz 2 getroffenen Gleichstellung kommen als von dem Vorteil oder Nachteil **potentiell Betroffene** in Betracht: der Bedienstete der Behörde selbst, seine Angehörigen, Personen, die er oder einer seiner Angehörigen vertritt, sein Arbeitgeber oder die juristische Person, bei der er als Mitglied des Vorstandes, des Aufsichtsrates oder eines gleichartigen Organs tätig ist.[110] 42

Wie sich aus der Formulierung „**durch die Tätigkeit oder durch die Entscheidung**" ergibt, braucht der Vorteil nicht in einem den Betreffenden begünstigenden Ausgang des Verfahrens zu liegen; er kann vielmehr auch darin bestehen, dass der Betreffende am VwVf mitwirkt und dadurch beispielsweise Einblick in die Geschäftsgeheimnisse eines Konkurrenten erlangt.[111] 43

Der Vorteil (und der Nachteil) muss durch die Tätigkeit oder die Entscheidung **unmittelbar** erlangt werden können.[112] Vor- oder Nachteil kann auch auf dem Umweg über eine dritte Person vermittelt werden. Die Unmittelbarkeit ist nach den Umständen des Einzelfalles zu beurteilen. Eine zu restriktive Interpretation ist nach dem Sinn der Regelung also nicht angezeigt.[113] 44

Es genügt, dass der unmittelbare Vor- oder Nachteil erlangt werden kann, also zu verständiger Würdigung eine nicht ganz entfernt liegende konkrete **Möglichkeit** ist.[114] Erforderlich ist nicht, dass der Vorteil auch tatsächlich eintritt. Es reicht der „böse Schein" möglicher Parteilichkeit, die aus der Sicht des von einer Verwaltungsentscheidung Betroffenen zu beurteilen ist.[115] Rein spekulative Erwägungen scheiden aus. 45

2. Gruppenvorteil (Satz 3)

Nach **Satz 3** tritt der Ausschluss von VwVf nicht ein, wenn der Vor- oder Nachteil nur darauf beruht, dass der Betroffene einer **Berufs- oder Bevölkerungsgruppe** angehört, deren gemeinsame Interessen nur allgemein und undifferenziert durch die Angelegenheit berührt werden. Nur das **Sonderinteresse** des einzelnen soll nach den Umständen des Einzelfalls[116] also zur Ausschließung führen, nicht das kollektive Interesse einer solchen Gruppe. Satz 3 übernimmt damit Parallelregelungen aus dem Kommunalbereich.[117] Entstehen aber innerhalb des Gruppeninteresses besondere und individuelle Vor- und Nachteile – etwa bei einem Rechtsanwalt durch Mandatschaften – so kann ein Ausschluss in Betracht kommen. Der **individuelle** Vor- oder Nachteil für **ein einziges Mitglied** einer Gruppe reicht aus.[118] Kein Ausschluss vom VwVf hingegen, wenn der Bedienstete vom Ausgang des Verfahrens nur allgemein z. B. als Beamter, als Kriegsbeschädigter, als Vertriebener, als Mitglied einer politischen Partei, eines Automobilclubs oder einer Sportorganisation betroffen ist. Voraussetzung ist allerdings, dass es sich tatsächlich nur um das allen Mitgliedern dieser Gruppe gemeinsame Interesse handelt und nicht um ein **im Rahmen der Gruppe** verfolgtes Sonderinteresse. Daher z. B. auch Ausschluss des Gauvorsitzenden eines Automobilclubs in Angelegenheiten der Führung des Verbandes und eines Rechtsanwalts bei konkreten Mandatschaften. 46

Ein Gruppeninteresse liegt auch dann nicht vor, wenn sich die Entscheidung auf die Interessen eines Gruppenmitgliedes bei objektiver Betrachtung **tatsächlich** nicht auswirken kann (zur Kausalität vgl. Rn. 27).

Die Berufs- oder Bevölkerungsgruppe ist zu unterscheiden von der bloßen **Personenmehrheit,** der außer dem Interesse am Ausgang des Verfahrens kein Interesse gemeinsam ist. Eine Bevölkerungsgruppe im Sinne des Satzes 3 bilden daher nicht die Anlieger einer Straße im Streit 47

---

[110] Hierzu *BVerwGE* 69, 256, 263 = NVwZ 1984, 718; 75, 214 = NVwZ 1987, 578; 78, 347 = NVwZ 1988, 527.
[111] *Kopp/Ramsauer* § 20 Rn. 34.
[112] *BVerwGE* 78, 347 = NVwZ 1988, 527; *Ule/Laubinger* § 12 Rn. 14; *Kopp/Ramsauer* § 20 Rn. 35.
[113] *Borchmann* NVwZ 1982, 17; *Hassel* DÖV 1988, 711.
[114] *OVG Münster* NVwZ 1984, 667; *VGH München* DVBl 1985, 805; *Kopp/Ramsauer* § 20 Rn. 34.
[115] *BVerwGE* 69, 256, 263 = NVwZ 1984, 718; 78, 347 = NVwZ 1988, 527; *VGH Mannheim* DVBl 1988, 1122.
[116] *VGH München* DVBl 1985, 805; *OVG Lüneburg* NVwZ 1982, 44; *VGH Mannheim* NVwZ-RR 1993, 504; *VG Arnsberg* NVwZ-RR 1990, 275; *Borchmann* NVwZ 1982, 17 m. w. N.; zur Bestimmung des Sonderinteresses *Stüer/Hönig* DÖV 2004, 642, 645 ff.
[117] Hierzu *von Mutius* VerwArch 65 (1974), 430; *Schmitt-Vockenhausen* Städte- und Gemeindebund 1978, 224; *Borchmann* NVwZ 1982, 17; *Roeper* MDR 1984, 632; *Glage*, Mitwirkungsverbote in den Gemeindeordnungen, 1995.
[118] Vgl. *VG Hannover* NVwZ 1989, 689; *VG Minden* NVwZ 1989, 691.

um Anliegerbeiträge. Unabhängig von Satz 3 ist zu prüfen, ob gegen den Bediensteten auf Grund seiner Gruppenzugehörigkeit im Einzelfall die Besorgnis der Befangenheit nach § 21 besteht.

V. Wahlen zu ehrenamtlicher Tätigkeit (Abs. 2)

48 Abs. 2 bestimmt, dass Abs. 1 für **Wahlen zu einer ehrenamtlicher Tätigkeit** (hierzu §§ 81 ff.) und für die Abberufung von ehrenamtlicher Tätigkeit (§ 86) nicht gilt, da sich die dort genannten Ausschließungsgründe für Wahlen im staatlichen und kommunalen Bereich nicht eignen. Die Vorschrift geht auf Vorbilder in den Gemeindeordnungen zurück (vgl. z.B. § 2 Abs. 3 Satz 1 GO SchlH), gibt aber einen Gedanken wieder, der auch dort, wo es an einer ausdrücklichen Regelung fehlt, bejaht wird:[119] Jeder, der für eine ehrenamtliche oder sonst entgeltliche Tätigkeit kandidiert, soll (gewohnheitsrechtlich) das **Recht** haben, **sich selbst wählen**.[120] Sie ist neuerdings mit gewichtigen Argumenten in Zweifel gezogen worden; das Gesetz berücksichtigt allerdings nur die bisherige h.M. einer entsprechenden Befugnis in eigener Sache. Abs. 2 bezieht sich nicht nur auf den Wahlakt selbst, sondern auch für solche Handlungen, die damit in einem **unmittelbaren Zusammenhang** stehen.[121]

49 Der Wahl zu einer ehrenamtlichen Tätigkeit gleichgestellt wird der actus contrarius der **Abberufung** des ehrenamtlich Tätigen (vgl. § 86 Rn. 4 ff.), sofern diese durch ein Abwahlverfahren erfolgt und nicht in der Form der **Absetzung** durch eine Aufsichtsbehörde.[122]

50 Bei Wahlen zu einer **hauptamtlichen Tätigkeit** (z.B. Oberbürgermeister) oder bei der Abberufung aus einer solchen Tätigkeit gilt die Ausnahme des Abs. 2 nicht, sofern spezielle Rechtsvorschriften nichts anderes regeln.

VI. Gefahr im Verzug (Abs. 3)

51 Nach **Abs. 3** darf, wer gemäß Abs. 1 von der Mitwirkung im VwVf ausgeschlossen ist, bei **Gefahr im Verzug unaufschiebbare Maßnahmen** treffen. Die Vorschrift beruht auf dem Gedanken, dass das Funktionieren der Verwaltung in Fällen besonderer Dringlichkeit Vorrang hat vor dem Schutz der Objektivität der Entscheidung gegenüber der Person, deren Befangenheit nach § 20 gesetzlich vermutet wird. Wegen der unter Anlegung eines strengen Maßstabes auszulegenden Begriffe „Gefahr im Verzug" und „unaufschiebbare Maßnahmen" vgl. unter § 3 Rn. 43, ferner § 28 Rn. 51. Je nach den Umständen des Einzelfalles sind in erster Linie **vorläufige** Maßnahmen zu treffen, die idR auf ihre Recht- und Zweckmäßigkeit von einer nicht ausgeschlossenen Person zu prüfen und ggfl. zu wiederholen sind. § 20 Abs. 3 gilt entsprechend **auch in den Fällen des § 21.**[123] Aus der Zielsetzung der Vorschrift folgt, dass der an sich ausgeschlossene Bedienstete die unaufschiebbaren (vorläufige) Maßnahmen nicht nur treffen darf, sondern treffen muss, wenn er ihre Notwendigkeit erkennt.

52 Auf einen **Zusatz**, „wenn die Vertretung nicht sogleich bewirkt werden kann", ist verzichtet worden. Der Zusatz hätte die Behörde verpflichtet, sich zunächst in jedem Falle um eine Vertretung für den ausgeschlossenen Beamten zu bemühen. Dies hätte aber bedeutet, dass bei Gefahr im Verzug unnötig Zeit mit der Klärung interner Zuständigkeitsfragen vertan würde.[124] Soweit

---

[119] Vgl. *VGHE München* 8, 42, 49.
[120] Zur Abstimmungsbefugnis des Abgeordneten in eigener Sache vgl. *Achterberg* AöR 109 (1984), 505; *Peine* JZ 1985, 914.
[121] Ebenso *Ule/Laubinger* § 12 Rn. 16; *Clausen* in Knack § 20 Rn. 20; *Ziekow* § 20 Rn. 16; a.A. *Kopp/Ramsauer* § 20 Rn. 46; *Engelhardt* in Obermayer § 20 Rn. 93; offen gelassen von *BVerwG* NVwZ 2003, 619 mit Hinweis auf Subsidiarität gegenüber Regelung im KommunalwahlG; dazu § 2 Rn. 15. Bedenken begegnet allerdings diese Vorschrift des KommunalwahlG, die – auch wenn es um „mehr oder weniger untergeordnete Verifikationsaufgaben" (so *BVerwG* NVwZ 2003, 619, 620 zur Entgegennahme von Unterstützerunterschriften) handelt – mit einem durch § 20 konkretisierten allgemeinen Rechtsgrundsatz (Rn. 21) kollidiert.
[122] *Kopp/Ramsauer* § 20 Rn. 44.
[123] Ebenso *Kopp/Ramsauer* § 20 Rn. 47.
[124] Vgl. Begründung zu § 15 Musterentwurf; zustimmend zur gefundenen Lösung *Meyer/Borgs* § 20 Rn. 18; a.A. *Kopp/Ramsauer* § 20 Rn. 48.

VII. Sonderregelung für Ausschussmitglieder (Abs. 4)

Hält sich ein **Mitglied eines Ausschusses** (§ 88) für ausgeschlossen oder bestehen Zweifel, **53** ob die Voraussetzungen des Absatzes 1 gegeben sind, so ist dies nach **Abs. 4 Satz 1** dem Vorsitzenden des Ausschusses mitzuteilen (sog. **Selbstanzeige**). **Die Selbstablehnung** als solche führt noch nicht zum Verbot weiterer Mitwirkung.[125] Der Ausschuss entscheidet sodann über den Ausschluss **(Satz 2)**. Der Betroffene darf an der Entscheidung nicht mitwirken und auch – im Falle des Ausschlusses – bei der weiteren Beratung und Beschlussfassung nicht zugegen sein **(Satz 3)**. Das Abwesenheitsgebot gilt auch schon für die vorangehende Beratung, weil dadurch eine unbefangene Diskussion ermöglicht werden soll.[126] Auch diese Regelung geht auf Vorbilder in den Gemeindeordnungen zurück. Sie knüpft im Übrigen an die Regelungen für Kollegialgerichte an. Unberührt bleiben Ablehnungsrecht und Rügeobliegenheit des Beteiligten in einem förmlichen Ausschussverfahren nach **§ 71 Abs. 3**. In einem solchen Verfahren hat jeder Beteiligte das Recht zur **Ablehnung eines Ausschussmitglieds,** wenn er das Vorliegen eines solchen Grundes für gegeben erachtet. Das Ablehnungsrecht geht auf Grund des Rechtsgedankens der unzulässigen Rechtsausübung verloren, wenn sich der Beteiligte trotz Kenntnis des Ausschlussgrundes auf die mündliche Verhandlung einlässt.[127]

Zu den **Rechtsfolgen** vgl. Rn. 69, 70. Auf Beisitzer der Einigungsstelle nach dem BPersVG **54** findet § 20 Abs. 4 keine Anwendung, weil sie kein Ausschuss i. S. des § 88 ist.[128] Anders aber hinsichtlich der Mitglieder einer Vergabekammer gem. § 105 GWB, die der Verwaltung zugeordnet sind.[129] Abs. 4 kann als **allgemeiner Grundsatz** angesehen werden und gilt auch in allen anderen Fällen der §§ 20, 21, insbesondere in **Prüfungs- und Leistungsbewertungsverfahren**. Auch hier kann ein Rügerecht verloren gehen, wenn sich jemand trotz Kenntnis des maßgeblichen Sachverhalts auf eine Prüfung einlässt (hierzu Rn. 17 f.). Gegenüber dem betroffenen Ausschussmitglied ist die Ausschlussentscheidung VA und von diesem selbständig anfechtbar (str., vgl. § 35 Rn. 150).[130] Die unzulässige Mitwirkung ist im Übrigen nach § 97 Nr. 2, § 44a VwGO in der Regel erst zusammen mit der Entscheidung in der Hauptsache anfechtbar (näheres dort).

VIII. Angehörigenbegriff (Abs. 5)

Abs. 5 enthält eine **Legaldefinition** des Begriffs „**Angehörige**", die als einheitliche verfah- **55** rensrechtliche Vorschrift Verwendung finden soll (vgl. § 15 AO, § 16 Abs. 5 SGB X). Die Aufzählung ist **abschließend**. In Fällen weiterer, von dieser Definition nicht erfasster Verwandtschaft ist **§ 21 zusätzlich zu prüfen**.[131] Zu beachten sind bei der Angehörigenregelung die in **Satz 2** enthaltenen **Nachwirkungen** früherer familienrechtlicher Beziehungen. Damit bleiben während des VwVf nicht mehr bestehende bestimmte persönliche Verhältnisse (ähnlich wie in Abs. 1 Satz 1 Nr. 6) gleichwohl Ausschlussgrund von Verwaltungshandeln für eine Behörde. Für die **einzelnen Elemente** des Angehörigenbegriffs ist weitgehend das BGB maßgebend.

---

[125] *BVerwG* NVwZ 1985, 576.
[126] Vgl. *Ule/Laubinger* § 12 Rn. 18; *Kopp/Ramsauer* § 20 Rn. 51.
[127] Vgl. *BVerwGE* 90, 287 = DVBl 1992, 1490, wonach die Entscheidung über das Ablehnungsgesuch nach § 44a VwGO von den Beteiligten nicht selbständig angefochten werden kann; *OVG Schleswig* NVwZ-RR 1993, 395; vgl. auch *VGH Kassel* NVwZ-RR 1997, 75.
[128] *BVerwGE* 66, 15 = ZBR 1983, 161 = Buchholz 316 § 20 VwVfG Nr. 3; kritisch hierzu *Laubinger* VerwArch 76 (1985), 449 ff.
[129] *OVG Hamburg* NVwZ 2005, 1447; Rn. 19.
[130] Vgl. *BVerwG* NVwZ 1994, 785, wonach die Entbindung von einer Amtsausübung wegen Befangenheit gegenüber einem Beamten kein VA ist, weil sie nur innerorganisatorische Wirkung hat und ihn nicht in eigenen Rechten berührt; *Kopp/Ramsauer* § 20 Rn. 52; zu Klagerechten bei Organstreitigkeiten vgl. *Ule/Laubinger* § 12 Rn. 18 ff.
[131] *BVerwGE* 75, 214, 229 = NVwZ 1987, 578.

56 **Verlobte (Nr. 1):** Vorausgesetzt wird ein beweisbares Eheversprechen. Zum Verlöbnis vgl. im Übrigen § 1297 BGB. Die faktische **(nichteheliche) Lebensgemeinschaft** als Verantwortungs- und Einstehensgemeinschaft wird ihm gleichzustellen sein;[132] grds. nicht jedoch neben einer noch bestehenden Ehe.[133] Da eine aufgelöste eheliche Lebensgemeinschaft nicht unter Nr. 2, sondern unter Nr. 1 (analog) fällt, kommt in einem solchen Fall Satz 2 an sich nicht zur Anwendung; allerdings spricht wegen des Charakters als „Ehe auf Zeit" viel dafür, in einem solchen Fall im Zweifel Nr. 2 analog anzuwenden, so dass ein Ausschlussgrund über Satz 2 fortwirken wird.

57 **Ehegatten (Nr. 2):** Neben der bestehenden wird nach Satz 2 Nr. 1 auch die nicht mehr bestehende, d. h. aufgelöste oder für nichtig erklärte Ehe erfasst. Für die **eingetragene gleichgeschlechtliche Lebenspartnerschaft** enthält das VwVfG bislang keine gesonderte Bestimmung (anders einige LVwVfGe, hierzu Rn. 68).[134] Die ratio des LPartG, nach dessen § 11 Abs. 1 der eingetragene Lebenspartner als Familienangehöriger gilt, soweit nichts anderes bestimmt ist, reicht nicht aus, um die Lebenspartnerschaft einer Ehe gleichzustellen,[135] da § 20 den Kreis der Angehörigen abschließend (Rn. 55) bestimmt. Als Mehr gegenüber der bloß faktischen (nichtehelichen) Lebensgemeinschaft (Rn. 56) wird die eingetragene Lebenspartnerschaft aber von Nr. 1 erfasst.[136]

58 **Verwandte und Verschwägerte gerader Linie (Nr. 3):** Der Inhalt des einzigen Sammelbegriffs der Aufzählung bestimmt sich nach bürgerlichem Recht. Auf den Grad der Verwandtschaft kommt es nicht an. Verwandte in gerader Linie sind Vater, Mutter, Großvater, Großmutter, Kinder und Enkel, Urenkel usw. (vgl. § 1589 Abs. 1 Satz 1 BGB).

59 Unter die Vorschriften fallen, entsprechend der durch das Adoptionsgesetz vom 2. Juli 1976[137] geschaffenen Rechtslage, auch **Adoptiveltern und Adoptivkinder** (Rn. 66). Die im Entwurf 73 vorgesehene Nummer 8 (Personen, die durch Annahme an Kindes Statt verbunden sind), die nach der vorherigen Rechtslage zusätzlich erforderlich war, ist durch das Adoptionsgesetz gestrichen worden (§ 20 Rn. 2 der 2. Aufl.).

60 Verschwägerte in gerader Linie sind Schwiegermutter, Schwiegervater und deren Eltern sowie Ehegatten der Kinder und Enkel (vgl. § 1590 Abs. 1 BGB). Nach Satz 2 Nr. 1 verlieren Verschwägerte die Angehörigeneigenschaft nicht dadurch, dass die sie begründende Ehe nicht mehr besteht. Für alle Fälle der Annahme als Kind vgl. Rn. 66.

61 **Geschwister (Nr. 4):** Erfasst werden auch Halbgeschwister und Adoptivgeschwister. Für Fälle der Annahme als Kind vgl. Rn. 66.

62 **Kinder der Geschwister (Nr. 5):** Hierunter fallen Neffe und Nichte, auch wenn sie Kinder von Adoptivgeschwistern sind (vgl. auch Rn. 66).

63 **Ehegatten der Geschwister, Geschwister der Ehegatten (Nr. 6):** Also Schwager und Schwägerin. Sie behalten ihre Angehörigeneigenschaft auch, wenn die die Beziehung begründende Ehe nicht mehr besteht (Satz 2 Nr. 1). Für alle Fälle der Annahme als Kind vgl. Rn. 66.

64 **Geschwister der Eltern (Nr. 7):** Also Onkel und Tante. Nicht aufgeführt sind deren Kinder. Wer Vetter eines Beteiligten ist, ist daher nicht nach § 20 von der Mitwirkung im VwVf automatisch ausgeschlossen. Im Hinblick auf die Sprichwörtlichkeit der **„Vetternwirtschaft"** ist aber § 21 besonders zu beachten.[138]

65 **Pflegeeltern und Pflegekinder (Nr. 8):** Die Vorschrift enthält nach ihrer Ausgestaltung während der parlamentarischen Beratung nunmehr eine **verfahrensrechtliche Definition des**

---

[132] *Ziekow* § 20 Rn. 19; *Hufen* Rn. 73 ohne Differenzierung zwischen Nr. 1 und Nr. 2. Für Anwendung von Nr. 2 wohl *Kopp/Ramsauer* § 20 Rn. 54a. Vgl. auch BVerfGE 87, 234 = NJW 1993, 643; *Palandt/Brudermüller* Einl vor § 1297 Rn. 10 ff.; BVerwGE 70, 278 = NJW 1985, 2284; 98, 195 = NJW 1995, 2802. A. A. (keine Anwendung auf eheähnliche Gemeinschaften) *Engelhardt* in Obermayer § 20 Rn. 122.
[133] Vgl. BVerfG (K) NStZ 1999, 255 zum Zeugnisverweigerungsrecht gem. § 52 Abs. 1 Nr. 1 StPO.
[134] Geplant war schon in der 14. Wahlperiode eine Berücksichtigung des Instituts der Lebenspartnerschaft durch Aufnahme der gleichgeschlechtlichen Lebenspartner und der hierdurch vermittelten Beziehungen in den Kreis der Angehörigen: Einfügung in Abs. 5 Satz 1 als neue Nr. 2a und 6a sowie in Satz 2 als neue Nr. 1a; vgl. BT-Drs 14/3751.
[135] So aber *Fehling* in Fehling u. a. § 20 VwVfG Rn. 27; *Pünder* in Erichsen/Ehlers § 13 Rn. 5; wie hier *Clausen* in Knack § 20 Rn. 23.
[136] A. A. *Clausen* in Knack § 20 Rn. 23; wie hier (Rn. 56) im Ergebnis auch *Ziekow* § 20 Rn. 19.
[137] BGBl I S. 1749.
[138] A. A. *Meyer/Borgs* § 21 Rn. 3.

Pflegeverhältnisses. Auf andere Begriffsbestimmungen im materiellen Recht kommt es hier nicht an. Ein Pflegeverhältnis besteht dann, wenn Personen durch ein auf längere Dauer angelegtes Pflegeverhältnis mit häuslicher Gemeinschaft wie Eltern und Kind miteinander verbunden sind.[139] Nicht erforderlich ist, dass ein Pflegschaftsverhältnis nach §§ 1630 Abs. 3 BGB, 33 SGB VIII vorliegt; ausreichend jedes Pflegeverhältnis, das, unabhängig von seiner rechtlichen Gestaltung, den obigen Kriterien genügt. Die Angehörigeneigenschaft besteht nach **Satz 2 Nr. 3** auch dann fort, wenn die häusliche Gemeinschaft **nicht mehr besteht,** sofern die Personen weiterhin wie Eltern und Kind miteinander verbunden sind. Dies ist nach den Umständen des Einzelfalles zu prüfen. Motiv für diese Regelung war die Überlegung, dass auch, wenn ein Pflegekind z. B. an einem anderen Ort studiert, die innere Verbundenheit mit den Pflegeeltern, die Anlass zur Ausschließungsregelung gibt, fortbesteht.

Abs. 5 Satz 2 Nr. 2 ist durch das Adoptionsgesetz eingefügt worden. Nach neuem Recht ist der **als Kind Angenommene** mit den Familienmitgliedern des Annehmenden verwandt (vgl. Rn. 59). Er ist nicht mehr verwandt mit seinen leiblichen Eltern und deren Familienmitgliedern. Aus den früheren Verwandtschafts- oder Schwägerschaftsverhältnissen können aber (positiv oder negativ bestimmte) emotionale Bindungen erwachsen sein, die zur Befangenheit führen. Dies wird gesetzlich vermutet; Satz 2 Nr. 2 bestimmt daher, dass die Angehörigeneigenschaft in den Fällen der Nr. 3 bis 7 auch fortbesteht, wenn die Verwandtschaft oder Schwägerschaft durch Annahme als Kind erloschen ist.

66

IX. Europarecht

Regelungen zur Unparteilichkeit von Amtswaltern finden sich als gemeinsames Erbe des römischen Rechts (nemo iudex in causa sua) in den Verfahrenskodifikationen des kontinentalen und in der natural justice des englischen Rechts.[140] § 20 enthält zusammen mit § 21 Elemente, die Bestandteil des allgemeinen Rechtsgrundsatzes sind, dass ein behördliches und gerichtliches Verfahren **objektiv, neutral und fair** durchzuführen ist, niemand selbst in eigener Sache (mit)entscheiden darf und das Verfahren und sein Ergebnis nicht durch sachliche und/oder persönliche Interessenkollisionen beeinträchtigt werden darf **(Unbefangenheitsprinzip).** Dieser Grundsatz ist – jedenfalls in seiner Ausformung durch § 21 – Bestandteil auch des europäischen Verwaltungsverfahrensrechts;[141] er kommt nun zum Ausdruck auch in Art. 41 Abs. 1 der Charta der Grundrechte der Europäischen Union (§ 1 Rn. 26) sowie in Art. 8 des Europäischen Kodex für gute Verwaltungspraxis, der genauer ausführen soll, was das in der Charta verankerte Recht auf gute Verwaltung in der Praxis bedeutet:[142]

67

Artikel 8. Unparteilichkeit und Unabhängigkeit

(1) Der Beamte handelt unparteiisch und unabhängig. Der Beamte enthält sich jeder willkürlichen Handlung, die sich nachteilig auf Einzelpersonen auswirkt, sowie jeder Form der Vorzugsbehandlung, mit welchen Gründen auch immer sie motiviert sein mag.

(2) Das Verhalten des Beamten darf zu keiner Zeit von persönlichen, familiären oder nationalen Interessen oder politischem Druck geleitet werden. Der Beamte beteiligt sich nicht an einer Entscheidung, an der er oder sie oder ein enges Mitglied seiner oder ihrer Familie ein finanzielles Interesse besitzt.

X. Landesrecht

§ 20 ist auch in den VwVfGen der Länder enthalten. Zu beachten sind zusätzliche, teilweise weitergehende landesrechtliche Ausschluss- und Befangenheitsvorschriften insbesondere im Kom-

68

---

[139] Vgl. *BVerfGE* 79, 51 = NJW 1989, 519.
[140] *Schmidt-Aßmann* in Müller-Graff (Hrsg.), Perspektiven des Rechts in der Europäischen Union, 1998, S. 131.
[141] Vgl. die Nachweise § 21 Rn. 27; § 1 Rn. 218 ff.; ferner *Maier*, Befangenheit im Verwaltungsverfahren: die Regelungen der EU-Mitgliedstaaten im Rechtsvergleich, 2001; *Schmidt-Aßmann* GVwR I, § 5 Rn. 85.
[142] Am 6. 9. 2001 nahm das Europäische Parlament eine Entschließung zur Annahme des Kodex für gute Verwaltungspraxis an, den die Organe und Institutionen der Europäischen Union, ihre Verwaltungen und Beamte in ihren Beziehungen zur Öffentlichkeit befolgen sollen.

munalrecht – insbesondere im Bau-(planungs-)recht – einschließlich ergänzender Regelungen zu kommunalrechtlichen Vertretungsverboten (vgl. Rn. 2 m.w.N.). Die eingetragene Lebenspartnerschaft ist anders als beim Bund (Rn. 57) in einigen LVwVfGe bereits im Katalog der Angehörigen (Abs. 5) berücksichtigt (Berlin, Brandenburg, Mecklenburg-Vorpommern, Nordrhein-Westfalen, Saarland, Schleswig-Holstein).

XI. Folgen eines Verstoßes gegen § 20

69 § 20 ist eine Verfahrensnorm, so dass ein objektiver Verstoß gegen § 20 zu einem **Verfahrensfehler** führt. Die Rechtsfolgen eines Verstoßes gegen § 20 richten sich bei einem VA nach §§ 44 ff. und hängen von den jeweiligen Umständen des Einzelfalls und der Schwere des Verstoßes ab. Er kann daher nichtig oder nur rechtswidrig sein, so dass die Rechtsfolgen des § 46 eingreifen. In den Fällen des § 44 Abs. 3 Nr. 2 ist ein VA nicht nichtig. Das schließt in den übrigen Fällen eine Nichtigkeit unter den Voraussetzungen des § 44 Abs. 1 nicht aus. Vor allem die Selbstbegünstigung und Entscheidung in unmittelbar eigener Sache wird einen schweren und offenkundigen Fehler darstellen (vgl. Näheres bei § 44). In den übrigen Fällen führt ein Verstoß gegen § 20 – wie auch sonst – zur Aufhebung der Entscheidung, soweit der Verfahrensfehler nicht offensichtlich und ohne Einfluss auf die Entscheidung in der Sache geblieben ist (Näheres hierzu bei § 46).[143] Wenn eine Maßnahme ihre Rechtswirkungen bereits in sich trägt und keines Vollzugs bedarf, kommt es auf die konkrete Möglichkeit einer alternativen Entscheidung nicht an. Ein VA ist dann aufzuheben, wenn er objektiv rechtswidrig ist.[144] Erkennt die Behörde im Verlauf eines Verfahrens, dass die Voraussetzungen von § 20 Abs. 1 gegeben sind, hat sie ggfs. bereits abgeschlossene Verfahrenshandlungen durch unbefangene Amtswalter zu **wiederholen**. Ein vollständiger **Abbruch** des Verfahrens ist regelmäßig nicht geboten, wenn der Fehler im weiteren Verlauf des Verfahrens geheilt werden kann.[145]

70 Ein **ör Vertrag**, den ein Amtswalter mit sich selbst schließt, ist nach § 59 Abs. 2 Nr. 1 i.V.m. § 44 Abs. 1 nichtig; in den übrigen Fällen von § 20 Abs. 1 Satz 1 Nr. 2 bis Nr. 6 und Satz 2 wird eine Nichtigkeit nur dann anzunehmen sein, wenn die Voraussetzungen von § 59 Abs. 1 i.V.m. § 134 BGB oder von § 59 Abs. 2 – insbesondere von Nr. 2 im Falle von Kollusion – vorliegen.[146]

XII. Vorverfahren

71 § 20 gilt auch im Vorverfahren (§ 79). Zur Mängelbeseitigung Rn. 28 m.w.N. Personen, die für die Behörde im Ausgangsverfahren tätig geworden waren, sind hierdurch nicht von einer Mitwirkung im Vorverfahren ausgeschlossen. Die Auffassung, die hier eine analoge Anwendung der §§ 20, 21 vorschlägt,[147] verkennt insoweit die Funktion des Widerspruchsverfahrens: Selbstkontrolle durch die Verwaltung im Unterschied zur „externen" gerichtlichen Kontrolle.[148]

§ 21 Besorgnis der Befangenheit

(1) ¹Liegt ein Grund vor, der geeignet ist, Misstrauen gegen eine unparteiische Amtsausübung zu rechtfertigen, oder wird von einem Beteiligten das Vorliegen eines solchen Grundes behauptet, so hat, wer in einem Verwaltungsverfahren für eine Behörde tätig werden soll, den Leiter der Behörde oder den von diesem Beauftragten

---

[143] Vgl. auch *VG Köln* NWVBl 2003, 37.
[144] Vgl. *BVerwG* 24. 6. 1996 – 2 B 97.95 –, wonach eine Beurteilung erst dann rechtswidrig und aufzuheben ist, wenn der Beurteiler objektiv befangen ist; Besorgnis der Befangenheit reicht nicht aus.
[145] Vgl. *BVerwGE* 75, 214, 227 = NVwZ 1987, 578 für das PflV; *OVG Lüneburg* NVwZ 1982, 200; *Kopp/Ramsauer* § 20 Rn. 67.
[146] Ähnlich *Ule/Laubinger* § 12 Rn. 20; *Kopp/Ramsauer* § 20 Rn. 66 a.
[147] *Oppermann* Die Verwaltung 30 (1997), 517, 540; ähnlich *Weides* § 14 III 1; *Hufen*, Verwaltungsprozessrecht, § 8 Rn. 10.
[148] Vgl. auch zur institutionellen Befangenheit Rn. 8.

§ 21 Besorgnis der Befangenheit

zu unterrichten und sich auf dessen Anordnung der Mitwirkung zu enthalten. ²Betrifft die Besorgnis der Befangenheit den Leiter der Behörde, so trifft diese Anordnung die Aufsichtsbehörde, sofern sich der Behördenleiter nicht selbst einer Mitwirkung enthält.

(2) Für Mitglieder eines Ausschusses (§ 88) gilt § 20 Abs. 4 entsprechend.

Vergleichbare Vorschriften: §§ 83, 84 AO; § 17 SGB X.

Abweichendes Landesrecht: Vgl. Rn. 28; ferner Übersicht zu Änderungen der LVwVfGe im Dritten Teil dieses Kommentars.

Entstehungsgeschichte: Bis zum Inkrafttreten des VwVfG vgl. § 21 der 6. Auflage.

Literatur: vgl. § 20.

Übersicht

	Rn.
I. Allgemeines	1
1. § 21 als Ausdruck unparteiischen Verwaltungsverfahrens	1
2. Verhältnis zu § 20	2
3. Anwendungsbereich	7
II. Besorgnis der Befangenheit (Abs. 1)	9
1. Begriffsmerkmale	10
2. Unterrichtungspflicht (Satz 1)	17
3. Mitwirkungsverbot (Satz 1)	21
4. Befangenheit des Behördenleiters (Satz 2)	23
III. Befangenheit eines Ausschussmitglieds (Abs. 2)	25
IV. Rechtsfolgen der Nichtbeachtung	26
V. Europarecht	27
VI. Landesrecht	28
VII. Vorverfahren	29

I. Allgemeines

1. § 21 als Ausdruck unparteiischen Verwaltungsverfahrens

§ 21 bringt eine **Ergänzung zu § 20** und entspricht der bereits früher vertretenen, in Einzelheiten aber umstritten gebliebenen Rechtsauffassung zum unparteiischen, objektiven, rechtsstaatlichen VwVf.[1] In § 21 kommt der auch sonst in der Rechtsordnung zum Ausdruck kommende **allgemeine Rechtsgrundsatz** (§ 20 Rn. 1 ff.) zum Ausdruck, dass ein Amtswalter dann in einem Verfahren nicht tätig werden darf, wenn nicht gewährleistet ist, dass er objektiv, neutral und fair entscheiden wird; es darf auch zum Gegenstand seiner Tätigkeit keine persönliche oder sachliche Interessenkollision bestehen (**Unbefangenheitsprinzip**, vgl. § 20 Rn. 1 m.w.N.). § 21 ist eine Verfahrensnorm und enthält – entgegen seinem mißständlichen Wortlaut – eine **von Amts wegen** zu beachtende **Verfahrenspflicht** für die Behörde, nur einen unbefangenen Amtswalter in einem VwVf tätig werden zu lassen (§ 20 Rn. 20 ff.). Ein objektiver Verstoß gegen diese Norm führt zu einem **Verfahrensfehler**. § 21 entfaltet seine Rechtswirkungen – insbesondere nach § 46 – auch dann, wenn ein innerbehördliches **Prüfverfahren** nicht stattgefunden hat, ein Befangenheitstatbestand bei objektiver Betrachtung aber vorgelegen hat.[2] 1

2. Verhältnis zu § 20

§ 20 und § 21 schließen sich nicht aus, sondern **ergänzen sich:** Nach § 20 sind bestimmte Personen von der Mitwirkung für eine Behörde (§ 20 Rn. 26) in einem VwVf ausgeschlossen, 2

---

[1] Vgl. BVerwGE 16, 150, 153 = NJW 1963, 1640; 29, 70 = MDR 1968, 524; *Haueisen* DVBl 1950, 774: *Wimmer* MDR 1962, 11; *Besche* DÖV 1972, 636; *Kirchhof* VerwArch 66 (1975), 370; *Wenzel* DÖV 1976, 411; ferner die Nachweise § 20 vor Rn. 1.
[2] Vgl. OVG Schleswig NVwZ-RR 1993, 396; *Ule/Laubinger* § 12 Rn. 32; *Kopp/Ramsauer* § 21 Rn. 2; *Kopp* BayVBl 1994, 109; *Meyer/Borgs* § 21 Rn. 6; *Engelhardt* in Obermayer § 21 Rn. 60.

hinsichtlich derer das Gesetz eine Befangenheit abstrakt – gewissermaßen auf der ersten Stufe – unwiderleglich vermutet, bei denen es also nicht darauf ankommt, ob sie im Einzelfall tatsächlich befangen sind oder nicht (vgl. § 20 Rn. 1 ff., 20 ff.). Über diesen Personenkreis hinaus kann auch konkret – quasi auf der zweiten Ebene – eine **Besorgnis der Befangenheit im Einzelfall** vorliegen, sei es, dass ein Bediensteter selbst befürchtet, zu einer unparteiischen Amtsausübung nicht in der Lage zu sein, sei es, dass ein Anlass besteht, dies zu vermuten (zur gemeinsamen Zielsetzung beider Vorschriften vgl. § 20 Rn. 1 ff.). Im Gegensatz zum automatischen Ausschluss vom Verfahren kraft Gesetzes nach § 20 bewirkt § 21 – ggfs. auf Antrag eines Beteiligten – nur die Pflicht zur Einleitung eines **behördeninternen Prüfungsverfahrens,** ob der betreffende Bedienstete sich weiterer Betätigung zu enthalten hat. Weil aber auch § 20 ein **Selbstanzeigegebot** und eine **Prüfungspflicht** der Behörde von Amts wegen enthält (§ 20 Rn. 6), sind die verfahrensrechtlichen Unterschiede in der praktischen Wirkung nicht besonders bedeutsam; wegen der unterschiedlichen rechtlichen Voraussetzungen und Rechtsfolgen besteht aber **kein Wahlrecht** zwischen einem Ausschluss- und Befangenheitsverfahren.[3] Wie in § 20 kommt auch in § 21 nur eine Befangenheit **einzelner** – u. U. mehrerer – Personen in Betracht (sog. **individuelle Befangenheit**), nicht aber eine Befangenheit der Behörde als solcher (sog. institutionelle Befangenheit, § 20 Rn. 8).[4]

3 Bis zum Entwurf 70 fehlte es an einer Ergänzung der sehr strikten, aber in dem dargestellten Sinne auch engen Vorschrift des § 20. Mit ihr war keine Möglichkeit vorgesehen, im Falle des Tätigwerdens des gerade durch die „**Vetternwirtschaft**" sprichwörtlich gewordenen Vetters Besorgnis der Befangenheit geltend zu machen (§ 20 Rn. 64). Dieser Mangel wurde im Verlauf des Gesetzgebungsverfahrens gesehen und durch die Einfügung des § 17 Entwurf 73 behoben. Die Besorgnis der Befangenheit wäre ohne den jetzigen § 21 stets unbegründet, wenn z. B. ein Familienmitglied, das nicht Angehöriger i. S. v. § 20 Abs. 5 ist, am Verfahren mitwirkt. Diese Auffassung würde zu dem untragbaren Ergebnis führen, dass zwar Freundschaft oder Feindschaft zur Befangenheit führen kann (Rn. 9 ff.), Verwandtschaft – außer in den Fällen des § 20 Abs. 5 – aber zu einer unwiderleglichen Vermutung der unparteiischen Amtsausübung führte, soweit keine anderen Befangenheitsgründe vorliegen. § 21 stellt damit im Verhältnis zu § 20 einen **Auffang-** und **Lückenschließungstatbestand** dar.[5] In § 20 aufgeführte Ausschlussgründe, deren Tatbestandsmerkmale im Einzelfall nicht erfüllt sind, kommen als Befangenheitsgründe nach § 21 nur dann in Betracht, wenn sich zusätzliche Umstände ergeben, die eine Besorgnis der Befangenheit begründen können.[6]

4 § 21 räumt den Beteiligten im nichtförmlichen Verfahren – anders im förmlichen Verfahren bei der Ablehnung von Sachverständigen (§ 65 Abs. 1 Satz 2 VwVfG i. V. m. § 406 ZPO[7] und vor Ausschüssen (vgl. § 71 Abs. 3)[8] – **kein förmliches Ablehnungsrecht** ein, „weil eine missbräuchliche Ausnutzung eine dem schnellen Abschluss des Verwaltungsverfahrens abträgliche Verschleppung befürchten lassen müsste".[9] Die Vorschrift folgt damit der Rechtsprechung des Bundesverwaltungsgerichts,[10] die für das VwVf eine entsprechende Anwendung der Vorschriften über die Ablehnung von Richtern abgelehnt hat. Das schließt nicht aus, dass ein Beteiligter im Verfahren einen Befangenheitsgrund geltend macht (Rn. 15).

5 Gesetzlich angeordnet ist durch § 21 ein **primär behördeninternes Verfahren**, nämlich eine Pflicht des Bediensteten oder der sonst für eine Behörde tätigen Person (hierzu Rn. 11; § 20 Rn. 13 ff.), bei einer Besorgnis der Befangenheit den Behördenleiter **zu unterrichten** und sich auf dessen Anordnung der Mitwirkung zu enthalten. Eine **Selbstablehnung** führt nicht zum automatischen Ausscheiden von weiterer Tätigkeit; vielmehr ist die Entscheidung der Behörde abzuwarten.[11]

---

[3] Offenlassend für das gerichtliche Verfahren BVerfGE 30, 149, 153 = NJW 1971, 1029. Zur unentdeckten Befangenheit vgl. *Foerster* VR 1987, 111.
[4] *Clausen* in Knack § 21 Rn. 6; *Kopp/Ramsauer* § 21 Rn. 9.
[5] Vgl. auch BVerwG NZA-RR 2003, 205.
[6] BVerwGE 75, 214, 229 = NVwZ 1987, 578; VGH München DVBl 1985, 805; *Clausen* in Knack § 21 Rn. 5; *Kopp/Ramsauer* § 21 Rn. 4 b.
[7] Hierzu BVerwG NVwZ 1991, 1187.
[8] Hierzu BVerwGE 90, 287 = DVBl 1992, 1490.
[9] Begr. zu § 17 Entwurf 73; vgl. auch *Kopp/Ramsauer* § 21 Rn. 2; *Clausen* in Knack § 21 Rn. 4.
[10] Vgl. BVerwGE 29, 70, 71 = MDR 1968, 524.
[11] Vgl. BVerwG NVwZ 1985, 576.

§ 21 Besorgnis der Befangenheit 6–9 § 21

Über den Wortlaut des § 21 hinaus hat ferner ein **Beteiligter** auf Grund der ihm obliegen- 6
den **Mitwirkungspflichten** im VwVf die Pflicht, einen ihm bekannten oder im Laufe des Verfahrens bekannt werdenden Ablehnungsgrund **unverzüglich,** d. h. ohne schuldhaftes Zögern vor der Verwaltungsentscheidung oder einer bestimmten Verfahrenshandlung (etwa vor Beginn einer Prüfung, hierzu noch § 20 Rn. 16), zur Vermeidung von Rechtsnachteilen **zu rügen.**[12] Insofern bringt **§ 71 Abs.** 3 jedenfalls für förmliche Ausschuss- und Prüfungsverfahren den Grundsatz zum Ausdruck, wonach die **nachträgliche Ablehnung** wegen Befangenheit **regelmäßig unzulässig** ist, wenn sich jemand auf eine Verhandlung einlässt, ohne einen bekannten Ablehnungsgrund geltend zu machen. Unterlässt ein Beteiligter eines Ausschuss- oder Prüfungsverfahrens eine solche Rüge, verwirkt er wegen unzulässiger Rechtsausübung grundsätzlich auch sein Recht, den Mangel des Verfahrens später gegen die in der Hauptsache ergangene Entscheidung geltend zu machen.[13] Erst **später bekannt gewordene Befangenheitsgründe** können als Verfahrensfehler gerügt werden (Näheres hierzu §§ 45, 46).

3. Anwendungsbereich

§ 21 hat denselben Anwendungsbereich wie § 20 (dort Rn. 13 ff.). Er gilt nach Maßgabe von 7
§ 1 Abs. 1, § 2 bei **ör Verwaltungstätigkeit** von Behörden in einem VwVf i. S. v. § 9, soweit nicht Rechtsvorschriften inhaltsgleiche oder entgegenstehende Bestimmungen enthalten (hierzu § 20 Rn. 14 ff.; § 1 Rn. 206 ff.). Er kommt also primär in Verfahren zur Anwendung, die auf einen VA, einen ör Vertr, ein VwVf nach §§ 63 ff., 71 a–e und nach §§ 72 f. abzielen. § 21 gilt auch in **Prüfungsverfahren** (hierzu Rn. 14; § 2 Rn. 123 ff.; § 20 Rn. 16 ff.). Darüber hinaus ist er bei Fehlen spezieller Regelungen zur **Lückenschließung** sinngemäß oder als allgemeiner Rechtsgrundsatz (§ 1 Rn. 283 ff.) auch bei **VA-ähnlichen Entscheidungen** und das dafür maßgebende Behördenverfahren anwendbar, etwa bei Zusicherungen, Absprachen unterhalb der förmlichen Vertragsebene, Realakten, ör Willenserklärungen, Vor-Antrags-Verfahren nach § 71 c Abs. 2 und sonstigen informellen Verfahren (vgl. § 20 Rn. 14 ff. m. w. N.). § 21 gilt nicht erst ab dem Beginn eines formellen VwVf i. S. v. § 22, sondern erstreckt sich auch auf davor liegende entscheidungsbezogene Verfahrenshandlungen der Behörde. Die Anwendung der Rechtsgedanken des § 21 als Ausdruck eines allgemeinen Rechtsgrundsatzes **endet** nicht mit dem Abschluss des Verfahrens, sondern kann sich auch noch auf die Zeit danach erstrecken, soweit sich daraus noch eine entscheidungsbezogene Tätigkeit ergibt. **Berechtigte** des § 21 sind die Beteiligten § 13, ferner Einwender und Betroffene im PlfV. **Verpflichtete** sind alle Personen, die **für eine Behörde** in einem VwVf entscheidungsbezogene Tätigkeit ausüben, und zwar unabhängig von ihrem formellen Status (§ 20 Rn. 14 ff.). Daher können auch **Sachverständige** unter § 21 fallen, selbst wenn die Voraussetzungen des § 20 Abs. 1 Satz 1 Nr. 6 und Abs. 1 Satz 2 nicht gegeben sind.[14] Zu den **Rechtsfolgen** einer unzulässigen Mitwirkung vgl. Rn. 26.

Da das in § 21 zum Ausdruck kommende Unbefangenheitsprinzip Ausdruck eines **allgemei-** 8
nen Rechtsgrundsatzes ist, kann diese Vorschrift bei Fehlen spezieller Vorschriften lückenschließend auch bei **(verwaltungs-)privatrechtlicher Tätigkeit von Behörden** zur Anwendung kommen (§ 20 Rn. 19 m. w. N.; § 1 Rn. 283 ff.). Die Rechtsfolgen einer unzulässigen Mitwirkung eines Befangenen richten sich nach den dafür maßgeblichen (zivilrechtlichen) Rechtsvorschriften.

II. Besorgnis der Befangenheit (Abs. 1)

Die Unterrichtungspflicht entsteht, sobald Besorgnis der Befangenheit vorliegt oder behaup- 9
tet wird. Damit wird an die gesetzlichen Vorbilder aus dem Prozessrecht (§ 54 Abs. 1 VwGO, §§ 42 ff. ZPO) angeknüpft. Die dazu ergangene Rechtsprechung ist daher auch für die Ausle-

---

[12] So auch *VG Sigmaringen* 30. 1. 2003 – 2 K 2245/02 (juris).
[13] Vgl. *BVerwG* DVBl 1968, 430, 431 zur entsprechenden Anwendung von § 295 ZPO im Verwaltungsverfahren; *BVerwGE* 90, 287, 290 = DVBl 1992, 1490; ferner *OVG Münster* NWVBl 1993, 293; *Kazele,* Interessenkollision und Befangenheit im Verwaltungsrecht, 1990, S. 312 ff.; *Ule/Laubinger* § 12 Rn. 19; zum Prüfungsrecht noch § 20 Rn. 17, § 2 Rn. 123 ff.
[14] Vgl. *OVG Lüneburg* NVwZ 1996, 606, 609; *VGH Kassel* NVwZ 1992, 391, 392; hierzu noch § 20 Rn. 25, 26, 39.

gung des § 21 verwertbar. Nicht entsprechend anwendbar sind § 54 Abs. 2 und 3 VwGO (hierzu auch § 20 Rn. 11). Es muss sich stets um gegen einzelne und **individualisierbare Bedienstete** gerichtete und hinreichend **konkretisierte** oder konkretisierbare **Vorbehalte** der Besorgnis der Befangenheit handeln; pauschale Ablehnung einer ganzen Behörde oder einer sonstigen Organisationseinheit reicht in aller Regel nicht aus.[15] Aufgrund objektiv feststellbarer Tatsachen muss die subjektiv mögliche Besorgnis nicht auszuschließen sein, jemand werde in der Sache nicht unparteiisch oder unbefangen entscheiden.[16] Grundsätzlich nicht erforderlich ist die tatsächliche Befangenheit,[17] es reicht der **„böse Schein"** möglicher Parteilichkeit oder einer Verquickung öffentlicher und privater Interessen (§ 20 Rn. 1 ff. m. w. N.). Der Hinweis auf eine mögliche gesetzliche Folge stellt – auch wenn diese für den Betroffenen negativ ist – für sich keinen objektiven und vernünftigen Grund dar, der geeignet sein könnte, Zweifel an der unparteiischen Tätigkeit des Bediensteten zu wecken, wobei allerdings auch der Kontext der Äußerung zu würdigen ist.[18]

1. Begriffsmerkmale

10 „Besorgnis der Befangenheit" verlangt einen **gegenständlichen, vernünftigen Grund,** der die Beteiligten von ihrem Standpunkt aus befürchten lassen kann, dass der Amtsträger nicht unparteiisch sachlich, insbesondere **nicht mit der gebotenen Distanz, Unbefangenheit und Objektivität** entscheiden, sondern sich von persönlichen Vorurteilen oder sonstigen sachfremden Erwägungen leiten lassen könnte.[19] Nicht also ausreichend die „Ahnung" oder das „Gefühl" eines Beteiligten oder rein querulatorisches Vorbringen; erforderlich vielmehr ein **benennbarer, rationaler Grund,** der an Tatsachen anknüpft, die nach objektiven und vernünftigen Erwägungen geeignet sind, Zweifel an der unparteiischen Tätigkeit des Bediensteten zu wecken. Diese Gründe können einmal in der **Person** dessen liegen, der tätig werden soll (z. B. Freundschaft oder Feindschaft zu einem Beteiligten,[20] Berührung wirtschaftlicher oder sonstiger persönlicher Interessen des Bediensteten,[21] ferner Verwandtschaft, soweit sie nicht unter § 20 fällt, nicht dagegen – sofern keine Anhaltspunkte für das Gegenteil bestehen – allgemeine Merkmale der Persönlichkeit wie Staatsangehörigkeit, Religions- und Parteizugehörigkeit als solche. Die Gründe können aber auch in der **Art der Sachbehandlung** liegen, die von ihm erwartet wird (z. B. unsachliche Äußerung zu Anträgen eines Beteiligten, vorzeitige Festlegung auf eine bestimmte Rechtsauffassung, offenbare Voreingenommenheit, u. U. auch Leserbrief eines Bediensteten).[22]

11 Auch **Sachverständige,** die die Behörde beizieht, können unter bestimmten Umständen als befangen abgelehnt werden (§ 26 Rn. 84). Für einen Ausschluss nach § 20 Abs. 1 Satz 1 Nr. 6 reicht nicht aus, dass ein Gutachter in einer bestimmten wissenschaftlichen Fragen in gleichen oder parallelen Fragen eine bestimmte Auffassung vertritt und wiederholt. Eine Befangenheit kann sich aber ergeben, wenn er ohne hinreichende Tatsachengrundlage das Ergebnis der von ihm durchzuführenden Untersuchungen vorwegnimmt und sich auch im konkreten Verfahren ohne Prüfung von Grundsatz- und Detailfragen nachweisbar vorzeitig festlegt.[23]

12 In einem **Zwangspensionierungsverfahren** sind der Dienstvorgesetzte und der Personalsachbearbeiter von jeder Tätigkeit als Ermittlungsbeamte nach § 20 ausgeschlossen, so dass es auf

---

[15] *VGH München* BayVBl 1972, 81; *Scheuing* NVwZ 1982, 488; ebenso für das „gesamte Gericht" im Verwaltungsprozess: *BVerwG* NJW 1988, 722.
[16] *VGH Mannheim* NVwZ-RR 1999, 291; *Kopp/Ramsauer* § 21 Rn. 5.
[17] *BVerwGE* 107, 363 = NVwZ-RR 1999, 438; ferner Rn. 15.
[18] Vgl. *BVerwGE* 106, 263 = NVwZ 1999, 75.
[19] St. Rspr., vgl. *BVerwGE* 29, 70 = MDR 1968, 524; NVwZ 1988, 66; 79, 200 = NVwZ 1988, 916; NVwZ 1985, 576; Buchholz 310 § 54 VwGO Nr. 20 und 37; *VGH Mannheim* DVBl 1988, 1122; *OVG Koblenz* NVwZ 1986, 398; *OVG Münster* DÖV 1981, 587, *Clausen* in Knack § 21 Rn. 5; *Scholl,* Der private Sachverständige im Verwaltungsrecht, 2005, S. 462.
[20] *VGH Kassel* JZ 1971, 257.
[21] *BVerwGE* 16, 150 = NJW 1963, 1640.
[22] *LG Berlin* DRiZ 1978, 57; *OVG Lüneburg* NVwZ 1996, 606, 609; *VG Dresden* LKV 2006, 231, 233; *Kopp/Ramsauer* § 21 Rn. 5.
[23] Str., vgl. *OVG Lüneburg* NVwZ 1996, 606, 609; *Clausen* in Knack § 21 Rn. 7; *Kopp/Ramsauer* § 20 Rn. 11; *Ziekow* § 21 Rn. 3 einerseits; *OVG Koblenz* NVwZ 1986, 398; *VGH Mannheim* NVwZ-RR 2003, 412, 415 andererseits.

§ 21 Besorgnis der Befangenheit

eine mögliche subjektive Befangenheit nicht ankommt.[24] Der **Vorgesetzte** eines Beamten kann Vorsitzender einer Auswahlkommission für Aufstiegsbeamte sein; gegen ihn besteht kein automatischer Befangenheitsgrund.[25] Auch ein **militärischer Vorgesetzter** kann jedenfalls dann befangen sein, wenn er zugleich auch über eigene Maßnahmen mitentscheiden müsste.[26] Zur Mitwirkung bei Entscheidungen über Abfindungen im **Flurbereinigungsverfahren,** die zugleich das Vorstandsmitglied einer Teilnehmergemeinschaft betreffen vgl. *VGH München* BayVBl 1992, 180.

Bei **dienstlichen Beurteilungen** besteht nach *BVerwG* NVwZ 1988, 66 kein allgemeiner bundesrechtlicher Grundsatz, dass bereits die aus der Sicht des Beurteilten begründete Besorgnis der Befangenheit des Beurteilers zum Ausschluss von der Beurteilungsbefugnis und zur Rechtswidrigkeit der Beurteilung führt; dies ist nur bei objektiver Befangenheit der Fall.[27] Anders aber im Soldatenrecht, vgl. *BVerwG* NVwZ 1987, 325; *BVerwGE* 63, 84, 86 = ZBR 1978, 407; 53, 361, 363). **13**

Im **Prüfungs- und Beurteilungswesen** gebietet der Grundsatz des fairen (Prüfungs-)Verfahrens, dass Inhalt und Ablauf streng sachbezogen und objektiv verlaufen.[28] Unangemessenes, ungebührliches oder auf Voreingenommenheit schließendes Verhalten des Prüfers kann je nach den Umständen des Einzelfalls einen Fehler im Verfahren oder/und bei der Leistungsbewertung darstellen.[29] Zu Organisationspflichten der Prüfungsbehörde in diesem Zusammenhang s. § 2 Rn. 123, 133. Zum Prüfungsrecht vgl. ferner § 20 Rn. 16 ff. m.w.N. Eine **Selbstablehnung** führt auch im Prüfungs- oder sonstigen Leistungsbewertungsrecht allein noch nicht zum Ausschluss vom weiteren Verfahren.[30] Auswechslung des Prüfer nach einer verwaltungsgerichtlichen Aufhebung einer Leistungsbewertung ist (bisher) nicht zwingend geboten.[31] Weitreichende Befangenheitsregelungen bestehen im **Kommunalrecht** und können zur Nichtigkeit von (auch) Bebauungsplänen führen.[32] Zur Befangenheit von **Sachverständigen** und **Dolmetschern** vgl. Rn. 11; § 20 Rn. 25; § 23 Rn. 47; § 26 Rn. 84. **14**

Besorgnis der Befangenheit besteht einmal, wenn **von einem Beteiligten** das Vorliegen eines Befangenheitsgrundes **substantiiert** dargelegt wird (Rn. 10). Der Behauptende muss Beteiligter im Sinne des § 13 sein. Auch die Behauptung durch einen **Einwender** im PlfV kann ausreichen. Grundsätzlich muss ein bekannter Befangenheitsgrund **vor der** abschließenden **Verwaltungsentscheidung** und unverzüglich nach Bekanntwerden geltend gemacht werden, um einen **Rügeverlust** zu vermeiden (vgl. Rn. 6).[33] Nachträglich bekanntgewordene Befangenheitsgründe sind aber – anders als im gerichtlichen Verfahren[34] – nicht grundsätzlich **15**

---

[24] Vgl. *BVerwG* ZBR 1984, 220.
[25] Vgl. *BVerwG* ZBR 1983, 182. Zur Anwendung des § 21 auf Mitglieder des Personalrats und der Einigungsstelle vgl. *BVerwGE* 66, 15 = ZBR 1983, 161; *VG Hamburg* PersR 1990, 81.
[26] Vgl. *BVerwGE* 63, 84 = ZBR 1978, 407.
[27] Ebenso *BVerwG* 24. 6. 1996 – 2 B 97.95 (juris), bestätigt durch *BVerfG* 18. 11. 1996 – 2 BvR 1471/96; *BVerwGE* 106, 318 = NVwZ 1998, 1302, wonach eine dienstliche Beurteilung erst bei tatsächlicher Voreingenommenheit rechtswidrig und aufzuheben ist.
[28] Hierzu *BVerfGE* 84, 34 = NJW 1991, 2005; 84, 59 = NJW 1991, 2008; *BVerwG* NJW 1983, 2154; ferner § 20 Rn. 16 f. m.w.N.
[29] Vgl. *BVerwGE* 70, 143 = NVwZ 1985, 187; NJW 1983, 2154; bereits *BVerwGE* 29, 70 = MDR 1968, 524; *VGH Mannheim* DVBl 1988, 1122, wonach die Besorgnis der Befangenheit nicht aus einem wissenschaftlichen Meinungsstreit zwischen (prüfenden) Gutachtern hergeleitet werden kann; *OVG Koblenz* NVwZ 1986, 398, wonach Befangenheit und Voreingenommenheit des Prüfers einen Fehler bei der Bewertung der Prüfungsleistung darstellen; *VGH Mannheim* NVwZ 2002, 235; ferner *Haas* VBlBW 1985, 161; *Brehm/Zimmerling* NVwZ 2000, 875; ferner § 2 Rn. 123 ff., § 20 Rn. 16 f.
[30] *BVerwG* NVwZ 1985, 576.
[31] Hierzu *BVerfGE* 84, 34, 47 = NJW 1991, 2005: Keine verfassungsrechtlichen Bedenken gegen die Nachkorrektur von Examensklausuren durch denselben Prüfer; *BVerwG* NJW 1983, 2154; NVwZ 1985, 576; *VGH München* DVBl 1991, 759, 760: Grundsätzliche Pflicht zur erneuten Bewertung einer Arbeit nach einer gerichtlichen Aufhebung durch dieselben Prüfer, sofern nicht objektive Anhaltspunkte für eine Voreingenommenheit bestehen; ähnlich *OVG Münster* DÖV 1981, 589; *VGH München* BayVBl 1982, 85; kritisch *Kopp* DVBl 1991, 989, 990; vgl. auch § 20 Rn. 17.
[32] Vgl. *VGH Mannheim* NVwZ 1990, 588; *OVG Münster* NVwZ 1984, 667; *OVG Koblenz* NVwZ 1984, 670 und 817; vgl. *BVerwG* NVwZ 1988, 916 (einschließlich zu Bebauungsplänen auf Grund von Bundesrecht); *BVerwGE* 78, 347 = NVwZ 1988, 527 (zu Planfeststellungsbeschlüssen § 20 Abs. 1 Satz 1 Nr. 5). Ratsmitglieder haben i.d.R. wegen der Mitwirkung anderer möglicherweise befangener Personen keine eigene Klagebefugnis; vgl. *OVG Koblenz* DVBl 1985, 177.
[33] *BVerwGE* 90, 287 = DVBl 1992, 1490.
[34] Vgl. *BVerwGE* 70, 24 = NVwZ 1985, 199.

ausgeschlossen und können Verfahrensfehler i. S. der §§ 44 ff. sein (hierzu § 20 Rn. 69; § 44 Rn. 178 ff.).[35]

16   Besorgnis der Befangenheit besteht aber auch dann, wenn **ein objektiver Befangenheitsgrund vorliegt,** ohne geltend gemacht worden zu sein. Ob dies der Fall ist, hat – neben der Behörde – auch der Bedienstete, gegen dessen Tätigwerden Bedenken erhoben werden könnten, in eigener Verantwortung zu prüfen (Rn. 14, 17 ff.). Der Grund liegt nicht nur dann vor, wenn er tatsächlich befürchtet, zu einer unparteiischen Amtsausübung nicht in der Lage zu sein, sondern auch dann, wenn nach objektiven und vernünftigen Erwägungen mindestens eines Beteiligten ein **Misstrauen** gegen die unparteiische Amtsausübung gerechtfertigt erscheint (Rn. 9 ff.). Behörde und Bediensteter haben die Frage zu prüfen, sobald sie ihnen bewusst wird. Eines äußeren Anlasses bedarf es nicht. Zur **Selbstablehnung und Selbstanzeige** und ihren Folgen vgl. Rn. 5.

2. Unterrichtungspflicht (Satz 1)

17   Verpflichtet, von der Besorgnis der Befangenheit Mitteilung zu machen, ist, **„wer in einem Verwaltungsverfahren tätig werden soll".** § 83 AO verwendet statt der umschreibenden Formulierung den Begriff „Amtsträger". Wer Amtsträger ist, ergibt sich dort aus der Definition des § 7 AO. Eine vergleichbare Definition, an die in § 21 angeknüpft werden könnte, findet sich im VwVfG nicht. Dies liegt insofern in der Logik des Gesetzes, als das VwVfG nicht organisations- und personalbezogen ist, sondern nur den Verfahrensablauf im Auge hat. Entscheidend ist das Tätigwerden in einem VwVf **für eine Behörde.** Erfasst werden daher nicht nur Organwalter einer Behörde i. e. S. unabhängig von ihrem rechtlichen Status, sondern alle Personen, die **von der Behörde herangezogen** werden, für sie in einem VwVf tätig werden sollen und **entscheidungsbezogene Arbeit** ausüben sollen; dazu können auch Sachverständige und Dolmetscher, regelmäßig aber nicht Protokollführer gehören (hierzu § 20 Rn. 25).

18   Die Formulierung „tätig **werden soll"** stellt klar, dass die **Unterrichtung,** wenn die Besorgnis der Befangenheit vor Aufnahme der Tätigkeit angenommen oder behauptet wird, **vor dem Tätigwerden** zu erfolgen hat (Rn. 15). Wird erst **nach** dem Tätigwerden der Grund erkennbar, der geeignet ist, Misstrauen gegen die unparteiische Amtsausübung zu rechtfertigen oder wird erst dann das Vorliegen eines solchen Grundes behauptet, so ist die Unterrichtung unverzüglich, ggfs. auch nach der Verwaltungsentscheidung, vorzunehmen (vgl. Rn. 15, 16). Zur Prüfung **von Amts wegen** Rn. 16.

19   Zu unterrichten ist der **Leiter der Behörde** oder der von diesem Beauftragte. Wer Leiter der Behörde ist, ergibt sich aus der behördlichen Organisation. Daraus, dass im Gegensatz zu § 27 Abs. 2 Satz 1 neben dem Behördenleiter hier nicht sein allgemeiner **Vertreter** (zum Begriff vgl. § 27 Rn. 16) genannt ist, kann nicht gefolgert werden, dass dieser als Adressat der Unterrichtung ausscheidet. Der allgemeine Vertreter ist zu unterrichten, wenn der Behördenleiter abwesend oder sonst verhindert ist. Nicht ausgeschlossen ist die Unterrichtung des **nächsten Vorgesetzten,** der das Weitere zu veranlassen hat. Zur Befangenheit des Behördenleiters Rn. 23.

20   Der Behördenleiter kann einen **Beauftragten** benennen, der statt seiner zu unterrichten ist. Diese Möglichkeit ist insbesondere im Hinblick auf größere Behörden geschaffen worden. In seiner Delegationsbefugnis unterliegt der Behördenleiter keiner Beschränkung; er braucht insbesondere nicht seinen allgemeinen Vertreter zu beauftragen. Der Beauftragte ist hinsichtlich der Befugnis nach § 21 ständiger Vertreter des Behördenleiters (zum Begriff vgl. § 27 Rn. 16).

3. Mitwirkungsverbot (Satz 1)

21   Zu der Unterrichtungspflicht tritt die Verpflichtung, sich auf Anordnung des Unterrichteten der **Mitwirkung zu enthalten.** Die Formulierung „auf dessen Anordnung" soll klarstellen, dass der Bearbeiter auf Grund einer bloßen Selbstablehnung nicht selbst berechtigt ist, über die Frage der Mitwirkung zu entscheiden.[36] Ein sofortiger Abbruch etwa eines Erörterungstermins bei Behauptung einer Befangenheit ist in der Regel nicht gefordert.[37] Ein Mitwirkungsverbot

---

[35] Zur unentdeckten Befangenheit vgl. *Foerster* VR 1987, 111.
[36] *BVerwG* NVwZ 1985, 576.
[37] *VGH Mannheim* NVwZ-RR 1989, 354.

besteht erst auf Grund einer dienstlichen **Anordnung,** lässt die Pflicht zur **Selbstanzeige** eines Befangenheitstatbestandes aber unberührt (Rn. 5). Die Entbindung kann schriftlich oder mündlich erteilt werden. Information an die Beteiligten kann ggfs. angezeigt sein (§ 20 Rn. 6). Der Vorgesetze **muss** das Mitwirkungsverbot aussprechen, wenn er einen Befangenheitsgrund für gegeben erachtet. Je nach Sachlage sind die bisherigen Verfahrenshandlungen des Befangenen zu wiederholen (§ 20 Rn. 69). Ein **Ermessens- oder Beurteilungsspielraum** etwa in dem Sinne, dass er die Besorgnis der Befangenheit gegenüber dem öffentlichen Interesse an der Funktionsfähigkeit der Verwaltung und der Zügigkeit des Verfahrens abwägen könnte, besteht nicht.[38]

Gegen ein Mitwirkungsverbot kann sich der für die Behörde Tätige mit den allgemeinen **Rechtsbehelfen** gegenüber seiner Behörde zur Wehr setzen.[39] Von den Beteiligten kann die (positive oder negative) Entscheidung über die Mitwirkung eines Bediensteten in der Regel nur zusammen mit der Entscheidung in der **Hauptsache angefochten** werden (§ 97 Nr. 2, § 44a VwGO, Näheres dort). Im Einzelfall ist gegen eine ablehnende Entscheidung auch **vorbeugender Rechtsschutz** möglich.

4. Befangenheit des Behördenleiters (Satz 2)

Abs. 1 Satz 2 regelt den Sonderfall, dass die Besorgnis der Befangenheit den **Behördenleiter** betrifft. Wird die Behörde bei seiner Verhinderung durch seinen allgemeinen **Vertreter** geleitet, gilt die Vorschrift für diesen. Wird eine Behörde von einem **Kollegium** geleitet, so ist jedes Mitglied „der Leiter der Behörde" i. S. v. Abs. 1 Satz 2 (vgl. etwa das frühere Dreier-Direktorium der Bundeszentrale für politische Bildung – § 3 des – nicht mehr gültigen – Erlasses des Bundesministeriums des Innern über die Bundeszentrale für politische Bildung vom 21. 6. 1974). Im Gegensatz zu Satz 1 ist der Behördenleiter befugt, die Entscheidung, dass er sich der Mitwirkung enthalten wolle, **selbst** zu treffen. Nur wenn er dies nicht für erforderlich hält, hat er die **Aufsichtsbehörde** zu unterrichten, die sodann über seine Mitwirkung entscheidet. Ist der Behördenleiter Bundesminister, gibt es keine Aufsichtsbehörde; es entscheidet nicht das Kabinett über die Befangenheit, da jeder Minister seinen Geschäftsbereich selbständig und eigenverantwortlich leitet (Art. 65 Satz 2 GG).

Welches die **Aufsichtsbehörde** ist, hängt von dem im Einzelfall vorgebrachten Gesichtspunkten ab. Der Bundesrat hatte in der Stellungnahme zum Entwurf 73 vorgeschlagen, die „Dienstaufsichtsbehörde" zu nennen. Er vertrat die Auffassung, die Frage, ob die Dienst- oder die Fachaufsichtsbehörde entscheidet, dürfe im Gesetz nicht offen bleiben, um Streitigkeiten in der Praxis zu vermeiden.[40] Die Bundesregierung widersprach dem Vorschlag mit der – zutreffenden – Begründung, welche der drei möglichen aufsichtsführenden Behörden – nämlich Dienst-, Fach- oder Rechtsaufsichtsbehörde – die Entscheidung zu treffen habe, müsse vom **Einzelfall** abhängen.[41] Der federführende Innenausschuss schloss sich dieser Auffassung an.[42] Wird beispielsweise bei einer Behörde, die einer Dienst- und einer oder mehrerer Fachaufsichtsbehörden untersteht (Bundesverwaltungsamt, Regierungspräsident), ein Befangenheitsgrund geltend gemacht, so ist, wenn dieser die Sachmaterie betrifft („Der Behördenleiter hält unbeirrbar an einer völlig abwegigen Rechtsansicht fest") die Fachaufsichtsbehörde, wenn er die Person des Beamten betrifft („Der Behördenleiter ist mein Nachbar, mit dem ich verfeindet bin"), die Dienstaufsichtsbehörde zuständige Aufsichtsbehörde.

III. Befangenheit eines Ausschussmitgliedes (Abs. 2)

Hält sich ein **Mitglied** eines in einem VwVf tätigen **Ausschusses** (§ 88) für befangen, so gilt § 20 Abs. 4 entsprechend. Diese Regelung trägt der Besonderheit in der Arbeit von Ausschüssen Rechnung (wegen der Einzelheiten vgl. § 20 Rn. 53, § 88 Rn. 4, 19, § 90 Rn. 8). Der VA

---

[38] *Meyer/Borgs* § 21 Rn. 5; *Kopp/Ramsauer* § 21 Rn. 10.
[39] Einschränkend BVerwG NVwZ 1994, 785 bei Beamten (§ 20 Rn. 54); *Kopp/Ramsauer* § 21 Rn. 11.
[40] BT-Drs 7/910 S. 100.
[41] BT-Drs 7/910, S. 108.
[42] Bericht BT-Innenausschuss zu § 21.

ist schon fehlerhaft, wenn nur ein Ausschussmitglied als befangen mitgewirkt hat, weil die Entscheidung durch ihn beeinflusst sein kann (§ 44 Rn. 187). Zu Kausalitätsfragen vgl. Rn. 26. Auf Beisitzer der Einigungsstelle nach dem BPersVG findet Abs. 2 keine Anwendung, weil diese kein Ausschuss i. S. v. § 88 ist.[43] Ablehnungsrechte nach § 71 Abs. 3 bleiben unberührt.

IV. Rechtsfolgen der Nichtbeachtung

26 Ein unter Mitwirkung eines befangenen Bearbeiters ergangener VA oder zustandegekommener ör Vertr kann als verfahrensfehlerhaft angefochten werden.[44] Für §§ 44 ff. kommt es nicht darauf an, ob die Mitwirkung darauf beruht, dass der Bedienstete seiner Unterrichtungspflicht nicht nachgekommen ist, ein Mitwirkungsverbot nicht beachtet hat oder ein solches Verbot fälschlicherweise nicht ergangen ist.[45] Vorausgesetzt ist, dass – sofern VA oder ör Vertr nicht nichtig sind – nach Maßgabe des § 46 die konkrete Möglichkeit besteht, dass ohne die Mitwirkung des befangenen Bediensteten die Entscheidung anders ausgefallen wäre.[46] Die Anfechtung wegen unzulässiger Mitwirkung kann von einem Beteiligten in der Regel nur im Rahmen des § 44 a VwGO zusammen mit der Hauptsache geltend gemacht werden.[47] Zur Frage einer möglichen Nichtigkeit vgl. § 44 Rn. 178, bei Befangenheit eines Ausschussmitgliedes § 44 Rn. 187; zur Heilung §§ 45, 46.

V. Europarecht

27 Das europäische Verwaltungsverfahrensrecht kennt das in § 21 zum Ausdruck kommende Neutralitäts- und Unbefangenheitsprinzip.[48] Art. 41 Abs. 1 der Charta der Grundrechte der Europäischen Union (§ 1 Rn. 26) gibt jeder Person das Recht, dass ihre Angelegenheiten von den Organen und Einrichtungen der Union unparteiisch behandelt werden. Allerdings ist der genaue Inhalt dieses Rechtsgrundsatzes noch nicht so strukturiert, dass ein den §§ 21, 20 entgegenstehender konkreter Inhalt gegenübersteht. § 21 wird daher als nationale Norm (noch) nicht von Gemeinschaftsrecht verdrängt (vgl. § 20 Rn. 67; § 1 Rn. 218 ff. m. w. N.).

VI. Landesrecht

28 § 21 ist auch in den VwVfGen der Länder enthalten. Hinzu kommen teilweise weitergehende landesrechtliche Befangenheitsvorschriften, insbesondere im Kommunalrecht (§ 20 Rn. 68 m. w. N.), die den allgemeinen Regelungen der §§ 20, 21 durchweg als spezialgesetzliche Rechtsvorschriften vorgehen (§ 1 Rn. 206 ff.).

VII. Vorverfahren

29 § 21 gilt auch im Vorverfahren (§ 79). Erkennt die Widerspruchsbehörde einen Befangenheitsgrund, ist das VwVf je nach den Umständen ganz oder teilweise zu wiederholen (§ 20 Rn. 69 m. w. N.).

---

[43] *BVerwGE* 66, 15 = ZBR 1983, 161; ferner 66, 291 = NJW 1983, 2516; 68, 189 = DVBl 1984, 437 – für Personalrat –, kritisch hierzu *Laubinger* VerwArch 76 (1985), 449 f.
[44] *BVerwGE* 16, 150, 153 = NJW 1963, 1640; 29, 70 = MDR 1968, 524.
[45] *Kopp/Ramsauer* § 21 Rn. 13; *Clausen* in Knack § 21 Rn. 12; *Ule/Laubinger* § 12 Rn. 32.
[46] *BVerwGE* 69, 256 = NVwZ 1984, 718; 75, 214, 228 = NVwZ 1987, 578; 78, 347 = NVwZ 1988, 527; § 20 Rn 27.
[47] Vgl. *OVG Münster* DVBl 2000, 572; ferner § 44 Rn. 176.
[48] Vgl. *Gassner* DVBl 1995, 15, 22; Einl Rn. 88; § 20 Rn. 67.

§ 22 Beginn des Verfahrens

¹Die Behörde entscheidet nach pflichtgemäßem Ermessen, ob und wann sie ein Verwaltungsverfahren durchführt. ²Dies gilt nicht, wenn die Behörde auf Grund von Rechtsvorschriften

1. von Amts wegen oder auf Antrag tätig werden muss;
2. nur auf Antrag tätig werden darf und ein Antrag nicht vorliegt.

Vergleichbare Vorschriften: § 86 AO; § 18 SGB X.

Abweichendes Landesrecht: Vgl. Rn. 83; ferner Übersicht zu Änderungen der LVwVfGe im Dritten Teil dieses Kommentars.

Entstehungsgeschichte: Bis zum Inkrafttreten des VwVfG vgl. § 22 der 6. Auflage.

Literatur: *Bulling,* Mangelnder Antrag bei antragsbedürftigen begünstigenden Verwaltungsakten, DÖV 1962, 378; *Badura,* Mitwirkungsbedürftiger Verwaltungsakt mit belastender Auflage, JuS 1964, 103; *Kemper,* Ist § 130 BGB im öffentlichen Recht anwendbar?, NJW 1965, 1951; *Krause,* Willenserklärungen des Bürgers im Bereich des öffentlichen Rechts, VerwArch 61 (1970), 297; *Middel,* Öffentliche Willenserklärungen, 1971; *Krause,* Willensmängel bei mitwirkungsbedürftigen Verwaltungsakten und öffentlich-rechtlichen Verträgen, JuS 1972, 425; *Hablitzel,* Antrag bei mitwirkungsbedürftigen Verwaltungsakten, BayVBl 1974, 392; *Dölker,* Baugenehmigung ohne Antrag, BayVBl 1974, 400; *Heiß/Hablitzel,* Grundprobleme der Widmungszustimmungserklärung im Straßen- und Wegerecht, DVBl 1976, 93; *Gusy,* Der Antrag im Verwaltungsverfahren, BayVBl 1985, 484; *Kirchhof,* VA auf Zustimmung, DVBl 1985, 651; *Stelkens,* Der Antrag – Voraussetzung eines Verwaltungsverfahrens und eines Verwaltungsaktes?, NuR 1985, 213; *Sachs,* Volenti non fit iniuria, VerwArch 76 (1985), 398; *Martens,* Rechtsprechung zum Verwaltungsverfahrensrecht – Anträge im Verwaltungsverfahren, NVwZ 1986, 533; NVwZ 1988, 684; *Schnell,* Der Antrag im Verwaltungsverfahren, 1986; *Kluth,* Rechtsfragen der verwaltungsrechtlichen Willenserklärung, NVwZ 1990, 608; *Hartmann,* Zur Widerruflichkeit und Anfechtbarkeit von öffentlich-rechtlichen Willenserklärungen am Beispiel der Nachbarunterschrift gem. Art. 73 BayBauO, DÖV 1990, 8; *Voßkuhle,* „Wer zuerst kommt, mahlt zuerst!" – Das Prioritätsprinzip als antiquierter Verteilungsmodus einer modernen Rechtsordnung, Die Verwaltung 32 (1999), 21; *Gregor,* Der OK-Vermerk des Telefaxsendeprotokolls als Zugangsnachweis, NJW 2004, 2885; *Rolshoven,* Wer zuerst kommt, mahlt zuerst? – Zum Prioritätsprinzip bei konkurrierenden Genehmigungsanträgen, NVwZ 2006, 516.

Übersicht

	Rn.
I. Allgemeines	1
1. Grundsätze	1
2. Beginn des VwVf, Überblick	4
II. Amtsverfahren nach pflichtgemäßem Ermessen (Satz 1)	6
III. Amtsverfahren auf Grund von Rechtsvorschriften (Satz 2 Nr. 1 erste Alt.)	13
IV. Antragsverfahren (Satz 2 Nr. 1 zweite Alt., Nr. 2)	15
1. Antrag	15
2. Pflicht zum Beginn auf Grund des Antrags	23
3. Antrag als Verfahrensvoraussetzung	24
4. Keine Verpflichtung zum Antrag	26
5. Form des Antrags	30
6. Inhalt und Auslegung des Antrags	45
7. Zugang des Antrags	50
8. Beginn des VwVf auf Antrag	55
9. Zulässigkeit und Begründetheit des Antrags	62
10. Widerruf, Rücknahme, Änderung, Anfechtung eines Antrags, Bedingung	66
11. Rechtsfolgen	81
V. Europarecht	82
VI. Landesrecht	83
VII. Vorverfahren	84

I. Allgemeines

1. Grundsätze

Verwaltungsverfahren und verwaltungsgerichtliche Verfahren unterscheiden sich hinsichtlich **1** der Einleitung des Verfahrens grundsätzlich. Im verwaltungsgerichtlichen Verfahren gilt die **Dis-**

§ 22 2–6   Teil II. Allgemeine Vorschriften über das Verwaltungsverfahren

positionsmaxime (§ 24 Rn. 12): Das Gericht wird nur auf Verlangen eines Klägers oder Antragstellers tätig. Denn wenn auch öffentliche Interessen berührt sind, dient das verwaltungsgerichtliche Verfahren dazu, Individualrechtsschutz zu gewähren.

2   Anders ist es im VwVf (vgl. § 9 Rn. 63 ff.): Hier steht die Wahrung des Gemeinwohls derart im Vordergrund, dass grundsätzlich nicht nur die Ermittlung des Sachverhalts von Amts wegen zu führen ist (**Untersuchungsgrundsatz**, § 24 Rn. 1 f.), sondern auch die **Einleitung des Verfahrens** (§ 9 Rn. 105, **Offizialmaxime**). Hierin kommt der **Grundsatz der Gewaltenteilung** zum Ausdruck, der sich u. a. in der Pflicht zum **Gesetzesvollzug** manifestiert (§ 9 Rn. 65). Wegen der Unvorhersehbarkeit der Vollziehungsanlässe und der dadurch notwendigen Befugnis zur flexiblen Aktion und Reaktion bedeutet die verfahrensrechtliche Offizialmaxime anders als das Legalitätsprinzip z. B. nach §§ 152 Abs. 2, 163 StPO grundsätzlich keine Verpflichtung zur Eröffnung des Verfahrens. Sie ist mit dem **Opportunitätsprinzip** verbunden, das heißt, es steht grundsätzlich im pflichtgemäßen (Verfahrens-)Ermessen (§ 10 Rn. 16 ff.) der Behörde, ob und wann sie ein VwVf nach § 9 durchführt (§ 22 S. 1).

3   Abweichend von diesem Grundsatz gibt es jedoch Fälle, in denen auch nach der **Offizialmaxime** das Tätigwerden der Behörde nicht in ihrem pflichtgemäßen Ermessen steht, sondern zur Pflicht wird. Dazu ist jedoch eine besondere Rechtsnorm erforderlich (Satz 2 Nr. 1; Rn. 13 f.). Überdies kann auf Grund des Fachrechts auch im VwVf die **Dispositionsmaxime** (Rn. 1) herrschen, die die Eröffnung des Verfahrens vom Antrag eines Bürgers abhängig macht (§ 22 S. 2 Nr. 1, 2; Rn. 16 f.). Offizialmaxime und Dispositionsmaxime unterscheiden sich vom **Untersuchungsgrundsatz**, der während des Verlaufs des VwVf die Behörde zur Ermittlung des Sachverhalts von Amts wegen zwingt, unabhängig davon wie das VwVf eröffnet worden ist (§ 24 Rn. 1). § 22 ersetzt als verfahrensrechtliche Regelung **nicht die materiellrechtliche Ermächtigungsnorm**, die die Behörde nach dem Grundsatz des Gesetzesvorbehalts (§ 44 Rn. 46) benötigt.

2. Beginn des VwVf, Überblick

4   § 22 regelt diese **Grundsätze für die Einleitung des Verfahrens.** Der Zeitpunkt des Beginns eines Verfahrens lässt sich hieraus entgegen der amtlichen Überschrift des § 22 nur mittelbar ablesen. Er ergibt sich der Sache nach aus § 9 (Rn. 55; § 9 Rn. 105, 113 ff.). Mit Beginn des VwVf entstehen die Rechte und Pflichten aus dem Verfahrensrechtsverhältnis (§ 9 Rn. 5 ff.); die Behörde hat Dritte unter den Voraussetzungen des § 13 Abs. 2 hinzuzuziehen oder zu benachrichtigen.

5

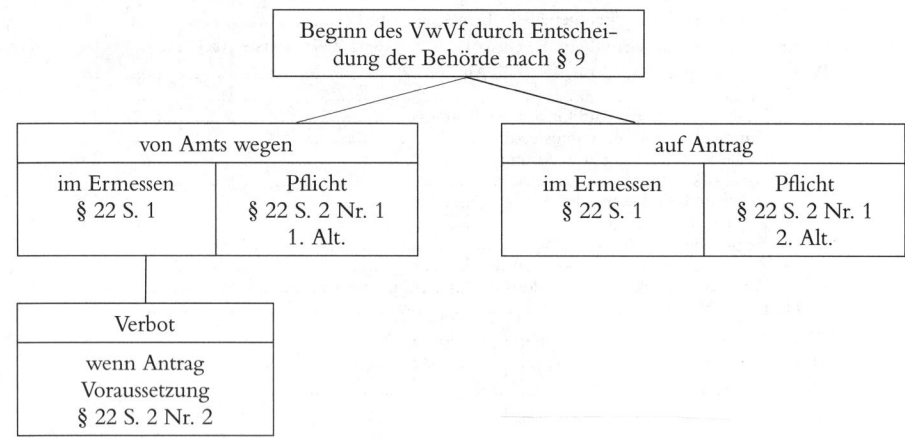

II. Amtsverfahren nach pflichtgemäßem Ermessen (Satz 1)

6   Satz 1 legt als Grundsatz für die Einleitung eines VwVf die **Offizialmaxime** (Rn. 1) fest: Soweit durch Rechtsvorschriften nicht anderes bestimmt ist, (Rn. 13, 15) entscheidet die Be-

§ 22 Beginn des Verfahrens   7–10 § 22

hörde nach pflichtgemäßem Ermessen, ob sie ein VwVf durchführt oder nicht. Innerhalb der Grenzen **pflichtgemäßen Ermessens** kann sowohl die Entscheidung der Behörde, ein VwVf einzuleiten, als auch die Entscheidung, untätig zu bleiben, rechtmäßig sein. Die Ausübung des Ermessens muss immer im Interesse der Allgemeinheit, in der Regel auch im individuellen Interesse des vom VwVf Betroffenen geschehen, selbst wenn dieser zu diesem Zeitpunkt namentlich noch nicht bekannt ist. Einen Anspruch auf fehlerfreie Ermessensausübung hat der Betroffene nur, soweit sein individuelles Interesse durch die Verfahrenseröffnung oder -unterlassung geschützt ist (§ 9 Rn. 165; § 10 Rn. 16 f.). Nur insoweit kann ein Betroffener die Fehlerhaftigkeit der Ermessensausübung geltend machen. Dies kann im Einzelfall dazu führen, dass die Behörde verpflichtet ist, ein Verfahren einzuleiten oder zu unterlassen (vgl. Rn. 10 ff.; § 10 Rn. 16 f.). Soweit das VwVf i. S. d. § 9 erforderlich ist, damit der Betroffene sein **materielles Recht** verwirklichen kann, ist die Behörde schon von Verfassungs wegen zur Eröffnung des VwVf verpflichtet (§ 9 Rn. 49 ff., 63; § 10 Rn. 2; ferner § 22 Rn. 10).

Unabhängig von einem subjektiv-öffentlichen Recht eines Einzelnen kann sich das Ermessen **7** der Behörde zur **Pflicht verdichten,** wenn die Behörde nur durch einen VA mit seiner Bindungswirkung (§ 35 Rn. 49) und seinen Klarstellungs-, Konkretisierungs- und Titelfunktionen[1] ihrer verfassungsmäßigen **Pflicht zum Gesetzesvollzug** (§ 9 Rn. 65) nachkommen oder ihre materiellen Pflichten im Interesse der Allgemeinheit[2] erfüllen kann. So kann es erforderlich sein, bei Unklarheiten über einen Namen von Amts wegen ein Namensfeststellungsverfahren nach § 8 NamÄndG durchzuführen. Z. Zt. ist noch unklar, inwieweit sich die Rspr. des *BGH*[3] zur Strafbarkeit von Amtsträgern bei Unterlassen von Überwachungsmaßnahmen als eine Pflicht zum Überwachen insbesondere im Umweltrecht und zur Einleitung entsprechender VwVf auswirken wird. Nach diesen Grundsätzen entscheidet auch, ob anstelle eines VwVf ein informelles Verfahren betrieben (§ 9 Rn. 172 ff.; § 10 Rn. 9) und welches VwVf bei mehreren möglichen **ausgewählt** wird (§ 9 Rn. 162 ff.). Ein Anspruch auf eine bestimmte **Verfahrensgestaltung** besteht in der Regel nicht (§ 10 Rn. 18).

Die Entscheidung, das VwVf zu eröffnen oder zu unterlassen, ist **kein VA** (§ 9 Rn. 172 ff.; **8** § 10 Rn. 9); insoweit steht auch § 44 a VwGO dem Rechtsschutz nicht entgegen.[4]

Die Aussage der Gesetzesbegründung, die Behörde entscheide in der Regel von Amts wegen **9** nach pflichtgemäßem Ermessen (Begründung zu § 18 Entwurf 73), trifft wohl nicht mehr zu. Durch die Entwicklung des Verwaltungsrechts in den letzten Jahren, vornehmlich auf dem Feld der leistenden Verwaltung, durch die in der Praxis die Untersuchungsmaxime (§ 24) nicht selten durch die „Erklärungsmaxime" ersetzt wird, hat sich entsprechend auch der Anteil der auf Antrag durchzuführenden VwVf so erhöht, dass es fraglich erscheint, ob das Vorgehen nach der Offizialmaxime noch der Regelfall ist (Rn. 15).

Das **materielle Recht** wirkt auch dort, wo keine besonderen Rechtsvorschriften für das Ver- **10** fahren bestehen, auf die Ermessensausübung nach § 22 S. 1 ein: Es gestaltet das Verfahren (§ 9 Rn. 20) auch dort, wo es, wie z. B. in der **Eingriffsverwaltung,** nur den materiellrechtlichen Eingriff in das Ermessen der Behörde stellt (s. § 24 Rn. 10). Besondere Bedeutung hat die Offizialmaxime daher auf diesem Gebiet. Insbesondere dem Polizei- und Ordnungsrecht wurde seit langem entnommen, dass das pflichtgemäße Ermessen durch die Umstände des Einzelfalles in unterschiedlichem Maße eingeschränkt sein kann. So darf die Behörde dann nicht untätig bleiben, wenn wichtige Rechtsgüter wie **Leben, Gesundheit oder Freiheit** bedroht sind oder ein erheblicher sonstiger (auch materieller) Schaden droht.[5] In diesen Fällen muss sie ein VwVf eröffnen, um die Sachlage zu überprüfen. Selbst in den Fällen, in denen ein materielles Entschließungsermessen bleibt, kann sich das Verfahrensermessen zum Beginn des VwVf zur Pflicht verdichten, um die Prüfung der Voraussetzungen des Eingriffsverwaltungsaktes zu ermöglichen.

---

[1] § 35 Rn. 30 ff.; zur Duldungsverpflichtung durch VA s. *Stelkens* NuR 1983, 261, 263.
[2] Z.B. auf Grund einer Abgabenerhebungspflicht, dazu *BVerfGE* 84, 239 = NJW 1991, 2129 und § 10 Rn. 18; *BVerwG* DÖV 1970, 203 in st. Rspr. zu § 86 AO, oder nach Haushaltsgrundsätzen, dazu z. B. zur Rückforderung von Erstattungsbeträgen *BSGE* 60, 209 = NJW 1987, 1846 zu § 18 SGB X; ferner Rn. 10, 13.
[3] *BGHSt* 38, 325 = NJW 1992, 3247; 39, 381 = NJW 1994, 670, dazu *Michalke* NJW 1994, 1693 und Nichtannahmebeschluss *BVerfG* NJW 1995, 186.
[4] *Stelkens* in Schoch u. a. § 44 a Rn. 14; *Martens* § 4 Rn. 100 Fußn. 46.
[5] Nachweise bei *Gern* DVBl 1987, 1194 ff.; *Pitschas*, Verwaltungsverantwortung, S. 695.

11 Gleiches gilt im Interesse effektiven baurechtlichen Nachbarschutzes: Zwar erwähnt die h. M. nur eine **Ermessensschrumpfung auf Null** hinsichtlich des materiellen Entschließungsermessens, des „ob" des Einschreitens,[6] und gibt dem Nachbarn keinen Anspruch auf eine bestimmte Maßnahme, soweit noch mehrere zur Auswahl stehen.[7] Zugleich ist damit aber ausgedrückt, dass das Verfahrensermessen für den Beginn des VwVf mit dem Ziel des Einschreitens ebenfalls auf Null reduziert ist.

12 Ob aus Art. 3 GG ein Anspruch auf gleichmäßige Verfahrensgestaltung bei der Eingriffsverwaltung folgt, ist umstritten (§ 10 Rn. 18). Bei der Einleitung eines Verfahrens werden in der Regel die Vergleichsfälle noch nicht bekannt sein, so dass sich diese Frage erst im Laufe eines VwVf stellen wird, wenn sie auf Grund des Beteiligtenvortrages und der Sachverhaltsermittlung benannt werden. Das Schwergewicht für Art. 3 GG liegt weniger in der Durchführung des Verfahrens als in dem materiellen Eingriff. Eine weitere Einschränkung des Ermessens kann sich aus einer **Zusicherung** i. S. d. § 38 ergeben, einen VA zu erlassen oder zu unterlassen (§ 38 Rn. 122).

III. Amtsverfahren auf Grund von Rechtsvorschriften (Satz 2 Nr. 1 erste Alt.)

13 Die Offizialmaxime ist in der Regel mit dem Opportunitätsprinzip verknüpft (Rn. 1, 6), sie kann aber auch nach dem **Legalitätsprinzip** eingeschränkt sein. Diesen Fall erfasst Satz 2 Nr. 1 erste Alternative. Erforderlich dafür ist eine **Rechtsvorschrift**.[8] Derartige Rechtsvorschriften sind z. B. § 35 GewO, § 45 Abs. 1 WaffG, § 15 Abs. 1, 2 GastG, § 16 WPflG, zuweilen in der abgeschwächten Form einer „Soll-Vorschrift", z. B. §§ 17, 20 Abs. 2 BImschG für nachträgliche Anordnungen. Häufig handelt es sich um **materiellrechtliche Vorschriften,** die die Behörde zu einem Eingriff verpflichten, ohne ausdrücklich das Verfahren zu benennen. Ist die materiellrechtliche Pflicht zum Eingriff[9] gegeben, ist das Verfahren schon dann zu eröffnen, wenn Anhaltspunkte für die Voraussetzungen der materiellen Entscheidung vorliegen; ob und inwieweit sie vorliegen, ist in dem VwVf zu prüfen. Andererseits kann sich aus bestimmten materiellen Vorschriften auch ein **Verbot zur Einleitung** oder ein **Gebot zur Einstellung** eines VwVf ergeben, wenn sich herausstellt, dass der materielle Eingriff untersagt ist (vgl. etwa § 49 Abs. 1 a. E.). Zur Zusicherung s. Rn. 12.

14 Von den **Rechtsvorschriften** zu unterscheiden sind hier – wie in den anderen Fällen des Satzes 2 – die **Verwaltungsvorschriften.** Ist der Behörde das Tätigwerden bei Vorliegen eines bestimmten Sachverhalts nicht durch Rechtsvorschrift, aber durch allgemeine Verwaltungsvorschrift vorgeschrieben, so liegt darin eine von der vorgesetzten Behörde vorgenommene Beschränkung des Ermessens, die die nachgeordnete Behörde bindet (§ 10 Rn. 13, 18). Dieser Fall wird von Satz 1, nicht von Satz 2 Nr. 1 erfasst (Rn. 6 ff.).

IV. Antragsverfahren auf Grund von Rechtsvorschriften (Satz 2 Nr. 1 zweite Alt. und Nr. 2)

1. Antrag

15 Mit zunehmender Anzahl der gesetzlichen Regelungen, die dem Bürger entweder Vergünstigungen auf Antrag gewähren oder das Institut des Verbotes mit Erlaubnisvorbehalt ausdehnen, steigt die Bedeutung des Antrages als empfangsbedürftige **verwaltungsrechtlicher Willenserklärung**.[10] Ob das Verfahren auf Grund von Rechtsvorschriften (Rn. 13) von **Amts wegen**

---

[6] § 40 Rn. 56; *OVGE Münster* 36, 126 = BRS 39 Nr. 178; BRS 40 Nr. 122; *OVG Lüneburg* UPR 1988, 73; *OVG Bremen* NVwZ 1991, 1006.
[7] Vgl demgegenüber Rn. 21.
[8] Zum Begriff § 1 Rn. 211.
[9] Zum Ermessen s. Rn. 6 f., 10.
[10] *Stelkens* NuR 1985, 213; *Kluth* NVwZ 1990, 608; *Hartmann* DÖV 1990, 8, jew. m. w. N.; Rn. 50; § 1 Rn. 147 f.

oder auf **Antrag** zu eröffnen ist, muss häufig im Wege der **Auslegung** der Norm beantwortet werden, da das Antragserfordernis nicht immer ausdrücklich geregelt ist. Die Annahme eines Antragsverfahrens liegt nahe, wenn der Anlass für das Verfahren in erster Linie im Interesse des einzelnen liegt, weil er eine Genehmigung benötigt oder eine Leistung erwartet.[11] Eine **Vermutung für das Verfahren von Amts wegen** spricht dann, wenn das Verfahren vor allem im öffentlichen Interesse durchgeführt werden soll.[12] Es ist jedoch nicht ausgeschlossen, dass ein (belastender) VA im ausschließlichen öffentlichen Interesse verfahrensrechtlich von dem Betroffenen beantragt werden kann[13] oder muss.[14] So sieht § 31 Abs. 6 TKG vor, dass die Regulierungsbehörde **zur Stellung von** (Entgeltregulierungs-)**Anträgen auffordern** kann, nach Monatsfrist ggfs. das VwVf aber von Amts wegen einleitet.[15]

§ 22 behandelt den Antrag in Satz 2 im Zusammenhang mit der Eröffnung des VwVf. Die Behörde hat keinen Entscheidungsspielraum, wenn an die Stelle der Offizialmaxime die **Dispositionsmaxime** tritt (Rn. 1). Ist ein Antragserfordernis gegeben, kann allerdings auch nach Satz 1 die Möglichkeit bestehen, ein Verfahren von Amts wegen durchzuführen, es sei denn, es liegt ein Fall des § 22 S. 2 Nr. 2 vor. Satz 1 gilt also nicht, wenn die Behörde auf Grund von Rechtsvorschriften auf **Antrag** tätig werden muss (Satz 2 Nr. 1 zweite Alt.) oder nur auf Antrag tätig werden darf, ein Antrag aber nicht vorliegt (Satz 2 Nr. 2). Im ersten Fall besteht eine Pflicht, im zweiten Fall ein Verbot zur Durchführung eines VwVf. **16**

Antragsteller ist derjenige, der bei der Behörde in eigener Sache (Rn. 63) den Erlass eines VA oder den Abschluss ines ör Vertr beantragt oder durch einen Vertreter (Rn. 36) beantragen lässt und so die Durchführung eines VwVf im Sinne des § 9 veranlasst. Zur Bezeichnung des Antragstellers s. Rn. 45. Das Gesetz unterscheidet den Antragsteller (§ 13 Abs. 1 Nr. 1, s. dort Rn. 13 ff.) und den Vertragspartner der Behörde (§ 13 Abs. 1 Nr. 3, s. dort Rn. 24) begrifflich von dem **Adressaten,** d. i. derjenige, an den der VA gerichtet werden soll (§ 13 Abs. 1 Nr. 2) oder für den er bestimmt ist (§ 41 Abs. 1 S. 1; s. § 13 Rn. 21 ff., ferner von dem im Übrigen durch den VA materiell **Betroffenen,** der ggfs. über § 13 Abs. 2 an dem VwVf zu beteiligen ist (§ 41 Abs. 1 S. 1, s. dort Rn. 31 ff.; § 13 Rn. 21, 25 ff.). Im Antragsverfahren sind Antragsteller und Adressat identisch. **17**

Im VwVfG ist lediglich der **verfahrensrechtliche Antrag** angesprochen, die an die entscheidungsbefugte Behörde gerichtete Willenserklärung des Bürgers (Rn. 15), die erforderlich ist, damit diese mit dem VwVf i. S. d. § 9 beginnt.[16] Dieser Antrag ist Verfahrenshandlung des Bürgers (§ 9 Rn. 124), wie auch andere in § 22 nicht angesprochene einzelne verfahrensrechtliche Anträge **innerhalb eines VwVf,** z. B. auf Sachverhaltsermittlung oder auf Beteiligung anderer Stellen oder Behörden (§ 9 Rn. 127). **18**

Hiervon zu unterscheiden ist ferner die **materiell-rechtliche Willenserklärung** (Antrag, Einwilligung, Zustimmung) des Bürgers, die Rechtmäßigkeitsvoraussetzung eines mitwirkungsbedürftigen VA ist;[17] die Rechtsordnung macht die Gestaltung des materiellen Rechts durch VA von dieser Mitwirkung abhängig.[18] Ebenso ist bei einem VwVf mit dem Ziel eines ör Vertr zwischen dem verfahrensrechtlichen Antrag und dem materiellrechtlichen Vertragsangebot zu unterscheiden (§ 54 Rn. 16, 31). Die Behörde entscheidet, ob ein derartiges Verfahren eröffnet wird, ggfs. auf Antrag eines Bürgers (§ 9 Rn. 105). Das materiellrechtliche Vertragsangebot kann sowohl von der Behörde als auch von dem Bürger ausgehen. Der Sache nach handelt es sich jeweils um zwei Willenserklärungen.[19] **19**

---

[11] Vgl. *VG Hamburg* 4. 9. 2002 – 15 VG 1416/2000 (juris).
[12] Eingriffsverwaltung wie Gefahrenabwehr, Gebote, Verbote, Abgabenerhebung, Gestaltung im öffentlichen Interesse; *Clausen* in Knack § 22 Rn. 6; *OVG Koblenz* NVwZ 1986, 576 zu § 8 TierschutzG.
[13] Z. B. § 3 DSchG NRW, dazu *OVG Münster* NVwZ-RR 1989, 64, bestätigt durch *BVerwG* NVwZ 1992, 1701.
[14] Z. B. nach § 10 VermKatG NRW, dazu *Kluth* NVwZ 1990, 608, 613.
[15] Zur Entgeltgenehmigung nach § 28 TKG a. F., die in erster Linie dem Schutz der Wettbewerber dient, *VG Köln* CR 1999, 161; *OVG Münster* NVwZ 2002, 228.
[16] § 13 Abs. 1 Nr. 1, § 22 S. 2, § 24 Abs. 3, § 45 Abs. 1 S. 1, § 64.
[17] Vgl. *BVerwGE* 104, 375, 380 = NVwZ 1998, 401, 402.
[18] Hierzu im Einzelnen § 35 Rn. 229 ff.
[19] *Stelkens* NuR 1985, 213, 214 Fußn. 16; wie hier *Laubinger,* FS Ule, S. 161, 172 ff.; *Hartmann* DÖV 1990, 8, 9; a. A. wohl *OVG Koblenz* NVwZ 1986, 576, 578; *Badura* JuS 1964, 103, 105, *ders.* in Erichsen § 36 Rn. 5 f.; *Weides* § 4 III 1; *Gusy* BayVBl 1985, 484, 486; *Martens* NVwZ 1986, 533, die eine Willenser-

20 Ist ein verfahrensrechtlicher Antrag gestellt, liegt darin in aller Regel zugleich die konkludente Einwilligung in den beantragten VA oder das Vertragsangebot. Dennoch ist die Unterscheidung erforderlich, weil die Rechtsfolgen für die Wirksamkeit und bei Form- und Willensmängeln unterschiedlich sein können.[20]

21 Um einen Antrag i. S. d. Satzes 2 handelt es sich nicht, wenn die Behörde durch den „Antrag", die **Anregung oder Anzeige** eines Bürgers auf einen Sachverhalt hingewiesen wird, den sie von Amts wegen zu klären verpflichtet oder berechtigt ist.[21] Ein solcher Antrag hat nur hinweisende Funktion, seine Rücknahme ist ohne Einfluss auf das gegebenenfalls eingeleitete Verfahren; sie berührt den Gegenstand des durch die Behörde durchgeführten Verfahrens nicht (§ 9 Rn. 109). Von dieser Anregung ist der auf Antrag geltend gemachte Anspruch eines Dritten, z. B. eines baurechtlichen Nachbarn, auf Einschreiten zu unterscheiden (Rn. 11). Hinweise, die verwaltungsinterne oder sonstige schlichthoheitliche Überprüfungen oder Beanstandungen bewirken sollen, fallen ebenfalls nicht unter diesen Antragsbegriff.[22] Zu **Anzeigeverfahren** s. § 9 Rn. 87 ff.; § 35 Rn. 35 f., 155 ff.

22 Der gestellte **Antrag** selbst kann als verfahrensrechtliche Voraussetzung unterschiedliche Bedeutung haben:

2. Pflicht zum Beginn auf Grund des Antrags

23 Die Rechtsvorschrift kann vorsehen, dass die Behörde auf Antrag tätig werden **muss** (Satz 2 Nr. 1, 2. Alt.). Sie muss dann in jedem Falle ein VwVf durchführen (s. § 24 Rn. 75 ff.). Zuweilen ist nur bestimmt, dass ein Antrag zu stellen ist, ohne dass die verfahrensrechtliche Pflicht zur Eröffnung des Verfahrens genannt wird.[23] Ergibt sich das **Antragserfordernis nicht ausdrücklich** aus der Rechtsvorschrift, ist durch Auslegung zu klären, ob ein Offizialverfahren oder ein Antragsverfahren möglich ist (Rn. 15). Wird ein materiellrechtlicher Anspruch auf Erlass eines VA geltend gemacht, ist auch das Verfahren zu eröffnen. Das gleiche gilt, wenn die Erfüllung des Anspruchs im Ermessen der Behörde steht, der Antragsteller aber einen Antrag stellen muss. Der Antragsteller hat einen Anspruch darauf, dass in einem VwVf über seinen Antrag, z. B. auf Erteilung eines Dispenses, entschieden wird.[24] Die Pflicht der Behörde zur Bescheidung besteht unabhängig davon, ob sie den Antrag für zulässig und begründet hält.[25] Welches VwVf zulässigerweise durchzuführen ist, ist eine Frage des materiellen Rechts.[26]

3. Antrag als Verfahrensvoraussetzung

24 Die Rechtsvorschrift kann den Antrag aber auch als **notwendige Verfahrensvoraussetzung** ausgestalten (Satz 2 Nr. 2; Rn. 55; § 9 Rn. 143). In diesem Falle darf die Behörde ein VwVf nicht durchführen, wenn ein Antrag nicht – auch nicht konkludent (Rn. 37) – vorliegt („Sperrwirkung"). Tut sie es gleichwohl, so leidet das Verfahren an einem Verfahrensmangel, der jedoch nach § 45 Abs. 1 Nr. 1 dadurch geheilt werden kann, dass der Antrag nachträglich gestellt wird (vgl. § 45 Rn. 28 ff.). Zur modifizierenden Auflage s. § 36 Rn. 96 ff.

25 Satz 2 Nr. 2 regelt nicht die Frage, ob in den Fällen, in denen die Rechtsvorschrift den Antrag als Verfahrensvoraussetzung ausgestaltet hat, die Behörde, wenn ein Antrag gestellt wird, ein VwVf durchführen muss oder ob das Tätigwerden in ihrem pflichtgemäßen Ermessen steht. Dies ist Frage der speziellen Rechtsvorschrift. Beide Fälle sind – wie der Umkehrschluss aus Satz 2 Nr. 1 2. Alt. ergibt – denkbar; wenngleich die Pflicht zur Eröffnung des Verfahrens die Regel sein wird (s. Rn. 23, 55). Zur Antragstellung als Klagevoraussetzung s. Rn. 26.

---

klärung mit Doppelfunktion annehmen; *Hablitzel* BayVBl 1974, 392, 395 sieht den verfahrensrechtlichen Antrag als geschäftsähnliche Handlung.
[20] Zusammenfassend zu beiden Formen des Antrags *Stelkens* NuR 1985, 213 ff.
[21] Z. B. Einsturzgefahr bei einem Haus, ruhestörender Lärm durch benachbarte Diskothek.
[22] Für Hinweise an den Datenschutzbeauftragten *VGH München* NJW 1989, 2643.
[23] § 81 Abs. 2 AufenthG, § 14 Abs. 1 AsylVfG = § 8 AsylVfG a. F., dazu *BVerwGE* 80, 313 = NVwZ 1989, 473, 474.
[24] *OVG Münster* NVwZ-RR 1989, 64; § 24 Rn. 75 ff.
[25] Vgl. *OVG Münster* NVwZ-RR 2006, 597, 599.
[26] *BVerwGE* 85, 368, 377 = NVwZ 1991, 369, zur Frage, ob Genehmigungsverfahren oder Abwehranspruch eines Dritten.

4. Keine Verpflichtung zum Antrag

Eine **Pflicht zur Stellung eines verfahrensrechtlichen Antrags** gibt es grundsätzlich 26 nicht; der Bürger kann also nicht von der Behörde zu einem Antrag gezwungen werden.[27] Dieser Pflicht stünden der Dispositionsgrundsatz (Rn. 1) und letztlich das Verbot des Staates, den Bürger als bloßes Objekt zu behandeln (§ 9 Rn. 46), entgegen.[28] Von einer Pflicht zur Stellung eines Antrags im VwVf zu trennen ist die Frage, inwieweit eine Antragstellung **Voraussetzung einer** zulässigen **Klage** ist.[29] Er ist noch nicht einmal verpflichtet, der Behörde die Gründe mitzuteilen, warum er von einem Antrag (zurzeit) absehen will; negative Schlüsse dürfen daraus nicht zu seinen Lasten gezogen werden.[30] Nur auf Grund besonderer Rechtsvorschriften kann es eine verfahrensrechtliche Antragspflicht geben.[31]

Hiervon zu unterscheiden ist die Frage, ob es eine **Pflicht zu einer materiellen Zustimmung** geben kann (§ 35 Rn. 232). Folgt aus materiellem Recht im Ausnahmefall eine Pflicht zu einer materiellen Zustimmung, wird das entsprechende VwVf bei mangelndem Antrag nach § 22 S. 1 oder S. 2 Nr. 1, 1. Alt. eröffnet.[32]

Besteht keine Pflicht zum Antrag, darf dem Bürger auch nicht **gegen seinen Willen** ein 28 mitwirkungsbedürftiger VA **aufgedrängt** werden,[33] auch nicht über den Umweg einer teilweisen Erteilung oder einer (teilweisen) Rücknahme (Rn. 48; § 43 Rn. 192 ff., § 48 Rn. 102). Dies hat Konsequenzen für die materiell-rechtliche Frage, ob auf einen Nachbarrechtsbehelf hin die Baubehörde ordnungsrechtlich berechtigt oder verpflichtet ist, einen Teilabriss oder den Abriss des ganzen Baus von dem Bauherrn zu verlangen.[34] Abzugrenzen sind ferner die Fälle, in denen durch Auslegung des Antrags der wahre Zweck ermittelt wird (Rn. 46). Zur modifizierenden Auflage s. *P. Stelkens* NuR 1985, 213, 219; § 36 Rn. 96 ff. Das Aufdrängungsverbot schließt das Verbot an die Behörde ein, nur für das Genehmigungsverfahren relevante Fragen durch Ordnungsverfügung zu regeln.[35]

In der **Herstellung der erlaubnispflichtigen Sachlage** liegt in der Regel kein konkludenter Antrag. Dies folgt auch nicht aus *BVerwGE* 11, 18 ff.[36] Auch für diesen Fall darf kein Antrag aufgedrängt werden. Soweit die Rechtsordnung ein Handeln des Bürgers ohne antragsbedürftige Erlaubnis verbietet, räumt sie der Behörde in der Regel die **Befugnis** ein, dieses Handeln zu untersagen und ggfs., insbesondere im baurechtlichen Bereich, die Unterlagen anzufordern, die für die materiellrechtliche Beurteilung des Vorhabens von Amts wegen erforderlich sind, um eine Gefahrenlage zu überprüfen.[37] Hiervon zu unterscheiden sind die Fälle, in denen die Behörde die Unterlagen nur anfordert, um ihrer eigenen Sachverhaltsermittlungspflicht zu entgehen.[38] Bestehen zwischen der Behörde und dem Betroffenen unterschiedliche Auffassungen über die Genehmigungsbedürftigkeit, kann im Einzelfall der Betroffene ein besonderes Feststellungsinteresse an einer vorbeugenden Feststellungsklage haben.[39] Zulässig ist, die Stellung eines Antrags zur aufschiebenden Bedingung einer Ordnungsverfügung, die schärfere Maßnahmen vorsieht, zu machen.[40]

---

[27] *OVG Münster* DÖV 1987, 601 für § 15 StBauFG = § 144 BauGB; zum Baugebot s. aber unten; *Hablitzel* BayVBl 1974, 392, 398; *P. Stelkens* NuR 1985, 213, 215; *ders.* BauR 1986, 390, 391; *ders.* ZAR 1985, 15, 17; s. ferner Rn. 37 m. w. N.
[28] *P. Stelkens* NuR 1985, 213, 215.
[29] Dazu § 79 Rn. 5; *OVG Münster* NWVBl 1990, 66; *VGH Mannheim* NVwZ-RR 1991, 55, 56; DVBl 1991, 1093, 1094; *Kopp/Schenke* Rn. 5 a vor § 68.
[30] *P. Stelkens* NuR 1985, 213, 215; *ders.* für Asylverfahren ZAR 1985, 15, 17; s. aber § 25 Abs. 2 AsylVfG n. F.
[31] Zum Baugebot *BVerwGE* 84, 335, 348 = NVwZ 1990, 658, dazu *Fislake* NVwZ 1990, 1046, gegen *OVG Münster* UPR 1988, 229; zur BayBauO *VGH München* BRS 40 Nr. 224, s. aber *Hablitzel* BayVBl 1974, 392, 399.
[32] *P. Stelkens* NuR 1985, 213, 215; zur wasserrechtlichen Gestattung auf Antrag einer Gemeinde *VGH München* BayVBl 1975, 367, 368.
[33] *BVerwG* BauR 1977, 405, 407 = NJW 1978, 340; *OVG Koblenz* NVwZ 1986, 576 f.
[34] *OVG Münster* BRS 32 Nr. 88; NVwZ-RR 1995, 187; 23. 10. 1995 – 10 A 958/92.
[35] *OVG Münster* NJW 1983, 2834.
[36] S. *OVG Koblenz* NVwZ 1986, 576 f. und Rn. 37.
[37] S. *VGH Kassel* NuR 1984, 245; BauR 1983, 241; *OVG Münster* 13. 3. 1995 – 10 A 5579/94; *P. Stelkens* NuR 1985, 213, 215; *ders.* BauR 1986, 390, 391; *Hablitzel* BayVBl 1974, 392, 399, jew. m. w. N.
[38] Vgl. § 26 Rn. 51; *OVG Münster* 10. 10. 1991 – 7 B 1787/91 m. w. N.
[39] Vgl. *BVerwGE* 77, 207 = NVwZ 1988, 430; ferner NVwZ 1986, 35; *BVerwGE* 71, 318 = NJW 1986, 800.
[40] *VGH Mannheim* NuR 1984, 243.

5. Form des Antrags

30 Eine bestimmte **Form ist für die Stellung des Antrags** allgemein nicht vorgeschrieben.[41] Dies entspricht dem Grundsatz der Nichtförmlichkeit des Verfahrens.[42] Der Antrag kann somit **schriftlich, mündlich** oder „auf andere Weise", also **konkludent**[43] gestellt werden. Der mündlichen Antragstellung kann die **fernmündliche** gleichstehen.[44] Sie muss der Behörde aber die Möglichkeit bieten, die Identität des Antragstellers festzustellen. Hat sie insoweit Zweifel, kann sie auf Grund ihrer Gestaltungsbefugnis nach § 10 die Antragstellung von dem persönlichen Erscheinen des Antragstellers oder eines Vertreters abhängig machen oder einen schriftlichen Antrag verlangen. Zur Pflicht, eine mündliche Erklärung zu Protokoll zu nehmen s. Rn. 42. Angesichts des Aktenbetriebes bei der Behörde (§ 9 Rn. 53 ff.) dürften schriftliche Anträge die Regel sein (s. ferner Rn. 39). Unabhängig von ihrer Form sind die Anträge i. d. R. schriftlich zu bescheiden.[45] Aus § 23 folgt, dass der Antrag grds. nur in **deutscher Sprache** zulässig ist (s. aber Rn. 53, 82; § 23 Rn. 24 ff. Zur Berücksichtigung der Sprache von Minderheiten nach dem Rahmenübereinkommen des Europarats vom 1. 2. 1995 zum Schutz nationaler Minderheiten s. § 23 Rn. 83). Maßgebend dafür ist § 23 Abs. 2 bis 4 (§ 23 Rn. 29 ff., 49 ff.). Hiernach kann es zulässig sein, wenn im Einvernehmen mit der Behörde zur Erläuterung des Antrags auf fremdsprachige Anlagen verwiesen wird. Dies wird insbesondere in technischen Bereichen zweckmäßig sein.[46] Dem Schutzzweck ordnungsgemäßer Verwaltung ist Genüge getan, wenn das Petitum des Antrags in deutscher Sprache zu den Akten der Behörde gelangt; dies kann auch durch von der Behörde erstellten Vermerk erfolgen (vgl. § 23 Rn. 49 f.). Der Schutz anderer Verfahrensbeteiligter darf dem nicht entgegenstehen (§ 23 Rn. 28). Anders als im Privatrecht wird für den Erklärenden die Freiheit in der Wahl der Sprache nicht erst durch die Verständnismöglichkeiten und -obliegenheiten des Empfängers begrenzt.[47] Der Namensträger kann mit der Schrift unterzeichnen, aus deren Kulturkreis sein Name herrührt.[48] Zu einer Unterschrift in einer fremden Schrift s. ferner § 23 Rn. 28.

31 Für die **Schriftform** des Antrags genügt die Einhaltung der Form wie in **§ 126 BGB**.[49] § 126 Abs. 1 BGB kann zwar nach den Grundsätzen der Übernahme privatrechtlicher Regeln (§ 1 Rn. 106) auch im öffentlichen Recht angewandt werden,[50] gilt aber nur für materiellrechtliche Willenserklärungen (§ 35 Rn. 235), nicht für (Prozess-)Verfahrenshandlungen.[51] Für **Privatpersonen** ist jedoch – soweit nicht die elektronische Form, § 3a Abs. 2, gewählt wird (Rn. 32) – die Unterschrift auch bei einem Verfahrensantrag erforderlich, weil nur dadurch sichergestellt ist, dass dem Schriftstück Inhalt und Bedeutung der abzugebenden Erklärung und die Person des Erklärenden hinreichend zuverlässig entnommen werden kann.[52] Hiernach ist das Schriftstück grundsätzlich durch **eigenhändige Unterschrift** oder mittels notariell beglaubigten **Handzeichens** zu unterzeichnen; allerdings ist insoweit eine Großzügigkeit wünschens-

---

[41] § 24 Rn. 88 ff.; s. auch OVG Münster NVwZ 1997, 87 für Aussetzungsantrag an die Behörde als Zugangsvoraussetzung für gerichtliches Aussetzungsverfahren gem. § 80 Abs. 6 Satz 1 VwGO.
[42] § 10 Rn. 2, 16; P. Stelkens NuR 1985, 213, 217.
[43] Rn. 37; s. § 13 Abs. 1 AsylVfG, zum vergleichbaren § 7 AsylVfG a. F. P. Stelkens ZAR 1985, 15, 17.
[44] Vgl. VGH München NVwZ-RR 2002, 426, 428; VG Wiesbaden InfAuslR 1990, 177; § 37 Rn. 77 f.
[45] § 37 Rn. 49 f.; vgl. auch OVG Münster NVwZ 1997, 87 mit Hinweis auf mögliche Beweislasten des Antragstellers.
[46] Beispiel: Zertifizierungsverfahren beim Bundesamt für Sicherheit in der Informationstechnik gem. § 4 BSIG i. V. m. BSIZertV, bei dem die Sicherheitsrisiken von IT-Produkten bewertet werden, vgl. § 23 Rn. 7.
[47] Vgl. hierzu Spellenberg, Fremdsprache und Rechtsgeschäft, FS Ferid, 1988, S. 463 ff.
[48] Köhler, FS Schippel, 1996, S. 209, 215 f. m. w. N.
[49] Zur Reform der §§ 126 BGB ff. vgl. § 3a Rn. 1.
[50] Sendler NJW 1964, 2137, 2139; Müller NJW 1964, 1116, 1119; Ausnahme bei Erlass eines VA s. § 37 Rn. 104; zur Streitfrage, ob § 126 Abs. 2 BGB für ör Vertr anwendbar ist, s. § 57 Rn. 19; Weihrauch VerwArch 82 (1991), 543.
[51] Für bestimmte mündliche Schriftsätze im Prozess GmS-OGB BVerwGE 58, 359 = NJW 1980, 172; 81, 32 = NJW 1989, 1175; BGHZ 107, 129 = NJW 1989, 3280; Broß VerwArch 81 (1990), 451.
[52] Vgl. BGHZ 107, 129 = NJW 1989, 3280; im Ergebnis ebenso VGH München BayVBl 1991, 373. Bei einer klagenden Privatperson hält OVG Koblenz NVwZ 1997, 593 das Fehlen der Unterschrift für unschädlich, wenn andere Anhaltspunkte in der Klageschrift eine vergleichbare Gewähr für Urheberschaft und Verkehrswillen des Klägers bieten.

§ 22 Beginn des Verfahrens

wert, solange der o. g. Zweck erfüllt wird.[53] Die Unterschrift mit dem Familiennamen auch ohne Vornamen reicht aus, nicht aber die Verwendung nur des Vornamens;[54] die Beifügung eines akademischen Grades ist – da nicht Bestandteil des Namens, sondern Zusatz zum Namen – entbehrlich.[55] Nach st. Rspr. des *BFH*[56] verlangt die Schriftlichkeit, dass bei einer Unterschrift zumindest einzelne Buchstaben erkennbar werden, da es andernfalls an einer Schrift überhaupt fehle. Dem Schutzzweck der Schriftform ist aber schon damit genügt, dass der „Schriftzug" die Individualität des Ausstellers erkennen lässt.[57] Hinsichtlich der Schriftform im VwVf ist auch bei der **Paraphe** Großzügigkeit geboten, wenngleich in der Praxis noch nicht allgemein anerkannt. Die jahrelange unbeanstandete Verwendung einer Paraphe zur Unterzeichnung gegenüber Behörden und Gerichten begründet jedenfalls einen Vertrauenstatbestand, dem zumindest durch Bewilligung der Wiedereinsetzung in den vorigen Stand Rechnung zu tragen ist.[58] Wird bei elektronischer Übermittlung auf die eigenhändige Unterschrift ganz verzichtet, wäre es nur konsequent, bei herkömmlichen Schreiben auch eine Paraphe genügen zu lassen.[59] Davon zu unterscheiden ist die Frage, ob bei Erlass eines VA die Paraphe allein geeignet ist, den Bekanntgabewillen hinreichend zu dokumentieren (hierzu § 37 Rn. 103). Zur Abgrenzung Unterschrift/Paraphe *BGH* NJW 1994, 55. Allerdings kann nach Fachrecht bei materiellen Erklärungen (s. Rn. 19) eigenhändige Unterschrift vorgeschrieben sein, insbesondere wenn anders die durch eine Unterschrift vermittelten Funktionen (s. § 37 Rn. 99f.) nicht erfüllt werden können. Die aktuelle Frage des Beweiswertes von sog. Ober- und Nebenschriften macht den Schutzzweck verfahrensrechtlicher Unterschriften nicht aus, s. § 26 Rn. 88. Nicht erforderlich ist, dass der Antrag und seine Begründung selbst von dem Antragsteller geschrieben worden sind, wenn sie nur unterschrieben wurden.[60] Selbst wenn eine **Unterschrift fehlt,** kann ein wirksamer Verfahrensantrag vorliegen, wenn ohne Rückfragen oder Beweiserhebung sichergestellt ist, dass die Erklärung von dem Antragsteller stammt und mit seinem Willen in den Rechtsverkehr gebracht worden ist, also nicht nur einen Entwurf darstellt.[61]

Der Schriftform gleich stehen telekommunikative (s. § 127 BGB) und für Verfahrenshandlungen andere **moderne Kommunikationsformen** (dazu § 3 a Rn. 1 ff.), die die Willenserklärung in einer der Schriftform vergleichbaren Weise verkörpern und den Urheber erkennen lassen, z. B. Telefax (dazu auch § 37 Rn. 62 f.; § 41 Rn. 82 ff.) oder Internet-Kontakt,[62] aber keine Telefonate (dazu Rn. 30). So wie die Übermittlung fristwahrender Schriftsätze per **Telefax** in allen Gerichtszweigen uneingeschränkt zulässig ist,[63] gilt dies auch für verfahrensrechtliche Anträge und sonstigen Schriftverkehr in VwVf. Sind im VwVf Urkunden vorzulegen, muss die Behörde sich insoweit nicht mit Telefax-Übermittlungen begnügen. Sie kann Vorlage des Originals der Urkunde, durch die ein Nachweis geführt werden soll, verlangen.[64] Ist einer zuständi-

---

[53] Vgl. *BVerfGE* 78, 123 = NJW 1988, 2787; *BVerwGE* 81, 92, 35 f. = NJW 1989, 1175; NJW 1993, 1874. Kritisch („realitätsfern und widersprüchlich") zu den Unterschriftsanforderungen der Rspr. und deren verfassungsgerichtlicher Tolerierung (*BVerfG (K)* NJW 1998, 1853) *Schneider* NJW 1998, 1844.
[54] Vgl. *BGHZ* 152, 255 = NJW 2003, 1120; dort aber mit Hinweis auf *RGZ* 87, 109, 111 aus dem Jahr 1915 unzutreffend Ausnahme (nur Vorname) für „Angehörige des Hochadels", den es rechtlich seit 1919 nicht mehr gibt (Art. 109 Abs. 3 WRV).
[55] Vgl. nur *Majer,* Gedächtnisschrift für Nagelmann, 1984, S. 337, 340.
[56] *BFHE* 146, 415 = NJW 1987, 343; zuletzt NJW 2000, 607, 608.
[57] Vgl. auch *Willms* NVwZ 1987, 479; *BGH* NJW 1987, 1333; NJW 1992, 243; NJW 2005, 3775; *BAG* NJW 2001, 316; *OLG Frankfurt* NJW 1993, 3079; § 34 Rn. 6.
[58] *BGH* NJW 1999, 60; *BFHE* 188, 528 = NJW 1999, 2919; ferner *BVerfG (K)* NJW 1998, 1853; restriktiver *LAG Berlin* NJW 2001, 3722.
[59] S. auch *BFH* NJW 1996, 1432; für richterliche Unterschriften *BSG* NJW 1992, 1188; a. A. für bestimmende Schriftsätze *BAG* NJW 1996, 3164; für Postzustellungsurkunde *OLG Frankfurt* NJW 1993, 3079; ferner § 37 Rn. 99 f.
[60] *OVG Saarlouis* InfAuslR 1983, 79, 81; Rn. 36.
[61] *BVerwGE* 81, 32 = NJW 1989, 1175 für Verfahrenshandlungen; NJW 2003, 1544 für Begründungsschrift zu einer Nichtzulassungsbeschwerde; anders bei materiellen Erklärungen, s. *BGHZ* 121, 224 = NJW 1993, 1126 (m. Bspr. *Cordes* NJW 1993, 2427) = JZ 1993, 1005 m. Anm. *Vollkommer* für Bürgschaftserklärung); ferner für Klageschrift einer Privatperson *OVG Koblenz* NVwZ 1997, 593.
[62] Vgl. *VG Saarlouis* NJW 1998, 3221: Anmeldung zur Diplomprüfung über einschlägige Internet-Seite der Hochschule.
[63] *BVerfG* NJW 1996, 2857; *Ebnet* NJW 1992, 2985, 2986.
[64] Vgl. für Vollmachtsurkunde durch Telefax ablehnend *BGH* NJW 1994, 2298; zulassend *BFH* BB 1994, 1702; *Karst* NJW 1995, 3278.

gen Behörde die beglaubigte Abschrift einer beurkundeten Erklärung vorzulegen, kann diese eine mit Telefax übermittelte Urkunde akzeptieren, die ihr unmittelbar von der beurkundenden Behörde zugeleitet wird, wenn die Authentizität z. B. durch telefonische Abstimmung sichergestellt ist.[65]

33 Eine **Unterschrift** unter die Kopievorlage bei – auf Grund der Möglichkeiten von e-Mail vermutlich technisch bald überholten – Telefax ist entgegen der früher überwiegenden Rechtsprechung[66] nicht mehr zu verlangen.[67] Nicht überzeugend ist die Differenzierung des *BFH,* abweichend vom großzügig gehandhabten Schriftformerfordernis bei bestimmenden Schriftsätzen und bei Anträgen die eigenhändige Unterschrift zu verlangen.[68] Bei **Versendung des Telefax unmittelbar aus dem PC** kann es sich dabei nur um eine der Textdatei beigefügte Bilddatei der Unterschrift handeln. Für den Empfänger ist nicht erkennbar, ob es sich um eine auf einem Schreiben vollzogene Unterschrift oder um die – ggfs. auch von einer Schreibkraft bewirkte – Beifügung eines eingescannten Unterschriftsbildes handelt.[69] Da Verfahrensvorschriften nicht Selbstzweck sein dürfen, schließt das Erfordernis der Schriftlichkeit die eigenhändige Unterzeichnung nicht um ihrer selbst willen, sondern deshalb ein, weil sie in der Regel die Verlässlichkeit der Eingabe sicherstellt.[70] Deshalb ist eine Ausnahme vom Unterschriftserfordernis zuzulassen, wenn die verwendete Technik dies bedingt und die Gewähr für die Urheberschaft und den Erklärungswillen sich anderweitig hinreichend sicher ergibt.[71] Mit der Entscheidung des *GmS-OGB* zur elektronischen Übertragung einer Textdatei mit eingescannter Unterschrift ist diese Frage nun in einer Weise, die dem technischen Fortschritt bei der Telekommunikation Rechnung trägt, entschieden.[72] Ausreichend sollte heute sein, wenn die elektronisch übermittelte Eingabe deutliche Angaben über den Einsender (Name, Adresse, e-Mail-Adresse) und ggfs. das absendende Gerät (Telefax-Kennung u. ä.) enthält. Maßgeblich ist nicht eine etwa beim Absender vorhandene Kopievorlage oder eine im PC gespeicherte Datei, sondern allein die auf seine Veranlassung am Empfangsort erstellte körperliche Urkunde.[73] Zu berücksichtigen ist in diesem Zusammenhang auch, dass der Gesetzgeber bei EDV in § 37 Abs. 4 ausdrücklich auf Namenswiedergabe und Unterschrift verzichtet hat. Jedoch ist immer noch die **Zeichnung von Anträgen mit eigenhändiger Unterschrift zu empfehlen,** um auszuschließen, dass die Anträge von einzelnen Behörden und Gerichten[74] später als unzulässig angesehen werden. Die Entwicklung ist hier derzeit noch im Fluss (dazu § 3a Rn. 1ff.). So werden sich möglicherweise zukünftig wieder strengere Anforderungen an die Zeichnung von Anträ-

---

[65] Vgl. *Krömer* StAZ 1998, 291 für Erklärung zur Namensführung gem. § 1355 Abs. 5 S. 3 i. V. m. Abs. 4 S. 5 BGB.

[66] *BGH* NJW 1990, 188; 1993, 1655; 1994, 2097; *BAG* NJW 1996, 3164; *OVG Münster* NJW 1991, 1197; *OLG München* NJW 1992, 3042; *VG Wiesbaden* NJW 1994, 537; *FG Berlin* EFG 1992, 150; *LG Berlin* NJW 2000, 3291; s. auch *OLG Frankfurt* NJW 1991, 2154, dazu *Schmidt* JuS 1991, 959.

[67] So zunächst *BSG* NJW 1997, 1254 m. Anm. *Schmittmann* CR 1997, 217; zweifelnd dann auch *BFH* NJW 1996, 1432; dagegen noch *BAG* NJW 1996, 3164, 3165; *OLG Karlsruhe* NJW 1998, 1650; dann *BGH* NJW 1998, 3649 (Vorlagebeschl. zu GmS-OGB BVerwGE 111, 377 = BGHZ 144, 160 = NJW 2000, 2340); der restriktiven Auffassung des *BGH* auch zustimmend *Czybulka* in Sodan/Ziekow § 60 Rn. 94; anschließend *BGH* NJW 2001, 831; erneut restriktiv (nach Neufassung von § 130 Nr. 6 ZPO) *BGH* NJW 2005, 2086; NJW 2006, 3784. Weiter ablehnend zum Verzicht auf Unterschrift bei anderen als Computerfax *Kopp/Ramsauer* § 22 Rn. 33. Extrem *Riesenkampff* NJW 2004, 3296, wonach Telefax keiner gesetzlich angeordneten Schriftform je genügt; *BGH* NJW 2006, 2482 für Schriftform nach § 12 Abs. 3 VVG; ebenso *LAG Mainz* 21. 1. 2004 – 10 Sa 475/03 (juris) für Kündigungserklärung.

[68] *BFHE* 188, 182 = NJW 1999, 1422.

[69] Vgl. *Tscherscher* CR 1991, 141, 142; *Schmittmann* DB 1993, 2575, 2577; *Melullis* MDR 1994, 109, 110; *Karst* NJW 1995, 3278, 3282.

[70] *BVerfG* NJW 2002, 3534; *BVerwGE* 81, 32, 34 ff. = NJW 1989, 1175; NJW 1995, 2121, 2122.

[71] *BVerwG* NJW 1995, 2121, 2122; für „Funkfax" NJW 2006, 1989; für PC-Telefax *FG Hamburg* NJW 2001, 992.

[72] *GmS-OGB* NJW 2000, 2340; hierzu *Düwell* NJW 2000, 3334.

[73] *OLG München* NJW 2003, 3429, 3430; *LG Köln* NJW 2005, 79; a. A. (ausdrücklich gegen die „Aufgabe des Schriftformerfordernisses" durch *GmS-OGB*) *LG Wiesbaden* NJW 2001, 3636, 3637.

[74] *BGH* NJW 1994, 2097 verlangte bei fristgebundenen Anträgen den Telefax-Ausdruck des Antrags vor Mitternacht einschließlich der Unterschrift; s. auch *BVerfG (K)* NJW 2000, 574 zu wegen anderweitiger Belegung des Faxgeräts gescheitertem Übermittlungsversuch kurz vor Mitternacht; ferner zur eigenhändigen Unterschrift die nicht überzeugende Entscheidung des *BFHE* 188, 182 = NJW 1999, 1422 sowie Erlass des Finanzministeriums Sachsen-Anhalt, zur Unzulässigkeit der Übermittlung von Steueranmeldungen und Steuererklärungen per Telefax, NJW 1997, 2506; vgl. weiter zu § 31 Rn. 11.

gen rechtfertigen lassen, wenn die technischen Voraussetzungen für eine **digitale Signatur** allgemein zur Verfügung stehen.[75] Zum Zugang in modernen Kommunikationssystemen Rn. 51; § 41 Rn. 82 ff.

Die Nachsendung des Originals ist kein neuer Antrag.[76] Bei einer **fotokopierten Erklärung** **34** muss geklärt werden, ob sie selbst die Erklärung zum Inhalt hat oder nur Nachricht über den (ggfs. verloren gegangenen) Originalantrag geben soll.[77] Dieser Klärungsbedarf steht in der Regel dem Schriftformerfordernis entgegen. Die gewillkürte Schriftform wird aber gewahrt, wenn eine unbeglaubigte Fotokopie der ordnungsgemäß unterzeichneten Originalurkunde durch den Erklärenden ausgehändigt wird.[78] § 25 und der Grundsatz des fairen Verfahrens können es der Behörde gebieten, den Antragsteller auf einen Mangel der Unterschrift hinzuweisen, bevor Konsequenzen gezogen werden.[79]

§ 37 Abs. 3 findet auf **Anträge von Behörden** keine Anwendung. Für sie können über die **35** Schriftform hinaus noch weitere gesetzliche Erfordernisse bestimmt sein (z. B. § 64 GO NRW), die häufig die Vertretungsmacht kennzeichnen.[80]

Vorbehaltlich spezialgesetzlicher Regelung ist eine Unterschrift durch den **Vertreter** statt- **36** haft.[81] Ob eine Unterzeichnung „**i. A.**" anstelle von „**i. V.**" ausreicht, ist str., letztlich Auslegungsfrage. Sie zeigt häufig, dass der Unterzeichner nicht die Verantwortung für den Inhalt der Schrift übernehmen will, sondern als **Erklärungsbote** auftritt.[82] Bei rechtsunkundigen Unterzeichnern ist Großzügigkeit angebracht (vgl. § 10 Rn. 3). Überschreitet der Vertreter auch unter Berücksichtigung der Grundsätze der Anscheins- oder Duldungsvollmacht seine Vertretungsmacht (§ 14 Rn. 16) und tritt keine Heilung ein (§ 45 Rn. 30), hat die Behörde die Befugnis nach Rn. 29. Zur Heilung innerhalb der Antragsfrist § 31 Rn. 10. Schreibt eine Rechtsvorschrift **eigenhändige Unterschrift** vor, muss geklärt werden, ob eine Unterschrift durch Vertreter zulässig ist;[83] eine verdeckte Stellvertretung – d. h. Unterschrift durch Vertreter mit Namen des Antragstellers – ist hier jedenfalls unzulässig, die Bevollmächtigung offenzulegen.[84]

Bei einer **konkludenten Antragstellung** nimmt der Erklärende Handlungen vor, die mit- **37** telbar einen Schluss auf einen bestimmten Rechtsfolgewillen zulassen.[85] Daher ist eine Ausnahmeerteilung nach § 9 Abs. 8 BFStrG auch dann zulässig, wenn kein ausdrücklicher Antrag gestellt wird, sondern nur ein Bauantrag an die zuständige Baugenehmigungsbehörde, die diesen Antrag weiterleitet.[86] Der konkludent gestellte Antrag bedarf als Willenserklärung der **Auslegung** (Rn. 45 ff.). Hat der „Antragsteller" erkennen lassen, dass er **keinen Antrag** stellen will, weil er etwa die Herstellung der Sachlage für nicht erlaubnispflichtig hält, kann ihm ein entsprechender Antrag **nicht gegen seinen Willen** unterstellt werden.[87] Eine konkludente Antragstellung liegt daher nicht schon in der Herstellung einer erlaubnispflichtigen Sachlage allein (Rn. 29). Der Wille, auf einen Antrag eine Erlaubnis oder Genehmigung erhalten zu wollen,

---

[75] *Schmitz*, FG 50 Jahre BVerwG, 2003, S. 677, 681; ebenso *Eifert*, Electronic Government, 2006, S. 102. Vgl. Art. 3 des Informations- und Kommunikationsdienste-Gesetzes (= Signaturgesetz) vom 22. 7. 1997 (BGBl I S. 1870, 1872; hierzu BT-Drs. 13/7385; *Mertes* CR 1996, 769; *Bröhl* CR 1997, 73; ferner *Engel-Flechsig/Maennel/Tettenborn* NJW 1997, 2981; *Geis* NJW 1997, 3000; *Roßnagel* NVwZ 1998, 1). Mit diesem Gesetz sah die BReg die Bundesrepublik Deutschland an der Spitze des electronic commerce in den globalen Netzen, für den digitale Signaturen eine entscheidende Rolle zur Sicherung der Integrität der elektronischen Kommunikation spielen. Kritisch zur nationalen Regelung vor Erlass der absehbaren EU-Richtlinie *Ehmann* CR 1998, 448. Das Signaturgesetz wurde bereits 2001 grundlegend novelliert, auch um EU-Konformität herzustellen; dazu § 3 a Rn. 3; *Roßnagel* NJW 2001, 2831.
[76] Vgl. aber *BGH* NJW 1993, 3141; *VGH Kassel* NJW 1992, 3055 für Gerichtsverfahren; ferner *Pape/Notthoff* NJW 1996, 417, 418.
[77] Vgl. *FG Baden-Württemberg* EFG 1994, 630 für Klageschrift; § 26 Rn. 88; § 41 Rn. 65.
[78] *BAG* NJW 1999, 596.
[79] *BVerfGE* 78, 123 = NJW 1988, 2787.
[80] Vgl. *BGH* NJW 1982, 1036, 1037; NJW 1984, 606.
[81] Rn. 35; *BFHE* 158, 270 = BB 1990, 196.
[82] *BGH* NJW 1988, 210 mit Anm. *Weber-Grellert* DStR 1989, 524; *OVGE Münster* 40, 186; ausreichend: *BFHE* 160, 387 = BB 1990, 1829; für Rechtsanwalt im Gerichtsverfahren *BGH* NJW 1993, 2056.
[83] Vgl. *BFHE* 165, 566 = NJW 1992, 2175 einerseits; 166, 248 = NJW 1992, 2176 andererseits; Rn. 39.
[84] *BFHE* 184, 381 = BB 1998, 198.
[85] *VGH Kassel* NVwZ 1985, 498; *Stelkens* NuR 1985, 213, 217.
[86] S. z. B. *OVG Münster* DVBl 1959, 781; ähnlich *BVerwG* NVwZ-RR 1990, 529; *VGH Mannheim* NJW 1989, 2278 für im Bauantrag enthaltenen Befreiungsantrag.
[87] *VG Köln* NVwZ 2002, 369, 371.

muss **erkennbar** sein.[88] In einem derartigen Fall ist die Befugnis der Behörde in der Regel darauf beschränkt, das Handeln zu untersagen (Rn. 29). Besondere Rechtsvorschriften wie § 13 Abs. 2 AsylVfG können einen bestimmten Antragsinhalt festschreiben. Wird in der Begründung einer Klage auf staatliche Leistungen zum Ausdruck gebracht, dass diese Leistung über den ursprünglich beantragten Zeitraum hinaus begehrt wird, kann hierin ein konkludenter Folgeantrag gesehen werden, da der Schriftsatz gem. § 86 Abs. 4 Satz 3 VwGO zur Weiterleitung an den Prozessgegner bestimmt ist und damit die Behörde nicht lediglich zufällig erreicht.[89] Sieht das Fachrecht allerdings besondere Formen vor, müssen diese eingehalten sein.

38   Der Grundsatz der Nichtförmlichkeit gilt nicht, wenn **besondere Rechtsvorschriften Schriftlichkeit** und/oder **Niederschrift bei der Behörde** vorschreiben (§ 10 S. 1; ferner Rn. 43; zur Ersetzung der Schriftform durch elektronische Form § 3a Rn. 17ff.). Hierzu zählen z.B. § 64 für das förmliche VwVf, § 2 Abs. 2 S. 1 KDVG, § 69 BauO NRW, § 10 Abs. 1 GenTG. Ist nur Schriftform vorgeschrieben, kann der Antrag nicht zur Niederschrift gestellt werden, weil Niederschrift nicht eine besondere Form der eigenhändigen Schriftform ist.[90] Bei Schriftlichkeit müssen die zu Rn. 31ff. genannten Voraussetzungen erfüllt sein. Die Pflicht zur Schriftlichkeit kann sich auch aus einem **Gebot zur Schriftform** aus der **Natur der Sache** ergeben (zum VA s. § 37 Rn. 49), das das Ermessen zur Verfahrensgestaltung (§ 10 Rn. 16f.) einengt. Dies ist der Fall, wenn ohne schriftliche Antragstellung eine sachgemäße Bearbeitung nicht möglich ist,[91] z.B. für Befreiung vom Benutzungszwang.[92] Demgegenüber lehnt das BVerwG ab, Formvorschriften aus Sinn und Zusammenhang von Rechtsnormen oder unter Berufung auf die Natur der Sache zu gewinnen,[93] denn diese müssten als Ordnungsvorschriften, die der Rechtssicherheit dienen, aus dem Gesetz eindeutig und klar erkennbar sein. Zur Verwendung von **Antragsformularen** auf Grund von gesetzlichen Regelungen oder Verwaltungsvorschriften s. Rn. 43, § 10 Rn. 14, § 24 Rn. 88ff., eines **elektronischen Zugangs** s. § 3a Rn. 10. Es ist zu unterscheiden, ob der Antrag „auf" oder „nach" amtlich vorgeschriebenem Vordruck abzugeben ist; „nach" lässt auch private Formulare zu, die dem amtlichen Muster in allen wesentlichen Einzelheiten entsprechen.[94]

39   Fehlt die vorgeschriebene Schriftform, ist der Antrag unwirksam **(Wirksamkeitserfordernis)**.[95] Zur Heilung innerhalb einer Antragsfrist § 31 Rn. 11f. Ist ein Antrag entgegen einer vorgeschriebenen eigenhändigen Unterschrift lediglich von einem Vertreter unterschrieben (Rn. 36), wird deshalb allein ein VA nicht nichtig.[96]

40   Der Schriftform des § 126 BGB stehen nicht die **gerichtliche Protokollierung,** sondern nur der gerichtlich **protokollierte Vergleich** gleich (§§ 126 Abs. 4, 127a BGB; § 37 Rn. 60). Ob die Protokollierung für einen verfahrensrechtlichen Antrag ausreicht, ist damit jedoch noch nicht geklärt.[97] Der Schutzzweck der Schriftform im Verfahren dürfte regelmäßig durch die formgerechte gerichtliche Protokollierung (§ 162 ZPO) gewahrt sein. Ist auch die Niederschrift bei der Behörde gestattet, reicht erst recht eine Protokollierung durch das Gericht. Ist die **Niederschrift bei der Behörde** zugelassen, ist eine Unterschrift des Antragstellers, wenngleich häufige Praxis, nicht unbedingt erforderlich, aber zweckmäßig. Niederschrift nebst Unterschrift genügt auch dem Schriftformerfordernis. Zur Aufnahme einer Niederschrift im Einzelnen s. § 64 Rn. 12f. Der Aktenvermerk über einen mündlichen Antrag ist keine Niederschrift.[98] Auch hier gilt, dass Anträge, nicht aber ihre Begründung, vorgelesen und genehmigt werden sollten.

---

[88] *Stelkens* NuR 1985, 215, 219; § 35 Rn. 235; anders wohl *BVerwGE* 11, 18, 21 mit differenzierender Bespr. *Badura* JuS 1964, 103ff. und *Hablitzel* BayVBl 1974, 392, 396 sowie *BVerwGE* 69, 198 = NVwZ 1985, 192 für einen Ausnahmefall, dazu kritisch *Martens* NVwZ 1986, 533, wie hier *OVG Koblenz* NVwZ 1986, 576, 577.
[89] *BVerwG* NVwZ 1995, 75; 1995, 76.
[90] Für Einlegung eines Widerspruchs *BVerwG* VIZ 1996, 271.
[91] *Badura* in Erichsen § 36 Rn. 7.
[92] *VGH München* KStZ 1992, 11, 12.
[93] *BVerwG* VIZ 1999, 282.
[94] Vgl. *BFHE* 198, 337 = DStZ 2002, 650.
[95] *BVerwG* NJW 1988, 1226; wohl auch *VGH Kassel* NVwZ-RR 1991, 199 für Aktenvermerk über mündlichen Widerspruch und *BGHZ* 107, 129 = NJW 1989, 3280 für Widerspruch im Patentverfahren; Zulässigkeitsvoraussetzung nach *Gusy* BayVBl 1985, 484, 485.
[96] *BFHE* 165, 566 = NJW 1992, 2175.
[97] Vgl. Rn. 31; verneinend *VGH München* BayVBl 1991, 373 für Bauantrag.
[98] *VGH Kassel* NVwZ-RR 1991, 199; *OVG Weimar* NVwZ-RR 2002, 408.

Zu einer Aufnahme einer Begründung des Antrags ist die Behörde nicht verpflichtet, es sei denn, dem Antragsteller entstünden erhebliche unverschuldete Nachteile (s. Rn. 42).

Da ein Telefonat kein Ersatz für Schriftlichkeit ist (Rn. 31), kann auch eine **Niederschrift** 41 **über ein Telefonat** nicht eine Niederschrift bei einer Behörde ersetzen.[99] Dazu ist die persönliche Anwesenheit des Antragstellers erforderlich, da sich nur dadurch die Behörde Sicherheit über seine Identität und den Willen zur Abgabe der Erklärung verschaffen kann. Davon ist die Pflicht der Behörde aus dem Grundsatz der Vollständigkeit der Akten (§ 9 Rn. 53) zu unterscheiden, im Allgemeininteresse einen Vermerk über eingegangene sachrelevante Telefongespräche aufzunehmen.

Ob eine **Pflicht zur Niederschrift** bei der Behörde besteht, wenn mündliche Antragstel- 42 lung genügt, ist im Einzelnen umstritten (§ 24 Rn. 85; § 64 Rn. 8). Sieht das Fachrecht vor, dass Anträge bei einer bestimmten Behörde zu stellen sind, ist die Aufnahme eines mündlichen Antrags zur Niederschrift und Weiterleitung durch eine andere Behörde ausgeschlossen.[100] Ungeachtet der Behördenpflicht, sachrelevante Telefongespräche in den Akten zu vermerken (Rn. 41), empfiehlt sich – ggfs. zusätzlich – ein schriftlicher Antrag zur Vermeidung von Beweisschwierigkeiten.[101] Verfügt die Behörde über Einrichtungen zur Niederschrift, muss sie sie auch dem Antragsteller zur Verfügung stellen. Das gleiche gilt, wenn die Antragstellung und sein Inhalt für das von der Behörde gewünschte oder geforderte schriftliche weitere Verfahren auch im Allgemeininteresse zweifelsfrei festgestellt werden sollen. Aus der Sozialpflichtigkeit kann diese Pflicht zudem bei schreibunkundigen Personen oder auch Ausländern folgen,[102] desgleichen aus dem Gebot rechtsstaatlichen Handelns (§ 9 Rn. 51) und dem Grundrechtsschutz durch Verfahren, wenn die Niederschrift bei der Behörde zur Durchsetzung des materiellen Rechts erforderlich ist. Wäre die mündliche Erklärung zur Niederschrift im Einzelfalle offensichtlich **rechtsmissbräuchlich,** kann die Behörde auf den Weg der schriftlichen Antragstellung verweisen.[103] Gleiches gilt, wenn nur Schriftform gesetzlich gefordert ist, ohne dass im Gesetz auf Niederschrift hingewiesen wird. Generell besteht keine Pflicht, die **gesamte Begründung** in die Niederschrift aufzunehmen.

Das Fachrecht kann **besondere Formvorschriften** für die Antragstellung enthalten (Rn. 38), 43 insbesondere über die Benutzung von **Formularen** (§ 24 Rn. 88 ff.), die Vorlage von **Unterlagen**[104] oder einer **Begründung**.[105] Fehlen diese gesetzlich vorgeschriebenen Unterlagen und Begründungen, bestimmt das Fachrecht die Rechtsfolgen; häufig ist dann der Antrag unzulässig, weil unvollständig.[106] Zu den Rechtsfolgen im übrigen Rn. 44. Antrag und beigefügte Unterlagen können den Inhalt der Genehmigung bestimmen (Rn. 46; § 35 Rn. 143, 233). Sind Unterlagen in sich unklar und widersprüchlich, ist eine auf ihrer Grundlage erteilte Genehmigung nichtig, weil zu **unbestimmt**.[107] Zu fremdsprachigen Unterlagen s. Rn. 30. Eine Begründung des Antrags ist außerhalb einer gesetzlichen Pflicht nach dem den § 82 Abs. 1 VwGO, § 253 Abs. 2 Nr. 2 ZPO zugrundeliegenden Rechtsgedanken nur insoweit erforderlich, als der angestrebte Zweck erkennbar sein muss (Rn. 46; § 25 Rn. 36). Ob der Antragsteller die Begründung nachreicht und dadurch den Antrag zulässig macht, obliegt der Dispositionsmaxime; es ist eine rechtliche Last, der Mitwirkungslast vergleichbar (§ 26 Rn. 47). Zur Ergänzung eines Antrags s. ferner Rn. 52.

Bei der Antragstellung und im VwVf soll die Behörde darauf hinwirken, dass die **Anträge** 44 sachdienlich formuliert, Unklarheiten beseitigt und ungenügende Angaben **ergänzt** werden.[108]

---

[99] *OVG Weimar* NVwZ-RR 2002, 408; a. A. *LG Münster* NJW 2005, 166 für Einlegung einer Berufung zu Protokoll der Geschäftsstelle.
[100] BGHZ 153, 18 = NVwZ 2003, 893.
[101] Vgl. auch *Clausing* JuS 1998, 56, 59.
[102] § 9 Rn. 47; *Stelkens* ZAR 1985, 15, 17; s. aber § 23 Rn. 15.
[103] *OVG Münster* DÖV 1955, 315.
[104] Z. B. § 69 BauO NRW, § 4 9. BImSchV, § 3 AtVfV, § 6 UVPG, dazu § 24 Rn. 50; §§ 10 ff., 15 GenTG (dazu *Ladeur* NuR 1992, 254, 255); zur Vorlage von Sachverständigengutachten § 24 Rn. 50, § 26 Rn. 66.
[105] Z. B. § 2 Abs. 2 KDVG; § 15 Abs. 1 Nr. 4 GenTG über sicherheitsrelevante Auswirkungen, dazu *Ladeur* NuR 1992, 254, 255.
[106] BVerwGE 78, 93 = NVwZ 1988, 61; *VGH München* BRS 25 Nr. 150; *VGH Mannheim* DÖV 2002, 435; *Stelkens* NuR 1985, 213, 217; *ders.* BauR 1986, 390, 391.
[107] § 37 Abs. 1; BVerwG NVwZ 1989, 252; *OVG Münster* NWVBl 1989, 93; für Bezugnahme auf Pläne schlechter Qualität *OVG Münster* NVwZ-RR 1992, 209; Rn. 47; § 37 Rn. 29, 37 ff.
[108] Vgl. unten und § 25 Rn. 34 ff.; zur Unterschrift § 31 Rn. 11.

§ 22 45, 46   Teil II. Allgemeine Vorschriften über das Verwaltungsverfahren

Die **Beratungspflicht** kann sich zudem als Nebenpflicht aus dem konkreten Rechtsverhältnis (§ 9 Rn. 35) ergeben. Erst wenn trotz Beratung der Antrag nicht formgerecht gestellt, gesetzlich geforderte Unterlagen oder Begründungen (Rn. 43) nicht gegeben werden, darf der Antrag als **unzulässig** abgewiesen werden.[109] Zur Ergänzung nach Ablauf einer Antragsfrist s. § 31 Rn. 11. In Spezialgesetzen kann eine weitere Verfahrensweise bei unvollständigen Anträgen vorgesehen sein.[110] Durch Fachgesetze kann die Behörde ermächtigt sein, weitere Unterlagen nachzufordern.[111] Soweit keine Spezialermächtigung besteht, darf die Behörde in der Regel Unterlagen durch Ordnungsverfügung nicht nachfordern.[112] Unvollständigkeit der Antragsunterlagen schließt regelmäßig Schadensersatz wegen verzögerter Bearbeitung des Antrags aus.[113] Zur Einreichung wesentlich geänderter Antragsunterlagen s. Rn. 52. Der sozialrechtliche Herstellungsanspruch bei unzutreffender Beratung ist allerdings in das allgemeine Verwaltungsrecht nicht zu übernehmen (§ 9 Rn. 41; § 25 Rn. 17).

6. Inhalt und Auslegung des Antrags

45 Der Antrag muss, um als Antrag erkennbar zu sein, einen gewissen **Mindestinhalt** enthalten.[114] Erkennbar sein müssen der **Antragsteller** mit Namen und Anschrift (s. u.), die **Behörde**, die das Verfahren eröffnen soll, das angestrebte **Ziel** (s. u., ferner Rn. 43; § 24 Rn. 12; § 9 Rn. 63), der die Schilderung eines bestimmten Lebenssachverhaltes umfassen muss.[115] Wenn auch eine Vorschrift wie § 82 VwGO fehlt,[116] setzt die Bezeichnung des Antragstellers Mindestangaben voraus, die eine verfahrensrechtliche Bearbeitung ermöglichen. Hierzu ist im schriftlichen Verfahren in der Regel die **Anschrift** des Antragstellers, zumindest die Anschrift des Bevollmächtigten, erforderlich.[117] Weitere Angaben können nötig sein, wenn andernfalls die Behörde ihm gegenüber nicht das Bestimmtheitsgebot des § 37 (dort Rn. 10ff.; § 41 Rn. 27) erfüllen könnte.

46 Der Antrag ist nach § 133 BGB bei objektiver Betrachtungsweise aus der Sicht der Behörde und eines eventuellen Antragsgegners (§ 13 Abs. 1 Nr. 1; Empfängerhorizont) sowie der Verkehrssitte und Treu und Glauben **auszulegen**.[118] Soweit teilweise auf den – zu erforschenden – wirklichen Willen abgestellt wird,[119] geschieht dies auch mit der Einschränkung, dass ein Anlass für eine Beratung bestand und erkennbar war (§ 25 Rn. 30f.). Hierbei sind alle Umstände des Falles heranzuziehen, insbesondere auch eine Begründung und beigefügte Unterlagen (Rn. 43). Ergibt sich aus sonstigen Umständen, dass ein anderer als der deklarierte Antragszweck gewollt ist, gilt der wirklich gewollte Zweck;[120] eine ohne weiteres erkennbare Sinnlosigkeit des Wortlauts gebietet eine solche Prüfung.[121] Bei vorformulierten **(Formular-)Anträgen** kommt es darauf an, wie der Antragsteller den Text verstehen durfte; im Zweifel ist die Erklärung zu seinen Gunsten auszulegen, wenn die Behörde nicht durch Nachfrage eine Klärung herbeiführt.[122] Rechtsvorschriften wie § 13 Abs. 2 AsylVfG können einen bestimmten Inhalt vorschreiben. Das

---

[109] *BVerwGE* 78, 93 = NVwZ 1988, 61; *OVG Lüneburg* NuR 1983, 74; *VGH München* NVwZ 1988, 944; *Stelkens* NuR 1985, 213, 217; *ders.* BauR 1986, 390, 391; zur Bestellung eines Sachverständigen nach § 36 GewO *Tettinger* GewArch 1984, 41, 43; s. aber § 26 Rn. 51; a.A. anscheinend *BGH* NVwZ 1988, 283: Behörde ist zu einer eigenen Sachverhaltsermittlung verpflichtet, dazu § 24 Rn. 49, § 26 Rn. 6; ferner *BVerwG* NVwZ-RR 1997, 355, hierzu § 2 Rn. 133.
[110] Z.B. §§ 5, 6 KDVG, § 69 Abs. 1 BauO NRW.
[111] Z.B. nach § 8 Abs. 2 ChemG, dazu *VG Gelsenkirchen* UPR 1988, 234 und *Rehbinder* UPR 1988, 201, 302; zu § 5 UVPG s. § 24 Rn. 6; zur Nachforderung nach GenTG *Ladeur* NuR 1992, 254, 257f.
[112] S. Rn. 29; § 26 Rn. 64; *Stelkens* NuR 1985, 213, 215; *ders.* BauR 1986, 390, 391.
[113] Vgl. *BGH* NVwZ 1998, 1329.
[114] *Schnell*, Der Antrag im Verwaltungsverfahren, 1986, S. 58f.
[115] *VGH Mannheim* NVwZ-RR 1991, 55, 56.
[116] Dazu *VGH Kassel* NJW 1990, 138 mit kritischer Bespr. *Gusy* JuS 1992, 28, demgegenüber *VGH Kassel* NJW 1990, 140.
[117] Zu Obdachlosen s. aber *Gusy* JuS 1992, 28.
[118] St. Rspr. *BVerwGE* 16, 198, 209 = DVBl 1993, 894; *OVG Münster* NWVBl 1992, 176; *VGH Kassel* NVwZ 1985, 498; *Stelkens* NuR 1985, 213, 217; s. auch Rn. 37 für konkludenten Antrag.
[119] *Krause* VerwArch 61 (1970), 297, 322; *Kluth* NVwZ 1990, 608, 609, 611; *Gurlit* in Erichsen/Ehlers § 27 Rn. 10.
[120] *VGH Mannheim* VBlBW 1989, 259 unter Hinweis auf den in § 20 Abs. 2 BauGB erkennbaren Grundsatz; s. aber Rn. 49 bei Zusammenwirken von Antragsteller und Behörde.
[121] *BVerwG* NVwZ-RR 2005, 591, 592.
[122] *OVG Greifswald* NVwZ-RR 2003, 5.

angestrebte **Ziel des VwVf** muss erkennbar sein, da andernfalls nicht feststeht, auf welchen Verfahrensgegenstand der Antrag gerichtet ist (§ 9 Rn. 108, 131). Er bestimmt mithin den **Umfang des Verfahrensgegenstandes** und damit den Rahmen der Sachverhaltsermittlungspflicht der Behörde („Sperrfunktion").[123] Vom Antrag, seiner Begründung und den beigefügten Unterlagen ist daher auch der **Inhalt des VA** abhängig.[124] Der Gegenstand der gemeindlichen Entscheidung zur Herstellung des Einvernehmens im bauaufsichtlichen Verfahren wird ebenfalls hiervon bestimmt.[125] Bei fremdsprachigen Unterlagen s. § 23 Rn. 29. Ein Antrag auf Ausbildungsförderung bewirkt die grundsätzliche Anhängigkeit des Förderanspruchs für den gesamten Ausbildungsabschnitt und nicht nur für den Regelzeitraum einer Bewilligung, wenn eine Ablehnung den gesamten Ausbildungsabschnitt erfassen würde.[126] Eine Partei, die Abschlagszahlungen nach § 20 Abs. 2 PartG beantragt, erklärt damit, dass sie an der staatlichen **Parteienfinanzierung** teilnehmen will, und macht konkludent den Anspruch als solchen geltend. Eines gesonderten Antrags auf endgültige Festsetzung und Auszahlung der staatlichen Mittel i. S. v. § 19 Abs. 1 PartG bedarf es somit nicht.[127]

Wird ein VA angestrebt, muss der Antrag so **bestimmt** sein, dass er Grundlage eines dem § 37 entsprechenden VA sein kann.[128] Für sich widersprechende und alternative Anträge s. Rn. 61, 77. Hierbei sind keine zu hohen Anforderungen zu stellen, wenn der Antragsteller ungewandt im Umgang mit Behörden ist. Steht der Antrag aber z. B. mit der beruflichen Tätigkeit des Antragstellers oder seines Vertreters in Zusammenhang (z. B. Architekt, Rechtsanwalt, Versicherung), sind die Anforderungen entsprechend höher. Schon bei der Auslegung muss das Ziel des VwVf, dem Antragsteller zu einer materiell zutreffenden Entscheidung zu verhelfen (§ 9 Rn. 63 ff., § 10 Rn. 3), berücksichtigt werden, ohne ihm allerdings die Entscheidung abzunehmen, ob er einen VA unter Nebenbestimmungen, in teilweiser Abweisung usw. wirklich begehrt. Ist der Antrag trotz Auslegung zu **unbestimmt**, kann auch eine daraufhin erteilte Genehmigung unbestimmt sein mit der möglichen Folge der Nichtigkeit.[129] Das Risiko eines unbestimmten Antrags trägt der Antragsteller. So muss er in Massenverfahren berücksichtigen, dass die Behörde formalisierte Verfahren anwenden muss und unklaren Erklärungen nicht nachgehen kann. Dies kann sich z. B. auf die Begründung auswirken (§ 39 Rn. 65 ff.). Sachlich falsche Angaben in einem Antrag wirken sich auf die Rechtmäßigkeit des VA aus, vgl. § 48 Abs. 2 S. 3 Nr. 2. **47**

Richtet sich der Antrag auf Erlass eines teilbaren **VA,** kann ihm teilweise nur stattgegeben werden,[130] wenn der Wille des Antragstellers nicht entgegensteht; andernfalls würde dem Antragsteller ein nicht gewollter VA aufgedrängt (Rn. 28). Ob die sozialrechtliche **Meistbegünstigungsregel**[131] übernommen werden kann, ist str.[132] Zur Änderung des Antragsgegenstandes s. Rn. 52. **48**

Eine **Umdeutung** eines (wiederholten) Antrags ist nach allgemeinen Grundsätzen[133] möglich, grds. nicht aber die Umdeutung eines Antrags in einen Widerspruch,[134] es sei denn, der Antrag ist auf Widerruf/Rücknahme eines belastenden VA gerichtet, der noch nicht bestandskräftig ist.[135] Nach den Grundsätzen der Übernahme privatrechtlicher Regeln (§ 1 Rn. 106) ist **49**

---

[123] *Pitschas,* Verwaltungsverantwortung, S. 694; § 24 Rn. 12, 25.
[124] St. Rspr. z. B. *BVerwG* NJW 1990, 1495; *VGH Mannheim* NVwZ-RR 1990, 535, 541; *OVG Münster* UPR 1992, 385; NVwZ-RR 1998, 159 (Zugehörigkeitsvermerk zum Bauschein auf Unterlagen des Bauherrn); Rn. 43; § 35 Rn. 71, 143, 233.
[125] *BVerwG* NVwZ-RR 1992, 529.
[126] *BVerwGE* 105, 377 = NVwZ 1998, 970.
[127] *BVerwGE* 111, 175 = NVwZ 2000, 3728; anders noch die Vorinstanzen (in Parallelsachen) *VG Köln* NWVBl 1998, 163; *OVG Münster* NVwZ 2000, 336. Hierzu restriktiv *Morlok* DVBl 1999, 277, der auch unter Abwägung mit Beratungs- und Fürsorgepflichten (§ 25) und unter Berücksichtigung des Formalismus-Arguments meint, dass die weite Interpretation des Antrags auf Abschlagszahlungen im Ergebnis auf eine „Streichung des § 19 Abs. 1 PartG" hinausliefe.
[128] *OVG Münster* NWVBl 1992, 176; 1993, 422, 424.
[129] *VGH Kassel* NVwZ 1987, 987, 990; *OVG Münster* NVwZ 1986, 580; Rn. 43; § 37 Rn. 29, 37 ff.
[130] *BVerwGE* 84, 278 = NVwZ 1990, 1078.
[131] Dazu *Krause* NJW 1979, 1007, 1010.
[132] Verneinend *Stelkens* NuR 1985, 213, 219; OVG Münster 13. 3. 1995 – 10 A 5578/94 (juris); wohl auch *Schwab* DÖD 1992, 9, 11; s. auch *Martens* NVwZ 1986, 533, 536 und § 24 Rn. 68.
[133] § 47 Rn. 2; *Kluth* NVwZ 1990, 608, 611.
[134] *OVG Münster* NVwZ 1990, 676.
[135] *BVerwGE* 115, 302 = NJW 2002, 1137.

§ 116 S. 1 BGB anzuwenden. Hat der Antragsteller das wirklich Gewollte nicht offenbart, gilt nur der erkennbare Wille.[136] Haben Antragsteller und Behörde im Antrag und in der Genehmigung etwas anderes erklärt als wirklich gewollt, gilt das tatsächlich Erklärte.[137] § 116 S. 2 und § 117 BGB gelten für den verfahrensrechtlichen Antrag nicht.[138] Einer derartigen Geltung stünde das Rechtssicherheitsinteresse, das auch die Allgemeinheit an der staatlichen Tätigkeit hat, entgegen; im mehrpoligen Verfahrensverhältnis wären überdies die Interessen des Dritten nicht gewahrt.

7. Zugang des Antrags

50 Der Antrag wird entsprechend der allgemeinen Regel des § 130 Abs. 1 S. 1, Abs. 3 BGB[139] mit **Zugang** bei der **zuständigen** (s. § 24 Rn. 86) **Behörde** wirksam. Der Eingangsstempel einer Behörde erbringt grundsätzlich Beweis für Zeit und Ort des Eingangs eines Schreibens.[140] Der Gegenbeweis ist jedoch zulässig.[141] Eingang bei dem intern zuständigen Amt[142] oder Kenntnisnahme des Sachbearbeiters sind nicht erforderlich.[143] Der Antrag ist auch zugegangen, wenn die Behörde entgegen der Verpflichtung aus § 24 Abs. 3 die **Annahme** des Antrags **verweigern** würde (§ 24 Rn. 71). Zum Zugang von **e-Mail** § 3a Rn. 44.

51 Der Nachweis eines Zugangs per **Telefax** kann nicht durch den Beweis des Absendens geführt werden, auch wenn eine hohe Wahrscheinlichkeit für den Zugang spricht.[144] Der Übertragungsbericht des Telefaxgeräts („OK"-Vermerk im Sendebericht) liefert jedoch den Anscheinsbeweis einer ordnungsgemäßen Übertragung;[145] den Gegenbeweis kann der Empfänger insoweit durch Vorlage seines abweichenden Empfangsjournals führen. Bei Übereinstimmen von Sende- und Empfangsjournal dürfte der volle Beweis erbracht sein, dass eine Sendung mit dem angegebenen Umfang erfolgt ist. Hinsichtlich des **Zeitpunkts** ist darauf abzustellen, wann das **Telefaxgerät** der Behörde das Dokument **speichert**.[146] Kommt ein Ausdruck wegen technischer Störung im Bereich der Behörde nicht oder nicht ordnungsgemäß zustande, sind die Grundsätze des *BVerfG* zu berücksichtigen, wonach interne Organisationsprobleme der Behörde den Zugang von Schriftstücken nicht verhindern oder verzögern können, wenn sich der Bürger auf einen ordnungsgemäßen Zugang verlassen konnte.[147] Dies ist bei einer **„OK"-Meldung im Sendebericht** der Fall. Ohne Anhaltspunkte für eine technische Störung dürfen dem Absender weitere Maßnahmen nicht abverlangt werden. Die bloße Möglichkeit, dass das Gerät unerkannt defekt sein könnte, muss nicht einkalkuliert werden.[148] Insbesondere braucht er sich nicht durch telefonische Nachfrage zu vergewissern, ob sein Telefax auch tatsächlich vollständig eingegangen ist.[149] Auch bei **Faxeingang auf PC** und bei **e-Mail** wird der Zugang nicht erst

---

[136] *OVG Münster* NWVBl 1992, 176.
[137] *OVG Münster* BauR 1985, 304; § 35 Rn. 71.
[138] A. A. wohl *Clausen* in Knack § 9 Rn. 25.
[139] H. M., vgl. BVerwGE 19, 362 = DÖV 1965, 174; *FG Hamburg* EFG 1996, 959; *Kempfler* NJW 1965, 1951; anders *Schnell*, Der Antrag im Verwaltungsverfahren, 1986, S. 104ff., wonach ein Rechtsgedanke aus §§ 23 Abs. 4, 31 Abs. 1 VwVfG i. V. m. § 188 Abs. 1 BGB abzuleiten sei.
[140] BFHE 178, 303 = NJW 1996, 679.
[141] BGH NJW 1998, 461 hinsichtlich Eingangsstempel des Gerichts.
[142] So aber wohl *BVerfG* NJW 1991, 1167, 1168; § 32 Rn. 7.
[143] BVerfGE 57, 117 = NJW 1981, 1951; 69, 381 = NJW 1986, 244; für Gerichtsverfahren *BVerfG* NJW 1991, 2076; vgl. BGH NJW 1982, 888; BSGE 42, 279; *Stelkens* NuR 1985, 213, 217; *Krause* NJW 1980, 1007, 1011.
[144] Vgl. *OLG München* NJW 1993, 2447; KG NJW 1994, 3172; *LG Darmstadt* NJW 1993, 2448.
[145] So auch *Ebnet* NJW 1992, 2985, 2988; *Gregor* NJW 2005, 2885, 2886; a. A. (nur Indiz) BGH NJW 1995, 665 = BB 1995, 221 m. Anm. *Burgard;* BAGE 102, 171 = NZA 2003, 158; *OLG München* NJW 1993, 2447, 2448; *Pape/Notthoff* NJW 1996, 417, 425 m. w. N. beider Ansichten; vgl. ferner § 41 Rn. 232f. Zur Fristversäumung wegen Verwechslung der Telefaxnummer BVerwG NJW 1998, 398; zur Rspr. des BGH hinsichtl. Wiedereinsetzung in den vorigen Stand bei Mängeln der Telefax-Übermittlung s. *Müller* NJW 1998, 497, 509.
[146] Vgl. BGH NJW 2006, 2263, 2265 unter Aufgabe der früheren Rspr. (BGHZ 101, 276, 280 = NJW 1987, 2586; NJW 1994, 1881, 1882; NJW 1994, 2097), die auf den Zeitpunkt des Ausdrucks abstellte; zur Unterschrift Rn. 33; § 31 Rn. 11.
[147] BVerfGE 52, 203 = NJW 1980, 580; 69, 381 = NJW 1986, 244; NJW 1996, 2857; auch BGHZ 105, 40, 44 = NJW 1987, 2788; *Ebnet* NJW 1992, 2985, 2987; *Pape/Notthoff* NJW 1996, 417, 419.
[148] *OVG Bautzen* NJW 1996, 2251; § 32 Rn. 21.
[149] So zutreffend *Pape/Notthoff* NJW 1996, 417, 422, 423.

mit dem Ausdruck bewirkt, sondern genügt die Abrufmöglichkeit durch den Empfänger.[150] Diese Auffassung gewährleistet, wenn der Empfänger von ihm eröffnete Kommunikationswege nicht ordnungsgemäß beobachtet (vgl. Rn. 32), sachgerechte Ergebnisse, ohne § 242 BGB wegen Zugangsvereitelung entgegen Treu und Glauben bemühen zu müssen. Gleiches gilt, wenn die eingehende Sendung in einer Sicherungsdatei des Telefaxgeräts zwischengespeichert wird, weil ein unmittelbarer Ausdruck wegen eines Gerätefehlers (Papiermangel etc.) nicht möglich ist; einer von Amts wegen zu gewährenden Wiedereinsetzung in den vorigen Stand bedarf es hier nicht.[151] Zum Zugang in modernen Kommunikationssystemen auch § 3a Rn. 44; § 24 Rn. 83; § 32 Rn. 21; § 41 Rn. 82 ff., 87 ff. Wird bei herkömmlichen Postsendungen der Zugang bestritten, gibt es keinen Anscheinsbeweis, dass (ggfs. fristgerecht) abgesandte Schriftstücke auch eingehen (§ 26 Rn. 27).

Die **Einreichung neuer,** wesentlich geänderter **Antragsunterlagen** ist im Gegensatz zur Ergänzung bereits vorgelegter Unterlagen ein **Neuantrag** (ggfs. verbunden mit der Rücknahme des früheren Antrags), für den die Voraussetzungen zurzeit ihrer Einreichung maßgebend sind.[152] Zu verschiedenen Anträgen Rn. 61, zur Änderung Rn. 66, 74 f.; zur Ergänzung außerhalb von Antragsfristen s. Rn. 74, § 31 Rn. 10. Zu Telefax Rn. 51. 52

Aus § 24 Abs. 3 folgt, dass jeder Antragsteller einen **Anspruch** darauf hat, dass die Behörde seinen Antrag **entgegennimmt.** Eine sachlich zuständige Behörde kann dies nicht mit der Begründung ablehnen, dass sie den Antrag in der Sache für unzulässig oder unbegründet hält (§ 24 Abs. 3). Auch ein in **fremder Sprache** abgefasster Antrag ist entgegenzunehmen. Erst wenn keine Übersetzung auf Grund § 23 zu erlangen ist, kann der Antrag als unzulässig (Rn. 30) zurückgewiesen werden. Die Behörde darf sich auf einen Antrag hin auch nicht verschweigen, sondern muss dem Antragsteller zumindest die Art der Erledigung mitteilen (§ 24 Rn. 75 ff.), ohne dass damit etwas über die Rechtsnatur dieser Mitteilung gesagt ist. Steht der Behörde ein Ermessen zu, auf einen Antrag hin das VwVf zu eröffnen, und will sie gerade dieses VwVf nicht, wird die Mitteilung hierüber nicht zum VA (Rn. 58). Hiervon kann nur abgewichen werden, wenn ein Antrag, der bereits in der genannten Weise erledigt ist, querulatorisch wiederholt wird. Unterlässt die Behörde die Entgegennahme und Eingangshandlung (Registrierung) eines Antrags, so wird der Antragsteller auf § 75 VwGO verwiesen.[153] 53

Aufgrund besonderen Rechts kann auch **anderen** als den für die Entscheidung zuständigen **Behörden** eine Rechtspflicht zur Annahme und Weiterleitung eines Antrags auferlegt sein.[154] In der Regel hat diese Behörde dann eine **Rechtspflicht zur Weiterleitung** an die zuständige Behörde, s. im Übrigen § 24 Rn. 87. In der Regel wird der Antrag erst wirksam, wenn er bei der zuständigen Behörde eingeht (Rn. 50). Muss die annehmende Stelle aber auf Grund besonderen Rechts schon eigene Entscheidungen auf Grund des Antrags treffen, tritt die Wirksamkeit des Antrags entsprechend § 130 BGB schon bei Abgabe an dieser Stelle ein.[155] Die Weigerung eines Personalamts, den Beförderungsantrag eines Beamten mangels Eignung an den für die Entscheidung zuständigen Gemeinderat weiterzuleiten, ist rechtswidrig.[156] Zur vom Gericht weitergeleiteten Klagebegründung als konkludenter Leistungsantrag an die Behörde s. Rn. 37. 54

8. Beginn des VwVf auf Antrag

Durch § 22 wird – anders als durch § 69 VwGO für den Rechtsbehelf des Vorverfahrens (Rn. 84) – nicht geregelt, ob der Eingang des Antrags bereits den **Beginn des VwVf** darstellt. Der Beginn folgt der Sache nach **aus § 9** (Rn. 4; § 9 Rn. 105, 114). Dies folgt bereits aus dem Wortlaut des § 9, der das VwVf auch bei Antragstellung als Tätigkeit der Behörde umschreibt und erst an diese Tätigkeit die weiteren Verfahrensrechte und -pflichten der §§ 10 ff. anknüpft. Hierzu passt, dass nach § 22 die Behörde unter Umständen auch bei Antragstellung über die 55

---

[150] Vgl. *OLG Köln* NJW 1990, 1608; *Wuermeling* NJW-CoR 1996, 231, 232.
[151] Jetzt auch BGH NJW 2006, 2263, 2264 f. m. w. N.; insoweit verfehlt *VGH Mannheim* NJW 1994, 538; *Pape/Notthoff* NJW 1996, 417, 423.
[152] *VGH Kassel* NVwZ 1987, 987, 990; *VGH Mannheim* VBlBW 1988, 475.
[153] *Stelkens* NuR 1985, 213, 215; § 24 Rn. 75 ff.; *Engelhardt* in Obermayer § 22 Rn. 20.
[154] S. Rn. 83; § 14 Abs. 2 S. 2 AsylVfG, zu der Vorgängerregelung *BVerwGE* 80, 313 = NVwZ 1989, 473, 474; *Stelkens* ZAR 1985, 15, 18.
[155] *Stelkens* ZAR 1985, 15, 18.
[156] *VGH München* BayVBl 1994, 756.

Einleitung eines Verfahrens nach pflichtgemäßem Ermessen entscheiden kann (Rn. 25). Deshalb kann der Antrag selbst noch nicht der Beginn des VwVf sein.[157] Er ist als Verfahrenshandlung und Sachentscheidungsvoraussetzung (Rn. 24) der Anlass dafür, dass die Behörde mit ihrer Tätigkeit und damit mit dem VwVf beginnt. Der Beginn des VwVf ist nicht deshalb von der Antragstellung abhängig, weil mit dem Antrag das Verwaltungsverfahrensrechtsverhältnis beginne.[158] Beide Institute sind nicht identisch (§ 9 Rn. 10).[159]

56 Maßgebend für das VwVf muss die o. a. gesetzliche Definition des § 9 sein. Das Verwaltungsverfahrensrechtsverhältnis wird dagegen nicht gesetzlich definiert (§ 9 Rn. 9); es hängt von den konkreten Rechtsbeziehungen zwischen den Beteiligten und der Behörde ab. Will man nicht die Konsequenz ziehen, dass der Begriff des § 9 den zeitlichen Rahmen des Verfahrensrechtsverhältnisses bestimmt und nicht umgekehrt, wird man differenzieren müssen: Mit der Antragstellung tritt der Antragsteller in Rechtsbeziehungen zu der Behörde und insoweit beginnt für ihn und die Behörde ein Verfahrensrechtsverhältnis. Mit der Tätigkeit der Behörde beginnt das VwVf. Desgleichen beginnt das Verfahrensrechtsverhältnis mit einem hinzugezogenen Dritten mit dem Antrag des Dritten oder der Hinzuziehung von Amts wegen (§ 13 Abs. 2), das VwVf hat in diesem Fall aber schon früher begonnen.

57 Der Antrag ist selbst dann nicht der Beginn, wenn die Behörde pflichtwidrig trotz Antrags ein VwVf nicht eröffnen will. Dieses Verhalten löst die Frage nach dem Rechtsschutz aus, bestimmt aber nicht die Voraussetzungen des § 9. Der Rechtsschutz des Bürgers ist durch die Möglichkeit der Untätigkeitsklage gem. § 75 VwGO gewährleistet (vgl. § 10 Rn. 6; § 24 Rn. 77).

58 Das VwVf beginnt mithin erst dann, wenn die Behörde sich **entschließt,** das Verfahren durchzuführen.[160] Dem steht § 13 nicht entgegen, der den Antragsteller als Beteiligten des VwVf nennt. § 13 regelt Funktionen, aber nicht den Beginn des VwVf. Da einer Untätigkeit der Behörde gerade die für § 9 geforderte Finalität fehlt (§ 9 Rn. 131), kann auch die notwendige Mitteilung der Behörde an den Antragsteller (Rn. 53), kein VwVf eröffnen zu wollen, nicht ihrerseits ein VA sein, der Gegenstand eines eigenen VwVf wäre.[161]

59 Dies gilt insbesondere auch für einen Antrag eines Bürgers, einen ör Vertr abzuschließen, da es der Behörde freisteht, sich für diese Handlungsform zu entscheiden oder nicht.[162] Eine andere Frage ist, ob eine Aufsichtsbehörde eine Weisung zum Vertragsabschluss geben darf oder eine Genehmigung zum Vertragsabschluss aus Rücksicht auf Konkurrenten versagen kann.[163]

60 Die Behörde hat die Anträge in der **Reihenfolge des Eingangs** zu bearbeiten (**Grundsatz der Priorität,** Windhundprinzip).[164] Von diesem Grundsatz darf nur in sachlich begründeten Fällen, z.B. bei erheblicher Bedeutung des vorgezogenen Verfahrens, abgewichen werden.[165] Maßgebender Grundsatz ist, dass die **Auswahl und Bearbeitung nicht willkürlich** erfolgen (§ 10 Rn. 4, 13). Hätte die Reihenfolge der Bearbeitung zugleich auch materielle Konsequenzen (z.B. bei der Verteilung begrenzter Kontingente), sind auch andere Bearbeitungsmöglichkeiten mit dem Gleichheitsgrundsatz vereinbar,[166] wenn sie nicht schon materiellrechtlich, u.a.

---

[157] Str.; für wirksame Antragstellung als Beginn *Meyer/Borgs* § 9 Rn. 9; *Finkelburg/Lässig* § 9 Rn. 18; *Engelhardt* in Obermayer § 22 Rn. 13; *Riedl* in Obermayer Rn. 8 f. vor § 9; wohl auch *Kopp/Ramsauer* § 22 Rn. 24; wie hier *J. Martens* Rn. 99.

[158] So jetzt auch *Engelhardt* in Obermayer § 22 Rn. 8.

[159] S. ferner *v. Danwitz* Die Verwaltung 30 (1997), 339, 359.

[160] § 9 Rn. 105; so auch *Clausen* in Knack § 9 Rn. 14.

[161] § 9 Rn. 105, 167; vgl. *Wagenitz/Bornhofen,* Handbuch des Eheschließungsrechts, 1998, 2. Teil, 2. Abschn. Rn. 37 hinsichtlich der Weigerung eines Standesbeamten, die Anmeldung zur Eheschließung anzunehmen; a. A *Engelhardt* in Obermayer § 22 Rn. 19; *VGH München* BayVBl 1994, 756 hinsichtlich der Weigerung eines Personalamts, den Beförderungsantrag eines Beamten mangels Eignung an den für die Entscheidung zuständigen Gemeinderat weiterzuleiten.

[162] § 9 Rn. 167; § 54 Rn. 36; *VGH München* NJW 1978, 2410 m. Anm. *Badura,* s. aber *Kopp* BayVBl 1980, 609.

[163] *VGH München* DVBl 1988, 590.

[164] *BVerwGE* 82, 295 = NJW 1990, 1376; NJW 1990, 1378; *OVG Münster* GewArch 1991, 23; NJW 1976, 820; NJW 1969, 1078; kritisch *Vollmer* DVBl 1989, 1090 für Zulassung zu öffentlichen Einrichtungen; grundlegend *Voßkuhle* Die Verwaltung 32 (1999), 21; ferner *Rolshoven* NVwZ 2006, 516, 519 ff.

[165] *BVerwGE* 36, 352 = NJW 1971, 532 für Anträge auf Einrichtung von Fernsprechanschlüssen.

[166] Z. B. Sammeln der Anträge und pro-Kopf-Zuteilung; Punktesystem, dazu *OVG Lüneburg* NJW 1992, 1979; Auslosung als das am schnellsten und leichtesten zu handhabende Verfahren *OVG Lüneburg* NVwZ-RR 2006, 177; s. weitere Modelle bei *Rummer* NJW 1988, 225, 230; ferner *Voßkuhle* Die Verwaltung 32 (1999), 21, 36 ff.; *ders.* VVDStRL 62 (2003), 266, 317.

§ 22 Beginn des Verfahrens

durch andere Grundrechte wie z. B. Art. 12 GG, besonders vorgeschrieben sind.[167] So kann eine Gemeinde Auswärtige von einem besonderen Service wie z. B. Eheschließung an Samstagen ausschließen, wenn die Kapazitäten ihres Standesamts durch entsprechende Inanspruchnahme von Gemeindebürgern erschöpft werden.[168] Eine **Bevorzugung von eigenen Staatsangehörigen** kann gegen europäisches Recht verstoßen.[169] Fehlende Unterlagen, die für die Bearbeitung des Antrags erforderlich sind, rechtfertigen zwar nicht die Ablehnung, ein VwVf durchzuführen (Rn. 23); sie können aber einen zulässigen Grund für die Zurückstellung der abschließenden Bearbeitung und – bei fruchtloser Fristsetzung – auch für die Ablehnung ohne weitere Sachprüfung darstellen.[170] Je nach Zweck der Unterlagen kann der Antrag unzulässig oder – wenn die Unterlagen nur Beweisfunktion haben – unbegründet sein. Die geordnete Bearbeitung einer Vielzahl von Anträgen kann die **Festlegung eines Ausschlusstermins** für Bewerbungen rechtfertigen.[171]

Der Grundsatz der Priorität gilt auch bei einander ausschließenden Anträgen in derselben Sache.[172] Voraussetzung ist, dass durch Nachfrage und Auslegung ermittelt ist, ob beide Anträge noch zur Entscheidung gestellt sein sollen. Auch für eine Entscheidung über **sich widersprechende Anträge** (Rn. 77; § 25 Rn. 37) kann ein Sachentscheidungsinteresse (§ 9 Rn. 153 ff.) bestehen.[173] Bei **mehreren Anträgen** desselben Antragstellers wird es in der Regel nur auf den letzten Antrag ankommen, der im Zweifel die vorangegangenen ersetzen soll. 61

9. Zulässigkeit und Begründetheit des Antrags

Die Behörde überprüft den Antrag auf **Zulässigkeit und Begründetheit** (Rn. 45 ff.; § 9 Rn. 138; § 24 Rn. 74 ff.). Insbesondere sind **Zuständigkeit** (§ 24 Rn. 86), **Form** (Rn. 30 ff., 38 ff.), **Frist** (§ 31 Rn. 9; § 25 Rn. 16), **Antragsbefugnis** (s. u.), **Sachentscheidungsinteresse** (§ 9 Rn. 153 ff.), **Bestimmtheit** (Rn. 43, 47) und **Vollständigkeit** (Rn. 45, 43 f.; ferner § 71 c Abs. 3, dort Rn. 39 ff.) zu beachten. Liegt Bevollmächtigung vor (s. aber Rn. 36), ist der Nachweis einer schriftlichen **Vollmacht** für eine wirksame Antragstellung nicht erforderlich.[174] Es besteht auch keine Pflicht der Behörde, sich eine Vollmacht vorlegen zu lassen,[175] anders anscheinend für Rücknahme eines Antrags.[176] S. ferner § 31 Rn. 11. Zur Handlungsfähigkeit § 35 Rn. 236. Zum Ausschluss des Antragsrechts durch **Verwirkung und Verzicht** s. § 53 Rn. 21 ff., 29 ff. 62

Die **Antragsbefugnis oder -berechtigung** ist entsprechend § 42 VwGO zu fordern,[177] ohne dass allerdings zu hohe Ansprüche an den Vortrag gestellt werden dürfen. Zur Begründung s. Rn. 43. **Popularanträge,** Anträge ausschließlich im Interesse der Allgemeinheit oder auch Dritter sind unzulässig; eine gewillkürte **Verfahrensstandschaft,** der Prozessstandschaft 63

---

[167] Z. B. für Zuteilung von Taxengenehmigung *BVerwGE* 82, 295 = NJW 1990, 1376; NJW 1990, 1378; *OVG Münster* DÖV 1991, 473 (L); Vergabe von Güterfernverkehrsgenehmigung *OVG Lüneburg* NJW 1992, 1979 m. w. N.; Zuteilung bei Volksfesten nach dem Grundsatz „bekannt und bewährt" *BVerwG* NVwZ 1982, 194; NVwZ 1984, 585, dazu *Selmer* JuS 1985, 241; *VGH Mannheim* DVBl 1991, 949; *OVG Münster* NVwZ-RR 1991, 297; Warteliste bei Lehramtsbewerbern *BVerwG* NVwZ-RR 1990, 619; zur Berücksichtigung von sog. Newcomern beim sog. grandfather right bei der Vergabe der Start- und Landezeiten an Fluggesellschaften – Slot –, *Tschentscher/Koenig* NVwZ 1991, 219, 220, 222 f.; zur behördlichen Auswahl zwischen Bewerbern um eine bergrechtliche Berechtigung *Wolff* UPR 2005, 409.
[168] *Wachsmann* StAZ 1998, 21. Vgl. zur Privilegierung von Gemeindeangehörigen auch *BVerwG* NJW 1998, 469 (abgesenkte/bezuschusste Gebühr für Einheimische verstößt nicht gegen den allgemeinen Gleichheitssatz des Art. 3 Abs. 1 GG); *VGH Mannheim* NVwZ 2001, 694 (Bevorzugung von einheimischer Bevölkerung bei freiwilliger Baulandumlegung zur dringenden Bedürfnis an Bauland für Einheimische, soweit Fernhaltung von Auswärtigen nicht Ziel der Maßnahme ist); ferner *Schmidt* DÖV 2002, 696.
[169] *EuGH* NVwZ 2003, 459 zu unterschiedlichen Eintrittsgeldern bei öffentlichen Museen.
[170] Vgl. *BVerwG* NVwZ-RR 1997, 355; hierzu auch § 2 Rn. 133.
[171] *VGH München* NVwZ-RR 2000, 779 für Beschicker der gemeindlichen öffentlichen Einrichtung „Münchner Oktoberfest".
[172] Vgl. *VGH München* NJW 1962, 2219 m. Anm. *Bindinger; BVerwGE* 16, 190 = NJW 1964, 71 = DÖV 1964, 54 m. Anm. *Czermak; OVG Hamburg* DVBl 1963, 153.
[173] *OVG Münster* DVBl 1988, 155.
[174] *BVerwG* NJW 1988, 1226.
[175] *BVerwG* NJW 1980, 1120; § 14 Rn. 14.
[176] *BVerwG* NJW 1988, 275, 276.
[177] A. A. *Schnell,* Der Antrag im Verwaltungsverfahren, 1986, S. 81 ff., wie hier *Weides* § 4 III 6 b; *Gusy* BayVBl 1985, 484, 486; so auch allgemeine Meinung bei Widerspruch.

§ 22 64–68   Teil II. Allgemeine Vorschriften über das Verwaltungsverfahren

ähnlich, gibt es in der Regel ebenso wenig im VwVf wie im Verwaltungsprozess.[178] Der Antragsteller muss einen Sachverhalt vortragen, aus dem sich ergibt, dass ihm ein Recht auf den beantragten VA zustehen kann.

64   Die Behauptung eines Rechts allein genügt nicht, es muss auch möglich sein (str.). Maßgebend ist das materielle Recht.[179] Außerrechtliche Interessen an dem VA genügen nicht. Bei einem **Strohmann** liegt daher in der Regel keine Antragsbefugnis vor.[180] Die **Möglichkeit** eines eigenen Rechts ist als Erfordernis eines zulässigen Antrags nur zu verneinen, wenn offensichtlich und eindeutig nach keiner Betrachtungsweise das behauptete Recht besteht oder dem Antragsteller zustehen kann.[181] Ob das Recht dem Antragsteller dann tatsächlich zusteht, ist eine Frage der Begründetheit des Antrags.

65   Zum subjektiv-öffentlichen Recht des Dritten und Rechtsreflex s. § 50 Rn. 12 ff. Zu Einwendungen s. § 73 Rn. 69 ff., 119 ff. Auch soweit im VwVf nur die Zulässigkeit geprüft wird, ist das VwVf anhängig; der Antragsteller ist Beteiligter i. S. d. § 13 Abs. 1 Nr. 1; ihm ist der Bescheid bekanntzugeben (§ 41 Abs. 1). Zu den **Rechtsfolgen** bei einer **Entscheidung ohne Antrag** s. § 35 Rn. 239.

10. Widerruf, Rücknahme, Änderung, Anfechtung eines Antrags, Bedingung

66   Die **Dispositionsmaxime** bestimmt, inwieweit der Antrag **widerrufen, zurückgenommen und geändert** werden kann.[182] Bis zum Zugang des Antrags (Rn. 50 f.) bei der **entscheidenden** Behörde, nicht schon bei einer anderen, annehmenden Behörde (Rn. 54) ist ein **Widerruf** mit der Folge möglich, dass der Antrag nicht wirksam wird. Der Rechtsgedanke aus § 130 Abs. 1 S. 2, Abs. 3 BGB wirkt sich entsprechend den allgemeinen Grundsätzen (§ 1 Rn. 106) aus.[183] Entscheidet die Behörde über den Antrag, obwohl er widerrufen worden ist, liegt ein Fall der Entscheidung ohne Antrag vor.[184]

67   Ist der Antrag wirksam zugegangen, kann ein Widerruf die Wirksamkeit des Antrags nicht mehr beseitigen. Der Antrag kann nur zurückgenommen werden. Die **Rücknahme verfahrensrechtlicher Anträge** ist ein allen Verfahrens- und Prozessordnungen bekanntes Rechtsinstitut, das unabhängig von der Frage des Widerrufs auf der Ebene des Wirksamwerdens besteht. Bei der Rücknahme ist der Rechtsgedanke aus § 183 BGB zu berücksichtigen, wenn der Antrag das Gewicht einer Erklärung nach § 182 BGB hat. Das ist bei einem Antrag als Verfahrens- und Sachentscheidungsvoraussetzung (Rn. 24) der Fall. Daher wirkt sich die im einzelnen für verfahrensrechtliche Anträge und materielle Mitwirkung (§ 35 Rn. 237) umstrittene Frage der (hier vertretenen) sich ergänzenden oder sich ausschließenden Anwendbarkeit des § 183 BGB oder des § 130 Abs. 1 S. 2 BGB im Ergebnis kaum aus.[185] Ist ein VwVf einvernehmlich jahrelang nicht betrieben worden, hat die Behörde den Antragsteller aus Gründen der Verfahrensfairness (§ 9 Rn. 60) vor einer Entscheidung über ihre Absicht zu informieren, um ihm ggf. die Rücknahme seines Antrags zu ermöglichen.[186]

68   Im Interesse der Klarheit des Verfahrens muss, wenn für den Antrag ein Formerfordernis gilt, die Rücknahme in der gleichen **Form** durchgeführt werden.[187] In anderen Fällen lässt eine formlose Rücknahme oder Erledigung die Rechtswirkungen in gleicher Weise entfallen wie eine förmliche Rücknahme.[188] Zur Bevollmächtigung Rn. 62. Eine Zustimmung der übrigen

---

[178] *Ziekow* § 22 Rn. 13; *Kopp/Ramsauer* § 22 Rn. 43 f.; *Pünder* in Erichsen/Ehlers § 13 Rn. 22.
[179] *VGH Kassel* NJW 1988, 1164.
[180] Vgl. *Rummer* NJW 1988, 225, 229; zum Begriff *VGH München* NVwZ 1993, 495.
[181] Zu § 42 Abs. 2 VwGO *BVerwGE* 75, 86 = NJW 1987, 856 st. Rspr.
[182] *P. Stelkens* NuR 1985, 213, 216; *BGHZ* 79, 131 = NJW 1981, 811 für Widerspruchsrücknahme.
[183] Rn. 67 ff.; im Einzelnen *P. Stelkens* NuR 1985, 213, 217 m. w. N.
[184] Rechtsfolgen: wenn nicht Heilung, in der Regel Anfechtbarkeit, nicht Nichtigkeit, § 35 Rn. 239; § 45 Rn. 28; *Stelkens* NuR 1985, 213, 220.
[185] *Kluth* NVwZ 1990, 608, 613; für § 183 BGB anstelle § 130 Abs. 1 S. 2 BGB z. B. *BSGE* 60, 79, 82 f.; für § 130 Abs. 1 S. 2 BGB *VGH Mannheim* VBlBW 1983, 75, 76; *VGH München* UPR 1989, 396; differenzierend nach beteiligten Personen *Middel*, S. 101 ff., nach Auswirkungen der Verfahrenshandlungen auf das VwVf *Hartmann* DÖV 1990, 8, 12.
[186] Vgl. *BVerwG* NVwZ 2001, 94. Vgl. *BVerwG* NVwZ 2001, 94.
[187] *Stelkens* NuR 1985, 213, 217; vgl. auch *BVerwG* NVwZ-RR 1993, 275; differenzierend *Schnell*, Der Antrag im Verwaltungsverfahren, 1986, S. 113 mit Hinweis auf Zweck der Formvorschrift.
[188] *VGH München* NVwZ-RR 2002, 426, 428.

Beteiligten ist für die Rücknahme nicht erforderlich; § 92 VwGO ist nicht anwendbar (Rn. 70). Nach der Rücknahme darf über den Antrag nicht mehr entschieden werden.[189] Das VwVf ist beendet (§ 9 Rn. 199).

Mit der Rücknahme werden bereits durchgeführte Verfahrenshandlungen nicht wirkungslos, **69** da die Rücknahme nur **ex nunc** wirkt (s. auch § 9 Rn. 13 und unten Rn. 76). Die Mitteilung des Standesbeamten nach § 6 Abs. 1 Satz 1 PStG i. d. F. von Art. 2 Nr. 6 EheschlRG vom 4. 5. 1998 (BGBl I S. 833), dass die Voraussetzungen für die Eheschließung vorliegen, ist ein VA, dessen Wirksamkeit nicht unter die in Satz 2 vorgesehene Dauer von 6 Monaten verkürzt wird, wenn die Verlobten die Absicht der Eheschließung vorübergehend aufgeben.[190] Weitere Einschränkungen können sich – wie bei der Änderung eines Antrags – aus dem jeweiligen **Fachrecht** unmittelbar oder indirekt, z. B. durch Fristen, ergeben (s. Rn. 74 und § 51 Rn. 46 ff.).

Die Rücknahme ist nur bis zur **Bekanntgabe der Entscheidung** zulässig.[191] In der Regel **70** ist der Rechtsgedanke aus § 183 BGB anwendbar (Rn. 67). Da das VwVf mit Erlass des VA beendet ist (§ 9 Rn. 193 ff.), fehlt für eine nach Erlass des VA ausgesprochene Antragsrücknahme das Verfahrensrechtsverhältnis (§ 9 Rn. 9 ff.), in dem sich die Rücknahme noch auswirken könnte.[192] Aus § 92 VwGO kann **kein allgemeiner Rechtsgedanke** des Inhalts hergeleitet werden, dass eine Rücknahme bis zur unanfechtbaren Entscheidung möglich wäre.[193] Einen derartigen allgemeinen Rechtsgedanken gibt es nicht, wie die unterschiedlichen Voraussetzungen in seinem Vorgänger § 45 BVerwGG und in § 362 AO im Gegensatz zu § 72 FGO zeigen. Überdies würde im VwVf die Einschränkung der Einwilligung anderer Beteiligter, die § 92 VwGO verlangt, fehlen.[194] Daher kann auch ein Widerspruch nicht mehr nach Bekanntgabe des Widerspruchsbescheides zurückgenommen werden mit der Folge, dass der Widersprechende es in der Rücknahme in der Hand hätte, die Entscheidung insbesondere bei Verböserung (§ 48 Rn. 68 ff.) rückgängig zu machen.[195]

Kopp/Ramsauer § 22 Rn. 72, wonach der VA mit der Rücknahme gegenstandslos wird, wird **71** nicht gefolgt. Diese Annahme ist mit § 43 Abs. 2 nicht zu vereinbaren; eine dem § 269 Abs. 3 ZPO, § 173 VwGO entsprechende Vorschrift fehlt für das VwVf.[196] Eine Rücknahme des Antrags nach Erlass des VA berührt folglich nicht die Wirksamkeit des VA. Allenfalls kann in der Rücknahme nach Erlass des VA zugleich ein **Verzicht** auf die den Antragsteller begünstigenden Rechtsfolgen des VA gesehen werden oder im Einzelfall auch ein Verzicht auf die Durchführung von Rechtsbehelfen (§ 53 Rn. 37). Durch den Verzicht auf die Rechtsfolgen hätte sich dann der VA i. S. d. § 43 Abs. 2 erledigt. Dieser Verzicht ist aber häufig nicht in der Rücknahme enthalten und überdies nur möglich, wenn der Antragsteller insoweit ein Recht auf Verzicht hat (§ 53 Rn. 36). Gerade durch eine ablehnende Entscheidung können aber auch die Interessen der Allgemeinheit und im mehrpoligen Verhältnis (§ 9 Rn. 25) die Interessen Dritter berührt werden (z. B. bei Ablehnung eines Antrags wegen Unzuverlässigkeit). Diese Interessen werden übersehen, wenn der Antragsteller noch bis zur Unanfechtbarkeit den Antrag mit der Rechtsfolge, dass der bereits ergangene VA gegenstandslos wird, zurückziehen könnte.[197] Im Beamtenverhältnis widerspräche es der Gegenseitigkeit von Rechten und Pflichten, wenn der Beamte

---

[189] *Stelkens* NuR 1985, 213, 216.
[190] So auch *Wagenitz/Bornhofen*, Handbuch des Eheschließungsrechts, 1998, 2. Teil, 2. Abschn. Rn. 73 ff. Vgl. zur früheren Aufgebotsregelung in § 12 Abs. 1 Satz 2 EheG den Bericht in StAZ 1997, 21.
[191] Wie hier *BVerwG* NVwZ 1989, 476; *Meyer/Borgs* § 22 Rn. 8; *Pünder* in Erichsen/Ehlers § 13 Rn. 20; *Schnell*, Der Antrag im Verwaltungsverfahren, 1986, S. 106 ff.: „Antrag ist verbraucht mit Wirksamwerden des VA, § 43 Abs. 1".
[192] Weitergehend aber *BVerwG* NJW 1980, 1120, NJW 1988, 275, NVwZ 1989, 860; *VGH München* DVBl 1982, 1011, 1012, bis zur Bestandskraft; *Kopp/Ramsauer* § 22 Rn. 65; § 9 Rn. 36; *Clausen* in Knack § 22 Rn. 21; offen *VGH Mannheim* NVwZ-RR 1991, 270.
[193] § 1 Rn. 59; *Kopp/Ramsauer* § 22 Rn. 70; a. A. *BVerwG* Buchholz 436.36 § 15 BAföG Nr. 9, solange nicht die Rücknahme gesetzlich ausgeschlossen ist oder durch die Stellung des Antrags oder durch die Entscheidung Umstände eingetreten sind, die nicht mehr rückgängig gemacht werden können.
[194] S. dazu *VGH München* BayVBl 1992, 21; *OVG Lüneburg* NVwZ 1985, 431 und *Martens* NVwZ 1986, 533, 536.
[195] H. M., *BVerwG* NVwZ 1999, 1218, 1219; § 79 Rn. 42; *Meyer/Borgs* § 22 Rn. 8; *Ule/Laubinger* § 20 Rn. 5; *Engelhardt* in Obermayer § 22 Rn. 94; *Wolff/Bachof u. a.* § 60 Rn. 8 ff.; *Oerder*, S. 167; *Stelkens* NuR 1985, 213, 216; a. A. *Kopp/Ramsauer* § 22 Rn. 65; *Ziekow* § 22 Rn. 10; *Clausen* in Knack § 22 Rn. 21; *Bienert* SächsVBl 2003, 29; 31.
[196] Wie hier *VGH München* BayVBl 1992, 21.
[197] Im einzelnen dazu *Stelkens* NuR 1985, 213, 216 f.

einem bewilligten Urlaub ohne Dienstbezüge einseitig durch Antragsrücknahme die Grundlage entziehen könnte.[198] Soweit *BVerwG* NJW 1988, 275 die Befugnis, sich durch Rücknahme des Antrags den weiteren Auseinandersetzungen über die Rechtmäßigkeit des VA entziehen und damit anscheinend die Rechtsfolgen des § 43 Abs. 1 und 2 beseitigen zu können, der Dispositionsmaxime entnimmt, kann dem nicht gefolgt werden. Diese Maxime sagt zu § 43 nichts aus.

72   Wird ein Antrag nach der Bekanntgabe der Entscheidung im Vorverfahren oder in einem späteren Gerichtsverfahren zurückgezogen, ist die Behörde allerdings nicht gehindert, den VA aufzuheben,[199] so dass sich dadurch die Rechtsbehelfsverfahren in der Hauptsache erledigen (§ 79 Rn. 48).

73   Die **Rücknahme einer Rücknahme** eines Antrags wird von *BVerwG* NJW 1988, 275 anscheinend für zulässig gehalten. Hierdurch wird aber der Grundsatz der Verfahrensklarheit (§ 9 Rn. 57) berührt. Wenn die Rücknahme des Antrags erklärt ist, ist das VwVf beendet (Rn. 68). Die Rücknahme der Rücknahme ist allenfalls als Neuantrag auszulegen (Rn. 52).

74   Die **Änderung eines Antrags** ist grundsätzlich zulässig, soweit die Behörde auch für den geänderten Verfahrensgegenstand (Rn. 46) zuständig ist. Dies folgt aus der Dispositionsmaxime.[200] Die Änderung des Antrags wird in der Regel in der **Form** des Antrags (Rn. 30 ff.) vorgenommen werden müssen.[201] Einschränkungen für die Änderungsmöglichkeit ergeben sich aus dem Fachrecht: Ist eine Ausschlussfrist (§ 31 Rn. 8 f.) gesetzt, ist nach Ablauf dieser Frist keine Änderung mehr möglich, es sei denn, ein teilbarer Antrag werde reduziert. Bei einer anderen **Antragsfrist** ist nach Ablauf der Frist eine Änderung nach den Grundsätzen des § 32 möglich.[202] Die Sonderregel des § 28 SGB X ist nicht verallgemeinerungsfähig.

75   Schließlich ist eine Änderung nicht mehr nach der das Verfahren abschließenden Entscheidung zulässig.[203] Ob der Antragsteller befugt ist, gegen die den Antrag ablehnende Entscheidung Widerspruch einzulegen und im Rahmen des Widerspruchsverfahrens den Antrag zu ändern, hängt davon ab, ob die Änderung eine wesentliche Änderung darstellt und die Widerspruchsbehörde nicht mit der Erstbehörde identisch ist. In diesem Fall dürfte der Verfahrensgegenstand nicht in das Widerspruchsverfahren gelangt sein (Devolutiveffekt), so dass insoweit die funktionelle Zuständigkeit fehlt. Eine wesentliche Änderung des Antrags während des Gerichtsverfahrens ist unzulässig.[204]

76   Umstritten ist, inwieweit ein verfahrensrechtlicher Antrag oder sein Gegenstück, die Rücknahme, **bedingt** (Rn. 77) gestellt oder eine **Anfechtung** nach §§ 119 ff. BGB (Rn. 78 ff.) möglich ist,[205] insbesondere ob die diesbezüglichen **Grundsätze des Prozessrechts** auf das VwVf zu übertragen sind. Es entspricht einem allgemein anerkannten, aus der Ordnungsfunktion des Prozessrechts und der Notwendigkeit der Rechtssicherheit im Prozess abgeleiteten Grundsatz, dass Prozesshandlungen, sobald sie das Prozessrechtsverhältnis gestaltet haben, weder angefochten noch widerrufen werden können; sie sind überdies bedingungsfeindlich.[206] Diese Grundsätze gelten auch für **Verfahrenshandlungen** nach dem VwVfG (§ 9 Rn. 13, 122 ff.; str., s. Rn. 77 ff.), da sie über das Prozessrecht hinaus generell an die Funktion abschließender staatlicher Entscheidungen und der ihnen dienenden Verfahren anknüpfen. Daher ist die Rücknahme eines Widerspruchs unter einer außerprozessualen Bedingung unwirksam.[207]

77   Dass ein Antrag nicht von einer echten **Bedingung** abhängig gemacht werden darf, entspricht der h. M.[208] Innerhalb eines VwVf sind Sachanträge, die **hilfsweise** gestellt werden, ebenso zulässig wie **alternativ** gestellte Sachanträge, soweit über beide Anträge eine Entschei-

---

[198] *BVerwGE* 104, 375, 378 f. = NVwZ 1998, 401.
[199] Wie hier *VGH München* BayVBl 1992, 21.
[200] *Stelkens* NuR 1985, 213, 216. S. *BVerwGE* 85, 251 = NVwZ 1991, 66, dazu § 9 Rn. 148, 150, für den Fall, dass sich im Laufe eines VwVf herausstellt, dass durch die Antragsänderung eine andere Behörde zuständig wird.
[201] *VGH München* BayVBl 1991, 373, dazu Rn. 40.
[202] *OVG Münster* DÖV 1984, 392, 393.
[203] *VGH Mannheim* NJW 2004, 1683.
[204] *OVG Münster* NWVBl 1990, 66; *VGH Mannheim* DVBl 1991, 1093, 1094; s. ferner Rn. 84.
[205] S. dazu im Einzelnen *Stelkens* NuR 1985, 213, 217; *Schnell*, Der Antrag im Verwaltungsverfahren, 1986, S. 145 ff., jew. m. w. N.
[206] Zusammenfassend *VGH Kassel* NJW 1987, 601; *Kopp/Schenke* Rn. 15 vor § 40.
[207] *BVerwG* DVBl 1996, 105; § 79 Rn. 42.
[208] *BVerwG* NVwZ 1989, 476; *Schnell*, Der Antrag im Verwaltungsverfahren, 1986, S. 60 ff., *Stelkens* NuR 1985, 213, 217; *Kopp/Ramsauer* § 22 Rn. 37; *Krause* VerwArch 61 (1970), 297, 315 m. w. N.

dung gewünscht wird (Rn. 61). Nach dem jeweiligen materiellen Recht und dem Grundsatz der Bestimmtheit können Schranken gesetzt sein.[209] Zu unbestimmt (Rn. 47) ist aber die Vorlage alternativer Anträge, wenn nur eine einzige Entscheidung gewünscht wird und deshalb der Behörde überlassen bleibt, den zutreffenden Antrag auszusuchen.[210]

Die Frage der **Anfechtung** nach §§ 119 ff. BGB entspr. (vgl. § 1 Rn. 106) ist dagegen umstrittener. Während das *BVerwG*[211] die Frage offen lässt, da jedenfalls die Voraussetzung des „**unverzüglich**" i. S. d. § 121 BGB in Anlehnung an die **Monatsfrist** des § 70 VwGO nicht erfüllt war, wendet die h. M. in der Literatur – untereinander mit differenzierenden Ausnahmen –[212] allerdings unter Bezugnahme auf *BVerwGE* 37, 19, 20 = ZBR 1991, 88 die §§ 119 ff. BGB an, ohne jedoch immer zwischen der Anfechtung des verfahrensrechtlichen und des materiellrechtlichen Antrags zu unterscheiden.[213] Der Grundsatz des Prozessrechts, wonach Prozesshandlungen nicht anfechtbar sind, dürfte auch auf den verfahrensrechtlichen Antrag zu beziehen sein (Rn. 76). Auch die anlässlich der Eheschließung gegenüber dem Standesbeamten abgegebene verfahrensrechtliche Erklärung über die Wahl des Ehenamens ist nicht nach §§ 119 ff. BGB anfechtbar; eine Berichtigung findet nur unter den engen Voraussetzungen der §§ 46 a ff. PStG statt.[214] Der Gedanke der Rechtssicherheit, den das *BVerwGE* 57, 342 = NJW 1980, 135 für das Vorverfahren bemüht, ist auch auf das erstinstanzliche Verfahren zu übertragen. Soweit *OVG Koblenz* NVwZ 1984, 316 f.; *Pünder* in Erichsen/Ehlers § 13 Rn. 20 insoweit einen Unterschied zwischen Vorverfahren und erstinstanzlichem VwVf sehen, trifft dieser Unterschied jedenfalls für die förmlichen und Planfeststellungsverfahren und letztlich für alle die Verfahren nicht zu, in denen kraft Gesetzes das Vorverfahren entfällt.[215]

Die Annahme einer Anfechtungsmöglichkeit mit einer Wirkung **ex tunc** hätte verfahrensrechtliche erhebliche Unsicherheit zur Folge, da der bisher durchgeführte Verfahrensgang mit seinen Verfahrenshandlungen nicht beseitigt werden kann (§ 9 Rn. 13). Eine Anfechtung verfahrensrechtlicher Anträge ist also nicht zulässig. Der Antragsteller ist nicht schutzlos: Während des VwVf steht dem Antragsteller die Möglichkeit der **Rücknahme** des Antrags zur Verfügung (Rn. 67 ff.); überdies ist ein Antrag, der unter einem offensichtlichen, von der Behörde erkannten Willensmangel gestellt ist, wirkungslos.[216] Nach Erlass des VA besteht die Möglichkeit, die Aufhebung des VA zu verlangen, soweit der Irrtum, die Täuschung oder Drohung die Rechtmäßigkeit des VA beeinflusst. In dem Anfechtungsverfahren könnte auch ein betroffener Dritter seine Rechte wahren. Eine Anfechtung des Antrags **nach Unanfechtbarkeit** des VA schließlich brächte keinen Gewinn, da die Beseitigung des Antrags keine größere Wirkung haben könnte als das Fehlen des Antrags von Anfang an. Hier ist die Rechtsfolge in aller Regel nicht Nichtigkeit des VA.[217]

Nicht zwingend erforderlich ist es deshalb auch, die Grundsätze des Prozessrechts, die **Ausnahmen** vom Verbot der Anfechtbarkeit vorsehen bei durch Drohung, arglistige Täuschung oder falsche Belehrung erfolgter Antragstellung oder ihrer Rücknahme sowie bei Vorliegen von Wiederaufgreifensgründen[218] zu übernehmen.[219] Das Verwaltungsverfahrensrecht kann flexibler als das Prozessrecht auf derartige Ursachen reagieren. Verwirkung und Amtspflichtverletzungsansprüche können einen Teil des rechtswidrigen Handelns auffangen. Soweit der VA erlassen und infolge der umstrittenen Verfahrenshandlung rechtswidrig ist (§ 25 Rn. 45), hilft eine **Pflicht zur Rücknahme**, ggfs. ist **Nichtigkeit** des VA anzunehmen (§ 44 Rn. 107 f.; § 35 Rn. 239). Das Verfahren kann unmittelbar gem. § 51 wiederaufgegriffen werden. Bei diesen

---

[209] *BVerwG* NJW 1984, 2481 für Teilungspläne eines Grundstücks.
[210] *OVG Münster* 30. 1. 1991 – 10 A 751/89 (juris).
[211] *BVerwGE* 37, 19 = ZBR 1991, 88; Buchholz 316 § 22 VwVfG Nr. 1; s. auch *OVG Koblenz* NVwZ 1984, 316; *VGH Mannheim* NVwZ-RR 1991, 490 für Anfechtung nach Erlass des VA.
[212] Z. B. *Ule/Laubinger* § 20 Rn. 5; *Meyer/Borgs* § 22 Rn. 8; *Clausen* in Knack § 22 Rn. 24; *Schnell*, Der Antrag im Verwaltungsverfahren, 1986, S. 145 ff.; *Hartmann* DÖV 1990, 8, 13; *Kluth* NVwZ 2000, 608, 614; solange sie noch nicht zu einer Amtshandlung geführt haben; *Riedl* in Obermayer Rn. 141 vor § 9.
[213] Wie hier *Gusy* BayVBl 1985, 484, 486; *VGH Mannheim* VBlBW 1983, 22, dazu *Martens* NVwZ 1986, 533, 537.
[214] *BayObLG* NJW 1993, 337.
[215] Im einzelnen *Stelkens* NuR 1985, 213, 217 f.
[216] *Schnell*, Der Antrag im Verwaltungsverfahren, 1986, S. 125 ff.
[217] *Stelkens* NuR 1985, 213, 220.
[218] Vgl. *BVerwG* NVwZ 1997, 1210; *BGH* NJW 1991, 2839.
[219] So *Kopp/Ramsauer* § 22 Rn. 52; *Hartmann* DÖV 1990, 8, 14.

Maßnahmen können besser als bei der Annahme der prozessualen Ausnahmefälle zwischenzeitliche Änderungen der Sach- und Rechtslage sowie rechtliche Interessen Dritter berücksichtigt werden. Zur Anfechtbarkeit materieller Mitwirkung s. § 35 Rn. 238.

11. Rechtsfolgen

81 Bei formwidrigen Anträgen Rn. 39, 44.
Bei unbestimmten Anträgen Rn. 43, 47, 77.
Bei Untätigkeit der Behörde Rn. 57 f.
Bei einer Entscheidung ohne Antrag § 35 Rn. 239, § 45 Rn. 28.
Bei einem Widerruf oder einer Rücknahme des Antrags Rn. 66 ff.
Bei einer Anfechtung des Antrags Rn. 78 ff.

V. Europarecht

82 Da alle Sprachen der EU-Vertragsstaaten grundsätzlich gleichberechtigte Amtssprachen sind (vgl. § 23 Rn. 74), bestehen keine Probleme, Anträge (Rn. 15) gegenüber EU-Behörden in deutscher Sprache zu stellen. Eine andere Frage ist, ob **EU-Bürger** anderer Staaten gegenüber deutschen Behörden ihre Muttersprache verwenden können. Zwar darf für den EU-Bürger seine Sprache kein Hindernis sein, um seine durch die EU geschaffenen Grundfreiheiten (Einl Rn. 79) in einem anderen Mitgliedstaat zu verwirklichen; trotzdem bleibt die Amtssprache in aller Regel deutsch (vgl. Rn. 30, 53; § 23 Rn. 79), so dass auch Anträge grundsätzlich in deutscher Sprache zu stellen sind. Dessen ungeachtet dürfte eine Verpflichtung inländischer Behörden anzunehmen sein, bei Anträgen, die ausländische EG-Bürger in ihrer Muttersprache stellen, eine Bearbeitung nicht allein wegen dieses Umstandes ohne weiteres abzulehnen, sondern sich aktiv um die Beibringung einer Übersetzung zu bemühen, soweit die eigenen Sprachkenntnisse der Behördenbediensteten (vgl. § 23 Rn. 9) nicht ausreichen. Bloße Unterschriften in einer fremden Sprache sind stets gültig.[220] Zur unzulässigen Bevorzugung von eigenen Staatsangehörigen Rn. 60.

VI. Landesrecht

83 Das Landesrecht entspricht § 22. § 94 LVwVfG BW bestimmt – wie andere Länder in ihren Gemeindeordnungen –,[221] dass die Gemeindebehörden den Bürgern bei der Einleitung von VwVf auch dann behilflich sein müssen, wenn sie nicht die zuständige Verfahrensbehörde sind (Rn. 54). Eine Abgabe eines Antrags bei der Gemeinde zur Weiterleitung an die zuständige Behörde begründet noch nicht den Beginn des VwVf (s. Rn. 54). Aus diesen Regelungen kann keine allgemeine Rechtspflicht abgeleitet werden (§ 24 Rn. 87), dazu hätte es einer konkreten Vorschrift bedurft.

VII. Vorverfahren

84 Hinsichtlich des Vorverfahrens hat die Offizialmaxime keine Bedeutung. Ein Vorverfahren wird stets durchgeführt, wenn ein Widerspruch eingelegt worden ist. §§ 69, 68 Abs. 1 VwGO regeln die Pflicht zur Durchführung des Vorverfahrens abschließend, so dass es des § 22 nicht bedarf.[222] Die Befugnis zur Zweckmäßigkeitskontrolle nach § 68 VwGO räumt kein Verfahrensermessen nach § 22 S. 1 ein, sondern bezieht sich nur auf die materielle Überprüfung der Entscheidung.[223] Mit der Einlegung des Widerspruchs beginnt das Vorverfahren (§ 69 VwGO; Rn. 55; § 9 Rn. 105; § 79 Rn. 6). Die Schriftform folgt aus § 70 VwGO. Ein Vermerk über

---

[220] Rn. 30; § 23 Rn. 28; so auch *Clausen* in Knack § 23 Rn. 9 m. w. N.
[221] Z. B. § 22 GO NRW, vgl. auch *Jochum* NVwZ 1987, 460, 464.
[222] *Busch* in Knack § 79 Rn. 90; *Repp* in Obermayer § 79 Rn. 18.
[223] *Oerder*, S. 131 ff.

einen mündlichen Widerspruch ersetzt keine Niederschrift (vgl. Rn. 39 ff.). Ebenfalls wird durch die Weigerung eines Bediensteten, entgegen § 70 VwGO eine Niederschrift über einen Widerspruch aufzunehmen, die Schriftform ersetzt.[224] Sehen Spezialgesetze eine Schriftform vor, ist ein Widerspruch zur Niederschrift unzulässig (Rn. 26). Eine Umdeutung eines (wiederholten) Antrags in einen Widerspruch ist nicht möglich; anders bei einem Antrag auf Widerruf/Rücknahme eines belastenden VA (Rn. 49). Zum Widerruf, zur Rücknahme, Änderung und Anfechtung eines Antrags im Vorverfahren s. Rn. 70 ff. Es besteht keine Pflicht, die Begründung des Widerspruchs zur Niederschrift zu nehmen.

§ 23 Amtssprache

(1) **Die Amtssprache ist deutsch.**

(2) [1]**Werden bei einer Behörde in einer fremden Sprache Anträge gestellt oder Eingaben, Belege, Urkunden oder sonstige Dokumente vorgelegt, soll die Behörde unverzüglich die Vorlage einer Übersetzung verlangen.** [2]**In begründeten Fällen kann die Vorlage einer beglaubigten oder von einem öffentlich bestellten oder beeidigten Dolmetscher oder Übersetzer angefertigten Übersetzung verlangt werden.** [3]**Wird die verlangte Übersetzung nicht unverzüglich vorgelegt, so kann die Behörde auf Kosten des Beteiligten selbst eine Übersetzung beschaffen.** [4]**Hat die Behörde Dolmetscher oder Übersetzer herangezogen, erhalten diese in entsprechender Anwendung des Justizvergütungs- und -entschädigungsgesetzes eine Vergütung.**

(3) **Soll durch eine Anzeige, einen Antrag oder die Abgabe einer Willenserklärung eine Frist in Lauf gesetzt werden, innerhalb deren die Behörde in einer bestimmten Weise tätig werden muss, und gehen diese in einer fremden Sprache ein, so beginnt der Lauf der Frist erst mit dem Zeitpunkt, in dem der Behörde eine Übersetzung vorliegt.**

(4) [1]**Soll durch eine Anzeige, einen Antrag oder eine Willenserklärung, die in fremder Sprache eingehen, zugunsten eines Beteiligten eine Frist gegenüber der Behörde gewahrt, ein öffentlich-rechtlicher Anspruch geltend gemacht oder eine Leistung begehrt werden, so gelten die Anzeige, der Antrag oder die Willenserklärung als zum Zeitpunkt des Eingangs bei der Behörde abgegeben, wenn auf Verlangen der Behörde innerhalb einer von dieser zu setzenden angemessenen Frist eine Übersetzung vorgelegt wird.** [2]**Andernfalls ist der Zeitpunkt des Eingangs der Übersetzung maßgebend, soweit sich nicht aus zwischenstaatlichen Vereinbarungen etwas anderes ergibt.** [3]**Auf diese Rechtsfolge ist bei der Fristsetzung hinzuweisen.**

Vergleichbare Vorschriften: § 87 AO (s. Rn. 51); § 19 SGB X (s. Rn. 51, 53, 69); §§ 184 bis 191 GVG, ggfs. i. V. m. § 55 VwGO; § 142 Abs. 3 ZPO; § 17 AsylVfG. Zu Art. 290, 314 EGV s. Rn. 74.

Abweichendes Landesrecht: Vgl. Rn. 51, 55, 85 ff.; ferner Übersicht zu Änderungen der LVwVfGe im Dritten Teil dieses Kommentars.

Entstehungsgeschichte: Bis zum Inkrafttreten des VwVfG vgl. § 23 der 6. Auflage. **Änderungen:** Abs. 2 Satz 1 wurde geändert m. W. v. 1. 2. 2003 durch das 3. VwVfÄndG; Begr BT-Drs 14/9000: Klarstellung, dass Behörde auch bei fremdsprachigen elektronischen Dokumenten (vorher: „Schriftstücke") die Vorlage einer Übersetzung verlangen darf. Abs. 2 Satz 4 wurde m. W. v. 1. 7. 2004 durch das Gesetz vom 5. 5. 2004, BGBl I 718, an das neue Justizvergütungs- und -entschädigungsgesetz angepasst.

Literatur: *v. Ebner*, Ist für Ausländer Verwaltungssprache deutsch?, DVBl 1971, 341; *Schuwerack*, Sprachliche Gleichbehandlung von Gastarbeitern vor Sozialgerichten und im VwVf, SGb 1974, 447; *Stober*, Amtssprache gegenüber Ausländern, VR 1979, 142; *ders.*, Grundgesetz und Amtssprache bei Ausländern, VR 1979, 325; *Lässig*, Deutsch als Gerichts- und Amtssprache, 1980; *Frank*, Die Verwendung der deutschen Sprache im Verkehr zwischen Versicherungsträger und Ausländern, Die Angestelltenversicherung, 1980, 168; *Jessnitzer*, Dolmetscher, 1982; dazu *Stelkens*, NVwZ 1982, 552; *Tormiu*, Reform des Dolmetscherwesens, ZRP 1987, 422; *Kirchhof*, Deutsche Sprache in Isensee/Kirchhof HdbStR, Bd. II, § 20; *Ingerl*, Sprachrisiko in Verfahren. Zur Verwirklichung der Grundrechte deutschunkundiger Beteiligter im Gerichts- und Verwaltungsverfahren, Diss., 1988; *Jacob*, Fremdsprachige Erkenntnisse und Quellen im Asylprozeß oder ist die Gerichtssprache deutsch?, VBlBW 1991, 205; *Mäder*, Sprachordnung und Minderheitsschutzrechte in Deutschland, ZAR 1997, 29; *Biaggini*, Sprache als Kultur- und Rechtsgut, DVBl 2005, 1090.

---

[224] *VGH Mannheim* NVwZ-RR 1992, 184.

Übersicht

	Rn.
I. Allgemeines	1
1. Erforderlichkeit der Regelung	1
2. Entwicklung der Amtssprache/Völkergewohnheitsrecht	4
3. Verfassungsmäßigkeit der Norm	10
4. Aufbau der Norm	13
5. Anwendungsbereich	14
II. Grundsatz (Abs. 1)	22
1. Amtssprache	22
a) Amtssprache und Verwaltungssprache	22
b) Deutsche Sprache	24
c) Sprache im Amtsverkehr	28
2. Rechtsfolgen einer Verletzung des Abs. 1	29
3. Gebrauch der Amtssprache, einer Fremdsprache, Hinzuziehung von Dolmetschern	34
a) Gebrauch der Amtssprache im mündlichen Verkehr mit der Behörde	34
b) Betreuungspflicht der Behörde/Merkblätter	38
c) Aktenführung und Niederschriften	39
d) Zuziehung von Dolmetschern	40
4. Schriftverkehr	48
III. Eingang fremdsprachiger Schriftstücke bei der Behörde (Abs. 2)	49
1. Annahmepflicht, Übersetzungsverlangen	49
2. Übersetzung durch die Behörde	58
3. Rechtsfolgen bei Nichtvorlage einer Übersetzung	59
IV. Beginn von Fristen, Wahrung von Fristen (Abs. 3 und 4)	62
1. Fremdsprachige fristgebundene Anträge und Erklärungen	62
2. Fristbeginn für die Behörde	63
3. Fristbeginn für den Antragsteller	65
V. Verständigungsschwierigkeiten aus anderen als sprachlichen Gründen	70
1. Verständigung mit Gehörlosen oder Stummen	70
2. Unverständlichkeit einer Erklärung	72
3. Entschlüsselung schwer lesbarer Schriften	73
VI. Europarecht	74
VII. Landesrecht	85
VIII. Sorbische Sprache	86
IX. Vorverfahren	93

I. Allgemeines

1. Erforderlichkeit der Regelung

1   Für das gerichtliche Verfahren ist durch § 184 GVG die deutsche Sprache als Gerichtssprache für verbindlich erklärt. Die Norm gilt nur für die streitige ordentliche Gerichtsbarkeit (§ 2 EGGVG). Sie ist über § 55 VwGO auch auf das verwaltungsgerichtliche Verfahren übertragen worden. An einer entsprechenden **allgemeinen Regelung** für das VwVf hatte es demgegenüber vor dem VwVfG gefehlt.

2   Zunächst waren es für den Gesetzgeber nur **praktische Probleme,** die es ihm angezeigt erscheinen ließen, eine ausdrückliche allgemeine Regelung für das VwVf zu treffen. Anlass war vor allem die hohe Zahl in der Bundesrepublik lebender ausländischer Arbeitnehmer. Häufig beherrschten sie die deutsche Sprache nicht oder nur mangelhaft, andererseits haben sie während ihres Aufenthaltes in Deutschland mindestens in dem gleichen Maße wie Deutsche Kontakt mit Behörden.[1] Wenn auch die damaligen sog. Gastarbeiter und ihre oft schon in Deutschland geborenen Angehörigen inzwischen oft Deutsch wie Inländer beherrschen, zumindest über ausreichende Sprachkenntnisse verfügen, bleibt die Sprachproblematik angesichts der großen Anzahl der anderen in Deutschland aus den unterschiedlichsten Gründen lebenden Ausländern aus den verschiedensten Sprachräumen bestehen. Insbesondere ergeben sich weitere Verständigungsprobleme durch die erhebliche Anzahl der Asylsuchenden.[2] Allerdings stellt sich die Spra-

---

[1] Vgl. dazu Begründung zu § 19 Entwurf 73 und die Darstellung bei *v. Ebner* DVBl 1971, 341.
[2] Dazu *Jacob* VBlBW 1991, 205; *Stelkens* ZAR 1985, 15, 20; S. z. B. Rn. 15.

chenproblematik nicht nur bei Ausländern, sondern auch bei dem Personenkreis des Art. 116 GG.

Auch aus anderen Gründen kann sich die Frage stellen, welche Konsequenzen es hat, wenn **deutsche Staatsangehörige** die deutsche Sprache nicht benutzen können oder fremdsprachige schriftliche Erklärungen oder Unterlagen abgeben (zu fachsprachlichen Anträgen Rn. 7, zur Gebärdensprache Rn. 33). § 23 stellt nicht auf den Personenkreis ab, der die Erklärung abgibt, sondern auf die in der Erklärung benutzten Sprache.

2. Entwicklung der Amtssprache/Völkergewohnheitsrecht

Dass in einem einsprachigen Staat (s. Rn. 92; zur sorbischen Sprache Rn. 86ff.) die **Landessprache** zugleich **Amtssprache** der Verwaltung (Rn. 22f.) ist, ist an sich selbstverständlich. Auch ohne ausdrückliche Erwähnung im GG hat Deutsch als Staatssprache **Verfassungsrang**.[3] Es ist bereits Ausfluss des Demokratiegebotes, dass die Entscheidungsverfahren hoheitlicher Organe allgemein verstehbar sind und der Bürger mit den Organen in seiner Landessprache kommunizieren kann.[4] Die Kehrseite für den Ausländer ist, dass er mit der fremden Staatsmacht in deren Amtssprache zu verhandeln und dabei notfalls einen Dolmetscher hinzuziehen hat.[5] Nur mehrsprachige Staaten oder internationale und supranationale Organisationen sind gezwungen, hinsichtlich ihrer Amtssprache(n) eine Regelung zu treffen (z.B. Schweiz: Art. 116 der Bundesverfassung für die Schweizerische Eidgenossenschaft;[6] für die Sprachenregelung bei der Europäischen Gemeinschaft (s. Rn. 74ff.) So jedenfalls war das Verständnis, als § 23 geschaffen wurde (Rn. 2).

Ursprünglich war die **Entwicklung einer deutschen Amtssprache** die Reaktion auf frühere, der durchschnittlichen Bevölkerung unverständliche Fremdsprachen wie Latein und Französisch als Kanzleisprachen einheimischer Behörden; später erhielten sie einen anderen Sinn: Das Vorbild des § 184 GVG war noch in der Zeit des betonten Nationalismus entstanden.[7]

Inzwischen ist der Staat auf **internationale Zusammenarbeit** angelegt, wie aus Art. 1 Abs. 2, 23, 24, 25, 26 und 59 GG abzuleiten ist,[8] und richtet sich auf eine europäische Integration ein (Art. 23 Abs. 1, 28 Abs. 1 Satz 3 GG, Einl 67). Eine Fülle supranationaler und zwischenstaatlicher Vereinbarungen sind zwingend zu beachten. Sprache darf kein Hindernis sein, um die Grundfreiheiten der EG (Einl Rn. 79) zu verwirklichen (Rn. 78). Regelungen wie Art. 5 und 6 EMRK verlangen auch für den inländischen Gerichtsalltag die Akzeptanz fremder Sprachen (Rn. 82).

Es entwickelt sich ein **Völkergewohnheitsrecht,** das einen **Mindeststandard** garantiert (vgl. Art. 25 Satz 2 GG; § 9 Rn. 44), der einerseits das Recht jedes Menschen auf den Gebrauch seiner Sprache (vgl. auch Rn. 92), andererseits das Recht jedes Staates auf eine funktionsfähige und effektive Verwaltung, die nur durch den Gebrauch der Landessprache garantiert ist, sichert. Die Lösung des Konflikts muss im Wege praktischer Konkordanz gefunden werden.[9] Nationalistische Abschottung durch Sprache im VwVf steht zudem der Globalisierung der Wirtschaft entgegen. Transnationale VA sind nicht mehr fortzudenken (§ 35 Rn. 358ff.). Weltweit eingesetzte Kommunikationssysteme basieren auf der englischen (nordamerikanischen) Sprache und wirken auf den deutschen Verwaltungsvollzug ein. So erfolgen vielfach Antrag und Begründung einer Zertifizierung nach § 4 des Gesetzes über die Errichtung des Bundesamtes für Sicherheit in der Informationstechnik (BSIG) i.V.m. BSIZertV in englischer Sprache (Rn. 52). Weltweiter Tourismus fordert für Deutsche im Ausland wie für Ausländer in Deutschland flexiblen Umgang mit Sprachen auch bei Behörden und Gerichten. Sprachliche Barrieren sind schließlich nicht geeignet, die internationale Wanderbewegung aufzuhalten.

Diese Entwicklung muss das Verfahrensrecht auffangen; sie muss daher auch ihren Niederschlag im Verständnis und in der Anwendung des § 23 finden.[10] Der versteckte Hinweis in sei-

---

[3] *Kirchhof* HdbStR II § 20 Rn. 100; zum Minderheitenschutz Rn. 79.
[4] *BVerfGE* 89, 185 = NJW 1993, 3047.
[5] *BVerwG* DÖV 1974, 788 (L); *BFHE* 118, 294.
[6] Hierzu *Biaggini* DVBl 2005, 1090, 1092f.
[7] Zu den geschichtlichen Wurzeln vgl. z.B. *Paulus* JuS 1994, 367, 369; zur Entwicklung der Amtssprache *Püttner*, Verwaltungslehre, § 17 IV 2.
[8] S. *Streinz* in Sachs, GG, Art. 25 Rn. 9 m.w.N.
[9] Zusammenfassend *Lässig*, Deutsch als Gerichts- und Amtssprache, 1980, S. 54ff., 63.
[10] *Lässig*, Deutsch als Gerichts- und Amtssprache, 1980, S. 15f.

nem Absatz 4 auf zwischenstaatliche Vereinbarungen (Rn. 69) reicht nicht aus, die Fragen zu lösen. Jedoch bietet der weite Rahmen **verfahrensrechtlicher Gestaltungsmöglichkeiten,** insbesondere auch eine großzügige Wiedereinsetzung in versäumte Fristen, dazu Gelegenheit (Rn. 12). Wo diese nicht ausreichen, kann es entgegen § 23 Abs. 2 z. B. bei finanzieller Notlage des Ausländers notwendig sein, von Amts wegen eine für das VwVf erforderliche Übersetzung auf Kosten der Behörde anfertigen zu lassen oder in Ergänzung des § 23 seitens der Behörde einen Dolmetscher zu stellen, wenn eine mündliche Verhandlung im öffentlichen Interesse erforderlich ist (vgl. § 185 GVG, Rn. 41; § 17 Abs. 1 AsylVfG).[11]

9 Den Anforderungen muss auch der **Ausbildungsstand** der Bediensteten gerecht werden. Für die einfache Kommunikation genügt in der Regel die – schon über die Entwicklung des allgemeinen Bildungssystems – auch bei Behördenbediensteten weit verbreitete Fähigkeit, sich zumindest in der Weltsprache Englisch verständlich zu machen. Es gehört zum normalen innerbetrieblichen Fortbildungsprogramm, dass Sprachkenntnisse von Bediensteten bei dienstlicher Notwendigkeit ausgebaut werden (z. B. im Bundessprachenamt).

3. Verfassungsmäßigkeit der Norm

10 Die Auffassung, der Gesetzgeber habe mit der in § 23 getroffenen Regelung das **verfassungsrechtlich** gebotene Minimum unterschritten, in Abs. 2 bis 4 viel im Interesse der deutschen Verwaltung und wenig in dem des Ausländers normiert,[12] trifft nicht zu. So bedeutet der Anspruch des Ausländers auf ein rechtsstaatliches Verfahren nicht, dass die Behörde über seine Angelegenheiten nur in der ihm geläufigen Sprache entscheiden müsste. Selbst im Gerichtsverfahren bedeutet der Anspruch auf rechtliches Gehör nicht, dass die Verhandlung in der Sprache des Ausländers geführt werden müsse. Der jeweilige Staat darf in seiner Staats-(Landes-)sprache mit dem Ausländer verhandeln;[13] die Folgen sprachbedingter Erschwernisse im Tatsächlichen stellen keine rechtliche Diskriminierung *wegen* der Sprache i. S. d. Art. 3 Abs. 3 GG dar.[14]

11 Andererseits hat der Ausländer ein aus dem allgemeinen Persönlichkeitsrecht und der Menschenwürde (Art. 1 und 2 GG) folgendes Recht, seine eigene Sprache nutzen zu dürfen.[15] Er darf auch nicht zum Objekt des Verfahrens herabgewürdigt werden, sondern er muss in einem **fairen rechtsstaatlichen Verfahren** entweder selbst die Gelegenheit haben oder der Staat muss, wenn er von dem Ausländers etwas fordert, ihm die Gelegenheit geben, sich verständlich zu machen und den wesentlichen Ablauf und Inhalt des Verfahrens sowie dessen Ergebnis zu verstehen.[16] Der völkerrechtliche Mindeststandard, der es bei finanzieller Notlage des Ausländers geboten erscheinen lassen kann, von Amts wegen einen Dolmetschers in einer mündlichen Verhandlung oder mündlichen Anhörung zu stellen oder ein Schriftstück auf Kosten der Behörde zu übersetzen (Rn. 8), kann mithin auch verfassungsrechtlich geboten sein.

12 In diesem Zusammenhang kann auch der Grundsatz des **Grundrechtsschutz durch Verfahren** besondere Bedeutung gewinnen.[17] Er kann besondere Anforderungen an die Sachkunde des anhörenden Beamten und die Zuverlässigkeit des Dolmetschers stellen und dazu führen, dass durch Merkblätter in der Heimatsprache des Ausländers auf die Bedeutung der Verfahrenshandlung, insbesondere der Anhörung, hingewiesen wird. Ferner kann dieser Grundsatz verlangen, dass der Ausländer über den Inhalt des Bescheides, was seine tatsächlichen und rechtlichen Voraussetzungen anbelangt, sowie über die Rechtsschutzmöglichkeiten informiert werden muss (Rn. 79; § 37 Rn. 117 f.). § 23 muss daher im Zusammenhang mit den übrigen Vorschriften des VwVfG gesehen werden, die unter Berücksichtigung der genannten Verfassungsgrundsätze und der Regeln des Völkerrechts (Rn. 7), ggfs. auch des Europäischen Rechts (Rn. 74 ff.) vor allem durch die Amtsermittlungspflichten sowie die Anhörungs- und Begründungspflichten,[18] ggfs.

---

[11] *Lässig,* Deutsch als Gerichts- und Amtssprache, 1980, S. 50 ff.
[12] *Häberle,* FS Boorberg Verlag, S. 47, 61 f.
[13] Rn. 4; *BVerfGE* 64, 135 = NJW 1983, 2762.
[14] *BVerfGE* 64, 135, 156 f. = NJW 1983, 2762 m. Anm. *Sachs* BayVBl 1984, 208; *ders.,* Grenzen des Diskriminierungsverbotes, 1987, S. 255 ff.; s. vorher schon *Lässig,* Deutsch als Gerichts- und Amtssprache, 1980, S. 91 f.; s. auch Rn. 83 f., 92.
[15] *Lässig,* Deutsch als Gerichts- und Amtssprache, 1980, S. 90 ff.
[16] Zusammenfassend für das gerichtliche Verfahren gem. § 184 GVG *BVerfGE* 64, 135 = NJW 1983, 2762; NVwZ 1987, 785; *Meissner* in Schoch u. a. § 55 Rn. 56.
[17] *BVerfGE* 94, 166 = NVwZ 1996, 678, 682 ff.
[18] S. zum rechtlichen Gehör vor Gericht *BVerwG* NJW 1996, 1553.

der Pflicht zur Wiedereinsetzung in eine versäumte Frist, sowie der Verlängerungsmöglichkeiten nach § 31 Abs. 7, eine verfassungsrechtlich unbedenkliche Verfahrensgestaltung erlauben.[19]

4. Aufbau der Norm

Absatz 1 regelt die Amtssprache, d. h. die Sprache, die die Behörde benutzt (Rn. 22). Damit ist noch nichts darüber gesagt, welche Auswirkungen es hat, wenn der Beteiligte des VwVf diese Sprache nicht benutzt oder benutzen kann. **Absatz 2** gibt der Behörde die Möglichkeit, auf fremdsprachige Anträge zu reagieren, indem sie Übersetzungen oder die Hinzuziehung eines Dolmetschers fordern kann (Rn. 49). **Absatz 3** zieht die Konsequenz fremdsprachiger Anträge für Fristen, die die Behörde einzuhalten hat (Rn. 62). **Absatz 4** regelt demgegenüber die Auswirkungen fremdsprachiger Erklärungen auf Fristen und Ansprüche des Beteiligten (Rn. 65). Eine dem § 185 GVG, § 17 Abs. 1 AsylVfG entsprechende Regelung über die Beteiligung eines Sprachmittlers oder Dolmetschers für eine vorgeschriebene oder angesetzte **mündliche Verhandlung** fehlt in § 23 (Rn. 8, 40 ff.).

13

5. Anwendungsbereich

§ 23 gilt im **Anwendungsbereich des VwVfG** (§§ 1, 2). Die **Prüfungstätigkeit** ist ausdrücklich eingeschlossen (§ 2 Abs. 3 Nr. 2). Allerdings hindert § 23 nicht, fremdsprachige Prüfungstexte zu gebrauchen, soweit es der Prüfungszweck erfordert.[20]

14

Spezialregelungen gehen dem § 23 nach § 1 Abs. 1 letzter Halbs. vor. Hierzu zählen Regelungen wie § 17 AsylVfG. Auch besondere völkerrechtliche (Rn. 7) oder grundgesetzliche Anforderungen wie die Ausgestaltung der asylrechtlichen Flughafenregelung (§ 18a AsylVfG, dazu Rn. 12) oder die qualifizierte Belehrung über die Pflicht des Asylbewerbers zur Vermeidung von Zustellungsfiktionen Adressenänderungen mitzuteilen (§ 10 AsylVfG, dazu § 41 Rn. 1), zählen dazu. S. ferner Rn. 52. Neben diesen Spezialvorschriften kann § 23 **ergänzend** herangezogen werden, soweit sie nicht abschließend gedacht sind. Schließt § 2 die Anwendbarkeit des VwVfG ganz oder teilweise aus, kann § 23 insoweit ergänzend herangezogen werden, als es sich um einen Ausdruck eines allgemeinen Rechtsgedankens handelt (Rn. 18). Aus diesem Grund kann in Patentverfahren trotz § 2 Abs. 2 Nr. 3 (§ 2 Rn. 91) ergänzend zu § 126 PatentG der allgemeine Gedanke aus § 23 herangezogen werden.[21] Für das Europäische Patentamt in München, das als selbständige Rechtspersönlichkeit „am Rande der EG"[22] keine deutsche Behörde darstellt (§ 1 Rn. 170), bestehen dagegen in Art. 14 des Europäischen Patentübereinkommens Sonderregelungen für die Amtssprachen Deutsch, Englisch und Französisch.[23] Zu europarechtlichen Regeln s. Rn. 74 ff.

15

Soweit **Verwaltungsvorschriften** den Gebrauch der Sprache regeln, müssen sie sich an den Rahmen des § 23 bzw. den völkerrechtlichen und grundgesetzlichen Mindeststandard halten und dürfen für den Ausländer keine strengeren Anforderungen stellen.

16

§ 23 gilt für **alle Verfahrensschritte** im Zusammenhang mit einem **VwVf**, angefangen von der Beratung nach § 25 bis zur Begründung und zur Bekanntgabe des VA (Rn. 28; § 39 Rn. 38 f., § 41 Rn. 64). Sind im Einzelfall fremdsprachige Urkunden als Anlagen zu einem Antrag zulässig (Rn. 52), können sie auch den Verfahrensgegenstand und damit den Inhalt des VA bestimmen (§ 22 Rn. 30). Zur Rechtsbehelfsbelehrung s. § 32 Rn. 22; § 37 Rn. 6. Gleiches gilt für das Vorverfahren (Rn. 93, 60). Zum ör Vertr s. Rn. 48. Besondere Bedeutung kann § 23 in förmlichen Verfahren, dort für die mündliche Verhandlung nach § 68 und die Mitwirkung von Zeugen und Sachverständigen nach § 65, sowie für die Erörterung im Planfeststellungsverfahren (§ 73) gewinnen (Rn. 41).

17

Trotz der Stellung der Vorschrift nach § 9 ist sie im Grundsatz nicht auf VwVf i. S. d. § 9 beschränkt, sondern auf **alle Behördentätigkeit** einschließlich des schlicht-hoheitlichen Handelns

18

---

[19] Rn. 42; § 9 Rn. 42, 82; § 10 Rn. 2; § 22 Rn. 53 f.; vgl. auch *Stober* VR 1979, 325; *Lässig*, Deutsch als Gerichts- und Amtssprache, 1980, S. 32 ff., 106 ff.
[20] Vgl. BVerwG 3. 10. 1986 Buchholz 421.0 Prüfungswesen Nr. 232 für seehandelsrechtliche Fachtermini in juristischer Prüfung.
[21] *Lässig*, Deutsch als Gerichts- und Amtssprache, 1980, S. 13; a. A. *Jessnitzer*, Dolmetscher, 1982, S. 172.
[22] *Oppermann* Rn. 386.
[23] Dazu *Jessnitzer*, Dolmetscher, 1982, S. 172.

anzuwenden.²⁴ Der Bedarf an dieser Regelung (Rn. 2) besteht nicht nur für den Erlass eines VA oder den Abschluss eins ör Vertr, sondern für jeden Kontakt zwischen Ausländern und Behörde, soweit er **ör Natur** ist. Im einzelnen ist jedoch zu **differenzieren** (auch insoweit in der Lit. nicht einheitlich): § 23 Abs. 1, nicht aber § 23 Abs. 2 bis 4, ist Ausdruck eines **allgemeinen Rechtsgedankens**. Allerdings ist § 142 Abs. 3 ZPO dem § 23 Abs. 2 z. T. vergleichbar.²⁵ Eine analoge Anwendung kommt in Betracht bei Abs. 2 Satz 1 und Abs. 3, nicht aber bei Abs. 2 Satz 2 bis 4. Abs. 4 ist nur in der Form entsprechend zu übernehmen, dass der Behörde das Verlangen der Übersetzung nicht zur Pflicht gemacht wird und die Frist keine gesetzliche Ausschlussfrist ist (vgl. Rn. 29).

19 Soweit § 23 nicht anwendbar ist, kommt einem fremdsprachigen Schriftsatz keine Fristwahrung zu.²⁶ Eine Verpflichtung der Behörde zu der Aufnahme eines fremdsprachigen Textes **zur Niederschrift** besteht selbst dann nicht (Rn. 30, 39), wenn dadurch eine Frist gewahrt werden soll.

20 Inwieweit Behörden im Umgang mit **ausländischen Behörden** nur eine deutsche Fassung z. B. eines Amtshilfeersuchens verwenden dürfen²⁷ oder neben der Anwendung der deutschen Sprache zur Vorlage von Übersetzungen verpflichtet sind, ergibt sich vielfach aus zwischenstaatlichen Abkommen (Rn. 69, § 41 Rn. 220). Im übrigen wird die Beifügung von Übersetzungen in der Regel Ausdruck zweckmäßiger und zügiger Verfahrensgestaltung sein (§ 10).

21 Da das VwVfG nur für die **ör Verwaltungstätigkeit** gilt, stellt sich die Frage, ob der allgemeine Rechtsgedanke aus § 23 auf **fiskalisches oder verwaltungsprivatrechtliches Handeln** übertragen werden kann. Hiervon wird vielfach im Zweifel ausgegangen.²⁸ Die Anwendbarkeit der Regeln des VwVfG als allgemeine Rechtsgedanken im Privatrecht ist jedoch für jede einzelne Norm selbständig zu ermitteln (§ 1 Rn. 117 ff.). Für die zivilrechtliche Tätigkeit der Behörden gilt jedoch das Privatrecht, das nicht auf eine bestimmte Sprache festgelegt ist.²⁹ Festgelegt sind nur einzelne Erklärung mit öffentlichem Charakter wie die Beurkundung durch Notare nach §§ 5, 16, 26, 32, 50 des BeurkundungsG.³⁰ § 23 Abs. 1 kann allenfalls in dem Sinn angewandt werden, dass ein Vertragspartner der Behörde davon ausgehen wird, dass eine deutsche Behörde in deutscher Sprache Willenserklärungen abgeben oder entgegennehmen wird, also auch nur insoweit Verträge abschließen will. Ein rechtlicher Zwang, nur in deutscher Sprache privatrechtlich zu verhandeln oder Willenserklärungen abzugeben oder Übersetzungen vorzulegen, kann es nur dann geben, wenn besondere Vorschriften dies gebieten, etwa im Rahmen öffentlicher Ausschreibungen.

II. Grundsatz (Abs. 1)

1. Amtssprache

22 **a) Amtssprache und Verwaltungssprache:** **Amts**sprache ist – in Abgrenzung zur Gerichtssprache (Rn. 1) – die von und vor einer **öffentlichen Stelle i. S. d. § 1 Abs. 4** im Rechtsverkehr benutzte Sprache. Durch den Begriff „**Amt**" wird, ähnlich wie in der zusammengesetzten Form der Amtshilfe (§ 4 Rn. 5, 13), signalisiert, dass die Sprache im Zusammenhang mit der Erfüllung öffentlicher Aufgaben steht. Der Anwendungsbereich des § 23 im Einzelnen wird durch §§ 1, 2 bestimmt (Rn. 14 ff.).

23 Der Begriff Amts**sprache** wird als **Sprache** i. S. von **Landessprache** (Staatssprache,³¹ Muttersprache)/Fremdsprache gebraucht, gleichgültig ob im mündlichen oder schriftlichen Verkehr.

---

²⁴ Vgl. § 1 Rn. 154; ohne Einschränkung *Lässig*, Deutsch als Gerichts- und Amtssprache, 1980, S. 12 f.; *Kopp/Ramsauer* § 23 Rn. 3; *Ziekow* § 23 Rn. 2; beschränkt auf VwVf *Engelhardt* in Obermayer § 23 Rn. 12; *Clausen* in Knack § 23 Rn. 2; *Ule/Laubinger* § 28 Rn. 2.
²⁵ *BVerwG* Buchholz 402.25 § 14 AsylVfG Nr. 2.
²⁶ Str. wie hier *BGH* NJW 1982, 532; *BSG* DVBl 1987, 848.
²⁷ Für Rechtshilfe s. *BGH* NJW 1984, 2050, dazu kritisch *Vogler* NJW 1985, 1764.
²⁸ § 1 Rn. 119; *Kopp/Ramsauer* § 23 Rn. 3.
²⁹ So auch *Laudenklos/Pegatzky* NVwZ 2002, 1299, 1303.
³⁰ Vgl. *Jessnitzer*, Dolmetscher, 1982, S. 153; *Röll*, Beglaubigungsvermerke in fremder Sprache, DNotZ 1974, 423; *Hagena*, Die Bestimmungen über die Errichtung einer Urkunde in einer fremden Sprache und die Übersetzung von Niederschriften, DNotZ 1978, 387.
³¹ Insbesondere im österreichischen Sprachraum gebräuchlich.

Im Unterschied dazu wird in der Verwaltungslehre der Begriff **Verwaltungssprache** benutzt als Sprache i. S. v. Ausdrucksmittel.[32] In diesem Sinn wird der Stil und die (bürgernahe) Ausdrucksform der Behörden untersucht. In diesen Zusammenhang gehört auch die Frage, inwieweit sich die Verwaltungssprache neueren Erscheinungsformen von Sprachbildungen auf Grund des amerikanischen wirtschafts-kulturellen Einflusses, insbesondere durch den IT-Markt (Rn. 7) und der englisch-amerikanischen Sprache als (natur-)wissenschaftlicher Weltsprache öffnen und dabei das Verständnisvermögen und die Verständnisbereitschaft der Durchschnittsbevölkerung beachten muss.[33] § 23 befasst sich hiermit nicht.[34] Soweit von rechtlichem Belang, kann die Verwaltungssprache ein Problem der Beratung (§ 25 Rn. 22), der Verständigung bei mündlicher Anhörung oder der Begründung sein (§ 39 Rn. 41; § 37 Rn. 109).

b) **Deutsche Sprache:** Abs. 1 bestimmt, dass die **Amtssprache deutsch** ist.[35] Deutsch ist 24 zunächst die **Hochsprache**. Die verbindliche Amtssprache umfasst daneben auch die **deutsche Umgangssprache** und die **Fachsprache**. Die Verwendung fremdsprachiger Begriffe ist zulässig, wenn diese Begriffe allgemein geläufig sind und ihre Bedeutung auch dem (nur) deutschsprachigen Adressatenkreis ohne weiteres klar ist.[36] Dies gilt vor allem für den von der Behörde ausgehenden Schriftverkehr (vgl. Rn. 28, 48).

Welche **Regeln der Rechtschreibung** im Amtsverkehr anzuwenden sind, beantwortet nicht 25 § 23, sondern das Organisationsrecht.[37] Ein Gesetz ist dafür nicht erforderlich.[38] Ab 1. 8. 1998 war in der Bundes- und Landesverwaltung die Neuregelung der deutschen Rechtschreibung auf der Grundlage des Regelwerks der Wiener Orthographiekonferenz vom 22. bis 24. 11. 1994 als **amtliche Rechtschreibung** zu übernehmen.[39] Nach breiter Diskussion wurde eine **überarbeitete Fassung** des Regelwerks auf Empfehlung des Rats für deutsche Rechtschreibung von der Kultusministerkonferenz einstimmig angenommen und durch Gemeinsames Rundschreiben des BMI und des BMJ vom 13. 9. 2006 (BAnz Nr. 206a vom 3. 11. 2006) sowohl für den **amtlichen Schriftverkehr** als auch für die **Normsprache ab 1. 8. 2006** für verbindlich erklärt. Zur nicht mehr gebräuchlichen Schrift Rn. 73.

Die **Mundart** ist zwar nicht die heute typische Staats- und Verwaltungssprache; sie ist aber 26 deutsch im Sinne der § 23 und § 184 GVG.[40] Dies folgt unschwer aus der Entstehungsgeschichte der Normen, die (jedenfalls zunächst) noch nicht eine Regelung für die Kommunikation mit Ausländern, sondern eine Reaktion auf frühere, der durchschnittlichen Bevölkerung unverständliche Kanzleisprachen einheimischer Behörden waren (Rn. 4). Insbesondere im mündlichen (telefonischen) Kontakt zwischen Behörde und Bürger ist der Gebrauch der Mundart nicht ungewöhnlich, z. T. sind die Grenzen zum Hochdeutschen fließend. Sind andere hochdeutsch sprechende Verfahrensbeteiligte nicht in der Lage, die Mundart zu verstehen und ist es dem die Mundart gebrauchenden Bürger nicht möglich, hochdeutsch zu sprechen, muss für eine Übersetzung entsprechend der Rn. 41 ff. gesorgt werden.[41] Soweit sich der Bürger im Schriftverkehr der Mundart bedient, ist dies zulässig. Die Kosten-, Fristen- und Wirksamkeitsre-

---

[32] § 37 Rn. 109; *Püttner*, Verwaltungslehre, § 17 IV 2.
[33] Zum vergleichbaren Problem der Gesetzessprache *Bull* Die Verwaltung 38 (2005), 285, 303 f.
[34] Weitergehend *Lässig*, Deutsch als Gerichts- und Amtssprache, 1980, S. 23.
[35] Zur sorbischen Sprache Rn. 86.
[36] Vgl. *OVG Münster* NJW 2005, 2246; ferner § 37 Rn. 109; zur Anwendung dieses Maßstabs beim viel benutzten, aber immer noch definitionsbedürftigen Begriff „Gender Mainstreaming" *Hoppe* NWVBl 2006, 81, 82.
[37] Kein Eingriff in das Persönlichkeitsrecht des Amtswalters, vgl. auch *BVerwG* NVwZ 2002, 610.
[38] Umstritten ist, ob generell eine verbindliche Rechtschreibung ohne Gesetz eingeführt werden kann. Noch ohne Aussage *BVerfG* NJW 1996, 2221; wie hier dann *BVerfGE* 98, 218 = NJW 1998, 2515. Für Gesetzesvorbehalt *Kopke* NJW 1996, 1081; *Gräschner/Kopke* JuS 1997, 298, 301. Für Gerichtssprache *Kissel* NJW 1997, 1097. Der dort (S. 1101, s. aber 1105, 1106) wegen der Unabhängigkeit des Richters diskutierte Gesetzesvorbehalt ist für die behördeninterne Umsetzung nicht gegeben.
[39] Am 1. 7. 1996 von der Bundesregierung unterzeichnete Gemeinsame Absichtserklärung Deutschlands, Österreichs, der Schweiz und anderer Beteiligter; Beschluss der beamteten Staatssekretäre vom 12. 8. 1996 und der Innenministerkonferenz vom 6. 7. 1997. Zurückhaltend zunächst die Übernahme der Regelung in juristischer Fachliteratur, vgl. z. B. LKV 1997, 249.
[40] Wie hier *Clausen* in Knack § 23 Rn. 4; zu § 184 GVG *Jessnitzer*, Dolmetscher, 1982, S. 54; *Albers* in Baumbach u. a. § 184 GVG Rn. 1; *Kissel/Mayer*, GVG, 4. Aufl. 2005, § 184 Rn. 1, 2.
[41] Keine Differenzierung für das Gerichtsverfahren *Kissel/Mayer*, GVG, 4. Aufl. 2005, § 184 Rn. 2 für § 184 GVG.

gelungen des § 23 Abs. 2 bis 4 können nur dann entsprechend angewandt werden, wenn es sich um eine Mundart handelt, die in der Region nicht gebräuchlich ist.

27 Für die **in Deutschland gesprochenen Mundarten** ist es gleichgültig, ob sie sprachwissenschaftlich als Dialekt oder Sprache bezeichnet werden.[42] Hiervon zu unterscheiden sind aber die selbständigen Sprachen deutscher nationaler Minderheiten, denen die Bundesrepublik Deutschland das Friesische gleich stellt (Rn. 84). Von der dem § 23 unterfallenden Mundart sind die **selbständigen Sprachen im Ausland** zu unterscheiden, die sich ganz oder teilweise aus unterschiedlichen deutschsprachigen Stämmen entwickelt haben, selbst wenn die Sprachen auch heute noch engere Verwandtschaft mit einer deutschen Mundart in der Grenzregion haben, so z. B. das Elsässische zum Alemannischen, ganz deutlich die niederländische Sprache im Verhältnis zur niederrheinischen Mundart. Eigenständige Sprachen sind ferner das Schwyzerdütsch,[43] ebenso das in Ost-, später auch in Westeuropa (jedenfalls vor dem 2. Weltkrieg) verbreitete Jiddisch, zumal es mit hebräischen Schriftzeichen geschrieben wurde. Schließlich gehören altertümliche deutschsprachige Sprechweisen dazu, die von nationalen Minderheiten in Osteuropa gesprochen wurden und werden (Aussiedlern), in Deutschland aber nicht mehr verstanden werden. Die zum **deutschen Sprachraum** gehörenden Sprachen nationaler Minderheiten im Ausland (Grenzbereich Belgiens [Eupen/Malmedy], Südtirol in Italien, Liechtenstein, Österreich, deutschsprachige Schweiz) sind dagegen als deutsch im Sinn des § 23 zu werten, selbst wenn sie im Dialekt gesprochen werden (vgl. dann Rn. 26).

28 **c) Sprache im Amtsverkehr:** Die Amtssprache gilt zum einen für den **mündlichen** (Rn. 34) wie für den **schriftlichen Verkehr mit den Behörden** (Rn. 48), wenn in den nachfolgenden Absätzen Einzelregelungen auch nur für den schriftlichen Verkehr getroffen sind (Rn. 49 ff.). Zum anderen sind die Äußerungen und die Tätigkeit, die **von der Behörde ausgehen** oder verlangt werden, angesprochen. Hierbei ist das Verhältnis der Behörde in Bezug **zu deutschen und zu ausländischen Beteiligten** zu sehen. Jeder Beteiligte hat zunächst einen **Anspruch** darauf, dass vor, mit und von den Behörden **in deutscher Sprache** schriftlich und mündlich verhandelt und entschieden wird. Die Aussagen anderer Beteiligter, z.B. in einer mündlichen Verhandlung, und Zeugenaussagen in fremder Sprache sind daher zu dolmetschen. Niederschriften über diese Aussagen sind in deutscher Sprache zu führen (Rn. 41), von der Behörde herangezogene Urkunden sind zu übersetzen, es sei denn, sie sind von diesem Beteiligten selbst vorgelegt worden (insoweit gilt Abs. 2). Schon allein um Akteneinsicht nach § 29 gewähren zu können, besteht ein Anspruch auf Aktenführung in deutscher Sprache (s. auch Rn. 35). Zum Verkehr der Behörde mit ausländischen Behörden s. Rn. 20. § 23 Abs. 1 wird nicht tangiert, wenn ein Schriftstück in deutscher Sprache abgefasst ist, aber eine **Unterschrift in einer fremden Schrift** trägt;[44] soweit eine Unterschrift gefordert wird, ist nur § 126 BGB maßgebend (§ 22 Rn. 31), es sei denn, diese wird durch elektronische Form (§ 3 a Abs. 2) ersetzt.

2. Rechtsfolgen einer Verletzung des Absatzes 1

29 Soweit **Abs. 1** den **fremdsprachigen mündlichen und schriftlichen Verkehr** mit der Behörde bestimmt, sind die Rechtsfolgen auf Grund des Vorbildes des § 184 GVG umstritten: Der Grundsatz des **§ 184 GVG** für die **Gerichtssprache** ist nach sehr umstrittener Meinung[45] **zwingender Natur** und der **Verfügungsbefugnis** der Beteiligten und des Gerichts **entzogen** mit der Folge, dass fremdsprachige Erklärungen, von wem immer sie kommen, **wirkungslos und unbeachtlich** sind, so dass sie nicht einmal als formunwirksame und deshalb unzulässige Erklärung anzusehen sind. Diese Ansicht, sofern sie für § 184 GVG zwingend ist, kann **nicht**

---

[42] Wie hier *Clausen* in Knack § 23 Rn. 4.
[43] So auch *Engelhardt* in Obermayer § 23 Rn. 65.
[44] VGH München NJW 1978, 510; *Köhler*, FS Schippel, 1996, S. 209, 215 f.
[45] Einerseits BGH NJW 1982, 532, dazu *Meurer* JR 1982, 517; BGH NJW 1984, 2050, dazu *Vogler* NJW 1985, 1764; BSG DVBl 1987, 848 = NJW 1987, 2184 (L) (keine fristwahrende Wirkung); KG MDR 1986, 156; *Kissel/Mayer*, GVG, 4. Aufl. 2005, § 184 Rn. 5; *Albers* in Baumbach u. a. § 184 GVG Rn. 1; *Meissner* in Schoch u. a. § 55 Rn. 51; *Czybulka* in Sodan/Ziekow § 55 Rn. 54; andererseits – nur Auswirkung auf Klagefrist – BVerwG NJW 1990, 3103; VGH München NJW 1976, 1048; OLG Frankfurt NJW 1980, 1173; *Schneider* MDR 1979, 534; *Lässig*, Deutsch als Gerichts- und Amtssprache, 1980, S. 49, 64, 100; *Jessnitzer*, Dolmetscher, 1982, S. 62 ff., jeweils m. w. N.

unbesehen auf § 23 übertragen werden.[46] Dem stehen die unterschiedlichen Zielsetzungen des VwVf und des Gerichtsverfahrens und damit die gegenüber dem förmlichen Gerichtsverfahren unterschiedlichen Prinzipien des **formfreien VwVf** (§ 9 Rn. 67 ff., § 10 Rn. 16 ff.) einschließlich der Möglichkeit der **mündlichen oder konkludenten Antragstellung und Entscheidung** (§ 22 Rn. 30 ff., § 37 Abs. 2) und in größeren Bereichen auch der **Offizialmaxime** (§ 22 Rn. 1, 6 ff.) entgegen. Auch für diese Verfahren muss § 23 Abs. 1, da sie nicht von Abs. 2 bis 4 erfasst werden, eine Lösung bieten. Überdies beruht die strengere Meinung zu § 184 GVG ausdrücklich auf der **Fassung** des § 184 GVG, die nicht wie § 23 VwVfG, § 19 SGB X, § 87 AO in den Abs. 2 bis 4 weitergehende Regelungen und damit Dispositionsmöglichkeiten der Behörde enthalten oder voraussetzen. Diese weitergehenden Regelungen werden von der zitierten Rechtsprechung im Gegensatz zu der Gegenmeinung nicht als Ausdruck eines allgemeinen Rechtsgedankens (Rn. 18) und deshalb nicht auf § 184 GVG übertragbar angesehen. Fremdsprachige Erklärungen sind folglich statthaft.

Ausgehend von der Fassung des § 23 kann deshalb – wie schon jetzt die Gegenmeinung zu **30** § 184 GVG – der Grundsatz der Amtssprache dahin verstanden werden, dass fremdsprachige Erklärungen, insbesondere **das Verfahren bestimmende Anträge und Erklärungen** (z.B. Antrag i.S.d. § 22, Rücknahme des Antrags etc.) grundsätzlich **beachtlich** in dem Sinn sind, dass sie entgegengenommen und so bearbeitet werden müssen, wie nach § 23 Abs. 2 bis 4 zu verfahren ist.[47] Hierfür spricht auch die Wertung des § 24 Abs. 3. Ausgehend von der allgemeinen Regel des § 130 BGB wird somit ein **fremdsprachiger Antrag** als Willenserklärung **mit Zugang** bei der Behörde **wirksam** gestellt, sofern er **als Antrag erkennbar** (s. Rn. 72) ist. Das kann bei gängigen europäischen Sprachen häufig der Fall sein.[48] Nicht erforderlich ist nach allgemeinen Regeln, dass der Antragsteller selbst Antrag und Begründung geschrieben hat, wenn er sie nur unterschrieben hat.[49] Seine Annahme darf nicht verweigert werden (§ 24 Abs. 3); bei einer mündlichen Erklärung, die im VwVf in weit größerem Maße als in einem Gerichtsverfahren üblich ist, könnte sie noch nicht einmal zurückgewiesen werden. Es wäre im Ergebnis unerträglich, wenn z.B. ein Asylantrag oder das Begehren um eine polizeiliche Hilfsmaßnahme in leicht verständlichem und auch verstandenem Englisch allein wegen der Sprache als unbeachtlich und damit nicht gestellt angesehen würde. § 13 AsylVfG, der den mündlichen und konkludenten Asylantrag ausdrücklich zulässt, obwohl der Gesetzgeber davon ausgehen musste, dass er in aller Regel in einer fremden Sprache gestellt wird, übernimmt diese Wertung. Die Wertung der fremdsprachigen Mitteilung als beachtliche Erklärung lässt eine praktikable Handhabung der vielfach in der Praxis zu begegnenden Abgrenzungsfälle zu, in denen der Ausländer seine Erklärungen in einem mehr oder weniger verständlichen **Sprachengemisch** abgibt. Das gleiche gilt für **konkludent** gestellte Anträge von Ausländern (s. ebenfalls § 13 Abs. 1 AsylVfG), deren sprachliche Einordnung kaum möglich ist.

Dass zu **Beweiszwecken** oder in der **Anhörung** abgegebene Erklärungen und Urkunden **31** allein wegen ihrer Sprache nicht unbeachtlich sein können, folgt bereits aus §§ 24, 26, 28 (s. Rn. 36, 40, 49). Insoweit macht aber auch die strengere prozessrechtliche Ansicht auf Grund des § 142 Abs. 3 ZPO (Rn. 18) eine Ausnahme.[50]

Dem Schutzzweck ordnungsgemäßer Verwaltung ist gedient, wenn der fremdsprachige **32** schriftliche oder mündliche Antrag nach **§ 23 Abs. 1** als **unzulässig** angesehen wird; Fristen können durch ihn nur nach Maßgabe der Absätze 2 bis 4 gewahrt werden. Mit Eingang der Übersetzung wird die Erklärung zulässig in dem Sinn, dass Fristen für die Behörde zu laufen beginnen (Abs. 3), Fristen für den Antragsteller rückwirkend mit Antragstellung (Abs. 4 Satz 1)

---

[46] Wie hier *Lässig*, Deutsch als Gerichts- und Amtssprache, 1980, S. 23 ff.; *Engelhardt* in Obermayer § 23 Rn. 44; *Meyer/Borgs* § 23 Rn. 4; *von Wulffen* in ders. § 19 Rn. 2; *Brockmeyer* in Klein § 87 Rn. 3; wie zu § 184 GVG: *Ule/Laubinger* § 28 Rn. 4; *Clausen* in Knack § 23 Rn. 5, aber Rn. 14 für den Fall des Abs. 4: schwebende Wirksamkeit; ebenso *Kopp/Ramsauer* § 23 Rn. 13.
[47] *Lässig*, Deutsch als Gerichts- und Amtssprache, 1980, S. 27.
[48] *VGH München* NJW 1976, 1048; *VG Frankfurt* NVwZ-AsylBeil 1994, 63; *OLG Frankfurt* NJW 1980, 1173; selbst für Klagefrist *FG Saarland* NJW 1989, 3112.
[49] *OVG Saarlouis* InfAuslR 1983, 79, 81 selbst für den Fall, dass der Antragsteller Analphabet. Zur Unterschrift in fremder Schrift Rn. 28.
[50] *Albers* in Baumbach u.a. § 184 GVG Rn. 4; zu fremdsprachigen Quellen im Asylprozess *Jacob* VBlBW 1991, 205. Zur Verletzung des rechtlichen Gehörs durch Ablehnung einer fremdsprachigen Urkunde durch das Gericht *BVerwG* NJW 1996, 1553.

oder ab Eingang der Übersetzung (Abs. 4 Satz 2) als eingehalten gelten. Mit dem Zugang des Antrages **beginnt** allerdings noch **nicht das VwVf** (§ 22 Rn. 55 ff.; § 9 Rn. 105 ff.). Als **vorverfahrensrechtliche Nebenpflicht** (§§ 22 Rn. 44; § 9 Rn. 35 ff.), die im Übrigen auch von der strengeren Meinung zu § 184 GVG vertreten wird,[51] hat die Behörde den Ausländer jedoch zu **beraten** und im Rahmen der Abs. 2 bis 4 zu einer Übersetzung zu veranlassen. Diese Übersetzung hat nur Sinn, wenn mit dem Eingang der Übersetzung der bis dahin zulässige Antrag ggfs. rückwirkend zulässig wird. Dies gilt auch für die **schriftlichen Anträge**, die **nicht fristgebunden** sind oder in einer bestimmten Frist bearbeitet werden müssen, also für die nicht von Abs. 3 und 4 erfassten Anträge, die die Mehrzahl in der Praxis bilden. Für sie gelten nur Abs. 1 und 2, in denen aber nicht eine dem Abs. 3 letzter Halbsatz und Abs. 4 Satz 2 entsprechende Rechtsfolge ausgesprochen ist. Gleichwohl muss auch bei ihnen die Zulässigkeit mit dem Eingang der nach Abs. 2 angeforderten oder erstellten Übersetzung eintreten, andernfalls hätte die Anforderung nach Abs. 2 keinen Sinn. Abs. 3 letzter Hs., Abs. 4 Satz 2 dienen deshalb nur zur Klarstellung der sich aus Abs. 1 und 2 ergebenden Regel, Abs. 4 Satz 1 ist eine Ausnahme von dieser Regel. Nach dieser Lösung lässt sich auch der **mündliche** Antrag beurteilen; hier wird anstelle einer Übersetzung die Hinzuziehung eines Dolmetschers in Frage kommen (Rn. 40). Wird die **Übersetzung nicht eingereicht** und ist auch **keine Übersetzung von Amts wegen** zu veranlassen, ist der **Antrag als unzulässig zurückzuweisen**.

33 Im **Amtsverfahren** kann und muss ggfs. eine fremdsprachige Mitteilung oder Anregung (§ 22 Rn. 21) schon vor Eingang einer Übersetzung zum Anlass eines VwVf genommen werden. Die Beurteilung dieser Mitteilung, obwohl sie verstanden worden ist, allein wegen der Sprache als unbeachtlich, wäre mit der konkreten Pflicht zum Gesetzesvollzug (§ 9 Rn. 65) nicht zu vereinbaren (Rn. 30).

3. Gebrauch der Amtssprache, einer Fremdsprache, Hinzuziehung von Dolmetschern

34 a) **Gebrauch der Amtssprache im mündlichen Verkehr mit der Behörde:** In der Regel sprechen Bürger und Behördenvertreter deutsch miteinander (Rn. 22 ff.). § 23 verpflichtet die Behördenbediensteten aber nicht, sich im **mündlichen Verkehr** ausschließlich der deutschen Sprache zu bedienen. Dies wird nach der Begründung zu § 19 Entwurf 73 schon durch die Verwendung des Begriffs „Amtssprache" deutlich. Der Bedienstete kann vielmehr mit dem Beteiligten auch in dessen Muttersprache verhandeln, wenn er über hinreichende Sprachkenntnisse verfügt. Erforderlich ist, dass **alle Beteiligten** damit **einverstanden** sind.[52] Dies gilt auch für die mündliche Verhandlung im förmlichen Verfahren (§ 68; Rn. 41).[53] Ist auf Grund seiner Sprachkenntnisse keine hinreichende Verständigung möglich, muss der Einsatz eines Dolmetschers geprüft werden (Rn. 40). Unstimmigkeiten auf Grund der Sprachkenntnisse des Bediensteten gehen zu Lasten der Behörde.

35 Der Bedienstete muss sein Handeln aktenkundig machen, sofern der Inhalt des Gesprächs für das VwVf von Bedeutung ist. Vorgeschriebene oder als zweckmäßig erstellte Protokolle sind stets in deutscher Sprache zu führen. Dies folgt aus dem Grundsatz der **Vollständigkeit der Akten** (§ 9 Rn. 53), die nach Abs. 1 deutsch geführt werden müssen (s. auch Rn. 28, 39, 48). Auch darf das Vorgehen nicht zu Lasten deutscher Verfahrensbeteiligter gehen, die darauf bestehen können, dass das Verfahren in deutscher Sprache abgewickelt wird und alle entscheidungserheblichen schriftlichen Unterlagen in deutscher Fassung vorliegen (Rn. 28). Im übrigen haben grundsätzlich Zeugen- und Sachverständigenvernehmungen, Anträge und Erklärungen in deutscher Sprache zu erfolgen.

36 Werden sie in einer ausländischen Sprache vorgenommen, so sind sie, soweit sie nicht verfahrensbestimmende Erklärungen wie Anträge oder Rücknahme von Anträgen darstellen, also z. B. Beweismittel, Anregungen, nur in dem Sinn unbeachtlich, dass sie ohne Übersetzung nicht zur

---

[51] *Albers* in Baumbach u. a. § 184 Rn. 3.
[52] S. Rn. 28, wie hier Begr. Entwurf 73; *Kopp/Ramsauer* § 23 Rn. 6; a. A. die strengere gerichtliche Meinung Rn. 29. Zur fremdsprachiger Verständigung als Zugangsproblem s. § 41 Rn. 64.
[53] A. A. wohl *Ule/Laubinger* § 28 Rn. 3, die aber über eine entsprechende Anwendung des § 185 Abs. 2 GVG teilweise zu dem gleichen Ergebnis kommen.

Grundlage der Entscheidung der Behörde gemacht werden dürfen.[54] Bevor die Unbeachtlichkeit festgestellt wird, muss die Behörde – über den Anwendungsbereich des Abs. 2 hinaus – für vom Antragsteller vorgelegte Beweismittel eine **Übersetzung verlangen.** Dies folgt aus dem Grundsatz der Verhältnismäßigkeit, § 25 und vor allem §§ 24, 26 sowie aus § 28.[55] Erst wenn diese Übersetzung nicht vorgelegt wird, dürfen diese Rechtsfolgen gezogen werden.[56] Die Sachverhaltsermittlungspflicht wird durch die Mitwirkungspflicht des Ausländers begrenzt.[57] Die Unbeachtlichkeit in diesem Sinn gilt ferner nicht, wenn die Behörde Zeugen und Sachverständige vernommen (Rn. 28) oder die Erklärung zum Anlass eines Amtsverfahrens genommen hat (Rn. 33), ferner nicht für eine fremdsprachige Erklärung, die als **Antrag, ein VwVf zu beginnen,** erkennbar ist. Dieser Antrag ist unzulässig, muss aber beschieden werden (str., Rn. 32).

Selbst ein fremdsprachiger Antrag kann ohne seine Übersetzung zulässig werden in Verfahren, die ihrer Natur nach Beteiligte ohne oder mit geringen Deutschkenntnissen haben und in denen auf andere Weise ein Ausgleich erfolgt wie beispielsweise in Asylverfahren, denen oft Anträge in z. B. englischer Sprache zugrunde liegen (Rn. 30), deren wesentliche Entscheidungsgrundlage die persönliche Anhörung mittels eines Dolmetschers darstellt.[58]

b) Betreuungspflicht der Behörde/Merkblätter. Verfügt die Behörde nicht über fremdsprachenkundige Mitarbeiter und beherrscht andererseits der Beteiligte die deutsche Sprache nicht hinreichend, wird die Behörde nach pflichtgemäßem Ermessen versuchen müssen, durch Fragen im Rahmen der **Betreuungspflicht** nach § 25 das Gewollte zu ermitteln oder dem Ausländer durch geeignete anderweitige Hinweise (z. B. auf das für ihn zuständige Konsulat) zu helfen (s. Rn. 32). Auch allgemeine Hilfestellungen sind möglich, etwa die Verteilung von **Merkblättern** in fremden Sprachen, die durch § 23 nicht gehindert wird,[59] zuweilen ausdrücklich verlangt werden (§ 10 Abs. 7 AsylVfG, dazu Rn. 15; zur Flughafenregelung s. Rn. 12).

c) Aktenführung und Niederschriften. Aus Abs. 1 folgt, dass die **Akten in deutscher Sprache** zu führen sind (Rn. 18 f., 28, 35, 48). Die Behörde ist nicht verpflichtet, eine **Niederschrift** in fremder Sprache aufzunehmen, selbst wenn sie eine Pflicht zur Niederschrift von Anträgen und Erklärungen hat (§ 22 Rn. 38) und dadurch eine Frist gewahrt werden muss (Rn. 19). Dies schließt nicht aus, dass es im Einzelfall der Wahrheitsfindung dienen kann, bestimmte Sätze einer fremdsprachigen Aussage wörtlich zu protokollieren.[60] Erscheint der Antragsteller mit einem Dolmetscher, richtet sich die Pflicht zur Niederschrift nach allgemeinen Regeln.[61]

d) Zuziehung von Dolmetschern. Nicht geregelt ist die Zuziehung von Dolmetschern (zum Begriff s. Rn. 55), soweit es für die Verständigung erforderlich ist. Hier kommt eine entsprechende Anwendung des § 185 GVG in Betracht (Rn. 41), soweit **Sonderregelungen** nicht bestehen (vgl. § 17 AsylVfG; zur Flughafenregelung s. Rn. 12; zum gemeinrechtlichen Mindeststandard Rn. 7, 42). Sonderregelungen können sich insbesondere aus **zwischenstaatlichen Vereinbarungen** (Rn. 69) ergeben. Die für das Strafverfahren geltenden Sonderregeln der **Menschenrechtskonvention** gelten nicht für das VwVf (Rn. 82).

§ 185 GVG lautet für das Gerichtsverfahren: (1) Wird unter Beteiligung von Personen verhandelt, die der deutschen Sprache nicht mächtig sind, so ist ein Dolmetscher zuzuziehen. Ein Nebenprotokoll in der fremden Sprache wird nicht geführt; jedoch sollen Aussagen und Erklärungen in fremder Sprache, wenn und soweit der Richter dies mit Rücksicht auf die Wichtigkeit der Sache für erforderlich erachtet, auch in der fremden Sprache in das Protokoll oder in eine Anlage niedergeschrieben werden. In den dazu geeigneten Fällen soll dem Protokoll eine durch den Dolmetscher zu beglaubigende Übersetzung beigefügt werden.
(2) Die Zuziehung eines Dolmetschers kann unterbleiben, wenn die beteiligten Personen sämtlich der fremden Sprache mächtig sind.

---

[54] Rn. 30; *Lässig*, Deutsch als Gerichts- und Amtssprache, 1980, S. 27 ff.
[55] Vgl. *OVG Saarlouis* InfAuslR 1983, 79, s. auch für Asylprozess *Jacob* VBlBW 1991, 205; Rn. 49; für rechtliches Gehör vor Gericht *BVerwG* NJW 1996, 1553.
[56] *BVerfG* NVwZ 1987, 785; *BVerwG* Buchholz 402.25 § 14 AsylVfG Nr. 2 zu § 142 Abs. 3 ZPO.
[57] § 24 Rn. 28; *OVG Saarlouis* InfAuslR 1983, 79.
[58] §§ 17, 25 AsylVfG; *Stelkens* ZAR 1985, 15, 20.
[59] Vgl. § 19 Entwurf 73; *Lässig*, Deutsch als Gerichts- und Amtssprache, 1980, S. 25.
[60] Rn. 46; zu § 185 GVG (Rn. 41) einschränkend wegen der Beurkundungsfunktion der gerichtlichen Niederschrift *Kissel/Mayer*, GVG, 4. Aufl. 2005, § 185 Rn. 15; nur wenn Urkundsbeamter und Richter die fremde Sprache beherrschen, andernfalls vom Dolmetscher zu verantwortender fremdsprachiger Text als Anlage zu Protokoll.
[61] Vgl. *Stelkens* ZAR 1985, 15, 17.

Die in § 185 GVG normierte **Pflicht** besteht allerdings **für das VwVf nicht generell;**[62] sie muss für den Zweck des VwVf modifiziert werden. **Deutschsprachige Beteiligte** haben in der Regel einen Anspruch auf Übersetzung fremdsprachiger Äußerungen (Rn. 28). Insoweit kann § 185 GVG entspr. angewandt werden. In einem förmlichen Verfahren oder Planfeststellungsverfahren zwingt auch der **Grundsatz der mündlichen Verhandlung** zu einer entsprechenden Anwendung des § 185 GVG.[63]

42   Gegenüber einem **fremdsprachigen Beteiligten** ist zwischen der **Pflicht zur Hinzuziehung eines Dolmetschers** und der **Pflicht zur Zahlung der Kosten** zu unterscheiden. Ob und inwieweit sich diese Verpflichtungen gegenüber einem Ausländer aus dem Grundsatz des rechtsstaatlichen und fairen Verfahrens, der es auch verbietet, den Menschen zum Objekt des Verfahrens zu machen, ergeben können[64] und/oder Völkergewohnheitsrecht entsprechen (Rn. 7), ist im Einzelnen zu ermitteln. Diese Grundsätze sichern allerdings nur einen Mindeststandard, soweit die gesetzlichen Verfahrensrechte und -pflichten nicht ausreichen. Vor allem heranzuziehen sind daher der Grundsatz des Grundrechtsschutzes durch Verfahren (zur Flughafenregelung s. Rn. 12) sowie die konkreten Verfahrenspflichten aus den §§ 24, 26 Abs. 2, 28 VwVfG, sofern nicht schon Sonderregelungen wie § 17 AsylVfG greifen (Rn. 15). Die Sachverhaltsermittlungspflicht verlangt, das Vorbringen des am Verfahren beteiligten Ausländers auf Grund einer Übersetzung vollständig zur Kenntnis zu nehmen.[65] Eine Anhörung ohne Dolmetscher ist in vielen Fällen nicht möglich. Die in § 185 GVG getroffene Regelung wird nicht von ungefähr auch als Ausgestaltung der Gewährung rechtlichen Gehörs verstanden.[66]

43   Welche **Anforderungen** zu stellen sind, bestimmt der Einzelfall. Daher wird zu unterscheiden sein, ob die Zuziehung eines Dolmetschers in einem **Verfahren von Amts wegen** (§ 22 Rn. 6 ff.) oder in einem **Antragsverfahren** (§ 22 Rn. 15 ff.) gewünscht oder erforderlich wird, ob die Behörde die Zuziehung im Allgemeininteresse (z. B. bei der Eingriffsverwaltung für die Sachverhaltsermittlung) benötigt oder im Interesse eines Antragstellers oder eines Betroffenen oder eines nach § 13 Abs. 2 hinzugezogenen Dritten und hierbei, ob es sich um die Übersetzung von deren Aussage handelt oder um die Übersetzung einer Anregung eines Unbeteiligten oder einer Zeugenaussage. Gegenüber dem Ausländer kann diese Pflicht nur bestehen, wenn er Verfahrensbeteiligter ist oder einen Anspruch auf Verfahrensbeteiligung hat. Ferner setzt sie voraus, dass der Ausländer ohne die Hinzuziehung nicht in der Lage ist, seine Verfahrensrechte und materiellen Rechte wahrzunehmen.[67] Auf die Hinzuziehung kann jedoch verzichtet werden, wenn der Ausländer die deutsche Sprache soweit beherrscht, dass eine Verständigung möglich ist[68] oder wenn alle anderen Beteiligten der fremden Sprache mächtig sind (vgl. § 185 Abs. 2 GVG; Rn. 34).

44   Aus dem Vorstehenden folgt: ist der Ausländer **Antragsteller,** kann **als Regel** auf den **Grundgedanken von § 23 Abs. 2** (Rn. 49 ff.) zurückgegriffen werden, wonach **er selbst** zunächst für einen **Dolmetscher zu sorgen** hat (Rn. 4), sei es, dass er einen Dolmetscher seiner Wahl mitbringt (vgl. § 17 Abs. 2 AsylVfG), sei es, dass die Behörde nur dann einen Dolmetscher stellt, wenn er bereit ist, die Kosten dafür zu übernehmen. Ggfs. – und soweit möglich – ist der Ausländer insoweit zu beraten (Rn. 38). Ist der Ausländer mit der Übernahme der Kosten nicht einverstanden und stellt auch selbst keinen Dolmetscher, gilt Rn. 36 entsprechend. Zu Kosten für Beratung durch einen Rechtsanwalt s. § 80 Rn. 70. Zum Verschulden eines Dolmetschers bei Fristen s. § 32 Rn. 18.

---

[62] Weitergehend *Meyer/Borgs* § 23 Rn. 2; *Kopp/Ramsauer* § 23 Rn. 2; *Clausen* in Knack § 23 Rn. 8; einschränkend auch *von Wulffen* in ders. § 19 Rn. 5; vgl. ferner *Engelhardt* in Obermayer § 23 Rn. 56.
[63] Rn. 28; s. aber Rn. 34; *Lässig*, Deutsch als Gerichts- und Amtssprache, 1980, S. 27, 51, 109 ff., 111; *Kopp/Ramsauer* § 23 Rn. 2; *Ule/Laubinger* § 28 Rn. 3; *Jessnitzer*, Dolmetscher, 1982, S. 164, vgl. BVerwG NVwZ 1983, 668.
[64] Rn. 11; § 9 Rn. 46, 60 f.; für § 185 GVG BVerfGE 64, 135 = NJW 1983, 2762; NVwZ 1987, 785; dazu *Sachs* JuS 1988, 412; *Albers* in Baumbach u. a. § 185 GVG Rn. 1; *Kissel/Mayer*, GVG, 4. Aufl. 2005, § 185 Rn. 5.
[65] OVG Saarlouis InfAuslR 1983, 79.
[66] BVerfG NVwZ 1987, 785; BVerwG NVwZ 1983, 668; NJW 1988, 722; NJW 1990, 3102; für Übersetzung BVerwG NJW 1996, 1553.
[67] Vgl. BVerfGE 64, 135 = NJW 1983, 2762, NVwZ 1987, 785.
[68] BVerwG NJW 1990, 3102.

Eine **Pflicht zur Hinzuziehung des Dolmetschers auf Kosten der Behörde** kann in 45 diesen Fällen bestehen, wenn anders Völkergewohnheitsrecht und/oder Verfassungsrechte nicht durchgesetzt werden können (Rn. 7, 11). Bei **belastenden VA** wird bei unaufschiebbaren Verhandlungen mit Personen, die die deutsche Sprache nicht beherrschen, die Zuziehung eines Dolmetschers auf Kosten der Behörde, die ihrerseits entsprechend Abs. 2 Satz 4 mit dem Dolmetscher abrechnet, schon aus Gründen des § 28 erforderlich sein.[69] Im übrigen kann eine ordnungsgemäß durchgeführte Anhörung, soweit sie mündlich durchgeführt wird, nur mit einem Dolmetscher,[70] in der Regel aber auf Kosten des Ausländers (Rn. 44, anders bei finanzieller Notlage, s. Rn. 8), durchgeführt werden. Im Einzelfall kann eine Anhörung mittels Dolmetscher dann entfallen, wenn der Dolmetscher nicht sofort besorgt werden kann (§ 28 Abs. 2 Nr. 1 und 2). Wird die Anhörung schriftlich durchgeführt und mit einer ausreichenden Erklärungszeit versehen, ist es zunächst Sache des Betroffenen, sich um eine Übersetzung zu bemühen (Rn. 36). Soll der der deutschen Sprache nicht mächtige Ausländer als **Zeuge** gehört werden, hat die Behörde aus §§ 24, 26 die Pflicht, einen Dolmetscher auf ihre Kosten zu stellen. Es ist dann Sache des Gebührenrechts, inwieweit sie diese Kosten als Auslagen erstattet bekommen kann (Rn. 60).

Die Pflicht zur Zuziehung eines Dolmetschers ist nur dann erfüllt, wenn der Dolmetscher in 46 der Lage ist, **sachgemäß und erschöpfend zu übersetzen**.[71] Hierzu gehört auch die Übermittlung von Unterschieden in Denkweisen und Gesellschaftsstrukturen, die zum Verständnis erforderlich sind.[72] In der Regel wird die Behörde nicht kontrollieren können, ob der Dolmetscher zutreffend übersetzt. Es lassen sich einzelne **Anhaltspunkte** für eine korrekte Übersetzung finden: Vergleiche der zeitlichen Dauer zwischen Äußerung des Ausländers und Übersetzung; Unterbindung von Diskussionen zwischen Ausländer und Dolmetscher; Erklärung, warum die Diskussion nötig war; in entscheidenden Punkten Übersetzung Satz für Satz und gleichzeitiges Protokollieren; Wiedergabe der Äußerung in direkter Rede.[73] Die **Rüge** fehlender oder unrichtiger Übersetzung ist **verzichtbar**.[74]

Ob §§ 20, 21 für den Dolmetscher gelten, insbesondere ob er für die Behörde im Sinne ei- 47 nes Amtsträgers tätig wird und einflussentscheidend auf die Behörde einwirkt, ist umstritten.[75] Jedenfalls gelten §§ 20, 21 nicht für den von dem Ausländer gestellten Dolmetscher (§ 20 Rn. 26). § 20 ist nicht auf die Tätigkeit eines Dolmetschers zugeschnitten; der im Ausschlusskatalog des § 20 Abs. 1 genannte Personenkreis tritt geradezu typisch als Dolmetscher bei Behördengängen von Ausländern auf, wenn er über bessere deutsche Sprachkenntnisse als der am Verfahren beteiligte Ausländer verfügt (Rn. 56). Der von der Behörde hinzugezogene Dolmetscher kann jedoch nach § 20 Abs. 1 kraft Gesetzes ausgeschlossen sein, wenn seine Tätigkeit im Einzelfall entscheidungsbezogen ist (§ 20 Rn. 25). Ist bei sehr seltenen Sprachen andernfalls keine Übersetzung zu erlangen, kommt in Betracht, dass die Behörde der Übersetzungsleistung die Entscheidungsbezogenheit durch kritische Bewertung (Nachfragen, Abgleich mit sonstigen Erkenntnissen) nimmt. Der Dolmetscher ist auch **kein Sachverständiger,** sondern stellt „nur" die Kommunikation zwischen Behörde und Ausländer her,[76] so dass es auf die Streitfrage, ob §§ 20, 21 auf Sachverständige anzuwenden ist, nicht ankommt.[77] Ausnahmsweise kann er wie ein Sachverständiger wirken, wenn er zugleich Auskunft über sprachliche und kulturelle Besonderheiten gibt (Rn. 46). Aus den Grundsätzen des fairen Verfahrens, der Anhörung und objektiven Sachverhaltensermittlungspflicht folgt, dass ein **befangener Dolmetscher** in jedem Fall abgelehnt werden kann (vgl. § 9 Rn. 62). Einer entsprechenden Anwendung des § 191 GVG

---

[69] *Jessnitzer,* Dolmetscher, 1982, S. 164.
[70] Vgl. *BVerwG* NVwZ 1983, 668; § 17 AsylVfG, Rn. 15.
[71] *BVerwG* NVwZ 1983, 668; *OVG Münster* InfAuslR 1984, 22.
[72] Vgl. *Stelkens* NVwZ 1982, 552; *ders.* ZAR 1985, 15, 20; s. Rn. 47.
[73] Vgl. *Stelkens* ZAR 1985, 15, 20 m. w. N.; Rn. 39.
[74] *BVerwG* NVwZ 1983, 668.
[75] Unmittelbare Anwendung § 21 Rn. 17, § 20 Rn. 20, 25; *Kopp/Ramsauer* § 20 Rn. 11; *Clausen* in Knack § 20 Rn. 8; analoge Anwendung *Engelhardt* in Obermayer § 20 Rn. 40; a. A. *Meyer/Borgs* § 20 Rn. 5 vor § 20.
[76] Für Antragsverfahren *BGH* NJW 1996, 3158, dort auch zur strafrechtlichen Beurteilung einer Bestechung des Dolmetschers.
[77] Vgl. *Jessnitzer,* Dolmetscher, 1982, S. 1 ff., dazu *Stelkens* NVwZ 1982, 552; *VG Köln* NJW 1986, 2207; a. A. *Clausen* in Knack § 23 Rn. 12; zum Sachverständigen § 26 Rn. 84; § 20 Rn. 25.

bedarf es nicht.[78] Die **Anwendung des § 21** gewährleistet die notwendige Flexibilität in den Fällen, in denen z. B. nur ein Dolmetscher aus dem Personenkreis des § 20 Abs. 1 zur Verfügung steht, gleichwohl weitere fremdsprachig Unkundige am Verfahren beteiligt sind, deren Interessen gewahrt bleiben müssen. Auf den Umstand, ob der Dolmetscher von dem Beteiligten oder einem Dritten gestellt ist oder von der Behörde herangezogen worden ist, kommt es dabei nicht an. Der Dolmetscher wird seiner Unterrichtungspflicht entsprechend § 21 aber nur nachkommen können, wenn er von der Behörde entsprechend belehrt worden ist. Die Rechtsfolgen für einen befangenen, dennoch beschäftigten Dolmetscher ergeben sich aus der Verletzung dieser Vorschriften, §§ 45, 46 VwVfG sind zu beachten. Ist ein Dolmetscher als befangen abgelehnt, dürfen auch seine **früheren Übersetzungen** nicht mehr verwertet werden.[79] Als **Ausschließungsgründe** zählt nicht allein die Verwandtschaft mit dem Antragsteller,[80] wohl aber kann sie bei Vorliegen weiterer Anhaltspunkte ebenso wie Spannungen und Freundschaften auf Grund religiöser und ethnischer Gründe das Vertrauen in den Dolmetscher ausschließen; Schwierigkeiten können je nach Kultur und Übersetzungsthema auch der Einsatz männlicher Dolmetscher bei weiblichen Ausländern und umgekehrt bereiten.[81] Bevor ein Dolmetscher aus diesen Gründen ausgeschlossen wird, muss der konkrete Anlass dargetan werden. Hat ein Dolmetscher in einem VwVf mitgewirkt, ist er nicht allein deshalb in dem späteren Gerichtsverfahren ausgeschlossen.[82]

4. Schriftverkehr

48 Abs. 1 regelt ferner den **von der Behörde ausgehenden Schriftverkehr,** einschließlich der innerbehördlichen Aktenführung.[83] Insbesondere der **Erlass eines VA** nebst Begründung muss zwingend in deutscher Sprache erfolgen; er muss als hoheitliche Regelung jederzeit verständlich sein (s. ferner Rn. 17); das schließt nicht aus, dass auf fremdsprachige Anlagen eines Antrags – insbesondere im technischen Bereich (Rn. 52) – Bezug genommen wird. Insoweit kann die Rechtsprechung zu § 184 GVG übernommen werden.[84] Dies schließt die Beifügung von Übersetzungen nicht aus. Ein Anspruch hierauf besteht aber nicht.[85] Ob sich eine derartige Verpflichtung aus dem Rechtsstaatsgedanken bei besonders schwerwiegenden Eingriffen ergibt, ist umstritten.[86] Zur **Rechtshelfsbelehrung** s. § 32 Rn. 22, § 37 Rn. 117 f. Dass § 23 auch für den **ör Vertr** gilt, ergibt sich aus § 62. Der Ausländer hat im Übrigen keinen Anspruch darauf, dass ein an ihn gerichtetes Schreiben in einer anderen als der deutschen Sprache abgefasst ist. Er muss sich, wenn er diese nicht hinreichend beherrscht, mit Hilfe eines Dolmetschers Klarheit über den Inhalt verschaffen.[87]

III. Eingang fremdsprachiger Schriftstücke bei der Behörde (Abs. 2)

1. Annahmepflicht, Übersetzungsverlangen

49 Die Behörde ist **zur Annahme** auch eines fremdsprachigen Antrags **verpflichtet,** wenngleich er (zunächst) unzulässig ist (Rn. 30; § 22 Rn. 30, 53). Das gleiche gilt für die Vorlage sonstiger **fremdsprachiger Schriftstücke.** Insbesondere Urkunden, die zu Beweiszwecken vorgelegt werden, müssen gemäß §§ 24, 26, schriftliche Anhörungserklärungen im Rahmen des § 28 entgegengenommen werden (vgl. Rn. 31, 36, 41 ff.). Werden bei einer Behörde in einer

---

[78] § 191 GVG für gerichtlichen Dolmetscher, s. dazu BVerwG NJW 1985, 757, 1984, 2055; VG Köln NJW 1986, 2207; *Jessnitzer*, Dolmetscher, 1982, S. 88.
[79] Vgl. BVerwG NJW 1985, 757; im Einzelnen *Jessnitzer*, Dolmetscher, 1982, S. 91 f.
[80] BVerwG NJW 1984, 2055.
[81] S. Stelkens ZAR 1985, 15, 20, *Jessnitzer*, Dolmetscher, 1982, S. 97, jeweils m. w. N.
[82] VG Köln NJW 1986, 2207.
[83] Rn. 28; *Meyer/Borgs* § 23 Rn. 3; *Clausen* in Knack § 23 Rn. 5; *Lässig*, Deutsch als Gerichts- und Amtssprache, 1980, S. 23.
[84] BGH NJW 1984, 2050, s. aber Rn. 29 ff.
[85] BFH 10. 7. 1981 – VII R 101/80 – n. v. zu § 87 AO; für Urteil *Albers* in Baumbach u. a. § 184 GVG Rn. 2 m. w. N.
[86] Vgl. *Jessnitzer*, Dolmetscher, 1982, S. 165.
[87] BVerwG DÖV 1974, 788; s. Rn. 4.

fremden Sprache Anträge gestellt oder Schriftstücke (insbesondere Eingaben, Belege oder Urkunden) vorgelegt, so **soll** die Behörde nach Abs. 2 Satz 1 unverzüglich die Vorlage einer **Übersetzung verlangen.** Im Regelfall braucht aus Kostengründen für den Beteiligten nur die Vorlage einer **einfachen** Übersetzung, die nicht von einem öffentlich bestellten und vereidigten Dolmetscher oder Übersetzer gefertigt ist, verlangt zu werden (s. Rn. 55). Zum Begriff des Antrags vgl. § 22 Rn. 15 ff. Darüber hinaus sind aber auch jegliche Art von **Erklärungen** und verfahrensrechtlich relevante **Urkunden,** z. B. zu Beweiszwecken gemeint.[88] Das Begriffspaar „soll verlangen" und (in Abs. 2 Satz 3) „kann ... beschaffen", dessen Bildung auf den Vorschlag des Bundesrates zurückgeht, stellt klar, dass einerseits dann, wenn es der Behörde auf die Übersetzung ankommt, sie eine Verfahrenspflicht hat, die Übersetzung zu fordern, dass es andererseits aber in **erster Linie Aufgabe des Antragsteller** oder sonstigen Beteiligten ist, für eine Übersetzung zu sorgen (s. Rn. 4).

Die Übersetzungspflicht, als **verfahrensrechtliche Last** (§ 26 Rn. 47) verstanden, beruht im Übrigen auf der Wertung der Interessenlage. Der Antragsteller muss Antrag und dafür erforderliche Unterlagen, wenn er sich auf Grund seines Dispositionsrechts zu dem Antrag entschließt (vgl. § 22 Rn. 26, 43), so vorlegen, dass der Behörde eine Bearbeitung möglich ist. Soweit sonstige Beteiligte angesprochen sind, beruht die Vorlage fremdsprachiger Unterlagen auf ihre Mitwirkungslast i. S. d. § 26 Abs. 2. Daraus folgt, dass § 23 Abs. 2 keine Grundlage für das Verlangen einer Übersetzung sein kann, wenn die Behörde die Vorlage des fremdsprachigen Textes nicht nur zur Unterstützung eines Antrags anregt, sondern insbesondere bei der Eingriffsverwaltung nach § 26 Abs. 1 Nr. 3 fordert (vgl. Rn. 36 und die gleiche Interessenlage bei § 26 Rn. 47). Die Übersetzung kann nach § 23 Abs. 2 nicht von einem **Nichtbeteiligten** gefordert werden. 50

Die Formulierung „soll ... verlangen" macht zugleich deutlich, dass die Beschaffungspflicht dem Ausländer nur im Regelfall auferlegt werden soll.[89] Der Gesetzgeber wollte der Behörde hier einen gewissen Handlungsspielraum erhalten und es ihr in **besonders gelagerten Einzelfällen** ermöglichen, von der grundsätzlichen Regelung abzuweichen und die Übersetzung – etwa in Befolgung des Gebots des § 10 Satz 2 – von vornherein selbst zu beschaffen. Als Beispiel fügt § 19 Abs. 2 Satz 1 letzter Halbsatz SGB X hinzu: „sofern sie (die Behörde) nicht in der Lage ist, die Anträge oder Schriftstücke zu verstehen". Eine weitere Ausnahme könnte sein, wenn ein Antrag eines in sein Heimatland zurückgekehrten ausländischen Arbeitnehmers eingeht. In einem solchen Falle könnte es kosten- und zeitsparend sein, dass die Behörde die Übersetzung selbst beschafft, anstatt die Beschaffung dem Antragsteller aufzuerlegen. Über diesen Ausnahmefall lassen sich auch die Fälle erfassen, in denen aus Gründen der **Verhältnismäßigkeit** und **Zumutbarkeit** von einer Übersetzung abgesehen werden muss oder aus völkerrechtlichen Gründen oder Verfassungsgründen (Sozialstaatlichkeit, Grundrechtsschutz durch Verfahren) oder Gründen des Verfahrens nach §§ 24, 26, 28 die **Behörde selbst verpflichtet** ist, sich die Übersetzung zu verschaffen (s. auch Rn. 8, 11, 36, 41 ff.). 51

Gelegentlich wird auch **auf Übersetzungen verzichtet** werden müssen, da von den bearbeitenden Behördenbediensteten die Kenntnis der benutzten Fremdsprache erwartet wird. So ist es **im technischen Bereich mit internationaler Ausstrahlung** vielfach üblich geworden, auf fremdsprachige (in der Regel englische) Anlagen eines Antrags zu verweisen. Soweit insoweit § 23 nicht durch Spezialvorschriften verdrängt wird (Rn. 15; zum BSIG z. B. Rn. 7; § 22 Rn. 30), kann eine Verdrängung aus dem Sinn und Zweck der gesetzlichen Regelung der Spezialmaterie stattfinden (vgl. allgemein einschränkend § 1 Rn. 235), da Englisch häufig zur lingua franca im technisch-(wissenschaftlichen) Bereich geworden ist. Zur Begründung s. § 39 Rn. 38 f. 52

Die Behörde kann die Entscheidung über ihr Vorgehen jedoch nicht hinauszögern, denn sie soll die Vorlage der Übersetzung **„unverzüglich",** d. h. ohne schuldhaftes Zögern, verlangen. Eine **Bearbeitungsfrist** ist der Behörde zuzugestehen, ohne dass es erforderlich ist, die Überlegungen des *BVerwG* zu § 121 BGB, die dem Antragsteller in Anlehnung an § 70 VwGO eine Monatsfrist gewähren (s. § 22 Rn. 78) auf diese Behördentätigkeit zu übertragen. Maßgebend ist das **Zügigkeitsgebot,** das die Verfahrensgestaltung beeinflusst (§ 10 Satz 2, s. § 10 Rn. 25). Es 53

---

[88] *BVerwG* 26. 6. 1984 – Buchholz 316 § 23 VwVfG Nr. 1.
[89] In § 82a Abs. 2 LVwG SH „kann-Regelung", ebenso gemäß § 87 Abs. 2 AO.

fehlt in Abs. 2 – anders als in § 19 Abs. 2 SGB X – eine dem Abs. 4 entsprechende Regelung über die Setzung einer **angemessenen Frist** (vgl. Rn. 67). Hierzu ist die Behörde jedoch schon aus Gründen der Verhältnismäßigkeit befugt (§ 31 Rn. 27); diese Fristsetzung ist in der Regel auch zweckmäßig;[90] die Fiktion des Abs. 4 Satz 1 ist aber nicht auf diese Frist übertragbar (vgl. Rn. 32).

54 Verzögert die Behörde die Forderung oder stellt sie sie überhaupt nicht, sind die **Rechtsfolgen** in der Regel nur mittelbar (vgl. § 10 Rn. 22). Allerdings darf die Behörde ein fremdsprachiges Beweismittel nicht unbeachtlich lassen.[91] Ein Erfüllungsanspruch ist hieraus nicht herzuleiten (vgl. § 9 Rn. 41), in Betracht kommen Amtspflichtverletzungsansprüche, auch ist im Fall des Abs. 4 ein Wiedereinsetzen in den vorigen Stand (§ 32) möglich.

55 Die Behörde kann im Gegensatz zu dem Regelfall (Rn. 49) in begründeten Fällen die Vorlage einer **beglaubigten** oder von einem **öffentlich bestellten oder beeidigten Dolmetscher oder Übersetzer** angefertigten Übersetzung verlangen. Als **Dolmetscher** wird in der Regel der Sprachmittler (Oberbegriff, z.B. § 17 AsylVfG) verstanden, der die Verständigung zwischen Menschen verschiedener Sprachen durch mündliche Übertragung des gesprochenen Wortes vornimmt (Rn. 47), der **Übersetzer** überträgt dagegen einen schriftlichen Text in eine andere Sprache.[92] Nach § 23 Abs. 2 LVwVfGBW ist statt des Dolmetschers und Übersetzers gem. Landesrecht der **Urkundenübersetzer** erwähnt.[93] Zu eigenen Verfahrensrechten des Dolmetschers s. § 9 Rn. 60 f.

56 Im Alltagsgeschäft der Behörde wird es vielfach ausreichen, wenn der Ausländer sich seinen Antrag oder sein Schriftstück von einem der deutschen Sprache hinreichend mächtigen Verwandten oder Bekannten übersetzen lässt, ggfs. kann die Hilfe von Sozialämtern in Anspruch genommen werden.[94] Die **Qualität der Übersetzungen** ist jedoch mitunter mangelhaft. Überdies können Zweifel bestehen, ob die Übersetzung treu und gewissenhaft i.S.d. § 189 GVG durchgeführt worden ist (vgl. Rn. 47). Die Behörde kann daher in begründeten Fällen (unter Umständen nach Zurückweisung einer ungenügenden Übersetzung) eine den Erfordernissen des Satzes 2 genügende Übersetzung verlangen. Sie wird dies immer dann tun, wenn es (etwa bei Urkunden) auf den genauen Wortlaut ankommt.

57 Wird die Übersetzung vorgelegt, ist ihr **Inhalt** auch dann für das weitere Verfahren maßgebend, wenn er mit dem fremdsprachigen Text nicht übereinstimmt.[95] Hat die Behörde Zweifel an der Richtigkeit der Übersetzung, kann sie nur im Rahmen der Rn. 55 eine weitere Übersetzung verlangen, im Übrigen s. Rn. 58 ff. Wirkt sich der Inhalt auf eine Frist aus, knüpfen die Folgen der Rn. 63 ff. an die neue Übersetzung.

2. Übersetzung durch die Behörde

58 Hat die Behörde die Vorlage einer Übersetzung verlangt und ist diese nicht unverzüglich vorgelegt worden, so kann die Behörde nach Abs. 2 Satz 3 **selbst eine Übersetzung beschaffen.** Sie darf jedoch nicht eilfertig vorgehen. Bei der Beurteilung der Frage, ob die Übersetzung unverzüglich vorgelegt worden ist, hat sie alle Umstände des Einzelfalles, insbesondere die für den Beteiligten bestehenden Schwierigkeiten bei der Beschaffung einer Übersetzung in Betracht zu ziehen. Der Behörde ist dabei ein **Ermessen** eingeräumt. Sie kann selbst eine Übersetzung beschaffen, braucht es aber nicht. Sie hat dabei den Verhältnismäßigkeitsgrundsatz (vgl. Rn. 51; § 24 Rn. 36) zu beachten. Aus Verfassungsgründen (Rn. 8, 11, 41 f., 51) kann das Ermessen zu einer Verpflichtung zur Verschaffung der Übersetzung schrumpfen. Die für das Strafverfahren geltenden Sonderregeln der Menschenrechtskonvention bringen für das VwVf keine Einschränkung (Rn. 82).

---

[90] *Engelhardt* in Obermayer § 23 Rn. 83.
[91] BVerwG 26. 6. 1984 – Buchholz 316 § 23 VwVfG Nr. 1.
[92] *Jessnitzer*, Dolmetscher, 1982, S. 1, 2. Zur Abgrenzung zum Sachverständigen Rn. 47. Zu den Voraussetzungen einer öffentlichen Bestellung und Verteidigung eines Dolmetschers oder Übersetzers s. *Jessnitzer* S. 21 ff. mit den jeweiligen landesrechtlichen Bestimmungen.
[93] Dazu *Jessnitzer,* Dolmetscher, 1982, S. 166, 23.
[94] Vgl. *BSG* NJW 1989, 680.
[95] *BVerwG* Buchholz 310 § 86 Abs. 1 VwGO Nr. 225 = NVwZ-RR 1991, 109.

3. Rechtsfolgen bei Nichtvorlage einer Übersetzung

Legt der Beteiligte die Übersetzung nicht vor und hat die Behörde nicht selbst eine Übersetzung besorgt, sind die **Rechtsfolgen** unterschiedlich: Soweit es sich um einen Antrag, ein VwVf zu beginnen, handelt, ist er unzulässig (Rn. 29 ff.). Andere Erklärungen und Unterlagen dürfen nicht zur Grundlage der Entscheidung gemacht werden (Rn. 36). Vgl. auch Rn. 32, 57 für die Fälle, dass der Beteiligte die Übersetzung vorlegt oder die Behörde selbst eine Übersetzung vornimmt. Im übrigen sind die Erklärungen und Unterlagen wie deutschsprachige auszulegen und zu bewerten. Missverständnisse auf Grund der Übersetzung gehen zu Lasten des Beteiligten, der sich der Übersetzung bedient hat,[96] zu Lasten der Behörde gehen sie, wenn die Behörde die Übersetzung im Allgemeininteresse durchgeführt hat. Die Übersetzung fremdsprachiger Urkunden ist nach den Regeln der Beweisführungs- und Beweislast zu werten (§ 24 Rn. 54 f.). Weitergehende Rechtsfolgen können sich aus Sonderrecht ergeben wie § 33 AsylVfG.[97] 59

Hat die Behörde Dolmetscher oder Übersetzer **herangezogen**, so erhalten diese nach Änderung des Abs. 2 Satz 4 durch das KostModG[98] in entsprechender Anwendung des Justizvergütungs- und -entschädigungsgesetzes eine **Vergütung**.[99] Die Kosten können als Verfahrenskosten (Auslagen) durch VA nach den Kostengesetzen festgesetzt und vollstreckt werden (Rn. 45).[100] Die Kosten des Widerspruchführers für im Vorverfahren eingereichte Übersetzungen sind nach § 80 zu erstatten, soweit sie notwendige Aufwendungen waren;[101] die Übersetzung des fremdsprachigen Antrags oder Widerspruchs kann allerdings ebenso wenig verlangt werden wie die Erstattung der Kosten für die Herstellung eigener Schriftsätze (§ 80 Rn. 70 f.). 60

Eine Ermächtigung zu einer **abweichenden Vereinbarung** fehlt im Gegensatz zu § 19 Abs. 2 SGB X.[102] Deshalb kann die Verweisung auf das ZSEG lediglich eine Vereinbarung gemäß § 13 ZSEG ermöglichen. § 82 AuslG bietet keine Anspruchsgrundlage, um von dem Arbeitgeber eines Ausländers die Kosten des Dolmetschers, der von der Behörde hinzugezogen worden ist, ersetzt zu verlangen.[103] 61

IV. Beginn von Fristen, Wahrung von Fristen (Abs. 3 und 4)

1. Fremdsprachige fristgebundene Anträge und Erklärungen

Abs. 3 und 4 gehen von **Anträgen, Anzeigen und Willenserklärungen** aus, die für Fristen von Belang sind. Soweit mit dem Antrag **Unterlagen** vorzulegen sind (Rn. 49 ff.; § 22 Rn. 43), beziehen sich Abs. 3 und 4 auch auf diese Unterlagen. Nicht unterschieden ist zwischen **verfahrensrechtlichen und materiellrechtlichen Anträgen** (§ 22 Rn. 18 f.) und **Fristen** (§ 32 Rn. 9, 11). Unerheblich ist, wie die **Frist ausgestaltet** ist, ob der Antrag oder die Anzeige also innerhalb einer bestimmten Frist oder bis zu einer bestimmten Frist (vgl. § 14 VersammlG) gestellt sein müssen. Immer muss es sich aber um eine gesetzliche **Frist** (§ 32 Rn. 8) handeln. Abs. 3 und 4 liegen ferner unterschiedliche Fristen zugrunde. In **Abs. 3** wird eine Frist vorausgesetzt, in der die **Behörde selbst tätig** werden muss. Die Frist des **Abs. 4** ist eine **vom Beteiligten einzuhaltende Frist**. Ob die Fristen vorliegen, folgt aus dem jeweiligen Fachrecht; sie werden durch die Abs. 3 und 4 modifiziert. Die Berechnung der Fristen erfolgt nach § 31. Der Beteiligte kann Wiedereinsetzung in den vorigen Stand nach § 32 verlangen, wenn trotz der Voraussetzungen des Abs. 4 die Frist versäumt worden ist. 62

2. Fristbeginn für die Behörde

Soll durch eine Anzeige, einen Antrag oder die Angabe einer Willenserklärung eine Frist in Lauf gesetzt werden, und gehen diese in einer fremden Sprache ein, so beginnt nach **Abs. 3** der 63

---

[96] *Kopp/Ramsauer* § 23 Rn. 10.
[97] Dazu *OVG Münster* 13. 7. 1995 – 25 A 4223/95.A (juris).
[98] Kostenrechtsmodernisierungsgesetz vom 5. 5. 2004, BGBl I S. 718.
[99] Dazu im Einzelnen *Jessnitzer*, Dolmetscher, 1982, S. 110 ff.
[100] *Engelhardt* in Obermayer § 23 Rn. 93.
[101] Vgl. auch *Jessnitzer*, Dolmetscher, 1982, S. 138 ff., 181.
[102] Dazu *Jessnitzer*, Dolmetscher, 1982, S. 173.
[103] *BVerwG* NVwZ 1988, 257 zu § 24 Anm. 6 a AuslG a. F.

Lauf der Frist erst mit dem Zeitpunkt, in dem der Behörde eine Übersetzung vorliegt. Ggfs. ist eine nachgereichte weitere Übersetzung maßgebend (Rn. 57). Die Regelung ist vor allem in Hinblick darauf geschaffen worden, dass es im geltenden Recht eine Reihe von Anzeigepflichten des Bürgers vor der Aufnahme bestimmter Handlungen gibt, die mitunter kurz bemessen sind, aber zur Folge haben, dass die Handlung als genehmigt gilt, wenn die Behörde innerhalb der gesetzlich festgelegten Zeit keine Bedenken erhoben hat (vgl. z. B. § 19 Abs. 3 BauGB; § 15 Abs. 1 und § 56a Abs. 3 GewO).

64 Ist der Bürger lediglich zu einer fristgerechten Anzeige verpflichtet, ohne dass der Behörde eine **Entscheidungsfrist** gestellt ist, dann gilt Abs. 4 (z. B. im Fall des § 14 VersammlG). Ist mit einem Antrag oder einer Anzeige **kraft Gesetzes** bis zu der Entscheidung über den Antrag eine **bestimmte Rechtsfolge** verbunden (z. B. § 55 AsylVfG, für Widerspruch § 80 Abs. 1 VwGO), richtet sich diese Rechtsfolge ausschließlich nach dem jeweiligen Fachrecht, das bestimmt, ob als Voraussetzung ein (wegen Fremdsprachigkeit) unzulässiger Antrag (Rn. 29 ff.) genügt. Weder Abs. 3 noch Abs. 4 machen dazu eine Aussage.[104] Abs. 3 ist auch anwendbar, wenn eine **andere Behörde** an dem VwVf innerhalb einer Frist (z. B. § 36 Abs. 2 BauGB) zu beteiligen ist (§ 9 Rn. 127 f.), dieser Behörde aber die zur Beurteilung maßgeblichen Unterlagen nur fremdsprachig zugehen.

3. Fristbeginn für den Antragsteller

65 **Abs. 4** geht von der **Fiktion** aus, dass die von dem Antragsteller einzuhaltende Frist (Rn. 62) für einen öffentlich-rechtlichen Anspruch oder eine Leistung mit Antragstellung als eingehalten gilt, wenn innerhalb einer von der Behörde zu setzenden angemessenen Frist eine Übersetzung nachgereicht wird. Die Vorschrift hat Bedeutung vor allem in den Fällen, in denen der rechtzeitige Eingang bei der Behörde zur Wahrung einer verfahrensrechtlichen Frist (z. B. der Rechtsbehelfsfrist nach § 70 VwGO)[105] oder eines termingebundenen materiellen Rechts (z. B. wenn eine Leistung ab Antragstellung gewährt wird) ausschlaggebend ist.

66 Als **öffentlich-rechtlicher Anspruch oder** als die **begehrte Leistung** sind zwar nach dem Aufbau des Gesetzes zunächst nur Ansprüche und Leistungen (Geld- und Sachleistungen, s. § 48 Abs. 2) gemeint, die durch ein VwVf i. S. d. § 9 durchgesetzt werden könne (§ 9 Rn. 4). § 23 eignet sich aber auch für die Anwendbarkeit bei **schlicht-hoheitlichen Maßnahmen**, s. Rn. 18.

67 Die von der Behörde gesetzte Frist muss **angemessen** sein. Das Wort ist bei den Beratungen im Bundestag eingeführt worden (vgl. Bericht BT-Innenausschuss zu § 23). Es hat indessen nur deklaratorische Bedeutung, weil die Behörde ohnedies – hier wie in allen anderen Fällen von ihr zu setzender Fristen – gehalten ist, diese angemessen zu bestimmen (Rn. 53; § 31 Rn. 27). Ist die Frist unangemessen kurz, gilt nicht eine angemessene, sondern sie muss **erneut gesetzt** werden.[106] Maßgebend sind die Umstände des Einzelfalles, insbesondere die für den Antragsteller oder sonstigen zu Beteiligten zu erwartenden Schwierigkeiten. Die Frist kann – und zwar auch rückwirkend – **verlängert** werden (§ 31 Abs. 7 Satz 1 und 2).

68 Wird die Übersetzung dennoch **nicht innerhalb der Frist** vorgelegt, so ist nach Abs. 4 **Satz 2** der **Zeitpunkt des Eingangs der Übersetzung** maßgebend. Auf diese Rechtsfolge ist nach **Satz 3** bei der Fristsetzung hinzuweisen. „Bei der Fristsetzung" besagt, dass ein **nachträglicher Hinweis** nicht ausreicht. Der Hinweis muss vielmehr gleichzeitig mit der Fristsetzung gegeben werden. Ist er unterblieben, so kann der Hinweis nur nachgeholt werden, wenn zugleich eine neue Frist gesetzt wird, die wiederum angemessen sein muss. Diese Wiederholung ist erforderlich, da der Hinweis unter Fristsetzung Voraussetzung für die Rechtsfolge ist.[107] Satz 2 ist lediglich eine Ergänzung zu Abs. 4 Satz 1, wie auch der Zusammenhang mit Satz 3 ergibt. Der Begriff „andernfalls" gibt also keine Auskunft darüber, wie bei Anträgen und Erklärungen zu verfahren ist, für die der Antragsteller **keine Frist einzuhalten** hat. Für sie gilt Abs. 1, 2, jedoch mit gleichem Ergebnis (s. Rn. 30 ff.).

---

[104] Vgl. *Engelhardt* in Obermayer § 23 Rn. 103; a. A. *Kopp/Ramsauer* § 23 Rn. 12.
[105] Für Klagefrist s. aber *BVerwG* NJW 1990, 3103, Rn. 17.
[106] *Engelhardt* in Obermayer § 23 Rn. 106.
[107] *Kopp/Ramsauer* § 23 Rn. 14; *Engelhardt* in Obermayer § 23 Rn. 109.

Die Rechtsfolge des Satzes 2 tritt nicht ein, soweit sich aus **zwischenstaatlichen Vereinbarungen,** insbesondere mit den Herkunftsländern der ausländischen Arbeitnehmer, etwas anderes ergibt.[108] Diese Regelungen gelten jedoch nicht allgemein, sondern nur für die im Einzelnen genannten Sachbereiche, die im Wesentlichen nur für Sozialbehörden Bedeutung haben.[109] Für das Sozialverfahren s. noch § 19 Abs. 2 SGB X. 69

V. Verständigungsschwierigkeiten aus anderen als sprachlichen Gründen

1. Verständigung mit Gehörlosen oder Stummen

Keine Frage der Amtssprache, wohl aber ein **Verständigungsproblem** ist die mündliche Anhörung oder sonstige Verhandlung mit einem der deutschen Sprache mächtigen **Gehörlosen oder Stummen** (hierzu § 37 Rn. 75; § 41 Rn. 101). Das Verständigungsproblem wird noch verschärft, weil es keine allgemein verbindliche **Gebärdensprache**[110] der Gehörlosen gibt. Verfassungsgrundsätze, das Verbot, einen Menschen zum Objekt staatlichen Handelns zu machen (Rn. 11, 42), Anspruch auf Anhörung und Begründung verpflichten die Behörde, die Verständigung zu ermöglichen, sofern sich der Gehörlose oder Stumme nicht selbst entsprechende Möglichkeiten schaffen kann. Aus den in Rn. 30 ff. genannten Verfahrensgrundsätzen folgt, dass die Verständigung in entsprechender Anwendung der §§ 186, 187 GVG, §§ 6, 9 BGG[111] zu erfolgen hat.[112] 70

Die Regelungen lauten:

§ 186 GVG. (1) Die Verständigung mit einer hör- oder sprachbehinderten Person in der Verhandlung erfolgt nach ihrer Wahl mündlich, schriftlich oder mit Hilfe einer die Verständigung ermöglichenden Person, die vom Gericht hinzuzuziehen ist. Für die mündliche und schriftliche Verständigung hat das Gericht die geeigneten technischen Hilfsmittel bereitzustellen. Die hör- oder sprachbehinderte Person ist auf ihr Wahlrecht hinzuweisen.

(2) Das Gericht kann eine schriftliche Verständigung verlangen oder die Hinzuziehung einer Person als Dolmetscher anordnen, wenn die hör- oder sprachbehinderte Person von ihrem Wahlrecht nach Absatz 1 keinen Gebrauch gemacht hat oder eine ausreichende Verständigung in der nach Absatz 1 gewählten Form nicht oder nur mit unverhältnismäßigem Aufwand möglich ist.

§ 187 GVG. (1) Das Gericht zieht für den Beschuldigten oder Verurteilten, der der deutschen Sprache nicht mächtig, hör- oder sprachbehindert ist, einen Dolmetscher oder Übersetzer heran, soweit dies zur Ausübung seiner strafprozessualen Rechte erforderlich ist.

(2) ...

§ 6 BGG. (1) Die Deutsche Gebärdensprache ist als eigenständige Sprache anerkannt. 71

(2) Lautsprachbegleitende Gebärden sind als Kommunikationsform der deutschen Sprache anerkannt.

(3) Hörbehinderte Menschen (Gehörlose, Ertaubte und Schwerhörige) und sprachbehinderte Menschen haben nach Maßgabe der einschlägigen Gesetze das Recht, die Deutsche Gebärdensprache oder lautsprachbegleitende Gebärden zu verwenden. Soweit sie sich nicht in Deutscher Gebärdensprache oder mit lautsprachbegleitenden Gebärden verständigen, haben sie nach Maßgabe der einschlägigen Gesetze das Recht, andere geeignete Kommunikationshilfen zu verwenden.

§ 9 BGG. (1) Hör- oder sprachbehinderte Menschen haben nach Maßgabe der Rechtsverordnung nach Absatz 2 das Recht, mit Trägern öffentlicher Gewalt im Sinne des § 7 Abs. 1 Satz 1 in Deutscher Gebärdensprache, mit lautsprachbegleitenden Gebärden oder über andere geeignete Kommunikationshilfen zu kommunizieren, soweit dies zur Wahrnehmung eigener Rechte im Verwaltungsverfahren erforderlich ist. Die Träger öffentlicher Gewalt haben dafür auf Wunsch der Berechtigten im notwendigen Umfang die Übersetzung durch Gebärdensprachdolmetscher oder die Verständigung mit anderen geeigneten Kommunikationshilfen sicherzustellen und die notwendigen Aufwendungen zu tragen.

---

[108] Vgl. z. B. Art. 46 des Abkommens zwischen der Bundesrepublik Deutschland und der Republik Türkei über soziale Sicherheit vom 13. 9. 1965, BGBl II S. 1169, dazu *Lässig,* Deutsch als Gerichts- und Amtssprache, 1980, S. 35 ff., oder Art. 76 Abs. 7 EG-Verordnung Nr. 883/2004 vom 29. 4. 2004, ABl. EG Nr. L 166 S. 1, der alle Sprachen der Mitgliedsländer als zulässige Sprachen ansieht.
[109] Zusammenstellung weiterer zwischenstaatlicher Vereinbarungen bei *Lässig,* Deutsch als Gerichts- und Amtssprache, 1980, S. 35 ff.
[110] Zur Anerkennung der deutschen Gebärdensprache vgl. Antrag der Fraktion Bündnis90/Die Grünen, BT-Drs 13/9217.
[111] Behindertengleichstellungsgesetz vom 27. 4. 2002, BGBl I S. 1467.
[112] Vgl. *Jessnitzer,* Dolmetscher, 1982, S. 78.

(2) Das Bundesministerium des Innern bestimmt im Einvernehmen mit dem Bundesministerium für Gesundheit und Soziale Sicherung durch Rechtsverordnung, die nicht der Zustimmung des Bundesrates bedarf,
1. Anlass und Umfang des Anspruchs auf Bereitstellung eines Gebärdensprachdolmetschers oder anderer geeigneter Kommunikationshilfen,
2. Art und Weise der Bereitstellung von Gebärdensprachdolmetschern oder anderen geeigneten Hilfen für die Kommunikation zwischen hör- oder sprachbehinderten Menschen und den Trägern öffentlicher Gewalt,
3. die Grundsätze für eine angemessene Vergütung oder eine Erstattung von notwendigen Aufwendungen für die Dolmetscherdienste oder den Einsatz anderer geeigneter Kommunikationshilfen und
4. welche Kommunikationsformen als andere geeignete Kommunikationshilfen im Sinne des Absatzes 1 anzusehen sind.

Durch die Anerkennung in § 6 BGG wird die **„Deutsche Gebärdensprache"** (zur Frage der Verbindlichkeit Rn. 70) zu einer besonderen Minderheitensprache, die Nutzer quasi zu Fremdsprachlern. Dies führt zu einer politisch zweifelhaften Diskriminierung der Betroffenen. Deren Interessen wäre durch Anerkennung von Gebärdensprache und lautbegleitenden Gebärden als Kommunikationsformen der deutschen Sprache besser gedient worden. Für das VwVf ergibt sich aus § 6 BGG keine unmittelbare Folgerung (vgl. Abs. 3: nach Maßgabe der einschlägigen Gesetze). Es besteht hierfür auch kein Bedürfnis, weil die Rechte der Betroffenen durch das Diskriminierungsverbot des Art. 3 Abs. 3 Satz 2 GG und das Rechtsstaatsprinzip hinreichend gewährleistet werden. § 23 VwVfG und § 87 AO haben deshalb die signalgesetzgeberische Ergänzung (§ 1 Rn. 270) des § 19 Abs. 1 Satz 2 SGB X „Hörbehinderte Menschen haben das Recht, zur Verständigung in der Amtssprache Gebärdensprache zu verwenden; Aufwendungen für Dolmetscher sind von der Behörde oder dem für die Sozialleistung zuständigen Leistungsträger zu tragen." nicht übernommen.

2. Unverständlichkeit einer Erklärung

72 § 23 trifft auch keine Regelung darüber, wie die Behörde vorzugehen hat, wenn sie aus einer ihr – mündlich oder schriftlich – vorgetragenen Erklärung trotz allen Bemühens den **Inhalt nicht entnehmen** kann. Eine Regelung für derartige Fälle zu treffen, schien deshalb unmöglich, weil die Reaktion der Behörde zu sehr von den Umständen des Einzelfalls abhängt.[113]

3. Entschlüsselung schwer lesbarer Schriften

73 Ebenfalls keine Frage der Amtssprache ist die **Entzifferung schwer lesbarer oder nur mit Hilfe von Hilfsmitteln lesbarer Medien.** Schriftstücke sind auch in deutscher Sprache abgefasst, wenn sie in einer heut **nicht mehr gebräuchlichen Schrift** wie der Sütterlinschrift geschrieben sind. Zur Unterschrift in fremder Schrift s. Rn. 28. Die Behörde kann keine Übertragung verlangen. Das gleiche gilt, wenn das Schriftstück schlecht geschrieben ist, es sei denn, eine besondere Schriftform (Großschreiben, Maschinenschrift) oder lesbare Schrift (in Prüfungsarbeiten) ist vorgeschrieben (vgl. § 24 Rn. 88f.). Die Vorlage von auf **Datenträger oder Mikrofilm** gespeicherten Dokumenten berührt nicht § 23, sondern muss den Voraussetzungen des § 3a genügen. Es bedarf keiner gesonderten Vorschrift mehr, die zum **Ausdrucken derartiger Schriftstücke** verpflichtet (vgl. § 147 Abs. 5 AO; § 108 Abs. 4 VwPO-E, dazu Einl Rn. 54, § 26 Rn. 44; s. auch § 100 Abs. 2 VwGO). Wird ein **VA durch Abkürzung** etc. **unverständlich**, ist ebenfalls nicht die Amtssprache tangiert, sondern § 37 (§ 37 Rn. 134ff.).

VI. Europarecht

74 Das EU-Recht unterscheidet zwischen Vertragssprachen, Amtssprachen und Arbeitssprachen.[114] **Vertragssprachen** sind die für ihre Auslegung gleichberechtigten authentischen Sprachen, in denen die Verträge abgeschlossen worden sind, z.B. ist der EGV nach **Art. 314** in deutscher, französischer, italienischer und niederländischer Sprache abgefasst worden. Diese Sprachen sind in den jeweiligen Beitrittsakten auf die Sprache der beitretenden Länder erweitert worden.

---

[113] Vgl. Begr. zu § 19 Entwurf 73, aber auch *BVerfGE* 42, 120.
[114] S. zusammenfassend *v. Ebner* DVBl 1971, 341; *Oppermann* Rn. 160ff.; *Jessnitzer*, Dolmetscher, 1982, S. 183ff., 185ff.

Alle Sprachen der Vertragsstaaten (mit Ausnahme von irisch (gälisch)) sind grundsätzlich gleichberechtigte **Amtssprachen**. Sie werden, unbeschadet der Verfahrensordnung des *EuGH*, nach Art. 290 EGV durch die Organe der Gemeinschaft festgelegt, z. B. durch Art. 8 der GeschäftsO des Rates oder RatsVO Nr. 1 vom 15. 4. 1958, die z. B. festlegt, dass das Amtsblatt der Gemeinschaft in allen Amtssprachen (Art. 5 VO), Schriftstücke der Gemeinschaft an ein Mitglied oder an eine Person, die der Hoheitsgewalt dieses Mitglieds unterliegt, in der Sprache dieses Staates (Art. 3 VO) und Schriftstücke, die ein Mitglied oder eine Person, die der Hoheitsgewalt dieses Mitglieds unterliegt, in jeder Amtssprache abgefasst werden können und in der entsprechenden Sprache zu beantworten sind (Art. 2 VO). Dies bestimmt nun auch **Art. 41 Abs. 4 der Charta der Grundrechte der Europäischen Union** (§ 1 Rn. 26) und folgend Art. 13 des Europäischen Kodex für gute Verwaltungspraxis (§ 10 Rn. 29, § 20 Rn. 67).

Die Verletzung der Regelung über die Amtssprache kann ein wesentlicher Formfehler i. S. d. Art. 230 EGV sein, der zur Nichtigkeit führt, falls der Betroffene wegen dieser Verletzung die Entscheidung nicht verstanden hat.[115] Aus Art. 230 Abs. 5 EGV wird geschlossen, dass diese Verletzung bei Bekanntgaben von Entscheidungen und Veröffentlichungen (Art. 254, dazu § 41 Rn. 240 f.) ex nunc geheilt werden kann.[116] Die Gleichberechtigung verschiedener Sprachen verursacht bei der **Auslegung** der Texte erhebliche Schwierigkeiten.[117]

Art. 29 ff. der **Verfahrensordnung des *EuGH*** sieht alle Amtssprachen einschließlich der irischen als Verfahrenssprachen an, aus denen der Kläger grundsätzlich auswählen kann. Bei Klagen gegen einen Mitgliedstaat ist dessen Sprache Verfahrenssprache, bei der Vorlage nach Art. 234 EGV ist die Sprache des vorlegenden Gerichts maßgebend.

Neben den Amtssprachen haben sich das Französische und das Englische als **Arbeitssprachen** entwickelt, die die Amtssprachen aber nicht ersetzen, selbst soweit sie dienstintern vorgeschrieben sind.

Für den **EU-Bürger** darf Sprache in einem anderen Mitgliedsland kein Hindernis sein, um seine durch die EG geschaffenen Grundfreiheiten (Einl Rn. 79) zu verwirklichen.[118] Andererseits sind die Mitgliedstaaten der EU noch nicht in der Union aufgegangen (Einl Rn. 68); die EU ist auf den Vollzug durch einzelstaatliche Behörden und Gerichte nach deren Regelungen angewiesen, die ihrerseits die Effektivität des VwVf durch den Gebrauch der Landessprache fördern.[119] Allerdings ist die Lösung nicht wie bei anderen Ausländern im Sinn einer praktischen Konkordanz zu suchen (Rn. 7), sondern das **Diskriminierungsverbot** (Einl Rn. 77) zwingt jedenfalls dann zur gleichberechtigten Anwendung der Sprache bei dem Bürger, soweit sie zur Verwirklichung der Grundfreiheiten, vor allem der Freizügigkeit (Art. 39 ff. EGV, der Niederlassungsfreiheit (Art. 43 ff. EGV) und der Freiheit des Dienstleistungsverkehrs (Art. 49 ff. EGV) erforderlich ist. Ist den Angehörigen eines Mitgliedstaats – mit dem Ziel des Minderheitenschutzes – in einem bestimmten Gebiet das Recht eingeräumt, eine bestimmte Sprache zu benutzen, die nicht die Hauptsprache des betreffenden Staats ist, können sich hierauf auch die Angehörigen anderer Mitgliedstaaten berufen, die diese regional zugelassene Sprache sprechen und sich in diesem Gebiet aufhalten.[120]

Differenzierungen sind zulässig, soweit die Norm, die angewandt wird (also nicht die Anwendung selbst) zwischen Inländern und Ausländern unterscheidet und die Staatsangehörigkeit oder die Sprache als Unterscheidungskriterium nennt,[121] wie z. B. bei Zulassungen von Berufen, die auf die deutsche Sprache angewiesen sind. Insgesamt sprechen die Grundsätze die Mitwirkung des nichtdeutschen EU-Bürgers an sowie die Tätigkeit der Behörde, die diese Mitwirkung ermöglicht. In aller Regel bleibt die Amtssprache für die abschließende Entscheidung des VwVf, den VA und seine Begründung, deutsch (vgl. aber Rn. 7 f., 11 f.). Gleiches gilt für die Rechtsbehelfsbelehrung (§ 37 Rn. 117 f.).

---

[115] *Geiger* Art. 230 Rn. 31 f., Art. 290 Rn. 7.
[116] *Geiger* Art. 230 Rn. 32.
[117] Vgl. *Hilf*, Die Auslegung mehrsprachiger Verträge, 1973; *Oppermann* Rn. 577 ff., 580; *Bleckmann*, Zu den Auslegungsmethoden des *EuGH* NJW 1982, 1177; ferner Einl Rn. 91.
[118] Zusammenfassend *Lässig*, Deutsch als Gerichts- und Amtssprache, 1980, S. 72 ff.
[119] Vgl. auch *U. Stelkens* ZEuS 2004, 129, 138.
[120] *EuGH* Slg 1998 I-7637 = EuZW 1999, 82 m. Anm. *Streinz* JuS 1999, 490 für Gerichtssprache in Strafverfahren.
[121] *Lässig*, Deutsch als Gerichts- und Amtssprache, 1980, S. 76 ff.

80 Im übrigen kann **besonderes sekundäres Gemeinschaftsrecht** wie die VO 1408/71 über die Anwendung der Systeme der sozialen Sicherheit auf Arbeitnehmer und deren Familien[122] oder die VO 1612/68 über die Freizügigkeit der Arbeitnehmer innerhalb der Gemeinschaft[123] sowie ergänzende Regelungen wie die Richtlinie 77/486 über die schulische Betreuung der Kinder von Wanderarbeitern[124] einen Anspruch auf Gebrauch der Sprache eines Mitgliedstaates vermitteln. Vielfach berühren diese Regelungen weniger den Anwendungsbereich des § 23 als den des § 19 SGB X oder auch des § 89 AO. Da diese Freiheiten aber „nur" sog. ökonomische Freiheiten sind, ist aus diesen Überlegungen (noch) nicht ein allgemeiner Anspruch des EU-Bürgers auf Gleichbehandlung in der Sprache mit Inländern in sonstigen Bereichen anzunehmen.

81 **Ausländer aus Nicht-EU-Staaten** können sich nicht auf diese Regelungen berufen, falls nicht konkrete Regelungen in Assoziierungsabkommen getroffen sind. Zum Zweck einer einheitlichen europäischen Anwendung sind aber z. B. verfassungsrechtliche Mindeststandards, die häufig auch völkerrechtliche Mindeststandards sind (Rn. 7), z. B. durch die Entschließung des Rates der Justiz- und Innenminister vom 20./21. 6. 1995 über die Mindestgarantien für Asylverfahren festgelegt worden.[125]

82 Die **Amtssprachen** nach der **EMRK** sind Französisch und Englisch und in Art. 24 der Verfahrensordnung der Kommission sowie Art. 27 der Verfahrensordnung des Gerichtshofs geregelt. Der Gebrauch einer anderen Sprache in Wort und Schrift kann hiernach gestattet werden, vor dem Gerichtshof sind anderssprachigen Schriftstücken aber Übersetzungen in französischer oder englischer Sprache beizufügen. Die durch die Rechtsschutzgarantie des Art. 13 EMRK abgesicherten, auf das Strafverfahren zugeschnittenen Sonderregelungen der Art. 5 Abs. 2 EMRK und 6 Abs. 3 lit. a und e EMRK[126] gelten nicht vor deutschen Behörden in einem VwVf.[127] Zur persönlichen Anhörung durch Dolmetscher ist seitens des Europarates die Empfehlung Nr. (81) 16 ergangen.[128] Zu Anforderungen nach **zwischenstaatlichen Vereinbarungen** s. Rn. 69.

83 Die **Europäische Charta über regionale und Minderheitssprachen** des Europarates vom 5. 11. 1992[129] schreibt u. a. in den Gerichts- und Verwaltungsbezirken, in denen die Zahl der Einwohner, die Regional- und Minderheitssprachen gebrauchen, es rechtfertigt und sofern es zumutbar ist, in den § 9 und § 10 für Justiz- und Verwaltungsbehörden sowie öffentliche Dienstleistungen vor, dass, soweit wie möglich, regionale und Minderheitssprachen gebraucht werden können und Verwaltungstexte und Formulare zweisprachig ausliegen sollen. Veröffentlichungen amtlicher Unterlagen sollen ebenfalls in den betreffenden Regionen in diesen Sprachen erfolgen. Als **Regional- oder Minderheitssprachen** werden nach Art. 1 die Sprachen verstanden, die herkömmlicherweise in einem bestimmten Teil des Staatsgebiets von Angehörigen dieses Staates, die eine Minderheit bilden, gesprochen werden und die sich von der Amtssprache unterscheiden. Nicht darunter fallen Dialekte der Amtssprache (Rn. 26 f.) oder die Sprachen von Zuwanderern oder die sich von der Amtssprache unterscheidenden Sprachen der Staatsangehörigen, die zwar herkömmlicherweise im Staatsgebiet gesprochen werden, aber nicht auf ein bestimmtes Staatsgebiet beschränkt sind **(nicht territorial gebundene Sprachen)**. Ergänzt wird der Schutz nationaler Minderheiten durch das **Rahmenübereinkommen** des Europarates vom 1. 2. 1995 **zum Schutz nationale Minderheit,**[130] das allerdings den Begriff

---

[122] Vom 14. 6. 1971, ABl. EG Nr. L 149 S. 2.
[123] Vom 15. 10. 1968, ABl. EG Nr. L 257 S. 2.
[124] Vom 25. 7. 1977, ABl. EG Nr. L 199 S. 32.
[125] Rn. 12; *BVerfGE* 94, 166 = NVwZ 1996, 678, 683.
[126] Dazu *VG Kassel* InfAuslR 1984, 280; *Lässig,* Deutsch als Gerichts- und Amtssprache, 1980, S. 53 ff.; *Jessnitzer,* Dolmetscher, 1982, S. 57.
[127] *BFH* 10. 7. 1981 – VII R 101/80 (juris); wohl aber für Hauptverhandlung in einem Bußgeldverfahren *EuGH* NJW 1985, 1273, dazu *Schroth* EuGRZ 1985, 557.
[128] Dazu *Marx* KJ 1992, 404, 415, zu Empfehlungen s. Einl Rn. 99.
[129] Gesetz zur Ratifizierung vom 9. 7. 1998, BGBl II S. 1314; vgl. ferner Bekanntmachung über das Inkrafttreten vom 30. 12. 1998, BGBl 1999 II S. 59 nebst Erklärung der Bundesrepublik Deutschland zur Umsetzung der Verpflichtungen der Charta, S. 1336. Ferner Erklärung Deutschlands zur Übernahme weiterer Verpflichtungen betr. Nordfriesisch in Teilen Schleswig-Holsteins, Saterfriesisch in Teilen Niedersachsens und Romanes in Hessen; Gesetz zur Ratifizierung vom 11. 9. 2002, BGBl II S. 2450.
[130] Zustimmungsgesetz vom 22. 7. 1997 BGBl II S. 1406; BT-Drs 13/6912, dort S. 18 Erklärung der Bundesrepublik Deutschland bei der Unterzeichnung am 11. 5. 1995; dort S. 19 ff. Denkschrift zum Rahmenübereinkommen; dort S. 37 ff., 40 f. erläuternder Bericht.

der nationalen Minderheiten nicht selbst definiert, so dass er von den Vertragsstaaten selbst ausgefüllt werden muss.[131]

Als nationale Minderheiten sieht die Bundesrepublik[132] **Sorben**[133] und **Dänen** deutscher Staatsangehörigkeit **im Landesteil Schleswig**.[134] Die **Friesen** im Nordwesten der Länder **Schleswig-Holstein und Niedersachsen** betrachten sich in ihrer Mehrheit nicht als nationaler Minderheiten, sondern als **Volksgruppe** im deutschen Volk, jedoch mit besonderer Sprache, Herkunft und Kultur.[135] Volksgruppen sind auch die deutschen **Sinti und Roma,** die jedoch traditionell nicht in einer bestimmten Region Deutschlands leben.[136] Bei der Unterzeichnung des Rahmenabkommens hat die Bundesrepublik Deutschland erklärt, dass sie das Abkommen auch auf diese Volksgruppen anwenden wird.[137] Dies bedeutet für die **Amtsprache**, dass die Sprache der Minderheiten nur in den Gebieten zu berücksichtigen ist, in denen sie traditionell beheimatet sind oder in beträchtlicher Zahl leben. Ferner ist Voraussetzung, dass der Gebrauch der Sprache als Amtssprache von den Angehörigen der Minderheit verlangt wird und einem nach objektiven Merkmalen zu bestimmenden tatsächlichen Bedürfnis entspricht.[138] Diese Voraussetzungen werden nach der Denkschrift[139] für die in Deutschland lebenden nationalen Minderheiten und Volksgruppen allein schon deshalb nicht angenommen, weil alle Teile der Bevölkerung Deutsch sprechen und für die Sorben in Brandenburg und Sachsen eine Regelung gefunden sei (s. Rn. 86 ff.). Für den Gebrauch der Sprache ist dem zuzustimmen.[140] Für den Gebrauch von **Urkunden und Beweismitteln** in der Sprache der Minderheiten und Volksgruppen sollte allerdings entsprechend der brandenburgischen Regelung für die Sorben (Rn. 89) § 23 Abs. 2 ohne Kostenbelastung angewandt werden. Andere Bevölkerungsteile ausländischer Herkunft wie z. B. **Deutsche türkischer Herkunft** unterfallen nicht diesen Abkommen, da sie als Zuwanderer (s. o.) verstanden werden.

84

VII. Landesrecht

Das Landesrecht stimmt im Wesentlichen mit § 23 überein. Abweichungen bestehen in Baden-Württemberg (Rn. 55), im Saarland (Abs. 2 Satz 2: „Bei Dokumenten in französischer Sprache kann die Behörde von der Vorlage einer Übersetzung absehen.")[141] und in Schleswig-Holstein (Rn. 51). Zur Rechtschreibreform s. Rn. 25. Zu Brandenburg und Sachsen s. Rn. 86 ff.

85

VIII. Sorbische Sprache

Unabhängig von den unter Rn. 83 genannten Abkommen stellte sich mit der Wiedervereinigung die Frage, ob die **Sprache der Sorben** oder Wenden in ihren ursprünglichen Siedlungs-

86

---

[131] BT-Dr 13/6912, dort S. 21.
[132] BT-Dr 13/6912, dort S. 18, 21.
[133] BT-Dr 13/6912, dort S. 24 ff.
[134] BT-Dr 13/6912, dort S. 23 f.
[135] BT-Dr 13/6912, dort S. 21, 27 f. Vgl. auch § 1 Abs. 2 FriesischG SH vom 13. 12. 2004 (GVOBl SH S. 481), der entsprechende Anwendung des § 82a Abs. 2 bis 4 LVwG SH (= § 23 VwVfG) bestimmt, wenn die Behörde nicht über friesische Sprachkompetenz verfügt.
[136] BT-Dr 13/6912, dort S. 21, 28 f.
[137] BT-Dr 13/6912, dort S. 18.
[138] BT-Dr 13/6912, dort S. 32 f.
[139] BT-Dr 13/6912, dort S. 33.
[140] Im Ergebnis auch *Mäder* ZAR 1997, 29.
[141] Die Abweichung beruht auf der besonderen Geschichte des Saarlandes. Insbes. alte Dokumente sind vielfach noch auf französisch abgefasst. Wichtige Gründungsverträge saarländischer Unternehmen liegen wohl auch nur auf französisch vor. In der Gesetzesbegründung (LT-Drs. 12/942, S. 24) kommt dies allerdings nur unvollständig zum Ausdruck: „Die Einfügung des neuen Satzes 2 dient der Förderung der Zweisprachigkeit Deutsch/Französisch im Saarland. Den Behörden soll es im Umgang mit Grenzgängern insbes. bei häufig zu verwendenden Dokumenten möglich sein, auf Übersetzungen zu verzichten. Auswirkungen wird dies insbesondere haben, wenn zweisprachige Formulare in französischer Sprache ausgefüllt werden. In diesem Fall führt das Beharren darauf, dass der Antragsteller das Dokument übersetzt, zu einem widersinnigen Ergebnis."

gebieten, in denen Zweisprachigkeit noch gepflegt wurde, als **Amtssprache** zuzulassen ist. Das angestammte Siedlungsgebiet liegt in **Brandenburg** in der kreisfreien Stadt Cottbus sowie in Ämtern der Kreise Spree-Neiße-Kreis, Dahme-Spreewald-Kreis und Oberspreewald-Lausitz-Kreis (§ 3 Bbg. Sorben [Wenden]-Gesetz, Rn. 89), in **Sachsen** in der kreisfreien Stadt Hoyerswerda sowie in den Kreisen Westlausitzkreis, Niederschlesischer Oberlausitzkreis und Kreis Bautzen. Zum Sorbentum bekennen sich insgesamt 60 000 bis 80 000 Menschen, wobei sich die Sorben der Niederlausitz als **Wenden** bezeichnen.[142]

87 In der **DDR** wurde die in sich unterschiedliche nieder- und obersorbische Sprache seit dem Sorbengesetz 1948 gefördert und ihr Gebrauch als Ausdruck der Gleichberechtigung angesehen (Rechtslexikon, S. 290). Art. 11 der Verf. 1949 garantierte bereits den „fremdsprachigen Volksteilen der Republik", dass sie insbesondere nicht am Gebrauch ihrer Muttersprache in der inneren Verwaltung und in der Rechtspflege gehindert werden dürfen. Art. 40 der Verf. 1974 griff dieses Recht im Zuge der Diskussion um die deutsche Nation auf und garantierte das Recht der „Bürger der DDR sorbischer Nationalität" auf Pflege ihrer Sprache.

88 Um diese tradierten Rechte auch vor dem Hintergrund nationalsozialistischer Diskriminierung zu sichern, übernahm die Bundesrepublik im **Protokoll zum EVertr** die Garantie des Rechtes auf kulturelle Selbständigkeit, die allerdings wegen der Sprache im Wesentlichen als bildungspolitische Erklärung verstanden wird (im einzelnen Protokoll I Nr. 14 zu Art. 35 des EVertr).[143] § 184 GVG erhielt für die **Gerichtssprache** nach § 184 GVG die Maßgabe Anl. I Kap. III Sachg. A Abschn. III Nr. 1 lit. r,[144] die durch § 11 RpflAnpG übernommen worden ist.[145]

„Das Recht der Sorben, in den Heimatkreisen der sorbischen Bevölkerung vor Gericht sorbisch zu sprechen, wird durch § 184 nicht berührt."

Eine entsprechende Regelung fehlt bei der Übernahme des VwVfG. Hierbei dürfte es sich eher um ein Versehen handeln, da es offenbar die Verhandlungspartner der DDR versäumt hatten, auch gegenüber dem BMI auf eine Ergänzung des § 23 zu drängen.[146]

89 Inzwischen haben die Länder Brandenburg und Sachsen eigenständige Regelungen für die Amtssprache der Sorben geschaffen. In **Brandenburg** wird das Recht der Sorben auf nationale Identität auf der Grundlage der Staatszielbestimmung des Art. 25 BbgVerf[147] im Gesetz zur Ausgestaltung der Rechte der Sorben (Wenden) (Sorben [Wenden]-Gesetz) vom 7. 7. 1994 niedergelegt;[148] die Sprache der Sorben ist nach § 8 des Gesetzes zu schützen und zu fördern. Die Regelung der **Amtssprache** erfolgte bereits in **§ 23 Abs. 5 BbgVwVfG,** der lautet:

„Die Bestimmungen der Absätze 2 bis 4[149] gelten innerhalb des Siedlungsgebietes der Sorben[150] mit der Maßgabe, daß von sorbischen Verfahrensbeteiligten Kosten für Dolmetscher oder Übersetzer im Verwaltungsverfahren nicht erhoben werden. Abweichend von Absatz 3 beginnt der Lauf einer Frist auch dann, wenn innerhalb des Siedlungsgebietes der Sorben eine Anzeige, ein Antrag oder eine Willenserklärung in sorbischer Sprache bei der Behörde eingeht."

90 Zunächst nicht auf das Siedlungsgebiet der Sorben (Rn. 86) beschränkt, sondern für den Bereich der Behörden des Freistaates Sachsen (§ 1 SächsVwVfG) hatte § 3 SächsVwVfG a. F. auf der Grundlage des Art. 6 SächsVerf das Recht der Sorben auf den Gebrauch ihrer Sprache formuliert.[151] Beschränkt auf das Siedlungsgebiet der Sorben wurde die Regelung inzwischen unter Aufhebung des § 3 SächsVwVfG in § 9 Abs. 1 Sächsisches Sorbengesetz – SächsSorbG – vom 31. 3. 1999[152] übernommen:

---

[142] *Westerhof* LKV 1995, 30, 31; im einzelnen BT-Dr 13/6912, S. 24 ff., dazu Rn. 83.
[143] *Stern/Schmidt-Bleitreu*, Bd. II, S. 116.
[144] Dazu *Stelkens* DtZ 1991, 7, 11.
[145] Dazu *Rieß* DtZ 1992, 226, 229, 233.
[146] *Stelkens* DtZ 1991, 264, 265.
[147] *Baer* NVwZ 1997, 27, 33; *Postier* NJ 1995, 511, 513; für Grundrecht *Kemper/Szarka* NJ 1995, 294 f.; offen noch *BbgVerfG* LKV 1995, 365, 366; jetzt aber auch *BbgVerfG* LKV 1998, 395, 404.
[148] Dazu zweisprachige Verwaltungsvorschrift vom 28. 4. 1997 (Amtsbl. für Brandenburg v. 29. 5. 1997).
[149] Wie § 23 VwVfG des Bundes.
[150] Vgl. § 3 Sorben(Wenden)-Gesetz, Rn. 86.
[151] „Die Angehörigen des sorbischen Volkes haben das Recht, sich gegenüber den Behörden im Sinne dieses Gesetzes der sorbischen Sprache zu bedienen." Dazu *Goerlich/Hegele* in Stober (Hrsg.) Handbuch des Sächsischen Staats- und Verwaltungsrechts, 1996, § 3 Rn. 47.
[152] GVBl S. 161.

„Im sorbischen Siedlungsgebiet haben die Bürger das Recht, sich vor Gerichten und Behörden des Freistaates Sachsen sowie der seiner Aufsicht unterstehenden Körperschaften, Anstalten und Stiftungen des öffentlichen Rechts der sorbischen Sprache zu bedienen. Machen sie von diesem Recht Gebrauch, hat dies dieselben Wirkungen, als würden sie sich der deutschen Sprache bedienen. In sorbischer Sprache vorgetragene Anliegen der Bürger können von den Behörden des Freistaates Sachsen und der seiner Aufsicht unterstehenden Körperschaften, Anstalten und Stiftungen des öffentlichen Rechts in sorbischer Sprache beantwortet und entschieden werden. Kostenbelastungen oder sonstige Nachteile dürfen den sorbischen Bürgern hieraus nicht entstehen."

„Sich der sorbischen Sprache zu bedienen" i. S. d. Regelung ist umfassend zu verstehen, so dass der Gebrauch der sorbischen Sprache im mündlichen und schriftlichen Amtsverkehr möglich ist, Urkunden in sorbischer Sprache vorgelegt werden können etc. Im wesentlichen stimmt die Regelung mithin mit der brandenburgischen überein.

Mit den Regelungen des Brandenburgischen VwVfG und des SächsSorbG ist das Recht der Sorben (Wenden) als Angehörige einer Minderheit gewahrt (Rn. 92). Das Recht auf Gebrauch der sorbischen Sprache vor Behörden besteht für **Angehörige des sorbischen Volkes,** gleichgültig, wo sie wohnen, so dass sächsische Sorben hiervon in Brandenburg und umgekehrt Gebrauch machen können, ja selbst wenn sie außerhalb Sachsens oder Brandenburgs ihren Wohnsitz haben. Ebenfalls ist gleichgültig, dass sie die deutsche Sprache in Wort und Schrift beherrschen. Dieses Recht auf sorbische Sprache vor den genannten Behörden wird ergänzt durch weitere Regelungen wie das Recht auf zweisprachige Beschriftung öffentlicher Einrichtungen und Straßen (§ 11 Bbg. Sorben [Wenden]-Gesetz; § 10 Abs. 4 SächsSorbG).

Soweit der völkerrechtliche Grundsatz des Rechts auf eigene Sprache (Rn. 7) und das Diskriminierungsverbot des Art. 3 Abs. 3 GG „wegen der Sprache" (auch) als **Schutz nationaler Minderheiten** verstanden werden,[153] erfüllen die Brandenburgischen und Sächsischen Regelungen diese Anforderungen ebenso wie die Europäische Charta über regionale und Minderheitssprachen des Europarates sowie das Rahmenübereinkommen zum Schutz nationaler Minderheiten (Rn. 83). Bei der Änderung des **GG 1994** ist der vom Vermittlungsausschuss **vorgeschlagene Art. 20 b:** „Der Staat achtet die Identität der ethnischen, kulturellen und sprachlichen Minderheiten"[154] nicht übernommen worden. Eine **Gleichbehandlung** anderer fremdsprachiger Minderheiten in Deutschland unabhängig von ihrer Nationalität mit Sorben ist hieraus nicht abzuleiten, da diese Gleichbehandlung auf eine allgemeine oder regionale Gleichstellung anderer Fremdsprachen mit der deutschen Sprache hinausliefe.[155] Dies gilt umso mehr, als mit der Gleichstellung des Sorbischen im Amtsverkehr auch der besonderen Geschichte Rechnung getragen werden soll (Rn. 87 f.). Schließlich richtet sich ein Gleichbehandlungsanspruch nur an den einzelnen Landesgesetzgeber. Wegen der geringen Anzahl der Sorben und des kleinen Verbreitungsgebietes wird die Bundesrepublik dadurch nicht zum zweisprachigen Staat (Rn. 4), zumal sich diese Sprachenfrage nur auf die Amtssprache der Länder Brandenburg und Sachsen konzentriert. Im Anwendungsbereich des § 23 BVwVfG müssen sich auch Sorben der deutschen Sprache bedienen.

IX. Vorverfahren

§ 23 ist auch im Vorverfahren anzuwenden (§ 79; Rn. 17). Für Kosten des Dolmetschers s. Rn. 60.

§ 24 Untersuchungsgrundsatz

(1) ¹**Die Behörde ermittelt den Sachverhalt von Amts wegen.** ²**Sie bestimmt Art und Umfang der Ermittlungen; an das Vorbringen und an die Beweisanträge der Beteiligten ist sie nicht gebunden.**

(2) **Die Behörde hat alle für den Einzelfall bedeutsamen, auch die für die Beteiligten günstigen Umstände zu berücksichtigen.**

---

[153] Rn. 4; *Lässig,* Deutsch als Gerichts- und Amtssprache, 1980, S. 61, 95.
[154] BT-Dr 12/8423. Vgl. auch *Mäder* ZAR 1997, 29.
[155] S. ferner Rn. 84 und im Einzelnen *Sachs,* Grenzen des Diskriminierungsverbotes, 1987, S. 255 ff. m. w. N.

§ 24 Teil II. Allgemeine Vorschriften über das Verwaltungsverfahren

(3) **Die Behörde darf die Entgegennahme von Erklärungen oder Anträgen, die in ihren Zuständigkeitsbereich fallen, nicht deshalb verweigern, weil sie die Erklärung oder den Antrag in der Sache für unzulässig oder unbegründet hält.**

Vergleichbare Vorschriften: § 88 AO 1977. In § 88 Abs. 1 AO 1977 ist wegen der besonderen abgabenrechtlichen Mitwirkungspflicht des Beteiligten nach § 90 AO 1977 der weitere Satz enthalten: „Der Umfang dieser Pflichten richtet sich nach den Umständen des Einzelfalles." Eine dem § 24 Abs. 3 vergleichbare Vorschrift fehlt in § 88 AO 1977. Zu § 88 AO *J. Martens,* Informationsbeschaffung im Steuerprozeß, in *Carlé, Korn, Stahl* (Hrsg.), Festgabe f. G. Felix, 1989, 177. § 20 SGB X, dazu *Ossenbühl,* Der Erstattungsanspruch gem. § 128 AFG und anderweitige Sozialleistungsansprüche, 1991; § 86 VwGO; § 76 FGO; § 103 SGG.

Abweichendes Landesrecht: –

Entstehungsgeschichte: Bis zum Inkrafttreten des VwVfG vgl. § 24 der 6. Auflage. Siehe ferner Rn. 67, 88.

Literatur: *Dürig,* Beweismaß und Beweislast im Asylrecht, 1990; *Pitschas,* Verwaltungsverantwortung, 1990, S. 687 ff.; *J. P. Schneider,* Nachvollziehbare Amtsermittlung bei der UVP, 1991; *Hüsch,* Verwertungsverbote im Verwaltungsverfahren, Diss. Hamburg 1991; *Kokott,* Beweislastverteilung und Prognoseentscheidungen bei der Inanspruchnahme von Grund- und Menschenrechten, Berlin 1993; *Südhoff,* Der Folgenbeseitigungsanspruch als Grundlage verwaltungsverfahrensrechtlicher Verwertungsverbote, Diss. Heidelberg 1993; *Nacke,* Anfechtbarkeit der Fristsetzung nach § 364b AO, NJW 1996, 3402; *Petri,* Der Gefahrenerforschungseingriff, DÖV 1996, 443; *Kraft,* Änderungsbescheide im Widerspruchsverfahren und Verwaltungsprozeß, BayVBl 1995, 519; *Pohl,* Die Altlastenregelungen in den Ländern, NJW 1995, 1645; *v. Schledorn,* Zulässigkeit einer Klage auf Widerspruchsbescheidung, NVwZ 1995, 250; *J.-P. Schneider,* Kooperative Verwaltungsverfahren, VerwArch 1996, 38; *Kögel,* Die Entwicklung des Altlastenrechts, NJW 1996, 2479; *Hoppe/Bleicher,* Rechtsprobleme bei der Verfahrensprivatisierung von Standortauswahlverfahren im Abfallrecht, NVwZ 1996, 421; *Schwemer,* Verantwortung für Altlasten, VR 1996, 147; *Sobota,* Zum Umfang der behördlichen Untersuchungspflicht gemäß § 24 VwVfG, § 31 VermG, DÖV 1997, 144; *Schenk,* Bodenerkundungsmaßnahmen zum Schutz des Grundwassers, BayVBl 1997, 33; *Weiß,* Der Gefahrenerforschungseingriff bei Altlasten – Versuch einer Neubestimmung, NVwZ 1997, 737; *Groß/Kainer,* Die Verteilung der Verantwortung für die Tatsachenermittlung im Asylrecht, DVBl 1997, 1315; *Erfmeyer,* Die Beseitigung einer Ungewißheit über den Sachverhalt durch Abschluß eines Vergleichsvertrags, DVBl 1998, 753; *Ziegler,* Das neue Gesetz des Bundes zum Bodenschutz, LKV 1998, 249; *Wittkopp,* Sachverhaltsermittlung im Gemeinschaftsverwaltungsrecht, Hamburg 1999; *Köhler-Rott,* Die Mitwirkungslast der Beteiligten im Verwaltungsprozeß, BayVBl 1999, 711; *Deckers,* Glaubwürdigkeit kindlicher Zeugen, NJW 1999, 1365; *Kobes,* Die Untersuchung, Bewertung und Sanierung von Altlasten nach dem Bundes-Bodenschutzgesetz, NVwZ 2000, 261; *Dahm,* Ablehnung eines Beweisantrags im Asylrecht, NVwZ 2000, 1385; *Gusy,* Verwaltung durch Information – Empfehlungen und Warnungen als Mittel des Verwaltungshandelns, NVwZ 2000, 977; *Offe,* Anforderung an die Begutachtung der Glaubwürdigkeit von Zeugenaussagen, NJW 2000, 929; *Trumit,* Sanierungsverantwortlichkeit nach § 4 Abs. 3 und Abs. 6 Bundes-Bodenschutzgesetz, VBlBW 2000, 261; *Kügel,* Die Entwicklung des Altlasten- und Bodenschutzrechts, NJW 2000, 107; *Müggenborg,* Begrenzung der Zustandshaftung bei Altlasten, NVwZ 2001, 39; *Foerste,* Parteiische Zeugen im Zivilprozeß, NJW 2001, 321; *Einmahl,* Zeugenirrtum und Beweismaß im Zivilprozeß, NJW 2001, 469; *Callies,* Vorsorgeprinzip und Beweislastverteilung im Verwaltungsrecht, DVBl 2001, 1725; ; *Seidel,* Privater Sachverstand und staatliche Garantenstellung im Verwaltungsrecht, München 2000; *Bärlein/Pananis/Rehmsmeier,* Spannungsverhältnis zwischen der Aussagefreiheit im Strafverfahren und den Mitwirkungspflichten im Verwaltungsverfahren, NJW 2002, 1825; *Holleben/Schmidt,* Beweislastumkehr im Chemikalienrecht, NVwZ 2002, 532; *R. Müller,* Neue Ermittlungsmethoden und das Verbot des Zwanges zur Selbstbelastung, EuGRZ 2002, 546; *Laumen,* Die „Beweiserleichterung bis zur Beweislastumkehr" – Ein beweisrechtliches Phänomen, NJW 2002, 3739; *Horn,* Vorbeugende Rasterfahndung und informationelle Selbstbestimmung, DÖV 2003, 746; *Seibel,* „Stand der Technik", „allgemein anerkannte Regeln der Technik" und „Stand von Wissenschaft und Technik", BauR 2004, 266; *Nussberger,* Sachverständigenwissen als Determinante verwaltungsrechtlicher Einzelentscheidungen, AöR 129(2004), 282; *Seibel,* Die verfassungsrechtliche Zulässigkeit der Verwendung des unbestimmten Rechtsbegriffs „Stand der Technik", BauR 2004, 1718; *Stohrer,* Die zwangsweise Durchsetzung staatlicher Auskunftsansprüche gegenüber Privaten, BayVBl 2005, 489; *Kloepfer,* Umweltrecht als Informationsrecht, UPR 2005, 41; *Huber/Unger,* Grundlagen und Grenzen der Zustandsverantwortlichkeit des Grundeigentümers im Umweltrecht, VerwArch 96 (2005), 139; *Fraenkel-Haeberle,* Unbestimmte Rechtsbegriffe, technisches Ermessen und gerichtliche Nachprüfung, DÖV 2005, 808; *Hünnekens/Arnold,* Haftung des Gesamtrechtsnachfolgers nach dem Bundes-Bodenschutzgesetz, NJW 2006, 3388; *Durner,* Die behördliche Befugnis zur Nachbesserung fehlerhafter Verwaltungsakte, VerwArch 97 (2006), 345; *Roth,* Beweislastumkehr bezüglich der Kausalität der Verletzung von Verfahrensrechten bei der Entscheidung über die Entschädigung nach Art. 41 EMRK, NVwZ 2006, 753; *Schlacke,* Zum Drittschutz bei Nichtdurchführung einer gebotenen Umweltverträglichkeitsprüfung, ZUR 2006, 360; *Beulke,* Der Beweisantrag, JuS 2006, 597; *Roßnagel/Neuser,* Die rechtliche Festlegung von Risikogrenzwerten, UPR 2006, 125; *Scherzberg,* Der private Gutachter im Umweltschutz, NVwZ 2006, 377; *Spieker gen. Döhmann,* Informationsgewinnung im Umweltrecht durch materielles Recht, DVBl 2006, 278; *Kluth,* Grenzen der Befugnis der Ausländerbehörde zur Sachaufklärung, ZAR 2007, 250; *Klatt,* Zur Beweiserhebung im Asylverfahren – Der Beschluss des BVerfG vom 26. 1. 2005, NVwZ 2007, 51. S. auch die **Literatur zu § 26,** vor Rn. 1. Ausführlich zum Schrifttum vor 1996 s. § 24 der 6. Auflage.

Übersicht

	Rn.
I. Allgemeines	1
1. Grundsätze/Anwendungsbereich	1
2. Grundsatz der freien Beweiswürdigung	14
3. Beweismaß/Wahrscheinlichkeitsmaßstab	20
II. Untersuchungsgrundsatz (Abs. 1)	23
1. Sachverhaltsermittlung (Satz 1)	23
2. Art und Umfang der Sachverhaltsermittlung (Satz 2, 1. Halbs.)	25
3. Vorbringen der Beteiligten (Satz 2, 2. Halbs.)	42
4. Beweisführungslast	54
5. Materielle Beweislast	55
III. Folgen mangelnder Sachverhaltsermittlung	58
IV. Berücksichtigung aller Umstände (Abs. 2)	67
V. Pflicht zur Entgegennahme von Anträgen (Abs. 3)	71
1. Annahmepflicht der Behörde	71
2. Bescheidungsanspruch	75
3. Organisation der Annahme, besondere Antragsformen	82
4. Zuständige Behörde/Weiterleitung	86
5. Formularantrag	88
VI. Europarecht	93
VII. Landesrecht	94
VIII. Vorverfahren	95

I. Allgemeines

1. Grundsätze/Anwendungsbereich

Der dem § 86 Abs. 1 VwGO nachgebildete (Begründung zu § 20 Entwurf 73) § 24 Abs. 1, 2 (zu Abs. 3 s. Rn. 71) legt es der Behörde auf, die **Art und den Umfang der Sachverhaltsermittlung** im VwVf zu bestimmen, ohne dadurch die Beteiligten von ihrer Mitwirkung nach § 26 Abs. 2, § 65 oder auch § 23 (s. § 23 Rn. 4) sowie von besonderen Verpflichtungen nach Spezialgesetzen (vgl. § 26 Rn. 57) zu entbinden. Auch im Verwaltungsverfahren herrscht damit wie im Verwaltungsgerichtsprozess[1] – ohne freilich identisch zu sein (Rn. 2, 58 ff.) – der **Untersuchungsgrundsatz**, die Untersuchungsmaxime, im Gegensatz zu der **Verhandlungsmaxime** des Zivilprozesses,[2] wenngleich in der Praxis, insbesondere in der Leistungsverwaltung, auch eine Annäherung erfolgt.[3] Diese Verpflichtung der Behörde, den Sachverhalt ohne Einschränkung durch den Vortrag oder das Beweisangebot der Beteiligten zu ermitteln, soweit er für den Einzelfall von Bedeutung ist, beruht auf der Überlegung, dass schon aus **rechtsstaatlichen Gründen** das öffentliche Interesse an einer zutreffenden Sachverhaltsermittlung im Verwaltungsverfahren Vorrang vor privaten Interessen der Beteiligten an einer nur (s. Absatz 2, 2. Halbsatz) ihnen günstigen Sachverhaltsfeststellung hat. Der Untersuchungsgrundsatz beruht auf dem Grundsatz der Gesetzmäßigkeit der Verwaltung.[4] Er dient zugleich aber auch dem Rechtsschutz der Beteiligten.[5]

Die Ergebnisse der Sachverhaltsermittlung sind deshalb auch **aktenkundig** zu machen.[6] Zur allgemeinen Pflicht zur Aktenführung s. § 29 Rn. 24 ff. Welche Anforderungen dabei an die Dokumentation des Ergebnisses der Sachverhaltsermittlungen zu stellen sind, bestimmt sich nach dem jeweiligen Fachrecht sowie allgemein nach den Anforderungen der Rechtsschutzgarantie des Art. 19 Abs. 4 GG.[7] Für die Dokumentation z. B. von Prüfungsaufgaben und -leistungen in **mündlichen Prüfungen** als eine Sonderform der Sachverhaltsermittlung (s. § 26 Rn. 21)

---

[1] Zur Amtsermittlung und Beweiserhebung im Verwaltungsprozess s. *Geiger* BayVBl 1999, 321 ff.
[2] Eingehend *Berg* Die Verwaltung 1976, S. 161 ff.
[3] Noch weitergehend *J. Martens* KritV 1989, 341, 343; *ders.* SGb 1990, 217, 220 und bei Rn. 28 f.
[4] H. M. *Berg*, a. a. O., S. 165; *Nierhaus*, S. 258 ff.; *Wittkopp*, Sachverhaltsermittlung im Gemeinschaftsverwaltungsrecht, Hamburg 1999, S. 16 ff.
[5] Vgl. *BVerfG* NJW 1980, 759; *VG Hamburg* AuAS 2003, 149.
[6] Vgl. *BVerfG* NJW 1983, 2135; § 9 Rn. 34 a.
[7] *OVG Koblenz* DÖD 2000, 141 zu Art und Umfang der Dokumentationspflicht des Dienstherrn bei Teiländerung einer dienstlichen Beurteilung. *OVG Hamburg* NordÖR 2000, 250 zur Protokollierung von Vorstellungsgesprächen. *OVG Münster* Beschl. v. 5. 9. 2000 – 19 B 1244/00 – zur Dokumentation eines zur Schulentlassung führenden Sachverhalts.

geht die Rechtsprechung davon aus, dass eine umfassende Protokollierung nicht geboten ist; allerdings seien hinreichende verfahrensmäßige Vorkehrungen erforderlich, um das Prüfungsgeschehen auch nachträglich noch aufklären zu können.[8] Eine unzureichende oder fehlerhafte Protokollierung des Prüfungsgeschehens kann zu einer Verschiebung der materiellen Beweislast führen.[9] Ein Anspruch auf Herausgabe oder Beseitigung der im Rahmen der Sachverhaltsermittlung rechtmäßig zu den Behördenakten gelangten Unterlagen besteht in der Regel nicht, weil eine Vollständigkeit der Akten notwendig ist, um Aufsicht und Rechtskontrolle zu gewährleisten.[10] Es kann jedoch z.B. ein Anspruch auf Überlassen einer Führerscheinakte bestehen, um ein Parteigutachten zur Frage der Fahreignung erstellen lassen zu können.[11]

3   Dieser Blick auf das Ergebnis der Sachverhaltsermittlung darf die Sicht nicht darauf verstellen, dass die **Informationsbeschaffung,**[12] die Ermittlung des Sachverhalts unter Mitwirkung der Beteiligten, der Gewährung von Akteneinsicht (§ 29) und Anhörung (§ 28) sowie behördlicher Beratung (§ 25) der wesentliche Teil eines **Entscheidungsprozesses** (§ 9 Rn. 90 ff.) darstellt. Während der Verwaltungsrichter ergebnisorientiert entscheidet,[13] sind bereits Durchführung und Umfang der behördlichen Sachverhaltsermittlung für die Behörde und den Bürger von entscheidendem Wert; insbesondere der Betroffene wird losgelöst von allen Mitwirkungslasten in eigenem Interesse versuchen, schon frühzeitig Einfluss auf Inhalt und Ausgestaltung der Sachverhaltsermittlung zu nehmen (§ 26 Rn. 47 f.).

4   Aufgrund des Untersuchungsgrundsatzes bestimmt die Behörde **Art und Umfang der Ermittlung** (Rn. 25 ff.). Die auf Grund des Untersuchungsgrundsatzes durchgeführte Sachverhaltsermittlung **ersetzt nicht** die **Anhörung** nach § 28,[14] vielmehr kann in einer ungenügenden Sachverhaltsermittlung zugleich ein Verstoß gegen § 28 enthalten sein (s. Rn. 67).[15] Zugleich kann eine ungenügende Mitwirkung des Betroffenen bei der Anhörung als Mitverschulden bei einer Amtspflichtverletzung wegen ungenügender Sachaufklärung gewertet werden[16] (§ 26 Rn. 55).

5   Allerdings bestehen auch **Unterschiede** zwischen dem **Untersuchungsgrundsatz des § 24** und dem des **§ 86 VwGO.**[17] Der Grundsatz des § 86 VwGO ist wesentlich durch die Rechtsschutzgarantie des Art. 19 Abs. 4 GG geprägt, dient also nicht nur dem öffentlichen, sondern ganz wesentlich auch dem privaten Interesse, um vor Gericht eine Waffengleichheit zwischen dem Bürger und der Behörde zu ermöglichen[18] (Rn. 65 und § 26 Rn. 3 f.). § 86 VwGO dient überdies in der Regel der Aufklärung eines in der Vergangenheit begründeten Sachverhaltes im Interesse gerichtlicher **Kontrolle.** Der Zweck des § 24 ist demgegenüber die Ermittlung eines Sachverhaltes, um auf seiner Grundlage eine auf die Zukunft gerichtete Verwaltungsmaßnahme im Allgemeininteresse und im Interesse des Einzelnen durchzuführen (oder auch von ihr abzusehen) und durch sie einen bestimmten Lebenssachverhalt zu gestalten.[19] Insoweit enthält § 24 auch ein meditatives Element.[20]

6   Soweit in **Spezialgesetzen** der Untersuchungsgrundsatz niedergelegt ist, dient er der besonderen Betonung (z.B. § 31 VermG;[21] § 24 AsylVfG[22]) oder Erweiterung (z.B. § 18 Gefahrstoff-

---

[8] BVerwG NJW 1996, 2670; OVG *Münster* NJW 1996, 2675; DVBl 1995, 1370; Urt. v. 5. 8. 1998 – 12 A 689/97 – (zu den rechtlichen Anforderungen an die Erstellung des Protokolls des mündlichen Teils einer Laufbahnprüfung); *Hösch* JuS 1997, 602 (604).
[9] OVG *Münster* DVBl 2000, 718 f.; OVG *Greifswald* NVwZ 2002, 104.
[10] VG *Lüneburg* NVwZ 1997, 205. Zum Datenschutzrecht *VG Gießen* DÖV 2000, 516. Zum Anspruch auf Löschung personenbezogener Daten nach dem BKAG s. *BVerwG* DVBl 1999, 332. Zum Anspruch auf Vernichtung erkennungsdienstlicher Unterlagen *VGH Kassel* DÖV 2005, 523; *VG Gießen* NVwZ 2002, 1531; *VG Braunschweig* NVwZ-RR 2000, 217; *Humberg* VR 2004, 155.
[11] S. *OVG Koblenz* NJW 1997, 2342.
[12] *J. Martens,* Praxis des Verwaltungsverfahrens, § 5; *Pitschas,* Verwaltungsverantwortung, S. 687 ff.
[13] *Stelkens* NWVBl 1989, 335, 337; Rn. 2, 58 ff.
[14] *OVG Bremen* NJW 1983, 1869.
[15] Zur Ablehnung eines Beweisantrags als Verletzung des Anspruchs auf rechtliches Gehör s. *BVerfG* DVBl 2002, 834; *VGH Mannheim* NVwZ-Beilage 1998, 110 mit Darstellung der ständigen Rechtsprechung.
[16] *BGH* NJW 1992, 2769, 2770.
[17] *Geiger* BayVBl 1999, 321 ff.
[18] *Stelkens* NVwZ 1982, 81 (83).
[19] *BVerwG* NVwZ 1999, 535
[20] *Pitschas* NVwZ 2004, 396; 400.
[21] Dazu im Einzelnen *Sobota* DÖV 1997, 144 ff.
[22] Zur Sachverhaltsermittlung im Asylrecht Rn. 17; *BVerfG* NVwZ 2005, 681; *BVerwG* NVwZ 2007, 346; *VGH Mannheim* NVwZ-RR 2007, 202 m.w.N.; s. auch *OVG Münster* AuAS 2005, 80; *Klatt* NVwZ

VO), ggf. indem besondere Beweismittel vorgeschrieben werden (§ 26 Rn. 8); zuweilen wird er ausdrücklich eingeschränkt wie in § 5 KDVG[23] oder die Zusammenarbeit mit dem Antragsteller durch Festlegung eines Untersuchungsrahmens betont wie in § 5 UVPG, der allerdings die Verantwortlichkeit der Behörde nach § 24 Abs. 1 S. 2 nicht verdrängt.[24] Zum GenTG s. *Ladeur*.[25] Zu den besonderen Vorschriften zählen im VwVfG §§ 65, 66 Abs. 2, 69 Abs. 1 (dazu Rn. 14), aus denen sich also eine Verpflichtung zu einer bestimmten Sachverhaltsermittlung ergibt.[26] So wird der Zweck der UVP in der Weise zusammengefasst, dass die Informationsbasis erweitert, die Methodik der Bewertung der gesammelten Informationen verbessert und eine breitere Grundlage für die Offenlegung und Dokumentation des Informationsmaterials des Bewertungsergebnisses geschaffen werden soll, s. § 63 Rn. 53 ff.[27] Mittels verfahrensrechtlicher Anforderungen soll dabei der Blick in bestimmten Schritten und folglich in gesteigerter Weise auf die in § 2 UVPG genannten Schutzgüter gelenkt werden.[28] Zur Beschränkung der Befugnisse aus §§ 24, 26 durch Regelungen der Datenschutzgesetze s. *BVerwG*.[29]

Eine **Verletzung des Untersuchungsgrundsatzes** begründet nach bisherigem Verständnis unabhängig davon, ob dieser nach § 24 oder als spezialgesetzliche Ausgestaltung Anwendung findet, **keine selbstständig durchsetzbare Verfahrensposition**. Derartige Verfahrenspositionen, die unabhängig von der Möglichkeit einer konkreten materiellrechtlichen Betroffenheit geschützt sind, hat die Rechtsprechung – vom Atomrecht[30] abgesehen – auch für den Bereich des Fachplanungsrechts und sonstigen Zulassungsrechts bislang abgelehnt[31] und zur Begründung auf § 46 verwiesen.[32] So wurde auch das Fehlen einer förmlichen UVP nur dann als entscheidungsbestimmend angesehen, wenn im Einzelfall die konkrete Möglichkeit besteht, dass ohne den Verfahrensfehler die Entscheidung anders ausgefallen wäre, s. § 73 Rn. 151 ff.[33] Demgegenüber steht das bisherige Verständnis einer weitgehenden Unbeachtlichkeit von Verfahrensfehlern unter dem Einfluss der Aarhus-Konvention[34] und der Richtlinie 2003/35/EG[35] in der Diskussion. So soll im Hinblick auf Art. 10a der UVP-Richtlinie, der eine gerichtliche Überprüfung auch der verfahrensrechtlichen Rechtmäßigkeit von Entscheidungen durch „Mitglieder der betroffenen Öffentlichkeit" vorsieht, den Vorschriften über die Durchführung eines förmlichen Genehmigungsverfahrens (§ 10 BImSchG) und einer UVP (§ 3 UVPG) drittschützende Wirkung zukommen.[36] Davon unabhängig kann die Behörde auch im Rahmen eines förmlichen VwVf – ggfs. unter Wiederholung früherer Verfahrensabschnitte – jederzeit einen von ihr erkannten oder auch nur als möglich unterstellten formellen, ebenso wie materiellen Mangel beseitigen.[37] **7**

Frühere Einzelregelungen werden zugunsten der **allgemeinen Regel des § 24** mehr und mehr abgebaut,[38] auch in dem Sinn, dass der Zweckbestimmung des Gesetzes, z.B. dem Be- **8**

2007, 51; *Kluth* ZAR 2007, 250; *Jakober* ZAR 2005, 152; *Middeke* DVBl 2004, 150; *Schulz* NVwZ 2000, 1367; *Gierlich/Greve/Keuk* ZAR 2005, 158; *Haenel* ZAR 2003, 18; *Birck* ZAR 2002, 28.
[23] Dazu *Eckertz* JuS 1985, 683, 686.
[24] Dazu *Weber/Hellmann* NJW 1990, 1625, 1629; weitergehend im Sinn einer Teilung der Verantwortung *Schwab* NVwZ 1997, 428 (431); *J. P. Schneider*, S. 111, 116 ff., 133 ff.; § 9 Rn. 164 ff.; § 63 Rn. 52.
[25] NuR 1992, 254.
[26] BVerwGE 62, 108 ff.
[27] BVerwG DVBl 1994, 763; DVBl 1995, 951; NuR 1998, 305; BVerwGE 104, 337 ff.; *VGH München* DVBl 1994, 1198.
[28] S. allgemein zur Informationsgewinnung im Umweltrecht *Kloepfer* UPR 2005, 41; *Spiecker gen. Döhmann* DVBl 2006, 278.
[29] NVwZ-RR 2000, 760. Zum Umfang der Ermittlungsbefugnis der Fahrerlaubnisbehörde s. *VGH Mannheim* NJW 2005, 234.
[30] BVerwG NVwZ 1990, 967; 1998, 628.
[31] *Murswiek* JuS 1998, 855 gibt hierzu einen Rechtsprechungsüberblick.
[32] BVerwG NVwZ 1984, 718; NVwZ 1987, 578; NVwZ-RR 1996, 381.
[33] BVerwG NVwZ 1996, 788; *Hien* NVwZ 1997, 422, 423 ff. S. dazu auch *OVG Münster* ZUR 2006, 375.
[34] *Oestreich* Verwaltung 39 (2006), 39; *Ekardt* NVwZ 2006, 55; *Alleweldt* DÖV 2006, 621; *Fisahn* ZUR 2004, 136; *Schlacke* ZUR 2004, 129; *v. Danwitz* NVwZ 2004, 272; *Louis* NuR 2004, 287; *Zschiesche* ZUR 2001, 177.
[35] Dazu *Alleweldt* DÖV 2006, 621 m.w. N.
[36] So *OVG Koblenz* NVwZ 2005, 1208; offen gelassen in *OVG Münster* Beschl. v. 5. 7. 2006 – 8 B 212/06.AK –; zum Diskussionsstand s. *Schlacke* ZUR 2006, 360; *B. Schulte* ZfBR 2006, 893. S. ferner *VG Karlsruhe* NuR 2007, 48; *Knill/Winkler* VerwArch 98 (2007), 1 ff.
[37] BVerwG NVwZ 1998, 628 zum atomrechtlichen Genehmigungsverfahren; BVerwG NVwZ 1995, 901 zur straßenrechtlichen Planfeststellung.
[38] *Stelkens* NVwZ 1986, 541, 543.

schleunigungszweck, eine teilweise Verdrängung der §§ 24 ff. entnommen wird.³⁹ Z. T. beinhalten sie einzelne Spezialregeln, die ergänzend zu §§ 24, 26 hinzutreten, z. B. § 208 BauGB im Ggs. zu § 150 BBauG; s. ferner die Regelungen der §§ 2 ff. 9. BImSchV zur Sachverhaltsermittlung im immissionsschutzrechtlichen Genehmigungsverfahren.⁴⁰ Die Behörde darf ohne gesetzliche Ermächtigung (vgl. Rn. 9 ff.) keine Mitwirkung verlangen, wenn sie dies ausschließlich tut, um sich selbst die **Arbeit zu erleichtern.** Holt z. B. eine Genehmigungsbehörde aus dem Wunsch heraus, ihr Verfahrensrisiko zu minimieren, trotz vorhandenen eigenen Sachverstands ein Gutachten ein, so kann sie dessen Kosten nicht auf den Antragsteller abwälzen.⁴¹ Dient aber z. B. die Anordnung der Beauftragung eines Sachverständigen zur Ermittlung des Gefahrenumfangs zugleich der Beseitigung bereits festgestellter Mängel und der Beseitigung der von ihnen ausgehenden Gefahr, entzieht sich die Behörde weder ihrer Ermittlungspflicht, noch erleichtert sich ihre hoheitliche Aufgabe in dem angesprochenen Sinne.⁴² Ist der Beteiligte spezialgesetzlich zur Mitwirkung, etwa zur Vorlage von Nachweisen, verpflichtet, so erfüllt die Behörde ihre Aufklärungspflicht nach § 24 schon dadurch, dass sie ihn entsprechend zur Vorlage der Nachweise auffordert.⁴³

9 **Keine Spezialregeln** gegenüber §§ 24, 26 sind **materielle Ermächtigungsgrundlagen,** die eine besondere Untersuchungs- und Ermittlungspflicht oder ein entsprechendes Recht der Behörde begründen (Rn. 49; § 26 Rn. 61 f.). Bei der Anwendung dieser Vorschriften ist in dem insoweit zu führenden VwVf seinerseits auf §§ 24, 26 zurückzugreifen. Diese Vorschriften sind z. B. : Auskunftsbefugnisse der Baubehörden,⁴⁴ dienstrechtliche Anordnungsbefugnisse,⁴⁵ spezialgesetzliche Eingriffsbefugnisse der Polizei wie § 81 b StPO;⁴⁶ §§ 19, 23 f.; BGSG;⁴⁷ langfristige polizeiliche Videoüberwachung auf Grund datenschutzrechtlicher Regelungen bzw. der Generalklausel⁴⁸ oder §§ 12 a, 19 a VersG;⁴⁹ **Untersuchungspflichten** von Behörden wie § 32 BSeuchenG, §§ 26, 28 BImSchG.⁵⁰

10 Am Beispiel der **Altlasten** hat sich gezeigt, dass die materielle Befugnis zur Inanspruchnahme eines Zustandsstörers **(Störerverantwortlichkeit)**⁵¹ neben der behördlichen Sachverhaltsermittlungspflicht stehen kann.⁵² Das Problem besteht allgemein unter dem Stichwort **Gefahrer-**

---

³⁹ *BVerwG* NVwZ 1991, 792. Zum Verhältnis des Untersuchungsgrundsatzes zum Beschleunigungsgebot s. *Ziekow* DVBl 1998, 1101, 1104.
⁴⁰ S. hierzu im Einzelnen *Meins* BayVBl 1998, 136, 140.
⁴¹ S. *VG Göttingen,* Urteil v. 2. 3. 2006 – 4 A 5/04 –.
⁴² Vgl. *OVG Münster* BRS 64 (2001) Nr. 200.
⁴³ *VG Minden* RdE 2003, 183.
⁴⁴ Z. B. *VGH Kassel* DVBl 1992, 43.
⁴⁵ Für dienstliche Anordnung einer ärztlichen Untersuchung *OVG Lüneburg* NVwZ 1990, 1194; *VG Düsseldorf* NVwZ-RR 2002, 449.
⁴⁶ S. *OVG Lüneburg* NVwZ-RR 2004, 346.
⁴⁷ Zur Vorladung *OVG Münster* DVBl 1982, 658.
⁴⁸ S. *BVerfG* NVwZ 2007, 688; *BGH* NJW 1991, 2651. Allgemein hierzu *Collin* JuS 2006, 494.
⁴⁹ *OVG Bremen* NVwZ 1990, 1188.
⁵⁰ Dazu *OVG Münster* NVwZ-RR 2002, 337.
⁵¹ *BVerfG* DÖV 2000, 867 zu den aus Art. 14 I GG folgenden Grenzen der Zustandshaftung des Eigentümers; ferner *VGH München* NVwZ 2003, 1135; 2002, 365; *VGH Mannheim* VBlBW 2002, 73; *OVG Hamburg* NVwZ 2001, 215; *VG Trier* NJW 2001, 531; ferner *Huber/Unger* VerwArch 2005, 140; *Müggenborg* NVwZ 2001, 39; zur Haftung für Altlasten nach dem BBodSchG s. *BVerwG* NVwZ 2006, 928; DÖV 2006, 960; NVwZ 2005, 691; 2000, 1179; *OVG Lüneburg* DÖV 2000, 825; *VG Frankfurt* NVwZ 2000, 107; *Hünnekens/Arnold* NJW 2006, 3388; *Vierhaus/Marx* NVwZ 2006, 45; *Grziwotz* ZflR 2006, 555; *Hösch* VBlBW 2004, 7; *Tiedemann* NVwZ 2003, 1477; *Buck* NVwZ 2001, 51 zum Verantwortlichkeitskonzept des BBodSchG; *Müggenborg* NVwZ 2000, 50; *Trurnit* VBlBW 2000, 261; *Knoche* GewArch 2000, 221; *Hasche* DVBl 2000, 91 *Knopp,* DVBl 1999, 1010; zu den Voraussetzungen für eine Kostenerstattung für Gefahrenerforschungsmaßnahmen im Wasserrecht *OVG Schleswig* DVBl 2000, 1877; zur Gesamtrechtsnachfolge in die abstrakte Polizeipflicht bei Altlastfällen *OVG Münster* NVwZ 1997, 507. Zur Störerauswahl *VGH Kassel* DVBl 2006, 787; *VGH Mannheim* DVBl 2006, 786; *Jochum* NVwZ 2003, 526.
⁵² *BVerwG* DVBl 2000, 1353; *OVG Lüneburg* NVwZ 2000, 1194; *VGH München* BayVBl 1999, 180; NVwZ 1986, 942, dazu Bespr. *Fleischer* JuS 1988, 530; *OVG Münster* DVBl 1989, 1009 f.; *VGH Mannheim* NVwZ-RR 2000, 589; ZfW 1990, 459; offen *BVerwG* NuR 1991, 280; ferner *Knopp* NJW 2000, 905; *Kobes* NVwZ 2000, 261; *Kügel* NJW 1996, 2477 (2479 ff.); *Schwemer* VR 1996, 147; *Spanvasser/Geißler* DVBl 1995, 1317; *Pohl* NJW 1995, 1645; *Pape* NJW 1992, 2661; *Kohl* JuS 1992, 864; *Papier* DVBl 1985, 873, 875; *Schink* DVBl 1986, 161, 165; *ders.* DVBl 1989, 1182 u. VerwArch 1991, 357; *Breuer,* Amtsermittlung und Gefahrenabwehr bei Anscheins- und Verdachtslagen, Gedächtnisschrift Martens, S. 318; *Pietzcker* JuS 1986, 719; *Kloepfer* NuR 1987, 7 ff.; *Ziehm,* Störerverantwortlichkeit für Boden- und Wasserverunreinigungen, 1989; *Ziegler* LKV 1998, 249, 251 zu § 9 BBodSchG.

forschungseingriff.[53] Die wohl h. M.[54] nimmt an, § 24 verdränge die materielle Ermächtigungsgrundlage mit der Folge, dass die Behörden die Kosten der Aufklärung zu tragen haben (Rn. 49). Nach anderer Auffassung können Maßnahmen, die der Klärung dienen, ob ein Gefahrenverdacht berechtigt ist, dem Verdachtsstörer aufgegeben werden: Gefahrenerforschungseingriffe sind danach grundsätzlich die Vorstufe bzw. der notwendige erste Schritt zur Bekämpfung der Gefahr.[55] Die Antwort gibt das materielle Recht, nicht § 24. Hiernach kann nur eine Sachverhaltsermittlung durch die Behörde zulässig sein.[56] So soll die zuständige Behörde nach § 9 Abs. 1 BBodSchG bei Anhaltspunkten für eine schädliche Bodenveränderung oder Altlast die geeigneten Maßnahmen zur Ermittlung des Sachverhalts ergreifen, wobei die Anordnung von Gefahrerforschungseingriffen nach Abs. 2 der Vorschrift möglich ist.[57] Kann eine Maßnahme sowohl als – vorrangig dem Störer aufzugebende – Störungsbeseitigung als auch – vorrangig der Behörde obliegende – Sachverhaltsermittlung angesehen werden, so entscheidet die Behörde nach ihrem (Verfahrens)ermessen, welches Verfahren sie betreiben will (§ 22 Rn. 10 ff.), also zwischen Anordnungen an den Störer und eigenen Maßnahmen.[58] Wird der Gefahrenverdacht nachträglich widerlegt, so trägt die Behörde die **Kosten der Gefahrenerforschungsmaßnahmen**, wenn der Verdachtsstörer die den Verdacht begründenden Umstände nicht zu verantworten hat.[59] Ist der Verdachtsstörer zur Durchführung der Erforschungsmaßnahmen verpflichtet worden, steht ihm unter den genannten Voraussetzungen ein polizeirechtlicher Entschädigungsanspruch wie einem Nichtstörer[60] und ggfs. ein Folgenbeseitigungsanspruch[61] zu. Anders als im Atomrecht[62] reicht nämlich im allgemeinen Polizeirecht ein bloßer Gefahrenverdacht regelmäßig nicht aus, um den Betroffenen die Kosten von Untersuchungsmaßnahmen aufzuerlegen. Zum Begriff des Gefahrenverdachts s. Rn. 21. Für insbesondere im Rahmen der §§ 24, 25, 26, 28 erfolgte Vorfeldhandlungen können **Verwaltungsgebühren** überhaupt nur dann erhoben werden, wenn der Gebührentatbestand in der Gebührensatzung so gefasst ist, dass aus der Sicht des Gebührenpflichtigen eindeutig vorhersehbar ist, wann die Erheblichkeitsschwelle überschritten, also z. B. aus dem „bloßen" Gespräch eine gebührenpflichtige Amtshandlung wird.[63]

Die **Sachverhaltsermittlungspflicht** kann im Übrigen durch den speziellen Gesetzesauftrag **reduziert** sein: So sind z. B. die Voraussetzungen einer vorläufigen denkmalrechtlichen Unterschutzstellung im Interesse einer effektiven Sicherung gefährdeter Denkmäler großzügig zu handhaben.[64] S. ferner z. B. § 57 LwAnpG, wonach bei einem Nachweis der Antragsbefugnis durch Berufung auf einen Grundbucheintragung keine weiteren Ermittlungen zur Eigentumsfrage erforderlich sind.[65] Wegen der Pflicht zu fehlerfreier Ausübung ihres Ermessens darf es sich die Behörde bei der Störerauswahl allerdings nicht zu leicht machen, indem sie ohne zumutbare weitere Nachforschungen darauf verzichtet, den Verursacher als den primär Verantwortlichen

---

[53] *Kügel* NJW 2000, 107; *Ziegler* LKV 1998, 249, 251; *Becker* DVBl 1999, 134; *Schenk* BayVBl 1997, 33; *Schoch* JuS 1994, 667 (669); *Losch* DVBl 1994, 781; *BVerfG* NVwZ 2000, 1033; *VGH München* BayVBl 1995, 758; BayVBl 1995, 310; NVwZ 1994, 809; *OVG Lüneburg* ZUR 1995, 104; *VGH Mannheim* VBlBW 1990, 469, 470; DÖV 1991, 167; DÖV 2000, 782; *VGH Kassel* UPR 1991, 197; DVBl 1992, 43; NuR 1995, 545; *VG Düsseldorf* NWVBl 1999, 470; *Stüer/Hönig* DVBl 2000, 1189, 1197; *Petri* DÖV 1996, 443; *Schink* VerwArch 1991, 357, 376; *ders.* DVBl 1989, 1182; *DiFabio* DÖV 1991, 629; ferner § 26 Rn. 61 f.
[54] Nachw. bei *Pieroth/Schlink/Kniesel*, POR 3. Aufl. 2005, § 9 Rn. 24. S. auch *Poscher* NVwZ 2001, 141.
[55] *OVG Münster* BRS 64 (2001) Nr. 200; DVBl 1996, 1444 m. w. N. Zur zeitlichen Komponente der Begriffe „Gefahr" und „Gefahrenabwehr" am Beispiel von Grundwasserverunreinigungen s. *Röhrig* DVBl 2000, 1658.
[56] *OVG Lüneburg* NuR 1991, 242, 243.
[57] S. dazu *BVerwGE* 123, 7 = NVwZ 2005, 609; *VGH Mannheim* NVwZ 2003, 1137; 2002, 365; NuR 2003, 696; *OVG Münster* ZUR 2002, 290; *VGH Mannheim* NuR 2004, 672; JuS 2003, 507; *VG Frankfurt* NVwZ-RR 2002, 269; *Ziegler* LKV 1998, 249, 251.
[58] Vgl. *OVG Münster* BRS 64 (2001) Nr. 200.
[59] *VGH Mannheim* NuR 2004, 672; *OVG Berlin* NVwZ-RR 2002, 623; *OVG Münster* DVBl 1996, 1444; *Schoch* JuS 1995, 504 m. w. N.
[60] *BGH* NJW 1994, 2355; DVBl 1992, 1158; *OLG Düsseldorf* NJW 1994, 2837; *OVG Münster* DVBl 1996, 1444 m. w. N.
[61] *BVerwG* NVwZ 2004, 1511; *VGH Mannheim* DÖV 1996, 82; *OVG Münster* VR 1995, 501.
[62] S. dazu *OVG Lüneburg* NVwZ 1996, 606; NVwZ 1986, 606.
[63] So *BVerwG* NVwZ 2006, 1413 zu Maßnahmen nach dem BBodSchG.
[64] *OVG Münster* NVwZ-RR 2006, 527.
[65] Dazu *BVerwG* UPR 2006, 43.

§ 24 12–17   Teil II. Allgemeine Vorschriften über das Verwaltungsverfahren

auch unmittelbar heranzuziehen.[66] Ferner braucht in **Eilfällen** die Behörde nur insoweit aufzuklären, wie es für die Beurteilung der Eilmaßnahme erforderlich ist. Sind Punkte erst später zu klären, berührt dies nicht die Rechtmäßigkeit der Eilmaßnahme.[67] S. ferner Rn. 21.

12 Von dem Untersuchungsgrundsatz zu unterscheiden ist die **Offizialmaxime** im Gegensatz zur **Dispositionsmaxime**. Die erstere ist die Bestimmung der Eröffnung und der Beendigung des Verwaltungsverfahrens durch die Behörde. Die letztere überlässt diese Bestimmung dem Bürger, der sie z. B. durch Antrag oder Antragsrücknahme wahrnimmt. Diese Grundsätze werden durch § 22 angesprochen (s. dort Rn. 1 ff., 6 ff., 15 f.). Der Untersuchungsgrundsatz gilt auch bei den nach der Dispositionsmaxime eröffneten Verwaltungsverfahren, so lange sie betrieben werden, im Antragsverfahren allerdings nur in dem Rahmen, der als Verfahrensgegenstand durch den Antrag erkennbar geworden ist.[68]

13 Der Grundgedanke des § 24 Abs. 1 und 2 ist auch für **schlicht-hoheitliches Handeln** (§ 1 Rn. 133) und **Verwaltungsprivatrecht** (§ 1 Rn. 98 f.), nicht dagegen für **fiskalisches Handeln** (§ 1 Rn. 92 f.) anzuwenden.

2. Grundsatz der freien Beweiswürdigung

14 Der **Grundsatz der freien Beweiswürdigung** wurde nicht in § 24 aufgenommen, da sich dieser, wie die Begründung zu § 20 Entwurf 73 ausführt, im nichtförmlichen Verfahren von selbst verstehe.[69] Die Begründung fährt fort: „Im förmlichen Verwaltungsverfahren ist dieser Grundsatz in § 65 Abs. 1 (geltende Fassung § 69 Abs. 1) deshalb erwähnt, weil klargestellt werden soll, dass die Beweiswürdigung nicht nur das Ergebnis der mündlichen Verhandlung, sondern das Gesamtergebnis des Verfahrens umfassen soll." Ob der Grundsatz in der Formulierung des § 69 Abs. 1: „Die Behörde entscheidet unter Würdigung des Gesamtergebnisses des Verfahrens" zum Ausdruck kommt, ist str. (vgl. § 69 Rn. 4). Jedenfalls kommt er besser als in § 69 Abs. 1 in § 108 Abs. 1 VwGO zum Ausdruck, wonach das Gericht nach seiner freien, aus dem Gesamtergebnis des Verfahrens gewonnenen Überzeugung entscheidet.

15 In **Spezialgesetzen** können **Abweichungen** von diesem Grundsatz normiert sein, z. B. § 27 Abs. 2, 3 AsylVfG.[70] Soweit Gesetze früher Regelungen der Beweiswürdigung enthielten, die im Zuge der Bereinigung des Verfahrensrechts entfallen sind,[71] gilt nunmehr der ungeschriebene allgemeine Grundsatz.

16 Die Beweiswürdigung setzt eine abgeschlossene vollständige Sachverhaltsermittlung voraus (Rn. 19); sie muss sowohl das einzelne Beweismittel wie dieses im Zusammenhang mit den anderen zur Verfügung stehenden Beweismitteln **bewerten**. Zu warnen ist vor vorschnellen Bewertungen anhand von angeblichen Erfahrungen, wenn nicht gar (unbewussten) Vorurteilen: Ausdrücke wie „Schutzbehauptung", „Ihre Aussage weise ich als unwahr zurück" etc sind keine Beweiswürdigung, sondern (persönliche) Werturteile ohne argumentativen Wert. Insbesondere gibt es keinen Erfahrungssatz über menschliches Verhalten, wenngleich die Behörde zunächst von typischen Lebenssachverhalten ausgehen kann (Rn. 25 ff.; § 26 Rn. 27; dort auch allgemein zu Erfahrungssatz/Anscheinsbeweis).[72] Zum Wahrscheinlichkeitsmaßstab Rn. 20.

17 Die Würdigung des **Sachverständigengutachtens**[73] verlangt, dass abstrakte fachspezifische Erfahrungssätze und ihre Übertragung auf den konkreten Fall nachvollziehbar von dem Sach-

---

[66] So *Frenz/Heßler* NVwZ 2001, 13 zur Altlastsanierung mit Nachweis der Rechtsprechung. Ferner *VGH Kassel* NVwZ-RR 2006, 781.
[67] *VGH Mannheim* NVwZ-RR 2003, 103; *VGH Mannheim* DVBl 2006, 786; *Jochum* NVwZ 2003, 526. S. ferner *OVG Münster* BauR 2004, 1607 zum Umfang der Schadenserfassung in einer Instandsetzungsanordnung. Zum Verhalten der Behörde bei unklarer Eigentumslage s. *VGH München* NVwZ-RR 2003, 542; s. auch *OVG Münster* BauR 2003, 87 zur Eigentümerermittlung.
[68] *BVerwG* NVwZ-RR 2005, 591; NJW 2002, 1137; *OVG Weimar* NVwZ-RR 2003, 232 zu den Pflichten der Behörde bei der Auslegung eines Antrages.
[69] A. A. *Spanner*, JZ 1970, 671 (672).
[70] Dazu *BVerwG* NVwZ 1987, 812; *Dürig* S. 92 ff.
[71] *Stelkens* NVwZ 1986, 541, 543.
[72] Allgemein zur Beweiswürdigung s. *Hohlweck* JuS 2002, 1105, 1207; *Scholz* RuP 2003, 76; *Offe* NJW 2000, 929 m. w. N.
[73] S. zur Abgrenzung der Beweismittel „sachverständiger Zeuge" und „Sachverständiger": *OVG Münster* DVBl 2007, 1183. Zum mündlich erstatteten Sachverständigengutachten: *OVG Münster*, Beschluss v. 11. 6. 2007 – 13 A 3903/06 –.

verständigen dargetan (§ 26 Rn. 66) und von der Behörde nachvollzogen werden.[74] Sie kann bei eigener Sachkunde dabei durchaus zu einer im Vergleich zu der vom Sachverständigen vertretenen entgegengesetzten Meinung kommen,[75] muss dabei aber ihre Schlussfolgerungen nachvollziehbar darlegen und darf nicht verbleibende Unsicherheiten durch freie Überzeugungsbildung überbrücken.[76] Auch muss sie ggfs. begründen, woher sie die eigene Sachkunde besitzt.[77] Hier gelten ähnliche Kriterien wie bei der Entscheidung über einen Antrag auf Einholung von weiteren Sachverständigengutachten oder amtlichen Auskünften, wenn bereits Erkenntnisquellen zum Beweisthema vorliegen, s. dazu § 26 Rn. 79.[78] Zur Würdigung einer **Zeugenaussage** können die Erfahrungen aus dem Strafprozess in besonderer Weise nutzbar gemacht werden:[79] Eine Zeugenaussage ist nicht allein deshalb glaubhaft, weil sie mit einer eidesstattlichen Versicherung (§ 27) versehen ist (zur Würdigung unaufgefordert vorgelegter eidesstattlicher Versicherungen s. § 27 Rn. 10). Sie ist nicht allein deshalb unglaubhaft, weil sich der Zeuge nicht mehr genau erinnern kann. Es gibt keinen Grundsatz, wonach ein Zeuge um dieser Eigenschaft willen glaubhafter ist als ein Beteiligter des VwVf.[80] Auch gibt es keinen Beweiswürdigungsgrundsatz des Inhalts, dass Zeugenaussagen nur dann als glaubhaft angesehen werden können, wenn sie durch mindestens eine unabhängige Stelle bestätigt werden. Insoweit kommt es vielmehr ausschließlich auf die Beweiswürdigung und Überzeugungsbildung im Einzelfall an.[81] Ein **in sich widersprüchlicher Vortrag** eines Beteiligten oder Zeugen darf erst nach dem Versuch einer Klarstellung als unglaubhaft bewertet werden.[82] Eine Vorwegnahme der Beweiswürdigung – etwa mit der Feststellung, das bisherige Verfahren habe bereits zu der Überzeugung geführt, dass die unter Beweis gestellte Behauptung nicht glaubhaft sei, ist grds. unzulässig.[83] Verständigungsschwierigkeiten mit Ausländern sind zu bewerten.[84] Nur als Möglichkeit, nicht als allgemeiner Erfahrungssatz ist die Aussage des *VGH Mannheim*[85] zu werten, wonach schriftliche Äußerungen von Beteiligten oder Zeugen einen geringeren Beweiswert haben können als die Aussagen bei einer persönlichen Vernehmung. In die Beweiswürdigung von Aussagen des Asylbewerbers, Sachverständigengutachten und Zeugenaussagen im Asylverfahren sind häufig die Auswirkungen posttraumatischer Belastungsstörungen einzubeziehen.[86] Die Anforderungen an die Begutachtung der **Glaubwürdigkeit** von Zeugenaussagen[87] sind zu beachten, insbesondere auch bei Aussagen kindlicher Zeugen.[88]

Im Rahmen der Beweiswürdigung ist eine **Verletzung der Mitwirkungslast** zu bewerten (§ 26 Rn. 52, 56).[89] Dies gilt z. B. auch, wenn der Widerruf einer Genehmigung auf die Verletzung von Aufzeichnungspflichten gestützt werden soll.[90] Ob der nach allgemeiner Meinung

---

[74] Vgl. *Burmann/Heß* NJW-Spezial 2005, 303; *Schulz* NVwZ 2000, 1367; *Gierlich/Greve/Keuk* ZAR 2005, 158; *Haenel* ZAR 2003, 18; *OVG Münster* BauR 1992, 617; zu den bei der Auswahl eines Gutachters zu beachtenden Kriterien s. *Roßnagel* DVBl 1995, 644.
[75] Für Gericht *VGH Kassel* NVwZ 1991, 280, 284.
[76] Für Gericht *BVerfG* InfAuslR 1991, 200. S. ferner *Skouris* AöR 1982, 215, 246 m. w. N.
[77] Vgl. entsprechend für die Ablehnung eines Antrags auf Einholung eines Sachverständigengutachtens durch das Gericht *BVerwG* DVBl 1991, 1206.
[78] Ferner *Stumpe* VBlBW 1995, 172.
[79] S. etwa *Arntzen*, Psychologie der Zeugenaussage, 3. Aufl., 1993, ders. Vernehmungspsychologie, 2. Aufl., 1989.
[80] Vgl. *OLG Bremen* NJW 1991, 508 (L).
[81] *BVerwG* InfAuslR 1998, 411.
[82] *BVerwG* 21. 11. 1989 – 9 C 44.89.
[83] *VGH Mannheim* NVwZ-Beilage 1998, 110. Ferner *BVerwG* InfAuslR 1998, 411.
[84] *BVerwG* InfAuslR 1989, 349.
[85] NVwZ-RR 1991, 55, 56.
[86] S. hierzu *BVerwG* NVwZ 2007, 346; *VGH Mannheim* NVwZ-RR 2007, 202; *OVG Münster* NVwZ-RR 2006, 829; *AuAS* 2005, 80; *Jakober* ZAR 2005, 152; *Middeke* DVBl 2004, 150; *Schulz* NVwZ 2000, 1367; *Gierlich/Greve/Keuk* ZAR 2005, 158; *Haenel* ZAR 2003, 18; *Birck* ZAR 2002, 28.
[87] Zu diesen Anforderungen im Einzelnen *Scholz* RuP 2003, 76; *ders.* NJW 2000, 929; *Wielke* DAR 2002, 551; *Offe* NJW 2000, 929. Allgemein zur Beweiserhebung im Ausländer- und Asylrecht s. *Klatt* NVwZ 2007, 51; *Kluth* ZAR 2007, 250.
[88] Hierzu im *Deckers* NJW 1999, 1365; *Foerste* NJW 2001, 321; *Einmahl* NJW 2001, 469.
[89] S. z. B. *BGH* NJW-RR 2001, 850 zur entsprechenden Anwendung des § 24 beim Nachweis der Zugehörigkeit zur Anwaltschaft. Ferner *Bärlein/Pananis/Rehsmeier* NJW 2002, 1825 zum Spannungsverhältnis zwischen der Aussagefreiheit im Strafverfahren und den Mitwirkungspflichten im VwVf. Im Einzelnen ferner *Wolff/Bachof u. a.* I, § 60 Rn. 38 ff.
[90] S. *VGH Mannheim* NVwZ-RR 2003, 30.

dem § 444 ZPO entnommene Rechtsgedanke der Reaktion auf eine **Beweisvereitelung** der Beweislastumkehr oder der Beweiswürdigung zuzuordnen ist, ist umstritten[91] (s. § 26 Rn. 51, 56). Voraussetzung für die Bewertung als Beweisvereitelung ist, dass geeignete Beweismittel für die Beweisführung vorhanden sind, die Beweisführung mit diesen Beweismitteln vereitelt worden ist, hinsichtlich der Beweisvereitelung ein – wenn auch nur fahrlässiges – Verschulden des Beweisführers vorliegt.[92] Unlauteres Verhalten des durch einen Bescheid Begünstigten führt im Verfahren zur Rücknahme dieses Bescheides nur dann zur Umkehr der Beweislast hinsichtlich der Rechtswidrigkeit der Begünstigung, wenn sein Verhalten die Beweisführung der an sich beweispflichtigen Behörde erschwert oder vereitelt hat.[93]

19   Die Beweiswürdigung fließt in die Entscheidung i. S. d. § 35 ein; sie ist die **Bewertung des Sachverhaltes,** den die Behörde gemäß §§ 24, 26 **ermittelt** und festgestellt hat (Rn. 24). Voraussetzung ist, dass die Behörde den ermittelten Sachverhalt und die dazu von dem Beteiligten nach § 28 abgegebene Stellungnahme zur **Kenntnis genommen** hat.[94] Dies setzt z. B. bei fremdsprachigen Urkunden ihre Übersetzung voraus.[95] In der **Begründung des VA** hat die Behörde gemäß § 39 Abs. 1 S. 2 niederzulegen, welchen Sachverhalt sie festgestellt und wie sie ihn gewürdigt hat, weshalb sie diese Urkunde als echt, jene Zeugenaussage als falsch oder welches Sachverständigengutachten aus welchen Gründen als überzeugend angesehen hat. Den Umfang der Begründung bestimmt der Einzelfall (§ 39 Rn. 24, 25; vgl. § 108 Abs. 1 S. 2 VwGO für das Urteil).

3. Beweismaß/Wahrscheinlichkeitsmaßstab

20   Die Behörde braucht im Rahmen der Beweiswürdigung über die Richtigkeit der Entscheidungsgrundlagen keine absolute Gewissheit erlangt zu haben. Eine allgemeingültige Regel darüber, unter welchen Voraussetzungen der Beamte den Sachverhalt als erwiesen ansehen darf, besteht nicht. Welcher **Grad der Überzeugung** gefordert wird, bestimmt das materielle Recht, z. B. indem es Glaubhaftmachung genügen lässt oder Begriffe wie überwiegende Wahrscheinlichkeit, gewisse Wahrscheinlichkeit etc. benutzt **(Beweismaß).**[96] Sofern das Fachrecht nicht besondere Hinweise gibt, ist ein so hoher Grad der Wahrscheinlichkeit erforderlich, dass eine andere Auffassung bei vernünftiger Überlegung nicht denkbar ist.[97] Erforderlich ist danach eine „mit an Sicherheit grenzende Wahrscheinlichkeit".[98] In die Überzeugungsbildung einzubeziehen sind dabei neben dem materiellen Recht auch die zur Verfügung stehenden Beweismittel und die Mitwirkungspflichten der Beteiligten.[99] Die Bewertung des Sachverhaltes hängt von Art und Umfang der Sachverhaltsermittlung ab, die auch nach der h. M. nicht nach einem einheitlichen Muster vor sich geht (Rn. 25 ff.; § 26 Rn. 3 f.). Zeigt sich bei der Beurteilung des ermittelten Sachverhalts, dass im konkreten Fall ein anderer Tatbestand möglich ist, insbesondere sich **aufdrängt,** muss insoweit weiter ermittelt werden.[100] In besonderen Verfahren wie im Asylrecht[101] ergeben sich aus dem Gesichtspunkt der Beweisnot geringere Anforderungen.

---

[91] S. im Einzelnen *Peschau,* S. 60 ff.; *Nierhaus,* S. 350 ff.; zur Beweiswürdigung und eingehend zu diesem Unterschied *BVerwGE* 10, 270 ff.; ebenso *BFH* NVwZ-RR 1990, 282; ferner *VG Berlin* NuR 2002, 239; *Laumen* NJW 2002, 3739.
[92] *VG Berlin* NuR 2002, 239.
[93] *BVerwG* NVwZ 1992, 772.
[94] *BVerwG* DVBl 1985, 1082.
[95] *BVerwG* 16. 3. 1999 – 9 B 73.99 – Buchholz 310 § 108 Abs. 2 VwGO Nr. 7. Zu § 23 II 1 s. *BGH* NJW-RR 2001, 850.
[96] *J. Martens,* Praxis des Verwaltungsverfahrens, Rn. 156 ff.; *ders.* SGb 1990, 219, 221; *Nierhaus,* S. 473; *Pitschas,* Verwaltungsverantwortung, S. 705 ff.; *Dürig* S. 9 ff., 13 ff.; für Denkmalschutz *OVG Münster* NVwZ-RR 2006, 527; BauR 1992, 617; für das Recht der Gefahrenabwehr im Einzelnen *Poscher,* Gefahrenabwehr, Berlin 1999, 164 ff.
[97] Vgl. *Kopp/Ramsauer,* § 24 Rn. 22; *Callies* DVBl 2001, 1725, 1728; *Ule/Laubinger,* § 27 III 3 a; *Clausen* in *Knack,* § 24 Rn. 21; *Nierhaus,* S. 50 ff., 105; *Poscher,* Gefahrenabwehr, Berlin 1999, 156 m. w. N. Zur Abgrenzung von Plausibilitätskontrolle und Beweis s. *Meyke* NJW 2000, 2230 ff.
[98] Vgl. *OVG Münster* BauR 1992, 617 mit Nachweis der ständigen Rechtsprechung.
[99] *Martens* a. a. O.; *Pitschas* a. a. O.
[100] S. aber *BVerfG* DVBl 2002, 834 zu den strengen Anforderungen einer Gehörsrüge wegen Ablehnung eines Beweisantrages.
[101] Hierzu *BVerfG* NVwZ 2005, 681; *BVerwG* NVwZ 2007, 346; *VGH Mannheim* NVwZ-RR 2007, 202; *OVG Münster* AuAS 2005, 80; *Klatt* NVwZ 2007, 51; *Kluth* ZAR 2007, 250; *Jakober* ZAR 2005, 152;

Nicht von § 24 und den Grundsätzen der Beweiswürdigung wird die Frage beantwortet, welchen **Wahrscheinlichkeitsmaßstab** das Fachrecht für seine **Tatbestandsvoraussetzungen** erfordert. Daher ergibt sich der polizei- oder ordnungsrechtliche Wahrscheinlichkeitsmaßstab für die Annahme einer Gefahr[102] ausschließlich aus diesem Rechtsgebiet. Desgleichen ist die Beurteilung von Prognosen oder Risiken (§ 26 Rn. 32 ff.)[103] oder die Wahrscheinlichkeit asylrechtlicher Verfolgung[104] ein materielles Problem. So setzt die Anforderung zusätzlicher Prüfnachweise nach § 11 ChemG bezüglich des Vorliegens einer Gefahrenlage keine Gewissheit, sondern lediglich eine erhebliche „Wahrscheinlichkeit" voraus. Die Regelung lässt mithin eine Gefahrenlage ausreichen, die dadurch gekennzeichnet ist, dass bestimmte Ursachenzusammenhänge nach dem gegebenen Wissensstand weder bejaht noch verneint werden können und daher insoweit nur ein entsprechendes Besorgnispotential besteht.[105] Ist dieser Maßstab bestimmt, ergeht die Sachverhaltsermittlung im Einzelnen auf der Grundlage dieses Maßstabes nach § 24. S. ferner Rn. 6.

21

Schließlich beantwortet auch das jeweilige Fachrecht die Frage, ob ein **vorläufiger VA** (§ 9 Rn. 87; § 35 Rn. 174 ff.) zulässig ist, wenn der Sachverhalt nicht vollständig ermittelt werden kann.[106] Er muss, um Auskunft über seine Bindungswirkung zu geben, als solcher gekennzeichnet sein und setzt voraus, dass trotz Erfüllung der Sachverhaltspflicht Ungewissheit über Tatsachen, die den gesetzlichen Tatbestand erfüllen, besteht.[107] Allerdings darf die Ungewissheit nicht von Dauer sein, andernfalls ist endgültig ggf. entsprechend den Regeln über die materielle Beweislast zu entscheiden. Ähnliches gilt für die Frage, ob die Behörde durch **Nebenbestimmung** die Sicherung von Tatbestandsvoraussetzungen gem. § 36 Abs. 1 betreiben darf. Auch diese Möglichkeit gibt der Behörde nicht die Befugnis, auf eine ihr an sich aufgegebene Sachverhaltsermittlung zu verzichten.[108] Schließlich bestimmt das Fachrecht, ob die Behörde auf der Grundlage eines nicht mehr ermittelbaren Sachverhalts sachverhaltsbezogene oder **sachverhaltsfeststellende Vereinbarungen**[109] z. B. in Form eines Vergleichs treffen darf (§ 55 Rn. 67)[110] oder Vereinbarungen bereits im Vorfeld oder während eines VwVf als Rahmen über den Umfang der Sachverhaltsermittlung schließen (§ 9 Rn. 162 ff.)[111] oder sich z. B. bei Gefahrenverdacht anstelle weiterer Sachaufklärung auf eine **Warnung** beschränken kann.[112]

22

Middeke DVBl 2004, 150; *Schulz* NVwZ 2000, 1367; *Gierlich/Greve/Keuk* ZAR 2005, 158; *Haenel* ZAR 2003, 18; *Birck* ZAR 2002, 28; *Groß/Kainer* DVBl 1997, 1315.
[102] Dazu im Einzelnen *Poscher*, Gefahrenabwehr – Eine dogmatische Rekonstruktion, Berlin 1999; ferner *BVerwGE* 77, 102, 113.
[103] *DiFabio* NuR 1991, 353. S. auch *OVG Münster*, Beschluss v. 4. 7. 2007 – 16 B 666/07 – zum Maßstab für die Feststellung der Eignung als Voraussetzung für die Erteilung der Fahrerlaubnis.
[104] Zum asylrechtlichen Prognosemaßstab der beachtlichen Wahrscheinlichkeit s. *BVerwG* NVwZ 1995, 391; *BVerwGE* 111, 223, 230; *VGH München* InfAuslR 2000, 464.
[105] *BVerwG* DVBl 1992, 1236; siehe auch allgemein zur Umweltvorsorge *OVG Münster* NVwZ 1993, 1115; *Vallendar* UPR 1993, 417 (418).
[106] *OVG Münster* NVwZ 1991, 588; *Losch* NVwZ 1995, 235; *Koch* GewArch 1992, 374; *Martens* NVwZ 1991, 1043; *König* BayVBl 1989, 33; *Kemper* DVBl 1989, 981; *Kreßel* BayVBl 1989, 65; *F. J. Kopp* DVBl 1989, 238.
[107] Vgl. etwa *OVG Münster* NVwZ 1991, 588; *Losch* NVwZ 1995, 235; *Koch* GewArch 1992, 374; *Martens* NVwZ 1991, 1043; *König* BayVBl 1989, 33; *Kemper* DVBl 1989, 981; *Kreßel* BayVBl 1989, 65; *F. J. Kopp* DVBl 1989, 238; *Schuhmann*, Der vorläufige Steuerbescheid, BB 1987, 383; im Rahmen des Gefahrenforschungseingriffs *DiFabio* DÖV 1991, 629, Rn. 9 ff.
[108] *BSG* DVBl 1988, 449 ff.; NVwZ 1991, 303 (L); im Ergebnis wohl auch *BVerwG* DÖV 1988, 299, 230; § 36 Rn. 67 f.
[109] S. im Einzelnen *Erfmeyer* DVBl 1998, 753 zu den Voraussetzungen, unter denen eine Ungewissheit über den Sachverhalt durch Abschluss eines Vergleichsvertrages beseitigt werden darf. Siehe ferner zu vertraglichen Altlastenregelungen nach dem BBodSchG *Knopp* NJW 2000, 905 ff.; *Kobes* NVwZ 2000, 261. Zur Kooperation im Versammlungsrecht s. *OVG Bautzen* NVwZ 2003, 207; *Battis/Grigoleit* NVwZ 2001, 121, 123; ferner *Leist* BayVBl 2004, 489.
[110] *Pitschas*, Verwaltungsverantwortung, S. 729.
[111] *Müggenborg* NVwZ 1990, 909, 915 m. w. N.
[112] Siehe hierzu im Einzelnen: *BVerfG* NJW 2002, 2621; *Käß* WiVerw 2002, 197; *Gusy* NJW 2000, 977; *Lege* DVBl 1999, 569; *DiFabio* JuS 1997, 1; *BVerfG* NJW 1997, 2871 *(zur Warnung vor den Gesundheitsgefahren des Rauchens);* NVwZ 1995, 471; *Heintzen* NuR 1991, 301; *Kloepfer* JZ 1991, 737, 738.

II. Untersuchungsgrundsatz (Abs. 1)

1. Sachverhaltsermittlung (Satz 1)

23 § 24 wendet sich an die **zuständige federführende Behörde**. Ebenso richtet sich die Pflicht an alle mitwirkenden Behörden (§ 9 Rn. 117). Der Gedanke des § 24 steht einer gesetzlichen Regelung nicht entgegen, die die Sachverhaltsermittlung (teilweise) einer federführenden Behörde auch im Verhältnis zu anderen Behörden überträgt. Auch kann die Behörde z. B. im Wege der **Amtshilfe** auf die Feststellungen, Ermittlungsergebnisse und Beweismittel anderer Behörden zugreifen; sie hat sich aber auch dann ein eigenes Bild von der Aussagekraft der beigezogenen Erkenntnisse im Hinblick auf die in eigener Zuständigkeit zu treffende Entscheidung zu machen.[113] Die Pflicht der Behörde zur Klärung des Sachverhalts lässt für ihren Antrag zur Durchführung eines selbständigen gerichtlichen Beweisverfahrens bei laufendem Verwaltungsverfahren keinen Raum.[114]

24 Die **Ermittlung des Sachverhaltes** von Amts wegen **(Satz 1)** wird erklärt durch **Satz 2**. Eine dem Satz 2, 1. Halbsatz entsprechende Vorschrift fehlt in § 86 Abs. 1 VwGO. Dieser Halbsatz ist aufgenommen worden, damit der Grundsatz, dass die Behörde Art und Umfang der Ermittlungen bestimmt, sich nicht nur negativ aus Satz 2, Halbsatz 2 ergäbe, sondern auch positiv festgelegt sei (Begründung zu § 17 Musterentwurf). Beide Halbsätze stehen im Zusammenhang.[115] Der Sachverhalt ist erst dann **abschließend ermittelt,** wenn er als Sachverhalt **festgestellt** (im schriftlichen Verfahren aktenkundig, Rn. 1) **und gewürdigt (bewertet,** s. § 12 UVPG) worden ist (Rn. 9ff., 49).[116]

2. Art und Umfang der Sachverhaltsermittlung (Satz 2, 1. Halbs.)

25 Die Sachverhaltsermittlung setzt voraus, dass die Behörde im VwVf einen **Anlass zur Ermittlung** hat, der auf der Grundlage des jeweiligen Fachrechts im Rahmen der Eingriffs- und Leistungsverwaltung unterschiedlich sein kann.[117] Ein auf eine Verpflichtung oder Leistung gerichteter **Antrag** bestimmt den Gegenstand des VwVf und gibt der Behörde Gelegenheit, in den Grenzen dieses Antragsbegehrens (s. Rn. 27) einen entsprechenden Anspruch nach Maßgabe der §§ 24ff. zu prüfen. Deshalb setzt die Zulässigkeit der Klage bei antragsbedürftigen Verwaltungsakten einen bei der Ausgangsbehörde gestellten Antrag voraus (s. § 22 Rn. 26). Um eine Sachverhaltsermittlung zu ermöglichen, muss ein solcher Antrag den Verfahrensgegenstand hinreichend konkret darstellen. So ist die Bauaufsichtsbehörde nicht verpflichtet zu ermitteln, auf welche Fragen sich ein beantragter Bauvorbescheid beziehen soll, wenn der Bauherr das Vorhaben mit nur wenigen Schlagworten umschreibt.[118] In beamtenrechtlichen Leistungs- und Feststellungsverhältnissen tritt an die Stelle des Antrags der nach § 126 III BRRG vorgeschriebene Widerspruch, der unmittelbar auch gegen solche Handlungen erhoben werden kann, die keine VAe sind.[119]

26 Grundsätzlich darf die Behörde von **typischen Lebenssachverhalten** ausgehen (vgl. Rn. 70), die eine Einzelfallprüfung erst erforderlich machen, wenn sich konkrete Anhaltspunkte ergeben.[120] Sie hat die Erkenntnismöglichkeiten heranzuziehen, die sich ihr vernünftigerweise bieten. **Art und Umfang der Sachverhaltsermittlung** (Satz 2) bestimmen sich nach den Erfordernissen des Einzelfalles. Hierbei hat die Behörde Ermessen, welche Mittel sie zur Erforschung des Sachverhalts anwendet. Darunter fällt z. B. auch die Einrichtung von Sprachtests zur Feststel-

---

[113] *BVerwGE* 80, 224, 227; *VG Potsdam* AuAS 2003, 149.
[114] S. *VGH Mannheim* NVwZ-RR 2007, 574.
[115] *Pestalozza*, S. 186.
[116] *Pitschas*, Verwaltungsverantwortung, S. 687 ff.; *Martens* Rn. 181; für das Gerichtsverfahren *BVerwG* NJW 1988, 275.
[117] *BVerwG* NVwZ-RR 2002, 697; *VGH Mannheim* DÖV 2003, 38; *OVG Münster* NVwZ-RR 2006, 428; Urteil v. 22. 6. 2007 – 2 A 4861/05 – (jeweils für Feststellung deutscher Sprachkenntnisse im Spätaussiedler-Anerkennungsverfahren); *OVG Münster* 8. 9. 2000 – 12 A 1853/99 – (Sachaufklärungspflicht des Dienstherrn hinsichtlich der Ermittlung der Sterbegeldberechtigten).
[118] *OVG Frankfurt (Oder)* NVwZ-RR 2000, 271.
[119] *BVerwG* NVwZ 2002, 97.
[120] *VGH Kassel* NVwZ-RR 1991, 357, 358.

lung deutscher Sprachkenntnisse im Spätaussiedler-Anerkennungsverfahren.[121] Ebenso die Entscheidung, selbst oder durch Dritte, z. B. ein Ministerium, prüfen zu lassen, ob durch eine Nachbewilligung von Fördermitteln bzw. eine Ausnahmebewilligung die Rücknahme eines Zuwendungsbescheides hinfällig wird.[122] Die Ermittlungspflicht setzt frühestens mit Beginn des VwVf ein, s. zum Antrag Rn. 49 f., 54. Nur die Umstände sind zu ermitteln, die für den Fall **tatsächlich erheblich** sind. Sie dürfen nicht durch abstrakte Sätze ersetzt werden. Der Rahmen wird abgesteckt durch die **rechtliche Beurteilung**, die die **Behörde** dem Fall zugrundegelegt.[123] In diesem Rahmen steht ihr für die Ermittlung im Einzelnen ein **Aufklärungsermessen** zu (Rn. 36, 39; § 26 Rn. 6 f.).[124] § 24 I und II iVm § 26 I überlassen es in den vom Gegenstand des Verfahrens gezogenen Grenzen grundsätzlich der nach pflichtgemäßem Ermessen zu treffenden Entscheidung der Behörde, welche Mittel sie zur Erforschung des Sachverhalts anwendet.[125] Die Grenzen werden durch das **materielle Recht** bestimmt.[126] Sie kann sich auch schon bei ihren Vorermittlungen – z. B. im abfallrechtlichen Standortauswahlverfahren[127] privater Gutachter bedienen.[128] Macht die Behörde von ihrem Ermessen nach Ansicht der Aufsichtsbehörde nur unzweckmäßig Gebrauch, darf im Rahmen der Rechtsaufsicht keine Weisung ergehen,[129] § 24 verpflichtet nicht dazu aufzuklären, ob der Antragsteller **über den im Antrag** umschriebenen Verfahrensgegenstand hinaus noch weiteres begehrt, wobei allerdings der Antrag ggfs. zuvor im Lichte der Amtsermittlungs- und Betreuungspflicht aus §§ 24, 25 auszulegen ist, s. § 25 Rn. 33.[130] Umständen, die sich bei vernünftiger Überlegung nicht **aufdrängen,** muss nicht nachgegangen werden.[131] Drängen sie sich dagegen auf, werden sie aber nicht berücksichtigt oder wird über sie kein Beweis erhoben, verletzt der Beamte neben § 24 seine Amtspflicht. Im Einzelfall kann es sich aber z. B. als ermessensfehlerfrei erweisen, wenn die Behörde ein Einschreiten wegen des mit einer weiteren Gefahrenerforschung verbundenen unverhältnismäßigen Kostenaufwands ablehnt.[132] Wird die beantragte Verwertung einer vorgelegten fremdsprachigen Urkunde allein mit der Begründung abgelehnt, es fehle eine Übersetzung in die deutsche Sprache, so kann hierin eine Verletzung der Sachaufklärungspflicht und zugleich des Anspruchs auf rechtliches Gehör liegen.[133] Zur „nachvollziehenden Amtsermittlung" s. Rn. 50.

Es kann im Einzelfall erforderlich sein, Umstände **über den konkreten Antrag hinaus** zu ermitteln, wenn sie zu einer Gesamtregelung der Angelegenheit erforderlich sind, z. B. in Verfahren, denen zugleich ein konkludenter Antrag zugrunde liegt (§ 22 Rn. 37) wie bei einem Bauantrag, bei dem auch die Entscheidung über einen Dispens nahe liegt. Im Fall einer bevorstehenden Rechtsänderung sind deren Auswirkungen mitzuerfassen, um ggfs. dem Antragsteller einen Hinweis im Rahmen der Betreuungspflicht nach § 25 geben zu können, s. § 25 Rn. 31.[134] 27

Die Sachverhaltsermittlungspflicht wird nach h. M.[135] ihrerseits durch die **Mitwirkungslast des Betroffenen** eingeschränkt. Eine solche ergibt sich aus § 26 Abs. 2, demzufolge die Betei- 28

---
[121] *BVerwG* NVwZ-RR 2002, 697; *VGH Mannheim* DÖV 2003, 38; *OVG Münster* NVwZ-RR 2006, 428. Siehe auch zu Deutschkenntnissen als Voraussetzung für eine Einbürgerung *BVerwG* NJW 2006, 1079; DVBl 2006, 922; *VGH Mannheim* VBlBW 2006, 70.
[122] *OVG Magdeburg* NVwZ 1999, 1120.
[123] *BVerwG* NVwZ 1999, 535; *OVG Koblenz* NVwZ 1997, 1140; *Neumann* NVwZ 2000, 1244. Ebenso hinsichtlich der gerichtlichen Sachaufklärung *BVerfG* DVBl 2002, 8346; *BVerwG* NVwZ 1993, 572.
[124] *BVerwG*, NVwZ 1999, 535 m. w. N. Für UVPG *Schneider*, S. 94 ff.; kritisch *Pitschas*, Verwaltungsverantwortung, S. 734; eingehend *Wittkopp*, Sachverhaltsermittlung im Gemeinschaftsverwaltungsrecht, Hamburg 1999, S. 28 ff.
[125] *BVerwG* NVwZ 1999, 535.
[126] *BVerwG* NJW 1999, 75 (Ermittlungspflichten der Bundesprüfstelle); NJW 1988, 1104; *VGH Mannheim* VBlBW 1992, 65; *BFH* NVwZ 1998, 774 zur Sachaufklärungspflicht betreffend die Wirksamkeit eines hinsichtlich seiner Bekanntgabe fraglichen Bescheides; ferner Rn. 4 f., 20 f.; § 9 Rn. 20 f.; § 10 Rn. 16 ff.
[127] S. dazu im Einzelnen *Hoppe/Bleicher* NVwZ 1996, 421.
[128] *OVG Koblenz* NJW 1997, 2342.
[129] *VGH München* NJW 1989, 790.
[130] S. *BVerwG* Beschl. v. 19. 1. 1988 Buchholz 316 § 24 VwVfG Nr. 5; s. aber auch *BVerwG* NJW 2002, 1137 zur „erfolgsorientierten" Auslegung eines Antrags; ferner *BVerwG* NVwZ-RR 2005, 591; *OVG Weimar* NVwZ-RR 2003, 232.
[131] Vgl. *BVerfG* DVBl 2002, 834 für das gerichtliche Verfahren.
[132] *OVG Münster* BauR 1993, 712.
[133] Vgl. *BVerwG* NJW 1996, 1553. S. aber auch *BGH* NJW-RR 2001, 850 zu § 23 II.
[134] S. *BGH* NVwZ 1991, 298.
[135] Kritisch *Nierhaus*, S. 258 ff., 279 ff., 292, 336 ff.

ligten bei der Ermittlung des Sachverhalts mitwirken sollen.[136] Der Amtsermittlungsgrundsatz wird hierdurch nicht durchbrochen; die Regelung enthält keine rechtlich durchsetzbare Mitwirkungsverpflichtung, s. § 26 Rn. 46.[137] Die sich für den Beteiligten aus § 26 Abs. 2 ergebende verfahrensrechtliche Last beruht auf der Annahme, dass derjenige, der etwas für ihn Günstiges erreichen will, in aller Regel alles ihm Bekannte, soweit es ihm relevant erscheint, vortragen wird, s. § 26 Rn. 44. Diese allgemeine Mitwirkungslast[138] dient dem Interesse der Allgemeinheit an einer effektiven Verwirklichung der Verwaltungsaufgaben,[139] zudem freilich auch der Durchsetzung und Verteidigung der Rechte des Beteiligten (s. § 26 Rn. 45). Sie wird ergänzt durch die fachgesetzlich vorgesehenen **Mitwirkungs- und Beibringungspflichten,** z. B. im Dienst-[140] und Schulrecht,[141] nach dem UVPG,[142] § 82 AufenthG[143] oder § 15 AsylVfG.[144] Diese beinhalten keine Erweiterung, sondern eine Verteilung der Sachverhaltsermittlung, da diese nach dem Erheblichkeitsgrundsatz insgesamt streng an das Prüfprogramm des materiellen Rechts gebunden ist (s. Rn. 26). So besteht im Prüfungsrecht die Obliegenheit des Prüflings, Verfahrensmängel unverzüglich geltend zu machen.[145] Zur Pflicht zur Beibringung von Gutachten s. Rn. 50. Trägt der an einer positiven Entscheidung Interessierte nicht das in seiner Macht Stehende dazu bei, die Voraussetzungen des andernfalls nicht erfüllten Begünstigungstatbestandes zu schaffen, nötigt die Rechtslage die Behörde dazu, die Begünstigung zu versagen.[146] Die Sachverhaltsermittlungspflicht der Behörde erfährt durch die Mitwirkung der Beteiligten keine Einschränkung; sie beteiligt diese im Rahmen ihrer Sachverhaltsermittlung (Rn. 42 ff.; § 26 Rn. 44 ff.). Sie bleibt mithin zur Ermittlung befugt und für sie verantwortlich, auch soweit der Betroffene nicht mitwirkt. Seine Verweigerung kann jedoch dazu führen, dass für die Behörde insoweit kein Anlass gegeben ist, die Ermittlung aufzunehmen; die entsprechenden Umstände drängen sich ihr damit nicht auf.[147] Zudem sind die Aufklärungspflichten der Behörde insoweit begrenzt, als Tatsachen, die der Sphäre des Bürgers zuzuordnen sind, von ihm im Rahmen seiner Mitwirkungspflicht vorgebracht werden müssen.[148]

29   Führt die mangelnde Mitwirkung des Antragstellers allerdings dazu, dass eine Sachentscheidung vereitelt wird, so ist die Behörde befugt, das VwVf ohne weitere Sachermittlungen durch eine **lediglich verfahrensrechtliche Entscheidung,** nämlich die Ablehnung der Bearbeitung des Antrags, abzuschließen.[149] Der Betroffene trägt die Folgen,[150] wenn die Behörde auf Grund seiner unrichtigen Angaben zu einem unvollständigen Ergebnis kommt.[151] Zugleich ist dieses Verhalten im Rahmen der Beweiswürdigung zu werten (Rn. 14, 18; § 26 Rn. 52). So kann die Verletzung von Mitwirkungspflichten auch zur Folge haben, dass aus dem Verhalten des Beteiligten für ihn nachteilige Schlüsse gezogen werden. Dies gilt vor allem dann, wenn die Mitwirkungspflichten Tatsachen und Beweismittel aus seiner **Wissens- und Einflusssphäre** betreffen.[152] So dürfen sich Art und Umfang der Ermittlungstätigkeit zur Feststellung eines Fahrers an

---

[136] Siehe hierzu näher *BVerwG* DVBl 1997, 610; DVBl 1995, 804.
[137] S. hierzu *Vahle* DVP 2007, 89, 91 sowie allgemein zur rechtlichen Bedeutung des Schweigens im Verwaltungsrecht.
[138] S. entsprechend zur Mitwirkungslast der Beteiligten im Verwaltungsprozess *Köhler-Rott* BayVBl 1999, 711.
[139] *BVerwG* NVwZ 1999, 535.
[140] S. z. B. *OVG Koblenz* NVwZ 2006, 1320.
[141] S. *OVG Münster* NWVBl 2007, 62.
[142] Dazu *Schmidt-Preuß* DVBl 1995, 485, 492; *Erbguth* LKV 1997, 233.
[143] S. *OVG Münster* NWVBl 2007, 303 zu § 82 Abs. 4 AufenthG; ferner *VGH München* NVwZ 2006, 1311 zu § 25 Abs. 5 AufenthG.
[144] Dazu *BVerfG* DVBl 1994, 631.
[145] S. *BVerwGE* 96, 126; *VGH Mannheim* DÖV 2007, 433; *OVG Münster* DVBl 1995, 648; *VG Hannover* NdsVBl 2002, 77.
[146] *BVerwG* NVwZ 1999, 779; *OVG Münster* NWVBl 2006, 260; *VGH München* NVwZ 2006, 1311.
[147] *BVerwG* NVwZ 1990, 1066, 1068; Rn. 25.
[148] *BVerwG* NVwZ-RR 2006, 759; *OVG Münster* NVwZ-RR 1994, 386; *VGH München* AgrarR 1997, 330.
[149] *OVG Münster* NWVBl 1995, 356; insoweit bestätigt durch *BVerwG* DVBl 1997, 609, dort auch zur verfahrensrechtlichen Bedeutung dieser Ablehnung für den Fall, dass der Antragsteller im nachfolgenden gerichtlichen Verfahren seine Mitwirkung nachholt.
[150] Wie hier *Kopp/Ramsauer,* § 26 Rn. 61 f.
[151] *OVG Münster* NJW 1987, 394.
[152] *BFH* NVwZ-RR 1990, 282.

den Erklärungen des Kfz-Halters ausrichten.[153] Auch darf z. B. eine Entziehung der Fahrerlaubnis wegen Nichtvorlage eines rechtmäßig geforderten ärztlichen Gutachtens zur Kraftfahreignung erfolgen.[154] Dementsprechend bezieht sich die Mitwirkungslast des Betroffenen nicht auf einen Sachverhalt, der nicht in seinen Erkenntnisbereich und in seine Sphäre fällt.[155] Im Einzelfall ist ferner ggfs. zu prüfen, ob dem Beteiligten eine Mitwirkung zumutbar ist; andernfalls darf eine Verweigerung nicht zu seinen Lasten gewertet werden. So können sich Grenzen der Zumutbarkeit für Religions- oder Weltanschauungsgemeinschaften aus Art. 4 GG und Art. 140 GG i. V. m. Art. 137 WV[156] oder daraus ergeben, dass die Mitwirkung einen Eingriff in das Persönlichkeitsrecht des Betroffenen beinhaltet.[157]

Innerhalb dieses Rahmens sind die Grenzen der Sachverhaltsermittlung bestimmt durch besondere und **allgemeine Verfahrensregeln,** insbesondere durch die Grundsätze des fairen und rechtsstaatlichen Verfahrens, des Grundrechtsschutzes durch und im Verfahren, des Gleichheitssatzes etc., die auch durch die Bedürfnisse der zu verfolgenden Allgemeininteressen bestimmt werden.[158] Zur Begrenzung durch den **Verhältnismäßigkeitsgrundsatz** s. z. B. Rn. 34, 36. Hierzu gehört auch, Ermittlungen, die in die Sphäre des Betroffenen oder eines Dritten eingreifen, nur auf Grund besonderer gesetzlicher Ermächtigungsnormen durchführen zu können.

Das Rechtsstaatsprinzip verpflichtet überdies, **allgemeine und besondere gesetzliche Grenzen** einzuhalten. Zwar ist während des Verwaltungsverfahrens grundsätzlich die Behörde „Herrin des Verfahrens" und bestimmt die zu veranlassenden Sachaufklärungsmaßnahmen; andererseits darf jedoch der Beteiligte nicht zum bloßen Objekt staatlichen Handelns werden, dem deshalb – nicht zuletzt auch unter dem Gesichtspunkt der Waffengleichheit – Mitwirkungsrechte einzuräumen sind.[159] Beispiele: **Steuergeheimnis;**[160] unzulässige steuerstrafrechtliche **Rasterfahndung;**[161] Mitteilungen des Finanzamtes in Gewerbeuntersagungsverfahren,[162] unzulässige Überwachungsmaßnahmen der Ausländerbehörde bei Verdacht der Scheinehe mittels **privater Detektei** und verdeckter **Videoüberwachung;**[163] zum Schutz von **Bankkunden** s. § 30a AO; zulässiger Eingriff in das informelle Selbstbestimmungsrecht der Patienten durch Einsichtnahme von Rechnungshöfen in **Krankenakten;**[164] **Sozialgeheimnis;**[165] **Datenschutz;**[166] Verbot der präventiven Anlegung sog. Störerakten;[167] **Hausbesuche** nur unter engen Voraussetzungen und nur dann, wenn keine andere Möglichkeit der Sachverhaltsaufklärung zur Verfügung steht;[168] Entsprechendes gilt hinsichtlich der Vorlage von **Kontoauszügen.**[169] Keine

---

[153] *VGH Mannheim* VBlBW 1998, 74.
[154] Hierzu *OVG Münster* NWVBl 2003, 231; DAR 2003, 283; NJW 2001, 3427; *VGH München* NJW 2006, 1687.
[155] *BVerwG* NVwZ 1987, 404.
[156] *BVerwG* DVBl 1995, 804.
[157] Vgl. *VGH Kassel* NVwZ-RR 1995, 47.
[158] *BVerfG* NJW 1985, 1767.
[159] *OVG Koblenz* NJW 1997, 2342 zum Anspruch auf Überlassen der Führerscheinakte zwecks Erstellung eines Privatgutachtens.
[160] *BVerfG* NJW 1991, 2129; *BGH* NJW 2002, 1134 zum Zwangsmittelverbot des § 393 I AO; zum Verhältnis des Akteneinsichtsrechts einer Ratsminderheit nach § 55 Abs. 4 GO NW zur Verpflichtung der Gemeindeverwaltung zur Wahrung des Steuergeheimnisses s. *OVG Münster* NVwZ 1999, 1252.
[161] *BFH* NJW 2000, 3157; NJW 2001, 318; siehe auch *FG Münster* NJW 2000, 3375 betreffend die Voraussetzungen eines zulässigen Sammelauskunftsersuchens. S. in Abgrenzung dazu zur präventivpolizeilichen Schleierfahndung *BVerfG* NJW 2006, 1939; *BayVerfGH* NVwZ 2006, 1284; *OVG Koblenz* NVwZ 2002, 1528; *Bausback* NJW 2006, 1922; *Volkmann* JZ 2006, 918; allgemein *Meister* JA 2003, 83; *Horn* DÖV 2003, 746; *Achelpöhler/Niehaus* DÖV 2003, 49; *Lisken* NVwZ 2002, 513.
[162] *BVerwG* NVwZ 1988, 432; *VGH Mannheim* NVwZ-RR 1992, 15; *BFH* NVwZ 1988, 474; *Krause/Steinbach* DÖV 1985, 549; *Arndt* GewArch 1988, 281; zusammenfassend *Brodersen* JuS 1988, 577; *App* GewArch 1990, 10.
[163] S. *OVG Hamburg* AuAS 2007, 160. Hierzu *OVG Weimar* InfAuslR 2003, 383.
[164] Siehe hierzu *BVerfG* NJW 1997, 1633; *Heintzen/Lilie* NJW 1997, 1601.
[165] *BVerwG* NJW 2004, 1543; *Brinkmann* DÖV 1985, 900; *Kunkel* VBlBW 1992, 47.
[166] Allgemein zum Verhältnis der Befugnisse aus §§ 24, 26 zum Datenschutz *BVerwG* NVwZ-RR 2000, 760.
[167] *BVerfGE* 65, 1, 46. S. aber auch *OVG Lüneburg* NJW 2006, 391 zum polizeilichen Gefährderanschreiben bei Vorliegen einer konkreten Gefahr.
[168] Vgl. *LSG Hessen* NJW 2006, 1548. S. aber auch *VGH Mannheim* NVwZ-RR 2004, 416 zur unangemeldeten Besichtigung einer Apotheke nach § 64 AMG.
[169] Vgl. *SG Detmold* DVP 2007, 395.

Online-Durchsuchung ohne gesetzliche Grundlage.[170] Einschränkung der Pflicht des Beamten zur Durchführung ärztlicher Maßnahmen bei Gesundheitsrisiken und Eingriffen in das Persönlichkeitsrecht.[171] Heimliche Observation eines Beamten durch den Dienstherrn zur Vorbereitung des Widerrufs einer Nebentätigkeitsgenehmigung.[172] Grundsätzlich bestehen keine bundesstaatlichen Schranken für eine Landesbehörde, Untersuchungs- und Beweisbefugnisse über die **Landesgrenzen** hinaus in einem anderen Bundesland wahrzunehmen.[173]

32 Nur **rechtmäßig erlangte Informationen** dürfen gegen den Bürger verwandt werden,[174] s. auch Rn. 34, zu Rechtsfolgen Rn. 61 ff.; § 26 Rn. 41, 57 ff., 74 ff. Erlaubt ist die Weitergabe einer Information von einer Behörde an die andere und damit die Erlangung rechtmäßig, wenn sie auf Grund gesetzlicher Befugnisse erfolgt.[175] Die zum Prozessrecht bei **Beweisverboten** vertretene Meinung, zwischen dem rechtswidrigen Erlangungsakt, der zu ahnden ist **(Beweiserhebungsverbot)**, und der **rechtmäßigen Verwertung**, die dadurch nicht ausgeschlossen wird (kein **Beweisverwertungsverbot**), trennen zu können,[176] lässt sich auf die Sachverhaltsermittlung der Behörde nicht ohne weiteres übertragen.[177] Im Unterschied zum Gericht hat die Behörde, die das Verfahren führt, ein eigenes Interesse an der Erlangung und Verwertung der Beweismittel, so dass rechtsstaatliche Grundsätze als Verfahrensgarantie in dem zudem formlosen Verfahren (§ 10) von besonderer Bedeutung sind. Die gegenteilige Ansicht gewinnt bei der Frage der Erhebung, Speicherung und Weitergabe von **Daten** breiten Raum. Sie stellt lediglich auf das Ergebnis der Beweisaufnahme ab, wenn sie dem Allgemeininteresse an der Verwendung einmal erlangter Informationen den Vorrang vor den Interessen des Einzelnen gibt.[178] Das Beweisverfahren ist aber nur dann rechtsstaatlich, wenn es in jedem Verfahrensschritt diesen Anforderungen genügt. Ein Allgemeininteresse an einem rechtsstaatswidrigen Verfahrensschritt kann und darf es nicht geben.[179] §§ 24, 26 bieten ebenso wenig eine Ermächtigung für rechtswidrige Maßnahmen wie die konkrete materielle Eingriffsbefugnis.[180] Beweisverbote und Beweisbeschränkungen sind Grenzen des Verfahrensermessens (Rn. 36).[181] Ein möglich materiell zutreffendes Ergebnis des VwVf als ein dies bezweckender Entscheidungsprozess rechtfertigt nicht das Mittel unrechtmäßiger Sachverhaltsermittlung.[182] Soweit der Sachverhalt durch Verstoß gegen ein **Mitwirkungsverweigerungsrecht** ermittelt worden ist, ist zu prüfen, ob nach der jeweiligen Schutznorm die Verwertung im VwVf untersagt werden soll oder nur Auswirkungen auf ein Strafverfahren hat.[183]

---

[170] S. dazu im Einzelnen *BGH* NJW 2007, 930; *Kutscha* NJW 2007, 1169; *Huber* NVwZ 2007, 872; *Rux* JZ 2007, 285; 831; *Hornung* JZ 2007, 828 m. w. N.
[171] BVerwGE 34, 248; *OVG Lüneburg* NVwZ 1990, 1194; *OVG Münster* NJW 1975, 405; *VGH München* BayVBl 1988, 660; *VGH Kassel* NVwZ-RR 1995, 47.
[172] OVG *Münster* 24. 9. 1998 – 12 A 6113/96 –. Eingehend zur Rechtsnatur heimlicher behördlicher Maßnahmen *Erfmeyer* DÖV 1999, 719.
[173] S. *BVerwG* NJW 1988, 1924; *VG Hannover* NJW 1988, 1928.
[174] S. *OVG Hamburg* AuAS 2007, 160 m. w. N. *Gusy* DÖV 1980, 431 ff.; im Einzelnen *Eberle*, Gedächtnisschrift Martens, S. 351 ff.; *Südhoff*, Der Folgenbeseitigungsanspruch als Grundlage verwaltungsverfahrensrechtlicher Verwertungsverbote, Diss. 1995; *Hüsch*, Verwertungsverbote im Verwaltungsverfahren, Diss. Hamburg 1991; *Hufen*, Fehler im VwVf, Rn. 143 ff. m. w. N.; a. A. *BVerwG* NJW 1982, 2885, 2887; NVwZ 1988, 432.
[175] So *BVerwG* NJW 1988, 1863.
[176] Vgl. für Strafprozess *BGH* NJW 1989, 2760, 2761; NJW 1990, 1799; NJW 1990, 1859; NJW 1991, 1180; NJW 1991, 2651; NJW 1994, 2289 (2292); für Zivilprozess *BGH* NJW 1991, 1991; *Fink*, Die Verwertbarkeit rechtswidrig erlangter Beweismittel im Zivilprozess, Diss. Köln 1994; *Werner*, Verwertung rechtswidrig erlangter Beweismittel, NJW 1988, 993 ff.; *Geerds* JuS 1991, 199; *Amelung* NJW 1991, 2533, jew. m. w. N.; insoweit kein Verstoß gegen Menschenrechtskonvention: *EGMR* NJW 1989, 654.
[177] S. auch *Eberle*, S. 351, 353 f.; wohl auch *Kopp/Ramsauer*, § 26 Rn. 8. Im einzelnen *Erfmeyer* VR 2000, 325. Vgl. zur Verwendung fremder Daten im Zivilprozess *Dauster/Braun* NJW 1999, 313.
[178] S. *VGH Mannheim* NJW 2003, 3004; *OVG Lüneburg* NJW 2001, 459; *Geiger* BayVBl 2005, 645, 647. Zu unberechtigt erlangten Auskünften aus dem Erziehungsregister s. *VGH Mannheim* VBlBW 2003, 127; *OVG Koblenz* NVwZ-RR 2000, 309.
[179] Vgl. *BVerfG* DVBl 2003, 131; NJW 1992, 815; *BGH* NJW 2003, 1727 zum Abhören und Verwerten von Telefongesprächen; ferner *Reinkenhof* NJ 2003, 184; *Vahle* DVP 2000, 375. *BGH* NJW 1994, 2289 (2292) zur Verwertung von heimlichen Tonbandaufzeichnungen und Lauschzeugenaussagen.
[180] Ähnlich *Hufen* Rn. 150 ff.
[181] *Hill* NVwZ 1985, 449, 453.
[182] Ähnlich *Eberle*, S. 359.
[183] Vgl. *Nobbe/Vögele* NuR 1988, 313, 316; § 26 Rn. 57 ff.; *Schroth* JuS 1998, 969 zu Beweisverwertungsverboten im Strafrecht. *Fischer* BB 1999, 154 allgemein zum prozessualen Verwertungsverbot für mitbestimmungswidrig erlangte Beweismittel.

Ausnahmen vom Verwertungsverbot sind denkbar: So kann im Einzelfall, wenn öffentliche Interessen von erheblichem Gewicht betroffen sind, eine erforderliche Interessenabwägung ausnahmsweise dazu führen, dass Beweisverwertungsverbote zurücktreten.[184] Rechtswidrige Informationen können zum Anlass genommen werden, durch **eigene Ermittlungen** den Sachverhalt zu bestätigen.[185] **Einwilligung oder Verzicht** desjenigen, dessen Rechte verletzt worden sind, soweit diese Rechte verzichtbar sind können die Verwertung gestatten. Ebenso kann eine nicht durch eigene Ermittlung auflösbare Interessenkollision zwischen z. B. dem Recht auf Datenschutz mit den höherwertigen Recht eines Dritten auf Leben oder Freiheit eines Dritten die Verwertung der Daten zum Schutz dieses Dritten rechtfertigen.[186] Für rechtswidrig erlangte Urkunden ist darauf abzustellen, ob im Zeitpunkt der Entscheidung ein Vorlegungsanspruch besteht.[187] Sind Informationen auf Grund eines möglicherweise rechtswidrigen, aber **bestandskräftigen VA** erlangt worden, besteht insoweit kein Verwertungsverbot.[188]

Nicht dem Verwertungsverbot unterliegen rechtmäßige **vertrauliche Informationen** (vgl. auch § 26 Rn. 42, § 25 Rn. 44). Der Verhältnismäßigkeitsgrundsatz, das rechtsstaatliche Verbot, den Bürger nicht als Objekt der Verwaltung zu sehen (§ 9 Rn. 42), sowie die Verfahrensrechte nach §§ 28, 29 erfordern es in der Regel, dem Betroffenen den Inhalt der Mitteilung, wenn er für die Entscheidung der Behörde verwertet werden soll, mitzuteilen.[189] Allerdings braucht der **Name des Informanten** in der Regel nicht genannt zu werden, weil sonst die für die gesetzliche Aufgabenerfüllung der Behörde notwendige Informationsquelle versiegen würde.[190] Dies gilt aber dann nicht, wenn ausreichende Anhaltspunkte dafür vorliegen, dass der Informant die Behörde wider besseren Wissens oder leichtfertig falsch informiert hat.[191] Im Ausnahmefall braucht auch der Inhalt der Information nicht bekannt gegeben zu werden, wenn er seinem Wesen nach geheimzuhalten ist, vgl. § 25 Rn. 10.[192]

Kein Beweis ist zu erheben, wenn die Behörde davon überzeugt ist, dass ein **Tatsachenvortrag zutrifft** (Rn. 12). Es kann aber notwendig sein, dass die Behörde sich selbst Gewissheit über Tatsachen verschafft, selbst wenn dieser Umstand von mehreren sich streitenden Beteiligten als „unstreitig" angesehen wird. **Geständnis** (§ 288 ZPO) und **Anerkenntnis** (§ 307 ZPO)[193] entheben die Behörde nicht der Pflicht, den Sachverhalt zu ermitteln (zu sachverhaltsfeststellenden Vereinbarungen s. Rn. 21 f.). Soweit die Behörde bei ihrer Entscheidung durch **andere Verwaltungsakte gebunden** ist, entfällt insoweit eine erneute Sachverhaltsermittlung. Dies gilt jedoch nicht, soweit die andere Behörde diese Fragen nur als Vorfragen ihrer Entscheidung geprüft hat, s. Rn. 23.

Art und Umfang der Ermittlungstätigkeit richten sich – anders als im gerichtlichen Verfahren[194] – nach dem **Verhältnismäßigkeitsgrundsatz**.[195] Denn die Gestaltung des Verfahrens steht im (Verfahrens-)Ermessen der Behörde (§ 10 S. 2), wie zur Auswahl der Beweismittel in § 26 Abs. 1 S. 1 ausdrücklich betont wird (§ 26 Rn. 8).[196] Die Ermittlungen müssen **angemessen** sein,[197] und zwar im Hinblick auf **Art, Umfang, Zeit,** Auswahl der **Mittel** und **Belastung für den Betroffenen** und die **Allgemeinheit.** Ferner ist von der **Gewichtigkeit des öffentlichen Interesses** an der Verwaltungsmaßnahme abhängig, ob eine zeitraubende oder

---

[184] S. z. B. *VGH Mannheim* NJW 2007, 2571; *OVG Lüneburg* NJW 2001, 459 (jeweils zum Fahrerlaubnisrecht); *OVG Hamburg* AuAS 2007, 160 (zum Ausländerrecht) m. w. N.
[185] Hierzu im Einzelnen *Erfmeyer* VR 2000, 325.
[186] Im einzelnen *Hufen* Rn. 151 f.
[187] Vgl. *Fink* S. 229.
[188] Ähnlich für besondere Verfahren nach AO *BFH* BStBl II 1992, 59.
[189] Zu den Grenzen der Beweiswürdigung bei Verwertung anonymer Quellen s. *BGH* NJW 2000, 1661.
[190] *EuGH* Slg. 1998, 4871; *BVerwG* NJW 1992, 451; *BFH* NVwZ-RR 1997, 753; *OVG Koblenz* AS RP-SL 26, 338; dazu *Roewer* DVBl 1992, 633; *Knemeyer* JZ 1992, 348, jew. m. w. N.
[191] *BVerwG* NJW 2004, 1543; 2004, 93; 2003, 3217; *VerfGH Rheinland-Pfalz* DVBl 1999, 309. Hierzu *Wollweber* DVBl 1999, 980.
[192] *OVG Lüneburg* GewArch 1988, 192 zu Referenzen zur fachlichen Eignung eines Sachverständigen.
[193] Siehe zum Anerkenntnisurteil im Verwaltungsprozess *BVerwG* NVwZ 1997, 576; *VGH Mannheim* NVwZ 1991, 387 = NJW 1991, 859.
[194] Dazu *Kopp/Ramsauer,* § 24 Rn. 10.
[195] S. *OVG Lüneburg* NVwZ 2007, 963 entsprechend zu der auf der Fürsorgepflicht beruhenden Pflicht des Dienstherrn zur Aufklärung von Vorwürfen Dritter gegen Bedienstete. Vgl. auch *Di Fabio* JuS 1997, 1 (6).
[196] *Hill* NVwZ 1985, 449, 453.
[197] *BVerwG* NJW 1987, 143; s. § 9 Rn. 43.

kostspielige Ermittlungstätigkeit angebracht ist. Hierbei ist eine Abwägung zwischen dem öffentlichen und privaten Interesse an einer schnellen Erledigung und dem an einer gründlichen und vollständigen Tatsachenbeschaffung erforderlich. In diese Abwägung ist auch das in § 10 Satz 2 verankerte Beschleunigungsgebot einzustellen.[198] Je schwerwiegender die Rechtsfolgen der Entscheidung und je größer die **Beweisschwierigkeiten** für den Betroffenen sind, umso eingehender muss die Ermittlung sein.[199] Andererseits muss der **Verwaltungsaufwand** noch **sinnvoll** eingesetzt werden können. Es ist der Behörde vor allem nicht zuzumuten, wahllos zeitraubende, kaum Aussicht auf Erfolg bietende Nachforschungen vorzunehmen, insbesondere wenn sich der Betroffene auf ein Aussageverweigerungsrecht beruft.[200] Es kann sich als ermessensfehlerfrei erweisen, wenn die Behörde ein Einschreiten wegen des mit einer weiteren Gefahrenerforschung verbundenen unverhältnismäßigen Kostenaufwands ablehnt.[201] Berührt die Entscheidung **Verfassungsrechte** des Betroffenen, wird die Pflicht zur Sachaufklärung verschärft[202] (Rn. 30f.; § 1 Rn. 33 ff.; § 9 Rn. 21). Bei Verwaltungsakten, die bei etwa gleichem Sachverhalt und ohne Eingriffe in Grundrechtspositionen **in großer Zahl** auftreten, ist die Verpflichtung zur Ermittlung gering. Sie setzt erst verstärkt ein, wenn hierzu im Einzelfall besonderer Anlass (z. B. durch Bestreiten) besteht.[203] Zur typisierenden Arbeitsweise s. Rn. 70.

37 Keinesfalls berechtigt der Verhältnismäßigkeitsgrundsatz zu einer nur noch **oberflächlichen Sachverhaltsermittlung** lediglich aus Personal- oder Kostengründen (s. Rn. 25 ff.).[204] Die Abwägung zwischen Aufwand und Ermittlungsergebnis darf nur aus Gründen des jeweiligen Falles vorgenommen werden. Daher zu Recht kritisch *Martens*[205] zur typisierenden Arbeitsweise (Rn. 70).

38 Wenngleich vielfach dem materiellen Recht zugeordnet (vgl. § 9 Rn. 79 m. w. N.), aber letztlich bei der Sachverhaltsermittlung durch den Verhältnismäßigkeitsgrundsatz bestimmt (vgl. den Rechtsgedanken aus § 287 Abs. 2 ZPO), zwingt der Grundsatz der **Verwaltungspraktikabilität**[206] vor allem im Abgabenrecht nicht zur „pfenniggenauen" Ermittlung; es darf pauschaliert werden.[207] Soweit weitere Ermittlungen nur mit unvertretbarem Aufwand möglich sind, ist eine **Schätzung** auf Grund gesicherter Erfahrenssätze möglich.[208] Steht z. B. fest, dass und in welcher (Mindest-)Größenordnung ein Beamter dienstlich anvertraute Gelder unterschlagen hat, so darf die Höhe des Erstattungsbetrages im Wege der Schätzung beziffert werden.[209] Obgleich die Schätzungsbefugnis lediglich aus dem konkreten materiellen Recht hergeleitet wird,[210] ist allgemein im VwVf ohne Schätzung ebenso wenig auszukommen wie im Verwaltungsprozess (dort § 173 VwGO, § 287 Abs. 2 ZPO).[211] Für das Steuerrecht hat das

---

[198] S. *Ziekow* DVBl 1998, 1101, 1104 zum Verhältnis des Untersuchungsgrundsatzes zum Beschleunigungsgebot. *Teßmer* ZUR 2006, 469 zu den aktuellen Gesetzgebungsvorhaben zur Verfahrensbeschleunigung. Zum Genehmigungsverfahrensbeschleunigungsgesetz s. *Schmitz* NVwZ 2000, 1238; *Bonk* NVwZ 1997, 320; *Schmitz/Wessendorf* NVwZ 1996, 955; *Jäde* UPR 1996, 361.
[199] BVerwG NVwZ 1983, 674, 677, NJW 1983, 1725. Vgl. auch zur Bewertung einer Gefahrenlage OVG *Münster* BauR 2002, 763; *Leisner* DÖV 2002, 326. Zu den Kosten der Erforschung eines Gefahrenverdachts im Rahmen der Überwachungsmaßnahmen nach § 19 AtG OVG *Lüneburg* ZUR 1995, 104.
[200] BVerwG NJW 1987, 143.
[201] OVG *Münster* BauR 1993, 712.
[202] Z. B. BVerfG NJW 1980, 514 (515), 760; NVwZ 1983, 674, 677; InfAuslR 1990, 165; VG *Frankfurt* NVwZ-RR 1991, 240.
[203] *Pestalozza*, S. 194.
[204] *Stelkens* NVwZ 1982, 81 ff.
[205] Verwaltungsvorschriften zur Beschränkung der Sachverhaltsvermittlung, S. 52 ff.
[206] Dazu näher BVerfGE 44, 283 (288 f.); 27, 220 (230); BVerwGE 67, 206 = NJW 1984, 188; E 80, 36 = NVwZ 1989, 385.
[207] BVerwGE 81, 251 = NVwZ 1989, 1076; 80, 99 = NVwZ 1989, 566; E 74, 149 = NVwZ 1986, 1023 m. w. N.
[208] BVerwG DVBl 2000, 1220; NJW 1986, 1122; BVerwGE 85, 306 = NVwZ 1991, 485; OVG *Münster* DÖV 1992, 930; VGH *Mannheim* 28. 8. 1980 – II 978/78 – n. v.; zur Schätzung gemäß § 287 ZPO bei der Schadensberechnung s. BVerwG NJW 1995, 2303; weiter verstanden als § 162 AO, für einen Fall des Indizienbeweises für den Fall unterlassener Mitwirkung regelt, s. *Martens* § 5 Rn. 168; für den Fall unterlassener Mitwirkung VG *Berlin* Grundeigentum 1987, 1221 ff.; *Ruppel* BB 1995, 750.
[209] BVerwG NVwZ 1999, 77.
[210] BVerwG NJW 1986, 1122; NVwZ 1991, 485; 1986, 299; 1984, 437: Erschließungsbeitragsrecht; BVerwG 28. 4. 1983 – 3 C 7.82 – n. v., OVG *Münster* 23. 3. 1987 – 3 A 2110/83 – n. v.: Abgabenrecht nach Getreidegesetz.
[211] S. zu § 287 ZPO: BVerwG NJW 1995, 2303 (2306); für das Steuerrecht: BFH BB 1993, 2517; kritisch *Nierhaus*, S. 74 ff.; im Einzelnen s. *Tipke*, Schätzung im VwVf und im Verwaltungsprozess, VerwArch 1969, Bd. 60, S. 136.

BVerfG[212] wiederholt hervorgehoben, dass der Gesetzgeber die Verwirklichung des Steueranspruchs durch Tatbestandstypisierungen verfahrensrechtlich erleichtern und dabei die für die Verwaltungsaufgabe verfügbaren personellen und finanziellen Mittel berücksichtigen darf.[213] Siehe hierzu auch Rn. 70. Im einzelnen ist vieles streitig. Als Schätzung wird verstanden, dass der angenommene Sachverhalt der wahrscheinlichste ist. Eine Schätzung wird vor allem in Frage kommen bei der Annahme von Quantitäten (z. B. auch Zeiträumen) und Wertschätzungen oder wenn Unterlagen und Auskünfte von den Betroffenen nicht vorgelegt werden, obwohl sie dazu eine Verpflichtung gehabt haben (vgl. § 162 AO). Siehe hierzu im Einzelnen *BVerwG*[214] und zur entsprechenden Rechtsprechung des *BFH* den Nachweis der Rechtsprechung bei *Ruppel*.[215] Zu übernehmen ist die Ansicht des *BFH*,[216] dass eine Schätzung dann **unzulässig** ist, wenn ein bestimmter Nachweis materielle Voraussetzung der Norm ist. Reine Fakten sind deshalb nicht schätzbar, sondern müssen ermittelt werden. Sind sie nicht zu ermitteln, muss nach Beweislast entschieden werden. Daher ist die Ermittlung auch insoweit voll gerichtlich überprüfbar. Eine Schätzung darf sich nur so weit von dem tatsächlich verursachten Aufwand entfernen, wie dies die die Schätzung rechtfertigenden Umstände, insbesondere das Erfordernis der Verwaltungspraktikabilität und der Vermeidung unzumutbarer Verwaltungsaufwände, bedingen.[217] Wird später der wahre Sachverhalt bekannt, ist er für das weitere VwVf maßgebend.[218]

39 Die Annahme eines **Aufklärungsermessen** (Rn. 25 ff.) als verfahrensrechtlicher Entscheidungsmodus der Verwaltung besagt noch nichts über die gerichtliche **Kontrolldichte**. Insbesondere wird hierdurch die Aufklärungspflicht des Gerichts nach § 86 VwGO nicht eingeschränkt (Rn. 65) mit Ausnahme der Bereiche, in denen der Behörde auch eine Bewertungsermächtigung zusteht (§ 26 Rn. 34; § 40 Rn. 222).

40 § 24 gibt keinen Hinweis auf die Aufklärung von **Rechtsfragen**.[219] Die Kenntnis des Fachrechts wird von der Behörde vorausgesetzt (Art. 20 Abs. 3 GG; § 80 Rn. 85), anderenfalls kann sie das VwVf nicht sinnvoll betreiben (§ 9 Rn. 133 f.; § 26 Rn. 66; bei Fehlen Amtspflichtverletzung). Vgl. auch § 28 Rn. 38. Aus dem § 293 ZPO zugrundeliegenden Gedanken[220] ist zu schließen, dass Ermittlungen über **ausländisches Recht**,[221] **Gewohnheitsrecht** und **Satzungen** wie Sachverhaltsermittlungen (unter Mitwirkung der Beteiligten!) geführt werden müssen.[222]

41 Die Behörde kann bei der Ermittlung die **Hilfe anderer Behörden** in Anspruch nehmen (§§ 4, 5).[223] Hierzu kann sie z. B. auch anderweitig erstellte Gutachten als Urkunden beiziehen (s. dazu § 26 Rn. 88) und nach deren Auswertung ggfs. nach Maßgabe der in § 26 Rn. 97 dargestellten Kriterien auf die Einholung eines ansonsten erforderlichen eigenen Gutachtens verzichten.[224] Die Behörde hat sich bei der Sachverhaltsermittlung nach ihrem pflichtgemäßen Ermessen der **Beweismittel** nach § 26 zu bedienen (Rn. 25 ff.; § 26 Rn. 6 f.). Da die Aufzählung der in § 26 Abs. 1 Satz 2 genannten Arten der Beweismittel nicht abschließend ist, können auch weitere Erkenntnismittel herangezogen und gewürdigt werden.

3. Vorbringen der Beteiligten (Satz 2, 2. Halbs.)

42 Im Gegensatz zu § 86 Abs. 1 Satz 1, 2. Halbsatz VwGO fehlt in § 24 Abs. 1 der Hinweis, dass die Beteiligten zu der Ermittlung des Sachverhaltes heranzuziehen sind. Die **Heranzie-**

---

[212] NJW 2000, 1097; BVerfGE 87, 153 (169 ff.); 81, 106 (117); 84, 348 (364); StE 1997, 362; zum Erlass typisierender Verwaltungsvorschriften der Finanzverwaltung: *BVerfG* NVwZ 1994, 475. Allgemein zu den Grenzen der Einzelfallgerechtigkeit *Weyreuther* DÖV 1997, 521; *H.-P. Schneider* ZRP 1998, 323.
[213] S. hierzu auch *BVerwG* BVerwGE 105, 144.
[214] NVwZ 1992, 772.
[215] BB 1995, 750.
[216] BB 1986, 1697 f.
[217] *BVerwG* DVBl 2000, 1220 zum Beitragsrecht.
[218] *OVG Münster* ZMR 1989, 394, 396.
[219] *BVerwG* NJW 1976, 765, 766.
[220] Dazu *Sommerlad/Schrey* NJW 1991, 1377; *Gruber* ZRP 1992, 6.
[221] Dazu BSG NVwZ 1998, 549; *BVerwG* NJW 1989, 3107.
[222] Zu diesen Fragen im Asylrecht *Stelkens* ZAR 1985, 15, 21.
[223] Dazu *VG Potsdam* AuAS 2003, 149.
[224] *Stumpe* VBlBW 1995, 172. Zur umstrittenen Frage der mündlichen Erläuterung eines in einem anderen Gerichtsverfahren erstatteten Gutachtens s. *VGH Kassel* DVBl 1999, 995; NVwZ 2000, 1428; *Schulz* NVwZ 2000, 1367.

hung der Beteiligten bestimmt die Behörde, unbeschadet des § 28, nach ihrem Ermessen im Rahmen des § 26 (s. § 26 Rn. 4 ff., 44). Im Einzelfall kann es sinnvoll sein, gerade ohne Beteiligte den Sachverhalt zu ermitteln, um ein unverfälschtes Ergebnis zu erlangen. Z.B. Emissionsmessungen ohne Wissen des Betreibers der Anlage (§ 9 Rn. 14; § 26 Rn. 13 ff.).[225] Von der Heranziehung zu unterscheiden ist die durch § 20 Abs. 1 S. 2 untersagte eigenständige Tätigkeit eines Beteiligten für die Behörde. So dürfen z.b. bei einem Nachbarstreit um Lärmschutz die vorbereitenden Immissionsmessungen nicht einem Beteiligten übertragen werden.[226]

43 Die Folge der Sachverhaltsermittlung von Amts wegen ist, dass die Behörde an das **Vorbringen** und an die **Beweisanträge der Beteiligten** (§ 26 Rn. 9 f.) nicht gebunden ist (Satz 2, 2. Halbsatz). Dies bedeutet nicht, dass die Behörde den Beteiligtenvortrag unberücksichtigt lassen dürfte. Sie hat allen ihr (Rn. 25 ff.) **rechtserheblich** erscheinenden Umständen nachzugehen, muss vor allem alle von den Beteiligten zur Verfügung gestellten Erkenntnisquellen berücksichtigen und muss sich im Sinn der freien Beweiswürdigung mit allen ihr bekannt gewordenen Tatsachen auseinandersetzen (Rn. 16 ff.). Ein erheblicher und substantiierter Beweisantrag[227] darf nicht mit der Begründung abgelehnt werden, das bisherige Verfahren habe bereits zu der Überzeugung geführt, dass das Vorbringen nicht glaubhaft sei.[228] Zu den rechtserheblichen Umständen gehören auch alle für eine **Ermessensentscheidung wesentlichen Gesichtspunkte** (z.B. die Beiziehung von Strafakten im Ausweisungsfall eines Ausländers).[229] Zum Beweisantrag beim Zeugenbeweis s. § 26 Rn. 80 ff.

44 Die Behörde braucht einem **unsubstantiierten Beweisantrag** nicht weiter nachzugehen. Unsubstantiiert sind Beweisanträge, die das Beweisthema nicht hinreichend konkretisieren oder ohne jegliche tatsächliche Grundlage gestellt werden.[230] Der Beweisantrag ersetzt nicht den Sachvortrag, sondern setzt ihn voraus; er soll den behaupteten Tatsachen Gewicht geben. Ein Beweisantrag über Tatsachen, die dem Antragsteller unbekannt sind, ist kein Beweisantrag. Unsubstantiierten Behauptungen ohne Auseinandersetzung mit den Gegenargumenten „ins Blaue hinein" muss dabei nicht weiter nachgegangen zu werden.[231] Hat der Antragsteller konkrete Anhaltspunkte für eine Vermutung, dass Tatsachen vorliegen, ohne dass er sie im Einzelnen kennt, wird ein diesbezüglicher Beweisantrag vielfach als **Beweis-(Ermittlungs-)antrag** angesehen.[232] Jedenfalls ist dieser Antrag als Antrag an die Behörden zu verstehen, im Rahmen ihrer Sachverhaltsermittlungspflicht in diese Richtung weiter, ggf. durch Einholung einer Auskunft (§ 26 Rn. 36), zu ermitteln. Dies gilt z.B. auch für einen Antrag auf Durchführung einer Archivrecherche.[233] Wird die Vernehmung einer Person als Zeuge beantragt, deren Kenntnis von entscheidungserheblichen Tatsachen lediglich unplausibel behauptet wird, stellt dies einen unzulässigen Beweisermittlungsantrag dar.[234] Ein Antrag auf Sachverständigenbeweis setzt aber nicht voraus, dass einzelne konkrete Tatsachen in das Wissen des Sachverständigen gestellt werden.[235] Die Verpflichtung zur Berücksichtigung von Beweisanträgen findet in jedem Fall ihre Grenze an der Zulässigkeit des Antrags und der Beweismittel sowie der **Möglichkeit** der Beweiserhebung. Die Behörde ist z.B. nicht gehalten, auf bloße von einem Beteiligten geäußerte Zweifel hin eine **Fehlersuche** etwa zur Gültigkeit eines über Jahrzehnte hin angewandten Fluchtlinienplans einzutreten.[236] Im Einzelnen *Deibel*.[237] Un-

---

[225] S. dagegen *BVerwG* NJW 2006, 2058 zur Parteiöffentlichkeit der gerichtlichen Beweiserhebung nach § 97 S. 1 VwGO hinsichtlich einer Ortsbesichtigung durch Sachverständige.
[226] *OVG Münster* NVwZ-RR 2004, 721.
[227] Zu den Erfordernissen eines Beweisantrages s. *Beulke* JuS 2006, 597; *Ingelfinger* JR 2003, 295; zum Strafrecht *J.-P. Becker* NStZ 2006, 495; 2005, 493.
[228] *VGH Mannheim* NVwZ-Beilage 2001, 110 zum Asylrecht. Zur unzulässigen Beweisantizipation *BVerwG* InfAuslR 1998, 411; *OVG Münster* AuAS 2002, 212; *VGH Kassel* DVBl 1999, 995; s. ferner Rn. 45, 46.
[229] *BVerwG* InfAuslR 1982, 167; § 26 Rn. 89.
[230] *BVerwG* NJW 1988, 1746; VBlBW 1991, 171. Zum Beweisantrag bezüglich Negativtatsachen s. *VGH Mannheim* DÖV 2006, 568.
[231] *BVerwG* NVwZ 1997, 82; *OVG Münster* NWVBl 1997, 434 (zum Prüfungsrecht): Beschl. v. 25. 7. 1996 – 15 E 777/95 –.
[232] S. *OVG Bautzen* AuAS 2006, 129. Ferner *VGH Kassel* AuAS 2006, 21 zum Gehörsverstoß durch Ablehnung eines Beweisantrags.
[233] *BVerwG* NJW 1998, 3070.
[234] *BVerwG* NVwZ-RR 1999, 208.
[235] *BVerwG* DÖV 2001, 43.
[236] *OVG Münster* NVwZ-RR 1997, 82.
[237] InfAuslR 1984, 114, 116 f.; ferner zu den Anforderungen an die Sachverhaltsermittlung im Asylrecht *BVerfG* BayVBl 1992, 751.

zulässig ist ein Beweismittel vor allem, wenn die Beweistatsache geheim gehalten werden muss (§ 30, s. ferner Rn. 30 f., § 26 Rn. 18).[238]

§ 244 StPO ist entsprechend heranzuziehen.[239] Eine **Wahrunterstellung** in entspr. Anwendung des **§ 244 Abs. 3 StPO** – ausgenommen Abs. 3 S. 2 letzter Halbs. – ist möglich, sofern **zugunsten des Betroffenen** der von diesem behauptete Sachverhalt ohne jede inhaltliche Einschränkung als richtig angenommen wird.[240] In der Regel wird dies aber nicht für entscheidungserhebliche Tatsachenbehauptungen gelten können.[241] Die Pflicht der Behörde, auch im Allgemeininteresse eine sachlich zutreffende Entscheidung zu finden (§ 9 Rn. 63), schließt die bloße Behauptung eines Sachverhalts zugunsten oder zu Lasten eines Betroffenen als tragende Entscheidungsgrundlage aus (s. aber Rn. 49 f.). Somit wird eine Wahrunterstellung in der Regel nur in Betracht kommen, wenn dem Begehren des Antragstellers trotz Wahrunterstellung nicht entsprochen werden kann. In diesem Fall können unter Verzicht auf weitere Sachverhaltsermittlung die für das Begehren des Bürgers günstigen behaupteten Tatsachen als **dahingestellt** bleiben, da sie, selbst wenn sie vorlägen, für die Entscheidung unerheblich wären.[242]

Die **Vernehmung eines Zeugen** ist dann entspr. § 244 Abs. 3 StPO untauglich, wenn die Überzeugung der Behörde bei eindeutiger und nahezu absoluter Gewissheit durch die beantragte Beweiserhebung – ihren Erfolg unterstellt – nicht mehr erschüttert werden kann.[243] Es wäre aber eine unzulässige **vorweggenommene Beweiswürdigung,** wenn die Vernehmung eines Zeugen mit der Begründung abgelehnt würde, man sei vom Gegenteil der unter Beweis gestellten Behauptung überzeugt.[244] Auch darf ein als hinreichend substantiiert und auch als erheblich angesehener (Hilfs-)Beweisantrag auf Vernehmung eines (sachverständigen) Zeugen regelmäßig nur wegen Untauglichkeit oder Unerreichbarkeit des Beweismittels, nicht aber im Ermessenswege wegen ausreichender eigener Sachkunde abgelehnt werden.[245]

Es besteht die Möglichkeit, einen **Zeugen im Ausland** zu vernehmen;[246] zur Ladung eines ausländischen Zeugen *BVerwG*;[247] siehe § 26 Rn. 18. Zur Beweisantizipation bei der Entscheidung über die Vernehmung eines im Ausland zu ladenden Zeugen s. *BGH*.[248]

Unsubstantiiertes Vorbringen eines Beteiligten zwingt nicht zu weiteren Ermittlungen, s. oben Rn. 44;[249] zum unsubstantiierten Beweisantrag Rn. 43 f.; zum in sich widersprüchlichen Vortrag Rn. 16 f. Einschränkung der Verpflichtung zur Sachverhaltsermittlung auch bei eindeutig sinnlosem, anhaltend **querulatorischem** Vortrag.[250] Ein grob ungehöriger oder beleidigender Vortrag allein gestattet der Behörde – unbeschadet des Rechts auf Strafanzeige – nicht, Einschränkungen in der sachlichen Durchführung des VwVf (§ 9 Rn. 62) vorzunehmen.[251] So ist ein Antrag nicht bereits deshalb unzulässig, weil das Antragsschreiben neben dem sachlichen Begehren auch ungehörige, unsachliche und beleidigende Äußerungen enthält.[252]

Satz 2, 2. Halbsatz bedeutet nur, dass die Behörde durch **Beteiligtenvortrag** und Beweisanträge in der Bestimmung der Art und des Umfanges der Ermittlungen nicht beschränkt wird.

---

[238] Zur Verteilung der Darlegungslast in immissionsschutzrechtlichen Genehmigungsverfahren im Fall der Geheimhaltung von Antragsunterlagen s. *OVG Lüneburg* NJW 1995, 2053.
[239] Vgl. *BVerwG* NJW 1984, 574 mit Anm. *Strate* InfAuslR 1983, 255; *BVerwG* NJW 1984, 2962; NVwZ 1987, 812; *OVG Münster* DÖV 1981, 384; *Kopp* NJW 1988, 1708.
[240] Nach *BVerwG* DVBl 2000, 1533 ist dagegen im Verwaltungsprozess für eine Wahrunterstellung entscheidungserheblicher Tatsachen regelmäßig schon deshalb kein Raum, weil sich hier stets mindestens zwei Parteien gegenüberstehen und eine das Ergebnis des Rechtsstreits beeinflussende Wahrunterstellung zugunsten einer Partei sich in aller Regel zu Lasten der anderen Partei auswirken würde.
[241] *BVerwG* 12. 8. 1998 – 7 B 162/98 –; Buchholz 310 § 86 I VwGO Nr. 204; *BVerwGE* 77, 150, 155 ff.; *VGH Mannheim* VBlBW 1998, 101 für Gerichtsverfahren.
[242] *BVerwG* InfAuslR 1990, 128, 129; Rn. 25 ff.
[243] *BVerwG* NVwZ 1982, 244; NJW 1984, 574; InfAuslR 1989, 135; InfAuslR 1990, 38.
[244] So *BVerwG* DVBl 1993, 209 zum gerichtlichen Verfahren. Zur unzulässigen Beweisantizipation ferner *BVerwG* InfAuslR 1998, 411; *VGH Kassel* DVBl 1999, 995.
[245] So *OVG Berlin* NVwZ 2000, 1432 zur Ablehnung eines im Asylklageverfahren gestellten Beweisantrages; kritisch hierzu *Dahm* NVwZ 2000, 1385.
[246] Hierzu im Einzelnen *BVerwG* NJW 1984, 574; *OVG Münster* DÖV 1982, 950; *Säcker* DVBl 1985, 1048, 1054; *Stelkens* ZAR 1985, 15, 20 f.; allgemein *Mann* NJW 1990, 618.
[247] *BVerwG* NJW 1989, 678.
[248] NJW 1994, 1484.
[249] *BVerwG* Buchholz, § 86 Abs. 1 VwGO, Nr. 76 (S. 18).
[250] *Wolff/Bachof/Stober* 3, § 156 Rn. 55; s. auch Rn. 76 ff.
[251] *Wolff/Bachof/Stober* 3, § 156 Rn. 55.
[252] Vgl. *BFH* NJW 1993, 1352 für die Zulässigkeit einer Klage.

Satz 2, 2. Halbsatz schränkt also Satz 1 und Satz 2, 1. Halbsatz nicht ein. Allerdings behält der Beteiligtenvortrag für die von Amts wegen zu treffende Bestimmung der Art und des Umfanges der Ermittlungen in einzelnen Fällen Bedeutung. Vertraut die Behörde trotz gegenteiliger Hinweise ohne weiteres auf die Richtigkeit des Beteiligtenvortrags, kann hierin eine Verletzung ihrer Pflicht zur objektiven Sachverhaltsermittlung liegen.[253] Insbesondere bei **auf Antrag** des Beteiligten zu erlassende begünstigende Verwaltungsakte braucht die Behörde – vorbehaltlich ihrer Beratungspflicht nach § 25, s. auch § 9 Rn. 35 – keine Ermittlungen einzuleiten oder Beweis zu erheben, wenn sich bereits aus den Antragsunterlagen ergibt, dass der Antrag abzulehnen ist. Hier kann der Antrag – sogar ohne Anhörung der Betroffenen nach § 28 (s. § 28 Rn. 28, 55) – auf der Grundlage seiner eigenen Erklärung abgelehnt werden.[254]

50 Können die Voraussetzungen eines Anspruchs auf Erteilung einer Genehmigung nur durch ein (technisches) Sachverständigengutachten nachgewiesen werden, genügt die Behörde ihrer Pflicht aus §§ 24, 26, wenn sie den Antragsteller zur Vorlage eines **Privatgutachtens**[255] auffordert (§ 22 Rn. 31, 20). Die Behörde ist weder über § 24 noch über § 26 verpflichtet, auf ihre Kosten dieses Gutachten in Auftrag zu geben.[256] Dies gilt verstärkt in den Fällen, in denen **Spezialgesetze** über die allgemeine Mitwirkungsregel des § 26 Abs. 2 Satz 1 hinaus konkrete **Mitwirkungsverpflichtungen** sowie Auskünfte[257] oder Vorlage bestimmter Urkunden vorschreiben (Begründung zu § 20 Entwurf 73), z.B. §§ 60ff. SGB-AT, s. Rn. 2.[258] Ermächtigt ein Gesetz aber zur Überprüfung, kann sich aus diesem materiellen Recht (vgl. Rn. 6ff.) ergeben, dass hierzu auf Kosten des Betroffenen auch Sachverständigengutachten (eingeschränkt durch den Verhältnismäßigkeitsgrundsatz) angefordert oder z.B. Messungen durchgeführt werden können (z.B. § 19 AtG,[259] § 5 BenzinbleiG;[260] § 30 BImSchG[261]). Entsprechendes gilt hinsichtlich der Kostentragung für Gutachten, die in atomrechtlichen Verfahren eingeholt worden sind.[262] Zu § 6 UVPG siehe § 63 Rn. 82ff.[263] Soweit für § 6 UVPG der Begriff „**nachvollziehende Amtsermittlung**" gebraucht wird,[264] ist dies ein Hinweis darauf, dass es zunächst Sache des Antragstellers ist, die Voraussetzungen seines Antrags darzulegen (s. aber Rn. 25 ff.). Hinsichtlich der Erforderlichkeit der Begutachtung ist auf den Zeitpunkt der Vergabe des Auftrags an den Gutachter abzustellen.[265] Hat die Behörde in einem VwVf allerdings ein Sachverständigengutachten verwendet, das sie nicht im Zusammenhang mit diesem VwVf in Auftrag gegeben hatte, können die Kosten nicht auf den Beteiligten des VwVf überwälzt werden.[266] Für insbesondere im Rahmen der §§ 24, 25, 26, 28 erfolgte Vorfeldhandlungen können **Verwaltungsgebühren** überhaupt nur dann erhoben werden, wenn der Gebührentatbestand in der Gebührensatzung so gefasst ist, dass aus der Sicht des Gebührenpflichtigen eindeutig vorhersehbar ist,

---

[253] Vgl. § 9 Rn. 63; *Hufen* Rn. 125, jeweils m.w.N.; s. aber § 26 Rn. 44, 47f.
[254] *BVerwG* InfAuslR 1990, 38; *Stelkens* BauR 1978, 158 (159). Zur Abgrenzung von Plausibilitätskontrolle und Beweis s. *Meyke* NJW 2000, 2230ff.
[255] Zur Erstattungsfähigkeit der Kosten für Privatgutachten im Verwaltungsprozess s. *VGH München* NVwZ 2001, 69; DÖV 1999, 307; *VGH Mannheim* NVwZ-RR 1998, 691; NVwZ-RR 1998, 690; *Decker* BayVBl 2000, 518. Zur Gleichstellung von Privatgutachten mit behördlichen Gutachten durch § 13 II 2 9. BImSchV s. *Meins* BayVBl 1998, 136, 140.
[256] S. *OVG Lüneburg* UPR 1986, 186; § 26 Rn. 45, 54; § 80 Rn. 58, S. z.B. für § 15c Abs. 3 StVZO *VGH Mannheim* NJW 1986, 1370; zu Bodengutachten *Dombert* BauR 1991, 1.
[257] Der kraft gesetzlicher Regelung Auskunftspflichtige hat grds. keinen Aufwendungsersatzanspruch hinsichtlich der Kosten der Auskunfterteilung, s. *VG Frankfurt* NVwZ 2000, 1075 zur Erstellung von Mieterlisten für ausgleichspflichtige Wohnungen.
[258] Zum Verhältnis des § 24 zur fachgesetzlichen Beibringungspflicht nach dem UVPG s. § 63 Rn. 5, 46; ferner *Schmidt-Preuß* DVBl 1995, 485, 492; *Erbguth* LKV 1997, 233, nach dem AsylVfG *BVerfG* DVBl 1994, 631; zu Bodengutachten in Altlastfreistellungsverfahren *Müggenborg* LKV 1993, 157.
[259] OVG *Lüneburg* ZUR 1995, 104.
[260] Dazu *BVerwG* NVwZ 1982, 440; *Schleifenbaum/Kamphausen* GewArch 1983, 45.
[261] Dazu *BVerwG* NVwZ 1984, 724; *VGH Kassel* GewArch 1983, 199; *Stelkens* NuR 1985, 213, 215 m.w.N. Zum GenTG s. *Ladeur* NuR 1992, 254. Ferner *VGH Kassel* NVwZ 1999, 1121 zur Erhebung von Überwachungskosten nach § 52 IV 3 BImSchG.
[262] S. *OVG Lüneburg* NVwZ 1996, 606; *VG Karlsruhe* NVwZ 1996, 616.
[263] Ferner *Gassner* UPR 1990, 361, 362; *Schneider* S. 111ff., 126ff.
[264] S. hierzu im Einzelnen *Schwab* NVwZ 1997, 428 (431); *Schneider* VerwArch 1996, 38 (55ff.); ders. S. 111ff. So auch *BVerfG* NJW 1998, 2346 (2348). Ferner *Fluck* NVwZ 2001, 9 zu § 12 BBodSchG.
[265] *VG Karlsruhe* NVwZ 1996, 616, 618.
[266] *VGH Mannheim* VBlBW 1982, 365; vgl. auch § 26 Rn. 86.

wann die Erheblichkeitsschwelle überschritten, also z.B. aus dem „bloßen Gespräch" eine gebührenpflichtige Amtshandlung wird.[267]

Verweigert der Beteiligte die Mitwirkung i.S. des § 26 Abs. 2, ist dieser Umstand in erster **51** Linie bei der **Beweiswürdigung** zu berücksichtigen (vgl. Rn. 14 ff., 28 ff.; § 26 Rn. 52). Zur Schätzung bei unterlassener Mitwirkung s. Rn. 38. Bei spezialgesetzlicher Mitwirkungspflicht kann im Einzelfall die Ablehnung des Antrags auf die fehlende Mitwirkung gestützt werden (s. z.B. § 72 I S. 2 BauO NRW[268]) oder der klärungsbedürftige Sachverhalt als gegeben angenommen werden.[269] Diese Spezialbestimmungen können nicht verallgemeinert werden dergestalt, dass die Behörde bei mangelnder Mitwirkung zu Lasten des Beteiligten davon ausgehen könnte, dass ein anderer als der von ihm behauptete Sachverhalt vorläge[270] (§ 26 Rn. 1). Eine derartige generelle Handhabung widerspräche dem Sinn der „Soll-Vorschrift in § 26 Abs. 2 (s. dort Rn. 47 ff.). Eine schematische Beurteilung zu Lasten des Beteiligten ist deshalb unzulässig (s. § 26 Rn. 53). Zur Beweisvereitelung Rn. 18.

Führt die mangelnde Mitwirkung des Antragstellers allerdings dazu, dass eine Sachentscheidung **52** vereitelt wird, so ist die Behörde befugt, das VwVf ohne weitere Sachermittlungen durch eine **lediglich verfahrensrechtliche Entscheidung,** nämlich die Ablehnung der Bearbeitung des Antrags, abzuschließen, s. Rn. 29.[271]

Durch den Beteiligtenvortrag wird die Behörde auch nicht zu einer bestimmten **Reihenfolge** **53** **der Prüfung** gezwungen. Wirft z.B. einerseits die Klärung der Zulässigkeit eines Antrags schwierige Rechtsfragen auf, ist aber andererseits der dem zugrunde liegende Sachverhalt leicht aufklärbar, kann die Behörde die Sachverhaltsermittlung vorziehen, bevor sie sich ggfs. über die rechtliche „Schlüssigkeit" des Vortrages des Beteiligten Klarheit verschafft hat.

4. Beweisführungslast

Die Beteiligten können im Verwaltungsverfahren Beweisanträge stellen, denen die Behörde **54** nach ihrem pflichtgemäßen Ermessen unter Berücksichtigung der Erfordernisse des Einzelfalles nachgeht. Wird der rechtserhebliche Sachvortrag eines Beteiligten von der Behörde oder einem anderen Beteiligten bestritten, obliegt es nach Satz 1 und § 26 Abs. 1 aber der Behörde, Beweis zu erheben, selbst wenn dies von dem Beteiligten nicht beantragt wird (s. § 26 Rn. 44). Mit der Untersuchungsmaxime wäre es unvereinbar, wenn eine generelle **Beweisführungslast** der Beteiligten bestünde,[272] es diesen also obläge, durch eigenes Tätigwerden – etwa durch das Stellen von Beweisanträgen oder die Benennung von Beweismitteln – den Beweis einer streitigen Tatsache zu führen.[273] Zu unterscheiden von der Beweisführungslast ist die Mitwirkungslast i.S.d. § 26 Rn. 44 ff., 52 und die **Darlegungslast** (Behauptungslast) des Beteiligten, der die Voraussetzungen seines Antrags darlegen und ggf. mit Gutachten oder anderen Beweismitteln nachweisen muss (Rn. 49 f.)[274] und der für die ausschließlich seinem Einflussbereich unterliegenden Tatsachen darlegungspflichtig ist.[275]

5. Materielle Beweislast

Bedeutsam für den Beteiligten und die Behörde ist die **materielle Beweislast** (objektive **55** Feststellungslast), wenn sich ein Sachverhalt trotz aller Ermittlung nicht aufklären lässt (vgl. auch § 26 Rn. 56). Je strenger die Anforderungen an das Beweismaß (Rn. 20) sind, umso eher stellt sich die Frage nach der Beweislast. Die Frage, wer (Behörde oder Beteiligter) die Folgen dieser

---

[267] So *BVerwG* NVwZ 2006, 1413 zu Maßnahmen nach dem BBodSchG.
[268] S. hierzu *OVG Münster* BauR 2001, 1088 zur Ablehnung eines Bauantrages wegen fehlender Ergänzung eines vorgelegten Gutachtens nach Antragsänderung.
[269] *OVG Münster* NWVBl 2003, 231 zum Führerscheinentzug nach unterbliebener Vorlage eines ärztlichen Gutachtens zur Klärung der Kraftfahreignung nach § 11 Abs. 8 FeV.
[270] Wie hier *Nierhaus* DÖV 1985, 532, 634; anders im Ergebnis wohl *BVerwG* BBauBl 1989, 373.
[271] *OVG Münster* NWVBl 1995, 356; insoweit bestätigt durch *BVerwG* DVBl 1997, 609.
[272] *Calliess* DVBl 2001, 1725, 1728. S. aber *BVerwG* Buchholz 428 § 18 VermG Nr. 9 zur Beweisführungslast bezüglich nicht ausgeführter Baumaßnahmen i.S.d. § 18 II 5 VermG sowie *BVerwG* Buchholz 428 § 16 VermG Nr. 3 zur nicht erfolgten Baumaßnahme i.S.d. § 16 V 4 VermG.
[273] Zum Begriff der Beweisführungslast s. *Laumen* NJW 2002, 3739, 3742 m.w.N.
[274] S. z.B. *OVG Münster* BauR 2001, 1088.
[275] S. z.B. zum Ausländerrecht *OVG Münster* NWVBl 2006, 260.

Ungewissheit des Sachverhaltes trägt, ist in §§ 24, 26 nicht geregelt (Begründung zu § 20 Entwurf 73). Sie ist eine **materiell-rechtliche Frage**.[276] Fehler in der Bewertung der materiellen Beweislast sind daher keine Verfahrensfehler.[277] Zuweilen regelt der Gesetzgeber durch **Beweislastregeln** oder **Vermutungen** die Rechtsfolge, die eintritt, wenn ein Beweis nicht erbracht werden kann (z. B. § 14 Abs. 2 BDSG).[278] Fehlen derartige Regeln, beantwortet sich die Beweislastfrage nach h. M. aus dem jeweils anzuwendenden Rechtsatz nach dem Grundsatz, dass derjenige die Folgen der Ungewissheit einer Tatsache trägt, der aus dieser Tatsache eine ihm günstige Rechtsfolge ableiten will – **Normbegünstigungsprinzip**.[279] Die Regeln des Verwaltungsrechts sind – anders als das Zivilrecht – nicht von vornherein auf eine Beweislastverteilung ausgerichtet. Ungewissheit über die **anspruchs-(ermächtigungs-)begründenden Tatsachen** geht im Falle der Leistungsverwaltung zu Lasten des den Verwaltungsakt fordernden Bürgers,[280] im Fall der Eingriffsverwaltung zu Lasten der Behörde.[281] Ebenso im Fall der Rücknahme eines begünstigenden VA.[282] Unverschuldeter **Beweisnotstand** ist jedoch zu berücksichtigen.[283] Bei mehrpoligen Verhältnissen können die Regeln für die Eingriffsverwaltung nicht übernommen werden.[284] Als weitere Hilfsmittel wird auf das **Regel-Ausnahme-Verhältnis**,[285] die große **Beweisnähe** und die Verfügungs- und Verantwortungssphäre **(Sphärentheorie)**[286] zurückgegriffen. So trägt der Ordnungspflichtige die Darlegungs- und Beweislast dafür, dass er die Ordnungsverfügung erfüllt hat.[287] Entsprechendes gilt für Ausgleichszahlungen.[288] Macht der Empfänger einer Sendung geltend, die Mitteilung über die Niederlegung nicht im Briefkasten vorgefunden zu haben, so ist es seine Sache, dieses Vorbringen durch Darlegung entsprechender Tatsachen weiter zu substantiieren und ggfs. glaubhaft zu machen.[289] Beweispflichtig für das Vorliegen einer Baugenehmigung ist der Bauherr, der sich auf sie beruft.[290] Bei der Verteilung der Beweislast im VwVf sind sowohl die **Interessen** zu gewichten als auch ist dem Rechtsstaatsprinzip sowie dem Gebot der Gewährung wirksamen Rechtsschutzes Rechnung zu tragen. Hiernach ist zu fragen, wem das Risiko der Verwaltungsentscheidung bei einem non liquet am ehesten **zuzumuten** ist.[291]

56 Ungewissheit über die dem Anspruch des Bürgers oder der Ermächtigung der Behörde **entgegenstehenden Umstände** gehen zu Lasten desjenigen, der sie behauptet. Der Bürger trägt Beweislast für Bestandsschutzvoraussetzungen bei Untersagung einer Nutzung.[292] § 282 BGB ist im öffentlichen Recht entsprechend anwendbar.[293] Hiernach trifft den **Schuldner** die Beweislast für die Unmöglichkeit einer Leistung als Folge eines von ihm zu vertretenden Umstandes. Ob bei einer **Beweisvereitelung** die Beweislast umgekehrt oder die Beweiswürdigung tangiert werden, ist umstritten (Rn. 18). Unlauteres Verhalten des durch einen Bescheid Begünstigten führt im Verfahren zur Rücknahme dieses Bescheides jedenfalls noch nicht zur Umkehr der

---

[276] BVerwGE 19, 87 (94); BauR 1979, 315.
[277] Bachof II, Anm. 345; dazu Baur, Festschrift Bachof, S. 285, 288 ff.
[278] Im einzelnen Berg, Entscheidung bei ungewissem Sachverhalt, S. 78 ff., 204 ff., 219 ff.; ferner § 26 Rn. 26.
[279] BVerwG NVwZ 2002, 82; NuR 1998, 88; BVerwGE 77, 102, 121 f.; NVwZ-RR 1990, 165; OVG Münster NVwZ-RR 1999, 566; NWVBl 1987, 116; im Einzelnen auch kritisch m. Nachw. anderer Beweislasttheorien: Baur, Festschrift Bachof, S. 285, 288 ff.; Peschau S. 21 ff.; Musilak JuS 1983, 368, 370; Nierhaus, S. 407 ff., dazu kritisch Kopp AöR 1990, 669, 674; Nierhaus DÖV 1985, 632 ff.; Berg, Festschrift Menger, S. 537, 548; Pestalozza, S. 195 ff.; Dürig S. 97 ff., 116 ff.
[280] BVerwG NJW 1982, 1893; NVwZ-RR 1990, 165.
[281] OVG Münster NJW 2006, 1142; NuR 1993, 40; VGH Kassel Gemhlt 2005, 38.
[282] BVerwG ZBR 2003, 387.
[283] BVerwG BayVBl 1989, 247; NVwZ-RR 1990, 165.
[284] VG Köln NVwZ 1985, 858, 859; Sonntag, Beweislast bei Drittbetroffenenklagen, 1986.
[285] BVerwG NJW 1994, 2633; Callies DVBl 2001, 1725, 1729.
[286] OVG Münster NWVBl 2006, 260 m. w. N.
[287] OVG Münster BauR 2000, 1477.
[288] VGH Kassel NVwZ 2000, 1075.
[289] FG Düsseldorf NVwZ-RR 2000, 654. Zu Beweisproblemen aufgrund des Zustellungsreformgesetzes s. J. u. B. Steiner, NVwZ 2002, 437.
[290] OVG Münster 18. 1. 2001 – 10 B 1898/00 –.
[291] BVerwG Buchholz 406.11 § 34 BBauG Nr. 25; Peschau S. 142 ff.; Nierhaus, S. 33; für den Fall des Betretens eines Grundstückes Schulte NJW 1988, 1006, 1009. Zu den verfassungsrechtlichen Vorgaben für die Beweislastverteilung s. Huster NJW 1995, 112.
[292] BVerwG MDR 1979, 784 f.
[293] BVerwG NJW 1986, 2523; Niehaus, S. 112.

§ 24 Untersuchungsgrundsatz 57, 58 § 24

Beweislast hinsichtlich der Rechtswidrigkeit der Begünstigung. Es muss hinzukommen, dass das Verhalten die Beweisführung der an sich beweispflichtigen Behörde erschwert oder vereitelt hat, s. Rn. 18.[294]

Beispiele: Beweislast für Voraussetzungen einer Zusicherung beim Bürger,[295] für redlichen Erwerb i. S. von § 4 Abs. 2 S. 1 und Abs. 3 VermG beim Erwerber.[296] Der Beamte trägt die Beweislast für eine Verletzung der Fürsorgepflicht durch den Dienstherrn; den Schwierigkeiten des sog. Negativbeweises ist dabei im Verwaltungsprozess im Rahmen des Untersuchungsgrundsatzes bei der Beweiswürdigung Rechnung zu tragen.[297] Zu Beweislast im atomrechtlichen Verfahren;[298] im Prüfungsverfahren;[299] bei Streit, ob von der Aufsichtsbehörde gemachte Stichproben zur Feststellung von Kernbrennstoffen repräsentativ sind;[300] bei der Geltendmachung von Ansprüchen aus § 6 Umwelthaftungsgesetz wegen Gesundheitsbeeinträchtigungen durch Emissionen,[301] im Chemikalienrecht,[302] hinsichtlich der Eignung zur Führung von Kfz;[303] im Asylverfahren,[304] für Ausgleichszahlungen bei Fehlbelegung,[305] in Fällen sexueller Diskriminierung,[306] bei glaubhaft gemachter Benachteiligung eines behinderten Bewerbers, der Entschädigungsansprüche nach § 81 SGB X geltend macht,[307] hinsichtlich der Existenz eines rechtswirksamen Bebauungsplans,[308] für die vollständige Zahlung eines Ablösungsbetrages,[309] für die Eigenschaft einer Straße als beitragsfreie Erschließungsanlage,[310] für den Verlust der deutschen Staatsangehörigkeit.[311]

III. Folgen mangelnder Sachverhaltsermittlung

Als Verfahrenshandlung ist die Sachverhaltsermittlung grundsätzlich nicht selbstständig anfechtbar.[312] Auch begründet eine Verletzung des Untersuchungsgrundsatzes im VwVf keine selbstständig durchsetzbare Verfahrensposition, s. Rn. 7.[313] Wird der Sachverhalt im VwVf in wesentlichen Punkten mangelhaft ermittelt, wirkt sich dies im Gerichtsverfahren unterschiedlich aus. Eine mangelhafte Sachverhaltsmitteilung im VwVf kann sich bei **Ermessensentscheidungen** und den Entscheidungen auf Grund einer **Beurteilungsermächtigung** auf **die materielle Rechtmäßigkeit** des Verwaltungsaktes auswirken (§ 40 Rn. 98, 222; s. ferner § 26 Rn. 52). Zu unterscheiden ist zwischen **Tatsachenermittlung und -feststellung** einerseits und **Bewertung des Sachverhalts** andererseits. Tatsachenfeststellung und -ermittlung sind als Tatfrage voll gerichtlich überprüfbar;[314] die Bewertung des Sachverhaltes unterliegt als Rechtsfrage bei **Ermessensentscheidungen** und im Rahmen der **Beurteilungsermächtigung** nur eingeschränkter gerichtlicher Kontrolle.[315] Für den Ausgang des gerichtlichen Verfahrens ist entscheidend, ob das **Ergebnis** der behördlichen Ermittlung unzutreffend ist, selbst wenn die Sachver-

---

[294] *BVerwG* NVwZ 1992, 772.
[295] *OVG Münster* 25. 1. 1977 – VII A 476/74 n. v.
[296] *BVerwG* NVwZ 1996, 265.
[297] BVerwG NVwZ 1998, 400.
[298] *BVerwG* NVwZ 1989, 679.
[299] *BVerwG* NVwZ 1988, 434; NVwZ 1990, 65; *OVG Münster* DVBl 1987, 1225.
[300] *OVG Lüneburg* NVwZ-RR 1996, 433.
[301] *BGH* NJW 1997, 2748. Hierzu *Petersen* NJW 1998, 2099. Zur Beweislastverteilung im Anwendungsbereich des Vorsorgeprinzips s. *Callies* DVBl 2001, 1725.
[302] S. v. *Holleben/Schmidt* NVwZ 2002, 532.
[303] *BVerwG* NJW 1982, 2885, 2886.
[304] *BVerwG* Buchholz 402.25 § 2 AsylVfG Nr. 14; *Bertrams* DVBl 1987, 1181, 1183; kritisch zur Rechtsprechung *J. Dürig*, S. 125 ff., 133 ff.; § 1 Rn. 33.
[305] *VGH Kassel* NVwZ 2000, 1075.
[306] *Röthel* NJW 1999, 611 zur Umsetzung der Richtlinie 97/80/EG.
[307] *VGH Mannheim* NJW 2006, 538.
[308] *BVerwG* NuR 1998, 88.
[309] *OVG Münster* 18. 11. 1998 – 3 A 2541/96 –.
[310] *OVG Münster* NVwZ-RR 1999, 566.
[311] *VGH München* DVBl 1999, 1218.
[312] *Stelkens*, in Schoch u. a., VwGO, § 44 a Rn. 17.
[313] *BVerwG* NVwZ 1999, 535.
[314] Zur eingeschränkten Revisibilität bei Verletzung landesrechtlicher Sachverhaltsermittlungspflicht *BVerwG* NJW 1988, 2911.
[315] Vgl. *BVerwG* NJW 1987, 1429.

haltsermittlung im behördlichen Verfahren fehlerhaft war, z. B. weil ein Sachverständiger hätte gehört werden müssen. Nur wenn der Sachverhalt sich im Ergebnis als unzutreffend erweist, wirkt sich dies auf die Rechtmäßigkeit der behördlichen Ermessens- oder Beurteilungsentscheidung aus.[316] Ein Ermessens- bzw. Beurteilungsfehler liegt nämlich nicht bereits dann vor, wenn die Behörde hinsichtlich eines bestimmten Sachverhalts zu wenig Aufklärungsarbeit geleistet hat, sondern erst dann, wenn sie tatsächlich vorhandene entscheidungserhebliche Gesichtspunkte außer acht gelassen oder falsch gewichtet hat.[317] Anders aber bei Fehlern im Zusammenhang mit **planerischer Abwägung**,[318] es sei denn, es geht um die Kontrolle der Voraussetzungen der rechtlichen Grenzen der Planung.[319] Nach diesen Maßstäben auch im Atomrecht.[320] Das Fehlen einer förmlichen UVP wurde nur dann als entscheidungsbestimmend angesehen, wenn im Einzelfall die konkrete Möglichkeit besteht, dass ohne den Verfahrensfehler die Entscheidung anders ausgefallen wäre, s. § 63 Rn. 119 ff.[321] Demgegenüber steht das bisherige Verständnis einer weitgehenden Unbeachtlichkeit von Verfahrensfehlern unter dem Einfluss der Aarhus-Konvention und der Richtlinie 2003/35/EG[322] in der Diskussion. So soll im Hinblick auf Art. 10a der UVP-Richtlinie, der eine gerichtliche Überprüfung auch der verfahrensrechtlichen Rechtmäßigkeit von Entscheidungen durch „Mitglieder der betroffenen Öffentlichkeit" vorsieht, den Vorschriften über die Durchführung eines förmlichen Genehmigungsverfahrens (§ 10 BImSchG) und einer UVP (§ 3 UVPG) drittschützende Wirkung zukommen, s. Rn. 7.[323] Soweit der Exekutive ein eigenes Bewertungsrecht der Risiken und Prognosen zusteht, kann die Verfahrenskontrolle einschließlich der Sachverhaltsmitteilung nur entsprechend den Maßstäben der Beurteilungsermächtigung eingeschränkt sein (vgl. § 26 Rn. 34 f.).[324] Abzustellen ist jeweils darauf, ob ein festgestellter Ermittlungs- oder Prüfungsdefizit den Beteiligten in seinen Rechten, nämlich in seinem Anspruch auf gerechte Abwägung verletzt.[325]

59 Der Verfahrensfehler unzutreffender Sachverhaltsermittlung wirkt sich bei der Anfechtung von Verwaltungsakten im Rahmen der **gebundenen Verwaltung** in der Regel nicht aus (§ 46 Rn. 72).[326] Hier hat das Verwaltungsgericht nach § 86 VwGO, der von § 24 unberührt bleibt (s. Rn. 4 f., 24), zu ermitteln Ist z. B. ein aufsichtsbehördliches Einschreiten nach dem Fachrecht in der Regel geboten, führt die unterlassene Einholung eines Gutachtens grds. nur dann zur Rechtswidrigkeit des Bescheids, wenn die Eingriffsvoraussetzungen nicht erfüllt waren. Hierzu kann auch das Gericht ein Gutachten einholen.[327] Ob sich Änderungen im Sachverhalt zugunsten oder zu Lasten des Bürgers auswirken, bestimmt das Fachrecht.[328] Sachverhaltsermittlungsfehler in einem VwVf, dem eine Verpflichtungsklage folgt, wirken sich im Gerichtsverfahren ohnehin nicht aus, da dort nicht der ablehnende VA, sondern der Anspruch auf den begehrten VA zur Diskussion steht.

60 **Nach Abschluss des VwVf** (§ 9 Rn. 182 ff.) festgestellte Fehler in der Sachverhaltsermittlung oder Änderungen des Sachverhaltes können sich im Rahmen der §§ 48, 49, 51 auswirken.

---

[316] Für Ermessen: *BVerwG* NVwZ 1987, 144; NVwZ 1987, 145 (L); NJW 1988, 660, 662; *OVG Münster* BauR 1991, 448; NVwZ-RR 2001, 245; *Hill* NVwZ 1985, 449, 453; für Beurteilungsermächtigung – sofern sie angenommen wird, s. zur BVerfG- und verwaltungsgerichtlichen Rspr. zum GjS *Redeker* NVwZ 1992, 305; *Würkner* NVwZ 1992, 309 –; *BVerwG* NJW 1987, 1431, Buchholz 436.52 § 1 GjS Nr. 12, NJW 1988, 1429; *BVerfGE* 83, 130, dazu § 9 Rn. 21; s. aber zu den praktischen Problemen *VG Köln* NJW 1989, 3171.
[317] *OVG Münster* BauR 1991, 448 (449).
[318] *BVerwG* NVwZ 1989, 152; VBlBW 1991, 171; *VGH München* BayVBl 1990, 148; *VGH Mannheim* NuR 1995, 358 zur naturschutzrechtlichen Abwägung; *VGH Mannheim* VBlBW 1986, 67 zum wasserrechtlichen Verfahren.
[319] So für Verhältnismäßigkeitsgrundsatz *BVerwG* DVBl 1988, 844.
[320] *BVerwGE* 78, 177, 180 f.
[321] *BVerwG* NVwZ 1996, 788; *Hien* NVwZ 1997, 422, 423 ff. S. dazu auch *OVG Münster* ZUR 2006, 375.
[322] Dazu *Alleweldt* DÖV 2006, 621 m. w. N.
[323] So *OVG Koblenz* NVwZ 2005, 1208; offen gelassen in *OVG Münster* Beschl. v. 5. 7. 2006 – 8 B 212/06.AK; zum Diskussionsstand s. *Schlacke* ZUR 2006, 360; *B. Schulte* ZfBR 2006, 893.
[324] *Wahl* NVwZ 1990, 409, 415 ff.
[325] Dazu *BVerwG* NuR 1993, 430 (431), BVerwGE 48, 56 (66) m. w. N.
[326] A. A. *Pitschas*, Verwaltungsverantwortung, S. 623 Fußn. 45; für Sonderfall *OVG Münster* BauR 1989, 315; dazu *Schoch* Die Verwaltung 1992, 21, 48.
[327] *VG Hannover* ZUM 1997, 667 betr. Verstöße gegen Jugendschutzbestimmungen.
[328] Vgl. *VGH Kassel* NVwZ 1991, 278.

Ungeklärt sind noch die **Rechtsfolgen** bei einem Verstoß gegen ein **Verwertungsverbot** 61 (Rn. 32 ff.).[329]
(1) Soweit durch die Erlangung und Verwertung von Beweismitteln besondere materielle Vorschriften verletzt werden (z. B. Datenschutz), ergibt sich eine der Rechtsfolgen aus diesem ggf. strafbewehrten **materiellen Recht:**
So ist die öffentliche Bekanntmachung eines VA untersagt, wenn dadurch zugleich geschützte Daten widerrechtlich bekanntgemacht würden.[330] Abwehransprüche bestehen gegen die Verwendung heimlicher Tonbandaufnahmen.[331] Überdies ist **vorbeugender Rechtsschutz** auf der Grundlage des materiellen Rechts gegeben, wenn die Verwertung noch droht, z. B. aus der Verletzung von Grundrechten.[332] § 44 a VwGO steht dem nicht entgegen.

(2) Ist der VA bereits erlassen und liegt in der Verwertung über die Regelung des VA hinaus 62 ein Eingriff in die durch das Verwertungsverbot geschützten Rechte vor, wirkt dieser Eingriff also fort, können sich **Unterlassungs- und Verwertungsverbote** aus dem materiellen Recht ergeben. Zu denken ist auch an Amtshaftungsansprüche, z. B. wegen eines Eingriffs in das allgemeines Persönlichkeitsrecht.[333] Ein auf Aufhebung dieses VA gerichteter Folgenbeseitigungsanspruch[334] scheidet dagegen aus, da er seinerseits die Aufhebung des VA durch Anfechtung, Rücknahme etc. des VA voraussetzt.[335] Sofern die Rechtswidrigkeit des VA durch den Verstoß gegen das Verwertungsverbot fortwirkt, sollte zunächst die Anfechtung oder ein Antrag auf Rücknahme erwogen werden, denen § 46 wegen der materiellen Folgen nicht entgegenstehen dürfte.

(3) Ist der VA erlassen und sind die Beweismittel von der **Behörde** selbst **im VwVf rechts-** 63 **widrig** erlangt, ohne dass weitergehende materielle Rechte verletzt sind, liegt hierin ein Verstoß gegen die sachgerechte Sachverhaltsermittlungspflicht. Die Rechtsfolge ist gleich der bei jedem Verstoß gegen diese Pflicht (s. Rn. 58 ff.).[336] Nach *Eberle*[337] ist § 46 schon deshalb kein Hindernis, weil der unter Beachtung des Verwertungsverbotes verbleibende Sachverhalt in aller Regel den VA nicht tragen wird.

(4) Werden Beweismittel rechtswidrig von **Beteiligten** des VwVf oder auch **Dritten** erlangt 64 und der Behörde angeboten, darf sie die Behörde in der Regel nicht verwerten (Rn. 32). Tut sie es dennoch, sind die Rechtsfolgen wie unter (1) bis (3). Gegen rechtsstaatliche Grundsätze wird aber nicht verstoßen, wenn die Behörde von dem Bürger angebotene rechtswidrig erlangte Beweismittel nicht zurückweist, sondern im Rahmen der Beweiswürdigung keinen oder einen für ihn ungünstigen Wert beimisst.

Von der außerhalb des § 113 Abs. 2, 3 VwGO in der Regel fehlenden Möglichkeit des Ge- 65 richts, die Sache zur Sachverhaltsermittlung an die Behörde zurückzuverweisen, ist die **Befugnis** der Behörde zu unterscheiden, **während eines Gerichtsverfahrens** weitere Sachverhaltsermittlung zu betreiben. Wie § 24 nicht § 86 VwGO verdrängt, so lässt § 86 VwGO § 24 unberührt. Allerdings ist die Behörde in aller Regel nicht mehr **verpflichtet,** parallel zum Gerichtsverfahren weitere Ermittlungen anzustellen, da die Pflicht nach § 24 mit dem Verwaltungsverfahren (§ 9) endet. Andererseits endet mit dem VwVf aber nicht der **Gesetzesvollzugsauftrag** der Behörde (§ 9 Rn. 63). Deshalb steht ihr auch während eines Gerichtsverfahrens die **Befugnis** zur weiteren Sachverhaltsermittlung zu.[338] Nach einem anerkannten Grundsatz des Verfahrensrechts ist die Behörde bis zur Bestandskraft ihrer Entscheidung befugt, jederzeit von sich aus von ihr erkannte oder auch nur als möglich unterstellte formelle oder materielle Mängel zu beseitigen.[339] Unabhängig von § 24 kann freilich auch für die Behörde aus einer **prozessua-**

---

[329] *Schroth* JuS 1998, 969 zu Beweisverwertungsverboten im Strafrecht. *Fischer* BB 1999, 154 allgemein zum prozessualen Verwertungsverbot für mitbestimmungswidrig erlangte Beweismittel.
[330] BVerfG NJW 1988, 403, s. *Stelkens*, in Schoch u. a., VwGO, § 44 a Rn. 29.
[331] Siehe hierzu *Vahle* DVP 2000, 375; *Reinkenhof* NJ 2003, 184.
[332] *Eberle*, Gedächtnisschrift Martens, S. 351, 358 f.; *Hufen* Rn. 146 ff.
[333] BGHZ 78, 274.
[334] Vgl. hierzu BVerwG NVwZ 2004, 1511; VGH Mannheim DÖV 1996, 82; OVG Münster VR 1995, 501; *Eberle*, Gedächtnisschrift Martens, S. 359 ff.
[335] Vgl. BVerwG NVwZ 1987, 788.
[336] Im Ergebnis auch BVerwG NJW 1982, 2885, 2887.
[337] Gedächtnisschrift Martens, S. 365 f.
[338] S. hierzu im Einzelnen BVerwG KStZ 1993, 110; *Kraft* BayVBl 1995, 519; *Odenthal* NVwZ 1995, 668; *Roßnagel* JuS 1994, 927; *Scherzberg* BayVBl 1992, 426; *Weides/Bertrams* NVwZ 1988, 673.
[339] OVG Münster NWVBl 2005, 338; *Durner* VerwArch 97 (2006), 345.

len Mitwirkungspflicht[340] die Pflicht zur weiteren Ermittlung als Ergänzung gerichtlicher Amtsermittlung folgen. Wird die Behörde im Lauf des Gerichtsverfahrens tätig, verbietet ihr der aus Art. 20 Abs. 3 GG folgende und in § 24 Abs. 2 niedergelegte Rechtsgedanke, dem Gericht nur einen parteilich gefärbten Sachverhalt vorzutragen (anders der Anwalt im Zivilprozess[341]). Zum Recht der Behörde, aus Anlass eines Widerspruchsverfahrens eine Rücknahmemöglichkeit nach § 48 zu überprüfen, s. § 48 Rn. 73 ff.; § 80 Rn. 9, 19 f., § 79 Rn. 17. S. ferner Rn. 95.

66 Im Einzelfall kann die fehlende Sachverhaltsermittlung eine **Amtspflichtverletzung** sein, insbesondere wenn bei belastenden Maßnahmen der Sachverhalt, soweit er Entscheidungsgrundlage ist, nicht im Rahmen des Zumutbaren erforscht wird[342] (s. § 26 Rn. 49 f.; ferner § 24 Rn. 62; § 80 Rn. 41).

IV. Berücksichtigung aller Umstände (Abs. 2)

67 Absatz 2 regelt unter der Geltung des Art. 20 Abs. 3 GG (§ 9 Rn. 43 ff.) eine Selbstverständlichkeit. Die Behörde hat bei ihrer abschließenden Entscheidung **alle** nach Absatz 1 ermittelten Umstände, soweit sie für die Entscheidung erheblich sind, zu berücksichtigen. Einer vom Bundesrat zu § 20 Entw 73 vorgeschlagenen Änderung des Wortes „alle" in „die" stimmte die Bundesregierung, der sich der BT-Innenausschuss angeschlossen hat, nicht zu mit der Begründung: „Sinn und Zweck des Absatzes 2 liegt darin, dass sämtliche nach Absatz 1 ermittelten Umstände, soweit sie für die Entscheidung des Einzelfalles von Bedeutung sind, auch berücksichtigt werden. Dieser Sinngehalt des Absatzes 2 könnte in Zweifel gezogen werden, wenn dem Vorschlag des Bundesrates gefolgt würde." Diese Grundsätze gewinnen ihren besonderen Wert bei der Berücksichtigung der Umstände, die von dem Betroffenen bei der Anhörung vorgetragen werden. Nimmt die Behörde diese Umstände nicht zur Kenntnis und berücksichtigt sie sie nicht bei ihrer Entscheidung, liegt hierin zugleich ein Verstoß gegen die **Anhörungspflicht** (Rn. 4). Bei der Berücksichtigung muss die Behörde nach dem Grundsatz der freien Beweiswürdigung (s. Rn. 14, 19) verfahren.

68 Absatz 2 besagt, dem § 160 Abs. 2 StPO ähnlich, auch die **für die Beteiligten günstigen Umstände** seien zu berücksichtigen. Diese Verpflichtung folgt schon aus der Formulierung, dass „alle" erheblichen Umstände zu berücksichtigen sind. Klarstellend ist das Verbot ausgesprochen, für die Beteiligten günstige Umstände zu unterdrücken. Zur **Präklusion** s. § 26 Rn. 54. Als Norm der Sachverhaltsermittlung und -verwertung ist die Erwähnung der für den Betroffenen günstigen Umstände **kein Ausdruck** einer allgemeinen **Meistbegünstigungsregel**; mit ihr wird nur das allgemeine Ziel des VwVf, dem Antragsteller oder Betroffenen zu einer materiell zutreffenden Entscheidung zu verhelfen, für die Sachverhaltsermittlung konkretisiert (§ 9 Rn. 63, § 22 Rn. 45 f.).

69 **Berücksichtigen** bedeutet, der rechtlichen Bedeutung entsprechend zu werten (Rn. 16 f., 24). Nicht gesagt ist damit, dass die für den Beteiligten günstigen Umstände immer ausschlaggebend für die Entscheidung sein müssen, s. Rn. 19; § 45 Rn. 82.

70 Absatz 2 sagt nichts darüber aus, ob eine **typisierende Arbeitsweise** der Behörde im Einzelfall erlaubt[343] oder untersagt[344] ist, sondern setzt die u. U. durch Auslegung zu findende gesetzliche Ermächtigung, typisierend oder individuell zu arbeiten, voraus.[345] Art. 3 GG zieht eine Grenze für die Gestaltung typischer Massenverfahren.[346] Z. B. im Steuerrecht darf der Gesetzgeber die Verwirklichung des Steueranspruchs durch Tatbestandstypisierungen verfahrensrechtlich erleichtern und dabei die für die Verwaltungsaufgabe verfügbaren personellen und finanziellen Mittel berücksichtigen, s. Rn. 38.[347] Der Gleichheitssatz fordert nicht eine immer mehr indivi-

---

[340] *Köhler-Rott* BayVBl 1999, 711; *Wolff* BayVBl 1997, 585.
[341] Dazu *Michel* JuS 1981, 746 (749).
[342] BGH VerwRspr. 1967, Bd. 18, Nr. 116; NVwZ 1988, 283; NJW 1989, 99; BayObLG DÖV 1977, 257.
[343] *Ossenbühl* NVwZ 1982, 465, 468.
[344] So *Pestalozza*, S. 185 ff. (188); *Clausen* in Knack, § 24 Rn. 22.
[345] *Nierhaus*, S. 80 ff.
[346] BVerfG NJW 1992, 423; § 10 Rn. 18 f.
[347] BVerfG BVerfGE 87, 153, 169 ff.; 81, 106, 117; 84, 348, 364; StE 1997, 362; NJW 2000, 1097; zum Erlass typisierender Verwaltungsvorschriften der Finanzverwaltung: BVerfG NVwZ 1994, 475.

dualisierende und spezialisierende Steuergesetzgebung, sondern die Regelung eines allgemein verständlichen und möglichst unausweichlichen Belastungsgrundes. Deshalb darf der Gesetzgeber einen steuerlichen Vorgang um der materiellen Gleichheit willen im typischen Lebensvorgang erfassen und individuell gestaltbare Besonderheiten unberücksichtigt lassen.[348] In dem so gesetzlich abgesteckten Rahmen sind nach Absatz 2 auch die dem Beteiligten günstigen Umstände zu berücksichtigen.

V. Pflicht zur Entgegennahme von Anträgen (Abs. 3)

1. Annahmepflicht der Behörde

Die Verpflichtung nach Absatz 3 besteht für **Erklärungen** und **Anträge**. Gemeint sind damit sowohl die materiell-rechtlichen als auch die verfahrensrechtlichen Anträge (s. § 22 Rn. 18ff.) als auch jede sonstige Erklärung (z. B. auch Berechnungen, Pläne, Zeichnungen) in Bezug auf ein konkretes Verwaltungsverfahren. Die in Absatz 3 niedergelegte Pflicht ist selbstverständlich. Mit dem Untersuchungsgrundsatz steht die Annahmepflicht allerdings nicht im Zusammenhang; der Standort der Norm wäre besser bei § 22 gewesen (vgl. § 22 Rn. 83). Der Antrag ist zwar eine empfangsbedürftige Willenserklärung (§ 22 Rn. 18ff., 50ff.; § 35 Rn. 157), die auch dann wirksam wird, wenn der Empfänger (die Behörde) die Annahme verweigert. Mit dieser rechtlichen Wirkung allein würde der Bürger aber nicht genügend geschützt. Deshalb wurde, zurückgehend auf Art. 17 GG, **die Pflicht zur Entgegennahme** aufgenommen. Es handelt sich nicht lediglich um eine Mitwirkungslast der Behörde, sondern um eine **verfahrensrechtliche Nebenpflicht** (§ 9 Rn. 30, 32), die in der rechtsstaatlichen Pflicht zur Verfahrensgestaltung, zum Gesetzesvollzug (§ 9 Rn. 44, 64) gründet. Die Wahrnehmung dieser Aufgabe ist allerdings noch nicht der Beginn des VwVf (§ 9 Rn. 95f.; § 22 Rn. 55ff.), so dass die Verpflichtung nach Absatz 3 schon vorher einsetzt. 71

Auch aus § 24 ist die Behörde nicht verpflichtet, **unterfrankierte Briefsendungen** anzunehmen, und zwar auch dann nicht, wenn es um die Einhaltung einer Ausschlussfrist geht.[349] Es liegt in der Verantwortung des Absenders, das zu befördernde Schriftstück ordnungsgemäß frankiert und adressiert so rechtzeitig zur Post zu geben, dass es nach deren organisatorischen und betrieblichen Vorkehrungen bei regelmäßigem Betriebslauf den Empfänger fristgerecht erreicht, s. hierzu auch § 32 Rn. 21, 23ff.[350] Im Einzelfall ist bei Fristversäumung wegen Unterfrankierung Wiedereinsetzung nach deren allgemeinen Voraussetzungen zu prüfen, s. § 32 Rn. 30ff.[351] Siehe zur weitergehenden nachwirkenden Fürsorgepflicht eines vorinstanzlich zuständig gewesenen Gerichts hinsichtlich der Weiterleitung von Schriftsätzen Rn. 87. 72

Erst **nach Entgegennahme** darf die Behörde entscheiden, ob der ggfs. auszulegende[352] Antrag unzulässig oder unbegründet ist. Dies gilt auch in den Fällen, in denen die Behörde ein Sachbescheidungsinteresse[353] verneint. Die Entscheidung, dass ein Antrag unzulässig ist, ist ein Verwaltungsakt,[354] der nach § 39 zu begründen ist.[355] 73

Ein **Antrag** ist vor allem **unzulässig,** wenn er bei der unzuständigen Behörde (vgl. Rn. 86) oder nicht in der gesetzlichen Form (§ 22 Rn. 39ff.) und Frist (§ 31 Rn. 9) gestellt ist, die Antragsbefugnis fehlt, der Antragsteller nicht die Voraussetzungen der §§ 11, 12 erfüllt oder kein Sachbescheidungsinteresse besteht (im Einzelnen § 22 Rn. 62ff., m.w.N.).[356] Der Antrag eines Minderjährigen kann nach Volljährigkeit durch ihn genehmigt werden (§ 45 Rn. 30). Siehe für fremdsprachige Anträge § 23 Rn. 18. Zum unbestimmten oder unvollständigen Antrag § 22 Rn. 43, 45ff. Die Umdeutung eines wiederholten (Leistungs-)Antrags in einen Widerspruch 74

---

[348] *BVerfG* StE 1997, 362.
[349] *OVG Hamburg* NJW 1995, 3137; a. A. *VGH Mannheim* Justiz 1988, 100.
[350] *BVerfG* NJW 1980, 769.
[351] *OVG Hamburg* NJW 1995, 3137; *OLG Zweibrücken* MDR 1984, 853 zur Annahmeverweigerung eines Gerichts.
[352] Zur Pflicht der Behörde, Anträge auszulegen, s. *BVerwG* NVwZ-RR 2005, 591; NJW 2002, 1137.
[353] Dazu *Wittreck* BayVBl 2004. 193.
[354] *Martens* JuS 1979, 99.
[355] *Obermayer,* Festschrift Boorberg-Verlag, S. 111, 127; § 9 Rn. 129ff.; § 22 Rn. 62ff.
[356] *Obermayer,* Festschrift Boorberg-Verlag, S. 111, 118f.

gegen die Sachentscheidung kommt regelmäßig nicht in Betracht.[357] Zur Beachtlichkeit von Anträgen im Asylrecht s. Rn. 81.[358] Ein Leistungsantrag kann auch in einem an das Gericht gerichteten Schriftsatz gesehen werden, der nach § 86 Abs. 4 Satz 3 VwGO zur Weiterleitung an die Behörde bestimmt ist.[359]

2. Bescheidungsanspruch

75 Die Behörde ist in der Regel nicht verpflichtet, auf einen Antrag hin **sofort** im Interesse des Antragstellers tätig zu werden; sie ist aber verpflichtet, die Bearbeitung unter Berücksichtigung ihrer sonstigen Aufgaben mit der gebotenen Beschleunigung vorzunehmen.[360] Die einschlägigen Entscheidungen des *BVerfG*[361] lassen offen, ob es einen allgemeinen verwaltungsrechtlichen **Anspruch auf Entscheidung in angemessener Zeit** gibt. Jedenfalls folgt er aus dem Willkürverbot und als Nebenpflicht aus dem materiellen Rechtsverhältnis.[362]

76 Wenn im Einzelfall ein Anspruch auf Entscheidung in der Sache in angemessener Zeit nicht bestehen sollte, hat der Bürger einen Anspruch darauf, dass ihm zumindest die Art der beabsichtigten Erledigung **in angemessener Frist**[363] mitgeteilt wird. Zum Umfang und Inhalt eines **Bescheidungsanspruchs** *Gierth*.[364] Auch ein erstmalig gestellter Antrag auf Überlassung einer bislang ausschließlich der Allgemeinheit zur Verfügung gestellten öffentlichen Einrichtung ist nach pflichtgemäßem Ermessen zu bescheiden.[365] Aus Spezialgesetzen kann sich ergeben, dass der Eingang des Antrags bestätigt werden muss (§ 2 Abs. 6 KDVG).

77 Wird über den Antrag nicht entschieden, ist **Untätigkeitsklage** möglich (§ 75 VwGO).[366] § 44a VwGO greift hier nicht. Diese Klage ist jedenfalls bei der gebundenen Verwaltung nicht auf Bescheidung schlechthin, sondern auf Erlass des mit dem Antrag gewünschten VA zu richten.[367] Nur in Ausnahmefällen kann dieser Anspruch über § 123 VwGO durchgesetzt werden.[368]

78 Zum **Bescheidungsanspruch beim Widerspruch** s. Rn. 98.

79 Zuweilen ist eine besondere **Frist zur Entscheidung gesetzlich angeordnet,** ggf. mit der Folge einer Fiktion der Entscheidung.[369]. Die Behörde kann allerdings von einer ausdrücklichen Ablehnung eines Antrags absehen, wenn die beantragte Erlaubnis ernstlich nicht gewollt ist, z.B. ein Ausländer eine Aufenthaltserlaubnis zu Studienzwecken beantragt, das Studium nicht aufnimmt und in sein Heimatland zurückkehrt.[370] Die **Reihenfolge der Bearbeitung** muss von sachgerechten Erwägungen bestimmt sein. Bei der Mittelvergabe genügt die Bevorzugung in der Summe bedeutsamer oder einfach zu bearbeitender Zuwendungsanträge nicht dem Erfordernis einer pflichtgemäßen Ermessensausübung.[371]

80 **Querulatorische** (§ 12 Rn. 8) Anträge im Wiederholungsfall brauchen auch nach § 24 Abs. 3 nicht entgegengenommen zu werden. Dies entspricht schon seit jeher ungeschriebenem

---

[357] *OVG Münster* NVwZ 1990, 676.
[358] *Bell* NVwZ 1995, 24.
[359] *BVerwG* NVwZ 1995, 75; NVwZ 1995, 76.
[360] *OVG Münster* 6. 10. 1977 – X B 862/77 – n. v. unter Berufung auf *BGH* MDR 1964, 300.
[361] *BVerfGE* 69, 161 und 60, 16, 41. Siehe aber auch zum Anspruch auf Entscheidung in angemessener Zeit als Ausdruck des Gebots eines effektiven Rechtsschutzes *BVerfG* NVwZ 2004, 334 mit Darstellung der ständigen Rechtsprechung.
[362] Vgl. auch *OVG Münster* ZKF 2002, 206 zum Erfordernis einer sachgerechten Ermessensausübung hinsichtlich der Reihenfolge der Bearbeitung.
[363] Empfehlung Nr. R (80) 2 des Ministerkomitees des Europarates vom 11. 3. 1980; *Jellinek* ZRP 1981, 68 (69 f.); Einl. Rn. 142.
[364] DÖV 1977, 761.
[365] *BVerwG* NJW 1993, 609 (610).
[366] *OVG Münster* NVwZ-RR 1992, 453; *VGH Mannheim* NVwZ-RR 1992, 388; NVwZ 1995, 280; *VGH München* BayVBl 1979, 753; 1980, 376; NVwZ-RR 1995, 237.
[367] Vgl. *Kopp/Schenke*, § 75 Rn. 4, § 42 Rn. 5; *Redeker/von Oertzen* § 75 Rn. 2; weitergehend war § 3 Abs. 2 GNV 1990 der DDR.
[368] *OVG Münster* NJW 1988, 89; *OVG Hamburg* GewArch 1988, 71.
[369] S. z. B. zu den Fiktionstatbeständen im vereinfachten Baugenehmigungsverfahren *Sauer* DVBl 2006, 605. Ferner *OVG Münster* NWVBl 2006, 368 zur fingierten Verlängerung eines ausländerrechtlichen Aufenthaltstitels.
[370] Vgl. *BVerwG* NJW 1980, 1243 (1246).
[371] *OVG Münster* ZKF 2002, 206.

Recht.³⁷² In der Regel empfiehlt es sich, diese Erklärungen zwar entgegenzunehmen, aber unerledigt zu lassen.³⁷³ Zum wiederholten Antrag ferner § 51 Rn. 47 ff. Zu Anträgen, deren Begründung beleidigenden Inhalt hat s. Rn. 48.

Umstritten ist die Frage, inwieweit sog. **missbräuchlich gestellte** (Asyl-)Anträge **unbeachtlich** bleiben können.³⁷⁴ Zur Beachtlichkeit von Asyl-Folgeanträgen s. § 71 Abs. 1 AsylVfG.³⁷⁵ Welche Bedeutung der in der neueren Gesetzgebung bei Verfahrensfehlern (§ 45 Abs. 1 VwVfG, dort Rn. 18; §§ 214 ff. BauGB) und auch bei Anträgen (s. o. AsylVfG) gebräuchliche Begriff der **Unbeachtlichkeit** hat, ergibt sich aus der jeweiligen Norm. Ein allgemeiner Begriffsinhalt wird dadurch nicht vorgegeben. § 24 Abs. 3 wird jedenfalls nicht von einer derartigen Antragsvorschrift verdrängt. Auch bleibt die Verpflichtung der Behörde bestehen, den Tatsachenvortrag der Antragstellerin zur Kenntnis zu nehmen und zu prüfen, zumal wenn der Antrag auf Verwirklichung eines Grundrechtes gerichtet ist.³⁷⁶ Aus dem Gesetzeszusammenhang ergibt sich, welche Rechtsfolgen eintreten sollen, wenn die Prüfung des Antrags dessen Unbeachtlichkeit ergibt. 81

3. Organisation der Annahme, besondere Antragsformen

Absatz 3 weist auf die Verpflichtung der Behörde hin, den **Zugang** zu ihr zu ermöglichen, ihn vor allem nicht in unzumutbarer Weise zu erschweren (§ 9 Rn. 44; § 22 Rn. 50 ff.). Verhindert sie im Einzelfall den Zugang, muss sie sich so behandeln lassen, als wäre der Zugang, insbesondere bei Fristen, erfolgt.³⁷⁷ 82

Für die **elektronische Kommunikation**³⁷⁸ gilt die Sonderregelung des § 3 a (s. dort Rn. 1 ff.) Nach dessen Abs. 1 ist die Übermittlung elektronischer Dokumente zulässig, soweit der Empfänger hierfür einen Zugang eröffnet. Zum Erfordernis der Zugangseröffnung s. § 3 a Rn. 9. Die Ersetzung der Schriftform durch die elektronische Form setzt nach § 3 a Abs. 2 eine qualifizierte elektronische **Signatur** voraus.³⁷⁹ Bestimmende Schriftsätze können formwirksam durch elektronische Übertragung einer Textdatei mit eingescannter Unterschrift auf ein Faxgerät des Adressaten **(Computerfax)** übermittelt werden.³⁸⁰ Die gilt entsprechend für die Übermittlung per Funkfax.³⁸¹ Die in Computerschrift erfolgte Wiedergabe des Vor- und Zunamens stellt dabei keine formwirksame Wiedergabe der Unterschrift dar.³⁸² Zur Beglaubigung von Computerausdrucken s. § 33 Rn. 32. Die Rechtsprechung hat den allgemeinen Grundsatz aufgestellt, dass die aus den technischen Gegebenheiten dieser Kommunikationsmittel herrührenden besonderen Risiken nicht einseitig auf den Benutzer dieser Medien abgewälzt werden dürfen, s. § 31 Rn. 21.³⁸³ Soweit **Fehler im Absende- oder Empfangsgerät** die Übermittlung vereiteln, geht der Fehler zu Lasten des jeweiligen Betreibers, in dessen Sphäre der Fehler aufgetreten ist.³⁸⁴ 83

Absatz 3 bedeutet aber nicht, dass die Behörde eine Einrichtung schaffen müsse, um Anträge und Erklärungen während **24 Stunden am Tag** und auch während dienstfreier Tage entgegennehmen zu können. Zugegangen ist der Antrag, wenn er in die **Verfügungsgewalt der** 84

---

³⁷² *Jellinek* § 10 VI 4; allgemein *Dinger/Koch,* Querulanz in Gericht und Verwaltung, 1991.
³⁷³ Vgl. *Wolff/Bachof/Stober* 3, § 156 Rn. 55; OLG Hamm NJW 1976, 978.
³⁷⁴ S. *BVerfG* NJW 1981, 1436; 1896; s. späteres Spezialgesetz: §§ 10, 14 AsylVfG a. F., dazu *BVerwG* NVwZ 1988, 258; §§ 29, 35 f. AsylVfG.
³⁷⁵ Hierzu im Einzelnen *Bell* NVwZ 1995, 24.
³⁷⁶ S. *v. Mutius* NJW 1982, 2150, 2155; für Asylverfahren *Stelkens* ZAR 1985, 15, 18.
³⁷⁷ VGH Kassel NJW 1987, 2765; s. aber § 31 Rn. 10, § 32 Rn. 24 ff. Allgemein zu den Verantwortlichkeiten des Adressaten rechtserheblicher Erklärungen *BGH* NJW 1998, 976.
³⁷⁸ S. hierzu im Einzelnen *Schmitz* DÖV 2005, 885; *Guckelberger* VerwArch 97 (2006, 62); *Dietlein/Heinemann* NWVBl 2005, 53; *Rossnagel* NJW 2003, 469; *Skrobotz* VR 2003, 397; *Schmitz/Schlatmann* NVwZ 2002, 1281; ferner § 3 a vor Rn. 1. Zum Justizkommunikationsgesetz *Blechinger* ZRP 2006, 56; *Hartmann* NJW 2006, 1390; *Viefhues* NJW 2005, 397; *ders.* ZAP 2005, 671 u. w. N.
³⁷⁹ Hierzu § 3 a Rn. 20 ff. Ferner OVG Koblenz NVwZ-RR 2006, 519; VGH Kassel NVwZ-RR 2006, 377; OVG Lüneburg NVwZ 2005, 470; VG Sigmaringen VBlBW 2005, 154.
³⁸⁰ GemS-OGB NJW 2000, 2340. S. hierzu *Düwell* NJW 2000, 3334; *Schwachheim* NJW 1999, 621.
³⁸¹ *BVerwG* NJW 2006, 1989.
³⁸² BGH NJW 2005, 2086.
³⁸³ Z. B. *BVerfG* NJW 2006, 829; 1996, 2857; BVerfGE 69, 381, 386 = NJW 1986, 244; *BGH* NJW 1992, 244 für das Fax m. w. N.
³⁸⁴ S. *BVerfG* NJW 2006, 829; 2001, 3473; *BGH* NJW 2005, 678; 2004, 2830; *Born* NJW 2005, 2042.

Behörde, nicht notwendigerweise des Sachbearbeiters, gelangt ist.[385] Für die Beurteilung der Rechtzeitigkeit des Eingangs kommt es bei einem elektronisch übersandten Schreiben allein darauf an, ob die gesendeten Signale fristgerecht vom Empfangsgerät vollständig gespeichert worden sind, unabhängig davon, wann dort ein Ausdruck erfolgt.[386] Dies gilt bei fristwahrenden schriftlichen Anträgen auch durch Eingang des Ankunftstelegramms, Eingang eines **Fernschreibens,** durch **Telekopie, Telebrief** oder **Telefax,** die von der Behörde empfangen werden. Der Zugang kann im Wege des **Btx-Verkehrs** erfolgen,[387] ferner durch Einsortieren in das **Postschließfach** der Behörde.[388] **Schriftliche Anträge** (§ 22 Rn. 31 ff.) können auch während der Dienststunden abgegeben werden. Für **fristwahrende Anträge** muss ein **Nachtbriefkasten** eingerichtet sein.[389] Allerdings besteht für den Bürger keine Verpflichtung zur Benutzung des Nachtbriefkastens. Fristwahrende Schriftstücke können nach Dienstschluss auch in den Tagesbriefkasten gelegt werden. Dessen Benutzung erschwert nur den Nachweis.[390] Der **Eingangsstempel** beweist den Zeitpunkt des Eingangs; der Gegenbeweis ist jedoch zulässig.[391] Befinden sich an einem Behördenhaus mehrere Nachtbriefkästen für jeweils unterschiedliche Behörden, müssen sie so gekennzeichnet sein, dass eine Verwechslung nicht möglich ist; andernfalls ist der Zugang unzumutbar erschwert (Rn. 82). Die Ablage eines Schriftstücks in einem für eine Behörde bei einem Gericht eingerichteten **Abholfach** wahrt die Frist nicht.[392] Ist für **mehrere Behörden** eine allgemeine **Anlaufstelle** eingerichtet worden, so ist ein Schriftstück mit dem Eingang bei dieser nur bei der Behörde eingegangen, an die es adressiert ist.[393]

85   Die Entgegennahme **mündlicher Anträge** kann auf die dem Publikumsverkehr vorbehaltenen Stunden beschränkt bleiben. Dies gilt auch, wenn ausnahmsweise fristwahrende Anträge mündlich gestellt werden können. Eine Verpflichtung der Behörde, in diesen Fällen bis 24.00 Uhr eine Möglichkeit zur Entgegennahme der Anträge zu geben, besteht auch nach *BVerfG*[394] nicht, da die Entgegennahme mündlicher Anträge nur unter Mitwirkung von Bediensteten der Behörde möglich ist. Etwas anderes kann sich nur aus besonderem Recht, z. B. EG-Recht, ergeben.[395] Soweit nicht gesetzlich vorgeschrieben (vgl. §§ 64, 73 Abs. 4 VwVfG), ist es nicht Verpflichtung der Behörde, Vorkehrungen zu schaffen, dass ein **Antrag zur Niederschrift**[396] bei der Behörde gestellt werden kann. *Wolff/Bachof/Stober*[397] gehen dagegen anscheinend von einem Wahlrecht der Beteiligten aus, eingeschränkt nur bei rechtsmissbräuchlicher Ausnutzung.[398] Eine Pflicht, fremdsprachige Texte zur Niederschrift aufzunehmen, besteht nicht (§ 23 Rn. 5). Auch besteht keine Pflicht, Leseabschriften von handschriftlichen Schreiben herzustellen, die der Antragsteller seinem Antrag beifügen will.[399]

4. Zuständige Behörde/Weiterleitung

86   Die Verpflichtung nach Absatz 3 trifft nur die für den abzugebenden Antrag und die vorzulegende Erklärung **zuständige Behörde.** Gemeint ist die für die Entgegennahme des Antrags zuständige Behörde. In der Regel ist sie mit der über den Antrag entscheidenden Behörde identisch; gesetzlich kann aber anderes vorgesehen werden.

87   Trifft auch die Behörde für die Versäumung einer Frist eine Mitverantwortung, weil sie z. B. beim Betroffenen einen Rechtsirrtum verursacht[400] oder ein falsch adressiertes Schriftstück nicht

---

[385] *BVerfG* NJW 2005, 3346 m. w. N.
[386] *BGH* NJW 2006, 2263.
[387] Siehe hierzu *Paefgen* JuS 1988, 592, 594; *BVerwG* NJW 1995, 2121; *OLG Düsseldorf* NJW 1995, 2177.
[388] *BSG* SGb 1979, 479.
[389] *BVerfG* NJW 1976, 747; NJW 1980, 580; *BVerfGE* 69, 381; *OVG Münster* NJW 1987, 1353.
[390] *BGH* NJW 1984, 1237.
[391] *BGH* NJW 1998, 461; *VGH München* BayVBl 1983, 439.
[392] *BVerfG* NJW 1991, 1167.
[393] *BayObLG* NJW 1988, 714; für Telefax *BGH* NJW 1990, 990.
[394] NJW 1976, 747.
[395] Vgl. *BVerwG* NJW 1983, 1990.
[396] Zu den Erfordernissen einer Niederschrift in Abgrenzung zum Vermerk s. *OVG Weimar* NVwZ-RR 2002, 408.
[397] 3, § 156 Rn. 53.
[398] So schon *OVG Münster* DÖV 1955, 315.
[399] *OVG Hamburg* NVwZ-RR 2000, 125.
[400] Vgl. *BVerfG* NJW 2004, 2887.

rechtzeitig weitergeleitet hat, obwohl sie hierzu im Einzelfall verpflichtet war,[401] kann Wiedereinsetzung zu gewähren sein.[402] Eine allgemeine Verpflichtung einer unzuständigen Behörde wie in § 16 Abs. 2 SGB-AT, s. auch § 35 Abs. 4 VermG,[403] § 84 Abs. 2 SGG; § 22 Abs. 3 GO NRW; § 94 VwVfG BW, einen Antrag unverzüglich an die zuständige Stelle **weiterzuleiten,** besteht ebenso wenig wie eine Mitteilungspflicht an die zuständige Behörde.[404] Dazu hätte es einer gesetzlichen Regelung bedurft. Diese Vorschriften sind (noch) nicht Ausdruck eines allgemeinen Rechtsgedankens. Wegen der über den Abschluss der Instanz nachwirkenden Fürsorgepflicht sind Gerichte verpflichtet, fristgebundene Schriftsätze für das Rechtsmittelverfahren, die bei ihnen eingereicht werden, im Zuge des ordentlichen Geschäftsgangs an das Rechtsmittelgericht weiterzuleiten.[405] Dieser Grundsatz greift aber nicht bei einer entgegen der Rechtsmittelbelehrung beim OVG statt beim zuständigen VG erfolgten Antragstellung.[406] Im Einzelfall kann aus dem konkreten Rechtsverhältnis eine Belehrungs- und Betreuungspflicht folgen, die zur unverzüglichen Weiterleitung verpflichtet. Dies gilt etwa dann, wenn die Fehladressierung an eine nur örtlich unzuständige Behörde offenkundig ist[407] oder wenn die Behörde durch einen eigenen Fehler zu der falschen Adressierung beigetragen hat.[408] Hat die unzuständige Behörde in derartigen Fällen, in denen sie eine besondere Betreuungspflicht trifft, die Weiterleitung schuldhaft verzögert oder unterlassen, kommt im Falle willkürlichen, offenkundig nachlässigen und nachgewiesenen Fehlverhaltens eine Wiedereinsetzung in die versäumte Frist in Betracht, s. § 32 Rn. 13, 15. Im Einzelfall ist zu prüfen, ob sich das Verhalten der Behörde das Gesamtgeschehen in der Weise geprägt hat, dass sich ein dem Betroffenen zuzurechnendes Verschulden nicht mehr entscheidend ausgewirkt.[409] Aus dem Gebot eines fairen Verfahrens folgt nämlich unter anderem, dass die Behörde aus eigenen oder ihr zuzurechnenden Fehlern, Unklarheiten oder Versäumnissen keine Verfahrensnachteile zu Lasten der Beteiligten ableiten darf. Deshalb sind die Anforderungen an eine Wiedereinsetzung in derartigen Sachlagen „mit besonderer Fairness" zu handhaben.[410]

5. Formularantrag

Durch Gesetz kann eine besondere Form des Antrags vorgeschrieben werden (§ 22 Rn. 38, 43; § 10 Rn. 13 ff.). Ist durch **Rechtsvorschrift** oder auf Grund einer Verwaltungsvorschrift, zu der eine Rechtsvorschrift ermächtigt hat (§ 5 9. BImSchV), die Abgabe des Antrags oder der Erklärung nur auf einem besonderen **Formular** vorgeschrieben und erfüllt die eingereichte Erklärung nicht diese Form, muss die Behörde dennoch nach Absatz 3 den Antrag entgegennehmen.[411] Ob der Antrag aus Formgründen zulässig ist, ist nicht bei der Entgegennahme des

---

[401] Zur Frage, ob und ggfs. unter welchen Voraussetzungen eine Behörde bzw. ein Gericht zur Weiterleitung unzuständig eingegangener Anträge verpflichtet ist, s. *BVerfG* NJW 2002, 3692; 1995, 3173; *BVerwG* DÖV 1978, 616 ff.; *BGH* NJW 2000, 1730; MDR 1972, 403; *VGH Kassel* NJW 2006, 3450; AuAS 2006, 188; *OVG Münster* NVwZ-RR 2003, 688; 2000, 941; NJW 1996, 334; *VGH Mannheim* NJW 1973, 385. Zur Hinweispflicht des Gerichts, wenn dem Prozessbevollmächtigten in einem Antrag auf Verlängerung einer Frist ein offensichtliches Versehen hinsichtlich des Datums der zu verlängernden Frist unterläuft, s. *BGH* NJW 1998, 2292.
[402] Vgl. *OVG Münster* NVwZ-RR 2005, 449.
[403] *BVerwG* Buchholz 428 § 30 a VermG Nr. 5: Aus der Weiterleitungspflicht lässt sich nicht schließen, die Anmeldefrist des § 30 a VermG werde auch durch den Eingang eines Rückgabeantrages bei einer unzuständigen Behörde gewahrt.
[404] *BVerwG* DVBl 1981, 775; *VGH Mannheim* NJW 1973, 385; *Gusy* BayVBl 1985, 484, 487; a. A. *Kopp/Ramsauer,* § 24 Rn. 63; *Bryde* VVDStRL 46, 182 f., 198 ff., 213 ff.
[405] *BVerfGE* 93, 99; *OVG Münster* NVwZ-RR 2003, 688; 2000, 841. S. auch *VGH Kassel* NVwZ-RR 2006, 841. Zur Hinweispflicht des Gerichts, wenn dem Prozessbevollmächtigten in einem Antrag auf Verlängerung einer Frist ein offensichtliches Versehen hinsichtlich des Datums der zu verlängernden Frist unterläuft, s. *BGH* NJW 1998, 2292.
[406] *OVG Greifswald* NVwZ 1999, 201; s. auch *OVG Hamburg* NJW 1998, 696.
[407] So *BVerfG* NJW 2002, 3692 für einen Eingang beim unzuständigen Finanzamt.
[408] *OVG Münster* NVwZ-RR 2003, 688.
[409] Zur fehlenden Kausalität eines schuldhaften Verhaltens des Betroffenen bei Absendung eines Schriftstücks wegen dessen nicht rechtzeitig erfolgter Weiterleitung s. *BVerwG* NJW 1995, 3173. *BVerfG* DVBl 2002, 696 zur Kausalität einer unterstellten falschen Auskunft. Ferner *BGH* NJW-RR 2000, 1730; *Born* NJW 2005, 2042, 2045; *v. Pentz* NJW 2003, 858, 867.
[410] So ausdrücklich *BVerfG* NJW 2004, 2887.
[411] *Stelkens* NuR 1985, 213, 217; *Gusy* BayVBl 1985, 484, 485.

Antrags, sondern bei der Entscheidung über den Antrag zu prüfen. Soweit Anträge auf einem amtlichen Vordruck zu stellen sind, unterliegt dies namentlich in der Rechtsprechung der **Finanzgerichte** strengen Anforderungen. Eine derartige Regelung, die eine Antragstellung nicht unzumutbar erschwere,[412] diene der Verwaltungsvereinfachung und -praktikabilität sowie der Beweissicherung; sie solle den Antragsteller zur Abgabe aller erforderlichen Angaben veranlassen sowie die Behörde in die Lage versetzen, rasch abschließend zu entscheiden. Dem würde die Anerkennung eines wenn auch nur geringfügig abweichenden Formulars selbst dann zuwiderlaufen, wenn die Behörde trotz der Abweichung ohne Rückfrage, jedoch unter Zuhilfenahme anderer Angaben in der Lage wäre, den Antrag in der Sache zu bearbeiten. Ausnahmen hiervon seien nur dann denkbar, wenn zwischen dem verwendeten nichtamtlichen und dem amtlichen Vordruck – wie etwa bei einer **Kopie des amtlichen Vordrucks** – offensichtlich keine Abweichungen bestünden.[413] Holt der Antragsteller trotz Beratung den formgerechten Antrag nicht nach, ist der Antrag aus Formgründen als unzulässig zurückzuweisen (Rn. 58 ff.).[414]

89 Die gleichen Grundsätze gelten, wenn das **Formular unvollständig ausgefüllt** wird, vgl. auch § 22 Rn. 43. Geringfügige Unvollständigkeiten, die auf die wesentlichen Angaben keine Auswirkung haben, wirken sich nicht aus.[415] S. auch § 26 Rn. 51. Unzulässig ist der Antrag aber nicht, wenn die Ausfüllung des Antragsformulars nur eine **Ordnungspflicht** ist. Dies wird sogar in der Regel der gesetzlich vorgeschriebenen Formularbenutzung der Fall sein; insoweit ist ein Verstoß nur ein Verstoß gegen eine **Mitwirkungslast**.[416] Werden insoweit erhebliche Angaben nicht gemacht, kann die Behörde im Rahmen der Mitwirkungslast des Antragstellers davon ausgehen, dass Entscheidungsvoraussetzungen nicht nachgewiesen worden sind; der Antrag ist unbegründet (vgl. Rn. 49 f.). Da die Behörde zu einer bestimmten Reihenfolge der Prüfung nicht gezwungen ist (Rn. 53), wird sie einen Streit über die Zulässigkeit der Verwendung von Formularen nicht entscheiden, wenn sich aus dem formlosen Vortrag des Antragstellers ergibt, dass der Antrag unbegründet ist. Soweit im Rahmen der Eingriffsverwaltung, z.B. im Abgabenrecht, durch Gesetz die Benutzung von Formularen vorgeschrieben ist, kann die Angabe im Einzelnen nur gefordert werden, wenn insoweit eine Mitwirkungspflicht und nicht nur eine Mitwirkungslast besteht.[417]

90 Das Antragsformular muss nach Form und Inhalt **benutzerfreundlich** sein.[418] Der Inhalt des Formulars muss den jeweiligen Anforderungen an die Pflicht der Behörde zur Ermittlung des entscheidungserheblichen Sachverhalts genügen.[419] Unklare und unverständliche Formulare gehen zu Lasten der Behörde.[420] Hat die Behörde durch eine unklare Formulierung die Ursache für die Versäumung einer behördlichen Frist gesetzt, so darf sie sich insoweit nicht auf die Versäumung dieser Frist durch den Antragsteller berufen, § 25 Rn. 16.[421] Aus dem Gebot eines fairen Verfahrens folgt nämlich u.a., dass die Behörde aus eigenen oder ihr zuzurechnenden Fehlern, Unklarheiten oder Versäumnissen keine Verfahrensnachteile zu Lasten der Beteiligten ableiten darf.[422] Die Behörde hat die Pflicht, in einem Antragsformular Stellen für alle rechtlich relevanten Eintragungen vorzusehen. Fehlt eine notwendige Stelle und unterbleibt deshalb eine relevante Mitteilung, muss sich die Behörde so behandeln lassen, als hätte sie rechtzeitig Kenntnis erlangt.[423] Zuweilen besteht eine Pflicht, Formulare bereitzuhalten, vgl. § 22 Abs. 2 GO NRW.

91 Soweit **Formulare ohne Rechtsvorschrift** von der Behörde insbesondere aus Zweckmäßigkeitsgründen zur Antragstellung vorgeschrieben werden, ist sie hierzu im Rahmen ihres Or-

---

[412] *VGH Mannheim* DÖV 2002, 435 m.w.N.
[413] *BFHE* 189, 268 = BStBl II 1999, 791; *BFHE* 184, 142 = BStBl II 1998, 31 m.w.N.
[414] *VGH München* BayVBl 1987, 499; *Stelkens* NuR 1985, 213, 217; *Gusy* BayVBl 1985, 484, 485.
[415] *Rummer* NJW 1988, 225, 228 f.
[416] *BVerwG* NJW 1960, 213; *Stelkens* NuR 1985, 213, 217; § 26 Rn. 47 f.
[417] *BFH* BStBl II 1986, 707; BStBl II 1990, 280, 282, s. Rn. 91.
[418] Vgl. *Rummer* NJW 1988, 225, 228.
[419] *FG Stuttgart* EFG 1995, 652.
[420] *BVerwGE* 10, 12, 15; *Stelkens* NuR 1985, 213, 217; *Jochum* NVwZ 1987, 460, 462. S. ferner § 10 Rn. 13 ff.
[421] So *BVerfG* NVwZ 1994, 575.
[422] *BVerfG* NJW 2004, 1392; s. auch § 31 Rn. 13 m.w.N.
[423] *BVerwG* NJW 1979, 666; § 48 Rn. 111. Zur Beratungspflicht *OLG Hamm* NJW 1989, 462. S. auch *OVG Münster* NWVBl 2006, 300 zur fehlenden Eindeutigkeit und Gesetzeskongruenz eines Formulars für die Krankenbeförderung.

ganisationsermessens grundsätzlich berechtigt. So bedarf die Aufforderung zur Ausfüllung eines Anzeigevordrucks im Allgemeinen keiner ausdrücklichen gesetzlichen Ermächtigung.[424] In derartigen Fällen gesetzlich nicht vorgegebener Formulare läßt die nicht formgerechte Antragstellung aber den materiellen Anspruch als solchen unberührt, berechtigt also der nicht oder nicht in vollem Umfang dem Formblatt genügende Antrag allein nicht zur Ablehnung als unzulässig. Auf der Grundlage des jeweils maßgeblichen Fachrechts ist deshalb zu prüfen, ob die Abfragen des Formulars lediglich eine Konkretisierung der gesetzlichen Vorgaben darstellen und deshalb der materiellen Prüfung zugrunde gelegt werden dürfen.[425] Beinhaltet das Formular dagegen eine Verschärfung der gesetzlichen Vorgaben, indem z. B. eine vorgegebene allgemeine Auskunftspflicht erweitert wird, läßt sich die Gesetzmäßigkeit nicht an der Verwendung des Formulars messen.[426] Aus dem materiellen Anspruch auf die beantragte Handlung allein folgt noch nicht ein gesetzlicher Zwang, ein Formular auszufüllen,[427] wohl aber aus der auf den Nachweis der Voraussetzungen dieses Anspruchs bezogenen Mitwirkungslast.

Zuweilen sind für den Antrag lediglich Schriftform, für ihm beizufügende **Unterlagen** jedoch genaue Einzelheiten vorgeschrieben. S. dazu § 22 Rn. 43.

VI. Europarecht

Die Regelungen der §§ 24, 26 reichen beim indirekten Vollzug des Gemeinschaftsrechts nicht aus, um bestimmte, in Richtlinien vorgeschriebene Ermittlungen, die in nationales Recht umgesetzt werden müssen, zu ersetzen, s. Einl. Rn. 131.[428] Für den direkten Vollzug des Rechts der Gemeinschaft gehört der **Untersuchungsgrundsatz** zu den anerkannten Verwaltungsgrundsätzen.[429] Eine Verwirklichung der Ziele der Gemeinschaft nach den Regeln des Gemeinschaftsrechts erfordert die Anwendung des Untersuchungsgrundsatzes. Die Organe der Gemeinschaft sind deshalb nach den anerkannten Verfahrensgarantien der Gemeinschaft u. a. dazu verpflichtet, sorgfältig und unparteiisch alle relevanten Gesichtspunkte des Einzelfalles zu untersuchen.[430] Als primärrechtliche Grundsatznorm statuiert Art. 284 EG) ein Recht zur Einholung aller erforderlichen Auskünfte.[431] Die unparteiliche Ermittlung hat sich auch auf alle zugunsten des Betroffenen sich ergebenden Umstände zu erstrecken. Dies gilt insbesondere dann, wenn die Ermittlungen und die abschließende Entscheidung in einer Hand liegen.[432] Hinsichtlich des Umfangs der Ermittlungspflichten ist zwischen Verbots- und Bußgeldverfahren einerseits und Genehmigungs- und Freistellungsverfahren andererseits zu unterscheiden.[433] Die Ermittlungspflichten werden insbesondere durch den **Verhältnismäßigkeitsgrundsatz** eingegrenzt.[434] Dieser ist u. a. dann zu beachten, wenn die Kommission Auskünfte einholt und Nachprüfungen vornimmt. Entsprechend Art. 284 EG, der sich ausschließlich auf alle „erforderlichen" Auskünfte erstreckt, darf die Kommission nur solche Auskünfte verlangen, die ihr die Prüfung der vermuteten Zuwiderhandlungen ermöglichen.[435] Ermittlungen können auch in Form von Auskunfts- und Duldungsverfügungen erfolgen. Solche Entscheidungen stellen nach Art. 256 EG vollstreckbare Titel dar, die nach Art. 230 Abs. 4 EG vor dem *EuGH* anfechtbar sind. Zur **Aarhus-Konvention** und dem Individualrechtsschutz vor Verfahrensfehlern im Umweltrecht s. Rn. 7.

---

[424] *BVerwG* NJW 1977, 772.
[425] Vgl. *Kopp/Ramsauer*, § 22 Rn. 34; *Clausen* in *Knack* § 22 Rn. 15.
[426] *OVG Münster* ZMR 1989, 394, 396.
[427] Vgl. *BFH* BStBl II 1990, 280, dazu Rn. 89.
[428] *EuGH* NVwZ 1991, 973 zur Richtlinie 80/68/EWG vom 17. 12. 1979 über den Schutz des Grundwassers, dazu *Weber* UPR 1992, 5 und *Pernice/Kadelbach* DVBl 1996, 1100, 1106.
[429] Eingehend hierzu *Wittkopp*, Sachverhaltsermittlung im Gemeinschaftsverwaltungsrecht, Hamburg 1999, S. 81 ff.; ferner *Haibach* NVwZ 1998, 456, 458; *Gornig/Trüe* JZ 2000, 395, 456, 458; *Kuntze* VBlBW 2001, 5, 9; *von Danwitz*, Verwaltungsrechtliches System und Europäische Integration, Tübingen 1996, S. 73 ff. jeweils m. w. N.
[430] Grundlegend *EuGH* NVwZ 1992, 358; *EuG* EuWZ 1996, 405.
[431] Hierzu im Einzelnen *Geiger* EUV/EGV Art 284 EGV Rn. 1 ff.
[432] *EuGH* Slg. 1992, II-757, Tz. 39 f.; *Gornig/Trüe* JZ 2000, 395, 456, 458.
[433] Eingehend hierzu *Gornig/Trüe* JZ 2000, 395, 456, 458.
[434] *EuGH* Slg. I 1995, 3723 = EuZW 1996, 112; *Pache* NVwZ 1999, 1033; *Kuntze* VBlBW 2001, 5, 9.
[435] *EuGH* Slg. II 1995, 545, 546.

VII. Landesrecht

94 Landesrechtliche Abweichungen zu § 24 bestehen nicht. Zur Berücksichtigung des Geheimnisschutzes s. Rn. 30 f. Zu zusätzlichen Pflichten der Gemeinden s. Rn. 87.

IX. Vorverfahren

95 § 24 ist für das Vorverfahren anwendbar (§ 79). In der Praxis sollte die Widerspruchsbehörde verstärkt von dem Grundsatz der eigenen Sachverhaltsmitteilung Gebrauch machen (vgl. § 79 Rn. 12 f.); vielfach beruht die Widerspruchsentscheidung lediglich auf einer Wiederholung des Vorlagenberichtes der Erstbehörde. Die Verletzung einer Sachverhaltvermittlungspflicht im Vorverfahren berechtigt allein **nicht** zu einer **Aufhebung des Widerspruchsbescheides**. Das BVerwG verneint insoweit bei gebundenen Entscheidungen in str. Rspr.[436] das Rechtsschutzinteresse für eine isolierte Aufhebung (§ 35 Rn. 275). Eine solche isolierte Aufhebung des Widerspruchsbescheides kommt allerdings in Betracht, wenn der Betroffene durch diesen erstmalig (§ 79 Abs. 1 Nr. 2 VwGO) oder zusätzlich selbstständig beschwert ist,[437] wobei gemäß § 79 Abs. 2 Satz 2 VwGO als zusätzliche Beschwer auch die Verletzung einer wesentlichen Verfahrensvorschrift gilt, sofern der Widerspruchsbescheid auf dieser Verletzung beruht, z. B. weil die Widerspruchsbehörde über einen Ermessensspielraum verfügt.[438]

96 Str. ist, ob ein Bescheidungsanspruch (Rn. 75 ff.) auf Erlass eines Widerspruchsbescheides mit Hilfe des § 75 VwGO durchgesetzt werden kann. §§ 68 ff. VwGO dürften einen derartigen Anspruch nicht begründen, § 75 VwGO bietet nur die Rechtsfolge, wonach der Widerspruchsführer sein Begehren in der Sache unmittelbar mit der Klage durchsetzen kann.[439] Nach herrschender Meinung besteht deshalb grundsätzlich kein gerichtlich durchsetzbarer **Anspruch auf Erlass eines Widerspruchsbescheides**, s. § 79 Rn. 13.[440] Abweichendes kann insbesondere in den Fällen eines Drittwiderspruchs gelten. So kann der durch einen Verwaltungsakt Begünstigte gegen die Widerspruchsbehörde, wenn diese über einen Drittwiderspruch nicht entscheidet, Untätigkeitsklage auf Verpflichtung zur Zurückweisung des Widerspruchs erheben.[441] Die **Sachbescheidungsbefugnis**[442] der Widerspruchsbehörde entfällt u. a. mit Erledigung des Widerspruchs[443] sowie – wenn er sich gegen einen Bescheid mit Drittwirkung richtet – im Falle seiner unheilbaren Verfristung.[444]

§ 25 Beratung, Auskunft

¹Die Behörde soll die Abgabe von Erklärungen, die Stellung von Anträgen oder die Berichtigung von Erklärungen oder Anträgen anregen, wenn diese offensichtlich nur versehentlich oder aus Unkenntnis unterblieben oder unrichtig abgegeben oder gestellt worden sind. ²Sie erteilt, soweit erforderlich, Auskunft über die den Beteiligten im Verwaltungsverfahren zustehenden Rechte und die ihnen obliegenden Pflichten.

---

[436] NVwZ 1988, 346; 1999, 641; OVG Münster NVwZ-RR 2003, 615.
[437] S. z. B. zur isolierten Anfechtung des Widerspruchsbescheides durch die Ausgangsbehörde s. VGH München BayVBl 2003, 210; OVG Lüneburg NVwZ-RR 1999, 367; VG Gera ThürVGRspr 1998, 128.
[438] Vgl. OVG Münster NVwZ-RR 2003, 615.
[439] Vgl. Oerder, S. 88 ff., 93.
[440] So BVerwG 28. 4. 1997 – 6 B 6/97 – Buchholz 421.0 Nr. 380; VGH München BayVBl 1999, 279; OVG Münster 12. 9. 2000 – 22 A 5440/99 –. Siehe ferner die Darstellung des Streitstandes bei Schenke DÖV 1996, 529 ff.; v. Schledorn NVwZ 1995, 250. VG Frankfurt NVwZ-RR 2000, 262 bejaht demgegenüber einen Anspruch auf Weiterbetreiben des Widerspruchsverfahrens.
[441] So BVerwG Mannheim DVBl 1994, 707; VG Arnsberg NWVBl 1999, 111.
[442] Zur Beschränkung der Zuständigkeit der Widerspruchsbehörde im Rahmen des Devolutiveffekts s. VGH München BayVBl 2006, 434. Zur verbleibenden Befugnis der Ausgangsbehörde s. BVerwG DVBl 2002, 1045; OVG Lüneburg NVwZ-RR 2003, 326; VG Dessau ZOV 2002, 323.
[443] Dazu Engelbrecht JuS 1997, 550.
[444] BVerwG NJW 1998, 3070.

§ 25 Beratung, Auskunft 1, 2 § 25

Vergleichbare Vorschriften: § 89 AO 1977; §§ 13–16 SGB-AT.

Abweichendes Landesrecht: –.

Entstehungsgeschichte: Bis zum Inkrafttreten des VwVfG vgl. § 25 der 6. Auflage. Siehe ferner Rn. 1, 35, 36, 39.

Literatur: *Schmidt-De Caluwe,* Der sozialrechtliche Herstellungsanspruch, 1992; *Beckmann/Krekeler,* Abfallberatungspflichten unter dem neuen Kreislaufwirtschafts- und Abfallgesetz, NuR 1997, 224; *Kothe,* Beratungspflichten und Informationsbedarf im Umweltschutz, DÖV 1998, 577; *Haller,* Auskunftsansprüche im Umwelthaftungsrecht, Köln 1999; *v. u. z. Franckernstein,* Die Haftung für baurechtliche Auskünfte, BauR 2003, 807; *Hill,* Verwaltungskommunikation und Verwaltungsverfahren unter europäischem Einfluss, DVBl 2002, 1316; *Bausback,* Maßstabwechsel und behördliche Hinweispflichten bei der Erhebung von kommunalen Herstellungsbeiträgen i. S. des Art. 5 Abs. 1 KAG, BayVBl 2003, 705; *Leist,* Kooperation bei (rechtsextremistischen) Versammlungen, BayVBl 2004, 489; *Vahle,* Auskunfts- und Akteneinsichtsrechte des Bürgers gegenüber der öffentlichen Verwaltung, DVP 2004, 45; *Meier,* Hilfeleistung seitens der Gemeinde und Rechtsberatung, VR 2004, 154; *Vahle,* Die Stellung des Bürgers im Verwaltungsverfahren, DVP 2005, 265; *Köhler,* Auskunftsansprüche der Presse gegenüber der öffentlichen Hand, NJW 2005, 2337; *Sydow/Gebhardt,* Auskunftsansprüche gegenüber kommunalen Unternehmen, NVwZ 2006, 986. Zum **Umweltinformations- und Informationsfreiheitsrecht** s. die Nachweise im Literaturverzeichnis zu **§ 29**, vor Rn. 1. Ausführlich zum Schrifttum vor 1996 s. § 25 der 6. Auflage.

Übersicht

	Rn.
I. Allgemeines	1
1. Betreuungspflicht	1
2. Aufklärungs- und Belehrungspflichten	10
3. Reichweite der Betreuungspflicht	20
4. Betreuungspflicht während des VwVf	24
II. Beratung bei Abgabe von Erklärungen und Anträgen (Satz 1)	30
III. Auskunftserteilung (Satz 2)	39
IV. Europarecht	46
V. Landesrecht	47
VI. Vorverfahren	48

I. Allgemeines

1. Betreuungspflicht

§ 25 normiert erstmals für das allgemeine Verwaltungsverfahren die „**Betreuungspflicht**" der Behörde gegenüber den am Verfahren Beteiligten. Die Vorschrift ist Ausdruck der gewandelten Auffassung von dem Verhältnis der Behörde und ihrer Beamten zum Bürger in einem sozialen Rechtsstaat. Zugleich ist sie Ausdruck eines rechtsstaatlichen, fairen Verfahrens.[1] Der Beamte ist nicht länger Diener der Obrigkeit, sondern hat als „Helfer des Bürgers"[2] durch **Beratung** (Satz 1) und Erteilung von **Auskünften** (Satz 2) darauf hinzuwirken, dass im Rahmen des Verwaltungsverfahrens niemand aus Unkenntnis, Unerfahrenheit oder Unbeholfenheit seiner Rechte verlustig geht (Begründung zu § 21 Entwurf 73). Der Bürger soll nicht bloßes Objekt des Verwaltungshandelns sein. Deshalb darf der Beamte nicht „sehenden Auges" zulassen, dass der bei ihm vorsprechende Bürger Schäden erleidet, die der Beamte durch einen kurzen Hinweis, eine Beratung mit wenigen Worten oder eine entsprechende Auskunft zu vermeiden in der Lage ist.[3]

Inhaltlich ist die in § 25 angesprochene Beratung dabei auf die **im VwVf abzugebenden Erklärungen** beschränkt. Dementsprechend erfasst auch der Begriff der Auskunft hier allein die **im VwVf bestehenden Rechte und Pflichten** der **Beteiligten**. Am Verfahren nicht beteiligte Dritte können deshalb aus der Regelung für sich nichts herleiten;[4] allenfalls kann sich auf Grund besonderer Umstände die Frage stellen, ob sie auf die Richtigkeit der einem Beteiligten

1

2

---

[1] BVerfGE 42, 64; OVG Münster NVwZ-RR 2005, 449.
[2] BGH NVwZ-RR 2006, 634; NVwZ 2004, 638.
[3] So BGH NVwZ-RR 2006, 634; NVwZ 2004, 638 zum Amtshaftungsrecht. Eingehend Wolff/Bachof u. a. I, § 60 Rn. 99 ff.
[4] BVerwG NVwZ 2003, 1114; Selmer JuS 2003, 1241; Vahle DVP 2004, 45.

§ 25 3–5   Teil II. Allgemeine Vorschriften über das Verwaltungsverfahren

erteilten Auskunft ihrerseits vertrauen durften, was regelmäßig zu verneinen ist.[5] Eine allgemeine behördliche Beratungspflicht besteht folglich nicht.[6] Erforderlich ist jeweils der Bezug zu einem **konkreten Verwaltungsverfahren** (siehe hierzu im einzelnen Rn. 11, 24 f., 30, 44).[7] Dass damit nur die Rechtsauskunft, nicht aber auch die Tatsachenauskunft in § 25 Satz 2 aufgenommen wurde, ist in der Literatur auf Kritik gestoßen.[8]

3 § 25 trifft mithin Vorkehrungen für eine speziell auf die Wahrnehmung der Rechte der Beteiligten im Verwaltungsverfahren ausgerichtete Betreuung. Eine so verstandene Beratung gehört zum Bestreben um **Bürgernähe**, das zum Selbstverständnis einer modernen Verwaltung gehört[9] und auch in weiteren Vorschriften ihren Ausdruck findet, vgl. § 22 Abs. 1 GO NW, dazu § 22 Rn. 83, § 24 Rn. 87. Der Regelungsinhalt des § 25 wird ferner durch spezielle Auskunfts- und Beratungspflichten ergänzt und erweitert (im Einzelnen dazu Rn. 18 f.).

4 Dieses nach heutigem Verständnis unterentwickelte,[10] weil an die Beteiligtenstellung in einem VwVf gebundene Instrumentarium des § 25 wird zunehmend durch bereichsspezifische, nicht mit der Verfahrensbeteiligung verknüpfte **Informationsrechte** ergänzt. Dabei kommt dem **UIG** eine Pionierfunktion zu, s. dazu im Einzelnen § 29 Rn. 20 ff. Zudem geben die **Informationsfreiheitsgesetze** des Bundes und einzelner Länder jedermann ohne Darlegung eines berechtigten Interesses das allgemeine, nicht bereichsgebundene Recht auf Zugang zu bei den Behörden vorhandenen Informationen, s. dazu im Einzelnen § 29 Rn. 20 ff.[11] Allerdings enthält die Verfassung, namentlich Art. 5 I GG, bislang kein allgemeines Informationsrecht. Dieser begründet nur das Recht, sich aus allgemein zugänglichen Quellen ungehindert zu unterrichten.[12] **Vorwirkungen des Grundrechtschutzes** können jedoch Auskunfts- und Belehrungspflichten begründen, s. dazu im Einzelnen Rn. 12.[13] Die Wahrnehmung der allgemeinen Informationsansprüche erfolgt durch Antrag (§ 4 Abs. 1 UIG, § 7 Abs. 1 IFG Bund), der keiner Form bedarf, aber erkennen lassen muss, zu welchen Informationen der Zugang gewünscht wird. Dem genügt in der Regel ein Antrag, der z. B. darauf gerichtet ist, Zugang zu allen Umweltinformationen in näher bezeichneten Verwaltungsvorgängen zu erhalten.[14] Auch können sich Abgrenzungsfragen zum Anwendungsbereich des § 29 ergeben (dazu § 29 Rn. 20 ff.). Der Gesetzgeber hat deshalb die Antragstellung dadurch erleichtert, dass er die allgemeine Betreuungspflicht des § 25 konkretisierende spezifische Hinweispflichten der Behörde normiert hat.[15] So verpflichtet § 4 Abs. 2 Satz 4 UIG die informationspflichtige Stelle dazu, den Informationssuchenden bei der Stellung und Präzisierung von Anträgen zu unterstützen.[16] § 9 Abs. 1 IFG Bund sieht vor, dass die Behörde, wenn sie den Antrag ganz oder teilweise ablehnt, mitzuteilen hat, ob und wann der Informationszugang ganz oder teilweise zu einem späteren Zeitpunkt voraussichtlich möglich ist.

5 Der Gedanke der Betreuungspflicht der Behörden ist schon länger Bestandteil der Rechtsprechung, und zwar zunächst auf dem Gebiet des **Sozialrechts**.[17] Er ist im Rahmen der „Drei-Säulen-Theorie" (vgl. Einleitung, Rn. 69) zunächst für den Bereich des Sozialgesetzbuchs, und zwar im Allgemeinen Teil normiert worden (§§ 13–16 SGB-AT),[18] ohne dass aber den **§§ 13 ff. SGB-AT im Einzelnen** schon ein allgemeiner Grundsatz entnommen werden könnte[19] (Rn. 7 f., 15 f.; § 24 Rn. 87; vgl. auch § 2 Rn. 48 f.).

---

[5] *BVerwG* StAZ 1997, 382 zur Nacherklärungsfrist des Art 3 Abs. 7 Satz 1 RuStAÄndG.
[6] *BVerwG* NJW 1997, 71, 75. Zu rechtspolitischen Vorschlägen einer Weiterentwicklung des § 25 im Sinne einer Verpflichtung zu aktiver Information s. den Bericht der *Enquete-Kommission „Zukunft des Bürgerschaftlichen Engagements"*, BT-Drs. 14/8900.
[7] Siehe in Abgrenzung dazu zur Rechtsmittelbelehrung § 37 Rn. 6. Die Rechtsschutzgarantie des Art. 19 Abs. 4 GG kann im Einzelfall eine Rechtsmittelbelehrung gebieten, wenn diese erforderlich ist, um unzumutbare Schwierigkeiten auszugleichen, s. *BVerfG* ZOV 1998, 339; *BVerfGE* 93, 99, 108.
[8] Siehe hierzu im Einzelnen *Grünning* VR 1991, 8, 14 m. w. N.
[9] Vgl. *Hufen* Rn. 213; *Pitschas*, Verwaltungsverantwortung, S. 45 f. m. w. N.
[10] So *Selmer* JuS 2003, 1241.
[11] Einen Überblick über die Entwicklung zur Verstärkung der Verwaltungstransparenz gibt *Fluck* DVBl 2006, 1406.
[12] Dazu *Kloepfer*, Informationsrecht, 2002, S. 405, 413 m. w. N.
[13] S. zur Entwicklung *BVerwG* NVwZ 2003, 1114; *Selmer* JuS 2003, 1241.
[14] S. *OVG Münster* DVBl 2007, 981.
[15] So ausdrücklich BT-Drs. 15/3406, S. 16 zu § 4 UIG.
[16] S. hierzu *Scheidler* UPR 2006, 13, 15.
[17] Vgl. *BVerwGE* 16, 156; 16, 323; 20, 136; 25, 191; 30, 46; 32, 68; 34, 93.
[18] Dazu *Meyer* SGb 1985, 57; *Jochum* NVwZ 1987, 460, 463.
[19] *BVerwGE* 61, 15 ff.; 69, 278.

Von Lehre und Rechtsprechung ist aber dem **Grundgedanken** über den Bereich des Sozialrechts hinaus auch für das allgemeine Verwaltungsrecht Bedeutung zuerkannt worden.[20] Insbesondere hat die Rechtsprechung zum Amtshaftungsrecht[21] die Pflicht des Beamten entwickelt, einen **belehrungsbedürftigen Bürger** über die Sach- und Rechtslage aufzuklären, wenn er bei Wahrnehmung seiner dienstlichen Aufgaben erkennt oder erkennen muss, dass dieser, der in einer besonderen Rechtsbeziehung zu einer Behörde steht, einem Schadensrisiko ausgesetzt ist, dem durch einen kurzen Hinweis zu begegnen ist. Demgegenüber ist jedoch weder der sozialrechtliche Herstellungsanspruch[22] übernommen noch ein allgemeiner Vertrauensschutz begründet worden (Rn. 15 ff.).

Verfassungsrechtliche Grundlage der Betreuungspflicht der Behörde ist vor allem das Rechts- und Sozialstaatsprinzip (Rn. 1)[23] das es unter Beachtung des Art. 1 GG verbietet, den Bürger als Objekt des Verfahrens anzusehen (Rn. 1). Daher wendet sich der Grundsatz der **Betreuungspflicht** als allgemeiner Grundsatz **an alle staatlichen Organe,** die in unmittelbarem Kontakt zum Bürger stehen.[24]

Die Betreuungspflicht setzt jeweils einen **konkreten Anlass,** nicht notwendigerweise einen Antrag, voraus.[25] Erst wenn der Bürger in eine besondere Beziehung zu einer Behörde tritt, besteht für ihre Bediensteten Veranlassung, in diesem Rahmen seine Belange zu berücksichtigen.[26] Allerdings ist die Behörde nicht gehalten, einem Beteiligten ihre Hinweise aufzudrängen.[27] Auch bedeutet der Schutz des Bürgers nicht seine Entmündigung oder auch nur die allgemeine Übernahme besonderer Betreuungspflichten, die an der sozialen Schutzbedürftigkeit orientiert sind (Rn. 5). Der Bürger bleibt für sein Handeln verantwortlich, insbesondere schränkt die Betreuungspflicht weder die Mitwirkungslast ein (§ 26 Rn. 52) etwa in dem Sinn, dass sie Ersatz für eigenes nachlässiges Verhalten wäre,[28] noch verpflichtet sie die Behörde aufzuklären, ob der Bürger über seinen Antrag hinaus noch weiteres begehrt (§ 24 Rn. 25 ff.), wobei allerdings der Antrag ggfs. zuvor im Lichte der Amtsermittlungs- und Betreuungspflicht aus §§ 24, 25 auszulegen ist, s. Rn. 33. So wird die Behörde ihrer Beratungspflicht gerecht, wenn sie diejenigen Erklärungen des Antragstellers anregt, die ihr bezogen auf den jeweiligen Gegenstand und den erkennbaren Zweck des Verfahrens nützlich und zweckmäßig erscheinen.[29] Auch hat z. B. ein Antragsteller die sich aus der Unvollständigkeit seines Antrags ergebenden Folgen zu tragen, wenn er diesen trotz Belehrung und Fristsetzung nicht vervollständigt.[30]

Als das gesamte VwVf als Entscheidungsprozess (§ 9 Rn. 90) begleitende Institut wirkt die Betreuungspflicht auf alle Verfahrensrechte ein, z. B. §§ 22 (dort Rn. 44), 23 (dort Rn. 19, 22), 24 (dort Rn. 1), 28, 29; ihre Verletzung stellt damit eine Verletzung dieser Pflichten dar.[31] Es findet konkreten Ausdruck in der Begründung des VA (§ 39) und ist als punktuelle Regelung auch durch § 59 VwGO den Behörden des Bundes als Pflicht zur Erteilung einer **Rechtsbehelfsbelehrung** auferlegt (§ 37 Rn. 4 f.).[32] Dementsprechend ist § 25 z. B. auch in die Prüfung der Notwendigkeit einer anwaltlichen Beratungshilfe nach § 1 I Nr. 2 BerHG einzubeziehen.[33] In entsprechender Anwendung gilt § 25 für **schlicht-hoheitliches Handeln** und für das Verwaltungsprivatrecht, nicht dagegen für fiskalisches Handeln.[34]

---

[20] *BGHZ* 15, 312; *DVBl* 1956, 479; *Wolff/Bachof u. a.* I, § 18 Rn. 28; *Redeker* DVBl 1973, 745.
[21] Z. B. *BGH* NVwZ-RR 2006, 634; NVwZ 2004, 638; NJW 1985, 1335; NJW 1991, 1168, 1170 m. Anm. *Nierhaus* JZ 1992, 206, s. ferner *OLG Hamm* NJW 1989, 642, jew. m. w. N.
[22] Dazu *BSG* in *Breithaupt*, Sammlung von Entscheidungen der Sozialversicherung, Versorgung und Arbeitslosenversicherung, 2006, 606; NZS 2001, 599 m. w. N.
[23] *Hufen* Rn. 209 ff.
[24] Zu § 86 Abs. 3 VwGO: *BVerwG* DVBl 1984, 1005; *OVG Koblenz* NJW 1990, 465 für Beliehenen.
[25] *VGH Mannheim* NVwZ 2006, 1305.
[26] So *BGH* NVwZ-RR 2006, 634 zum Amtshaftungsrecht.
[27] *VGH Mannheim* NVwZ 2006, 1305.
[28] *VGH Kassel* NVwZ 1985, 915.
[29] *OVG Münster* 9. 10. 1997 – 25 A 854/94 –.
[30] S. *OVG Münster* Pharma Recht 2007, 200.
[31] Vgl. *BVerfGE* 42, 64.
[32] Zur Bedeutung einer absichtlich unterlassenen Rechtsmittelbelehrung s. *OVG Münster* 11. 7. 1994 – 16 A 3076/93 –.
[33] S. *AG Eschweiler* NJW-RR 2006, 1361.
[34] Insoweit a. A. *Kopp/Ramsauer,* § 25 Rn. 2.

2. Aufklärungs- und Belehrungspflichten

10 Eine generelle Aufklärungs- und Belehrungspflicht folgt aus der Betreuungspflicht aber nicht, auch nicht gegenüber den Beteiligten eines VwVf.[35] Sie ist auch **nicht durch § 25**[36] oder auf Grund anderer Rechtsgrundlagen[37] geschaffen worden.

11 § 25 erfasst allein die Beratung bezüglich solcher Erklärungen, die vor Beginn (s. Rn. 24) bzw. in einem konkreten VwVf abzugeben sind (Satz 1), und bezieht sich ausschließlich auf die während des VwVf bestehenden Rechte und Pflichten der Beteiligten (Satz 2), s. Rn. 2. Die Vorschrift hat also nicht die umfassende Beratung als Form informellen Verwaltungshandelns zum Gegenstand, sondern beinhaltet Aufklärungs- und Belehrungspflichten, die aus dem VwVf folgen.[38] Daher gibt § 25 auch für die **Auskunft von Tatsachen oder Rechtsfolgen** (dazu § 38 Rn. 25) nichts her.

12 Derartige allgemeine Pflichten sind auch nicht generell aus den Grundrechten ableitbar.[39] Nur dann vermitteln Grundrechte eine Auskunfts- und Belehrungspflicht, wenn sie als Vorwirkung des **Grundrechtsschutzes** erforderlich ist, weil andernfalls das Grundrecht nicht gesichert werden kann (§ 1 Rn. 32; § 9 Rn. 21); u. U. besteht insoweit sogar eine gesetzgeberische Regelungs- und Überwachungspflicht.[40] Ferner kann sich aus dem einzelnen Grundrecht oder sonstigem Verfassungsrecht (Art. 19 Abs. 4 GG)[41] materiell (Rn. 18) ein Auskunftsanspruch ergeben, z. B. der Auskunftsanspruch der Eltern aus Art. 6 GG über Vorgänge im Bereich der Schule[42] oder betreffend einen Behördeninformanten, wenn ausreichende Anhaltspunkte dafür vorliegen, dass dieser wider besseres Wissen oder leichtfertig falsch informiert hat,[43] nicht aber z. B. aus dem Grundrecht auf Wissenschaftsfreiheit[44] oder Pressefreiheit.[45] Auch **Art. 12 I GG** kann Informations- und Auskunftsansprüche im Vorfeld eines VwVf begründen, etwa eines Neubewerbers, wenn dieser nur auf deren Grundlage entscheiden kann, ob er sich um eine behördliche Konzession bewirbt.[46]

13 Weitergehende **Auskünfte** und **Belehrungen** stehen **im Ermessen** der Behörde, dem ein Anspruch auf fehlerfreie Ermessensentscheidung gegenübersteht, sofern ein berechtigtes Interesse daran besteht.[47] Die Rechtslage ist der Gewährung von Akteneinsicht außerhalb eines VwVf vergleichbar (§ 29 Rn. 13). Soweit kein Anspruch auf ermessensfehlerfreie Entscheidung besteht, scheidet auch ein Anspruch auf Offenlegung der Ermessenserwägungen aus.[48] Eine Ermessensschrumpfung auf Null ist nur im Einzelfall möglich, z. B. bei besonderer Gefährdung schwerwiegender Rechte des Auskunftssuchenden.[49] Dazu genügt nicht jedes rechtliche Interesse, z. B. weil die Auskunft die Durchsetzung zivilrechtlicher Ansprüche erleichtern würde.[50] Allerdings besteht ein Anspruch auf Auskunft auf Antrag, wenn sie erforderlich ist, um seine Rechte wahren zu können.[51] Der Anspruch wird auch als Nebenpflicht aus **Treu und Glauben** hergeleitet.[52]

---

[35] So schon für die Zeit *vor Erlass des VwVfG VGH Kassel* DÖV 1962, 757; *OVG Lüneburg* DVBl 1967, 859; *OVG Münster* OVGE 23, 388; *Pipkorn* DÖV 1970, 171.

[36] BVerwGE 61, 15 ff.; 69, 278; *BVerwG* NJW 1987, 2098, 2099; *BVerwGE* 84, 375; *BFH* NJW 1985, 2440 zu § 89 AO; *OVG Koblenz* NVwZ 1984, 526; *Erichsen/Martens*, § 40 II 5; *Clausen* in Knack, § 25 Rn. 5 ff.; *Ule/Laubinger*, § 26 I; weitergehend *Kopp/Ramsauer*, § 25 Rn. 2: § 86 Abs. 3 VwGO entsprechend – diese Regelung ist vom VwVfG jedoch nur in § 68 Abs. 2 aufgenommen worden, s. auch Rn. 7 f.

[37] *BVerwG* MDR 1983, 344; *BGH* NJW 1985, 1335, s. aber Rn. 6.

[38] Siehe zur Abgrenzung im Einzelnen *Oebbecke* DVBl 1994, 147, 151.

[39] *BVerfG* NJW 1988, 405; *BVerwGE* 84, 375, 388.

[40] *BVerfGE* 65, 1 ff.

[41] *BVerwGE* 84, 375, 388.

[42] *BVerfGE* 59, 360.

[43] *BVerwG* NJW 2004, 1543; 2003, 3217; *VerfGH Rheinland-Pfalz* DVBl 1999, 309.

[44] *BVerfG* NJW 1986, 1243; *BVerwG* NJW 1986, 1277; *VGH Mannheim* DÖV 1996, 127; dazu *Bayer* JuS 1989, 191.

[45] *BVerwG* NJW 1991, 118.

[46] *BVerwG* NJW 2003, 2696; anders noch *BVerwGE* 61, 15. Hierzu *Sydow/Gebhardt* NVwZ 2006, 986.

[47] *BVerwGE* 61, 15 ff.; 69, 278; *BSG* NJW 1986, 3105; *OVG Münster* NWVBl 1992, 360.

[48] *BVerwG* DVBl 1990, 707, 711; *VGH München* NVwZ 1985, 663 m. w. N.

[49] *OVG Berlin* NVwZ 1987, 817.

[50] Vgl. *BVerfG* NJW 1988, 405. Ferner *Pinski/Makus* JuS 2005, 153, 158.

[51] *BVerwG* NJW 2003, 2696; 1976, 1364; NVwZ 1984, 445; *Buchholz* 316 § 25 VwVfG Nr. 2; ähnlich auch *BVerwG* DVBl 1984, 53, 55; *OVG Münster* NJW 1989, 544 zur Akteneinsicht; *VG Gelsenkirchen* NWVBl 1991, 283 für Schüler.

[52] *VGH Kassel* NVwZ-RR 1998, 393 zu den Belehrungspflichten der Behörde hinsichtlich der Auswirkungen einer Haftungserklärung nach § 84 Abs. 1 AuslG 1990. Ferner *VG Berlin* AuAS 2001, 158. Zu § 29 *OVG Mannheim* NJW 1996, 613; *OVG Koblenz* DVBl 1991, 1367 m. w. N.

§ 25 vermittelt keinen generellen Anspruch auf Auskunft über oder Überlassung oder Veröffentlichung von **Verwaltungsvorschriften** (§ 35 Rn. 111). Im **konkreten VwVf** ergeben sich Auskunftsansprüche, wenn sich die Behörde zur Begründung auf Verwaltungsvorschriften bezieht oder sie sogar zum Teil des verfügenden Teils des VA macht (§ 39 Rn. 37, § 37 Rn. 13). Insoweit gibt § 29 ein Einsichtsrecht und § 25 ein Auskunftsrecht, soweit die Behörde, z. B. im Rahmen des § 28, auf eine Verwaltungsvorschrift Bezug nimmt.[53] Außerhalb eines VwVf ist hinsichtlich der **Veröffentlichung von Verwaltungsvorschriften** zu differenzieren: Hat die Regelung, obwohl in der Form einer Verwaltungsvorschrift getroffen, Rechtssatzcharakter, so ist die Veröffentlichung Voraussetzung für ihre Verbindlichkeit.[54] Ein Anspruch auf Veröffentlichung oder Herausgabe von Verwaltungsvorschriften besteht außerhalb eines VwVf nicht. Es besteht lediglich ein **Anspruch auf ermessensfehlerfreie Entscheidung,** sofern ein **berechtigtes Interesse** besteht.[55] Ein derartiges Interesse lässt sich nicht aus Art. 19 Abs. 4 GG oder Art. 12 GG ableiten (Rn. 10).[56] Gleiches gilt für **technische Regelwerke,** sofern sie nicht schon von dem Normgeber veröffentlicht worden sind (§ 26 Rn. 32ff.). Im Einzelfall kann sich ein Anspruch aus dem allgemeinen Gleichheitssatz des Art. 3 Abs. 1 GG ergeben.[57] Auch kann der Umstand, dass sich die Verwaltung durch eine bestimmte Verwaltungsvorschrift hinsichtlich der Frage der Veröffentlichung in der einen oder anderen Richtung gebunden hat, Grundlage des Vertrauens sein.[58] Davon abzugrenzen ist die Frage, inwieweit sich aus dem jeweiligen **materiellen** Recht ein Anspruch auf Einsichtnahme oder Herausgabe von Verwaltungsvorschriften ergibt.[59] 14

Wird die Auskunft erteilt, muss sie **richtig, vollständig** und **unmissverständlich** sein, andernfalls Amtspflichtverletzung.[60] Jeder Amtsträger hat die Pflicht, Auskünfte und Belehrungen richtig, klar, unmissverständlich, eindeutig und vollständig zu erteilen.[61] Es kommt nicht darauf an, ob der Beamte zur Erteilung der Auskunft verpflichtet war oder nicht.[62] Im Einzelfall ist allerdings vorab jeweils zu prüfen, ob die Erklärung nach den jeweiligen Umständen überhaupt geeignet war, ein schutzwürdiges Vertrauen des Adressaten zu begründen.[63] Erfolgt auf Anfrage eine Belehrung zu Rechtsfragen, muss diese auch Streitfragen offenlegen und bei bestehender Notwendigkeit auf eine förmliche Antragstellung als Alternative zur bloßen Auskunft ausdrücklich hinweisen.[64] Eine etwaige Verletzung der behördlichen Beratungspflicht kann keinen Anspruch herbeiführen, der nach dem materiellen Fachrecht nicht gegeben ist, sondern rechtfertigt ggfs. lediglich Ansprüche auf Schadensersatz wegen Amtspflichtverletzung oder auf Entschädigung.[65] Denn eine schadensverursachende Verletzung öffentlichrechtlicher Nebenpflichten – 15

---

[53] *BVerwGE* 61, 15, 17.
[54] *OVG Münster* DVBl 1995, 576 zu Anordnungen nach § 32 AuslG.
[55] *BVerwGE* 104, 220 = NVwZ 1998, 273, 69, 278; NJW 1985, 1234, weitergehend wohl noch *BVerwGE* 61, 15, 23; 61, 40, 44.
[56] Für einen Rechtsanwalt schon *BVerwGE* 61, 15 und *BVerwGE* 69, 278, *Stelkens,* in Schoch u. a., VwGO, § 44a Rn. 31; zur Akteneinsicht § 29 Rn. 34; für Rechtsberatung *BVerwGE* NJW 1985, 1234.
[57] Siehe z. B. zur Veröffentlichung von Gerichtsentscheidungen: *BVerwG* NJW 1993, 675; *OVG Bremen* NVwZ 1989, 491; *OVG Lüneburg* NJW 1996, 1489; *OVG Münster* NWVBl 1996, 490. Siehe hierzu auch *Fischer,* Die urheberrechtliche Schutzfähigkeit gerichtlicher Leitsätze NJW 1993, 1228.
[58] *BVerwGE* 104, 220 = NVwZ 1998, 273.
[59] Siehe z. B. zur Überlassung von kommunalinternen Verwaltungsrichtlinien an Ratsmitglieder *BVerwG* NWVBl 1990, 154. Zum Akteneinsichtsverlangen einer Ratsminderheit gemäß § 55 Abs. 4 Satz 1 GO NRW s. *OVG Münster* NVwZ 1999, 1252.Ferner *OVG Münster* NVwZ-RR 2003, 225 zum Anspruch des Ratsmitglieds auf Einsicht in Bewerberunterlagen.
[60] *BGH* NVwZ 2006, 245; 2002, 373; NJW 1991, 1168, 1170; *OLG Zweibrücken* NVwZ-RR 2001, 79. Ferner zu den Hinweispflichten *BGH* NVwZ-RR 2006, 634; NJW 2001, 284. Zur Haftung für baurechtliche Auskünfte *v. u. z. Franckenstein* BauR 2003, 807. Ferner *Jochum* NVwZ 1987, 460, 462; *Müller* NVwZ 1990, 1028, jew. m. w. N.
[61] *BGH* NJW 1994, 2087, BGHZ 117, 83 = NJW 1992, 1230; *OLG Saarbrücken* NVwZ-RR 1999, 159 m. w. N.
[62] *BGH* NJW 1980, 2573 (2574); BGHZ 14, 319 (321); *OLG Brandenburg* DtZ 1996, 381.
[63] *BGH* DÖV 1992, 452; UPR 1996, 23; BFH NVwZ 1990, 1110; *OVG Münster* BauR 1991, 448. Siehe auch zur Bedeutung der von einer Behörde in einem Verwaltungsprozess abgegebenen Erklärungen zur Sach- und Rechtslage für ein späteres Verwaltungsverfahren eines Dritten *OVG Münster* NVwZ-RR 1990, 435.
[64] *VG Frankfurt* ZBR 1997, 403.
[65] *BVerwG* NVwZ-RR 2005, 591; NJW 1997, 71 (75); 1997, 2966 (2967); *BGH* NVwZ 1991, 298. Offen gelassen aber in *BFH/NV* 2005, 1399, 2004 1742 jeweils zu der Frage, ob ein Verstoß gegen § 25 einen

wie die Beratungs- und Betreuungspflicht – kann nicht beseitigt, sondern nur ausgeglichen werden.[66]

16 Versäumt der Betroffene auf Grund einer falschen Auskunft einen fristgerechten Antrag, ist Wiedereinsetzung nach § 32 möglich; ggf. **Amtspflichtverletzungsanspruch. Treu und Glauben** wird man dem Rechtsverlust nur entgegenhalten können, wenn die Behörde die Verfügungsbefugnis über die Frist besitzt (s. § 31 Rn. 13, 32),[67] z. B. wenn ein Antrag auf falsche Belehrung der Behörde hin zurückgenommen und nach Ablauf der Frist erneut gestellt worden ist. Das Gebot eines **fairen Verfahrens** ist zu beachten. Aus ihm folgt u. a., dass die Behörde aus eigenen oder ihr zuzurechnenden Fehlern, Unklarheiten oder Versäumnissen keine Verfahrensnachteile für die Beteiligten ableiten darf. Deshalb sind auch die Anforderungen an eine Wiedereinsetzung in derartigen Sachlagen „mit besonderer Fairness" zu handhaben.[68] Hat z. B. eine Behörde durch eine unklare Formulierung die Ursache für die Versäumung einer behördlichen Frist gesetzt, so darf sie sich nicht auf die Versäumung dieser Frist durch den Antragsteller berufen,[69] s. § 31 Rn. 13. Auch kann es z. B. der Behörde nach Treu und Glauben verwehrt sein, sich auf ein Einverständnis des Betroffenen zu berufen, dass sie unter Verletzung ihrer Pflichten aus § 25 erlangt hat.[70] Überdies kann das Fachrecht für seinen Bereich Institute anbieten, wonach z. B. die Behörde bei falscher Belehrung gehindert ist, sich auf eine Fristversäumung zu berufen.[71] Auch kann spezialgesetzlich vorgesehen sein, dass eine Antragsfrist erst dann in Lauf gesetzt wird, wenn der Antragsteller hinreichende Kenntnis über seine Rechte erlangt hat.[72] Denkbar ist auch ein **Folgenbeseitigungsanspruch,**[73] z. B. auf Wiederholung einer zunächst ohne hinreichende Beratung abgegebenen Erklärung[74] oder auf Berichtigung einer falschen Auskunft,[75] s. ferner Rn. 45, 38. Ein allgemeiner **Vertrauensschutz,** von den Folgen einer falschen Auskunft befreit zu werden, besteht nicht.[76]

17 Eine Übernahme des **sozialrechtlichen Herstellungsanspruches**[77] als Erfüllungsanspruch bei falscher Belehrung auf das allgemeine VwVf ist nicht möglich,[78] s. auch Rn. 6.[79]

18 Von den das VwVf fördernden Auskunftspflichten zu unterscheiden sind **materielle Auskunftsansprüche,** die sich aus dem jeweiligen Fachrecht,[80] ggf. auch aus den Grundrechten (Rn. 12) oder Treu und Glauben (Rn. 13) konkret ergeben: siehe z. B. die Ansprüche aus dem **Umweltinformationsgesetz** und den **Informationsfreiheitsgesetzen** des Bundes und einzelner Länder (dazu § 29 Rn. 20 ff.). S. ferner z. B. im Ausländerrecht,[81] § 4 a AbfG;[82] die Beratungspflicht nach Beamtenrecht, namentlich auf Grund der Fürsorgepflicht des Dienstherrn

---

Ausfuhrerstattungsanspruch begründen kann, der nach Gemeinschaftsrecht nicht besteht. S. ferner *OVG Lüneburg,* Beschluss v. 9. 7. 2007 – 2 ME 444/07 –.

[66] *BVerwG* NJW 1986, 1826; NJW 1997, 71 (75); 1997, 2966 (2967).
[67] *VGH Koblenz* NVwZ 1989, 381; *VGH Mannheim* DÖV 1994, 384; weitergehend *BGH* NVwZ 1985, 938.
[68] So ausdrücklich *BVerfG* NJW 2004, 2887; *OVG Münster* NVwZ-RR 2005, 449.
[69] So *BVerwG* NVwZ 1994, 575.
[70] *VG Berlin* AuAS 2001, 158.
[71] Z. B. *BVerwGE* 16, 156; 25, 183 für LAG.
[72] Vgl. *BVerwG* NVwZ 2007, 203, 204 zum Erwerb der deutschen Staatsangehörigkeit durch Erklärung.
[73] *BVerwG* NVwZ 2004, 1511; *VGH Mannheim* DÖV 1996, 82; *OVG Münster* VR 1995, 501.
[74] *LG Bremen* StAZ 1997, 237 zur Erklärung nach § 94 BVFG.
[75] *Obermayer,* § 25 Rn. 51.
[76] *OVG Münster* BauR 1991, 448.
[77] Dazu *BSG* in *Breithaupt,* Sammlung von Entscheidungen der Sozialversicherung, Versorgung und Arbeitslosenversicherung, 2006, 606; NZS 2001, 599; 1990, 988; NVwZ-RR 1991, 646; *BVerfGE* 78, 165 (178) = NJW 1988, 2293; *BVerwG* NJW 1997, 504; NJW 1997, 2966; *BGH* NVwZ-RR 2000, 746, 749; *Ossenbühl,* Staatshaftungsrecht, 4. Aufl., S. 274; *Schmidt-De Caluwe, S.* 529.
[78] *BVerwGE* 105, 288, 298 = NVwZ 1998, 1292; NJW 1997, 504; NJW 1997, 2966; *BVerwGE* 79, 192; offen *BVerwG* NWVBl 1990, 373, 374; *OVG Lüneburg* NVwZ-RR 2007, 766; *Bieback* DVBl 1983, 159; *Stelkens* NuR 1985, 213, 221; *Meyer* SGb 1985, 57; *Ebsen* DVBl 1987, 381, 389; *Schoch* VerwArch 1988, 25 ff., 54 ff.; a. A. *VG Bremen* NVwZ-RR 1996, 272 für das Wohngeldrecht; *Olbertz,* Der sozialrechtliche Herstellungsanspruch im Verwaltungsrecht, S. 218 f.; *Wallerath* DÖV 1987, 505; *Martens* NVwZ 1986, 533, 535.
[79] Zum Rechtsweg über diesen Streit *BAG* NJW 1989, 2909.
[80] Z. B. zu speziellen Auskunftsansprüchen im Umweltrecht, u. a. aus §§ 8–10 UmweltHG, s. *Haller,* Auskunftsansprüche im Umwelthaftungsrecht, Köln 1999. Ferner *Kothe* DÖV 1998, 577.
[81] *VGH Mannheim* NVwZ 2006, 1305; *VGH München* NVwZ 2006, 1311.
[82] *Nieß-Mache,* Auskunftsrechte und Auskunftspflichten bei Abwassereinleitungen gegenüber Dritten, ZfW 1987, 65 ff. = UPR 1987, 130. Zu Beratungspflichten im Abfallrecht *Krekeler* NuR 1997, 221.

§ 25 Beratung, Auskunft 19, 20 § 25

(dazu Rn 38);[83] Akteneinsichtsrecht einer Ratsminderheit nach § 55 Abs. 4 GO NRW[84] oder die sog. Halterauskunft nach §§ 26 Abs. 5, 29 Abs. 2 StVZO.[85] Beispiele: Auskunftsanspruch aus kriminalpolizeilichen Sammlungen;[86] Auskunftsanspruch nach Polizeirecht und gegenüber Nachrichtendiensten;[87] nach BDSG,[88] im Steuerrecht,[89] kommunalen Abgaberecht[90] und dem Recht auf informationelle Selbstbestimmung,[91] das neben dem schutzwürdigen Informanten[92] im Grundsatz auch denjenigen schützt, der dessen namentliche Bekanntgabe verlangt;[93] Auskunftsanspruch eines Strafgefangenen zum Inhalt seiner Personalakte;[94] Auskunftsrecht nach Inkognitoadoption;[95] Auskunft über freie Zeiten für Benutzung einer öffentlichen Einrichtung,[96] s. Gruppenauskunft zu Wahlzwecken;[97] Mitteilung der Namen der Mitglieder einer Gutachterkommission für ärztliche Haftpflichtfragen.[98] Ferner presserechtliche Auskunftspflichten gegenüber der Presse.[99]

Durch § 25 werden diese und **andere Fürsorge-, Betreuungs- oder Auskunftspflichten,** 19 selbst wenn sie das Verfahren betreffen, z.B. § 5 UVPG, nicht berührt (Begründung zu § 21 Entwurf 73). Diese spezialgesetzlichen Regelungen können neben dem materiellen Auskunftsanspruch auch eine bereichspezifische Betreuungspflicht beinhalten, etwa um dem Anspruchsberechtigten die Antragstellung zu erleichtern. So verpflichtet § 4 Abs. 2 Satz 4 UIG die informationspflichtige Stelle dazu, den Informationssuchenden bei der Stellung und Präzisierung von Anträgen zu unterstützen.[100] § 9 Abs. 1 IFG Bund sieht vor, dass die Behörde, wenn sie den Antrag ganz oder teilweise ablehnt, mitzuteilen hat, ob und wann der Informationszugang ganz oder teilweise zu einem späteren Zeitpunkt voraussichtlich möglich ist.

3. Reichweite der Betreuungspflicht

Der **Umfang** der Betreuungspflicht richtet sich nach den Umständen des **Einzelfalles**.[101] Zu 20 berücksichtigen sind vor allem folgende Gesichtspunkte: die Schwierigkeit des Verfahrensgegenstandes, der zu vermutende Kenntnisstand des Beteiligten, seine eventuelle Unerfahrenheit im Umgang mit Behörden[102] und seine Fürsorgebedürftigkeit, vor allem bei Ausländern[103] (vgl. § 23 Rn. 22) und bei Behinderten und Gebrechlichen (vgl. § 16 Rn. 23). Von Gewicht ist auch, ob der Betroffene selbst über die rechtlichen Gegebenheiten unschwer informieren kann.[104] So ist für die Prüfungsbehörde sowohl aus den allgemeinen Betreuungspflichten als auch aus dem Prüfungsrechtsverhältnis gehalten, dem Prüfling einen Hinweis zu geben, wenn dieser infolge

---

[83] *BVerwG* NWVBl 1997, 295; *OVG Münster* DÖD 2003, 146; *VG Frankfurt* ZBR 1997, 403.
[84] S. dazu OVG Münster NVwZ 1999, 1252. Ferner *Herrmann* Gemeindehaushalt 2007, 161. Zu kommunalen Akteneinsichtsausschüssen s. *Eiermann* VBlBW 2007, 15.
[85] *BVerwGE* 74, 115; *VG Gießen* NJW 1999, 2458, s. aber Rn. 20; *Knüppel* DÖV 1983, 1007.
[86] *OVG Berlin* NJW 1986, 2004; *VGH München* BayVBl 1991, 467.
[87] *BVerwG* NJW 1990, 2761 und NJW 1990, 2765, dazu *Simitis/Fuckner* NJW 1990, 2713; *VGH München* NVwZ-RR 1992, 72; *VG Köln* NVwZ 1989, 85, *Knemeyer* NVwZ 1988, 193, 196, *Bäumler* NVwZ 1988, 199, *Roewer* NVwZ 1989, 11.
[88] *BVerwG* NJW 1992, 451; *VG Wiesbaden* NVwZ-RR 2006, 693.
[89] *BFH* NVwZ-RR 2004, 419.
[90] *Bausback* BayVBl 2003,705. Die Entstehung der Beitragspflicht erfordert aber keine allgemeine Vorinformation der Beitragspflichtigen, s. *Dietzel/Kallerhoff*, Straßenbaubeitragsrecht, 6. Aufl. 2006, S. 230 f.
[91] *Gola* NJW 1988, 1637, 1638 m. w. N.
[92] *BVerwG* 2003, 3217; ferner *BVerwG* NJW 2004, 1543 zum Schutz des Informanten eines Sozialhilfeträgers durch das Sozialdatengeheimnis.
[93] *VerfGH Rheinland-Pfalz* DVBl 1999, 309.
[94] *OLG Koblenz* NJW 1996, 3160.
[95] *OVG Münster,* NJW 1985, 1107.
[96] *VGH München* NJW 1989, 2491.
[97] *OVG Berlin* DVBl 1985, 534.
[98] *OVG Münster* NJW 1999, 1802.
[99] *BGH* NJW 2005, 1720; *VGH München* BayVBl 2007, 369; *Köhler* NJW 2005, 2337. S. ferner *VG Arnsberg* NVwZ-RR 2007, 440 zur Erhebung von Gebühren für presserechtliche Auskünfte.
[100] S. hierzu *Scheidler* UPR 2006, 13, 15.
[101] *BVerwG* NVwZ-RR 2007, 203, 204; NJW 1997, 71 (75); *VGH Mannheim* NVwZ 2006, 1305.
[102] Vgl. *BVerfGE* 42, 64, 69.
[103] Zur Beiziehung eines Dolmetschers s. *BVerwG* Inf AuslR 1998, 219; *OVG Münster* NVwZ 2000, Beil. Nr. 7 S. 83 = AuAS 2000, 125; *VG Frankfurt* InfAuslR 1997, 479; zur Erstattungsfähigkeit der Kosten eines zum Mandantengespräch herangezogenen Dolmetschers *VG Regensburg* AuAS 1997, 156.
[104] *BVerwG* NJW 1997, 71 (75).

falscher oder – für ihn nicht erkennbar – nicht sachdienlicher Anträge infolge Zeitablaufs die Möglichkeit verliert, eine Begründung der Bewertung seiner mündlichen Prüfung zu erlangen.[105] Erkennt der Prüfer vor der Prüfung die offensichtliche Erkrankung des Prüflings, muss er die Prüfungsfähigkeit von sich aus ansprechen und über die Rücktrittsmöglichkeit belehren.[106] Je geringer Kenntnis und Fähigkeiten des Beteiligten und je größer die Bedeutung des Rechtsgutes, desto höher wird die Pflicht der Behörde anzusetzen sein. Erkennt die Behörde z. B. , dass eine Wohnungsinhabererklärung aus offensichtlicher Unkenntnis unvollständig oder unrichtig ist, so kann sie aus § 25 verpflichtet sein, vom Wohnungsinhaber die erforderlichen Ergänzungen oder Berichtigungen seiner Angaben mit einem entsprechenden Hinweis anzufordern.[107] S. aber Rn. 8. Hinsichtlich der Erforderlichkeit von Hinweisen an die Beteiligten vor einer abschließenden Entscheidung ist auch die jeweilige Verfahrenssituation zu berücksichtigen.[108]

21 Die Grenzen **allgemeiner Verfahrensgrundsätze** wie des Grundsatzes der Waffengleichheit (§ 9 Rn. 26, 59, 165) oder **allgemeiner Gesetze beschränken** die Auskunftspflicht, z.B. § 30 oder Spezialgesetze wie § 10 FernmG, § 5 PostG für das Post- und Fernmeldegeheimnis, § 30 AO für das Steuergeheimnis (s. § 24 Rn. 30 f.), §§ 67 ff. SGB X für das Sozialgeheimnis, § 5 BDSG für das Datengeheimnis.[109] Das Recht auf informationelle Selbstbestimmung[110] schützt u. a. neben dem schutzwürdigen Informanten[111] im Grundsatz auch denjenigen, der dessen namentliche Bekanntgabe verlangt, s. Rn. 18.[112] Aus der Rechtsprechung zu § 29 Abs. 2[113] kann der Schluss gezogen werden, dass dem Rechtsgedanken, der dieser Vorschrift zugrunde liegt, ein generelles **Auskunftsverweigerungsrecht** unter den dort genannten Voraussetzungen entnommen werden kann.[114] Das Gebot der Geheimhaltung (dazu näher Rn. 45) kann über den Tod des Geschützten hinausgehen.[115] Bei mehrpoligen Rechtsverhältnissen kann eine einseitige Beratung zur Befangenheit führen.[116] Zur Rechtsnatur von Beratung und Auskunft § 35 Rn. 82, 91.

22 Der Beratungspflicht (s. auch Rn. 34) ist nur genügt, wenn sie in einer **Sprache** erfolgt, die der konkrete beratungsbedürftige Bürger auch versteht, s. Rn. 15.[117] Insoweit sollte sich der Beamte vergewissern. Die bloße Wiederholung des Gesetzestextes ist für die meisten Bürger **unverständlich;** er muss erläutert werden, soweit es für die konkrete Antragstellung erforderlich ist. Besondere Verständigungsschwierigkeiten können bei der Belehrung von Spätaussiedlern.[118] Selbstverständlich erwächst hieraus keine einer **anwaltlichen Beratung** vergleichbare Beratungspflicht, s. Rn. 8.

23 Beratungen brauchen nicht immer individuell zu erfolgen. Beratungen auf Grund von **Merkblättern** ist zulässig, oft notwendig.[119] Für die Verständlichkeit des Inhalts gilt Rn. 22 entsprechend. Zu unklaren Antragsformularen s. § 24 Rn. 90. Ein **inhaltlich unrichtiges** Merkblatt bindet die Behörde in der Regel nicht.[120]

---

[105] BVerwG NJW 1998, 323; NJW 1996, 2670, 2674; hierzu auch *Hösch* JuS 1997, 602. Zur Pflicht der Schule, den Schülern Hilfestellung und Hinweise zu geben: *OVG Münster* NVwZ-RR 2006, 546. Zu Hinweispflichten des Prüfers bei einer unzulässigen Kontaktaufnahme des Prüflings im Widerspruchsverfahren s. *Linke* NJW 2007, 2825, 2828; *VGH Mannheim* NJW 2007, 2875.
[106] *VGH Mannheim* VBlBW 2002, 533.
[107] *OVG Hamburg* ZMR 1996, 511; *VG Hamburg* WuM 1997, 445.
[108] Vgl. *VG Potsdam* NVwZ-RR 2001, 285.
[109] Vgl. auch *Berkemann*, Bauleitplanung und Datenschutz, ZfBR 1986, 155, 156.
[110] *Gola* NJW 1988, 1637, 1638 m. w. N.
[111] BVerwG 2003, 3217; ferner BVerwG NJW 2004, 1543 zum Schutz des Informanten eines Sozialhilfeträgers durch das Sozialdatengeheimnis.
[112] *VerfGH Rheinland-Pfalz* DVBl 1999, 309.
[113] BVerwGE 74, 115 (dazu Rn. 18).
[114] S. ferner Beschluss Länderausschuss für Immissionsschutz NVwZ 1986, 283 und wegen Informanten Rn. 45, § 24 Rn. 34.
[115] BSG NJW 1986, 3105.
[116] Vgl. *Jäde* BayVBl 1988, 264.
[117] *Hufen* Rn. 214; *Püttner* § 17 IV; s. ferner § 39 Rn. 7 a.
[118] Beispielhaft AG Bremen StAZ 1994, 352.
[119] *Hufen* Rn. 230; vgl. für Ausländer § 23 Rn. 22.
[120] BFH NVwZ 1989, 504; Rn. 16.

4. Betreuungspflicht während des VwVf

Aus der Stellung des § 25 im Teil II und aus dem Wort **Beteiligter** in Satz 2 ergibt sich, dass die Pflicht nach § 25 nicht losgelöst von einem VwVf und auch nicht nach Abschluss eines VwVf besteht (Rn. 2, 11, 30); der Anspruch nach § 25 ist im Grundsatz auf Beteiligte i. S. d. § 13 beschränkt.[121] Dass sonstige Dritte auf die Richtigkeit der einem Beteiligten erteilten Auskunft ihrerseits schutzwürdig vertrauen durften, ist in aller Regel zu verneinen.[122] Anders als das Akteneinsichtsrecht der beteiligten nach § 29 (s. dort Rn. 33) besteht die Betreuungspflicht aus § 25 aber bereits **vor Beginn des** VwVf, allerdings ausschließlich in Bezug auf ein konkretes VwVf.[123] Die Gegenansicht führt zu einer Verkürzung des Rechts aus § 25. Besonders im Antragsverfahren gewinnt Satz 1 seine Bedeutung. Wenn die Vorschrift hierfür nicht leer laufen soll, muss bereits **vor Beginn des VwVf** der zukünftige Beteiligte nach § 25 beraten werden. In einer gewissen formalisierten Weise findet die Beratung des zukünftigen Antragstellers durch die Behörde statt, wenn der Weg sogenannter informeller Vorverhandlungen gewählt wird.[124] Zur Befangenheit s. Rn. 21. 24

Auch einem **Dritten** gegenüber, der das Recht hat, nach § 13 Abs. 2 an dem Verfahren beteiligt zu werden, kann bereits **vor seiner Hinzuziehung** eine Beratungs- und Auskunftspflicht bestehen. Dies zeigt § 13 Abs. 2 Satz 2, der eine entsprechende Benachrichtigungspflicht für die Behörde konkretisiert, obwohl zu diesem Zeitpunkt der Dritte noch nicht Verfahrensbeteiligter ist.[125] Lediglich gegenüber denjenigen, für die ein Verfahrensverhältnis (§ 9 Rn. 5 ff.) nicht begründet werden kann oder soll, besteht keine Pflicht aus § 25. Soweit in Fachgesetzen daher die Hinzuziehung von Dritten ausgeschlossen werden soll (§ 9 Rn. 26), kommt auch § 25 nicht zur Anwendung. Besondere Bedeutung kommt der **Nachbarinformation** im Rahmen der Anzeige- und Freistellungsverfahren[126] zu.[127] Über den Kreis der Beteiligten i. S. d. § 11 hinaus sind aber auch alle die zu betreuen, die in einem sonstigen Verhältnis zu dem konkreten VwVf stehen, wie z. B. **Zeugen, Sachverständige, Einwender** (§ 73). Dies zeigt zum einen Satz 1, der den Beteiligtenbegriff des Satzes 2 nicht aufnimmt, zum anderen gilt dies aber auch für Satz 2, da sich schon nach allgemeinen Grundsätzen die verfahrensrechtliche Betreuungspflicht und die Wahrung eines fairen Verfahrens auch auf diesen Personenkreis erstrecken (§ 9 Rn. 60). Zum **Bevollmächtigten** s. Rn. 42. 25

Ob eine Behörde, wenn auch nicht generell, so doch in bestimmten Fällen auf Grund der ihr nach § 25 obliegenden Betreuungs- und Fürsorgepflichten einen **Zeugen** auf die Freiwilligkeit seiner Aussage hinzuweisen hat, ist in der Rechtsprechung des *BVerwG*[128] bislang offengeblieben. Eine solche Belehrungspflicht hinge jedenfalls von den Umständen des Einzelfalles ab, da sie u. a. Kenntnis von der Betreuungsbedürftigkeit voraussetzt. So ist das Unterbleiben eines Hinweises auch bei Bestehen enger verwandtschaftlicher Beziehungen zwischen einem Zeugen und einem von seiner Aussage betroffenen Beteiligten jedenfalls dann unschädlich, wenn die Behörde diese Beziehungen nicht kannte oder wenn der Zeuge sich selbst zur Aussage oder Auskunft erboten hatte oder Grund zu der Annahme bestand, dass ihm die Freiwilligkeit seiner Aussage bewusst ist.[129] 26

Einen **Sachverständigen**, den sie hinzuzieht, hat die Behörde u. a. auf seine Verschwiegenheitspflicht nach § 30 hinzuweisen.[130] Zu der Frage, wer die **Kosten für die Unterlagen**, insbesondere für Gutachten trägt, s. § 24 Rn. 10, 50 § 26 Rn. 43, 54; § 80 Rn. 57). Für insbesondere im Rahmen der §§ 24, 25, 26, 28 erfolgte Vorfeldhandlungen können **Verwaltungsgebühren** überhaupt nur dann erhoben werden, wenn der Gebührentatbestand in der Gebührensatzung so 27

---

[121] *BVerwG* NVwZ 2003, 1114; *BVerwGE* 84, 375, 376.
[122] *BVerwG* StAZ 1997, 382 zur Nacherklärungsfrist des Art 3 Abs. 7 Satz 1 RuStAÄndG.
[123] Wie hier *Kopp/Ramsauer*, § 25 Rn. 4; *Obermayer*, § 25 Rn. 12; a. A. *Laubinger*, Gutachten B 28; wohl auch *Gusy* BayVBl 1985, 485, 487.
[124] S. dazu im Einzelnen *Oebbecke* DVBl 1994, 147 ff.
[125] Ähnlich wohl auch Beschluss des Länderausschusses für Immissionsschutz NVwZ 1986, 283; s. ferner *Bieber* DÖV 1991, 857, der für eine bereichsspezifische Erweiterung der Informationsrechte Dritter eintritt.
[126] Dazu *Schmitz* NVwZ 2000, 1238.
[127] Siehe dazu im Einzelnen *Schleyer* BayVBl 1998, 97; *Löffelbein*, Genehmigungsfreies Bauen und Nachbarrechtsschutz, Frankfurt 2000, 103 ff.
[128] NVwZ-RR 1995, 113.
[129] So auch *Berg/Dragunski* JZ 1998, 774, 775.
[130] *OVG Münster* NVwZ-RR 1995, 703.

gefasst ist, dass aus der Sicht des Gebührenpflichtigen eindeutig vorhersehbar ist, wann die Erheblichkeitsschwelle überschritten, also z. B. aus dem „bloßen" Gespräch eine gebührenpflichtige Amtshandlung wird.[131]

28 Durch § 25 wird nur die für das konkrete Verwaltungsverfahren **zuständige Behörde** verpflichtet. Abgesehen von Sonderpflichten (s. Landesgesetze Rn. 46), besteht keine Beratungs- oder Auskunftspflicht einer unzuständigen Behörde. Dies hindert diese aber nicht zu einer Beratung nach § 25 unter dem „Vorbehalt der Nichtzuständigkeit".[132] Die Rechtslage ist der zur Pflicht der Entgegennahme und Weitergabe von Anträgen vergleichbar (§ 24 Rn. 87).[133]

29 Mit dem **Ende des VwVf** (§ 9 Rn. 182ff.) endet dagegen die Betreuungspflicht, um für das Vorverfahren erneut nach §§ 79, 25 zu entstehen.[134] Als Nebenpflicht aus dem abgeschlossenen VwVf kann sich allerdings ein Anspruch von Beteiligten darauf ergeben, dass die Behörde nach Ermessen Auskunft erteilt, soweit dies zur Verfolgung berechtigter Interessen angezeigt ist, s. Rn. 13.[135] Auch sind Gerichte wegen der über den Abschluss der Instanz nachwirkenden Fürsorgepflicht verpflichtet, fristgebundene Schriftsätze für das Rechtsmittelverfahren, die bei ihnen eingereicht werden, im Zuge des ordentlichen Geschäftsgangs an das Rechtsmittelgericht weiterzuleiten.[136]

II. Beratung bei Abgabe von Erklärungen und Anträgen (Satz 1)

30 Nach Satz 1 **soll** die **Behörde** (Rn. 28) die Abgabe von **Erklärungen** (§ 24 Rn. 71ff.), die Stellung von **Anträgen** (§ 22 Rn. 18ff.) oder die **Berichtigung** von Erklärungen oder Anträgen anregen, wenn diese offensichtlich nur versehentlich oder aus Unkenntnis unterblieben oder unrichtig abgegeben oder gestellt worden sind. Die Beratungspflicht nach dieser Vorschrift bezieht sich auf Erklärungen und Anträge im jeweiligen Verfahren. Die Behörde wird dieser Pflicht gerecht, wenn sie diejenigen Erklärungen des Antragstellers anregt, die ihr bezogen auf den jeweiligen Gegenstand und den erkennbaren Zweck des Verfahrens nützlich und zweckmäßig erscheinen.[137] Die Vorschrift **verpflichtet** – im Gegensatz zu Satz 2 – im Regelfall („soll") die Behörde, von Amts wegen tätig zu werden, wenn die in Satz 1 genannten Voraussetzungen vorliegen.[138] Ein Verfahrensermessen steht der Behörde insoweit nicht zu. S. auch Rn. 34. Die Pflicht besteht nur im Zusammenhang mit einem Verwaltungsverfahrensrechtsverhältnis (Rn. 2, 11, 24f., 44).

31 Anlass (Rn. 5) für die Beratung liegt vor, wenn eine Erklärung **nicht** oder **unrichtig** abgegeben oder ein Antrag nicht oder unrichtig gestellt ist. Der **Begriff des Antrags** ist weit auszulegen. Er umfasst nicht nur alle **verfahrensrechtlichen** Anträge (z. B. auf Einleitung eines VwVf wie etwa die Stellung eines Dispensantrages oder weiterer Anträge, die für die Durchführung des Vorhabens erforderlich sind, z. B. nach anderen Gesetzen, auf Einvernahme von Zeugen oder Beschaffung bestimmter Unterlagen im Wege der Amtshilfe), sondern – anders als in Satz 2, der nur verfahrensrechtliche Rechte und Pflichten betrifft – auch alle Anträge, durch die **materiell-rechtliche** Ansprüche geltend gemacht werden. **Unrichtig** ist ein Antrag, wenn er der gesetzlichen oder durch Verwaltungsvorschrift vorgeschriebenen Form nicht entspricht, nach erster Prüfung (Rn. 32f.) materiell unrichtig ausgefüllt wird oder wenn ersichtlich ist, dass er den Interessen des Beteiligten, der ihn stellt, zuwiderläuft oder sie beeinträchtigt (s. aber Rn. 32§ 24 Rn. 68).[139] Letzteres kann z. B. dann der Fall sein, wenn ein Antrag einer mit einiger Wahrscheinlichkeit bevorstehenden **Änderung der Rechtslage,** die dem Antragsteller

---

[131] So *BVerwG* NVwZ 2006, 1413 zu Maßnahmen nach dem BBodSchG.
[132] *VG Augsburg* NVwZ 2004, 1389.
[133] Hierzu *BVerfG* NJW 2005, 3346; 2002, 3692; 1995, 3173; *BVerwG* DÖV 1978, 616ff.; *BGH* NJW 2000, 1730; MDR 1972, 403; OVG Münster NVwZ-RR 2003, 688; 2000, 941; NJW 1996, 334; *VGH Mannheim* NJW 1973, 385
[134] Dazu *Kopp/Schenke,* § 70 Rn. 5 zu Rückfragen bei unklarer Widerspruchserklärung. Ferner *BVerwG* NVwZ 2004, 638 zu Informationspflichten bei Eingang eines Nachbarwiderspruchs.
[135] *VGH Mannheim* NJW 1996, 613 m. w. N.
[136] S. *BVerfG,* NJW 2005, 3346; 2002, 3692; 1995, 3173;*OVG Münster* NVwZ-RR 2003, 688.
[137] OVG Münster 9. 10. 1997 – 25 A 854/94 –.
[138] *VGH Mannheim* NVwZ 2006, 1305.
[139] Zur Auslegung eines scheinbar sinnlosen Antrags s. *BVerwG* NVwZ-RR 2005, 591.

offensichtlich unbekannt ist, nicht Rechnung trägt; hier kann ein klarstellender Hinweis geboten sein.[140] Der Beamte darf nicht „sehenden Auges" zulassen, dass ein Antragsteller Schäden erleidet, die der Beamte durch einen kurzen Hinweis, eine Beratung mit wenigen Worten oder eine entsprechende Auskunft zu vermeiden in der Lage ist.[141] Deshalb aktualisiert sich die Verpflichtung aus Satz 1, wenn er erkennt oder erkennen muss, dass ein Antragsteller einem Schadensrisiko ausgesetzt ist, dem durch einen kurzen Hinweis zu begegnen ist. Satz 1 erfasst auch den **unvollständigen** Antrag.[142] Zum fremdsprachigen Antrag s. § 23 Rn. 18. Ob ein Mangel aus Rechtsunkenntnis[143] oder mangelnde Tatsachenkenntnis verursacht ist, ist gleichgültig.

Für die Behörde muss **offensichtlich** sein, dass der Mangel **versehentlich** oder aus der **Unkenntnis** des Beteiligten heraus entstanden ist. Erkennt die Behörde z. B. , dass eine Wohnungsinhabererklärung aus offensichtlicher Unkenntnis unvollständig oder unrichtig ist, so kann sie aus § 25 verpflichtet sein, vom Wohnungsinhaber die erforderlichen Ergänzungen oder Berichtigungen seiner Angaben mit einem entsprechenden Hinweis anzufordern.[144] Nicht dagegen begründet § 25 die Verpflichtung, einem Antragsteller, der seine Angelegenheit selbst nachlässig betreibt, um jeden Preis zum Erfolg zu verhelfen.[145] Auch muss der Mangel – ausgehend von der Rechtsauffassung der Behörde (vgl. ähnlich § 24 Rn. 25 ff.) – offensichtlich sein. § 25 verpflichtet die Behörde nicht zu einer Sach- und Rechtsprüfung bei Entgegennahme der Erklärung oder des Antrages. Auch begründet § 25 keine Pflicht zur Vorprüfung des Antrags, etwa vor Ablauf einer Frist.[146] Die Behörde hat also die Umstände des Einzelfalles und insbesondere den Kenntnisstand des Beteiligten zu berücksichtigen und sich danach ein Urteil zu bilden, ob er ihrer Beratung bedarf (Rn. 6, 20). Zur Abgrenzung dessen, was „offensichtlich" ist, wird man auf die zur Evidenztheorie entwickelten Kriterien zurückgreifen können (vgl. § 44 Rn. 117 ff.). Es kommt nicht auf das Erkenntnisvermögen des jeweiligen Behördenbediensteten an, sondern auf das eines durchschnittlichen Bediensteten. Fällt dem Beamten allerdings ein Fehler auf, so hat er auf seine Beseitigung auch dann hinzuweisen, wenn der Fehler nicht offensichtlich war (Rn. 6). „Offensichtlich" ist eine Tatsache nicht nur, wenn sie optischer Wahrnehmung zugänglich ist, sondern auch, wenn sie durch Nachdenken, logische Schlussfolgerung oder durch sich aufdrängende Erkundigung in Erfahrung gebracht werden kann.[147] So müssen handgreifliche Zweifel hinsichtlich der Auslegung eines Antrags, etwa weil dieser nach seinem Wortlaut in klarem Widerspruch zur Interessenlage steht, durch Rückfrage ausgeräumt werden.[148] Entsprechendes gilt für eine Widerspruchserklärung nach § 70 VwGO.[149] Bloße Vermutungen reichen allerdings nicht aus.[150]

Bei der Auslegung von Anträgen und sonstigen öffentlich-rechtlichen Willenserklärungen kommt es nicht auf den inneren Willen des Erklärenden an, sondern darauf, wie seine Erklärung vom Empfänger nach Treu und Glauben bei objektiver Betrachtungsweise verstanden werden musste. Bei der Ermittlung des wirklichen Willens des Bürgers ist dabei zu seinen Gunsten davon auszugehen, dass er diejenige Erklärung abgeben will, die seinen Belangen entspricht und abgegeben werden muss, um den erkennbar angestrebten Erfolg zu erreichen.[151] In diesem Sinne erfolgt die **Auslegung** auch „im Lichte" der Amtsermittlungs- und Betreuungspflicht aus §§ 24, 25.[152] Ansonsten ist ein Verstoß der Behörde gegen die ihr obliegenden Beratungspflichten für die Auslegung aber ohne Bedeutung, sondern kann nur Schadensersatzansprüche begründen.[153]

---

[140] S. *BGH* NVwZ-RR 2006, 634 zum gebotenen Hinweis auf eine drohende Veränderungssperre; ferner *BGH* NVwZ 1991, 298.
[141] S. *BGH* NVwZ-RR 2006, 634; NVwZ 2004, 638 zum Amtshaftungsrecht.
[142] *OVG Hamburg* ZMR 1996, 511; *VG Hamburg* WuM 1997, 445.
[143] Vgl. *BVerfGE* 42, 64.
[144] *OVG Hamburg* ZMR 1996, 511; *VG Hamburg* WuM 1997, 445.
[145] *VGH Kassel* NVwZ 1985, 915; Rn. 8.
[146] *BFHE* 206, 488 = DStRE 2004, 1433.
[147] *BVerwG* ZBR 1968, 183; *Achterberg* DÖV 1963, 331; *Wolff/Bachof u. a.* I, § 49 Rn. 8, 15.
[148] *OVG Weimar* NVwZ-RR 2003, 232.
[149] *Kopp/Schenke*, § 70 Rn. 5. S. auch *BVerwG* NJW 2002, 1137 zur „erfolgsorientierten" Auslegung eines Antrags auf Rücknahme eines belastenden VA in einen Widerspruch.
[150] *Wolff/Bachof u. a.* I, a. a. O.
[151] *BVerwG* NVwZ-RR 2005, 591; 2003, 232; *OVG Weimar* NVwZ-RR 2003, 232 m. w. N.
[152] *Clausen* in *Knack* § 9 Rn. 25.
[153] *BVerwG* NVwZ-RR 2005, 591; *BVerwGE* 104, 55.

34 Die Behörde soll die Abgabe der richtigen Erklärung oder die **Stellung des richtigen Antrags anregen**. Offenbar gebraucht das Gesetz in der Überschrift den Begriff der **Beratung** für die Anregung nach Satz 1. Die Anregung soll nicht von einem Antrag oder einem Ersuchen des Bürgers abhängig sein, sondern **von Amts wegen** erfolgen (Rn. 30).[154] *Ule/Laubinger*[155] verstehen demgegenüber als Beratung nur die auf Ersuchen des Ratsuchenden erteilten Ratschläge. Der allgemeine Sprachgebrauch geht aber darüber hinaus (vgl. Rn. 39 und auch § 676 BGB). Erforderlich ist jedoch immer ein **konkreter Anlass** (s. Rn. 8). Eine anwaltliche Beratung ist in keinem Fall gemeint (Rn. 22).

35 Versagt sich der Beteiligte der Anregung und beharrt er auf seinem Antrag, so kann ihn die Behörde nicht zur Änderung zwingen, sondern muss über den gestellten Antrag entscheiden (vgl. auch § 24 Abs. 3 und § 22 Rn. 44, 28). Die Behörde darf weder einen Antrag noch dessen Änderung aufdrängen[156] oder gar eine Antragstellung ordnungsbehördlich anordnen.[157] So hat z.B. ein Antragsteller die sich aus der Unvollständigkeit seines Antrags ergebenden Folgen zu tragen, wenn er diesen trotz Belehrung und Fristsetzung nicht vervollständigt.[158] Folgt der Beteiligte jedoch der Anregung, so ist die Behörde gegebenenfalls verpflichtet, den Antrag für ihn zu formulieren. Nach den Umständen des Einzelfalles kann auch Hilfeleistung bei der Ausfüllung eines Antragsformulars (Rn. 23) in Betracht kommen. Durch die auf Vorschlag des Bundesrates (Stellungnahme des BR zu § 21 Entwurf 73) eingefügte ausdrückliche Nennung der **Berichtigung** ist klargestellt, dass die Behörde ihrer Beratungspflicht auch bei unrichtigen Erklärungen oder Anträgen nachkommen muss, was nach der Fassung des Entwurfs 73 zweifelhaft hätte sein können.

36 Erfasst werden soll von Satz 1 schließlich auch der Fall eines **präzisierungsbedürftigen Antrags**. Ein Antragsteller braucht nicht ausdrücklich zu erklären, auf welche gesetzliche Vorschrift er seinen Anspruch stützen will (§ 22 Rn. 43). Es ist vielmehr Sache der Behörde, alle in Betracht kommenden gesetzlichen Bestimmungen auf ihre Anwendbarkeit hin zu prüfen,[159] soweit sie in ihren Zuständigkeitsbereich fallen. Sofern hierzu die Abgabe von Erklärungen oder die Stellung von Anträgen erforderlich ist, muss die Behörde hierauf nach Satz 1 hinweisen.[160]

37 Im Einzelfall kommt schließlich auch eine Beratung hinsichtlich zweier **alternativ möglicher Anträge** in Betracht.[161]

38 Eine etwaige **Verletzung** der behördlichen Beratungspflicht kann keinen Anspruch herbeiführen, der nach dem materiellen Fachrecht nicht gegeben ist, sondern rechtfertigt ggfs. lediglich Ansprüche auf Schadensersatz wegen Amtspflichtverletzung oder auf Entschädigung.[162] Auch haben die Gerichte die Möglichkeit eröffnet, im Einzelfall in Anwendung des Gebots eines fairen Verfahrens bzw. nach dem jeweiligen Fachrecht die Folgen unterlassener Beratung zu beseitigen, s. dazu Rn. 16. Ferner kann ein **Folgenbeseitigungsanspruch** in Betracht kommen (Rn. 16). Sind z.B. Aussiedler bei der Abgabe einer Erklärung nach § 94 BVFG hinsichtlich der Schreibweise ihres Namens nicht ausreichend beraten worden, so sind sie auf Grund eines Folgenbeseitigungsanspruchs berechtigt, eine nochmalige Namenserklärung vor dem Standesbeamten abzugeben.[163] Ein allgemeiner Vertrauensschutz, von den Folgen einer falschen Auskunft befreit zu werden, besteht jedoch nicht.[164]

---

[154] *VGH Mannheim* NVwZ 2006, 1305.
[155] § 26 I 3 c, II 1.
[156] *VGH Mannheim* NVwZ 2006, 1305.
[157] S. zum Bauantrag *OVG Münster* BauR 2003, 677.
[158] S. *OVG Münster* Pharma Recht 2007, 200.
[159] *BVerwGE* 17, 178 (179).
[160] Vgl. Begründung zu § 21 Entwurf 73, s. aber Rn. 7 f., § 22 Rn. 35, 45; § 24 Rn. 25 ff., 68.
[161] Hierzu *BVerwGE* 47, 225 (227) zum Lastenausgleichsrecht.
[162] *BVerwG* NVwZ-RR 2005, 591; NJW 1997, 71 (75); 1997, 2966 (2967); *BGH* NVwZ 1991, 298. Offen gelassen aber in *BFH/NV* 2005, 1399, 2004 1742 jeweils zu der Frage, ob ein Verstoß gegen § 25 einen Ausführerstattungsanspruch begründen kann, der nach Gemeinschaftsrecht nicht besteht. S. ferner *OVG Lüneburg*, Beschluss v. 9. 7. 2007 – 2 ME 444/07 –.
[163] So *LG Bremen* StAZ 1997, 237.
[164] *OVG Münster* BauR 1991, 448.

III. Auskunftserteilung (Satz 2)

Nach Satz 2 ist die Behörde verpflichtet, soweit erforderlich, **Auskunft über** die den Beteiligten im Verwaltungsverfahren **zustehenden Rechte** und die ihnen **obliegenden Pflichten** zu erteilen. Das Wort „**Auskunft**" soll verdeutlichen, dass die Behörde – im Gegensatz zur Beratung nach Satz 1, die von Amts wegen zu erfolgen hat – die Hinweise **im Allgemeinen nur auf Verlangen** zu geben hat.[165] Sie weiß in der Regel nicht, welches Maß an Kenntnis des Verwaltungsverfahrensrechts sie bei einem Beteiligten voraussetzen darf. Würde die Behörde verpflichtet, den Beteiligten gleichwohl ungefragt zu beraten, so würde sie dadurch „zu sehr in die Rolle eines Beraters gedrängt und dadurch in der Erfüllung ihrer eigentlichen Verwaltungsaufgaben beeinträchtigt" (Begründung zu § 21 Entwurf 73). Gleichwohl ist „Auskunft" nach dem allgemeinen Sprachgebrauch begrifflich nicht auf eine Auskunft nur auf Ersuchen eingeengt.[166] Im Einzelfall kann eine Klarstellung erforderlich sein, ob ein förmlicher Antrag auf Erlass eines begünstigenden VA oder lediglich ein die Antragstellung vorbereitendes Auskunftsersuchen gestellt werden soll.[167] Auch kann die Behörde aus § 25 ggfs. zu dem Hinweis verpflichtet sein, dass statt eines bloßen Auskunftsersuchens eine förmliche Antragstellung auf Bescheidung in der Sache angezeigt erscheint.[168] Zur Belehrung von Zeugen und Sachverständigen s. Rn. 26 f. 39

Die Auskunft ist zu erteilen, soweit dies **erforderlich** ist. Die Einschränkung macht deutlich, dass für das Ausmaß der Auskunftserteilung stets die Umstände des Einzelfalles maßgebend sind. Der Beteiligte kann Auskunft nur insoweit verlangen, als er selbst entschuldbar im Ungewissen ist[169] und der erbetenen Auskünfte gerade im Hinblick auf die Geltendmachung seiner Rechte und der Erfüllung seiner Pflichten im Verwaltungsverfahren bedarf. 40

Die Auskunftspflicht des Satzes 2 besteht **nur während eines VwVf und nur gegenüber Beteiligten**,[170] nicht gegenüber sonstigen **Dritten**, die nicht als Beteiligte in Betracht kommen (Rn. 25 ff.), jedoch auch gegenüber Einwendern und Betroffenen z. B. in Planfeststellungsverfahren sowie **Zeugen** und **Sachverständigen** (Rn. 26 f.; § 73 Rn. 60, 94). Vor Beginn des Verfahrens besteht die Pflicht gegenüber denjenigen, die als mögliche Beteiligte Auskunft begehren (Rn. 24 f.). 41

Ein **Bevollmächtigter** hat ein Auskunftsrecht nicht als eigenes subjektives Recht, sondern nur, soweit er Rechte des Vollmachtgebers wahrnehmen kann. Hieran ändert auch § 14 Abs. 3 nichts.[171] Zum Anspruch des Bevollmächtigten auf Mitteilung von Verwaltungsvorschriften s. Rn. 14. 42

Auskunftsansprüche des Gerichts gegenüber der Behörde auf Grund des § 99 VwGO[172] oder **anderer Behörden** bezüglich des Beteiligten richten sich nach dem jeweiligen Fachrecht, den §§ 4 ff.[173] und den allgemeinen Grenzen (Rn. 21). Sie betreffen entweder Auskünfte, die von der auskunftsersuchenden Stelle ohne Bezug zu einen VwVf i. S. d. § 9 im Rahmen ihrer Aufgabenstellung verlangt werden, z. B. der Staatsanwaltschaft,[174] oder sie sollen Beweismittel für ein konkretes VwVf der auskunftsersuchenden Behörde sein (§ 26 Rn. 36, z. B. Auskünfte des Finanzamtes in gewerberechtlichen Untersagungsverfahren (s. § 24 Rn. 30 f., vgl. auch § 21 Abs. 4 SGB X). Zur Zusammenarbeit von Polizei und nachrichtendienstlichen Behörden Rn. 18; § 26 Rn. 41; § 2 Rn. 105, 107; § 4 Rn. 10. 43

Die Auskunftspflicht bezieht sich **inhaltlich** nur auf die den Beteiligten im Verwaltungsverfahren zustehenden Rechte und die ihnen obliegenden Pflichten, nicht auf Erteilung allgemei- 44

---

[165] *VGH Mannheim* NVwZ 2006, 1305; *Ziekow* DVBl 1998, 1101, 1106.
[166] Vgl. auch Rn. 34 und z. B. *BGH* NJW 1979, 1595.
[167] Zur Abgrenzung *OVG Berlin* BRS 60 Nr. 214 = LKV 1999, 370.
[168] *VG Frankfurt* ZBR 1997, 403.
[169] *BVerwG* NJW 1974, 1440.
[170] *BVerwG* NVwZ 2003, 1114 m. w. N.
[171] *BVerwGE* 61, 15 ff.; *BVerwG* NJW 1985, 339 f.
[172] Grundlegend *BVerfGE* 101, 106 = NJW 2000, 1175. Zum „in camera"-Verfahren nach § 99 II VwGO s. Rn. 45.
[173] S. auch *Beer/Kohler*, Umfang und Grenzen der zwischenbehördlichen Hilfeleistungspflicht, VR 1987, 114.
[174] Dazu *OLG Karlsruhe* NJW 1986, 145.

ner Rechtsauskünfte ohne Bezug zu einem speziellen Verfahren.[175] Mit den Worten „im Verwaltungsverfahren" – womit stets das **konkrete Verwaltungsverfahren** gemeint ist – soll klargestellt werden, dass es sich nur um prozedurale, das Betreiben des Verfahrens betreffende Rechte und Pflichten handelt.[176] Auf das materielle Recht ist Satz 2 nicht anwendbar (Rn. 18).[177] Ferner ergeben sich Auskunftspflichten aus dem Fachrecht, s. Rn. 18, im Einzelfall möglicherweise auch aus vorwirkendem Grundrechtsschutz, s. Rn. 12.[178] Weitere Auskünfte stehen im Ermessen der Behörde, s. Rn. 13. Auf sie kann sich die Beratungspflicht des Satzes 1 beziehen. Grds. im Ermessen steht z. B. die Auskunft über einen **Informanten**.[179] Ein Auskunftsanspruch besteht jedoch dann, wenn ausreichende Anhaltspunkte dafür vorliegen, dass dieser wider besseres Wissen oder leichtfertig falsch informiert hat,[180] Ergibt sich der Auskunftsanspruch nur im Rahmen des § 19 Abs. 4 BDSG, besteht keine weitergehende Ermessensermächtigung.[181]

45 Voraussetzung für die Auskunftserteilung ist, dass sie der Behörde tatsächlich **möglich** ist. Kann die Behörde die erbetene Auskunft im Augenblick nicht geben, wird sie in der Praxis wenn möglich den Auskunftsuchenden auf einen späteren Termin verweisen und in der Zwischenzeit den erbetenen Hinweis zu erhalten versuchen. Zur Auskunft im Ermessen s. Rn. 13. Wird eine Auskunft jedoch erteilt, so muss sie **klar, unmissverständlich** und **vollständig** sein (Rn. 15). Zur **Rechtsnatur** der Auskunft § 35 Rn. 56 ff.; § 1 Rn. 128; Eine Auskunft darf nicht erteilt werden, wo ihr **Geheimhaltungspflichten** (etwa nach § 30) entgegenstehen (dazu Rn. 21). Dabei ist jeweils zu prüfen, ob überhaupt grundsätzlich ein schützenswertes Geheimhaltungsinteresse besteht[182] und dieses – bejahendenfalls – auch nicht im Einzelfall auf Grund besonderer Umstände entfällt. Soweit im Anwendungsbereich des § 25 die Geheimhaltpflicht in Widerstreit zum Gebot effektiven Rechtsschutzes aus Art. 19 Abs. 4 GG gerät, sind die zu § 99 Abs. 1 S. 2 VwGO aufgestellten Grundsätze[183] entsprechend anzuwenden. Zugleich ist aber auch zu berücksichtigen, dass das Prozessrecht mit dem „in camera"-Verfahren nach § 99 Abs. VwGO ein Spezialverfahren des Geheimnisschutzes enthält.[184] Eine **Verletzung der Auskunftspflicht** hat in der Regel nur mittelbar Folgen, s. Rn. 16. Einem Rechtsbehelf auf Erteilung einer Auskunft in einem VwVf steht zunächst § 44a VwGO entgegen. Wird wegen falscher Auskunft ein unrichtiger Antrag gestellt oder ein Antrag nicht zurückgenommen, wird der VA nur rechtswidrig, wenn sich dieser Fehler auf den VA selbst auswirkt.[185] Eine Anfechtung des Antrags ist nicht zulässig, vgl. § 22 Rn. 76, 78. Ebenso wenig ist der sozialrechtliche Herstellungsanspruch zu übernehmen, s. Rn. 17.

IV. Europarecht

46 Im Gemeinschaftsrecht ist anerkannt, dass falsche Auskünfte und falsche Beratung einen besonderen Vertrauensschutz begründen können, der dem Betroffenen z. B. ein Recht darauf verschaffen kann, dass eine Nacherhebung unterbleibt.[186] Wird eine erbetene Auskunft mündlich erteil, müssen die Gemeinschaftsbehörden dafür Sorge tragen, dass sie erforderlichenfalls den

---

[175] *BVerwG* NVwZ 2003, 1114; *Selmer* JuS 2003, 1241; *Vahle* DVP 2004, 45. Rn. 2, 11, 24 f., 30.
[176] *BVerwG* NJW 1987, 2098, 2099; *OVG Münster* NWVBl 1992, 360, 361.
[177] So auch *Kopp/Ramsauer*, § 25 Rn. 8; a. A. *Clausen* in Knack, § 25 Rn. 17; *Obermayer*, VwVfG, § 25 Rn. 35 f.; *Meyer/Borgs*, § 25 Rn. 14.
[178] S. zur Entwicklung *BVerwG* NVwZ 2003, 1114; *Selmer* JuS 2003, 1241.
[179] *VerfGH Rheinland-Pfalz* DVBl 1999, 309; *BVerwG* NJW 1992, 451; dazu *Roewer* DVBl 1992, 633; *Knemeyer* JZ 1992, 348; ferner *BVerwG* NJW 1983, 2954, Vorinstanz *VGH München* NJW 1980, 198; *OVG Koblenz* NJW 1983, 2957 zu §§ 13 bis 15 SGB-AT; *BFH* NJW 1985, 2440; *Bierwirth* BayVBl 1989, 587, ferner § 26 Rn. 42; § 29 Rn. 39.
[180] *BVerwG* NJW 2004, 1543; 2003, 3217; *VerfGH Rheinland-Pfalz* DVBl 1999, 309.
[181] *BVerwG* DVBl 1992, 298.
[182] Nach *OVG NRW* NJW 1999, 1802 besteht z. B. kein schützenswertes Interesse der Mitglieder einer Gutachterkommission für ärztliche Haftpflichtfragen daran, anonym zu bleiben.
[183] Grundlegend *BVerfGE* 101, 106 = NJW 2000, 1175.
[184] Hierzu *BVerfG* NVwZ 2006, 1041; *BVerwG* NVwZ 2006, 700; DÖV 2006, 655. Zum Verfahren s. *Lang* in *Sodan/Ziekow*, § 99 Rn. 48 ff. Zu § 99 VwGO als prozessualer Spezialbestimmung gegenüber allgemeinen Geheimhaltungsvorschriften vgl. *BVerwG* DVBl 2006, 1245; NVwZ 2005, 334. Zur nachträglichen Vorlageverweigerung s. *Roth* NVwZ 2003, 544.
[185] *OVG Lüneburg* MDR 1983, 784.
[186] *EuGH* Slg. I 1992, 2715.

Nachweis dafür erbringen können, dass eine solche Mitteilung tatsächlich erfolgt ist und welchen Inhalt sie hatte.[187] Die **verbindliche Zollauskunft und Ursprungsauskunft** nach Art. 12 ZK stellt eine gemeinschaftsrechtliche Sonderform der Zusage dar (s. dazu im Einzelnen § 38 Rn. 77b). Sie hat den Zweck, dem Wirtschaftsteilnehmer Sicherheit zu geben, wenn Zweifel hinsichtlich der Einreihung einer Ware in die geltende Kombinierte Nomenklatur bestehen, und ihn dadurch davor zu schützen, dass die Zollbehörden ihre Auffassung über die Einreihung einer Ware nachträglich ändern.[188]

V. Landesrecht

Abweichende Regelungen in den Landesgesetzen bestehen nicht. **47**

VI. Vorverfahren

§ 25 gilt auch im Vorverfahren (§ 79; s. Rn. 29). Ferner z.B. als Verpflichtung, auf einen **48** Wiedereinsetzungsantrag in die Widerspruchsfrist hinzuweisen;[189] vgl. § 32 Rn. 32 f. Zur Unterlassung einer Rechtsmittelbelehrung in der Absicht, einen Widerspruch zu vermeiden, s. Rn. 9. S. ferner § 31 Rn. 49.

§ 26 Beweismittel

(1) [1]**Die Behörde bedient sich der Beweismittel, die sie nach pflichtgemäßem Ermessen zur Ermittlung des Sachverhalts für erforderlich hält.** [2]**Sie kann insbesondere**
1. **Auskünfte jeder Art einholen,**
2. **Beteiligte anhören, Zeugen und Sachverständige vernehmen oder die schriftliche oder elektronische Äußerung von Beteiligten, Sachverständigen und Zeugen einholen,**
3. **Urkunden und Akten beiziehen,**
4. **den Augenschein einnehmen.**

(2) [1]**Die Beteiligten sollen bei der Ermittlung des Sachverhalts mitwirken.** [2]**Sie sollen insbesondere ihnen bekannte Tatsachen und Beweismittel angeben.** [3]**Eine weitergehende Pflicht, bei der Ermittlung des Sachverhalts mitzuwirken, insbesondere eine Pflicht zum persönlichen Erscheinen oder zur Aussage, besteht nur, soweit sie durch Rechtsvorschrift besonders vorgesehen ist.**

(3) [1]**Für Zeugen und Sachverständige besteht eine Pflicht zur Aussage oder zur Erstattung von Gutachten, wenn sie durch Rechtsvorschrift vorgesehen ist.** [2]**Falls die Behörde Zeugen und Sachverständige herangezogen hat, erhalten sie auf Antrag in entsprechender Anwendung des Justizvergütungs- und -entschädigungsgesetzes eine Entschädigung oder Vergütung.**

Vergleichbare Vorschriften: §§ 92 ff. AO 1977 (Rn. 1); § 21 SGB X; §§ 60 ff. SGB-AT (Rn. 1); §§ 96 ff. VwGO; §§ 81 ff. FGO; §§ 117 ff. SGG.

Abweichendes Landesrecht: S. Rn. 96.

Entstehungsgeschichte: Bis zum Inkrafttreten des VwVfG vgl. § 26 der 6. Auflage. Siehe ferner Rn. 13, 46 f. Für das förmliche Verfahren s. §§ 65, 66.

Literatur: *Hüsch,* Verwertungsverbote im Verwaltungsverfahren, Diss. Hamburg 1991; *Mühlenbruch,* Außenwirksame Normkonkretisierung durch „Technische Anleitungen", 1992; *Kokott,* Beweislastverteilung und Prognoseentscheidungen bei der Inanspruchnahme von Grund- und Menschenrechten, Berlin 1993; *Südhoff,* Der Folgenbeseitigungsanspruch als Grundlage verwaltungsverfahrensrechtlicher Verwertungsverbote, Diss. Heidelberg 1993; *Fink,* Die Verwertbarkeit rechtswidrig erlangter Beweismittel im Zivilprozeß, Diss.

---
[187] *EuGH* Slg. I 1991, 3187 = EuZW 1991, 603.
[188] *EuGH* Slg. I 1998, 317 = EuZW 1999, 62.
[189] *OVG Münster* NVwZ 1987, 334.

§ 26 Teil II. Allgemeine Vorschriften über das Verwaltungsverfahren

Köln 1994; *Ossenbühl/Di Fabio,* Rechtliche Kontrolle ortsfester Mobilfunkanlagen, 1995; *Stack,* Der Anscheinsbeweis, JuS 1996, 153; *Petri,* Der Gefahrenerforschungseingriff, DÖV 1996, 443; *Hoppe/Bleicher,* Rechtsprobleme bei der Verfahrensprivatisierung von Standortauswahlverfahren im Abfallrecht, NVwZ 1996, 421; *Schöpflin,* Die Parteianhörung als Beweismittel, NJW 1996, 2134; *Erbguth,* Zur Kartierungspflicht von privaten Projektträgern im Zusammenhang mit dem Artenschutz, LKV 1997, 233; *Heintzen/Lilie,* Patientenakten und Rechnungshofkontrolle, NJW 1997, 1601; *Schenk,* Bodenerkundungsmaßnahmen zum Schutz des Grundwassers, BayVBl 1997, 33; *Brandt,* Präklusion im Verwaltungsverfahren, NVwZ 1997, 233; *Schroth,* Beweisverwertungsverbote im Strafverfahren – Überblick, Strukturen und Thesen zu einem umstrittenen Thema, JuS 1998, 969; *Petersen,* Beweislast bei Gesundheitsbeeinträchtigungen durch Emissionen und nachbarliche Duldungspflicht, NJW 1998, 2099; *Badura,* Der atomrechtliche Funktionsvorbehalt der Genehmigungsbehörde für die Ermittlung und Bewertung des Risikos einer nuklearen Anlage, DVBl 1998, 1197; *Kothe,* Rechtliche Beurteilung von Gerüchen, NuR 1998, 240; *Hansmann,* Rechtsprobleme bei der Bewertung von Geruchsimmissionen, NVwZ 1999, 1158; *Lege,* Nochmals: Staatliche Warnungen, DVBl 1999, 569; *Fischer,* Prozessuales Verwertungsverbot für mitbestimmungswidrig erlangte Beweismittel, BB 1999, 154; *Röthel,* Beweislast und Geschlechterdiskriminierung, NJW 1999, 611; *Kutscheidt,* Die Neufassung der TA Lärm, NVwZ 1999, 577; *Hansmann,* Rechtsprobleme bei der Bewertung von Geruchsimmissionen, NVwZ 1999, 1158; *Meyke,* Plausibilitätskontrolle und Beweis, NJW 2000, 2230; *Schulz,* Die Verwendung von Sachverständigengutachten als Urkunden und das Fragerecht der Beteiligten im Verwaltungsprozeß, DÖV 2000, 1367; *Gusy,* Verwaltung durch Information – Empfehlungen und Warnungen als Mittel des Verwaltungshandelns, NJW 2000, 977; *Erfmeyer,* Die Wirksamkeit eines auf rechtswidriger Sachverhaltsermittlung beruhenden Verwaltungsakts – zulässige Verwertung fehlerhaft erlangter Erkenntnisse durch rechtmäßige Nachermittlung?, VR 2000, 325; *Feldhaus,* Beste verfügbare Techniken und Stand der Technik, NVwZ 2001, 1; *Seidel,* Privater Sachverstand und staatliche Garantenstellung im Verwaltungsrecht, München 2000; *Jobs,* Zur Verwertung von Sprachanalysen in Asylverfahren, ZAR 2001, 173; *Fischer-Dieskau/Gitter/Paul/Steidle,* Elektronisch signierte Dokumente als Beweismittel im Zivilprozess, MMR 2002, 709; *Bärlein/Pananis/Rehmsmeier,* Spannungsverhältnis zwischen der Aussagefreiheit im Strafverfahren und den Mitwirkungspflichten im Verwaltungsverfahren, NJW 2002, 1825; *R. Müller,* Neue Ermittlungsmethoden des Zwanges zur Selbstbelastung, EuGRZ 2002, 546; *Ennuschat,* Behördliche Nachschau in Geschäftsräume und die Unverletzlichkeit der Wohnung gem. Art. 13 GG, AöR 127 (2002), 252; *Laumen,* Die „Beweiserleichterung bis zur Beweislastumkehr" – Ein beweisrechtliches Phänomen, NJW 2002, 3739; *Jochum,* Die polizei- und ordnungsrechtliche Störermehrheit und die beschränkte Kostentragungspflicht des „Nicht-So-Störers", NVwZ 2003, 526; *Roßnagel/Pfitzmann,* Der Beweiswert von E-Mail, NJW 2003, 1209; *Horn,* Vorbeugende Rasterfahndung und informationelle Selbstbestimmung, DÖV 2003, 746; *Seibel,* „Stand der Technik", „allgemein anerkannte Regeln der Technik" und „Stand von Wissenschaft und Technik", BauR 2004, 266; *Nussberger,* Sachverständigenwissen als Determinante verwaltungsrechtlicher Einzelentscheidungen, AöR 129(2004), 282; *Seibel,* Die verfassungsrechtliche Zulässigkeit der Verwendung des unbestimmten Rechtsbegriffs „Stand der Technik", BauR 2004, 1718; *Stohrer,* Die zwangsweise Durchsetzung staatlicher Auskunftsansprüche gegenüber Privaten, BayVBl 2005, 489; *Riesenkampf,* Beweisbarkeit der form- und fristgemäßen Übermittlung durch Telefaxgeräte, NJW 2004, 3296; *Kloepfer,* Umweltrecht als Informationsrecht, UPR 2005, 41; *Berger,* Beweisführung mit elektronischen Dokumenten, NJW 2005, 1016; *Huber/Unger,* Grundlagen und Grenzen der Zustandsverantwortlichkeit des Grundeigentümers im Umweltrecht, VerwArch 96 (2005), 139; *Geiger,* Anforderungen an die Tatsachenfeststellungen bei Fahrerlaubnisentzug wegen Drogenauffälligkeit, BayVBl 2005, 645; *Schlacke,* Zum Drittschutz bei Nichtdurchführung einer gebotenen Umweltverträglichkeitsprüfung, ZUR 2006, 360; *Beulke,* Der Beweisantrag, JuS 2006, 597; *Roßnagel/Neuser,* Die rechtliche Festlegung von Risikogrenzwerten, UPR 2006, 125; *Scherzberg,* Der private Gutachter im Umweltschutz, NVwZ 2006, 377; *Spieker gen. Döhmann,* Informationsgewinnung im Umweltrecht durch materielles Recht, DVBl 2006, 278; *Roßnagel/Fischer-Dieskau,* Elektronische Dokumente als Beweismittel, NJW 2006, 806; *Roßnagel/Wilke,* Die rechtliche Bedeutung gescannter Dokumente, NJW 2006, 2145; *Suttmann,* Baubehördliche Betretungsrechte und Privatwohnungen, BauR 2006, 1986; *Kluth,* Grenzen der Befugnis der Ausländerbehörde zur Sachaufklärung, ZAR 2007, 250; *Klatt,* Zur Beweiserhebung im Asylverfahren – Der Beschluss des BVerfG vom 26. 1. 2005, NVwZ 2007, 51. S. auch die **Literatur zu § 24,** vor Rn. 1. Ausführlich zum Schrifttum vor 1996 s. § 26 der 6. Auflage.

Übersicht

	Rn.
I. Allgemeines	1
II. Beweisverfahren (Abs. 1 S. 1)	6
1. Umfang der Ermittlung	6
2. Beweisverfahren	11
3. Rechtsfolgen	19
4. Beweismittel	21
5. Vermutung/Anscheinsbeweis/Erfahrungssatz	26
6. Technische Regelwerke	32
III. Auskünfte (Abs. 1 S. 2 Nr. 1)	36
IV. Mitwirkung des Beteiligten (Abs. 1 S. 2 Nr. 2, Abs. 2)	43
1. Anhörung (Abs. 1 S. 2 Nr. 2)	43
2. Umfang der Mitwirkung/Mitwirkungslast	44
3. Präklusion	54

	Rn.
4. Rechtsfolgen	55
5. Besondere Mitwirkungspflichten	57
V. Zeugen und Sachverständige (Abs. 1 S. 2 Nr. 2, Abs. 3)	66
1. Zeugen und Sachverständige	66
2. Entschädigung/Vergütung	86
VI. Beiziehung von Urkunden und Akten (Abs. 1 S. 2 Nr. 3)	88
VII. Einnahme des Augenscheins (Abs. 1 S. 2 Nr. 4)	91
1. Augenschein	91
2. Durchsuchung einer Wohnung	93
VIII. Europarecht	95
IX. Landesrecht	96
X. Vorverfahren	97

I. Allgemeines

Im Gegensatz zum gerichtlichen Verfahren (§ 96 VwGO) sieht das VwVfG keinen besonderen Verfahrensabschnitt **„Beweisaufnahme"** vor (Rn. 4ff.); § 26 nennt lediglich einige **Beweismittel**, im übrigen ist die Beweisaufnahme Teil der Sachverhaltsermittlung nach § 24 und nach § 10 S. 2 „einfach und zweckmäßig" durchzuführen. Absatz 1 zählt die gebräuchlichen Beweismittel auf, die in Absatz 3 durch Hinweise für Zeugen und Sachverständige ergänzt werden. Der Amtsermittlungsgrundsatz und die Beweiserhebung in Form des Sachverständigenbeweises schließen sich selbstverständlich nicht gegenseitig aus.[1] Ferner regelt Absatz 2 einige Fragen der Mitwirkung der Beteiligten bei der Sachverhaltsermittlung durch die Behörde. Es fällt auf, dass die umfangreichen **Mitwirkungspflichten des Sozial- und Steuerrechts**[2] keine Entsprechung im allgemeinen VwVf gefunden haben. Wegen ihrer Besonderheit für diese VwVf sind sie deshalb nicht verallgemeinerungsfähig (§ 2 Rn. 49).[3] Dies gilt erst recht, wenn in ihnen keine Verfahrensrechte und -pflichten, sondern materielle Regelungen gesehen werden (Rn. 57 f.).[4] 1

Selbstständig neben den Beweismitteln nach Abs. 1 und der Mitwirkungspflicht nach Abs. 2 stehen die in Fachgesetzen normierten **Beibringungspflichten** Beteiligter, z. B. im Dienst-[5] und Schulrecht,[6] nach dem UVPG,[7] § 82 AufenthG[8] oder § 15 AsylVfG,[9] s. dazu § 24 Rn. 28, 50. Diese beinhalten keine Erweiterung, sondern eine Verteilung der Sachverhaltsermittlung, da diese nach dem Erheblichkeitsgrundsatz insgesamt streng an das Prüfprogramm des materiellen Rechts gebunden ist, s. § 24 Rn. 26.[10] Dabei kann die Behörde ihrer Aufklärungspflicht ggfs. in der Form nachkommen, dass sie den Beteiligten auf seine Beibringungspflicht verweist.[11] 2

Im Rahmen ihrer Untersuchungspflicht nach § 24 kann sich die Behörde aller Beweismittel bedienen, die sie zur Ermittlung des Sachverhalts für erforderlich hält. Es bestehen jedoch **Unterschiede** zwischen der Anwendung der Beweismittel im Allgemeinen **Verwaltungsverfahren** und dem im **gerichtlichen Beweisverfahren**. Die **Unterschiede** ergeben sich aus der 3

---

[1] *BVerfGE* 77, 360 (361).
[2] Zur Mitwirkungspflicht im Sozialhilfeverfahren s. z. B: *OVG Münster* NVwZ-RR 2003, 511; §§ 60ff. SGB-AT; dazu *Meyer* SGb 1985, 57; zu § 66 SGB-AT *BVerwG* NVwZ 1985, 490; *VGH Mannheim* VBlBW 1983, 207; §§ 93 ff. AO, dazu Rn. 47.
[3] A. A. für SGB-Regeln *Ebsen* DVBl 1987, 389, *Wallerath* DÖV 1987, 505; de lege ferenda *Schromek* Kap. IV; wie hier *Schoch* VerwArch 1988, 1.
[4] *Martens* SGb 1990, 219, 222; a. A. *Grupp* VerwArch 1989, 53; zur Notwendigkeit ausdrücklicher Rezeption *Nierhaus*, S. 312 ff., § 24 Rn. 51.
[5] S. z. B. *OVG Koblenz* NVwZ 2006, 1320.
[6] S. *OVG Münster* NWVBl 2007, 62.
[7] Dazu *Schmidt-Preuß* DVBl 1995, 485, 492; *Erbguth* LKV 1997, 233.
[8] S. *VGH München* NVwZ 2006, 1311. S. hierzu auch *BVerfG* NVwZ 2006, 681; *OVG Münster* NWVBl 2006, AuAS 2006, 42; NWVBl 2006, 260 zur Mitwirkungspflicht im Ausländer- und Melderecht.
[9] Dazu *BVerfG* DVBl 1994, 631.
[10] Zum Verhältnis der §§ 24, 26 zur fachgesetzlichen Beibringungspflicht nach dem UVPG s. § 63 Rn. 5, 46; ferner *Schmidt-Preuß* DVBl 1995, 485, 492; *Erbguth* LKV 1997, 233, nach dem AsylVfG *BVerfG* DVBl 1994, 631; zu den Obliegenheit des Prüflings, Verfahrensmängel unverzüglich geltend zu machen, s. *BVerwGE* 96, 126; *OVG Münster* DVBl 1995, 648.
[11] S. *VG Minden* RdE 2003, 183.

verschiedenen Zweckbestimmung dieser Verfahren. Die Beweisermittlung im Verwaltungsverfahren dient – neben dem Rechtsschutz der Beteiligten[12] – in erster Linie dem Interesse der Allgemeinheit an einer rechtmäßigen und effektiven Verwirklichung der Verwaltungsaufgaben, wohingegen es im Prozess um den Nachweis bestrittener Behauptungen von Prozessparteien in deren Interesse geht.[13] Daher sind die **prozessrechtlichen Grundsätze** nicht ohne weiteres auf das VwVf zu übertragen oder ergänzend heranzuziehen. Maßgebend ist, ob sie einen allgemeinen, auch für das VwVf zu verwertenden Rechtsgedanken enthalten (§ 9 Rn. 65).[14] So sind im allgemeinen Verwaltungsverfahren Beteiligte, Zeugen und Sachverständige grundsätzlich nicht verpflichtet mitzuwirken[15] (Rn. 44 ff.; anders z.B. im förmlichen Verfahren, § 65, zum Planfeststellungsverfahren s. aber § 72 Rn. 135, oder nach besonderen Rechtsvorschriften). Eine **Beteiligtenöffentlichkeit** bei der Beweisaufnahme besteht nicht (Rn. 13).[16] Auch kann nur in den vom Gesetz zugelassenen Fällen eine **Versicherung an Eides Statt** (§ 27) verlangt und abgenommen werden; die zunächst in § 19 Musterentwurf, § 19 Entwurf 70 vorgesehene Möglichkeit der **Eidesabnahme** ist im allgemeinen Verwaltungsverfahren ganz entfallen (§ 27 Rn. 3; für § 32, s. dort Rn. 40; für förmliches Verfahren s. § 65 Abs. 3, dort Rn. 1 ff., § 180 VwGO i. d. F. d. § 97).[17]

4   Die festgestellten Unterschiede stehen einer **Verwertung** des Ergebnisses der behördlichen Beweiserhebung **im Verwaltungsprozess** nicht entgegen. So kann das Tatsachengericht ohne Verstoß gegen seine Aufklärungspflicht eine im Verwaltungsverfahren durchgeführte Zeugenvernehmung im Wege des Urkundenbeweises verwerten.[18] Die Beweiskraft eines Untersuchungsberichts als öffentliche Urkunde umfasst aber nur solche Feststellungen, die die Behörde selbst und nicht etwa ein beauftragter Sachverständiger getroffen hat.[19] Dem möglicherweise geringeren Beweiswert eines entfernteren mittelbaren Beweismittels hat das Gericht aber im Rahmen seiner Beweiswürdigung zu berücksichtigen.[20] Zum Sachverständigengutachten s. Rn. 85, 88.

5   Zu **Spezialgesetzen** s. Rn. 13, § 24 Rn. 13. Zur entsprechenden Anwendung bei **schlichthoheitlichem Handeln** und **Verwaltungsprivatrecht** s. § 24 Rn. 13, dort auch zu **fiskalischem Handeln**.

II. Beweisverfahren (Abs. 1 S. 1)

1. Umfang der Ermittlung

6   Nur wenn die Behörde sich aller Beweismittel, die sie **zur Ermittlung** des Sachverhalts für **erforderlich** hält, bedienen darf, kann sie dem Untersuchungsgrundsatz des § 24 gerecht werden (vgl. den Grundsatz in § 244 Abs. 2 StPO: „Das Gericht hat zur Erforschung der Wahrheit die Beweisaufnahme von Amts wegen auf alle Tatsachen und Beweismittel zu erstrecken, die für die Entscheidung von Bedeutung sind."). Zunächst hat die Behörde – unbeschadet der Mitwirkungslast der Beteiligten (Rn. 45) – den **Umfang der Ermittlung** entsprechend § 24 Rn. 16 ff. abzustecken. In diesem Rahmen bedient sie sich nach ihrem **(Verfahrens-)ermessen** (64 f.; § 24 Rn. 25 ff., 36)[21] der erforderlichen Beweismittel **(Absatz 1 Satz 1)**, für die sie auch die **Kosten** zu tragen hat,[22] wenn nicht Spezialgesetze etwas anderes bestimmen (§ 24 Rn. 33).

---

[12] Vgl. *BVerfG* NJW 1980, 759; *VG Hamburg* AuAS 2003, 149.
[13] Vgl. Begründung zu § 22 Entwurf 73; § 24 Rn. 2; BVerwG NVwZ 1999, 535.
[14] A. A. Kopp/Ramsauer, § 26 Rn. 3.
[15] *BVerwG*-§§ 1995, 113.
[16] S. dagegen zum Prozessrecht *BVerwG* NJW 2006, 2058: Parteiöffentlichkeit einer Ortsbesichtigung durch einen Sachverständigen.
[17] Vgl. auch § 94 AO 1977; § 19 Abs. 4 WPflG und *Berg*, Die Verwaltung 1976, 172.
[18] BVerwGE 56, 110 (127); 70, 24; *VGH Mannheim* VBlBW 1993, 10; siehe auch Rn. 88. *BVerwG* Beschl. v. 8. 7. 2004 – 5 B 8/04 – zu Behördenvermerken über getestete Deutschkenntnisse von Ausreisebewerbern. Zur Feststellung der deutschen Sprachkenntnisse auch *BVerwG* NVwZ-RR 2002, 697; *VGH Mannheim* DÖV 2003, 38; *OVG Münster* NVwZ-RR 2006, 428; Urteil v. 22. 6. 2007 – 2 A 4861/05 –.
[19] Vgl. *VGH Kassel* NVwZ-RR 2003, 806.
[20] Siehe zur Verwertung mittelbarer Beweismittel im Verwaltungsgerichtsprozess allgemein *Böhm* NVwZ 1996, 427; *Stumpe* VBlBW 1995, 172.
[21] *BVerwG* NVwZ 1999, 535; DVBl 1988, 540; vgl. *OVG Münster* BRS 64 (2001) Nr. 200. Dazu auch *Vahle* DVP 2007, 89, 91.
[22] Dazu *VGH Mannheim* NVwZ-RR 2002, 707 zu den Kosten einer Sachverhaltsermittlung vor einer baurechtlichen Anordnung.

Holt z. B. eine Genehmigungsbehörde aus dem Wunsch heraus, ihr Verfahrensrisiko zu minimieren, trotz vorhandenen eigenen Sachverstands ein Gutachten ein, so kann sie dessen Kosten nicht auf den Antragsteller abwälzen.[23] Die Beweismittel müssen **objektiv geeignet** sein, aussagekräftige Erkenntnisse zu liefern.[24] Dem Ermessen wird die Behörde nicht gerecht, wenn sich bei vernünftiger Überlegung ein Beweismittel als bedeutsam für die Entscheidung **aufdrängt,** dieser Beweis aber nicht erhoben wird.[25] Auch eine vom Beteiligten vorgelegte, an sich unzureichende Bescheinigung kann im Einzelfall Anlass zur weiteren Aufklärung geben.[26]

Dies gilt auch für den Fall, dass die Behörde fälschlich **eigene Sachkunde** annimmt; sie muss in diesem Fall einen Sachverständigen anhören oder die Auskunft einer sachverständigen Behörde einholen (Rn. 66). Auch darf ein als hinreichend substantiiert und auch als erheblich angesehener (Hilfs-)Beweisantrag auf Vernehmung eines (sachverständigen) Zeugen regelmäßig nur wegen Untauglichkeit oder Unerreichbarkeit des Beweismittels, nicht aber im Ermessenswege wegen ausreichender eigener Sachkunde abgelehnt werden.[27] Unerheblich ist, aus welchen Quellen die Behörde ihre Sachkunde schöpft. Sie kann sich z. B. durch längere Beschäftigung mit der Materie einstellen. S. ferner Rn. 13. Glaubt sie die eigene Sachkunde zu haben, muss sie diese unter den Voraussetzungen des § 39 Rn. 25 in der Begründung des VA darlegen, s. hierzu Rn. 48.[28] Auch muss sie ggfs. begründen, woher sie die eigene Sachkunde besitzt.[29] Zur **Wahrunterstellung** s. § 24 Rn. 45.

Bei der **Auswahl der Beweismittel** ist der **Verhältnismäßigkeitsgrundsatz** zu berücksichtigen,[30] s. § 24 Rn. 30, 33, 36, insbesondere sind kostspielige Gutachten nur anzufordern, wenn der Sachverhalt durch das Gutachten nachgewiesen werden kann und das öffentliche Interesse an der Entscheidung diese Ermittlung erforderlich macht. Hier gilt im Rahmen der §§ 24, 26 nichts anderes als bei den in Fachgesetzen vorgesehenen Anforderung zusätzlicher Prüfnachweise, z. B. nach § 11 ChemG.[31] Bei der Prüfung der **Erforderlichkeit** einer Begutachtung ist auf den Zeitpunkt der Auftragserteilung durch die Behörde bzw. deren Anforderung beim Beteiligten abzustellen.[32] Das Übermaßverbot kommt in Absatz 1 S. 1 „für erforderlich hält" zum Ausdruck. So kommen **Hausbesuche** jedenfalls im Bereich der sozialen Leistungen grds. nur unter engen Voraussetzungen in Frage.[33] Entsprechendes gilt hinsichtlich der Vorlage von **Kontoauszügen**.[34] Keine **Online-Durchsuchung** ohne gesetzliche Grundlage.[35] Unzulässig sein können z. B. Überwachungsmaßnahmen der Ausländerbehörde bei Verdacht der Scheinehe mittels **privater Detektei** und verdeckter **Videoüberwachung;**[36] Der Verzicht auf ein Beweismittel kann nicht mit Arbeitserleichterung oder Personalmangel gerechtfertigt werden[37] (§ 24 Rn. 25 ff., 37). Auch darf die Behörde ihre Sachverhaltsermittlung nicht so einschränken, dass sie die Aufklärungsarbeit quasi auf das Gericht verlagert.[38] Jedoch darf der Gesichtspunkt der

---

[23] S. *VG Göttingen,* Urteil v. 2. 3. 2006 – 4 A 5/04 –.
[24] *BVerwG* NJW 1989, 1297 zu psychologischem Eignungsgutachten; *BVerwG* DVBl 1989, 1195 und 1196; NVwZ 1991, 271 zu Sachverständigengutachten über Prüfungsleistungen.
[25] *BVerwGE* 106, 115 (119) und 177 (182).
[26] Vgl *OVG Münster* NVwZ-RR 2006, 829; 2005, 507.
[27] So *OVG Berlin* NVwZ 2000, 1432 zur Ablehnung eines im Asylklageverfahren gestellten Beweisantrages; kritisch hierzu *Dahm* NVwZ 2000, 1385.
[28] Für Gericht *BVerwG* DVBl 1999, 1206; DÖV 1984, 559; NVwZ 1987, 48; NVwZ-RR 1990, 375; *BGH NJW* 1989, 2984; NJW 1991, 2824; NJW 1993, 2378; *VGH Mannheim* VBlBW 1995, 187 m. w. N.
[29] Vgl. entsprechend für die Ablehnung eines Antrags auf Einholung eines Sachverständigengutachtens durch das Gericht BVerwG DVBl 1999, 1206.
[30] S. *OVG Lüneburg* NVwZ 2007, 963 entsprechend zu der auf der Fürsorgepflicht beruhenden Pflicht des Dienstherrn zur Aufklärung von Vorwürfen Dritter gegen Bedienstete.
[31] Dazu *BVerwG* DVBl 1992, 1236.
[32] *VG Karlsruhe* NVwZ 1996, 616, 618 zur Kostentragung für Gutachten im atomrechtlichen Aufsichtsverfahren.
[33] Vgl. *LSG Hessen* NJW 2006, 1548. S. aber auch *VGH Mannheim* NVwZ-RR 2004, 416 zur unangemeldeten Besichtigung einer Apotheke nach § 64 AMG.
[34] Vgl. *SG Detmold* DVP 2007, 395.
[35] S. dazu im Einzelnen *BGH* NJW 2007, 930; *Kutscha* NJW 2007, 1169; *Huber* NVwZ 2007, 872; *Rux* JZ 2007, 285; 831; *Hornung* JZ 2007, 828 m. w. N.
[36] S. *OVG Hamburg* NJW 2008, 96 = AuAS 2007, 160. Hierzu auch *OVG Weimar* InfAuslR 2003, 383.
[37] *BVerwGE* 15, 140 (146); *Stelkens* NVwZ 1982, 81 ff.
[38] *FG Stuttgart* EFG 1995, 652 zu einer unzureichenden Sachverhaltserfassung in einem steuerrechtlichen Antragsformular, s. dazu § 24 Rn. 90.

Wirtschaftlichkeit durchaus bei der Auswahl der Beweismittel herangezogen werden (§ 24 Rn. 36). Soweit durch Spezialgesetze (Rn. 3) besondere Beweismittel vorgeschrieben oder besondere Anforderungen an Sachverständige festgelegt sind, gehen diese Regelungen nach § 1 vor.[39] Zu den Einschränkungen bei der Auswahl und der Verwendung der Beweismittel zum Schutz personenbezogener Daten, Betriebs- und Geschäftsgeheimnisse s. Rn. 96.

9 Einschränkungen bei der Auswahl der Beweismittel durch **Beteiligtenvortrag** und **Beweisanträge** bestehen nicht, wenngleich dieses Vorbringen nicht unbeachtlich bleibt (vgl. § 24 Rn. 43 ff.; s. ferner Rn. 16 f., 44; zum Zeugenbeweis Rn. 66 ff.). Zur **Beweisführungslast** und materiellen **Beweislast** der Beteiligten s. § 24 Rn. 54 f. Hat die Behörde den Sachverhalt ermittelt und die Beweise erhoben (§ 24 Rn. 24), hat sie auf dieser Grundlage ihre Entscheidung nach dem **Grundsatz der freien Beweiswürdigung** zu treffen. Dieser Verfahrensgrundsatz bedeutet, dass der Behörde gesetzlich keine festen Regeln für ihre Überzeugungsgewinnung vorgegeben sind. Dieser Grundsatz ist dabei nur dann verletzt, wenn die Behörde von einem unrichtigen oder unvollständigen Sachverhalt ausgeht, wenn sie insbesondere Umstände übergeht, deren Entscheidungserheblichkeit sich ihr hätten aufdrängen müssen, oder wenn sie aus sonstigen Gründen die Grenzen einer objektiv willkürfreien Würdigung überschreitet.[40]

10 Für **Fehler bei der Auswahl** der Beweismittel s. § 24 Rn. 7, 58 ff. Auch hinsichtlich der Durchführung des Beweisverfahrens gilt der Grundsatz, dass eine Verletzung des Untersuchungsgrundsatzes keine selbstständig durchsetzbare Verfahrensposition des Betroffenen begründet.[41] Selbstständiger Rechtsschutz gegen Maßnahmen des Beweisverfahrens sind dem Betroffenen nach den Grundsätzen zu § 44 a VwGO nur eröffnet, soweit sie einen Eingriff in materielle Rechtspositionen beinhalten (s. Rn. 19, 81),[42] wie dies etwa dann der Fall ist, wenn der Gutachter unbefugt aus dem Gutachten gewonnene Kenntnisse offenbart, s. Rn. 11.[43]

2. Beweisverfahren

11 Ein besonderes **Beweisverfahren** auf der Grundlage einer eigenen **Beweisanordnung** (s. § 273 ZPO) oder eines **Beweisbeschlusses** (§§ 358 f. ZPO) ist für das Verwaltungsverfahren nicht vorgesehen (vgl. Rn. 38 f., 80 ff.). Auch lässt die eigene Pflicht der Behörde zur Klärung des Sachverhalts keinen Raum für ihren Antrag zur Durchführung eines selbständigen gerichtlichen Beweisverfahrens bei laufendem Verwaltungsverfahren.[44] **Form und Verfahren der Beweisaufnahme** im allgemeinen Verwaltungsverfahren werden als Teil der Sachverhaltsermittlung vom Einzelfall bestimmt. So hat die Beauftragung eines Sachverständigen nur Sinn, wenn ihm die Beweisfrage mitgeteilt wird. Die Grundsätze des § 10 gelten auch insoweit (Rn. 6). Besondere Anforderungen an die Gestaltung des Beweisverfahrens können sich aber aus der der Behörde nach anderen Vorschriften auferlegten Pflichten ergeben. So untersagt z.B. § 20 Abs. 2 S. 2 eine eigenständige Tätigkeit eines Beteiligten für die Behörde. Deshalb dürfen etwa bei einem Nachbarstreit um Lärmschutz die vorbereitenden Immissionsmessungen nicht einem Beteiligten übertragen werden.[45] Ferner schließt z.B. die Geheimhaltungspflicht nach § 30 die Verpflichtung der Behörde ein, Dritte, deren fachkundiger Unterstützung sie sich im Rahmen ihrer Verwaltungstätigkeit bedient, zur Verschwiegenheit anzuhalten und bei Verstößen Maßnahmen zur Einhaltung der Geheimhaltspflicht zu ergreifen. Unterlässt sie dies und lässt es geschehen, dass der Dritte aus seiner Tätigkeit gewonnene Kenntnisse weitergibt, offenbart sie Geheimnisse im Sinne des § 30.[46] Weitergehender Vorkehrungen zur Sicherstellung einer ordnungsgemäßen Durchführung der Sachverhaltsermittlung bedarf es dann, wenn die Behörde die

---

[39] S. z.B. zum Umfang der Ermittlungsbefugnis der Fahrerlaubnisbehörde s. *VGH Mannheim* NJW 2007, 2571; *VGH Mannheim* NJW 2005, 234; *OVG Lüneburg* NJW 2001, 459. Ferner zur Messanordnung nach §§ 28, 26 BImSchG *OVG Münster* NVwZ-RR 2002, 337. Zur Beweiserhebung im Ausländer- und Asylrecht s. *Klatt* NVwZ 2007, 51; *Kluth* ZAR 2007, 250.
[40] So entsprechend für das gerichtliche Verfahren *BVerwG* NVwZ 2005, 1087; *OVG Münster* NVwZ-RR 2006, 829.
[41] *BVerwG* NVwZ 1984, 718; NVwZ 1987, 578; NVwZ-RR 1996, 381.
[42] *Stelkens* in Schoch u.a., VwGO, § 44 Rn. 29.
[43] *OVG Münster* NVwZ-RR 1995, 703.
[44] S. *VGH Mannheim* NVwZ-RR 2007, 574.
[45] *OVG Münster* NVwZ-RR 2004, 721.
[46] *OVG Münster* NVwZ-RR 1995, 703.

Klärung des Sachverhalts im Wege der funktionalen Privatisierung insgesamt auf fachkundige Dritte überträgt, wie dies bei der Standortauswahl für Abfallentsorgungsanlagen geschieht.[47]

Wenn der Verlust eines Beweismittels droht oder seine Benutzung erschwert wird, kann die Behörde nach ihrem Ermessen – selbst wenn im Einzelfall ein Verwaltungsverfahren noch nicht begonnen haben sollte (z.B. vor Antragstellung nach § 22) – **die Beweise sichern,** auch wenn die Verfahrensvoraussetzungen der §§ 485 ff. ZPO nicht vorliegen. Die Befugnis dazu ergibt sich aus ihrer Aufgabenzuweisung und der Pflicht zum Gesetzesvollzug. Amtshilfe (§§ 4 f.) ist bei der Beweisermittlung möglich. So kann die Behörde z.B. im Wege der **Amtshilfe** auf die Feststellungen, Ermittlungsergebnisse und Beweismittel anderer Behörden zugreifen; sie hat sich aber auch dann ein eigenes Bild von der Aussagekraft der beigezogenen Erkenntnisse im Hinblick auf die in eigener Zuständigkeit zu treffende Entscheidung zu machen.[48] Der prozessuale Grundsatz der **Unmittelbarkeit der Beweisaufnahme** (§ 96 VwGO),[49] gilt im VwVf nicht (Rn. 3).[50] Der Bedienstete, der Beweis erhebt, braucht nicht der Bedienstete zu sein, der die Entscheidung trifft. Es ist nicht erforderlich, über die Beweisermittlung auch nicht z.B. über die Einnahme des Augenscheins (s. aber § 98 AO 1977; § 26 Abs. 3 BGSG), einen **Vermerk** oder eine **Niederschrift**[51] aufzunehmen. In der Regel ist es jedoch zweckmäßig, ggf. geboten (§ 24 Rn. 2), das Ergebnis **aktenkundig** zu machen, zumal wenn eine Anhörung nach § 28 in Frage kommt.[52] Abzustellen ist auf die Anforderungen des jeweiligen Fachrechts und die allgemeinen Erfordernisse der Rechtsschutzgarantie des Art. 19 Abs. 4 GG, die ggfs. Vorkehrungen dafür erfordert, dass entscheidungserhebliche Vorgänge auch nachträglich in einem gerichtlichen Verfahren noch aufgeklärt werden können.[53] So kann eine unzureichende oder fehlerhafte Protokollierung einer mündlichen Prüfung oder auch eine nicht ordnungsgemäße Aktenführung zu einer Verschiebung der materiellen Beweislast führen.[54] S. ferner § 24 Rn. 19.

Die Beteiligten haben, wie die Entstehungsgeschichte zeigt, weder einen Anspruch auf **Benachrichtigung** von der Beweisaufnahme noch einen Anspruch darauf, an einem **Beweistermin teilzunehmen,**[55] noch, wenn sie teilnehmen, an **Zeugen und Sachverständige Fragen zu stellen**[56] (anders im förmlichen Verfahren, s. § 66, dort Rn. 10 f.). Einer zum Absatz 2 vom BT-Rechtsausschuss vorgeschlagenen Änderung, der Behörde zur Pflicht zu machen, den Termin von Anhörungen oder Vernehmungen den Beteiligten rechtzeitig mitzuteilen und deren Anwesenheit im Termin zu gestatten, ist der BT-Innenausschuss nicht gefolgt. Eine derartige justizförmige Ausgestaltung (vgl. für den Verwaltungsprozess § 97 VwGO) erschien dem BT-Innenausschuss für das allgemeine Verwaltungsverfahren nicht sachgerecht.[57] Rechtsstaatliche Gründe erfordern die **Beteiligtenöffentlichkeit** und das **Beteiligtenfragerecht** nicht, da die Entscheidung der Behörde gerichtlich überprüft werden kann (Begründung zu § 22 Entwurf 73 unter Hinweis auf BVerwG).[58] Aus diesem Grund steht den Beteiligten auch kein zivilrechtlicher Anspruch auf Widerruf oder Berichtigung einer Zeugenaussage in einem Verwaltungsverfahren zu.[59]

Ob und inwieweit eine **Teilnahme** von der Behörde gestattet wird, richtet sich nach ihrem **Ermessen,** dessen Ausübung sich am Zweck des § 24 (vgl. § 24 Rn. 2) zu orientieren hat. So kann es gerade der Einzelfall erfordern, dass die Beweisaufnahme ohne die Beteiligten erfolgt,

---

[47] Hierzu im Einzelnen *Hoppe/Bleicher,* NVwZ 1996, 421.
[48] *BVerwGE* 80, 224, 227; *VG Potsdam* AuAS 2003, 149.
[49] *Schnapp,* Festschrift Menger, S. 557; *Böhm* NVwZ 1996, 427.
[50] *VGH Kassel* NJW 1984, 821.
[51] Zu den Erfordernissen einer Niederschrift in Abgrenzung zum Vermerk s. *OVG Weimar* NVwZ-RR 2002, 408.
[52] Vgl. *OVG Münster* Beschl. v. 5. 9. 2000 – 19 B 1244/00 – zur Dokumentation eines zur Schulentlassung führenden Sachverhalts. Ferner *VG Chemnitz* LKV 2007, 44 zur Dokumentation eines Anhörungsgesprächs. Zu den Formerfordernissen der Niederschrift s. *OVG NRW* NVwZ-Beil. 2000, 83.
[53] S. *BVerwG* NJW 1996, 2670 m. w. N.
[54] *OVG Münster* DVBl 2000, 718 f.; *OVG Greifswald* NVwZ 2002, 104.
[55] *Stelkens* BauR 1978, 158, 260.
[56] Für das gerichtliche Verfahren ist die Frage umstritten, ob die Beteiligten einen Anspruch auf eine mündliche Erläuterung eines in einem Gerichtsverfahren erstatteten Gutachtens haben, s. *VGH Kassel* DVBl 1999, 995; NVwZ 2000, 1428; *Schulz* NVwZ 2000, 1367.
[57] Vgl. Bericht des BT-Innenausschusses zu § 26. S. dagegen zu § 97 VwGO z.B. *BVerwG* NJW 2006, 2058: Parteiöffentlichkeit einer Ortsbesichtigung durch einen Sachverständigen.
[58] Urteil vom 16. Februar 1972 – V C 68.70 –, Fürsorgerechtl. Entsch. der Verwaltungs- und Sozialgerichte 19, 325.
[59] *BGH* NJW 1965, 1803.

um ein unverfälschtes Ergebnis zu erlangen, z. B. Emissionsmessungen ohne Wissen des Betreibers der Anlage.[60] Andere Autoren[61] sind in der Regel für einen Teilnahmeanspruch bei Beweisaufnahme zu wichtigen Fragen. Dem wird nicht gefolgt.[62] Auch in diesen Fällen ist es eine Ermessensentscheidung der Behörde, den Beteiligten die Anwesenheit zu gestatten. Im Einzelfall kann die Ablehnung der Beteiligung ermessensfehlerhaft sein, und zwar schon unter Berücksichtigung der allgemeinen Aufgabenstellung (§ 24 Rn. 1): So kann eine Zeugenvernehmung ohne die Möglichkeit der Gegenüberstellung als Beweismittel wertlos sein. Im Interesse des Beteiligten kann eine Ermessensschrumpfung insbesondere in Betracht kommen, wenn es um die Verwirklichung von Grundrechten geht, die anders als durch Teilnahme und Fragerechte nicht geschützt werden könnten (vgl. Rn. 45). Die Interessen des Beteiligten werden im allgemein Verwaltungsverfahren (s. aber § 66) ausreichend gewahrt, wenn er nach Anhörung nach § 28 die wesentlichen Umstände des Sachverhaltes in der Begründung des Verwaltungsaktes (s. § 39 Rn. 25) erfährt; einer justizförmigen Ausgestaltung des Verwaltungsverfahrens bedarf es dazu nicht (Rn. 2, 13).

15 Gestattet die Behörde die Teilnahme der Beteiligten an der Beweisermittlung, hat er ein Recht auf **Teilnahme eines Bevollmächtigten** oder eines Beistandes.[63] Nimmt der Bevollmächtigte im Vorverfahren an der Beweisaufnahme teil (§§ 79, 26), ist bei der Frage, ob für ihn die Kosten des Vorverfahrens erstattungsfähig sind, auch zu berücksichtigen, dass es seine Aufgabe z. B. als Anwalt ist, die Einhaltung der Verfahrensrechte seines Mandanten zu überwachen (§ 24 Rn. 95). Diese Funktion wird vielfach übersehen (vgl. § 80 Rn. 19 f.). Eine Beweisaufnahme im Sinne des § 118 Abs. 1 Nr. 3 BRAGO liegt immer dann vor, wenn sich die Behörde von Amts wegen oder auf Antrag eines Beweismittels bedient. Für das Entstehen der **Beweisaufnahmegebühr** nach dieser Vorschrift reicht jedoch eine bloße anwaltliche Vertretung im Beweisaufnahmeverfahren nicht aus, da sie ein Mitwirken des Rechtsanwalts und folglich dessen Anwesenheit bei der Beweisaufnahme erfordert.[64]

16 Einen **Beweisantrag**[65] eines Beteiligten, der, wie § 24 Abs. 1 Satz 2 zeigt, formlos gestellt werden kann, braucht die Behörde, anders als z. B. in § 86 Abs. 2 VwGO,[66] grundsätzlich nicht durch begründeten Beweisbeschluss abzulehnen.[67] Ein Beweisantrag darf insbesondere dann abgelehnt werden, wenn das Beweisthema nicht entscheidungserheblich oder durch ausreichende andere Erkenntnisquellen bereits geklärt ist[68] (siehe aber zur Beweisantizipation § 24 Rn. 45)[69] oder wenn der Beweisantrag unsubstantiiert ist[70] oder ersichtlich der Verschleppung des Verfahrens dienen soll.[71]

17 Unberührt bleibt das Recht des Beteiligten auf **Anhörung** nach § 28, das sich aber nicht auf das Beweisergebnis, sondern nur auf neue Tatsachen, die durch die Durchführung des Beweises der Behörde bekannt geworden sind, bezieht (s. § 28 Rn. 34 ff., s. aber § 24 Rn. 4 f.).

18 Ersuchen über **Beweiserhebungen im Ausland** müssen in der Regel über die zuständige oberste Landes- oder Bundesbehörde an das Auswärtige Amt weitergeleitet werden. Häufig bestehen auch Übereinkommen, nach denen Beweisersuchen unmittelbar an die zentrale Behörde des Vertragsstaates gerichtet werden können, z. B. für Belgien und Portugal.[72] Bei der

---

[60] Vgl. § 9 Rn. 65; § 24 Rn. 42; ebenso *OLG Düsseldorf* NVwZ 1983, 638, 639 für Gaststättennachschau (s. aber Rn. 93 ff.).
[61] *Kopp/Ramsauer*, § 26 Rn. 37, *Obermayer*, Festschrift Boorberg, S. 118; *ders.,* VwVfG, § 26 Rn. 107, 34, Vorbem. § 9 Rn. 44.
[62] Ebenso *Clausen* in Knack, § 26 Rn. 34.
[63] Bestr., s. *Stelkens in Schoch u. a.,* § 44 Rn. 17, 31).
[64] *BVerwG* 22. 3. 1996 – 8 C 36.95 – n. v.
[65] S. in Abgrenzung dazu zum Beweisermittlungsantrag *BVerwG* ZAR 2002, 245; *Dawin* in *Schoch* u. a. § 86 Rn. 94 m. w. N. Zum Beweisantrag bezügl. Negativtatsachen s. *VGH Mannheim* DÖV 2006, 568.
[66] S. dazu *BVerwG* NVwZ 2003, 1116; *VGH Mannheim* DÖV 2006, 568.
[67] Zur Ablehnung eines Beweisantrags als Verletzung des Anspruchs auf rechtliches Gehör s. *BVerfG* DVBl 2002, 834.
[68] Dazu im Einzelnen *Stumpe* VBlBW 1995, 172.
[69] *BVerwG* Beschl. v. 22. 12. 2004 – B 94/04 –, Buchholz 310 § 86 Abs. 2 VwGO Nr. 58; *OVG Münster* AuAS 2002, 212.
[70] Zum Zeugenbeweis: *BGH* NJW 1994, 1294. Zur Abgrenzung der Beweismittel „sachverständiger Zeuge" und „Sachverständiger": *OVG Münster* DVBl 2007, 1183.
[71] *BGH* NJW 1992, 2711; hierzu insgesamt *Störmer* JuS 1994, 334.
[72] BGBl II 1981, 533, 550; 1982, 1052.

Entscheidung über die Vernehmung eines Zeugen im Ausland ist die Behörde vom Verbot der Beweisantizipation befreit.[73] Zum Beweiserhebungsverbot auf Grund des Völkerrechts § 9 Rn. 44. Zur Vernehmung eines Zeugen im Ausland auf Grund völkerrechtlicher Vereinbarungen und internationaler Rechtshilfepraxis[74] s. § 24 Rn. 47.

3. Rechtsfolgen

Verstöße gegen § 26 Abs. 1 und 2 sind zugleich Verstöße gegen § 24. Wegen der **Rechtsfolgen** s. dort Rn. 7, 58 ff.; ferner § 26 Rn. 52 ff. Zu **Verwertungsverboten** s. Rn. 24 f., § 24 Rn. 30 ff., 61. Zur **Beweisvereitelung** s. § 24 Rn. 18.[75] Eine Maßnahme im Rahmen der Beweisermittlung ist in der Regel als **Vorbereitungshandlung** kein Verwaltungsakt und nicht selbstständig anfechtbar.[76] Verwaltungsakt kann sie sein, wenn die Maßnahme in die materiellen Rechte des Betroffenen über den zu erlassenden Verwaltungsakt hinaus, für den die Sachverhaltsermittlung durchgeführt wird, eingreift, wenn die Maßnahme also keine Vorbereitungshandlung ohne eigene Rechtswirkung ist, sondern dem Betroffenen eine selbstständige Beschwer auferlegt, s. Rn. 10.[77] Weitere Beispiele s. Rn. 57 ff. 19

Soweit durch ungerechtfertigte Beweisermittlung, z. B. weitere Heranziehung von Sachverständigen, eine **Verfahrensverschleppung** stattfindet, kommt eine Untätigkeitsklage nach § 75 VwGO in Betracht. 20

4. Beweismittel

Absatz 1 Satz 2 nennt als Beispiel für Beweismittel („insbesondere") die sog. **klassischen Beweismittel** der ZPO (§§ 371 ff.) und der StPO (§ 245). Auch die in Satz 2 genannten Beweismittel können herangezogen werden, ohne dass die Förmlichkeiten der Prozessordnungen beachtet werden müssen (Rn. 4, weitergehend als im förmlichen Verfahren, vgl. § 65 Rn. 5 ff.). Die Aufzählung ist nicht abschließend. Beweismittel ist jedes Erkenntnismittel, das die Überzeugung von der Existenz oder Nichtexistenz von Tatsachen begründen und damit dem Nachweis der Richtigkeit der zu ermittelnden Tatsachen dienen kann.[78] Z. B. ist auch das **Prüfungsgespräch** ein mögliches Beweismittel, denn es vermag als Erkenntnismittel die Überzeugung von der Existenz oder Nichtexistenz von Tatsachen – nämlich von dem Vorhandensein von Kenntnissen – zu begründen.[79] Rechtlich hat dies zur Konsequenz, dass die Durchführung einer mündlichen Prüfung bereits in der allgemeinen Regelung der §§ 24, 26 eine ausreichende Rechtsgrundlage finden und eine darüber hinausgehende normative Regelung nur dann erforderlich ist, wenn der Nachweis der Kenntnisse durch andere Erkenntnismittel – etwa durch Einholung eines Sachverständigengutachtens – ausgeschlossen werden soll.[80] 21

Zu den Erkenntnismitteln zählt auch der **Indizienbeweis,** bei dem aus Hilfstatsachen mittels allgemeiner Erfahrungssätze (Rn. 28 ff.) auf das Vorhandensein von Haupttatsachen geschlossen werden kann.[81] Diese Schlussfolgerung muss in der Begründung des VA nachvollziehbar dargelegt werden. Ist z. B. ein Beamter einer Geldentwendung überführt, so sind im Rahmen der Ermittlung der Schadenshöhe alle für die Verursachung des Schadens bedeutsamen Indizien in einer Gesamtschau zu würdigen; dabei sind an den Beweis vorangegangener Unterschlagungen 22

---

[73] S. zum gerichtlichen Verfahren *BGH* NJW 1994, 1484.
[74] *BVerwG* NJW 1984, 574.
[75] Dazu *OVG Münster* NVwZ-RR 2003, 803; *VG Berlin* NuR 2002, 239.
[76] *OVG Münster* NWVBl 2007, 62 m. w. N.; für Sachverständigen *VGH Kassel* NVwZ 1992, 391; ferner Rn. 49, 57 ff.; § 24 Rn. 58 ff.
[77] Vgl. *VGH Kassel* NVwZ-RR 1995, 47; *OVG Lüneburg* NVwZ 1990, 1194; *VG Düsseldorf* NVwZ-RR 2002, 449 jeweils zur Anordnung einer ärztlichen Untersuchung; *OVG Münster* NVwZ-RR 1995, 703 zur unbefugten Weitergabe von Kenntnissen aus einem Gutachterauftrag. Verneint für die Anordnung der Fahrerlaubnisbehörde, ein Gutachten beizubringen, s. *OVG Münster* NJW 2001, 3427 m. w. N., und für die der Prüfungsbehörde zur Vorlage eines Attestes, *VGH Kassel* NVwZ-RR 1995, 47. So auch *OVG Münster* NWVBl 2007, 62 zur Mitwirkung im Verfahren zur Feststellung sonderpädagogischen Förderbedarfs.
[78] *BVerwG* NJW 1990, 199, 200.
[79] *BVerwG* NJW 1996, 798.
[80] So *BVerwG* NJW 1996, 798 zur Fachkundebescheinigung nach § 6 StrlSchV. Vgl auch *BVerwG* NVwZ-RR 2000, 782 zum Fachkundenachweis im Waffenrecht.
[81] *BVerwG* NJW 1990, 1681, 1682; allgemein *Hansen* JuS 1992, 327.

unter dem Gesichtspunkt der Schadenshaftung weniger strenge Anforderungen zu stellen.[82] Zur Glaubhaftmachung eines Wiedereinsetzungsgrundes mittels Indizien genügt es, dass die auf Hilfstatsachen gestützte Schlussfolgerung überwiegend wahrscheinlich erscheint, ohne dass dadurch bereits alle anderen Möglichkeiten praktisch ausgeschlossen sein müssen.[83] Jedes **rechtlich zulässige Mittel** kann verwandt werden, sog. **Freibeweis.** Zulässig z. B. Fotos,[84] Tonband- und Filmaufnahmen über Geräusche und Luftverunreinigungen; Tonbandaufnahmen dagegen unzulässig, wenn ohne rechtliche Grundlage Gespräche abgehört wurden.[85] Zum Verwertungsverbot s. § 24 Rn. 61. Heimliche Observation eines Beamten durch den Dienstherrn zur Vorbereitung des Widerrufs einer Nebentätigkeitsgenehmigung.[86] Zu Hausbesuchen s. Rn. 8. Zur Beweisführung mit **elektronischen Dokumenten** s. Rn. 92. Zulässig sind ferner Erkenntnisse aus Zeitungsmeldungen,[87] wissenschaftlichen Veröffentlichungen usw. Aus Sprachanalysen können Hinweise auf die Herkunft eines Asylbewerbers gewonnen werden.[88] Die Steuerfahndung darf ein steuerstrafrechtliches Ermittlungsverfahren in einem Kreditinstitut aber nicht zu einer unzulässigen Rasterfahndung nutzen, indem ohne Rücksicht auf den der Ermittlung zugrunde liegenden Auftrag bestimmte Verhaltensweisen von Kunden dieses Kreditinstituts erfasst werden, um die Vorgänge einer steuerrechtlichen Überprüfung zu unterziehen.[89] Zu allgemeinen Auskünften von Behörden, z. B. des Auswärtigen Amtes in Asylangelegenheiten s. Rn. 40.

23 § 291 ZPO ist entsprechend anwendbar, so dass **offenkundige** oder **amtskundige Tatsachen** keines Beweises bedürfen.[90] Insoweit ist aber besonders § 28 zu beachten. **Allgemeinkundige Tatsachen** sind solche, von denen verständige und erfahrene Menschen in der Regel ohne weiteres Kenntnis haben oder von denen sie sich jederzeit durch Benutzung allgemein zugänglicher Erkenntnisquellen unschwer überzeugen können.[91] Auf sie darf eine Entscheidung nur gestützt werden, wenn die Beteiligten auch ohne Hinweis auf die fraglichen Tatsachen hinreichend Gelegenheit hatten, sich hierzu zu äußern.[92] **Amtskundig** sind die dem Amtsinhaber aus seiner amtlichen (nicht privaten) Tätigkeit bekannten Tatsachen, ohne dass sie nur aktenkundig sind.[93] Ist die Verwertung des Wissens des Amtsinhabers nur auf Grund einer Beweiswürdigung möglich, dürfte keine Amtskundigkeit vorliegen.[94] Amtskundige Tatsachen können einem Amtsinhaber die Sachkunde vermitteln, die weiteren Beweis erübrigt.[95] Nur **aktenkundige Tatsachen** sind weder allgemeinkundig[96] noch amtskundig. Sie müssen in das Verfahren eingeführt und – soweit strittig – belegt werden.

24 Das Recht, **andere Akten beizuziehen,** folgt aus §§ 24, 26 Abs. 1 S. 2 Nr. 3 (s. Rn. 36). Die Behörde hat sich aber auch dann, wenn sie z. B. im Wege der **Amtshilfe** auf die Feststellungen, Ermittlungsergebnisse und Beweismittel anderer Behörden zugreift, ein eigenes Bild von der Aussagekraft der beigezogenen Erkenntnisse im Hinblick auf die in eigener Zuständigkeit zu treffende Entscheidung zu machen.[97] Soweit durch die Beiziehung persönliche oder **Betriebsgeheimnisse** Dritter, z. B. der Beteiligten eines anderen VwVf, durch die Möglichkeit

---

[82] *BVerwG* NVwZ 1999, 77.
[83] *BGH* NJW 1998, 1870.
[84] *BayObLG* BayVBl 2000, 410 zur Verwendung eines bei einer Verkehrsüberwachung gefertigten Frontfotos.
[85] Dazu OVG *Hamburg* AuAS 2007, 160; *Vahle* DVP 2000, 375; *Reinkenhof* NJ 2003, 184.
[86] OVG *Münster* 24. 9. 1998 – 12 A 6113/96 –.
[87] *OVG Koblenz* DÖV 1986, 1032.
[88] Vgl. *VG Gelsenkirchen* AuAS 2001, 237; *VG Potsdam* InfAuslR 2001, 198; *Jobs* ZAR 2001, 173.
[89] *BFH* NJW 2000, 3157; NJW 2001, 318; siehe auch *FG Münster* NJW 2000, 3375 betreffend die Voraussetzungen eines zulässigen Sammelauskunftsersuchens. S. in Abgrenzung dazu zur präventivpolizeilichen Raster- bzw. Schleierfahndung *BVerfG* NJW 2006, 1939; *BayVerfGH* NVwZ 2006, 1284; *OVG Koblenz* NVwZ 2002, 1528; *Bausback* NJW 2006, 1922; *Volkmann* JZ 2006, 918; allgemein *Meister* JA 2003, 83; *Horn* DÖV 2003, 746; *Achelpöhler/Niehaus* DÖV 2003, 49; *Lisken* NVwZ 2002, 513.
[90] *BGH* NJW 1998, 3498; *BVerwG* DÖV 1984, 559; InfAuslR 1985, 147; NJW 1987, 1431, 1433; DÖV 1990, 437; DÖV 1991, 471.
[91] *BVerwG* DÖV 1983, 206; DÖV 1984, 559, 561; InfAuslR 1985, 147; NJW 1987, 1431, 1433.
[92] *BVerwG* 15. 10. 1999 – 9 B 351/99 –.
[93] Vgl. zum Begriff der gerichtsbekannten Tatsachen *BGH* NJW 1998, 3498.
[94] Offen *BVerwG* DÖV 1989, 437.
[95] *BVerwG* VBlBW 1991, 53; Rn. 4.
[96] *OVG Münster* InfAuslR 1985, 150; *OVG Hamburg* NVwZ-RR 1989, 218; wohl auch *VGH Mannheim* VBlBW 1988, 221; offen *VGH Kassel* ESVGH 35, 3065 (nur Leitsatz).
[97] *BVerwGE* 80, 224, 227; *VG Potsdam* AuAS 2003, 149. Dazu *Stumpe* VBlBW 1995, 172 (173).

der Akteneinsicht verletzt werden können, muss die Behörde (insoweit) von der Beiziehung und Verwertung der Akten absehen (§ 24 Rn. 32).[98]

Umstritten ist, inwieweit die Behörde Wissen, das auf Grund des **Know-how** eines Betriebes in einem gewerblichen Anmeldeverfahren vermittelt worden ist, in einem VwVf mit anderen Beteiligten, z. B. bei der Zulassung von Chemikalien, Pflanzenschutzmitteln, etc. wegen eines möglicherweise ungerechtfertigten Zeitgewinns des zweiten Anmelders **verwerten** darf.[99] Zu den Kosten eines Sachverständigengutachtens aus anderen VwVf Rn. 86; § 24 Rn. 6.

5. Vermutung/Anscheinsbeweis/Erfahrungssatz

Obgleich § 292 ZPO nicht unmittelbar auf das VwVf anwendbar ist, kann sich durch Auslegung der jeweiligen materiellen Norm ergeben, dass der Gesetzgeber das Vorhandensein einer Tatsache **widerleglich vermutet**.[100] Insoweit braucht die Behörde nicht weiter zu ermitteln. Der Beweis des Gegenteils ist aber zulässig. Insoweit wird von Umkehr der Beweislast gesprochen.[101] § 292 ZPO setzt voraus, dass das Gesetz selbst die Vermutungsgrundlage – das sind die Ausgangs- und Anknüpfungstatsachen, die bewiesen sein müssen, damit im Wege der Vermutungswirkung (widerlegbar) auf das Vorliegen einer weiteren Tatsache geschlossen werden kann – aufstellt. Dementsprechend lässt z. B. die in § 30 Abs. 2 Satz 2 BBesG enthaltene gesetzliche Vermutung einer „besonderen persönlichen Nähe" zum System der ehemaligen DDR eine Ausdehnung auf andere als die gesetzlich bestimmten Fallgruppen nicht zu.[102] Sieht das Gesetz eine **unwiderlegliche Vermutung** vor, ist dies keine Verfahrensregelung für eine Tatsachenermittlung, sondern es wird eine bestimmte Rechtsfolge durch **Fiktion** auf einen anderen Tatbestand übertragen.[103]

Auf den **Anscheinsbeweis (Prima-facie-Beweis)** als Ausdruck der Beweiswürdigung (§ 24 Rn. 14)[104] kann sich die Behörde nur bei typischen Abläufen berufen, und zwar in Fällen, in denen ein gewisser Tatbestand nach der allgemeinen Lebenserfahrung auf eine bestimmte Ursache hinweist und infolgedessen wegen des typischen Charakters des Geschehens die konkreten Umstände des Einzelfalles für die tatsächliche Beurteilung ohne Bedeutung sind. Ist z. B. ein Beamter einer Geldentwendung überführt, so finden bei der Ermittlung der Höhe der Gesamtsumme der entwendeten Fehlbeträge die Grundsätze des Anscheinsbeweises Anwendung, wenn festgestellt wird, dass die Fehlbeträge in der Vergangenheit jeweils dann angestiegen sind, wenn der Beamte Dienst versah.[105] Sind keine Tatsachen erwiesen, welche die Möglichkeit eines von dem typischen Geschehensablauf abweichenden Geschehens dartun, ist für den Ursachenzusammenhang kein weiterer Beweis nötig.[106] Der Anscheinsbeweis beruht letztlich auf der Erfahrung, dass gewisse typische Sachverhalte bestimmte Folgen auslösen oder dass umgekehrt gestimmte Folgen auf einen bestimmten Geschehensablauf hindeuten. Somit enthält der Beweis des ersten Anscheins eine Anwendung von Erfahrungsregeln auf einen bestimmten Geschehensablauf in dem Sinne, dass bei einem feststehenden typischen Geschehensablauf und nach Erfah-

---

[98] Für Asylverfahren *Stelkens* ZAR 1985, 15, 19.
[99] Bejahend *VG Braunschweig* NJW 1985, 83 mit abl. Anm. *Papier* NJW 1985, 12, zur Bereicherungshaftung des Zweitanmelders *BGH* NJW 1990, 52 zu *LG Köln* NJW 1985, 2652 m. Anm. *Deutsch*; s. § 17 GenTG.
[100] S. z. B. *BFH* NVwZ-RR 2002, 250 zu § 12 II Nr. 1 AO. Ferner *OVG Münster* NVwZ-RR 2005, 336 zu vermuteter Pflegebereitschaft von Großeltern. Zu § 1 Abs. 3 VermG *BVerwG* DÖV 2000, 389; ThürVBl 1998, 160 = Buchholz 421 § 1 VermG Nr. 131; DÖV 1996, 888; *BVerwGE* 100, 310 = NJW 1996, 1909. Zum BVFG *BVerwGE* 101, 205 = NVwZ-RR 1996, 706. Zur Zweitwohnungsteuer *BVerwG* Buchholz 401.61 Zweitwohnungsteuer Nr. 15. Zu § 122 Abs. 2 AO 1977 *OVG Münster* NVwZ-RR 1997, 77; 1995, 550. Zu § 43 Abs. 1 *VG Bremen* NVwZ-RR 1996, 550. Zu § 3 Abs. 1 NÄG *BVerwG* NVwZ 1997, 282.
[101] Zu den Vorgängern von § 27 Abs. 2, 3 AsylVfG *Nierhaus*, S. 367 f.; *Dürig*, o. § 24 Lit. vor Rn. 1, S. 91 ff., 145; s. auch § 34 GenTG.
[102] *OVG Münster* 2. 2. 2001 – 12 A 2446/98 –.
[103] Vgl. *OVG Münster* ZMR 1989, 394 m. w. N.; zur Abgrenzung Vermutung/Anscheinsbeweis *Nierhaus*, a. a. O., S. 12 f., 30, 362 ff.
[104] *BGH* NJW 1985, 554; enger *BFH* NVwZ 1990, 303.
[105] *BVerwG* NVwZ 1999, 77.
[106] *BVerwG* NJW 1995, 2303; NWVBl 1996, 125; hierzu Anm. *Otto* NWVBl 1996, 253; NJW 1982, 1893; *BGH* NJW 1982, 2668; NJW 1985, 554; *BFH* NVwZ 1990, 303, 304; *OVG Münster* NWVBl 1996, 12.

rungen des Lebens auf eine bestimmte Ursache oder einen bestimmten Kausalverlauf geschlossen werden kann.[107] Ggfs. ist von Amts wegen zu prüfen, ob ein – zur Anwendung der Regeln des Anscheinsbeweises führender – typischer Geschehensablauf vorliegt. Gleichfalls ist von Amts wegen zu ermitteln, ob Tatsachen vorliegen, welche die ernstliche und nahe liegende Möglichkeit eines atypischen Verlaufs begründen und damit den Anscheinsbeweis erschüttern.[108] Hiernach gibt es keinen Anscheinsbeweis für individuelle Vorgänge,[109] etwa den Nachweis des Zugangs eines schriftlichen VA,[110] falls nicht die Voraussetzungen einer gesetzlichen Zugangsvermutung vorliegen.[111]

28 Wie ein Gericht kann sich die Behörde auf **Erfahrungssätze** stützen. Erfahrungssätze gehören zum Bereich des Anscheinsbeweises und damit zur Beweiswürdigung. Als Erfahrungssatz ist die allgemein abstrakte Erkenntnis über den Zustand und die Entwicklung von Lebensverhältnissen zu verstehen, die sich auf die Beobachtung von Einzelfällen gründet.[112] Der Erfahrungssatz kann auf der allgemeinen oder der besonderen Lebenserfahrung (z. B. Berufserfahrung) beruhen.[113] Abstrakte fachspezifische Lehr- und Erfahrungssätze und ihre Übertragung auf den einzelnen Fall vermittelt der Sachverständige (§ 24 Rn. 16 f.). Zum Erfahrungssatz beim Indizienbeweis s. Rn. 21 f.

29 Der **allgemeine Erfahrungssatz** ist ein jedermann zugänglicher Satz, der nach der allgemeinen Erfahrung unzweifelhaft und durch keine Ausnahme durchbrochen ist.[114]

30 Bei einem **besonderen Erfahrungssatz** sind Ausnahmen möglich; er kann auch in Frage gestellt werden.[115] Bezieht sich der Erfahrungssatz auf tatsächliche Gegebenheiten wie auf medizinischem, technischem Gebiet oder auf das Verhalten von Asylbewerbern und auf die politischen Verhältnisse im Heimatland,[116] müssen die Quellen der Erfahrung nachprüfbar dargelegt (§ 39 Abs. 1) werden.[117] Insoweit ist die Abgrenzung zum Beweismaß (§ 24 Rn. 20 f.), (Regel-)vermutung (Rn. 26) und Anscheinsbeweis (Rn. 27) str.[118] Als (wehr-)medizinischen Erfahrungssatz sieht *BVerwG*[119] die Tauglichkeitsbestimmungen an. Ähnlich wertet das *BVerwG*[120] die Empfehlungen für die Anlage von Erschließungsanlagen der Forschungsgesellschaft für Straßen und Verkehrswegen als sachverständige Konkretisierung von Erfahrungen. Spricht ein besonderer Erfahrungssatz für den Vortrag des Beteiligten, muss die Behörde die Umstände geltend machen, die im Einzelfall die Anwendung hindern (s. § 24 Rn. 55). In Betracht kommt auch eine Anwendung allgemeiner Untersuchungsergebnisse der empirischen **Sozialforschung**.[121]

31 Problematisch sind **quasi-empirische** Feststellungen, die nicht weiter belegt sind, wie z. B. die Feststellung des herrschenden Wertempfindens in der Bevölkerung über ein Verhalten.[122]

6. Technische Regelwerke

32 In technischen Regelwerken privater oder öffentlicher Stellen können insbesondere zur Beurteilung von Prognosen und Risiken (§ 24 Rn. 21 f.) besondere Erfahrungssätze zum Ausdruck kommen.[123] Sie sind im Grunde nichts anderes als in ein technisches Gewand gekleidete Ent-

---

[107] So *BFH* NVwZ-RR 2002, 250; NVwZ 1990, 303, 304.
[108] *BVerwG* NVwZ-RR 2000, 256.
[109] S. auch *OVG Münster*, Beschluss v. 4. 7. 2007 – 16 B 666/07 – zum Maßstab für die Feststellung der Eignung als Voraussetzung für die Erteilung der Fahrerlaubnis.
[110] *BFH* NVwZ 1990, 303.
[111] S. *BFH* NVwZ-RR 2002, 250 zu § 12 II Nr. 1 AO.
[112] *Dürig*, o. § 12 Lit. vor Rn. 1, S. 47 ff.; *Musielak/Stadler* JuS 1980, 279, 281; 583 (584 ff.); *Gössel* DRiZ 1980, 363, jew. m. w. N.; *VGH Mannheim* 10. 10. 1980 – A 12 S. 42/80 – n. v.
[113] *BVerwG* InfAuslR 1984, 20.
[114] *BVerwG* DÖV 1984, 559, 561.
[115] *BGH* NJW 1982, 1049 f.
[116] *VG Köln* InfAuslR 1980, 242; InfAuslR 1982, 111; *VGH Mannheim* a. a. O.; *BVerwG* NVwZ 1983, 674, 677, NVwZ 1983, 738.
[117] *BVerwG* InfAuslR 1983, 79; NJW 1983, 774, 775; InfAuslR 1984, 20.
[118] Vgl. *J. Dürig*, s. o., S. 50 ff.
[119] NVwZ-RR 1989, 24; 1989, 257.
[120] *BVerwG* NVwZ 2003, 1120; *BVerwGE* 82, 102.
[121] *OVG Berlin* NJW 1980, 2484 (2485).
[122] So z. B. *BVerwG* NVwZ 1990, 668, dazu *Discher* JuS 1991, 642, 648 f.; s. ferner Rn. 18; § 24 Rn. 9.
[123] *Skouris* AöR 1982, 215, 235; *Vieweg* NJW 1982, 2473, 2476; *Nicklisch* NJW 1983, 841; *Rittstieg* NJW 1983, 1098, 1100; *Degenhart* NJW 1989, 2435; *Ronellenfitsch* DVBl 1989, 851; *Heine* NJW 1990, 2425; *Müg-*

scheidungen über sozialadäquate, noch tolerable Restrisiken.[124] In der Praxis werden sie benötigt, da auch der Gesetzgeber bei der technischen Entwicklung mangels präzisen Wissens über die Risiken und die Messmethoden allenfalls noch einen Rahmen geben kann.[125] Die **TA Luft**[126] und die **TA Lärm**[127] als die beiden in der Praxis mit Abstand wichtigsten Verwaltungsvorschriften zum Umweltschutzrecht zielen darauf, einen gleichmäßigen und berechenbaren Gesetzesvollzug sicherzustellen.[128] Zu diesem Zweck konkretisieren sie die unbestimmten Rechtsbegriffe des BImSchG durch generelle Standards, die ein hohes Maß an wissenschaftlich-technischem Sachverstand verkörpern und zugleich auf abstrakt-genereller Abwägung beruhende Wertungen des hierzu berufenen Vorschriftengebers zum Ausdruck bringen.[129]

Eine im Vordringen befindliche Auffassung versteht derartige Verwaltungsvorschriften nicht lediglich als sog. **antizipierte Sachverständigengutachten,**[130] sondern ordnet sie wegen ihrer auf dem Gesetz beruhenden **normkonkretisierenden Funktion** dem **verbindlichen Außenrecht** zu.[131] Die Bindung der Normkonkretisierung entfällt nur, soweit diese gegen höherrangiges Recht verstößt, durch gesicherte Erkenntnisfortschritte überholt oder als allgemeine Regelung nicht in der Lage ist, den konkreten Fall tatbestandsmäßig zu erfassen.[132] 33

Für den Bereich der **Lärmbelästigungen**[133] ebenso wie für Geruchs- und Abgasbelastungen[134] ist allerdings – solange keine bestimmten Mess- und Berechnungsverfahren sowie Lärmwerte grundstücksbezogen vorgegeben sind – die Zumutbarkeitsgrenze aufgrund einer umfassenden Würdigung aller Umstände des Einzelfalles und insbesondere der speziellen Schutzwürdigkeit des jeweiligen Gebiets zu bestimmen.[135] In diesem Zusammenhang können auch technische Regelwerke herangezogen werden, wenn sie für die Beurteilung der Erheblichkeit der Immissionsbelastung im konkreten Einzelfall brauchbare Anhaltspunkte liefern. **Richtwerte,** die in Gesetzentwürfen, Verwaltungsvorschriften oder privaten DIN-Regelungen enthalten sind oder vom Schrifttum befürwortet werden, bieten in der Regel **Indizien,**[136] einen Rahmen,[137] Orientierungshilfen oder eine widerlegliche Vermutung.[138] DIN-Normen werden dabei als private technische Regeln mit Empfehlungscharakter gekennzeichnet, die die anerkannten Regeln der Technik wiedergeben oder hinter diesen zurückbleiben können.[139] Ebenso 34

---

genborg NVwZ 1990, 909; *Wahl* NVwZ 1991, 409; *Ossenbühl/Di Fabio,* S. 85 ff; *Badura* DVBl 1998, 1197; *Vieweg/Röthel* NJW 1999, 969; *Dolde/Menke* NJW 1999, 1070, 1073 f.; *Kutscheidt* DVBl 2000, 754.

[124] Hierzu *Roßnagel/Neuser* UPR 2006, 125; *Heine* NJW 1990, 2425, 2428.

[125] Vgl. *Sendler* UPR 1991, 241, 247; kritisch *Rupp* JZ 1991, 868 angesichts der Entscheidungen des *EuGH* NVwZ 1991, 866 und NVwZ 1991, 868 zur TA-Luft (1986), dazu Einl Rn. 1135 f.

[126] TA Luft 2002 v. 24. 7. 2002, GMBl S. 511. Hierzu *Hansmann* NVwZ 2002, 1208; *Jarass* NVwZ 2003, 257; *ders.* VerwArch 97 (2006), 429;

[127] I. d. F. v. 26. 8. 1998, GMBl S. 503.

[128] Dazu *Wagner* NJW 1991, 3247; kritisch *OVG Lüneburg* OVGE 38, 407; *Sendler* NJW 1986, 2907, 2913; *Kutscheidt* NVwZ 1983, 581; *Gusy* UPR 1986, 241; *ders.* DVBl 1987, 497; *ders.* NuR 1987, 156; *Jarass* NJW 1987, 1225; *Ladeur* UPR 1987, 253; *Berg,* Festschrift Menger, S. 537, 546; *Degenhart* NJW 1989, 2435, 2439 f.

[129] So *BVerwG* NVwZ 2000, 440; 2001, 1165; 2004, 610 zur TA Luft. Ferner zur normkonkretisierenden Funktion der TA Lärm: *OVG Münster* NVwZ 2004, 366, jeweils m. w. N.

[130] Zurückgehend auf *Breuer,* AöR 1976, 46, 79 ff., ferner *BVerwG* NJW 1978, 1450, DVBl 1988, 152; DÖV 1993, 255; *BGH* NJW 1995, 132; NJW 1990, 2465; *Eiberle-Herm* UPR 1994, 241; *Gusy* NVwZ 1995, 105; *Jarass* JuS 1999, 105, 109; *Uerpmann* BayVBl 2000, 705; *Kautz* GewArch 2000, 230; *Sparwasser/Komorowski* VBlBW 2000, 348, 353 f; *Kothe* NuR 1998, 240, 243.

[131] *BVerwG* NVwZ 2001, 1165; *Arndt* in Steiner Besonderes Verwaltungsrecht, 7. Aufl., VIII Rn. 127; *Breuer* in *Schmidt-Aßmann,* Besonderes Verwaltungsrecht, 13. Aufl., S. 677 ff.

[132] *Hansmann* NVwZ 2003, 266 m. w. N.

[133] *BVerwG* NJW 2003, 3360; *VGH Mannheim* NVwZ-RR 2003, 194; *OVG Münster* NVwZ 2004, 366; NWVBl 2003, 343.

[134] *VGH Kassel* NVwZ 2006, 531; *OVG Münster* NVwZ 2004, 1259; *OVG Lüneburg* NVwZ-RR 2002, 731; *VGH Mannheim* GewArch 2002, 498.

[135] *BVerwG* NJW 2003, 3360; NVwZ-RR 1995, 6; *Kutscheidt* NVwZ 1999, 577; *Sparwasser/Komorowski* VBlBW 2000, 348; *Chotjewski* LKV 1999, 47; *VG Ansbach* BayVBl 2000, 121.

[136] *BVerwGE* 79, 254, 264; NVwZ-RR 1991, 601, 616; KStZ 1993, 76; NVwZ 1994, 164; *VGH Kassel* NVwZ 1995, 1010; *OVG Münster* NWVBl 1991, 376; *VGH München* NJW 1990, 2485; *BGH* NJW 1988, 900, 901; NJW 1990, 2465; NJW 1991, 2021, 2022; *Mühlenbruch,* Außenwirksame Normkonkretisierung durch „Technische Anleitungen", 1992.

[137] So *BGH* NJW 1990, 2465.

[138] *VGH Kassel* NVwZ 2006, 531; *OVG Münster* NVwZ 2004, 1259; *OVG Lüneburg* NVwZ-RR 2002, 731; *VGH Mannheim* GewArch 2002, 498.

[139] *BGH* NJW 1998, 2814.

BVerwG[140] für ministerielle Richtlinien zur Betriebssicherheit eines Flughafens und *Schrader*[141] für Grenzwertfestsetzungen bei Altlasten. Unzulässig ist in jedem Fall eine nur schematische Anwendung bestimmter Mittelungs- oder Grenzwerte.[142] Entsprechendes gilt auch dann, wenn die Richtlinie wegen des Untersuchungsgegenstandes[143] oder unter den im Einzelfall gegebenen Umständen eine Sonderbeurteilung verlangt.[144]

35 Verweist das Gesetz auf die **„allgemein anerkannten Regeln der Technik"**,[145] so bleibt es Aufgabe der Verwaltung bzw. der Gerichte, die herrschende Auffassung unter den technischen Praktikern zu ermitteln, so dass es zur hinreichenden Sachaufklärung – bei Fehlen normkonkretisierender Richtlinien – in Ermangelung eigener besonderer Sachkunde im gerichtlichen Verfahren der Heranziehung eines Sachverständigen bedarf.[146] Diese Grundsätze gelten entsprechend, wenn das Gesetz auf sonstiges Regelwerk – wie z. B. kommunale Mietspiegel – im Wege der dynamischen Verweisung Bezug nimmt.[147]

III. Auskünfte (Abs. 1 S. 2 Nr. 1)

36 Der Begriff **Auskunft** ist vielgestaltig (s. § 25 Rn. 31; § 38 Rn. 25, 28). Hier ist die Auskunft gemeint, die die das VwVf führende Behörde **zu Beweiszwecken** und damit **über Tatsachen** (§ 24 Rn. 25 ff., 40) einholt, sei es von natürlichen oder juristischen Personen des Privatrechts, sei es von anderen Behörden. Nicht gemeint ist die Auskunftseinholung im Rahmen behördlicher Aufgabenerfüllung außerhalb eines VwVf i. S. d. § 9 (s. § 25 Rn. 43). Die Anforderung einer Auskunft in dem hier angesprochen Sinne stellt keinen VA dar.[148] Amtliche Auskünfte, also die Beantwortung einer (hier: gerichtlich) gestellten Frage durch eine Behörde im Rahmen ihrer Zuständigkeit,[149] stellen auch im Verwaltungsprozess selbstständige Beweismittel dar, die ohne förmliches Beweisverfahren im Wege des Freibeweises verwertet werden dürfen. Ungeachtet dieser Zuordnung sind dabei die §§ 96 f VwGO sowie die allgemeine Vorschriften über die Beweisaufnahme zu beachten.[150] Die Behörde entscheidet nach ihrem Ermessen, ob sie eine Auskunft oder ein Sachverständigengutachten einholt (Rn. 6 f.).[151] Die allgemeinen **rechtsstaatlichen Grenzen** (§ 24 Rn. 30 f.) sind einzuhalten, so dass die Auskunft zur Sachaufklärung geeignet und notwendig, ihre Erfüllung möglich, die Inanspruchnahme verhältnismäßig und zumutbar sein muss.[152] Ein Nichtbeteiligter sollte erst in Anspruch genommen werden, wenn der Sachverhalt nicht durch die Behörde oder die Beteiligten aufgeklärt werden kann (vgl. § 93 Abs. 1 Satz 3 AO). Zur Verwertung eigener Erkenntnisse Rn. 23, 66. Zur Amtshilfe s. Rn. 12.[153]

37 Wenn auch eine dem § 93 Abs. 2 AO 1977 entsprechende Vorschrift fehlt („In dem Auskunftsersuchen ist anzugeben, worüber Auskunft erteilt werden soll und ob die Auskunft für die Besteuerung des Auskunftspflichtigen oder für die Besteuerung anderer Personen angefordert wird"), wird die schriftliche oder mündliche **Mitteilung,** worüber die **Auskunft verlangt** wird, die Regel sein. Allerdings ist der Hinweis auf ein bestimmtes Verwaltungsverfahren nicht erforderlich. Weitere Angaben erfordert das Ersuchen nach § 4. Eine Mitteilung über das Aus-

---

[140] DÖV 1991, 471.
[141] NuR 1989, 288, 290 ff.
[142] BVerwG NJW 2003, 3360. Allgemein zur Bedeutung von Richtwerten *Petersen* NJW 1998, 2099.
[143] S. OVG *Greifswald* DVBl 1999, 1528 zur Bewertung von Lärmimmissionen, die von Windenergieanlagen ausgehen.
[144] So BVerwG NVwZ 1999, 63 zu den Abstandswerten der VDI-Richtlinie 3471.
[145] Zur Zulässigkeit einer derartigen Verweisung *Seibel* BauR 2004, 1718; ferner *ders.*, BauR 2004, 266 zur inhaltlichen Abgrenzung von Technikstandards. Zum „Stand von Wissenschaft und Technik" i. S. des § 7 Abs. 2 Nr. 3 AtG s. BVerwG NVwZ 1998, 631. Zum Standard der „besten verfügbaren Technik" s. *Feldhaus* NVwZ 2001, 1 ff.; *Tausch* NVwZ 2002, 676.
[146] Vgl. BVerwG NVwZ 1993, 998.
[147] BVerwG NJW 1997, 880.
[148] OLG *Düsseldorf* GewArch 1983, 154.
[149] *Geiger* in *Eyermann* § 98 Rn. 40.
[150] Hierzu im Einzelnen *Rudisile* in Schoch u. a., § 98 Rn. 294.
[151] BVerwG NJW 1988, 2491; VGH *Mannheim* NJW 1988, 3282, jew. für Gericht.
[152] BFH BB 1991, 753.
[153] BVerwGE 80, 224, 227; VG Potsdam AuAS 2003, 149.

kunftsersuchen an den Beteiligten ist nicht erforderlich. Das Ergebnis ist ihm bei der Anhörung bekannt zu geben. Das Auskunftsersuchen im Einzelfall darf nicht dazu genutzt werden, eine vom konkreten Ermittlungsauftrag losgelöste unzulässige Rasterfahndung einzuleiten.[154]

Einholung von Auskünften jeder Art ist nach **Absatz 1 Satz 2 Nr. 1** möglich, weitergehend als die amtliche Auskunft in § 273 Abs. 2 Nr. 2 ZPO. So kann – anders als im Verwaltungsprozess, in dem für die Beweisaufnahme der Grundsatz der Unmittelbarkeit gilt[155] – im Verwaltungsverfahren auch in Betracht kommen, dass **Bedienstete** der Behörde, die früher an einem Verwaltungsverfahren beteiligt waren, im weiteren Verlauf der Ermittlungen über Vorgänge Auskunft geben, die ggfs. ihre Vernehmung als Zeugen ersetzen kann. Bei der Beweiswürdigung ist der Tatsache der früheren Beteiligung am Verwaltungsverfahren Rechnung zu tragen.[156] **38**

Eine besondere **Form** wird für die Auskunft nicht vorgeschrieben. Sie kann nach Einzelfall und Fachrecht von der einfachen Aussage bis zur Zusammenstellung von Detailunterlagen reichen. S. Rn. 40 zu im Asylverfahren eingeholten Auskünften des Auswärtigen Amtes.[157] Diese Unterlagen unterscheiden sich von Urkunden (Rn. 88) dadurch, dass sie zu diesem Zweck nach dem Auskunftsverlangen noch angefertigt werden müssen, also zu Beweiszwecken über Gedankenerklärungen in der Vergangenheit nicht schon vorliegen.[158] Sind sie angefertigt, können sie in einem anderen Verfahren oder Verfahrensstand ihrerseits Urkunden werden. Sie besitzen aber nicht die Beweiskraft öffentlicher Urkunden, da ihr Inhalt nicht auf eigener Wahrnehmung der Behörde oder der Urkundsperson beruht, vgl. § 418 Abs. 3 ZPO.[159] **Schriftliche** oder **mündliche, telefonische** (s. § 93 Abs. 4 AO 1977) und auch **elektronische** Auskünfte („jeder Art") sind im Sinne der Nr. 1 gemeint, auch wenn letzte im Unterschied zu elektronischen Äußerungen von Beteiligten usw. (Nr. 2)[160] nicht ausdrücklich angesprochen sind. **39**

Die **Abgrenzung zur schriftlichen Zeugenäußerung** nach Nr. 2 kann im Einzelfall problematisch sein, z. T. ersetzt sie nur die Zeugenaussage (Rn. 38 f.). Die Auskunft vermittelt in der Regel erst die Kenntnis von bestimmten Tatsachen (Rn. 36); die Zeugenaussagen setzt den Sachvortrag voraus und bestätigt ihn nur (vgl. § 24 Rn. 43). Wird die Auskunft von einer natürlichen Person über von ihr wahrgenommene Tatsachen abgegeben, unterliegt sie Nr. 2. Gibt ein Angestellter einer privaten Firma für diese Firma eine Auskunft, z.B. über die Arbeitsweise eines von ihr hergestellten Maschinentyps, ist es eine Auskunft nach Nr. 1. Auf den Unterschied, ob die Auskunft von einer Behörde oder von einer privaten Stelle abgegeben wird, kommt es nicht an.[161] Muss in der Auskunft ein Sachverhalt, z.B. anhand von Erfahrungssätzen (Rn. 28 ff.) gewürdigt werden, ist sie der Sache nach ein **Sachverständigengutachten,** auch wenn sie von einer privaten Organisation oder Behörde abgegeben wird (z.B. ärztliche Tauglichkeitsbeurteilung Wehrpflichtiger in Musterungsverfahren,[162] Gutachten über Immissionen durch Staatliches Gewerbeaufsichtsamt, s. aber Rn. 70 f.). Ist die Auskunft im Wege der **Amtshilfe** zu leisten, gehen diese Regelungen vor.[163] Auskünfte des Auswärtigen Amtes in Asylangelegenheiten werden als selbstständige Beweismittel angesehen und im Wege des Freibeweises verwertet (Rn. 21 f.), wenn sie im jeweiligen Verfahren eingeholt werden; sind sie dagegen in anderen Verfahren ein- **40**

---

[154] *BFH* NJW 2000, 3157; NJW 2001, 318; ferner *FG Münster* NJW 2000, 3375 betreffend die Voraussetzungen eines zulässigen Sammelauskunftsersuchens. Zur präventivpolizeilichen Raster bzw. Schleierfahndung *BVerfG* NJW 2006, 1939; *BayVerfGH* NVwZ 2006, 1284; *OVG Koblenz* NVwZ 2002, 1528; *Bausback* NJW 2006, 1922; *Volkmann* JZ 2006, 918; allgemein *Meister* JA 2003, 83; *Horn* DÖV 2003, 746; *Achelpöhler/Niehaus* DÖV 2003, 49; *Lisken* NVwZ 2002, 513.
[155] S. im Einzelnen *Rudisile* in Schoch u. a., § 96 Rn. 16 ff.; *Kopp/Schenke*, § 96 Rn. 1 ff.
[156] Vgl. auch *OVG Münster*, Beschluss v. 11. 6. 2007 – 13 A 3903/06 – zur Heranziehung eines Angehörigen einer am Verwaltungsverfahren beteiligten Behörde als Sachverständiger im gerichtlichen Verfahren. Vgl. auch *OVG Bautzen* NVwZ-RR 2006, 767: keine institutionelle Befangenheit wegen Identität von Anhörungs- und Planfeststellungsbehörde.
[157] *VGH München* BayVBl 1996, 671.
[158] *Nobbe/Vögele* NuR 1988, 313, 315 f.
[159] Zu § 418 Abs. 3 ZPO s. *VGH Kassel* NVwZ 2003, 806.
[160] Eingefügt durch 3. VwVfÄndG v. 21. 8. 2002, BGBl. I S. 3322. Siehe hierzu *Schmitz/Schlatmann* NVwZ 2002, 1281; *Schlatmann* DVBl 2002, 1005; *Roßnagel* NJW 2003, 569; *Schmitz* StAZ 2003, 97.
[161] Wie hier *Clausen* in Knack, § 26 Rn. 18, anders bei der amtlichen Auskunft i. S. d. § 273 Abs. 2 Nr. 2 ZPO.
[162] *BVerwG* AnwGeb 1996, 102.
[163] *Skouris* AöR 1982, 219 f.; Rn. 37, 41, 70 f.

geholt worden, so stellen sie Urkunden im Sinne von § 418 ZPO dar und können als solche verwertet werden.[164] Ob derartige behördliche Auskünfte die Beweiskraft einer öffentlichen Urkunde besitzen, hängt jeweils davon ab, ob ihr Inhalt auf eigenen Wahrnehmungen i. S. des § 418 Abs. 3 ZPO beruht.[165] Die bei einem Gericht gesammelten Informationen (Auskünfte, Gutachten, Stellungnahmen, Presseberichte) über die asylrechtlich relevanten Verhältnisse in den Herkunftsländern von Asylbewerbern unterliegen auch dann nicht dem Akteneinsichtsrecht, wenn die im einzelnen Verfahren möglicherweise zu verwertenden Erkenntnisquellen bezeichnet worden sind.[166] Es besteht kein genereller Anspruch des Beteiligten auf **Vernehmung des Verfassers** der Auskunft des Auswärtigen Amtes.[167] Im Verwaltungsprozess ist umstritten, ob die Beteiligten einen Anspruch auf mündliche Erläuterung eines in einem anderen Gerichtsverfahren erstatteten Gutachtens haben.[168] Unberührt bleibt die Verpflichtung zur weiteren Sachaufklärung, falls Anhaltspunkte für die Unrichtigkeit oder Unvollständigkeit der Auskunft bestehen.

41   Sofern nicht gesetzlich etwas anderes geregelt ist,[169] besteht **keine Verpflichtung** zur Auskunft. Diese Regelungen sind nicht verallgemeinerungsfähig (Rn. 1). Daher ist die gesetzliche Einräumung eines **Auskunftsverweigerungsrechtes** (vgl. §§ 101 ff. AO 1977) nicht erforderlich. Gleichwohl haben BaWü, Bbg, HH MV und NRW jeweils in § 26 Abs. 2 Satz 2 und Berlin in § 2a Abs. 2 Satz 2 eine Regelung über Auskunftsverweigerungsrechte im Sinne einer allgemein gültigen Aussage zu den Grenzen spezialgesetzliche normierter Auskunftspflichten aufgenommen.[170] Absatz 3 ist für die **Kostenerstattung** nicht entsprechend anwendbar.[171] Ob Behörden zur Auskunft verpflichtet oder befugt (s. wegen § 24 Rn. 18 f.) sind, entscheidet sich nach dem Fachrecht. Hierzu kann die polizeiliche Generalklausel genügen.[172] Im Wege der Amtshilfe sind Behörden zur Auskunft verpflichtet (s. aber § 5 Abs. 2). Soweit dabei personenbezogene Daten betroffen sind, findet § 15 BDSchG Anwendung. Zu Auskünften durch einen befangenen Beamten s. Rn. 84.

42   Soweit Auskünfte von Privatpersonen nur **vertraulich** gegeben werden, sind sie rechtmäßig erlangt. Sie dürfen im Rahmen eines ordnungsgemäßen Verfahrens verwandt werden, wenn auf andere Weise der Sachverhalt nicht ermittelt werden kann. Dem Betroffenen ist, soweit wie möglich, der Inhalt der Auskunft bei der Anhörung oder einer Akteneinsicht bekanntzugeben (§ 29 Rn. 61 ff.; § 30 Rn. 7 ff.; § 24 Rn. 32, 34, § 25 Rn. 44).[173] Allerdings braucht der **Name des Informanten** in der Regel nicht genannt zu werden, weil sonst die für die gesetzliche Aufgabenerfüllung der Behörde notwendige Informationsquelle versiegen würde.[174] Dies gilt aber dann nicht, wenn ausreichende Anhaltspunkte dafür vorliegen, dass der Informant die Behörde wider besseren Wissens oder leichtfertig falsch informiert hat.[175] Im Ausnahmefall braucht auch der Inhalt der Information nicht bekannt gegeben zu werden, wenn er seinem Wesen nach

---

[164] *BVerwG* InfAuslR 1985, 147; *OVG Münster* NVwZ 1997 Beil Nr. 11, S. 81; *OVG Koblenz* DÖV 1986, 1032; *OVG Münster* InfAuslR 1985, 156; *VGH München* BayVBl 1996, 671; zu ihrer Würdigung *Stelkens*, ZAR 1985, 15, 22; s. aber *OVG Koblenz* NVwZ-RR 1991, 221 m. w. N.: offenkundige Tatsache, soweit Bestandteil der Behörden-(Gerichts-)sammlung, Rn. 23.

[165] S. z. B. *VGH Kassel* NVwZ 2003, 806 zu einem auf einem Sachverständigengutachten beruhenden Untersuchungsbericht einer Behörde betr. Schadstoffwerte.

[166] *OVG Münster* NVwZ 1997 Beil. Nr. 11 S. 81. Zu Erkenntnismittellisten auch *VGH Mannheim* DÖV 2000, 300.

[167] *BVerwG* NVwZ 1986, 35; *Säcker* DVBl 1985, 1048, 1054 m. w. N.

[168] S. *VGH Kassel* DVBl 1999, 995; NVwZ 2000, 1428; *Schulz* NVwZ 2000, 1367.

[169] *Stohrer* BayVBl 2005, 489; *Bärlein/Pananis/Rehmsmeier* NJW 2002, 1825 jeweils mit einem eingehenden Überblick über die spezialgesetzlichen Auskunftspflichten. S. z. B. zu § 127 Abs. 1 S. 1 TKG *Scherer* NJW 2004, 3001, 3010. Ferner *BVerfG* NVwZ 2006, 681 zur melderechtlichen Auskunftspflicht betr. Staatsangehörigkeit. Zum Ausländerrecht *OVG Münster* NWVBl 2006, 260; *VGH München* NVwZ 2006, 1311. Auch § 22 GastG; § 93 AO 1977, zur Bankauskunft gegenüber Finanzbehörden *BFH* BB 1990, 269; EFG 1997, 42; zur Auskunftspflicht der Presse *BVerfG* NJW 1990, 701; zu den besonderen Auskunftspflichten nach SGB X *OVG Münster* NVwZ 1990, 1192; *Pickel* DVBl 1984, 1156, 1161 ff.

[170] Hierzu *Stohrer* BayVBl 2005, 489.

[171] Vgl. auch Rn. 90; a. A. *Kopp/Ramsauer*, § 26 Rn. 49.

[172] Ferner *Riegel* DÖV 1978, 501; Rn. 61 f.

[173] So nach *BVerwG* NJW 1988, 1863; hierzu auch *Bierwirth* BayVBl 1989, 587.

[174] *EuGH* Slg. 1998, 4871; *BVerwG* NJW 1992, 451; *BFH* NVwZ-RR 1997, 753; *OVG Koblenz* AS RP-SL 26, 338; dazu *Roewer* DVBl 1992, 633; *Knemeyer* JZ 1992, 348, jew. m. w. N.

[175] *BVerwG* NJW 2004, 1543; 2004, 93; 2003, 3217; *VerfGH Rheinland-Pfalz* DVBl 1999, 309. Hierzu *Wollweber* DVBl 1999, 980.

geheim zu halten ist, vgl. § 25 Rn. 10.[176] Zur Behandlung geheim zu haltender Antragsunterlagen in immissionsschutzrechtlichen Genehmigungsverfahren und den Folgen für die Darlegungslast Drittbetroffener s. Rn. 8.[177] Ein schützenswertes Interesse daran, dass die Mitglieder einer Gutachterkommission für ärztliche Haftpflichtfragen anonym bleiben, besteht grundsätzlich nicht.[178]

IV. Mitwirkung des Beteiligten (Abs. 1 S. 2 Nr. 2, Abs. 2)

1. Anhörung (Abs. 1 S. 2 Nr. 2)

Anhörung des Beteiligten ist in **Absatz 1 Satz 2** nicht im Sinne des § 28, vielmehr als **Mitwirkung** bei der Ermittlung des Sachverhaltes zu verstehen. Es ist nicht ausgeschlossen, dass beide Formen der Anhörung zeitlich zusammen vorgenommen werden (z. B. §§ 24, 25 AsylVfG; § 14 Abs. 2 KDVNG; vgl. für den Zeitpunkt der Anhörung nach § 28, dort Rn. 41 ff.). Soweit juristische Personen, Vereinigungen i. S. d. § 11 Nr. 2 oder Organe wie Behörden Beteiligte sind, können deren **Amtsleiter** und **Vertreter** angehört werden.[179] Sonstige Bedienstete oder Angestellte kommen als Zeugen in Betracht (vgl. Rn. 38 f., 72 f.). Von Anhörung wird nur gesprochen, wenn sie **auf Verlangen der Behörde** erfolgt. Die Anhörung kann zum einen dazu dienen, einen **unklaren Sachverhalt zu erläutern.** In diesem Fall handelt es sich um eine **informatorische Anhörung** im Rahmen des § 24 Abs. 1, § 26 Abs. 2, streng genommen nicht um ein Beweismittel.[180] Aber auch in diesem Fall darf die Aussage im Rahmen der Beweiswürdigung verwertet werden.[181] Die Anhörung des Beteiligten ist, wie Absatz 1 Satz 1 zeigt, aber auch **als Beweismittel** gedacht. Eine besondere Rangfolge zu den anderen Beweismitteln oder eine besondere **Form,** z. B. Belehrung oder Ermahnung zur Wahrheit, der prozessualen Parteivernehmung vergleichbar, ist jedoch nicht erforderlich, zuweilen aber zweckmäßig.[182] Die Anhörung kann mündlich oder fernmündlich (Satz 2 Nr. 2), schriftlich oder auch elektronisch (Nr. 2, 2. Halbsatz) erfolgen. Dass auch elektronische Äußerungen eingeholt werden können, ist im Rahmen der durch das 3. VwVfÄndG[183] erfolgten Einführung des elektronischen Verwaltungsverfahrens (s. § 3a) in § 26 Abs. 1 Satz 2 Nr. 2 ausdrücklich klargestellt worden. In jedem Fall ist es geboten, das Ergebnis aktenkundig zu machen.[184] Bei einer mündlichen Anhörung empfiehlt es sich, entsprechend § 396 ZPO im Zusammenhang den Sachverhalt berichten zu lassen.[185] Eine über die mündliche Anhörung erstellte Niederschrift muss nicht den für das gerichtliche Verfahren vorgesehenen Formerfordernissen genügen; diese sind nicht auf das VwVf übertragbar.[186] Zur eidesstattlichen Versicherung und zum Eid s. Rn. 2. Im übrigen gelten die Regeln der Mitwirkungspflicht bzw. Mitwirkungslast (s. Rn. 55).

2. Umfang der Mitwirkung/Mitwirkungslast

In welchem **Umfang** die Beteiligten (§ 13) an der Sachverhaltsermittlung mitwirken, bestimmt sich nach **Absatz 2,** wonach die Beteiligten **bei der Ermittlung** des Sachverhaltes nach § 24 Abs. 1 **mitwirken,** insbesondere ihnen bekannte **Tatsachen** und **Beweismittel** (z. B. Un-

---

[176] OVG Lüneburg GewArch 1988, 192 zu Referenzen zur fachlichen Eignung eines Sachverständigen.
[177] OVG Lüneburg. NJW 1995, 2053.
[178] OVG Münster NJW 1999, 1802.
[179] Ebenso VGH Mannheim NJW 1988, 3282; Kopp/Ramsauer, § 26 Rn. 11.
[180] Vgl. zur prozessualen Aufteilung BVerwG NJW 1981, 1748; Baumbach/Lauterbach, § 141 Anm. 2 B; allgemein zur Bedeutung der Parteianhörung als Beweismittel: EGMR NJW 1995, 1413; Schöpflin NJW 1996, 2134.
[181] Siehe BGH NJW 1993, 2605 (2607) zum gerichtlichen Verfahren.
[182] Vgl. zum Unterschied zum Prozess Rn. 3 f., 38 f.; weitergehend Kopp/Ramsauer, § 26 Rn. 12.
[183] v. 21. 8. 2002, BGBl. I S. 3322. Siehe hierzu Schmitz/Schlatmann NVwZ 2002, 1281; Schlatmann DVBl 2002, 1005; Roßnagel NJW 2003, 569; Schmitz StAZ 2003, 97.
[184] Vgl. OVG Münster Beschl. v. 5. 9. 2000 – 19 B 1244/00 – zur Dokumentation eines zur Schulentlassung führenden Sachverhalts. Ferner VG Chemnitz LKV 2007, 44 zur Dokumentation eines Anhörungsgesprächs.
[185] Vgl. im Einzelnen Stelkens, VwVf, Rn. 221.
[186] Vgl. OVG Münster NVwZ 2000, Beil. Nr. 7 S. 83 = AuAS 2000, 125 zu § 25 Abs. 7 AsylVfG. Zur Gleichstellung mit Schriftform s. § 22 Rn. 40.

terlagen, Urkunden, s. Rn. 88) angeben sollen. Die Formulierung des Absatzes 2 macht deutlich, dass die Mitwirkung der Beteiligten in die Sachverhaltsermittlung durch die Behörde eingebettet ist.[187] Sowohl die allgemeine Mitwirkungslast als auch die fachgesetzlich vorgesehenen **Mitwirkungs- und Beibringungspflichten,** z.B. nach dem UVPG,[188] § 25 V AufenthG[189] oder dem AsylVfG[190] beinhalten keine Erweiterung, sondern eine Verteilung der Sachverhaltsermittlung (s. § 24 Rn. 28), da diese nach dem Erheblichkeitsgrundsatz insgesamt streng an das Prüfprogramm des materiellen Rechts gebunden ist (s. § 24 Rn. 27). Die allgemeine Mitwirkungslast[191] dient – ebenso wie die Amtshilfepflicht von Behörden (§ 4 I) – dem Interesse der Allgemeinheit an einer effektiven Verwirklichung der Verwaltungsaufgaben,[192] zudem freilich auch der Durchsetzung und Verteidigung der Rechte des Beteiligten (s. Rn. 45).[193] Die Behörde bleibt für die Durchführung der Sachverhaltsermittlung befugt und verantwortlich; es ist zudem allein ihre Sache, das Ergebnis der Sachverhaltsermittlung festzustellen und daraus im Rahmen der Entscheidungsfindung in eigener Sachkunde oder mit Hilfe sachkundiger Dritter die im Einzelfall erforderlichen und verhältnismäßigen Folgerungen zu ziehen.[194] Auch wenn die Behörde z.B. im Wege der **Amtshilfe** auf die Feststellungen, Ermittlungsergebnisse und Beweismittel anderer Behörden zugreift; hat sie sich auch dann ein eigenes Bild von der Aussagekraft der beigezogenen Erkenntnisse im Hinblick auf die in eigener Zuständigkeit zu treffende Entscheidung zu machen.[195] Eine Verlagerung dieser Verantwortung auf den Beteiligten, insbesondere auf den Antragsteller im Antragsverfahren findet durch Abs. 2 nicht statt (§ 24 Rn. 28f., 42). Regt ein Beteiligter die Erhebung eines Beweises zu seinen Gunsten, z.B. ein Sachverständigengutachten, nicht an, ist dies ein Indiz dafür, dass sich die Beweisaufnahme auch der Behörde nicht aufdrängen musste[196] (§ 24 Rn. 25ff.). Trägt der an einer positiven Entscheidung Interessierte nicht das in seiner Macht Stehende dazu bei, die Voraussetzungen des andernfalls nicht erfüllten Begünstigungstatbestandes zu schaffen, nötigt die Rechtslage die Behörde dazu, die Begünstigung zu versagen.[197] Bei spezialgesetzlicher Mitwirkungspflicht kann im Einzelfall die Ablehnung des Antrages unmittelbar auf die fehlende Mitwirkung gestützt werden (s. z.B. § 72 I S. 2 BauO NRW[198]) oder der klärungsbedürftige Sachverhalt als gegeben angenommen werden, ohne dass dies aber verallgemeinerungsfähig ist.[199] Zudem sind die Aufklärungspflichten der Behörde insoweit begrenzt, als Tatsachen, die der Sphäre des Bürgers zuzuordnen sind, von ihm im Rahmen seiner Mitwirkungspflicht vorgebracht werden müssen.[200] Zur Art der Mitwirkung s. Rn. 57ff. Mitwirken bei der Prüfung der rechtlichen Voraussetzungen ist nicht gemeint (s. aber § 24 Rn. 27). Die Angabe von Tatsachen und Beweismitteln in Absatz 2 ist nur als Beispielfall erfolgt, ferner können weitere Maßnahmen von Beteiligten erwartet werden, z.B. Dulden von Schallaufnahmen. Bei der **Duldung** von Maßnahmen ist jedoch im Einzelnen zu prüfen, ob eine Duldungspflicht besteht und ob diese Pflicht zunächst durch einen vollstreckbaren VA konkretisiert werden muss.[201] § 26 bietet keine Ermächtigungsgrundlage für den Erlass eines derartigen VA.[202] Dies gilt z.B. für die Durchsuchung von Personen, Sachen und Woh-

---

[187] Im Einzelnen *Nierhaus,* S. 279ff.
[188] Dazu § 63 Rn. 52ff., ferner *Schmidt-Preuß* DVBl 1995, 485, 492; *Erbguth* LKV 1997, 233.
[189] S. *VGH München* NVwZ 2006, 1311.
[190] Dazu *BVerfG* DVBl 1994, 631.
[191] S. entsprechend zur Mitwirkungslast der Beteiligten im Verwaltungsprozess *Köhler-Rott* BayVBl 1999, 711.
[192] *BVerwG* NVwZ 1999, 535.
[193] Vgl. *BVerfG* NJW 1980, 759; *VG Hamburg* AuAS 2003, 149.
[194] *OVG Münster* NVwZ 1993, 1600.
[195] *BVerwGE* 80, 224, 227; *VG Potsdam* AuAS 2003, 149.
[196] Vgl. *BVerwG* NVwZ 1983, 609.
[197] *BVerwG* NVwZ 1999, 779; *OVG Münster* NWVBl 2006, 260; *VGH München* NVwZ 2006, 1311.
[198] S. hierzu *OVG Münster* BauR 2001, 1088 zur Ablehnung eines Bauantrages wegen fehlender Ergänzung eines vorgelegten Gutachtens nach Antragsänderung.
[199] *OVG Münster* NWVBl 2003, 231 zum Führerscheinentzug nach unterbliebener Vorlage eines ärztlichen Gutachtens zur Klärung der Kraftfahreigenschaft nach § 11 Abs. 8 FeV.
[200] *BVerwG* NVwZ-RR 2006, 759; *OVG Münster* NVwZ-RR 1994, 386; *VGH München* AgrarR 1997, 330.
[201] Zur Wohnungsdurchsuchung *BVerfG* NJW 2004, 1517; *VG Stuttgart* AuAS 2005, 130.
[202] S. *Stelkens,* Verpflichtung zur Duldung – Notwendigkeit einer Duldungsanordnung?, NuR 1983, 261; Rn. 46, 61ff. Siehe zu fachgesetzlichen Duldungsanordnungen und Duldungspflichten *BVerwG* NVwZ 1994, 483; *Uepermann* NuR 1994, 386.

§ 26 Beweismittel

nungen[203] (Rn. 44, 93 ff.), das Betreten von Grundstücken (§ 99 AO 1977, § 58 Abs. 3 BauO NRW, § 209 BauGB, § 21 WHG, § 11 Abs. 4 AbfG, § 52 Abs. 2 BImSchG, § 23 BNatSchG, § 2 Abs. 3 b) WoBindG,[204] §§ 16, 21 BBodSchG[205]) und die Anordnung ärztlicher Untersuchungen.[206]

Es stellt sich sowohl die Frage nach dem **Recht auf Mitwirkung** als auch nach der **Verpflichtung** hierzu. § 24 Abs. 1 Satz 2 zeigt, dass nicht der Beteiligte, sondern die Behörde Art und Umfang der Ermittlungen bestimmen, der Beteiligte wird im Rahmen des Ermessens, der durch die Zweckbestimmung des Ermittlungsverfahrens (s. Rn. 3 f.) bestimmt wird, hinzugezogen. Somit dient im Verwaltungsverfahren die Mitwirkung des Beteiligten der Durchsetzung des materiellen Rechts im Allgemeininteresse *und* der Durchsetzung und Vereidigung der Rechte des Beteiligten (s. auch Rn. 44; § 24 Rn. 1; § 9 Rn. 63 f.).[207] Hieraus folgt, dass der Beteiligte nur einen **Anspruch auf fehlerfreie Ermessensausübung** hat, bei der Sachverhaltsermittlung beteiligt zu werden. Von der Mitwirkung stets zu unterscheiden ist die durch § 20 Abs. 1 S. 2 untersagte eigenständige Tätigkeit eines Beteiligten für die Behörde. So dürfen z.B. bei einem Nachbarstreit um Lärmschutz die vorbereitenden Immissionsmessungen nicht einem Beteiligten übertragen werden.[208]

Obgleich die Behörde vielfach nicht ohne Hilfe des Beteiligten den Sachverhalt aufklären kann, legt ihm Absatz 2 keine rechtlich durchsetzbare **Mitwirkungsverpflichtung** auf, deren Erfüllung gegebenenfalls im Wege der Vollstreckung erzwungen werden könnte. Der Beteiligte sollte nicht zur Aufklärung solcher Umstände gezwungen werden, die ihn belasten oder seine Verfahrensstellung beeinträchtigen würden (Begründung zu § 22 Abs. 3 Entwurf 73; Rn. 1).[209] Mitwirkungspflichten als Rechtspflichten müssen vor dem Hintergrund des **Gesetzesvorbehalts** durch Gesetz begründet werden.[210] Aus dem Untersuchungsgrundsatz lassen sich Rechtspflichten nicht herleiten.[211] Dies gilt sowohl für die **Eingriffs-** als auch für **Leistungsverwaltung**. Eine Differenzierung der Mitwirkung des Beteiligten nach diesen Verwaltungsformen wurde absichtlich nicht vorgenommen (Begründung zu § 18 Abs. 2 Musterentwurf). Dies schließt unterschiedliche Rechtsfolgen nicht aus.

Absatz 2 ist **für das allgemeine Verwaltungsverfahren** (für das förmliche Verfahren s. § 65 Rn. 2) im bewussten Gegensatz zu § 93 AO 1977 als an den Bürger gerichtete „soll"-Vorschrift gestaltet. Eine Verpflichtung zur Mitwirkung einschließlich der zu ihrer Erfüllung vorgesehenen Zwangsmittel soll nur durch besondere Rechtsvorschrift (s. Rn. 46, 57 ff.) eingeführt werden können (Begründung zu § 22 Abs. 2 Entwurf 73). Hieraus folgt, dass die Mitwirkung nach Absatz 2 nur eine **verfahrensrechtliche Last** ist.[212] Derartige Mitwirkungslasten sind selbst dann, wenn ein Grundrecht in Anspruch genommen wird, zulässig.[213] Ihre Nichterfüllung hat lediglich **mittelbar nachteilige Rechtsfolgen** (Rn. 50 ff.). Der Grund für die verfahrensrechtliche Last liegt in der Annahme, dass derjenige, der etwas für ihn Günstiges erreichen will, in aller Regel alles ihm Bekannte vortragen wird, um das von ihm Gewünschte zu erreichen, Rn. 44; § 24 Rn. 28. Dies gilt vor allem für Umstände, die in seine Sphäre oder seinen Erkenntnisbereich fallen,[214] z.B. Wissen über innerbetriebliche Abläufe,[215] Unterlagen, besondere Ortskenntnis (§ 24 Rn. 1, 28 f.).[216] Selbst ein Antragsteller muss nicht auf einen Sachverhalt hinweisen,

---

[203] *BVerwG* NJW 2006, 2504; *BGH* NJW 2006, 3352; *VGH München* DÖV 2006, 607 zum bauaufsichtlichen Betreten und Besichtigen einer Wohnung. Hierzu auch *Suttmann* BauR 2006, 1986.
[204] Dazu *BVerwG* BBauBl 1989, 373.
[205] Dazu im Einzelnen *Knoche* GewArch 2000, 226.
[206] *BVerwG* NVwZ-RR 1998, 574; *OVG Lüneburg* NVwZ 1990, 1194; *VG Düsseldorf* NVwZ-RR 2002, 449.
[207] Vgl. *BVerfG* NJW 1980, 759; *VG Hamburg* AuAS 2003, 149.
[208] *OVG Münster* NVwZ-RR 2004, 721.
[209] S. hierzu auch *Vahle* DVP 2007, 89, 91.
[210] Hierzu *Stohrer* BayVBl 2005, 489. m. w. N.
[211] So auch *Erbguth* LKV 1997, 233; a. A. für prozessuale Mitwirkungspflichten *Schlosser* JZ 1991, 599, 603 ff.
[212] *Erbguth* LKV 1997, 233; *Wolff/Bachof u. a.* I, § 60 Rn. 38 ff.; *Nierhaus*, S. 295 ff., 348 ff., kritisch *J. Martens* SGb 1990, 219, 221.
[213] *BVerfG* NJW 1985, 1519, 1526.
[214] *BVerwG* NVwZ-RR 2006, 759.
[215] *OVG Münster* NVwZ-RR 1994, 386; *VGH München* AgrarR 1997, 330.
[216] Vgl. für Gerichtsverfahren *BVerwG* DVBl 1995, 804; NVwZ 1987, 404; InfAuslR 1989, 350; *VGH Kassel* NJW 1986, 2781, 2783; *OVG Münster* 20. 11. 1986 – 3 A 126/84 – n. v.; *Berg*, Festschrift Menger, S. 537, 543 ff.

von dem ihm nicht bekannt ist, dass er für die Behörde von Bedeutung ist.[217] Problematisch ist es, diese Last im VwVf – vorbehaltlich besonderer Regelung (vgl. z. B. § 70 AuslG, § 15, 25 Abs. 2, 3 AsylVfG; § 82 AufenthG) – zu einer **allgemeinen Verfahrensförderungspflicht** des Beteiligten zu erweitern.[218] Dies gilt besonders, wenn der Beteiligte gute Gründe für die Verweigerung seiner Mitwirkung hat, s. Rn. 51, 53. So können sich Grenzen der Zumutbarkeit für Religions- oder Weltanschauungsgemeinschaften aus Art. 4 GG und Art. 140 GG i. V. m. Art. 137 WV[219] oder daraus ergeben, dass die Mitwirkung einen Eingriff in das Persönlichkeitsrecht des Betroffenen beinhaltet, s. § 24 Rn. 29.[220]

48 Führt die mangelnde Mitwirkung des Antragstellers allerdings dazu, dass eine Sachentscheidung vereitelt wird, so ist die Behörde befugt, das VwVf ohne weitere Sachermittlungen durch eine **lediglich verfahrensrechtliche Entscheidung,** nämlich die Ablehnung der Bearbeitung des Antrags, abzuschließen, s. § 24 Rn. 29.[221]

49 Die Behörde kann den Beteiligten auch ohne ausdrückliche gesetzliche Ermächtigung unter **Fristsetzung** zur Mitwirkung auffordern (§ 31 Rn. 7 f., 47, 19 f., 41). Diese Aufforderung ist in der Regel kein VA; anders bei der Verpflichtung zur Erfüllung gesetzlicher Mitwirkungspflichten Ein **Entschädigungs- oder Vergütungsanspruch** steht den **Beteiligten,** anders als den Zeugen und Sachverständigen nach Absatz 3, nicht zu.

50 Räumen die Verfahrensgesetze **besondere Verfahrensrechte** ein, korrespondiert hiermit eine Mitwirkungslast zur Wahrung dieser Rechte.[222] Einige der mittelbaren Rechtsfolgen aus einem Verstoß gegen die Mitwirkungslast sind **gesetzlich** geregelt, z. B. Fahrerlaubnisentziehung nach § 11 Abs. 8 FeV wegen Nichtvorlage eines rechtmäßig geforderten ärztlichen Gutachtens;[223] Androhung einer Fahrtenbuchauflage nach § 31 a StVZO.[224] Das Fachrecht kann auch vorsehen, dass die Verletzung der Mitwirkung zur Ablehnung des Antrages führt, z. B. § 7 Abs. 1 KDVG. Ist eine Mitwirkungsverpflichtung in einem Gesetz vorgesehen, z. B. § 25 AsylVfG, kann sich aus dem Zusammenhang, z. B. § 25 Abs. 4 S. 5, Abs. 5 AsylVfG ergeben, dass auch dann nur eine Last, nicht eine mit Zwangsmitteln durchsetzbare Verpflichtung vorliegt.[225] Dementsprechend ist z. B. zur Mitwirkungspflicht nach § 48 Abs. 3 Satz 1 AufenthG fraglich, ob dies auch eine Verpflichtung zur Abgabe von Fingerabdrücken beinhaltet oder ob eine entsprechende Verfügung ausschließlich auf die polizeiliche Generalklausel gestützt werden kann.[226] Zu Nebenpflichten s. § 9 Rn. 22.

51 Die Mitwirkungslast besteht nur **innerhalb** besonderer **Grenzen:** Inhaltlich wird die Last durch die Sphäre und den Erkenntnisbereich des Beteiligten begrenzt (Rn. 47 f.). Keine Einschränkung allerdings durch die Betreuungspflicht der Behörde (§ 25 Rn. 7 f.). Eine Verletzung liegt überdies nicht vor, wenn der Betroffene die Mitwirkung auf Grund gesetzlicher Ermächtigung verweigern darf.[227] Hierin liegt vor allem keine **Beweisvereitelung** (§ 24 Rn. 18). Die Behörde darf ferner ohne gesetzliche Ermächtigung (vgl. § 24 Rn. 9 ff.) keine Mitwirkung verlangen, wenn sie dies ausschließlich tut, um sich selbst die **Arbeit zu erleichtern.** So ist es nicht gestattet, erneut die Ausfüllung umfangreicher Formulare oder die Vorlage entsprechender Unterlagen zu fordern (§ 24 Rn. 89, § 22 Rn. 43), obwohl dies bereits in einem früheren Verfahren geschehen ist, der Behörde aber die Beiziehung der Akte zu umständlich erscheint. S. ferner Rn. 53. Holt z. B. eine Genehmigungsbehörde aus dem Wunsch heraus, ihr Verfahrensrisiko zu minimieren, trotz vorhandenen eigenen Sachverstands ein Gutachten ein, so kann sie dessen Kosten nicht auf den Antragsteller abwälzen.[228] Dient aber z. B. die Anordnung der Beauftragung eines Sachverständigen zur Ermittlung des Gefahrenumfangs zugleich der Beseiti-

---

[217] *VGH München* BayVBl 1990, 630.
[218] Anders aber wohl *Kopp/Ramsauer*, § 26 Rn. 41.
[219] *BVerwG* DVBl 1995, 804.
[220] Vgl. *VGH Kassel* NVwZ-RR 1995, 47.
[221] *OVG Münster* NWVBl 1995, 356; *BVerwG* DVBl 1997, 609.
[222] *BVerwG* NJW 1984, 188, 190.
[223] Dazu *OVG Münster* NWVBl 2003, 231.
[224] *VGH München* BayVBl 1984, 16, 17.
[225] *BVerfG* NVwZ 1987, 487; *VG Köln* NVwZ 1983, 115; *Stelkens* ZAR 1985, 15, 19.
[226] Offen gelassen in *OVG Münster* NWVBl 2006, 261.
[227] *BVerwGE* 74, 222. Eingehend zum Spannungsverhältnis zwischen der Aussagefreiheit im Strafverfahren und den Mitwirkungspflichten im VwVf *Bärlein/Pananis/Rehmsmeier* NJW 2002, 1825.
[228] S. *VG Göttingen,* Urteil v. 2. 3. 2006 – 4 A 5/04 –.

gung bereits festgestellter Mängel und der Beseitigung der von ihnen ausgehenden Gefahr, entzieht sich die Behörde weder ihrer Ermittlungspflicht, noch erleichtert sich ihre hoheitliche Aufgabe in dem angesprochenen Sinne.[229] Ist der Beteiligte spezialgesetzlich zur Mitwirkung, etwa zur Vorlage von Nachweisen, verpflichtet, so erfüllt die Behörde ihre Aufklärungspflicht nach § 24 schon dadurch, dass sie ihn entsprechend zur Vorlage der Nachweise auffordert.[230] Die Mitwirkungspflicht enthebt die Behörde auch nicht der Notwendigkeit einer abschließenden **Entscheidungsfindung**. Diese gehört zu ihrem ausschließlichen Pflichtenkreis, s. Rn. 68. So muss sie die konkrete Bestimmung der in einer Ordnungsverfügung aufgegebenen Maßnahmen selbst vornehmen und darf insoweit nicht auf das Ergebnis eines vom Ordnungspflichtigen noch einzuholenden Gutachtens verweisen.[231] Dies schließt es aber nicht aus, z. B. in einer denkmalrechtlichen Instanzsetzungsanordnung neben der Beseitigung der offenkundig vorhandenen Mängel der Bausubstanz auch eine Überprüfung auf das Vorhandensein weiterer Mängel aufzugeben.[232] Auch ohne ausdrückliche gesetzliche Regelung kommt eine **Verwirkung** der Mitwirkungsrechte dann in Betracht, wenn der Beteiligte sie nicht nutzt.[233]

Im Rahmen der Beweiswürdigung hat die Behörde den Umstand zu berücksichtigen (§ 24 **52** Rn. 51), dass der Beteiligte an der Sachverhaltsermittlung nicht mitgewirkt hat.[234] Das setzt die Unzulässigkeit der Verweigerung voraus.[235] Zugleich wird aber auch die Frage der Beweislast angesprochen, wenn auf Grund mangelnder Mitwirkung der Sachverhalt nicht aufgeklärt werden kann.[236] Eine Verschiebung der Beweislast findet dadurch allerdings nicht statt. Eine Umkehr der Beweislast tritt vielmehr erst dann ein, wenn ein unlauteres Verhalten die Beweisführung der an sich beweispflichtigen Behörde erschwert oder vereitelt hat,[237] s. § 24 Rn. 18, 29, 56; § 26 Rn. 56. Voraussetzung für die Bewertung als Beweisvereitelung ist, dass geeignete Beweismittel für die Beweisführung vorhanden sind, die Beweisführung mit diesen Beweismitteln vereitelt worden ist und hinsichtlich der Beweisvereitelung ein – wenn auch nur fahrlässiges – Verschulden des Beweisführers vorliegt.[238] Diese Grundsätze finden auch im Disziplinarrecht Anwendung: Kommt der Beamte z. B. seiner Mitwirkungspflicht im Rahmen des § 92 BDO hinsichtlich der Ermittlung seiner wirtschaftlichen Verhältnisse nicht nach, so führt dies grds. nicht zu einer Umkehr der Beweislast, darf aber im Rahmen der Beweiswürdigung berücksichtigt werden.[239] Nach ständiger Rechtsprechung[240] endet die **Verpflichtung zur Aufklärung** des Sachverhalts dort, wo der Beteiligte seiner Pflicht zur Mitwirkung nicht nachkommt (§ 24 Rn. 28 f.; dort auch zur Kritik). Die Behörde darf den in diesem Rahmen festgestellten Sachverhalt ihrer Entscheidung zugrunde legen. Dies hat z. B. zur Folge, dass eine **Ermessensentscheidung** nicht dadurch rechtswidrig wird, dass die Behörde einen Sachverhalt nicht berücksichtigt hat, den der Betroffene hätte vorbringen müssen.[241] Auch darf z. B. der Dienstherr bei der Beurteilung der Dienstfähigkeit eines Beamten berücksichtigen, dass dieser sich ohne hinreichenden Grund weigert, sich – wie angeordnet – ärztlich untersuchen zu lassen.[242]

Weiterhin ist bei der Anwendung im Einzelfall zu beachten: Dass die Verweigerung eines Be- **53** teiligten nicht zu Lasten anderer Beteiligter gehen darf, versteht sich von selbst. Auch ist eine **schematische Beurteilung** zu Lasten der Beteiligten unzulässig. Die Umstände, warum die

---

[229] Vgl. *OVG Münster* BRS 64 (2001) Nr. 200.
[230] *VG Minden* RdE 2003, 183.
[231] *OVG Münster* NVwZ 1993, 1600 = OVGE 43, 54.
[232] *OVG Münster* BauR 2004, 1607.
[233] *Redeker* NJW 1980, 1593 (1597 f.).
[234] *BVerwG* MDR 1970, 532 f.; *BFH* NVwZ-RR 1990, 282; *OVG Münster* OVGE 16, 293 (295); *Nierhaus*, S. 372, 344 ff.; *ders.* DÖV 1985, 632, 635; s. § 25 Abs. 4 S. 5, Abs. 5 AsylVfG, dazu Rn. 50.
[235] *BVerwGE* 74, 222, Rn. 51.
[236] § 24 Rn. 28 f., 49, 54; kritisch *Martens*, Rn. 170, 171 m. w. N.
[237] *BVerwG* NVwZ 1992, 772.
[238] *VG Berlin* NuR 2002, 639.
[239] *BVerwG* 22. 5. 2000 – 1 DB 8/00 –.
[240] *BVerwG* NJW 1959, 2134; *BVerwGE* 26, 30 (31); *BVerwG* Buchholz 445, 4 § 8 WHG Nr. 9; *BVerwG* NJW 1986, 1703, 1704; NVwZ 1987, 404; InfAuslR 1989, 350; InfAuslR 1990, 38; NJW 1990, 728, 729; *VGH Kassel* NJW 1986, 2781, 2783, NVwZ 1987, 491; *OVG Münster* OVGE 16, 293, 295; *OVG Münster* NVwZ-RR 1994, 386; – 20. 11. 1986 – 3 A 126/84 – n. v.; im Einzelnen *Redeker* DVBl 1981, 83 ff.; für Ausländer- und Asylverfahren § 70 AuslG, § 25 Abs. 3 AsylVfG; *Deibel* InfAuslR 1984, 114; *Stelkens* ZAR 1985, 15, 19; ferner Rn. 47 f.
[241] *BVerwG* InfAuslR 1985, 199.
[242] *BVerwG* NVwZ-RR 1998, 574.

Mitwirkung nicht stattgefunden hat, müssen ebenfalls berücksichtigt werden, z. B. auch das Spannungsverhältnis zwischen den Mitwirkungspflichten und möglichen Selbst- oder Drittbelastungen.[243] Allerdings ist es Sache des Beteiligten, die Behörde auf einen besonderen Sachverhalt aufmerksam zu machen, wenn er sich nicht aufdrängt. Insoweit besteht eine erhöhte Darlegungslast, vgl. Rn. 57 ff. Wendet sich die Behörde nach § 14 Abs. 3 S. 2 an den **Bevollmächtigten,** wird der Beteiligte dadurch nicht von seiner Mitwirkungslast befreit.[244]

3. Präklusion

54 Zunehmend wird vom Gesetzgeber die **Präklusion** auch im nichtförmlichen Verwaltungsverfahren als geeignetes Beschleunigungsmittel angesehen (z. B. § 70 AuslG, § 25 Abs. 3 AsylVfG; §§ 10 Abs. 3, 11, 14 BImSchG; § 41 Abs. 2 Satz 2 FlurbG; § 17 Abs. 4 Satz 1 FStrG;[245] § 11 Abs. 3 Satz 1 BauGB; § 17 Nr. 5 WaStrG; § 7b AtG; § 11 WHG; § 75 Abs. 2 VwVfG; § 73 Abs. 4 Satz 1 MVVwVfG;[246] § 5 Abs. 3 VerPBG[247]).[248] Während die Präklusion in der Regel an ein Verhalten der Beteiligten des VwVf anknüpft, können zu Beschleunigungszwecken auch Beteiligungsrechte anderer Behörden durch Gesetz präkludiert werden (z. B. durch § 11 Abs. 3 BauGB,[249] § 11 Satz 3 9. BImSchV[250]). Zur Präklusion im Einzelnen und in besonderen Verwaltungsverfahren s. § 73 Rn. 98 und *Nierhaus*.[251] Verfassungsrechtlich zulässig ist es,[252] durch gesetzlich zugelassene Präklusion die Mitwirkung des Betroffenen zeitlich zu befristen und den verspäteten Vortrag für das weitere Verwaltungsverfahren auszuschließen **(formelle Präklusion).** Eine **materielle Präklusion** führt zum Verlust von Abwehransprüchen.[253] Voraussetzung einer verfassungsrechtlich zulässigen Präklusion, die einen Einwendungsausschluss auch mit Wirkung für das Gerichtsverfahren zulässt, ist, dass die Verfahrensvorschrift den Anforderungen des Art. 103 Abs. 1 GG gerecht wird.[254] Der Betroffene muss folglich im VwVf die Möglichkeit haben, alle erheblichen Einwände vorzubringen.[255] Die Ausschlusswirkungen werden nur vermieden, wenn die Einwendungen wenigstens in groben Zügen erkennen lassen, welche Rechtsgüter als gefährdet angesehen oder welche Beeinträchtigungen befürchtet werden.[256] Wer allerdings nur pauschal vorträgt, kann nur eine pauschale Prüfung des Vorbringens erwarten.[257] Vorbehaltlich besonderer gesetzlicher Regelung ist Wiedereinsetzung in den vorigen Stand nach § 32 möglich.[258] Es ist folglich nach Wortlaut und Sinn der Spezialregelung[259] zu prüfen, ob im Einzelfall eine Wiedereinsetzung erfolgen kann oder ob die Frist als Ausschlussfrist (s. § 31 Rn. 8 ff.) absolut sein sollte, z. B. um einen Überblick über die angemeldeten Ansprüche zu bekommen, um auf dieser Erkenntnis begrenzte Haushaltsmittel oder Kontingente verteilen zu

---

[243] Hierzu im Einzelnen *Bärlein/Panannis/Rehmsmeier* NJW 2002, 1825. Ferner *R. Müller* EuGRZ 2002, 546 zu neuen Ermittlungsmethoden und dem Verbot des Zwangs zur Selbstbelastung.
[244] *Martens* JuS 1977, 809 (811).
[245] *BVerwG* NVwZ-RR 1999, 162; NuR 1997, 83.
[246] *BVerwG* LKV 1999, 29.
[247] *BVerwG* NuR 1998, 307.
[248] Zur Präklusion im arzneimittelrechtlichen Mängelbeanstandungsverfahren s. *OVG Münster* Pharma Recht 2007, 200.
[249] Dazu *OVG Münster* 19. 11. 1991 – 7 A 799/90.
[250] Dazu *Meins* BayVBl 1998, 136, 140.
[251] S. 319 ff.
[252] Vgl. *BVerfGE* 61, 82, dazu *Ronellenfitsch* JuS 1983, 594; *ders.* VerwArch 1983, 369; *BVerwGE* 60, 297; *BVerwGE* 66, 99; *BGH* NJW 1985, 438, 439; *Brandt,* NVwZ 1997, 233; *Redeker* NJW 1980, 1593, 1597; *ders.*, FS Scupin, S. 867; *Ossenbühl* NVwZ 1982, 465, 472; s. aber *Ule* BB 1979, 1099; *Papier* NJW 1980, 313.
[253] *BVerwGE* 66, 99, 101; *BVerwG* DÖV 1999, 216; NVwZ 1988, 527, 529; *BGH* NJW 1985, 438; *VGH Mannheim* NVwZ 1998, 986; *Steinz* VerwArch. 1988, 272, 280; *Degenhart,* Festschrift Menger S. 621; zum Verlust gegenüber Rechtsnachfolgern *BVerwG* NuR 1990, 162; *OVG Lüneburg* OVGE 39, 321; zu den Formen der Präklusion im Einzelnen *Brandt* NVwZ 1997, 233.
[254] *BVerwG* NVwZ 1984, 234 zu § 3 AtomAnlVO, jetzt § 7 AtVfV; *Streinz* VerwArch. 1988, 272; zur rückwirkend gesetzten Ausschlussfrist *VG Braunschweig* NVwZ 1992, 400.
[255] *BVerwG* 74, 109; zur Kritik *Nierhaus* a. a. O., S. 320 f.
[256] *BVerfGE* 61, 82; *BVerwG* NJW 1981, 359; NVwZ 1989, 52; *OVG Lüneburg* NVwZ 1987, 341; im Einzelnen *Streinz* VerwArch. 1988, 292, 298.
[257] *BVerwG* NJW 1981, 359 (361).
[258] *BVerwGE* 66, 99, § 32 Rn. 9 ff.
[259] Rn. 6; z. B. § 22 WaStrG, dazu *BVerwGE* 66, 99 = NJW 1984, 1250; zu § 17 Abs. 4 S. 1 FStrG *BVerwG* NVwZ 1997, 489; *BSG* MDR 1989, 675.

können.²⁶⁰ Ob durch eine Präklusion im Fall eines Prozesses schon die Klagebefugnis beseitigt wird oder ob sie sich erst auf die Begründetheit der Klage auswirkt, ist umstritten.²⁶¹ Hat ein Beteiligter Einwendungen verspätet vorgebracht und sind diese Einwendungen durch Präklusion ausgeschlossen, endet damit nicht die Amtsermittlungspflicht der Behörde.

4. Rechtsfolgen

Die Rechtsfolgen **fehlender Mitwirkung** sind, falls nicht fachgesetzlich geregelt, mittelbar (s. Rn. 52). Ferner kann dem Beteiligten ein Mitverschulden im Rahmen des **§ 254 BGB** bei einem Schadensersatzanspruch wegen Amtspflichtverletzung angerechnet²⁶² oder ihm Verwaltungsprozesskosten nach **§ 155 Abs. 4 VwGO** auferlegt werden, der aber nicht nur ein Verschulden des Klägers erfasst,²⁶³ sondern auch der Behörde einschließlich Mängel des Verwaltungsverfahrens.²⁶⁴ Immer ist auf den Einzelfall abzustellen, so dass z. B. das Verschweigen eines Sachverhalts während des Verwaltungsverfahrens und seine Offenbarung im Prozess allein aus Prozesskostengründen unschädlich sein kann.²⁶⁵ Die Mitwirkungslast kann sich ferner auf die Beurteilung der Schutzwürdigkeit im Rahmen der **§§ 48, 49** auswirken (Begründung zu § 22 Abs. 2 Entwurf 73), insbesondere wenn die Rechtswidrigkeit des VA auf eine wegen unterlassener Mitwirkung des Beteiligten fehlerhafte oder unvollständige Sachverhaltsermittlung zurückzuführen ist (§ 48 Abs. 2 S. 3 Nr. 2). Eigene Ermittlungsfehler kann die Behörde nicht über den Vorwurf unterlassener Mitwirkung dem Betroffenen anlasten.²⁶⁶ Die Obliegenheit zur Mitwirkung stellt **kein Schutzgesetz** zugunsten der Allgemeinheit oder Dritter i. S. d. § 823 Abs. 2 BGB dar, da die Rückabwicklung fehlerhafter VA in §§ 48 bis 50 abschließend geregelt ist.²⁶⁷

Durch die Mitwirkungslast des Beteiligten wird die **Beweislast** nicht verschoben (s. im einzelnen Rn. 52).²⁶⁸ Über die Mitwirkungslast ist auch keine **Beweisführungslast** (§ 24 Rn. 54) zu konstruieren.²⁶⁹

5. Besondere Mitwirkungspflichten

Es war der Wille des Gesetzgebers (s. Rn. 47f.), den Beteiligten nicht zur Aufklärung von solchen Umständen zu zwingen, die seine Stellung im Verwaltungsverfahren verschlechtern oder ihn in sonstiger Weise belasten würden. Daher sind besondere Pflichten, die gegen seinen Willen durchgesetzt werden können und der Behörde die Ermittlungsarbeit auch zu Ungunsten des Beteiligten erleichtern könnten, nur aus **besonderen Rechtsvorschriften** herzuleiten (**Absatz 2 Satz 3,** Rn. 1, 46). Die Rechtsvorschriften regeln auch die **Folgen ihrer Verletzung,** insbesondere die anwendbaren Zwangsmittel (Begründung zu § 22 Abs. 2 Entwurf 73), z. B. § 208 BauGB (Zwangsgeld), § 116 Abs. 4 BSHG (hier Geldbuße). Vom Fachrecht hängt es deshalb ab, ob bei einer Verletzung dieser Pflicht die Mitwirkung gegen den Willen des Betroffenen durchgesetzt werden darf (z. B. bei auf § 48 Abs. 3 Satz 1 gestützter Anordnung erkennungsdienstlicher Maßnahmen²⁷⁰ oder bei einer ärztlichen Untersuchung)²⁷¹ oder ob nur im Rahmen der Beweiswürdigung wegen der Weigerung die zu beweisende Tatsache als gegeben zugrunde gelegt werden darf.²⁷² Zumindest folgt aus der Weigerung eine **erhöhte Darle-**

---

[260] Vgl. BVerwGE 13, 209, 211 = DVBl 1962, 227; 24, 154 = DVBl 1966, 749. Sehr weitgehend für Jahresfrist bei Beihilfeansprüchen BVerwGE 21, 258.
[261] S. hierzu Sodan in Sodan/Ziekow § 42 Rn. 381.
[262] BGH DVBl 1964, 146.
[263] Beispiele bei Neumann in Sodan/Ziekow § 155 Rn. 106 ff.
[264] Eingehend mit Beispielen Neumann in Sodan/Ziekow § 155 Rn. 87 ff.
[265] Vgl. BVerwG NVwZ 1988, 249; OVG Münster NJW 1975, 277 und § 80 Rn. 72; s. aber BGH NJW 1992, 2769, 2770.
[266] VGH München BayVBl 1990, 630.
[267] Vgl. Gagel NJW 1985, 1872 m. w. N.
[268] BVerfG NJW 1980, 516, 518; BFH NVwZ-RR 1990, 282; BStBl II 1989, 462; Rn. 52, § 24 Rn. 18, 29, 56 m. w. N.
[269] So auch Erbguth LKV 1997, 233.
[270] Dazu OVG Münster NWVBl 2006, 261.
[271] S. zur dienstrechtlichen Anordnung einer ärztlichen Untersuchung: VGH Kassel NVwZ-RR 1995, 47; VG Düsseldorf NVwZ-RR 2002, 449.
[272] BVerwG NJW 1986, 270; Rn. 52, § 24 Rn. 51.

gungslast über die Gründe.²⁷³ Sofern die Verpflichtung zur Mitwirkung festgesetzt werden darf, geschieht dies durch VA,²⁷⁴ der trotz § 44a VwGO anfechtbar sein kann.²⁷⁵ S. ferner Rn. 64 f. Dagegen ist z. B. die an einen Fahrerlaubnisinhaber gerichtete Anordnung zur Vorlage eines ärztlichen Gutachtens kein VA, sondern lediglich eine vorbereitende Maßnahme im Hinblick auf die später zu treffende Sachentscheidung über die Entziehung der Fahrerlaubnis, wobei die nicht fristgerechte Beibringung des Gutachtens im Rahmen der Beweiswürdigung dahin gewertet werden kann, dass der Betroffene vorwerfbar die Benutzung eines Beweismittels vereitelt und nach dem Rechtsgedanken der §§ 427, 444, 446 ZPO die zu beweisende Tatsache der Nichteignung als erwiesen angesehen werden kann.²⁷⁶ Die besondere gesetzliche Mitwirkungspflicht kann sich unmittelbar aus dem Gesetz ergeben oder auf Grund einer gesetzlichen Ermächtigung, die durch einen VA, ggf. im Wege der Auflage, konkretisiert wird (vgl. § 4 Abs. 2 Nr. 2 a, § 5 Abs. 1 Nr. 1 a WHG). Dies gilt z. B. für die Durchsuchung von Personen, Sachen und Wohnungen (Rn. 44, 93 ff.), das Betreten von Wohnungen²⁷⁷ und Grundstücken (§ 99 AO 1977, § 58 Abs. 3 BauO NRW, § 209 BauGB, § 21 WHG, § 11 Abs. 4 AbfG, § 52 Abs. 2 BImSchG, § 23 BNatSchG, § 2 Abs. 3 b) WoBindG,²⁷⁸ §§ 16, 21 BBodSchG²⁷⁹) und die Anordnung ärztlicher Untersuchungen.²⁸⁰

58 Der **Begriff Mitwirkung** besagt nichts über ihre **Art**. Eine unumstrittene Kategorisierung gibt es nicht, wenngleich im wesentlichen Auskunftspflichten, Nachweispflichten z. B. durch Vorlage von Urkunden, Duldungspflichten²⁸¹ und Ermittlungspflichten gemeint sind.²⁸²

59 § 26 spricht nicht die besonderen Regelungen an, die die Darlegung und den Nachweis der Voraussetzungen eines Antrages betreffen (Rn. 44; § 24 Rn. 42, 49, 54). Gemeint sind nur Mitwirkungspflichten im Bereich der Sachverhaltsermittlung nach § 24 (Rn. 43 f.), also **im Zusammenhang mit einem konkreten VwVf**. Ferner sind nur im Gesetz konkret angeordnete Mitwirkungspflichten gemeint, nicht etwa allgemeine, nicht ausdrücklich im Gesetz geregelte Nebenpflichten.²⁸³

60 Häufig bestehen gesetzliche **Mitwirkungsverweigerungsrechte.** Als Ausnahmevorschriften zu gesetzlichen Mitwirkungsverpflichtungen sind sie inhaltlich eng auszulegen, so dass aus einem Auskunftsverweigerungsrecht (z. B. Rn. 63) nicht geschlossen werden darf, dass auch die Vorlage von Unterlagen verweigert werden kann. Bei der Frage eines **Verwertungsverbotes** (§ 24 Rn. 32 ff.) ist nach der jeweiligen Norm zu prüfen, ob die Mitwirkung im VwVf verlangt werden kann (z. B. Vorlage von Unterlagen, um eine Gesundheitsgefahr zu beseitigen), eine Weiterleitung der Information an die Strafverfolgungsbehörden (z. B. im Umweltschutzrecht) aber untersagt ist.²⁸⁴ Im Unterschied zum Gericht hat die Behörde, die das Verfahren führt, ein eigenes Interesse an der Erlangung und Verwertung der Beweismittel, so dass rechtsstaatliche Grundsätze als Verfahrensgarantie in dem zudem formlosen Verfahren (§ 10) von besonderer Bedeutung sind. Die gegenteilige Ansicht gewinnt bei der Frage der Erhebung, Speicherung und Weitergabe von **Daten** breiten Raum. Sie stellt lediglich auf das Ergebnis der Beweisaufnahme ab, wenn sie dem Allgemeininteresse an der Verwendung einmal erlangter Informationen den Vorrang vor den Interessen des Einzelnen gibt.²⁸⁵ Das Beweisverfahren ist aber nur dann

---

²⁷³ *BVerwG* BBauBl 1989, 373.
²⁷⁴ S. demgegenüber Rn. 19 f., 49; zur Duldung Rn. 44.
²⁷⁵ Dazu *Stelkens* in Schoch u. a., § 44 a Rn. 22 ff., 29.
²⁷⁶ *OVG Münster* NJW 2001, 3427; s. ferner *OVG Münster* NWVBl 2003, 231; *VG München* NJW 2006, 1687. Vgl. auch zur Untersuchungsanordnung im Approbationsrecht *OVG Münster* NWVBl 2006, 379.
²⁷⁷ *BVerwG* NJW 2006, 2504; *BGH* NJW 2006, 3352; *VGH München* DÖV 2006, 607 zum bauaufsichtlichen Betreten und Besichtigen einer Wohnung. Hierzu auch *Suttmann* BauR 2006, 1986.
²⁷⁸ Dazu *BVerwG* BBauBl 1989, 373.
²⁷⁹ Dazu im Einzelnen *Knoche* GewArch 2000, 226.
²⁸⁰ *BVerwG* NVwZ-RR 1998; *VGH Kassel* NVwZ-RR 1995, 47; *VG Düsseldorf* NVwZ-RR 2002, 449.
²⁸¹ S. hierzu Rn. 44.
²⁸² S. *Nierhaus*, S. 296 ff.
²⁸³ Weitergehend wohl *Martens*, Rn. 126 ff., 130; *ders.* SGb 1990, 219, 222.
²⁸⁴ Vgl. *BVerfGE* 56, 37, kritisch *Nobbe/Vögele* NuR 1988, 313, 317; *Schroth* JuS 1998, 969 zu Beweisverwertungsverboten im Strafrecht. *Fischer* BB 1999, 154 allgemein zum prozessualen Verwertungsverbot für mitbestimmungswidrig erlangte Beweismittel.
²⁸⁵ S. *VGH Mannheim* NJW 2003, 3004; *OVG Lüneburg* NJW 2001, 459; *Geiger* BayVBl 2005, 645, 647; Zu unberechtigt erlangten Auskünften aus dem Erziehungsregister s. *VGH Mannheim* VBlBW 2003, 127; *OVG Koblenz* NVwZ-RR 2000, 309.

rechtsstaatlich, wenn es in jedem Verfahrensschritt diesen Anforderungen genügt. Ein Allgemeininteresse an einem rechtsstaatswidrigen Verfahrensschritt kann und darf es nicht geben.[286] **Ausnahmen vom Verwertungsverbot** sind denkbar. So kann im Einzelfall, wenn öffentliche Interessen von erheblichem Gewicht betroffen sind, eine erforderliche Interessenabwägung dazu führen, dass Beweisverwertungsverbote zurücktreten.[287] Siehe ferner die Beispiele in § 24 Rn. 33. Rechtswidrige Informationen können zum Anlass genommen werden, durch **eigene Ermittlungen** den Sachverhalt zu bestätigen.[288]

Inwieweit Auskunftsansprüche, Vorladungen wie § 18 BGSG etc. als Erfüllung selbstständiger verfahrensrechtlicher oder materieller Verpflichtungen von der Behörde **in einem** dafür **eigenständigen VwVf** durchgesetzt werden können, bestimmt sich nach dem jeweiligen Fachrecht (s. § 24 Rn. 6 ff., zur Duldung Rn. 44). Enthält dieses keine Ermächtigung, die Mitwirkungspflicht im Fall einer Nichtbefolgung durch VA zu konkretisieren, kann sich diese Befugnis im Einzelfall aus der gefahrenabwehrrechtlichen Generalklausel ergeben, soweit sie dann durch speziellere Regelungen nicht verdrängt ist.[289] Auch ist es eine materiell-rechtliche Frage, inwieweit die Behörde gegen einen **Störer** auf Grund der Generalermächtigung vorgehen kann und insoweit den Sachverhalt gem. §§ 24, 26 ermitteln darf, indem sie z. B. von dem Eigentümer eines Grundstücks, der verpflichtet ist, die baurechtswidrige Nutzung zu verhindern, die Anschrift des Nutzenden verlangt.[290] Entsprechendes gilt z. B. auch für die Anforderung von Auflistungen der Arbeitsplätze zum Zweck der Überwachung der Arbeitszeitordnung.[291] 61

Ein ähnliches materiell-rechtliches Problem ist, ob einem Bürger eine Duldungspflicht bei einem sog. **Gefahrenerforschungseingriff** auferlegt werden darf.[292] Die Ermittlung ist ebenfalls gegen einen Störer gerichtet und bedarf in der Regel eines Gefahrenverdachtes, der durch Tatsachen erhärtet ist (§ 24 Rn. 10 f.). Wie fließend die Grenzen zwischen der Ermittlung auf Grund der allgemeinen Generalklausel und der Sachverhaltsermittlung nach §§ 24, 26 sind, zeigen die Diskussion über die Beseitigung von **Altlasten,** dazu § 24 Rn. 10 f., oder auch z. B. Rechtsprechung zu §§ 10, 2 AbfG, aus denen die Verpflichtung des Inhabers einer stillgelegten Deponie hergeleitet wird, Beobachtungsbrunnen anzulegen.[293] Nach § 9 Abs. 1 BBodSchG soll die zuständige Behörde bei Anhaltspunkten für eine schädliche Bodenveränderung oder Altlast die geeigneten Maßnahmen zur Ermittlung des Sachverhalts ergreifen, wobei die Anordnung von Gefahrerforschungseingriffen nach Abs. 2 der Vorschrift möglich ist.[294] 62

Als **Beispiele** sind in Absatz 2 genannt die **Pflichten** zum **persönlichen Erscheinen** (z. B. § 82 Abs. 4 AufenthG, § 93 Abs. 5 AO 1977, § 208 BauGB, § 23 AsylVfG, dazu Rn. 50, §§ 17 Abs. 3, 24 Abs. 6 Nr. 3 WPflG) und die **Pflicht zur Aussage,** die vielfach auch mit einem Aussageverweigerungsrecht (s. auch Rn. 57 ff.) gekoppelt ist (z. B. § 31 SprengG; § 44 KWG;[295] § 2 Abs. 3 a WoBindG;[296] § 42 BWaldG, § 25 GenTG, § 11 AbfG, § 52 Abs. 2 BIm- 63

---

[286] Vgl. *BVerfG* DVBl 2003, 131; NJW 1992, 815; *BGH* NJW 2003, 1727 zum Abhören und Verwerten von Telefongesprächen; ferner *Reinkenhof* NJ 2003, 184; *Vahle* DVP 2000, 375. *BGH* NJW 1994, 2289 (2292) zur Verwertung von heimlichen Tonbandaufzeichnungen und Lauschzeugenaussagen.
[287] S. z. B. *VGH Mannheim* NJW 2007, 2571; *OVG Lüneburg* NJW 2001, 459 (jeweils zum Fahrerlaubnisrecht); *OVG Hamburg* NJW 2008, 96 = AuAS 2007, 160 (zum Ausländerrecht) m. w. N.
[288] Hierzu im Einzelnen *Erfmeyer* VR 2000, 325.
[289] Vgl. *OVG Münster* NWVBl 2006, 261 zu §§ 46 Abs. 1, 46 Abs. 3 AufenthG.
[290] *OVG Lüneburg* BRS 28 Nr. 158; *OVG Berlin* NuR 1988, 254, UPR 1988, 278; *OVG Münster* NW-VBl 1989, 95.
[291] *BVerwG* NJW 1990, 529.
[292] S. auch *BVerfG* DÖV 2000, 867 zu den aus Art. 14 I GG folgenden Grenzen der Zustandshaftung des Eigentümers; hierzu *Müggenborg* NVwZ 2001, 39; zur Haftung für Altlasten nach dem BBodSchG s. *BVerwG* NVwZ 2000, 1179; *OVG Lüneburg* DÖV 2000, 825; *VG Frankfurt* NVwZ 2000, 107; *Buck* NVwZ 2001, 51 zum Verantwortlichkeitskonzept des BBodSchG; *Müggenborg* NVwZ 2000, 50; *Turnit* VBlBW 2000, 261; *Knoche* GewArch 2000, 221; *Hasche* DVBl 2000, 91 *Knopp*, DVBl 1999, 1010; zu den Voraussetzungen für eine Kostenerstattung für Gefahrenforschungsmaßnahmen im Wasserrecht *OVG Schleswig* DVBl 2000, 1877; zur Gesamtrechtsnachfolge in die abstrakte Polizeipflicht bei Altlastfällen *OVG Münster* NVwZ 1997, 507.
[293] *VGH Kassel* UPR 1986, 432, materiell einschränkend in NVwZ-RR 1989, 242, a. A. *OVG Lüneburg* NuR 1991, 242, 243.
[294] S. dazu *BVerwGE* 123, 7 = NVwZ 2005, 609; *VGH Mannheim* NVwZ 2003, 1137; 2002, 365; NuR 2003, 696; *OVG Münster* ZUR 2002, 290; *VGH Mannheim* NuR 2004, 672; JuS 2003, 507; *VG Frankfurt* NVwZ-RR 2002, 269; *Ziegler* LKV 1998, 249, 251.
[295] Dazu *VG Berlin* NJW 1988, 1105.
[296] Dazu *BVerwG* BBauBl 1989, 373.

SchG,[297] siehe zu Duldungspflichten ferner Rn. 44,[298] § 93 AO 1977, §§ 101 ff. AO 1977 – Aussageverweigerungsrecht aber nicht für Beteiligte.[299] Besteht ein gesetzliches **Auskunftsverweigerungsrecht nicht,** kann es auch nicht generell in entsprechender Anwendung dieser Vorschriften eingeräumt werden. In diesen Fällen wird nur eine an dem Sinn der konkreten Aussagepflicht orientierte **Interessenabwägung** vorgenommen werden können.[300] Selbst wenn eine Aussagepflicht besteht, bleibt die an den allgemeinen Grundsätzen zu messende Entscheidung der Behörde, von dieser Pflicht nur im Rahmen der Sachverhaltsermittlungsbefugnis Gebrauch zu machen (§ 24 Rn. 30 f.; § 26 Rn. 6 ff., 51). Jedenfalls muss die Interessenabwägung im Rahmen dieser Beurteilung stattfinden. Weitere Auskunftspflichten nach § 17 Abs. 1 HandwO, § 22 Abs. 1 GastG, § 35 Abs. 3a GewO, § 32 EichG, § 1a Abs. 2[301] und § 21 WHG, § 23 BNatSchG, § 70 AuslG, § 47 BAföG.[302] Besondere Auskunftspflichten bestehen in der Wirtschaftsverwaltung.[303] **Weitergehende Pflichten** bestehen, wenn die **Durchsuchung** von Personen, Sachen und Wohnungen zu dulden ist[304] (Rn. 44, 93 ff.), das **Betreten von Grundstücken** nicht verwehrt werden kann (§ 99 AO 1977, § 58 Abs. 3 BauO NW, § 209 BauGB, § 21 WHG, § 11 Abs. 4 AbfG, § 52 Abs. 2 BImSchG, § 23 BNatSchG, § 2 Abs. 3 b) WoBindG,[305] §§ 16, 21 BBodSchG[306]), sich **ärztlichen Untersuchungen** unterzogen[307] oder ein ärztliches Zeugnis beigebracht werden muss (§ 17 Abs. 4 WPflG;[308] § 15b Abs. 2 StVZO).[309] Ferner nur als besondere gesetzliche Pflicht, die weder durch Absatz 2 erweitert noch eingeschränkt wird, sind **Aufzeichnungen** aus Büchern oder Geschäftspapieren zu machen und der Behörde vorzulegen oder aufzubewahren[310] (§ 93 Abs. 2 AO 1977, § 11 Abs. 2 AbfG, § 7 GasölverwendungsG – Landwirtschaft;[311] zum Getreidegesetz;[312] § 6 Abs. 3 GenTG),[313] **Urkunden** vorzulegen (z. B. § 28 Abs. 1 BauGB;[314] § 208 BauGB, § 52 Abs. 2 BImSchG; Rn. 64), Listen gefährlicher Stoffe zu führen[315] oder Kopien von Schriftstücken oder Ausdrucke elektronischer Dokumente vorzulegen (z. B. § 147 Abs. 5 AO 1977).

64 Soweit Vorschriften die Beibringung von **Unterlagen** verlangen, wenn ein Antrag auf eine behördliche Leistung oder Erlaubnis (z. B. bei Verbot mit Erlaubnisvorbehalt) gestellt wird, ist zu differenzieren, ob die Behörde die Vorlage der Unterlagen erzwingen kann oder nur berechtigt ist, den Antrag wegen fehlender Unterlagen abzulehnen (§ 24 Rn. 49 f., s. aber § 26 Rn. 51). Die Behörde darf weder einen Antrag noch dessen Änderung aufdrängen[316] oder gar eine Antragstellung ordnungsbehördlich anordnen, s. § 25 Rn. 35.[317] Ein Antragsteller hat die sich aus der Unvollständigkeit seines Antrags ergebenden Folgen zu tragen, wenn er diesen trotz Belehrung und Fristsetzung nicht vervollständigt.[318] Dementsprechend ist die Behörde bei unvollständigen Unterlagen in der Regeln darauf beschränkt, den Antrag abzulehnen.[319] Dies gilt auch für

---

[297] Allgemein zu Mitwirkungs- und Duldungspflichten im Immissionsschutzrecht *Moshauer* VerwArch 1981, 17, *ders.* NVwZ 1985, 457.
[298] Zum Auskunftsverweigerungsrecht nach FachpersonalG *BVerwG* NVwZ 1984, 376.
[299] Zu § 160 AO s. *BFH* NVwZ 1987, 174.
[300] Kritisch *Reiß* NJW 1982, 2540.
[301] Dazu *BVerwG* NVwZ 1991, 996.
[302] Dazu *OLG Hamm* NJW 1980, 1476.
[303] Siehe dazu *BVerwG* DÖV 1984, 73; *Roth* VerwArch. 1966, 225 ff.
[304] *BVerwG* NJW 2006, 2504; *BGH* NJW 2006, 3352; *VGH München* DÖV 2006, 607 zum bauaufsichtlichen Betreten und Besichtigen einer Wohnung. Hierzu auch *Suttmann* BauR 2006, 1986.
[305] Dazu *BVerwG* BBauBl 1989, 373.
[306] Dazu im Einzelnen *Knoche* GewArch 2000, 226.
[307] *BVerwG* NVwZ-RR 1998, 574 zur Verweigerung einer vom Dienstherrn angeordneten ärztlichen Untersuchung eines Beamten und den sich daraus für dessen Reaktivierungsverfahren ergebenden Folgen.
[308] Dazu *BVerwGE* 72, 222.
[309] Dazu *BVerwG* NJW 1985, 2490 und NJW 1986, 270; ferner Rn. 19 f., 51.
[310] S. *VGH Mannheim* NVwZ-RR 2003, 30.
[311] Dazu *BVerwGE* 62, 1, 6; NuR 1992, 329.
[312] *BVerwG* NVwZ 1992, 772; 28. 4. 1983 – 3 C 7.82 – n. v.
[313] Dazu *Fluck* DÖV 1991, 129.
[314] *OVG Münster* NJW 1980, 1067.
[315] *VGH Mannheim* NVwZ 1991, 1009.
[316] *VGH Mannheim* NVwZ 2006, 1305.
[317] S. zum Bauantrag *OVG Münster* BauR 2003, 677.
[318] S. *OVG Münster* Pharma Recht 2007, 200.
[319] *BVerwG* DVBl 1997, 609; *OVG Münster* NWVBl 1995, 356.

die besondere Beibringungslast nach § 6 UVPG.[320] Die Erzwingung der Vorlage von Unterlagen kommt in Betracht, wenn und soweit sie über das Antragsverfahren hinaus für die Behörde im Rahmen der Eingriffsverwaltung zur Erfüllung ihrer Aufgaben notwendig sind, z.B. für die bauordnungsrechtliche Beurteilung eines formell illegal errichteten Hauses, oder wenn es spezialgesetzlich erlaubt ist.[321]

Zu der Frage, wer die **Kosten für die Unterlagen,** insbesondere für Gutachten trägt, s. § 24 Rn. 10, 50; § 80 Rn. 57).[322] Für insbesondere im Rahmen der §§ 24, 25, 26, 28 erfolgte Vorfeldhandlungen können **Verwaltungsgebühren** überhaupt nur dann erhoben werden, wenn der Gebührentatbestand in der Gebührensatzung so gefasst ist, dass aus der Sicht des Gebührenpflichtigen eindeutig vorhersehbar ist, wann die Erheblichkeitsschwelle überschritten, also z.B. aus dem „bloßen" Gespräch eine gebührenpflichtige Amtshandlung wird.[323]

V. Zeugen und Sachverständige (Abs. 1 S. 2 Nr. 2, Abs. 3)

1. Zeugen und Sachverständige

Nach **Absatz 1 S. 2 Nr. 2** können im Rahmen ordnungsgemäßer Beweiserhebung (Rn. 6ff., 11ff., 46) Zeugen und Sachverständige **vernommen** oder ihre **schriftlichen** oder **elektronischen** Äußerungen eingeholt werden. Dass auch elektronische Äußerungen eingeholt werden können, ist im Rahmen der durch das 3. VwVfÄndG[324] erfolgten Einführung des elektronischen Verwaltungsverfahrens (s. § 3a) in § 26 Abs. 1 Satz 2 Nr. 2 ausdrücklich klargestellt worden. Weitergehende Regelungen bestehen für das förmliche Verfahren nach § 65 (dort Rn. 1), nicht aber für das Planfeststellungsverfahren (§ 72 Rn. 135). Die **Begriffe Zeugen und Sachverständige** entsprechen der prozessualen Definition:

Zeuge kann nur eine natürliche Person sein, die ihr eigenes Wissen über Tatsachen in einem ihr fremden Verfahren bekunden soll.[325] Ein Zeuge ist daher nicht austauschbar, sofern es auf einen Zeugenbeweis ankommt.[326] **Tatsachen** können sowohl äußere als auch innere Tatsachen sein (z.B. Beweggründe, Überlegungen).[327] **Bewertungen** und Beurteilungen sind nicht Sache des Zeugen, sondern Rechtsanwendung der Behörde (§ 24 Rn. 19). Hierunter fällt auch die rechtliche Beurteilung, anders nur, soweit § 293 ZPO, z.B. für ausländisches Recht (§ 24 Rn. 40), heranzuziehen ist. Der Zeuge ist ein sehr unzuverlässiges Beweismittel, weil die Zeugenaussage in vielfacher Hinsicht fehleranfällig ist.[328] Es gibt keinen Grundsatz, wonach ein Zeuge um dieser Eigenschaft willen glaubwürdiger ist als ein Beteiligter des VwVf.[329] Auch gibt es keinen Beweiswürdigungsgrundsatz des Inhalts, dass Zeugenaussagen nur dann als glaubhaft angesehen werden können, wenn sie durch mindestens eine unabhängige Stelle bestätigt werden. Insoweit kommt es vielmehr ausschließlich auf die Beweiswürdigung und Überzeugungsbildung im Einzelfall an. Bei Aussagen kindlicher Zeugen stellt sich die Frage ihrer Glaubhaftigkeit.[330] Der Zeuge vom **Hörensagen** bekundet kein eigenes Wissen, ist aber grds. als taugliches Beweismittel anerkannt, wobei jedoch besondere Anforderungen an die Beweiswürdigung zu stellen sind.[331]

Der **Sachverständige** vermittelt im Gegensatz zum Zeugen (zum sachverständigen Zeugen s. Rn. 72f.) auf Grund seiner Sachkunde als Gehilfe der Behörde fachspezifische Lehr- und

---

[320] Im einzelnen *Weber/Hellmann* NJW 1990, 1625, 1630; § 24 Rn. 6ff.; § 63 Rn. 82.
[321] *BVerwG* DÖV 1984, 73.
[322] S. *VG Göttingen,* Urteil v. 2. 3. 2006 – 4 A 5/04 –: Holt z.B. eine Genehmigungsbehörde aus dem Wunsch heraus, ihr Verfahrensrisiko zu minimieren, trotz vorhandenen eigenen Sachverstands ein Gutachten ein, so kann sie dessen Kosten nicht auf den Antragsteller abwälzen. Zu den Kosten für im Verwaltungsverfahren eingeholte Privatgutachten s. *OVG Lüneburg* NVwZ-RR 2007, 77.
[323] So *BVerwG* NVwZ 2006, 1413 zu Maßnahmen nach dem BBodSchG.
[324] V. 21. 8. 2002, BGBl. I S. 3322. Siehe hierzu *Schmitz/Schlatmann* NVwZ 2002, 1281; *Schlatmann* DVBl 2002, 1005; *Roßnagel* NJW 2003, 569; *Schmitz* StAZ 2003, 97.
[325] *Rudisile* in *Schoch u.a.* § 98 Rn. 38 ff.; *Kopp/Ramsauer,* § 26 Rn. 23.
[326] *BVerwG* NJW 1986, 2268.
[327] *Baumbach-Lauterbach* Einf. vor § 284.
[328] Siehe hierzu im Einzelnen *Rudisile* in *Schoch u.a.* § 98 Rn. 40 ff.
[329] Vgl. *OLG Bremen* NJW 1991, 508 (L).
[330] Hierzu im Einzelnen *Deckers* NJW 1999, 1365; *Foerste* NJW 2001, 321; *Einmahl* NJW 2001, 469.
[331] *BVerfG* NJW 1996, 448; BayVBl 1992, 111; *Lang* in *Sodan/Ziekow* § 98 Rn. 148.

Erfahrungssätze (Rn. 28) und Schlussfolgerungen.[332] Er begutachtet damit einen grundsätzlich von der Behörde abschließend festzustellenden und zu würdigenden Sachverhalt.[333] Die Auslegung des anzuwendenden Rechts und die Subsumtion des Sachverhalts unter diese Norm ist Sache der Behörde, nicht des Sachverständigen (§ 24 Rn. 27).[334] Lassen sich vor allem in technisch komplizierten Bereichen, die eine Prognose verlangen, tatsächliche und wertende Gesichtspunkte nicht trennen, kann auch für die Wertung eine sachverständige Beratung der Behörde notwendig sein.[335] Gerade bei komplexen Sachverhalten ist durch eine klare Abgrenzung des Verhältnisses zwischen Sachverständigen und Entscheidungsträger der Gefahr zu begegnen, dass sich die Entscheidungsbefugnis faktisch auf die externen Sachverständigen verlagert.[336] Der Sachverständige muss über die erforderliche **besondere** (erhebliche über dem Durchschnitt liegende)[337] **Sachkunde** verfügen; eine öffentliche Bestellung i. S. d. § 36 GewO ist nicht erforderlich.

69 Will die **Behörde** auf einen Sachverständigen oder auf die Stellungnahme einer sachverständigen Behörde (Rn. 70) verzichten, weil sie **selbst** über die **besondere Sachkunde** verfügt, muss sie dies begründen (Rn. 7).[338] Der Sachverständige muss **unparteiisch** sein.[339] Das Gutachten eines mit Erfolg abgelehnten Sachverständigen ist als Beweismittel grundsätzlich ungeeignet.[340] Die Regelungen der Parteiöffentlichkeit, die im Verwaltungsprozess z. B. auch auf die von einem Sachverständigen zur Erstellung seines Gutachtens durchgeführte Ortsbesichtigung Anwendung finden,[341] gelten nicht für das Verwaltungsverfahren.

70 Nicht erforderlich ist, dass ein Sachverständiger eine natürliche Person ist und seine Sachkunde auf Anfrage jedermann vermittelt.[342] Daher können Sachverständige im VwVf **auch Behörden** oder andere **öffentliche oder private Stellen** sein, wie ihre Erwähnung in § 1 Abs. 2 JVEG, § 12 Abs. 1 Nr. 11 AtomG zeigt.[343] Bei Bediensteten einer Behörde ist zu unterscheiden, ob sie als Sachverständige herangezogen werden sollen oder etwa zur Erteilung einer amtlichen Auskunft, die an die Stelle eines Sachverständigengutachtens treten soll, wobei dies allerdings die Frage ihrer etwaigen Befangenheit (s. dazu Rn. 84) unberührt lässt.[344] So stellen z. B. ärztliche Tauglichkeitsbeurteilungen Wehrpflichtiger in Musterungsverfahren behördlich angeordnete Beweisaufnahmen in Gestalt der Erhebung von Sachverständigenbeweis dar.[345] Sachverständige können auch **Personen im Angestelltenverhältnis** oder ein **Team** von Sachverständigen sein.[346] Von ihnen zu unterscheiden sind die **Hilfskräfte** eines Sachverständigen (z. B. Labor-, Schreibkräfte), die keine eigenverantwortliche Wertung vornehmen.[347] Sachverständigengutachten sind nur die zu dem konkreten VwVf als Beweismittel erstatteten Gutachten, also weder

---

[332] S. zum Begriff *Lang* in *Sodan/Ziekow* § 98 Rn. 137; *Rudisile* in *Schoch u. a.* § 98 Rn. 101 ff; *Kopp/Ramsauer*, § 26 Rn. 27. Allerdings beschränkt sich z. B. der Begriff des einschlägigen „Sachverständigengutachtens" in § 29 Abs. 1 Satz 1 BNatSchG nicht auf Äußerungen von „Sachverständigen" im Sinne von § 26 Abs. 1 Nr. 2, s. *BVerwGE* 105, 348 = NVwZ 1998, 395. Zur Erstattung eines Sachverständigengutachtens in mündlicher Form s. *OVG Münster*, Beschluss v. 11. 6. 2007 – 13 A 3903/06 –.
[333] Vgl. *BVerwG* NJW 1982, 2885, 2886; NJW 1986, 2268; NJW 1989, 1297; *OVG Münster* NVwZ 1993, 1600 = OVGE 43, 54; *Skouris* AöR 1982, 215, 246.
[334] Für Gericht *BVerwG* Buchholz 402.10 § 3 NAG Nr. 65; *VGH Kassel* NVwZ 1991, 280.
[335] Für Gericht *BVerwG* DÖV 1991, 471 für Flugsicherheit; a. A. *VGH München* DVBl 1990, 108.
[336] S. hierzu im Einzelnen *Nussberger* AöR 129 (2004), 282 ff.; *Scherzberg* NVwZ 2006, 377.
[337] *BVerwG* 45, 235.
[338] *BVerwG* DVBl 1999, 1206; NJW 1988, 925, NVwZ-RR 1989, 257; NVwZ-RR 1990, 375; 27. 9. 1991 – 3 C 32/90; für Gericht auch *BGH* NJW 1989, 2984; NJW 1991, 2824; NJW 1993, 2378; *VGH Mannheim* VBlBW 1995, 187.
[339] *BVerwG* NJW 1989, 2272, 2276; *BSG* NJW 1993, 3022; Rn. 84.
[340] *BVerwG* NVwZ 1988, 1020; *BSG* NJW 1993, 3022.
[341] *BVerwG* NJW 2006, 2058.
[342] Wie hier *Clausen* in Knack § 26 Rn. 21; wohl auch *Obermayer* § 26 Rn. 71; a. A. *Kopp/Ramsauer*, § 26 Rn. 22.
[343] Für Behörden *BVerwGE* 56, 110, 127; *OVG Münster* NWVBl 1992, 27; BauR 1992, 617; *Skouris* AöR 1982, 215, 219, 257; *Schnapp*, Festschrift Menger, S. 557, 563.
[344] *VGH Mannheim* NVwZ-RR 1998, 689 f. Vgl. auch *OVG Münster*, Beschluss v. 11. 6. 2007 – 13 A 3903/06 – zur Heranziehung eines Angehörigen einer am Verwaltungsverfahren beteiligten Behörde als Sachverständiger im gerichtlichen Verfahren. Ferner *OVG Bautzen* NVwZ-RR 2006, 767: keine institutionelle Befangenheit wegen Identität von Anhörungs- und Planfeststellungsbehörde.
[345] *BVerwG* AnwGeb 1996, 102.
[346] *Pause* NJW 1985, 2579.
[347] *BVerwG* NJW 1984, 2645.

vom Antragsteller vorgelegte Privatgutachten, die die Anspruchsvoraussetzungen dartun sollen (§ 24 Rn. 49 f.), noch zu anderen Verfahren erstattete, im Wege des Urkundsbeweises zu würdigende Gutachten (Rn. 24 f.).[348]

Soweit **dritte Behörden** in Anspruch genommen werden, können sie bereits **kraft Gesetzes** zur sachverständigen Mitwirkung in einem VwVf verpflichtet sein. Sie sind dann in der Regel keine Sachverständigen i. S. d. § 26, sondern wirken als weitere Behörden durch Anhörung, Einvernehmen etc. am VwVf mit (§ 9 Rn. 117). Insoweit erhalten sie keine Vergütung über § 26 Abs. 3, sondern allenfalls über besondere Ermächtigungsnormen des Kostenrechts. Dies gilt auch für die Erhebung von Gebühren.[349] Eine Beteiligung der Behörde an dem VwVf steht ihrer Hinzuziehung als Sachverständige allerdings dann nicht entgegen, wenn ihre Beteiligung von dem Fachrecht gerade wegen ihres Sachverstandes vorgesehen ist, sie bei der Abgabe ihres Gutachtens weisungsfrei handeln kann und die federführende Behörde in ihrer Bewertung des Gutachtens sowie der ggf. weiteren Auswahl der Beweismittel frei ist.[350] Zur Befangenheit Rn. 84 f. Auch für diese Fälle ist § 26 Abs. 3 nicht gedacht. Da die Mitwirkung der beteiligten Behörde ihre gesetzliche Aufgabe ist, werden sie nach § 4 Abs. 2 auch nicht im Wege der Amtshilfe tätig.[351] **Amtshilfe und Sachverständigenrecht** können im Übrigen nebeneinander stehen; der verfahrensführenden Behörde steht hier ein Auswahlermessen zu, bei dem aber in der Regel die Amtshilfe vorgeht[352] (Rn 24). Auch wenn sich die Behörde bei der Erstellung oder Beziehung von Gutachten der Amtshilfe bedient, hat sie sich ein eigenes Bild von der Aussagekraft der beigezogenen Erkenntnisse im Hinblick auf die in eigener Zuständigkeit zu treffende Entscheidung zu machen.[353]

Die **Abgrenzung** vom Zeugen zum Sachverständigen kann im Einzelfall schwierig sein, insbesondere wenn der Sachverständige auf Grund seiner Erfahrung Tatsachen erkennt und vermittelt. Der **sachverständige Zeuge** ist Zeuge (vgl. § 414 ZPO); er macht auf Grund seines Fachwissens unabhängig von einem konkreten Auftrag Beobachtungen, die er als Zeuge in einem Verfahren mitteilt.[354] Das für das jeweilige Verwaltungsverfahren erstellte schriftliche Sachverständigengutachten wird nicht zur Urkunde (Rn. 88), wohingegen lediglich beigezogene, zu anderen Verfahren erstattete Gutachten im Wege des Urkundsbeweises zu würdigen sind, s. Rn. 70.[355] Zeugen und Sachverständige sind **weder Beteiligte** i. S. d. § 13 (§ 13 Rn. 2) **noch Vertreter** oder Beauftragte der Körperschaft oder Behörde.

§ 20 Abs. 1 S. 2 untersagt eigenständige Tätigkeiten eines **Beteiligten** für die Behörde etwa im Rahmen der Beweiserhebung. So dürfen z. B. bei einem Nachbarstreit um Lärmschutz die für die Erstellung der Lärmbegutachtung erforderlichen Immissionsmessungen nicht einem Beteiligten übertragen werden.[356] Eine Schranke, einen Zeugen aus einem **anderen Bundesland** zu vernehmen, besteht nicht (s. § 24 Rn. 32). Zum Zeugen im **Ausland** s. Rn. 18; § 24 Rn. 45.

Eine **Verpflichtung des Zeugen und des Sachverständigen** zur Aussage bzw. zur Erstattung des Gutachtens besteht nicht, es sei denn, sie ist durch Rechtsvorschrift vorgesehen, Abs. 3 Satz 1 (s. für das förmliche Verfahren § 65 Rn. 6, anders für das Planfeststellungsverfahren).[357] Auch aus § 407 ZPO kann insoweit nicht Gegenteiliges hergeleitet werden, weil die dort normierte Pflicht zur Begutachtung im gerichtlichen Verfahren nicht auf das allgemeine Verwal-

---

[348] Zur Beiziehung in anderen Verfahren erstellter Sachverständigengutachten im Prozess s. im Einzelnen *Rudisile* in *Schoch u. a.* § 98 Rn. 179 ff.
[349] Siehe dazu *BVerwG* NVwZ 2006, 1413.
[350] Vgl. für Denkmalpflege *OVG Münster* NWVBl 1992, 27 und BauR 1992, 617. Ferner *OVG Münster*, Beschluss v. 11. 6. 2007 – 1 3 A 3903/06 –.
[351] *Skouris* AöR 1982, 215, 221.
[352] *Skouris* AöR 1982, 216, 221; uneingeschränktes Ermessen für Gericht bei Auswahl zwischen amtlicher Auskunft und Sachverständigenanhörung *BVerwG* DVBl 1988, 540.
[353] *BVerwGE* 80, 224, 227; *VG Potsdam* AuAS 2003, 149.
[354] *BVerwG* NJW 1986, 2268; *OVG Koblenz* DVBl 1991, 1368; *Lang* in *Sodan/Ziekow* § 98 Rn. 148. Zur Abgrenzung der Beweismittel „sachverständiger Zeuge" und „Sachverständiger": *OVG Münster* DVBl 2007, 1183.
[355] Zur Beiziehung in anderen Verfahren erstellter Sachverständigengutachten im Prozess s. im Einzelnen *Rudisile* in *Schoch u. a.* § 98 Rn. 179 ff.
[356] *OVG Münster* NVwZ-RR 2004, 721.
[357] Hierzu im Einzelnen: *Ulrich*, Der gerichtliche Sachverständige, 12. Auflage, Köln 2007, 103 ff.; *Skouris* AöR 1982, 215, 218.

tungsverfahren übertragbar ist. Daher erübrigen sich insoweit Vorschriften über ein **Verweigerungsrecht von Zeugen und Sachverständigen** (vgl. § 65 Abs. 2 VwVfG, §§ 101 ff. AO 1977; vgl. Rn. 57 ff., 63). Die Behörde muss folglich mit dem Sachverständigen einen Werkvertrag aushandeln. Dabei ist auch zu berücksichtigen, dass sich die Anforderungen an die Qualität einer Begutachtung häufig nicht allgemein bestimmen lassen.[358]

75 Die mangelnde Verpflichtung zur Zeugenaussage entbindet die Behörde nicht von ihrer Sachverhaltsermittlungspflicht, so dass sie berechtigt ist, von den Personen, die als Zeugen in Betracht kommen, **Name** und **Anschrift** zu erfragen und sie ggfs. vorzuladen. Dies kann sie aber nicht erzwingen, wenn sie ohnehin weiß, dass der Zeuge die Aussage verweigern wird (vgl. auch Rn. 61 f.).

76 Soweit ein Zeugnisverweigerungsrecht besteht, entspricht es rechtsstaatlichem Verfahren, den Zeugen hierauf hinzuweisen. Fehlt diese **Belehrung**, besteht ein **Verwertungsverbot**. Allerdings kann im Einzelfall, wenn öffentliche Interessen von erheblichem Gewicht betroffen sind, eine erforderliche Interessenabwägung ausnahmsweise dazu führen, dass Beweisverwertungsverbote zurücktreten, s. § 24 Rn. 32.[359] Eine entsprechende Belehrungspflicht hängt insoweit von den Umständen des Einzelfalles ab, als sie Kenntnis der Behörde von den das Zeugnisverweigerungsrecht begründenden Umständen voraussetzt. So ist das Unterbleiben eines Hinweises auf die Freiwilligkeit der Zeugenaussage auch bei Bestehen enger verwandtschaftlicher Beziehungen zwischen einem Zeugen und einem von seiner Aussage betroffenen Beteiligten jedenfalls dann unschädlich, wenn die Behörde diese Beziehungen nicht kannte oder wenn der Zeuge sich selbst zur Aussage oder Auskunft erboten hatte oder Grund zu der Annahme bestand, dass ihm die Freiwilligkeit seiner Aussage bewusst ist.[360] Eine generelle Pflicht der Behörde zur Belehrung über die Freiwilligkeit besteht nicht;[361] zur Betreuungspflicht aus § 25 gegenüber Zeugen s. dort Rn. 26.

77 Die prozessuale Einschränkung von **schriftlichen Zeugenaussagen**[362] gilt für das VwVf nicht (so ausdrücklich Abs. 1 S. 2 Nr. 2), da der Grundsatz für Unmittelbarkeit der Beweisaufnahme hier nicht anzuwenden ist (vgl. Rn. 12). Zur Abgrenzung zur schriftlichen Auskunft Rn. 40 und deren Beweiswürdigung Rn. 88. Aus diesen Gründen sind auch die strengen Regeln über die Verwertung des Wissens von **V-Leuten** im Strafprozess[363] oder im Verwaltungsprozess[364] im Verwaltungsverfahren nicht anwendbar, wohl aber die allgemeinen Grundsätze der Beweiswürdigung bei Verwertung anonymer Quellen.[365]

78 **Vertrauliche Informationen** sind rechtmäßig erlangt. Sie dürfen im Rahmen eines ordnungsgemäßen Verfahrens verwandt werden, wenn auf andere Weise der Sachverhalt nicht ermittelt werden kann. Dem Betroffenen ist, soweit wie möglich, der Inhalt der Auskunft bei der Anhörung oder einer Akteneinsicht bekanntzugeben (§ 29 Rn. 61 ff.; § 30 Rn. 7 ff.; § 24 Rn. 32, 34, § 25 Rn. 44).[366] Der **Name des Informanten** muss in der Regel nicht genannt werden,[367] es sei denn, dass ausreichende Anhaltspunkte dafür vorliegen, dass der Informant die Behörde wider besseren Wissens oder leichtfertig falsch informiert hat.[368]

79 Ein sog. **Obergutachten** ist nur erforderlich, wenn der Behörde aus ihrer Sicht (§ 24 Rn. 25 ff.) noch Zweifel (§ 24 Rn. 20 f.) nach Vorlage und Würdigung des Sachverständigengutachtens bleiben und sie davon ausgehen kann, dass diese Zweifel durch ein weiteres Gutach-

---

[358] S. hierzu *BVerwG* NVwZ 2007, 346; *VGH Mannheim* NVwZ-RR 2007, 202; *OVG Münster* NVwZ-RR 2006, 829; *AuAS* 2005, 80; *Jakober* ZAR 2005, 152; *Middeke* DVBl 2004, 150; *Schulz* NVwZ 2000, 1367; *Gierlich/Greve/Keuk* ZAR 2005, 158; *Haenel* ZAR 2003, 18; *Birck* ZAR 2002, 28.

[359] S. z. B. *VGH Mannheim* NJW 2007, 2571; *OVG Lüneburg* NJW 2001, 459 (jeweils zum Fahrerlaubnisrecht); *OVG Hamburg* AuAS 2007, 160 (zum Ausländerrecht) m. w. N.

[360] *BVerwG* NVwZ-RR 1995, 113.

[361] *BVerwG* NVwZ-RR 1995, 113.

[362] Dazu *BVerwGE* 70, 24; *VGFH Kassel* NJW 1984, 821.

[363] Siehe *Gr. Senat BGHSt* NJW 1984, 247 ff., dazu *Tiedemann/Sieber* NJW 1984, 753; ferner *BGH* NJW 1994, 2904; *Rebmann* NJW 1985, 1 ff.

[364] *VGH Mannheim* NJW 1984, 2429.

[365] Siehe hierzu *BGH* NJW 2000, 1661.

[366] So nach *BVerwG* NJW 1988, 1863; hierzu auch *Bierwirth* BayVBl 1989, 587.

[367] *EuGH* Slg. 1998, 4871; *BVerwG* NJW 1992, 451; *BFH* NVwZ-RR 1997, 753; *OVG Koblenz* AS RP-SL 26, 338; dazu *Roewer* DVBl 1992, 633; *Knemeyer* JZ 1992, 348, jew. m. w. N.

[368] *BVerwG* NJW 2004, 1543; 2004, 93; 2003, 3217; *VerfGH Rheinland-Pfalz* DVBl 1999, 309. Hierzu *Wollweber* DVBl 1999, 980.

ten behoben werden können. Hiernach ist ein Obergutachten insbesondere dann erforderlich, wenn 1. das Gutachten unvollständig, widersprüchlich oder aus anderen Gründen nicht überzeugend ist oder 2. das Gutachten von unzutreffenden tatsächlichen Voraussetzungen ausgeht oder 3. der Sachverständige erkennbar nicht über die notwendige Sachkenntnis verfügt bzw. Zweifel an seiner Unparteilichkeit bestehen oder 4. sich durch neuen Sachvortrag der Beteiligten bzw. eigene Ermittlungen der Behörde die vom Sachverständigen zu klärenden Fragen verändern oder 5. ein anderer Sachverständiger über neue und überlegene Forschungsmittel bzw. über größere Erfahrung verfügt oder 6. das Beweisergebnis durch substantiierten Vortrag eines Beteiligten bzw. eigene Überlegungen der Behörde ernsthaft erschüttert ist.[369] Vgl. auch § 244 Abs. 4 Satz 2 StPO. Liegen der Behörde mehrere Gutachten mit unterschiedlichen Ergebnissen vor, hat sie ggfs. ihre besondere Sachkunde darzulegen, die sie zu einer eigenen fachlichen Beurteilung befähigt, s. Rn. 69.[370] Die vorstehenden Grundsätze gelten entsprechend, wenn bereits ein früheres, im Wege des Freibeweises beigezogenes Gutachten des Sachverständigen aus einem anderen Verfahren vorliegt.[371]

Die Einhaltung der besonderen **Verfahrensvorschriften** (§ 98 VwGO, §§ 373 ff., §§ 402 ff. ZPO) für den Zeugen- und Sachverständigenbeweis ist nicht erforderlich (s. Rn. 3 ff.; für das förmliche Verfahren vgl. § 65 Rn. 10 ff.). Bei einer mündlichen Zeugenaussage empfiehlt es sich, entsprechend §§ 395, 396 ZPO zu verfahren.[372] Auch Zeugen und Sachverständigen gegenüber besteht die Pflicht zum rechtsstaatlichen Verfahren (§ 9 Rn. 60; § 25 Rn. 25 ff.). Zu **Beweisanträgen** s. § 24 Rn. 43 f., § 26 Rn. 9 f. Verlangt ein Beteiligter eine Zeugenvernehmung, muss zumindest eine konkrete Darstellung der Tatsachen gegeben werden, die durch den Zeugen bewiesen werden sollen.[373] Der Zeuge muss mit genauer Anschrift im Inland benannt werden,[374] das Beweisthema ist zu benennen und die Bereitschaft des Zeugen auszusagen muss vorliegen; siehe auch allgemein zu den Anforderungen an einen Beweisantrag Rn. 5, 16.[375] §§ 404, 412 ZPO geben Hinweise für eine ermessensgerechte **Auswahl** des Sachverständigen. In Spezialgesetzen können besondere Anforderungen an Sachverständige gestellt sein, § 24 Rn. 16 f. Ein Antrag auf Sachverständigenbeweis setzt nicht voraus, dass einzelne konkrete Tatsachen in das Wissen des Sachverständigen gestellt werden.[376] Die Befundtatsachen eines gerichtlichen Sachverständigengutachtens sind vollständig offenzulegen, s. § 30 Rn. 9.[377] Das Gebot der Parteiöffentlichkeit, das z. B. auch auf die von einem gerichtlichen Sachverständigen zur Erstellung seines Gutachtens durchgeführte Ortsbesichtigung Anwendung findet,[378] gilt aber nicht für das Verwaltungsverfahren.

Zum **Rechtsschutz des Betroffenen** gegen die Heranziehung von Sachverständigen s. Rn. 19 f. Selbstständiger Rechtsschutz gegen Maßnahmen des Beweisverfahrens sind dem Betroffenen danach gemäß den Grundsätzen zu § 44a VwGO nur eröffnet, soweit sie einen Eingriff in materielle Rechtspositionen beinhalten. Dies etwa dann der Fall, wenn der Gutachter unbefugt aus dem Gutachten gewonnene Kenntnisse offenbart, s. Rn. 8, 19.[379]

Eine **Eidespflicht** besteht nicht (s. Rn. 3). Soll ein Beamter vernommen werden, ist **Aussagegenehmigung** erforderlich (§§ 61 Abs. 2, 62 BBG; § 39 BRRG). Die Frage nach dem

---

[369] Vgl. *BVerwG* NVwZ 1993, 572 für das gerichtliche Verfahren. Vgl. auch *OVG Koblenz* NJW 1997, 2342. Zur Bestellung eines weiteren Gutachters bei einer Pattsituation in einer Hochschulkommission s. *OVG Münster* NJW 2002, 3346.
[370] *BGH* NJW 1987, 442; 1993, 2382.
[371] *VGH Kassel*. DVBl 1999, 995. Zur umstrittenen Frage der mündlichen Erläuterung eines in einem anderen Gerichtsverfahren erstatteten Gutachtens s. auch *VGH Kassel* NVwZ 2000, 1428; *Schulz* NVwZ 2000, 1367.
[372] Im einzelnen *Stelkens*, VwVf, Rn. 221.
[373] S. dazu den Rechtsprechungsnachweis für das gerichtliche Verfahren bei *Lang* in *Sodan/Ziekow* § 98 Rn. 31 ff.
[374] *BGH* NJW 1994, 1294.
[375] Ferner *Beulke* JuS 2006, 597. *VGH Mannheim* NVwZ-RR 1991, 55, 56 zum Beweisthema bei schriftlicher Zeugenaussage.
[376] *BVerwG* DÖV 2001, 43.
[377] *BVerfG* NJW 1997, 1909. Zur Verteilung der Darlegungslast bei Nachbarklagen gegen immissionsschutzrechtliche Genehmigungen im Falle der Geheimhaltung von Unterlagen s. *OVG Lüneburg* NJW 1995, 2053.
[378] *BVerwG* NJW 2006, 2058.
[379] *OVG Münster* NVwZ-RR 1995, 703.

Rechtsschutz des Betroffenen bei einer **Verweigerung der Aussagegenehmigung** für Beamte wird sich allerdings erst bei einer Verweigerung im Gerichtsverfahren stellen.[380]

83 Die Aussagen der Zeugen und die Gutachten des Sachverständigen sind von der Behörde nicht kritiklos zu übernehmen, sondern Gegenstand der **Beweiswürdigung**.[381] Auch wenn sie auf die Feststellungen, Ermittlungsergebnisse oder Beweismittel anderer Behörden zugreift; hat sie sich ein eigenes Bild von der Aussagekraft der beigezogenen Erkenntnisse zu machen.[382]

84 Ob ein Sachverständiger wegen **Befangenheit** im nichtförmlichen Verfahren abgelehnt werden kann, hängt zunächst von der Beantwortung der strittigen Frage ab, ob die §§ 20 f. nur Behördenbedienstete (wenn auch im weiteren Sinne) erfassen, nicht aber Zeugen und Sachverständige.[383] Für eine solche Eingrenzung spricht die Regelung des § 65 Abs. 1 S. 2 i.V.m. § 406 ZPO für das förmliche Verfahren, die nicht erforderlich wäre, wenn §§ 20, 21 bereits die Folgen einer Befangenheit des Sachverständigen erfassen würden. Unabhängig hiervon ist ein parteiischer Sachverständiger entweder in entsprechender Anwendung der §§ 20, 21 oder auf der Grundlage allgemeiner Regeln[384] ausgeschlossen, da § 24 der Behörde die Verpflichtung zur objektiven Sachverhaltsermittlung auferlegt.[385] Ein der Behörde angehörender Beamter ist nicht allein wegen dieser Zugehörigkeit als Sachverständiger befangen.[386] Im verwaltungsgerichtlichen Verfahren kann ein Sachverständiger dagegen regelmäßig schon dann wegen Befangenheit erfolgreich abgelehnt werden, wenn er der bescheiderteilenden Behörde angehört.[387] Dagegen reicht es nicht aus, dass ein Sachverständiger bereits im vorausgehenden Verwaltungsverfahren eine gutachtliche Stellungnahme abgegeben hat; dies gilt auch dann, wenn er als Bediensteter demselben Rechtsträger wie die am Rechtsstreit beteiligte Behörde angehört.[388] Ein Fehlverhalten begründet nur dann die Besorgnis der Befangenheit, wenn es bei Würdigung aller Umstände den Eindruck der Voreingenommenheit erweckt.[389] Ablehnungsgründe sind unverzüglich geltend zu machen.[390] Das Gutachten eines mit Erfolg abgelehnten Sachverständigen ist als Beweismittel grundsätzlich ungeeignet, s. Rn. 69.[391]

85 Die Erstattung eines Gutachtens im VwVf hindert nicht dessen Verwertung in einem **späteren Prozess,** insoweit fehlt eine Mitwirkung i.S.d. §§ 98, 173 VwGO, § 406 ZPO, § 54 Abs. 2 VwGO.[392] Vgl. zur Verwertung der im Verwaltungsverfahren erfolgten Zeugenvernehmung Rn. 4, 88.

2. Entschädigung/Vergütung

86 Durch Art. 4 Abs. 8 des Kostenmodernisierungsgesetzes ist mit Wirkung vom 1. 7. 2004 eine redaktionelle Anpassung an das neue Justizvergütungs- und -entschädigungsgesetz erfolgt, das die Regelungen des gleichzeitig aufgehobenen ZSEG ersetzt. Zieht eine Behörde Zeugen und Sachverständige heran, erhalten sie auf Antrag in entsprechender Anwendung des **JVEG** eine Entschädigung oder Vergütung.

87 Entschädigung des Zeugen und die Vergütung des Sachverständigen erfolgen nur auf **Antrag,** der bei der heranziehenden Stelle binnen 3 Monaten geltend zu machen ist (§ 2 Abs. 1 JVEG). Die Frist beginnt im Fall der schriftlichen Begutachtung mit dem Eingang des Gutachtens und

---

[380] Dazu *BVerwG* NJW 1983, 638 mit Bespr. *Hantel* JuS 1984, 516, s. auch § 2 Rn. 104.
[381] Zur Würdigung im Asylverfahren s. *Stelkens* ZAR 1985, 15, 22 f.
[382] *BVerwGE* 80, 224, 227; *VG Potsdam* AuAS 2003, 149.
[383] *Ule/Laubinger,* § 12 Rn. 4; a.A. *Kopp/Ramsauer,* § 26 Rn. 31. Eingehend *Skouris* AöR 1982, 215, 237 ff.
[384] Offen *VGH Kassel* NVwZ 1992, 391, 392.
[385] So auch *BVerwG* NJW 1988, 2491 für eine amtliche Auskunft, wenn ihr Umstände zugrundeliegen, die bei einem Sachverständigen Befangenheit bedeuten würden.
[386] *OVG Münster* NWVBl 1992, 27; *BauR* 1992, 617.
[387] *BVerwG* NVwZ 1999, 184. Vgl auch *VGH Mannheim* NVwZ-RR 1998, 689.
[388] *BVerwG* NVwZ 1998, 634. Vgl. auch *OVG Münster,* Beschluss v. 11. 6. 2007 – 13 A 3903/06 – zur Heranziehung eines Angehörigen einer am Verwaltungsverfahren beteiligten Behörde als Sachverständiger im gerichtlichen Verfahren. Ferner *OVG Bautzen* NVwZ-RR 2006, 767: keine institutionelle Befangenheit wegen Identität von Anhörungs- und Planfeststellungsbehörde.
[389] *VGH München* NJW 2004, 60.
[390] Hierzu im einzelnen *VGH Kassel* NVwZ 2000, 211.
[391] *BVerwG* NVwZ 1988, 1020; *BSG* NJW 1993, 3022.
[392] *BVerwGE* 74, 222; *VGH Mannheim* BauR 1986, 196; *OVG Lüneburg* NuR 1988, 254; ausführlich *Skouris* AöR 1982, 215, 240 ff.

im Fall der Vernehmung als Sachverständiger oder Zeuge mit deren Beendigung. Die Regelungen des JVEG gelten auch, wenn Behörden zu Sachverständigenleistungen herangezogen werden; sie finden aber keine Anwendung auf Angehörige einer Behörden, wenn diese ein Gutachten in Erfüllung ihrer Dienstaufgaben erstatten, vertreten oder erläutern, § 1 Abs. 2 JVEG. Die Festsetzung der Entschädigung ist ein Verwaltungsakt.[393] Zur Vergütung eines befangenen Sachverständigen *VGH München*.[394] Erscheinen Personen unaufgefordert bei der Behörde und geben Auskunft über ihre Beobachtungen, werden sie nicht i. S. d. Satzes 2 zu Beweiszwecken **herangezogen** (s. auch § 1 JVEG); ihnen gegenüber besteht keine Entschädigungspflicht (Begründung zu § 22 Abs. 3 Entwurf 73). Auch keine Entschädigungspflicht für sog. **Parteigutachten,** auch wenn sie von der Behörde bei der Entscheidung verwertet worden sind.[395] Die Einholung derartiger Privatgutachten bereits im Verwaltungsverfahren ist regelmäßig nicht notwendig.[396]

VI. Beiziehung von Urkunden und Akten (Abs. 1 S. 2 Nr. 3)

Als **Urkunde** wird die schriftliche Verkörperung eines Gedankens verstanden.[397] Unerheblich **88** für den Urkundenbegriff ist das Material, aus dem die Urkunde besteht, und die Art der Herstellung, z. B. Fotokopie oder andere Art mechanischer Herstellung.[398] Es muss aber feststehen, dass die **Fotokopie** anstelle des Originals den Gedanken verkörpern soll, nicht nur als Hinweis auf die Originalurkunde erscheint.[399] Fotografie eines Augenscheinsobjektes ist dagegen keine Urkunde.[400] Die **Beweiskraftregeln der §§ 415 ff.** ZPO für Urkunden geben, ohne strenge Bindung,[401] Anhaltspunkte bei der Beweiswürdigung.[402] Ob behördlichen Berichten usw. die Beweiskraft einer öffentlichen Urkunde zukommt, hängt jeweils auch davon ab, ob ihr Inhalt auf eigenen Wahrnehmungen i. S. des § 418 Abs. 3 ZPO beruht. Das ist z. B. dann nicht der Fall, wenn sich ein solcher Bericht im Wesentlichen auf Feststellungen eines von der Behörde beauftragten Sachverständigen stützt.[403] Der Beweis durch eine **schriftliche Zeugenaussage** (Rn. 74 ff.) wird als Privaturkunde angesehen.[404] Ein schriftliches Sachverständigengutachten ist dagegen Sachverständigen-, nicht Urkundenbeweis.[405] Zu unterscheiden ist davon die Verwertung von Gutachten aus anderen Verfahren, die urkundenbeweislich erfolgt.[406] **Elektronische Dokumente** können nach § 371 Abs. 1 Satz 2 ZPO Gegenstand des Augenscheinsbeweises sein, s. Rn. 92. Auf **private** elektronische Dokumente finden nach § 371a Abs. 1 ZPO die Vorschriften über die Beweiskraft privater Urkunden (§ 416 ZPO) entsprechende Anwendung, wenn sie mit einer qualifizierten elektronischen Signatur im Sinne von § 2 Nr. 3 SigG versehen sind. Durch sie wird folglich grds. voller Beweis dafür erbracht, dass die in ihnen enthaltenen Erklärungen vom Inhaber des Signaturschlüssels stammen. Der Anschein der Echtheit kann nur durch Tatsachen erschüttert werden, die ernstliche Zweifel daran begründen, dass die Erklärung vom Signaturschlüsselinhaber stammt. Für **öffentliche** elektronische Dokumente, die von einer Behörde innerhalb der Grenzen ihrer Amtsbefugnisse oder von einer mit öffentlichem Glauben versehenen Person innerhalb des ihr zugewiesenen Geschäftskreises in der vorgesehenen Form erstellt worden sind, gelten die Vorschriften über die Beweiskraft öffentlicher Urkunden ent-

---

[393] *BGH* NJW 1969, 556 zum ZSEG.
[394] VBlBW 1984, 415.
[395] *BVerwG* NVwZ-RR 1999, 611; *OVG Lüneburg* NVwZ-RR 2000, 62; *VGH München* NVwZ-RR 2001, 69; NVwZ-RR 1999, 614; *VGH Mannheim* NVwZ-RR 1998, 690; *BSG* NStZ 1985, 418 m. Anm. *Müller* SGb 1985, 561; *Decker* BayVBl 2000, 17.
[396] S. *OVG Lüneburg* NVwZ-RR 2007, 77.
[397] *Baumbach/Lauterbach*, Übersicht 1 vor § 415; ferner § 33 Rn. 13; weiterer Begriff in § 52 Rn. 31 ff.
[398] *FG Berlin* NJW 1977, 2232.
[399] *BGH* NJW 1990, 1170 und NJW 1992, 829; s. auch zum Strafrecht *BayObLG* NJW 1991, 2163; NJW 1990, 3221, dazu *Freund* JuS 1991, 723; Rn. 59; § 41 Rn. 16 f.
[400] *BGH* NJW 1976, 294.
[401] Ähnlich *Redeker/v. Oertzen,* § 98 Rn. 13 für den Verwaltungsprozess; *Kopp/Ramsauer,* § 26 Rn. 34 für unmittelbare Anwendung.
[402] *VG Mainz* NVwZ 2000, 228 zur Beweiskraft von Unterschriften auf Anmeldeformularen.
[403] Zu § 418 Abs. 3 ZPO s. *VGH Kassel* NVwZ 2003, 806.
[404] *BVerwG* Buchholz 402.25 § 14 AsylVfG Nr. 2, einschränkend für Verwaltungsprozess *BVerwGE* 70, 24; zur Beweiskraft von Privatbriefen in Asylverfahren *Riter,* NVwZ 1986, 29; *Stelkens* ZAR 1985, 15, 21.
[405] *OVG Bremen* NJW 1990, 2337.
[406] *OVG Münster* NVwZ-RR 1996, 127 m. w. N.

sprechend. Sind sie mit einer qualifizierten elektronischen Signatur versehen, haben sie entsprechend § 437 ZPO die Vermutung der Echtheit für sich wie bei inländischen öffentlichen Urkunden.[407] Für **Ausdrucke** eines elektronischen Dokuments gelten grds. die Regeln des Urkundsbeweises.[408] Bei der Nutzung der elektronischen Form ist jedoch zu berücksichtigen, dass diese nur solange rechtlich wirksam erhalten bleibt, wie sie auf einem elektronischen Speichermedium vorgehalten wird. Der Ausdruck eines formgebundenen elektronischen VA erhält erst durch die Beglaubigung nach § 33 Abs. 5 Satz 1 Nr. 2 wieder einen der elektronischen Form entsprechenden rechtlichen Wert. Andernfalls ist er lediglich bloßes Beweiszeichen, also keine Urkunde.[409] Zu Auskünften und Dokumentationen in Asylverfahren s. Rn. 40. Zum Streit zu § 440 ZPO über den Beweiswert von sog. Ober- und Nebenschriften statt Unterschriften.[410] Der **Eingangsstempel** des Gerichts beweist den Zeitpunkt des Eingangs; der Gegenbeweis ist jedoch zulässig.[411] S. ferner § 23 Rn. 32 ff.

89   **Akten** sind Urkunden und sonstige Unterlagen einschließlich elektronischer Dokumente, die unter einem bestimmten Ordnungsgesichtspunkt zusammengestellt sind (§ 29 Rn. 9). Sie können privat oder öffentlich sein. Zur Aktenführung § 29 Rn. 24 ff. Zur **Beiziehung von Akten** s. Rn. 23, 24 f. Zur Beiziehung von **Strafakten** s. § 24 Rn. 43 f. Bei der Beiziehung von Akten ist zu beachten, dass Rechte Dritter tangiert sein können (Rn. 24 f.). Ein Anspruch auf Herausgabe oder Beseitigung der im Rahmen der Sachverhaltsermittlung rechtmäßig zu den Behördenakten gelangten Unterlagen besteht grundsätzlich nicht, weil eine Vollständigkeit der Akten notwendig ist, um Aufsicht und Rechtskontrolle zu gewährleisten.[412]

90   Absatz 1 Nr. 3 gibt weder den Beteiligten noch einem Dritten eine **Verpflichtung zur Vorlage** der Urkunden und Akten, anders wenn durch Rechtsvorschrift vorgeschrieben, z. B. §§ 97, 104 Abs. 2 AO 1977. Auch der Beteiligte hat nur eine Vorlegungslast i. S. d. Mitwirkungslast, s. Rn. 45 ff., 57 ff., deren Verletzung bei der Beweiswürdigung zu berücksichtigen ist, s. Rn. 52. Zur Beweisvereitelung entspr. § 444 ZPO, s. § 24 Rn. 12. Eine allgemeine Verpflichtung der Beteiligten, Unterlagen ausdrucken oder fotokopieren zu lassen, besteht nicht, kann aber spezialgesetzlich geregelt sein, s. z. B. § 147 Abs. 5 AO 1977.

VII. Einnahme des Augenscheins (Abs. 1 S. 2 Nr. 4)

1. Augenschein

91   Die Beweisermittlung durch **Augenschein** ist die unmittelbare Sinneswahrnehmung (Gesicht, Geruch, Gefühl, Geschmack, Gehör) durch die Behörde von der Beschaffenheit einer Sache, eines Menschen oder eines Vorgangs.[413] Kommt es auf den gedanklichen Inhalt eines Schriftstückes an, liegt Urkundenbeweis vor. Deshalb sind **Tonbandaufnahmen** und **Fotografien** keine Urkunden, sondern Gegenstand eines Augenscheins.[414] Zur Auswertung eines **Luftbildes** *Steen*.[415] Häufig wird der Augenschein mit der Begutachtung durch einen Sachverständigen verbunden (vgl. § 372 ZPO, § 98 Abs. 2 AO 1977). Bei **Lärmwahrnehmung** wird häufig die Augenscheinseinnahme nicht genügen, hier werden Schallmessungen erforderlich,[416] s. auch Rn. 32 ff. Bei der Wahrnehmung von **Gerüchen** nach Art, Stärke, Dauer und Häufigkeit wird

---

[407] Zur Beweisführung mit elektronischen Dokumenten s. *Roßnagel/Fischer-Dieskau* NJW 2006, 806; *Berger* NJW 2005, 1016; *Roßnagel/Pfitzmann* NJW 2003, 1209; *Fischer-Dieskau/Gitter/Paul/Steidle* MMR 2002, 709; *Kopp/Schenke*, § 98 Rn. 7a; *Geiger* in *Eyermann* § 98 Rn. 5a; *Greger* in *Zöller* ZPO 26. Aufl. 2007 § 371a Rn. 1 ff; *Baumbach/Lauterbach* § 371a Rn. 2 ff. S. zur Bedeutung gescannter Dokument auch *Roßnagel/Wilke* NJW 2006, 2145.
[408] *Kopp/Schenke*, § 98 Rn. 7a.
[409] Hierzu im Einzelnen *Schmitz* DÖV 2005, 885, 892. Zur Bedeutung von Beweiszeichen s. *Kopp/Ramsauer*, § 26 Rn. 33a.
[410] S. BGH NJW 1991, 487, dazu *Kohler* JZ 1991, 408, *Salje* DB 1990, 309; BGH NJW 1992, 829.
[411] BGH NJW 1998, 461.
[412] VG Lüneburg NVwZ 1997, 205.
[413] *Baumbach/Lauterbach*, Übersicht 1 vor § 371.
[414] Vgl. Rn. 88; wie hier *Baumbach/Lauterbach*, Übers. 4 vor § 371 m. w. N.
[415] NJW 1981, 2557.
[416] Zur Anwendung der TA Lärm s. BVerwG NJW 2003, 3360; VGH Mannheim NVwZ-RR 2003, 194; OVG Münster NVwZ 2004, 366; NWVBl 2003, 343; *Kutscheidt* NVwZ 1999, 577; *Sparwasser/Komorowski* VBlBW 2000, 348.

dagegen im Einzelfall allein auf die Wahrnehmung durch den Menschen abgestellt werden können, z. B. für die Wahrnehmung von Gerüchen aus Tierhaltung.[417] Auch die Wahrnehmung von Emissionen einer **Lichtquelle** ist Augenscheinseinnahme, für die es bislang noch keine allgemeingültigen Bewertungsraster gibt.[418]

Elektronische Dokumente unterliegen gemäß § 371 ZPO der Beweisführung mittels Augenscheinseinnahme.[419] Dabei wird der Beweis durch Vorlage oder Übermittlung der Datei angetreten. Befindet sich das Dokument nach der Behauptung des Beweisführers nicht in seinem Besitz, erfolgt der Beweisantritt durch Antrag nach § 371 Abs. 2 ZPO. Maßgeblich für den „Besitz" an elektronischen Dokumenten ist dabei nicht die tatsächliche Sachherrschaft über den Datenträger, sondern die Innehabung der Verfügungsgewalt über den Datenbestand.[420] 92

2. Durchsuchung einer Wohnung

Für die **Durchsuchung einer Wohnung** verlangt Art. 13 GG – abgesehen von Gefahr im Verzug – die vorherige richterliche Anordnung; die keine bloße Formsache ist, sondern unabhängige vorbeugende Kontrolle.[421] Als Durchsuchung ist das **ziel- und zweckgerichtete Suchen** staatlicher Organe nach Personen und Sachen zur Ermittlung eines Sachverhalts zu verstehen, um etwas aufzuspüren; das der Wohnungsinhaber von sich aus nicht offenlegen oder herausgeben will.[422] Für die Anordnung reicht es grds. nicht aus, dass die Behörde aufgrund ihrer allgemeinen Erfahrung davon ausgeht, z. B. bei einem Asylbewerber wahrscheinlich Identitätsnachweise zu finden.[423] Grundsätzlich gilt eine gerichtliche Durchsuchungsanordnung nur für eine einzige Vollstreckungshandlung.[424] Das Rechtsschutzinteresse für ein Rechtsmittel gegen die richterliche Durchsuchungsanordnung entfällt nicht deshalb, weil sie vollzogen ist.[425] 93

Gesetzliche **Nachschaubefugnisse** wie das bauaufsichtliche Betreten und Besichtigen einer Wohnung sind keine Durchsuchung i. S. d. Art. 13 Abs. 2 GG, sondern fallen in den Anwendungsbereich des Art. 13 Abs. 7 GG.[426] 94

VIII. Europarecht

Der *EuGH* stellt zwei Grundanforderungen an jede Norm der nationalen Verfahrensordnungen: Sie dürfen – erstens – den gemeinschaftsrechtlichen Vollzug nicht ungünstiger als den innerstaatlichen Vollzug gestalten (**Äquivalenzgrundsatz oder Diskriminierungsverbot**)[427] und – zweitens – die Verwirklichung von Gemeinschaftsrecht nicht praktisch unmöglich ma- 95

---

[417] Zur Geruchsimmissionsrichtlinie s. *VGH Kassel* NVwZ 2006, 531; *OVG Münster* NVwZ 2004, 1259; *OVG Lüneburg* NVwZ-RR 2002, 731; *VGH Mannheim* GewArch 2002, 498. Ferner *BGH* NJW 1999, 356 zur VDI-Richtlinie 3471; *OVG Münster* GewArch 1976, 349; *Hansmann* NVwZ 1999, 1158 zu den Rechtsproblemen bei der Bewertung von Geruchsimmissionen. Ferner *Kothe* NuR 1998, 240. S. zur TA Luft TA Luft 2002 v. 24. 7. 2002, GMBl S. 511. Hierzu *Hansmann* NVwZ 2002, 1208; *Jarass* NVwZ 2003, 257; *ders*. VerwArch 97 (2006), 429. Ferner *BVerwG* DVBl 2000, 810; *OVG Lüneburg* NuR 1998, 661 u. 663; *Stüer/Hönig* DVBl 2000, 1189, 1190.
[418] Zu Lichtimmissionen durch Straßenleuchten *OVG Münster* ZMR 1980, 219; *VGH München* NJW 1991, 2660.
[419] Eingehend *Roßnagel/Fischer-Dieskau* NJW 2006, 806; *Berger* NJW 2005, 1016; *Roßnagel/Pfitzmann* NJW 2003, 1209; *Fischer-Dieskau/Gitter/Paul/Steidle* MMR 2002, 709; *Kopp/Schenke*, § 98 Rn. 7 a; *Geiger* in *Eyermann* § 98 Rn. 5 a; *Greger* in *Zöller* ZPO 26. Aufl. 2007 § 371 Rn. 1 ff.; *Baumbach/Lauterbach* § 371 Rn. 1 ff.
[420] Hierzu im Einzelnen *Berger* NJW 2005, 1016.
[421] Ständige Rechtsprechung, s. *BVerfG* NJW 2004, 1517 m. w. N. Ferner *EGMR* NJW 1993, 718 zur Durchsuchung einer Anwaltskanzlei; *VG Dresden* LKV 1997, 104 zur Durchsuchung der Wohnung eines Vollstreckungsschuldners; *OVG Hamburg* NJW 1997, 2193 zur Beitreibungshilfe und den Förmlichkeiten der richterlichen Durchsuchungsanordnung.
[422] *BVerfGE* 51, 97; *BVerwGE* 47, 31 (37); *BVerwG* DVBl 1988, 440, 441; zur Durchsuchung von Geschäfts- und Betriebsräumen *OVG Hamburg* DÖV 1992, 221; *BFH* NJW 1989, 855. Zur heimlichen Überwachung von Wohnungen s. *LVerfG Mecklenburg-Vorpommern* DVBl 2000, 1145.
[423] So *VG Stuttgart* AuAS 2005, 130.
[424] *OVG Hamburg* NJW 1995, 610.
[425] *BVerfG* NJW 1999, 273; *VGH Mannheim* VBlBW 1998, 103.
[426] *BVerwG* NVwZ 2006, 1300; *BGH* NJW 2006, 3352; *OVG Koblenz* BauR 2006, 971; *VGH München* NJW 2006, 585; *Ennuschat* AöR 127 (2002), 252. Hierzu auch *Suttmann* BauR 2006, 1986.
[427] *EuGH* EuZW 2003, 666; DVBl 1999, 384; NJW 1977, 495, 496; *Stern* JuS 1998, 769, 771.

chen (**Effektivitätsgrundsatz bzw. Effizienzgebot**).[428] Mit dem Gemeinschaftsrecht nicht vereinbar sind danach z.B. Beweisvorschriften, die es praktisch unmöglich machen oder übermäßig erschweren, die Erstattung von unter Verstoß gegen das Gemeinschaftsrecht erhobenen Abgaben zu erreichen. Dies ist insbesondere der Fall bei Vermutungen oder Beweisregeln, die dem Abgabenpflichtigen die Beweislast dafür auferlegen, dass die ohne Rechtsgrund gezahlten Abgaben nicht auf andere abgewälzt worden sind, oder bei besonderen Beschränkungen hinsichtlich der Form der zu erbringenden Beweise, z.B. dem Ausschluss aller Beweismittel außer dem Urkundenbeweis.[429] Auch kann z.B. der Schutz des freien Warenverkehrs eine Modifizierung von Beweisregeln gebieten.[430] Gegen das Diskriminierungsverbot wird z.B. verstoßen, wenn im Zusammenhang mit Regelungen zum Aufenthaltsrecht von EU-Bürgern die zulässigen Beweismittel begrenzt und vorgeschrieben wird, dass bestimmte Dokumente von der Behörde eines anderen Mitgliedsstaates ausgestellt oder beglaubigt worden sein müssen. Gleichfalls stellt es einen Verstoß dar, wenn in dem beschriebenen Regelungszusammenhang hinsichtlich des Mittels der Glaubhaftmachung nicht alle gleichwertigen Formen zugelassen werden.[431] Hieran gemessen begegnet § 26 keinen gemeinschaftsrechtlichen Bedenken.[432] Art. 6 Abs. 1 und Art. 8 EMRK können durch die Nichteinholung eines Sachverständigengutachtens verletzt sein, etwa in einem umgangsrechtlichen Verfahren bei psychologischem Klärungsbedarf des Kindeswohls.[433] Hinsichtlich der **Technischen Regelwerke** insbesondere zum Umweltschutz (s. Rn. 32ff.) kommt den Einwirkungen des Gemeinschaftsrechts auf das nationale Recht besondere Bedeutung zu.[434] Zur Diskussion der drittschützenden Wirkung von Verfahrensfehlern unter dem Einfluss der **Aarhus-Konvention** s. § 24 Rn. 7.

IX. Landesrecht

96 Das Landesrecht entspricht § 26 bei stilistischen Abweichungen in § 84 Abs. 2 LVWG SchlH. Den Schutz personenbezogener Daten, Betriebs- und Geschäftsgeheimnisse, den die allgemeinen Vorschriften (§ 24 Rn. 30f.) vermitteln, betonen NRW und BW durch Hinweis auf deren § 3b und Berlin durch § 2a. Entsprechend erweitert wird § 26 Abs. 2 S. 3.

X. Vorverfahren

97 § 26 ist im **Vorverfahren** anwendbar (§ 79), s. Rn. 15. S. ferner § 24 Rn. 95.

§ 27 Versicherung an Eides Statt

(1) ¹Die Behörde darf bei der Ermittlung des Sachverhalts eine Versicherung an Eides Statt nur verlangen und abnehmen, wenn die Abnahme der Versicherung über den betreffenden Gegenstand und in dem betreffenden Verfahren durch Gesetz oder Rechtsverordnung vorgesehen und die Behörde durch Rechtsvorschrift für zuständig erklärt worden ist. ²Eine Versicherung an Eides Statt soll nur gefordert werden, wenn andere Mittel zur Erforschung der Wahrheit nicht vorhanden sind, zu keinem Ergebnis geführt haben oder einen unverhältnismäßigen Aufwand erfordern. ³Von eidesunfähigen Personen im Sinne des § 393 der Zivilprozessordnung darf eine eidesstattliche Versicherung nicht verlangt werden.

---

[428] *EuGH* EuZW 2003, 666; DVBl 1999, 384; *Stern* JuS 1998, 769, 771.
[429] So *EuGH* Slg. 1988, 1799 = NJW 1989, 326.
[430] S. Art. 28 und 30 EG *EuGH* EWS 2003, 283.
[431] *EuGH* DVBl 2000, 1546.
[432] Ebenso *Ehlers*, Die Europäisierung des Verwaltungsprozessrechts, Köln 1999, S. 103 zur Beweiserhebung nach der VwGO.
[433] *EGMR* JuS 2002, 284 = NJW 2001, 2315.
[434] Hierzu im Einzelnen *Jarass* VerwArch 97 (2006) 429; *ders.* NVwZ 2003, 257; *Pfaff* VBlBW 2000, 408; *Gerhold* NVwZ 2000, 1138; *Fischer* JuS 1999, 320; *Scheuing* NVwZ 1999, 475.

§ 27 Versicherung an Eides Statt § 27

(2) ¹Wird die Versicherung an Eides Statt von einer Behörde zur Niederschrift aufgenommen, so sind zur Aufnahme nur der Behördenleiter, sein allgemeiner Vertreter sowie Angehörige des öffentlichen Dienstes befugt, welche die Befähigung zum Richteramt haben oder die Voraussetzungen des § 110 Satz 1 des Deutschen Richtergesetzes erfüllen. ²Andere Angehörige des öffentlichen Dienstes kann der Behördenleiter oder sein allgemeiner Vertreter hierzu allgemein oder im Einzelfall schriftlich ermächtigen.

(3) ¹Die Versicherung besteht darin, dass der Versichernde die Richtigkeit seiner Erklärung über den betreffenden Gegenstand bestätigt und erklärt: „Ich versichere an Eides Statt, dass ich nach besten Wissen die reine Wahrheit gesagt und nichts verschwiegen habe." ²Bevollmächtigte und Beistände sind berechtigt, an der Aufnahme der Versicherung an Eides Statt teilzunehmen.

(4) ¹Vor der Aufnahme der Versicherung an Eides Statt ist der Versichernde über die Bedeutung der eidesstattlichen Versicherung und die strafrechtlichen Folgen einer unrichtigen oder unvollständigen eidesstattlichen Versicherung zu belehren. ²Die Belehrung ist in der Niederschrift zu vermerken.

(5) ¹Die Niederschrift hat ferner die Namen der anwesenden Personen sowie den Ort und den Tag der Niederschrift zu enthalten. ²Die Niederschrift ist demjenigen, der die eidesstattliche Versicherung abgibt, zur Genehmigung vorzulesen oder auf Verlangen zur Durchsicht vorzulegen. ³Die erteilte Genehmigung ist zu vermerken und von dem Versichernden zu unterschreiben. ⁴Die Niederschrift ist sodann von demjenigen, der die Versicherung an Eides Statt aufgenommen hat, sowie von dem Schriftführer zu unterschreiben.

Vergleichbare Vorschriften §§ 95, 284 AO 1977, § 23 SGB X.

Abweichendes Landesrecht: –.

Entstehungsgeschichte: Bis zum Inkrafttreten des VwVfG vgl. § 27 der 6. Auflage.

Literatur: *Zipfel*, Die Zuständigkeit zur Abnahme von eidesstattlichen Versicherungen i. S. des § 156 StGB, NJW 1951, 952; *Oswald*, Die eidesstattliche Versicherung, JR 1953, 292; *Martens*, Eidesstattliche Versicherungen in der Sozialversicherung, Versorgung und Sozialgerichtsbarkeit, NJW 1957, 1663; *Reuscher*, Zeugniszwang im Widerspruchsverfahren, DVBl 1967, 852; *Ebert*, Der Eid als prozessuales Instrument – zum Beschluß des Bundesverfassungsgericht vom 11. 4. 1972, JR 1973, 397; *Berg*, Die verwaltungsrechtliche Entscheidung bei ungewissem Sachverhalt, 1980; *Rode/Wartenberg*, Die eidesstattliche Versicherung im Verwaltungsverfahren, KommunalPraxisBY 2003, 19; *App*, Abnahme der eidesstattlichen Versicherung durch die Kommunalkasse, KKZ 2006, 30; *Kutsch*, Form der Abgabe eidesstattlicher Versicherungen in Fällen des § 5 StVG, NZV 2006, 237. Ausführlich zum Schrifttum vor 1996 s. § 27 der 6. Auflage.

Übersicht

	Rn.
I. Allgemeines	1
1. Eidesstattliche Versicherung als Beweismittel	1
2. Vorrang spezialgesetzlicher Regelungen	4
II. Voraussetzungen für die Abnahme der Versicherung an Eides Statt (Abs. 1)	6
1. Zulässigkeit und Zuständigkeit (Satz 1)	6
2. Abnahme/Aufnahme	11
3. Subsidiarität (Satz 2)	12
4. Eidesunfähige Personen (Satz 3)	14
III. Zur Aufnahme befugte Personen (Abs. 2)	15
IV. Wesen und Inhalt der Versicherung (Abs. 3)	21
V. Belehrungspflicht (Abs. 4)	24
VI. Inhalt der Niederschrift (Abs. 5)	29
VII. Europarecht	30
VIII. Landesrecht	31
IX. Vorverfahren	32

I. Allgemeines

1. Eidesstattliche Versicherung der Beweismittel

1 Die **Versicherung an Eides Statt** besteht nach der **Legaldefinition** des Abs. 3 Satz 1 darin, dass der Versichernde die Richtigkeit seiner Erklärung über den betreffenden Gegenstand durch eine Bekräftigungsformel bestätigt. Sie gehört nach Funktion und Bedeutung zu den (in § 26 nicht ausdrücklich genannten) **Beweismitteln** auch im VwVf. Sie ist – ebenso wie der Eid (hierzu noch Rn. 2), aber als selbständige Beteuerungsform neben ihm[1] – wegen der strafrechtlichen Sanktionierung (§§ 154–156 StGB) eine qualifizierte Form der **Glaubhaftmachung** „zur Erforschung der Wahrheit" (Abs. 1 Satz 2). Dem Inhalt der eidesstattlichen Versicherung kommt ein höherer Beweiswert als einer formlosen Erklärung zu. Sie ist eine den Erklärenden sofort bindende **Bekräftigung der Wahrheit,** wenn ihm bekannt ist, dass sie an Eides Statt abgegeben wird.[2] Die Form der Versicherung an Eides Statt ist im Gesetz nicht abschließend geregelt; jedoch ergibt sich aus dem Zusammenhang und insbesondere der Eingangsformulierung des Abs. 2, dass sie ausschließlich **schriftlich** oder in einer der Schriftform gleichgestellten Weise erfolgen kann.[3] Die Versicherung kann mithin durch Aushändigung oder Übersendung[4] einer schriftlichen Erklärung, durch mündliche Erklärung zur Niederschrift oder – bei entsprechender Zugangseröffnung – durch Übermittlung eines dem gemäß § 3a gleichgestellten elektronischen Dokuments mit qualifizierter Signatur abgegeben werden.[5] Ist eine solche Erklärung lediglich als „Eidesstattliche Versicherung" überschrieben, ohne selbst eine hinreichende Bekräftigung der Wahrheit zu enthalten, so liegt schon keine Versicherung an Eides Statt im Rechtssinne vor.[6] Abs. 3 Satz 1, der eine **Bekräftigungsformel** für die Aufnahme zur Niederschrift vorgibt, ist bei einer Abgabe in sonstiger Weise entsprechend heranzuziehen, s Rn. 22. Unabhängig hiervon kommt einer eidesstattlichen Versicherung jedenfalls nur dann der besondere Beweiswert zu, wenn sie von einer Behörde zur Niederschrift aufgenommen wird, s. Rn. 21.

2 Nach der gesetzlichen Regelung in § 27 ist sie im VwVf nunmehr allerdings von geringerer systematischer und praktischer Bedeutung. Dies kommt in § 27 dadurch zum Ausdruck, dass sie nur verlangt und abgenommen werden darf, wenn sie **durch Gesetz** oder **Rechtsverordnung** (ausdrücklich) zugelassen ist (Abs. 1 Satz 1, mithin Verbot mit Erlaubnisvorbehalt). Ferner soll sie nach Abs. 1 Satz 2 nur gefordert werden, wenn sonstige Beweismittel (hierzu § 26) nicht vorhanden sind, zu keinem Ergebnis geführt haben oder einen unverhältnismäßigen Aufwand erfordern (**Grundsatz der Subsidiarität,** hierzu noch Rn. 9, 10, ebenso §§ 95, 284 AO).[7] § 27 beinhaltet selbst keine **Ermächtigung,** die Abgabe einer eidesstattlichen Versicherung zu verlangen, sondern setzt sie voraus. Damit ist die früher verbreitete Verwaltungspraxis, auch ohne ausdrückliche gesetzliche Grundlage eidesstattliche Versicherungen zu verlangen,[8] nunmehr unzulässig.[9] Wird eine eidesstattliche Versicherung ohne normative Ermächtigung gefordert und abgenommen, so kommt der darin bezeugten Erklärung – bei fehlender Strafbarkeit – kein größerer Beweiswert als der formlosen Erklärung eines Beteiligten oder Zeugen zu.[10]

3 Die **eidliche Vernehmung** eines Beteiligten, Zeugen oder Sachverständigen durch Behörden ist im VwVf überhaupt nicht, im förmlichen Verfahren für Zeugen und Sachverständige nur unter den in § 65 Abs. 3 genannten Voraussetzungen auf Ersuchen der Behörde durch ein Gericht vorgesehen. Die eidesstattliche Versicherung ist keine mindere Form des Eides, sondern ein **eigenständiges Beweismittel** neben ihm[11] zur Beteuerung der Richtigkeit einer Angabe und Mittel zur **Glaubhaftmachung von Tatsachen** (Rn. 1, 21).

---

[1] *RGSt* 67, 169; *BGHSt* (GrS) 8, 301; *Dreher/Tröndle,* StGB, 53. Aufl., 2006, § 156 Rn. 1.
[2] Vgl. *RGSt* 70, 267; *Schönke-Schröder,* StGB, 27. Aufl., 2006 § 156 Rn. 4.
[3] *Clausen* in *Knack,* § 27 Rn. 3.
[4] Auch per Fax, s. *BayObLG* NJW 1996, 406, 407.
[5] *Clausen* in *Knack,* § 27 Rn. 7.
[6] VG Sigmaringen 7. 5. 1997 – A 710 791/97 –.
[7] Vgl. OVG Schleswig 26. 5. 1999 – 2 L 142/96 – NordÖR 2000, 81; *FG Münster* EFG 1990 Nr. 402.
[8] Vgl. *Oswald* JR 1953, 292; *Martens* NJW 1957, 1663; *Reuscher* DVBl 1967, 852.
[9] Begründung zu § 23 Entwurf 73, hierzu ferner *BGHSt* 2, 218; 5, 69.
[10] Begr. zu § 23 Entwurf 73, BGH NJW 1974, 327; *Schönke/Schröder,* StGB, 27. Aufl., 2006, § 156 Rn. 9ff.
[11] *RGSt* 67, 169; *BGHSt* (GrS) 8, 301.

2. Vorrang spezialgesetzlicher Regelungen

Die **Länder** haben § 27 – mit einigen Abweichungen bezüglich der Zuständigkeiten – in ihren VwVfGen übernommen. Da § 27 nach Maßgabe des § 1 nur subsidiär gilt, finden **spezialgesetzliche Vorschriften** des Bundes- und Landesrechts, die die Aussage von Beteiligten, Zeugen und Sachverständigen abweichend regeln, vorrangig Anwendung. 4

§ 27, der selbst keine entsprechende Befugnis enthält (Rn. 2), setzt – neben der Zuständigkeitserklärung durch Rechtsvorschrift (Rn. 8) – die speziell durch Gesetz oder Rechtsverordnung geregelte Ermächtigung zur Abnahme der Versicherung über den betreffenden Gegenstand voraus, Rn. 6. Die Einzelheiten des dabei zu beachtenden Verfahrens bei der eidesstattlichen Versicherung richten sich (subsidiär) nach § 27.[12] Dabei findet das Beurkundungsgesetz keine Anwendung (§ 66 BeurkG). 5

II. Voraussetzungen für die Abnahme der Versicherung an Eides Statt (Abs. 1)

1. Zulässigkeit und Zuständigkeit (Satz 1)

Absatz 1 nennt die **Voraussetzungen,** unter denen eine Behörde eine Versicherung an Eides Statt **verlangen und abnehmen** darf. Nach Satz 1 muss zum einen die Abnahme (zum Begriff vgl. Rn. 11) der Versicherung über den betreffenden Gegenstand und in dem betreffenden Verfahren durch Gesetz oder Rechtsverordnung **allgemein zugelassen** sein. Dies ist z. B. in § 5 StVG,[13] § 12 Nr. 2 KonsG, § 5 Abs. 3 und 4 PStG, § 21 Abs. 6, § 36 Abs. 2 BWahlG, § 40 Abs. 3 BRüG, § 13 SparkVONW[14] der Fall. Als mögliche Rechtsgrundlagen sind ausdrücklich **nur Gesetz und Rechtsverordnung** genannt, Satzungen oder Verwaltungsvorschriften scheiden damit aus 6

Durch die Bestimmung ist klargestellt, dass es ungeschriebene Ermächtigungen zur Abnahme eidesstattlicher Versicherungen nicht mehr geben kann (vgl. Rn. 1, 3). Spezialgesetzliche Vorschriften, in denen die Abnahme einer eidesstattlichen Versicherung ausdrücklich für **unzulässig** erklärt wird (z. B. § 19 Abs. 1 Satz 3 WehrpflG), haben unter der Geltung des VwVfG nur noch deklaratorische Bedeutung. Die Behörde kann in Einzelfällen, in denen sie die Abnahme einer eidesstattlichen Versicherung für erforderlich hält, die fehlende gesetzliche Ermächtigung auch nicht dadurch umgehen, dass sie ein Gericht um die Abnahme ersucht. 7

Ferner muss nach Satz 1 eine **spezielle Behörde** durch Rechtsvorschrift, also durch **Gesetz, Verordnung oder Satzung,** für – sachlich – **zuständig** erklärt worden sein, die allgemein zugelassene Abnahme vorzunehmen. Zugleich sind Gegenstand und Verfahren nach Art und Inhalt hinreichend konkret zu umschreiben, so dass deutlich ist, für welche Zwecke in welchem Verfahren die eidesstattliche Versicherung als qualifiziertes Beweismittel (Rn. 1) zugelassen ist.[15] Die Befugnis zur Abnahme von Eiden umfasst allenfalls dann auch diejenigen für eidesstattliche Versicherungen, wenn sie sich auf den betreffenden Gegenstand und das betreffende Verfahren bezieht.[16] Zur örtlichen Zuständigkeit vgl. § 3. 8

Die Versicherung muss ferner der **Ermittlung des Sachverhalts** dienlich und entsprechend dem in Satz 2 festgelegten **Subsidiaritätsprinzip** (vgl. Rn. 12 ff.) mangels anderer Erkenntnismittel zur Erforschung der Wahrheit notwendig sein. Dem genügt nicht eine eidesstattliche Versicherung, die von der Behörde gefordert wird, obwohl diese ihr von vornherein keinen Glauben zu schenken bereit ist oder sogar schon Gewissheit über die Unrichtigkeit der zu versichernden Angaben hat.[17] 9

Liegen die genannten Voraussetzungen vor, so **darf** die Behörde die eidesstattliche Versicherung **verlangen,** und zwar nach Maßgabe der ermächtigenden Spezialvorschriften und den darin genannten normativen Voraussetzungen. Sie entscheidet nach pflichtgemäßem **Ermessen,** in 10

---

[12] Kopp/Ramsauer, § 27 Rn. 3.
[13] Dazu Kutsch NZV 2006, 237.
[14] S. OLG Düsseldorf NStZ 1982, 290 und NVwZ-RR 1991, 281.
[15] Vgl. OLG Düsseldorf NVwZ-RR 1991, 281.
[16] BGH NJW 1966, 1037. Für eine Gleichsetzung dagegen Clausen in Knack, § 27 Rn. 4.
[17] BGH NJW 1953, 994; Meyer/Borgs, § 27 Rn. 9; vgl. ferner Rn. 18.

dessen Rahmen vor allem Satz 2 zu berücksichtigen ist. Möglichkeiten, ein Vorlageverlangen durchzusetzen, können sich für die Behörde allenfalls aus spezialgesetzlichen Verfahrensregelungen (z. B. in § 65) ergeben. Eine eventuelle Weigerung des Beteiligten oder Zeugen kann sie allerdings im Rahmen der **freien Beweiswürdigung** berücksichtigen (§ 26 Rn. 11 ff.). Der Beteiligte oder Zeuge seinerseits hat keinen Anspruch, eine eidesstattliche Versicherung abzugeben.[18] **Unaufgefordert** eingereichte Versicherungen an Eides Statt haben, auch wenn sie nach § 22 BNotO notariell beurkundet sind, keinen über den einer bloßen Tatsachenbehauptung hinausgehenden Beweiswert; sie sind frei zu würdigen (Rn. 21).[19] Dies gilt auch dann, wenn die unaufgefordert vorgelegte Versicherung gemäß § 27 Abs. 1 nicht hätte verlangt werden können. So ist ein Standesbeamter nicht gehindert, eine unverlangt eingereichte Versicherung zur Glaubhaftmachung eines rechtlichen Interesses an der Benutzung der Personenstandsbücher im Erbscheinsverfahren entsprechend § 294 ZPO (mit der Bedeutung einer schlichten Erklärung) zu würdigen, da zur Glaubhaftmachung alle für eine Bestätigung der behaupteten Tatsachen geeigneten Mittel eingesetzt werden können.[20]

2. Abnahme/Aufnahme

11 Die Behörde kann die eidesstattliche Versicherung unter den genannten Voraussetzungen verlangen und abnehmen. Der Begriff der „Abnahme" ist zu unterscheiden von dem der „Aufnahme". Die **Abnahme** ist die Entgegennahme einer schriftlich, elektronisch oder zur Niederschrift erklärten (s. Rn. 1) eidesstattlichen Versicherung durch die Behörde, und zwar unabhängig davon, ob diese aufgefordert oder freiwillig abgegeben wird.[21] Die **Aufnahme** ist dagegen die Handlung, die erforderlich ist, die Versicherung schriftlich niederzulegen.[22] Dies Aufnahme ist (allein) für den Fall, dass **eine Behörde** die Niederschrift[23] erstellt, in Abs. 2 bis 5 geregelt.[24] Die Aufnahme muss aber nicht bei einer oder bei der Behörde erfolgen, die den Sachverhalt ermittelt und die Versicherung entgegennimmt, sondern kann auch bei einer anderen Behörde (z. B. im Wege der Amtshilfe), bei einem Notar (vgl. § 22 Abs. 2 BNotO), durch Konsularbeamte (§ 10 Abs. 1 KonsG), aber auch durch jede Privatperson, insbesondere durch denjenigen erfolgen, der die Versicherung abgeben will.[25] Die Aufnahme von einer Behörde ist in Absatz 2 bis 5 näher geregelt. Die Strafbarkeit einer falschen eidesstattlichen Versicherung knüpft an die Abnahme, nicht an die Aufnahme an (vgl. § 156 StGB).[26] Nimmt z. B. ein Notar lediglich eine eidesstattliche Versicherung gemäß § 22 Abs. 2 BNotO auf, so unterfällt dies nicht dem Tatbestand des § 156 StGB.[27] Zum Beweiswert der Erklärung vgl. Rn. 21 ff.

3. Subsidiarität (Satz 2)

12 Satz 2 legt den **Grundsatz der Subsidiarität** gegenüber anderen Mitteln zur Erforschung der Wahrheit fest. Die Versicherung an Eides Statt wird als **ultima ratio** der Wahrheitsfindung gesehen, von der, um sie nicht zu entwerten, kein unnötiger Gebrauch gemacht werden soll. Da es sich um eine **Soll-Regelung** handelt, kann sie bei Vorliegen besonderer Umstände auch ohne die einschränkenden Voraussetzungen des Satzes 2 als Beweismittel vorgesehen werden. Zudem erfasst die Regel nicht unverlangt abgegebene Versicherungen an Eides Statt, da diese nicht „gefordert" sind.[28]

---

[18] *Meyer/Borgs* § 27 Rn. 6.
[19] Vgl. *BGH* NJW 1996, 1682.
[20] *OLG Hamburg* StAZ 1997, 179.
[21] Vgl. *Kutsch* NVZ 2006, 237, 238.
[22] Begründung zu § 23 Entwurf 73.
[23] Zu den allgemeinen Anforderungen an eine Niederschrift in Abgrenzung zum Vermerk s. *OVG Weimar* NVwZ-RR 2002, 408, und zur behördlichen Schreibhilfe *OLG Düsseldorf* NVwZ-RR 1991, 281; *Rode/Wartenberg* KommunalPraxis BY 2003, 19, 21.
[24] *OLG Düsseldorf* NVwZ-RR 1991, 281; *VGH Kassel* NVwZ-RR 1989, 334.
[25] Begründung zu § 23 Entwurf 73. Hierzu *Kutsch* NZV 2006, 237, 238. Zur Abnahme durch die Kommunalkasse s. *App* KKZ 2006, 30.
[26] Hierzu *Tröndle/Fischer*, StGB, 53. Aufl., § 156 Rn. 9.
[27] *OLG Frankfurt* NStZ-RR 1996, 294.
[28] *Ziekow* VwVfG § 27 Rn. 4; *Clausen* in Knack, § 27 Rn. 6; *Kopp/Ramsauer*, § 27 Rn. 8.

Die eidesstattliche Versicherung soll nur gefordert werden, wenn **andere Mittel** zur Erfor- 13
schung der Wahrheit **nicht vorhanden** sind oder **zu keinem Ergebnis geführt** haben (ebenso §§ 95, 284 AO).[29] Die Behörde soll grds. zunächst alle ihr gegebenen anderweitigen Ermitt-
lungsmöglichkeiten bedenken und ausschöpfen. Aber auch dann ist ein Vorlageverlangen nur
dann berechtigt, wenn die eidesstattliche Versicherung aus Sicht der Behörde eine Sachverhalts-
klärung in bedeutsamen Angelegenheiten (im öffentlichen oder privaten Interesse) zumindest
erhoffen lässt, s. Rn. 9. Die eidesstattliche Versicherung darf auch gefordert werden, wenn andere Mittel der Wahrheitsfindung zur Verfügung stehen, ihre Anwendung jedoch **unverhältnismäßigen Aufwand** verursachen würde. Die Unverhältnismäßigkeit des Aufwandes ist im Verhältnis zur Bedeutung des Inhalts des VwVf für das öffentliche oder private Interesse zu sehen
und kann sowohl im erforderlichen Zeit- und Arbeitsaufwand als auch in den Kosten liegen.
Eine Verletzung des Grundsatzes der Subsidiarität ist ohne Einfluss auf die Wirksamkeit der abgegebenen Erklärung und auf die Strafbarkeit einer falschen Versicherung.[30]

4. Eidesunfähige Personen (Satz 3)

Satz 3 bestimmt im Sinne eines gesetzlichen Verbots, dass von **eidesunfähigen Personen** 14
im Sinne des § 393 ZPO eine eidesstattliche Versicherung nicht verlangt werden darf. Nach
§ 393 ZPO sind eidesunfähig Personen, die zurzeit der Vernehmung das **sechzehnte Lebensjahr** noch nicht vollendet oder wegen mangelnder Verstandesreife oder wegen Verstandes-
schwäche von dem Wesen und der Bedeutung des Eides (hier also: der eidesstattlichen Versicherung) keine genügende Vorstellung haben. Sie können allerdings, soweit nicht ein Fall des § 16
Abs. 1 Nr. 4 vorliegt, zu einer allgemeinen Versicherung der Richtigkeit ihrer Angaben veranlasst werden. Eine entgegen Satz 3 verlangt oder unaufgefordert abgegebenen Erklärung an Eides Statt ist als einfache Aussage zu werten.[31]

III. Zur Aufnahme befugte Personen (Abs. 2)

Abs. 2–5 erfassen ausschließlich den Fall, dass die Versicherung an Eides Statt von einer Be- 15
hörde zur Niederschrift aufgenommen wird.[32] Sie gelten also nicht für der abnehmenden Behörde in schriftlich oder elektronisch übermittelte (s. Rn. 1) Versicherungen. Entsprechend dem
Ausnahmecharakter und der besonderen Bedeutung der Versicherung an Eides Statt, ist ihre
Aufnahme zur Niederschrift bei einer Behörde als funktionale Zuständigkeit **bestimmten Personen** vorbehalten. Zur Aufnahme stets befugt sind einmal der **Behördenleiter** und sein **allgemeiner Vertreter.** Sie haben diese Befugnis kraft ihrer Funktion, unabhängig davon, ob sie
die Befähigung zum Richteramt haben oder nicht.

Der **allgemeine Vertreter** des Behördenleiters ist derjenige Bedienstete der Behörde, der 16
nach dem Organisations- oder Geschäftsverteilungsplan im Falle der Verhinderung des Leiters
dessen Funktionen wahrnimmt. Er ist zu unterscheiden von dem **ständigen Vertreter,** der
ggfs. bestellt ist, um an sich dem Behördenleiter obliegende Aufgaben „ständig", d. h. auch bei
dessen Anwesenheit auszuüben. Zur **Anwesenheit dritter Personen** bei der Aufnahme der
eidesstattlichen Versicherung vgl. Abs. 3 Satz 2 (Rn. 23).

Neben dem Behördenleiter und seinem allgemeinen Vertreter sind zur Aufnahme einer eides- 17
stattlichen Versicherung ferner stets befugt alle Angehörigen des öffentlichen Dienstes, die entweder die **Befähigung zum Richteramt** durch Ablegung der Großen Juristischen Staatsprüfung erlangt haben oder die Voraussetzungen des § 110 Satz 1 DRiG erfüllen. Hiernach haben
die Befähigung zum Richteramt in der Gerichtsbarkeit auch Personen, die nach mindestens
dreijährigem Studium der Rechtswissenschaft an einer Universität und dreijähriger Ausbildung
im öffentlichen Dienst durch Prüfung die Befähigung zum höheren Verwaltungsdienst erworben
haben. Der Einigungsvertrag (Anl. I und II, jeweils Kap. III Sachgeb. A Abschn. III) und das
RpflAnpG vom 26. 6. 1992[33] (mit nachfolgenden Änderungen) enthalten Sonderregelungen.

---

[29] Hierzu *FG Münster* EFG 1990 Nr. 402.
[30] *Clausen* in Knack, § 27 Rn. 5; *Kopp/Ramsauer,* § 27 Rn. 7.
[31] *Kopp/Ramsauer,* § 27 Rn. 8; *Thomas/Putzo,* ZPO, § 393 Rn. 2.
[32] OLG Düsseldorf NVwZ-RR 1991, 281; VGH Kassel NVwZ-RR 1989, 334.
[33] BGBl I S. 1147.

Der Begriff der Angehörigen des öffentlichen Dienstes umfasst Beamte und Angestellte, auch (an eine Behörde abgeordnete) Richter sowie durch oder auf Grund Gesetzes mit hoheitlichen Aufgaben beliehene Privatrechtssubjekte.

18 Namentlich bei kleineren Behörden, denen keine Bediensteten mit Befähigung zum Richteramt angehören, kann das Bedürfnis bestehen, zur Entlastung des Behördenleiters **andere Behördenbedienstete** zur Aufnahme von Versicherungen an Eides Statt zu ermächtigen. Absatz 2 Satz 2 eröffnet mit Rücksicht auf die Erfordernisse der Praxis diese Möglichkeit.

19 Die **Ermächtigung** kann vom Behördenleiter oder seinem allgemeinen Vertreter ausgesprochen werden; sie kann allgemein oder für den Einzelfall erteilt, muss aber in jedem Falle **schriftlich** gegeben werden.

20 Wer nach Absatz 2 zur Aufnahme befugt ist, kann sich, wie sich aus Absatz 5 Satz 4 ergibt, der Unterstützung eines **Schriftführers** bedienen.[34]

Ist eine Versicherung an Eides Statt von einem Bediensteten aufgenommen worden, der nicht zum Personenkreis des Satzes 1 gehört und nicht nach Satz 2 ermächtigt worden ist, so ist sie **unwirksam,**[35] kann aber als einfache Erklärung gewürdigt und berücksichtigt werden.

IV. Wesen und Inhalt der Versicherung (Abs. 3)

21 Nach **Absatz 3** besteht die Versicherung darin, dass der Versichernde die **Richtigkeit einer Erklärung** bestätigt und mit dem Risiko einer strafrechtlichen Sanktion (§ 156 StGB) „an Eides Statt" versichert, dass er „nach bestem Wissen und Gewissen die reine Wahrheit gesagt und nichts verschwiegen hat" **(Satz 1).** Sie ist eine vom Eide verschiedene, selbständig neben ihm stehende Form der Beteuerung der Richtigkeit einer Angabe und Mittel zur Glaubhaftmachung von Tatsachen.[36] Als Inhalt der Erklärung kommen **Tatsachenangaben** aller Art in Betracht, nicht Werturteile und rechtliche Schlussfolgerungen. Die entsprechende Vorschrift des § 95 Abs. 3 Satz 1 AO 1977 sieht vor, dass die Angaben, deren Richtigkeit versichert werden soll, schriftlich festzustellen und dem Beteiligten mindestens eine Woche vor Aufnahme der Versicherung mitzuteilen sind. Dies ist nicht in § 27 übernommen worden und gilt daher im Anwendungsbereich des VwVfG nicht. Auch eine eidesstattliche Versicherung unterliegt der **freien Beweiswürdigung** durch die zuständige Behörde. Es gibt keine gesetzliche Vermutung für die inhaltliche Richtigkeit der durch die eidesstattliche Versicherung bezeugten Tatsachen; allerdings kommt ihr wegen der strafrechtlichen Bewehrung (§ 156 StGB) regelmäßig besondere Bedeutung zu (vgl. auch § 294 ZPO). Zur Verletzung des rechtlichen Gehörs durch Nichtbeachtung einer eidesstattlichen Versicherung (im Zivilprozess) vgl. *BVerfG.*[37]

22 Absatz 3 gibt für den Fall, dass die eidesstattliche Versicherung von einer Behörde **zur Niederschrift** aufgenommen wird, den Wortlaut der das Wesen der eidesstattlichen Versicherung kennzeichnenden **Bekräftigungsformel** vor, an deren Einhaltung **strenge Anforderungen** zu stellen sind. Abweichungen können nur dann als unschädlich angesehen werden, wenn sie den Inhalt und die Bedeutung der Formel als Bekräftigung der Richtigkeit der Erklärung unberührt lassen.[38] Fehlt es danach an der Bekräftigungsformel oder wird deren Wortlaut nicht hinreichend eingehalten, indem ihr etwa Vorbehalte ein- oder beigefügt werden, liegt eine Versicherung an Eides Statt weder im verfahrensrechtlichen noch im strafrechtlichen Sinne vor. Die Aussage kann dann im Rahmen des Freibeweises ausschließlich als einfache Erklärung gewürdigt werden.[39] Wird die eidesstattliche Versicherung **auf andere Weise** als zur Niederschrift abgegeben, also durch Zugang einer Erklärung in schriftlicher oder elektronischer Form bei der abnehmenden Behörde, findet Abs. 3 entsprechende Anwendung. Auch in diesem Fall ist somit eine der Vorgabe des Abs. 3 genügende Bekräftigung der Erklärung erforderlich, damit überhaupt eine Versicherung an Eides Statt vorliegt.[40]

---

[34] *Clausen* in Knack, § 27 Rn. 8; *Kopp/Ramsauer,* § 27 Rn. 12.
[35] *Clausen* in Knack, § 27 Rn. 8; *Meyer/Borgs,* § 27 Rn. 11.
[36] *BGHSt* 5, 71; *Schönke/Schröder,* StGB, 27. Aufl., 2006, § 156 Rn. 1/2; *Dreher/Tröndle,* StGB, 54. Aufl., 2007, § 156 Rn. 3.
[37] NJW 1988, 250.
[38] Vgl. *Clausen* in Knack, § 27 Rn. 9; *Obermayer* § 27 Rn. 64; *Kopp/Ramsauer,* § 27 Rn. 15.
[39] *Kopp/Ramsauer,* § 27 Rn. 15; *Kutsch* NVZ 2006, 237, 239 m. w. N.
[40] *Clausen* in Knack, § 27 Rn. 9; *Kopp/Ramsauer,* § 27 Rn. 15; *Kutsch* NVZ 2006, 237, 239 m. w. N.

Nach Absatz 3 **Satz 2** sind **Bevollmächtigte und Beistände** berechtigt, an der Aufnahme 23
einer Versicherung an Eides Statt teilzunehmen, sofern dies durch die Behörde selbst geschieht
(vgl. Rn. 11). Gemeint sind nicht nur die Bevollmächtigten und Beistände desjenigen, der die
eidesstattliche Versicherung abzugeben hat, sondern auch diejenigen der Beteiligten gemäß
§ 14.[41]

V. Belehrungspflicht (Abs. 4)

Nach Absatz 4 **Satz 1** ist der Versichernde vor der Aufnahme der eidesstattlichen Versiche- 24
rung über deren Bedeutung und die Folgen einer unrichtigen oder unvollständigen eidesstattlichen Versicherung zu belehren. Die **Belehrung** soll den Bürger auf die besondere Bedeutung
und strafrechtlichen Folgen des von ihm zu Erklärenden hinweisen und ihn zugleich vor einer
leichtfertig abgegebenen Erklärung bewahren.

Diese Vorschrift betrifft nur den Fall, dass die Versicherung **von einer Behörde** zur Niederschrift **aufgenommen** wird, nicht andere Formen der Abnahme, dazu Rn. 28.[42] Dies ist dadurch klargestellt worden, dass im Text der Vorschrift das Wort „Abnahme" (so noch im Entwurf 73) durch „Aufnahme" ersetzt wurde.

„Vor der Aufnahme" heißt **vor Beginn** der Aufnahme, denn der Versichernde soll sich gera- 25
de auch bei der Formulierung seiner Tatsachenerklärung der besonderen Bedeutung der eidesstattlichen Erklärung bewusst sein. Es genügt nicht, wenn er erst, nachdem alle Erklärungen
abgegeben sind, vor seiner Unterschriftsleistung zum Abschluss der Aufnahme belehrt wird.[43]

Die Belehrung muss insbesondere den ausdrücklichen Hinweis auf den vollständigen Inhalt 26
des § 156 StGB enthalten.

Die Belehrung ist **Voraussetzung für die Wirksamkeit** der eidesstattlichen Versicherung. 27
Ist sie nicht vorgenommen worden, entfällt mit der Wirksamkeit im Falle einer falschen eidesstattlichen Versicherung auch deren Strafbarkeit.[44] Im Hinblick darauf schreibt Satz 2 aus Gründen der Beweissicherung[45] vor, dass die Belehrung **in der Niederschrift zu vermerken** ist.
Ein eventueller Verlust der Niederschrift hat zwar nicht die Unwirksamkeit der Versicherung zur
Folge, dürfte aber in der Regel den Nachweis der Belehrung unmöglich machen.[46]

Da Absatz 4 nur die Aufnahme zur Niederschrift bei Behörde erfasst, ergibt sich aus der 28
Vorschrift für die anderen Fälle der Abgabe einer Versicherung an Eides Statt, nämlich durch
Übermittlung einer schriftlichen oder elektronischen Erklärung des Versichernden an die abnehmende Behörde, nach nunmehr einhelliger Auffassung keine Belehrungspflicht, auch nicht
im Wege einer entsprechenden Anwendung.[47] Allerdings kann eine Belehrung wünschenswert
sein.[48] Unterbleibt sie, berührt dies die Wirksamkeit einer nicht zur Niederschrift, sondern in
sonstiger Form abgegebenen Versicherung an Eides Statt aber nicht und hat auch keinen Einfluss auf die Strafbarkeit einer falschen Versicherung.[49] Im Einzelfall kann die Behörde allerdings
im Rahmen der Betreuungspflicht aus § 25 verpflichtet sein, innerhalb des ihr Möglichen –
soweit erforderlich – eine (erneute) formgerechte Erklärung im Rahmen der Betreuungspflicht
des § 25 zu veranlassen. Zum Beweiswert Rn. 10, 14, 22.

VI. Inhalt der Niederschrift (Abs. 5)

Absatz 5 behandelt den **Inhalt** der Niederschrift und ihre **Unterzeichnung**. Außer der Be- 29
lehrung des Versichernden hat die Niederschrift die Namen aller anwesenden Personen (gege-

---

[41] Zum allgemeinen Recht eines Zeugen, zur Vernehmung einen Beistand hinzuzuziehen, vgl. *BVerfGE* 38, 111; hierzu noch § 14 Rn. 3, 18 ff.
[42] *OLG Düsseldorf* NVwZ-RR 1991, 281.
[43] Wie hier: *Clausen* in Knack, § 27 Rn. 10; a. A. *Meyer/Borgs*, § 27 Rn. 14.
[44] *Clausen* in Knack, § 27 Rn. 10.
[45] Begründung zu § 23 Entwurf 73.
[46] *Kopp/Ramsauer*, § 27 Rn. 20.
[47] *Clausen* in Knack, § 27 Rn. 10; *Kopp/Ramsauer*, § 27 Rn. 18; *Meyer/Borgs*, § 27 Rn. 13; *Kutsch* NVZ 2006, 237, 239.
[48] So auch *Kopp/Ramsauer*, § 27 Rn. 18; *Clausen* in Knack, § 27 Rn. 10.
[49] So *Clausen* in Knack, § 27 Rn. 10; *Kutsch* NVZ 2006, 237, 239.

benenfalls also auch des Bevollmächtigten oder Beistandes – vgl. Absatz 3 Satz 2) sowie den **Ort** und den **Tag** der Niederschrift zu enthalten.

Ist die Niederschrift fertig gestellt, so ist sie dem Versichernden **zur Genehmigung vorzulesen** oder, wenn dieser es verlangt, zur **Durchsicht** vorzulegen. Die Genehmigung ist ebenfalls zu vermerken und von dem Versichernden zu unterschreiben. Auch derjenige, der die Niederschrift aufgenommen hat, und der Schriftführer haben die Niederschrift zu unterschreiben, und zwar, wie das Wort „sodann" in Satz 4 klarstellt, nach dem Versichernden. Aufnehmender und Schriftführer können identisch sein. Auf die für das gerichtliche Verfahren vorgesehenen Formerfordernisse einer Niederschrift kann hierneben schon deshalb nicht zurückgegriffen werden, weil diese nicht auf das VwVf übertragbar sind.[50]

VII. Europarecht

30   Eine Norm der nationalen Verfahrensordnungen ist nur dann europarechtskonform, wenn sie – erstens – den gemeinschaftsrechtlichen Vollzug nicht ungünstiger als den innerstaatlichen Vollzug gestaltet und – zweitens – die Verwirklichung von Gemeinschaftsrecht nicht praktisch unmöglich macht (s. § 26 Rn. 96).[51] Gegen das Diskriminierungsverbot wird z. B. verstoßen, wenn im Zusammenhang mit Regelungen zum Aufenthaltsrecht von EU-Bürgern die zulässigen Beweismittel begrenzt und vorgeschrieben wird, dass bestimmte Dokumente von der Behörde eines anderen Mitgliedsstaates ausgestellt oder beglaubigt worden sein müssen. Gleichfalls stellt es einen Verstoß dar, wenn in dem beschriebenen Regelungszusammenhang hinsichtlich des Mittels der Glaubhaftmachung nicht alle gleichwertigen Formen zugelassen werden.[52] Die Anwendung des **§ 27** im Einzelfall ist anhand dieser Kriterien ggfs auf etwaige gemeinschaftsrechtliche Bedenken hin zu überprüfen.

VIII. Landesrecht

31   Die Länder haben in ihren VwVfGen dem § 27 entsprechende Regelungen.

IX. Vorverfahren

32   § 27 ist auch im Vorverfahren anwendbar (§ 79).

§ 28 Anhörung Beteiligter

(1) **Bevor ein Verwaltungsakt erlassen wird, der in Rechte eines Beteiligten eingreift, ist diesem Gelegenheit zu geben, sich zu den für die Entscheidung erheblichen Tatsachen zu äußern.**

(2) **Von der Anhörung kann abgesehen werden, wenn sie nach den Umständen des Einzelfalls nicht geboten ist, insbesondere wenn**
1. **eine sofortige Entscheidung wegen Gefahr im Verzug oder im öffentlichen Interesse notwendig erscheint;**
2. **durch die Anhörung die Einhaltung einer für die Entscheidung maßgeblichen Frist in Frage gestellt würde;**
3. **von den tatsächlichen Angaben eines Beteiligten, die dieser in einem Antrag oder einer Erklärung gemacht hat, nicht zu seinen Ungunsten abgewichen werden soll;**
4. **die Behörde eine Allgemeinverfügung oder gleichartige Verwaltungsakte in größerer Zahl oder Verwaltungsakte mit Hilfe automatischer Einrichtungen erlassen will;**
5. **Maßnahmen in der Verwaltungsvollstreckung getroffen werden sollen.**

---

[50] Vgl. *OVG Münster* NVwZ 2000, Beil. Nr. 7 S. 83 = AuAS 2000, 125 zu § 25 Abs. 7 AsylVfG.
[51] *EuGH* DVBl 1999, 384; *Stern* JuS 1998, 769, 771.
[52] *EuGH* DVBl 2000, 1546.

§ 28 Anhörung Beteiligter § 28

(3) **Eine Anhörung unterbleibt, wenn ihr ein zwingendes öffentliches Interesse entgegensteht.**

Vergleichbare Vorschriften: § 91 AO 1977; § 24 SGB X.

Abweichendes Landesrecht: –.

Entstehungsgeschichte: Bis zum Inkrafttreten des VwVfG vgl. § 28 der 6. Auflage.

Literatur: *Kirchmeier*, Rechtliches Gehör in der Bauleitplanung, in: Gelzer-Festschrift, 1991, 77; *Weyreuther*, Einflussnahme durch Anhörung, in: Sendler-Festschrift, 1991, 183; *Sendler*, Anspruch auf Gehör und Effizienz richterlicher Tätigkeit, Lerche-Festschrift, 1993; *Ehlers*, Anhörung im Verwaltungsverfahren, Jura 1996, 617; *Bracher*, Nachholung der Anhörung bis zum Abschluss des verwaltungsgerichtlichen Verfahrens?, DVBl 1997, 534; *Stein*, Die Anhörung im Verwaltungsverfahren nach § 28 VwVfG, VR 1997, 238; *Häußler*, Heilung von Anhörungsfehlern im gerichtlichen Verfahren, BayVBl 1999, 616; *Bracher*, Die Anhörung Dritter im Normenkontrollverfahren gegen Bebauungspläne, DVBl 2000, 165; *Spranger*, Beschränkungen des Anhörungsrechts im förmlichen Verwaltungsverfahren, NWVBl 2000, 166; *Fluck*, Die Information Betroffener bei der Altlastsanierung nach § 12 BBodSchG, NVwZ 2001, 9; *Kaltenborn*, Das Anhörungsrecht im Verwaltungsverfahren, VA 2001, 1; *Hochhuth*, Vor schlichthoheitlichem Verwaltungseingriff anhören?, NVwZ 2003, 30; *Fengler*, Die Anhörung im europäischen Gemeinschaftsrecht und deutschen Verwaltungsverfahrensrecht, Diss. Potsdam 2002, Frankfurt 2003; *Reinel*, Die Rolle der Verwaltungsgerichtsbarkeit bei der Heilung von Verfahrensmängeln, BayVBl 2004, 454; *Schoch*, Das rechtliche Gehör Beteiligter im Verwaltungsverfahren (§ 28 VwVfG), Jura 2006, 833; *App*, Pflicht zur Gewährung rechtlichen Gehörs und Ausnahmen davon, KKZ 2006, 93; *Schoch*, Die Heilung von Anhörungsmängeln im Verwaltungsverfahren (§ 45 I Nr. 3 II VwVfG), Jura 2007, 28. Ausführlich zum Schrifttum vor 1996 s. § 28 der 6. Auflage.

Übersicht

	Rn.
I. Allgemeines	1
1. Rechtliches Gehör als Bestandteil rechtsstaatlichen Verfahrens	1
a) Im gerichtlichen Verfahren	1
b) Im Verwaltungsverfahren	2
c) Im Gemeinschaftsrecht	8
2. Subsidiarität des § 28; Lückenschließungsfunktion	9
3. Funktion der Anhörung, andere Beteiligungsformen und -rechte	16
a) Funktion	16
b) Andere Beteiligungsrechte und -formen	18
c) Allgemeine verfahrensunabhängige Auskunfts- und Informationsansprüche	21
4. Strukturveränderungen durch §§ 45 Abs. 2, 46	23
II. Anhörungspflicht (Abs. 1)	24
1. Eingreifender VA	24
a) VA; andere Maßnahmen	24
b) Eingreifender/belastender VA	26
2. Rechte eines Beteiligten, Drittbetroffene	30
3. Entscheidungserhebliche Tatsachen und Rechtsgrundlagen	34
a) Tatsachen- und Sachverhaltsfragen	34
b) Rechtsgrundlagen, Rechtsgespräch	38
4. Zeitpunkt der Anhörung	41
5. Form der Anhörung	46
III. Möglichkeit des Absehens von der Anhörung (Abs. 2)	47
1. Ermessensentscheidung; nicht abschließender Ausnahmekatalog	47
2. Die enumerierten Fälle in Nr. 1–Nr. 5	51
a) Gefahr im Verzug; öffentliches Interesse (Nr. 1)	51
b) Einhaltung einer Frist (Nr. 2)	54
c) Kein Abweichen vom Antrag (Nr. 3)	55
d) Allgemeinverfügung, gleichartige und EDV-VAe (Nr. 4)	57
e) Verwaltungsvollstreckung (Nr. 5)	63
IV. Anhörungsverbot bei zwingendem öffentlichen Interesse (Abs. 3)	65
V. Unterlassung und Nachholbarkeit der Anhörung (§ 45 Abs. 1 Nr. 3 und Abs. 2, § 46)	66
VI. Europarecht	73
VII. Landesrecht	76
VIII. Vorverfahren	77

I. Allgemeines

1. Rechtliches Gehör als Bestandteil rechtsstaatlichen Verfahrens

1 **a) Im gerichtlichen Verfahren:** Art. 103 Abs. 1 GG gewährt den Beteiligten „vor Gericht", also im gerichtlichen Verfahren, einen subjektiven Rechtsanspruch auf rechtliches Gehör. Dieser aus dem Rechtsstaatsprinzip (Art. 20 GG) und der Menschenwürde (Art. 1 Abs. 1 GG) abgeleitete Verfassungsgrundsatz soll das Recht der Beteiligten eines gerichtlichen Verfahrens (vgl. etwa § 108 Abs. 2, § 138 Nr. 3 VwGO), das seine Rechte betrifft, gewährleisten, sich vor Erlass einer gerichtlichen Entscheidung **in tatsächlicher und rechtlicher Hinsicht äußern** zu können, um auf diese Weise auf das Verfahren und die inhaltliche Entscheidung **Einfluss nehmen** zu können und eine **Überraschungsentscheidung** für den Betroffenen zu vermeiden. Der Anspruch auf rechtliches Gehör steht jedem zu, der durch die gerichtliche Entscheidung unmittelbar in seinen Rechten beeinträchtigt wird.[1] Er ergibt sich unmittelbar aus Art. 103 Abs. 1 GG, wenn das Verfahrensrecht das rechtliche Gehör nur unzureichend gewährleistet.[2] Nur wenn der Schutz gewichtiger Interessen die Überraschung eines Betroffenen unabweisbar erfordert, ist es ausnahmsweise zulässig, ihn erst nach der Entscheidung anzuhören.[3] Der einzelne soll **nicht bloßes Objekt** eines Verfahrens sein, sondern vor der Entscheidung zu Worte kommen können. Umgekehrt ist das Gericht verpflichtet, die Ausführungen der Beteiligten zur Kenntnis zu nehmen und in Erwägung zu ziehen; es darf seiner Entscheidung nur diejenigen Tatsachen und Erkenntnisse zugrunde legen, zu denen sich die Beteiligten äußern konnten. Dadurch bewirkt das rechtliche Gehör vor einer gerichtlichen Entscheidung einen **Thematisierungs- und Offenlegungszwang** und hat zur Folge, dass das Gericht die Pflicht hat, die vorgebrachten Tatsachen zur **Kenntnis** zu nehmen und sie ernsthaft in **Erwägung** zu ziehen.[4] Insofern hat die Anhörung auch eine **Vorwarnfunktion.**[5] Eine dem verfassungsrechtlichen Anspruch genügende Gewährleistung rechtlichen Gehörs setzt voraus, dass ein Verfahrensbeteiligter bei Anwendung der von ihm zu verlangenden Sorgfalt zu erkennen vermag, auf welche wesentlichen Gesichtspunkte es für die Entscheidung ankommen kann.[6] Die nähere Ausgestaltung des rechtlichen Gehörs im gerichtlichen Verfahren bleibt dabei den einzelnen Verfahrensordnungen überlassen.[7] Durch die Anhörungsrüge nach dem zum 1. 1. 2005 eingefügten § 152a VwGO ist die fachgerichtliche Abhilfe einer Verletzung des rechtlichen Gehörs auch bei unanfechtbaren Entscheidungen eröffnet.[8]

2 **b) Im Verwaltungsverfahren:** Der **Grundsatz des rechtlichen Gehörs** mit vergleichbaren Funktionen wie im gerichtlichen Verfahren gilt nicht nur und erst im gerichtlichen Verfahren, sondern wirkt grundsätzlich **bereits im VwVf,** wenn durch eine Behördenentscheidung die Rechtssphäre des einzelnen unmittelbar beeinträchtigt sein kann. Die Pflicht zur vorherigen Anhörung der in ihren Rechten betroffenen Beteiligten bestimmt sich im VwVf allerdings nicht nach Art. 103 Abs. 1 GG, der Verfahren „vor Gericht" erfasst. Sie leitet sich vielmehr ab aus dem rechtsstaatlichen Gebot eines **fairen Verfahrens** und der **Menschenwürde** (Art. 1 Abs. 1 GG).[9] Auch außerhalb des Anwendungsbereichs des Art. 103 Abs. 1 GG darf der Einzelne nicht zum bloßen Objekt staatlicher Entscheidung werden; ihm muss insbesondere die Möglichkeit gegeben werden, vor einer Entscheidung, die seine Rechte betrifft, zu Wort zu kommen, um

---

[1] BVerfGE 7, 95; 21, 132, 137; 89, 381, 390; zur Anhörung Dritter im Normenkontrollverfahren *Bracher* DVBl 2000, 165, 167 m. w. N.
[2] BVerfGE 60, 7, 13.
[3] *VGH Mannheim* NVwZ-RR 2000, 728 mit Nachweis der Rspr. des BVerfG.
[4] Vgl. BVerfG NJW 1991, 1283; 1997, 2310; NVwZ-RR 2002, 802.
[5] Std. Rspr., vgl. etwa BVerfGE 7, 53 (57); 9, 89 (95); 39, 156 (168); 60, 305 (310); 64, 203 (206); 65, 227 (234); 86, 133 (144); BVerfG NJW 1996, 3202; BVerwG Buchholz 310 § 108 VwGO Nr. 124; NJW 1988, 1280; NVwZ 1989, 858; DVBl 1991, 641; *Maunz/Dürig/Herzog/Scholz,* GG, Art. 103 Rn. 48, 66, 67; *Kopp/Schenke,* § 108 Rn. 1 ff., 19 ff., jeweils m. w. N.
[6] BVerfGE 84, 188 (190) = NJW 1991, 2823; BVerfG NJW 1996, 3202.
[7] BVerfGE 67, 208 (211); BVerfG DVBl 1987, 237.
[8] Grundlegend BVerfG NJW 2003, 1924. Zum Anhörungsrügengesetz, BGBl I 2004, S. 3220: *Treber* NJW 2005, 97; *Huber* JuS 2005, 109; *Guckelberger* NVwZ 2005, 11; *Rensen* JZ 2005, 196; *Zuck* NVwZ 2004, 164; *OVG Lüneburg* NJW 2006, 2506; *VGH Mannheim* NJW 2005, 920.
[9] BVerfG NJW 2004, 2887; 2000, 1709; BVerwG NVwZ 2001, 94. Ferner *Kaltenborn* VA 2001, 33.

Einfluss auf das Verfahren und dessen Ergebnis nehmen zu können. Dies setzt u. a. voraus, dass der Betroffene von dem Sachverhalt und dem Verfahren, in dem dieser verwertet werden soll, überhaupt Kenntnis erhält.[10] Das Anhörungsgebot erfüllt eine selbstständige verfahrensrechtliche Schutzfunktion insbesondere für die Grundrechte derjenigen, in deren Lebens- und Rechtssphäre die Behörde im Zuge ihrer nach außen wirkenden Tätigkeit durch Erlass eines belastenden VA eingreifen will.[11] Deshalb ist der Grundsatz des rechtlichen Gehörs im VwVf als solcher nicht mehr zweifelhaft.[12]

Seine positivrechtliche Ausgestaltung findet dieses Anhörungsgebot nunmehr in § 28 für das allgemeine VwVf, in § 66 für das förmliche Verfahren und durch § 73 mit seinen Besonderheiten für das Planfeststellungsverfahren. Parallelregelungen zu § 28 finden sich in § 24 SGB X für den Sozialbereich und in § 91 AO[13] für den Abgabenbereich. In allen Fällen beruht die grundsätzliche Pflicht zur Anhörung von Beteiligten in (einzelfallbezogenen) VwVf nach §§ 9, 13 auf ihrer **potentiellen Betroffenheit** in der eigenen (subjektiven, individuellen) Rechtssphäre. Das (Verfahrens-)Recht auf Beteiligung und Anhörung ist insoweit Ausfluss der **materiellen Rechtsposition** und dient seiner Sicherung.[14] Dementsprechend leitet sich z. B. aus dem Selbstverwaltungsrecht der Kommunen bzw. ihrer Planungshoheit die Pflicht ab, sie etwa vor einer Kommunalreform,[15] der Verwerfung eines Bebauungsplans[16] oder einer im Widerspruch zu einer Veränderungssperre stehenden Baugenehmigung[17] anzuhören, um ihnen Gelegenheit zu geben, Einwendungen zu erheben bzw. formelle Mängel ihres Satzungsrechts zu beheben.[18]

Die **individuelle Schutzfunktion** der Anhörung findet dort ihre Grenze, wo nicht mehr unmittelbar die eigene Sphäre des Einzelnen betroffen ist, sondern primär die Allgemeinheit insgesamt (ohne einen von ihr unterscheidbar speziellen Personenkreis) geschützt werden soll.[19] Daher können von § 28 nicht geschützte **Anhörungen im öffentlichen Interesse** bei Vorhaben mit allgemeinen Auswirkungen auf eine breitere Öffentlichkeit auch weitergehende Zwecke verfolgen, insbesondere zur Transparenz, Information und Akzeptanz beitragen.[20] Zur Beteiligung in Bauleitplanungs-, Raumordnungs- und Umweltverträglichkeitsprüfungsverfahren vgl. §§ 63, 72 m. w. N.

Neben der Anhörung im individuellen oder öffentlichen Interesse zum Schutz materieller Rechte oder Interessen kann die Rechtsordnung einem Rechtsträger durch **spezielles Gesetz** eine vom materiellen Recht unabhängige Verfahrensbeteiligung zugestehen, d. h. ein Recht auf Verfahrensteilhabe (sog. **selbständiges Recht auf Beteiligung im Verwaltungsverfahren**), wenn das vom jeweiligen Rechtsträger vertretene Interesse vom Gesetzgeber für so bedeutsam erachtet wird, dass die Beteiligung am Verfahren unabhängig davon sein soll, ob die eigene (subjektive) Rechtssphäre tangiert ist oder nicht. Bundesgesetzliches Beispiel dafür ist **§ 29 Abs. 1 Nr. 4 BNatSchG** mit dem Beteiligungsrecht anerkannter Naturschutzverbände an PlfV und dem Recht zur Äußerung und auf Einsicht in Sachverständigengutachten (Näheres hierzu § 13 Rn. 34).[21]

---

[10] So *BVerfGE* 101, 397 = NJW 2000, 1709 unter Bezug auf *BVerfGE* 9, 89 (95) = NJW 1959, 427; *BVerfGE* 65, 171 (174 f).
[11] *Spranger* NWVBl 2000, 166 m. w. N.
[12] Hierzu und den verfassungsrechtlichen Ableitungen *Schoch* Jura 2006, 833; *ders.* NVwZ 1983, 249 (251 ff.); *Feuchthofen* DVBl 1984, 170; *Rüping* NVwZ 1985, 304; *Schmidt-Aßmann* DÖV 1987, 1029; *Schilling* VerwArch 1996, 45; *Ehlers* Jura 1996, 617; *Bracher* DVBl 1997, 534 (535).
[13] Dazu *App* KKZ 2006, 93.
[14] *BVerwGE* 88, 286, 288; 97, 203 (212); *Weyreuther*, Sendler-Festschrift, 1991, 183 (195); *Dagtoglou* DVBl 1972, 712; *Schmitt Glaeser* VVDStRL 31 (1973), 175; *Redeker* NJW 1980, 1593; *Ehlers* Jura 1996, 617.
[15] *BVerfGE* 107, 1 = NVwZ 2003, 850.
[16] *BVerwG* NVwZ 2001, 1035, 1037 m. w. N.
[17] *BGH* NVwZ 2004, 1143.
[18] S. auch *BVerwG* NVwZ 2001, 1030;*BVerfGE* 50. 195 = NJW 1979, 1347; *BVerfGE* 56, 298 = NJW 1981, 1659 m. w. N. Ferner *VG Berlin* TMR 2003, 152 zur Beteiligung des Straßenbaulastträgers bei der Zustimmungserteilung nach § 50 Abs. 4 TKG als Anhörung i. S. des § 28.
[19] Vgl. *BVerwGE* 97, 203 (211 f.); *BVerwG* NVwZ-RR 1996, 369.
[20] Etwa die Anhörung von Standortgemeinden bei Abfallentsorgungsanlagen, hierzu *Zimmerling* NVwZ 1992, 122; zum Anhörungsverfahren bei gentechnischen Anlagen nach § 18 GenTG vgl. *Hirsch/Schmidt-Didczuhn* DVBl 1991, 428; zur Anhörung der landwirtschaftlichen Berufsvertretung nach § 19 GrStVG vgl. *BVerwG* NVwZ-RR 1996, 369.
[21] Hierzu etwa *BVerwGE* 105, 348 = NVwZ 1998, 395 zum Begriff „einschlägige Sachverständigengutachten"; ferner *BVerwG* 87, 62; *Dagtoglou* DVBl 1972, 712; *Schmitt Glaeser* VVDStRL 31 (1973), 175; *Redeker* NJW 1980, 1593.

6 Die Anhörung im VwVf nach § 28 soll dem **Schutz der Individualsphäre** dienen und eine **Einflussnahme auf das Verfahren und das Ergebnis** der Entscheidung ermöglichen, zur Vervollständigung des der Entscheidung zugrundeliegenden **Sachverhalts** beitragen und damit auf eine materiellrechtlich richtige Entscheidung hinwirken sowie eine **Überraschungsentscheidung vermeiden** helfen.[22] Soweit das Anhörungsrecht danach auch dem Finden der richtigen Entscheidung dient, sollen insbesondere Fehler bei der Tatsachenermittlung im Vorhinein vermieden werden.[23] Zwar bewirkt sie regelmäßig eine gewisse Verzögerung der Entscheidung, erzeugt für die Behörde aber einen Konkretisierungs- und **Offenlegungszwang**, für den Beteiligten zugleich eine **Vorwarnfunktion**, weil Art und Inhalt der geplanten (eingreifenden) Entscheidung in den voraussichtlichen wesentlichen Zügen darzulegen ist (Rn. 28 ff.). Dadurch wird der angehörte Beteiligte in gewisser Beziehung mitgestaltender „Partner".[24] Zur Pflicht zur **Kenntnisnahme** und ernsthaften **Erwägung** der vorgebrachten Tatsachen Rn. 16, 34. Die Anhörung mit ihren verschiedenen Formen (hierzu Rn. 7 ff.) dient auch der Partizipation und Verfahrensteilhabe in „eigenen" Verfahren der Beteiligten, da der **Bürger nicht mehr bloßes Objekt** behördlicher Entscheidungen ist.

7 Zweifelhaft ist, ob § 28 Abs. 1 über seinen Wortlaut hinaus nicht nur bei „eingreifenden", sondern auch bei allen belastenden VA und sonstigen Einzelmaßnahmen Anwendung finden soll. Im Vordergrund der Diskussion steht dabei, ob sich für Realakte und sonstiges schlichtes Verwaltungshandeln (Rn. 25)[25] sowie für einen VA, der einen auf eine Begünstigung gerichteten Antrag ablehnt (Rn. 27 f.),[26] eine Anhörungspflicht herleiten lässt.. Der Auskunftsanspruch gem. § 32 Abs. 3 VermG ist ein besonders ausgestaltetes Anhörungsrecht des jeweiligen Antragstellers, das ansonsten bei der bloßen Ablehnung eines Antrags nicht zwingend eingeräumt ist.[27]

8 c) **Im Gemeinschaftsrecht.** Die Gewährung rechtlichen Gehörs ist ein **fundamentaler Grundsatz** auch des Gemeinschaftsrechts der EG bei Verwaltungsverfahren, die zu für den Betroffenen beschwerenden Maßnahmen führen können und selbst dann sicherzustellen, wenn es keine einschlägigen Regelungen gibt.[28] Allerdings sind der genaue **Inhalt** dieses Grundsatzes und die möglichen **Einschränkungen** nicht abschließend geklärt. Auch die **Nachholbarkeit** einer erforderlichen, aber unterlassenen Anhörung und die daraus entstehenden Folgen sind derzeit nicht eindeutig zu beantworten (hierzu im einzelnen Rn. 74 ff.).

2. Subsidiarität des § 28; Lückenschließungsfunktion

9 Eine **Reihe von Gesetzen** in verschiedenen Rechtsgebieten sehen eine förmliche Anhörung bereits vor, und zwar teilweise **weitergehender**, teilweise **enger** als nach § 28, z. B. § 90 BBG, § 26 Abs. 2 BDO, § 51 Abs. 1 BVG, § 63 Abs. 1 BVFG, §§ 5, 57 FlurbG,[29] § 23 Abs. 1 Satz 2 WPflG, § 55 OWiG, § 12 GjS, § 19 Abs. 1 SchutzberG, § 47 Abs. 2 SoldG, § 19 Abs. 4 ZDG, §§ 25, 50 SchwerbG,[30] § 6 SÜG betr. Anhörung vor Ablehnung einer Zulassung zu sicherheitsempfindlicher Tätigkeit, § 61 a LwAnpG,[31] § 3 Abs. 2 VerkPBG.[32] § 91 Abs. 1 AO enthält

---

[22] Vgl. *BVerwGE* 101, 397 = NJW 2000, 1709; *BVerwG* DVBl 1990, 259; *BVerwG* Dok. BerA 1991, 162; *BGH* DVBl 1992, 1292; *BSG* NJW 1990, 1910; *Feuchthofen* DVBl 1984, 170; *Rüping* NVwZ 1985, 304; *Krasney* NVwZ 1986, 337; *Schilling* VerwArch 1987, 45; *Weyreuther*, Sendler-Festschrift, 1991, 183; *Ehlers* Jura 1996, 617; *Bracher* DVBl 1997, 534 (535); ders. DVBl 2000, 165, 167; *Spranger* NWVBl 2000, 166.
[23] OVG Berlin NVwZ 1996, 926.
[24] Zur Partizipation an Verwaltungsentscheidungen vgl. *Dagtoglou* DVBl 1972, 712; *Schmitt Glaeser* VVDStRL 31 (1973), 175; *Redeker* NJW 1980, 1593.
[25] S. *Hochhuth* NVwZ 2003, 30; *VGH München* NVwZ 2003, 998; *VGH Kassel* NVwZ 2003, 1000; offen gelassen in *BVerwG* NVwZ 2003, 354. Ferner *VGH Mannheim* NVwZ-RR 2003, 311 zur Anhörung vor zu Beschränkungen des Gemeingebrauchs führenden Straßenbauarbeiten.
[26] Verneinend: BFHE 206, 488 = ZSteu 2004, 488; *BVerwG* 66, 184, 186 = NJW 1983, 2044; *BVerwG*E 68, 267, 270; dagegen *Kopp/Ramsauer*, § 28 Rn. 26 ff. m. w. N.
[27] VG Dresden 28. 1. 1993 – I K 341/91 – RGV G 36.
[28] *EuGH* DVBl 1987, 230. Aus der Verletzung des rechtlichen Gehörs hat der EuGH zuvor unterschiedliche Konsequenzen gezogen, vgl. *EuGH* Slg. 1979, 321 (336 f.) einerseits, *EuGH* Slg. 1979, 461 (512, 513) andererseits; hierzu ferner Rn. 73, 74 m. w. N.
[29] *BVerwG*E 105, 128, 131.
[30] *BVerwG* DVBl 1990, 259.
[31] OVG Greifswald AgrarR 1996, 225.
[32] *BVerwG* NJW 1996, 2113.

eine Soll-Regelung, also eine Rechtspflicht (nur) für den Regelfall.[33] Auch die **Form** der Anhörung (schriftlich, mündlich, persönlich) sowie Art und Inhalt der Mitwirkung und Einwirkungsmöglichkeiten können unterschiedlich geregelt sein (z. B. §§ 25, 73 AsylVfG[34] und § 6 KDVG).

Da § 28 nach Maßgabe des § 1 **subsidiär** und unmittelbar nur im Anwendungsbereich des VwVfG gilt (§ 1, 2), bleiben inhaltsgleiche und entgegenstehende Rechtsvorschriften des Bundes und der Länder, soweit sie nicht im Zuge der Rechtsvereinheitlichung und -bereinigung aufgehoben oder an § 28 angepasst werden, unberührt und gehen § 28 vor. Da auch im Verwaltungsverfahrensrecht – ebenso wie im gerichtlichen Verfahren[35] – die nähere Ausgestaltung des Anhörungsrechts durch die jeweilige Verfahrensordnung erfolgt, können neben oder anstelle der Anhörung auch **besondere Beteiligungs- oder Mitwirkungsformen** alternativ oder kumulativ vorgesehen werden (vgl. auch Rn. 4 ff.). Ob und inwieweit eine teilweise oder vollständige **Ergänzung** oder **Verdrängung** des § 28 vor einer (dritt)belastenden Verwaltungsentscheidung in Betracht kommt, muss im jeweiligen Rechtsgebiet gesondert geprüft werden. Möglich ist ein nur **teilweiser Vorrang des Spezialrechts**, etwa in der Weise, dass zwar nicht § 28 Abs. 1, aber sein Abs. 2 und 3 anwendbar bleiben.[36]

Ob § 28 vor dem Erlass einer **Vollziehungsanordnung nach § 80 Abs. 2 Nr. 4 VwGO** (entsprechend) anzuwenden ist, ist streitig.[37] Die Frage ist zu verneinen. Die Anordnung der Vollziehung ist kein VA (s. § 9 Rn. 207 f.). Daraus folgt, dass § 80 VwGO (i. V. m. § 79 VwVfG) die Anwendung des § 28 nicht vorsieht. Hinzu kommt, dass der Vollzugsakt Realakt ist, die Vorwarnfunktion bereits im dem erlassenen VA liegt und es daher keiner Zweitanhörung bedarf. Im übrigen dürfte angesichts der besonderen Ausgestaltung des Anordnungsverfahrens selbst für die Anhänger der Meinung, die Vollziehungsanordnung habe VA-Charakter, das Verfahren nach § 80 VwGO die Anwendbarkeit des VwVfG nach § 1 Abs. 1 ausschließen, s. § 9 Rn. 219.

Soweit **jedwede Anhörungsvorschriften** bei Ausübung ör Verwaltungstätigkeit **fehlen**, entstehen aus der Grundrechtsrelevanz des Verfahrensrechts Anhörungspflichten jedenfalls dann, wenn eine Verwaltungsentscheidung in **Grundrechtsgüter**, insbesondere in solche nach Art. 2 Abs. 2 und 14 GG, unmittelbar eingreift und sie erheblich beeinträchtigt oder wenn ein sonstiger schwerer Eingriff in das Persönlichkeitsrecht des Einzelnen vorliegt.[38] Das Anhörungsgebot erfüllt nämlich eine selbständige verfahrensrechtliche Schutzfunktion insbesondere für die Grundrechte derjenigen, in deren Lebens- und Rechtssphäre die Behörde im Zuge ihrer nach außen wirkenden Tätigkeit durch Erlass eines belastenden VA eingreifen will (s. Rn. 2).[39] Insoweit kann in der Regelung des § 28 (einschließlich der Ausnahmetatbestände des Abs. 2 und 3) als Ausdruck eines fundamentalen Verfassungsprinzips auch ein gewisser Mindeststandard und zugleich **Auffang- und Lückenschließungstatbestand** gesehen werden.

Auch spezialgesetzliche Regelungen **innerhalb des VwVfG** gehen dem § 28 vor. § 66 und § 73 schließen daher einen Rückgriff auf ihn in förmlichen Verfahren und PlfV für diejenigen

---

[33] Hierzu *Tipke/Kruse*, AO, § 91 Tz. 3; *App* KKZ 2006, 93.
[34] S. z. B. *VG Oldenburg* InfAuslR 2007, 82 zur Anhörung im asylrechtlichen Widerrufsverfahren.
[35] *BVerfGE* 67, 208 (211); *BVerfG* DVBl 1987, 237.
[36] Vgl. zum Asylrecht *Stelkens* ZAR 1985, 15 (21), zum Beamtenrecht vgl. *Wagner* DÖV 1988, 277; zum Wehrrecht *Wolter* NZWehrR 1978, 81; zum Baurecht *Stelkens* BauR 1986, 390 (396) und *Horn* DÖV 1987, 20; zum Steuerrecht *Latsch* StBP 1978, 196; *Lohmeyer* StW 1984, 488; zum Sozialrecht *Ehlers*, Die Verwaltung 1984, 295; *Behn* SozVers 1987, 253; *Nehls*, NVwZ 1982, 494; zu Personenstandssachen *Sachse*, StAZ 1986, 331.
[37] Verneinend wegen der abschließenden Regelung der VwGO *OVG Lüneburg* NVwZ-RR 2002, 822; *OVG Koblenz* NVwZ 1988, 748; *OVG Lüneburg* DVBl 1989, 887; *Hamann* DVBl 1989, 969; *ders.* DVBl 1990, 1040; *OVG Koblenz* DÖV 1992, 315; *OVG Schleswig* DVBl 1993, 169; *VGH Mannheim* VBlBW 1994, 447 = NVwZ-RR 1995, 17; *VGH München* BayVBl 1996, 534; *OVG Münster* ÄrzteR 1994, 149; BauR 1995, 6; *Schröder* VBlBW 1995, 384; bejahend: *OVG Bremen* DÖV 1980, 180; *VGH Kassel* NVwZ 1987, 510 und DÖV 1988, 1023; *OVG Lüneburg* DVBl 1992, 1318 Nr. 25; *VG Berlin* NVwZ-RR 1992, 527; *OVG Bremen* NVwZ-RR 1999, 682; *Redeker* § 80 Rn. 27; *Müller* NVwZ 1988, 702; *Renck* DVBl 1990, 1038; offen: *OVG Magdeburg* 26. 1. 1998 = C 2 S 247/96 – JMBl 1998, 419. S. hierzu auch der Darstellung des Streitstandes bei *Schoch* in ders. u. a. § 80 Rn. 18 ff.; *Schmidt* in Eyermann § 80 Rn. 41 ff.; *Kopp/Schenke*, § 80 Rn. 82; *Puttler* in Sodan/Ziekow, § 80 Rn. 81.
[38] Vgl. *BVerfG* 53, 30 (71 f.); 77, 381 (406); *BVerfG* NJW 1990, 2309; *BVerwGE* 60, 297 (303, 307); 61, 256 (275); 75, 285 (291); 85, 54 (56); 88, 286 (288); *Geis* JZ 1991, 112.
[39] *Spranger* NWVBl 2000, 166 m. w. N.

Personen, die nicht Beteiligte i. S. von § 13 sind, aus.[40] Im Bereich des **ör Vertrags** (§§ 54 ff.) ist § 28 grundsätzlich ebenfalls nicht anwendbar;[41] das Recht Drittbetroffener wird dort durch § 58 hinreichend gewahrt (zu den Rechtsfolgen näheres dort), so dass es eines Rückgriffs auf § 28 nicht bedarf. Ermächtigt der Vertrag zu Eingriffen gegenüber dem Vertragspartner, so ist ein unmittelbarer Rückgriff auf § 28 deshalb nicht zulässig, weil sich ein möglicher Anspruch auf Anhörung dann nicht aus dem Gesetz (§ 28), sondern aus Vertrag zu ergeben hat.

14 Ein – gesetzlich nicht ausdrücklich vorgesehener einseitiger – **Verzicht** auf ein nach § 28 bestehendes gesetzliches Anhörungsrecht ist grundsätzlich möglich, es sei denn, der Beteiligte kann aus Gründen öffentlichen Interesses über seine Rechte nicht allein verfügen (s. § 53 Rn. 17);[42] ein solcher Verzicht muss **ausdrücklich** (in der Regel schriftlich), **konkret** in Bezug auf eine bestimmte Maßnahme und **vorher** mit Bindungswillen vom Beteiligten ausgesprochen sein. Bloße Kenntnisnahmen oder Stillschweigen auf Anfragen oder Ankündigungen können regelmäßig nicht als konkludenter Verzicht auf eine Anhörung angesehen werden (ferner Rn. 49).

15 Auch spezialgesetzliche **Präklusionsvorschriften,** die etwa im Interesse der Verfahrensbeschleunigung das rechtliche Gehör begrenzen oder einschränken, sind – wie im Prozessrecht[43] – grundsätzlich auch im VwVf zulässig, soweit sie durch sachliche Erwägungen gerechtfertigt sind und für den Betroffenen die Möglichkeit bestanden hat, im VwVf alle erheblichen Einwände (wenn auch **zeitlich befristet**) vorzubringen.[44] Zu den neueren Präklusionsregelungen vgl. § 73 Abs. 3a sowie in den Fachplanungsgesetzen,[45] etwa § 20 Abs. 7 AEG,[46] § 17 Abs. 4 FStrG.[47] Sie finden sich insbesondere in förmlichen Verfahren (hierzu § 66), PlfV (hierzu § 73 Abs. 3a) oder sonstigen insbesondere **umweltrelevanten Verfahren,** etwa im Atom- oder Immissionsschutzrecht, bei denen potentiell Betroffene eine Beeinträchtigung ihrer Rechtssphäre vor einer Verwaltungsentscheidung durch Einwendungen, Anregungen oder sonstige Hinweise geltend machen können. Ihrer Funktion nach ist dies nicht nur formale Partizipation an Verwaltungsentscheidungen (hierzu Rn. 10 m. w. N.), sondern **Surrogat** einer förmlichen Anhörung i. S. von § 28 Abs. 1.[48] Zu § 30a VermG. § 31 Rn. 10, § 32 Rn. 9.

3. Funktion der Anhörung, andere Beteiligungsformen und -rechte

16 a) **Funktion:** Nach Funktion und Bedeutung soll die Anhörung und die ihr inhaltlich entsprechenden Beteiligungs-, Einwendungs- und Mitwirkungsrechte, weil der Beteiligte im rechtsstaatlichen VwVf nicht bloßes Objekt behördlicher Entscheidungen ist, Gelegenheit geben, sich zum **Schutz seiner (individuellen) Rechte** (Rn. 17) zu den der Entscheidung zugrunde liegenden **entscheidungserheblichen Tatsachen** (hierzu noch Rn. 20) zu äußern, um auf diese Weise auf das Verfahren und sein Ergebnis **Einfluss zu nehmen** und damit auf eine materiellrechtlich richtige Entscheidung hinzuwirken sowie eine Überraschungsentscheidung zu vermeiden. Soweit das Anhörungsrecht danach auch dem Finden der richtigen Entscheidung dient, sollen insbesondere Fehler bei der Tatsachenermittlung im Vorhinein vermieden werden.[49] Der Beteiligte soll nicht nur den **Sachverhalt** aus seiner Sicht ergänzen oder korrigieren, sondern auch seine **Sachargumente** gegen die beabsichtigte Entscheidung vorzubringen können.[50] Dies setzt voraus, dass für ihn hinreichend erkennbar ist, weshalb und wozu

---

[40] Zu den Beschränkungen des Anhörungsrechts im förmlichen VwVf s. *Spranger* NVwBl 2000, 166.
[41] Ebenso *Weides* JA 1984, 649; *Clausen* in Knack, § 28 Rn. 3 ff.; *Kopp/Ramsauer,* § 28 Rn. 6.
[42] Vgl. BSGE 53, 167; *Martens* NVwZ 1984, 558; *Kopp/Ramsauer,* § 28 Rn. 14; *Spranger* NVwBl 2000, 166.
[43] Hierzu etwa BVerfGE 66, 260 (264); 67, 39 (41); 75, 302 (313); BayVerfGH NJW 1989, 215.
[44] Vgl. BVerwG NVwZ 2006, 85; DVBl 1981, 359; NVwZ 1984, 234; BVerwGE 74, 109; BVerfGE 61, 82; OVG Münster ZKF 2002, 233; *Redeker* NJW 1980, 1593 (1597); *Ossenbühl* NVwZ 1982, 465 (472); *Jarass* JuS 1984, 351; *Streinz* VerwArch 1988, 283; *Brandt* NVwZ 1997, 233 jeweils m. w. N.; ferner hierzu noch § 26 Rn. 35; § 73 Rn. 73 ff. m. w. N.
[45] Vgl. etwa BVerwG NVwZ 1996, 267; UPR 1996, 270; NVwZ 1997, 171.
[46] BVerwG NVwZ 1997, 993.
[47] BVerwG NVwZ 1997, 489.
[48] Zum Zusammenwirken zwischen Beteiligung, Anhörung und potentieller Betroffenheit vgl. Rn. 3; ferner BVerwGE 60, 297 (303, 307); 61, 256 (275); 75, 285 (291); 85, 54 (56); 88, 286 (288); BVerwG NVwZ 1991, 690 (hierzu *Dolde* NVwZ 1991, 690); grundlegend BVerfGE 53, 30 (71 ff.); 77, 381 (406); vgl. auch *Schlotterbeck* NJW 1991, 2669; ferner die Nachweise bei §§ 63, 73.
[49] OVG Berlin NVwZ 1996, 926.
[50] Vgl. BVerwG NJW 1976, 588; BVerwG vom 3. 2. 1993, Buchholz 310 § 133 VwGO n. F. Nr. 10; BGHZ 118, 295 = DVBl 1992, 1290; OVG Lüneburg NVwZ 1987, 511; VGH Mannheim NVwZ 1987,

er sich äußern kann und mit welcher Entscheidung er zu rechnen hat (Rn. 34).[51] Macht der Beteiligte von seinem Recht zur Stellungnahme Gebrauch, ist die Behörde verpflichtet, das auf Grund der Anhörung Vorgebrachte **zur Kenntnis zu nehmen** und **ernsthaft in Erwägung zu ziehen**.[52] Gelegenheit zur Äußerung bedeutet einerseits keine Verpflichtung zur Stellungnahme, andererseits nicht die Notwendigkeit, sich mit dem Angehörten abzustimmen oder das **Benehmen oder Einvernehmen** mit ihm herzustellen.[53] Im allgemeinen kann davon ausgegangen werden, dass eine Behörde ein Vorbringen auch dann zur Kenntnis genommen und in Erwägung gezogen hat, wenn sie bei der angekündigten Entscheidung verbleibt. Nichteingehen auf den wesentlichen **Kern eines (neuen) Tatsachenvortrags** kann aber auf Nichtberücksichtigung des Vorbringens schließen lassen.[54] Insoweit können sich aus der **Begründung** des VA Anhaltspunkte dafür ergeben, ob dies der Fall ist. Eine Rechtspflicht der Behörde, sich mit jedem einzelnen Punkt des Vorbringens des Angehörten auseinanderzusetzen, besteht – wie im gerichtlichen Verfahren – nicht (vgl. Rn. 40; ferner § 39 Rn. 1 ff.). Zur Frage der Anhörung zu Rechtsfragen vgl. Rn. 34 ff. Zur Anhörung Drittbetroffener vgl. Rn. 30 ff. Zu Zeitpunkt und Form der Anhörung Rn. 41 ff.

Wenngleich die Anhörung vornehmlich dem **Schutz subjektiver Rechte, Interessen oder Belange** des Beteiligten dient, hängt sie eng mit dem Untersuchungsgrundsatz (§§ 24, 26 Abs. 1) und der Mitwirkungspflicht des Beteiligten (§ 26 Abs. 2)[55] zusammen und liegt insofern **auch im öffentlichen Interesse** der Verwaltung, denn durch die Anhörung des Beteiligten kann der maßgebliche Sachverhalt für die Entscheidung komplettiert und eine Fehlentscheidung vermieden werden.[56] Zugleich wird die Behörde durch die Anhörung auch in die Lage versetzt, ihre Entscheidung umfassend und unter Einbeziehung aller Einwände des Betroffenen zu begründen.[57] Der Anhörung kann darüber hinaus auch ein nicht zu unterschätzender **Befriedungseffekt** zukommen,[58] weil durch eine im Rahmen der Anhörung erfolgende Darlegung des maßgeblichen Sachverhalts und der Rechtsgrundlagen (hierzu Rn. 34 ff.) für die Entscheidung die Notwendigkeit zu ihrem Erlass dargelegt und Rechtsbehelfe oder Rechtsmittel jedenfalls teilweise überflüssig gemacht werden könnten. Insgesamt verfolgt die Anhörung damit für das Verfahren vor Erlass des VA Funktionen, die mit denen des dem VA nachfolgenden Widerspruchsverfahrens weitgehend übereinstimmen; dem kommt insbesondere im Rahmen der rechtspolitischen Diskussion einer Aussetzung bzw. weitgehenden Abschaffung des Widerspruchsverfahrens[59] wesentliche Bedeutung zu, s. § 79 Rn. 10 f. 17

b) Andere Beteiligungsrechte und -formen. Die Anhörung vor Erlass eines in Rechte eingreifenden VA (zu anderen Maßnahmen Rn. 24) ist von **anderen Beteiligungsrechten** zu unterscheiden, die einem Beteiligten i. S. von § 13 innerhalb eines VwVf zustehen. Dazu gehört etwa die Beratung und Auskunftserteilung (§ 25) sowie die Akteneinsicht (§ 29) als besondere Form des rechtlichen Gehörs (§ 29 Rn. 17). Auch das **Anhörungsverfahren nach § 73** ist eine spezielle Form der Anhörung vor Erlass eines speziellen VA, nämlich des PlfBeschlusses. Die hiernach bestehende Möglichkeit zur Abgabe einer Stellungnahme nach § 73 Abs. 2 für die Träger öffentlicher Belange (sog. **Behördenanhörung**) und die Erhebung von Einwendungen nach § 73 Abs. 4 für Privatrechtssubjekte (sog. **Betroffenenanhörung**) ersetzen die Anhörung und schließen einen Rückgriff auf § 28 aus.[60] Damit werden die Besonderheiten des PlfV im 18

1087; *Feuchthofen,* DVBl 1984, 170; *Krasney* NVwZ 1986, 338; *Schilling* VerwArch 1987, 45; *Weyreuther,* Sendler-Festschrift, 1991, 183; *Bracher* DVBl 1997, 534 ff.

[51] *VG Hannover* ZUM 1997, 410; *OVG Münster* NWVBl 1999, 312; 2000, 223 zur Anhörung vor Erlaß einer Ausweisungsverfügung. S. auch *BVerwG* NVwZ 1999, 1107; NJW 2000, 3368 zur Anhörungsmitteilung nach § 130 a VwGO.
[52] *BVerfG* NVwZ 2002, 802; NJW 1997, 2310; 1991, 1283; *BVerfGE* 27, 248, 252; *BVerwGE* 66, 111 (114); *BVerwG* DokBer. A 1991, 160; *VGH Kassel* NVwZ 1987, 510; Rn. 24, 25.
[53] *BVerwG* DVBl 1997, 856.
[54] Vgl. *BVerfG* NVwZ 2002, 802; NJW 1997, 2310; DVBl 1992, 1215.
[55] Vgl. *OVG Münster* NWVBl 2006, 193 zur Anhörung nach § 31. Abs. 1 StVZO vor Anordnung einer Fahrtenbuchauflage.
[56] *BGH* DVBl 1992, 1290; *OVG Berlin* NVwZ 1996, 926.
[57] *VGH München* BayVBl 2005, 310.
[58] Vgl. *Weyreuther,* Sendler-Festschrift, 1991, 183, 186: Humanisierung des Verfahrens.
[59] Dazu *Rüssel* NVwZ 2006, 523; *Lindner* BayVBl 2005, 65; *Schneider* LKV 2004, 207; *Fehrenbach/Borgards* ZAR 2003, 236 m. w. N. S. zur Rechtslage in NRW: *Kamp* NWVBl 2008, 41.
[60] *BVerwG* NJW 1996, 2113; NVwZ-RR 1998, 90.

Hinblick auf die speziellen Rechtswirkungen des PlfBeschlusses nach § 75 (Näheres zu §§ 72 ff.) berücksichtigt. Für den Träger des Vorhabens als Beteiligter i. S. von § 13 bleiben die Rechte aus § 28 unberührt. § 12 BBodSchG verpflichtet den Sanierungspflichtigen dazu, Betroffene über geplante Sanierungsmaßnahmen zu informieren (**Betroffeneninformation**). Damit wird die Anhörung faktisch vorverlagert bzw. privatisiert, wie dies bereits im umweltrechtlichen Genehmigungsverfahren erprobt ist, wo insbesondere die Sachverhaltsermittlung und -feststellung weitgehend auf den Antragsteller verlagert und die Amtsermittlung zu einer „nachvollziehenden" reduziert wird (s. § 24 Rn. 50).[61] Die Betroffeneninformation lässt die Anwendbarkeit des § 28 unberührt, da es sich bei § 12 BBodSchG – anders als bei § 73 Abs. 4 Satz 1 VwVfG[62] und § 3 Abs. 2 VerkPBG[63] – im Vergleich zu § 28 nicht um ein spezielleres Verfahren der Beteiligtenanhörung handelt. Die Betroffeneninformation kann jedoch dazu führen, dass eine Anhörung im Sinne des § 28 Abs. 2 „im Einzelfall" nicht geboten ist.[64] Der Auskunftsanspruch gem. § 32 Abs. 3 VermG ist ein besonders ausgestaltetes Anhörungsrecht des jeweiligen Antragstellers (s. Rn. 7).[65]

19   Die **Hinzuziehung zum Verfahren nach § 13** Abs. 1 Nr. 4, Abs. 2 ermöglicht die Berücksichtigung rechtlicher Interessen **Dritter** und dient funktional (auch) der Gewährung **rechtlichen Gehörs,** soweit deren rechtliche Interessen durch den Ausgang des Verfahrens berührt werden können oder der Ausgang des Verfahrens rechtsgestaltende Wirkung für einen Dritten hat (hierzu noch Rn. 30). Der Anspruch auf rechtliches Gehör steht nämlich jedem zu, der durch die beabsichtigte Maßnahme unmittelbar in seinen Rechten beeinträchtigt wird (s. Rn. 1).[66] Besondere Bedeutung kommt der **Nachbarinformation** im Rahmen der Anzeige- und Freistellungsverfahren[67] zu.[68] Weder § 28 noch § 13 begründen ein vom materiellen Recht völlig unabhängiges Recht auf Anhörung oder auf Verfahrensteilhabe; sie setzen vielmehr eine spezialgesetzlich begründete materiellrechtliche Befugnis voraus, deren Schutz durch diese Normen verfahrensrechtlich abgesichert werden soll.[69] § 13 und § 28 begründen für Nichtbeteiligte eines VwVf **kein** vom materiellen Recht unabhängiges **selbständiges Recht auf Verfahrensteilhabe,** sondern setzen dafür eine solche spezialgesetzlich begründete Rechtsposition voraus.[70]

20   **Mitwirkungsrechte** für nicht am Verfahren beteiligte (private) **Dritte** oder sonstige Behörden können etwa sein die Zustimmung, Genehmigung, die Erteilung oder Versagung des **Einvernehmens** oder **Benehmens** sowie die gesetzliche Möglichkeit zur Abgabe oder Einholung einer gutachtlichen Stellungnahme. In einer Verletzung solcher Verfahrensrechte (für Dritte) kann unter Umständen eine Verkürzung zugleich auch das Anhörungsrechts des Beteiligten liegen, wenn durch die Verfahrensrechte gerade die Möglichkeit eingeräumt werden sollte, dem Beteiligten Kenntnis von bestimmten Tatsachen i. S. des Abs. 1 zu geben (sog. **substantielle Anhörung**).[71] Dazu kann nach den Umständen des Einzelfalls ferner die unterlassene Hinzuziehung Dritter, die Übergehung eines Bevollmächtigten, sofern dieser zwingend einzuschalten oder zu informieren war (hierzu § 14), das Absehen von der Zuziehung eines Dolmetschers (§ 23), eine Ortsbesichtigung durch den Sachverständigen ohne im Einzelfall gebotene Beteiligtenöffentlichkeit[72] oder eine absolut unzureichende Sachaufklärung gehören. Ob solche Verfahrensverletzungen im Ergebnis relevant sind, bemisst sich nach §§ 24 ff., 45, 46.

21   c) **Allgemeine verfahrensunabhängige Auskunfts- und Informationsansprüche.** Die Informationsfreiheitsgesetze des Bundes und der Länder sowie das UIG geben nicht an ein Ver-

---

[61] *Fluck* NVwZ 2001, 9 zu § 12 BBodSchG. S. ferner *BVerfG* NJW 1998, 2346 (2348).
[62] *BVerwG* NVwZ-RR 1998, 90.
[63] *BVerwG* NJW 1996, 2113.
[64] So auch *Fluck* NVwZ 2001, 9. Im Ergebnis ebenso *Bickel*, BBodSchG, 1999, § 12 Rn. 7.
[65] *VG Dresden* 28. 1. 1993 – I K 341/91 – RGV G 36.
[66] *BVerfGE* 7, 95; 21, 132, 137; 89, 381, 390; zur Anhörung Dritter im Normenkontrollverfahren *Bracher* DVBl 2000, 165, 167 m. w. N.
[67] Dazu *Schmitz* NVwZ 2000, 1238.
[68] Siehe dazu im Einzelnen *Schleyer* BayVBl 1998, 97; *Löffelbein*, Genehmigungsfreies Bauen und Nachbarrechtsschutz, Frankfurt 2000, 103 ff.
[69] *BVerwGE* 64, 325 (331 f.); 92, 258 (261, 263); *BVerwGE* 105, 6 = NVwZ 1998, 281.
[70] Vgl. *BVerwG* NVwZ 2003, 354.
[71] *BVerwGE* 105, 348 = NVwZ 1998, 395 zu § 29 Abs. 1 Satz 1 BNatSchG.
[72] Vgl. zum gerichtlichen Verfahren *BVerwG* NJW 2006, 2058.

waltungsverfahren oder eine Beteiligtenstellung gebundene und kein besonderes persönliches oder rechtliches Interesse erfordernde Ansprüche auf Auskunft und Einsicht betreffend Unterlagen der öffentlichen Verwaltung bzw. Umweltdaten (s. hierzu § 29 Rn. 20 ff.). Diese weitergehenden Informationszugangsrechte lassen die spezielleren Anhörungsrechte und -pflichten nach § 28 unberührt. Nach § 8 Abs. 1 IFG Bund gibt die Behörde einem Dritten, dessen Belange durch den Informationszugang berührt sind, schriftlich Gelegenheit zur Stellungnahme.[73] Will die Behörde im Rahmen eines Antrags nach § 4 Abs. 1 UIG Informationen bekanntgeben, die personenbezogene Daten offenbaren, Urheberrechte verletzen oder Betriebs- oder Geschäftsgeheimnisse zugänglich machen würden, so muss sie den Betroffenen **anhören** (§ 9 Abs. 1 Satz 3 UIG).[74] Diese spezielle Regelung geht dem § 28 Abs. 2 vor.[75]

Zu **Umfang, Form und Zeitpunkt der Anhörung** vgl. Rn. 34 ff., zu den Ausnahmen von der Anhörung nach Abs. 2 vgl. Rn. 46 ff., zur Anhörung Drittbetroffener vgl. Rn. 30 ff., zu den verfahrensrechtlichen Folgen einer unterlassenen oder nachgeholten Anhörung vgl. Rn. 68 ff. Anhörungsfehler können auch **Schadensersatzansprüche,** etwa nach § 839 BGB i.V.m. Art. 34 GG, begründen.[76]

4. Strukturveränderungen durch §§ 45 Abs. 2, 46

Der hohe rechtliche **Stellenwert** der Anhörung im VwVf (hierzu Rn. 1 ff.) ist durch die erweiterte Heilungsmöglichkeit einer erforderlichen, aber unterlassenen Anhörung nach Maßgabe der nunmehr geltenden Fassung der §§ 45 Abs. 2, 46 bis zum Abschluss eines Verwaltungsprozesses rechtlich und faktisch **minimiert.** Zwar bestehen die Rechts*pflichten* zur Anhörung unverändert fort; die Rechts*folgen* einer Verletzung dieser Rechtspflicht werden aber durch die erweiterten Nachholungsmöglichkeiten nunmehr bis zum Abschluss der letzten Tatsacheninstanz eines verwaltungsgerichtlichen Verfahrens deutlich relativiert.[77] Dies **entwertet** die Anhörung und wirft grundsätzliche Fragen nach der Bedeutung der Ordnungs- und Schutzfunktion von Verfahrensrecht insgesamt auf.[78] Zwar werden § 45 Abs. 1 Nr. 3, § 46 wegen der weiten Gestaltungsbefugnis des Gesetzgebers im Verwaltungsverfahrensrecht insgesamt wohl nicht als verfassungswidrig angesehen werden können; sie müssen aber jedenfalls in grundrechtsrelevanten Verfahren und bei einem infolge einer unterlassenen Anhörung erfolgten Grundrechtseingriff **verfassungskonform ausgelegt und angewendet** werden (Näheres Rn. 66 ff.; ferner §§ 45, 46 m.w.N., zur Vereinbarkeit mit Gemeinschaftsrecht vgl. Rn. 74 ff.).

II. Anhörungspflicht (Abs. 1)

1. Eingreifender VA (Abs. 1)

a) **VA; andere Maßnahmen.** § 28 sieht eine Rechtspflicht zur Anhörung (zu den Ausnahmen nach Abs. 2 und 3 vgl. Rn. 46 ff.) **vor Erlass eines VA** nur für diejenigen VA vor, die in Rechte eines Beteiligten **eingreifen.** Der Begriff ist enger als der in § 49 umschriebene Begriff des belastenden VA (ferner Rn. 28; § 49 Rn. 7). Zur Anordnung der sofortigen Vollziehung gem. § 80 Abs. 2 Nr. 4 VwGO s. Rn. 11. Zur Erforderlichkeit einer Anhörung vor einer **Aufrechnung** und zur Sonderregelung des § 24 Abs. 2 Nr. 7 SGB X s. § 35 Rn. 67 a ff. Die Anhörungspflicht entsteht regelmäßig erst für die das Verfahren **abschließende Entscheidung,** die

---

[73] S. insbesondere zum Schutz von Betriebs- und Geschäftsgeheimnissen im Informationsfreiheitsrecht *Guckelberger* VerwArch 62 (2006), 62, 83; *Tyczewski/Elgeti,* NWVBl 2006, 281; *Raabe/Helle-Meyer* NVwZ 2004, 641, 646; *Schmitz/Jastrow* NVwZ 2005, 984, 993; *Kloepfer/v. Lewinski* DVBl 2005, 1277, 1283; *Mernsching* VR 2006, 1, 6; *Sieberg/Ploeckl* DB 2005, 2062. Ferner *VG Düsseldorf* 9. 7. 2004 – 26 K 4163/03 –; *VG Minden* 18. 8. 2004 – 3 K 4613/03 –; *VG Berlin* 24. 8. 2004 – 23 A 1.04 –.
[74] Zum Geheimnisschutz im Umweltinformationsrecht s. *OVG Schleswig* NVwZ 2006, 847; *OVG Münster* NuR 2004; *VG Köln* NuR 2005, 665; *Fluck* DVBl 2006, 1406, 1410; *ders./Wintterle* VerwArch 94 (2003), 437, 452; *Erichsen* in FS *Hoppe,* 2000, 927, 939. Zum Schutz der Vertraulichkeit von Beratungen s. *OVG Schleswig* NVwZ 1999, 670; NVwZ 2000, 341.
[75] Vgl. *Theuer* NVwZ 1996, 331.
[76] Vgl. *BAG* NZA 1986, 227; 1989, 716; NJW 1990, 1933; *BGH* DVBl 1992, 1292; *OLG Brandenburg* ZOV 2002, 229 zur unterbliebenen Anhörung Dritter im Investitionsverfahren.
[77] So rechtfertigt nach *OVG Hamburg* NVwZ-RR 2007, 364 ein Anhörungsmangel wegen der Heilungsmöglichkeit allein keine Aussetzung der Vollziehung nach § 80 Abs. 5 VwGO.
[78] Hierzu kritisch *Bracher* DVBl 1997, 534; *Redeker* NVwZ 1997, 625; Näheres bei §§ 45, 46.

mit unmittelbarer Rechtswirkung in die Rechtsstellung des Beteiligten eingreift; **vorbereitende Maßnahmen** – etwa die Einholung von Sachverständigengutachten oder sachverständiger Stellungnahmen anderer Fachbehörden – lösen die Anhörungspflicht grundsätzlich noch nicht aus.[79] Spezialgesetzliche Regelungen über die Anhörung schon bei **Vorbereitungshandlungen** bleiben unberührt. Dies gilt vor allem für solche Maßnahmen ohne VA-Qualität, die die inhaltliche Entscheidung des VA erst vorbereiten sollen, aber bereits selbst Außenwirkung haben und mit unmittelbar wirkenden **Grundrechts(-Eingriffen)** verbunden sind. Eine Anhörungspflicht vor solchen Maßnahmen kann sich hierfür aus der Grundrechtsrelevanz des VwVf ergeben. Die **Beweislast** für die erfolgte Anhörung, die an keine bestimmte Form gebunden ist und grds. auch mündlich erfolgen kann (Rn. 46),[80] liegt bei der verfahrensführenden Behörde; es empfiehlt sich daher, Vorsorge für den **Nachweis** der Gelegenheit zur Anhörung zu treffen.[81] Ein Aktenvermerk über eine mündliche Anhörung erfordert eine hinreichende Dokumentation des Ablaufs des Gesprächs.[82] Nichterweislichkeit geht zu Lasten der Behörde. Sind **mehrere Beteiligte** anzuhören, kann dies grundsätzlich gleichzeitig, muss also nicht nacheinander geschehen.[83] Die Anfertigung einer **Niederschrift** über die Anhörung ist möglich, von § 28 aber nicht gefordert, sofern nicht eine spezielle Rechtsvorschrift besteht.[84] Wird über die Anhörung eine Niederschrift gefertigt, so muss sie nicht den Formerfordernissen genügen, die für das gerichtliche Verfahren vorgesehen sind. Diese sind nämlich nicht auf das VwVf übertragbar.[85] S. hierzu auch § 1 Rn. 45.

25 Voraussetzung für die Anwendung des § 28 ist, dass die von der federführenden Behörde beabsichtigte (Einzel-)Maßnahme sich **objektiv als VA** i. S. von § 35 darstellt, wobei die Art des VA – etwa als rechtsgestaltender, feststellender oder beurkundender – insoweit unerheblich ist, sofern in ihm ein Eingriff in Rechte eines Beteiligten liegt. Auch eine **Allgemeinverfügung** i. S. von § 35 Satz 2,[86] wie z. B. die Eintragung in die Denkmalliste nach den Denkmalschutzgesetzen, gehört dazu.[87] Abs. 1 löst die Anhörungspflicht aus, wenn die federführende und zuständige Behörde aus **ex-ante-Sicht** einen (eingreifenden) VA erlassen will. Hält sie eine Änderung ihrer Absicht im Verlauf des Verfahrens für möglich, weil sie auch den Abschluss eines ör Vertrags in Betracht zieht oder unter Umständen auf einen VA verzichten will, ändert das nichts an der Anhörungspflicht. Eine unmittelbare Rechtspflicht zur Anhörung für **andere Einzelfallmaßnahmen** mit unmittelbarer Außenwirkung ohne VA-Qualität, etwa für **Realakte** oder sonstiges schlichtes Verwaltungshandeln, ergibt sich nach dem Wortlaut des § 28 nicht. Insoweit ist § 28 als Ausdruck rechtsstaatlichen Verfahrens und zugleich eines allgemeinen Rechtsgrundsatzes jedenfalls dann (entsprechend) anwendbar, wenn eine dem VwVf entsprechende Entscheidungssituation besteht, die beabsichtigte Maßnahme wie ein VA unmittelbar in Grundrechtspositionen eines Rechtssubjekts einzugreifen droht und vergleichbare Wirkungen hätte, sofern spezielle Rechtsvorschriften fehlen.[88] Liegen diese Voraussetzungen einer entsprechenden Anwendung des § 28 nicht vor, kann ein Anspruch auf Verfahrensteilhabe aber unmittelbar aus Verfassungsrecht bestehen, etwa bei staatlichem Informationshandeln[89] oder sich aus spezialgesetzlichen Vorgaben ergeben. So kann bei dienstrechtlichen Maßnahmen, die keine Verwaltungsakte sind, der Dienstherr, auch wenn § 28 nicht eingreift, auf Grund des in der Regelung Ausdruck findenden allgemeinen Rechtsgedankens sowie der Fürsorgepflicht zur Anhörung verpflichtet sein.[90]

---

[79] BVerwGE 34, 248; BVerwG vom 15. 12. 1989 Buchholz 316 § 28 VwVfG Nr. 14, zu § 15 Abs. 2 Satz 1 StVZO = Buchholz 442. 10 § 4 Nr. 87; OVG Koblenz RdL 1998, 38 = NuR 1998, 209.
[80] Vgl. *VG Gießen* NZWehrR 2001, 129, 130; *VG Berlin* NJW 2002, 1063.
[81] Vgl. *BVerwG* 25. 4. 2005 – 1 C 6/04 – Buchholz 310 § 130a VwGO Nr. 72; *BSG* NJW 2001, 237.
[82] So *VG Chemnitz* LKV 2007, 44.
[83] *BayObLG* DVBl 1991, 452 Nr. 14.
[84] *BVerwG* vom 1. 7. 1993 – 5 B 73.93 –, Buchholz 436.6 § 17 SchwG Nr. 3.
[85] Vgl. *OVG Münster* NVwZ 2000, Beil. Nr. 7 S. 83 = AuAS 2000, 125 zu § 25 Abs. 7 AsylVfG.
[86] S. hierzu § 35 Rn. 200 ff.
[87] *OVG Münster* vom 5. 3. 1992 – 10 A 1748/86 –; NVwZ-RR 1995, 314.
[88] So auch *Kopp/Ramsauer*, § 28 Rn. 4. S. zur Anhörung vor schlichthoheitlichen Verwaltungseingriffen *Hochhuth* NVwZ 2003, 30; *VGH Kassel* NVwZ 2003, 1000 m. w. N.
[89] Vgl. *VGH München* NVwZ 2003, 998; ferner *BVerwG* NJW 2003, 2696 zu verfassungsunmittelbaren Informations- und Auskunftsansprüchen eines Neubewerbers im Linienverkehrs-Genehmigungsverfahren.
[90] *BVerfGE* 8, 332, 336; *BVerwG* DVBl 1968, 430, 431; *OVG Weimar* ZBR 1997, 199 zur unterbliebenen, aber nachholbaren Anhörung im Fall einer Umsetzung.

b) Eingreifender/belastender VA. Ein **Eingriff** in die Rechte eines Beteiligten liegt vor, 26
wenn die bisherige im Bestand der Rechtssphäre des Beteiligten bereits vorhandene, also schon
konkretisierte Rechtsstellung des Beteiligten durch den Erlass des beabsichtigten VA zu seinem
Nachteil verändert wird, ihm eine rechtliche Verpflichtung auferlegt, insbesondere ein Tun oder
Unterlassen gefordert wird, m. a. W. wenn sein **status quo** in einen **status quo minus** verwandelt wird.[91] Ein Eingriff liegt insbesondere vor, wenn durch den VA ein früherer, den Beteiligten begünstigender VA für **nichtig erklärt, zurückgenommen, widerrufen** oder sonst zum Nachteil des Beteiligten verändert wird.[92] Auch die nachträgliche **Einschränkung** einer Erlaubnis kann einen Eingriff bedeuten.[93] Zur Verböserung im Widerspruchsverfahren, siehe § 71 VwGO (dazu Rn. 41, 77).[94] Die Hinzufügung von **Nebenbestimmungen** zu einem begünstigenden VA (etwa Auflagen in einer Baugenehmigung) kann gleichfalls die Anhörungspflicht nach Abs. 1 auslösen, wenn gerade darin ein Eingriff liegt (vgl. noch Rn. 30, 34 ff.).

In der **Literatur** wird weitgehend angenommen, dass über den Wortlaut des § 28 Abs. 1 hinaus bei sämtlichen **belastenden,** einen Antrag **ablehnenden** oder **sonst beschwerenden VA** 27
eine Anhörung notwendig sei.[95] Dies wird aus einer unmittelbaren Anwendung des Art. 103
Abs. 1 GG (siehe dazu aber Rn. 28), aus dem Prinzip des rechtsstaatlichen Verfahren und/oder
einer erweiternden Interpretation des § 28 abgeleitet, findet im geltenden Recht aber keine
Stütze. Indem auch die Ablehnung eines Antrages auf Erlass eines begünstigenden VA als Eingriff verstanden wird, erfolgt eine **Gleichsetzung von „belastenden" mit „eingreifenden"
VA,** durch die jedoch die bewusste Differenzierung des VwVfG (vgl. Rn. 28) aufgehoben wird:
§ 28 gilt nach seinem Sinngehalt grundsätzlich nur für solche beschwerenden VA, mit denen die
Behörde in die Rechtssphäre des Bürgers eingreift und gegen die ihm die **Anfechtungsklage**
zusteht; muss er hingegen seine Rechte durch Verpflichtungs- oder sonstige **Leistungsklage**
geltend machen, hat er regelmäßig bei der Antragstellung bereits hinreichend Gelegenheit, alle
für die Entscheidung erheblichen Tatsachen vorzutragen, so dass eine nochmalige Anhörung vor
der Ablehnung nicht geboten ist.[96] Deshalb verdient die am Wortlaut des Abs. 1 orientierte
Rechtsprechung des BVerwG Zustimmung. Daher löst ein schlicht ablehnender VA, durch den
ein (erstmals) mit einem Antrag geltend gemachter Anspruch auf Erlass eines begünstigenden
VA verneint wird und der Antrag zugleich dadurch den bereits vorhandenen rechtlichen status
quo in einen status quo minus verwandelt und damit in Rechte eines Beteiligten eingreift, sofern keine bisher bereits **konkretisierte Rechtsposition** vorhanden war, keine Verpflichtung
zur Anhörung vor Erlass dieses VA aus.[97] Das wird jedenfalls in denjenigen Fällen anzunehmen
sein, in denen eine abstrakte Norm erst durch einen begünstigenden VA **konstitutiv** wirkt.
Insbesondere vor der Ablehnung einer erstmals beantragten (Geld-)Leistung gebietet Abs. 1
daher keine Anhörung (vgl. Rn. 29). Etwas anderes wird kann nur dort angenommen werden,
wo die beantragte Leistung nur die deklaratorische Bestätigung einer gesetzlich bereits bestehenden Rechtsposition der Statusfeststellung darstellt, so dass in der **Ablehnung zugleich die
Minimierung bestehender Rechte** liegen kann.[98]

Diese am Wortlaut des Abs. 1 orientierte Auslegung ergibt sich auch aus der **Entstehungs-** 28
geschichte des § 28: Der im Musterentwurf vorgesehene, im Entwurf 70 weggefallene Absatz 1 Satz 2 sah einen Anspruch auf Anhörung auch dann vor, „wenn ein Antrag abgelehnt
wird, der den Erlass eines Verwaltungsaktes zum Gegenstand hat." Dieser Satz, an den Abs. 2
Nr. 3 anknüpft, wurde in den RegE 1970 und 1973 bewusst weggelassen und auch in der par-

---

[91] So Begr. zu § 24 E 73, ebenso *BVerwGE* 66, 184 (186); 68, 267 (270) = DVBl 1983, 271.
[92] *BVerwGE* 66, 184 (186); 68, 267 (270).
[93] *OVG Münster* InfAuslR 1983, 207.
[94] Zur Anhörung im Widerspruchsverfahren s. *VGH München* ZfBR 2004, 77; *VGH Mannheim* NVwZ-RR 2002, 3.
[95] Vgl. etwa *Götz* NJW 1976, 1427; *Laubinger* VerwArch 1984, 55; *Meyer/Borgs,* § 28 Rn. 9; *Kopp/Ramsauer,* § 28 Rn. 26 ff.; *Ule/Laubinger,* § 24 Rn. 2; *Ehlers* Jura 1996, 617; a. A. BFHE 206, 488; *BVerwGE* 66, 184, 186 = NJW 1983, 2044; *BVerwGE* 68, 267, 270; *Clausen* in Knack, § 28 Rn. 5 f.; *Stein* VR 1997, 238.
[96] *BVerwGE* 66, 184, 186 = NJW 1983, 2044; *BVerwGE* 68, 267, 270.
[97] Begr. zu § 24 Abs. 1 RegE 1973, S. 51; *BVerwGE* 66, 184, 186 = NJW 1983, 2044; *BVerwGE* 68, 267, 270.
[98] Weitergehend *Ehlers* in Erichsen (Hrsg.), Allgemeines Verwaltungsrecht, 10. Aufl., § 1 Rn. 34; *ders.* Jura 1996, 617 (519) – unter problematischem Rückschluss aus § 28 Abs. 2 Nr. 3 – für eine Anhörungspflicht auch bei erstmaligen Ablehnungen in der Leistungsverwaltung.

lamentarischen Beratung des § 28 nicht wieder aufgegriffen, ohne dass dies bei Abs. 2 Nr. 3 berücksichtigt wurde. Die Ablehnung des Antrags, durch den erstmals eine Rechtsposition gewährt werden soll, stellt danach regelmäßig keinen Eingriff i. S. des Abs. 1 in bereits bestehende Rechte dar.[99] Durch die rechtswidrige Ablehnung wird dem Beteiligten **nichts genommen,** was bisher bereits zu seinem Rechtsbestand gehörte, sondern etwas **vorenthalten,** was erst durch den Bewilligungsakt zur rechtlich verfestigten Rechtsposition gehört haben würde, denn in aller Regel bedarf auch die (abstrakte) normative Begünstigung eines konkretisierenden Umsetzungsaktes, durch den erst mit **konstitutiver Wirkung** Rechte im Einzelfall entstehen. Entsprechendes gilt auch für eine im **Ermessen** der Behörde stehende Leistung oder einen sonstigen belastenden VA.

29   Nur soweit in der bloßen Ablehnung eines Antrages bereits ein **unmittelbarer Rechtsentzug** liegt, entsteht die Anhörungspflicht in vollem Umfange. Die bloße Möglichkeit des Vorhandenseins einer nachträglich erst in einem Verwaltungsprozess zuerkannten, den Beteiligten begünstigenden Rechtsposition reicht nicht aus,[100] weil dann lediglich behauptete Rechte von vornherein wie objektiv bestehende behandelt werden müssten.[101]

2. Rechte eines Beteiligten, Drittbetroffene

30   Der VA muss in die Rechte eines **Beteiligten** eingreifen.[102] Wie sich aus der Funktion der Anhörung und ihrer Positionierung vor Erlass des VA ergibt, ist entgegen dem zu engen Wortlaut des Abs. 1 Satz 1 auf die Möglichkeit des Eingriffs abzustellen.[103] Der Eingriff (hierzu Rn. 26 ff.) in ein **Recht** ist in diesem Sinne möglich, wenn eine durch eine Rechtsnorm begründete Rechtsposition faktisch bereits, etwa durch einen **begünstigenden Bescheid,** realisiert worden ist; auf die Bestands- oder Rechtskraft kommt es insoweit nicht an.[104] Unerheblich ist insoweit auch, ob ein solcher begünstigender Akt auf Grund einer **zwingenden Norm,** im **Ermessenswege** oder im Rahmen sog. gesetzesfreier Verwaltung erlassen wurde, ebenso ob durch ihn eine Rechtsposition des öffentlichen oder privaten Rechts begründet wurde[105] sowie ob der Akt konstitutiver oder deklaratorischer Natur war. Nur ein **unmittelbar auf Grund Gesetzes** ohne weiteren Vollzugsakt bestehendes Recht fällt unter § 28 und kann in seinem bisherigen Bestand geschmälert werden und damit eine Anhörung nach Abs. 1 erforderlich machen.[106] Bei **VA mit Doppelwirkung,** die ein Recht eines Beteiligten begründet haben, entsteht ihnen gegenüber eine Anhörungspflicht, soweit in die insoweit begünstigende Rechtsposition minimierend eingegriffen werden soll. Die Beeinträchtigung allein von wirtschaftlichen, persönlichen, ideellen oder sonstigen Interessen oder Belangen – die nicht zugleich auch durch Rechtsnorm geschützt sind – reicht dafür nicht aus. Das formelle subjektiv-öffentliche, auf Null geschrumpfte Recht auf fehlerfreien Ermessensgebrauch gehört ebenfalls zu einem Recht, in das eingegriffen werden kann.[107]

31   Anspruch auf Anhörung hat nicht nur der, der zur Einleitung des VwVf (z. B. als Antragsteller) Anlass gegeben hat, sondern **jeder Beteiligte** im Sinne des § 13. Die Anhörung von **Einwendern** im PlfV, die nicht zugleich Beteiligte im Sinne des § 13 sind, bestimmt sich somit nicht nach § 28, sondern ausschließlich nach § 73.[108]

32   Erst mit der **Hinzuziehung,** die auch konkludent erfolgen kann, entsteht der Anspruch auf Anhörung.[109] Ein **Drittbetroffener** muss daher seine Beiziehung zunächst nach § 13 geltend

---

[99] BVerwGE 66, 184, 186 = NJW 1983, 2044; BVerwGE 68, 267, 270.
[100] BVerwGE 66, 184, 186 = NJW 1983, 2044; BVerwGE 68, 267, 270; a. A. *Kopp/Ramsauer,* § 28 Rn. 26; *Laubinger* VerwArch 1984, 55.
[101] BVerwGE 66, 184, 186 = NJW 1983, 2044; BVerwGE 68, 267, 270; BSozG SozR 1200 § 34 SGB I Nr. 8; *Clausen* in Knack, § 28 Rn. 5 f.; *Nehls* NVwZ 1982, 494.
[102] Vgl. BVerwG NVwZ 2003, 354, 356.
[103] So auch *Kopp/Ramsauer,* § 28 Rn. 28.
[104] Vgl. § 71 VwGO; dazu Rn. 41, 77. Zur Anhörung im Widerspruchsverfahren s. *VGH München* ZfBR 2004, 77; *VGH Mannheim* NVwZ-RR 2002, 3.
[105] S. OLG Brandenburg ZOV 2002, 229 zur Beteiligung Dritter im Investitionsverfahren.
[106] *Ule/Laubinger,* § 24 Rn. 2; *Ehlers* Jura 1996, 617 (619).
[107] Ebenso *Götz* NJW 1976, 1421 (1427).
[108] BVerwG NJW 1996, 2113; UPR 1997, 320.
[109] Hierzu *Horn* DÖV 1987, 20; zur Verfahrensbeteiligung als Grundrechtssicherung Rn. 5, zu § 13 Abs. 2 vgl. *Raeschke-Kessler/Eilers* NVwZ 1988, 37.

machen (näheres dort). Wird ein Dritter rechtswidrig nicht beteiligt, obwohl er nach § 13 hätte beteiligt werden müssen, kann die Entscheidung verfahrensfehlerhaft und rechtswidrig sein; die Rechtsfolgen richten sich in diesem Fall nach §§ 44 ff., 50 und § 44 a VwGO i. d. F. des § 97 Abs. 1 Nr. 2 (Näheres dort). Auch Amtshaftungsansprüche kommen in Betracht.[110] Wer geltend macht, durch eine gegenüber einem Dritten zu erlassende und ihm bekanntgegebene Entscheidung in seinen Rechten verletzt zu sein, kann jedenfalls nach Ablauf der Fristen der §§ 70, 58 Abs. 1 VwGO seine Anhörung und Beiziehung nicht mehr verlangen, wenn er vorher Kenntnis von der Maßnahme der Behörde gegenüber dem Adressaten des VA hatte oder hätte haben können.[111] Gibt eine Rechtsnorm einem Rechtssubjekt ein eigenes **Beteiligungsrecht,** so müssen diesem auch die daraus zustehenden Anhörungsrechte gem. § 28 zustehen.[112] Die **Nichtanhörung** (bei fehlender Nachholung gem. § 45 Abs. 1 Nr. 3 und Abs. 2) ist regelmäßig wesentlicher **Verfahrensfehler,** wenn und soweit die konkrete Möglichkeit bestanden hat, dass sie sich auf das Verfahren und das sachliche Ergebnis ausgewirkt hat (Rn. 69). Sie führt zur Rechtswidrigkeit des VA und ist deshalb im gerichtlichen Verfahren zu berücksichtigen, auch wenn sich der Betroffene nicht darauf berufen hat.[113] Wird nach einer vor Erlass des VA unterbliebenen Anhörung nach § 45 Abs. 3 Wiedereinsetzung in die Rechtsbehelfsfrist beantragt, beginnt der Lauf der Wiedereinsetzungsfrist mit dem Zeitpunkt, ab dem die Nachholung der Anhörung abgeschlossen ist, ohne dass es darauf ankommt, ob der Ursachenzusammenhang zwischen Verfahrensmangel und Fristversäumnis zu diesem Zeitpunkt noch fortbesteht.[114] Näheres bei §§ 45, 46. *BVerwG*[115] bejaht einen absoluten Verfahrensfehler mit automatischer Rechtsfehlerhaftigkeit und Aufhebung der Verwaltungsentscheidung bei Nichtbeteiligung von anerkannten Naturschutzverbänden (in PlfV) gem. § 29 Abs. 1 Nr. 4 BNatSchG.[116]

Hat ein Beteiligter für das Verfahren einen **Bevollmächtigten** bestellt, so ist in der Regel (allein) dieser anzuhören (§ 14 Rn. 21 ff.). Dieser hat kein eigenes Recht, dass die Behörde sich in der Regel an ihn wendet.[117] In **höchstpersönlichen Angelegenheiten** und bei schweren Eingriffen in das Persönlichkeitsrecht des Beteiligten besteht aber regelmäßig eine Rechtspflicht auch zur Anhörung des Beteiligten selbst, soweit er natürliche Einsichtsfähigkeit besitzt.[118] Zur Anhörung bei dienstlichen Beurteilungen vgl. § 90 b BBG, § 56 b BRRG.[119] Bei dienstrechtlichen Maßnahmen, die keine Verwaltungsakte sind, kann der Dienstherr, auch wenn § 28 nicht eingreift, auf Grund des in der Regelung Ausdruck findenden allgemeinen Rechtsgedankens sowie der Fürsorgepflicht zur Anhörung verpflichtet sein (Rn. 25).[120] Die Sonderregelung für die Anhörung vor der Rücknahme einer beamtenrechtlichen Ernennung (§ 13 Abs. 2 Satz 2 BBG) steht der ergänzenden Anwendung der §§ 45, 46 nicht entgegen.[121]

---

[110] S. *OLG Brandenburg* ZOV 2002, 229.
[111] *BVerwGE* 44, 294; *BVerwG* NJW 1988, 839 für den Verlust des Widerspruchsrechts gegen eine Nachbarbaugenehmigung.
[112] *OVG Koblenz* DÖV 1985, 157; *OVG Bremen* NuR 1986, 129; *VGH Kassel* DVBl 1988, 1181; *BVerwG* NVwZ 1988, 527 und NVwZ 1991, 162; hierzu noch § 13 Rn. 35 zu § 29 BNatSchG für Naturschutzverbände. Ferner *VGH Mannheim* NVwZ-RR 2000, 728 zur Anhörung des Beigeladenen im Verwaltungsprozess; *OVG Münster* 12. 2. 1998 – 18 B 286/98 – lässt offen, unter welchen Voraussetzungen die Ausländerbehörde Familienangehörige eines Ausländers, dessen Ausweisung sie beabsichtigt, zu beteiligen und dementsprechend anzuhören hat.
[113] So *BSG* NJW 1992, 2444 zu § 24 SGB X. Nach *OVG Hamburg* NVwZ-RR 2007, 364 soll allerdings ein Anhörungsmangel wegen der Heilungsmöglichkeit allein keine Aussetzung der Vollziehung nach § 80 Abs. 5 VwGO rechtfertigen.
[114] Vgl. *BVerfG* NVwZ 2001, 1392; gegen *BGH* NVwZ 2000, 1326; wie *BVerfG* nunmehr auch *BGH* NVwZ 2002, 509; ferner *Clausen* in *Knack* § 32 Rn. 14 a. Hierzu auch *Rüsken* NVwZ 2002, 428.
[115] *BVerwGE* 87, 62 = NVwZ 1991, 162.
[116] *BVerwGE* 105, 348 = NVwZ 1998, 395 zum Begriff „einschlägige Sachverständigengutachten"; ferner *Dolde* NVwZ 1991, 960; *Harings* NVwZ 1997, 538 (542); vgl. ferner § 13 Rn. 34.
[117] So *VGH Kassel* NVwZ 2000, 207. S. auch zur Zustellung *BVerwGE* 105, 288 = NVwZ 1998, 1292.
[118] Vgl. *BVerfG* NJW 1990, 1104 und 2309; *OVG Lüneburg* NVwZ-RR 1990, 441; *Kopp/Ramsauer*, § 28 Rn. 8.
[119] Hierzu *VG Freiburg*, VBlBW 1993, 153.
[120] *BVerfGE* 8, 332, 336; *BVerwG* DVBl 1968, 430, 431; *OVG Weimar* ZBR 1997, 199 zur unterbliebenen, aber nachholbaren Anhörung im Fall einer Umsetzung.
[121] *OVG Münster* 11. 3. 1998 – 12 A 5987/95 –.

3. Entscheidungserhebliche Tatsachen und Rechtsgrundlagen

34 **a) Tatsachen- und Sachverhaltsfragen:** Dem Beteiligten ist Gelegenheit zu geben, sich zu den für die Entscheidung erheblichen **Tatsachen** zu äußern. **Entscheidungserheblich** sind i. S. des Abs. 1 nur diejenigen Tatsachen, auf die es nach der rechtlichen Einschätzung der entscheidenden Behörde bei Erlass des VA ankommt.[122] Dazu gehören aber auch die Umstände, die für die **Ermessensentscheidung** erheblich sind.[123] In der Anhörungsmitteilung (zu Zeitpunkt und Form vgl. Rn. 41 ff.; 46 ff.) muss deutlich gemacht werden, dass darin die Anhörung i. S. des § 28 Abs. 1 liegt und Gelegenheit zur Äußerung gegeben wird.[124] Die Behörde muss ferner – damit die Anhörung als ordnungsgemäße Anhörung i. S. von § 28 anzusehen ist (Rn. 52) – den beabsichtigten VA nach **Art und Inhalt** mit der geforderten Handlung, Duldung oder Unterlassung so **konkret umschreiben,** dass für den Beteiligten hinreichend klar oder erkennbar ist, weshalb und wozu er sich äußern können soll und mit welcher eingreifenden Entscheidung er zu welchem ungefähren **Zeitpunkt** zu rechnen hat.[125] S. Rn. 16. Bleibt die beabsichtigte Maßnahme bei verständiger Würdigung der Erklärung der Behörde inhaltlich oder gegenständlich unbestimmt oder ändert die Behörde nachträglich (ggfls. auch auf Grund des Vorbringens des Beteiligten nach der Anhörung) den angekündigten VA in wesentlichen Punkten und kann der Inhalt des geänderten VA auch bei verständiger Würdigung der Umstände des Einzelfalls nicht erkannt werden, liegt keine wirksame Anhörung vor; ggfls. ist sie zu wiederholen (Rn. 52).

35 In der Regel muss vor einer Anhörung der aus der Sicht der Behörde[126] entscheidungserhebliche **Sachverhalt** im Wesentlichen nach §§ 24 ff. hinreichend **aufgeklärt** sein. Vor allem bei **Beweiserhebungen** ist eine Anhörung erst dann sinnvoll, wenn sie im Wesentlichen abgeschlossen ist, insbesondere die wesentlichen Sachverständigengutachten vorliegen (sog. **substantielle Anhörung**).[127] Ein (ergänzender) Hinweis auf oder Übersendung der maßgeblichen Unterlagen oder **Akten,** aus denen sich der entscheidungserhebliche Sachverhalt ergibt, ist dann notwendig, wenn ohne solche ergänzenden Mitteilungen nicht klar ist, auf welche Tatsachen es entscheidungserheblich ankommt. Zur Bekanntgabe vertraulicher Mitteilungen vgl. § 24 Rn. 7. Beteiligung bei einer **Ortsbesichtigung** ist daher nicht bereits eine Anhörung i. S. des § 28.[128] Weil die Anhörung auch der Verhinderung von Überraschungsentscheidungen dient (Rn. 2), folgt daraus für die Behörde, dass sie ihrer Entscheidung nur diejenigen wesentlichen Tatsachen und Beweisergebnisse zugrundelegen darf, zu denen die Beteiligten Stellung nehmen konnten.[129] Trägt der angehörte Beteiligte von sich aus **andere und neue Tatsachen** vor, die der Behörde nicht bekannt waren und will sie gerade darauf (nunmehr) abstellen, so ist keine erneute Anhörung notwendig, wenn sich Inhalt und Wesen des angekündigten VA nicht wesentlich ändern (arg. aus Abs. 2 Nr. 3); zum Nachweis der **Kenntnisnahme** solchen Vorbringens Rn. 40. Zur Frage, wann eine **erneute Anhörung** erforderlich ist, s. Rn. 37. Ein Antrag auf Verlängerung der Anhörungsfrist ist vor der Entscheidung zu bescheiden.[130] Zur substantiellen Anhörung ferner Rn. 27.[131]

36 Dass ein Beteiligter **tatsächlich angehört** worden ist und eine schriftliche, mündliche oder konkludente Stellungnahme abgegeben hat, ist nicht erforderlich, solange ihm nur von der Behörde **Gelegenheit** gegeben war, sich zu äußern (zu Zeitpunkt, Form und Frist Rn. 41 ff.; 46 ff.). Eine Rechtspflicht zur Äußerung besteht nicht, es sei denn, es ist spezialgesetzlich etwas anderes geregelt (etwa § 25 AsylVfG). Andererseits ist das Recht zur Äußerung nicht davon abhängig, dass durch die Anhörung voraussichtlich oder möglicherweise neue Tatsachen, Be-

---

[122] Hierzu ferner *BVerwGE* 66, 184 (186 ff.); im Prozess: Auffassung des Gerichts; 68, 267 ff.
[123] *BVerwGE* 66, 184 (186).
[124] Vgl. auch *VGH Kassel* DÖV 1988, 1023.
[125] S. *BVerfG* NVwZ 2003, 850 zur Anhörung einer Kommune vor einer Verwaltungsreform; *BGH* DVBl 1992, 1292; *VG Hannover* ZUM 1997, 410; *OVG Münster* NWVBl 1999, 312; 2000, 223 zur Anhörung vor Erlass einer Ausweisungsverfügung. S. auch *BVerwG* NJW 2000, 1040; NVwZ 1999, 1107 zur Anhörungsmitteilung nach § 130 a VwGO.
[126] *BVerwGE* 68, 267.
[127] *BVerwGE* 105, 348 = NVwZ 1998, 395 zu § 29 Abs. 1 Satz 1 BNatSchG.
[128] *VGH Kassel* NVwZ 1987, 510.
[129] Vgl. *BVerfGE* 17, 95; 18, 150, 404; *OVG Münster* InfAuslR 1983, 244.
[130] *BVerwG* DVBl 1999, 97 zu § 130 a VwGO.
[131] Zum Begriff *BVerwGE* 105, 348 = NVwZ 1998, 395 zu § 29 Abs. 1 Satz 1 BNatSchG.

weisergebnisse oder sonstige Erkenntnisse zutage gefördert werden.[132] Denn die Anhörung hat Informations- und Legitimationsfunktion und soll Gelegenheit zur Darstellung des Sachverhalts auch aus der Sicht des betroffenen Beteiligten geben, ihn ggfls. **ergänzen** oder **korrigieren** und eine Einflussnahme auf Verfahren und Sachentscheidung ermöglichen (Rn. 1, 7).

Ändern sich nach der Anhörung **die Tatsachen** für die Entscheidung **wesentlich**, ist eine erneute Anhörung erforderlich.[133] Zur Notwendigkeit einer **erneuten Anhörung** können die von der Rechtsprechung zur gerichtlichen Anhörungsmitteilung nach §§ 84 Abs. 1 Satz 2, 130 a VwGO entwickelten Grundsätze herangezogen werden.[134] Beispiele: Beweisantrag nach erster Anhörung,[135] es sei denn, dieser ist unsubstantiiert oder liegt neben der Sache;[136] Beiziehung und Verwertung einer Auskunft.[137] Eine erneute Anhörung kann ferner notwendig werden, wenn auf Grund des vom angehörten Beteiligten vorgebrachten Sachverhalts die Behörde die **beabsichtigte Maßnahme** in dem eingreifenden VA gegenüber dem bisher geplanten und angekündigten Inhalt nicht unerheblich **ändert** und wesentlich **verschärft** oder den Wesensgehalt des VA abwandelt.[138] Zur Anhörung von Ausländern oder bei Taubstummen § 23 Rn. 6, 21.[139] 37

b) Rechtsgrundlagen; Rechtsgespräch. Obwohl Abs. 1 nur die Anhörung zu „Tatsachen" ausdrücklich anordnet, bedeutet das wegen der mehrfachen Funktion der Anhörung (Rn. 2) nicht, dass damit die rechtlichen Grundlagen für Sachargumente gänzlich außer Betracht gelassen werden können. Insoweit ist zwischen **Rechtsgrundlagen** und **Rechtsgespräch** zu unterscheiden. Ein Vorschlag des DAV, eine Anhörung „zur Sache", also auch zu Rechtsfragen vorzusehen, ist im Gesetzgebungsverfahren nicht aufgegriffen worden. Desgleichen der Vorschlag des DAV, ausdrücklich eine Anhörung „zu einem etwaigen Beweisergebnis" vorzusehen (vgl. § 28 Rn. 1 ff. der Vorauf.). § 28 gebietet demnach keine Rechtspflicht zu einem Rechtsgespräch. 38

Hieraus wird teilweise gefolgert, dass die Behörde auch nicht verpflichtet ist, auf die Rechtsgrundlagen der beabsichtigten Entscheidung hinzuweisen.[140] Andererseits ist der Behörde eine Darlegung der für den eingreifenden VA maßgeblichen Rechtsgrundlagen zumindest nicht untersagt. Unter rechtsstaatlichen Gesichtspunkten wird man aus den Grundsätzen des **Vorbehalts des Gesetzes** und des **rechtsstaatlichen Verwaltungsverfahrens** (hierzu § 1 Rn. 21 ff.; § 9 Rn. 32 ff.) eine solche – ggfls. pauschale, nicht notwendig exakte und vollständige – Darlegung zumindest für den Regelfall annehmen können, denn für eingreifende VA bedarf es stets einer normativen Rechtsgrundlage, und durch die mit der Anhörung verbundene Ankündigung einer solchen Maßnahme muss sich auch die Behörde vergewissern, dass sie zu dem beabsichtigten VA auch rechtlich befugt ist.[141] Auch im gerichtlichen Verfahren gehört zum rechtlichen Gehör die Darlegung der wesentlichen entscheidungserheblichen Rechtsfragen, nicht zugleich auch die Offenbarung der daraus zu ziehenden Schlussfolgerungen.[142] So müssen in einer Anhörungsmitteilung nach § 130 a VwGO zwar nicht die Gründe für die beabsichtigte Entscheidung in der Sache angegeben werden; der Hinweis darf jedoch nicht lediglich abstrakt und allgemein erfolgen, sondern muss sich auf den konkreten Rechtsstreit beziehen, so dass er den Beteiligten hinreichend Anlass zu einer Stellungnahme gibt. Dabei muss unmissverständlich dargelegt werden, wie das Gericht in der Sache zu entscheiden beabsichtigt.[143] Die Behörde wird daher die Gele- 39

---

[132] So zum rechtlichen Gehör *BVerfG* NJW 1984, 719.
[133] *BVerwG* NJW 1983, 1689 und NJW 1988, 1280.
[134] Siehe hierzu *Kopp/Schenke*, § 84 Rn. 21 ff.; § 130 a Rn. 5; *Seibert* in *Sodan/Ziekow*, § 130 a Rn. 26 ff.; *Meyer-Ludewig/Rudisile* in *Schoch u. a.* § 130 a Rn. 10.
[135] *BVerwG* NVwZ-RR 1999, 537.
[136] *BVerwG* 15. 10. 1998 – 9 B 142/98 –.
[137] *BVerwG* Buchholz 310 § 130 a VwGO Nr. 45.
[138] Vgl. *OVG Münster* vom 23. 2. 1996 – 10 A 1507/92 –.
[139] Zur Beiziehung eines Dolmetschers s. *BVerwG* Inf AuslR 1998, 219; *OVG Münster* NVwZ 2000, Beil. Nr. 7 S. 83 = AuAS 2000, 125; *VG Frankfurt* InfAuslR 1997, 479; zur Erstattungsfähigkeit der Kosten eines zum Mandantengespräch herangezogenen Dolmetschers *VG Regensburg* AuAS 1997, 156.
[140] Vgl. etwa *VGH München* GewArch 1984, 17 (19); vgl. auch *BVerfG* DVBl 1987, 237 und *BVerwG* NJW 1986, 445 zur grundsätzlich nicht bestehenden Pflicht für das Gericht, seine Rechtsauffassung vorab darzulegen.
[141] Vgl. zum Thematisierungs- und Offenlegungsgebot Rn. 2; *OVG Lüneburg* NVwZ 1987, 511.
[142] Vgl. *BVerfGE* 60, 170; 65, 227 (234); 86, 133 (144); *BVerfG* NJW 1996, 3202; *BVerwG* NJW 1985, 740; *Arndt* NJW 1959, 6; *Kopp/Schenke*, § 108 Rn. 21.
[143] *BVerwG* NVwZ 2000, 1040; *Seibert* in *Sodan/Ziekow*, § 130 a Rn. 26 ff. m. w. N.

genheit zur Anhörung zu den entscheidungserheblichen **Tatsachen** in der Regel mit der Mitteilung der nach ihrer Einschätzung[144] maßgeblichen wesentlichen **Rechtsgrundlagen** für den beabsichtigten eingreifenden VA zu verbinden haben.[145] Etwas anderes wird allerdings dann gelten, wenn die rein tatsächlichen Aspekte nach den Umständen des Einzelfalls im Vordergrund stehen oder aber die Rechtsgrundlagen schon vor der förmlichen Anhörung in das Verfahren eingeführt oder evident sind, so dass ihre (erneute) Benennung entbehrlich ist. Andererseits macht eine **unterlassene** oder bei einer ex post-Betrachtung **unzutreffend angegebene Rechtsgrundlage** die Anhörung unter dem Gesichtspunkt des § 28 nicht automatisch und zwangsläufig fehlerhaft, sofern die falsche Rechtsgrundlage dem angekündigten VA nicht eine grundsätzlich andere rechtliche und/oder tatsächliche Bedeutung verleiht.[146] Gibt die Behörde, was die Regel ist, schriftliche Gelegenheit zur Anhörung, wird sie Abschweifungen, Verzögerungen, oder Erweiterungen über den eigentlichen Verfahrensgegenstand hinaus – insbesondere durch die Darlegung von Rechtsauffassungen – nicht verhindern können.[147] Diese Effekte sind aber hinzunehmen. Allerdings bezieht sich der Anspruch auf rechtliches Gehör nur auf entscheidungserhebliches Vorbringen und verpflichtet nicht dazu, Ausführungen zur Kenntnis zu nehmen und zu erörtern, auf die es unter keinem rechtlichen Gesichtspunkt ankommt.[148] Die ordnungsgemäße Anhörung erfordert kein **Anhörungsgespräch;**[149] allerdings kann gerade dadurch je nach Einzelfall eine Befriedungswirkung entstehen und weiterer Streit vermieden werden.[150]

40 Die Behörde genügt ihrer Anhörungspflicht nicht, wenn sie über den Tatsachenvortrag des Beteiligten hinweggeht; sie hat ihn vielmehr bei ihrer Entscheidung zur **Kenntnis zu nehmen** und für die Entscheidung **ernsthaft** (also nicht nur formal) **in Erwägung zu ziehen.**[151] Grundsätzlich ist davon auszugehen, dass die Behörde, auch wenn sie im Ergebnis dem tatsächlichen Vorbringen nicht gefolgt ist – wie die Gerichte – den ihnen unterbreiteten Vortrag zur Kenntnis genommen und in Erwägung gezogen haben.[152] Eine Verletzung des rechtlichen Gehörs ist deshalb grundsätzlich nur dann anzunehmen, wenn sich aus besonderen Umständen und der **Begründung** des eingreifenden VA deutlich ergibt, dass die Behörde dieser Pflicht nicht nachgekommen ist (Rn. 16).[153] Dies kann jedenfalls dann der Fall sein, wenn die Behörde den wesentlichen **Kern neuen Tatsachenvorbringens** insgesamt außer Betracht lässt.[154]

4. Zeitpunkt der Anhörung

41 Die Anhörung muss **vor** Erlass des VA erfolgen (hierzu Rn. 1, 35).[155] Die Behörde genügt ihrer Pflicht nicht, wenn sie erst danach, etwa im Widerspruchsverfahren anhört; hierzu und zur Nachholbarkeit vgl. Rn. 66 ff.; ferner §§ 45, 46. **§ 71 VwGO** regelt nunmehr umfassend und abschließend das Anhörungserfordernis zugunsten nicht nur des erstmalig beschwerten Dritten, sondern jedes Betroffenen vor einer erstmaligen Beschwer durch Aufhebung oder Änderung eines VA im Abhilfe- oder Widerspruchsbescheid (s. hierzu Rn. 77 f.).[156] Die frühere Streitfrage, ob und inwieweit § 28 zu einer Anhörung vor einer Verböserung im Widerspruchsverfahren

---

[144] Vgl. *BVerwG* NJW 1983, 2044.
[145] Vgl. *BVerfG* DVBl 1992, 1215; NJW 1996, 3202 für das gerichtliche Verfahren.
[146] Vgl. *BVerwGE* 64, 356 (358); *BVerwG* NVwZ 1990, 673; *VGH München* GewArch 1984, 17 (19); *Weyreuther* DÖV 1985, 126.
[147] Zur Auslegung einer im Anhörungsverfahren zu einer Ordnungswidrigkeit abgegebenen Stellungnahme als Widerspruch gegen einen zuvor ergangenen Gebührenbescheid OVG Münster 26. 3. 1997 – 23 A 1834/95 –.
[148] So *BVerwG* 15. 10. 1998 – 9 B 142/98 – zu § 130a VwGO.
[149] Zur erforderlichen Dokumentation eines Anhörungsgesprächs durch einen Vermerk über den Gesprächsverlauf s. *VG Chemnitz* LKV 2007, 44.
[150] Vgl. auch *Clausen* in Knack, § 28 Rn. 9; *Meyer/Borgs*, § 28 Rn. 16; *Ule/Laubinger*, § 24 Rn. 4.
[151] Vgl. *BVerfG* NJW 1991, 1283; 1997, 2310; NVwZ-RR 2002, 802; *BVerwGE* 66, 111 (114) = NVwZ 1983, 284; *BVerwG* NVwZ-RR 1991, 337; *VGH Kassel* NVwZ 1987, 510.
[152] *BVerfGE* 27, 248 (252); 54, 53 (46); *OVG Münster* vom 5. 3. 1992 – 10 A 1748/86.
[153] *BVerfG* NVwZ-RR 2002, 802; NJW 1997, 2310; *BVerfGE* 25, 137 (140); 34, 344 (347); *BVerwG*, Beschl. vom 15. 11. 1989 – 9 B 394.89 – für das gerichtliche Verfahren.
[154] Vgl. *BVerfG* DVBl 1992, 1215; ähnlich *OVG Münster* BauR 1989, 317; *Kopp/Ramsauer*, § 28 Rn. 5 unter Übernahme prozessualer Grundsätze für das Behördenverfahren.
[155] Siehe für das gerichtliche Verfahren *VGH Mannheim* NVwZ-RR 2000, 728 mit Nachweis der Rspr. des *BVerfG*.
[156] So auch *Kopp/Schenke*, § 71 Rn. 2.

verpflichtet, ist damit im bejahenden Sinne entschieden.¹⁵⁷ § 71 VwGO gilt – ergänzend zu § 36 Abs. 2 VermG – auch im vermögensrechtlichen Vorverfahren.¹⁵⁸ Zu Nachholungs- und Heilungsmöglichkeiten von Anhörungsfehlern s. Rn. 66 ff., 71 f.

Aber auch vor Erlass des VA muss die Anhörung so terminiert sein, dass der Beteiligte sich **zum gesamten,** aus ex-ante-Sicht der Behörde entscheidungserheblichen **Sachverhalt** äußern kann. Die Anhörung ist daher grundsätzlich erst vor Erlass der **abschließenden Entscheidung** geboten, die unmittelbar beeinträchtigend in die Rechtsposition des Beteiligten eingreift; vorbereitende Maßnahmen wie etwa die Einholung eines Gutachtens, lösen eine gesonderte Anhörungspflicht regelmäßig noch nicht aus (Nachweise bei Rn. 24). Auch muss ihm genügend Zeit bleiben, sich mit der Sache vertraut zu machen und vorbereitende Überlegungen anzustellen.¹⁵⁹ Werden die wesentlichen Fakten erst in einer **Beweisaufnahme,** insbesondere durch **Sachverständigengutachten,** festgestellt, hat die Behörde erst danach die Anhörung durchzuführen und in der Regel auf derartige Ergebnisse hinzuweisen¹⁶⁰ (Grundsatz der **substantiellen Anhörung**).¹⁶¹ **42**

Soll dem Anzuhörenden ein Sachverhalt vorgehalten werden, so kann es geboten sein, ihn möglichst umgehend anzuhören, damit er hierzu möglichst zuverlässig Stellung nehmen und ggfs. Entlastungsgründe vorbringen kann.¹⁶² **43**

Die Frist zur Äußerung muss nach den Umständen des Einzelfalls **angemessen** sein.¹⁶³ Ein Antrag auf Verlängerung der Anhörungsfrist ist vor der Entscheidung zu bescheiden.¹⁶⁴ Eine gesetzliche **Mindestfrist** besteht nicht. Was „angemessen" ist, hängt von den **Umständen des Einzelfalls** ab. Dem Beteiligten muss hinreichende Zeit gewährt werden, damit er sich unter Berücksichtigung des Verhältnismäßigkeitsprinzips sachgerecht äußern kann. Hierbei sind Bedeutung, Umfang und Dringlichkeit der Verwaltungsmaßnahme im öffentlichen Interesse mit dem subjektiven Rechtsschutzinteresse des betroffenen Beteiligten abzuwägen.¹⁶⁵ Unter Umständen kann bereits eine Frist von 2 Tagen (auch ohne Gefahr im Verzug, hierzu Rn. 51) ausreichend sein.¹⁶⁶ Eine Äußerungsfrist zu medizinischen Fragen darf in der Regel zwei Wochen nicht unterschreiten.¹⁶⁷ Ohne Fristsetzung ist in der Regel jedenfalls eine Frist von einem Monat ausreichend und angemessen,¹⁶⁸ wenn nicht eine kürzere Äußerungsfrist nach den Umständen des Einzelfalls ausreicht. Eine generelle Äußerungsfrist von einem Monat besteht nach Abs. 1 nicht. **44**

Fristverlängerungen sind zulässig (§ 31), ebenso die **Wiedereinsetzung** bei unverschuldeter Versäumnis (§ 32). Die Versäumung der Frist ist aber regelmäßig nicht deswegen unverschuldet, weil der Antragsteller vor Fristablauf keine Gelegenheit zur **Akteneinsicht** hatte.¹⁶⁹ Äußerungsfristen und Verlängerungswünsche dürfen aber kein Mittel zur **Verschleppung** oder **Verzögerung** sein. Zur Vermeidung von beiderseitigen Unklarheiten empfiehlt sich eine Fristsetzung oder **Terminsnennung,** bis zu der eine Stellungnahme nach § 28 abgegeben werden soll. **45**

---

¹⁵⁷ So auch *Geis* in Sodan/Ziekow, § 71 Rn. 11; *Dolde/Persch* in Schoch u. a. § 71 Rn. 5 m. w. N.; ferner *VGH München* ZfBR 2004, 77. Siehe aber *VGH Mannheim* NVwZ-RR 2002, 3, wonach eine Anhörung im Fall einer reformatio in peius dann entbehrlich sein soll, wenn der VA unter dem Vorbehalt einer späteren Überprüfung steht. Kritisch hierzu *Schoch* Jura 2003, 752, 758 f.
¹⁵⁸ *BVerwG* NVwZ 1999, 1218.
¹⁵⁹ *OVG Lüneburg* DVBl 1973, 506.
¹⁶⁰ Vgl. *Häußler* BayVBl 1999, 616, 618.
¹⁶¹ Vgl. *BVerwGE* 75, 214 (227) für das PlfV.
¹⁶² Vgl. *OVG Münster* NWVBl 2006, 193 zur verspäteten Anhörung vor Erlass einer Fahrtenbuchauflage nach § 31 a Abs. 1 StVZO.
¹⁶³ *BVerfG* NVwZ 2003, 850 zur Anhörung einer Kommune vor einer Verwaltungsreform; *BVerwG* 20. 4. 1999 – 9 B 97/99 –; NVwZ-RR 1994, 362; *Seibert* in Sodan/Ziekow, § 130 a Rn. 23 m. w. N. Zu den hierbei maßgeblichen Gesichtspunkten s. *Neumann* NVwZ 2000, 1244, 1246.
¹⁶⁴ *BVerwG* DVBl 1999, 97 zu § 130 a VwGO.
¹⁶⁵ *BSG* NJW 1993, 1614; *VGH Kassel* DÖV 1988, 1024.
¹⁶⁶ *VGH München* GewArch 1984, 17 (19).
¹⁶⁷ Vgl. *BSG,* NJW 1993, 1614 zu § 24 SGB X.
¹⁶⁸ Vgl. *VGH Mannheim* NVwZ 1987, 1087 für die Widerspruchsentscheidung.
¹⁶⁹ *BVerwG* NVwZ 1997, 993 zu § 20 Abs. 5 Satz 2 AEG.

5. Form der Anhörung

46 Die Anhörung ist formfrei – insbesondere auch mündlich – möglich (Rn. 24).[170] Zu spezialgesetzlichen Regelungen s. Rn. 9. § 28 erfordert die Anhörung durch die für die Sachentscheidung zuständige Behörde.[171] Es reicht nicht eine Information durch interessierte Beteiligte.[172] Die Betroffeneninformation durch den Sanierungspflichtigen gem. § 12 BBodSchG lässt die Anwendbarkeit des § 28 unberührt, da es sich bei dieser Regelung im Vergleich zu § 28 nicht um ein spezielleres Verfahren der Beteiligtenanhörung handelt. Die Betroffeneninformation kann jedoch dazu führen, dass eine Anhörung durch die Behörde im Sinne des § 28 Abs. 2 „im Einzelfall nicht geboten" ist.[173] Diese genügt in der Regel der Anhörungspflicht, wenn sie dem Beteiligten Gelegenheit gibt, sich **schriftlich** zu äußern.[174] Dies gilt dann nicht, wenn Spezialvorschriften **persönliche Anhörung** vorschreiben, etwa § 67 Abs. 1, § 73 Abs. 6 für förmliche Verfahren bzw. im PlfV; § 25 AsylVfG für den Regelfall mit Ausnahme in Absatz 5.[175] Eine persönliche Anhörung kann auch notwendig sein, wenn für die Behörde erkennbar ist, dass eine schriftliche Äußerung vom Beteiligten nach seinen persönlichen Umständen **objektiv nicht möglich oder unzumutbar** ist, ferner dann, wenn nach den Gegebenheiten der Sachmaterie eine schriftliche Stellungnahme die **Zwecke** der Anhörung ersichtlich nicht erfüllen kann.[176] Erfolgt die Anhörung durch formloses Schreiben, ohne dass daraufhin eine Stellungnahme ergeht, kann die erfolgte Anhörung nicht belegt werden; deshalb ist vor einer Entscheidung die Bestätigung einzuholen, dass das Anhörungsschreiben zugegangen ist.[177] Bei der Wahl der Form der Anhörung ist auch zu berücksichtigen, dass insbesondere ein (Rechts)Gespräch einen **Befriedungseffekt** zeitigen kann. Einen allgemeinen Anspruch, persönlich gehört zu werden, hat der Beteiligte nicht. Das Gesetz knüpft insoweit an die bisherige Rechtsprechung an.[178] Wird über die persönliche Anhörung eine Niederschrift gefertigt, so muss sie nicht den Formerfordernissen genügen, die für das gerichtliche Verfahren vorgesehen sind.[179] Grds. erforderlich ist aber eine hinreichende Dokumentation des Gesprächsverlaufs.[180] Soll die Anhörung durch **Akteneinsicht** (§ 29) erfolgen, muss die Behörde dies für den Beteiligten ausdrücklich klarstellen.[181]

III. Möglichkeit des Absehens von der Anhörung (Abs. 2)

1. Ermessensentscheidung; nicht abschließender Ausnahmekatalog

47 Von der Anhörung kann abgesehen werden, wenn sie nach den **Umständen des Einzelfalles nicht geboten** ist, insbesondere wenn einer der in Nummer 1 bis 5 genannten Fälle vorliegt. Abs. 2 enthält eine mit unbestimmten Rechtsbegriffen gekoppelte Ermessensregelung. Die Beurteilung durch die Behörde unterliegt hinsichtlich der in Abs. 2 enthaltenen unbestimmten Rechtsbegriffe einschließlich des Merkmals „nicht geboten" der vollen gerichtlichen Nachprüfung.[182] Bei dieser Beurteilung ist ein **strenger Maßstab** anzulegen.[183] Sie ist aus einer **„ex-ante"-Sicht** zu treffen.[184] Auch wenn einer der in Nr. 1–5 aufgeführten Fälle vorliegt, hat die

---

[170] *OVG Magdeburg* NVwZ-RR 1997, 287.
[171] *OVG Bautzen* DÖD 1999, 65 = LKV 1998, 280.
[172] *OVG Greifswald* AgrarR 1996, 225 = RdL 1996, 275. Zu einer Entscheidung nach § 61 a LwAnpG.
[173] So auch *Fluck* NVwZ 2001, 9. Im Ergebnis ebenso *Bickel*, BBodSchG, 1999, § 12 Rn. 7.
[174] BVerwGE 20, 160 (166); BVerwG NJW 1983, 1689 zu § 19 Abs. 4 ZDG; zu Anhörungsgespräch und Anhörungsschreiben im Sozialrecht vgl. *Behn* VersorgsB 1987, 87 und SozVers 1987, 253; ferner *Krasney* NVwZ 1986, 337.
[175] Zum früheren Recht vgl. *VGH Kassel* NVwZ 1982, 136.
[176] Ähnlich *Clausen* in Knack, § 28 Rn. 13; *Kopp/Ramsauer*, § 28 Rn. 29; *Ule/Laubinger*, § 24 Rn. 8.
[177] Vgl. BVerwG Buchholz 310 § 130 a VwGO Nr. 72; BSG NVwZ 2001, 237.
[178] Vgl. BVerwGE 20, 160 (166).
[179] Vgl. *OVG Münster* NVwZ 2000, Beil. Nr. 7 S. 83 = AuAS 2000, 125 zu § 25 Abs. 7 AsylVfG.
[180] Vgl. VG Chemnitz LKV 2007, 44.
[181] BVerwG, Urt. vom 15. 12. 1983, Buchholz 316 § 28 VwVfG Nr. 9.
[182] BVerwGE 68, 271; *Meyer/Borgs*, § 28 Rn. 20; *Kopp/Ramsauer*, § 28 Rn. 33; *Weides* JA 1984, 653; a. A. *Obermayer*, § 28 Rn. 57: Beurteilungsspielraum.
[183] So auch BGH NVwZ 2002, 509, 510; *OVG Magdeburg* NVwZ-RR 1997, 287. Hierzu auch *Ehlers* Verwaltung 2004, 255, 262 f.
[184] BVerwGE 68, 271.

Behörde im Einzelfall zu prüfen, ob sie eine Anhörung durchführt; ein Anhörungsverbot besteht nur in den Fällen des Abs. 3 (Rn. 65). Notwendig ist eine typisierende Betrachtung; ein einzelfallunabhängiger **schematischer Verzicht** auf Anhörung aus Beschleunigungsgründen ist von Abs. 2 nicht gedeckt.[185] Es bedarf vielmehr, auch wenn die Voraussetzungen der unbestimmten Rechtsbegriffe in Nr. 1–5 erfüllt sind, einer zusätzliche Abwägung der für und der gegen die Anhörung sprechenden Umstände unter Berücksichtigung des Verhältnismäßigkeitsprinzips und einer entsprechend nachprüfbaren Begründung.[186] Die Anhörungspflicht entfällt auch nicht ohne weiteres deshalb, weil der Beteiligte zu dem Sachverhalt schon in einem anderen VwVf gehört wurde. Auch eine **Befragung zur Sachverhaltsermittlung** oder eine sonstige Beteiligung bei der Auffindung und Zusammenstellung des entscheidungserheblichen Sachverhalts ersetzt nicht die Anhörung,[187] ebenso wenig die Beteiligung bei einer **Ortsbesichtigung**.[188]

48 Die Worte „insbesondere wenn" machen deutlich, dass der **Katalog** der Ausnahmefälle **nicht abschließend** ist. Die Behörde kann, auch wenn kein Fall der Nummern 1 bis 5 vorliegt, zu dem Ergebnis kommen, dass die Anhörung nach den Umständen des **Einzelfalles** nicht geboten ist. Dabei ist allerdings ein strenger Maßstab anzulegen. Ein von der Behörde angegebener Grund, von der Anhörung abzusehen, muss gleichrangig mit den unter Nummer 1 bis 5 genannten Fällen sein. Hierzu werden in der Regel nur solche Fallgestaltungen zu rechnen sein, bei denen **im Interesse des Beteiligten selbst** oder dritter Personen von einer Anhörung abgesehen wird. Auch in diesem Falle bedarf es aber einer **Abwägung** im Einzelfall.[189] Keine Anhörung daher etwa, wenn durch eine Anhörung der Beteiligte selbst oder Dritte in schutzwürdigen Interessen verletzt würden, etwa bei der Offenbarung einer schweren Krankheit des Beteiligten selbst (vgl. die Nachweise bei § 29 Rn. 53 ff.; § 30 Rn. 7 ff.). Kein Absehen von einer Anhörung Minderjähriger hingegen allein deshalb, weil ihre gesetzlichen Vertreter zu den gegen sie selbst gerichteten (ausländerrechtlichen) Maßnahmen nicht anzuhören sind.[190] Eine ordnungsgemäß erfolgte Betroffeneninformation gemäß § 12 BBodSchG (s. dazu Rn. 18, 46) kann z. B. dazu führen, dass eine Anhörung im Sinne des § 28 Abs. 2 „im Einzelfall nicht geboten" ist.[191] Auf **allgemeinkundige Tatsachen** (dazu § 26 Rn. 23) darf eine Entscheidung nur gestützt werden, wenn die Beteiligten auch ohne Hinweis auf die fraglichen Tatsachen hinreichend Gelegenheit hatten, sich hierzu zu äußern.[192]

49 Ein solches Absehen von der Anhörung über die enumerierten Fälle des Abs. 2 hinaus kann in Betracht kommen etwa bei einem **ausdrücklichen Verzicht** des Beteiligten, soweit allein private Rechte geschützt werden sollen (Rn. 14). Für einen solchen Verzicht reicht nicht das allgemein erklärte Einverständnis mit der durch den VA realisierten Maßnahme. Der Verzicht muss vielmehr **vorher** (in der Regel schriftlich), unmissverständlich und mit erkennbarem **Bindungswillen** erklärt sein und sich auf die entscheidungserheblichen Tatsachen in einem konkreten Verfahren und einen **konkreten VA** beziehen.

50 Sieht die Behörde bewusst von einer Anhörung gemäß Abs. 2 ab, so bedarf dies keiner Begründung in einem gesonderten Akt. Aus dem eingreifenden VA muss sich aber mit hinreichender Deutlichkeit ergeben, dass die Behörde sachgerechte **Ermessenserwägungen angestellt** und aus welchen Gründen sie von der Anhörung abgesehen hat.[193]

---

[185] Vgl. *OVG Weimar* LKV 1995, 296 zu Baueinstellungsverfügungen.
[186] Vgl. *BGH* NVwZ 2002, 509, 510; *BVerwGE* 68, 271; *Berg* JZ 2005, 1039, 1042. Ferner *Ehlers* Verwaltung 2004, 255, 262 f., der darauf hinweist, dass das Verlangen des § 28 Abs. 2, auf die Umstände des Einzelfalles abzustellen, gegen ein intendiertes Ermessen spreche; zu letzterem § 40 Rn. 28 ff.; *Gerhardt* in *Schoch u. a.* § 114 Rn. 20; *Barowski* DVBl 2000, 149; *Erbguth* JuS 2002, 333 m. w. N.
[187] *OVG Bremen* NJW 1983, 1869.
[188] *VGH Kassel* NVwZ 1987, 510.
[189] *BGH* NVwZ 2002, 509.
[190] *BVerwG*, Urt. vom 19. 5. 1992 – 9 C 54.91 –.
[191] So auch *Fluck* NVwZ 2001, 9. Im Ergebnis ebenso *Bickel*, BBodSchG, 1999, § 12 Rn. 7.
[192] *BVerwG* 15. 10. 1999 – 9 B 351/99 –.
[193] Vgl. *BVerwGE* 15, 205 (212); 19, 94 (101); *OVG Magdeburg* NVwZ-RR 1997, 287; § 39 Rn. 28 ff. m. w. N.

2. Die enumerierten Fälle in Nr. 1–Nr. 5

51 **a) Gefahr im Verzug; öffentliches Interesse (Nr. 1).** Von der Anhörung kann nach **Nummer 1** abgesehen werden, wenn aus ex-ante-Sicht (Rn. 25) eine sofortige Entscheidung wegen **Gefahr im Verzug** oder **im öffentlichen Interesse** notwendig erscheint. Ein Absehen von der Anhörung kann einmal aus der objektiven Notwendigkeit einer sofortigen Entscheidung, zum andern auch deshalb gerechtfertigt sein, weil die Behörde auf Grund der ihr bekannt gewordenen Tatsachen eine sofortige Entscheidung für notwendig halten durfte.[194] **Gefahr im Verzug** i. S. der Nr. 1 setzt voraus, dass durch die vorherige Anhörung auch bei Gewährung kürzester Anhörungsfristen ein Zeitverlust einträte, der mit hoher Wahrscheinlichkeit zur Folge hätte, dass der Zweck der zu treffenden Regelung nicht erreicht wird.[195] Abzustellen ist darauf, ob die Maßnahme selbst bei mündlicher, eventuell telefonischer Anhörung zu spät käme.[196] In einem solchen Fall gebietet aber das Übermaßverbot, dass die ohne die Anhörung getroffene Regelung auf die keine Verzögerung erlaubende unerlässliche **(Mindest-)Maßnahme,** ggfls. vorläufiger Art **beschränkt** und eine endgültige Regelung erst nach der Anhörung getroffen wird.[197] Im Fall der Nr. 1 wird regelmäßig in Betracht kommen, die aufschiebende Wirkung (§ 80 Abs. 1 VwGO) durch Vollziehungsanordnung auszuschließen, da die jeweiligen Voraussetzungen weitgehend übereinstimmen. Beide Regelungen sind jedoch auseinander zu halten: Die Anordnung der sofortigen Vollziehung befreit als solche die Behörde nicht von der Verpflichtung zur Anhörung vor Erlass des VA.[198] Trotz Gefahr im Verzug kann nach Maßgabe des Einzelfalls noch so viel Zeit bleiben, dass eine Anhörung möglich ist. Maßgebend ist allein, ob diese Zeit zur Verfügung steht.

52 Zu denken ist vor allem an Fälle, in denen der rasche Ablauf äußerer Ereignisse oder akute Gefahrenlagen ein rasches Handeln der Behörde gebieten und eine vorherige Anhörung oder auch die Notwendigkeit, die anzuhörenden Beteiligten zu ermitteln, die **Effektivität** dieses Handelns **gefährden** würden, z. B. unaufschiebbare Abbruchverfügungen, Maßnahmen zur Sicherung des Straßenverkehrs;[199] Hausverbot nach Angriff auf Bedienstete;[200] Sicherstellungsmaßnahmen beim Verbot eines Vereins[201] oder einer Religionsgemeinschaft,[202] weil sie Strafgesetzen zuwiderlaufende Zwecke und Tätigkeiten entfalten. Aus der Formulierung „notwendig erscheint", ergibt sich, dass alle Fälle erfasst werden, in denen die Behörde nach ihrer **ex-ante-Sicht** auf Grund der Umstände sofortiges Handeln für geboten halten durfte, auch wenn sie sich dabei in einem entschuldbaren Irrtum befindet (sog. Putativgefahr).[203]

53 Das in der zweiten Variante genannte **öffentliche Interesse** ist neben der Gefahr im Verzug Lückenschließungs- und Auffangtatbestand und muss von dem Begriff des zwingenden öffentlichen Interesses in Abs. 3 unterschieden werden, wonach eine Anhörung zu unterbleiben hat (Anhörungsverbot). Zwischen beiden Begriffen besteht kein grundsätzlicher Artunterschied; sie unterscheiden sich vielmehr in erster Linie in der besonderen Wichtigkeit und Dringlichkeit der schutzwürdigen öffentlichen Interessen. Im Vordergrund steht nicht das zeitliche Dringlichkeitselement wie bei der Gefahr im Verzug, sondern die inhaltliche **Bedeutung der gefährdeten Rechtsgüter.** Für die Annahme eines öffentlichen Interesses reicht nicht der Hinweis auf das Prinzip der Rechtmäßigkeit des Behördenhandelns. Es müssen darüber hinausgehende qualifizierende Merkmale gegeben sein, etwa das **Wohl des Bundes oder eines Landes** (hierzu § 29 Rn. 58 ff.) oder die Wahrung der **öffentlichen Sicherheit und Ordnung,** soweit in ihr

---

[194] *BVerwGE* 68, 267 (271); 80, 299 (303 f.) = NJW 1989, 993.
[195] *BVerwGE* 68, 267 (271); 80, 299 (303 f.) = NJW 1989, 993; *Kopp/Ramsauer,* § 28 Rn. 35; *Clausen* in Knack, § 28 Rn. 16.
[196] Vgl. *VG Berlin* NJW 2002, 1063. So auch *OVG Magdeburg* NVwZ-RR 1997, 287 zum Erlass eines Versammlungsverbots.
[197] Vgl. *BVerwGE* 68, 267, 271; *VG Berlin* NJW 2002, 1063.
[198] Hierzu *Stelkens,* Verwaltungsverfahren, 1991 Rn. 264; *Clausen* in Knack § 28 Rn. 16.
[199] S. *VG Braunschweig* NZV 2003, 208: Kfz-Abmeldung von Amts wegen bei fehlendem Versicherungsschutz.
[200] S. *VG Aachen,* Beschluss v. 4. 4. 2007 – 6 L 113/07 –.
[201] *BVerwG* DVBl 2005, 590; hierzu *Berg* JZ 2005, 1039, 1042 f. Ferner *BVerwGE* 80, 299 = NJW 1989, 993 zum Beiseiteschaffen von Gegenständen und Beweisstücken.
[202] *BVerwG* NVwZ 2003, 986.
[203] Hierzu *BVerwG* DVBl 2005, 590, 591; NVwZ 2003, 986; NJW 1989, 993; *BVerwGE* 68, 267 (271); *Kopp/Ramsauer,* § 28 Rn. 36.

§ 28 Anhörung Beteiligter 54, 55 § 28

wichtige Schutzgüter bei einer vorherigen Anhörung gefährdet wären (etwa im Straßenverkehrs- oder Baubereich zum Schutz von Leib und Leben für einzelne Personen oder eine unbestimmte Anzahl von Menschen). Zu dem angesprochenen öffentlichen Interesse können im jeweiligen Sachgebiet oder Einzelfall auch unabweisbare Organisationserfordernisse zählen, z. B. bei der Zuweisung und Unterbringung geduldeter Ausländer.[204] Auch konkrete Anzeichen für eine **Beweisvereitelung** durch den Beteiligten können das Absehen von einer Anhörung rechtfertigen;[205] ebenfalls **Beiseiteschaffen** von Vermögen,[206] ferner **Geheimhaltungs- oder sonstige Sicherheitsinteressen,** die zu einer Verweigerung einer Amtshilfeleistung führen könnten (hierzu § 5 Rn. 14 ff.), rechtfertigen in der Regel das Absehen von der vorherigen Anhörung. Bloße **fiskalische Interessen** reichen grundsätzlich nicht aus.[207] Da das öffentliche Interesse im Katalog des Abs. 2 als Art Auffangtatbestand zu verstehen ist, bedarf es im Hinblick auf die übrigen Ausnahmetatbestände des Abs. 2 und 3 **restriktiver Interpretation.** Maßgebend auch für die Annahme öffentlicher Interessen ist eine Behördenbetrachtung im Zeitpunkt ihrer Entscheidung.[208]

b) **Einhaltung einer Frist (Nr. 2).** Nach **Nummer 2** kann die Anhörung entfallen, wenn 54 durch sie die **Einhaltung einer Frist,** die für die Entscheidung maßgeblich ist, in Frage gestellt würde. Die Vorschrift zielt gerade auch auf gesetzliche Handlungsfristen wie die des Bauplanungs- und Bauordnungsrechts, deren Ablauf kraft Gesetzes zur Folge hat, dass eine Genehmigung[209] oder Befreiung[210] als erteilt gilt, wenn die Behörde nicht innerhalb der Frist tätig wird.[211] Es ist aber **nicht** erforderlich, dass die „maßgebliche" Frist **gesetzlich** vorgeschrieben ist, es kann sich vielmehr auch um eine von einem **Gericht** oder einer **Behörde** gesetzte Frist (hierzu § 31) handeln.[212] In allen Fällen ist ein **strenger Maßstab** anzulegen. Zu prüfen ist insbesondere, ob die Behörde möglicherweise durch eigenes Verschulden den Zeitdruck herbeigeführt hat. In diesen Fällen kann sie sich nicht auf Nummer 2 berufen. Der Rechtsausschuss des Bundestages hatte vorgeschlagen, Nummer 2 durch eine ausdrückliche Bestimmung zu ergänzen, wonach diese Ausnahmevorschrift nicht gilt, wenn die Behörde die Verzögerung schuldhaft herbeigeführt hat. Der Innenausschuss ist diesem Vorschlag nur mit der Begründung nicht gefolgt, dass, wenn der Gesetzgeber in diesem Falle an schuldhaftes Verhalten der Behörde Sanktionen knüpfe, dies unter Umständen auch bei anderen Vorschriften geschehen müsse.[213] Danach begegnet es Bedenken, wenn z. B. die Voraussetzungen der Nr. 2 mit der pauschalen Feststellung bejaht werden, die Frist des § 11 Abs. 3 BauG von 3 Monaten sei in Anbetracht des von der höheren Verwaltungsbehörde regelmäßig zu bewältigenden Prüfungsstoffes zu kurz, um zusätzlich ein Anhörungsverfahren durchzuführen.[214]

c) **Kein Abweichen vom Antrag (Nr. 3).** Nach **Nummer 3** kann von der Anhörung ab- 55 gesehen werden, wenn von den **tatsächlichen Angaben** eines Beteiligten, die dieser in einem Antrag oder einer Erklärung gemacht hat, **nicht zu seinen Ungunsten abgewichen** werden soll. Die Vorschrift gibt für die Beantwortung der Streitfrage, ob Abs. 1 auch die Ablehnung eines Antrags auf Erlass eines begünstigenden VA erfasst (Rn. 27 ff.), nichts her, da sie – soweit sie einen solchen Antrag erfasst – an den im Gesetzgebungsverfahren weggefallenen Abs. 1 Satz 2 anknüpft, der eine entsprechende Anhörungspflicht vorsah (Rn. 28). Der Anspruch auf Anhörung erstreckt sich auf die für die Entscheidung erheblichen Tatsachen (Rn. 34 ff.). Sind diese in einem Antrag oder einer Erklärung bereits dargelegt und will die Behörde sie als alleinige oder wesentliche Sachverhaltsquelle ihrer Entscheidung zugrunde legen,

---

[204] S. *VGH München* BayVBl 2005, 310.
[205] *Clausen* in Knack, § 28 Rn. 16.
[206] Vgl. *BVerwGE* 80, 299 = NJW 1989, 993.
[207] So auch *Clausen* in *Knack,* § 28 Rn. 18; a. A. *Kopp/Ramsauer,* § 28 Rn. 60.
[208] *BVerwGE* 68, 271; Rn. 52.
[209] S. z. B. zu § 6 Abs. 4 BauGB *VG Dessau* LKV 2001, 321. S. auch zur Einvernehmensfiktion des § 36 Abs. 2 Satz 2 BauGB *BVerwG* BauR 2005, 509; *OVG Koblenz* NuR 2006, 520; *VGH München* UPR 2005, 234; *VGH Mannheim* BauR 2004, 1499; *Hummel* BauR 2005, 948.
[210] Z. B. *OVG Saarlouis* BauR 2006, 879.
[211] S. aber auch *VGH Kassel* NVwZ-RR 2007, 453 zum Anhörungserfordernis als wichtiger Grund für eine Verlängerung der Entscheidungsfrist der Bauaufsichtsbehörde.
[212] So auch *Kopp/Ramsauer,* § 28 Rn. 62a; a. A. *Obermayer* § 28 Rn. 47.
[213] Bericht BT-Innenausschuss zu § 28.
[214] So aber *OVG Münster* ZfBR 1997, 160 = BRS 56 Nr. 27.

so besteht wegen des für Nr. 3 maßgeblichen Gesichtspunkts der **Verfahrensökonomie** keine Notwendigkeit, dem Beteiligten einen Anspruch darauf zu geben, sie erneut vorzutragen, da er dadurch seine Position nicht würde verbessern können. Bei **Teilabweichungen** zu Lasten des Beteiligten bleibt die Anhörungspflicht bestehen, soweit gerade dadurch der Eingriff in das Recht eines Beteiligten erfolgt. Sofern die eigenen Angaben des Beteiligten nur eine von mehreren Erkenntnisquellen für die Entscheidung der Behörde sind und diese auf Grund der §§ 24 ff. **weitere entscheidungserhebliche Tatsachen** festgestellt hat und der Entscheidung zugrunde legen will, ist Nr. 3 nicht anwendbar.[215] Nr. 3 erfasst nur die tatsächlichen Angaben eines Beteiligten, nicht etwa auch dessen rechtliche Würdigung.

56 Will die Behörde **zugunsten** des Beteiligten von seinen tatsächlichen Angaben abweichen, braucht sie ihn nicht allein wegen dieser Abweichung anzuhören. Sind diese eigenen Angaben nur ein Teil der entscheidungserheblichen Tatsachen für einen in Rechte eingreifenden VA, bleibt die Anhörungspflicht nach Abs. 1 bestehen (auch Rn. 36). Ob eine Abweichung zugunsten oder zuungunsten des Beteiligten vorliegt, ist nach den **Umständen des Einzelfalles** zu entscheiden.

57 d) **Allgemeinverfügung, gleichartige und EDV-VAe (Nr. 4).** Nach **Nummer 4** kann die Anhörung ferner unterbleiben, wenn die Behörde eine Allgemeinverfügung oder gleichartige VA in **größerer Zahl** oder Verwaltungsakte **mit Hilfe automatischer Einrichtungen** erlassen will. Siehe zur Allgemeinverfügung § 35 Rn. 267 ff. Allen drei hier genannten Fällen ist gemeinsam, dass individuelle Besonderheiten kaum eine Rolle spielen. Die Begr. zu § 24 Entwurf 73 hat es wegen der damals befürchteten (technischen) Ungewissheiten und Belastungen der Behörde in allen drei (heterogenen) Bereichen der Nr. 4 als gerechtfertigt angesehen, auf Grund **Ermessensentscheidung** (Rn. 47 ff.) Behörde von der Anhörung abzusehen. Die ständig fortschreitende Automatisierung und Technisierung auch der öffentlichen Verwaltung, ihre Einbindung in die elektronischer Kommunikation (§ 3a) und die ständige Verbesserung der Informationstechnologie haben diese Befürchtungen nicht bestätigt; vielmehr kann die Automatisierung auch eine Beschleunigung und Verbesserung der Verwaltungsarbeit bewirken. Deshalb ist die Tatsache der Erstellung eines in Rechte eines Beteiligten eingreifenden VA in größerer Zahl oder mit Hilfe von Maschinen für sich allein kein Grund, von einer Anhörung abzusehen. Je geringer die Zahl der zu erlassenden eingreifenden VAe (hierzu noch Rn. 59) ist, desto eher wird eine Pflicht zur Anhörung anzunehmen sein.[216] Für ein Absehen von der Anhörung bedarf es daher einer zusätzlichen und besonderen **Darlegung im Einzelfall,** welche sachlichen und zwingenden, sich aus dem IT-Einsatz ergebenden Gründe der Anhörung entgegenstehen. Der allgemeine Hinweis auf technische oder finanzielle Schwierigkeiten oder Nachteile allein reicht für eine sachgerechte Ermessensausübung nicht aus.

58 Bei einer **Allgemeinverfügung,** die sich an einen nur nach allgemeinen Merkmalen bestimmten oder bestimmbaren Personenkreis richtet oder der die öffentlich-rechtliche Eigenschaft einer Sache oder ihrer Benutzung durch die Allgemeinheit betrifft (Näheres § 35 Satz 2), kann von einer Anhörung etwa dann abgesehen werden, wenn sie **mündlich** oder **durch Zeichen** erlassen wird, ferner wenn sie eine Vielzahl von Adressaten hat, der Eingriff **nicht von besonderer Schwere und Intensität** ist und keine Dauerwirkungen zeigt. Auch im Fall der Allgemeinverfügung ist bei der Prüfung, ob die Anhörung nach den Umständen des Einzelfalls nicht geboten ist, ein strenger Maßstab anzulegen wie auch eine Abwägung unter Berücksichtigung des Verhältnismäßigkeitsprinzips geboten.[217] Je erheblicher der Eingriff und bedeutsamer das vom Eingriff betroffene Rechtsgut, desto eher wird eine Pflicht zur Anhörung anzunehmen sein.[218]

59 Unter „**gleichartige Verwaltungsakte in größerer Zahl**" (sog. unechte Massenverfahren, § 17 Rn. 6 ff.) sind schriftliche, mündliche oder durch Zeichen erlassene Verwaltungsakte zu verstehen. Zur Abgrenzung zwischen Einzel-VA und Allgemeinverfügung s. § 35 Rn. 205 f. Die Verwendung von **Formblättern** oder sonstige vervielfältigte Texte allein genügen nicht für die

---

[215] Ebenso *Wimmer* DVBl 1985, 773; *Kopp/Ramsauer*, § 28 Rn. 47.
[216] OVG *Münster* vom 10. 3. 1992 – 10 A 1748/86 –; Rn. 60.
[217] BGH NVwZ 2002, 509. So auch *Berg* JZ 2005, 1039, 1042 f.
[218] Vgl. VGH *Mannheim* NVwZ-RR 2003, 311; VG *Saarlouis* ZfSch 2004, 291 (jeweils zu straßenrechtlichen Regelungen); OVG *Koblenz* DÖV 1985, 368; *Weides* JA 1984, 655; *Obermayer*, VwVfG, § 28 Rn. 86; *Kopp/Ramsauer*, § 28 Rn. 50.

Annahme der Gleichartigkeit. Diese wird zu bejahen sein, wenn alle VA auf eine Rechtsgrundlage und einen Sachverhalt gestützt werden. Zu fordern ist ferner ein enger zeitlicher und sachlicher Zusammenhang, der beispielsweise nicht gegeben ist, wenn Ausreiseaufforderungen an abgewiesene Asylbewerber nacheinander bei gleichem Text (etwa nach Formblatt) an unterschiedliche Adressaten ergehen. Gleichartigkeit wird auch zu verneinen sein, wenn es auf vom Beteiligten anzugebende **individuelle verschiedene Tatsachen** ankommt (z. B. Abgabenbescheid; insoweit kann sich aber die Soll-Regelung zur Anhörung (mit Ausnahmen) nach § 91 Abs. 1, Abs. 2 Nr. 4 AO auswirken).[219]

Wann eine „größere Zahl" vorliegt, hängt von den Umständen des **Einzelfalles** ab. Sie braucht nicht absolut groß zu sein. Andererseits reicht eine absolut große Zahl für sich allein noch nicht aus. Maßstab ist die Arbeitskapazität der Behörde, die die VA erlässt. Einen gewissen Anhaltspunkt bilden §§ 17–19 (bei denen 51 Personen ausreichen), ferner vor allem die für Massenverfahren in förmlichen Verfahren und PlfV maßgebliche Zahl nunmehr nach dem Gen-BeschlG vom 12. 9. 1996,[220] d. h. bei mehr als **50 Personen, Betroffenen, Einwendern, Bekanntgaben usw.** als Ausgangszahl für die Annahme einer größeren Zahl (vgl. §§ 67 Abs. 1 Satz 4, 69 Abs. 2, 73 Abs. 5 Nr. 4 b und Abs. 6 Satz 4, 74 Abs. 5). Auch bei 51 und mehr kann eine Anhörung geboten sein, wenn es sich um **erhebliche Eingriffe** in die Rechte eines Beteiligten handelt.[221] Will die Behörde unterhalb der Grenzzahlen von einer Anhörung absehen, sind **strenge Anforderungen** an die Ermessensentscheidung zu stellen. 60

Die Begründung zum Entwurf 73 stellt dem Erlass gleichartiger VA in größerer Zahl den Fall gleich, in dem ein Sachverhalt eine **größere Anzahl von Personen** betrifft,[222] worunter auch VAe fallen würden, die in sogenannten Massenverfahren (zum Begriff vgl. § 17 Rn. 6), ergehen. Hier können sich Überschneidungen mit Allgemeinverfügungen (Rn. 58) ergeben. 61

Zum Begriff des Verwaltungsaktes, der **mit Hilfe automatischer Einrichtungen** erlassen wird, s. § 37 Rn. 55 ff. Nicht jeder mit Hilfe eines Schreibautomaten oder sonstige EDV-gestützt erstellte VA fällt daher darunter. Erforderlich ist vielmehr, dass die Bescheide aufgrund eines technischen Programms für eine Vielzahl von Adressaten erstellt werden.[223] Dem unterfällt nicht das elektronische Dokument i. S. d. § 3 a, auf das Abs. 2 Nr. 4 auch nicht anwendbar ist, und zwar auch nicht entsprechend (s. § 37 Rn. 64). 62

Das Erfordernis einer „**größeren Zahl**" besteht nur bei den **gleichartigen VAen**, nicht dagegen bei denen, die mit Hilfe automatischer Einrichtungen erlassen werden. Bei diesen kommt der Ausübung des hinsichtlich der Anhörung bestehenden Ermessens (Rn. 47) besondere Bedeutung zu: Wenn der VA seinem Inhalt nach bei herkömmlicher Erstellung unzweifelhaft eine Anhörungspflicht auslösen würde, bedarf es besonderer, unabweisbarer Gründe für ein Absehen von der Anhörung. Allein der Hinweis auf **EDV-Notwendigkeiten** oder Rationalisierungseffekte **reicht** für eine sachgerechte Ermessensentscheidung auf Absehen von der Anhörung regelmäßig **nicht** aus.

e) **Verwaltungsvollstreckung (Nr. 5).** Von der Anhörung kann schließlich nach **Nummer 5** auch abgesehen werden, wenn Maßnahmen in der **Verwaltungsvollstreckung** (§ 87 Abs. 2 Nr. 4 LVwG SchlH: „im Vollzug oder in der Vollstreckung") getroffen werden sollen. Nr. 5 gilt aber nur **subsidiär**. Spezielle Rechtsvorschriften des Bundes- oder Landesverwaltungsvollstreckungsrechts gehen § 28 vor (Rn. 9 ff.). Soweit dort eine Anhörung (zu unterscheiden von der Androhung eines Zwangsmittels, vgl. etwa § 12 VwVG) vor der Anwendung von Vollstreckungsmaßnahmen nicht vorgesehen ist, können – wenn sich dies aus einer Interpretation des jeweiligen Gesetzes ergibt – die Vorschriften des Vollstreckungsrechts abschließend sein, so dass eine Anwendung des § 28 – wie bei einem ausdrücklichen Ausschluss der Anhörung (s. z. B. § 834 ZPO – ausscheidet. 63

Die Anwendung von Nr. 5 setzt voraus, dass die Maßnahme „**in der Verwaltungsvollstreckung**" inhaltlich **auf einen VA** gerichtet ist, also nicht auf tatsächliches Handeln. Bei vollstreckungsrechtlichen Maßnahmen der unmittelbaren Ausführung ist dazu maßgeblich, ob diese als 64

---

[219] Hierzu *App* KKZ 2006, 93.
[220] BGBl I S. 1354.
[221] *OVG Münster* vom 10. 3. 1992 – 10 A 1748/86 –; Rn. 57.
[222] Begründung zu § 34 Entwurf 73.
[223] So auch *Kopp/Ramsauer*, § 28 Rn. 68 a.

VA zu qualifizieren sind, da § 28 andernfalls keine Anwendung findet, s. § 35 Rn. 94.[224] Fallen bei der konkreten unmittelbaren Ausführung Grund- und Vollzugsakt zusammen, greift Nr. 5 ein.[225] Auf dem Gebiet der Verwaltungsvollstreckung liegt es in der Natur der Sache, dass eine vorherige Anhörung in vielen Fällen ihre **Effektivität** beeinträchtigen könnte, vgl. z. B. § 834 ZPO. Der Betroffene könnte durch die Aufforderung, sich zur Sache zu äußern, gewarnt werden und der Vollstreckung unterliegende Gegenstände beiseiteschaffen.[226] Eine gewisse Rechtfertigung für die Entbehrlichkeit der Anhörung liegt auch darin, dass bereits **zur Grundverfügung angehört** wurde (str.). Keine Anhörung des Ausländers vor Erlass der Abschiebungsandrohung (§ 34 Abs. 1 S. 2 AsylVfG). Zur Anhörung bei einem Leistungsbescheid über Kosten der Ersatzvornahme.[227]

IV. Anhörungsverbot bei zwingendem öffentlichen Interesse (Abs. 3)

65 Nach **Absatz 3** unterbleibt die Anhörung, wenn ihr ein **zwingendes öffentliches Interesse** entgegensteht. Abs. 3 knüpft an Abs. 2 Nr. 1 an, wonach bei öffentlichem Interesse nach dem Ermessen der Behörde von einer Anhörung abgesehen werden kann (hierzu Rn. 24). Abs. 3 schreibt – ähnlich wie § 60 Abs. 2 S. 4 AsylVfG, auch § 30 Abs. 4 Nr. 5 AO – darüber hinaus vor, dass eine Anhörung bei zwingendem öffentlichen Interesse zu unterbleiben hat **(Anhörungsverbot).** Hieraus ergibt sich, dass es sich um gegenüber Abs. 2 Nr. 1 besonders qualifizierte öffentliche Interessen handeln muss. Sie müssen **besonders schutzwürdig** sein und **überragende Gemeinschaftsinteressen** wahren.[228] In Betracht kommen etwa erhebliche Nachteile für das Wohl des Bundes oder eines Landes i. S. des § 5 Abs. 2 Satz 1 Nr. 2 (hierzu dort Rn. 23 ff.), insbesondere qualifizierte Sicherheits- oder Geheimhaltungsinteressen, aber auch die erhebliche Gefährdung der öffentlichen Sicherheit und Ordnung für eine Vielzahl von Menschen oder bedeutende Sachwerte, etwa bei Naturereignissen oder in Katastrophenfällen (außerhalb des Verteidigungs- oder Spannungsfalls, hierzu § 95). Auch nicht unerhebliche Steuerrückstände können ein zwingendes öffentliches Interesse darstellen.[229] Angezeigt ist wegen des Ausnahmecharakters des Abs. 3 eine **restriktive Auslegung** und Anwendung.[230] Auch hier ist das Übermaßverbot zu beachten, so dass die Maßnahme auf das **unerlässlich Notwendige** zu beschränken ist (Rn. 51).

V. Unterlassung und Nachholbarkeit der Anhörung (§ 45 Abs. 1 Nr. 3 und Abs. 2, § 46)

66 Obwohl die **Anhörung** im VwVf maßgeblich aus verfassungsrechtlichen Prinzipien abgeleitet wird (Rn. 2 ff.) und auch allgemeiner Rechtsgrundsatz des europäischen Verwaltungsrechts ist (Rn. 8, 73 ff.) ist, bleibt sie zugleich **Verfahrenshandlung.** Die Anhörung ist Bestandteil nicht des materiellen Rechts, sondern des Verwaltungsverfahrensrechts und hat daher **dienende Funktion** für die Sicherung und Durchsetzung des materiellen Rechts und besondere rechtsstaatliche Bedeutung. Der Gesetzgeber hat sich bei der Lösung des Zielkonflikts zwischen **Verwaltungseffizienz und Rechtsschutzauftrag** durch §§ 45, 46 entschieden, dass 1. die Anhörung **kein absolutes Verfahrensrecht** ist, sondern **bis zum Abschluss der letzten Tatsacheninstanz eines verwaltungsgerichtlichen Verfahrens**[231] – ggfls. unter Mitwirkung des

---

[224] Ob ein PKW trotz hinterlassener Handy-Nr. abgeschleppt werden darf, erfordert eine Prüfung der Verhältnismäßigkeit, so *BVerwG* NJW 2002, 2122, bestimmt sich aber nicht nach § 28 I Nr. 1, so jedoch *Ostermeier* NJW 2006, 3173, 3176 f.
[225] So auch *Kopp/Ramsauer,* § 28 Rn. 72; *Clausen* in *Knack* § 28 Rn. 22.
[226] Vgl. auch *BVerwG* NJW 1989, 993 zu Abs. 2 Nr. 1, Rn. 38 ff.
[227] Vgl. *BVerwG* NVwZ 1983, 742; *OVG Münster* NJW 1983, 1441 und NJW 1984, 2844.
[228] *VGH Kassel* NVZ-RR 1989, 113; *VG Würzburg,* Urteil v. 24. 4. 2006 – W K 05.1540 –.
[229] *BFH* NJW 1997, 1725.
[230] Vgl. auch *Meyer/Borgs,* § 28 Rn. 28; *Weides* JA 1984, 656; *Obermayer,* § 28 Rn. 94; *Kopp/Ramsauer,* § 28 Rn. 57.
[231] § 45 Abs. 2 wurde wiederholt geändert: Die ursprüngliche Heilungsmöglichkeit bis zum Abschluss des Widerspruchsverfahrens ist zunächst durch das GenBeschlG v. 12. 9. 1996, BGBl. I S. 1354 „bis zum Abschluss eines verwaltungsgerichtlichen Verfahrens" erweitert und sodann durch das 3. VwVfÄndG v. 21. 8.

Gerichts nach Maßgabe von §§ 87 Abs. 1 Satz 2, 94 VwGO[232] – nachgeholt und geheilt werden kann und 2. nur dann rechtserheblich ist, wenn die unterlassene Anhörung Einfluss auf das Ergebnis des VA gehabt hätte (§ 46). Mit der möglichen Irrelevanz eines Anhörungsfalles weicht das VwVfG deutlich von § 24 Satz 2 SGB X zu Lasten des Bürgers ab.[233]

Durch die geltende Fassung der §§ 45, 46, entstanden aus allgemeinen Beschleunigungserwägungen, ist die rechtliche und praktische Bedeutung der Anhörung insgesamt **entwertet**.[234] Die Rechts*pflichten* zur Anhörung bestehen zwar im Grundsatz unverändert fort; die Rechts*folgen* der – bewussten oder unbewussten – Verletzung dieser Rechtspflicht sind aber weitgehend entfallen. Damit ist nicht nur das rechtsstaatliche Verfahren tangiert, sondern auch die Frage nach der Bindungswirkung und der **Schutz- und Ordnungsfunktion von Verfahrensrecht** aufgeworfen. Das Kausalitätserfordernis des § 46 wird vor allem mit der Erwägung begründet, dass die Anhörung **kein Selbstzweck** sei, sondern dienende Funktion mit der Folge habe, dass Anhörungsfehler unerheblich seien, wenn voraussichtlich auch bei einer Anhörung im Ergebnis keine andere Entscheidung entstanden wäre. Eine Aufhebung mit der Befugnis zum Neuerlass eines inhaltlich gleichen VA widerspreche dagegen der Verwaltungseffektivität.[235] Dabei bleibt unberücksichtigt, dass dem Beteiligten durch die unterlassene Anhörung eine **Einflussnahme auf das Verfahren** und sein **Ergebnis** genommen wird, da die nachträgliche Anhörung in der Regel nicht die gleiche Wirkung entfalten kann wie die vorherige (Rn. 1 ff., 16 ff. m. w. N.). Mit der Aufgabe des Prinzips strikter Vorherigkeit der Anhörung gegenüber der behördlichen Entscheidung wird deren Funktion verkannt und ihre Wirksamkeit in Frage gestellt. Unabhängig davon, dass Behörden vorrangig daran interessiert sein könnten, eine einmal getroffene Entscheidung aufrecht zu erhalten,[236] bieten die §§ 45, 46 einen Anreiz dazu, die Pflicht zur vorherigen Anhörung angesichts der Folgenlosigkeit eines Verstoßes zunehmend zu vernachlässigen.[237] Vor diesem Hintergrund müssen die §§ 45, 46 **verfassungskonform ausgelegt und angewendet** werden, damit die Grundsätze rechtsstaatlichen Verfahrens und seiner Grundrechtsrelevanz gewahrt bleiben.

Eine nach § 28 Abs. 1 und 2 gebotene, aber insgesamt **unterlassene** und nicht nachgeholte und nachholbare Anhörung (hierzu noch § 45 Abs. 1 Nr. 3 und Abs. 2, dort Näheres) ist ein **Verfahrensfehler.** Entsprechendes gilt, wenn eine Anhörung geboten war, aber **nicht ordnungsgemäß** erfolgte, so dass sie wie eine insgesamt unterlassene zu behandeln ist;[238] dies ist etwa der Fall, wenn die Anhörung zu früh oder zu spät oder nicht zum gesamten entscheidungserheblichen Sachverhalt erfolgt ist (vgl. Rn. 24 ff.).

Durch § 45 Abs. 1 Nr. 3 und Abs. 2 in seiner jetzigen Fassung ist die Möglichkeit der Nachholung der Anhörung und Heilung über die Beschränkung bis zum Abschluss des Widerspruchsverfahrens[239] hinaus bis zum Abschluss der letzten Tatsacheninstanz eines verwaltungsgerichtlichen Verfahrens eröffnet.[240] Die grundsätzliche Nachholbarkeit einer unterlassenen Anhörung im Widerspruchsverfahren beruht auf dem Rechtsgedanken, dass Verfahrensfehler im Widerspruchsverfahren als Mittel der Selbstkontrolle möglichst noch bereinigt und beseitigt werden sollen, bevor sie verwaltungsgerichtlich kontrolliert werden.[241] Die Erweiterung der

---

2002, BGBl. I S. 3322, mit Wirkung vom 1. 2. 2003 auf den Zeitraum bis zum Abschluss der letzten Tatsacheninstanz eingegrenzt worden.

[232] Zur Rolle der Verwaltungsgerichtsbarkeit bei der Heilung von Verfahrensmängeln *Reinel* BayVBl 2004, 454.

[233] S. zu den Folgen und Heilungsmöglichkeiten bei einer unterbliebenen Anhörung nach § 24 SGB X: *BSG* SGb 2006, 351; SozR 3–1300 § 24 Nr. 3; Nr. 14.

[234] So rechtfertigt nach *OVG Hamburg* NVwZ-RR 2007, 364 ein Anhörungsmangel wegen der Heilungsmöglichkeit allein keine Aussetzung der Vollziehung nach § 80 Abs. 5 VwGO.

[235] Begründung des RegE, BT-Drs. 13/3995, zu § 46; zur fehlenden Kausalität eines Anhörungsmangels s. *BVerwG* DVBl 1998, 1184. Einzelheiten ferner bei §§ 45, 46.

[236] So schon *Redeker* NVwZ 1996, 521, 523; *Bracher* DVBl 1997, 534, 537; hierzu im Einzelnen *Häußler* BayVBl 1999, 616.

[237] Vgl. hierzu schon *Gromitsaris* SächsVBl 1997, 101, 103; *Redeker* NVwZ 1996, 521, 523.

[238] *BVerwG* vom 3. 9. 1991, DokBer. A 1991, 371; ferner § 45 Rn. 34 ff.

[239] Vgl. *BVerwGE* 54, 276 (280); 66, 111; 66, 184; 68, 267; *BVerwG* NVwZ 1986, 913; NVwZ-RR 1991, 337.

[240] Eingehend hierzu *Schoch* Jura 2007, 28; *Hufen* JuS 1999, 313; *Reinel* BayVBl 2004, 454; *Redeker* NVwZ 1997, 625; *Bonk* NVwZ 1997, 320; *Bracher* DVBl 1997, 534; *Hatje* DÖV 1997, 344. S. ferner *VG Saarlouis* ZfB 1997, 55; *OVG Weimar* ZBR 1997, 199.

[241] *BVerwG* vom 8. 3. 1991, DokBer A 1991, 161, 162; ferner §§ 45, 46 m. w. N.

Nachholung bis zum Abschluss der letzten Tatsacheninstanz schafft auch unter Berücksichtigung des **§ 87 Abs. 1 Satz 2 Nr. 7, § 94 Satz 2 VwGO**[242] entgegen den ursprünglichen Entwürfen (vgl. zur Entstehungsgeschichte § 45 Rn. 121 ff. m. w. N.) keine Rechtspflichten, sondern stellt es in das Ermessen des Gerichts, der Behörde Gelegenheit zur nachträglichen Heilung einer unterlassenen oder fehlerhaften Anhörung zu geben. Hiervon sollte auch weiterhin nur **zurückhaltend Gebrauch** gemacht werden, damit die Gerichte die **nötige Distanz** gegenüber Behörden wahren.[243]

70 Die Unterlassung einer Anhörung führt nach § 46 nur dann zur Aufhebung, wenn der VA auf dem Fehler beruhen kann, d. h. wenn die konkrete Möglichkeit einer anderen Entscheidung bestand **(wesentlicher Verfahrensfehler)**; dies gilt auch für Mängel der Anhörung im Verwaltungsverfahren.[244] Wesentlich ist das Unterlassen einer rechtlich gebotenen Anhörung allerdings stets dann, wenn der Mangel einen durch das verwaltungsgerichtliche Verfahren nicht mehr korrigierbaren Einfluss auf die behördliche Entscheidung gehabt haben kann.[245] BVerwG[246] nimmt einen sog. **absoluten** unwiderleglichen **Verfahrensfehler** – also unabhängig von der Prüfung der konkreten Möglichkeit einer Beeinflussung der Sachentscheidung durch den Verfahrensfehler (§ 46) – bei der unterlassenen Anhörung von anerkannten Naturschutzverbänden gem. § 29 Abs. 1 Nr. 4 BNatSchG im PlfV.[247] Entsprechendes gilt für eine unterbliebene Anhörung vor der Rückversetzung eines Soldaten nach Deutschland.[248]

71 Eine wirksame **Nachholung,** die auch auf Initiative der Beteiligten erfolgen kann,[249] setzt voraus, dass die **Qualität** der Anhörung nicht hinter derjenigen nach § 28 Abs. 1 zurückbleibt.[250] Nach dem **Grundsatz der realen Fehlerheilung**[251] muss eine Heilung derart gestaltet sein, dass der Betroffene insgesamt so gestellt wird, wie er bei fehlerfreiem Verfahren gestanden hätte.[252] Die an eine Heilung zu stellenden Anforderungen werden danach entscheidend durch die Funktion der Anhörung bestimmt, s. dazu Rn. 16 ff. Eine nachträgliche Heilung setzt danach voraus, dass die Ergebnisse der Anhörung von der zur Entscheidung berufenen Behörde nicht nur zur Kenntnis, sondern zum Anlass genommen werden, die Entscheidung selbst kritisch zu überdenken.[253] So muss die Nachholung auch bei einer **Ermessensentscheidung** in einer Weise erfolgen, die geeignet ist, zu einer Abänderung der ohne Anhörung getroffenen Regelung zu führen.[254] Eine unterbliebene oder nicht ordnungsgemäße Anhörung eines Beteiligten ist nicht formgerecht nachgeholt (§ 45 Abs. 1 Nr. 3, Abs. 2), wenn in **Selbstverwaltungsangelegenheiten** einer Gemeinde das für die Nachprüfung von Zweckmäßigkeitsüberlegungen zuständige Organ der Gemeinde den Inhalt der Widerspruchsschrift, mit der sich der Beteiligte äußert, nicht zur Kenntnis nimmt und im Rahmen der Abhilfeentscheidung erwägt, während das Landratsamt als zuständige Widerspruchsbehörde auf die Rechtsprüfung beschränkt

---

[242] Zur praktischen Relevanz vgl. *Redeker* NVwZ 1997, 625.
[243] *Redeker* NVwZ 1997, 625; *Stüer* DVBl 1997, 326 (334); grundsätzlich kritisch zu den Regelungen *Bracher* DVBl 1997, 534; *Hatje* DÖV 1997, 477. Eingehend zur Rolle der Verwaltungsgerichtsbarkeit bei der Heilung von Verfahrensmängeln *Reinel* BayVBl 2004, 454.
[244] *BVerwG*, Urt. vom 21. 4. 1982, Buchholz 316 § 28 VwVfG Nr. 4. Nähere Einzelheiten bei § 46. *BVerwG* Buchholz 316 § 28 VwVfG Nr. 17 formuliert mißverständlich, dass kein (richtig: wesentlicher) Verfahrensmangel dann vorliege, wenn bei erfolgter Anhörung keine tatsächlichen oder rechtlichen Gesichtspunkte geltend gemacht worden wären, die der Behörde bei Erlass der Verfügung nicht ohnehin schon bekannt waren und ihrer Entscheidung zugrunde liegen.
[245] *BVerwG*, a. a. O.; DVBl 1998, 1184.
[246] *BVerwGE* 87, 62 = NVwZ 1991, 162; ebenso *BVerwGE* 105, 348 = NVwZ 1998, 395.
[247] Kritisch *Dolde* NVwZ 1991, 960; hierzu noch *BVerwG* DÖV 1995, 955: Keine Beteiligungsrechte im Planfeststellungsverfahren. Zum Inhalt des Anspruchs auf Beteiligung vgl. *BVerwG* NVwZ-RR 1997, 606: Anhörung wie bei § 28; zum Begriff „einschlägige Sachverständigengutachten". i. S. d. § 29 Abs. 1 Satz 1 Nr. 1 BNatSchG s. *BVerwGE* 105, 348 = NVwZ 1998, 395; hierzu noch § 13 Rn. 41.
[248] *BVerwG* NVwZ-RR 1998, 117 m. w. N. Zur Anwendung der §§ 45 f. bei einer unterbliebenen Anhörung nach § 13 Abs. 2 BBG vgl. OVG Münster 11. 3. 1998 – 12 A 5987/95 –.
[249] S. *OVG Weimar* ZKF 2005, 36.
[250] *VGH Kassel* DÖV 1988, 1023, 1024; OVG Bautzen SächsVBl 1994, 59; *OVG Lüneburg* NVwZ-RR 2002, 822; *VG Oldenburg* InfAuslR 2007, 82. Zur Frage der Nachholbarkeit der Anhörung bei Anfechtung eines VA und der Untätigkeitsklage nach § 75 VwGO vgl. *BVerwG* NVwZ 1986, 913.
[251] Grundlegend *Hufen* NJW 1982, 2165; *ders.* Rn. 598 f.
[252] Hierzu *Schoch* Jura 2007, 28; *Hufen* JuS 1999, 313; *Reinel* BayVBl 2004, 454; ferner *OVG Frankfurt* (Oder) LKV 2005, 358; *OVG Weimar* ThürVBl 1997, 133.
[253] *VG Berlin* NJW 2002, 1063.
[254] *BVerwG*, Urt. vom 15. 12. 1983, Buchholz 316 § 28 VwVfG Nr. 9.

ist und Zweckmäßigkeitsüberlegungen nicht nachprüfen darf.[255] Auch kann die Anhörung z. B. dann nicht im Verfahren vor der Widerspruchsbehörde ersetzt werden, wenn dieser ein der Ausgangsbehörde vorbehaltenes pädagogisches Werturteil nicht zusteht.[256] Nach *VGH Mannheim*[257] liegt kein Verfahrensfehler i. S. von § 28 darin, dass die Widerspruchsbehörde zwar eine vom Widerspruchsführer angekündigte weitere Begründung nicht abgewartet und hierfür keine **Frist** gesetzt hat, zwischen der Einlegung des Widerspruchs und der Zustellung des Widerspruchsbescheids aber ein Zeitraum von einem Monat liegt.[258] Die Nachholung bis zum Abschluss des Widerspruchsverfahrens erfordert grundsätzlich **keine besonderen Maßnahmen** (z. B. Hinweise oder Fristsetzung) der nachholenden Behörde; Gelegenheit zur Äußerung reicht aus.[259] Eines solchen besonderen Hinweises bedarf es aber dann, wenn die Behörde bei Erlass des VA eine nach ihrer rechtlichen Einschätzung entscheidungserhebliche Tatsache übersehen und der Beteiligte sich dazu nicht geäußert hat.[260] Zur Nachholung im Einzelnen s. § 45 Rn. 70 ff.

Zur Nachholung der Anhörung im **gerichtlichen Verfahren** einschließlich des Eilverfahrens genügt der Austausch von Schriftsätzen als solcher nicht. Erforderlich ist vielmehr, dass die Behörde auf der Ebene des Verwaltungsverfahrens das nachholt, was sie bei einer Anhörung vor der belastenden Entscheidung hätte veranlassen müssen. Dazu muss sie dem Betroffenen erkennbar machen, er könne zu der beabsichtigten behördlichen Überprüfung der Verwaltungsentscheidung in tatsächlicher und rechtlicher Hinsicht Stellung nehmen. Unter Würdigung des daraufhin erfolgten Vortrags muss sie alsdann auf der Ebene des Verwaltungsverfahrens entscheiden, ob und inwieweit sie den VA aufrechterhält.[261]

VI. Europarecht

Der Grundsatz des rechtlichen Gehörs gehört zu den **allgemeinen Rechtsgrundsätzen** des europäischen Verwaltungs-(verfahrens-)rechts.[262] Er besagt, dass dem Betroffenen grundsätzlich im Laufe eines Verfahrens, das zu einer ihn **beschwerenden Entscheidung** führen kann, vor Erlass der Entscheidung Gelegenheit zur Stellungnahme gegeben wird.[263] In Übereinstimmung damit schreibt Art. 41 Abs. 2 Spiegelstrich 1 der Charta der Grundrechte der EU[264] das Recht einer jeden Person vor, gehört zu werden, bevor ihr gegenüber eine für die nachteilige, individuelle Maßnahme getroffen wird.[265] Eine Anhörung ist in solchen Fällen als fundamentaler

---

[255] *BVerwG* NVwZ-RR 1991, 337.
[256] S. *VG Chemnitz* LKV 2007, 44.
[257] NVwZ 1987, 1087.
[258] Zur Nachholung einer Anhörung in Personalvertretungsangelegenheiten vgl. *BVerwG* DVBl 1983, 509, in soldatenrechtlichen Verfahren vgl. *BVerwG* NVwZ 1991, 579; bei Obdachloseneinweisungen vgl. *VGH München* NVwZ 1994, 716; bei Eintragungen in die Denkmalliste vgl. *OVG Münster* NVwZ-RR 1995, 314. Nähere Einzelheiten zur Nachholung der Anhörung vgl. bei § 45.
[259] *BVerwG,* Beschl. vom 9. 7. 1986 und 17. 7. 1986, Buchholz 316 § 28 VwVfG Nr. 10 und Nr. 11; zur neuen Rechtslage § 45 Rn. 73 ff.
[260] *BVerwG* NJW 1983, 609.
[261] So *OVG Lüneburg* NVwZ-RR 2002, 822; *VG Stuttgart*, Gerichtsbescheid v. 20. 3. 2007 – 10 K 1287/06 –; *Kopp/Ramsauer*, § 45 Rn. 42. S. auch *Clausen* in *Knack* § 28 Rn. 25.
[262] Siehe hierzu die Rechtsprechungsübersichten von *Haibach* NVwZ 1998, 456, 457 ff.; *Gornig/Trüe* JZ 2000, 395, 404 ff; *Kuntze* VBlBW 2001, 5, 9; *Kment* Nationale Unbeachtlichkeits-, Heilungs- und Präklusionsvorschriften und Europäisches Recht, Berlin 2005, S. 88 ff.; *ders* EuR 2006, 201, 227 ff. Zur Anhörung im europäischen Gemeinschaftsrecht und deutschen VwVf-Recht unter Berücksichtigung des Fehlerfolgenregimes *Fengler* S. 5 ff.
[263] Vgl. *EuGH* Tätigk 2000, Nr. 24; *EuGH* Slg. I 1996, 5373; *EuGH* Slg. I 1998, 2873; *EuGH* Slg. 1998, 8255; EuZW 1996, 405; 1994, 603; Rs. 26/63 – Pistoj –, Slg. 1964, 735 (762); Rs. 85/76 – Hoffmann-La Roche – Slg. 1979, 461 (511 ff.); Rs. 234/84 – Meura –, Slg., 1986, 2263 (2289); *EuGH* NVwZ 1992, 358; vgl. auch *Schwarze*, Europäisches Verwaltungsrecht, Bd. II, 1988, 1275 ff., 1307 ff.; zur Funktion der Anhörung im Gemeinschaftsrecht im Einzelnen *Fengler* S. 25 ff; *Gassner*, Rechtsgrundlagen und Verfahrensgrundsätze des Europäischen Verwaltungsverfahrensrechts. DVBl 1995, 16 (22 f.); Einl. Rn. 134; § 1 Rn. 189 ff.; *Classen*, Strukturunterschiede zwischen deutschem und europäischem Verwaltungsrecht – Konflikt oder Bereicherung?, Greifswalder Rechtswissenschaftliche Reihe, Bd. 4, 1996, 121 (127); *Schwarze*, Konvergenz im Verwaltungsrecht der EU-Mitgliedstaaten, DVBl 1996, 881.
[264] AblEG 2000/C 364/01 v. 18. 12. 2000.
[265] S. zur Charta der Grundrechte: *Dorf* JZ 2005, 126; *Brecht* ZEuS 2005, 355; *Schmitz* EuR 691; *Schröder* JZ 2002, 849 *Knöll* NJW 2000, 1845; *Kenntner* ZRP 2000, 423; *Magiera* DÖV 2000, 1017; *Grabenwarter* DVBl 2001, 1.

Grundsatz der Gemeinschaft selbst dann sicherzustellen, wenn es keine einschlägigen Regelungen gibt.²⁶⁶ Die Verletzung des Anhörungsgebots führt zur Nichtigkeit der verfahrensfehlerhaft zustande gekommenen Entscheidung, da es sich um eine wesentliche Verfahrensregelung i. S. d. Art. 230 EG handelt.²⁶⁷

74 Da sich der Regelungsbereich des § 28 Abs. 1 auf den eingreifenden VA beschränkt, kann sich ein möglicher Anwendungsvorrang von EG-Recht vor nationalem Verfahrensrecht bei direktem oder indirektem Vollzug von Gemeinschaftsrecht erst dann ergeben, wenn zwischen den Begriffen eingreifender bzw. beschwerender VA eindeutige Unterschiede bestehen. Das ist derzeit nicht der Fall (vgl. auch § 45 Rn. 176 ff.). Auch die Ausnahmen von der grundsätzlichen nationalen Anhörungspflicht, wie sie in § 28 **Abs. 2 und 3** normiert wurden, sind im europäischen Verwaltungsrecht inhaltlich weder in der Rechtsprechung des EuGH noch in der Literatur hinreichend konkretisiert: Es steht nur fest, dass der allgemeine Rechts*grundsatz* Ausnahmen zulässt. So kann der Anhörungsanspruch entfallen, wenn ansonsten die Zielerreichung gefährdet wäre.²⁶⁸ Da insoweit dem nationalen Recht (noch) kein abweichender und hinreichend konkreter europäischer Rechtsgrundsatz gegenübersteht, bleibt § 28 voll anwendbar.

75 Nach der Rechtsprechung des *EuGH* führt eine nachgeholte Verfahrenshandlung nicht zur **Heilung** des Verfahrensmangels, wenn dadurch die praktische Wirksamkeit einer Verfahrensvorschrift beeinträchtigt wird. Ansonsten können Verfahrensfehler zwar grundsätzlich noch im Verwaltungsverfahren geheilt werden, nicht aber mehr im gerichtlichen Verfahren. Diese Grundsätze finden besonders strikt auf Anhörungsmängel Anwendung und führen zum Ausschluss der Heilungsoption.²⁶⁹ Das EG-Recht steht damit in einem Konfliktverhältnis zu den in § 45 Abs. 1 Nr. 3 und Abs. 2, § 46 getroffenen Regelungen einer Heilung bzw. Unbeachtlichkeit von Anhörungsmängeln. S. dazu näher § 45 Rn. 158 ff.

VII. Landesrecht

76 Die Länder haben in ihren VwVfGen dem § 28 entsprechende Vorschriften.

VIII. Vorverfahren

77 § 28 gilt auch im Vorverfahren (§ 79). Eine Nachholung der unterlassenen, aber rechtlich gebotenen Anhörung ist nach Maßgabe der §§ 45 Abs. 1 Nr. 3 und Abs. 2, 46 möglich. Wesentliche Voraussetzung für eine wirksame Nachholung der Anhörung (im Widerspruchsverfahren) ist, dass ihre Qualität nicht hinter derjenigen (wesentlich) zurückbleibt, die sie im Normalfall des § 28 Abs. 1 hat.²⁷⁰

78 Nach § 71 **VwGO** i. d. F. des 6. VwGOÄndG²⁷¹ soll der Betroffene vor Erlass des Abhilfebescheids oder des Widerspruchsbescheids gehört werden, wenn die Aufhebung oder Änderung eines VA im Widerspruchsverfahren erstmalig mit einer Beschwer verbunden ist. Es handelt sich dabei um eine Folgeänderung von § 68 Abs. 2 Satz 2 Nr. 2 VwGO. § 71 VwGO ist lex specialis zu § 28.²⁷² Er ist **extensiv** dahin **auszulegen,** dass ein grundsätzlicher Anspruch auf rechtliches Gehör im Widerspruchsverfahren schlechthin für **alle** durch die Entscheidung über den Widerspruch möglicherweise Betroffenen besteht.²⁷³ § 71 **VwGO** regelt folglich nunmehr umfassend und abschließend das Anhörungserfordernis zugunsten nicht nur des erstmalig beschwerten

---

²⁶⁶ Vgl. *EuGH* Slg. 1994, I-2885 Rn. 39; Slg. 1996 I-5373 Rn. 21.
²⁶⁷ *EuGH* Slg. 1997, I-1/20; *Kuntze* in *Bergmann/Kenntner,* Deutsches Verwaltungsrecht unter europäischem Einfluss, Stuttgart 2002, S. 145.
²⁶⁸ S. dazu *Haibach* NJW 1998, 456, 457 m. w. N.
²⁶⁹ *Kahl* VerwArch 2004, 1, 20 f.; *Kment* EuR 2006, 201, 227 f. jeweils mit umfassenden Rechtsprechungsnachweis.
²⁷⁰ *OVG Münster* DVBl 1981, 689; *VGH Kassel* DÖV 1988, 1023; ferner § 45 Rn. 69 m. w. N.
²⁷¹ v. 1. 11. 1996, BGBl. I S. 1626.
²⁷² *Geis* in *Sodan/Ziekow,* VwGO, § 71 Rn. 1.
²⁷³ Vgl. Begr. des RegE, BT-Drs. 13/3993, S. 18, 19. Zu den Heilungsvorschriften des 6. VwGO-ÄndG s. *Hufen* JuS 1999, 313; *Reinel* BayVBl 2004, 454; *Redeker* NVwZ 1997, 625; *Hatje* DÖV 1977, 477; *Bracher* DVBl 1997, 534.

Dritten, sondern jedes Betroffenen vor einer erstmaligen Beschwer durch Aufhebung oder Änderung eines VA im Abhilfe- oder Widerspruchsbescheid (s. Rn. 41).[274] Die frühere Streitfrage, ob und inwieweit § 28 zu einer Anhörung vor einer Verböserung im Widerspruchsverfahren verpflichtet, ist damit im bejahenden Sinne entschieden.[275] Die durch die verfahrensfehlerhaft unterbliebene Anhörung abgeschnittene Möglichkeit zur Rücknahme des Widerspruchs zwecks Verhinderung einer Verböserung im Widerspruchsbescheid berechtigt das Gericht bei gebundenen Verwaltungsakten nicht zur isolierten Aufhebung des Widerspruchsbescheides, wenn auch im Hinblick auf § 48 keine andere Entscheidung in der Sache möglich gewesen wäre.[276] § 71 VwGO gilt – ergänzend zu § 36 Abs. 2 VermG – auch im vermögensrechtlichen Vorverfahren.[277]

§ 29 Akteneinsicht durch Beteiligte

(1) ¹Die Behörde hat den Beteiligten Einsicht in die das Verfahren betreffenden Akten zu gestatten, soweit deren Kenntnis zur Geltendmachung oder Verteidigung ihrer rechtlichen Interessen erforderlich ist. ²Satz 1 gilt bis zum Abschluss des Verwaltungsverfahrens nicht für Entwürfe zu Entscheidungen sowie die Arbeiten zu ihrer unmittelbaren Vorbereitung. ³Soweit nach den §§ 17 und 18 eine Vertretung stattfindet, haben nur die Vertreter Anspruch auf Akteneinsicht.

(2) Die Behörde ist zur Gestattung der Akteneinsicht nicht verpflichtet, soweit durch sie die ordnungsgemäße Erfüllung der Aufgaben der Behörde beeinträchtigt, das Bekanntwerden des Inhalts der Akten dem Wohl des Bundes oder eines Landes Nachteile bereiten würde oder soweit die Vorgänge nach einem Gesetz oder ihrem Wesen nach, namentlich wegen der berechtigten Interessen der Beteiligten oder dritter Personen, geheim gehalten werden müssen.

(3) ¹Die Akteneinsicht erfolgt bei der Behörde, die die Akten führt. ²Im Einzelfall kann die Einsicht auch bei einer anderen Behörde oder bei einer diplomatischen oder berufskonsularischen Vertretung der Bundesrepublik Deutschland im Ausland erfolgen; weitere Ausnahmen kann die Behörde, die die Akten führt, gestatten.

Vergleichbare Vorschriften: § 25 SGB X; §§ 99, 100 VwGO; §§ 1 ff. StUG.

Abweichendes Landesrecht: S. Rn. 90.

Entstehungsgeschichte: Bis zum Inkrafttreten des VwVfG vgl. § 29 der 6. Auflage.

Literatur: *Wachs*, Das Recht auf Akteneinsicht im immissionsschutzrechtlichen Genehmigungsverfahren, 1996; *Schwab*, Das Recht auf Akteneinsicht, DÖD 1997, 145; *Schleyer*, Anspruch des Nachbarn auf Einsichtnahme in die Bauunterlagen für die Genehmigungsfreistellung?, BayVBl 1998, 97; *Lampert*, Der Beamte und seine Personalakte, VR 2000, 410; *Mallmann*, Zum datenschutzrechtlichen Auskunftsanspruch des Betroffenen; GewArch 2000, 354; *Gröning*, Das vergaberechtliche Akteneinsichtsrecht, NZBau 2000, 366; *Steike*, Akteneinsicht bei der Prüfungsanfechtung, NVwZ 2001, 868; *Kloepfer*, Informationsrecht, München 2002; *Vahle*, Auskunfts- und Einsichtsrechte des Bürgers gegenüber der öffentlichen Verwaltung, DVP 2004, 45; *Bachmann/Pavlitschko*, Akteneinsicht in elektronische Behördenakten, MMR 2004, 370; *Vahle*, Die Stellung des Bürgers im Verwaltungsverfahren, DVP 2005, 265; *Bohl*, Der „ewige Kampf" des Rechtsanwalts um die Akteneinsicht, NVwZ 2005, 133. Ausführlich zum Schrifttum vor 1996 s. § 29 der 6. Auflage.
Zum Umweltinformationsrecht: *König*, Das Umweltinformationsgesetz – ein Modell für mehr Aktenöffentlichkeit?, DÖV 2000, 45; *Stollmann*, Aktuelle Rechtsprechung zum Umweltinformationsrecht, NuR 1998, 78; *Schrader*, Europäische Anstöße für einen erweiterten Zugang zu (Umwelt-)Informationen, NVwZ 1999, 40; *Wegener*, Umweltinformationsgesetz – Deutsche Geheimniskrämerei in europäischen Perspektiven, EuR 2000, 227; *Fluck/Wintterle*, Zugang zu Umweltinformationen, VerwArch 94 (2003) 437; *Butt*, Erweiterter Zugang zu behördlichen Umweltinformationen – Die neue EG-Umweltinformationsrichtlinie, NVwZ 2003, 1071; *Merten*, UIG und privatrechtliches Handeln der Verwaltung, NVwZ 2005, 1157; *Näckel/Wasielewski*, Das neue Recht auf Zugang zu Umweltinformationen, DVBl 2005, 1351; *Mecklenburg/*

---

[274] So auch *Kopp/Schenke*, § 71 Rn. 2.
[275] So auch *Geis* in Sodan/Ziekow, § 71 Rn. 11; *Dolde/Persch* in Schoch u. a., § 71 Rn. 5 m. w. N.; ferner *VGH München* ZfBR 2004, 77. Siehe aber *VGH Mannheim* NVwZ-RR 2002, 3, wonach eine Anhörung im Fall einer reformatio in peius dann entbehrlich sein soll, wenn der VA unter dem Vorbehalt einer späteren Überprüfung steht. Kritisch hierzu *Schoch* Jura 2003, 752, 758 f.
[276] *BVerwG* NVwZ 1999, 1218.
[277] *BVerwG* NVwZ 1999, 1218.

§ 29 Teil II. Allgemeine Vorschriften über das Verwaltungsverfahren

Verheyen, Informationen über Exportförderungen als Umweltinformationen, NVwZ 2006, 781; *Guckelberger,* Rechtsbehelfe zur Durchsetzung des Umweltinformationsanspruchs, UPR 2006, 89; *Battis/Ingold,* Der Umweltinformationsanspruch im Planfeststellungsverfahren, DVBl 2006, 735; *Große,* Zur unmittelbaren Anwendung der Umweltinformationsrichtlinie, ZUR 2006, 585; *Ekardt,* Aktuelle Probleme der Landesumweltinformationsgesetze, NJ 2006, 295; *Scheidler,* Der Anspruch auf Zugang zu Umweltinformationen, UPR 2006, 13; *Pützenbacher/Sailer,* Der Zugang zu Umweltinformationen bei Kommunen und Landesbehörden nach der Neufassung des UIG, NVwZ 2006, 1257; *Beer/Wesseling,* Die neue Umweltinformationsrichtlinie im Spannungsfeld von europäischer Eigentumsgewährleistung und privatem Informationsinteresse, DVBl 2006, 133; *Britz/Eifert/Groß,* Verwaltungsinformation und Informationsrichtigkeit, DÖV 2007, 717.

Zum Informationsfreiheitsrecht: *Partsch,* Brandenburgs Akteneinsichts- und Informationszugangsgesetz (AIG) – ein Vorbild für Deutschland?, NJW 1998, 2559; *Kneifel-Haverkamp,* Das Akteneinsichts- und Informationszugangsgesetz in Brandenburg, DuD 1998, 8; *Breidenbach/Palenda,* Das Akteneinsichts- und Informationszugangsgesetz des Landes Brandenburg – Ein Vorbild für die Rechtsentwicklung in Deutschland?, NJW 1999, 1307; *Bäumler,* Neue Informationsverarbeitungsgesetze in Schleswig-Holstein, NJW 2000, 1982; *Burkert,* Ein Informationszugangsgesetz – auch für Deutschland?, DuD 1998, 8; *Nolte,* Die Herausforderung für das deutsche Recht der Akteneinsicht durch europäisches Gemeinschaftsrecht, DÖV 1999, 363; *Schoch,* IFG für die BRD, Verwaltung 35 (2002), 149; *Stollmann,* IFGe in den Ländern, VR 2002, 309; *Partsch/Schurig,* Das IFG von NRW, DÖV 2003, 482; *Stollmann,* Das IFG von NRW, NWVBl 2002, 216; *Fluck/Merenyi,* Zugang zu behördlichen Informationen, VerwArch 97 (2006), 381; *Bischopink,* Das IFG NRW, NWVBl 2003, 245; *Gurlit,* Konturen eines Informationsverwaltungsrechts, DVBl 2003, 1119; *Gröschner,* Transparente Verwaltung: Konturen eines Informationsverwaltungsrechts, VVStRL 63 (2003), 344; *Raabe/Helle-Meyer* NVwZ 2004, 641; *Schmitz/Jastrow,* Das IFG des Bundes, NVwZ 2005, 984; *Kloepfer/von Lewinski,* Das IFG des Bundes, DVBl 2005, 1277; *Guckelberger,* Informatisierung der Verwaltung und Zugang zu Verwaltungsinformationen, VerwArch 97 (2006), 62; *Fluck,* Verwaltungstransparenz durch Informationsfreiheit, DVBl 2006, 1406; *Schoch,* das Recht auf Zugang zu staatlichen Informationen, DÖV 2006, 1; *Mensching,* Das IFG des Bundes, VR 2006, 1; *Jastrow/Schlatmann,* IFG, Heidelberg 2006; *Bräutigam,* Das deutsche IFG aus rechtsvergleichender Sicht, DVBl 2006, 950; *Tyczewski/Elgeti,* Der Schutz von Betriebs- und Geschäftsgeheimnissen im Informationsfreiheitsrecht, NWVBl 2006, 281; *Reinhart,* Das gläserne Amt, DÖV 2007, 18. Weitere Nachweise zum **Umweltinformations- und Informationsfreiheitsrecht** im Literaturverzeichnis der 6. Auflage, § 29 vor Rn. 1, sowie nachfolgend Rn. 20 ff.

Übersicht

	Rn.
I. Allgemeines	1
1. Akteneinsicht als Bestandteil rechtsstaatlichen Verfahrens	1
2. Akten und Dateien	6
3. Anwendungsbereich und Grenzen des § 29	13
4. Akteneinsicht außerhalb des Verwaltungsverfahrens	18
5. Allgemeine Informationsansprüche nach dem Umweltinformations- und Informationsfreiheitsrecht	20
II. Anspruch auf Akteneinsicht im Verwaltungsverfahren (Abs. 1)	29
1. Pflicht zur Aktenführung	29
2. Die Einsichtnahme	34
3. Nur für Beteiligte im laufenden VwVf	37
4. Das Verfahren betreffende Akten	40
5. Rechtliches Interesse	46
6. Ausnahme für Entwürfe und Vorbereitungsarbeiten (Abs. 1 Satz 2)	51
7. Ausnahme für Massenverfahren (Abs. 1 Satz 3)	54
III. Ausnahmen vom Rechtsanspruch des Abs. 1 Satz 1 (Abs. 2)	56
1. Ermessensentscheidung	56
2. Die einzelnen Versagungsgründe	59
a) Ordnungsgemäße Aufgabenerfüllung	59
b) Nachteile für das Wohl des Bundes oder eines Landes	63
c) Nach Gesetz oder dem Wesen nach geheim; Drittinteressen	66
IV. Ort und Form der Akteneinsicht (Abs. 3)	77
1. Grundsatz (Satz 1)	77
2. Ausnahmen im Einzelfall (Satz 2 Halbsatz 1)	79
3. Akteneinsicht durch Bevollmächtigte/Rechtsanwälte (Satz 2 Halbsatz 2)	81
4. Anspruch auf Ablichtungen	84
V. Folgen der Verweigerung von Akteneinsicht, Rechtsbehelfe	86
VI. Europarecht	89
VII. Landesrecht	90
VIII. Vorverfahren	91
IX. Akteneinsicht nach dem Stasi-Unterlagen-Gesetz	92
1. Allgemeine Problematik	92
2. Verfahrensrechtliche Aspekte	94

I. Allgemeines

1. Akteneinsicht als Bestandteil rechtsstaatlichen Verfahrens

Die Regelung der Akteneinsicht nach § 29 ist **Bestandteil** des **rechtsstaatlichen fairen Verwaltungsverfahrens**.[1] § 29 in seiner Gesetz gewordenen Fassung gibt einen **grundsätzlichen Anspruch** auf Akteneinsicht für die Beteiligten (§ 13, Näheres dort) vom **Beginn** eines VwVf bis zu seinem **Abschluss**[2] und entwickelt damit den vor Inkrafttreten der VwVfG von Bund und Ländern vorhanden gewesenen allgemeinen Rechtszustand – wonach Akteneinsicht, wenn überhaupt, allenfalls nach dem Ermessen der Behörde gewährt wurde[3] – in einen wichtigen Punkt weiter. Zur aktuellen Entwicklung des deutschen Akteneinsichtsrechts s. Rn. 3.

§ 29 gehört zu den unter rechtsstaatlichen Gesichtspunkten wichtigen und zugleich in der Verwaltungspraxis bedeutsamen Vorschriften, weil es durch den dort grundsätzlich gewährten Rechtsanspruch auf **Einsicht in die „eigenen" Akten** vom Beginn bis zum Ende eines VwVf **keine „geheime" Aktenführung** mehr gibt, so dass die Erkenntnisquellen der Behörde für eine Verwaltungsentscheidung nachprüfbar, nachvollziehbar und transparent werden.[4] § 29 beinhaltet aber trotz seiner rechtssystematisch und praktisch bedeutsamen Wirkung **kein allgemeines Einsichtsrecht** in Behördenakten, sondern bleibt ein rein **verwaltungsverfahrensrechtlicher Anspruch**,[5] ist also auf dem Hintergrund der §§ 9 ff. VwVfG zu sehen. Das bedeutet, dass er unmittelbar nur im Anwendungsbereich des VwVfG nach Maßgabe der §§ 1, 2 gilt, also insbesondere **subsidiär** und nicht in den nach § 2 ausgenommenen Rechtsgebieten (hierzu Rn. 13 ff.). Ferner besteht er als Rechtsanspruch nur **für Beteiligte** eines laufenden VwVf, also regelmäßig nur vom Beginn bis zum Ende eines solchen Verfahrens[6] (zur Akteneinsicht außerhalb eines laufenden Verfahrens nach dem Ermessen der Behörde vgl. Rn. 18 ff.). Unberührt von § 29 bleiben Akteneinsichtsrechte im **verwaltungs-, zivil- und strafgerichtlichen Verfahren** nach §§ 99, 100 VwGO, 23 ff. EGGVG, § 147 StPO, § 34 FGG. Das „in camera"-Verfahren nach § 99 Abs. 2 VwGO, das dem Ausgleich zwischen dem Geheimnisschutz und der Gewährung effektiven Rechtsschutzes dient,[7] gewinnt besondere Bedeutung bei der Entscheidung, welche Akten dem Verwaltungsgericht in einem auf Akteneinsicht gerichteten Klageverfahren vorzulegen sind, s. dazu Rn. 87. Dazu enthält § 99 Abs. 2 Satz 2 eine prozessuale Spezialbestimmung, die im Verwaltungsprozess allgemeinen Regelungen der Geheimhaltung und des Aktenzugangs vorgeht.[8] § 29 ist ferner subsidiär gegenüber spezialgesetzlichen Ausgestaltungen des Akteneinsichtsrechts[9] wie z. B. nach dem UIG des Bundes bzw. einzelner Länder und den IFGen (dazu Rn 20 ff.), StUG (dazu Rn. 92 ff.), § 29 Abs. 1 Nr. 1 BNatSchG,[10] § 55 Abs. 4 Satz 1 GO NRW[11] oder Art. 56 Abs. 3 LV Bbg.[12]

§ 29 in seiner Gesetz gewordenen Fassung ist **§ 100 VwGO nachgebildet,** der aber inhaltlich nicht voll übernommen wurde. Die verfassungsrechtlichen Erwägungen zur Einführung des

---

[1] Zum Inhalt des Gebots eines fairen Verfahrens s. *BVerfG* NJW 2004, 2887; 2000, 1709; *BVerwG* NVwZ 2001, 94; *OVG Münster* NJW 2005, 2028; NVwZ-RR 2005, 449; *Steike* NVwZ 2001, 868 m. w. N.
[2] Ständige Rspr., s. *BVerwGE* 67, 304; *OLG Frankfurt* NJW-RR 2004, 1194.
[3] Nachweise zum früheren Meinungsstand in der Entstehungsgeschichte in § 29 der 6. Auflage, vor Rn. 1.
[4] S. hierzu *Wolff/Bachof* u. a. I, § 60 Rn. 90 ff.
[5] S. allgemein zur Bedeutung formeller Verfahrensrechte *BVerwG* NVwZ 2003, 605.
[6] *VGH München* NVwZ 1999, 889; *OVG Münster* NWVBl 1998, 487.
[7] Hierzu *BVerfG* NVwZ 2006, 1041; *BVerwG* NVwZ 2006, 700; DÖV 2006, 655; DVBl 2006, 1245. Zum Verfahren s. *Lang* in Sodan/Ziekow, § 99 Rn. 48 ff.; *Ohlenburg* NVwZ 2005, 15; *Spiegels* VBlBW 2004, 208; *Kling* EWiR 2004, 37; *Oster* DÖV 2004, 916; *Lopacki* DÖD 2004, 237; *Mayen* NVwZ 2003, 537. Zur Akteneinsicht nach Abschluss des gerichtlichen Verfahrens s. *BFH* NVwZ 2006, 856. Zum Akteneinsichtsrecht nach Abschluss eines Disziplinarverfahrens: *BVerwG* Beschluss v. 8. 5. 2006 – 1 DB 1.06 –. Zur nachträglichen Vorlageverweigerung s. *Roth* NVwZ 2003, 544.
[8] Vgl. *BVerwG* NVwZ 2005, 334; DVBl 2006, 1245.
[9] *Vahle* DVP 2004, 45 gibt einen allgemeinen Überblick über die Akteneinsichtsrechte.
[10] Zum Begriff „einschlägige Sachverständigengutachten" i. S. d. § 29 Abs. 1 Satz 1 Nr. 1 BNatSchG s. *BVerwGE* 105, 348 = NVwZ 1998, 395.
[11] Dazu *OVG Münster* DÖV 2002, 705; NVwZ 1999, 1252. S. auch *VGH Kassel* NVwZ 2003, 1525; *Schütz* NVwZ 2003, 1469. Zu kommunalen Ausschüssen zur Akteneinsicht s. *Eiermann* VBlBW 2007, 15. ferner *Herrmann* Gemeindehaushalt 2007, 161.
[12] *VerfG Bbg.* DÖV 1998, 200.

§ 29   3   Teil II. Allgemeine Vorschriften über das Verwaltungsverfahren

„in camera"-Verfahrens nach § 99 Abs. 2 VwGO[13] lassen sich allerdings nicht auf das Verwaltungsverfahren übertragen, da diese prozessuale Spezialregelung durch das hier keine Anwendung findende Gebot effektiven Rechtsschutzes aus Art. 19 Abs. 4 GG gefordert war.[14] Durch § 29 entsteht der grundsätzliche Anspruch auf Einsicht in die „eigenen" Akten im „eigenen" Verfahren nicht erst in einem gerichtlichen Verfahren oder erst durch ein vornehmlich zum Zwecke der Erlangung von Akteneinsicht durchgeführtes Verfahren nach Maßgabe der §§ 99, 100 VwGO,[15] sondern bereits im Behördenverfahren.[16] Die Regelung der Akteneinsicht im VwVf ist Ausdruck der **Parteiöffentlichkeit des Verfahrens** (Prinzip der „beschränkten Aktenöffentlichkeit")[17] und ersetzt den früher angenommenen Grundsatz des Aktengeheimnisses[18] für die Beteiligten des VwVf. Gleichwohl war das deutsche Recht bislang noch weitgehend von diesem Grundsatz geprägt: § 29 und spezialgesetzliche Regelungen (s. Rn. 2) durchbrechen ihn lediglich unter den dort jeweils geregelten Voraussetzungen und in dem dort jeweils getroffenen Regelungsbereich. Im Übrigen besteht ein Anspruch auf ermessensfehlerfreie Entscheidung über die Gewährung von Akteneinsicht, soweit ein berechtigtes Interesse geltend gemacht wird (s. Rn. 18). Mit dem UIG[19] hat der Bundesgesetzgeber den Bereich der Einsichtsrechte, die jedermann ohne den Nachweis eines berechtigten Interesses zustehen, über die bis dahin bestehende Begrenzung auf Register, Archive und – in einigen Ländern – Wasserbücher[20] erheblich erweitert (s. Rn. 20ff.).[21] Der Bund[22] und die Länder Brandenburg,[23] Berlin,[24] Hamburg,[25] Mecklenburg-Vorpommern,[26] Nordrhein-Westfalen,[27] Saarland[28] und Schleswig-Holstein[29] haben inzwischen Akteneinsichts- und Informationsgesetze erlassen,[30] durch die das bisherige Regel-/Ausnahmeverhältnis umgekehrt wird: Danach besteht grundsätzlich ein Anspruch auf In-

---

[13] BVerfGE 101, 106 = NJW 2000, 1175.
[14] S. auch *Clausen* in Knack, § 29 Rn. 20.
[15] Vgl. *Bohl* NVwZ 2005, 133, 139 zur „Instrumentalisierung" der Klage zur Erlangung von Akteneinsicht nach § 100 VwGO.
[16] Zum Umfang der Akteneinsicht im dienstrechtlichen Widerspruchsverfahren betreffend eine Auswahlentscheidung s. *VG Potsdam* NVwZ 2006, 6. Entgegen der dort vertretenen Auffassung schließt der im Widerspruchsverfahren nach § 79 2. Halbs. ergänzend anzuwendende § 29 einen Rückgriff auf die in § 100 Abs. 1 VwGO getroffene prozessuale Regelung der Akteneinsicht von vornherein aus, s. § 79 Rn. 28, 34. Ebenso *Ziekow* § 79 Rn. 10; *Geis/Hintersch* JuS 2001, 1074, 1075; *Busch* in Knack, § 79 Rn. 74, jeweils m. w. N.
[17] Begr. zu § 25 Entwurf 73. S. hierzu *Guckelberger* VerwArch 97 (2006), 62, 73 ff.; *Liedtke* NWVBl 2006, 286.
[18] Hierzu *Düwel*, Das Amtsgeheimnis, 1965; *Schröder*, Staatstheoretische Aspekte einer Aktenöffentlichkeit im Verwaltungsbereich, Verwaltung 1971, 301; *Preußner* VBlBW 1982, 1; *Schoenemann* DVBl 1988, 520.
[19] Nunmehr vom 22. 12. 2004, BGBl. I 3704. Dazu *Battis/Ingold* DVBl 2006, 735; *Pützenbacher/Sailer* NVwZ 2006, 1257; *Mecklenburg/Verheyen* NVwZ 2006, 1257; *Scheidler* UPR 2006, 13; *Näckel/Wasielewski* DVBl 2005, 1351; *Kugelmann* DÖV 2005, 851; *Fluck/Winttel* VerwArch 94 (2003), 437. Zur Umweltinformationsrichtlinie s. *Beer/Wesseling* DVBl 2006, 133; *Butt* NVwZ 2003, 1071.
[20] Siehe hierzu im Einzelnen *Nolte* DÖV 1999, 363 m. w. N.
[21] Zu Landes-UIGen s. *Ekardt* NJ 2006, 295. Eine Übersicht über die Entwicklung geben *Fluck/Merenyi* VerwArch 97 (2006), 381; *Nowak* DVBl 2004, 272; *Stoll* NuR 1998, 78; *Nolte* DÖV 1999, 363.
[22] Gesetz zur Regelung des Zugangs zu Informationen des Bundes (Informationsfreiheitsgesetz – IFG) vom 5. 9. 2005, BGBl. I 2722. Hierzu im Einzelnen: *Bräutigam* DVBl 2006, 950; *Kloepfer/von Lewinski* DVBl 2005, 1277; *Schmitz/Jastrow* 2005, 984; *Sokol* CR 2005, 835; *Schoch* Verwaltung 35 (2002), 149.
[23] Akteneinsichts- und Informationsgesetz (BbgAIG) vom 10. 3. 1998, GVBl I S. 46 ff., zuletzt geändert durch Gesetz vom 22. 6. 2005, GVBl. I S. 210. Hierzu *Breidenbach/Palenda* NJW 1999, 1307; *dies.* LKV 1998, 252; *Partsch* NJW 1998, 2559; Kneifel-Haverkamp DuD 1998, 8.
[24] Gesetz zur Förderung der Informationsfreiheit im Lande Berlin (Berliner Informationsfreiheitsgesetz – IFG) vom 15. 10. 1999, GVBl S. 561 ff., zuletzt geändert durch Gesetz vom 19. 12. 2005, GVBl. I S. 791.
[25] Hamburgisches Informationsfreiheitsgesetz (HmbIFG) vom 11. 4. 2006, GVBl. 2006, 167.
[26] Gesetz zur Regelung des Zugangs zu Informationen für das Land Mecklenburg-Vorpommern (Informationsgesetz – IFG M-V) vom 10. 7. 2006, GVOBl. S. 556.
[27] Gesetz über die Freiheit des Zugangs zu Informationen für das Land Nordrhein-Westfalen (Informationsfreiheitsgesetz Nordrhein-Westfalen – IFG NRW) vom 27. 11. 2001, GV NRW S. 806, zuletzt geändert durch Gesetz vom 5. 4. 2005, GV NRW S. 351. Hierzu *Bischopink* NWVBl 2005, 245; *Beckmann* DVP 2003, 142; *Wolf-Hegerbekermeier/Pelizäus* DVBl 2002, 955; *Stollmann* NWVBl 2002, 216.
[28] Saarländisches Informationsfreiheitsgesetz (SIFG) vom 12. 7. 2006, Amtsblatt S. 1624.
[29] Gesetz über die Freiheit des Zugangs zu Informationen für das Land Schleswig-Holstein (Informationsfreiheitsgesetz für das Land Schleswig-Holstein – IFG-SH) vom 9. 2. 2000, GVOBl. S. 166 ff., zuletzt geändert durch Gesetz vom 18. 3. 2003, GVOBl. S. 154. Hierzu *Bäumler* NJW 2000, 1982.
[30] S. ferner den Entwurf eines Informationszugangsgesetzes Sachsen-Anhalt (IZG LSA) v. 4. 7. 2007 LT-Drs. 5/748 und den Entwurf eines Thüringer IFG (ThürIFG) v. 18. 7. 2007, LT-Drs. 4/3216.

formationszugang, wenn nicht Ausnahmetatbestände gegeben sind (s. Rn. 20 ff.). Diese Entwicklung wird maßgeblich geprägt und beschleunigt durch Anstöße des europäischen Gemeinschaftsrechts für einen erweiterten Informationszugang (s. Rn. 20 ff.).[31] Für § 29 wirft diese Entwicklung neue Fragen auf: So konnte die Erwägung, den zwischen dem voraussetzungslosen Anspruch nach § 1 Abs. 1 IFG Bund und § 29 bestehenden Wertungswiderspruch (s. Rn. 46) durch Verzicht auf das Erfordernis eines rechtlichen Interesses in § 29 Abs. 1 Halbs. 2 auszugleichen,[32] bislang mangels einer zur Wahrung der Rechtseinheit gebotenen Verständigung mit den Ländern nicht umgesetzt werden.[33] Auch wird erörtert, ob die gegen eine Versagung von Akteneinsicht bestehenden Rechtsschutzmöglichkeiten (s. dazu Rn. 28) für § 29 und das allgemeine Informationszugangsrecht anzugleichen sind.[34] Langfristig wird darüber hinaus zu klären sein, ob die Regelung des § 29 in einen allgemeinen verfahrensunabhängigen Informationszugangsanspruch aufgehen soll.[35]

Das Recht auf Akteneinsicht ist aus der **Menschenwürde** und dem **Rechtsstaatsprinzip** 4 abgeleitet[36] und gehört zum **fairen VwVf;**[37] es ist Ausdruck bürgerfreundlicher Verwaltung, soll die **Waffengleichheit** von Bürger und Behörde bei der Kenntnis des entscheidungserheblichen Sachverhalts sicherstellen und auf diese Weise ein „geheimes" Verfahren der Behörde mit „geheimer" Entscheidungsgrundlage verhindern.[38] Die Akteneinsicht nach § 29 ist eine besondere **Form des rechtlichen Gehörs** und lässt die Rechtspflicht der Behörde zur Anhörung nach § 28 grundsätzlich unberührt. § 28 und § 29 schließen sich nicht gegenseitig aus, sondern **ergänzen** sich (§ 28 Rn. 16, 46). § 29 soll ferner die **Transparenz** der Entscheidungsgrundlagen erhöhen und damit verhindern, dass der Beteiligte zum bloßen **Objekt behördlichen Handelns** gemacht wird.

Der Anspruch auf Einsicht in die das Verfahren betreffenden Akten korrespondiert mit der 5 Pflicht der Behörde zur **Führung vollständiger und wahrheitsgetreuer Akten** (hierzu noch Rn. 24 ff.), denn nur wenn und soweit die Behörde verpflichtet ist, derartige Akten zu führen und die Dokumentation einen hinreichenden Grad an Richtigkeit und Vollständigkeit besitzt (hierzu Rn. 25),[39] wird die Transparenz der Entscheidung und ihrer Grundlagen gesichert. Mit dem Einsichtsanspruch in die Dokumentation der wesentlichen Entscheidungsgrundlagen und Verfahrensabläufe soll zugleich verhindert werden, dass die Behörde ihre Entscheidung auf **nicht nachprüfbare** und nicht nachvollziehbare **Quellen und Erkenntnisse** gründet.[40] Eine nicht ordnungsgemäße Aktenführung kann zu einer Umkehr der Beweislast führen.[41] Zu den Erfordernissen einer elektronischen Schriftgutverwaltung s. Rn. 30.

2. Akten und Dateien

Der Akteneinsichtsanspruch nach § 29 ist zu **unterscheiden** von der **Anhörung** (§ 28) und 6 von der **Auskunft, Information** oder sonstigen **Beratung** (§ 25) im Verwaltungsverfahren; die sich daraus ergebenden Rechte und Pflichten bestehen grundsätzlich unabhängig und selbständig nebeneinander; sie lassen den Anspruch aus § 29 unberührt. Auch der Auskunftsan-

---

[31] Dazu im Einzelnen *Fluck/Merenyi* VerwArch 97 (2006), 381; *Nowak* DVBl 2004, 272; *König* DÖV 2000, 45; *Schmitz* NVwZ 2000, 1243; *Schrader* NVwZ 1999, 40; *Nolte* DÖV 1999, 363; *Burkert* DuD 1998, 8 m. w. N.
[32] Dazu *Schmitz* NVwZ 2000, 1243, 989; *Schoch* Verwaltung 35 (2002), 149, 161.
[33] *Schmitz* NVwZ 2005, 984, 989.
[34] S. dazu *Guckelberger* UPR 2006, 89, 95.
[35] So *Scherzberg,* Die Öffentlichkeit der Verwaltung, 2000, S. 341 ff. S. hierzu auch *Guckelberger* VerwArch 97 (2006), 62, 85 ff.; *dies.* UPR 2006, 89, 95.
[36] Vgl. *VGH München* NVwZ 1990, 775; *Steike* NVwZ 2001, 868; *Schoenemann* DVBl 1988, 520; *Pardey* NJW 1989, 1647.
[37] Zum Gebots eines fairen Verfahrens s. *BVerfG* NJW 2004, 2887; 2000, 1709; *BVerwG* NVwZ 2001, 94; *OVG Münster* NJW 2005, 2028; NVwZ-RR 2005, 449; *Steike* NVwZ 2001, 868 m. w. N.
[38] Vgl. *Schwab,* Das Recht auf Akteneinsicht, 1989; *ders.* DÖD 1997, 145; *Ule/Laubinger,* § 25 Rn. 1 ff.; ähnlich zur Akteneinsicht im gerichtlichen Verfahren *BVerfGE* 20, 347; *BVerwGE* 13, 187 (190); 15, 132; 30, 154 (157); *BVerwG* BayVBl 1988, 251 (252).
[39] Hierzu *Wolff/Bachof u. a.* I, § 60 Rn. 90 ff. Ferner *OVG Koblenz* DVBl 1991, 1367; zu Stasi-Akten Rn. 92 ff.
[40] Für das gerichtliche Verfahren und die Beweiswürdigung vgl. *BVerfG* NJW 2000, 1709; *BVerwGE* 87, 152; Urteil vom 9. 4. 1991, Buchholz 402.25 § 2 AsylVfG Nr. 15.
[41] Vgl. *OVG Greifswald* NVwZ 2002, 104.

spruch nach § 19 BDSG besteht unabhängig von § 29; nach § 1 Abs. 4 BDSG gehen dessen Regelungen nur insoweit denen des VwVfG vor, als bei der Ermittlung des Sachverhalts personenbezogene Daten verarbeitet werden.[42] Zu Ansprüchen aus UIGen und IFGen s. Rn. 20 ff.

7   **Akten i. S.** des § 29 sind zusammen geführte schriftliche oder elektronische Schriftstücke oder sonstige Unterlagen. Diesem Begriff unterfallen zunächst die gesammelten, in der Regel gehefteten oder sonst papiergebundenen **schriftlichen** „herkömmlichen" **Vorgänge** (einschließlich Zeichnungen, Pläne, Skizzen u. ä.) in einer Verwaltungsangelegenheit, aus denen sich der wesentliche Inhalt und Ablauf des VwVf ergibt. Es kommt nicht darauf an, ob die Vorgänge bereits zu einer Akte zusammengefasst sind; auch wenn sie in anderen Ablagestellen aufbewahrt werden oder (auch) in anderen Verfahren von Bedeutung sind, gehören sie zur Akte, sofern sie nur im konkreten Verwaltungsverfahren eine Rolle gespielt haben **(sog. materieller Aktenbegriff).**[43] Welche Unterlagen dazu gehören, hängt von den Umständen des Einzelfalls ab. Maßgebend ist nicht, ob ein Vorgang faktisch beigezogen wurde, sondern ob er für die Förderung und Entscheidung in der Sache bei objektiver Beratung **notwendig** war und deshalb „materiell" zur Akte gehört.

8   Für eine Einsicht in oder Auskunft aus nicht papiergebundenen, sondern EDV-gestützten **Dateien mit elektronischen Dokumenten** stellt § 29 ebenfalls eine Rechtsgrundlage dar.[44] Akten i. S. des § 29 Abs. 1 Satz 1 sind nach bestimmten Ordnungsgesichtspunkten in geeigneter Form zusammengestellte Urkunden und sonstige Unterlagen. Diesem weiten Begriff unterfallen auch elektronische Dokumente. Deren **Aktenführung** kann als papierene (bei der der Ausdruck vorhandener elektronischer Dokumente wegen des Gebots vollständiger Aktenführung erforderlich ist), vollständig elektronische oder hybride erfolgen, d. h. als lückenlos parallele Verwaltung von papierenen und elektronischen Aktenteilen. Auch bei einer ausschließlich elektronischen Verwaltung gelten die allgemeinen Grundsätze einer ordnungsgemäßen Aktenführung. Neben der Unveränderbarkeit der gespeicherten Dokumente müssen die einzelnen Dokumente zweifelsfrei identifizierbar bleiben, nach formalen Kriterien wiederauffindbar sein und mit den übrigen Dokumenten desselben Vorgangs eindeutig in Beziehung gesetzt werden können.[45] Sofern schriftlich angefallene Verwaltungsvorgänge einer Verwaltung auf **Mikrofiches, Mikrofilmen oder ähnlichen Medien** abgespeichert werden, erstreckt sich der Anspruch aus § 29 auch auf diese Dokumentationsformen, weil sonst der Akteneinsichtsanspruch obsolet werden würde.[46] Insoweit ist der Rechtsgedanke aus § 299 a ZPO auch im VwVf heranzuziehen.

9   Anspruchsverpflichtet ist die jeweils das Verwaltungsverfahren betreibende **aktenführende Behörde,** d. h. diejenige Behörde, die die rechtliche Verfügungsbefugnis über die ihr im Rahmen ihrer behördlichen Tätigkeit zugegangenen bzw. erstellten Informationen hat. Dabei bleibt es auch, wenn die Behörde die Akten für einen vorübergehenden Zweck etwa an Aufsichtsbehörden, Gerichte oder Staatsanwaltschaften weitergibt.[47]

10   Die Behörde kann einen bei pflichtgemäßer Behandlung der Sache bestehenden Akteneinsichtsanspruch nicht dadurch unterlaufen, dass sie bestimmte Vorgänge gesondert führt und außer Betracht lässt, um ihre Entscheidungsgrundlage nicht zu offenbaren. Nur insofern kann sich der Akten*einsichts*anspruch ganz ausnahmsweise auch auf einen Anspruch auf Akten*beiziehung* erstrecken.[48] Ansonsten bezieht sich § 29 ausschließlich auf die von der Behörde geführten oder bereits beigezogenen Akten.[49] **Nicht** zu den **eigenen Akten im eigenen Verfahren** gehören solche Vorgänge, die mit dem jeweiligen konkreten Verfahren der konkreten Beteiligten unmittelbar nichts zu tun haben. Dazu gehören etwa allgemeine Ermessensrichtlinien der Verwaltung

---

[42] S. dazu *Gola/Schomerus,* BDSG 2005 § 1 Rn. 26.
[43] Ebenso *Meyer/Borgs,* § 29 Rn. 9; *Clausen* in Knack, § 29 Rn. 12.
[44] Einhellige Abfassung: z. B. *Kopp/Ramsauer,* § 29 Rn. 13; *Hufen,* Fehler im VwVf Rn. 240.
[45] S. zur Führung elektronischer Behördenakten im Einzelnen *Bachmann/Pavlitschko* MMR 2004, 370; für die Aktenvorlage im gerichtlichen Verfahren s. *Schmitz* Festgabe 50 Jahre BVerwG 2003, 677, 695.
[46] *BVerfG* NJW 1991, 2952 zur Mikroverfilmung medizinischer Patientendaten.
[47] So *OVG Münster* NVwZ-RR 2004, 169; u. a. *OVG Schleswig* NordÖR 2005, 208 zu § 6 Abs. 3 IFG-SH („vorliegen"). S. ferner *VG Berlin* Urteil v. 10. 5. 2006 – 2 A 56.04 – .
[48] Hierzu und zum Anspruch auf Ablichtung von Beiakten vgl. *OVG Hamburg* NVwZ-RR 1996, 304.
[49] *BVerwG* NVwZ 1999, 535; *Clausen* in Knack, § 39 Rn. 13. S. auch *BVerwGE* 105, 348 = NVwZ 1998, 395 zum Begriff der „einschlägigen Sachverständigengutachten i. S. des § 29 Abs. 1 Satz 1 BNatSchG.

zur Entscheidung von Einzelfällen,[50] zusammenfassende Berichte über die Besetzung einer Stelle im öffentlichen Dienst bei Konkurrentenstreitverfahren[51] oder Eignungsgutachten bei der Besetzung von Professorenstellen im Hochschulbereich.[52]

Art, Umfang und nähere Modalitäten der Informations- und Auskunftsansprüche aus und gegen **EDV-gestützte Dateien** richten sich außerhalb des Anwendungsbereichs des § 29 ausschließlich nach den dafür bestehenden spezialgesetzlichen Vorschriften, insbesondere nach den bundes- und landesrechtlichen **Datenschutzgesetzen**[53] sowie den bereichsspezifischen Auskunfts- und Akteneinsichtsregelungen.[54] Der Anspruch auf Akteneinsicht nach § 29 und die Ansprüche nach den Datenschutzgesetzen stehen grundsätzlich **nebeneinander,** schließen sich also nicht aus, sondern ergänzen sich (vgl. § 19 BDSG; auch § 1 Abs. 4 BDSG mit dem Vorrang des BDSG vor dem VwVfG, soweit bei der Ermittlung des Sachverhalts personenbezogene Daten verarbeitet wurden, d.h. gespeichert, verändert, übermittelt, gesperrt und/oder gelöscht worden sind, § 3 Abs. 5 BDSG.[55]

Der (verfassungsrechtlich abgeleitete) Anspruch auf informationelle Selbstbestimmung überlagert auch den geltenden § 29, indem aus ihm teils erweiternd, teils einschränkend Ansprüche auf Akteneinsicht im Interesse des **Persönlichkeitsschutzes** begründet oder begrenzt werden.[56] Das Recht auf informationelle Selbstbestimmung,[57] das im Grundsatz auch denjenigen schützt, der die Ungewissheit über die Identität eines Informanten beseitigen möchte und daher dessen namentliche Bekanntgabe verlangt,[58] ist freilich **nicht unbegrenzt** und beinhaltet keine absolute, uneingeschränkte Herrschaft eines Beteiligten über „seine" Daten; Einschränkungen sind vielmehr im überwiegenden Allgemeininteresse hinzunehmen, bedürfen aber einer verfassungsmäßigen Grundlage. Eine solche Rechtsgrundlage können auch die Generalklauseln über den Schutz der öffentlichen Sicherheit und Ordnung sein.[59] Zum Sozialgeheimnis[60] vgl. § 35 SGB X, zum Steuergeheimnis[61] vgl. § 30 AO (hierzu noch Rn. 53 ff.), zum Bankgeheimnis[62] vgl. § 30a AO. Weitere Beispiele etwa zur Wahrung von Betriebs- und Geschäftsgeheimnissen[63] (auch in den IFGen[64] und im Kartellverwaltungsverfahren[65]), zu Personal-

---

[50] Vgl. *BVerwG* NJW 1981, 535; hierzu *Jellinek* NJW 1981, 2235.
[51] S. *Kopp/Ramsauer*, § 29 Rn. 12. Str., vgl. *BVerwG* NVwZ 1984, 445; weitergehend *VGH Kassel* NVwZ-RR 2001, 8; DVBl 1994, 592. S. auch zur Informationspflicht des Dienstherrn *OVG Münster* NVwZ-RR 2006, 348; *VG Leipzig* NVwZ-RR 2005, 590. Zum Umfang der Akteneinsicht im dienstrechtlichen Widerspruchsverfahren betreffend eine Auswahlentscheidung s. *VG Potsdam* NVwZ 2006, 6. Entgegen der dort vertretenen Auffassung schließt die in § 79 2. Halbs. ergänzend anzuwendende § 29 einen Rückgriff auf die in § 100 Abs. 1 VwGO getroffene prozessuale Regelung der Akteneinsicht von vornherein aus, s. § 79 Rn. 28, 34. Ebenso *Ziekow* § 79 Rn. 10; *Geis/Hinterseh* JuS 2001, 1074, 1075; *Busch* in Knack, § 79 Rn. 74, jeweils m. w. N.
[52] Vgl. *BVerwG* DVBl 1984, 53, vgl. auch Rn. 52.
[53] Zur Entwicklung des Datenschutzrechts s. *Gola* NJW 2006, 2454. Zum Konflikt zwischen Informationsfreiheit und Datenschutz s. *Roßnagel* MMR 2007, 16.
[54] Vgl. z.B. *BVerfG* NVwZ 2001, 185 zu Auskunftsansprüchen gegen Polizei- und Verfassungsschutzbehörden.
[55] Zu § 1 Abs. 4 BDSG s. *Gola/Schomerus,* BDSG 8. Auflage 2005 § 1 Rn. 26. Ferner zum Datenschutz im VwVf *Sydow* Verwaltung 38 (2005), 35 ff.; allgemein *Durner* JuS 2006, 213.
[56] S. *BVerfG* NJW 2006, 1116 zum Recht eines im Maßregelvollzug Untergebrachten auf Einsicht in seine Krankenunterlagen. Ferner *Schoenemann*, Akteneinsicht und Persönlichkeitsschutz, DVBl 1988, 520; *Pardey*, Informationelles Selbstbestimmungsrecht und Akteneinsicht, NJW 1989, 1647; *Schwab*, Das Recht auf Akteneinsicht, 1989; *ders.* DÖD 1997, 145.
[57] *BVerfGE* 65, 1; NJW 2006, 1116.
[58] Zu den Grenzen des Informantenschutzes s. *BVerwG* NJW 2004, 1543; 2004, 93; 2003, 3217; *VerfGH Rheinland-Pfalz* DVBl 1999, 309. Hierzu *Wollweber* DVBl 1999, 980.
[59] Vgl. *BVerfG* NVwZ 2001, 185 m. w. N.
[60] Hierzu *BVerwG* NJW 2004, 1543; *BSG* MedR 1999, 532; *OLG Celle* NJW 1997, 2964. Zum Zugang zu Jugendamtsakten nach dem IFG NRW s. *OVG Münster* NJW 2005, 2028; *VG Gelsenkirchen* NVwZ-RR 2004, 860.
[61] *BFH* NJW 2001, 318; NJW 2000, 3157; *BFHE* 191, 247 = BB 2000, 1262; *FG Köln* EFG 2000, 903; *OVG Münster* NVwZ 1999, 1252.
[62] *BFH* NJW 2001, 318 m. w. N. Zur Einsichtnahme in Steuerakten *FG Münster* EFG 2003, 499.
[63] *OVG Lüneburg* NVwZ 2003, 629; *Brammsen* DÖV 2007, 10.
[64] *Tycewski/Elgeti* NWVBl 2006, 281 zum Schutz von Betriebs- und Geschäftsgeheimnissen im Informationsfreiheitsrecht.
[65] S. *Burholt* BB 2006, 2201 zum Akteneinsichtsrecht in Kartell- und Fusionskontrollverfahren. Ferner *Kehl*, Schutz von Informanten im europäischen Kartellverfahren, NJW-Schriftenreihe Band 58, München 2006.

akten, Krankenunterlagen,[66] Prüfungsakten,[67] Unterlagen der Sicherheitsbehörden und Strafverfolgungsbehörden in der Kommentierung zu § 30.

3. Anwendungsbereich und Grenzen des § 29

13 § 29 gilt nur im Anwendungsbereich der §§ 1, 2, 9, also nur bei **ör Verwaltungstätigkeit**, soweit inhaltsgleiche oder entgegenstehende Rechtsvorschriften fehlen (Rn. 2). Ein Anspruch aus § 29 besteht nur in solchen VwVf, die i. S. von § 9 auf den **Erlass eines VA** oder den **Abschluss eines ör Vertrags** gerichtet sind. In denjenigen Verfahren, die von vornherein nur reales (schlichtes) Verwaltungshandeln zum Gegenstand haben, also nicht auf VA oder ör Verträge abzielen und sie als Endprodukt rechtlich oder faktisch **nicht** hervorbringen (können), etwa bei der Abgabe von Willens- oder **Wissenserklärungen** oder bei der Vornahme von **Realakten** ohne Regelungscharakter findet § 29 keine Anwendung. Im Bereich des sog. **schlichten Verwaltungshandelns** ist aber über die Akteneinsicht nach pflichtgemäßem **Ermessen** zu entscheiden.[68]

14 § 29 ist ferner grundsätzlich unanwendbar bei **verwaltungsprivatrechtlicher**[69] und **fiskalischer Tätigkeit** der Behörden, ferner bei einer nicht auf den Erlass eines VA oder den Abschluss eines ör Vertrags gerichteten Tätigkeit, insbesondere nicht bei **normativer** Tätigkeit (etwa im Kommunalbereich beim Verfahren zum Erlass einer Satzung),[70] ebenfalls nicht bei einer **verwaltungsinternen** Maßnahme (hierzu noch Rn. 29 ff.). Es kann nicht verkannt werden, dass auch bei fiskalischer und verwaltungsprivatrechtlicher Tätigkeit von Behörden ein **Bedürfnis** nach Akteneinsicht für den Bürger bestehen kann. Dem tragen die **IFGe** und das **UIG** dadurch Rechnung, dass deren Anwendungsbereiche die Verwaltungstätigkeit öffentlicher Stellen unabhängig davon erfassen, ob diese sich öffentlich-rechtlicher oder privatrechtlicher Handlungsformen bedienen.[71] Unabhängig hiervon ist eine Akteneinsicht nach pflichtgemäßem **Ermessen** der Behörde (s. Rn. 18, mit Überprüfungsmöglichkeit auf Ermessensfehler), zumindest dann angezeigt, wenn es konkrete **Hinweise auf rechtswidriges Handeln** der Behörde im (verwaltungs-)privatrechtlichen Bereich gibt, damit für die öffentliche Hand möglichst keine rechtsschutzfreie Zone entsteht.[72] Das weitgehend europarechtlich vorgeprägte **Vergaberecht**, dem für die Entwicklung des Verwaltungsprivatrechts besondere Bedeutung zukommt, steht insbesondere im Nachprüfungsverfahren vor der Vergabekammer vor der Aufgabe, das Akteneinsichtsrecht durch den gebotenen Geheimnisschutz einzugrenzen (§ 111 GWB).[73]

15 § 29 setzt ein nach § 22 **begonnenes** VwVf i. S. von § 9 voraus, kommt also für **zwischen Behörden** entstehende Informationsbedürfnisse grundsätzlich als eigenständige Rechtsgrundlage für ein Einsichtsbegehren nicht in Betracht. Allerdings kann zwischen verschiedenen Behörden Akteneinsicht im Wege der **Amtshilfe** erbeten und nach Maßgabe der §§ 5 ff. geleistet werden (vgl. § 5 Rn. 15 ff.). § 29 scheidet daher als Anspruchsgrundlage auch für innerorganschaftliche Auskunftsverlangen, etwa von Ratsfraktionen gegenüber der Gemeindeverwaltung aus; insoweit bemessen sich Rechte und Pflichten nach dem Kommunalverfassungsrecht.[74] Entsprechendes gilt z. B. auch für Mitglieder der Vollversammlung einer IHK.[75] Da § 29 nur **subsi-**

---

[66] S. z. B. *BVerfG* NJW 2006, 1116.
[67] *OVG Magdeburg* NVwZ 2002, 1395; eingehend *Steike* NVwZ 2001, 868.
[68] Vgl. *BVerwGE* 61, 15 (22); *BSG* NJW 1995, 291.
[69] A. A. *Kopp/Ramsauer*, § 29 Rn. 5.
[70] Vgl. *VG Gelsenkirchen* NWVBl 1995, 111 zum grundsätzlich verneinten Akteneinsichtsrechts einer Ratsfraktion bzw. eines einzelnen Ratsmitglieds.
[71] S. z. B. zu § 2 IFG NRW: *OVG Münster* NVwZ-RR 2003, 800 (Akteneinsicht in Bautagebücher); zu § 2 IFG *Berlin*: *VG Berlin* Grundeigentum 2006, 787 (Akteneinsicht in Kalkulationen städtischer Versorgungsbetriebe, hierzu auch *Sydow* NVwZ 2006, 986; zu § 2 Abs. 1 Nr. 1 UIG: *BVerwG* DVBl 2006, 182; *Merten* NVwZ 2005, 1157.
[72] S. *OLG Frankfurt* NJW-RR 2004, 1194 zur Anwendung des § 29 als Ausdruck eines allgemeinen Rechtsgedankens.
[73] Hierzu im Einzelnen *Gröning* NZBau 2000, 366. Zum Umfang des Akteneinsichtsrechts des Bieters s. *BKartA* IBR 2000, 304 mit Anm. *Boesen*. Einen Überblick über die Entwicklung des Vergaberechts geben *Byok* NJW 2006, 2076, 2083; 2004, 198; 2001, 2295; *Opitz* NZBau 2003, 183; 2003, 252.
[74] Vgl. *OVG Münster* DÖV 2002, 705; NVwZ 1999, 1252; *VGH Kassel* NVwZ 2003, 1525; *Schütz* NVwZ 2003, 1469; *VG Gelsenkirchen* NWVBl 1995, 111; *Rothe* DVBl 1988, 382 (387).
[75] Dazu *OVG Münster* NVwZ 2003, 1526; *Grütters* GewArch 2002, 270; 2003, 271; *Rickert* WiVerw 2004, 153, 173 ff.

diär gilt, gehen Spezialvorschriften innerhalb des VwVfG (etwa § 72 Abs. 1 letzter Halbsatz für das PlfV[76] oder für sonstige **Massenverfahren** etwa nach Abs. 1 Satz 3) oder in sonstigen Spezialgesetzen vor (vgl. zur Einsicht in **Personalakten** im Beamten- und Richterrecht § 90 c BBG[77]). Auch spezielle Akteneinsichtsrechte außerhalb von Verwaltungsverfahren bleiben von § 29 unberührt.[78]

Unberührt bleiben ferner Akteneinsichtsrechte von **Verfassungsorganen** und -organteilen, **16** insbesondere von parlamentarischen Untersuchungsausschüssen auf gesonderter Rechtsgrundlage.[79] In der Rechtsprechung des *BVerfG* ist entschieden, dass sich der verfassungsrechtlich verankerte **Untersuchungsauftrag** eines parlamentarischen Untersuchungsausschusses und der grundrechtlich verbürgte **Datenschutz** grundsätzlich **gleichrangig** gegenüberstehen. Ihr Verhältnis ist nach den Umständen des Einzelfalls im Wege der **Abwägung** festzulegen. Dabei darf der Zugriff auf grundsätzlich geheimhaltungsbedürftige Unterlagen regelmäßig nicht verwehrt werden, wenn ansonsten die Wirksamkeit der parlamentarischen Kontrolle gefährdet würde und den Belangen des Geheimnisschutzes durch **Schutzvorkehrungen** gegen eine zweckwidrige Weitergabe der Informationen Rechnung getragen werden kann.[80] Entsprechendes gilt für den Landesrechnungshof als verfassungsrechtlich verankertes Kontrollorgan.[81]

Eine inhaltliche Beschränkung des Anspruchs auf Akteneinsicht kann sich durch **gesetzliche** **17** **Informations- und Weitergabeverbote** sowohl zwischen verschiedenen Behörden als auch im Verhältnis zwischen Behörde und Beteiligten ergeben. Hierzu zählen spezialgesetzliche Geheimhaltungsvorschriften etwa zum **Sozial-**,[82] **Steuer-**[83] oder **Bankgeheimnis**[84] (§ 35 SGB I, §§ 30, 30 a AO) sowie die im privaten oder öffentlichen Interesse entwickelten Grundsätze des **Rechts auf informationelle Selbstbestimmung**.[85] Aus ihnen ergeben sich Informationsschranken vor allem im Datenschutzrecht und im Recht der Sicherheitsbehörden. Sie sind unmittelbar auch über **§ 29 Abs. 2** und **§ 30** bei der Gewährung von Akteneinsicht zu beachten.[86] Das Recht auf informationelle Selbstbestimmung gewährt keinen Anspruch, dass disziplinarrechtliche Vorermittlungsakten aus den Personalakten eines Beamten entfernt werden.[87]

4. Akteneinsicht außerhalb des VwVf

Der Anspruch aus § 29 besteht nur innerhalb eines laufenden Verwaltungsverfahrens, also aus- **18** schließlich in dem Zeitraum ab dessen Einleitung nach § 22 bis zu seinem Abschluss nach § 9.[88] Außerhalb dieses Zeitraums und unabhängig von einem Verwaltungsverfahren – also etwa bei verwaltungsprivatrechtlichem Handeln der Behörde oder bei ör Verwaltungshandeln, das auf Realakte, Wissenserklärungen ohne VA- oder Vertragsqualität oder sonstiges schlichtes Verwal-

---

[76] S. allgemein zur Akteneinsicht im Planfeststellungsverfahren *VGH Kassel* NVwZ 2006, 1081. S. auch *BVerwG* NVwZ 2005, 591.
[77] Zur Verwendung von Personalaktendaten *OVG Saarlouis* NVwZ-RR 2000, 450; ferner *BVerwG* ZBR 2000, 129; *OVG Hamburg* NordÖR 1998, 158; *Lampert* VR 2000, 410, 412; *Kathke*, Personalaktenrecht, 1994; *Rapsch* ZBR 1986, 197 und ZBR 1989, 234; § 46 DRiG.
[78] S. z. B. für das Archivrecht: *OVG Lüneburg* NdsVBl 2003, 105.
[79] S. *Glauben* DÖV 2007, 149. Vgl. auch etwa Art. 44 Abs. 2 Satz 2 GG, hierzu und den Grenzen durch entgegenstehende Grundrechte oder allgemeine Schranken *BVerfG* 67, 100; *BVerfG* NJW 1988, 890 – „Neue Heimat" – NJW 1988, 897 – „Fall Lappas" –; *HbgVerfG* NJW 1989, 1081 – „Hafenstraße"; *OVG Münster* NJW 1998, 3659 (Enquete-Kommission „Sogenannte Sekten und Psychogruppen").
[80] Vgl. *BVerfGE* 67, 100 (143); 77, 1 (47); NJW 1997, 1633; *Glauben* DÖV 2007, 149. Zum Akteneinsichtsrecht eines Ratsminderheit *OVG Münster* NVwZ 1999, 1252. Zur Vorlage von Akten durch die Landesregierung s. *BVerfG* NVwZ-RR 2003, 85.
[81] *BVerfG* NVwZ 1997, 784 zur Einsicht in Krankenunterlagen. Ferner *VerfGH Bbg*. DÖV 1998, 200.
[82] Hierzu *BSG* SozR 3–2500 85 Nr. 25 = MedR 1999, 532; *OLG Celle* NJW 1997, 2964.
[83] *BFH* NJW 2001, 318; NJW 2000, 3157; *BFHE* 191, 247 = BB 2000, 1262; *OVG Münster* NVwZ 1999, 1252.
[84] *BFH* NJW 2001, 318 m. w. N.
[85] Grundlegend: *BVerfGE* 65, 1 ff. (Volkszählungsurteil). S. ferner z. B. *BVerfG* NJW 2006, 1116 zum Recht eines im Maßregelvollzug Untergebrachten auf Einsicht in seine Krankenunterlagen.
[86] Vgl. auch z. B. *BAG* NJW 2007, 794 zur arbeitsrechtlichen Pflicht des Arbeitgebers zur sicheren Aufbewahrung von Personalakten mit sensiblen Gesundheitsdaten. Zu dienstrechtlichen Personalakten s. § 30 Rn. 22. Ferner *BGH* NJW 1996, 779 betr. Behandlungsunterlagen eines Krankenhausträgers.
[87] *BVerwG* NJW 1989, 1942.
[88] Ständige Rechtsprechung, s. *BVerwGE* 67, 300, 303 f.

tungshandeln abzielt (vgl. hierzu Rn. 13 ff.) – besteht für rechtlich, wissenschaftlich, ideell oder sonstwie interessierte oder betroffene Personen nach h. M. kein allgemeiner Akteneinsichtsanspruch: Akteneinsicht wird vielmehr bei **berechtigtem Interesse**[89] (zum Begriff § 13 Rn. 32) nach dem pflichtgemäßen **Ermessen** gem. § 40 gewährt.[90] Aus Art. 19 Abs. 4 GG unmittelbar lässt sich ein Akteneinsichtsanspruch nicht herleiten.[91] Es entsteht im Widerspruchs- und Klageverfahren jeweils aufgrund gesetzlicher Regelung neu.[92] Dieses Ermessen ist so auszuüben, dass jedenfalls soviel an Informationen aus dem Akteninhalt mitgeteilt wird, dass unter Berücksichtigung des Grundprinzips des rechtsstaatlichen, fairen Verfahrens[93] eine beiderseits sachgerechte Interessenwahrnehmung möglich ist. Das berechtigte Interesse ist **glaubhaft** zu machen.[94] Das Ermessen kann im Einzelfall **auf Null reduziert** sein, z. B. wenn der Adressat eines ablehnenden Bescheides auf Informationen aus den Akten angewiesen ist, um über die Einlegung eines Widerspruchs sachgerecht entscheiden zu können.[95] In derartigen Fällen kann sich eine Einschränkung des Ermessens auch aus einer **nachwirkenden Nebenpflicht** des abgeschlossenen Verwaltungsverfahrens[96] oder auch aus einer allgemeinen, z. B. dienstrechtlichen Fürsorgepflicht der Behörde ergeben.[97] Überhaupt sollte das Ermessen zur Vermeidung unnötiger Prozesse großzügig gehandhabt werden.[98] Die Akteneinsicht kann auch zur Vorbereitung möglicher **Sekundäransprüche** erforderlich sein.[99] Diese Grundsätze gelten entsprechend, wenn **Dritte**, die nicht Beteiligte des Verwaltungsverfahrens waren, ein berechtigtes Interesse geltend machen.[100] Bei der Akteneinsicht nach dem Ermessen der Behörde sind auch die **Grundrechtsbindungen** (Rn. 12) zu beachten. Bei einsichtsbegehrenden Personen, die ein berechtigtes Interesse glaubhaft machen können,[101] ist also etwa der Gleichbehandlungsgrundsatz gleichgelagerter Fälle, ferner auch ein wissenschaftliches Interesse gem. Art. 5 III GG[102] zu berücksichtigen. Auch können Vorwirkungen des Grundrechtsschutzes Informationsansprüche begründen.[103] Andererseits kann das Gebot des **Schutzes sensibler Daten und Akten**[104] bei pflichtgemäßer Ermessensausübung zur Ablehnung des Begehrens führen (Rn. 41 ff., 51 ff. § 30 Rn. 1 ff.). So kann ein Anspruch auf Einsichtnahme in den vertraulichen Teil einer Todesbescheinigung mit Blick auf den Geheimnisschutz des Verstorbenen abgelehnt werden.[105]

---

[89] Zum Begriff auch *OVG Lüneburg* NdsVBl 2003, 105.
[90] Vgl. *OVG Münster* NJW 2005, 2028; *OLG Frankfurt* NJW-RR 2004, 1194; *VG Potsdam* LKV 2000, 319. S. aus der ständigen Rechtsprechung: BVerwGE 67, 300, 303 f. = NVwZ 1984, 445 für einen Besetzungsbericht; BVerwGE 61, 15 für Verwaltungsvorschriften; *BVerwG* NJW 1983, 2954 für Allgemeine Weisungen; *BVerwG*, Urt. vom 18. 10. 1984, Buchholz 316 § 29 VwVfG Nr. 7; *OVG Hamburg* NJW 1983, 2405 für innerbehördliche Stellungnahmen; *OVG Koblenz* NJW 1984, 52; *VGH Mannheim* NJW 1996, 613; *VG Lüneburg* NJW 1997, 2468; *VGH München* NVwZ 1999, 889; *OVG Münster* NJW 1998, 3659.
[91] Vgl. *OVG Schleswig* NVwZ 1996, 408.
[92] Zum Akteneinsichtsrecht im Widerspruchsverfahren *VG Potsdam* NVwZ-RR 2006, 6. Entgegen der dort vertretenen Auffassung schließt der im Widerspruchsverfahren nach § 79 2. Halbs. ergänzend anzuwendende § 29 einen Rückgriff auf die in § 100 Abs. 1 VwGO getroffene prozessuale Regelung der Akteneinsicht von vornherein aus, s. § 79 Rn. 28, 34. Ebenso *Ziekow* § 79 Rn. 10; *Geis/Hinterseh* JuS 2001, 1074, 1075; *Busch* in Knack, § 29 Rn. 74, jeweils m. w. N. S. aber auch *BVerwG* DVBl 2006, 1245 zu § 99 Abs. 1 Satz 2 VwGO als prozessualer Spezialnorm.
[93] *BVerfG* NJW 2004, 2887; 2000, 1709; *BVerwG* NVwZ 2001, 94 zum Inhalt des rechtsstaatlichen Gebots eines fairen Verfahrens.
[94] *BVerwG* Buchholz 316 § 29 Nr. 2 und Nr. 6; *BVerwG* NVwZ 1994, 72; *VGH München* BayVBl 1988, 404.
[95] Vgl. z. B. *Guckelberger* VerwArch 97 (2006), 62, 74; *Pinski/Makus* JuS 2005, 153, 158 m. w. N. (zur Einsicht in Verwaltungsvorschriften).
[96] Dazu *OVG Koblenz* DVBl 1991, 1367.
[97] Vgl. z. B. BVerwGE 67, 300, 304. = NVwZ 1984, 445. S. ferner *BVerwG* NVwZ 2004, 1257; *OVG Münster* NVwZ-RR 2006, 248 m. w. N. zu den Informationspflichten des Dienstherrn gegenüber einem nicht erfolgreichen Beförderungsbewerber.
[98] So auch *Kopp/Ramsauer*, § 29 Rn. 28 hinsichtlich der Ausnahmetatbestände.
[99] *OVG Koblenz* DVBl 1991, 1367; *VGH Mannheim* NJW 1996, 613.
[100] Vgl. *OVG Schleswig* NVwZ 1996, 408; *VG Potsdam* LKV 2000, 319.
[101] *BVerwG*, Urt. vom 5. 6. 1984, Buchholz 316 § 29 VwVfG Nr. 6.
[102] Hierzu *BVerfG* NJW 1986, 1243.
[103] S. *BVerwG* NJW 2003, 2696 zu Informationspflichten aus Art. 12 Abs. 1 GG gegenüber einem potentiellen Verfahrensbeteiligten; *Selmer* JuS 2003, 1241.
[104] S. z. B. *BAG* NJW 2007, 794 zur Pflicht zur sicheren Aufbewahrung von Personalakten mit sensiblen Gesundheitsdaten.
[105] *VG Lüneburg* NJW 1997, 2468.

Bevollmächtigte oder **Beistände** i. S. des § 14, auch Rechtsanwälte, haben auf Grund dieser Rechtsstellung oder ihrer Eigenschaft als Organ der Rechtspflege keinen eigenständigen, vom vertretenen Beteiligten unabhängigen Anspruch auf Akteneinsicht.[106] Ein solcher Anspruch ergibt sich auch nicht aus Art. 5 I 1 GG, denn dieser garantiert lediglich die Information aus allgemein zugänglichen Quellen, zu denen Behördenakten nicht gehören.[107] Auch die Wissenschaftsfreiheit ergibt keinen Rechtsanspruch auf Akteneinsicht.[108] Der Bevollmächtigte kann aber aus eigenem Recht einen Bescheid anfechten, der ihm untersagt, bei der Akteneinsicht gewonnene Informationen wie verfahrensrelevante persönliche Daten Dritter an den Mandanten weiterzugeben. Eine solche Verpflichtung kann auch nicht damit begründet werden, dass zwar der Rechtsanwalt, nicht aber der Mandant zur Verschwiegenheit verpflichtet sei.[109]

5. Allgemeine Informationsansprüche nach dem Umweltinformations- und Informationsfreiheitsrecht

Während die Regelung der Akteneinsicht in § 29 Ausdruck der **Parteiöffentlichkeit des Verfahrens** (Prinzip der „beschränkten Aktenöffentlichkeit")[110] ist, begann in Deutschland das „**Zeitalter der Verwaltungsöffentlichkeit**"[111] 1994 im Umweltschutz mit dem alten UIG,[112] das auf einer ersten EG-Richtlinie (90/313/EWG) beruhte und jedermann ohne den Nachweis eines berechtigten Interesses zusprach.[113] Der Bund[114] und die Länder[115] Brandenburg,[116] Berlin,[117] Hamburg,[118] Mecklenburg-Vorpommern,[119] Nordrhein-Westfalen,[120] Saarland[121] und Schleswig-Holstein[122] haben inzwischen Akteneinsichts- und Informationsgesetze erlassen,[123] durch die das bisherige Regel-/Ausnahmeverhältnis umgekehrt wird: Danach besteht grundsätzlich ein Anspruch auf Informationszugang, wenn nicht Ausnahmetatbestände

---

[106] *BVerwG* NJW 1981, 2270; Urt. vom 5. 6. 1984 und 18. 10. 1984 – Buchholz 316 § 29 VwVfG Nr. 6 und 7.
[107] S. *Kloepfer*, Informationsrecht, 2002, 405, 413; *Bull* ZG 2002, 201, 208; *Gurlit* DVBl 2003, 1119, 1122; *Schoch* Verwaltung 35 (2002), 149, 152; *Guckelberger* VerwArch 97 (2006), 62, 75.
[108] *BVerfG* NJW 1986, 1277; dazu *Weber* JuS 1986, 728; *Peglau* NJ 1993, 443. Zur öffentlichen Verwendung von Stasi-Akten vgl. §§ 32–34 StUG; hierzu *Eberle* DtZ 1992, 263, ferner Rn. 92 ff.
[109] *VG Schleswig* NJW 1997, 1798.
[110] Begr. zu § 25 Entwurf 73. S. hierzu *Guckelberger* VerwArch 97 (2006), 62, 73 ff.; *Liedtke* NWVBl 2006, 286.
[111] So *Fluck* DVBl 2006, 1406, 1407. S. zur Entwicklung auch *Schoch* DÖV 2006, 1; *Landmann/Rohmer*, Umweltrecht III Vorb. UIG Rn. 4 ff.
[112] Vom 8. 7. 1994, BGBl. I 1490: nunmehr vom 22. 12. 2004, BGBl. I 3704. Dazu *Battis/Ingold* DVBl 2006, 735; *Pützenbacher/Sailer* NVwZ 2006, 1257; *Mecklenburg/Verheyen* NVwZ 2006, 1257; *Scheidler* UPR 2006, 13; *Näckel/Wasielewski* DVBl 2006, 1351; *Kugelmann* DÖV 2005, 851; *Fluck/Wintterl* VerwArch 94 (2003), 437. Zu Landes-UIGen s. *Ekardt* NJ 2006, 295. Zur Umweltinformationsrichtlinie s. *Beer/Wesseling* DVBl 2006, 133; *Butt* NVwZ 2003, 1071.
[113] Eine Übersicht über die Entwicklung geben *Stoll* NuR 1998, 78; *Nolte* DÖV 1999, 363.
[114] Gesetz zur Regelung des Zugangs zu Informationen des Bundes (Informationsfreiheitsgesetz – IFG) vom 5. 9. 2005, BGBl. I 2722. Hierzu im Einzelnen: *Bräutigam* DVBl 2006, 950; *Kloepfer/von Lewinski* DVBl 2005, 1277; *Schmitz/Jastrow* 2005, 984; *Sokol* CR 2005, 835; *Schoch* Verwaltung 35 (2002), 149.
[115] Einen Überblick über die Länderregelungen geben *Stollmann* VR 2002, 309; *Brückner/Breitrück* DVP 2004, 397.
[116] Akteneinsichts- und Informationsgesetz (BbgAIG) vom 10. 3. 1998, GVBl I S. 46 ff., zuletzt geändert durch Gesetz vom 22. 6. 2005, GVBl. I S. 210. Hierzu *Breidenbach/Palenda* NJW 1999, 1307; *dies.* LKV 1998, 252; *Partsch* NJW 1998, 2559; Kneifel-Haverkamp DuD 1998, 8.
[117] Gesetz zur Förderung der Informationsfreiheit im Lande Berlin (Berliner Informationsfreiheitsgesetz – IFG) vom 15. 10. 1999, GVBl. S. 561 ff., zuletzt geändert durch Gesetz vom 19. 12. 2005, GVBl. I S. 791.
[118] Hamburgisches Informationsfreiheitsgesetz (HmbIFG) vom 11. 4. 2006, GVBl. 2006, 167.
[119] Gesetz zur Regelung des Zugangs zu Informationen für das Land Mecklenburg-Vorpommern (Informationsgesetz – IFG M-V) vom 10. 7. 2006, GVOBl. S. 556.
[120] Gesetz über die Freiheit des Zugangs zu Informationen für das Land Nordrhein-Westfalen (Informationsfreiheitsgesetz Nordrhein-Westfalen – IFG NRW) vom 27. 11. 2001, GV NRW S. 806, zuletzt geändert durch Gesetz vom 5. 4. 2005, GV NRW S. 351. Hierzu *Bischopink* NWVBl 2005, 245; *Beckmann* DVP 2003, 142; *Wolf-Hegerbekermeier/Pelizäus* DVBl 2002, 955; *Stollmann* NWVBl 2002, 216.
[121] Saarländisches Informationsfreiheitsgesetz (SIFG) vom 12. 7. 2006, Amtsblatt S. 1624.
[122] Gesetz über die Freiheit des Zugangs zu Informationen für das Land Schleswig-Holstein (Informationsfreiheitsgesetz für das Land Schleswig-Holstein – IFG-SH) vom 9. 2. 2000, GVOBl. S. 166 ff., zuletzt geändert durch Gesetz vom 18. 3. 2003, GVOBl. S. 154. Hierzu *Bäumler* NJW 2000, 1982.
[123] S. ferner den Entwurf eines Informationszugangsgesetzes Sachsen-Anhalt (IZG LSA) v. 4. 7. 2007 LT-Drs. 5/748 und den Entwurf eines Thüringer IFG (ThürIFG) v. 18. 7. 2007, LT-Drs. 4/3216.

gegeben sind.[124] Für § 29 wirft die sich hieraus ergebende Entwicklung bereits die Frage auf, ob dessen Regelung in einen allgemeinen verfahrensunabhängigen Informationszugangsanspruch aufgehen soll.[125]

21 Die Aarhus-Konvention[126] war Anlass zur Novellierung der EG-Richtlinie (2003/4/EG) im Jahre 2003 und für das neue **UIG des Bundes,**[127] das entsprechend einer Änderung der Gesetzgebungskompetenz auf den Zugang zu Informationen bei Bundesbehörden beschränkt ist (§ 1 Abs. 2 UIG). Zu Landes-UIGen s. *Ekardt*.[128] Soweit eine entsprechende Umsetzung der Umweltinformationsrichtlinie in einzelnen Ländern noch nicht erfolgt ist, wirft dies die Frage nach deren unmittelbaren Anwendung auf.[129] Nach § 3 Abs. 1 UIG hat jede Person nach Maßgabe des Gesetzes Anspruch auf freien Zugang zu Umweltinformationen, über die eine informationspflichtige Stelle verfügt, ohne ein rechtliches Interesse darlegen zu müssen.[130] Der Anspruch ist also ein sog. **Jedermann-Recht** und damit von einer unmittelbaren und gegenwärtigen Beeinträchtigung der eigenen Rechtssphäre in einem anhängigen VwVf unabhängig. Wegen des hierdurch eröffneten weiten Kreises möglicher Anspruchsberechtigter wird das Gesetz als „Modell für mehr Aktenfreiheit" angesehen.[131] Informationspflichtig ist jede Stelle der öffentlichen Verwaltung des Bundes einschließlich natürlicher oder juristischer Personen des Privatrechts, soweit sie öffentliche Aufgabe wahrnehmen oder öffentliche Dienstleistungen erbringen, die im Zusammenhang mit der Umwelt stehen. Dies kann sowohl eine Stelle sein, die öffentlich-rechtlich (hoheitlich oder schlicht hoheitlich) handelt, als auch eine Stelle, die privatrechtlich (fiskalisch oder verwaltungsprivatrechtlich) handelt.[132] Anspruchsverpflichtet ist – wie bei § 29 – die jeweils aktenführende Stelle.[133] Der Zugang kann durch Auskunftserteilung, Gewährung von Akteneinsicht oder in sonstiger Weise eröffnet werden. Die Ausübung des hierzu in § 3 Abs. 2 Satz 1 UIG eingeräumten Ermessens, in welcher Weise der Anspruch auf Informationen über die Umwelt erfüllt wird, ist an dem Zweck der Umweltinformationsrichtlinie auszurichten. Ein Auswahlermessen besteht deshalb nur zwischen solchen Informationsmitteln, die im Wesentlichen die gleiche Informationseignung besitzen. Wird eine bestimmte Art des Zugangs beantragt, darf dieser nach § 3 Abs. 2 UIG nur aus gewichtigen Gründen auf andere Art eröffnet werden.[134] Anspruchsberechtigt sind nur **Privatrechtssubjekte,** nicht auch Behörden in ihrem Verhältnis zueinander.[135] Auch dem Ortsverband einer politischen Partei kann der Anspruch zustehen.[136] Der Antrag kann nur aus den in §§ 8, 9 aufgeführten Gründen abgelehnt werden. Das UIG will mit dem freien Informationszugang einen Beitrag zur Kontrolle der Verwaltung, zur Schärfung des Umweltbewusstseins und zur Effektivierung der von den Mitglied-

---

[124] Zur Entwicklung im Einzelnen *Schoch* DÖV 2006, 1; *Landmann/Rohmer,* Umweltrecht III Vorb. UIG Rn. 4 ff.; *Fluck/Merenyi* VerwArch 97 (2006), 381; *Nowak* DVBl 2004, 272; *Gröschner* VVStRL 63 (2003), 344, 347; *König* DÖV 2000, 45; *Schmitz* NVwZ 2000, 1243; *Schrader* NVwZ 1999, 40; *Nolte* DÖV 1999, 363; *Burkert* DuD 1998, 8 m. w. N.
[125] So *Scherzberg,* Die Öffentlichkeit der Verwaltung, 2000, S. 341 ff. S. hierzu auch *Guckelberger* VerwArch 97 (2006), 62, 85 ff.; *dies.* UPR 2006, 89, 95.
[126] Hierzu *Oestreich* Verwaltung 39 (2006), 29; *Ekardt* NVwZ 2006, 55; *Alleweldt* DÖV 2006, 621; *Fisahn* ZUR 2004, 136; *Schlacke* ZUR 2004, 129; *v. Danwitz* NVwZ 2004, 272; *Louis* NuR 2004, 287; *Zschiesche* ZUR 2001, 177.
[127] Nunmehr vom 22. 12. 2004, BGBl. I 3704. S. zur Novellierung: BT-Drs. 15/3406. Zur Regelung im Einzelnen: *Battis/Ingold* DVBl 2006, 735; *Pützenbacher/Sailer* NVwZ 2006, 1317; *Mecklenburg/Verheyen* NVwZ 2006, 1257; *Scheidler* UPR 2006, 13; *Näckel/Wasielewski* DVBl 2006, 1351; *Kugelmann* DÖV 2005, 851; *Fluck/Wintterl* VerwArch 94 (2003), 437. Zur Umweltinformationsrichtlinie s. *Beer/Wesseling* DVBl 2006, 133; *Butt* NVwZ 2003, 1071.
[128] NJ 2006, 295. Ferner *Schomerus/Tolkmitt* NVwZ 2007, 1119.
[129] S. *OVG Münster* NWVBl 2007, 187; ZUR 2006, 600; *VGH Kassel* ZUR 2006, 259; *VG Stuttgart* UPR 2006, 123; *VG Frankfurt* NVwZ 2006, 1321; *Große* ZUR 2006, 585; *Pützenbacher/Sailer* NVwZ 2006, 1257.
[130] Hierzu bzw. zu entsprechenden Landesregelungen s. *OVG Koblenz* NVwZ 2007, 351; *VGH Kassel* NVwZ 2007, 348; *VG Frankfurt* NVwZ 2007, 239. S. auch *VG Mainz* NuR 2007, 431 zum Anspruch auf Umweltinformationen nach der Störfall-Verordnung.
[131] So *König* DÖV 2000, 45 m. w. N.
[132] *BVerwG* DVBl 2006, 182; *Merten* NVwZ 2005, 1157.
[133] *OVG Münster* NVwZ-RR 2004, 169.
[134] *BVerwGE* 102, 282 = NJW 1997, 753; hierzu *Röger* DVBl 1997, 885; *Gielen* JR 1997, 143; *Hendler* JZ 1998, 245.
[135] Vgl. *Errichsen* NVwZ 1992, 409; *Scherzberg* UPR 1992, 50; *Clausen* in Knack, § 29 Rn. 31 ff.; einschränkend für Behörden: *Turiaux* NJW 1994, 2321.
[136] *BVerwGE* 108, 369 = NVwZ 1999, 1220.

staaten umzusetzenden Umweltpolitik leisten.[137] Damit wird zugleich dem hohen Rang der staatlichen Pflicht zu Umweltinformationen Rechnung getragen, deren Vernachlässigung im Einzelfall auch eine Verletzung des Art. 8 EMRK beinhalten kann.[138]

§ 3 Abs. 1 Satz 2 UIG führt aus, dass **andere Ansprüche** auf Zugang zu Informationen unberührt bleiben, und stellt damit klar, dass derartige Informationsansprüche – etwa aus § 29 – parallel zu denen aus § 3 Abs. 1 UIG geltend gemacht werden können.[139] Eine entsprechende Klarstellung findet sich in den UIGs der Länder. 22

Während das UIG das Regel-Ausnahmeverhältnis von Aktengeheimnis und Informationszugang beschränkt auf den Bereich der Umweltinformationen umkehrt, geben die **IFGe** diese Bereichsbeschränkung auf: Will die Behörde eine bestimmte Information nicht offen legen, muss sie darlegen, dass eine der gesetzlich vorgesehenen Ausnahmen vom grundsätzlich voraussetzungslos bestehenden Zugangsanspruch vorliegt. Die Gesetzesbegründung des IFG Bund beruft sich ausdrücklich auf den Grundsatz „so viel Information wie möglich, so viel Geheimnisschutz wie nötig."[140] 23

Dementsprechend hat nach § 1 Abs. 1 Satz 1 **IFG Bund** jeder nach Maßgabe des Gesetzes Anspruch auf Zugang zu amtlichen Informationen, wobei der Begriff der Informationen in § 2 Nr. 1 IFG Bund alle amtlichen Zwecken dienenden Aufzeichnungen unabhängig von der Art ihrer Speicherung umfasst. Lediglich Entwürfe und Notizen, die nicht Bestandteile eines Vorgangs werden sollen, gehören – ähnlich wie § 29 Abs. 1 Satz 2 – nicht dazu. Entsprechende Regelungen enthalten die Länder-IFGe, wobei lediglich § 1 Abs. 2 IFG M-V den Anspruch auch juristischen Personen zuspricht, wohingegen § 1 Abs. 2 HmbIFG den Anspruch auf Unionsbürger und Bürger mit Wohnsitz in der EU beschränkt. Informationspflichtig sind – entsprechend der Regelung im UIG – neben der aktenführenden Behörde auch natürliche Personen und juristische Personen des Privatrechts, soweit eine Behörde sich dieser zur Erfüllung ihrer öffentlich-rechtlichen Aufgaben bedient. Danach ist das IFG auf die Verwaltungstätigkeit öffentlicher Stellen unabhängig davon anzuwenden, welcher Handlungsform diese sich bei der Erfüllung ihrer Aufgaben bedienen.[141] Hinsichtlich der Formen der Zugangseröffnung und deren Auswahl enthält das § 1 Abs. 2 IFG Bund eine dem § 3 Abs. 2 UIG weitgehend entsprechende Regelung. Ein Antrag auf Informationszugang nach dem IFG Bund kann – wie im UIG – nur aus den gesetzlich vorgesehenen Gründen abgelehnt werden, wobei die Schützgründe sich nach §§ 3 bis 5 IFG Bund auf besondere öffentliche Belange, den behördlichen Entscheidungsprozess und personenbezogene Daten beziehen.[142] 24

Nach § 1 Abs. 3 IFG Bund gehen **Regelungen in anderen Rechtsvorschriften** über den Zugang zu amtlichen Informationen mit Ausnahme des § 29 und des 25 SGB X vor. Das IFG Bund verdrängt also spezialgesetzliche Informationszugangsregelungen nicht, sondern diese gehen vor.[143] Damit hat das IFG Bund bewusst keinen Mindeststandard vorgegeben.[144] Für § 29 und § 25 SGB X[145] enthält § 1 Abs. 3 eine spezielle **Rückausnahme** von der ansonsten geltenden Spezialitätsregelung: Es wird ausdrücklich angeordnet, dass Ansprüche nach dem IFG neben den sich aus diesen Vorschriften ergebenden Rechten geltend gemacht werden können.[146] Hierdurch entsteht ein gewisser Wertungswiderspruch (s. Rn. 46), weil Beteiligte im Verwaltungs- 25

---

[137] Vgl. *BVerwG* NJW 1997, 753 zur Auskunftserteilung und Akteneinsicht betr. die Mitteilung vollständiger Ergebnisse einer Wasseranalyse an einen Antragsteller.
[138] S. *EGMR* NVwZ 1999, 57 zur Unterlassung der nach der Seveso-Richtlinie 82/501/EWG erforderlichen Information der Bevölkerung.
[139] BT-Drs. 15/3406, S. 15; *Näckel/Wasielewski* DVBl 2005, 1351; *Schomerus* u. a., UIG 2. Aufl. 2002, § 4 Rn. 58 ff.
[140] S. die Begründung des Gesetzesentwurfs, BT-Drs. 15/4493, S. 6; ferner *Mensching* VR 2006, 1, 4.
[141] Vgl. *OVG Münster* NWVBl 2007, 187; ZUR 2006, 600; NVwZ-RR 2003, 800 zu § 2 Abs. 1 IFG NRW.
[142] Zum Schutz von Betriebs- und Geschäftsgeheimnissen im Informationsfreiheitsrecht s. *OVG Münster* DVBl 2007, 981; *Roßnagel* MMR 2007, 16; *Brammsen* DÖV 2007, 10; *Tyczewski/Elgeti* NWVBl 2006, 281.
[143] Vgl. die Gesetzesbegründung, BT-Drs. 15/4493, S. 8. Zur Abgrenzung auch: *Scheel* in *Berger/Roth/Scheel* IFG, 2006, Rn. 113 ff.; *Mensching* VR 2006, 1, 5; *Rossi*, IFG 1. Aufl. 2006, § 1 Rn. 116 f.; *Jastrow/Schlatmann*, IFG 1. Aufl. 2006, § 1 Rn. 58; *Raabe/Helle-Meyer* NVwZ 2004, 641, 645.
[144] Vgl. *Schmitz/Jastrow* NVwZ 2005, 984, 989.
[145] Zum Zugang zu Jugendamtsakten nach dem IFG NRW s. *OVG Münster* NJW 2005, 2028; *VG Gelsenkirchen* NVwZ-RR 2004, 860.
[146] *Scheel* in *Berger/Roth/Scheel* IFG, 2006, Rn. 113 ff.; *Schmitz/Jastrow* NVwZ 2005, 984, 989.

verfahren nach § 29 nur bei Darlegung eines rechtlichen Interesses einen Anspruch auf Einsicht in die Akten „ihres" Verfahrens haben, während dieser Anspruch nach § 1 Abs. 1 IFG Bund für Jedermann voraussetzungslos besteht. Erwägungen, diese unterschiedlichen Zugangsvoraussetzungen durch Verzicht auf das Erfordernis eines rechtlichen Interesses in § 29 Abs. 1 Halbs. 2 auszugleichen,[147] konnten bislang mangels einer zur Wahrung der Rechtseinheit gebotenen Verständigung mit den Ländern nicht umgesetzt werden.[148]

26 Während § 1 SIFG weitgehend auf das IFG Bund Bezug nimmt einschließlich der dort zum Anwendungsbereich getroffenen Regelungen, gehen nach § **1 Abs. 3 IFG M-V, § 4 Abs. 2 IFG NRW, § 4 IFG SH** und wohl auch **§§ 2 Abs. 2, 3 Abs. 3 IFG Berlin**[149] besondere Rechtsvorschriften über den Zugang zu amtlichen Informationen, die Auskunftserteilung oder die Gewährung von Akteneinsicht vor.[150] Diese IFGe sind damit als **Auffanggesetze** ausgestaltet. Die spezielleren Regelungen anderer Gesetze gehen unabhängig davon vor, ob sie einen gleichartigen oder gleich weiten Informationszugang eröffnen, wobei aber eine Qualifizierung als spezialgesetzliche Sonderregelung voraussetzt, dass die Norm denselben Sachverhalt „insoweit" abschließend – sei es identisch, sei es abweichend – regelt.[151] Da die IFGe diese Länder im Unterschied zu § 1 Abs. 3 IFG Bund keine Rückausnahme enthalten, gilt deren dargestellte Anwendungsregelung auch für § 29. Danach geht dessen Regelung den IFGen dieser Länder im Umfang seines Anwendungsbereichs vor, nämlich für das Akteneinsichtsgesuch eines Beteiligten in die das jeweilige, laufende Verwaltungsverfahren betreffenden Akten. Nur in diesem Umfang stellt § 29 eine abschließende und damit der Anwendbarkeit dieser IFGe ausschließende Regelung dar.[152] Damit ist zwar Nicht-Beteiligten der Anwendungsbereich dieser IFGe eröffnet, ein Informationszugang kann aber an den konkreten Ausschlussgründen scheitern.[153] Nach **§ 2 Abs. 5 AIG Bgb** wird in einem laufenden Verwaltungsverfahren Akteneinsicht nur nach Maßgabe des anzuwendenden Verfahrensrechts gewährt, so dass § 29 insoweit ausschließlich Anwendung findet. Dies gilt auch nach **§ 1 Abs. 3 Nr. 5 § 1 HmbIFG**, der Akten aus einem laufenden Verfahren von dem allgemeinen Akteneinsichtsrecht ausnimmt.[154]

27 Die Wahrnehmung der allgemeinen Informationsansprüche erfolgt durch **Antrag** (§ 4 Abs. 1 UIG, § 7 Abs. 1 IFG Bund), der keiner Form bedarf, aber erkennen lassen muss, zu welchen Informationen der Zugang gewünscht wird.[155] Auch können sich Abgrenzungsfragen zum Anwendungsbereich des § 29 ergeben. Der Gesetzgeber hat deshalb die Antragstellung dadurch erleichtert, dass er die allgemeine Betreuungspflicht des § 25 konkretisiert und spezifische **Hinweispflichten** der Behörde normiert hat.[156] So verpflichtet § 4 Abs. 2 Satz 4 UIG die informationspflichtige Stelle dazu, den Informationssuchenden bei der Stellung und Präzisierung von Anträgen zu unterstützen.[157] § 9 Abs. 1 IFG Bund sieht vor, dass die Behörde, wenn sie den Antrag ganz oder teilweise ablehnt, mitzuteilen hat, ob und wann der Informationszugang ganz oder teilweise zu einem späteren Zeitpunkt voraussichtlich möglich ist.

28 Die Ansprüche aus dem UIG und den IFGen sind selbständig durch **Verpflichtungsklage**[158] einklagbar,[159] wohingegen nach der Rechtsprechung ein Rechtsbehelf gegen die Verweigerung oder Unzulänglichkeit der Akteneinsicht nach § 29 grds. erst mit dem Rechtsbehelf gegen die

---

[147] Dazu *Schmitz* NVwZ 2000, 1243, 989; *Schoch* Verwaltung 35 (2002), 149, 161.
[148] *Schmitz* NVwZ 2005, 984, 989.
[149] S. dazu *Stollmann* VR 2002, 309, 310.
[150] S. *Liedtke* NWVBl 2006, 286; *Franßen* NWVBl 2003, 252.
[151] Vgl. *OVG Münster* NJW 2006, 296; VR 2006, 323; NWVBl 2002, 441; *Breidenbach/Palenda* NJW 1999, 1307, 1308.
[152] S. *OVG Münster* NJW 2006, 296; VR 2006, 323; NWVBl 2002, 441. Ferner *Liedtke* NWVBl 2006, 286; *Franßen* NWVBl 2003, 252.
[153] S. dazu *Stollmann* VR 2002, 309, 310. S. auch *Schmitz/Jastrow* NVwZ 2005, 984, 989.
[154] *OVG Hamburg* DVBl 2007, 981.
[155] Hierzu *OVG Münster* DVBl 2007, 981; *Stollmann* NWVBl 2002, 221.
[156] So ausdrücklich BT-Drs. 15/3406, S. 16 zu § 4 UIG.
[157] S. hierzu *Scheidler* UPR 2006, 13, 15.
[158] S. *OVG Münster* NWVBl 2006, 292; *VG Frankfurt* NVwZ 2006, 1321. Zum einstweiligen Rechtsschutz nach § 123 VwGO s. *OVG Münster* DVBl 2007, 981; *VGH Kassel* NVwZ 2007, 348; *VG Frankfurt* NVwZ 2007, 239.
[159] S. zum Rechtsschutz bei Versagung von Akteneinsicht nach § 29 einerseits und UIG und IFG andererseits s. *Guckelberger* UPR 2006, 89; *Parsch/Schurig* DÖV 2003, 482; *Gurlit* DVBl 2003, 1119; *Stollmann* NWVBl 2002, 221. S. ferner *EuGH* NVwZ 2005, 792 zur stillschweigenden Ablehnung eines Antrags auf Zugang zu Umweltinformationen.

Sachentscheidung eingelegt werden kann.[160] Dies hat die Frage aufgeworfen, ob die gegen eine Versagung von Akteneinsicht bestehenden Rechtsschutzmöglichkeiten (s. dazu Rn. 86) für § 29 und das allgemeine Informationszugangsrecht anzugleichen sind.[161]

II. Anspruch auf Akteneinsicht im Verwaltungsverfahren (Abs. 1)

1. Pflicht zur Aktenführung

Nach Absatz 1 Satz 1 hat die Behörde den Beteiligten (Rn. 23ff.) Einsicht in die das Verfahren betreffenden Akten zu gestatten, soweit deren Kenntnis zur Geltendmachung oder Verteidigung ihrer rechtlichen Interessen erforderlich ist. Die Einsicht in die Akten muss gewährt werden, soweit nicht ein Verweigerungsgrund des Absatzes 1 vorliegt. Zum **Aktenbegriff** vgl. Rn. 6ff. Aus der „soweit"-Regelung folgt, dass auch eine **Teilinformation** durch Teilauszüge ggfls. mit partieller Anonymisierung oder Unkenntlichmachung geschützter Daten in Betracht kommt[162] (Rn. 35ff., 45).

Die Akteneinsicht – einerlei, ob als Rechtsanspruch nach Abs. 1 oder im Ermessenswege nach allgemeinen Grundsätzen – setzt eine unmittelbar sich aus § 29 selbst nicht ergebende, sondern von ihm vorausgesetzte **Pflicht zur Führung vollständiger und wahrheitsgetreuer Akten** voraus. Sie ist verwaltungsverfahrensrechtliche Pflicht, weil erst und nur durch Aktenführung und -vorhaltung eine nachprüfbare und nachvollziehbare Grundlage einer Entscheidung entsteht und die gebotene Transparenz gesichert werden kann. Die Aktenführungspflicht ergibt sich auch ohne ausdrücklichen Ausspruch in einem Gesetz oder Organisationsstatut aus der aus dem **Rechtsstaatsprinzip** folgenden Pflicht der Behörde zur objektiven Dokumentation des bisherigen wesentlichen sachbezogenen Geschehensablaufs[163] und der möglichen Erkenntnisquellen für das zukünftige Handeln (s. § 24 Rn. 2).[164] Verfahrensrechtlich ergibt sich aus der **Sachaufklärungspflicht** der Behörde und ihrer Pflichten aus § 24.[165] Dieser Aktenführungspflicht kommt bei der Verwaltung **elektronischer Dokumente** besondere Bedeutung zu. Deren Aktenführung kann als papierene (bei der der Ausdruck vorhandener elektronischer Dokumente wegen des Gebots vollständiger Aktenverwaltung erforderlich ist), vollständig elektronische oder hybride erfolgen, d. h. als lückenlos parallele Verwaltung von papierenen und elektronischen Aktenteilen. Auch bei einer ausschließlich elektronischen Verwaltung gelten die allgemeinen Grundsätze einer ordnungsgemäßen Aktenführung. Neben der Unveränderbarkeit der gespeicherten Dokumente müssen die einzelnen Dokumente zweifelsfrei identifizierbar bleiben, nach formalen Kriterien wiederauffindbar sein und mit den übrigen Dokumenten desselben Vorgangs eindeutig in Beziehung gesetzt werden können.[166] Eine dem äußeren Anschein nach ordnungsgemäß geführte Akte hat grundsätzlich die (widerlegliche) Vermutung der Vollständigkeit und Richtigkeit für sich.[167] Eine nicht ordnungsgemäße Aktenführung kann zu einer Umkehr der Beweislast führen.[168] Aus der Pflicht zur Aktenführung folgt nicht ein Recht auf allgemeine Aktenbeiziehung und -einsicht (hierzu Rn. 32ff.).[169]

---

[160] S. *BVerwG* NVwZ 2003, 605; NJW 1979, 177; *OVG Hamburg* NVwZ 2003, 1529; *OVG Münster* DVBl 1980, 946; *VGH München* BayVBl 1978, 763; 1987, 117; 1995, 631; *VG Köln* NJW 1978, 1397; *Ule/Laubinger*, § 25 Rn. 10; *Clausen* in Knack, § 29 Rn. 28; a. A. *Kopp/Ramsauer*, § 29 Rn. 44; *Meyer/Borgs*, § 29 Rn. 25; *Plagemann* NJW 1978, 2261; *Pagenkopf* NJW 1979, 282.
[161] S. dazu *Guckelberger* UPR 2006, 89, 95.
[162] Zu den Grenzen der Beweiswürdigung bei Verwertung anonymer Quellen s. *BGH* NJW 2000, 1661.
[163] S. *VG Chemnitz* LKV 2007, 44 zur Dokumentation einer Anhörung durch einen Aktenvermerk. *OVG Koblenz* DÖD 2000, 141 zur Art und Umfang der Dokumentationspflicht des Dienstherrn bei Teilabänderung einer dienstlichen Beurteilung. *VGH Kassel* DVBl 1995, 1364; DVBl 1997, 621; *OVG Hamburg* NordÖR 2000, 250 zur Protokollierung von Vorstellungsgesprächen.
[164] *BVerfG*, NJW 1983, 2135; *BVerwG* NVwZ 1988, 621.
[165] Vgl. *BVerwG* Dok.Berichte 1988, 187 (188).
[166] S. zur Führung elektronischer Behördenakten im Einzelnen *Schmitz* DÖV 2005, 885; *Bachmann/Pavlitschko* MMR 2004, 370; *Roßnagel* NJW 2003, 469; *Schmitz/Bornhofen* StAZ 2003, 97; *Schlatmann* DVBl 2002, 1055; *Guckelberger* VerwArch 97 (2006), 62. Zur Aktenvorlage im gerichtlichen Verfahren s. *Schmitz* Festgabe 50 Jahre BVerwG 2003, 677, 695.
[167] *OVG Koblenz* DVBl 1991, 1367.
[168] Vgl. *OVG Greifswald* NVwZ 2002, 104.
[169] Zur Kriminalaktenführung und informationellen Selbstbestimmung vgl. *Krüger* DÖV 1990, 641; vgl. *VGH München* DÖV 1996, 1053: Kein Anspruch für Dritte auf Übermittlung des Inhalts einer Kriminalakte. S. auch *VG Braunschweig* NVwZ-RR 2002, 484 zur Datenübermittlung an das Kraftfahrtbundesamt.

31 Aus dieser Pflicht folgt umgekehrt das grundsätzliche **Verbot der nachträglichen Entfernung** und Verfälschung von rechtmäßig erlangten Erkenntnissen und Unterlagen aus den vorhandenen Akten, weil dies dem Gebot wahrheitsgetreuer Nachzeichnung des bisherigen Geschehensablaufs und der zukünftigen Verhaltensweise widersprechen würde.[170] Zudem folgt aus der Aktenführungspflicht das Gebot, den Aktenbestand langfristig zu sichern. Dem kommt insbesondere für die elektronische Aktenführung grundlegende Bedeutung zu. Die Behörde ist verpflichtet, nach dem Stand der Technik besttaugliche Vorsorge dafür zu treffen, dass der Aktenbestand erhalten und nicht z. B. durch die Entwicklung der Technologie oder auch Eingriffe Unbefugter gelöscht oder sonstwie sachwidrig verändert wird.[171] Unberührt von diesen allgemeinen Grundsätzen bleibt ein spezialgesetzlich eingeräumter Anspruch auf **Vernichtung** von Akten nach Ablauf bestimmter Fristen.[172] Bei **rechtswidrig angelegten oder aufbewahrten Akten** kann bei Vorliegen eines berechtigten Interesses ein Vernichtungs- oder Entfernungsanspruch bestehen.[173] Umgekehrt kann hinsichtlich vorzeitig entfernter notwendiger Aktenbestandteile ein Anspruch auf Vervollständigung und Wiederherstellung bestehen.[174]

32 Welche Vorgänge in die Akten als wesentlich bzw. bedeutsam **aufzunehmen** sind, richtet sich nach dem materiellen und formellen Recht des jeweiligen Rechtsgebietes, zu dem das konkrete VwVf gehört.[175] Weil die Aktenführungspflicht eng mit Inhalt und Umfang der Untersuchungspflicht der Behörde nach Maßgabe der §§ 24 ff. zusammenhängt (Rn. 25), ist für das Ausmaß und den Umfang der Aufnahme in die Akten wesentlich der **Einzelfall** und die **Bedeutung** der Verwaltungsangelegenheit im öffentlichen oder privaten Interesse, sofern nicht ausdrücklich gesetzliche oder innerbehördliche Regelungen nähere Einzelheiten vorschreiben. Schriftliche und elektronische Äußerungen von Beginn bis zum Ende eines VwVf sind in aller Regel – unabhängig von ihrer letztlichen Entscheidungserheblichkeit – zu den Akten zu nehmen, also insbesondere Anträge, Anfragen, Stellungnahme anderer Behörden, Zwischenbescheide und die abschließende Sachentscheidung; ebenso Gutachten, Protokolle bzw. Vermerke über Anhörungen,[176] Vernehmungen und Ortsbesichtigungen oder sonstige Beweisaufnahmen (**sog. wesentliche Bestandteile**). Ob über Telefonate, Besprechungen oder sonstiges informelles Handeln der an einer Verwaltungsentscheidung mitwirkenden Beteiligten oder Bediensteten der Behörden schriftliche Vermerke oder Niederschriften aufzunehmen und zur Akte zu nehmen sind, lässt sich nicht generell beurteilen.[177] Je größer die Bedeutung des VwVf oder der Verwaltungsangelegenheit im öffentlichen oder privaten Interesse ist, desto eher wird der Grundsatz des fairen, objektiven und wahrheitsgetreuen Verwaltungsverfahrens[178] eine Dokumentation des Geschehens gebieten, damit eine **wahrheitsgetreue Nachzeichnung** der Fakten möglich wird.[179] Unklarheiten oder Lücken gehen im Zweifel zu Lasten der Behörde. So kann z. B. eine

---

[170] *BVerfG* NJW 1983, 2135.
[171] Siehe hierzu im Einzelnen *Sydow* Verwaltung 38 (2005), 35 ff.; *Roßnagel* MMR 2007, 16; NJW 2003, 469, 474; *ders./Knopp* DÖV 2006, 987. S. auch allgemein zur Aktensicherung: *BAG* NJW 2007, 794 zur arbeitsrechtlichen Pflicht des Arbeitgebers zur sicheren Aufbewahrung von Personalakten mit sensiblen Gesundheitsdaten. Zu dienstrechtlichen Personalakten s. § 30 Rn. 22. Ferner *BGH* NJW 1996, 779 betr. Behandlungsunterlagen eines Krankenhausträgers.
[172] Vgl. *VGH Mannheim* NVwZ 1998, 648 – zur Aufbewahrungsdauer von Erhebungsunterlagen nach dem VolkszählungsG – und NJW 1987, 2762.
[173] Vgl. *BVerwG* ZBR 2000, 129 (Teilentfernung von Personalaktendaten durch Schwärzung); *VGH München* BayVBl 1984, 272; *VG Frankfurt* NJW 1988, 1613; *Kassel* DVBl 1993, 616 betr. rechtswidrig angelegte Gesundheitsakte. Zur (verneinten) Pflicht zur Entfernung einer Abmahnung aus der Personalakte eines angestellten Lehrers vgl. *BAG* NJW 1989, 2562; ferner Rn. 28.
[174] *BVerwGE* 113, 255 = NVwZ 1999, 300 hinsichtlich einer vorzeitig aus der Personalakte entfernten und vernichteten Beurteilung.
[175] *BVerwG* Dok.Ber. 1988, 187.
[176] S. *VG Chemnitz* LKV 2007, 44 zur erforderlichen Dokumentation einer Anhörung durch einen Aktenvermerk.
[177] Zum Ausnahmetatbestand „Vertraulichkeit der Beratungen von Behörden" in Art. 4 Abs. 2 Satz 1 Buchst. a RL 2003/4/EG und dem Ausschlussgrund „Protokolle vertraulicher Beratungen" in § 7 Abs. 1 IFG NRW s. *OVG Münster* NWVBl 2007, 187; 2006, 292; ZUR 2006, 600. S. auch zur Vertraulichkeit vorbereitender kommunalinterner Beratungen: *OVG Münster* NWVBl 2007, 117.
[178] *BVerfG* NJW 2000, 1709; *BVerwG* NVwZ 2001, 94 zum Inhalt des rechtsstaatlichen Gebots eines fairen Verfahrens.
[179] *BVerfG* NJW 1983, 2135; *BVerwG* NVwZ 1988, 621.

unzureichende oder fehlerhafte Protokollierung des Prüfungsgeschehens zu einer Verschiebung der materiellen Beweislast führen.[180]

Unberührt bleiben **spezialgesetzliche Vorschriften** über Anlage und Führung von Akten, mit denen sowohl der in die Akten aufzunehmende Inhalt, der Umfang der zulässigen Kenntnisnahme durch Beteiligte oder nicht am Verfahren beteiligte Rechtssubjekte und die Art und Dauer der Aufbewahrung geregelt sind. Derartige Vorschriften können für die Akteneinsicht nach Abs. 2 unter dem Gesichtspunkt geheimzuhaltender Vorgänge von Bedeutung sein und das Recht auf Akteneinsicht gegenüber bestimmten Personen, bestimmten Verfahren oder bestimmten Zwecken **beschränken** oder **ausschließen**. 33

2. Die Einsichtnahme

Sie besteht dahin, dass dem Beteiligten bzw. seinem Bevollmächtigten (§ 14, § 29 Abs. 1 Satz 3) **Gelegenheit zum Studium** der Akten und zur Anfertigung von **Notizen** und Auszügen aus ihnen gegeben wird. Die Anwesenheit eines Behördenbediensteten wird sich, soweit dieser nicht Hilfestellung gibt, etwa beim Zugang zu elektronischen Dokumenten, (nur) dann empfehlen, wenn Besorgnis zu der Annahme besteht, die Akten könnten – ganz oder teilweise – verfälscht oder beseitigt werden. Zu **Fotokopien** Rn. 84f. 34

Bei der Sichtung elektronisch geführter Akten hat die Behörde vorab im Rahmen des ihr bei der Ausgestaltung der Einsichtnahme zukommenden Ermessens zu entscheiden, von welcher der in § 299 Abs. 3 ZPO,[181] § 100 Abs. 2 VwGO aufgeführten Möglichkeiten sie Gebrauch machen will. Danach kann die Akteneinsicht in elektronisch geführte Akten durch Erteilung eines Ausdrucks, durch Wiedergabe auf dem Bildschirm oder Übermittlung erfolgen. Rechtsanwälten kann zudem nach Ermessen der elektronische Zugriff auf den Inhalt der Akten gestattet werden, wobei sicherzustellen ist, dass der Zugriff nur durch den Bevollmächtigten erfolgt. Für die Übermittlung ist nach § 299 Abs. 3 Satz 4 ZPO, § 100 Abs. 2 Satz 5 VwGO die Gesamtheit der Dokumente mit einer qualifizierten elektronischen Signatur zu versehen und gegen unbefugte Kenntnisnahme zu schützen.[182] In jedem Fall ist eine Beschränkung der Einsicht auf die Daten des jeweiligen Verwaltungsverfahrens sicherzustellen.[183] 35

In vielen Fällen wird der Beteiligte überhaupt erst durch die Einsichtnahme in einzelne Aktenbestandteile (z.B. Pläne, Gutachten, Statistiken, Stellungnahmen anderer Behörden) in die Lage versetzt sein, sich substantiell zur Sache zu äußern. Insofern schafft § 29 als Ausdruck des rechtsstaatlichen, fairen und waffengleichen VwVf (Rn. 1ff.; § 28 Rn. 2, 27)[184] funktionell eine wichtige **Voraussetzung für die Anhörung des § 28**.[185] Diese kann allerdings gerade in der Akteneinsicht liegen. Soll eine Anhörung nach § 28 bereits in der Gewährung der Akteneinsicht bestehen, hat die Behörde darauf ausdrücklich hinzuweisen; Zweifel gehen zu ihren Lasten (§ 28 Rn. 34). Die Versäumung einer Frist ist aber regelmäßig nicht deswegen unverschuldet, weil der Antragsteller vor Fristablauf keine Gelegenheit zur **Akteneinsicht** hatte.[186] Erhält ein Betroffener erstmals im Wege der Akteneinsicht Kenntnis von den eine (Personal-)Entscheidung tragenden Erwägungen, so hat er neben der Fortführung des Verfahrens und der Rücknahme seines Antrags auch die Möglichkeit, die Hauptsache für erledigt zu erklären.[187] 36

---

[180] OVG *Münster* DVBl 2000, 718f.; *VG Chemnitz* LKV 2007, 44. Ferner *OVG Saarlouis* NVwZ-RR 2007, 250; *VGH München* Beschluss v. 8. 10. 2004 – 7 CE 04.2567 –, VGHE 58, 11; *VGH Kassel* DVBl 1995, 1364; DVBl 1997, 621 zu den Erfordernissen einer Protokollierung mündlicher Prüfungen.
[181] In der Fassung des Justizkommunikationsgesetzes vom 22. 3. 2005, BGBl. I S. 837.
[182] S. hierzu im Einzelnen *Bachmann/Pavlitschko* MMR 2004, 370; *Baumbach/Lauterbach*, ZPO 2007, § 299 Rn. 31 ff.; ferner zur elektronischen Aktenführung *Schmitz* DÖV 2005, 885, *Roßnagel* NJW 2003, 469; *Schmitz/Bornhofen* StAZ 2003, 97; *Schlatmann* DVBl 2002, 1055; *Guckelberger* VerwArch 97 (2006), 62. S. ferner *Schmitz/Jastrow* NVwZ 2005, 984, 989 zur Akteneinsicht nach § 1 Abs. 2 Satz 2 IFG und § 3 Abs. 2 Satz 2 UIG.
[183] S. dazu *Bachmann/Pavlitschko* MMR 2004, 370, 373f.
[184] Zum Inhalt des rechtsstaatlichen Gebots eines fairen Verfahrens s. BVerfG NJW 2004, 2887; 2000, 1709; BVerwG NVwZ 2001, 94.
[185] Vgl. *OVG Münster* NJW 2005, 2028.
[186] BVerwG NVwZ 1997, 993 zu § 20 Abs. 5 Satz 2 AEG.
[187] *VGH Kassel* NVwZ-RR 2001, 8 für das Klageverfahren; dort auch zur Kostenentscheidung.

3. Nur für Beteiligte im laufenden VwVf

37 **Anspruch** auf Akteneinsicht nach § 29 haben **nur die Beteiligten**, d. h. diejenigen, die in dem – begonnenen und noch nicht beendeten (§ 22 Rn. 1 ff.) – Verfahren, dessen Akten eingesehen werden sollen, eine Beteiligtenstellung haben. Es gilt der **formelle Beteiligtenbegriff des § 13**.[188] Wer noch nicht am Verfahren beteiligt ist, aber annimmt, dass durch seinen Ausgang seine rechtlichen Interessen (zum Begriff vgl. Rn. 34 ff.) berührt werden, muss demnach, um die Akten einsehen zu können, zunächst einen Antrag auf Hinzuziehung zum Verfahren als Beteiligter (§ 13 Abs. 2 Satz 1) stellen und tatsächlich hinzugezogen worden sein. Im übrigen wird Akteneinsicht nur bei berechtigtem Interesse und nach dem **Ermessen** der Behörde gewährt (s. Rn. 18).[189]

38 Der Anspruch besteht somit erst vom Zeitpunkt des **Beginns** des Verfahrens (hierzu § 22 Rn. 1 ff.), nicht schon während eines davorliegenden Zeitraums behördlicher Vorbereitungsarbeiten (s. Rn. 46 ff.);[190] der Einsichtsanspruch **endet mit dem Abschluss** des VwVf i. S. des § 9, also mit dem Erlass des VA oder dem Abschluss des ör Vertrags.[191] § 29 greift nach Abschluss des VwVf unabhängig davon nicht mehr ein, ob der bestandskräftige VA mit einer Begründung versehen ist oder nicht.[192] Er entsteht neu bzw. setzt sich fort in einem Vorverfahren (vgl. § 79) und im Verwaltungsprozess (§ 100 VwGO).[193] Im Einzelfall kann das bei der Gewährung von Akteneinsicht außerhalb des Verwaltungsverfahrens bestehende Ermessen[194] (s. Rn. 18) **auf Null reduziert** sein,[195] wobei sich eine solche Einschränkung des Ermessens auch aus einer **nachwirkenden Nebenpflicht** des abgeschlossenen Verwaltungsverfahrens[196] oder auch aus einer allgemeinen, z. B. dienstrechtlichen Fürsorgepflicht der Behörde ergeben kann.[197] Kommt es nicht zum Erlass eines VA oder Abschluss eines ör Vertrags, ist im Einzelfall zu prüfen, ob das Verfahren beendet ist oder nicht. Ein **formeller Beendigungsakt** ist nicht zu fordern; lässt die Behörde das Verfahren einstweilen **ruhen** und liegt ein nach außen erkennbarer Beendigungsakt nicht vor, so bleibt § 29 anwendbar.[198] Auch nach einem bestandskräftig **abgeschlossenen Verfahren** kann Akteneinsicht nach dem Ermessen der Behörde bewilligt werden, soweit dies zur Verfolgung berechtigter Interessen des (früheren) Beteiligten, z. B. von Sekundäransprüchen, angezeigt ist (s. Rn. 18).[199]

39 § 29 betrifft das Akteneinsichtsrecht der anderen Verfahrensbeteiligten, gilt also nur im **Außenverhältnis**; interne Einsichtsverlangen **innerhalb einer Behörde** werden von Abs. 1 nicht erfasst. Ob derartige Einsichtsbefugnisse bestehen, richtet sich nach den dafür geltenden Vorschriften.[200] Ein bevollmächtigter **Rechtsanwalt** hat neben dem für seinen Mandanten wahrzunehmenden Akteneinsichtsrecht keinen eigenen Anspruch auf Akteneinsicht als Organ der

---

[188] Ständige Rechtsprechung, vgl. *BVerwGE* 61, 15 (24); 67, 300 (303 f.); *BVerwG* DVBl 1990, 707.
[189] *OVG Münster* NJW 2005, 2028; *OLG Frankfurt* NJW-RR 2004, 1194; *VG Potsdam* LKV 2000, 319. S. aus der ständigen Rechtsprechung: *BVerwGE* 67, 300, 303 f. = NVwZ 1984, 445; *BVerwGE* 61, 15; *BVerwG* NJW 1983, 2954; *BVerwG*, Urt. vom 18. 10. 1984, Buchholz 316 § 29 VwVfG Nr. 7; *OVG Hamburg* NJW 1983, 2405; *OVG Koblenz* NJW 1984, 52; *VGH Mannheim* NJW 1996, 613; *VG Lüneburg* NJW 1997, 2468. *VGH München* NVwZ 1999, 889; *OVG Münster* NJW 1998, 3659.
[190] Vgl. Begründung zu § 25 Entwurf 73. Ebenso zum Akteneinsichtsrecht des Landtagsabgeordneten gegenüber dem Landesrechnungshof *VerfGH Bbg* DÖV 1998, 200.
[191] S. die Nachweise der ständigen Rechtsprechung in *OVG Münster* NJW 2005, 2028; *OLG Frankfurt* NJW-RR 2004, 1194.
[192] *BVerwG* Buchholz 316 § 29 VwVfG Nr. 8.
[193] Zum Akteneinsichtsrecht im Widerspruchsverfahren *VG Potsdam* NVwZ-RR 2006, 6. Entgegen der dort vertretenen Auffassung schließt die im Widerspruchsverfahren nach § 79 2. Halbs. ergänzend anzuwendende § 29 einen Rückgriff auf die in § 100 Abs. 1 VwGO getroffene prozessuale Regelung der Akteneinsicht von vornherein aus, s. § 79 Rn. 28, 34. Ebenso *Ziekow* § 79 Rn. 10; *Geis/Hinterseh* JuS 2001, 1074, 1075; *Busch* in Knack, § 79 Rn. 74, jeweils m. w. N. S. aber auch *BVerwG* DVBl 2006, 1245 zu § 99 Abs. 1 Satz 2 VwGO als prozessualer Spezialnorm.
[194] Ständige Rechtsprechung, S. z. B. *OVG Münster* NJW 2005, 2028; *OLG Frankfurt* NJW-RR 2004, 1194; *VG Potsdam* LKV 2000, 319.
[195] Vgl. z. B. *Guckelberger* VerwArch 97 (2006), 62, 74; *Pinski/Makus* JuS 2005, 153, 158 m. w. N. (zur Einsicht in Verwaltungsvorschriften).
[196] Dazu *OVG Koblenz* DVBl 1991, 1367.
[197] Vgl. z. B. *BVerwGE* 67, 300, 304 = NVwZ 1984, 445 für Akteneinsicht in einen Besetzungsbericht. S. ferner *BVerwG* NVwZ 2004, 1257; *OVG Münster* NVwZ-RR 2006, 248 m w. N. zu den Informationspflichten des Dienstherrn gegenüber einem nicht erfolgreichen Beförderungsbewerber.
[198] Vgl. *VGH München* NJW 1988, 1615.
[199] Vgl. *OVG Koblenz* NVwZ 1992, 384; *VGH Mannheim* NJW 1996, 613 für Schadensersatzansprüche.
[200] Vgl. für kommunalrechtliche Akteneinsichtsansprüche: *OVG Münster* DÖV 2002, 705; NVwZ 1999, 1252; *VGH Kassel* NVwZ 2003, 1525; *Schütz* NVwZ 2003, 1469. Zu kommunalen Ausschüssen zur Akteneinsicht s. *Eiermann* VBlBW 2007, 15. Ferner *Herrmann* Gemeindehaushalt 2007, 161.

Rechtspflege, da er nicht nach § 13 Beteiligter ist.[201] Entsprechendes gilt für sonstige Bevollmächtigte und Beistände i. S. des § 14 (s. Rn. 19).

4. Das Verfahren betreffende Akten

Der Anspruch bezieht sich nur auf die das Verfahren betreffenden Akten des Beteiligten, also **40** in der Regel nur die **„eigenen" Akten,** die für „sein" VwVf **entstanden** sind und die von der verfahrensführenden Behörde bereits geführt oder sonst **beigezogen** wurden (vgl. aber Rn. 8). Dies schließt eine Einsichtnahme in nicht unmittelbar zu dem VwVf gehörende Akten(-teile) nicht grundsätzlich aus; insoweit gilt das allgemeine Einsichtsrecht nach dem Ermessen der Behörde.[202] Sind allerdings Bestandteile der Akten des abgeschlossenen Vorgangs für das laufende Verfahren unmittelbar aktuell, findet § 29 Anwendung.[203] Entsprechendes kann z. B. bei der Geltendmachung von Sekundäransprüchen gelten.[204] Sofern zwischen solchen Akten und dem VwVf, aus dem die Einsicht begehrt wird, jeder Verfahrensbezug fehlt, kommt eine Akteneinsicht insoweit in der Regel auch nach dem Ermessen der Behörde nicht in Betracht. Ein Anspruch auf Einsicht in Akten aus **Musterfällen oder Parallelverfahren** besteht dann, wenn gerade darin die Behörde die maßgeblichen rechtlichen und tatsächlichen Prüfungen angestellt und sich zur Begründung ganz oder teilweise auf derartige Grundsatzentscheidungen in einem anderen VwVf bezieht. Hier wäre die Verweigerung der Akteneinsicht unter Hinweis auf „ein anderes" Verfahren rechtsmissbräuchlich, jedenfalls aber ein Verstoß gegen das rechtliche Gehör und das objektive, faire Verfahren.[205]

Akten **„betreffen"** das Verfahren des Beteiligten wenn sie mit Bezug (auch) auf die Sach- **41** entscheidung in dessen Verlauf **angelegt,** sonst **entstanden,** zu dessen Durchführung von der Behörde des Beteiligten **beigezogen** worden sind oder „materiellrechtlich" **dazu gehören** (Rn. 8). Welche Akten zum Verfahren benötigt werden, bestimmt die Behörde über §§ 24, 26. Es gilt der sog. **materielle Aktenbegriff.** Die Behörde kann einen bei pflichtgemäßer Behandlung der Sache bestehenden Akteneinsichtsanspruch nicht dadurch unterlaufen, dass sie bestimmte Vorgänge gesondert führt und außer Betracht lässt, um ihre Entscheidungsgrundlage nicht zu offenbaren. Insofern kann sich der Akten*einsichts*anspruch ausnahmsweise auch auf einen Anspruch auf Akten*beiziehung* erstrecken (s. Rn. 10). Ansonsten unterfallen dem Einsichtsrecht aus § 29 nur die von der Behörde geführten oder bereits beigezogenen Akten.[206] Wird eine Beiziehung verweigert, kann im Einzelfall eine Verletzung von §§ 24, 26 vorliegen. Sind Akten beigezogen worden, die keinerlei **rechtlichen oder tatsächlichen Bezug** zum konkreten VwVf haben, kann – wie sich auch aus der **„soweit"**-Regelung ergibt – die Einsicht ganz oder teilweise verwehrt werden.

Eine **teilweise** Akteneinsicht kann bei papierener oder hybrider Aktenführung[207] darin be- **42** stehen, dass nur in einige der im Verfahren geführten Akten Einsicht gewährt wird; innerhalb einer Akte können einzelne Blätter oder Namen von der Einsicht ausgenommen werden (ggfs. durch Anonymisierung oder Schwärzung), sofern sie nicht das Verfahren des Beteiligten betreffen.[208] Ob eine Anonymisierung erforderlich ist, bedarf der Einzelfallprüfung u. a. mit Blick auf das Recht auf informationelle Selbstbestimmung.[209] **Geheimhaltungsinteressen Dritter** sind ferner über Abs. 2 (hierzu Rn. 61 ff.) und über § 30 (Näheres dort) geschützt; insoweit sind Einsichtsrechte eines Beteiligten begrenzt oder ausgeschlossen.[210] Eine teilweise Aktensicht nach Teilanonymisierung scheidet grds. dann aus, wenn wegen der Vielzahl schützenswerter Daten

---

[201] *BVerwG* NJW 1981, 2270; *BVerwG,* Urt. vom 5. 6. 1984, Buchholz 316 § 29 VwVfG Nr. 6 für ein Einsichtsbegehren in Allgemeine Weisungen im Sozialrecht; *BVerwG,* Urt. vom 18. 10. 1984, Buchholz a. a. O., § 29 Nr. 7 für Verwaltungsvorschriften der Deutschen Bundespost.
[202] Rn. 18 ff.; *BVerwG* NJW 1984, 2271 (2273, 2274).
[203] Vgl. *OVG Lüneburg,* Urteil v. 14. 8. 2002 – 4 LC 88/02 –; *VG Lüneburg,* Urteil v. 25. 2. 2003 – 4 A 54/01 –.
[204] Vgl. *OVG Koblenz* NVwZ 1992, 384; *VGH Mannheim* NJW 1996, 613.
[205] *BVerfG* NJW 2000, 1709; *BVerwG* NVwZ 2001, 94.
[206] *BVerwG* NVwZ 1999, 535. S. auch *BVerwGE* 105, 348 = NVwZ 1998, 395 zum Begriff der „einschlägigen Sachverständigengutachten" i. S. des § 29 Abs. 1 Satz 1 BNatSchG.
[207] S. dazu Rn. 8. Im Einzelnen *Bachmann/Pavlitschko* MMR 2004, 370.
[208] *BVerfG* NJW 1994, 3219.
[209] Vgl. *BVerfG* NVwZ-RR 2000, 760 zur unbedenklichen Weitergabe von Einwendungen in nicht anonymisierter Form an den Vorhabenträger.
[210] S. zum Schutz von Betriebs- und Geschäftsgeheimnissen unter § 30. Auch *OVG Lüneburg* NVwZ 2003, 629; *Brammsen* DÖV 2007, 10; *Tyczewski/Elgeti* NWVBl 2006, 281.

43 Welche Akten das **Verfahren betreffen** und den notwendigen Verfahrensbezug zur eigenen Rechtssphäre und zum „eigenen" Verfahren aufweisen, ist im **Einzelfall** unter Berücksichtigung der jeweiligen Sach- und Rechtslage festzustellen (hierzu Rn. 8, 25). Zum materiellen **Personalaktenbegriff** vgl. § 90 BBG, § 56 BRRG.[212] Vorgänge, die etwa im Zusammenhang mit der Entscheidung über die bestmögliche Besetzung von Richter-(Beamten-)stellen entstehen, brauchen nicht zu den Personalakten des für die Stellenbesetzung in Betracht gezogenen Richters (Beamten) genommen zu werden;[213] allerdings hat die Behörde über die Gewährung von Einsicht in einen Besetzungsbericht nach pflichtgemäßem Ermessen zu entscheiden.[214] Insoweit besteht kein Spannungsverhältnis zwischen § 29 und § 90 d Abs. 2 BBG: Die Sachakte betreffend die Stellenbesetzung ist keine Personalakte im dienstrechtlichen Sinne;[215] für eine Einsichtnahme in sie kommt nur § 29 in Betracht, wohingegen für die Einsichtnahme in die Personalakte des Mitbewerbers ausschließlich §§ 90 ff. BBG bestimmend sind.[216] Selbst wenn kein Anspruch auf Akteneinsicht besteht, muss aber nach dem Grundsatz des rechtsstaatlichen, fairen VwVf (§ 1 Rn. 23 ff.; § 20 Rn. 1, 28 Rn. 2, 27)[217] bei Darlegung eines berechtigten Interesses einem Verfahrensbeteiligten grundsätzlich soviel an **Mindestinformationen** gegeben werden, dass eine sachgerechte Wahrung individueller Rechte möglich ist.[218] Im Einzelfall kann das bei der Gewährung von Akteneinsicht außerhalb des Verwaltungsverfahrens bestehende Ermessen[219] – etwa auch aus einer **nachwirkenden Nebenpflicht** des abgeschlossenen Verwaltungsverfahrens[220] oder aus einer allgemeinen, z. B. dienstrechtlichen Fürsorgepflicht der Behörde[221] – **auf Null reduziert** sein.[222]

44 Eine **Umgehung der Einsicht** durch Beteiligte durch vorzeitige Zurücksendung beigezogener Akten oder eine sonstige sachlich nicht begründete Entfernung von Aktenteilen oder von einzelnen Vorgängen aus einer Akte ist grundsätzlich **unzulässig,** soweit dadurch die wahrheitsgetreue und objektive Dokumentation des bisherigen Geschehensablaufs beeinträchtigt wird.[223] Aus dem Anspruch auf Akteneinsicht folgt nicht zugleich auch ein Anspruch auf Bekanntgabe eines **Informanten** einer Behörde.[224] Dessen Name braucht in der Regel nicht genannt zu werden, weil sonst die für die gesetzliche Aufgabenerfüllung der Behörde notwendige Informationsquelle versiegen würde.[225] Dies gilt aber dann nicht, wenn ausreichende Anhaltspunkte dafür vorliegen, dass der Informant die Behörde wider besseren Wissens oder leichtfertig falsch informiert hat.[226] Im Ausnahmefall braucht auch der Inhalt der Information nicht bekannt gegeben zu werden, wenn er seinem Wesen nach geheimzuhalten ist.[227]

---

[211] Vgl. *VG Berlin* NVwZ-RR 2002, 810.
[212] *BVerwGE* 56, 103; 59, 356; *BVerwG* VBlBW 1989, 328; *Lampert* VR 2000, 410, 412; zum Entfernungsanspruch aus diesen Akten vgl. *BVerwGE* 50, 301; 56, 104; 59, 357; *BVerwG* NJW 1989, 1942.
[213] *BVerwG* DVBl 1984, 55 = *BVerwGE* 67, 304.
[214] Weitergehend zum Umfang des (vollen) Akteneinsichtsrechts in Personalakten des Mitbewerbers in beamtenrechtlichen Konkurrentenverfahren: *VGH Kassel* DVBl 1994, 592; DVBl 1993, 966; ZBR 1990, 185. S. ferner *BVerwG* NVwZ 2004, 1257; *OVG Münster* NVwZ-RR 2006, 248 m. w. N. zu den Informationspflichten des Dienstherrn gegenüber einem nicht erfolgreichen Beförderungsbewerber.
[215] Vgl. BT-Drs. 12/544 S. 11, 16.
[216] A. A. *Wittkowski* NVwZ 1995, 346.
[217] *BVerfG* NJW 2000, 1709; *BVerwG* NVwZ 2001, 94.
[218] *BVerwGE* 55, 186 (192) und *BVerwG* DVBl 1984, 54 (55); *VGH München* NVwZ 1990, 778.
[219] Ständige Rechtsprechung, S. z. B. *OVG Münster* NJW 2005, 2028; *OLG Frankfurt* NJW-RR 2004, 1194; *VG Potsdam* LKV 2000, 319.
[220] Dazu *OVG Koblenz* DVBl 1991, 1367.
[221] Vgl. z. B. *BVerwGE* 67, 300, 304 = NVwZ 1984, 445 für Akteneinsicht in einen Besetzungsbericht. S. ferner *BVerwG* NVwZ 2004, 1257; *OVG Münster* NVwZ-RR 2006, 248 m. w. N. zu den Informationspflichten des Dienstherrn gegenüber einem nicht erfolgreichen Beförderungsbewerber.
[222] Vgl. z. B. *Guckelberger* VerwArch 97 (2006), 62, 74; *Pinski/Makus* JuS 2005, 153, 158 m. w. N. (zur Einsicht in Verwaltungsvorschriften).
[223] *BVerfG*, NJW 1983, 2135; *BVerwG* NVwZ 1988, 621; Rn. 8.
[224] *BVerwG* NJW 1983, 2954; *VGH München* NVwZ 1990, 778.
[225] *EuGH* Slg. 1998, 4871; *BVerwG* NJW 1992, 451; *BFH* NVwZ-RR 1997, 753; *OVG Koblenz* AS RP-SL 26, 338; dazu *Roewer* DVBl 1992, 633; *Knemeyer* JZ 1992, 348, jew. m. w. N.
[226] *BVerwG* NJW 2004, 1543; 2004, 93; 2003, 3217; *VerfGH Rheinland-Pfalz* DVBl 1999, 309. Hierzu *Wollweber* DVBl 1999, 980. S. zum Informantenschutz auch § 3 Nr. 7 IFG. Nach *Schmitz/Jastrow* NVwZ 2005, 984, 992 hat die Vorschrift Appellcharakter, weil sie dem Hinweisgeber zeigt, dass er anonym bleiben kann.
[227] Zu den Grenzen der Beweiswürdigung bei Verwertung anonymer Quellen s. *BGH* NJW 2000, 1661.

Im Verwaltungsverfahren betreffend einen Antrag auf Akteneinsicht unterliegen diejenigen **45** Akten, in die nach dem Antrag eingesehen werden soll, nicht der Einsicht nach § 29, weil dies eine verfahrensrechtliche Umgehung der Prüfung des materiellen Anspruchs auf Einsichtnahme wäre. Ggfs. ist die Einsicht auf diejenigen Akten(teile) beschränkt, die sich mit dem „Ob" des Einsichtsrechts befassen.[228] Zur Aktenvorlage im gerichtlichen Verfahren s. Rn. 87.

5. Rechtliches Interesse

§ 29 Abs. 1 Satz 1 gewährt einen Anspruch auf Akteneinsicht nur, **soweit** die Kenntnis der **46** Akten zur Geltendmachung oder Verteidigung der **rechtlichen Interessen** des Beteiligten **erforderlich** ist. Hierdurch entsteht ein gewisser Wertungswiderspruch zu § 1 Abs. 1 IFG Bund, der einem nicht am Verfahren beteiligten Dritten grds. einen Anspruch auf Einsichtnahme auch in die Akten eines laufenden Verfahrens voraussetzungslos einräumt. Zum Verhältnis des § 29 zu § 1 Abs. 1 IFG Bund s. Rn. 25. Erwägung, diese Unstimmigkeit durch Verzicht auf das Erfordernis eines rechtlichen Interesses in § 29 Abs. 1 Satz 1 auszugleichen,[229] konnten bislang mangels einer zur Wahrung der Rechtseinheit gebotenen Verständigung mit den Ländern nicht umgesetzt werden.[230] Eine **Erforderlichkeit** im Sinne dieser Vorschrift ist nicht erst dann gegeben, wenn die Akteneinsicht mit Sicherheit eine Verbesserung der Rechtsposition des Beteiligten bringt, sondern bereits dann, wenn durch die Einsicht **möglicherweise größere Klarheit** über den bisherigen Sach- und Streitstand entsteht und aus der Sicht eines verständigen Betrachters die weitere Rechtsverfolgung oder -verteidigung **erleichtert** wird; Zweifel über die Erforderlichkeit der Akteneinsicht gehen zu Lasten der Behörde (ferner Rn. 43).

Der Begriff des „rechtlichen" Interesses ist enger als der der „berechtigten" Interessen (vgl. **47** auch Abs. 2 Satz 2, § 42 Abs. 2, § 44 Abs. 5, ferner § 43 Abs. 2 VwGO).[231] Das **berechtigte Interesse** umfasst jedes öffentlich-rechtliche und privatrechtliche, nach der Sachlage anzuerkennende schutzwürdige Interesse rechtlicher, wirtschaftlicher und ideeller Art, soweit es sich auf das Verfahren bezieht.[232] Ein solches berechtigtes Interesse ist in aller Regel Voraussetzung für eine Akteneinsicht nach dem Ermessen der Behörde auch **außerhalb** des VwVf, vor seinem Beginn oder nach seinem Abschluss.[233]

Demgegenüber ist ein **rechtliches Interesse** vor allem dann gegeben, wenn die Einsichtnahme bezweckt, eine tatsächliche Unsicherheit über ein Rechtsverhältnis zu klären, ein rechtlich relevantes Verhalten nach dem Ergebnis der Einsichtnahme zu regeln oder eine gesicherte Grundlage für die Verfolgung eines Anspruchs zu erhalten.[234] Das rechtliche Interesse setzt eine ausdrückliche oder sinngemäße **Anerkennung** einer geschützten zivilrechtlichen oder ör Rechtsposition in der Rechtsordnung durch Verfassung, Gesetz, Rechtsverordnung voraus.

Verfahrensmäßig muss es **glaubhaft** gemacht werden, d. h. in einer Form **dargelegt** werden, **48** dass die Behörde auf Grund der vorgebrachten Begründung eine Wertung vornehmen kann, ob die genannten Gründe als **triftig** anerkannt werden können.[235] Die Behörde hat allerdings in der Regel nicht die Befugnis, das vom Antragsteller geltend gemachte Interesse auf seine besondere Schutzwürdigkeit oder auf die Erfolgsaussichten der beabsichtigten Rechtsverfolgung oder Rechtsverteidigung zu überprüfen. Für die Gewährung der Akteneinsicht reicht es aus, dass das geltend gemachte rechtliche Interesse bei überschlägiger Prüfung **nicht offensichtlich rechtsmissbräuchlich** wahrgenommen wird und ohne die Akteneinsicht eine **Beeinträchtigung** rechtlicher Interessen **möglich** (nicht etwa sicher oder wahrscheinlich) erscheint.[236] Dies reicht auch für die **Erforderlichkeit** der Akteneinsicht aus (Rn. 41).

---

[228] *BVerwGE* 67, 303; *BVerwG*, Urt. vom 23. 6. 1982, Buchholz 316 § 29 Nr. 2; *Flümann* NJW 1985, 1452.
[229] Dazu *Schmitz* NVwZ 2000, 1243, 989; *Schoch* Verwaltung 35 (2002), 149, 161.
[230] *Schmitz* NVwZ 2005, 984, 989.
[231] *OVG Münster* NJW 2005, 2028; *OLG Frankfurt* NJW-RR 2004, 1194; *OVG Lüneburg* NdsVBl 2003, 105; *VG Potsdam* LKV 2000, 319.
[232] S. im Einzelnen *Schoch u. a.* VwGO § 43 Rn. 33 m. w. N.
[233] *OVG Münster* NJW 2005, 2028; *OLG Frankfurt* NJW-RR 2004, 1194; *VG Potsdam* LKV 2000, 319.
[234] Begründung zu § 25 Entwurf 73. Eingehend *OLG Frankfurt* NJW-RR 2004, 1194.
[235] Vgl. *BVerwGE* 66, 233 (236) = NVwZ 1983, 407; *BVerwG* NVwZ 1994, 72 und NVwZ-RR 1997, 133 (134).
[236] Ähnlich *VGH Mannheim* NJW 1984, 1911; *OVG Koblenz* NJW 1984, 1914 zum Auskunftsanspruch nach § 26 Abs. 5 StVZO; *Hirte* NJW 1986, 1899.

49 Das rechtliche Interesse an einer Akteneinsicht muss **im Zusammenhang mit dem konkreten VwVf** bestehen, in dessen Verlauf die Akteneinsicht begehrt wird. § 29 ist geschaffen worden, um die Rechtsstellung des Beteiligten im VwVf zu stärken (Rn. 6 ff.). Die sich hieraus ergebende Begrenzung des Akteneinsichtsanspruchs nach Abs. 1 kommt deutlich auch in der Wendung „zur Geltendmachung oder Verteidigung ihrer rechtlichen Interessen" zum Ausdruck.

50 Das Wort **„soweit"** macht deutlich, dass die Akteneinsicht unter den genannten Gesichtspunkten auch **beschränkt** gewährt werden kann. Die Behörde ist berechtigt, **Aktenteile von der Einsichtnahme auszuschließen,** deren Kenntnis **eindeutig** nicht zur Geltendmachung oder Verteidigung der rechtlichen Interessen des Beteiligten erforderlich ist oder keinerlei Verfahrensbezug mit dem anhängigen konkreten Verfahren aufweist. Im Zweifelsfall, wenn die Erforderlichkeit oder der Verfahrensbezug lediglich unklar sind, ist die Behörde zur Gewährung unbeschränkter Akteneinsicht verpflichtet (zur **Anonymisierung** und **Teilaussonderung** Rn. 53).

6. Ausnahme für Entwürfe und Vorbereitungsarbeiten (Abs. 1 Satz 2)

51 Nach **Satz 2** sind von dem Rechtsanspruch nach Abs. 1 Satz 1 bis zum Abschluss des VwVf ausgenommen **Entwürfe zu Entscheidungen sowie sonstige Arbeiten zu ihrer unmittelbaren Vorbereitung.**[237] Abs. 1 Satz 2 ist § 100 Abs. 3 VwGO, § 120 Abs. 4 SGG, § 78 Abs. 3 FGO nachgebildet Nach § 7 Abs. 1 Nr. 1 UIG besteht der Anspruch auf Umweltinformationen nicht, soweit das Bekanntwerden die Vertraulichkeit der Beratungen von Behörden berührt.[238] Dementsprechend enthalten auch die IFGe Ausschlussregelungen zum Schutz des behördlichen Entscheidungsprozesses.[239] Aus Abs. 1 Satz 2 folgt **kein prinzipielles Verbot** der Akteneinsicht in die dort genannten Unterlagen. Es bleibt insoweit bei der allgemeinen Befugnis zur Akteneinsicht nach dem **Ermessen** der Behörde.[240] Die Behörde muss eine sachgerechte Abwägung treffen und ggfls. begründen, weshalb sie sich für eine Herausnahme der fraglichen Entwürfe und Vorarbeiten entschieden hat.[241] Die Vorschrift dient vornehmlich dem Zweck, die Unbefangenheit in der Aktenführung und deren inhaltliche Vollständigkeit zu gewährleisten.[242] Daneben dient sie insbesondere auch dem Schutz des innerbehördlichen Entscheidungsprozesses, indem Beiträge zur Entscheidungsfindung bis zum Abschluss des Verwaltungsverfahrens sowohl im Interesse einer ungestörten Meinungsbildung der Behörde als auch zur Vermeidung von Fehleinschätzungen und Irritationen bei den Beteiligten diesen nicht zugänglich sind.[243]

52 **Beweiserhebungen, Auskünfte,** z. B. Prüfungsarbeiten betreffende **Beratungsprotokolle** oder Randbemerkungen und Schlussbeurteilungen zählen nicht zu den Arbeiten zur unmittelbaren Vorbereitung der Entscheidung; ebenso nicht ein **Gutachten,** das sich z. B. ein Fachamt einer Stadtverwaltung vom Rechtsamt erstatten lässt. Sie sind vielmehr originäre Aktenbestandteile und unterliegen der Akteneinsicht.

53 Abs. 1 Satz 2 mit der Ausnahme von dem Einsichtsanspruch gilt **nur bis zum Abschluss des VwVf,** also bis zum Erlass des VA oder dem Abschluss des ör Vertrags.[244] Im Rechtsbehelfsverfahren und in einem Verwaltungsprozess gelten die allgemeinen Bestimmungen ohne die Einschränkungen des Abs. 1 Satz 2, weil dann die Unbefangenheit der Behördenentscheidung nicht mehr gewahrt zu werden braucht.[245]

---

[237] Ebenso zum Akteneinsichtsrecht des Landtagsabgeordneten gegenüber dem Landesrechnungshof *VerfGH Bbg* DÖV 1998, 200.

[238] Hierzu *OVG Schleswig* NVwZ 1999, 670 zu den Begriffen „Beratungen" und „Vertraulichkeit"; OVG Schleswig NVwZ 2000, 341 zur Vertraulichkeit von Kabinettsvorlagen.

[239] S. zum Ausnahmetatbestand „Vertraulichkeit der Beratungen von Behörden" in Art. 4 Abs. 2 Satz 1 Buchst. a RL 2003/4/EG und dem Ausschlussgrund „Protokolle vertraulicher Beratungen" in § 7 Abs. 1 IFG NRW: *OVG Münster* NWVBl 2007, 187; 2006, 292; ZUR 2006, 600. S. auch zur Vertraulichkeit vorbereitender kommunalinterner Beratungen: *OVG Münster* NWVBl 2007, 117.

[240] Ebenso *Kopp/Ramsauer,* § 29 Rn. 23; *Clausen* in Knack, § 29 Rn. 15.

[241] Vgl. zur Frage der Verfassungsmäßigkeit des Abs. 1 Satz 2 *Wimmer* DVBl 1985, 777.

[242] Begründung zu § 25 Entwurf 73.

[243] Vgl. entsprechend zu § 4 IFGe Bund: *Mensching* VR 2006,1; *Schmitz/Jastrow* NVwZ 2005, 984, 993; *Kloepfer/Lewinski* DVBl 2005, 1277, 1281. Zu § 2 Abs. 2 Satz 2 IFG NRW: *OVG Münster* NWVBl 2006, 292; *Stollmann* VR 2002, 309, 313; *Beckmann* DVP 2003, 142, 147. Zu § 10 Abs. 4 InfFrG BE: *VG Berlin,* Urteil v. 4. 5. 2006 – 2 A 121.05 –.

[244] *BVerwGE* 67, 300, 304 = NVwZ 1984, 445.

[245] Vgl. *BVerwGE* 67, 304; *Kopp/Ramsauer,* § 29 Rn. 25.

7. Ausnahme für Massenverfahren (Abs. 1 Satz 3)

Satz 3 trifft eine **Sonderregelung für Massenverfahren** (wegen einer weiteren Sonderregelung für PlfV vgl. § 72 Abs. 1 letzter Halbsatz). Findet in einem Massenverfahren (zum Begriff vgl. § 17 Rn. 1 ff.) eine Vertretung nach § 17 oder § 18 statt, so haben die Vertretenen keinen Anspruch auf **Akteneinsicht,** sondern **nur der Vertreter** (wegen dessen rechtlicher Stellung im Allgemeinen vgl. unter § 19). Wollte man in Einzelfällen zu Hunderten zählenden Vertretenen einen Anspruch auf Akteneinsicht gewähren, so könnte dies zur Lahmlegung des ganzen Verfahrens führen und das mit §§ 17 und 18 verfolgte Ziel zunichte machen, nämlich die Zahl der Personen zu verringern, mit denen sich die Behörde unmittelbar auseinanderzusetzen hat.[246] Maßgebend sind für Abs. 1 Satz 3 die gleichen Erwägungen wie für den Ausschluss eines Rechtsanspruchs auf Akteneinsicht im PlfV nach § 72 Abs. 1 Halbsatz 2. Es bleibt damit eine **Akteneinsicht nach dem Ermessen** (§ 40) der Behörde. Soweit eine Beeinträchtigung der Durchführung des VwVf nach den konkreten Umständen des Einzelfalls nicht zu besorgen ist, wird die Ermessensentscheidung der Behörde durchweg in der Gewährung der Akteneinsicht zu bestehen haben.

Einwender nach § 17 und Beteiligte nach § 18, die aus der Vertretungsregelung ausgeschieden sind und ihre Rechte selbst weiterverfolgen, werden von Satz 3 nicht erfasst.

III. Ausnahmen vom Rechtsanspruch des Abs. 1 Satz 1 (Abs. 2)

1. Ermessensentscheidung

Absatz 2 liegt die Überlegung zugrunde, dass es auch bei grundsätzlicher Einräumung eines Anspruchs auf Akteneinsicht Bereiche oder Sachkonstellationen gibt, bei denen dieser Anspruch nicht vorbehaltlos gewährt werden kann, und dass diese Bereiche aber aus dem Grundgedanken des fairen rechtsstaatlichen Verfahrens[247] und den Erfordernissen des Bestimmtheitsgebotes fest zu umreißen sind. Die Vorschrift soll dem **Schutz dreier Rechtskreise** dienen: der ordnungsgemäßen Erfüllung der behördlichen Aufgaben, dem Geheimnisschutz aus Gründen des Staatswohls und den berechtigten Interessen Dritter. Diese Tatbestandsmerkmale enthalten **unbestimmte Rechtsbegriffe,** die gerichtlich aber voll überprüfbar sind.[248] Für eine Weigerung müssen jedenfalls so viele Gründe dargelegt werden, dass die Berechtigung der Weigerung nachvollzogen werden kann.[249]

Absatz 2 enthält einen nach drei unterschiedlichen objektiv- bzw. subjektiv-rechtlichen Gesichtspunkten aufgebauten **Ausnahmekatalog.** Die Ausnahmen sind **abschließend** aufgezählt. Liegt keiner der genannten Verweigerungsgründe vor, so besteht für Beteiligte im laufenden VwVf (Rn. 27 ff.) Anspruch auf Akteneinsicht. Andererseits ist die Gewährung von Akteneinsicht in den Fällen des Absatzes 2 **nicht schlechthin und ausnahmslos verboten:** Die Behörde ist nicht verpflichtet, sondern nach ihrem pflichtgemäßen **Ermessen (§ 40)** nur berechtigt, die Akteneinsicht zu versagen. Allerdings sind angesichts des Gewichts der Verweigerungsgründe (namentlich des zweiten und dritten) in der Praxis nach Maßgabe der **Umstände des Einzelfalls** bei gebotener **Abwägung** zwischen den kollidierenden Rechtsgütern und rechtlichen Interesse kaum Fälle vorstellbar, in denen die Behörde trotz Vorliegens der tatbestandlichen Voraussetzungen der unbestimmten Rechtsbegriffe wegen bestimmter Besonderheiten des Falls im Ermessenswege Akteneinsicht gewähren könnte.[250] Es bedarf bei der Ermessensentscheidung aber stets einer Abwägung im Einzelfall, ob von der Versagungsmöglichkeit ggfls. auch nur teilweise Gebrauch gemacht wird.

Das auf alle drei Alternativen zu beziehende Wort „soweit" macht deutlich, dass auch nach Abs. 2 ein **teilweises Verweigerungsrecht** hinsichtlich bestimmter Aktenteile oder bestimmter

---

[246] Vgl. *Spranger* NWVBl 2000, 166 f. zu notwendigen Beschränkungen des Anhörungsrechts im förmlichen Verwaltungsverfahren.
[247] Zum Inhalt des rechtsstaatlichen Gebots eines fairen Verfahrens s. *BVerfG* NJW 2004, 2887; 2000, 1709; *BVerwG* NVwZ 2001, 94.
[248] Vgl. *VGH München* BayVBl 1978, 86 und NVwZ 1990, 778, 771.
[249] *BVerwGE* 75, 1 (14); *BVerwG* NVwZ 1994, 72.
[250] *Clausen* in Knack, § 29 Rn. 18.

Beteiligter möglich ist, d.h. dass ein Verweigerungsrecht der Behörde nur insoweit besteht, als für den Akteninhalt einer der drei Gesichtspunkte gilt. Enthält beispielsweise eine umfangreiche Akte nur einzelne geheimzuhaltende Schreiben, etwa mit den Kalkulationsunterlagen eines geschäftlichen Konkurrenten oder Betriebsgeheimnisse,[251] so hat die Behörde diese Schreiben auszusondern bzw. zu anonymisieren[252] und im übrigen Akteneinsicht zu gewähren (vgl. Rn. 24). Eine teilweise Aktensicht nach Teilanonymisierung scheidet aber grds. dann aus, wenn wegen der Vielzahl schützenswerter Daten deren Trennung von den freizugebenden Aktenteilen nicht oder nur unter unverhältnismäßigem Aufwand möglich ist.[253]

2. Die einzelnen Versagungsgründe

59 **a) Ordnungsgemäße Aufgabenerfüllung.** Die Behörde ist zur Gestattung der Akteneinsicht nicht verpflichtet, soweit durch sie die ordnungsgemäße Erfüllung der Aufgaben der Behörde beeinträchtigt würde.[254] Eine inhaltsgleiche Regelung findet sich z.B. in § 19 Abs. 4 Nr. 1 BDSG. Die Vorschrift ist restriktiv auszulegen. Voraussetzung für eine Anwendung des Abs. 2 ist eine **konkrete, aktuelle und unmittelbare Beeinträchtigung** der Erledigung des in Betracht kommenden VwVf; eine bloß abstrakt denkbare, unwesentliche oder folgenlose Behinderung reicht nicht. Es bedarf daher einer Prüfung **im Einzelfall**, ob und inwieweit durch die Gewährung der Akteneinsicht der Zweck des Verfahrens oder seine fristgerechte Erledigung in Frage gestellt oder unvertretbar lange verzögert würde. Unwesentliche oder zeitlich **geringfügige** Verzögerungen reichen für die Ablehnung der Akteneinsicht nicht aus, weil das Gesetz durch den Rechtsanspruch des Abs. 1 stets eine gewisse Verzögerung im Interesse der Stärkung der Rechtsstellung der Beteiligten in Kauf nimmt. Die Behörde kann nach Maßgabe der Bedeutung und des Umfangs des VwVf verpflichtet sein, Maßnahmen zur Erleichterung der Akteneinsicht zu treffen, wenn nur dadurch das Verfahren sachgerecht weitergeführt werden kann. In Betracht kommen etwa die Vervielfältigung **vielgefragter Aktenteile** oder Bescheide (gegen Kostenerstattung), die Bereitstellung von Räumlichkeiten oder die Festlegung der Reihenfolge einer Akteneinsicht. Zu Ort und Form der Akteneinsicht vgl. Abs. 3.

60 Die ordnungsgemäße Erfüllung der Aufgaben der Behörde kann bereits durch einen **einzelnen Antrag** auf Akteneinsicht gefährdet werden. Dies gilt dann, wenn durch die Akteneinsicht der Erfolg des VwVf in Frage gestellt würde, weil (z.B. im Bereich des Polizeirechts oder der öffentlichen Sicherheit und Ordnung)[255] die Einleitung oder Durchführung des Verfahrens jedenfalls zunächst nicht verlautbart werden kann. Die ordnungsgemäße Erfüllung der behördlichen Aufgaben kann aber auch – unabhängig vom Gegenstand des Verfahrens – durch die **große Zahl der Einsichtnahmen** behindert sein, nämlich dann, wenn durch sie der Geschäftsgang der Behörde erheblich belastet oder sogar zum Erliegen gebracht und das Verfahren unangemessen verzögert würde.[256] Eine Sonderregelung für Massenverfahren trifft Absatz 1 Satz 3 (vgl. Rn. 49).

61 Auch hinsichtlich der **Art und Weise** der Gewährung der Akteneinsicht ist auf die ordnungsgemäße Erfüllung der Aufgaben der Behörde bedacht zu nehmen. Erscheint beispielsweise ein Beteiligter unangemeldet auf der Behörde und ist die Akte etwa wegen mehrerer Mitzeichnungen im Geschäftsgang oder wird sie gerade als Unterlage für eine Besprechung benötigt, so kann der Beteiligte nicht verlangen, dass sofort Sucharbeiten begonnen werden oder die Besprechung abgebrochen wird. Es ist ihm vielmehr in der Regel zuzumuten, zu einem von der Behörde angegebenen zeitangemessenen Termin, zu dem die Akte bereitliegt, nochmals auf der Behörde vorzusprechen. Die Behörde ihrerseits ist regelmäßig verpflichtet, ihm einen solchen Termin zu nennen.

62 Erfolgt die Einsichtnahme in **elektronische Dokumente** in Form der Wiedergabe auf dem Bildschirm oder Übermittlung i.S.d. § 299 Abs. 3 ZPO, § 100 Abs. 2 Satz 3 VwGO, ist sicher-

---

[251] S. zum Schutz von Betriebs- und Geschäftsgeheimnissen unter § 30. Auch *OVG Lüneburg* NVwZ 2003, 629; *Brammsen* DÖV 2007, 10; *Tyczewski/Elgeti* NWVBl 2006, 281.
[252] Zu den Grenzen der Beweiswürdigung bei Verwertung anonymer Quellen s. *BGH* NJW 2000, 1661.
[253] Vgl. *VG Berlin* NVwZ-RR 2002, 810.
[254] S. dazu *Gola/Schomerus*, BDSG 2005 § 19 Rn. 25 f.
[255] Vgl. z.B. *OVG Münster* DVBl 2007, 981 zur Einsicht in ein Sicherheitskonzept für eine Magnetschwebebahn.
[256] *Clausen* in Knack, § 29 Rn. 19; *v. Mutius* DVBl 1978, 665; *VGH Mannheim* DVBl 1974, 819; vgl. aber dazu die Vorsorgepflichten der Behörde Rn. 59.

b) Nachteile für das Wohl des Bundes oder eines Landes. Die Behörde ist zur Gestat- 63
tung der Akteneinsicht ferner nicht verpflichtet, soweit das Bekanntwerden des Inhalts der Akten
dem Wohl des Bundes oder eines Landes Nachteile bereiten würde. Diese Regelung ist aus § 99
Abs. 1 Satz 2 VwGO übernommen worden, wobei sich allerdings die verfassungsrechtlichen
Erwägungen zur Einführung des in § 99 Abs. 2 VwGO normierten „in camera"-Verfahrens, das
dem Ausgleich zwischen dem Geheimnisschutz und der Gewährung effektiven Rechtsschutzes
dient,[258] nicht auf das Verwaltungsverfahren übertragen lassen, da diese prozessuale Spezialregelung durch den hier keine Anwendung findenden Art. 19 Abs. 4 GG gefordert war.[259] Ein entsprechender Ausschlussgrund findet sich z. B. auch in § 19 Abs. 4 Nr. 2 BDSG[260] sowie bei der
Amtshilfe (§ 5 Abs. 2 Nr. 2, vgl. dort Rn. 23). Geschützt ist das Wohl des Bundes oder Landes
als Körperschaft, nicht das der jeweiligen Regierung. Die Behörde hat nicht nur das Wohl ihres
eigenen Rechtsträgers, sondern auch das aller anderen durch die Vorschrift geschützten Rechtsträger zu wahren. Das Wohl des Bundes oder Landes umfasst vor allem die **äußere oder innere
Sicherheit**, ferner die Beeinträchtigung des **freundschaftlichen Verhältnisses zu anderen
Staaten** oder supranationalen Organisationen. Das Wohl des Bundes oder eines Landes kann
auch dann Nachteile erleiden, wenn und soweit das Bekanntwerden des Akteninhalts die Erfüllung der Aufgaben der **Verfassungsschutzbehörden** oder **anderer Sicherheitsdienste** erschweren oder **Leben, Gesundheit oder Freiheit** von Personen gefährden würde.[261] Sind
geheimhaltungsbedürftige Erkenntnisse der Sicherheitsbehörden in die **Akten anderer Behörden** gelangt, so kann dies der Vorlage entgegenstehen.[262] Die **Sicherheit** der Bundesrepublik
kann auch durch Anschläge auf ihren Bestand und ihre Funktionstüchtigkeit beeinträchtigt sein,
etwa durch Gewaltdrohungen und -anschläge.[263] Auch die **Vertraulichkeit** bestimmter Verhandlungen im völkerrechtlichen Verkehr kann als Wohl des Bundes in Betracht kommen und
zur Aktengeheimhaltung führen; die Bekanntgabe bestimmter Ergebnisse bilateraler Verhandlungen schließt nicht aus, dass Aktenvorgänge über Vorbereitung, Gang und Einzelheiten solcher
Verhandlungen von der Akteneinsicht ausgenommen sind.[264] **Fiskalische Interessen** genügen
in der Regel nur dann, wenn die Funktionsfähigkeit des Staates in Frage gestellt wird.[265]

Die Verweigerung der Akteneinsicht nach der Staatswohlklausel ist auch dann zulässig, wenn 64
dadurch **ein Beteiligter** seine Rechte und Interessen nicht oder nur unzureichend wahrnehmen kann.[266] Art. 19 Abs. 4 GG und der Grundsatz der Verhältnismäßigkeit erfordern in diesem
Fall eine besondere verfahrensrechtliche Absicherung, um eine hinreichende gerichtliche Überprüfung der von der Behörde zu treffenden Entscheidung zu ermöglichen. Diese hat bei der
vorzunehmenden Ermessensentscheidung eine sachgerechte Abwägung der gegenläufigen privaten und öffentlichen Interessen vorzunehmen.[267] **Nicht** erforderlich ist – im Gegensatz zu § 5
Abs. 2 Nr. 1 –, dass die zu erwartenden Nachteile „**erheblich**" sind (hierzu § 5 Rn. 27). Es
genügt jede nicht unwesentliche rechtliche oder tatsächliche Beeinträchtigung geschützter
Rechte oder Interessen. Eine konkrete und unmittelbare Gefährdung steht der in Abs. 2 Satz 1
angesprochenen Beeinträchtigung gleich.[268]

---

[257] S. hierzu im Einzelnen *Bachmann/Pavlitschko* MMR 2004, 370; *Baumbach/Lauterbach*, ZPO 2007, § 299 Rn. 31 ff.; ferner zur elektronischen Aktenführung *Schmitz* DÖV 2005, 885, *Roßnagel* NJW 2003, 469; *Schmitz/Bornhofen* StAZ 2003, 97; *Schlatmann* DVBl 2002, 1055; *Guckelberger* VerwArch 97 (2006), 62. S. ferner *Schmitz/Jastrow* NVwZ 2005, 984, 989 zur Akteneinsicht nach § 1 Abs. 2 Satz 2 IFG und § 3 Abs. 2 Satz 2 UIG.
[258] Hierzu BVerfG NVwZ 2006, 1041; BVerwG NVwZ 2006, 700; DÖV 2006, 655. Zum Verfahren s. *Lang* in Sodan/Ziekow, § 99 Rn. 48 ff.; *Ohlenburg* NVwZ 2005, 15; *Spiegels* VBlBW 2004, 208; *Kling* EWiR 2004, 37; *Oster* DÖV 2004, 916; *Lopacki* DÖD 2004, 237; *Mayen* NVwZ 2003, 537.
[259] S. auch *Clausen* in Knack, § 29 Rn. 20.
[260] Dazu *Gola/Schomerus*, BDSG 2005 § 19 Rn. 28.
[261] Vgl. BVerwG NVwZ 1994, 72 und NVwZ-RR 1997, 133 (134).
[262] BVerwG NVwZ-RR 1997, 133 (134).
[263] Vgl. BVerwGE 62, 36; 96, 86 zum Ausländerrecht.
[264] Vgl. BVerwG NVwZ 1983, 407.
[265] *Clausen* in Knack, § 29 Nr. 20; *Widhofer/Mohnen* VR 1980, 285 (288).
[266] Vgl. *VGH Mannheim* DVBl 1974, 819; *Kopp/Ramsauer*, § 29 Rn. 35.
[267] *VGH München* NVwZ 1990, 778.
[268] Vgl. *Kopp/Ramsauer*, § 29 Rn. 34.

65 Die Weigerungsgründe müssen im Falle von Sicherheitsgründen **glaubhaft** (§ 294 ZPO analog) gemacht werden. Das bedeutet weniger als das Erbringen des vollen Beweises. Es genügt, wenn die zuständige Behörde ihre Wertung der Umstände, die die Geheimhaltungsbedürftigkeit begründen, so **einleuchtend** darlegt, dass im Streitfall diese Wertung unter Berücksichtigung rechtsstaatlicher Belange und in Abwägung mit den individuellen Interessen des Beteiligten noch als **triftig** anerkannt werden kann. Die Darlegung muss mehr enthalten als die bloße Wiedergabe oder nur eine andere Umschreibung der gesetzlichen Gründe; die Pflicht zur Begründung geht aber nicht soweit, dass die Begründung Rückschlüsse auf die geheimzuhaltenden Tatsachen eröffnen könnte.[269] Eine Ablehnung muss nicht notwendig vom Behördenleiter selbst unterschrieben sein; Einhaltung der allgemeinen Entscheidungskompetenz im Außenverhältnis reicht aus.[270] Zum **Rechtsschutz** bei Ablehnung und zur Ausgestaltung des gerichtlichen Verfahrens betreffend die verweigerte Akteneinsicht bzw. -vorlage an das Gericht s. Rn. 86 f.

66 **c) Nach Gesetz oder dem Wesen nach geheim; Drittinteressen.** Verweigert werden kann die Akteneinsicht schließlich, soweit die Vorgänge nach einem Gesetz oder ihrem Wesen nach geheimzuhalten sind. Die Formulierung entspricht der in § 5 Abs. 2 Satz 2. Diese Regelung dient dem Schutz berechtigter privater und öffentlicher **Geheimhaltungsinteressen**. Ergänzt wird die Regelung durch **§ 30**, der dem betroffenen Beteiligten einen eigenständigen Rechtsanspruch auf Wahrung seiner Geheimnisse gewährt (Näheres hierzu dort). Dementsprechend kann im Verwaltungsprozess derjenige, der befürchtet, dass durch Vorlage von Akten an das Gericht durch Art. 12 Abs. 1 und 14 Abs. 1 GG geschützte Betriebs- und Geschäftsgeheimnisse offenbart werden, aus den genannten Grundrechten ein subjektives Verfahrensrecht des Inhalts haben, dass die Aktenvorlage – mit den sich ggfs. aus § 99 Abs. 2 VwGO ergebenden Verfahrensfolgen – verweigert wird.[271]

67 Beispielhaft aufgeführt ist die Geheimhaltung wegen der **berechtigten Interessen der Beteiligten oder dritter Personen** (zum Begriff der berechtigten Interessen vgl. Rn. 42). Die Hervorhebung soll darauf hinweisen, dass die Privatsphäre anderer Personen (vor allem ihre rechtlichen, persönlichen, wirtschaftlichen und gesundheitlichen Verhältnisse, im Falle von Gewerbetreibenden auch ihre Geschäftsgeheimnisse) besonders zu schützen sind. § 29 allein gibt der Behörde keine Befugnis zur Offenbarung von Geheimnissen im Sinne des § 30. Diese Grundsätze gelten auch im telekommunikationsrechtlichen Entgeltregulierungsverfahren.[272] Im Einzelfall ist sorgfältig zu prüfen, ob ein geltend gemachtes Interesse an der Geheimhaltung wirklich schützenswert ist. Dies wurde z. B. verneint für die Namensbekanntgabe der Mitglieder einer Gutachterkommission für ärztliche Haftpflichtfragen gegenüber einem Arzt, dem die Kommission in einem Gutachten einen Behandlungsfehler bescheinigt hatte.[273] Siehe dagegen z. B. zur erforderlichen Geheimhaftung der Namen von Informanten Rn. 44, 49.

68 **aa) Auf Grund eines Gesetzes** geheimzuhaltende Vorgänge bestehen dann, wenn durch Gesetz oder auf Grund Gesetzes eine Geheimhaltungspflicht zwingend vorgeschrieben ist.[274] Aufgrund Gesetzes bestehen auch diejenigen Geheimhaltungsgebote, die sich aus einer mit Gesetzeskraft verbundenen Rechtsprechung des BVerfG ergeben und Einsichts-, Informations- oder Weitergabegebote oder -verbote statuieren. Unter die gesetzlichen Verbote fallen alle normativen Regelungen insbesondere aus dem **Datenschutzrecht** nach Maßgabe des BDSG.[275] Ferner gehört dazu das Recht der inneren Sicherheit vor allem bezüglich der Verfas-

---

[269] Vgl. *BVerwGE* 46, 303 (308); 66, 233 (235); 75, 1 (9); 84, 375 (389); *BVerwG* NVwZ 1994, 72; NVwZ-RR 1997, 133 (134).
[270] *BVerwG* NVwZ-RR 1997, 133 (134).
[271] *OVG Münster* NVwZ 2000, 449.
[272] *OVG Münster* DVBl 1999, 1379 (L) = NWVBl 1999, 423.
[273] *OVG Münster* NJW 1999, 1802.
[274] S. zum Recht auf informelle Selbstbestimmung: *BVerfGE* 65, 1 ff. (Volkszählungsurteil); NJW 2006, 1116. Vgl. auch z. B. *BAG* NJW 2007, 794 zur arbeitsrechtlichen Pflicht des Arbeitgebers aus Art 1, 2 GG, § 75 Abs. 2 BetrVG zur sicheren Aufbewahrung von Personalakten mit sensiblen Gesundheitsdaten. Zu dienstrechtlichen Personalakten s. § 30 Rn. 22. Ferner *BGH* NJW 1996, 779 betr. Behandlungsunterlagen eines Krankenhausträgers.
[275] Einen Überblick über die Regelungen zum Datenschutz geben *Gola/Schomerus*, BDSG 8. Auflage 2005 § 1 Rn. 25. S. ferner zum Datenschutz im VwVf *Roßnagel* MMR 2007, 16; *Brammsen* DÖV 2007, 10; *Sydow* Verwaltung 38 (2005), 35 ff.; allgemein *Durner* JuS 2006, 213; *Mallmann* GewArch 2000, 354; *Garstka* DVBl 1998, 981; *Gola* NJW 2000, 3749.

§ 29 Akteneinsicht durch Beteiligte

sungsschutzbehörden und Geheimdienste nach Maßgabe des neuen BVerfSchG, BND-G und MAD-G.[276]

Wenn durch Spezialnormen, etwa durch das BDSG oder die Sicherheitsgesetze, Voraussetzungen, Inhalt und Umfang der Einsichts- und Auskunftsrechte gesetzlich geregelt sind, werden Einsichtsrechte über § 29 nicht erweitert oder modifiziert, denn insoweit gilt die allgemeine **Subsidiarität** des VwVfG nach § 1 Abs. 1: Spezialgesetzliche Sperren und Begrenzungen werden durch § 29 nicht gelöst. Das Akteneinsichtsrecht nach § 29 ist nicht mit dem datenschutzrechtlichen **Auskunftsanspruch** nach § 19 BDSG zu verwechseln.[277] Dieser Anspruch bezieht sich auf Auskunft über die gespeicherten eigenen Daten, besteht unabhängig vom Akteneinsichtsrecht nach § 29 und hängt nicht von der Stellung als Beteiligter i. S. von § 13 ab.[278] 69

Gesetzliche Vorschriften, die eine Geheimhaltungspflicht begründen, sind auch solche des VwVfG, etwa § 30[279] oder **§ 5 Abs. 2 Nr. 2** (Näheres dort). Vorgänge, die der gesetzlichen Verpflichtung zur Amtsverschwiegenheit unterliegen (§ 39 Abs. 1 BRRG, § 61 BBG), sind dadurch nicht automatisch von der Akteneinsicht ausgenommen; ebenso wenig genügt, dass die Voraussetzungen für eine Verweigerung der Aussagegenehmigung gegeben sind.[280] 70

bb) Dass Akteneinsicht auch dann verweigert werden kann, wenn die Vorgänge „**dem Wesen nach**" geheimgehalten werden müssen, geht auf die Zeit zurück, in der der Gesetzesvorbehalt auf der Grundlage der Wesentlichkeitstheorie des BVerfG noch nicht so umfassend wie bisher ausgelegt und praktiziert wurde.[281] Durch die zwischenzeitliche Normierung der bisher vornehmlich unter diese Klausel fallenden Einsichts- und Auskunftsrechte in und aus **Dateien, Personalakten und Akten der Sicherheitsbehörden** (hierzu Rn. 67 ff.) hat sich der Anwendungsbereich dieser Klausel verengt. Sie ist aber als unbestimmter Rechtsbegriff weder unzulässig noch entbehrlich oder bedeutungslos. Der Begriff muss als Ausnahmeregelung **eng ausgelegt** werden.[282] Maßgebend ist weder eine vornehmlich öffentliche Interessen begünstigende noch eine einseitig private Rechte oder Interessen betonende Auslegung. Allerdings spielen – wie auch § 30 zeigt (Näheres dort) – bei der Abwägung der gegenläufigen Rechte und Interessen[283] die Grundrechte des Einzelnen mit den Besonderheiten des Rechts auf informationelle Selbstbestimmung oder der Wahrung der Privat- und Intimsphäre im unantastbaren Bereich privater Lebensgestaltung[284] bei der Auslegung und Anwendung eine maßgebende Rolle.[285] So kann ein Anspruch auf Einsichtnahme in den vertraulichen Teil einer Todesbescheinigung mit Blick auf den Geheimnisschutz des Verstorbenen abgelehnt werden.[286] 71

Im öffentlichen Interesse können insbesondere nachrichtendienstliche Feststellungen und Ermittlungsergebnisse von der Akteneinsicht ausgenommen sein, soweit ihre Offenlegung Rückschlüsse auf Organisation, Arbeitsweise oder Personal der **Staatsschutzbehörde** zulässt oder sonst ihre Funktionsfähigkeit beeinträchtigen kann.[287] **Verfassungsschutzakten** sind ihrem **Wesen nach nicht** geheim, denn auch die Geheimdienste stehen nicht außerhalb des Rechtsstaates, sondern unterliegen wie alle öffentliche Gewalt der gerichtlichen Kontrolle.[288] 72

---

[276] Hierzu *Bäumler* NVwZ 1991, 641.
[277] Zum Datenschutzanspruch auf Negativauskunft s. *Weichert* NVwZ 2007, 1004.
[278] Vgl. S. dazu *Gola/Schomerus*, BDSG 2005 § 19 Rn. 4 ff.; ferner *Gallwas* NJW 1992, 2785 (2789); *Ule/Laubinger*, § 25 Rn. 7.
[279] A. A. *Clausen* in Knack, § 29 Rn. 65 mit der Begründung, dass diese Vorschrift zu undifferenziert alle Vorgänge mit der Geheimhaltungspflicht belege.
[280] Ebenso *Kopp/Ramsauer*, § 29 Rn. 26; *Redeker/v. Oertzen*, § 99 Rn. 4.
[281] Grundlegend *BVerfGE* 40, 235; *Sachs*, GG, 1996, Rn. 76 ff. vor Art. 1; *Jarass/Pieroth*, GG, 3. Aufl. 1995; Art. 19 Rn. 6 ff.; *Seifert/Hömig*, GG, 5. Aufl., 1995, Rn. 3 ff. vor Art. 70; *v. Münch/Kunig* (Hrsg.), 3. Aufl. 1996, Art. 80 Rn. 4, 21 ff.
[282] S. *OVG Lüneburg* NVwZ 2003, 629; *Vahle* DVP 2004, 45, 46.
[283] Hierzu *BVerfGE* 65, 1 (43 f.); *BVerwGE* 74, 115 (118 f.) zur Halterauskunft nach § 26 Abs. 5 StZVO; *BVerwG*, Urt. vom 15. 4. 1988 – 7 C 100.86 –.
[284] Vgl. *BVerfGE* 80, 397; *Geis* JZ 1991, 112 – zur Verwertung von privaten tagebuchähnlichen Aufzeichnungen im Strafverfahren.
[285] Zum Verhältnis Akteneinsicht/Persönlichkeitsrecht vgl. *Schoenemann* DVBl 1988, 520; *Pardey* NJW 1989, 1647; *Geis* JZ 1991, 112. Zum postmortalen Schutz *OVG Lüneburg* NJW 1997, 2468.
[286] *VG Lüneburg* NJW 1997, 2468.
[287] *BVerwGE* 49, 89; 50, 264; *BVerwG* NVwZ 1994, 72; NVwZ-RR 1997, 133 (134).
[288] *BVerfGE* 57, 250 (284); *BVerwGE* 75, 1 (14); *BVerwG* NVwZ 1994, 72; *OVG Münster* NVwZ 2005, 969; *VGH München* NVwZ 1990, 779. Zur gerichtlichen Überprüfung der Beobachtung politischer Par-

Für die Rechtmäßigkeit einer Sperrerklärung nach § 96 StPO müssen jedenfalls soviel Gründe geltend gemacht und belegt werden, dass aus ihnen ein Rückschluss möglich ist, ob die Weigerung der Offenlegung unumgänglich ist und als **triftig** anerkannt werden kann.[289] **Sicherheitsakten** unterliegen nicht dem jederzeitigen Einsichtsrecht des betroffenen Beamten.[290] **Ermittlungsakten** der Kriminalpolizei[291] und **Strafakten** der Strafverfolgungsbehörden, die in einem VwVf beigezogen sind,[292] unterliegen nur dann dem Einsichtsrecht eines Beteiligten, wenn dies durch spezialgesetzliche (strafverfahrensrechtliche) Vorschrift zugelassen ist; die Staatsanwaltschaft ist nicht befugt, die Einsicht durch dritte Personen ohne Zustimmung des Betroffenen zu eröffnen.[293] Zur **Kriminalaktenführung** vgl. *VGH München:*[294] Kein Anspruch auf Einsicht und Übermittlung von Kriminalakten.[295] Vorgänge betreffend einen **Behördeninformanten** müssen in der Regel nicht offen gelegt werden, weil sonst die für die gesetzliche Aufgabenerfüllung der Behörde notwendige Informationsquelle versiegen würde.[296] Dies gilt aber dann nicht, wenn ausreichende Anhaltspunkte dafür vorliegen, dass der Informant die Behörde wider besseren Wissens oder leichtfertig falsch informiert hat.[297] Im Ausnahmefall braucht auch der Inhalt der Information nicht bekannt gegeben zu werden, wenn er seinem Wesen nach geheimzuhalten ist.[298] Zu **Beweisverwertungsverboten** rechtswidrig erlangter Informationen vgl. § 24 Rn. 32 ff.[299]

73 Aus dem **privaten Bereich** ist die Geheimhaltungsbedürftigkeit bejaht worden für **Personalakten**, sofern nicht ein überwiegendes öffentliches Interesse oder ein zwingendes Interesse Dritter die Beiziehung erfordert;[300] ferner Recht des Personalrats auf Einsicht in Sammlungen von Personaldaten nur mit Zustimmung der betroffenen Beschäftigten.[301]

74 Das dienstrechtliche Akteneinsichtsrecht ist im Einzelnen geregelt in §§ 56 ff. BRRG und den entsprechenden landesrechtlichen Regelungen sowie in §§ 90 ff. BBG.[302] Grundsätzliche Geheimhaltung auch für **Steuerakten** nach Maßgabe des § 30 AO.[303] Unterlagen über **familiäre Situationen**, Einkommens- und Vermögensverhältnisse,[304] **Betriebs- und Geschäftsge-**

---

teien durch den Verfassungsschutz mit nachrichtendienstlichen Mitteln s. *BVerwGE* 110, 126 = NJW 2000, 824; *OVG Koblenz* DÖV 2000, 258; NVwZ-RR 1999, 705; *VG Berlin* NJW 1999, 806.

[289] *BVerfGE* 57, 250 (290); *BVerwGE* 46, 303 (308); 66, 39 (44); 74, 115 (120); 75, 1 (15); *BVerwG* NVwZ 1983, 407; 1994, 72; NVwZ-RR 1997, 134.

[290] Vgl. *BVerwG* ZBR 2004, 356; *VGH München* Beschluss v. 2. 1. 2001 – 24 C 99.3769. S. auch *BVerfG* DVBl 1988, 530: Zulässigkeit der Sicherheitsüberprüfung bei Beamten, mit krit. Anm. *Kutscha;* im Ergebnis wie BVerfG: *VGH München* NVwZ 1990, 778.

[291] *BVerwG* Buchholz 418.00 Ärzte Nr. 101 (Verwertung staatsanwaltschaftlicher Ermittlungsakten im Approbationsentzugsverfahren).

[292] Zur Aufbewahrung von Strafakten s. *OLG Frankfurt* NJW 1999, 73; *Schäfer/Jekewitz* NStZ 1985, 198 und 395.

[293] Vgl. *OLG Koblenz* NJW 1986, 3093.

[294] DÖV 1996, 1053.

[295] Ferner *Krüger* DÖV 1990, 641.

[296] *EuGH* Slg. 1998, 4871; *BVerwG* NJW 1992, 451; *BFH* NVwZ-RR 1997, 753; *OVG Koblenz* AS RP-SL 26, 338; dazu *Roewer* DVBl 1992, 633; *Knemeyer* JZ 1992, 348, jew. m. w. N.

[297] *BVerwG* NJW 2004, 1543; 2004, 93; 2003, 3217; *VerfGH Rheinland-Pfalz* DVBl 1999, 309. Hierzu *Wollweber* DVBl 1999, 980. S. zum Informantenschutz auch § 3 Nr. 7 IFG. Nach *Schmitz/Jastrow* NVwZ 2005, 984, 992 hat die Vorschrift Appellcharakter, weil sie dem Hinweisgeber zeigt, dass er anonym bleiben kann.

[298] Zu den Grenzen der Beweiswürdigung bei Verwertung anonymer Quellen s. *BGH* NJW 2000, 1661.

[299] *BVerfG* DVBl 2003, 131; NJW 1992, 815; *BGH* NJW 2003, 1727 zum Abhören und Verwerten von Telefongesprächen; *BGH* NJW 1994, 2289 (2292) zur Verwertung von heimlichen Tonbandaufzeichnungen und Lauschzeugenaussagen; *OVG Hamburg* AuAS 2007, 160; *VGH Mannheim* NJW 2007, 2571; 2003, 3004; *OVG Lüneburg* NJW 2001, 459; *OVG Koblenz* NVwZ-RR 2000, 309. Zu unberechtigt erlangten Auskünften aus dem Erziehungsregister s. *VGH Mannheim* VBlBW 2003, 127. S. ferner *Geiger* BayVBl 2005, 645, 647; *Reinkenhof* NJ 2003, 184; *Vahle* DVP 2000, 375.

[300] Zur Verwendung von Personalaktendaten *OVG Saarlouis* NVwZ-RR 2000, 450; ferner *BVerwG* ZBR 2000, 129; *OVG Hamburg* NordÖR 1998, 158; *BVerwGE* 19, 179; 35, 225; 49, 89; 75, 17 = *BVerwG* NJW 1987, 2191; ferner *BVerwG* NJW 1989, 1942; *BAG* MDR 1988, 256 zugleich mit der Pflicht zur sorgfältigen Verwahrung und Enghaltung des damit befassten Personenkreises.

[301] *OVG Münster* NVwZ 1991, 697. Allgemein zur Verwendung fremder Daten im Zivilprozess *Dauster/Braun* NJW 1999, 313.

[302] Zu Akteneinsichtsrechten in Konkurrentenstreitverfahren vgl. Rn. 43.

[303] *BFH* NVwZ 2004, 382; NJW 2001, 318; NJW 2000, 3157; *BFHE* 191, 247 = BB 2000, 1262; *FG Köln* EFG 2000, 903; *OVG Münster* NVwZ 1999, 1252; *FG Münster* EFG 2003, 499. S. auch *Dißars*, Das Recht auf Akteneinsicht der Beteiligten im Steuerrecht, NJW1997, 481; zum IFG: *Liedtke* NWVBl 2006, 286. Ferner unter § 30 Rn. 8 ff.

[304] *BVerfGE* 64, 46; 67, 144; *BGH* NJW 1984, 740.

§ 29 Akteneinsicht durch Beteiligte 75–77 § 29

heimnisse[305] (hierzu § 30 Rn. 10), ferner für **Krankengeschichten und ärztliche Gutachten;**[306] für **Akten des sozialpsychiatrischen Dienstes:**[307] Beiziehung von **Scheidungsakten** ohne das Einverständnis der Ehegatten nur im überwiegenden Interesse der Allgemeinheit und unter strikter Wahrung des Verhältnismäßigkeitsprinzips.[308]

Keine Geheimhaltung dem Wesen nach hingegen nach nunmehr h. M. für **Prüfungsakten** 75 einschließlich der dazu gehörenden Voraufzeichnungen, Korrekturbemerkungen und Schlussbeurteilungen der Prüfer.[309] Ebenfalls keine Geheimhaltung für **Verträge eines Krankenhausträgers** mit leitenden Ärzten.[310] Auch nicht hinsichtlich der Namen der Mitglieder einer Gutachterkommission für ärztliche Haftpflichtfragen.[311] Der Vorlage von **Patientenakten** durch eine Universitätsklinik gegenüber dem Landesrechnungshof stehen Rechte von Klinikdirektoren nicht entgegen.[312] Akteneinsicht im FGG-Verfahren in Büroräumen eines Rechtsanwalts nach gerichtlichem Ermessen.[313] Zur **Beschlagnahme** von Behördenakten *BGH*.[314]

Soweit Vorgänge ausschließlich dem Schutz individueller Rechte oder Interessen dienen und 76 der hiervon **Betroffene** der Akteneinsicht durch Dritte **zugestimmt** hat, besteht keine Geheimhaltungsverpflichtung der aktenführenden Behörde; diese kann sich regelmäßig nicht aus eigenem Recht auf eine Geheimhaltung berufen. Etwas anderes kann sich (ausnahmsweise) ergeben, wenn jemand aus öffentlichem Interesse vor seinen eigenen Akten geschützt werden muss.[315]

IV. Ort und Form der Akteneinsicht (Abs. 3)

1. Grundsatz (Satz 1)

Absatz 3 regelt vor allem die Frage, wo und wie die Akteneinsicht zu erfolgen hat. Eine ver- 77 gleichbare Vorschrift, aber teilweise ebenfalls abweichend, enthält **§ 25 SGB X.**[316] Bei Einführung des elektronischen Verwaltungsverfahrens durch das 3. VwVfÄndG[317] ist davon abgesehen worden, in § 29 eine Regelung über die Ausführung der Akteneinsicht in **elektronische Dokumente** (s. dazu Rn. 35) aufzunehmen, wie sie § 299 Abs. 3 ZPO,[318] § 100 Abs. 2 VwGO enthalten.

Die **Länder** haben § 29 Abs. 3 im Wesentlichen übernommen, allerdings finden sich bei einigen LVwVfG besondere Vorschriften zur Aktenübersendung oder -mitnahme für Organe der

---

[305] Zum Schutz von Betriebs- und Geschäftsgeheimnissen s. *OVG Lüneburg* NVwZ 2003, 629; *Brammsen* DÖV 2007, 10.
[306] S. *BVerfG* NJW 2006, 1116; *Au* NJW 1999, 340 m. w. N.
[307] Vgl. *VG Berlin* RuP 1985, 111. Ferner *BSG* SozR 3–2500 85 Nr. 25 = MedR 1999, 532; *OLG Celle* NJW 1997, 2964.
[308] *BFH* DStR 1991, 1149 unter Hinweis auf *BVerfGE* 27, 344.
[309] Einen Rechtsprechungsüberblick zur Einsichtnahme in Prüfungsakten geben *Steike* NVwZ 2001, 868; *Kunz* VR 1994, 217. S. auch *OVG Magdeburg* NVwZ 2002, 1395. Grundlegend: *BVerfGE* 84, 34 und 84, 56; dieser Linie folgend: *BVerwGE* 91, 262 (269 f.) = NVwZ 1993, 677; 92, 132 (137); 95, 237 = NVwZ 1994, 1209; *OVG Koblenz* NJW 1968, 1899; *OVG Lüneburg* NJW 1973, 638; *VGH Mannheim* DÖV 1978, 336 und 1986, 151; VGH München NVwZ-RR 1997, 357; 1998, 686.
[310] *VGH München* BayVBl 1978, 86.
[311] *OVG Münster* NJW 1999, 1802.
[312] Vgl. *OVG Lüneburg* NJW 1984, 2652; bestätigt durch *BVerwGE* 82, 56 und *BVerfG* NJW 1997, 1633 = NVwZ 1997, 784. Ferner *VerfGH Bbg.* DÖV 1998, 200. Generell zur Akteneinsicht und Persönlichkeitsschutz vgl. *Schoenemann* DVBl 1988, 520; *Pardey* NJW 1989, 1647. Zu Rechtsmitteln gegen die Gewährung von Akteneinsicht im Strafverfahren vgl. *OLG Hamm*, NJW 1991, 2782.
[313] *OLG Frankfurt* NJW 1992, 846.
[314] DVBl 1992, 1220.
[315] S. *BVerfG* NJW 2006, 1116 zum Recht eines im Maßregelvollzug Untergebrachten auf Einsicht in seine Krankenunterlagen. Ferner *OVG Münster* DVBl 1974, 782: bei Selbstmordgefahr u. ä.; zum Anspruch des Patienten auf Einsicht in seine Krankenunterlagen vgl. *BGHZ* 85, 327 und 339.
[316] Hierzu *OVG Münster* NJW 2005, 2028; *VG Gelsenkirchen* NVwZ-RR 2004, 860 betr. den Zugang zu Jugendamtsakten. S. ferner zum Sozialgeheimnis: *BVerwG* NJW 2004, 1543; *BSG* MedR 1999, 532; *OLG Celle* NJW 1997, 2964.
[317] V. 21. 8. 2002, BGBl. I S. 3322. Eingehend zur digitalen Verwaltung: *Schmitz* DÖV 2005, 885, *Bachmann/Pavlitschko* MMR 2004, 370; *Roßnagel* NJW 2003, 469; *Schmitz/Bornhofen* StAZ 2003, 97; *Schlatmann* DVBl 2002, 1055; *Guckelberger* VerwArch 97 (2006), 62.
[318] In der Fassung des Justizkommunikationsgesetzes vom 22. 3. 2005, BGBl. I S. 837.

Rechtspflege;[319] Auch Abs. 3 gilt nur **subsidiär;** inhaltsgleiche oder entgegenstehende Rechtsvorschriften gehen daher vor.[320]

78 Im Interesse der Verfahrensökonomie ist als **Grundsatz** in **Satz 1** bestimmt, dass die Akteneinsicht **bei der Behörde** vorgenommen wird, **die die Akten führt,** d. h. bei derjenigen Behörde, die die rechtliche Verfügungsbefugnis über die ihr im Rahmen ihrer behördlichen Tätigkeit zugegangenen bzw. erstellten Informationen hat. Dabei bleibt es auch, wenn die Behörde die Akten für einen vorübergehenden Zweck etwa an Aufsichtsbehörden, Gerichte oder Staatsanwaltschaften weitergibt.[321] Ist Gegenstand des Verfahrens der Erlass eines mehrstufigen VA, so besteht der Anspruch nur gegenüber der „federführenden" Behörde und nur für ihre Akten, zu denen die Stellungnahme der mitwirkenden Behörde genommen wird. Der Normalfall ist demnach die Akteneinsicht des Beteiligten **in den Amtsräumen der Behörde,** die das VwVf durchführt.

2. Ausnahmen im Einzelfall (Satz 2 Halbsatz 1)

79 Im Einzelfall könnte jedoch eine Beschränkung der Akteneinsichtsrechte auf die Einsichtnahme bei der aktenführenden Behörde zu unbilligen Ergebnissen führen. **Satz 2** lässt daher für derartige **Einzelfälle die Einsichtnahme auch bei einer anderen Behörde** zu. Dies wird in der Praxis häufig dann der Fall sein, wenn die Akten (etwa zur Erledigung eines Amtshilfeersuchens) der anderen Behörde ohnedies vorliegen oder wenn eine geeignete andere Behörde dem Wohn- oder Aufenthaltsort des Beteiligten oder Sitz des Bevollmächtigten (§ 14) **näher liegt.** Auf die Übersendung an eine andere Behörde hat der Beteiligte keinen Anspruch; die aktenführende Behörde entscheidet darüber nach pflichtgemäßem **Ermessen.** Dieses kann freilich nach den Umständen des Einzelfalls so verdichtet sein, dass das Verlangen auf Einsicht bei der Behörde unverhältnismäßig und ermessensfehlerhaft wäre. Die Behörde kann auch die **Übersendung von Ablichtungen** (gegen Kostenerstattung) anbieten, wenn die gewünschte Einsicht sich auf **bestimmte, genau bezeichnete Unterlagen** bezieht (vgl. Rn. 8, 27). Einer Bitte um Ablichtung ganzer umfangreicher Akten(teile) braucht regelmäßig nicht nachgekommen zu werden.[322] Die behördliche Entscheidung darüber, ob im Rahmen der Akteneinsicht Kopien erteilt werden, ist jedenfalls dann eine gemäß § 44a VwGO nicht selbständig angreifbare Verfahrenshandlung, wenn die Erteilung der Kopien innerhalb eines Widerspruchsverfahrens und zu deren Durchführung begehrt wird.[323] Zu Fotokopien aus Akten ferner Rn. 79 ff. Bei der Akteneinsicht in elektronische Dokumente kann Rechtsanwälten statt der Erteilung eines Ausdrucks, der Wiedergabe auf dem Bildschirm oder einer Übermittlung zudem nach Ermessen der elektronische Zugriff auf den Inhalt der Akten gestattet werden, wobei sicherzustellen ist, dass der Zugriff nur durch den Bevollmächtigten erfolgt.[324]

80 Neben den „anderen Behörden" ausdrücklich aufgeführt als möglicher Ort der Akteneinsicht sind die **diplomatischen und berufskonsularischen Vertretungen** (also nicht die Honorarkonsulate) der Bundesrepublik Deutschland im Ausland. Ihnen können die Akten zur Einsichtnahme übersandt werden, wenn sich der Beteiligte im Ausland aufhält und es unbillig wäre, ihn auf die Möglichkeit der Einsichtnahme bei der aktenführenden Behörde zu verweisen. Die ausdrückliche Erwähnung der Auslandsvertretungen ist darauf zurückzuführen, dass im Übrigen nach § 2 Abs. 3 Nr. 3 das VwVfG für diese nicht gilt.

---

[319] Vgl. zu Art. 29 Abs. 3 Satz 1 BayVwVfG (Mitnahmerecht des Rechtsanwalts): *VGH München* BayVBl 1980, 94; *Bohl* NVwZ 2005, 133, 136. Zu § 88 Abs. 1 SchlH-LVwG s. Rn. 90. Zum Prüfungsrecht: *Steike* NVwZ 2001, 868, 870.
[320] Vgl. etwa *BVerwG*, Urt. vom 8. 7. 1982, Buchholz 424.01 Nr. 1 § 133 FlurbG mit dem dort enthaltenen Anspruch auf Ablichtungen von Karten für flurbereinigungsbehördliche Maßnahmen.
[321] So *OVG Münster* NVwZ-RR 2004, 169; a. A. *OVG Schleswig* NordÖR 2005, 208 zu § 6 Abs. 3 IFG-SH („vorliegen"). S. ferner *VG Berlin* Urteil v. 10. 5. 2006 – 2 A 56.04 –.
[322] Vgl. zu Beiakten *OVG Hamburg* NVwZ-RR 1996, 304.
[323] *OVG Koblenz* DÖD 2000, 140. Zur Beschwerde gegen die im gerichtlichen Verfahren erfolgte Ablehnung einer Aktenübersendung in die Kanzlei eines Rechtsanwalts s. *VGH München* NVwZ-RR 1998, 686.
[324] S. hierzu im Einzelnen *Bachmann/Pavlitschko* MMR 2004, 370; *Baumbach/Lauterbach*, ZPO 2007, § 299 Rn. 31 ff.; ferner zur elektronischen Aktenführung *Schmitz* DÖV 2005, 885, *Roßnagel* NJW 2003, 469; *Schmitz/Bornhofen* StAZ 2003, 97; *Schlatmann* DVBl 2002, 1055; *Guckelberger* VerwArch 97 (2006), 62. S. ferner *Schmitz/Jastrow* NVwZ 2005, 984, 989 zur Akteneinsicht nach § 1 Abs. 2 Satz 2 IFG und § 3 Abs. 2 Satz 2 UIG.

3. Akteneinsicht durch Bevollmächtigte/Rechtsanwälte (Satz 2 Halbsatz 2)

Abs. 3 **Satz 2 Halbsatz 2** enthält als dritte Ausnahme von dem Grundsatz des Abs. 3 Satz 1 **81** die allgemeine Ermächtigung, **weitere Ausnahmen** von der Akteneinsicht bei der verfahrensführenden Behörde zu gestatten. Die Behörde kann deshalb nach ihrem **Ermessen** (§ 40) insbesondere Rechtsanwälten oder anderen Bevollmächtigten die Mitnahme oder Übersendung der Akten **in die Wohnung oder Geschäftsräume** erlauben. Eine dem § 100 Abs. 2 Satz 2 Halbs. 1 VwGO entsprechende Regelung (**Anspruch** auf Mitnahme der Akten durch einen bevollmächtigten **Rechtsanwalt** – auch einen Rechtsbeistand[325] – in die Wohnung oder die Geschäftsräume) ist in Abs. 3 allerdings nicht aufgenommen worden. Ausschlaggebend hierfür war der Gesichtspunkt, dass anders als im gerichtlichen Verfahren eine solche Regelung in einem laufenden VwVf, in dem die Akten in den meisten Fällen ständig bei der Behörde benötigt werden, nicht praktikabel wäre.[326] Eine Mitnahme oder Übersendung kann folglich nach dem **Ermessen** der Behörde erfolgen. Schon die Begründung zu § 25 Entwurf 73 hatte darauf hingewiesen, dass eine Herausgabe an den Rechtsanwalt im Einzelfall nicht ausgeschlossen, sondern nach Absatz 3 Satz 2 (zweiter Halbsatz) möglich sei. Der gefundenen Lösung ist zuzustimmen, da sie der Tendenz des VwVfG entspricht, eine förmliche Ausgestaltung zu vermeiden und der Behörde einen angemessenen Handlungsspielraum zu belassen.[327]

Auch in Fällen der Herausgabe an einen Rechtsanwalt besteht allerdings **kein Anspruch** **82** darauf, dass die Behördenakten in die Kanzleiräume des Rechtsanwalts übersandt werden. Die Übersendung kann z.B. mit Hinweis auf die Vielzahl entsprechender Anträge abgelehnt werden.[328] Je nach den Umständen des Einzelfalles kann auch Einsicht in anderen Behörden oder Gerichten ausreichen.[329] Handelt es sich um **Personalakten** (hierzu noch Rn. 38, 66), so hat die Behörde bei der Ausübung ihres Ermessens nach Lage des Einzelfalles auch allgemeine Rücksichten auf den Schutz der Privatsphäre zu nehmen.[330] Tendenziell wird auch für andere sensible Akten vor allem mit sonstigen **personenbezogenen Informationen** eine Aktenübersendung nur ausnahmsweise in Betracht kommen, wenn ein etwaiger Verlust hinnehmbar und Missbrauch der Daten und Akten ausgeschlossen erscheint.[331] Der Rechtsanwalt hat kein **eigenes**[332] Akteneinsichtsrecht, kann aber aus eigenem Recht einen Bescheid anfechten, der ihm untersagt, bei der Akteneinsicht gewonnene Informationen wie verfahrensrelevante persönliche Daten Dritter an den Mandanten weiterzugeben. Eine solche Verpflichtung kann auch nicht damit begründet werden, dass zwar der Rechtsanwalt, nicht aber der Mandant zur Verschwiegenheit verpflichtet sei.[333] Schuldner einer Gebühr für die Übersendung einer Behördenakte in eine Anwaltskanzlei ist nicht der die Akteneinsicht beantragende Rechtsanwalt, sondern der durch ihn vertretene Mandant, in dessen Angelegenheit die Akteneinsicht erfolgt.[334]

Die weite Fassung des letzten Halbsatzes („**weitere Ausnahmen** kann die Behörde, die die **83** Akten führt, gestatten") soll der Behörde im Übrigen **größtmöglichen Handlungsspielraum** einräumen. Die Behörde hat jedoch bei ihrer Entscheidung außer dem Gesichtspunkt der Beeinträchtigung des Verfahrens die konkret vorhandene, nicht nur abstrakt denkbare Gefahr eines

---

[325] A. A. *OVG Münster* NVwZ-RR 1997, 764. Die Entscheidung ist durch *BVerfG* NVwZ 1998, 836 aufgehoben worden.
[326] Begründung zu § 25 Entwurf 73; zustimmend *Clausen* in Knack, § 29 Rn. 26 f., ablehnend *Ule*, DVBl 1976, 421 (428).
[327] *OVG Münster* NJW 1980, 722; *VGH München* BayVBl 1980, 94; *Clausen* in Knack, § 29 Rn. 26; *Kopp/Ramsauer*, § 29 Rn. 40 f.; *Widhofer/Mohnen* VR 1980, 285 (290).
[328] S. *VG Frankfurt* Urteil v. 18. 3. 2002 – 12 E 297/02 – zu § 29 Abs. 3 Satz 1. Kritisch zur Verwaltungspraxis: *Bohl* NVwZ 2005, 133, 135 ff.
[329] *VGH München* BayVBl 1980, 94; *OVG Münster* NJW 1980, 722; auch *OLG Frankfurt* NJW 1992, 846 zu § 34 FGG.
[330] *OVG Münster*, Urteil vom 3. September 1979 – VI A 2223/78.
[331] Vgl. *BVerwG* NJW 1987, 1214; *BAG* MDR 1988, 256 mit der Pflicht zur sorgfältigen Verwahrung und Enghaltung des damit befassten Personenkreises.
[332] Vgl. *BVerwGE* 61, 15; BayVBl 1981, 284. Hierzu auch *VGH München* Beschluss v. 11. 8. 2004 – 24 ZB 04.1398 –.
[333] *VG Schleswig* NJW 1997, 1798.
[334] So *VG Bremen* NVwZ-RR 1997, 767 zu Nr. 104.00 der Anlage zu § 1 der Bremischen Kostenordnung. S. in Abgrenzung dazu *VGH München* NVwZ-RR 2007, 502: Schuldner der Auslagenpauschale für die Versendung der Akten in Kanzleiräume nach § 28 Abs. 2 GKG ist der Bevollmächtigte.

Verlustes der Akten in Betracht zu ziehen. Fehlen dafür konkrete Anhaltspunkte, darf nicht zu restriktiv verfahren werden.[335]

4. Anspruch auf Ablichtungen

84 § 29 trifft keine Bestimmung darüber, ob ein Beteiligter anlässlich oder statt der Akteneinsicht von den Gesamtakten oder einzelnen in ihnen enthaltenen Schriftstücken **Abschriften** herstellen oder **Ablichtungen** fertigen (lassen) kann. Ein genereller Anspruch darauf besteht bei Fehlen spezieller Regelungen nicht.[336]

85 Die Behörde kann aber beides nach pflichtgemäßem **Ermessen** zulassen.[337] Ihr ist ein Entscheidungsspielraum überlassen, ob sie dem bevollmächtigten Rechtsanwalt bzw. dem Beteiligten die Akten zur eigenen Fertigung der Ablichtungen auf eigene Kosten überlässt oder ob sie die Ablichtungen auf Kosten des Beteiligten selbst fertigt.[338] Von einer solchen **Hilfestellung durch die Behörde** wird allgemein vor allem dann auszugehen sein, wenn ein Verlust von Akten(-teilen) zu besorgen ist oder wenn sonst durch die Akteneinsicht vieler Beteiligter (vor allem in Massenverfahren) die ordnungsgemäße Durchführung eines VwVf nicht mehr gewährleistet wäre. Der Grundsatz des fairen, bürgerfreundlichen Verfahrens[339] gebietet Vorkehrungen und **Erleichterungen** bei der Wahrnehmung von Verfahrensrechten. Deshalb kann ein Anspruch des zur Einsicht Berechtigten auf Anfertigung von Ablichtungen in dem erforderlichen Umfang bestehen, wenn diese als Voraussetzung für eine effiziente Rechtsverfolgung unverzichtbar sind.[340] Die **Kostenerstattung** richtet sich nach den einschlägigen Verwaltungskostenregelungen von Bund und Ländern.[341] Kostenschuldner ist der Mandant, nicht der Rechtsanwalt.[342] In der **Vorenthaltung von beantragten Abschriften** liegt nicht ohne weiteres eine Verletzung des rechtlichen Gehörs.[343] Die behördliche Entscheidung darüber, ob im Rahmen der Akteneinsicht Kopien erteilt werden, ist jedenfalls dann eine gemäß § 44a VwGO nicht selbständig angreifbare Verfahrenshandlung, wenn die Erteilung der Kopien innerhalb eines Widerspruchsverfahrens und zu deren Durchführung begehrt wird.[344]

V. Folgen der Verweigerung von Akteneinsicht, Rechtsbehelfe

86 Eine entgegen § 29, ggfls. ermessensfehlerhaft verweigerte Akteneinsicht, ebenso eine hinsichtlich Ort, Zeit oder Umfang nicht oder unzureichend gewährte Akteneinsicht kann ein **Verfahrensfehler** sein, dessen Heilbarkeit und Beachtlichkeit sich nach §§ 45, 46 richtet. Hiernach bemisst sich auch, ob der Beteiligte eines Rügerechts verlustig gehen kann. Die negative Entscheidung der Behörde über die Gewährung von Akteneinsicht ist ein VA.[345] Rechtswidrige Verweigerung von Akteneinsicht kann zu Ersatzansprüchen führen.[346] Umgekehrt kann die unberechtigte Offenlegung von Vorgängen, die der Geheimhaltung unterliegen, zu Schadensersatz- und Folgenbeseitigungsansprüchen des Geschädigten führen.[347] Ob die Verweigerung der

---

[335] *Bohl* NVwZ 2005, 133, 135 ff.
[336] *BVerwG*, Urt. v. 8. 7. 1982, Buchholz 424.01 § 133 FlurbG Nr. 1; *OVG Berlin* DVBl 2001, 313; *OVG Greifswald* NordÖR 2005, 418 zu § 29 Abs. 3, anders aber 133 FlurbG mit dem Anspruch auf Ablichtungen von Karten im flurbereinigungsrechtlichen Verfahren; *Clausen* in Knack, § 29 Rn. 27; *Kopp/Ramsauer*, § 29 Rn. 42; vgl. auch die abweichende Regelung in § 88 Abs. 5 LVwG SchlH und in § 25 Abs. 5 SGB X, wo ein Anspruch (gegen Kostenerstattung) gewährt wird. S. ferner z. B. § 7 Abs. 4 Satz 1 IFG.
[337] Kritisch zur Verwaltungspraxis: *Bohl* NVwZ 2005, 133, 135.
[338] Vgl. *OVG Hamburg* NVwZ-RR 1996, 304 zu Beiakten.
[339] *BVerfG* NJW 2000, 1709; *BVerwG* NVwZ 2001, 94.
[340] So *FG Hamburg* EFG 2004, 199 für Prüfungsakten.
[341] Allgemein hierzu *Bohl* NVwZ 2005, 133, 138 ff.
[342] Vgl. *VG Bremen* NVwZ-RR 1997, 767 betr. die Kosten der Aktenübersendung, s. Rn. 82.
[343] Vgl. *BVerwG* BayVBl 1988, 251 für das gerichtliche Verfahren.
[344] *OVG Koblenz* DÖD 2000, 140. Zur Beschwerde gegen die im gerichtlichen Verfahren erfolgte Ablehnung einer Aktenübersendung in die Kanzlei eines Rechtsanwalts s. *VGH München* NVwZ-RR 1998, 686.
[345] Vgl. *VGH München* BayVBl 1972, 364; *VG Berlin* NVwZ 1982, 576; *Partsch/Schurig* DÖV 2003, 482, 488; *Clausen* in *Knack* § 29 Rn. 28; *Kopp/Ramsauer*, § 29 Rn. 44; *Ule/Laubinger*, § 25 Rn. 10; Begründung zu § 25 Entwurf 73.
[346] Vgl. *LG Aachen* NJW 1989, 531.
[347] S. z. B. *OLG Zweibrücken* 12. 11. 1998 – 6 U 15/07 – OLGZ 1999, 175: Betroffener erleidet Herzanfall, nachdem Finanzbeamter dem Steuergeheimnis unterfallende Tatsachen bekannt gemacht hat; *VG Darm-*

Akteneinsicht oder ihre unzureichende Gewährung von einem Beteiligten des VwVf vorab und gesondert oder gemäß **§ 44a VwGO** stets erst zusammen mit der Sachentscheidung angefochten werden kann, ist streitig.[348] Die Rechtsprechung versteht das Recht auf Akteneinsicht aus § 29 als formelles Verfahrensrecht, dessen Einhaltung der Betroffene grds. nicht selbständig ohne Rücksicht darauf erzwingen kann, ob er durch die Sachentscheidung materiell in seinen Rechten betroffen ist oder nicht. Einen Rechtsbehelf gegen die Verweigerung oder Unzulänglichkeit der Akteneinsicht kann er danach grds. erst mit dem Rechtsbehelf gegen die Sachentscheidung einlegen. Selbständig angreifbar ist eine Verkürzung des Akteneinsichtsrechts danach nur dann, wenn dies aus Gründen effektiven Rechtsschutzes, etwa zur Abwehr einer nicht rückgängig zu machenden Rechtsverletzung, unabweisbar geboten ist.[349] Jedenfalls in einem solchen Fall kommt eine gerichtliche Vorab-Entscheidung nach § 123 VwGO in Betracht. Zur Erstellung von Kopien im Rahmen der Akteneinsicht s. Rn. 74, 80.[350]

Hinsichtlich der Frage, welche Akten dem **Gericht** in einem Verfahren auf Aktenauskunft vorzulegen sind, ist zu differenzieren. Kommt in Betracht, dass das Gericht zur Sache entscheiden kann, ohne dass dies Kenntnis vom streitbetroffenen Akteninhalt erfordert, kann sich die Vorlage auf diejenigen Akten(teile) beschränken, die sich mit dem „Ob" des Einsichtsrechts befassen.[351] Erfordert die Streitentscheidung dagegen – wie im Regelfall[352] – auch die Kenntnis der Akten, deren Einsicht Streitgegenstand ist, und ordnet das Gericht deshalb die Beiziehung durch Beweisbeschluss[353] an, so hat die Behörde zu prüfen, ob dem Geheimhaltungsgründe entgegenstehen. Dabei stellt die in § 99 Abs. 1 Satz 2 VwGO vorgeschriebene Ermessenserwägung der obersten Aufsichtsbehörde im Verhältnis zu allgemeinen Geheimhaltungsvorschriften eine prozessuale Spezialnorm dar.[354] Das Ergebnis dieser Erwägung unterliegt der gerichtlichen Überprüfung nach Maßgabe der Regelung des „in camera"-Verfahrens nach § 99 Abs. 2 VwGO.[355]

Dritte, die in einem VwVf Akteneinsicht begehren, bei dem sie selbst nicht die Beteiligtenstellung haben, müssen ihre Rechte zunächst **auf Beteiligung** am Verfahren durch gesonderte Rechtsbehelfe und Rechtsmittel geltend machen; dies gilt auch für vorläufige Rechtsschutzmaßnahmen nach §§ 80, 123 VwGO (vgl. § 44a Satz 2 VwGO).[356] Entsprechendes gilt, soweit Verfahrensbeteiligte durch eine verweigerte Akteneinsicht gegenüber Dritten in ihren Rechten verletzt sein können.[357] Wenn Dritte einen Akteneinsichtsanspruch **als Nichtbeteiligte** wegen einer ermessensfehlerhaft erfolgten Ablehnung (vgl. Rn. 18) geltend machen wollen, muss dies durch die allgemeinen Rechtsschutzmittel, insbesondere durch Leistungs- bzw. Verpflichtungsklage geschehen. Wer befürchten muss, dass durch die Gewährung von Akteneinsicht durch Art. 12 Abs. 1 und 14 Abs. 1 GG geschützte Betriebs- und Geschäftsgeheimnisse offenbart werden, kann aus den genannten Grundrechten ein subjektives Verfahrensrecht des Inhalts haben,

---

stadt NVwZ-RR 1999, 552: Folgenbeseitigung nach Schädigung des wirtschaftlichen Rufs eines Unternehmens durch Mitteilungen des Rechnungshofs.
[348] Eine selbständige Anfechtung unabhängig von der Sachentscheidung auch über §§ 80, 123 VwGO wird grds. verneint von *BVerwG* NVwZ 2003, 605; NJW 1979, 177; *OVG Hamburg* NVwZ 2003, 1529; *OVG Münster* DVBl 1980, 946; *VGH München* BayVBl 1978, 763; 1987, 117; 1995, 631; *VG Köln* NJW 1978, 1397; *Ule/Laubinger,* § 25 Rn. 10; *Clausen* in Knack, § 29 Rn. 28; a. A. *Kopp/Ramsauer,* § 29 Rn. 44; *Meyer/Borgs,* § 29 Rn. 25; *Plagemann* NJW 1978, 2261; *Pagenkopf* NJW 1979, 282.
[349] Vgl. *BVerfG* NJW 1991, 415; *OVG Hamburg* NVwZ 2003, 1529 m. w. N.
[350] *OVG Koblenz* DÖD 2000, 140. Zur Beschwerde gegen die im gerichtlichen Verfahren erfolgte Ablehnung einer Aktenübersendung in die Kanzlei eines Rechtsanwalts s. *VGH München* NVwZ-RR 1998, 686.
[351] *BVerwGE* 67, 303; *BVerwG,* Urt. vom 23. 6. 1982, Buchholz 316 § 29 Nr. 2; *Flümann* NJW 1985, 1452. Siehe hierzu auch *Bohl* NVwZ 2005, 133, 139.
[352] So *BVerwG* DÖV 2006, 1052; *Rudisile* in Schoch, u. a., VwGO § 99 Rn. 11a.
[353] Vgl. *BVerwG* DÖV 2006, 698: Das Verfahren nach § 99 VwGO setzt grds. einen Beweisbeschluss über die Aktenbeiziehung oder eine sonstige förmliche Äußerung des Hauptsachegerichts darüber voraus, dass der Inhalt der Akten nach dessen Rechtsauffassung für die Entscheidung des Rechtsstreits erheblich ist.
[354] *BVerwG* DÖV 2006, 1052.
[355] Vgl. – jeweils für IFG-Ansprüche –: *Guckelberger* UPR 2006, 89; *dies.* VerwArch 97 (2006), 62, 84; anders *Schmitz* NVwZ 2005, 984, 991.
[356] *OVG Münster* DÖV 1980, 222; *Ule/Laubinger,* § 25 Rn. 10; ferner *OVG Münster* NJW 1989, 544 für Akteneinsichtsanspruch eines am Baugenehmigungsverfahren nicht beteiligten Nachbarn; *VGH München* NVwZ 1989, 266 für Einsichtsbegehren eines Nachbarn in Unterlagen bzgl. eine nach § 10 BImSchG genehmigungsbedürftige Anlage; hierzu *Wachs,* Das Recht auf Akteneinsicht im immissionsschutzrechtlichen Genehmigungsverfahren, 1996 (Europäische Hochschulschriften).
[357] Vgl. *BVerwG* DÖV 2006, 699: Klage auf Beseitigung einer Sperrerklärung nach § 96 StPO und Erzwingung der Aktenvorlage.

dass die für eine Versagung der Akteneinsicht erforderliche Behördenentscheidung getroffen wird.[358] Die Vollstreckung eines titulierten Akteneinsichtsanspruchs erfolgt nach § 888 ZPO i. V. m. § 167 Abs. 1 VwGO.[359]

VI. Europarecht

89 Das Recht auf Akteneinsicht im eigenen Verfahren ist in zahlreichen europäischen Verwaltungsverfahrensgesetzen ausdrücklich geregelt. Es ist Teil des Anspruchs auf rechtliches Gehör, der vom *EuGH* schon früh als verbindliche Verfahrensmaxime eines fairen Verfahrens anerkannt wurde.[360] In Übereinstimmung damit schreibt Art. 41 Abs. 2 Spiegelstrich 3 des Entwurfs der Charta der Grundrechte der EU das Recht einer jeden Person auf Zugang zu den sie betreffenden Akten unter Wahrung des legitimen Interesses der Vertraulichkeit und des Berufs- und Geschäftsgeheimnisses vor.[361] Daneben gibt es in einer Reihe von Ländern ein unterschiedlich ausgestaltetes Recht des Staatsbürgers auf Akteneinsicht, das der Kontrolle der Verwaltung durch den Bürger dienen soll.[362] Aus dem primären Gemeinschaftsrecht ergibt sich ferner die Pflicht des Rats der EU zur Gewährung des Zugangs zu Ratsdokumenten nach Interessenabwägung gegen ein etwaiges Interesse an der Geheimhaltung der Beratungen.[363] Inhaltlich gehen die genannten Vorschriften und Regeln, soweit sie die Einsichtnahme in Akten im eigenen Verfahren betreffen, in die gleiche Richtung wie § 29. Da europäisches Verwaltungsverfahrensrecht erst und nur dann **Anwendungsvorrang** vor einer expliziten nationalen Regelung hat, wenn die nationale Norm einen abweichenden und für den Bürger nachteiligen Inhalt hat, dies aber in Ansehung des § 29 bisher nicht festgestellt werden kann, bleibt § 29 beim direkten und indirekten Vollzug von Gemeinschaftsrecht anwendbar. Er wird durch europäisches Verwaltungs(verfahrens)recht derzeit nicht verdrängt oder überlagert.

Zur Bedeutung des Gemeinschaftsrechts für die Entwicklung des deutschen **Informationsfreiheitsrechts** s. Rn. 20 ff.[364]

VII. Landesrecht

90 Dem § 29 im Wesentlichen entsprechende Regelungen finden sich auch in den VwVfGen der Länder, allerdings teilweise mit geringfügigen Abweichungen (vgl. Rn. 77). § 88 Abs. 1 SchlH-LVwG[365] setzt – anders als § 29 – für einen Anspruch auf Akteneinsicht eine spezielle Rechtsgrundlage voraus.[366] Abweichend von § 29 sieht § 88 Abs. 5 SchlH-LVwG vor, dass sich die Beteiligten, soweit Akteneinsicht gewährt wird, auf ihre Kosten durch die Behörde Auszüge und Abschriften erteilen lassen können. S. dazu auch Rn. 84. Zu den Landes-**Informationsfreiheitsgesetzen** s. Rn. 20 ff.

---

[358] *OVG Münster* NVwZ 2000, 449.
[359] Vgl hierzu im Einzelnen *BFH* NJW 2000, 1334.
[360] *Gornig/Trüe* JZ 2000, 395, 405 ff.; *Kuntze* VBlBW 2001, 5, 9 jeweils mit Rechtsprechungsnachweisen.
[361] S. zur Charta der Grundrechte *Dorf* JZ 2005, 126; *Brecht* ZEuS 2005, 355; *Schmitz* EuR 2004, 691; *Schröder* JZ 2002, 849; *Knöll* NJW 2000, 1845; *Kenntner* ZRP 2000, 423; *Magiera* DÖV 2000, 1017; *Grabenwarter* DVBl 2001, 1.
[362] Vgl. die Nachweise bei *Schwarze* (Hrsg.), Das Verwaltungsrecht unter europäischem Einfluss, 1995 (mit Länderberichten); *Gassner* DVBl 1995, 16 (20 ff.); *Ule/Laubinger*, § 25 Rn. 11; hier Einl. Rn. 134, jeweils m. w. N.
[363] Vgl. *EuGH* vom 19. 10. 1995, ZIP 1995, 1847; *EuGH* Slg. I 1996, 2169; NVwZ 2000, 905; 2004, 462. Hierzu auch *Haibach* NVwZ 1998, 456, 458.
[364] Dazu *Fluck/Merenyi* VerwArch 97 (2006), 381; *Nowak* DVBl 2004, 272; *König* DÖV 2000, 45; *Schrader* NVwZ 1999, 40; *Nolte* DÖV 1999, 363; *Burkert* DuD 1998, 8 m. w. N. S. ferner *EuGH* NVwZ 2005, 792 zur stillschweigenden Ablehnung eines Antrags auf Zugang zu Umweltinformationen.
[365] § 88 Abs. 1 Satz 1 und 2 SchlH-LVwG: „Die Beteiligten haben einen Anspruch auf Akteneinsicht, soweit Rechtsvorschriften ihn zuerkennen. Im Übrigen sollen nach pflichtgemäßem Ermessen die Behörden den Beteiligten auf Antrag Einsicht in ihre Akten des Verwaltungsverfahrens gewähren, soweit Belange der Beteiligten, einer oder eines Dritten oder der Allgemeinheit nicht entgegenstehen."
[366] S. zu § 88 SchlH-LVwG: *Brückner/Breitrück* DVP 2004, 397; *Raabe/Helle-Meyer* NVwZ 2004, 641, 644.

VIII. Vorverfahren

§ 29 gilt auch im Vorverfahren (§ 79). Der Anspruch auf Akteneinsicht entsteht mit **Beginn** 91 des Verwaltungsverfahrens (§ 22) und endet mit seinem **Abschluss** i.S. des § 9.[367] Er entsteht neu im **Widerspruchsverfahren** (vgl. § 79) und in einem **Verwaltungsprozess** (§§ 99, 100 VwGO). Anspruch auf Akteneinsicht hat ein bisher Beteiligter auch zur Prüfung der Frage, ob die Einlegung eines Rechtsbehelfs gegen einen erlassenen oder abgelehnten VA oder gegen den Abschluss oder die Verweigerung eines ör Vertrags erfolgversprechend ist (Rn. 33). Ist die Akteneinsicht während des Laufs eines VwVf beantragt, dieses vor der Entscheidung über diesen Antrag aber schon beendet, besteht bei berechtigtem Interesse der Akteneinsichtsanspruch fort.[368] Hinsichtlich des im Widerspruchsverfahren eröffneten Akteneinsichtsrechts ist umstritten, ob Akteneinsicht in gleichem Umfang einzuräumen ist wie in einem gerichtlichen Verfahren oder ob sie sich auf den durch § 29 bzw. eine spezialgesetzliche Regelung vorgegeben Umfang beschränkt. S. hierzu § 79 Rn. 28 und 34.[369]

IX. Akteneinsicht nach dem Stasi-Unterlagen-Gesetz

1. Allgemeine Problematik

Mit dem Stasi-Unterlagen-Gesetz (StUG) vom 20. 12. 1991[370] wird der Versuch unternommen, 92 die in den Stasi-Unterlagen (zum Begriff des § 6 Abs. 1 und 2 StUG) vorhandene, durch den Apparat des Staatssicherheitsdienstes der ehemaligen DDR entstandene Hinterlassenschaft in rechtsstaatlichem Sinne zu bewältigen.[371] Die gesetzliche Regelung enthält folgende Schwerpunkte:
- Auskunftsrecht für jedermann aus den Unterlagen (§§ 1, 3, 12 ff., 19 ff.)
- Recht auf Einsicht für Betroffene, Dritte und eingeschränkt auch für Mitarbeiter des Staatssicherheitsdienstes und Begünstigte (§§ 12–18)
- vollständige Erfassung der Unterlagen (§§ 2, 7 ff.)
- zentrale Verwaltung der Unterlagen bei teilweise dezentraler Lagerung (§§ 2, 7 ff., 35 ff.)
- Einrichtung einer fachlich weisungsfreien Bundesoberbehörde mit einem Bundesbeauftragten an der Spitze zur Verwaltung der Unterlagen (§§ 2, 35 ff.)
- beschränkte Verwendung der Unterlagen durch Strafverfolgungsbehörden (§§ 18, 23, 24)
- weitgehendes Nachteilsverbot gegenüber Betroffenen und Dritten (§§ 12 ff., 20, 21)
- kein Zugriff der Nachrichtendienste auf Daten Betroffener und Dritter (§ 25)
- Öffnung der Unterlagen für die wissenschaftliche Forschung und politische Bildung mit Ausnahme der Daten Betroffener und Dritter (§§ 32 ff.)
- Ergänzung durch die Errichtung der „Stiftung Archiv der Parteien und Massenorganisationen der DDR" mit der Aufgabe einer Übernahme und Nutzbarmachung von Unterlagen in geschichtlichem Interesse durch § 2a des Gesetzes zur Änderung des Bundesarchivgesetzes vom 13. 3. 1992.[372]

Die vorliegende Darstellung muss sich darauf beschränken, auf einige der mit der praktischen 93 Handhabung des Gesetzes zusammenhängenden verfahrensrechtlichen Probleme hinzuweisen, womit zugleich der **rechtssystematische Standort** des StUG verdeutlicht werden soll.[373]

---

[367] Vgl. *BVerwGE* 67, 304; hierzu auch Rn. 38.
[368] *VG Köln*, Urt. vom 26. 4. 1984 – 6 K 5470/83.
[369] Siehe hierzu *VG Potsdam* NVwZ-RR 2006, 6. Entgegen der dort vertretenen Auffassung schließt der im Widerspruchsverfahren nach § 79 2. Halbs. ergänzend anzuwendende § 29 einen Rückgriff auf die in § 100 Abs. 1 VwGO getroffene prozessuale Regelung der Akteneinsicht von vornherein aus, s. § 79 Rn. 28, 34. Ebenso *Ziekow* § 79 Rn. 10; *Geis/Hinterseh* JuS 2001, 1074, 1075; *Busch* in Knack § 79 Rn. 74, jeweils m.w.N.
[370] BGBl I S. 2272, nunmehr in der Fassung der Bekanntmachung v. 18. 2. 2007, BGBl. I S. 162.
[371] Vgl. Beschlussempfehlung und Bericht des Innenausschusses des BT, *BT-Drs.* 12/1540, S. 56 ff.
[372] BGBl I S. 506.
[373] Vgl. zu Einzelfragen des StUG die Kommentare von *Schmidt/Dörr*, *Stoltenberg* und *Weberling*, jeweils StUG 1993. Ferner *Kloepfer*, Informationsrecht, 2002, Rn. 110 ff.

2. Verfahrensrechtliche Aspekte

94 Bei der dem Bundesbeauftragten für die Unterlagen des Staatssicherheitsdienstes als Bundesoberbehörde im Geschäftsbereich der für Kultur und Medien zuständigen obersten Bundesbehörde (§ 35 Abs. 1 StUG) übertragenen Aufgabe der Erfassung, Verwahrung und Verwaltung der Unterlagen des Staatsdienstes nach § 2 StUG handelt es sich um eine **ör Verwaltungstätigkeit.** Zu einer zivilrechtlichen Angelegenheit wird die Aufgabe nicht schon deshalb, weil nach § 1 Abs. 1 Nr. 1 StUG der Einzelne durch den Zugang zu den vom Staatssicherheitsdienst gespeicherten Informationen (auch) die Einflussnahme auf sein persönliches Schicksal aufklären kann und er nach § 1 Abs. 1 Nr. 2 StUG davor geschützt werden soll, dass er durch den Umgang mit Stasi-Unterlagen in seinem Persönlichkeitsrecht beeinträchtigt wird. Sofern und soweit Ansprüche gegen den Bundesbeauftragten im Zusammenhang mit Stasi-Unterlagen geltend gemacht werden, bleiben sie öffentlich-rechtlicher Natur.

95 Der Begriff **„Unterlage"** ist der **Oberbegriff für Akten, Dateien** und sämtliche anderen papiergebundenen und EDV-gestützten Informationsquellen (§ 6 Abs. 1 mit den Ausnahmen in § 6 Abs. 2).

96 **Auskunft, Einsicht** oder **Herausgabe** von Unterlagen werden nur auf Antrag gewährt; Hinzuziehung eines Bevollmächtigten ist zulässig (§ 12 Abs. 1 StUG). Es handelt sich also um ein **Antragsverfahren,** nicht um ein Verfahren von Amts wegen.[374] Nach allgemeinen Grundsätzen ist die **Rücknahme** des Antrags zulässig, da im StUG nichts Gegenteiliges geregelt ist (§ 22 Rn. 28 ff.).

97 Das Recht des Einzelnen, nach Maßgabe des § 3 Abs. 1 StUG vom Bundesbeauftragten **Auskunft** darüber zu verlangen, ob in den erschlossenen Unterlagen Informationen zu seiner Person enthalten sind, ferner das Recht auf Einsicht in solche Unterlagen und auf Herausgabe von Unterlagen sowie auf Verwendung von Informationen und Unterlagen (§ 3 Abs. 2 StUG), zielt auf **reales Verwaltungshandeln und Wissenserklärungen** ab. Zu deren rechtlicher Qualifizierung einschließlich der Frage, ob der Vornahme einer Auskunft ein VA vorausgeht und ob in der Ablehnung einer Auskunft immer zugleich ein (konkludenter) VA des Inhalts zu sehen ist, dass ein Anspruch auf Vornahme des Realakts nicht besteht, s. § 35 Rn. 99 f. Verfahren nach dem StUG sind, soweit sie zu förmlichen Ablehnungsentscheidungen führen, **Verwaltungsverfahren** i. S. des VwVfG, so dass eine **(subsidiäre) Anwendung des VwVfG** lückenfüllend **in Betracht** kommt. Auf Verfahren nach dem StUG sind daher insoweit §§ 9–34 und §§ 35–53 unmittelbar oder ergänzend anwendbar. Auch ör Verträge i. S. von §§ 54 ff. werden als zulässig zu betrachten sein, soweit die einzelnen Regelungen des StUG bei verständiger Würdigung ihres Inhalts Raum für förmliche vertragliche Vereinbarungen lassen. § 43 StUG bestätigt den Vorrang des StUG (auch) vor dem BDSG.[375] Das BDSG gilt nur insoweit, als das StUG es für anwendbar erklärt.[376]

98 Streitigkeiten mit der Behörde des Bundesbeauftragten sind, jedenfalls soweit es sich um solche im Zusammenhang mit einem Antrag auf Auskunft, Einsicht in Unterlagen oder Herausgabe von Unterlagen handelt, **ör Streitigkeiten** nichtverfassungsrechtlicher Art und im **Verwaltungsrechtsweg** geltend zu machen (§ 40 Abs. 1 VwGO). Das schließt **Unterlassungs-** oder **Richtigstellungsansprüche** von Betroffenen oder Ex-Stasi-Angehörigen gegen den Bundesbeauftragten oder gegen parlamentarische Untersuchungsausschüsse nicht aus.[377] So steht dem Betroffenen nach §§ 1 Abs. 1, 5 Abs. 1 StUG ein Unterlassungsanspruch zu, wenn der Bundesbeauftragte in Verkennung der Rechtslage Stasi-Unterlagen mit personenbezogenen Informationen an Dritte herausgeben will.[378] Die Sonderregelung in § 31 StUG mit der erstinstanziellen Zuständigkeit des Oberverwaltungsgerichts (Berlin) ohne Vorverfahren, soweit es sich um Anträge auf gerichtliche Überprüfung von Entscheidungen des Bundesbeauftragten auf Antrag von Behörden handelt, ist eine Sonderregelung im Interesse der Verfahrensbeschleunigung. Soweit

---

[374] Insoweit aber § 2a BArchivG i. d. F. d. G. vom 13. 3. 1992, BGBl I S. 506.
[375] *OVG Berlin* LKV 1992, 417; *VG Berlin* LKV 1992, 415 und NJW 1993, 2548.
[376] Hierzu im Einzelnen *Gola/Schomerus*, BDSG, 8. Aufl., § 20 Rn. 8.
[377] Vgl. *VG Berlin* NJW 1993, 2548; *LG Halle* LKV 1994, 71 – auf der Grundlage von §§ 823 Abs. 2, 1004 BGB –; *LG Kiel* NJW 1996, 1976 mit Bespr. *Dammermann,* NJW 1996, 1946 und *Bäumler* JZ 1996, 156.
[378] S. *BVerwG* NJW 2002, 1815.

§ 31 StUG keine Sonderregelungen trifft, richtet sich das Verfahren im Übrigen nach der VwGO.[379] Aus der **Entbehrlichkeit eines Vorverfahrens** (§ 31 Abs. 1 Satz 3 StUG) folgt nicht umgekehrt, dass in einem erstinstanzlichen Verfahren ein Widerspruchsverfahren notwendig wäre. Es kann unmittelbar durch (je nach dem Ergebnis der rechtlichen Qualifizierung der Auskunfterteilung und Versagung, s. oben Rn. 97 mit Hinweis auf § 35 Rn. 99 f.) **Leistungs- bzw. Verpflichtungsklage** auf Auskunft usw. geklagt werden. § 31 Abs. 2 Satz 1 mit der Versagungs- und Beschränkungsbefugnis für den Vorsitzenden ist in Anlehnung an § 120 Abs. 3 Satz 1 SGG in das StUG aufgenommen worden.[380] Er wird analog auch in einem erstinstanzlichen Verfahren gelten können.

Welcher **Beweiswert** den Stasi-Unterlagen zukommt, lässt sich nicht generell beantworten. Der Bundesbeauftragte ist nicht verpflichtet nachzuprüfen, ob die Stasi-Unterlagen **wahr** sind, sondern hat sie nach §§ 4 Abs. 2, 37 Abs. 1 Nr. 2 StUG nur zu ordnen, zu erschließen, zu verwahren und zu verwalten.[381] Festgestellte oder geltend gemachte Unrichtigkeiten personenbezogener Informationen hat er aber nach § 4 Abs. 2 StUG zu vermerken und ggfs. entsprechend den Informationen erteilte Auskünfte nach Feststellung der Unrichtigkeit gemäß § 4 Abs. 3 StUG zu berichten. Akten und Erkenntnisse des MfS bedürfen strenger und besonders kritischer Überprüfung, weil dessen Aufgabenstellung und Arbeitsweise nicht den Erfordernissen rechtsstaatlicher Sachverhaltsaufklärung entsprochen haben.[382] Stasi-Akten kann **kein öffentlicher Glauben** wie bei öffentlichen Urkunden i. S. von §§ 415, 417, 418 ZPO zukommen. Die in ihnen aufgezeichneten „Fakten", Vorgänge, Aussagen, Mitteilungen, Hinweise, Einschätzungen u. ä. können – sofern möglich – widerlegt oder doch in ihrem Wahrheitsgehalt erschüttert werden und als „Beweis" im förmlichen Sinne ausscheiden. **99**

Die **Art und Weise der Einsichtnahme** in Stasi-Unterlagen sind in §§ 12 bis 18 StUG geregelt. Eine ergänzende Anwendung von Vorschriften des VwVfG, etwa von §§ 29 Abs. 2 und 3 oder von § 30 dürfte nicht in Betracht kommen, weil sich das StUG nach Wortlaut und Entstehungsgeschichte[383] insoweit als abschließende und vollständige Regelung versteht. **100**

Auch die **Auskunftserteilung** ist in ihren Einzelheiten in §§ 12 bis 18 StUG abschließend geregelt. Entsprechendes gilt für die **Herausgabe von Akten** und für Art und Ausmaß des **Drittschutzes**. Der Anonymisierungs- und Löschungsansprüche regelnde § 14 StUG ist durch das 5. StUÄndG[384] ersatzlos gestrichen worden. Zugleich sind die Voraussetzungen für eine einwilligungsunabhängige Herausgabe von personenbezogenen Informationen zu Personen der Zeitgeschichte, Inhabern politischer Funktionen oder Amtsträgern dahin neu geregelt worden, dass die Herausgabe auf diesen Personenkreis bezogener Daten nicht mehr grundsätzlich ausgeschlossen ist, soweit es sich um Informationen handelt, die sich auf die zeitgeschichtliche Rolle usw. der Betroffenen beziehen.[385] **101**

§ 30 Geheimhaltung

Die Beteiligten haben Anspruch darauf, dass ihre Geheimnisse, insbesondere die zum persönlichen Lebensbereich gehörenden Geheimnisse sowie die Betriebs- und Geschäftsgeheimnisse, von der Behörde nicht unbefugt offenbart werden.

Vergleichbare Vorschriften: § 30 AO 1977; § 35 SGB-AT, §§ 67 ff. SGB X, § 5 BDSG.

Abweichendes Landesrecht: S. Rn. 31.

Entstehungsgeschichte: Bis zum Inkrafttreten des VwVfG vgl. § 30 der 6. Auflage.

---

[379] So ausdrücklich Beschlussempfehlung und Bericht des IA-BT, BT-Drs. 12/1240, S. 61 zu § 24 a, jetzt § 31 StUG.
[380] Vgl. Beschlussempfehlung und Bericht des Innenausschusses des BT, BT-Drs. 12/1540, S. 56 ff.
[381] Vgl. *VG Berlin* LKV 1995, 432.
[382] So *BGH* JZ 1992, 976 mit krit. Anm. *Schroeder*.
[383] Vgl. insoweit auch die Begründung des RegE BT-Drs. 12/1093 sowie Beschlussempfehlung des Innenausschusses BT, BT-Drs. 12/1540, S. 46 ff.
[384] Vom 6. 9. 2002, BGBl. I S. 3446. hierzu *Derksen* NVwZ 2004, 551.
[385] S. zur Rechtslage nach der Neuregelung: *VG Berlin* NJW 2004, 457. Zu § 32 StUG a. F.: *BVerwG* NJW 2002, 1815. Hierzu insgesamt: *Drohla* NJW 2004, 418; *Derksen* NVwZ 2004, 551. Zum künftigen Umgang mit den Stasi-Akten s. *Knabe* RuP 2005, 215.

§ 30   1   Teil II. Allgemeine Vorschriften über das Verwaltungsverfahren

Literatur: *Gola,* Die Entwicklung des Datenschutzrechts im Jahre 1995/6, NJW 1996, 3312; *Lehner,* Der Vorbehalt des Gesetzes für den Übermittlung von Informationen im Wege der Amtshilfe, 1996; *Garstka,* Empfiehlt es sich, Notwendigkeit und Grenzen des Schutzes personenbezogener – auch grenzüberschreitender – Informationen neu zu bestimmen?, DVBl 1998, 981; *Berg,* Zum presserechtlichen Informationsanspruch, JuS 1998, 997; *Au,* Namen und Anschriften von Patienten in steuerlichen Fahrtenbüchern, NJW 1999, 340; *Mayen,* Zum Geheimnisschutz und Drittschutz bei der telekommunikationsrechtlichen Entgeltregulierung, MMR 2000, 117; *Holznagel,* Geheimnisschutz versus effektiver Rechtsschutz, MMR 2002, Nr. 12, 34; *Raabe/Helle-Meyer,* Informationsfreiheit und Verwaltungsverfahren, NVwZ 2004, 641; *Sydow,* Staatliche Verantwortung für den Schutz privater Geheimnisse, Verwaltung 38 (2005), 35; *Sieberg/Ploeckl,* Das neue Bundes-Informationsfreiheitsgesetz: Gefahr der Ausforschung durch Wettbewerber?, DB 2005, 2062; *Tyczewski/Elgeti,* Der Schutz von Betriebs- und Geschäftsgeheimnissen im Informationsfreiheitsrecht, NWVBl 2006, 281; *Rothfuchs,* Zum effektiven Rechtsschutz des in seinen Betriebs- oder Geschäftsgeheimnissen Betroffenen bei drohendem Zugang seines Konkurrenten zu Umweltinformationen, UPR 2006, 343; *Brammsen,* Wirtschaftsgeheimnisse als Verfassungseigentum, DÖV 2007, 10; *de Wall,* Der Schutz des Seelsorgegeheimnisses (nicht nur) im Strafverfahren, NJW 2007, 1856; *Weichert,* Der Datenschutzanspruch auf Negativauskunft, NVwZ 2007, 1004; *Roßnagel,* Konflikte zwischen Informationsfreiheit und Datenschutz, MMR 2007, 16. Ausführlich zum Schrifttum vor 1996 s. § 30 der 6. Auflage. S. ferner zum **Informationsrecht** die Nachweise zu § 29 (vor Rn. 1 und Rn. 20 ff.).

Übersicht

	Rn.
I. Allgemeines	1
1. Geheimhaltung persönlicher Daten als Bestandteil rechtsstaatlichen Verfahrens	1
2. Anwendungsbereich des § 30	4
a) Subsidiarität	4
b) Geltung nicht nur in Verwaltungsverfahren	5
II. Geheimhaltungsanspruch mit Offenbarungsvorbehalt	7
1. Geheimnisbegriff	7
2. Unbefugtes Offenbaren	14
3. Befugnis zur Offenbarung	16
4. Bekanntgaben innerhalb der Behörde und durch Amtshilfe	22
5. Berechtigte und Verpflichtete des Geheimhaltungsanspruchs	24
III. Folgen der Verletzung der Geheimhaltungspflicht	27
1. In verwaltungsverfahrensrechtlicher Hinsicht	27
2. In straf- und haftungsrechtlicher Hinsicht	29
IV. Europarecht	30
V. Landesrecht	31
VI. Vorverfahren	32

I. Allgemeines

1. Geheimhaltung persönlicher Daten als Bestandteil rechtsstaatlichen Verfahrens

1   § 30 war im MustE und im RegE 1970 noch nicht enthalten, sondern wurde erstmals als § 26 in den RegE 1973 aufgenommen und blieb im parlamentarischen Verfahren unverändert (vgl. vor Rn. 1). Er begründet einen **unmittelbaren Anspruch der Beteiligten** auf Wahrung ihrer persönlichen Geheimnisse gegenüber den Behörden und ist Ausdruck und **Bestandteil rechtsstaatlichen VwVf** (hierzu § 1 Rn. 23 ff.; § 9 Rn. 32 ff.). Die Aufnahme einer solchen Vorschrift in die VwVfG von Bund und Ländern war angezeigt, weil der darin begründete subjektive Anspruch der Beteiligten sich bisher im geltenden Recht in dieser Allgemeinheit nicht nachweisen ließ, sondern nur mittelbar aus Vorschriften des öffentlichen Dienstrechts zur Amtsverschwiegenheit (§§ 61, 62 BBG, § 39 BRRG, § 9 BAT), des Strafrechts (§§ 203, 353b, 354 StGB) und punktueller Regelungen in Spezialgebieten (etwa § 45 KOVwVfG) abzuleiten war.[1] Die dienst- und arbeitsrechtlichen Verschwiegenheitspflichten dienen jedoch primär organschaftlichen Belangen der Behörde und sichern, ebenso wie die strafrechtlichen Sanktionsnormen, nur **mittelbar** auch das Vertrauen des Bürgers in die Wahrung seiner Privatgeheimnisse durch die Verwaltung.[2] Deshalb stand dem Bürger für die Wahrung dieser Geheimnisse (Rn. 7 ff.) als **Reflex** der dienst- und strafrechtlichen Regelungen nur ein Recht auf fehlerfreien

---

[1] Begr. RegE 1973 zu § 26.
[2] *Maetzel* DVBl 1966, 665; *Knemeyer* NJW 1984, 2241, 2242.

§ 30 Geheimhaltung   2, 3 § 30

Ermessensgebrauch zu, bei dem das subjektive Geheimhaltungsinteresse des Bürgers mit dem Offenbarungsinteresse der Behörde (hierzu Rn. 17 ff.) abzuwägen war.³

Diese unvollständige Sicherung persönlicher Daten hat § 30 nunmehr beseitigt und den Beteiligten (Rn. 4) einen aus Art. 1, 2, 12 und 14 GG abgeleiteten⁴ verzichtbaren (Rn. 17) **subjektiven ör Rechtsanspruch** auf Wahrung ihrer Geheimnisse, der freilich durch einen Offenbarungsvorbehalt (Rn. 11 ff.) begrenzt ist, eingeräumt. Umgekehrt folgt daraus, dass die **Behörde** (zu den Verpflichteten des Anspruchs Rn. 21 ff.) **von Amts wegen,** nicht nur auf Antrag über die zum persönlichen Lebens- oder Geschäftsbereich gehörenden Daten **zu schweigen hat**, es sei denn, sie ist zur Offenbarung befugt (4 ff.; zu Bekanntgaben innerhalb der Behörden Rn. 22 ff.). 2

Insofern realisiert § 30 den vom *BVerfG* in seinem Volkszählungsurteil⁵ aufgestellten **Anspruch des Bürgers auf informationelle Selbstbestimmung** im öffentlichen Recht.⁶ Er knüpft auch an die Grundsätze des **allgemeinen Persönlichkeitsschutzes** an, die auch von der Rechtsprechung zum Zivilrecht seit längerer Zeit entwickelt worden sind.⁷ Mit § 30 soll zugleich ein **Vertrauensverhältnis** des Bürgers zur Verwaltung geschaffen oder gestärkt und die Effizienz ihrer Arbeit gesteigert werden, wenn er weiß, dass die Behörde seine persönlichen Daten nicht unbefugt gegenüber Dritten offenbaren darf.⁸

Das in § 30 enthaltene **„Verwaltungsgeheimnis"** ist zugleich eine Parallelregelung zu den in anderen Gesetzen enthaltenen Geheimhaltungsvorschriften für Behörden, insbesondere zum **Steuergeheimnis**⁹ (§ 30 AO), zum **Bankgeheimnis**¹⁰ (§ 30a AO i.d.F. des Art. 15 Nr. 1 des Steuerreformg 1990 vom 25. 7. 1988,¹¹ zum **Sozialgeheimnis**¹² (§ 35 SGB I i.V.m. 67 ff. SGB X)¹³ und zum **Datengeheimnis** (§ 5 BDSG).¹⁴ Die Vorschriften des BDSG gehen dabei den Regelungen des VwVfG vor, soweit bei der Ermittlung des Sachverhalts personenbezogene Daten verbreitet worden sind (hierzu auch § 29 Rn. 9 m.w. N.). Alle diese Vorschriften enthalten bei unterschiedlicher Konzeption und Detailregelung die gleiche Zielrichtung; tendenziell können daher die von § 30 gelassenen **Lücken** in der einfachgesetzlichen Ausgestaltung auch unter Hinzuziehung der Grundgedanken der Vorschriften zum Sozial-, Steuer- und Datengeheimnis geschlossen werden.¹⁵ Die Rechtskreise und einfachgesetzlichen Regelungen der verschiedenen Geheimnisse müssen freilich nicht notwendig deckungsgleich sein.¹⁶ 3

---

³ *BVerwG* NJW 1970, 1760.
⁴ Zum Schutz der Privatsphäre als der „engeren persönlichen Lebenssphäre" vgl. *BVerfGE* 27, 116 und 350; 54, 148/153); 65, 1; 67, 142; *Murswiek* in Sachs (Hrsg.), GG, Art. 2 Rn. 68 ff. Zum Schutz von Betriebs- und Geschäftsgeheimnissen durch Art. 12 und 14 GG vgl. *BVerfG* NVwZ 2006, 1041; *BVerwG* NVwZ 2006, 700; *Brammsen* DÖV 2007, 10; *Sydow* Verwaltung 38 (2005), 35, 42 f.
⁵ *BVerfGE* 65, 1 ff.
⁶ Vgl. *BVerfG* NVwZ-RR 2000, 760 zur unbedenklichen Weitergabe von Einwendungen in nicht anonymisierter Form an den Vorhabenträger.
⁷ Hierzu *Brandner*, Das allgemeine Persönlichkeitsrecht in der Entwicklung durch die Rechtsprechung, JZ 1983, 689; *Steindorff*, Persönlichkeitsschutz im Zivilrecht, 1983; *Geis*, Der Kern des Persönlichkeitsrechts, JZ 1991, 112; *BGHZ* 66, 182; *BVerwG* DVBl 1994, 1245 betr. Rundfunksendungen.
⁸ Vgl. *Brammsen* DÖV 2007, 10; *Sydow* Verwaltung 38 (2005), 35, 38 ff.; *Meyer/Borgs,* § 30 Rn. 3; *Kopp/Ramsauer,* § 30 Rn. 1; *Knemeyer* NJW 1984, 2241 (2242).
⁹ *BFH* NJW 2001, 318; NJW 2000, 3157; *BFHE* 191, 247 = BB 2000, 1262; *FG Köln* EFG 2000, 903; *OVG Münster* NVwZ 1999, 1252.
¹⁰ *BFH* NJW 2001, 318 m.w. N.
¹¹ BGBl I S. 1093.
¹² Vgl. *BVerwG* NJW 2004, 1543 zum Schutz der personenbezogenen Daten eines Behördeninformanten, der einem Sozialhilfeträger unaufgefordert Informationen über einen Leistungsempfänger übermittelt hat, durch das Sozialgeheimnis. S. ferner *BSG* SozR 3–2500 85 Nr. 25 = MedR 1999, 532; *OLG Celle* NJW 1997, 2964. Zur Weitergabe unverschlüsselter Arbeitgeberdaten durch die Bundesagentur für Arbeit an einen zugelassenen kommunalen Träger zu Vermittlungszwecken s. *SG Schleswig,* Beschluss vom 22. 11. 2005 – S 5 AS 455/05 ER.
¹³ Hierzu etwa *Schatzschneider* MDR 1982, 6; *Kerl* NJW 1984, 2444; *Pickel* MDR 1984, 885; *Medding* SGb 1986, 55.
¹⁴ Hierzu *Büllesbach* NJW 1991, 2593; *Dammann* NVwZ 1991, 640; *Gola* NJW 1995, 3283; 1996, 3312; *Mallmann* GewArch 2000, 354. Ferner *Garstka* DVBl 1998, 981; *Gola* NJW 2000, 3749.
¹⁵ Vgl. *OLG Hamburg* NJW 1985, 2541; *Knemeyer* NJW 1984, 2241 (2243).
¹⁶ Ebenso *Meyer/Borgs,* § 30 Rn. 4.

2. Anwendungsbereich des § 30

4 **a) Subsidiarität.** Die Anwendung des § 30 steht unter dem allgemeinen Subsidiaritätsvorbehalt des § 1 (hierzu § 1 Rn. 186 ff.). **Inhaltsgleiche** oder **entgegenstehende Rechtsvorschriften** des Bundes bzw. der Länder gehen daher dem § 30 vor (vgl. etwa §§ 5 f. IFG Bund,[17] § 9 Abs. 1 Nr. 3 UIG 2004,[18] § 10 Abs. 2 und 3 BImSchG, § 7 Abs. 4 AtomG, § 9 KWG, § 11 BStatG, § 10 UVPG, § 43 StUG, § 139 Abs. 1 S. 3 GewO, § 17 a GenTG, § 22 Abs. 2 ChemG, § 17 UWG, ferner § 203 StGB). So gehen auch die Regelungen des § 99 VwGO als prozessrechtliche Spezialbestimmungen allgemeinen Geheimhaltungsvorschriften vor.[19] Dabei ist es unerheblich, ob derartige spezialgesetzlichen Regelungen zu einer **weitergehenderen** Einschränkung des Geheimhaltungsanspruchs führen (vgl. hierzu noch Rn. 13 ff.) oder die unter den Geheimnisbegriff (Rn. 7 ff.) fallenden Tatbestände erweitert werden. § 30 ist insbesondere im Hinblick auf die Datenschutzgesetze von Bund und Ländern und dem darin enthaltenen Anspruch auf **informationelle Selbstbestimmung**[20] vor allem im Sicherheits- und Datenschutzbereich **nicht obsolet**. Zwar beziehen sich Datenschutzgesetze nicht mehr nur auf „Daten" im engeren Sinne.[21] Geheimnisschutzrecht und Datenschutzrecht bilden zwei sich überschneidende Kreise. So unterscheiden sie sich nach dem Regelungsgegenstand, da das Datenschutzrecht den Umgang mit personenbezogenen Daten regelt und das Geheimnisschutzrecht die Geheimhaltung von Privat- und Geschäftsgeheimnissen. Auch normiert das Datenschutzrecht den Umgang mit personenbezogenen Daten umfassend, während das Geheimnisschutzrecht Geheimnisse in bestimmten Gefährdungssituationen schützt.[22] Zur Einbeziehung EDV-gestützter Dateien und sonstiger technischer Speicherungsformen in den Begriff der „Akten" i. S. d. VwVfG s. § 29 Rn. 9. Zum Schutz von Betriebs- und Geschäftsgeheimnissen im **Umweltinformations- und Informationsfreiheitsrecht** s. Rn. 13.

5 **b) Geltung nicht nur in Verwaltungsverfahren.** Die Verwendung des Begriffs „**Beteiligte**", aber auch die systematische Stellung des § 30 im Gesetz bedeuten, dass der Anspruch in erster Linie im Rahmen eines laufenden VwVf i. S. des § 9 besteht. Es würde jedoch dem angestrebten allgemeinen Charakter der Regelung[23] und den Geboten des rechtsstaatlichen Verfahrens widersprechen, würde man ihr nicht auch außerhalb eines laufenden Verfahrens Bedeutung zumessen. § 30 begründet eine Verpflichtung, im Vorhinein und auf Dauer bestmögliche Sicherheitsvorkehrungen gegen unberechtigte Zugriffe auf der Geheimhaltung unterliegende Informationen zu treffen, s. Rn. 15.[24] Unter „Beteiligte" sind demnach nicht nur solche i. S. des § 13, sondern **auch** diejenigen zu verstehen, die **an einem bereits durchgeführten VwVf** oder einem **sonstigen einzelfallbezogenen Behördenverfahren**, das nicht auf den Erlass eines VA oder den Abschluss eines ör Vertrags gerichtet ist (z. B. ein Auskunftsbegehren), beteiligt sind oder waren, da der Schutz nicht mit Abschluss des Verfahrens endet.[25] Zu den Berechtigten und Verpflichteten des Geheimhaltungsanspruchs vgl. Rn. 24 ff.

---

[17] S. hierzu *Roßnagel* MMR 2007, 16; *Ekardt u. a.* VR 2007, 404; *Guckelberger* VerwArch 62 (2006), 62, 83; *Tyczewski/Elgeti*, NWVBl 2006, 281; *Raabe/Helle-Meyer* NVwZ 2004, 641, 646; *Schmitz/Jastrow* NVwZ 2005, 984, 993; *Kloepfer/v. Lewinski* DVBl 2005, 1277, 1283; *Mernsching* VR 2006, 1, 6; *Sieberg/Ploeckl* DB 2005, 2062. Ferner *VG Düsseldorf* 9. 7. 2004 – 26 K 4163/03 –; *VG Minden* 18. 8. 2004 – 3 K 4613/03 –; *VG Berlin* 24. 8. 2004 – 23 A 1.04 –.

[18] Zum Geheimnisschutz im Umweltinformationsrecht s. *OVG Münster* DVBl 2007, 981; NuR 2004, 750; *OVG Schleswig* NVwZ 2006, 847; *VG Köln* NuR 2005, 665; *Fluck* DVBl 2006, 1406, 1410; *ders./Wintterle* VerwArch 94 (2003), 437, 452; *Erichsen* in FS *Hoppe*, 2000, 927, 939. Zum Geheimnisschutz nach der Umweltinformationsrichtlinie 2003/4/EG s. *VGH Kassel* NVwZ 2006, 951; *VG Minden* NWVBl 2005, 397; *VG Stuttgart* UPR 2006, 123; *Beer/Wesseling* DVBl 2006, 133.

[19] Vgl. *BVerwG* NVwZ 2005, 334; DVBl 2005, 1245. S. zu § 99 VwGO ferner *BVerwG* NVwZ 2006, 700.

[20] *BVerfG* 65, 1 ff. Zum Datenschutzanspruch auf Negativauskunft s. *Weichert* NVwZ 2007, 1004.

[21] Vgl. *Kopp/Ramsauer*, § 30 Rn. 6.

[22] S. hierzu im Einzelnen *Roßnagel* MMR 2007, 16; *Sydow* Verwaltung 38 (2005), 35, 37 ff. Allgemein zur Reichweite des Datenschutzrechts s. *Durner*, JuS 2006, 213 ff.

[23] Vgl. Begründung zu § 26 Entwurf 73.

[24] Vgl. *BAG* NJW 2007, 794 zur arbeitsrechtlichen Pflicht des Arbeitgebers zur sicheren Aufbewahrung von Personalakten mit sensiblen Gesundheitsdaten. Ferner *BGH* NJW 1996, 779 betr. Behandlungsunterlagen eines Krankenhausträgers.

[25] Vgl. *VG Stuttgart* UPR 2006, 123, 124; ebenso *Kopp/Ramsauer*, § 30 Rn. 6; *Papier* NJW 1985, 12; vgl. auch § 84 Abs. 1, ferner die insoweit korrespondierende Vorschrift über die Verschwiegenheitspflicht von Ruhestandsbeamten in § 77 Abs. 2 Nr. 3 BBG.

Darüber hinaus ist § 30 als Ausdruck eines (verfassungsrechtlich abgeleiteten) **allgemeinen** **Rechtsgrundsatzes**[26] anzuwenden auch außerhalb des durch §§ 1 und 2 sowie § 9 bestimmten Anwendungsbereichs, sofern **ör Verwaltungstätigkeit** (hierzu § 1 Rn. 63 ff.) ausgeübt wird. Zur Anwendung des VwVfG bei verwaltungsprivatrechtlichem Handeln vgl. § 1 Rn. 96 ff. Dass der Geheimhaltungsanspruch sich nicht auf einzelne Formen des Verwaltungshandelns beschränken kann, ergibt sich außer aus dem insoweit breiteren Anwendungsbereich der Vorschriften über die Verschwiegenheitspflicht (Rn. 1) und dem § 203 StGB auch daraus, dass Motiv für die Einfügung dieser Vorschriften in das VwVfG außer dem Schutz des Bürgers durch Gewährung eines ausdrücklichen Anspruchs auch die Festigung des **Vertrauens zwischen Bürger und Verwaltung** war.[27] § 30 ist deshalb im Zuge der gesetzgeberischen Konsequenzen aus dem Volkszählungsurteil[28] nicht – wie ursprünglich durch Neueinfügung von §§ 3 a–3 f[29] geplant – ersetzt worden. Nordrhein-Westfalen und zuletzt Baden-Württemberg haben im Vorgriff hierauf bereits § 30 aufgehoben und einen neuen § 3 a bzw. nunmehr b in ihre VwVfG eingefügt. Hierdurch entsteht ein bedauerliches Rechtsgefälle zwischen Bundes- und Landesverwaltungsverfahrensrecht.

II. Geheimhaltungsanspruch mit Offenbarungsvorbehalt

1. Geheimnisbegriff

Der aus Art. 1 Abs. 1 und Art. 2 Abs. 1 GG bzw. bezüglich Betriebs- und Geschäftsgeheimnisse aus Art. 12 I und 14 GG[30] abgeleitete Geheimhaltungsanspruch mit Offenbarungsvorbehalt[31] nach § 30 richtet sich darauf, dass **Geheimnisse** der Beteiligten von der Behörde nicht unbefugt – auch **nicht gegenüber anderen Behörden**, etwa im Wege der Amtshilfe oder innerhalb von Behörden[32] (hierzu aber Rn. 22 ff.) – **offenbart** werden. Dies erfordert als Tat- und Rechtsfrage eine gerichtlich **grundsätzlich voll überprüfbare**[33] Abwägung entgegenstehender Interessen.[34] So hat die Behörde bei der Entscheidung über einen Antrag auf Akteneinsicht in den vertraulichen Teil einer Todesbescheinigung den Geheimnisschutz des Verstorbenen aus § 203 StGB und das Vertrauen der Allgemeinheit in die Wahrung der Schweigepflicht mit in die Abwägung einzustellen.[35] Eine begrenzte Kontrolle ergibt sich nur im Bereich sicherheitsbehördlicher Ermittlungen, bei denen die Geheimhaltungsbedürftigkeit einleuchtend und triftig darzulegen ist.[36] Welche Vorgänge Geheimnisse sind, wird in § 30 **beispielhaft, nicht abschließend** aufgezählt.

Maßgebend ist das **mutmaßliche verobjektivierte Interesse** des Beteiligten an der Geheimhaltung. Ist dieses Interesse nicht bekannt, so ist es nach dem Interesse eines **vernünftigen Betrachters** zu bemessen. Ein möglicherweise übersteigerter Wille des Beteiligten bleibt außer Betracht, wenn das Geheimnis objektiv nicht geheimhaltungswürdig ist.[37] Im Einzelfall ist sorgfältig zu prüfen, ob ein geltend gemachtes Interesse an der Geheimhaltung wirklich schützenswert ist. Dies wurde z. B. verneint für die Namensbekanntgabe der Mitglieder einer Gutachterkommission für ärztliche Haftpflichtfragen gegenüber einem Arzt, dem die Kommission in einem Gutachten einen Behandlungsfehler bescheinigt hatte (§ 29 Rn. 62).[38] Zur Abwägung hinsichtlich der Preisgabe der Identität eines Behördeninformanten s. Rn 20. Da sich § 30 nach Wortlaut und Entstehungsgeschichte eng an **§ 203 Abs. 1 und 2 StGB** anschließt, kann für

---

[26] Vgl. *Brammsen* DÖV 2007, 10; *Sydow* Verwaltung 38 (2005), 35 ff.; *Kopp/Ramsauer*, § 30 Rn. 3.
[27] Vgl. Begründung zu § 26 Entwurf 73.
[28] *BVerfGE* 65, 1.
[29] Hierzu die Textnachweise vor § 4 in der 3. Auflage.
[30] Vgl. *BVerfG* NVwZ 2006, 1041; *BVerwG* NVwZ 2006, 700; *Brammsen* DÖV 2007, 10; *Sydow* Verwaltung 38 (2005), 35, 42 f.
[31] Vgl. *BVerwGE* 74, 115 (119); *Knemeyer* NJW 1984, 2241 (2243); ferner die Nachweise in Rn. 2.
[32] Vgl. *Heckel*, Behördeninterne Geheimhaltung, NVwZ 1994, 224.
[33] *VGH München* NVwZ 1990, 778.
[34] *BVerwGE* 74, 115 (119).
[35] *VG Lüneburg* NJW 1997, 2468.
[36] Vgl. *BVerwGE* 46, 303 (308); 66, 233 (235); 75, 1 (9); 84, 375 (389); *BVerwG* NVwZ-RR 1997, 133 (134).
[37] *Clausen* in Knack, § 30 Rn. 7; *Knemeyer* NJW 1984, 2241 (2244).
[38] *OVG Münster* NJW 1999, 1802.

die Begriffsbestimmung der zum persönlichen Lebensbereich gehörenden Umstände (auch) der strafrechtliche Geheimnisbegriff berücksichtigt werden.[39] Dieser enthält 3 Elemente, und zwar das Geheimsein, den Geheimhaltungswillen und das objektive Geheimhaltungsbedürfnis.[40] Dabei ist stets zu prüfen ist, ob eine hieran anknüpfende Ableitung dem öffentlich-rechtlichen Schutzzweck des § 30 gerecht wird. Dementsprechend sind ergänzend auch die im **Datenschutzrecht** entwickelten Begriffsinhalte für personenbezogene Informationen einzubeziehen.

9 Nach h. M. gehören zum **Begriff des Geheimnisses** alle sich auf ein bestimmtes privates Rechtssubjekt und dessen Lebens- oder Betriebsverhältnisse beziehende Tatsachen, die bisher nur einem begrenzten Personenkreis (in einer Behörde) bekannt sind, Dritte nichts angehen, einen Bezug zum auch verfassungsrechtlich geschützten unantastbaren Bereich privater Lebensgestaltung haben,[41] in einem engen Zusammenhang zum Geheimnisträger stehen und an deren Nichtverbreitung das Rechtssubjekt deshalb ein berechtigtes Interesse hat.[42] Derartige Geheimnisse sind **personenbezogene Einzelangaben** über die persönlichen oder sachlichen Verhältnisse eines privaten Rechtssubjekts (§ 3 Abs. 1 BDSG), auch Verstorbener, s. Rn. 7.[43] Geschützt sind daher insbesondere die familiären, persönlichen und wirtschaftlichen Verhältnisse,[44] soweit sie nicht offenkundig sind (hierzu noch Rn. 21) oder an deren Geheimhaltung aus anderen Gründen, etwa wegen **gesetzlicher Mitteilungs- oder Auskunftspflichten** (hierzu noch Rn. 15), kein legitimes Interesse besteht. So ist es z. B. grundsätzlich nicht zu beanstanden, wenn die Anhörungsbehörde Einwendungen nach § 73 Abs. 6 einschließlich persönlicher Daten der Einwender dem privaten Vorhabenträger in nicht anonymisierter Form zur Stellungnahme überlässt.[45]

10 Entsprechend der Regelung in § 28 Abs. 2 BDSG, der auch für die Definition des Sozialgeheimnisses des § 35 SGB I verwendbar ist,[46] gehören zu den **persönlichen Angaben** etwa Name, Titel, akademische Grade, Geburtsdatum, Berufs-, Branchen- oder Geschäftsbezeichnung, Anschrift, Rufnummer, ferner Angaben über den Arbeitgeber und die Einkommens- und Vermögensverhältnisse. Im Bereich der Sozialleistungen kommt dem Sozialgeheimnis besondere Bedeutung zu.[47] Keine Berufung aber etwa auf Intim- und Privatsphäre für die Nichtgeltendmachung von Unterhaltsansprüchen gegenüber dem leiblichen Vater bei Vorleistungen eines Sozialhilfeträgers.[48] Jedoch Verletzung eines Geheimnisses bzw. des allgemeinen Persönlichkeitsrechts, wenn ein Arbeitgeber die Personalakte eines Dritten ohne dessen Wissen und Einverständnis anderen Stellen oder Personen zugänglich macht.[49] Entsprechendes kann für eine Auskunft gelten, dass in einer polizeilichen Datensammlung keine Einträge vorhanden seien.[50] Zur Pflicht zur vertraulichen Behandlung und Enghaltung des mit Personalakten befassten Personenkreises vgl. *BVerwG*.[51] Das allgemeine Verbot einer Offenbarung von Betriebs- und Geschäfts-

---

[39] *OVG Lüneburg* NJW 1997, 2469; *Kopp/Ramsauer*, § 30 Rn. 5; *Knemeyer* NJW 1984, 2241 (2243); ferner *Schönke/Schröder*, StGB, § 203 Rn. 5; *Dreher/Tröndle*, StGB, § 203 Rn. 2 ff.
[40] Vgl. *BGH* NJW 2003, 979; *OLG Hamm* NJW 2001, 1957.
[41] Hierzu *BVerfGE* 80, 367, 379; zum Kern des Persönlichkeitsrechts vgl. auch *Geis* JZ 1991, 112; *Küpper* JZ 1990, 416; ferner die Nachweise in Fn. 4.
[42] Vgl. *Kopp/Ramsauer*, § 30 Rn. 5; *Obermayer*, § 30 Rn. 16; *Knemeyer* NJW 1984, 2241 (2243); *Meyer-Teschendorf* ZBR 1979, 266; ferner *BVerfGE* 27, 353; 64, 46; 67, 144; *BGH* NJW 1984, 740; *Schönke/Schröder*, StGB, § 203 Rn. 5; *Dreher/Tröndle*, StGB, § 203 Rn. 2 ff.
[43] *VG Lüneburg* NJW 1997, 2468.
[44] Vgl. *BVerfG* NJW 1988, 2031 zur Bekanntmachung der Entmündigung wegen Verschwendung- und Trunksucht; *BVerfG* 77, 121 (124) = DVBl 1987, 1263 zur Offenlegung persönlicher wirtschaftlicher Verhältnisse im PlfV.
[45] *BVerwG* NVwZ-RR 2000, 760. Vgl. auch *BVerfG* NJW 1997, 1909 zur gebotenen vollständigen Offenlegung der Befundtatsachen eines gerichtlichen Sachverständigengutachtens. Zur Verteilung der Darlegungslast bei Nachbarklagen gegen immissionsschutzrechtliche Genehmigungen im Falle der Geheimhaltung von Unterlagen s. *OVG Lüneburg* NJW 1995, 2053.
[46] Vgl. *Pickel* MDR 1984, 885 (886); *Burdenski/v. Maydell/Schellhorn*, SGB I, § 35 Rn. 19; *Schroeder/Printzen*, SGB X, § 67 Rn. 2.1.
[47] Hierzu *BVerwG* NJW 2004, 1543; *BSG* SozR 3–2500 85 Nr. 25 = MedR 1999, 532; *OLG Celle* NJW 1997, 2964.
[48] *BVerwG* NJW 1983, 2954; str., hierzu ferner *Sick* DVBl 1984, 1207 und Rn. 16 ff.
[49] *BAG* JZ 1985, 1062.
[50] Vgl. *BGH* JZ 2002, 48.
[51] *BVerwG* ZBR 2000, 129; NJW 1987, 1214; *BAG* MDR 1988, 256; jetzt § 90 a BBG. Zur Verwendung von Personalaktendaten ferner *OVG Saarlouis* NVwZ-RR 2000, 450; *OVG Hamburg* NordÖR 1998, 158.

geheimnissen gilt auch im **telekommunikationsrechtlichen Regulierungsverfahren**.[52] Zu **Personal- und Prüfungsdaten** vgl. noch § 29 Rn. 28, 68 ff. m. w. N.

Auch **Unterlagen über gesundheitliche Verhältnisse** gehören zu den Geheimnissen i. S. des § 30, etwa ärztliche Befunde, Gutachten, Angaben über vorhandene oder bereits überwundene Krankheiten.[53] Auch Patientendaten unterliegen der ärztlichen Schweigepflicht und der Geheimhaltung durch die Behörden.[54] Ausnahmsweise kann dem Patienten selbst die Einsicht **vorenthalten** werden, wenn dadurch erhebliche Schäden zu gewärtigen wären.[55]

Zu den schutzfähigen Tatsachen zählen (anders als bei Wertungen) auch Gegebenheiten im **psychisch-geistigen Bereich**, etwa Charaktereigenschaften und Fähigkeiten, auf die in einer Beurteilung eingegangen ist.[56] Auch Tatsachen außerhalb des persönlichen und wirtschaftlichen Lebensbereichs, etwa der berufliche Werdegang, Bildungsabschlüsse, Prüfungsleistungen oder die Zugehörigkeit zu Vereinen und Organisationen zählen dazu.[57] Schlussfolgerungen unterliegen dann der Geheimhaltung, wenn durch ihre Mitteilung auf geheimzuhaltende Tatsachen, Umstände oder Vorgänge der Außenwelt geschlossen werden kann.[58]

Geschützt von § 30 sind ferner **Betriebs- und Geschäftsgeheimnisse**; so auch § 6 IFG Bund, § 9 Abs. 1 Nr. 3 UIG 2004, § 10 Abs. 2 BImSchG, § 139b Abs. 1 Satz 3 GewO, § 17a GenTG,[59] § 22 ChemG, § 17 UWG sowie § 203 StGB. Da § 30 keine eigenständige Definition der Betriebs- und Geschäftsgeheimnisse enthält, liegt es nahe, an das im Wettbewerbsrecht geläufige Begriffsverständnis anzuknüpfen.[60] Hiernach gehören zu derartigen Geheimnissen z. B. Ertragslagen, Geschäftsbücher, Kundenlisten, Bezugsquellen, Marktstrategien, Unterlagen zur Kreditwürdigkeit, Kalkulationsunterlagen, Patentanmeldungen und sonstige Entwicklungs- und Forschungsprojekte,[61] ferner behördliche Genehmigungs- oder Untersagungsverfahren etwa im Telekommunikations-, Immissions-, Atom- oder Gewerberecht, durch die die wirtschaftlichen Verhältnisse eines Betriebs maßgeblich bestimmt werden können.[62] Vorausgesetzt ist stets ein **berechtigtes wirtschaftliches Interesse** des Unternehmens, wobei sich das einzelbetriebliche Geheimnis u. a. auch vom branchenbezogenen wirtschaftlichen Interesse unterscheidet.[63] Das **Umweltinformations- und Informationsfreiheitsrecht** enthält hinsichtlich des Zugangs der Allgemeinheit zu Betriebs- und Geschäftsgeheimnissen unterschiedliche Regelungen: Während

---

[52] Vgl. *BVerfG* NVwZ 2006, 1041; *BVerwG* NVwZ 2006, 700; *v. Danwitz* DVBl 2005, 597; *OVG Münster* DVBl 1999, 1379; hierzu *Holznagel* MMR 2002 Nr. 12, 34 ff; *Mayen* MMR 2000, 117.

[53] *BVerfG* NJW 2006, 1116 zum Recht eines im Maßregelvollzug Untergebrachten auf Einsicht in seine Krankenunterlagen. Hierzu auch *Klatt* JZ 2007, 95. Allgemein zum Anspruch des Patienten auf Einsicht in seine Krankenunterlagen vgl. *BGHZ* 85, 327 und 339; zum Anspruch von Angehörigen und Erben auf Einsicht in derartige Unterlagen vgl. *BGH* NJW 1983, 2627.

[54] Vgl. *BVerfG* JuS 2001, 600 zur Verschlüsselungspflicht bei Krankheitsdiagnosen; *Gebauer* NJW 2003, 777 zum Datenaustausch zwischen Krankenhaus und Krankenkasse. Zur Beschlagnahme von Daten bei Berufsgeheimnisträgern: *BVerfG* NJW 2005, 1917; *BerlVerfG* NVwZ-RR 2002, 401; *Kutzner* NJW 2005, 2652. S. ferner *BGH* MDR 1991, 1035 = NJW 1992, 737: Abtretung von Honorarforderungen an gewerbliche Verrechnungsstellen mit Weiterleitung von Patientendaten ohne deren Zustimmung unzulässig; zust. hierzu *Bongen/Kremer* MDR 1991, 1031; *Taupitz* MDR 1992, 421. Zur Vorlage von Patientenakten einer Universitätsklinik an einen Landesrechnungshof ohne entgegenstehende Rechte von Klinikdirektoren vgl. *OVG Lüneburg* NJW 1984, 2652, bestätigt durch *BVerwGE* 82, 56 und *BVerfG* NJW 1997, 1633. Ferner *VerfGH Bbg.* DÖV 1998, 200.

[55] *BGH* Urt. vom 30. 1. 1989 – VI ZR 76/88 –; *OVG Münster* DVBl 1974, 382; a. A. *BVerwGE* 82, 45; ferner § 29 Rn. 70.

[56] *BGH* NJW 1985, 674; *Obermayer*, § 30 Rn. 22; *Knemeyer* NJW 1984, 2241 (2243).

[57] *Dreher/Tröndle*, StGB, § 203 Rn. 3; *Obermayer*, § 30 Rn. 29; *Knemeyer* NJW 1984, 2241 (2243/4).

[58] *Knemeyer*, a. a. O.

[59] Die Vorschrift konkretisiert die Reichweite des Geheimnisschutzes für den Bereich des öffentlichen Rechts, indem bestimmte, in Abs. 2 bezeichnete Angaben und Unterlagen, die Betriebs- und Geschäftsgeheimnisse sein mögen, gleichwohl aus dem Schutzbereich ausgenommen werden, vgl. *OVG Münster* ZUR 2005, 420.

[60] Vgl. *OVG Münster* ZUR 2005, 420; LRE 48, 411; *v. Danwitz* DVBl 2005, 597.

[61] Vgl. *BVerfG* 6, 32 (41); 27, 1 (6); *Meyer/Borgs*, § 30 Rn. 10; *Obermayer*, § 30 Rn. 26, 28; *Kopp/Ramsauer*, § 30 Rn. 5

[62] *Knemeyer* NJW 1984, 2241 (2244); *Pickel* MDR 1984, 885 (886/887) zu § 35 Abs. 4 SGB I. Zum Schutz von Geschäftsgeheimnissen im Telekommunikationsrecht s. *BVerfG* NVwZ 2006, 1041; *BVerwG* NVwZ 2006, 700; *v. Danwitz* DVBl 2005, 597; *Mayen* MMR 2000, 117; zum atomrechtlichen Genehmigungs- und Aufsichtsverfahren vgl. *Steinberg* ZPR 1988, 1 ff.; im PflV *BVerfGE* 77, 121 (124) = DVBl 1987, 1263; zum Verfahren nach dem UIG vgl. *Rothfuchs* UPR 2006, 343; *Berg* GewArch 1996, 177.

[63] S. zu dieser Abgrenzung *VG Magdeburg* UPR 2006, 403.

§ 9 Abs. 1 UIG[64] und die IFGe der Länder[65] (dazu § 29 Rn. 20 ff.) auch für den Zugang zu Betriebs- und Geschäftsgeheimnissen eine Abwägung zwischen dem Offenbarungsinteresse und dem Geheimhaltungsinteresse vorsehen, setzt eine Offenlegung derartiger Geheimnisse nach § 6 IFG Bund – abweichend von der Regelung des Schutzes personenbezogener Daten in § 5 IFG Bund – stets die Einwilligung des Betroffenen voraus, beinhaltet also einen absoluten Schutz.[66]

2. Unbefugtes Offenbaren

14 § 30 schützt vor unbefugtem Offenbaren. Der Begriff des **Offenbarens** setzt die ausdrückliche oder sinngemäße, gezielte oder ungezielte, gewollte oder ungewollte **Information** oder sonstige **Bekanntgabe** an einen Dritten voraus, dem das Geheimnis **noch nicht oder nicht sicher (legal)**, dazu Rn. 21, bekannt war. Die behördliche Pflicht zur und der subjektive Anspruch auf Geheimhaltung nach § 30 entfällt nur dann, wenn die Behörde zur Offenbarung befugt ist. Der Geheimhaltungsanspruch mit Offenbarungsvorbehalt[67] besteht daher dann nicht mehr, wenn die Offenbarungssperre durch einen normativ zugelassenen oder voluntativen **Rechtfertigungsgrund** gelöst wird. Ob dies der Fall ist, bedarf als Tat- und Rechtsfrage einer – gerichtlich nachprüfbaren – Abwägung entgegenstehender Interessen;[68] zu Nachweisen bei Sicherheitsbehörden vgl. Rn. 7 m. w. N. **Zivilrechtliche Ansprüche** gegen Dritte auf Wahrung der Intim- und Privatsphäre (Rn. 5) bleiben von der Regelung des § 30 unberührt. Ob unter dienstrechtlichen, strafrechtlichen oder haftungsrechtlichen Gesichtspunkten Geheimhaltungsverpflichtungen bestehen (zu den Konsequenzen einer Verletzung des § 30 vgl. Rn. 27 ff.), muss nach Maßgabe der dafür in Betracht kommenden Vorschriften jeweils gesondert geprüft werden.[69]

15 Der Begriff des Offenbarens umfasst einmal **alle Formen aktiven Handelns,** insbesondere auch das Gespräch im privaten Kreise, zum anderen aber auch **schlüssiges Verhalten** und **Unterlassen.** Unerheblich ist, wem gegenüber offenbart wird (Privatperson, Presse, öffentliche Einrichtung etc.; hierzu ferner Rn. 17 ff.) und ob die Kundgabe des Geheimnisses vorsätzlich oder fahrlässig geschieht.[70] So kann eine Offenbarung auch darin liegen, dass Geheimnisse nicht hinreichend vor der Kenntniserlangung Unbefugter geschützt werden. § 30 begründet eine Verpflichtung zur Gewährleistung von Geheimnisschutz. Die schließt die Pflicht ein, bestmögliche Sicherheitsvorkehrungen gegen unberechtigte Zugriffe zu treffen.[71] Dem kommt insbesondere in der **elektronischen Kommunikation** herausragende Bedeutung zu. Hier gebietet § 30, technische Sicherungen nach dem Stand der Technik einzusetzen und zu nutzen, um Zugriffe Unbefugter auf elektronische Dokumente auszuschließen.[72]

3. Befugnis zur Offenbarung

16 Wann eine Offenbarung – durch die allein legitimierte sachlich zuständige Behörde[73] – befugt und damit **gerechtfertigt** ist, wird von § 30 selbst nicht ausdrücklich näher geregelt. § 30

---

[64] Zum Geheimnisschutz im Umweltinformationsrecht s. *OVG Münster* DVBl 2007, 981; NuR 2004, 750; *OVG Schleswig* NVwZ 2006, 847; *VG Köln* NuR 2005, 665; *Fluck* DVBl 2006, 1406, 1410; ders./ *Wintterle* VerwArch 94 (2003), 437, 452; *Erichsen* in FS *Hoppe*, 2000, 927, 939.
[65] Zum Geheimnisschutz im Landesinformationsrecht s. *Ekardt u. a.* VR 2007, 404; *Tyczewski/Elgeti*, NWVBl 2006, 281; *Raabe/Helle-Meyer* NVwZ 2004, 641, 646. Allgemein zum Konflikt zwischen der Informationsfreiheit und dem Datenschutz s. *Roßnagel* MMR 2007, 16.
[66] S. hierzu *Guckelberger* VerwArch 62 (2006), 62, 83; *Schmitz/Jastrow* NVwZ 2005, 984, 993; *Kloepfer/ v. Lewinski* DVBl 2005, 1277, 1283; *Mernsching* VR 2006, 1, 6; *Sieberg/Ploeckl* DB 2005, 2062. Ferner *VG Düsseldorf* 9. 7. 2004 – 26 K 4163/03 –; *VG Minden* 18. 8. 2004 – 3 K 4613/03 –; *VG Berlin* 24. 8. 2004 – 23 A 1.04 –.
[67] *BVerwGE* 74, 115 (119).
[68] *BVerfGE* 65, 1 (43 ff.); *BVerwGE* 74, 115 (119); *BVerwG*, Urt. vom 15. 4. 1988 – 7100.86 –.
[69] Zur Offenbarung von Dienstgeheimnissen durch einen Datenschutzbeauftragten mit dem Ziel, auch auf ein gesetzmäßiges Verhalten hinzuwirken, vgl. *BGH* NJW 2003, 979.
[70] *Clausen* in Knack, § 30 Rn. 8; *Kopp/Ramsauer*, § 30 Rn. 4.
[71] Vgl. *BAG* NJW 2007, 794 zur arbeitsrechtlichen Pflicht des Arbeitgebers zur sicheren Aufbewahrung von Personalakten mit sensiblen Gesundheitsdaten. Zu dienstrechtlichen Personalakten s. Rn. 22. Ferner *BGH* NJW 1996, 779 betr. Behandlungsunterlagen eines Krankenhausträgers.
[72] Siehe hierzu im Einzelnen *Sydow* Verwaltung 38 (2005), 35 ff.; *Roßnagel* MMR 2007, 16; NJW 2003, 469, 474; ders./*Knopp* DÖV 2006, 987.
[73] Vgl. BVerwG DÖV 2005, 873: Ein Eingriff in das informationelle Selbstbestimmungsrecht ist bei Verstoß gegen die gesetzliche Regelung über die sachliche Zuständigkeit grds. auch dann nicht gerechtfertigt, wenn die Behörde unter den materiellen Voraussetzungen gehandelt hat.

weicht damit von den Parallelregelungen der §§ 30 Abs. 4 und 5, 31 und 31a **AO** zum Steuergeheimnis und von § 35 **SGB** I i.V.m. §§ 67 ff. **SGB X** zum Sozialgeheimnis ab, in denen die Offenbarungsbefugnisse im Einzelnen normativ geregelt sind.[74] Da diese Vorschriften – begrenzt auf Zwecke des Steuer- bzw. Sozialverfahrens – zwar eine ähnliche Zielrichtung haben, aber unterschiedlich geregelt sind, können bei der Interpretation der Befugnistatbestände des § 30 VwVfG die dort enthaltenen Grundgedanken nur bedingt mit berücksichtigt werden (Rn. 8). Insbesondere das Abgabenrecht enthält zahlreiche Besonderheiten, die eine unbesehene Übernahme in § 30 verbieten.[75] Es bedarf einer Abwägung der entgegenstehenden Interessen im konkreten Einzelfall (Rn. 11). Jedenfalls bei Auskunftsbegehren innerhalb eines Verwaltungsrechtsverhältnisses (§ 9 Rn. 13 ff.) sind zur Wahrung öffentlicher Geheimhaltungsinteressen **§ 29 Abs. 2 VwVfG** und **§ 99 Abs. 1 VwGO** entsprechend anwendbar.[76] Die Anwendbarkeit bezieht sich nur auf die darin enthaltenen Versagungstatbestände. Auch ist zu berücksichtigen, dass der Schutz von Betriebsgeheimnissen im Gerichtsverfahren durch das als in camera – Verfahren ausgestaltete Zwischenverfahren nach § 99 Abs. 2 VwGO in besonderer, dem Gebot effektiven Rechtsschutzes genügender Weise geregelt ist[77]

a) Eine Befugnis zur Offenbarung besteht, da § 30 ein verzichtbares subjektiv-öffentliches 17 Recht enthält (Rn. 2), zunächst im Falle der **Zustimmung des Berechtigten,** sofern er über seine Daten frei verfügen kann.[78] Diese muss in der Regel **vor der Offenbarungshandlung** und grundsätzlich durch Verzicht oder Einverständnis erteilt worden sein. Nachträgliche Genehmigung ist nicht prinzipiell ausgeschlossen,[79] wenn die Offenbarung ausdrücklich auch für die zurückliegende Zeit vor der Zustimmung gebilligt wird. Die Einverständniserklärung kann auch durch **konkludentes Handeln** erfolgen, wenn sich aus dem (vor allem früheren) eigenen Verhalten des Berechtigten bei objektiver Betrachtung der Schluss ziehen lässt, dass er auf eine Wahrung seiner persönlichen Daten und Geheimhaltungsinteressen keinen Wert legt, z.B. wenn sich der Berechtigte vorher unter Offenbarung seiner Geheimnisse an die Presse oder sonstige Außenstehende gewandt hat. Aus dem bloßen **Schweigen allein** kann ein Rückschluss auf mutmaßliches Einverständnis in aller Regel nicht gezogen werden.[80] Zur Frage der Bestätigung bereits bekannter Tatsachen vgl. Rn. 15.

b) Eine befugte Offenbarung liegt ferner vor bei **spezialgesetzlicher Regelung,** in der eine 18 Ermächtigung oder Verpflichtung zur Offenbarung von Geheimnissen in allen oder bestimmten Verfahren oder gegenüber bestimmten Behörden oder Beteiligten enthalten ist.[81] Es bedarf einer Prüfung im **Einzelfall,** inwieweit derartige Offenbarungspflichten bestehen. Zulässig ist daher etwa die Mitteilung von Geheimnistatbeständen nach § 116 BSHG oder **gegenüber Strafverfolgungsbehörden** nach Maßgabe der dafür vorhandenen Vorschriften.[82] Die Regelungen in § 30 Abs. 4–5, §§ 31, 31a AO und in §§ 67 ff. SGB X, in denen eine differenzierte Offenbarungsbefugnis im Hinblick auf Besonderheiten des Steuer- bzw. Sozialgeheimnisses normiert ist, können auf das Verwaltungsgeheimnis des § 30 nur bei vergleichbaren Verfahren übertragen werden.[83]

---

[74] Zur Offenbarung von Daten im Sozialrecht vgl. *Pickel* MDR 1984, 885; *Medding* SGb 1986, 55; *Kunkel* VBlBW 1992, 47. Zum Verhältnis zwischen § 68 und § 69 StGB X vgl. *VGH Mannheim* NVwZ-RR 1993, 416. Zu den Grenzen der Offenbarung von Sozialdaten im berufsgerichtlichen Verfahren vgl. *OVG Schleswig* DVBl 1994, 1316.
[75] Vgl. etwa *BFH* EuZW 1995, 453.
[76] Vgl. *BVerwGE* 74, 115 (119); 31, 301 (306).
[77] Grundlegend *BVerfGE* 101, 106 = NJW 2000, 1175; s. ferner *BVerfG* DVBl 2006, 694; NVwZ 2006, 1041; 2004, 719; *BVerwG* NVwZ 2006, 700; DÖV 2006, 655. Zum Verfahren s. *Lang* in Sodan/Ziekow, § 99 Rn. 48 ff. Zu § 99 VwGO als prozessualer Spezialbestimmung gegenüber allgemeinen Geheimhaltungsvorschriften vgl. *BVerwG* NVwZ 2005, 334; DVBl 2006, 1245. Zur nachträglichen Vorlageverweigerung s. *Roth* NVwZ 2003, 544.
[78] Begr. des RegE 73, S. 54; *BVerfGE* 27, 344; *Clausen* in Knack, § 30 Rn. 10; *Meyer/Borgs,* § 30 Rn. 13; *Kopp/Ramsauer,* § 30 Rn. 7; *Ule/Laubinger,* § 23 Rn. 8; vgl. auch § 67 SGB X.
[79] Anders für Sozialgeheimnis *Pickel* MDR 1984, 805/887.
[80] S. allgemein zur Bedeutung des Schweigens im Verwaltungsrecht: *Vahle* DVP 2007, 89, 91.
[81] *Kopp/Ramsauer,* § 30 Rn. 7; *Ule/Laubinger,* S. 172; vgl. auch § 35 Abs. 2 SGB I, § 31 AO.
[82] Hierzu *Schönke/Schröder,* StGB, § 203 Rn. 53 ff.; *Dreher/Tröndle,* StGB, § 203 Rn. 32; *Rogall* NStZ 1983, 7; *OLG Hamburg* NJW 1985, 2541; *OLG Düsseldorf* NJW 1985, 2537; *LG Frankenthal* NJW 1985, 2539; vgl. auch *BVerfG* NVwZ 1985, 409 (410).
[83] Zum Verhältnis Sozialgeheimnis und Strafverfolgungsbehörde vgl. *Kerl* NJW 1984, 2444; zur – grundsätzlich bejahten – Offenbarung von Steuergeheimnissen für Zwecke eines wegen persönlicher Unzuverlässigkeit einzuleitenden gewerblichen Untersagungsverfahrens vgl. *BFH* NVwZ 1988, 474; *BVerwG* NVwZ

Auch im Fall einer von einem Beamten begangenen Steuerhinterziehung erlaubt das Steuergeheimnis die Weiterleitung von Steuerdaten gem § 30 Abs. 4 Nr. 5 AO 1977 an die für Disziplinarverfahren zuständige Stelle nur unter eingrenzenden Voraussetzungen, insbesondere dann, wenn unter Berücksichtigung aller Umstände einschließlich der Höhe des Betrages der hinterzogenen Steuern aus der Sicht der mitteilenden Steuerbehörde und nach deren Kenntnisstand mit einer nur in einem förmlichen Disziplinarverfahren zu verhängenden Disziplinarmaßnahme zu rechnen ist.[84]

19 Die **Informations- und Auskunftsansprüche der Presse** nach den Pressegesetzen der Länder (z. B. § 4 PresseG BW und NRW, § 5 PresseG He)[85] geben grundsätzlich keine Befugnis zur Durchbrechung des Geheimhaltungsanspruchs des Berechtigten; derartige Informationsinteressen haben **keinen unbedingten Vorrang** vor dem Anspruch des Einzelnen auf Schutz seiner berechtigten Geheimnisse und auf Wahrung seiner persönlichen Integrität und des unantastbaren Bereichs seiner privaten Lebensgestaltung.[86] Allerdings ist nicht zu verkennen, dass diese subjektiven Geheimhaltungsansprüche in der **Praxis** oft mit (echten und vermeintlichen) öffentlichen Informationsinteressen kollidieren, so dass vielfach auch für Behörden trotz solcher subjektiver Geheimhaltungsansprüche sog. Informations- und Offenbarungszwänge entstehen. Dies gilt z. B. auch für den Bereich des Kommunalrechts.[87]

20 c) Eine Befugnis zur Offenbarung von Geheimnissen besteht wegen der immanenten Schranken des § 30 ggfls. dann, wenn eine **Interessenabwägung** und der Verhältnismäßigkeitsgrundsatz bei einer **Rechtsgüterkollision** ergeben, dass das subjektive Geheimhaltungsinteresse hinter wichtigeren öffentlichen Interessen oder höher zu bewertenden Rechtsgütern der Allgemeinheit zurücktreten muss.[88] Je stärker bei der hiernach vorzunehmenden Güterabwägung die private Sphäre des Geheimhaltungsberechtigten berührt ist und der unantastbare und schutzwürdige Bereich privater Lebensgestaltung verletzt wird, desto strengere Maßstäbe werden an die Befugnis zur Offenbarung anzulegen sein.[89] Die Offenbarung kommt daher **nur** dann in Betracht, wenn sie zum **Schutz eindeutig höherer Rechtsgüter der Allgemeinheit** erforderlich ist. Sie wird unter Berücksichtigung des Anspruchs auf informationelle Selbstbestimmung[90] in der Regel erst dann anzunehmen sein, wenn die Offenbarung **faktisch der einzig mögliche Weg** zur ordnungsgemäßen Erfüllung einer im öffentlichen Interesse liegenden überragend wichtigen Verwaltungsaufgabe ist, diese Aufgabe ohne eine Offenbarung nicht erledigt werden könnte und die Verwaltungsaufgabe den Anspruch auf Geheimhaltung im konkreten Einzelfall an Bedeutung deutlich überwiegt. Abzuwägen sind dabei auch die beiderseitigen Folgen; notwendig ist ferner die **Beschränkung** der Offenbarung auf das **zwingend erforderliche Maß**.[91] Da es sich bei dieser Abwägung zwischen dem subjektiven Geheimhaltungsanspruch und im öffentlichen Interesse zu erledigenden Verwaltungsaufgaben um eine Einschränkung der Privat- und Geheimsphäre aus Art. 1 und 2 GG auf Grund ihrer immanenten Schran-

---

1988, 432; GewArch 1997, 68; ferner *Meyer* GewArch 1985, 319; *Steinberg* UPR 1988, 1; *Fischer/Schaaf* GewArch 1990, 337; *Krause/Steinbach* DÖV 1985, 549; *App* LKV 1993, 192; *Hahn* GewArch 1997, 41. Zum Verhältnis Steuergeheimnis und parlamentarische Untersuchungsausschüsse vgl. *BVerfGE* 67, 100; 77, 1 (47); *Seibert* NJW 1984, 1001; ferner *Hahn*, Offenbarungspflichten im Umweltrecht, 1984, hierzu ferner *Breuer* NVwZ 1986, 171; zum Energiewirtschaftsrecht *Börner* RdE 1985, 182. Zum betrieblichen Geheimnisschutz bei Umweltinformationen nach UIG im Verwaltungsprozess vgl. *Cosack/Tomerius* NVwZ 1993, 841.
[84] *OVG Münster* NVwZ-RR 2001, 775; RiA 2002, 43.
[85] Hierzu z. B. *BVerfG* NJW 2001, 503; *BGH* DÖV 2005, 656; *VGH München* BayBl 2007, 369; *OVG Münster* NJW 2005, 618; *VG Ansberg* NVwZ-RR 2007, 440; eingehend *Berg* JuS 1998, 997.
[86] Vgl. *BVerfGE* 27, 82; 35, 202 (225 f.); 80, 367 (379); ferner *BVerfGE* 65, 1 ff. mit dem Anspruch auf informationelle Selbstbestimmung, hierzu § 4 Rn. 6 ff. und § 5 Rn. 15 ff.
[87] Vgl. hierzu *Eiermann* VBlBW 2007, 15 zu kommunalen Ausschüssen zur Akteneinsicht. Ferner *OLG Köln* NVwZ 2000, 351; *Herrmann* Gemeindehaushalt 2007, 161; *Meiski* BayVBl 2006, 300; *Petri* NVwZ 2005, 399; *Zilkens/Elschner* DVBl 2002, 163; *Staff* ZRP 1992, 384.
[88] Vgl. Begr. des RegE 73, S. 54; *BVerfGE* 27, 353; 34, 269 (281); *BVerwGE* 35, 225 (227); 49, 89 (93); 74, 115 (119); 84, 375 (380); *OVG Koblenz* NJW 1981, 837; *OLG Hamburg* NJW 1985, 2541; zum postmortalen Schutz *OVG Lüneburg* NJW 1997, 2468; *Kopp/Ramsauer*, § 30 Rn. 7; *Clausen* in Knack, § 30 Rn. 12; *Ule/Laubinger*, § 23 Rn. 10.
[89] *BVerfGE* 34, 269 (281).
[90] *BVerfGE* 65, 1.
[91] Vgl. *OLG Hamburg* NJW 1985, 2541; *Knemeyer* NJW 1984, 2241 (2245); ferner *Schönke/Schröder*, StGB, § 203 Rn. 53; *Dreher/Tröndle*, StGB, § 203 Rn. 32.

ken handelt, ist eine **restriktive Interpretation** der Offenbarungsbefugnis angezeigt.[92] Ein genereller Vorrang öffentlicher vor privaten Rechten oder Interessen besteht nicht.[93] So entfällt das Geheimhaltungsinteresse der Behörde an der Identität eines Informanten regelmäßig dann, wenn ausreichende Anhaltspunkte dafür vorliegen, dass der Informant die Behörde wider besseren Wissens oder leichtfertig falsch informiert hat (s. § 29 Rn. 39).[94]

d) Die Behörde erlangt die Befugnis zur Weitergabe auch nicht schon dadurch, dass das zu wahrende Geheimnis bereits **auf andere Weise** einem größeren Personenkreis **bekannt geworden** ist. Zum einen kann der Beteiligte selbst dann noch ein Interesse haben, dass wenigstens die Behörde das Geheimnis wahrt, zum anderen kann das Überschreiten einer kritischen Schwelle nicht in die Beurteilung der Behörde gestellt werden.[95] Zumindest darf die Behörde **Zweifelsfälle** nicht dadurch lösen, dass sie Gerüchte oder Pressemeldungen, die Geheimhaltungstatbestände des Einzelnen i. S. des § 30 enthalten, ausdrücklich in der einen oder anderen Richtung bestätigen oder dementieren.[96] Anders zu beurteilen ist der Fall, dass ein Geheimnis dadurch **offenkundig** geworden ist und seinen Charakter als Geheimnis verloren hat, dass es in allgemein zugängliche Quellen Aufnahme gefunden hat. Dass Daten potentiell einem unbeschränkten Personenkreis im Wege einer Anfrage zugänglich sind, macht sie aber noch nicht offenkundig.[97] Dies kann jedoch z. B. dann der Fall sein, wenn bereits eine verlässliche Tageszeitung über die Angelegenheit berichtet hat.[98] In diesem Sinne allgemein bekannte Umstände sind auch dann keine Betriebs- oder Geschäftsgeheimnisse, wenn der Inhaber sie als solche bezeichnet.[99] Zur Offenbarung durch den Beteiligten selbst vgl. Rn. 17. 21

4. Bekanntgaben innerhalb der Behörde und durch Amtshilfe

Auch Weitergabe innerhalb der verpflichteten Behörde ist Offenbaren im Sinne des § 30, wenn dadurch Geheimnisse außerhalb des engeren Aufgaben- und Dienstbereichs bekannt werden.[100] Denn die ein Geheimnis begründenden Tatsachen (hierzu Rn. 7 ff.) sind der Behörde nur im Rahmen ihrer sachlichen und örtlichen Zuständigkeit und der dazu gehörenden Aufgabenerfüllung anvertraut, so dass auch innerhalb der organisatorischen Einheit Behörde (zum Begriff § 1 Rn. 212 ff.) **alle** diejenigen Bediensteten oder sonstigen Dritten von der Information **ausgeschlossen bleiben** müssen, die **für die Erledigung der Verwaltungsaufgabe nicht zuständig** sind.[101] Unberührt bleibt das Recht der Behördenleitung auf Information über alle Fakten, soweit die Behörde örtlich, sachlich und finanziell zuständig ist. Insofern schützt § 30 auch die Wahrung der **gesetzlichen Kompetenzordnung**. Das allgemeine Persönlichkeitsrecht und § 30 werden daher verletzt, wenn etwa Personalakten eines Bediensteten oder sonstige vertrauliche Unterlagen ohne Wissen und Einverständnis der Betroffenen einem Dritten ungerechtfertigt zugänglich gemacht werden.[102] 22

Streitig ist, ob eine Weitergabe von Geheimnissen **im Rahmen der Amtshilfe** eine befugte Offenbarung darstellt. Teilweise wird angenommen, dass § 30 nicht als Gesetz i. S. des § 5 Abs. 2 Satz 2 angesehen werden kann, so dass Geheimnisse innerhalb der Amtshilfe zwischen 23

---

[92] *Knemeyer* NJW 1984, 2241 (2245).
[93] Vgl. *BVerfGE* 65, 1 ff. mit dem bedeutsamen subjektiven, aber nicht schrankenlosen Anspruch auf informationelle Selbstbestimmung und dem Abwägungsgebot gegenüber zwingenden öffentlichen Informationsbedürfnissen.
[94] *BVerwG* NJW 2003, 340; 2004, 442; *VerfGH Rheinland-Pfalz* DVBl 1999, 309. Hierzu *Wollweber* DVBl 1999, 980.
[95] *Clausen* in Knack, § 30 Rn. 13.
[96] Vgl. *OLG München* NJW 1986, 162; *Kopp/Ramsauer*, § 30 Rn. 12; *Clausen* in Knack, § 30 Rn. 13; a. A. *OLG Frankfurt* NVwZ 1982, 215.
[97] Vgl. *BGH* NJW 2003, 226 zur Registerauskunft nach § 39 I STVG betr. Fahrzeug- und Halterdaten.
[98] *OVG Münster* DÖV 1966, 504.
[99] Vgl. *BVerwG* CR 2005, 194.
[100] *BGHZ* 34, 184 (187).
[101] Ebenso *Obermayer*, § 30 Rn. 34; *Knemeyer* NJW 1984, 2241 (2244); *Heckel*, Behördeninterne Geheimhaltung, NVwZ 1994, 224.
[102] Vgl. *BAG* NJW 2007, 794 zur arbeitsrechtlichen Pflicht des Arbeitgebers zur sicheren Aufbewahrung von Personalakten mit sensiblen Gesundheitsdaten.. Zur sorgfältigen Aufbewahrung dienstrechtlicher Personalakten und Enghaltung des damit befassten Personenkreises vgl. *BVerwG* NJW 1987, 1214. Ferner *BGH* NJW 1996, 779 betr. Behandlungsunterlagen eines Krankenhausträgers.

Behörden offenbart werden dürften.[103] Die Amtshilfe dient zwar dazu, der ersuchenden Behörde die Erfüllung ihrer Aufgaben im Einzelfall auf Ersuchen durch ergänzende Hilfe der ersuchten Behörde zu ermöglichen. In diesem Rahmen richtet sich die Zulässigkeit von Amtshilfeleistungen aber nach dem Recht der ersuchten Behörde, weil die Amtshilfe die Befugnisse und Kompetenzen der ersuchenden Behörde nicht erweitert oder erstmals begründet, sondern nur die Ausfüllung einer bestehenden Zuständigkeit durch ergänzende Hilfe sichert.[104] Wenn die ersuchte Behörde § 30 zur Geheimhaltung verpflichtet ist und auch andere Behörden und Bediensteten von der Kenntnis der ein Geheimnis enthaltenen Tatsachen ausgeschlossen sind, kann die Amtshilfe als organschaftliches Institut keine Befugnis zur Offenbarung von Geheimnissen begründen. Deshalb ist **§ 30 als Gesetz i. S. des § 5 Abs. 2 Satz 2** anzusehen, so dass Amtshilfeleistungen durch Offenbarung von Geheimnissen grundsätzlich unzulässig sind. Allerdings reicht das Offenbarungsverbot nur soweit, wie die Verbotsnorm des § 30 selbst auch ohne die Amtshilfe reicht. Da § 30 nach h. M. immanente Schranken hat und bei einer **Rechtsgüterkollision** nach einer Güterabwägung unter bestimmten Voraussetzungen eine Offenbarung gestattet (Rn. 21 ff.), ist bei Vorliegen dieser (strengen) Voraussetzungen für die ersuchende Behörde eine Offenbarung von Geheimnissen gerechtfertigt, so dass insoweit auch im Rahmen der Amtshilfe – sofern nicht Regelungen des BDSG und/oder StUG entgegenstehen – eine Weitergabe an andere Behörden möglich ist.[105] Auch eine Bekanntgabe von Betriebs- und Geschäftsgeheimnissen ist allenfalls im Falle einer solchen Rechtsgüterkollision zulässig.[106]

5. Berechtigte und Verpflichtete des Geheimhaltungsanspruchs

24 **Anspruchsberechtigter** ist derjenige **Beteiligte** (hierzu Rn. 5), um dessen Geheimnisse es geht. § 30 gilt ferner auch für **Dritte,** deren Geheimnisse der Behörde im Rahmen des Verfahrens bekannt geworden sind.[107] Da es sich dabei um ein subjektiv-öffentliches Recht handelt (Rn. 1), muss es von einem beteiligten- und handlungsfähigen Rechtssubjekt i. S. der §§ 11, 12 geltend gemacht werden. Ausnahmsweise kann der Anspruch auch von den **Angehörigen** oder **Erben** eines Geheimnisträgers vorgebracht werden, wenn diese ein eigenes oder abgeleitetes Recht auf Geheimhaltung haben.[108] So können z. B. die Erben eine Einsichtnahme in den vertraulichen Teil einer Todesbescheinigung mit Blick auf den Geheimnisschutz des Verstorbenen unterbinden.[109]

25 **Anspruchsverpflichteter** ist nicht – wie bei der dienst- und strafrechtlichen Verschwiegenheitspflicht (Rn. 1) – der einzelne Bedienstete, sondern als organschaftliche Pflicht diejenige **Behörde,** bei der das Verfahren anhängig ist oder war und die die Daten des Geheimnisses hat, einerlei ob sie die Tatsachen selbst ermittelt oder von anderen zur Verfügung gestellt erhalten hat. Sind Geheimnisse ausnahmsweise auch im Rahmen von Amtshilfe weitergegeben worden (hierzu Rn. 23), sind die ersuchende und ersuchte oder eine beteiligte Behörde zur Geheimhaltung verpflichtet. Die Behörde hat ferner eine **Aufbewahrungs- und Sicherungspflicht** für die Unterlagen.[110]

26 Der Geheimhaltungsanspruch ist von der Behörde, die die Kenntnis der dazu gehörenden Tatsachen hat, nicht erst auf Antrag des Beteiligten, sondern **von Amts wegen** und **in jeder Lage des Verfahrens** zu beachten (Rn. 5, 13). Die Verpflichtung zur Verschwiegenheit besteht nicht erst und nur während des laufenden Behördenverfahrens, sondern bereits **vor seinem Beginn** und auch noch **nach seinem Abschluss** (Rn. 5). § 30 begründet die Pflicht, im Vorhinein und auf Dauer bestmögliche Sicherheitsvorkehrungen gegen unberechtigte Zugriffe auf

---

[103] So *Clausen* in Knack, § 30 Rn. 10; *Bullinger* NJW 1978, 2126; *Meyer-Teschendorf* ZBR 1979, 261 (266); *Ule/Laubinger*, § 23 Rn. 10; undeutlich *Knemeyer* NJW 1984, 2241 (2244): nur „im Wege berechtigter Amtshilfe"; a. A. *Kopp/Ramsauer*, § 30 Rn. 14, § 5 Rn. 18; *Schwan* VerwArch 1975, 132 ff.; *Obermayer*, § 30 Rn. 43 ff.; s. auch *VGH Kassel* NVwZ 2003, 755. Zum Gesamtkomplex *Lehner*, Der Vorbehalt des Gesetzes für die Übermittlung von Informationen im Wege der Amtshilfe, 1996, 107 ff.
[104] BVerwG NVwZ 1986, 467; hierzu § 5 Rn. 4 ff.
[105] So im Ergebnis auch *VGH Kassel* NVwZ 2003, 755; ebenso *Steinbömer* DVBl 1981, 340 (341).
[106] Vgl. *OVG Lüneburg* NJW 1995, 2053 betr. Geheimhaltung von Antragsunterlagen bei immissionsschutzrechtlichen Genehmigungen nach § 10 Abs. 2 BImSchG.
[107] Ebenso *Kopp/Ramsauer*, § 30 Rn. 6; *Obermayer*, § 30 Rn. 8; a. A. *Clausen* in Knack, § 30 Rn. 6
[108] Vgl. BVerfGE 30, 173 (193); BGH NJW 1983, 2627; *OVG Lüneburg* NJW 1997, 2468.
[109] Vgl. *VG Lüneburg* NJW 1997, 2468.
[110] Vgl. BAG NJW 2007, 794; BGH NJW 1996, 779; BVerwG NJW 1987, 1214.

der Geheimhaltung unterliegende Informationen zu treffen. Die gilt insbesondere auch im Bereich der **elektronischen Kommunikation**.[111]

III. Folgen der Verletzung der Geheimhaltungspflicht

1. In verwaltungsverfahrensrechtlicher Hinsicht

Die unter Verletzung des § 30 zustande gekommene Verwaltungsentscheidung ist, soweit sie inhaltlich zu einem **VA** geführt hat, verfahrensfehlerhaft und hinsichtlich der Rechtsfolgen nach **Maßgabe der §§ 44 ff.** zu beurteilen. Ein Verstoß gegen die Pflicht zur Geheimhaltung bei einem VA führt daher nur in den Fällen des § 44 zur Nichtigkeit, im Übrigen nach Maßgabe der §§ 45, 46 zur Rechtswidrigkeit; hiernach ist auch zu beurteilen, ob die unbefugte Offenbarung von Geheimnissen **(mit-)ursächlich für die Sachentscheidung** geworden ist und inwieweit Verfahrensfehler im Verwaltungs-(vor-)verfahren beseitigt werden können. Für Rechtsbehelfe eines Beteiligten i. S. des § 13 gilt **§ 44 a VwGO**. 27

Soweit die Verwaltungsentscheidung zu einem ör Vertrag oder wegen des über § 9 hinausgehenden Anwendungsbereichs des § 30 (Rn. 5) zu einer sonstigen Behördenentscheidung oder einem Behördenverfahren ohne abschließende Entscheidung geführt hat, richten sich die verwaltungsverfahrensrechtlichen Rechtsfolgen eines Rechtsverstoßes nach allgemeinen Grundsätzen. Die unbefugte Offenbarung eines Geheimnisses kann daher unmittelbar vor allem durch öffentlich-rechtliche **Widerrufs-, Unterlassungs-, Folgenbeseitigungs-** oder **Schadensersatzansprüche** geltend gemacht werden, die vor den Verwaltungs- bzw. Zivilgerichten zu verfolgen sind.[112] Bei drohender Offenbarung kommt ein Antrag auf Erlass einer einstweiligen Anordnung in Betracht, durch der informationsbereiten Stelle die Eröffnung des Zugangs vorläufig untersagt wird.[113] Im Verwaltungsprozess kann derjenige, der befürchtet, dass durch Vorlage von Akten an das Gericht durch Art. 12 Abs. 1 und 14 Abs. 1 GG geschützte Betriebs- und Geschäftsgeheimnisse offenbart werden, aus den genannten Grundrechten ein subjektives Verfahrensrecht des Inhalts haben, dass die oberste Aufsichtsbehörde der zur Aktenvorlage bereiten Behörde eine Entscheidung über die Aktenvorlage oder Geheimhaltung nach § 99 Abs. 1 Satz 2 VwGO trifft.[114] Die Beschränkungen des § 44 a VwGO gelten nicht für einen von einem VwVf unabhängig notwendig werdenden Rechtsschutz.[115] Nach allgemeinen Grundsätzen richtet sich auch, ob eine rechtswidrig erlangte Kenntnis von einem Geheimnis i. S. des § 30 zu einem **Verwertungsverbot** für die Verwaltungsentscheidung führt.[116] Insoweit bedarf es einer Prüfung im Einzelfall, ob ohne den Rechtsverstoß die Verwaltungsentscheidung rechtmäßig und mit dem gleichen Inhalt hätte erlassen werden können, ferner ob ohne den Verstoß die Entscheidung das gleiche Ergebnis gehabt hätte. Im übrigen kann die bewusste Offenbarung von Geheimnissen zum Ausschluss oder zur Befangenheit der beteiligten Bediensteten nach Maßgabe der **§§ 20, 21** führen. 28

2. In straf- und haftungsrechtlicher Hinsicht

Die strafrechtliche Sanktion von Geheimnisverletzungen ergibt sich aus §§ 203 Abs. 2, 204, 353 a, 353 b, 354, 355 StGB. Rechtswidrige und schuldhafte Geheimnisoffenbarungen oder die Verletzung von Aufbewahrungs- und Sicherungspflichten können (auch) zu **Haftungsansprüchen** wegen Amtspflichtverletzungen (§ 839 BGB i. V. m. Art. 34 GG) führen, die vor den ordentlichen Gerichten einzuklagen sind.[117] 29

---

[111] Siehe hierzu im Einzelnen *Sydow* Verwaltung 38 (2005), 35 ff.; *Roßnagel* MMR 2007, 16; NJW 2003, 469, 474; *ders./Knopp* DÖV 2006, 987.
[112] Vgl. *BGH* NJW 1978, 1860 zu Widerrufsansprüchen; *VGH Kassel* DÖV 1988, 468 zu ehrverletzenden Behauptungen von Gemeindeorganen. *VG Darmstadt* NVwZ-RR 1999, 552: geschäftsschädigende und ehrverletzende Äußerungen bei der Prüfungsmitteilung des Rechnungshofs.
[113] Vgl. hierzu am Beispiel des UIG: *Rothfuchs* UPR 2006, 343.
[114] Vgl. *BVerfG* NVwZ 2006, 1041; *BVerwG* NVwZ 2006, 700; *v. Danwitz* DVBl 2005, 597; *OVG Münster* DVBl 1999, 1379; hierzu *Mayen* MMR 2000, 117.
[115] Vgl. etwa *VGH München* BayVBl 1995, 631.
[116] Hierzu § 24 Rn. 32 ff.
[117] Vgl. *BGH* NJW 1996, 779. Ferner z. B. *OLG Zweibrücken* 12. 11. 1998 – 6 U 15/07 – OLGZ 1999, 175: Betroffener erleidet Herzanfall, nachdem Finanzbeamter dem Steuergeheimnis unterfallende und zudem unwahre Tatsachen bekannt gemacht hat.

IV. Europarecht

30 Der Anspruch auf Geheimhaltung persönlicher Daten gegen die damit befassten Behörden ist Bestandteil des **fairen Verfahrens** und insofern auch ungeschriebener Bestandteil des europäischen Verwaltungs-(verfahrens)rechts, ohne dass zwischen der nationalen Regelung des § 30 und dem ungeschriebenen europäischen Rechtsgrundsatz ein inhaltlicher Unterschied erkennbar wird.[118] In Übereinstimmung damit spricht Art. 8 I der Charta der Grundrechte der EU[119] jeder Person das Recht auf Schutz der sie betreffenden personenbezogenen Daten zu. Nach Art. 41 Abs. 2 Spiegelstrich 3 der Charta hat jede Person das Recht auf Zugang zu den sie betreffenden Akten unter Wahrung des legitimen Interesses der Vertraulichkeit und des Berufs- und Geschäftsgeheimnisses.[120] Auch Art. 287 EG, der die Mitglieder und Bediensteten der Organe der Gemeinschaft verpflichtet, Auskünfte, die ihrem Wesen nach unter das Berufsgeheimnis fallen, nicht preiszugeben, stellt einen allgemeinen Grundsatz dar.[121] Die Abgrenzung des Geheimschutzrechts zum Datenschutzrecht erfolgt auch im Europarecht nach den zu § 30 aufgezeigten Grundsätzen.[122] Da § 30 mit europäischem Recht übereinstimmt und Rechte und Pflichten aus den Datenschutzgesetzen unberührt lässt (Rn. 4 ff.), ist er auch in Ansehung von Europarecht voll anwendbar.

V. Landesrecht

31 Die Länder haben weitgehend in ihren VwVfGen dem § 30 entsprechende Regelungen. Teilweise haben sie diese Vorschrift (z. B. Baden-Württemberg und Nordrhein-Westfalen aber inzwischen aufgehoben. Zusätzlich sind aber die Geheimhaltungsvorschriften in den Landesdatenschutzgesetzen zu beachten (hierzu § 4 Rn. 6 ff.; § 29 Rn. 7 ff.).

VI. Vorverfahren

32 § 30 ist auch im Vorverfahren zu beachten (§ 79).

Abschnitt 2. Fristen, Termine, Wiedereinsetzung

§ 31 Fristen und Termine

(1) **Für die Berechnung von Fristen und für die Bestimmung von Terminen gelten die §§ 187 bis 193 des Bürgerlichen Gesetzbuchs entsprechend, soweit nicht durch die Absätze 2 bis 5 etwas anderes bestimmt ist.**

(2) **Der Lauf einer Frist, die von einer Behörde gesetzt wird, beginnt mit dem Tag, der auf die Bekanntgabe der Frist folgt, außer wenn dem Betroffenen etwas anderes mitgeteilt wird.**

(3) **[1]Fällt das Ende einer Frist auf einen Sonntag, einen gesetzlichen Feiertag oder einen Sonnabend, so endet die Frist mit dem Ablauf des nächstfolgenden Werktags. [2]Dies gilt nicht, wenn dem Betroffenen unter Hinweis auf diese Vorschrift ein bestimmter Tag als Ende der Frist mitgeteilt worden ist.**

---

[118] *EuGH* Slg. I 1999, 7081; 1998, 7597; 1996, 3423. Vgl. *Gassner* DVBl 1995, 16 (23); *Schwarze* DVBl 1996, 881; s. auch den Rechtsprechungsüberblick von *Goring/Trüe* JZ 2000, 395, 446 f.
[119] ABl. C 364 vom 18. 12. 2000, S. 1–22. Zum Inhalt der Charta s. *Dorf* JZ 2005, 126; *Brecht* ZEuS 2005, 355; *Schmitz* EuR 2004, 691; *Weber* DVBl 2003, 220; *Schröder* JZ 2002, 849; *Knöll* NJW 2000, 1845; *Kenntner* ZRP 2000, 423; *Magiera* DÖV 2000, 1017; *Grabenwarter* DVBl 2001, 1.
[120] Zum Datenschutzanspruch auf Negativauskunft s. *Weichert* NVwZ 2007, 1004.
[121] *EuGH* Slg. I 1998, 4871; *Kingreen/Wegener*, in Callies/Ruffert EUV/EGV, 3. Aufl. 2007, Art. 287 EGV Rn. 1 m. w. N.
[122] S. Rn. 4; vgl hierzu *Sydow* Verwaltung 38 (2005), 35, 36 ff.

§ 31 Fristen und Termine

(4) Hat eine Behörde Leistungen nur für einen bestimmten Zeitraum zu erbringen, so endet dieser Zeitraum auch dann mit dem Ablauf seines letzten Tages, wenn dieser auf einen Sonntag, einen gesetzlichen Feiertag oder einen Sonnabend fällt.

(5) Der von einer Behörde gesetzte Termin ist auch dann einzuhalten, wenn er auf einen Sonntag, gesetzlichen Feiertag oder Sonnabend fällt.

(6) Ist eine Frist nach Stunden bestimmt, so werden Sonntage, gesetzliche Feiertage oder Sonnabende mitgerechnet.

(7) [1]Fristen, die von einer Behörde gesetzt sind, können verlängert werden. [2]Sind solche Fristen bereits abgelaufen, so können sie rückwirkend verlängert werden, insbesondere wenn es unbillig wäre, die durch den Fristablauf eingetretenen Rechtsfolgen bestehen zu lassen. [3]Die Behörde kann die Verlängerung der Frist nach § 36 mit einer Nebenbestimmung verbinden.

Vergleichbare Vorschriften: §§ 108, 109 AO 1977; § 26 SGB X, § 57 VwGO; § 54 FGO; §§ 64, 65 SGG; §§ 221 ff. ZPO.

Abweichendes Landesrecht: S. Rn. 59.

Entstehungsgeschichte: Bis zum Inkrafttreten des VwVfG vgl. § 31 der 6. Auflage.

Literatur: *Linhart,* Fristen und Termine im Verwaltungsrecht, 3. Aufl., 1996; *Müller-Franken,* Gemeinschaftsrechtliche Fristenhemmung, richtlinienkonforme Auslegung und Bestandskraft von Verwaltungsakten, DVBl 1998, 758; *Gundel,* Keine Durchbrechung nationaler Verfahrensfristen zugunsten von Rechten aus nicht umgesetzten EG-Richtlinien, NVwZ 1998, 910; *Henneke,* Form- und Fristfragen beim Telefax, NJW 1998, 2194; *Krause,* Wie lang ist ein Monat? – Fristberechnung am Beispiel des § 5 III UmwG, NJW 1999, 1448; *Proppe,* Die korrekte Berechnung von Rechtsmittelfristen, JA 2001, 977; *Volbers,* Fristen und Termine, 10. Aufl., Sankt Augustin 2003; *Tetzlaff,* Eine verwaltungsrechtliche Fristenlektüre, VR 2004, 224; *Kment,* Die Stellung nationaler Unbeachtlichkeits-, Heilungs- und Präklusionsvorschriften im europäischen Recht, EuR 2006, 201; *Schroeter,* Die Fristenberechnung im Bürgerlichen Recht, JuS 2007, 29; *Schröder,* Verlängerungsverwaltungsakt und Änderungsverwaltungsakt, NVwZ 2007, 532. Ausführlich zum Schrifttum vor 1996 s. § 31 der 6. Auflage.

Übersicht

	Rn.
I. Allgemeines	1
1. Grundsätze des BGB als Vorbild	1
2. Anwendungsbereich	3
II. Fristen und Termine – Begriffe und Arten	5
1. Begriffe Frist und Termin	5
2. Arten der Fristen und Termine	7
3. Gesetzesvorbehalt	13
4. Auslegungsregeln	14
III. Berechnung von Fristen, Bestimmung von Terminen (Abs. 1)	16
1. Berechnung und Fristbeginn	16
2. §§ 187 bis 193 BGB	17
IV. Behördlich gesetzte Frist (Abs. 2)	24
1. Fristsetzung	24
2. Fristversäumung/Rechtsfolgen	31
3. Vertragliche Frist	33
V. Sonnabende, Sonn- und Feiertage (Abs. 3)	34
1. Begriffe	34
2. Ausnahmen	38
VI. Leistungen der Behörde (Abs. 4)	39
VII. Behördlich gesetzter Termin (Abs. 5)	41
VIII. Frist nach Stunden (Abs. 6)	42
IX. Verlängerung (Abs. 7) und Verkürzung von Fristen	44
1. Berechnung der verlängerten Frist	44
2. Behördlich gesetzte Frist	46
3. Verkürzung	56
X. Europarecht	57
XI. Landesrecht	59
XII. Vorverfahren	60

I. Allgemeines

1. Grundsätze des BGB als Vorbild

1 Rechtssicherheit und Rechtsfrieden als Grundsätze des Rechtstaates erfordern auch Fristen in allen Rechtsbereichen (Rn. 9, § 32 Rn. 1).[1] Eine umfassende Regelung der Fristen und Termine enthalten bereits §§ 186 ff. BGB. Die in diesen Vorschriften niedergelegten Rechtsgedanken gelten nicht nur für das Privatrecht, sondern als **allgemeine Grundsätze** auch für das öffentliche Recht.[2] Vgl. § 186 BGB: *„Für die in Gesetzen,[3] gerichtlichen Verfügungen und Rechtsgeschäften enthaltenen Frist- und Terminsbestimmungen gelten die Auslegungsvorschriften der §§ 187 bis 193."*

2 Für das Verwaltungsverfahren konnten die BGB-Regelungen grundsätzlich **übernommen** werden, mussten aber auf behördliche Termine erstreckt werden (vgl. § 186 BGB) und teilweise verändert werden (Absätze 2 bis 5), teils waren zusätzliche Regelungen nötig (Absätze 6, 7). Deshalb wurde § 31 geschaffen,[4] der im Laufe des Gesetzgebungsverfahrens an §§ 108, 109 AO 1977 angeglichen wurde. Soweit § 31 nicht greift (dazu noch Rn. 4), kann auf die BGB-Regelungen als allgemeine Rechtsgrundsätze zurückgegriffen werden.[5]

2. Anwendungsbereich

3 § 31 wird ergänzt durch § 32; deren Regelungen haben **allgemeine Bedeutung** für die **Verwaltungstätigkeit**. Ihre Anwendung ist nicht auf das Verwaltungsverfahren (§ 9) beschränkt, wenngleich § 31 und § 32 den Abschnitt 2 des Teiles II (Allgemeine Vorschriften für das Verwaltungsverfahren) bilden. Dass die in §§ 187 bis 193 BGB niedergelegten Rechtsgedanken für das Gebiet des öffentlichen Rechts und damit **auch außerhalb des Verwaltungsverfahrens** i. S. d. § 9 gelten, ist anerkannt (s. Rn. 2). § 31 greift diese Regeln auf, ändert und ergänzt sie für die besonderen Belange der Verwaltung (Rn. 2). Die Änderungen und Ergänzungen (z. B. Absatz 6) können im Grunde auch z. B. bei **schlichthoheitlicher Tätigkeit** ihren Sinn haben.[6] Für den **fiskalischen** und **verwaltungsprivatrechtlichen** Bereich gelten jedoch allein §§ 186 ff. BGB unmittelbar.[7] Für die Berechnung der Entscheidungsfrist des § 113 GWB gelten im Verfahren vor der **Vergabekammer** die Regelungen des § 31.[8]

4 Als **allgemeine Rechtsgrundsätze** können §§ 31, 32, sofern dort keine abschließenden **Regelungen** bestehen, selbst in Bereichen angewandt werden, die vom Anwendungsbereich des VwVfG nach §§ 1, 2 ausgenommen sind.[9] Daher werden sie z. B. auch für die Berechnung von Satzungsfristen nach BBauG/BauGB angewandt.[10] Verwaltungsprozessuale Fristen, z. B. für die Berechnung der in einem gerichtlichen Vergleich für eine Rechtshandlung festgesetzten Frist, bestimmen sich dagegen nicht nach § 31, sondern nach § 57 Abs. 2 VwGO i. V. mit § 222 Abs. 2 ZPO.[11] Soweit der Prozessvergleich materiell-rechtlich als öffentlich-rechtlicher Vertrag

---

[1] Zur Bedeutung von Fristen s. *Wolff/Bachof u. a.* I, § 60 Rn. 108 ff.; *Schroeter* JuS 2007, 29.
[2] *Enneccerus/Nipperdey,* § 220; *Maurer* § 3 Rn. 28; *Zieghrum* JuS 1986, 705, 706; *GmSOBG* BGHZ 59, 396, 397 = NJW 1972, 2035; *BVerwGE* 44, 45, 47 = NJW 1974, 73 (L); *OVG Münster* NWBl 1994, 268; nur für die Anwendung im Bundesrecht *Müller* NJW 1964, 1116, 1118; dagegen unter Hinweis auf Art. 124, 125 GG *Sendler* NJW 1964, 2137, 2139.
[3] Dazu Art. 2 EGBGB.
[4] Begründung zu § 27 Entwurf 73; *Linhart,* S. 23 ff.; Rn. 3.
[5] *Wolff/Bachoff u. a.* I, § 60 Rn. 108 ff.
[6] S. z. B. Rn. 34 und § 32 Rn. 36; allgemein § 1 Rn. 134 ff.; *Linhart,* S. 26 ff.
[7] So auch *Clausen* in Knack, vor § 31 Rn. 8. Dagegen *Kopp/Raumsauer,* § 31 Rn. 3: hilfsweise § 31 analog, soweit es um die Erfüllung öffentlicher Aufgaben gehe.
[8] S. im Einzelnen *Boesen,* Vertragsrecht, 1. Aufl. Köln 2000, § 113 Rn. 8 m. w. N. Zur Verordnung über die Vergabe öffentlicher Aufträge (Vergabeverordnung – VgV) s. *Lux* JuS 2006, 969; *Byok,* NJW 2006, 2076: 2004, 198; *Ax* BauR 2000, 471; *Höfler/Bert* NJW 2000, 3310. Einen allgemeinen Überblick zum Vergaberecht geben *Schwarze* EuZW 2000, 133; *Gallwas* GewArch 2000, 401; *Knauff* VR 2000, 397; *Thieme/Corell* DVBl 1999, 884; *Tomerius* NVwZ 2000, 727; *Pieper* DVBl 2000, 160.
[9] A. A. *Meyer/Borgs,* § 31 Rn. 1; *Ule/Laubinger* § 29 Rn. 4; wie hier KG NJW-RR 1997, 643 f. Für Erklärungen vor dem Standesbeamten, in entsprechender Anwendung – *Kopp/Raumsauer,* § 31 Rn. 2; *Clausen* in Knack vor § 31 Rn. 2.6; für Prüfungsverfahren Rn. 26, 44. Zur Anwendung im Asylverfahrensrecht s. VG Frankfurt AuAS 2001, 46; 2001, 118.
[10] *Schäfer* NJW 1978, 1292, 1293, dort Fn. 27; *Johlen* BauR 1994, 561 zu *OVG Münster* BauR 1994, 602, das die BGB-Regeln annimmt.
[11] VG Frankfurt NVwZ-RR 2000, 162; VGH Kassel NVwZ-RR 2000, 544.

zu qualifizieren ist, findet auch Abs. 3 Satz 1 Anwendung; Abs. 3 Satz 2 und Abs. 5 sind in diesen Fällen nicht einschlägig.[12] Für die Frage, ob verspätetes Vorbringen i. S. d. § 87b Abs. 3 Satz 1 VwGO genügend entschuldigt ist, können die zu § 60 Abs. 1 VwGO entwickelten Verschuldensgründe entsprechend herangezogen werden.[13] Dieser bezieht sich allein auf gesetzliche Fristen, so dass gegen die Versäumung der in einem gerichtlichen Vergleich vereinbarten Widerrufsfrist eine Wiedereinsetzung nicht gewährt werden kann.[14]

II. Fristen und Termine – Begriffe und Arten

1. Begriffe Frist und Termin

Die **Begriffe Frist und Termine** werden in § 31 nicht bestimmt. Es gelten hier die für §§ 186 ff. BGB gebräuchlichen Definitionen.[15] **Frist** ist hiernach ein durch Anfangs- und End-Zeitpunkt abgegrenzter, genau bestimmter oder bestimmbarer **Zeitraum,** der nicht zusammenhängend zu sein braucht (§ 191 BGB), es sei denn, der jeweilige Sachbereich verlange einen zeitlichen Zusammenhang.[16] Die **Bestimmbarkeit** des Fristanfangs und -endes fehlt bei Formulierungen wie etwa „umgehend",[17] „unverzüglich".[18] oder „alsbald".[19] Sie werden häufig als **unbestimmte** oder **ungefähre Fristen** bezeichnet. Eine dem ersten Anschein nach ungefähre Frist wird dann zur bestimmten Frist, wenn die Rechtsprechung im Wege der Rechtsfortbildung einen bestimmten Endzeitpunkt beifügt wie z. B. die Fünf-Monatsfrist bei „alsbald" in § 117 Abs. 4 VwGO.[20] Von einer Frist kann nicht mehr gesprochen werden bei Begriffen wie „möglichst bald", „so schnell wie möglich" oder dgl.[21] Eine bestimmte Frist ist allerdings gegeben, wenn diesen Begriffen ein bestimmter Endzeitpunkt als verbindlich beigefügt ist wie „möglichst bald oder unverzüglich, spätestens aber innerhalb von drei Wochen".[22] Eine Frist kann auch dann vorliegen, wenn ein Zeitraum ohne festen Anfangstermin nur durch einen Endzeitpunkt bestimmt wird.[23] Da nur der **Zeitraum** durch eine Frist bestimmt wird (z. B. § 41 Rn. 63, 102), ist es unschädlich, wenn in dieser Zeit – vorbehaltlich des § 31 Abs. 3 – Feiertage fallen.[24] Zur Fristverlängerung ohne kalendermäßig bestimmten Endzeitpunkt s. *BVerwG.*[25] Zu den Anforderungen an die Bestimmtheit einer Fristsetzung s. Rn. 25, 27.

Termin ist dagegen ein im Voraus bestimmter **Zeitpunkt** (s. bei Befristung § 36 Rn. 13), er muss nur rechtserheblich im Sinn einer Zeitgrenze sein.[26] Hierunter fällt deshalb nicht eine bloße Zeitangabe wie z. B. das Datum (§ 37 Rn. 48). Ebenso wenig zählen dazu tatsächliche oder rechtliche Ereignisse, die nicht selbständig einen Zeitpunkt festsetzen, sondern nur zum Zeitpunkt ihres Eintrittes bestimmte Rechtswirkungen auslösen, wie § 187 Abs. 1 BGB zeigt. Deshalb kann eine Bekanntgabe nicht als Termin angesehen werden.[27] Wird ein Zeitpunkt i. S. ei-

---

[12] *VGH Kassel* NVwZ-RR 2000, 544.
[13] *BVerwG* NVwZ 2000, 1042.
[14] *BVerwGE* 109, 268 = NVwZ-RR 2000, 255.
[15] *GrS VGH München* NJW 1991, 1250, 1251; *Schroeter* JuS 2007, 29 ff.; *Ziegltrum* JuS 1986, 705, 707; allgemein *Enneccerus/Nipperdey*, § 220.
[16] Vgl. z. B. zur Acht-Jahresfrist bei einer Aufenthaltserlaubnis gem. § 26 Abs. 1 S. 2 Nr. 1 AuslG *VGH Mannheim* VBlBW 1996, 224.
[17] *OVG Koblenz* NJW 1993, 2457.
[18] Vgl. *Ule/Laubinger* § 29 Rn. 2; für „unverzüglich" als unbestimmte Fristsetzung bei Zwangsmittelandrohung *VGH Mannheim* NuR 1995, 409, 411; VBlBW 1995, 284, 285 f.; *OVG Münster* 17. 3. 1997 – 10 A 3895/96 –; 10. 5. 1996 – 10 B 1053/96. Anders aber wohl *Zieglrum* JuS 1986, 705, 707 für „unverzüglich" in § 121 BGB und angemessene Frist in § 326 BGB. Zur „Unverzüglichkeit" eines Prüfungsrücktritts s. *VG Hannover* NdsVBl 2002, 77.
[19] Im Ergebnis *OVG Münster* 27. 11. 1981 – 10 A 1505/79 – n. v.
[20] *GmSOGB* NJW 1993, 2603, 2604; *BFH* NJW 1997, 416 für FGO.
[21] S. *OVG Greifswald* NVwZ-RR 1997, 762 zur Verpflichtung durch Ordnungsverfügung zu „unverzüglichem Handeln"; *OVG Münster* 30. 9. 1998 – 18 B 1958/97 – zur Ungenauigkeit der Begriffe „Aushändigung" und „Erhalt" zur Fristbestimmung im Rahmen einer Aufenthaltsbeschränkung.
[22] *OVG Münster* NVwZ 1999, 556.
[23] *BVerwGE* 44, 45.
[24] Vgl. *BVerwG* NVwZ 1986, 740.
[25] NVwZ 2005, 1424.
[26] Vgl. *Wolff/Bachof u. a.* I § 60 Rn. 112; *Linhart* S. 29; *Volbers* S. 199; allgemein *Enneccerus/Nipperdey* § 220 I 2.
[27] *Henneke* in Knack, § 41 Rn. 15; a. A. *VG Bayreuth* BayVBl 1988, 732.

nes Termins bestimmt, ist es unerheblich, zu welchem **Zweck** der Zeitpunkt bestimmt wird. Es kann sich um Termine handeln, in denen der Bürger allein oder zusammen mit der Behörde etwas tun oder unterlassen soll (Termin zur Abgabe einer Sache oder eines Werkes,[28] Termin zur Anhörung oder Verhandlung, zur Augenscheinseinnahme, zur Zeugenvernehmung), oder um einen Termin, der gesetzt wird, damit zu diesem Zeitpunkt eine bestimmte Rechtswirkung eintreten oder beendet sein soll.

2. Arten der Fristen und Termine

7 § 31 sagt über die **Arten** der Fristen und Termine nichts aus.[29] Er gilt nur „**für die Berechnung**" (s. Absatz 1). Daher gibt § 31 Auskunft über die Berechnung aller Arten von Fristen und die Bestimmung von Terminen, d. h. sowohl für **gesetzliche** (s. § 32 Rn. 8) als auch für **behördlich auferlegte** oder im öffentlich-rechtlichen Verträgen **vereinbarte** Fristen und Termine, die die Behörde betreffen, sowie für **materiell-rechtliche** oder **verfahrensrechtliche** Fristen (Rn. 8; § 32 Rn. 11). Zu **fingierten** und **vermuteten** Fristen s. § 41 Rn. 58, 61, 100. Für die Berechnung der Frist wird die Unterscheidung zwischen **Ereignis- und Ablauffristen** bedeutsam; erstere (z. B. Widerspruchsfrist) sind die Fälle des § 187 Abs. 1, letztere (z. B. Verjährungsansprüche entsprechend §§ 195 ff. BGB) die des § 187 Abs. 2 BGB, jeweils i. V. m. § 188 BGB (Rn. 18 ff.).

8 Während **behördliche** Fristen von der Behörde selbst gesetzt und grds. verlängert werden dürfen, sind **gesetzliche** Fristen durch Gesetz, Verordnung oder Satzung bestimmt. Sie stehen nicht zur Disposition der Beteiligten (s. § 32 Rn. 8). Daneben tritt die Unterscheidung zwischen **materiellrechtlichen** und **verfahrensrechtlichen** Fristen. Letztere beschränken sich darauf, den Ablauf des jeweiligen VwVf zu ordnen, wobei eine Verfristung entsprechend der rechtlichen Grundlage der Fristsetzung unter den Voraussetzungen des § 32 behoben werden oder auch sanktionslos sein kann.[30] Materiellrechtliche Fristen sind dagegen für Behörden und Beteiligte gleichermaßen verbindlich. Ihr Ablauf wirkt rechtsvernichtend und ist von Amts wegen zu beachten. Nach Ablauf der Frist kann der Anspruch nicht mehr geltend gemacht werden, sofern und soweit das einschlägige Recht keine Wiedereinsetzung, Nachsichtgewährung oder sonstige Ausnahme gestattet.[31] Für das VwVf gilt schließlich auch die für das Prozessrecht übliche Unterscheidung zwischen **eigentlichen (echten)** und **uneigentlichen** Fristen. Eigentliche Fristen sind von der Behörde den Verfahrensbeteiligten oder auch anderen beteiligten öffentlichen Stellen (s. z. B. § 71 d Abs. 1, § 73 Abs. 3 a) gesetzt. Uneigentliche Fristen sind dagegen diejenigen der auch von der Behörde usw. einzuhaltenden gesetzlichen **Frist**, deren Ende einen äußersten Zeitpunkt festlegt, nach dem auch bei fehlendem Verschulden die Handlung nicht mehr oder nur noch unter ganz besonderen Voraussetzungen vorgenommen werden kann.[32] In diesen Fällen ist auch eine Wiedereinsetzung nicht möglich (Rn. 10). § 31 selbst beinhaltet keine Abgrenzung zwischen gesetzlichen Fristen und Terminen formeller oder materieller Natur, die zwingend eingehalten werden müssen (sog. **Ausschlussfristen**),[33] und solchen, bei denen eine Wiedereinsetzung nach § 32[34] möglich ist bzw. die zur **Disposition** der Behörde stehen.[35] Eine solche Dispositionsbefugnis kann sich für gesetzliche Fristen zwar nicht aus Abs. 7 ergeben, der nur auf behördliche Fristen Anwendung findet, aber aus den Vorgaben der jeweiligen gesetzlichen Fristenanordnung. Ob eine materielle oder verfahrensrechtliche Ausschlussfrist vorliegt, ist dem jeweiligen Sachgebiet zu entnehmen.[36] Für die Unterscheidung

---

[28] Z. B. Abgabetermin einer Hausarbeit, dazu *OVG Münster* NJW 2007, 2652.
[29] Zusammenfassend *Wolff/Bachof u. a.* I, § 60 Rn. 108 ff.; *Linhart*, S. 5 ff.; *Volbers*, S. 38 ff.
[30] S. zur Abgrenzung *OVG Münster* ZKF 2002, 233 m. w. N.
[31] S. *BVerwG* NVWZ 1994, 575; *BVerwGE* 101, 39, 44 f.; NJW 1997, 2966, 2968; *OVG Lüneburg* DVBl 2007, 703; *OVG Münster* NVwZ-RR 2004, 842; ZKF 2002, 233; *Kopp/Ramsauer*, § 31 Rn. 10.
[32] *BVerwG* NJW 1986, 207; *Kopp/Ramsauer*, § 31 Rn. 8; *Linhart*, S. 11 f.; § 32 Rn. 6, 9.
[33] *BVerwG* DÖV 2008, 38; *OVG Lüneburg* DVBl 2007, 703; *Ronellenfitsch* VerwArch 74 (1983), 369; *Tetzlaff* VR 2004, 224, 226 ff; *Linhart*, S. 15 ff.; KG NJW-RR 1997, 643 f.; zu Ausschlussfristen im Prozess *BVerwG* NJW 1980, 1480; *Ule* BB 1979, 1009.
[34] S. hierzu *OVG Münster* NVwZ-RR 2004, 842: Danach entfaltet die von der Behörde gewährte Wiedereinsetzung in eine materielle Frist nur dann Wirkung, wenn die gesetzlichen Voraussetzungen erfüllt sind. S. hierzu § 32 Rn. 11.
[35] Zur Abgrenzung im einzelnen s. *OVG Münster* NVwZ 1999, 30.
[36] Dazu *OVG Lüneburg* DVBl 2007, 703.

maßgeblich ist, ob der Sinn der gesetzlichen Regelungen mit der Fristbeachtung steht oder fällt.[37] Die Wiedereinsetzungsregelung des § 32 findet dabei nicht nur dann keine Anwendung, wenn sie **ausdrücklich** durch eine besondere Rechtsvorschrift ausgeschlossen ist. Vielmehr genügt es, wenn eine Wiedereinsetzung mit dem Zweck einer gesetzlichen Frist unvereinbar wäre, s. § 32 Rn. 6.[38] Unter einer **materiellrechtlichen Ausschlussfrist** versteht man danach vom materiellen Recht gesetzte Fristen, deren Nichteinhaltung den Verlust der materiellen Rechtsposition zur Folge hat;[39] eine diesbezügliche Rechtsbehelfsbelehrung ist nicht erforderlich.[40] Materielle Ausschlussfristen bedürfen mithin einer gesetzlichen Grundlage.[41] Sie müssen, damit sie Außenwirkung erlangen, mit Rechtssatz bestimmt und bekanntgemacht werden.[42] Zu den verfassungsrechtlichen Anforderungen an öffentliche Bekanntmachungen, wenn sie eine Einwendungsfrist auslösen, deren Versäumung den Ausschluss der Einwendungen im gerichtlichen Verfahren zur Folge hat, siehe *BVerfG*.[43] Zu den Ausschlussfristen zählen vielfach die **Präklusionsfristen**, innerhalb deren Einwendungen erhoben werden können.[44] Zur Wiedereinsetzung § 32 Rn. 11.

Häufig sind gesetzliche **Antragsfristen** derartige Ausschlussfristen, da sie auch den Zweck **9** haben, in der vorgeschriebenen Zeit einen Überblick über die angemeldeten Ansprüche zu erlangen.[45] Daher sind Anmeldefristen für manche Verteilungsmodelle unverzichtbar (s. § 22 Rn. 60). Häufig haben Antragsfristen auch den Sinn, Beweisprobleme für Sachverhalte in der Vergangenheit zu mindern oder auszuschließen. Ihre Rechtfertigung finden die Fristen in dem rechtsstaatlichen Grundsatz der Rechtssicherheit und des Rechtsfriedens.[46] Eine rückwirkend gesetzte Ausschlussfrist ist nicht zulässig (§ 26 Rn. 54). Es ist nicht zwingend erforderlich, dass eine Wiedereinsetzungsfrist eingeräumt wird.[47] Auch ein vor Beginn der Frist gestellter Antrag kann wirksam sein.[48]

Nach dem **Ablauf der Ausschlussfrist** können keine Rechtshandlungen wirksam vorge- **10** nommen werden.[49] Die Versäumung der Ausschlussfrist gibt nicht nur ein Leistungsverweigerungsrecht wie bei der Verjährung, s. § 53 Rn. 3; der Antrag ist unzulässig (§ 22 Rn. 62 ff.), bei materiellen Ausschlussfristen ist der Antrag unbegründet, weil die materielle Rechtsposition untergegangen ist (Rn. 9, § 22 Rn. 19). Nach ständiger Rechtsprechung des *BVerfG* sind Ausschlussfristen nur dann mit Art. 19 Abs. 4 GG zu vereinbaren, wenn sie den Rechtsschutz nicht unzumutbar erschweren.[50] Aus sachgerechten Überlegungen dürfen sie auch dann eingeführt werden, wenn das Verfahren der Durchsetzung grundrechtlicher Rechtspositionen dient.[51] Zum Europarecht s. Rn. 58. Eine versäumte Antragsfrist kann auch nicht über § 45 Abs. 1 Nr. 1 ge-

---

[37] *OVG Lüneburg* DVBl 2007, 703; *OVG Münster* NVwZ 1992, 183; *Schnell*, S. 72.
[38] Vgl. *BVerwG* Buchholz 421.2 Nr. 133; NJW 1997, 2966, 2968; *OVG Münster* NVwZ-RR 2004, 842; ZKF 2002, 233; *BVerwG* NVwZ 1992, 183; *Erling/Ahlhaus* DVP 2005, 404 m. w. N.
[39] So z. B. *BVerwG* LKV 2000, 493 zur Ausschlussfrist des § 30 a Abs. 1 Satz 1 VermG.
[40] *BVerwG* NVwZ 1994, 575; Fristen im Prüfungsverfahren *BVerwGE* 96, 126, 129 = NVwZ 1995, 492; *OVG Bautzen* DtZ 1997, 235, 236 m. w. N. Vgl. auch *BVerfG* ZOV 1998, 339.
[41] *BVerwG* DÖV 2008, 38; NVwZ 1994, 575; *OVG Münster* ZKF 2002, 233. Zur Begründung von Ausschlussfristen durch verwaltungsinterne Richtlinien s. *Neumann* NVwZ 2000, 1244, 1247.
[42] *BVerwG* NVwZ 1994, 55; *OVG Münster* NVwZ 1999, 30.
[43] *BVerfG* BayVBl 2000, 341.
[44] *BVerwG* NuR 1998, 305; LKV 1999, 29; NVwZ 1997, 489; *BVerwGE* 66, 99 = NJW 1984, 1250; 60, 297 = NJW 1981, 359; *BayVerfGH* NVwZ 1986, 290; *VGH München* BayVBl 2002, 402; *Ronellenfitsch* VerwArch 74 (1983), 369, 371; *Brandt* NVwZ 1997, 233; *Haupt*, Ausschlussfristen in Einwendungsverfahren des öffentlichen Rechts, Diss., 1988; § 26 Rn. 54.
[45] *BVerwGE* 111, 83; 13, 204, 211, z. B. bei Subventionen (§ 32 Rn. 9); *BVerwGE* 72, 368 ff. für Kriegsfolgengesetzgebung; § 30 a VermG *BVerwG* DtZ 1996, 250; *OVG Münster* NWVBl 2002, 226; ZKF 2002, 233 zu kommunalen Erstattungsansprüchen; *OVG Münster* ZKF 2002, 206 zur Verteilung beschränkter Haushaltsmittel; *BVerfG* NVwZ-RR 2004, 81 zu steuerrechtlichen Ausschlussfristen.
[46] *BVerfG* NJW 1984, 2148; *KG* NJW-RR 1997, 643 f.; *VGH Mannheim* NVwZ-RR 2002, 354 zu Ausschlussfristen im Prüfungsrecht; *OVG Münster* NVwZ-RR 2003, 584; *VGH Kassel* NVwZ-RR 2005, 127 jeweils zu Ausschlussfristen für ein Bürgerbegehren.
[47] *BVerwG* VBlBW 1986, 419, 420; NVwZ 1988, 1128; § 32 Rn. 9 f.; für § 30 a VermG *BVerwG* DtZ 1996, 250, 251. Für Studienplätze s. *BayVerfGH* NVwZ 1986, 290, 292; *OVG Münster* DÖV 1977, 711; *VGH Mannheim* DÖV 1977, 713; DVBl 1988, 406; für Prüfung *OVG Bautzen* DtZ 1997, 235; *OVG Koblenz* NVwZ 1989, 381.
[48] *BVerwGE* 16, 198, 201 ff.
[49] *Wolff/Bachof u. a.* I, § 37 Rn. 19; *Weides*, § 4 III 3; s. ferner § 22 Rn. 62 ff.; § 26 Rn. 54; § 73 Rn. 77.
[50] *BVerfGE* 22, 49, 81 f.; 36, 65, 73; 40, 237, 252 = NJW 1976, 34; *E* 54, 94, 97.
[51] § 32 Rn. 11; *BVerwG* NVwZ 1997, 489 zu § 17 Abs. 4 S. 1 FStrG.

heilt werden. Dies gilt selbst dann, wenn die Anspruchsvoraussetzungen im Übrigen zweifelsfrei vorliegen.[52] Zur Ergänzung eines Antrages s. Rn. 11. Desgleichen keine „Heilung", – vorbehaltlich nach § 32, der aber bei Ausschlussfristen eine Wiedereinsetzung in der Regel, und zwar selbst bei unverschuldeter Unkenntnis einer gesetzlichen Frist, nicht zulässt (s. § 32 Rn. 9) –; Ausnahmen hiervon gibt es nur in sehr engen Grenzen, z. B. wenn die Fristversäumung auf falscher Auskunft durch Behörde beruht (§ 25 Rn. 16)[53] oder wenn die Behörde zu einer Ausschlussfrist fehlerhaft eine Fristverlängerung gewährt hat, auf die der Betroffene vertraut hat.[54] Ansonsten ist nur Schadensersatz wegen Amtspflichtverletzung denkbar. Auch die Anmeldefrist des § 30a VermG ist eine materiellrechtlich wirkende Ausschlussfrist. Wird sie versäumt, ist eine Wiedereinsetzung in den vorigen Stand unzulässig. Nach den in § 32 Rn. 9 dargelegten Grundsätzen ist die Versäumung jedoch ausnahmsweise unbeachtlich, wenn sie – erstens – auf staatliches Fehlverhalten bei der Anwendung der Rechtsvorschriften zurückzuführen ist, ohne deren korrekte Beachtung der Anmelder seine Rechte nicht wahren kann, und wenn – zweitens – durch die Berücksichtigung der verspäteten Anmeldung der Zweck der Fristbestimmung nicht verfehlt wird.[55] Dementsprechend kann die Anmeldung eines Restitutionsanspruchs durch einen vollmachtlosen Vertreter nach Ablauf der Ausschlussfrist des § 30a VermG nicht rückwirkend genehmigt werden.[56] Für behördlich gesetzte Frist s. Rn. 32. Soweit in der Literatur[57] auch eine **Wiedereinsetzung in Ausschlussfristen** angenommen wird, liegt dem ein weiterer Begriff der Ausschlussfristen zugrunde. In diesem Fall verlangt die jeweilige gesetzliche Regelung nicht die strikte Einhaltung der Frist.[58] Dies muss in dem Gesetz zum Ausdruck kommen.[59] **Treu und Glauben** kann im Einzelfall der Berufung auf die Einhaltung auch einer Ausschlussfrist entgegenstehen.[60] Gleiches gilt bei **höherer Gewalt** (§ 32 Rn. 41). Eine objektiv unrichtige rechtswidrige behördliche Belehrung, die eine Versäumung der Frist verursacht, ist ein unabweisbarer Zufall und damit – auch aus verfassungsrechtlichen Gründen – als ein Ereignis aus dem Bereich der höheren Gewalt im Sinne der Wiedereinsetzungsvorschriften anzusehen.[61] Allerdings bestehen diese Möglichkeiten nicht generell, sondern sind abhängig von der Funktion der jeweiligen Ausschlussfrist. Maßgebend ist mithin, dass der Antragsteller ohne diese Möglichkeit außerstande war, seine Rechte zu wahren, und zudem durch die Berücksichtigung des verspäteten Antrages der Zweck der Frist (Rn. 9) nicht verfehlt würde. Das staatliche Fehlverhalten muss nicht notwendigerweise von der sachbearbeitenden Behörde, sondern kann auch von anderen staatlichen Stellen (z. B. Grundbuchamt, etc.) ausgeübt worden sein.

11   Eine Frage der **Verhältnismäßigkeit** ist es, ob eine Fristsetzung die **Ergänzung** eines Antrages, der fristgerecht eingegangen ist, nach Ablauf der Frist ausschließt.[62] Das Fachrecht kann überdies die Vollständigkeit des Antrages innerhalb der Frist vorschreiben.[63] Inwieweit das Erfordernis einer **fehlenden Unterschrift** (§ 22 Rn. 31 ff.) noch nach Fristablauf nachgeholt werden kann, ist strittig.[64] Die Unterschrift soll den Nachweis bringen, dass eine vom Antragsteller stammende Willenserklärung abgegeben worden ist; sie kann daher innerhalb der Antragsfrist problemlos nachgeholt werden.[65] Auch im VwVf ist das Fehlen der Unterschrift trotz geforderter Schriftform dann unschädlich, wenn sich aus anderen Anhaltspunkten eine ihr vergleichbare

---

[52] *BVerwGE* 13, 209, 211, dazu *Bachof* II, Anm. 315; *BVerwGE* 17, 199; *OLG Frankfurt NVwZ* 1982, 580 f.; a. A. *Badura* in Erichsen/Martens, § 36 Rn. 7 unter Berufung auf *Großen Senat BSG NJW* 1961, 2277, abl. Anm. *Bachof* II, Anm. 315, dazu *Nipperdey NJW* 1962, 321; *Haueisen NJW* 1966, 1433, 1434.
[53] *BVerwG DtZ* 1996, 250, 251; *BVerwGE* 24, 154, 156; *VG Neustadt NVwZ-RR* 1994, 63; *KG NJW-RR* 1997, 643 f.
[54] *BVerwG NVwZ-RR* 1999, 162. Zur rechtzeitigen Anmeldung des Anspruchs s. *BVerwG NVwZ* 2000, 1059 (L) = LKV 2000, 493.
[55] S. *BVerwGE* 101, 39 = NJW 1996, 2745.
[56] *BVerwGE* 109, 169 = NJW 1999, 3357.
[57] Z. B. *Schnell*, S. 81; *Meyer/Borgs*, § 31 Rn. 6; *Clausen* in Knack, § 32 Anm. 41.
[58] Wie hier *OVG Münster NVwZ* 1984, 387; *Linhart*, S. 13, 17; s. auch Rn. 12, 32.
[59] § 32 Rn. 6; *BVerwG NVwZ* 1988, 1128.
[60] *OVG Koblenz NVwZ* 1989, 381; *KG NJW-RR* 1997, 643 f.; *Kopp/Ramsauer*, § 31 Rn. 40 a.
[61] *BVerwG NJW* 1997, 2966 zum Begriff der höheren Gewalt im Sinne des § 32 Abs. 3.
[62] *BayVerfGH NVwZ* 1986, 290, 292; vgl. ferner zur Ergänzung § 22 Rn. 43, 52, 74 f. Demgegenüber nimmt *Schnell*, S. 74 f. an, dass ein unbestimmter Antrag oder ein nicht formgerechter Antrag nicht mehr nach Ablauf der Frist vervollständigt werden kann.
[63] *OVG Münster NVwZ* 1984, 387.
[64] Im einzelnen *Schnell*, S. 74 f.
[65] Für Gerichtsverfahren *BGH NJW* 2006, 1521; 2005, 2086; *OVG Münster NJW* 1991, 1197.

Gewähr für die Urheberschaft und den Willen ergibt, das Schreiben in den Rechtsverkehr zu bringen.[66] Dies gilt jedoch nur für verfahrensrechtliche Anträge und nicht, wenn materiellrechtlich eine (eigenhändige) Unterschrift vorgeschrieben ist. Bestimmende Schriftsätze können formwirksam durch elektronische Übertragung einer Textdatei mit eingescannter Unterschrift auf ein Faxgerät des Adressaten (**Computerfax**) übermittelt werden.[67] Eine in Computerschrift erfolgte Wiedergabe des Vor- und Zunamens ersetzt dabei nicht eine erforderliche Unterschrift.[68] In der Rechtsprechung ist nunmehr geklärt, dass es für die Beurteilung der Rechtzeitigkeit des Eingangs eines per Telefax übersandten Schreibens allein darauf ankommt, ob die gesendeten Signale noch vor Ablauf des letzten Tages der Frist vom Telefaxgerät des Empfängers vollständig gespeichert worden sind, wohingegen der Zeitpunkt des Ausdrucks in Papierform – einschließlich der letzten, mit der Unterschrift versehenen Seite des Schreibens – unerheblich ist.[69] Eine E-Mail wahrt gemäß § 3a Abs. 2 Satz 2 nur dann eine gesetzlich angeordnete Schriftform, wenn sie mit einer qualifizierten elektronischen Signatur nach dem Signaturgesetz versehen ist.[70] Wird der Antrag von einem **Vertreter** mit Vertretungsmacht gestellt, ist die Tatsache, ob Vollmacht vorgelegt wird, für die Einhaltung der Antragsfrist unerheblich (vgl. § 22 Rn. 62 ff.). Die Erklärung eines Vertreters ohne Vertretungsmacht ist schwebend unwirksam und wird unwirksam, wenn nicht innerhalb einer dafür gesetzten Frist die Vollmacht beigebracht wird, mit der der Vertretene die Erklärung genehmigt, s. § 14 Rn. 15.

An **gesetzliche Fristen** (s. Rn. 7 f.; § 32 Rn. 8) sind sowohl die Behörde als auch die Beteiligten gebunden, es sei denn, das Gesetz räume ihnen eine Dispositionsbefugnis ein.[71] Nur dann können sie (aufgrund der im Gesetz vorgesehenen Befugnis, nicht des auf behördlich gesetzte Fristen begrenzten Abs. 7) **verlängert** werden[72] (s. ferner Rn. 46), z.B. keine Verlängerung der Frist des § 18 Abs. 9 Satz 3 UStG[73] oder der Förderungsdauer nach § 5 Abs. 7 SVG aus erst nach Beendigung des Förderungsverhältnisses entstandenen Gründen;[74] dagegen Verlängerungsbefugnis bei Baugenehmigung.[75] Das Gesetz muss auch die Frage beantworten, ob eine **rückwirkende Verlängerung** möglich ist, insbesondere ob der Antragseingang vor Ablauf der Frist zu fordern ist. § 31 Abs. 7 als Norm für behördlich gesetzte Fristen (s.o.) gibt keine Befugnis für die Verlängerung gesetzlicher Fristen.[76] Nicht jede gesetzliche Frist ist eine Ausschlussfrist, Rn. 8. Keine Verlängerungsbefugnis dagegen z.B. bei Widerspruchsfrist nach § 70 VwGO (Rn. 61) oder Klagefrist.[77] Zur Sachentscheidung trotz versäumter Widerspruchsfrist s. § 32 Rn. 45. Wird eine gesetzliche „Soll-Frist" versäumt, z.B. § 19 Abs. 6 ZDG, entscheidet das jeweilige Fachrecht, inwieweit ein Verstoß gegen diese Regelung zur Rechtswidrigkeit des VA oder zur Unzulässigkeit des Antrages führt.[78] Soweit die Ausnutzung einer befristeten Erlaubnis durch Widerspruch oder Klage gegen die Erlaubnis nicht möglich ist, entscheidet das Fachrecht, ob der Ablauf der **Frist gehemmt** wird.[79]

3. Gesetzesvorbehalt

§ 31 gibt als Berechnungsregelung keinen Hinweis auf die Frage, ob für eine behördlich gesetzte Frist eine **gesetzliche Ermächtigung** erforderlich ist. Diese Frage wird durch den Grund-

---

[66] *BGH* NJW 2006, 1521; 2005, 2086, 2088; *OVG Münster* HSGZ 2002, 262.
[67] GemS-OGB NJW 2000, 2340. S. hierzu *Jäger* DStZ 2004, 408; *Düwell* NJW 2000, 3334; *Schwachheim* NJW 1999, 621; *Henneke* NJW 1998, 2194.
[68] *BGH* NJW 2005, 2098.
[69] Grundlegend *BGH* NJW 2006, 2263.
[70] *OVG Koblenz* NVwZ-RR 2006, 519; *VGH Kassel* DÖV 2006, 438; *OVG Lüneburg* NVwZ 2005, 470; *VG Sigmaringen* VBlBW 2005, 154.
[71] Zur (verneinen) Verlängerbarkeit der Frist des § 36 Abs. 2 Satz 2 BauGB s. *BVerwG* NuR 1997, 243.
[72] S. *Schröder* NVwZ 2007, 532 zur Abgrenzung von Verlängerungs- und Änderungsverwaltungsakten.
[73] *FG Köln* StE 1998, 582.
[74] *BVerwG* DÖV 1996, 563.
[75] *Stelkens* BauR 1986, 390, 400. Zur Verlängerung der Entscheidungsfrist der Bauaufsichtsbehörde s. *VGH Kassel* NVwZ-RR 2007, 453. Zur widerruflich oder befristet genehmigten Bebauung s. *BVerwG* NVwZ 1999, 364.
[76] Zur Unwirksamkeit einer gleichwohl erfolgten Fristverlängerung s. *BVerwG* NVwZ-RR 1999, 162; *VGH Mannheim* NVwZ-RR 2006, 136.
[77] *BVerwG* NJW 1980, 1480; *OVG Münster* KStZ 2002, 190; *VGH Mannheim* NJW 1973, 385.
[78] Zu § 19 ZDG *BVerwG* NJW 1983, 1689, 1690.
[79] Für Baugenehmigung *OVG Münster* BRS 35 Nr. 166; *OVG Lüneburg* BauR 1986, 310, 311; für gewerberechtliche Genehmigung *Odenthal* GewArch 1994, 48.

satz des Gesetzesvorbehalt (§ 44 Rn. 45 ff.) beantwortet. Hiernach ist ein Gesetz Voraussetzung für die Setzung einer **materiellen** Frist (§ 32 Rn. 11), die **rechtsvernichtend** wie eine präkludierende Antragsfrist als Ausschlussfrist (Rn. 8) wirkt.[80] Das Erfordernis der gesetzlichen Regelung ergibt sich bereits daraus, dass ein gesetzlich begründeter Anspruch nur durch ein zumindest gleichrangiges Gesetz vernichtet oder eingeschränkt werden kann.[81] Die Ausschlusswirkung muss dabei nicht ausdrücklich im Gesetz festgelegt sein; vielmehr genügt es, wenn eine Wiedereinsetzung mit dem Zweck einer gesetzlichen Frist unvereinbar wäre.[82] Ferner ist ein Gesetz erforderlich, wenn die Frist Grundlage für Sanktionen sein soll.[83] **Verfahrensrechtliche Fristen** ohne Ausschlusswirkung und ohne materiellrechtlichen Einschränkungen bedürfen dagegen keiner gesetzlichen Ermächtigung, selbst wenn sie als verfahrensrechtliche Ausschlussfristen bezeichnet werden. Zur Wirkung bestandskräftiger Ablehnungen des Antrages wegen Fristversäumnis s. Rn. 31. Diese Fristen werden häufig vom Gesetzgeber vorausgesetzt, um eine Prüfung der materiellen Voraussetzungen zu ermöglichen.[84] Fristsetzungsbefugnis folgen aus dem Verfahrensgestaltungsrecht, s. Rn. 27.[85]

4. Auslegungsregeln

14 § 31 verweist nicht auf § 186 BGB (s. Rn. 1), wonach §§ 187 bis 193 BGB **Auslegungsregeln** sind, die im Zweifel gelten.[86] Soweit nach dem jeweiligen Sachgebiet die Frist nicht als Ausschlussfrist oder als gesetzliche Frist ohne Dispositionsmöglichkeit ausgestaltet ist (Rn. 8, 12, 45), stehen auch die Fristen des § 31 zur Disposition der Behörde oder der Vertragsparteien bei einem öffentlich-rechtlichen Vertrag. Hier haben auch die Regeln des § 31 nur **Auslegungsfunktion**.[87] Der fehlende Hinweis auf § 186 BGB in § 31 schließt dies nicht aus, er verweist nur „zur Berechnung" auf die nur der Berechnung dienenden Vorschriften der §§ 187 bis 193 BGB. Soweit in § 31 keine Regelung getroffen ist, muss vom Einzelfall her entschieden werden, was gemeint ist. Ist z. B. eine Frist von 8 Tagen gesetzt, können sowohl wörtlich 8 Tage als auch eine Woche gemeint sein (Rn. 19). Die Fristenregeln müssen klar sein, um die Sicherheit des Rechtsverkehrs zu gewährleisten. Daher sind sie **strikt anzuwenden,** d. h. auch eine **geringfügige Fristüberschreitung** ist eine Fristüberschreitung mit voller Rechtsfolge.[88]

15 In der Regel (s. aber Rn. 43) berechnet sich die Frist nach **vollen Tagen,** die von Mitternacht zu Mitternacht gerechnet werden.[89] Dabei gilt jeweils die Bezeichnung des Kalenderdatums, so dass es nicht darauf ankommt, dass ein Tag z. B. bei der Umstellung von Winter- auf Sommerzeit und umgekehrt keine 24 Stunden hat. Der Tag wird, zurückgehend auf römischrechtliche Vorstellungen, als kleinste Einheit gegenüber den weiteren, aber unpraktikableren Einheiten der Stunde (Rn. 42), Minute oder Sekunde genommen.[90] Diese **Frist** kann in der Regel **voll ausgenutzt** werden.[91] Zur Benutzung eines Faxgerätes s. Rn. 11. Ist eine Mitwirkung der Behörde nötig, ist Beschränkung auf Dienststunden möglich.[92] Eingang eines Antrages bei einer **unzuständigen Behörde** wahrt nicht die Frist, s. § 24 Rn. 86 f.

---

[80] Vgl. BVerwG NVwZ 1994, 575; OVG Münster ZKF 2002, 233; Neumann NVwZ 2000, 1244, 1247.
[81] Für Prüfungsverfahren BVerwG DVBl 1997, 609, 610; für KDV-Verfahren BVerwG 11. 8. 1988 Buchholz 448.6 § 6 KDVG Nr. 1; Osterloh zu BVerwG NVwZ 1994, 575 in JuS 1994, 987; Ule/Laubinger § 29 Rn. 2; a. A. wohl VGH Mannheim DÖV 1994, 484.
[82] Vgl. BVerwG Buchholz 421.2 Nr. 133; NJW 1997, 2966, 2968; OVG Münster NVwZ-RR 2004, 842; ZKF 2002, 233; NVwZ 1992, 183; Erling/Ahlhaus DVP 2005, 404 m. w. N.
[83] S. BayVerfGH NJW 1986, 290, 292; BFH BStBl II 1981, 720; FG Kiel NJW 1980, 87 f.; Rn. 47.
[84] BVerwG NVwZ 1994, 575 für Richtlinien betr. Schülerbeförderungskosten, dazu ferner Rn. 8, 25; BVerwG DVBl 1997, 609, 610 für Prüfungsunterlagen; VGH München BayVBl 1984, 629 zu Anmeldefristen für Prüfungsverfahren auf Grund von bekannter Prüfungspraxis; BGH NJW 1995, 2359, 2360; NJW 1994, 3353, 3355 für Stichtagsregelung bei einer Auswahlentscheidung für Bestellung zum Notar.
[85] BVerwG DVBl 1997, 609, 610.
[86] S. Enneccerus/Nipperdey, § 220.
[87] Vgl. VGH Kassel NVwZ-RR 2000, 544.
[88] S. z. B. OVG Münster DÖV 1999, 968 zu einer Antragstellung am Tage nach Ablauf der Aufenthaltsgenehmigung.
[89] Schroeter JuS 2007, 29, 31; Enneccerus/Nipperdey, § 221 III 1.
[90] Knütel JuS 1996, 768, 771.
[91] S. BVerfG NJW 2005, 3346; 1980, 580; BFH NJW 2001, 991; BGH NJW 2000, 1328; Schroeter JuS 2007, 29, 31.
[92] Enneccerus/Nipperdey, § 221 III 3 und § 24 Rn. 82 ff.; § 41 Rn. 96; § 73 Rn. 93.

III. Berechnung von Fristen, Bestimmung von Terminen (Abs. 1)

1. Berechnung und Fristbeginn

In entsprechender Anwendung sind §§ 187 bis 193 zur **Berechnung der Fristen** und Bestimmung der Termine (s. Rn. 41) heranzuziehen.[93] Sie gehen von dem Tag als kleinster Einheit aus (Rn. 15; Ausnahme Absatz 6). Wie in § 221 ZPO einerseits und § 222 ZPO andererseits ist zwischen Berechnung der Frist (Absatz 1) und **Fristbeginn** zu unterscheiden. Beginn und Berechnung können, wie § 187 Abs. 1 BGB zeigt, auseinanderfallen; im Fall des § 31 Abs. 2, der für behördlich gesetzte Fristen gilt (Rn. 24), fallen sie zusammen. Wird eine gesetzliche Frist durch den Beginn definiert, muss dieser Beginn erst festgelegt werden, bevor das Ende berechnet werden kann. Beginnt eine Frist z.B. „mit" der Zustellung, fällt der Tag der Zustellung bereits in die Frist, obwohl er für die Berechnung der Frist nicht mitgerechnet wird (§ 187 Abs. 1 BGB), z.B. für Rechtsmittelfrist,[94] für Zinsregelung „voller Monat" gem. § 238 AO.[95]

Häufig spielt der Unterschied keine Rolle, da in der Regel nur die Versäumung des Endes der Frist zu Konsequenzen führt.[96] Hierbei werden § 187 Abs. 1 BGB durch § 31 Abs. 2, § 193 BGB durch § 31 Abs. 3, 4, 5 verändert und ergänzt. Zur **Hemmung** einer Frist durch Rechtsbehelfe s. Rn. 12, bei Verjährung § 53 Rn. 8. Zur **Unterbrechung** der Verjährung s. § 53 Rn. 23ff.

2. §§ 187 bis 193 BGB

§ 187. [Fristbeginn] (1) Ist für den Anfang einer Frist ein Ereignis oder ein in den Lauf eines Tages fallender Zeitpunkt maßgebend, so wird bei der Berechnung der Frist der Tag nicht mitgerechnet, in welchen das Ereignis oder der Zeitpunkt fällt.

(2) Ist der Beginn eines Tages der für den Anfang einer Frist maßgebende Zeitpunkt, so wird dieser Tag bei der Berechnung der Frist mitgerechnet. Das gleiche gilt von dem Tage der Geburt bei der Berechnung des Lebensalter.

§ 187 BGB folgt der römisch-rechtlichen Methode der Zivilkomputation, bei der nur nach ganzen Tagen gerechnet wird, nicht aber von dem Zeitpunkt des Anfangsereignisses an, wie dies bei der Naturalkomputation geschieht. Dabei soll durch die Grundregelung des **Abs. 1** vermieden werden, dass Bruchteile von Tagen bei der Fristberechnung berücksichtigt werden müssen.[97] Zum Unterschied Beginn der Frist und Berechnung der Frist s. Rn. 16. Zum Begriff Tag s. Rn. 15. Das für den Beginn der Frist maßgebende Ereignis[98] muss tatsächlich eingetreten sein, andernfalls kann die Frist nicht beginnen. Es fehlt z.B. bei missglückter und deshalb wirkungsloser Zustellung, wenn bei einer Anordnung einer Handlung eine Frist von einer Woche nach Zustellung gesetzt ist.[99] Fälle des § 187 Abs. 1 BGB: s. § 41 Rn. 63; § 48 Abs. 4; § 67 Abs. 1, § 69 Abs. 2 VwVfG, § 3 Abs. 2 S. 2 BauGB,[100] § 36 Abs. 2 Satz 2 BauGB,[101] § 2a Abs. 1 StVG.[102]

Die Ausnahmeregelung des **Abs. 2** hat ihren Grund darin, dass die Berücksichtigung von Bruchteilen von Tagen in diesen Fällen nicht notwendig ist und somit der erste Tag vollständig in die Frist eingerechnet werden kann.[103] Fälle: s. § 41 Rn. 101; § 73 Rn. 73. Häufig hängt der Fristbeginn von besonderen materiellen Voraussetzungen ab wie Vollständigkeit der Unterlagen.[104]

---

[93] Hierzu eingehend *Schroeter* JuS 2007, 29 ff.
[94] *BGH* NJW 1984, 1358.
[95] *BFH* NJW 1997, 1391.
[96] Vgl. *OVG Saarlouis* 30. 3. 1982 – 3 W 1791/82 – n. v.
[97] *Palandt* § 187 Rn. 1; *VG Osnabrück* Beschluss v. 22. 1. 2003 – 2 B 75/02 –.
[98] Zur Unterscheidung von Tagesbeginnfristen und Ereignisfristen s. *Schroeter* JuS 2007, 29, 30.
[99] *OVG Münster* NWVBl 1994, 32, 33, dazu § 41 Rn. 25, 108.
[100] Dazu *Johlen* BauR 1994, 561.
[101] S. z.B. *VGH Mannheim* BauR 2003, 1534; *VGH München* BayVBl 2005, 304.
[102] Zur Berechnung der straßenverkehrsrechtlichen Probezeit s. *VG Osnabrück* Beschluss v. 22. 1. 2003 – 2 B 75/02 –.
[103] *Palandt* § 187 Rn. 12 *VG Osnabrück* Beschluss v. 22. 1. 2003 – 2 B 75/02 –.
[104] S. z.B. zu § 36 Abs. 2 Satz 2 BauGB *VGH Mannheim* BauR 2003, 1534; *VGH München* BayVBl 2005, 304. Ferner *OVG Koblenz* NVwZ-RR 2003, 12; 2002, 1226; *Stelkens* BauR 1986, 390, 394.

18 § 188. [Fristende] (1) Eine nach Tagen bestimmte Frist endigt mit dem Ablauf des letzten Tages der Frist.

(2) Eine Frist, die nach Wochen, nach Monaten oder nach einem mehrere Monate umfassenden Zeitraume – Jahr, halbes Jahr, Vierteljahr – bestimmt ist, endigt im Falle des § 187 Abs. 1 mit dem Ablaufe desjenigen Tages der letzten Woche oder des letzten Monats, welcher durch seine Benennung oder seine Zahl dem Tage entspricht, in den das Ereignis oder der Zeitpunkt fällt, im Falle des § 187 Abs. 2 mit dem Ablaufe desjenigen Tages der letzten Woche oder des letzten Monats, welcher dem Tage vorhergeht, der durch seine Benennung oder seine Zahl dem Anfangstage der Frist entspricht.

(3) Fehlt bei einer nach Monaten bestimmten Frist in dem letzten Monate der für ihren Ablauf maßgebende Tag, so endigt die Frist mit dem Ablauf des letzten Tages dieses Monats.

19 Fälle des § 188 **Abs. 1** BGB: s. § 41 Rn. 64. Fälle des **Abs. 2** BGB: s. § 41 Rn. 101; § 48 Abs. 4; § 67 Abs. 1, § 69 Abs. 2, § 73 Rn. 73. § 188 Abs. 2 BGB definiert nur das Ende der Frist.[105] Für die **halbe Woche** fehlt eine Definition wie in § 189 BGB. Wenn nicht § 188 Abs. 2 BGB eingreift, kann sich aus dem Zusammenhang ergeben, was gemeint ist (Rn. 14). **Anfang der Woche** ist in der Regel der Montag, **Mitte der Woche** Mittwoch, **Ende der Woche** Sonntag oder Ende der Arbeitswoche: Freitag oder Samstag.[106] Um Missverständnissen vorzubeugen, sollte von der Behörde besser ein fester Termin durch Datumsangabe gesetzt werden (Rn. 41). Allerdings besteht dazu grundsätzlich keine Verpflichtung, da die Berechnung einer Frist für den Bürger zumutbar ist.[107] Bei der Verwendung des Ausdrucks **acht Tage** ist es Auslegungsfrage,[108] ob es sich um acht Tage im numerischen Sinn handelt (so wohl im Zweifel, vgl. § 359 Abs. 2 HGB,[109] für die § 31 Abs. 5 oder Absatz 3 S. 2 gelten können) oder eine Frist von einer Woche mit sieben Tagen gemeint ist, für die § 31 Abs. 3 S. 1 Anwendung finden kann.

20 § 189. [Halbes Jahr, Vierteljahr, halber Monat] (1) Unter einem halben Jahre wird eine Frist von sechs Monaten, unter einem Vierteljahr eine Frist von drei Monaten, unter einem halben Monat eine Frist von fünfzehn Tagen verstanden.

(2) Ist eine Frist auf einen oder mehrere ganze Monate und einen halben Monat gestellt, so sind die fünfzehn Tage zuletzt zu zählen.

Zur halben Woche s. Rn. 19.

§ 190. [Fristverlängerung] Im Falle der Verlängerung einer Frist wird die neue Frist von dem Ablaufe der vorigen Frist an berechnet.

Zur Fristverlängerung s. Rn. 44.

21 § 191. [Berechnung von Zeiträumen] Ist ein Zeitraum nach Monaten oder nach Jahren in dem Sinne bestimmt, dass er nicht zusammenhängend zu verlaufen braucht, so wird der Monat zu dreißig, das Jahr zu dreihundertfünfundsechzig Tagen gerechnet.

22 Das Fachrecht kann verlangen, dass die Frist zusammenhängend verlaufen muss (Rn. 5).

§ 192. [Anfang, Mitte, Ende des Monats] Unter Anfang des Monats wird der erste, unter Mitte des Monats der fünfzehnte, unter Ende des Monats der letzte Tag des Monats verstanden.

Ist der Tag, in dem das Ereignis fällt, der **28. Februar** (kein Schaltjahr), dann gilt auch dann nach umstr. Meinung[110] der Wortlaut der §§ 187, 188 BGB, so dass eine Monatsfrist mit dem 28. März, 24.00 Uhr, endet. Fällt der Tag des Ereignisses jedoch auf den 31. Januar, dann endet wegen § 188 Abs. 3 BGB die Monatsfrist am 28. Februar.[111]

23 § 193. [Sonn- und Feiertage; Sonnabende] Ist an einem bestimmten Tag oder innerhalb einer Frist eine Willenserklärung abzugeben oder eine Leistung zu bewirken und fällt der bestimmte Tag oder der letzte Tag der Frist auf einen Sonntag, einen am Erklärungs- oder Leistungsorte staatlich anerkannten allgemeinen Feiertag oder einen Sonnabend, so tritt an die Stelle eines solchen Tages der nächste Werktag.

Zu Sonnabenden, Sonn- und Feiertagen[112] s. Rn. 34 ff.

---

[105] Zur Wochenfristberechnung nach § 3 Abs. 2 S. 2 BauGB *Johlen* BauR 1994, 561 zu *OVG Münster* BauR 1994, 602, s. Rn. 4.
[106] So auch *Obermayer*, VwVfG, § 31 Rn. 15, 17.
[107] *BVerwG* NVwZ 1993, 475. Zum insoweit bestehenden Entscheidungsspielraum s. *BSG* NJW 1993, 1614.
[108] Rn. 14; *Enneccerus/Nipperdey*, § 221 I 1.
[109] Wie hier *Obermayer*, VwVfG, § 31 Rn. 16.
[110] *BGH* NJW 1984, 1358 m. w. N.
[111] Zur Monatsberechnung am Beispiel des § 5 Abs. 3 UmwG s. *Krause* NJW 1999, 1448.
[112] Zum Fristablauf bei nicht bundeseinheitlichen Feiertagen s. *OVG Frankfurt (Oder)* NJW 2004, 3795.

IV. Behördlich gesetzte Frist (Abs. 2)

1. Fristsetzung

Absatz 2 gilt nur für **behördlich gesetzte Fristen** (Rn. 46 ff.). Soweit der Fristbeginn für andere Fristen von Bedeutung ist, gilt § 31 Abs. 1 i.V.m. § 187 BGB, s. Rn. 16, 17. Eine Frist kann **von einer Behörde** gesetzt werden sowohl in einem **Verwaltungsakt** (z.B. Ordnungsverfügung) als auch durch **vorbereitende Maßnahmen** im Verlauf des Verwaltungsverfahrens, z.B. Frist, Beweismittel anzugeben (§ 26 Abs. 2; s. Rn. 47, 48), als auch generell durch **Verwaltungsvorschrift** oder **Übung**, die allerdings nicht rückwirkend zu Lasten des Betroffenen eingeführt werden darf, z.B. für Anmelde- und Antragsfristen.[113] Selbstverständlich muss sich die Behörde an die von ihr gesetzte Frist halten und darf nicht vor deren Ablauf vollendete Tatsachen schaffen.[114] So darf sie vor Ablauf einer von ihr eingeräumten Anhörungsfrist nur dann entscheiden, wenn sie zweifelsfrei davon ausgehen darf, dass der innerhalb der Frist erfolgte Vortrag des Betroffenen abschließend sein soll.[115]

Wird die Fristsetzung in einem **VA**, z.B. Ordnungsverfügung, verfügt (Rn. 47), ist sie Bestandteil des verfügenden Teils dieses VA.[116] Soweit Fristsetzungen als vorbereitende Maßnahmen im VwVf erfolgen, sind sie in der Regel keine VA.[117] Ausgeschlossen ist aber auch insoweit nicht, dass z.B. die Vorlage von Urkunden durch VA unter Fristsetzung gefordert wird, insbesondere wenn insoweit eine gesetzliche Vorlagepflicht besteht.[118] Im übrigen gilt § 44a VwGO. Zur Verlängerung s. Rn. 44 ff. Verbindlich (zu den Rechtsfolgen s. Rn. 31) wird die Fristsetzung gegenüber dem Bürger nur, wenn sie ihm gegenüber **bekanntgegeben** wird. Die Bekanntgabe erfolgt bei Fristsetzung durch VA nach § 41, im Übrigen auf sonstige Weise, d.h. durch Bekanntgabe der Verwaltungsvorschrift oder Angabe in einem Antragsformular oder formlose Mitteilung der Behörde.[119] In jedem Fall muss die Fristbestimmung hinreichend **bestimmt**, d.h. kalendermäßig eindeutig sein.[120] So reicht z.B. eine Verpflichtung zu „unverzüglichem Handeln" für die Rechtmäßigkeit einer Ordnungsverfügung nicht aus.[121] Davon zu unterscheiden ist die Unverzüglichkeit – etwa eines Rücktritts von der Prüfung – als materieller Rechtsbegriff.[122]

Absatz 2 kann ebenfalls zur Fristberechnung entsprechend herangezogen werden, wenn bestimmte **Termine** (Rn. 41) erst nach Ablauf einer bestimmten Frist gesetzt werden dürfen (z.B. Prüfungstermin nach Ablauf einer Landungsfrist).[123]

Die Fristsetzung steht, wenn nichts anderes bestimmt ist, **im Ermessen der Behörde**. Zur Befugnis Rn. 13. Als verfahrensrechtliche Frist ist sie nur in den Grenzen des § 10 zulässig, vgl. § 10 Rn. 16 ff. Die Frist muss schon aus Gründen der Verhältnismäßigkeit **angemessen** sein, so ausdrücklich § 15 Satz 1, § 23 Abs. 4 Satz 1. Das z.B. in der Regel nicht der Fall bei einer Abrissverfügung, die am Sonnabend 13.00 Uhr zugestellt wurde und am Montag 8.00 Uhr vollstreckt werden sollte.[124] Gleiches gilt, wenn die Frist zur Anmeldung für eine Prüfung nur nach Stunden bemessen wird.[125] Eine zu kurze Äußerungsfrist wird nicht nachträglich angemessen,

---

[113] *OVG Münster* NVwZ-RR 1991, 452; § 35 Rn. 111.
[114] Vgl. *VG Frankfurt* NJW 2005, 616 zur disziplinarrechtlichen Verfahrensgestaltung.
[115] *VGH Kassel* NVwZ-RR 1991, 225.
[116] Vgl. *BVerwG* NVwZ 2005, 1424 zu den Bestimmtheitsanforderungen des § 37 an eine Fristverlängerung.
[117] § 35 Rn. 87; wie hier *VGH München* BayVBl 1984, 629; *Obermayer*, VwVfG, § 31 Rn. 51 ff.; a.A. *Meyer/Borgs*, § 31 Rn. 17; *Kopp/Ramsauer*, § 31 Rn. 20; *Clausen* in Knack, § 31 Rn. 38.
[118] § 26 Rn. 57 ff.; *Stelkens* in Schoch u.a., § 44a Rn. 16.
[119] *BVerwG* NVwZ 1994, 575, 576 m. Anm. Osterloh JuS 1994, 987, 988; zur Beweislast bei Fristversäumnissen von Behördenbediensteten, wenn die Frist in einer Hausmitteilung gesetzt wird s. *VG Frankfurt* NVwZ-RR 1991, 453.
[120] Vgl. *BVerwG* NVwZ 2005, 1424.
[121] *OVG Greifswald* NVwZ-RR 1997, 762. S. auch *OVG Münster* 30. 9. 1998 – 18 B 1958/97 – zur Ungenauigkeit der Begriffe „Aushändigung" und „Erhalt" zur Fristbestimmung im Rahmen einer Aufenthaltsbeschränkung.
[122] S. *VG Hannover* NdsVBl 2002, 77.
[123] *OVG Münster* 10. 8. 1993 – 22 E 403/93 n. v.
[124] *BVerwGE* 16, 289.
[125] *OVG Münster* NVwZ 1999, 30.

wenn die Behörde nach deren Ablauf stillschweigend zuwartet. Der Betroffene darf auch nicht darauf verwiesen werden, er könne die Verlängerung einer zu kurzen Frist beantragen; hierzu hat er nur dann Veranlassung, wenn er die angemessene Frist aus besonderen Gründen nicht einhalten kann.[126] Wird eine Frist zu kurz bemessen, ist die Behörde aber verpflichtet, einen Antrag auf rückwirkende Verlängerung positiv zu bescheiden.[127] Besondere Umstände können ausnahmsweise sehr kurz bemessene und überraschend bestimmte Fristen erfordern, z. B. zur Verhinderung einer Beweisvereitelung in der drogenspezifischen Fahreignungsdiagnostik.[128] In einer zu kurzen Frist zur Anhörung oder zur Mitwirkung nach §§ 24, 26 kann zugleich ein Verstoß gegen §§ 24, 26, 28 liegen. Die Frist muss eindeutig **bestimmt** werden. Hiervon hängt ab, ob überhaupt noch von einer Frist gesprochen werden kann (z. B. „möglichst bald") oder ob zwar ein Zeitraum festgelegt wird, aber nicht genau nach Anfangs- und Endtermin zu ermitteln ist (vgl. Rn. 5). Abzustellen ist auf den Empfängerhorizont.[129] Erlaubt das Gesetz z. B. eine Frist von „bis zu zwölf Monaten" (§ 15 Abs. 1 BauGB), muss die Behörde eine genaue Bestimmung treffen.[130] Ist die Fristsetzung Teil eines VA (s. Rn. 25), muss sie den Bestimmtheitserfordernissen des § 37 genügen. Danach muss sie regelmäßig unter Angabe eines kalendermäßig festgelegten Zeitraums oder Datums einen Endzeitpunkt bestimmen.[131] Missverständnisse gehen zu Lasten der Behörde und können bei verfahrensrechtlichen Fristen und Unbilligkeit der Rechtsfolgen zu einem Anspruch auf rückwirkende Verlängerung führen.[132]

28   Für diese Fristen gilt **Absatz 2, 1. Alternative** (= § 187 Abs. 1 BGB). Das **Fristende** berechnet sich nach Absatz 1 in Verbindung mit § 187 Abs. 2 BGB, dort 1. Alternative.

29   Da diese Fristen zur Disposition der Behörde stehen (vgl. Rn. 14), kann die Behörde auch einen anderen Fristbeginn bestimmen, wie die **2. Alternative** klarstellt. Z. B. Fristbeginn mit Zeitpunkt der Bekanntgabe oder Frist von 3 Tagen, gerechnet vom Tag der Bekanntgabe ab (vgl. Rn. 17). Im Interesse der Klarheit ist es allerdings in derartigen Fällen besser, den Endzeitpunkt mit Datum zu bestimmen (vgl. aber Rn. 19).

30   Für die Berechnung der **Verlängerung** einer Frist gilt Absatz 1 i. V. m. § 190 BGB, im übrigen Absatz 7 (Rn. 46 ff.).

2. Fristversäumung/Rechtsfolgen

31   Über die **Rechtsfolgen der Fristversäumung** bei einer behördlich gesetzten Frist sagt Absatz 2 nichts aus. Es gibt keine einheitlichen Rechtsfolgen. Sie werden bestimmt durch die **Art der Frist** und das jeweilige **materielle Sachgebiet** (z. B. Nichtbestehen der Prüfung bei Fristüberschreitung für die Hausarbeit).[133] Ebenfalls dem materiellen Recht zuzuordnen ist die Frage, ob und welche besonderen, ggfs. über § 32 hinausgehenden Mitwirkungs- und Mitteilungspflichten den Betroffenen zur Rechtswahrung treffen, insbesondere, wenn er gehindert ist, eine Frist einzuhalten.[134] Bei der Versäumung einer verfahrensrechtlichen Frist kann der Antrag unzulässig werden (Rn. 10, 13, § 22 Rn. 62). Wird der Antrag bestandskräftig durch einen VA als unzulässig abgelehnt, ist die Ablehnung auch dann verbindlich, wenn der Fristsetzung keine präkludierende Wirkung beigemessen wird. Ist der Ablehnungsbescheid jedoch angefochten worden, hat die Versäumung einer Verfahrensfrist keine Ausschlusswirkung für einen späteren Prozess.[135] Fristen können verschoben werden (s. § 23 Abs. 4). Die Rechtsfolgen können mittelbar sein entsprechend § 26 Rn. 47 ff. bei Fristversäumung während der Sachverhaltsermittlung (s. auch Rn. 27). Von der Art der Frist hängt es auch ab, ob z. B. verfristete Verfahrenshandlungen im VwVf in einem späteren Prozess nachgeholt werden können.[136] Versäumt die Behörde eine Frist zur Ent-

---

[126] So ausdrücklich *BSG* DVBl 1993, 261.
[127] *OVG Münster* NVwZ 1999, 30.
[128] S. *OVG Münster* VRS 105, 158 = DAR 2003, 283.
[129] *BVerwG* NVwZ 2005, 1424 für eine Fristverlängerung ohne kalendermäßig bestimmten Endzeitpunkt.
[130] *OVG Münster* BauR 1982, 50 zu § 15 BBauG; *Stelkens* ZfBR 1980, 119, 127.
[131] *BVerwG* NVwZ 2005, 1424.
[132] Rn. 51; *BVerwG* NVwZ 1994, 575, 576, dazu *Osterloh* JuS 1994, 987, 988.
[133] Dazu *OVG Münster* NJW 2007, 2652.
[134] Vgl. *BVerwGE* 106, 369 = NVwZ 1999, 188; *VG Hannover* NdsVBl 2002, 77 zur verzögerten Mitteilung eines wichtigen Grundes für die Versäumung einer Prüfung.
[135] *BVerwG* DVBl 1997, 609, 610, dazu Rn. 13.
[136] So *FG Berlin* EFG 1997, 691, 692 für Frist nach § 364b AO.

§ 31 Fristen und Termine

scheidung, kann dies – wie z.B. bei den gesetzlichen Handlungsfristen des Bauplanungs- und Bauordnungsrechts – zur Folge haben, dass eine Genehmigung[137] oder Befreiung[138] als erteilt gilt.[139] Vom materiellen Recht hängt es ab, ob eine Behörde einen VA vollstrecken darf, wenn in ihm eine Frist gesetzt war und diese nicht befolgt wurde. Eine materielle Frage des jeweiligen Sachgebietes ist es auch, ob eine **Frist** noch **befolgt** werden muss, wenn sie **abgelaufen** ist.[140] Materielles Recht bestimmt, ob bei Versäumung von Zahlungsfristen Zinsen oder Säumniszuschläge erhoben werden können (§§ 233 ff., 240 AO). Zur Wahrung der Frist für eine Darlehensrückzahlung nach § 18 Abs. 2 Satz 2 BAföG genügt die Absendung des Verrechnungsschecks, ohne dass es auf den Eingang des Schecks bei der Bundeskasse ankommt.[141] Ebenfalls dem materiellen Recht zuzuordnen ist die Frage, ob und welche besonderen, ggfs. über § 32 hinausgehenden Mitwirkungs- und Mitteilungspflichten dem Betroffenen zur Rechtswahrung obliegen, wenn er gehindert ist, eine Frist einzuhalten.[142]

Trotz datenmäßiger Fristversäumnis ist es der Einhaltung der behördlich gesetzten Frist 32 gleichzusetzen, wenn sich die Behörde – nach **Treu und Glauben** oder dem Gebot eines fairen Verfahrens – so behandeln lassen muss, als wäre die Frist eingehalten worden, z.B. weil sie den Zugang verhindert hat (§ 24 Rn. 82) oder eine falsche Auskunft gegeben hat (§ 25 Rn. 15 ff.). Für Ausschlussfrist s. Rn. 10. Im übrigen treten die Rechtsfolgen einer Fristverletzung nur ein, wenn eine **Verlängerung** nicht in Frage kommt (Rn. 44 ff.).

3. Vertragliche Frist

Wird eine Frist nicht von einer Behörde gesetzt, sondern von Vertragsparteien eines **öffent-** 33 **lich-rechtlichen Vertrages** vereinbart, gilt für den Fristbeginn je nach Sachlage § 31 i.V.m. § 187 Abs. 1 oder 2 BGB oder die freie Vereinbarung.

V. Sonnabende, Sonn- und Feiertage (Abs. 3)

1. Begriffe

Satz 1 erweitert den nur für Willenserklärungen und Leistungen geltenden § 193 BGB[143] auf 34 alle Fristen, ähnlich § 222 Abs. 2 ZPO und § 57 Abs. 2 VwGO. Gedacht ist insbesondere an Fristen für tatsächliche Handlungen. So sollte z.B. vom Bürger die Erfüllung einer Verfügung in der Regel nicht an einem Sonntag, Feiertag oder Sonnabend verlangt werden können (s. Rn. 27). Abs. 3 Satz 1 erfasst nur das Ende einer Frist und ist hinsichtlich des Fristbeginns nicht entsprechend anwendbar.[144] Fällt das Fristende auf einen der in Absatz 3 genannten Tage, so endet die Frist mit dem Ablauf des nächsten Werktages (s. bei Verlängerung Rn. 44). Dies gilt auch dann, wenn gesetzlich das Ende einer Frist (z.B. Antragstellung vom 1. Jan. bis 31. Dez. 20..) durch einen Endtermin bestimmt wird.[145]

Umstritten ist, ob Absatz 3 (oder § 193 BGB, Rn. 2, oder § 193 BGB i.V.m. § 31 Abs. 1) 35 auch bei einer Fiktion wie **§ 41 Abs. 2** anzuwenden ist. Die weite Fassung des Absatzes 3 Satz 1 deckt auch diesen Fall, ist zumindest entsprechend heranzuziehen. Nach anderer Auffassung findet Absatz 3 auf Fiktionen keine Anwendung: Auch wenn z.B. der dritte Tag nach Auf-

---

[137] S. z.B. zu § 6 Abs. 4 BauGB *VG Dessau* LKV 2001, 321. S. auch zur Einvernehmensfiktion des § 36 Abs. 2 Satz 2 BauGB *BVerwG* BauR 2005, 509; *OVG Koblenz* NuR 2006, 520; *VGH München* UPR 2005, 234; *VGH Mannheim* BauR 2004, 1499; *Hummel* BauR 2005, 948.
[138] Z.B. *OVG Saarlouis* BauR 2006, 879.
[139] Zur Verlängerung der Entscheidungsfrist der Bauaufsichtsbehörde s. *VGH Kassel* NVwZ-RR 2007, 453.
[140] Zu Fristen in der Zwangsmittelandrohung *OVG Lüneburg* NVwZ-RR 2002, 734; *OVG Lüneburg* OVGE 29, 456; *OVG Münster* GewArch 1982, 134; ähnlich auch *VGH Mannheim* NuR 1987, 322, wonach behördlich gesetzte Fristen (anders gesetzliche Fristen, Rn. 12) durch ein Rechtsbehelfsverfahren nicht gehemmt werden.
[141] *BVerwG* NVwZ 2000, 79.
[142] Vgl. *BVerwGE* 106, 369 = NVwZ 1999, 188; *VG Hannover* NdsVBl 2002, 77 zur verzögerten Mitteilung eines wichtigen Grundes für die Versäumung einer Prüfung.
[143] Zu § 193 BGB s. *Schroeter* JuS 2007, 29, 31 ff.
[144] *OVG Lüneburg* NVwZ-RR 2007, 78; *Kopp/Ramsauer*, § 31 Rn. 32.
[145] *BVerwGE* 44, 45, 47.

gabe eines Briefes zur Post gemäß § 41 Abs. 2 auf einen der in Abs. 3 Satz 1 genannten Tage fällt, gilt danach dieser und nicht der nächste Werktag als Tag der Bekanntgabe.[146]

36   Während die Begriffe **Sonntage** und **Sonnabende** (Samstage) klar sind, gilt als Feiertag nur der **gesetzlich anerkannte Feiertag**.[147] Maßgebend hierfür sind die Gesetze über die Sonn- und Feiertage der Länder.[148] Für den bundesgesetzlichen Feiertag des Tages der Deutschen Einheit s. Art. 2 Abs. 2 EVertr (3. Oktober), der das Gesetz vom 4. August 1953 (17. Juni) abgelöst hat (Anlage I Kap. II Sachgeb. A Abschnitt II Nr. 3 EVertr). **Landesrechtliche gesetzliche Feiertage**[149] sind z. B. nach § 2 des Gesetzes über die Sonn- und Feiertage NRW: Neujahrstag, Karfreitag, Ostermontag, 1. Mai, Christi-Himmelfahrtstag, Pfingstmontag, Fronleichnamstag, 3. Oktober, Allerheiligentag, 1. Weihnachtstag, 2. Weihnachtstag, in den fünf neuen Bundesländern ferner 31. 10. als Reformationstag, allgemein nicht dagegen der 24. Dezember[150] oder der 31. Dezember.[151] Der Schutz reicht von Mitternacht bis Mitternacht (Rn. 15). Maßgebend ist die Feiertagsregelung des Landes, in dem die Rechtswirkungen der Fristsetzung eintreten oder Erklärungen abgegeben werden sollen (vgl. § 193 BGB). So ist z. B. bei Übersendung eines Schreibens an eine Behörde für die Anwendung der Feiertagsregelung nicht der Sitz der Kanzlei des Bevollmächtigten des Beteiligten maßgeblich, sondern die Rechtslage des Landes, in dem die Behörde ihren Sitz hat.[152] Ist ein Feiertag nicht landeseinheitlich festgesetzt (z. B. Mariä-Himmelfahrt in Bayern), sind die Verhältnisse an dem Ort maßgebend, an dem die Frist gewahrt werden soll.[153] Der früher anerkannte Feiertag des *Buß- und Bettages* (19. 11.) ist auf Grund des § 58 Abs. 2 SGB XI (verfassungsrechtlich zulässig) durch die Länder gestrichen worden.[154]

37   **Gedenktage** wie der 27. 1. zum Gedenken an die Opfer des Nationalsozialismus (BGBl I 1996, 17) oder **kirchliche Feiertage,** die nicht staatlich anerkannt sind, werden insbesondere durch die Sonn- und Feiertagsgesetze zwar staatlich geschützt, zählen aber nicht zu den gesetzlichen Feiertagen. Eine staatliche Anerkennung in diesem Sinn wird nicht dadurch begründet, dass an diesen Tagen auf Antrag eine Freistellung von der Arbeit gewährt werden kann oder muss (vgl. § 8 des FeiertagsG NRW oder § 10 Abs. 3 des Gesetzes über Sonn- und Feiertage SchlH). Keine Anerkennung, sondern nur einen ähnlichen Schutz genießen **jüdische Feiertage** (z. B. § 9 FeiertagsG NRW), während **moslemische Feiertage** selbst dann diesen besonderen Schutz nicht haben, wenn in der entsprechenden politischen Gemeinde ein großer Anteil moslemischer Bevölkerung besteht. Der Grundrechtsschutz des **Art. 4 GG** sowie der **Verhältnismäßigkeitsgrundsatz** können es im Einzelfall erfordern, dass auch in diesen Fällen bei der Fristgestaltung oder Terminsetzung das Recht auf Religionsausübung berücksichtigt wird (vgl. Rn. 27). Tage, an denen auf Grund eines **Brauchtums** auch bei Behörden dienstfrei ist (z. B. Rosenmontag in einigen Städten des Rheinlandes),[155] sind ebenfalls keine gesetzlichen Feiertage. In diesen Fällen kann Anspruch auf Wiedereinsetzung gegeben sein, z. B. weil eine Antragsabgabe nicht möglich war, weil die Behörde wegen des Feiertages geschlossen war,[156] allerdings muss ein mit den örtlichen Verhältnissen Vertrauter entsprechende Vorsorge treffen.[157]

2. Ausnahmen

38   Um z. B. bei Gefahrenabwehrmaßnahmen auch Handlungen bis zu einem der in Satz 1 genannten Tage verlangen zu können, ist **Satz 2** geschaffen worden. Allerdings gilt diese Ausnahme von Satz 1 nur, wenn unter **Hinweis auf Satz 2** ein bestimmter Tag oder das Ende der **Frist** bestimmt wird. Fehlt dieser Hinweis, ist aus Gründen der Klarheit die Regel des Satzes 1

---

[146] So *OVG Lüneburg* NVwZ 2007, 78; *Kopp/Ramsauer*, § 31 Rn. 33.
[147] Eine Bestandsgarantie für staatlich anerkannte Feiertage oder eine bestimmte Anzahl von ihnen besteht nicht, *BVerfG* NJW 1995, 3378.
[148] Zur Gesetzgebungskompetenz *BayVerfGH* NJW 1982, 2656, 2657.
[149] Länderübersicht bei *Clausen* in Knack, § 31 Rn. 354.
[150] *OVG Hamburg* NJW 1993, 1941; *BAG* NZA 1984, 300.
[151] *VGH Mannheim* NJW 1987, 1353.
[152] *OVG Frankfurt (Oder)* NJW 2004, 3795.
[153] *VGH München* BayVBl 1997, 151 = NJW 1997, 2130.
[154] Vgl. *BVerfG* NJW 1995, 3378; *BerlVerfGH* NJW 1995, 3379; *BayVerfGH* DÖV 1996, 558; Zusammenstellung dieser Länder-Feiertagsgesetze NJW 1995, 1012 f.
[155] *OVG Münster* 25. 8. 1995 – 9 A 4309/94; *BFHE* 180, 512 = NJW 1997, 416.
[156] Vgl. *BGH* NJW 1982, 184.
[157] *VGH Mannheim* NJW 1987, 1353; *BGH* VersR 1980, 928.

anzuwenden. Anders, wenn Behörde keine Frist, sondern einen bestimmten **Termin** bestimmt (Absatz 6). Hier braucht kein dem Satz 2 entsprechender Hinweis zu erfolgen.

VI. Leistungen der Behörde (Abs. 4)

Als weitere Ausnahme von Absatz 3 Satz 1 endet die Verpflichtung **zur Erfüllung von Leistungen** für einen bestimmten Zeitraum – gedacht war in Anlehnung an das Vorbild § 127 RVO (s. aber § 2 Rn. 94 ff.) an Renten, Ausbildungsförderung, Krankengeld – auch dann mit Ablauf des letzten Tages dieser Frist, wenn dieser auf einen Sonntag, gesetzlichen Feiertag oder Sonnabend fällt. Absatz 4 schließt nicht aus, dass durch öffentlich-rechtlichen Vertrag oder durch behördliche Bestimmung eine andere Regelung getroffen werden kann, sofern es das Fachrecht erlaubt (vgl. Rn. 33). 39

Mit Absatz 4 ist nicht der Fall erfasst, dass die Leistungen durch persönliche Handlungen von Bediensteten erbracht werden müssen, z.B. als schlichthoheitliche Tätigkeit (vgl. Rn. 3). Diese Leistungen sind entweder während der Dienststunden zu erbringen,[158] oder das Ende dieser Leistungsverpflichtung ergibt sich aus der Natur der Sache, z.B. Haushaltshilfe für einen Zeitraum, der durch die Krankheit des Hilfeempfängers bestimmt wird. 40

VII. Behördlich gesetzter Termin (Abs. 5)

Bei der **Bestimmung eines Termins** sollte von der Behörde – um Mißverständnissen und Fehlberechnungen vorzubeugen – statt einer Fristenangabe besser ein fester Zeitpunkt durch Datumsangabe gesetzt werden (Rn. 41). Allerdings besteht dazu grundsätzlich keine Verpflichtung, da die Berechnung einer Frist für den Bürger zumutbar ist.[159] Nach Abs. 5 sind auch Termine an Sonntagen, Feiertagen oder Sonnabenden einzuhalten (für Bekanntgabe s. Rn. 35). Eines besonderen Hinweises hierauf bedarf es – anders als nach Absatz 3 Satz 2 – nicht, vgl. Rn. 38. Ob die Behörde berechtigt ist, einen Termin auf einen der genannten Tage anzusetzen, bestimmt sich nach dem jeweiligen materiellen Recht (Begründung zu § 27 Entwurf 73). 41

VIII. Frist nach Stunden (Abs. 6)

Gewöhnlich wird eine Frist nur nach vollen Tagen berechnet, s. Rn. 15. Wird eine **Frist** ausnahmsweise **nach Stunden**[160] angegeben – auch wenn sie sich über mehrere Tage erstreckt, z.B. 48 Stunden –, so wird diese Frist nicht durch Sonn- und Feiertage sowie Sonnabende unterbrochen. Bewusst unterscheidet sich diese Regelung von § 222 Abs. 3 ZPO, auf den auch § 57 Abs. 2 VwGO verweist, mit der Begründung, dass im Verwaltungsverfahren Fristen nach Stunden ohnehin nur bei besonderer Dringlichkeit bestimmt werden. Dieser Begründung des Entwurfes 73 (zu § 27) ist der BT-Innenausschuss gefolgt (Bericht zu § 31). Wird eine Frist unangemessen und rechtswidrig nur auf Stunden begrenzt, so ist die Behörde verpflichtet, einen Antrag auf rückwirkende Verlängerung positiv zu bescheiden.[161] 42

Ist die Frist ausnahmsweise nach Stunden bemessen worden, endet sie mit **Ablauf der letzten Stunde** der Frist, nicht mit Ablauf des Tages, in den die Stunde fällt.[162] 43

---

[158] *Enneccerus/Nipperdey*, § 221 III 3; vgl. Rn. 15.
[159] *BVerwG* NVwZ 1993, 475. Zum insoweit bestehenden Entscheidungsspielraum s. *BSG* NJW 1993, 1614.
[160] Zum Begriff *Wolff/Bachof u.a.* I, § 37 Rn. 6; zur Sommerzeit § 3 ZeitG, dazu *Ekrut* NJW 1978, 1844.
[161] *OVG Münster* NVwZ 1999, 30.
[162] *Enneccerus/Nipperdey*, § 221 III 1.

IX. Verlängerung (Abs. 7) und Verkürzung von Fristen

1. Berechnung der verlängerten Frist

44 **Verlängerung** bedeutet die Bestimmung eines neuen Endzeitpunktes, der zeitlich nach dem Zeitpunkt der ursprünglichen Frist liegt.[163] Wie bei Verlängerung die **Berechnung** der Frist zu erfolgen hat, geht aus Absatz 1 i. V. m. § 190 BGB hervor. S. auch § 224 Abs. 3 2. Halbsatz ZPO. Endet die erste Frist an einem Sonntag, einem Feiertag oder einem Sonnabend, werden diese Tage bei einer Verlängerung mitgezählt, da die Verlängerung mit der ursprünglichen Frist eine Einheit bildet.[164] Absatz 3 gilt hier nicht. Dies muss auch dann gelten, wenn **rückwirkende Verlängerung** erlaubt ist. Anders dagegen wenn keine Verlängerung, sondern die **Bestimmung einer neuen Frist** nach Ablauf der ersten gewollt war. Daher ist z. B. die Ersetzung einer befristeten Einweisung eines Obdachlosen in eine Wohnung durch eine neue längere Einweisung keine Verlängerung (Rn. 47, ebenso nicht beim sog. Kettenverwaltungsakt, § 36 Rn. 18).[165] Die Begriffe Verlängerung oder **Verkürzung** (Rn. 56) gehen von der Vorstellung aus, dass die Frist zugunsten (Verlängerung) oder zu Lasten (Verkürzung) des Bürgers verändert wird. Aus dem Fachrecht kann sich eine abweichende Berechnung ergeben.[166]

45 Ob eine Frist aber **verlängert werden darf,** bestimmt sich danach, ob es sich um eine gesetzliche oder eine von der Behörde gesetzte Frist handelt. An die gesetzliche Frist ist auch die Behörde gebunden, es sei denn, das Gesetz erlaubt die Verlängerung (s. Rn. 7 ff.).[167] Das Fachrecht kann auch für behördlich gesetzte Fristen Vorgaben enthalten;[168] es kann aber auch – z. B. im Immissionsschutzrecht – bestimmen, dass die Verlängerung der Befristung einer Genehmigung nicht nach § 31 Abs. 7, sondern allein in einem formellen Neu-Genehmigungs- oder Änderungsverfahren erfolgen kann.[169]

2. Behördlich gesetzte Frist

46 Die **behördlich gesetzte Frist** kann nach Absatz 7 **verlängert** werden. Diese Verlängerung ist keine Wiedereinsetzung nach § 32, der nur für gesetzliche Fristen gilt (§ 32 Rn. 7, 8). Daher ist die Verlängerung auch nicht an die Voraussetzungen dieser Vorschrift gebunden;[170] sie kann auch aus anderen Gründen erfolgen. Wird die Frist verlängert, ist bei der Prüfung der Fristwahrung nur von der verlängerten Frist auszugehen. Das gilt auch dann, wenn ein Antrag zunächst verspätet war.[171] Absatz 7 ist nicht auf gesetzliche Fristen übertragbar (Rn. 12).

Zwei Formen von behördlicher Fristsetzung ergeben sich im Regelfall (Rn. 24):

47 **a)** Die Fristsetzung erfolgt in einem **Verwaltungsakt** bei der Umsetzung materiellen Rechts, z. B. Ordnungsverfügung, ein Haus binnen drei Monaten abzureißen. Die gesetzliche Ermächtigung muss die Befugnis zur Fristverlängerung wie für die Fristsetzung erfassen (Rn. 13). Fehlt diese Befugnis und verlängert die Behörde trotzdem, ist – wenn der Betroffene auf die Verlängerung vertraut hat – Wiedereinsetzung zu gewähren.[172] § 32 gebietet nämlich u. a. dann Abhilfe, wenn auch die Behörde für die Versäumung einer Frist eine Mitverantwortung trifft.[173] Bei ei-

---

[163] *OVG Münster* 1. 12. 1986 – 7 A 2148/85 – n. v.
[164] *Enneccerus/Nipperdey*, § 221 III 3, Fußn. 17.
[165] Zur Abgrenzung von Verlängerungs- und Änderungsverwaltungsakten s. *Schröder* NVwZ 2007, 532.
[166] So für Verlängerung der Schreibfristen im Prüfungsverfahren für einen schreibbehinderten Kandidaten *OVG Münster* NVwZ 1993, 93; zur generellen Anwendbarkeit des § 31 einschließlich der Möglichkeit einer rückwirkenden Verlängerung nach Absatz 7 für die Berechnung von Fristen im Prüfungsverfahren (*Steimel* JuS 1982, 289, 291; zur verfassungsrechtlichen Überprüfung der Verlängerungen von Prüfungszeiten bei Lärmstörungen *BVerfG* NJW 1993, 917; *BVerwGE* 94, 64 = NVwZ 1994, 486; *Niehues* NJW 1997, 557, 558 f.; *OVG Münster* NVwZ 1999, 30 zu einer rechtswidrig auf Stunden begrenzten Meldefrist für eine Fachprüfung des Vordiploms).
[167] S. z. B. *VGH Kassel* NVwZ-RR 2007, 453 zur Verlängerung der Entscheidungsfrist der Bauaufsichtsbehörde.
[168] S. *OVG Münster* NVwZ-RR 2004, 842 für Verlängerungsanträge im Arzneimittelzulassungsrecht.
[169] So *BVerwG* Buchholz 406.25 § 10 BImSchG Nr. 4; *OVG Münster* NVwZ 2002, 342 zu § 10 BImSchG.
[170] *Steimel* JuS 1982, 289, 291; a. A. für richterliche Fristen *Redeker/v. Oertzen*, § 57 Rn. 12.
[171] *BVerwGE* 17, 208.
[172] *BVerwG* NVwZ-RR 1999, 162.
[173] Vgl. *OVG Münster* NVwZ-RR 2005, 449.

ner Fristsetzung durch VA kann die Behörde nur durch Abänderung des VA die Frist verlängern; insoweit ist die Verlängerung selbst VA.[174] In der Praxis ist bei derartigen Verwaltungsakten auch üblich, die ursprüngliche Frist als Verpflichtung zu belassen und lediglich dem Betroffenen zuzusagen, vor Ablauf einer weiteren Frist nicht aus dem Verwaltungsakt zu vollstrecken. Was im Einzelfall gewollt ist, ist Auslegungsfrage. Die Verlängerung muss in der gleichen **Form** wie der VA ausgesprochen werden. Auch die Befristung nach § 36 Abs. 2 Nr. 1 ist die Setzung einer materiellen Frist, dazu § 36 Rn. 12 ff. Inwieweit sie nachträglich verlängert werden kann, folgt aus dem materiellen Recht.[175] Dabei ist bei Beantragung der im Gesetz vorgesehenen Verlängerung vor Fristablauf auch zu berücksichtigen, dass behördliche Verzögerungen grds. nicht zu Lasten des Beteiligten gehen dürfen.[176] Eine Verlängerung nach Ablauf der Frist (Rn. 49) ist in der Sache ein Neuerlass, da der vorhergehende VA mit Ablauf der Frist unwirksam geworden ist (§ 43 Abs. 2).[177] Eine nachträgliche Befristung ist der Sache nach eine Verkürzung der Wirksamkeit des ursprünglichen VA.

b) Fristsetzung ist ferner als Antragsfrist durch Verwaltungsvorschrift oder Übung oder im Verlauf des Verwaltungsverfahrens als **Vorbereitungshandlung** zum Erlass eines Verwaltungsaktes möglich (Rn. 24), z. B. Frist, bis zu der ein Antrag näher begründet werden muss, Beweismittel oder Übersetzungen (§ 23 Abs. 4) vorzulegen sind usw. Weder diese Fristsetzung noch ihre Verlängerung ist als Vorbereitungsmaßnahme in der Regel ein Verwaltungsakt.[178] Bestehen gesetzliche Mitwirkungsverpflichtungen im VwVf, können sie auch durch VA mit Fristsetzung durchgesetzt werden (Rn. 25).

48

Satz 2 stellt für die behördlich gesetzten Fristen klar, dass diese Fristen **rückwirkend,** d. h. nach Fristablauf, verlängert werden können. Ob begrifflich eine Verlängerung nach Fristablauf möglich ist, ist streitig.[179] Nach Absatz 7 Satz 2, der nicht für gesetzliche Fristen gilt, ist die **rückwirkende Verlängerung** aber auch möglich, wenn der **Antrag** auf Verlängerung erst **nach Ablauf der Frist** gestellt wird.[180] Selbst wenn kein Antrag gestellt ist, ist die Verlängerung **von Amts wegen** zulässig. Anders als bei § 224 Abs. 2 ZPO ist es auch nicht erforderlich, dass die Gründe für die Verlängerung glaubhaft gemacht werden müssen. Eine Rückwirkung nach § 31 Abs. 7 verbietet sich, wenn ihr **spezialgesetzliche Regelungen** entgegenstehen.[181]

49

Von der verfahrensrechtlichen Frage der rückwirkenden Verlängerung ist zu unterscheiden, welches **materielle Recht** bei der Entscheidung anzuwenden ist. Dieses bestimmt sich nach dem jeweiligen Fachrecht und ist in der Regel das bei der Entscheidung maßgebende Recht. Das danach einschlägige Fachrecht kann auch für behördlich gesetzte Fristen Vorgaben enthalten;[182] es kann aber auch – z. B. im Immissionsschutzrecht – bestimmen, dass die Verlängerung der Befristung einer Genehmigung nicht nach § 31 Abs. 7, sondern allein in einem formellen Neu-Genehmigungs- oder Änderungsverfahren erfolgen kann.[183]

50

Ob verlängert wird, liegt – vorbehaltlich spezialgesetzlicher Regelungen – im **Ermessen** der Behörde, das – je nach Art der Frist – als Verfahrensermessen oder als materielle Ermessensbe-

51

---

[174] Vgl. *BVerwG* NVwZ 2005, 1424; *VG Karlsruhe* DÖV 1981, 232.
[175] S. z. B. zu § 18 Abs. 3 BImSchG *BVerwG* NVwZ 2005, 1424; *Spohn* ZUR 2003, 99.
[176] *BVerwG* NVwZ 2005, 1424.
[177] S. auch *Schröder* NVwZ 2007, 532 zur Abgrenzung von Verlängerungs- und Änderungsverwaltungsakten.
[178] Rn. 24 f.; § 35 Rn. 148 f.; *VGH München* BayVBl 1984, 629 und wohl auch *Obermayer,* VwVfG, § 31 Rn. 51 ff. sowie *FG Saarland* EFG 1997, 651, 652 für Fristsetzung nach § 364 b AO; a. A. *Kopp/Ramsauer,* § 31 Rn. 20; *Meyer/Borgs,* § 31 Rn. 13 für diese Fristsetzungen; s. allgemein auch *Stelkens* in Schoch u. a., § 44 a Rn. 15, 16.
[179] Abgelehnt vielfach bei gesetzlichen Fristen, in denen die Behörde entscheiden muss, andernfalls eine Genehmigung fingiert wird, s. z. B. zu § 6 Abs. 4 BauGB *VG Dessau* LKV 2001, 321. S. auch zur Einvernehmensfiktion des § 36. Abs. 2 Satz 2 BauGB *BVerwG* BauR 2005, 509; *OVG Koblenz* NuR 2006, 520; *VGH München* UPR 2005, 234; *VGH Mannheim* BauR 2004, 1499; *Hummel* BauR 2005, 948. Häufig wird jedenfalls dann eine rückwirkende Verlängerung als möglich angesehen, wenn der Verlängerungsantrag vor Fristablauf gestellt worden ist, s. z. B. *BVerwG* NVwZ 2005, 1424 zu § 18 Abs. 3 BImSchG; hierzu auch *Spohn* ZUR 2003, 99.
[180] *VG Frankfurt* NVwZ-RR 1991, 453, 454; *OVG Münster* NVwZ 1999, 30.
[181] *BVerwG* NVwZ 1983, 476, 477 für Aufenthaltserlaubnis.
[182] S. *OVG Münster* NVwZ-RR 2004, 842 für Verlängerungsanträge im Arzneimittelzulassungsrecht.
[183] So *BVerwG* Buchholz 406.25 § 10 BImSchG Nr. 4; *OVG Münster* NVwZ 2002, 342 zu § 10 BImSchG. S. ferner *S. Schröder* NVwZ 2007, 532.

fugnis ausgestaltet ist (vgl. Rn. 13).[184] Die Grenzen ergeben sich aus diesen Rechtsbereichen. Bei der Ausübung ist insbesondere zu berücksichtigen, ob es **unbillig** wäre, die durch den Fristablauf eingetretene Rechtsfolge bestehen zu lassen.[185] Die Gründe für eine Unbilligkeit können in der persönlichen Sphäre liegen, sich aber auch aus Sachgründen ergeben. Beispiel: Heranziehung zum Höchstbetrag der Fehlbelegungsabgabe für mehrere Monate, weil Fristverlängerung abgelehnt wird, obwohl ordnungsgemäße Wohnungsinhaber-Erklärung nur wenige Tage nach Ablauf der ersten gesetzten Auskunftsfrist vorliegt.[186] Gfs. sind die den Verlängerungsantrag tragenden Gründe substanziiert darzulegen.[187] In der Ablehnungsentscheidung muss auf alle im Antrag geltend gemachten Gründe, die eine Verlängerung rechtfertigen könnten, eingegangen werden.[188] Die Behörde kann zur **rückwirkenden** Verlängerung verpflichtet sein, wenn der Verlängerungsantrag vor Fristanlauf gestellt wurde.[189] Wird eine Frist unangemessen und rechtswidrig nur auf Stunden begrenzt, so ist die Behörde verpflichtet, einen Antrag auf rückwirkende Verlängerung positiv zu bescheiden.[190] Werden z. B. die Zwecke, denen eine von der Behörde für eine Prüfung gesetzte Meldefrist dient, durch eine verspätete Meldung zu einer Prüfung, von der die Berufsqualifikation abhängt, nicht oder allenfalls geringfügig betroffen, so besteht regelmäßig eine Ermessensschrumpfung der Behörde dahin, dass sie die Frist rückwirkend verlängern muss.[191] Gründe, die § 32 bei gesetzlichen Fristen rechtfertigen würden, lassen das Ermessen der Behörde zur Verlängerung auf „Null" schrumpfen.[192] Etwaige **Ermessensrichtlinien** für Fristverlängerungen können diese von Voraussetzungen abhängig machen, die im Gesetz selbst nicht genannt sind, soweit diese einer sachgerechten Ermessensausübung entsprechen.[193]

52   Wird in den Fällen der Rn. 47 durch die **Verlängerung** der Frist zugleich in **die Rechte eines Dritten** eingegriffen, z. B. Frist zur Beseitigung von Umweltbelastungen wird zu Lasten der in der Umgebung Wohnenden verlängert, kann hierin ein Verwaltungsakt mit Drittwirkung liegen.[194] In diesem Fall ist die Verlängerung nur nach den Grundsätzen der §§ 48 bis 50 durchzuführen. Verlängerungen von Antrags- und Anmeldefristen können gegen Grundsätze aus Art. 3 GG verstoßen, z. B. weil die Chancengleichheit im Prüfungsverfahren (s. aber Rn. 44) oder bei der Zuteilung von Subventionen verletzt wird.

53   **Satz 3** dient nur der Klarstellung (so Begründung zu § 16 EAO 1974, dem § 109 AO und diesem Absatz 7 nachgebildet ist). Da die Verlängerung einer materiellen Frist Verwaltungsakt sein kann (s. Rn. 47), kann er auch ohne Satz 3 unter den Voraussetzungen des § 36 mit einer **Nebenbestimmung** versehen werden. Dass § 109 AO 1977 im Unterschied zu Satz 3 die **Sicherheitsleistung** aufführt, schließt nicht aus, dass auch im allgemeinen Verwaltungsrecht die Verlängerung von einer **Sicherheitsleistung** abhängig gemacht werden kann.

54   Fristen, die im Laufe des Verwaltungsverfahrens als Vorbereitungshandlungen gesetzt worden sind (s. Rn. 48), können ebenfalls in entsprechender Anwendung des § 36 unter den dort genannten Voraussetzungen mit einer Nebenbestimmung verlängert werden, ohne dass eine Verlängerung aus anderen Gründen ausgeschlossen wäre.

55   **Absatz 7** ist entsprechend auf die **Verlegung** eines behördlich bestimmten **Termin** anwendbar; die Interessenlage ist gleich.[195] Hierdurch werden auch die Fälle aufgefangen, in denen nicht klar bestimmt werden kann, ob es sich um eine Terminbestimmung oder das Setzen einer Frist handelt.

---

[184] S. *VGH Mannheim* NVwZ-RR 1999, 401 zum Ermessen bei der Bestimmung der Ausreisefrist. Zu Ermessensrichtlinien für Fristverlängerungen s. *BFH* NJW 2006, 2799.
[185] *Linhart*, S. 80.
[186] *OVG Hamburg* NVwZ 1999, 323 (L) = ZMR 1999, 384.
[187] So *BFH* NVwZ-RR 2000, 847 für einen Antrag auf weitere Verlängerung der Frist für die Abgabe einer Steuererklärung.
[188] So *BFH* NVwZ-RR 2000, 847.
[189] *BVerwG* NVwZ 2005, 1424; *VG Braunschweig* Urteil v. 26. 9. 2003 – 6 A 108/01 –.
[190] *OVG Münster* NVwZ 1999, 30.
[191] *OVG Münster* NVwZ 1999, 30; vgl. auch *BVerwGE* 106, 369 = NVwZ 1999, 188; *VG Hannover* NdsVBl 2002, 77 zu den Anforderungen an die Mitteilungspflicht bei unverschuldeter Versäumung einer Prüfung wegen Krankenhausaufenthalts.
[192] Wie hier *VGH München* BayVBl 2000, 20; *VG Frankfurt* NVwZ-RR 1991, 453 f.
[193] *BFH* NJW 2006, 2799.
[194] S. *Schröder* NVwZ 2007, 532 zur Abgrenzung von Verlängerungs- und Änderungsverwaltungsakten.
[195] *Steimel* JuS 1982, 289, 291.

3. Verkürzung

Eine **Verkürzung** behördlich gesetzter Fristen ist im Unterschied zu § 224 Abs. 2 ZPO nicht eigens erwähnt worden (zum Begriff Rn. 44). Soweit es sich um die Verkürzung der Frist in einem Verwaltungsakt (Rn. 47 f.) handelt, kann sie nur nach §§ 48, 49 durchgeführt werden. Soweit es um eine Vorbereitungsmaßnahme geht (Rn. 48), ist sie als Ermessensmaßnahme zulässig, wenn hierfür besondere Gründe des Verwaltungsverfahrens sprechen, z. B. plötzlich auftretende Notwendigkeit, das Verfahren zu beschleunigen. Die Grenzen des Ermessens sind einzuhalten (§ 10 Rn. 17).[196] Eine rückwirkende Verkürzung allgemein gesetzter Fristen ist nicht zu Lasten der Betroffenen möglich (s. Rn. 12).

X. Europarecht

Fristsetzungen spielen bei der Pflicht zur Umsetzung von **Richtlinien** eine erhebliche Rolle, um die Mitgliedstaaten zur Anpassung an Gemeinschaftsrecht zu zwingen. Fristen und Termine zur Umsetzung von Richtlinien sind durchweg zwingend einzuhalten und können nicht unter Berufung auf interne Schwierigkeiten des Mitgliedstaates umgangen werden.[197] Dementsprechend sind auch Verfahrensfristen des Gemeinschaftsrechts zum Schutz der Rechtssicherheit und wegen der Notwendigkeit, jede Diskriminierung und willkürliche Behandlung bei der Gewährung von Rechtsschutz zu vermeiden, strikt einzuhalten.[198] Soweit für Fristbeginn und vor allem Fristende kein bestimmter Tag genannt ist, ist fraglich, ob **zur Berechnung** der Gedanke aus §§ 187 bis 193 BGB entsprechend herangezogen werden kann. Es muss beachtet werden, dass sie zwar im deutschen Recht Ausdruck eines allgemeinen Rechtsgedankens sind (Rn. 1), nicht aber in ihren Detailregelungen einen allgemeinen europäischen Standard wiedergeben. Im EG-Recht gibt es bislang nur **spezielle Berechnungsregeln** für Beginn und Ende einer Frist in den unterschiedlichen Vorschriften, die nicht verallgemeinert werden können.[199] Wie der Beginn oder das Ende zu bestimmen ist, ist häufig nicht gesagt. Daher stellt sich die Frage, ob § 187 Abs. 1 oder § 187 Abs. 2 BGB als Regel herangezogen werden können. Auf römisch-rechtlicher Basis dürfte sich in den meisten Mitgliedstaaten eine Regel entsprechend § 187 Abs. 1 BGB für den Beginn und für das Ende entsprechend § 188 Abs. 2 BGB durchgesetzt haben, wenn für den Beginn ein in den Lauf eines Tages fallendes Ereignis maßgebend ist.[200]

Soweit im **nationalen Vollzug** (Einl. Rn. 131) Fristen und Termine zu beachten sind, sind §§ 31, 32 anwendbar. Der *EuGH* stellt zwei Grundanforderungen an jede Norm der nationalen Verfahrensordnungen: Sie dürfen – erstens – den gemeinschaftsrechtlichen Vollzug nicht ungünstiger als den innerstaatlichen Vollzug gestalten (**Äquivalenzgrundsatz oder Diskriminierungsverbot**)[201] und – zweitens – die Verwirklichung von Gemeinschaftsrecht nicht praktisch unmöglich machen (**Effektivitätsgrundsatz bzw. Effizienzgebot**).[202] Erfüllen innerstaatliche Fristenregelungen diese Anforderungen nicht, sind sie auch von den nationalen Gerichten unangewendet zu lassen.[203] Durch die Berechnung der Fristen nach § 31 und durch eine Wiedereinsetzung nach § 32 wird in der Regel nicht gegen diese Verbote verstoßen.[204] Allerdings ist anhand von **Klagefristen** als Ausschlussfristen problematisiert worden, ob sie bei einer Abwägung des europarechtlichen Grundsatzes der Rechtssicherheit mit dem des effektiven Vollzuges von Gemeinschaftsrecht immer verbindlich sind.[205] Nach ständiger Rechtsprechung

---

[196] S. *VGH Mannheim* NVwZ-RR 1999, 401 zur Bestimmung der Ausreisefrist.
[197] *Oppermann*, Europarecht, Rn. 608 f. m. w. N. Entsprechendes gilt für aus Gründen des Vertrauensschutzes eingeräumte Übergangsfristen, s. *EuGH* Slg. 1995 II-421.
[198] *EuGH* Slg. II 1998, 2289 = NVwZ 1999, 59.
[199] S. z. B. *EuGH* EuZW 2002, 404 Berechnung der Klagefrist des Art. 81 § 1 VerfO EuGH.
[200] Vgl. *Knütel* JuS 1996, 768, 771 m. w. N.
[201] *EuGH* DVBl 1999, 384; NJW 1977, 495, 496; *Stern* JuS 1998, 769, 771.
[202] *EuGH* DVBl 1999, 384; *Stern* JuS 1998, 771.
[203] *EuGH* EuZW 2003, 664.
[204] Hierzu im Einzelnen *Kment* EuR 2006, 201 ff.; *Dünchheim*, Verwaltungsprozessrecht unter europäischem Einfluss, Berlin 2003, 178 ff.; ebenso für Widerspruchsfrist *BVerwG* NVwZ 2000, 193; NJW 1978, 508; insoweit auch keine Pflicht zum Wiederaufgreifen, ferner *VGH Kassel* UPR 2000, 198.
[205] *EuGH* NJW 1977, 495, 496.

des *EuGH* verstoßen angemessene nationale Klagefristen nicht gegen die genannten Grundsätze und sind mit Blick auf das auch im Gemeinschaftsrecht geltende Prinzip der Rechtssicherheit gerechtfertigt.[206] Nach der sogen. Emmott'schen Fristenhemmung sollte jedoch der Ablauf nationaler Verfahrensfristen gehemmt sein, wenn Rechte aus einer unmittelbar anwendbaren, aber nicht ordnungsgemäß in innerstaatliches Recht umgesetzten Richtlinien geltend gemacht werden.[207] Der *EuGH* hat demgegenüber jedoch betont, dass gegen nationale Ausschlussfristen grundsätzlich auch dann keine gemeinschaftlichen Bedenken bestehen, wenn Rechte aus nicht umgesetzten Rechtsakten der Gemeinschaft betroffen sind.[208] Nach den zu Klagefristen geltenden Grundsätzen, die auch auf Verjährungsfristen Anwendung finden,[209] sind nationale Präklusionsregelungen im Grundsatz gemeinschaftsrechtlich unbedenklich.[210] Im Falle einer rechtswidrig gewährten Beihilfe ist die zuständige Behörde nach Gemeinschaftsrecht verpflichtet, gemäß einer bestandskräftigen Entscheidung der Kommission, in der die Beihilfe für mit dem Gemeinsamen Markt unvereinbar erklärt und ihre Rückforderung verlangt wird, den Bewilligungsbescheid selbst dann zurückzunehmen, wenn sie die nach nationalem Recht dafür bestehende Ausschlussfrist hat verstreichen lassen.[211]

XI. Landesrecht

59 Die landesrechtlichen Regelungen gleichen § 31. § 89 Abs. 1 LVwG SchH spricht im Gegensatz zu den VwVfGen des Bundes und der übrigen Länder terminologisch unklar von Bedeutung von Terminen. Zu den Feiertagen s. Rn. 36.

XII. Vorverfahren

60 Als Fristenregelung für das Vorverfahren ist zunächst § 70 VwGO zu beachten. Str. ist, ob die **Widerspruchsfrist** prozessualer oder verwaltungsverfahrensrechtlicher Natur ist.[212] Zur Berechnung der Frist ist § 31 anwendbar (§ 79), da § 57 VwGO nicht in § 70 Abs. 2 VwGO erwähnt ist.[213] Die Gegenmeinung verweist auf § 57 VwGO i. V. m. § 222 ZPO, der wiederum auf §§ 187 ff. BGB verweist. § 57 VwGO soll, obgleich nicht in § 70 VwGO erwähnt, für alle Fristen der VwGO und damit auch für die Widerspruchsfrist gelten. Das Ergebnis der Berechnung der Widerspruchsfrist ist wegen des Verweises auf §§ 187 ff. BGB nach beiden Meinungen gleich. Eine Verlängerung der gesetzlichen Widerspruchsfrist ist nicht möglich, da sie eine Ausschlussfrist ist (s. Rn. 12). Für die **Rechtsbehelfsbelehrung** genügt es, wenn auf die absolute Dauer der Frist hingewiesen wird (§§ 74, 70, 58 VwGO).[214] Die konkrete Berechnung der Frist ist dem Betroffenen überlassen.[215] Daher z. B. auch kein Hinweis in der Rechtsbehelfsbelehrung auf § 188 Abs. 3 BGB nötig.[216] §§ 79, 31 sind auch dann, wenn der o. a. Gegenmeinung für die

---

[206] *EuGH* NJW 1999, 129.
[207] *EuGH* Slg. 1991, I-4269; hierzu *Stern* JuS 1998, 769, 771.
[208] *EuGH* NVwZ 1998, 833; NJW 1999, 129; DVBl 1999, 384; hierzu auch *Grundel* NVwZ 1998, 910; *Müller-Franken* DVBl 1998, 758; *Schoch*, Die Europäisierung des verwaltungsgerichtlichen Rechtsschutzes, Berlin 2000, 43 ff.; BVerwG NVwZ 2000, 193; VGH Kassel UPR 2000, 198.
[209] *EuGH* NVwZ 1998, 833; DVBl 1999, 384.
[210] Hierzu und zu den auf den Einzelfall bezogenen Einschränkungen diese Grundsatzes s. *Kment* EuR 2006, 201 ff.
[211] *EuGH* Slg. 1997, I-1591 = EuZW 1997, 276 = NJW 1998, 47; s. hierzu auch *BVerwG* EuZW 1998, 730 = NJW 1998, 3728; BVerfG EuZW 2000, 445 = NJW 2000, 2015; *Epiney* NVwZ 2000, 36, 37.
[212] *Oerder* S. 70 ff. m. w. N.; vgl. allgemein § 79 Rn. 1 ff.
[213] Str.: wie hier *Linhart*, S. 25; *Busch* in Knack, § 79 Rn. 103; *Meyer/Borgs*, § 79 Rn. 12; *Weides*, § 18 I; a. A. *Allesch*, S. 63 ff.; *Hufen*, Verwaltungsprozessrecht, § 6 Rn. 33 ff.; *Kopp/Schenke*, § 70 Rn. 8; *Kopp/Ramsauer*, § 79 Rn. 25; *Pietzner/Ronellenfitsch*, § 33 Rn. 7. S. auch die Darstellung des Streitstandes bei *Dolde/Porsch* in Schoch u. a., § 70 Rn. 15; *Sodan/Ziekow* § 70 Rn. 24; *Schoch* Jura 2003, 752, 754 ff.; *Geis/Hinterseh* JuS 2001, 1176, 1178. Ferner *OVG Frankfurt* NVwZ 2004, 507 zur Widerspruchsfrist bei Übergabe des Bescheides. Zur Heilung des Mangels der Versäumung der Widerspruchsfrist durch Widerspruchsbescheidung in der Sache s. § 79 Rn. 5.
[214] Zum Inhalt im Einzelnen s. die Muster für die Belehrung über Rechtsbehelfe nach der VwGO im RdSchr. d. BMI GMBl 1997, 282.
[215] H. M.: *Meissner* in Schoch u. a., § 58 Rn. 28 m. w. N.
[216] *BVerwG* NJW 1976, 865.

Widerspruchsfrist zu folgen wäre, für die Fristen und Termine innerhalb eines Vorverfahrens, also vor allem für die von der Behörde **gesetzten Fristen** und bestimmten **Termine,** anzuwenden.[217] Wird dem Widerspruchsführer zur **Begründung des Widerspruchs** eine Frist gesetzt, ist Absatz 7 anwendbar. Es stellt keinen Verstoß gegen §§ 79, 28 dar, wenn die Widerspruchsbehörde auf die Mitteilung eines Rechtsanwaltes, eine Widerspruchsbegründung folge, keine Frist setzt, sondern nach angemessener Frist entscheidet, obwohl bis dahin keine Begründung eingegangen ist.[218] Die Behörde kann zu dieser Fristsetzung aber über §§ 79, 25 verpflichtet sein, wenn sie erkennt, dass der Widerspruchsführer die Begründung aus Unkenntnis (§ 25 Rn. 32, 33) unterlässt.

§ 32 Wiedereinsetzung in den vorigen Stand

(1) ¹War jemand ohne Verschulden verhindert, eine gesetzliche Frist einzuhalten, so ist ihm auf Antrag Wiedereinsetzung in den vorigen Stand zu gewähren. ²Das Verschulden eines Vertreters ist dem Vertretenen zuzurechnen.

(2) ¹Der Antrag ist innerhalb von zwei Wochen nach Wegfall des Hindernisses zu stellen. ²Die Tatsachen zur Begründung des Antrags sind bei der Antragstellung oder im Verfahren über den Antrag glaubhaft zu machen. ³Innerhalb der Antragsfrist ist die versäumte Handlung nachzuholen. ⁴Ist dies geschehen, so kann Wiedereinsetzung auch ohne Antrag gewährt werden.

(3) Nach einem Jahr seit dem Ende der versäumten Frist kann die Wiedereinsetzung nicht mehr beantragt oder die versäumte Handlung nicht mehr nachgeholt werden, außer wenn dies vor Ablauf der Jahresfrist infolge höherer Gewalt unmöglich war.

(4) Über den Antrag auf Wiedereinsetzung entscheidet die Behörde, die über die versäumte Handlung zu befinden hat.

(5) Die Wiedereinsetzung ist unzulässig, wenn sich aus einer Rechtsvorschrift ergibt, dass sie ausgeschlossen ist.

Vergleichbare Vorschriften: § 110 AO 1977; § 27 SGB X; §§ 70 Abs. 2, 60 VwGO; § 56 FGO; §§ 84 Satz 3, 67 SGG; §§ 233 ff. ZPO.

Abweichendes Landesrecht: –.

Entstehungsgeschichte: Bis zum Inkrafttreten des VwVfG vgl. § 32 der 6. Auflage.

Literatur: *H. A. Wolff,* Überschneidungen der Wiedereinsetzung in den vorigen Stand (§ 60 VwGO) mit dem Wiederaufgreifen des Verfahrens (§ 51 VwVfG), NVwZ 1996, 559: Linhart, Fristen und Termine im Verwaltungsrecht, 3. Aufl., 1996; *Büttner,* Wiedereinsetzung in den vorigen Stand, 1996, (zur zivilrechtlichen Problematik); *Pape/Notthoff,* Prozessrechtliche Probleme bei der Verwendung von Telefax, NJW 1996, 417, 420 ff.; *Rosenbach,* Verfahrensrechtliche Rahmenbedingungen für den Einsatz der elektronischen Datenverarbeitung in der Verwaltung, NWVBl 1997, 121; *Ultsch,* Zugangsprobleme bei elektronischen Willenserklärungen, NJW 1997, 3007; *Hennecke,* Form- und Fristfragen beim Telefax, NJW 1998, 2194; *G. Müller,* Die Rechtsprechung des BGH zur Wiedereinsetzung in den vorigen Stand, NJW 1998, 497; *Wirges,* Neue Rechtsprechung zum anwaltlichen Organisationsverschulden in Fristsachen, MDR 1998, 1459; *Rosenbach,* Zur geplanten Änderung der BGB-Regelungen betreffend die Schriftform und deren Auswirkungen auf das Verwaltungshandeln, NWVBl 2000, 161; *Catrein,* Moderne elektronische Kommunikation und Verwaltungsverfahrensrecht, NWVBl 2001, 50; *Th. I. Schmidt,* Vorfristiger Widerspruch und Wiedereinsetzung in den vorigen Stand, DÖV 2001, 857; *Grams,* Wiedereinsetzung in den vorigen Stand – Antrag wegen Fristversäumnissen, MDR 2002, 1179; *v. Pentz,* Die Rechtsprechung des BGH zur Wiedereinsetzung in den vorigen Stand, NJW 2003, 858; *Kummer,* Wiedereinsetzung in den vorigen Stand, NJW-Schriften 37, München 2003; *Heiderhoff,* Die Verschuldenszurechnung nach ZPO § 85 Abs. 2, EWiR 2003, 1059; *Allesch,* Neue Chancen für die missglückte Vorschrift des § 45 III VwVfG, NVwZ 2003, 444; *H.-P. Schroeder,* Die Wiedereinsetzung in den vorherigen Stand im Zivilprozess, JA 2004, 636; *Erling/Alhaus,* Rechtsfragen der Wiedereinsetzung – dargestellt am Beispiel der Antragsfrist des § 10 Abs. 3 TEHG, DVP 2005, 404; *Born,* Die Rechtsprechung des BGH zur Wiedereinsetzung in den vorigen Stand, NJW 2005, 2042; 2007, 2088; *Hoffmann,* Anforderungen an den Vortrag von Wiedereinsetzungsgründen, EFG 2006, 1090; s. ferner Lit. bei § 31 und Kommentierung zu § 60 VwGO, §§ 233 ff. ZPO. Ausführlich zum Schrifttum vor 1996 s. § 32 der 6. Auflage.

---

[217] Ebenso *Obermayer* § 79 Rn. 31.
[218] *VGH Mannheim* NVwZ 1987, 1087.

Übersicht

	Rn.
I. Allgemeines	1
II. Anwendungsbereich/Besondere Rechtsvorschriften (Abs. 5)	5
III. Materielle Voraussetzung der Wiedereinsetzung (Abs. 1)	7
1. Fristversäumnis	7
2. Gesetzliche Frist	8
3. Kausalität und Verschulden	13
a) Kausalität	13
b) Verschulden	15
c) Verschulden eines Vertreters	16
d) Organisationsverschulden	20
e) Telefax und elektronische Kommunikation	21
f) Mangelnde Kenntnis der deutschen Sprache	22
g) Weitere Beispielsfälle	23
IV. Formelle Voraussetzung der Wiedereinsetzung (Abs. 2, 3)	30
1. Antrag, Antragsfrist	30
2. Wiedereinsetzung von Amts wegen	37
3. Glaubhaftmachung	40
4. Jahresfrist (Abs. 3)	41
V. Entscheidung (Abs. 4)	43
1. Zuständigkeit	43
2. Form/Rechtsnatur	44
VI. Europarecht	48
VII. Landesrecht	49
VIII. Vorverfahren	50

I. Allgemeines

1 Eine **Frist** hat eine **Ordnungsfunktion,** die u. a. aus dem Prinzip der Rechtssicherheit herzuleiten ist.[1] Gegenüber besonderen Ereignissen im Einzelfall, nicht nur bei extremen Ausnahmesituationen,[2] muss dieser Wert jedoch zugunsten der materiellen Gerechtigkeit zurückstehen. Insbesondere findet er nach der ständigen *BVerfG*-Rechtsprechung für **gerichtsverfahrensrechtliche Fristen** seine Beschränkung an den Rechtsschutzgarantien der Art. 19 Abs. 4 und 103 Abs. 1 GG.[3] Auch das Wiedereinsetzungsrecht ist eine Ausprägung des verfassungsrechtlichen Grundsatzes des rechtlichen Gehörs,[4] der für das Verwaltungsverfahren seine Ausprägung im Recht auf ein **faires Verfahren** findet.[5] Auch durch die Handhabung von Fristenregelungen darf der Zugang zum Gericht nicht unzumutbar erschwert werden; diese Tendenz ist bei der Prüfung der Voraussetzungen der Wiederaufnahme im gerichtlichen Verfahren zu berücksichtigen.[6] Die **Anforderungen** an die Erlangung der **Wiedereinsetzung** dürfen mithin **nicht überspannt** werden.[7] So dürfen bei der Auslegung und Anwendung der für die Wiedereinsetzung maßgeblichen Vorschriften keine unzumutbaren, aus Sachgründen nicht mehr zu rechtfertigenden Anforderungen daran gestellt werden, was der Betroffene tun muss, um Wiedereinsetzung zu erhalten.[8] Allerdings kann nicht gesagt werden, dass generell der Gedanke der Rechtssicherheit, dem die Frist dient, hinter dem der materiellen Gerechtigkeit zurückzutreten hat.[9]

2 Eine Übertragung der Grundsätze der gerichtlichen Wiedereinsetzung auf die **Wiederaufnahmeregelung im Verwaltungsverfahren** ist nicht unmittelbar möglich, da die verwal-

---

[1] *BVerfG* NJW 1984, 2148; § 31 Rn. 1, 9; § 43 Rn. 8.
[2] S. *BVerwG* NJW 1976, 1332, 1333; s. aber Rn. 9; § 31 Rn. 10.
[3] S. *BVerfGE* 34, 154 ff. = NJW 1973, 187; 40, 88, 91 = NJW 1975, 1355; 67, 208, 212 f. = NJW 1984, 2567; 88, 118 = NJW 1993, 1635; NJW 1995, 2545; NJW 1996, 309; 2004, 2887.
[4] So *BGH* NJW 2000, 364; *OVG Münster* Beschluss v. 24. 3. 2006 – 13 E 240/06; *Sodan/Ziekow,* § 60 Rn. 27 f. m. w. N.
[5] *BVerfG* NJW 2004, 2887; 2000, 1709; *BVerwG* NVwZ 2001, 94.
[6] *BVerfGE* 69, 381, 385 = NJW 1986, 244; 88, 118 = NJW 1993, 1635; *BVerfG* NJW 1995, 711.
[7] St. Rspr. *BVerfG* NJW 2005, 3346; 2004, 2887; 2002, 3692; 1998, 3703; 1995, 2545; NVwZ 2003, 341; NVwZ 2001, 1392; *BVerfGE* 41, 332, 334 f. m. w. N.
[8] *BVerfG* NJW 2002, 3692; 1998, 3703 m. w. N.
[9] *BVerfG* NJW 1982, 2425, s. Rn. 11.

§ 32 Wiedereinsetzung in den vorigen Stand 3–6 § 32

tungsverfahrensrechtlichen und materiellen Fristen unterschiedlichste, dem jeweiligen Fachrecht zu entnehmende Funktionen haben (Rn. 9, 11; § 31 Rn. 7 ff.). Nur bei der Widerspruchsfrist (Rn. 50; § 31 Rn. 60) ist der Zusammenhang gegeben, da sie ebenfalls den Zugang zum Gericht steuert. Gemeinsam ist aber allen Fristen eine Ordnungsfunktion, die aus den jeweiligen unterschiedlichen materiellen Grundlagen abzuleiten ist. Hiervon ausgehend und die Unterschiede im konkreten Fall beachtend können die für die gerichtliche Wiedereinsetzung entwickelten Grundsätze[10] auch auf die verwaltungsrechtlichen materiellen[11] und verfahrensrechtlichen Fristen übertragen werden. Für das verwaltungsgerichtliche Verfahren enthält § 60 VwGO eine abschließende bundesrechtliche Regelung, so dass z. B. die Fiktion mangelnden Verschuldens gemäß § 45 Abs. 3 VwVfG im gerichtlichen Wiedereinsetzungsverfahren nicht anwendbar ist.[12]

Auch im Verwaltungsverfahren sind die allgemeinen **verfassungsrechtlichen Verfahrensgrundsätze** wie der Grundsatz des fairen Verfahrens[13] und der Grundrechtsschutz durch das Verfahren anzuwenden und wirken auf die Verfahrensgestaltung ein. Erlaubt der Zweck der jeweiligen verwaltungsrechtlichen Frist allerdings keine Wiedereinsetzung, kann sie nicht über § 32 gewährt werden (Rn. 9; § 31 Rn. 10). Von der Wiedereinsetzung zu unterscheiden ist die Frage, ob und welche besonderen, ggfs. über § 32 hinausgehenden Mitwirkungs- und Mitteilungspflichten dem Betroffenen zur Rechtswahrung obliegen, wenn er gehindert ist, eine Frist einzuhalten.[14] 3

§ 32 wollte gleichzeitig eine **Vereinheitlichung** der Spezialvorschriften bewirken (Begründung zu § 24 Musterentwurf und § 28 Entwurf 73); der Versuch misslang jedoch (s. zur Entstehungsgeschichte § 30 vor Rn. 1 der Vorauflage). § 32 lehnt sich eng an § 60 VwGO an. Die Rechtsprechung und Kommentierung zu dieser Vorschrift kann unter Beachtung der dargestellten Unterschiede (Rn. 2) auch zu § 32 herangezogen werden. 4

II. Anwendungsbereich/Besondere Rechtsvorschriften (Abs. 5)

Der **Anwendungsbereich** des § 32 entspricht dem des § 31 (s. § 31 Rn. 3), so dass § 32 im Bereich der **öffentlich-rechtlichen Verwaltungstätigkeit** angewandt werden kann (s. ferner Rn. 36). Zur Anwendung des Rechtsgedankens aus § 32 s. ferner Rn. 8. Während die Abgrenzung und Überschneidung der Wiedereinsetzung in den vorigen Stand nach § 60 VwGO von dem **Wiederaufgreifen** nach § 51 VwVfG diskutiert wird,[15] treffen diese Tatbestände bei § 32 nicht aufeinander. Bei einer versäumten (nicht präkludierenden) Antragsfrist ist neben einer Wiedereinsetzung allenfalls ein Antrag auf eine neue Sachentscheidung i. S. eines **Neuverfahrens** (s. § 51 Rn. 47) zu prüfen, ggf. empfiehlt es sich, diesen Antrag nur hilfsweise neben dem Antrag auf Wiederaufgreifen zu stellen (ferner Rn. 46, 50).[16] 5

Vielfach bestehen **besondere Rechtsvorschriften**, die gemäß § 1 dem § 32 vorgehen: z. B. § 210 BauGB mit einer besonderen Entschädigungsregel, Art. 3 Abs. 7 RuStAÄndG 1974.[17] Das jeweilige Fachrecht kann auch § 32 **modifizieren oder ausschließen**.[18] Dies betont zudem **Absatz 5**. Er besagt nicht, dass § 32 nur dann keine Anwendung findet, wenn er **ausdrücklich** durch eine besondere Rechtsvorschrift ausgeschlossen ist. Vielmehr genügt es, wenn eine Wiedereinsetzung mit dem Zweck einer gesetzlichen Frist unvereinbar wäre.[19] Wie die 6

---

[10] S. hierzu *Born* NJW 2007, 2088; 2005, 2042; *v. Pentz* NJW 2003, 858; *G. Müller* NJW 1998, 497 jeweils mit Überblick über die Rechtsprechung des BGH zur Wiedereinsetzung.
[11] Vgl. aber *BVerwGE* 60, 297, 314 = NJW 1981, 359 zum Unterschied Widerspruchsentscheidung – Wiedereinsetzung bei materiellen Fristen, Rn. 11.
[12] *VG Neustadt* NVwZ-RR 1998, 467.
[13] *BVerfG* NJW 2004, 2887; 1998, 3703.
[14] Vgl. *BVerwG* 106, 369 = NVwZ 1999, 188 zur verzögerten Mitteilung eines wichtigen Grundes für die Versäumung einer Prüfung. Hierzu auch *VG Hannover* NdsVBl 2002, 77.
[15] *H. A. Wolff* NVwZ 1996, 559; Rn. 50. Zu Wiedereinsetzung und Wiederaufgreifen nach vorfristigem Widerspruch *Th. I. Schmidt* DÖV 2001, 857, 861.
[16] Zur hilfsweise beantragten Wiedereinsetzung in eine prozessuale Frist s. *BGH* NJW 2003, 2460.
[17] Dazu *OVG Münster* NWVBl 1993, 305.
[18] § 20 Abs. 2 WPflG, § 12 Abs. 3 ZDG.
[19] Vgl. *BVerwG* Buchholz 421.2. Nr. 133; NJW 1997, 2966, 2968; *OVG Münster* NVwZ-RR 2004, 842; ZKF 2002, 233; NVwZ 1992, 183; *Erling/Ahlhaus* DVP 2005, 404 m. w. N.

Begründung zu § 28 Entwurf 73 zeigt, ist Absatz 5 nur zur Klarstellung aufgenommen worden. Zunächst gilt folglich die allgemeine Regel des § 1, der allerdings nur im Einzelfall eine Verdrängung des VwVfG durch die Zweckbestimmung einer Norm erlaubt. Hierzu ist der **Sinn und Zweck des Gesetzes** zu erforschen.[20] Durch § 32 werden aber **auch materielle Fristen** angesprochen (Rn. 11; § 31 Rn. 3, 8). Für diese Fristen gilt § 1 nicht. Sie werden in ihrem Inhalt durch den Gesetzgeber dieser Frist bestimmt, der auch den Umfang der Wiedereinsetzung durch die Zweckbestimmung des Gesetzes regeln kann. Zu den nicht wiedereinsetzbaren Fristen zählt *BVerwG*[21] die sog. **uneigentlichen Fristen** (§ 31 Rn. 8, s. ferner Rn. 9). Bei ihnen kommt aber eine **Nachsichtgewährung** in Betracht; auch aus anderen Gründen dürfen sich Behörden unter bestimmten Voraussetzungen nicht auf die Versäumung der Frist berufen (Rn. 9; § 31 Rn. 10). Der Begriff der Nachsichtgewährung ist nicht gesetzlich vorgeprägt, so dass er auch anstelle der Wiedereinsetzung verwandt wird. Hier wird der Begriff in der engeren Fassung der Wiedereinsetzung bei höherer Gewalt gebraucht. Ist eine Wiedereinsetzung nicht möglich, ist das Ergebnis auch nicht über den (sozialrechtlichen) **Herstellungsanspruch** (s. § 25 Rn. 17) zu erreichen.[22] Demgegenüber sind die gesetzlichen Wiedereinsetzungsregelungen und das richterrechtliche Institut des Herstellungsanspruchs nach der neueren Rechtsprechung des *BSG*[23] zu § 27 SGB X nebeneinander anwendbar. Zwar überschnitten sich deren Tatbestände – mit unterschiedlichen Rechtsfolgen – dort, wo eine Fristversäumnis letztlich auf einen Behördenfehler zurückzuführen sei; auch in diesem Bereich sei aber eine Anwendung des Herstellungsanspruchs nicht ausgeschlossen.

III. Materielle Voraussetzung der Wiedereinsetzung (Abs. 1)

1. Fristversäumnis

Eine Wiedereinsetzung setzt eine **Fristversäumnis** voraus. Eine Fristversäumnis liegt nicht vor, wenn eine Fristsetzung nicht wirksam war, z. B. mangels Bekanntgabe einer Entscheidung,[24] mangels Bestimmtheit[25] oder im Rechtsbehelfsverfahren mangels zutreffender Rechtsbehelfsbelehrung.[26] Zur wirksamen Bekanntgabe eines VA an den Adressaten, wenn für das Verwaltungsverfahren ein Bevollmächtigter bestellt war, s. *BVerwG*.[27] Die Fristversäumnis ist zunächst zu prüfen.[28] Ergeben sich dabei besondere Schwierigkeiten, ist die Frage der Wiedereinsetzung dagegen einfach zu beantworten, entspricht es zweckmäßiger Verfahrensgestaltung, die Frage

---

[20] Einschränkend § 1 Rn. 211 ff.; *BVerwG* DtZ 1996, 250 = NJW 1996, 2745 (L) zu § 30 a VermG, dazu § 31 Rn. 9. In der Rechtsprechung (*BVerwG* NJW 1986, 207 zu § 33 AsylVfG a. F. (ähnlich § 81 AsylVfG); *OVG Weimar* NVwZ 1996, 1139, 1140) wird leicht aus dem gesetzgeberischen Zweck der Verfahrensbeschleunigung geschlossen, dass eine Wiedereinsetzung nicht möglich sei; dazu auch Rn. 9.
[21] *BVerwG* NJW 1986, 207.
[22] § 25 Rn. 15 ff.; weiterhin wohl noch ablehnend *BVerwG* NJW 1997, 71, 75; so auch *BVerwG* NJW 1997, 504; NJW 1997, 2966; *BVerwGE* 105, 288 = NVwZ 1998, 1292; *BGH* NVwZ-RR 2000, 746, 749; vielfach für Herstellungsanspruch auch im Verwaltungsrecht, z. B. *Ladage*, Der sozialrechtliche Herstellungsanspruch, Diss. Bochum, 1990 der diesen Anspruch als Sonderform der verwaltungsrechtlichen Wiedereinsetzung ansieht (Kap. 3); *S. Olbertz*, Der sozialrechtliche Herstellungsanspruch im Verwaltungsrecht, 1995, S. 218 f. Für Wohngeld als Teil des Sozialrechts (s. aber § 2 Rn. 99) anwendbar nach *VG Bremen* NVwZ-RR 1996, 272. Ferner *Borchert* NZS 2002, 176.
[23] *Breithaupt*, Sammlung von Entscheidungen der Sozialversicherung, Versorgung und Arbeitslosenversicherung 2006, 606.
[24] Beispiele: *BVerwGE* 109, 115 = NVwZ 2000, 315; *OVG Schleswig* NVwZ 2002, 358; *OVG Magdeburg* NVwZ 2000, 208; *VG Potsdam* NVwZ-RR 2003, 329; NVwZ 1999, 214; *VG Bremen* NVwZ-RR 1996, 550.
[25] Beispiele: *OVG Greifswald* NVwZ-RR 1997, 762 zur Verpflichtung zu „unverzüglichem Handeln"; *OVG Münster* 30. 9. 1998 – 18 B 1958/97 – zur Ungenauigkeit der Begriffe „Aushändigung" und „Erhalt" zur Fristbestimmung im Rahmen einer Aufenthaltsbeschränkung.
[26] Beispiele: *BVerwG* BayVBl 1999, 58; VIZ 2000, 337; NVwZ 2000, 190 (in gerichtlichen Verfahren); *OVG Münster* NVwZ-RR 2000, 264 (bei drittbelastendem VA); 27. 3. 1997 – 23 A 1834/95 –; *VG Darmstadt* NVwZ 2000, 591.
[27] *BVerwGE* 105, 288 = NVwZ 1998, 1292. S. auch *BGH Kassel* NVwZ 2000, 207: Kein eigenes Recht des Bevollmächtigten, dass die Behörde sich in der Regel an ihn wendet.
[28] S. z. B. *OVG Lüneburg* NVwZ-RR 2005, 365 zum Zeitpunkt der Zustellung an einen Rechtsanwalt mittels Empfangsbekenntnis.

der Fristversäumnis offen zu lassen und Wiedereinsetzung zu gewähren,[29] desgleichen wenn die Behörde den Bürger so behandelt, als sei die Frist versäumt, obgleich in Wahrheit keine Versäumnis vorliegt.[30]

2. Gesetzliche Frist

§ 32 gilt nur bei der Versäumung einer **gesetzlichen** Frist. Gemeint sind Fristen, die **generell und abstrakt** gelten und über die die sachbearbeitende Behörde nicht von sich aus verfügen darf (§ 31 Rn. 8).[31] Unstreitig gilt § 32 daher für Fristen in **formellen Gesetzen, Rechtsverordnungen und Satzungen**. Zur Frage des Gesetzesvorbehalts s. § 31 Rn. 13. Auch § 32 ist -wie § 31 und § 60 VwGO – Ausdruck eines **allgemeinen Rechtsgedankens**.[32] Ergibt sich folglich die generelle Gültigkeit der Frist aus einer allgemeinen **Verwaltungsvorschrift**, an die die bearbeitende Behörde gebunden ist, ist für eine Wiedereinsetzung in diese Frist § 32 entsprechend heranzuziehen.[33] Dies gilt vor allem dann, wenn die Verwaltungsvorschrift ausreicht, um im Bereich der Leistungsverwaltung eine Ausschlussfrist zu begründen (§ 31 Rn. 13). Keine Wiedereinsetzung also bei von **Behörden gesetzten Fristen** (hier Verlängerung, s. § 31 Rn. 45 ff. die ggf. unter den Voraussetzungen des § 32 gegeben werden muss, s. § 31 Rn. 51). Ist die **Dauer der Frist** gesetzlich festgelegt, wird diese gesetzliche Frist nicht deshalb zu einer von der Behörde gesetzten Frist, weil der Beginn der Frist von einer Maßnahme der Behörde abhängig ist.[34] Ein versäumter **Termin** (§ 31 Rn. 6, 41) kann nicht durch Wiedereinsetzung geheilt werden.[35] Ob die Behörde einen neuen Termin setzen kann (Verfahrensermessen) oder muss, bestimmt sich nach dem Sinn und Zweck der Verfahrenshandlung, zu der dem Termin stattfinden soll (Termin zur Anhörung, zur mündlichen Erörterung), oder ist Sache des jeweiligen Fachrechts. Dabei macht es keinen Unterschied, ob die Nachsichtgewährung als Problematik einer geänderten Terminsbestimmung angesehen oder in die Kategorie einer rückwirkenden Fristverlängerung eingeordnet wird.[36] Z. T. ist gesetzlich vorgeschrieben, dass bei Nichterscheinen zu einem Termin nach Aktenlage entschieden werden kann (vgl. § 25 Abs. 4, 5 AsylVfG). Sind Fristen in einem **öffentlich-rechtlichen Vertrag** bestimmt worden, können sie nur vertraglich abgeändert werden. Dies gilt auch, wenn z. B. ein Vergleichsvertrag (§ 55) unter Widerrufsvorbehalt geschlossen worden ist und die Widerrufsfrist versäumt wurde.[37]

Dem Sinn der Wiedereinsetzung entsprechend gilt § 32 jedoch **nicht bei jeder gesetzlichen Frist**. Zu besonderen Rechtsvorschriften, s. Rn. 6. Gemeint sind zunächst Fristen **in einem VwVf**, aber auch die Fristen, die im Zusammenhang mit der **Einleitung** eines VwVf stehen (Rn. 10). Ferner kommen in erster Linie gesetzliche Fristen in Betracht, in denen **Verfahrenshandlungen** von Beteiligten vorgenommen oder ergänzt (s. Rn. 12) werden sollen. Insoweit ist der Anwendungsbereich des § 32 enger als bei den Fristen des § 31 (s. § 31 Rn. 7). Keine Anwendung des § 32 daher für **Fristen**, die die **Behörde** als federführende Stelle des VwVf einzuhalten hat.[38] Hiervon zu unterscheiden sind Fristen, die die Behörde einzuhalten hat, wenn sie Antragstellerin ist. In diesen Fällen steht sie einem privaten Antragsteller gleich (s. Rn. 19).[39] **Ausschlussfristen** (s. § 31 Rn. 8) sind in jedem Fall einzuhalten.[40] Bei ihnen findet eine Wiedereinsetzung selbst bei unverschuldeter Unkenntnis einer gesetzlichen Frist in der

---

[29] So auch *Kopp/Raumsauer*, § 32 Rn. 13 f.; s. aber *BGH* NJW 2003, 2460 zur hilfsweise beantragten Wiedereinsetzung in eine prozessuale Frist.
[30] So für § 44 StPO *OLG Frankfurt/M*. NJW 1996, 3159.
[31] Zur Unwirksamkeit einer gleichwohl erfolgten Fristverlängerung s. *BVerwG* NVwZ-RR 1999, 162; *VGH Mannheim* NVwZ-RR 2006, 136.
[32] Vgl. *BVerfG* NJW 2004, 2887 m. w. N.
[33] Im Ergebnis so *OVG Münster* 6. 11. 1978 – VI B 1268/78 –; *VG Köln* 5. 7. 1984 – 1 K 210/84 –, beide n. v.; *Henke*, S. 187, 203.
[34] Für richterliche Aufforderung: *BVerwG* NJW 1986, 207.
[35] Wie hier *Obermayer*, VwVfG, § 32 Rn. 16; a. A. *Kopp/Ramsauer*, § 32 Rn. 7.
[36] *VGH München* NVwZ-RR 2000, 779 zur Versäumung des Anmeldetermins für das Oktoberfest.
[37] S. auch zum Prozessvergleich *BVerwG* NVwZ-RR 2000, 255.
[38] Zu § 48 Abs. 4 s. dort Rn. 208; wie hier *Ule/Laubinger*, § 30 Rn. 3; *Clausen* in Knack, § 32 Rn. 6; a. A. *Kopp/Ramsauer*, § 32 Rn. 11, der § 32 analog annimmt.
[39] S. z. B. *VGH Mannheim* NVwZ-RR 2006, 136.
[40] Vgl. *BVerfG* ZOV 1998, 339; *BVerwG* Buchholz 428.2 § 7 VZOG Nr. 4; *OVG Lüneburg* DVBl 2007, 703; *OVG Münster* InfAuslR 2004, 439.

Regel nicht statt; Absatz 5 stellt dies klar.[41] Ausnahmen hiervon gibt es nur in sehr engen Grenzen, z. B. wenn die Fristversäumung auf falscher Auskunft durch Behörde beruht (§ 25 Rn. 16) oder wenn die Behörde zu einer Ausschlussfrist fehlerhaft eine Fristverlängerung gewährt hat, auf die der Betroffene vertraut hat.[42] Trifft nämlich auch die Behörde für die Versäumung einer Frist eine Mitverantwortung, weil sie z. B. beim Betroffenen einen Rechtsirrtum verursacht[43] oder ein falsch adressiertes Schriftstück nicht rechtzeitig weitergeleitet hat, obwohl sie hierzu im Einzelfall verpflichtet war,[44] kann Wiedereinsetzung zu gewähren sein.[45] Zu prüfen ist bei einer Ausschlussfrist ferner, ob sie ihrem Wesen nach eine **Nachsichtgewährung** (s. Rn. 6) in den Fällen gestattet, in denen sie **infolge höherer Gewalt** (Rn. 41) nicht eingehalten werden konnte und die Handlung sofort nach Beendigung des Hindernisses nachgeholt worden ist.[46] Dabei macht es keinen Unterschied, ob die Nachsichtgewährung als Problematik einer geänderten Terminsbestimmung angesehen oder in die Kategorie einer rückwirkenden Fristverlängerung eingeordnet wird.[47] Allerdings kann die einzelne Frist auch diese letzte Möglichkeit ausschließen, z. B. bei Anmeldefristen für die Verteilung begrenzter Kontingente nach Aufteilung aller Bestände (Rn. 11). Ferner keine Wiedereinsetzung in Fristen, deren Ablauf sich auf die **Wirksamkeit** eines Verwaltungsaktes auswirkt, z. B. bei Erlöschen und Verjährung von Ansprüchen, vgl. § 53 Rn. 2, 3, bei befristeten Verwaltungsakten (§ 36 Rn. 12 ff.). Wo das Gesetz helfen will, sieht es – unter gewissen Voraussetzungen – die Möglichkeit rückwirkender Verlängerungen vor (§ 31 Rn. 49). Schließlich auch keine Anwendung auf Verfahrensfristen, in denen **keine Handlungen** vorzunehmen sind, z. B. Ladungsfrist nach § 67, s. § 31 Rn. 26. Auch die Anmeldefrist des § 30a VermG ist eine materiellrechtlich wirkende Ausschlussfrist. Wird sie versäumt, ist eine Wiedereinsetzung in den vorigen Stand unzulässig. Nach den dargelegten Grundsätzen ist die Versäumung jedoch ausnahmsweise unbeachtlich, wenn sie – erstens – auf staatliches Fehlverhalten bei der Anwendung der Rechtsvorschriften zurückzuführen ist, ohne deren korrekte Beachtung der Anmelder seine Rechte nicht wahren kann, und wenn – zweitens – durch die Berücksichtigung der verspäteten Anmeldung der Zweck der Fristbestimmung nicht verfehlt wird.[48]

10   Im Wesentlichen wird daher von § 32 bei Versäumung von **Antragsfristen** Gebrauch gemacht;[49] allerdings dürfen sie **keine Ausschlussfristen** i. S. d. Rn. 9, 11 sein. Der Anwendbarkeit des § 32 steht nicht entgegen, dass diese Fristen schon vor Beginn des VwVf liegen (§ 22 Rn. 55 ff. m. w. N.), z. B. Antrag nach § 48 Abs. 3, § 51 Abs. 3,[50] aber auch nach § 32 Abs. 2,[51] allerdings nicht nach der Jahresschranke des Absatzes 3, s. Rn. 41. Auch die Frist des § 126 Abs. 3 BRRG unterfällt § 32, da der Widerspruch i. S. dieser Norm ein VwVf einleiten soll.[52] Zur Änderung und Vervollständigung eines Antrages außerhalb einer Antragsfrist Rn. 12. Ferner Versäumung von formellen und materiellen **Einwendungs-** und **Präklusionsfristen** (Rn. 11).

---

[41] *BVerwG* Buchholz 428.2 § 7 VZOG Nr. 4; DtZ 1996, 250 = NJW 1996, 2475 (L) zu § 30a VermG; *BVerwGE* 72, 368 ff. = NVwZ 1987, 499; *OVG Koblenz* NVwZ 1989, 381; *OVG Münster* NVwZ 1992, 183; *OVG Bautzen* DtZ 1997, 235, 236; § 31 Rn. 10.
[42] *BVerwG* NVwZ-RR 1999, 162. Zur rechtzeitigen Anmeldung des Anspruchs s. *BVerwG* NVwZ 2000, 1059 (L) = LKV 2000, 493.
[43] Vgl. *BVerfG* NJW 2004, 2887.
[44] Zur Frage, ob und ggfs. unter welchen Voraussetzungen eine Behörde bzw. ein Gericht zur Weiterleitung unzuständig eingegangener Anträge verpflichtet ist, s. § 24 Rn. 87. Ferner *BVerfG* NJW 2002, 3692; 1995, 3173; *BVerwG* DÖV 1978, 616 ff.; *BGH* NJW 2000, 1730; MDR 1972, 403; *VGH Kassel* NJW 2006, 3450; AuAS 2006, 188; *OVG Münster* NVwZ-RR 2003, 688; 2000, 941; NJW 1996, 334.
[45] *OVG Münster* NVwZ-RR 2005, 449.
[46] Vgl. BVerwGE 66, 99, 105 = NJW 1984, 1250, ferner *OVG Weimar* NVwZ 1996, 1139, 1140; dazu Rn. 6; wie hier *Kopp/Ramsauer*, § 31 Rn. 39.
[47] *VGH München* NVwZ-RR 2000, 779; *OVG Bautzen* DtZ 1997, 235.
[48] S. *BVerwG* Buchholz 428.2 § 7 VZOG Nr. 4; *BVerwGE* 101, 39 = NJW 1996, 2745: Zur rechtzeitigen Anmeldung des Anspruchs. *BVerwG* NVwZ 2000, 1059 (L) = LKV 2000, 493; zur Anmeldung eines Restitutionsanspruchs durch einen vollmachtlosen Vertreter *BVerwGE* 109, 169 = NJW 1999, 395.
[49] *OVG Münster* NVwZ 1984, 387; *Schnell*, S. 80, § 31 Rn. 9.
[50] *OVG Münster* 12. 6. 1992 – 16 A 1105/88 n. v.; *VGH Mannheim*, 22. 12. 1981 – 4 S 1493/81 – n. v.; NVwZ-RR 1991, 55; *H. A. Wolff* NVwZ 1996, 559, dazu Rn. 50.
[51] *BVerwG* NVwZ 1997, 391; DVBl 1986, 287, offen noch NJW 1976, 74; *BGH* NJW 1999, 1264; *VGH Mannheim* NVwZ-RR 1997, 327, 328; *VGH München* BayVBl. 1978, 246 m. w. N. für § 60 VwGO.
[52] *VGH München* 24. 10. 2005 – 3 B 02.3061 –; – 3 B 03.3367 –; a. A. *OVG Münster* 28. 1. 2004 – 458/01 –.

Soweit **Fristen** und **Anträge** nur oder auch **von materieller Bedeutung** sind, gilt im **11** Grundsatz § 32 ebenfalls, und zwar auch im Fall einer **materiellen Präklusion** (dazu § 26 Rn. 54ff.), wird aber häufig modifiziert (Rn. 6).[53] Anders als bei rein verfahrensrechtlichen Fristen entfaltet die von der Behörde gewährte Wiedereinsetzung in eine materielle Frist nur dann Wirkung, wenn die gesetzlichen Voraussetzungen erfüllt sind. Der mit der Nichteinhaltung der materiellen Frist verbundene Verlust einer materiellen Rechtsposition tritt also nur dann nicht ein, wenn das einschlägige Recht eine Wiedereinsetzung, Nachsichtgewährung oder sonstige Ausnahme vorsieht und deren formelle und materielle Voraussetzungen im Einzelfall erfüllt sind.[54] Die grds. Anwendbarkeit des § 32 auch auf materielle Fristen bedeutet dabei nicht, dass diese generell oder zu jeder Zeit „wiedereinsetzungsfähig" wären (Rn. 9; § 31 Rn. 8ff.); vielmehr kann eine Wiedereinsetzung auch dann ausgeschlossen sein, wenn durch Fristversäumnis auf Grund Verschuldens ein **Grundrecht** nicht verwirklicht werden kann.[55] Hierin liegt kein Verstoß gegen die Rechtsstaatlichkeit.[56] Es ist nach Wortlaut und Sinn der Spezialregelung[57] zu prüfen, ob im Einzelfall eine Wiedereinsetzung erfolgen oder ob die Frist als Ausschlussfrist (s. § 31 Rn. 8ff.) absolut sein sollte, z.B. um einen Überblick über die angemeldeten Ansprüche zu bekommen, um auf dieser Erkenntnis begrenzte Haushaltsmittel oder Kontingente verteilen zu können.[58] Ähnliches gilt, wenn sinnvoll nur in einer bestimmten Frist der mit dem Antrag erstrebte Zweck erreicht werden kann (z.B. Fristen für Antrag auf Zulassung zu einem Studienplatz für ein bestimmtes Semester).[59]

Die Frist ist auch dann versäumt, wenn ein Antrag von der Behörde zwar innerhalb der Frist **12** gemäß § 24 Abs. 3 entgegengenommen worden ist (§ 24 Rn. 71ff., 82), dieser **Antrag** aber, z.B. aus Formgründen oder wegen Unvollständigkeit, **unzulässig** war (§ 22 Rn. 30ff.). Auch insoweit ist Wiedereinsetzung möglich. Der Antragsteller erhält die Möglichkeit, seinen Antrag zu **ergänzen** (s. § 31 Rn. 11). Freilich kann dies nach dem Sinn und Zweck des jeweiligen anzuwendenden Rechts ausgeschlossen sein (§ 22 Rn. 44). Für Anträge in fremder Sprache s. die Sonderregel des § 23 (s. dort Rn. 65ff.), die eine Fristversäumnis verhindern kann (Rn. 7).

2. Kausalität und Verschulden

a) Kausalität: Maßgebend ist, ob die vorgetragenen Hinderungsgründe für die Versäumung **13** der Frist **(mit-)ursächlich** waren und von dem Betroffenen **schuldhaft** (Rn. 15) herbeigeführt worden sind. Eine Wiedereinsetzung setzt voraus, dass ein unverschuldetes Hindernis notwendigerweise[60] zur Versäumung der Frist geführt hat, für die Versäumung also die eigentliche Ursache war.[61] Liegt ein Verschulden vor, so kann Wiedereinsetzung nur dann gewährt werden, wenn glaubhaft gemacht ist, dass es sich nicht auf die Fristversäumnis ausgewirkt hat.[62] Die Anforderungen an die Ursächlichkeit dürfen aus den Gründen zu Rn. 1, 2 nicht überspannt werden.[63] Trifft auch die Behörde für die Versäumung einer Frist eine Mitverantwortung, weil sie z.B. beim Betroffenen einen Rechtsirrtum verursacht[64] oder ein falsch adressiertes Schrift-

---

[53] § 26 Rn. 54; § 31 Rn. 8; § 73 Rn. 77; *BVerwGE* 60, 297, 309 = NJW 1981, 359; 66, 99 = NJW 1984, 1250; *BVerwG* 16.8.1995 Buchholz 407.3 § 3 VerkPBG Nr. 1 = NVwZ 1996, 267; 3.7.1996 Buchholz 442.09 § 30 AEG Nr. 7 = UPR 1997, 31; NVwZ 1997, 489; *Linhart*, S. 85; *Papier* NJW 1980, 313, 321 für den Regelfall einer materiellen Präklusion; für materielle Anträge mit Verfahrensbezug *Obermayer*, VwVfG, § 32 Rn. 13, 14.
[54] Vgl. *BVerwG* NJW 1981, 359; *OVG Münster* NVwZ-RR 2004, 38.
[55] *BVerwGE* 77, 240 = NVwZ 1987, 802; *BVerwG* NVwZ 1988, 1128; NVwZ 1997, 489.
[56] Vgl. *BVerwG* NVwZ 2006, 85; *BVerwGE* 72, 368 = NVwZ 1987, 499; *OVG Lüneburg* DVBl 2007, 703; *BayVerfGH* NVwZ 1986, 290; Rn. 1.
[57] Rn. 6; z.B. § 22 WaStrG, dazu *BVerwGE* 66, 99 = NJW 1984, 1250; zu § 17 Abs. 4 S. 1 FStrG *BVerwG* NVwZ 1997, 489; BSG MDR 1989, 675.
[58] Vgl. *BVerwGE* 13, 209, 211 = DVBl 1962, 227; 24, 154 = DVBl 1966, 749. Sehr weitgehend für Jahresfrist bei Beihilfeansprüchen *BVerwGE* 21, 258.
[59] Vgl. *BayVerfGH* NVwZ 1986, 290; *OVG Münster* DÖV 1977, 711. Ebenso *OVG Bautzen* DtZ 1997, 235, 236 für Meldefrist für bestimmten Prüfungstermin.
[60] S. *OLG Celle* DVP 2007, 130: Keine Wiedereinsetzung, wenn lediglich einer von mehreren Faxanschlüssen gestört ist.
[61] *BVerwG* NVwZ-RR 1999, 538. Eingehend *Born,* NJW 2007, 2088, 2094.
[62] *BGH* NJW 2000, 3649; NJW-RR 2004, 1217.
[63] *BVerfG* NJW 2005, 3346; 2004, 2887; 2002, 3692; 1998, 3703; 1995, 2545; NVwZ 2003, 341; *BVerfGE* 41, 332, 334f. m.w.N. Ferner *Born,* NJW 2007, 2088, 2089.
[64] Vgl. *BVerfG* NJW 2004, 2887.

stück nicht rechtzeitig weitergeleitet hat, obwohl sie hierzu im Einzelfall verpflichtet war,[65] kann Wiedereinsetzung zu gewähren sein.[66] Im Einzelfall ist zu prüfen, ob sich das Verhalten der Behörde das Gesamtgeschehen in der Weise geprägt hat, dass sich ein dem Betroffenen zuzurechnendes Verschulden nicht mehr entscheidend ausgewirkt.[67] Aus dem Gebot eines fairen Verfahrens folgt nämlich unter anderem, dass die Behörde aus eigenen oder ihr zuzurechnenden Fehlern, Unklarheiten oder Versäumnissen keine Verfahrensnachteile zu Lasten der Beteiligten ableiten darf. Deshalb sind die Anforderungen an eine Wiedereinsetzung in derartigen Sachlagen „mit besonderer Fairness" zu handhaben.[68] Im Sonderfall der Wiedereinsetzung bei unterbliebener Anhörung nach § 45 Abs. 3 beginnt der Lauf der Wiedereinsetzungsfrist mit dem Zeitpunkt, ab dem die Nachholung der Anhörung abgeschlossen ist, ohne dass es darauf ankommt, ob der Ursachenzusammenhang zwischen Verfahrensmangel und Fristversäumnis zu diesem Zeitpunkt noch fortbesteht.[69] Die Fiktion mangelnden Verschuldens gemäß § 45 Abs. 3 ist im gerichtlichen Wiedereinsetzungsverfahren nicht anwendbar.[70]

14 Nicht ursächlich ist ein Hinderungsgrund schließlich, wenn er zwar während des Verlaufes der Frist eingetreten war, aber noch **vor Ablauf der Frist** wieder **wegfiel**. Absatz 1 gibt so wenig wie § 60 VwGO die Garantie einer zweiwöchigen Überlegungsfrist.[71] Eine Wiedereinsetzung ist nur dann möglich, wenn nach Wegfall dieses Hindernisses die **verbleibende Frist zu kurz** ist, um die Handlung vorzunehmen.[72]

15 b) **Verschulden:** Als **Verschuldensmerkmale** sind die Voraussetzungen heranzuziehen, die zu § 60 VwGO, der seinerseits auf § 233 ZPO zurückgeht,[73] herausgearbeitet worden sind. Auszugehen ist von einem **verfahrensrechtlichen Verschuldensbegriff**, d.h. die für einen gewissenhaften Verfahrensbeteiligten nach **objektiven Maßstäben** gebotene **Sorgfalt** muss eingehalten werden.[74] Abzustellen ist auf das Maß an Umsicht und Sorgfalt der Verkehrskreise, in denen sich der Betreffende bewegt.[75] Nach den gesamten Umständen des Falles muss die Einhaltung der Frist **zumutbar** gewesen sein. Dabei dürfen die Anforderungen an die Sorgfaltspflicht nicht zu streng gestellt werden.[76] Daher kein Verschulden, wenn die gesetzliche Frist unklar ist.[77] Die Anforderungen sind an einen Rechtskundigen höher als einen Laien.[78] Das

---

[65] S. hierzu. § 24 Rn. 87. Ferner *BVerfG* NJW 2002, 3692; 1995, 3173; *BVerwG* DÖV 1978, 616ff.; *BGH* NJW 2000, 1730; MDR 1972, 403; *VGH Kassel* NJW 2006, 3450; AuAS 2006, 188; *OVG Münster* NVwZ-RR 2003, 688; 2000, 941; NJW 1996, 334; *VGH Mannheim* NJW 1973, 385; § 24 Rn. 86f. Zur Hinweispflicht des Gerichts, wenn dem Prozessbevollmächtigten in einem Antrag auf Verlängerung einer Frist ein offensichtliches Versehen hinsichtlich des Datums der zu verlängernden Frist unterläuft, s. *BGH* NJW 1998, 2292.
[66] Vgl. *OVG Münster* NVwZ-RR 2005, 449.
[67] Zur fehlenden Kausalität eines schuldhaften Verhaltens des Betroffenen bei Absendung eines Schriftstücks das nicht rechtzeitig erfolgter Weiterleitung s. *BVerwG* NJW 1995, 3173. *BVerfG* DVBl 2002, 696 zur Kausalität einer unterstellten falschen Auskunft. Ferner *BGH* NJW-RR 2000, 1730; *Born* NJW 2007, 2088, 2094; 2005, 2042, 2045; *v. Pentz* NJW 2003, 858, 867.
[68] So ausdrücklich *BVerfG* NJW 2004, 2887. S. auch *Born*, NJW 2007, 2088, 2094.
[69] Vgl. *BVerfG* NVwZ 2001, 1392; gegen *BGH* NVwZ 2000, 1326; wie *BVerfG* nunmehr auch *BGH* NVwZ 2002, 509; ferner *Clausen* in Knack, § 32 Rn. 14a. Hierzu auch *Rüsken* NVwZ 2002, 428; *Allesch* NVwZ 2003, 444.
[70] *VG Neustadt* NVwZ-RR 1998, 467.
[71] Bestr., wie hier *BVerwG* NVwZ-RR 1999, 472; NJW 1976, 74; *BVerwG* VBlBW 1985, 177; *BFH* BayVBl. 1987, 507; *Redeker-v. Oertzen*, § 60 Rn. 14; *Meyer/Borgs*, § 32 Rn. 11; *Obermayer*, VwVfG, § 32 Rn. 22, 55; *Clausen* in Knack, § 32 Rn. 34; *Linhart*, S. 89; a.A. *Eyermann*, § 60 Rn. 6, 22; *Kopp/Ramsauer*, § 32 Rn. 13; *VGH München* BayVBl. 1980, 183, nicht aber *VGH München* NJW 1982, 251; zum Streitstand *BVerwG* Buchholz 310 § 60 VwGO Nr. 143 S. 41 f. m.w.N.; *Bier* in Schoch u.a., § 60 Rn. 50.
[72] Wie hier *BVerwG* NVwZ-RR 1999, 472 (Kenntnis am letzten Tag der Widerspruchsfrist unter den Umständen des Einzelfalls noch ausreichend, um ohne Zubilligung einer weiteren Übergangsfrist das geltend gemachte Hindernis entfallen zu lassen); *BVerwGE* 88, 66 = NJW 1991, 1904; *BVerwG* NJW 1976, 74, *BFH* BayVBl. 1987, 507, *Bier* in Schoch u. a., § 60 Rn.; wohl nicht *VGH München* NJW 1982, 251.
[73] Vgl. dazu *BVerwG* DÖV 1973, 647; *OVG Münster* DÖV 1977, 791 und die einschlägigen Kommentare zu § 60 VwGO. Zu § 233 ZPO und zur BGH-Rechtsprechung *Born*, NJW 2005, 2042; *v. Pentz* NJW 2003, 858; *G. Müller* NJW 1993, 681; dies. NJW 1995, 3224; *J. Meyer* NJW 1995, 2139; *Büttner*, Wiedereinsetzung in den vorigen Stand, 1996.
[74] *BVerwGE* 13, 209, 213; NJW 1983, 1923, 1924; *BAG* NJW 1987, 1355; *Kopp/Raumsauer*, § 32 Rn. 16; *Bier* in Schoch u.a., § 60 Rn. 19.
[75] *BGH* NVwZ 1991, 915.
[76] Rn. 1, 2; *BVerwG* NJW 1976, 1332, 1333.
[77] *BFHE* 123, 395.
[78] *OVG Münster* NVwZ 1991, 490; *Clausen* in Knack, § 32 Anm. 9.

§ 32 Wiedereinsetzung in den vorigen Stand 16, 17 § 32

Kriterium der Zumutbarkeit räumt die Möglichkeit ein, den im Gesetz nicht geregelten Fall eines Verschuldens auch der Behörde zu berücksichtigen.[79] Es entspricht dem Gebot eines fairen Verfahrens, dass die Behörde aus eigenen oder ihr zuzurechnenden Fehlern, Unklarheiten oder Versäumnissen keine Verfahrensnachteile ableiten darf (s. Rn. 13).[80] Vermeidbarer **Rechtsirrtum**[81] steht dem gewöhnlichen Irrtum gleich.[82] Im Einzelfall kann der Rechtsirrtum auch unverschuldet sein (z. B. durch falsche Auskunft der Behörde oder bei fehlerhaft zugestandener Fristverlängerung,[83] s. Rn. 26).[84] Dies setzt aber voraus, dass es dem Betroffenen weder möglich noch zumutbar war, sich in der ihm verbleibenden Zeit fachgerecht beraten zu lassen. Aus Gründen der Rechtsstaatlichkeit darf es den Beteiligten nicht als Verschulden angerechnet werden, wenn sie auf eine (nunmehr aufgegebene) eindeutige Rechtsprechung eines obersten Bundesgerichts vertraut haben und mit einer strengeren Handhabung von Verfahrensvorschriften nicht rechnen mussten.[85]

c) **Verschulden eines Vertreters:** Da durch **Satz 2** die Rechtsprechung zu § 60 VwGO **16** bewusst[86] übernommen werden sollte, ist als **Vertreter** nicht nur der Vertreter nach §§ 16 ff. gemeint, sondern allgemein jeder gesetzliche oder rechtsgeschäftlich bestellte Vertreter,[87] also auch der **Bevollmächtigte** i. S. d. §§ 14, 15. Einen umfassenden Vertreterbegriff bei § 32 anzunehmen, rechtfertigt sich aus den fristgebundenen Handlungen, zu denen auch die Vertreter nach §§ 16 ff. befugt sein können und die für eine Wiedereinsetzung in Betracht kommen. Daher benutzt § 32 im Gegensatz zu §§ 41, 80 anstelle von „Bevollmächtigter" das Wort „Vertreter". In der Regelung der **Verschuldenszurechnung** des Satzes 2, die in Form des § 85 Abs. 2 ZPO i. V. m. § 173 VwGO auch im Verwaltungsprozess besteht,[88] spiegelt sich der allgemeine Grundsatz wider, dass jeder, der sich am Rechtsverkehr beteiligt, für die Personen einzustehen hat, die erkennbar sein Vertrauen genießen.[89] Dieser Zurechnungsgrund entfällt mit der Beendigung des Rechtsverhältnisses, das der Bevollmächtigung zugrunde liegt.[90] Das Wiedereinsetzungsrecht lässt sich danach „nicht als Mittel mobilisieren, um den Mandanten vor seinem eigenen Prozessbevollmächtigten zu schützen."[91] Das Verschulden eines Vertreters ist dem Vertretenen selbst dann zuzurechnen, wenn sich der Antrag auf die Wahrnehmung eines **Grundrechtes** bezieht.[92]

In erster Linie ist durch Satz 2 das Verschulden eines beauftragten **Rechtsanwaltes** angesprochen.[93] Als Bevollmächtigter i. S. des § 85 Abs. 2 ZPO ist ein Rechtsanwalt schon dann nicht mehr anzusehen und eine Verschuldenszurechnung kommt nicht mehr in Betracht, sobald das Mandat, und sei es nur im Innenverhältnis, gekündigt ist.[94] Dem beauftragten Rechtsanwalt **17**

---

[79] Vgl. *OVG Münster* NVwZ-RR 2005, 449.
[80] So ausdrücklich *BVerfG* NJW 2004, 2887.
[81] Allgemein zum Rechtsirrtum *Kummer* Rn. 255 ff.
[82] *BVerwG* NJW 1970, 773; NJW 1977, 773; DÖV 1984, 174; *BGH* DtZ 1994, 28; insgesamt *Baumbach/Lauterbach*, Einl. III Rn. 68.
[83] *BVerwG* NVwZ-RR 1999, 162.
[84] *Born* NJW 2007, 2088, 2094; 2005, 2042; *v. Pentz* NJW 2003, 858; *G. Müller* NJW 1998, 497 jeweils zur Rechtsprechung des *BGH*. Fälle aus der sozialgerichtlichen Rechtsprechung bei *Plagemann* NJW 1983, 2172, 2177.
[85] *BVerfGE* NVwZ 2003, 342; 79, 372; NJW 1998, 1853; *BVerwG* NJW 2000, 970.
[86] Begründung zu § 24 Musterentwurf und zu § 28 Entwurf 73; zu dieser Rechtsprechung *BVerwG* Buchholz 310 § 60 VwGO Nr. 98.
[87] *VGH Mannheim* NJW 1978, 122; zu § 27 SGB X *BSG* NJW 1993, 1350, 1351.
[88] St. Rspr., s. z. B. *BVerwG* NJW 2000, 602; *OVG Münster* NJ 2000, 612. Eingehend *Winter* EWiR 2003, 663; *Heiderhoff* EWiR 2003, 1059.
[89] *BVerwG* NJW 2000, 364.
[90] *BVerwG* NJW 2000, 602.
[91] So *BVerwG* NJW 2000, 602 = NVwZ 2000, 65; *BFH* NVwZ 2002, 1401.
[92] *BVerwG* 5. 9. 1975 Buchholz 448.0 § 44 WPflG Nr. 4 = BayVBl 1976, 29; *VGH München* BayVBl 1978, 246, 247. Zu Asylverfahren *BVerfG* NJW 1982, 2425 und ausländerrechtlichen Verfahren *BVerwG* Buchholz 310 § 60 VwGO Nr. 98.
[93] Beispielsfälle Rn. 28 ff.; zusammenfassend zum Verschulden eines Rechtsanwaltes *Winter* EWiR 2003, 663; *Heiderhoff* EWiR 2003, 1059; *G. Müller* NJW 1995, 3224, 3227 ff.; dies. NJW 1993, 681, 684 ff.; *Förster* NJW 1980, 432, zur Beauftragung eines Vertreters s. Rn. 23.
[94] *BVerwG* NJW 2000, 602 = NVwZ 2000, 65. Demgegenüber endet aber gem. § 14 Abs. 1 Satz 3 bzw. den entsprechenden Anforderungen im Verwaltungsprozess die einem Rechtsanwalt erteilte und einer Behörde oder dem Gericht vorgelegte schriftliche Vollmacht und damit auch z. B. die Möglichkeit der Zustellung an den Bevollmächtigten erst dann, wenn der Rechtsanwalt die Beendigung des Mandatsverhältnisses anzeigt und erforderlichenfalls die wirksame Kündigung des Vertragsverhältnisses durch den Mandanten nachweist, vgl. *VGH Kassel* NVwZ 1998, 1313.

steht ein im Büro angestellter Rechtsanwalt gleich, wenn er den Auftrag zur **selbständigen Bearbeitung** hatte, nicht aber, wenn er nur einfache Büroarbeiten übernommen hatte.[95] Ein Auftrag zur selbständigen Bearbeitung wird auch in Abgrenzung zu den Hilfspersonen (Rn. 18) bei denjenigen angenommen, denen, ohne Anwalt zu sein, die anwaltlichen Arbeiten vollständig überlassen bleiben[96] oder die zu selbständigen Vorbereitungshandlungen wie Gutachtenerstellung herangezogen werden.[97]

18   Nicht hierunter fällt das Verschulden von **Hilfspersonen**[98] wie Gewerbegehilfen i. S. d. § 183 ZPO oder nur mit der Übermittlung eines Schriftsatzes beauftragte Verwandte.[99] Als unselbständige Hilfsperson wird auch ein von einem Ausländer hinzugezogener Sprachmittler verstanden.[100] Insoweit liegt ein Verschulden vor, wenn bei der Auswahl und Überwachung die unter den gegebenen Umständen zumutbare Sorgfaltspflicht verletzt wurde.[101] Zum Organisationsverschulden Rn. 20. Weitere Beispiele Rn. 23 ff., 28.

19   Diese Grundsätze sind auch auf die Tätigkeit von **Behörden**, die z. B. als Antragsteller eine Frist versäumt haben, zu übertragen (s. Rn. 9). Nur das Verschulden eines **vertretungsberechtigten Bediensteten** ist ihr zuzurechnen,[102] zu dem auch das Organisationsverschulden (Rn. 20) zählt.[103] Hierbei sind die gleichen Anforderungen zu stellen wie bei einem Rechtsanwalt, z. B. bei der Organisation des Postausgangs,[104] für Fristüberprüfung.[105] Für Anträge s. § 22 Rn 51. So liegt ein die Wiedereinsetzung ausschließendes Organsansverschulden einer Behörde vor, wenn die einzige Vorkehrung zur Wahrung einer Rechtsmittelfrist in einer **Wiedervorlageverfügung** des Behördenvertreters besteht, aber keine weiteren, vom Aktenlauf und dem etwaigen Wissen unabhängigen Vorkehrungen (z. B. Fristenbuch mit entsprechender Fristenüberwachung) getroffen worden sind, denen eine besondere Warnfunktion zukommen könnte.[106] Von dem Verschulden der Behörde bei eigener Fristversäumnis als z. B. Antragsteller sind die Fälle zu unterscheiden, in denen ein Verhalten der Behörde die Versäumnis einer Frist durch den Bürger entschuldigt, dazu Rn. 26.

20   d) **Organisationsverschulden:** Wer sich geschäftsmäßig Hilfskräfte bedient (Rn. 18; vor allem Rechtsanwälte Rn. 29, Behörden Rn. 19; Bank)[107] hat durch organisatorische Maßnahmen vor allem Fehlerquellen bei der Behandlung von Fristsachen in größtmöglichem Umfang auszuschließen.[108] Organisatorisch muss bei einem Rechtsanwalt vor allem eine wirksame Fristenkontrolle gesichert sein (Rn. 29). Auch Behörden haben zur Vermeidung verschuldeter Fristversäumnisse **Fristenkalender** zu führen.[109] Die selbständige Führung des Fristenkalenders darf nur

---

[95] *BVerwG* NJW 1985, 1178, *BGH* NJW-RR 2004, 993; VersR 1976, 884; *BAG* NJW 1987, 1355; *Born* NJW 2005, 2042, 2045; *v. Pentz* NJW 2003, 858, 862; zur Anrechnung des Verschuldens eines Anwaltsassessors *BVerwG* NJW 1977, 773 m. w. N.; zum Verschulden eines Urlaubsvertreters *OVG Hamburg* NJW 1993, 747.
[96] S. *Born* NJW 2007, 2088, 2091 ff.; *VG Arnsberg* NWVBl 1996, 76 für selbständige Bearbeitung eines Asylverfahrens durch nicht als Rechtsanwalt zugelassenen Mitarbeiter.
[97] *BSG* NJW 1993, 1350, 1351.
[98] Vgl. *BGH* NJW-RR 2003, 935 (936); *OVG Saarlouis* NVwZ-RR 2005, 448.
[99] *OVG Münster* NJW 1995, 2508.
[100] *VGH München* NJW 1997, 1324.
[101] *BVerwGE* 44, 104, 109; NJW 1997, 3390; DÖV 1978, 616, 617; *BGH* NJW-RR 2003, 935 (936); NJW 2000, 3649; *VGH München* NVwZ-RR 2005, 4; *OVG Münster* NJW 1994, 402, 403; *BFH* NJW 1983, 1872.
[102] *BVerwG* DVBl 1997, 1343; *OVG Münster* NWVBl 1998, 408 jeweils für vertretungsberechtigten Bediensteten nach § 67 VwGO; *VGH Mannheim* NVwZ-RR 1997, 327, 328 für Sachbearbeiter.
[103] *VGH Mannheim* DVP 2006, 388; *VGH München* NVwZ 1986, 226; *OVG Lüneburg* OVGE 44, 378 = NJW 1994, 1299 für Ausgangskontrolle; *VG Neustadt* NVwZ-RR 1994, 63 für Organisationsmangel bei Abholen der Post; *Heiß* BayVBl 1984, 646 ff.
[104] *BVerwG* BayVBl 1996, 284; *BSG* NVwZ 1988, 767; *VGH Mannheim* NVwZ-RR 2005, 761; vgl. auch *BVerfG* NJW 1995, 2545, 2546.
[105] *BVerwG* NJW 2005, 1001; *OVG Münster* NVwZ 2007, 115; 1991, 490. Im Einzelnen *Kummer* Rn. 591 ff.
[106] *BVerwG* 22. 12. 2000 – 11 C 10.00 –; *OVG Münster* NVwZ 2007, 115.
[107] *OVG Münster* 7. 7. 1987 – 7 A 1806/85.
[108] St. Rspr. *BVerwG* NJW 1976, 75; NJW 1975, 228; *BFH* DStR 1977, 22; *BGH* NJW 1993, 732 und 1655, 1656; zusammenfassend *Born* NJW 2007, 2088, 2094; 2005, 2042; *G. Müller* NJW 1998, 497; 1995, 3224, 3229 ff.; 1993, 681, 686 f.
[109] S. im Einzelnen *OVG Münster* NVwZ 2007, 115. Zur Notwendigkeit der Eintragung von Vorfristen s. *BGH* NJW 2007, 1455, 1456.

sorgfältig ausgewähltem und bewährtem Büropersonal überlassen werden.[110] Dabei muss eine bestimmte Fachkraft zuständig sein.[111] Auch müssen die zur Fristenkontrolle notwendigen Handlungen zum frühestmöglichen Zeitpunkt vorgenommen werden.[112] Hat der Verantwortliche den Betriebsablauf besonders sorgfältig organisiert, erwachsen daraus **keine zusätzlichen Sorgfaltspflichten**. Die Sorgfaltspflichten müssen einem allgemeinen Berufsstandard entsprechen.[113]

e) Telefax und elektronische Kommunikation: Neben der seit langem grds. anerkannten Zulässigkeit der Übermittlung fristgebundener Schriftstücke durch Telefax[114] ist die Möglichkeit der elektronischen Kommunikation unter den Voraussetzungen und nach Maßgabe des § 3a getreten. Für die Benutzung moderner Kommunikationsmittel hat sich inzwischen umfangreiche Rechtsprechung und Literatur entwickelt (vgl. für Antragstellung § 22 Rn. 51, § 24 Rn. 83 f.; Bekanntgabe § 41 Rn. 28 ff.), die sich auch mit den Voraussetzungen einer Wiedereinsetzung befassen, falls im Zusammenhang mit dem Betrieb dieser Anlagen Fristen versäumt werden.[115] Fehler auf dem **Übertragungsweg** oder auf der **Absenderseite** führen nicht zum Zugang der Erklärung. Fehler auf der **Empfängerseite** können den Zugang der Erklärung überhaupt verhindern oder die Übermittlung so verstümmelt wiedergeben, dass ihr Inhalt einschließlich der Unterschrift nicht mehr erkennbar ist. Hierzu ist nunmehr in der Rechtsprechung geklärt, dass es für die Beurteilung der Rechtzeitigkeit des Eingangs eines per Telefax übersandten Schreibens allein darauf ankommt, ob die gesendeten Signale noch vor Ablauf des letzten Tages der Frist vom Telefaxgerät des Empfängers vollständig gespeichert worden sind, wohingegen der Zeitpunkt des Ausdrucks in Papierform – einschließlich der letzten, mit der Unterschrift versehenen Seite des Schreibens – unerheblich ist.[116] Kann ein hiernach für die Fristwahrung relevanter Fehler nicht erkannt oder nicht mehr fristgerecht behoben werden, können dadurch Fristen versäumt werden, weshalb, nicht zuletzt auf Grund der Rechtsprechung des BVerfG,[117] eine Wiedereinsetzung in Betracht kommt. Die Rechtsprechung hat den allgemeinen Grundsatz aufgestellt, dass die aus den technischen Gegebenheiten dieser Kommunikationsmittel herrührenden besonderen Risiken nicht einseitig auf den Benutzer dieser Medien abgewälzt werden dürfen.[118] So darf sich ein Rechtsanwalt zur Ermittlung einer Fax-Nummer auf ein bewährtes EDV-Programm verlassen, wenn er die jeweils neueste Fassung benutzt.[119] Er darf sich aber nicht auf eine elektronische Fristberechnung durch den Computer verlassen.[120] Der Nutzer eines Faxgerätes hat mit der Wahl eines anerkannten Übermittlungsmediums, der ordnungsgemäßen Nutzung eines funktionsfähigen Sendegeräts und der korrekten Eingabe der Sendenummer das seinerseits Erforderliche zur Fristwahrung getan, wenn er so rechtzeitig mit der Übermittlung beginnt, dass unter normalen Umständen mit ihrem fristgerechten Abschluss zu rechnen ist.[121] Die bloße Möglichkeit, dass das Gerät unerkannt defekt sein könnte, braucht jedenfalls nicht einkalkuliert zu werden.[122] Ausgehend von der Überlegung,

---

[110] BGH NJW 2006, 1520; NJW-RR 2003, 935 (936); VGH München BayVBl 2007, 475; OVG Saarlouis NVwZ-RR 2005, 448; BGH NJW 2000, 3650; G. Müller NJW 1998, 497, 504 ff. m. w. N. Im Einzelnen Kummer Rn. 450 ff. S. ferner BGH NJW 2006, 1070; OVG Münster, Beschluss v. 19. 3. 2007 – 13 A 4204/06 –; Born NJW 2007, 2088, 2094 jeweils zur Beauftragung von Rechtsreferendaren mit der Postversendung.
[111] Vgl. BGH NJW 2006, 1520.
[112] BVerwG NJW 2005, 1001; vgl. auch BGH NJW 2003, 1528.
[113] BGH AnwBl 1993, 190. Einen Überblick über die Rechtsprechung zum anwaltlichen Organisationsverschulden geben Born NJW 2005, 2042; v. Pentz NJW 2003, 858; Wirges MDR 1998, 1459 ff.
[114] S. BVerfG NJW 2006, 829; 2001, 3473; 1996, 2857; s. im Einzelnen Kummer Rn. 293 ff.; zum Funkfax BVerwG NJW 2006, 1989.
[115] Zur Rechtsprechung s. Ultsch NJW 1997, 3007; Henneke NJW 1998, 2194; Born NJW 2007, 2088; 2005, 2042; v. Pentz NJW 2003, 858; G. Müller NJW 1998, 497, 502.
[116] Grundlegend BGH NJW 2006, 2263.
[117] Z. B. BVerfG NJW 2006, 829; 1996, 2857 m. w. N.
[118] Z. B. BVerfG NJW 2006, 829; 1996, 2857; BVerfGE 69, 381, 386 = NJW 1986, 244; BGH NJW 1992, 244 für das Fax m. w. N.
[119] BGH NJW 2004, 2830; Born, NJW 2005, 2042.
[120] So LSG LSA DÖV 2006, 439; s. hierzu auch BGH NJW 2003, 1815; 2001, 76; 2000, 1957.
[121] Vgl. BVerfG NJW 2006, 829; 2001, 3473; 1996, 2857; BGH NJW 2005, 678.
[122] BVerfG NJW 2001, 3473; BGH NJW-RR 2003, 861; VGH München NJW 2006, 169; BFH NJW 2001, 991; OVG Bautzen NJW 1996, 2251; VGH Mannheim NJW 1994, 538; für EDV-gestützten Fristenkalender s. Rn. 29.

dass der Benutzer eines modernen Kommunikationsmittels auch deren Risiken[123] überwachen muss, stellt vor allem die Rechtsprechung hohe Anforderungen an die **Organisation** und die **Sorgfaltspflicht bei der Absendung** eines fristwahrenden Schriftsatzes.[124] Der Absender hat nach der Rechtsprechung grundsätzlich eine Pflicht, sich über den ordnungsgemäßen Zugang eines Telefaxes zu informieren. Dazu muss er den **Sendebericht** ausdrucken.[125] Auf dessen Grundlage ist die Vollständigkeit der Übermittlung zu prüfen; erst nach dieser Kontrolle darf die Notfrist gelöscht werden.[126] Übertragungsfehler, die aus dem Sendebericht nicht ersichtlich sind, können nicht als schuldhaftes Verhalten angelastet werden.[127] Ein Rechtsanwalt ist verpflichtet, sein Büropersonal zur strikten Beachtung der jeweiligen **Fax-Nummern**[128] bei der Übersendung in Fristsachen anzuhalten und ihm Verhaltensregeln für den Fall einer **Anschlussstörung** aufzugeben.[129] Auch bei der Benutzung eines Telefaxes ist es gestattet, die Frist bis zum letzten Tag auszunutzen. Kann das Telefax, z. B. wegen eines Fehlers des Empfangsgeräts, nicht übermittelt werden, müssen – falls gegeben – andere, nach den Umständen des Einzelfalles ohne weiteres erkennbare, sich gleichsam aufdrängende und innerhalb der verbleibenden Zeit unschwer zu realisierende Möglichkeiten der Fristwahrung gewählt werden.[130]

22   f) Mangelnde Kenntnis der deutschen Sprache: Der in § 23 Abs. 1 aufgestellte Grundsatz der deutschen Amtssprache ist durch eine großzügige Anwendung des § 32 für den der deutschen Sprache nicht ausreichend mächtigen Ausländer zu entschärfen, soweit die Benutzung der fremden Sprache und ihre Übersetzung nicht schon über § 23 Abs. 2 bis 4 aufgefangen wird (§ 23 Rn. 3, 4). Daher können mangelnde Kenntnisse der deutschen Sprache ein Verschulden ausschließen.[131] Der dafür erforderliche Maßstab ist im Zusammenhang mit der Pflicht zur Rechtsbehelfsbelehrung im gerichtlichen Verfahren entwickelt worden und kann, vorbehaltlich der Regelungen des § 23 Abs. 2 bis 4 und der Konsequenzen speziellerer Belehrungspflichten z. B. nach dem AsylVfG, auf die Pflicht zur Einhaltung der Fristen des Verwaltungsverfahrens übertragen werden. Grundsätzlich genügt eine Rechtsbehelfsbelehrung in deutscher Sprache (§ 37 Rn. 6; § 23 Rn. 48). Der Ausländer hat die Pflicht, sich um seine Interessen zu kümmern; dies schließt die – nicht zu überspannende – Pflicht ein, sich in zumutbarer Weise und innerhalb angemessener, vom Einzelfall abhängiger Frist, die nicht mit der ihm gerade nicht bekannten (Rechtsmittel-)frist identisch ist, Gewissheit über den Inhalt zu verschaffen.[132] Allerdings setzt die Übersetzungspflicht voraus, dass er erkennen kann, dass es sich um ein amtliches Schriftstück handelt.[133] War ihm auf Grund der Sprachunkenntnis die durch die Rechtsmittelbelehrung mitgeteilte Frist unbekannt geblieben, ist er so zu behandeln, als wäre die Belehrung unterblieben.[134] Hat er den amtlichen Charakter der Mitteilung erkannt und sich um eine Übersetzung bemüht, kann das

---

[123] Vgl. dazu *OLG München* NJW 1993, 2447, 2448; *LG Darmstadt* NJW 1993, 2448.
[124] Zusammenfassend *G. Müller* NJW 1998, 497, 508 f.; *Wirges* MDR 1998, 1459 ff.; *Ebnet* NJW 1992, 2985, 2988 f.; *ders.* JZ 1996, 507, 510; *Pape/Notthoff* NJW 1996, 417, 420 ff.
[125] *VGH München* NJW 2006, 169; *OVG Koblenz* NJW 1994, 1815; *BGH* NJW 1996, 2513; NJW 1993, 1655, 1656 und 3140; BGH-Rechtsprechung zusammenfassend zitiert bei *Born* NJW 2005, 2042, 2048; *v. Pentz* NJW 2003, 858, 866; *G. Müller* NJW 1995, 3224, 3233; *BAG* NJW 1995, 2742.
[126] *BGH* NJW 1998, 907. S. aber zur Beweiskraft eines Sendeberichts *KG* NJW 1994, 3172 m. w. N. Nach *OVG Münster* 10. 9. 1997 – 17 A 687/96 – wird der Nachweis des Eingangs eines mit Telefax eingelegten Widerspruchs nicht durch Vorlage eines ordnungsgemäßen Übertragungsberichts erbracht.
[127] *BGH* NJW 2006, 1518.
[128] Zur Fristversäumung durch Verwechslung von Faxnummern s. *BVerwG* NJW 1998, 398 (Verwechslung der Anschlüsse von Erst- und Berufungsgericht); ferner *OLG Nürnberg* NJW 1999, 153; *G. Müller* NJW 1998, 497, 508 f.
[129] S. *OLG Celle* DVP 2007, 130: Die Anweisung, Übermittlungsversuche zu wiederholen, genügt nicht. Ferner *OLG Nürnberg* NJW 1999, 153 m. w. N.
[130] *BVerfG* NJW 2006, 2869; *BGH* NJW 1992, 244; *BAG* NJW 1995, 743; *OVG Hamburg* NJW 2000, 1667 (Überbringung zum ca. 1 km entfernten Nachtbriefkasten). S. aber auch *BVerfG* NJW 1996, 2857, 2858. Ferner *VGH Mannheim* NJW 1994, 538.
[131] So schon *BVerwGE* 40, 95, 98 f.; 42, 120. Hierzu im Einzelnen *Kummer* Rn. 314 ff.
[132] *BVerfGE* 42, 120, 121 ff. = NJW 1976, 1021 („ein Monat"); *BVerfG* NVwZ 1992, 1080 („unverzüglich, längstens eine Woche"); *BVerwG* InfAuslR 1994, 128; NJW 1990, 3103; *OVG Münster* AuAS 2005, 79 *VGH München* NJW 1997, 1324, 1325; NJW 1977, 1213; *BFHE* 118, 294; *BSG* NJW 1989, 680; *Stelkens* NuR 1982, 10, 14.
[133] *BVerfG* NVwZ-RR 1996, 120, 121; *BVerfGE* 86, 380, 284 f. = NVwZ 1992, 1080.
[134] *BVerfGE* 42, 120, 125 ff. = NJW 1976, 1021; 40, 95, 99 = NJW 1975, 1597; *BayObLG* NJW 1996, 1836, 1837.

rechtsstaatliche Gebot eines fairen Verfahrens[135] es gebieten, ihm – allerdings nur unter den allgemeinen Voraussetzungen – Wiedereinsetzung in den vorigen Stand zuzusprechen.[136] Nach allgemeinen Grundsätzen hat auch der Ausländer die Pflicht, Rechtsrat einzuholen (Rn. 23), selbst wenn er sich im Ausland befindet, anders nur, wenn ihm dies nicht zumutbar ist.[137]

g) Weitere Beispielsfälle:[138]

Verschulden eines Beteiligten bejaht: Zusendung des Schriftsatzes wegen falscher Adressierung an unzuständige Behörde.[139] Zur etwaigen Weiterleitungspflicht s. Rn. 13f. Keine Kenntnis vom Verbleib des ordnungsgemäß zugestellten, aber angeblich nicht erhaltenen Bescheids.[140] Die Versäumung der Frist des § 20 Abs. 5 Satz 2 AEG ist regelmäßig nicht deswegen unverschuldet, weil der Antragsteller vor Fristablauf keine Gelegenheit zur **Akteneinsicht** hatte.[141] **Mangelnde Rechtskenntnis** kann eine Fristversäumung in aller Regel nicht entschuldigen,[142] es sei denn, die Rechtsansicht des Beteiligten sei auch von einem Gericht geteilt worden.[143] Insbesondere falsche Fristberechnung,[144] s. Rn. 15. Unterlassung, Rechtsrat einzuholen.[145] Zur Pflicht eines Ausländers, Rechtsrat einzuholen, s. Rn. 22. Bestellt jemand in einer Rechtsangelegenheit einen Vertreter, handelt er nur dann nicht schuldhaft, wenn er einen Rechtsanwalt oder eine andere hierfür sach- und rechtskundige Person bevollmächtigt,[146] die zur Rechtsberatung berechtigt ist.[147] Schuldhaft die Versendung eines Schriftstückes mit **unvollständiger** oder unzulässiger **Anschrift,**[148] auch durch Benutzung veralteter Postleitzahlen,[149] anders aber, wenn der Brief auch bei richtiger Adressierung nicht rechtzeitig durch Fehler der Post eingegangen wäre[150] oder wenn der Fehler dem ansonsten zuverlässig arbeitenden Büropersonal unterlaufen ist und für den Rechtsanwalt nicht leicht erkennbar war.[151] Der Antragsteller hat grds. die vollständige Wohnungsanschrift und jede Änderung anzugeben: lediglich eine Postfachanschrift genügt jedenfalls im gerichtlichen Verfahren nicht.[152] Schuldhaft unzureichende Frankierung.[153] Es gibt keinen allgemeinen Grundsatz, dass eine Behörde verpflichtet ist, unterfrankierte Sendungen anzunehmen, auch nicht bei Ausschlussfristen.[154] Zu Sorgfaltspflichten bei Absenden eines Telebriefes oder bei Telefax oder bei der **Benutzung technischer Hilfsmittel** Rn. 21; § 24 Rn. 83f. Versendung am **letzten Tag der Frist** mit einfacher Post,[155] selbst mit Luftpost,[156] Eilzustellung[157] oder Einschreiben gegen

---

[135] S. *BVerfG* NJW 2004, 2887; 2000, 1709; *BVerwG* NVwZ 2001, 94.
[136] *BVerwG* 14. 4. 1978 Buchholz 310. § 58 VwGO Nr. 37 = DVBl 1978, 888; *BSG* DVBl 1987, 848; s. dazu *Stober* Verwaltungsrundschau 1979, 142. Zum nicht anzurechnenden Verschulden eines Sprachmittlers *VGH München* NJW 1997, 1324, 1325, dazu Rn. 18. Zur Sorgfaltspflicht eines Rechtsanwaltes bei ausländischen Mandanten *BVerwG* MDR 1983, 604; *OVG Münster* NJW 1981, 1855. Zur Pflicht des Asylbewerbers, dafür Sorge zu tragen, dass ihn Benachrichtigungen seines Bevollmächtigten erreichen *BVerwG* NJW 1982, 1244, s. § 10 AsylVfG, dazu § 37 Rn. 6, § 41 Rn. 1. Zu Postlaufzeiten im Ausland Rn. 25.
[137] *BVerwG* InfAuslR 1996, 180, 182.
[138] Weitere Beispiele bei *Born* NJW 2007, 2088 ff.; 2005, 2042 ff.; *v. Pentz* NJW 2003, 858; *G. Müller* NJW 1995, 3224.
[139] *BVerfG* NJW 2002, 3692; *BVerwG* NJW 1998, 398 (Verwechslung der Anschlüsse von Erst- und Berufungsgericht); *BGH* NJW 1995, 2105; *BAG* NJW 1995, 2742; *BFH* NJW 2000, 1520; ferner *VGH Kassel* NJW 2006, 3450; *OVG Lüneburg* NJW 2006, 1083; *OLG Nürnberg* NJW 1999, 153; *VGH Mannheim* NJW 1973, 385; s. im Einzelnen *Kummer* Rn. 295 ff.
[140] *BFH* NVwZ 2000, 357.
[141] *BVerwG* NVwZ 1997, 993.
[142] *BVerwG* NVwZ-RR 1999, 538; *BerlVerfGH* NJW 2003, 1517.
[143] *BVerwGE* 60, 297, 313 = NJW 1981, 359.
[144] *Thür. FG* EFG 1996, 958.
[145] *VGH München* BayVBl 1973, 15.
[146] *BVerwGE* 14, 109; Rn. 28.
[147] *BVerwGE* 19, 339.
[148] *BVerwG* NJW 1990, 1747; *VGH München* NJW 2006, 1082; *VGH Mannheim* MDR 1975, 963; *BAG* NJW 1987, 3278.
[149] *OLG Düsseldorf* NJW 1994, 2841. Zur Vollständigkeit der Anschrift s. *BVerwG* NJW 1999, 2608.
[150] *BVerwG* NJW 1990, 2639.
[151] *BFHE* 189, 573 = NJW 2000, 1520.
[152] *BVerwG* NJW 1999, 2608.
[153] *BVerfG* NJW 1980, 769; *OVG Hamburg* NJW 1995, 3137.
[154] *OVG Hamburg* NJW 1995, 3137.
[155] *BGH* VersR 1977, 648.
[156] *BVerwG* VerwRspr. 1970, S. 368.
[157] *BVerwG* NJW 1966, 1090; *BFHE* 119, 212; *VGH Kassel* NJW 1981, 2078.

Rückschein.[158] In diesem Fall erhöhte Sorgfaltspflicht (Erkundigungspflicht, Achten auf Leerzeiten des Briefkastens etc.), dass das Schriftstück unter Berücksichtigung der normalen Laufzeit (Rn. 25) den Adressaten erreichen kann.[159] Ggfs. sind zusätzliche Zeiten z. B. die Brieflaufzeiten innerhalb einer JVA mitzuberücksichtigen.[160] Unterbliebene Vergewisserung des rechtzeitigen Eingangs, wenn sich nach Absendung Anlass für Zweifel ergibt.[161] Unterlassene Beanstandung einer bekannten ständigen, nicht ordnungsmäßigen Postzustellung.[162] Unterlassene Vorsorge gegen Maßnahmen des Ehegatten, die zu Verzögerungen bei der Briefzustellung führen,[163] anders bei einmaligem Versehen.[164] Mangelnde Kenntnisnahme von Schriftstücken, die zwecks Zustellung bei der Post niedergelegt sind,[165] es sei denn, diese beruhe auf falscher Belehrung durch die Behörde.[166] Im Regelfall Unkenntnis von öffentlicher Zustellung.[167] Bei **Erkrankungen** kommt es entscheidend darauf an, ob der Betroffene dadurch tatsächlich gehindert war, das Notwendige zu veranlassen, z. B. einen Bevollmächtigten zu beauftragen.[168] Ein Rechtsanwalt muss – jedenfalls durch Anweisung an das Büropersonal – Vorsorge dafür treffen, dass im Fall seiner Erkrankung ein Vertreter die notwendigen Handlungen vornimmt, s. Rn. 29.[169]

24 **Verschulden eines Beteiligten verneint:**
Keine besonderen Vorkehrungen bei **urlaubsbedingter Abwesenheit,**[170] auch bei siebenwöchiger Abwesenheit,[171] es sei denn, es ist mit baldiger Zustellung zu rechnen,[172] nicht aber wenn im Urlaub für lange Zeit erkrankt.[173]

25 **Verzögerliche Briefbeförderung** oder Briefzustellung: Verzögerungen der Briefbeförderung und Zustellung können grdsl. nicht als Verschulden angerechnet werden. In der Verantwortung des Absenders liegt es allein, die Sendung ordnungsgemäß und so rechtzeitig aufzugeben, dass sie bei normalem Verlauf fristgerecht ankommt.[174] Dies gilt regelmäßig auf bei der Nutzung privater **Kurierdienste,** es sei denn, es besteht Anlass zu Zweifeln an der Zuverlässigkeit.[175] Ggfs. muss der Absender darlegen und glaubhaft machen, dass der Dienst über eine sichere Beförderungsstruktur verfügt.[176] Entsprechendes gilt, wenn ein eigener Kurierdienst der Behörden tätig wird.[177] Dem Absender obliegt auch keine besondere Erkundungs- oder Ersatzübermittlungspflicht durch Telefax, Telegrafie oder ähnliches.[178] Dies gilt auch dann, wenn die Frist voll ausgenutzt werden soll.[179] Vertrauen auf übliche **Postlaufzeiten,**[180] von der **Deut-**

---

[158] *OVG Münster* NJW 1996, 2809; NJW 1987, 1353. Zur Verteilung des Risikos hinsichtlich des Zugangs eingeschriebener Briefsendungen s. *Franzen* JuS 1999, 429.
[159] *OVG Münster* NJ 2000, 612 = NWVBl 2001, 29; NJW 1996, 2809; *G. Müller* NJW 1993, 681, 684, jew. m. w. N.
[160] *OVG Münster* NJ 2000, 612 = NWVBl 2001, 29.
[161] S. *BGH* NJW 1993, 1333; *VGH Mannheim* NVwZ-RR 1995, 377; *VG Neustadt* NJW 2006, 314.
[162] *BVerwG* MDR 1977, 431.
[163] *VGH Mannheim* MDR 1978, 519.
[164] *OVG Münster* NJW 1995, 2508, dazu Rn. 18.
[165] *BVerfG* NJW 1993, 847; *BVerwG* NJW 1987, 2529.
[166] *BVerwG* NJW 1983, 1923, 1924; Rn. 26, 41.
[167] *Guttenberg* MDR 1993, 1049.
[168] *OVG Greifswald* GewArch 2005, 376; *Born* NJW 2007, 2088, 2093.
[169] *BGH* NJW 2006, 2412; *Born* NJW 2007, 2088, 2093; *Saarl. FG* EFG 1996, 956. S. auch *OVG Greifswald* GewArch 2005, 376.
[170] Hierzu *Hirtz* EWiR 2002, 315; *BVerfGE* 41, 332; NJW 1993, 847; *BVerwG* NVwZ-RR 1995, 613; NJW 1995, 96; *BVerwGE* 25, 158, 166; 34, 154 mit Bespr. *Menger*, HRRVwR 1973, A 2, F 7; 40, 182, 186; VG Chemnitz 19. 3. 1999 – 1 K 478/95 –.
[171] *FG München* NJW 1984, 2544; s. aber *FG Köln* NJW 1983, 1576 (L).
[172] *BVerwG* NVwZ-RR 1995, 613; NJW 1975, 1574; Buchholz 310 § 60 VwGO Nr. 152; *VGH München* BayVBl 2007, 570; *OVG Berlin* NJW 1994, 3117; differenzierend *BVerwG* NVwZ-RR 1990, 86.
[173] *BSG* NJW 1992, 3120.
[174] *BVerfG* NJW-RR 2002, 1005; *OVG Münster* DÖV 2007, 35.
[175] *OVG Münster* DÖV 2007, 35 m. w. N.
[176] *OVG Münster* NJW 1994, 402.
[177] Vgl. *BVerwG* NVwZ-RR 2003, 901; *OVG Münster* DÖV 2007, 35; *VG Schleswig* 12. 5. 1997 – 11 A 112/96 – SchlHA 1998, 57.
[178] *BVerfG* in st. Rspr. JZ 1976, 128; NJW 1977, 1233; NJW 1979, 641; NJW 1983, 560; NJW 1994, 1854; NVwZ 1995, 2546 f.; NJW 1995, 2546; zur Verfassungsgerichtsrechtsprechung *Goerlich* NJW 1976, 1526, 1527; *OVG Münster* NJW 1996, 2809 jew. m. w. N.; *BFH* NJW 1977, 728; BFHE 132, 396; *Späth* VersR 1975, 16.
[179] *BVerfG* NJW 1983, 1479; *BVerwG* DÖV 1973, 647; *BFH* NJW 2001, 991.
[180] *OVG Münster* NVwZ-RR 1997, 327. Zur Postbeförderung *Kummer* Rn. 280 ff.

§ 32 Wiedereinsetzung in den vorigen Stand

schen Bundespost amtlich bekanntgegebene oder ausgehängte „Übersicht wichtiger Brieflaufzeiten",[181] z. B. Vertrauen auf Postlaufzeiten von nicht mehr als zwei Tagen auch im Verhältnis zu den neuen Bundesländern,[182] jedenfalls für die Zeit von Donnerstag bis Montag.[183] Nachträglichen Zweifeln muss aber nachgegangen werden.[184] Auf längere Postlaufzeiten muss man sich im Ausland einstellen.[185] Der Absender darf grds. darauf vertrauen, dass ein rechtzeitig versandtes Schriftstück nicht auf dem Postweg verloren geht;[186] ihm obliegt es auch insoweit nur, die Sendung ordnungsgemäß zu frankieren und zu adressieren.[187] Differenzierungen nach besonderer Beanspruchung der Post (z. B. vor Feiertagen) oder nach verminderter Dienstleistung (z. B. an Wochenenden) sind unzulässig.[188] Bei außergewöhnlichen Ereignissen wie einem **Poststreik** fehlt jedoch die Grundlage für ein Vertrauen in die normalen Beförderungszeiten; hier besteht eine besondere Nachforschungspflicht.[189] Auch müssen andere zumutbare Übermittlungswege genutzt *werden*.[190] Nach Beendigung des Poststreiks bestehen keine besonderen Anforderungen.[191] Einer Postzustellung ist die Zuleitung eines Antrages einer Behörde über den Dienstweg wegen der damit verbundenen materiellen Prüfungsbefugnis der Aufsichtsbehörden nicht vergleichbar.[192] Ggfs. sind neben den Postlaufzeiten zusätzliche Zeiten, z. B. die Brieflaufzeiten innerhalb einer JVA, mitzuberücksichtigen.[193]

Kein Verschulden bei Irreführung durch die Behörde,[194] Vertrauen auf Rechtsbehelfsbelehrung, eine fehlerhaft zugestandene Fristverlängerung[195] oder auf eine **falsche Auskunft** der Behörde[196] (Rn. 29). Eine falsche Auskunft einer erkennbar unzuständigen Behörde verhindert das Verschulden jedoch nicht.[197] Mangelnde Belehrung durch Sachbearbeiter der Behörde, insbesondere nach § 25, wenn dieser eine unzutreffende Rechtsansicht des Beteiligten erkennt,[198] anders wenn der Adressat eine richtige Auskunft – für den Bediensteten nicht erkennbar – missverstanden hat.[199] **26**

Kein Verschulden falls die Frist versäumt wird, weil die Behörde nicht über einen **Nachtbriefkasten** verfügt,[200] Beweislast liegt bei der Behörde, wenn rechtzeitiger Eingang nicht nachgewiesen werden kann, weil Behörde Briefumschlag nicht aufbewahrt.[201] Die Behörde sollte daher schon in ihrem Interesse Briefumschläge mit Poststempel bei fristwahrenden Schriftstücken zu den Akten nehmen.[202] **Unzumutbarkeit** einer Antragstellung, weil Ungewissheit über die rechtlichen Auswirkungen des Antrages besteht.[203] Unkenntnis über kirchliche Feiertage oder Feiertage kraft Brauchtums, z. B. Annahme, der 31. Dezember sei ein Feiertag.[204] Kein Verschulden bei **Krankheit,** es sei denn, es hätte trotz der Krankheit ein Bevollmächtigter beauftragt werden können,[205] s. Rn. 23. Ein Rechtsanwalt muss – jedenfalls durch Anweisungen **27**

---

[181] *VGH Mannheim* NJW 1996, 2882; *BFH* BB 1991, 1475; *BAG* NJW 1995, 2575 m. w. N.
[182] *OLG Celle* DtZ 1992, 296, vgl. Rn. 49.
[183] *BGH* DtZ 1993, 283.
[184] *BGH* NJW 1993, 1333; *VG Neustadt* NJW 2006, 314.
[185] *OVG Münster* OVGE 44, 35.
[186] *FG Hamburg* EFG 1996, 959; insoweit ist Wiedereinsetzung erforderlich, weil das Vertrauen nicht als Beweis des ersten Anscheins den Zugang des Schriftstücks begründet, vgl. z. B. *OLG München* NJW 1993, 2447, 2448.
[187] *BVerfG* NJW-RR 2002, 1005; *OVG Münster* DÖV 2007, 35.
[188] *BVerfG* NJW 1995, 2546 f.; NJW 1992, 1952; NJW 1981, 769.
[189] *BGH* NJW 1993, 750; 1332 und 1333.
[190] *BVerfG* NJW 1995, 1210; s. auch *BAG* NJW 1995, 548.
[191] *BVerfG* NJW 1994, 244 für Aufgabe sieben Tage nach Streikende.
[192] *VG Köln* Städtetag 1984, 440.
[193] *OVG Münster* NJ 2000, 612.
[194] Vgl. *BVerwG* NJW 2004, 2887.
[195] *BVerwG* NVwZ-RR 1999, 162.
[196] *BVerwG* StAZ 1997, 382.
[197] *BVerwG* NVwZ 1996, 267 für Auskunft des nur beteiligten Oberbergsamtes in einem Planfeststellungsverfahren.
[198] *BVerwG* NJW 1976, 1332, 1333; § 24 Rn. 82; § 25 Rn. 6; zum Rechtsirrtum s. Rn. 15.
[199] *FG Düsseldorf* EFG 1996, 957.
[200] S. *BVerwGE* 18, 51 und § 24 Rn. 84, § 31 Rn. 15.
[201] *BVerfG* NJW 1997, 1770; 1995, 2545; *OVG Hamburg* NVwZ-RR 1995, 122; *OVG Münster* NZ-WehrR 1991, 170. Hierzu auch *Th. Müller* EFG 2003, 583.
[202] *OVG Münster* NVwZ-RR 1997, 327.
[203] *BVerfGE* 71, 305, 346.
[204] *VGH Mannheim* NJW 1987, 1353; s. Rn. 28, § 31 Rn. 37.
[205] *OVG Greifswald* GewArch 2005, 376; *Born* NJW 2007, 2088, 2093. Im Einzelnen *Kummer* Rn. 311 ff.

an das Büropersonal – Vorsorge dafür treffen, dass im Fall seiner Erkrankung ein Vertreter die notwendigen Handlungen vornimmt, s. Rn. 29.[206]

28 **Verschulden eines Vertreters** (Rn. 16) **bejaht:**
Bei Rechtsanwälten (s. allgemein Rn. 17) bestehen die wesentlichen Probleme bei der Überwachung von **Hilfspersonen** (Rn. 18) und bei einem **Organisationsverschulden**[207] (Rn. 20), insbesondere soweit sie sich auf die Fristenkontrolle (s. Rn. 20, 29) und bei dem Betrieb von Telefaxgeräten auswirken (Rn. 21, 29). Im Einzelnen: unzureichende Aufklärung eines Boten.[208] Beauftragung einer unerfahrenen Bürokraft.[209] Mangelnde **Rechts- und Verfahrenskenntnis**,[210] insbesondere mangelnde Kenntnisse über verfahrensrechtliche Fristen.[211] Annahme, die Frist würde verlängert, wenn der letzte Tag der Frist auf einen dienstfreien Tag, der aber nicht anerkannter Feiertag ist (31. Dezember), fällt.[212] Absehen von Rechtshandlungen, obwohl Vollmacht vorliegt.[213] Vertrauen darauf, dass Mandant auf Benachrichtigung reagiert.[214] Zum Verschulden bei der Vertretung von Ausländern s. Rn. 22. Mangelnde Anweisung an Büropersonal, Akten vorzulegen, wenn befürchtet wird, dass Frist versäumt ist.[215] Mangelnde organisatorische Vorkehrungen dafür, dass Fristen korrekt eingetragen werden.[216] Fristberechnung durch Büropersonal, wenn Frist nicht zur Routineangelegenheit gehört, s. Rn. 29. Lässt ein Rechtsanwalt einen fristgebundenen Antrag am **letzten Tag der Frist** übermitteln, dann unterliegt er einer erhöhten Sorgfaltspflicht (Rn 23) und muss von daher bei Erhalt der **Eingangsbestätigung** selbst überprüfen, ob die Frist gewahrt worden ist.[217] Zur Ermittlung von Telefon- und Faxnummern durch Büropersonal Rn. 29. Zum Verschulden sonstiger Beauftragter s. Rn. 16, 18. Zum Verschulden von Behördenbediensteten s. Rn. 19. Arbeitsüberlastung eines Rechtsanwalts ist ohne Hinzutreten besonderer Umstände kein Wiedereinsetzungsgrund.[218] Allerdings braucht ein Rechtsanwalt nicht zu erwarten, dass sein mit beruflicher Überlastung infolge urlaubsbedingter Rückstände und Vertretung eines erkrankten Kollegen begründeter erstmaliger Antrag auf (hier im Ermessen stehende) Verlängerung einer Frist ohne „Vorwarnung" abgelehnt wird. In diesem Fall verletzt die Versagung der Wiedereinsetzung das Gebot einer rechtsstaatlichen Verfahrensgestaltung.[219]

29 **Verschulden eines Vertreters verneint:**
Vertrauen auf normale Postlaufzeiten (Rn. 25). Alleiniges Verschulden des Büropersonals eines Rechtsanwaltes,[220] es sei denn, es liege ein **Organisationsverschulden** vor (Rn. 20). **Fristenkontrolle** darf in Routinesachen zuverlässigem Personal übertragen werden,[221] nicht aber, wenn Anwalt die Sache zur Vorbereitung der fristgebundenen Prozesshandlung vorgelegt wird.[222] Der Rechtsanwalt darf sich nicht anstelle eigener Fristberechnung auf telefonische Auskunft der Behörde oder des Gerichts über das Ende der Frist verlassen.[223] Er darf die gesetzliche Frist grundsätzlich voll ausschöpfen;[224] deshalb trifft ihn kein Verschulden, wenn er bei Vorlegung einer als Vorfristsache gekennzeichneten Akte sowohl die Bearbeitung als auch die gebotene Prüfung, ob das Fristende richtig ermittelt und festgehalten ist, nicht bereits am Tage der

---

[206] *BGH* NJW 2006, 2412; *Born* NJW 2007, 2088, 2093; *Saarl. FG* EFG 1996, 956. S. auch *OVG Greifswald* GewArch 2005, 376.
[207] Siehe hierzu im Einzelnen *Born* NJW 2007, 2088, 2091 ff.; 2005, 2042; *v. Pentz* NJW 2003, 858; *Wirges* MDR 1998, 1459 ff.; *G. Müller* NJW 1998, 497, 502 ff.
[208] *BVerwG* DÖV 1981, 180.
[209] *BGH* NJW 2006, 1519; 1996, 319.
[210] *BVerwG* NJW 1977, 773, DÖV 1984, 174; *BFH* NJW 1996, 216 m. w. N.
[211] *BVerwGE* 49, 252, 255.
[212] *VGH Mannheim* NJW 1987, 1353.
[213] *BVerwG* DVBl 1984, 781; *OVG Münster* 16. 7. 1990 – 3 B 22 036/90 n. v.
[214] *VGH Kassel* NJW 1991, 2099; einschränkend NJW 1992, 196.
[215] *BFH* NJW 1977, 600.
[216] *BVerwG* NJW 1997, 3390; *BGH* NJW 2006, 1520.
[217] *VGH München* NVwZ 2000, 577.
[218] *VGH München* NJW 1998, 1507.
[219] So *BVerfG* NJW 1998, 3703 zur Berufungsbegründungsfrist.
[220] *BVerwG* NJW 1977, 773; NJW 1972, 1435; *BGH* NJW 1988, 1853.
[221] *BVerfG* NJW 1996, 309; *BVerwG* NJW 1976, 75; NJW 1986, 207, 208; s. Rn. 41.
[222] *BGH* NJW 1997, 1079; NJW 1994, 2831; NJW 1991, 1178; VersR 1977, 255 und 373; *OVG Münster* NJW 1979, 734, s. aber *BGH* NJW 1988, 1853.
[223] *BVerwG* NJW 1997, 2614 für Beschwerdebegründungspflicht.
[224] *BVerfG* NJW 2006, 3346; 2005, 3346. Im Einzelnen *Kummer* Rn. 272 ff.

Vorlage vornimmt.²²⁵ Bei Absendung kurz vor Fristablauf besteht aber eine erhöhte Sorgfaltspflicht.²²⁶ Mit der Übermittlung z. B. per Fax muss rechtzeitig begonnen werden, ohne dass aber Übermittlungszeiten einzukalkulieren sind, mit denen nicht zu rechnen war.²²⁷ Für die Beurteilung der Rechtzeitigkeit des Eingangs eines per Telefax übersandten Schreibens kommt es dabei allein darauf an, ob die gesendeten Signale noch vor Ablauf des letzten Tages der Frist vom Telefaxgerät des Empfängers vollständig gespeichert worden sind, wohingegen der Zeitpunkt des Ausdrucks in Papierform – einschließlich der letzten, mit der Unterschrift versehenen Seite des Schreibens – unerheblich ist.²²⁸ **Organisatorisch** muss eine wirksame Fristenkontrolle durch Wiedervorlage,²²⁹ End- und Ausgangskontrolle²³⁰ sichergestellt sein.²³¹ Dazu haben auch Behörden einen Fristenkalender zu führen.²³² Ein zusätzlicher Fristenkalender ist neben einem EDV-gestützten Fristenkalender nicht nötig, allerdings muss ein schneller Service zur Beseitigung von Störungen organisiert sein.²³³ Durch geeignete Anweisungen ist sicherzustellen, dass die Berechnung einer Frist, ihre Notierung auf den Handakten, die Eintragung im Fristenkalender sowie die Quittierung der Kalendereintragung durch einen Erledigungsvermerk auf den Handakten von der zuständigen Bürokraft zum frühestmöglichen Zeitpunkt und im unmittelbaren zeitlichen Zusammenhang vorgenommen werden.²³⁴ Fristen zur Einlegung und Begründung von Rechtsbehelfen müssen deutlich als solche gekennzeichnet und so notiert werden, dass sie sich von gewöhnlichen Wiedervorlagefristen unterscheiden.²³⁵ Insgesamt zuständig muss eine bestimmte Fachkraft sein.²³⁶ Wird, wie in der Verwaltungsgerichtsbarkeit, der Eingang einer Rechtsmittelschrift mit Eingangsdatum bestätigt, besteht eine Überprüfungspflicht des Anwaltes,²³⁷ s. Rn. 28. Der Rechtsanwalt muss die Antrags- und Rechtsmittelfristen zwar auch persönlich auf Richtigkeit und Vollständigkeit prüfen; er ist aber nicht gehalten, den dem äußeren Ansehen nach fehlerfreien Schriftsatz vollständig durchzublättern und auf fehlende Seiten zu kontrollieren.²³⁸ Bei der Benutzung eines **Telefaxes** ist die Kontrolle einer wirksamen Übermittlung sicherzustellen (Rn. 21). Kein Verschulden des Rechtsanwaltes, wenn das Aussuchen der Faxnummer wie einer Telefonnummer²³⁹ und das Absenden des Faxes²⁴⁰ geschultem und überwachtem Personal überlassen wird. Allerdings muss organisatorisch eine Überprüfung der Richtigkeit der verwandten Empfängernummern sichergestellt sein.²⁴¹ Kein Verschulden, wenn an **Organisation des Postabganges** keine strengeren Vorkehrungen als bei einer Behörde kraft gesetzlicher Vorschrift getroffen worden sind,²⁴² desgleichen wenn Rechtsanwalt sich bei der Fristberechnung einer von der Behörde oder dem Gericht für unrichtig gehaltenen Ansicht angeschlossen hat, die aber von anderen Gerichten oder Handkommentaren vertreten wird.²⁴³

---

²²⁵ *BGH* NJW 2000, 365.
²²⁶ *BGH* NJW 1995, 1431; vgl. auch *BVerfG* NJW 2006, 829. Ferner Rn. 23.
²²⁷ *BVerfG* NJW 2006, 1505; *BFH* NJW 2001, 991; *BGH* NJW 2005, 678.
²²⁸ Grundlegend *BGH* NJW 2006, 2263.
²²⁹ *BVerfG* NJW 1995, 711; *BVerwG* NJW 1984, 2542 (L); keine generelle Verpflichtung zum Notieren von Vorfristen *OVG Münster* NJW 1995, 1445, s. aber *BGH* NJW 1994, 2831.
²³⁰ Im Einzelnen *Kummer* Rn. 514 ff.; ferner *BGH* NJW 1994, 3171; JZ 1993, 1172; ausführlich FG Hamburg EFG 1994, 550; zur Fristüberprüfung bei Ortsabwesenheit *VGH München* NJW 1993, 1731; *Hirtz* EwiR 2002, 315. Zum Absendevermerk s. *BFH* NVwZ-RR 2002, 250; *OVG Münster* NVwZ 2004, 120.
²³¹ *BAG* NJW 1993, 2957 u. 1350, jew. m. w. N. Zur EDV-gestützten Fristenkontrolle LG Berlin AnwBl 1993, 585.
²³² S. *OVG Münster* NVwZ 2007, 115. Im Einzelnen *Kummer* Rn. 450 ff.
²³³ *BGH* NJW 1997, 327. Siehe aber *LSG LSA* DÖV 2006, 439.
²³⁴ *BGH* NJW 2003, 1815; 2004, 688; NJW-RR 2004, 1714; 2005, 215; *Born* NJW 2007, 2088, 2091 ff.; 2005, 2042, 2046 ff.
²³⁵ *Born* NJW 2007, 2088; 2005, 2042, 2046 m. w. N.
²³⁶ Vgl. *BGH* NJW 2006, 1520.
²³⁷ *VGH* Kassel NJW 1993, 748, 749.
²³⁸ *BGH* NJW 2000, 364.
²³⁹ *BGH* NJW 1995, 2105; s. aber sehr weitgehend *BGH* NJW 1994, 2300, Verschulden, wenn ausdrücklich durch Rundschreiben des Gerichts/der Behörde auf eine Änderung der Faxnummer hingewiesen worden ist. Ebenso *LG Frankfurt/M* NJW 1992, 3043: Überprüfungspflicht auf Aktualität, wenn Telefaxnummer seit Langem gespeichert ist.
²⁴⁰ *BGH* NJW 1997, 1930; NJW 1994, 329, Rn. 21.
²⁴¹ *BGH* NJW 1997, 948.
²⁴² Rn. 19; *OVG Lüneburg* AnwBl. 1976, 128.
²⁴³ *BGH* NJW 1985, 495.

Ebenso für Vertrauen auf fehlerhaft zugestandene Fristverlängerung,[244] unrichtige **Rechtsbehelfsbelehrung**[245] und sonstige **Irreführung** durch die Behörde.[246] Auf die Richtigkeit einer Behördenauskunft wird er aber, anders als der rechtsunkundige Bürger (Rn. 26), nicht in jedem Fall vertrauen dürfen. Ein Rechtsanwalt muss – jedenfalls durch Anweisungen an das Büropersonal – Vorsorge dafür treffen, dass im Fall seiner **Erkrankung** ein Vertreter die notwendigen Handlungen vornimmt, s. Rn. 29.[247] Ein Verschulden ist zu verneinen, wenn die Krankheit plötzlich und unvorhersehbar auftritt und so schwer ist, dass es unzumutbar ist, die Frist zu wahren oder einen Vertreter zu bestellen.[248] Bei wiederholter Erkrankung muss organisatorisch sichergestellt sein, dass fristwahrende Schriftsätze rechtzeitig die Kanzlei verlassen können.[249] Wurde ein bestimmender Schriftsatz mit **Paraphe** unterzeichnet, so erfordert es der Anspruch auf ein faires Verfahren, ggfs. Wiedereinsetzung zu gewähren, wenn glaubhaft und unwidersprochen vorgetragen wird, die gewählte Art der Unterzeichnung sei bis dahin im Geschäftsverkehr, bei Behörden und in Gerichtsverfahren jahrelang unbeanstandet verwendet worden.[250] Zur Abgrenzung Unterschrift/Paraphe s. § 33 Rn. 7; § 34 Rn. 6.[251]

IV. Formelle Voraussetzung der Wiedereinsetzung (Abs. 2, 3)

1. Antrag, Antragsfrist

30   Die Wiedereinsetzung (zur Form s. Rn. 44) erfolgt in der Regel auf Antrag (s. Rn. 31 ff.), für den auch die allgemeinen Antragsvoraussetzungen vorliegen müssen.[252] Liegen die Voraussetzungen für die Wiedereinsetzung vor, hat der Antragsteller einen **Anspruch auf Wiedereinsetzung**. Ein Ermessen steht der Behörden nicht zu, anders bei Wiedereinsetzung von Amts wegen (s. Rn. 38).

31   Absatz 2 gibt eine **Zwei-Wochen-Frist** (dazu Rn. 3 und Entstehungsgeschichte) nach Wegfall des Hindernisses, in der a) der **Antrag** auf Wiedereinsetzung gestellt (Satz 1) und begründet sowie b) die versäumte Handlung nachgeholt werden muss (Satz 3). Ist die versäumte Handlung innerhalb der Zwei-Wochen-Frist nachgeholt worden, ist auch eine Wiedereinsetzung **ohne Antrag** möglich (Satz 4). Nicht erforderlich ist es, innerhalb der zwei Wochen die Tatsachen zur Begründung des Wiedereinsetzungsantrages glaubhaft zu machen (Satz 2).

32   Die Zwei-Wochen-Frist **beginnt** nach **Wegfall des Hindernisses**, d.h. nach Fortfall des unverschuldeten, die Einhaltung der Frist hindernden Umstandes. Hängt das Hindernis von der **Kenntnis** des Antragstellers ab (sog. inneres Hindernis, z.B. Nichtwissen der Fristversäumnis), ist positive Kenntnis erforderlich,[253] Kennenmüssen oder Offensichtlichkeit des Hindernisses reichen nicht aus. Das Hindernis besteht jedoch nur solange fort, wie der Antragsteller auf Grund der ihm bekanntgewordenen Tatsachen keinen Anlass hatte nachzuprüfen, ob die Frist versäumt war.[254] Sobald die Unkenntnis nicht mehr unverschuldet ist, beginnt die Wiedereinsetzungsfrist.[255] Der Zugang einer das (verspätete) Eingangsdatum enthaltenden Eingangsbestätigung setzt die Frist unabhängig davon in Lauf, ob ausdrücklich auf die Fristversäumung hingewiesen wird.[256] Eine **Rechtsbehelfsbelehrung** hinsichtlich der Wiedereinsetzung ist nicht vorgeschrieben.[257] Bei einer Wiedereinsetzung nach unterbliebener Anhörung (§ 45 Abs. 3)

---

[244] *BVerwG* NVwZ-RR 1999, 162.
[245] *BGH* NJW 1993, 3206.
[246] *BVerfG* NJW 2004, 2887.
[247] *BGH* NJW 2006, 2412; *Born* NJW 2007, 2088, 2093; *Saarl. FG* EFG 1996, 956. S. auch *OVG Greifswald* GewArch 2005, 376.
[248] *Saarl. FG* EFG 1996, 956. S. auch *OVG Greifswald* GewArch 2005, 376; ferner *BGH* VersR 1977, 719; *Kummer* Rn. 311 ff.
[249] *BGH* 26. 1. 1996 – II ZB 7/95.
[250] *BFH* NVwZ 1999, 1263.
[251] *BAG* NJW 2001, 316; *BGH* NJW 1997, 3380.
[252] § 22 Rn. 62 ff.; für Rechtsschutzinteresse *BVerwG* NJW 1990, 1806.
[253] *VGH Mannheim* NVwZ-RR 1997, 327, 328; *FG Hamburg* EFG 1988, 55 zu § 110 AO.
[254] *BGH* NJW 1993, 1333; *VGH Mannheim* NVwZ-RR 1995, 377; *VG Neustadt* NJW 2006, 314.
[255] *OVG Münster* NWVBl 1998, 407.
[256] *OVG Münster* NWVBl 1998, 408.
[257] *Stelkens* NuR 1982, 10, 12. Vgl. allgemein *BVerfG* ZOV 1998, 339, danach gebietet auch Art. 19 Abs. 4 Satz 1 GG nur unter sehr engen Voraussetzungen eine Rechtsmittelbelehrung.

beginnt der Lauf der Wiedereinsetzungsfrist mit dem Zeitpunkt, zu dem die Behörde abschließend Stellung nimmt und damit die Nachholung der Anhörung abgeschlossen ist, ohne dass es darauf ankommt, ob der Ursachenzusammenhang zwischen Verfahrensmangel und Fristversäumnis zu diesem Zeitpunkt noch fortbesteht.[258]

In dieser Frist muss der – **formlos mögliche** – **Antrag auf Wiedereinsetzung** bei der zuständigen Behörde (s. Absatz 4) eingehen. Der Antrag kann auch **konkludent** gestellt werden (s. Rn. 35). Ausreichend ist, dass die Gründe für die Wiedereinsetzung, soweit sie der Behörde nicht bekannt sind, geltend gemacht werden und die Verfahrenshandlung innerhalb der Frist nachgeholt wird (S. Abs. 2 Satz 3).[259] Unterbleibt dies, ist auch insoweit Wiedereinsetzung denkbar, s. Rn. 10.[260] Ggf. besteht eine Beratungspflicht (§ 25 Rn. 48). Soweit für das Prozessrecht unter Berufung auf § 236 ZPO die Ansicht vertreten wird,[261] dass der Antrag auf Wiedereinsetzung der Form der nachzuholenden Prozesshandlung entsprechen muss, ist dieses Erfordernis auf das in der Regel formfreie Verwaltungsverfahren nicht zu übertragen (vgl. § 22 Rn. 30). Da die Fristversäumnis im VwVf, die zur Wiedereinsetzung Anlass gibt, in der Regel aber nur im schriftlichen VwVf vorkommen wird und auch in Übrigen ein mündlicher Wiedereinsetzungsantrag, der die Voraussetzungen der Rn. 34 aufweisen muss, kaum nachgewiesen werden kann (Beweislast beim Antragsteller), wird in der Praxis auch im VwVf ein schriftlicher oder ein zur Niederschrift der Behörde gestellter Wiedereinsetzungsantrag die Regel sein. 33

Der Antrag muss erkennen lassen, dass Wiedereinsetzungsgründe geltend gemacht werden,[262] d. h. er muss die notwendigen **Tatsachen zur Begründung** der Wiedereinsetzung benennen,[263] braucht sie jedoch innerhalb der Frist noch nicht glaubhaft zu machen (Satz 2, Rn. 40). Danach ist grds. u. a. der Zeitpunkt darzulegen, zu dem das Hindernis entfallen ist, falls es nicht behörden-, insbesondere aktenkundig ist.[264] Die Anforderungen an die Erlangung der Wiedereinsetzung dürfen jedoch nicht überspannt werden (Rn. 1). So muss die Begründung nicht ungefragt zu Umständen Stellung nehmen, mit denen der Betroffene nicht rechnen muss, weil sie jeder Lebenserfahrung widersprechen.[265] Spätere **Ergänzung**[266] ist zulässig, nicht jedoch Auswechseln dieser Gründe.[267] Ebenso nicht Ergänzung eines geschlossenen Vortrages durch wesentlichen zusätzlichen Tatsachenvortrag.[268] Zu den Tatsachen gehören auch diejenigen, aus denen sich ergibt, dass nach Behebung des Hindernisses die Wiedereinsetzung rechtzeitig beantragt worden ist,[269] d. h. der Antragsteller muss in der Regel den **Zeitpunkt darlegen,** zu dem das Hindernis entfallen ist (Rn. 32). Ausnahme nur, wenn es sich insoweit um eine offenkundige oder gerichtskundige, insbesondere **aktenkundige Tatsache** handelt.[270] 34

Ferner muss in der Zwei-Wochen-Frist die **versäumte Handlung** nachgeholt werden,[271] z. B. der Antrag auf Subvention gestellt werden (Satz 3). Die Nachholung muss wirksam sein (z. B. keine Formmängel aufweisen), da andernfalls die Wiedereinsetzungsfrist versäumt wird (s. Rn. 12; zur Unterschrift § 31 Rn. 11). Wird mit der nachgeholten Handlung z. B. mitgeteilt, dass der Antragsteller aus besonderen Gründen gehindert war, die ursprüngliche Frist einzuhalten, liegt hierin in der Regel zugleich ein konkludenter Antrag auf Wiedereinsetzung (Rn. 33, s. auch Rn. 37). 35

---

[258] Vgl. *BVerfG* NVwZ 2001, 1392; gegen *BGH* NVwZ 2000, 1326; wie *BVerfG* nunmehr auch *BGH* NVwZ 2002, 509; ferner *Clausen* in Knack, § 32 Rn. 14a.
[259] S. Kopp/Ramsauer, § 32 Rn. 41.
[260] Zu den Voraussetzungen für eine Wiedereinsetzung in die versäumte (erste) Wiedereinsetzungsfrist *BVerwG* NVwZ 1997, 391; *BGH* NJW 1999, 1264. Ferner *VGH Kassel* NVwZ 1986, 393 – hier bei Behörde.
[261] *Redeker/v. Oertzen*, § 60 Rn. 16; *Eyermann*, § 60 Rn. 18; *Bier* in Schoch u. a., § 60 VwGO Nr. 57.
[262] *BVerwG* 16. 8. 1995 Buchholz 407.3 § 3 VerkPBG Nr. 1 = NVwZ 1996, 267.
[263] *OVG Hamburg* NJW 1995, 3137, 3139; *VGH Kassel* DVBl 1996, 1202 zu § 32; *BVerwG* NJW 1963, 2043; NJW 1976, 74 und NJW 1976, 75; *OVG Münster* NJW 1996, 334, 335 für § 60 Abs. 2 VwGO; *VGH München* BayVBl 1983, 595; *FG Hamburg* EFG 1988, 55 zu § 110 AO; kritisch zu § 110 AO *Hennecke* Betr. 1986, 301.
[264] Vgl. *BVerfG* NJW 1995, 2544.
[265] Vgl. *BVerfG* NJW 1995, 2544.
[266] Vgl. *BVerwG* DÖV 1981, 636; *BFH* NJW 1986, 279.
[267] *BVerwG* NJW 1976, 74 und 75.
[268] *BGH* NJW 1991, 1892; NJW 1992, 697.
[269] *BVerwG* BayVBl 1985, 286.
[270] *BVerfG* NJW 1995, 2544 zu § 45 StPO, § 236 ZPO; *BGH* NJW 1997, 1079, Rn. 39.
[271] *VGH Mannheim* NVwZ-RR 1997, 327, 328 für § 60 Abs. 2 VwGO.

36 Im Gegensatz zu § 60 Abs. 2 VwGO spricht § 32 Abs. 2 Satz 3 bewusst (Begründung zu § 28 Entwurf 73) nicht von Rechtshandlungen, sondern von dem weiteren Begriff der „Handlungen", so dass darunter auch rein tatsächliche Vorgänge wie Erteilung von Auskunft, Vorlage von Unterlagen fallen können (s. § 31 Rn. 3 f.).

2. Wiedereinsetzung von Amts wegen

37 Wird lediglich die Handlung innerhalb der Zwei-Wochen-Frist nachgeholt, nicht aber der Antrag auf Wiedereinsetzung gestellt, kann die Wiedereinsetzung nach Satz 4 **von Amts wegen** erfolgen. Der Fall des Satzes 4 ist **kein Fall eines konkludenten Antrages,** da dieser bereits durch Abs. 1, Abs. 2 S. 1 erfasst wird (Rn. 33, 35). Da bei einer Entscheidung von Amts wegen die Voraussetzungen des Absatzes 2 S. 2 und 3 vorliegen müssen,[272] kann Abs. 4 nur in den wenigen Fällen relevant werden, in denen die versäumte Handlung innerhalb der Wiedereinsetzungsfrist nachgeholt worden ist, die Wiedereinsetzungsgründe selbst zwar offenkundig oder gerichtskundig (s. Rn. 34, 39) sind, dem Betroffenen aber unbekannt geblieben sind. Für diesen Fall ergänzt Satz 4 die Wiedereinsetzung auf Antrag in der gesetzgeberischen Annahme, dass dies dem mutmaßlichen Willen des Betroffenen entsprechen wird. Soweit dadurch Interessen Drittbetroffener berührt werden, können sie im VwVf dadurch aufgefangen werden, dass diese Entscheidung im Ermessen der Behörde steht (Rn. 38).

38 Das Tatbestandsmerkmal „kann" räumt der Behörde ein **Ermessen** zur Wiedereinsetzung ein, ist also nicht nur eine Befugnisnorm.[273] Die Gegenmeinung kann sich auf die ganz herrschende Meinung zu § 60 VwGO stützen, die Vorbild für § 32 war. Das BVerwG hat allerdings ausgeführt, es neige dazu, eine § 60 VwGO unterfallende Wiedereinsetzung von Amts wegen als Ermessensentscheidung anzusehen.[274] Unabhängig hiervon ist die Interessenlage bei einer Fristversäumung im VwVf jedenfalls anders als in einem Rechtsbehelfsverfahren (Rn. 2). Durch eine Ermessensermächtigung in Satz 4 wird die Behörde in die Lage gesetzt, im Allgemeininteresse (§ 9 Rz. 63 ff.) die Ordnungsfunktion der Frist zu bewerten und dabei zu berücksichtigen, dass der Betroffene selbst die Möglichkeit gehabt hätte, einen entsprechenden Wiedereinsetzungsantrag zu stellen. Würde die Nachholung der Handlung selbst plus Kenntnis der Wiedereinsetzungsgründe immer die Pflicht der Behörde zur Wiedereinsetzung bewirken, hätte es des Satzes 1 in Absatz 2 nicht bedurft. Im Rahmen des Ermessens ist zu berücksichtigen, warum der Betroffene selbst keinen Wiedereinsetzungsantrag innerhalb der Frist gestellt hat, so dass keine Wiedereinsetzung zu gewähren ist, wenn der Behörde bekannt ist, dass sie der Betroffene nicht will, z. B. weil er im Hinblick auf andere Verfahren auf der Meinung besteht, dass er die Frist eingehalten hat. Ferner ist zu berücksichtigen, ob durch die Wiedereinsetzung von Amts wegen Interessen Drittbetroffener berührt werden (Rn. 37) oder ob der Verlust materieller (Einwendungs-)Rechte überhaupt noch verhindert werden kann (Rn. 11). Das Ermessen kann sich allerdings zur Wiedereinsetzungspflicht **verdichten,** wenn der Behörde die Hinderungsgründe und die besondere Bedeutung des Fristverlustes für den Betroffenen bekannt sind und keine Gründe des Allgemeininteresses entgegenstehen, soweit im Übrigen die Voraussetzungen von Absatz 1 vorliegen.

39 Erforderlich ist, dass für die Nachholung der Handlung die **Zwei-Wochen-Frist** eingehalten wird, weil andernfalls der Betroffene bei einer Wiedereinsetzung von Amts wegen besser gestellt ist als ein Antragsteller.[275] Da die Behörde von Amts wegen über eine Wiedereinsetzung entscheiden soll, ist neben der nachgeholten Handlung erforderlich, dass ihr die **Gründe für die Wiedereinsetzung bekannt** sind, d. h. dass sie der Betroffene innerhalb der Zwei-Wochen-Frist vortragen muss, wenn sie nicht offenkundig sind.[276] **Offenkundig** in diesem Sinn sind

---

[272] Rn. 39, so auch Bier in Schoch u. a., § 60 Rn. 66.
[273] Wie hier Meyer/Borgs, § 32 Rn. 13; Clausen in Knack, § 32 Anm. 39; Ule/Laubinger, § 30 Rn. 5; a. A. Kopp/Raumsauer, § 32 Rn. 50; Obermayer, VwVfG, § 32 Rn. 74; wohl auch VGH Kassel NVwZ-RR 1993, 432, 434 und h. M. zu § 60 VwGO, vgl. Bier in Schoch u. a., § 60 Rn. 22; im Ergebnis auch OVG Münster NJW 1996, 2809.
[274] BVerwG NJW 2000, 1967.
[275] FG Hamburg EFG 1988, 55.
[276] BVerwG NJW 2000, 1967; NJW 1976, 74; DÖV 1973, 647; BGH NJW 1999, 794; OVG Münster NJW 1996, 2809; VGH Kassel NJW 1993, 748, 749; ferner J. Hoffmann EFG 2006, 1090.

nicht nur allgemeinkundige und amtskundige Tatsachen (§ 26 Rn. 23), sondern können auch **aktenkundige Tatsachen**[277] sein, sofern sie der Behörde im konkreten Fall bekannt sind. Eine Wiedereinsetzung von Amts wegen auf Grund eines angeblich verzögerten Postlaufs setzt danach voraus, dass sich das Vorliegen dieses Wiedereinsetzungsgrundes zweifelsfrei aus den Akten ergibt.[278] Dies kann z. B. dann vorliegen, wenn offen zu Tage liegende Umstände – etwa ein Poststempel – eine Fristversäumung als unverschuldet erkennen lassen.[279]

3. Glaubhaftmachung

Nicht innerhalb der Zwei-Wochen-Frist brauchen die Tatsachen zur Begründung des Antrages **glaubhaft** gemacht zu werden (Absatz 2 Satz 2). Dies kann im Verfahren über den Antrag nachgeholt werden.[280] Glaubhaftmachung bedeutet, eine überwiegende Wahrscheinlichkeit darzutun. Gewissheit braucht nicht verschafft zu werden. Zur Glaubhaftmachung sind alle präsenten **Beweismittel** (§ 26) einschließlich der **Versicherung an Eides Statt** dienlich (§ 294 ZPO).[281] Weder der Amtsermittlungsgrundsatz (§ 24) noch § 32 sind allerdings Gesetze i. S. d. § 27 (§ 27 Rn. 2), so dass die Behörde hierfür keine Versicherung an Eides Statt verlangen und abnehmen kann, es sei denn, die Voraussetzungen des § 27 lägen auf Grund eines anderen Gesetzes vor.[282] Wird die eidesstattliche Versicherung allerdings unverlangt eingesandt, kann sie entsprechend § 294 Abs. 1 ZPO gewürdigt werden (§ 27 Rn. 10). Dies gilt auch dann, wenn sie gemäß § 27 Abs. 1 nicht hätte verlangt werden können.[283] Eine **schlichte Erklärung** kann ausreichen, wenn sie geeignet ist, die Überzeugung von der Wahrscheinlichkeit des behaupteten Versäumnisgrundes zu begründen. Sie ist insbesondere dann zur Glaubhaftmachung zuzulassen, wenn andere Mittel in der jeweiligen Fallgestaltung nicht zur Verfügung stehen. Das gilt zumal dann, wenn Vorkehrungen der Behörde zur Dokumentation des Zugangs von Schriftstücken versagen.[284] Die Würdigung der Erklärung geschieht im Einzelfall, dessen Umstände die Grundlage der Entscheidung bilden (s. § 24 Rn. 16, 17; § 26 Rn. 3, 4). Voraussetzung wird sein, dass sie eine eigene Sachdarstellung, nicht nur eine Bezugnahme auf eine andere Darstellung, enthält.[285] Ist die Angabe des Beteiligten nach der Lebenserfahrung naheliegend und besteht kein Anlass, an der Wahrscheinlichkeit des vorgebrachten Sachverhaltes zu zweifeln, kann sich daher ein weiterer Beweis erübrigen. Der Untersuchungsgrundsatz mit den allgemeinen Beweisregeln gilt auch hier.[286] So ist es eine Frage des Beweisrechts, ob eine eidesstattliche Versicherung ein anderes Beweismittel, z. B. Eingangsstempel als öffentliche Urkunde,[287] widerlegen kann.[288] Die Absendung eines beim Adressaten nicht eingegangenen fristwahrenden Schriftsatzes muss danach nicht zwingend durch einen postalischen Beleg glaubhaft gemacht werden; hierfür kann auch eine Versicherung an Eides Statt genügen.[289] Die Glaubhaftmachung der Absendung führt aber nicht zur Umkehr der Beweislast hinsichtlich des Zugangs des Schriftstücks.[290] Zur Glaubhaftmachung eines Wiedereinsetzungsgrundes mittels Indizien genügt es,

---

[277] *OVG Münster* NVwZ-RR 1997, 327. Nach *OVG Münster* NVwZ-RR 1996, 1227 ist bei Postaufgabe eines eingeschriebenen Briefes einen Tag vor Fristablauf auf die amtliche Auskunft der Post zu den Postlaufzeiten abzustellen.
[278] *OVG Münster* NVwZ-RR 1997, 327.
[279] *BVerwG* NJW 2000, 1967.
[280] Vgl. allgemein zur verfassungsrechtlichen Zulässigkeit *BVerfGE* 41, 332; dazu *Goerlich* NJW 1976, 1526, 1528.
[281] *BVerwG* NJW 1996, 409; 15. 12. 1971 Buchholz 310 § 60 VwGO Nr. 64 und 69. *G. Müller* NJW 1998, 497, 500 gibt hierzu eine Rechtsprechungsübersicht.
[282] Wie hier *Obermayer,* VwVfG, § 32 Rn. 67; *U. M. Schmidt* EWiR 1996, 227 zu *BVerwG* NJW 1996, 409 (Verfahren der Vermögensämter); dagegen für Anwendung des § 27 *Ule/Laubinger,* § 30 Rn. 7, *Meyer/Borgs,* § 32 Rn. 14.
[283] *OLG Hamburg* StAZ 1997, 179.
[284] *BVerfG* NJW 1997, 1770; 1995, 2545; *OVG Hamburg* NVwZ-RR 1995, 122 u. *OVG Münster* NZ-WehrR 1991, 170 (Briefumschlag nicht aufbewahrt) mit weiteren Beispielen.
[285] Vgl. *BGH* NJW 1988, 2045.
[286] *Ule/Laubinger,* § 30 Rn. 7; s. allerdings § 24 Rn. 49 f.
[287] Dazu *OVG Weimar* NVwZ-RR 1995, 233, 234. Der Eingangsstempel beweist nach *BGH* NJW 1998, 461 den Zeitpunkt des Eingangs; der Gegenbeweis ist jedoch zulässig. S. § 24 Rn. 84.
[288] Verneinend *BFH* BB 1996, 149.
[289] *BVerwG* NVwZ 1996, 265.
[290] Vgl. *OVG Hamburg* NJW 2006, 2505.

dass die auf Hilfstatsachen gestützte Schlussfolgerung überwiegend wahrscheinlich erscheint, ohne dass dadurch bereits alle anderen Möglichkeiten praktisch ausgeschlossen sein müssen.[291]

4. Jahresfrist (Abs. 3)

41 Absatz 3 setzt eine absolute **Jahresfrist,** beginnend mit dem Ende der versäumten Frist. Die Frist zählt zu den uneigentlichen Fristen.[292] Nur innerhalb dieser Frist können nach Absatz 2 der Antrag gestellt und – anders als in § 60 Abs. 3 VwGO – die Handlung nachgeholt werden.[293] Folglich ist nach Ablauf des Jahres auch eine Wiedereinsetzung von Amts wegen unzulässig. Die Jahresfrist gilt auch, wenn die Zwei-Wochen-Frist bei Jahresende noch nicht voll abgelaufen ist. Wiedereinsetzung in diese Ausschlussfrist ist nicht möglich (s. Rn. 10). Das Prinzip der Rechtssicherheit (Rn. 1) geht hier den Intereressen der Beteiligten vor. Ausnahme nur bei **höherer Gewalt.** Hierunter wird – in Anlehnung an den Begriff des „unabwendbaren Zufalls" (§ 233 ZPO a. F.) – ein Ereignis außerhalb der Sphäre des Betroffenen verstanden, das nicht vorhersehbar ist und dessen Eintritt oder dessen Folgen selbst durch äußerste Sorgfalt nicht vermieden werden können.[294] Dieser Begriff ist damit enger als der des „ohne Verschuldens" i. S. d. Absatzes 1. So kann es erforderlich sein, weitergehend als in den Fällen der Rn. 25 Risiken des Postverlaufs durch andere Versendungsarten wie Telefax, Telegrafie etc. zu umgehen.[295] Die höhere Gewalt setzt aber kein von außen kommendes Ereignis voraus. Hat der Vertreter etwa eine Fristberechnung zulässigerweise dem Personal überlassen (Rn. 29), kann das Versehen des Personals ein unabwendbarer Zufall sein.[296] Eine objektiv unrichtige rechtswidrige behördliche Belehrung, die eine Versäumung der Antragsfrist verursacht, ist als unabweisbarer Zufall und damit – auch aus verfassungsrechtlichen Gründen – als ein Ereignis aus dem Bereich der höheren Gewalt im Sinne der Wiedereinsetzungsvorschriften anzusehen.[297] Die Unkenntnis über den Ablauf der Jahresfrist ist für sich genommen aber keine höhere Gewalt.[298] Bloße Unterlassungen der Behörde stellen in der Regel für den betroffenen Bürger keine höhere Gewalt dar.[299] Liegt höhere Gewalt vor, wird lediglich das Hindernis des Absatzes 3, 1. Halbsatz ausgeräumt; im Übrigen müssen die Voraussetzungen der Absätze 1 und 2 vorliegen. In der finanzgerichtlichen Rechtsprechung wird, auch wenn höhere Gewalt einen Wiedereinsetzungsantrag innerhalb der Jahresfrist nicht verhindert hat, trotz Ablaufs der Jahresfrist ausnahmsweise Wiedereinsetzung dann gewährt, wenn entweder ein Fall der Wiedereinsetzung von Amts wegen vorliegt oder die Prüfung der Rechtzeitigkeit allein aus in der Sphäre der Behörde bzw. des Gerichts liegenden Gründen nicht innerhalb der Jahresfrist erfolgt ist und die Beteiligten aufgrund einer entsprechenden Verfügung davon ausgehen durften, dass demnächst eine materiellrechtliche Entscheidung ergehen werde.[300]

42 Setzt das Gesetz ohne Einschränkung eine Jahresfrist, besagt es damit zugleich, dass der **Erlass des VA in der Hauptsache,** selbst seine Unanfechtbarkeit, den Wiedereinsetzungsantrag nicht hindern kann. Andernfalls hätte die Jahresfrist entsprechend eingeschränkt werden müssen. Dies führt zu folgender Konsequenz: War das VwVf durch den Erlass des VA in der Hauptsache i. S. d. § 9 beendet (§ 9 Rn. 193 ff.), wird es – bei Unanfechtbarkeit des VA – durch einen Antrag auf Wiedereinsetzung bei der Behörde fortgesetzt (vgl. auch Rn. 46). Soweit der VA angefochten worden ist, geht die Möglichkeit der Wiedereinsetzung auf die für das Hauptsacheverfahren zuständigen Behörden (Rn. 43 ff.) über.

---

[291] *BGH* NJW 1998, 1870.
[292] *BVerwG* NJW 1986, 207 für § 60 Abs. 3 VwGO, § 31 Rn. 8.
[293] Zum Begriff der Nachholung s. *BVerwG* NVwZ-RR 2000, 325 zu § 58 Abs. 2 VwGO.
[294] *BVerwG* NVwZ 2004, 995 (Verlust eines Briefes auf dem Postweg); dort auch zur Begriffsbedeutung im Gemeinschaftsrecht. S. *BVerwG* JR 1970, 114; NJW 1980, 1480; NJW 1986, 207; zum Agrarrecht *BVerwG* NJW 1990, 1435, 1437; *FG Hamburg* EFG 1996, 959; *Ule/Laubinger,* § 30 Rn. 6.
[295] *OVG Weimar* NVwZ 1996, 1139, 1140.
[296] *BVerwG* NJW 1986, 207.
[297] *BVerwG* NJW 1997, 2966; *VG Lüneburg* 21. 9. 2005 – 1 A 80/03 –; so auch *Berg/Dragunski* JZ 1998, 774, 775.
[298] *FG Hamburg* EFG 1996, 959.
[299] *BVerwGE* 105, 288 = NVwZ 1998, 1292.
[300] *BFH* NVwZ 1998, 552 m. w. N.

V. Entscheidung (Abs. 4)

1. Zuständigkeit

Zuständig für die Entscheidung über den Wiedereinsetzungsantrag ist nach Absatz 4 die Behörde, die über die versäumte Handlung zu befinden hat. Das ist in aller Regel die **Behörde**, die das VwVf betreibt, also für die Entscheidung in der Hauptsache zuständig ist.[301] Hieraus ergibt sich, dass nach einem Widerspruch sowohl die erstinstanzliche Behörde als **Abhilfebehörde** (§ 72 VwGO) als auch die **Widerspruchsbehörde** bei Überprüfung des Verwaltungsaktes die Wiedereinsetzung gewähren kann. Die Zuständigkeit der Abhilfebehörde ist nicht auf den Fall beschränkt, dass sie dem Widerspruch abhelfen will. Die im Einzelnen umstrittene Meinung bei Wiedereinsetzung in die Widerspruchsfrist nach § 70 i. V. m. § 60 Abs. 4 VwGO,[302] dass die Abhilfebehörde nur dann über die Wiedereinsetzung entscheiden könne, wenn sie dem Widerspruch abhelfen wolle, kann nicht auf die Wiedereinsetzung nach § 32 übertragen werden. Die Fristen des VwVf haben nichts mit der die Zulässigkeit eines Widerspruchs berührenden Widerspruchsfrist zu tun, so dass z. B. die Behörde, solange sie noch über die Abhilfe eines Widerspruchs zu entscheiden hat, Wiedereinsetzung in eine verfahrensrechtliche Antrags- oder Einwendungsfrist gewähren, gleichwohl aber aus Sachgründen von einer Abhilfe absehen kann. Ist ein Kollegium für die Sachentscheidung zuständig, muss es auch über die Wiedereinsetzung entscheiden.[303] Die Zuständigkeitsnorm des Absatzes 4 gilt auch für eine Entscheidung von Amts wegen über die Wiedereinsetzung, obgleich dieser Fall nicht ausdrücklich genannt ist. Dass ein Wiedereinsetzungsantrag in Antrags- oder Einwendungsfristen erst im **gerichtlichen Verfahren** gestellt wird, ist wegen der Fristen nach § 32 Abs. 2, 3 unwahrscheinlich, so dass sich schon deshalb nicht die für die Wiedereinsetzung in die Widerspruchsfrist umstrittene Frage stellt, ob das Gericht insoweit Wiedereinsetzung gewähren kann.[304] Auch bei der Frage, ob das Gericht an eine Ablehnung oder erteilte Wiedereinsetzung durch die Behörde gebunden ist bzw. ob die Wiedereinsetzungsentscheidung (selbstständig) angreifbar ist, muss danach unterschieden werden, ob eine Wiedereinsetzung nach §§ 70 i. V. m. § 60 VwGO[305] oder nach § 32 (s. Rn. 45, 47) in Rede steht. Diese Abgrenzung ist auch maßgeblich für die Form der Wiedereinsetzung (s. Rn. 44) und für die Bedeutung einer trotz Verfristung und ohne Wiedereinsetzung erfolgten sachlichen Bescheidung (Rn. 47).

2. Form/Rechtsnatur

Die Behörde kann über die Wiedereinsetzung in Antrags- oder Einwendungsfristen nach 32 **konkludent und formlos** entscheiden, insbesondere in Verbindung mit der Entscheidung über den beantragten Verwaltungsakt oder z. B. durch einen Auflagenbeschluss zur Sache.[306] Die für die Wiedereinsetzung durch das Gericht nach § 60 VwGO angeführten Gründe für die entgegengesetzte Ansicht[307] sind bei der Entscheidung der Behörde über die Fristen im VwVf nicht zu verwerten (vgl. Rn. 3). Von einer konkludenten Wiedereinsetzung kann allerdings nicht gesprochen werden, wenn sich die Behörde bei der Entscheidung gar nicht bewusst war, dass die Frist versäumt worden ist oder Wiedereinsetzungsgründe vorlagen (vgl. § 35 Rn. 42, 49, 51). Auch entfällt die Präklusion nicht rechtzeitig erhobener Einwendungen nicht deshalb, weil die Behörde die einschlägige Thematik in der Sache behandelt.[308]

---

[301] *BVerwG* NJW 1983, 1923; Rn. 42.
[302] Vgl. *Sachs* NVwZ 1982, 422; *Pietzner/Ronellenfitsch* § 34 Rn. 4; *Dolde* in Schoch u. a., § 70 Rn. 29, jew. m. w. N.
[303] *BVerwGE* 21, 47, 49.
[304] S. hierzu *Dolde/Porsch* in Schoch u. a., § 70 Rn. 31 m. w. N. Ferner für das Eilverfahren *OVG Hamburg* NJW 2006, 2505.
[305] Dazu *Eyermann*, § 70 Rn. 12 ff.; *Dolde/Porsch* in Schoch u. a., § 70 Rn. 32 ff.; *Sodan/Ziekow*, § 70 Rn. 12 ff.; *Kopp/Schenke*, § 70 Rn. 12; *Redeker/v. Oertzen* § 70 Rn. 5 c m. w. N.
[306] *BVerwGE* 60, 314; 21, 47, 48; NJW 1981 698; *Ule/Laubinger*, § 30 Rn. 10; *Kopp/Raumsauer*, § 32 Rn. 60; a. A. *Linhart*, S. 90; für Widerspruchsverfahren *Pietzner/Ronellenfitsch*, § 34 Rn. 6 m. w. N.
[307] Vgl. *BVerwG* NVwZ-RR 1995, 232, 233; *OVG Münster* 12. 4. 1999 – 10 A 2826/98.A –.
[308] S. *VGH Mannheim* NVwZ-RR 2006, 136; *OVG Lüneburg* RdL 2003, 186; NordÖR 2004, 419.

45 Die Entscheidung über die Wiedereinsetzung ist selbst **Verwaltungsakt**.[309] Wird sie im Lauf eines VwVf gewährt, **wirkt sie** in der Form **zurück,** dass die Frist als eingehalten gilt.[310] Hinsichtlich der Wirkungen einer Wiedereinsetzung ist danach zu unterscheiden, ob eine formelle oder materielle Frist versäumt ist. Die von der Behörde gewährte Wiedereinsetzung in eine materielle Frist entfaltet nämlich nur dann Wirkung, wenn die gesetzlichen Voraussetzungen erfüllt sind. Der mit der Nichteinhaltung der materiellen Frist verbundene Verlust einer materiellen Rechtsposition tritt also nur dann nicht ein, wenn die formellen und materiellen Voraussetzungen der Wiedereinsetzung im Einzelfall erfüllt sind.[311] Im Grundsatz ist die Wiedereinsetzung anfechtbar, da eine dem § 60 Abs. 5 VwGO entsprechende Vorschrift fehlt (s. auch § 70 Abs. 2 VwGO für das Vorverfahren). Allerdings würde einer gesonderten **Anfechtung** dieses Verwaltungsaktes § 44a Satz 1 VwGO entgegenstehen.[312] Anfechtbar bleibt die Entscheidung im Zusammenhang mit der Anfechtung der materiellen Entscheidung. Auch andere Klagen als Anfechtungsklagen sind denkbar, wobei immer zwischen Hauptsacheentscheidung und Vorfrage (Entscheidung über die Wiedereinsetzung) zu unterscheiden ist. So ist z. B. Untätigkeitsklage möglich, wenn die Behörde, weil sie der Ansicht ist, mangels Wiedereinsetzungsmöglichkeit sei der Antrag verfristet, den Antrag nicht bearbeitet.[313] Entscheiden Widerspruchsbehörde oder das Gericht zur Hauptsache, können sie auch über eine zu Unrecht versagte bzw. zugesprochene Wiedereinsetzung nach § 32 als Vorfrage entscheiden.[314] Da in § 32 eine dem § 60 Abs. 5 entsprechende Regelung fehlt, hat die Behördenentscheidung weder für die Widerspruchsbehörde noch für die Gerichte Bindungswirkung. Diese tritt nur dann ein, wenn über die Wiedereinsetzung durch unanfechtbar gewordenen Teilbescheid entschieden wird.[315] Im Gegensatz dazu wird die Versäumung der Widerspruchsfrist durch eine Sachentscheidung auch dann geheilt, wenn die Behörde zu Unrecht angenommen hat, es lägen Gründe für eine Wiedereinsetzung vor.[316] Anderes gilt aber bei VAen mit Drittwirkung, bei denen die Widerspruchsbehörde nicht befugt ist, sich über das Versäumnis der Widerspruchsfrist durch eine Sachentscheidung hinwegzusetzen.[317]

46 Ist der Verwaltungsakt bereits **unanfechtbar abgelehnt,** wird nach h. M. die Ablehnung mit Gewährung der Wiedereinsetzung gegenstandslos; das VwVf muss fortgeführt werden.[318] Eines Wiederaufgreifens des alten Verfahrens nach § 51 bedarf es hiernach nicht.[319] Nach Ansicht von *Obermayer*[320] muss dagegen bei einer Wiedereinsetzung nach § 32 von der Notwendigkeit einer Aufhebung der unanfechtbaren Entscheidung ausgegangen werden. Die h. M. stützt sich im Wesentlichen auf die st. Rspr. zur Wiedereinsetzung in Rechtsmittelverfahren,[321] die nicht unbesehen auf die Wiedereinsetzung in die unterschiedlichsten Fristen des VwVf übernommen werden kann (Rn. 2). Allerdings hat der Gesetzgeber durch die Einführung der Jahresfrist in Absatz 3 gezeigt, dass auch Wiedereinsetzungsanträge nach Erlass des VA und nach Unanfechtbarkeit möglich sind, ohne dass es einer besonderen Aufhebung des VA bedürfte (Rn. 42). Da-

---

[309] *Claussen* in Knack, § 32 Anm. 43; *Linhart,* S. 90; *Ule Laubinger* § 30 Rn. 11; *Meyer/Borgs* § 32 Rn. 16; *Kopp/Raumsauer,* § 32 Rn. 46; *Obermayer* § 32 Rn. 38; für Entscheidung nach § 70 i. V. m. § 60 VwGO *Pietzner/Ronellenfitsch* § 34 Rn. 6, aber str., § 35 Rn. 87; a. A. finanzgerichtliche Rechtsprechung *BFHE* 159, 103; *FG Saarland* EFG 1997, 651 m. w. N.
[310] Im Ergebnis ebenso *BVerwG* NVwZ-RR 1990, 86.
[311] Vgl. *BVerwG* NJW 19 981, 359; *OVG Münster* NVwZ-RR 2004, 38.
[312] *Ule/Laubinger,* § 30 Rn. 7; *Kopp/Raumsauer,* § 32 Rn. 49; *Claussen* in Knack, § 32 Anm. 43; *Obermayer,* VwVfG, § 32 Rn. 92; *Schmidt-De Caluwe* in NK-VwGO § 44a Rn. 134; *Stelkens* in Schoch u. a., § 44a Rn. 17; *Redeker/v. Oertzen,* § 44a Rn. 3; *Osterloh* JuS 1983, 886, 887; a. A. *Wolff/Bachof/Stober* III, § 156 Rn. 60; *VGH Mannheim* DVBl 1982, 266, 207 für Widerspruchsfrist.
[313] § 24 Rn. 76–79; vgl. auch *Redeker/v. Oertzen,* § 70 Rn. 6.
[314] Vgl. *OVG Münster* NVwZ-RR 2005, 449.
[315] S. *Clausen* in Knack, § 32 Rn. 43; *Ziekow,* § 32 Rn. 21; *Kopp/Ramsauer,* § 32 Rn. 61 m. w. N.
[316] *VGH Mannheim* NVwZ-RR 2002, 6. Allgemein zur Sachentscheidung bei verspätetem Widerspruch *Dolde/Porsch* in *Schoch* u. a., § 70 Rn. 36 ff.; *Eyermann,* § 70 Rn. 8 ff.; *Kopp/Schenke,* § 70 Rn. 9 ff.; *Sodan/ Ziekow,* § 68 Rn. 37 ff.
[317] St. Rspr., s. *BVerwG* NJW 1998, 3070 (L) = BayVBl 1999, 58; *Kopp/Schenke,* § 70 Rn. 9 ff.; *Sodan/ Ziekow,* § 68 Rn. 41; *Dolde/Porsch* in Schoch u. a., § 70 Rn. 38; *Eyermann,* § 70 Rn. 9.
[318] *Kopp/Raumsauer,* § 32 Rn. 44, 50; *Clausen* in Knack, § 32 Rn. 36. S. in Abgrenzung zur Nachträglichkeit eines Wiedereinsetzungsantrags nach § 60 VwGO *OVG Münster* NWVBl 2006, 384.
[319] Rn. 5, 50; zum Unterschied Wiederaufgreifen und Wiedereinsetzung in den vorigen Stand eingehend *Wallerath* DÖV 1970, 653.
[320] *Obermayer* § 32 Rn. 33.
[321] *BVerwGE* 11, 323 = NJW 1961, 573.

mit behandelt er zumindest die **Wiedereinsetzung in die Antragsfrist** wie die Wiedereinsetzung in die Widerspruchsfrist, die auch nach Erlass des Widerspruchsbescheides möglich ist.[322] Allerdings fehlt es dann an einem Rechtsschutzbedürfnis für die Wiedereinsetzung, wenn der VA aus sonstigen Gründen unanfechtbar abgelehnt worden ist.[323] Einschränkungen für eine Wiedereinsetzung nach Unanfechtbarkeit können sich auf Grund besonderer Rechtsvorschriften oder aus dem Zweck der speziellen Gesetze (Rn. 6) ergeben. Bei versäumten Fristen innerhalb eines VwVf, insbesondere bei **Präklusionsfristen** (§ 26 Rn. 54 ff.), die zudem die Rechtsstellung Dritter berühren, kann die Wiedereinsetzung nach Erlass des VA ausgeschlossen sein.[324] Auch die Anmeldefrist des § 30 a VermG ist eine materiellrechtlich wirkende Ausschlussfrist. Wird sie versäumt, ist eine Wiedereinsetzung in den vorigen Stand unzulässig. Nach den in Rn. 9 dargelegten Grundsätzen ist die Versäumung jedoch ausnahmsweise unbeachtlich, wenn sie – erstens – auf staatliches Fehlverhalten bei der Anwendung der Rechtsvorschriften zurückzuführen ist, ohne deren korrekte Beachtung der Anmelder seine Rechte nicht wahren kann, und wenn – zweitens – durch die Berücksichtigung der verspäteten Anmeldung der Zweck der Fristbestimmung nicht verfehlt wird.[325]

Hat die Behörde **übersehen**, dass die Antrags- bzw. Einwendungsfrist versäumt ist, und zur Sache entschieden, gilt der Verwaltungsakt mit der bekannt gegebenen Regelung, die nur über § 48 rückgängig gemacht werden darf, wenn kein Wiedereinsetzungsantrag vorliegt (Rn. 46). Ist aus anderen Gründen gegen den Verwaltungsakt Widerspruch eingelegt worden, kann die Widerspruchsbehörde den Widerspruch wegen Versäumung der Antragsfrist zurückweisen. Die zur Versäumung der Widerspruchsfrist erarbeiteten Grundsätze,[326] wonach sich die Behörde nach einer Sachentscheidung nicht mehr auf die Fristversäumung berufen kann, gelten hier nicht. Sie beruhen auf dem hier nicht anwendbaren Grundsatz der formellen Bestandskraft eines Verwaltungsaktes. 47

VI. Europarecht

Das Gemeinschaftsrecht enthält Wiedereinsetzungsregelungen für Fälle unverschuldeter Fristversäumnis.[327] Darunter fallen nach der Rechtsprechung[328] auch Sachlagen, in denen ein entschuldbarer Irrtum über eine Frist vorliegt. Erfasst werden damit Ausnahmefälle, in denen beim Bürger eine verständliche Verwirrung hervorgerufen wurde, und zwar allein oder überwiegend durch das Verhalten der handelnden Gemeinschaftsorgane.[329] Die Versäumung einer als gesetzliche Ausschlussfrist ausgestalteten materiellen Frist ist nach Gemeinschaftrecht nur dann unbeachtlich, wenn sie durch höhere Gewalt verursacht worden ist. Die Funktion dieses allgemeinen Begriffs des Gemeinschaftsrechts zielt darauf, Härten aus der Anwendung von Präklusions- und Sanktionsvorschriften in besonders gelagerten Fällen zu vermeiden und damit dem Gebot der Verhältnismäßigkeit im Einzelfall zu entsprechen. Er setzt voraus, dass der Nichteintritt der fraglichen Tatsache auf Umständen beruht, die vom Willen des Betroffenen unabhängig, ungewöhnlich (anormal) und unvorhersehbar sind und deren Folgen trotz aller Sorgfalt nicht hätten vermieden werden können.[330] Der Verlust einer Briefsendung auf dem Postwege kommt als ein Fall höherer Gewalt in diesem gemeinschaftsrechtlichen Sinn in Betracht.[331] In seinem indirekten Vollzug lässt das Gemeinschaftsrecht die Wiedereinsetzung in den vorherigen Stand gemäß 48

---

[322] Vgl. *Pietzner/Ronellenfitsch* § 34 Rn. 5 f.
[323] Für Gerichtsverfahren *BVerwG* NJW 1990, 1806.
[324] So für atomrechtliche Einwendungsfrist *BVerwG*E 60, 297, 309 = NJW 1981, 359; s. auch *Papier* NJW 1980, 313, 321, Rn. 6, 10, 11; wie hier *Kopp/Ramsauer*, § 32 Rn. 32.
[325] S. *BVerwG*E 101, 39 = NJW 1996, 2745. Zur rechtzeitigen Anmeldung des Anspruchs s. *BVerwG* NVwZ 2000, 1059 (L) = LKV 2000, 493. *BVerwG*E 109, 169 = NJW 1999, 3357 zur Anmeldung eines Restitutionsanspruchs durch einen vollmachtlosen Vertreter.
[326] S. oben Rn. 45; ferner *Dolde/Porsch* in Schoch u. a., § 70 Rn. 36 ff.; *Eyermann*, § 70 Rn. 8 ff.; *Kopp/Schenke*, § 70 Rn. 9 ff.; *Sodan/Ziekow*, § 68 Rn. 37 ff.
[327] S. z. B. Art. 39 der Satzung des *EuGH*; dazu *EuGH* Slg. 1979, 1693.
[328] S. *EuG* Slg. 1995 II-621, Tz. 40; *EuGH* Slg. 1994 I-5619, Tz. 26.
[329] S. hierzu *Gornig/Trüe* JZ 2000, 395, 446, 455.
[330] *BVerwG* NVwZ 2004, 995 mit Nachweis der st. Rspr.; dort auch zum entsprechenden Begriff des deutschen Rechts. Hierzu auch *Hahn* JR 2005, 62, 63 ff. Ferner *VGH Kassel* ESVGH 52, 19.
[331] *BVerwG* NVwZ 2004, 995; s. auch *Hahn* JR 2005, 62, 63 ff.

den Vorschriften des nationalen Rechts zu, sofern das nationale Recht nicht in einer gegenüber der Behandlung der Nichteinhaltung nationaler Fristen diskriminierenden Weise und nicht so angewandt wird, dass die Zwecke der gemeinschaftsrechtlichen Regelung beeinträchtigt werden.[332] Gemeinschaftsrechtliche Besonderheiten für die Wiedereinsetzung ergeben sich auch aus Art. 17 ZK, der eine Verlängerung von im Zollrecht festgelegten Fristen nur dann erlaubt, wenn die Bestimmungen des Gemeinschaftsrechts dies ausdrücklich vorsehen; nationale Wiedereinsetzungsregelungen sind insoweit nicht anwendbar.[333]

VII. Landesrecht

49   Das Landesrecht weicht nicht von § 32 ab.

VIII. Vorverfahren

50   Für das **Vorverfahren** gelten ausschließlich §§ 70 Abs. 2, 60 Abs. 1 bis 4 VwGO (§ 79).[334] Dies gilt jedoch nur für die Wiedereinsetzung in die Widerspruchsfrist. Soweit Wiedereinsetzung in Fristen, die das VwVf betreffen, im Laufe des Widerspruchverfahrens möglich ist, gilt über § 79 § 32. Zur Abgrenzung der verfahrensrechtlichen von der prozessrechtlichen Wiedereinsetzungregelung in Einzelfragen s. Rn. 43 ff. Mit dem **Wiederaufgreifen des Verfahrens** nach § 51 können sich Überschneidungen ergeben, wenn nach unverschuldetem Fristablauf Wiederaufgreifensgründe des § 51 auftreten. In diesem Fall wird aus § 51 Abs. 2 der Schluss gezogen werden können, dass regelmäßig zunächst der Antrag auf Wiedereinsetzung nach §§ 70, 60 VwGO gestellt werden muss.[335] Soweit das VwVf über § 79 für Rechtsbehelfsverfahren außerhalb der VwGO gilt (§ 79 Rn. 29), ist für entsprechende Fristen § 32 heranzuziehen.[336]

Abschnitt 3. Amtliche Beglaubigung

§ 33 Beglaubigung von Dokumenten

(1) ¹**Jede Behörde ist befugt, Abschriften von Urkunden, die sie selbst ausgestellt hat, zu beglaubigen.** ²**Darüber hinaus sind die von der Bundesregierung durch Rechtsverordnung bestimmten Behörden im Sinne des § 1 Abs. 1 Nr. 1 und die nach Landesrecht zuständigen Behörden befugt, Abschriften zu beglaubigen, wenn die Urschrift von einer Behörde ausgestellt ist oder die Abschrift zur Vorlage bei einer Behörde benötigt wird, sofern nicht durch Rechtsvorschrift die Erteilung beglaubigter Abschriften aus amtlichen Registern und Archiven anderen Behörden ausschließlich vorbehalten ist; die Rechtsverordnung bedarf nicht der Zustimmung des Bundesrates.**

(2) **Abschriften dürfen nicht beglaubigt werden, wenn Umstände zu der Annahme berechtigen, dass der ursprüngliche Inhalt des Schriftstücks, dessen Abschrift beglaubigt werden soll, geändert worden ist, insbesondere wenn dieses Schriftstück Lücken, Durchstreichungen, Einschaltungen, Änderungen, unleserliche Wörter, Zahlen oder Zeichen, Spuren der Beseitigung von Wörtern, Zahlen und Zeichen enthält**

---

[332] *EuGH* Slg. I 1995, 4069.
[333] S. im Einzelnen *Dünchheim*, Verwaltungsprozessrecht unter europäischem Einfluss, Berlin 2003, 196 m. w. N.
[334] Hierzu im Einzelnen *Dolde/Porsch* in Schoch u. a., § 70 Rn. 28 ff.; *Pietzner/Ronellenfitsch*, § 34, ferner *Ganter* VBlBW 1984, 402; *OVG Bremen* NVwZ 1982, 455 m. Anm. *Sachs* NVwZ 1982, 421; wie hier auch *BVerwG* NVwZ-RR 1999, 472; anders wohl *BVerwG* NVwZ-RR 1990, 86; *VGH Kassel* NVwZ-RR 1993, 432, 434.
[335] *H. A. Wolff* NVwZ 1996, 559; s. ferner Rn. 5, 46.
[336] Für Wehrbeschwerdeverfahren *OVG Münster* NZWehrR 1991, 170.

oder wenn der Zusammenhang eines aus mehreren Blättern bestehenden Schriftstücks aufgehoben ist.

(3) ¹Eine Abschrift wird beglaubigt durch einen Beglaubigungsvermerk, der unter die Abschrift zu setzen ist. ²Der Vermerk muss enthalten
1. die genaue Bezeichnung des Schriftstücks, dessen Abschrift beglaubigt wird,
2. die Feststellung, dass die beglaubigte Abschrift mit dem vorgelegten Schriftstück übereinstimmt,
3. den Hinweis, dass die beglaubigte Abschrift nur zur Vorlage bei der angegebenen Behörde erteilt wird, wenn die Urschrift nicht von einer Behörde ausgestellt worden ist,
4. den Ort und den Tag der Beglaubigung, die Unterschrift des für die Beglaubigung zuständigen Bediensteten und das Dienstsiegel.

(4) ¹Die Absätze 1 bis 3 gelten entsprechend für die Beglaubigung von
1. Ablichtungen, Lichtdrucken und ähnlichen in technischen Verfahren hergestellten Vervielfältigungen,
2. auf fototechnischem Wege von Schriftstücken hergestellten Negativen, die bei einer Behörde aufbewahrt werden,
3. Ausdrucken elektronischer Dokumente,
4. elektronischen Dokumenten,
   a) die zur Abbildung eines Schriftstücks hergestellt wurden,
   b) die ein anderes technisches Format als das mit einer qualifizierten elektronischen Signatur verbundene Ausgangsdokument erhalten haben.

(5) ¹Der Beglaubigungsvermerk muss zusätzlich zu den Angaben nach Absatz 3 Satz 2 bei der Beglaubigung
1. des Ausdrucks eines elektronischen Dokuments, das mit einer qualifizierten elektronischen Signatur verbunden ist, die Feststellungen enthalten,
   a) wen die Signaturprüfung als Inhaber der Signatur ausweist,
   b) welchen Zeitpunkt die Signaturprüfung für die Anbringung der Signatur ausweist und
   c) welche Zertifikate mit welchen Daten dieser Signatur zugrunde lagen;
2. eines elektronischen Dokuments den Namen des für die Beglaubigung zuständigen Bediensteten und die Bezeichnung der Behörde, die die Beglaubigung vornimmt, enthalten; die Unterschrift des für die Beglaubigung zuständigen Bediensteten und das Dienstsiegel nach Absatz 3 Satz 2 Nr. 4 werden durch eine dauerhaft überprüfbare qualifizierte elektronische Signatur ersetzt.

²Wird ein elektronisches Dokument, das ein anderes technisches Format als das mit einer qualifizierten elektronischen Signatur verbundenen Ausgangsdokument erhalten hat, nach Satz 1 Nr. 2 beglaubigt, muss der Beglaubigungsvermerk zusätzlich die Feststellungen nach Satz 1 Nr. 1 für das Ausgangsdokument enthalten.

(6) Die nach Absatz 4 hergestellten Dokumente stehen, sofern sie beglaubigt sind, beglaubigten Abschriften gleich.

Vergleichbare Vorschrift: § 29 SGB X.

Abweichendes Landesrecht: S. Rn. 40.

Entstehungsgeschichte: Bis zum Inkrafttreten des VwVfG vgl. § 33 der 6. Auflage. Absatz 4 und 5 enthalten die durch das 3. VwVfGÄndG vom 21. 8. 2002, BGBl. I S. 3322, getroffenen Neuregelungen für die Beglaubigung elektronischer Dokumente; Absatz 6 entspricht dem früheren Abs. 4 Satz 2, ist aber auf alle nunmehr in Absatz 4 erfassten Dokumente erweitert worden (s. dazu Rn. 32).

Literatur: *Roßnagel/Fischer-Dieskau/Wilke,* Transformation von Dokumenten CR 2005, 903; *Schlatmann,* Anmerkungen zum Entwurf eines Dritten Gesetzes zur Änderung verwaltungsverfahrensrechtlicher Vorschriften, DVBl 2002, 1005; *Roßnagel,* Das elektronische Verwaltungsverfahren, NJW 2003, 469; *Schmitz/Bornhofer,* Digitale Verwaltung – auch im Standesamt, StAZ 2003, 97; *Hinrichs,* Amtliche Beglaubigung fotokopierter Geburtsurkunden?, DVP 2005, 153; *Hinrichs,* Amtliche Beglaubigungen durch kirchliche Dienststellen?, VR 2007, 94.

Übersicht

	Rn.
I. Allgemeines	1
1. Anwendungsbereich und Zweck	1
2. Verhältnis zur öffentlichen Beurkundung und Beglaubigung	6
II. Befugnis zur amtlichen Beglaubigung von Abschriften von Urkunden (Abs. 1)	12
1. Eigenurkunden (Satz 1)	15
2. Fremdurkunden (Satz 2)	16
III. Beglaubigungsverbote (Abs. 2)	26
IV. Beglaubigungsvermerk eines Schriftstücks (Abs. 3)	28
V. Vervielfältigungen, Negative, Ausdrucke und elektronische Dokumente (Abs. 4–6)	32
VI. Europarecht	39
VII. Landesrecht	40
VIII. Vorverfahren	41

I. Allgemeines

1. Anwendungsbereich und Zweck

1   **a)** Die als Abschnitt 3 des Teils II des Gesetzes enthaltenen Vorschriften der §§ 33, 34 über die „Amtliche Beglaubigung" sind **Annexregelungen zum Recht des VwVf.** Sie sollen vornehmlich die Durchführung von Verfahren i. S. des § 9 erleichtern, wenn dazu Abschriften (§ 33) oder Unterschriften (§ 34) zu beglaubigen sind, durch die (begrenzter) Beweis für das Vorhandensein oder Fehlen von Fakten zu erbringen ist. Hieraus erklärt und rechtfertigt sich die Aufnahme in das VwVfG und die dafür vorhandene Gesetzgebungskompetenz (zu landesrechtlichen Regelungen vgl. Rn. 4, 33). §§ 33, 34 schließen an **§ 65 Satz 1 BeurkG** an. Danach gilt jenes Gesetz nicht für amtliche Beglaubigungen, mit denen eine Verwaltungsbehörde zum Zwecke der Verwendung in VwVf oder für sonstige Zwecke, für die eine öffentliche Beglaubigung nicht vorgeschrieben ist, die **Echtheit einer Unterschrift** oder eines Handzeichens oder die **Richtigkeit einer Urkunde** bezeugt, die nicht von einer Verwaltungsbehörde ausgestellt ist.

2   Die amtliche Beglaubigung dient – wie die öffentliche Beglaubigung und die öffentliche Beurkundung (Rn. 8, 9) – der **Sicherheit im Rechtsverkehr;** allerdings unterscheidet sie sich von ihnen durch eine Reihe von Besonderheiten (hierzu Rn. 10). §§ 33, 34 sollen nach ihrem **Gesetzeszweck** ferner dazu beitragen, die auf dem Gebiete ör Verwaltungstätigkeit bisher weitgehend auf Herkommen, Gewohnheitsrecht und tatsächlicher Verwaltungsübung beruhende Praxis durch Bestimmungen über Befugnis und Form amtlicher Beglaubigungen auf eine **einheitliche Rechtsgrundlage** zu stellen. Damit soll zugleich die durch § 65 BeurkG geschaffene Lücke in der gesetzlichen Regelung der amtlichen Beglaubigung geschlossen werden.[1]

3   **b)** Obwohl die Vorschriften über die amtliche Beglaubigung in Teil II des VwVfG enthalten sind, gehen sie – ähnlich wie die Vorschriften über die Amtshilfe (§§ 4–8) – **über** die Anwendung in einem konkreten VwVf i. S. des **§ 9 hinaus.**[2] §§ 33, 34 sind ebenso wie die entsprechenden Landesregelungen (Rn. 33) nach Maßgabe des § 1 bei Fehlen einer spezialgesetzlichen Regelung (so etwa § 29 SGB X) vielmehr immer anwendbar, wenn eine amtliche Beglaubigung begehrt wird. Der Bundesrat spricht deshalb mit Recht von einer **eigenständigen Serviceleistung** der Behörden.[3] Das Beglaubigungsverfahren ist ein spezielles **(kupiertes) VwVf i. w. S.** und zielt auf schlichtes Verwaltungshandeln ab.

4   Die amtliche Beglaubigung als solche ist eine behördliche ör (amtliche) **Wissensbekundung,** aber kein VA; auch die Erhöhung der Beweiskraft (Rn. 10, 11) des Beglaubigungsvermerks ist keine Regelung i. S. des § 35.[4] Siehe aber zur Figur des beurkundenden VA im Einzelnen § 35 Rn. 147. Auch die **Ablehnung** einer Beglaubigung stellt nur dann einen VA dar, wenn unmiss-

---
[1] Begründung vor § 29 Entwurf 73, S. 55; ebenso schon Begründung des Musterentwurfs, S. 131.
[2] Ebenso *Kopp/Ramsauer* § 33 Rn. 2.
[3] Vgl. BT-Drs. 8/2034, S. 48 zu §§ 27, 28 ESGB X.
[4] Ebenso *Clausen* in Knack, § 33 Rn. 5; *Obermayer,* Vorbem. 6 vor § 33; *Ule/Laubinger,* § 31 Rn. 4; für Verwaltungsakt: *Meyer/Borgs,* Rn. 2 vor § 33; *Kopp/Ramsauer,* § 33 Rn. 12.

verständlich über das Nichtbestehen eines Beglaubigungsanspruchs entschieden werden soll. Die Beglaubigung ist eine hoheitliche Aufgabe, die nach Art. 33 Abs. 4 GG in der Regel Beamten zu übertragen ist, aber auch von Angestellten wahrgenommen werden kann.[5]

c) Die §§ 33, 34 gelten für die **Bundesbehörden** im Sinne des § 1 Abs. 1 Nr. 1, unabhängig davon, ob ör Verwaltungstätigkeit ausgeübt wird (Rn. 2). Die Zuständigkeit der Bundesbehörden beschränkt sich auf amtliche Beglaubigungen in bundesrechtlich geregelten Verfahren vor Bundesbehörden (§ 1 Abs. 1). In allen anderen Fällen besteht eine Zuständigkeit der **Landesbehörden** nach Maßgabe des § 1 Abs. 3 (ferner Rn. 20, 21, 33). Inhaltsgleiche oder entgegenstehende Rechtsvorschriften des Bundes gehen den §§ 33, 34 vor (Rn. 22). Die Regelungen der §§ 33, 34 können, soweit das VwVfG nach § 2 keine Anwendung findet, als **allgemeine Rechtsgrundsätze** im Bereich ör Verwaltungstätigkeit herangezogen werden, soweit keine anderweitige Regelung (wie etwa nach § 29 SGB X) besteht. Für **Landesbehörden** gelten die entsprechenden Vorschriften der LVwVfGe und die von den Ländern erlassenen sprechenden Rechtsvorschriften (§ 1 Abs. 3, ferner Rn. 21, 33). Zur amtlichen Beglaubigung durch **Kirchen und Religionsgemeinschaften** vgl. *Hinrichs*.[6]

2. Verhältnis zur öffentlichen Beurkundung und Beglaubigung

Die amtliche Beglaubigung dient der Sicherheit im Rechtsverkehr und ist – ähnlich wie die öffentliche Beglaubigung und Beurkundung (Rn. 8, 9) – systematisch Bestandteil der in der Rechtsordnung vorgesehenen **formgebundenen Bestätigungsmöglichkeiten** für die Übereinstimmung eines schriftlichen oder elektronischen Dokuments mit einer Urschrift bzw. für die Echtheit einer Unterschrift oder eines Handzeichens,[7] zugleich auch **Beweismittel** im öffentlich-rechtlichen und zivilen Rechtsverkehr.[8] Amtliche Beglaubigungen sind **ausdrücklich nur ausnahmsweise** vorgesehen, etwa in § 411 BGB (Gehaltsabtretung), § 123 Abs. 2 Flurbereinigungsgesetz (Vollmachtsurkunde), § 35 Abs. 2 Satz 1 der Approbationsordnung für Ärzte i. d. F. d. B. vom 14. 7. 1987[9] für die dem Antrag auf Approbation beizufügenden Abschriften und Ablichtungen.

In der Stufenskala der Bekräftigungsmöglichkeiten sind zu unterscheiden:

a) Die **Schriftform** verlangt grundsätzlich die eigenhändige Unterschrift einer Urkunde durch den Aussteller mittels Namensunterschrift oder notariell beglaubigten Handzeichens (§ 37 Abs. 3, § 57 VwVfG; §§ 126, 127 BGB).[10] Eine maschinenschriftliche Wiedergabe des Vor- und Zunamens genügt in keinem Fall.[11] Die Unterschrift (hierzu noch § 34 Rn. 6) bezeugt, dass die Erklärung von dem Unterzeichner stammt bzw. der Text von ihm gebilligt wird. Eine Unterschrift setzt einen individuellen Schriftzug voraus, der sich – ohne lesbar sein zu müssen – als Wiedergabe eines Namens darstellt und die Absicht einer vollen Unterschriftsleistung erkennen lässt. Ein Schriftzug, der als bewusste und gewollte Namenskürzung erscheint (Handzeichen, Paraphe) stellt demgegenüber keine formgültige Unterschrift dar.[12] Die Schriftform kann nach § 3a Abs. 2 und §§ 126a, 126 Abs. 3 BGB durch ein mit einer qualifizierten elektronischen Signatur nach § 2 Nr. 3 SigG versehenes elektronisches Dokument ersetzt werden, s. hierzu im Einzelnen § 3a Rn. 17 ff. Mit der Textform (§ 126b BGB) steht zudem eine einfache digitale Form ohne elektronische Signatur zur Verfügung, die keine der klassischen Formzwecke erfüllt und für Erklärungen und Mitteilungen angemessen ist, bei denen Formzwecke

---

[5] *Clausen* in Knack, vor § 33 Rn. 4; *Ziekow*, VwVfG, § 33 Rn. 3.
[6] VR 2007, 94. S. ferner *Blaschke* SchlHolstAnz 1981, 12; *v. Campenhausen/Christoph* DVBl 1987, 984.
[7] Vgl. *Clausen* in Knack, § 33 Rn. 8.
[8] Zur Beweisführung mit elektronischen Dokumenten s. § 26 Rn. 92.
[9] BGBl I S. 1593.
[10] Zur Wahrung der Schriftform i. S. des § 37 Abs. 3 durch maschinenschriftliche Namenswidergabe ohne Beglaubigungsvermerk s. *VGH Mannheim* DÖV 1997, 602; ferner § 37 Rn. 52. Zur Unterzeichnung eines bestimmenden Schriftsatzes mit Paraphe s. *BFH* NVwZ 1999, 1263. Zur Unterzeichnung eines schriftlichen Bescheides mit Paraphe *BVerwG* 18. 7. 2000 – 2 B 19/00. Zum Unterschriftserfordernis beim Empfangsbekenntnis *OVG Hamburg* NJW 1999, 965. Zur Wahrung der gewillkürten Schriftform durch Aushändigung einer unbeglaubigten Kopie der ordnungsgemäß unterzeichneten Originalurkunde s. *BAG* NJW 1999, 596.
[11] *BGH* NJW 2005, 2086.
[12] *BAG* NJW 2001, 316; *BGH* NJW 1997, 3380.

keine Rolle spielen, etwa zur Dokumentation und Information, und in denen andererseits eine nur mündliche Erklärung als nicht ausreichend erscheint.[13]

8   b) Die höchste Stufe der Beweiskraft und Urkundenechtheit ist die **öffentliche (gerichtliche oder notarielle) Beurkundung.** Ihr Wesen besteht darin, dass die zu beurkundende Willenserklärung mündlich abgegeben und von der Urkundsperson inhaltlich wahrgenommen und verantwortlich geprüft wird (§§ 128, 126 Abs. 3, 127a, 129 Abs. 2 BGB, §§ 1 ff. BeurkG). Sie ist nach § 1 Abs. 1 BeurkG, § 20 Abs. 1 BNotO weitgehend den **Notaren** vorbehalten. Die notarielle Beurkundung ersetzt die gesetzliche Schriftform und die öffentliche Beglaubigung (§§ 126 Abs. 3, 129 Abs. 2 BGB). Der gerichtliche Vergleich ersetzt die notarielle Beurkundung (§ 127a BGB) und damit alle anderen Formvorschriften. Öffentliche Urkunden erbringen nach Maßgabe der §§ 415 ff. ZPO **vollen Beweis** des darin beurkundeten Vorgangs und der darin bezeugten Tatsachen.[14] Nach § 418 Abs. 3 ZPO setzt die Beweiskraft einer öffentlichen Urkunde mit einem anderen Inhalt als über Erklärungen, Anordnungen usw. allerdings grds. voraus, dass deren Inhalt auf eigenen Wahrnehmungen der Behörde oder Urkundsperson beruht; insoweit genügt nicht, dass sich die Behörde z. B. Feststellungen eines von ihr beauftragten Sachverständigen zu eigen macht.[15]

9   c) Die **öffentliche Beglaubigung** beschränkt sich auf die **Bezeugung der Richtigkeit (Echtheit)** einer **Unterschrift** oder eines **Handzeichens** (§ 129 BGB, §§ 39 bis 41 BeurkG)[16] oder einer **Abschrift** (§ 129 BGB, § 42 BeurkG). Bezeugt wird hierbei nur die Tatsache, dass die ausstellende Person vor der Urkundsperson die Unterschrift oder das Handzeichen vollzogen oder als von ihr bereits vollzogen anerkannt hat bzw. dass die Abschrift mit der Urkunde, von der sie genommen ist (der Hauptschrift), übereinstimmt. Sie ist weitgehend den **Notaren** und besonders bestimmten Behörden (z. B. nach § 49 JWG dem Jugendamt) oder Gerichten (nach § 62 BeurkG den Amtsgerichten) vorbehalten. Nur insoweit ist sie **öffentliche Urkunde** im Sinne des § 418 ZPO und begründet vollen Beweis der durch die Beglaubigung bezeugten Tatsachen; Gegenbeweis ist zulässig (§§ 418 Abs. 2, 419 ZPO).[17] Die Beglaubigung bezieht sich hingegen **nicht auf die Richtigkeit des Inhalts der Erklärung,** ihr wirksames Zustandekommen und die Umstände wie Zeit und Ort der Abgabe.[18] Gemeinden können durch Landesgesetz zur öffentlichen Beglaubigung von Unterschriften ermächtigt werden.[19]

10 d) Die in §§ 33, 34 geregelte **amtliche Beglaubigung** ist eine besondere, der öffentlichen Beglaubigung wesensmäßig **entsprechende Form der öffentlichen Beglaubigung.**[20] Sie ersetzt aber nicht eine öffentliche Beurkundung oder Beglaubigung. Sie ist wie die öffentliche Beglaubigung ein **Zeugnis über die** die Übereinstimmung eines schriftlichen oder elektronischen Dokuments mit einer Urschrift bzw. über die Echtheit einer Unterschrift oder eines Handzeichens.[21] Sie bezeugt wie die öffentliche Beglaubigung nur die **Übereinstimmung der Abschrift mit der Hauptschrift** (§ 33) bzw. die Echtheit einer Unterschrift oder eines Handzeichens (§ 34), **nicht jedoch bezeugt sie die Richtigkeit des Inhalts der Erklärung,** ihr wirksames Zustandekommen oder die Umstände ihrer Abgabe. Nur insoweit ist die Beglaubigung öffentliche Urkunde i. S. des § 418 ZPO und begründet vollen Beweis der durch diese Beglaubigung bezeugten Tatsache; Gegenbeweis ist nach Maßgabe des § 418 Abs. 2 ZPO zulässig. Zusätzlich ist die Beweiskraft der amtlichen Beglaubigung grundsätzlich auf den im Beglaubigungsvermerk genannten Verwendungszweck (etwa: „Nur zur Vorlage beim Finanzamt") eingeschränkt (§ 65 Satz 2 BeurkG, sog. **eingeschränkte Beweiskraft**). Der Anwendungsbereich der amtlichen Beglaubigung ist auch praktisch nachrangig. Sie wirkt nur **subsidiär,** weil

---

[13] Vgl. *Palandt/Heinrichs* § 126 b Rn. 1.
[14] *OVG Lüneburg* 7. 1. 1999 – 3 K 4464/94 – VkBl 1999, 684 für die Niederschrift über den Erörterungstermin im PlfV.
[15] Vgl. *VGH Kassel* NVwZ 2003, 806.
[16] Hierzu *BGHZ* 37, 79, 86.
[17] Hierzu *BGH* NJW 1976, 149; *OLG Karlsruhe* MDR 1976, 161. Zur bejahten Beweiskraft von Zustellungsurkunden nach der Privatisierung der Deutschen Bundespost vgl. *OLG Frankfurt* NJW 1996, 3159.
[18] *OLG Rostock* StAZ 1996, 367; *Palandt/Heinrichs,* § 129 Anm. 1.
[19] *BVerfG* NJW 1981, 2401.
[20] Begr. Entwurf des BeurkG, BT-Drs. V/3282, S. 46 zu § 63.
[21] Vgl. *Clausen* in Knack, § 33 Rn. 8.

§ 33 Beglaubigung von Dokumenten

sie nach § 65 Satz 1 BeurkG nur zum Zwecke der Verwendung in VwVf oder für sonstige Zwecke erfolgt, für die eine öffentliche Beglaubigung nicht vorgeschrieben ist.

Die Befugnis der Verwaltungsbehörden zur Beglaubigung mit **uneingeschränkter Beweiskraft** für Abschriften ihrer **eigenen Urkunden** (§ 33 Abs. 1 Satz 1) oder von **Urkunden anderer Verwaltungsbehörden** bleibt unberührt (§ 65 Satz 3 BeurkG). Die von der Behörde in der vorgeschriebenen Form innerhalb ihrer Amtsbefugnisse ausgestellte eigene Urkunde ist eine öffentliche Urkunde im Sinne des § 415 ZPO und ersetzt die öffentliche Beglaubigung, einerlei, ob der Erklärungsinhalt der Urkunde zum hoheitlichen oder privatrechtlichen Aufgabenbereich der Behörde gehört.[22] Im Schriftverkehr der Behörden ist die maschinenschriftliche Namenswiedergabe häufig mit einem Beglaubigungsvermerk, z. T. auch mit Dienstsiegel versehen, ohne dass beides aber zur Wahrung der Schriftform im Sinne des § 37 Abs. 3 erforderlich wäre, s. § 37 Rn. 52.[23]

11

II. Befugnis zur amtlichen Beglaubigung von Abschriften von Urkunden (Abs. 1)

Absatz 1 schafft keine Rechtspflicht zur amtlichen Beglaubigungen für bestimmte Behörden. Die durch § 33 statuierte **Befugnis** enthält vielmehr nur eine **gesetzliche Ermächtigung** zur amtlichen Beglaubigung,[24] zugleich das Recht und die Pflicht, über eine solche Beglaubigung nach pflichtgemäßem **Ermessen** sachgerecht zu entscheiden (§ 40). Hierzu und zur **örtlichen und sachlichen Zuständigkeit** vgl. Rn. 20, 21. Bei der Zuständigkeit und Befugnis zur Beglaubigung von Abschriften von Urkunden ist zwischen der Beglaubigung von **eigenen** (Satz 1) **und fremden** (Satz 2) **Urkunden** zu unterscheiden (hierzu Rn. 20 ff.).

12

Urkunde ist jede schriftlich verkörperte Gedankenerklärung durch übliche Schrift- oder Druckzeichen.[25] Es ist gleichgültig, worauf sie geschrieben oder gedruckt, ob sie unterschrieben ist (§ 37 Abs. 3, 4 VwVfG), welche Bedeutung sie hat oder welchem Zwecke sie dienen soll. Auch für **Ausdrucke** eines elektronischen Dokuments gelten grds. die Regeln des Urkundsbeweises.[26] Bei der Nutzung der elektronischen Form ist jedoch zu berücksichtigen, dass diese nur solange rechtlich wirksam erhalten bleibt, wie sie auf einem elektronischen Speichermedium vorgehalten wird. Der Ausdruck eines formgebundenen elektronischen VA erhält erst durch die Beglaubigung nach § 33 Abs. 5 Satz 1 Nr. 2 (dazu Rn. 32 ff.) wieder einen der elektronischen Form entsprechenden rechtlichen Wert. Andernfalls ist er lediglich bloßes Beweiszeichen, also keine Urkunde.[27] Auch **Fotokopien** und andere mechanische oder sonst technisch erzeugte Vervielfältigungen stellen Urkunden dar; dies gilt auch dann, wenn sie unbeglaubigt und nicht unterschrieben sind.[28] Die Frage, ob solche Vervielfältigungen mit dem Original übereinstimmen und das Original echt ist, ist Sache der Beweiswürdigung.[29]

13

Abschrift ist jede beliebige Vervielfältigung von einer Urkunde als Hauptschrift. Unerheblich ist es, auf welche Weise und zu welchem Zweck sie hergestellt ist. Auch Zweitschriften, Durchschriften und sonstige auf mechanischem, lichtelektrischem oder chemischem Wege hergestellte verkörperte Ablichtungen, Vervielfältigungen und Negative einer Hauptschrift gehören dazu (vgl. Abs. 4, hierzu Rn. 32).

14

1. Eigenurkunden (Satz 1)

Für Urkunden, die eine Behörde (§ 1 Abs. 4) selbst ausgestellt hat **(Eigenurkunden)**, stellt Satz 1 die Befugnis (hierzu Rn. 12, 20) zur Beglaubigung von Abschriften mit uneingeschränk-

15

---

[22] *BGHZ* 6, 304 (307); 45, 362 (366); *Jansen*, BeurkG, § 1 Rn. 35.
[23] So auch *VGH Mannheim* DÖV 1997, 602. Zur Unterzeichnung eines schriftlichen Bescheid mit Paraphe s. *BVerwG* 18. 7. 2000 – 2 B 19/00.
[24] *v. Campenhausen/Christoph* DVBl 1987, 984 (989): aufgabenzuweisende Zuständigkeit mit teilweise verfahrensregelndem Charakter.
[25] *BGHZ* 65, 301; *Jansen*, § 1 Rn. 2, § 8 Rn. 2.
[26] *Kopp/Schenke*, § 98 Rn. 7 a.
[27] Hierzu im Einzelnen *Schmitz* DÖV 2005, 885, 892. Zur Bedeutung von Beweiszeichen s. *Kopp/Ramsauer*, § 26 Rn. 33 a.
[28] *BVerwG*, Beschl. vom 3. 1. 1986, Buchholz 310 § 98 VwGO Nr. 29.
[29] S. Fn. 22.

ter Beweiskraft (§ 65 Satz 3 BeurkG) fest. Unerheblich ist, ob es sich um **öffentliche oder private Urkunden** einer Behörde handelt. Diese (deklaratorische) Regelung folgt aus dem Selbstorganisationsrecht der Behörde: Wenn die Behörde die Befugnis hat, selbst Urkunden auszustellen, muss sie auch befugt sein, Abschriften zu beglaubigen. In Betracht kommt eine Verwendung für **interne,** aber auch für **externe Zwecke;** ob sie für die Ausstellung der Urkunde zuständig war und ob ihr Inhalt den Tatsachen entspricht, ist für die Beglaubigungsbefugnis unerheblich. Auch bei Rechtsnachfolge oder sonstigem Kompetenzübergang liegen Eigenurkunden vor. Eigenurkunden sind **öffentliche Urkunden** im Sinne des § 415 ZPO und begründen vollen Beweis der Richtigkeit ihres Inhalts, sofern sie von der Behörde innerhalb der Grenzen ihrer Amtsbefugnis oder von einer mit öffentlichen Glauben versehenen Person innerhalb des ihm zugewiesenen Geschäftskreises in der vorgeschriebenen Form aufgenommen sind.[30] Beweis der unrichtigen Beglaubigung des Vorganges ist zulässig (§ 415 Abs. 2 ZPO).

2. Fremdurkunden (Satz 2)

16   Für **Fremdurkunden** sieht Absatz 1 Satz 2 **Beschränkungen der Beglaubigungsbefugnis** auf bestimmte Behörden und für bestimmte Verwendungszwecke vor:

17   Mit der **Rechtsverordnungsermächtigung** des Abs. 1 Satz 2 an die Bundesregierung **zur Bestimmung der zur Beglaubigung befugten Bundesbehörden** im Sinne des § 1 Abs. 1 Nr. 1 (zu Landesbehörden vgl. Rn. 4, 21, 33) sollte eine Konzentration der Beglaubigungsbefugnis auf bestimmte Behörden erreicht werden, um die Gefahr des Missbrauchs zu verringern.[31] Dieses Konzept wurde jedoch im Interesse effektiver Verwaltungsarbeit aufgegeben, da nach der Verordnung über die zur Beglaubigung befugten Behörden vom 13. 3. 2003[32] vom 3. 1. 1977[33] **alle Bundesbehörden** zur amtlichen Beglaubigung befugt sind.

18   Unberührt bleibt die auf spezialgesetzlicher Grundlage bestehende Befugnis zu amtlichen Beglaubigungen (z. B. nach § 10 KonsularG). In diesen Sonderregelungen ist häufig die in Abs. 1 Satz 2 vorgesehene Möglichkeit umgesetzt worden, dass durch Rechtsvorschrift die Erteilung beglaubigter Abschriften aus amtlichen Registern und Archiven bestimmten Behörden ausschließlich vorbehalten ist, sog. **Beglaubigungsmonopole,** z. B. §§ 60ff. PStG.[34] Dazu Rn. 20.

19   a) **Zuständigkeit, Ermessen:** Die **Befugnis** bezweckt nicht, die Bundesbehörden über ihren eigentlichen Zuständigkeitsbereich hinaus speziell für Beglaubigungszwecke dem allgemeinen Publikumsverkehr zu öffnen. Sie beinhaltet **keine Verpflichtung,** sondern nur eine Ermächtigung an die Behörden, nach ihrem Ermessen im Rahmen ihrer **örtlichen und sachlichen Zuständigkeit** eine Beglaubigung vorzunehmen. Im Rahmen eines konkreten VwVf ist die dafür zuständige Behörde zur Beglaubigung der dafür notwendigen oder zweckmäßigen Urkunden befugt, aber in aller Regel zugleich auch verpflichtet **(Ermessensreduzierung auf Null).** Ohne ein solches laufendes Verfahren kann eine Behörde, die um eine amtliche Beglaubigung ersucht wird, im Rahmen ihre örtlichen und sachlichen Zuständigkeit nach pflichtgemäßen Ermessen (hierzu § 40) entscheiden. Im Hinblick auf §§ 24 Abs. 3, 25 und die sich daraus ergebenden Aufgaben auch als Helfer des Staatsbürgers sind Verweisungen an andere Behörden wegen des Servicecharakters der Beglaubigung nur dann zulässig, wenn die ersuchte Behörde zu dem Verfahren, für das die amtliche Beglaubigung begehrt wird, örtlich und sachlich in **keinerlei Beziehung** steht.

20   b) Neben den Bundesbehörden sind nach Maßgabe des § 1 Abs. 3 die **nach Landesrecht zuständigen Behörden** zur Beglaubigung von Abschriften befugt. Die Zuständigkeit der **Bundesbehörden** beschränkt sich nach § 1 Abs. 1 auf bundesrechtlich geregelte Verfahren vor Bundesbehörden; die **Landesbehörden** sind hingegen nach § 1 Abs. 3 zu amtlichen Beglaubigungen in allen anderen Fällen befugt, ggfls. verpflichtet (Rn. 4). Die Länder haben inzwischen den §§ 33, 34 entsprechende Regelungen in ihren Landesverwaltungsverfahrensgesetzen (vgl.

---

[30] Zur bejahten Beweiskraft von Zustellungsurkunden nach der Privatisierung der Deutschen Bundespost vgl. *OLG Frankfurt* NJW 1996, 3159.
[31] Begründung zu § 29 Entwurf 73.
[32] BGBl. I S. 361.
[33] BGBl. I S. 52.
[34] Dazu *Hinrichs* DVP 2005, 153; *Kopp/Ramsauer,* § 33 Rn. 6.

die Nachweise über das **Landesrecht** Rn. 33). Für Zuständigkeit und Ermessen zur Beglaubigung gelten bei Fehlen landesrechtlicher Sonderregelungen die obigen Grundsätze (Rn. 20).

c) Die Beglaubigungsbefugnis der Bundesbehörden und der nach Landesrecht zuständigen Behörden ist **auf bestimmte Fremdurkunden beschränkt:** 21
Nach **Abs. 1 Satz 2** müssen die Fremdurkunden **von einer anderen deutschen Behörde** (§ 1 Abs. 4) **ausgestellt** sein. Ob es sich hierbei um eine öffentliche oder private Urkunde handelt, ist unerheblich. Gleichgültig ist ebenfalls, welchem Zweck die Urkunde dient und vor welcher Behörde sie verwendet werden soll. Auch die Verwendung gegenüber privaten Stellen ist nicht ausgeschlossen.

Ausländische Urkunden, die im Inland sowie inländische Urkunden, die im Ausland verwendet werden sollen, fallen nicht unter Abs. 1 Satz 2. Sie werden wegen der nur subsidiären Geltung des § 33 (Rn. 4) im Hinblick auf den bundesrechtlichen Vorbehalt in § 61 Nr. 11 BeurkG nach Landesrecht sowie nach § 13 KonsularG durch **Legalisation** oder **Apostille** bestätigt.[35] Beide Bereiche und die sich darauf beziehenden Beglaubigungsakte werden von §§ 33, 34 nicht erfasst. Ausländischen öffentlichen Urkunden kommt grundsätzlich dieselbe Beweiskraft zu wie deutschen Urkunden.[36] 22

d) Neben Urkunden von Behörden können nach Abs. 1 Satz 2 auch Abschriften von **Privaturkunden** beglaubigt werden, wenn sie **zur Vorlage bei einer Behörde** benötigt werden. Es ist auch hier gleichgültig, ob die Abschrift vor einer Bundes-, Landes- oder Kommunalbehörde verwendet werden soll, ferner, ob sie in einem VwVf (§ 9) oder für sonstige Verwaltungstätigkeit gebraucht wird, sofern nur die **Rechtsverfolgung erleichtert** wird. § 20 Abs. 1 Satz 1 BNotO bleibt unberührt. 23

e) Die Beglaubigungsbefugnis für Fremdurkunden ist nicht beschränkt, soweit es sich bei der Beglaubigung um eine solche für den **internen Bedarf**[37] handelt. Diese im Gesetz nicht ausdrücklich erwähnte Befugnis ergibt sich daraus, dass sich die Behörde hierbei nicht am allgemeinen Rechtsverkehr beteiligt, sondern nur im Interesse der Sicherung ihrer Funktionsfähigkeit und sachgerechten Aufgabenerfüllung handelt, wodurch Interessen Dritter nicht berührt sein können. Auch die Beglaubigung von Urkunden für **eigene Bedienstete** zur Verwendung gegenüber Dritten, die im Zusammenhang mit der dienstlichen Tätigkeit steht, gehört in der Regel dazu. 24

f) Einen **Ausschluss der Beglaubigungsbefugnis** für die in **Absatz 1 Satz 2** genannten Behörden sieht der auf Vorschlag des Bundesrats (§ 33 Rn. 1 der Vorauﬂ.) eingefügte vorletzte Halbsatz vor, sofern durch Rechtsvorschrift „die Erteilung beglaubigter Abschriften aus amtlichen Registern und Archiven **anderen Behörden ausschließlich vorbehalten ist**". In einem solchen Fall besteht für die Behörde das alleinige **Beglaubigungsmonopol.** Hierdurch soll erreicht werden, dass von solchen Urkunden keine Abschriften durch Drittbehörden beglaubigt werden, die aus sog. **fortgeschriebenen Registern** erstellt werden, weil die Praxis bestätigt hat, dass ein mit Datum versehener Beglaubigungsvermerk von einer Abschrift in der Richtung suggestiv wirkt, als entspräche der Inhalt der Urkunde dem Sachstand am Tage der Beglaubigung.[38] In Betracht kommen z. B. Abschriften und Abzeichnungen aus dem Kataster nach den Landesgesetzen über die Landvermessung und das Liegenschaftskataster, ferner der Bereich der Personenstandsurkunden (§§ 60ff. PStG). 25

III. Beglaubigungsverbote (Abs. 2)

Absatz 2 regelt, unter welchen Voraussetzungen beglaubigungsbefugte Behörden des Absatzes 1 Dokumente nicht beglaubigen dürfen. Es handelt sich hierbei um ein **gesetzliches Verbot,** mit dem Fälschungen möglichst verhindert werden sollen.[39] Diese Regelung ist strenger als 26

---

[35] Hierzu *Kierdorf,* Die Legalisation von Urkunden, 1975; *Jansen* Einl. vor § 1 Rn. 33; *Luther* MDR 1986, 10.
[36] *BVerwG,* Urt. vom 15. 7. 1986 – 9 C 8.86 – Buchholz 412.3 § 6 Nr. 45.
[37] Begründung zu § 29 Entwurf 73.
[38] Hierzu im Einzelnen *Hinrichs* DVP 2005, 153.
[39] Begründung zu § 29 Entwurf 73.

die Vorschrift des § 42 Abs. 2 BeurkG. Für die Ablehnung der Beglaubigung ist ein **konkreter Verdacht** notwendig, dass die Urkunde verändert oder manipuliert worden ist. Zu Ermittlungen darüber ist die Behörde angesichts der ihr zustehenden Ermessenentscheidung über die Vornahme einer amtlichen Beglaubigung in der Regel nicht verpflichtet.[40] Nur wenn ohne die amtliche Beglaubigung eine Rechtsverfolgung oder -verteidigung faktisch unmöglich wäre, sind Ermittlungen nach § 24 unter Beachtung des Verhältnismäßigkeitsprinzips anzustellen.

Eine amtliche Beglaubigung ist hiernach nicht zulässig, wenn Umstände die Annahme rechtfertigen, dass der **ursprüngliche Inhalt des Schriftstücks geändert** worden ist. Die Arten der möglichen Änderungen sind in Abs. 2 beispielhaft ohne abschließende Regelung aufgezählt. Absatz 2 kommt wie im Fall des § 419 ZPO nicht nur dann zur Anwendung, wenn feststeht, dass die bereits unterzeichnete Urkunde nachträglich geändert worden ist, sondern auch dann, wenn das nach dem Erscheinungsbild nur **möglich** ist.[41]

27 Hat die Urkundsperson den Mangel bewusst oder unbewusst verkannt und eine Beglaubigung vorgenommen, kann der Beglaubigungsvermerk an einem wesentlichen **Mangel** leiden und unwirksam sein. Es treten dann die Beweiskraftregelungen (Rn. 9 ff.) nicht ein. Die Richtigkeit der im Schriftstück enthaltenen Erklärung ist frei zu würdigen.[42]

IV. Beglaubigungsvermerk eines Schriftstücks (Abs. 3)

28 **1. Für die Form der Beglaubigung** eines Schriftstücks schreibt Absatz 3 Satz 1 einen unter die Unterschrift zu setzenden **Beglaubigungsvermerk** vor. Aus Absatz 3 Satz 2 ergibt sich der Inhalt im Einzelnen. Der BMI hat durch Rundschreiben vom 1. 10. 2004[43] empfohlen, dem Beglaubigungsvermerk das folgende Muster zugrunde zu legen:

„Hiermit wird amtlich beglaubigt, dass die vor-/umstehende Abschrift/Ablichtung mit der vorgelegten Urschrift/Ausfertigung/beglaubigten/einfachen Abschrift/Ablichtung/Ausdruck der/des ....

....
(Bezeichnung des Schriftstückes)

übereinstimmt.
Die Beglaubigung wird nur zur Vorlage bei..

....
(Behörde)

erteilt.
Berlin, den................................ Der Bundesministerium des Innern

Im Auftrag

(Siegel) ....
(Unterschrift) "

Die Beglaubigung ist eine hoheitliche Aufgabe, die nach Art. 33 Abs. 4 GG in der Regel Beamten zu übertragen ist, aber auch von Angestellten wahrgenommen werden kann.[44] Der Hinweis auf den Verwendungszweck entfällt, wenn die Urschrift von einer Behörde ausgestellt ist (Abs. 3 Satz 2 Nr. 3). Das **Dienstsiegel** soll die Glaubwürdigkeit und Beweiskraft nach außen sichern und erhöhen; es kann ein Prägesiegel oder ein Farbdruckstempel sein.[45] Für die Beglaubigung eines elektronischen Dokuments (dazu Rn. 32 ff.) schreibt Abs. 5 vor, dass zusätzlich zu den in Abs. 3 Satz 2 aufgeführten Angaben weitere Feststellungen in den Beglaubigungsvermerk aufzunehmen sind.

29 Sind die Abschriften oder Ablichtungen **mehrerer Blätter** zu beglaubigen, so sind diese so fest miteinander zu verbinden, dass ihre Trennung ohne merkbare Beschädigung nicht möglich ist; die Verbindungsstellen sind zu siegeln.[46]

---

[40] Ebenso *Kopp/Raumsauer*, § 33 Rn. 21; *Obermayer*, § 33 Rn. 41.
[41] *BGH* NJW 1966, 1657.
[42] *BVerwG*, Beschl. vom 3. 1. 1986, Buchholz 310 § 98 VwGO Nr. 29.
[43] GMBl 2005, S. 4.
[44] *Clausen* in Knack, vor § 33 Rn. 4.
[45] *Jansen*, BeurkG, § 39 Rn. 13.
[46] Rundschreiben BMI, a. a. O.

Bei einer Beglaubigung **auszugsweiser Abschriften** muss kenntlich gemacht sein, dass es sich nur um einen Teil einer umfangreicheren Urkunde handelt.

2. Der Beglaubigungsvermerk ist seinem rechtlichen Inhalt nach nur ein Zeugnis, d. h. eine ör (amtliche) **Wissensbekundung** über die Richtigkeit (Echtheit) einer Abschrift oder Unterschrift (Rn. 10) ohne Regelungsgehalt, daher auch **kein VA** (Rn. 3). Zur Anfechtung der Ablehnung einer Beglaubigung Rn. 3.

3. Da **Absatz 3 Satz 2** nur zwingende Vorschriften enthält, nicht hingegen Ordnungsvorschriften und auch nicht, wie §§ 39, 40 BeurkG, zwischen zwingenden Erfordernissen und Sollvorschriften unterscheidet, ist ein dem Absatz 3 Satz 2 nicht entsprechender **Beglaubigungsvermerk** (z. B. bei Fehlen des Siegels, der Unterschrift unter dem Beglaubigungsvermerk oder der beglaubigenden Behörde) **unwirksam**.[47] *OVG Münster*[48] lässt den Meinungsstreit offen und nimmt Unwirksamkeit der Beglaubigung jedenfalls bei Fehlen des Dienstsiegels an. **Mängel** des Beglaubigungsvermerks können nicht mit rückwirkender Kraft beseitigt oder korrigiert werden. Es ist Kenntlichmachung einer Ergänzung oder Korrektur notwendig.[49] Ggfls. ist die Beglaubigung insgesamt zu **wiederholen.** Die Rechtsfolge einer unwirksamen amtlichen Beglaubigung besteht darin, dass die Abschrift oder Unterschrift keine amtliche Beglaubigung hat und keine eingeschränkte oder umfassende Beweiskraft entfaltet (Rn. 10, 11). Die Abschrift behält ihren ursprünglichen Rechtscharakter und ist mit ihrem Inhalt frei zu würdigen. Dies kann öffentlich-rechtlich dazu führen, dass für den Fall des Verlangens amtlich beglaubigter Zeugnisabschriften die eingereichten Unterlagen unvollständig sind, wenn verlangte amtlich beglaubigte Abschriften etwa kein Dienstsiegel tragen.[50]

V. Vervielfältigungen, Negative, Ausdrucke und elektronische Dokumente (Abs. 4–6)

Absatz 4, der die in Abs. 1 bis 3 für Ablichtungen getroffenen Regelungen auf andere Medien für entsprechend anwendbar erklärt, ist zunächst über die in Nr. 1 erfassten Vervielfältigen und die in Nr. 2 aufgeführten Negative hinaus durch das 2. VwVfGÄndG[51] um eine Regelung für Ausdrucke in Nr. 3 ergänzt worden, die die Beglaubigung von Computerausdrucken für zulässig erklärt hat. Statt dessen enthalten nunmehr die neu gefasste Nr. 3 und die neue Nr. 4 die durch das 3. VwVfÄndG[52] getroffenen Neuregelungen für die Beglaubigung **elektronischer Dokumente,** wobei der ebenfalls neue Abs. 5 den Inhalt des Beglaubigungsvermerks für elektronische Dokumente regelt. Bei auf fototechnischem Weg von Schriftstücken hergestellten Aufnahmen **(Mikrofilm, Mikrofiche)** ist in einem Verfilmungsprotokoll zu bestätigen, dass sie mit dem Original übereinstimmen.[53] Da zahlreiche Behörden jetzt auf fotomechanischem Wege Negative von Akten herstellen und die Originalakten oftmals vernichten, um den begrenzten Raumkapazitäten von Registraturen, aber auch der modernen Technik Rechnung zu tragen, eröffnet Abs. 4 Satz 1 Nr. 2 auch für solche Negative den Weg zu amtlichen Beglaubigungen und dem dadurch erhöhten Beweiswert. Die Voraussetzung, dass diese bei einer Behörde aufbewahrt werden, ist bereits dann erfüllt, wenn die Akten nach der Herstellung der Negative zunächst bei der Behörde aufbewahrt worden sind und dort beglaubigt wurden. Ist dies geschehen, geht der Beweiswert der Beglaubigung nicht dadurch nachträglich verloren, dass Akten später bei anderen Stellen untergebracht oder ihnen zur Kenntnis gebracht werden.

Schriftstücke werden etwa zum Zwecke der elektronischen Weiterverarbeitung zunehmend in elektronische Dokumente, umgekehrt aber auch signierte elektronische Dokumente in schriftli-

---

[47] Ebenso *Clausen* in Knack, § 33 Rn. 16; vgl. auch *Kopp/Raumsauer*, VwVfG, § 33 Rn. 26, der zwischen wesentlichen und unwesentlichen Fehlern unterscheidet.
[48] DÖV 1978, 334.
[49] *Jansen,* BeurkG § 40 Rn. 34.
[50] Vgl. *OVG Münster* DÖV 1978, 334 für Hochschulzulassungsanträge nach § 3 Abs. 5 Satz 2 der Studienplatz-Vergabeverordnung für den Fall des Fehlens eines Dienstsiegelabdrucks; problematisch wegen fehlender freier Würdigung der Beweiskraft der vorgelegten Unterlagen.
[51] Vom 6. 8. 1998, BGBl. I S. 2022.
[52] Vom 21. 8. 2002, BGBl. I S. 3322.
[53] Ebenso *Clausen* in Knack, § 33 Anm. 20.

che **umgewandelt**.[54] In beiden Fällen kann eine Beglaubigung erforderlich sein. So ist bei der Nutzung der elektronischen Form zu berücksichtigen, dass diese nur solange rechtlich wirksam erhalten bleibt, wie sie auf einem elektronischen Speichermedium vorgehalten wird. Der Ausdruck eines formgebundenen elektronischen VA erhält erst durch die Beglaubigung nach § 33 Abs. 5 Satz 1 Nr. 2 wieder einen der elektronischen Form entsprechenden rechtlichen Wert. Andernfalls ist er lediglich bloßes Beweiszeichen, also keine Urkunde.[55] Daneben besteht ein Bedarf, mit einer qualifizierten elektronischen Signatur versehene elektronische Dokumente bei einer notwendigen **Umformatierung** in ihrem rechtlichen Wert zu erhalten. Abs. 4 Nr. 3 und 4 sowie Abs. 5 enthalten die notwendigen Regelungen für eine Beglaubigung in diesen Fällen.[56]

34   Abs. 4 **Nr. 3** passt die bisherige Fassung der Vorschrift an die Weiterentwicklung der Technik an und ermöglicht nunmehr allgemein eine Beglaubigung von Ausdrucken elektronischer Dokumente. Die neue **Nr. 4** ermöglicht für zwei zu unterscheidende Fälle die Beglaubigung eines elektronischen Dokuments: **a)** bei dessen **Überführung** von einem Papierdokument in eine elektronische Form und **b)** wenn es mit einer qualifizierten elektronischen Signatur versehen ist und etwa aufgrund eines Technikwechsels **umformatiert** werden muss, wobei das Original zerstört wird.

35   **Abs. 5** beinhaltet die besonderen, zusätzlichen Anforderungen an den **Beglaubigungsvermerk** elektronischer Dokumente; das Rundschreiben des BMI vom 1. 10. 2004[57] enthält hierzu entsprechende Muster.

36   **Satz 1 Nr. 1** erfasst den Fall der Beglaubigung eines Dokuments bei dessen **Überführung** von der mit einer qualifizierten Signatur versehenen elektronischen Form **in die Papierform**. Hierfür bedürfen die allgemeinen Voraussetzungen für eine Beglaubigung teilweise der Modifikation: Der Beglaubigungsvermerk muss zusätzlich zu den in Abs. 3 Satz 2 aufgeführten Angaben die Feststellungen nach Abs. 5 Satz 1 Nr. 1 a) bis c) enthalten, durch die in Verbindung mit den anderen Angaben die Geltung des Signaturschlüssels überprüft werden kann.

37   **Satz 2 Nr. 2** benennt die besonderen Anforderungen an die Beglaubigung elektronischer Dokumente i. S. des Abs. 4 Nr. 4 **in elektronischer Form**. Der Beglaubigungsvermerk muss in diesem Fall ergänzend zu § 33 Abs. 3 den Namen des für die Beglaubigung zuständigen Bediensteten und die Bezeichnung der beglaubigenden Behörde enthalten; Unterschrift und Dienstsiegel werden durch die Signatur des beglaubigenden Bediensteten ersetzt. Die Beglaubigung erfolgt durch Verbindung des elektronischen Dokuments und des Beglaubigungsvermerks mit der dauerhaft überprüfbaren qualifizierten elektronischen Signatur des zuständigen Bediensteten. **Abs. 5 Satz 2** enthält weitere Anforderung für den Fall einer Umformatierung nach § 3a.

38   **Abs. 6** ordnet – wie bisher Abs. 4 Satz 2 a. F. – für Beglaubigungen nach Abs. 4 die rechtliche Wirkung beglaubigter Abschriften an.

VI. Europarecht

39   Eine Norm der nationalen Verfahrensordnungen ist nur dann europarechtskonform, wenn sie – erstens – den gemeinschaftsrechtlichen Vollzug nicht ungünstiger als den innerstaatlichen Vollzug gestaltet und – zweitens – die Verwirklichung von Gemeinschaftsrecht nicht praktisch unmöglich macht (s. § 26 Rn. 95 a).[58] Ein Verstoß gegen das Diskriminierungsverbot kann z. B. vorliegen, wenn im Zusammenhang mit Regelungen zum Aufenthaltsrecht von EU-Bürgern

---

[54] Zur Transformation s. *Roßnagel/Fischer-Dieskau/Wilke* CR 2005, 903.
[55] Hierzu im Einzelnen *Schmitz* DÖV 2005, 885, 892. Zur Bedeutung von Beweiszeichen s. *Kopp/Ramsauer*, § 26 Rn. 33 a.
[56] S. zum Folgenden die Begründung des Gesetzesentwurf der Bundesregierung zum 3. VwVfÄndG, BT-Drs. 14/9000 vom 13. 5. 2002. Ferner *Roßnagel* NJW 2003, 469; *Schlatmann* DVBl 2002, 1005, 1011; *Schmitz/Schlatmann* NVwZ 2002, 1281, 1288; *Schmitz/Bornhofer* StAZ 2003, 97, 99f. Zu elektronischen Dokumenten als Beweismittel s. § 26 Rn. 92. Ferner *Roßnagel/Fischer-Dieskau* NJW 2006, 806; *Berger* NJW 2005, 1016; *Roßnagel/Pfitzmann* NJW 2003, 1209; *Fischer-Dieskau/Gitter/Paul/Steidle* MMR 2002, 709; *Kopp/Schenke*, § 98 Rn. 7 a; *Geiger* in Eyermann, § 98 Rn. 5 a; *Greger* in Zöller, ZPO 26. Aufl. 2007 § 371 Rn. 1 ff.; *Baumbach/Lauterbach* § 371 Rn. 1 ff.
[57] GMBl 2005, S. 4.
[58] *EuGH* DVBl 1999, 384; *Stern* JuS 1998, 769, 771.

die zulässigen Beweismittel begrenzt und vorgeschrieben wird, dass bestimmte Dokumente von der Behörde eines anderen Mitgliedstaats ausgestellt oder beglaubigt worden sein müssen. Gleichfalls kann es einen Verstoß darstellen, wenn in dem beschriebenen Regelungszusammenhang hinsichtlich des Mittels der Glaubhaftmachung nicht alle gleichwertigen Formen zugelassen werden.[59]

VII. Landesrecht

Die Länder haben über § 1 Abs. 3 in ihren LVwVfGen dem § 33 entsprechende Regelungen geschaffen, die im Wesentlichen denen der Bundesregelung entsprechen. Sofern sich aus ihnen nichts anderes ergibt, gelten für die Befugnis zur Beglaubigung, die Zuständigkeit und das Ermessen die allgemeinen Regeln (hierzu Rn. 4, 12, 20). Wegen näherer Einzelheiten der beglaubigungsbefugten Behörden wird auf folgende Ländervorschriften verwiesen, die teilweise von der bundesrechtlichen Rechtsverordnung (Rn. 18) abweichen: **40**

Baden-Württemberg: Verordnung über die Befugnis zur amtlichen Beglaubigung vom 11. August 2005 (GBl 2005, 613).
Bayern: Verordnung über die zur amtlichen Beglaubigung befugten Behörden (BeglV) vom 5. August 2003 (GVBl 2003, 528).
Berlin: Verordnung über die Bestimmung der zu amtlichen Beglaubigungen befugten Behörden (Beglaubigungszuständigkeitsverordnung – BeglZustVO) vom 12. 3. 1986 (GVBl S. 497), aufgehoben durch Gesetz vom 16. 12. 1987, GVBl S. 2746 (mit der Folge der Zuständigkeit des Landeseinwohneramts, der Bezirksämter und Träger der Krankenversicherung nach § 1 Abs. 2 des Gesetzes über das Verfahren der Berliner Verwaltung) – vgl. den Textnachweis in Teil III des Kommentars –.
Brandenburg: Verordnung zur Bestimmung der zur amtlichen Beglaubigung befugten Behörden vom 8. 7. 1993 (GVBl II S. 334).
Bremen: Verordnung zur Bestimmung der zu Beglaubigungen befugten Behörden vom 28. März 1977 (GBl 1977, 197).
Hamburg: Anordnung über die Zuständigkeit für amtliche Beglaubigungen vom 23. November 1977 (Amtl. Anz. 1977, 1831).
Hessen: Hessische Verordnung zur Bestimmung der zu Beglaubigungen befugten Behörden vom 31. August 1978 (GVBl S. 513).
Mecklenburg-Vorpommern: Landesverordnung zur Bestimmung der zur Beglaubigungen befugten Behörden vom 17. Mai 2004 (GVOBl. S. 193).
Niedersachsen: Zuständigkeitsverordnung zur Ausführung des Vorläufigen Verwaltungsverfahrensgesetzes für das Land Niedersachsen vom 21. Februar 1977 (GVBl 1977, 17); vgl. nunmehr 2. Abschnitt Art. 6 des Rechtsvereinfachungs-Gesetzes 1989 vom 19. 9. 1989 (GVOBl. S. 345).
Nordrhein-Westfalen: Verordnung zur Bestimmung der zur amtlichen Beglaubigung befugten Behörden vom 19. April 1977 (GVBl 1977, 180).
Rheinland-Pfalz: Landesgesetz über die Beglaubigungsbefugnis vom 21. Juli 1978 (GVBl 1978, 597), geändert durch Landesgesetz zur Änderung des Landesgesetzes über die Beglaubigungsbefugnis vom 26. März 1980 (GVBl 1980, 71) – mit Kostenregelung, § 5 Abs. 3 –.[60]
Saarland: Verordnung über die Befugnis zur amtlichen Beglaubigung vom 12. Januar 1977 (ABl 1977, 86).
Sachsen: Verordnung der Sächsischen Staatsregierung zur Bestimmung der zur amtlichen Beglaubigung befugten Behörden im Freistaat Sachsen (Beglaubigungsverordnung – BeglVO) vom 1. 4. 1998 (SächsGVBl 1998, 154).
Sachsen-Anhalt: § 3 Abs. 2 der Allgemeinen Zuständigkeitsverordnung für die Gemeinden und Kreise zur Ausführung von Bundesrecht (AllgZustVO-Kom) vom 7. 5. 1994 (GVBl S. 568) – nur für § 29 SGB X –.
Schleswig-Holstein: Landesverordnung zur Bestimmung der zu Beglaubigungen befugten Behörden vom 12. Februar 2003 (GVBl 2003, 45).
Thüringen: Thüringer Verordnung zur Bestimmung der zu Beglaubigungen befugten Behörden vom 5. 2. 1997 (GVBl S. 84).

VIII. Vorverfahren

§ 33 gilt für Bundes- und Landesbehörden auch im Rechtsbehelfsverfahren (§ 79). **41**

---

[59] *EuGH* DVBl 2000, 1546.
[60] S. zur Ausführung von Beglaubigungen auch das Rundschreiben vom 28. 7. 2006, MinBl. 2006, 165.

§ 34 Beglaubigung von Unterschriften

(1) ¹Die von der Bundesregierung durch Rechtsverordnung bestimmten Behörden im Sinne des § 1 Abs. 1 Nr. 1 und die nach Landesrecht zuständigen Behörden sind befugt, Unterschriften zu beglaubigen, wenn das unterzeichnete Schriftstück zur Vorlage bei einer Behörde oder bei einer sonstigen Stelle, der auf Grund einer Rechtsvorschrift das unterzeichnete Schriftstück vorzulegen ist, benötigt wird. ²Dies gilt nicht für

1. Unterschriften ohne zugehörigen Text,
2. Unterschriften, die der öffentlichen Beglaubigung (§ 129 des Bürgerlichen Gesetzbuchs) bedürfen.

(2) Eine Unterschrift soll nur beglaubigt werden, wenn sie in Gegenwart des beglaubigenden Bediensteten vollzogen oder anerkannt wird.

(3) ¹Der Beglaubigungsvermerk ist unmittelbar bei der Unterschrift, die beglaubigt werden soll, anzubringen. ²Er muss enthalten

1. die Bestätigung, dass die Unterschrift echt ist,
2. die genaue Bezeichnung desjenigen, dessen Unterschrift beglaubigt wird, sowie die Angabe, ob sich der für die Beglaubigung zuständige Bedienstete Gewissheit über diese Person verschafft hat und ob die Unterschrift in seiner Gegenwart vollzogen oder anerkannt worden ist,
3. den Hinweis, dass die Beglaubigung nur zur Vorlage bei der angegebenen Behörde oder Stelle bestimmt ist,
4. den Ort und den Tag der Beglaubigung, die Unterschrift des für die Beglaubigung zuständigen Bediensteten und das Dienstsiegel.

(4) **Die Absätze 1 bis 3 gelten für die Beglaubigung von Handzeichen entsprechend.**

(5) **Die Rechtsverordnungen nach Absatz 1 und 4 bedürfen nicht der Zustimmung des Bundesrates.**

Vergleichbare Vorschriften: § 30 SGB X.

Abweichendes Landesrecht: S. Rn. 20.

Entstehungsgeschichte: Bis zum Inkrafttreten des VwVfG vgl. § 34 der 6. Auflage.

Literatur: s. zu § 33.

Übersicht

	Rn.
I. Allgemeines	1
II. Befugnis zur amtlichen Beglaubigung von Unterschriften (Abs. 1 Satz 1)	4
III. Beglaubigungsverbote (Abs. 1 Satz 2)	11
IV. Anwesenheitsgebot (Abs. 2)	14
V. Form und Inhalt des Beglaubigungsvermerks (Abs. 3)	16
VI. Handzeichen (Abs. 4)	19
VII. Europarecht	20
VIII. Landesrecht	21
IX. Vorverfahren	22

I. Allgemeines

1. § 34 ist **subsidiär geltende Rechtsvorschrift** (vgl. § 33 Rn. 1, 4, 12, 20, 33) und gehört **wie § 33** zu den formgebundenen Möglichkeiten zur Erhöhung der Beweiskraft der Unterschrift auf einem Schriftstück, also für Beweismittel im öffentlich-rechtlichen oder zivilen Rechtsverkehr (§ 33 Rn. 6). Auch § 34 ist **Annexregelung zum Recht des VwVf** (§ 33 Rn. 1 ff.). Die Regelung soll nach ihrem **Gesetzeszweck** wie bei § 33 dazu dienen, Befugnis und Form amtlicher Beglaubigungen von Unterschriften auf Schriftstücken, die bei Behörden

§ 34 Beglaubigung von Unterschriften

vorgelegt werden sollen, auf eine **einheitliche Rechtsgrundlage** zu stellen.[1] Wegen der Anwendbarkeit als allgemeine Regelung in einem VwVf und außerhalb hiervon vgl. § 33 Rn. 2, zur Frage der Befugnis, **örtlichen und sachlichen Zuständigkeit** und zum **Ermessen** vgl. § 33 Rn. 12, 20, 21, 33.

2. Die amtliche Beglaubigung von Unterschriften und Handzeichen **auf Schriftstücken** (Rn. 5) ist von der weiterhin vorrangigen (vgl. Abs. 1 Satz 2, Rn. 13) öffentlichen Beglaubigung (§ 40 BeurkG)[2] zu unterscheiden. Wie die öffentliche Beglaubigung[3] ist auch die amtliche Beglaubigung von Unterschriften und Handzeichen ein **Zeugnis über die Richtigkeit (Echtheit) von Unterschriften bzw. Handzeichen.** Sie bezeugt die Tatsache, dass der Aussteller persönlich (vgl. jedoch Rn. 15) vor dem Bediensteten die Unterschrift oder das Handzeichen vollzogen oder als von ihm bereits vollzogen anerkannt hat. Nur **insoweit** ist die Beglaubigung **öffentliche Urkunde im Sinne des § 418 ZPO** und begründet hierfür vollen Beweis der durch die Beglaubigung bezeugten Tatsache; Gegenbeweis ist nach Maßgabe des § 418 ZPO zulässig (§ 33 Rn. 9, 10). Auf den Inhalt des unterzeichneten Schriftstücks bezieht sich die amtliche Beglaubigung nicht; sie erstreckt sich auch **nicht auf die Richtigkeit des Inhalts der Erklärung,** ihr wirksames Zustandekommen und die Umstände ihrer Abgabe.[4] Die Beweiskraft beschränkt sich anders als die öffentliche Beglaubigung nach § 65 Satz 2 BeurkG auf den im Beglaubigungsvermerk angegebenen Zweck; im Hinblick auf diese **eingeschränkte Beweiskraft** ersetzt eine amtliche Beglaubigung nicht eine auf Grund Rechtsvorschrift geforderte öffentliche Beglaubigung einer Unterschrift oder eines Handzeichens (§ 129 BGB), sofern nicht durch Rechtsvorschrift etwas anderes bestimmt ist (§ 33 Rn. 10).

3. § 34 gilt nicht für die Beglaubigungen von in **amtlicher Eigenschaft,** insbesondere in offiziellen Schriftstücken einer Behörde geleisteten Unterschriften.[5] Insoweit bestehen keine an § 34 gebundenen Voraussetzungen. Zur Beifügung eines Beglaubigungsvermerks zu einer maschinenschriftlichen Namenswiedergabe im Schriftverkehr der Behörden s. § 33 Rn. 11.

II. Befugnis zur amtlichen Beglaubigung von Unterschriften (Abs. 1 Satz 1)

Die Befugnis zur amtlichen Beglaubigung ist nach Absatz 1 Satz 1 hinsichtlich der **Zuständigkeiten** und des **Verwendungszwecks** beschränkt (hierzu und zum Ermessen vgl. § 33 Rn. 12, 20, 21, 33). Absatz 1 Satz 2 fügt einige **Beglaubigungshindernisse** hinzu. § 34 gilt stets nur für **Fremdunterschriften** anderer Personen als derjenigen der Beglaubigungsbehörde. Unterschriftsbeglaubigungen für eigene Zwecke der Behörde unterliegen nicht den Beschränkungen des § 34 (vgl. Rn. 9). Für eine (subsidiär wirkende) amtliche Beglaubigung ist nur dort Raum, wo keine öffentliche Beglaubigung vorgeschrieben ist (Rn. 13; § 33 Rn. 8ff.).

1. Beglaubigungsfähig sind nach § 34 nur Unterschriften unter **Schriftstücken.** Es muss sich also um verkörperte Gedankenerklärungen durch übliche Schrift- oder Druckzeichen handeln (§ 33 Rn. 13). Der Begriff des Schriftstücks, aber auch die Regelung des Absatzes 1 Satz 2 Nr. 1 erfordern, dass sie eine darüber befindliche Erklärung des Unterzeichnenden deckt. Die Erklärung braucht nicht rechtsgeschäftlicher Art zu sein; es genügt, dass sie in irgendeiner Hinsicht im öffentlich-rechtlichen oder zivilen Rechtsverkehr erheblich ist.[6] Auch eine Unterschrift unter einer eidesstattlichen Versicherung (§ 27) ist beglaubigungsfähig. Entsprechendes gilt für Zeichnungen, Risse und Pläne sowie allen anderen auf technischem Wege erzeugte **schriftstückähnliche Unterlagen,** soweit sie verkörperte Gedankenerklärungen enthalten. Das unterzeichnete Schriftstück kann aus mehreren Blättern bestehen (hierzu § 33 Rn. 29).

2. Unterschrift (hierzu noch § 33 Rn. 7) ist die eigenhändige Unterzeichnung mit dem Vor- und Zunamen.[7] Eine maschinenschriftliche Wiedergabe des Vor- und Zunamens genügt in

---

[1] Begründung zu § 30 Entwurf 73; ebenso schon Begründung zu § 26 Musterentwurf.
[2] Zur Zuständigkeit hierzu nach Bundesrecht und Landesrecht vgl. *Jansen,* § 40 Rn. 5–10.
[3] Hierzu *Jansen,* § 40 Rn. 11; ferner § 33 Rn. 9.
[4] Vgl. *OLG Rostock* StAZ 1996, 367.
[5] S. Rundschreiben des BMI vom 1. 10. 2004, GMBl 2005, 4.
[6] *Jansen,* BeurkG, § 40 Rn. 14.
[7] Zur Wahrung der Schriftform i. S. des § 37 Abs. 3 durch maschinenschriftliche Namenswidergabe ohne Beglaubigungsvermerk s. *VGH Mannheim* DÖV 1997, 602; ferner § 37 Rn. 52. Zur Unterzeichnung eines bestimmenden Schriftsatzes mit Paraphe s. *BFH* NVwZ 1999, 1263. Zur Unterzeichnung eines schriftlichen

keinem Fall.[8] Inwieweit andere Namen, etwa bei von Künstlern geführten Pseudonymen oder in geistlichen Berufen, beglaubigungsfähig sind, hängt von der Verkehrsübung ab. Die Unterschrift muss **nicht lesbar** sein; es reicht ein die Identität des Unterzeichnenden ausreichend kennzeichnender **individueller Schriftzug**, der einmalig ist, entsprechend charakteristische Merkmale aufweist und sich als Unterschrift eines Namens darstellt.[9] Ein Schriftzug, der als bewusste und gewollte Namenskürzung erscheint (Handzeichen, Paraphe) stellt demgegenüber keine formgültige Unterschrift dar.[10] Die Anforderungen an eine ordnungsgemäße Unterzeichnung dürfen nicht überspannt werden.[11] In Anbetracht der Variationsbreite, die selbst Unterschriften ein und derselben Person aufweisen, ist bei der Bewertung des äußeren Erscheinungsbildes als Unterschrift oder Abkürzung ein großzügiger Maßstab anzulegen, wenn die Autorenschaft gesichert ist.[12] Der Grundsatz fairer Verfahrensgestaltung gebietet, aus einer unleserlichen Unterschrift erst nach einer Vorwarnung nachteilige Folgen abzuleiten.[13] Ggfs. ist Wiedereinsetzung zu gewähren, wenn glaubhaft und unwidersprochen vorgetragen wird, die gewählte Art der Unterzeichnung sei bis dahin im Geschäftsverkehr, bei Behörden und in Gerichtsverfahren jahrelang unbeanstandet verwendet worden.[14] Bei der Unterzeichnung eines Bevollmächtigten mit dem Namen des Vollmachtgebers muss das Vertretungsverhältnis in der Urkunde zum Ausdruck kommen.[15] Zur Paraphe s. § 33 Rn. 7.[16]

7 3. **Zuständig** zur Beglaubigung sind neben den nach **Landesrecht** zuständigen Behörden (hierzu noch Rn. 20) auf Grund der Verordnung über die zu Beglaubigungen befugten Behörden vom 13. 3. 2003[17] alle in § 1 Abs. 1 Nr. 1 bezeichneten unmittelbaren und mittelbaren **Bundesbehörden,** sofern es sich um Beglaubigungen in bundesrechtlich geregelten Verfahren vor Bundesbehörden handelt; im Übrigen sind über § 1 Abs. 3 die Landesbehörden zuständig (Rn. 20). Die **Befugnis** beinhaltet keine ausnahmslose Verpflichtung, sondern nur eine Ermächtigung an die Behörden, vor allem im Rahmen ihrer sachlichen Zuständigkeit nach ihrem Ermessen eine Beglaubigung vorzunehmen. Die Beglaubigung ist eine hoheitliche Aufgabe, die nach Art. 33 Abs. 4 GG in der Regel Beamten zu übertragen ist, aber auch von Angestellten wahrgenommen werden kann.[18] Zum **Ermessen** und zur **örtlichen und sachlichen Zuständigkeit** vgl. § 33 Rn. 12, 20.

8 4. Die Beglaubigungsbefugnis besteht nicht unbegrenzt, sondern ist auf **bestimmte Verwendungszwecke** beschränkt. Ob sie gegeben sind, hat der zuständige Bedienstete pflichtgemäß zu prüfen. Maßgebend sind die Verhältnisse, wie sie sich zurzeit des Beglaubigungsbegehrens bis zur Entscheidung über die Beglaubigung darstellen.

9 Die Beglaubigung ist zunächst zulässig, wenn sie **zur Vorlage bei einer Behörde** i. S. des § 1 Abs. 4 benötigt wird. Es ist gleichgültig, ob das unterzeichnete Schriftstück vor einer Bundes-, Landes- oder Kommunalbehörde verwendet werden soll, ferner, ob es in einem VwVf (§ 9) oder einem sonstigen Verwaltungshandeln dienlich ist (vgl. § 33 Rn. 2). Unberührt von § 34 bleibt das Recht zur (subsidiären, vgl. Abs. 1 Satz 2 Nr. 1 und 2) amtlichen Beglaubigung von Unterschriften für **eigene Zwecke** und für den **internen Gebrauch.**[19] Zur Beifügung

---

Bescheides mit Paraphe *BVerwG* 18. 7. 2000 – 2 B 19/00. Zum Unterschriftserfordernis beim Empfangsbekenntnis *OVG Hamburg* NJW 1999, 965. Zur Wahrung der gewillkürten Schriftform durch Aushändigung einer unbeglaubigten Kopie der ordnungsgemäß unterzeichneten Originalurkunde s. *BAG* NJW 1999, 596.

[8] *BGH* NJW 2005, 2086.
[9] *BGH* LM § 170 ZPO Nr. 8; *BGH* NJW 1974, 1090; NJW 1985, 1227 und MDR 1988, 128; hierzu allgemein *Schneider* MDR 1988, 747; *BAG* AP Nr. 38 zu § 518 ZPO.
[10] *BAG* NJW 2001, 316; *BGH* NJW 1997, 3380.
[11] *BayVerfGH* NJW 1976, 182; hierzu noch § 37 Rn. 49; § 57 Rn. 7 m. w. N.
[12] *BAG* NJW 2001, 316.
[13] *BVerfG* MDR 1988, 749 für bestimmende Schriftsätze bei früherer Tolerierung gleicher Unterschriften.
[14] *BFH* NVwZ 1999, 1263.
[15] *Palandt/Heinrichs,* § 126 Anm. 4; *Jansen,* § 40 Rn. 19.
[16] Zur Unterzeichnung eines bestimmenden Schriftsatzes mit Paraphe s. *BFH* NVwZ 1999, 1263. Zur Unterzeichnung eines schriftlichen Bescheides mit Paraphe *BVerwG* 18. 7. 2000 – 2 B 19/00, Buchholz 316 § 37 VwVfG Nr. 12.
[17] BGBl I S. 361.
[18] *Clausen* in Knack, Vor § 33 Rn. 4; *Ziekow,* VwVfG, § 33 Rn. 3.
[19] Ebenso *Kopp/Raumsauer,* § 34 Rn. 5; *Obermayer,* § 34 Rn. 34; vgl. auch § 33 Rn. 15, 24.

eines Beglaubigungsvermerks zu einer maschinenschriftlichen Namenswiedergabe im Schriftverkehr der Behörden s. § 37 Rn. 52; § 33 Rn. 11.

Neben einer Vorlage bei Behörden kommt auch eine Vorlage bei einer **sonstigen** privatrechtlich tätigen **Stelle** des öffentlichen oder privaten Rechts, auch etwa einem Beliehenen, in Betracht. Voraussetzung ist hierbei jedoch, dass Rechtsvorschriften die Vorlage des Schriftstücks gebieten.[20] Dies ist schon dann der Fall, wenn die Verfolgung bestimmter Rechte mit dem unterzeichneten Schriftstück **erleichtert** wird; es ist nicht erforderlich, dass die Rechtsverfolgung aussichtsreich erscheint. Die Beglaubigungsbefugnis der Behörden ist besonders für privatrechtliche Angelegenheiten freilich durch Absatz 1 Satz 2 begrenzt (Rn. 11 ff.).

III. Beglaubigungsverbote (Abs. 1 Satz 2)

Absatz 1 Satz 2 ordnet auch bei Vorliegen der Voraussetzungen des Absatzes 1 Satz 1 für zwei Fälle die **Unzulässigkeit** i. S. eines **Verbots**[21] – mit der Folge der Unwirksamkeit bei Nichtbeachtung – einer amtlichen Beglaubigung an:

Ein Beglaubigungsverbot besteht zunächst für **Blankounterschriften** (Absatz 1 Satz 2 Nr. 1). Diese von § 40 Abs. 5 BeurkG abweichende Bestimmung wurde in das Gesetz aufgenommen, weil derartige Beglaubigungen die Gefahr eines Missbrauchs in sich bergen.[22]

Das nach Absatz 1 Satz 2 Nr. 2 ferner angeordnete Beglaubigungsverbot für den Fall der Notwendigkeit einer **öffentlichen Beglaubigung** (§ 129 BGB) dient nicht nur dazu, der unterschiedlichen Beweiskraft (Rn. 2) Rechnung zu tragen; mit ihr sollen zugleich die Behörden von der amtlichen Beglaubigung in privat-rechtlichen Angelegenheiten ferngehalten werden.[23] Damit bleibt die amtliche Beglaubigung gegenüber der öffentlichen Beglaubigung normativ und praktisch **subsidiär** (vgl. § 129 BGB).

IV. Anwesenheitsgebot (Abs. 2)

1. Durch Absatz 2 kommt zunächst zum Ausdruck, dass die Beglaubigung in zwei Formen vollzogen werden kann: Einmal dadurch, dass der Aussteller **vor dem Bediensteten** die Unterschrift vollzieht, ferner auch dadurch, dass er eine von ihm bereits geleistete Unterschrift vor dem Bediensteten als die seine **anerkennt**. Dies bedeutet zugleich, dass eine schriftliche Anerkennung ohne persönlichen Kontakt zwischen Bediensteten und Antragsteller zur Verhinderung eines Rechtsmissbrauchs grundsätzlich nicht in Betracht kommen soll. Auch eine Vertretung durch eine andere als die unterzeichnende Person ist ausgeschlossen. Das unterzeichnete Schriftstück behält den Charakter als Privaturkunde, da die amtliche Beglaubigung ebenso wie die öffentliche Beglaubigung keine Niederschrift über die Abgabe der Erklärung darstellt.[24]

2. Die dem § 40 Abs. 1 BeurkG nachgebildete **Sollregelung** lässt in besonderen, atypischen Fällen **Ausnahmen vom Anwesenheitsgebot** dann zu, wenn sie vor dem Bediensteten weder vollzogen noch anerkannt wird. In Betracht kommen nur eng begrenzte Ausnahmefälle, in denen etwa für den Unterschriftleistenden objektiv nicht behebbare Hindernisse für die Vollziehung oder Anerkennung bestehen, der Bedienstete – etwa bei Wiederholungsfällen – keinen Zweifel an der Richtigkeit der Unterschrift hegt und ein Missbrauch der Beweiskraft des Beglaubigungsvermerks nicht zu befürchten ist.[25] Nach Abs. 3 Nr. 2 ist zu vermerken, ob dem Anwesenheitsgebot Rechnung getragen gewesen ist (vgl. auch Rn. 16). Ein Verstoß gegen die Sollregelung führt regelmäßig zur Unwirksamkeit der Beglaubigung.

---

[20] Ebenso *Kopp/Ramsauer*, § 34 Rn. 2.
[21] Vgl. auch Rundschreiben des BMI vom 1. 10. 2004, GMBl 2005, 4, 6.
[22] Begründung zu § 30 Entwurf 73.
[23] Begründung zu § 26 Musterentwurf.
[24] *Jansen*, BeurkG, § 40 Rn. 11.
[25] Ebenso *Obermayer*, § 34 Rn. 26; *Kopp/Ramsauer*, § 34 Rn. 7; *Clausen* in Knack, § 34 Rn. 14.

V. Form und Inhalt des Beglaubigungsvermerks (Abs. 3)

16 1. Als **Form** der Beglaubigung schreibt Absatz 3 Satz 1 einen unmittelbar bei der zu beglaubigenden Unterschrift anzubringenden Beglaubigungsvermerk vor. Durch die enge räumliche Beziehung zwischen Unterschrift und Beglaubigung soll Missbrauch verhindert werden. Der BMI hat durch Rundschreiben vom 1. 10. 2004[26] empfohlen, dem Beglaubigungsvermerk das folgende Muster zugrunde zu legen (zu den landesrechtlichen Regelungen vgl. Rn. 20; Textnachweise unter § 33 Rn. 40).

„Die/Das vorstehende Unterschrift/Handzeichen ist von ....
....
(Vorname, Familienname, ggfs. Geburtsname)
wohnhaft in ....
(Ort, Straße und Hausnummer)
persönlich bekannt – ausgewiesen durch ....
(Personalausweis, Pass)
vor mir vollzogen – anerkannt – worden
Dies wird hiermit amtlich beglaubigt.
Die Beglaubigung wird nur zur Vorlage bei ....
....
(Behörde oder Stelle)
erteilt.
Berlin, den ....   Der Bundesminister des Innern

Im Auftrag

(Siegel)
...."
(Unterschrift)

17 Besteht das unterzeichnete Schriftstück aus **mehreren Blättern,** so sind diese so fest miteinander zu verbinden, dass ihre Trennung ohne merkbare Beschädigung nicht möglich ist; die Verbindungsstellen sind zu siegeln (Rundschreiben BMI, a. a. O.).

18 2. Dem Inhalt nach ist der Beglaubigungsvermerk ein **ör Zeugnis über die Richtigkeit (Echtheit) einer Unterschrift oder eines Handzeichens** ohne Regelungsgehalt, daher nicht VA (§ 33 Rn. 3, 30). Zur Anfechtung der **Ablehnung** einer Beglaubigung vgl. § 33 Rn. 3. Zu den Rechtsfolgen und Heilungsmöglichkeiten eines formwidrigen Beglaubigungsvermerks vgl. § 33 Rn. 31.

VI. Handzeichen (Abs. 4)

19 Absatz 4 stellt Handzeichen schreibunkundiger Personen (§ 126 BGB) den Unterschriften gleich. Absätze 1 bis 3 gelten entsprechend. Der Beglaubigende wird sich in geeigneter Weise **Gewissheit** zu verschaffen haben, dass Schreibunkundigkeit (nicht auch Leseunkundigkeit) tatsächlich besteht.

VII. Europarecht

20 Hierzu kann auf die Ausführungen zu § 33 Rn. 39 verwiesen werden.

VIII. Landesrecht

21 Die Länder haben in ihren VwVfGen den § 34 entsprechende Regelungen, die teilweise von der bundesrechtlichen Regelung abweichen (Textnachweise unter § 33 Rn. 33). In der Praxis

---

[26] GMBl 2005, 4.

sind mit Rücksicht auf den eingeschränkten Geltungsbereich des VwVfG des Bundes (vgl. § 1 Abs. 3) diese landesrechtlichen Regelungen vorrangig anwendbar. Nur in bundesrechtlich geregelten Verfahren vor Bundesbehörden kommt das VwVfG des Bundes zur Anwendung (§ 33 Rn. 4, 21).

IX. Vorverfahren

§ 34 gilt für Bundes- und Landesbehörden auch im Rechtsbehelfsverfahren (§ 79). 22

und andere hoheitliche Maß
Teil III. Verwaltungsakt

Abschnitt 1. Zustandekommen des Verwaltungsaktes

§ 35 Begriff des Verwaltungsaktes

[1] Verwaltungsakt ist jede Verfügung, Entscheidung oder andere hoheitliche Maßnahme, die eine Behörde zur Regelung eines Einzelfalls auf dem Gebiet des öffentlichen Rechts trifft und die auf unmittelbare Rechtswirkung nach außen gerichtet ist. [2] Allgemeinverfügung ist ein Verwaltungsakt, der sich an einen nach allgemeinen Merkmalen bestimmten oder bestimmbaren Personenkreis richtet oder die öffentlich-rechtliche Eigenschaft einer Sache oder ihre Benutzung durch die Allgemeinheit betrifft.

Vergleichbare Vorschriften: § 118 AO; § 31 SGB X

Abweichendes Landesrecht: § 106 LVwG SchlH enthält in S. 1 statt „hoheitliche Maßnahme" die Worte „öffentlich-rechtliche Maßnahme"; überdies sind S. 1 und 2 als Absätze 1 und 2 aufgeteilt, s. Rn. 364.

Entstehungsgeschichte: Bis zum Inkrafttreten des VwVfG vergleiche § 35 der 6. Aufl. und *Klappstein/Unruh*, S. 188 ff.; seither ist § 35 unverändert geblieben; mit der Bek. der Neufassung v. 21. 1. 2003 (BGBl I 102) wurde „Einzelfalles" in „Einzelfalls" geändert.

Literatur: *Ladeur*, Die Zukunft des VA, VerwArch 86 (1995), S. 511; *Losch*, Der vorsorgliche VA, NVwZ 1995, 235; *Lübbe*, Anwendungsverbote bei Grundwasserbelastungen durch Pflanzenschutzmittel – Zugleich ein Beitrag zur Abgrenzung der Handlungsformen Rechtsverordnung und AllgV, BayVBl 1995, 95; *Neßler*, Der transnationale VA – Zur Dogmatik eines neuen Rechtsinstituts, NVwZ 1995, 863; *Roßnagel*, Teilgenehmigung und positives Gesamturteil, DÖV 1995, 624; *Voßkuhle*, Der „relative VA" – eine unzulässige Handlungsform, SächsVBl 1995, 54; *Schmitt-Kammler*, Zur Handhabung polizeilicher Standardermächtigungen, NWVBl 1995, 166; *Erfmeyer*, Der nichtmaterielle VA – rechtswidrige und überflüssige Fiktion, DÖV 1996, 629; *Greaves*, The Nature and Binding Effekt of Decisions under Article 189 EC, European Law Revue 21 (1996), S. 3; *Renck*, Für einen formalisierten VA, FS Knöpfle, 1996, S. 291; *Schnellenbach*, Rechtsfolgen von VA, JA 1996, 981; *Widmann*, Abgrenzung zwischen VA und Realakt, Diss. 1996; *Brede*, VA mit Dauerwirkung, 1997; *Buchwald*, Kritik der herkömmlichen Dogmatik des VA, Rechtstheorie 28 (1997), S. 85; *Lemke*, Verwaltungsvollstreckungsrecht des Bundes und der Länder, 1997; *Poscher*, VA und Verwaltungsrecht in der Vollstreckung, VerwArch 89 (1998), S. 111; *Heilemann*, Begriff des VA in der Rspr. des BSG, SGb 1998, 261; *Schmidt-De Caluwe,* Der VA in der Lehre Otto Mayers, 1998; *Erfmeyer*, Rechtsnatur „heimlicher" behördlicher Maßnahmen, DÖV 1999, 719; *Fluck*, Die Sachgenehmigung, DÖV 1999, 496; *ders.*, Zulassungsbedürftigkeit von Pflanzenschutzmittel-Importen im deutschen und europäischen Recht – Zugleich ein Beitrag zur Rechtsnatur sachbezogener Regelungen, NuR 1999, 86; *Heilemann*, Ausführungsbescheid als VA im Sinne des SGB X, SGb 1999, 603; *Köhler*, Unmittelbare Ausführung einer vollzugspolizeilichen Maßnahme, BayVBl 1999, 582; *Müller-Franken*, VA-Begriff der VwGO beim Handeln von Landes- und Kommunalbehörden, VerwArch 90 (1999), S. 552; *Schmidt-De Caluwe,* Wirksamkeit des VA, VerwArch 90 (1999), S. 48; *Fischer*, Der VA als staatsrechtlich determinierte Handlungsform, Diss. 2000; *Röhl*, Die anfechtbare Entscheidung nach Art. 230 Abs. 4 EGV, ZaöRV 60 (2000), S. 331; *Becker*, Der transnationale VA, DVBl 2001, 855; *Ehlers*, Bestandskraft von vor Vergabe der UMTS-Lizenzen erlassenen verfahrensleitenden Verfügungen der RegTP, K & R 2001, 1; *Laubinger*, Das „Endiviensalat-Urteil" – eine Fehlentscheidung, FS Rudolf, 2001, S. 305; *Mager*, Die staatengerichtete Entscheidung als supranationale Handlungsform, EuR 2001, 661; *Reder*, Auslegung von VA, 2001; *Ruffert*, Der transnationale VA, Verwaltung 2001, S. 453; *Sachs*, Bestandskraft der RegTP-Entscheidungen im Versteigerungsverfahren der UMTS-Lizenzen, K & R 2001, 13; *ders.*, Zur Frage der Bestandskraft der Entscheidungen der RegTP zur Vergabe der UMTS-Lizenzen im Versteigerungsverfahren, in: Piepenbrock/Schuster (Hrsg.), UMTS-Lizenzvergabe, 2001, S. 152; *Weinl*, Einheitliche Vorhabengenehmigung in den Verwaltungsverfahrensgesetzen?, UPR 2001, 46; *Kahl*, Der VA – Bedeutung und Begriff, Jura 2001, 505; *Schmidt-De Caluwe,* Vorläufige VA im Arbeitsförderungsrecht, NZS 2001, 240; *Wahl*, Das deutsche Genehmigungs- und Umweltrecht unter Anpassungsdruck, in: Gesellschaft für Umweltrecht (Hrsg.), Umweltrecht im Wandel, 2001, S. 237; *Axer*, VA unter Berichtigungsvorbehalt, DÖV 2002, 271; *Brüning*, Anmerkung zu BSG, Urt. v. 31. 10. 2001 – B 6 KA 16/00 R –, DVBl 2002, 1650; *Engert*, Die historische Entwicklung des Rechtsinstituts VA, 2002; *Eschenbach*, Der vorläufige VA – praxistaugliche Neuschöpfung oder Fortbildung praeter legem?, DVBl 2002, 1247; *ders.*, Der vorläufige VA als strategisches Instrument zur Vermeidung von Rechtsbehelfen trotz unsicherer Rechtslage, NdsVBl 2002, 89; *Kracht*, Feststellender VA und konkretisierende Verfügung, 2002; *Lindwurm*, Rechtsschutz des Vollstreckungsschuldners gegen Anträge des Finanzamts an das Amtsgericht, DStZ 2002, 135 ff.; *Prokorny*, Bedeutung der Verwaltungsverfahrensgesetze für die wissenschaftlichen Hochschulen, 2002; *Brüning*, Einstweilige Verwaltungsführung, 2003; *Dietlein*, „DDR-VA" vor bundesdeutschen Gerichten, FS Kutscheidt, 2003, S. 119; *Dörr/Jährling-Rahnefeld*, Hyperthrophie des VA, SGb 2003, 549;

§ 35 Begriff des Verwaltungsaktes   § 35

Felix, Der VA mit Dauerwirkung – eine sinnvolle Kategorie des Allgemeinen Verwaltungsrechts?, NVwZ 2003, 385; *Meyer,* Der VA in der Rspr. des BVerwG, FG 50 Jahre BVerwG, 2003, S. 551 ff.; *Pöcker,* Das Verfahrensrecht wirtschaftsverwaltungsrechtlicher Verteilungsentscheidungen: Der einheitliche Verteilungs-VA, DÖV 2003, 193; *Tschentscher,* Der privatrechtsgestaltende VA als Koordinationsinstrument zwischen öffentlichem Recht und Privatrecht, DVBl 2003, 1424; *Winkler,* Normenumschaltende VA, DVBl 2003, 1490; *Britz,* Erweiterung des Instrumentariums administrativer Normsetzung zur Realisierung gemeinschaftsrechtlicher Regulierungsaufträge, EuZW 2004, 462 ff.; *Hauser,* Rechtsqualität von Prüfungsankündigungen des Bundesrechnungshofs, DÖV 2004, 786; *Korte,* Rechtsschutz gegen normauslösende Bekanntgaben, 2004; *Steinweg,* VA-Charakter einer zugunsten des eigenen Verwaltungsträgers vorgenommenen marktverkehrsrechtlichen Festsetzung nach § 69 Abs. 1 GewO, GewArch 2004, 101; *Peine,* Sonderformen des VA, JA 2004, 417; *Wölki,* Verwaltungsverfahrensgesetz (VwVfG) im Wertewandel – Eine interdisziplinäre Untersuchung zu zeitgemäßen Entstehungsvoraussetzungen eines VA unter dem Grundgesetz, 2004; *Baßlsperger,* VA und vorprozessualer Rechtsschutz im Beamtenrecht, ZBR 2005, 192; *Blunk/Schroeder,* Rechtsschutz gegen Schein-VA, JuS 2005, 602; *Dietlein/Thiel,* Altes und Neues zum Vorbescheid, Verwaltung 2005, S. 211; *Finger,* Polizeiliche Standardmaßnahmen und ihre zwangsweise Durchsetzung, JuS 2005, 116; *Heintzen,* Was standardisieren Standardmaßnahmen?, DÖV 2005, 1038; *U. Stelkens,* Die „Europäische Entscheidung" als Handlungsform des direkten Unionsrechtsvollzugs nach dem EVV, ZEUS 2005, 61; *Vogt,* Die Entscheidung als Handlungsform des Europäischen Gemeinschaftsrechts, 2005; *Britz,* Behördliche Befugnisse und Handlungsformen für die Netzentgeltregulierung nach dem neuen EnWG, RdE 2006, 1 ff.; *Emmerich-Fritsche,* Kritische Thesen zur Legaldefinition des VA, NVwZ 2006, 762; *Sanden,* Der vorsorgliche VA, DÖV 2006, 811; *Weber,* Keine selbständige Anfechtbarkeit der MPU-Anordnung, NZV 2006, 399 ff.; *Haurand,* Der VA – Begriff, Funktion und Arten, DVP 2007, 221; *Schmaltz,* Überlegungen zum Gegenstand des Bauvorbescheids, BauR 2007, 975 ff.; *Wehr,* VA mit Dauerwirkung, BayVBl 2007, 385; *Wehrhahn,* Auf- und Verrechnung als VA?, SGb 2007, 468 ff.; zum Schrifttum vor 1996 s. § 35 der 6. Aufl.; ferner Literaturnachweise zu §§ 1, 9, 22, 43.

Übersicht

	Rn.
I. Allgemeines	1
1. Verwaltungsakt als Handlungsform	2
2. § 35 als allgemeiner Rechtsgedanke des Verwaltungsverfahrensrechts	11
3. Verwaltungsaktbegriff der VwGO – Formeller und materieller Verwaltungsaktbegriff – Konsequenzen im Fall der Inkongruenz	15
4. Bekanntgabe (§ 41) als Verwaltungsaktvoraussetzung?	20
5. Zur Existenz von relativen Verwaltungsakten und Rechtsakten mit Doppelnatur	23
6. Befugnis zum Erlass eines Verwaltungsaktes	25
II. Funktionen und Bedeutung des Verwaltungsaktes	30
1. Individualisierungs- und Klarstellungsfunktion	31
a) Festsetzung des Ergebnisses behördlicher Subsumtion	31
b) Verhältnis zum materiellen Recht	33
c) Rechts- und Planungssicherheit durch Verwaltungsakt	34
2. Titel- und Rechtsgrundfunktion	38
a) Titelfunktion i. e. S.	38
b) Titelfunktion und Vollstreckungskosten	40
c) Rechtsgrundfunktion	42
3. Verfahrensrechtliche Funktion	43
4. Verwaltungsprozessuale Funktion	47
5. Bedeutung der Funktionen für die Auslegung des § 35	49
III. Merkmale des § 35 S. 1	50
1. Maßnahme einer Behörde	50
a) Behördenbegriff	50
b) Maßnahmen mehrerer Behörden	52
c) Zurechenbarkeit der Maßnahme zu einer Behörde	53
aa) Vertretung durch Organwalter i. e. S.	54
bb) Vertretung durch eigene Bedienstete	55
cc) Besonderheiten bei (kommunalen) Verpflichtungserklärungen	58
dd) Vertretung durch Bedienstete fremder Behörden	59
ee) Zurechnung des Handelns Privater	60
ff) Einschaltung von Boten	61
gg) Rechtsfolgen fehlender Zurechenbarkeit	62
d) Verwaltungsakte fehlerhaft errichteter Behörden	64
e) Fiktiver/Fingierter Verwaltungsakt	66
2. Verfügung, Entscheidung, Maßnahme – Verwaltungsakt als Willenserklärung	69
a) Allgemeines	69
b) Auslegungsgrundsätze	71
aa) Vorliegen eines Verwaltungsaktes	72
bb) Inhalt eines Verwaltungsaktes	76
cc) Konkludente Erklärung	81

	Rn.
c) Geschäftsähnliche Handlungen/Hinweise/Auskünfte/(Ab-)Mahnungen/ Ankündigungen/Androhungen/Meinungsäußerungen/Negativatteste/ Empfehlungen/Registereintragungen/Ausweise/Bescheinigungen	82
d) Erfüllungshandlungen/Leistungsverweigerung	89
e) Tatsächliche Verrichtungen/Unterlassen	91
aa) Duldung	92
bb) Verwaltungszwang/Sofortvollzug/unmittelbare Ausführung	93
cc) Polizeirechtliche Standardmaßnahmen	96
f) Entscheidung über die Vornahme von Realakten	99
3. Hoheitliche Maßnahme	104
a) Zweifache Bedeutung	104
b) Abgrenzung zu privatrechtlichen Maßnahmen/Zweistufentheorie	106
aa) Subventionen	112
bb) Öffentliche Einrichtungen/Anstalten	117
cc) Auftragsvergabe	123
dd) Veräußerung/Verpachtung von Vermögensgegenständen	127
ee) Maßnahmen gegenüber Angestellten und Arbeitern des Öffentlichen Dienstes	128
ff) Durchsetzung gesetzlicher Abwehransprüche, insbes. Hausverbot	131
gg) Vorkaufsrecht	135
c) Abgrenzung zu Maßnahmen in ör. Gleichordnungsverhältnissen	136
aa) Maßnahmen in Zusammenhang mit ör. Verträgen	137
bb) Behördliche Aufrechnungserklärung	138
4. Auf unmittelbare Rechtswirkung nach außen gerichtete Regelung	141
a) Allgemeines	141
aa) Regelung	142
bb) Gerichtet auf unmittelbare Rechtswirkung nach außen	146
b) Vorbereitungs- und Verfahrenshandlungen der Behörde	148
c) Entscheidungen in Anzeigeverfahren	155
d) Vorab-Mitteilung der Auswahl unter mehreren Bewerbern/Verteilungsentscheidungen	160
e) Anordnung der sofortigen Vollziehung	164
f) Vollstreckungsmaßnahmen	165
g) Beteiligung/Mitwirkung gleichgeordneter Behörden im Verwaltungsverfahren	167
aa) Abgrenzung bei Vorbereitungshandlungen	168
bb) Abgrenzung bei bindenden Mitwirkungshandlungen	169
cc) Verwaltungsverfahren und Rechtsschutz bei Nichtvorliegen eines Verwaltungsaktes	173
h) Aufsichtsmaßnahmen	177
i) Maßnahmen zwischen gleichgeordneten Verwaltungsträgern	185
j) Maßnahmen gegenüber eigenem Rechtsträger	190
k) Maßnahmen zwischen Organen desselben Rechtsträgers	191
l) Sonderstatusverhältnis	198
aa) Öffentlicher Dienst	199
bb) (Anstalts-)Nutzungsverhältnisse	201
cc) Schule/Universität	202
m) Prüfungsentscheidungen/Benotung	204
5. Einzelfall	206
6. Auf dem Gebiet des öffentlichen Rechts	209
IV. Arten des Verwaltungsaktes	213
1. Vollstreckungsfähiger, gestaltender und feststellender Verwaltungsakt	214
a) Unterscheidungskriterien	214
b) Vollstreckungsfähige Verwaltungsakte	215
c) Gestaltende Verwaltungsakte	216
d) Privatrechtsgestaltende Verwaltungsakte	217
e) Feststellende Verwaltungsakte	219
f) Streitentscheidender Verwaltungsakt	221
g) Beurkundender Verwaltungsakt	222
2. Verwaltungsakt mit Dauerwirkung	223
3. Akzessorischer Verwaltungsakt	226
4. Mitwirkungsbedürftiger Verwaltungsakt	229
a) Allgemeines	229
b) Anforderungen an die Zustimmung	232
c) Widerruf der Zustimmung/Willensmängel	237
d) Rechtsfolgen fehlender Zustimmung	239
5. Verwaltungsakte mit eingeschränktem Regelungsanspruch	240
a) Allgemeines	240
b) Vorläufiger Verwaltungsakt	243

	Rn.
c) Vorsorglicher Verwaltungsakt	250
d) Vorbescheid und Teilverwaltungsakt	251
e) Rahmengenehmigung	257
6. Dinglicher Verwaltungsakt	259
7. Verwaltungsakt mit Plancharakter	263
V. Allgemeinverfügung (Satz 2)	267
1. Allgemeines	267
a) Verhältnis des Satzes 2 zu Satz 1	267
b) Allgemeinverfügung und Verwaltungsverfahren	271
c) Wirksamkeitsvoraussetzungen der Allgemeinverfügung	272
d) Allgemeinverfügung und Rechtsschutz	274
e) Allgemeinverfügung und Verwaltungsvollstreckung	276
f) Abgrenzung der Allgemeinverfügung zur Einzelverfügung	277
g) Allgemeine Kriterien zur Abgrenzung von Allgemeinverfügung und Rechtsnorm	280
2. Merkmale des § 35 Satz 2 Alt. 1 – Personale Allgemeinverfügung	282
a) Allgemeines	282
b) Regelung bestimmter zukünftiger Sachverhalte	284
c) Regelung zeitlich begrenzter Pflichten und Rechte	285
d) Anlassbezogene Regelungen	286
e) Regelung abstrakter Gefahren	289
f) Produktzulassung/Systemanerkennung/Marktfestsetzung	290
g) Regulierungsverfügungen	296
h) Allgemeine Anerkennung ausländischer Entscheidungen	298
i) „Normumschaltende" Verwaltungsmaßnahmen	299
j) Organisationsmaßnahmen	300
k) Raumbezogene Regelungen	304
l) Schlichte Normkonkretisierungen und -ergänzungen	306
3. Merkmale des § 35 Satz 2 Alt. 2 und 3 – Sachbezogene Allgemeinverfügung	308
a) Allgemeines	308
b) Sachbegriff	310
aa) Unbewegliche Sachen	311
bb) „Eine" Sache	314
cc) Sachgesamtheiten	316
c) Regelung der öffentlich-rechtlichen Eigenschaft einer Sache	317
aa) Schlichte Eigentumsbeschränkungen	319
bb) Widmung öffentlicher Sachen im Gemeingebrauch	320
cc) Widmung von Sachen im Verwaltungsgebrauch	322
dd) Widmung öffentlicher Anstalten und Einrichtungen	324
ee) Eisenbahnrechtliche Widmung	326
ff) Namensgebung	327
d) Regelung der Benutzung einer Sache durch die Allgemeinheit	328
aa) Regelung der Benutzung öffentlicher Sachen im Gemeingebrauch	329
bb) Regelung der Benutzung öffentlicher Einrichtungen/Anstalten	338
cc) Regelung der Benutzung nicht-öffentlicher Sachen	342
VI. Europarecht	343
1. „Administrative act"/„acte administratif" i. S. d. Empfehlungen des Ministerkomitees des Europarates zum Verwaltungsrecht	343
2. Entscheidung nach Art. 249 Abs. 4 EG	345
a) Funktionen der Entscheidung	345
b) (Un-)Ähnlichkeiten mit dem Verwaltungsakt	348
c) Beschluss nach Art. I-33 Abs. 1 UA 3 EVV	353
3. Verwaltungsakt beim indirekten Vollzug des Gemeinschaftsrechts	354
a) Allgemeines	354
b) Entscheidung i. S. d. Art. 4 Nr. 5 Zollkodex	355
c) Transnationaler Verwaltungsakt	358
d) Mitgliedstaatliche Entscheidungen im Gemeinschaftsverwaltungsverbund	361
3. Europäischer Verwaltungsakt?	363
VII. Landesrecht	364
VIII. Verwaltungsakte i. S. d. Art. 19 EVertr	366
IX. Vorverfahren	369
1. Rechtsnatur von Widerspruchs- und Abhilfebescheid	369
2. Verhältnis zwischen Widerspruchs- und Ausgangsbescheid	371

I. Allgemeines

1   **Teil III** des VwVfG ist schlicht mit „Verwaltungsakt" überschrieben und regelt den VA als eine der beiden Entscheidungen, auf die das VwVf i. S. d. § 9 gerichtet ist (§ 9 Rn. 131). Etwas missverständlich werden im **Abschnitt 1** mit dem Titel „Zustandekommen" **Inhalt** (§§ 35, 36, 37 Abs. 1, 39, 37 Abs. 5 S. 2), **Form** (§ 37 Abs. 2 bis 5 S. 1) und **Bekanntgabe** (§ 41) des VA sowie **Einzelfragen** (Zusicherung [§ 38], Ermessen [§ 40], Berichtigung [§ 42]) geregelt. „Zustandekommen" würde eher den gesamten Vorgang des VwVf umschreiben. **Abschnitt 2** befasst sich unter der Überschrift „Bestandskraft des VA" (§§ 43 bis 52) mit den charakteristischen Rechtswirkungen des VA, während der **Abschnitt 3** (§ 53) lediglich Verjährungsfragen anspricht. Teil III regelt damit den klassischen materiellen Kern des Allgemeinen Verwaltungsrechts (Einl. Rn. 23, § 1 Rn. 52).[1]

1. Verwaltungsakt als Handlungsform

2   Der VA ist von seinem „Erfinder",[2] *Otto Mayer*, als Parallele zum gerichtlichen Urteil entwickelt worden[3] und zwar auch auf Grund der Beobachtung, dass die Verwaltung mangels Anfechtbarkeit ihrer Rechtsakte seinerzeit tatsächlich letztverbindlich entschied.[4] Die von *O. Mayer* allein in den Blick genommene Bedeutung des VA als spezifische Handlungsform der Verwaltung (Rn. 3) geriet jedoch zeitweise aus dem Blick, weil der VA v. a. von seiner – zeitweilig in den Vordergrund gerückten – Rechtsschutzfunktion (Rn. 47) her verstanden wurde.[5] So bezeichnete das *BVerwG* den VA als **„Zweckschöpfung"**, durch die wirksamer Rechtsschutz gewährleistet werden solle.[6] Bestärkt wurde diese Sichtweise dadurch, dass sich eine **Definition des VA** allein in § 25 MRVO Nr. 165 fand. Jedoch hatte diese Definition des VA als „*jede Verfügung, Anordnung, Entscheidung oder sonstigen Maßnahme, die von einer Verwaltungsbehörde zur Regelung eines Einzelfalles auf dem Gebiet des öffentlichen Rechts getroffen wird*" über den Anwendungsbereich der MRVO Nr. 165 hinaus Einfluss.[7] §§ 35 ff. VwVfG, wie §§ 31 ff. SGB X und §§ 118 ff. AO kehren zur Sicht des VA als spezifischer Handlungsform der Verwaltung zurück. Die reine Rechtsschutzorientierung des „VA-Begriffs" hat sich nur bei Normen wie § 23 Abs. 1 S. 1 EGGVG (hierzu § 2 Rn. 108 ff.), § 109 Abs. 1 S. 1 StVollzG (§ 2 Rn. 121), § 223 Abs. 1 BRAO gehalten.[8]

3   Während *O. Mayer* den VA noch im Wesentlichen als „die" Handlungsform (oder besser: Rechtsform)[9] der Verwaltung zur Regelung von Einzelfällen ansah, ist er heute nur eine Handlungsform unter vielen, wenn auch nach wie vor die praktisch bedeutsamste,[10] s. Rn. 8. Denn die Rechtsordnung (vgl. § 9 und § 54 S. 2) geht davon aus, dass die Verwaltung – soweit nichts anderes bestimmt ist – denselben Sachverhalt unter Einsatz verschiedener Handlungsformen regeln und damit zwischen verschiedenen Handlungsformen wählen kann. Dabei unterscheiden sich die Handlungsformen der Verwaltung durch ihre Wirksamkeitsvoraussetzungen und ihre Fehlerfolgen.[11] Dass es legitim ist, der Behörde solche Wahlrechte gesetzlich einzuräumen, wird

---

[1] *Klappstein/Unruh*, Rechtsstaatliche Verwaltung durch Gesetzgebung, 1987, S. 188 ff.
[2] Hierzu *Engert*, Historische Entwicklung des Rechtsinstituts VA, 2002, S. 122 ff.; *Schmidt-De Caluwe*, VA in der Lehre O. Mayers, 1999, S. 19 f., 206 ff.
[3] *O. Mayer*, S. 92 ff.; ausführlich zur Entwicklung und zum Verständnis des VA-Begriffs in der Lit. von 1800 bis 1945: *Engert*, Historische Entwicklung des Rechtsinstituts VA, 2002, S. 47 ff., 198 ff.
[4] *O. Mayer*, S. 58 ff.; hierzu *Engert*, Historische Entwicklung des Rechtsinstituts VA, 2002, S. 147 ff.; ff.; zur Kritik an dieser Herleitung *Schmidt-De Caluwe*, VA in der Lehre O. Mayers, 1999, S. 206 ff.
[5] *Ruffert* in Erichsen/Ehlers, § 20 Rn. 3.
[6] *BVerwGE* 3, 258, 262; 4, 298, 299; 5, 325, 329 = NJW 1958, 394; *BVerwGE* 34, 248, 250 = NJW 1970, 1989. Siehe auch *BSGE* 11, 1, 10 = NJW 1960, 402; *BFHE* 187, 386 = NVwZ 1999, 1379, 1380.
[7] Vgl. z. B. *BVerwGE* 4, 128 = NJW 1957, 312; *BVerwGE* 13, 47, 48 = NJW 1962, 170; *Bachof*, Die verwaltungsrechtliche Klage auf Vornahme einer Amtshandlung, 2. Aufl. 1968, S. 19 ff. m. w. N.
[8] Vgl. z. B. *BGH* NJW 2001, 1077; NJW-RR 1997, 759; *OLG Hamm* NJW 2005, 834, 835; *OLG Stuttgart* NJW 2005, 3226; *AnwGH Celle* NJW 2004, 3270 f.; *AnwGH Hamm* NJW 2004, 1537.
[9] Zur Unterscheidung zwischen Handlungsform (Oberbegriff) und Rechtsform (rechtlich gestaltete Verwaltungshandlungen) grundlegend *Pauly* in Becker-Schwarze u. a. (Hrsg.), Wandel der Handlungsformen im Öffentlichen Recht, 1992, S. 25, 32 f.
[10] *Kahl* Jura 2005, 505.
[11] *Di Fabio* in Becker-Schwarze u. a. (Hrsg.), Wandel der Handlungsformen im Öffentlichen Recht, 1992, S. 48 f.; *Koch/Rubel/Heselhaus*, § 3 Rn. 3.

zumeist vorausgesetzt, nicht hinterfragt.[12] Es wird von einer „**Bereitstellungsfunktion des Rechts**" gesprochen, das der Verwaltung die notwendigen Rechtsformen zur Verfügung zu stellen, sie jedoch auch auf die Verwendung der „anerkannten" Rechtsformen zu begrenzen habe, um so disziplinierend zu wirken,[13] s. a. Rn. 8 f. Aus der Handlungsperspektive der Verwaltung ist der **VA die Handlungsform,** die es erlaubt, Behördenentscheidungen, selbst wenn sie rechtswidrig sind, zu Gunsten (Rn. 36 ff.) und zu Lasten des Bürgers durch **einseitige Entscheidung Verbindlichkeit zu verschaffen.** Dass der VA diese Rechtsfolgen – diese **Stabilisierungsfunktion**[14] – hat, folgt jedoch (heute) nicht (mehr) aus der grundsätzlichen „Überordnung" des Staates über den Bürger, sondern allein aus den gesetzlichen Vorschriften, die an das Vorliegen einer Maßnahme i. S. d. § 35 die Rechtsfolgen knüpfen, die die VA-Funktionen (Rn. 30 ff.) ausmachen.[15]

Das VwVfG geht damit davon aus, dass Verwaltungshandeln gegen den erklärten Willen des Bürgers auch in einer Demokratie legitimiert ist.[16] Offene Fremdbestimmung ist jedenfalls „kooperativen" Verwaltungshandeln nach dem Vorbild der **Eingliederungsvereinbarung nach § 15 SGB II** vorzuziehen, bei dem sich der Betroffene „scheinbar freiwillig unter das Joch der Vereinbarung beugen und ihr auch noch zustimmen muss".[17] Es ist ehrlicher, das **Verhältnis zwischen Staat und Bürger** nach wie vor als nicht durch eine „Gleichordnung", sondern durch eine „**Andersordnung**" geprägt anzusehen: Zwar ist selbstverständlich, dass Verwaltung *und* Bürger „unter dem Recht" (Art. 20 Abs. 3 GG) stehen,[18] § 9 Rn. 46. Es ist aber etwas grundsätzlich Verschiedenes, ob die Verwaltung ihre Kompetenzen und Befugnisse wahrnimmt und ihren besonderen Bindungen unterliegt oder ob der Bürger gegenüber der Verwaltung seine Rechte geltend macht oder von ihr zu einem bestimmten Tun oder Unterlassen verpflichtet werden kann.[19] § 35 und § 43 Abs. 1 und 2 zeigen dies: Das Merkmal „hoheitlich" des § 35 betont die Befugnis der öffentlichen Gewalt, einseitig Regelungen zu treffen (Rn. 104), freilich nicht ohne dem Bürger Gelegenheit zur Äußerung zu geben (§ 28) und die Regelung begründen zu müssen (§ 39). Die Wirksamkeit, die der VA durch diese einseitige Regelung durch die Behörde erlangt, tritt mit dem Zeitpunkt der Bekanntgabe ein (§ 43 Rn. 165). Will sich der Bürger hiergegen wehren, obliegt ihm nach der derzeitigen Ausgestaltung des Verwaltungsprozessrechts die (fristgebundene) **Anfechtungslast.**[20]

Wird der VA als Rechtsform des *Verwaltungshandelns* verstanden, ist es unglücklich, dass das Bild des VA nach wie vor vielfach durch den **verwaltungsgerichtlich bestimmten Standort** geformt wird, s. Rn. 2, 47. Von dort aus erscheint der VA als (zunächst) abgeschlossene rechtliche Gestaltung eines Lebenssachverhaltes, die gerichtlich auf ihre rechtliche Zulässigkeit aus einer ex-post-Betrachtung überprüft werden muss.[21] Diese Sicht auf den VA gibt nur einen von der Aufgabenstellung des Verwaltungsgerichts determinierten Ausschnitt wieder (vgl. § 9 Rn. 100 ff.). Sie ist aber nicht die Sicht des VwVfG, das den VA in das VwVf als Entscheidungsprozess zwischen Bürger und Behörde (§ 9 Rn. 100 ff.) eingebettet sieht. Insoweit kann die Orientierung an der **Rechtsverhältnislehre** (§ 9 Rn. 6 ff.) nützlich sein; § 35 darf den Blick auf diese Ebene nicht verstellen.[22] Im Rahmen dieses Entscheidungsprozesses stehen für Bürger

---

[12] *U. Stelkens,* Verwaltungsprivatrecht, 2005, S. 1155 f.
[13] *Schmidt-Aßmann,* Ordnungsidee, Rn. 6/37 f.; *Schuppert,* Verwaltungswissenschaft, S. 148 ff.
[14] *Schuppert,* Verwaltungswissenschaft, S. 160 ff.
[15] Deutlich z. B. BVerwG NVwZ-RR 2006, 335; *Becker* DVBl 2001, 855, 858 f.; *Schmidt-De Caluwe,* VA in der Lehre O. Mayers, 1999, S. 270 f.
[16] *Ruffert* in Erichsen/Ehlers, § 20 Rn. 1; *Schmidt-Aßmann,* Ordnungsidee, Rn. 1/25; *Schoch* in Hoffmann-Riem/Schmidt-Aßmann, Innovation, 1994, S. 199, 207; wohl auch *Wölki,* VwVfG im Wertewandel, 2004, S. 210 ff. (im Gegensatz zu S. 120 ff.).
[17] So treffend zur Eingliederungsvereinbarung: *Ebsen* VVDStRL 64 (2005), S. 282 f.; krit. auch *Berlit* ZfSH/SGB 2006, 11, 15 f.; *Lang* NZS 2006, 176, 181 ff.; *Lehmann-Franßen* NZS 2005, 519, 521; *Schön* SGb 2006, 290, 294 ff.; positiver die Einschätzung bei *Kretschmer* DÖV 2006, 893 ff.
[18] Hierzu *Gröschner* Verwaltung 1997, S. 301, 323 f.; *Schmidt-De Caluwe,* VA in der Lehre O. Mayers, 1999, S. 279 f.
[19] *U. Stelkens,* Verwaltungsprivatrecht, 2005, S. 923 f.; grundsätzlich anders wohl nur *Martens,* Praxis des VwVf, 1984, Rn. 15 ff., 24 ff.
[20] BVerwG NJW 1981, 2592, 2594.
[21] *Pietzcker* Verwaltung 1997, S. 291, 297 ff.
[22] *Pitschas* in Blümel/Pitschas, Reform, S. 229, 232; *Schmidt-Aßmann,* Ordnungsidee, Rn. 6/40; *Schoch* in Hoffmann-Riem/Schmidt-Aßmann, Innovation, 1994, S. 199, 211.

und Behörde noch nicht die Auslegung und rechtliche Bewertung einer bereits von der Behörde abgegebenen Erklärung im Vordergrund, sondern für die Behörde die Prüfung der Voraussetzungen des erst noch zu erlassenden VA und seine Gestaltung im Einzelnen (§ 9 Rn. 131),[23] für den Bürger, inwieweit er auf diesen Entscheidungsvorgang Einfluss nehmen kann.[24] § 35 betont durch das Merkmal „Maßnahme" die zugleich das VwVf abschließende Willenserklärung der Behörde (Rn. 20 ff., 69 ff., § 41 Rn. 3), deren Rechtsfolgen als „Regelung" (Rn. 141) das materielle Ergebnis des VwVf darstellen.

6 Wird der VA als „Handlungsform" verstanden, ist es konsequent, den VA-Begriff **als „Speicher"** zu bezeichnen,[25] der in abstrakter Form Aussagen beinhaltet, die Standardantworten ermöglichen: Die Qualifizierung einer Maßnahme als VA bedeutet nichts anderes als die Entscheidung, dass auf diese Maßnahme die Rechtsfolgen, die das Gesetz an den Begriff des VA knüpft, gelten sollen, s. Rn. 30. Deshalb dürfen diese Rechtsfolgen bei der Qualifizierung auch nicht außer Betracht bleiben (s. Rn. 49) und deshalb hat der VA auch keinen vorgegebenen Regelungsinhalt,[26] und ist für Entwicklungen offen (vgl. Rn. 9): Es gibt **keinen numerus clausus der VA-Arten**,[27] s. Rn. 213, 240 ff.

7 *Renck* plädiert für eine **strengere Formalisierung des VA-Begriffs** entsprechend den Regelungen über Gerichtsurteile. Der VA sei ausschließlich von seiner Titelfunktion zu verstehen (womit er die Funktion des VA als Vollstreckungstitel [Rn. 38 f.] und die Individualisierungs- und Klarstellungsfunktion [Rn. 31 ff.] meint[28]). § 35 sei daher in Anlehnung an § 117 Abs. 1 und 2 VwGO neu zu fassen.[29] De lege lata ist jedoch zumindest im Verwaltungsverfahrensrecht (zum Verwaltungsprozessrecht s. Rn. 16) eine Bestimmung des VA-Begriffs nur nach formalen Kriterien unmöglich.[30] § 35 stellt nur auf materielle Kriterien ab (Rn. 17, § 43 Rn. 3). Auch ist der VA nach geltendem Recht nicht nur Titel; die Titelfunktion (auch i. S. v. *Renck*) ist nur eine der VA-Funktionen (Rn. 38, 344, 363) und eignet sich daher nicht als „Aufhänger" für einen neuen VA-Begriff.[31] Der Forderung nach mehr Klarheit des VA-Begriffs ist dadurch Rechnung zu tragen, dass bei der Auslegung der Tatbestandsmerkmale des § 35 auf die VA-Funktionen zurückzugreifen und nicht rein begrifflich zu argumentieren ist, s. Rn. 49.

8 Weder § 35 noch § 9 begründen einen **numerus clausus ör. Handlungsformen** (§ 1 Rn. 140): Das VwVfG steht einer Entwicklung neuer Handlungsformen nicht entgegen; sie erfolgt, wenn ein entsprechendes praktisches (oder behauptetes)[32] Bedürfnis entsteht. Auch kann die Bedeutung und Rolle bereits bekannter, im VwVfG nicht angesprochener Handlungsformen neu gewichtet werden, wie z. B. der verstärkte Einsatz der Gestaltungs- und Lenkungsmittel Information und Beratung (§ 1 Rn. 109, 145) oder die aktuelle Entwicklung zum privatrechtlichen Verwaltungshandeln[33] zeigt. Allerdings darf der **tatsächliche Bedarf** nach einer Entwicklung **neuer** – flexiblerer – **Handlungsformen** für die Verwaltung auch **nicht überschätzt** werden. Dies zeigt sich schon daran, dass z. B. die vorgetragene Notwendigkeit neuerer Handlungsformen, etwa des kooperativen Verwaltungshandelns und der informellen Absprachen (hierzu § 9 Rn. 172 ff., § 54 Rn. 40 ff.), regelmäßig nur am Beispiel des (politisch) wichtigen, aber für die Masse der VwVf wenig aussagekräftigen Bereichs des Umwelt-, Technik- und Planungsrechts diskutiert wird.[34] Diese Diskussion kann daher nur sehr begrenzt Vorbildwirkung für andere Bereiche haben,[35] s. § 9 Rn. 74. Kennzeichnend hierfür ist etwa, dass zwar §§ 34 ff.

---

[23] *P. Stelkens* NWVBl 1989, 335, 337.
[24] *P. Stelkens,* VwVf, Rn. 7 f.
[25] *Henneke* DÖV 1997, 768, 770; *Pauly* in Becker-Schwarze u. a. (Hrsg.), Wandel der Handlungsformen im Öffentlichen Recht, 1992, S. 25, 35; *Schoch* in Hoffmann-Riem/Schmidt-Aßmann, Innovation, 1994, S. 199, 235; *Schmidt-Aßmann,* Ordnungsidee, Rn. 1/4; ähnlich auch *Pitschas* in Blümel/Pitschas, Reform, S. 229, 238.
[26] *Gröschner* Verwaltung 1997, S. 301, 321.
[27] *Henneke* DÖV 1997, 768, 773; *Ladeur* VerwArch 86 (1995), S. 511, 519.
[28] Deutlich bei *Renck* BayVBl 2000, 32.
[29] *Renck*, FS Knöpfle, 1996, S. 291, 299; ähnlich wohl auch *Emmerich-Fritsche* NVwZ 2006, 762, 765.
[30] A. A. anscheinend *Renck* ThürVBl 1997, 23 und BayVBl 1997, 672.
[31] Ebenso *Henneke* DÖV 1997, 768, 770.
[32] Vgl. hierzu *Fiedler* AöR 105 (1980), S. 79, 90, 107.
[33] *U. Stelkens,* Verwaltungsprivatrecht, 2005, S. 991 ff.
[34] *Hoffmann-Riem* DVBl 1994, 1381; *Pitschas* in Blümel/Pitschas, Reform, S. 229; *Schneider* VerwArch 87 (1996), S. 38; *Schulze-Fielitz* DVBl 1994, 657.
[35] S. a. *Schoch* in Hoffmann-Riem/Schmidt-Aßmann, Innovation, 1994, S. 199, 216.

UGB-KomE für den Umweltbereich neue konsensuale Handlungsformen schaffen (vgl. a. § 38 Rn. 28),[36] das „moderne" **Regulierungsverwaltungsrecht in den Bereichen Post, Telekommunikation und Energie** dagegen vollständig auf den VA setzt und ohne neue Handlungsformen (und ohne den ör. Vertrag) auskommt;[37] vgl. aber zu den Besonderheiten der **„Regulierungsverfügung"** Rn. 266, 288, 296 f. Informelles oder konsensuales Verwaltungshandeln durch Absprachen u. ä. wird darüber hinaus z. B. in der Masse der Fälle des „klassischen" Polizei- und Ordnungsrechts nicht für sinnvoll gehalten. Auch im Baurecht spielen solche Erwägungen keine Rolle, soweit es um „normale" Vorhaben ohne „Investorbeteiligung" geht (zu den neuen LBauO Rn. 36 f., 157 ff.). Im Ausländer- oder Beamtenrecht, in steuerrechtlichen Massenverfahren, im Kommunalabgabenrecht, bei der Gewährung von Sozialleistungen gegenüber den Leistungsberechtigten und außerhalb der „Drei Säulen", z. B. im Strafvollzug (§ 2 Rn. 121), wird eine „echte" ergebnisoffene Kooperation auch kaum erwogen.

Aber auch im Bereich des Anlagenbaus besteht wohl weniger ein Bedürfnis nach einem Austausch des VA als Schlusspunkt des VwVf, als ein Bedürfnis nach Genehmigungskonzentration[38] (§ 9 Rn. 148 ff.) – wie sie etwa die **Vorhabengenehmigung** nach §§ 80 ff. UGB-KomE vorsieht (Rn. 34)[39] –, nach Einschränkung der Aufhebbarkeit einer Genehmigung, nach Verstärkung des Bestandsschutzes[40] bzw. nach Straffung des VwVf durch Begrenzung der Sachverhaltsermittlung in den Fällen, in denen wegen ihrer Komplexität eine vollständige Stoffsammlung kaum erreicht werden kann,[41] s. § 24 Rn. 31 ff. Trotz aller Diskussion um die Einführung neuer VA-Modelle in Zusammenhang mit der Beschleunigungsgesetzgebung der 1990er Jahre (Einl. Rn. 43, 45) wird ein Investor auf die ihm Rechtssicherheit vermittelnde Bestandskraft einer Anlagengenehmigung wohl nur ungern zugunsten informeller, die Verwaltung nicht bindender Absprachen verzichten wollen, s. a. Rn. 35, 155 ff., § 9 Rn. 87 ff. Das Verfahrensbeschleunigungsbedürfnis wird eher im Rahmen des § 35 als außerhalb befriedigt werden können.

§ 35 schließt auch nicht aus, unterhalb des abstrakten VA-Begriffs **konkretere Zwischenebenen einzuziehen,** auf denen dann Unterarten des VA typisiert und damit i. S. der Rn. 6 als „Unterspeicher" entwickelt werden.[42] Solche Zwischenebenen begründen zum einen die in Rn. 213 ff. dargestellten **Arten des VA,** die sich an den Wirkungen eines erlassenen VA orientieren. Vielleicht noch ertragreicher ist aber auch eine **Differenzierung nach Entscheidungssituationen,** bei der der Schwerpunkt eher auf Verfahrenstypen gelegt wird.[43] Besondere Bedeutung könnte etwa dem überkommen (raumbezogenen) **Plan-VA** (Rn. 263), aber auch der von *Wahl* als eigenen VA-Typus angesehenen **Genehmigung**[44] und den neueren Erscheinungen der **„Regulierungsverfügung"** (Rn. 266, 288, 296 f.) und der **„Verteilungsentscheidung"** (Rn. 160 ff.) zukommen.

2. § 35 als allgemeiner Rechtsgedanke des Verwaltungsverfahrensrechts

§ 35 ist eine **materiell-rechtliche Norm,** die eine **bundesrechtliche,** einheitliche und fachgebietsübergreifende **Legaldefinition** des VA-Begriffs enthält (§ 1 Rn. 52). Da das VwVf auf Außenwirkung gerichtet ist, ist die materielle Regelung des VA **Annexmaterie** zum VwVf, so dass insoweit die **Kompetenz des Bundesgesetzgebers** nach Art. 70 ff. i. V. m. Art. 84 und 85 GG gegeben ist, s. § 1 Rn. 30 ff., Einl. Rn. 23. Die Legaldefinition des § 35 knüpft an die des § 25 MRVO Nr. 165 (Rn. 2) an, fügt jedoch „und die auf unmittelbare Rechtswirkung nach außen gerichtet ist" hinzu (s. Rn. 141, 146). Auch der gegenüber § 25 Abs. 2 MRVO Nr. 165 leicht veränderte Behördenbegriff des § 1 Abs. 4 VwVfG hat indirekt den VA-Begriff

---

[36] Hierzu UGB-KomE, S. 506 ff.; *Fluck/Schmitt* VerwArch 89 (1998), S. 220; *Schendel* NVwZ 2001, 494; *Schröder* NVwZ 1998, 1011.
[37] *v. Danwitz* DÖV 2004, 977, 985; *Ruffert* AöR 124 (1999), S. 237, 245.
[38] Hierzu *Becker* VerwArch 87 (1996), S. 581 ff.
[39] Hierzu etwa *Fluck* NVwZ 1998, 1016; *Kahl* NVwZ 2006, 1107; *Kloepfer/Dürner* DVBl 1997, 1081; *Schlarmann* FS Hoppe, 2000, S. 845 ff.; *Schrader* NuR 1998, 285; *Spoerr* DVBl 1998, 1463; *Volkmann* VerwArch 89 (1998), S. 363, 374; *Weinl* UPR 2001, 46; *Wickel* UPR 2000, 92.
[40] *Engel*, Planungssicherheit für Unternehmen durch VA, 1992, S. 133 ff.
[41] *Ladeur* VerwArch 86 (1995), S. 511, 516.
[42] *Ipsen,* Rn. 371.
[43] Grundlegend *Voßkuhle* in Hoffmann-Riem/Schmidt-Aßmann, VwVf und VwVfG, S. 277, 285 ff.
[44] *Wahl* in Gesellschaft für Umweltrecht (Hrsg.), Umweltrecht im Wandel, 2001, 237; *ders.* NVwZ 2002, 1192; ferner *Gromitisaris* VerwArch 88 (1997), S. 52; *Kugelmann* DVBl 2002, 1238.

modifiziert, s. Rn. 50. Neu ist die Legaldefinition der AllgV in S. 2, wenngleich gerade hier vielfach (zu Unrecht) nicht die Abgrenzungsmerkmale des Satzes 2 zur Bestimmung der VA-Qualität einer Maßnahme herangezogen werden, sondern auf die vor Erlass des VwVfG zum Thema „Allgemeinverfügung" erarbeiteten Grundsätze zurückgegriffen wird, s. Rn. 267 ff.

12 Da § 35, § 118 AO, § 31 SGB X und die **LVwVfG** (Rn. 364) von einer einheitlichen Definition ausgehen, ist diese Definition Ausdruck eines **allgemeinen Rechtsgedankens zumindest des Verwaltungsverfahrensrechts**. Die Definition geht über § 1, § 2 hinaus und findet allgemein Anwendung, wenn von VA die Rede ist,[45] also insbes. auch in den Bereichen des § 2 Abs. 2, s. Einl. Rn. 59, § 1 Rn. 157, 283 ff.; zum Verwaltungsprozessrecht s. Rn. 15 f., 364). Der VA-Begriff ist zudem in allen „drei Säulen" einheitlich zu bestimmen, Einl. Rn. 64. Da auch die Definition des Satzes 2 in § 118 AO, § 31 SGB X und die LVwVfG Eingang gefunden hat, liegt auch insoweit ein einheitlicher Rechtsgedanke vor. Zum **europarechtlichen VA-Begriff** s. Rn. 343 ff.

13 Dass § 35 einen allgemeinen Rechtsgedanken enthält, schließt nicht aus, dass der **Bundes-**[46] und auch der **Landesgesetzgeber** (bis zur Grenze des Formenmissbrauchs, Rn. 18) solche Maßnahmen (z. B. durch ausdrückliche fachgesetzliche Regelung) als VA qualifizieren, bei denen das Vorliegen der Voraussetzungen des § 35 nicht gegeben bzw. zweifelhaft ist,[47] s. a. Rn. 15, 364. Die Definition des **§ 35 hat keinen Verfassungsrang**,[48] vgl. a. § 1 Rn. 41. Dies gilt nach Auffassung des *BVerfG* insbes. auch im **Grenzbereich zwischen abstrakt-genereller Regelung und Einzelfallregelung** (Rn. 282 ff.). Art. 80 Abs. 1 GG entfalte insoweit keine Sperrwirkung.[49] Das Fachrecht kann damit insbes. auch **AllgV sui generis** schaffen, s. Rn. 297, 306. Entsprechendes gilt im Grenzbereich zwischen Verwaltungsinternum und Regelung mit Außenwirkung (Rn. 148 ff.) und zwischen Regelung und Realakt (Rn. 91 ff.). Umgekehrt kann der Bundes- und der Landesgesetzgeber aber auch eine Maßnahme, die die Kriterien des § 35 an sich erfüllt, aus dem Anwendungsbereich der §§ 9 ff. herausnehmen, indem er diese Maßnahme entweder ausdrücklich als formelles Gesetz, VO oder Satzung deklariert (Rn. 18 f.; zur rückwirkenden „Umdeklaration" Rn. 268) oder für sie Sonderregelungen zum Zustandekommen, zu Wirksamkeitsvoraussetzungen und Fehlerfolgen in einem Umfang schafft, der erkennbar werden lässt, dass auf diese Maßnahme die §§ 9 und §§ 35 ff. keine Anwendung finden sollen, s. Rn. 164 (für Anordnung der sofortigen Vollziehung), Rn. 264 (für Raumordnungs- und Flächennutzungsplan).

14 Der **Verordnungsgeber** ist jedoch jedenfalls innerhalb der Anwendungsbereiche von VwVfG, SGB X, AO an § 35 und die entsprechenden Regelungen gebunden. Ohne spezielle Verordnungsermächtigung (§ 1 Rn. 211) darf er nicht Maßnahmen als VA qualifizieren, die nach § 35 keine sind. Dies gilt insbes. dann, wenn er nur zur Ausgestaltung des VwVf ermächtigt ist. Denn die zu Art. 70 ff. GG entwickelten Grundsätze über die Gesetzgebungskompetenz „kraft Sachzusammenhangs" und „Annexes" beziehen sich auf das Bund-Länder-Verhältnis und sind auf das Verhältnis zwischen Legislative und Exekutive beim Erlass von VO nicht übertragbar.[50]

3. Verwaltungsaktbegriff der VwGO – Formeller und materieller Verwaltungsaktbegriff – Konsequenzen im Fall der Inkongruenz

15 Bereits die Begründung unter 4.2 zum Musterentwurf ging davon aus, dass der VA-Begriff im VwVfG mit dem **materiellen Gehalt** übereinstimmen solle, den dieser in der VwGO habe (Einl. Rn. 20). Eine Trennung zwischen dem VA-Begriff der § 42, §§ 68 ff., § 113 VwGO und dem des § 35 VwVfG war somit nicht gewollt,[51] s. a. § 9 Rn. 72. Obwohl die VwGO ein Bun-

---

[45] Deutlich *VGH Kassel* DÖV 2001, 873, 874 f.; ebenso *Henneke* in Knack, Vor § 35 Rn. 4; *Kopp/Ramsauer*, § 35 Rn. 1.
[46] So auch *Kopp/Schenke*, Anh. § 42 Rn. 58.
[47] *BVerwGE* 70, 77, 82 = NVwZ 1985, 39; *Emmerich-Fritsche* NVwZ 2006, 762, 763; *Sachs* K & R 2001, 13, 18.
[48] So auch *Kopp/Schenke*, Anh. § 42 Rn. 58.
[49] *BVerfGE* 106, 275, 305 = NJW 2003, 1232, 1235 (entgegen *BSG* NZS 1995, 502, 508).
[50] *U. Stelkens*, Verwaltungsprivatrecht, 2005, 1136; anders anscheinend (in Zusammenhang mit dem Vergaberecht) *BGHZ* 158, 43, 53 f. = NJW 2004, 2092, 2095; *Burgi* NZBau 2003, 16, 20.
[51] So auch *Kopp/Schenke*, Anh. § 42 Rn. 1 f.; *Müller-Franken* VerwArch 90 (1999), S. 552, 556; *Schenke* VerwArch 72 (1981), S. 185, 197.

§ 35 Begriff des Verwaltungsaktes

desgesetz ist, verweisen § 42, §§ 68 ff., § 113 VwGO bezüglich der Qualifikation landesbehördlicher Maßnahmen nicht allein auf den **bundesrechtlichen VA-Begriff** des § 35 VwVfG[52] und auch nicht auf den VA-Begriff des jeweils anwendbaren Verwaltungsverfahrensgesetzes,[53] sondern auf den in § 35, § 118 AO, § 31 SGB X und den entsprechenden Vorschriften der LVwVfG enthaltenen allgemeinen und damit „gemeindeutschen" Rechtsgedanken (Rn. 12, 364), wie sich insbes. in den Fällen der nach § 2 insgesamt ausgenommenen Bereiche zeigt.[54] Dieser allgemeine VA-Begriff gestattet dem Gesetzgeber auch, Maßnahmen als VA zu qualifizieren, die die Voraussetzungen der Legaldefinition des § 35 nicht erfüllen (Rn. 13). Dies gilt auch für den Landesgesetzgeber, der es damit in Grenzfällen in der Hand hat, den Anwendungsbereich der Anfechtungsklage zu erweitern oder zu beschränken (Rn. 364). So kann Landesrecht VA fingieren, s. Rn. 66 ff. Zu Besonderheiten bei zollrechtlichen Entscheidungen s. Rn. 356.

VA i. S. d. § 42, §§ 68 ff., § 113 VwGO sind indes nur **mindestens** alle VA i. S. d. § 35 VwVfG und der entsprechenden bundes- und landesgesetzlichen Regelungen (sog. **materielle** VA). VA im prozessualen Sinn sind darüber hinaus auch Maßnahmen, die z. B. auf Grund einer Rechtsmittelbelehrung ihrer Form nach von ihrem Adressaten als VA verstanden werden mussten (sog. **formelle** VA oder „VA durch Form") und auch einer Behörde zugerechnet werden können (Rn. 62, § 44 Rn. 172), jedoch materiellrechtlich die übrigen Kriterien des § 35 nicht erfüllen. Solche Maßnahmen sind mit der **ganz h. M.**[55] und der überkommenen Rspr.,[56] die durch die allein auf materielle Kriterien abstellende Definition des § 35 nicht abgeändert werden sollte, auf Grund des von der Behörde zurechenbar (Rn. 53 ff.) gesetzten **Rechtsscheins** als (aufhebbarer) VA i. S. d. § 42 Abs. 1, §§ 68 ff., § 113 VwGO anzusehen. Rechtswidrigkeit i. S. d. § 68, § 113 VwGO bedeutet damit nicht nur inhaltliche Rechtswidrigkeit des angefochtenen VA. Vielmehr erstreckt sich die Prüfung auch darauf, ob die Behörde ihre Maßnahme zutreffend in Form eines VA gekleidet hat. Liegen die Voraussetzungen der Definition des § 35 nicht vor, ist somit der (nur) formelle VA ohne weitere Sachprüfung vom Gericht bzw. der Widerspruchsbehörde aufzuheben, unabhängig davon, ob die als VA getroffene Maßnahme inhaltlich rechtswidrig ist und z. B. in Form einer VO oder einer privatrechtlichen Kündigung (Rn. 210 f.) hätte ergehen können. Entsprechendes gilt für den vorläufigen Rechtsschutz nach § 80 VwGO.[57] Die **Gegenansicht**[58] sieht rein formelle VA nicht als VA i. S. der VwGO an und hält nur eine auf Feststellung der Nicht-VA-Qualität einer Maßnahme gerichtete Klage für statthaft, worauf das Gericht ggf. nach § 88 VwGO hinzuweisen habe. Gerade in den Fällen, in denen die Divergenz zwischen Form und Inhalt staatlichen Handelns zwischen Bürger und Verwaltung strittig ist – und nur diese Fälle sind praxisrelevant – muss der Bürger jedoch den Weg zum Gericht an die äußere Form der behördlichen Maßnahme anknüpfen dürfen. Die – sich nicht auf das Widerspruchsverfahren beziehende[59] – Kostenregelung des § 155 Abs. 5 VwGO gewährt

---

[52] So aber *Kahl* Jura 2001, 505, 506; *Kopp/Schenke*, § 42 Rn. 2; *Müller-Franken* VerwArch 90 (1999), S. 552, 556; *Sodan* in Sodan/Ziekow, § 42 Rn. 99.
[53] So aber *Happ* in Eyermann, § 42 Rn. 4.
[54] *VGH Kassel* DÖV 2002, 873, 874.
[55] Vgl. für in VA-Form ergangene Regelungen, die nur durch Erlass einer Rechtsnorm hätten getroffen werden dürfen (Rn. 208): *BVerwGE* 18, 1, 4 = NJW 1964, 1151; *VGH Mannheim* VBlBW 1987, 377, 378; *VG München* NuR 1991, 491; für in VA-Form gekleidete Aufrechnungserklärung (Rn. 138): *VGH München* BayVBl 1995, 565, 566; BayVBl 1996, 660, 661; NJW 1997, 3391, 3392; BFHE 149, 482 = NVwZ 1987, 1118; für in VA Form gekleidete Weisung an Beamten (Rn. 199): *OVG Koblenz* NJW 2003, 3793, 3794; *VGH München* NVwZ 2000, 222; BayVBl 2003, 212, 213; für Hinweis in VA-Form (Rn. 83 f.): BSGE 81, 239 = NZS 2002, 91, 93; BSGE 91, 68, 69 = NZS 2004, 156, 157; für in VA-Form gekleidete interne Zustimmungshandlung (Rn. 171): *BVerwGE* 122, 58, 59 = NVwZ-RR 2005, 343; *OVG Schleswig* NJW 2000, 1059, 1060; allgemein: *Ehlers*, Verwaltung in Privatrechtsform, 1984, S. 436; *Holznagel/Schulz* NWVBl 2003, 400, 403; *Lübbe* BayVBl 1995, 99; *Maurer* § 10 Rn. 8; *Schwarz* in Fehling u. a., § 35 VwVfG Rn. 5 ff.; *U. Stelkens*, Verwaltungsprivatrecht, 2005, S. 127 f.
[56] So bereits *SächsOVG* Jahrbuch SächsOVG 15 (1911), 175, 181.
[57] *OVG Bremen* NJW 2003, 1962, 1963; *OVG Koblenz* NJW 2003, 3793, 3794; *VGH München* BayVBl 1995, 565; NVwZ 2000, 222, 223; BayVBl 2003, 212, 213; BayVBl 2004, 660, 661; *VG Potsdam* NVwZ-RR 2000, 279.
[58] *VG Wiesbaden* NVwZ-RR 2007, 613; *Borchert* NJW 1972, 854 f.; *Erfmeyer* DÖV 1996, 629, 638; *Kopp/Schenke*, Anh. § 42 Rn. 7; *Pestalozza*, Formenmissbrauch des Staates, 1973, S. 136 ff. („luxuriöser Rechtsschutz-Service"); *Schenke* NVwZ 1990, 1009, 1017; *Schmidt-De Caluwe*, VA in der Lehre O. Mayers, 1999, S. 31 Fn. 61; *Schmitt* DVBl 1960, 382, 384; wohl auch *BVerwG* NJW 1958, 1107, 1108.
[59] Vgl. hierzu auch *U. Stelkens*, Verwaltungsprivatrecht, 2005, S. 222 f.

keinen hinreichenden Schutz. Es besteht auch ein Rechtsschutzbedürfnis, überprüfen zu lassen, ob die Behörde ihre Maßnahme zutreffend der ihr durch § 35 eröffneten Handlungsform VA zugeordnet hat, da die gewählte Maßnahme häufig (faktische) Grundlage weiterer Maßnahmen (Vollstreckung, Bußgeld, Folgeverfahren usw.) ist. Hier ist die Rechtslage ähnlich wie bei der Aufhebung nichtiger (§ 43 Rn. 226, § 44 Rn. 199ff., § 48 Rn. 57) oder fehlerhaft bekannt gegebener VA (§ 41 Rn. 226f.) VA. Da (nur) formelle VA nur als VA i. S. der VwGO, nicht als VA i. S. des § 35 (näher Rn. 17, § 43 Rn. 3) anzusehen sind, steht auch das materielle Recht der h. M. nicht entgegen. Zur fehlerhaften Qualifizierung einer Maßnahme als VA durch die Widerspruchsbehörde s. Rn. 372.

17 **Rein formelle VA** sind jedoch **keine VA i. S. d. § 35,** s. a. § 43 Rn. 3. Das VwVfG knüpft nicht an die Form einer Maßnahme, sondern nur an ihren materiellen Gehalt Rechtsfolgen, wie z. B. Bestandskraft oder beschränkte Aufhebbarkeit.[60] Das Vorliegen der **Tatbestandsmerkmale des § 35** ist also materiellrechtlich (zum Prozessrecht Rn. 16) **nicht Rechtmäßigkeitsvoraussetzung, sondern Wesensvoraussetzung** des VA.[61] Zwar kann die Form auch den Inhalt einer Maßnahme beeinflussen:[62] So kann die Form eines Schreibens maßgeblicher Auslegungsgesichtspunkt dafür sein, ob eine bestimmte Maßnahme ein VA oder ein bloßer Hinweis auf eine bestehende Pflicht ist (Rn. 72f.). Das bloße Beifügen einer Rechtsmittelbelehrung oder das Verkünden einer Maßnahme als Bescheid oder AllgV macht aber eine abstrakt-generelle Regelung nicht zur Regelung eines Einzelfalles (Rn. 208, 282ff.), ein Verwaltungsinternum nicht zu einer Regelung mit Außenwirkung (Rn. 171) und eine Regelung auf dem Gebiet des Privatrechts nicht zu einer Regelung auf dem Gebiet des öffentlichen Rechts (Rn. 210f.). Daher kann sich der Betroffene gegen die Vollstreckung aus einem nur formellen VA auch nach Ablauf aller Fristen mit dem Argument wehren, es liege kein (vollstreckungsfähiger) Grund-VA vor (Rn. 38). Auch unterbricht ein solcher VA nicht die Verjährung nach § 53 Abs. 1 S. 1, s. § 53 Rn. 44. Andernfalls ließe man unberücksichtigt, dass die Befugnis der Behörde, einseitig Recht zu setzen, nur deshalb besteht, weil das Gesetz sie vorsieht (Rn. 3, 30), und gewährte ihr damit einen von § 35 her nicht vorgesehenen Spielraum bei der Wahl der Handlungsform,[63] s. a. Rn. 210f., 372. Zur **Umdeutung** des nur formellen VA in eine Willenserklärung anderer Art s. § 47 Rn. 25. Die Vertreter der (wohl auch in der Rspr.) herrschenden **Gegenansicht,** nach der formelle VA auch VA i. S. d. § 35 sind, nach der also der Begriff des formellen VA mit dem des materiellen VA gleichzusetzen ist, haben die Frage der Bestandskraftfähigkeit formeller VA regelmäßig nicht vor Augen,[64] sondern allein die Frage der Zulässigkeit von fristgemäß eingelegten Widersprüchen und Anfechtungsklagen.[65] Dementsprechend werden von ihnen regelmäßig keine Argumente für eine Bestandskraftfähigkeit solcher Maßnahmen vorgebracht. Dem Anliegen der Gegenansicht ist schon damit Genüge getan, dass von der Anfechtbarkeit bloß formeller VA ausgegangen wird, s. Rn. 16. Daher hat *BVerwG* in einem Fall, in dem eine Maßnahme auf dem Gebiet des Privatrechts (Erteilung eines Zeugnisses an Angestellten des Öffentlichen Dienstes, s. Rn. 129) in VA-Form abgelehnt worden war, zu Recht für eine Klage auf Vornahme der begehrten Handlung den Verwaltungsrechtsweg nicht für gegeben erachtet und damit implizit vorausgesetzt, die Ablehnung der Maßnahme könne nicht bestandskräftig werden. Eine Klage auf Aufhebung der Ablehnung hielt es

---

[60] Wie hier *VG Wiesbaden* NVwZ-RR 2007, 613; *Sachs* K & R 2001, 13, 19; *U. Stelkens,* Verwaltungsprivatrecht, 2005, S. 128; ähnlich: *BVerwG* NJW 1958, 1107, 1108 (m. Anm. *Obermayer*); *OVG Lüneburg* DVBl 1954, 297 (m. Anm. *Bettermann*); *VGH Mannheim* VBlBW 1987, 377, 378 (m. Anm. *Maurer* VBlBW 1987, 361).
[61] Gerade umgekehrt z. B. *Ehlers* K & R 2001, 1, 2 (der auf S. 8 jedoch dann doch der hier vertretenen Auffassung zu folgen scheint); *Steinweg* GewArch 2004, 101, 103.
[62] Vgl. *Kopp/Schenke,* Anh. § 42 Rn. 5, 59.
[63] *Erfmeyer* DÖV 1996, 629, 635; *Hartmann,* Aufrechnung im Verwaltungsrecht, 1996, S. 122; *Pestalozza,* Formenmissbrauch des Staates, 1973, S. 139f.; *Schmidt-De Caluwe,* VA in der Lehre O. Mayers, 1999, S. 31; ähnlich auch *BVerwG* NJW 2006, 1225.
[64] Anders z. B. *Korte,* Rechtsschutz gegen normauslösende Bekanntgaben, 2004, S. 82.
[65] *BVerwGE* 84, 274, 275 = NJW 1990, 2482 (m. Bespr. *Frohn* BayVBl 1992, 7; *Hänlein* JuS 1992, 559; *Maurer* JZ 1990, 863); *BVerwG* NVwZ 1985, 264; *VGH Mannheim* WissR 27 (1994), 306, 307; *OVG Münster* OVGE 30, 138; NJW 1998, 1579, 1580f.; BFHE 149, 482 = NVwZ 1987, 1118; *Bettermann* DVBl 1954, 298; *Kopp/Schenke,* Anh. § 42 Rn. 5; *Pietzcker* in Schoch u. a., § 42 Abs. 1 Rn. 21; s. a. *Widmann,* Abgrenzung zwischen VA und eingreifendem Realakt, 1996, S. 84, die den VA kraft Form auch eine Wirkung zu Lasten des Betroffenen zusprechen will, ohne diese jedoch genauer zu spezifizieren.

entspr. den in Rn. 16 genannten Grundsätzen zwar für zulässig, jedoch nicht für notwendig,[66] s. a. Rn. 170 f.

Keine VA – weder i. S. d. VwGO noch i. S. d. § 35 – sind schließlich förmlich erlassene **Gesetze, VO** und **Satzungen,** deren Regelungsgegenstand auch durch VA hätte geregelt werden können. Wann ein Gesetz, eine VO oder eine Satzung vorliegt, bestimmt sich nicht nach dem jeweiligen Inhalt, sondern allein nach ihrer Form (Verfahren ihres Zustandekommens und Art der Verkündung).[67] Wenn die für die Rechtsetzung maßgebliche Form eingehalten wird oder die rechtsetzenden Organe erkennbar von der Einhaltung des für den Erlass eines Gesetzes, einer VO oder einer Satzung vorgesehenen Verfahrens ausgehen, liegt ein Gesetz, eine VO oder eine Satzung, jedenfalls kein VA vor.[68] So hat auch *BVerfG*[69] die Rechtsnatur des Lex Stendal (§ 9 Rn. 95 ff., § 72 Rn. 20) als Gesetz nicht bezweifelt. Dem steht nur vordergründig entgegen, dass nach § 35 **jede** Maßnahme, die die dort genannten Tatbestandsmerkmale erfüllt, VA sein soll. Hierdurch sollten weder Bundes- noch Landesgesetzgeber und auch nicht die Selbstverwaltungskörperschaften zwingend auf die VA-Form zur Regelung von Einzelfällen i. S. d. § 35 verwiesen werden.[70] Dem entspricht, dass § 47 Abs. 1 Nr. 1 VwGO für Bebauungspläne die Normenkontrolle eröffnet, obwohl Bebauungsplansatzungen nach § 10 BauGB inhaltlich ör. Eigenschaften der betroffenen Grundstücke regeln und damit die Definition des § 35 S. 2 Alt. 2 erfüllen, s. Rn. 264, 317. Wann ein VA und wann ein Gesetz, eine VO oder eine Satzung zur Regelung von Einzelfällen verwendet werden kann, ist damit keine Frage des vom VwVfG geregelten Verfahrensrechts, sondern des materiellen Rechts. Grundsätzlich besteht insoweit ein **Wahlrecht**[71] (s. § 9 Rn. 165), sofern dem nicht fachgesetzliche Grenzen und die Grenzen des Willkürverbotes entgegenstehen.[72] So kann z. B. eine Gemeinde die Benutzung einer öffentlichen Einrichtung durch Satzung regeln, obwohl insofern auch der Erlass einer AllgV nach § 35 S. 2 Alt. 2 in Betracht kommt,[73] s. Rn. 337 ff. Zum Wahlrecht bei Plänen s. Rn. 263 ff. Selbst bei **Formenmissbrauch** ist eine Rechtsnorm nicht als VA zu qualifizieren, sondern allenfalls nichtig.[74] Widerspruch und Anfechtungsklage sind ausgeschlossen.[75] Wegen der eindeutigen Form können Irrtümer über die VA-Qualität der Maßnahme nicht auftreten,[76] vgl. a. Rn. 19.

Wird ein VA, insbes. eine AllgV, erlassen obwohl kraft fachgesetzlicher Regelung eine VO oder Satzung hätte ergehen müssen, wird zumeist ein bloß formeller VA (Rn. 16) vorliegen.[77] Andernfalls liegt zwar ein materieller VA i. S. d. § 35 S. 2 vor, der jedoch wegen spezialgesetzlichen Ausschlusses dieser Handlungsform nach § 44 Abs. 1 nichtig sein wird,[78] s. Rn. 29. Zumindest ist wegen Art. 19 Abs. 4 GG nach Bestandskraft einer solchen Regelung ein Anspruch auf Aufhebung nach §§ 48 ff. anzuerkennen, s. Rn. 29, 287, 309, 323, 339, § 41 Rn. 140, § 43 Rn. 90, § 51 Rn. 19. So wäre ein durch AllgV erlassener Bebauungsplan zwar VA i. S. d. § 35 (s. Rn. 18, 264, 317), könnte auch im Wege der Anfechtungsklage angegriffen werden (vgl. Rn. 16), wäre jedoch nach § 44 Abs. 1 nichtig. Eine Normenkontrolle nach § 47 VwGO scheidet bei ausdrücklicher und unmissverständlicher Wahl der Handlungsform VA aus, da in diesem

---

[66] *BVerwG* NVwZ-RR 1993, 251, 252; ebenso *VGH München* NVwZ 2002, 1392; hierzu jeweils *U. Stelkens,* Verwaltungsprivatrecht, 2005, S. 129 f.
[67] Allgemein: *Emmerich-Fritsche* NVwZ 2006, 762, 764; *U. Stelkens,* Verwaltungshaftungsrecht, S. 286 ff.; zu den Gesetzen: *BVerwGE* 124, 47, 50 = NVwZ 2005, 1178, 1179; *VGH Karlsruhe* NVwZ 2005, 112 f.; *VGH Würzburg* NVwZ 2005, 471, 472; *Achterberg,* § 7 Rn. 11; *Kopp/Schenke,* Anh. § 42 Rn. 16; zu Rechtsverordnungen und Satzungen: *VGH Mannheim* VBlBW 2001, 324, 325; NVwZ-RR 2005, 243, 244.
[68] Deutlich für Flugroutenfestlegung durch VA: *OVG Münster* NWVBl 2003, 95, 96; a. A. in diesem Zusammenhang wohl *Bohl* NVwZ 2001, 764, 764.
[69] *BVerfGE* 95, 1 ff. = NJW 1997, 383 (hierzu *Blümel* DVBl 1997, 205; *Hufeld* JZ 1997, 302; *Pabst* UPR 1997, 284 ff.; *Schneller* ZG 1998, 179).
[70] Anders wohl *Jäde* BauR 1993, 683, 686 ff. zur Frage des VA-Charakters von Bebauungsplänen.
[71] *BVerwG* NVwZ 1985, 39, 40; *VGH München* NVwZ-RR 1995, 114, 155; *Schmidt-Aßmann,* Ordnungsidee, Rn. 6/37 f.
[72] *OVG Hamburg* NVwZ 1985, 51; *Meyer/Borgs,* § 35 Rn. 65.
[73] Vgl. *Bier* VBlBW 1991, 81, 84; zur „Konkurrenz" zwischen Polizeiverordnung und Benutzungsregelung: *VGH Mannheim* NVwZ 2000, 457; VBlBW 2001, 324, 325.
[74] *VGH Kassel* NuR 1990, 380.
[75] *BVerwGE* 26, 251, 252; *VGH Mannheim* DÖV 2000, 694; *VGH München* NVwZ-RR 1995, 116, 117; *Achterberg,* § 21 Rn. 2; *Meyer/Borgs,* § 35 Rn. 66.
[76] *BVerwGE* 26, 251, 252.
[77] *VGH Mannheim* VBlBW 1987, 377, 378.
[78] Nur für Rechtswidrigkeit demgegenüber *Meyer/Borgs,* § 35 Rn. 66.

Fall Irrtümer über die von der Behörde gewählte Rechtsform nicht auftreten können,[79] vgl. a. Rn. 18.

4. Bekanntgabe (§ 41) als Verwaltungsaktvoraussetzung?

20 Nach h. M. und der in diesem Kommentar vertretenen Auffassung wird der VA erst durch seine Bekanntgabe gem. § 41 existent,[80] § 41 Rn. 3, 222, § 43 Rn. 164f. Diese Begriffsverwendung ist **missverstanden** worden: Hieraus wurde geschlossen, nach h. M. sei der (noch) nicht (wirksam) bekannt gegebene VA ein „Nullum", an dessen „Vorliegen" das Gesetz keine Rechtsfolgen knüpfen könne, so dass die Bekanntgabe nach § 41 zu einem Tatbestandsmerkmal des VA-Begriffs des § 35 werde.[81] Dies wäre verfehlt, da etwa § 41 Abs. 1 schon an den noch nicht bekannt gegebenen VA Rechtsfolgen knüpft, indem er regelt, an wen ein VA bekannt zu geben ist. Wäre anzunehmen, dass der VA erst mit Bekanntgabe „in der Welt" sei, dürften § 41 Abs. 1 und § 43 Abs. 1 den noch nicht bekannt gegebenen VA allenfalls als VA-Entwurf bezeichnen.[82] Die h. M. meint allerdings mit VA in diesem Zusammenhang auch **nicht den VA als Vorgang** oder als Verfahrensabschlusshandlung (Rn. 43), sondern den **materiellen VA** (Rn. 31). Nach h. M. wird somit **die von dem VA intendierte Regelung** erst mit dessen Bekanntgabe existent; erst mit der Bekanntgabe können sich *aus dem VA selbst* Rechtsfolgen ergeben. Ursache des Missverständnisses ist wohl, dass die privatrechtliche Willenserklärung in den gängigen Lehrbüchern zum Allgemeinen Teil des BGB mit ihrer Abgabe (Entäußerung) gem. § 130 BGB als „existent" bezeichnet wird[83] und mit „Willenserklärung" in diesem Zusammenhang die Willenserklärung als Vorgang, nicht deren gewolltes Ergebnis (das Rechtsgeschäft, Rn. 31) gemeint ist. Klarzustellen ist auch, dass der Begriff **Existenz** i. S. der h. M. **nicht** mit dem Begriff der (äußeren) **Wirksamkeit** gleichzusetzen ist.[84] Die Wirksamkeit des VA ist nach § 43 Abs. 1 **relativ**, die der Relativierung nicht zugängliche Existenz tritt bereits ein, wenn der VA auch nur einem Betroffenen gegenüber äußere Wirksamkeit erlangt, § 41 Rn. 229, § 43 Rn. 165. Deshalb gibt es keine relativen VA, s. Rn. 23.

21 Dennoch ist für das Vorliegen eines VA notwendig, dass die „Maßnahme" nicht mehr „in der Behördenschublade" liegt, sondern „in den Verkehr" gebracht wird,[85] die Willenserklärung VA also **entspr. § 130 BGB** (durch die Behörde, Rn. 53ff.) **abgegeben** worden ist,[86] s. § 41 Rn. 56. Dies ergibt sich schon daraus, dass ein VA eine Willens*erklärung* ist (Rn. 69). Er muss von der Behörde „entäußert" worden sein. Eine noch nicht abgegebene behördliche Willenserklärung ist keine Willenserklärung und als rein interner (Sachbearbeiter-)Wille rechtlich irrelevant, § 41 Rn. 53ff. Zum Widerruf entspr. § 130 Abs. 1 S. 2 BGB des bereits abgegebenen, aber noch nicht bekannt gegebenen VA s. § 41 Rn. 7, 60, § 43 Rn. 177. **Nicht zu folgen** ist indes der Auffassung, dass der Begriff der **Abgabe** i. S. d. entsprechend anzuwendenden § 130 BGB mit dem des **Erlasses** in **§ 9 gleichzusetzen** sei.[87] Diese Meinung löst den Bekanntgabevorgang aus dem VwVf i. S. des § 9 heraus, so dass u. a. bei Fehlern im Bekanntgabevorgang ein

---

[79] *OVG Greifswald* NVwZ-RR 2000, 780f.
[80] Vgl. *BVerwG* DÖV 1961, 182; NVwZ 1987, 330; *VGH Mannheim* NVwZ 1991, 1195, 1196; *VGH München* BayVBl 2000, 149, 150 (zum mündlichen VA); *Deckenbrock/Patzer* Jura 2003, 476, 477; *Henneke* in Knack, § 41 Rn. 30; *Liebetanz* in Obermayer, VwVfG, § 41 Rn. 72; *Kopp/Ramsauer*, § 41 Rn. 17; *Maurer*, § 9 Rn. 64; *Schmidt* DÖV 2001, 857; *Wolff/Bachof/Stober/Kluth* I, § 48 Rn. 2; offengelassen bei *BFHE* 147, 205, 207 = NVwZ 1987, 632; weitere Nachw. bei *Schmidt-De Caluwe* VerwArch 90 (1999), S. 49, 58 Fn. 59.
[81] So wohl das Verständnis bei *OVG Magdeburg* NVwZ 2000, 208, 209; *Achterberg*, § 21 Rn. 170; *Erfmeyer* DÖV 1999, 719, 720, 724; *Köhler* BayVBl 1999, 582, 583; *Schmidt-De Caluwe* VerwArch 90, 1999, S. 49, 57.
[82] So zutreffend *Achterberg*, § 21 Rn. 170; *Erfmeyer* DÖV 1999, 719, 720, 724; *Köhler* BayVBl 1999, 582, 583; *Schmidt-De Caluwe* VerwArch 90, 1999, S. 49, 57; ähnlich *Ule/Laubinger*, § 53 Rn. 1f.
[83] So etwa *Brox*, Allgemeiner Teil des BGB, 29. Aufl. 2005, Rn. 141; *Flume*, S. 226.
[84] So aber *OVG Magdeburg* NVwZ 2000, 208, 209.
[85] *Schmidt-De Caluwe* VerwArch 90 (1999), S. 49, 59.
[86] *Schmidt-De Caluwe* VerwArch 90 (1999), S. 49, 60; *Ule/Laubinger*, § 53 Rn. 1f. In diese Richtung auch *BFHE* 132, 219, 221 = DStR 1981, 295.
[87] So aber *Schmidt-De Caluwe* VerwArch 90 (1999), S. 49, 60; *Ule/Laubinger*, § 53 Rn. 1; wie hier *OVG Münster* NVwZ-RR 2000, 490, 492; in anderen Vorschriften kann jedoch der Begriff des Erlasses mit dem der Abgabe gleich zu setzen sein, vgl. z. B. zu § 37 Rn. 67 (zu § 37 Abs. 5); *LSG RhPf.* NZS 2006, 556, 557 (zu § 48 Abs. 1 SGB X).

§ 35 Begriff des Verwaltungsaktes

neues VwVf in Gang gesetzt werden müsste, eine Nachholung der Bekanntgabe somit innerhalb des fortbestehenden VwVf nicht möglich wäre, s. § 9 Rn. 195, § 41 Rn. 231. Auch § 53 Abs. 1 S. 1 setzt Erlass und Bekanntgabevorgang gleich, s. § 53 Rn. 45.

Aus den in Rn. 20 genannten Grundsätzen folgt auch nicht, die Anwendung unmittelbaren **22** Zwangs und die Durchführung der Ersatzvornahme im Wege des **Verwaltungszwangs** könne als VA qualifiziert werden.[88] Nicht die u. U. fehlende Bekanntgabe steht der VA-Qualität dieser Maßnahmen entgegen, sondern das Fehlen einer „Regelung", Rn. 93 f., § 43 Rn. 175. Durch den bloßen Eingriff in geschützte Rechtspositionen wird keine Rechtsfolge gesetzt (Rn. 145),[89] sondern lediglich tatsächlich gehandelt, Rn. 93 ff. Die Frage der Wirksamkeit oder rechtlichen Existenz dieses Handelns stellt sich hier nicht. Die Rspr.,[90] die die **Anordnungen nach dem Artikel-10-Gesetz** (G 10) wegen der hiermit verbundenen Beschränkung des Art. 10 Abs. 1 GG als VA ansieht, obwohl sie dem Betroffenen erst nach Abschluss der Überwachungsmaßnahmen mitzuteilen ist, scheint jedoch die Gegenauffassung zu stützen. Indes wird auch durch diese Anordnung keine Regelung mit Außenwirkung getroffen, s. a. § 41 Rn. 4.

5. Zur Existenz von relativen Verwaltungsakten und Rechtsakten mit Doppelnatur

Teilweise wird – ohne nähere Begründung – angenommen, eine Maßnahme könne gegen- **23** über bestimmten Betroffenen ein VA, gegenüber anderen jedoch eine Maßnahme anderer Rechtsnatur (Verwaltungsinternum oder Rechtsnorm, § 1 Rn. 182 f.) sein.[91] Hierdurch wird die Handlungsformenlehre unnötig verkompliziert.[92] Auch widerspricht dies dem Grundsatz, dass ein VA mit Bekanntgabe an nur einen Betroffenen gegenüber jedermann existent wird (Rn. 20, § 41 Rn. 229; § 43 Rn. 165). Soweit bestimmte Maßnahmen Anfechtungsklagen von Personen entzogen werden sollen, die von ihnen nicht unmittelbar betroffen sind, lässt sich dasselbe Ergebnis einfacher durch Verneinung der Klagebefugnis erzielen.[93] Man kann das *BVerwG* auch in diese Richtung verstehen, wenn es sagt, dass bestimmte VA Außenwirkung nur gegenüber bestimmten Personen entfalten.[94] Damit ist der Begriff des VA mit der neueren Rspr.[95] und der **ganz h. M. in der Lit.**[96] absolut zu verstehen. Liegen die Tatbestandsmerkmale des § 35 vor, ist die entsprechende Maßnahme nicht nur gegenüber den unmittelbar hiervon Betroffenen, sondern gegenüber jedermann VA. Vorgang und Inhalt eines Rechtsaktes sind zu trennen.

Dies zeigt sich beim **Satzungsoktroi** durch Ersatzvornahme: Nach *BVerwG*[97] liegt VA ge- **24** genüber der Gemeinde, Rechtsnorm gegenüber dem Bürger vor. Zutreffend ist, dass ein VA gegenüber der Gemeinde ergeht, in dem angeordnet wird, eine näher bezeichnete Regelung als eigene Satzung zu betrachten und als solche zu verkünden. Die anschließend verkündete Sat-

---

[88] So aber *Erfmeyer* DÖV 1999, 719, 721; *Köhler* BayVBl 1999, 582, 583. In diese Richtung auch *VGH München* BayVBl 1991, 433, 435.
[89] So aber *Erfmeyer* DÖV 1999, 719, 723; *Köhler* BayVBl 1999, 582, 583.
[90] *BVerwGE* 87, 23, 25 = NJW 1991, 581; *OVG Münster* NJW 1983, 2346.
[91] So soll die „Bezeichnung" des Verteidigungsvorhabens nach dem Landbeschaffungsgesetz VA gegenüber der Gemeinde, Verwaltungsinternum gegenüber den betroffenen Bürgern sein (*BVerwGE* 74, 124, 126 = NJW 1986, 2447; *BVerwG* NVwZ 1990, 260, 261; NVwZ-RR 1994, 305, 306). Ähnliche Differenzierungen bei *BVerwG* NVwZ 1994, 784 (Verpflichtung einer Gemeinde durch Straßenverkehrsbehörde, eine Ampel aufzustellen, Rn. 330), bei *BVerwG* NVwZ 1994, 785, 786 (Entbindung eines Beamten von der Amtsausübung nach § 21 sei gegenüber dem Beamten kein VA [Rn. 199], jedoch VA gegenüber dem Bürger [Rn. 150]), bei *VGH Mannheim* NVwZ-RR 1996, 495 (zur Waldumwandlungserklärung nach LWaldG BW), bei *OVG Lüneburg* DVBl 1985, 1074 (zu Schulorganisationsakt, Rn. 302), bei *Decker* JA 1998, 799, 803 (zu gemeindlicher Erklärung, dass Bauvorhaben genehmigungsfrei sei, Rn. 36, 159), bei *Pietzcker* in Schoch u. a., § 42 Rn. 72 (zur Satzungsgenehmigung, s. a. § 1 Rn. 182), bei *Schmitt Glaeser/Horn*, Rn. 214 (zur Rechtsnatur des Widerspruchsbescheides gegenüber der Ausgangsbehörde, s. Rn. 190, 373). Weitere Beispiele bei *Voßkuhle* SächsVBl 1995, 54.
[92] *VGH Mannheim* NVwZ 1998, 416; *Voßkuhle* SächsVBl 1995, 54, 56.
[93] *VGH Mannheim* NVwZ 1998, 416; *OVG Weimar* LKV 1994, 25, 26.
[94] *Pietzcker* in Schoch u. a., § 42 Abs. 1 Rn. 64.
[95] *VGH Mannheim* NVwZ 1998, 416; *VG Dresden* SächsVBl 2002, 302, 303.
[96] *Detterbeck*, Rn. 495; *Ehlers* Verwaltung 1998, 53, 60; *Geiger* BayVBl 1987, 106, 107; *Gornig*, Sachbezogene hoheitliche Maßnahmen, 1985, S. 78, 80; *Henneke* in Knack, § 35 Rn. 25, 74; *Koehl* BayVBl 2003, 331, 332; *Kopp/Schenke*, Anh. § 42 Rn. 8; *Laubinger* VerwArch 77 (1986), S. 421, 330; *Ruffert* in Erichsen/Ehlers, § 20 Rn. 31; *Schmidt-De Caluwe* VerwArch 90 (1999), S. 61; *Ule/Laubinger*, § 48 Rn. 12; *Wolff/Bachof/Stober/Kluth* I, § 45 Rn. 66.
[97] *BVerwG* NVwZ-RR 1993, 513; ferner *OVG Bremen* NVwZ-RR 2001, 378, 380; *Schoch* Jura 2006, 188, 194.

zung ist Rechtsnorm. Die Gemeindeeinwohner können sich nicht unmittelbar gegen den VA wehren, da er selbst sie noch nicht in ihren Rechten verletzen kann.[98] Zulässig sind aber Rechtsbehelfe gegen die verkündete Satzung, bei denen inzident geprüft werden kann, ob die Satzung durch ein ordnungsgemäßes Verfahren, also im Wege rechtmäßiger Ersatzvornahme, zustande gekommen ist. Inwieweit dies auch nach Bestandskraft des an die Gemeinde gerichteten VA noch möglich ist, ist eine Frage seiner materiellen Bestandskraft, s. hierzu § 43 Rn. 85 ff. Zur Rechtsnatur der **Genehmigung von Satzungen** durch die Aufsichtsbehörde s. § 1 Rn. 182 f.

6. Befugnis zum Erlass eines Verwaltungsaktes

25 Selbstverständlich muss die Behörde auch bei Verwendung der Handlungsform VA die Gesetze beachten (Art. 20 Abs. 3 GG). Die inhaltliche Rechtmäßigkeit eines VA ist jedoch von der **Rechtmäßigkeit der Verwendung der Handlungsform VA** zu unterscheiden. Soweit ein **VA gegenüber Privaten** erlassen werden soll, gebietet der Grundsatz des Vorbehalts des Gesetzes, dass der Einsatz der Handlungsform VA als solcher gesetzlich vorgesehen ist, wenn eine für den Adressaten oder sonstige Betroffene ungünstige Entscheidung getroffen werden soll. Denn die potentielle Bestandskraft (und ggf. auch die potentielle Vollstreckbarkeit) des VA legt dem Betroffenen die Anfechtungslast (Rn. 4, 49) auf, so dass schon die Verwendung der Handlungsform als solche in dessen Rechte eingreift,[99] s. § 44 Rn. 56. Soll ein **VA gegenüber einer juristischen Person des öffentlichen Rechts** erlassen werden, ist eine gesetzliche Ermächtigung notwendig, wenn Eingriffe in die Kompetenzen dieser juristischen Person durch die den VA erlassende Behörde einer gesetzlichen Grundlage bedürfen. Hiervon ist zumeist auszugehen, da die Kompetenzordnung durchgehend gesetzlich geregelt ist, so dass Kompetenzverschiebungen nur zulässig sind, wenn dies im Gesetz ausdrücklich vorgesehen ist,[100] s. a. Rn. 185 ff.; zum In-Sich-VA s. Rn. 190. Fehlt die Ermächtigung zur Verwendung der Handlungsform VA (sog. „VA-Befugnis"), ist die Behörde auf die Verwendung konsensualer Handlungsformen oder die Erhebung einer Leistungsklage verwiesen, s. § 44 Rn. 74. Die Frage der „VA-Befugnis" ist streng **von der Problematik des „nur formellen VA" zu unterscheiden,** s. hierzu Rn. 16 ff.

26 § 35 definiert den VA-Begriff nur, ermächtigt jedoch nicht zum Erlass von VA.[101] Entsprechendes gilt für § 9 (s. dort Rn. 93), § 10 (s. dort Rn. 8), § 22 (s. dort Rn. 3), § 53 (s. dort Rn. 41) und auch für §§ 43 ff. (§ 44 Rn. 57) und die prozessualen Fristenregelungen.[102] Nach **h. M.** kann sich daher die „VA-Befugnis" nur aus dem **materiellen Recht** ergeben. Zur Frage, wann sie im materiellen Recht enthalten ist, besteht jedoch nur eine unübersichtliche Kasuistik,[103] näher § 44 Rn. 57 ff. Wird ein VA erlassen, obwohl der Behörde zur Regelung des Sachverhalts die „VA-Befugnis" fehlt, ist dieser auch nur materiell rechtswidrig und damit grundsätzlich nach §§ 43 ff. wirksam. Nichtigkeit nach § 44 Abs. 1 soll bei fehlender „VA-Befugnis" somit regelmäßig nicht gegeben sein,[104] s. aber Rn. 29, 185 f. Damit setzt nach h. M. die Geltendmachung der fehlenden „VA-Befugnis" die Anfechtung des VA voraus, für die die prozessualen Fristen gelten. Folglich ist zu **unterscheiden** zwischen der sich aus §§ 43 ff. VwVfG und den prozessualen Regelungen über die Anfechtungsfristen ergebenden allgemeinen **Fähigkeit**

---

[98] *Kopp/Schenke*, Anh. § 42 Rn. 64.
[99] Hierzu ausführlich *OVG Lüneburg* NVwZ 1989, 880, 881; *Druschel*, Verwaltungsaktbefugnis, 1999, S. 33 ff.; *Fischer*, VA als staatsrechtlich determinierte Handlungsform, 2000, S. 51 ff.; *Kracht*, Feststellender VA und konkretisierende Verfügung, 2002, S. 332 ff.
[100] *VGH München* BayVBl 2005, 183; *OVG Münster* NVwZ-RR 2005, 563; *VG Dresden* NVwZ 1999, 1137; *Kracht*, Feststellender VA und konkretisierende Verfügung, 2002, S. 230 ff.; verfehlt auf Grundrechte abstellend demgegenüber *OVG Weimar* LKV 2002, 336, 337.
[101] *Fischer*, VA als staatsrechtlich determinierte Handlungsform, 2000, S. 123 f.; *Dörr/Järling-Rahnefeld* SGb 2003, 549, 550; *Kracht*, Feststellender VA und konkretisierende Verfügung, 2002, S. 245 f.
[102] A. A. *Druschel*, Verwaltungsaktbefugnis, 1999, S. 258 ff., der in §§ 43 ff., §§ 39 ff. SGB X, §§ 124 ff. AO eine ausreichende Ermächtigung für den Einsatz der Handlungsform VA sieht.
[103] *Druschel* (Verwaltungsaktbefugnis, 1999, S. 63 ff.), *Fischer* (VA als staatsrechtlich determinierte Handlungsform, 2000, S. 3 ff.) und *Kracht* (Feststellender VA und konkretisierende Verfügung, 2002, S. 248 ff.) weisen unterschiedliche Begründungsmuster zur „VA-Befugnis" bei Leistungsbescheiden, VA zur Durchsetzung von Handlungspflichten, gestaltenden und feststellenden VA, VA in der Leistungsverwaltung und VA gegenüber Hoheitsträgern nach.
[104] S. etwa *Ipsen* DVBl 1956, 602, 613; *Krause*, Rechtsformen des Verwaltungshandelns, 1974, S. 211; *Weides*, S. 152.

der Behörde, potentiell bestandskraftfähige **VA zu erlassen,** und dem materiellrechtlich geregelten **Dürfen** der Behörde, die Handlungsform **VA einzusetzen,**[105] § 44 Rn. 57. Zu den Besonderheiten bei der Abgrenzung zwischen VA und Verwaltungsinternum s. Rn. 171. Einen wirklichen Schutz vor rechtswidriger Auferlegung der Anfechtungslast durch die Behörde gewährt die h. M. somit letztlich nicht, da der rechtswidrigen Auferlegung der Anfechtungslast nur durch Anfechtung entgegengetreten werden kann.[106]

Das Erfordernis einer materiellrechtlichen Ermächtigung für den Einsatz der Handlungsform **27** VA kann sich für den Betroffenen zudem als nachteilig erweisen, nämlich dann, wenn sich die Behörde unter Berufung auf eine (angeblich) fehlende „VA-Befugnis" der Durchführung eines VwVf entzieht und Belastungen sofort durch Erhebung der Leistungsklage durchzusetzen versucht. Ob der Betroffene bei **vermeintlich fehlender „VA-Befugnis"** einen **Anspruch auf Durchführung des VwVf** hat, ist nämlich eher zweifelhaft (§ 9 Rn. 65, 165): Die Rspr. bejaht jedenfalls das Rechtsschutzbedürfnis für eine behördliche Leistungsklage, wenn Unsicherheiten über die Zulässigkeit des Einsatzes der Handlungsform VA bestehen oder wenn sich in den „Vorverhandlungen" abzeichnet, dass auf jeden Fall mit einer gerichtlichen Auseinandersetzung zu rechnen ist, weil der Betroffene die geltend gemachte – möglicherweise durch VA durchsetzbare – Pflicht bestreitet,[107] s. § 9 Rn. 169, § 49a Rn. 36. Inwieweit der Betroffene durch Erklärung seines Einverständnisses mit der Verwendung der Handlungsform VA die fehlende gesetzliche Ermächtigung zur Verwendung der Handlungsform ersetzen (vgl. Rn. 319, § 44 Rn. 71) – und so die Verwaltung zur Durchführung eines VwVf zwingen – kann, ist ebenfalls ungeklärt,[108] s. a. Rn. 72, § 9 Rn. 170. In bestimmten Bereichen wird daher auch weniger der Einsatz des VA als belastende Maßnahme angesehen, sondern das Unterlassen des VA-Erlasses. So wird – letztlich im Widerspruch zur Forderung nach einer „VA-Befugnis" – vielfach **zum Schutz des Bürgers** von einer **ungeschriebenen Pflicht zum Handeln durch VA** ausgegangen: Dies betrifft insbes. die **Zweistufentheorie** (Rn. 107 ff.), darüber hinaus aber auch die Annahme, die „Schuldnerschutzvorschriften" des Verwaltungsvollstreckungsrechts würden es grundsätzlich verbieten, dass die Verwaltung bestehende Handlungspflichten des Bürgers nicht durch VA festsetzt (und anschließend im gestuften Verwaltungszwangsverfahren vollstreckt), sondern im Wege der Selbstvornahme unter Anwendung der Vorschriften über die GoA faktisch durchsetzt.[109] Darüber hinaus kann es für den Bürger belastend sein, wenn die Rspr. in manchen Rechtsgebieten, z. B. im **Ausländerrecht,** eingreifende Maßnahmen als nicht anfechtbaren **Hinweis** auf eine gesetzliche Pflicht qualifiziert.[110] Hier wird der Rechtsschutz in die Vollstreckung verlagert, wobei der Ausschluss der aufschiebenden Wirkung eines Rechtsbehelfs im Vollstreckungsrecht (§ 80 Abs. 2 Nr. 3 VwGO) von Bedeutung ist.[111] Zudem vermeiden es Behörden immer öfter, **klare Aussagen** über die Form ihres Handelns zu treffen und Rechtsbehelfsbelehrungen zu erteilen (s. Rn. 71 ff.); auch werden Forderungen an den Bürger bewusst unklar formuliert, um eine Festlegung durch VA, sei es im Verhältnis zum Adressaten oder anderen Bürgern, sei es aus internen, ggf. (kommunal-)politischen Gründen, zu vermeiden.[112] Hierzu gehört etwa auch, Kosten gezielt nicht durch Bescheid (vgl. Rn. 72), sondern durch „Rechnung" geltend zu machen.[113] In solchen Fällen liegt zumeist ein Verstoß gegen den Grundsatz der Formenklarheit vor,[114] § 9 Rn. 57. Sind sie zur Durchführung eines VwVf und zum Erlass eines VA verpflichtet, liegt darin ein Verstoß gegen ihre Pflicht zum Ge-

---

[105] Vgl. *Druschel,* Verwaltungsaktbefugnis, 1999, S. 76 f. und 260.
[106] *Kracht* (Feststellender VA und konkretisierende Verfügung, 2002, S. 425 ff.) betont jedoch zutreffend, dass bei abstrakter Betrachtung der Schutzwirkung der VA-Befugnis darin liegt, dass die Verwaltung wegen Art. 20 Abs. 3 GG i. d. R. keine VA erlassen wird, soweit die VA-Befugnis fehlt.
[107] So BVerwGE 29, 310, 312; 58, 316, 318 = NJW 1980, 852; krit. hierzu *Christonakis* SGb 2002, 309, 312 ff.; *Ehlers* in Schoch u. a., Vorb. § 40 Rn. 84 ff.; *Rennert* in Eyermann, Vor § 40 Rn. 13.
[108] Siehe hierzu *Druschel,* Verwaltungsaktbefugnis, 1999, S. 213.
[109] So *Bamberger* JuS 1998, 706, 708 f.; *Ehlers,* Verwaltung in Privatrechtsform, 1984, S. 472; *Kischel* VerwArch 90 (1999), S. 391, 405 ff.; *Remmert* in Erichsen/Ehlers, § 34 Rn. 14; *Schoch* Jura 1994, 241, 245; krit. zu dieser Argumentation *Linke* DVBl 2006, 148, 149 f.; *U. Stelkens,* Verwaltungsprivatrecht, 2005, S. 603 f.
[110] BVerwG NVwZ-Beilage I 3/2000, 27, 28; VGH Mannheim VBlBW 1996, 477; VGH München BayVBl 1997, 182, 183; OVG Münster NVwZ 1982, 326; NVwZ-RR 2003, 386, 387.
[111] Vgl. *VGH München* NVwZ 1984, 462.
[112] *P. Stelkens* NuR 1983, 261, 263; *Trzaskalik* NJW 1982, 1553 f.
[113] Vgl. *VG Weimar* NVwZ-RR 1999, 480.
[114] BVerwGE 74, 124 = NJW 1986, 2447.

setzesvollzug (§ 9 Rn. 65), der i. d. R. aber nur durch Untätigkeitsklage und ggf. durch die Geltendmachung von Amtshaftungsansprüchen geahndet werden kann.

28 Tatsächlich beinhaltet somit das von der h. M. aufgestellte Erfordernis einer eigenständigen materiellrechtlichen Ermächtigung für den (belastenden) Einsatz der Handlungsform VA kaum ein wirkliches rechtsstaatliches „Plus". Jedoch ist auch eine eher **formale Belastung** eine Belastung im Sinne der Lehre vom Vorbehalt des Gesetzes, so dass eine gesetzliche Ermächtigung für den Einsatz der Handlungsform VA nicht entbehrlich ist. Die eher formale Natur einer Belastung rechtfertigt allerdings, geringere Anforderungen an die Deutlichkeit der gesetzlichen Ermächtigung zu stellen. Dies gilt jedenfalls für die Fälle der **Durchsetzung ör., Privatpersonen obliegender Pflichten** (insbes. Zahlungspflichten) durch eine ausdrücklich zur Durchsetzung dieser Pflichten für zuständig erklärte Behörde. Hier neigt die Rspr. zu Recht dazu, die „VA-Befugnis" durch weite Auslegung der gesetzlichen Grundlage zu gewinnen,[115] s. a. § 44 Rn. 60, 62, § 52 Rn. 25. Man wird in diesen Fällen bei Fehlen ausdrücklicher Regelungen auch auf eine **„VA-Befugnis"** im Wege der **Gesamtanalogie** (auch im Verwaltungsrecht sind Analogien zu Lasten des Bürgers möglich,[116] s. a. § 44 Rn. 54) zu den Vorschriften schließen können, die ausdrücklich oder implizit die zur Durchsetzung einer ör. Pflicht zuständige Behörde zum Erlass von VA gegenüber Privatpersonen ermächtigen.[117] Dann wäre nicht zu fragen, ob sich aus dem Fachrecht zur Regelung eines bestimmten Sachverhalts eine „VA-Befugnis" ergibt, sondern umgekehrt untersucht werden müsste, ob eine solche Gesamtanalogie ausnahmsweise (implizit) ausgeschlossen ist. So setzt § 61 voraus, dass vertragliche Ansprüche der Behörde – bei Fehlen entgegenstehender Regelungen[118] – nicht mit VA durchgesetzt werden können und schließt damit die Handlungsform VA aus, s. § 44 Rn. 65, § 61 Rn. 3. Zur Maßgeblichkeit des materiellen Rechts für die Abgrenzung zwischen Verwaltungsinternum und VA s. Rn. 170 ff.; zur „VA-Befugnis" für VA-Sonderformen (feststellende, mitwirkungsbedürftige, vorläufige VA, Teil-VA und Vorbescheide) s. Rn. 220, 231, 246, 252, § 44 Rn. 68); für Auflagen bei Ermessens-VA s. § 36 Rn. 137 ff.

29 Dass die in Rn. 26, 28 genannten Grundsätze auch den Fällen gerecht werden, in denen es nicht um die Durchsetzung bestehender Pflichten von Privatpersonen durch eine zur Durchsetzung dieser Pflichten ausdrücklich für zuständig erklärten Behörde geht, dürfte allerdings zu verneinen sein. Besondere Probleme wirft etwa die „VA-Befugnis" für den Erlass von VA auf, die vergleichsweise „offene" Regelungen enthalten – wie etwa **feststellende VA** (Rn. 219 ff.) und **öffentlich bekannt gegebene AllgV** (vgl. Rn. 280 ff., 309 ff.) – und damit weiterer Konkretisierung (u. U. durch weitere VA) bedürftig sein können, s. a. Rn. 32, 220, 276. Hier sind Fälle denkbar, in denen die bloße Anfechtbarkeit eines solchen ohne „VA-Befugnis" erlassenen VA nicht als ausreichend erscheint, um den hierin liegenden Rechtsverstoß zu sanktionieren. So wäre in entgegen § 10 BauGB als AllgV nach § 35 S. 2 Alt. 2 (s. Rn. 18, 264, 317) erlassener Bebauungsplan nicht nur rechtswidrig und anfechtbar, sondern darüber hinaus nach § 44 Abs. 1 nichtig, s. Rn. 19. Entsprechendes dürfte immer gelten, wenn das Gesetz zwingend ein Handeln durch Rechtsnorm zur Regelung eines an sich durch VA regelbaren Sachverhalts vorschreibt. Die in Rn. 26, 28 genannten Rechtsfolgen passen ebenfalls kaum, wenn trotz fehlender „VA-Befugnis" **Kompetenzverschiebungen zwischen juristischen Personen des öffentlichen Rechts** durch VA geregelt werden; hierdurch wird die Ausgewogenheit der Zuständigkeitsord-

---

[115] Vgl. etwa BVerwG NVwZ 1991, 267; BVerwGE 97, 117, 120 = NZA 1995, 374; BVerwGE 108, 1, 3 f. = NVwZ 1999, 779; BVerwGE 119, 123, 124 f. = NJW 2004, 1191 f.; VGH Kassel DÖV 2001, 873, 875; VGH Mannheim NVwZ 1994, 1135; NVwZ-Beilage I 7/2001, 87 f.; VGH München BayVBl 2005, 183; OVG Münster NVwZ 2001, 696, 697; OVG Weimar LKV 2003, 290; **restriktiver** BVerwGE 114, 226, 227 f. = NVwZ-RR 2001, 664 f.; OVG Lüneburg NVwZ 1989, 880, 881; VGH Mannheim NJW 2001, 1810; NJW 2007, 1375, 1376; NVwZ-RR 2007, 459, 460 ff.; BSG NZS 1998, 244, 245 f.; NZS 2006, 370, 371.

[116] So jetzt deutlich BVerfGE 108, 150, 159 f. = NJW 2003, 2520; BVerwG NVwZ 2003, 986, 988; Hess-FG EFG 2006, 633; ferner Kracht, Feststellender VA und konkretisierende Verfügung, 2002, S. 609 ff.; Schmidt VerwArch 97 (2006), S. 139, 155 ff.; U. Stelkens, Verwaltungsprivatrecht, 2005, S. 1119 ff. m. w. N.

[117] A. A. Druschel, Verwaltungsaktbefugnis, 1999, S. 88 ff.; Kracht, Feststellender VA und konkretisierende Verfügung, 2002, S. 406 f.; ähnlich wie hier Fischer, VA als staatsrechtlich determinierte Handlungsform, 2000, S. 123 ff., die § 35 i. V. mit der materiellrechtlichen Befugnisnorm als hinreichende Grundlage für die „VA-Befugnis" ansieht.

[118] Zu Sonderfällen BVerwGE 89, 345, 348 = NVwZ 1992, 769, 770 (krit. Ehlers Verwaltung 1998, S. 53, 59); OVG Weimar LKV 2003, 290; VG Regensburg NuR 2006, 402.

nung gefährdet, z.B. wenn mehrere an einem Kompetenzkonflikt beteiligte Hoheitsträger gegenüber der jeweils anderen Seite widersprüchliche VA zur Lösung dieses Kompetenzkonflikts erlassen,[119] s. hierzu Rn. 185 ff.

II. Funktionen und Bedeutung des Verwaltungsaktes

Mit der Qualifizierung einer Maßnahme als VA i. S. d. § 35 ist die Entscheidung getroffen, 30 dass die Rechtsfolgen, die das Gesetz, insbes. das VwVfG, an das Tatbestandsmerkmal „VA" knüpft, eintreten sollen, s. Rn. 6, 49. Insoweit besteht Einigkeit darüber, welche Funktionen dem VA-Begriff zukommen.[120] Diese VA-Funktionen ergeben sich allerdings nicht aus der „Natur der Sache" oder einem allgemeinen Subordinationsverhältnis zwischen Staat und Bürger, sondern nur aus dem Gesetz, s. Rn. 3. Dem Gesetzgeber steht es damit frei, an VA in Zukunft andere Funktionen zu knüpfen oder die heutigen VA-Funktionen teilweise abzuschaffen oder durch andere zu ersetzen, s. a. § 43 Rn. 14. Dass sich das VwVfG am überkommenen Modell des VA orientiert (Rn. 2), sagt nicht, dass ihm Verfassungsrang zukommt, s. Rn. 13. Daher kann der VA-Begriff der VwGO und des VwVfG auch teilweise auseinanderfallen, s. Rn. 15 ff., 364, § 43 Rn. 3; s. ferner zu den Funktionen des „europäischen VA" Rn. 344, 345 f., 363.

1. Individualisierungs- und Klarstellungsfunktion

a) Festsetzung des Ergebnisses behördlicher Subsumtion: Durch den VA wird die ge- 31 setzliche Regelung auf den Einzelfall umgesetzt, **individualisiert**, klargestellt,[121] und zwar mit Bindungswirkung, § 43 Rn. 7f. Die Verwaltung entscheidet also durch VA, dass ein bestimmter (von ihr ermittelter) Sachverhalt tatsächlich geschehen ist (§ 24 Rn. 19) und die Voraussetzungen eines bestimmten im Gesetz vorgesehenen, abstrakt formulierten Tatbestandes erfüllt sind, so dass hieran die hierfür vorgesehene Rechtsfolge geknüpft werden kann.[122] Die so verstandene Individualisierungs- und Klarstellungsfunktion wird deutlich schon in der Formulierung *O. Mayers* (Rn. 2), nach der durch VA dem Untertanen gegenüber im Einzelfall bestimmt wird, was für ihn rechtens sein soll.[123] Im Ergebnis erlangt somit durch VA die von der Behörde vorgenommene Auslegung eines Gesetzes und seine Anwendung auf den Einzelfall, also letztlich die behördliche **Subsumtion**, Verbindlichkeit.[124] Insoweit ist es nicht unberechtigt, den VA als **Rechtsquelle** zu bezeichnen.[125] Der VA hat damit v.a. **materiell-rechtliche Bedeutung.** Insoweit ist der materielle VA vom VA als Vorgang zu unterscheiden, Rn. 20, 45f. Die Unterscheidung dürfte sich mit der aus dem Zivilrecht bekannten Unterscheidung zwischen Rechtsgeschäft (materieller VA) und Willenserklärung (VA als Vorgang) decken, s. Rn. 20.

Nicht immer wird durch VA allerdings unmittelbar ein Gesetz umgesetzt. Teilweise dient ein 32 VA auch der Umsetzung eines Gerichtsurteils (vgl. § 113 Abs. 5 VwGO, hierzu Rn. 53, § 9 Rn. 212) oder eines anderen VA, s. Rn. 220, 276. Soweit solche im Sozialrecht als **„Ausführungsbescheide"** bezeichnete VA[126] der Umsetzung von VA dienen, handelt es sich regelmäßig um die Umsetzung von VA, die vergleichsweise „offene" Regelungen enthalten und damit weiterer Konkretisierung bedürfen sein können, wie etwa feststellende VA (Rn. 219), Grundlagenbescheide (vgl. § 171 Abs. 10 AO) und öffentlich bekannt gegebene AllgV[127] (vgl. Rn. 276, 280 ff., 309 f., § 41 Rn. 136 ff.). Gerade hier besteht indes eine gewisse Gefahr für die Gesetz-

---

[119] Zu einem solchen Fall *VGH München* NVwZ 2000, 83, 84 (hierzu § 53 Rn. 27).
[120] Zusammenfassend z.B. *Fehling* JA 1997, 482; *Kahl* Jura 2001, 505, 506; *Schnellenbach* JA 1996, 981; *Schuppert,* Verwaltungswissenschaft, S. 155 ff.; *Ruffert* in Erichsen/Ehlers, § 20 Rn. 7 ff.
[121] *BVerwG* NVwZ 1988, 941; *OVG Münster* NVwZ-RR 2003, 124, 125.
[122] *Appel/Melchinger* VerwArch 84 (1993), S. 349, 360.
[123] *O. Mayer,* S. 93.
[124] *Ruffert* in Erichsen/Ehlers, § 20 Rn. 8.
[125] So *Meyer/Borgs,* § 35 Rn. 5; *Meyer,* FG 50 Jahre BVerwG, 2003, S. 551; *Pauly* in Becker-Schwarze u. a. (Hrsg.), Wandel der Handlungsformen im öffentlichen Recht, 1991, S. 26, 33; *Ruffert* in Erichsen/Ehlers, § 20 Rn. 9; *Schmidt-Aßmann,* Ordnungsidee, Rn. 6/104; *Schoch* in Hoffmann-Riem/Schmidt-Aßmann, Innovation, 1994, S. 199, 233 f.
[126] Siehe hierzu etwa *Heilemann* SGb 1999, 603.
[127] Siehe hierzu *Hufeld* VBlBW 1999, 130, 133.

mäßigkeit der Verwaltung (§ 44 Rn. 45 ff.): Das „Hintereinanderstaffeln" mehrerer VA kann zur Folge haben, dass der letzte VA in der Kette im Ergebnis nichts mehr mit den gesetzlichen Vorgaben gemeinsam hat, s.a. § 43 Rn. 42, 139. Deshalb kann in diesen Fällen die Notwendigkeit bestehen, ein Wiederaufgreifen im weiteren Sinne unter erleichterten Bedingungen zuzulassen (s. Rn. 19, 29, 287, 309, 323, 339, § 41 Rn. 140, § 51 Rn. 19). Das vergleichbare Problem der rechtswidrigen Zusicherung versucht § 38 durch gegenüber sonstigen VA strengere Wirksamkeitsvoraussetzungen zu lösen, s. § 38 Rn. 41 f., 54 ff. Zu ähnlichen Problemen bei Teil-VA und Vorbescheiden s. Rn. 256.

33   b) **Verhältnis zum materiellen Recht:** Nicht durch die Individualisierungsfunktion des VA, sondern durch das materielle Recht wird bestimmt, ob der VA (als gestaltender VA, Rn. 216) **konstitutiv** die Rechtslage im Einzelfall gestaltet oder, wie z.B. § 40 SGB I und § 38 AO erkennen lassen, nur von **deklaratorischer Bedeutung** ist. Im letzteren Fall ist der VA das rechtstechnische Mittel (Rn. 3), um eine kraft Gesetzes bestehende Pflicht oder ein entsprechendes Recht durchzusetzen oder klarstellend, z.B. zum Zweck weiterer Verwendung in anderen Verfahren, festzustellen. Hierdurch wird das materielle Recht des Bürgers ebenso wenig relativiert wie eine entsprechende materielle Pflicht der Behörde. Jedoch kann der VA einer Durchsetzbarkeit dieser Rechte und Pflichten entgegenstehen, solange er wirksam ist und kann damit einen formellen Rechtsgrund für die Begründung von Rechten und Pflichten bilden,[128] s. Rn. 42. Dies schließt aber die Anerkennung bloß deklaratorischer VA nicht aus: Das Fortbestehen der materiellen Rechte und Pflichten wird insbes. bei gerichtlicher oder behördlicher Aufhebung des ihrer Durchsetzbarkeit entgegenstehenden VA deutlich. Dies zeigt etwa die abgabenrechtliche Diskussion zur Entstehung des Erstattungsanspruchs nach § 37 Abs. 2 AO, die für die Frage der Verjährung, Abtretbarkeit und Pfändbarkeit (nicht Durchsetzbarkeit) solcher Ansprüche bedeutsam ist. Hier gehen *BFH*[129] und *BVerwG*[130] sowie die wohl h.M. in der Lit.[131] davon aus, dass der **Erstattungsanspruch** bereits materiellrechtlich entsteht, wenn die Leistung nach materiellem Recht rechtsgrundlos ist, er jedoch erst nach Aufhebung des der Leistung zugrunde liegenden VA durchsetzbar ist **(materielle Rechtsgrundtheorie).**[132] Auch folgt aus der Individualisierungs- und Klarstellungsfunktion nicht generell, dass dem VA oder vorentschiedenen Vorfragen **Legalisierungswirkung** in späteren Verwaltungs-, Zivil- oder Strafverfahren beigemessen würde, s. § 43 Rn. 160.

34   c) **Rechts- und Planungssicherheit durch Verwaltungsakt:** Gerade in seiner Individualisierungs- und Klarstellungsfunktion liegt die **Stärke des VA** – v.a. zur Regelung komplexer Sachverhalte, insbes. bei Großvorhaben und **im Umwelt- und Technikrecht** (vgl. hierzu bereits Rn. 8).[133] Die Individualisierungs- und Klarstellungsfunktion des VA stellt nicht nur eine Belastung dar, sondern gewährt v.a. **Rechtssicherheit** und entlastet den Bürger von eigener Gestaltungsverantwortung und den damit verbundenen Risiken,[134] s.a. Rn. 27. Dies allerdings nur, soweit der VA Regelungswirkung entfaltet (§ 43 Rn. 64). Es kann damit einem potentiellen Investor nicht genügen, irgendeine Genehmigung für sein Vorhaben zu erhalten, sondern er muss eine Genehmigung erhalten, die für ihn das mit der Anlagenerrichtung verbundene Risiko abschätzbar macht, s. hierzu auch Rn. 257. Hierfür sind die Vorhabenträger im Regelfall auch bereit, längere Genehmigungsverfahren in Kauf zu nehmen.[135] Im Verhältnis zur Reichweite und Bindungswirkung einer Genehmigung verliert die **Dauer von Genehmigungsverfahren** für die Standortentscheidung an Bedeutung.[136] Gleichwohl wird im Rahmen der angestrebten

---

[128] *Ossenbühl* DÖV 1967, 246, 248; a.A. wohl *OVG Hamburg* NVwZ-Beilage I 10/2001, 110 (Rechtsschutzbedürfnis für Anfechtungsklage bei deklaratorischen VA nur wegen Rechtsscheins).
[129] *BFHE* 160, 108. Der sog. formellen Rechtsgrundtheorie folgte noch *BFHE* 149, 440. Offen *BFH* NVwZ 2000, 1331; *FG SchH* EFG 2001, 56, 57.
[130] *BVerwG* KStZ 1985, 93.
[131] *Brockmeyer* in Klein, AO, § 37 Rn. 4 f.; *Drüen* in Tipke/Kruse, AO, § 37 Rn. 35.
[132] Ganz ähnlich *BSG* NZS 2000, 210, 211 (zur Frage der Durchsetzbarkeit eines Anspruchs der Behörde auf Rückerstattung von Sozialleistungen bei gesetzlich angeordnetem Erlöschen eines durch Bescheid festgesetzten Sozialleistungsanspruchs).
[133] So auch *Schoch* in Hoffmann-Riem/Schmidt-Aßmann, Innovation, 1994, S. 199, 221.
[134] *Ruffert* in Erichsen/Ehlers, § 20 Rn. 1.
[135] Vgl. *Steinberger* NVwZ 1995, 209, 212.
[136] *Eckert* FS Hahn, 1997, S. 591, 595; *Moormann* UPR 1996, 409; *Steinberger* NVwZ 1995, 209 jeweils m.w.N. S. zum internationalen Vergleich *Rombach*, Der Faktor Zeit in umweltrechtlichen Genehmigungs-

§ 35 Begriff des Verwaltungsaktes   35, 36   § 35

Umstrukturierung des Staates und der Veränderung staatlicher Aufgaben (Einl. Rn. 46, § 1 Rn. 19 ff.) zunehmend auf die Individualisierungs- und Klarstellungsfunktion durch Abschaffung oder Reduzierung von Genehmigungserfordernissen zugunsten von sog. **Anzeigeverfahren** verzichtet, s. Rn. 35 ff., 155 ff., § 9 Rn. 87 ff. Zum bisher nicht umgesetzten Vorschlag sog. Rahmengenehmigungen s. Rn. 257. Eine Erfolgskontrolle dieser Modelle wird indes dadurch erschwert, dass es rechtspolitisch wohl weniger um die Verkürzung einer nachweisbar zu langen Verfahrensdauer geht als um die Bekämpfung eines negativen „Images" des Wirtschaftsstandorts Deutschland.[137] Mittlerweile ist indes auch wieder eine gegenläufige rechtspolitische Tendenz erkennbar: So hat das Planungssicherheitsbedürfnis dazu geführt, dass sechs Bundesländer nach Abschaffung des Baugenehmigungsverfahrens (Rn. 49) für viele Vorhaben eine „Baugenehmigung nach Wahl" eingeführt haben.[138] § 67 Abs. 1 S. 2 BbgBauO und § 72 Abs. 2 HmbBauO sprechen der **Baugenehmigung** sogar **Konzentrationswirkung** zu.[139] Zudem setzt die in §§ 80 ff. UGB-KomE vorgesehene **Vorhabengenehmigung** (Rn. 9) auf einen weitreichenden Regelungsumfang einer Genehmigung,[140] s. a. § 9 Rn. 148 ff. Ebenso wird zur Steigerung der Attraktivität des Wirtschaftsstandorts vorgeschlagen, Unternehmen generell einen Anspruch auf Erteilung eines Negativattestes (Rn. 83) mit genehmigungsähnlichem Charakter dann zu gewähren, wenn ein Vorhaben an sich genehmigungsfrei ist.[141]

Deutlich werden die Probleme des Verzichts auf eine rechtssichernde Genehmigung beim **35** Anzeigeverfahren nach § 15 BImSchG (s. a. Rn. 158):[142] Die gesetzliche **Freigabeerklärung** für bloß anzeigepflichtige, nicht wesentliche Änderungen genehmigungsbedürftiger Anlagen nach § 15 Abs. 2 S. 2 BImSchG stellt keine Genehmigungsfiktion (hierzu Rn. 66 ff.) dar.[143] Stellt sich heraus, dass das Vorhaben doch nach § 16 BImSchG genehmigungspflichtig gewesen wäre, jedoch nicht genehmigt werden kann, kann sich der Betreiber nicht auf eine Bestandskraft der Freigabeerklärung berufen. Ihr kommt zudem keine Konzentrationswirkung nach § 13 BImSchG zu, so dass der Vorhabenträger ggf. ein Baugenehmigungsverfahren durchführen muss.[144] Deshalb wird empfohlen, in allen nicht ganz eindeutigen Fällen das fakultative Genehmigungsverfahren nach § 16 Abs. 4 BImSchG durchzuführen.[145] Zur Rechtsnatur der Entscheidung nach § 15 Abs. 2 BImSchG s. Rn. 158. Wegen der hier bestehenden Unsicherheiten[146] wird Investoren auch nicht empfohlen, auf die Möglichkeit der vorzeitigen Anlagenerrichtung nach **§ 8 a BImSchG** zurückzugreifen.[147] Diese Regelungen sind dennoch nicht zu beanstanden, da der Betroffene auch die Durchführung eines Genehmigungsverfahrens wählen kann. Der Nachbarrechtsschutz wird allerdings erschwert, s. Rn. 37. Deshalb sehen §§ 80 ff. **UGB-KomE** keine „Beschleunigung nach Wahl" vor.[148]

Weiter als § 15 BImSchG gehen die hiermit vergleichbaren Regelungen der **neuen LBauO, 36** soweit sie zur Beschleunigung von Vorhaben in wichtigen Teilbereichen (regelmäßig Gebäude bis zur Hochhausgrenze im Geltungsbereich des § 30 Abs. 1 BauGB) das Baugenehmigungsverfahren abschaffen oder den Prüfungsumfang von Baugenehmigungen beschränken und dem Bauherrn auch nicht fakultativ die Möglichkeit geben, ein Genehmigungsverfahren durchzuführen bzw. eine vollständige Prüfung des Vorhabens durch die Behörde durchführen zu las-

---

verfahren, 1994 (hierzu *Jäde* UPR 1996, 219); s. a. *Engel,* Planungssicherheit für Unternehmen durch VA, 1992, S. 151.

[137] *Schlichter-Kommission,* Investitionsförderung durch flexible Genehmigungsverfahren, Rn. 208; ebenso *Bullinger* JZ 1994, 1129; *Eckert* FS Hahn, 1997, S. 591, 595; *Schäfer* NVwZ 1997, 526.

[138] Nämlich in BaWü, Bbg, Nds, NRW, Sachs-Anh, SchlH; hierzu *Gubelt* NVwZ 2000, 1013, 1015 f.; *Hager* BauR 2001, 573; *Mampel* NWVBl 1998, 309; *Neuhausen* BauR 2000, 327; *Ortloff* NVwZ 1999, 955, 957; im Saarland wurde demgegenüber 2004 das früher bestehende Wahlrecht (vgl. *Calliess* Verwaltung 2001, S. 169, 173) abgeschafft; hierzu *Bitz* SKZ, 2003, 162 ff.

[139] Hierzu *Knuth* LKV 2004, 193, 200 f.; *Ortloff* NVwZ 2003, 1218 f.

[140] UGB-KomE, S. 620.

[141] *Engel,* Planungssicherheit für Unternehmen durch VA, 1992, S. 150 ff.

[142] Allgemein hierzu *Fluck* VerwArch 88 (1997), S. 265; *Schäfer* NVwZ 1997, 526 ff.

[143] *Jarass,* BImSchG, 6. Aufl. 2005, § 15 Rn. 31.

[144] *Büge/Tünnessen-Harmes* GewArch 1997, 48, 52; *Knopp/Wolf* BB 1997, 1593, 1596; *Meins* BayVBl 1998, 136, 139; *Moormann* UPR 1996, 408, 417; *Schmitz* NVwZ 2000, 1238, 1240.

[145] *Büge/Tünnessen-Harmes* GewArch 1997, 48, 51; s. auch *Bullinger* JZ 1994, 1129, 1131.

[146] Deutlich *VG Gießen* NVwZ-RR 2001, 304, 305.

[147] *Büge/Tünnessen-Harmes* GewArch 1997, 48, 53; *Meins* BayVBl 1998, 136, 141.

[148] UGB-KomE, S. 620.

sen,[149] s. Rn. 34. Zu den verschiedenen Arten der Freistellungs- und Anzeigeverfahren in den neuen LBauO s. auch Rn. 155 ff.; zum (gegenläufigen) „Ausbau" der Baugenehmigung in Bbg und Hmb. s. Rn. 34. Hier wird das Risiko der materiellen Vereinbarkeit des Vorhabens mit dem öffentlichen Recht vollständig auf den Bauherrn (mittelbar auf den diesem gegenüber u. U. haftenden Architekten)[150] verlagert – was im Rahmen der angestrebten Veränderung staatlicher Aufgaben (s. z. B. § 1 Rn. 121 ff.) unter dem Schlagwort „Erhöhung der Eigenverantwortung" politisch gewollt ist.[151] Denn das ohne Baugenehmigung errichtete Vorhaben genießt grundsätzlich keinen Bestandsschutz, wenn es von Anfang an materiell illegal errichtet wurde.[152] Der Bauherr handelt auf eigenes Risiko[153] und trägt auch das Risiko des Vorliegens der Voraussetzungen der Genehmigungsfreistellung[154] (z. B. auch der Wirksamkeit des Bebauungsplans).[155] Er kann dieses Risiko auch nicht durch Beantragung eines VA, in dem die Baurechtskonformität seines Vorhabens festgestellt wird, auf die Behörde zurück verlagern.[156] Dennoch verletzen die Genehmigungsfreistellungsregelungen Art. 14 GG nicht.[157] Umgekehrt besteht eine Pflicht zur Genehmigungserteilung im vereinfachten Verfahren auch dann, wenn das Vorhaben nur gegen Vorschriften verstößt, die in diesen Verfahren nicht (mehr) zu prüfen sind; auf ein fehlendes Sachbescheidungsinteresse (§ 9 Rn. 153 ff.) wird man hier angesichts der klaren Begrenzung des Prüfungsumfangs nicht rekurrieren können.[158]

37 Für den **Nachbarn** bedeutet die Genehmigungsfreistellung, dass er **Rechtsschutz** gegen die Durchführung des Vorhabens nur auf zivilrechtlichem Weg[159] bzw. über eine Verpflichtungsklage gerichtet auf Einschreiten der Aufsichtsbehörde gegenüber dem Vorhabenträger erlangen kann.[160] Dabei wird uneinheitlich beurteilt, inwieweit bei bauaufsichtsrechtlichem Einschreiten eine materielle Ermessensbindung zugunsten des Nachbarn besteht.[161] Der vorläufige Rechtsschutz verlagert sich von § 80a auf § 123 VwGO,[162] teilweise auch auf § 47 Abs. 6 VwGO.[163] Beim vereinfachten Baugenehmigungsverfahren, bei dem nicht jede drittschützende Baurechtsnorm zum Prüfprogramm der Behörde gehört, muss der Nachbar schließlich u. U. sowohl gegen die erteilte Baugenehmigung vorgehen als auch einen Anspruch auf bauaufsichtsrechtliches Einschreiten durchsetzen, da die Nichtberücksichtigung einer Norm, die nicht zum Prüfungsumfang gehört, bei der Prüfung der Rechtmäßigkeit der Baugenehmigung nicht zu berücksich-

---

[149] Einen Überblick über die neuen Regelungen bieten *Finkelnburg/Ortloff* II, S. 99 ff.; Einzelheiten zur Ausgestaltung in **BaWü:** *Hager* BauR 2001, 573; **Bbg:** *Knuth* LKV 2004, 193, 196 ff.; **Nds:** *Schmaltz* NdsVBl 2003, 257 ff.; **Saarl:** *Bitz* SKZ 2003, 162; **Sachs-Anh:** *Meininger* LKV 2002, 20; zur Ausgestaltung in der MBO 2002: *Jäde* NVwZ 2001, 982.

[150] BGH NJW 2002, 129, 130; OVG *Münster* BauR 1999, 626, 627; *Preschel* DÖV 1998, 45, 46; *Schulte* BauR 1998, 249, 262 f.; *Seidel* NVwZ 2004, 139, 140; *Stollmann* NWVBl 1995, 42, 45.

[151] *Jäde* ZfBR 1996, 243.

[152] So deutlich BVerwGE 107, 264, 269 = NVwZ 1999, 297; *Seidel* NVwZ 2004, 139 f.; bereits erteilte Genehmigungen werden (anders als im Fall des § 18 Abs. 2 BImSchG, hierzu *Scheidler* GewArch 2005, 142); jedoch nicht gegenstandslos: OVG *Bautzen* SächsVBl 1999, 275.

[153] So deutlich OVG *Bautzen* SächsVBl 1999, 131; SächsVBl 1999, 275.

[154] OVG *Münster* NVwZ-RR 2005, 458, 459.

[155] OVG *Münster* NVwZ 2001, 1060, 1061; *Jäde* BayVBl 2005, 332.

[156] VGH *München* BayVBl 2002, 737; bedenklich daher OVG *Bautzen* LKV 2007, 230: Zulässigkeit einer Feststellungsklage, mit der die Baurechtskonformität eines genehmigungsfreien Vorhabens festgestellt werden soll.

[157] Wie hier *Löffelbein,* Genehmigungsfreies Bauen und Nachbarschutz, 2000, S. 77 ff.; *Oeter* DVBl 1999, 189, 193; a. A. *Held* UPR 1999, 210.

[158] VGH *München* BayVBl 2003, 505; *Fischer* BayVBl 2005, 299; a. A. *Jäde* BayVBl 2005, 301.

[159] S. hierzu *Calliess* Verwaltung 2001, S. 169, 188 ff.; *Seidel* NVwZ 2004, 139, 143 f.

[160] Hierzu BVerwG NVwZ 1998, 58; *Ortloff* NVwZ 1998, 581, 585; *Preschel* DÖV 1998, 45, 52; *Oeter* DVBl 1999, 189, 191.

[161] Für Ermessensbindung: *Decker* JA 1998, 799, 803 ff.; *Enders/Armbruster* SächsVBl 2001, 281; *Mampel* DVBl 1999, 1403; *ders.* BayVBl 2001, 417, 421 f.; *Martini* DVBl 2001, 1488, 1492; *Sacksofsky* DÖV 1999, 946, 952; *Sarnighausen* UPR 1998, 329 ff.; a. A. *Oeter* DVBl 1999, 189, 194; *Seidel* NVwZ 2004, 139, 141 f.; zusammenfassend *Calliess* Verwaltung 2001, S. 169, 176 ff.; *Löffelbein,* Genehmigungsfreies Bauen und Nachbarschutz, 2000, S. 150 ff.; s. ferner BVerwG BauR 2000, 1318, 1319 (Anspruch des Nachbarn auf Beseitigungsverfügung nach gerichtlicher Aufhebung einer Baugenehmigung).

[162] OVG *Bautzen* NVwZ 1997, 922; VGH *München* NVwZ 1997, 923; OVG *Münster* NVwZ-RR 1998, 216; NVwZ-RR 1999, 427; OVG *Saarlouis* BauR 2006, 2015; VG *München* NVwZ 1997, 923; *Oeter* DVBl 1999, 189, 192; *Bamberger* NVwZ 2000, 983; *Uechtritz* BauR 1998, 719.

[163] VGH *München* NVwZ-RR 2000, 416; NVwZ-RR 2006, 761 f.; OVG *Münster* NVwZ 1997, 923; NVwZ 2001, 1060, 1061; einschränkend *Jäde* BayVBl 2000, 481, 483.

tigen ist.[164] Zudem hat der Nachbar auch bei zu Unrecht angenommener Genehmigungsfreistellung keinen Anspruch auf Durchführung eines Genehmigungsverfahrens.[165]

2. Titel- und Rechtsgrundfunktion

a) Titelfunktion i. e. S.: § 3 Abs. 2, § 6 Abs. 1 VwVG sowie die entspr. landesrechtlichen **38** Bestimmungen setzen den (wirksamen)[166] VA des § 35 als Vollstreckungstitel voraus. Die Titelfunktion des VA garantiert damit die **Vollstreckbarkeit des VA nach den Verwaltungsvollstreckungsgesetzen,**[167] s. hierzu auch Rn. 215, § 9 Rn. 215 ff. Sie wirkt aber nur zugunsten der Verwaltung. Die Titelfunktion des VA wird auch von § 185 i. V. m. § 180 Abs. 1 InsO anerkannt: Bei **Insolvenz** können streitige Forderungen der Behörde von ihr selbst (allerdings nicht als Leistungsbescheid) festgesetzt werden,[168] s. a. § 41 Rn. 23. Auch ist ein Beitragsbescheid titulierte Forderung i. S. d. § 179 Abs. 2 InsO.[169] Dass das VwVG nicht in das VwVfG eingearbeitet worden ist (Einl. Rn. 22) – wie im LVWGSchlH,[170] im VwVfG M-V oder in der AO Sechster Teil – hindert nicht, die Titelfunktion als besondere VA-Funktion anzusehen. Dies zeigt auch die von einander abhängige Entwicklung der Institute des VA und der Verwaltungsvollstreckung.[171]

Wesentlich ist die Titelfunktion für die Eingriffsverwaltung, für die Leistungsverwaltung v. a. **39** dann, wenn es um die Rückforderung gewährter Leistungen geht. Bei begünstigenden VA (Genehmigungen) kann die Titelfunktion für die Durchsetzung von Auflagen wichtig sein, s. § 36 Rn. 84. Die Titelfunktion ist also nicht bei allen VA bedeutsam, da nicht alle VA einen vollstreckungsfähigen Inhalt haben, s. Rn. 214 ff. Allerdings verdeutlicht gerade auch die Titelfunktion die „Gefährlichkeit", die der Erlass eines VA für den Bürger haben kann, dem die Anfechtungslast obliegt (Rn. 4, 49). Deshalb ist auch i. S. d. Verwaltungsvollstreckungsrechts VA nur eine Maßnahme, die den materiellen Voraussetzungen des § 35 entspricht, Rn. 16 f., 210. Zur Rechtsnatur von Vollstreckungsakten s. Rn. 93 ff., 165 ff. Zu den **Bestimmtheitsanforderungen** für vollstreckungsfähige VA s. Rn. 276, § 37 Rn. 4, 11, 31 ff.

b) Titelfunktion und Vollstreckungskosten: Der VA als Vollstreckungstitel bildet nach er- **40** folgter Vollstreckung auch Grundlage für die Erhebung der hierdurch entstandenen Kosten vom Pflichtigen. Daher ist die Rechtmäßigkeit des gegenüber dem Pflichtigen ergangenen Kostenbescheides von der Wirksamkeit des Grund-VA abhängig (ohne dass der Kostenbescheid deshalb ein im strengen Sinne akzessorischer VA wäre, s. Rn. 227, § 43 Rn. 219). Folglich erledigt sich der Grund-VA i. S. des § 43 Abs. 2 nach mittlerweile **h. M.**[172] selbst dann noch nicht, wenn er unwiderruflich vollzogen ist, aber wegen der Vollzugskosten noch ein Kostenbescheid ergehen kann. Die Rechtmäßigkeit des Grund-VA ist folglich – auch bei Vollstreckung eines nur nach § 80 Abs. 2 VwGO sofort vollziehbaren VA – keine ungeschriebene Voraussetzung der Rechtmäßigkeit des Kostenbescheides. Der Grund-VA muss selbst angefochten werden,[173] s. a. § 43 Rn. 215.

Die **Gegenansicht**[174] nimmt demgegenüber auch dann Erledigung an, wenn der Grund-VA **41** noch den Rechtsgrund für einen Kostenbescheid bildet: Dass der Bestand des Bescheides Vo-

---

[164] *OVG Bautzen* LKV 1999, 236; *Jäde* BayVBl 2000, 481, 484; *Seidel* NVwZ 2004, 139, 141.
[165] *OVG Münster* BauR 1999, 628; *Seidel* NVwZ 2004, 139, 140 f.
[166] BFHE 199, 511 = NJW 2003, 1070.
[167] *Lemke*, Verwaltungsvollstreckungsrecht, 1997, S. 43 f., 73 ff.
[168] So (jeweils zu § 146 Abs. 5 KO) BVerwG NJW 2003, 3576, 3578; *OVG Bautzen* NVwZ-RR 2003, 674; *OVG Münster* NWVBl 1997, 24; BSGE 88, 146, 149 = NZS 2002, 196, 197.
[169] BVerwG NJW 1989, 314.
[170] Dazu *Klappstein/v. Unruh*, Rechtsstaatliche Verwaltung durch Gesetzgebung, 1987, S. 199 ff.
[171] Hierzu *Pietzner* VerwArch 82 (1991), S. 291 ff.; *Poscher* VerwArch 89 (1998), S. 111, 114.
[172] *OVG Koblenz* NVwZ 1997, 1009; *OVG Münster* NWVBl 1997, 218 ff.; *VGH Mannheim* NVwZ 1985, 202, 205; *OVG Schleswig* NordÖR 2006, 204, 205 f.; *VG Arnsberg* NWVBl 2001, 309, 311; *Geier* BayVBl 2004, 389, 391 f.; *Kopp/Schenke*, § 113 Rn. 102, 104; *Lemke*, Verwaltungsvollstreckungsrecht, 1997, S. 167 ff., 175 ff.; *Ruffert* BayBl 2003, 33, 37 f.; zu einem Sonderfall (Feststellung der Erledigung durch Widerspruchsbehörde) *OVG Saarlouis* NVwZ-RR 2003, 87 f.; in diese Richtung auch BVerwG BauR 1999, 733, 734.
[173] Beachtlich ist insoweit auch der Vorschlag von *Poscher* (VerwArch 89 (1998), S. 111, 127 ff.; dem folgend *Weiß* DÖV 2001, 275, 281 f.; hiergegen *Enders* NVwZ 2000, 1232, 1236), nach dem die Klage gegen den Grund-VA mit einem Vollzugsfolgenbeseitigungsantrag nach § 113 Abs. 1 S. 2 VwGO zu verbinden sei, gerichtet auf Aufhebung des Kostenbescheides und ggf. auf Rückzahlung gezahlter Kosten.
[174] So etwa *VGH Mannheim* NVwZ 1989, 163; *VGH München* BayVBl 1998, 500, 501; BayVBl 2000, 149, 150; *OVG Schleswig* NJW 1993, 2004 (a. A. aber jetzt NordÖR 2006, 204, 205 f.); *Enders* NVwZ

raussetzung der Rechtmäßigkeit für die Kostenentscheidung sei, sei nicht Teil der Regelung des Grund-VA. Diese Ansicht verursacht bei Vollstreckung sofort vollziehbarer VA prozessual nur schwer bewältigbare Abgrenzungsschwierigkeiten. Sie ist zudem wegen Art. 19 Abs. 4 GG gezwungen, die Rechtmäßigkeit des Grund-VA zumindest bei sofortiger Vollziehung zur ungeschriebenen Vollstreckungsvoraussetzung zu machen.[175] Dies ist im Hinblick auf die Strafbarkeit bei Widerstand gegen Vollstreckungshandlungen nach § 113 Abs. 1 StGB problematisch.[176]

42   c) **Rechtsgrundfunktion:** Mit der Titelfunktion i. e. S. verwandt ist der Umstand, dass der VA den Nachweis einer Rechtsstellung vermittelt: Der „Durchgriff" auf das materielle Recht ist abgeschnitten, solange der VA wirksam i. S. d. § 43 Abs. 2, insbes. nicht aufgehoben ist. Damit begründet ein VA, der zu einer Leistung verpflichtet, nicht nur eine Leistungsverpflichtung, sondern auch einen Rechtsgrund zum Behaltendürfen für den Leistungsempfänger, vgl. Rn. 214, § 43 Rn. 145. Zur Frage, ob dieser Rechtsgrund auch bei Aufhebung ex nunc entfällt, s. § 49a Rn. 9 ff.; zur materiellen Rechtsgrundtheorie im Abgabenrecht s. Rn. 33. So schützt der VA den Adressaten bis zur Aufhebung oder Erledigung des Leistungsbescheides vor Rückforderungen von Leistungen, die die Behörde auf Grund des Bescheides bereits an ihn erbracht hat,[177] wie umgekehrt etwa die Rückzahlung bereits entrichteter Abgaben erst nach Aufhebung des Abgabenbescheides verlangt werden kann, vgl. Rn. 33. Dies gilt auch bei deklaratorischen VA.[178] Entsprechendes gilt für die Folgenbeseitigung. Eingeschränkt wird diese Rechtsgrundfunktion, wenn die Leistung nur auf Grund eines **vorläufigen VA** erfolgt, weil dieser nur einen Rechtsgrund zum vorläufigen Behaltendürfen gibt,[179] Rn. 247.

3. Verfahrensrechtliche Funktion

43   Die weitreichenden Rechtsfolgen, die mit dem Erlass eines VA verbunden sind, sind nur zu rechtfertigen, wenn ihm ein rechtsstaatliches Verfahren vorausgeht, s. § 1 Rn. 42, § 9 Rn. 42. Wie § 9 auf den Erlass eines VA gerichtet ist (§ 9 Rn. 131), wirkt der VA auf das Verfahren zurück; er hat **verfahrensrechtliche Funktion,** d. h. Verfahrensrechte gewährleistende Funktion.[180] Diese Funktion kommt im VwVfG deutlich zum Ausdruck: Strebt die Behörde einen VA an (§ 9 Rn. 131), erwächst daraus die **Verpflichtung,** die Verfahrensvorschriften der §§ 9 ff. anzuwenden (Begründung zu § 27 Musterentwurf). Der VA ist zudem der formelle Abschluss des VwVf (**VA als Vorgang,** VA als Verfahrensabschlusshandlung oder als verfahrensrechtlicher Erkenntnisakt [Willenserklärung] im Gegensatz zum **materiellen VA,** VA als Regelung [Rechtsgeschäft], s. Rn. 31).[181] Diese Betonung des verfahrensrechtlichen Aspekts bedeutet nicht, dass die verfahrensrechtliche und die materielle Seite des VA beziehungslos nebeneinander stehen. Vielmehr ist der Verfahrensbezug als Verwirklichung des materiellen Rechts konkludenter Teil des VA-Begriffs (Begründung zu § 31 Entwurf 73).

44   Jedoch ist fraglich, ob die verfahrensrechtliche Funktion des VA heute insoweit noch zu rechtfertigen ist, als die Entscheidung für den Nicht-Erlass eines VA zugunsten anderer Handlungsformen zur Unanwendbarkeit der §§ 9 ff. führen kann. Der **europäischen Rechtsentwicklung** entspräche es, die Verfahrensrechte handlungsformunabhängig an jede belastende Maßnahme zu knüpfen,[182] s. a. Rn. 344. Dann wären die §§ 9 ff. VwVfG **zumindest analog** auch dann anzuwenden, wenn die Verwaltung zielgerichtete belastende Realakte (insbes. Warnungen)[183] vornimmt, sich für die Erhebung einer Leistungsklage,[184] den Abschluss eines privat-

---

2000, 1232; *Gerhardt* in Schoch u. a., § 113 Rn. 88; *Wolff* in Sodan/Ziekow, § 113 Rn. 258; umfangreiche Nachw. zur Lit. bei *Weiß* DÖV 2001, 275, 276 f.
[175] *VGH Mannheim* NVwZ 1985, 202, 205; *VG Bremen* NVwZ-RR 1998, 468. Hiergegen *OVG Bautzen* NVwZ-RR 1999, 101, 102.
[176] *Poscher* VerwArch 89 (1998), S. 111, 131 ff.; *Weber* JuS 1997, 1080; *Weiß* DÖV 2001, 275, 281.
[177] *BVerwG* DÖV 1977, 249; NVwZ 2005, 1070; zu einem Fall gesetzlich angeordneter Erledigung des Leistungsbescheides bei Zweckverfehlung *BSG* NZS 2005, 548, 549.
[178] *VG Gießen* NVwZ-RR 2004, 275, 276.
[179] *OVG Bautzen* NVwZ-RR 2003, 588, 589 f.
[180] *Henneke* in Knack, Vor § 35 Rn. 34; *Meyer/Borgs,* § 35 Rn. 12; *Wolff/Bachof/Stober/Kluth* I, § 45 Rn. 8.
[181] Vgl. *Bettermann* VVDStRL 17, 118, 140; *Häberle,* FS Boorberg, 1977, S. 78; *Meyer/Borgs,* § 35 Rn. 13.
[182] Hierzu *U. Stelkens* ZEUS 2004, 130, 133 ff.
[183] *U. Stelkens* ZEUS 2004, 130, 131 m. w. N.
[184] *U. Stelkens,* Verwaltungsprivatrecht, 2005, S. 1078 ff. m. w. N.

§ 35 Begriff des Verwaltungsaktes   45–47 § 35

rechtlichen Vertrages[185] oder den Erlass einer VA-ersetzenden Rechtsverordnung oder Satzung (Rn. 18) entscheidet, s.a. § 1 Rn. 118f., 283ff.; zu Legalplanungsgesetzen § 9 Rn. 95ff., § 72 Rn. 21.

Ergeht ein VA, so brauchen sich der **VA als Vorgang** und seine **materielle Seite nicht** **45** **immer zu decken,** s.a. § 9 Rn. 196. Der nichtige, ein Verfahren abschließende VA enthält keine materiell wirksame Regelung (§ 43 Abs. 3). Ferner kann der VA materielle Wirkungen gegenüber mehreren Personen haben, die formell nur zum Teil Beteiligte des Verwaltungsverfahrens waren, etwa weil ein Betroffener keinen Antrag auf Beteiligung gestellt hat (§ 13 Abs. 2). Der VA als Verfahrensabschlusshandlung kann auch mehrere materielle VA enthalten, z.B. wenn die Entscheidung über die Aufhebung eines VA mit der Festsetzung der Erstattungssumme nach § 49a Abs. 1 S. 2 (§ 49a Rn. 35) oder einer Rückforderung nach § 52 (§ 52 Rn. 26) verbunden wird, wenn die Androhung eines Zwangsmittels mit einem VA verbunden wird, durch den eine Handlung, Duldung oder Unterlassung aufgegeben wird (§ 13 Abs. 2 VwVG, hierzu Rn. 165), wenn einem VA eine Auflage (§ 36 Rn. 82ff.) oder eine Kostenentscheidung[186] (Rn. 227) hinzugefügt wird. Da die VwGO in § 42, § 113 VwGO auf den Begriff des materiellen VA abstellt (Rn. 15), muss daher streng genommen dann, wenn ein Bescheid angegriffen wird, der mehrere Regelungen gegenüber demselben Adressaten enthält, von einer (allerdings unproblematisch zulässigen) objektiven Klagehäufung nach § 44 VwGO ausgegangen werden. Zum „Anfechtungsverbund" im Verwaltungskostenrecht s. Rn. 227. Möglich ist auch die Verbindung mehrerer an verschiedene Personen gerichtete materieller VA in einem Bescheid. Hierfür bedarf es keiner ausdrücklichen Ermächtigung[187] (vgl. aber § 122 Abs. 6, 7 AO, § 10 Abs. 3 AsylVfG).[188] Allerdings ist die ordnungsmäßige Bekanntgabe solcher VA regelmäßig problematisch, s. § 41 Rn. 75ff., 211f.

Ein **materieller VA** kann sich schließlich als **Ergebnis mehrerer VwVf** darstellen, wie **46** z.B. bei einem **Änderungsbescheid** im Verhältnis zum Ausgangsbescheid, bei einem Änderungs-PlfBeschl im Verhältnis zum PlfBeschl (§ 76 Rn. 7ff.), bei einer modifizierenden Tektur- bzw. Nachtragsbaugenehmigung,[189] bei nachträglicher Beifügung einer Nebenbestimmung zum Haupt-VA (§ 36 Rn. 36ff.) oder der Klarstellung eines zunächst zu unbestimmten VA durch einen „Klarstellungsbescheid" (§ 37 Rn. 41ff.). Da das VwVf mit dem VA-Erlass endet (§ 9 Rn. 193ff.),[190] gilt dies auch im Verhältnis zwischen Ausgangs- und Widerspruchsbescheid (arg. aus § 79 Abs. 1 Nr. 1 VwGO,[191] § 79 Rn. 6. Zu Abhilfe- und Widerspruchsbescheid und ihrem Verhältnis zum Ausgangsbescheid Rn. 369ff.

4. Verwaltungsprozessuale Funktion

Weil die Verwaltungsgerichtsgesetze der süddeutschen Länder von 1946 und die VGVO von **47** 1948[192] den Rechtsschutz am VA ausrichteten, hing früher die Frage, **ob Rechtsschutz gewährt** wurde, vielfach vom Vorliegen eines VA ab,[193] s. Rn. 2. Daher wurde der VA-Begriff **extensiv** ausgelegt. Heute ist dies nicht mehr notwendig,[194] jedoch wirkt diese frühere Rspr. nach: So werden teilweise reine Zwangsmaßnahmen aber auch Erklärungen, die wertenden, insbes. missbilligenden Charakter haben, allein wegen ihrer faktischen Auswirkungen als VA behandelt, vgl. Rn. 165ff., 145, 178, 205, 365. Dies wird dem Charakter des VA als Handlungsform der Verwaltung nicht gerecht.

---

[185] *U. Stelkens,* Verwaltungsprivatrecht, 2005, S. 705ff., 1015ff. m.w.N.
[186] *BSG* NVwZ-RR 2007, 441.
[187] *OVG Münster* NVwZ-RR 1995, 623.
[188] *BFHE* 178, 105 = NJW 1995, 3207; *VGH München* BayVBl 1986, 654.
[189] *VGH München* BauR 2007, 1562f.; ausführlich hierzu: *Kerkmann/Sattler* BauR 2005, 47ff.
[190] *OVG Saarlouis* NVwZ 1987, 508.
[191] So auch *BVerwGE* 78, 6 = NVwZ 1988, 56; *BVerwGE* 78, 192, 200 = NVwZ 1988, 251; *BVerwG* NJW 1982, 1413; NVwZ 1988, 527; vgl. auch *Darwin* NVwZ 1987, 872.
[192] Hierzu *Schmidt-Aßmann* in Schoch u.a., Einl. Rn. 82; zur Ausgestaltung des Verwaltungsrechtsschutzes gegen VA vor 1945 s. *Engert,* Entwicklung des Rechtsinstituts VA, 2002, S. 158ff.
[193] Zu Recht differenzierend jedoch *Engert,* Entwicklung des Rechtsinstituts VA, 2002, S. 168ff.
[194] *BVerfG (K)* NVwZ 2002, 464, 465; *BVerwGE* 60, 144, 149 = NJW 1981, 64 (m. Anm. *Menger* VerwArch 72 (1981), S. 149); *BVerwGE* 77, 268, 274 = NVwZ 1988, 144; *BVerwG* NJW 1984, 1051; *Pietzcker* in Schoch u.a., § 42 Abs. 1 Rn. 23; *Pietzner* VerwArch 82 (1991), S. 291ff.; ders. VerwArch 84 (1993), S. 261, 276ff.; *Sodan* in Sodan/Ziekow, § 42 Rn. 100.

48 Dem VA-Begriff des § 35 kommt indes auch heute noch eine **verwaltungsprozessuale Funktion** zu. Die VwGO macht sich die Definition des § 35 zu eignen, näher Rn. 15, 364. Damit knüpft sie an das Vorliegen eines VA i. S. d. § 35 bezogen auf den Rechtsschutz eigenständige Rechtsfolgen (Vorverfahren, Fristen, Form des einstweiligen Rechtsschutzes), die bei der Auslegung des § 35 zu berücksichtigen sind,[195] aber auch zu einer teilweisen Trennung des verwaltungsprozessualen VA-Begriffs vom materiellen VA-Begriff zwingen (Problem des rein formellen VA, s. Rn. 16 f.). Der Angriff gegen VA ist wegen des hierfür vorgesehenen besonders klar ausgestalteten Rechtsschutzsystems auch i. d. R. einfacher als ein Angriff gegen sonstige Maßnahmen (vgl. z. B. Rn. 37),[196] selbst wenn die besonderen Sachurteilsvoraussetzungen für Anfechtungs- und Verpflichtungsklagen auch als Rechtsschutzerschwernisse angesehen werden können.

5. Bedeutung der Funktionen für die Auslegung des § 35

49 Der VA hat – zusammenfassend ausgedrückt – als ein Ziel des VwVf sowohl für die Behörde als auch für den Bürger die besondere Bedeutung, dass er das **Verwaltungshandeln** bestimmt, weil bei seinem Erlass die Regeln der §§ 9 ff. angewandt werden müssen. VwVf und VA sind daher voneinander abhängig. Zum anderen stellt der VA ein Handlungsmittel für die Verwaltung dar, das im Rahmen von Teil III, Abschnitt 2, Bindungswirkung zeitigt. Der materielle Umfang der Bindung wird durch den Inhalt des VA bestimmt, § 43 Rn. 19 ff. Will sich der Bürger mit dieser Bindung nicht abfinden, obliegt ihm eine **Anfechtungslast;** Rn. 4. Diese VA-Funktionen müssen als Rechtsfolgen, die an die Tatbestandsmerkmale des § 35 geknüpft sind, auch bei der Auslegung dieser Tatbestandsmerkmale berücksichtigt werden[197] – sie haben insoweit **Rückwirkungen auf die Tatbestandsseite.** Bestehen Zweifel, ob einer bestimmten Maßnahme VA-Qualität i. S. d. § 35 zukommt, wird man daher entscheidend darauf abstellen müssen, ob es einerseits – mit Blick in die Vergangenheit – als sinnvoll erscheint, für den Erlass dieser Maßnahme die vorherige Durchführung eines VwVf nach §§ 9 ff. VwVfG zu fordern **(Berücksichtigung der verfahrensrechtlichen Funktion)** und ob ihr andererseits – mit Blick in die Zukunft – sinnvollerweise eine Bindungswirkung beizulegen ist **(Berücksichtigung der Individualisierungs-, Klarstellungs- und Titelfunktion)** und schließlich (aber nicht ausschlaggebend), ob die besonderen Regeln für Anfechtungs- und Verpflichtungsklagen für diese Maßnahme „passen" – was z. B. zu verneinen sein wird, wenn bei Annahme eines VA eine „Aufhebung" der Maßnahme nach § 113 Abs. 1 S. 1 VwGO wegen sofortiger Erledigung faktisch niemals in Betracht kommen wird, sondern allenfalls eine Fortsetzungsfeststellungsklage nach § 113 Abs. 1 S. 4 VwGO (Schlagstockeinsatz, finaler Todesschuss, s. Rn. 165 ff.). Diese Vorgehensweise entspricht der Rspr.:[198] *BVerwG*[199] begründet z. B. das Nichtvorliegen eines VA bei Eintragung in das Verkehrszentralregister maßgeblich damit, dass die zuständigen Stellen bei etwa 10000 Meldungen pro Arbeitstag gar nicht die Möglichkeit hätten, eine Anhörung durchzuführen (§ 28), Akteneinsicht zu gewähren (§ 29) und die Tatsache der Eintragung mit Begründung (§ 39) und Rechtsmittelbelehrung (§ 56 VwGO) ordnungsgemäß bekannt zu geben (§ 41). Die Mitberücksichtigung der Rechtsfolgen bei der Auslegung des § 35 ist auch unvermeidlich, da **das Verständnis der Definitionen des § 35 die Kenntnis ihres Inhalts und ihrer Rechtsfolgen voraussetzt.** Auch hier ist das Ganze mehr als die Summe seiner Teile.

---

[195] *Pietzcker* in Schoch u. a., § 42 Rn. 23.
[196] *Pietzcker* in Schoch u. a., Vorb. § 42 Abs. 1 Rn. 26.
[197] *Ruffert* in Erichsen/Ehlers, § 20 Rn. 13.
[198] Wie hier: *BVerwGE* 74, 268, 274 = NVwZ 1988, 144; *BVerwG* NJW 1981, 2592, 2594; NJW 1984, 2541, 2542; NVwZ-RR 1989, 337; NVwZ-RR 1991, 330, 331; *OVG Münster* NVwZ 1990, 1083, 1084; *VGH München* NVwZ 1990, 775, 776.
[199] *BVerwGE* 74, 268, 274 = NVwZ 1988, 144 (m. Bespr. *Lässig* JuS 1990, 459).

III. Merkmale des § 35 S. 1

1. Maßnahme einer Behörde

a) **Behördenbegriff:** Die Maßnahme muss von einer **Behörde i. S. d. § 1 Abs. 4 (§ 1** 50 Rn. 236 ff.) ausgehen. Kein zwingendes Merkmal des Behördenbegriffs des § 35 ist damit, dass die „Stelle", die den VA erlässt, Aufgaben der öffentlichen Verwaltung nach außen wahrnimmt.[200] Sonst wäre das Tatbestandsmerkmal „auf unmittelbare Rechtswirkung nach außen gerichtet" in § 35 (und das Tatbestandsmerkmal „nach außen wirkende Tätigkeit" in § 9 [§ 9 Rn. 113 ff.]) überflüssig,[201] s. § 1 Rn. 243 ff. Die Gegenauffassung dürfte – jedenfalls soweit sie sich auf den VA-Begriff bezieht – historische Gründe haben: **§ 25 Abs. 1 MRVO Nr. 165,** an dessen VA-Definition sich § 35 anlehnt (Rn. 2, 11), enthielt das Tatbestandsmerkmal „auf unmittelbare Rechtswirkung nach außen gerichtet" nicht (Rn. 11, 141, 146). In Abs. 2 wurde jedoch der Behördenbegriff für das Verwaltungsprozessrecht legaldefiniert, s. § 1 Rn. 240. Auf Grundlage dieses Behördenbegriffs wurde ein verwaltungsprozessualer Behördenbegriff entwickelt, der auch heute noch für die VwGO (insbes. für § 61 Nr. 3, § 78 Abs. 1 VwGO) maßgeblich ist und das Tatbestandsmerkmal „Wahrnehmung eigenständiger öffentlicher Aufgaben nach außen" enthielt, § 1 Rn. 241. Vor Inkrafttreten des VwVfG war somit das heutige Tatbestandsmerkmal der „Außenwirkung" des § 35 im Tatbestandsmerkmal „Behörde" des § 25 Abs. 1 MRVO Nr. 165 mit enthalten. Hieran hält das VwVfG nicht fest, sondern erklärt die „Außenwirkung" zu einem eigenständigen Tatbestandsmerkmal. Damit kommt es für das Vorliegen eines VA nicht darauf an, ob die ihn erlassende „Stelle" für die Wahrnehmung von Verwaltungsaufgaben nach außen zuständig ist. Fehlt ihr diese Zuständigkeit und erlässt sie dennoch eine auf unmittelbare Rechtswirkung nach außen gerichtete Maßnahme, liegt somit ein VA i. S. d. § 35 vor,[202] der jedoch wegen eines Zuständigkeitsfehlers rechtswidrig, ggf. nichtig, ist, s. a. Rn. 147. Hiervon ist die verwaltungsprozessuale Frage zu unterscheiden, welche Behörde in einem solchen Fall nach § 78 Abs. 1 Nr. 2, § 61 Nr. 3 VwGO im Verwaltungsprozess zu verklagen ist, ob also der fehlerhaft mit Außenwirkung handelnden „Stelle" auch Behördeneigenschaft i. S. des Verwaltungsprozessrechts zukommt.

Nimmt die „Stelle" **keine Aufgaben der Verwaltung** (§ 1 Rn. 165, 268), sondern **Aufga-** 51 **ben auf anderen Gebieten des öffentlichen Rechts** wahr, ist sie insoweit keine Behörde i. S. d. § 35. Keine VA sind daher Maßnahmen im Bereich des Völkerrechts (§ 1 Rn. 169 ff.), des Prozessrechts (§ 1 Rn. 201 f., zu Justiz-VA § 2 Rn. 107 ff.), des Verfassungsrechts (Rn. 177, 212, § 1 Rn. 173 ff.) und der Regierungstätigkeit (Rn. 186 ff.). Für Aufgaben im Zusammenhang mit **Wahlen** s. Rn. 193, § 2 Rn. 12 ff.; zu Organisationsakten s. Rn. 300 ff., § 1 Rn. 158, 200; für kirchliche Behörden s. § 2 Rn. 31 ff. Ist die „Stelle" schlechthin **nicht befugt, von hoheitlichen Handlungsformen Gebrauch** zu machen (wie etwa Sparkassenbehörden),[203] steht dies dem Begriffsmerkmal „Behörde" nicht entgegen, da § 1 Abs. 4 nicht auf die Rechtsform der Verwaltungstätigkeit abstellt, § 1 Rn. 253 f. I. d. R. wird es jedoch in einem solchen Fall auch an dem Tatbestandsmerkmal „auf dem Gebiet des öffentlichen Rechts" fehlen, s. Rn. 210. Siehe etwa zu einem von einer Sparkasse erklärten Hausverbot Rn. 131. Zur VA-Qualität von Maßnahmen nicht wirksam beliehener Privatpersonen s. Rn. 65.

b) **Maßnahmen mehrerer Behörden:** Nicht von § 35 vorgesehen ist, dass ein VA von 52 mehreren Behörden gemeinsam erlassen wird. Dies ist ohne spezialgesetzliche Grundlage rechtswidrig, weil hierauf die Regelungen zur Ermessensausübung, Rücknahme und Vollstreckung im Hinblick auf die Bestimmung der zuständigen Behörde, der zuständigen Widerspruchsbehörde und auch des zuständigen Gerichts nicht zugeschnitten sind.[204] Ein VA wird aber nur dann von mehreren Behörden gemeinsam erlassen, wenn beide Behörden nach außen als „Aussteller" des

---

[200] Vgl. die Nachw. bei § 1 Rn. 243.
[201] Wie hier *Peine,* Rn. 330; *Ruffert* in Erichsen/Ehlers, § 20 Rn. 19.
[202] So für den Fall des Erlasses eines VA durch den Stadtrat *OVG Bautzen* SächsVBl 2002, 42 f. (im Ergebnis verneint); *OVG Lüneburg* NVwZ-RR 2001, 599.
[203] Hierzu *U. Stelkens,* Verwaltungsprivatrecht, 2005, S. 407 ff.
[204] *VGH Mannheim* VBlBW 1987, 377, 378 und *Maurer* VBlBW 1987, 361, 362, dort auch zur Umdeutung eines solchen VA in zwei selbständige VA; ferner *Haseloff-Grupp* VBlBW 1997, 161.

VA auftreten.[205] Maßgeblich ist die Behördenangabe nach § 37 Abs. 3 S. 1. Dieser Fall ist abzugrenzen von den Fällen, in denen ein VA unter Mitwirkung einer anderen Behörde nur von einer Behörde erlassen wird, s. Rn. 53, 167 ff., 169 ff., § 9 Rn. 127 ff. Kein VA mehrerer Behörden liegt auch bei VA-Erlass durch die ARGE nach **§ 44 b SGB II** vor: Nach § 44 b Abs. 3 S. 2 und 3 SGB II sind diese ARGE (bzw. ihre Geschäftsführer) im eigenen Namen handelnde Behörden i. S. d. § 1 Abs. 2 SGB X, die allerdings von zwei gleichberechtigten Trägern (Bundesagentur für Arbeit und Kommune) getragen werden.[206]

53 **c) Zurechenbarkeit der Maßnahme zu einer Behörde:** Eine Maßnahme „einer Behörde" liegt nur vor, wenn die als VA abgegebene Erklärung einer Behörde rechtlich **zugerechnet** werden kann. Dies ist auch möglich, wenn ihr **Inhalt fremdbestimmt** ist. So ist ein auf eine Verurteilung nach **§ 113 Abs. 5 VwGO** hin erlassener VA der erlassenden Behörde zuzurechnen, auch wenn sein Inhalt vom Gericht vorgegeben wurde,[207] § 9 Rn. 212. Nichts anderes gilt für Maßnahmen einer Behörde, deren Inhalt maßgeblich von der Mitwirkungshandlung einer anderen Behörde abhängt, Rn. 167, 169 ff., § 9 Rn. 127 ff. Bei der Zurechnungsfrage geht es vielmehr um die Berechtigung eines Menschen zum Handeln für und im Namen der Behörde, also um seine **Vertretungsmacht**. Das VwVfG beantwortet sie nicht, sondern verweist insoweit auf die **allgemeinen** ungeschriebenen **Grundsätze des Verwaltungsorganisationsrechts,** die vom VwVfG grundsätzlich nicht geregelt werden (vgl. Einl. Rn. 25, § 1 Rn. 158) und die nicht nur speziell für den Erlass von VA, sondern für jedes **rechtsgeschäftliche Behördenhandeln** gelten,[208] also auch für den Abschluss privatrechtlicher und ör. Verträge und die Abgabe von Zusagen und Zusicherungen, s. § 38 Rn. 65 ff. Maßgeblich ist insoweit die Unterscheidung *H. J. Wolff's* zwischen Organwalter i. e. S. (Rn. 54) und Organwalter i. w. S. (Rn. 55 ff.), die auch von § 12 Abs. 1 Nr. 4 aufgenommen wird,[209] vgl. § 12 Rn. 17 ff., § 20 Rn. 26. Zur Zurechnung fingierter VA s. Rn. 66 ff.

54 **aa) Vertretung durch Organwalter i. e. S.:** Organwalter i. e. S. sind diejenigen, deren (rechtsgeschäftliches) Handeln **kraft Gesetzes** der Behörde unvermittelt zugerechnet wird, also die Mitglieder einer Kollegialbehörde bzw. der Leiter einer monokratischen Behörde (Minister, Bürgermeister, Regierungspräsident) nebst seinem allgemeinen Vertreter (Staatssekretär, Beigeordneter). Sie sind **geborene Behördenvertreter**. Ihre **Vertretungsmacht ist im Außenverhältnis unbegrenzt,** soweit gesetzlich nichts anderes bestimmt ist, etwa durch Anordnung von Gesamtvertretung;[210] zu den kommunalrechtlichen Vertretungsvorschriften Rn. 58. Die Vertretungsmacht kann dem Organwalter i. e. S. (auch im Verhältnis zwischen dem Behördenleiter und seinem allgemeinen Vertreter) grundsätzlich nicht entzogen werden.[211] Der **Inhalt des VA** ist aber für die Zurechnung **irrelevant**. § 44 Abs. 1 zeigt, dass auch **gesetzlose VA** (§ 44 Rn. 105), oder reine **Willkürmaßnahmen** (§ 44 Rn. 106) einer Behörde zuzurechnen und damit „Maßnahmen einer Behörde" sein können. Die Lehre vom Missbrauch der Vertretungsmacht findet auf den Erlass von VA keine Anwendung.[212]

55 **bb) Vertretung durch eigene Bedienstete:** Umstr. sind Voraussetzungen, Umfang und Reichweite der Vertretungsmacht der **Organwalter i. w. S.,** also aller für eine Behörde tätigen Personen, die keine Organwalter i. e. S. (Rn. 54) sind. Dies sind insbes. die Bediensteten (Beamte, Angestellte), die einer Behörde zugeordnet sind (zu Fremdpersonal und Privaten s. Rn. 59 f.).

---

[205] Vgl. den Fall von *OVG Münster* NVwZ-RR 2006, 838.
[206] *SG Hannover* NVwZ 2005, 976; *Quaas* SGb 2004, 723, 726 f.; zur Rechtsform der ARGE nach § 44 b SGB II: *OVG Koblenz* NVwZ-RR 2006, 804 f.; *AG Borna* LKV 2006, 95, 96; *Breitkreuz* SGb 2005, 141; *Ruge/Vorholz* DVBl 2005, 403; *Strobel* NVwZ 2004, 1195; *Tapper* SGb 2005, 683.
[207] *BSGE* 57, 138, 151; *Heilemann* SGb 1998, 261, 262; *ders.* SGb 1999, 603, 604; a. A. *Weber* SGb 1999, 225, 233.
[208] *U. Stelkens*, Verwaltungsprivatrecht, 2005, S. 195 ff. m. w. N.
[209] *Wolff/Bachof,* Verwaltungsrecht II, 4. Aufl. 1976, § 74 4 b, S. 58. Übernommen von *Seer*, Verständigungen in Steuerverfahren, 1996, S. 325; *U. Stelkens*, Verwaltungsprivatrecht, 2005, S. 146 ff.; ablehnend insoweit *Hufeld*, Vertretung, 2003, S. 219 ff.
[210] Zu solchen Fällen *U. Stelkens*, Verwaltungsprivatrecht, 2005, S. 209 ff.
[211] *VGH Kassel* NVwZ-RR 2001, 530, 532; *VGH Mannheim* BauR 2005, 1908, 1910; *VG Potsdam* LKV 1998, 409, 410; *Hufeld*, Vertretung, 2003, S. 82 ff.; *Neumeyer* RNotZ 2001, 249, 252; *U. Stelkens*, Verwaltungsprivatrecht, 2005, S. 209.
[212] Ausführlich hierzu *U. Stelkens*, Verwaltungsprivatrecht, 2005, S. 217 ff., 221 ff.

Ihre Vertretungsmacht ergibt sich nach ständiger Rspr.[213] nicht unvermittelt kraft Gesetzes durch Zuordnung zu einer Behörde (wie dies § 144 Halbs. 2 GVG entspräche),[214] sondern aus einer vom Organwalter i. e. S. erteilten Vollmacht (der sog. **Zeichnungsbefugnis**).[215] Behördenbedienstete sind damit (nur) **gekorene Behördenvertreter** im Sprachgebrauch des § 12 Abs. 1 Nr. 4 „besonders Beauftragte", s. § 12 Rn. 17 ff., § 20 Rn. 26. Sie zeichnen nach allgemeiner Praxis „i. A." des Organwalters i. e. S. (zu unterscheiden von der Unterzeichnung „i. V.", mit der der allgemeine Vertreter des Leiters einer monokratischen Behörde zeichnet, s. § 37 Rn. 99). Die **Zeichnungsbefugnis** (auch innerbehördliches Mandat genannt)[216] **ist kein VA**, sondern „schlichte" ör. Willenserklärung.[217] Sie kann grundsätzlich nur von den Organwaltern i. e. S. einer Behörde für diese Behörde wirksam erteilt werden.[218] Möglich sind abstrakt-generelle Anordnungen oder Einzelvollmachten.

Str. ist, welche Reichweite einer erteilten Zeichnungsbefugnis zukommt.[219] Sie (entspr. der sog. „Mandatstheorie") nur auf rechtmäßiges Verwaltungshandeln zu begrenzen, ist ausgeschlossen. Möglich ist aber eine Begrenzung auf bestimmte Sachbereiche. Nach *BVerwG* erfasst die Zeichnungsbefugnis etwa (nur) alle der **Stellung oder Rangstufe** des Amtswalters **in der Behörde** angemessenen rechtsgeschäftlichen Erklärungen, wobei für den Außenstehenden nicht erkennbare Kompetenzabgrenzungen im Verhältnis nach außen nicht zu einer Einschränkung der Zeichnungsbefugnis führen.[220] Nach *BFH*[221] ist im Außenverhältnis unerheblich, wenn die die Zeichnungsbefugnis begrenzenden Bezugsgrößen nur so weit überschritten werden, dass ein Irrtum des Sachbearbeiters bei objektiver Betrachtungsweise möglich war. **Anknüpfungspunkt** ist nach dieser Rspr. aber immer eine **tatsächlich erteilte Zeichnungsbefugnis**. Ist niemals Zeichnungsbefugnis erteilt worden (etwa bei Beamten, die sich noch in der Ausbildung befinden oder bei Bediensteten in untergeordneter Stellung), kommt ihre Fiktion nach den o. g. Grundsätzen nicht in Betracht. Vertrauensschutz auf das Bestehen einer contra legem erteilten Zeichnungsbefugnis ist auch dann ausgeschlossen, wenn **kraft Gesetzes** ausdrücklich **höchstpersönliches Handeln der Organwalter** i. e. S. vorgeschrieben ist.[222]

Diese Differenzierungen entsprechen den Rechtsgedanken der **§§ 171 ff. BGB**, die hier wegen des Gebots der **Verfahrensklarheit** (§ 9 Rn. 57) entsprechend anzuwenden sind.[223] Damit kann sich die Behörde nicht auf (individuelle) Einschränkungen der Zeichnungsbefugnis berufen, wenn sie in irgendeiner Form die Regeln über die interne Zuständigkeitsverteilung als „grobes Raster" öffentlich bekannt gegeben hat (etwa durch Publikation von Geschäftsverteilungsplänen, erkennbare Zuständigkeitsverteilung im Behördengebäude, Benennung von „Ansprechpartnern" im Internet). Die Behörde wird vor Überschreitungen der Zeichnungsbefugnis hinreichend durch eine entsprechende Anwendung des **§ 173 BGB** geschützt: Kannte der Betroffene die Einschränkung der Zeichnungsbefugnis oder musste er sie kennen, kann er sich auf

---

[213] So **für privatrechtliche Willenserklärung**: *RGZ* 102, 57, 58 f.; 116, 247, 252 ff.; 122, 351, 353; 146, 42, 49; 162, 129, 146; *Oberster Gerichtshof für die britische Zone*, OGHZ 1, 242, 244; 2, 319, 323; *OLG Brandenburg* LKV 2000, 86 ff.; **für Zusage** (auf der Grundlage der Annahme, sie sei kein VA): *BVerwGE* 26, 31, 36 = NJW 1967, 1434; *BVerwG* DÖV 1966, 202, 205; *BFHE* 73, 813, 819; 76, 64, 68; 89, 381, 383; 117, 195, 198; *BFH/NV* 1998, 808, 809 und 1221, 1222; **für VA:** *PrOVGE* 30, 412, 416 f.; *BFHE* 125, 347, 349; 147, 205, 208; 150, 70, 72; *FG Saarland* EFG 1993, 196, 197; **für ör. Vertrag:** *BFHE* 162, 211, 214; *BFH* BB 1994, 633, 634.
[214] So aber insbes. *Hufeld*, Vertretung, 2003, S. 216 ff., 221; ferner *Bettermann*, FG BVerwG, 1978, S. 61, 66; *Nothnagel*, Bekanntgabe von VA im Steuerrechtsverhältnis, 1983, S. 155 ff.; *Remmert*, Private Dienstleistungen, 2003, S. 297 ff.; wohl auch *Wolff/Bachof/Stober/Kluth* I, § 35 Rn. 15; wohl auch *Collin/Fügemann* JuS 2005, 694, 699.
[215] *Kübler*, Zeichnungsbefugnis im Verwaltungsrecht, 1974, S. 293 ff.; *U. Stelkens*, Verwaltungsprivatrecht, 2005, S. 227 f. m. w. N.
[216] *Reinhardt*, Delegation und Mandat im öffentlichen Recht, 2006, S. 41.
[217] Hierzu ausführlich *U. Stelkens*, Verwaltungsprivatrecht, 2005, S. 228 ff. m. w. N.
[218] Hierzu ausführlich *U. Stelkens*, Verwaltungsprivatrecht, 2005, S. 231 f. m. w. N.
[219] Hierzu ausführlich *Kübler*, Zeichnungsbefugnis im Verwaltungsrecht, 1974, S. 331 ff.; *U. Stelkens*, Verwaltungsprivatrecht, 2005, S. 241 ff.
[220] So für Zusicherung: *BVerwGE* 26, 31, 36 = NJW 1967, 1434; *BVerwG* DÖV 1966, 202, 205.
[221] *BFHE* 125, 347, 350; 147, 205, 208 = NVwZ 1987, 632 (im Ergebnis abgelehnt); *BFHE* 152, 33, 34; 150, 70, 72; ähnlich *BFHE* 132, 219, 221 (wo dieses Ergebnis allerdings unter Bezugnahme auf den § 44 entsprechenden § 125 AO erzielt wird, hierzu § 44 Rn. 172); *FG Saarl.* EFG 1993, 196, 197.
[222] *BVerwGE* 46, 14, 15 ff. (für Einleitungsverfügung im Disziplinarverfahren); *Kübler*, Zeichnungsbefugnis im Verwaltungsrecht, 1974, S. 340 f.; *U. Stelkens*, Verwaltungsprivatrecht, 2005, S. 232 ff., S. 253 ff.
[223] *U. Stelkens*, Verwaltungsprivatrecht, 2005, S. 243 f.

Vertrauensschutz nicht berufen. So hat ein im Einwohnermeldeamt tätiger Bediensteter keine Zeichnungsbefugnis für den Erlass eines Erschließungsbeitragsbescheides. Auch kann nach *BFH*[224] ein Sachbearbeiter, der nach Nr. 4.3. der öffentlich bekannt gegebenen Geschäftsordnung für Finanzämter (FAGO)[225] nicht zum Erlass bestimmter Bescheide befugt ist, die Behörde insoweit auch nicht wirksam vertreten. Entsprechendes gilt, wenn ein VA erlassen wird, der offensichtlich **nicht** zu den **Geschäften der laufenden Verwaltung** zählt oder **kein erkennbarer Zusammenhang mit der Zuständigkeit** der Behörde mehr besteht. Dass dies mit Verkehrsschutzinteressen vereinbar ist, zeigen § 49 Abs. 2, § 54 Abs. 2, § 55 Abs. 2 und 3, § 56 HGB, die bei aus Verkehrsschutzgründen „vertypten" Vollmachten ebenfalls von besonderen Erkundigungspflichten bei „außergewöhnlichen" Geschäften ausgehen.

58 cc) **Besonderheiten bei (kommunalen) Verpflichtungserklärungen:** Insbes. das Kommunalrecht sieht besondere **Formen der Vertretung** für Verpflichtungserklärungen vor, s. a. § 57 Rn. 24. Teilweise werden (nur) zwei Unterschriften verlangt, teilweise aber auch die Beifügung eines Dienstsiegels oder der Amtsbezeichnung. Verstöße führen z. B. nach § 64 Abs. 4 GO NW, § 62 Abs. 1 Saarl. KSVG zur **Unverbindlichkeit der Erklärung.** Ob sich diese Unverbindlichkeit aus einer **Einschränkung der Organvertretungsmacht** oder – entsprechend § 125 BGB (§ 37 Rn. 55, § 44 Rn. 135) – aus einem **Verstoß gegen eine gesetzliche Formvorschrift** ergibt, ist umstritten. Entgegen verbreiteter Ansicht ist es jedoch mit dem „Wesen" der Vertretung vereinbar, auch die Vertretungsmacht der Organwalter i. e. S. an die Einhaltung bestimmter Formen zu knüpfen;[226] eine genaue Wortlautanalyse ergibt zumeist auch, dass mit diesen Formvorschriften tatsächlich keine „echte" Formvorschrift, sondern eine Vertretungsregelung geschaffen worden ist.[227] Daher kann bei der Anwendung dieser Vorschriften auch nicht zwischen ör. und privatrechtlichen Erklärungen differenziert werden.[228] Vielmehr binden diese Regelungen die Vertretungsmacht auch bei Verpflichtungserklärungen in Form von VA, Zusagen und ör. Verträgen an die Einhaltung der Formvorschriften. Verpflichtungserklärungen in VA-Form, bei denen die Formvorschriften nicht beachtet wurden, sind damit nicht (nur) rechtswidrig und nichtig[229] (vgl. § 37 Rn. 55), sondern der Behörde bereits nicht zurechenbar und damit keine VA.[230] Die fehlende Form (und damit die fehlende Vertretungsmacht) kann jedoch durch Zustimmung der Gemeindevertretung geheilt werden.[231]

59 dd) **Vertretung durch Bedienstete fremder Behörden:** Die Zuständigkeitsnormen bestimmen nicht nur formell, über welche Behörden einem Verwaltungsträger eine bestimmte Handlung zugerechnet werden soll. In ihnen wird ausgedrückt, dass der Kompetenzinhaber selbst die ihm eingeräumten Kompetenzen ausüben soll, weil er dem Gesetzgeber nach seiner organisatorischen Stellung im Staatsgefüge, seiner Betrauung mit anderen Aufgaben, seiner Ausstattung usw. als besonders geeignet erscheint, die ihm zugewiesene Aufgabe wahrzunehmen.[232] Behörden sind damit regelmäßig zur Erfüllung ihrer Aufgaben in **Selbstorganschaft**[233] verpflichtet. Sie dürfen ihre Aufgaben grundsätzlich nur durch die Organwalter und Bediensteten

---

[224] **Für VA:** *BFHE* 147, 205, 208 = NVwZ 1987, 632; **für** (nicht als VA qualifizierte) **Zusage:** *BFHE* 73, 813, 819 = NJW 1962, 310; 76, 64, 68 = NJW 1963, 559; 89, 381, 383; 117, 195, 198; *BFH/NV* 1998, 808, 809 und 1221, 1222; **für „tatsächliche Verständigung"** (hierzu § 54 Rn. 128): *BFHE* 162, 211, 214 = NJW 1991, 1199; *BFH* BB 1994, 633, 634 (m. Anm. *Bilsdörfer*); krit. *Tipke* in Tipke/Kruse, § 118 AO Rn. 7.
[225] Vom 3. 1. 2002 (BStBl I, 540).
[226] So deutlich bereits *RGZ* 64, 408, 413 f.
[227] Ausf. hierzu m. Nachw. zur Gegenansicht: *U. Stelkens* VerwArch 94 (2003), S. 48, 55 ff.; *ders.*, Verwaltungsprivatrecht, 2005, S. 210 ff.; dem folgend *Hufeld*, Vertretung, 2003, S. 89.
[228] Wie hier *VGH Kassel* NVwZ 1997, 618, 619; NVwZ-RR 2005, 650, 651; *OVG Lüneburg* NJW 1977, 773, 774; *OVG Münster* NVwZ-RR 2003, 147, 148; *OVG Saarlouis* SKZ 1999, 66, 68; a. A. *OVG Koblenz* NVwZ 1998, 655; *Gern*, Deutsches Kommunalrecht, 3. Aufl. 2003, Rn. 370; *Faber* VR 2001, 231, 233; *Habermehl* DÖV 1987, 144, 148; *Schlette*, Verwaltung als Vertragspartner, 2000, S. 465 f.; differenzierend *de Wall*, Anwendbarkeit privatrechtlicher Vorschriften, 1999, S. 212 f.
[229] So *OVG Lüneburg* NdsVBl 2005, 264, 265 f.
[230] Wie hier *VGH Kassel* NVwZ 1983, 556, 557; NVwZ-RR 2005, 650, 651.
[231] Näher *U. Stelkens* VerwArch 94 (2003), S. 48, 57 f.; *ders.*, Verwaltungsprivatrecht, 2005, S. 250 f.
[232] *BDiszG* NVwZ 1986, 866, 867; *VGH Mannheim* VBlBW 1996, 418, 419; *OVG Münster* NJW 1998, 1809; *VG Sigmaringen* NVwZ-RR 1995, 327, 328; *Horn* NVwZ 1986, 808, 811; *Schenke* VerwArch 68 (1977), S. 118, 153 f.; *Remmert*, Private Dienstleistungen, 2003, S. 217 ff.
[233] Begriff von *Hufeld*, Vertretung, 2003, S. 21 ff. (ebenso bereits *ders.* VBlBW 1999, 130, 131).

erfüllen, die ihnen nach Maßgabe der jeweiligen Stellenpläne/Stellenübersichten zugeordnet sind. Soweit gesetzlich nichts anderes bestimmt ist, schließt dies aus, dass „behördenfremde" Personen für eine Behörde dergestalt tätig werden, dass sie materiell (letztverantwortlich) die von der Behörde vorzunehmenden Entscheidungen treffen.[234] Ergänzende Hilfe durch Behördenfremde ist jedoch zulässig.[235] Damit ist es ohne gesetzliche Ermächtigung **verboten, behördenexternen Personen Zeichnungsbefugnis zum Erlass von VA** (und anderer Maßnahmen) im Namen der Behörde **zu erteilen.** Deshalb sind auch **zwischenbehördliche Mandate,** bei denen die Bediensteten einer Behörde im Namen einer anderen Behörde handeln, nur auf gesetzlicher Grundlage zulässig, § 3 Rn. 13, § 4 Rn. 40, § 44 Rn. 141, 174. Besteht eine gesetzliche Grundlage, können jedoch die Bediensteten der beauftragten Behörde namens der auftraggebenden Behörde (Mandant) einen VA erlassen.[236] Wird das Prinzip der Selbstorganschaft verletzt und den Bediensteten fremder Behörden Zeichnungsbefugnis erteilt, ist der von diesen Personen erlassene VA dennoch aus Verkehrsschutzgründen der Behörde zuzurechnen, in deren Namen gehandelt wurde. So liegt ein VA der Ordnungsbehörde vor, wenn sie den Polizeivollzugsdienst damit beauftragt, von ihr vorgefertigte und unterschriebene Schreiben, in denen ein Platzverweis ausgesprochen, jedoch das Adressfeld offengelassen ist, an bestimmte, nach abstrakten Merkmalen gekennzeichnete Personen, deren Identität der Polizeibeamte zunächst feststellen muss, nach Ausfüllen des Adressfeldes als VA der Ordnungsbehörde zu erlassen.[237] Solche VA sind jedoch bei fehlender Rechtsgrundlage wegen Verstoßes gegen das Prinzip der Selbstorganschaft rechtswidrig.[238] Keine Zurechnung erfolgt allerdings, wenn die vertretene Behörde die rechtswidrige Vertretung nicht veranlasst hat.

ee) Zurechnung des Handelns Privater: Auch die Einschaltung Privater bei Vorbereitung und Erlass von VA, die im Namen einer Behörde ergehen **(funktionale Privatisierung),** ist nicht von vornherein ausgeschlossen, § 1 Rn. 41, 134. Sie ist jedoch rechtswidrig, wenn die Maßnahme – ohne gesetzliche Grundlage[239] – nur noch der Form nach im Namen einer Behörde ergeht, alle wesentlichen Entscheidungen aber von dem Privaten getroffen werden,[240] § 1 Rn. 134, 260, § 9 Rn. 21. Auch insoweit gilt der Grundsatz der **Selbstorganschaft,**[241] Rn. 59. Dennoch ist aus Verkehrsschutzgründen anzunehmen, dass eine von einem Privaten im Namen der Behörde erlassene Maßnahme dieser Behörde zuzurechnen ist und damit VA sein kann, wenn dieses Handeln von der Behörde (rechtswidrig) durch Erteilung einer Zeichnungsbefugnis veranlasst worden ist (sehr str.).[242] Fehlt es an dieser Veranlassung („Hauptmann von Köpenick", Aufstellung von Verkehrszeichen auf tatsächlichen öffentlichen Straßen [Supermarktparkplätzen]

---

[234] So ausdrücklich auch *Remmert,* Private Dienstleistungen, 2003, S. 217 ff.; *U. Stelkens,* Verwaltungsprivatrecht, 2005, S. 166 ff.; im Ergebnis auch *Reinhardt,* Delegation und Mandat im öffentlichen Recht, 2006, S. 180 f.
[235] Näher *Hufeld,* Vertretung, 2003, S. 22, 230 ff.; *U. Stelkens,* Verwaltungsprivatrecht, 2005, S. 166 ff.
[236] OVG Weimar ThürVBl 2003, 56, 58; s. a. LSG Niedersachsen NVwZ-RR 2006, 706 f.
[237] VGH Mannheim VBlBW 1996, 418, 419; VG Sigmaringen NVwZ-RR 1995, 327; für einen vergleichbaren Fall auch VG Darmstadt ZBR 2007, 103.
[238] Ausführlich *U. Stelkens,* Verwaltungsprivatrecht, 2005, S. 235 ff.; a. A. *Hufeld,* Vertretung, 2003, S. 312 (Schein-VA, da die die Selbstorganschaft verletzende Zeichnungsbefugnis wirkungslos sei).
[239] Beispiele für gesetzliche Zulassungen bei *U. Stelkens,* Verwaltungsprivatrecht, 2005, S. 172 ff.
[240] Aus der Rspr. z. B. OVG Bautzen SächsVBl 2003, 65, 66; VGH Kassel NVwZ 2003, 875, 879; VGH Mannheim GewArch 2001, 420; VGH München NVwZ 1999, 1222; NVwZ-RR 2003, 772; OVG Münster NJW 1998, 1809; NWVBl 2004, 107, 108 f.; OVG Schleswig NordÖR 2006, 263, 264 f.; Urt. v. 17. 1. 2007 – 4 A 192/05 –; OVG Weimar ThürVBl 2007, 16, 17; BayObLG NJW 1997, 3454.
[241] *Remmert,* Private Dienstleistungen, 2003, S. 217 ff., 462; *U. Stelkens,* Verwaltungsprivatrecht, 2005, S. 169 ff.; im Ergebnis auch *Hufeld,* Vertretung, 2003, S. 21 ff.
[242] Wie hier jeweils zum Problem der rechtswidrigen Beauftragung eines Bauunternehmers mit der Aufstellung von Verkehrszeichen (§ 1 Rn. 257, 264): BVerwGE 35, 334, 336 = NJW 1970, 2075; VGH München NVwZ-RR 1992, 515, 516; OVG Münster NJW 2001, 961 f.; VG Braunschweig NdsVBl 2004, 246, 247; für Erlass von Gebührenbescheiden durch Stadtwerke AG im Namen des Bürgermeisters: OVG Schleswig NordÖR 2006, 263, 264 f.; ebenso wohl auch für den Fall der Einziehung der Kosten der Ersatzvornahme durch den von der Polizei beauftragten Abschleppunternehmer: BGH NJW 2006, 1804, 1805 f.; für „Beauftragung" eines Rechtsanwalts mit dem Erlass berufsordnungsrechtlicher Verfügungen durch Apothekerkammer: OVG Weimar ThürVBl 2007, 16 f.; allgemein *U. Stelkens,* Verwaltungsprivatrecht, 2005, S. 237 ff.; wohl auch *Ruffert* in Erichsen/Ehlers, § 20 Rn. 23; **a. A.** (keine Zurechnung bei rechtswidriger Erteilung der Zeichnungsbefugnis an Private): OVG Schleswig, Urt. v. 17. 1. 2007 – 4 A 192/05 –; *Bettermann,* FG BVerwG, 1978, S. 61, 67 ff.; *Hufeld,* Vertretung, 2003, S. 294 ff.; *v. Mutius* VerwArch 62 (1971), S. 291, 304 f.

durch Grundstückseigentümer) findet demgegenüber eine Zurechnung nicht statt und es liegt nur ein Schein-VA vor. Zum Problem fehlerhafter Beleihung s. Rn. 65.

61 **ff) Einschaltung von Boten:** Im Hinblick auf den Grundsatz der Selbstorganschaft (Rn. 59) unproblematisch und ohne gesetzliche Ermächtigung möglich ist die Beauftragung eines **(Erklärungs-)Boten** durch die Behörde zur Bekanntgabe eines VA. Bote der Behörde kann ein **Privater** oder eine andere (unzuständige) Behörde sein. Botenschaft liegt aber nur vor, wenn der Bote die Entscheidung der Behörde nur übermittelt und nicht im Namen der Behörde (in wesentlichen Teilen) selbst trifft.[243] Verändert der Bote bewusst oder unbewusst die Erklärung der Behörde, ist jedoch entsprechend den in Rn. 59 f. genannten Grundsätzen dennoch von einer wirksamen Bekanntgabe eines jedoch wegen Zuständigkeitsfehlers (Verstoß gegen den Grundsatz der Selbstorganschaft) rechtswidrigen (ggf. nichtigen) VA auszugehen,[244] vgl. Rn. 59, 60. Dies entspricht auch der **Wertung des § 120 BGB**. Botenschaft liegt auch vor, wenn eine Behörde einen schriftlich zu erlassenden VA zu Protokoll des Gerichts erklärt,[245] s. a. § 37 Rn. 60. Zur Bekanntgabe eines VA gegenüber **Empfangsboten** s. § 41 Rn. 67 f., 97, 104 f.

62 **gg) Rechtsfolgen fehlender Zurechenbarkeit:** Kann eine Maßnahme nach den in Rn. 53 ff. genannten Grundsätzen keiner Behörde zugerechnet werden, liegt die **Handlung eines Unbefugten** vor, die lediglich den äußeren Schein eines VA setzt. Dies ist ein Nicht-VA oder **Schein-VA,** § 1 Rn. 258, § 44 Rn. 5 f. Die fehlende Vertretungsmacht ist damit kein Problem der Rechtmäßigkeit eines VA, so dass den § 43 ff. VwVfG insoweit keine Rechtsfolgen entnommen werden können.[246] Schein-VA sind auch keine VA im prozessualen Sinne. Das Tatbestandsmerkmal „eine Behörde" kann – anders als die übrigen Tatbestandsmerkmale des § 35 (s. Rn. 16) – durch bloße Form auch für den Verwaltungsprozess nicht ersetzt werden.[247] So lässt § 78 Abs. 1 VwGO Anfechtungs- und Verpflichtungsklagen gegen VA nur zu, wenn eine Behörde existiert, die den VA erlassen hat. Besteht Streit um die Zurechenbarkeit, ist statthafte Klageart somit – anders als bei Bekanntgabefehlern, vgl. § 41 Rn. 107 f. – die **allgemeine Feststellungsklage.** Vertretungsfehler schließen jedoch eine **deliktische Zurechenbarkeit** nicht aus: Entsteht dem Betroffenen durch den von dem Schein-VA entstandenen Rechtsschein ein Schaden, kommt insoweit ein **Amtshaftungsanspruch** in Betracht. Die Grenzen der Vertretungsmacht bildet die Grenzen der Zuständigkeit eines Amtswalters, deren Beachtung zu dessen absolut-drittschützenden Amtspflichten gehört.[248]

63 Ungeklärt ist, ob bei VA eine **rückwirkende „Heilung"** von Vertretungsfehlern durch Genehmigung durch einen Organwalter i. e. S. bzw. einen zeichnungsbefugten Organwalter i. w. S. (Rn. 55 ff.) **entsprechend § 177 Abs. 1 i. V. m. § 184 Abs. 1 BGB** möglich ist.[249] Dies ist bei Missachtung des Grundsatzes der Selbstorganschaft ausgeschlossen,[250] wird bei ör. Verträgen im Übrigen jedoch im Hinblick auf § 62 S. 2 angenommen,[251] s. § 57 Rn. 24, § 62 Rn. 31. Wegen der grundsätzlichen Austauschbarkeit von VA und ör. Vertrag (§ 9 Rn. 167 f., § 54 Rn. 2, 90 ff.) dürfte der entsprechenden Anwendbarkeit des § 177 Abs. 1 auch auf VA jedenfalls **§ 180 BGB** nicht entgegenstehen, zumal sich der VA als „einseitiges Rechtsgeschäft" (§ 35 Rn. 20, 31) mit den im Zivilrecht möglichen einseitigen Rechtsgeschäften (Kündigung, Anfechtung, Auslobung etc.) kaum vergleichen lässt.[252] Sofern auch § 177 Abs. 2 BGB entsprechend angewendet wird, scheint ein darüber hinausgehender Vertrauensschutz auf die Nichtzurechenbarkeit der Maßnahme kaum durch die schutzwürdigen Interessen des Betroffenen als

---

[243] *Reinhardt,* Delegation und Mandat im öffentlichen Recht, 2006, S. 47 f.
[244] Vgl. *U. Stelkens,* Verwaltungsprivatrecht, 2005, S. 239 f.
[245] *OVG Bautzen* SächsVBl 1998, 218, 220; *OVG Münster* NVwZ 1989, 1086, 1087.
[246] *U. Stelkens,* Verwaltungsprivatrecht, 2005, 2005, S. 226; a. A. für den Fall fehlender Zeichnungsbefugnis (Rn. 55 ff.): *Hufeld,* Vertretung), 2003, S. 141 ff., 351 ff.; offen: Begründung des Regierungsentwurfs zu § 130 EAO (BT-Drs. VI/1982, 141 f.; hierzu § 43 Rn. 175).
[247] A. A. *Blunk/Schroeder* JuS 2005, 604 ff. (die den Schein-VA zu Unrecht dem fehlerhaft bekannt gegebenen VA (§ 41 Rn. 226 f.) gleichsetzen); ebenso wohl auch *OVG Schleswig,* Urt. v. 17. 1. 2007 – 4 A 192/05 – (juris, Abs. 22 ff.).
[248] *Hufeld,* Vertretung, 2003, S. 325; *U. Stelkens,* Verwaltungsprivatrecht, 2005, S. 269 f.
[249] So wohl *Bettermann* FG BVerwG, 1978, S. 61, 67 (entgegen *BVerwGE* 46, 17, 18).
[250] *Hufeld,* Vertretung, 2003, S 296 ff., 324 f.; *U. Stelkens,* Verwaltungsprivatrecht, 2005, S. 248 f.
[251] Ablehnend jedoch *BFH* BB 1994, 633, 634 für „tatsächliche Verständigung" (hiergegen *Bilsdörfer* BB 1994, 634; *Seer,* Verständigungen in Steuerverfahren, 1996, S. 327 f.).
[252] A. A. wohl *Lange,* Liber Amicorum Erichsen, 2004, S. 107, 115.

gerechtfertigt. Bei Anwendung des § 177 Abs. 2 S. 2 BGB besteht auch die Gefahr eines dauernden Schwebezustandes nicht. § 177 Abs. 2 BGB sollte auch entsprechend angewendet werden, wenn der Betroffene gegen die Maßnahme (entsprechend ihrem Rechtsschein) Rechtsbehelfe einlegt und hiermit zum Ausdruck bringt, dass er die Maßnahme der Behörde zurechnet, was einer Aufforderung zur Erklärung der Genehmigung nach § 177 Abs. 1 BGB entspricht. Hier ist es geboten, dass sich die Behörde möglichst frühzeitig auf die fehlende Zurechenbarkeit beruft, will sie die Maßnahme nicht für und gegen sich gelten lassen. Soweit sie – ggf. im Abhilfeverfahren – zur Rechtfertigung der Maßnahme als VA übergeht, wird man hierin jedenfalls eine **konkludente Genehmigung** der Maßnahme sehen können. So wird in der Rspr. das Fehlen der Zeichnungsbefugnis allenfalls dann untersucht, wenn sich die Behörde hierauf beruft; eine Überprüfung von Amts wegen findet nicht statt. Die **Genehmigung** selbst ist **kein VA**; sie ist Entstehungsvoraussetzung für einen VA und damit – wie die Entscheidung über die Bekanntgabe eines VA – bloße Verfahrenshandlung, vgl. § 35 Rn. 148, 150. Nicht anzuwenden ist **§ 178 BGB**, der auf einseitige Rechtsgeschäfte nicht passt; die Haftung des Vertreters ohne Vertretungsmacht nach **§ 179 BGB** wird durch die Amtshaftung ersetzt, s. Rn. 62.

d) Verwaltungsakte fehlerhaft errichteter Behörden: Fehlerhaft errichtete Behörden (und deren Träger)[253] sind im Interesse der Rechtssicherheit nicht als inexistent zu behandeln, sondern als rechtswidrig, aber wirksam errichtet anzusehen, so dass sie auch (rechtswidrige aber wirksame) VA erlassen können.[254] § 1 Abs. 4 (und damit § 35) verlangt für den Behördenbegriff nur die tatsächliche Wahrnehmung von Aufgaben öffentlicher Verwaltung durch eine „Stelle". Rechtmäßigkeit dieser Aufgabenwahrnehmung wird nicht vorausgesetzt, Rn. 50, § 1 Rn. 243. Wenn also öffentliche Aufgaben durch eine „Stelle" tatsächlich wahrgenommen werden, liegt eine Behörde i. S. d. § 1 Abs. 4 vor, ohne dass es auf die Rechtmäßigkeit ihrer Errichtung ankäme. Ist die Maßnahme einer rechtswidrig errichteten Behörde als VA zu qualifizieren, bestimmt sich seine Wirksamkeit nach § 43, § 44. Bei den bisher bekannt gewordenen Fällen war die Rechtswidrigkeit der Behördenerrichtung nicht offenkundig; Nichtigkeit schied aus.[255] Nur durch ein „Heilungsgesetz" kann die (anfänglich formelle) Rechtswidrigkeit der von einer fehlerhaft errichteten Behörde erlassenen VA (rückwirkend) „beseitigt" werden.[256] Dies muss unmissverständlich angeordnet werden und ist im Zweifel nicht anzunehmen.[257]

Die Grundsätze der Rn. 64 gelten auch bei **fehlerhafter Beleihung.** Auch der ohne die erforderliche (wirksame) gesetzliche Grundlage Beliehene ist Behörde i. S. des § 1 Abs. 4; seine Maßnahmen können (rechtswidrige ggf. nichtige) VA sein. Voraussetzung ist allerdings, dass die hoheitliche Aufgabenwahrnehmung durch den rechtswidrigerweise Beliehenen keine reine „Amtsanmaßung" darstellt (§ 1 Rn. 258, § 44 Rn. 5), sondern in irgendeiner Weise staatlich veranlasst war, etwa auf Verwaltungsvorschriften beruht oder ausdrücklich im Auftrag einer Behörde erfolgt.[258] Zudem bedarf es genauerer Prüfung, ob der Private als Beliehener im eigenen Namen und nicht „nur" (rechtswidrigerweise) im Namen einer Behörde handelt,[259] vgl. Rn. 60. Entsprechendes gilt, wenn ein Beliehener (§ 1 Rn. 256 ff.) einen VA in einem Bereich erlässt, auf den sich seine Beleihung nicht erstreckt. Auch diese Maßnahme ist dem Beliehenen als Behörde zuzurechnen.[260]

---

[253] Zu den möglichen Errichtungsfehlern und bisher praktisch gewordenen Fällen *Aschke* NVwZ 2003, 917 f.; *Quaas* SGb 2004, 723, 728; *U. Stelkens* LKV 2003, 489 ff.
[254] Wie hier: *BVerwG* NVwZ 2003, 995, 996; LKV 2004, 27; *OVG Bautzen* SächsVBl 2002, 298 f.; SächsVBl 2004 84, 85 (zust. *Millgramm* SächsVBl 2004, 101); LKV 2004, 364; *OVG Weimar* ThürVBl 2003, 38 f.; LKV 2006, 181, 182; *Degenhart* SächsVBl 2001, 85, 93; *Kopp/Ramsauer*, § 35 Rn. 29; *Pencereci/Bluhm* LKV 1998, 172, 175; *Pencereci*, LKV 2005, 137, 139; *Quaas* SGb 2004, 723, 728 f.; *Saugier*, Der fehlerhafte Zweckverband, 2001, S. 116, 121 f.; *U. Stelkens* LKV 2003, 489, 493 ff.
[255] *BVerwG* NVwZ 2003, 995, 996; *OVG Weimar* ThürVBl 2003, 38, 39; LKV 2006, 181, 182.
[256] *OVG Frankfurt (Oder)* LKV 2001, 132, 137.
[257] *OVG Bautzen* LKV 2004, 364, 365 f.; *OVG Weimar* LKV 2006, 181, 182 f.
[258] Wie hier *OVG Münster* NJW 1980, 1406; *VG Chemnitz* LKV 2004, 85; *VG Leipzig* LKV 1999, 241; *VG Weimar* ThürVBl 2002, 165, 166; *BGH* NJW 2000, 1042; *Kopp* DVBl 1970, 724, 726; *U. Stelkens* NVwZ 2004, 304, 308; für Schein-VA *Bettermann* FG BVerwG, 1978, S. 61, 67 f.
[259] Siehe hierzu die Überlegungen von *VG Chemnitz* LKV 2000, 85.
[260] Vgl. hierzu *OVG Münster* NJW 1998, 1579, 1580 f. (zur Erklärung der Entlassung eines Privatschülers in VA-Form durch den Privatschulträger nach nordrhein-westfälischem Recht).

§ 35 66, 67   Teil III. Verwaltungsakt

66   **e) Fiktiver/Fingierter Verwaltungsakt:** Ersetzt das **Fachrecht**[261] den Erlass eines VA durch Eintritt eines vom Willen der Behörde unabhängigen Umstands[262] (vielfach – aber nicht zwingend[263] – Ablauf einer bestimmten Frist nach Antragstellung) derart, dass mit Eintritt dieses Umstands ein VA (z. B. eine Genehmigung oder auch deren Ablehnung[264]) als erlassen gilt, liegt ein fiktiver oder fingierter VA vor.[265] Kraft Gesetzes werden Rechtsfolgen bestimmt, deren Gestaltung im Regelfall der Verwaltung obliegt.[266] Der fiktive VA ist damit keine „Maßnahme einer Behörde" i. S. d. § 35,[267] vielmehr verzichtet das Gesetz auf eine behördliche Einzelfallentscheidung,[268] in dem es bei Erfüllung der Fiktionsvoraussetzungen das Vorliegen eines VA eines bestimmten Inhalts einer bestimmten Behörde „erdichtet". Ein Sachverhalt, der Gegenstand einer Regelung durch VA einer bestimmten Behörde sein könnte, wird damit als durch die Behörde in der vom Gesetz vorgesehenen Weise geregelt betrachtet,[269] unabhängig davon, ob die Behörde die Fiktionswirkung ihres Verhaltens kennt, sie diese billigt oder sie sich ihrer sogar bewusst bedient, um sich den Aufwand einer Bescheidung zu sparen.[270] Die Fiktion tritt nicht ein, wenn die Behörde vor Ablauf der Frist entscheidet (zur Frage der Rechtzeitigkeit der Entscheidung bei Anwendbarkeit der Bekanntgabevermutung des § 41 Abs. 2, s. § 41 Rn. 122) oder es der Behörde aus rechtlichen Gründen unmöglich ist, innerhalb der vorgesehenen Bearbeitungsfrist zu entscheiden,[271] insbes. bei Unvollständigkeit der Antragsunterlagen,[272] wenn der Antrag unklar ist[273] oder wenn eine andere Behörde rechtzeitig ihre nach Fachrecht notwendige (verwaltungsinterne, Rn. 169 ff.) Zustimmung verweigert hat.[274] Umstr. ist, ob der Antragsteller auf eine ihn günstige Fiktionswirkung im Voraus (insbes. durch Zustimmung zu einer verlängerten Bearbeitungsfrist) verzichten kann.[275] Zur Fiktion von **Nebenbestimmungen** § 36 Rn. 33 f.; zur Fiktion von Mitwirkungshandlungen Rn. 173.

67   Tritt die Fiktion ein, wird nicht nur das Vorliegen eines VA fingiert, sondern das Vorliegen eines in einem ordnungsgemäßen VwVf zustande gekommenen, dem Adressaten bekannt gegebenen VA.[276] Dem fingierten VA kommt damit keine verfahrensrechtliche Funktion zu, viel-

---

[261] **Beispiele** bundesgesetzlicher VA-Fiktionen: § 6 Abs. 4, § 22 Abs. 5, § 145 Abs. 1 BauGB, § 2 Abs. 6a FStrG, § 15 Abs. 1 S. 5 PBefG, § 8 Abs. 5a TierSchG, § 12 Abs. 5 GenTG, § 116 Abs. 2 GWB, wohl auch § 168 AO (hierzu etwa *BVerwGE* 19, 68, 69 = NJW 1964, 2226; *BFHE* 198, 27 ff. = NJW 2002, 3278, 3279), nicht jedoch § 4 Abs. 7 S. 1 TEHG (*BVerwGE* 124, 47, 50 = NVwZ 2005, 1178, 1179; *VG Karlsruhe* NVwZ 2005, 112, 113), s. ferner die Aufstellung von *Jachmann*, Fiktion, 1998, S. 251 ff. Vermehrt sehen auch die **LBauO** fiktive Baugenehmigungen im vereinfachten Genehmigungsverfahren vor (vgl. die Zusammenstellung bei *Finkelnburg/Ortloff*, Öffentliches Baurecht II, S. 99 ff.; *Sauer* DVBl 2006, 605 ff; zu den Wirkungen *OVG Greifswald* NVwZ-RR 2001, 578; LKV 2003, 476, 477; LKV 2004, 563, 564; *VGH Kassel* BRS 58 Nr. 133; *OVG Koblenz* NVwZ-RR 2002, 264, 265; NVwZ-RR 2003, 12; *OVG Saarlouis* NVwZ 2006, 678, 679; *OVG Schleswig* NordÖR 2005, 65 f.; *VG Saarlouis* SKZ 2005, 188). Auch durch **Gemeinschaftsrecht** können VA der Mitgliedstaaten fingiert werden, vgl. z. B. Art. 7 Abs. 2 VO (EWG) Nr. 259/93 (hierzu *EuGH*, Rs. C-215/04, Rn. 43 ff. = NVwZ 2006, 441; *BVerwG* NVwZ 2004, 344, 345), Art. 13 Abs. 4 RL 2006/123/EG (Dienstleistungsrichtlinie).

[262] A. A. (den Gestaltungsspielraum des Gesetzgebers ohne Grund beschränkend): *BVerwGE* 124, 47, 50 = NVwZ 2005, 1178, 1179: Nur ein willensgetragenes Behördenhandeln könne Anknüpfungspunkt für eine VA-Fiktion sein (ähnlich *VG Würzburg* NVwZ 2005, 112).

[263] Vgl. *OVG Koblenz* NVwZ-RR 2003, 12: Fiktionsfristbeginn für fiktive Baugenehmigung nach LBauO RhPf erst ab behördlicher Feststellung der Vollständigkeit der Antragsunterlagen.

[264] Vgl. den Fall von *OLG Düsseldorf* NZBau 2001, 696, 698.

[265] Begriffsbildung nach *Jachmann*, Fiktion, 1998, S. 249.

[266] *Oldiges* UTR 2000, 41, 47.

[267] *VG Karlsruhe* NVwZ 2005, 112, 113; *Caspar* AöR 125 (2000), S. 131, 138 f.; *Oldiges* UTR 2000, 41, 55.

[268] *Jachmann*, Fiktion, 1998, S. 398 ff.

[269] Vgl. *Meyer*, FG 50 Jahre BVerwG, 2003, S. 551, 554.

[270] *Caspar* AöR 125 (2000), S. 131, 132.

[271] *BVerwGE* 81, 84, 90 = NVwZ 1989, 1172; s. a. *VG Gießen* NVwZ-RR 2006, 139.

[272] *OVG Greifswald* NVwZ-RR 2001, 578; LKV 2004, 563, 564; *VGH Kassel* BRS 58 Nr. 133; *OVG Magdeburg* DVBl 1997, 964 f.; durch Anforderung nicht entscheidungsrelevanter Unterlagen kann die Frist nicht verlängert werden: *VG Gera* LKV 2003, 532; zur Frage, wann ein (Baugenehmigungs-)Antrag in diesem Sinne „vollständig" ist: *Saurer* DVBl 2006, 605, 608 f.

[273] *OVG Berlin* NVwZ 2001, 1068.

[274] *OVG Koblenz* NVwZ-RR 2002, 264, 265; a. A. *VGH Kassel* NVwZ-RR 2007, 453 ff.; *OVG Saarlouis* NVwZ 2006, 678, 679 f.; *VG Saarlouis* SKZ 2005, 188, 190 ff.

[275] So *VGH Mannheim* BauR 1986, 678; a. A. *VG Gera* LKV 2003, 532.

[276] *Jachmann*, Fiktion, 1998, S. 250; *Oldiges* UTR 2000, S. 41, 55; ähnlich auch *Caspar* AöR 125 (2000), S. 131, 141; eine Bekanntgabe an die „betroffenen Beteiligten" i. S. d. § 41 Abs. 1 wird demgegenüber nicht

mehr soll die Fiktion gerade ein VwVf ersparen.[277] Auf den fingierten VA finden damit alle, aber auch nur diejenigen Vorschriften **Anwendung,** die an einen in einem ordnungsgemäßen VwVf zustandegekommenen und dem Adressaten bekannt gegeben VA Rechtsfolgen knüpfen. Er ist somit mit Eintritt der Fiktion gegenüber dem Adressaten nach **§ 43 Abs. 1 S. 1** als wirksam (und auch die Behörde bindend)[278] anzusehen, sofern er nicht nach § 44 wegen **inhaltlicher Rechtswidrigkeit** nichtig ist (§ 44 Rn. 4) oder sich nach § 43 Abs. 2 erledigt hat. Nach Fiktionseintritt kann die Behörde den fiktiven VA insbes. nicht ohne seine Aufhebung durch Erlass eines (gegenläufigen) VA „erledigen".[279] Soll er auch gegenüber Drittbetroffenen wirksam werden (Nachbarn), muss er diesen gesondert bekannt gegeben werden (§ 41 Rn. 229 f.). Anzuwenden sind die **§§ 48 ff.**[280] (§ 48 Rn. 39) sowie die besonderen Vorschriften der VwGO, die an einen VA anknüpfen, so dass der fingierte VA mit **Widerspruch** und **Anfechtungsklage** angreifbar ist,[281] unabhängig davon, ob die Fiktion auf Bundes- oder Landesrecht zurückgeht, Rn. 15, 364. Klagegegner nach **§ 78 Abs. 1 VwGO** ist die Behörde, in deren Namen der VA als erlassen gilt. Mangels Rechtsbehelfsbelehrung gilt für Rechtsbehelfe gegenüber fingierten VA jedoch regelmäßig die **Jahresfrist des § 58 Abs. 2 VwGO,** und auch nur denjenigen gegenüber, gegenüber denen der fiktive VA als bekannt gegeben gilt, was bei Drittbetroffenen nicht der Fall ist.[282] Besteht Streit um den Fiktionseintritt, ist die Klage auf Feststellung statthaft, dass der VA fingiert wurde.[283] Ist kraft Gesetzes über den Fiktionseintritt eine Bescheinigung auszustellen, ist diese nur dann VA, wenn hierdurch mit Bindungswirkung über den Fiktionseintritt entschieden wird,[284] s. Rn. 83, 87, 222.

Die **Zwecke** einer gesetzlichen Anordnung **einer VA-Fiktion** sind verschieden.[285] **Zulassungsbeschleunigung** („Hammerlösung"[286]) ist nach wie vor „modisches" gesetzgeberisches Motiv, v. a. im Baurecht. Im Bereich des **Großanlagenbaus** wird die VA-Fiktion jedoch als untaugliches Instrument der Zulassungsbeschleunigung angesehen.[287] Erfahrungen – auch aus dem Ausland[288] – zeigen, dass der drohende Ablauf der Fiktionsfrist zu beschleunigten (vorsorglichen) Antragsablehnungen führt.[289] Zudem kommt fiktiven Genehmigungen faktisch nur eingeschränkte Bestandskraft zu, da das Rechtswidrigkeitsrisiko größer ist als bei einer tatsächlich erteilten Genehmigung.[290] Das Vertrauen auf den Bestand einer fiktiven Genehmigung kann daher in komplexen Fällen nur als eingeschränkt schützenswert angesehen und deshalb im Rahmen des § 48 auch nur eingeschränkt zugunsten des Antragstellers berücksichtigt werden. Materielle Rechtssicherheit könnten fiktive Genehmigungen daher nur gewähren, wenn hiermit auch eine **Rechtmäßigkeitsfiktion** verbunden wäre,[291] deren Anordnung aber kaum mit dem **Grundsatz des Gesetzesvorrangs** und Art. 19 Abs. 4 GG zu vereinbaren ist.[292]

---

fingiert, da es ohne VwVf keine „betroffenen Beteiligten" geben kann (a. A. § 35 Rn. 52 der 6. Aufl.; *Peine,* Rn. 494; *ders.* JA 2004, 417, 418).

[277] In diese Richtung auch *Caspar* AöR 125 (2000), S. 131, 139 f.
[278] *BVerwGE* 31, 274, 276 = NJW 1969, 1869; *OLG Düsseldorf* NZBau 2001, 696, 698; *OLG München* NVwZ 2004, 1150, 1151.
[279] *OLG München* NVwZ 2004, 1150, 1151; a. A. *VG Magdeburg* LKV 2001, 521; wohl auch *Braun* NZBau 2003, 134, 136 (zu § 116 Abs. 2 GWB).
[280] Ist die Fiktion nicht eingetreten, geht die Aufhebung des fiktiven VA ins Leere und vermag den „Begünstigten" nicht in seinen Rechten zu verletzen: *OVG Greifswald* NVwZ-RR 2001, 578.
[281] *BVerwGE* 91, 7, 9 = NVwZ 1993, 272; *OVG Magdeburg* LKV 1999, 31; a. A. nur *Spitzhorn* ZRP 2002, 196, 198.
[282] *Caspar* AöR 125 (2000), S. 131, 146; *Jachmann,* Fiktion, 1998, S. 861 ff.; *Oldiges* UTR 2000, S. 41, 55; offen *OVG Saarlouis* NVwZ 2006, 678, 680.
[283] *OVG Berlin* NVwZ 2001, 1068; *OVG Koblenz* NVwZ-RR 2003, 12; a. A. *VG Saarlouis* SKZ 2005, 188, 189 f. (Verpflichtungsklage auf Bestätigung des Fiktionseintritts durch Behörde).
[284] Angenommen bei *OVG Saarlouis* NVwZ 2006, 678; *VG Dessau* LKV 2002, 148; *VG Saarlouis* SKZ 2005, 188, 189 f.
[285] Ausführlich *Jachmann,* Fiktion, 1998, S. 396 ff.
[286] *Bullinger,* Beschleunigte Genehmigungsverfahren, S. 68.
[287] Vgl. insbes. den Bericht der *Schlichter-Kommission,* Investitionsförderung durch flexible Genehmigungsverfahren, 1991, Rn. 242, 570; ferner *Bullinger,* Beschleunigte Genehmigungsverfahren, 1991, S. 69; *Ortloff* FS Gelzer, 1991, S. 223, 228 f.; *Schäfer* NVwZ 1997, 526, 527; *Spitzhorn* ZRP 2002, 196, 198 f.
[288] *Rombach,* Faktor Zeit in umweltrechtlichen Genehmigungsverfahren, 1991, S. 112 ff.
[289] *Jachmann,* Fiktion, 1998, S. 859.
[290] *Jachmann,* Fiktion, 1998, S. 399 f., 883 ff.
[291] *Jachmann,* Fiktion, 1998, S. 482 ff. (mit Beispielen für Rechtmäßigkeitsfiktionen).
[292] *Caspar* AöR 125 (2000), S. 131, 137; *Jachmann,* Fiktion, 1998, S. 849 ff.

2. Verfügung, Entscheidung, Maßnahme – Verwaltungsakt als Willenserklärung

69 **a) Allgemeines:** Der Begriff der **Maßnahme** ist unprägnant, wird jedoch durch die als Unterbegriffe beispielhaft aufgeführten Begriffe „Verfügung" und „Entscheidung" verdeutlicht. Das Beispiel „Anordnung", das noch in § 25 MRVO Nr. 165 enthalten war (Rn. 2), enthält § 35 nicht, jedoch ist auch eine Anordnung eine Maßnahme i.S. dieser Vorschrift. Gemeinsam ist diesen Begriffen, dass sie Formen der Willensbildung (Begründung zu § 31 Entwurf 73), also verwaltungsrechtliche Willenserklärungen sind. VA gehören mithin zu den Willensäußerungen, die **final auf eine Rechtsfolge** gerichtet sind, die ihnen die Rechtsordnung entsprechend dem geäußerten Willen zuerkennt.[293] Wird die „Maßnahme" mit dem Begriff der Willenserklärung gleichgesetzt, kommt diesem Tatbestandsmerkmal gegenüber der „Regelung" auch eine eigenständige Bedeutung zu: Der Unterschied liegt darin, dass **„Maßnahme"** das **Tun, „Regelung"** das Getane, den **Inhalt,** den rechtsgeschäftlichen Charakter des VA (Rn. 31) bezeichnet.[294] Das Verbindende liegt in dem finalen Element, das in den beiden Teilen des zweiten Halbsatzes des § 35 Satz 1 zum Ausdruck kommt. Überdies zeigt der Begriff „Maßnahme" auch den verfahrensrechtlichen Aspekt des VA (Rn. 43). Die bloße Wahrnehmung oder das bloße Bestreiten eines (vermeintlichen) Rechts, die bloße Erfüllung eines (vermeintlichen) Anspruchs ist demgegenüber keine Willenserklärung und damit kein VA, s. Rn. 145.

70 Die Maßnahme setzt sich zusammen aus der **Willensbildung** i.S. eines **Entscheidungs- oder Regelungswillens** und der **Willensäußerung** entsprechend § 130 BGB, denen die **Bekanntgabe** (§ 41) nachfolgt, s. Rn. 20f., § 41 Rn. 53ff. Alle diese „menschlichen" Handlungen müssen der Behörde **vertretungsrechtlich** zugerechnet werden können, s. Rn. 53ff. Liegen diese Voraussetzungen vor, ist der VA **erlassen,** s. Rn. 21, § 9 Rn. 193ff., § 41 Rn. 3, 224, 229. Ein **Erklärungsbewusstsein** ist nicht erforderlich, s. § 41 Rn. 58, § 43 Rn. 187. Für die Rechtmäßigkeit des VA ist maßgebend, ob der bekannt gegebene Inhalt des VA mit dem Gesetz übereinstimmt, s. § 42 Rn. 20, § 43 Rn. 185ff. Durch **Irrtum, Täuschung, Drohung oder Bestechung** verursachte Willensmängel haben keinen Einfluss auf die Wirksamkeit des VA, vgl. § 44 Rn. 117, § 48 Rn. 150ff.; zur **Kollusion** s. Rn. 79.

71 **b) Auslegungsgrundsätze:** Ob ein VA vorliegt (Rn. 72ff.) und welchen Inhalt er hat (Rn. 76ff.), ist nach den für Willenserklärungen allgemein geltenden **Auslegungsgrundsätzen** zu bestimmen. **§ 133 BGB** ist entsprechend anzuwenden,[295] § 1 Rn. 106. Maßgebend ist der **erklärte Wille,** wie ihn der Adressat oder der durch die Erklärung Begünstigte oder Betroffene einschließlich eines Drittbetroffenen (Rn. 79) von seinem Standpunkt aus bei verständiger Würdigung[296] verstehen konnte (**objektiver Erklärungswert** im Gegensatz zum subjektiven Verständnis, s.a. § 44 Rn. 93). Stimmt der erklärte Wille der Behörde mit dem gewollten Erklärungsinhalt nicht überein, kommt allenfalls eine Berichtigung nach § 42 in Betracht (§ 42 Rn. 7),[297] i.Ü. nur eine Aufhebung nach §§ 48ff., s. § 42 Rn. 1. Unklarheiten können jedenfalls nicht durch vernünftig erscheinende Ergebnisse korrigiert werden.[298] **Maßgeblicher Auslegungszeitpunkt** ist der Zeitpunkt des VA-Erlasses; damit kann auch eine zwischenzeitlich

---

[293] *Kluth* NVwZ 1990, 608; *Krause,* Rechtsformen des Verwaltungshandelns, 1974, S. 189; *Ruffert* in Erichsen/Ehlers, § 20 Rn. 14f.; *Wolff/Bachof/Stober/Kluth* I, § 36 Rn. 8, § 45 Rn. 37; *Wolff* in Wolff/Decker, § 35 VwVfG Rn. 24f.; *Schmidt-De Caluwe* VerwArch 90 (1999), S. 49, 59; ablehnend zur Zuordnung des VA zu den Willenserklärungen: *Rüping,* Verwaltungswille und VA, 1986, S. 32ff. m.w.N.; zur geschichtlichen Entwicklung in diesem Zusammenhang *Engert,* Entwicklung des Rechtsinstituts VA, 2002, S. 193f.
[294] *Kracht,* Feststellender VA und konkretisierende Verfügung, 2002, S. 38ff.; *Peine,* Rn. 338; demgegenüber „Maßnahme" mit „Regelung" gleichsetzend: *Detterbeck,* Rn. 434; *Krause,* Rechtsformen des Verwaltungshandelns, 1974, S. 122; *Maurer,* § 9 Rn. 5.
[295] So bereits *RGZ* 91, 423, 426; ferner: *BVerwGE* 29, 310; 41, 305, 306; 49, 244 = NJW 1976, 303; *BVerwGE* 60, 223; 99, 101, 103 = NVwZ 1996, 603; *BVerwGE* 100, 206, 207 = NVwZ-RR 1997, 178; *BVerwGE* 106, 187, 189 = NVwZ 1998, 971; *BVerwGE* 107, 264, 267 = NVwZ 1999, 297; *BVerwGE* 109, 283, 286 = NVwZ-RR 2000, 233, 234; *BVerwG* NVwZ 2000, 553, 554; NVwZ-RR 2000, 367, 368; NVwZ 2001, 1417, 1420; NVwZ 2002, 718, 719; NVwZ-RR 2002, 548, 549; NVwZ 2005, 1070, 1071; *BGH* NJW 1995, 132, 134; s.a. die Zusammenstellung der Rspr. zur Auslegung von VA bei *Rüping,* Verwaltungswille und VA, 1986, S. 125ff.; zweifelnd an der Notwendigkeit einer entspr. Anwendung gerade des § 133 BGB: *Reder,* Auslegung von VA, 2001, S. 87f.
[296] Zum Begriff der „verständigen Würdigung": *Reder,* Auslegung von VA, 2001, S. 87f.
[297] Vgl. *BVerwG* NVwZ 2000, 553, 554.
[298] *VGH München* LKV 1998, 67.

überholte Rspr. für die Auslegung von Bedeutung sein.[299] Zur Auslegung von DDR-Entscheidungen s. Rn. 368.

aa) Vorliegen eines Verwaltungsaktes: Bei der Auslegung, ob im konkreten Fall ein VA 72 oder eine sonstige Erklärung, etwa eine Rechnung/ein Hinweis (Rn. 83) vorliegt, kann zunächst die Entscheidungskompetenz der Behörde von Bedeutung sein, § 9 Rn. 151, § 43 Rn. 56 ff. Fehlt z. B. offensichtlich die „VA-Befugnis" (Rn. 25 ff.), kann nicht unterstellt werden, die Behörde habe dennoch einen VA erlassen wollen.[300] So ist nicht anzunehmen, der Sprecher eines Stipendiaten-Auswahlausschusses habe die endgültige Entscheidung anstelle der hierfür zuständigen Forschungsverwaltung getroffen[301] oder der Prüfer einer Teilprüfung habe über das Bestehen der Gesamtprüfung anstelle des zuständigen Prüfungsamts entschieden.[302] Die **Formenklarheit** (§ 9 Rn. 57 f.) verlangt auch auf die äußere Form einer Maßnahme abzustellen, z. B. die Kennzeichnung eines Schreibens als „Bescheid"[303] oder das Beifügen oder Fehlen einer Rechtsmittelbelehrung,[304] Rn. 73, § 51 Rn. 59. Allerdings kann eine Maßnahme, die kein VA im materiellen Sinne ist, auch nicht durch seine Form hierzu werden (Rn. 17, § 43 Rn. 3): Eine abstrakt-generelle Regelung wird etwa nicht zu einer Einzelfallregelung, weil sie als AllgV bezeichnet und mit einer Rechtsmittelbelehrung versehen bekannt gegeben wird (Rn. 17, 19); ebenso wenig wird eine Regelung auf dem Gebiet des Privatrechts zu einer Regelung auf dem Gebiet des öffentlichen Rechts, nur weil sie im „Kleid" eines VA auftritt (Rn. 17, 210 f.). Jedoch ist der „VA durch Form" VA im prozessualen Sinne (Rn. 16). Zur **wiederholenden Verfügung** § 51 Rn. 57 ff.

Allgemein sind bei **belastenden Maßnahmen/Ablehnung von Begünstigungen** unter 73 dem Gesichtspunkt der Formenklarheit (§ 9 Rn. 57) strenge Anforderungen für das Vorliegen eines VA aufzustellen: Es muss unmissverständlich erkennbar werden, dass das VwVf durch die Erklärung (bestandskraftfähig) abgeschlossen werden soll.[305] Hieran fehlt es z. B., wenn die erwartete Form nicht eingehalten wird. Wird etwa eine Bescheidkopie mit dem **Vermerk „zur Kenntnisnahme"** versandt, ist nicht ohne weiteres anzunehmen, hier werde ein VA bekannt gegeben und nicht nur von einem solchen Mitteilung gemacht.[306] Hat der Bürger schriftlich einen Antrag gestellt, kann er aus dem Gesichtspunkt der Formenklarheit erwarten, dass er schriftlich und nicht im Rahmen eines Gesprächs beschieden wird, s. a. § 37 Rn. 50, § 38 Rn. 116. Ebenso liegt kein VA vor, wenn ein Sozialamtssachbearbeiter einem im Flur auf ihn wartenden, ihm bekannten Antragsteller zuruft: „Sie brauchen hier nicht zu warten, Sie bekommen sowieso nichts". Dies ist allenfalls die Ablehnung der Eröffnung eines VwVf (Rn. 150, § 22 Rn. 8), jedoch keine verbindliche Entscheidung über das Nichtbestehen eines Sozialhilfeanspruchs.[307] Der Annahme, ein Schreiben sei ein VA, steht indes nicht entgegen, dass es **höflich formuliert** ist und keine Rechtsmittelbelehrung enthält.[308] Jedoch muss bei aller Höflichkeit der Anordnungscharakter deutlich werden.[309] Hieran fehlt es etwa, wenn „im Falle neuerlicher Zuwiderhandlung gerichtliche Schritte" angekündigt[310] oder etwas „in Beantwortung Ihres Schreibens mitgeteilt"[311] wird. Auch liegt bei einem (der Praxis entnommenen) Schreiben

---

[299] So zu zivilrechtlichen Willenserklärungen *BGH* NJW 1998, 3268, 3269 f.
[300] Deutlich *VG München* NVwZ 2005, 477, 478.
[301] *VGH Mannheim* NVwZ-RR 1997, 357.
[302] *VGH Mannheim* VBlBW 1995, 410; vgl. hierzu auch *VG Gera* LKV 1997, 297, 298.
[303] *BVerwGE* 57, 26; 100, 206, 207 = NVwZ-RR 1997, 178; *OVG Koblenz* NJW 1990, 1194, 1195; *VGH München* BayVBl 1975, 590; BayVBl 1981, 239; BayVBl 1987, 693; BayVBl 1990, 719; BayVBl 1995, 308; *VG Münster* NJW 1990, 2601.
[304] *BVerwGE* 29, 310, 313; 44, 1, 2; 78, 6 = NVwZ 1988, 56; *BVerwGE* 99, 101, 104 = NVwZ 1996, 603; *BVerwG* NVwZ 2007, 340, 341; *VGH Kassel* NVwZ 2000, 557; *VGH München* NJW 2006, 2282.
[305] *VGH Kassel* NVwZ-RR 2000, 557; *VGH Mannheim* NVwZ-RR 2003, 843, 844; *VGH München* BayVBl 1993, 374; *VG Köln* NVwZ 2000, 369, 370; *OLG Frankfurt a. M.* NVwZ 2002, 814.
[306] Vgl. *VG Potsdam* NVwZ-RR 2003, 329, 330; *BSG* NVwZ 1990, 1108, 1109; *FG Düsseldorf* NVwZ 1986, 1056; a. A. wohl *BVerwG* NJW 1988, 1612, 1613; *VG Köln* NVwZ 1987, 83; BFHE 116, 467.
[307] A. A. *Schoch* ZfS 1998, 129, 137.
[308] *BVerwGE* 100, 206, 207 = NVwZ-RR 1997, 178; *VGH München* BayVBl 1974, 701, 702; BayVBl 1993, 374; *VG Chemnitz* LKV 1999, 468, 469; *VG Köln* NWVBl 2001, 313, 314 (bestätigt durch *BVerwG* NJW 2004, 1191 (insoweit in BVerwGE 119, 123 nicht abgedruckt)); *Schoch* ZfS 1998, 129, 136.
[309] *BVerwG* BayVBl 1999, 411, 412; *VGH Kassel* NVwZ-RR 2000, 557.
[310] *VGH Mannheim* NVwZ-RR 2003, 142.
[311] *VG Frankfurt a. M.* NJW 2001, 3500.

wie „Sollten Sie das Haus nicht räumen wollen, werden wir Ihnen beim Auszug behilflich sein", keine Räumungsverfügung mehr vor; ebensowenig bei ausdrücklichen **„Bitten"**, von bestimmten Tätigkeiten (vorläufig) abzusehen.[312] Formulierungen wie „mache ich aufmerksam ...",[313] „Es wäre schön ..."[314] oder die Worte **„Rechnung"**[315] und **„Kunde"**[316] sprechen ebenfalls gegen das Vorliegen eines VA. Wird ein „rechtsmittelfähiger Bescheid" erbeten, kann aber eine daraufhin erlassene mit Rechtsbehelfsbelehrung versehene „Zahlungsaufforderung" als VA zu sehen sein.[317] **Unklarheiten** bezüglich der Frage, ob die Behörde die VA-Form gewählt hat, gehen **zu Lasten der Verwaltung**[318] (s. hierzu auch Rn. 80). Zur Frage, wann die Entscheidung über die Vornahme/Ablehnung eines beantragten Realakts VA ist, s. Rn. 99ff.

74 Die Betonung des erklärten Willens für die Bestimmung der Rechtsnatur einer Maßnahme bedeutet **nicht,** dass der **wirkliche Wille bedeutungslos** wäre. Hat der Erklärungsempfänger den wirklichen Willen erkannt, so bestimmt dieser Wille den Inhalt der Erklärung.[319] Dies gilt auch dann, wenn sich ein Schreiben der Form nach eindeutig als VA darstellt, so etwa wenn Behörde und Adressat einverständlich einen maschinell erstellten, mit Rechtsmittelbelehrung versehenen „Kommunalabgabenbescheid" nur als Berechnungsgrundlage für später von der Behörde und dem Betroffenen genauer auszurechnende Gebühren verwenden. Solche „Bescheidentwürfe" werden auch dann nicht zum VA, wenn sie später zur Vollstreckungsbehörde gelangen, die ihn mangels Kenntnis der näheren Umstände nur als VA ansehen konnte.

75 Stellt sich im Wege der Auslegung (durch das Gericht) heraus, eine Erklärung sei als VA zu werten, obwohl die Behörde tatsächlich eine andere Erklärung abgeben wollte, weil sie diese Maßnahme – ggf. auf Grund früherer Rspr. – nicht als VA ansah, liegt trotzdem ein materieller und mit der Anfechtungsklage anfechtbarer VA vor.[320] Dass der Behörde insoweit das **Erklärungsbewusstsein** fehlte, ist unerheblich, s. § 41 Rn. 58, § 43 Rn. 187. Dass vor Erlass dieses VA kein VwVf i. S. d. § 9 stattgefunden hat, hat für den Rechtsschutz nur unter der Voraussetzung des § 46 Bedeutung. Zur Frage, ob es bei **fehlendem Bekanntgabewillen** für die Frage des Vorliegen des VA auf die Erkenntnismöglichkeiten des Empfängers ankommt, s. § 41 Rn. 59f. Zur **Umdeutung** eines VA in eine andere Willenserklärung § 47 Rn. 25, 28; zur **fehlerhaften Qualifizierung** einer Maßnahme als VA **durch Widerspruchsbescheid** s. Rn. 372.

76 **bb) Inhalt eines Verwaltungsaktes:** Um den **Regelungsinhalt** und **Regelungsumfang** eines VA zu erkennen (§ 43 Rn. 56), ist vom Wortlaut des verfügenden Teils unter Zuhilfenahme der Begründung (Rn. 143ff.) auszugehen. Dabei ist anzunehmen, dass kein VA seine wesentlichen Aussagen als **„überraschende Klauseln"** im Kleingedruckten unter irreführenden Überschriften[321] oder in seiner Begründung[322] verbirgt. Soweit die Behörde in dem VA auf sie Bezug nimmt, können auch die dem VA zugrundeliegenden Verwaltungsvorschriften zu seiner Auslegung herangezogen werden.[323] Im Antragsverfahren können zudem der Antrag und die ihm beigefügten Unterlagen den Inhalt des VA mitbestimmen, sofern in dem VA auf sie Bezug genommen wird (§ 22 Rn. 46, § 37 Rn. 29, 37), nicht jedoch wenn der VA eindeutig vom Antrag Abweichendes gewährt.[324] Wenn die Regelung des VA selbst eindeutig ist, spielt für

---

[312] *VG Berlin* NJW 2000, 1588; *BGHZ* 138, 15, 19 = NJW 1998, 2289, 2290 (m. Anm. *Gusy* JZ 1998, 518 und *Mann* JR 1998, 464).
[313] *VG Trier* NVwZ-RR 2005, 33.
[314] *Peine*, Rn. 394.
[315] *BVerwG* NVwZ 2006, 703, 704; *OVG Koblenz* NVwZ-RR 1991, 322, 324; *OVG Lüneburg* NVwZ-RR 2005, 567.
[316] *BVerwG* BayVBl 1999, 411, 412.
[317] *OVG Hamburg* NVwZ-RR 2004, 402.
[318] *BVerwGE* 41, 303, 306; 60, 223, 228; 99, 101, 103 = NVwZ 1996, 603.
[319] *BVerwG* NVwZ 1986, 1011; *OVG Frankfurt (Oder)* NVwZ 2002, 104, 105.
[320] *BVerwGE* 69, 164, 168 (für Ablehnung eines Antrags); *BVerwGE* 78, 6 = NVwZ 1988, 56 (für Rechnung); *VGH München* BayVBl 1987, 693 (für der Behörde gewollte innerdienstliche Erklärung); *OVG Schleswig* NJW 2000, 1059, 1060 (für von Behörde gewolltes Verwaltungsinternum); *VG Chemnitz* LKV 1999, 468, 469; *LG Mühlhausen* LKV 1997, 383f. (jeweils für Rechnung).
[321] *OLG Düsseldorf* NJW 2001, 686, 688.
[322] *BVerwG* NVwZ 2004, 233f. (insoweit in BVerwGE 118, 226 nicht abgedruckt); anders aber *OVG Münster* NVwZ-RR 2000, 820.
[323] *OVG Bautzen* NJW 2000, 1057, 1058; anders bei Fehlen der Bezugnahme: *OVG Münster* NVwZ-RR 1998, 159.
[324] *OVG Münster* NVwZ-RR 2003, 818; *OVG Weimar* ThürVBl 2003, 56, 58.

§ 35 Begriff des Verwaltungsaktes

seine Auslegung indes keine Rolle, dass die Behörde missverständliche Erklärungsvordrucke verwendet, der Bürger also etwas anderes erhält, als das, was er beantragt zu haben glaubt. Hier ist eine Neubescheidung notwendig,[325] s. a. § 24 Rn. 90. Hat der Widerspruchsbescheid den Inhalt des VA bereits ausgelegt, ist von diesem Inhalt auszugehen, s. Rn. 373. Zur **Bestimmung der Behörde** durch Auslegung s. § 37 Rn. 9; zur Bestimmung **des Adressaten** durch Auslegung s. § 37 Rn. 10 ff.; zur Frage, wann bei einschränkenden Maßgaben einer Genehmigung eine sog. Inhaltsbestimmung oder eine und ggf. welche **Nebenbestimmung** vorliegt, s. § 36 Rn. 68 ff., 86 ff., 99 ff.; zur Frage, wann ein **vorläufiger VA** vorliegt, s. Rn. 247.

Auslegungserheblich können auch die **Umstände** vor und beim Ergehen der behördlichen Maßnahme (Rn. 71) sein,[326] so kann z. B. die Bekanntgabeform Rückschlüsse auf den Adressatenkreis einer Regelung zulassen, s. Rn. 280. In Einzelfällen können auch solche Umstände von Bedeutung sein, die dem Erlass der Maßnahme folgen, z. B. in Form authentischer Interpretation. Eine einseitige Behördenerklärung allein reicht hierfür jedoch nicht aus.[327] Grenzen für eine vom Wortlaut abweichende Auslegung können indes **gesetzliche Formvorschriften** begründen: So kann zur Bestimmung des Regelungsgehalts einer Baugenehmigung nicht ergänzend auf solche vom Bauherrn vorgelegte Unterlagen abgestellt werden, die nicht von der Baugenehmigungsbehörde mit in einem Zugehörigkeitsvermerk zum Bauschein versehen worden sind.[328] Als **Indizien** können für die Auslegung zudem herangezogen werden, inwieweit die **Behörde** verpflichtet oder befugt war, den **Sachverhalt zu überprüfen** und eine Entscheidung zu treffen (§ 9 Rn. 146, 151, § 43 Rn. 56 ff.), z. B. auf welchen Zeitraum sich die Ablehnung einer bestimmten Leistung bezieht,[329] ob bei der Genehmigung eines Neubaus auch der Abriss des Altbaus mitentschieden wurde[330] (§ 36 Rn. 109), ob in einer Baugenehmigung eine landschaftsschutzrechtliche Genehmigung[331] oder eine Genehmigung nach § 46 Abs. 1 S. 2 StVO[332] enthalten sein sollte, ob bei der Entscheidung über die Genehmigungspflichtigkeit eines Bauvorhabens auch dessen materielle Legalität geprüft wird (Rn. 83),[333] ob in der Festsetzung einer bestimmten Summe zugleich die Regelung enthalten ist, dass eine höhere Summe nicht geschuldet ist (§ 48 Rn. 123 f.),[334] ob in der Ablehnung von Fördermitteln im Hinblick auf fehlende Mittel unter grundsätzlicher Billigung eines Vorhabens eine Regelung enthalten ist, dass bei etwaiger späterer Verfügbarkeit von Mitteln dem Vorhaben nicht der Einwand vorzeitigen Beginns entgegengesetzt werden kann,[335] ob in der Nichtaufnahme von Ausgleichsmaßnahmen in einen PlfBeschl. zugleich entschieden ist, dass hierauf kein Anspruch besteht (§ 74 Rn. 154, 273). Für die Auslegung maßgeblich kann auch sein, welche **Interessen die Behörde** erkennbar(!) mit dem VA-Erlass verfolgt:[336] So hat BVerwG aus dem Interesse der Sozialämter, nur Sozialhilfebedürftigen eine Unterkunft zu verschaffen, geschlossen, dass die sog. **Mietgarantien** der Sozialämter unter dem (stillschweigenden) Vorbehalt fortbestehender Hilfebedürftigkeit des Mieters stehen.[337] Auch ist ein **Sozialhilfebescheid** i. d. R. nicht so auszulegen, dass er eine „rentengleiche Dauerleistung" gewährt, sondern so, dass er nur für den jeweils ausdrücklich benannten Zeitraum (regelmäßig einen Monat) gilt,[338] s. hierzu auch Rn. 225, § 36 Rn. 74.

---

[325] FG Rheinland-Pfalz NJW 1999, 3799, 3800.
[326] OVG Frankfurt (Oder) NVwZ 2002, 104, 105 f.; VGH Mannheim NJW 2003, 234, 235; OVG Münster NVwZ-RR 2004, 430, 431; OVG Weimar NVwZ-RR 2001, 212, 213.
[327] So bereits RGZ 91, 423, 427; ferner BFH NVwZ-RR 1989, 521.
[328] OVG Münster NVwZ-RR 1998, 159; NVwZ-RR 2001, 430; NWVBl 2005, 470.
[329] FG Hess EFG 2004, 1154.
[330] BGH NJW 1985, 1335.
[331] OVG Greifswald NuR 2001, 412, 413; VGH Kassel NuR 1990, 81.
[332] VGH München BayVBl 2006, 220, 221 (m. Anm. Jäde).
[333] BVerwGE 107, 264, 267 = NVwZ 1999, 297.
[334] BVerwGE 109, 283, 285 f. = NVwZ-RR 2000, 233, 234; BVerwG NVwZ-RR 2000, 367, 368; VGH Mannheim NVwZ 1999, 547, 548; OVG Münster NVwZ-RR 1999, 786; NVwZ-RR 2004, 430, 431; i. d. R. enthält eine zu geringe Festsetzung einer Abgabe nicht zugleich einen Verzicht auf einen höheren Betrag (P. Stelkens JuS 1984, 930 m. w. N.; zur Nacherhebung § 48 Rn. 52 f.), soweit nicht (wie in den §§ 173 ff. AO) Gegenteiliges gesetzlich angeordnet wird.
[335] BVerwG NJW 2000, 1807, 1809.
[336] Vgl. etwa BVerwG NVwZ-RR 2002, 548, 549; OVG Bautzen LKV 2002, 417; VG Meiningen LKV 2002, 144, 146 f.
[337] BVerwGE 96, 71, 76 = NJW 1994, 2968.
[338] So bereits OVG Münster NJW 1958, 2036; ferner OVG Münster NWVBl 1993, 393, 394 (unter Bezugnahme auf BVerwGE 25, 307, 308; 57, 237, 239; 66, 342, 344 = NJW 1983, 2276); a. A. VGH Mann-

78 Aus dem Umstand, dass eine bestimmte Regelung getroffen worden ist, kann teilweise auch geschlossen werden, dass hierin implizit eine weitere Regelung enthalten ist, die eine frühere Regelung beseitigt, die der nunmehr getroffenen Regelung entgegensteht **(konkludente Aufhebung)**, s.a. Rn. 81, § 48 Rn. 244ff., § 49 a Rn. 38. So kann in einer Erstattungsforderung implizit über die Aufhebung des Geldleistungsbescheides entschieden worden sein, in einer Aufforderung zur Räumung einer Obdachlosenunterkunft kann zugleich der Widerruf der Einweisung,[339] in der Ausweisung eines Ausländers zugleich die Aufhebung eines Ausreiseverbots[340] oder in dem Erlass eines VA, der einer Zusicherung widerspricht, zugleich die Aufhebung der Zusicherung (§ 38 Rn. 91) zu sehen sein. Weitere Bsp. bei § 48 Rn. 245 f. Immer ist auf den konkreten Einzelfall zu achten.[341] So ist es i. d. R unmöglich, aus der Existenz bestimmter Nebenbestimmungen auf den Regelungsinhalt des Haupt-VA zu schließen[342] oder in der Aufhebung einer Abrissverfügung zugleich eine Baugenehmigung zu sehen.[343]

79 Weil auch bei der Bestimmung des Inhalts eines VA der wirkliche Wille nicht bedeutungslos ist, wenn der Erklärungsempfänger den wirklichen Willen erkannt hat (Rn. 74), muss bei **VA mit Drittwirkung** sowohl auf den Adressaten wie den betroffenen Dritten abgestellt werden.[344] Haben hier Behörde und Antragsteller in bewusster Abkehr von ihren wahren Absichten etwas anderes im Antrag und in der Genehmigung angegeben als das wirklich Gewollte, so gilt nur das in der Genehmigung zum Ausdruck Gebrachte,[345] s. § 22 Rn. 46. Entsprechendes ist bei **kollusivem Zusammenwirken** des Antragstellers und des zuständigen Amtswalters anzunehmen. Dieses Ergebnis ergibt sich in beiden Fällen aus einer analogen Anwendung des § 116 BGB. § 117 BGB ist nicht entsprechend anzuwenden, da sich niemand auf § 117 BGB berufen kann, der mit einem Vertreter (hier dem Amtswalter) zu Lasten des Vertretenen (hier der Behörde) kolludiert.[346]

80 Bestehen auch nach Berücksichtigung aller Auslegungsindizien Zweifel, welche von zwei (oder mehr) denkbaren Regelungen die Behörde getroffen hat, werden verschiedene Hilfsregeln herangezogen, um zu vermeiden, den VA als zu unbestimmt i. S. d. § 37 Abs. 1 ansehen zu müssen,[347] s. § 37 Rn. 7: Einerseits sollen **Unklarheiten zu Lasten der Verwaltung** gehen,[348] hierzu auch Rn. 73. Damit hat die jeweils für den Betroffenen günstigste Variante als gewollt zu gelten. Andererseits wird ein Gebot **gesetzeskonformer Auslegung** postuliert,[349] s.a. § 43 Rn. 62, 74. In welchem Verhältnis diese Grundsätze zueinander stehen, ist nicht geklärt. Man wird differenzieren müssen: Bei VA, die außer dem Adressaten keine Dritten betreffen, erscheint der Grundsatz, dass Unklarheiten zu Lasten der Verwaltung gehen, v. a. unter dem Rechtssicherheitsaspekten als geboten: Eine bloß gesetzeskonforme Auslegung würde den Adressaten mit der Unsicherheit belasten, dass zwischen ihm und der Behörde verschiedene Ansichten über die Gesetzeskonformität entstehen.[350] Anders ist es bei **VA mit Drittwirkung** und **adressa-**

---

heim NJW 1962, 1172, 1173; zur Auslegung von Sozialhilfebescheiden auch *Grieger* ZFSH/SGB 2002, 451, 453 ff.; *Paul* ZfSH/SGB 1999, 78 ff.
[339] *OVG Berlin* NVwZ-RR 1990, 195.
[340] *BVerwG* NVwZ 1988, 184.
[341] *OVG Münster* NVwZ-RR 2003, 327, 328 f.; *VG Gießen* NVwZ-RR 2004, 275, 276.
[342] *VGH Mannheim* NVwZ-RR 1990, 535, 540.
[343] *OVG Lüneburg* NdsVBl 2002, 22, 23.
[344] *BVerwGE* 88, 286, 292 = NVwZ 1993, 177; *BVerwG* NVwZ 1999, 1231 f.; *OVG Münster* NWVBl 1988, 49, 50; NWVBl 2005, 470; *Schmidt-Preuß* DVBl 2000, 767, 769.
[345] *OVG Münster* BauR 1985, 304.
[346] *Palandt-Heinrichs*, § 117 Rn. 7.
[347] Krit. deshalb *Reder*, Auslegung von VA, 2001, S. 105 ff.; *Rüping*, Verwaltungswille und VA, 1986 S. 143; zu den Problemen dieser Grundsätze auch *BFHE* 182, 282 = NVwZ-RR 1997, 571.
[348] *BVerwGE* 80, 164, 166 = NJW 1989, 53, 54; *BVerwG* BayVBl 1974, 347; NVwZ 1984, 36; NVwZ 1987, 52; *OVG Greifswald* NVwZ 2002, 104, 105; *VGH Kassel* DVBl 1974, 877, 879; *VGH Mannheim* VBlBW 1986, 462; *VGH München* LKV 1998, 67; *OVG Münster* NVwZ-RR 1999, 786; *OLG Düsseldorf* NJW 2001, 686, 688; *BFHE* 196, 550 = NVwZ-RR 2002, 326; *FG BaWü* EFG 2005, 1019, 1020; ablehnend gegenüber diesem Auslegungsgrundsatz, da er den Bürger in Wirklichkeit mit Unsicherheiten belaste: *Reder*, Auslegung von VA, 2001, S. 111 ff.; *Rüping*, Verwaltungswille und VA, 1986, S. 143.
[349] *BVerwG* NVwZ 1984, 36, 37; *OVG Münster* NVwZ 1985, 118, 119; *VGH München* BayVBl 1980, 501, 502; *Kluth* NVwZ 1990, 610; *de Wall*, Anwendbarkeit privatrechtlicher Vorschriften, 1999, S. 136 ff.; *Wolff/Bachof/Stober/Kluth* I, § 36 Rn. 11; hiergegen *Rüping*, Verwaltungswille und VA, S. 140. Nach *OVG Münster* NVwZ-RR 1999, 786 ist demgegenüber für die Auslegung ohne Bedeutung, ob ein Bescheid mit dem festgestellten Inhalt rechtmäßig wäre.
[350] So bereits *RGZ* 9, 202, 206.

tenlosen VA: Hier hilft die „Unklarheiten-Regel" nicht weiter, da dieselbe Auslegungsvariante im Hinblick auf die jeweils geschützten Rechtspositionen für einen der Betroffenen günstig, für den anderen Betroffenen oder den Adressaten belastend sein kann und sich auch nicht immer ersehen lässt, welche der verschiedenen Auslegungsvarianten für die Behörde belastend wäre,[351] s. etwa § 36 Rn. 88. Daher kann hier als „Im-Zweifel-Auslegungsregel" allenfalls der Grundsatz der gesetzeskonformen Auslegung herangezogen werden. Wegen der hier bestehenden Unsicherheiten sollte dieser Grundsatz aber nur herangezogen werden, wenn die Rechtslage eindeutig und allen Beteiligten bekannt ist bzw. sie bei allen Beteiligten (vernünftigerweise) außer Zweifel steht, da aus der Sicht der Adressaten und der Betroffenen nur dann die Annahme als gerechtfertigt erscheint, dass die Behörde nicht mehr (und nicht weniger) regeln wollte, als ihr das Gesetz ermöglicht.

cc) Konkludente Erklärung: Der Grundsatz der Formfreiheit gestattet Erklärungen durch konkludentes Handeln; § 37 Abs. 2 („in anderer Weise" im Gegensatz zu „mündlich", „schriftlich" und „elektronisch", s. § 37 Rn. 79) setzt den konkludenten VA geradezu voraus. Die Willensäußerung und die Bekanntgabe (Rn. 70, § 41 Rn. 101, 198) geschehen hier durch ein **unmissverständliches**(!) **Verhalten,** das sie ersetzt, so dass der Inhalt der Erklärung aus diesem Verhalten – durch Auslegung – geschlossen werden muss, wenn er nicht sogar gesetzlich geregelt ist (z. B. § 36 Abs. 2 StVO, s. § 41 Rn. 151, 198). Konkludente Willenserklärungen unterscheiden sich damit von dem bloßen **Schweigen,** das keine Willenserklärung darstellt, so dass schlichtes Nichts-Tun der Behörde kein VA ist (Rn. 92), sondern sich allenfalls als Anknüpfungspunkt für die gesetzliche Fiktion eines VA eignet, Rn. 66 f. Wenn von stillschweigenden VA gesprochen wird, ist jedoch zumeist ein konkludent erlassener VA gemeint. Generell muss gerade bei der Frage, ob ein konkludenter VA vorliegt, der Grundsatz der Formenklarheit (Rn. 73, § 9 Rn. 57 f.) besonders berücksichtigt werden. Je schärfer die VA-Wirkungen sind, desto strengere Maßstäbe müssen an die „Unmissverständlichkeit" des Verhaltens gestellt werden, so etwa bei einer Versammlungsauflösung.[352] Als konkludenter VA mag auch die **Siegelung**[353] oder die (Ver-)Setzung eines Grenzsteins (Abmarkung)[354] angesehen werden, soweit das Gesetz hieran einen bestimmten Erklärungsgehalt knüpft. Soweit eine **bestimmte Form** vorgeschrieben ist, ist eine konkludenter VA ausgeschlossen[355] (s. a. § 37 Rn. 55), ebenso wenn das VwVf als schriftliches Verfahren begonnen worden ist (Rn. 73, § 37 Rn. 33, 35a). Auch kann aus dem Fehlen einer gesetzlich vorgeschriebenen Kostenentscheidung nicht geschlossen werden, es werde konkludent auf die Kostenerhebung verzichtet.[356] Zur konkludenten Duldung Rn. 92; zur konkludenten Anspruchsablehnung Rn. 99 ff.; zur konkludenten **Widmung** Rn. 325.

c) Geschäftsähnliche Handlungen/Hinweise/Auskünfte/(Ab-)Mahnungen/Ankündigungen/Androhungen/Meinungsäußerungen/Negativatteste/Empfehlungen/Registereintragungen/Ausweise/Bescheinigungen: Keine Willenserklärungen und damit keine VA sind sog. „geschäftsähnliche Handlungen" der Behörde, die auf einen tatsächlichen Erfolg gerichtet sind; von Willenserklärungen unterscheiden sie sich dadurch, dass etwaige Rechtsfolgen unabhängig von einem hierauf gerichteten Rechtsfolgewillen eintreten, von reinen Tathandlungen („echten Realakten"/tatsächlichen Verrichtungen) dadurch, dass sie in einer mit einem Mitteilungs- oder Kundgabezweck vorgenommenen Erklärung bestehen.[357] Im Verwaltungsrecht ist die Unterscheidung zwischen geschäftsähnlichen Handlungen und reinen Tathandlungen jedoch nicht sehr bedeutsam.[358] Eine stringente Abgrenzung zwischen **Wissenserklärungen** und **tatsächlichen Verrichtungen** ist nicht erforderlich, s. § 1 Rn. 148 f. Für die Abgrenzung von geschäftsähnlichen Handlungen zu VA ist von Bedeutung, ob die Behörde nur ihre Auffassung zu Rechts- oder Tatsachenfragen mitteilen oder sie gegenüber dem Betroffenen

---

[351] *de Wall,* Anwendbarkeit privatrechtlicher Vorschriften, 1999, S. 138 f.
[352] *OVG Berlin* NVwZ-RR 2003, 896, 897; *OLG Celle* NVwZ-RR 2006, 254.
[353] Vgl. etwa *OVG Frankfurt (Oder)* LKV 2002, 431 (zur baurechtlichen Versiegelungsanordnung); *OVG Münster* NWVBl 1998, 192 (zur Siegelung einer Waffenbesitzkarte); NVwZ-RR 1994, 549, 550 (zur baurechtlichen Versiegelungsanordnung).
[354] *OVG Münster* DÖV 1985, 1026; NVwZ-RR 2000, 54.
[355] So etwa *Grupp* in Marschall/Schroeter/Kastner, § 2 Rn. 29 (zur straßenrechtlichen Widmung).
[356] *BSG* NVwZ-RR 2007, 441.
[357] *Ulrici* NJW 2003, 2053 m. w. N.
[358] *Maurer,* § 15 Rn. 2.

verbindlich festsetzen will; nur im letzteren Fall liegt ein VA vor. Im Übrigen ist zu unterscheiden zwischen der Wissenserklärung selbst und der Entscheidung über deren Vornahme, die VA sein kann, s. Rn. 99 ff.

83 Keine VA sind daher behördliche **Rechnungen** (Rn. 73) aber auch **Auskünfte, Stellungnahmen** oder **Hinweise** als solche,[359] unabhängig davon, ob sie sich auf Tatsachen oder eine Rechtslage beziehen, z. B. auf Verfahrensrechte (§ 25 Rn. 39 ff.), Strafnormen, die Notwendigkeit weiterer Genehmigungen oder auf künftige rechtliche Beurteilung, Rn. 27, § 38 Rn. 23. Unerheblich ist auch, ob sie auf Antrag erfolgen oder die Behörde von sich aus die Initiative ergreift, was häufig in Zusammenhang mit Nebenbestimmungen geschieht, ohne dass dadurch der Hinweis selbst zur Nebenbestimmung würde, § 36 Rn. 69. Ob Hinweis oder VA vorliegt, muss durch Auslegung (Rn. 71 ff.) ermittelt werden. Wird z. B. nur auf ein Verbot durch ein Gesetz aufmerksam gemacht, liegt ein Hinweis vor, wird dagegen ein Verbot ausgesprochen und zur Begründung auf das Gesetz verwiesen, ein VA, ebenso bei verbindlicher Klärung und Konkretisierung einer Pflicht.[360] Zur Tendenz der Rspr. – v. a. im Ausländerrecht – eher von einem Hinweis auf eine gesetzliche Pflicht als von einem VA auszugehen s. Rn. 27. **Negativatteste** sind demgegenüber i. d. R. VA. Sie stellen mit Bindungswirkung fest, dass eine Genehmigung oder eine Erlaubnis nicht benötigt wird,[361] ohne zu entscheiden, dass das Vorhaben, für das eine Genehmigung oder Erlaubnis nicht als notwendig erachtet wird, materiell ör. Vorschriften entspricht. Das Negativattest kann ein VA mit Drittwirkung (§ 50 Rn. 8 ff.) sein, wenn ein Dritter ein subjektiv-öffentliches Recht auf Durchführung eines Genehmigungsverfahrens geltend machen kann,[362] s. a. Rn. 150, § 9 Rn. 29, § 50 Rn. 21. Nach *BVerwG* ist eine gesetzliche Ermächtigung nicht erforderlich, da die Auffassung des Antragstellers nur **bestätigt** werden soll, Rn. 220. Eine allgemeine Verpflichtung zur Erteilung eines Negativattestes wird jedoch nicht anerkannt, Rn. 220.

84 Kein VA ist i. d. R. die **Abmahnung** rechtswidriger Tätigkeit, wie sie oftmals aus Gründen der Verhältnismäßigkeit vor Untersagung einer Tätigkeit oder dem Widerruf einer Erlaubnis verlangt wird (§ 49 Rn. 56). Sie ist Warnung, keine Regelung. Es besteht auch kein Anlass, in sie die verbindliche Feststellung hineinzudeuten, dass das abgemahnte Verhalten rechtswidrig war. Hierfür fehlt es regelmäßig auch an einer Rechtsgrundlage,[363] vgl. Rn. 220. Eine **Rüge oder Verwarnung** kann jedenfalls nicht nur wegen der tatsächlichen Folgen für die Berufsehre als VA angesehen werden,[364] s. a. Rn. 145. Ist eine Abmahnung gesetzlich vorgesehen (vgl. etwa § 126 Abs. 1 TKG), wird sie oft als verbindliche Feststellung der Rechtswidrigkeit eines bestimmten Verhaltens gedeutet.[365] Dies entspricht der h. M. zur kommunalaufsichtsrechtlichen Beanstandung, s. Rn. 182.

85 Auch die **Androhung, Ankündigung** oder das **Inaussichtstellen** von Maßnahmen kann Hinweis auf eine zukünftig zu erlassende Willenserklärung[366] oder VA sein. Maßgeblich ist, ob durch die Ankündigung/Androhung selbst ein bestimmtes Recht begründet, aufgehoben, geändert oder festgestellt werden soll, s. Rn. 69, 145. Dies ist gegeben, wenn durch die Ankündigung/Androhung einer Maßnahme verbindlich die Entscheidung darüber getroffen werden soll, dass die Voraussetzungen der Maßnahme vorliegen und sich deren Vornahme somit letztlich nur als der Vollzug der Ankündigung/Androhung darstellt.[367] Dass die Behörde das Verfahren in dieser Weise zweistufig ausgestalten will, ist i. d. R. nicht anzunehmen, es sei denn, es bestehen

---

[359] *OVG Greifswald* LKV 2002, 281, 282; *VGH Mannheim* VBlBW 2002, 306 f.; *BSGE* 87, 219, 222 f. = NZS 2001, 446, 447; *FG Köln* EFG 2002, 1150; *LG Köln* NVwZ-RR 2004, 488, 489; *Dörr/Jährling-Rahnefeld* SGb 2003, 549, 551, 553; *Kahl* Jura 2001, 505, 508.
[360] *BVerwG* NVwZ 2002, 855, 856; *OVG Bremen* NVwZ 1988, 651; *OVG Münster* NJW 1987, 1964; *VGH München* BayVBl 2006, 635.
[361] *BVerwGE* 54, 264, 266 = NJW 1978, 234; *BVerwG* NJW 1980, 718, 719; NJW 1985, 1354; NVwZ 1991, 267; NVwZ 2000, 195; *VGH Kassel* NVwZ 2000, 586.
[362] *BVerwG* NJW 1980, 718, 719; *Hansmann* NVwZ 1997, 105, 108.
[363] *Rädler* NVwZ 2000, 1260, 1262.
[364] So aber zur Rüge gegenüber Rechtsbeistand: *BVerwG* NJW 1984, 1051; zur Missbilligung einer Ärztekammer gegenüber Arzt: *OVG Münster* NJW 1992, 1580, 1581; *VG Minden* NWVBl 2006, 66 f.; zur Verwarnung eines Sachverständigen: *VG Neustadt a. d. W.* NVwZ-RR 2002, 272.
[365] So jeweils zur Abmahnung nach § 33 Abs. 2 S. 2 TKG a. F.: *BVerwGE* 114, 160, 162 = NVwZ 2001, 1399, 1340; *OVG Münster* NVwZ 2000, 697; für Verweis nach § 20 Abs. 2 BörsG: *BVerwG* NVwZ-RR 2002, 323; für Verwarnung nach § 36 Abs. 2 KWG: *VG Frankfurt a. M.* NJW 2004, 1059 f.
[366] *BVerwGE* 12, 75, 76 = NJW 1961, 844; 60, 269, 275.
[367] Wie hier *Schwarz* in Fehling u. a., § 35 VwVfG Rn. 55.

§ 35 Begriff des Verwaltungsaktes 86, 87 § 35

Anhaltspunkte dafür, dass sich die Behörde rechtlich binden will (Fall der **Zusage** und der **Zusicherung** [§ 38 Rn. 1 ff.]), sich bereits jetzt eine Rechtsgrundlage für späteres Verhalten sichern will (Fall des **Auflagenvorbehalts** [§ 36 Rn. 89]) oder das Fachrecht eine zwei- oder mehrstufige Ausgestaltung vorsieht, so wenn Verkehrsschutz- und Rechtssicherheitserwägungen einer (rückwirkenden) Rückgängigmachung der angekündigten Maßnahme entgegenstehen und deshalb mit einer zweistufigen Ausgestaltung des Verfahrens der Rechtsschutz des Betroffenen vorverlagert werden soll.[368] **VA ist** dementspr.: **Zusage** von Verwaltungsmaßnahmen (§ 38 Rn. 7 ff., 33 ff.), **Zusicherung** nach § 38 (§ 38 Rn. 33 ff.), **Androhung eines Zwangsmittels** (Rn. 165), landesrechtlich besonders vorgesehene Androhung der Schulentlassung,[369] Mitteilung über die beabsichtigte Eintragung/Löschung einer Eintragung in die Handwerksrolle (§ 13 HandwO).[370] **Kein VA** ist: Inaussichtstellung einer Subvention im Vorfeld der Subventionsgewährung,[371] Ankündigung der Versetzung in den Ruhestand,[372] Androhung einer Fahrtenbuchauflage,[373] Ankündigung der Abschiebung im Gegensatz zur Androhung,[374] Androhung der Vorführung eines Wehrpflichtigen,[375] Ankündigung der Berichtigung des Melderegisters,[376] Unterrichtung über Kenntnisnahme von Äußerungen und Aufforderung, diese zu unterlassen,[377] Mitteilung über den erreichten „Punktestand" durch die Fahrerlaubnisbehörde nach § 41 Abs. 1 FeV[378] und sog. **„Gefährderanschreiben"**, in denen die Polizei bestimmten Personen nahe legt, sich an bestimmten Veranstaltungen nicht zu beteiligen, weil andernfalls mit präventiven polizeilichen Maßnahmen zu rechnen sei.[379]

Keine VA sind auch **Meinungsäußerungen**,[380] § 1 Rn. 109, 145. Dies gilt auch, wenn sie in die Begründung eines VA aufgenommen worden sind (Rn. 144, § 39 Rn. 32 ff.). Gleiches gilt für **Empfehlungen, Beratungen, Warnungen, Appelle** (§ 1 Rn. 145), ferner **Bewertungen,** selbst wenn sie im Rahmen eines VwVf einen Verfahrensabschnitt abschließen, so die Darstellung und Bewertung nach §§ 11, 12 UVP. Kein VA ist auch ein Petitionsbescheid (auch wenn dieser von einer Behörde i. S. des § 1 Abs. 4 erlassen wird),[381] Bericht des Luftfahrtbundesamtes über einen Luftunfall,[382] Prüfbericht des Rechnungshofes (§ 1 Rn. 179). Zu dienstlichen Beurteilungen s. Rn. 199. Zur **Benotung** Rn. 205. Zum Anspruch auf Änderung der VA-Begründung s. § 39 Rn. 31 ff.

Behördliche **Eintragungen in Register, Bücher, Verzeichnisse** sowie **Bescheinigungen** zur Vorlage bei anderen Behörden und **Ausweise** sind VA, wenn hierdurch eine Rechtsfolge verbindlich festgestellt werden soll, unabhängig davon, ob die Eintragung/Bescheinigung (als gestaltender VA, Rn. 216) konstitutiv oder (als feststellender VA, Rn. 219) deklaratorisch wirkt, Rn. 33. Sie sind keine VA, wenn das Eintragungs-/Bescheinigungsverfahren nur dem erleichterten Nachweis dieser Umstände dienen soll.[383] Ob die Entscheidung über die Eintragung/Bescheinigungsausstellung VA ist, ist eine andere Frage, s. Rn. 99 ff. Entgegen einer frühen, von Rechtsschutzerwägungen getragenen Entscheidung (Rn. 49, 145) des *BVerwG*[384] reicht es für einen VA nicht aus, dass eine solche Eintragung/Bescheinigung nur eine **tatsächliche Vermutung** für das Bestehen eines Rechts begründet, den Gegenbeweis aber zulässt. Hieran ändert auch die allen öffentlichen Urkunden innewohnende erhöhte Beweiskraft (§ 33 Rn. 7 ff., 15)

---

[368] Siehe hierzu *Kramer* JuS 1973, 484, 487 ff.
[369] *VGH München* NJW 2002, 3044.
[370] *BVerwGE* 12, 75, 76 = NJW 1961, 844; *BVerwGE* 60, 269, 275; 88, 122 = NVwZ 1991, 1184; *BVerwGE* 95, 363, 364 = NVwZ-RR 1995, 23; *VGH Mannheim* GewArch 1992, 66; *VGH München* NVwZ 1983, 691; krit. hierzu *Wehr* BayVBl 2000, 197, 202.
[371] *Noll* ThürVBl 2005, 145, 149 f.
[372] *BVerwG* NVwZ 1985, 416; *BVerwGE* 1990, 1232.
[373] *VGH München* DÖV 1978, 852.
[374] *VGH Kassel* InfAuslR 1990, 318.
[375] *BVerwG* NJW 1984, 2541.
[376] *OVG Greifswald* NVwZ-RR 2000, 93.
[377] *BVerwG* DVBl 1959, 582 (m. Anm. *Ule*).
[378] *BVerwG* NJW 2007, 1299 f.; *VGH Mannheim* NJW 2007, 1706, 1707.
[379] *OVG Lüneburg* NJW 2006, 391.
[380] *BVerwGE* 82, 76 = NJW 1989, 2272.
[381] *VG Leipzig* LKV 2005, 39.
[382] *BVerwGE* 14, 323, 325 = NJW 1962, 1837 (m. Anm. *Wendt* DÖV 1963, 89); *VG Braunschweig* NJW 1987, 459.
[383] *Martens* NVwZ 1989, 112 f.
[384] *BVerwGE* 39, 103, 104; ebenso *VG Dessau* LKV 2004, 523, 524.

nichts. So verstandene **beurkundende VA** können nicht anerkannt werden, s. Rn. 222. Gegen die VA-Qualität einer Registereintragung kann zudem sprechen, dass das Fachrecht keine (gesonderte) Bekanntgabe vorsieht, da die Eintragung in ein Register für sich genommen keine Bekanntgabe i. S. d. § 41 ersetzt,[385] s. a. § 41 Rn. 152. Allerdings kann die fachgesetzlich vorgesehene Eintragung als Spezialregelung § 41 auch verdrängen, s. § 41 Rn. 9.

88   Demnach sind **keine VA:** Eintragung ins Verkehrszentralregister (Rn. 49),[386] ins Ausländerzentralregister,[387] eines alten Rechts in das Wasserbuch nach § 15 Abs. 1 Nr. 1 WHG,[388] ins Denkmalbuch beim „ipso-iure"-System,[389] ins Melderegister nach § 1 MRRG,[390] Festlegungen in katasterrechtlicher Liegenschaftskarte,[391] **Personalausweis/Pass,**[392] Abgeschlossenheitsbescheinigung nach WEG,[393] Erklärung der Gemeinde an Grundbuchamt, ein Vertrag sei nicht von der Kommunalaufsicht zu genehmigen,[394] Mitteilung des Bundesamtes für Ernährung an Zollbehörde, eingeführtes Obst entspreche nicht den Qualitätsnormen,[395] Mitteilung über Grunderwerbssteuerbefreiung eines Grundstücksgeschäfts an Finanzamt.[396] **VA ist** die Eintragung in die Handwerksrolle (Rn. 85), in die Denkmalliste beim konstitutiven System[397] (s. a. Rn. 319, § 41 Rn. 153), einer Straße in das Straßenbestandsverzeichnis,[398] Eintragung über einer Auskunftssperre ins Melderegister,[399] Eintragung in das Verzeichnis der vereidigten Dolmetscher und Übersetzer,[400] Bescheid über Eintragung in die Liste qualifizierter Einrichtungen nach § 4 UKlaG,[401] Feststellung des Familiennamens nach § 8 NÄG[402] oder der Schwerbehinderteneigenschaft nach § 69 SGB IX,[403] Bescheinigung des Denkmalamtes zur Vorlage beim Finanzamt nach § 82i Abs. 2 EStG,[404] andere steuererhebliche Bescheinigungen, die das Finanzamt von „fachfremden" Prüfungen entlasten sollen,[405] Bescheinigung nach § 18 WoBindG,[406] über Aufenthaltsgestattung nach § 63 AsylVfG[407] oder über gemeinschaftsrechtliches Aufenthaltsrecht (Aufenthaltserlaubnis/EU),[408] bindende Bildungsempfehlung der Grundschule über die Eignung zum Gymnasium (Rn. 204), Standortbescheinigung der BNetzA für Mobilfunkantennen.[409] Ob die Eintragung/Löschung einer **Baulast** VA ist, ist landesrechtlich unterschiedlich geregelt.[410]

---

[385] So zur konstitutiven Eintragung in Denkmalliste: *OVG Münster* NVwZ 1992, 991; NVwZ-RR 1993, 129; NVwZ-RR 1995, 314; für Eintragung ins Baulastverzeichnis: *Dietlein* JuS 1994, 381, 384.
[386] *BVerwGE* 74, 268, 274 = NVwZ 1988, 144; *VG Braunschweig* NVwZ-RR 2002, 484; *OLG Stuttgart* NJW 2005, 3226; dementspr. ist auch kein VA die Entscheidung über den Punktabzug nach § 4 Abs. 5 StVG: *OVG Magdeburg* NJW 2002, 2264 f.
[387] *BVerfG* NVwZ 2002, 464, 465.
[388] A. A. noch *BVerwGE* 37, 103, 104.
[389] *OVG Berlin* LKV 1998, 152, 154; *OVG Frankfurt (Oder)* LKV 2006, 133; *VGH Kassel* NVwZ-RR 1993, 462; *OVG Weimar* LKV 2004, 421; *Moench/Otting* NVwZ 2000, 146, 153 f.; a. A. *VG Meiningen* ThürVBl 2001, 189 (wegen Anknüpfung des gemeindlichen Vorkaufsrechts an Eintragung).
[390] *OVG Greifswald* NVwZ-RR 2000, 93, 94; *VGH Mannheim* NVwZ 1993, 797; *VGH München* NVwZ 1998, 1318; *OVG Münster* NVwZ 1998, 1082; NVwZ-RR 1999, 503; a. A. *VGH Kassel* NVwZ 1990, 182, da Eintragung im Melderegister wahlrechtliche Relevanz habe.
[391] A. A. *VG Dessau* LKV 2004, 523, 524.
[392] *Lässig* JuS 1990, 459, 463.
[393] *BVerwGE* 100, 83, 85 = NJW 1997, 71; *BVerwG* NJW-RR 1988, 649; krit. *Becker* NJW 1991, 2742.
[394] *OLG Brandenburg* LKV 2002, 525, 526.
[395] *BVerwG* NJW 1985, 1302, 1303.
[396] *BVerwGE* 34, 65, 68.
[397] *OVG Münster* NVwZ 1992, 991; NVwZ-RR 1993, 129; NVwZ-RR 1995, 314.
[398] *OVG Bautzen* SächsVBl 2003, 221, 222; *OVG Lüneburg* OVGE 43, 402, 403; *VGH München* BayVBl 1998, 563; NVwZ-RR 2005, 736; *Krämer* in Kodal/Krämer, Straßenrecht, 6. Aufl. 1999, Kap. 4 Rn. 7 ff.; *Sattler* SächsVBl 2000, 187, 189.
[399] *BVerwG* NJW 2006, 3367 (zweifelhafte Begründung).
[400] *BVerwG* NJW 2007, 1478, 1479.
[401] *OVG Münster* NJW 2004, 1123.
[402] *BVerwG* DÖV 1958, 704.
[403] Vgl. *BVerwGE* 66, 315, 318 f.; 72, 8, 9; *BSGE* 52, 168, 172; 60, 284 = NJW 1987, 2462.
[404] *VGH Mannheim* NVwZ 1986, 242; *BFHE* 196, 550 = NVwZ-RR 2002, 326.
[405] *BVerwG* NVwZ 1987, 216, 217; *OVG Berlin* NVwZ 1984, 245; *BFHE* 215, 158 ff.; *BFH* NVwZ-RR 1989, 521.
[406] *VGH München* NJW 1989, 3235.
[407] So zu § 20 Abs. 4 AsylVfG a. F.: *BVerwGE* 79, 291, 293 = NVwZ 1988, 941.
[408] Vgl. *VG Berlin* InfAuslR 1990, 114, 115.
[409] *VGH München* BayVBl 2004, 660, 661.
[410] **Kein VA** (da nur die deklaratorische Eintragung einer bereits wirksam abgegebenen empfangsbedürftigen Willenserklärung): *VGH Mannheim* NJW 1991, 2786; NJW 1993, 678; *Lohre* NJW 1987, 877, 879;

d) Erfüllungshandlungen/Leistungsverweigerung: Die bloße Wahrnehmung/das bloße 89 Bestreiten (vermeintlicher) Rechte, die bloße Erfüllung (vermeintlicher) Ansprüche ist keine Willenserklärung und damit kein VA, s. Rn. 145. Dies schließt nicht aus, in behördlichen Erfüllungshandlungen/der schlichten Weigerung, einen (vermeintlichen) Anspruch zu erfüllen, zugleich die konkludente Entscheidung über das Bestehen/Nichtbestehen des zugrunde liegenden Anspruchs zu sehen, s. Rn. 99 ff. Dies ist jedoch nicht der Regelfall: So ist die **Auszahlung von Geld** i. d. R. bloße Erfüllungshandlung (schlicht-hoheitliche Maßnahme), der kein konkludenter VA zu entnehmen ist, in dem über das Vorliegen des erfüllten Anspruchs positiv entschieden wird.[411] Im Beamtenrecht wird deshalb angenommen, die **Besoldungsmitteilung** (und die Auszahlung von Geld auf Grund dieser Besoldungsmitteilung) sei kein VA.[412] Im **Sozialbereich** sind allerdings VA durch Auszahlung von Bargeld **(Schalterakte)** bzw. schlichte Überweisung anerkannt.[413] Jedoch ist die Bestimmung des genauen Inhalts eines solchen VA (Bewilligungszeitraum, endgültige oder vorläufige [Rn. 247 f.] Leistungsbewilligung) problematisch.[414] Jedenfalls ist es wenig sinnvoll, in jeder Geldzahlung zugleich die Erklärung zu sehen, es werde eine Geldleistung in Höhe der gezahlten Summe bewilligt.[415] Im Anwendungsbereich des SGB X (§ 2 Rn. 94 ff.) wird hierdurch die Grenze zwischen § 50 Abs. 1 und Abs. 2 SGB X verwischt. Im Übrigen werden für die Bekanntgabe vielfach komplizierte und **wenige lebensnahe Botenkonstruktionen** (Rn. 61) bei Annahme eines VA notwendig: So wird Geld i. d. R. nicht durch die Behörde geleistet, die über den Anspruch entscheidet, sondern durch eine von dieser verschiedenen „Kasse"/„Zahlstelle" (vgl. § 32 HGrG), s. a. § 1 Rn. 249. Um dennoch einen VA der die Zahlung anordnenden Behörde annehmen zu können, müsste die Zahlstelle als „Bote" der anordnenden Behörde, bei Zahlungen auf fremde Konten zusätzlich der Kontoinhaber als Empfangsbote (§ 41 Rn. 67) des Leistungsberechtigten angesehen werden. Auch die Auszahlungsanweisung selbst enthält unmittelbar nur eine an den Kassenbediensteten gerichtete Erklärung, so dass auch in der Übergabe der Auszahlungsanordnung an den Leistungsempfänger zur Vorlage bei der Kasse kein der Leistung zugrunde liegender VA gesehen werden kann.[416] Die Frage, ob in der schlichten Auszahlung von Geld ein VA zu sehen ist, ist von der Frage zu unterscheiden, ob der Auszahlung von Geld nach dem einschlägigen Fachrecht ein die Zahlung bewilligender VA vorauszugehen hat (Rn. 99 ff.), ob also zur Durchsetzung des Zahlungsanspruchs die Verpflichtungs- oder die allgemeine Leistungsklage die statthafte Klageart ist,[417] s. a. Rn. 103, § 9 Rn. 170.

Kein VA ist i. d. R. auch die **Erhebung von Einreden** durch die Behörde, die den Bestand 90 des Anspruchs des Bürgers dem Grunde nach unberührt lassen sollen. Hier wird auch nicht konkludent über den geltend gemachten Anspruch entschieden, sondern dessen Erfüllung (vorläufig) verweigert oder von bestimmten Bedingungen abhängig gemacht. So ist **kein VA** die behördliche **Geltendmachung** eines **Zurückbehaltungsrechtes**[418] oder die Einbehaltung von Leistungen „zum eigenen Besten" des Berechtigten (Colonia-Dignidad-Fälle).[419] Ob der Be-

---

Dietlein JuS 1994, 381, 384; *Ziegler* BauR 1988, 18, 20; **a. A.** (Eintragung als Wirksamkeitsvoraussetzung für Entstehung der Baulast): *OVG Bremen* NVwZ 1998, 1322; *OVG Lüneburg* NJW 1998, 1168; NVwZ 1999, 1013; *OVG Münster* BRS 33 Nr. 156; BauR 1988, 702, 703; NJW 1996, 275 und 1362 (offen gelassen jedoch bei NJW-RR 1998, 1240); *OVG Saarlouis* NJW 2003, 768, 769; *Henneke* in Knack, § 35 Rn. 62; *Kluth/Neuhäuser* NVwZ 1996, 739, 741 f.
[411] *Kopp/Schenke*, Anh. § 42 Rn. 26.
[412] *BVerwGE* 13, 248; *OVG Münster* NWVBl 2001, 189, 190.
[413] Begründung zu § 29 SGB – E, BT-Drucks. 8/2034, S. 33 (dazu *Neumann-Duesberg*, Die Betriebskrankenkasse 1981, 6, 13); *BSG* NVwZ 1987, 927; NZS 1993, 279; *Ebsen* Verwaltung 2002, 239, 250; *Kopp/Schenke*, Anh. § 42 Rn. 25; *Krause* NJW 1979, 1007, 1012; kritisch *BVerwG* NVwZ-RR 1999, 34; *Wendt* JA 1980, 25, 29.
[414] Siehe hierzu etwa die Überlegungen bei *BSG* NVwZ 1987, 927, 928; *OVG Münster* NWVBl 1993, 393; ebenso *Paul* ZfSH/SGB 1999, 78.
[415] In diese Richtung aber *BSG* NZS 1993, 279.
[416] *BVerwG* NVwZ-RR 1999, 34.
[417] Siehe hierzu etwa *BVerwG* NVwZ 2000, 818; *OVG Bautzen* SächsVBl 2001, 142, 144; *OVG Berlin* NVwZ 1982, 235 (m. abl. Anm. *Renck* NVwZ 1982, 236); *VG Düsseldorf* KStZ 2004, 78; aus § 218 Abs. 1 AO wird z. B. geschlossen, dass der Anspruch auf Erstattung zu viel gezahlter Steuern nach § 37 Abs. 2 AO zwingend durch VA festgesetzt werden muss: *BFHE* 147, 1, 2 f. = NVwZ 1987, 87; *BFH/NV* 1989, 285 und 713, 714; *BFH* NVwZ 2000, 1213, 1214; *FG SchlH* EFG 2001, 56.
[418] *VGH Kassel* NJW 1996, 2746; *OVG Münster* DÖV 1983, 1023, 1024; *LG Marburg* NJW 2001, 2028, 2029; ausführlich *Lampert*, Verwalten durch Zurückbehalten, 2003, S. 453 ff.
[419] *BSGE* 87, 239, 241 f. = NZS 2002, 91, 92; a. A. *BSGE* 89, 111, 113 ff. = NJW 2002, 2810, 2811.

hörde die geltend gemachte Einrede zusteht, ist eine Frage des materiellen Rechts. Zur Frage, wann in der Ablehnung eine Entscheidung über das Nichtbestehen eines Leistungsanspruchs zu sehen ist, s. Rn. 99 ff.; zur **behördlichen Aufrechnung** s. Rn. 138 ff.

91   e) **Tatsächliche Verrichtungen/Unterlassen:** Rein tatsächliches Verwaltungshandeln/Unterlassen ist keine Willenserklärung und folglich kein VA, s. Rn. 69, 145. Es kann von „geschäftsähnlichem Handeln" unterschieden werden, ohne dass diese Abgrenzung rechtlich bedeutsam wäre, s. Rn. 82. Im Einzelfall kann jedoch die Abgrenzung zwischen (konkludenten) VA und „reinem" Tun/Unterlassen schwierig sein; dann ist auf die VA-Funktionen abzustellen, s. Rn. 49. Zum **Abwehranspruch** gegen Realakte s. § 1 Rn. 145. Zur **Anwendbarkeit des VwVfG** auf Realakte s. § 1 Rn. 116 ff., 153 ff., 283 ff., § 9 Rn. 4, § 24 Rn. 13, § 25 Rn. 9, § 28 Rn. 24 f., § 29 Rn. 14, § 30 Rn. 6, § 31 Rn. 2, § 32 Rn. 5, § 33 Rn. 4, § 39 Rn. 24. **Keine VA** sind damit u. a. das Aufspielen des Polizeimusik-Korps zur Übertönung einer Demonstration,[420] Einsatz eines verdeckten Ermittlers,[421] Überwachung mit nachrichtendienstlichen Mitteln,[422] Abriegelung eines Ortes durch Polizeikräfte,[423] Ausübung des gewerberechtlichen Betretungsrechts,[424] Einladungen zu Veranstaltungen im Rahmen der Öffentlichkeitsarbeit,[425] Vertrieb einer Zeitschrift zur staatsbürgerlichen Aufklärung,[426] Glückwunschadresse,[427] Entfernung von Vorgängen aus Akten (§ 9 Rn. 53, § 24 Rn. 2). **VA kann** die **Entscheidung über die Vornahme** eines Realaktes **sein,** s. Rn. 99 ff.

92   aa) **Duldung:** Da das bloße Schweigen kein VA sein kann (Rn. 81), liegt im bloßen Schweigen/Nichts-Tun weder ein **Verzicht** (§ 53 Rn. 39) noch eine (aktive) **Duldung,**[428] d. h. keine verbindliche Regelung dahingehend, von bestehenden Untersagungsbefugnissen keinen Gebrauch zu machen, s. a. § 38 Rn. 16. Aus dem bloßen Schweigen/Nichts-Tun (passive Duldung) lassen sich somit i. d. R. keine subjektiv-öffentlichen Rechte auf Beibehaltung eines rechtswidrigen Zustandes (Bestandsschutz/Vertrauensschutz) herleiten,[429] § 40 Rn. 122. Zur Rechtsqualität des Nichts-Tuns von DDR-Behörden s. Rn. 367. Im **Umwelt- und Baurecht** gewinnt die (passive) Duldung eines die Umwelt belastenden/baurechtswidrigen Zustandes/Verhaltens zunehmend an Bedeutung, um als Teil einer informellen Absprache (§ 9 Rn. 172 ff.) eine Anpassung an den derzeitigen technischen Standard zu erreichen.[430] Diese Tendenz ist vor dem Hintergrund der Verfahrensklarheit (§ 9 Rn. 57) und der Grenzen nach § 9 Rn. 183 ff. bedenklich. Eine verbindliche Rechtsfolge wird hierdurch nicht gesetzt; ein VA wird nicht erlassen. Soll eine verbindliche Regelung getroffen werden, muss dies vielmehr ausdrücklich oder unmissverständlich konkludent (Rn. 81) erfolgen, etwa in der Form, dass sich die Behörde zur Duldung verpflichtet.[431] Hierdurch wird jedoch keine erforderliche Genehmigung ersetzt.[432] Möglich ist ferner die Erteilung einer Zusage auf Duldung (§ 38 Rn. 16) oder die Erteilung eines VA, der den Bestandsschutz einer formell illegal errichteten Anlage formal anerkennt.[433] Solche Erklärungen können durch ein mögliches **Vertrauen,** das der Bürger in das Schweigen/Nichts-Tun setzt, nicht ersetzt werden.[434] Ohne eine frühere Duldungs*entscheidung* bestehen kaum Anhaltspunkte für den Bürger, an die er sein Vertrauen knüpfen könnte.[435] Insbes. bei genehmigungsbedürftigen Tätigkeiten oder Anlagen verhindert gerade die Genehmigungspflicht

---

[420] *VG München* NVwZ 2000, 461.
[421] *BVerwG* NJW 1997, 2534; *VG Freiburg* NVwZ-RR 2006, 322, 323.
[422] *OVG Lüneburg* NVwZ 2000, 578.
[423] A. A. *OVG Lüneburg* NVwZ-RR 2007, 103.
[424] *VGH Mannheim* NVwZ 2001, 574.
[425] *BVerwGE* 47, 247, 251 = NJW 1975, 891, 892.
[426] *VG Köln* DVBl 1969, 121.
[427] *Brohm* (VVDStRL 30 (1971), S. 288 Fn. 130) will dies als VA behandeln, da er für den VA-Begriff auf das Merkmal der Regelung verzichten will, die Definition des § 35 also ablehnt.
[428] Zur Unterscheidung zwischen aktiver und passiver Duldung *VGH Kassel* BauR 1994, 229, 230.
[429] *Millgramm* NuR 1999, 608, 613.
[430] *Fluck* NuR 1990, 197, 200; zu Besonderheiten der neuen Länder *Millgramm* NuR 1999, 608.
[431] *VGH Kassel* BauR 1994, 229, 230; *Sellmann* FS Gelzer, 1991, S. 249.
[432] *BVerwG* NVwZ 1991, 369, 370.
[433] *VGH Kassel* BauR 1995, 679, 681; NVwZ-RR 2004, 390.
[434] *OVG Münster* BauR 1991, 448; *VG Berlin* GewArch 1991, 453; *Millgramm* NuR 1999, 609, 613.
[435] *OVG Berlin* NuR 2002, 365; *OVG Münster* NVwZ-RR 2001, 11; Sonderfall bei *BGHZ* 155, 27, 38 = NVwZ 2003, 1546, 1548; *LG Köln* NVwZ-RR 2004, 488, 489.

§ 35 Begriff des Verwaltungsaktes

typischerweise das Entstehen schutzwürdigen Vertrauens auf den „ungestörten" Betrieb einer nicht genehmigten Anlage. Insoweit kommt i.d.R. auch keine **Verwirkung** (§ 53 Rn. 24) in Betracht.[436] *BVerfG*[437] und *BVerwG*[438] gewähren jedoch einen gewissen Bestandschutz durch Betonung des Übermaßverbots und des Art. 3 Abs. 1 GG als Ermessensgrenze für Abrissverfügungen bei jahrelang geduldeten Schwarzbauten.

bb) **Verwaltungszwang/Sofortvollzug/unmittelbare Ausführung: Keine VA,** sondern Realakte sind nach (umstr. s. Rn. 94) **mittlerweile h.M.** die Durchführung der **Ersatzvornahme** und die Anwendung **unmittelbaren Zwangs,** unabhängig davon, ob sie im gestreckten Verfahren, im Sofortvollzug (§ 6 Abs. 2 VwVG) oder in unmittelbarer Ausführung (§ 19 Abs. 1 BPolG)[439] erfolgen;[440] zu sonstigen Vollstreckungsakten Rn. 165 ff. Eine dem sofortigen Vollzug nachfolgende Bekanntgabe an den Pflichtigen ist Hinweis auf einen erfolgten Realakt, nicht VA. § 37 Abs. 2 S. 2 ist nicht unmittelbar anwendbar,[441] s.a. § 37 Rn. 93. Teilweise wird in Anlehnung an § 44 Abs. 1 S. 2 PrPVG[442] **für den Rechtsschutz** bei sofortigem Vollzug/unmittelbarer Ausführung **ein VA fingiert** (§ 18 Abs. 2 VwVG). Dies macht die Frage nach der VA-Qualität solcher Maßnahmen wegen der verfahrensrechtlichen Funktionen des VA (Rn. 43 ff.) jedoch nicht entbehrlich. Ohnehin dürfte § 18 Abs. 2 VwVG durch § 195 Abs. 2 VwGO aufgehoben worden und dürften die entsprechenden landesgesetzlichen Normen wegen Verstoßes gegen die VwGO nach Art. 31 GG nichtig sein,[443] s. hierzu Rn. 365.

Insbes. *VGH München* qualifiziert diese Maßnahmen in Anlehnung an frühere, historisch[444] geprägte (Rn. 2, 47) Entscheidungen des *BVerwG*[445] auch heute noch teilweise als VA.[446] Dies mit ihrem Grundrechtseingriffscharakter zu begründen,[447] verkennt das Wesen des VA als Willenserklärung (Rn. 69 f): Ersatzvornahme und unmittelbarer Zwang setzen keine Rechtsfolge, sondern setzen eine bereits durch VA oder unmittelbar durch Gesetz bestimmte Rechtsfolgenanordnung durch. Die Gleichung „Eingriff = VA" stimmt nicht (mehr)[448] und ist im Hinblick auf die VA-Funktionen auch nicht geboten, s. Rn. 49. In der zwangsweisen Durchsetzung einer Handlung kann auch nicht zugleich die konkludente Verpflichtung zu der erzwungenen Handlung gesehen werden. Im gestreckten Verfahren ist dies überflüssig, da die Verpflichtung bereits Gegenstand der Grundverfügung ist.[449] Bei unmittelbarer Ausführung/Sofortvollzug hilft diese Konstruktion zudem nicht weiter, wenn **adressat-neutral** nicht gegen einen bestimmten Störer

---

[436] *OVG Saarlouis* SKZ 2006, 91, 92.
[437] *BVerfG (K)* NVwZ 2005, 203, 204.
[438] *BVerwG* NVwZ-RR 1992, 360.
[439] Zur Abgrenzung zwischen unmittelbarer Ausführung und Sofortvollzug s. nur die überzeugende Lösung von *Lemke,* Verwaltungsvollstreckungsrecht, 1997, S. 200 ff.
[440] *OVG Berlin* NVwZ-RR 2003, 896, 898 (für Schlagstockeinsatz); *VGH Kassel* NVwZ 1982, 514 (für Gebäudeabriss im gestreckten Verfahren); *OVG Münster* NWVBl 1997, 306, 308 (für Gebäudeabriss im Sofortvollzug); *VG Weimar* NVwZ-RR 2000, 478 (für Verschluss eines Gebäudes im gestreckten Verfahren); *VG Frankfurt a. M.* NVwZ 2001, 1320 (für Tötung eines Hundes); *Erichsen/Rauschenberg* Jura 1998, 31, 40 und 323, 326; *Kahl* Jura 2001, 505, 508; *Kästner* JuS 1994, 361, 363; *Kopp/Schenke,* Anh. § 42 Rn. 33; *Kugelmann* DÖV 1997, 153, 155; *Lemke,* Verwaltungsvollstreckungsrecht, 1997, S. 424 ff., 448 ff.; *Pietzner* VerwArch 84 (1993), S. 261, 271 ff.; *Wehser* LKV 2001, 293 f.
[441] *OVG Münster* NVwZ-RR 1994, 549, 550; NWVBl 1997, 306, 308; ähnlich *VGH Mannheim* NVwZ-RR 1992, 184, 185 (für Bestätigung einer polizeilichen Beschlagnahme).
[442] Hierzu *Pietzner* VerwArch 82 (1991), S. 291, 303 ff.
[443] *Pietzner* VerwArch 84 (1993), S. 283 ff.; *Renck* NJW 1966, 1247, 1251; a.A. wohl *Erichsen/Rauschenberg* Jura 1998, 323, 327.
[444] Vgl. zur Rspr. des *PrOVG*: *Pietzner* VerwArch 82 (1991), S. 291 ff.
[445] *BVerwGE* 26, 161, 164 (Schlagstockeinsatz im gestreckten Verfahren als VA; hierzu *Pietzner* VerwArch 84 (1993), S. 261, 274 ff.; *Renck* JuS 1970, 113, 114); *BVerwG* DÖV 1964, 171 (Räumung im gestreckten Verfahren als VA).
[446] *VGH München* NVwZ 1988, 1055 (Tränengasanwendung im gestreckten Verfahren); BayVBl 1991, 433 (Kfz-Abschleppen in unmittelbarer Ausführung); BayVBl 1997, 634 (zwangsweises Eindringen in Wohnung, hierzu a. Rn. 98). Dem folgend etwa *Erlmeyer* DÖV 1999, 719, 723; *Jahn* JuS 1998, 833, 836; *Köhler* BayVBl 1999, 582, 583; *ders.* BayVBl 1998, 453, 461; *Rasch* DVBl 1992, 207, 210. Unklar *OVG Lüneburg* NVwZ 1990, 786, 787 (Entsorgung ölverseuchten Erdreichs in unmittelbarer Ausführung); *OVG Lüneburg* NVwZ-RR 2007, 103 (Abriegelung eines Ortes als AllgV); *KG Berlin* NVwZ 2000, 468, 472 (Einkesselung als Durchsetzung eines Platzverweises).
[447] So etwa *Erlmeyer* DÖV 1999, 719, 723 unter Berufung auf *VG Bremen* NVwZ 1989, 895 (m. abl. Anm. *Alberts* NVwZ 1989, 839, 840); ebenso *Köhler* BayVBl 1999, 582, 583.
[448] So *Alberts* NVwZ 1989, 839, 840; *Pietzner* VerwArch 84 (1993), S. 261, 271.
[449] *Pietzner* VerwArch 84 (1993), S. 261, 271; *Renck* JuS 1970, 113, 114.

vorgegangen wird, da es hier an einem VA-Adressaten fehlt,[450] s.a. § 9 Rn. 114. Wird anschließend – durch sog. „nachträgliche Ordnungsverfügung" – der Pflichtige bestimmt, so ist u. U. diese Regelung als VA anzusehen, wandelt jedoch nicht den/die vorausgehende(n) Sofortvollzug/unmittelbare Ausführung in einen VA um.[451] Aber auch dann, wenn der Sofortvollzug/die unmittelbare Ausführung – wie etwa beim unmittelbaren Zwang – gegen eine anwesende Person gerichtet ist, ist die Annahme eines konkludenten VA konstruiert: So kann – selbst wenn die Voraussetzungen des § 6 Abs. 2 VwVG vorliegen – in einem Schlagstockeinsatz nicht auch ein konkludent ausgesprochener Platzverweis zu sehen sein, weil im Moment des Einsatzes gar nicht mehr erwartet wird, dass der hiervon Betroffene die Straße freiwillig räumt, sondern er zu ihrer Räumung gezwungen werden soll.[452]

95 Nicht gefolgt werden kann auch der auf *Jellinek*[453] zurückgehenden Auffassung, nach der in der zwangsweisen Durchsetzung einer Maßnahme in jedem Fall zugleich ein **Duldungsbefehl** enthalten sei.[454] Spätestens das Beispiel des gezielten Todesschusses zeigt, dass die Annahme eines in der Ausübung unmittelbaren Zwangs liegenden Duldungs-VA dem tatsächlichen Geschehen nicht gerecht wird.[455] Gleiches gilt beim Schlagstockeinsatz. Eine solche Duldungsverfügung wäre letztlich auch zu unbestimmt (wird verlangt, den Kopf hinzuhalten, ist es erlaubt, sich mit den Armen zu schützen?) und kann im Einzelfall auch in Widerspruch zu der durchzusetzenden Grundverfügung stehen: Beim Schlagstockeinsatz zur Durchsetzung eines Platzverweises wäre fraglich, ob der Betroffene dem Platzverweis Folge leistend weglaufen darf oder ob er der Duldungsverfügung Folge leisten und bleiben muss, um den Knüppelschlag über sich ergehen zu lassen.[456]

96 cc) **Polizeirechtliche Standardmaßnahmen:** Str. ist oftmals die Rechtsnatur der auf die polizeirechtlichen Standardermächtigungen gestützten Maßnahmen. Sie hängt v. a. davon ab, zu was die Standardermächtigung genau ermächtigt. Gibt sie der Polizei die Befugnis, vom Pflichtigen eine **unvertretbare Handlung** zu fordern, ist die Aufforderung zur Vornahme dieser Handlung VA,[457] so etwa beim Platzverweis,[458] Anhalten (als Gebot, stehenzubleiben),[459] Befragung (wenn hierin die verbindliche Anordnung zu sehen ist, Auskunft zu erteilen, s. Rn. 73, 149),[460] Vorladung (als Aufforderung, zu einer bestimmten Zeit an einem bestimmten Ort zu erscheinen).[461] Umstr. ist jedoch die Rechtsnatur derjenigen Maßnahmen, die auf Standardermächtigungen gestützt werden, die die Polizei unmittelbar zu einem grundrechtsrelevanten Handeln ermächtigen, das der Pflichtige zu **dulden** verpflichtet ist, jedoch nicht selbst vornehmen kann: Hierzu gehören: Identitätsfeststellung, Vornahme erkennungsdienstlicher Maßnahmen (§ 2 Rn. 114), Ingewahrsamnahme, Verwahrung von Sachen, Durchsuchung (s.a. § 26 Rn. 93), Sicherstellung/Beschlagnahme (s.a. Rn. 97f.), die sog. „besonderen Formen der Informationserhebung" (§ 2 Rn. 115) wie Observation, (verdecktes) Fotografieren, Filmen und Abhören, Einsatz von Vertrauenspersonen und verdeckten Ermittlern.[462] Diese Maßnahmen

---

[450] *OVG Münster* DVBl 1973, 924f.; NVwZ-RR 2000, 429, 430; *Finger* JuS 2005, 116, 118; *Martens* JuS 1979, 416, 418; *Pietzner* VerwArch 84 (1993), S. 261, 264f.; *Schäfer* BayVBl 1989, 742; *Widmann*, Abgrenzung zwischen VA und eingreifendem Realakt, 1996, S. 112ff.
[451] *OVG Berlin* NVwZ-RR 2000, 649; *VGH München* NVwZ 2000, 450, 451; *OVG Münster* DVBl 1973, 924f. (hierzu *Dietlein* NWVBl 1991, 81); NVwZ-RR 2000, 429, 430.
[452] Ähnlich auch *OVG Berlin* NVwZ-RR 2003, 896, 897; *Pietzner* VerwArch 84 (1993), S. 261, 265.
[453] *Jellinek*, S. 258 (zu den Hintergründen dieser Auffassung *Pietzner* VerwArch 84 (1993), S. 261, 278ff.).
[454] In diese Richtung aber BVerwGE 26, 161, 164 (dazu *Renck* JuS 1970, 113, 114); *Forsthoff*, S. 199; **wie hier** *Fehling* JA 1997, 483; *Finger* JuS 2005, 116, 117; *Pietzner* VerwArch 84 (1993), S. 261, 275; *Rachor* in Lisken/Denninger, F Rn. 40ff.; *Widmann*, Abgrenzung zwischen VA und eingreifendem Realakt, 1996, S. 124ff.
[455] *Rachor* in Lisken/Denninger, F Rn. 46.
[456] *Meyer*, FG 50 Jahre BVerwG, 2003, S. 551, 563; *Rachor* in Lisken/Denninger, F Rn. 46; *Schmitt-Kammler* NWVBl 1995, 166, 167 Fußn. 15.
[457] Wie hier *Lemke*, Verwaltungsvollstreckungsrecht, 1997, S. 75f.; für Realakt wohl *Heintzen* DÖV 2005, 1038, 1040.
[458] *OVG Bremen* NVwZ 1999, 314 (m. Anm. *Hecker* NVwZ 1999, 261); *OVG Lüneburg* NVwZ 2000, 454; *VGH München* NVwZ 2000, 454; NVwZ 2001, 1291; *VG Göttingen* NdsVBl 1999, 46; *VG Schleswig* NVwZ 2000, 464; *Schmitt-Kammler* NWVBl 1995, 166; *Schwabe* NJW 1983, 369, 371.
[459] *Schmitt-Kammler* NWVBl 1995, 166; *Schwabe* NJW 1983, 369, 371.
[460] *Rachor* in Lisken/Denninger, F Rn. 273f.; *Schmitt-Kammler* NWVBl 1995, 166.
[461] *Schmitt-Kammler* NWVBl 1995, 166; *Schwabe* NJW 1983, 369, 371.
[462] *Rachor* in Lisken/Denninger, F Rn. 49.

sind nicht allein wegen ihrer Grundrechtsrelevanz VA,[463] s. Rn. 145. Sie sind Realakte, unabhängig davon, ob der Betroffene anwesend ist und ob sie offen oder heimlich erfolgen.[464]

Soweit es nicht um Maßnahmen der verdeckten Informationserhebung geht, ist jedoch umstr., ob diese Standardermächtigungen implizit voraussetzen, dass zunächst gegenüber dem Betroffenen ein VA ergangen ist. So nimmt die Rspr. an, dass die Standardermächtigung **Sicherstellung/Beschlagnahme** die Polizei nicht dazu ermächtigt, unmittelbar auf die Sache zuzugreifen, sondern lediglich dazu, einen im regulären Verwaltungsvollstreckungsverfahren ggf. zwangsweise durchzusetzenden VA zu erlassen;[465] eine Wegnahme der Sache ohne vorherigen Erlass eines VA könnte dementspr. nur bei Vorliegen der Voraussetzungen des Sofortvollzugs/ der unmittelbaren Ausführung (Rn. 93) erfolgen. Soweit der Inhalt dieses VA überhaupt näher umschrieben wird, wird teilweise angenommen, dass der Betroffene durch die Sicherstellung/ Beschlagnahme (ggf. konkludent, Rn. 81) verpflichtet werde, die Sache herauszugeben.[466] Teilweise sehen die Standardermächtigungen (vgl. § 10 Abs. 2 Alt. 2 VereinsG i. V.m. § 4 DVO-VereinsG)[467] tatsächlich einen solchen VA vor. Ist dies nicht der Fall, wird diese Konstruktion jedoch der gesetzlichen Regelung nicht gerecht, die gerade eine ausdrückliche Befugnis der Polizei zur Sicherstellung/Beschlagnahme und damit zur Wegnahme begründet, die sich nicht in eine Befugnis zur Begründung einer Herausgabepflicht umdeuten lässt.[468] Auch kann kaum angenommen werden, schon in der Vornahme der Handlung sei ein feststellender VA mit dem Inhalt zu sehen, dass die Voraussetzungen der Standardermächtigung vorlägen.[469]

Teilweise wird in der Vornahme der Sicherstellung/Beschlagnahme auch ein konkludenter (Rn. 81) VA gesehen, der auf **Duldung** der Wegnahmehandlung gerichtet sei.[470] Dies entspricht der (auch in der Rspr.) verbreitenden Ansicht, nach der die Vornahme aller in Rn. 96 genannten Standardmaßnahmen – bei anwesenden Betroffenen – zugleich einen auf Duldung der Maßnahme gerichteten VA enthalte,[471] da andernfalls bei Widerstand des Betroffenen die Vornahme der Standardmaßnahme mangels Grundverfügung nicht im Wege des Verwaltungszwangs durchgesetzt werden könne.[472] Lässt sich die Standardmaßnahme nicht ohne eine gewisse Mitwirkung des Betroffenen (etwa dem Öffnen der Wohnungstür) verwirklichen, ist jedoch fraglich, ob sich ihre Erzwingung (etwa durch Auftreten der Tür) noch als Vollstreckung einer Duldungspflicht darstellt. Auch steht der Konstruktion des konkludenten Duldungs-VA das Gebot der **Formenklarheit** entgegen (Rn. 73, 81, 96, § 9 Rn. 57 f.): So lässt sich der bloßen Wegnahme einer Sache oder dem Betreten einer Wohnung nicht entnehmen, was der Betroffene eigentlich zu dulden hat. Wenn der Betroffene keinen Widerstand leistet und zur Mitwirkung bereit ist, besteht für den Erlass einer Duldungsverfügung auch kein Anlass. Anders ist es, wenn der Betroffene Widerstand leistet. Hier ist das ausdrückliche Verlangen bestimmter **Mitwirkungshandlungen** oder Unterlassungen als VA anzusehen (Aufforderung, eine Wohnungstür zu öffnen, bei einer körperlichen Durchsuchung stillzuhalten, zum Zwecke der Ingewahrsamnahme stehenzubleiben), zu denen die Standardermächtigungen die Polizei implizit ermäch-

---

[463] So aber *VG Bremen* NVwZ 1989, 895 (zur Anfertigung von Videoaufnahmen; m. abl. Anm. *Alberts* NVwZ 1989, 839, 840; offen bei *OVG Bremen* NVwZ 1990, 1188).
[464] So etwa *VGH Mannheim* DVBl 1995, 367 (zum Einsatz eines verdeckten Ermittlers, insoweit bestätigt durch *BVerwG* NJW 1997, 2534); *VGH Mannheim* NVwZ 1998, 765 (zur Anfertigung von Videoaufnahmen); *VGH München* BayVBl 1997, 634 (zur Durchsuchung einer Wohnung und Sicherstellung von Sachen); *VG Freiburg* VBlBW 2006, 152, 153 (zum Einsatz eines verdeckten Ermittlers); *Heintzen* DÖV 2005, 1038, 1039 f.; *Rachor* in Lisken/Denninger, F Rn. 573 (Durchsuchung), Rn. 658 (Sicherstellung); *Schwabe* NJW 1983, 369, 370 f. (zur Sicherstellung und Ingewahrsamnahme). **A. A.** jedoch *BVerwGE* 87, 23, 25 = NJW 1991, 581 (zur Anordnung nach § 5 Abs. 1 G 10, hierzu Rn. 22); *VG Bremen* NVwZ 1989, 895 (Videoaufnahmen).
[465] *BVerwGE* 109, 203 = NVwZ 2000, 63; *VGH Kassel* NJW 1999, 3793; *OVG Koblenz* NVwZ-RR 1998, 237; *VGH Mannheim* NVwZ-RR 1998, 173; *VGH München* BayVBl 1997, 634; *OVG Münster* NVwZ-RR 1991, 536, 537; DÖV 1995, 339; *VGH München* NJW 1999, 2202; *VG Frankfurt* NJW 1981, 2372; *VG Köln* NJW 1988, 367; ebenso für erkennungsdienstliche Behandlung: *OVG Lüneburg* NVwZ-RR 2004, 346.
[466] So etwa *VGH Kassel* NJW 1999, 3793; *OVG Münster* NVwZ-RR 1991, 556, 557.
[467] Siehe hierzu *OVG Münster* DÖV 1995, 339.
[468] *Heintzen* DÖV 2005, 1038, 1040; *Schmitt-Kammler* NWVBl 1995, 166, 168 Fn. 24.
[469] So aber *Lemke*, Verwaltungsvollstreckungsrecht, 1997, S. 79 m. w. N.
[470] *VG Frankfurt* NJW 1981, 2372.
[471] *VGH München* BayVBl 1993, 429, 430 (für Identitätsfeststellung); BayVBl 1997, 634 (für Betreten und Durchsuchung einer Wohnung); *Pietzner* in Schoch u. a., § 42 Abs. 1 Rn. 34.
[472] So *Kopp/Schenke*, Anh. § 42 Rn. 35.

tigen und die ggf. im Wege des unmittelbaren Zwangs oder der Ersatzvornahme (Rn. 93) durchgesetzt werden kann.[473] Zur Ermächtigung für die in Rn. 96 genannten Maßnahmen, wenn eine Standardermächtigung fehlt, s. § 26 Rn. 61 ff.

99   **f) Entscheidung über die Vornahme von Realakten:** Die schlichte Vornahme/Ablehnung eines Realakts (z. B. Auskünften [Rn. 83], Erfüllungshandlungen [Rn. 89], tatsächlichen Verrichtungen [Rn. 91]) kann nur dann VA sein, wenn hierin eine – für den Betroffenen erkennbare (Rn. 73) – **verbindliche behördliche Entscheidung über** das Bestehen bzw. Nichtbestehen des **geltend gemachten Anspruchs** zu sehen ist.[474] I. d. R. sind jedoch die bloße Erfüllung eines (vermeintlichen) Anspruchs und das bloße Bestreiten eines (vermeintlichen) Rechts als solche keine Willenserklärungen (s. Rn. 145). So kann nicht angenommen werden, in jeder behördlichen Vornahme eines beantragten Realakts sei **konkludent** (Rn. 81) unmissverständlich (Rn. 73) ein VA enthalten, nach dem der Antragsteller einen entsprechenden Anspruch hat:[475] Dem Antrag kann z. B. auch aus Kulanzgründen stattgeben werden oder weil seine Ablehnung mehr Verwaltungsaufwand bedeuten würde als seine Stattgabe. Die Behörde kann sich auch zur verbindlichen Feststellung des Bestehens des Anspruchs als nicht berechtigt ansehen (Rn. 25 ff., 220, § 44 Rn. 55 ff.) oder die Sache aus anderen Gründen „vom Tisch haben" wollen, ohne dass es ihr auf die materiellrechtliche Begründetheit des Begehrens ankäme, s. a. Rn. 103. Umgekehrt enthält nicht jede **Ablehnung eines beantragten Realakts** zugleich eine konkludente, verbindliche Feststellung, dass kein Anspruch besteht,[476] so etwa dann nicht, wenn die Behörde zu einer solchen Feststellung nicht berechtigt ist[477] (wie etwa bei fehlender „VA-Befugnis", s. a. Rn. 72) oder insoweit zumindest Zweifel bestehen. Auch liegt es nicht zwingend in der Absicht der Behörde, die Ablehnung von Begehren, die ihrer Ansicht nach offensichtlich unbegründet sind, durch „rechtsmittelfähigen Bescheid" zu bescheiden: Denn hierdurch wird der Antragsteller zur Einlegung von Rechtsbehelfen gleichsam aufgefordert. Auch im bloßen Nichts-Tun liegt keine konkludente Entscheidung über das Nichtbestehen des Anspruchs, selbst wenn die Behörde das Nichts-Tun bestätigen sollte durch eine Erklärung wie: sie sehe keine Veranlassung zum Handeln.

100 Will die Behörde demgegenüber erkennbar (Rn. 73, 81) mit der Vornahme/Ablehnung eines Realakts auch eine verbindliche Entscheidung über das Bestehen, teilweise Bestehen oder Nichtbestehen des geltend gemachten Anspruchs treffen, so ist diese Entscheidung ein (feststellender, Rn. 219) VA,[478] soweit hiermit auch eine auf Außenwirkung gerichtete Regelung getroffen wird, also nicht nur bloße Verwaltungsinterna (insbes. Entscheidungen in Bezug auf Verfahrenshandlungen, Rn. 148 ff.) betroffen sind. Anlass für eine solche Entscheidung besteht i. d. R. nur dann, wenn das Fachrecht (Rn. 102, § 9 Rn. 170) dem Antragsteller keinen unmittelbaren Anspruch auf Vornahme des begehrten Realakts, sondern „nur" einen Bescheidungsanspruch gewährt, s. a. Rn. 103.

101 So ist (mit teilweise abweichender Begründung) als **VA** angesehen worden: **Entscheidung über** Erteilung von Umweltinformationen nach §§ 4 ff. UIG (nur bei nach § 2 Abs. 1 Nr. 1 UIG informationspflichtigen Stellen),[479] über Informationserteilung nach **IFG** (vgl. § 9 Abs. 4 IFG),[480] über Auskunft aus Melderegister[481] oder steuerrechtlicher Datensammlungen,[482] über

---

[473] *Finger* JuS 2005, 116, 118 f.; *Lemke,* Verwaltungsvollstreckungsrecht, 1997, S. 79; *Rachor* in Lisken/Denninger, F Rn. 52; ähnlich *Heintzen* (DÖV 2005, 1038, 1040) und *Schmitt-Kammler* (NWVBl 1995, 166, 168), nach denen Standardermächtigungen die Befugnis beinhalten, Mitwirkungshandlungen ohne vorausgehenden VA zu erzwingen, wobei die Verhältnismäßigkeit verlange, zunächst zur freiwilligen Mitwirkung aufzufordern.
[474] In diese Richtung *Bettermann* DVBl 1969, 703, 704.
[475] *Kracht,* Feststellender VA und konkretisierende Verfügung, 2002, S. 676.
[476] Wie hier *VGH Mannheim* VBlBW 2002, 306 f.; *Kracht,* Feststellender VA und konkretisierende Verfügung, 2002, S. 675 f.; *Widmann,* Abgrenzung zwischen VA und eingreifendem Realakt, 1996, S. 96 ff.; auf den „Schwerpunkt der Maßnahme" abstellend demgegenüber *Kahl* Jura 2001, 505, 509.
[477] *VG München* NVwZ 2005, 477, 478.
[478] A. A. *König,* BayVBl 1993, 268, 269; *Kopp/Schenke,* Anh. § 42 Rn. 37 ff., 40 ff.; *Steiner* JuS 1984, 853, 859; Entscheidung über die Vornahme/Ablehnung eines Realaktes regelmäßig kein VA.
[479] Ausführlich *Guckelberger* UPR 2006, 89, 90 f.; s. hierzu auch *EuGH,* Rs. C-186/04, *EuGHE* 2005, I-3299, Rn. 30 ff. = NVwZ 2005, 792; *VGH Kassel* NVwZ 2007, 348, 349; *VG Stuttgart* NVwZ-RR 2006, 392.
[480] *Schmitz/Jastrow* NVwZ 2005, 984, 990; s. a. *FG Münster* EFG 2003, 499, 500 (für Landes-IFG).
[481] *VG Karlsruhe* NVwZ-RR 2001, 282.

§ 35 Begriff des Verwaltungsaktes

Vernichtung[483] der oder Auskunft[484] aus Gesundheitsamtsakte, über Ersatzanspruch nach § 5 StHG-DDR,[485] über Antrag auf Änderung der Angaben im **Personalausweis**[486] oder **Pass**,[487] über Aufnahme eines Zeugen in ein Zeugenschutzprogramm,[488] über Auskunft zu Tatsachen, die dem Steuergeheimnis eines Dritten unterliegen,[489] über Auskunft nach § 9 UmweltHG,[490] über Einsicht in Akten außerhalb eines VwVf[491] (hierzu § 29 Rn. 18 ff.). Ebenso wurde als VA gesehen: **Ablehnung** der Vernichtung erkennungsdienstlicher Unterlagen (str., § 29 Rn. 11, 26),[492] eines Antrags auf Änderung einer dienstlichen Beurteilung (s. a. Rn. 199),[493] eines Antrages, bestimmte Schulbücher nicht zu verwenden,[494] einer Auskunft über gespeicherte Daten des Verfassungsschutzes,[495] eines Antrags auf Nennung eines Informanten[496] oder auf Unterrichtung über Einsatz eines verdeckten Ermittlers,[497] eines Antrags auf Einsicht nach §§ 3, 12 f. StUG (hierzu § 29 Rn. 89 ff.). Dagegen ist **kein VA**: Entscheidung über Auskunft nach Landespressegesetz,[498] über Widerruf einer ehrverletzenden Äußerung,[499] über Archivierung von Gerichtsakten,[500] über Beseitigung einer von einer öffentlichen Einrichtung oder Straße ausgehenden Störung,[501] über Beseitigung einer ehrenrührigen Darstellung auf einem von einer Gemeinde aufgestellten Kunstwerk,[502] über Versendung veröffentlichungswürdiger Gerichtsentscheidungen,[503] über Auskunftserteilung nach § 71 c (dort Rn. 12 ff.), über Herausgabe nach § 52 S. 3, s. dort Rn. 49. Zur Entscheidung über die Vornahme einer Beglaubigung nach § 33 s. dort Rn. 4.

Von der Frage, ob in der tatsächlichen Vornahme/Ablehnung eines Realaktes zugleich ein konkludenter VA über das Bestehen/Nichtbestehen eines entsprechenden Anspruchs zu sehen ist (Rn. 99), ist die Frage zu unterscheiden, ob ein vom materiellen Recht gewährter Anspruch unmittelbar auf Vornahme eines behördlichen Realaktes oder (zunächst nur) auf Erlass eines VA gerichtet, also ggf. mit der Verpflichtungsklage zu verfolgen ist. Dies bestimmt das **Fachrecht**, § 9 Rn. 170. Aus der verfahrensrechtlichen Funktion des VA (Rn. 43 ff.) lässt sich nicht (allgemein) schließen, jede Entscheidung über die Vornahme/Ablehnung von Maßnahmen müsse VA sein (Rn. 99). Umgekehrt ist die bloße Existenz der allgemeinen Leistungsklage kein Argument für die Annahme, im Zweifel bestehe ein Anspruch unmittelbar auf Vornahme des Realaktes.[504] Teilweise sieht das Fachrecht ausdrücklich einen der Vornahme eines Realakts vorgeschalteten Bescheid vor;[505] teilweise lässt sich dies mittelbar den Regelungen über die Ablehnung von Ansprüchen entnehmen. Ist z. B. die Ablehnung zu begründen (vgl. § 19 Abs. 5 BDSG), liegt ein Anhaltspunkt dafür vor, dass sich der materiellrechtliche Anspruch (zunächst) nur auf Bescheidung, nicht unmittelbar auf Vornahme des begehrten Realakts richtet. Ähnlich

---

[482] *FG Köln* EFG 2002, 1150.
[483] *VGH Kassel* NJW 1993, 3011.
[484] *VGH München* BayVBl 1984, 758.
[485] *Lässig* LKV 1999, 81, 83 (dort auch zu den Besonderheiten, die sich aus der Zuständigkeit der ordentlichen Gerichte für die Durchsetzung des Staatshaftungsanspruchs ergeben).
[486] *VGH Mannheim* NJW 2000, 1210.
[487] *VGH Mannheim* VBlBW 1992, 115.
[488] *VG Gelsenkirchen* NWVBl 1995, 206.
[489] BFHE 126, 358 = NJW 1979, 735 (m. Anm. *Lässig* DVBl 1979, 561).
[490] *Haller* NuR 1995, 217, 218; *ders.*, Auskunftsansprüche im Umwelthaftungsrecht, 1999, S. 163 ff.
[491] *VGH München* NVwZ 1999, 889; *VG Potsdam* LKV 2000, 319.
[492] Für VA: BVerwGE 11, 181 = NJW 1961, 571; *VGH Kassel* NVwZ-RR 1994, 652, 653 und 656; NJW 2005, 2727, 2728; offen BVerwGE 26, 169 = NJW 1967, 1192; a. A. *VGH Mannheim* NJW 1987, 2762; NVwZ-RR 2000, 287; *VG Braunschweig* NVwZ-RR 2000, 217.
[493] BVerwGE 28, 191, 193.
[494] BVerwGE 61, 164, 167 f.
[495] BVerwGE 84, 375, 376 = NJW 1990, 2761.
[496] BVerwGE 31, 301, 306 = NJW 1969, 1131 (m. Anm. *Bettermann* DVBl 1969, 703).
[497] *VGH Mannheim* NVwZ-RR 2003, 843.
[498] *OVG Münster* NJW 1995, 2741; *VG München* NVwZ 2005, 477, 478.
[499] BVerwGE 82, 76, 77 = NJW 1989, 2272; *OVG Münster* NWVBl 2000, 19, 20.
[500] *VG Darmstadt* NJW 2004, 1471, 1472.
[501] BVerwGE 79, 254, 256 = NJW 1988, 2396; BVerwGE 81, 197, 199 = NJW 1989, 1291; BVerwGE 82, 24, 25 = NJW 1989, 2484; BVerwGE 88, 210, 213 = NVwZ 1991, 886; *VGH Mannheim* NVwZ 1994, 920, 921; VBlBW 2000, 483; *VGH München* NVwZ 1999, 87 und 1237; *OVG Münster* NJW 2000, 754.
[502] *VG Sigmaringen* NJW 2000, 91.
[503] *OVG Bremen* NJW 1989, 926.
[504] So aber anscheinend *Kopp/Schenke*, Anh. § 42 Rn. 37.
[505] *Steiner* JuS 1984, 853, 858.

ist es, wenn das Fachrecht für die Durchsetzung des Anspruchs ausdrücklich Regelungen über das Vorverfahren nach §§ 68 ff. VwGO trifft (z. B. in § 9 Abs. 4 IFG/§ 6 Abs. 2 UIG), weil dies nur bei auf Bescheidung gerichteten Ansprüchen Sinn macht. Bei ungeschriebenen Ansprüchen auf Vornahme von Realakten ist die Rechtslage oftmals besonders umstr. Die Rspr. stellt teilweise darauf ab, ob die Vornahme des Realaktes im Ermessen der Behörde steht (dann VA) oder ob es sich um eine gebundene Entscheidung handelt (dann kein VA),[506] s. a. § 25 Rn. 13, § 40 Rn. 47. Diese Ansicht hat sich jedoch nicht allgemein durchgesetzt.[507] Ein Bescheidungsanspruch (und kein Anspruch unmittelbar auf Vornahme eines Realaktes) wird jedoch immer dann vorliegen, wenn von dem vorzunehmenden Realakt auch **Dritte betroffen** sind, insbes. bei **Auskünften über Dritte**,[508] weil sich das hier entstehende mehrpolige Rechtsverhältnis besonders gut im Rahmen der §§ 9 ff. „abwickeln" lässt (vgl. § 13 Rn. 25 ff.).

103 Ist fachrechtlich „nur" ein Anspruch auf Bescheidung vorgesehen, bedeutet dies dennoch nicht, dass in jeder Vornahme des begehrten Realakts zugleich konkludent über das Bestehen des Anspruchs entschieden wird (Rn. 99). Kommt die Behörde dem Antrag formlos nach, ist hierin nicht zwingend ein VA über das Bestehen des geltend gemachten Anspruchs zu sehen (Rn. 73).[509] Mit dieser Vornahme wird der gestellte, auf Erlass eines VA gerichtete Antrag nur regelmäßig gegenstandslos, da das **Sachbescheidungsinteresse** (§ 9 Rn. 153 ff., § 24 Rn. 73 f.) entfällt. Dies gilt insbes. dann, wenn der vorgenommene Realakt nicht mehr rückgängig gemacht werden kann, wie etwa eine bereits erteilte Auskunft, und sich deshalb auch die Frage eines Rechtsgrundes zum Behaltendürfen nicht stellt. Dies zeigt die Richtigkeit der Beobachtung, dass die Ablehnung eines Antrags eher in VA-Form erfolgt als dessen Erfüllung.[510] Zur Frage der Anhörungspflicht bei Antragsablehnung in VA-Form § 28 Rn. 27 ff.

3. Hoheitliche Maßnahme

104 **a) Zweifache Bedeutung:** In der VA-Definition des § 25 MRVO Nr. 165 fehlte der Begriff „hoheitlich", s. Rn. 2. Wenngleich vielfach „hoheitlich" gleich „öffentlich-rechtlich" als Gegensatz zum Privatrechtlichen gesehen wird[511] und § 106 LVwG SchlH auch anstelle des Wortes „hoheitlich" das Wort „öffentlich-rechtlich" gebraucht (Rn. 364), liegt in der gleichzeitigen Erwähnung von „hoheitlich" und „auf dem Gebiet des öffentlichen Rechts" in § 35 – doch kein Pleonasmus,[512] s. Rn. 210. Der Zusatz „hoheitlich" hat vielmehr eine zweifache Bedeutung: Zunächst kennzeichnet er die **Einseitigkeit** der Maßnahme als Gegenstück zur vertraglichen Regelung.[513] Zudem liegt eine „hoheitliche" Maßnahme nur vor, wenn die Behörde von Befugnissen Gebrauch macht, die dem Adressaten der Maßnahme (in dem zwischen ihm und der Behörde bestehenden Rechtsverhältnis) in dieser Form *ihrer Art nach* nicht zustehen. Keine hoheitliche Maßnahme ist damit gegeben, wenn eine entsprechende Willenserklärung mit grundsätzlich gleichen Wirkungen auch von einem Privaten abgegeben werden könnte, näher Rn. 210. Insoweit ist das Merkmal „hoheitlich" Folge der **„Andersordnung" von Staat und Bürger** (Rn. 4), ohne dass Anlass besteht, die Verwendung des Begriffs „hoheitlich" als verfassungswidrige Fortschreibung „obrigkeitlichen Denkens" zu verstehen,[514] insbes. auch weil sich das Merkmal „Hoheitlichkeit" nicht auf das ohne die Maßnahme bestehende Rechtsverhältnis zwischen den Beteiligten, sondern auf die Maßnahme selbst bezieht. Keine hoheitlichen Maß-

---

[506] *BVerwGE* 31, 301, 306 = NJW 1969, 1131; *VGH München* BayVBl 1984, 758; *VG Karlsruhe* NVwZ-RR 2001, 282; BFHE 126, 358 = NJW 1979, 735 (m. Anm. *Lässig* DVBl 1979, 561).
[507] Vgl. etwa *OVG Münster* NJW 1998, 3659; *OVG Lüneburg* NJW 1994, 2634, 2635; *Bettermann* DVBl 1969, 703, 704; *Kopp/Schenke*, Anh. § 42 Rn. 41; *Lässig* DVBl 1979, 561.
[508] BFHE 126, 358 = NJW 1979, 735 (m. Anm. *Lässig* DVBl 1979, 561) zur Auskunft über Steuergeheimnis eines Dritten; *Haller* NuR 1995, 217, 218; *ders.*, Auskunftsansprüche im Umwelthaftungsrecht, 1999, S. 163 ff., zur Auskunft nach § 9 UmweltHG; a. A. aber jetzt BFH NVwZ 2007, 854.
[509] So wohl der Fall bei *VG Stuttgart* NVwZ-RR 2006, 392.
[510] *Pietzner* in Schoch u. a., § 42 Abs. 1 Rn. 32, 96.
[511] *Henneke* in Knack, § 35 Rn. 9; *Janßen* in Obermayer, VwVfG, § 35 Rn. 28; *Maurer*, § 9 Rn. 11.
[512] So aber *Achterberg*, § 21 Rn. 49; *Emmerich-Fritsche* NVwZ 2006, 762, 763; *Meyer/Borgs*, § 35 Rn. 26.
[513] BVerwG NJW 1983, 776; *Hill* DVBl 1989, 321 ff.; *Detterbeck*, Rn. 439; *Hauraud* DVP 2007, 221, 222; *Koch/Rubel/Heselhaus*, § 3 Rn. 19; *Kopp/Schenke*, Anh. § 42 Rn. 14; *Peine*, Rn. 338; *Renck* NVwZ 1991, 1038, 1041; *Ruffert* in Erichsen/Ehlers, § 20 Rn. 17; *Schwarz* in Fehling u. a., § 35 VwVfG Rn. 83; *Wolff* in Wolff/Decker, § 35 VwVfG Rn. 28 f.
[514] So aber *Emmerich-Fritsche* NVwZ 2006, 762, 763.

nahmen sind daher auch alle behördlichen einseitigen Willenserklärungen/Entscheidungen, die zwar im Rahmen ör. Rechtsverhältnisse abgegeben/getroffen werden, die in gleicher Weise aber auch der an dem Rechtsverhältnis ebenfalls beteiligte Private abgeben/treffen kann, wie etwa die Kündigung ör. Verträge oder die Aufrechnungserklärung, s. Rn. 210f. Keine „hoheitliche" Maßnahmen sind deshalb auch Maßnahmen privatrechtlicher Rechtsnatur, weil das Privatrecht auf Gleichordnung angelegt ist und somit jedem Privatrechtssubjekt im Grundsatz gleichartige Befugnisse gegenüber den anderen Privatrechtssubjekten zustehen.[515] Zu Maßnahmen zwischen Verwaltungsträgern s. Rn. 185ff.

Ob der Behörde die Befugnis zum Erlass „hoheitlicher" Maßnahmen zusteht, ist – sofern die Voraussetzungen des § 35 i. Ü. erfüllt sind – grundsätzlich eine Frage der Rechtmäßigkeit, in Einzelfällen auch der Wirksamkeit des VA. Soweit jedoch eine **Maßnahme ihrer Natur nach nicht-hoheitlich** ist, kann sie die Behörde durch bloße Willensentscheidung nicht hoheitlich machen: Mangels „Hoheitlichkeit" *kann* nicht durch Erlass eines materiellen VA aufgerechnet (Rn. 138) oder ein Verwaltungsvertrag gekündigt (Rn. 137) werden. Wird dennoch der Form nach ein „VA" erlassen, liegt ein nur formeller VA i. S. des Verwaltungsprozessrechts jedoch kein VA i. S. des § 35 vor, s. Rn. 16ff. Dieser Fall ist von dem Fall zu unterscheiden, dass die Behörde einseitig und in einer dem Bürger so nicht möglichen Weise (also hoheitlich) ein zwischen ihr (bzw. ihrem Träger) und dem Adressaten bestehendes privatrechtliches Rechtsverhältnis begründen, aufheben oder verändern will. Hier ist zwar einseitiges Handeln gegeben, jedoch liegt die getroffene Einzelfallregelung nicht auf dem „Gebiet des öffentlichen Rechts" und ist deshalb kein (materieller) VA, s. Rn. 209ff. Schließlich können in Zusammenhang mit nicht-hoheitlichen Maßnahmen auch (ggf. konkludent) hoheitliche Regelungen über das Bestehen/Nichtbestehen ör. Ansprüche getroffen werden, s. Rn. 109f. Insoweit sind die in Rn. 99ff. dargelegten Grundsätze entsprechend heranzuziehen.

b) Abgrenzung zu privatrechtlichen Maßnahmen/Zweistufentheorie: Privatrechtliche Willenserklärungen einer Behörde sind keine hoheitlichen Maßnahmen (Rn. 104) und damit keine VA. Abgrenzungsprobleme entstehen, wenn die rechtliche Zuordnung eines bestimmten Handelns zum öffentlichen oder privaten Recht unklar ist (hierzu § 1 Rn. 83ff.). Dies ist insbes. problematisch, wenn sich ein **Lebenssachverhalt** aus Tatbeständen des **öffentlichen** und des **privaten Rechts** zusammensetzt, so etwa bei den Vorkaufsrechten der öffentlichen Hand (Rn. 135) oder bei der privatrechtlichen Erklärung nach § 569 Abs. 2 Nr. 2 S. 1 Alt. 2 BGB, auf deren Abgabe nach § 34 Abs. 2 SGB XII ein subjektiv-öffentliches Recht bestehen kann.[516] Probleme bestehen aber auch, wenn ein **Wahlrecht** zwischen ör. und privatrechtlichen Handlungsformen besteht (§ 1 Rn. 104). Hier hilft auch die **Vermutungsregel** (§ 1 Rn. 102) nur eingeschränkt weiter. Daher muss bereits im Entscheidungsprozess Klarheit geschaffen werden, auf welchem Rechtsgebiet man sich bewegt (§ 1 Rn. 88, § 9 Rn. 162).

Allgemein anerkannt – wenn auch selten deutlich ausgesprochen – ist auch die Existenz **subjektiv-öffentlicher Rechte auf** Abgabe **privatrechtlicher behördlicher Willenserklärungen**.[517] Was hieraus – insbes. im Recht öffentlicher Aufträge (Rn. 123ff.) und bei Vermögensprivatisierung (Rn. 127) – zu schließen ist, ist indes außerordentlich umstr. Die **Rspr. befindet sich im Umbruch**. Die „klassischen" Differenzierungen zwischen „fiskalischer" und „verwaltungsprivatrechtlicher" Verwaltungstätigkeit sind nach mittlerweile h. M. jedenfalls aufzugeben. Wieder eine „Schlüsselposition" in der aktuellen Diskussion nimmt demgegenüber die **Zweistufentheorie** ein, die in den 1950er Jahren zur Durchsetzung von Subventionsansprüchen (Rn. 112ff.) und von Ansprüchen auf Zugang zu öffentlichen Einrichtungen (Rn. 117ff.) entwickelt worden ist.[518] Sie besteht aus **zwei grundsätzlich trennbaren Elementen:**

1. Zunächst betont die Zweistufentheorie, dass die Behörde auch dann, wenn sie ihre Aufgaben in privatrechtlichen Formen erfüllt, durch ör. Rechtssätze verpflichtet werden kann, von privatrechtlichen Gestaltungsformen in bestimmter Weise Gebrauch zu machen, insbes. bei der Entscheidung über den Abschluss privatrechtlicher Verträge die Grundrechte und sonstige ör. Vorgaben zu beachten. An dieser Aussage ist festzuhalten. Hieraus ist – entgegen der vom

---

[515] Vgl. *U. Stelkens*, Verwaltungsprivatrecht, 2005, S. 922ff.
[516] *BVerwGE* 94, 229, 231 = NJW 1994, 1169; *U. Stelkens*, Verwaltungsprivatrecht, 2005, S. 421ff.
[517] *U. Stelkens*, Verwaltungsprivatrecht, 2005, S. 410f., 1030f. m. w. N.
[518] Zur Entstehung der Zweistufentheorie *U. Stelkens*, Verwaltungsprivatrecht, 2005, S. 968ff.

§ 35 109, 110   Teil III. Verwaltungsakt

BVerwG in seinem Beschluss v. 2. 5. 2007[519] vertretenen Auffassung (hierzu Rn. 124) – mit der bis **dahin wohl h. M.**[520] zu schließen, dass für die Durchsetzung solcher ör. Ansprüche auf Abschluss privatrechtlicher Verträge aller Art der **Verwaltungsrechtsweg** gegeben ist, und zwar auch jenseits der „klassischen" Anwendungsbereiche der Zweistufentheorie, so (außerhalb des Anwendungsbereich der §§ 97 ff. GWB) im Vergaberecht (Rn. 123 ff.), bei Vermögensprivatisierung (Rn. 127) und bei Einstellung von Arbeitnehmern des Öffentlichen Dienstes (Rn. 128).

109   2. Nur historisch erklärbar, heute nicht mehr haltbar und daher aufzugeben ist die zweite Grundannahme der Zweistufentheorie, die jedoch bei Subventionsvergabe und bei Zugangsansprüchen zu öffentlichen Einrichtungen/Anstalten **in der Rspr.** nach wie vor unangefochten ist (Rn. 112 ff., 117 ff.): Gemeint ist die Annahme, die Behörde sei verpflichtet, über ör. Ansprüche, die auf Abschluss privatrechtlicher Verträge gerichtet sind, zunächst durch VA zu entscheiden.[521] Diese **„klassische" Zweistufentheorie** unterstellt damit einen materiellrechtlichen Grundsatz, nach dem der Erlass eines VA zwingende Voraussetzung für die Verwirklichung (vgl. § 218 Abs. 1 AO) eines ör. Leistungsanspruchs gegenüber der Verwaltung unabhängig von seiner Entstehung (vgl. § 38 AO) und seiner Fälligkeit (vgl. § 202 AO) sei. Regelungsinhalt dieses VA ist nicht die Abgabe/Annahme des Vertragsangebots als solche (dies wäre keine „hoheitliche" Maßnahme, s. Rn. 104), sondern die Festsetzung, dass ein ör. Anspruch auf Abgabe einer Vertragsangebots- oder einer Vertragsannahmeerklärung besteht oder nicht besteht. Für diese Konstruktion standen allein – heute nicht mehr maßgebliche (Rn. 2, 47) – Rechtsschutzgesichtspunkte Pate.[522] Heute steht demgegenüber einer **„modernen Version" der Zweistufentheorie** nichts entgegen, die auf das Vorliegen eines VA auf der ersten Stufe verzichtet und unmittelbar von einem subjektiv-öffentlichen Recht auf Abgabe einer behördlichen privatrechtlichen Willenserklärung ausgeht. Ein hierauf gerichtetes verwaltungsgerichtliches Urteil kann nach § 167 VwGO i. V. m. § 894 ZPO vollstreckt werden.[523] Dies führt nicht zwingend zur Unanwendbarkeit der §§ 9 ff. VwVfG, da gerade die jahrelange Heranziehung der Zweistufentheorie ein Argument dafür ist, auf Verwaltungsverfahren, die auf Abschluss privatrechtlicher Verträge gerichtet sind, die **§§ 9 ff. VwVfG analog** anzuwenden,[524] so insbes. § 20 (dort Rn. 19), § 21 (dort Rn. 8), § 24 (dort Rn. 13), § 25 (dort Rn. 9), § 26 (dort Rn. 5), § 30 (dort Rn. 6), § 33 (dort Rn. 3), § 39 (dort Rn. 18 ff.) und wohl auch § 29 (dort Rn. 14). Allgemein hierzu Rn. 44, § 1 Rn. 117 ff. Mit dieser Konstruktion ließen sich die im Schrifttum problematisierten **Folgeprobleme der Zweistufentheorie** vermeiden, die sich aus dem unklaren Verhältnis der beiden Stufen zueinander ergeben, v. a. wenn der VA auf der ersten Stufe aufgehoben wird oder aus sonstigen Gründen entfällt,[525] s. a. Rn. 114, 119.

110   Von der Annahme der „klassischen" Zweistufentheorie, die Behörde müsse, bevor sie einen privatrechtlichen Vertrag schließe, zunächst durch VA über das Bestehen/Nichtbestehen eines ör. Anspruchs auf Vertragsschluss entscheiden (Rn. 109), ist die Frage zu unterscheiden, **wie zu verfahren ist, wenn die Behörde** – ohne Rechtspflicht – **vor Vertragsschluss einen solchen VA erlassen hat.** Ein solcher VA ließe sich nicht wegdiskutieren.[526] Tatsächlich *kann* die

---

[519] *BVerwG* NVwZ 2007, 822 ff.
[520] *OVG Bautzen* NZBau 2006, 393 f.; *OVG Berlin* NJW 2004, 3585; *VGH Kassel* NVwZ 2003, 238; UPR 2006, 201; *OVG Koblenz* NZBau 2005, 411, 412; *OVG Münster* NZBau 2005, 167; NVwZ-RR 2006, 223; NVwZ 2006, 848, 849; NZBau 2006, 533 f.; *VG Koblenz* NZBau 2005, 412 ff.; *VG Münster* NWVBl 2006, 470; VergabeR 2007, 350 ff.; *VG Neustadt a. d. W.* NZBau 2006, 335 f.; *Burgi* NZBau 2005, 610, 614; *Dawin* NVwZ 1983, 400; *Ehlers* in Schoch u. a., § 40 Rn. 260, 296; *Frenz* VergabeR 2007, 1, 14; *Hoffmann Becking* VerwArch 62 (1971), S. 191; *Huber* JZ 2000, 877, 881; *Krebs* ZIP 1990, 1513, 1522 f.; *Krist* VergabeR 2003, 434, 435; *Prieß/Hölzl* NZBau 2005, 367, 369 ff.; *Pünder* VerwArch 95 (2004), S. 38, 62 f.; *Puhl* VVSDStRL 60 (2001), S. 456, 484; *Rennert* in Eyermann, § 40 Rn. 33, 48 ff.; *Röhl* VerwArch 86 (1995), S. 531, 562 f.; *Scharen* NZBau 2003, 585, 590 f.; *Sodan* in Sodan/Ziekow, § 40 Rn. 272; *U. Stelkens*, Verwaltungsprivatrecht, 2005, S. 1024 ff.; *Wallerath*, § 2 Rn. 25.
[521] *Klebe*, Möglichkeiten und Folgen der Wahl eines Trägers der öffentlichen Verwaltung zwischen den Gestaltungsformen des öffentlichen und privaten Rechts, 1960, S. 51.
[522] Dieser Zusammenhang wird deutlich etwa bei *Flessa* NJW 1958, 1276; *Ipsen* DVBl 1956, 602, 611.
[523] Ausführlich hierzu *U. Stelkens*, Verwaltungsprivatrecht, 2005, S. 1036 ff.
[524] *Kahl*, FS Zezschwitz, 2005, S. 151, 164 ff.; *U. Stelkens*, Verwaltungsprivatrecht, 2005, S. 1015 ff.
[525] Vgl. zur Kritik: *Bethge* JR 1972, 139; *Ehlers* VerwArch 74 (1983), S. 112; *ders.* in Erichsen/Ehlers, § 3 Rn. 37 f.; *ders.* in: Schoch u. a., § 40 Rn. 255; *Jacobs* BayVBl 1985, 353; *Maurer*, § 17 Rn. 14 ff.; *Ossenbühl* DVBl 1973, 289; *Rüfner*, Formen öffentlicher Verwaltung im Bereich der Wirtschaft, 1967, S. 372 ff.; *Rodi*, Subventionsrechtsordnung, 2000, S. 645 ff.; *Zuleeg*, FS Fröhler, 1980, S. 275.
[526] *Schetting*, Rechtspraxis der Subventionierung, 1973, S. 318.

Behörde einen ör. Anspruch durch VA festsetzen/ablehnen. Denn die verbindliche Entscheidung, dass ein ör. Anspruch besteht/nicht besteht, ist ungeachtet der Rechtsnatur des Anspruchsziels eine hoheitliche Maßnahme auf dem Gebiet des öffentlichen Rechts. Weil jahrelang sogar von einer Rechtspflicht zum Erlass eines solchen VA ausgegangen worden ist, wird man in diesen Fällen als „Minus" auch vom Vorliegen einer „VA-Befugnis" kraft Gewohnheitsrechts auszugehen haben, s. a. Rn. 27. Daher ist sowohl eine allgemeine Leistungsklage auf Vertragsschluss als auch eine gegen den Ablehnungs-VA gerichtete Anfechtungsklage zu erheben, *soweit* der Ablehnungs-VA das Nichtbestehen ör. Vertragsabschlussansprüche feststellt. Maßgeblich ist der VA-Inhalt.[527]

111 Von ihren „Erfindern" nicht „eingeplant" war schließlich die in der aktuellen Diskussion vielfach vorgeschlagene Instrumentalisierung der **Zweistufentheorie als Mittel des Konkurrentenschutzes,** wenn mehrere Bewerber um eine von der Behörde nur einmal zu gewährende Begünstigung konkurrieren, näher Rn. 160. Soweit nur gemeint ist, dass ein ör. Anspruch auf ermessensfehlerfreie Entscheidung auch dann vor den Verwaltungsgerichten durchzusetzen ist, wenn die Begünstigung durch Abschluss eines privatrechtlichen Vertrages gewährt wird, ist dem zuzustimmen, s. Rn. 108. Darüber hinaus wird jedoch auch erwogen, der Gewährung der Begünstigung (unabhängig davon, in welcher Rechtsform sie gewährt wird) einen VA „vorzuschalten", in dem darüber entschieden wird, wem die Begünstigung zu gewähren ist (und wem nicht), um so dem unterlegenen Bewerber die Möglichkeit der Anfechtung der Auswahlentscheidung in den „gewohnten Bahnen" der Anfechtung eines VA mit Drittwirkung zu ermöglichen. Solche Überlegungen gab und gibt es für das Recht der Vergabe öffentlicher Aufträge[528] (außerhalb des Anwendungsbereichs der §§ 97 ff. GWB, Rn. 124f.), für die Marktstandplatzvergabe[529] (Rn. 121) und für die Vergabe von Baugrundstücken nach dem Einheimischenmodell[530] (Rn. 127): Gedacht ist dabei an eine Ausweitung des für **beamtenrechtliche Konkurrentenstreitigkeiten entwickelten Modells,** bei dem der Beamtenernennung eine sog. Vorab-Mitteilung vorausgeht, die die unterlegenen Bewerber über den Ausgang des Auswahlverfahrens informiert, um ihnen so den Rechtsschutz gegen die Auswahlentscheidung vor Ernennung zu eröffnen, näher Rn. 161 f. Tatsächlich ist zur Sicherung des Konkurrentenschutzes jedoch nicht notwendig, diese Vorab-Mitteilungen als VA zu konstruieren. Sie sind i.d.R. nur – verfassungsrechtlich gebotene – Mitteilungen über den Verfahrensstand, näher Rn. 163.

112 **aa) Subventionen:** Die nach wie vor h.M. nimmt an, der Behörde stehe grundsätzlich ein Wahlrecht zu, ob sie Subventionen oder Zuwendungen (§ 14 HGrG, § 23 BHO/LHO) in privatrechtlichen oder ör. Formen gewährt, sofern nicht ausdrücklich die Verwendung ör. (so bei § 13 Abs. 3 WoFG) oder privatrechtlicher Formen (so bei dem früheren § 102 Abs. 2 II. WoBauG) gesetzlich vorgeschrieben ist. In der Praxis werden Subventionen nahezu ausschließlich entweder durch VA oder durch privatrechtlichen Vertrag gewährt. Der – in der Lit. vielfach favorisierte,[531] vgl. § 54 Rn. 159 – **ör. Subventionsvertrag** ist die **Ausnahme.**[532] Tatsächlich dürften **Subventionsverträge,** die Subventionsverhältnisse betreffen, die *nicht* gesetzlich ör. vorgeordnet sind, mit der Rspr. als **privatrechtliche Verträge** zu begreifen sein; der Behörde kann sinnvollerweise nur ein Wahlrecht zwischen einem Handeln durch VA und einem Handeln durch privatrechtlichen Vertrag zugesprochen werden.[533] Soweit eine Subvention durch privatrechtlichen Vertrag gewährt wird, zieht die Rspr. indes nach wie vor die **„klassische" Zweistufentheorie** (Rn. 109) heran, nach der dem Abschluss eines solchen Vertrages zwingend ein VA vorauszugehen habe, der über das „Ob" der Subventionsgewährung entscheide. Dabei ist wie folgt zu unterscheiden:

113 **(1)** Der öffentliche Subventionsgeber gewährt einen **verlorenen Zuschuss *ohne* Zwischenschaltung eines privaten Kreditinstituts:** Die Rspr. nimmt hier an, eine solche Subvention

---

[527] Zum Ganzen *U. Stelkens,* Verwaltungsprivatrecht, S. 1005 ff.
[528] *Hermes* JZ 1997, 909, 914 f.; *Kopp* BayVBl 1980, 609, 611; *Pernice/Kadelbach* DVBl 1996, 1100, 1106; *Tryantafyllou,* NVwZ 1994, 943, 946 ff.
[529] *Pöcker* DÖV 2003, 193 ff.
[530] *VGH München* NVwZ-RR 2000, 121; *OVG Münster* NJW 2001, 698, 699; *VG München* BayVBl 1997, 533 ff.
[531] So zuletzt *Gündling,* Modernisiertes Privatrecht und öffentliches Recht, 2006, S. 188 ff. m.w.N.
[532] Für einen Anwendungsfall aber *BGH* WM 1999, 150, 151.
[533] Ausführlich hierzu *U. Stelkens,* Verwaltungsprivatrecht, 2005, S. 680 ff., 693 ff., 700 ff., 744 ff.

könne nur „einstufig" entweder durch VA oder durch Abschluss eines ör. Vertrages gewährt werden.[534] Privatrechtliches Verwaltungshandeln (und damit die Anwendung der Zweistufentheorie) scheide aus, weil nicht angenommen werden könne, die Verwaltung schlösse Schenkungsverträge nach §§ 516 ff. BGB zu Subventionszwecken.[535] Die Annahme eines privatrechtlichen Zuwendungsvertrages über „verlorene Zuschüsse" ist indes so absurd nicht, da auch zwischen Privaten Verträge über zweckgebundene Zahlungen möglich und üblich sind (private Stipendien, zweckgebundene Spenden, Sponsoring etc.), die auch im Privatrecht nicht als Schenkungsverträge angesehen werden.[536] Daher *können* auch verlorene Zuschüsse auf Grundlage privatrechtlicher Verträge vergeben werden, so dass auch hier eine „zweistufige" Ausgestaltung möglich ist. Jedoch ist (privat-)vertragliches Verwaltungshandeln bei verlorenen Zuschüssen zumeist *unzweckmäßig*, weil die Durchsetzung von Rückforderungsansprüchen bei Handeln durch VA wegen § 49 Abs. 3 i. V. mit § 49 a für die Verwaltung wesentlich einfacher ist.[537]

114 (2) Der öffentliche Subventionsgeber gewährt Subventionen in Form von **Darlehen, Bürgschaften und Vermögensveräußerungen zu verbilligten Preisen** *ohne* **Zwischenschaltung eines privaten Kreditinstituts:** Für diesen Fall ist die Zweistufentheorie entwickelt worden und liegt nach wie vor der Rspr. zu Grunde.[538] Hiernach ist der Subventionsanspruch zunächst darauf gerichtet, dass die Behörde (ermessensfehlerfrei) über den Erlass eines VA entscheidet, mit dem sie sich gegenüber dem Subventionsempfänger verpflichtet, mit ihm z. B. einen Darlehensvertrag zu „allgemeinen Subventionsbedingungen" zu schließen. Erst dieser Anspruch „aus dem" VA ist auf Abschluss des privatrechtlichen Subventionsvertrages gerichtet. Nach neuerer – zutreffender – Rspr. des *BVerwG* ist der Bestand des Subventionsvertrages unabhängig vom Bestand des Subventionsbescheides. Wird der Subventionsbescheid aufgehoben, begründet dies für sich allein keinen ör. Rückzahlungs- oder Verzinsungsanspruch.[539] Die Subvention kann nur dann (und *nur* nach Maßgabe des Zivilrechts)[540] zurückabgewickelt werden, wenn auch der Subventionsvertrag (wirksam) gekündigt worden ist, wobei die Aufhebung des Subventionsbescheides nur dann einen Kündigungsgrund bildet, wenn dies ausdrücklich vertraglich so vereinbart wurde.[541] Die Rückabwicklung eines privatrechtlichen Subventionsvertrages richtet sich – entgegen *OVG Berlin*[542] – auch dann ausschließlich nach Privatrecht, wenn der Subventionsvertrag entspr. der neueren Rspr. des *BGH*[543] wegen Verstoßes gegen Gemeinschaftsrecht nach § 134 BGB nichtig sein sollte. Auch dann folgt ein Rückzahlungsanspruch allenfalls aus § 812 BGB.[544] Das „gemeinschaftsrechtliche" Rechtsverhältnis zwischen der Kommission und dem Mitgliedstaat (vgl. Rn. 350) ändert hieran nichts. Auch sonst gilt: **Schließt die Be-**

---

[534] *BVerwG* NJW 1969, 809; *VGH Mannheim* NJW 1978, 2050, 2051; *OVG Münster* NVwZ 1984, 522, 523; *BGHZ* 57, 130, 132; *BGH* NVwZ 1985, 517, 518; WM 1999, 150, 151; NJW 2003, 3767; *OLG Naumburg* NVwZ 2001, 354, 355.
[535] So v. a. *Ipsen* DVBl 1956, 602, 605; dem folgend: *Bettermann* DVBl 1971, 112, 114; *Busch* JuS 1992, 563, 564; *Jakobs* BayVBl 1985, 353, 356.
[536] Näher *U. Stelkens*, Verwaltungsprivatrecht, 2005, 747 ff.
[537] *Gusy* JA 1991, 327, 328; *Rodi*, Die Subventionsrechtsordnung, 2000, S. 747.
[538] Grundlegend *BVerwGE* 1, 308, 310 = NJW 1955, 437; ferner für **Darlehen:** *BVerwGE* 13, 47, 50 = NJW 1962, 170; *BVerwGE* 41, 127, 129; 45, 13, 14; *BGHZ* 40, 206, 208 ff.; 52, 155, 159 = NJW 1969, 1434; *BGHZ* 61, 296, 299; für **Bürgschaft:** *BVerwGE* 30, 211, 213; 105, 302, 303 ff. (gegen *BVerwGE* 13, 307, 311 = NJW 1962, 830); *BGH* NJW 1997, 328, 329; *OLG Rostock* NVwZ 2002, 526; für **Realförderung:** *BayVerfGH* BayVBl 1983, 242 ff.; *BVerwGE* 38, 281, 283; *OVG Koblenz* NVwZ 1993, 381, 382; *OVG Münster* NJW 2001, 698, 700; NVwZ 1984, 522, 523; *BGH* DÖV 1969, 861; LKV 2005, 84 (a. A. *OLG Naumburg* NVwZ 2001, 354, 355 mit zust. Anm. *Leinenbach/Jurczyk* LKV 2001, 450); zustimmend *Bethge* JR 1972, 139, 143 ff.; *Götz*, Recht der Wirtschaftssubventionen, 1966, S. 56 ff. (für Darlehen und Bürgschaft); *Gusy* JA 1991, 327, 328; *Henke*, Recht der Wirtschaftssubventionen als öffentliches Vertragsrecht, 1979, S. 19 (für Realförderung).
[539] So unmissverständlich jetzt *BVerwG* NJW 2006, 536, 537 f.; ebenso bereits: *BVerwGE* 41, 127, 131; *OVG Münster* NVwZ 1988, 452; *BGHZ* 40, 206, 210; 92, 94, 96 = NJW 1985, 3021 (für Darlehen); *BGH* NJW 1997, 328, 329 (für Bürgschaft). Für eine Parallelanwendung beider Rechtsordnungen *OVG Frankfurt (Oder)* NVwZ 2000, 577.
[540] A. A. *OVG Magdeburg* NVwZ 2002, 108.
[541] Näher *U. Stelkens*, Verwaltungsprivatrecht, 2005, S. 1005 ff.
[542] *OVG Berlin* NVwZ 2006, 104 ff. (m. abl. Anm. *Arhold* EuZW 2006, 94; *Hildebrand/Castillion* NVwZ 2006, 298 ff.; *Hoffmann/Bollmann* EuZW 2006, 398 ff.; *Ludwigs* Jura 2007, 612 ff.; *Vögler* NVwZ 2007, 294 ff.).
[543] *BGH* EuZW 2003, 444 f.; NVwZ 2004, 636, 637; EuZW 2004, 254, 255; hierzu *U. Stelkens*, Verwaltungsprivatrecht, 2005, S. 941 ff. m. w. N.
[544] Wie hier *BGH* NVwZ 2004, 636; *KG* NVwZ-RR 2005, 512.

hörde einen privatrechtlichen Subventionsvertrag, ist sie an das Privatrecht gebunden: So gelten die Grundsätze über die Sittenwidrigkeit von Bürgschaften vermögensloser Familienangehöriger auch für die Sicherung von Subventionsdarlehen,[545] kann Verbraucherkreditrecht anwendbar sein[546] und sind vertraglich nicht vorgesehene Zinserhöhungen nur zulässig, wenn dies (wegen Art. 74 Abs. 1 Nr. 1 GG) *bundes*gesetzlich vorgesehen ist (vgl. § 87a Abs. 5 II. WoBauG a. F.).[547] Auch kann der Darlehensvertrag zur Haftung des Subventionsgebers nach §§ 32a ff. GmbHG führen.[548]

(3) In die Subventionsvergabe wird ein (privates oder ör.) Kreditinstitut eingeschaltet, das 115 *nicht* **nach § 44 Abs. 3 BHO/LHO beliehen ist:** Insbes. bei Subventionen, die in der Sicherung oder Refinanzierung von Krediten zu günstigen Konditionen bestehen, wird vielfach die kreditgewährende Bank in die Subventionsvergabe als **„Subventionsmittler"** eingeschaltet: Dann besteht kein tatsächlicher Kontakt zwischen Subventionsempfänger und Subventionsgeber; der Subventionsmittler ist vielmehr die Stelle, über die (zwingend) der Subventionsantrag einzureichen ist. Der refinanzierte oder gesicherte Darlehensvertrag wird in diesen Fällen übereinstimmend als privatrechtlicher Vertrag angesehen.[549] Die Rspr. nimmt jedoch an, die Behörde erlasse *gegenüber dem Darlehensempfänger* einen VA, der von dem zwischen dem Darlehensempfänger und der Bank bestehenden *privatrechtlichen* Darlehensvertrag zu unterscheiden sei.[550] Dieser VA wird dem Empfänger vielfach über die – insoweit als Bote (Rn. 61) eingeschaltete – Bank mitgeteilt. Inhalt des durch den VA begründeten Anspruchs kann somit wohl nur die Verpflichtung der Behörde gegenüber dem Subventionsempfänger sein, *mit der Bank* einen (privatrechtlichen) Kreditrefinanzierungs- oder Kreditsicherungsvertrag zu Gunsten eines dem Subventionsempfänger von der Bank zu gewährenden Kredits zu schließen. Daher wird auch das Rechtsverhältnis zwischen Kreditinstitut und refinanzierender Behörde als privatrechtliches Rechtsverhältnis angesehen.[551] Offen gelassen hat der *BGH* bisher, ob die kreditgewährende Bank in diesem Zusammenhang selbst besonderen ör. (verwaltungsprivatrechtlichen) Bindungen unterliegt.[552] Besteht die Subvention in der Gewährung eines durch die Bank ausgezahlten, vom Subventionsgeber refinanzierten **verlorenen Zuschusses** ist das Verfahren ebenfalls in der oben beschriebenen Weise zweistufig ausgestaltet.[553] Bei dem zwischen der Bank und dem Subventionsempfänger geschlossenen Subventionsvertrag handelt es sich dann allerdings um einen privatrechtlichen Zuwendungsvertrag eigener Art,[554] vgl. Rn. 113. Darf die Bank über die Subventionsvergabe selbst entscheiden, liegt bei fehlender gesetzlicher Grundlage entweder ein Verstoß gegen den Grundsatz der Selbstorganschaft (Rn. 60) oder ein Fall fehlerhafter Beleihung (Rn. 65) vor,[555] so dass der Subventionsbescheid bzw. seine Ablehnung rechtswidrig (nicht nichtig) ist.

(4) Ein Kreditinstitut wird nach § 44 Abs. 3 BHO/LHO mit der Subventionsver- 116 **gabe beliehen:** Diese Beleihung ermöglicht der Bank, dass sie (nach der „klassischen" Zweistufentheorie: durch VA) auf Antrag nach Maßgabe der hierfür geltenden Richtlinien als Behörde des öffentlichen Subventionsgebers (nach Art eines „In-sich-Geschäfts", vgl. § 181 BGB) darüber entscheidet, ob der Subventionsgeber mit ihr (der Bank als Privatperson) einen privatrechtlichen Vertrag schließt, mit dem – je nach Subventionsart – ein zwischen der Bank (als Privatperson) und dem Subventionsgeber abzuschließender privatrechtlicher Darlehensvertrag – oder (im Fall eines verlorenen Zuschusses) privatrechtlicher Zuwendungsvertrag (Rn. 115) – aus Mitteln des Subventionsgebers refinanziert oder gesichert wird. Materiellrechtlich ändert die

---

[545] *BGHZ* 134, 42, 47 = NJW 1997, 257; *BGHZ* 135, 66, 70 = NJW 1997, 1773; *BGH* NJW 2005, 971, 972.
[546] *BGH* NJW 2003, 2742, 2743.
[547] *OVG Münster* NVwZ 1988, 452; *BGHZ* 92, 94, 97 = NJW 1985, 3021; *BGH* NVwZ 1988, 472, 473.
[548] *BGHZ* 105, 168, 174.
[549] *BGH* NJW 2000, 1042; *BGHZ* 155, 166 = NJW 2003, 2451, 2452; *KG* NVwZ-RR 2005, 512.
[550] *BVerwGE* 7, 180, 182 = NJW 1959, 180; *BVerwGE* 13, 307, 309 = NJW 1962, 830; *BVerwGE* 35, 170, 171; 105, 302, 305; a. A. jetzt wohl *OVG Münster* NWVBl 2005, 475 f.
[551] *BVerwG* NJW 2006, 2568; *BGHZ* 25, 211, 213; *Ehlers* VerwArch 74 (1983), S. 112, 118; *Henke*, Recht der Wirtschaftssubventionen, 1979, S. 92 f.
[552] *BGHZ* 155, 166 = NJW 2003, 2451, 2452; *BGH* NJW-RR 2005, 276, 278.
[553] A. A. *BGH* NVwZ 1985, 517 f.
[554] So deutlich jetzt auch *BVerwG* NJW 2006, 2568; *OVG Münster* NWVBl 2005, 475, 476.
[555] *BGH* NJW 2000, 1042.; *U. Stelkens* NVwZ 2004, 304 f.; a. A. wohl *BVerwG* DÖV 1971, 312 (mit abl. Anmerkung *Heinze* DÖV 1971, 313, *Kopp* DVBl 1971, 724).

Beleihung nach § 44 Abs. 3 BHO/LHO somit an den komplizierten Dreiecksbeziehungen nichts.[556]

117 **bb) Öffentliche Einrichtungen/Anstalten:** Da der Verwaltung bezüglich der Ausgestaltung und der Organisation öffentlicher Einrichtungen/Anstalten (zu deren Widmung Rn. 324 f.) nach h. M. Wahlfreiheit zwischen öffentlichem und privatem Recht zusteht (§ 1 Rn. 104, 124 f., § 54 Rn. 45), hat sich auch insofern die „klassische" Zweistufentheorie (Rn. 109) durchgesetzt: Folgende Konstellationen sind indes zu unterscheiden:[557]

118 (1) Öffentliches Recht gilt dann, wenn sowohl die Frage der Zulassung als auch die der Nutzung der Einrichtung/Anstalt ör. geregelt ist.[558] Hier kann über die Zulassung durch VA entschieden werden,[559] denkbar ist auch der Abschluss eines ör. Vertrages (§ 54 Rn. 45) oder eine schlichthoheitliche Überlassung.[560] Fehlen besondere Anhaltspunkte für eine privatrechtliche Ausgestaltung, soll die Geltung öffentlichen Rechts nach st. Rspr. zu **vermuten** sein,[561] s. § 1 Rn. 102. Für Sparkassen s. Rn. 122. Eine Benutzungsregelung durch Satzung spricht jedoch für sich allein nicht für eine ör. Ausgestaltung, da durch Satzung auch die privatrechtliche Ausgestaltung der Nutzung festgelegt werden kann.[562] Zu nicht in Satzungsform ergangenen **Benutzungsordnungen** s. Rn. 338 ff. Soll jemand zur Nutzung einer öffentlichen Einrichtung/Anstalt verpflichtet werden **(Anschluss- und Benutzungszwang)**, ist eine gesetzliche Grundlage erforderlich,[563] ebenso für die Erhebung von Gebühren/Beiträgen.[564] Eine Vollstreckung von Gebühren/Beiträgen auf zivilrechtlichem Wege (ggf. durch eine Inkassogesellschaft) ist ausgeschlossen.[565] Die Geltendmachung des Anschluss- und Benutzungszwangs erfolgt durch VA,[566] sofern insoweit ein VA-Befugnis (Rn. 25 ff.) besteht.[567] Inwieweit Entscheidungen der Behörde zur **Ausgestaltung der Nutzung** VA sind, hängt davon ab, ob man solchen Entscheidungen Außenwirkung beimisst, hierzu Rn. 201.

119 (2) Hat die Behörde das **Nutzungsverhältnis** (eindeutig) **privatrechtlich** ausgestaltet, **ohne die Einrichtung/Anstalt einem privatrechtlich organisierten Träger zu überlassen,** zieht die Rspr. die „klassische" Zweistufentheorie (Rn. 109) heran: Folglich wird angenommen, über das „Ob" der Nutzung sei zwingend durch VA zu entscheiden,[568] so dass der Zugangsanspruch mittels der Verpflichtungsklage durchzusetzen sei.[569] Die sich aus dem Zulassungs-VA ergebende Verpflichtung der Behörde wird durch Abschluss eines privatrechtlichen Nutzungsvertrages „erfüllt". Nutzungsgebühren können bei privatrechtlicher Gestaltung (natürlich) nicht erhoben werden,[570] ebenso wenig können durch Satzung unmittelbar geltende ör. Auskunftspflichten, Betretungsrechte etc. begründet werden.[571] „Erfüllungsprobleme" ergeben sich, wenn

---

[556] Näher hierzu *U. Stelkens* NVwZ 2004, 304, 308; *ders.*, Verwaltungsprivatrecht, 2005, S. 1010 ff.; ferner *Domnach* NVwZ 2007, 53, 55 f.
[557] *Dietlein* Jura 2002, 445, 451 ff.
[558] *BVerwG* NJW 1980, 1863, 1864 (für Nutzung von Universitätsräumen); *VGH Mannheim* NJW 1979, 1900 (für gemeindliches Schwimmbad); NVwZ 1998, 540, 541 (für als Veranstaltungsraum genutzte profanierte Kirche); VBlBW 1998, 58, 60 (für Sportboothafen); *OVG Münster* NVwZ 1995, 814 (für Chor einer gemeindlichen Musikschule).
[559] *VGH München* NVwZ-RR 1998, 193; *Brüning* LKV 2000, 54.
[560] *VGH München* BayVBl 1979, 469 (zur Überlassung von Räumen einer Universität an politische Studentenvereinigungen); *Lange* VVDStRL 44 (1986), S. 169, 180 f.
[561] *VGH Mannheim* NJW 1979, 1900; NuR 1999, 329, 330; *OVG Münster* NJW 1976, 820, 821; krit. (im Zweifel privatrechtliche Ausgestaltung): *U. Stelkens*, Verwaltungsprivatrecht, 2005, S. 740 ff.
[562] So deutlich *OVG Lüneburg* NVwZ 1999, 566, 567; *Brüning* LKV 2000, 54, 55; *U. Stelkens*, Verwaltungsprivatrecht, 2005, S. 410 f.
[563] *OVG Münster* KStZ 1987, 175.
[564] *OVG Bautzen* LKV 1998, 22; *OVG Lüneburg* NVwZ-RR 2004, 777, 778 f.; *VGH Mannheim* VBlBW 1996, 220; *VG Braunschweig* NdsVBl 2000, 223, 224 (zu „Säumnisgebühr" bei Überschreitung der Ausleihfrist bei öffentlichen Büchereien).
[565] Vgl. *VG Weimar* NVwZ-RR 1999, 480; *LG Leipzig* LKV 2003, 390, 391 ff.
[566] *Brüning* LKV 2000, 54.
[567] *VGH Mannheim* NVwZ-RR 2007, 459, 460 f.
[568] Besonders deutlich *VGH München* NVwZ-RR 2007, 465, 466.
[569] Grundlegend *VGH Kassel* DVBl 1951, 737; *VGH Württemberg-Hohenzollern* DÖV 1952, 1984, 185; ferner: *BVerwGE* 32, 333, 334; *BVerwG* NVwZ 1987, 46; *OVG Koblenz* DÖV 1967, 169; *OVG Lüneburg* NJW 1985, 2347; *OVG Münster* OVGE 24, 175, 177; DVBl 1968, 842, 843; für einstufig privatrechtliche Ausgestaltung demgegenüber noch *PrOVGE* 52, 28, 31; *RGZ* 133, 388, 390.
[570] *VG Leipzig* LKV 2006, 142, 143 f.
[571] *OVG Schleswig* NordÖR 2006, 394 ff.

§ 35 Begriff des Verwaltungsaktes 120 § 35

die Behörde zwar grundsätzlich zum Abschluss eines privatrechtlichen Nutzungsvertrages bereit ist, hierfür jedoch zur Voraussetzung macht, dass der Nutzer bestimmte ihn belastende Klauseln (AGB) akzeptiert, wie etwa Schadensübernahme- und Kautionsklauseln.[572] Wird der **Zulassungsbescheid aufgehoben**, hat dies für sich allein keine Auswirkungen auf den Bestand eines bereits geschlossenen privatrechtlichen Nutzungsvertrags;[573] bei Weigerung der Vertragserfüllung können Schadensersatzansprüche aus § 280 Abs. 1 BGB entstehen.[574] Umgekehrt berührt die Kündigung des Vertrages für sich allein nicht den durch VA festgesetzten Nutzungsanspruch.[575] Die h. M. nimmt zudem an, auch bei privatrechtlicher Ausgestaltung sei ein **Anschluss- und Benutzungszwang** möglich, der von der Behörde durch VA festgesetzt wird.[576] Inhalt des VA ist die Verpflichtung des Bürgers, einen privatrechtlichen Nutzungsvertrag abzuschließen.[577] Problematisch kann die Vollstreckung eines solchen VA sein, da nicht alle Verwaltungsvollstreckungsgesetze mit § 894 ZPO vergleichbare Normen enthalten.[578] Besteht ein Anschluss- und Benutzungszwang und ist das Nutzungsverhältnis privatrechtlich ausgestaltet, nimmt der *BGH* eine gesteigerte „Billigkeitskontrolle" von Nutzungsentgelten und AGB vor.[579]

(3) Ist der Betrieb der Einrichtung/Anstalt einer juristische Person des Privatrechts – etwa einer GmbH – übertragen worden, bestimmt sich das **Verhältnis zwischen dem Nutzer und der Gesellschaft** allein nach Privatrecht,[580] das aber nach h. M. durch **Verwaltungsprivatrecht** (§ 1 Rn. 116 ff.) modifiziert werden kann,[581] § 1 Rn. 127. Ein Zugangsanspruch unmittelbar gegen die Gesellschaft kann sich hier nur bei Anwendbarkeit der besonderen (vgl. § 70 GewO, § 36 EnWG, § 22 Personenbeförderungsgesetz, § 10 AEG, § 145 SGB IX) oder allgemeinen (§ 20 Abs. 1 GWB, § 826 i. V. m. § 249 S. 1 BGB[582]) Kontrahierungszwangbestimmungen ergeben. Die Gesellschaft selbst kann (mangels Beleihung, s. § 1 Rn. 256) einen (nach h. M. möglichen, Rn. 119) **Anschluss- und Benutzungszwang** weder durch VA noch durch verwaltungsgerichtliche Klage durchsetzen.[583] Sie kann auch nicht mit dem Erlass von Gebührenbescheiden beauftragt werden,[584] s. Rn. 60, 65. Gegenüber der **hinter der Gesellschaft stehenden Behörde** besteht ein etwaiger ör. **Zulassungsanspruch** in Form eines Anspruches auf Einwirkung auf die Gesellschaft fort, s. § 1 Rn. 127, § 9 Rn. 21. Dies gilt nicht nur, wenn die Gesellschaft in Allein- oder Mehrheitsbesitz des Behördenträgers steht,[585] sondern auch, wenn sich eine reine Privatgesellschaft (oder auch eine natürliche Person) gegenüber einer Gemeinde privatvertraglich zur „Veranstaltung" einer öffentlichen Einrichtung verpflichtet bzw. diese gepachtet hat.[586] Voraussetzung ist allerdings, dass die Einrichtung nicht vollständig materiell privatisiert wurde, der Behörde also noch hinreichende „Verantwortung" in Zusammenhang mit dem Betrieb der Ein-

---

[572] Für eine Zuordnung zur ersten Stufe wohl: *BVerwGE* 32, 333, 337; *OVG Lüneburg* NJW 1985, 2347; *VGH Mannheim* NJW 1987, 2697; für eine Zuordnung zur zweiten Stufe *Püttner/Lingemann* JA 1984, 274; allgemein zur Zulässigkeit solcher Klauseln *Brand* BayVBl 2001, 104; *Gassner* VerwArch 85 (1994), S. 533, 563; *Vollmer* DVBl 1989, 1087, 1092; *Zundel* JuS 1991, 572, 575.
[573] Vgl. *OVG Koblenz* DÖV 1967, 169; *U. Stelkens*, Verwaltungsprivatrecht, 2005, S. 1009.
[574] *BGHZ* 99, 182, 186 = NJW 1987, 831.
[575] *OVG Düsseldorf* NWVBl 2004, 33, 34; *U. Stelkens*, Verwaltungsprivatrecht, 2005, S. 1009; vgl. a. *VGH München* NVwZ-RR 2007, 465, 467.
[576] Für die Zulässigkeit privatrechtlicher Ausgestaltungsmöglichkeiten: *BVerwGE* 123, 159 = NVwZ 2005, 1072, 1073; *OVG Bautzen* LKV 1997, 223, 224; *OVG Lüneburg* NJW 1977, 450; NVwZ 1999, 566, 567; *OVG Koblenz* NVwZ-RR 1991, 322, 324; *OVG Münster* NVwZ 1998, 728; *BGH* MDR 1984, 558; NVwZ 1991, 606, 607; *BGHZ* 115, 311, 313 = NJW 1992, 171; *U. Stelkens*, Verwaltungsprivatrecht, 2005, S. 742 f. (m. Nachw. zur Gegenauffassung).
[577] *OVG Münster* NVwZ 1987, 727, 729; *Brüning* LKV 2000, 54, 55.
[578] Allgemein hierzu *Linke* NVwZ 2005, 545 ff.
[579] *BGH* NJW 2005, 1772; NJW 2005, 2919, 2920; NVwZ-RR 2006, 603.
[580] *BVerwG* NVwZ 1991, 59; *OLG Dresden* LKV 2001, 142, 143.
[581] *BGHZ* 52, 325, 328; 93, 358, 363 = NJW 1985, 3013; *BGHZ* 99, 182, 189 = NJW 1987, 831; für unmittelbare Geltung des öffentlichen Rechts demgegenüber *Ehlers* in Schoch u. a., § 40 Rn. 297; *Ossenbühl* DVBl 1973, 289, 293; *Pappermann* JZ 1969, 489.
[582] Vgl. *RGZ* 133, 388, 390.
[583] *VGH München* NVwZ 1998, 1099, 1100.
[584] *OVG Schleswig* NordÖR 2006, 263 ff.; *VG Chemnitz* LKV 2000, 85; *VG Leipzig* LKV 1999, 241.
[585] *BVerwG* NJW 1990, 134; NVwZ 1991, 49; *VGH Kassel* NVwZ-RR 1994, 650, 651; *Pappermann* JZ 1969, 485, 489; *Püttner* DVBl 1975, 353 ff.; *Püttner/Lingemann* JA 1984, 274, 275.
[586] *OVG Bautzen* SächsVBl 2005, 256, 258; *VGH Kassel* NVwZ-RR 1994, 650, 651; *OVG Lüneburg* NdsVBl 2007, 168, 169; *VGH München* NVwZ-RR 1988, 71, 72; NVwZ 1999, 1122; *VG Augsburg* NVwZ-RR 2001, 468.

richtung zukommt.[587] Die Erfüllung dieses Einwirkungsanspruchs erfolgt nach der Rspr. (im Gegensatz zur „klassischen" Zweistufentheorie) *nicht* (zunächst) durch Erlass eines VA, in dem sich die Behörde selbst zu einem bestimmten Tun gegenüber der Gesellschaft verpflichtet. Vielmehr wird entspr. der „modernen Version" der Zweistufentheorie vom Bestehen eines subjektiv-öffentlichen Rechts ausgegangen, das – ohne Zwischenschaltung eines VA – unmittelbar auf die Vornahme privatrechtlicher Handlungen der Behörde auf dem Gebiet des Gesellschafts- und Vertragsrechts gerichtet ist.[588] Die hinter der Gesellschaft stehende Behörde wird schließlich auch für zuständig (und ermächtigt) gehalten, durch VA einen **Anschluss- und Benutzungszwang** gegenüber dem Nutzer zugunsten der Gesellschaft geltend zu machen,[589] vgl. Rn. 119. Auch dies setzt voraus, dass tatsächlich noch eine „öffentliche Einrichtung" vorliegt, auf die die Behörde selbst Einfluss nehmen kann und für die sie Verantwortung übernimmt.[590]

121 (4) Eine Sonderstellung nimmt die **Vergabe von Standplätzen in Zusammenhang mit der Veranstaltung von Messen, Märkten und Volksfesten** (§ 60b, §§ 64ff. GewO) ein, soweit Veranstalter des Marktes/Festes eine Gemeinde ist. Die Rspr. wertet in diesem Fall den Markt (unabhängig von einer Festsetzung nach § 69 GewO, hierzu Rn. 295) *insgesamt* als öffentliche Einrichtung mit der Folge, dass die „klassische" Zweistufentheorie auch hinsichtlich der Standplatzvergabe zur Anwendung kommt. § 70 GewO wird insoweit als ör. Bestimmung angesehen, die – bei fehlender Festsetzung – durch die kommunalrechtlichen Zugangsansprüche und Gleichbehandlungsansprüche ersetzt wird.[591] Tatsächlich wird man die Beschicker jedoch i. d. R. nicht als Nutzer der öffentlichen Einrichtung „Markt" ansehen können, dies sind allein die Besucher; die Beschicker sind demgegenüber i. d. R. „Erfüllungsgehilfen" mit deren Hilfe die Gemeinde den Markt erst für das Publikum nutzbar machen kann.[592] Die Auswahlentscheidung hat damit in diesem Zusammenhang mehr **Ähnlichkeiten mit der Vergabe öffentlicher Aufträge** als mit der Zulassung zu öffentlichen Einrichtungen. Der Sache nach hat die Rspr. damit einen verwaltungsgerichtlichen vergaberechtlichen Primärrechtsschutz geschaffen,[593] der als Vorbild für die Entwicklung des vergaberechtlichen Primärrechtsschutzes außerhalb des Anwendungsbereichs der §§ 97ff. GWB dienen kann, s. Rn. 124f.

122 (5) In Zusammenhang mit den **NPD-Kontenkündigungen** ist die Frage aufgeworfen worden, inwieweit auch die **öffentlichen Banken** und **Sparkassen** bei der Entscheidung über die Gewährung von Krediten und der Einrichtung von Girokonten an das öffentliche Recht gebunden sind. Dies wird mittlerweile bejaht.[594] *OVG Münster* und *OVG Berlin* schließen hieraus zu Recht, dass zur Entscheidung über subjektiv-öffentliche Rechte in diesem Zusammenhang die Verwaltungsgerichte zuständig sind.[595] Den ör. Kreditinstituten ist jedoch die Inanspruchnahme hoheitlicher Handlungsformen verwehrt,[596] so dass nicht die „klassische" Zweistufentheorie herangezogen wird, sondern ihre „moderne" Version (Rn. 109): Subjektiv-öffentliche Rechte auf eine bestimmte Entscheidung eines ör. Kreditinstituts sind damit verwaltungsgerichtlich durch allgemeine Leistungsklage (gerichtet auf Abgabe bestimmter privatrechtlicher Willenserklärungen) zu verfolgen.

123 cc) **Auftragsvergabe: Bis Ende der 1990er Jahre** ging die ganz h. M. davon aus, die Vergabe öffentlicher Aufträge erfolge ausschließlich „einstufig privatrechtlich".[597] Hierfür war wohl

---

[587] *OVG Bautzen* SächVBl 2005, 14, 15ff.; *OVG Lüneburg* GewArch 2005, 258; *VGH Mannheim* GewArch 2001, 420; *VG Freiburg* NVwZ-RR 2002, 139.
[588] *Püttner* DVBl 1975, 353, 357.
[589] *OVG Münster* NVwZ 1987, 727, 729; *Brüning* LKV 2000, 54, 55.
[590] *BVerwG* NVwZ 2005, 963f.; *OVG Bautzen* SächsVBl 2005, 256, 258ff.
[591] *VGH München* NVwZ 1982, 120, 121; *OVG Saarlouis* GewArch 1988, 203f.; *Hösch* GewArch 1996, 402; *Püttner/Lingemann* JA 1984, 121, 122; *Spannowsky* GewArch 1995, 265, 268.
[592] Deutlich *Fastenrath* NWVBl 1992, 51, 53f.; zweifelnd auch *VGH München* NVwZ-RR 2003, 771; anders kann das bei Messen und Ausstellungen sein, wenn die Gemeinde v. a. auch der (örtlichen) Wirtschaft die Möglichkeit gewähren will, ihre Waren einem breiteren Publikum zu präsentieren.
[593] S. hierzu *Heitsch* GewArch 2004, 225ff.
[594] *BGH* NJW 2003, 1658f.; *Boemke* JuS 2001, 444, 446; *Grüneklee*, Kontrahierungszwang für Girokonten, 2001, S. 132ff.; *Kment* ThürVBl 2001, 127ff.
[595] *OVG Berlin* NJW 2004, 3585; *OVG Münster* NVwZ-RR 2004, 795; a. A. noch *VG Hannover* NJW 2001, 3354f.; *Grünekle*, Kontrahierungszwang für Girokonten, 2001, S. 135.
[596] *U. Stelkens*, Verwaltungsprivatrecht, 2005, S. 407ff.
[597] *GmSOGB* BGHZ 97, 312 = BVerwGE 74, 368 = NJW 1986, 2359 („Orthopädische Hilfsmittel"); BGHZ 36, 91, 93 = NJW 1962, 196 („Gummistrümpfe").

prägend der jedenfalls bis in die 1970er Jahre vorherrschende Gedanke, bei **fiskalischen Hilfsgeschäften** der Verwaltung bestehe keine Grundrechtsbindung, so dass subjektiv-öffentliche Rechte in Zusammenhang mit der Zuschlagserteilung ausgeschlossen seien, s. § 1 Rn. 102. *BVerwG*[598] trat ausdrücklich vereinzelten Entscheidungen entgegen, die entsprechend der „klassischen" Zweistufentheorie (Rn. 109) den Zuschlag jedenfalls dann als VA qualifizierten, wenn bei der Auftragsvergabe besondere ör. Verpflichtungen, z.B. fürsorgerechtlicher Art, zu beachten waren[599] oder die Auftragssperre als sicherungs- oder gewerbepolizeiliche Maßnahme erfolgte.[600] Der Zuschlag wurde daher nur als eine auf Vertragsschluss gerichtete privatrechtliche Willenserklärung angesehen. Folglich sollte auch die Entscheidung, an eine bestimmte Person keine Aufträge mehr zu vergeben (Auftragssperre), nur ein Akt der Willensbildung im Vorfeld des Abschlusses eines privatrechtlichen Vertrages und damit ebenfalls privatrechtlicher Natur sein.[601] Auch nach Erlass der verschiedenen **EG-Vergaberichtlinien** (§ 9 Rn. 99), die auf eine Verbesserung des Bieterschutzes abzielten, konnte sich die in der Lit. vertretene Auffassung, auch im Vergabewesen die Zweistufentheorie heranzuziehen,[602] zunächst (s.a. Rn. 124) nicht durchsetzen. Grund hierfür war wohl auch, dass an das EG-Vergaberecht auch gewisse natürliche und juristische Personen des Privatrechts gebunden sind, weshalb das Vergaberecht unter Anwendung der herkömmlichen Abgrenzungstheorien (§ 1 Rn. 94 ff.) teilweise immer noch zum Privatrecht gezählt wird.[603]

124 Mittlerweile ist jedoch **h.M.**, dass der Auftraggeber, wenn er eine juristische Person des öffentlichen Rechts ist, (auch außerhalb des Anwendungsbereichs des sog. Kartellvergaberechts [§§ 97ff. GWB, s.a. § 54 Rn. 51]) neben den Bindungen des Haushaltsrechts[604] auch drittschützenden ör. Bindungen, insbes. den **Grundrechten unterliegt**. Dann unterliegt der Primärrechtsschutz im Vergaberecht den Anforderungen des **Art. 19 Abs. 4 GG**.[605] Dieser Sichtweise hatte sich auch die **Rspr. der Fachgerichte** angeschlossen[606] – die **gegenteilige Entscheidung des** *BVerfG* vom 13. 6. 2006[607] ist (weil sie die gesamte neuere Entwicklung einschließlich der neueren Rspr. des *EuGH* nicht zur Kenntnis nimmt) nicht überzeugend.[608] Denn der *EuGH* leitet zunehmend auch außerhalb des Anwendungsbereichs der EG-Vergaberichtlinien aus den gemeinschaftsrechtlichen **Grundfreiheiten** unmittelbar wirkende Anforderungen an die Ausgestaltung mitgliedstaatlicher Vergabeverfahren (Transparenzprinzip, Ausschreibungsprinzip) her.[609] Zudem setzt sich die Auffassung durch, dass das **Vergabeverfahren ein VwVf.**

---

[598] *BVerwGE* 14, 65, 67 = NJW 1962, 1535; *BVerwGE* 35, 103, 105 (m. Anm. *Bahls* DVBl 1971, 275; *Bettermann*, DVBl 1971, 112; *Stürmer* JZ 1971, 98); *BVerwG* DÖV 1973, 244; anders *BVerwGE* 34, 213, 214.
[599] *BVerwGE* 5, 325, 327 = NJW 1958, 394; *BVerwGE* 7, 89, 90 = NJW 1959, 115; *BVerwGE* 34, 213, 214.
[600] *OVG Münster* DVBl 1971, 115 (aufgehoben von *BVerwG* DÖV 1973, 244).
[601] *BVerwGE* 5, 325, 327 = NJW 1958, 394; *BVerwG* DÖV 1973, 244; *BGH* NJW 1977, 628, 629.
[602] So *Hermes* JZ 1997, 909, 914; *Pernice/Kadelbach* DVBl 1996, 1101, 1106; *Triantafyllou* NVwZ 1994, 943, 946; wohl auch *Zuleeg* WiVerw 1984, 112.
[603] Vgl. z.B. *OVG Lüneburg* GewArch 2006, 299; ausführlich zur Rechtsnatur des Vergaberechts *U. Stelkens*, Verwaltungsprivatrecht, 2005, S. 414 ff.
[604] Hierzu *Wagner/Steinkämper* NZBau 2006, 550 ff.
[605] Dies als mittlerweile h.M. ausmachend auch *Dörr*, Der europäisierte Rechtsschutzauftrag deutscher Gerichte, 2003, S. 9; *Gurlit*, Verwaltungsvertrag und Gesetz, 2000, S. 399 ff.; *Kahl*, FS Zezschwitz 2005, S. 150, 157 ff.; *Knauff* NVwZ 2007, 546 ff.; *Köster* NZBau 2006, 540, 543 f.; *Pöcker* DÖV 2003, 193, 199; *Pietzcker* NZBau 2003, 242, 243; *Puhl* VVDStRL 60 (2001), S. 456, 477; *Rennert* in Eyermann, § 40 Rn. 49; *Sodan* in Sodan/Ziekow, § 40 Rn. 357.
[606] *BVerfG* NVwZ 2006, 1396, 1398 (für materielle Grundrechte); *BVerfG* (K) NVwZ 2004, 1224, 1226; *BVerwG* NVwZ 2007, 820, 822; *OLG Brandenburg* NVwZ 1999, 1142, 1146; *OLG Rostock* NZBau 2002, 170, 171; *OLG Stuttgart* NZBau 2002, 395, 397; *LG Bad Kreuznach* NZBau 2007, 471, 472 (für Art. 3 Abs. 1 GG); offengelassen allerdings bei *BGHZ* 146, 202, 212 = NJW 2001, 1492; *BGH* NVwZ 2004, 377, 379; *OLG Saarbrücken* NZBau 2003, 462, 463.
[607] *BVerfG* NVwZ 2006, 1396, 1398.
[608] Ähnlich wie hier die Bewertung der Entscheidung bei *Braun* VergabeR 2007, 17 ff.; *Engisch* VerwArch 98 (2007), S. 410, 415 ff.; *Frenz* VergabeR 2007, 1 ff.; *Hölzl* NJW 2006, 3680 ff.; *Knauff* NVwZ 2007, 546 ff.; *Krist/Kutzschner* VergabeR 2006, 823 ff.; *Nolte* VR 2007, 73, 75 ff.; *Sauer/Hollands* NZBau 2006, 763 ff.; *Spießhofer/Sellmann* VergabeR 2007, 158 ff.
[609] Grundlegend *EuGH*, Rs. C-324/98, EuGHE 2000, I-10745, Rn. 60 ff. = EuZW 2001, 90 (Telaustria); ferner *EuGH*, Rs. C-231/03, Rn. 16 ff. = NVwZ 2005, 1052 (Coname); *EuGH*, Rs. C-458/03, Rn. 4 ff. = NVwZ 2005, 1407 (Parking Brixen); *EuGH* Rs. C-234/03, Rn. 23 ff. (Contse) = NVwZ 2006, 187 ff.; hierzu *Bitterich* NVwZ 2007, 890 ff.; *Braun* EuZW 2006, 176; *Böckel* LKV 2003, 393 ff.; *Burgi* NZ-

§ 35 124

i. w. S. ist⁶¹⁰ und der öffentliche Auftraggeber – jedenfalls dann, wenn er eine juristische Person des öffentlichen Rechts ist – bestimmte verwaltungsverfahrensrechtliche Grundprinzipien selbst dann zu beachten habe, wenn die §§ 9ff. VwVfG auf diese Verfahren keine unmittelbare Anwendung finden,⁶¹¹ s. a. Rn. 109. Vor diesem Hintergrund ist – auch in der Rspr. – zutreffend angenommen worden, **außerhalb des Anwendungsbereichs des Kartellvergaberechts** (§ 100 GWB) sei (entsprechend der ersten Aussage der Zweistufentheorie, s. Rn. 108, 125) für den vergaberechtlichen Primärrechtsschutz der **Rechtsweg zu den Verwaltungsgerichten** gegeben, wenn subjektiv-öffentliche Rechte in Zusammenhang mit der Vergabe öffentlicher Aufträge durch juristische Personen des öffentlichen Rechts durchgesetzt werden sollen.⁶¹² § 104 GWB wurde dann folgerichtig als Sonderzuweisung (auch) ör. Streitigkeiten zu den ordentlichen Gerichten verstanden.⁶¹³ Das *BVerwG* **hat jedoch** in einem Beschluss vom 2. 5. 2007 **an der traditionellen Auffassung festgehalten** und den Rechtsweg zu den Zivilgerichten für gegeben erachtet.⁶¹⁴ Aus der erwähnten Entscheidung des *BVerfG* vom 13. 6. 2006 folgte dies jedoch nicht zwingend: Denn aus der (verfehlten) Annahme, Art. 19 Abs. 4 GG sei im Vergaberecht nicht einschlägig, folgt jedenfalls nicht, vergaberechtliche Streitigkeiten seien keine ör. Streitigkeiten i. S. d. § 40 VwGO.⁶¹⁵ Der Begriff der ör. Streitigkeiten geht über die von Art. 19 Abs. 4 GG erfassten Streitigkeiten hinaus.⁶¹⁶ Den Verwaltungsgerichten sind vergaberechtliche Fragen auch nicht fremd:⁶¹⁷ Sie sind hiermit in Zusammenhang mit der Vergabe von Standplätzen bei Märkten schon seit jeher befasst, Rn. 121. Zudem kann die Missachtung der haushaltsrechtlichen Ausschreibungspflichten (§ 30 HGrG, § 55 BHO/LHO) zur **Unwirksamkeit der Gebührensatzfestsetzung** führen und damit im Gebührenfestsetzungsverfahren vom Gebührenpflichtigen gerügt werden.⁶¹⁸ Schließlich haben die Verwaltungsgerichte vermehrt über die Rückforderung von **Finanzzuwendungen** nach § 49a i. V. m. § 49 Abs. 3 Satz 1 Nr. 2 zu entscheiden, die damit begründet werden, dass der Zuwendungsempfänger gegen die – den Zuwendungsbescheiden regelmäßig beigefügte – Auflage verstoßen habe, in Zusammenhang mit der geförderten Maßnahme das Vergaberecht zu beachten, näher § 36 Rn. 104.

Bau 2005, 610, 611 ff.; *ders.* JZ 2006, 305 ff.; *Frenz* VergabeR 2007, 1, 2 ff.; *Knauff* EuZW 2005, 731 ff. S. ferner die Mitteilung der Kommission zu Auslegungsfragen in Bezug auf das Gemeinschaftsrecht, das für die Vergabe öffentlicher Aufträge gilt, die nicht oder nur teilweise unter die Vergaberichtlinien fallen (ABl C 2006/179/2); zu dieser Mitteilung *Braun* VergabeR 2007, 17, 20; *Schnieders* DVBl 2007, 287, 289 ff.

⁶¹⁰ *Kahl,* FS Zezschwitz 2005, S. 150, 153; *Ruthig* NZBau 2006, 137, 139 ff.; *ders.* NZBau 2006, 208, 213; *U. Stelkens,* Verwaltungsprivatrecht, 2005, S. 1015 ff.; *Ziekow/Siegel* ZfBR 2004, 30 ff.; *Ziekow,* FS Bartlsperger, 2006, S. 247, 250 f.

⁶¹¹ Näher *Kahl,* FS Zezschwitz 2005, S. 150, 153 ff.; s. a. OLG Brandenburg NVwZ 1999, 1142, 1146; BayObLG BauR 2000, 258, 261; NZBau 2000, 259, 260; OLG Saarbrücken NZBau 2000, 158, 161.

⁶¹² OVG Bautzen NZBau 2006, 393 f.; OVG Koblenz NZBau 2005, 411, 412; OVG Münster NZBau 2005, 167; NVwZ-RR 2006, 223; NZBau 2006, 848, 849; NVwZ 2006, 1083; NZBau 2006, 533; VergabeR 2007, 196 ff.; VG Koblenz NZBau 2005, 412 ff.; VG Meiningen VergabeR 2007, 341, 344; VG Münster NWVBl 2006, 470; VergabeR 2007, 350; VG Neustadt a. d. W. NZBau 2006, 335 f.; *Burgi* NZBau 2005, 610, 616 f.; *Frenz* VergabeR 2007, 1, 14 f.; *Hufen* Verwaltung 2006, S. 525, 538; *Rennert* in Eyermann, § 40 Rn. 48 f.; *Krist* VergabeR 2003, 434 f.; *Pünder* VerwArch 95 (2005), S. 38, 57 f.; *Prieß/Hölzl* NZBau 2005, 367 ff.; *Puhl* VVDStRL 60 (2001), S. 456, 484; *Scharen* NZBau 2006, 585, 590 f.; *U. Stelkens* NZBau 2003, 654, 658.

⁶¹³ OVG Bautzen NZBau 2006, 393, 394; VG Münster NZBau 2006, 533; VG Münster VergabeR 2007, 350; VG Meiningen VergabeR 2007, 341, 344; VG Neustadt a. d. W. NZBau 2002, 237.

⁶¹⁴ BVerwG NVwZ 2007, 820 ff.; hierzu krit: *Antweiler* NWVBl 2007, 285 ff.; *Burgi* NVwZ 2007, 737 ff.; *Hormann* VergabeR 2007, 431 ff.; *Latotzky/Jantz* VergabeR 2007, 438, 443; zustimmend: *Siegel* DVBl 2007, 942 ff. (noch offen bei BVerwG NVwZ 2006, 1291; hierzu krit. *Braun* NVwZ 2007, 49 ff.); wie BVerwG bereits zuvor: OVG Berlin NVwZ 2005, 601 f.; NZBau 2006, 668 f.; OVG Lüneburg NZBau 2006, 671 ff.; NZBau 2006, 670 ff.; *VGH Mannheim* VBlBW 2007, 147 f.; VG Leipzig NZBau 2005, 758 f.; VG Potsdam NZBau 2006, 68 f.; OLG Dresden NZBau 2006, 529 f.; *Braun* NZBau 2006, 394 f.; *Dabringhausen/Sroka* VergabeR 2006, 462 ff.; *Irmer* VergabeR 2006, 159, 164 ff.; *Köster* NZBau 2006, 540, 542 ff.; *Losch* VergabeR 2006, 299, 306 f.; *Renner/Larsen/Sterner* NZBau 2007, 407, 411 ff.; *Ruthig* NZBau 2005, 497 ff.; *Schneider/Häfner* DVBl 2005, 989 ff.; *Tömerius/Kiser* VergabeR 2005, 551 ff.

⁶¹⁵ Vgl. BVerfG NVwZ 2006, 1396, 1399 ff. (wo [auch insoweit] der weite Gestaltungsspielraum des Gesetzgebers betont wird).

⁶¹⁶ *U. Stelkens,* Verwaltungsprivatrecht, 2005, S. 400 ff.

⁶¹⁷ Vgl. jetzt auch den Fall von OVG Münster DVBl 2007, 904 ff.

⁶¹⁸ VGH Kassel NVwZ-RR 2000, 243, 247; OVG Koblenz NVwZ-RR 1998, 327; NVwZ-RR 1999, 673; NVwZ-RR 2005, 850, 851 f.; OVG Lüneburg NVwZ 1999, 1128; NdsVBl 2000, 173; NVwZ 2004, 1012 ff.; VG Düsseldorf NVwZ 2004, 1523, 1524; VG Köln NWVBl 2000, 73; *Frenz/Kafka* GewArch 2000, 129, 133; *Stennecken* NVwZ 2004, 1454 ff.; *Tömerius* NVwZ 2000, 727, 731.

Wenn von der Anwendbarkeit der **Zweistufentheorie im Vergaberecht** außerhalb des 125 Anwendungsbereichs der §§ 97 ff. GWB gesprochen wird (Rn. 124), ist vielfach unklar, ob hiermit ausschließlich die Anerkennung der Zuständigkeit der Verwaltungsgerichte für den vergaberechtlichen Primärrechtsschutz gemeint ist oder zudem verlangt wird, dass – entsprechend der „klassischen" Zweistufentheorie – die Entscheidung über das **„Ob" der Zuschlagserteilung gerade durch VA** erfolgen müsse.[619] Hierfür setzten sich diejenigen ein, die die Zweistufentheorie auch als taugliches Instrument für den Konkurrentenschutz in Verteilungssituationen ansehen (Rn. 109). Diese Frage ist mit der allgemeinen Frage verknüpft, ob die sog. Vorab-Mitteilung in Verteilungsverfahren als VA oder – wofür die besseren Argumente sprechen – als bloße Verfahrenshandlung anzusehen ist,[620] näher Rn. 160 ff. Ein Nachprüfungsverfahren nach §§ 107 ff. GWB ist jedenfalls unzulässig.[621]

Im Anwendungsbereich der §§ 97 ff. GWB ist unstr., dass die **Entscheidung über die** 126 **Zuschlagserteilung kein VA** ist. Insbes. wird **auch die Vorab-Mitteilung nach § 13 VgV nicht als VA** verstanden.[622] Die §§ 97 ff. GWB binden nicht nur juristische Personen des öffentlichen Rechts, sondern nach Maßgabe der § 98 Nr. 2 bis 6 GWB auch natürliche Personen und juristische Personen des Privatrechts,[623] ohne sie mit der Vergabeentscheidung zu „beleihen" (§ 1 Rn. 254 ff.). Die Rechtsnatur der Vorab-Mitteilung nach § 13 VgV kann aber sinnvollerweise nicht von der Rechtsform des Auftraggebers abhängen,[624] vgl. § 1 Rn. 256. Die §§ 9 ff. VwVfG sind daher im Vergabeverfahren selbst nicht unmittelbar anwendbar, ohne dass dies zu einer Freistellung von verwaltungsverfahrensrechtlichen Grundprinzipien jedenfalls für die Auftraggeber führt, die juristische Personen des öffentlichen Rechts sind, s. Rn. 44, 123. Im laufenden Vergabeverfahren kann zudem nach §§ 107 ff. GWB ein Nachprüfungsverfahren bei den **Vergabekammern** eingeleitet werden. Ob die Vergabekammern des Bundes oder der Länder zuständig sind, bestimmt sich nach § 104 Abs. 1 GWB i. V. m. § 18 VgV. Diese Vergabekammern haben nach § 114 Abs. 1 GWB auf die „Rechtmäßigkeit des Vergabeverfahrens" dadurch einzuwirken, dass sie den öffentlichen Auftraggeber ggf. durch (**vollstreckbaren**[625] und **streitentscheidenden,** s. Rn. 221) VA (§ 114 Abs. 3 GWB) zu einem bestimmten Verhalten im Vergabeverfahren verpflichten. Aufgrund der ausdrücklichen Regelung des § 114 Abs. 2 Satz 1 GWB ist ihnen jedoch verwehrt, einen bereits (vergaberechtswidrig) geschlossenen Vertrag durch privatrechtsgestaltenden VA aufzuheben.[626] Über den Nachprüfungsantrag müssen die Vergabekammern innerhalb einer 5-Wochenfrist (§ 113 Abs. 1 GWB) entscheiden, andernfalls gilt der Antrag als abgelehnt (§ 116 Abs. 2 Halbs. 2 GWB);[627] insoweit wird also ein **VA fingiert,** s. Rn. 66. Indem § 114 Abs. 3 GWB die Entscheidung der Vergabekammer als VA bezeichnet, wird klar gestellt, dass sich das **VwVf** vor den Bundesvergabekammern *unmittelbar* nach dem **VwVfG** des Bundes, das VwVf vor den Landesvergabekammern nach dem VwVfG der Länder richtet, soweit das GWB (wie etwa nach **§ 114 Abs. 3 S. 3 i. V. m. § 61 GWB** und in Zusammenhang mit der Akteneinsicht (§ 111 GWB, vgl. § 29 Rn. 14) keine eigenen Regelungen enthält.[628] Dies wird übersehen, wenn nur von einer entsprechenden Anwendbar-

---

[619] Diese Verknüpfung für zwingend halten wohl: *BVerwG* NVwZ 2007, 820, 823; *OVG Berlin* NZBau 2006, 668, 669; *OVG Lüneburg* NZBau 2006, 670, 671 f.; *Dabringhausen/Sroka* VergabeR 2006, 462, 465 f.; *Engisch* VerwArch 98 (2007), S. 410, 435 f.; *Koehler/Gohrke* VergabeR 2006, 350; *Köster* NZBau 2006, 540, 542; *Renner/Larsen/Sterner* NZBau 2007, 407, 413 f.; *Rennert* in Eyermann, § 40 Rn. 49; *Ruthig* NZBau 2005, 497, 499; *Schneider/Häfner* DVBl 2005, 989, 990; *Tomerius/Kiser* VergabeR 2005, 551, 558.
[620] So ausdrücklich auch *Engisch* VerwArch 98 (2007), S. 410, 441 f.
[621] *BayObLG* NZBau 2000, 594, 595.
[622] Vgl. nur *Kahl,* FS Zezschwitz 2005, S. 150, 154 f.; *Klinger,* Vorabinformationspflicht des öffentlichen Auftraggebers, 2005, S. 480 ff.; *U. Stelkens,* Verwaltungsprivatrecht, 2005, S. 979 f.
[623] S. hierzu *BayObLG* NVwZ 1999, 1138; *Heise* LKV 1999, 210; *Noch* NVwZ 1999, 1083; *Pietzcker* ZHR 162 (1998), S. 427, 442; *Prieß* BauR 1999, 1354.
[624] *Klinger,* Vorabinformationspflicht des öffentlichen Auftraggebers, 2005, S. 484.
[625] Zur Vollstreckung von Vergabekammerentscheidungen *Byock* NJW 2003, 2642 f.
[626] *U. Stelkens* NZBau 2003, 654, 655; dies schließt eine nachträgliche Vertragsauflösung (im Rahmen der privatrechtlichen Möglichkeiten) durch den öffentlichen Auftraggeber selbst nicht aus (vgl. *LG München I* NZBau 2006, 269 f.; *Bitterich* NJW 2006, 1845; *Erdl* VergabeR 2006, 275; *Prieß/Gabriel* NZBau 2006, 219; hierzu kann der Auftraggeber auch gemeinschaftsrechtlich verpflichtet sein: *U. Stelkens,* Verwaltungsprivatrecht, 2005, S. 1130 ff.
[627] Hierzu *OLG Düsseldorf* NZBau 2001, 696, 698; *Braun* NZBau 2003, 134 ff.
[628] *BGHZ* 148, 55 = NZBau 2001, 517, 518; *OLG Jena* NZBau 2000, 539, 540; NZBau 2001, 281, 282; *Klemke/Kleinjohann* NZBau 2001, 614, 616 f.

keit der VwVfG in diesen VwVf ausgegangen[629] oder das VwVfG als grundsätzlich unanwendbar angesehen wird.[630] § 128 Abs. 4 S. 3 GWB ordnet zudem die entsprechende Anwendbarkeit des § 80 VwVfG und der entsprechenden Landesvorschriften für das Nachprüfungsverfahren an.[631] Die §§ 97ff. GWB regeln aber nicht den Fall, dass der erfolgreiche „Bewerber" durch VA zu einer bestimmten Leistung verpflichtet wird, die nach den §§ 97ff. GWB hätte vergeben werden müssen. Hier steht dem übergangenen „Bewerber" der „normale" Rechtsschutz gegen VA mit Drittwirkung zu.[632]

127 **dd) Veräußerung/Verpachtung von Vermögensgegenständen:** Auch in Zusammenhang mit der Veräußerung und Verpachtung von Vermögensgegenständen durch die Verwaltung entspricht es mittlerweile h. M., dass insoweit ör. Bindungen und subjektiv-öffentliche Rechte zumindest auf Gleichbehandlung bestehen können, ein geordnetes VwVf stattfinden müsse und auch Art. 19 Abs. 4 GG zu beachten sei.[633] Zudem lässt sich der **Verdacht einer verbotenen Beihilfe nach Art. 88ff. EG** in Zusammenhang mit Vermögensprivatisierungsmaßnahmen i. d. R. nur durch eine öffentliche Ausschreibung beseitigen.[634] Tatsächlich liegen Vermögensprivatisierungsmaßnahmen (§ 1 Rn. 133) vielfach auf der Grenze zur Subvention (z. B. in Zusammenhang mit der Grundstücksveräußerung im Rahmen der sog. **„Einheimischenmodelle"**), so dass sich insoweit eine einheitliche Vorgehensweise anbietet. Die Rspr. ist allerdings noch uneinheitlich: Während die Privatisierungsentscheidungen der **Treuhand** noch als „einstufigprivatrechtlich" ausgestaltet angesehen wurden,[635] wird teilweise die „klassische" Zweistufentheorie (Rn. 109) in Zusammenhang mit Grundstücksveräußerungen nach § 89 BauGB[636] und im Rahmen von Einheimischenmodellen[637] für anwendbar gehalten. Für sonstige **Vermögensprivatisierungs- und Verwertungsvorgänge**, insbes. solcher rein „fiskalischen" Charakters, ist jedoch bisher die Anwendbarkeit der Zweistufentheorie (sowohl in ihrer „klassischen" wie in ihrer „modernen" Form, s. Rn. 109) verneint worden.[638] Jedoch dürfte die Entwicklung – auch angesichts der Parallelprobleme im Vergaberecht (Rn. 124f.) und bei der Marktstandplatzvergabe (Rn. 121) – noch nicht abgeschlossen sein.[639]

128 **ee) Maßnahmen gegenüber Angestellten und Arbeitern des Öffentlichen Dienstes:** Die Arbeitsverhältnisse der Arbeiter und Angestellten des Öffentlichen Dienstes sind nach all-

---

[629] So *OLG Jena* NZBau 2000, 349, 350; eine nur „entsprechende" Anwendbarkeit der VwVfG für möglich erachtend auch *OVG Hamburg* NVwZ 2005, 1447, 1448.
[630] So wohl *Sellmann/Augsberg* NVwZ 2005, 1255, 1256.
[631] *OLG Düsseldorf* NZBau 2000, 486; *OLG Stuttgart* NVwZ 2000, 1329; *Gehlen* NZBau 2000, 501.
[632] Ausführlich *OVG Münster* DVBl 2007, 904ff.
[633] *Dietlein* NZBau 2004, 472, 473f.; *Eggers/Malmendier* NJW 2003, 780, 781ff.; *Rennert* in Eyermann, § 40 Rn. 48; *U. Stelkens*, Verwaltungsprivatrecht, 2005, S. 1157f.; so bereits auch schon *BGHZ* 29, 76, 78ff. = NJW 1959, 431.
[634] S. hierzu *Dietlein* NZBau 2004, 472ff.; *Dörr* NZBau 2005, 617ff.; *Pünder* NZBau 2003, 530ff.
[635] *OVG Berlin* NJW 1991, 715, 716; *OVG Greifswald* NVwZ 2001, 446, 447; *VG Berlin* NJW 1991, 1969, 1970; *BGH* LKV 2004, 382, 383; *KG* NJW 1991, 2299; DtZ 1994, 219, 220; *J. Becker*, Verwaltungsprivatrecht und Verwaltungsgesellschaftsrecht, 1994, S. 146ff.; *Ehlers* in Schoch/Schmidt-Aßmann/Pietzner, § 40 Rn. 452; *Weides* JuS 1991, 818, 819; *Weimar* ZIP 1993, 1, 6ff.; a. A. *VG Berlin* NJW 1991, 376, 378; *Spoerr*, Jura 1993, 461f.; für die Anerkennung eines vor den Verwaltungsgerichten durchzusetzenden subjektiv-öffentlichen Rechts auf Vertragsschluss: *Fahrenbach* DtZ 1990, 268, 270; *Krebs* ZIP 1990, 1513, 1522f.; *Weimar* DÖV 1991, 813, 818.
[636] *VGH Mannheim* ESVGH 39, 311 (nur Leitsatz); *Battis* in Battis/Krautzberger/Löhr, BauGB, § 89 Rn. 10 (unter Verweis auf § 217 BauGB); *Kössinger*, Vergabe gemeindlicher Baugrundstücke, 1987, S. 57ff.; *Sodan* in Sodan/Ziekow, § 40 Rn. 349; a. A. *BVerwGE* 38, 281, 283f. (für den mit § 89 BauGB vergleichbaren, mittlerweile entfallenen § 89 II. WoBauG); *Ehlers* in Schoch/Schmidt-Aßmann/Pietzner, § 40 Rn. 253 m. w. N.
[637] *VGH München* NVwZ-RR 2000, 121; *OVG Münster* NJW 2001, 698, 699; *VG München* BayVBl 1997, 533ff.; ähnlich auch *OVG Koblenz* NVwZ 1993, 381, 382; *VGH Kassel* UPR 2006, 201f.
[638] *OVG Greifswald* NVwZ 2001, 446f. (Verpachtung von Schülercaféräumen); *VGH Mannheim* BWVPr 1989, 156f. (Verpachtung eines Jagdbezirks); *VGH München* NVwZ-RR 2002, 465f. (Verpachtung eines Restaurants in einer Stadthalle); *VGH München* BayVBl 2005, 443f. (Verpachtung eines Restaurants in Konzertsaal); anders jedoch *VG Lüneburg* v. 2. 2. 2005 – 1 B 1/05 – (juris): Verwaltungsrechtsweg für Streitigkeit zwischen Studentenwerk und Universität über Ausschreibung des Betriebs eines Campus-Cafés (gebilligt von *OVG Lüneburg* NordÖR 2005, 269); *Eggers/Malmendier* NJW 2003, 780, 786; *Ehlers* in Schoch/Schmidt-Aßmann/Pietzner, § 40 Rn. 252ff.; *Rennert* in Eyermann, § 40 Rn. 48.
[639] So jetzt für Verwaltungsrechtsweg bei Streit um Verpachtung eines Parkhauses: *OVG Münster* NZBau 2006, 533f.

§ 35 Begriff des Verwaltungsaktes   129   § 35

gemeiner Auffassung privatrechtlicher Natur.[640] Die Möglichkeit privatrechtlicher Arbeitsverhältnisse im Öffentlichen Dienst wird von Art. 33 Abs. 4 GG auch vorausgesetzt.[641] Unstr. ist auch, dass der öffentliche Arbeitgeber bei der Entscheidung über die **Einstellung/Beförderung eines Arbeitnehmers** des öffentlichen Dienstes an Art. 33 Abs. 2 GG, die Grundrechte und diese konkretisierende ör. Einstellungsvorschriften (z. B. der Frauen- und Gleichstellungsgesetze) materiellrechtlich gebunden ist. Dennoch ist für die Einstellung/Beförderung von Arbeitnehmern des Öffentlichen Dienstes die **Zweistufentheorie** (sowohl in ihrer „klassischen" als auch in ihrer „modernen" Form, Rn. 109) nie herangezogen worden.[642] Die Einstellungs-/Beförderungsentscheidung wird nur als Willensbildungsakt im Vorfeld des Abschlusses eines privatrechtlichen Vertrages angesehen, der damit nur privatrechtlicher Natur sein soll, s. a. Rn. 160 ff. Allein die **Arbeitsgerichte** sollen für Streitigkeiten über Einstellungs- und Beförderungsansprüche aus Art. 33 Abs. 2 GG zuständig sein, da die Klage auf Abgabe einer privatrechtlichen Willenserklärung gerichtet sei.[643] Dies wirft Probleme auf, wenn die Stellenausschreibung unpräzise oder die Rechtsnatur eines Beschäftigungsverhältnisses unklar ist,[644] jemand schlechthin – als Angestellter oder Beamter – in den Öffentlichen Dienst übernommen werden will,[645] ein Beamter an Stelle eines Arbeitnehmers befördert werden will[646] oder umgekehrt,[647] oder wenn einem Arbeitnehmer vertraglich die Übernahme in das Beamtenverhältnis zugesichert wird.[648] Hier wäre eine **einheitliche Zuständigkeit der Verwaltungsgerichte** wünschenswert,[649] s. Rn. 108. Dem entspricht, dass angenommen wird, dass die Entscheidung über die **Zulassung zu Fortbildungsmaßnahmen VA** ist, wenn die Fortbildung von Arbeitnehmern ör. geregelt ist.[650] Zur **Begründung** der Auswahlentscheidung s. § 39 Rn. 20.

Wenig geklärt ist auch, nach welchen Kriterien die Rechtsnatur von **Maßnahmen** zu bestimmen ist, die eine **Behörde gegenüber ihren Arbeitnehmern** trifft, weil die – von Art. 33 Abs. 4 GG zugelassene – Eingliederung von Arbeitnehmern auf privatrechtlicher Grundlage in die ansonsten **vollständig ör. normierte Behördenorganisation** (Rn. 53 ff.) in gewisser Weise systemfremd ist, so dass auch fließende Übergänge zwischen ör. Behördenorganisationsrecht und privatrechtlichem Arbeitsrecht bestehen. Dies zeigt die Existenz des dem öffentlichen Recht zugehörigen **Personalvertretungsrechts** sowie die Tatsache, dass das arbeitsvertragliche Direktionsrecht des ör. Arbeitgebers (§ 315 BGB) oftmals durch Verwaltungsvorschriften wahrgenommen wird.[651] Hinzu treten unmittelbar auf das Arbeitsverhältnis „durchschlagende" Sonderregeln für Arbeitnehmer des Öffentlichen Dienstes (z.B. § 19 ArbZG, § 20 ArbeitsschutzG, § 14 Abs. 1 Nr. 7 TzBfG). Dadurch wird die Qualifizierung der von Arbeitge-

129

---

[640] S. nur *Schlette*, Verwaltung als Vertragspartner, 2000, S. 320 m. w. N.
[641] *BSGE* 2, 53, 57; *BAGE* 13, 211, 213 f.; *U. Stelkens*, Verwaltungsprivatrecht, 2005, S. 872 m. w. N.
[642] Ausdrückliche Ablehnung bei *BVerwG* NVwZ 1983, 220, 221; *BAGE* 87, 165, 169 = NZA 1998, 884, 885; *BAGE* 92, 112, 119 f. = NZA 2000, 606; für Anwendbarkeit der „klassischen" Zweistufentheorie in diesem Zusammenhang wohl nur *Püttner/Lingemann* JA 1984, 274, 275.
[643] *BVerwG* NVwZ 1983, 220, 221; *BVerwG*, Buchholz, 310 § 40 VwGO Nr. 195, S. 16; *OVG Weimar* NVwZ-RR 1997, 138; *BAGE* 23, 101, 109; 28, 62, 67 = NJW 1976, 1708; *BAGE* 36, 345, 347 = NJW 1982, 396; *BAGE* 53, 137, 149 = NJW 1987, 2699; *BAGE* 78, 244, 247 = NZA 1995, 781; *BAGE* 82, 211, 218 = NJW 1996, 2529; *BAGE* 87, 171 = NZA 1998, 882; *BAGE* 89, 300, 302 = NVwZ 1999, 917; *BAGE* 92, 112, 117 = NZA 2000, 606; *BAGE* 99, 67, 69 = NJW 2002, 1220; *BAGE* 101, 153, 156 = NZA 2003, 324; *BAGE* 103, 212, 214 f. = NZA 2003, 798; *BAGE* 104, 264, 267 f. = NZA 2003, 1036; *BAGE* 104, 295, 298 = ZTR 2003, 463; *BAG* NJW 2006, 252, 253; ebenso *Battis* RdA 2000, 359, 360; *Seitz*, Die arbeitsrechtliche Konkurrentenklage, 1995, S. 64 f.; *Zimmerling* ZTR 2000, 489, 490.
[644] Vgl. etwa *OVG Weimar* NVwZ-RR 1997, 138 f.; *BAGE* 62, 210 = NJW 1990, 663.
[645] Klage vor den Verwaltungsgerichten und vor den Arbeitsgerichten notwendig nach: *Schnellenbach*, Beamtenrecht in der Praxis, 5. Aufl. 2001, Rn. 36; s. a. *BVerwGE* 50, 255, 259 = NJW 1976, 1364.
[646] Verwaltungsrechtsweg gegeben nach *OVG Koblenz* NVwZ-RR 1996, 51; *OVG Münster* NWVBl 2006, 262, 263.
[647] Rechtsweg zu den Arbeitsgerichten eröffnet nach *OVG Koblenz* NVwZ-RR 1999, 51, 52; a. A. *Zimmerling* RiA 2002, 165, 166 f.
[648] Verwaltungsrechtsweg gegeben nach *BVerwG* DVBl 2005, 516 f.
[649] *U. Stelkens*, Verwaltungsprivatrecht, 2005, S. 838 f., S. 1024 ff.; das Verwaltungs- und Gerichtsverfahren wäre dann entsprechend den Verfahren zu gestalten, die für die verwaltungsgerichtlichen Vergaberechtsschutz außerhalb des Anwendungsbereichs der §§ 97 ff. GWB gelten, s. Rn. 124.
[650] *BVerwG* DÖV 1981, 678 f.; *BAG* NVwZ 2000, 360; NJW 2000, 2524, 2525; a. A. jedoch *VGH München* NVwZ 2002, 1392 (vgl. a. *VGH München* BayVBl 2007, 406 f.: ör. Rechtsnatur einer Streitigkeit zwischen Angestellter und bay. Verwaltungsschule wegen Nichtbestehens einer Fachprüfung; näher hierzu *U. Stelkens*, Verwaltungsprivatrecht, 2005, S. 839 f.
[651] Ausführlich hierzu *U. Stelkens*, Verwaltungsprivatrecht, 2005, S. 835 ff., 869 ff.

berseite getroffenen Maßnahmen erheblich erschwert. Dennoch ist i. d. R. anzunehmen, dass Maßnahmen des öffentlichen Arbeitgebers, die die Rechte und Pflichten aus dem **Arbeitsverhältnis konkretisieren** oder dieses **einseitig beenden,** keine VA sind, da keine Maßnahmen „auf dem Gebiet des öffentlichen Rechts" getroffen werden.[652] Kleidet der Arbeitgeber dennoch eine solche Maßnahme in die Form eines VA – was vergleichsweise häufig vorkommt[653] – handelt es sich nur um einen **formellen** (Rn. 16), nicht um einen materiellen VA i. S. d. § 35 (Rn. 17, 210 f., § 43 Rn. 3). In der Praxis wird diesen formellen VA jede besondere rechtliche Bedeutung abgesprochen,[654] s. Rn. 17. Die Frage der Rechtsnatur des **Erstattungsbeschlusses** nach § 1, § 5 des Erstattungsgesetz[655] hat sich erledigt, nachdem auch der Bund dieses Gesetz für seinen Bereich als „systemwidrig" aufgehoben hat.[656] Bei **Hausverboten,** die vom ör. Arbeitgeber gegenüber dem Arbeitnehmer ausgesprochen werden, kommt es entscheidend auf dessen Regelungsinhalt an: Soll das sich aus dem Arbeitsvertrag ergebende Recht auf Zugang zu seinem Arbeitsplatz und damit sein Weiterbeschäftigungsanspruch „beseitigt" werden, wie dies regelmäßig bei Hausverboten im Rahmen laufender Kündigungsschutzverfahren der Fall ist, handelt es sich um eine privatrechtliche Maßnahme,[657] s. Rn. 131. Sollen demgegenüber Störungen für den Behördenbetrieb insgesamt verhindert werden, kann die Maßnahme VA sein,[658] sofern tatsächlich Anlass für eine (verbindliche) Regelung besteht, s. Rn. 133. Ein solcher VA kann indes einen arbeitsrechtlichen Zutrittsanspruch nicht einschränken, s. Rn. 131.

130 Auch nach der Rspr. **sind** schließlich **VA** solche Maßnahmen, die einen Arbeitnehmer des Öffentlichen Dienstes (auch mit Wirkung gegenüber Dritten) eine besondere Rechtsstellung innerhalb der ör. geregelten Behördenorganisation einräumen, insbes. indem sie ihn zum **Organwalter i. e. S. für ein bestimmtes Organ** bestellen, Rn. 53 f. 195. VA ist etwa die **Bestellung zum Schulleiter,**[659] die Bestellung zum Fleischbeschauertierarzt für einen bestimmten Bezirk,[660] die Bestellung/Abberufung zur **Frauenbeauftragten,**[661] wegen der hiermit verbundenen Auswirkungen auf die universitären Mitgliedschaftsrechte auch die Bestellung und Abberufung als kommissarisch beauftragter Professor,[662] die Aberkennung eines Professorentitels.[663] Die Rechtslage ist hier mit der Rechtslage im Gesellschaftsrecht vergleichbar, wo zwischen gesellschaftsrechtlicher Organbestellung (z. B. Bestellung zum Geschäftsführer nach § 46 Nr. 5 GmbHG) und dem dienstvertraglichen Anstellungsverhältnis zu unterscheiden ist.[664] Ungeklärt ist allerdings, ob sich aus dem (privatrechtlichen) Arbeitsvertrag ein Anspruch auf Erlass solcher

---

[652] *U. Stelkens,* Verwaltungsprivatrecht, 2005, S. 884. **Kein VA** ist dementspr. die Kündigung eines Arbeitsverhältnisses (*BVerwG* NVwZ 1985, 264), Versetzung in den Ruhestand (*RAG* Bensheimer Sammlung 16 Nr. 84), Festsetzung des Arbeitsentgelts (*OVG Münster* OVGE 30, 138), Festsetzung eines tarifvertraglichen Krankheitsbeihilfeanspruchs (*BAG* AP § 40 BAT Nr. 1; NVwZ 1994, 1247), Beanstandung der Arbeitsleistung (*OVG Münster* DVBl 1981, 1012 (zu Beanstandungsbescheides des WDR-Verwaltungsrates), Entscheidungen über das Bestehen einer Angestelltenprüfung mit dem Ziel einer Höhergruppierung (soweit sie ihre Grundlage im Arbeitsvertrag findet, s. Rn. 128: *BVerwG* NVwZ-RR 1993, 251; *VGH München* NVwZ 2002, 1392), Zulassung bzw. Ablehnung der Zulassung zu sicherheitsempfindlicher Tätigkeit nach § 6 SÜG (*BVerwG* Buchholz 310 § 50 VwGO Nr. 19).
[653] Zu den Gründen *U. Stelkens,* Verwaltungsprivatrecht, 2005, S. 130.
[654] *BVerwG* NVwZ-RR 1993, 251, 252; *VGH München* NVwZ 2002, 1392; vgl. auch den Sachverhalt von *BAG* AP § 40 BAT Nr. 1.
[655] Hierzu ausführlich *U. Stelkens,* Verwaltungsprivatrecht, 2005, S. 864 ff., 878 m. w. N.
[656] Durch Art. 10 Nr. 1 BesStruktG v. 21. 6. 2002 (BGBl I, 2138); hierzu BT-Drs. 14/8623, S. 30.
[657] *VGH Mannheim* NJW 1994, 2500, 2501.
[658] *VGH Mannheim* BWVPr 1976, 180; *Röhl* VerwArch 84 (1995), S. 531, 570; *Schenke* JZ 1996, 998, 1000.
[659] *OVG Bautzen* NVwZ-RR 1999, 442; SächsVBl 2002, 139; *BAGE* 89, 376 = NVwZ-RR 1999, 662 f.
[660] *BAGE* 15, 263, 265; *BAG* RiA 1965, 214, 215.
[661] *VGH Mannheim* VBlBW 2000, 262, 263; *OVG Schleswig* NVwZ-RR 2007, 187; NVwZ-RR 2007, 408; *VG Berlin* NVwZ-RR 1996, 406; *BAG* NVwZ 2000, 527, 528; *Jennewein* SächsVBl 2004, 1, 3; a. A. wohl für hessisches Gleichstellungsrecht *BVerwG* ZBR 1997, 25; *VGH Kassel* NVwZ-RR 1998, 186.
[662] *OVG Bautzen* LKV 1999, 466.
[663] *VG Chemnitz* LKV 1996, 168.
[664] Siehe hierzu etwa *K. Schmidt,* Gesellschaftsrecht, 3. Aufl. 1997, § 14 II 2, S. 422 ff.; die Parallele ziehen für Sparkassenvorstände: *Berg* BayVBl 2000, 385, 386 f.; für Geschäftsführer von Sozialversicherungsträgern: BGHZ 94, 18, 21 = NJW 1985, 2194; *Balzer* NZS 1994, 1, 5; *v. Einem* NJW 1987, 112, 113; *Hantel* NZS 2005, 580, 581; *Meydam* NZS 2000, 332, 333 f.; für Schulleiter: *BAGE* 89, 376, 383 = NVwZ-RR 1999, 662, 663; für Frauenbeauftragte: *Jennewein* SächsVBl 2004, 1, 2; allgemein: *U. Stelkens,* Verwaltungsprivatrecht 2005, S. 200 ff., 884 ff.

Maßnahmen ergeben kann.[665] Die Aufhebung einer solchen Maßnahme wirkt sich jedenfalls nicht dergestalt auf das Arbeitsverhältnis aus, dass hiermit eine tarifliche Tiefergruppierung verbunden wäre. Dies kann der Arbeitgeber nur mit einer Änderungskündigung erreichen.[666] Mangels Außenwirkung ist kein VA auch die Erteilung der **Zeichnungsbefugnis**, s. Rn. 55. Sie ist aber auch dann ör. Natur, wenn sie einer Person erteilt wird, die in einem privatrechtlichen Dienstverhältnis zur Behörde steht.[667]

ff) Durchsetzung gesetzlicher Abwehransprüche, insbes. Hausverbot: Verlangt die Behörde die Unterlassung von Störungen, kann dies seine Rechtsgrundlage in **privatrechtlichen gesetzlichen Abwehransprüchen** (insbes. §§ 861 ff., § 1004 BGB) finden, die auch zu Gunsten von Verwaltungsträgern anzuwenden sind.[668] Jedoch kann auch das **öffentliche Recht** die Behörde zur Beseitigung von Störungen ihrer **Verwaltungstätigkeit (nicht: ihrer rein wirtschaftlichen Tätigkeit)**[669] ermächtigen. Dabei ist unstr., dass auf Grund privatrechtlicher Abwehransprüche nicht subjektiv-öffentliche Rechte auf „Störung" beseitigt werden können. Hierzu gehört z. B. das Recht auf Gemeingebrauch, das sich aus der Zulassung zu einer öffentlichen Einrichtung ergebende ör. Nutzungsrecht oder das Recht jeden Bürgers, die dem Publikumsverkehr geöffneten Räume des Verwaltungsträgers während der Öffnungszeiten zur Erledigung dort angebotener Verwaltungsdienstleistungen zu betreten.[670] Gegenüber diesen Rechten ist die Inanspruchnahme privatrechtlicher Abwehransprüche wirkungslos.[671] Soweit der Störer aus einem privatrechtlichen Schuldverhältnis einen privatrechtlichen Anspruch auf Vornahme der „störenden Handlung" hat, wie etwa das aus einem Arbeitsvertrag fließende Recht, den Arbeitsplatz aufzusuchen (Rn. 129) oder das sich aus dem Bankvertrag gegenüber der Sparkasse ergebende Recht, die Sparkassenräume zur Vornahme von Bankgeschäften zu betreten,[672] dürfen diese Rechte umgekehrt nicht ör. „beseitigt" werden.[673] Damit kann sich die – zumeist in Zusammenhang mit **Hausverboten** – diskutierte Frage stellen, ob die behördliche Aufforderung, bestimmte Störungen zu unterlassen, ein (ggf. vollstreckbarer) VA sein kann. Dabei ist zu unterscheiden:

(1) Zunächst kann fraglich sein, ob die **Behörde in einem konkreten Fall ör. oder privatrechtliche Abwehransprüche geltend macht,** wenn sie vom Bürger das Unterlassen von Störungen verlangt. Unmissverständlich auf privatrechtlicher Grundlage handelt sie, wenn sie gerichtlich Störungsbeseitigungsansprüche aus § 1004 BGB geltend macht oder dies androht.[674] In Zusammenhang mit Hausverboten haben *BVerwG* und *BGH* in älteren Entscheidungen i. Ü. darauf abgestellt, ob der Betroffene die Behördenräume zur Regelung von Angelegenheiten betreten will, zu deren Erfüllung sich die Behörde ör. Handlungsformen bedient. Nur in diesem Fall sei ein „Hausverbot" ör., sonst privatrechtlicher Natur.[675] Dies hilft jedoch nicht weiter, wenn dem Behördenleiter oder auch dem Betroffenen nicht klar ist, was er (der Betroffene) will.[676] Daher geht die in der **Lit.**[677] und auch **in der neueren Rspr.** der Instanzge-

---

[665] Vgl. *U. Stelkens*, Verwaltungsprivatrecht, 2005, S. 884.
[666] *BAGE* 89, 376 = NVwZ-RR 1999, 662, 664; ähnlich *BAG* NVwZ-RR 2000, 528 (zur Notwendigkeit einer Änderungskündigung zur Reduzierung der Wochenarbeitszeit einer Gleichstellungsbeauftragten).
[667] Ausführlich *U. Stelkens*, Verwaltungsprivatrecht, 2005, S. 200 ff.
[668] S. nur *VG Münster* NWVBl 2003, 468; *BGH* NJW 1966, 1360; *OLG Hamm* NWVBl 2001, 447; *OLG Zweibrücken* NVwZ-RR 2004, 335; *U. Stelkens*, Verwaltungsprivatrecht, 2005, S. 588 f. m. w. N.
[669] *U. Stelkens*, Verwaltungsprivatrecht, 2005, S. 596.
[670] Für Recht auf Gemeingebrauch *Finger/Müller* NVwZ 2004, 953, 955 f.; ebenso (zu den Hausverbotsfällen): *BezVerwG für den amerikanischen Sektor von Berlin* DVBl 1950, 245, 246; *OVG Münster* NJW 1998, 1425; *VG Berlin* NVwZ-RR 1999, 334, 335; *Bahls* DVBl 1971, 275, 276; *Ehlers* DÖV 1977, 737, 739; *Ronellenfitsch* VerwArch 73 (1982), S. 465, 472; *Stürner* JZ 1971, 98, 99.
[671] *U. Stelkens*, Verwaltungsprivatrecht, 2005, S. 599 f.
[672] Vgl. *OVG Münster* NJW 1995, 1573.
[673] Näher *U. Stelkens*, Verwaltungsprivatrecht, 2005, S. 595 f.
[674] Vgl. *BayObLG* NVwZ-RR 2005, 239 ff.; *OLG Hamm* NWVBl 2001, 447 f.
[675] *BVerwGE* 18, 34, 35; 33, 230, 231; 35, 103, 104; *BVerwG* NVwZ 1987, 677; *BGHZ* 33, 230 = NJW 1961, 308; *BGH* NJW 1978, 1860, 1861; ebenso heute noch *OVG Münster* NJW 1998, 1425; NVwZ-RR 1998, 595, 596; *VG Bremen* DVBl 1989, 946; *Ipsen/Koch* JuS 1992, 809, 817; *Papier* in Erichsen/Ehlers, § 38 Rn. 50 ff.
[676] *Knemeyer* VBlBW 1982, 249, 250; *Knoke* AöR 94 (1969), S. 388, 397; *Ronellenfitsch* VerwArch 73 (1982), S. 465, 473.
[677] *Berg* JuS 1982, 260; *Ehlers* DÖV 1977, 737, 739; *Klenke* NWVBl 2006, 84; *Knoke* AöR 94 (1969), S. 388; *Knemeyer* DÖV 1970, 596; *Ortmann* NdsVBl 2000, 105, 107; *Schenke* JZ 1996, 998, 999; *Wolff/*

richte[678] **herrschende Gegenansicht** von der Inanspruchnahme ör. Abwehrbefugnisse aus, sofern das Hausverbot zur Sicherstellung eines ordnungsgemäßen Verwaltungsablaufs ausgesprochen wird. Eine solche Vermutung der Inanspruchnahme ör. Abwehrbefugnisse ist allerdings nur dann gerechtfertigt, wenn nicht von vornherein als ausgeschlossen erscheint, dass der Behörde solche ör. Befugnisse auch zustehen, was z. B. bei öffentlichen Sparkassen nicht der Fall ist.[679] Diese können zur Störungsabwehr nur privatrechtlich handeln (Rn. 51) und sind i. Ü. – wie private Banken – auf die Unterstützung durch die Polizei angewiesen.

133 (2) Stützt die Behörde ihr Handeln erkennbar auf ör. Abwehrbefugnisse, ist noch nicht entschieden, dass deshalb eine **Regelung** i. S. d. § 35 vorliegt, s. Rn. 69, 141, 145. Insbes. „das" Hausverbot schlechthin gibt es nicht. **VA sind** Hausverbote, die dem Betreffenden für einen bestimmten Zeitraum oder auf unbegrenzte Zeit verbieten, ein Behördengebäude zu betreten, sofern das Gebäude grundsätzlich für Publikumsverkehr geöffnet ist.[680] Hier wird die Rechtsstellung des Betreffenden im Hinblick auf das Zutrittsrecht verändert. **VA sind** ebenso **Sofortmaßnahmen,** die ersichtlich durch „Rausschmiss" im Wege des Verwaltungszwangs (u. U. unter Inanspruchnahme von Vollzugshilfe durch die Vollzugspolizei, § 4 Rn. 42) **vollstreckt** werden sollen:[681] Es erfolgt ein eindeutiger Befehl, das Gebäude sofort zu verlassen ohne Rücksicht darauf, welche Angelegenheiten der Betreffende erledigen wollte (aber auch ohne eine Entscheidung darüber zu treffen, ob der Betreffende in Zukunft das Gebäude betreten darf). **VA** dürfte auch eine Regelung sein, mit der dem Betroffenen verboten wird, die für den Publikumsverkehr geöffneten Räume zweckwidrig zu nutzen, etwa einem Gewerbe nachzugehen,[682] weil ein Bedürfnis nach der Schaffung einer Vollstreckungsgrundlage bestehen kann. Mangels Regelung **keine VA** sind demgegenüber **hausrechtsähnliche Verfahrenshandlungen** (Rn. 150 ff.), die bestimmte Regelungen über den Zutritt zu Verwaltungsräumlichkeiten in Zusammenhang mit einem bestimmten Verfahren treffen, ohne grundsätzliche Maßnahmen zu treffen, wie etwa die Aufforderung an einen Verfahrensbeteiligten, das Dienstzimmer nur nach Anklopfen zu betreten,[683] sich in einem bestimmten Verfahren nur noch schriftlich zu äußern oder nur noch mit einem bestimmten Bediensteten zu verhandeln. Ebenfalls **keine VA** sind zudem **Hinweise** (Rn. 83), dass bestimmte Räume für den Publikumsverkehr (noch) nicht geöffnet sind (vgl. a. § 24 Rn. 85) oder etwa die (noch) höfliche Aufforderung an einen Obdachlosen, das Rathaus nur zur Regelung von Verwaltungsangelegenheiten, nicht jedoch zu Aufwärmzwecken aufzusuchen.[684] Die Erteilung eines dauernden Hausverbots für Gebäude, auf deren **Betreten der Betreffende keinen Anspruch** hat und den er auch tatsächlich nicht erzwingen kann (strenge Eingangskontrolle),[685] dürfte i. d. R. **kein VA** sein: Es besteht gar kein Anlass, das Nichtbestehen eines Zutrittsrechts verbindlich zu regeln (vgl. Rn. 99) und auch eine Vollstreckungsgrundlage wird nicht benötigt.

134 (3) Liegt ein VA vor, stellt sich die Frage seiner **Rechtsgrundlage**. Für behördliche **Hausverbote** wird sie – soweit nicht ausdrücklich gesetzlich normiert (vgl. § 68 Abs. 3 S. 2 [dort Rn. 29 ff.], § 89 [dort Rn. 11]) – oftmals in der Zuweisung der eigentlichen Verwaltungsaufgabe gesehen, die (gewohnheitsrechtlich) als „Annex" auch die Berechtigung zur Störungsabwehr beinhalte.[686] Teilweise wird jedoch angenommen, dass die Vollstreckung eines auf dieser Grund-

---

Bachof/Stober/Kluth I, § 22 Rn. 47; *Zeiler* DVBl 1981, 1000. Weitere Nachw. bei *Ronellenfitsch* VerwArch 73 (1982), S. 465, 469 Fn. 32; s. a. *U. Stelkens,* Verwaltungsprivatrecht, 2005, S. 597 ff.

[678] Grundlegend *VGH München* NJW 1980, 2722; ferner: *OVG Bremen* NJW 1990, 931, 932; *VGH Kassel* NJW 1990, 1250; *OVG Münster* NWVBl 1989, 91; NWVBl 1990, 296 und 344; NVwZ-RR 1991, 35; NVwZ 1993, 75; NWVBl 2006, 101; *OVG Schleswig* NJW 1994, 340; NJW 2000, 3440, 3441; *VG Düsseldorf* NWVBl 2001, 69; wohl auch *VGH Mannheim* NVwZ 1994, 803.

[679] *OVG Münster* NJW 1995, 1573.

[680] So bei: *OVG Berlin* DVBl 1952, 763; *VGH München* NJW 1980, 2722; *OVG Münster* NVwZ-RR 1998, 595.

[681] Vgl. hierzu *PrOVGE* 15, 439.

[682] Fall von *BGHZ* 33, 230 = NJW 1961, 208.

[683] *OVG Schleswig* NJW 1992, 1908.

[684] Siehe hierzu auch *BAG* NJW 2005, 1596 f.

[685] Vgl. den Fall von *BVerwGE* 35, 103 und *BGH* NJW 1967, 1911: In Zusammenhang mit dem Abbruch von Kaufvertragsverhandlungen war der Pförtner eines Ministeriums angewiesen worden, einem Unternehmer keinen Zutritt mehr zu gestatten.

[686] So mit Unterschieden im Detail: *BVerwG* NJW 1991, 118, 119; *VGH München* NVwZ-RR 2004, 185 f.; *OVG Münster* NJW 1995, 1573; NWVBl 2006, 101; *VG Braunschweig* NdsVBl 2005, 306, 307; *VG*

lage erlassenen Hausverbots durch die erlassende Behörde einer gesonderten, über die Verwaltungsvollstreckungsgesetze hinausgehenden Rechtsgrundlage bedürfe.[687] Keine ungeschriebene Rechtsgrundlage besteht demgegenüber nach allg. Ansicht für die Abwehr von Störungen, die räumlich gesehen **von außen** auf ein Verwaltungsgebäude einwirken (Leierkastenmann, Zufuhr von Gestank). Die Behörde ist hier darauf beschränkt, im Zivilrechtsweg Abwehransprüche aus § 1004 BGB gegen den Störer durchzusetzen oder polizeiliches Einschreiten zu veranlassen.[688] Geht sie dennoch selbst durch VA vor, ist dieser mangels Ermächtigung rechtswidrig.[689] Zur Frage der Rechtsnatur von **Hausordnungen** s. Rn. 338 ff.

gg) Vorkaufsrecht: Wird durch Bundes- oder Landesgesetz einer Behörde ein Vorkaufsrecht zu bestimmten Zwecken zugestanden, entspricht es mittlerweile allgemeiner Auffassung, dass dieses Vorkaufsrecht auch dann durch **privatrechtsgestaltenden VA** (Rn. 140 f.) auszuüben ist, wenn dies nicht – wie bei **§ 28 Abs. 2 S. 1 BauGB**[690] – durch Gesetz entschieden ist.[691] Die Ausübung gesetzlicher Vorkaufsrechte wird zudem als (kommunalrechtliche) Verpflichtungserklärung bewertet,[692] so dass die Erklärung nur bei Beachtung der hierfür vorgeschriebenen Vertretungs(form-)vorschriften verbindlich ist, s. Rn. 58. Das Vorkaufsrecht kann mit Abschluss des Kaufvertrages ausgeübt werden, es müssen nicht bereits alle erforderlichen behördlichen Genehmigungen vorliegen.[693] **135**

c) Abgrenzung zu Maßnahmen in ör. Gleichordnungsverhältnissen: Mangels „Hoheitlichkeit" keine VA sind alle einseitigen behördlichen Willenserklärungen, die zwar im Rahmen ör. Rechtsverhältnisse abgegeben werden, ihrer Art nach aber auch von dem an dem Rechtsverhältnis beteiligten Privaten hätten abgegeben werden können.[694] Hier kann der behördlichen Erklärung keine andere Rechtsnatur zugewiesen werden als der insoweit in jeder Hinsicht vergleichbaren Erklärung des Privaten. Es handelt sich damit bei diesen Erklärungen um „schlichte" ör. Willenserklärungen auch dann, wenn sie von der Behörde abgegeben werden. Sie werden teilweise irreführend (weil auch der VA ein „Rechtsgeschäft" ist, Rn. 20) als „rechtsgeschäftliche Handlungen" bezeichnet.[695] Zu Maßnahmen zwischen Verwaltungsträgern s. Rn. 185 ff. **136**

aa) Maßnahmen in Zusammenhang mit ör. Verträgen: So ist die Ausübung von Gestaltungsrechten in Zusammenhang mit ör. Verträgen **(Anfechtung, Kündigung)** nach allg. Auffassung kein VA, sondern „schlichte" ör. Willenserklärung auch dann, wenn sie durch die **137**

Gelsenkirchen NJW 1998, 1424; *VG Minden* NVwZ-RR 1999, 334; *Beaucamp* JA 2003, 231, 234; *Berg* JuS 1982, 260, 262; *Bethge* Verwaltung 1977, S. 313, 327 ff.; *Folz* JuS 1965, 41, 45 f.; *Frühling*, Hausrecht öffentlicher Einrichtungen, 1963, S. 115 ff.; *Klenke* NWVBl 2006, 84, 85 ff.; *Knemeyer* DÖV 1970, 596, 598; *Knoke* AöR 94 (1969), S. 388, 401; *Maurer*, § 3 Rn. 24; *Papier* in Erichsen/Ehlers, § 38 Rn. 53; *Ronellenfitsch* VerwArch 73 (1982), S. 465, 476; *Schmitt*, Das ör Hausrecht, 1965, S. 46 ff.; *Zeiler* DVBl 1981, 1000, 1002 f.; a. A. *VGH München* NJW 1980, 2722.
[687] So *Folz* JuS 1965, 41, 44; *Knemeyer* DÖV 1970, 596, 599; ders. VBlBW 1982, 249, 252. Keine gesonderte Rechtsgrundlage erforderlich nach *PrOVGE* 15, 439, 442; *Knoke* AöR 94 (1969), S. 388, 407.
[688] *Bahls* DVBl 1971, 275, 276; *Ehlers* DÖV 1977, 737, 738; *Knoke* AöR 94 (1969), S. 388, 411; *Zeiler* DVBl 1981, 1000.
[689] *U. Stelkens*, Verwaltungsprivatrecht, 2005, S. 599.
[690] Siehe zu dieser Bestimmung *VGH Kassel* NVwZ 1983, 556; *OVG Münster* NJW 1981, 1467; *LG München I* NVwZ-RR 2000, 106. An einer privatrechtlichen Konstruktion festhaltend demgegenüber *OLG Frankfurt a. M.* NVwZ 1982, 580. Zum früheren Baurecht für VA bereits *OVG Münster* NJW 1962, 653; NJW 1968, 1298; *Ebert* NJW 1961, 1430; kein VA demgegenüber nach *BGHZ* 60, 275.
[691] So zu **§ 46 NatSchG BW**: *VGH Mannheim* NVwZ 1992, 898; zu **§ 25 LWaldG BW**: *VGH Mannheim* NuR 1982, 266; zu **Art. 34 BayNatSchG**: *VGH München* BayVBl 1990, 277 (m. Anm. *Numberger* und *Engelhardt* BayVBl 1991, 278); NVwZ 1995, 304; NJW 1996, 2301; NJW 2000, 531; BayVBl 2000, 594, 595; NJW-RR 2002, 221, 222; *VG Regensburg* BayVBl 1993, 760, 761; *BayObLG* NJW-RR 2000, 92; zu **§ 48 NNatSchG**: *OVG Lüneburg* NVwZ-RR 2002, 378 f.; NVwZ-RR 2003, 193 f.; *VG Stade* NuR 2002, 766 f.; zu **§ 36 SaarlNatSchG**: *OVG Saarlouis* SKZ 2004, 116; zu **§ 11 SachsAnhDenkmSchG**: *VG Dessau* LKV 2005, 183; zu **§ 40 Abs. 1 LNatSchG SchlH**: *OVG Schleswig* NuR 2000, 294; ausführlich zur Rechtsprechungsentwicklung *U. Stelkens*, Verwaltungsprivatrecht, 2005, S. 423 ff., zum naturschutzrechtlichen Vorkaufsrecht ausführlich *Postel* NuR 2006, 555 ff.
[692] *VGH Kassel* NVwZ 1983, 556 f.; NVwZ-RR 2005, 650, 651; *OVG Lüneburg* NdsVBl 2005, 264, 264; *OVG Koblenz* NVwZ 1998, 655; *OVG Münster* NVwZ 1995, 915 f.
[693] *BGHZ* 139, 29 = NJW 1998, 2352 f.; *OVG Magdeburg* LKV 2002, 187 f.; *Postel* NuR 2006, 555, 559.
[694] Vgl. *Dörr/Jährling-Rahnefeld* SGb 2003, 549, 550; *Koch/Rubel/Heselhaus*, § 3 Rn. 24; zu Problemen, wenn „hoheitlich" allein mit „einseitig" gleichgesetzt wird: *BVerwG* NVwZ 2006, 703, 704; *Ipsen*, Rn. 325.
[695] *Ipsen*, Rn. 324; *Kahl* Jura 2001, 505, 510; *Schwarz* in Fehling u. a., § 35 VwVfG Rn. 95.

Behörde erfolgt,[696] s. § 60 Rn. 25 b. Ebenso ist für sich allein kein VA die Annahme eines Vertragsangebots und – entgegen der Rspr. des *BSG*[697] – auch nicht die Entscheidung über die **Ablehnung eines Vertragsangebots** (§ 9 Rn. 140, § 54 Rn. 36). Möglich ist allenfalls, dass die Behörde – entsprechend der Zweistufentheorie, s. Rn. 107 ff. – vorab verbindlich durch VA über ihre Berechtigung zur Ausübung des Gestaltungsrechts oder ihre Verpflichtung zum Vertragsschluss entscheidet. Ob eine Verpflichtung zu einer solchen zweistufigen Vorgehensweise besteht, bestimmt das Fachrecht. Fehlt es an einer solchen fachrechtlichen Gestattung, wird es i. d. R. an der Befugnis der Behörde zum Erlass solcher VA fehlen. Zur Frage der Gestaltung des **Konkurrentenschutzes in Verteilungsituationen** s. Rn. 112, 160 ff.

138 **bb) Behördliche Aufrechnungserklärung:** Nach allg. Auffassung kann die Behörde mit ör. Geldforderungen in entspr. Anwendung der §§ 387 ff. BGB aufrechnen,[698] vgl. § 51 Abs. 2 BRRG, § 226 AO, §§ 51 f. SGB I (zur Ausübung von **Zurückbehaltungsrechten,** s. Rn. 90). Wie die – ebenfalls grundsätzlich für zulässig gehaltene – Aufrechnung durch den Bürger gegenüber der Behörde (§ 44 Rn. 37 ff.) erfolgt die behördliche Aufrechnung durch „**Erklärung**" entspr. § 388 S. 1 BGB. Da sich die behördliche Aufrechnung in ihren Wirkungen nicht von der Aufrechnung seitens des Bürgers unterscheidet, fehlt ihr das „hoheitliche" Element,[699] Rn. 136. Die Behörde macht nur von einem – ihr genauso wie dem „Aufrechnungsgegner" zustehenden – Gestaltungsrecht Gebrauch. Zutreffend wird die behördliche Aufrechnungserklärung daher von *BVerwG*[700] und *BFH*[701] und der ganz h. M. in der Lit.[702] (mittlerweile) nicht mehr als VA qualifiziert; zur Rspr. des *BSG* s. Rn. 139. Die Aufrechnungserklärung ist auch dann kein VA, wenn die Behörde sie in die **Form eines VA** kleidet.[703] Mangels „Hoheitlichkeit" liegt auch in diesem Fall kein materieller, sondern nur ein formeller VA vor, der zwar mit Widerspruch und Anfechtungsklage angegriffen werden kann (Rn. 16),[704] jedoch kein VA i. S. d. § 35 ist (Rn. 17, § 43 Rn. 3).[705] Zweifelhaft ist, ob ein solcher „VA" zugleich – als „Minus" – eine „Erklärung" nach § 388 S. 1 BGB beinhaltet oder ob er zumindest in eine solche umgedeutet (§ 47 Rn. 25, 28) werden kann.[706]

139 Ohne dass dies durch fachrechtliche Besonderheiten gerechtfertigt werden könnte,[707] hält das *BSG*[708] – abweichend von der h. M., Rn. 138 – die behördliche Aufrechnungserklärung für einen VA, soweit sie nicht – wie im Verhältnis der Sozialleistungsträger untereinander (Rn. 185 f.) –

---

[696] *BVerwG* NVwZ 2006, 703, 704; *OVG Koblenz*, Urt. v. 6. 6. 2002 – 8 A 10 236/02 (juris Abs. 34); ferner *U. Stelkens*, Verwaltung 2004, S. 195, 209 m. w. N.
[697] *BSGE* 78, 233, 235; *BSGE* 84, 1 f. = *NZS* 1999, 610; *BSG NJW* 2000, 1813; hierzu *Dörr/Jährling-Rahnefeld* SGb 2003, 549, 551; *Ebsen* Verwaltung 2002, S. 239, 251.
[698] *Grandtner*, Aufrechnung als Handlungsinstrument im öffentlichen Recht, 1995, S. 55 ff.; *Hartmann*, Aufrechnung im Verwaltungsrecht, 1996, S. 9; *Pietzner* VerwArch 73 (1982), S. 453 ff.; *de Wall*, Anwendbarkeit privatrechtlicher Vorschriften, 1999, S. 443 ff.
[699] *Koch/Rubel/Heselhaus*, § 3 Rn. 24; a. A. *Ipsen*, Rn. 325; *Wehrhahn* SGb 2007, 468, 469.
[700] *BVerwGE* 66, 218, 220 = *NJW* 1983, 776; ebenso etwa *VGH Mannheim* VBlBW 1991, 386, 387; *VGH München* BayVBl 1995, 565, 566; BayVBl 1996, 660, 662; *NJW* 1997, 3392 ff.; *OVG Weimar* NVwZ-RR 2004, 781, 782; *VG Braunschweig* NdsVBl 1999, 95, 96; a. noch *BVerwG* 8, 261, 262 = *NJW* 1960, 258; *BVerwGE* 11, 283; 13, 248, 249; offen *BVerwG* DÖV 1972, 573, 574.
[701] *BFHE* 149, 482 = *NVwZ* 1987, 1118; *BFHE* 151, 128 = *NVwZ* 1988, 871; *BFHE* 160, 108; 178, 306; *BFH NVwZ* 2000, 1331, 1333; *FG Düsseldorf* EFG 2002, 1351 f.; a.A. noch *BFHE* 91, 518, 519.
[702] *Appel* BayVBl 1983, 201, 204; *Correll* ZfSH/SGB 1998, 268, 270; *Detterbeck* DÖV 1996, 889, 891; *Dörr* SGb 1997, 331, 332; *Ebsen* DÖV 1982, 389, 395; *Ehlers* NVwZ 1983, 446, 448 f.; *ders.* JuS 1990, 777; *Grandtner*, Aufrechnung als Handlungsform im öffentlichen Recht, 1995, S. 133 ff.; *Hartmann*, Aufrechnung im Verwaltungsrecht, 1996, S. 9; *Spranger* SGb 1999, 692; *Weidemann* DVBl 1981, 113; *de Wall*, Anwendbarkeit privatrechtlicher Vorschriften, 1999, S. 466 ff.
[703] Vgl. *VGH München* BayVBl 1995, 565; BayVBl 1996, 660; *NJW* 1997, 3392.
[704] Siehe hierzu *VGH München* BayVBl 1996, 660, 661; *NJW* 1997, 3391, 3392; *BFHE* 149, 482 = *NVwZ* 1987, 1118; *FG Düsseldorf* EFG 2002, 1351, 1352; vgl. a. *Verfassungs- und Verwaltungsgericht der Ev.-Luth. Kirche Deutschlands* NVwZ-RR 2001, 348, 349.
[705] *Hartmann*, Aufrechnung im Verwaltungsrecht, 1996, S. 122. A.A. *Grandter*, Die Aufrechnung als Handlungsform im öffentlichen Recht, 1995, S. 159 f.
[706] *VGH München* BayVBl 1995, 565, 566; *de Wall*, Anwendbarkeit privatrechtlicher Vorschriften, 1999, S. 471.
[707] So deutlich *Ehlers* NVwZ 1983, 446, 450; *Weber* SGb 1999, 225, 226; *ders.* SGb 2000, 165 f. A. A. im Hinblick auf §§ 51 f. SGB I: *BSGE* 78, 132, 134 = *NJW* 1997, 3397 (m. Anm. *Dörr* SGb 1997, 331); *Günther* SGb 1999, 609.
[708] *BSGE* 53, 208; 64, 17, 22; 78, 132, 134 = *NJW* 1997, 3397 (m. Anm. *Dörr* SGb 1997, 331).

auf einer Ebene der Gleichordnung ergeht.[709] Vor dem Hintergrund der Rspr. des *BSG* wurde **§ 24 Abs. 2 Nr. 7 SGB X** geschaffen, der eine Ausnahme von der Anhörungspflicht nach § 24 Abs. 1 SGB X bei der Aufrechnung mit Kleinbeträgen vorsieht und damit implizit die Rspr. des *BSG* zur VA-Natur der behördlichen Aufrechnungserklärung zu bestätigen scheint. Daher ist *OVG Münster* für die Aufrechnungserklärung nach § **25a BSHG a. F.** (= § 26 Abs. 2 SGB XII) der sozialgerichtlichen Rspr. gefolgt.[710] Wegen der eher „beiläufigen" Regelung der Materie im Verwaltungsverfahrensrecht (und nicht bei § 51 SGB I) kann jedoch aus § 24 Abs. 2 Nr. 7 SGB X nicht geschlossen werden, im Anwendungsbereich des SGB X habe der Gesetzgeber behördliche Aufrechnungserklärung als VA qualifiziert,[711] vgl. Rn. 13. Es sollte nur ein sich aus der Rspr. des *BSG* ergebendes praktisches Problem vordergründig gelöst werden.[712]

Spricht man der Aufrechnungserklärung mit der h.M. keinen VA-Charakter zu (Rn. 138), **140** bedeutet dies nicht, dass mit der Erklärung der Aufrechnung – ggf. in demselben Schreiben – nicht **zugleich** ein **VA erlassen** werden könnte, etwa die Festsetzung der Forderung, mit der aufgerechnet wird, oder auch eine ausdrückliche Feststellung, dass die Voraussetzungen einer Aufrechnung vorliegen. So ist auch ein nach Aufrechnung ergehender **Abrechnungsbescheid** des Finanzamts ein VA.[713] Wird die Aufrechnung in einem solchen Fall in Zusammenhang mit einem VA erklärt, macht dies jedoch die Aufrechnungserklärung selbst zum VA.[714] Auch sind solche Regelungen nicht **konkludent** (Rn. 81) in jeder behördlichen Aufrechnungserklärung enthalten. Der bloßen Erklärung „ich rechne auf" lässt sich nicht unmissverständlich (Rn. 73, 81) entnehmen, hierdurch werde zugleich verbindlich das Bestehen der Forderung, mit der aufgerechnet wird, die Zulässigkeit der Aufrechnungserklärung (das „Ob" der Aufrechnung), das Bestehen der Aufrechnungslage oder das Erlöschen der wechselseitigen Forderungen festgestellt.[715] Auch ist die Aufrechnungserklärung als Erfüllungshandlung keine konkludente Teilaufhebung des Bewilligungsbescheides: Dieser setzt nur einen Anspruch auf Geldleistung fest, regelt aber grundsätzlich nicht die Art seiner Erfüllung in dem Sinne, dass diese durch Barauszahlung/Überweisung zu erfolgen habe.[716]

4. Auf unmittelbare Rechtswirkung nach außen gerichtete Regelung

a) Allgemeines: § 35 verstärkt das schon früher gebräuchliche Merkmal „**Regelung eines** **141** **Einzelfalles**" noch durch den Zusatz „**auf unmittelbare Rechtswirkung nach außen gerichtet**", s. a. Rn. 11, 50. Gemeint ist hiermit eine **einseitige, verbindliche Gestaltung eines Lebenssachverhaltes,** eine Gestaltung, durch die (subjektive) Rechte des Einzelnen oder auch Kompetenzen und Wahrnehmungszuständigkeiten eines Hoheitsträgers begründet, aufgehoben, geändert, verbindlich festgestellt oder verneint werden,[717] s. a. Rn. 69, 145. Diese Umschreibung der Tatbestandsmerkmale „Regelung", „Einzelfall" und „unmittelbare Außenwir-

---

[709] *BSGE* 76, 113, 114; dem folgend *Wehrhahn* SGb 2007, 468 ff.
[710] *OVG Münster* NJW 1997, 3391; NWVBl 1997, 433; a. A. jedoch *VGH München* BayVBl 1995, 565, 566; BayVBl 1996, 660, 662; NJW 1997, 3392 ff.
[711] So aber *Günther* JuS 1996, 445, 447; *ders.* SGb 1999, 609.
[712] So *Dörr/Jährling-Rahnefeld* SGb 2003, 549, 552; *Weber* SGb 1999, 225, 229; ähnlich *VGH München* NJW 1997, 3392, 3394; *Corell* ZFSH/SGB 1998, 268, 270; *Spranger* SGb 1999, 692 f.
[713] *BFHE* 151, 128 = NVwZ 1988, 871; *FG Düsseldorf* EFG 2002, 1351 ff.; *OVG Münster* NVwZ-RR 1994, 414 (zur Anrechnung von Vorauszahlungen bei Erschließungsbeitragsbescheiden).
[714] Siehe hierzu *VGH Mannheim* VBlBW 1991, 386, 387; *Ebsen* DÖV 1982, 389, 394; *Hartmann,* Aufrechnung im Verwaltungsrecht, 1996, S. 123.
[715] So aber wohl *OVG Münster* NJW 1997, 3391; NWVBl 1997, 433 zur Aufrechnung nach § 25a BSHG a. F.; *Verfassungs- und Verwaltungsgericht der Ev.-Luth. Kirche Deutschlands* NVwZ-RR 2001, 348, 349; wie hier dagegen *VGH Mannheim* VBlBW 1991, 386, 387; *VGH München* BayVBl 1996, 661, 662; NJW 1997, 3392, 3393; *Appel* BayVBl 1983, 201, 207; *Corell* ZfSH/SGB 1998, 268, 271; *Ebsen* DÖV 1982, 389, 395; *Ehlers* NVwZ 1983, 446, 449; *dem.* JuS 1990, 777; *Grandtner,* Die Aufrechnung als Handlungsinstrument im öffentlichen Recht, 1995, S. 154; *Hartmann,* Aufrechnung im Verwaltungsrecht, 1996, S. 144 f.; *Weber* SGb 1999, 225, 229; *Weidemann* DVBl 1981, 113, 115 f.; *de Wall,* Anwendbarkeit privatrechtlicher Vorschriften, 1999, S. 467 f.
[716] A. A. *Heilemann* SGb 1998, 261, 262; *ders.* SGb 1999, 507, 508; ähnlich *Wehrhahn* SGb 2007, 468, 469 f.; wie hier: *VGH Kassel* NJW 1996, 2746 (zum Zurückbehaltungsrecht); *Weber* SGb 1999, 225, 228 f.; *ders.* SGb 2000, 165, 166.
[717] *BVerwGE* 36, 192, 194; 77, 268, 271 = NVwZ 1988, 144; *BVerwG* NJW 1985, 693; NJW 1985, 1302; NVwZ 1988, 941; NJW 2007, 1478, 1479; *OVG Hamburg* NVwZ-RR 2005, 40; *OVG Münster* NVwZ-RR 1991, 1; *Kahl* Jura 2001, 505, 508.

kung" zeigt, dass die Tatbestandsmerkmale zwar begrifflich, aber kaum sachlich trennbar sind,[718] s. Rn. 146. Sie sind besonders eng aufeinander bezogen; für ihre Auslegung muss besonders häufig auf die Auslegung eines anderen Tatbestandsmerkmals zurückgegriffen werden. Zudem ist gerade hier bei Zweifelsfällen weniger auf die Begrifflichkeit als auf die anerkannten Funktionen des VA abzustellen, s. Rn. 49.

142 **aa) Regelung:** Die Regelung umschreibt als Folge der „Maßnahme" (= Willenserklärung, Rn. 20, 69), dass und welche **Rechtswirkungen** eingetreten sind.[719] Sie ist Ergebnis der Maßnahme, das, was den rechtsgeschäftlichen Charakter des VA ausmacht, s. Rn. 19, 31, 69. Damit bestimmt der Regelungsgehalt des VA, selbst wenn er rechtswidrig bis zur Grenze der Nichtigkeit ist, den Umfang der **Bindungswirkung.** Im Übrigen wird sie in ihrer Reichweite durch das materielle Recht bestimmt (§ 43 Rn. 55 ff.). Folglich hängt vom Regelungsgehalt auch die **Feststellungswirkung** des VA gegenüber anderen Behörden ab, s. § 9 Rn. 151 ff., § 43 Rn. 160 ff. Zudem ist für das Vorliegen einer Regelung unerheblich, ob die Rechtslage **konstitutiv** oder **deklaratorisch** festgelegt wird (Rn. 33) oder dass – unabhängig von dem materiellen Inhalt – durch eine Genehmigung oder Erlaubnis ein ör. Verbot beseitigt wird, ohne diese Genehmigung oder Erlaubnis z. B. eine Anlage zu errichten. „Regelung" bezeichnet also den **materiellen Zustand,** der durch die „hoheitliche Maßnahme" (Willenserklärung) herbeigeführt worden ist.

143 Die Regelung kommt, wie es das VwVfG in § 41 Abs. 4 ausdrückt, in dem **verfügenden Teil** des VA zum Ausdruck (§ 37 Rn. 3, § 41 Rn. 167 ff.); z. T. ist dies gesetzlich ausdrücklich vorgeschrieben, so z. B. bei § 19 Abs. 3 Nr. 2 AtomVfV.[720] Teilweise werden für den „verfügenden Teil" auch die Begriffe **„Verfügungssatz"**[721] oder **„Spruch"**[722] verwandt. Der verfügende Teil ist von der Begründung nach § 39 zu unterscheiden, die nicht in Bestandskraft erwächst, s. § 39 Rn. 26. Für sich genommen ist der verfügende Teil des VA allerdings oft kaum aussagekräftig, wie sich insbes. bei der Ablehnung eines Antrages oder der Festsetzung eines Geldbetrages zeigt. Zur Erläuterung des verfügenden Teils ist daher die **Begründung nach § 39** heranzuziehen, da der festgestellte Sachverhalt und das angewandte Recht im Rahmen des Verfahrensgegenstandes (§ 9 Rn. 108, 112) den Inhalt des VA mitbestimmen, s. Rn. 76. Nur aus der Begründung ergibt sich z. B., ob die Behörde einen Antrag als unzulässig oder unbegründet abgewiesen hat, s. § 9 Rn. 135. Damit ist die Begründung für die Bestimmung des Umfangs der Bindungswirkung des VA von erheblicher Bedeutung,[723] ohne dass sie aber Teil der Regelung wird und an der Bindungswirkung teilnimmt.[724] Zum Aufbau des VA s. § 37 Rn. 109 f. Die Begründung ist lediglich rechtliche **Wertung,** die i. d. R. nicht selbständig angefochten werden kann, § 39 Rn. 31 ff., § 42 Rn. 9. Enthält die Begründung allerdings Äußerungen, die selbständig die Rechte des Bürger berühren, z. B. beleidigende Feststellungen, besteht ein **Abwehrrecht,** s. § 39 Rn. 32 f. Für Benotung Rn. 205, § 39 Rn. 34.

144 **Vorfragen** sind i. d. R. Prüfungsvoraussetzungen (**Regelungsvoraussetzung,** § 9 Rn. 133, 150), also Teil der Begründung.[725] Wenn das Fachrecht allerdings vorschreibt, dass sich die Bindungswirkung auch auf diesen Begründungsteil bezieht[726] (§ 43 Rn. 79), ist die Begründung Teil der Regelung und nimmt an der Regelungswirkung teil. Diese Abgrenzung ist für die Prüfung von Vorfragen, die in den Zuständigkeitsbereich anderer Behörden fallen, von erheblichem Gewicht (§ 9 Rn. 150). Die Behörde kann im Einzelfall auch eine Vorfrage (auch verfahrensrechtlicher Natur, s. Rn. 152 f.) durch VA feststellen, § 44 Rn. 68. Zum **Gesetzesvorbehalt** für eine solche Feststellung Rn. 36, 220. Diese Form muss aber aus Gründen der Verfahrensklarheit (§ 9 Rn. 57) für den Empfänger eindeutig erkennbar sein (Rn. 73), da ihm insoweit eine Anfechtungslast auferlegt wird,[727] s. Rn. 4, 49. Deshalb kann entgegen OVG

---

[718] BVerwG NVwZ 2004, 349, 350.
[719] BVerwG NJW 1985, 1302; OVG Münster NVwZ-RR 2003, 124.
[720] Dazu BVerwGE 72, 300, 305 = NVwZ 1986, 208.
[721] Z. B. BVerfGE 83, 182, 196 = NJW 1991, 1878; BSG NZS 2000, 210, 211.
[722] Z. B. BVerwGE 80, 96, 98 = NVwZ 1989, 471.
[723] Vgl. z. B. VG Sigmaringen VBlBW 2002, 39, 40 f.; ferner: Breuer VerwArch 72 (1981), S. 261, 267; Ossenbühl NJW 1980, 1353, 1354.
[724] BSG NZS 2000, 210, 211.
[725] BVerwG NVwZ 2004, 233 f. (insoweit in BVerwGE 118, 226 nicht abgedruckt).
[726] Martens DÖV 1987, 992, 996; verallgemeinernd ders., Praxis des VwVf, 1985, Rn. 258, 261.
[727] Kracht, Feststellender VA und konkretisierende Verfügung, 2002, S. 121 ff.

Münster[728] nicht angenommen werden, dass die einem Leistungsbescheid zugrunde liegende Feststellung des Bestehens einer Leistungspflicht dem Grunde nach als feststellender VA bestandskraftfähig ist und damit einer Nachforderung zugrunde gelegt werden kann.

Auf das Merkmal, dass durch den VA als Regelung ein bestimmtes **Recht** begründet, aufgehoben, geändert oder festgestellt wird und damit die bloße Wahrnehmung bzw. das bloße Bestreiten eines (vermeintlichen) Rechts keine Regelung und damit kein VA ist (Rn. 22, 69), hat die Rspr. in ihrem Bestreben, den Rechtsschutz zu erweitern (Rn. 2, 47, 93 ff.), immer wieder **verzichtet.** Dem VwVfG entspricht diese Argumentation nicht. Deshalb ist nicht jeder Grundrechtseingriff – entgegen einer in der Lit. wieder häufig geäußerten Ansicht[729] – deswegen VA, s. Rn. 22, 94, 96. Derartige **problematische Einzelfälle** sind etwa: Rüge gegenüber Rechtsbeistand (Rn. 84), Erteilung von Auskünften (Rn. 83, 99 ff.), Beurkundungen, die nur die (widerlegbare) tatsächliche Vermutung für das Bestehen eines Rechts begründen (Rn. 87, 222), Ausübung unmittelbaren Zwangs und Durchführung der Ersatzvornahme (Rn. 22, 93 ff.), bestimmte polizeiliche Standardmaßnahmen (Rn. 96 ff.), Benotung (Rn. 205). 145

bb) Gerichtet auf unmittelbare Rechtswirkung nach außen: Das Merkmal „auf unmittelbare Rechtswirkung nach außen gerichtet" ist von den gleich lautenden Merkmalen in § 9 zu unterscheiden,[730] s. § 9 Rn. 113 ff., 131 ff. Es ist zur Verdeutlichung der Einzelfallregelung in § 35 hinzugekommen (Rn. 11) und soll nach Ansicht der Rspr.[731] keine weitergehenden Anforderungen als nach dem früheren Rechtszustand[732] begründen. Damit ist ihm eine Abgrenzungsaufgabe zugewiesen, die früher das Merkmal Regelung – aber auch das Merkmal Behörde (Rn. 50) – mitbewältigen sollte.[733] Hierin zeigt sich die sachliche Untrennbarkeit dieser Tatbestandsmerkmale, s. Rn. 141. Als Gegenstück einer Regelung mit unmittelbarer Rechtswirkung nach außen wird regelmäßig der Begriff des **Verwaltungsinternums** gebraucht.[734] Hiermit ist für die Abgrenzung in Zweifelsfällen allerdings nicht viel gewonnen, da die **Grenze** zwischen Verwaltungsinternum und nach außen wirkender Regelung nicht definiert wird.[735] Diese Grenze wird im Staat-Bürger-Verhältnis auch anders gezogen als im Verhältnis zwischen unterschiedlichen Verwaltungsträgern. Während im Staat-Bürger-Verhältnis immer dann von einer auf unmittelbare Rechtswirkung nach außen gerichteten Regelung ausgegangen wird, wenn durch die Regelung der Rechtskreis erweitert oder verringert (vgl. Rn. 141) bzw. die persönliche Rechtsstellung des Bürgers betroffen wird (Rn. 198), wobei insoweit auch ausreicht, dass eine bestimmte Maßnahme unmittelbare Auswirkungen auf das Vermögen des Betroffenen hat, wird die Schranke für die Annahme der Außenwirkung zwischen Verwaltungsträgern wesentlich höher gesetzt: So wird z. B. eine fachaufsichtliche Weisung nicht schon deshalb als VA qualifiziert, weil sie für die angewiesene Körperschaft zu erhöhten Kosten beim Verwaltungsvollzug führt, obwohl durch eine solche Weisung der Spielraum bei der Wahrnehmung anderer Kompetenzen, z. B. von Selbstverwaltungsangelegenheiten erheblich eingeschränkt werden kann, s. Rn. 181. Daher ist es unmöglich, die Grenze zwischen „Innen" und „Außen" abstrakt zu definieren.[736] Es dürfte auch eher dem Willen des Gesetzgebers entsprechen, den Begriff der Rechtswirkung nach außen als **Blankettbegriff** zu verstehen, der es ermöglichen soll, diejenigen Maßnahmen aus dem VA-Begriff auszunehmen, bei denen zwar das Vorliegen einer Regelung nicht oder nur schwerlich verneint werden kann, die im Hinblick auf die verfahrensrechtliche und die Individualisierungs- und Klarstellungsfunktion des VA im **Interesse der Funktionsfähigkeit der Verwaltung** jedoch dennoch nicht als VA qualifiziert werden sollen,[737] vgl. Rn. 49. Insoweit sind i. d. R. problematisch: **interbehördliche** Maßnahmen (Rn. 167 ff., 179 ff.), 146

---

[728] *OVG Münster* NVwZ-RR 2000, 820.
[729] So *Erfmeyer* DÖV 1999, 719, 722; *Köhler* BayVBl 1999, 582, 583; *Schreiber* ZRP 1999, 519, 522.
[730] A. A. *Henneke* in Knack, § 35 Rn. 34; *Meyer/Borgs*, § 35 Rn. 47.
[731] BVerwGE 77, 268, 269 = NVwZ 1988, 144.
[732] BVerwGE 28, 145, 146 = NJW 1968, 905; BVerwGE 36, 192, 194.
[733] Vgl. *Forsthoff*, S. 199.
[734] *Hufen*, Verwaltungsprozessrecht, § 14 Rn. 8; *Maurer*, § 9 Rn. 26; *Ruffert* in Erichsen/Ehlers, § 20 Rn. 44.
[735] *Meyer*, FG 50 Jahre BVerwG, 2003, S. 551, 555.
[736] Allgemein zu den unterschiedlichen Verwendungen der Begriffe des „Innenrechts" und des „Außenrechts" *Jestaedt*, GVwR I, § 14 Rn. 14; *U. Stelkens*, Verwaltungsprivatrecht, 2005, S. 804 ff.
[737] *Pokorny*, Bedeutung der Verwaltungsverfahrensgesetze für die wissenschaftlichen Hochschulen, 2002, S. 66; *Wolff/Bachof/Stober/Kluth* I, § 45 Rn. 78; diese Funktion des Merkmals wird verkannt von *Emmerich-Fritsche* NVwZ 2006, 762, 765.

intrabehördliche Maßnahmen (Rn. 190 ff., 300 ff.), Maßnahmen im **Sonderstatusverhältnis** (Rn. 198 ff.) und die **Verfahrenshandlungen** einer Behörde im Rahmen eines eigenen VwVf (Rn. 148 ff.).

147 Eine Maßnahme ist zudem nicht schon deshalb VA, wenn sie Rechtswirkung nach außen entfaltet. Sie muss vielmehr auf **unmittelbare** Rechtswirkung nach außen **gerichtet** sein. **Unmittelbare** Rechtswirkung nach außen entfaltet eine Maßnahme, wenn sie hierzu unabhängig von ihren tatsächlichen Auswirkungen ihrem objektiven Sinngehalt nach bestimmt ist, wenn dies also nicht nur tatsächliche Folge der Maßnahme, sondern deren Zweckbestimmung ist.[738] Dies wird durch das Merkmal „**gerichtet**" in § 35 ausgedrückt.[739] Hiermit wird die **Finalität** betont.[740] Ob die **Rechtsfolgen** so wie beabsichtigt **tatsächlich** eintreten, ist für den VA-Begriff selbst unerheblich, kann aber als Folge z. B. wegen rechtlicher Unmöglichkeit Nichtigkeit des VA bewirken. Zu trennen hiervon ist die Frage, ob die Behörde die gesetzliche Befugnis hat, eine Maßnahme mit Außenwirkung zu treffen (Rn. 16 f., 25 ff., 50).[741] Kaum über den Begriff „gerichtet" zu klären ist der Fall, in dem die Regelung mit Außenwirkung erst vom Gericht durch Auslegung erkannt wird (vgl. Rn. 70, 75, § 37 Rn. 25, § 41 Rn. 58 ff.). Der Gesetzgeber hat jedoch nicht die allgemeine Auslegungsregel beseitigen wollen, wonach es nicht auf den inneren Willen der Behörde, sondern auf den Inhalt der Erklärung ankommt, wie er unter Berücksichtigung des Empfängerhorizontes verstanden werden konnte (Rn. 71 ff.).

148 **b) Vorbereitungs- und Verfahrenshandlungen der Behörde:** Vorbereitungshandlungen, die die Behörde vor Beginn eines VwVf wahrnimmt (§ 9 Rn. 107), oder Verfahrenshandlungen, die dem Erlass eines VA vorausgehen (§ 9 Rn. 113 ff.), werden weitgehend nicht als VA gewertet. Dies wird regelmäßig mit dem Fehlen einer Regelung begründet, wobei Regelung hier i. S. einer bestandskraftfähigen, vollstreckungstauglichen Regelung verstanden wird,[742] vgl. Rn. 49. Vom Vorliegen eines VA wird jedoch i. d. R. auszugehen sein, wenn die Maßnahme selbständig vollstreckbar ist (Rn. 153) oder gegenüber einem am VwVf (noch) nicht Beteiligten ergeht (Rn. 149). Insoweit kann zur Abgrenzung auf den **Rechtsgedanken des § 44 a VwGO** zurückgegriffen werden, wenn auch nur i. S. einer **Faustformel**.[743] Im Übrigen hilft § 44 a VwGO nicht weiter, da er sowohl bei VA als auch bei Verwaltungsinterna eingreifen kann, Rn. 152.

149 Soll ein (noch) **nicht Beteiligter** im Rahmen oder zur Vorbereitung eines VwVf zu **Mitwirkungshandlungen,** insbes. **Auskünften verpflichtet** werden, kann eine hierauf gerichtete Maßnahme VA oder auch nur ein Hinweis auf eine gesetzliche Mitwirkungspflicht sein (Rn. 83). Ein VA liegt nur vor, wenn dem Mitwirkungsverlangen eindeutig (Rn. 73, 81) zu entnehmen ist, dass die Mitwirkungspflicht verbindlich festgesetzt werden soll. So ist als VA angesehen worden: Benennung als Zeuge oder Sachverständiger nach § 65 (dort Rn. 4, wegen der hiermit verbundenen Mitwirkungspflicht),[744] Festsetzung des Informationsanspruchs nach Art. 34 BayNatSchG i. V. m. § 510 BGB,[745] Auskunftsverlangen nach § 15 BStatG,[746] nach § 47 Abs. 4 BAföG,[747] nach § 45 Abs. 1 PostG,[748] nach § 127 Abs. 1 TKG,[749] nach § 40 Abs. 2 KrW-/AbfG,[750] ein (rechtswidrig) unmittelbar gegen einen Beamten persönlich gerichtetes Auskunftsverlangen eines Rechnungshofs.[751] Ebenso ist VA die Verhängung eines Ordnungsgeldes durch

---

[738] *OVG Hamburg* NVwZ-RR 2005, 40, 41; *VGH Mannheim* NVwZ-RR 1999, 636, 637; *VG Darmstadt* NJW 2004, 1471, 1472.
[739] *BVerwGE* 60, 144, 145 = NJW 1981, 67.
[740] *BVerwGE* 77, 268 = NVwZ 1988, 144; *BVerwG* NVwZ 1998, 729, 730; *OVG Weimar* NVwZ-RR 2000, 578, 579; *Schütz* BayVBl 1981, 609 ff.
[741] *BGHZ* 88, 51, 55 = NJW 1984, 2703.
[742] *VGH München* NVwZ 1990, 775, 776; *OVG Münster* NJW 1988, 1103; NWVBl 1996, 356, 357; *Detterbeck*, Rn. 453.
[743] In diese Richtung wohl auch *BVerwG* ZBR 2000, 384, 386; NVwZ 2004, 349; *VGH München* NVwZ-RR 2000, 35; *BFHE* 187, 386 = NVwZ 1999, 1379, 1380; *Pietzcker* in Schoch u. a., § 42 Abs. 1 Rn. 40.
[744] *Seegmüller* in Obermayer, VwVfG, § 65 Rn. 7; a. A. *Kopp/Ramsauer*, § 65 Rn. 4.
[745] *VGH München* BayVBl 2000, 594, 595.
[746] *OVG Hamburg* NJW 1986, 3100; *VGH Kassel* NJW 1986, 3102; *OLG Düsseldorf* NStZ 1981, 68.
[747] *OLG Hamm* NJW 1980, 1476.
[748] *OVG Münster* NVwZ 2000, 702 (m. Anm. *Gerstner* NVwZ 2000, 637).
[749] *OVG Münster* NJW 1998, 3370 (zu § 72 Abs. 1 TKG a. F.).
[750] *VGH Mannheim* NVwZ-RR 2003, 20; *Diederichsen* VBlBW 2000, 461.
[751] *OVG Lüneburg* NJW 1984, 2652.

§ 35 Begriff des Verwaltungsaktes 150 § 35

einen Untersuchungsausschuss gegenüber einem Zeugen.[752] Wegen **fehlender Regelung** sind **keine VA** die an das Gericht zu stellenden **Ersuchen** der Behörde nach § 16 (dort Rn. 6, 8), § 65 Abs. 2 bis 3 (dort Rn. 25 ff.),[753] Antrag des Untersuchungsausschusses auf Anordnung der Beugehaft gegen einen Zeugen durch das Gericht (s. § 1 Rn. 176), die Ladung als Zeuge,[754] Aufforderung zur Vorlage von Geschäftsunterlagen durch Untersuchungsausschuss.[755] Weil sie gegenüber einem am VwVf (noch) nicht Beteiligten ergehen, sind VA auch die **Hinzuziehung nach § 13 Abs. 2** (dort Rn. 30, 38 f.),[756] die **Zurückweisung eines Bevollmächtigten** oder Beistandes nach § 14 Abs. 5 bis 7 (dort Rn. 41), nicht jedoch die **Aufforderung zur Vorlage einer Vollmacht** nach § 14 Abs. 2 (dort Rn. 14). Da die VA-Qualität einer Maßnahme unteilbar ist (Rn. 23 f.), sind die genannten Maßnahmen auch gegenüber den (bereits) Beteiligten VA; jedoch ist für den Rechtsschutz § 44 a S. 1 VwGO zu beachten.

Keine VA sind auch Verfahrenshandlungen der Behörde, die den Ablauf und die Ausgestaltung eines VwVf näher organisieren, ohne sich unmittelbar auf die Beteiligten auszuwirken, etwa Ersuchen um Amtshilfe (§ 4 Rn. 31), Vollstreckungshilfe (§ 4 Rn. 18, 42),[757] Entbindung eines Beamten von der Amtsausübung wegen Befangenheit nach § 21 (dort Rn. 22),[758] Ausschluss nach § 20 (dort Rn. 6), Entscheidung über die Ablehnung eines Ausschussmitgliedes nach § 20 Abs. 4 S. 2 (dort a. a. bei Rn. 54), § 71 Abs. 3 S. 4 (dort Rn. 38) oder auch Aufforderung an einen Beteiligten, das Dienstzimmer nur nach Anklopfen zu betreten (Rn. 133). Da sie außerhalb des eigentlichen VwVf ergeht, ist VA die Erteilung der Aussagegenehmigung nach §§ 61, 62 BBG und die Sperrerklärung nach § 96 StPO,[759] s. a. § 84 Rn. 13. Insbes. aus der **Systematik des VwVfG** ergibt sich auch, dass die Entscheidung über die Durchführung eines VwVf (insbes. auch die **Ablehnung, ein VwVf zu eröffnen**) kein VA ist (§ 9 Rn. 105, § 22 Rn. 8, 59), weil sonst ein unendlicher Regress möglich wäre. Kein VA ist daher auch die Entscheidung, das VwVf auszusetzen (s. § 9 Rn. 203), die Entscheidung über die Rücknahme der Aussetzung,[760] Entscheidung über die Fortführung[761] und Einstellung[762] eines Verfahrens. Ist der Bürger mit der Nichtdurchführung, Einstellung oder Aussetzung des VwVf nicht einverstanden, kann er Untätigkeitsklage gem. § 75 VwGO erheben.[763] Zur Zurückstellung nach § 15 BauGB s. Rn. 172. Kein VA ist die Entscheidung, dass in einem Genehmigungsverfahren die §§ 71 a ff. Anwendung finden oder eine **UVP** durchzuführen ist. VA kann aber die **Ablehnung der Eröffnung eines PlfV** sein, wenn hierdurch – nach Art eines Negativattestes (Rn. 83) – die Unanwendbarkeit des Planfeststellungsrechts verbindlich festgestellt werden soll und ggf. hiermit zugleich auch über die Zulassung des Vorhabens entschieden wird.[764] Dieser VA kann jedenfalls von denjenigen Beteiligten angegriffen werden, deren Beteiligungsrechte allein im PlfV gelten und die deshalb ein subjektiv-öffentliches Recht gerade auf Durchführung eines PlfV geltend machen können,[765] § 73 Rn. 17, § 74 Rn. 19, 258 ff., 269, § 76 Rn. 25. Zur Auswahl zwischen PlfV und Plangenehmigungsverfahren s. § 74 Rn. 254. Wird ein Antrag als unzulässig abgelehnt, ist diese Entscheidung VA (§ 24 Rn. 73), ebenso die Entscheidung über die Entbehrlichkeit eines PlfV nach § 76 Abs. 2, s. § 76 Rn. 24.

---

[752] *VG Berlin* NVwZ-RR 2003, 708.
[753] *Seegmüller* in Obermayer, VwVfG, § 65 Rn. 42.
[754] *OVG Münster* NJW 1989, 1103.
[755] *OVG Münster* NVwZ 1987, 608, 609.
[756] *BVerwG* NVwZ 2000, 1179, 1180; *VGH Kassel* NVwZ 2000, 828.
[757] *BVerwG* NJW 1961, 332; *Köhler* BayVBl 1998, 453, 454.
[758] *BVerwG* NVwZ 1994, 785; *Kösling* NVwZ 1994, 455, 456; offen *BFHE* 198, 310 = NJW 2002, 3799, 3800.
[759] Für Aussagegenehmigung: *BVerwGE* 34, 252, 254 = NJW 1971, 160; *BVerwGE* 66, 39, 41 = NJW 1983, 638; *BVerwGE* 109, 258, 260 = NJW 2000, 160; für Sperrerklärung: *VG Weimar* NVwZ-RR 2002, 394, 395.
[760] A. A. *Riedl* in Obermayer, VwVfG, § 9 Rn. 65; als rechtsgestaltenden VA sieht *BFH* (BFHE 215, 1, 8 = NVwZ-RR 2007, 69, 71) die Entscheidung nach § 363 Abs. 2 S. 4 AO.
[761] *BVerwGE* 88, 332 = NVwZ 1992, 379; *OVG Münster* GewArch 2000, 387, 388; *VG Frankfurt a. M.* NVwZ-RR 2000, 262; *VG Gießen* NVwZ-RR 2004, 177.
[762] *OVG Münster* NWVBl 1996, 356, 357.
[763] *P. Stelkens* in Schoch u. a., § 44 a Rn. 14, 17.
[764] *BVerwGE* 64, 325 = NJW 1982, 1546; *BVerwG* NJW 1977, 2367; NJW 1980, 718, 719; NVwZ 2002, 346, 348; *OVG Magdeburg* LKV 1995, 326; *VGH Mannheim* NVwZ 1997, 594.
[765] *BVerwG* NJW 1977, 2367; NJW 1980, 718, 719; *OVG Magdeburg* LKV 1995, 326; *VGH Mannheim* NVwZ 1997, 594; *Rudolph* JuS 2000, 478, 480.

151 Ebenso **kann** jede Entscheidung **VA sein,** die **nach Abschluss des VwVf** ergeht und über einen Anspruch auf „Nachbesserung" im weitesten Sinne entscheidet, wie etwa die Entscheidung über die Verlängerung einer (behördlich gesetzten) Frist (§ 31 Rn. 47), einen Antrag auf Wiedereinsetzung in den vorigen Stand nach § 32 (dort Rn. 45), Berichtigung nach § 42 (dort Rn. 43), Entscheidung über ein Wiederaufgreifen i. w. S. oder i. e. S. (§ 51 Rn. 10 f.), Entscheidung über nachträgliche Schutzauflagen nach § 75 Abs. 2 S. 2 bis 5 (dort Rn. 77, 90), Erteilung eines Abrechnungsbescheides nach § 218 Abs. 2 AO.[766] Hier dürften die Grundsätze der Rn. 99 ff. heranzuziehen sein. Str. ist, ob die behördliche Umdeutung nach § 47 VA ist, s. dort Rn. 4 ff. Da weder § 9 noch § 35 oder § 54 dem VA gegenüber dem ör. Vertrag einen Vorrang einräumen, sondern der Behörde insoweit ein Wahlrecht zusteht (§ 9 Rn. 167), ist auch **kein VA** die **Auswahl**entscheidung **zwischen VA und ör. Vertrag** als Verfahrensziel i. S. d. § 9.[767] Zu Maßnahmen in Zusammenhang mit ör. Verträgen s. Rn. 137. Auch die Entscheidung über die **Einleitung eines Bebauungsplanverfahrens** ist kein VA, auch dann nicht, wenn sich aus § 12 Abs. 2 BauGB ein Anspruch auf eine solche Entscheidung ergibt.[768]

152 **Str. ist,** ob solche Verfahrenshandlungen VA sein können, die keine Maßnahmen i. S. d. § 44 a S. 2 VwGO sind, jedoch die Rechtsstellung der **Beteiligten im VwVf** berühren, insbes. indem ihnen **Mitwirkungsrechte im VwVf** versagt (hierzu Rn. 154) oder bestimmte **verfahrensrechtliche Mitwirkungslasten aufgegeben** werden. Hiervon hängt ab, ob dem Erlass dieser Maßnahmen ein eigenes VwVf vorausgeht (innerhalb derer wiederum die genannten Entscheidungen ergehen können), ob sie also selbständig nach § 39 zu begründen (vgl. § 39 Rn. 53), ggf. nach § 37 Abs. 2 S. 2 schriftlich zu bestätigen (vgl. § 37 Rn. 80), einer Zusicherung nach § 38 zugänglich (etwa Zusage an einen Beteiligten, einem anderen Beteiligten wegen § 30 keine Akteneinsicht nach § 29 zu gewähren, vgl. § 38 Rn. 12 ff.) und nach § 41 bekannt zu geben sind. Wegen dieser Folgen (und der weitgehend unklaren Auswirkungen der Annahme der VA-Qualität von Verfahrenshandlungen für den Rechtsschutz)[769] sollte die VA-Qualität solcher Maßnahmen wegen fehlender Regelung i. S. d. § 35 (Rn. 148) eher verneint werden. Daher sind **keine VA**[770] die **Aufforderungen** nach § 15 S. 1 (dort a. A. bei Rn. 5), § 17 Abs. 4 S. 1 (dort Rn. 27 ff.), § 18 Abs. 1 S. 1 (dort Rn. 7), § 23 Abs. 2 S. 1 (dort Rn. 49 ff.), die behördliche **Fristsetzung im VwVf** nach § 31 Abs. 2 (dort Rn. 25, 48) sowie **Mitwirkungs- und Auskunftsverlangen** gegenüber Beteiligten (zu Maßnahmen gegenüber Unbeteiligten s. Rn. 149) nach § 26 (dort Rn. 37, 49), **Ladungen** zu einem bestimmten Termin,[771] etwa nach § 67 Abs. 1 S. 2 (dort Rn. 8 ff.). Diese Maßnahmen sind ohne verpflichtenden Charakter, deren Nichtbefolgung nur die Folgen einer verfahrensrechtlichen Last auslöst. Gerade weil die Folgen der Obliegenheitsverletzungen gesetzlich geregelt sind, regeln diese Aufforderungen selbst nichts. **Kein VA** ist daher auch: **Aufforderung gem. §§ 11 ff. FeV** zur Vorlage eines Gutachtens einer medizinisch-psychologischen Untersuchungsstelle (sog. **MPU-Anordnung**),[772] Anforderung nach § 24c Abs. 3 S. 3 LuftVZO,[773] Aufforderung zur Vorlage eines amtsärztlichen Attests im Prüfungsverfahren[774] oder zur „polizeiärztlichen Untersuchung" zur Feststellung einer posttraumatischen Belastungsstörung im Asylverfahren,[775] Anordnung der

---

[766] BFHE 189, 331 = NVwZ 2000, 236.
[767] VGH München NuR 2000, 468, 470.
[768] VGH Mannheim NVwZ 2000, 1060, 1061; a. A. Antweiler BauR 2002, 398, 400 ff.; Dolderer UPR 2001, 41, 42 f.
[769] Vgl. P. Stelkens in Schoch u. a., § 44 a Rn. 22 ff.; Ziekow in Sodan/Ziekow, § 44 a Rn. 39.
[770] **Ebenso** zu **Mitwirkungsverlangen nach § 26:** BFHE 146, 99 = NVwZ 1987, 174 (hierzu Martens NVwZ 1987, 106, 109); BFHE 187, 386 = NVwZ 1999, 1379; OLG Düsseldorf GewArch 1983, 154; Clausen in Knack, § 26 Rn. 35; Kopp/Ramsauer, § 26 Rn. 7; zu den **Aufforderungen nach § 17, § 18, § 23:** Clausen in Knack, § 17 Rn. 14; Kopp/Ramsauer, § 17 Rn. 26, § 18 Rn. 5; Riedl in Obermayer, VwVfG, § 17 Rn. 115, § 18 Rn. 20, § 23 Rn. 75; Ule/Laubinger, § 45 Rn. 25; **a. A.** zu Mitwirkungsverlangen: BFHE 140, 518 = NJW 1984, 2240; zur Aufforderung nach § 15: Kopp/Ramsauer, § 15 Rn. 2a; Riedl in Obermayer, VwVfG, § 15 Rn. 17.
[771] BVerwG NJW 1984, 2541 (zur Musterung).
[772] OVG Hamburg NJW 2002, 2730, 2731; OVG Münster NJW 2001, 3427; OVG Weimar ThürVBl 2004, 212, 214; Weber NZV 2006, 399 ff.; ders. ZPR 2007, 31 f.; a. A. Brenner ZPR 2006, 223, 225; Jagow NZV 2006, 27 ff.; Ruffert in Erichsen/Ehlers, § 20 Rn. 27; Schreiber ZRP 1999, 519, 522; zum Problem der Anfechtung eines Gebührenbescheides, der hierfür eine Gebühr festsetzt: OVG Lüneburg NJW 2007, 454 ff.
[773] Offen VGH München NVwZ-RR 2007, 607, 609.
[774] BVerwG NVwZ-RR 1993, 252 (zu § 44 a VwGO); OVG Münster NVwZ-RR 2000, 432, 433.
[775] VG Berlin NVwZ 2001, 232.

§ 35 Begriff des Verwaltungsaktes   153–155 § 35

amtsärztlichen Untersuchung zwecks Reaktivierung eines Beamten (str., s. Rn. 199), Genehmigung der Entwurfsunterlagen für die Meisterprüfungsarbeit,[776] Angebot einer Trainingsmaßnahme nach §§ 48 ff. SGB III.[777] Zu **Zwischenprüfungsentscheidungen** s. Rn. 204.

Sind die Mitwirkungsaufforderungen ausnahmsweise selbständig **vollstreckbar,** sind sie jedoch VA (Rn. 148), so etwa Anordnung medizinischer Untersuchung im Zwangspensionierungsverfahren (s. a. Rn. 200),[778] Nachschulungsanordnung nach § 2 Abs. 2 Nr. 1 StVG (wegen § 2 Abs. 3 StVG) und § 4 Abs. 8 S. 2 StVG,[779] Anordnung der Vorsprache bei Auslandsvertretung zur Ersatzpapierbeschaffung nach § 15 Abs. 2 Nr. 6 AsylVfG,[780] aber auch Ordnungsmaßnahmen nach § 68 Abs. 3 S. 2 (dort Rn. 29 ff.) und § 89 (dort Rn. 11). Allgemein zum Hausrecht Rn. 131 ff. **VA ist** auch die Bestellung eines gemeinsamen Vertreters von Amts wegen nach **§ 17 Abs. 4 S. 2** (dort Rn. Rn. 27 ff.) und **§ 18 Abs. 1 S. 2** (dort Rn. 9),[781] weil hierdurch die Rechtsstellung der Beteiligten im VwVf unmittelbar verändert wird (also etwas geregelt wird) und die sich hier stellenden Probleme auch gut vom eigentlichen VwVf abschichtbar sind. 153

Ob die **Ablehnung** von Verfahrenshandlungen VA ist, ist ebenfalls **umstr.** Werden sie als VA qualifiziert, kann dies zu einer Vielfalt ineinander geschachtelter VwVf führen, die kaum voneinander abschichtbar sind. Dies entspricht regelmäßig weder dem erkennbar gewordenem Willen der Behörde noch dem Interesse der Betroffenen, dürfte dem Gebot der **Verfahrensklarheit** (§ 9 Rn. 57) widersprechen und ist auch im Hinblick auf die VA-Funktionen nicht geboten, s. Rn. 49. Will die Behörde nicht eindeutig und für die Beteiligten unmissverständlich (Rn. 73, 81) eine verbindliche Entscheidung über das Verfahrensrecht treffen, auf diese Weise letztlich die strittige Verfahrensfrage vom eigentlichen VwVf abtrennen und so eine Art „Verfahrensvorbescheid" erlassen, sind solche Entscheidungen keine VA,[782] zumal der Erlass eines „Verfahrensvorbescheides" wegen § 44a S. 1 VwGO gerade keine Rechtssicherheit für das laufende Verfahren bringen kann: Er kann jedenfalls nicht vor Bestandskraft der eigentlichen Sachentscheidung bestandskräftig werden.[783] Seine alleinige Rechtsfolge wäre somit allein eine Selbstbindung der Behörde, wofür – auch in mehrpoligen Rechtsverhältnissen – nur selten ein praktisches Bedürfnis besteht. **Kein VA** sind dementspr. i. d. R. die Entscheidung über einen Beweis-(ermittlungs-)antrag eines Beteiligten (§ 24 Rn. 43 ff., § 26 Rn. 9, 45, 80 f., § 66 Rn. 13), Ablehnung einer Anregung, ein Ersuchen nach § 16 (dort Rn. 6) oder § 65 Abs. 2 bis 5 (dort Rn. 25 ff.) zu stellen,[784] **Ablehnung** der **Anhörung** nach § 28 (dort Rn. 50)[785] und der **Akteneinsicht** nach § 29 (dort a. A. Rn. 81)[786] und § 72 Abs. 1 HS. 2, Verzicht auf mündliche Verhandlung nach § 67 Abs. 2 (dort Rn. 21 ff.) und § 73 Abs. 6 S. 6, Ablehnung eines Antrags auf Sonderbeschleunigung nach § 71 b Alt. 2 (dort Rn. 13 ff.) oder auf Abhaltung einer Antragskonferenz nach § 71 e (dort Rn. 5 ff.). 154

c) **Entscheidungen in Anzeigeverfahren:** Im Rahmen der **Beschleunigungsgesetzgebung** (Rn. 34 ff., Einl. Rn. 43, § 1 Rn. 19 ff.) wurden im Immissionsschutzrecht (Rn. 35), den neuen LBauO (Rn. 36) und anderen Bereichen (§ 12 GenTG, § 8 a TierSchG) **Anmelde-, Anzeige- und Genehmigungsfreistellungsverfahren** (§ 9 Rn. 87 ff.) eingeführt. Durchgängig hat in diesen Verfahren der Vorhabenträger das Vorhaben der zuständigen Behörde anzuzei- 155

---

[776] *OVG Lüneburg* GewArch 1999, 297, 298.
[777] *BSG* SGb 2005, 594, 596.
[778] *OVG Berlin* NVwZ-RR 2002, 762; *VGH Kassel* NVwZ-RR 1995, 47, 48; *OVG Lüneburg* NVwZ 1990, 1194; *VG Düsseldorf* NVwZ-RR 2002, 449.
[779] *OVG Magdeburg* NJW 1999, 442; *Gehrmann* NJW 1998, 3534, 3539.
[780] *VG Chemnitz* NVwZ-Beilage I 4/2000, 44.
[781] *Clausen* in Knack, § 17 Rn. 14; *Kopp/Ramsauer,* § 17 Rn. 26, § 18 Rn. 10; *Riedl* in Obermayer, VwVfG, § 17 Rn. 128, § 18 Rn. 28; *Ule/Laubinger,* § 45 Rn. 25.
[782] Ebenso (jeweils zur Ablehnung der Akteneinsicht nach § 29) *VGH München* NVwZ 1982, 775, 776; *Hufen,* Fehler im VwVf, Rn. 254.
[783] So im Ergebnis übereinstimmend *P. Stelkens* in Schoch u. a., § 44a Rn. 22 ff.; *Ziekow* in Sodan/Ziekow, § 44a Rn. 39.
[784] A. A. *Riedl* in Obermayer, VwVfG, § 16 Rn. 27.
[785] *VGH Mannheim* DÖV 1981, 971; *Clausen* in Knack, § 28 Rn. 15; a. A. *OVG Bremen* DÖV 1980, 180; *Grünewald* in Obermayer, VwVfG, § 28 Rn. 36.
[786] *BVerwG* NJW 1982, 120 (dazu *P. Stelkens* NJW 1982, 1137); *VGH Mannheim* VBlBW 2002, 306, 307; *VGH München* NVwZ 1982, 775, 776; *Henneke* in Knack, § 35 Rn. 65; *Clausen* in Knack, § 29 Rn. 28; *Kopp/Ramsauer,* § 29 Rn. 44; a. A. *Steike* NVwZ 2001, 868, 871; *Ziekow* VwVfG, § 29 Rn. 17.

gen und die Behörde daraufhin in bestimmter Weise (regelmäßig innerhalb kurzer Fristen) tätig zu werden. Die Struktur dieser Verfahren ist allerdings auch bei gleicher Bezeichnung unterschiedlich,[787] so dass auch die Rechtsnatur der in diesen Verfahren ergehenden behördlichen Entscheidungen oftmals umstr. ist. Diese Frage ist sowohl für den Rechtsschutz als auch für die Anwendbarkeit der §§ 9 ff. von Bedeutung,[788] s. Rn. 43 ff., § 9 Rn. 96 ff. Zum Nachbarschutz s. Rn. 37; zur Anwendbarkeit der § 71 a ff. in diesen Verfahren s. § 71 a Rn. 19 f. Trotz vielfach wenig abgestimmter Gesetzeslage[789] ist eine Systematisierung möglich:[790]

156 Bei „**falschen Anzeigeverfahren**" (vgl. etwa § 12 Abs. 7 bis 10 GenTG[791]), bei denen es sich in Wirklichkeit um (vereinfachte) Genehmigungsverfahren handelt, ist mit „Anzeige"/„Anmeldung" der „Antrag" i. S. d. § 22 (§ 22 Rn. 15 ff.) gemeint, über den die Behörde innerhalb bestimmter Fristen entscheiden muss, widrigenfalls an das Nichts-Tun der Behörde die Fiktion einer Genehmigung (Rn. 66 ff.) geknüpft wird. Hier bestehen i. E. keine Unterschiede zu herkömmlichen Genehmigungsverfahren, was die Rechtsnatur der das Verfahren abschließenden Entscheidung betrifft. Diese ist – ggf. fingierter – VA, mit dem über die materiellrechtliche Vereinbarkeit des Vorhabens mit den zum Prüfprogramm gehörenden ör. Vorschriften entschieden wird. Abgrenzungsprobleme zum „reinen Anzeigeverfahren" (Rn. 160) werden aufgeworfen, wenn für die Durchführung eines Vorhabens nach dem Fachrecht ausdrücklich eine „Genehmigung" nicht mehr erforderlich sein soll, wohl aber ein „Einvernehmen".[792]

157 Bei „**reinen Anzeigeverfahren mit Untersagungsbefugnis**" (§ 8 a TierSchG, § 58 BbgBO[793]), also bei Verfahren, für die nur vorgesehen ist, dass die zuständige Behörde das angezeigte Vorhaben (ggf. innerhalb einer bestimmten Frist) untersagen bzw. dessen Durchführung verbieten kann, ergeht kein VA, soweit die Behörde nicht von ihrer Untersagungsbefugnis Gebrauch macht. In der bloßen Entgegennahme der Anzeige bzw. dem daraufhin folgenden Nichts-Tun ist keine Regelung dahingehend zu sehen, dass das angemeldete Vorhaben ör. Vorschriften entspricht, s. Rn. 92. Ebensowenig wird hierdurch konkludent (Rn. 81) die Regelung getroffen, dass das Vorhaben tatsächlich genehmigungsfrei zulässig ist. Wird allerdings ausdrücklich festgestellt, das Vorhaben sei entgegen der Auffassung des Anzeigenden genehmigungspflichtig, so ist dies ein VA.

158 Bei „**Anzeigeverfahren mit Verpflichtung zur Entscheidung über die Genehmigungsbedürftigkeit**" (vgl. § 15 Abs. 2 BImSchG) wird die Behörde fachrechtlich verpflichtet, (innerhalb einer bestimmten Frist) nach Eingang der Anzeige zu entscheiden, ob das angezeigte Vorhaben genehmigungsbedürftig ist („Genehmigungsbedürftigkeitsbescheinigung") oder ob es genehmigungsfrei zulässig ist („Freistellungserklärung").[794] Anders als in den in Rn. 160 genannten Verfahren ist hier die positive Feststellung der Genehmigungsfreiheit Voraussetzung für die Durchführung des Vorhabens. Während in der „**Genehmigungsbedürftigkeitsbescheinigung**" weitgehend ein VA gesehen wird, da hiermit verbindlich die Genehmigungsbedürftigkeit des Vorhabens festgestellt wird,[795] ist bei **§ 15 Abs. 2 BImSchG** str., ob die „**Freistellungserklärung**" – als Negativattest (Rn. 83) – verbindlich die Nichtgenehmigungsbedürftigkeit der Anlage feststellt und damit VA ist (so § 9 Rn. 87)[796] oder ob es sich hierbei nur um

---

[787] Zum Vorschlag, diese Verfahren durch Aufnahme eines „Modells" in das VwVfG wieder zu vereinheitlichen: *Schmitz* NVwZ 2000, 1238, 1239 f.; *Wahl* NVwZ 2002, 1192, 1193 f.
[788] *Schmitz* VA 2000, 144, 147; *ders.* NVwZ 2000, 1238, 1239.
[789] Siehe auch das Beispiel von *Kibele* VBlBW 2000, 144.
[790] Der hier vorgeschlagenen Systematisierung folgend *Calliess* Verwaltung 2001, S. 170, 171; zur Systematisierung der Genehmigungsfreistellungsverfahren in den Landesbauordnungen: *Löffelbein*, Genehmigungsfreies Bauen und Nachbarschutz, 2000. S. 58 ff.
[791] Hierzu etwa *Caspar* AöR 125, (2000), S. 131, 135.
[792] Zu einem solchen Fall: *Kibele* VBlBW 2000, 144.
[793] Zur entsprechenden Vorgängernorm *Jäde* LKV 1998, 465.
[794] Begriffe nach *Jarass*, BImSchG, 6. Aufl. 2005, § 15 Rn. 26 und 29.
[795] So zu § 15 Abs. 2 BImSchG: *Calliess* Verwaltung 2001, S. 170, 173; *Fluck* VerwArch 88 (1997), S. 265, 289; *Führ* UPR 1997, 421, 428; *Hansmann* NVwZ 1997, 105, 108; *Jarass*, BImSchG, 6. Aufl. 2005, § 15 Rn. 28; *ders.* NJW 1998, 1097, 1093; *Knopp/Wolf* BB 1997, 1593, 1597; *Kutscheidt* NVwZ 1997, 111, 116; *Moormann* UPR 1996, 408, 418; *Schmitz* NVwZ 2000, 1238, 1240; *Zöttl* NVwZ 1998, 234, 236.
[796] Mit der Folge, dass das Vorhaben, solange die „Freistellungserklärung" nach § 15 Abs. 2 BImSchG nicht aufgehoben wird, auch dann als bloß anzeigepflichtig gilt, wenn nach § 16 Abs. 1 BImSchG Genehmigungsbedürftigkeit vorläge. So *Fluck* VerwArch 88 (1997), S. 265, 289; *Hansmann* NVwZ 1997, 105, 108; *Jarass*, BImSchG, 6. Aufl. 2005, § 15 Rn. 29 f.; *ders.* NJW 1998, 1097, 1100; *Oldiges* UTR 2000, S. 41, 61 ff.; *Schmitz* NVwZ 2000, 1238, 1240; *Zöttl* NVwZ 1998, 234, 235 ff.

§ 35 Begriff des Verwaltungsaktes

einen formalisierten Hinweis (Rn. 83) handelt.[797] Die außergewöhnlich kurze Bearbeitungsfrist für die Entscheidung nach § 15 Abs. 2 BImSchG, die eine genaue Prüfung der Genehmigungsbedürftigkeit der Anlage ausschließt, spricht dabei gegen die Annahme eines die Genehmigungsfreiheit verbindlich regelnden VA.[798] Wird dagegen die Freistellungserklärung nach § 15 Abs. 2 BImSchG als Negativattest angesehen, muss konsequenterweise angenommen werden, dass § 15 Abs. 2 S. 2 HS. 2 BImSchG das Nichts-Tun der Behörde nach Fristablauf als VA fingiert (Rn. 66 f.).[799]

159 Bei **„Anzeigeverfahren unter Vorbehalt"** (vgl. etwa Art. 64 Abs. 1 BayBO, § 67 Abs. 1 BauO NRW, § 67 Abs. 1 LBauO Rh.-Pf., § 69 Abs. 1 SachsAnhBauO) ist das angezeigte Vorhaben genehmigungsfrei zulässig, sofern nicht die Genehmigungsbehörde oder eine andere Behörde innerhalb einer bestimmten Frist die Durchführung eines Genehmigungsverfahrens verlangt. Dieses „Verlangen" steht im Ermessen der Behörde. Wird hiervon abgesehen, darf das Vorhaben nach Ablauf einer bestimmten Frist ausgeführt werden. Hier ist insbes. str., ob das fehlende „Verlangen" nur ein Tatbestandsmerkmal der Genehmigungsfreiheit des angezeigten Vorhabens, das „Verlangen" selbst somit **Realakt** ist, der bei rechtswidriger Vornahme allenfalls Schadensersatzansprüche auslösen, jedoch nicht mehr rückgängig gemacht werden kann,[800] oder ob es sich bei dem „Verlangen" um einen das **Verfahren gestaltenden VA** handelt, so dass vor seiner Abgabe ein VwVf durchzuführen ist und es vom Vorhabenträger mit Widerspruch und Anfechtungsklage angegriffen werden kann.[801] Das Ziel der Abschaffung des Genehmigungsverfahrens kann allerdings nicht erreicht werden, wenn an die Stelle eines Genehmigungsverfahrens nunmehr ein VwVf i. S. d. §§ 9 ff. über die Frage der Zulässigkeit eines „Verlangens" der Durchführung des Genehmigungsverfahrens träte, so dass das „Verlangen" nicht als VA bewertet werden sollte.[802] Jedoch kann das auf die Entscheidung über das „Verlangen" gerichtete Verfahren ein „Verfahren" i. S. anderer Vorschriften, etwa i. S. d. § 14 Abs. 3 Alt. 2 BauGB sein,[803] s. § 1 Rn. 30 f., § 9 Rn. 85. Auch wird man für die „Deutlichkeit" des „Verlangens" die Grundsätze der Rn. 73 anzuwenden haben.[804] Soweit vorgesehen ist, dass der Anzeigende mit der Ausführung des angezeigten Vorhabens sofort – also vor Ablauf der gesetzlichen Frist (s. o.) – beginnen kann, wenn ihm die Behörde, die die Durchführung des Genehmigungsverfahrens verlangen kann, mitteilt, dass von dieser Möglichkeit kein Gebrauch gemacht wird, ist auch die Rechtsnatur dieser **„Freistellungserklärung"** str. Sie als VA anzusehen[805] wird jedoch weder den mit der Annahme eines VA verbundenen Rechtsfolgen (Rn. 49) noch dem auf Deregulierung gerichteten Willen des Gesetzgebers gerecht. Denn Folge dieser Erklärung ist nur, dass der Vorhabenträger mit dem Vorhaben wenige Wochen/Tage früher beginnen darf, als er dies dürfte, wenn die Behörde von einer ausdrücklichen „Freistellungserklärung" absähe. Insbes. bewirkt die „Freistellungserklärung" nicht, dass die Nicht-Genehmigungsbedürftigkeit verbindlich festgestellt wäre.[806]

160 d) **Vorab-Mitteilung der Auswahl unter mehreren Bewerbern/Verteilungsentscheidungen:** Vielfach konkurrieren mehrere Bewerber um eine von der Behörde nur einmal (in ör. oder privatrechtlichen Formen) zu gewährende Begünstigung. Die Bewerber haben dabei regelmäßig keinen Anspruch auf Gewährung der Begünstigung, sondern nur einen Anspruch auf

---

[797] Mit der Folge, dass der Vorhabenträger nicht auf die Genehmigungsfreiheit seines Vorhabens vertrauen kann. So *Führ* UPR 1997, 421, 426; *Meins* BayVBl 1998, 136, 138 und wohl auch *Knopp/Wolf* BB 1997, 1593, 1597. Unklar *Kutscheidt* NVwZ 1997, 111, 116 und *Moormann* UPR 1996, 408, 417, die zwar der „Freistellungserklärung" VA-Charakter zusprechen, jedoch in ihr gerade keine verbindliche Feststellung der Genehmigungsfreiheit des Vorhabens sehen, sondern insoweit ausschließlich § 16 Abs. 1 BImSchG für maßgeblich halten.
[798] Wie hier *Calliess* Verwaltung 2001, S. 170, 173.
[799] *Caspar* AöR 125 (2000), S. 131, 136 f.; *Jarass* NJW 1998, 1097, 1101.
[800] So deutlich *Jäde* BayVBl 1994, 363, 364; *ders.* NWVBl 1995, 206, 208; *ders.* BayVBl 2000, 281, 282; ähnlich *Jäde/Weinl* BayVBl 1994, 321, 325; *Meins* BayVBl 1998, 136, 138; *Preschel* DÖV 1998, 45, 49.
[801] So *Decker* JA 1998, 799, 800; *Erbguth/Stollmann* BayVBl 1996, 65, 68 f.; *dies.* JZ 1995, 1141, 1144; *Neuhausen* BauR 1996, 192, 197 f.; *Simon* BayVBl 1994, 332, 336; *Stollmann* NWVBl 1995, 41, 43.
[802] Wie hier *Calliess* Verwaltung 2001, S. 170, 172.
[803] Hierzu etwa *VGH München* NVwZ-RR 2001, 649, 650; a. A. insoweit *Jäde* BayVBl 2000, 481, 482.
[804] Vgl. *VGH München* NVwZ-RR 2001, 649, 650.
[805] So *Decker* JA 1998, 799, 803 (jedoch nicht gegenüber Nachbarn, hierzu Rn. 23 f.); *Erbguth/Stollmann* BayVBl 1996, 65, 68 f.; *Neuhausen* BauR 1996, 193, 198.
[806] *OVG Münster* NVwZ-RR 2005, 458, 259.

ermessensfehlerfreie Entscheidung darüber, wem die Begünstigung zu gewähren ist.[807] Solche sog. **Verteilungsentscheidungen**[808] sind u.a. zu treffen bei Einstellungsverfahren in den öffentlichen Dienst (Rn. 111, 128), der Vergabe von Notarstellen,[809] dem Abschluss von Versorgungsverträgen nach § 108 Nr. 3 SGB V,[810] der Aufstellung von Krankenhausplänen,[811] bei der Vergabe öffentlicher Aufträge (Rn. 111, 123 ff.), bei der Veräußerung/Verpachtung von Vermögensgegenständen, auch wenn sie keinen Subventionscharakter hat (Rn. 111, 127), und der Vergabe von Marktstandplätzen (Rn. 121).[812] In diesen Fällen muss die Behörde zunächst eine Entscheidung darüber treffen, wem die Begünstigung zu gewähren ist. Dieser Auswahlentscheidung folgt die Gewährung der Begünstigung an den erfolgreichen Bewerber (durch Erlass eines VA oder durch Abschluss eines ör. oder privatrechtlichen Verwaltungsvertrages) nach. Dabei nehmen die Gerichte in (nicht immer überzeugender[813]) Übertragung der Rspr. zu den Auswirkungen des beamtenrechtlichen Grundsatzes der Ämterstabilität[814] zumeist an, der Anspruch der erfolglosen Bewerber auf ermessensfehlerfreie Entscheidung über das „Wem" der Gewährung der Begünstigung gehe unter (erledige sich), wenn dem erfolgreichen Bewerber die Begünstigung *wirksam* (z.B. in Form einer Ernennung, eines sonstigen VA oder durch Abschluss eines Vertrages) gewährt worden sei (und zwar auch dann, wenn eine Rückabwicklung der Gewährung der Begünstigung [anders als im Beamtenrecht] an sich rechtlich möglich wäre).[815]

161 Um den Anforderungen des **Art. 19 Abs. 4 GG** gerecht zu werden, wird daher die zuständige Behörde für verpflichtet gehalten, die unterlegenen Bewerber zunächst über ihre Auswahlentscheidung unter Angabe von Gründen zu informieren und die Begünstigung erst nach Ablauf einer „angemessenen Frist" endgültig zu gewähren, damit die erfolglosen Bewerber ihre „Rechtsschutzentscheidung" treffen und insbes. im Verfahren des einstweiligen Rechtsschutzes gegen ihre Nichtberücksichtigung vorgehen können.[816] Dies gilt nach zutreffender Auffassung zumindest aus gemeinschaftsrechtlichen Gründen auch im Vergaberecht unterhalb der Schwellenwerte, näher Rn. 124f. Die **Rechtsnatur** dieser **Vorab-Mitteilung** wird **nicht einheitlich bestimmt:** Im Vergaberecht und bei Verfahren, die auf die Einstellung als Arbeitnehmer in den öffentlichen Dienst gerichtet sind, wird der Vorab-Mitteilung zumeist kein Regelungs-, sondern **nur Informationscharakter** zugesprochen, so dass sie als Verfahrenshandlung betrachtet wird, die lediglich der Vorbereitung der endgültigen Gewährung der Begünstigung dient, Rn. 125 f., 128. Dieser Auffassung ist für alle Verteilungsverfahren zu folgen, näher Rn. 163. Soweit die Vorab-Mitteilung jedoch einer durch VA oder durch ör. Vertrag zu gewährenden Begünstigung vorausgeht, wird sie zumeist **als VA** angesehen, so im Beamtenrecht,[817] Notarrecht,[818] bei den sozialrechtlichen Verteilungsentscheidungen[819] (Rn. 160) und bei solchen Verteilungsverfahren, die in den „klassischen Anwendungsbereich" der **Zweistufentheorie** fallen, Rn. 109, 114, 119, 121.

---

[807] Vgl. hierzu *U. Stelkens,* Verwaltungsprivatrecht, 2005, S. 1157 f.
[808] Begriff nach *Voßkuhle* in Hoffmann-Riem/Schmidt-Aßmann, VwVf und VwVfG, 2002, S. 277, 292; ebenso *Gundel* Verwaltung 2004, S. 401, 420; *Pöcker* DÖV 2003, 193.
[809] *BVerfGE* 110, 304, 320 ff. = NJW 2004, 1935 ff.; *BVerfG (K)* NJW 2005, 50 ff.; NJW 2006, 2395; *BGH* NJW-RR 2001, 1564 ff.; *BGHZ* 160, 190, 194 = NJW-RR 2004, 1065 f.; *BGH* NJW 2005, 212 ff.; NJW-RR 2006, 639 ff.
[810] *BSGE* 87, 25, 27 ff. = NVwZ-RR 2001, 450.
[811] *BVerfG (K)* NVwZ 2004, 718 f.; *Burgi* NZS 2005, 169, 173 ff.; *Stollmann* NZS 2003, 346 ff.; *ders.* NZS 2004, 350, 353 ff.; *Vollmöller* DVBl 2004, 433 ff.
[812] Zu den Gemeinsamkeiten dieser Fälle s. auch *Frenz* VergabeR 2007, 1, 6 ff.
[813] Krit. zu dieser Übertragung in bestimmten Konstellationen: *BVerfG* NJW 2002, 3691, 3692; *Broß* ZWeR 2003, 270, 279; *U. Stelkens,* NZBau 2003, 654, 655 ff.; *ders.,* Verwaltungsprivatrecht 2005, S. 1160 ff.; *Zimmerling* ZTR 2000, 489, 493 ff.; *ders.* RiA 2002, 165, 170 f.
[814] Hierzu nur *BVerfG (K)* NVwZ 2002, 1367; NVwZ 2004, 95 f.; *BVerwGE* 108, 370, 372 ff. = NJW 2004, 870 ff.; *Günther* ZBR 2007, 195 ff.
[815] S. hierzu die Nachw. bei *U. Stelkens,* Verwaltungsprivatrecht, 2005, S. 1162; ferner z.B. *OLG Dresden* NZBau 2006, 529 f.; *OVG Münster* NWVBl 2006, 262, 263.
[816] Zur Allgemeingültigkeit dieser Grundsätze *Voßkuhle* in Hoffmann-Riem/Schmidt-Aßmann, VwVf und VwVfG, 2002, S. 277, 307 m.w.N.
[817] *BVerwG* NVwZ 1989, 158; *OVG Bautzen* NVwZ 2007, 847; *VGH Kassel* NVwZ-RR 2001, 8; *OVG Koblenz* NVwZ 2007, 109; *VGH Mannheim* NVwZ-RR 2004, 199; *VG Potsdam* LKV 2004, 574, 575; *VG Sigmaringen* NVwZ 1989, 280, 281; NVwZ-RR 2002, 280, 281; *Scheffer* NVwZ 2007, 779, 780; a.A. wohl *VGH München* NVwZ-RR 2006, 346 f.; *OVG Münster* NJOZ 2006, 64.
[818] *BGH* NJW-RR 2001, 1564 ff.; NJW-RR 2004, 1065 f.; NJW 2005, 212.
[819] *BSGE* 87, 25, 27 ff. = NVwZ-RR 2001, 450; *Stollmann* NZS 2004, 350, 353.

Soweit die **Vorab-Mitteilung** als VA angesehen wird, wird sein **Regelungsgehalt** uneinheitlich beurteilt. Zumeist wird angenommen, er beschränke sich darauf, (bestandskraftfähig) festzusetzen, dass ihr Adressat die begehrte Begünstigung nicht erhält. Bei dieser Sichtweise ist diese an die Zweistufentheorie angelehnte Konstruktion zur Bewältigung von Konkurrentenstreitigkeiten (Rn. 111) wenig hilfreich: Die Aufhebung dieses VA verhilft dem Betroffenen nicht zu der begehrten Begünstigung; vielmehr müsste er sowohl gegen diesen Ablehnungs-VA als auch gegen die beabsichtigte Gewährung der Begünstigung an den erfolgreichen Bewerber vorgehen, will er seinen Anspruch auf Neubescheidung „offen" halten,[820] s. a. Rn. 110. Zudem wird bei dieser Sichtweise (wirklichkeitsfremd) jeder einzelne Bewerber isoliert betrachtet und angenommen, es werde pro Bewerber ein eigenes VwVf i.S. der §§ 9 ff. durchgeführt. Konstruktiv überzeugender ist demgegenüber die **vom BGH für das Notarzulassungsverfahren entwickelte Lösung:**[821] Hiernach ergeht die Auswahlentscheidung als einheitlicher VA gegenüber allen Bewerbern mit unterschiedlichen, wechselseitig bezogenen Teil-Regelungen (und damit als **[netzartige] AllgV** i.S. des § 35 S. 2 Alt. 1, s. Rn. 270), der den verschiedenen Bewerbern durch die Vorab-Mitteilung jeweils individuell bekannt gegeben wird: Diese einheitliche Regelung beinhaltet zum einen die (vom erfolgreichen Bewerber ggf. durchsetzbare) **Zusage** (§ 38 Rn. 1 ff.), dass der ausgewählte Bewerber die Begünstigung erhält, und zum anderen die Feststellung, dass alle anderen Bewerber die Begünstigung deshalb nicht erhalten. Nach diesem Modell ist das Verteilungsverfahren ein einheitliches VwVf mit mehreren Beteiligten i.S. des § 13 Abs. 1.[822] Ist eine gegen die Auswahlentscheidung gerichtete Anfechtungsklage eines unterlegenen Bewerbers erfolgreich, wird sie als unteilbare AllgV insgesamt aufgehoben (Rn. 273) und das Verfahren damit wieder „geöffnet" (soweit nicht die Begünstigung dem erfolgreichen Bewerber bereits wirksam gewährt [die Zusage also erfüllt] wurde und sich das Verfahren damit erledigt hat, vgl. Rn. 160), so dass der Weg für eine Neubescheidung (gegenüber allen Beteiligten) frei wird. **162**

Im Ergebnis wird man die in Rn. 162 geschilderte Konstruktion des *BGH* jedoch – ohne entsprechende gesetzliche Grundlage – kaum verallgemeinern können: Sie wird i.d. R. schon dem tatsächlichen Geschehen und dem von der Behörde Gewollten und zum Ausdruck Gebrachten nicht gerecht, zumal die Verfahren nicht immer einheitlich ablaufen, und ggf. verschiedene Bewerberkreise zu unterschiedlichen Zeitpunkten über ihre Nicht-Berücksichtigung informiert werden, etwa wenn die Behörde aus ihrer Sicht zunächst völlig ungeeignete Bewerber ausscheidet (und sie hiervon informiert), bevor sie sich dann dem näher in Betracht zu ziehenden Bewerberkreis widmet. Auch wird sich die Behörde nur selten auch gegenüber dem erfolgreichen Bewerber zur uneingeschränkten Gewährung der Begünstigung verpflichten wollen.[823] Im Übrigen ist generell die Annahme, die Vorab-Mitteilung „sei" ein VA, noch zu sehr der Vorstellung verhaftet, über ör. Ansprüche müsse zwingend durch VA entschieden werden, s. a. Rn. 99, 102, 109. Um effektiven Konkurrentenschutz zu ermöglichen, muss das Verteilungsverfahren jedenfalls nicht „klassisch" zweistufig ausgestaltet und damit auch die Auswahlentscheidung nicht als selbständiger, der Gewährung der Begünstigung vorausgehender VA verstanden werden.[824] Dies ist auch zur Sicherung der Anwendbarkeit der in §§ 9 ff. gewährten Verfahrensrechte nicht zwingend notwendig, vgl. Rn. 44, 109. Vielmehr wird es der Einheitlichkeit des Verfahrens am ehesten gerecht, die **Vorab-Mitteilungen** – soweit sie nicht unmissverständlich als VA ausgestaltet sind, vgl. Rn. 110 – eben nur als Mitteilung über den Verfahrensstand (und damit nicht als VA) anzusehen, die der das Verfahren abschließenden Gewährung der Begünstigungen an den erfolgreichen Bewerber vorausgeht. **163**

e) Anordnung der sofortigen Vollziehung: Ob die Anordnung der sofortigen Vollziehung nach § 80 Abs. 2 Nr. 4 VwGO ein VA ist, ist str.[825] Da sie nicht mit dem Ziel der Be- **164**

---

[820] Deutlich *Gusy* GewArch 1988, 322 ff.; ferner *U. Stelkens*, Verwaltungsprivatrecht, 2005, S. 979 f.
[821] *BGH* NJW-RR 2001, 1564, 1565; *BGH* NJW 2005, 212; offen *BGH* NJW-RR 2004, 1065, 1066; ähnlich das Modell von *Pöcker* DÖV 2003, 193, 195 ff.; *ders.* NVwZ 2003, 688, 689.
[822] Vgl. *Pöcker* DÖV 2003, 193, 195 ff.; *ders.* NVwZ 2003, 688, 689.
[823] Vgl. *OVG Bautzen* LKV 2005, 223, 224.
[824] Zur Konstruktion des Verwaltungsrechtsschutzes, wenn die Vorab-Mitteilung nicht als VA angesehen wird: *U. Stelkens*, Verwaltungsprivatrecht, 2005, S. 1156 ff.
[825] Ausführlich *Grigoleit*, Anordnung der sofortigen Vollziehbarkeit gemäß § 80 Abs. 2 Nr. 4 VwGO als Verwaltungshandlung, 1997, S. 55 ff.; **kein VA:** *OVG Berlin* NVwZ 1993, 198; *OVG Koblenz* NVwZ 1988,

standskraft eine Rechtsfolge setzt, sondern die Wirksamkeit bzw. den Vollzug der bereits gefassten oder abgegebenen Willenserklärung betrifft (§ 43 Rn. 227 f.), ist sie **kein VA**, § 9 Rn. 218, § 28 Rn. 11, § 79 Rn. 24. Bedeutung hat dies v. a. im Hinblick auf § 28 (§ 28 Rn. 11),[826] § 36 (§ 36 Rn. 16), § 37 Abs. 3,[827] § 38 (§ 38 Rn. 7, 12) und die Frage, ob Mängel in der Begründung nach § 80 Abs. 3 VwGO nach § 45 geheilt werden können,[828] s. § 9 Rn. 218 f., § 45 Rn. 37. Die Ablehnung der Aussetzung der sofortigen Vollziehung wird im Abgabenrecht als VA gewertet.[829] Mit dem VA hat die Anordnung der sofortigen Vollziehung allerdings gemeinsam, dass sie auch bei Rechtswidrigkeit bis zu ihrer Aufhebung durch die Behörde oder das Gericht im Rahmen des § 80 Abs. 4 und 5 VwGO wirksam ist.[830] Zur Bekanntgabe § 41 Rn. 14, 174; zur Begründung § 39 Rn. 23.

165 f) **Vollstreckungsmaßnahmen:** Vollstreckungsmaßnahmen sind nur dann VA, wenn sie selbständig vollstreckungsrechtliche Pflichten konkretisieren und festsetzen;[831] zu den Folgen für das VwVf s. § 9 Rn. 215 ff. Wird über das Begehren entschieden, eine **Vollstreckung für unzulässig** zu erklären (§ 51 Rn. 88), liegt ein VA vor.[832] Wird durch Erklärung der Behörde eine **Vollstreckungsmaßnahme ausgesetzt,** ist dies keine verfahrensrechtliche Aussetzung (§ 9 Rn. 203). Insoweit kann es sich um eine Duldung (Rn. 92, § 38 Rn. 16), eine Aussetzung der Vollziehung oder eine vorläufige Einstellung der Vollstreckung handeln.[833] Hinsichtlich der **Erzwingung von Handlungen, Duldungen und Unterlassungen** im Wege der Verwaltungsvollstreckung **sind VA:** Die **Androhung**[834] (§ 13 VwVG) und (die nicht in allen VwVG vorgesehene[835]) **Festsetzung** von Zwangsmitteln (§ 14 VwVG),[836] die Anordnung der Ersatzzwangshaft,[837] die Festsetzung der Kosten der Ersatzvornahme, auch wenn sie der Ersatzvornahme vorausgeht.[838] Keine VA sind Durchführung der Ersatzvornahme und Ausübung unmit-

---

[748] (dazu *Müller* NVwZ 1988, 702); OVG Lüneburg NVwZ-RR 2002, 822; NVwZ-RR 2007, 348; VGH Mannheim NVwZ-RR 1990, 561; VBlBW 1994, 447, 448; VBlBW 1995, 92, 93; VGH München NVwZ-RR 1988, 127; BayVBl 1990, 755; OVG Schleswig DÖV 1993, 169; VG Hannover NVwZ-RR 2004, 852, 853; VG Frankfurt a.M. NVwZ 2000, 1324; NVwZ-RR 2002, 736; *Emrich* DÖV 1985, 396; *Hamann* DVBl 1989, 969, 970 (dazu krit. *Renck* DVBl 1990, 1038 mit Erwiderung *Hamann* DVBl 1990, 1040); *Kopp/Schenke*, § 80 Rn. 78; *Schenke* VerwArch 91 (2000), S. 587, 588 f.; *Schmaltz* DVBl 1992, 230, 232; *Schoch* in Schoch u. a., § 80 Rn. 140; *Schröder* VBlBW 1995, 384, 385; *P. Stelkens* NuR 1982, 10, 12; *Tietje* DVBl 1998, 124, 126; *Trzaskalik* JZ 1983, 415, 420; **für VA:** VGH Mannheim DÖV 1991, 167; VG Regensburg KStZ 1987, 239 (unter Berufung auf BVerwG NJW 1969, 202, dort aber offen); BFH/NV 1996, 865; *Ganter* DÖV 1984, 970; *ders.* DÖV 1985, 398; *Grigoleit*, Anordnung der sofortigen Vollziehbarkeit gemäß § 80 Abs. 2 Nr. 4 VwGO als Verwaltungshandlung, 1997, S. 96.
[826] Hierzu *Grigoleit*, Anordnung der sofortigen Vollziehbarkeit gemäß § 80 Abs. 2 Nr. 4 VwGO als Verwaltungshandlung, 1997, S. 122 ff.; *Schenke* VerwArch 91 (2000), S. 587, 593 ff.
[827] Hierzu *Grigoleit*, Anordnung der sofortigen Vollziehbarkeit gemäß § 80 Abs. 2 Nr. 4 VwGO als Verwaltungshandlung, 1997, S. 132 ff.
[828] Hierzu *Grigoleit*, Anordnung der sofortigen Vollziehbarkeit gemäß § 80 Abs. 2 Nr. 4 VwGO als Verwaltungshandlung, 1997, S. 155 ff.; *Tietje* DVBl 1998, 124.
[829] OVG Lüneburg NVwZ 1984, 246, 247; OVG Weimar NVwZ-RR 2004, 206, 207; VG Gera ThürVBl 2002, 261, 262; zum Rechtsschutz: BVerwG NJW 1969, 202; BFHE 144, 124 = NVwZ 1986, 966; BFH NVwZ-RR 2001, 286 ff.
[830] OVG Münster NVwZ-RR 2004, 725.
[831] *Gaul* JZ 1979, 496 ff. m. w. N.
[832] OVG Koblenz NJW 1982, 2276 f.
[833] Vgl. VGH Mannheim NVwZ 1991, 686; BayVerfGH NVwZ-RR 2000, 194, 195.
[834] BVerwG NVwZ-RR 1989, 337; NVwZ 1998, 393; OVG Bautzen SächsVBl 2000, 294; VGH Kassel GewArch 1983, 267; NVwZ-RR 1998, 154, 155; VGH München NJW 1982, 460; NVwZ-RR 2002, 608, 609; VG Berlin NuR 2001, 58; VG Meiningen NVwZ-RR 2001, 549 f.; *App* GewArch 1999, 55, 57; *Dünchheim* VR 1994, 124, 127; *Erichsen/Rauschenberg*, Jura 1998, 31, 38; *Lemke*, Verwaltungsvollstreckungsrecht, 1997, S. 329 f.
[835] Zur Frage der Berechtigung zur „Festsetzung", wenn dieses Erfordernis im einschlägigen Verwaltungsvollstreckungsrecht nicht besteht: OVG Koblenz NVwZ 1985, 201; NVwZ 1986, 762; *Lemke*, Verwaltungsvollstreckungsrecht, 1997, S. 337 f.
[836] BVerwG NVwZ 1997, 381 (hierzu *Dünchheim* NVwZ 1997, 350); VGH Kassel NVwZ-RR 1998, 154, 155; OVG Frankfurt (Oder) LKV 202, 431, 432; OVG Koblenz NVwZ 1985, 201; NVwZ 1986, 762; NVwZ 1994, 715; VGH Mannheim VBlBW 1996, 214, 215; OVG Münster NVwZ-RR 1998, 155; OVG Weimar LKV 1997, 370, 771; *Brühl* JuS 1997, 1021; *Dünchheim* VR 1994, 124, 127; *ders.* NVwZ 1997, 350; *Engelhardt/App*, § 14 VwVG Rn. 1 ff.; *Erichsen/Rauschenberg* Jura 1998, 40; *Lemke*, Verwaltungsvollstreckungsrecht, 1997, S. 333 ff.
[837] VGH München NVwZ-RR 1998, 310; OVG Münster NVwZ-RR 1997, 764.
[838] Zur Rechtsgrundlage solcher Kostenbescheide: *Erichsen/Rauschenberg* Jura 1998, 31, 34; *Schell* BayVBl 2005, 746 ff.

telbaren Zwangs als solche, unabhängig davon, ob sie im gestreckten Verfahrens, durch Sofortvollzug oder unmittelbare Ausführung erfolgt, näher Rn. 93 ff.

Bei **Vollstreckung wegen Geldforderungen** sind VA: Sachpfändung,[839] Pfändung einer Eigentümergrundschuld,[840] Pfändungs- und Überweisungsverfügungen von Forderungen (s. a. Rn. 226),[841] Vorladung zur Abgabe einer eidesstattlichen Versicherung nach (§ 5 VwVG i. V. mit) § 284 AO[842] und die Aufforderung zur Abgabe der Drittschuldnererklärung nach § 316 AO (str.).[843] **Keine VA** sind Vollstreckungsanordnung und Vollstreckungsauftrag i. S. d. § 3 VwVG[844] und die Mahnung.[845] Oft werden auch **Anträge der Vollstreckungsbehörde an das Amtsgericht** auf Durchführung von **Maßnahmen der Immobiliarvollstreckung** (auf Eintragung einer Sicherungshypothek, auf Anordnung der Zwangsverwaltung/Zwangsversteigerung) nach (§ 5 VwVG i. V. mit) § 322 Abs. 3 AO als VA angesehen.[846] Jedoch kann nicht der Antrag selbst, bei dem es sich um eine zwischenbehördliche Maßnahme ohne Außenwirkung handelt (zumal die endgültige „Regelung" erst von den gerichtlichen Vollstreckungsorganen getroffen wird),[847] sondern allenfalls die in diesen Anträgen nach **§ 322 Abs. 3 S. 2 AO** enthaltene Bestätigung über das Vorliegen der Vollstreckungsvoraussetzungen als Regelung mit Außenwirkung angesehen werden.[848] Teilweise wird aber auch dieser Bestätigung der VA-Charakter abgesprochen, weil der Gesetzgeber in § 320 AO nur auf die ZPO und das ZVG verweise und damit klarstelle, dass es sich bei diesen Anträgen ausschließlich um Prozesshandlungen handele.[849] Wird vom Vorliegen eines VA ausgegangen, ist umstr., ob für diesen VA die § 41, § 43 gelten (so dass sie dem Vollstreckungsschuldner gesondert bekannt gegeben werden müssen)[850] oder ob diese Bestimmungen durch die Wege, die das Verwaltungsvollstreckungsrecht i. V. mit den Vorschriften der ZPO und des ZVG vorschreibt, als Spezialregelungen verdrängt werden.[851] **Anträge** der Vollstreckungsbehörde **auf Eröffnung des Insolvenzverfahrens** wurden (aus Rechtsschutzgründen, hierzu Rn. 2, 47) teilweise ebenfalls als VA angesehen;[852] heute wird jedoch zumeist angenommen, der Vollstreckungsschuldner könne bei rechtswidriger Antragstellung Rechtsschutz vor den Verwaltungsgerichten im Wege der Leistungs-/Unterlassungsklage erreichen.[853]

g) Beteiligung/Mitwirkung gleichgeordneter Behörden im Verwaltungsverfahren: Die Außenwirkung einer Regelung kann fehlen bei Vorbereitungs-, Beteiligungs- und Mitwirkungshandlungen anderer Behörden zum Erlass eines VA durch die federführende Behörde, wie bei Benehmens-, Zustimmungs- und Einvernehmenserklärungen (s. § 9 Rn. 127 ff., § 44

---

[839] *BVerwG* NJW 1961, 332, 333 f.; *BVerwGE* 54, 314, 316 = NJW 1978, 335 (m. Anm. *Rupp*); *OVG Bremen* NJW 1986, 2131; *OVG Saarlouis* NVwZ-RR 2006, 756; *App/Wettlaufer,* § 21 Rn. 2.
[840] *BGHZ* 103, 30, 32 = NJW 1988, 1026.
[841] *OVG Bautzen* NVwZ-RR 2007, 68 f.; *OVG Magdeburg* NVwZ-RR 2000, 326, 328; *VG Leipzig* NVwZ 2000, 1321; *BFHE* 192, 232 = NVwZ-RR 2001, 629, 630; *FG Brandenburg* EFG 2002, 1277, 1278; *Huken* KKZ 1987, 161, 162.
[842] *FG Berlin* EFG 2001, 612; *FG Saarland* EFG 2001, 1174 ff.; zum früheren Recht (auf das sich das viel zitierte Urteil *BVerwG* NJW 1961, 332, 333 bezieht, wonach der Antrag an das Amtsgericht zur Abnahme des Offenbarungseides kein VA gewesen sei) *Brockmeyer* in Klein, AO, § 284 Rn. 1.
[843] *OVG Magdeburg* NVwZ-RR 2000, 326, 328; *Lemke,* Verwaltungsvollstreckungsrecht, 1997, S. 94 f.; offen *Engelhardt/App,* § 316 AO Rn. 6.
[844] *BVerwG* NJW 1961, 332, 333; *BSGE* 60, 209, 213 = NJW 1987, 1846, 1847; *BayVerfGH* NVwZ-RR 2000, 194; *Engelhardt/App,* § 3 VwVG Rn. 9; *Erichsen/Rauschenberg* Jura 1998, 31, 32; *Gaul* JZ 1979, 496, 500; *Renck/Laufke* BayVBl 1991, 44.
[845] *OVG Koblenz* NJW 1982, 2276; *VG Gera* NVwZ-RR 2001, 627, 629; *FG Berlin* EFG 2001, 477, 479; *Erichsen/Rauschenberg* Jura 1998, 31, 33; zu den Folgen unterlassener Mahnung: *FG Brandenburg* EFG 2002, 1277, 1278.
[846] *Brockmeyer* in Klein, AO, § 118 Rn. 23, § 322 Rn. 14.
[847] So deutlich *BVerwG* NJW 1961, 332, 333 (zum früheren Antrag auf Abnahme des Offenbarungseids, vgl. heute § 284 AO); *Brinktrine* SächsVBl 2000, 101, 106; *Kopp/Ramsauer,* § 35 Rn. 67.
[848] So deutlich *BFHE* 145, 17, 19 ff.; *BFHE* 152, 53, 57 ff.; *BFHE* 158, 310, 311 f.; *BFH/NV* 1992, 4; *VG Gera* LKV 2001, 82, 83; *App* DB 1986, 990; für § 59 RhpfVwVG: *OVG Koblenz* NVwZ-RR 2007, 355.
[849] *Lindwurm* DStZ 2002, 135 ff.; *Urban* DStR 1987, 613 ff.
[850] So *BFHE* 158, 310, 312; *BFH/NV* 1992, 4; zu Folgen dieser Annahme: *Urban* DStR 1987, 613 ff.
[851] So *App/Wettlaufer,* § 28 Rn. 4; *Engelhardt/App,* § 322 AO Rn. 5.
[852] So *FG Kassel* EFG 1979, 350; *Brockmeyer* in Klein, AO, § 118 Rn. 23; *Lippross* DB 1985, 2482 f.
[853] *FG Berlin* EFG 2005, 11 f.; *FG München* EFG 1989, 237; *FG Münster* EFG 2000, 634; *FG Saarland* EFG 2004, 759 ff.; *Lindwurm* DStZ 2002, 135, 139 ff.; *Trossen* DStZ 2001, 877 f.

Rn. 184 ff.). Jedoch können für die Regelung eines Lebenssachverhaltes auch mehrere VA unterschiedlicher Behörden erforderlich sein, Rn. 170 ff. Denn der Gesetzgeber ist frei, ein einheitliches Verfahren in mehrere selbständige Stufen zu zerlegen,[854] s. § 9 Rn. 171; zu gestuften Verfahren unter Beteiligung der **Europäischen Kommission und von Behörden anderer Mitgliedstaaten** s. Rn. 350, 361 f. Hierdurch entstehen zahlreiche Abgrenzungsprobleme:

168 **aa) Abgrenzung bei Vorbereitungshandlungen:** Schon weil der **Regelungscharakter** fehlt, sind alle Vorbereitungshandlungen, die von einer anderen Behörde **für ein Verfahren der federführenden Behörde** getroffen werden, keine VA, selbst wenn sie dem Betroffenen zur Kenntnis gelangen,[855] so etwa bei Vorbereitung durch Anregungen oder Übermittlung von Daten.[856] Hierunter fallen insbes. **Gutachten** anderer Behörden zur Vorbereitung der Entscheidung.[857] Hat das Gutachten allerdings nach dem jeweiligen Fachrecht **feststellenden Charakter** mit Bindungswirkung gegenüber der anderen Behörde *und* dem Bürger, kann es VA sein.[858] Entsprechendes gilt, wenn im VwVf der federführenden Behörde bestimmte Umstände durch eine **Bescheinigung einer anderen Behörde** nachzuweisen sind; diese kann VA sein, näher Rn. 87. Von dieser fachrechtlich vorgesehenen Bindung ist die sich aus Art. 12 Abs. 1 GG ergebende allgemeine Bindung an ein sachkundiges Gutachten bei berufsbezogenen prüfungsähnlichen Gutachten zu unterscheiden. Sie macht das Gutachten nicht zum VA, sondern bindet die federführende Behörde nur bei ihrer Sachverhaltsermittlung nach § 24,[859] vgl. dort Rn. 17.

169 **bb) Abgrenzung bei bindenden Mitwirkungshandlungen:** Soweit die **Mitwirkungshandlung** der anderen Behörde für die federführende Behörde **bindend** ist, ist die Abgrenzung zwischen selbständigem VA und interner Mitwirkungshandlung schwierig (Rn. 167), weil gerade hier deutlich wird, dass es an einer Definition der Grenze zwischen Innen- und Außenrecht fehlt, s. Rn. 146. Insgesamt lässt sich aus der hierzu ergangenen Rspr. der Schluss ziehen, dass es sich bei einer internen Mitwirkung **im Zweifel um ein Verwaltungsinternum** handelt.[860] Dies wird dem Institut der Mitwirkung gerecht. Durch sie soll die Fachkenntnis besonderer Behörden genutzt werden, ohne dass dadurch das Verwaltungsverfahren und der Rechtsschutz verkompliziert wird.[861] Für diesen Fall wird i. d. R. der Begriff **mehrstufiger VA** gebraucht,[862] gelegentlich wird dieser Begriff aber auch nur für den Fall verwendet, dass die Mitwirkungshandlung selbständiger VA ist.[863] In bau-, atom- und immissionsschutzrechtlichen Verfahren wird der Begriff mehrstufiger oder **gestufter Verwaltungsentscheidungen** auch für die Form nacheinandergeordneter Vor- und Zwischenentscheidungen gebraucht,[864] s. Rn. 256, § 9 Rn. 171, 202. Zu gestuften Verfahren unter Beteiligung der **Europäischen Kommission und von Behörden anderer Mitgliedstaaten** s. Rn. 350, 361 f.

---

[854] *BVerwGE* 74, 124, 131 = NJW 1986, 2447, 2448; *BVerwGE* 85, 251, 254 = NVwZ 1991, 96.
[855] *Wolff/Bachof/Stober/Kluth* I, § 45 Rn. 61.
[856] *BVerfG* LKV 1993, 383.
[857] *BVerwG* NJW 1985, 1302. **Kein VA** ist demnach Stellungnahme der Anhörungsbehörde nach § 73 Abs. 6 (dort Rn. 117 ff.), landesplanerische Stellungnahme (*König/Zekl* NWVBl 1999, 334, 335 ff.), Gutachten der Rechtsanwaltskammer zur Frage der Zulassung eines Rechtsanwaltes (*BVerwGE* 1, 169 = NJW 1954, 1662; *BVerwGE* 2, 95 = NJW 1955, 1530), eines Zulassungsausschusses über die Eignung des Bewerbers zum öffentlich bestellten Vermessungsingenieur (*OVG Münster* 30. 3. 1998 – 7 A 4496/96 – (juris)), eines Gutachterausschusses nach BauGB (*BVerwGE* 57, 87, 95 = NJW 1979, 2578), Untersuchungsbericht des Luftfahrtbundesamtes (*BVerwGE* 14, 323, 325 = NJW 1962, 1837; *Menger* VerwArch 52 (1963), S. 199; *Wendt* DÖV 1963, 89), „verbindliche" gutachterliche Rechtsansicht eines Ministeriums (*VGH Mannheim* NJW 1991, 2365), Empfehlung der Ehrenkommission einer Hochschule (*OVG Greifswald* NJ 1995, 219), „Vorschlag" des Jugendamtes im Verfahren auf Bewilligung einer Ausnahme von den Vorschriften des Jugendschutzes (*BVerwGE* 19, 94, 100 = NJW 1965, 66), Stellungnahme des Arbeitsamtes im Verfahren über den Sonderkündigungsschutz der Schwerbehinderten (*BVerwG* NWVBl 2000, 250, 252).
[858] *BVerwGE* 46, 356 (zur Entscheidung des Flugmedizinischen Instituts der Luftwaffe über die Wehrflugverwendungfähigkeit).
[859] *OVG Münster* 30. 3. 1998 – 7 A 4496/96 – (juris).
[860] *Henneke* in Knack, § 35 Rn. 5.
[861] *BVerwGE* 28, 145, 148 = NJW 1968, 905; *BVerwGE* 94, 301, 305 = NJW 1994, 2435; *BVerwG* NJW 1971, 1147 (daher kann auch nicht angenommen werden, Mitwirkungshandlungen mit VA-Charakter könnten durch verwaltungsgerichtliche Leistungsklage durchgesetzt werden; so aber für § 36 BauGB: *Lasotta*, Einvernehmen nach § 36 BauGB, 1998, S. 74 ff., 202 ff.).
[862] *Henneke* in Knack, § 35 Rn. 56; *Lässig* LKV 1998, 339; *Ruffert* in Erichsen/Ehlers, § 20 Rn. 63.
[863] *BVerwGE* 85, 251, 255 = NVwZ 1991, 66; *Wolff/Bachof/Stober/Kluth* I, § 45 Rn. 60.
[864] *Degenhart* DVBl 1981, 994, 995 und 998; *Ossenbühl* NJW 1980, 1353; *Weber* DÖV 1980, 397.

Ob eine Mitwirkungshandlung VA oder interne Maßnahme vorliegt, richtet sich allein nach dem jeweiligen **materiellen Recht**,[865] bestimmt sich somit nicht nach formellen Kriterien (s. a. Rn. 171), sondern ist durch **Auslegung** der einschlägigen **Rechtsnormen** – unter Berücksichtigung der VA-Funktionen (Rn. 49) – zu klären. Ist die **Beteiligung** nur durch **Verwaltungsvorschriften** vorgeschrieben, ist sie daher immer Verwaltungsinternum,[866] da dann die mitwirkende Behörde zur abschließenden Entscheidung über Teilfragen des VwVf der federführenden Behörde unzuständig. Im Übrigen liegt ein VA i. d. R. nur dann vor, wenn die beteiligte Behörde nach der gesetzlichen Ausgestaltung der Mitwirkung unmittelbar nach außen wirken darf,[867] insbes. ihr die **ausschließliche Wahrnehmung** bestimmter Aufgaben und die **alleinige Geltendmachung besonderer Gesichtspunkte** übertragen sind.[868] Allein diese Aufgabenteilung bietet gewisse (unsicherere) Anhaltspunkte für die Abgrenzung. Jedoch ist die bindende Wirkung der Mitwirkungshandlung für sich allein eben kein entscheidendes Argument für das Vorliegen eines VA.[869] Auch spricht nicht zwingend gegen das Vorliegen eines VA, dass die Entscheidung der mitwirkenden Behörde Voraussetzung für die Entscheidung der federführenden Behörde ist; eine solche innere Akzidenz ist auch möglich, wenn die Maßnahme der mitwirkenden Behörde VA ist.[870] Ebenfalls kein Abgrenzungskriterium ist, ob die beteiligten Behörden demselben oder unterschiedlichen Trägern (z. B. Bund und Gemeinde) zugehören,[871] wie gerade das Standardbeispiel für interne Mitwirkungshandlungen – das **gemeindliche Einvernehmen nach § 36 BauGB**[872] – zeigt. Wegen der Vorbildwirkung des § 36 BauGB im vorliegenden Zusammenhang kann allerdings heute angenommen werden, dass ein **Verwaltungsinternum** vorliegt, **wenn** die **Mitwirkungshandlung** in neueren Gesetzen als „**Einvernehmen**" bezeichnet wird.[873] Demgegenüber kann der Umstand, dass die Mitwirkungshandlung nicht dem Betroffenen, sondern der federführenden Behörde gegenüber bekannt gegeben wurde,[874] zur Auslegung des materiellen Rechts nichts beitragen, da sich die Frage, ob die Erklärung der beteiligten Behörde dem Betroffenen gegenüber abzugeben ist, nur dann stellt, wenn die Maßnahme ein VA ist. Denn nur der ist bekannt zu geben, Rn. 173, § 41 Rn. 12. Keine Erklärung wird nur durch ihre Bekanntgabe zum VA.[875] Die Bekanntgabe gegenüber dem Betroffenen legt deshalb nur nahe, dass die beteiligte Behörde annahm, sie erlasse einen VA, s. a. Rn. 171.

170

Nimmt die Behörde irrtümlich an, ihre Mitwirkungshandlung sei auf Außenwirkung gerichtet und deshalb VA, folgt aus der Maßgeblichkeit des materiellen Rechts für die Abgrenzung zwischen Verwaltungsinternum und VA (Rn. 170), dass eine solche Fehleinschätzung nur zu einem formellen, nicht auch zu einem materiellen VA führen kann,[876] s. Rn. 16 f., § 43 Rn. 3. Damit fällt hier die Fähigkeit zum Erlass eines VA mit dem materiellrechtlichen Dürfen – anders als sonst (Rn. 26) – zusammen. Wird z. B. das Einvernehmen nach § 36 BauGB (Rn. 170) im „Kleid" eines VA versagt, kann dies nicht bestandskräftig werden, so dass das Gericht bei einer Klage des Bauherrn auf Erteilung der Baugenehmigung die Rechtmäßigkeit der Versagung des Einvernehmens auch dann zu prüfen hat, wenn es vom Bauherrn nicht gesondert angefochten wurde,[877] s. Rn. 176. Widerspruch/Anfechtungsklage gegen die Versagung in VA-Form sind

171

---

[865] *BVerwG* NJW 1978, 1820, 1821; *VGH Mannheim* NVwZ-RR 1998, 152; *OVG Münster* NVwZ 1986, 581, 582.
[866] *OVG Hamburg* BauR 1982, 259.
[867] *BVerwGE* 34, 65, 68; *OVG Münster* NVwZ 1986, 581, 582; *Bäumler* BayVBl 1978, 492, 494.
[868] *BVerwGE* 26, 31, 39 = NJW 1967, 1434; *BVerwG* NJW 1959, 590; *VGH Kassel* DVBl 1981, 1069, 1071; *OVG Magdeburg* DVBl 1993, 960.
[869] A. A. *Wolff/Bachof/Stober/Kluth* I, § 45 Rn. 60.
[870] A. A. *BVerwG* NJW 1971, 1147 (zu § 31 Abs. 2 BauGB).
[871] *BVerwGE* 34, 65, 68; a. A. *VGH Kassel* NVwZ 1995, 101.
[872] Zur Rechtsnatur des gemeindlichen Einvernehmens als Verwaltungsinternum etwa: *BVerwGE* 22, 342, 344 = NJW 1966, 513; *BVerwG* NVwZ 1986, 556; *Hellermann* Jura 2002, 589, 591; *Lasotta*, Einvernehmen der Gemeinde nach § 36 BauGB, S. 198 ff.; *Skouris/Tschaschnig* NuR 1983, 92; für Einordnung als VA: *Jäde* ThürVBl 1997, 217; *ders.* JuS 1998, 503, 505; *Schwabe* DVBl 1997, 1322.
[873] Vgl. *VG Stuttgart* NVwZ-RR 2001, 668.
[874] *OVG Münster* NVwZ 1986, 581, 582.
[875] A. A. *Henneke* in Knack, § 35 Rn. 53.
[876] Vgl. *OVG Schleswig* NVwZ 2000, 1059, 1060.
[877] *BVerwG* NJW 1969, 444; *Körner* NJW 1964, 120 (jeweils zur Verweigerung der Zustimmung nach § 9 Abs. 2 FStrG in VA-Form).

§ 35 172   Teil III. Verwaltungsakt

somit nach den Grundsätzen der Rn. 16 zwar zulässig,[878] jedoch zur Vermeidung der Bestandskraft nicht notwendig, s. Rn. 17.

172 **Einzelfälle:** Als **Verwaltungsinternum** wie das gemeindliche Einvernehmen nach § 36 Abs. 1 S. 1 bis 3 BauGB (Rn. 170) wurden angesehen: gemeindliches Einvernehmen nach den LBauO bei Verstoß eines beabsichtigten Vorhabens gegen örtliche Bauvorschriften,[879] nach § 45 Abs. 1 b S. 2 StVO[880] und bei Anerkennung des Kindergartens eines gemeinnützigen Trägers,[881] Verlangen der Gemeinde auf Durchführung eines Baugenehmigungsverfahrens bei „Anzeigeverfahren unter Vorbehalt" (Rn. 159), Einvernehmen der höheren Verwaltungsbehörde nach § 36 Abs. 1 S. 4 BauGB,[882] Zustimmung der Denkmalschutz-[883] oder Naturschutzbehörde[884] zu Bauvorhaben, Zustimmung nach § 9 Abs. 2 FStrG[885] und § 12 Abs. 2 LuftVG,[886] Entscheidungen über die Linienführung nach § 16 FStrG[887] (s. § 72 Rn. 66) oder § 13 WaStrG,[888] raumordnerische Vorentscheidungen,[889] Festsetzung der Pflegesätze durch Schiedsstelle, bevor Landesbehörde nach § 18 KHG entscheidet,[890] Feststellung der Vertriebeneneigenschaft nach § 100 Abs. 2 S. 3 BVFG,[891] Zustimmung des BMI zur Einbürgerung,[892] Unbedenklichkeitsbescheinigung des BMVtg nach § 22 Nr. 2 StAG,[893] Einvernehmen der Staatsanwaltschaft nach § 72 Abs. 4 AufenthG,[894] Mitteilung des Bundesamtes nach § 71 Abs. 5 S. 2 AsylVfG,[895] Auslieferungsbewilligung der Bundesregierung,[896] Entscheidung der Härtefallkommission nach § 23 a AufenthG,[897] Entscheidung des Richterwahlausschusses,[898] Vorschlag des Schulträgers für Ernennung eines Schulleiters,[899] Einverständnis des aufnehmenden Dienstherrn bei dienstherrnübergreifender Versetzung nach § 123 BRRG,[900] Einvernehmen der für den Bestimmungsort zuständigen Behörde für die Genehmigung eines Transports seuchengefährdeter Tiere.[901] **Dagegen** wurde als **selbständiger VA** angesehen: Zurückstellungsbescheid nach § 15 BauGB,[902] Gewerbesteuermessbescheid im Verhältnis zum Gewerbesteuerbescheid,[903] Entscheidung über Zielabweichung vom Regionalplan im Verhältnis zum PlfV[904] oder Bebauungsplan,[905] Ausnahmeerteilung nach § 9 Abs. 8 S. 1 FStrG,[906] Bezeichnung nach § 1 Abs. 3 LBG (Rn. 23), Waldumwandlungsge-

---

[878] *BVerwGE* 16, 116, 127 = NJW 1963, 2088; *OVG Schleswig* NVwZ 2000, 1059, 1060; a.A. *BVerwG* NJW 1969, 444; *Körner* NJW 1964, 120.
[879] *VGH München* NVwZ 1998, 205 (m. Anm. *Jäde* JuS 1998, 503).
[880] *BVerwGE* 95, 333, 336 = NVwZ 1995, 165.
[881] *VGH München* NVwZ-RR 1990, 155.
[882] *BVerwGE* 51, 310, 311 = NJW 1977, 1895; *BVerwGE* 74, 19, 21 = NVwZ 1986, 917.
[883] *OVG Bautzen* SächsVBl 2006, 140, 142.
[884] *VG Gießen* NuR 2005, 272.
[885] *BVerwGE* 16, 116, 127 = NJW 1963, 2088 (m. Anm. *Körner* NJW 1964, 120); *BVerwG* NJW 1969, 444; *Grupp* in Marschall/Schroeter/Kastner, § 9 Rn. 36.
[886] *BVerwGE* 21, 354 = NJW 1965, 2266; *OVG Koblenz* NVwZ-RR 2005, 536, 537.
[887] *BVerwGE* 48, 56, 59 = NJW 1975, 1373, 1374; *BVerwGE* 62, 342, 344 f. = NJW 1981, 2592; *BVerwG* NVwZ 1996, 1011; NVwZ-RR 2002, 2.
[888] *BVerwGE* 72, 15, 17 = NVwZ 1985, 736.
[889] *BVerwGE* 68, 311 = NJW 1984, 367; *BVerwG* NVwZ-RR 1996, 67.
[890] *BVerwGE* 94, 301, 303 = NJW 1994, 2435; *BVerwGE* 124, 209 = NVwZ-RR 2006, 190.
[891] *OVG Münster* DVBl 1999, 1221.
[892] *BVerwGE* 67, 173, 175 = NJW 1984, 72; *BVerwG* NJW 1987, 2180, 2181.
[893] *BVerwG* NJW 1986, 2205.
[894] Zum alten Recht: *BVerwGE* 106, 351, 355 = NVwZ 1999, 425.
[895] *VG Freiburg* NVwZ 1995, 197.
[896] *OVG Berlin* NVwZ 2002, 114, 115.
[897] *OVG Schleswig* NVwZ-RR 2007, 202.
[898] *VGH Kassel* DVBl 1990, 306, 307 (m. abl. Anm. *Leiner* DVBl 1990, 1242); zur Rechtsnatur der Entscheidungen der Richterwahlausschüsse bei der Übernahme von DDR-Richtern: *BVerwGE* 99, 371, 373 = DtZ 1996, 118; *BVerwGE* 100, 19, 21 = DtZ 1996, 121; *BVerwGE* 102, 163, 164 = DtZ 1997, 139; *BVerwGE* 105, 89, 91 = DtZ 1997, 396.
[899] *OVG Münster* ZBR 1974, 396.
[900] *BVerwGE* 122, 58, 60 ff. = NVwZ-RR 2005, 343 f.; NVwZ-RR 2003, 370; a.A. *OVG Münster* NVwZ 1986, 581.
[901] *VG Stuttgart* NVwZ-RR 2001, 668.
[902] *VGH Mannheim* NVwZ-RR 2003, 333 ff. m. w. N. (dort auch ausführlich zu den Konsequenzen für den Rechtsschutz).
[903] Ausführlich zu den Konsequenzen für den Rechtsschutz: *OVG Weimar* NVwZ-RR 2004, 206, 207 ff.
[904] *VGH Kassel* NVwZ-RR 2005, 683, 684.
[905] *OVG Koblenz* NVwZ-RR 2007, 303.
[906] *BVerwGE* 19, 238 = NJW 1965, 166; *Grupp* in Marschall/Schroeter/Kastner, § 9 Rn. 8.

§ 35 Begriff des Verwaltungsaktes   173, 174 § 35

nehmigung nach §§ 9, 10 WaldG BW,[907] Genehmigung nach § 61 Abs. 1 VwVfG (§ 61 Rn. 23), Ablehnung des Vorschlags der Universität für die Bestellung des Kanzlers durch den Minister,[908] bindende Bildungsempfehlung der Grundschule über die Eignung zum Gymnasium (Rn. 204), Ausnahmegenehmigung nach § 7 BBG.[909]

cc) **Verwaltungsverfahren und Rechtsschutz bei Nichtvorliegen eines Verwaltungs- 173 aktes:** Auch wenn es sich bei der Mitwirkungshandlung um keinen VA handelt, hat die mitwirkende Behörde die **allgemeinen Verfahrenspflichten** des VwVf zu erfüllen, ohne jedoch selbst unmittelbare Verfahrensrechte und -pflichten gegenüber den Beteiligten zu haben, hierzu § 9 Rn. 127 ff. So besteht keine Begründungspflicht nach § 39,[910] § 39 Rn. 22. Als empfangsbedürftige ör. Willenserklärung ohne VA-Charakter wird sie zudem nicht mit Bekanntgabe nach § 41, sondern mit Zugang bei der federführenden Behörde analog § 130 BGB wirksam,[911] s. Rn. 170, § 41 Rn. 12. Die interne Zustimmung kann gegenüber der federführenden Behörde **zurückgezogen** werden, solange diese den zustimmungsbedürftigen VA noch nicht erlassen hat.[912] Ob dies auch möglich ist, wenn der VA bereits erlassen ist, bestimmt das Fachrecht.[913] Die §§ 48 ff. sind nicht entsprechend anwendbar.[914] Schon vor Erlass des VA kann der Widerruf oder die Anfechtung der Mitwirkungshandlung ausgeschlossen sein, wenn diese wegen Fristablaufs gesetzlich **fingiert** worden ist (z.B. nach § 36 Abs. 2 S. 2 BauGB).[915] Die Fiktionsfrist kann jedoch grundsätzlich nur bei Einreichung zumindest prüffähiger Unterlagen zu laufen beginnen,[916] setzt aber nicht voraus, dass sich die mitwirkende Behörde der fiktionsauslösenden Folgen ihres Verhaltens bewusst ist.[917] Damit werfen Fiktionen bindender Mitwirkungshandlungen ähnliche Probleme auf wie Genehmigungsfiktionen (Rn. 68).[918] Ist die fingierte Mitwirkungshandlung keine bindende Zustimmung, sondern nur gutachterliche Äußerung (Rn. 168) ist die Bedeutung der Fiktion wenig klar.[919] Die federführende Behörde wird hier nur davon ausgehen können, die andere Behörde wolle sich nicht äußern (vgl. § 11 S. 3 9. BImSchV). Dies entbindet die federführende Behörde nicht davon, das entsprechende Fachgebiet bei der Genehmigungserteilung zu berücksichtigen, so dass u.U. eigene Gutachten notwendig werden.[920] Zur materiellen **Behördenpräklusion** nach § 71 d Abs. 2 und § 73 Abs. 3 a S. 2, s. § 71 d Rn. 29 ff., § 73 Rn. 40 ff.

Ist die federführende Behörde an die Zustimmung einer anderen Behörde gebunden und er- 174 lässt die federführende Behörde den VA **ohne** erforderliche gesetzliche **Zustimmung,** ist der VA i.d.R. (nur) **rechtswidrig,**[921] vgl. § 44 Rn. 182, 188. Ist eine Genehmigungsfiktion vorgesehen (Rn. 66 ff.), tritt diese jedoch nicht ein, wenn die mitwirkungsberechtigte Behörde ihrerseits rechtzeitig ihre Zustimmung versagt hat.[922] Bei fehlerhafter Zustimmungserteilung muss jedoch nicht zwingend der hierauf ergehende VA fehlerhaft sein (§ 46).[923] Dient das Zustimmungserfordernis bei belastenden VA nicht dem Interesse des Betroffenen, ist die Klage, die sich auf die Verletzung der Zustimmungspflicht stützt, mangels Rechtsverletzung unbegründet.[924]

---

[907] *VGH Mannheim* NVwZ-RR 1996, 495.
[908] *Horst* NWVBl 1996, 201, 208.
[909] *VGH Kassel* DVBl 1981, 1069.
[910] BVerwGE 105, 89, 91 = DtZ 1997, 281.
[911] *VGH München* NVwZ-RR 2001, 364, 365.
[912] BGH DVBl 1971, 319; *Dolde* NJW 1982, 1785, 1794; *Kempfler* NJW 1965, 1151, 1152.
[913] Vgl. BVerwGE 122, 58, 64 = NVwZ-RR 2005, 343, 344 (für Zustimmung nach § 123 BRRG); OVG Bautzen SächsVBl 2006, 140, 142 (zur Zustimmung der Denkmalschutzbehörde zu Bauvorhaben).
[914] BVerwGE 122, 58, 64 = NVwZ-RR 2005, 343, 344; *VGH Kassel* NVwZ 1993, 908; a.A. OVG Bautzen SächsVBl 2006, 140, 142.
[915] BVerwG NVwZ 1997, 900, 901; *VGH München* NVwZ-RR 2000, 84; OVG Schleswig NVwZ-RR 2002, 821; *Dippel* NVwZ 1999, 921, 923; *Schlotterbeck* VBlBW 2001, 15, 17 f.; a.A. für Zustimmung nach sächs. Denkmalschutzrecht: OVG Bautzen SächsVBl 2006, 140, 143.
[916] BVerwGE 122, 13, 17 ff. = NVwZ 2005, 213 ff.; *VGH München* NVwZ-RR 2005, 787, 788 f.
[917] OVG Lüneburg NVwZ 2001, 1066, 1067.
[918] Allgemein zur Fiktion von Mitwirkungshandlungen *Jachmann,* Fiktion, 1998, S. 415 ff.
[919] *Jachmann,* Fiktion, 1998, S. 415 f.
[920] *Jäde* ZfBR 1996, 241, 244; *Moormann* UPR 1996, 411; *Wasielewski* LKV 1997, 77, 80.
[921] A.A. zur dienstherrnübergreifenden Versetzung BVerwG NVwZ-RR 2003, 370, 371.
[922] OVG Koblenz NVwZ-RR 2002, 264, 265; a.A. OVG Saarlouis NVwZ 2006, 678, 679; VG Saarlouis SKZ 2005, 188, 190 ff.
[923] Vgl BVerwG DVBl 1990, 1232, 1233.
[924] BVerwGE 106, 351, 356 = NVwZ 1999, 425.

Auch kann die federführende Behörde i. d. R. trotz vorliegender Zustimmung den VA verweigern.[925] Nur Rechtswidrigkeit des VA liegt auch vor, wenn **die Zustimmung unter Bedingungen oder Auflagen** erteilt worden ist, diese Regelungen aber nicht in den VA aufgenommen wurden. Im Verhältnis zum Bürger ist nur der Inhalt des VA maßgebend, s. § 36 Rn. 15. Die Mitwirkungshandlung kann jedoch nach § 45 **nachgeholt** werden, § 45 Rn. 96 ff., § 43 Rn. 183 f., zur Berichtigung § 42 Rn. 21, 44. Ist die bindende Wirkung der Zustimmung nur in einer Verwaltungsvorschrift vorgesehen, berührt ihr Fehlen die Rechtmäßigkeit des VA nicht.[926]

175 Die **mitwirkungsberechtigte Behörde** kann den ohne ihre Zustimmung erlassenen VA **anfechten,** wenn deshalb in die Rechte ihres Rechtsträgers eingegriffen wird.[927] Wird das Zustimmungserfordernis erst von der Widerspruchsbehörde übergangen, gilt § 79 Abs. 1 Nr. 2 VwGO,[928] s. Rn. 373. Aus der gesetzlichen Einräumung eines Mitwirkungsrechts allein folgt jedoch noch kein eigenes subjektiv-öffentliches Recht.[929] Auch kann die übergangene Behörde nur die Verletzung eben ihrer Mitwirkungsrechte geltend machen.[930] Ist die aufschiebende Wirkung von Rechtsbehelfen fachrechtlich ausgeschlossen, gilt dies auch für Klagen der mitwirkungsberechtigten Behörde.[931] Aus dem Fachrecht beantwortet sich die Frage, ob *diese* Klage nur bei rechtmäßiger Verweigerung der Mitwirkungshandlung oder – wie beim gemeindlichen Einvernehmen nach § 36 BauGB[932] – bei Fehlen der Mitwirkungshandlung begründet ist. Wird die Mitwirkungshandlung **fingiert** (Rn. 173), besteht kein Klagerecht gegen den VA.[933] Bei fehlender Zustimmung einer **Aufsichtsbehörde** kann diese Weisung zur Rücknahme der Genehmigung geben, s. § 46 Rn. 13. Als Widerspruchsbehörde ist sie nicht befugt, das verweigerte Einvernehmen einer anderen Behörde zu **ersetzen,** es sei denn, dies folgt aus dem Fachrecht,[934] vgl. § 36 Abs. 2 S. 3 BauGB.[935] Fehlen solche ausdrücklichen Vorschriften, besteht die Möglichkeit des Ersetzens der Zustimmung im Wege der Rechtsaufsicht.[936] Die federführende Behörde kann u. U. vor Abschluss der Mitwirkungshandlung zum Erlass eines **vorsorglichen VA** berechtigt sein,[937] s. Rn. 250.

176 Wird die **Zustimmung** zu einem begünstigenden VA **verweigert,** kann der Betroffene nur gegen die federführende, nicht gegen die mitwirkungsberechtigte Behörde klagen, da das Gericht – anders als die federführende Behörde (Rn. 175) – berechtigt ist, sich über die fehlende Mitwirkungshandlung hinwegzusetzen und die federführende Behörde zur Erteilung des VA zu verpflichten.[938] Die zustimmungsberechtigte Behörde ist deshalb dem Verfahren i. d. R. **beizuladen.**[939] Dies gilt nicht, soweit das Zustimmungserfordernis nur auf Verwaltungsvorschriften

---

[925] BVerwGE 102, 168, 170 = DtZ 1997, 142; BVerwG DÖV 1970, 349, 350; NVwZ-RR 1992, 529.
[926] BVerwG NVwZ 1986, 199; Stober DVBl 1977, 909, 910, 913.
[927] BVerwGE 22, 342, 343 = NJW 1966, 513; BVerwG NVwZ 1982, 310; NVwZ 1985, 566; NVwZ 1986, 556; zu den Folgen, wenn irrtümlich die Genehmigungsfreiheit des Vorhabens angenommen wird: VGH München NVwZ-RR 2005, 56, 57 f.
[928] VGH Mannheim VBlBW 2004, 56 f.
[929] Wendt NWVBl 1987, 33, 40.
[930] BVerwGE 54, 328, 332; OVG Lüneburg NVwZ-RR 2005, 90, 92.
[931] OVG Lüneburg NVwZ 1999, 1005.
[932] BVerwGE 22, 342, 343 = NJW 1966, 513; BVerwG NVwZ 1982, 310; NVwZ 1985, 566; NVwZ 1986, 556; VGH Mannheim VBlBW 1999, 178, 180; VGH München NuR 1999, 648, 649; VG Neustadt a. d. W. NVwZ-RR 2007, 338, 339 f.; zu Besonderheiten, wenn Gemeinde auch Baugenehmigungsbehörde ist: BVerwGE 121, 339, 341 ff. = NVwZ 2005, 83 f. (hierzu *Budroweit* NVwZ 2005, 1013 ff.; *Hummel* BauR 2005, 948 ff.; *Schmitt* UPR 2005, 292 ff.).
[933] OVG Lüneburg NVwZ 1999, 1003, 1004; NVwZ 2001, 1066 f.; VGH München NVwZ-RR 2001, 364, 365.
[934] BVerwG NVwZ 1986, 556; OVG Lüneburg NVwZ-RR 2003, 343.
[935] Hierzu etwa *Dippel* NVwZ 1999, 921, 924; *Horn* NVwZ 2002, 406 ff.; *Klinger* BayVBl 2002, 481 ff.; *Lasotta* BayVBl 1998, 609 ff.; *ders.,* Einvernehmen der Gemeinde nach § 36 BauGB, 1998, S. 189 ff., 205 ff.; *Schlotterbeck* VBlBW 2001, 15, 18.
[936] BVerwGE 22, 342, 347 = NJW 1966, 513; BVerwG NVwZ-RR 1992, 529; OVG Frankfurt (Oder) LKV 1997, 377.
[937] BVerwGE 81, 84, 91 = NVwZ 1989, 1172.
[938] BVerwGE 16, 116, 120 = NJW 1963, 2088; BVerwGE 22, 342, 347 = NJW 1966, 513; BVerwG NJW 1969, 444; NVwZ-RR 1992, 529; NVwZ-RR 2003, 719 f.; zur (nicht unberechtigten) Kritik an dieser Konstruktion *Lasotta* BayVBl 1998, 609, 616 ff.; *ders.,* Einvernehmen der Gemeinde nach § 36 BauGB, 1998, S. 74 ff.; zu einer nach Art. 19 Abs. 4 GG gebotenen Ausnahme im Verfahren des einstweiligen Rechtsschutzes: VG Stuttgart NVwZ-RR 2001, 668 f.
[939] BVerwGE 42, 8, 11; 67, 173 = NJW 1984, 72; BVerwGE 74, 19 = NVwZ 1986, 917; BVerwG DVBl 1977, 196; VGH Kassel NVwZ-RR 1995, 60.

beruht. Auch die federführende Behörde kann die mitwirkende Behörde nicht auf Erteilung der Zustimmung verklagen: § 44a VwGO gilt auch für sie.[940] Hierdurch entstehen Folgeprobleme, wenn die federführende Behörde den Anfechtungsprozess gegen den Betroffenen verliert, obwohl sie selbst auf Grund der bindenden Entscheidung der anderen Behörde die Rechtswidrigkeit des VA nicht zu verantworten hat.[941] *VG Potsdam* hält eine Auferlegung der Kosten des gesamten Verfahrens auf die beigeladene zustimmungsberechtigte Behörde für möglich; § 155 Abs. 5 VwGO gehe insoweit § 154 Abs. 3 VwGO vor.[942] Im Bund-Länder-Verhältnis ist an Art. 104a Abs. 5 S. 1 HS. 2 GG zu denken. Die zu Unrecht verweigerte Zustimmung kann zudem eine **Amtspflichtverletzung** gegenüber dem Antragsteller darstellen.[943]

h) Aufsichtsmaßnahmen: Unabhängig von der Frage ihrer Außenwirkung sind keine VA Rechts- und Fachaufsichtsmaßnahmen des Bundes gegenüber den Ländern bei **landeseigenem Vollzug von Bundesgesetzen** (Art. 84 GG) und im Rahmen der **Bundesauftragsverwaltung** (Art. 85 GG). Sie sind Maßnahmen auf dem „Gebiet des Verfassungsrechts", für die das VwVfG und damit auch § 35 nicht gilt, s. Rn. 212, § 1 Rn. 173. Daher sind Streitigkeiten über die Grenzen der Weisungsbefugnis des Bundes nach Art. 85 GG **verfassungsrechtlicher Art** auch dann, wenn die Weisung wegen Verstoßes gegen einfaches Recht für rechtswidrig gehalten wird.[944]

177

„**Verwaltungsrechtliche**" **Rechts- und Fachaufsichtsmaßnahmen**, mit denen die beaufsichtigte Behörde angewiesen wird, wie in einem konkreten Einzelfall oder allgemein in bestimmten Fällen zu verfahren ist, können demgegenüber wegen Eingriffs in die Kompetenzen der betroffenen Behörde VA sein, s. Rn. 180. Sie sind jedoch **dem Bürger gegenüber nicht auf unmittelbare Außenwirkung gerichtet.** Sie können seinen Rechtskreis *unmittelbar* weder erweitern noch beschränken, selbst dann nicht, wenn die Weisung dem Bürger mitgeteilt wird. Eine Rechtsverletzung ist damit i.d.R. allenfalls auf Grund des späteren Verhaltens der angewiesenen Behörde möglich;[945] die (nachteilige) Reflexwirkung reicht nicht aus, um einen VA anzunehmen.[946] Dies gilt – abweichend von der von Rechtsschutzgesichtspunkten getragenen (Rn. 2, 47) früheren Rspr. – z. B. für Weisungen an nachgeordnete Behörden, Schreiben eines bestimmten Rechtsanwalts nicht mehr zu beantworten,[947] Fahrprüfungen nicht mehr im Fahrschulhof einer bestimmte Fahrschule abzuhalten,[948] einen Soldaten umzusetzen,[949] Baustoffe einer bestimmten Firma nicht zuzulassen,[950] bestimmte Produkte als für die Wurstherstellung verboten anzusehen,[951] den Vertretern einer Firma das Vorführen von Bruchbändern zu verbieten.[952] Kein VA ist deshalb auch die Ausschreibung zur Einreiseverweigerung im Schengener Informationssystem.[953] Weil die Rechtsnatur einer Maßnahme unteilbar ist (Rn. 23), ist allerdings eine **Aufsichtsmaßnahme auch gegenüber dem Bürger VA,** wenn sie gegenüber der

178

---

[940] *OVG Münster* NVwZ-RR 1993, 132, 134.
[941] Hierzu *Pappermann* DVBl 1975, 637; *U. Stelkens,* Verwaltungshaftungsrecht, S. 99, 357 ff.
[942] *VG Potsdam* NVwZ-RR 2000, 763 f.
[943] BGHZ 65, 182 = NJW 1976, 184; BGHZ 99, 262 = NJW 1987, 1320; BGHZ 118, 253 = NJW 1992, 2218; BGHZ 134, 316 = NJW 1997, 1229 (m. Anm. *Ossenbühl* JZ 1997, 559); BGHZ 139, 200, 205 ff. = NJW 1998, 2738, 2739; BGH NVwZ 2006, 117 f.; hierzu auch *VGH Mannheim* NVwZ 1997, 198, 199. Zu den sich hieraus ergebenden Folgeproblemen, insbes. zur persönlichen Haftung verantwortlicher Organwalter: *Hennecke* Jura 1992, 125; *U. Stelkens* DVBl 1998, 300, 303.
[944] BVerfGE 81, 310, 331 = NVwZ 1990, 995; BVerfGE 84, 25, 30 = NVwZ 1991, 870; BVerfGE 102, 167, 172 = NVwZ 2000, 1162; BVerwG NVwZ 1998, 500; *Dieners* DÖV 1991, 923; *Janz,* Weisungsrecht nach Art. 85 Abs. 3 GG, 2003, S. 268 ff.; *U. Stelkens* DVBl 2000, 609, 615; *Zimmermann* DVBl 1992, 153 m.w.N.; *Ehlers* in Schoch u.a., § 40 Rn. 200; *Grupp* in Marschall/Schroeter/Kastner, § 1 Rn. 5; *Zillmer* DÖV 1995, 49, 53.
[945] BVerwG NVwZ-RR 1992, 529, 530; BVerwG NJW 1987, 2318.
[946] BVerwGE 75, 109, 113 = NVwZ 1987, 315; *OVG Schleswig* NJW 2000, 3440; *Kopp* BayVBl 1976, 719; *Kopp/Schenke,* Anh. § 42 Rn. 76; *Müller-Volbehr* DVBl 1976, 57, 58; *Schenke* DÖV 1979, 622, 627 f.; *Schütz* BayVBl 1981, 609, 610; *Vehse* BayVBl 1990, 490, 492; zu dennoch bestehenden **Rechtsschutzmöglichkeiten** vgl. BVerwGE 75, 109, 113 = NVwZ 1987, 315; *Grupp,* FS Lüke 1997, S. 207 ff.; *Müller-Volbehr* DVBl 1976, 57, 59 f.; *Schenke* DÖV 1979, 622, 627 f.
[947] VA nach *OVG Lüneburg* NJW 1961, 936.
[948] VA nach BVerwGE 39, 345 f.; a. A. *Erichsen* VerwArch. 64 (1973), S. 319 f.; *Heck* JZ 1972, 626.
[949] VA nach BVerwGE 46, 78, 79.
[950] VA nach *VGH Stuttgart* DRZ 1950, 500.
[951] VA nach BVerwG DÖV 1958, 262 (m. zust. Anm. *Bachof*).
[952] VA nach BGH DÖV 1958, 629 (krit. *Obermayer* DÖV 1958, 629; *Bettermann* DVBl 1958, 868).
[953] BVerwGE 114, 356, 359 f. = NVwZ 2001, 1396 f.

angewiesenen Behörde Außenwirkung entfaltet, s. Rn. 180 ff. Für Klagen gegen solche Weisungen fehlt dem Bürger jedoch regelmäßig die Klagebefugnis.[954] Wird durch eine rechtswidrige Weisung der Bürger geschädigt, ist nach st. Rspr. die anweisende, nicht die angewiesene Behörde zum Schadensersatz wegen **Amtspflichtverletzung,** ggf. auch nach den Grundsätzen des enteignungsgleichen Eingriffs verpflichtet.[955]

179 Abzugrenzen vom Fall der Rn. 178 sind die Fälle, in denen die übergeordnete Behörde die Entscheidung eines Einzelfalles an sich gezogen und abschließend entschieden hat (**Selbsteintritt,** s. a. Art. 3b BayVwVfG[956]). Hier erlässt die übergeordnete Behörde den VA.[957] I. d. R. ist eine ausdrückliche gesetzliche Regelung erforderlich, es sei denn, es ist Gefahr im Verzug.[958] Ob die untergeordnete Behörde gegen die Erklärung des „Selbsteintritts" bzw. gegen den im Wege des Selbsteintritts erlassenen VA im Klagewege vorgehen kann, bestimmt sich nach dem Fachrecht.[959] Zum Selbsteintritt s. a. § 3 Rn. 3, 11. Entsprechendes gilt beim **Erlass eines VA im Wege der kommunalaufsichtsrechtlichen Ersatzvornahme,** bei der die Aufsichtsbehörde den von der Gemeinde unterlassenen VA *im eigenen Namen* und damit auch i. S. des § 78 Abs. 1 VwGO erlässt.[960] Zum **Satzungsoktroi** s. Rn. 24.

180 Dass einer (verwaltungsrechtlichen, vgl. Rn. 177) Aufsichtsmaßnahme wegen **Eingriffs in die Kompetenzen und Wahrnehmungszuständigkeiten** der angewiesenen Behörde Außenwirkung zukommt, ist i. d. R. ausgeschlossen, wenn beaufsichtigte Behörde und Aufsichtsbehörde demselben Rechtsträger angehören; zu Weisungen an Beamten s. Rn. 199. Gehören die beteiligten Behörden **unterschiedlichen Rechtsträgern** an, hilft demgegenüber bei der Abgrenzung der Begriff „Außenwirkung" nicht weiter, da die Grenze zwischen Innen- und Außen nicht definiert ist,[961] s. Rn. 146. Maßgeblich sind die **Funktionen des VA,** s. Rn. 49. Hierzu besteht eine ausdifferenzierte Rspr.:[962]

181 Untersteht die beaufsichtigte Behörde wie bei **Auftragsverwaltung,** bei Organleihe (§ 4 Rn. 39) und innerhalb zwischenbehördlicher Mandate (Rn. 59, § 4 Rn. 40, § 44 Rn. 141, 174)[963] der **uneingeschränkten Fachaufsicht** der Aufsichtsbehörde, liegt nach sehr bestrittener, aber wohl h. M. wegen fehlender Außenwirkung grundsätzlich **kein VA** vor.[964] Dem ist im Hinblick auf die VA-Funktionen (s. Rn. 49) zuzustimmen: Weil der angewiesenen Behörde die Sachkompetenz fehlt und sie daher durch die Weisung im Regelfall nicht unmittelbar in eigenen Rechten verletzt werden kann, erscheint die Durchführung eines VwVf vor Erlass der Weisung zum Schutz der Interessen der angewiesenen Behörde nicht als notwendig; deshalb passen auch die verwaltungsprozessualen Sonderregelungen für VA (Widerspruch, aufschiebende Wirkung) nicht.[965] Dies gilt auch, wenn die Aufsichtsmaßnahme mittelbare (finanzielle) Folgen für Selbstverwaltungsangelegenheiten hat oder die Aufsichtskompetenzen überschritten werden.[966] Die Maßnahme ist auch dann nicht auf Außenwirkung **gerichtet,**[967] s. Rn. 147. Deshalb ist auch nicht in jeder fachaufsichtlichen Weisung ein konkludenter VA dergestalt enthalten, dass

---

[954] Vgl. *VGH Mannheim* DVBl 1975, 552, 553.
[955] *BGHZ* 63, 319, 324 = NJW 1975, 491; *BGH* NJW 1977, 713.
[956] Dazu *Böttcher* BayVBl 1990, 202; *Kaup* BayVBl 1990, 193; *Süß* BayVBl 1987, 1.
[957] Vgl. *BVerwG* NZWehrR 1973, 191, 193; *OVG Lüneburg* NVwZ-RR 1997, 474.
[958] *OVG Weimar* LKV 1993, 428, 429; *BezG Schwerin* LKV 1992, 305; *Brander* DÖV 1990, 966, 969.
[959] *OVG Lüneburg* NVwZ-RR 1997, 474.
[960] *OVG Münster* NVwZ-RR 1990, 23; *OVG Weimar* LKV 2004, 286 f.
[961] Ähnlich *Martens* NVwZ 1982, 480, 482.
[962] Eingehend zum Rechtsschutz bei Maßnahmen der Kommunalaufsicht *Franz* JuS 2004, 937, 941 f.; *Kallerhoff* NWVBl 1996, 53; *Knemeyer* BayVBl 1977, 129; *Mögele* BayVBl 1985, 519; *v. Mutius* JuS 1979, 342, 347; *Picozzi* MDR 1980, 972.
[963] Zu den unterschiedlichen Formen der „Fremdverwaltung" und ihrer Abgrenzung untereinander *U. Stelkens,* Verwaltungsprivatrecht, 2005, S. 152 ff.
[964] *BVerwGE* 19, 121, 123 = NJW 1965, 317; *BVerwG* NJW 1978, 1820 (m. Bespr. *Schmidt-Jortzig* JuS 1979, 488); NVwZ 1995, 910 (m. Bespr. *Brodersen* JuS 1996, 177); *VGH Kassel* NVwZ-RR 1988, 111; *VGH Mannheim* DVBl 1994, 348, 349 (m. Anm. *Schwerdtner* VBlBW 1996, 209); *Steiner* DVBl 1994, 351); *VGH München* BayVBl 1977, 152 (m. Anm. *Czermak* BayVBl 1978, 310); *Widtmann* BayVBl 1978, 723); *VG Leipzig* LKV 2001, 477, 478; *Franz* JuS 2004, 937, 942; *Kopp/Ramsauer,* § 35 Rn. 101; *Kopp/Schenke,* Anh. § 42 Rn. 77; **a. A.** *Jäde* JuS 1998, 503, 505; *Hufen,* Verwaltungsprozessrecht, § 14 Rn. 42; *Knemeyer* BayVBl 2000, 521, 525; *Lange* in Hoffmann-Riem/Schmidt-Aßmann/Schuppert, Reform, 1993, S. 307, 311; *Manssen* DVBl 1997, 633, 638 f.; *Schmidt-Jortzig* JuS 1979, 491; *Schröder* JuS 1986, 375.
[965] *OVG Lüneburg* NVwZ 1982, 385; *Schmidt-Aßmann* in Schmidt-Aßmann, BesVwR, 1. Kap Rn. 39.
[966] *BVerwGE* 6, 101, 103; *VG Köln* NVwZ 1984, 745, 746; a. A. *VGH München* BayVBl 1979, 305.
[967] *Meyer/Borgs,* § 35 Rn. 48 f.; *Pietzcker* in Schoch u. a., § 42 Abs. 1 Rn. 57.

die entsprechende Aufgabe in den übertragenen Wirkungskreis falle und die angewiesene Behörde zur Befolgung der Weisung verpflichtet sei.[968] Eine Qualifizierung als VA wäre auch wegen der hiermit verbundenen Bestandskraftfähigkeit und der so ermöglichten Verschiebung von Wahrnehmungszuständigkeiten bedenklich. Sie ist auch aus Rechtsschutzgründen nicht notwendig: Gegenüber fehlerhafter Inanspruchnahme von Fachaufsichtskompetenzen sind Feststellungs- und Leistungsklagen zulässig, wobei sich die Klagebefugnis aus den von der Weisung betroffenen Selbstverwaltungsrechten ergibt.[969] Entgegen *BVerwG*[970] sind daher **fachaufsichtliche Weisungen** an eine Gemeinde als Straßenverkehrsbehörde **nach § 44 Abs. 1 S. 2 StVO** auch dann keine VA, wenn sich die Ausführung der Weisung – wie bei der Einrichtung verkehrsberuhigter Zonen – auf gemeindliche Planungsbelange auswirken kann. Die Gemeinde kann sie aber im Wege der Feststellungs- oder allgemeinen Leistungsklage unter Berufung auf ihre Planungshoheit angreifen.[971] Ebenfalls nicht überzeugend ist die auf **Art. 109 Abs. 2 BayGO** gestützte Rspr. des *VGH München,* nach der fachaufsichtliche Weisungen dann VA sind, wenn sie sich auf Ermessensentscheidungen beziehen.[972] Art. 109 Abs. 2 BayGO schränkt zwar das Weisungsrecht der Fachaufsichtsbehörden bei Ermessensentscheidungen ein und gewährt hierdurch den Gemeinden auch im übertragenen Wirkungskreis subjektive Rechte. Um diese durchsetzen zu können, muss aber die Weisung nicht als VA qualifiziert werden.

Aufsichtsmaßnahmen in **Selbstverwaltungsangelegenheiten** kommt dagegen unstreitig **182** Außenwirkung zu.[973] Dementsprechend **sind** etwa **VA**: Kommunalaufsichtliche Aufhebung eines Gemeinderatsbeschlusses,[974] Erteilung oder Nichterteilung der Genehmigung einer Satzung (§ 1 Rn. 182),[975] Satzungsoktroi im Wege der Ersatzvornahme (Rn. 24), Entscheidungen der Aufsichtsbehörde über Personalangelegenheiten einer Gemeinde,[976] Ungültigkeitserklärung einer Bürgermeisterwahl,[977] Ersetzung des Einvernehmens nach § 36 Abs. 2 S. 3 BauGB[978] (Rn. 175), Feststellung der Rechtswidrigkeit eines Bebauungsplans durch Aufsichtsbehörde,[979] Feststellung der Aufsichtsbehörde, dass eine Gemeinde Mitglied eines Zweckverbandes ist,[980] Weisung an Gemeinde, Schule zu benennen,[981] eine Stellung für Gleichstellungsbeauftragte einzurichten[982] oder Planunterlagen nach § 18 FStrG auszulegen,[983] Zuweisungsverfügung eines Asylbewerbers an Gemeinde,[984] Maßnahmen der hochschulinternen Aufsicht über Studentenschaft,[985] Ablehnung der Zustimmung zur Erteilung eines Lehrauftrages gegenüber Universität.[986] **Keine VA** sind dagegen Rechtsaufsichtsmaßnahmen, die keinen regelnden Charakter haben. Str. ist dies etwa bei der **kommunalaufsichtlichen Beanstandung,**[987] s. Rn. 86, 152.

In den Bundesländern, die dem monistischen Aufgabenmodell folgen, ist hinsichtlich der **183** **Pflichtaufgaben zur Erfüllung nach Weisung** str., ob eine Weisung ein VA ist. Nach *OVG*

---

[968] So aber anscheinend *BVerwG* DÖV 1982, 826.
[969] So *Czernak* BayVBl 1978, 310; *Schmidt-Aßmann* in Schmidt-Aßmann, BesVwR, 1. Kap. Rn. 45; *Steiner* DVBl 1994, 351, 353.
[970] *BVerwG* NVwZ 1995, 910 (m. Bespr. *Brodersen* JuS 1996, 177); so auch bereits *VGH Mannheim* DVBl 1994, 348 m. Anm. *Schwerdtner* VBlBW 1996, 209; *Steiner* DVBl 1994, 351).
[971] Wie hier *Ehlers* Verwaltung 1998, 53, 62; *Steiner* DVBl 1994, 351, 353; auch insoweit ablehnend *Schwerdtner* VBlBW 1996, 209, 211.
[972] *VGH München* BayVBl 1977, 152 (m. Anm. *Czermak* BayVBl 1978, 310; *Widtmann* BayVBl 1978, 723); BayVBl 1985, 368 (m. abl. Anm. *Reigl*); *VGH München* NVwZ-RR 1990, 243.
[973] *Leidinger* FS Menger, 1985, S. 257 ff.; *Löwer* VerwArch 68 (1977), S. 327, 345; *v. Mutius,* Kommunalrecht, 1996, Rn. 871; *Schmidt-Aßmann* in Schmidt-Aßmann, BesVwR, 1. Kap. Rn. 43.
[974] *Kallerhoff* NWVBl 1996, 53, 56.
[975] BVerwGE 16, 83; 34, 301; *OVG Koblenz* NVwZ 1995, 1227; krit. *Fechner* LKV 2006, 158, 159.
[976] BVerwGE 17, 87, 90.
[977] *VG Chemnitz* LKV 1997, 261.
[978] *VGH München* NVwZ-RR 2001, 364, 365; *Hellermann* Jura 2002, 589, 593; *Lasotta,* Einvernehmen der Gemeinde nach § 36 BauGB, 1998, S. 210 f.
[979] BVerwGE 75, 142 = NJW 1987, 1344; *OVG Münster* NVwZ-RR 1992, 536.
[980] *OVG Weimar* LKV 2002, 336, 337.
[981] *OVG Lüneburg* DVBl 1973, 928.
[982] *VG Minden* NWVBl 1997, 405.
[983] *VGH Kassel* NVwZ-RR 1990, 96.
[984] *VGH Mannheim* Städtetag 1981, 113; a. A. *OVG Lüneburg* NVwZ 1982, 385.
[985] *OVG Münster* NVwZ-RR 1992, 631.
[986] BVerwGE 52, 313, 316 = NJW 1977, 1837.
[987] Vgl. *Kallerhoff* NWVBl 1996, 53 ff.; für VA BVerwGE 89, 260, 261; *VG Gera* LKV 2003, 41, 42; *VG Dessau* LKV 2000, 551 f.; *VG Meiningen* NWVBl 260 f.

Münster sind diese Aufgaben Selbstverwaltungsaufgaben, so dass hierauf bezogene Weisungen stets VA seien.[988] Vielfach wird jedoch ähnlich wie bei den Aufgaben im übertragenen Wirkungskreis (Rn. 181) angenommen, Weisungen hätten hier niemals Außenwirkung[989] oder allenfalls dann, wenn sie zugleich (unmittelbare) Auswirkungen auf den gemeindlichen Selbstverwaltungsbereich haben.[990] Eine **bundeseinheitliche Qualifikation verbietet sich:**[991] die Außenwirkung solcher Weisungen hängt von der konkreten Ausgestaltung des monistischen Aufgabenmodells im jeweiligen Landesrecht ab. Ist die Rechtsposition der Gemeinden stark ausgebaut und werden die Weisungsaufgaben in die Nähe der Selbstverwaltungsaufgaben gerückt, wird im Hinblick auf die verfahrens-, und prozessrechtliche Funktion des VA-Begriffs (Rn. 49) die VA-Qualität eher zu bejahen sein, als wenn sich die Ausgestaltung der Weisungsaufgaben faktisch nicht von der Ausgestaltung der Aufgaben im übertragenen Wirkungskreis unterscheidet.

184 Aufsichtsmaßnahmen gegenüber einem **Beliehenen** (§ 1 Rn. 256 ff.) sind demgegenüber i. d. R. VA, auch wenn sie sich nur auf die Art und Weise der Amtsausübung beziehen, da hierdurch auch die persönliche Rechtsstellung des Beliehenen berührt wird:[992] So ist VA die Weisung an einen öffentlich bestellten Vermessungsingenieur, einen bestimmten Vermessungsauftrag durchzuführen,[993] eine Gebührenforderung herabzusetzen[994] oder eine fehlerhafte Vermessung zu berichtigen,[995] Aufforderung an einen Bezirksschornsteinfeger, das Kehrbuch oder die „Aufzeichnungen über Immissionsschutz" und andere Nebenarbeiten vorzulegen,[996] Genehmigung einer Prüfungsordnung für Privatschule,[997] Weisung an den TÜV (§ 1 Rn. 264), die Abnahme von Prüfungen der kraftfahrtechnischen Grundaufgaben nicht mehr auf dem Übungshof einer Fahrschule abzuhalten.[998] VA ist auch die Festsetzung eines Warnungsgeldes gegen Bezirkschornsteinfegermeister.[999]

185 i) **Maßnahmen zwischen gleichgeordneten Verwaltungsträgern:** Ergreift eine Behörde gegenüber einem von ihrem Träger verschiedenen Rechtsträger (zu In-Sich-VA Rn. 190) eine Maßnahme, die weder Aufsichtsmaßnahme (Rn. 177 ff.) ist noch in Zusammenhang mit einem VwVf gegenüber einem Dritten steht (Rn. 167 ff.), ist bei der Bestimmung ihrer Rechtsnatur im Hinblick auf die Funktionen des VA (Rn. 49) zu beachten, dass die verfassungsrechtliche und einfachgesetzliche Kompetenz- und Finanzmittelverteilung zwischen den einzelnen Verwaltungsträgern unterlaufen werden kann, wenn solche Maßnahmen als VA qualifiziert werden und deshalb bestandskräftig werden könnten. Der VA eignet sich insbes. nicht zur Lösung von Kompetenzkonflikten, s. Rn. 29. Dementspr. wird zumeist angenommen, die **Forderung/Ablehnung von Erstattungen/Finanzierungen** nach Maßgabe des Verwaltungsorganisations- und Finanzrechts (einschl. der Sondererstattungsregelungen z. B. nach §§ 102 ff. SGB X,[1000] § 56 BAföG, § 34 WoGG, § 13 Abs. 3 FStrG[1001]) könne nicht durch VA erfolgen;[1002] zu Ausnahmen, wenn Kommunen betroffen sind, Rn. 187. Dabei ist unklar, ob (nur) von einer fehlenden Befugnis zum Einsatz der Handlungsform VA ausgegangen wird (Rn. 25 ff., § 44 Rn. 55 ff.)[1003] und dies als Indiz dafür genommen wird, dass die Behörde die Handlungsform VA nicht einsetzen wollte (Rn. 72),[1004] oder ob bereits die Tatbestandsmerkmale des § 35 verneint wer-

---

[988] *OVG Münster* NVwZ-RR 1995, 502; ebenso *Ehlers* Verwaltung 1998, 53, 62 m. w. N.; *Henneke* in Knack, § 35 Rn. 51.
[989] *Benedens* LKV 2000, 89, 90; *Schmidt-Aßmann* in Schmidt-Aßmann, BesVwR, 1. Kap. Rn. 39.
[990] *VG Köln* NVwZ 1984, 745, 746.
[991] So auch *v. Mutius* JuS 1978, 28, 30 f.
[992] Vgl. *VGH Mannheim* NVwZ 1998, 152.
[993] *BVerwG* NVwZ 1995, 484; a. A. *VGH Mannheim* BauR 2003, 1368, 1370.
[994] *BVerwG* NVwZ-RR 1989, 359 (für Klage gegen Widerspruchsbescheid).
[995] *VGH Mannheim* NVwZ-RR 1998, 152.
[996] *OVG Münster* DÖV 1970, 826.
[997] *VGH Mannheim* DVBl 1983, 592.
[998] *BVerwGE* 39, 345, 346; a. A. *Erichsen* VerwArch. 64 (1973), S. 319 f.; *Heck* JZ 1972, 626.
[999] *VG Göttingen* NVwZ-RR 1998, 171.
[1000] Hierzu *BSG* ZfSH/SGB 1985, 29 ff.; NZS 2003, 216, 217 f.; *BFH* HFR 2006, 584, 585.
[1001] Hierzu *Maslaton/Koch* NVwZ 2003, 1347 ff.
[1002] *BVerwGE* 36, 108; *OVG Lüneburg* ZfF 1991, 276; *VGH München* NVwZ 1993, 794; NVwZ 2000, 83, 84; BayVBl 2005, 183 f.; *OVG Münster* OVGE 16, 60; *OVG Schleswig* NordÖR 2000, 214; NordÖR 2006, 127; *BFH* HFR 2006, 584, 585; *U. Stelkens*, Verwaltungshaftungsrecht, 1998, S. 52 f.
[1003] So *VG Dessau* LKV 2000, 553, 554; *VG Leipzig* LKV 2001, 329.
[1004] So *VGH München* NVwZ 2000, 83, 84; BayVBl 2005, 183 f.; BSGE 68, 195, 197 = NVwZ-RR 1992, 455; BSGE 99, 103 = NZS 1993, 38.

den,¹⁰⁰⁵ so dass solche Maßnahmen selbst bei eindeutiger Wahl der Handlungsform VA allenfalls formelle (Rn. 16), nicht jedoch materielle VA (Rn. 17f., § 43 Rn. 3) wären.

Teilweise wird die fehlende VA-Qualität solcher Maßnahmen mit der **fehlenden „Hoheitlichkeit"** begründet, da das Verhältnis zwischen Verwaltungsträgern grundsätzlich von Gleichordnung geprägt sei.¹⁰⁰⁶ Jedoch sind auch die nebeneinander und unabhängig voneinander operierenden Verwaltungsträger allenfalls einander **gleichrangig**, aber ihre Rechtsbeziehungen sind schon wegen ihrer unterschiedlichen Kompetenzen und Befugnisse auch im Verhältnis zueinander **nicht gleichgeordnet**. Zudem bezieht sich das Merkmal „Hoheitlichkeit" nicht auf das ohne die Maßnahme bestehende Rechtsverhältnis zwischen den Beteiligten, sondern auf die Maßnahme selbst, s. Rn. 104. Das **Merkmal „hoheitlich"** kann damit **seine Abgrenzungsfunktion nur im Staat-Bürger-Verhältnis erfüllen**, so dass die Grenze „hoheitlichen Handelns" bei den rechtlichen Fähigkeiten des Bürgers liegt. Nicht-hoheitlich sind nur die Maßnahmen, die ihrer Art nach mit grundsätzlich gleichen Wirkungen auch von einem Privaten hätten erlassen werden können, s. Rn. 104, 136. Dementsprechend *können* grundsätzlich alle Verwaltungsträger im Verhältnis zueinander „hoheitliche" Maßnahmen erlassen. Ausnahmen wären z. B. Aufrechnung und Vertragskündigung zwischen Verwaltungsträgern, s. Rn. 136ff.

Verwaltungsträger *können* im Verhältnis zueinander auch **Regelungen** i. S. d. § 35 erlassen, denen wegen Eingriffs in die Wahrnehmungszuständigkeiten des Adressaten zudem **Außenwirkung** zukommt, da dieser nicht in der Verwaltungshierarchie der den VA erlassenden Behörde eingeordnet ist, vgl. Rn. 181. Grundsätzlich hat damit jeder Verwaltungsträger gegenüber jedem anderen Verwaltungsträger die *Fähigkeit*, VA zu erlassen. Ob bei **fehlender Ermächtigung zum Einsatz der Handlungsform VA** ein solcher VA nur materiell rechtswidrig und anfechtbar (Rn. 26) oder darüber hinaus auch nichtig ist, ist fraglich, s. Rn. 29. **Keine VA** sind jedoch i. d. R. Maßnahmen **zwischen Bund und Ländern**. Insoweit fehlt es an einer Regelung „auf dem Gebiet des öffentlichen Rechts" i. S. d. § 35, da es sich regelmäßig um Maßnahmen auf dem Gebiet des Verfassungsrechts (Rn. 212) handeln wird, s. a. Rn. 177. Der Bund vergibt daher nicht durch VA, sondern durch schlichte Überweisung nach Maßgabe der verfassungs- und einfachrechtlichen Grundlagen Finanzhilfen nach Art. 91 a Abs. 3, Art. 104 a Abs. 4 GG.¹⁰⁰⁷ Demgegenüber wird vielfach angenommen, dass Zahlungsaufforderungen der Länder und Gemeindeverbände gegenüber den Kommunen VA-Charakter haben:¹⁰⁰⁸

Vor diesem Hintergrund wurden **als VA angesehen** (und zugleich [zumeist implizit] von einer entsprechenden VA-Befugnis ausgegangen): **Vergabe/Rückforderung von Zuwendungen** aus Landesmitteln **an Kommunen** (auch wenn die Zuwendung zum Teil aus Bundesmitteln finanziert wird),¹⁰⁰⁹ Festsetzung der vom Land an die Kommunen zu erstattenden Kosten der Unterbringung von Flüchtlingen,¹⁰¹⁰ Heranziehung von Kreisbediensteten zur Erfüllung staatlicher Aufgaben durch Landrat als staatlicher Behörde,¹⁰¹¹ Erhebung von Zweckverbands-¹⁰¹² und **Kreisumlagen**,¹⁰¹³ Festsetzung von Kosten der Vollstreckungshilfe einer Gemeinde gegenüber

---

¹⁰⁰⁵ So wohl *BSGE* 5, 140, 143; 32, 21, 22; 45, 296, 298; 58, 54, 57; *BSG* NZS 2003, 216, 217f.
¹⁰⁰⁶ So wohl *BSGE* 5, 140, 143; 32, 21, 22; 45, 296, 298; 58, 54, 57; *BSG* NJW-RR 1994, 788, 790; *OVG Schleswig* NordÖR 2000, 214; *Kraft-Zöcher/Neubauer* LKV 2000, 528 ff.; *Maslaton/Koch* NVwZ 2003, 1347, 1348; ähnlich *VGH München* BayVBl 1993, 374.
¹⁰⁰⁷ *U. Stelkens*, Verwaltungshaftungsrecht, 1998, S. 335 ff.; a. A. für auf Art. 120 Satz 1 GG gestützte Zusage, Kampfmittelräumungskosten zu übernehmen: *BVerwG* NVwZ 2004, 1125, 1126.
¹⁰⁰⁸ Krit. hierzu *Kraft-Zöcher/Neubauer* LKV 2000, 528 ff.
¹⁰⁰⁹ Vgl. *BVerwGE* 112, 360, 361 = NJW 2001, 1440; *OVG Koblenz* NVwZ 1988, 448; *OVG Magdeburg* NVwZ-RR 2001, 284; *VGH Mannheim* NVwZ 1991, 79, 80; *VGH München* NVwZ 2000, 829, 830; BayVBl 2000, 245 und 248; BayVBl 2002, 498; BayVBl. 2006, 731; *OVG Münster* NVwZ-RR 2004, 317 (mit kurzer Begründung); NVwZ-RR 2006, 86; *VG Dresden* NVwZ 1999, 1137; *VG Minden* NVwZ-RR 2000, 269; *VG Weimar* ThürVBl 2006, 68; *Jennert* KommJur 2006, 286 ff.; *Müskens* ZKF 1985, 50; *U. Stelkens*, Verwaltungshaftungsrecht, 1998, S. 337 f., 347, 369.
¹⁰¹⁰ *OVG Münster* NWVBl 1992, 283, 284; NWVBl 2000, 471, 472; a. A. jedoch *OVG Münster* NWVBl 2002, 226.
¹⁰¹¹ *VG Gießen* NVwZ-RR 2003, 520.
¹⁰¹² *VGH Mannheim*. 9. 11. 1993 – 1 K 18 600/92 – (Abs. 42 ff., juris); *OVG Münster* KStZ 1998, 219; *OVG Weimar* LKV 2003, 290 f.; *VG Dessau* LKV 2000, 415; *VG Dresden* LKV 2000, 412; a. A. *Kraft-Zöcher/Neubauer* LKV 2000, 528 ff.; ablehnend zur VA-Befugnis: *VG Dessau* LKV 2000, 553, 554 f. (für Umlage einer gemeinsamen Feuerwehr-Unfallkasse); *VG Leipzig* LKV 2001, 329 f.
¹⁰¹³ *OVG Bautzen* LKV 2005, 278; *OVG Münster* NWVBl 2002, 222; NVwZ-RR 2005, 563; *VG Würzburg* BayVBl 2000, 730; a. A. *Kraft-Zöcher/Neubauer* LKV 2000, 528.

Bundesbehörde,[1014] ausdrückliche Festsetzung in VA-Form des ihr zustehenden Personalkostenzuschusses zu einem Kindergarten durch eine Gemeinde gegenüber einer anderen Gemeinde,[1015] Festsetzung eines Erstattungsanspruchs für Beamtenausbildungskosten durch früheren Dienstherrn gegenüber neuem Dienstherrn,[1016] Bestimmung des erstattungspflichtigen Trägers der Jugendhilfe durch Bundesverwaltungsamt nach § 89d Abs. 2 S. 3 a. F. SGB VIII,[1017] Festsetzung der Verbandsumlage durch Krankenkassenverband,[1018] Verteilung der Kosten eines vertrauensärztlichen Dienstes durch LVA auf Krankenkassen,[1019] Berechnung der Krankenversicherungsbeiträge gegenüber Rehabilitationsträger,[1020] Entscheidung über Wirtschaftlichkeit einer Universitätsklinik durch Kassenärztliche Vereinigung.[1021] Umstr. ist die VA-Qualität von Prüfungsanordnungen der Rechnungshöfe.[1022] Zu Maßnahmen, die auf Errichtung oder Auflösung juristischer Personen des öffentlichen Rechts gerichtet sind, s. Rn. 303.

189 Als VA angesehen werden jedoch v. a. diejenigen Maßnahmen gegenüber Verwaltungsträgern, die auf Grundlage einer Norm ergehen, die die Behörde zum Erlass von VA gegenüber Privatpersonen berechtigt, vgl. a. Rn. 190. Ob der in Anspruch genommene Verwaltungsträger aus der jeweiligen (an sich auf das Staat-Bürger-Verhältnis zugeschnittenen) Norm auch verpflichtet ist (und die Behörde berechtigt ist, auch ihm gegenüber einen VA zu erlassen), ist eine Frage des materiellen Rechts.[1023] **VA** sind demnach, auch wenn sie gegenüber Verwaltungsträgern ergehen, Ordnungsverfügung auf Grund der polizeilichen Generalklausel,[1024] bauaufsichtsrechtliche Beseitigungsanordnung,[1025] Anordnungen nach § 20 Abs. 2 und § 24 BImSchG,[1026] wasserrechtliche Gefahrenabwehranordnung,[1027] Inanspruchnahme nach § 4 Abs. 3 BBodSchG,[1028] Heranziehung zu den Kosten einer Altlastenerkundung und -sanierung[1029] oder staatlicher Überwachungsmaßnahmen nach Sonderordnungsrecht,[1030] Festsetzung von Abgaben (Gebühren, Beiträgen, Steuern),[1031] Entscheidung über Schutzauflage nach § 74 Abs. 2 zugunsten kommunaler Einrichtungen (vgl. § 74 Rn. 268),[1032] naturschutzrechtliche Befreiung für forstwirtschaftliche Bodennutzung,[1033] wasserrechtliche Genehmigung zur Errichtung von Rohrleitungen,[1034] Ausübung des Vorkaufsrechts nach § 28 Abs. 2 S. 1 BauGB (Rn. 135) gegenüber Land,[1035] Betriebserlaubnis für gemeindlichen Kindergarten nach § 45 SGB VIII.[1036] Ebenfalls VA können solche Maßnahmen sein, die sich ihrem Regelungsinhalt nach nicht von Maßnahmen unterscheiden, die im Staat-Bürger-Verhältnis ergehen, jedoch auf besondere Rechtsgrundlagen ge-

---

[1014] *VG München* NVwZ-RR 2000, 742.
[1015] *VG München* NVwZ 2000, 83, 84; die VA Befugnis wird jedoch verneint; so auch *OVG Schleswig* NordÖR 2000, 214; *OVG Schleswig* NordÖR 2006, 127.
[1016] *VGH München* BayVBl 1993, 374.
[1017] *OVG Münster* NWVBl 1999, 144, 145 (offengelassen bei *BVerwGE* 109, 155 = NVwZ 2000, 325).
[1018] *BSGE* 89, 277, 278 f. = NZS 2003, 592 f. (dort auch zur VA-Befugnis).
[1019] *BSGE* 58, 54, 57.
[1020] *BSGE* 45, 296, 298.
[1021] *BSGE* 68, 195, 197 = NVwZ-RR 1992, 455.
[1022] Für VA: *BVerwGE* 98, 163, 164 = NVwZ 1995, 889; *VGH Kassel* DÖV 2001, 873, 874 ff.; *Druschel*, Verwaltungsaktbefugnis, 1999, S. 251 ff.; *Fitschen* VerwArch 83 (1992), S. 165, 172 ff., 184; a. A. *Hauser* DÖV 2004, 786 ff. m. w. N.
[1023] Vgl. die allgemeinen Auslegungshinweise bei *U. Stelkens,* Verwaltungsprivatrecht, 2005, S. 794 ff.
[1024] *BVerwGE* 2, 192; 22, 26 = NJW 1966, 170; *OVG Lüneburg* ArchPF 1958, 68 f.; *OVG Schleswig* NordÖR 2000, 214, 215; *LVG Hannover* ArchPF 1958, 62, 63; *VG München* NVwZ-RR 2002, 166.
[1025] *OVG Lüneburg* BauR 2000, 1030.
[1026] *BVerwGE* 117, 1, 2 ff. = NVwZ 2003, 346; *VGH Kassel* NVwZ 1997, 304; NVwZ 2002, 889; NVwZ-RR 2006, 315; *VGH Mannheim* NVwZ-RR 2002, 643, 644.
[1027] *VG Meiningen* ThürVBl 2000, 137, 138.
[1028] *VGH München* NJW 2004, 2768 f.
[1029] *OVG Lüneburg* NuR 2004, 687, 690; NdsVBl 2004, 301, 304; *OVG Schleswig* NVwZ 2000, 1196.
[1030] *OVG Lüneburg* NordÖR 2004, 245 f.
[1031] *BVerwGE* 10, 219; 27, 225; 32, 249; 32, 252; 78, 321 = NVwZ 1988, 632; *BVerwGE* 81, 220 = NVwZ 1989, 867; *BVerwGE* 90, 202 = NVwZ 1993, 379; *BVerwG* NVwZ 2000, 673, 674; *OVG Greifswald* LKV 2000, 502; *VGH Mannheim* NVwZ 2003, 1405; *VGH München* NVwZ-RR 2000, 826 f.; NVwZ-RR 2004, 736, 737; *OLG Hamm* NVwZ 1999, 330.
[1032] *BVerwGE* 87, 332, 391 = NVwZ-RR 1991, 601.
[1033] *OVG Frankfurt (Oder)* NuR 2000, 288 (hierzu auch *BVerwGE* 114, 232 ff. = NVwZ 2001, 1152).
[1034] *BVerwG* NVwZ 1988, 147.
[1035] *BVerwG* NVwZ 2000, 1044; *VGH Mannheim* NVwZ-RR 2000, 761.
[1036] *VGH Mannheim* NVwZ-RR 1999, 317.

stützt werden, die den zwischen Verwaltungsträgern bestehenden Besonderheiten besonders Rechnung tragen, wie etwa Entscheidung des Bundesministers nach § 37 Abs. 2 S. 3 BauGB,[1037] Zustimmung der Bauaufsichtsbehörden zu Bauvorhaben des Bundes und der Länder nach den LBauO,[1038] Zuordnungsentscheidungen der Treuhandanstalt nach dem VZOG.[1039]

j) Maßnahmen gegenüber eigenem Rechtsträger: Soweit eine Behörde gegenüber ihrem eigenen Rechtsträger eine Maßnahme trifft, nimmt die Rspr. Außenwirkung jedenfalls dann an, wenn eine **vergleichbare Maßnahme auch gegenüber einem Privaten hätte ergehen können** (vgl. Rn. 188), z.B. wenn die gemeindliche Enteignungsbehörde ein Gemeindegrundstück enteignet,[1040] das gemeindliche Marktamt einen von der Gemeinde selbst veranstalteten Markt nach § 69 GewO festsetzt[1041] (vgl. a. Rn. 295), die gemeindliche Bauaufsichtsbehörde der Gemeinde eine Baugenehmigung erteilt,[1042] die gemeindliche Denkmalschutzbehörde ein gemeindeeigenes Gebäude in die Denkmalliste einträgt,[1043] der Oberbürgermeister als Landschaftspflegebehörde dem Magistrat – Straßenbauamt – derselben Stadt die Genehmigung zur Fällung eines Baumes (Naturdenkmal) erteilt[1044] oder das Amt zur Regelung offener Vermögensfragen einer Stadt einen Restitutionsbescheid für ein städtisches Grundstück erlässt.[1045] Zum In-Sich-Vertrag § 54 Rn. 60. Die **Bekanntgabe** nach § 41 erfolgt hier i.d.R. durch Ausfertigung eines „normalen" Bescheides, der dann zu den Akten des Amtes gegeben wird, das für die Umsetzung dieses VA zuständig ist.[1046] Ebenso sind **alle VA, die eine Behörde einem Dritten gegenüber erlässt, auch VA gegenüber dem eigenen Rechtsträger**, s. Rn. 23 f. So ist etwa der Widerspruchsbescheid eines weisungsungebundenen Rechtsausschusses einer Gemeinde auch VA gegenüber der Gemeinde,[1047] s. Rn. 369, 374. Unabhängig von der Frage, ob ein solcher In-Sich-VA vorliegt, ist die Frage zu beantworten, ob er von seinem Adressaten angefochten werden kann.[1048] In früheren Entscheidungen wurde die Klagebefugnis pauschal verneint, da eine Behörde nicht Rechte des eigenen Trägers verletzen könne,[1049] s.a. Rn. 374. Nach neuerer Rspr. ist demgegenüber die **Klagebefugnis** gegeben, wenn die Maßnahme den Rechtsträger in eigenen Rechten (z.B. Eigentum/Selbstverwaltungsrechte) verletzt. Jedoch setzt das **Rechtsschutzinteresse** voraus, dass der Streit zwischen den verschiedenen Behörden/ Ämtern nicht durch eine gemeinsame Entscheidungsspitze hätte ausgeräumt werden können,[1050] z.B. wenn die den VA erlassende Stelle entweder auf Grund einer verbindlichen Fachaufsichtsmaßnahme einer Aufsichtsbehörde handeln musste[1051] oder wenn sie weisungsungebunden ist *und* ihre Entscheidungsträger auch nicht personenidentisch mit der Entscheidungsspitze sind. *VGH München* nimmt eine solche Konstellation zudem dann an, wenn der Gemeinderat einen Anfechtungsbeschluss gefasst hat, den der Bürgermeister „gegen sich selbst" umsetzen muss.[1052]

k) Maßnahmen zwischen Organen desselben Rechtsträgers: Str. ist, inwieweit Maßnahmen, die im Verhältnis zwischen Organen oder Teilorganen eines Rechtsträgers ergehen, Maßnahmen mit Außenwirkung und damit VA sein können, sofern ihnen Regelungscharakter zukommt. Bedeutung hat dies für den **Kommunalverfassungsstreit** und sonstige **verwaltungsgerichtliche Organstreitigkeiten**. In der Lit. wird die VA-Qualität solcher Maßnahmen

---

[1037] *BVerwGE* 91, 227, 228 = *NVwZ* 1993, 892; *VGH Kassel NVwZ* 2001, 823, 824.
[1038] *BVerwG NJW* 1977, 163; *OVG Münster NVwZ-RR* 1990, 531; *VGH Kassel NVwZ* 1995, 1010.
[1039] *VG Berlin NJ* 1995, 553; *Pauly/Danker LKV* 1997, 41.
[1040] *VGH München NuR* 2005, 783, 784.
[1041] *VGH Kassel NVwZ-RR* 2003, 345 f.; *Steinweg GewArch* 2004, 101 ff.
[1042] *BVerwG NVwZ* 1998, 737; *OVG Münster NVwZ* 1992, 186; *NVwZ-RR* 1999, 365; a.A. *OVG Hamburg NuR* 2001, 51, 52; *VG Dessau LKV* 1996, 342.
[1043] *OVG Münster NVwZ-RR* 1993, 132, 134.
[1044] *OVG Lüneburg NuR* 1979, 161.
[1045] *BVerwGE* 101, 47 = *LKV* 1996, 455.
[1046] Vgl. *Steinweg GewArch* 2001, 101, 106 f.
[1047] *BVerwGE* 45, 207, 210 = *NJW* 1974, 1836; *OVG Saarlouis NVwZ* 1990, 174, 175.
[1048] Allgemein hierzu *Foerster NuR* 1981, 47.
[1049] *BVerwGE* 45, 207, 210; so auch *OVG Saarlouis NVwZ* 1990, 174, 176.
[1050] *BVerwGE* 101, 47 = *LKV* 1996, 455; *BVerwG NJW* 1992, 927; *NVwZ-RR* 2001, 326; *VGH München NuR* 2005, 783, 784; in diese Richtung auch *Wahl/Schütz* in Schoch u.a., § 42 Abs. 2 Rn. 102.
[1051] *OVG Münster NVwZ-RR* 1993, 132, 134.
[1052] *VGH München NuR* 2005, 783, 784 ff.

teilweise schlechthin bejaht.[1053] Dem hat sich der *VGH Kassel* angeschlossen.[1054] Zur Begründung der Außenwirkung solcher Maßnahmen wird darauf verwiesen, dass den verschiedenen Organen/Organteilen eigene Kompetenzen zugewiesen seien, so dass sich Maßnahmen von einem fremden Kompetenzbereich her als Maßnahmen von außen darstellten. Dem ist mit der **h. M.**[1055] für den Regelfall (zu Ausnahmen Rn. 193) nicht zu folgen: Entscheidend ist nicht, ob und inwieweit die Rechtsbeziehungen zwischen Organen als Innen- oder Außenrechtsbeziehung bezeichnet werden können, s. Rn. 146. Vielmehr ist auf die Funktion des VA-Begriffs abzustellen, Rn. 49. Hier zeigt sich, dass i. d. R. jedenfalls die Individualisierungs- und Klarstellungsfunktion des VA auf solche Maßnahmen nicht passt: Die gesetzliche (ausgewogene) Kompetenzverteilung zwischen den einzelnen Organen eines Rechtsträgers, die die „Richtigkeit" der innerkörperschaftlichen Willensbildung gewährleisten soll, darf nicht durch bestandskräftig gewordene VA unterlaufen werden,[1056] vgl. a. Rn. 29, 185. Deshalb liegt ein materieller VA selbst dann nicht vor, wenn eine Maßnahme kraft ihrer Form nur als VA verstanden werden konnte und auch von der Widerspruchsbehörde als VA verstanden wurde,[1057] Rn. 16f., 272.

192 **Keine VA** sind demnach im **Kommunalrecht:** Entscheidung über den Ausschluss der Öffentlichkeit bei Ratssitzungen,[1058] Sitzungsausschluss eines Gemeinderatsmitglieds,[1059] Rüge eines Gemeinderatsmitglieds durch Ratsvorsitzenden oder durch Ratsbeschluss,[1060] Weigerung des Ratsvorsitzenden, einen bestimmten Punkt in die Tagesordnung aufzunehmen,[1061] einen entsprechenden Änderungsantrag zuzulassen,[1062] eine bestimmte Ordnungsmaßnahme zu ergreifen,[1063] Beanstandung eines Beschlusses des kommunalen Vertretungsorgans durch den Hauptverwaltungsbeamten,[1064] Weigerung des Hauptverwaltungsbeamten, Ratsmitgliedern Informationen zu erteilen oder Einsicht in Unterlagen zu gewähren,[1065] **Beschluss des Gemeinderates** über die Beschränkung der Redezeit zu bestimmten Tagesordnungspunkten,[1066] über die Beteiligungsrechte des Jugendhilfeausschusses,[1067] über das Vorliegen eines wichtigen Grundes für das Fernbleiben eines Ratsmitglieds von den Sitzungen,[1068] über die Verteilung der Zuständigkeiten zwischen Rat und Bürgermeister,[1069] über das Anhörungsrecht des Ortsrats zu einer bestimmten Angelegenheit,[1070] über die Zuständigkeit des Ortsrats,[1071] über die Grundsätze der Gewährung von Zuwendungen an Gemeinderatsfraktionen[1072] (zur Konkretisierung dieser Grundsätze im

---

[1053] *Hufen*, Verwaltungsprozessrecht, § 21 Rn. 12; *Kopp/Schenke*, Anh. § 42 Rn. 87; *Martensen* JuS 1995, 1077f.; *Schenke* JZ 1996, 998, 1008 m. w. N.
[1054] *VGH Kassel* NVwZ-RR 1996, 409 m. w. N.; dem folgend: *VG Gießen* NVwZ-RR 2002, 682; NVwZ-RR 2005, 843; *VG Kassel* NVwZ-RR 2001, 466, 467.
[1055] Zur Rspr. s. Rn. 192; ferner: *Bauer/Krause* JuS 1996, 413; *Grupp*, FS Lüke, 1997, S. 207, 214 f.; *Ehlers* NVwZ 1990, 105, 106; ders. Verwaltung 1998, S. 53, 63; *Kahl* Jura 2001, 505, 513; *Kopp/Ramsauer*, § 35 Rn. 90; *v. Mutius*, Kommunalrecht, 1996, Rn. 840; *Roth*, Verwaltungsgerichtliche Organstreitigkeiten, 2001, S. 793 ff.; *Schmidt-Aßmann* in Schmidt-Aßmann, BesVwR, 1. Kap. Rn. 84; *Schoch* JuS 1987, 783, 787; *Ziekow*, VwVfG, § 35 Rn. 49.
[1056] Wie hier *Pokorny*, Bedeutung der Verwaltungsverfahrensgesetze für die wissenschaftlichen Hochschulen, 2002, S. 137 ff.; ähnlich *Pietzcker* in Schoch u. a., § 42 Abs. 1 Rn. 61. Gerade umgekehrt *Kopp/Schenke*, Anh. § 42 Rn. 87; *Schenke* JZ 1996, 998, 1009.
[1057] A. A. *VGH Mannheim* WissR 27 (1994), 306, 307.
[1058] *OVG Münster* NVwZ-RR 2002, 135.
[1059] *VGH Mannheim* VBlBW 1983, 342; *VGH München* BayVBl 1988, 16; *VG Frankfurt* NVwZ 1982, 52; wohl auch *VGH Kassel* NVwZ-RR 2001, 464, 465 f.
[1060] *VGH Mannheim* NVwZ-RR 1997, 181; NVwZ-RR 2001, 262; *VG Sigmaringen* NVwZ-RR 2005, 428.
[1061] *VGH Mannheim* NVwZ 1994, 664; *OVG Münster* NVwZ 1984, 325.
[1062] *OVG Bautzen* LKV 1997, 229.
[1063] Zur Entscheidung über Rauchverbot *OVG Münster* NVwZ 1983, 485; zur Entscheidung über Kreuz im Sitzungssaal: *VGH Kassel* NJW 2003, 2471; NJW 2006, 1227; *VG Darmstadt* NJW 2003, 455.
[1064] A. A. *VGH Kassel* NVwZ-RR 1996, 409; *VG Gießen* NVwZ-RR 2002, 682; NVwZ-RR 2005, 843; *VG Kassel* NVwZ-RR 2001, 466, 467.
[1065] *OVG Münster* NVwZ 1985, 843; NVwZ 1999, 1252, 1253; *VGH Mannheim* NVwZ 2002, 229, 230; ferner *VGH Kassel* NVwZ 2001, 345.
[1066] *VGH Mannheim* NVwZ-RR 1994, 229.
[1067] BVerwGE 97, 223, 224 = NVwZ-RR 1995, 587.
[1068] *VGH Mannheim* NVwZ-RR 1997, 181, 182.
[1069] *VG Aachen* NVwZ-RR 2002, 214, 215.
[1070] *VG Chemnitz* LKV 2001, 80, 81; vgl. hierzu auch *VGH Mannheim* NVwZ-RR 2000, 813.
[1071] *VGH Mannheim* VBlBW 2000, 321, 322.
[1072] *OVG Münster* NVwZ-RR 2001, 376.

§ 35 Begriff des Verwaltungsaktes

Einzelfall s. Rn. 193), Beschluss des Kreistags, den Antrag einer Kreistagsfraktion von Tagesordnung abzusetzen,[1073] Ausschluss aus Gemeinderatsfraktion.[1074] Zur Rechtsnatur der Entscheidung über die Zulassung eines kommunalen Bürgerbegehrens s. Rn. 196. Keine VA sind im **Universitäts-, Rundfunkrecht** und bei funktionalen Selbstverwaltungskörperschaften: Beanstandung der Wahl des Prodekans durch Universitätspräsidenten,[1075] Weigerung des Rektorats, einem studentischen Verwaltungsratsmitglied bezogen auf einen bestimmten Tagesordnungspunkt Akteneinsicht zu gewähren,[1076] Sitzungsausschluss eines Rundfunkratsmitglieds,[1077] Entscheidung des Präsidenten der IHK über Einsichtsbegehren eines Vollversammlungsmitglieds in Rechnungsprüfungsbericht,[1078] Beschluss der Versammlung einer Jagdgenossenschaft.[1079] Im **Bereich der unmittelbaren Staatsverwaltung** sind keine VA: Entscheidungen über die Beteiligungsrechte der Frauen- und Gleichstellungsbeauftragten,[1080] Entscheidung des Staatsministeriums, dem Landesdatenschutzbeauftragten über einen bestimmten Sachverhalt keine Auskunft zu erteilen,[1081] Ablehnung der Beteiligung des Naturschutzbeirats,[1082] Ablehnung der Beteiligung der Schulkonferenz bei Schulumbenennung.[1083]

VA sind jedoch solche Maßnahmen, die auf die **Person des Organwalters durchgreifen** 193 und hierauf **auch gerichtet** sind,[1084] wie etwa Entscheidungen über Sitzungsgelder/Verdienstausfallentschädigungen/Prozesskostenerstattungen für Ratsmitglieder,[1085] Verhängung eines Ordnungsgeldes gegen Ratsmitglied wegen Fernbleibens von den Ratssitzungen[1086] oder Verstoßes gegen die Verschwiegenheitspflicht,[1087] Entscheidung über die Gewährung von Zuwendungen/Prozesskostenerstattungen an Gemeinderatsfraktionen,[1088] die Verhängung eines über einen bloßen Sitzungsausschluss hinausreichenden Hausverbots durch den Hauptverwaltungsbeamten[1089] bzw. gegenüber dem Hauptverwaltungsbeamten durch die Gemeindevertretung[1090] oder die Entscheidung über einen Informationszugangsanspruch nach dem IFG, den der Organwalter als „natürliche Person" gestellt hat, auch wenn er die Informationen für seine Amtsausübung benötigt.[1091] **Kein VA** liegt jedoch bei solchen Maßnahmen vor, die den Organwalter zwar in seiner persönlichen Rechtsstellung treffen, hierauf aber nicht **gerichtet** sind (Rn. 147), sich vielmehr die persönliche Betroffenheit nur als Nebenfolge einer innerorganisatorisch gedachten Maßnahme ergibt, wie etwa bei Weigerung des Ratsvorsitzenden, ein Rauchverbot zu verhängen[1092] oder einer Entscheidung des Ratsvorsitzenden über den Verbleib eines Kreuzes im Sitzungssaal.[1093] In solchen Fällen sind dem Organwalter „als Mensch" Abwehrrechte ausnahmsweise auch aus den Grundrechten (etwa Art. 2 Abs. 2, Art. 4 GG) zu gewähren, ohne dass

---

[1073] *OVG Weimar* LKV 2000, 358.
[1074] *VG Potsdam* LKV 2004, 478.
[1075] *VGH Kassel* WissR 18 (1985), 96; Rechtsnatur offengelassen bei *BVerwG* NVwZ 1985, 112.
[1076] Grundsätzlich kein VA nach *VGH Mannheim* WissR 27 (1994), 306, 308.
[1077] *OVG Münster* NWVBl 1995, 223.
[1078] *OVG Münster* NVwZ 2003, 1526 (hierzu auch *BVerwGE* 120, 255, 256 ff. = NVwZ 2004, 1253 f.; *OVG Münster* NWVBl 2007, 187, 189).
[1079] *OVG Lüneburg* NuR 2002, 759, 760 m. w. N.
[1080] *OVG Saarlouis* NVwZ-RR 1999, 457; Rechtsnatur offengelassen bei *OVG Bautzen* NVwZ-RR 2000, 729; *VGH Kassel* NVwZ-RR 1998, 186.
[1081] Rechtsnatur offengelassen bei *OVG Bautzen* NJW 1999, 2832.
[1082] *VGH Kassel* NVwZ 1992, 904; NVwZ-RR 2001, 374, 375; *OVG Münster* NWVBl 1998, 149; *VG Frankfurt a. M.* NuR 2001, 174, 175.
[1083] Rechtsnatur offengelassen bei *VG Frankfurt a. M.* NVwZ-RR 1999, 379.
[1084] Hierzu *Pokorny*, Bedeutung der Verwaltungsverfahrensgesetze für die wissenschaftlichen Hochschulen, 2002, S. 139 f., 143; *Roth*, Verwaltungsgerichtliche Organstreitigkeiten, 2001, S. 82 ff.
[1085] *OVG Lüneburg* NdsVBl 2000, 126; *OVG Münster* NVwZ 1997, 617; *VG Hannover* NdsVBl 2000, 308 (jedenfalls bei ausgeschiedenem Ratsmitglied); *VG Oldenburg* NVwZ 2002, 119, 120.
[1086] *OVG Koblenz* AS RP-S L 15, 207; *Roth*, Verwaltungsgerichtliche Organstreitigkeiten, 2001, S. 85; Rechtsnatur offengelassen bei *VGH München* NVwZ 1985, 845.
[1087] *VGH München* NVwZ 1989, 182; Rechtsnatur offengelassen bei *BVerwG* NVwZ 1989, 975.
[1088] *OVG Münster* NVwZ-RR 1993, 263, 266 (hier jedoch VA-Befugnis verneint); *VG Hannover* NdsVBl 2004, 82, 83 (VA-Befugnis bejaht); a. A. wohl *VG Gießen* NVwZ-RR 2003, 587; zur Außenrechtsfähigkeit einer Fraktion vgl. *OLG Schleswig* NVwZ-RR 1996, 103 (m. Bespr. Sachs JuS 1996, 554).
[1089] *Roth*, Verwaltungsgerichtliche Organstreitigkeiten, 2001, S. 87; *Ziekow*, VwVfG, § 35 Rn. 49.
[1090] Vgl. *OVG Bautzen* JbSächsOVG 2 (1994), 206, 208.
[1091] Vgl. *OVG Münster* NWVBl 2007, 187, 189.
[1092] Vgl. *OVG Münster* NVwZ 1983, 485.
[1093] *VGH Kassel* NJW 2003, 2471; NJW 2006, 1227 f.; *VG Darmstadt* NJW 2003, 455.

solche Maßnahmen hierdurch zum VA würden.[1094] Dies entspräche der Rspr. zu grundrechtsrelevanten Verwaltungsinterna im öffentlichen Dienstrecht (Rn. 198 ff.).[1095]

194 Entgegen *BSG*[1096] sind auch solche Maßnahmen auf Außenwirkung gerichtet, die sich auf die **Begründung, Änderung oder Aufhebung der Organwalterstellung eines Bürgers** beziehen, sofern die übrigen VA-Voraussetzungen vorliegen,[1097] s. a. § 86 Rn. 8. Im Bereich des **Kommunalrechts** ist **VA:** Feststellung des Mandatsverlusts eines Gemeinderatsmitglieds durch den Hauptverwaltungsbeamten,[1098] Ablehnung der Entbindung des Vorstehers eines Zweckverbandes von diesem Amt durch die Verbandsversammlung,[1099] Ablehnung der Niederlegung eines Kreistagsmandats durch Kreistag,[1100] nicht jedoch die Änderung des Aufgabenbereichs eines berufsmäßigen Stadtratsmitglieds (Beigeordneten).[1101] VA ist auch der Beschluss einer Jagdgenossenschaft, der sich auf die Mitgliedschaft eines Jagdgenossen bezieht.[1102] Kein VA, sondern interne Wahlvorbereitungshandlung ist die Aufstellung eines Wahlvorschlags (und die darin getroffene Vorauswahl zwischen den Bewerbern) für eine von einem anderen Organ zu treffende Wahlentscheidung, etwa bei der Wahl eines Universitätspräsidenten.[1103]

195 Wird einem **Beamten** oder **Arbeitnehmer des Öffentlichen Dienstes** die Stellung eines Organwalters i. e. S. (Rn. 54) für ein bestimmtes Organ seines Dienstherrn/Arbeitgebers (ggf. nach Wahl) übertragen, so ist nach den Grundsätzen der Rn. 194 diese Entscheidung ebenfalls VA. Dies gilt auch bei privatrechtlicher Rechtsnatur des Dienstverhältnisses, s. Rn. 130. So ist VA die Bestellung zum Behördenleiter,[1104] Bestellung zum Mitglied der Vergabekammer,[1105] wegen der Auswirkungen auf die universitären Mitgliedschaftsrechte auch die Bestellung als kommissarisch beauftragter Professor,[1106] Bestellung eines Professors zum geschäftsführenden Direktor eines Instituts,[1107] Erteilung der Lehrbefugnis.[1108] Im Einzelfall kann die Abgrenzung zur „schlichten" Übertragung von Dienstaufgaben schwierig sein, nämlich dann, wenn gesetzlich festgelegt ist, dass bestimmte Aufgaben von einem (unabhängigen) „Beauftragten" innerhalb der Behördenorganisation durchgeführt werden sollen, ohne dass eindeutig bestimmt ist, ob der „Beauftragte" eine eigene Organstellung innerhalb der Verwaltungsorganisation innehaben oder nur bestimmte Aufgaben im Rahmen seines Dienstverhältnisses selbständig erledigen soll. Im zweiten Fall liegt in der Aufgabenübertragung nur eine Zuweisung von Dienstaufgaben an den Beamten/Arbeitnehmer, der keine VA-Qualität zukommt, s. Rn. 129, 199. So ist kein VA die Bestellung zum Brandschutzbeauftragten[1109] oder zum Hauptgeschäftsführer einer Handwerkskammer.[1110] Die **Bestellung/Abberufung zur Gleichstellungs- oder Frauenbeauftragten** wird in der Rspr.[1111] jedoch teilweise selbst dann als VA angesehen, wenn ihr nach dem maß-

---

[1094] Vgl. *Martensen* JuS 1995, 1077, 1079; so auch im „Kreuz-Fall": *VGH Kassel* NJW 2003, 2471; NJW 2006, 1227 f.; *VG Darmstadt* NJW 2003, 455; ähnlich auch die Entscheidungen, die das Feststellungsinteresse von Ratsmitgliedern gegenüber „Rügen" mit einem Rehabilitationsinteresse begründen, und ihnen hiermit gegenüber internen Maßnahmen die Berufung auf persönlichen Ehre gestatten: *VGH Mannheim* NVwZ-RR 1997, 181, 182; *VG Sigmaringen* NVwZ-RR 2005, 428; hierzu auch *Roth,* Verwaltungsgerichtliche Organstreitigkeiten, 2001, S. 87 f.
[1095] *Roth,* Verwaltungsgerichtliche Organstreitigkeiten, 2001, S. 86.
[1096] *BSGE* 71, 187, 188.
[1097] *Preusche* NVwZ 1987, 854, 856; *Sodan* in Sodan/Ziekow, § 42 Rn. 232; ausführlich zum Recht auf und aus dem Amt *Roth,* Verwaltungsgerichtliche Organstreitigkeiten, 2001, S. 75 ff.
[1098] *OVG Münster* NVwZ-RR 1991, 419 (dort auch zur VA-Befugnis für solche Feststellungen); NVwZ 1998, 768, 769; unklar *VG Kassel* NVwZ-RR 1999, 526.
[1099] *OVG Münster* DVBl 1979, 522.
[1100] *VGH Mannheim* VBlBW 1984, 281.
[1101] *VG Würzburg* BayVBl 2000, 441.
[1102] *OVG Lüneburg* NuR 2002, 759, 760.
[1103] *VGH Kassel* NVwZ-RR 2000, 787, 788.
[1104] Für Bestellung zum Schulleiter: *OVG Bautzen* NVwZ-RR 1999, 442; SächsVBl 2002, 139; *BAGE* 89, 376 = NVwZ-RR 1999, 662 f.; für Bestellung zum Fleischbeschauertierarzt: *BAGE* 15, 263, 265; *BAG* RiA 1965, 214, 215.
[1105] *OVG Hamburg* NVwZ 2005, 1447 f.
[1106] *OVG Bautzen* LKV 1999, 466.
[1107] *VGH Mannheim* VBlBW 1981, 291; ebenso – mit abweichender Begründung – *VGH München* BayVBl 1976, 272, 273.
[1108] *BVerwGE* 91, 24, 27 = NVwZ-RR 1993, 621.
[1109] *OVG Lüneburg* DVBl 2000, 713.
[1110] *VG Dresden* GewArch 2001, 127.
[1111] *VGH Mannheim* VBlBW 2000, 262, 263; *VGH München* DVBl 2001, 925 ff.; *OVG Schleswig* NVwZ-RR 2007, 187; NVwZ-RR 2007, 408; *VG Berlin* NVwZ-RR 1996, 406; *VG Neustadt* NVwZ-RR 1999,

§ 35 Begriff des Verwaltungsaktes   **196, 197** § 35

geblichen Gleichstellungsrecht gegenüber der „Behördenspitze" keine im Organstreitverfahren durchsetzbaren Rechte eingeräumt werden.[1112] Zur Rechtsnatur der Erteilung der Zeichnungsbefugnis s. Rn. 55.

Str. ist die Rechtsnatur von **(Ab-)Wahlen** kommunaler Wahlbeamter durch das **kommunale Vertretungsorgan,** weil hier eine komplizierte Gemengelage von Kommunal- und Beamtenrecht besteht. Sie haben jedenfalls dann unmittelbare **Außenwirkung,** wenn der (Ab-) Gewählte mit der Wahl als ernannt anzusehen ist (vgl. § 95 Abs. 2 S. 3 BRRG) bzw. nach Abwahl unmittelbar aus dem Amt ausscheidet.[1113] Dann ist die Wahlentscheidung nicht nur **Vorbereitungshandlung** (Rn. 148 ff.) einer gegenüber dem Betroffenen auf dieser Grundlage zu ergehenden Entscheidung,[1114] sondern es wird mit der (Ab-)Wahlentscheidung unmittelbar über die Organwalterstellung des (Ab-)Gewählten entschieden.[1115] Wird der Betroffene anschließend über die Rechtsfolge des Wahlergebnisses belehrt, ist dies nur Hinweis (Rn. 83), kein VA.[1116] Teilweise wird die VA-Qualität der Wahlentscheidung allerdings auch mit der Begründung abgelehnt, das Vertretungsorgan werde bei dieser Entscheidung nicht verwaltend tätig (vgl. § 1 Rn. 158), sondern erlasse einen Akt „kommunaler Selbstgestaltung", treffe eine politische Mehrheitsentscheidung und sei damit keine **Behörde** i. S. d. § 1 Abs. 4.[1117] „Kommunale Selbstgestaltung" und verwaltende Tätigkeit schließen sich jedoch nicht gegenseitig aus, s. a. § 1 Rn. 158, 161, 181, 184. Da das **Gemeindevolk** keine Behörde ist, ist jedoch kein VA die (Ab-) Wahl der kommunalen Wahlbeamten unmittelbar durch dieses.[1118] VA kann aber die Feststellung des Wahlergebnisses sein, jedoch gelten insoweit regelmäßig Sonderregeln, s. § 1 Rn. 181 ff., § 2 Rn. 15. Die Ernennung des kommunalen Wahlbeamten nach erfolgter Wahl durch das Gemeindevolk ist VA, soweit das Landesrecht in diesem Fall überhaupt eine Ernennung vorsieht (vgl. § 95 Abs. 2 S. 3 BRRG). Bei Abwahl durch das Gemeindevolk endet die Amtszeit regelmäßig unmittelbar kraft Gesetzes als Rechtsfolge der Feststellung des Abwahlergebnisses.

Ob die **Zulassung eines kommunalen Bürgerbegehrens** durch das **kommunale Vertretungsorgan** VA oder Verwaltungsinternum ist, wird von den Gerichten unterschiedlich beurteilt: In Bremen, Hessen, Niedersachsen, Sachsen, Rheinland-Pfalz und im Saarland wird die Außenwirkung verneint, da es sich bei dem „Bürgerbegehren" um ein Organ oder Quasi-Organ der Kommune handele.[1119] In Bayern und Mecklenburg-Vorpommern wird die Zulassungsentscheidung als VA angesehen.[1120] In Baden-Württemberg, Nordrhein-Westfalen und Sachsen-Anhalt ist ausdrücklich bestimmt, dass gegen die Nichtzulassung Verpflichtungsklage statthaft ist,

---

457; *BAG* NVwZ-RR 2000, 527, 528; *Jennewein* SächsVBl 2004, 1, 3; a. A. wohl für hessisches Gleichstellungsrecht: *BVerwG* ZBR 1997, 25; *VGH Kassel* NVwZ-RR 1998, 186.

[1112] Ausführlich zur insoweit notwendigen Abgrenzung: *VGH Mannheim* NVwZ-RR 2005, 266 f.; *OVG Saarlouis* NVwZ 2004, 247; ferner *BVerwG* ZBR 1997, 25; *VGH Kassel* NVwZ-RR 1998, 186.

[1113] So wohl bei *BVerwGE* 56, 163, 170 = NJW 1978, 2313; *OVG Greifswald* LKV 2002, 281, 282; *VGH Kassel* DVBl 1967, 631, 632 (m. abl. Anm. *Machens* DVBl 1970, 296); *OVG Frankfurt (Oder)* LKV 1995, 42, 43; LKV 1998, 361, 362 (m. abl. Anm. *Meder* LKV 1998, 345); *OVG Lüneburg* DVBl 1992, 982; *BAG* LKV 1998, 117, 118; s. a. *Henneke* Jura 1988, 374, 377; *Roth,* Verwaltungsgerichtliche Organstreitigkeiten, 2001, S. 78 ff.

[1114] So im Fall von *BVerwGE* 20, 160, 161; 81, 318 = NVwZ 1989, 972; *BVerwG* NVwZ-RR 1990, 94; *OVG Greifswald* LKV 1998, 112, 113; *VGH Kassel* NVwZ 1988, 1153; DVBl 1989, 934, 935; *OVG Münster* DVBl 1981, 879; NVwZ-RR 1995, 591. Dass immer eine bloße Vorbereitungshandlung vorliege, nehmen an: *Görg* ZBR 1966, 270, 271; *Ipsen* DVBl 1992, 985; *Lichtenfeld* DVBl 1982, 1021, 1022.

[1115] Differenzierend demgegenüber *OVG Greifswald* LKV 1998, 112; *VG Chemnitz* LKV 1998, 412; *Henneke* Jura 1988, 374; s. auch *VGH Mannheim* ESVGH 34, 45, 46.

[1116] *OVG Frankfurt (Oder)* LKV 2002, 281, 282.

[1117] *OVG Bautzen* JbSächsOVG 2 (1994), 206; *VGH Kassel* DVBl 1989, 934, 935; *VGH Mannheim* ESVGH 34, 45, 46; *VG Chemnitz* LKV 1997, 340, 341; *Görg* ZBR 1966, 270, 271; *Henneke* Jura 1988, 374, 376; *Machens* DVBl 1970, 296, 297.

[1118] *VG Frankfurt a. M.* NVwZ 2006, 720, 721.

[1119] *OVG Bautzen* NVwZ-RR 1998, 253, 254; *OVG Bremen* NVwZ-RR 2005, 54, 55; *OVG Koblenz* NVwZ-RR 1995, 411, 412; NVwZ-RR 1997, 241; *OVG Lüneburg* NdsVBl 1998, 240; *VG Darmstadt* NVwZ-RR 1995, 156, 157; *VG Hannover* NdsVBl 2001, 101; *VG Koblenz* NVwZ-RR 2002, 453; *VG Leipzig* LKV 2000, 556; *VG Saarlouis* SKZ 2004, 110, 112 f.; ebenso *Fischer* DÖV 1996, 181, 183; *Jaroschek* BayVBl 1997, 39, 40; *ders.* JuS 2000, 53, 55; *Seckler* BayVBl 1997, 230, 233 f.; ähnlich *Heimlich* DÖV 1999, 1029, 1034; *VGH Kassel* NVwZ-RR 2000, 451, 452 (kein „Kommunalverfassungsstreit" aber Feststellungsklage statthaft).

[1120] *OVG Greifswald* NVwZ 1997, 306, 307; *VGH München* NVwZ-RR 1998, 252, 253; NVwZ-RR 1999, 137; ebenso *v. Danwitz* DVBl 1996, 134, 140 f.; *Meyer* NVwZ 2003, 183 f.; *Schliesky* DVBl 1998, 169, 173; *Wehr* BayVBl 1996, 549, 552; zusammenfassend *Hofmann-Hoeppel* BayVBl 2000, 577, 583.

so dass schon deshalb die Zulassungsentscheidung als VA angesehen wird.[1121] In Schleswig-Holstein entscheidet über die Zulassung des Bürgerbegehrens die Kommunalaufsichtsbehörde; deren Entscheidung ist unstreitig VA.[1122] Ein VA liegt auch vor, wenn die Rechtsaufsicht die Entscheidung des kommunalen Vertretungsorgans aufhebt, vgl. Rn. 182. Die **Feststellung des Ergebnisses** eines Bürgerentscheides ist nach *VGH Mannheim* kein VA,[1123] s. § 1 Rn. 181 ff., § 2 Rn. 15.

198 l) **Sonderstatusverhältnis:** Problematisch ist die Außenwirkung auch bei Maßnahmen, die gegenüber dem Bürger in den sog. besonderen Gewaltverhältnissen/Sonderstatusverhältnissen ergehen. Hierzu zählen das Beamten-, Soldaten-, Richter-, Wehrpflicht- und Zivildienstverhältnis (Rn. 199 ff.), das Schulverhältnis und das Verhältnis zwischen Student und Universität (Rn. 202 f., § 2 Rn. 137), das Nutzungsverhältnis bei öffentlichen Einrichtungen/Anstalten (Rn. 117 ff., 201) sowie das Strafgefangenenverhältnis (§ 2 Rn. 81, 121). Jedenfalls i. S. einer „**Faustformel**" kann zur Bestimmung der „Außenwirkung" solcher Maßnahmen an der **Unterscheidung zwischen Grund- und Betriebsverhältnis** festgehalten werden.[1124] Hiernach haben Außenwirkung solche Maßnahmen, die das Grundverhältnis berühren, während verwaltungsinterna die Maßnahmen sind, die sich im Rahmen des Betriebsverhältnisses halten.[1125] Zum Grundverhältnis gehören Begründung, Beendigung und wesentliche Änderung des Sonderstatusverhältnisses, zum Betriebsverhältnis die Maßnahmen, die sich auf die Gestaltung der „betrieblichen Abläufe" im Rahmen des Sonderstatusverhältnisses beziehen. Allerdings sind bei der Abgrenzung – entgegen früherer Rspr. – nicht die faktischen Auswirkungen der Maßnahme auf die persönliche Rechtsstellung des Betroffenen entscheidend, sondern allein, ob die Maßnahme auf diese Auswirkungen auch **gerichtet** ist und diese **unmittelbar** eintreten,[1126] s. Rn. 147. Ein VA liegt nur vor, wenn gegenüber dem Betroffenen eine Maßnahme getroffen wird, die gezielt in geschützte Rechtspositionen (z. B. aus Grundrechten, einer Zusage [§ 38 Rn. 5, 122] oder einer bereits erklärten positiven Zulassungsentscheidung [Rn. 117 ff.]) eingreift oder solche Rechte begründet, aufhebt oder feststellt, s. a. Rn. 69, 145. Kein VA, sondern nur ein „**schlichtes Verwaltungsgebot**"[1127] liegt – trotz ihrer für den Betroffenen verpflichtenden Wirkung – dagegen vor, wenn allein eine organisationsinterne, den „Dienstablauf" betreffende Regelung beabsichtigt ist, also z. B. ein Beamter nur in seiner Funktion als Amtsträger betroffen werden soll (zur vergleichbaren Abgrenzung bei Maßnahmen im Verhältnis zwischen Organen desselben Rechtsträgers Rn. 194). Eine solche Regelung ist selbst dann kein VA, wenn hierdurch Grundrechtspositionen des Betroffenen berührt werden. Allerdings können sich aus den betroffenen Rechtspositionen Abwehrrechte auch gegen solche Verwaltungsinterna ergeben. Die **Rechtsschutzfrage** und auch die **Frage der Rechtmäßigkeit** solcher Maßnahmen ist deutlich von der Frage ihrer VA-Qualität zu trennen, s. Rn. 145.

199 aa) **Öffentlicher Dienst:** Hiernach gilt für das öffentliche Dienstrecht, soweit es ör. geregelt ist (zu privatrechtlichen Dienstverhältnissen s. Rn. 129 ff.): **Kein VA** ist die **fachliche Weisung** über die Dienstausübung,[1128] es sei denn, das Gesetz räumt dem Bediensteten bezüglich be-

---

[1121] *VGH Mannheim* NVwZ 1985, 288; DÖV 1988, 476; NVwZ 1994, 397; *OVG Münster* NVwZ-RR 2003, 448, 449; *VG Dessau* LKV 1996, 74, 75; *VG Düsseldorf* NWVBl 1998, 368; NVwZ 1999, 684, 685; *VG Köln* NVwZ-RR 2000, 455; NWVBl 2000, 155, 157; *VG Minden* NVwZ-RR 1998, 259; s. a. *Hager* VerwArch 84 (1993), S. 97, 115 f.
[1122] *Schliesky* DVBl 1998, 169, 170.
[1123] *VGH Mannheim* NVwZ-RR 2001, 51, 52.
[1124] *Baßlsperger* ZBR 2005, 192, 194; *Kopp/Ramsauer*, § 35 Rn. 82; *Kopp/Schenke*, Anh. § 42 Rn. 68, 71, 75; *Meyer*, FG 50 Jahre BVerwG, 2003, S. 551, 559; *Pokorny*, Bedeutung der Verwaltungsverfahrensgesetze für die wissenschaftlichen Hochschulen, 2002, S. 67 ff.; *Wolff* in Wolff/Decker, § 35 VwVfG, Rn. 82; ablehnend *Ruffert* in Erichsen/Ehlers, § 20 Rn. 46.
[1125] Grundlegend *Ule* VVDStRL 15, 151 ff. (hierzu *Püttner* DVBl 1987, 190); ferner *OVG Lüneburg* NJW 1975, 2263; *OLG Hamburg* NJW 1978, 2520 f.; *VGH München* NVwZ-RR 1990, 608, 609; BayVBl 1992, 243.
[1126] Grundlegend: BVerwGE 60, 144, 146 = NJW 1981, 67 (m. Anm. *Battis* NVwZ 1982, 87; *Erichsen* DVBl 1982, 95; *Martens* NVwZ 1982, 480; *Menger* VerwArch 72 (1981), S. 149 ff.; *Schütz* BayVBl 1981, 609). Ferner BVerwGE 81, 258, 259 = NVwZ 1989, 1055; BVerwGE 98, 334, 335 = NVwZ 1997, 72; BVerwG NVwZ 1982, 103; *Maurer*, § 9 Rn. 28; *Meyer/Borgs*, § 35 Rn. 53; *Ruffert* in Erichsen/Ehlers, § 20 Rn. 44.
[1127] *Bull/Mehde*, § 18 Rn. 730 ff.; *Koch/Rubel/Heselhaus*, § 3 Rn. 61 ff.
[1128] BVerwG NVwZ-RR 2000, 371; OVG Bremen NVwZ-RR 1989, 564; VGH Mannheim VBlBW 1991, 33, 34; VGH München NVwZ 2000, 222, 224; *Baßlsperger* ZBR 2005, 192, 194.

§ 35 Begriff des Verwaltungsaktes **199** § 35

stimmter Tätigkeiten Weisungsfreiheit ein, so etwa bei einem Richter (wegen Art. 97 Abs. 1 GG),[1129] einem Hochschullehrer (wegen Art. 5 Abs. 3 GG)[1130] oder einem beamteten Arzt (wegen der ärztl. Schweigepflicht),[1131] nicht aber bei einem Lehrer[1132] und einem Rechtspfleger.[1133] Fachliche Weisungen an Gebührenbeamte (Gerichtsvollzieher) werden als VA angesehen, wenn sie sich gebührenmindernd (und damit einnahmemindernd) auswirken,[1134] vgl. Rn. 184. Keine VA sind auch Weisung zum Dienstantritt,[1135] Zuteilung eines Dienstzimmers,[1136] Erteilung der **Zeichnungsbefugnis** (Rn. 55), Entbindung von einem bestimmten VwVf,[1137] auch wenn diese wegen Befangenheit nach § 21 erfolgt,[1138] Regelung des Vertretungsfalls,[1139] Weisung, im Dienst bestimmte Kleidung (nicht) zu tragen (vgl. § 76 BBG),[1140] Regelung der Haartracht von uniformierten Beamten,[1141] Entzug der Dienstwaffe[1142] oder Entscheidung über Antrag eines Lehrers, ein Schulkreuz zu entfernen.[1143] Kein VA ist die **Umsetzung**,[1144] da sie – im Gegensatz zur Abordnung und Versetzung[1145] – das statusrechtliche Amt unberührt lässt. Dies gilt auch bei Zuweisung eines Lehrers an andere Schule[1146] und für organisatorische Änderung des Aufgabenbereichs eines Beamten, wenn sich hierdurch nicht dessen Rechtsstellung ändert (Rn. 145, 195), selbst wenn sie mit dem Entzug von Leitungsaufgaben verbunden ist.[1147] Wegen Art. 5 Abs. 3 GG und der besonderen gesetzlichen Ausgestaltung des „Rechts am Amt" des Hochschullehrers sind jedoch Universitätsprofessoren betreffende Umsetzungsentscheidungen als VA anzusehen,[1148] jedoch nicht etwa der schlichte Entzug von Weisungsbefugnissen gegenüber Mitarbeitern.[1149] Kein VA ist die Übertragung eines höherwertigen Dienstpostens[1150] oder die Übertragung der kollegialen Leitung einer wissenschaftlichen Einrichtung auf einen Professor[1151] und auch nicht die Entscheidung der Justizverwaltung über die Verwendung eines Richters auf Probe nach § 13 DRiG.[1152] Verwaltungsinterne dienstorganisatorische Maßnahmen können jedoch Gegenstand einer Zusage sein (§ 38 Rn. 9), die selbst VA ist (s. § 38 Rn. 36).

[1129] *BGHZ* 42, 163, 172 = *NJW* 1964, 2415. So wohl *Hess. DienstG f. Richter beim OLG Frankfurt a. M.* NJW 2001, 2640, 2641; kein VA ist aber die Erteilung einer Chipkarte, die den Zutritt zum Dienstgebäude des Richters auch außerhalb der regulären Dienstzeiten ermöglicht: *Hess. DienstG f. Richter beim LG Frankfurt a. M.* NJW 2001, 977, 978; *VG Frankfurt a. M.* NJW 2000, 3730, 3731.
[1130] *VGH Kassel* NVwZ 1986, 857; *OVG Lüneburg* NVwZ 2000, 954f.; *VG Darmstadt* NVwZ-RR 2005, 117; *Pokorny*, Bedeutung der Verwaltungsverfahrensgesetze für die wissenschaftlichen Hochschulen, 2002, S. 68, 84; kein VA ist jedoch die Festsetzung der Lehrverpflichtungen: *BVerwG* NVwZ-RR 2001, 251, 253.
[1131] *OVG Lüneburg* NJW 1975, 2263.
[1132] *OVG Hamburg* NVwZ-RR 2003, 859; *VGH Kassel* NVwZ-RR 1993, 483; *OVG Lüneburg* NVwZ 1998, 94; NdsVBl 1999, 297; *VGH Mannheim* VBlBW 1998, 108; *VGH München* BayVBl 1986, 729; *Eiselt* DÖV 1981, 821; *Ossenbühl* DVBl 1982, 1157; *Wißmann* ZBR 2003, 293, 301.
[1133] *OVG Münster* DÖD 1999, 63.
[1134] *BVerwGE* 65, 260 = NJW 1983, 896, 897; *BVerwGE* 65, 278ff.; *VGH München* DGVZ 2003, 21; *VG Freiburg* NVwZ-RR 2005, 597, 597.
[1135] *OVG Koblenz* NVwZ-RR 2003, 223, 224.
[1136] Hierzu *VGH Mannheim* NVwZ-RR 2006, 802ff.; *VG Bayreuth* ZBR 2006, 430f. .
[1137] *VGH München* BayVBl 1992, 469.
[1138] *BVerwG* NVwZ 1994, 785; *Kösling* NVwZ 1994, 455, 456.
[1139] *BVerwGE* 63, 176, 177; *VG Potsdam* LKV 1998, 409.
[1140] *BVerwGE* 84, 292, 293 = NJW 1990, 2265; *BVerwG* NJW 1999, 1985 (m. Anm. *Biletzki* BayVBl 1999, 377); a. A. *OVG Koblenz* NVwZ 1986, 403, 404; *VGH München* NVwZ 1986, 405.
[1141] *OVG Koblenz* NJW 2003, 3793, 3794; *VGH München* BayVBl 2003, 212, 213.
[1142] *VG Wiesbaden* NVwZ-RR 2007, 528.
[1143] *VGH München* BayVBl 1997, 116, 117; NVwZ 2002, 1000f.; *Koch/Rubel/Heselhaus*, § 3 Rn. 41.
[1144] *BVerwGE* 60, 144, 146 = NJW 1981, 67 (m. Anm. *Battis* NVwZ 1982, 87; *Erichsen* DVBl 1982, 95; *Martens* NVwZ 1982, 480; *Menger* VerwArch 72 (1981), S. 149ff.; *Schütz* BayVBl 1981, 609); differenzierend die ältere Rspr.: *BVerwGE* 14, 84, 87 = NJW 1962, 1313; *OVG Lüneburg* DÖV 1981, 107; *VGH München* BayVBl 1976, 272, 274; *OVG Münster* DÖV 1976, 425.
[1145] Zur Abgrenzung *OVG Bautzen* LKV 1999, 329; *Kathke* ZBR 1999, 325.
[1146] *OVG Hamburg* NVwZ-RR 1998, 54.
[1147] *BVerwGE* 89, 199, 200 = NVwZ 1992, 572; *BVerwGE* 98, 334, 335 = NVwZ 1997, 72; *BVerwG* NVwZ 1982, 103; NVwZ 1992, 573, 574 und 1096, 1097 (m. Bespr. *Hufen* JuS 1993, 338); *VGH Mannheim* NVwZ-RR 1999, 636, 637; *VG Würzburg* BayVBl 2000, 441; a. A. etwa noch *VGH München* BayVBl 1976, 272, 274.
[1148] *OVG Lüneburg* NVwZ 2000, 954.
[1149] *VG Hannover* NdsVBl 2002, 80, 81.
[1150] *VG Neustadt* NJW 1987, 672; anders jedoch, wenn sie im Rahmen eines vorgesehenen Laufbahnwechsels erfolgt: *OVG Greifswald* DÖD 1998, 291.
[1151] *VGH München* BayVBl 1976, 272.
[1152] *BVerwGE* 102, 81, 83 = NJW 1997, 1248.

Mangels Regelung kein VA ist die Rüge/dienstliche Missbilligung eines Beamten[1153] und die **dienstliche Beurteilung;** es handelt sich um eine die spätere Entscheidung vorbereitende Maßnahme, die keine Rechtsverbindlichkeit für sich beansprucht.[1154] VA soll aber die Ablehnung eines Antrages sein, dienstliche Beurteilung in den Personalakten zu ändern,[1155] s. a. Rn. 99 ff. Mangels Regelung kein VA, sondern unselbständige Verfahrenshandlung (Rn. 152), ist die Anordnung der amtsärztlichen Untersuchung zwecks Reaktivierung eines Beamten[1156] und die Vorab-Mitteilung an den unterlegenen Bewerber über die Auswahlentscheidung des Dienstherrn (str., hierzu Rn. 160 ff.). Keine Regelung sind auch die Besoldungsmitteilung (Rn. 89), Mitteilung nach § 1 Abs. 2 S. 2 PerStärkeG,[1157] Vorschlag einer Universität zur Ernennung als „außerplanmäßiger Professor"[1158] und der an einen Bewerber auf eine Professorenstelle gerichtete „Ruf".[1159] Zur Rechtsnatur der Aufrechnung gegenüber Dienstbezügen s. Rn. 138.

200 **VA ist** dagegen: Beamtenernennung, Maßnahmen zur Beendigung des Beamtenverhältnisses, Versetzungs- und Abordnungsentscheidung, da hier das Beamtenverhältnis als solches, das „Grundverhältnis" berührt wird.[1160] VA ist auch die Zusicherung der Einstellung oder Beförderung,[1161] § 38 Rn. 72, 123. Zur (Ab-)Wahl kommunaler Wahlbeamter s. Rn. 196. VA ist auch Entscheidung über das Bestehen einer Laufbahnprüfung und das Stationszeugnis des Referendars (Rn. 204 f.), die „Ausplanung" eines Wehrpflichtigen aus der Einsatzreserve,[1162] Versetzung eines Beamten in den Ruhestand.[1163] Als VA wurde der Ausschluss und die Suspendierung eines Mitglieds der freiwilligen Feuerwehr angesehen.[1164] VA sind auch Bescheid über das Bestehen einer Laufbahnprüfung,[1165] Bewilligung von Urlaub ohne Dienstbezüge[1166] und Teilzeitbeschäftigung,[1167] Hausverbot (Rn. 131 ff.), das an einen Beamten zugleich mit einer Untersagung ergeht, die Dienstgeschäfte fortzuführen.[1168] Wegen ihrer Vollstreckbarkeit ist auch VA die Anordnung einer medizinischen Untersuchung im Zwangspensionierungsverfahren, s. Rn. 153. Anders als nach früherem Recht sieht BVerwG die Ablehnung der Zulassung zu oder der Weiterbeschäftigung in einer sicherheitsempfindlichen Tätigkeit nach § 6 SÜG wohl als VA an.[1169] VA sind auch Maßnahmen, die in Zusammenhang mit Geldleistungspflichten stehen: Bescheid über Rückforderung zu viel gezahlter Bezüge[1170] oder über Nutzungsentgelt für Inanspruchnahme von Personal- und Sachmitteln infolge Nebentätigkeit,[1171] Festsetzung von Schadensersatzansprüchen nach § 78 BBG,[1172] von Dienstunfallfolgen,[1173] des Besoldungsdienstalters,[1174] Feststellung des Verlustes der Bezüge nach § 9 S. 3 BBesG[1175] oder eines Dienstun-

---

[1153] *OVG Koblenz* NVwZ-RR 1999, 648; *Leuze* ZBR 1998, 187, 189.
[1154] *BVerwGE* 28, 191, 192; 49, 351, 352 = NJW 1976, 1281; *BVerwG* NVwZ 1988, 66, 67; *Lässig* DÖV 1983, 876.
[1155] *BVerwGE* 28, 191, 193.
[1156] *BVerwGE* 111, 246, 250 ff. = NVwZ 2001 436, 438; *BVerwG* NVwZ-RR 2000, 174 f.; *OVG Bautzen* NVwZ 2006, 713 f.; *VGH München* NVwZ-RR 2000, 35; a. A. *VG Braunschweig* NdsVBl 2001, 95 f.; *Baßlsperger* ZBR 2005, 192, 194.
[1157] *OVG Bautzen* SächsVBl 1999, 162.
[1158] *OVG Münster* NVwZ-RR 1993, 627.
[1159] *BVerwGE* 106, 187, 188 = NVwZ 1998, 971; a. A. *Pokorny*, Bedeutung der Verwaltungsverfahrensgesetze für die wissenschaftlichen Hochschulen, 2002, S. 241 ff.
[1160] *Baßlsperger* ZBR 2005, 192; *Sodan* in Sodan/Ziekow, § 42 Rn. 160; zum Einvernehmen des übernehmenden Dienstherrn bei dienstherrnübergreifender Versetzung nach § 123 BRRG s. Rn. 172.
[1161] Hierzu *Günther* ZBR 1988, 181 ff.
[1162] *VG Gießen* NVwZ-RR 2000, 362.
[1163] *BVerwG* NVwZ 1997, 581.
[1164] *OVG Lüneburg* NVwZ-RR 2001, 419.
[1165] *OVG Münster* NVwZ-RR 1990, 493.
[1166] *BVerwGE* 104, 375, 377 = NVwZ 1998, 401.
[1167] *VG Karlsruhe* NVwZ-RR 2004, 278 ff.
[1168] *OLG Hamburg* NJW 1980, 1007, 1008.
[1169] *BVerwGE* 103, 182, 183 = NVwZ 1995, 182; *BVerwGE* 103, 311, 312 = NVwZ-RR 1997, 105; *BVerwG* NVwZ-RR 1996, 401; DÖV 1997, 419; NVwZ 2000, 447, 448; anders zum früheren Recht: *BVerwGE* 81, 258, 260 = NVwZ 1989, 1055.
[1170] *BVerwGE* 24, 92, 94; 28, 1, 3.
[1171] *BVerwGE* 109, 283, 285 = NVwZ-RR 2000, 233, 234; *BVerwG* NVwZ-RR 2000, 367.
[1172] *BVerwGE* 18, 283, 284 = NJW 1964, 2030; *BVerwGE* 19, 243, 245 = NJW 1965, 458.
[1173] *OVG Koblenz* ZBR 1987, 15.
[1174] *BVerwGE* 19, 19, 22; *OVG Saarlouis* NVwZ-RR 2004, 361.
[1175] *BVerwGE* 109, 357, 359 = NVwZ 2000, 445.

falls,[1176] Genehmigung einer Geschenkannahme,[1177] Zuweisung einer Dienstwohnung und Festsetzung der Dienstwohnungsvergütung,[1178] Zusage nach § 11a BDO.[1179] **VA** können zudem auch Maßnahmen sein, die zwar nicht das Dienstverhältnis als solches berühren, jedoch organisatorischen Charakter haben, weil sie dem Betroffenen eine **besondere Rechtsstellung** innerhalb **der Behördenorganisation** einräumen oder ihn zum **Organwalter i. e. S.** (Rn. 54) für ein Organ bestellen, näher Rn. 130, 195.

bb) (Anstalts-)Nutzungsverhältnisse: Maßnahmen im Rahmen eines **Anstaltsnutzungs-** **201** **verhältnisses** oder bei der **Nutzung** einer **öffentlichen Einrichtung** sind auch bei ör. Ausgestaltung des Nutzungsverhältnisses (Rn. 118) keine VA, wenn sie sich auf den bloßen Betrieb der Einrichtung beziehen,[1180] wie etwa das Verbot eines Bademeisters, vom Beckenrand zu springen,[1181] das Gebot, eine Badekappe zu tragen,[1182] den Hund an der Leine zu führen, Entscheidung des Chorleiters einer Musikschule, welche Stücke zur Aufführung gebracht werden sollen oder Entscheidung über das Abhalten von Tischgebeten in kommunalen Kindergarten.[1183] **VA sind** dagegen Maßnahmen, die auf das Nutzungsverhältnis selbst durchgreifen oder die auf einen Eingriff in die Grundrechte des Nutzers *gerichtet* sind, wie etwa Durchsetzung eines Anschluss- und Benutzungszwangs (Rn. 118) oder von Schadensersatzansprüchen aus verwaltungsrechtlichem Schuldverhältnis,[1184] Festsetzung von Benutzungsgebühren,[1185] Ausschluss aus Musikschulchor,[1186] Ausweisung aus einem Museum,[1187] Widerruf eines Kindergartenplatzes,[1188] Verbot, bestimmte Stoffe in gemeindliche Abwasseranlage einzuleiten,[1189] Anordnung, ein Zimmer in einer Obdachlosenunterkunft zu räumen[1190] oder Kanalanschlussleitungen zu reparieren,[1191] Verweis eines Badegastes aus gemeindlichem Schwimmbad wegen Verstoßes gegen die Benutzungsordnung.[1192] Aufgrund ihrer besonderen Ausgestaltung soll kein VA die Zuweisung eines Asylsuchenden in eine Aufnahmeeinrichtung sein.[1193] Zur Errichtung/Schließung öffentlicher Einrichtungen s. Rn. 302.

cc) Schule/Universität: Im **Schulbereich** sind mangels Außenwirkung v. a. solche **schul-** **202** **organisatorischen Maßnahmen** keine VA, die das Rechtsverhältnis zwischen Schule und Schüler unberührt lassen (zu schulorganisatorischen Maßnahmen mit Außenwirkung s. Rn. 302) und nur den Schulbetrieb oder die schlichte Unterrichtsgestaltung regeln, wie die Festlegung des Stundenplans, des täglichen Schulbeginns (Einführung der 5-Tagewoche soll jedoch VA sein, s. Rn. 302), Bestimmung der Hausaufgaben, Ungültigkeitserklärung einer Aufgabe,[1194] Festsetzung des Termins von Klassenarbeiten,[1195] Zulassung eines Schulversuchs, dessen Gegenstand lediglich eine bestimmte Unterrichtsform ist,[1196] Entscheidung der Schulkonferenz, ein bestimmtes Schulbuch für den Unterricht in einer Schule zu verwenden,[1197] Zulassung zu einer Klasse mit besonderem Unterrichtsangebot,[1198] Auflösung einer Klasse[1199] und in deren

---

[1176] *BGH* NJW 1993, 1790, 1791.
[1177] *BVerwG* NVwZ 2000, 820.
[1178] *BVerwG* NJW 2001, 1878, 1879.
[1179] *Weiß* Die Personalvertretung 1998, 3, 12.
[1180] *Kopp/Schenke,* Anh § 42 Rn. 74; a. A. wohl *Kopp/Ramsauer,* § 35 Rn. 89a.
[1181] *Pietzcker* in Schoch u. a., § 42 Abs. 1 Rn. 55.
[1182] Zu Zulässigkeit solcher Regelungen in Satzung s. *VGH Mannheim* NJW 1979, 1900, 1901.
[1183] Rechtsnatur offen gelassen bei *VGH Kassel* NJW 2003, 2846 f.; *VG Gießen* NJW 2003, 1265 f.
[1184] *VGH Mannheim* NVwZ 1990, 388 ff.; *VG Braunschweig* NdsVBl 2002, 126.
[1185] *VGH Mannheim* NVwZ-RR 1997, 123.
[1186] *OVG Münster* NVwZ 1995, 814.
[1187] *Kopp/Ramsauer,* § 35 Rn. 89a.
[1188] *VGH München* DÖV 2000, 646.
[1189] *OVG Münster* NVwZ-RR 1993, 642.
[1190] *VGH Mannheim* NVwZ-RR 1992, 20; a. A. *OVG Münster* DVBl 1963, 303.
[1191] *OVG Münster* NVwZ 2003, 297, 298.
[1192] *VGH Mannheim* NJW 1979, 1900.
[1193] *VG Hamburg* NVwZ-Beilage I/2002, 13 f. m. w. N.
[1194] *VGH München* BayVBl 1986, 729; *Sodan* in Sodan/Ziekow, § 42 Rn. 272.
[1195] *Pietzker* in Schoch u. a., § 42 Abs. 1 Rn. 52.
[1196] *BVerwG* NJW 1976, 864 (m. Anm. *Voigt* DVBl 1976, 635); *VGH Mannheim* DÖV 1974, 858, 859 (m. abl. Anm. *Arndt*); DÖV 1975, 568.
[1197] *BVerwGE* 61, 164, 167 f. (VA sei jedoch die förmliche Ablehnung, diese Entscheidung rückgängig zu machen, hierzu Rn. 99 ff.).
[1198] *VG Braunschweig* NVwZ-RR 2007, 324, 325.
[1199] *OVG Lüneburg* DVBl 1981, 54.

Zuge die Umsetzung in eine andere Klasse,[1200] Entscheidung über Sitzverteilung in der Klasse,[1201] Verlegung der Schule in anderes Gebäude im Schulbezirk (ohne Schulauflösung, Rn. 302),[1202] Anordnung eines Schulleiters, das Verteilen von Flugblättern zu unterlassen oder hierzu das Schulgebäude zu verlassen,[1203] Ablehnung des Antrags, ein im Klassenzimmer aufgehängtes Kruzifix zu entfernen.[1204] Keine VA sind auch Maßnahmen, durch die der Schüler lediglich im Bereich des **erzieherischen Mahnens** zurecht gewiesen,[1205] auf die Einhaltung der „Spielregeln" hingewiesen wird,[1206] z. B. die Auferlegung einer Strafarbeit, Eintragung ins Klassenbuch,[1207] Weisung eines Lehrers an seine Schüler, den von ihnen verschmutzten Schulraum zu säubern,[1208] auch nicht die Anordnung des „Nachsitzens".[1209] Diese Maßnahmen sind von so geringem Gewicht, dass eine Qualifizierung als VA im Hinblick auf dessen Funktionen (Rn. 49) und damit letztlich im Hinblick auf die Funktionsfähigkeit der Schule (Rn. 146) nicht als sinnvoll erscheint,[1210] zumal sie dann bei minderjährigen Schülern deren Eltern bekannt gegeben werden müssten, s. § 41 Rn. 50. Diese Grundsätze dürften auch für den allg. Lehrbetrieb der **Universitäten** gelten,[1211] wobei hier „erzieherisches Mahnen" (natürlich) rechtswidrig ist. Kein VA ist etwa Errichtung eines Instituts,[1212] Beschluss, bestimmte Laborräume einem Institut aus- oder anzugliedern,[1213] Zulassung zu Lehrveranstaltungen und Aufteilung von Studenten auf parallel angebotene Lehrveranstaltungen.[1214]

203 Als **VA ist** dagegen im **Schulbereich** wegen des stärkeren auf die Persönlichkeit des Schülers durchgreifenden Zugriffs oder wegen der für den späteren Lebensweg der Schüler größeren Bedeutung angesehen worden: Entscheidung über Einschulung in bestimmter Schule,[1215] Nichtversetzung (Rn. 204), Bildungsempfehlung (Rn. 204), Feststellung der Schulaufsichtsbehörde über sonderpädagogischen Förderbedarf,[1216] Schulverweisung,[1217] Androhung der Schulverweisung soweit nach Schulrecht als selbständige Ordnungsmaßnahme ausgestaltet (Rn. 85), Entscheidung über die Befreiung vom Sportunterricht[1218] und Beurlaubung außerhalb der Ferienzeit,[1219] Verbot des Tragens bestimmter Kleidungsstücke,[1220] Umsetzung in eine andere Klasse als Ordnungsmaßnahme,[1221] zeitweiliger Ausschluss vom Unterricht wegen Tragens einer Plakette mit politischem Text,[1222] Ausschluss von Klassenfahrt,[1223] Festsetzung einer Schadensersatzleistung für beschädigtes Schulbuch,[1224] Entscheidung über die Möglichkeit, eine versäumte Klausur nachzuschreiben.[1225] Ähnlich ist im **Universitätsbereich** als VA angesehen worden: Haus-

---

[1200] *OVG Hamburg* NVwZ-RR 2005, 40 f.
[1201] *VG Braunschweig* NVwZ-RR 1989, 549.
[1202] *VGH München* BayVBl 1977, 635 und wohl auch *VGH Mannheim* NVwZ-RR 1996, 89; a. A. *OVG Münster* DVBl 1979, 563; offengelassen bei *BVerwG* NVwZ-RR 1989, 413.
[1203] *OLG Hamburg* NJW 1978, 2580, 2521.
[1204] A. A. *VGH München* NVwZ 1991, 1099; NJW 1999, 1045, 1046; zweifelnd jedoch *VGH München,* NVwZ 2002, 1000, 1001.
[1205] *OVG Lüneburg* DVBl 1973, 280.
[1206] *Niehues,* Schul- und Prüfungsrecht – Band 1, 3. Aufl. 2000, Rn. 637.
[1207] *VGH Kassel* DVBl 1961, 856.
[1208] *OVG Schleswig* NJW 1993, 952.
[1209] A. A. *VGH Mannheim* NVwZ 1984, 808.
[1210] *Meyer/Borgs,* § 35 Rn. 56; *Pietzker* in Schoch u. a., § 42 Abs. 1 Rn. 51.
[1211] *Pietzker* in Schoch u. a., § 42 Abs. 1 Rn. 54; *Pokorny,* Bedeutung der Verwaltungsverfahrensgesetze für die wissenschaftlichen Hochschulen, 2002, S. 68 f.
[1212] *BayVerfGH* ZBR 1998, 390.
[1213] *VGH Mannheim* NVwZ-RR 1999, 636, 637.
[1214] *BVerwG* NJW 1999, 1728; *Pokorny,* Bedeutung der Verwaltungsverfahrensgesetze für die wissenschaftlichen Hochschulen, 2002, S. 164 ff.
[1215] *OVG Hamburg* NVwZ-RR 2000, 679.
[1216] *OVG Münster* NVwZ-RR 2004, 107.
[1217] *OVG Münster* OVGE 30, 86; *VGH Mannheim* NVwZ 1985, 593; *VGH München* NVwZ-RR 1998, 239.
[1218] *BVerwGE* 94, 82 = NVwZ 1994, 578; *BVerwG* NVwZ-RR 1994, 234.
[1219] *VG Darmstadt* NVwZ-RR 1997, 547.
[1220] *VG Berlin* NVwZ-RR 2002, 33 f.
[1221] *OVG Bremen* NJW 2003, 1962, 1963; *OVG Koblenz* NVwZ-RR 1993, 480; *VGH Mannheim* NVwZ 1984, 810; *VGH München* NVwZ-RR 1990, 608, 609; *VG Braunschweig* NdsVBl 2000, 224.
[1222] *VGH Mannheim* JZ 1976, 477 und 711; *VGH München* NJW 1982, 1089.
[1223] *VGH München* NVwZ-RR 1999, 378.
[1224] *OVG Lüneburg* NJW 1996, 2947.
[1225] *OVG Münster* NVwZ-RR 2000, 432.

verbot (Rn. 131 ff.) gegenüber Studenten,[1226] Verfügung zur vorzeitigen Schließung einer Ausstellung, die zur Darstellung des Leistungsstandes in den Räumen der Hochschule zuvor genehmigt worden war,[1227] Entziehung eines Doktorgrades,[1228] Versagung des Zugangs zu einem Praktikum, Seminar oder zu einer sonstigen Lehrveranstaltung, deren Besuch nach der Studienordnung notwendig ist,[1229] Aberkennung eines Professorentitels.[1230]

m) Prüfungsentscheidungen/Benotung: Unstr. ist die Entscheidung über die Zulassung zu einer (ör. ausgestalteten, vgl. Rn. 129) Abschlussprüfung[1231] und über das Bestehen oder Nichtbestehen einer **Abschlussprüfung** VA.[1232] Im **Schulbereich** wird auch die Entscheidung über die (Nicht-)Versetzung in die nächste Klassenstufe als VA angesehen.[1233] VA ist auch die in einigen Ländern vorgesehene Bildungs- oder Schulformempfehlung der Grundschule, die einen Anspruch auf unmittelbaren Zugang zum Gymnasium begründet, ohne dass eine Eingangsprüfung bestanden werden muss.[1234] Kein VA ist jedoch die Entscheidung über eine einzelne Klassenarbeit (Vornoten).[1235] Konsequenterweise sind daher auch Entscheidungen über das Bestehen von **Teil- und Zwischenprüfungen („Übungsschein")** im **Hochschulbereich/Staatsexamen** (nur dann) als VA anzusehen, wenn ihr Nichtbestehen zum Verlust des Anspruchs auf Zulassung oder Fortführung der Abschlussprüfung führt.[1236] Wenn bei ihrem Nichtbestehen die Abschlussprüfung jedoch fortgesetzt wird und die dort erzielte Note nur in die Gesamtbewertung aufgeht, ist die Entscheidung über das Bestehen/Nichtbestehen kein VA.[1237] Entsprechendes sollte gelten, wenn das Bestehen der Zwischenprüfung zwar Voraussetzung für die Anmeldung zu einer Abschlussprüfung ist, die Zwischenprüfung aber im Grundsatz beliebig oft wiederholt werden kann. Auch diese Entscheidung ist gegenüber der Zulassungsentscheidung eine bloß vorbereitende Maßnahme ohne Regelungscharakter (Rn. 148 ff., 169), die i. Ü. nur zusammen mit der Entscheidung über die Nichtzulassung zur Abschlussprüfung angefochten werden kann (§ 44 a VwGO).[1238] Als VA wurde das Stationszeugnis eines Referendars angesehen,[1239] weil darin festgelegt wird, ob er das Ziel des Ausbildungsabschnittes erreicht hat. Zu den Anforderungen an das Prüfungsverfahren und Rechtsschutz gegen Prüfungsentscheidungen § 2 Rn. 131 ff., § 9 Rn. 21, § 39 Rn. 109 ff., § 40 Rn. 177 ff.

Soweit eine Prüfungsentscheidung nach den in Rn. 204 genannten Grundsätzen VA ist, ist str., ob die festgelegten **Gesamt- und Einzelnoten** Teil seiner Regelung und damit selbst VA sind.[1240] Die Rspr. hat noch keine einheitliche Linie gefunden: Vielfach werden die **Gesamtnote**[1241]

[1226] *OLG Karlsruhe* NJW 1978, 2521.
[1227] *OVG Münster* NVwZ 1993, 75.
[1228] *VGH Kassel* NVwZ-RR 2000, 681.
[1229] *Pietzcker* in Schoch u. a., § 42 Abs. 1 Rn. 54.
[1230] *VG Chemnitz* LKV 1996, 168.
[1231] *VGH Mannheim* NVwZ 1989, 382, 383; *FG BaWü* EFG 2004, 15, 16; *Pokorny,* Bedeutung der Verwaltungsverfahrensgesetze für die wissenschaftlichen Hochschulen, 2002, S. 170 ff.
[1232] *BVerwGE* 11, 165 = NJW 1961, 796 (zum Bescheid über Nichtbestehen einer Laufbahnprüfung); *BVerwGE* 88, 111, 112 = NVwZ 1992, 56 (zur Entscheidung über das Bestehen des Abiturs); *BVerwGE* 95, 237, 249 = NVwZ 1994, 1209 (zur Ablehnung einer Habilitationsschrift m. Anm. *Krüger* JZ 1995, 114; *Löwer* Forschung und Lehre 1994, 481; *Wolkewitz* NVwZ 1999, 850); *Bryde* DÖV 1981, 193, 195; *Pokorny,* Bedeutung der Verwaltungsverfahrensgesetze für die wissenschaftlichen Hochschulen, 2002, S. 178 ff.
[1233] *BVerwGE* 56, 155, 156 = NJW 1979, 229; *VGH Mannheim* NVwZ-RR 1993, 358; *VGH München* NVwZ 1998, 398; *VG Darmstadt* NVwZ-RR 1999, 380.
[1234] So zutreffend *Birnbaum* LKV 2002, 503, 504; *Frey* NWVBl 2007, 142, 143; *Scheffer* SächsVBl 2002, 105, 108 f.; zu Unrecht das Rechtsschutzbedürfnis für eine Klage auf Änderung der Bildungsempfehlung verneinend: *OVG Bautzen* LKV 2004, 452 ff.; *VGH Mannheim* NVwZ-RR 1990, 246 ff.
[1235] *OVG Münster* NJW 1967, 1772, 1774.
[1236] *BVerwG* DVBl 2003, 871, 872; *OVG Bautzen* SächsVBl 2002, 90; *BFHE* 195, 19 = NVwZ-RR 2002, 799, 800; *Pokorny,* Bedeutung der Verwaltungsverfahrensgesetze für die wissenschaftlichen Hochschulen, 2002, S. 210 ff.
[1237] *BVerwG* DVBl 2003, 871, 872 f.; *VG Wiesbaden* NVwZ-RR 2007, 13 (für Bewertung einzelner mündlicher Prüfungsleistungen im juristischen Staatsexamen).
[1238] Für selbständigen VA: *Kopp/Ramsauer,* § 35 Rn. 89; wohl auch *BVerwG* DVBl 2003, 871, 872.
[1239] *VGH München* BayVBl 1996, 27 (Bespr. *Martensen* JuS 1996, 1076); *Vehslage* JA 1999, 242, 244.
[1240] S. hierzu auch *Kopp/Ramsauer,* § 35 Rn. 58; *Meyer,* FG 50 Jahre BVerwG, 2003, S. 551, 561 f.
[1241] *BVerwGE* 96, 126, 128 = NVwZ 1995, 492; *BVerwG* NVwZ-RR 1994, 582 f.; *OVG Lüneburg* DÖV 1974, 67; *OVG Münster* OVGE 30, 20, 23; NVwZ 1985, 595.

(und auch einzelne bes. wichtige **Einzelnoten**)[1242] als selbständige materielle VA angesehen, die mit der eigentlichen Prüfungsentscheidung in einem Bescheid zusammengefasst sind. Teilweise wird die Benotung aber auch nur als **Teil der Begründung** der Entscheidung über das Bestehen oder Nichtbestehen der Prüfung ohne selbständige Rechtswirkung verstanden.[1243] Unabhängig von der Qualifizierung der Note selbst hält die Rspr. auch dann, wenn keine Änderung der Prüfungsentscheidung über das Bestehen/Nichtbestehen, sondern nur eine Änderung der (Gesamt- oder Einzel-)Note begehrt wird, die Verpflichtungsklage auf Neubescheidung für statthaft,[1244] so dass auch für Klagen auf bloße Notenverbesserung die besonderen Sachurteilsvoraussetzungen für Anfechtungs- und Verpflichtungsklagen gelten. Erachtet man die Benotung nur als Teil der Begründung, wären jedoch Klagen, die nicht auf Änderung der Entscheidung über das Nichtbestehen der Prüfung, sondern auf schlichte Notenverbesserung gerichtet sind, **Leistungsklagen auf Berichtigung der Begründung der Prüfungsentscheidung** (§ 39 Rn. 34),[1245] mit der u. U. auch die Bestandskraft der Prüfungsentscheidung unterlaufen werden könnte.[1246] Dennoch bestehen hinsichtlich der VA-Qualität der Benotung Zweifel: Dass sie für den Betroffenen von erheblicher Bedeutung für die spätere berufliche Laufbahn ist und andere Vorschriften an eine bestimmte Note auch bestimmte Rechtsfolgen knüpfen, macht sie noch nicht zu einer Regelung,[1247] Rn. 141, 144. Allerdings ließe sich die Regelungs-Qualität auch der Benotung mit dem Argument bejahen, dass in der Bewertung eine **autorative Befugnis zur Festlegung der Leistungsstärke** zum Ausdruck komme, so dass die Note zu einer Art Status-Entscheidung wird.[1248] Dann hinge ihre VA-Qualität davon ab, ob die Benotung darauf gerichtet ist, dass Dritte sie zur verbindlichen Grundlage ihrer Entscheidung machen; dann käme ihr auch Außenwirkung zu.[1249]

5. Einzelfall

206 Die Regelung des VA muss sich auf einen **Einzelfall,** d.h. auf einen **bestimmten Lebenssachverhalt** beziehen. Dieser wird eingegrenzt sowohl durch den Empfängerkreis, den Adressaten (§ 37 Rn. 10 ff.), als auch durch den Inhalt des VA, wie § 35 S. 2 zeigt, Rn. 267, § 37 Rn. 13. Ein Einzelfall liegt deshalb (schon dann) vor, wenn der **Regelungsgegenstand** einer Maßnahme (in wenigstens einem von drei Aspekten) **konkret** ist: Diese Konkretheit liegt v. a. vor, wenn sich eine Maßnahme an eine bestimmte Person oder bestimmte Personen richtet. Solche individuellen Regelungen liegen bei Individualbekanntgabe nach § 41 Abs. 1 immer vor, Rn. 280. Dabei ist für den Einzelfallbegriff unerheblich, ob mit der individuellen Regelung nur ein konkreter Lebenssachverhalt geregelt (**konkret-individuelle** Regelung) oder ob ein bestimmtes Verhalten in bestimmten wiederkehrenden Situationen angeordnet wird (**abstrakt-individuelle** Regelung),[1250] wie die Anordnung gegenüber Kraftwerksinhaber, jedes Mal bestimmte Straßen zu streuen, wenn Glatteisgefahr herrscht,[1251] oder die Anordnung, dass eine Firma jeden bei ihr anfallenden Abfall Abfallwirtschaftsverband zu überlassen hat.[1252]

207 § 35 S. 2 (hierzu Rn. 267 ff.) verdeutlicht darüber hinaus, dass der Regelungsgegenstand einer Maßnahme auch dann noch konkret – und damit Einzelfall – sein kann, wenn sie einen konkreten Lebenssachverhalt, ein bestimmtes Ereignis regelt, wobei die Adressaten der Rege-

---

[1242] Für Laufbahnprüfung: *BVerwGE* 73, 376, 377; *BVerwGE* 124, 317, 318f. = NVwZ 2006, 837f.; für Abiturzeugnis: *VGH Mannheim* DVBl 1990, 933; *OVG Münster* NVwZ-RR 2001, 384; *VG Braunschweig* NVwZ-RR 2004, 576 ff.
[1243] *BVerwG* DÖV 1983, 819; NVwZ 1984, 307, 308; NVwZ-RR 1994, 582; *OVG Lüneburg* NVwZ-RR 2000, 225.
[1244] Vgl. *BVerwGE* 109, 211, 213 = NJW 2000, 1055; *OVG Münster* NWVBl 1997, 377f. und 380f.; *Sodan* in Sodan/Ziekow, § 42 Rn. 269.
[1245] *OVG Koblenz* DÖV 1980, 614; *VGH Mannheim* DÖV 1982, 164; *OVG Münster* DÖV 1975, 358, 359; *VGH München* NJW 1988, 2632; *VG Meiningen* LKV 1997, 295; *Martensen* JuS 1996, 1076 f.
[1246] *OVG Münster* DÖV 1975, 359; *VG Braunschweig* NVwZ-RR 2004, 576.
[1247] So auch *Grupp* JuS 1983, 351, 353; *Koch/Rubel/Heselhaus,* § 3 Rn. 43.
[1248] So *Koch/Rubel/Heselhaus,* § 3 Rn. 39; ähnlich *Pokorny,* Bedeutung der Verwaltungsverfahrensgesetze für die wissenschaftlichen Hochschulen, 2002, S. 182 ff.
[1249] So *Koch/Rubel/Heselhaus,* § 3 Rn. 43.
[1250] *Laubinger,* FS Rudolf, 2001, S. 305, 313.
[1251] Vgl. z. B. *OVG Münster* OVGE 16, 205 ff. (hierzu auch *Gornig,* Sachbezogene hoheitliche Maßnahme, 1985, S. 71 f.).
[1252] *VGH München* NVwZ 1998, 1205 (Bestätigung von *VG Regensburg* NVwZ 1998, 431).

lung durch die Teilnahme an diesem Ereignis oder die Betroffenheit durch dieses Ereignis bestimmt werden (**konkret-generelle** Regelung: vgl. § 35 S. 2 Alt. 1, Rn. 282 ff.), oder wenn sie **Rechte und Pflichten** regelt, die eine oder mehrere Personen oder auch die Allgemeinheit **an einer konkreten Sache** haben können (vgl. § 35 S. 2 Alt. 2 und 3, s. Rn. 314). Ein solcher Fall kann nur bei **öffentlicher Bekanntgabe** (vgl. § 41 Abs. 3) der Maßnahme vorliegen, bei Individualbekanntgabe liegt zwingend einer der in Rn. 206 genannten Fälle vor, s. Rn. 280, § 37 Rn. 26, § 41 Rn. 139.

Kein Einzelfall liegt vor, wenn eine **Maßnahme** ohne eine konkrete Sache als Anknüpfungspunkt zu haben (Rn. 308) **abstrakt-generell** ist, wenn also bei ihrem Erlass nicht erkennbar und absehbar ist, welche Personen in welchen konkreten Situationen hiervon betroffen werden,[1253] s. a. Rn. 289, 306 f. Das Merkmal Einzelfall dient damit der Abgrenzung von VA und Rechtsnormen, wobei sich allerdings Abgrenzungsprobleme nur bei **öffentlich bekannt gegebenen AllgV** ergeben können, näher Rn. 280 ff., § 37 Rn. 13, § 41 Rn. 139. Die Frage der Abgrenzung zwischen Rechtsnormen einerseits und VA bzw. AllgV andererseits wird jedoch oftmals ungenau gestellt: Da einerseits förmlich erlassene Gesetze, VO und Satzungen, deren Regelungsgegenstand auch durch VA hätte geregelt werden können, keine VA sind, sondern ungeachtet ihres Inhalts Rechtsnormen (Rn. 18), andererseits eine Regelung kein Gesetz und keine VO oder Satzung sein kann, wenn sie nicht in dem dafür vorgesehenen Verfahren erlassen worden ist, kann sich nicht das Problem stellen, ob eine bestimmte Regelung entweder Gesetz, VO, Satzung oder VA ist.[1254] Fraglich ist immer nur, ob eine bestimmte Regelung, die als (öffentlich bekannt gegebener) VA erlassen wurde, nicht als Gesetz, VO oder Satzung hätte erlassen werden müssen (Rn. 19, 29)[1255] oder ob umgekehrt eine durch Gesetz, VO oder Satzung getroffene Regelung durch VA hätte ergehen müssen (s. Rn. 18), und schließlich, ob eine bestimmte fachgesetzlich vorgesehene Maßnahme, für die das förmliche Rechtsetzungsverfahren nicht gelten soll, ein VA oder eine Rechtsnorm sui generis (Rn. 281) ist.

6. Auf dem Gebiet des öffentlichen Rechts

Die behördliche Maßnahme muss zur Regelung eines Einzelfalles „auf dem Gebiet des öffentlichen Rechts" erfolgen. Dabei lässt der Wortlaut den Bezugspunkt der Gebietsklausel offen: Grammatikalisch kann sie sich (nur) auf den Einzelfall, auf die Maßnahme, aber auch auf die „Regelung eines Einzelfalls" beziehen. Zutreffend ist Letzteres, es muss also eine „Regelung eines Einzelfalles" „auf dem Gebiet des öffentlichen Rechts" erfolgen. Dies ist einerseits gerechtfertigt, weil mit dem Begriff des Einzelfalls auf einen konkreten Lebenssachverhalt, also ein Stück „Wirklichkeit" Bezug genommen wird, das keine Rechtsnatur hat, sondern allenfalls Anknüpfungspunkt von Rechtssätzen unterschiedlicher Rechtsnatur sein kann.[1256] Andererseits wird der Begriff der Maßnahme schon durch das Adjektiv „hoheitlich" charakterisiert, also als Inanspruchnahme einseitiger Gestaltungsmöglichkeiten gekennzeichnet, die dem Bürger ihrer Art nach nicht zustehen, s. Rn. 104. Die Gebietsklausel stellt damit klar, dass **kein VA** vorliegt, wenn eine Behörde einseitig dem Bürger so nicht möglicher Weise (hoheitlich) ein zwischen ihr (bzw. ihrem Träger) und dem Adressaten bestehendes **nicht-ör.** (also privatrechtliches [Rn. 210 f.] oder verfassungsrechtliches [Rn. 212]) **Rechtsverhältnis** begründen, aufheben oder verändern will.

Bei diesem Verständnis ist es auch im Hinblick auf **privatrechtsgestaltende VA** (Rn. 217 f.) nicht notwendig, die Gebietsklausel auf das Merkmal „Maßnahme" zu beziehen.[1257] Auch privatrechtsgestaltende VA ergehen „auf dem Gebiet des öffentlichen Rechts", weil sie nicht innerhalb eines **bereits bestehenden privatrechtlichen Schuldverhältnisses,** sondern inner-

---

[1253] S. hierzu *Maurer*, § 9 Rn. 14 ff.
[1254] Vgl. aber *BVerwGE* 30, 287.
[1255] Vgl. *BVerwGE* 7, 54 = NJW 1959, 256; *BVerwGE* 12, 87, 89 = NJW 1961, 2078; *BVerwGE* 30, 287; 70, 77 = NVwZ 1985, 39 (m. Anm. *Tiemann*, NVwZ 1985, 26); *VGH Kassel* NJW 1966, 1624; *VGH Mannheim* VBlBW 1987, 377 (m. Bespr. *Maurer* VBlBW 1987, 361); *VGH München* DVBl 1978, 181; *VG München* NuR 1991, 491 (m. Bespr. *Lübbe* BayVBl 1995, 97).
[1256] Zur – teilweise bestrittenen – Möglichkeit, an dasselbe Ereignis Rechtsfolgen unterschiedlicher Rechtsnatur zu knüpfen, *U. Stelkens*, Verwaltungsprivatrecht, 2005, S. 340 ff.
[1257] So aber *Hoffmann Becking* VerwArch 62 (1971), S. 78, 80; *Druschel*, Verwaltungsaktbefugnis, 1999, S. 113 f.; *Wilke* JZ 1968, 221, 222.

halb eines Verwaltungsrechtsverhältnisses zwischen der den VA erlassenden Behörde und denjenigen ergehen, die an dem privatrechtlichen Rechtsverhältnis beteiligt sind, das durch den VA (um-)gestaltet werden soll. Eine hoheitliche Regelung „auf dem Gebiet des Privatrechts" („**privatrechtsmissachtende Einzelfallregelung**") kann demnach nur vorliegen, wenn die Behörde unter Inanspruchnahme hoheitlicher Gestaltungsbefugnisse einseitig in ein **bereits** zwischen ihr und dem Betroffenen **bestehendes privatrechtliches** vertragliches oder gesetzliches **Schuldverhältnis** eingreifen will, s. a. Rn. 211. Demnach liegt kein materieller VA vor, wenn die Behörde in „VA-Form" die Kündigung eines Mietverhältnisses ausspricht, an dem ihr Träger selbst beteiligt ist,[1258] wenn sie einen Anspruch ihres Trägers aus einer Bürgschaft,[1259] aus einem Werkvertrag[1260] oder aus §§ 812ff. BGB[1261] festsetzt oder gegenüber ihren eigenen Arbeitnehmern sich auf das Arbeitsverhältnis beziehende Maßnahmen erlässt (Rn. 129). Mangels materieller VA-Qualität können solche Maßnahmen folglich nicht bestandskräftig werden, sind allerdings als formelle VA mit Widerspruch und der Anfechtungsklage angreifbar, Rn. 16. Verstünde man diese Maßnahmen – mit der wohl h. M. (Rn. 17) – auch als materielle VA, ermöglichte dies der Behörde, sich selbst durch Erlass eines VA **Fiskusprivilegien** im Privatrechtsverkehr zu verschaffen, sofern Bestandskraft eintritt. Dies wäre mit Art. 3 Abs. 1 GG und der hieraus auch folgenden Privatrechtsbindung der Verwaltung nicht zu vereinbaren.[1262] Durch VA kann sich die Behörde aber selbst oder auch den Bürger zu einem bestimmten Handeln im Privatrechtsverkehr verpflichten (ohne ein zwischen ihr und dem Bürger bestehendes privatrechtliches Schuldverhältnis unmittelbar zu gestalten),[1263] wovon die **Zweistufentheorie** ausgeht, Rn. 109 f.

211 (Praktisch kaum relevante) **Abgrenzungsprobleme** zwischen **privatrechtsmissachtenden Einzelfallregelungen** (Rn. 210) und **privatrechtsgestaltenden VA** können (nur) dann entstehen, wenn eine Behörde (erstens) allgemein zum Erlass bestimmter privatrechtsgestaltender VA ermächtigt ist (und zweitens) auf dieser Grundlage einen VA erlässt, der sich auf ein privatrechtliches Schuldverhältnis auswirkt, *an dem ihr eigener Träger beteiligt ist*. Zur Abgrenzung wird man auf die beabsichtigten Regelungswirkungen abstellen müssen: Eine nur privatrechtsmissachtende Einzelfallregelung (und damit kein VA) liegt vor, wenn die Behörde die fragliche Maßnahme *für* ihren Träger als Beteiligten des betroffenen privatrechtlichen Schuldverhältnisses getroffen hat, indem sie in dessen Interesse eine Entscheidung trifft, die ihm die Durchsetzung oder die Abwehr der aus dem Schuldverhältnis erwachsenden Ansprüche erleichtert, insbes. indem sie zivilgerichtliche Klagen entbehrlich macht. Ein (u. U. rechtswidriger) privatrechtsgestaltender VA liegt vor, wenn die Behörde als „neutraler Dritter" auftritt, der unabhängig von den „vertraglichen Interessen" ihres Trägers eine Entscheidung aufgrund bestimmter Ermächtigungen zur Privatrechtsgestaltung getroffen hat.[1264]

212 Soweit einem **Verfassungsorgan** auch Verwaltungsaufgaben zugewiesen sind und es insoweit Behörde i. S. des § 1 Abs. 4 sein kann (§ 1 Rn. 184), dient die Gebietsklausel zudem der Abgrenzung zwischen VA und „**Verfassungs- bzw. Regierungsakten**," die auf dem Gebiet des „Verfassungsrechts" ergehen. Denn wie sich aus dem Rahmen ergibt, den § 1 in Abs. 1 („ör. Verwaltungstätigkeit", dazu § 1 Rn. 137ff.) und Abs. 3 („Aufgaben der öffentlichen Verwaltung", dazu § 1 Rn. 253) für den Anwendungsbereich des VwVfG absteckt, meint „öffentliches Recht" i. S. der Gebietsklausel nur „Verwaltungsrecht".[1265] Verfassungsrechtliche (und völkerrechtliche) Akte sind demnach keine Maßnahmen „auf dem Gebiet des öffentlichen Rechts" i. S. d. § 35. Damit sind etwa Maßnahmen im **Bund-Länder-Verhältnis** grundsätzlich keine VA (Rn. 177, 187), ebenso wenig die **Bestellung zu Organwaltern von Verfassungsorganen.** Insofern ist bisher auch kaum angenommen worden, solche Regelungen seien (auch mate-

---

[1258] Fall von *OVG Lüneburg* DVBl 1954, 297 (m. Anm. *Bettermann* DVBl 1954, 298).
[1259] Fall von *BVerwGE* 105, 302 ff. = VIZ 1998, 624 ff.
[1260] Fall von *BFHE* 91, 518 ff.
[1261] Fall von *BVerwGE* 84, 274, 275 = NJW 1990, 2482 (m. Bespr. *Frohn* BayVBl 1992, 7; *Hänlein* JuS 1992, 559; *Maurer* JZ 1990, 863).
[1262] Ausführlich hierzu *U. Stelkens*, Verwaltungsprivatrecht 2005, S. 125ff. m. w. N.; wie hier auch *OVG Lüneburg* DVBl 1954, 297 (m. abl. Anm. *Bettermann*); *Ruffert* in Erichsen/Ehlers, § 20 Rn. 41; ähnlich *BVerwG* NJW 1958, 1107, 1108 (insoweit in BVerwGE 6, 244 nicht abgedruckt); *Erfmeyer* DÖV 1996, 637 (jedoch wird hier auch die Anfechtbarkeit eines nur formellen VA verneint).
[1263] Vgl. *U. Stelkens*, Verwaltungsprivatrecht, 2005, S. 1005 ff.
[1264] Ausführlich hierzu mit Beispielen *U. Stelkens*, Verwaltungsprivatrecht, 2005, S. 137 ff.
[1265] Vgl. *Maurer*, § 9 Rn. 13; *Wolff/Bachof/Stober/Kluth*, § 45 Rn. 28.

rielle) VA i. S. d. § 35, wenn sie formell, z. B. auf Grund einer Rechtsmittelbelehrung das „Kleid" eines VA tragen,[1266] s. Rn. 17. Dies schließt nicht aus, aus der Frist des (§ 69 i. V. m.) § 64 Abs. 3 BVerfGG zu folgern, dass auch Verfassungsakten in gewissem Rahmen „Bestandskraft" zukommen kann; jedoch ist hier noch vieles offen.[1267] Als VA wurden jedoch trotz ihrer „Nähe" zur Regierungstätigkeit angesehen: Auferlegung eines Ordnungsgeldes durch Untersuchungsausschuss (§ 1 Rn. 176),[1268] Entscheidung über Verleihung eines Ordens (§ 1 Rn. 199);[1269] s. ferner § 1 Rn. 186 ff.

IV. Arten des Verwaltungsaktes

213 Im Hinblick auf ihre Wirkungsweise werden mehrere **Arten des VA** unterschieden.[1270] Auch das **VwVfG** selbst definiert einige VA-Arten oder setzt sie voraus. So wird in §§ 9 ff. und §§ 35 ff. zwischen **materiellen VA** und **VA als Verfahrensabschlusshandlung** (Rn. 43), in § 48 Abs. 1 S. 2, § 49 Abs. 1 und 2 zwischen **begünstigenden** und nicht-begünstigenden **(belastenden) VA** (§ 48 Rn. 115 ff., § 49 Rn. 17 ff.) unterschieden. Ferner wird in § 38 Abs. 1 S. 2, § 44 Abs. 3 Nr. 3, 4, § 45 Abs. 1 Nr. 4 und Nr. 5 der **mehrstufige VA** (Rn. 169 ff.), in § 22, § 24 Abs. 3, § 38 Abs. 1 S. 2, § 45 Abs. 1 Nr. 1 und § 64 der **mitwirkungsbedürftige VA** (Rn. 229 ff.) und in § 50 der **VA mit Drittwirkung** (§ 50 Rn. 8 ff., § 48 Rn. 121) vorausgesetzt. Schließlich behandelt das VwVfG als besondere VA-Formen noch in § 69 die **förmliche Entscheidung**, in § 74 den **PlfBeschl.** (§ 74 Rn. 17 ff.) und die **Plangenehmigung** (§ 74 Rn. 224) und schließlich in § 38 die **Zusage und Zusicherung** (§ 38 Rn. 33 ff.). Auch die Verfahrensregelungen in vielen Sondergesetzen gehen von bestimmten Arten des VA aus, deren Inhalt und Bindungswirkung aus der Sicht dieser Sonderregelungen ausgelegt werden müssen, s. § 43 Rn. 55 ff. Es gibt keinen **numerus clausus** der VA-Arten, s. Rn. 6.

1. Vollstreckungsfähiger, gestaltender und feststellender Verwaltungsakt

214 **a) Unterscheidungskriterien:** Werden die Rechtswirkungen wirksamer vollstreckungsfähiger (Rn. 215), gestaltender (Rn. 216 f.) und feststellender (Rn. 219 f.) VA miteinander verglichen, besteht die Gefahr, dass ihre Individualisierungs- und Klarstellungsfunktion (Rn. 31 ff.) und ihre Fähigkeit, fehlerunabhängig wirksam zu werden und einen selbständigen Rechtsgrund für in ihnen festgesetzte Ansprüche zu bilden (Rn. 42), in die Abgrenzung mit einfließen, so dass jeder VA zu einem (potentiell) gestaltenden VA wird, da er zumindest bei Rechtswidrigkeit die Rechtslage umgestaltet, Rn. 27. Der Unterschied zwischen vollstreckungsfähigen, gestaltenden und feststellenden VA ist demnach genau genommen kein Unterschied dieser VA, sondern der ohne sie bestehenden Rechtslage.[1271] Auch kann ein materieller VA (Rn. 31) gleichzeitig gestaltende, feststellende und vollstreckungsfähige Elemente enthalten,[1272] so z. B. die **Baugenehmigung**, die die Vereinbarkeit des Vorhabens mit den zu prüfenden Vorschriften feststellt und zugleich eine gestaltende Baufreigabe enthält,[1273] der **Leistungsbescheid,** der das vollstreckungsfähige Leistungsgebot enthält und eine Festsetzung des behördlichen Anspruchs, der konstitutiv-gestaltender (Einberufung zum Wehrdienst[1274]) oder deklaratorisch-feststellender

---

[1266] Siehe aber *BremStGH* NVwZ 1997, 786 (zur Möglichkeit einer verwaltungsrechtlichen Regelung der Rückforderung rechtswidrig gewährter Fraktionsmittel); *BVerwG* NVwZ 2004, 1125, 1126 (für auf Art. 120 Satz 1 GG gestützte (verwaltungsrechtliche?) Zusage des Bundes gegenüber Land, Kampfmittelräumungskosten zu übernehmen).
[1267] Vgl. hierzu die Nachweise bei *U. Stelkens* ZEUS 2005, 61, 93 ff.
[1268] *VG Berlin* NVwZ-RR 2003, 708 f. m. w. N.
[1269] *VG Karlsruhe* NVwZ-RR 2001, 691.
[1270] Im Einzelnen *Bull/Mehde*, Rn. 706 ff.; *Peine*, Rn. 416 ff.; *Schuppert*, Verwaltungswissenschaft, S. 158 ff.; *Ule/Laubinger*, § 48 Rn. 16 ff.; *Weides*, S. 34 ff.; *Wolff/Bachof/Stober/Kluth* I, § 46 Rn. 2 ff.
[1271] *Druschel*, Verwaltungsaktbefugnis, 1999, S. 193; *Kracht*, Feststellender VA und konkretisierende Verfügung, 2002, S. 117; *Seibert*, Die Bindungswirkung von Verwaltungsakten, 1989, S. 100.
[1272] *Kracht*, Feststellender VA und konkretisierende Verfügung, 2002, S. 119 f.
[1273] *BVerwGE* 82, 61, 69 = NVwZ 1989, 1163 (m. Anm. *Schmidt-Preuß* DVBl 1991, 229); *Ortloff* NJW 1983, 961, 964; *ders.* NJW 1987, 1666; siehe hierzu auch *Fluck* DVBl 1999, 496, 499.
[1274] *BVerwG* NJW 1971, 578.

(Abgabenfestsetzung[1275]) Natur sein kann; zu den Auswirkungen der Differenzierung zwischen Leistungsgebot und -festsetzung § 44 Rn. 39. Zur Zuordnung gewährender VA Rn. 216.

215 **b) Vollstreckungsfähige Verwaltungsakte:** Vollstreckungsfähige VA gestalten die Rechtslage insoweit, als sie der Behörde einen **Titel** (Rn. 38 f.) für die Durchsetzung eines Anspruchs gewähren. Sie werden deshalb auch oft als **befehlende VA** bezeichnet[1276] und sind zumindest insoweit konstitutiv, als ohne den VA ein **vollstreckbarer Anspruch** nicht besteht, soweit nicht eine Verwaltungsvollstreckung ohne vorausgehenden VA zugelassen ist, vgl. Rn. 93 ff. Vollstreckungsfähig sind somit nur VA, denen das Gesetz eine Titelfunktion i. e. S. zuschreibt (Rn. 38), die also den Betroffenen zur Zahlung von Geld (vgl. § 3 Abs. 2 Nr. 2 a VwVG) oder zu einer sonstigen Handlung, Duldung oder Unterlassung (vgl. § 6 VwVG) verpflichten.[1277] Zu Bestimmtheitsanforderungen vollstreckungsfähiger VA, s. Rn. 276, § 37 Rn. 2, 4, 11, 31 ff.

216 **c) Gestaltende Verwaltungsakte:** Der Begriff des gestaltenden VA wird uneinheitlich verwendet.[1278] Von vollstreckungsfähigen und feststellenden VA lassen sie sich nur abgrenzen, wenn unter ihnen nur solche VA verstanden werden, die nach ihrem Regelungsgehalt ein Recht (Rn. 142) oder Rechtsverhältnis (§ 9 Rn. 16 ff.) unmittelbar begründen, ändern oder aufheben,[1279] s. Rn. 69, 145. Sie sind dementspr. weder vollstreckungsfähig noch vollstreckungsbedürftig.[1280] Von feststellenden VA unterscheiden sich gestaltende VA dadurch, dass sie auf unmittelbare Änderung der materiellen Rechtslage hinzielen[1281] und damit notwendig **konstitutiv** (Rn. 33) sind.[1282] Beispiele sind etwa Genehmigungen und Befreiungen aller Art (sog. **gestattende VA**),[1283] Einbürgerung, Namensänderung, Beamtenernennung, Widmung (Rn. 320 f.), **Aufhebung** eines VA (§ 48 Rn. 242 ff.). **Gewährende VA** (VA, die eine Leistung zusprechen) sind gestaltende VA dann, wenn sie selbst einen Rechtsanspruch auf die Leistung begründen, insbes. bei Ermessensentscheidungen. Sie sind feststellende VA, wenn ein Leistungsanspruch besteht, der nicht zwingend durch VA festgesetzt werden muss, s. Rn. 89, 102. Gewährt das Fachrecht zwar einen Rechtsanspruch auf eine Leistung, verlangt aber seine Festsetzung durch VA, so enthält der gewährende VA ein gestaltendes Element zumindest insoweit, als er – vergleichbar mit dem vollstreckungsfähigen VA (Rn. 215) – konstitutiv die Voraussetzungen für die Durchsetzbarkeit dieses Anspruchs schafft. Gleiches gilt, wenn fachrechtlich für die Durchsetzbarkeit (nicht nur für die Vollstreckbarkeit) eines behördlichen gesetzlichen Anspruchs seine vorherige Festsetzung durch VA vorgesehen ist, wie dies bei der Feststellung des Bezügeverlustes gem. § 9 S. 3 BBesG angenommen wird.[1284] Diese VA werden auch missverständlich als **konstitutiv-feststellende** VA bezeichnet.[1285]

217 **d) Privatrechtsgestaltende Verwaltungsakte:** Privatrechtsgestaltende VA sind gestaltende VA mit einer Regelung, die auf dem Gebiet des Privatrechts Rechtswirkungen entfaltet,[1286] Rn. 210. Zur Aufhebung § 48 Rn. 45, 92, § 49 Rn. 36; zur Zulässigkeit von Nebenbestimmungen s. § 36 Rn. 12. Privatrechtsgestaltende VA sind insbes. behördliche Genehmigungen, von denen die Wirksamkeit eines privatrechtlichen Rechtsgeschäfts abhängig ist.[1287] Hier ist die

---

[1275] *OVG Münster* NVwZ-RR 1994, 414.
[1276] So *Kracht*, Feststellender VA und konkretisierende Verfügung, 2002, S. 125; *Maurer*, § 9 Rn. 44.
[1277] *Lemke*, Verwaltungsvollstreckungsrecht, 1997, S. 73 f.
[1278] *Druschel*, Verwaltungsaktbefugnis, 1999, S. 186 ff.; *Seibert*, Bindungswirkung von VA, 1989, S. 89 ff.
[1279] *Kracht*, Feststellender VA und konkretisierende Verfügung, 2002, S. 115 ff.
[1280] *Peine*, Rn. 431 f.
[1281] *Maurer*, § 9 Rn. 46.
[1282] Unzutreffend daher *BVerwG* NJW 2007, 1478, 1479: Aufnahme ins Verzeichnis der vereidigten Dolmetscher ist kein (dessen Zuverlässigkeit) feststellender, sondern ein gestaltender VA, da hiermit der Dolmetscher zur Verwendung durch Gerichte „freigegeben" bzw. „besonders empfohlen" wird.
[1283] Krit. insoweit *Wehr* BayVBl 2007, 385, 389 (nur feststellende Wirkung).
[1284] *BVerwGE* 109, 357, 359 = NVwZ 2000, 445.
[1285] *Kollmann* DÖV 1990, 189, 194.
[1286] *BVerwGE* 13, 47 = NJW 1962, 170; *BVerwGE* 17, 242; *Hoffmann Becking* VerwArch 62 (1971), S. 78, 80; *Druschel,* Verwaltungsaktbefugnis, 1999, S. 113 f.; *Tschentscher* DVBl 2003, 1424, 1425; *Wilke* JZ 1968, 221, 222; zur Abgrenzung zu anderen privatrechtsrelevanten VA: *Manssen*, Privatrechtsgestaltung durch Hoheitsakt, 1994, S. 20 ff.; *Tschentscher* DVBl 2003, 1424, 1426 f.
[1287] **Beispiele:** Genehmigung nach Grundstücksverkehrsgesetz (*BGHZ* 84, 70, 71 = NJW 1982, 2251), stiftungsaufsichtsrechtliche Genehmigung (*BVerwGE* 106, 177, 179 = NJW 1998, 2545; *VGH Mannheim* NJW 1985, 1573; *VGH München* BayVBl 2006, 149), kommunalaufsichtsrechtliche Genehmigung für Kreditgeschäfte (*BGHZ* 157, 133, 137 = NJW 2004, 1662, 1663; *VG Dresden* SächsVBl 2002, 302 f.; *Wachs-*

Genehmigung **Rechtsbedingung für das Privatgeschäft,** das bis zu ihrer Erteilung schwebend unwirksam bleibt.[1288] Die Nichtigkeit soll nicht nur bei endgültiger Versagung der Genehmigung, sondern schon dann eintreten, wenn die oberste Genehmigungsbehörde verlautbart, dass Genehmigungen dieser Art in Zukunft generell versagt werden.[1289] Dies erspart den Parteien die Durchführung des Genehmigungsverfahrens. Ist nicht das Verpflichtungsgeschäft (z. B. Kaufvertrag), sondern das Erfüllungsgeschäft von einer Genehmigung abhängig, ist nach endgültiger Versagung der Genehmigung nicht das Verpflichtungsgeschäft nichtig: Die Leistung wird nur i. S. d. § 275 BGB unmöglich.[1290] Wird die Genehmigung erteilt, wirkt sie i. d. R. auf den Tag der Vornahme des Rechtsgeschäfts zurück, soweit die Parteien nichts anderes vereinbart haben[1291] und das Fachrecht eine Rückwirkung nicht ausschließt.[1292] Sie ist kein VA mit Dauerwirkung, näher Rn. 224.

Privatrechtsgestaltende VA liegen auch vor, wenn durch die behördliche Entscheidung ein **privatrechtliches absolutes Recht** entsteht[1293] oder übertragen[1294] wird. Durch privatrechtsgestaltenden VA können aber auch **privatrechtliche Schuldverhältnisse begründet** oder verändert werden.[1295] **Kein privatrechtsgestaltender VA** ist die Zweckentfremdungsgenehmigung, da sie nicht unmittelbar auf das Mietverhältnis einwirkt.[1296] **218**

e) Feststellende Verwaltungsakte: Durch feststellende VA wird die materielle Rechtslage in Bezug auf einen Einzelfall verbindlich festgestellt,[1297] ohne dass ihre Änderung beabsichtigt ist.[1298] Entspricht die Feststellung nicht dem geltenden Recht, sind feststellende VA nur rechtswidrig, bleiben jedoch bis zu ihrer Aufhebung wirksam und schneiden den „Durchgriff" auf das materielle Recht ab (Rn. 33, 42), ohne schon deshalb zu gestaltenden VA zu werden, s. Rn. 214. Der Verfügungssatz (Rn. 143 f.) eines feststellenden VA beschränkt sich somit darauf, das **Ergebnis eines behördlichen Subsumtionsvorgangs festzuschreiben** (Rn. 31), ohne selbst hieran Rechtsfolgen etwa in Form von (vollstreckungsfähigen) Ge- oder Verboten, Genehmigungen oder Leistungsgewährungen zu knüpfen.[1299] Soweit erforderlich bleibt dies – ggf. von einer anderen Behörde zu treffenden – Folgemaßnahmen vorbehalten. In diesem Sinne sind feststellende VA z. B. Ablehnungsbescheide (als Feststellung des Nichtbestehens seines Anspruchs),[1300] Beitragsgrundlagenbescheide,[1301] Vorbescheid (Rn. 251), Feststellung, dass sich ein **VA erledigt** hat[1302] oder **nichtig** ist (§ 44 Abs. 5, dort Rn. 201).[1303] Zur „Nebenbestimmungstauglichkeit" feststellender VA s. § 36 Rn. 7. **219**

---

muth ThürVBl 2004, 181), Zustimmung zur Kündigung des Arbeitsverhältnisses eines Schwerbehinderten nach §§ 85 ff. SGB IX (*BVerwGE* 91, 7, 9 = NVwZ 1993, 272) oder einer schwangeren Arbeitnehmerin nach § 9 Abs. 3 MuSchG (*BAGE* 106, 293 = NJW 2004, 796, 797), Genehmigung von Entgelten für den Netzzugang nach TKG (*BVerwGE* 120, 53, 59 = NVwZ 2004, 871, 872), Genehmigung der Elektrizitätsmengenübertragung nach § 7 Abs. 1 b AtG (*Sellner* NVwZ 2007, 44, 45).

[1288] *BVerwGE* 120, 53, 63 = NVwZ 2004, 871, 873; ausführlich *Tschentscher* DVBl 2003, 1424, 1426.
[1289] *BGHZ* 127, 368, 377 = NJW 1995, 318 (m. Bespr. *Schmidt* NJW 1995, 2253).
[1290] *BGH* NJW 1993, 648, 651.
[1291] *RGZ* 123, 327, 331; 125, 153, 56; 141, 220, 222.
[1292] *BVerwGE* 120, 53, 59 = NVwZ 2004, 871, 872.
[1293] So bei Begründung des Sortenschutzes: *BVerwGE* 8, 85.
[1294] So bei der Rückübertragung des Vermögenswertes nach § 34 VermG: *BGHZ* 136, 306, 307 = NVwZ 2004, 1365, 1366.
[1295] **Beispiele:** Ausübung eines behördlichen Vorkaufsrechts (Rn. 135), Festsetzung des Krankenhauspflegesatzes für privatrechtliche Entgelte (*OVG Lüneburg* NJW 1978, 1211; *OVG Hamburg* NJW 1984, 683; *BGHZ* 73, 114, 117 = NJW 1979, 597), Zusammenschaltungsanordnung von Telekommunikationsnetzen (*BVerwGE* 120, 263, 267 = NVwZ 2004, 1365, 1366), Begründung der privatrechtlichen Zwangsrechte nach Landeswasserrecht (*VGH Kassel* NVwZ 1987, 617, 618; *OVG Lüneburg* NJW 1991, 3233; *Breuer,* Öffentliches und privates Wasserrecht, 3. Aufl. 2004, Rn. 830).
[1296] *BVerwGE* 95, 341, 361 = NJW 1995, 542, 546; *BGH* NJW 1994, 320.
[1297] *Henneke* in Knack, § 35 Rn. 90; *Peine,* Rn. 434 f.; *Wolff/Bachof/Stober/Kluth* I, § 46 Rn. 5.
[1298] *VGH München* BayVBl 2000, 470; *Kracht,* Feststellender VA und konkretisierende Verfügung, 2002, S. 110 f.; *Maurer,* § 9 Rn. 46.
[1299] *BVerwG* NVwZ 2004, 349, 350; *Appel/Melchinger* VerwArch 84 (1993), S. 349, 367.
[1300] *Kracht,* Feststellender VA und konkretisierende Verfügung, 2002, S. 111 ff.
[1301] *BVerwGE* 96, 160, 162 = NZA 1995, 75.
[1302] *BVerwGE* 117, 133, 134 = NVwZ 2003, 344; *VGH Mannheim* InfAuslR 1990, 187; *VGH München* BayVBl 2002, 210, 211.
[1303] **Weitere Beispiele:** Feststellung des Hauptwohnsitzes (*VGH Mannheim* NVwZ 1987, 1007; *OVG Münster* NVwZ 1989, 1082; NVwZ 1990, 181), der Staatsangehörigkeit (*BVerwGE* 41, 277, 280 = NJW 1973, 951), der Rechtsstellung nach § 1 HumHAG (*VG Augsburg* NVwZ 2000, 1449, 1450) oder des Erlö-

220 Die **Wirkungsweise feststellender VA ist ambivalent:** Sie begründen unmittelbar weder Ge- noch Verbote, können aber (nach Eintritt der Bestandskraft) Grundlage für die Auferlegung von Ge- oder Verboten oder die Gewährung von Leistungen durch andere VA sein. Daher kann die Bestandskraft eines feststellenden VA wegen der größeren „Offenheit" der Regelung weitreichendere Folgewirkungen haben als die Bestandskraft von gestaltenden und vollstreckungsfähigen VA.[1304] Insbes. kann sich ein einmaliger Verstoß gegen den Grundsatz der Gesetzmäßigkeit der Verwaltung perpetuieren,[1305] s. Rn. 32. Die sich hieraus ergebenden Probleme sind ungeklärt. Sie gebieten insbes. auch Zurückhaltung bei der Frage, ob Vorfragen einer bestimmten Regelung in einem VA zugleich verbindlich festgestellt werden,[1306] s. Rn. 144. Angesichts dessen ist zweifelhaft, ob sich das Problem der Befugnis zum Erlass solcher VA mit den allgemeinen, zur Frage der Notwendigkeit einer **„VA-Befugnis"** (Rn. 25ff., § 44 Rn. 55ff.) entwickelten Grundsätzen gelöst werden kann, vgl. auch Rn. 29. Um Problemen auszuweichen wird eine gesetzliche Grundlage jedoch vielfach durch weite Auslegung des materiellen Rechts gewonnen,[1307] vgl. Rn. 28. Erscheint dieser Weg nicht als gangbar, soll nach BVerwG eine gesetzliche Grundlage für feststellende VA (nur) dann erforderlich sein, wenn die Feststellung für den Betroffenen belastend, weil inhaltlich nicht genehm ist. Keine Ermächtigung soll notwendig sein, wenn die Meinung des Antragstellers nur bestätigt werden soll,[1308] wie etwa beim Negativattest (Rn. 83). Diese Differenzierung ist problematisch: Sie macht die gesetzliche Ermächtigung nicht vom materiellen Recht (Rn. 26), sondern davon abhängig, ob der Antragsteller die Feststellung subjektiv als Belastung empfindet. Das Erfordernis einer gesetzlichen Ermächtigung wird dann vom Ergebnis der Entscheidung bestimmt: Wird ein Antrag auf Feststellung abgelehnt, wäre eine gesetzliche Ermächtigung erforderlich. Gleiches gälte bei einer Feststellung mit dem Inhalt: „Der Antragsteller ist nicht berechtigt..." Eine Ermächtigung wäre dagegen entbehrlich, wenn die begehrte Feststellung getroffen wird. Vorbehaltlich gesetzlicher Regelung besteht jedenfalls grundsätzlich **keine Verpflichtung zum Erlass feststellender VA.**[1309]

221 **f) Streitentscheidender Verwaltungsakt:** Zu den feststellenden VA zählt i. d. R. der streitentscheidende VA, durch den eine unparteiische (dritte) Stelle (dieses Merkmal soll den streitentscheidenden VA von normalen Leistungsbescheiden abgrenzen)[1310] eine streitige Rechtsange-

---

schens der Asylberechtigung (*OVG Hamburg* NVwZ-Beilage I 10/2001, 110), der Rechtsstellung einer Stiftung (*VGH München* BayVBl 1990, 719), der Reichweite einer Rechtsberatungserlaubnis (*VGH Mannheim* NJW 1993, 1219), des Bestandsschutzes einer baulichen Anlage (*VGH Kassel* BauR 1995, 679, 681), des Umfangs einer DDR-Altgenehmigung (*VG Chemnitz* LKV 1999, 468, 469; *Kersting/Spieß* LKV 1999, 425, 427f.), der Genehmigungsbedürftigkeit oder Anzeigepflichtigkeit (*OVG Frankfurt (Oder)* NJW 2000, 1435) eines Vorhabens, der Sanierungspflichtigkeit einer Altlastenfläche (a. A. *Jaeschke* NVwZ 2000, 1142), der Verantwortlichkeit für die auf der unmittelbaren Ausführung einer Maßnahme entstandenen Kosten (*OVG Berlin* NVwZ-RR 2000, 649), der Grenzen eines Jagdbezirks (*VGH München* BayVBl 2000, 277, 278) oder eines naturschutzrechtlich geschützten Feuchtgebietes auf einem Grundstück (*VGH Mannheim* NVwZ-RR 1993, 241), der Höhe der Darlehensschuld nach § 18 Abs. 5a BAföG (*BVerwG* 95, 321, 323 = NVwZ-RR 1995, 90), der Verpflichtung zur Erhebung von Kundendaten (*BVerwG* NJW 119, 123, 124f. = NJW 2004, 1191, 1192), Bestätigung nach § 18 Abs. 1 WoBindG (*VGH München* NJW 1999, 3235), Bescheinigung über einen Referenzmengenübergang nach der Milch-Garantiemengen-VO (*BVerwG* BayVBl 1998, 346), Festsetzung des Besoldungsdienstalters (Rn. 200).

[1304] *BVerwG* NJW 1987, 3017; *VGH München* NJW 1981, 2076; NVwZ 1983, 550.
[1305] Einschränkend zur Zulässigkeit feststellender VA deshalb *VGH München* NVwZ 1983, 550, 551; NVwZ 1988, 944; *VG Gera* LKV 2003, 41, 42.
[1306] *BVerwG* NVwZ 2004, 233f. (insoweit in BVerwGE 118, 226 nicht abgedruckt).
[1307] Vgl. etwa *BVerwGE* 117, 133, 134 = NVwZ 2003, 344; *BVerwGE* 119, 123, 124f. = NJW 2004, 1191, 1192; *BVerwG* NJW 1980, 718; NVwZ 1991, 267; NVwZ 1992, 192; *OVG Frankfurt (Oder)* NJW 2000, 1435; *VGH Kassel* NVwZ-RR 1991, 357; NVwZ 1993, 497; *OVG Lüneburg* NVwZ 2004, 1266f.; *VGH Mannheim* NJW 1993, 1219; NVwZ-RR 1993, 241, 242; *VGH München* BayVBl 2002, 210, 211; *OVG Münster* NVwZ 2001, 696f.; *OVG Weimar* LKV 2002, 336, 337; *VG Chemnitz* LKV 1999, 468, 469. „Strenger" demgegenüber *BVerwGE* 114, 226, 228 = NVwZ-RR 2001, 664f.; *VGH München* BayVBl 2000, 470, 471; *VG Augsburg* NVwZ 2000, 1449, 1450.
[1308] *BVerwGE* 72, 265, 267 = NJW 1986, 1120 (m. Anm. *Bauer* NVwZ 1987, 112; *Drescher* DVBl 1986, 727); *BVerwGE* 119, 123, 124f. = NJW 2004, 1191, 1192; *BVerwG* NJW 1987, 969; NVwZ 1991, 267; NVwZ 1992, 665, 666; NVwZ-RR 1992, 192; zustimmend *Kracht*, Feststellender VA und konkretisierende Verfügung, 2002, S. 316ff. (bei begünstigender Feststellung liege kein Eingriff vor).
[1309] *BVerwGE* 118, 319, 321 = NJW 2003, 2767f.; *VGH Mannheim* NJW 2007, 1706, 1707f.; *VGH München* NVwZ 1989, 944; BayVBl 2002, 737; *VG Augsburg* NVwZ 2004, 1389; a. A. *VGH Kassel* BauR 1995, 679, 683; NVwZ-RR 2004, 390.
[1310] *Achterberg*, § 21 Rn. 81, zählt auch die Leistungsbescheide zu den streitentscheidenden VA.

§ 35 Begriff des Verwaltungsaktes

legenheit – möglichst in einem gerichtsähnlichen Verfahren (vgl. aber § 43 Rn. 93 ff.) – entscheidet.[1311] Jedoch sind auch **gestaltende streitentscheidende** VA denkbar, insbes., wenn die dritte Stelle die Befugnis hat, eine fehlende Einigung zwischen den Parteien durch eine Art „**Schiedsspruch**" zu ersetzen, wie dies im Sozialrecht vielfach vorgesehen ist.[1312] Auch streitentscheidende VA sind voll gerichtlich überprüfbar[1313] und deshalb **verfassungsrechtlich zulässig**.[1314] Unanfechtbare streitentscheidende VA unterliegen jedoch i.d.R. nicht den §§ 48, 49, da Sinn und Zweck solcher VA ist, eine endgültige Klärung des Streites herbeizuführen.[1315] Streitentscheidende VA erlassen Ausschüsse bei der Bescheidung von Rechtsbehelfen,[1316] so z.B. die Entscheidungen der Rechtsausschüsse in Rheinland-Pfalz und im Saarland, s. Rn. 374. Streitentscheidend ist außerdem[1317] die Entscheidung der **Vergabekammern** nach **§ 114 Abs. 3 S. 1 GWB** (Rn. 126),[1318] der Bezirksregierung im Rahmen einer Vermögensauseinandersetzung zwischen kommunalen Gebietskörperschaften oder der Vorbescheid zur Feststellung von Wildschäden nach § 35 BJagdG.[1319]

g) **Beurkundender Verwaltungsakt:** In einer frühen Entscheidung hat *BVerwG*[1320] die Figur des beurkundenden VA eingeführt, die auch heute noch teilweise herangezogen wird, wenn es um die Frage der VA-Qualität von Registereintragungen, Bescheinigungen und Ausweisen aller Art (vgl. Rn. 87 f.) geht.[1321] Ein (feststellender) VA soll hiernach schon dann vorliegen, wenn die in einer Registereintragung, Bescheinigung oder einem Ausweis enthaltene Aussage eine **tatsächliche Vermutung** für das Bestehen eines Rechts begründet, den Gegenbeweis aber zulässt. Die erhöhte Beweiskraft einer öffentlichen Urkunde (§ 33 Rn. 7 ff., 15) als solche macht diese jedoch nicht zu einer auf Begründung, Aufhebung, Änderung oder Feststellung eines Rechts gerichteten Willenserklärung,[1322] Rn. 69, 145. I.d.R. sind deshalb Beurkundungen nur Wissenserklärungen und deshalb keine VA, s. Rn. 82. Stellt sich die Urkunde dagegen als ein Akt dar, auf Grund dessen eine bestimmte Sach- oder Rechtslage in einem späteren Verfahren geltend gemacht oder nicht mehr widerlegt werden kann, regelt sie eine Rechtsfolge mit Bindungswirkung, ist daher VA.[1323] Werden deshalb nur solche Urkunden als VA angesehen, die ein Recht verbindlich feststellen,[1324] unterscheiden sich beurkundende VA von sonstigen feststellenden VA nur durch ihre besondere Form (§ 37 Rn. 54) und ihre wegen §§ 415 ff. ZPO erhöhte Beweiskraft (§ 33 Rn. 7 ff., 15). Ob diese formellen Gesichtspunkte die Beibehaltung der Rechtsfigur des beurkundenden VA rechtfertigen, erscheint zweifelhaft.

2. Verwaltungsakt mit Dauerwirkung

§ 45 Abs. 3, § 48 SGB X erwähnen den VA mit Dauerwirkung, ohne ihn zu definieren, und sehen hierfür spezielle Aufhebungsregeln vor, die jedoch nicht analog im Anwendungsbereich des VwVfG anzuwenden sind, da sie keine allgemeinen Rechtsgrundsätze enthalten,[1325] § 1 Rn. 283, § 2 Rn. 95 f. Jedoch werfen VA mit Dauerwirkung auch außerhalb des Anwendungsbereichs des SGB X besondere Probleme auf. Sie sind dadurch gekennzeichnet, dass sie

---

[1311] *BVerfGE* 2, 380, 393 f.; *BVerwGE* 23, 25, 26 f.; *Andrae*, Der streitentscheidende VA, Diss. 1986, S. 14 ff.; *Schwarz* in Fehling u. a., § 35 VwVfG Rn. 46; *Wolff/Bachof/Stober/Kluth* I, § 46 Rn. 7.
[1312] Ausführlich zu den sozialrechtlichen Schiedsstellenverfahren *Becker* SGb 2003, 664 ff., 712 ff.
[1313] *OVG Münster* NVwZ 1986, 1042.
[1314] *BVerfGE* 2, 380, 391 ff.
[1315] *BVerfGE* 2, 380, 394; *Henneke* in Knack, § 35 Rn. 92.
[1316] *BVerwGE* 23, 25, 27.
[1317] Zahlreiche weiter Beispiele bei *Andrae*, Der streitentscheidende VA, Diss. 1986, S. 73 ff.
[1318] *OLG Jena* NZBau 2000, 539, 540.
[1319] *Henneke* in Knack, § 35 Rn. 92.
[1320] *BVerwGE* 39, 103, 104; die Rechtsfigur geht auf *Jellinek* (S. 260) und *Forsthoff* (S. 210) zurück.
[1321] Vgl. etwa *OVG Münster* BRS 33 Nr. 156; *OVG Bremen* NVwZ 1988, 1322 (jeweils zur Baulasteintragung); *Achterberg*, § 21 Rn. 64; *Ule/Laubinger*, § 48 Rn. 17.
[1322] *Henneke* in Knack, § 35 Rn. 61; *Kracht*, Feststellender VA und konkretisierende Verfügung, 2002, S. 345 ff.; *Krause*, Rechtsformen des Verwaltungshandelns, 1974, S. 343 ff.; *Lässig* JuS 1990, 459, 462 ff.; *Schwarz* in Fehling u. a., § 35 VwVfG Rn. 50.
[1323] *Kracht*, Feststellender VA und konkretisierende Verfügung, 2002, S. 669; *Krause*, Rechtsformen des Verwaltungshandelns, 1974, S. 350 ff.
[1324] So etwa *Peine*, Rn. 438.
[1325] *Brede*, VA mit Dauerwirkung, 1997, S. 25 f.; Zweifel bei *Klappstein* DÖV 1998, 852.

zeitraum- und zukunftsbezogene Regelungen enthalten.[1326] Die von ihnen ausgehenden Rechtsfolgen treten nicht *zu* einem bestimmten Zeitpunkt, sondern *während* eines bestimmten Zeitraums ein.[1327] Sie bzw. ihre Aufrechterhaltung kann demnach nach dem insoweit maßgeblichen **materiellen Recht** durch Änderung der tatsächlichen Verhältnisse **rechtswidrig werden**, auch wenn sie ursprünglich rechtmäßig waren.[1328] Daher kommt nur für VA mit Dauerwirkung ein **Wiederaufgreifen** nach § 51 Abs. 1 Nr. 1 in Betracht[1329] (§ 51 Rn. 89), nur bei ihnen kann sich die Frage stellen, inwieweit die Behörde verpflichtet ist, die fortbestehende Rechtmäßigkeit (ggf. auf Antrag hin) zu überwachen und den VA so „unter Kontrolle" zu halten,[1330] und inwieweit für die Aufhebung rechtswidrig gewordener VA § 48 oder § 49 einschlägig ist, s. hierzu § 48 Rn. 53 ff. Nur bei VA mit Dauerwirkung gibt zudem eine Aufhebung mit Wirkung für die Zukunft (und damit die Beifügung eines Widerrufsvorbehalts)[1331] und eine auflösende Befristung nach § 36 Abs. 1 Nr. 1 (§ 36 Rn. 71 f.) Sinn. Dies alles kommt in der Definition des *BSG*,[1332] nach der ein VA mit Dauerwirkung ein VA ist, der in rechtlicher Hinsicht über den Zeitpunkt seiner Bekanntgabe bzw. Bindungswirkung hinaus Wirkungen zeitigt, nicht zum Ausdruck, weil jeder VA über den Zeitpunkt seiner Bekanntgabe und kein VA über den Zeitpunkt seiner Bindungswirkung hinaus wirkt.[1333] Zu folgen ist eher *BVerwG*, das in Anlehnung an die Regierungsbegründung zu § 45 Abs. 3 SGB X[1334] v. a. solche VA zu den VA mit Dauerwirkung zählt, die ein auf Dauer berechnetes, u. U. befristetes, **Rechtsverhältnis begründen** oder inhaltlich verändern.[1335] Entgegen *BVerwG*[1336] ist jedoch kein Wesensmerkmal des VA mit Dauerwirkung, dass es nach h. M. für die Beurteilung seiner Rechtmäßigkeit nach § 113 Abs. 1 VwGO i. d. R. auf den Zeitpunkt der letzten mündlichen Verhandlung ankommen soll,[1337] s. § 44 Rn. 24. Diese prozessrechtliche Folge knüpft an das Wesen des VA mit Dauerwirkung (aus Zweckmäßigkeitsgründen) an, ohne dieses zu bestimmen. Daher lässt sich die Bedeutung des VA mit Dauerwirkung auch nicht auf diese prozessrechtliche Frage reduzieren.[1338]

224 Nicht alle VA mit dauernden Auswirkungen sind demnach bereits deshalb VA mit Dauerwirkung, sondern nur solche, deren Regelung andauert, sich immer wieder aktualisiert und vollzugsfähig ist. So ist die Aufhebung einer Erlaubnis **kein VA mit Dauerwirkung:**[1339] Wenn die erlaubnispflichtige Tätigkeit dem Betroffenen nunmehr verwehrt ist, ist dies eine Rechtsfolge des Gesetzes, das die Tätigkeit einer Erlaubnispflicht unterstellt, nicht aber der Aufhebung, die sich mit der einmaligen Umgestaltung der Rechtslage erschöpft.[1340] Die Dauerwirkung fehlt auch bei VA, die über das Bestehen/Nichtbestehen eines Rechts zu einem bestimmten Zeitpunkt entscheiden[1341] ebenso bei VA, die Rechtsgeschäfte/Satzungen genehmigen, da sie sich mit Herbeiführung der Wirksamkeit des Geschäfts/der Satzung „erschöpfen" und bei ihrer Abänderung ggf. neu zu erteilen sind.[1342] Umgekehrt ist die (ggf. befristete) **Untersagung einer erlaubnisfrei zulässigen Tätigkeit** (etwa eine Gewerbeuntersagung nach § 35 GewO) VA mit

---

[1326] *Brede,* VA mit Dauerwirkung, 1997, S. 89.
[1327] *BVerwGE* 59, 148, 160; *BVerwG* Buchholz 421.0 Prüfungswesen Nr. 351.
[1328] *BVerwGE* 59, 148, 160; *Manssen* ZfSH/SGB 1991, 225, 234; *Schnapp* SGb 1993, 1, 5; *Seewald* SGb 2000, 382, 384; *Wiesen* in von Wulffen, § 48 Rn. 4.
[1329] *BVerwGE* 104, 115, 120 = NJW 1998, 173 (m. Anm. *Hösch* JZ 1997, 948); *BVerwG* Buchholz 421.0 Prüfungswesen Nr. 351; *Frohn* Jura 1993, 393, 396 f.
[1330] Vgl. *BVerwGE* 16, 181, 182; 22, 16, 23 (m. Anm. *Bachof* JZ 1966, 140; *Ule/Sellmann* JuS 1967, 308); *BVerwG* JR 1970, 473; *VGH* Mannheim DÖV 1972, 428, 429; BauR 2007, 358 f.
[1331] *BSGE* 89, 62, 64 = NZS 2002, 552, 553.
[1332] *BSGE* 56, 165, 169 ff.; 84, 281, 288.
[1333] *Ebsen* Verwaltung 2002, S. 239, 253 f.; *Manssen* ZfSH/SGB 1991, 225, 230 ff.
[1334] BT-Drucks. 8/2034, S. 34.
[1335] *BVerwGE* 78, 101, 111 = NVwZ 1988, 829; *BVerwGE* 104, 115, 120 = NJW 1998, 173.
[1336] *BVerwG* NVwZ 2001, 322, 323 (m. Anm. *Heinze* NVwZ 2001, 293).
[1337] Hierzu *Felix* NVwZ 2003, 385, 387 ff. m. w. N.; *Polzin* JuS 2004, 211, 212 f.
[1338] So aber *Felix* NVwZ 2003, 385, 387; wie hier *Frohn* Jura 1993, 393, 395 ff.
[1339] Wie etwa Widerruf einer Gaststättenerlaubnis (*BVerwG* JR 1970, 373), einer Approbation (*OVG Koblenz* NJW 1990, 1553, 1554), einer Apothekenbetriebserlaubnis (*BVerwG* Buchholz 418.20 Allgemeines Apothekenrecht Nr. 16), einer Genehmigung ör. Lieferbeziehungen (*BVerwG* NVwZ 28, 352, 355).
[1340] *BVerwG* Buchholz 418.20 Allgemeines Apothekenrecht Nr. 16; *OVG Münster* NVwZ 2000, 697.
[1341] Wie etwa i. d. R. die Ablehnung einer Begünstigung (*VG Sigmaringen* VBlBW 2002, 39, 40; *BSGE* 58, 27, 29; a. A. *Pickel* SGb 1992, 294), Prüfungsentscheidung (*BVerwG* Buchholz 421.0 Prüfungswesen Nr. 351), Enteignungsbeschluss (*VGH München* NVwZ 2003, 1534, 1535).
[1342] *BVerwGE* 16, 181, 182; 104, 115, 120 = NJW 1998, 173; *Wachsmuth,* ThürVBl 2004, 181, 182.

§ 35 Begriff des Verwaltungsaktes

Dauerwirkung, da das Tätigkeitsverbot seine Grundlage in diesem VA findet und sein Fortbestand von dessen Wirksamkeit abhängig ist.[1343] Als **belastende VA mit Dauerwirkung wurden** ferner angesehen: Baueinstellungsverfügung (wegen des darin enthaltenen Verbots, Bauarbeiten wieder aufzunehmen),[1344] Untersagung nach § 16 Abs. 3 HandwO,[1345] Nutzungsuntersagung als dauerndes Verbot, die Nutzung wieder aufzunehmen,[1346] ordnungsrechtliche Duldungs-[1347] und Unterlassungsverfügungen,[1348] Anordnung bestimmter dauernder Verhaltenspflichten als selbständiger VA[1349] oder auch als **Auflage i. S. d. § 36** zu einer Genehmigung,[1350] vorläufige Unterschutzstellung eines Denkmals,[1351] Verkehrszeichen (Rn. 330 ff.),[1352] Anordnung über Apothekenöffnungszeiten (Rn. 315),[1353] Festsetzung einer Abfindung, die eine Rente ausschließt,[1354] Festsetzung einer monatlichen Ausgleichzahlung,[1355] Zwangsgeldandrohung und -festsetzung (bis zum Abschluss seiner Beitreibung).[1356] Als **begünstigende VA mit Dauerwirkung** wurden angesehen: Genehmigungen und Erlaubnisse, soweit sie dauernde Rechte begründen,[1357] wie Aufenthaltsgenehmigung,[1358] Bewilligung von Teilzeitbeschäftigung gegenüber Beamten,[1359] aber auch Zulassung zu einer öffentlichen Einrichtung[1360] (Rn. 118), Bewilligung von Sozialleistungen für einen bestimmten Zeitraum,[1361] Beamtenernennung.

Auch VA, die den Betroffenen zu einem **einmaligen Tun** auffordern, weisen eine (begrenzte) Dauerwirkung auf, da sie – bis zu ihrem Vollzug/ihrer Erfüllung – eine dauernde Pflicht des Betroffenen begründen, der Handlungspflicht nachzukommen.[1362] Ob man sie deshalb wie hier den VA mit Dauerwirkung zuordnet oder ob man solche VA als strukturell mit diesen nicht vergleichbar ansieht,[1363] ist im Wesentlichen nur eine Frage der Terminologie, solange diese VA während ihrer „Laufzeit" den „echten" VA mit Dauerwirkung gleichgesetzt werden,[1364] s. hierzu auch § 44 Rn. 24, § 51 Rn. 89. Deshalb ist zweifelhaft, wenn ein noch nicht vollzogener Beanstandungsbescheid über wettbewerbliches Fehlverhalten nicht den Regeln unterstellt wird, die für VA mit Dauerwirkung gelten.[1365] Umgekehrt weisen auch solche VA, die die Behörde zu einer einmaligen Leistung verpflichten, im Zeitraum zwischen Erlass und Leistung eine begrenzte Dauerwirkung auf, was insbes. auch § 49 Abs. 2 Nr. 4 berücksichtigt. Daher kann in

225

[1343] *BVerwGE* 22, 16, 23 (m. Anm. *Bachof* JZ 1966, 138; *Ule/Sellmann* JuS 1967, 308); *BVerwGE* 28, 202, 203; 65, 1, 3 = NVwZ 1982, 503; *BVerwG* NVwZ 1991, 372, 373.
[1344] *VGH Mannheim* VBlBW 1994, 196; BauR 2007, 358; *OVG Weimar* NVwZ-RR 2000, 578, 580.
[1345] *VGH Mannheim* GewArch 1974, 120, 121; a. A. *VGH München* GewArch 1976, 333, 334 (da hier nur eine kraft Gesetzes bestehende Pflicht zum Zwecke der Vollstreckung konkretisiert werde; jedoch kann auch deklaratorischen VA Dauerwirkung zukommen).
[1346] *OVG Münster* UPR 1996, 458 (Leitsatz).
[1347] *BVerwG* NVwZ 2005, 87, 88.
[1348] *BVerwG* NJW 2001, 1808; *OVG Lüneburg* NdsVBl 2003, 323; *VGH Mannheim* NVwZ 2006, 398; *OVG Münster* DVBl 2000, 1076; *VG Köln* NJW 2005, 1880.
[1349] *BVerwG* NJW 1979, 1054, 1055 (zur Fahrtenbuchauflage); NJW 1988, 2056.
[1350] *VGH Mannheim* DÖV 1972, 428; NuR 1984, 102, 104; NVwZ-RR 2002, 621, 622 f.; *OVG Münster* DÖV 1976, 391, 392; NVwZ 2000, 89.
[1351] *OVG Münster* NVwZ-RR 2006, 527, 528; *VG Gelsenkirchen* NWVBl 1998, 451.
[1352] *BVerwG* 59, 221, 226 = NJW 1980, 1640; *BVerwGE* 97, 214, 220 f. = NJW 1995, 1371; *BVerwGE* 97, 323, 326 = NJW 1995, 1977; *BVerwG* NJW 2004, 698.
[1353] *BVerwG* NJW 1990, 787; *VGH München* NJW 1986, 1564, 1565.
[1354] *BSG* SGb 2000, 378, 381 (krit. *Seewald* SGb 2000, 382, 384).
[1355] *VG Berlin* NVwZ 2004, 371.
[1356] In diese Richtung *BVerwGE* 122, 293, 301 = NVwZ 2005, 819; *BVerwG* NJW 2006, 2280; *OVG Bautzen* SächsVBl 2000, 294.
[1357] Anders aber jetzt *BVerwG* NVwZ 2001, 322, 323 (für Genehmigung nach PBefG); *BGHZ* 155, 214, 227 = NJW 2003, 3776, 3779 (zur Freigabeverfügung bei der Fusionskontrolle, da sie eine Aussage nur für den Zeitpunkt enthalte, zu dem sie getroffen werde); generell ablehnend *Wehr* BayVBl 2007, 385, 390.
[1358] *VG München* NVwZ-RR 2000, 722, 723.
[1359] *VG Karlsruhe* NVwZ-RR 2004, 278.
[1360] *VGH Mannheim* NVwZ 1987, 701; *VGH München* NVwZ-RR 2007, 465, 466 f.; a. A. offenbar *OVG Münster* NVwZ 1995, 814.
[1361] *BVerwGE* 78, 101, 111 = NVwZ 1988, 829; *BVerwG* NJW 1993, 744, 746 (insoweit in *BVerwGE* 91, 82 nicht abgedruckt); zum Kindergeldbescheid *FG Nds* EFG 2001, 153.
[1362] So deutlich *OVG Lüneburg* NdsVBl 1997, 113; *BGHZ* 88, 273, 278 = NJW 1984, 2886, 2887; ähnlich *BVerwGE* 5, 351, 352 = NJW 1958, 354; *OVG Münster* NVwZ 1987, 727; NVwZ-RR 1994, 410 f.
[1363] So *Kopp/Schenke*, § 113 Rn. 45.
[1364] *Polzin* JuS 2004, 211, 213; *Wehr* BayVBl 2007, 385, 390.
[1365] *BVerwGE* 114, 160, 167 = NVwZ 2001, 1399, 1401; *OVG Münster* NVwZ 2000, 697; konsequent demgegenüber in vergleichbarer Situation *BGHZ* 88, 273, 278 = NJW 1984, 2886.

der **Gewährung von Sozialhilfe** ein VA mit (begrenzter) Dauerwirkung im Zeitraum zwischen dessen Erlass und der Auszahlung gesehen werden,[1366] s. a. Rn. 77. Zur Bedeutung der ständigen Wiederholung befristeter VA mit (begrenzter) Dauerwirkung **(Ketten-VA)** für die Beendigung des Regelungsverhältnisses, s. § 36 Rn. 74. Die Frage, ob ein VA mit Dauerwirkung vorliegt, ist daher von der Frage zu trennen, **welche Dauer die Dauerwirkung** umfasst.

3. Akzessorischer Verwaltungsakt

226 Der akzessorische VA ist in seiner Wirksamkeit von der Wirksamkeit eines anderen VA abhängig. Er erledigt sich „auf andere Weise", wenn und soweit der Haupt-VA aufgehoben wird oder sich selbst erledigt, § 43 Rn. 219. Nicht von akzessorischen VA sollte gesprochen werden, wenn das Fortbestehen eines VA nur Voraussetzung für die Rechtmäßigkeit der Aufrechterhaltung eines anderen VA ist, wie dies im Verhältnis zwischen verschiedenen Teil-VA der Fall sein kann, Rn. 256. In diesem Sinne akzessorisch ist die **Auflage** nach § 36 Abs. 2 Nr. 4 (§ 36 Rn. 83) zu dem VA, mit dem sie verbunden ist, die Zwangsmittelandrohung (Rn. 165) zu dem VA, der vollstreckt werden soll,[1367] die Einziehungsverfügung zur Pfändungsverfügung (Rn. 166),[1368] die Nachtragsgenehmigung zur Baugenehmigung.[1369]

227 Ob auch die **Entscheidung über Verwaltungsgebühren** (§ 37 Rn. 110, ferner § 80 Rn. 16) streng akzessorisch zu dem VA ist, für dessen Erlass die Gebühren/Kosten erhoben werden, bestimmt sich nach Gebühren- und Verwaltungskostenrecht.[1370] *VGH München* ist früher von strenger Akzessorietät ausgegangen, da die Gebühr Gegenleistung für den VA sei und die Gebührenfestsetzung daher das rechtliche Schicksal der Hauptsacheentscheidung teilen müsse.[1371] Die **Verwaltungskostengesetze** gehen jedoch eher von einer **völligen Selbständigkeit** der Gebührenentscheidungen aus.[1372] Soweit ein **Anfechtungsverbund** (vgl. § 22 Abs. 1 HS. 2 VwKostG) vorgesehen ist,[1373] wird etwa deutlich, dass „an sich" eine gesonderte Anfechtung der Gebührenentscheidung notwendig wäre, sie also nicht „automatisch" mit der Aufhebung des gebührenpflichtigen VA unwirksam werden soll. § 15 Abs. 2 und § 21 Abs. 1 VwKostG sehen zudem besondere Erstattungsregelungen für den Fall vor, dass die Gebührenfestsetzung bestandskräftig, der gebührenpflichtige VA jedoch im Rechtsbehelfsverfahren oder durch die Verwaltung aufgehoben wird (Möglichkeit einer Billigkeitsentscheidung). § 14 Abs. 2 S. 2 SaarlGebG schließt demgegenüber bei unanfechtbar gewordenen Verwaltungsgebührenentscheidungen eine Erstattung der Gebühren auch bei Aufhebung des gebührenpflichtigen VA schlechthin aus, während nach § 14 Abs. 2 LGebG BW – ohne Rücksicht auf die Bestandskraft der Verwaltungsgebührenentscheidung – alle durch unrichtige Sachbehandlung entstandenen Kosten zu erlassen sind. Wegen dieser gebührenrechtlichen Sonderbestimmungen ist zweifelhaft, ob auf Verwaltungsgebührenentscheidungen die §§ 48 ff. anzuwenden sind.[1374]

228 Auch die Akzessorietät von **Kostenlastentscheidungen** bestimmt sich nach Kostenrecht,[1375] jedoch liegt auch hier i. d. R. keine Akzessorietät vor. Bei Kosten- und Kostenlastentscheidung in **Widerspruchsbescheiden** (§ 80 Rn. 16, 18 ff.) hat dies bei sich anschließendem Klageverfahren indes geringe Bedeutung, da die Vorverfahrensgebühren „Kosten des Vorverfahrens"

[1366] *OVG Münster* NWVBl 1993, 393, 394 f.; *Grieger* ZfSH/SGB 2002, 451, 453 f.; *Paul* ZfSH/SGB 1999, 78.
[1367] *BVerwG* NVwZ 1991, 570 f.; *VGH München* NJW 1982, 460; *OVG Saarlouis* NVwZ-RR 2003, 87.
[1368] *VGH Mannheim* NJW 1984, 253.
[1369] *OVG Münster* BauR 2003, 1771; *Kerkmann/Sattler* BauR 2005, 47, 49.
[1370] *BVerwG* NVwZ 1991, 570, 571.
[1371] *VGH München* VerwRspr. 13 Nr. 83, 282, 285; ähnlich *VG Freiburg* NVwZ 2001, 833, 834; *Redeker* DVBl 1981, 56, 57 (für Widerspruchsgebühr); *Saller* NdsVBl 2001, 258, 266 (als allg. Grundsatz).
[1372] Allgemein: *BVerwG* NJW 1955, 318 (insoweit in BVerwGE 1, 239 nicht abgedruckt). Zur Selbständigkeit der Widerspruchsgebührenentscheidungen (§ 80 Rn. 16) siehe etwa *BVerwG* DVBl 1976, 80, 81; *OVG Lüneburg* NdsVBl 1995, 259; *VGH Mannheim* NJW 1977, 861 (nur Leitsatz); VBlBW 1983, 102, 103; *VGH München* BayVBl 1983, 246, 247; *OVG Münster* DVBl 1981, 55, 56; KStZ 1984, 217, 218; *VG Gießen* NVwZ-RR 2001, 560; *VG Göttingen* NVwZ-RR 2000, 650; *VG Schwerin* KStZ 1998, 29; *VG Stuttgart* VBlBW 1988, 485, 486.
[1373] Hierzu *OVG Münster* NWVBl 2003, 479, 481; *VG Gießen* NVwZ-RR 2001, 560, 562; *Emrich* NVwZ 2000, 163, 164; *Eschenbach* KStZ 1998, 21; *Fürniß* LKV 2001, 260 f.
[1374] Für die Anwendbarkeit dieser Bestimmungen jedoch *Emrich* NVwZ 2000, 163, 166.
[1375] *BVerwG* NVwZ 1991, 570, 571.

4. Mitwirkungsbedürftiger Verwaltungsakt

a) Allgemeines: Hängt die materielle Rechtmäßigkeit eines VA von der Zustimmung (in Form eines Antrags, einer Einwilligung oder Genehmigung) des Betroffenen ab, spricht man von „mitwirkungsbedürftigen VA", wenn sich auch einheitliche Begriffe noch nicht gebildet haben. Das VwVfG setzt die Existenz solcher VA voraus, s. Rn. 213. Die Rechtsordnung macht hier die Gestaltung oder die Feststellung des materiellen Rechts durch die Behörde vom Wollen des Betroffenen abhängig.[1377] Die Maßnahme bleibt jedoch eine **einseitige behördliche Regelung** und unterscheidet sich dadurch von **ör. Vertrag.** Die Abgrenzung kann schwierig sein,[1378] s. § 54 Rn. 39. 229

Mitwirkungsbedürftige VA ergehen **vielfach nur auf Antrag** i. S. des § 22 S. 2 Nr. 2. Daher sind mitwirkungsbedürftige VA z. B. insbes. Genehmigungen, Erlaubnisse und Dispense,[1379] aber auch Bauvorbescheide (Rn. 251 ff.)[1380] oder Subventionsbewilligungen (Rn. 112 ff.).[1381] Ein mitwirkungsbedürftiger VA kann aber auch vorliegen, wenn er typischerweise von Amts wegen oder auf Antrag eines Dritten erlassen wird (sog. **VA auf Unterwerfung**)[1382] wie Baulasteintragung (Rn. 88), Widmung[1383] (Rn. 320 ff.), Beleihung (s. § 1 Rn. 256 f.)[1384] oder die ebenfalls als mitwirkungsbedürftiger VA verstandene Verwarnung mit Verwarnungsgeld nach § 56 OWiG.[1385] Bedürfen mitwirkungsbedürftige VA somit nicht zwingend eines Antrags i. S. des § 22 S. 2 Nr. 2 VwVfG, darf die (materiellrechtlich erforderliche) Zustimmung des Bürgers **nicht mit dem Antrag i. S. des § 22** (dazu im Einzelnen § 22 Rn. 15 ff.) gleichgesetzt werden. Auch bei Antragsbedürftigkeit des VA sollte zudem nicht vom Vorliegen einer Willenserklärung mit zwei Funktionen bzw. Doppelnatur,[1386] sondern vom Vorliegen zweier Willenserklärungen (die dementspr. auch ein unterschiedliches rechtliches Schicksal haben können) ausgegangen werden,[1387] s. a. § 22 Rn. 18 ff. Dies schließt nicht aus, dass in einem verfahrensrechtlichen Antrag konkludent die materiellrechtliche Zustimmung enthalten ist.[1388] 230

Ob ein VA materiellrechtlich nur mit Zustimmung des Bürgers rechtmäßig ist, also ein mitwirkungsbedürftiger VA vorliegt, entscheidet das Fachrecht.[1389] Grundsätzlich ist es aber der 231

[1376] *BVerwG* NVwZ 2006, 1394 f.
[1377] *BVerfGE* 37, 363, 385, 390 = NJW 1974, 1751; *VGH Kassel* NVwZ-RR 1994, 342, 343; *P. Stelkens* NuR 1985, 213, 218 ff.
[1378] *Grupp* VerwArch 69 (1978), S. 126, 132 ff.; *Schlette*, Verwaltung als Vertragspartner, 2000, S. 186 f.; *Spannowsky*, Grenzen des Verwaltungshandelns durch Verträge und Absprachen, 1994, S. 75 ff.
[1379] *VGH Kassel* NVwZ-RR 1994, 342; *OVG Münster* NWVBl 1992, 176; NVwZ-RR 2001, 430; *VG Arnsberg* NWVBl 1996, 312; *VG Darmstadt* NVwZ-RR 2005, 236.
[1380] *OVG Münster* NVwZ 2001, 1423; NVwZ-RR 2004, 558.
[1381] **Weitere Beispiele:** Bescheid nach § 19 Abs. 2 PartG (*BVerwGE* 111, 175, 178 = NJW 2000, 3728; *OVG Münster* NVwZ 2000, 336, 338; *VG Köln* NWVBl 1998, 163, 164), Zuteilung von Rufnummern nach TKG (*VG Köln* NVwZ 2002, 369, 370), Zulassung eines vom Betroffenen angebotenen anderen Mittels im Gefahrenabwehrrecht (*Grupp* VerwArch 69 (1978), S. 125, 130 ff.), Abgabenstundung (*VGH München* BayVBl 1974, 701; *OVG Münster* NJW 1976, 688), Vergabe von Grabnutzungsrechten (*VGH München* BayVBl 1990, 152; *VGH Kassel* NVwZ-RR 1994, 335, 336), Entscheidung nach § 10 KHG (*BVerwGE* 92, 313, 315 = NJW 1994, 1604), Ermäßigung der Arbeitszeit eines Beamten (*BVerwGE* 82, 196, 199 = NVwZ 1989, 969; DVBl 1992, 917; *OVG Münster* NVwZ-RR 1990, 90), Nebentätigkeitsgenehmigung (*VG Regensburg* DÖD 1988, 23), Bewilligung von Urlaub ohne Dienstbezüge (*OVG Münster* NVwZ 2004, 375, 377 = NVwZ 1998, 401) oder Erziehungsurlaub (*OVG Münster* NVwZ-RR 2004, 126), Festsetzung von Arbeitslosengeld (*BSG* NJW 2000, 2043, 2046), Asylanerkennungsbescheid (*VGH München* NVwZ-RR 1992, 328).
[1382] *Kirchhof* DVBl 1985, 653; *P. Stelkens* NuR 1985, 213, 214.
[1383] *VGH München* NVwZ 1990, 280; *Heiß/Hablitzel* DVBl 1976, 93, 95.
[1384] *BVerwG* 106, 272, 274 = NVwZ 1999, 194; *BGHZ* 135, 341, 343 = NJW 1998, 298.
[1385] *AG Groß-Gerau* NZV 1993, 412; *AG Saalfeld* NJW 2005, 2726.
[1386] So aber *BSGE* 60, 79, 82 = NZA 1987, 68; *BSG* NJW 2000, 2043, 2046; *Pünder* in Erichsen/Ehlers, § 13 Rn. 18; *de Wall*, Anwendbarkeit privatrechtlicher Vorschriften, 1999, S. 156.
[1387] *BVerwGE* 104, 375, 380 = NVwZ 1998, 401; *VGH Kassel* NVwZ-RR 1994, 342, 343; *Laubinger*, FS Seok, 2003, S. 65, 70; *Kirchhof* DVBl 1985, 651, 653; *P. Stelkens* NuR 1985, 213, 214.
[1388] *VGH Kassel* NVwZ-RR 1994, 342, 343; *P. Stelkens* NuR 1985, 213, 218.
[1389] *VGH Kassel* NVwZ-RR 1994, 342, 343.

Verwaltung ohne gesetzliche Ermächtigung verwehrt, Begünstigungen demjenigen aufzudrängen, der sie nicht wünscht, zumal wenn sie mit direkten oder indirekten Rechtsnachteilen verbunden sind,[1390] vgl. § 22 Rn. 28, 37, 48. Der Erlass einer **modifizierenden Gewährung** (§ 36 Rn. 96 ff.) ist dennoch nicht ausgeschlossen, denn die Behörde kann hier mit der Zustimmung des Betroffenen rechnen, was allerdings eine Anfechtung durch den Begünstigten nicht ausschließt, näher § 36 Rn. 95. Str. ist jedoch, ob nach dem Grundsatz „volenti non fit iniuria" die Zustimmung die (an sich notwendige) gesetzliche Ermächtigung zum Erlass eines (auch) **belastenden VA** (vgl. § 48 Rn. 120) ersetzen kann.[1391] Dies kann nur gelten, soweit der Bürger auf ein Recht wirksam verzichten kann (§ 53 Rn. 31) und der Auferlegung der Belastung nicht bereits der Grundsatz des Gesetzesvorrangs (§ 44 Rn. 45) entgegensteht.

232 **b) Anforderungen an die Zustimmung:** Dem Wesen des mitwirkungsbedürftigen VA entspricht, dass die Zustimmung freiwillig erfolgen muss. Sie kann von der Behörde nur dann erzwungen werden, falls sie dazu gesetzlich ermächtigt ist.[1392] Eine solche Ermächtigung ist z B. in § 17 Abs. 1 i. V. m. Abs. 4 BImSchG (sog. nachträgliche Zielanordnungen)[1393] und in § 176 Abs. 7 BauGB (Baugebot) enthalten. Eine allgemeine Ermächtigung wie die polizeiliche Generalklausel reicht nicht aus,[1394] wohl aber zur Untersagung eines Vorhabens, das nur mit (mitwirkungsbedürftiger) Genehmigung zulässig ist.[1395]

233 Der Inhalt des VA wird durch die Zustimmung vorgegeben.[1396] Allerdings wird der VA inhaltlich nur insoweit durch die Zustimmung bestimmt, wie diese – i. d. R. durch Bezugnahme auf die Antragsunterlagen – übernommen wird.[1397] Bei Widerspruch geht der Inhalt des VA den dem Antrag beigefügten Unterlagen vor,[1398] s. a. Rn. 76. Die Unterlagen müssen in sich klar und widerspruchsfrei sein, andernfalls kann eine auf ihrer Grundlage erteilte Genehmigung nichtig sein, s. § 22 Rn. 43, 47. Die **Auslegung** eines Antrages erfolgt nach den Grundsätzen des § 133 BGB, s. § 22 Rn. 46 ff. Besondere Anforderungen im Interesse der Rechtsklarheit sind an die Zustimmung bei VA zu stellen, die **als erteilt gelten,** wenn sie nicht binnen einer bestimmten Frist abgelehnt werden, s. a. Rn. 66. Der Gegenstand der Genehmigung muss sich hier unzweifelhaft aus den im Genehmigungsverfahren vorgelegten Urkunden ergeben, da andernfalls die Gefahr bestünde, dass der Inhalt des mit Ablauf der Frist fingierten VA in einem nachfolgenden Verfahren erst noch durch Anhörung von Zeugen ermittelt werden müsste.[1399] Dies wäre mit der Klarstellungsfunktion (Rn. 31 ff.) eines VA unvereinbar.

234 Anders als der verfahrensrechtliche Antrag (§ 22 Rn. 77) kann vorbehaltlich fachgesetzlicher Regelung die materiellrechtliche Zustimmung auch unter einer **Bedingung** (zunächst) zulässig sein.[1400] Allerdings muss bei Erlass des VA feststehen, ob die aufschiebende Bedingung eingetreten, die auflösende nicht eingetreten ist. Andernfalls müsste sie durch eine Bedingung i. S. d. § 36 in den VA übernommen werden. Wird dies von der Behörde übersehen, bleibt dem Betroffenen nur die Anfechtung des VA.

[1390] *VGH Kassel* NVwZ 1994, 342; *OVG Koblenz* NVwZ 1986, 577; *OVG Münster* NJW 1976, 688 f.; NWVBl 1991, 247; *VG Aachen* NWVBl 2006, 346 f.; *VG Arnsberg* NWVBl 1996, 312, 313; *VG Köln* NVwZ 2002, 369, 370; *Kirchhof* DVBl 1985, 651, 657; *Sachs* VerwArch 85 (1976), S. 398, 417; *P. Stelkens* NuR 1985, 213, 214.
[1391] So *BVerwG* NJW 1969, 809; *BSGE* 54, 286, 289 = NVwZ 1984, 62; *Schulke* DÖV 1959, 132; *P. Stelkens* NuR 1985, 213, 214.
[1392] *BVerwGE* 82, 196, 198 = NVwZ 1989, 969 und *BVerwG* DVBl 1992, 917 (zum Antrag eines Beamten auf Teilzeitbeschäftigung); *VGH Kassel* NVwZ 1994, 342, 343 (für denkmalschutzrechtliche Genehmigung); *OVG Münster* NVwZ 1990, 181 (für Aufforderung, Hauptwohnung zu deklarieren); DÖV 1987, 646 (zur Beendigung eines Benutzungsverhältnisses); *BSGE* 87, 31, 37 f. (zur Aufforderung zur Stellung eines Rentenantrages).
[1393] *BVerwGE* 90, 42, 45 = NVwZ 1993, 366.
[1394] *VGH Kassel* NVwZ-RR 1994, 342, 343; *OVG Münster* NJW 1983, 2834.
[1395] *VG Arnsberg* NWVBl 1996, 312, 313.
[1396] *OVG Münster* NVwZ-RR 2004, 558.
[1397] *Martens* JuS 1975, 72; *BVerwG* NJW 1990, 1495 (für Teilungsgenehmigung); *VGH Mannheim* VBlBW 1988, 475 (für Bauantrag); *VGH Mannheim* NVwZ-RR 1990, 535 (für atomrechtliche Genehmigung); *OVG Münster* NWVBl 1992, 176 und NVwZ-RR 2001, 430 (für Bauantrag).
[1398] *OVG Münster* OVGE 36, 171.
[1399] *BVerwGE* 35, 187, 190; *BVerwG* NJW 1982, 2787; NJW 1984, 2481; NJW 1985, 1792; *OVG Berlin* NVwZ 2001, 1068, *VGH Mannheim* NVwZ-RR 1997, 157, 158.
[1400] So für Verzicht *OVG Münster* NVwZ-RR 1991, 169, 170 f.

Ist für die Zustimmung keine **Form** vorgeschrieben, kann sie **mündlich** oder auch **konkludent** erfolgen.[1401] Ist – wie z.B. bei Anträgen nach § 144 BauGB – **Schriftform** vorgeschrieben, ist § 126 BGB auf diese materielle Willenserklärung anwendbar;[1402] der Schutzzweck des Formerfordernisses kann es gebieten, die für einen verfahrensrechtlichen Antrag möglichen Erleichterungen nicht anzuwenden, s. § 22 Rn. 31 ff. Wird eine erlaubnispflichtige Sachlage hergestellt, kann hierin eine konkludente Zustimmung liegen.[1403] Es ist aber auch möglich, dass gerade keine Zustimmung erteilt wird, weil der Betroffene der Meinung ist, dies sei nicht notwendig,[1404] näher § 22 Rn. 37. 235

Die Zustimmung kann mit Wirkung für den **Rechtsnachfolger** abgegeben werden.[1405] Soweit sie nicht höchstpersönlich vorgenommen werden muss, ist auch ein Handeln durch **Vertreter** entsprechend §§ 166 ff. BGB möglich.[1406] Teilweise wird auch § 177 BGB über das Handeln vollmachtloser Vertreter für anwendbar gehalten.[1407] § 14 findet keine Anwendung, da sich diese Vorschrift nur auf die Vertretung für Verfahrenshandlungen innerhalb eines VwVf bezieht, s. § 14 Rn. 11. Im Übrigen sind auch die Regeln über die **Geschäftsfähigkeit** nach §§ 104 ff. BGB entsprechend anzuwenden,[1408] da die Handlungsfähigkeit nach § 12 nur Verfahrenshandlungen betrifft (§ 9 Rn. 142 ff.), somit zwar auf den verfahrensrechtlichen Antrag, aber nicht auf die materielle Zustimmung bezogen werden kann. Nach materiellem Recht kann aber auch die unbeschränkte „Zustimmungsfähigkeit" für Minderjährige (entsprechend § 12 Abs. 2 Nr. 1) möglich sein (z.B. § 12 AsylVfG, § 2 Abs. 4 KDVG).[1409] Bei beschränkter Geschäftsfähigkeit ist Heilung durch Genehmigung möglich.[1410] 236

c) **Widerruf der Zustimmung/Willensmängel:** Eine Frage des jeweiligen materiellen Rechts ist es, ob eine materielle Zustimmung **widerrufen werden kann** (zum Widerruf des verfahrensrechtlichen Antrages § 22 Rn. 66 ff.). Dies kann auch **konkludent** geschehen.[1411] Ausgeschlossen ist ein Widerruf regelmäßig nach Bestandskraft des VA,[1412] zulässig ist er i.d.R., solange noch nicht über den Antrag entschieden ist.[1413] Insoweit kann grundsätzlich der **Rechtsgedanke** (§ 1 Rn. 106) **aus § 183 BGB** neben dem aus § 130 Abs. 1 S. 2 BGB herangezogen werden,[1414] s.a. § 22 Rn. 67 ff. § 183 BGB dürfte nur dann nicht anzuwenden sein, wenn die Zustimmung nicht mit dem Gewicht einer Zustimmung nach § 182 BGB zu vergleichen ist. Nicht eindeutig ist oftmals, ob ein **Widerruf nach Erlass des VA, aber noch vor Bestandskraft** zulässig ist:[1415] Bei einem VA, der zugleich einem Dritten eine begünstigende Position vermittelt, kann es jedoch nicht zulässig sein, ihn durch Widerspruch anzufechten, um mit dem Widerspruch die Zustimmung zum Erlass dieses VA zurückzunehmen. Keine Bedenken gegen einen Widerruf der Zustimmung im Widerspruchs- oder Klageverfahren bestehen aber, wenn durch den VA nur der Widerrufende selbst betroffen ist,[1416] jedoch nicht bei VA, die den beamtenrechtlichen Status bestimmen, wegen des Grundsatzes der größtmöglichen Rechts- 237

[1401] *BayVerfGH* NJW 1985, 478, 479 und *OVG Lüneburg* NVwZ-RR 1989, 225 (für Zustimmung zur Widmung); *AG Groß-Gerau* NZV 1993, 412, 413 (für Zustimmung zur Verwarnung mit Verwarnungsgeld nach § 56 OWiG).
[1402] *OVG Lüneburg* BauR 2000, 373, 374.
[1403] *BVerwGE* 11, 18, 21 (mit Besprechung *Badura* JuS 1964, 103 ff.).
[1404] *VGH Kassel* NVwZ-RR 1994, 342 f.; *VG Köln* NVwZ 2002, 369, 370 f.
[1405] *VGH München* NVwZ 1990, 280.
[1406] *Wolff/Bachof/Stober/Kluth* I, § 36 Rn. 13 a.
[1407] *AG Groß-Gerau* NZV 1993, 412, 413.
[1408] *Wolff/Bachof/Stober/Kluth* I, § 36 Rn. 13 a.
[1409] Anders *BVerwG* NJW 1982, 539 (zu § 2 Abs. 2 Nr. 1 AuslG a.F.); näher *P. Stelkens* NuR 1985, 213, 219.
[1410] *BVerwG* NJW 1985, 757.
[1411] *BVerwG* NJW 1980, 1243, 1245 (insoweit in *BVerwGE* 59, 13 nicht abgedruckt).
[1412] Vgl. *BVerwGE* 57, 342 = NJW 1980, 135.
[1413] *BVerwGE* 30, 185, 187; *BSGE* 60, 79, 83 = NZA 1987, 68; *BSG* NJW 2000, 2043, 2046; *Laubinger*, FS Seok, 2003, S. 65, 105 f.; *de Wall*, Anwendbarkeit privatrechtlicher Vorschriften, 1999, S. 162 f.; s. aber auch *BFHE* 190, 320 = NJW 2000, 2048 (Zustimmung zum begrenzten Realsplitting sei als Erklärung mit rechtsgestaltender Wirkung nicht widerrufbar).
[1414] Vgl. *BVerwGE* 19, 362, 363; *OVG Lüneburg* NVwZ-RR 2001, 510, 511; *Schnell*, Antrag im VwVf, 1986, S. 106 ff.; *P. Stelkens* NuR 1985, 213, 219; a.A. *VGH München* NVwZ 1990, 280 (für Widerruf einer Zustimmung zur Widmung); *de Wall*, Anwendbarkeit privatrechtlicher Vorschriften, 1999, S. 160.
[1415] Hierzu *de Wall*, Anwendbarkeit privatrechtlicher Vorschriften, 1999, S. 162 ff. m.w.N.
[1416] *VGH München* NVwZ-RR 1992, 328 (zum Asylanerkennungsbescheid).

beständigkeit solcher Rechtsakte.[1417] Nach *BSG*[1418] ist eine Zustimmungsrücknahme nach Bekanntgabe eines Sozialleistungsbescheides auch dann ausgeschlossen, wenn auf Grund dieses Bescheides geleistete Zahlungen auch nach erfolgtem Widerruf nicht mehr zurückgefordert werden können. Jedoch soll es möglich sein, als „minus" zum Widerruf den Zeitpunkt der Antragstellung nach vorne zu verschieben (um einer Sperrfrist auszuweichen).[1419] Ist ein Widerruf nach Erlass des VA ausgeschlossen, kann sich die Vermutung des § 41 Abs. 2 jedoch im Einzelfall für den Betroffenen günstig auswirken, s. § 41 Rn. 122.

238 Ob die Zustimmung **nach §§ 119 ff. BGB angefochten** werden kann, ist str.,[1420] s. a. § 22 Rn. 78 f., § 53 Rn. 35. Grundsätzlich sind auf diese ör. Willenserklärung zwar die BGB-Regeln entsprechend anwendbar (§ 1 Rn. 106). Für die Zulassung einer **Anfechtung nach §§ 119 ff. BGB** wegen **Willensmängeln** besteht aber regelmäßig kein Bedürfnis: **Vor Erlass eines VA** genügt der Widerruf (Rn. 237), **nach Erlass des VA** die Anfechtung nach §§ 68 ff. VwGO oder die Rücknahme nach § 48. Dies gilt auch für den Fall des § 123 BGB.[1421] *BVerwG*[1422] lässt jedoch die Frage der Anfechtbarkeit offen und legt den Begriff **„unverzüglich"** in § 121 BGB in Anlehnung an die Rechtsmittelfristen (z. B. § 70 VwGO) mit „innerhalb eines Monats" aus. Soweit Anfechtbarkeit bejaht wird, kann nach dem jeweiligen Fachrecht, eine Anfechtung zumindest nach Erlass des VA gänzlich ausgeschlossen sein, z. B. wenn der VA zugleich eine Rechtsposition für einen Dritten begründet, etwa bei der Begründung einer Baulast[1423] oder bei Zustimmung zur Widmung einer Straße[1424] (Rn. 323). *OVG Lüneburg*[1425] schließt aus § 23 Abs. 2, dass eine Irrtumsanfechtung wegen mangelnder Kenntnis der deutschen Sprache nicht in Betracht kommt.

239 **d) Rechtsfolgen fehlender Zustimmung:** I. d. R. werden in Rspr. und Lit. die Folgen eines fehlenden Antrages erörtert, ohne deutlich zwischen verfahrensrechtlichen und materiellrechtlichen Mitwirkungshandlungen zu unterscheiden. Gemeint sind jedoch häufig die **Folgen fehlender Zustimmung.** Teilweise wird angenommen, der VA sei **nichtig**,[1426] teilweise, dass der VA ohne Zustimmung **schwebend unwirksam** sei,[1427] s. a. § 43 Rn. 183 f. Die wohl h. M. geht dagegen von der (bloßen) ggf. heilbaren Rechtswidrigkeit und damit **Anfechtbarkeit** des VA aus.[1428] Die Antwort muss danach **differenziert** werden, ob der VA ohne verfahrensrechtliche oder ohne materiellrechtliche Mitwirkung erlassen worden ist. Das Fehlen eines **verfahrensrechtlichen Antrages** löst in aller Regel nur **Anfechtbarkeit, nicht aber Nichtigkeit** des VA aus, vgl. § 45 Abs. 1 HS. 1, der für die Heilbarkeit voraussetzt, dass der VA nicht nichtig ist. Wird der Antrag nicht nachgeholt, muss § 46 beachtet werden.[1429] I. d. R. ist auch die **fehlende materielle Zustimmung** eine Frage der materiellen Rechtswidrigkeit des VA, die

---

[1417] *BVerwGE* 104, 375, 378 f. = NVwZ 1998, 401; *BVerwG* NVwZ 1997, 581, 582; ZBR 2000, 307 f.
[1418] *BSGE* 60, 79, 84 = NZA 1987, 68.
[1419] *BSG* NJW 2000, 2043, 2046.
[1420] *Martens* NVwZ 1986, 533, 536; *Pünder* in Erichsen/Ehlers, § 13 Rn. 20; *Schnell,* Antrag im VwVf, 1986, S. 120 ff.; *P. Stelkens* NuR 1985, 213, 220; *Stichlberger* BayVBl 1980, 393; *de Wall,* Anwendbarkeit privatrechtlicher Vorschriften, 1999, S. 162 ff. jew. m. w. N.
[1421] *P. Stelkens* NuR 1985, 213, 220; a. a. anscheinend für den Fall der arglistigen Täuschung *BVerwG* ZBR 2000, 307, 308; *OVG Münster* NJW 1988, 1043; *OVG Saarlouis* BRS 38 Nr. 179.
[1422] *BVerwGE* 37, 19; s. auch *BVerwG* ZBR 2000, 307, 308; *OVG Koblenz* NVwZ 1984, 316; *VGH Mannheim* NVwZ-RR 1991, 490.
[1423] *OVG Lüneburg* NVwZ 1999, 1013; *VGH Mannheim* NJW 1985, 1723 (dazu *P. Stelkens* NuR 1985, 213, 220 Fn. 109); NJW 1990, 268; a. a. für arglistige Täuschung *OVG Münster* NJW 1988, 1043.
[1424] *OVG Lüneburg* OVGE 19, 355, 359; *Schmidt-Jortzig* NJW 1987, 1025, 1029; offen bei *VGH München* NVwZ 1990, 280.
[1425] *OVG Lüneburg* NVwZ 1999, 1013.
[1426] *VGH Kassel* DÖV 1968, 809; *BSGE* 52, 245, 246 = NVwZ 1983, 767; RGZ 96, 302, 305; *Gusy* BayVBl 1985, 490 f.; *Heiß/Habitzel* DVBl 1976, 93, 95 f.; *Ule/Laubinger,* § 57 Rn. 13.
[1427] *Ule/Laubinger,* § 48 Rn. 21; *Wolff/Bachof/Stober/Kluth* I, § 46 Rn. 29.
[1428] *BVerwGE* 19, 284, 287; 23, 237; 82, 196, 199 = NVwZ 1989, 969; *BVerwGE* 104, 375, 378 f. = NVwZ 1998, 401; *BVerwG* DVBl 1992, 917; *VGH Kassel* NVwZ-RR 1994, 342, 344; *OVG Koblenz* NVwZ 1986, 576, 577; *VGH Mannheim* NVwZ-RR 1991, 490; *VGH München* NVwZ-RR 1992, 328; *OVG Münster* NJW 1976, 688, 689; NVwZ-RR 1990, 90; NVwZ 2000, 336, 338; *VG Arnsberg* NW-VBl 1996, 312, 313 (allerdings mit unklarer Formulierung: VA sei unwirksam mit der Folge der Rechtswidrigkeit); *VG Köln* NWVBl 1998, 163, 166; *Bulling* DÖV 1962, 378; *Laubinger,* FS Seok, 2003, S. 65, 107 ff.
[1429] *OVG Münster* NVwZ-RR 1990, 90; im Einzelnen *Gusy* BayVBl 1985, 490; *P. Stelkens* NuR 1985, 213, 221; für Baugenehmigung ohne Antrag *Dölker* BayVBl 1974, 400; *P. Stelkens* BauR 1978, 158, 159.

durch **Anfechtung** des VA zu lösen ist. Insoweit liegt auch eine Beschwer vor,[1430] s. a. § 36 Rn. 95. Auch eine **nachträgliche Heilung** entspr. § 184 BGB ist, vorbehaltlich besonderer Regelungen im Fachrecht (z. B. Ausschlussfristen, § 31 Rn. 8 ff.), möglich, allerdings nicht über § 45 Abs. 1 Nr. 1, da dieser nur verfahrensrechtliche Anträge erfasst,[1431] s. § 45 Rn. 29. Aus der entsprechenden Anwendung des § 184 BGB kann allerdings nicht der Schluss gezogen werden, der VA sei bis dahin **schwebend unwirksam**. Dies hängt vom Fachrecht ab, s. § 43 Rn. 183 f.[1432] *VGH München*[1433] wendet bezüglich einer zustimmungsbedürftigen Widmung § **185 BGB** entsprechend an, was wegen der Vergleichbarkeit der Widmung mit einem sachenrechtlichen Verfügungsgeschäft (Rn. 320 ff.) überzeugt. **Nichtigkeit** wird anzunehmen sein, wenn auf die Mitwirkung des Betroffenen aus materiellen Gründen nicht verzichtet werden kann, insbes. weil durch den VA der persönliche Status des Bürgers betroffen wird, z. B. bei Einbürgerung, Ernennung oder Entlassung eines Beamten, wohl auch Asylgewährung.[1434]

5. Verwaltungsakte mit eingeschränktem Regelungsanspruch

a) Allgemeines: Den Normalfall des § 35 bildet eine Regelung, die den entscheidungsbedürftigen Sachverhalt umfassend und endgültig aufarbeitet. Jedoch besteht ein Bedürfnis nach Entscheidungsformen, die eine zeitnahe Entscheidung ermöglichen, ohne dem die Gesetzmäßigkeit der Verwaltung zu opfern, s. a. § 9 Rn. 87, § 43 Rn. 37 ff., 75 ff. Dies kann geschehen durch vorläufige Regelungen (**vorläufiger VA,** hierzu Rn. 243 ff.) oder durch Aufteilung der von einem Sachverhalt aufgeworfenen Sach- und Rechtsfragen in verschiedene Komplexe, über die gesondert entschieden wird (**Teilgenehmigung** und **Vorbescheid,** hierzu Rn. 251 ff.). In der Beschleunigungsdiskussion wird oftmals auf den Einsatz solcher Instrumente gedrängt, um hierdurch Dauer und Umfang der Sachverhaltsermittlung für Entscheidungen im Großanlagenbau zu beschränken.[1435] Zur gegenläufigen Forderung nach mehr Planungssicherheit durch VA s. Rn. 9, 34. 240

Das VwVfG regelt diese VA-Typen nicht. Der Referentenentwurf zu SGB X vom 20. 2. 1975 sah jedoch in § 36 den **Teil-VA** und in § 37 den **VA mit Vorbehalt** vor: 241

„Kann nach dem Ergebnis der Ermittlungen über einen Teil des Verfahrensgegenstandes entschieden werden, so kann hierüber ein vorläufiger Verwaltungsakt erlassen werden; auf Antrag ist er zu erlassen."
„Kann nach dem Ergebnis der Ermittlungen über den Verfahrensgegenstand noch nicht endgültig entschieden werden, sind aber die Voraussetzungen für den Erlaß eines Verwaltungsaktes mit Wahrscheinlichkeit gegeben, kann ein Verwaltungsakt unter dem ausdrücklichen Vorbehalt der endgültigen Entscheidung erlassen werden, wenn dies beantragt wird und der Antragsteller ein berechtigtes Interesse an der alsbaldigen Erteilung eines solchen Verwaltungsaktes hat; aus dem Verwaltungsakt müssen sich Inhalt und Ausmaß des Vorbehaltes ergeben. Die Behörde hat unverzüglich den endgültigen Verwaltungsakt zu erlassen, wobei sie an den Verwaltungsakt nach Satz 1 nicht gebunden ist."

Das SGB X hat die Regelungen aus Gründen der Koordinierung mit dem VwVfG nicht übernommen (Einl. Rn. 55.). Jedoch gibt es zahlreiche fachrechtliche Regelungen über VA mit eingeschränktem Regelungsgehalt, z. B. im Bau- und Immissionsschutzrecht, aber auch etwa im Gaststättenrecht (§ 11 GastG),[1436] im Sozialrecht (§§ 42, 43 SGB I,[1437] § 328 SGB III[1438]), oder im Abgabenbereich (vgl. §§ 164, 165 AO). Auch bei Fehlen solcher Regelungen sind sie nach h. M. im Grundsatz zulässig, s. Rn. 246, 252. Allerdings ergibt sich dies weder aus § 9, § 10 (§ 9 Rn. 87, § 10 Rn. 8) noch ist ein Rückgriff auf Regelungen des **Prozessrechts** über Teilentscheidungen (§ 301 ZPO), Vorabentscheidungen (§ 304 ZPO) oder § 123 VwGO geboten.[1439] 242

[1430] *OVG Münster* NVwZ-RR 2004, 126 f.; *VG Darmstadt* NVwZ-RR 2005, 236; *Kirchhof* DVBl 1985, 659; *P. Stelkens* NuR 1985, 213, 221.
[1431] *VG Köln* NVwZ 2002, 369, 371; im Einzelnen *P. Stelkens* NuR 1985, 213, 221.
[1432] Enger noch *P. Stelkens* NuR 1985, 213, 220.
[1433] *VGH München* NVwZ 1990, 280; s. a. auch *VGH München* BayVBl 2001, 345 f.
[1434] A. A. *VGH München* NVwZ-RR 1992, 328.
[1435] *Bohne* DVBl 1994, 195; *Bullinger* JZ 1994, 1129, 1132; *Hoffmann-Riem* AöR 119 (1994), S. 590, 614 ff.; *Ladeur* VerwArch 86 (1995), S. 511, 527; *Krumsiek/Frenzen* DÖV 1995, 1013, 1021; Bericht der *Schlichter-Kommission*, Bericht, 1994, Rn. 272 f., 294 ff.
[1436] Hierzu *Koch* GewArch 1992, 374, 377.
[1437] Hierzu *OVG Münster* NWVBl 1996, 192.
[1438] Hierzu *Bieback* SGb 1999, 393, 395; *Schmidt-De Caluwe* NZS 2001, 240 ff.
[1439] So aber *Kopp* BayVBl 1968, 237.

243 **b) Vorläufiger Verwaltungsakt:** Bei einem **vorläufigen VA** wird der gesamte Gegenstand unter dem Vorbehalt endgültiger Entscheidung geregelt und damit durch den VA selbst das Regelungsprogramm der § 43, §§ 48 ff. modifiziert.[1440] Das Bedürfnis hierfür ergibt sich aus der **Ungewissheit** über die zu treffende endgültige Entscheidung, weil entweder eine endgültige Ermittlung des **Sachverhalts** trotz Erfüllung der Sachverhaltsermittlungspflicht (§ 24 Rn. 22) noch nicht möglich ist oder sich die Ungewissheit aus einer noch nicht feststehenden **Rechtslage** ergibt, z. B. weil von anderen Stellen zu klärende Vorfragen noch nicht abschließend entschieden sind.[1441] Auch eine Kombination von tatsächlicher und rechtlicher Ungewissheit ist denkbar.[1442] Zur Bewältigung dieser Probleme wurden – neben anderen Formen, Rn. 248 – **zwei Typen vorläufiger VA** entwickelt:[1443]

244 1. Beim ersten Typ des vorläufigen VA ist der Inhalt der Regelung vorläufig i. S. einer **Einschränkung** gegenüber der endgültigen Regelung (vorläufiger VA sui generis), z. B. bei (wegen haushaltsrechtlicher Ungewissheiten) vorläufiger Bewilligung einer Zuwendung,[1444] vorläufiger Unterschutzstellung im Denkmalrecht,[1445] vorläufiger Erlaubnis nach § 11 GastG,[1446] der Zulassung vorzeitigen Beginns nach § 8a BImSchG (vgl. Rn. 35 und § 95 UGB-KomE), bei einem durch VA festgesetzten **Vorschuss** (§ 42 SGB I)[1447] oder beim Abgabenvorauszahlungsbescheid.[1448] Solche Regelungen haben oftmals **Sicherungscharakter,** es handelt sich um eine Art **Eilentscheidung der Verwaltung,** die sich mit dem Ergehen der endgültigen Entscheidung erledigt, § 43 Rn. 50, 213. Sind solche VA gesetzlich vorgesehen, sind sie oft gesetzlich befristet (vgl. § 20 Abs. 3 PBefG, § 11 Abs. 1 S. 2 GastG), s. § 36 Rn. 33 f. Die Bestandskraftwirkung solcher VA unterscheidet sich i. Ü. jedoch nicht von denen endgültiger VA; für sie gelten die §§ 48 ff. uneingeschränkt.[1449] Als VA mit Dauerwirkung können sie/ihre Aufrechterhaltung rechtswidrig werden (Rn. 223), wenn eine endgültige Entscheidung nicht mehr angestrebt wird.[1450] Auch erstreckt sich ein Widerspruch gegen den vorläufigen VA nicht automatisch auf den die endgültige Entscheidung beinhaltenden VA.[1451]

245 2. Beim zweiten Typ des vorläufigen VA steht der Inhalt der Regelung unter dem sie einschränkenden **Vorbehalt endgültiger Regelung,** z. B. bei § 74 Abs. 3 HS. 1 VwVfG, bei der atomrechtlichen Genehmigung für Probebetrieb unter Vorbehalt nachträglicher Bestimmung seiner Beendigung durch die Genehmigungsbehörde[1452] oder beim Vorbehalt nachträglicher Entscheidung bei wasserrechtlicher Regelung.[1453] Die Regelung unterscheidet sich hier von einer endgültigen Regelung dadurch, dass sie über die § 48, § 49 hinaus beseitigt werden kann.[1454] Die Vorläufigkeit vermindert die Bestandskraftwirkung der Regelung, ohne dass das Merkmal Regelung entfällt: Solange der VA gilt, stellt er das Recht oder die Pflicht verbindlich fest.[1455] Dass eine endgültige Entscheidung ergeht, ist deshalb nach dem Regelungsprogramm nicht zwingend, sondern nur möglich. Die Vorläufigkeit kann sich auf den VA insgesamt beziehen (vgl. § 164 AO) oder auf einzelne Aspekte beschränkt sein (vgl. § 165 AO). Im letzteren

---

[1440] Dies vollständig ablehnend: *Brüning,* Einstweilige Verwaltungsführung, 2003, S. 241 f. (deshalb seien vorläufige Verwaltungsentscheidungen keine VA; hierzu krit. *Laubinger* Verwaltung 2006, S. 141, 143 f.).
[1441] Hierzu *Axer* DÖV 2003, 271, 275 ff.; *Brüning* DVBl 2002, 1650, 1652 ff.
[1442] Vgl. *BSGE* 67, 104 = NVwZ 1991, 303 (dazu *Martens* NVwZ 1991, 1043, 1044); *BFHE* 161, 489.
[1443] Vgl. *BVerwGE* 67, 99, 101 = NJW 1983, 2043.
[1444] *VGH Mannheim* NVwZ-RR 2006, 154, 155 f.; *Noll* ThürVBl 2005, 145, 149.
[1445] *OVG Münster* BauR 1991, 194; *VG Gelsenkirchen* NWVBl 1998, 451.
[1446] Dazu *Koch* GewArch 1992, 374.
[1447] *BSGE* 67, 104 = NVwZ 1991, 303; *Ebsen* Verwaltung 2002, S. 239, 252.
[1448] *OVG Bautzen* NVwZ-RR 2003, 588, 589; *OVG Münster* NVwZ-RR 2002, 876, 877.
[1449] *Schmidt-De Caluwe* NZS 2001, 240, 247 m. w. N.
[1450] *VG Gelsenkirchen* NWVBl 1998, 451.
[1451] *VGH Mannheim* NVwZ-RR 2006, 154, 155 f.
[1452] *BVerwGE* 88, 286, 290 = NVwZ 1993, 177.
[1453] *VGH Mannheim* NVwZ 1990, 994.
[1454] Dies schließt nicht aus, solche Regelungen als VA zu behandeln; anders nur *Brüning,* Einstweilige Verwaltungsführung, 2003, S. 254 ff., der die „einstweilige Verwaltungsentscheidung" als eigenständige Regelungsform begreift, weil dem VA die Verbindlichkeit und Bestandskraft „wesenseigen" sei; hierzu zu Recht krit. *Laubinger* Verwaltung 2006, S. 141, 143.
[1455] *Bockey* JA 1992, 165; *Henneke* in Knack, § 35 Rn. 118; *ders.* DÖV 1997, 768, 781; *Schmidt-De Caluwe* NZS 2001, 240.

Fall kommt eine Ersetzung außer in den Fällen der § 48, § 49 nur dann in Betracht, wenn sie aus den Gründen ergeht, wegen derer die Regelung unter Vorbehalt gestellt wurde.[1456]

246 Das Fachrecht kann vorläufige Regelungen i. S. d. Rn. 244 f. ausschließen (z. B. nach § 8 NÄG,[1457] § 15 Abs. 2 PBefG). Umgekehrt darf jedoch nicht in jeder Norm, die die Verwaltung zum Erlass eines VA ermächtigt, zugleich als ein „weniger" die Befugnis zur vorläufigen Regelung gesehen werden.[1458] Denn vorläufige VA sind gegenüber endgültigen VA kein „weniger", sondern ein aliud.[1459] Dennoch geht die h. M. weitgehend von ihrer Zulässigkeit aus,[1460] wenn auch Einzelheiten umstr. sind.[1461] Es ist zu differenzieren: Vorläufige **belastende VA** sind bei fehlender ausdrücklicher Regelung (wie z. B. §§ 164 f. AO) ausgeschlossen, da die einschlägigen Rechtsgrundlagen davon ausgehen, dass nur dann, wenn die tatbestandlichen Voraussetzungen des VA (nachweisbar) gegeben sind, ein solcher VA erlassen werden kann, vgl. § 36 Rn. 111 ff. Auch bei **VA mit Drittwirkung** sind ohne Ermächtigung bloß vorläufige Regelungen unzulässig, wenn diese dem Adressaten erlauben, ohne vorherige Berücksichtigung der Belange des Dritten ein Vorhaben (vorläufig) zu verwirklichen.[1462] Zudem darf der Bürger nicht mit einem vorläufigen VA abgespeist werden, wenn der Behörde bereits eine endgültige Regelung möglich ist.[1463] Im Übrigen sind auch vorläufige **begünstigende** Regelungen i. S. d. Rn. 244 nur bei entsprechender fachrechtlicher Ermächtigung zulässig. Die Beifügung eines Vorbehalts endgültiger Regelung i. S. d. Rn. 245 ist demgegenüber bei begünstigenden gebundenen VA bei Fehlen fachrechtlicher Ermächtigungen tendenziell unzulässig, bei **Ermessensentscheidungen** jedoch grundsätzlich zulässig.[1464] Dies zeigt, dass „Vorbehalte" i. S. d. Rn. 245 unter denselben Voraussetzungen wie Nebenbestimmungen i. S. d. § 36 zulässig sind,[1465] so dass es nahe liegt, den **Vorbehalt** als **Nebenbestimmung eigener Art** anzusehen, so dass die Regeln des § 36 über die Zulässigkeit des Einsatzes von Nebenbestimmungen unmittelbar gelten, § 36 Rn. 65, 92.

247 Da die Vorläufigkeit eines VA i. S. d. Rn. 244 f. auch Ausdruck seiner Bindungswirkung ist (vgl. § 43 Rn. 50, 82), muss sie und auch der Umfang der Vorläufigkeit im VA selbst zum Ausdruck kommen[1466] (vgl. § 165 Abs. 1 S. 3 AO, § 328 Abs. 1 S. 2 SGB III; s. a. § 37 des Referentenentwurfs zum SGB X von 1975, Rn. 240). Nur dies entspricht den Bestimmtheitsanforderungen des VA, s. § 37 Rn. 27. Wird ein VA nicht ausdrücklich unter Vorbehalt gestellt, ist daher von einer endgültigen Regelung auszugehen,[1467] auch weil bei Auslegung eines VA Unklarheiten zu Lasten der Behörde gehen, s. Rn. 80. Teilweise wird jedoch auch aus dem **Fachrecht** gefolgert, dass sich die Vorläufigkeit der Regelung des Einzelfalles i. S. d. § 35 allein aus seiner **Zweckbestimmung** auch **ohne ausdrückliche Erwähnung** im VA ergeben könne.[1468] Bedeutung kommt dem v. a. im Rahmen der **beamtenrechtlichen Erstattungsansprüche** nach § 12 Abs. 2 BBesG, § 52 Abs. 2 BeamtVG bei der Frage zu, ob einem Beamten die Beru-

---

[1456] *Bieback* SGb 1999, 393, 396; *Schmidt-De Caluwe* NZS 2001, 240, 248 f.
[1457] BVerwG DÖV 1958, 704.
[1458] So aber *Kopp*, Vorläufiges Verwaltungsverfahren und Vorläufiger VA, 1992, S. 129; ähnlich *Achterberg*, § 21 Rn. 122, der aber auf alle von ihm so bezeichneten Verwaltungsvorakte bezieht.
[1459] *Axer* DÖV 2003, 271, 275; *Henneke* DÖV 1997, 768, 781; *Lücke*, Vorläufige Staatsakte, 1991, S. 171 ff.; *Peine* JA 2004, 417, 421.
[1460] BVerwGE 67, 99, 101 = NJW 1983, 2043 (dazu *Götz* JuS 1983, 924); BVerwGE 74, 357, 365 = NVwZ 1987, 44, 45; *OVG Münster* NVwZ 1991, 588; NVwZ 1993, 76, 77; dem folgend etwa *Di Fabio* DÖV 1991, 629; *Henke* DVBl 1983, 1247; *König* BayVBl 1989, 33; *Kopp* DVBl 1989, 238; *Losch* NVwZ 1995, 235, 238; *Martens* DÖV 1987, 992; *ders.* NVwZ 1991, 1043; *Peine* DÖV 1986, 849; *Tiedemann* DÖV 1981, 786; a. A. wohl *Axer* DÖV 2003, 271, 274 f.; *Lücke*, Vorläufige Staatsakte, 1992, S. 157 f.
[1461] Vgl. *Bockey* JA 1992, 161, 166 ff.; *Ehlers* DVBl 1986, 912, 918; *Kemper* DVBl 1989, 981; *ders.*, Vorläufiger VA, 1989, S. 96; *Peine* JA 2004, 417, 419 f.; *Pünder* in Erichsen/Ehlers, § 13 Rn. 47; *Schimmelpfennig*, Vorläufige VA, 1989, S. 146.
[1462] Vgl. zur Unzulässigkeit vorläufiger Baugenehmigungen: *OVG Münster* BauR 2004, 313 f.
[1463] *Henneke* DÖV 1997, 768, 780; *Kopp* DVBl 1990, 1189, 1190.
[1464] In diese Richtung auch *Henneke* in Knack, § 35 Rn. 119 f.; *ders.* DÖV 1997, 768, 781; *Lücke*, Vorläufige Staatsakte, 1991, S. 215; *Peine* FS Thieme, 1993, S. 563, 575 ff.; *ders.* JA 2004, 417, 420.
[1465] Insoweit zustimmend *Ruffert* in Erichsen/Ehlers, § 20 Rn. 67; ablehnend *Peine* JA 2004, 417, 421.
[1466] *OVG Münster* NVwZ 1991, 588; *BFH* NVwZ 1997, 103 (zu § 164 AO); *FG Baden-Württemberg* EFG 2005, 1019, 1020 (zu § 165 AO); *Weides*, S. 44.
[1467] *OVG Münster* NVwZ 1991, 588, 589; NVwZ 1993, 76, 77; BSGE 79, 59, 61 = NZS 1996, 90; *Ebsen* Verwaltung 2002, S. 239, 253; *Schmidt-De Caluwe* NZS 2001, 240, 246.
[1468] Vgl. BSGE 89, 62, 68 ff. = NZS 2002, 552, 554 ff. (m. krit. Anm. *Brüning* DVBl 2002, 1650 ff.).

fung auf den Wegfall der Bereicherung entspr. §§ 820 Abs. 1 S. 2, 819 Abs. 4 BGB verwehrt ist, weil die Leistung unter Vorbehalt gewährt wurde. Hier wird oftmals eine Festsetzung der Bezüge unter gesetzesimmanentem Vorbehalt angenommen,[1469] s. hierzu auch § 49a Rn. 60.

248 Von vorläufigen VA i. S. der Rn. 244 f. zu unterscheiden sind die Fälle, in denen dem Bedürfnis nach einstweiliger Bewältigung eines Einzelfalls auf andere Weise Rechnung getragen wird, etwa wenn die Behörde **Abschlagszahlungen** auf erst künftig fällig werdende Forderungen des Bürgers leistet; hier liegt kein VA vor, wenn sie nur auf einer verwaltungsinternen Zahlungsanweisung ohne Außenwirkung beruhen,[1470] s. a. Rn. 89. Nicht als vorläufige VA sollten auch VA bezeichnet werden, die unter der **auflösenden Bedingung** späterer Nachprüfung oder unter dem entsprechenden **Vorbehalt eines Widerrufs** stehen.[1471] Überdies sind die vorläufigen Regelungen abzugrenzen von **informellen Verfahren** (§ 9 Rn. 172 ff.) oder auch von endgültigen Regelungen, die den Hinweis enthalten, dass bei Auftreten **neuer Tatsachen** eine neue Entscheidung möglich wäre,[1472] vgl. § 51 Abs. 1 Nr. 1.

249 Behörde und Bürger sollten sich jedenfalls bereits im VwVf **Klarheit** darüber verschaffen, welche Art Regelung getroffen werden soll (§ 36 Rn. 6). Maßgebend ist, wie die Umsetzung im Einzelfall erfolgt. **Konsequenzen** hat die Auswahl insbes. bei Geldleistungsakten, wenn zu überprüfen ist, unter welchen Voraussetzungen eine Rückforderung möglich ist. In den Fällen der Rn. 244 f. verlangt *BVerwG*[1473] keine Aufhebung des gewährenden VA, da dieser keine endgültige Regelung des von ihm (vorläufig) geregelten Gegenstandes zum Inhalt habe, s. auch § 43 Rn. 50 f., 213. Damit ist – wie etwa beim VA mit beigefügtem Widerrufsvorbehalt nach § 36 Abs. 2 Nr. 3 – auch die Berufung auf Vertrauensschutz ausgeschlossen (vgl. § 36 Rn. 78, § 49 Rn. 40):[1474] Will sich der Bürger auf eine nur vorläufige begünstigende Regelung nicht einlassen, braucht er die Leistung nicht in Anspruch nehmen oder muss eine endgültige Regelung erstreiten.[1475] Umstr. ist, ob sich die Behörde nur rechtmäßig erklärter Vorläufigkeit hierauf berufen kann,[1476] vgl. zur entsprechenden Diskussion beim Widerrufsvorbehalt, § 49 Rn. 39 ff. Soweit die Regelung eines VA vorläufig ist, ist die Behörde nicht an den vorläufigen VA bei der endgültigen Regelung gebunden. Es ist jedoch i. d. R. unzulässig, einen vorläufigen VA durch einen gleichartigen vorläufigen VA zu ersetzen.[1477]

250 **c) Vorsorglicher Verwaltungsakt:** In einem speziellen Fall hat *BVerwG*[1478] den Erlass eines von ihm als vorsorglichen VA bezeichneten VA für zulässig gehalten: Es ging um die Zustimmung zur Kündigung eines schwerbehinderten Arbeitnehmers (Rn. 217), die ausgesprochen worden war, bevor das Verfahren des Arbeitnehmers auf Anerkennung der Schwerbehinderteneigenschaft bei der hierfür zuständigen Behörde abgeschlossen war. Dabei sollte die Kündigungszustimmung wirkungslos werden, wenn die Schwerbehinderteneigenschaft des Arbeitnehmers im Nachhinein verneint worden wäre. Ihr sollte also nur bei späterer Feststellung der Schwerbehinderteneigenschaft rechtliche Bedeutung zukommen. Inwieweit der vorsorgliche VA eine **eigenständige VA-Form** ist,[1479] ist str. Vertreten wird auch, es handele sich hierbei um

---

[1469] *BVerwGE* 11, 283, 285; 21, 119, 124; 25, 291, 294; vgl. aber auch *BVerwGE* 71, 77, 80 = NVwZ 1986, 743 und 91, 66, 68 = NJW 1993, 1282, 1283, nach denen nicht alle beamtenrechtlichen Besoldungs- und Versorgungsbescheide einem gesetzesimmanenten Vorbehalt unterliegen.

[1470] *BVerwGE* 11, 283 (für Beihilfe); *BVerwGE* 13, 248, 250 (für vorläufige Besoldungsmitteilung unter dem Vorbehalt einer endgültigen Festsetzung); *OVG Münster* NWVBl 1994, 107, 108; hierzu *Brüning*, Einstweilige Verwaltungsführung, 2003, S. 233 ff.

[1471] *BVerwG* NJW 1991, 766, 767 (für Apotheken-Notdienst).

[1472] *BVerwG* DÖV 1958, 704.

[1473] *BVerwGE* 67, 99, 103 = NJW 1983, 2043; s. auch *VGH Mannheim* NVwZ-RR 2006, 154, 156; *OVG Münster* NVwZ 1991, 588 (dazu *Martens* NVwZ 1991, 1043, 1045).

[1474] Zur rechtlichen Zulässigkeit eines solchen Vertrauensschutzausschlusses näher *Schwarz* in Fehling u. a., § 35 VwVfG Rn. 31 f.

[1475] Für einen abgestuften Vertrauensschutz in Anlehnung an die Rspr. zur Rückwirkung von Gesetzen demgegenüber *Schmehl* DVBl 1999, 19, 25 ff. Für noch weitergehenden Vertrauensschutz in Anlehnung an § 48 Abs. 2 und § 49 a Abs. 2 *Erfmeyer* DÖV 1998, 459, 461 ff.

[1476] So *BSGE* 82, 183, 188 = NZS 1999, 43, 45 (weil ansonsten die Gefahr der Umgehung der Vertrauensschutztatbestände von §§ 48 f. bestehe); a. A. zu § 165 AO jedoch *BFH* HFR 2002, 374, 375; *FG M.-V.* EFG 2007, 10 f.; *FG Münster* EFG 2001, 404 und 543 (wo auf die Bestandskraft des Vorläufigkeitsvermerks abgestellt wird).

[1477] Vgl. *BFH* DB 1974, 1364.

[1478] *BVerwGE* 81, 84, 94 = NVwZ 1989, 1172.

[1479] So wohl *Sanden* DÖV 2006, 811, 814 f.; *Weides*, S. 45 f.

gar keinen VA,[1480] um eine Art akzessorischen VA (Rn. 226),[1481] einen Unterfall des vorläufigen VA i. S. d. Rn. 245[1482] oder der Rn. 244,[1483] einen endgültigen VA, von dem nur in einem bestimmten Fall Gebrauch gemacht werden könne[1484] oder einen auflösend bedingten VA (so § 43 Rn. 208).[1485] Auch wird der vorsorgliche VA mit einem (nur in Ausnahmefällen zulässigen) **„VA auf Vorrat"** gleichgesetzt.[1486] Str. ist auch, ob es sich bei dem vorsorglichen VA um eine durch den speziellen Fall veranlasste **Ausnahmeerscheinung** handelt[1487] oder um eine **allgemein anwendbare Rechtsfigur,** die es ermöglicht, eine Regelung von einem in der Zukunft liegenden ungewissen Ereignis abhängig zu machen.[1488] Näher liegt wohl, dass für die Probleme des vorsorglichen VA hauptsächlich eine **unklare Terminologie** ursächlich ist. Daher kann unter den Begriff des vorsorglichen VA auch der **Gefahrerforschungseingriff** (§ 24 Rn. 10) nicht gefasst werden:[1489] Materiell ist er eine endgültige Regelung, die nicht von einer späteren Gefahrbeseitigungsregelung abhängig ist.[1490]

d) Vorbescheid und Teilverwaltungsakt: Insbes. für **komplexe Entscheidungsprozesse** 251 (Genehmigung und Planfeststellung von Großanlagen), aber auch im Baurecht[1491] sind **gestufte Verfahren** (§ 9 Rn. 171, 202) mit Teil-VA und Vorbescheiden entwickelt worden (vgl. § 73 Rn. 23 ff.),[1492] die Regelungen über einen Teil des Verfahrensgegenstandes sind (§ 9 Rn. 108) und damit seine Teilbarkeit voraussetzen, § 43 Rn. 193 f. Dabei hat sich bisher nicht bestätigt, dass dies zu einer Zulassungsbeschleunigung führt,[1493] s. Rn. 256. Beim Vorbescheid werden einzelne Genehmigungsvoraussetzungen verbindlich festgestellt (vgl. § 9 BImSchG, § 19 AtVfV). Er ist somit ein Instrument, um einzelne mit einem *konkreten*[1494] Vorhaben verbundene (vom Antragsteller genau zu bezeichnende) Rechtsfragen vorab zu klären.[1495] Insoweit unterscheidet er sich von der Zusicherung, die erst auf den Erlass eines künftigen VA gerichtet ist, s. § 38 Rn. 20. Beim Teil-VA wird ein Teil des gesamten Vorhabens verbindlich gestattet (vgl. § 8 BImSchG, § 16 AtVfV). Er erlaubt somit einen komplexen Sachverhalt zu entflechten und stufenweise aufzuarbeiten, indem z. B. ein Bauvorhaben in einzelne Bauabschnitte unterteilt wird, s. § 43 Rn. 76, 80. Nur eine Teilgenehmigung kann deshalb bereits zur (teilweisen) Ausführung eines Vorhabens berechtigen; dem Vorbescheid fehlt eine solche gestattende Wirkung;[1496] er ist (nur) feststellender VA,[1497] s. Rn. 219. Zur „Nebenbestimmungstauglichkeit" eines Vorbescheides s. § 36 Rn. 7.

Der Erlass von Vorbescheiden und Teil-VA dürfte grundsätzlich auch **ohne besondere Er-** 252 **mächtigung,** letztlich als von der Ermächtigung zum Erlass des „vollständigen" VA umfasstes „weniger" zulässig sein, wenn hierfür ein praktisches Bedürfnis besteht.[1498] Ein solches Bedürfnis

---

[1480] So wohl *Maurer,* § 9 Rn. 63 c.
[1481] In diese Richtung *Peine,* FS Thieme, 1993, S. 563, 585.
[1482] *Di Fabio* DÖV 1991, 629, 630; *Kopp,* Vorläufiges Verwaltungsverfahren und vorläufiger VA, 1992, S. 86 f.; *Losch* NVwZ 1995, 235, 237.
[1483] So wohl *BVerwGE* 81, 84, 94 = NVwZ 1989, 1172.
[1484] *Henneke* in Knack, § 35 Rn. 123; *Martens* NVwZ 1991, 1043, 1044.
[1485] *Brüning,* Einstweilige Verwaltungsführung, 2003, S. 190 ff.; *Püttner* JZ 1989, 846.
[1486] *OVG Münster* NWVBl. 1996, 219 f.; *Sanden* DÖV 2006, 811, 813 ff.
[1487] So *Fehling* JA 1997, 483; *Maurer,* § 9 Rn. 63 c; *Weides,* S. 45 f.
[1488] So *Di Fabio,* DÖV 1991, 629, 631; *Losch* NVwZ 1995, 235, 237; *Sanden* DÖV 2006, 811, 815; *Wolff/Bachof/Stober/Kluth* I, § 45 Rn. 55.
[1489] So *Di Fabio* DÖV 1991, 629; *Goetz* NVwZ 1994, 652, 655.
[1490] So auch *Peine,* FS Thieme, 1993, S. 567, 579.
[1491] *Fluck* VerwArch 80 (1989), S. 223; *ders.* NVwZ 1990, 535; *Laubinger* VerwArch 80 (1989), S. 241; *Mann,* Das gestufte Verwaltungsverfahren im Baurecht, 1992, S. 49 ff.; *Schenke* DÖV 1990, 489.
[1492] *Schuppert,* Verwaltungswissenschaft, S. 163 f., 169.
[1493] S. zum Vorbescheid *Tegethoff,* Nebenbestimmungen, 2001, S. 124 ff.
[1494] *OVG Münster* NVwZ-RR 2003, 823 f.; *Schmaltz* BauR 2007, 975, 976; zur Unzulässigkeit sog. **Konzeptvorbescheide** *Dietlein/Thiel* Verwaltung 2005, S. 211, 225 ff.
[1495] *OVG Frankfurt (Oder)* NVwZ-RR 2000, 271, 272 (krit. hierzu *Groth/Graupeter* BauR 2000, 1691); *OVG Koblenz* BauR 2000, 245, 247 f.; *OVG Münster* NVwZ-RR 2004, 558 f.
[1496] Deshalb kann er nicht sinnvoll für **sofort vollziehbar** erklärt werden (*VGH München* NVwZ 1999, 1363; *VG Dessau* BauR 2000, 1733, 1734 f.; *VG Gießen* NVwZ-RR 2003, 1471 f.; *Redeker* NVwZ 1998, 589; offen *OVG Koblenz* NVwZ 1998, 651 (jeweils für Geltung des § 212a BauGB für Bauvorbescheide)) und im Baurecht auch keine Verdichtung der Erschließungslast auslösen (*BVerwG* BauR 2000, 247, 248).
[1497] *VG Gießen* NVwZ-RR 2005, 232; *Dietlein/Thiel* Verwaltung 2005, S. 211, 218 f.
[1498] *OVG Lüneburg* NuR 1981, 211; *BSGE* 42, 108 = NJW 1977, 77; *Achterberg,* § 21 Rn. 119; *Ule/Laubinger,* § 48 Rn. 19.

kann nicht nur im Anlagenzulassungsrecht bestehen, sondern etwa auch im Vermögensrecht[1499] oder Sozialleistungsrecht[1500] (s. hierzu § 36 des Referentenentwurfs zu SGB X, Rn. 241), wenn einzelne Tatbestandsmerkmale für Leistungsansprüche „stufenweise" abgearbeitet werden sollen. Das Fachrecht kann dem Erlass von Vorbescheiden und Teil-VA entgegenstehen, insbes. dann, wenn es eine Teilbarkeit des Verfahrensgegenstandes ausschließt.[1501] Dies ist bei Planungsentscheidungen möglich, wenn die Herausnahme einzelner Aspekte des Vorhabens eine umfassende Abwägung ausschließt.[1502] Ist ein Vorhaben genehmigungsfrei (Rn. 35 ff.), kann auch kein Vorbescheid verlangt werden.[1503] Ebenfalls kann sich ein Vorbescheid nur auf Fragen beziehen, die im Genehmigungsverfahren zu prüfen sind.[1504]

253 Die Bindungswirkung von Vorbescheid und Teilgenehmigung für die hierauf aufbauenden VA ist aus Gründen der Verfahrensklarheit unabdingbar[1505] und unterliegt keinen verfassungsrechtlichen Bedenken.[1506] Einzelheiten ergeben sich aus den jeweiligen Fachgesetzen, s. § 9 Rn. 147 ff., § 43 Rn. 75 ff., 87: So gilt etwa für den **Baubereich:** Sowohl die **Teilgenehmigung** als auch der baurechtliche **Vorbescheid** regeln endgültig einen Ausschnitt aus dem feststellenden, bei der Teilbaugenehmigung auch aus dem gestattenden Teil der späteren Baugenehmigung.[1507] Sie beziehen sich nur auf das konkrete Vorhaben, für das sie beantragt worden sind, können also nicht auf andere Vorhaben übertragen werden.[1508] Jedoch ist es zulässig, für dasselbe Grundstück gleichzeitig verschiedene Vorbescheide zu beantragen, die sich auf sich gegenseitig ausschließende Vorhaben beziehen.[1509] Wird ein Baugenehmigungsantrag gestellt, ist die Behörde nicht verpflichtet, für sich auf einzelne nicht strittige Fragen des Vorhabens einen Vorbescheid zu erlassen.[1510] Bundesrechtlich ist nicht vorgegeben, dass sich der Bauvorbescheid mit Erteilung der Baugenehmigung erledigt.[1511] Eine solche Regelung wäre sinnwidrig,[1512] vielmehr bewirkt ein Bauvorbescheid, dass die Behörde die dort entschiedenen Fragen im Baugenehmigungsverfahren nicht mehr prüft, sondern allenfalls nachrichtlich in die Baugenehmigung aufnimmt.[1513]

254 Im **Immissionsschutz- und Atomrecht** wurde deutlich, dass Teilgenehmigungen auch **vorläufige Gesamtprognosen** über die Zulässigkeit des Vorhabens insgesamt (§ 8 BImSchG, § 18 AtVfV) enthalten, da die einzelnen Aspekte und Teile eines Vorhabens nicht beziehungslos zueinander stehen, sondern einander zugeordnet und nur aus dieser Zuordnung begreifbar sind. Hiervon geht etwa auch § 13 UVPG aus. Demnach enthält die **Teilgenehmigung** eine gestattende Regelung mit uneingeschränkter Bindungswirkung und ein **vorläufiges positives Gesamturteil** über Standort und Konzept der Anlage, das zum feststellenden Teil der Teilgenehmigung gehört und von dem eine Bindungswirkung ausgeht, die grundsätzlich nach Maßgabe der Vorläufigkeit eingeschränkt ist.[1514] Diese Einschränkung ist jedoch immer mehr

---

[1499] *BVerwGE* 94, 195, 197 = NJW 1994, 468; *BVerwG* NVwZ 2000, 1289.
[1500] *BSGE* 42, 108 = NJW 1977, 77.
[1501] *BVerwGE* 91, 363, 368 = NJW 1993, 2391.
[1502] *OVG Münster* UPR 1994, 105, 106.
[1503] *OVG Saarlouis* DÖV 1983, 821; BRS 55 Nr. 142; zur Frage, ob dies auch bei Genehmigungsfreistellung gilt: *Jäde* BayVBl 2005, 332 ff.; *Kuchler/Erhard* BayVBl 2004, 652 ff.; *Schmaltz* BauR 2007, 975, 977.
[1504] *Schmaltz* BauR 2007, 975, 976 ff.
[1505] Vgl. *Henneke* DÖV 1997, 768, 779; *Jarass* UPR 1983, 241; *Kutscheidt*, FS Sendler, 1991, S. 303; *Roßnagel* DÖV 1995, 624, 625; *Schulze-Osterloh* JuS 1981, 393 ff.
[1506] *BVerfG* NVwZ 1997, 158.
[1507] Vgl. *BVerwGE* 48, 242, 245; 68, 241 = NJW 1984, 1474; *BVerwGE* 69, 1 = NJW 1984, 144; *BVerwG* BauR 1983, 343; NVwZ 1987, 884; *OVG Bautzen* LKV 1992, 374; *VGH Kassel* NVwZ-RR 1991, 174; *OVG Münster* NVwZ 1989, 1081; NVwZ-RR 2004, 558; *Degenhart* DVBl 1981, 994, 995; *Ortloff* NVwZ 1983, 705; *Schneider* BauR 1988, 13; allgemein *Reichelt*, Der Vorbescheid im VwVf, 1989.
[1508] *VGH München* BayVBl 1997, 341; vgl. auch *Dietlein/Thiel* Verwaltung 2005, S. 211, 225 ff.
[1509] *VG Gera* ThürVBl 2003, 16, 17.
[1510] *OVG Münster* NVwZ 2001, 1423.
[1511] *BVerwG* NVwZ 1995, 894, 895 (hierzu *Brodersen* JuS 1996, 465). Unklarheiten waren diesbezüglich wegen *BVerwG* NVwZ 1989, 863 aufgetreten (hiergegen *Fluck* VerwArch 80 (1989), S. 223; *ders.* NVwZ 1990, 535; *Goerlich* JZ 1990, 205; *Laubinger* VerwArch 80 (1989), S. 241; *Schenke* DÖV 1990, 489). S. hierzu auch *VGH München* NVwZ 1999, 1363.
[1512] Deutlich *OVG Frankfurt (Oder)* NVwZ-RR 1998, 484, 485.
[1513] *VG Gießen* NVwZ-RR 2005, 232, 233.
[1514] Grundlegend *BVerwGE* 72, 300, 306 ff. = NVwZ 1986, 208. Ferner *BVerwGE* 78, 177, 178 = NVwZ 1988, 536 (dazu *Martens* NVwZ 1989, 112, 116); *BVerwGE* 80, 207, 212 = NVwZ 1989, 52;

zurückgenommen worden,[1515] s. a. § 43 Rn. 84 ff. Nach *BGH*[1516] kann z. B. der Betreiber auf die Richtigkeit des in der ersten Teilgenehmigung erteilten vorläufigen positiven Gesamturteils vertrauen mit der Folge der **Amtshaftung,** wenn sich später seine Unrichtigkeit herausstellt. Diese Vertrauenshaftung ist jedoch mit der erkennbaren Vorläufigkeit des positiven Gesamturteils unvereinbar.[1517] § 93 Abs. 2 und § 94 Abs. 2 **UGB-KomE** schrauben deshalb die Bindungswirkungen des vorläufigen positiven Gesamturteils der Teil-Vorhabengenehmigung und den entspr. Vorbescheid zurück, in dem bei der vorläufigen Beurteilung nur darauf abgestellt werden soll, ob dem Vorhaben „von vornherein unüberwindliche Hindernisse" entgegenstehen.[1518] Ob Vorbescheiden ein vorläufiges positives Gesamturteil zu Grunde liegt, ist ohnehin str.[1519]

255 Dass sich die Rspr. zum vorläufigen positiven Gesamturteil im Atom- und Immissionsschutzrecht auf **andere Rechtsgebiete** übertragen lässt, ist zudem nicht selbstverständlich, § 43 Rn. 87 f. Sie erschwert auch die Abgrenzung zwischen Teilgenehmigung und Vorbescheid, etwa wenn angenommen wird, mit der ersten Teilbaugenehmigung werde verbindlich auch über die bauplanungsrechtliche Zulässigkeit des Vorhabens entschieden.[1520] Deshalb verlangt *BVerwG*[1521] für das Vorliegen eines Vorbescheides nach § 7a AtG die ausdrückliche Aufnahme in den verfügenden Teil einer atomrechtlichen Regelung (vgl. Rn. 144), um diesen gegenüber dem mit einer Teilgenehmigung verbundenen vorläufigen positiven Gesamturteil abzugrenzen.[1522] Zudem ist nach *BVerwG*[1523] auch im Atomrecht das Verhältnis zwischen **Änderungsgenehmigung** und **ursprünglicher Genehmigung** nicht mit dem Verhältnis mehrerer Teil-VA untereinander vergleichbar, vielmehr ist grundsätzlich bei einer Änderungsgenehmigung die Genehmigungsfähigkeit der geänderten Anlage neu zu überprüfen. Die Bindungswirkung der ursprünglichen Genehmigung besteht nur insoweit fort, als sie Vorhabenteile berührt, die von der Änderung nicht betroffen werden können.[1524] Das vorläufige positive Gesamturteil sagt auch nichts darüber, ob auch eine wesentliche Änderung genehmigungsfähig ist.[1525]

256 Insgesamt hat die Rspr. auch gezeigt, dass eine zu frühe Festlegung durch Vorbescheid und Teilgenehmigung die Möglichkeit des **Reagierens auf Situationsänderungen** einschränken[1526] und damit bereits **durchgeführte VwVf** (und im Vertrauen hierauf getätigte Investitionen) **entwerten** kann: So erstreckt sich die Bindungswirkung eines Vorbescheides nicht auf ein gegenüber dem Vorbescheidsantrag – sei es auch nur geringfügig – abgewandeltes Vorhaben.[1527] Entsprechendes gilt bei Teil-VA. Dies zeigt sich, wenn eine erste Teilgenehmigung gerichtlich aufgehoben wird, die weiteren Teil-VA jedoch bereits bestandskräftig sind und das Vorhaben bereits verwirklicht ist. Dann ist die Anlage noch nicht vollständig genehmigt und die erste Teilgenehmigung muss nachgeholt werden. Hierbei ist auch zu prüfen, ob sich aus

---

BVerwGE 88, 286, 290 = NVwZ 1993, 177 (dazu *Kutscheidt*, FS Sendler, 1991, S. 303, 312 ff.); *BVerwGE* 92, 185, 189 = NVwZ 1993, 578 (dazu *Heitsch* UPR 1994, 250; *Vogelsang/Zartmann* NVwZ 1993, 855); *BVerwGE* 96, 258, 264 = NVwZ 1995, 999; *BVerwG* NVwZ 1989, 1169, 1170; NVwZ-RR 1994, 16; NVwZ-RR 1999, 15; ebenso BGHZ 134, 268, 279 f. = NVwZ 1997, 714, 717 f. Aus der Lit. z. B. *Badura* DVBl 1998, 1197; *Breuer* VerwArch 80 (1989), S. 261, 267; *Jarass* UPR 1983, 241; *Ortloff* NVwZ 1983, 705; *Kutscheidt*, FS Sendler, 1991, S. 303; *Ossenbühl* NJW 1980, 1353; *Roßnagel* DÖV 1995, 624; *Weber* DÖV 1980, 397, 400; *Wieland* DVBl 1991, 616.
[1515] Hierzu *Roßnagel* DÖV 1995, 624, 627.
[1516] BGHZ 134, 268, 279 ff. = NVwZ 1997, 714, 717 f.
[1517] S. hierzu aber *Schwarz* in Fehling u. a., § 35 VwVfG Rn. 25 mit Fußn. 66.
[1518] UGB-KomE, S. 647; *Tegethoff*, Nebenbestimmungen, 2001, S. 123 ff.
[1519] Hierzu *Dietlein/Thiel* Verwaltung 2005, S. 211, 229 ff.; *Tegethoff*, Nebenbestimmungen, 2001, S. 115 ff.
[1520] *OVG Frankfurt (Oder)* NVwZ-RR 1998, 484, 486; *VGH Kassel* NVwZ-RR 1997, 10; einschränkend demgegenüber *OVG Münster* NVwZ-RR 1997, 401.
[1521] *BVerwGE* 78, 177, 178 = NVwZ 1988, 536; *BVerwGE* 80, 207, 213 = NVwZ 1989, 52.
[1522] Zu Unterscheidung der Wirkungsweise von Vorbescheid und vorläufigem positiven Gesamturteil s. *Henneke* DÖV 1997, 768, 779.
[1523] *BVerwGE* 101, 347, 354 f. = NVwZ 1997, 161 (hierzu. *Böhm* JZ 1997, 207; *Grigoleit/Mager* NuR 1997, 469; *Kutscheidt* NVwZ 1997, 111; *Rebentisch* DVBl 1997, 810; *Sendler* UPR 1997, 161; *Steinberg/Roller* DVBl 1997, 57).
[1524] *Schmidt-Preuß* NVwZ 1998, 553, 554; *ders.* DVBl 2000, 767, 777.
[1525] *BVerwGE* 112, 123, 127 ff. = NVwZ 2001, 567, 568 f.
[1526] *Dietlein/Thiel* Verwaltung 2005, S. 211, 215 ff.
[1527] *VGH München* BayVBl 1997, 341.

dieser Neuregelung Rückwirkungen auf den Regelungsgehalt der anderen Teil-VA ergeben, die deshalb ebenfalls ersetzt werden müssen, soweit der der aufgehobenen Teilgenehmigung anhaftende Rechtsfehler auf die nachfolgenden Genehmigungen durchschlägt.[1528] Bei **besonders langer Verfahrensdauer** kann zudem die Stufung eines Verfahrens dazu führen, dass die ersten Teil-VA von der Behörde wegen zwischenzeitlicher Änderung der Sach- und Rechtslage bereits aufgehoben werden müssen, während das Genehmigungsverfahren für die letzten Teil-VA noch läuft. So kann es dazu kommen, dass die Aufsichtsbehörde durch Widerruf des ersten Teil-VA der Genehmigungsbehörde für den Erlass der letzten Teil-VA die Grundlage entzieht.[1529]

257   e) **Rahmengenehmigung:** In der **Beschleunigungsdiskussion** (Rn. 34) ist auch das – wohl auf dem Versicherungsmodell *Bohnes*[1530] beruhende[1531] – Modell einer Rahmengenehmigung vorgeschlagen worden. Hierbei soll es sich um eine **Genehmigung mit geringerer Prüfdichte** handeln, mit der der Anlagengegenstand, das Verfahren und die materiellen Schutzpflichten festgeschrieben werden. Die den maßgeblichen Vorschriften und dem Stand der Technik entsprechenden Detailausführungen sollen jedoch dem Unternehmen bzw. den von ihm beauftragten Sachverständigen überlassen bleiben.[1532] Insgesamt soll das Modell der Rahmengenehmigung dem Unternehmen einerseits dauerhaft größere Flexibilität einräumen, andererseits aber auch ein Anreiz zur Eigenkontrolle für das Unternehmen durch Beteiligung am Umweltmanagement- und Betriebsprüfungssystem geschaffen werden.[1533] Im Unterschied zur Teilgenehmigung soll sich damit die Rahmengenehmigung auf das **gesamte Vorhaben** beziehen, es aber nur **skelettartig**, im Gegensatz zum vorläufigen VA aber **endgültig** zulassen. Ohne gesetzliche Grundlage kann dieses Modell nicht verwirklicht werden, wenn der Betreiber (und Drittbetroffene) einen Anspruch auf vollständige Genehmigung hat, demgegenüber die Rahmengenehmigung noch mehr als der vorläufige VA ein aliud ist.[1534] Für Drittbetroffene dürfte zudem kaum erkennbar sein, was genau von der Bindungswirkung einer solchen Genehmigung umfasst sein soll. Insofern werden sich zwangsläufig erhebliche, ggf. nur gerichtlich zu lösende Probleme hinsichtlich der Bestimmtheit solcher Regelungen ergeben.[1535] Allerdings kommen Regelungen wie § 12 Abs. 2a BImSchG (sog. gestrecktes Genehmigungsverfahren) dem Konzept der Rahmengenehmigung nahe.[1536]

258   Der **UGB-KomE** hat diesen Vorschlag nicht übernommen, sich hiermit auch nicht näher auseinandergesetzt.[1537] Auch die teilweise[1538] ebenfalls als Rahmengenehmigung bezeichnete, 1996 eingeführte Mehr- oder Vielstoffgenehmigung[1539] nach **§ 6 Abs. 2 BImSchG** ist kein „Einstieg in die Rahmengenehmigung.[1540] Hiernach ist die Genehmigung auf Antrag der Anlagen, die unterschiedliche Betriebsweisen haben oder in denen unterschiedliche Stoffe eingesetzt werden können, auf die unterschiedlichen Stoffe und Betriebsarten zu erstrecken.[1541] Hierbei handelt es sich nicht um eine Genehmigung mit geringerer Prüfungsdichte, sondern um eine Ausweitung der Genehmigungsaussage.

[1528] *BVerwGE* 80, 207, 221 = NVwZ 1989, 52 (hierzu *Badura* DVBl 1998, 1197; *Kutscheidt*, FS Sendler, 1991, S. 303, 317; *Schmidt-Preuß* DVBl 2000, 767, 768; *Vogelsang/Zartmann* NVwZ 1993, 855).
[1529] *BVerwGE* 104, 36, 39 ff. = NVwZ 1998, 623 f.; *BVerwG* NVwZ 1998, 631, 632.
[1530] *Bohne* DVBl 1994, 195.
[1531] So *Bullinger* JZ 1994, 1129, 1132.
[1532] Hierzu krit. *Eckert*, FS Hahn, 1997, S. 591, 601; *Lübbe-Wolff* ZuR 1995, 57, 61 f.
[1533] *Schlichter-Kommission*, Bericht, 1994, Rn. 536, 541 ff.; hierzu *Tegethoff*, Nebenbestimmungen, 2001, S. 203 ff.
[1534] Vgl. *BVerwGE* 80, 207, 214 = NVwZ 1989, 52 (zu einer „Rahmengenehmigung" im Atomrecht).
[1535] Vgl. *BVerwGE* 80, 207, 215.
[1536] *Schäfer* NVwZ 1997, 526, 529.
[1537] Vgl. UGB-KomE, S. 606 ff. und S. 620 f.
[1538] *Meins* BayVBl 1998, 136, 141; *Wasielewski* LKV 1997, 77.
[1539] *Jarass*, BImSchG, 6. Aufl. 2005, § 6 Rn. 4.
[1540] So aber *Wasielewski* LKV 1997, 77. Dies war von der *Schlichter-Kommission*, auf deren Vorschlag die Regelung zurückgeht (Bericht, 1994 Rn. 577), auch nicht so verstanden worden.
[1541] Hierzu *Büge/Tünnesen-Harmes* GewArch 1997, 48, 53; *Moormann* UPR 1996, 408, 412.

6. Dinglicher Verwaltungsakt

Die nach wie vor umstr.[1542] Rechtsfigur des dinglichen VA[1543] ist von der Rspr. angenommen worden.[1544] Er regelt nicht primär das Verhalten von Personen, sondern die Rechte, die eine Person an einer Sache haben kann bzw. die Pflichten, die einer Person im Hinblick auf eine Sache obliegen. Dingliche VA sind damit **öffentlich-sachenrechtliche Zustandsregelungen.** Sie zielen nicht auf bestimmte Personen (**intransitive VA**)[1545] und können damit adressatenlos in dem Sinne sein, dass es zwar Betroffene i. S. d. § 41 Abs. 1 S. 1, jedoch niemanden gibt, für den er i. S. d. § 41 Abs. 1 S. 1 „bestimmt" ist, s. § 41 Rn. 29 f. Betroffen ist derjenige oder derjenige Personenkreis, dem die durch die Regelung begründeten öffentlich-sachenrechtlichen Rechte zustehen und den die öffentlich-sachenrechtlichen Pflichten verpflichten sollen. Es fehlt somit an „materiellen Adressaten" (zum Begriff § 37 Rn. 14). Der dingliche VA hat aber Inhaltsadressaten (zum Begriff § 37 Rn. 10), ggf. hat er auch – wie § 35 S. 2 Alt. 3 zeigt – die Allgemeinheit zum Inhaltsadressat (§ 37 Rn. 13, 26). Mit der Regelung der sachbezogenen AllgV hat sich deshalb der Gesetzgeber dem dinglichen VA genähert (vgl. Rn. 308 ff.), jedoch sind beide VA-Arten nicht deckungsgleich. Zu den dinglichen VA gehören nämlich nicht nur die sich an die Allgemeinheit richtende (öffentlich bekannt gegebene) sachbezogene AllgV wie Widmung (Rn. 320 ff.), Straßen-(um-)benennung (Rn. 327) oder Verkehrsregelungen (Rn. 330), sondern auch alle diejenigen VA, die zwar konkret die **Rechte und Pflichten einer bestimmten Person** (z. B. des Eigentümers) im Hinblick auf eine **konkrete Sache,** festschreiben, die nach dem gesetzlichen Prüfprogramm jedoch ohne Ansehen der Person des Verfügungsbefugten, insbes. ohne Zuverlässigkeits/Bonitätsprüfungen, sondern nur im Hinblick auf den Zustand der Sache ergehen.[1546] Dann muss der Adressat eines solchen VA auch nicht notwendigerweise selbst davon Gebrauch machen.[1547] Insofern kann etwa auch die Baugenehmigung als dinglicher VA angesehen werden,[1548] ohne dass sie deshalb zur sachbezogenen AllgV wird, s. Rn. 317. Es besteht kein Grund, den Begriff des dinglichen VA nur für sachbezogene AllgV zu reservieren und Regelungen wie die Baugenehmigung als „Sachgenehmigung" oder „Realkonzession" zu bezeichnen, solange über den Unterschied zwischen diesen Arten des dinglichen VA Klarheit besteht.[1549]

Daher gehören auch alle diejenigen sachbezogenen VA, die **Wirkungen** nicht nur gegenüber ihrem Adressaten, sondern auch **gegenüber** seinem **Rechtsnachfolger** entfalten, zu den dinglichen VA. Allerdings ist jedenfalls bei der **Eingriffsverwaltung** vor einer „petitio principii" zu warnen: Ob eine Rechtsnachfolge möglich ist, entscheidet sich als materielle Frage nach dem Fachrecht, das die Rechtsnachfolgefähigkeit der Rechtsposition und den Nachfolgetatbestand zu bestimmen hat, s. § 9 Rn. 206, § 43 Rn. 91. Aus der Rechtsnachfolgefähigkeit kann sich also die Dinglichkeit eines VA ergeben, nicht aber aus dem bloßen Sachbezug bereits die Rechtsnachfolgefähigkeit.[1550] Jedoch muss die Rechtsnachfolgefähigkeit nicht ausdrücklich an-

---

[1542] Ablehnend *Maurer*, § 9 Rn. 57; *Obermayer*, VwVfG, 2. Aufl. 1990, § 35 Rn. 155 („rechtslogisch unhaltbar"); *Peine*, Rn. 459 f.; *Penski* DÖV 1966, 845.
[1543] Grundlegend *Niehues* DÖV 1965, 319 ff.; *ders.*, FS Wolff, 1973, S. 247 ff.; *ders.* DVBl 1982, 317 f.; ferner: *Gornig*, Sachbezogene hoheitliche Maßnahme, 1985, S. 57 ff., 131 ff.; *Kopp* BayVBl 1970, 233; *Martens* DVBl 1968, 322, 329; *ders.* JuS 1979, 416, 419; *ders.* NVwZ 1982, 481 f.; *v. Mutius* DVBl 1974, 904 (gegen *Grund* DVBl 1974, 449 ff.).
[1544] Vgl. etwa *VGH Kassel* NVwZ 1998, 1315; *OVG Koblenz* NJW 1987, 1284; *VGH Mannheim* NJW 1981, 1749; *OVG Münster* NVwZ 1987, 427.
[1545] *OVG Koblenz* NJW 1987, 1284; ähnlich *OVG Münster* DVBl 1976, 1284.
[1546] *VGH München* NJW 1999, 2914, 2915; *Gornig*, Sachbezogene hoheitliche Maßnahme, 1985, S. 81; *Spieß* NuR 1999, 306. Zu Fällen, in denen es auch bei der Baugenehmigung auf persönliche Umstände des Antragstellers ankommt: *Guckelberger* VerwArch 90 (1999), S. 499, 501 ff.
[1547] Vgl. *OVG Münster* NVwZ-RR 1997, 70, 71; *VGH München* NJW 1999, 2914, 2915. Selbst solche VA zu den dinglichen VA zählend, bei denen auch Zuverlässigkeitsprüfungen eine Rolle spielen, demgegenüber *VGH Kassel* NVwZ 1998, 1315, 1316; hiergegen zutreffend *Volkmann* JuS 1999, 544, 547 f.
[1548] Vgl. *Guckelberger* VerwArch 90 (1999), S. 499 ff.
[1549] A. A. wohl *VGH München* NVwZ 2006, 1201; *Fluck* DVBl 1999, 496, 498; *ders.* NuR 1999, 86, 91; *Kreppel*, Rechtsnachfolge in anlagenbezogene Zulassungsakte des Umweltrechts, 1998, S. 81 ff.
[1550] *Dietlein*, Nachfolge im öffentlichen Recht, 1999, S. 237 ff.; *Fluck* DVBl 1999, 496, 498; *ders.* NuR 1999, 86, 91; *Stadie* DVBl 1990, 501, 507; a. A. *Gornig*, Sachbezogene hoheitliche Maßnahme, 1985, S. 19 ff.; *Jellinek*, S. 195 f., 212 f.; *Kreppel*, Rechtsnachfolge in anlagenbezogene Zulassungsakte des Umweltrechts, 1998, S. 112 ff.; unklar jedoch *BVerwGE* 125, 325, 333 ff. = NVwZ 2006, 928, 931.

geordnet werden; sie kann dem Fachrecht auch durch Auslegung entnommen werden.[1551] Dabei kann der Sachbezug einer belastenden Maßnahme Indiz für deren Rechtsnachfolgefähigkeit, aber wohl nicht alleinige Voraussetzung sein.[1552] Bei **begünstigenden sachbezogenen Maßnahmen** wird dagegen i. d. R. die Sachbezogenheit die Rechtsnachfolgefähigkeit indizieren.[1553]

261 Als (im Wege der Einzel- und Gesamtrechtsnachfolge) **rechtsnachfolgefähig** wurde trotz fehlender gesetzlicher Anordnung insbes. von der Rspr. anerkannt: Baugenehmigung[1554] (auch zu Lasten des Nachbarn,[1555] s. a. § 41 Rn. 24), vorhaben- und grundstücksbezogene Auflagen zur Baugenehmigung (§ 36 Rn. 84, str. bei Auflage, eine Stellplatzablöseabgabe zu zahlen, s. § 36 Rn. 105), Genehmigung nach § 4 BImSchG,[1556] naturschutzrechtliche Befreiung,[1557] Entsorgungsnachweise nach KrW-/AbfG (str.),[1558] Freistellung nach Art. 1 § 4 Abs. 3 DDR-Umweltrahmengesetz,[1559] Kanalanschlussbeitragsbescheid, soweit sich hieraus ein Verbot der Doppelveranlagung ergibt,[1560] baurechtliche Abrissverfügung[1561] und Anordnung, diese zu dulden[1562] (nicht aber baurechtliche Nutzungsuntersagung[1563] und Zwangsmittelandrohung nach Beseitigungsverfügung[1564]), naturschutzrechtliche Beseitigungsanordnung,[1565] Stilllegungsverfügung nach § 20 Abs. 2 BImSchG,[1566] Zuweisung einer Wohnung an Wohnungssuchenden,[1567] Befugnis aus PlfBeschl zur Nassauskiesung[1568] (nicht aber Abgrabungsgenehmigung[1569]), Wiederaufforstungsanordnung,[1570] Anordnung über die Öffnungszeiten von Apotheken,[1571] Eintragung ins Straßenverzeichnis.[1572] Klarzustellen bleibt, dass eine nach materiellem Recht gegebene Rechtsnachfolgefähigkeit allein – ohne Sachbezug – keine Dinglichkeit des VA vermittelt,[1573] s. Rn. 260. Deshalb ist die Frage der Rechtsnachfolgefähigkeit der **Verhaltensstörerhaftung** (vgl. § 4 Abs. 3 Satz 1 BBodSchG)[1574] kein Problem des dinglichen VA.

262 Ist ein dinglicher VA rechtsnachfolgefähig, ist die Rechtsnachfolge auch bei Gutgläubigkeit nicht ausgeschlossen.[1575] Die Rechtsnachfolgefähigkeit setzt sich fort, wenn der VA vor Gericht

---

[1551] Strenger im Hinblick auf den Vorbehalt des Gesetzes z. B. *Dietlein,* Nachfolge im öffentlichen Recht, 1999, S. 267 ff.; *Schoch* BauR 1983, 532, 537 ff.
[1552] *BVerwG* NJW 1971, 1624; *Nolte/Niestedt* JuS 2000, 1172, 1173 ff.
[1553] *Guckelberger* VerwArch 90 (1999), S. 499, 505; *Spoerr/Hildebrandt* LKV 1999, 128, 129 Fn. 27; wohl auch *VGH München* NJW 1999, 2914, 2915; *OVG Münster* NVwZ-RR 1999, 786; vgl. schließlich auch *Dietlein,* Nachfolge im öffentlichen Recht, 1999, S. 210 (zur Nichtgeltung des Vorbehalts des Gesetzes in diesem Zusammenhang).
[1554] *VG Freiburg* NJW 1991, 59, 60 m. w. N.; *BGHZ* 122, 317, 321 = NJW 1993, 2303, 2304. Hierzu umfassend *Guckelberger* VerwArch 90 (1999), S. 499 ff.
[1555] *VGH München* BayVBl 2002, 499, 500; s. aber auch *VGH München* NVwZ-RR 2001, 577.
[1556] Vgl. a. *VGH München* NVwZ 2006, 1201; ausführlich *Dietlein,* Nachfolge im öffentlichen Recht, 1999, S. 415 ff.; *Kreppel,* Rechtsnachfolge in anlagenbezogene Zulassungsakte des Umweltrechts, 1998, S. 145 ff.
[1557] In diese Richtung *VGH München* NJW 1999, 2914, 2915.
[1558] *Spieß* NuR 1999, 306.
[1559] *Spoerr/Hildebrandt* LKV 1999, 128. Zu diesen Freistellungen auch *Michel* LKV 2000, 465.
[1560] *OVG Münster* NVwZ-RR 1999, 786, 787.
[1561] *BVerwG* NJW 1971, 1624; *OVG Berlin* DÖV 1988, 384; *OVG Koblenz* NVwZ 1985, 431; *VGH München* BayVBl 2000, 662, 663; *OVG Münster* NVwZ 1985, 427; NVwZ-RR 1997, 12; NVwZ-RR 1998, 159, 160; *Guckelberger* VerwArch 90 (1999), S. 499, 508 ff.; *Ortloff* JuS 1981, 574; a. A. *VGH Kassel* NJW 1977, 123 (m. zust. Anm. *Stober); v. Mutius* VerwArch 71 (1980), S. 93; *Rau* Jura 2000, 37, 41 f.; *Schoch* JuS 1994, 1026, 1031; *ders.* BauR 1983, 532, 537 ff. S. a. *VGH München* NJW 1993, 82: Gegenüber Mieter muss gesonderte Duldungsverfügung ergehen (hierzu *Guckelberger* VerwArch 90 (1999), S. 499, 514 f.).
[1562] *VGH München* NVwZ-RR 2002, 608, 609; s. für Sonderfall *OVG Bautzen* SächsVBl 2006, 72, 73.
[1563] *OVG Hamburg* NVwZ-RR 1997, 11 (hierzu *Guckelberger* VerwArch 90 (1999), S. 499, 526 ff.).
[1564] *OVG Münster* NJW 1980, 415; *VGH Mannheim* NVwZ 1991, 686.
[1565] *VGH Mannheim* NuR 1991, 486; NVwZ 1992, 392; NVwZ-RR 1994, 384.
[1566] *VGH Kassel* NVwZ 1998, 1315, 1316 (m. krit. Bespr. *Volkmann* JuS 1999, 544, 546).
[1567] *BVerwGE* 3, 208, 209 = NJW 1956, 1295.
[1568] *VGH München* NuR 1990, 175.
[1569] *OVG Münster* NVwZ-RR 1997, 70, 71 (m. Bespr. *Peine* JuS 1997, 984).
[1570] *OVG Lüneburg* NuR 1990, 178.
[1571] *VGH München* GewArch 1986, 98, 99 (hierzu Rn. 315).
[1572] *VGH München* BayVBl 1998, 563.
[1573] Siehe etwa zur Rechtsnachfolgefähigkeit von Wirtschaftssubventionen *Vierhaus* NVwZ 2000, 734.
[1574] Ausführlich hierzu *BVerwGE* 125, 325 ff. = NVwZ 2006, 928 ff. (m. Bespr. *Palme* NVwZ 2006, 1130 ff.).
[1575] *VGH München* NVwZ 2000, 1312, 1313.

§ 35 Begriff des Verwaltungsaktes

in einen Vergleich „umgewandelt" wird.[1576] Ist die Rechtsnachfolge eingetreten, kann diese auch die mit dem VA verknüpften **Auflagen** umfassen, s. § 36 Rn. 84. Eine Inanspruchnahme des früheren Eigentümers ist rechtswidrig, auch wenn die Änderung erst während des Widerspruchsverfahrens eintritt;[1577] umgekehrt ist die Inanspruchnahme des neuen Eigentümers aus dem an den früheren Eigentümer gerichteten VA nicht schon deshalb rechtswidrig, weil Rechtsnachfolge eingetreten ist.[1578] Die Aufhebung des rechtsnachfolgefähigen VA ist nach Eintritt der Rechtsnachfolge gegenüber dem Rechtsnachfolger auszusprechen.[1579] Veräußert der Eigentümer während der Rechtshängigkeit der Anfechtungsklage gegen den rechtsnachfolgefähigen VA sein Grundstück, kann der Rechtsnachfolger gemäß § 266 Abs. 1 ZPO i.V.m. § 173 VwGO das Verfahren fortführen.[1580] Maßgeblich für den Zeitpunkt der Rechtsnachfolge ist das Zivilrecht: Somit endet bei einer rechtsgeschäftlichen Eigentumsübertragung die Zustandshaftung des bisherigen Eigentümers erst mit der Eintragung des neuen Eigentümers im Grundbuch.[1581] Zur Bekanntgabe des VA gegenüber dem Rechtsnachfolger § 41 Rn. 24.

7. Verwaltungsakt mit Plancharakter

263 Als Plan wird das Ergebnis einer bestimmten Form staatlicher Aufgabenerfüllung bezeichnet, der Planung nämlich, die vorausschauendes Setzen von Zielen und gedankliches Vorwegnehmen der zu ihrer Verwirklichung erforderlichen Verhaltensweisen ist.[1582] Für Pläne ist also nicht Inhalt (das Getane) kennzeichnend, sondern die Art ihrer Entstehung (das Tun). Deshalb lässt sich dem Planbegriff nichts dazu entnehmen, welche Stelle im gewaltenteilenden System für planungsweise zu erledigende Aufgaben zuständig ist[1583] und welche Rechtsnatur ein Plan hat.[1584] Handelt es sich bei einem Plan um ein förmlich erlassenes Gesetz, eine VO oder Satzung, bestehen – auch dann, wenn dessen Gegenstand durch VA hätte geregelt werden können – keine Abgrenzungsprobleme zum VA, s. Rn. 18. Zu den Anforderungen an das Planungsverfahren bei Fachplanung in Gesetzesform s. § 9 Rn. 95 ff., § 72 Rn. 21. Fehlt eine eindeutige Qualifizierung als Rechtsnorm, kann der Plan VA, Verwaltungsinternum oder Rechtssatz sui generis (Rn. 281) sein; maßgeblich ist das Fachrecht.[1585] **Pläne sind deshalb nicht zwingend VA;** soweit Pläne aber VA sind, weisen sie im Hinblick auf ihr Zustandekommen Besonderheiten gegenüber anderen VA auf, die es rechtfertigen, Plan-VA als besondere VA-Form und das diesbezügliche Planungsverfahren als besonderes VwVf zu bezeichnen:[1586] Besonderheiten sind v. a. das (sich aus der finalen Struktur der Planungsnormen ergebende)[1587] **planerische Gestaltungsermessen** und das hiermit verknüpfte **Abwägungsgebot**, s. § 40 Rn. 42 ff., § 72 Rn. 9 ff., § 74 Rn. 26 ff.

264 **Raumbezogene Pläne** sind bei fehlender fachrechtlicher Regelung insbes. dann VA, wenn der Plan – wie der PlfBeschl (§ 74 Rn. 20) oder die Plangenehmigung (§ 74 Rn. 224 ff.) – ein konkretes Vorhaben genehmigt (sog. **Fachplanung**).[1588] Ob sie auch dann VA sind, wenn sie – wie der Bebauungsplan – nur den verbindlichen Rahmen für die Zulässigkeit bestimmter Vorhaben in einem bestimmten Gebiet setzen, ohne sie selbst unmittelbar zuzulassen **(raumbezogene Gesamtplanung)**, wurde demgegenüber vor Inkrafttreten des VwVfG bestr. Dem Streit lag die Vorstellung zugrunde, **Einzelfallregelung** i.S.d. damaligen VA-Begriffs (Rn. 11, 282)

[1576] *VGH München* NVwZ 2000, 1312, 1313; krit. hierzu *Clausing* JuS 2001, 373, 376 f.
[1577] *VGH Mannheim* NVwZ-RR 1997, 267; *OVG Münster* NVwZ-RR 1997, 12; *VG Freiburg* VBlBW 1998, 150 f.; *Guckelberger* VerwArch 90 (1999), S. 499, 523 f.
[1578] *OVG Münster* NVwZ-RR 1998, 159, 160.
[1579] *OVG Münster* NVwZ-RR 1999, 786, 787.
[1580] *OVG Berlin* DÖV 1988, 384; *VGH München* BayVBl 1998, 563.
[1581] *VGH Mannheim* NVwZ-RR 1997, 267.
[1582] *Maurer*, § 16 Rn. 13 f.; *Wolff/Bachof/Stober/Kluth* I, § 56 Rn. 11.
[1583] *BVerfGE* 95, 1, 16 ff. = NJW 1997, 383 f.
[1584] *Schuppert*, Verwaltungswissenschaft, S. 201 f.
[1585] *BVerwGE* 18, 318, 320 = NJW 1964, 2126.
[1586] Vgl. *Schuppert*, Verwaltungswissenschaft, S. 207 f.
[1587] *Schmidt-Aßmann*, Ordnungsidee, Rn. 6/97.
[1588] *Forsthoff*, S. 309; *Pietzcker* in Schoch u. a., § 42 Abs. 1 Rn. 69. Daher kann auch ein Flurbereinigungsplan als VA angesehen werden (*VG Kassel* ZfB 135 (1994), S. 244, 247; *Mayr* BayVBl 1992, 646, 647 jeweils m. w. N.), ebenso ein „Entmischungsplan zur Ausweisung von Reitwegen" (*VGH Kassel* NuR 1990, 378 und 380).

könnten nur individuell personenbezogene Regelungen (Rn. 206, 309) sein.[1589] § 10 BBauG 1960 (= § 10 BauGB) hat den Streit für den **Bebauungsplan** durch gesetzliche Definition zugunsten der Satzung entschieden. Jedenfalls mit Inkrafttreten des VwVfG hätte der Bebauungsplan auch als AllgV gewertet werden können, da § 35 S. 2 Alt. 2 festlegt, dass Regelungsgegenstand eines VA auch die ör. Eigenschaften einer – nicht zwingend öffentlichen (Rn. 310) – Sache sein können, wozu auch ihre Bebaubarkeit gehört (Rn. 317).[1590] Zu Recht wird daher der Bebauungsplan **als konkret-individuelle Regelung** bezeichnet und damit verdeutlicht, dass sein Regelungsgegenstand auch durch VA geregelt werden könnte (vgl. Rn. 206),[1591] und es ist grundsätzlich gerechtfertigt, wenn das Fehlerfolgenregime der durch Satzung erlassenen städtebaulichen Pläne in §§ 214 ff. BauGB dem Fehlerfolgenregime der in VA-Form ergehenden anlagenbezogenen Fachplanung angepasst wird.[1592] Zum vergleichbaren Problem der rechtsformübergreifenden Anpassung des Fehlerfolgenregimes bei Benutzungsordnungen, s. Rn. 339. Aus §§ 214 ff. BauGB einen allgemeinen, rechtsformübergreifenden **Grundsatz der Planerhaltung** (§ 75 Rn. 36) abzuleiten, der auch *unmittelbar* dann gilt, wenn ein zum Erlass von raumbezogenen Plänen ermächtigendes Gesetz keine hiermit vergleichbaren Regelungen trifft, ist allerdings ausgeschlossen.[1593]

265 **Nicht alle raumbezogenen Pläne,** die nicht als förmliche Rechtsnorm ergehen, sind allerdings VA. So fehlt es einer Reihe von „**Umweltplänen**" (z. B. dem Landschaftsplan nach §§ 13 ff. BNatSchG, den Luftreinhalte- und Lärmaktionsplänen nach § 47, § 47d BImSchG) an der für einen VA erforderlichen **Außenwirkung**,[1594] ebenso der Linienbestimmung nach § 16 FStrG, § 13 WaStrG (s. Rn. 172, § 72 Rn. 66) oder den sozialrechtlichen „**Bedarfsplänen**".[1595] Vielfach wird dies auch für **Raumordnungs-, Regional- und Flächennutzungspläne** angenommen.[1596] Da die neuere Gesetzgebung diesen Plänen vermehrt jedoch auch die Aufgabe zuweist, die Zulässigkeit von Vorhaben unmittelbar zu regeln (vgl. § 4 Abs. 1 Nr. 2 und Abs. 4 ROG, § 35 Abs. 3 S. 3 BauGB), kann hieran nicht mehr festgehalten werden. Wird die Außenwirkung dieser Pläne bejaht,[1597] erfüllen sie nach den Grundsätzen der Rn. 264 an sich auch die Kriterien einer sachbezogenen AllgV. Dennoch sind diese Pläne allenfalls **Rechtsnormen sui generis** (Rn. 281): ROG und BauGB sehen für Raumordnungs- und Flächennutzungspläne so eigenständige, von den §§ 9 ff. VwVfG abweichende Verfahrens- (§ 15 ROG, § 1 ff. BauGB) und Fehlerfolgenregelungen (§ 10 ROG, § 214 f. BauGB) vor, dass erkennbar wird, dass der Gesetzgeber an diese Pläne die Rechtsfolgen des VwVfG nicht knüpfen will,[1598] s. Rn. 13.

[1589] Deshalb den Bebauungsplan nicht als AllgV ansehend *Forsthoff,* S. 310; ähnlich auch *BVerwGE* 3, 258, 261; 11, 14, 16 f. = NJW 1960, 1255; anders demgegenüber *BVerwGE* 4, 68 f.
[1590] So deutlich *Niehues* DVBl 1982, 317, 321 f.
[1591] *BVerfG* NVwZ 2000, 1283, 1284; *BVerwGE* 50, 114, 119 = NJW 1976, 1329; *BVerwGE* 67, 334, 338 = NJW 1984, 138; *BVerwGE* 68, 12, 14 = NJW 1984, 881; *BVerwGE* NVwZ 1989, 659; *Niehues* DVBl 1982, 317 ff.; *Pietzcker* in Schoch u. a., § 42 Abs. 1 Rn. 69; ähnlich *Jäde* BauR 1993, 683, 687; a. A. wohl *Schenke* NVwZ 2007, 134, 136 (keine Einzelfallregelung durch Flächennutzungsplan, da Adressatenkreis nicht bestimmt sei).
[1592] *Gaentzsch* DVBl 2000, 741, 746 ff.; *Hoppe/Henke* DVBl 1997, 1407, 1411; *Schmidt* NVwZ 2000, 977, 978.
[1593] Vgl. *Hoppe/Henke* DVBl 1997, 1407, 1408 f.; s. a. *VGH München* UPR 2001, 108 f., wo §§ 214 ff. BauGB „orientierungshalber" zur Lösung der Frage herangezogen wird, ob Bekanntmachungsmängel einer Wasserschutzgebiets-VO unbeachtlich sind.
[1594] Für Luftreinhalteplan: *VG Stuttgart* NVwZ 2005, 971, 972; *Assmann/Knieriem/Friedrich* NuR 2004, 695, 700; *Sparwasser* NVwZ 2006, 369, 375; für Landschaftsplan: *Gassner* NuR 1993, 118, 119 f.; *Ramsauer* NuR 1993, 108, 11 f.
[1595] Zur Krankenhausbedarfsplanung: *Maurer,* § 16 Rn. 7 m. w. N.; zur Kindergartenbedarfsplanung: *VG Gera* ThürVBl 2002, 181, 182.
[1596] Zusammenfassend zur Rechtsnatur der Landesraumordnungs- und Regionalpläne nach Maßgabe des Landesplanungsrechts *Kment,* Rechtsschutz im Hinblick auf Raumordnungspläne, 2002, S. 17 ff.
[1597] Für Außenwirkung des **Raumordnungsplans** *BVerwGE* 119, 217, 221 ff. = NVwZ 2004, 614 ff. (jedenfalls hinsichtlich der Ziele der Raumordnung); ebenso (jew. m. Nachw. zur überkommenen Auffassung) *Kment* NVwZ 2004, 155 ff.; *ders.,* Rechtsschutz im Hinblick auf Raumordnungspläne, 2002, S. 62 ff., 130 ff.; *Ziekow* in Sodan/Ziekow, § 47 Rn. 119; für Außenwirkung des **Flächennutzungsplans:** *BVerwG* NVwZ 2007, 1081; *OVG Koblenz* NVwZ 2006, 1442 ff. (hierzu *Jeromin* NVwZ 2006, 1374 ff.); *Guckelberger* DÖV 2006, 973, 980 ff.; *Kment* NVwZ 2004, 314 f.; *Ziekow* in Sodan/Ziekow, § 47 Rn. 118; wohl auch *OVG Lüneburg* NVwZ-RR 2007, 444 f.; einschränkend *Schenke* NVwZ 2007, 134, 135 f.
[1598] Ähnlich *Kment,* Rechtsschutz im Hinblick auf Raumordnungspläne, 2002, S. 12 f., 53.

VA mit Plancharakter, für die also planerische Gestaltungsfreiheit und das Abwägungsgebot **266**
prägend sind,[1599] gibt es auch jenseits der raumbezogenen Planung. Hierzu könnten insbes. die
Regulierungsverfügungen der BNetzA nach § 13 Abs. 1 Satz 1 TKG, § 29 Abs. 1 EnWG
gezählt werden,[1600] vgl. hierzu Rn. 296 f.

V. Allgemeinverfügung (Satz 2)

1. Allgemeines

a) Verhältnis des Satzes 2 zu Satz 1: Seinem **Wortlaut** nach („AllgV ist ein VA, der …") **267**
definiert § 35 S. 2 die AllgV als Unterform des VA i. S. d. § 35 S. 1, für die die Sonderregeln der
§ 28 Abs. 2 Nr. 4, § 39 Abs. 2 Nr. 5 und § 41 Abs. 3 und 4 gelten sollen. Bei rein grammatikalischer Auslegung bleibt somit die VA-Definition des S. 1 von S. 2 unberührt, so dass die Tatbestandsmerkmale des S. 1 ohne Rücksicht auf S. 2 auszulegen wären und u. U. keine Maßnahme
i. S. des S. 2 (oder einer seiner Alternativen) den Tatbestand des S. 1 erfüllen könnte, S. 2 also
(teilweise) leerliefe.[1601] S. 2 sollte jedoch den Begriff des „Einzelfalls" in S. 1 dahingehend **klarstellen,** dass nicht nur – wie vor Inkrafttreten des VwVfG unstr. – konkret-individuelle und
abstrakt-individuelle Regelungen (Rn. 206) Einzelfallregelungen sind, sondern darüber hinaus –
wie vor Inkrafttreten des VwVfG überaus str. – auch konkret-generelle Regelungen (Alt. 1) und
solche Regelungen, die sich auf eine konkrete Sache beziehen (Alt. 2 und 3), s. Rn. 207, 308.
S. 2 enthält damit eine **Teil-Legaldefinition** des Merkmals **„Einzelfall"** des S. 1. Deshalb
gehen heute alle diejenigen Versuche zur Konkretisierung des Einzelfallbegriffs am geltenden
Recht vorbei, die S. 2 nicht berücksichtigen.[1602] Die Tatbestandsmerkmale des S. 2 sind genau
so ernst zu nehmen wie die des S. 1. Bei Anwendung dieser „Teil-Legaldefinition" des S. 2 ist
auch deutlich zwischen dessen Alternativen zu unterscheiden; denn diese eröffnen unterschiedliche Regelungsmöglichkeiten:[1603] Eine Regelung zur Bekämpfung abstrakter Gefahren kann
z. B. keine personale AllgV nach S. 2 Alt. 1 (Rn. 289), wohl aber eine sachbezogene AllgV nach
S. 2 Alt. 3 sein, sofern Anknüpfungspunkt dieser Regelung eine konkrete Sache ist (Rn. 310,
329, 342). Daher sind alle drei Alternativen des § 35 S. 2 eigenständig aus sich heraus auszulegen; der Gesetzgeber stellt sie gleichrangig nebeneinander, s. Rn. 328. § 35 S. 2 schließt allerdings nicht aus, dass fachrechtlich der Erlass eines VA mit nur bestimmbarem Personenkreis ausgeschlossen ist, vgl. Rn. 13. Wird dann dennoch eine AllgV erlassen, ist dies ein materieller,
jedoch rechtswidriger VA,[1604] der ggf. auch nichtig sein kann, wenn fachrechtlich ausdrücklich
nur ein Handeln durch Satzung oder VO vorgesehen ist, vgl. Rn. 18, 29, 329, 340.

Obwohl § 35 S. 2 jedenfalls mit seiner 2. und 3. Alt. den VA-Begriff teilweise über den früher in Rspr. und Lit. gebräuchlichen eher engeren VA-Begriff ausdehnt (vgl. Rn. 11, 282, **268**
308 f.), ist er nach dem Grundsatz des § 96 Abs. 1 auch auf solche **Maßnahmen** anzuwenden,
die bereits **vor Inkrafttreten des VwVfG** ergangen sind,[1605] vgl. § 96 Rn. 2. Dies gilt – wie
das Beispiel alter Verkehrszeichen (Rn. 330 ff.) zeigt – auch für Benutzungsregelungen nach
§ 35 S. 2 Alt. 3. Daher ist es – wie sonst (Rn. 75, 147) – möglich, eine Regelung nachträglich
als VA zu qualifizieren, die die Behörde bei ihrem Erlass nach dem damaligen Stand von Rspr.
und Wissenschaft nicht für einen VA halten konnte.[1606] Bedeutung kann dem etwa für alte Anstalts- und Benutzungsordnungen sowie Hausordnungen zukommen, s. Rn. 338 f. Zur Frage
der Existenz und Fortgeltung von „DDR-AllgV" s. Rn. 366. Nicht ausgeschlossen ist umge-

---

[1599] Vgl. *Schmidt-Aßmann,* Ordnungsidee, Rn. 6/98.
[1600] *Fehling* in Hill, Zukunft des öffentlichen Sektors, 2006, S. 91, 97 ff.; *Ladeur/Möllers* DVBl 2005, 525, 532 f.; *Masing* Verh. DJT 66 (2006), S. D 152 ff.; *Trute,* FG 50 Jahre BVerwG, 2003, S. 857, 863; krit. *v. Danwitz* DÖV 2004, 977, 981 ff.
[1601] In diese Richtung *Laubinger,* FS Rudolf, 2001, S. 305, 312 f.
[1602] Hierunter leidet etwa der „normtheoretische Neuansatz zur Abgrenzung von Rechtsnorm und VA" von *Buchwald* Rechtstheorie 28 (1997), S. 86 ff.
[1603] So jetzt auch *Laubinger,* FS Rudolf, 2001, S. 305, 308.
[1604] Vgl. *BVerwG* NJW 1994, 2037 (zur Ausnahmegenehmigung nach § 46 Abs. 1 Nr. 11 StVO).
[1605] Vgl. *BVerwG* NJW 1991, 766, 767.
[1606] A. A. *Ortmann* NdsVBl 2000, 105, 107 f. (unter Berufung auf den Grundsatz „tempus regit actum", der sich jedoch mehr auf die Wirksamkeit einer Maßnahme als auf deren Rechtsnatur bezieht, vgl. *Kopp* SGb 1993, 593, 596 f.).

kehrt, dass der Gesetzgeber im Zuge der Neuordnung einer Materie Maßnahmen, deren Rechtsnatur nach altem Recht str. war, die jedoch als AllgV hätten qualifiziert werden können, als „Verordnung" fingiert; jedoch werden hierdurch wohl mehr Fragen aufgeworfen als gelöst.[1607]

269 Bei Anwendung von S. 2 darf die Legaldefinition des **S. 1** allerdings auch **nicht unberücksichtigt** bleiben: Mit Ausnahme des Tatbestandsmerkmals „Einzelfall" (Rn. 267) bleiben alle übrigen Tatbestandsmerkmale der Legaldefinition des S. 1 von S. 2 unberührt.[1608] So müssen etwa auch AllgV von einer Behörde erlassen werden (Rn. 53f., 330), eine Regelung enthalten und auch auf Außenwirkung gerichtet sein. Deshalb sind etwa Hinweisschilder nach § 39 StVO (Rn. 330) oder der Luftreinhalteplan nach § 47 BImSchG (Rn. 265) keine VA und damit auch keine AllgV. Der **Art** nach sind auf AllgV die Unterscheidungen der Rn. 213ff. anwendbar. So kann auch eine AllgV ein VA mit Dauerwirkung (Rn. 223ff.) sein.[1609]

270 Eine AllgV kann auch ein **VA mit Drittwirkung** (§ 50 Rn. 8ff.) sein.[1610] Nicht kennzeichnend für eine AllgV ist folglich, dass sie gegenüber jedem Adressaten und Betroffenen eine gleichartige Regelung trifft.[1611] Solche **gleichsinnigen AllgV**, wie etwa ein Versammlungsverbot (Rn. 279, 284), sind zwar die Regel. Jedoch kann eine AllgV auch dazu eingesetzt werden, durch eine Maßnahme („AllgV ist **ein** VA ...") gegenüber verschiedenen Personen verschiedene, jedoch unteilbar aufeinander abgestimmte Rechte und Pflichten zu begründen (**netzartige AllgV**, s.a. Rn. 273): Das Handzeichen des Polizisten an einer Kreuzung nach § 36 Abs. 2 StVO (§ 41 Rn. 151, 198) verknüpft etwa untrennbar ein Anhaltegebot mit einem Fahrgebot für den Querverkehr. Die Widmung beinhaltet unterschiedliche Regelungswirkungen gegenüber ihrem Eigentümer, dem (ggf. von der widmenden Behörde verschiedenen) Instandhaltungsverpflichteten, den Anliegern und Nutzern (Rn. 320f.). Der PlfBschl (Rn. 263, § 74 Rn. 20) trifft ungleichsinnige Regelungen für den Vorhabenträger einerseits (§ 75 Abs. 1 S. 1) und den Planbetroffenen andererseits (§ 75 Rn. 6ff., 25ff., 44ff.). Dennoch sind alle diese Regelungen AllgV.

271 b) **Allgemeinverfügung und Verwaltungsverfahren:** Das VwVfG sieht für AllgV besondere Vorschriften für **Anhörung** (§ 28 Rn. 58), **Begründung** (§ 39 Rn. 104ff.) und **Bekanntgabe** (§ 41 Rn. 152ff.) vor. Im Übrigen gelten die §§ 9ff. für die AllgV unmittelbar. So kann auch eine AllgV mit Nebenbestimmungen i.S.d. § 36 versehen (§ 36 Rn. 8) und eine Zusicherung nach § 38 auf Erlass einer AllgV abgegeben werden (§ 38 Rn. 13). Da die Zusicherung nach § 38 VA ist (§ 38 Rn. 33ff.), kann sie auch selbst in Form einer AllgV ergehen, s. § 38 Rn. 4. Aus § 35 S. 2 folgt auch, dass ein VA nicht zu unbestimmt i.S.d. § 37 Abs. 1 ist, wenn die hiervon betroffenen Adressaten und Betroffenen nur bestimmbar sind, s. Rn. 276, § 37 Rn. 13. Aus der unmittelbaren Geltung der §§ 9ff. folgt schließlich, dass Verfahrensbestimmungen, die für den Erlass bestimmter RechtsVO und Satzungen gelten, auf den Erlass einer AllgV nicht anzuwenden sind, selbst dann, wenn beide Handlungsformen austauschbar sind,[1612] s.a. Rn. 18f.

272 c) **Wirksamkeitsvoraussetzungen der Allgemeinverfügung:** Für AllgV gelten auch die Vorschriften über die Wirksamkeit von VA unmittelbar: Entgegen der vom Begriff der „Allgemeinverfügung" nahegelegten Annahme wird sie nicht automatisch mit ihrem Erlass allgemein wirksam, sondern nach § 43 Abs. 1 S. 1 nur gegenüber denjenigen, denen sie bekannt gegeben wurde. Auch AllgV können daher gegenüber bestimmten Personen bereits wirksam und ggf. unanfechtbar geworden sein, gegenüber anderen Personen noch nicht.[1613] Allgemeine Wirksamkeit kann die AllgV nur bei öffentlicher Bekanntgabe nach § 41 Abs. 3 erlangen,[1614] s. § 41 Rn. 136ff., § 43 Rn. 90. Deshalb bestehen wirkliche Abgrenzungsprobleme zwischen AllgV und Rechtsnorm nur, wenn eine öffentliche Bekanntgabe vorliegt, näher Rn. 280, § 37 Rn. 26,

---

[1607] Zu einem solchen Fall und den sich hieraus ergebenden Problemen *Franz* AgrarR 2001, 210f.; *ders.* NuR 2003, 433, 438f.
[1608] *Schwarz* in Fehling u.a., § 35 VwVfG Rn. 112.
[1609] *VGH München* NJW 1986, 1564, 1565; *VG Berlin* DVBl 1983, 281.
[1610] *OVG Greifswald* NVwZ 2000, 945, 946 und 948, 950; *VG München* NVwZ 1998, 543.
[1611] So jedoch wohl *Fluck* DÖV 2000, 657, 659.
[1612] *VGH Mannheim* DÖV 2000, 694 (zum Beteiligungsrecht der Naturschutzverbände).
[1613] *VGH München* NuR 2003, 238 (zur Straßenwidmung).
[1614] A.A. anscheinend *Henneke* in Knack, § 35 Rn. 126; *Janßen* in Obermayer, VwVfG, § 35 Rn. 127.

§ 41 Rn. 139. Ob und inwieweit eine AllgV **unwirksam** ist oder werden kann, bestimmt sich unmittelbar nach § 43 Abs. 2 und 3 sowie nach Maßgabe des Fachrechts. Die Aufhebung von AllgV richtet sich nach §§ 48 ff.,[1615] wenn auch bei normersetzenden öffentlich bekannt gegebenen AllgV die Gewährung von Wiederaufgreifensansprüchen unter erleichterten Bedingungen und auch geringere Anforderungen für die Nichtigkeit einer solchen Regelung geboten sein können, s. Rn. 19, 29, 287, 309, 323, 339, § 41 Rn. 140 § 51 Rn. 19.

Soweit die Regelung einer AllgV teilbar ist, kommt auch eine nur **teilweise Wirksamkeit** in 273 Betracht (§ 43 Rn. 193 f., § 48 Rn. 100 ff.). So wurde die grundstücksbezogene Teilbarkeit einer Straßenwidmung bejaht, soweit die hierdurch begründete Bildung zweier Sackgassen noch als sinnvoll angesehen werden kann;[1616] bejaht wurde auch die Aufteilbarkeit einer Anordnung nach § 23 Abs. 1 LSchlG (hierzu auch Rn. 285, 288, 304) auf einzelne Gemeinden,[1617] nicht aber (wegen der sonst möglichen Wettbewerbsverzerrungen) auf einzelne Läden.[1618] Bejaht wurde auch die Teilbarkeit einer als AllgV erlassenen Nutzungsuntersagung für eine Wagenburg, da jeder hiervon Betroffene die Nutzung für sich aufgeben könne.[1619] Ungeklärt ist, welche Auswirkungen eine nur relative äußere Wirksamkeit (Rn. 20, § 43 Rn. 165, 179 ff.) bei **netzartigen AllgV** (Rn. 270) hat. Maßgeblich ist auch insoweit das Fachrecht. Für PlfBschl s. § 73 Rn. 24. Im Übrigen kann man sich an den für VA mit Drittwirkung gefundenen Lösungen (§ 41 Rn. 229 f., § 43 Rn. 181) orientieren, da sich auch hier Begünstigungen und Belastungen verschiedener Personen wechselseitig und untrennbar bedingen, vgl. § 50 Rn. 11.

d) **Allgemeinverfügung und Rechtsschutz:** Prozessual bestehen bei Anfechtung einer 274 AllgV wenig Besonderheiten. Ein stattgebendes **Anfechtungsurteil** hebt die AllgV auf, „soweit" sie den Kläger in seinen Rechten verletzt. Ist die Regelung der AllgV **teilbar** (Rn. 273, § 43 Rn. 192 ff., § 48 Rn. 100 ff.), erfolgt die Aufhebung nur insoweit, als der Kläger durch die AllgV betroffen ist.[1620] Bei Unteilbarkeit erfolgt die Aufhebung dagegen insgesamt, so dass weitere Betroffene faktisch Nutznießer des erstrittenen Urteils sind.[1621] Zu Besonderheiten bei Verkehrszeichen s. Rn. 336. Bei belastenden AllgV sind nach § 42 Abs. 2 VwGO **klagebefugt** nicht nur diejenigen Personen, die selbst davon ausgehen, dass sie von einer AllgV betroffen sind, sondern auch diejenigen, bei denen dies nur die Behörde annimmt: So können gegen eine Versammlungsauflösung nach § 15 Abs. 3 VersG (Rn. 279) nicht nur die Versammlungsteilnehmer klagen, sondern auch diejenigen, die bei deren Vollzug nur für Versammlungsteilnehmer gehalten wurden; solche Anfechtungs- bzw. Fortsetzungsfeststellungsklagen sind auch neben der Klage auf Feststellung nach § 43 VwGO möglich, dass sich aus einer bestimmten AllgV keine Verpflichtungen gerade für den Kläger ergeben. Zur Vereinbarkeit des § 35 S. 2 mit **Art. 19 Abs. 4 GG** im Hinblick auf die Fähigkeit öffentlich bekannt gegebener normersetzender AllgV, bestandskräftig zu werden, s. Rn. 19, 29, 272, 287, 309, 323, 339, § 41 Rn. 140. **Verpflichtungsklagen** auf Erlass einer AllgV kann nur stattgegeben werden, wenn (wegen Unteilbarkeit der Regelung) der Anspruch des Klägers nur durch Erlass einer AllgV befriedigt werden kann.[1622] Zur Qualifikation eines auf Widerspruch gegen eine AllgV ergehenden **Widerspruchs- und Abhilfebescheides** s. Rn. 370.

Für den Betroffenen ist **vorläufiger Rechtsschutz** somit ggf. nach § 80 Abs. 5 VwGO und 275 nicht nach § 123 VwGO zu gewähren. Dies gilt auch für die oftmals unteilbaren sachbezogenen AllgV und für (Schul-)**Organisationsakte** (Rn. 302, 338 f.).[1623] Von der Teilbarkeit der Rege-

---

[1615] *OVG Magdeburg* NJW 1999, 2982; *Bamberger* DVBl 1999, 1632, 1633 f.
[1616] *VGH München* BayVBl 1998, 563.
[1617] *OVG Greifswald* NVwZ 2000, 948, 950 (m. Bespr. *de Wall* NVwZ 2000, 857).
[1618] *OVG Magdeburg* NVwZ-RR 2003, 112, 113; *VG Dresden* GewArch 1999, 492, 493; *VG Leipzig* GewArch 1999, 491, 492 (offen *OVG Bautzen* NJW 1999, 2986 (m. Anm. *Tillmann-Gerken* NVwZ 2000, 162)); a. A. *VG Schwerin* NVwZ 2001, 708; *Winkler,* DVBl 2003, 1490, 1498.
[1619] *OVG Lüneburg* NVwZ-RR 2005, 93, 94; vgl. hierzu auch *OLG Hamburg* NJW 2006, 2131.
[1620] *OVG Greifswald* NVwZ 2000, 948, 950 (m. Bespr. *de Wall* NVwZ 2000, 857); *OVG Lüneburg* NVwZ-RR 2005, 93, 94; *VGH München* BayVBl 1998, 563; *Winkler,* DVBl 2003, 1490, 1497.
[1621] *OVG Berlin* NVwZ-RR 2002, 720, 722; *Clausing* in Schoch u. a., § 121 Rn. 94; *Maurer* VBlBW 1987, 361, 364; *Schwarz* in Fehling u. a., § 35 VwVfG Rn. 115; *Winkler,* DVBl 2003, 1490, 1498; s. a. *BVerwG* DVBl 1979, 354 f.
[1622] *BVerwG* NJW 1990, 786, 787 (zur Klage auf Änderung einer Anordnung nach § 4 Abs. 2 LSchlG); *Schwarz* in Fehling u. a., § 35 VwVfG Rn. 116.
[1623] *BVerwG* NJW 1978, 2211; *OVG Bremen* NVwZ 1986, 1040; *VGH Kassel* NVwZ 1984, 113; NJW 1995, 1170, 1171; *OVG Koblenz* NVwZ 1986, 1036; *OVG Münster* DVBl 1979, 563; *Krebs* VerwArch 69

lung der AllgV (Rn. 273) hängt auch die Reichweite des **Suspensiveffekts** nach § 80 Abs. 1 **VwGO** ab.[1624] Zur Begründung der Anordnung der sofortigen Vollziehung § 39 Rn. 108. Zu Besonderheiten bei Verkehrszeichen s. Rn. 331.

276 e) **Allgemeinverfügung und Verwaltungsvollstreckung:** Die Praxis geht davon aus, dass auch einer AllgV wie jedem VA eine Titelfunktion (Rn. 38) i.S.d. VwVG zukommt und zwar auch dann, wenn die Pflichtigen in der AllgV **nicht namentlich** bezeichnet werden.[1625] Daher sind etwa auch die in einem Verkehrszeichen enthaltenen Handlungsgebote unmittelbar vollstreckbar (s. Rn. 331, 334)[1626] und kann einer AllgV auch eine – ihrerseits eine AllgV darstellende – Auflage i.S.d. § 36 Abs. 2 Nr. 4 beigefügt werden, s. § 36 Rn. 8. **§ 750 Abs. 1 ZPO**, nach dem die Zwangsvollstreckung nur beginnen darf, wenn die Personen, gegen die sie stattfinden soll, in dem Vollstreckungstitel bzw. der Vollstreckungsklausel **namentlich** bezeichnet sind, ist damit im Verwaltungsvollstreckungsrecht nicht entsprechend anwendbar.[1627] Bei offener Formulierung der Handlungspflicht und der Handlungspflichtigen in der AllgV (Rn. 32) kann folglich im gestreckten Verfahren erst der Zwangsmittelandrohung (vgl. § 13 VwVG) bzw. dem Leistungsgebot (vgl. § 5 Abs. 1 VwVG i.V.m. § 254 AO) eine eigentliche Individualisierungs- und Klarstellungsfunktion (Rn. 31 ff.) zukommen, so dass ggf. erst im laufenden Vollstreckungsverfahren oder auch erst bei der Kostenfestsetzung die genaue Person des Pflichtigen ermittelt wird, s.a. § 37 Rn. 13. Wegen des durchgehend erfolgten Ausschlusses des Suspensiveffekts für Maßnahmen der Verwaltungsvollstreckung[1628] ist dies jedenfalls dann problematisch, wenn die zu vollstreckende AllgV – wie dies bei (öffentlich bekannt gegebenen) Anstalts- und Benutzungsordnungen der Fall sein kann (s. Rn. 338 f.) – normersetzenden Charakter hat. Hier sollte das Ermessen der Behörde bei der Durchführung der Verwaltungsvollstreckung unter Rückgriff auf das Verhältnismäßigkeitsprinzip dahingehend beschränkt werden, dass eine Vollstreckung nicht unmittelbar aus der AllgV erfolgen kann, sondern zunächst eine Festsetzung der konkreten Pflicht gegenüber dem konkret Betroffenen durch ihrerseits vollstreckungsbedürftige (und vollstreckungsfähige) Einzelverfügung erfolgen muss.[1629] Diese Lösung setzt allerdings voraus, dass die AllgV selbst als hinreichende Ermächtigung für den Erlass eines solchen Konkretisierungs-VA angesehen wird und hierfür nicht – wie sonst i.d.R. (s. Rn. 25 ff.) – eine gesetzliche Grundlage gerade für den Einsatz der Handlungsform VA verlangt wird.[1630]

277 f) **Abgrenzung der Allgemeinverfügung zur Einzelverfügung:** Wegen der für AllgV geltenden Sondervorschriften (Rn. 271 ff.) ist eine Abgrenzung der AllgV zu Einzelverfügungen i.S.d. § 35 S. 1 erforderlich. Neben Sonderproblemen bei **Produktzulassungen und verwandten Erscheinungen** (Rn. 290 ff.) bestehen Abgrenzungsprobleme v.a., wenn die gleiche Regelung gleich lautend an einen feststehenden Personenkreis erlassen werden soll. Zu unterscheiden ist zwischen den Fällen, in denen sich **mehrere gleich lautende VA** an mehrere bestimmte Personen richten und ihnen gegenüber mehr oder weniger gleichzeitig bekannt gegeben werden, in denen sozusagen ein **Bündel von Einzel-VA** ergeht (hier wird oft der Begriff des **Sammel-VA** gebraucht, jedoch mit unterschiedlichem Begriffsinhalt[1631]), und dem Erlass einer AllgV, bei der es sich um *einen* VA handelt, der für mehrere Personen bestimmt und

---

(1978), S. 231, 240 f.; *Lüke* NJW 1978, 81, 86; *Petermann* DVBl 1978, 94; *Puttler* in Sodan/Ziekow, § 80 Rn. 23; *Schoch* in Schoch u.a., § 80 Rn. 41; **a.A.** früher *OVG Münster* DVBl 1976, 948; NJW 1978, 286.
[1624] *VG Dresden* GewArch 1999, 492, 493; *VG Leipzig* GewArch 1999, 491, 492 (offen *OVG Bautzen* NJW 1999, 2986 (m. Anm. *Tillmann-Gerken* NVwZ 2000, 162)); *Gornig*, Sachbezogene hoheitliche Maßnahme, 1985, S. 47, 112 f.; *Krebs* VerwArch 69 (1978), S. 231, 240 f.
[1625] Deutlich *OVG Lüneburg* NVwZ-RR 2005, 93, 95 (für eine als AllgV erlassene Nutzungsuntersagung einer Wagenburg); ähnlich *BVerfG* NJW 2001, 1411 (zur sofortigen Vollziehbarkeit eines öffentlich-bekannt gegebenen Versammlungsverbots); allg. *Schwarz* in Fehling u.a., § 35 VwVfG Rn. 114.
[1626] Deutlich etwa *VGH Kassel* NVwZ-RR 1999, 23, 24 f. (m. Bespr. *Remmert* NVwZ 2000, 642); *VGH Mannheim* VBlBW 2004, 213; *OVG Schleswig* NVwZ-RR 2003, 647; *VG Weimar* ThürVBl 2001, 92, 93; hiergegen *Hansen/Meyer* NJW 1998, 284, 285.
[1627] Nach § 167 Abs. 1 VwGO ist § 750 ZPO jedoch im verwaltungsgerichtlichen Vollstreckungsrecht anwendbar: *VGH Mannheim* NVwZ-RR 1993, 520; NVwZ-RR 1995, 619.
[1628] S. hierzu *Schoch* in Schoch u.a., § 80 Rn. 136 ff.
[1629] So wohl *VGH München* NVwZ 2001, 1291; gegen eine solche Konstruktion jedoch *Hufeld* VBlBW 1999, 130, 133 (jeweils zu als AllgV erlassenen Platzverweisen gegenüber Angehörigen der Drogenszene).
[1630] Offen insoweit *BVerfG* NJW 2001, 1411, 1412.
[1631] Vgl. die Zusammenstellung bei *Laubinger*, FS Rudolf, 2001, S. 305, 316 f.

daher mehreren Personen bekannt zu geben ist. Vor Erlass des VwVfG wurde dieser Unterschied nicht immer berücksichtigt.[1632] Dies war auch nicht notwendig, da der Begriff der AllgV – anders als heute in § 35 S. 2 (Rn. 267) – kein legaldefinierter, sondern ein allgemeiner rechtswissenschaftlicher Begriff war; er konnte daher auf VA erstreckt werden, die heute nicht (mehr) unter den Begriff der AllgV fallen. Wie die Unterscheidung zwischen AllgV und **„gleichartigen VA größerer Zahl"** (formularmäßige VA) in § 28 Abs. 2 Nr. 4 Alt. 1 und Alt. 2 bzw. in § 39 Abs. 2 Nr. 3 und Nr. 4 (hierzu § 28 Rn. 59 f., § 37 Rn. 132, § 39 Rn. 95 ff.) zeigt, dürfen auch diese Begriffe nicht gleichgesetzt werden.[1633]

Insbes. die Abgrenzung zwischen Einzel-VA und personaler AllgV i. S. d. § 35 Satz 1 Alt. 1 kann schwierig sein, da Voraussetzung einer personalen AllgV lediglich ist, dass der Behörde die Bestimmung des Personenkreises auch nach allgemeinen Merkmalen möglich ist; es ist jedoch nicht erforderlich, dass sie den Personenkreis nur nach diesen Merkmalen bestimmen kann. Die Behörde kann somit eine AllgV auch dann erlassen, wenn sie Namen und Adressen der von der Verfügung Betroffenen kennt oder unschwer ermitteln könnte.[1634] Wenn der Behörde sowohl der Erlass eines Bündels von Einzelverfügungen wie einer AllgV möglich ist, steht ihr somit ein **Wahlrecht** zu:[1635] Soweit die Ermächtigung ein Handeln durch VA erlaubt, bezieht sich dies grundsätzlich auf Einzelverfügungen und auf AllgV, s. Rn. 25 ff. Zu Ausnahmen Rn. 267. Wird nicht ausdrücklich eine AllgV erlassen, ist jedoch vom Vorliegen eines Bündels von Einzelverfügungen auszugehen, da die Annahme einer AllgV für den Betroffenen im VwVf (Rn. 271 f.) und Verwaltungsprozess (Rn. 274 f.) eher belastend ist. Unklarheiten gehen auch hier zu Lasten der Verwaltung, Rn. 73, 80.

Ein Bündel von Einzelverfügungen und keine AllgV liegt damit i. d. R. vor, wenn eine Reihe gleich lautender Bescheide mit unterschiedlich ausgefüllten Adressfeldern an dort namentlich benannte Personen ergeht. Dies gilt auch dann, wenn durch individuell adressierte **Rundschreiben** (oder Serienbriefe) eine einheitliche Regelung getroffen werden soll.[1636] Keine AllgV liegt zudem i. d. R. vor, wenn bei Erlass der Regelung auch die **individuellen Verhältnisse des Betroffenen** berücksichtigt werden müssen[1637] oder das Fachrecht die Regelung von der Zustimmung der Betroffenen abhängig macht (Rn. 229 ff.).[1638] Eine AllgV liegt jedoch vor, wenn ein gleich lautender Text ohne individuelle Adressierung an alle Anwohner der X-Straße verteilt wird, zu einem bestimmten Zeitpunkt den Schnee von der Straße zu räumen,[1639] oder wenn an alle Straßenmusikanten ein „Merkblatt" verteilt wird, nach dem eine Sondernutzung innerhalb eines bestimmten Rahmens geduldet wird.[1640] Bei **öffentlicher Bekanntgabe** nach § 41 Abs. 3 oder bei Kombination von individueller und öffentlicher Bekanntgabe (§ 41 Rn. 147) sowie bei **netzartig konzipierten Regelungen** (Rn. 270) liegt demgegenüber i. d. R. eine AllgV vor, da die Behörde hier erkennbar eine **einheitliche Regelung gegenüber allen** (u. U. teils bekannten, teils unbekannten) **Betroffenen** erlassen will.[1641]

[1632] Vgl. *BVerwGE* 3, 237, 238; *BVerwGE* 7, 54, 55 = NJW 1959, 256; *BVerwGE* 27, 181, 183 = NJW 1967, 1627; *BVerwG* NJW 1961, 1323, 1324; *Martens* DVBl 1968, 322, 328; *v. Mutius*, FS Wolff, 1973, S. 197; *Volkmar*, Allgemeiner Rechtssatz und Einzelakt, 1962, S. 168 ff.

[1633] *Gornig*, Sachbezogene hoheitliche Maßnahme, 1985, S. 47; *Ehlers* DVBl 1987, 972, 974; *Kopp/Ramsauer*, § 35 Rn. 105; *Meyer/Borgs*, § 35 Rn. 62; a. A. *Drews/Wacke/Vogel/Martens*, Gefahrenabwehr, 9. Aufl. 1986, S. 352; *Manssen* NZV 1992, 465, 466; *Niehues* DVBl 1982, 318; *Peine*, Rn. 399 ff.

[1634] A. A. wohl *Gornig*, Sachbezogene hoheitliche Maßnahme, 1985, S. 74 f.; *Meyer/Borgs*, § 35 Rn. 44; *Obermayer*, VwVfG, 2. Aufl. 1990, § 35 Rn. 251; *Pauly/Brehm* GewArch 2000, 50, 60.

[1635] So auch *Detterbeck*, Rn. 469; *Laubinger*, FS Rudolf, 2001, S. 305, 317.

[1636] So auch *Pietzcker* in Schoch u. a., § 42 Abs. 1 Rn. 68; a. A. (s. Rn. 277) *BVerwGE* 3, 237, 238 (zu einem Rundschreiben der Versicherungsaufsichtsbehörde an die mit Aufsicht unterstehenden Versicherungen); *BVerwGE* 7, 54, 55 = NJW 1959, 256 (zu einem an alle Bäckereibetriebe eines Bezirks versendeten Auskunftsverlangen bezüglich der vorhandenen Getreide- und Mahlerzeugnisse); *VG Freiburg* NVwZ-RR 2005, 597, 598 (zu einem Rundschreiben an alle Gerichtsvollzieher eines Amtsgerichtsbezirks über die bei der Gebührenerhebung zu beachtenden Grundsätze).

[1637] So *VG Sigmaringen* NVwZ-RR 1995, 327.

[1638] Vgl. *Pauly/Brehm* GewArch 2000, 50, 60 (zur Möglichkeit des Erlasses einer Gestattung nach § 12 GastG aus Anlass eines Festes in Form einer AllgV).

[1639] Vgl. *VGH Kassel* NJW 1978, 182; *Niehues* DVBl 1982, 317 f.; *Volkmar*, Allgemeiner Rechtssatz und Einzelakt, 1962, S. 169.

[1640] *VGH Mannheim* NJW 1987, 1839 (bestätigt durch *BVerwG* NJW 1987, 1836).

[1641] *OVG Lüneburg* OVGE 44, 365, 369 (für an alle betroffenen Luftfahrtunternehmen gesendete und zugleich öffentlich bekannt gegebene Verpflichtung zur Umrüstung von Flugzeugen nach Maßgabe einer neuen Bauvorschrift); *OVG Bremen* ZfW 1990, 475, 478 (zu Beitragsbuch eines Deichverbandes).

279a AllgV und kein Bündel mehrerer Einzelverfügungen liegen auch bei **Eilentscheidungen** vor, die **öffentlich bekannt gegeben** werden. Die Behörde wird hier eben wegen der hierdurch eröffneten Möglichkeit der öffentlichen Bekanntgabe schon bei bloßer „Untunlichkeit" (§ 41 Abs. 3 S. 2, s. § 41 Rn. 152 ff.) den Erlass einer AllgV gewählt haben. So kann die Behörde den Kreis der an die Verfügung Gebundenen in die Zukunft zu öffnen und damit die Regelung des VA für Zu- und Abgänge im unmittelbaren Adressatenkreis freigeben,[1642] s. § 41 Rn. 139. So stellt die Erklärung der **Auflösung einer Versammlung** nach § 15 Abs. 3 VersG durch Lautsprecher- oder Radiodurchsage eine öffentliche Bekanntgabe einer mündlichen AllgV dar, für die § 41 Abs. 4 nicht gilt, s. § 41 Rn. 197. Da sie nach § 80 Abs. 2 Nr. 1 VwGO sofort vollziehbar ist, gilt sie auch für später hinzugekommene Versammlungsteilnehmer, die von der Auflösungsverfügung keine Kenntnis genommen haben. AllgV ist deshalb auch eine Aufforderung, ein Haus wegen Bombendrohung zu räumen, die sich unterschiedslos an alle richtet, „die sich im Haus aufhalten",[1643] oder die Ankündigung an die Mitglieder einer geschlossenen Versammlung, nunmehr werde eine „Razzia" durchgeführt.[1644] Damit eignet sich die AllgV besonders zur Gefahrenabwehr, wenn die Ermittlung von Namen und Adressen der Beteiligten zwar möglich, aber zu zeitraubend wäre,[1645] s.a. § 37 Rn. 13, § 41 Rn. 153.

280 **g) Allgemeine Kriterien zur Abgrenzung von Allgemeinverfügung und Rechtsnorm:** Als Hauptproblem der AllgV wird seit jeher ihre Abgrenzung zur Rechtsnorm gesehen. Jedoch wird das Vorliegen eines Gesetzes, einer VO oder Satzung durch die Form der Maßnahme bestimmt (Rn. 18), das Vorliegen eines (materiellen) VA dagegen ausschließlich durch seinen Inhalt (Rn. 17, § 43 Rn. 3). Problematisch kann damit nur sein, ob eine Maßnahme, die in Form eines Gesetzes, einer VO oder Satzung ergangen ist, auf Grund höherrangigen Rechts als VA hätte ergehen müssen oder ob umgekehrt eine formell als VA anzusehende Maßnahme materiell einen VA i.S.d. § 35 darstellt oder eine Regelung ist, für die der Gesetzgeber die Handlungsform VA nicht bereitstellt, die also nur durch Gesetz, VO, Satzung oder Außenrechtssatz sui generis (Rn. 281) hätte erlassen werden dürfen s. Rn. 18 ff., 282. Wirkliche Abgrenzungsprobleme zwischen AllgV und Rechtsnorm bestehen zudem nur bei **öffentlicher Bekanntgabe einer AllgV** nach § 41 Abs. 3 S. 2, weil die Regelung nur dann (s. Rn. 272) – ähnlich wie bei einer Rechtsnorm – in Zukunft auch Personen betreffen kann, die bei ihrem Erlass hiervon noch nicht betroffen waren,[1646] § 41 Rn. 136 ff. und die Beispiele in Rn. 286 ff. Bei **Individualbekanntgabe** einer AllgV liegt dagegen immer ein zahlenmäßig bestimmter Personenkreis vor, so dass sich schon hieraus eine Einzelfallregelung ergibt, s. Rn. 206. Wird eine Verfügung individuell bekannt gegeben, kann sie demnach selbst dann eine individuelle Regelung darstellen, wenn sie bei öffentlicher Bekanntgabe ihres Wortlautes nur als Rechtsnorm hätte erlassen werden dürfen,[1647] s. die Beispiele bei Rn. 289, 306 f.

281 Wird kein Einzelfall i.S. des § 35 Satz 1 oder 2 geregelt und liegt auch weder ein Verwaltungsinternum noch ein förmliches Gesetz, eine VO oder Satzung vor, kann die Regelung nur ein **Außenrechtssatz sui generis** sein (s. Rn. 208, 282), sofern nicht ausdrücklich fachgesetzlich ihre Rechtsnatur als AllgV „fingiert" wird, s. Rn. 13, 297, 306. Damit ist die Frage der Existenz eines **numerus-clausus der Rechtssetzungsformen** angesprochen.[1648] Dieser wird jedenfalls von der neueren Rspr. zu § 47 Abs. 1 Nr. 2 VwGO nicht anerkannt, die auch solche abstrakt-generellen Normen, die die formellen Kriterien eines Gesetzes, einer VO oder einer Satzung nicht erfüllen, als „Rechtsvorschriften" ansieht, soweit ihnen Außenwirkung zukommt.[1649] Wenn dies auch unter Rechtsschutzgesichtspunkten nicht zu beanstanden ist, ist die materiellrechtliche Anerkennung solcher Außenrechtssätze nicht unproblematisch, weil sie sich nur schwer in das Gewaltenteilungssystem und auch das föderale System des Grundgesetzes ein-

---

[1642] Vgl. *BVerfG (K)* NJW 2001, 1411 ff.; ebenso *Henneke* (in Knack, § 35 Rn. 126), der dies allerdings auch bei Einzelbekanntgabe für möglich hält, was jedoch mit § 43 Abs. 1 S. 1 unvereinbar ist.
[1643] Vgl. *Henneke* in Knack, § 35 Rn. 126.
[1644] *VGH Mannheim* NVwZ 1998, 761.
[1645] Vgl. a. *Bamberger* DVBl 1999, 1632, 1635.
[1646] So jetzt auch *Korte,* Rechtsschutz gegen normauslösende Bekanntgaben, 2004, S. 103.
[1647] *Obermayer* NJW 1980, 2386, 2388; dies wird übersehen von *VG Freiburg* NVwZ-RR 2005, 597 f.
[1648] *Stern,* Staatsrecht I, S. 821 ff.; *Trips,* Das Verfahren der exekutiven Rechtsetzung, 2006, S. 101 f.; s.a. BSG NZS 1995, 502, 508 ff. (in Zusammenhang mit Festbetragsfestsetzungen, hierzu Rn. 306).
[1649] *BVerwGE* 119, 217, 220 f. = NVwZ 2004, 614; *BVerwGE* 122, 264, 265 f. = NVwZ 2005, 602; näher *Ziekow* in Sodan/Ziekow, § 47 Rn. 93 ff.

passen lassen.[1650] Auch ist die Qualifizierung einer Maßnahme als Außenrechtssatz sui generis oft nur eine **Verlegenheitslösung** und zumeist die erste Reaktion auf ein bisher unbekanntes Phänomen, wie z. B. die (frühere) Diskussionen zur Rechtsnatur des Bebauungsplans (Rn. 264), kommunaler Neugliederungsmaßnahmen (Rn. 303), des Smog-Alarms (Rn. 299), der **Anordnung** der obersten Landesbehörde nach **§ 24 AufenthG** (= § 32 AuslG. a. F.)[1651] oder auch zu den Regulierungsverfügungen der BNetzA (Rn. 296 f.) zeigen. Dennoch lässt sich die Qualifizierung einer Maßnahme als Außenrechtssatz sui generis nicht immer vermeiden, wie etwa die neuere Rspr. zur Rechtsnatur von Raumordnungs- und Flächennutzungsplänen (Rn. 265) oder die Existenz der außenverbindlichen zuständigkeitsregelnden Organisationserlasse (Rn. 301) verdeutlicht. Auch *BVerfG* hat z. B. die **Allgemeinverbindlichkeitserklärung des Tarifvertrags** als Rechtssatz sui generis qualifiziert.[1652]

2. Merkmale des § 35 Satz 2 Alt. 1 – Personale Allgemeinverfügung

a) Allgemeines: § 35 S. 2 definiert zunächst in seiner **ersten Alternative** die AllgV als einen VA, der sich an einen nach **allgemeinen Merkmalen** bestimmten oder bestimmbaren Personenkreis richtet. Die Anforderungen an die Bestimmbarkeit des Personenkreises, an den sich der VA richten sollte, sollten dadurch gelockert und die **Abgrenzung** des VA vom Rechtsetzungsakt (Gesetz, VO, Satzung) erleichtert werden. Der Personenkreis muss nicht konkret feststellbar i. S. von zählbar zu sein; es reicht aus, wenn er **gattungsmäßig** benannt wird. Die Begründung zu § 31 des Entwurfs 73 verweist insoweit auf die zur damaligen Zeit in Lit. und Rspr. herrschende Auffassung. Mit der Übernahme dieser Meinung werden aber auch alle damit verbundenen **Abgrenzungsschwierigkeiten** der personalen AllgV zur Rechtsnorm übernommen. § 35 S. 2 Alt. 1 stellt nur negativ klar, dass ein Einzelfall i. S. d. Satzes 1 auch dann noch vorliegen kann, wenn sich die Adressaten/Betroffenen der Regelung nur nach allgemeinen Merkmalen nicht aber namentlich bzw. individuell bestimmen lassen, s. Rn. 267, § 37 Rn. 13. Es wird jedoch nicht positiv umschrieben, wann in einem solchen Fall noch eine Einzelfallregelung vorliegt. Um Rechtsnormen von personalen AllgV abzugrenzen, kann jedenfalls nicht allein darauf abgestellt werden, dass sich die Maßnahme an einen bestimmbaren Personenkreis richtet,[1653] da auch Rechtsnormen genau bestimmen müssen, an wen sie sich richten, um dem Bestimmtheitsgebot zu entsprechen.[1654]

Eine h. M. zur Frage, inwieweit (bei **öffentlicher Bekanntgabe,** s. Rn. 280) der Regelungsgegenstand einer personalen AllgV konkret sein muss, hat sich daher auch noch nicht gebildet.[1655] Auch die **Rspr. ist uneinheitlich**, oftmals wird gerade in kritischen Fällen das Vorliegen einer personalen AllgV unterstellt, nicht aber begründet.[1656] Einigkeit besteht nur insoweit, dass durch personale AllgV keine abstrakt-generelle Regelung getroffen werden kann,[1657] s. Rn. 208, 283 ff. Im Übrigen wird uneinheitlich insbes. die **Gewichtung** der Bedeutung der Tatbestandsmerkmale „nach allgemeinen Merkmalen bestimmter oder bestimmbarer Personenkreis" oder „Einzelfall" für die Abgrenzung zwischen personaler AllgV und Rechtsnorm gesehen, also ob für die Abgrenzung eher die Bestimmtheit der **Adressaten** des VA maß-

---

[1650] *Maurer*, § 9 Rn. 21.
[1651] Für die Qualifizierung dieser Anordnung als Verwaltungsvorschrift: *BVerwGE* 112, 63, 65 ff. = *NVwZ* 2001, 210 f.; ebenso *OVG Hamburg NVwZ-Beilage* 1997, 26, 27; *OVG Lüneburg NdsVBl* 1997, 156; demgegenüber wird diese Anordnung (noch) als Rechtssatz sui generis gesehen von *OVG Bremen NVwZ-Beilage* I 11/2000, 127; *VGH Kassel NVwZ-Beilage* 1995, 67; *VGH Mannheim NVwZ* 1994, 400, 401 f.; *OVG Münster NVwZ* 1995, 818; *OVG Weimar ThürVBl* 1995, 181, 182; offen (noch) *BVerwGE* 100, 335, 339 = *NVwZ-RR* 1997, 317.
[1652] *BVerfGE* 44, 322 = *NJW* 1977, 2255; *BVerfGE* 55, 7 = *NJW* 1981, 215; ferner *BVerwGE* 7, 82 = *NJW* 1958, 1794; *BVerwGE* 80, 355 = *NJW* 1989, 1495; *BAGE* 17, 59 = *NJW* 1965, 1624; *Bettermann RdA* 1959, 245; eingehend *Lund DB* 1977, 1314.
[1653] So aber *VGH Mannheim NVwZ-RR* 1997, 225 f.; *Haseloff-Grupp VBlBW* 1997, 161, 162.
[1654] So *VG Potsdam NVwZ-RR* 2000, 279; *Ruffert* in Erichsen/Ehlers, § 20 Rn. 36.
[1655] Vgl. die Zusammenstellung der verschiedenen Ansichten bei *Buchwald* Rechtstheorie 28 (1997), S. 85, 87 ff.; *Ehlers DVBl* 1987, 972, 976; *Gornig*, Sachbezogene hoheitliche Maßnahme, 1985, S. 50 ff.; *Laubinger*, FS Rudolf, 2001, S. 305, 309 f.; *Lübbe BayVBl* 1995, 97.
[1656] Vgl. z. B. *VGH Mannheim* 1. 2. 1996 – 4 S 946/95 – (juris) (hierzu Rn. 307); *VGH Mannheim* 15. 10. 1996 – 9 S 904/96 – (juris) (hierzu Rn. 298); *VG Potsdam NVwZ* 1994, 925 (hierzu Rn. 294).
[1657] *Kopp/Ramsauer*, § 35 Rn. 69.

geblich ist[1658] oder die Konkretheit des geregelten **Lebenssachverhaltes**.[1659] Unklar ist auch, inwieweit der **zeitliche und auch räumliche Aspekt** bei der Abgrenzung herangezogen werden kann und muss,[1660] ob eine AllgV also nur vorliegt, wenn die Regelungswirkung zeitlich (Rn. 285) und/oder räumlich (Rn. 304) begrenzt ist oder auch noch, wenn nur das für die Regelung Anlass gebende Ereignis zeitlich und/oder räumlich begrenzt, die Regelung selbst aber hiervon unabhängig ist, sie also bis auf Widerruf gilt, s. Rn. 286 ff. Insoweit können wohl alle Kriterien (Lebenssachverhalt, Adressat, Raum, Zeit) gleichermaßen herangezogen werden,[1661] wobei es weiterhilft, sich an den im Folgenden näher behandelten **Fallgruppen** zu orientieren:

284 b) **Regelung bestimmter zukünftiger Sachverhalte:** Bereits die vergleichsweise unproblematische Fallgestaltung, dass durch öffentlich bekannt gegebene (Rn. 280) Regelung ein bestimmter, in der **Zukunft liegender räumlich und zeitlich begrenzter Sachverhalt** gegenüber allen potentiell hiervon Betroffenen geregelt werden soll, ist umstr. Teilweise wird angenommen, die Maßnahme müsse sich an einen zum **Zeitpunkt** ihres **Erlasses bestimmten** oder bestimmbaren i. S. von bereits zu diesem Zeitpunkt **zählbaren Personenkreis** richten, um einen Einzelfall zu regeln.[1662] Dann müsste u. a. ein (öffentlich bekannt gegebenes, Rn. 280) **präventives Versammlungsverbot** nach § 15 Abs. 1 VersG als PolizeiVO ergehen.[1663] Schon vor Inkrafttreten des VwVfG hat es *BVerwG* jedoch für das Vorliegen eines Einzelfalls genügen lassen, wenn auf Grund des geregelten Sachverhalts bestimmbar sei, wer von der Regelung betroffen sein werde.[1664] Mit Inkrafttreten des VwVfG ist dies Gesetz geworden. Der angesprochene Personenkreis muss damit bei Erlass der Maßnahme lediglich **der Gattung nach bestimmbar**, nicht zählbar sein,[1665] s. Rn. 282. Gerade dann, wenn das Ereignis eintritt, muss die Behörde auf Grund der gattungsmäßigen Bestimmung erkennen können, welche Personen von der Regelung betroffen sind. Öffentlich bekannt gegebene präventive Versammlungsverbote sind damit AllgV.[1666] Dies gilt weitgehend unstr. auch für Regelungen, die von einem bestimmten Personenkreis (durch öffentliche Bekanntgabe, s. Rn. 280) ein **einmaliges Tun** verlangen, z. B. Beseitigung einer Wagenburg,[1667] einmaliges Spritzen der Rebstöcke eines Weinbergs,[1668] einmaliges Dulden einer „Razzia"[1669] oder die einmalige Nachrüstung einer Anlage eines bestimmten Typs.[1670]

285 c) **Regelung zeitlich begrenzter Pflichten und Rechte:** Str. ist demgegenüber, ob die Anordnung einer bestimmten **Handlungs- oder Unterlassenspflicht für die Dauer eines bestimmten Zeitraums** noch durch personale AllgV erlassen werden kann. Die Praxis hält dies wohl grundsätzlich für möglich:[1671] So wurde ein Versammlungsverbot für ein bestimmtes Gebiet während der Dauer des G-8 Gipfels als personale AllgV angesehen.[1672] Ebenso ein Platzverweis für Angehörige der Drogenszene für die Dauer von drei Monaten[1673] (tatsächlich dürfte

---

[1658] So etwa *VGH Kassel* NVwZ 1984, 116, 117 (hierzu Rn. 302); *VG Potsdam* NVwZ-RR 2000, 279; *Laubinger*, FS Rudolf, 2001, S. 305, 312 ff.; *Vogel* BayVBl 1977, 617, 619.
[1659] So etwa *Lübbe* BayVBl 1995, 97, 99 ff.
[1660] *Jarass* NVwZ 1987, 95, 98; *Maurer*, § 9 Rn. 17 ff.
[1661] *Maurer*, § 9 Rn. 19.
[1662] *BVerwGE* 18, 1, 4 = NJW 1964, 1151; *VG Berlin* DVBl 1983, 281, 282 (hierzu auch Rn. 289); *VG Potsdam* NVwZ-RR 2000, 279; *Deger* VBlBW 1996, 90, 91; *Laubinger*, FS Rudolf, 2001, S. 305, 317 f.; *Obermayer* NJW 1980, 2386, 2389; *Volkmar*, Allgemeiner Rechtssatz und Einzelakt, 1962, S. 68, 171 ff.
[1663] So *v. Mutius*, FS Wolff, 1973, S. 194 ff.; vgl. a. *Winkler* DVBl 2003, 1490, 1495.
[1664] *BVerwGE* 27, 181, 182 f. = NJW 1967, 1627; *BVerwG* NJW 1969, 809, 810.
[1665] *VGH Mannheim* DÖV 2000, 275; *Gornig*, Sachbezogene hoheitliche Maßnahme, 1985, S. 54 ff., 66 f.; *Korte*, Rechtsschutz gegen normauslösende Bekanntgaben, 2004, S. 105; *Lübbe* BayVBl 1995, 97, 98; *Maurer*, § 9 Rn. 32; *Schwarz* in Fehling u. a., § 35 VwVfG Rn. 117.
[1666] *BVerfG* NJW 2001, 1411; *OVG Greifswald* NordÖR 2006, 451; *OVG Lüneburg* NVwZ-RR 2005, 820, 822; *BayObLG* NVwZ 2000, 467; *Janßen* in Obermayer, VwVfG, § 35 Rn. 127; *Kniesel/Poscher* NJW 2004, 422, 429; *Winkler* DVBl 2003, 1490, 1495.
[1667] *OVG Lüneburg* NVwZ-RR 2005, 93, 94; *OLG Hamburg* NJW 2006, 2131.
[1668] *Maurer*, § 9 Rn. 19.
[1669] *VGH Mannheim* NVwZ 1998, 761.
[1670] *OVG Lüneburg* OVGE 44, 365 (zur Nachrüstung von Flugzeugen). Vgl. auch die „AllgV über Maßnahmen zur Abwehr von Gefahren, die von einem Medizinprodukt (hier Sauerstoffminderer) ausgehen" v. 22. 10. 1999, Saarl. ABl 1999, 1510.
[1671] Vgl. inbes. *VG Köln*, Beschl. v. 11. 8. 2006 – 6 L 736/06 (juris, Abs. 50): Da durch Einzel-VA zeitlich unbegrenzte Pflichten begründet werden können, müsse dies auch für AllgV gelten.
[1672] *OVG Greifswald* NordÖR 2007, 291.
[1673] *VGH Mannheim* NVwZ-RR 1997, 225; *VG Stuttgart* NVwZ-RR 1998, 103, 104.

allerdings bezogen auf die betroffenen Grundstücke eine Benutzungsregelung i. S. d. § 35 S. 2 Alt. 3 vorgelegen haben, s. Rn. 329), was jedoch teilweise schon als ein zu langer, nicht mehr durch personale AllgV regelbarer Zeitraum angesehen wird.[1674] Siehe hierzu auch die in Rn. 304 angesprochenen Fälle. Als AllgV wurden auch angesehen die Ausnahmebewilligung nach § 23 LSchlG für einen bestimmten Tag (hierzu auch Rn. 288, 304)[1675] oder eine auf einen Tag begrenzte Zulassung des Verbrennens pflanzlicher Abfälle in einer Gemeinde.[1676] Vielfach wird jedoch angenommen, eine Regelung könne umso weniger als personale AllgV qualifiziert werden, je länger ihr Geltungsanspruch dauere, ohne dass jedoch ein nicht mehr durch personale AllgV regelbarer Zeitraum angegeben wird.[1677] Unter praktischen Gesichtspunkten ist gerechtfertigt, den „Umschlagzeitpunkt" an den Ablauf der Rechtsbehelfsfristen nach § 70, § 74 VwGO zu koppeln, so dass die (kurze) zeitliche Geltungsdauer einer Regelung dann nicht mehr *allein* als Argument für den VA-Charakter einer Maßnahme herangezogen werden kann, wenn sich ihr Geltungsanspruch über mehr als einen Monat ab (öffentlicher) Bekanntgabe erstreckt.[1678] Dies schließt nicht aus, dass Regelungen mit längerer Geltungsdauer aus anderen Gründen (z. B. wegen ihrer Anlassbezogenheit, Rn. 286 ff.) als personale AllgV angesehen werden können.

d) **Anlassbezogene Regelungen:** Besonders umstr. sind die Fälle, in denen ein **konkretes Ereignis Anlass** ist, durch öffentlich bekannt gegebene Anordnung von einem näher umschriebenen Personenkreis ein (bis auf Widerruf) andauerndes Tun oder Unterlassen zu verlangen, ihnen also **andauernde Verhaltens- oder Unterlassenspflichten** aufzuerlegen. Hierzu gehört der bekannte **Endiviensalat-Fall:** Aus Anlass von Erkrankungen, die auf den Genuss von Endiviensalat zurückgeführt wurden, wurde hierfür ein generelles Verkaufsverbot in den hiervon betroffenen Landkreisen öffentlich bekannt gegeben. Nach *BVerwG* lag ein Einzelfall vor, weil auf den **Anlass bzw. den Zweck der Regelung** abzustellen sei.[1679] Vergleichbar ist folgender Fall: Die Überschreitung bestimmter Grenzwerte im Grundwasser war Anlass für den Erlass eines allgemeinen Verbots der Verwendung atrazinhaltiger Pflanzenschutzmittel in näher bezeichneten Gebieten. *VG München* stellte hier auf die **Regelung selbst** ab, die abstrakt-generell sei, da (bis auf Widerruf) niemand mehr die dort verbotene Handlung vornehmen dürfe, und schloss hieraus, die Behörde hätte durch VO handeln müssen.[1680] Nach heute geltendem Recht liegt in beiden Fällen eine AllgV vor:[1681] Nach dem Wortlaut des § 35 S. 1 („zur Regelung eines Einzelfalles") ist auf den Zweck, nicht auf den Inhalt der Regelung abzustellen. 286

Daher können zur Bekämpfung **konkreter Gefahren** auch allgemeine Handlungsgebote und -verbote durch AllgV erlassen werden, nicht aber zur Bekämpfung bloß abstrakter Gefahren,[1682] s. Rn. 289, 329, 342. Ein nach „allgemeinen Merkmalen bestimmter oder bestimmbarer Personenkreis" liegt somit auch dann noch vor, wenn der Personenkreis nicht unabhängig von der in Frage stehenden Regelung einer bestimmten Gattung zugehört, sondern die **Regelung selbst diese Gattung** erst **begründet,** indem sie z. B. allen denjenigen, die etwas Bestimmtes tun wollen, dieses verbietet, sich die Regelung also letztlich an **jedermann** wendet.[1683] Personale AllgV wäre daher auch die öffentlich bekannt gegebene Anordnung eines allgemeinen **Fahrverbotes** wegen Nebels.[1684] Nach Wegfall bzw. Beseitigung der konkreten Gefahr erledigt sich 287

[1674] *Hufeld* VBlBW 1999, 130, 133; zweifelnd jetzt auch *VGH Mannheim* NVwZ 2003, 115.
[1675] *VG Schleswig* GewArch 2000, 498.
[1676] *VG Göttingen* NdsVBl 2003, 60.
[1677] *Henneke* in Knack, § 35 Rn. 126; *Kopp/Ramsauer,* § 35 Rn. 69; *Kopp/Schenke,* Anh. § 42 Rn. 60.
[1678] So jetzt auch *Schwarz* in Fehling u. a., § 35 VwVfG Rn. 121.
[1679] *BVerwGE* 12, 87, 89 = NJW 1961, 2078.
[1680] *VG München* NuR 1991, 491 (m. Anm. *Lübbe* BayVBl 1995, 97); ähnlich in bezug auf den Endiviensalat-Fall: *Bull/Mehde,* Rn. 701; *Drews/Wacke/Vogel/Martens,* S. 353; *Koch/Rubel/Heselhaus,* § 3 Rn. 33; *Laubinger,* FS Rudolf, 2001, S. 305, 318 f.; *Vogel* BayVBl 1977, 617, 619.
[1681] Wie hier *Gornig,* Sachbezogene hoheitliche Maßnahme, 1985, S. 55; *Lübbe* BayVBl 1995, 97, 99; *Kahl* Jura 2001, 505, 511; *Maurer,* § 9 Rn. 17; *Meyer/Borgs,* § 35 Rn. 68; so auch § 12 des den „Endiviensalat-Fall" regelnden baden-württemberg. Gesetzes zur Ausführung des Lebensmittel- und Bedarfsgegenständegesetzes (AGLMBG) v. 9. 7. 1991 (GBl 1991, 473).
[1682] Grundlegend *Lübbe* BayVBl 1995, 97, 100; ferner *Schwarz* in Fehling u. a., § 35 VwVfG Rn. 122.
[1683] So auch *Sachs* K & R 2001, 13, 16; a. A. *Manssen* NZV 1992, 465, 466.
[1684] Wie hier *Brosche* DVBl 1979, 718, 719; solche Regelungen sind keine sachbezogenen AllgV i. S. d. § 35 S. 2 Alt. 2 und 3, da sie sich nicht mehr auf eine bestimmte Straße beziehen, sondern flächendeckend

diese AllgV nach § 43 Abs. 2 (§ 43 Rn. 210 ff.) oder die Betroffenen haben jedenfalls einen Anspruch auf Wiederaufgreifen des Verfahrens nach § 51 Abs. 1 Nr. 1, vgl. § 51 Rn. 88 ff. Gerade hierin zeigt sich der Einzelfallbezug solcher AllgV. Zur Verpflichtung zur Rücknahme nach § 48 Abs. 1 wegen Ermessensreduzierung auf Null, wenn dies von jemandem begehrt wird, der nach Eintritt der Bestandskraft von einer von Anfang an rechtswidrigen öffentlich bekannt gegebenen AllgV dieser Art betroffen wird,[1685] vgl. Rn. 272, 309, 323, § 41 Rn. 140, § 51 Rn. 19. Zum früheren Smog-Alarm s. Rn. 299.

288 Anlassbezogene Regelungen sind jedoch nicht nur im Bereich der Gefahrenabwehr möglich. *VG Hannover*[1686] hat etwa zutreffend eine auf **§ 23 LSchlG** (hierzu auch Rn. 285, 304) gestützte Regelung, die sich auf die Ladenöffnungszeiten in Hannover für die Dauer der Weltausstellung bezog, als personale AllgV gewertet, obwohl sie sich über mehrere Monate (Rn. 285) erstreckte. Anlass für diese Regelung war die Weltausstellung; bei deren vorzeitiger Beendigung wäre auch die Ausnahmegenehmigung entfallen oder hätte aufgehoben werden müssen. Zutreffend war auch die Praxis der RegTP, ihre Entscheidungen über die Einzelheiten der Versteigerungsbedingungen (vgl. heute **§ 62 Abs. 5 TKG [2004]**) als (personale) AllgV zu erlassen, so etwa die Regelungen über die Versteigerung der **UMTS-Lizenzen** vom 18. 2. 2000:[1687] Anlass war die jeweilige (einmalige) Versteigerung der jeweiligen Lizenzen/Frequenzen; für andere Versteigerungen ähnlicher Art gelten diese Regelungen nicht; entfällt die jeweilige Versteigerung, entfallen auch die Regelungen über deren Durchführung. Ausgeschlossen ist demgegenüber, auf Grundlage des § 62 Abs. 5 TKG (2004) die Versteigerungsbedingungen „ein für allemal" zu treffen; würde dies in Form der AllgV erfolgen, läge nur ein formeller VA (Rn. 16) vor.[1688] Die gleichen Grundsätze wird man für die Festlegungen der BNetzA bezüglich der näheren Ausgestaltung der Ausschreibung einer Universaldienstleistung nach **§ 14 Abs. 4 S. 2 PostG** anzuwenden haben.[1689] Auch die **Auswahlentscheidung** der BNetzA **über das Vergabeverfahren** nach **§ 55 Abs. 9 TKG** ist personale AllgV, weil es sich um eine Entscheidung in einem konkreten VwVf handelt, denen nach den Grundsätzen der Rn. 150 ff. auch **Außenwirkung** zukommt, weil hiermit ein rechtlicher Rahmen für das VwVf zur Vergabe der Frequenzzuteilungen gesetzt und damit eine Art Verfahrensvorbescheid (vgl. Rn. 154) erlassen werden soll.[1690] Ob für diese Entscheidungen § 44a VwGO greift, ist noch unklar.[1691] Zur Frequenzzuteilung nach § 55 Abs. 2 TKG s. Rn. 310.

289 **e) Regelung abstrakter Gefahren:** Nicht mehr durch öffentlich bekannt gegebene (Rn. 280) personale AllgV regelbar sind Maßnahmen zur Bekämpfung bloß **abstrakter Gefahren**, s. Rn. 287: Zu Recht hat daher *VG Bremen*[1692] eine „Bekanntmachung des Bundesministers für Verkehr zur Durchführung von Schleppflügen und Reklameflügen" nicht als personale AllgV eingestuft. Nicht durch personale AllgV kann auch angeordnet werden, dass sich Windsurfer nicht mehr als 2 km vom Ufer des Bodensees entfernen dürfen, um die abstrakte Gefahr zu vermeiden, dass ein in Seenot geratener Windsurfer vom Ufer aus nicht erkennbar ist,[1693] s. hierzu auch Rn. 312. Auch kann zur Vermeidung unsachgemäßer Abfallentsorgung durch personale AllgV kein landesweites Anzeige- und Überwachungssystem für die Abfallentsorgung eingeführt werden, selbst wenn ein konkreter Missstand Anlass für diese Regelung

---

angeordnet werden, s. Rn. 312. Ähnlich zu den „Ozonfahrverboten" nach dem durch § 74 BImSchG aufgehobenen § 40b BImSchG: *Schmehl/Karthaus* NVwZ 1995, 1171, 1172 f.

[1685] *Lübbe* BayVBl 1995, 97, 101.
[1686] *VG Hannover* NVwZ-RR 2001, 307, 309.
[1687] Vgl. *Ehlers* K & R 2001, 1; *Sachs* K & R 2001, 13; weiter Beispiele bei *Gramlich* CR 1999, 752 ff.
[1688] *Sachs* K & R 2001, 13, 16.
[1689] *A. A. v. Danwitz* in Beck'scher PostG-Kommentar, 2. Aufl. 2004, § 14 Rn. 48 (außenverbindliche Verwaltungsvorschriften).
[1690] Wie hier *Göddel* in Beck'scher TKG-Kommentar, 3. Aufl. 2006, § 55 Rn. 11; *Kroke* in Wilms/Masing/Jochum, TKG, § 55 Rn, 75; *Wegmann* in Säcker, Berliner Kommentar zum TKG, 2006, § 55 Rn. 54; ebenso zur vergleichbaren Regelung des § 11 TKG (1996): *Gramlich* CR 1999, 752, 763; *Sachs* K & R 2001, 13, 17 f.
[1691] Siehe hierzu *Kroke* in Wilms/Masing/Jochum, TKG, § 55 Rn, 75; zum alten Recht: *VG Köln* MMR 2003, 61, 61; *Ehlers* K & R 2001, 1, 8 ff.; *Geppert* in Beck'scher TKG-Kommentar, 2. Aufl. 2000, § 10 Rn. 9 ff.; § 11 Rn. 11; *Sachs* K & R 2001, 13, 19 ff.
[1692] *VG Bremen* 20. 1. 1994 – 2 A 271/92 – (juris).
[1693] *VGH Mannheim* VBlBW 1987, 377, 381 – eine sachbezogene AllgV lag nach Ansicht des *VGH Mannheim* nicht vor; eine konkrete Gefahr teilweise bejahend *Lübbe* BayVBl 1995, 97, 100 f.

war.¹⁶⁹⁴ Keine Einzelfallregelung ist auch eine (öffentlich bekannt gegebene) Anordnung, bestimmte Arzneimittel nur noch in kindergesicherten Verpackungen in den Verkehr zu bringen. Zwar mag die Zahl der Arzneimittelhersteller bei Erlass der Verfügung bestimmbar i. S. von zählbar sein,¹⁶⁹⁵ vgl. Rn. 284. Jedoch können nach Inkrafttreten der Regelung auch neue Unternehmen die Herstellung solcher Arzneimittel aufnehmen und damit weitere Personen in den Kreis der von der Regelung Betroffenen eintreten, s. Rn. 280. Aus denselben Gründen ist ein an alle Inhaltsanbieter mit Sitz in NRW gerichtetes Verbot, für ein bestimmtes Sportwettenunternehmen im Internet zu werben, keine personale AllgV.¹⁶⁹⁶

f) Produktzulassung/Systemanerkennung/Marktfestsetzung: Rechtsakte, mit denen bestimmte Produkte oder Stoffe allgemein zum Handel zugelassen werden, wie die **allgemeine Betriebserlaubnis** nach § 20 StVZO, die **Zulassung von Bauprodukten** nach Maßgabe der LBauO, von **Pflanzenschutzmitteln** nach §§ 11 ff. PflSchG und sonstige **Typengenehmigungen** und Typenzulassungen¹⁶⁹⁷ sind keine sachbezogenen AllgV, da sie sich nicht auf konkrete Sachen, sondern erst auf in Zukunft herzustellende Sachen beziehen.¹⁶⁹⁸ Nur konkrete Sachen sind aber Sachen i. S. d. § 35 S. 2, s. Rn. 314. Dörschuck hält hier jedoch eine **analoge Anwendung** des § 35 S. 2 für möglich;¹⁶⁹⁹ dem ist die Rspr. nicht gefolgt, die jedoch im Regelfall vom Vorliegen eines VA bzw. einer AllgV ausgeht.¹⁷⁰⁰ Man wird indes unterscheiden müssen: 290

Soweit – wie bei § 20 StVZO – die Typengenehmigung **dem Hersteller** erteilt (und ausschließlich diesem bekannt gegeben) wird, handelt es sich um eine **abstrakt-individuelle** Einzelfallregelung (Rn. 206) und damit nicht um eine AllgV. Sie ermächtigt z. B. den Hersteller, die Geräte, die dem genehmigten Typ entsprechen, als nach ör. Vorschriften verwendbar zu verkaufen.¹⁷⁰¹ Die Besonderheit gegenüber sonstigen Einzelfallregelungen besteht (nur) darin, dass sich die späteren Erwerber der auf diese Weise zugelassenen Sachen auf die Typengenehmigung berufen können, ohne dass die Behörde sie ihnen besonders bekannt geben müsste. Hierin liegt keine Abweichung vom VA-Begriff, sondern letztlich nur eine gegenüber § 43 Abs. 1 spezialgesetzliche Erweiterung der Wirksamkeit eines Verwaltungsakts.¹⁷⁰² Möglich ist, dass der Hersteller eine Urkunde über die Übereinstimmung der hergestellten Sache mit dem genehmigten Typ auszustellen hat: So ist etwa die Ausstellung eines Fahrzeugbriefes nach § 20 Abs. 3 StVZO zu verstehen. 291

Wird die Typenzulassung (ausschließlich) **öffentlich bekannt gegeben**, wie die Bauartzulassungen nach den LBauO, kommt es auf den **genauen Regelungsinhalt** der Maßnahme an, der ggf. durch Auslegung (Rn. 76 ff.) zu ermitteln ist:¹⁷⁰³ Werden ausschließlich die Produkte des die Typenzulassung beantragenden Herstellers allgemein zugelassen, liegt wie im Fall der Rn. 291 eine abstrakt-individuelle Einzelfallregelung (Rn. 206) und keine AllgV vor.¹⁷⁰⁴ Die öffentliche Bekanntgabe dient dann lediglich der Information der Öffentlichkeit, hat aber nicht zur Folge, dass auch andere Hersteller das zugelassene Produkt als solches vertreiben dürfen, vgl. § 41 Rn. 137, 142. 292

Ist die **ausschließlich öffentlich bekannt gegebene Regelung** demgegenüber **ausschließlich produktbezogen,** kann sich jedermann hierauf berufen, so dass der Vertrieb und 293

---

¹⁶⁹⁴ *VG Potsdam* NVwZ-RR 2000, 279, 280.
¹⁶⁹⁵ Hierauf abstellend und damit eine AllgV annehmend: *VG Berlin* DVBl 1983, 281, 282.
¹⁶⁹⁶ A. A. *VG Köln,* Beschl. v. 11. 8. 2006 – 6 L 736/06 (juris, Abs. 50).
¹⁶⁹⁷ Allgemein hierzu *Dörschuck,* Typen- und Tarifgenehmigungen im Verwaltungsrecht, 1988; *Waechter* UTR 36 (1996), S. 395 ff.
¹⁶⁹⁸ *Fluck* DVBl 1999, 496, 498; *ders.* NuR 1999, 86, 92; a. A. jedoch *VGH Mannheim* GewArch 1994, 228 (zur Zulassung von Bauprodukten; bei *BVerwG* NVwZ 1998, 614 offengelassen).
¹⁶⁹⁹ *Dörschuck,* Typen- und Tarifgenehmigungen im Verwaltungsrecht, 1988, S. 22 ff.
¹⁷⁰⁰ Vgl. zur Zulassung von Dampfkesseln: *BVerfGE* 11, 6, 15 ff. = NJW 1960, 907; zur Typengenehmigung für Geldspielgerät nach § 33 c Abs. 1 S. 2 i. V. m. § 33 e GewO: *BVerwGE* 44, 82; zur Zulassung von Bauprodukten: *BVerwG* NVwZ 1998, 614; *OVG Hamburg* BRS 39 Nr. 97; *VGH Mannheim* GewArch 1994, 228; zur Zulassung von Pflanzenschutzmitteln: *BGHZ* 126, 270, 273 ff. = NJW 1995, 137; *BGH* NJW-RR 1996, 419 (m. Bespr. *Fluck* NuR 1999, 86).
¹⁷⁰¹ Ähnlich *Maurer,* § 9 Rn. 21; *Waechter* UTR 36 (1996), S. 395, 398.
¹⁷⁰² In diese Richtung *Fluck* DVBl 1999, 496, 499 und NuR 1999, 86, 92 (Fall der Tatbestandswirkung (§ 43 Rn. 126 ff.) des VA); *Obermayer,* VwVfG, 2. Aufl. 1990, § 35 Rn. 203; a. A. (Vorliegen einer AllgV) *Dörschuck,* Typen- und Tarifgenehmigungen im Verwaltungsrecht, 1988, S. 22 ff.
¹⁷⁰³ So deutlich *BVerwG* NVwZ 1998, 614.
¹⁷⁰⁴ Anders *BVerfGE* 11, 6, 15 ff. = NJW 1960, 907 (wo eher auf die späteren Verwender abgestellt und deshalb auch im Fall der herstellerbezogenen Typengenehmigung von einer AllgV ausgegangen wird).

die Herstellung des Produkts generell zulassungsfrei sind,[1705] vgl. § 41 Rn. 136 ff. Eine solche Regelung scheint die Kriterien einer Einzelfallregelung nicht mehr zu erfüllen.[1706] Wenn auch der Kreis der betroffenen Hersteller i. d. R. überschaubar sein wird,[1707] so können doch auch neue Unternehmen die Herstellung dieser Produkte aufnehmen und damit weitere Personen in den Kreis der von der Regelung Betroffenen eintreten, vgl. Rn. 289. Dennoch „passen" auf derartige Produktzulassungen (und deren Ablehnung) sowohl die §§ 9 ff. als auch die für VA geltenden Rechtsschutzbestimmungen letztlich besser als die für Rechtsnormen geltenden Verfahrens- und Rechtsschutzbestimmungen, so dass sie weitgehend als personale AllgV angesehen werden.[1708] So wird auch im Fachrecht vielfach eine öffentlich bekannt zu gebende Genehmigung der Verkehrsfähigkeit bestimmter Erzeugnisse bzw. der allgemeine Zulassungswiderruf ausdrücklich als AllgV bezeichnet.[1709] Der Einzelfallbezug solcher Regelungen besteht wohl darin, dass sie auf der (wissenschaftlich) gesicherten Annahme der Ungefährlichkeit der zugelassenen Produkte beruhen und der Gesetzgeber davon ausgeht, dass die Zulassung bei veränderter Sachlage aufzuheben ist. Die Sachlage wäre dann vergleichbar mit der der anlassbezogenen Regelung. Zuzugeben ist, dass hier die Grenze des Einzelfallbegriffs erreicht ist.

294   Mit der Produktzulassung i. S. d. Rn. 292 ist demgegenüber die öffentlich bekannt zu gebende Feststellung des Vorliegens eines flächendeckenden Sammel- und Verwertungssystems nach **§ 6 Abs. 3 S. 11 VerpackV** vergleichbar. Ihr Anknüpfungspunkt ist ein von einem bestimmten Systembetreiber[1710] betriebenes **System**. § 6 VerpackV i. d. F. von 1991 hatte die (noch nicht betreiberbezogen ausgestaltete) Systemfeststellung noch ausdrücklich als AllgV bezeichnet.[1711] Seitdem sie betreiberbezogen ausgestaltet ist, handelt es sich jedoch um eine abstrakt-individuelle Regelung, die nur zu Informationszwecken öffentlich bekannt gegeben wird und an deren Existenz das Gesetz günstige Rechtsfolgen auch für Dritte (Befreiung von der Verpflichtung nach § 6 Abs. 1 und 2 VerpackV) knüpft.[1712] Zur Feststellung der Mehrwegquote nach § 9 VerpackV a. F. s. Rn. 299.

295   Entsprechendes gilt auch für die **Markt-Festsetzung nach § 69 GewO**. Sie wird nicht öffentlich, sondern nur dem Veranstalter (Antragsteller) gegenüber bekannt gegeben. Auch wenn die GewO hieran günstige Rechtsfolgen für die Beschicker (§ 70 GewO, s. Rn. 121) und ggf. für die Besucher (§ 71 GewO) knüpft, ist sie deshalb weder personale noch sachbezogene AllgV.[1713] Teilweise wird sie jedoch mit der Widmung (Rn. 320 ff.) verglichen[1714] oder sogar als sachbezogene AllgV bezeichnet.[1715] Tatsächlich bestehen gewisse Ähnlichkeiten mit der Widmung einer öffentlichen Einrichtung, s. Rn. 324 f.

296   g) **Regulierungsverfügungen:** Für die BNetzA sind zur Ausübung ihrer Regulierungskompetenzen Instrumente geschaffen worden, deren Rechtsnatur umstr. ist. Zu deren Planungscharakter s. Rn. 266. Zu anderen Befugnissen der BNetzA s. Rn. 288, 310. Dies betrifft zunächst ihre Kompetenz zur Festlegung der der Regulierung unterstehenden **Telekommunikationsmärkte nach §§ 9 ff. TKG,** die nach § 13 TKG Grundlage für (an einzelne Unternehmen zu richtende, vgl. § 131 TKG) Regulierungsverfügungen nach §§ 18 ff. TKG sein und

---

[1705] Zu dem hiermit verbundenen Problem, dass der Ersthersteller für das Zulassungsverfahren u. U. erhebliche Aufwendungen tätigen muss, die „Nachahmer" aber von der Erstzulassung profitieren können, zumal wenn die Zulassung zur Produktspezifizierung nur unter Bekanntgabe der (ansonsten dem Geschäftsgeheimnis unterfallenden) Konstruktionsunterlagen erfolgen kann: s. *BVerwG* NVwZ 1998, 614; *VGH Mannheim* GewArch 1994, 228, 229; *BGHZ* 126, 270, 273 ff. = NJW 1995, 137; *BGH* NJW-RR 1996, 419; *Bullinger* NJW 1978, 2121; *Fluck* NuR 1999, 86 ff.
[1706] So *Dörschuck,* Typen- und Tarifgenehmigungen im Verwaltungsrecht, 1988, S. 22.
[1707] Hierauf stellt maßgeblich ab: *BVerwG* NVwZ 2004, 349, 350.
[1708] *BVerwG* NVwZ 2004, 349, 350; *Fluck* NuR 1999, 86, 92; *ders.* DVBl 1999, 496, 498.
[1709] Vgl. § 54 Abs. 1 S. 2 Nr. 2 LFGB (hierzu *BVerwG* NVwZ 2007, 591, 592), § 47 a Abs. 1 S. 2 Nr. 2 Vorläufiges Tabakgesetz, § 6 a Abs. 3 PflSchG, § 1 Abs. 2 Außenwirtschafts-VO, § 3 Abs. 3 EG-Recht-Überleitungs-VO.
[1710] Klargestellt seit der Neufassung der VerpackV von 1998: *VG Gießen* NVwZ 2002, 238, 239; *Fluck* DÖV 2000, 657, 659; ähnlich auch *VGH Kassel* GewArch 2004, 36, 37.
[1711] Dies billigend: *VG München* NVwZ 1998, 543; *VG Potsdam* NVwZ 1994, 925; *Weidemann* DVBl 1992, 1568, 1573.
[1712] So *Fluck* DÖV 2000, 657, 659; ähnlich auch *VGH Kassel* NVwZ 2000, 92, 94 (m. Anm. *Baars* NVwZ 2000, 42).
[1713] *Ehlers* in Achterberg/Püttner/Würtenberger I, § 2 Rn. 76.
[1714] *Tettinger/Wank,* GewO, 7. Aufl 2004, § 69 Rn. 22.
[1715] *Wirth* GewArch 1986, 46, 48.

mit diesen Entscheidungen als „einheitlicher Verwaltungsakt" verbunden werden soll (vgl. a. § 132 TKG). Damit ist diese Festlegung wohl nur als Entscheidung über eine Vorfrage (Rn. 144) für den Erlass von Regulierungsverfügungen konzipiert, nicht aber als eigenständiger anfechtbarer, an der Regelungswirkung teilhabender Teil der Verfügung.[1716] Da sie jedoch eng an die Marktanalyse nach §§ 11ff. TKG gebunden, also von der jeweils konkreten Gestalt des Marktes abhängig sein und nach § 14 TKG auch immer schon dann überprüft und ggf. angepasst werden soll, wenn sie den konkreten Marktgegebenheiten entsprechen, hätte sich die Marktfestlegung auch als (letztlich anlassbezogene, Rn. 286ff.) öffentlich bekannt zu gebende personale AllgV konstruieren lassen, was die notwendige Einheitlichkeit der Rechtsanwendung gegenüber allen Betroffenen (vgl. § 132 Abs. 4 S. 2 TKG) gewährleistet hätte.[1717]

Umstr. ist auch die Rechtsnatur der **Festlegungen allgemeiner Bedingungen und Methoden für Netzanschluss und Netzzugang** durch die BNetzA nach § 4, § 29 EnWG.[1718] Der Gesetzgeber klassifiziert sie (versteckt) in § 60a Abs. 2 EnWG ausdrücklich als AllgV.[1719] Jedoch handelt es sich um Maßnahmen der Normergänzung, die – trotz der Überschaubarkeit der betroffenen Unternehmen, deren Kreis aber nicht geschlossen ist,[1720] vgl. Rn. 289 – „an sich" nicht durch personale AllgV geregelt werden können,[1721] s. Rn. 306f. Da sich die Festlegungen nicht auf konkrete, sondern auf alle Netze beziehen, können sie auch nicht als Benutzungsregelung i. S. d. § 35 S. 2 Alt. 3 verstanden werden,[1722] s. Rn. 314. Jedoch hat der Gesetzgeber wohl hinreichend deutlich zum Ausdruck gebracht, dass er diese „Festlegungen" als AllgV behandelt wissen will, obwohl es sich „eigentlich" um Rechtsnormen handelt. Wie BVerfG festgestellt hat, ist dies grundsätzlich möglich (s. Rn. 13, 306), so dass es sich bei den Festlegungen letztlich um AllgV „sui generis" handelt.[1723] Ebenso ist die Freistellung der Schienennetzbetreiber von den Netzentgeltberechnungsmodi des § 14 Abs. 4 S. 1 AEG zu bewerten, die der Gesetzgeber in § 14 Abs. 4 S. 4 AEG ebenfalls als AllgV bezeichnet.

h) Allgemeine Anerkennung ausländischer Entscheidungen: Das BMI hat im BAnz. eine „Allgemeinverfügung über die Anerkennung ausländischer Pässe und Passersatzpapiere"[1724] veröffentlicht, mit der es seine **„Entscheidung" nach § 3 Abs. 1 i. V. mit § 71 Abs. 6 AufenthG** getroffen hat. Dem entspricht, dass nach *VGH Mannheim*[1725] eine öffentlich bekannt gegebene „allgemeine Genehmigung", die den Inhabern genau bezeichneter ausländischer akademischer Grade die Führung dieser Grade in Originalform gestattet, noch einen Einzelfall regelt. *BVerwG* hat diese „allgemeine Genehmigung" jedoch (ohne Begründung) als Verwaltungsvorschrift verstanden.[1726] Tatsächlich liegt in beiden Fällen nur eine abstrakt-generelle Normergänzung vor, die trotz ihrer Bezeichnung als AllgV allenfalls als formelle, nicht jedoch als materielle VA behandelt werden können (Rn. 16ff., § 43 Rn. 3). Jedenfalls der Entscheidung nach § 3 Abs. 1 i. V. mit § 71 Abs. 6 AufenthG kommt allerdings unmittelbare Außenwirkung zu, da vom Besitz der dort genannten Dokumente die Einreise nach § 3 Abs. 1 und die Strafbarkeit nach § 95 Abs. 1 Nr. 1 AufenthG abhängt. § 71 Abs. 6 AufenthG kann jedoch nicht in eine Verordnungsermächtigung umgedeutet werden. Auch besteht kein Anhaltspunkt dafür, dass der Gesetzgeber die „Entscheidung" nach § 71 Abs. 6 AufenthG als AllgV sui generis kraft fachgesetzlicher Anordnung (vgl Rn. 13, 297, 306) verstanden wissen will. Damit handelt es sich bei dieser Entscheidung wohl um eine Rechtsvorschrift sui generis, deren Zulässigkeit jedoch als zweifelhaft erscheint, s. Rn. 281.

[1716] *BVerwG* NVwZ 2007, 93, 97; *Gurlit* in Säcker, Berliner Kommentar zum TKG, 2006, § 13 Rn. 37 f.; *Korehnke* in Beck'scher TKG-Kommentar, 3. Aufl. 2006, § 13 Rn. 21 ff.; *Scherer* NJW 2004, 3001, 3004; a. A. *Ladeur/Möllers* DVBl 2005, 525, 529.
[1717] In diese Richtung wohl auch *Ladeur/Möllers* DVBl 2005, 525, 529.
[1718] Zu deren Inhalt *Britz* RdE 2006, 1 ff.; *Burgi* DVBl 2006, 269, 273.
[1719] Dem zustimmend *Schwarz* in Fehling u. a., § 35 VwVfG Rn. 98.
[1720] Hierauf abstellend, um das Vorliegen einer AllgV zu begründen: *Burgi* DVBl 2006, 269, 274.
[1721] Deshalb für eine Qualifizierung als (außenwirksame) Verwaltungsvorschrift: *Britz* EuZW 2004, 462, 463 ff.; *dies.* RdE 2006, 1, 4ff.
[1722] In diese Richtung *Burgi* DVBl 2006, 269, 274 (der allerdings anzunehmen scheint, dass Sachen i. S. d. § 35 S. 2 nur öffentliche Sachen sein können, hierzu aber Rn. 310, 342).
[1723] So wohl *Schwarz* in Fehling u. a., § 35 VwVfG Rn. 98.
[1724] Vom 3. 1. 2005 (BAnz Nr. 11/2005, 745).
[1725] *VGH Mannheim* 15. 10. 1996 – 9 S 904/96 (juris).
[1726] *BVerwGE* 105, 336, 339 = NVwZ 1998, 520, 521.

299 i) „Normumschaltende" Verwaltungsmaßnahmen: Teilweise werden Normen so konstruiert, dass die dort angeordneten Rechtsfolgen nur dann eintreten sollen, wenn eine Behörde das Vorliegen bestimmter tatsächlicher Umstände (verbindlich) festgestellt und dies öffentlich bekannt gegeben hat. Beispiele sind die frühere „Feststellung des Vorliegens einer austauscharmen Wetterlage" nach §§ 40, 49 Abs. 2 BImSchG a. F., die den **Smog-Alarm** auslösten, woran dann Rechtsfolgen für den Bürger geknüpft wurden, und § 9 Abs. 2 VerpackV i. d. F. von 1998, der an die behördliche „Feststellung des Unterschreitens einer bestimmten Mehrwegquote" das Entstehen einer **Pfandpflicht für Mehrwegverpackungen** knüpfte.[1727] Die Rechtsnatur derartiger behördlicher Feststellungen („normauslösenden Bekanntgaben",[1728] „normumschaltenden Maßnahmen"[1729]) ist sehr str. Beim Smog-Alarm hat die wohl h. M. angenommen, es handele sich um eine personale AllgV.[1730] Hieran ausdrücklich anknüpfend hat *BVerwG* auch die Feststellung nach § 9 Abs. 2 VerpackV a. F. als feststellenden VA angesehen, dessen Regelungsgehalt auf die rechtsverbindliche Feststellung der in der VO angelegten Rücknahme und Pfandpflichten ziele.[1731] Im Ergebnis ist dies nicht zu beanstanden,[1732] nicht jedoch weil mit einer solchen Maßnahme eine einzelne Norm „umgeschaltet" werde und deshalb eine Einzelfallregelung vorliege.[1733] Entscheidend ist vielmehr, dass es letztlich auf das Gleiche hinausläuft, ob der Eintritt gesetzlicher Rechtsfolgen durch die behördliche Feststellung bestimmter Tatsachen bedingt ist oder ob eine Behörde ermächtigt wird, bei Vorliegen bestimmter Tatsachen bestimmte Regelungen durch (sich an jedermann richtende) personale (anlassbezogene) AllgV zu treffen, s. Rn. 286 f. Es wäre daher nicht sinnvoll, beiden Maßnahmen unterschiedliche Rechtsnatur zuzusprechen. Angesichts der negativen Erfahrungen mit dem Smog-Alarm und den Feststellungen nach § 9 Abs. 2 VerpackV a. F. sollte jedenfalls rechtspolitisch von der Einführung weiterer, hiermit vergleichbarer „normauslösender Bekanntgaben" abgesehen werden.

300 j) **Organisationsmaßnahmen:** Die Rechtsnatur von (öffentlich bekannt gegebenen, Rn. 280) Maßnahmen der Verwaltungsorganisation (Einrichtung, organisatorische Änderung oder Auflösung von Behörden oder Verwaltungsträgern) zu bestimmen, ist unproblematisch, soweit sie durch Gesetz, VO oder Satzung ergehen, s. Rn. 18. Im Übrigen stellt sich die Frage, ob solche Maßnahmen Einzelfälle regeln und ihnen Außenwirkung zukommt.[1734] Nur **Verwaltungsinterna sind** Maßnahmen, die die interne Behördenorganisation regeln, ohne zu Zuständigkeitsverlagerungen zu führen; ihre (mittelbaren) Auswirkungen auf die Behördenbediensteten begründen keine Außenwirkung.[1735] Keine VA sind daher bloße **Sitzverlegung** einer Behörde, weil hierdurch ihre Zuständigkeiten unberührt bleiben,[1736] Entscheidung zur behördeninternen Gliederung in Ämter und Referate[1737] (§ 1 Rn. 250 f.) oder der Aufgaben der Sachbearbeiter[1738] (Rn. 199), Fachbereichsbeschluss über Lehrauftragserteilung,[1739] **Abwicklung nach Art. 13 EVertr,** soweit die nach außen wirkende Zuständigkeitsverteilung unberührt blieb.[1740]

[1727] Zu den hierdurch entstehenden Problemen der Zuständigkeitsaufteilung zwischen Bund und Ländern: *BVerwGE* 117, 322, 328 = NVwZ 2003, 865; *BVerwG* DVBl 2002, 1557, 1558; NWVBl 2003, 139, 140 f.; *OVG Münster* NWVBl 2003, 141 ff.; *VGH Kassel* NVwZ 2006, 1195 f.; *Winkler* JZ 2003, 1007 ff.
[1728] Begriff nach *Korte,* Rechtsschutz gegen normauslösende Bekanntgaben, 2004.
[1729] Begriff nach *Winkler* DVBl 2003, 1490.
[1730] *Appel/Melchinger* VerwArch 84 (1993), S. 349, 376 ff.; *Jacobs* NVwZ 1987, 100, 105; *Jarass* NVwZ 1987, 59 ff.; a. A. *Ehlers* DVBl 1987, 972, 973 ff. (Rechtssatz); für verbindliche Feststellung eines Sachverhalts *Kluth* NVwZ 1987, 960; *Maurer,* § 9 Rn. 21; s. auch die Zusammenstellung der verschiedenen Ansichten bei *Korte,* Rechtsschutz gegen normauslösende Bekanntgaben, 2004, S. 111 ff.
[1731] *BVerwGE* 117, 322, 325 ff. = NVwZ 2003, 864 f. (gebilligt von *BVerfG* NVwZ 2005, 204, 205); im Ergebnis ebenso *OVG Berlin* NVwZ-RR 2002, 720 f.; NVwZ 2003, 1524; *OVG Berlin* ZUR 2006, 146 f.; *OVG Hamburg* NVwZ-RR 2007, 97, *VGH Kassel* NVwZ 2006, 1195, 1196; *Hey* DVBl 2002, 445, 449; *Winkler* DVBl 2002, 1490, 1494 ff.; a. A. *VG Düsseldorf* NVwZ 2002, 1269, 1270 (nur „Feststellung des Tatbestandsmerkmals der sich dann selbst vollziehenden Norm").
[1732] A. A. jedoch *Korte,* Rechtsschutz gegen normauslösende Bekanntgaben, 2004, S. 151 ff. (Rechtsfigur sui generis ohne Einzelfallbezug und Regelungscharakter).
[1733] So aber *Winkler* DVBl 2002, 1490, 1495 f.
[1734] *Krebs* VerwArch 69 (1978), S. 231, 232.
[1735] *Pietzcker* in Schoch u. a., § 42 Abs. 1 Rn. 65.
[1736] *OVG Lüneburg* DÖV 1970, 390; *Rasch* DVBl 1983, 617, 619.
[1737] *VGH München* BayVBl 1981, 464, 465.
[1738] *BVerwGE* 63, 176, 177; *VG Potsdam* LKV 1998, 409.
[1739] *VG Hannover* NdsVBl 2002, 80, 81.
[1740] *BVerwGE* 90, 220, 222 = LKV 1992, 375 (Abwicklung eines Bezirksinstituts für Blutspendewesen); *OVG Berlin* LKV 1992, 96 (Abwicklung eines Tanzensembles); allg. *Bath* NVwZ-Beilage II/2001, 27, 28,

Außenwirkung haben jedoch Regelungen, die Ministerien und **Behörden** errichten bzw. **301** Zuständigkeiten solcher Stellen unmittelbar auch mit Rechtswirkung gegenüber dem Bürger und anderen Behörden begründen, ändern oder aufheben. Soweit sie nicht durch Gesetz, VO oder Satzung ergehen und keinen Einzelfall regeln, handelt es sich um sog. **zuständigkeitsregelnde Organisationserlasse.** Dies sind Außenrechtssätze sui generis (Rn. 281), deren Zulässigkeit (jenseits des institutionellen Gesetzesvorbehalts) von den verfassungsrechtlichen Regelungen über die Regierungsbildung (vgl. Art. 64 GG) und von Art. 86 S. 2 GG und den meisten Landesverfassungen vorausgesetzt wird und für die Art. 80 GG und die entspr. Vorschriften der Landesverfassungen nicht gelten.[1741] Entgegen dem Wortlaut des **§ 8 Abs. 2 S. 3 VZOG** ist daher die Bestellung einer Bundesbehörde zur Vertreterin des Bundes für eine Vielzahl von Grundstücken keine AllgV: Sie regelt nur ein spezielles Zuständigkeitsproblem; zudem ist die Frage, wer den Eigentümer eines Grundstücks vertritt, keine ör. Eigenschaft des Grundstücks. Angesichts der Befugnis des BMF zum Erlass von zuständigkeitsregelnden Organisationserlassen besteht auch kein Bedürfnis, diese von § 8 Abs. 2 S. 3 VZOG als „Allgemeinverfügung" bezeichnete Regelung als VA kraft fachrechtlicher Regelung (Rn. 13, 297, 306) anzusehen.

Die (öffentlich bekannt gegebene, Rn. 280) **Errichtung und Schließung (unselbständi- 302 ger) Anstalten/öffentlicher Einrichtungen** wird jedoch oft auch als Einzelfallregelung und damit als AllgV angesehen, so wie der Beschluss einer juristischen Fakultät, einen Fachbereich Rechtswissenschaft zu bilden,[1742] Abwicklung einer Fachhochschule[1743] oder einer Sektion einer Universität,[1744] Schließung eines Schlachthofs,[1745] Schließung eines Friedhofs,[1746] Festlegung eines Bezirks für anerkannte Beratungsstelle nach Art. 14 BaySchwBerG,[1747] vor der Postreform auch die Schließung eines Postamtes,[1748] insbes. aber auch **schulorganisatorische Maßnahmen,** wie Einrichtung[1749] und Schließung[1750] einer Schule oder einzelner Klassenstufen,[1751] Umwandlung von Förderstufen in schulformbezogene Jahrgangsstufen,[1752] Einführung der 5-Tage-Woche.[1753] Zur Begründung des Einzelfallbezugs der Regelung wird dabei oft auf die Auswirkungen für diejenigen abgestellt, die zum Zeitpunkt des Regelungserlasses die Einrichtung nutzen wollen bzw. müssen. Damit werden diese Maßnahmen zu den **personalen AllgV** i. S. d. § 35 S. 2 Alt. 1 gezählt.[1754] Jedoch ist der von diesen Maßnahmen betroffene Personenkreis in die Zukunft hinein offen, da auch die zukünftig Nutzungswilligen oder -verpflichteten betroffen sind.[1755] Die genannten Maßnahmen können jedoch als **sachbezogene AllgV** i. S. d. § 35 S. 2 Alt. 2 oder 3 qualifiziert werden,[1756] da – mit der wohl inzwischen h. M. – § 35 S. 2 ein weiter

---

30 ff.; a. A. *KreisG Leipzig-Stadt* LKV 1993, 101 (Abwicklung einer Universitäts-Sektion); *Hauck-Scholz* LKV 1991, 225, 227. Außenwirkung wegen Veränderung von Zuständigkeiten für möglich gehalten bei *BVerwG* LKV 1995, 222 (Abwicklung einer Fachhochschule); *KreisG Gera-Stadt* LKV 1991, 351; *KreisG Halle* LKV 1991, 273 (jeweils zur Abwicklung einer Universitäts-Sektion).

[1741] Ausführlich *U. Stelkens* LKV 2003, 489, 490 ff. m. w. N.; aus der Rspr.: *BVerwGE* 120, 87, 96 ff. = NVwZ 2004, 722, 724; *VGH München* NVwZ 2000, 829, 830; BayVBl 2000, 245, 246.
[1742] *BVerwGE* 45, 39, 42.
[1743] In diese Richtung *BVerwG* LKV 1995, 222.
[1744] *KreisG Gera-Stadt* LKV 1991, 351; *KreisG Halle* LKV 1991, 273.
[1745] *VGH Kassel* NVwZ 1989, 779; a. A. *BVerwG* BB 1965, 727.
[1746] *BVerwG* NVwZ 1993, 674.
[1747] *VG Regensburg* NVwZ-RR 2000, 435.
[1748] *VGH Kassel* NJW 1995, 1170, 1171.
[1749] *OVG Lüneburg* DVBl 1985, 1074 (jedoch kein VA gegenüber Nachbargemeinde; hierzu Rn. 23 f.).
[1750] *BVerfGE* 51, 268, 282 = NJW 1980, 35; *BVerwGE* 18, 40 (mit Anm. *Kopp* DÖV 1965, 267); *BVerwG* NJW 1978, 2211; DVBl 1979, 354; NJW 1979, 828; NVwZ 1992, 1202, 1203; *OVG Bautzen* SächsVBl 2002, 42 f.; *OVG Bremen* NVwZ 1986, 1038 (dort auch zur Anordnung der sofortigen Vollziehung); *OVG Koblenz* NVwZ-RR 1988, 83; *OVG Münster* NVwZ-RR 1990, 23; NVwZ-RR 1996, 30.
[1751] *OVG Bautzen* NVwZ-RR 2002, 36; *OVG Hamburg* NJW 1980, 2146; *VGH Kassel* NVwZ 1984, 113.
[1752] *VG Gießen* NVwZ-RR 2000, 358, 359.
[1753] *BVerwGE* 47, 201 = NJW 1975, 1182 (m. Anm. *Erichsen* VerwArch 67 (1976), S. 93); *OVG Münster* DVBl 1976, 948 (m. Anm. *Krebs* VerwArch 69 (1978), S. 231, 235).
[1754] So etwa *VGH Kassel* NVwZ 1989, 779, 780 (für Schlachthof); *OVG Münster* DVBl 1979, 563; *Kahl* Jura 2001, 505, 513; *Rasch* DVBl 1983, 617, 621 f. (für Schule).
[1755] *VGH Kassel* NVwZ 1984, 116, 117 (für Schulbezirkseinteilung).
[1756] In diese Richtung *OVG Münster* DVBl 1976, 948; *Niehues*, Schul- und Prüfungsrecht I, 3. Aufl. 2000, Rn. 639 f.; *von Mutius* DVBl 1974, 904, 906; a. A. *Krebs* VerwArch 69 (1978), S. 231, 235.

Sachbegriff zu Grunde zu legen ist, der auch das einer (unselbständigen) Anstalt/öffentlichen Einrichtung zugrunde liegende sachliche Substrat umfasst und damit letztlich die Anstalt/öffentliche Einrichtung selbst, Rn. 316. Keine AllgV soll jedoch die Schulbezirkseinteilung (str., s. a. Rn. 305)[1757] und die Errichtung und Schließung eines **Kindergartens** sein,[1758] jedoch kann die Rechtsnatur dieser Maßnahmen nicht anders beurteilt werden als die der übrigen o. g. Maßnahmen.[1759]

303 Einzelverfügungen oder personale AllgV können schließlich Maßnahmen sein, die auf Errichtung, Änderung oder Auflösung **bundes- oder landesunmittelbarer juristischer Personen des öffentlichen Rechts** gerichtet sind. Da ihr Adressat der betroffene Verwaltungsträger ist, stellen sie eine konkret-individuelle Regelung dar (Rn. 206), der wegen des Eingriffs in den Bestand der juristischen Person auch Außenwirkung zukommt.[1760] Zu den Auswirkungen des Scheiterns der Errichtung eines Verwaltungsträgers s. Rn. 64. Demnach können auch Maßnahmen der **kommunalen Gebietsreform** Einzelfallregelungen sein,[1761] ebenso wie die Feststellungen über das Gebiet, auf das sich die Gebietskörperschaft erstreckt.[1762]

304 **k) Raumbezogene Regelungen:** Grenzfälle zu Rechtsnormen einerseits und dinglichen AllgV i. S. d. § 35 S. 2 Alt. 2 und 3 andererseits bilden schließlich öffentlich bekannt gegebene (Rn. 280) längerfristige (Rn. 285) raumbezogene Maßnahmen, die bestimmten Personen in einem abgegrenzten (kleineren) Gebiet bestimmte Rechte gewähren oder bestimmte Pflichten auferlegen. Hierzu zählen z. B. längerfristige, für bestimmte Gemeinden oder Gemeindeteile ausgesprochene (öffentlich bekannt gegebene, Rn. 280) **Ausnahmegenehmigungen nach § 23 LSchlG** (hierzu auch Rn. 285, 288), die selbst dann als (ggf. rechtswidrige) AllgV angesehen worden sind, wenn sie sich über mehr als zwei Monate[1763] oder sogar ein Jahr erstreckten.[1764] Hierzu gehört auch die von *VGH Mannheim* als AllgV qualifizierte Entscheidung der Naturschutzbehörde über die Festlegung der Gewässer, an denen das Jagen von Kormoranen erlaubt ist.[1765] Maßgeblich war in beiden Fällen wohl, dass diese Maßnahmen ausdrücklich auf eine Ermächtigung gestützt wurden, die Ausnahmen von gesetzlichen Verboten durch die Behörde „im Einzelfall" zuließen.[1766] Jedoch kann aus einer solchen Ermächtigung nicht geschlossen werden, der Gesetzgeber halte jede hierauf gestützte Maßnahme für eine Einzelfallregelung. Dies ist nicht mehr anzunehmen, wenn die Geltungsdauer einer solchen Regelung einen Monat überschreitet, s. Rn. 285. Andernfalls wird im Interesse vermeintlicher Praktikabilität das Einzelfallkriterium des § 35 S. 1 gesprengt, da solche raumbezogenen Maßnahmen kaum von den Fällen abzugrenzen sind, bei denen sich der Regelungsgehalt der Maßnahme auf eine schlichte Normkonkretisierung beschränkt, s. Rn. 306 f.

305 Die Abgrenzung der in Rn. 304 genannten problematischen Fälle zu den unproblematisch als AllgV nach § 35 S. 2 Alt. 2 und Alt. 3 möglichen Regelungen ist oftmals schwierig: Teilweise wird etwa auch die allgemeine **Genehmigung nach § 144 Abs. 3 BauGB** zu den nur raum-

---

[1757] VA nach *BVerwG* NJW 1979, 176; *OVG Lüneburg* OVGE 39, 454, 455; a. A. *VGH Kassel* NVwZ 1984, 116, 117; *Theuersbacher* NVwZ 1988, 886, 888 f.

[1758] So wegen fehlender Kindergartenpflicht: *OVG Frankfurt (Oder)* NVwZ-RR 1997, 555; *OVG Münster* NVwZ-RR 1990, 1, 2.

[1759] So für Schulbezirkseinteilung: *Theuersbacher* NVwZ 1988, 886, 888 f.

[1760] *Pokorny*, Bedeutung der Verwaltungsverfahrensgesetze für die wissenschaftlichen Hochschulen, 2002, S. 97 ff.

[1761] *BVerwGE* 18, 154, 155; *Maurer*, § 21 Rn. 69; *Ule* VerwArch 60 (1969), S. 101, 105; *Rasch* DVBl 1970, 765; a. A. *VGH München* BayVBl 1978, 271 (hier Qualifizierung als Hoheitsakte eigener Art, die Elemente einer generell abstrakten Regelung wie der Einzelfallentscheidung, der Planung und der Einordnung in ein Gesamtkonzept enthielten und sich einer rechtsqualitativen Zuordnung nach den überkommenen Kriterien für die Abgrenzung von Norm und VA entzögen).

[1762] *Spies* NVwZ 1984, 630 (für Feststellung über den Grenzverlauf zwischen Kommunen); *VGH München* BayVBl 2000, 277, 278 (für Abgrenzung der Jagdbezirke zweier Jagdgenossenschaften).

[1763] *OVG Bautzen* LKV 2003, 138 f.; *OVG Magdeburg* NVwZ-RR 2003, 112 f.

[1764] *OVG Bautzen* NJW 1999, 2986 (m. Anm. *Tillmann-Gerken* NVwZ 2000, 162); *OVG Greifswald* NVwZ 2000, 945, 946 und 948; NVwZ-RR 2000, 549, 550 und 780 f.; *OVG Magdeburg* NJW 1999, 2982; *VG Dresden* GewArch 1999, 492; *VG Leipzig* GewArch 1999, 491; *VG Schwerin* NVwZ 2000, 708; *Kirste* VBlBW 2001, 71, 72.

[1765] *VGH Mannheim* DÖV 2000, 694; so ausdrücklich auch § 2 Abs. 2 der mecklenburg-vorpommerschen Komoranlandesverordnung v. 15. 8. 2003 (GVOBl M-V 2003, 411).

[1766] So deutlich *VGH Mannheim* DÖV 2000, 694, 695; *VG Hannover* NVwZ-RR 2001, 307, 309; *VG Schwerin* NVwZ 2000, 708.

(nicht sachbezogenen) Maßnahmen gezählt,[1767] obwohl die Veräußerbarkeit/Bebaubarkeit der konkret betroffenen Grundstücke als ör. Eigenschaft dieser Grundstücke anzusehen ist, s. Rn. 264, 317. *VGH Kassel* zählt zu diesen Fällen auch die **Schulbezirkseinteilung**[1768] (Rn. 302) bzw. den Entmischungsplan bei Reitwegen[1769] (Rn. 312, 315), obwohl auch hier jeweils ein Sachbezug bejaht werden kann. Sachbezogene und nicht personale AllgV ist auch die Auferlegung von Verhaltensregeln für die Besucher eines bestimmten unter Biotopschutz stehenden Gebiets,[1770] Rn. 342. Auch die Festlegung der **Flugsperrgebiete** nach § 26 Abs. 2 LuftVG i. V. m. § 11 LuftVO ist eine Benutzungsregelung nach § 35 S. 2 Alt. 3, da die betroffenen Teile des Luftraums als Sache i. S. d. § 35 S. 2 anzusehen sind (Rn. 310, 313), deren Benutzung geregelt wird. *BVerfG* hat diese Regelungen deshalb zu Recht mit den Verkehrszeichen (Rn. 330 ff.) verglichen und ihre Qualifizierung als (sachbezogene) AllgV gebilligt.[1771] Zu Benutzungsregelungen von Flächen des Meeres s. Rn. 313.

l) **Schlichte Normkonkretisierungen und -ergänzungen:** Nicht durch personale AllgV regelbar sind Sachverhalte, bei denen ungewiss ist, ob sich dieser Fall überhaupt und wie oft er sich ereignen wird, wenn also die Regelung der AllgV weder zeitlich (eng) befristet ist (Rn. 285) noch ein konkretes Ereignis Anlass für die Regelung ist, an dessen Fortbestand die Rechtmäßigkeit ihres Aufrechterhaltens geknüpft wird,[1772] s. Rn. 286 ff. Deshalb sind abstrakte Gefahren nicht durch personale AllgV regelbar, s. Rn. 285. Auch liegt jedenfalls keine personale AllgV vor, wenn eine (öffentlich bekannt gegebene, s. Rn. 280) Regelung abstrakt-generell einen **sehr speziellen Tatbestand** regelt und damit letztlich die Aufgabe der **Normkonkretisierung** oder -ergänzung übernehmen soll. Solche Regelungen können grundsätzlich (Rn. 281) mit Außenwirkung nur als Gesetz, RechtsVO oder Satzung erlassen werden, sofern nicht ausnahmsweise fachrechtlich angeordnet wird, dass sie trotz ihres abstrakt-generellen Regelungsgehalts als „AllgV sui generis" zu behandeln sind, s. Rn. 13, 297. Daher hat *BSG* zu Recht die für alle Versicherten und Leistungserbringer verbindliche **Festsetzung von Festbeträgen für Arznei- und Hilfsmittel nach § 35, § 36 SGB V** als abstrakt-generelle Regelung einstuft, die die bereits getroffene gesetzliche Regelung (ähnlich wie eine AusführungsVO) nur ergänzt und damit die Tatbestandsvoraussetzungen § 35 VwVfG nicht erfüllt.[1773] Weil das für AllgV geltende Verwaltungsverfahrens- und Prozessrecht auch auf die Festbetragsfestsetzung „passt", ist aber nicht zu beanstanden, dass *BVerfG*[1774] es für verfassungsrechtlich zulässig gehalten hat, diese Regelungen fachrechtlich zu AllgV zu erklären. 306

Demgegenüber sind neben den in Rn. 289, 298, 305 genannten Fällen keine personale AllgV die (jeweils öffentlich bekannt gegebene, Rn. 280) personenunabhängige Feststellung der Versicherungs- und Beitragspflicht für bestimmte Tätigkeiten durch AOK,[1775] die Anordnung nach **§ 24 AufenthG**[1776] (hierzu auch Rn. 281), allgemeine „Weisung" zur Regelung der von Gerichtsvollziehern anzusetzenden Gebühren,[1777] (landesweite) Festsetzung der Pflichtstundenzahl für Lehrer (dass sich die Maßnahme „nur" an Lehrer richtet, ändert nichts an ihrem abstrakt-generellen Charakter),[1778] Verfügung einer Justizvollzugsanstalt über Arbeitszeit ihrer Bediensteten (hier ist die Zahl der Betroffenen zwar enger begrenzt [nur Bedienstete der JVA], jedoch ist der Kreis der möglicherweise in Zukunft Betroffenen offen und kein konkretes Ereignis Anlass 307

[1767] *Peine*, Rn. 400 unter Berufung auf *Gaentzsch* NJW 1985, 881, 883, der sich jedoch gerade nicht auf eine der Alternativen des § 35 S. 2 festlegt.
[1768] *VGH Kassel* NVwZ 1984, 116, 117.
[1769] *VGH Kassel* NuR 1990, 778.
[1770] Im Ergebnis offen bei *VGH Mannheim* NVwZ 2004, 119.
[1771] *BVerfG* ZLW 1974, 141; ebenso für Platzrundenführung nach § 21 a LuftVO: *VGH München* NVwZ-RR 2007, 386; für Qualifizierung als personale AllgV, da sich die Festlegung nur an einen sehr engen Personenkreis richte (zu diesem Argument aber Rn. 307): *OLG Celle* NJW 1972, 1767; für eine Qualifizierung als Rechtssatz: *Bull/Mehde*, Rn. 704; *Schwenk* DÖV 1963, 540, 542.
[1772] So jetzt auch *Korte*, Rechtsschutz gegen normauslösende Bekanntgaben, 2004, S. 106.
[1773] *BSG* NZS 1995, 502, 510; a. A. *Lohse* DVP 2006, 460, 461.
[1774] *BVerfGE* 106, 275, 377 ff. = NJW 2003, 1232, 1235 f.
[1775] *BSGE* 45, 206, 207; *BSG* NZS 1996, 72 (wo allerdings jeweils mehr auf die Bestimmtheit i. S. d. § 37 Abs. 1 abgestellt wird).
[1776] So zu 32 AuslG (1990): *BVerwGE* 100, 335, 339 = NVwZ-RR 1997, 317.
[1777] *VG Freiburg* NVwZ-RR 2005, 597, 598.
[1778] *OVG Münster* NWVBl 1994, 217; ebenso *OVG Koblenz* NVwZ-RR 1998, 52; *VGH Mannheim* NVwZ-RR 1990, 257; a. A. *VG Schleswig* DVBl 1978, 117; *Sodan* in Sodan/Ziekow § 42 Rn. 154.

für die Regelung).[1779] Entgegen *BGH*[1780] ist auch ein Runderlass über genehmigungsfreie Grundstücksgeschäfte der Gemeinden keine AllgV. Unzutreffend qualifiziert zudem § 1 Abs. 2 Satz 2 der VO zur Einführung von Vordrucken im Bereich der Beratungshilfe[1781] die Zulassung anderer als gesetzlich vorgeschriebener Vordrucke durch die Behörde ausdrücklich als AllgV; es handelt sich hierbei um eine bloße, das Verfahren ordnende Verwaltungsvorschrift (vgl. § 10 Rn. 13 f.); diese Fehlqualifizierung des VO-Gebers kann auch nicht als fachgesetzliche Ausweitungen des VA-Begriffs verstanden werden, s. Rn. 14.

3. Merkmale des § 35 Satz 2 Alt. 2 und 3 – Sachbezogene Allgemeinverfügung

308   a) **Allgemeines:** § 35 S. 2 Alt. 2 und 3 stellen klar, dass sich das Vorliegen einer Einzelfallregelung auch daraus ergeben kann, dass sie an eine tatsächlich existierende Sache (Rn. 310 ff.) anknüpft und die öffentlich-sachenrechtlichen Rechte und Pflichten regelt, die bestimmte Personen oder auch jedermann an dieser Sache haben können und beachten müssen, s. Rn. 279. Damit ermöglichen § 35 S. 2 Alt. 2 und 3 Regelungen, die sich – bei öffentlicher Bekanntgabe (Rn. 280) – aus der Sicht der gegenwärtigen und zukünftigen Betroffenen als abstrakt-generelle Regelungen darstellen, also als Regelungen, bei denen ungewiss ist, ob sich dieser Fall überhaupt und wie oft er sich ereignen wird. Dies wird teilweise so umschrieben, dass durch diese VA nicht unmittelbar menschliches Verhalten geregelt werde, sie vielmehr **intransitive Zustandsregeln** enthalten.[1782] Der Bundesrat hatte sich deshalb in seiner Stellungnahme zu § 31 des Entwurfs 73 für die **Streichung der zweiten und dritten Alternative** ausgesprochen, da ein derartiger VA nicht notwendig als AllgV zu qualifizieren sei.[1783] Dem hat die Bundesregierung in ihrer Gegenäußerung mit folgender Begründung widersprochen:

> „Es kann dahingestellt bleiben, ob es zutrifft, dass ein Verwaltungsakt, der die öffentlich-rechtliche Eigenschaft einer Sache oder ihre Benutzung durch die Allgemeinheit regelt, nicht notwendigerweise als Allgemeinverfügung angesehen werden muss. Tatsache ist, dass es sich insoweit um eine Form von Verwaltungsakten handelt, die sich von den in § 31 Satz 1 angesprochenen Verwaltungsakten vor allem deshalb unterscheiden, weil sie keinen bestimmten Adressaten haben. Der Gesetzgeber sollte in einem Gesetz, das den Verwaltungsakt definiert, die Gelegenheit zur Rechtsfortentwicklung ergreifen und definitiv bestimmen, dass es sich bei diesen Arten von Verwaltungsakten um Allgemeinverfügungen handelt, zumal dadurch dogmatische Schwierigkeiten nicht entstehen."

309   Angesichts dessen kann der von *Obermayer* zunächst vertretenen Meinung[1784] nicht gefolgt werden, wonach S. 2 nur eine Fiktion bedeute, derartige Maßnahmen, die sich nicht auf in ihrer Individualität feststehende Personen beziehen, für ihre gerichtliche Nachprüfung wie VA zu behandeln. Sie sind VA. Entgegen der von *Obermayer*[1785] später vertretenen Auffassung ist die Regelung der § 35 S. 2 Alt. 2 und 3 auch nicht wegen Verletzung des widerspruchsfreie Gesetze verlangenden Rechtsstaatsprinzips verfassungswidrig.[1786] Denn dem Gesetzgeber steht es im Grenzbereich zwischen Einzelfallregelung und abstrakt-generellen Regelungen frei, den Einzelfallbegriff auszuweiten und einen Einzelfall nicht nur bei Betroffenheit von Einzelpersonen, sondern auch dann noch anzunehmen, wenn die Rechtsverhältnisse an einer einzelnen konkreten Sache abstrakt-generell zu regeln sind,[1787] s. a. Rn. 13, 306. Dass öffentlich bekannt gegebene sachbezogene AllgV eine Rechtsnorm ersetzen können, anders als diese aber der Bestandskraft fähig sind, verletzt als solches auch nicht **Art. 19 Abs. 4 GG**.[1788] Jedoch gebietet der effektive Rechtsschutz, für öffentlich bekannt gegebene sachbezogene AllgV Wiederaufgreifensansprüche i. w. S. unter erleichterten Bedingungen zu gewähren und auch geringere Anforde-

---

[1779] A. A. *VGH Mannheim* 1. 2. 1996 – 4 S 946/95 (juris).
[1780] *BGH* LKV 2001, 180.
[1781] BGBl I 1994, 3839.
[1782] *OVG Münster* DVBl 1976, 948; *OVG Koblenz* NJW 1987, 1284; *Niehues* DVBl 1982, 317 ff.
[1783] S. auch *v. Mutius*, FS Wolff, 1973, S. 213.
[1784] *Obermayer*, Verwaltungsverfahrensgesetz – Einführung und Erläuterungen, 1976, S. 55; dem folgend *Laubinger*, FS Rudolf, 2001, S. 305, 322.
[1785] *Obermayer* NJW 1980, 2386, 2389; *ders.*, VwVfG, 2. Aufl. 1990, § 35 Rn. 254; dem folgend *Emmerich-Fritsche* NVwZ 2006, 762, 763.
[1786] So auch *Janßen* in Obermayer, VwVfG, § 35 Rn. 130.
[1787] So *Axer*, Widmung, 1994, S. 59; vgl. auch *Bier* VBlBW 1991, 81, 83; *Laubinger*, FS Rudolf, 2001, S. 305, 322.
[1788] So aber *Vogel* BayVBl 1977, 617, 620.

rungen an die Annahme einer Nichtigkeit einer solchen Regelung zu stellen,[1789] s. Rn. 19, 29, 272, 287, 323, § 41 Rn. 140, § 51 Rn. 19. Zur Geltung der § 35 S. 2 Alt. 2 und 3 für vor Inkrafttreten des VwVfG erlassene Regelungen s. Rn. 268.

b) Sachbegriff: Damit ist für die Abgrenzung zwischen Regelungen, die im Wege der 310 AllgV getroffen, und solchen, die nur durch Rechtsnorm erlassen werden können, auch der Sachbegriff des § 35 S. 2 maßgeblich, s. Rn. 267, 289, 305, 329. Hier können zunächst die **§§ 90 ff. BGB** Anhaltspunkte geben, ohne dass der Sachbegriff des § 35 S. 2 mit dem Sachbegriff des BGB völlig deckungsgleich wäre.[1790] Sachen sind damit v. a. **körperliche Gegenstände,** also bewegliche Sachen und Grundstücke. Auch **Tiere** (Polizeihund, Zootiere) sind i. S. d. § 35 S. 2 Sachen (vgl. § 90 a S. 3 BGB). Demgegenüber wird man etwa **Energie** dem Sachbegriff nicht mehr zuordnen können. Jedoch kann das Fachrecht einen Gegenstand dem Sachbegriff zuordnen, so dass dieser dann auch dem Sachbegriff des § 35 S. 2 entspricht, selbst wenn etwa mangels Körperlichkeit keine Sache i. S. d. § 90 BGB vorliegt:[1791] So ordnet etwa § 1 Abs. 4 Nr. 2 FStrG auch den Luftraum über dem Straßenkörper der Bundesfernstraße und damit auch der Sache Bundesfernstraße zu (s. a. § 905 BGB). § 1 Abs. 1 LuftVG behandelt den **Luftraum** als solchen wie eine öffentliche Sache im Gemeingebrauch,[1792] so dass dies rechtfertigt, jedenfalls abgrenzbare Teile des Luftraums als Sache i. S. d. § 35 S. 2 anzusehen, s. Rn. 305, 313. Auch **fließende Gewässer,** Teile des Meeres (Rn. 313) etc. können daher Sachen i. S. d. § 35 S. 2 sein, obwohl sie nach BGB wegen mangelnder Abgrenzbarkeit keine Sachen sind.[1793] Gerechtfertigt erscheint es auch, **Frequenzen** als Sachen i. S. d. § 35 S. 2 anzusehen, so dass die Allgemeinzuteilung **nach § 55 Abs. 2 TKG** noch als Benutzungsregelung i. S. d. § 35 S. 2 Alt. 3 angesehen werden kann.[1794] Nicht erforderlich ist, dass eine **öffentliche Sache** (Rn. 320 ff.) vorliegt.[1795]

aa) Unbewegliche Sachen: Eine sachbezogene AllgV muss sich nicht zwingend auf ein 311 Grundstück im zivilrechtlichen Sinne beziehen, also nicht (nur) auf einen räumlich abgegrenzten Teil der Erdoberfläche, der im Bestandsverzeichnis eines Grundbuchblatts unter einer bestimmten Nummer oder nach § 3 Abs. 3 GBO gebucht ist.[1796] Für § 35 S. 2 kann auch maßgeblich sein, ob sich aus wirtschaftlichen Gesichtspunkten oder nach Maßgabe der **Verkehrsanschauung** ein **Teil der Erdoberfläche** als **Einheit** darstellt. So ist eine Straße eine Sache i. S. des § 35 S. 2, obwohl sie über viele verschiedene Grundstücke i. S. d. BGB hinwegführen mag.[1797] Wegen der verschiedenen Abgrenzungsmöglichkeiten muss sich die genaue Grenzziehung aus der AllgV selbst ergeben, um hinreichend bestimmt zu sein, vgl. § 37 Rn. 36. Jedoch kann etwa „die Fußgängerzone" einer bestimmten Stadt eine Sache i. S. d. § 35 S. 2 sein,[1798] ebenso ein „alter Flugplatz".[1799]

Soll eine Regelung **flächendeckend** gelten, liegt keine einheitliche Sache mehr vor. Flä- 312 chendeckende Maßnahmen können damit allenfalls als Bündel verschiedener sachbezogener AllgV erlassen werden, s. Rn. 315. Das Gebiet eines Stadtteils, einer Stadt oder gar eines Bundeslandes, ein Straßen- und Wegenetz stellt damit keine einheitliche Sache mehr dar.[1800] § 35 S. 2 Alt. 3 ermöglicht damit z. B. nicht die Anordnung eines flächendeckenden Fahrverbotes,

---

[1789] *Lübbe* BayVBl 1995, 97, 101.
[1790] Vgl. *Axer,* Widmung, 1994, S. 27; *Forsthoff,* S. 378; *Wolff/Bachof/Stober/Kluth* I, § 39 Rn. 8; die Regelung des § 90 BGB auch für das öffentliche Recht für abschließend haltend demgegenüber *Papier,* S. 2; *Weber* VVDStRL 21 (1964), 149, 173.
[1791] So auch *Sachs* K & R 2001, 13, 14.
[1792] Vgl. *BVerfG* ZLW 1974, 141; *LG Marburg* NVwZ 1982, 154; *Pappermann/Löhr/Andriske,* Recht der öffentlichen Sachen, 1987, S. 4 f., 8.
[1793] Palandt-*Heinrichs,* Überbl. v. § 90 Rn. 8.
[1794] Wie hier im Ergebnis *Göddel* in Beck'scher TKG-Kommentar, 3. Aufl. 2006, § 55 Rn. 6; *Kroke* in Wilms/Masing/Jochum, TKG, § 55 Rn. 27; *Wegmann* in Säcker, Berliner Kommentar zum TKG, 2006, § 55 Rn. 21; a. A. wohl *Ehlers* K & R 2001, 1, 2 f.; *Sachs* K & R 2001, 13, 14.
[1795] *VGH Mannheim* NVwZ 2004, 119; a. A. *Burgi* DVBl 2006, 269, 274; *Manssen* DVBl 1997, 633, 634.
[1796] Palandt-*Bassenge,* Überbl. v. § 873 Rn. 1.
[1797] *Papier,* S. 3; a. A. wohl *VGH Mannheim* VBlBW 1987, 377, 381 mit irreführendem Hinweis auf *BVerwGE* 59, 221, 224 = NJW 1980, 1640 (wo das Verkehrszeichen (Rn. 330 ff.) schlechthin als Grenzfall zwischen AllgV und VO, nicht aber eine Straße als Grenzfall des Sachbegriffs bezeichnet wird).
[1798] *VGH Mannheim* NJW 1987, 1839 (bestätigt durch *BVerwG* NJW 1987, 1836).
[1799] *VGH Mannheim* NVwZ 2004, 119.
[1800] Vgl. *VGH Mannheim* NVwZ-RR 1997, 225 (hierzu Rn. 285).

s. Rn. 289. Nach *VGH Mannheim*[1801] kann auch eine Regelung, die sich auf den gesamten zu einem Landkreis gehörenden Teil des **Bodensees** erstreckt, nicht mehr als dingliche AllgV angesehen werden,[1802] während andererseits eine Regelung über das Verbot des Sporttauchens auf einem **Baggersee**[1803] bzw. in der Umgebung einer genau bezeichneten Felsformation im Bodensee (Teufelstisch)[1804] einer Regelung durch AllgV zugänglich wäre. *VGH Kassel*[1805] geht davon aus, ein **Wald** (anders jedoch ein genau bezeichnetes Waldgebiet)[1806] sei keine einheitliche Sache mehr. Auch wenn diese Entscheidungen jeweils nachvollziehbar sind, ist die Abgrenzung nicht frei von Willkür.[1807] Sollen Regelungen zur Bekämpfung **abstrakter Gefahren** auf räumlich begrenzten Gebieten getroffen werden, sollte daher eher das Instrument der Polizeiverordnung als das der Benutzungsregelung nach § 35 S. 2 gewählt werden, s. a. Rn. 329, 342.

313 Die für die Abgrenzung von Grundstücken maßgeblichen Kriterien (Rn. 312) können auch herangezogen werden, um den hiermit vergleichbaren **Luftraum** bzw. die **Meeresoberfläche** in einzelne Sachen zu unterteilen (s. Rn. 305, 310): Dabei kann die Aufteilung jedoch wesentlich großräumiger erfolgen, ohne dass eine solche Regelung i. S. d. Rn. 312 als flächendeckend anzusehen wäre. Ein Teil des Luftraums lässt sich etwa als eine einheitliche Sache verstehen, als er sich aus der „Vogelperspektive" auf Grund der topographischen Eigenheiten der unter ihm liegenden Erdoberfläche als eine Einheit darstellt, s. Rn. 305. Abgrenzungskriterien für die Meeresoberfläche können etwa Schifffahrtsrinnen,[1808] Wattenmeergebiete, Buchten, Umgebung von Inseln etc. sein. **§ 7 Abs. 3 SeeStrVO** lässt z. B. die Regelung des Befahrensverbots in Sicherheitszonen, die im Umkreis von 500 m z. B. um Bohrinseln herum bestehen, durch AllgV ausdrücklich zu. Hierbei handelt es sich um eine Benutzungsregelung i. S. d. § 35 S. 2 Alt. 3, s. Rn. 329.

314 bb) „Eine" Sache: Dem Wortlaut der § 35 S. 2 Alt. 2 und 3 entsprechend liegt eine sachbezogene AllgV nur vor, wenn sie „eine" Sache betrifft. Hieran fehlt es, wenn eine Regelung **an alle Sachen bestimmter Art,** nicht aber an eine ganz bestimmte, tatsächlich existierende Sache anknüpft: Hier kann allenfalls eine personale AllgV vorliegen (zu Produktzulassungen Rn. 290 ff.), i. d. R. wird eine solche Regelung jedoch durch Rechtssatz zu treffen sein.[1809] Damit kann sich etwa der Sachbezug einer Regelung, die an bestimmten Gewässern das Schießen von Kormoranen erlaubt (hierzu bereits Rn. 304), nicht daraus ergeben, dass sie sich nur auf Kormorane bezieht. Der Gesetzeswortlaut legt auch die Annahme von *Maurer*[1810] nicht nahe, wonach nur von AllgV gesprochen werden könne, wenn durch sie mehrere Sachen betroffen sind. Als AllgV werden die VA i. S. d. § 35 S. 2 Alt. 2 und 3 bezeichnet, weil sie sich an einen unbestimmten Personenkreis richten, nicht weil sie sich auf mehrere Sachen beziehen müssten.[1811]

315 Durch den Begriff „eine Sache" wird jedoch andererseits nicht ausgeschlossen, dass in einer Verfügung gleichzeitig der öffentlich-sachenrechtliche Zustand mehrerer Sachen geregelt wird, sofern diese Sachen nur zum Zeitpunkt des Erlasses der Regelung bereits existieren, s. Rn. 312. Hier liegen dann mehrere materielle AllgV, letztlich ein Bündel von AllgV vor,[1812] s. Rn. 45, 278. Dies wird man etwa bei grundstücksbezogenen Plänen wie etwa einem Flurbereinigungsplan annehmen müssen,[1813] aber auch bei einem Plan für die Entmischung des Reit-, Fahr- und Fußgängerverkehrs, der ein Bündel von AllgV i. S. d. § 35 S. 2 Alt. 3 ist, die jeweils die Benutzung der einzelnen in Frage stehenden Wege regeln.[1814] Entsprechendes gilt für die straßen-

---

[1801] *VGH Mannheim* VBlBW 1987, 377, 381.
[1802] A. A. wohl *Bier* VBlBW 1991, 81, 84.
[1803] *VGH Mannheim* VBlBW 1988, 255; Zweifel jedoch bei *VGH Mannheim* VBlBW 1998, 174, 175; vgl. auch *OVG Frankfurt (Oder)* NuR 2004, 552.
[1804] *VGH Mannheim* NJW 1998, 2235.
[1805] *VGH Kassel* NuR 1990, 378.
[1806] *Franz* NuR 2001, 433, 439.
[1807] S. hierzu auch *Gornig*, Sachbezogene hoheitliche Maßnahme, 1985, S. 150 f.
[1808] Vgl. *BVerwG* NVwZ 2007, 340.
[1809] *Gornig*, Sachbezogene hoheitliche Maßnahme, 1985, S. 150 f.
[1810] *Maurer* JuS 1976, 485, 490.
[1811] *Meyer/Borgs*, § 35 Rn. 70.
[1812] *Meyer/Borgs*, § 35 Rn. 70.
[1813] Vgl. *VG Kassel* ZfB 135 (1994), S. 244, 247; *Mayr* BayVBl 1992, 646, 647 jeweils m. w. N.
[1814] A. A. *VGH Kassel* NuR 1990, 378, 380, der das Vorliegen einer personalen AllgV annimmt.

rechtliche Festlegung von Plangebieten, soweit sie nach Straßenrecht durch AllgV erfolgt.[1815] Hiervon ist der Fall zu unterscheiden, dass sich eine Regelung, z. B. eine Widmung (Rn. 320 ff.), zwar auf mehrere Sachen i. S. d. § 90 BGB bezieht, die jedoch **i. S. d. § 35 S. 2** (Rn. 310 f.) als **eine Sache** angesehen werden, wie etwa ein mehrere Grundstücke im zivilrechtlichen Sinne umfassender einheitlicher Teil der Erdoberfläche (Rn. 311) oder das sachliche Substrat einer öffentlichen Einrichtung, Rn. 316. Ebenfalls ist hiervon der Fall zu unterscheiden, dass eine einheitliche Gesamtregelung bezogen auf die Eigentümer/Nutzer verschiedener Sachen gleichartige oder auch verschiedene nicht voneinander trennbare (netzartige Rn. 270) verhaltensbezogene Teilregelungen trifft. Hier liegt im Regelfall eine personale AllgV vor, deren Regelungen allerdings rechtsnachfolgefähig sein können: Deshalb stellt etwa die Anordnung über die **Öffnungszeiten der Apotheken nach § 4 Abs. 2 LSchlG** kein Bündel von AllgV i. S. d. § 35 S. 2 Alt. 2 und 3 dar, sondern eine personale (unteilbare, Rn. 273)[1816] AllgV, deren Regelungswirkung allerdings nicht höchstpersönlich ist, sondern bei Rechtsnachfolge auf den neuen Apothekeninhaber übergeht,[1817] s. Rn. 261.

cc) Sachgesamtheiten: Nach mittlerweile h. M.[1818] umfasst der Sachbegriff des § 35 S. 2 **316** auch das einer (unselbständigen) Anstalt/öffentlichen Einrichtung zugrunde liegende sachliche Substrat und damit die Anstalt/öffentliche Einrichtung selbst. Dies ist von Bedeutung für die Bestimmung der Rechtsnatur von Organisationsmaßnahmen und Anstalts- und Benutzungsordnungen, Rn. 302. Tatsächlich wird es den Nutzern einer solchen Einrichtung jedoch weniger auf ihr sachliches Substrat als auf die mit Hilfe dieses Substrats gewährten Dienstleistungen ankommen und diese steht vielfach auch deutlich im Vordergrund (Universität/Schule).[1819] Dennoch ist der h. M. zu folgen: Zum einen wird das Recht der Anstalten/öffentlichen Einrichtungen herkömmlicherweise zum öffentlichen Sachenrecht gezählt,[1820] so dass nicht auszuschließen ist, dass der Gesetzgeber auch sie mit der Verwendung des Wortes „Sache" in § 35 S. 2 gemeint hat (vgl. Rn. 308).[1821] Zudem kommt es den Nutzern – wie gerade die Schulschließungsfälle (Rn. 302) zeigen – v. a. auch auf eine Dienstleistung „vor Ort" an, so dass der sachlich-dingliche Bezug nicht völlig in den Hintergrund tritt. Schließlich dürften sich die Fälle, in denen bei einer Anstalt/öffentlichen Einrichtung der Dienstleistungscharakter im Vordergrund steht, kaum von den Fällen abgrenzen lassen, in denen ausschließlich oder primär die Sachnutzung entscheidend ist (Bibliothek, Museum, Schwimmbad, Sporthalle).

c) Regelung der öffentlich-rechtliche Eigenschaft einer Sache: Die „**rechtliche Ei- 317 genschaft**" einer Sache ist angesprochen, wenn die Regelung Rechte und Pflichten regelt, die eine oder mehrere Personen oder auch die Allgemeinheit an der (konkreten) Sache haben können und haben müssen, wenn also **dingliche Rechte** an einer Sache **begründet, aufgehoben, geändert** oder **festgestellt** werden. Damit betreffen nur solche Regelungen die rechtlichen Eigenschaften einer Sache, die entweder die (zivilrechtlichen) **Nutzungs- und/oder Verfügungsbefugnisse** des jeweiligen Eigentümers oder sonstigen Nutzungs- und Verfügungsberechtigten **unmittelbar einschränken** oder die solche Regelungen ändern, aufheben oder feststellen. Dies sind nur Regelungen, die allein in Ansehung der Sache selbst getroffen werden, nicht auch solche, die (auch) in Ansehung der Person des Eigentümers oder Nutzungsberechtigten oder im Hinblick auf ein von diesem geplantes Vorhaben ergehen. Eine Regelung, die die

---

[1815] *VGH München* NVwZ-RR 2003, 728; *Rinke* in Kodal/Krämer, Straßenrecht, 6. Aufl. 1999, Kap. 33 Rn. 32 ff.
[1816] *VGH München* NJW 1986, 1564, 1566; *VG Freiburg* NVwZ-RR 2003, 113.
[1817] Für sachbezogene AllgV demgegenüber *Henneke* in Knack, § 35 Rn. 128.
[1818] Von einem weiten Sachbegriff gehen (implizit) etwa aus *VGH Kassel* NJW 1995, 1170, 1171; *OVG Münster* DVBl 1976, 948; *Bamberger* DVBl 1999, 1632, 1633; *Becker/Sichert* JuS 2000, 144, 145 und 348, 349; *Fehling* JA 1997, 482, 485; *Heintzen/Hildebrandt* Jura 2000, 362, 364; *Henneke* in Knack, § 35 Rn. 128; *Kopp/Ramsauer*, § 35 Rn. 109; *Kopp/Schenke*, Anh. § 42 Rn. 55; *Lange* VVDStRL 44 (1986), S. 169, 183 f.; *Löwer* DVBl 1985, 928, 939; *Maurer*, § 9 Rn. 34; *Peine*, Rn. 405 ff.; *Schäfer*, Benutzungsregelung gemeindlicher öffentlicher Einrichtungen auf der Grundlage des § 35 S. 2 3. Alternative VwVfG, 1986, S. 81; *Schmidt-Aßmann*, Kommunale Rechtsetzung im Gefüge der administrativen Handlungsformen und Rechtsquellen, 1981, S. 42 f.; *Wolff/Bachof/Stober* 2, § 45 Rn. 91; *Ziekow*, VwVfG, § 35 Rn. 58.
[1819] Ablehnend gegenüber einem weiten Sachbegriff daher: *Ehlers*, Verwaltung 1998, S. 53, 64; *Kopp/Ramsauer*, § 35 Rn. 116; wohl auch *Axer*, Widmung, 1994, S. 148 f., 185.
[1820] Vgl. etwa *Axer*, Widmung, 1994, S. 138 ff.; *Papier*, S. 27 ff.; *Pappermann/Löhr/Andriske*, Recht der öffentlichen Sachen, 1987, S. 9 ff., 128 ff.
[1821] Ähnlich *Lange* VVDStRL 44 (1986), S. 169, 183 Fn. 39.

Bebaubarkeit eines Grundstücks generell einschränkt, betrifft damit eine ör. Eigenschaft des Grundstücks (Rn. 264), nicht aber die Baugenehmigung, die sich weniger auf das Baugrundstück, als auf das Bauvorhaben bezieht.[1822] Deshalb kann etwa auch eine grundstücksbezogene Erlaubnis zum Töten von Kormoranen (hierzu bereits Rn. 304) nicht als eine die ör. Eigenschaft des Grundstücks regelnde AllgV angesehen werden.

318 Dass dingliche Rechte **öffentlich**-rechtliche Eigenschaften einer Sache sein können, scheint *BVerfG* in einer Entscheidung zu Art. 74 Abs. 1 Nr. 1 GG auszuschließen, da es hier ausnahmslos alle sachenrechtlichen Regelungen dem bürgerlichen Recht zurechnet, weil das BGB das Sachenrecht abschließend kodifiziere und es dem Landesgesetzgeber nicht gestattet sei, den dort vorgesehenen **numerus clausus der Sachenrechte** durch Bezeichnung selbst erdachter dinglicher Rechte als „öffentlich-rechtlich" zu unterlaufen.[1823] § 35 S. 2. Alt. 2 würde hiernach leerlaufen, weil die Begründung ör. Eigenschaften einer Sache begrifflich ausgeschlossen wäre. Damit wäre das öffentliche Sachenrecht insgesamt in Frage gestellt, dessen Existenz jedoch unstr. ist, s. Rn. 320 ff. Daher ist die genannte Entscheidung des *BVerfG* vereinzelt geblieben; vielmehr entspricht es allg. Auffassung, dass auch öffentlich-sachenrechtliche Regelungen existieren können.[1824] Sie liegen immer dann vor, wenn die Regelung dem öffentlichen Recht zuzuordnen wäre.[1825]

319 **aa) Schlichte Eigentumsbeschränkungen:** Damit betreffen zunächst solche Regelungen die ör. Eigenschaft einer Sache, die sich darauf beschränken, die **Nutzungsmöglichkeiten** einer Sache für den jeweiligen Eigentümer generell **einzuschränken,** auch **ohne** die Sache dem Regime des **öffentlichen Sachenrechts** zu unterwerfen, und solche Regelungen, die diese Einschränkungen aufheben, ändern oder feststellen. Demnach sind dingliche AllgV i. S. d. § 35 S. 2 Alt. 2: Festlegung von Plangebieten (mit der Folge einer „Bausperre" für die betroffenen Grundstücke), soweit sie nach Straßenrecht durch AllgV erfolgt,[1826] Anordnung eines Schutzbereichs nach § 2 Schutzbereichsgesetz,[1827] Bezeichnung nach § 1 Abs. 3 LBeschG,[1828] Erklärung einer Örtlichkeit zum militärischen Sicherheitsbereich nach § 2 UZwGBw,[1829] allgemeine Genehmigung nach § 144 Abs. 3 BauGB (Rn. 305), Festlegung der Abgrenzung eines Feuchtgebietes auf einem Grundstück,[1830] Eintragung eines Denkmals in die Denkmalliste im konstitutiven System[1831] (Rn. 88), Aufnahme eines Grundstücks in ein Waldverzeichnis,[1832] Bannwalderklärung,[1833] Umwandlung von Gemeindegliederklassenvermögen in freies Gemeindevermögen.[1834]

320 **bb) Widmung öffentlicher Sachen im Gemeingebrauch:** Standardbeispiel einer AllgV i. S. des § 35 S. 2 Alt. 2 ist die (öffentlich bekannt zu gebende, vgl. § 41 Rn. 153) Widmung einer Sache zu einer öffentlichen Sache im Gemeingebrauch, soweit sie nicht (wie i. d. R. die **wasserrechtliche Widmung**)[1835] durch förmlichen Rechtssatz erfolgt oder (wie beim **Meeresstrand**)[1836] kraft Gewohnheitsrecht (zur konkludenten Widmung s. Rn. 325) begründet ist. Dem entspricht, dass die meisten **Landesstraßengesetze** die Widmung ausdrücklich als AllgV

[1822] *Axer*, Widmung, 1994, S. 60; a. A. *Gornig*, Sachbezogene hoheitliche Maßnahme, 1985 S. 61.
[1823] *BVerfGE* 45, 297, 343 ff. = NJW 1977, 2349.
[1824] S. etwa *BVerfGE* 42, 20, 34 (zum Hamb. Wegerecht); *BVerwG* NJW 1991, 713, 714 und NJW 1993, 480 (zur Baulast); *VG Hannover* KStZ 1981, 177, 178 f. (zu öffentlichen Lasten im Abgabenrecht).
[1825] Ausführlich hierzu *U. Stelkens*, Verwaltungsprivatrecht, 2005, S. 435 ff.
[1826] *VGH München* NVwZ-RR 2003, 728; *Rinke* in Kodal/Krämer, Straßenrecht, 6. Aufl. 1999, Kap. 33 Rn. 32 ff.
[1827] *BVerwGE* 70, 77, 81 = NVwZ 1985, 39 (entgegen *BVerwGE* 30, 287); *BVerwG* NVwZ-RR 2002, 444, 445; *VGH Mannheim* NVwZ 1989, 978, 979.
[1828] Offen nach *BVerwGE* 74, 124 = NJW 1986, 2451 (m. Anm. *Geiger* BayVBl 1987, 106); NVwZ 1990, 260; NVwZ-RR 1994, 305, 306.
[1829] *VG Schleswig* NJW 1987, 87 (offen hierzu *BVerwGE* 84, 247 = NJW 1990, 2076).
[1830] Vgl. *VGH Mannheim* NuR 1993, 140.
[1831] *OVG Münster* NVwZ 1992, 991; NVwZ-RR 1993, 129; NVwZ-RR 1995, 314; s. a. *VG Meiningen* ThürVBl. 2001, 189; *OLG Celle* NJW 1974, 1291, 1292.
[1832] *BVerwGE* 29, 52.
[1833] *Franz* NuR 2001, 433, 439 (sofern sie nicht durch VO ergeht).
[1834] *OVG Münster* 12. 5. 1995 – 15 A 4109/93 – (juris).
[1835] Vgl. hierzu *OVG Frankfurt (Oder)* NVwZ-RR 2005, 403 f.; *OVG Lüneburg* NVwZ-RR 2001, 510 f.; *Herber* in Kodal/Krämer, Straßenrecht, 6. Aufl. 1999, Rn. 19 ff.; *Papier*, S. 52.
[1836] *Bull/Mehde*, § 22 Rn. 925; *Papier*, S. 40; *Wolff/Bachof/Stober 2*, § 76 Rn. 9.

§ 35 Begriff des Verwaltungsaktes

bezeichnen.[1837] Durch die Widmung werden diese Sachen einem ör. Herrschaftsregime dinglicher Art, einer „Dienstbarkeit" des öffentlichen Rechts unterstellt, die die sachenrechtlichen Regelungen des Zivilrechts ganz oder teilweise überlagert.[1838] Einzelheiten der Widmungswirkungen insbes. gegenüber dem hierdurch belasteten Eigentümer sind oft umstr. Maßgeblich ist v. a. das Fachrecht, ein vorschneller Rückgriff auf allgemeine Rechtsgrundsätze ist im Hinblick auf den Vorbehalt des Gesetzes bedenklich (s. Rn. 322 f.):

So unterstellt die **straßenrechtliche Widmung**[1839] die gewidmete Grundstücksfläche dem 321 gesetzlich normierten öffentlich-sachenrechtlichen Regime des Straßenrechts und bestimmt u. a. auch die Zuordnung einer Straße zu einer bestimmten Straßenklasse und die Festlegung ihres allgemeinen Nutzungsumfangs.[1840] Auch im Verhältnis zur widmenden Behörde wird durch die Widmung die ör. Zweckbestimmung der Sache festgelegt, so dass die Behörde ihrerseits nur durch neuen VA (Entwidmung, Umwidmung) die Zweckbindung aufheben oder ändern kann. AllgV ist daher auch die **Umstufung**[1841] oder **Einziehung**[1842] von Straßen oder die (zeitweilige) Beschränkung des Gemeingebrauchs.[1843] Für den Inhaber des privatrechtlichen Eigentums begründet die Widmung die Pflicht, die durch die Widmung begründete straßenrechtliche „Dienstbarkeit" zu dulden.[1844] Deshalb ist sie ein **mitwirkungsbedürftiger VA**, s. Rn. 230, 238 f. Str. ist, ob die Straßenwidmung auch ihren Anliegern gegenüber besondere Rechtswirkungen entfaltet.[1845] Nach BVerwG[1846] regelt sie jedenfalls nicht die Rechtsbeziehungen zwischen dem Träger der Straßenbaulast und dem Anlieger, so dass dieser bei Bau einer Straße auf Grund fehlerhafter Rechtsgrundlage trotz zwischenzeitlich erfolgter Widmung Folgenbeseitigung verlangen könne. Zur Eintragung in Straßenverzeichnis s. Rn. 88; zur Teilbarkeit einer straßenrechtlichen Widmung s. Rn. 273.

cc) Widmung von Sachen im Verwaltungsgebrauch: Ob eine Widmung von Sachen im 322 Verwaltungsgebrauch überhaupt möglich ist und welche Wirkungen sie hat, wird seit dem **Hamburger-Stadtsiegel-Fall**[1847] vermehrt diskutiert. Nach **traditioneller Lehre** werden öffentliche Sachen im Verwaltungsgebrauch durch **bloßes Verwaltungsinternum**, z. B. Registrierung,[1848] gewidmet. Hieraus folge dennoch, dass der Behörde gegenüber jedem Eigentümer jederzeit ein ör. Herausgabeanspruch zustehe, um die Sache einem ihrer Widmung entsprechenden Gebrauch zuzuführen,[1849] auch wenn die Widmung dem Eigentumsübergang als solchem nicht entgegenstehe.[1850] Diese ör. Dienstbarkeit lasse sich nicht nach §§ 892, 936 BGB gutgläubig „hinwegerwerben". Nach anderer Auffassung können so weitreichende dingliche Rechtsfolgen gegenüber jedermann nur Folge einer **öffentlich bekannt gegebenen AllgV** sein, wobei aber die öffentliche Bekanntgabe auch konkludent durch Ingebrauchnahme erfolgen könne,[1851] vgl. hierzu aber Rn. 325. BVerwG und dem folgend die mittlerweile h. M. lassen die Rechtsnatur der Widmung dahingestellt, sprechen ihr aber dingliche Wirkung ab. Insbes. soll ohne gesetzliche Regelung kein ör. Herausgabeanspruch der Behörde gegenüber dem Eigentü-

---

[1837] S. die Nachw. bei *v. Danwitz* in Schmidt-Aßmann, BesVwR, Kap. 7 Rn. 41.
[1838] *Papier*, S. 9; *U. Stelkens*, Verwaltungsprivatrecht, 2005, S. 436.
[1839] Ausführlich hierzu *Herber* in Kodal/Krämer, Straßenrecht, 6. Aufl. 1999, Rn. 18.1 ff.
[1840] Vgl. *v. Danwitz* in Schmidt-Aßmann, BesVwR, Kap. 7 Rn. 43.
[1841] Hierzu BVerwG NVwZ 1995, 700; OVG Lüneburg DVBl 1994, 1203; *Sauthoff*, Straße und Anlieger, 2003, Rn. 433 f.
[1842] *Sauthoff*, Straße und Anlieger, 2003, Rn. 360.
[1843] VGH Mannheim NVwZ-RR 2003, 311, 312.
[1844] *Sauthoff*, Straße und Anlieger, 2003, Rn. 43; unklar *Papier*, S. 42.
[1845] Für eine solche Rechtswirkung OVG Koblenz NJW 1987, 1284 m. w. N.; ebenso *Grupp* in Marschall/Schroeter/Kastner, § 2 Rn. 38; a. A. VGH Mannheim NVwZ-RR 1995, 185, 186; *Otte* NWVBl 1996, 41 ff.
[1846] BVerwGE 94, 100, 109 ff. = NVwZ 1994, 275.
[1847] S. hierzu BVerwG NJW 1994, 144; OVG Münster NJW 1993, 2635; VG Köln NJW 1991, 2584; BGH NJW 1990, 899; *Axer* NWVBl 1992, 11; *Ehlers* NWVBl 1993, 327; *Fechner* JuS 1993, 704; *Germann* AöR 128 (2003), S. 458, 462 ff.; *Manssen* JuS 1992, 745; *Thormann* NWVBl 1992, 354; *Wernecke* AcP 195 (1995), S. 445 ff. S. a. zu einem vergleichbaren Fall VG Berlin 19. 4. 1995 – 1 A 145.92 – (juris).
[1848] *Forsthoff*, S. 383; *Frotscher* VerwArch 62 (1971), S. 153 ff.; *Häde* JuS 1993, 113, 115; *Pappermann/Löhr* JuS 1980, 191, 197; wohl auch *v. Komorowski* NdsVBl 2000, 291, 295.
[1849] *Forsthoff*, S. 379 f.
[1850] BGH NJW 1990, 899, 900.
[1851] So VG Köln NJW 1991, 2584, 2585; *Fechner* JuS 1993, 704; *Thormann* NWVBl 1992, 354, 355; vgl. auch *Ehlers* NWVBl 1993, 327, 330.

mer aus „öffentlicher Sachherrschaft" entstehen.[1852] Folgt man dem, ist die Widmung von Sachen im Verwaltungsgebrauch als Rechtsinstitut obsolet.[1853]

323 Hieraus ist zu schließen, dass selbst bei ausdrücklicher „Widmung" einer Sache ohne gesetzliche Grundlage nicht ohne weiteres angenommen werden kann, sie begründe konkludent eine auch gegenüber Dritten wirksame öffentlich-sachenrechtliche Dienstbarkeit, vgl. Rn. 77, 80. Dies klärt jedoch nicht den Fall, dass eine Behörde – etwa um sich vor den Folgen eines Rechtsverlusts an unersetzbaren Museums- und Archivstücken zu schützen – in einer öffentlich bekannt gegebenen AllgV *ausdrücklich* anordnet, bestimmte Sachen unterstünden einer ör. Dienstbarkeit des Inhalts, dass ihre Nutzung durch die Behörde von dem jeweiligen Eigentümer und sonstigen nach Zivilrecht Nutzungsberechtigten auch im Falle gutgläubigen Erwerbs zu dulden sei. Eine solche Regelung würde die Tatbestandsvoraussetzungen des § 35 S. 2 Alt. 2 jedenfalls dann erfüllen, wenn sie sich auf Sachen beziehen, die für die Erfüllung konkreter Verwaltungsaufgaben schlechthin unersetzbar sind, weil sie dann auch „auf dem Gebiet des öffentlichen Rechts" (Rn. 210 f.) ergänge.[1854] *Ehlers* hält eine solche AllgV für nichtig,[1855] was angesichts der fortdauernden Umstrittenheit der h. M. nicht unbedenklich ist. Jedoch könnten dem neuen Eigentümer unter dem Gesichtspunkt des Art. 19 Abs. 4 GG ein Anspruch auf **Wiederaufgreifen i. w. S.** gewährt werden, jedenfalls dann, wenn ein Eigentumserwerb durch eine Privatperson erstmalig nach formeller Bestandskraft der Widmung erfolgt, s. a. Rn. 19, 29, 272, 287, 309, 339, § 41 Rn. 140, § 51 Rn. 19.

324 **dd) Widmung öffentlicher Anstalten und Einrichtungen:** Die Widmung einer Sachgesamtheit (Rn. 316) zu einer öffentlichen Anstalt/Einrichtung ist die öffentliche Verlautbarung ihres Trägers, dass diese Sachgesamtheit weder ausschließlich dem internen Verwaltungsgebrauch noch ausschließlich wirtschaftlichen Zwecken dienen soll, sondern der Nutzbarkeit durch die Allgemeinheit oder einem bestimmten Personenkreis „im Rahmen der bestehenden Vorschriften" offen steht. Maßgeblich für das Vorliegen einer solchen Widmung ist damit nicht die interne Willensrichtung der handelnden Personen, sondern der „Empfängerhorizont".[1856] Sie begründet ohne gesetzliche Grundlage nach den Grundsätzen der Rn. 322 f. keine den Eigentümer zur Duldung verpflichtende ör. Dienstbarkeit.[1857] Ihre Wirkungen beschränken sich darauf, das (kommunalrechtliche) Nutzungsrecht und u. U. auch Nutzungspflichten zur Entstehung zu bringen,[1858] Rn. 117 ff. Zudem wird die Einrichtung dem Anwendungsbereich privatrechtlicher Störungsbeseitigungsansprüche weitgehend entzogen und dem Anwendungsbereich des ör. Abwehranspruchs unterstellt,[1859] vgl. § 1 Rn. 145. Daher ist die Widmung öffentlicher Anstalten/Einrichtungen (und ihre Ent- oder Umwidmung) eine Regelung der ör. Eigenschaften der betroffenen Sachgesamtheit und kann durch (öffentlich bekannt zu gebende) AllgV nach § 35 S. 2 Alt. 2 ergehen,[1860] die ggf. mit einer Benutzungsregelung nach § 35 S. 2 Alt. 3 zusammenfallen kann, s. Rn. 341. Daher können auch **Organisationsakte,** die sich auf öffentliche Anstalten beziehen, AllgV i. S. d. § 35 S. 2 Alt. 2 sein, s. Rn. 302.

325 Möglich ist aber auch eine Widmung durch Rechtssatz, insbes. Satzung.[1861] Zudem ist in der Rspr. – bei Fehlen ausdrücklicher Formerfordernisse – auch die **konkludente Widmung** anerkannt, bei der sich die Widmung aus einem sich ggf. über Jahre erstreckenden tatsächlichen Verhaltensprozess ergibt.[1862] Dies ist **kein konkludenter** (und damit „auf andere Weise" i. S. d.

[1852] *BVerwG* NJW 1980, 2538, 2540; NJW 1994, 144, 145; *OVG Münster* NJW 1993, 2635; *VG Berlin* 19. 4. 1995 – 1 A 145.92 – (juris); *Axer* NWVBl 1992, 11, 12; *Ehlers* NWVBl 1993, 327; *Manssen* JuS 1992, 745, 747; *Papier* JuS 1981, 494, 502; *Wolff/Bachof/Stober* 2, § 77 Rn. 5, 22.
[1853] Vgl. *Axer,* Widmung, 1994, S. 189 ff.; *Manssen* JuS 1992, 745, 747; *Papier,* S. 50 f.; deutlich wird dies auch bei den Überlegungen von *v. Komorowski* NdsVBl 2000, 291, 296.
[1854] Anders, wenn es sich um austauschbare Gegenstände handelt, näher *U. Stelkens*, Verwaltungsprivatrecht, 2005, S. 443 ff.
[1855] So wohl *Ehlers*, NWVBl 1993, 327, 331 Fn. 57 (anders noch *ders.,* Verwaltung in Privatrechtsform, 1984, S. 510 Fn. 493); ebenso wohl *Papier*, S. 54 f.
[1856] *U. Stelkens*, Verwaltungsprivatrecht, 2005, S. 523.
[1857] Ausführlich *Axer*, Widmung, 1994, S. 150 ff.; a. A. wohl *OVG Bautzen* SächsVBl. 2005, 14, 19.
[1858] Deutlich *BVerwGE* 91, 135 = NJW 1993, 609 (m. Anm. *Schlinck* NJW 1993, 610).
[1859] Ausführlich hierzu *U. Stelkens*, Verwaltungsprivatrecht, 2005, S. 512 ff.
[1860] *Püttner/Lingemann* JA 1984, 121, 123.
[1861] *OVG Bautzen* SächsVBl. 2005, 14, 19; *Becker/Sichert* JuS 2000, 348, 349; *Papier,* S. 40.
[1862] *VGH Mannheim* DVBl 1998, 780; *VGH München* NJW 1989, 2491; NVwZ 1991, 906, 907; NVwZ-RR 2003, 771; BayVBl 2006, 700; *OVG Münster* NJW 1976, 820, 821 f.; NJW 1980, 901; VG Bre-

§ 37 Abs. 2 erlassener, Rn. 81) **VA**;[1863] ein dauerndes tatsächliches Verhalten ist keine Willenserklärung (Rn. 81, 91 f.), die Möglichkeit für einen objektiven Betrachter, hiervon Kenntnis zu nehmen, keine Bekanntgabe (§ 41 Rn. 198). Der Sache nach handelt es sich bei der konkludenten Widmung auch nicht um die „Fiktion" eines VA,[1864] sondern um die Anerkennung „**lokalen Gewohnheitsrechts**" (Observanz),[1865] wobei jedoch für die Entstehung und Beendigung der Observanz vergleichsweise geringe Anforderungen gestellt werden.

ee) Eisenbahnrechtliche Widmung: Nach Auffassung des *BVerwG* waren auch **Schienenwege** und **Bahngelände** zu Zwecken des Schienenverkehrs gewidmet, was v. a. die gemeindliche Planungshoheit einschränken sollte.[1866] Heute sind Existenz, Rechtsnatur, Bedeutung und Wirkungsweise der (gesetzlich nicht geregelten) eisenbahnrechtlichen Widmung umstr.,[1867] s. a. § 2 Rn. 149. Einiges spricht dafür, dass sie jedenfalls durch den 2005 neugefassten § 23 AEG „abgeschafft" worden ist.[1868]

ff) Namensgebung: Ör. Eigenschaften einer Sache sollen auch Regelungen betreffen, die eine Sache benennen. Ob der Name als Eigenschaft einer Sache bezeichnet werden kann, ist jedoch fraglich. Akte der Namensgebung sind eher Regelungen, die i. S. d. § 35 S. 2 Alt. 3 die Benutzung einer Sache durch die Allgemeinheit betreffen. Sachliche Unterschiede ergeben sich hieraus nicht. Als AllgV wurde dementspr. angesehen: (Um-)Benennung von Straßen,[1869] Festsetzung der Hausnummer,[1870] Schul(um-)benennung,[1871] vor der Bahnreform auch die Benennung eines Bahnhofs.[1872]

c) Regelung der Benutzung einer Sache durch die Allgemeinheit: § 35 S. 2 Alt. 3 bestimmt als **Adressaten der Maßnahme** ausdrücklich die „**Allgemeinheit**". Dies schließt nicht aus, dass die Regelung nur einen bestimmten Personenkreis zur Nutzung zulässt. Auch dann richtet sie sich an die Allgemeinheit, kann also AllgV sein, auch wenn der Kreis der Begünstigten/Betroffenen beschränkt ist.[1873] § 35 S. 2. Alt. 3 ist jedoch nicht einschlägig, wenn die Regelung nur einzelne Personen betrifft, wie den Eigentümer eines Grundstücks. Konkret-individuelle und abstrakt-individuelle (Rn. 206) Sachnutzungs-Regelungen können zwar dinglichen Charakter haben (Rn. 259 f.), sind aber keine AllgV. **Regelungsziel** der Maßnahme muss gerade die Benutzung der Sache sein. Es handelt sich damit anders als bei § 35 S. 2 Alt. 2 (Rn. 317) eher um „schuldrechtliche" als um dingliche Regelungen.[1874] Rein verhaltensbezo-

---

men NJW 1990, 931, 932; *VG Gera* LKV 2002, 39, 40; *Althammer/Zieglmeier* DVBl 2006, 810, 812; *Dietlein* Jura 2002, 445, 448; *Ossenbühl* DVBl 1973, 289 f.; *Püttner/Lingemann* JA 1984, 121, 123; zurückhaltend: *OVG Münster* KStZ 2002, 15; für Straßenwidmung ebenso *VG Stuttgart* VBlBW 2007, 231, 233.

[1863] A. A. ausdrücklich *VGH München* NVwZ-RR 2003, 771; *VG Gera* LKV 2002, 39, 40.
[1864] In diese Richtung aber *Ossenbühl* DVBl 1973, 289, 290.
[1865] Vgl. *Maurer*, § 4 Rn. 27; *Wolff/Bachof/Stober* 1, § 25 Rn. 17.
[1866] *BVerwGE* 81, 111, 115 f. = NVwZ 1989, 655.
[1867] Siehe *BVerwGE* 99, 166, 169 = NVwZ 1996, 394; *BVerwGE* 102, 269, 271 f. = NVwZ 1997, 920; *BVerwG* LKV 1996, 246, 248; NVwZ 1999, 535, 536; *VGH München* BayVBl 1994, 441; *OVG Münster* NWVBl 1999, 185; NVwZ-RR 2000, 462; *Blümel*, Fragen der Entwidmung von Eisenbahnanlagen, Speyerer Forschungsberichte 203, 2000; *Durner* UPR 2000, 255 ff.; *Ferraz* in Blümel/Kühlwetter (Hrsg.), Aktuelle Probleme des Eisenbahnrechts II, Speyerer Forschungsberichte 175, 1997, S. 175 ff.; *Gruber* BauR 2000, 499 ff.; *Kraft* DVBl 2000, 1326 ff.; *Kühlwetter* FS Blümel, 1999, S. 308; *Papier* in Erichsen/Ehlers, § 38 Rn. 45 ff.; *Schmitz-Valckenberg*, Entwidmung und bahnfremde Nutzung von Bahnanlagen, 2002, S. 74 ff.; *Steenhoff* UPR 1998, 182.
[1868] *Schmitt* UPR 2005, 427 ff.
[1869] *OVG Berlin* LKV 1994, 298 (hierzu *VerfGH Berlin* LKV 1997, 66 mit missverständlichem Leitsatz); *OVG Lüneburg* DVBl 1969, 317 (dazu *Ehlers* DVBl 1970, 492 ff.); *VGH München* NVwZ-RR 1996, 344 (m. Anm. *Schmittmann* VR 1996, 322); *VGH Mannheim* DVBl 1979, 526; NJW 1981, 1729; NVwZ 1992, 196; *OVG Münster* NJW 1987, 2695; *VG Stuttgart* VBlBW 2007, 231, 234; allgemein *Ennuschat* LKV 1993, 43.
[1870] *OVG Berlin* LKV 1991, 374; *OVG Hamburg* MDR 1971, 691; *VGH Kassel* NVwZ 1983, 551; *VGH Mannheim* NJW 1981, 1749, 1750; *VG Oldenburg* NdsVBl 2003, 62, 63; *VG Weimar* LKV 2000, 464; *Simmerding* BayVBl 1978, 296.
[1871] Vgl. *VG Frankfurt a. M.* NVwZ-RR 1999, 379.
[1872] Vgl. *BVerwGE* 44, 351 = NJW 1974, 1207; *BVerwG* NVwZ-RR 1993, 373.
[1873] A. A. wohl *Meyer/Borgs*, § 35 Rn. 74; *Schäfer*, Benutzungsregelungen gemeindlicher öffentlicher Einrichtungen auf Grundlage des § 35 S. 2 3. Alternative VwVfG, 1986, S. 82.
[1874] Vgl. etwa zum „schuldrechtlichen" Charakter des Anstaltsnutzungsverhältnisses: *Papier*, S. 12 ff.

gene Regelungen, die nur einen losen Bezug zur Sachnutzung haben, können nicht durch benutzungsregelnde AllgV getroffen werden. Umstr. ist, ob die 3. Alt. des § 35 S. 2 nur Klarstellung der 1. Alt.[1875] oder der 2. Alt.[1876] ist oder ob ihr ein eigenständiger Regelungsgehalt zukommt. Hiervon können Rückwirkungen einerseits auf die Auslegung des § 35 S. 2 Alt. 3, andererseits auf die Auslegung der Alternative ausgehen, als deren Unterfall § 35 S. 2 Alt. 3 angesehen wird. Deshalb sollte § 35 S. 2 Alt. 3 eigenständig aus sich heraus ausgelegt werden:[1877] Der Gesetzgeber stellt die drei Alternativen des § 35 S. 2 gleichrangig nebeneinander und macht damit deutlich, dass die Benutzungsregelung AllgV sein soll, s. Rn. 267. Damit ist für die Auslegung der 3. Alt. nicht von Bedeutung, ob Benutzungsregelungen dieser Art auch Regelungen i. S. des Alt. 1 oder 2 sein könnten.[1878]

329 **aa) Regelung der Benutzung öffentlicher Sachen im Gemeingebrauch:** Unter § 35 S. 2 Alt. 3 fallen damit zunächst Maßnahmen, die den Gemeingebrauch einer öffentlichen Sache näher regeln, also etwa Verkehrszeichen (näher Rn. 330 ff.), die hiermit zu vergleichenden Schifffahrtzeichen (z. B. Tonnen, die der Fahrwasserbegrenzung dienen und damit den Rechtsstatus eines Teils der Schifffahrtsstraße bestimmen),[1879] die Freigabe bestimmter Wasserskistrecken auf Bundeswasserstraßen,[1880] Regelung des Windsurfens[1881] oder Verbot des Sporttauchens (s. a. Rn. 312),[1882] Liegeverbot (Anlegeverbot),[1883] Regelungen über die zulässige Nutzung von Waldwegen im Entmischungsplan (Rn. 315), Festsetzung von Flugsperrgebieten (Rn. 305, 310, 313). Entsprechendes gilt für allgemeine Regelung der Sondernutzung solcher Sachen: So ist AllgV i. S. d. § 35 S. 2 Alt. 3 eine auf die polizeiliche Generalklausel gestützte Maßnahme, die genau angibt, wann und auf welchen Wegen und Plätzen welche Art von Straßenmusik ohne Sondernutzungserlaubnis geduldet wird.[1884] Deshalb ist ein durch AllgV ausgesprochener auf bestimmte Grundstücke (Rn. 312) bezogener Platzverweis, der für alle offensichtlich der Drogenszene Angehörigen gelten soll, sachbezogene AllgV, weil sie diese Personen von der Sachnutzung ausschließt, also keine rein verhaltensbezogene Regelung trifft,[1885] s. hierzu auch Rn. 285. Diese Beispiele zeigen, dass benutzungsregelnde AllgV – anders als AllgV nach § 35 S. 2. Alt. 1, Rn. 267, 289 – auch der Vermeidung **abstrakter Gefahren** dienen können, wie etwa auch § 7 Abs. 3 SeeStrVO (Rn. 313) deutlich macht.[1886] Allerdings ist anzunehmen, dass die Gefahrenabwehrgesetze, die zur Bekämpfung abstrakter Gefahren das Instrument der Rechtsverordnung vorsehen, der Behörde zwingend ein Handeln durch VO vorschreiben. Dann wären jedenfalls öffentlich bekannt gegebene (Rn. 280) Benutzungsregelungen zur Bekämpfung abstrakter Gefahren wegen fehlerhaft gewählter Handlungsform rechtswidrig und ggf. nichtig, s. Rn. 19, 267, 272.

330 Den Gemeingebrauch regelnde Benutzungsregelungen i. S. d. § 35 S. 2 Alt. 3 sind v. a. auch **Verkehrseinrichtungen** (Ampeln,[1887] Parkuhr,[1888] Parkscheinautomaten[1889]), Fahrbahnmarkierungen[1890] und (verkehrsregelnde Ge- und Verbote enthaltende) **Verkehrszeichen**.[1891] Aus der Entstehungsgeschichte der Norm (Begründung zu § 31 Entwurf 73) folgt klar, dass der Streit

---

[1875] So *Axer,* Widmung, 1994, S. 186; *Maurer,* VBlBW 1987, 361, 363; *Remmert* NVwZ 2000, 642 f.
[1876] So *Anslinger,* Die Sonderverordnung, Diss. 1991, S. 25 f., S. 155 f.; *Gornig,* Sachbezogene hoheitliche Maßnahme, 1985, S. 63.
[1877] So auch *Bamberger* DVBl 1999, 1632, 1635 f.
[1878] *Bier* VBlBW 1991, 81, 83.
[1879] BVerwG NVwZ 2007, 340 f.
[1880] *OVG Frankfurt (Oder)* NVwZ-RR 2005, 403; so auch schon vor Inkrafttreten des VwVfG: *VGH Kassel* NJW 1966, 1625 (m. abl. Anm. *Hohenester* NJW 1966, 2078). Damals a. A. *BVerwGE* 26, 251.
[1881] Vgl. *VGH Mannheim* VBlBW 1987, 378, 381.
[1882] *VGH Mannheim* VBlBW 1988, 255; NJW 1998, 2235; *Bier* VBlBW 1991, 81; Zweifel jedoch nunmehr bei *VGH Mannheim* VBlBW 1998, 174, 175.
[1883] *VGH München* ZfW 2002, 258.
[1884] *VGH Mannheim* NJW 1987, 1839 (bestätigt durch *BVerwG* NJW 1987, 1836).
[1885] Offen *VGH Mannheim* NVwZ 2003, 115.
[1886] Vgl. ferner § 7 Abs. 3 Gefahrgutverordnung Straße und Eisenbahn (BGBl I 2005, 36). Hiernach kann der Fahrweg für Gefahrguttransporte ausdrücklich auch durch AllgV festgelegt werden.
[1887] *BGHZ* 99, 249, 252 = NJW 1987, 1945.
[1888] *BVerwG* NVwZ 1988, 623.
[1889] *VGH Kassel* NVwZ-RR 1999, 23, 24; *VGH München* NJW 1999, 1130.
[1890] *BVerwGE* 91, 168, 171 = NJW 1993, 1728; *VG Köln* NWVBl 2003, 37 (Sperrpfosten).
[1891] *Bamberger* DVBl 1999, 1632, 1634; *Manssen* NZV 1992, 465, 467; *ders.* DVBl 1997, 633, 634; *Rebler* NZV 2006, 113; *Sodan* in Sodan/Ziekow, § 42 Rn. 295.

§ 35 Begriff des Verwaltungsaktes

über die Rechtsnatur der Verkehrszeichen[1892] beendet werden sollte. Dem ist die Rspr. gefolgt; sie sieht diese Regelungen auf Grund gesetzlicher Ermächtigung als konkrete orts- und situationsbezogene Anordnungen an.[1893] Keine VA sind reine Hinweisschilder (vgl. § 39 StVO).[1894] Ob Bushaltestellenzeichen verkehrsregelnde Gebote enthalten, ist str.[1895] Keine VA sind auch die Verkehrszeichen, die auf **tatsächlich öffentlichen Straßen** (z. B. Supermarktparkplätzen) von Nicht-Behörden (Rn. 60, 62) aufgestellt werden.[1896] Von den Verkehrszeichen und Einrichtungen ist die Anordnung der Straßenverkehrsbehörde an die Gemeinde zu unterscheiden, ein Verkehrszeichen oder eine Verkehrseinrichtung aufzustellen. Nach *BVerwG* ist diese Anordnung nur der Gemeinde gegenüber ein VA,[1897] womit aber wohl nur gemeint ist, allein die Gemeinde sei gegenüber einer solchen Anordnung klagebefugt (s. Rn. 23), was uneingeschränkt allerdings nicht mehr der Rspr. der Instanzgerichte entspricht.[1898]

Für Verkehrszeichen **gelten** nicht nur die für AllgV vorgesehenen Vorschriften des VwVfG.[1899] Sie **sind** hiernach AllgV (s. Rn. 309), so dass sie auch in anderen Bereichen als VA zu behandeln sind. So kann die Errichtung eines Verkehrszeichens nach § 38 zugesichert[1900] (s. a. § 38 Rn. 72) und Verpflichtungsklage auf Aufstellung eines Verkehrszeichens erhoben werden.[1901] Auch ist **§ 80 Abs. 2 Nr. 2 VwGO** auf Verkehrszeichen analog anzuwenden.[1902] Gleiches gilt für die Entfernung eines Verkehrszeichens.[1903] Eine Anordnung der aufschiebenden Wirkung nach § 80 Abs. 5 VwGO kommt nur ausnahmsweise in Betracht, wenn es dem Widerspruchsführer unzumutbar ist, die Verkehrsregelung auch nur vorläufig hinzunehmen.[1904] Die beabsichtigte Aufstellung eines Verkehrszeichens kann dementspr. i. d. R. auch nicht nach § 123 VwGO verhindert werden.[1905]

Der Qualifizierung der Verkehrszeichen als AllgV i. S. d. § 35 S. 2 Alt. 3 steht nicht entgegen, dass die Rspr. wegen ihrer Besonderheiten eine Reihe von Sonderregeln für sie entwickeln musste, da die Fachgesetze insofern unvollkommen sind, s. § 1 Rn. 14 f., 210 f., 217, 232. Dies gilt insbes. für die **Bekanntgabe** von Verkehrszeichen, s. a. § 41 Rn. 198. Nach **neuer Rspr.** des *BVerwG*[1906] erfolgt sie als **öffentliche Bekanntgabe** durch Anbringen des Verkehrsschildes (§ 39 Abs. 2 und 3, § 45 Abs. 4 StVO), wobei es offen lässt, ob es sich hierbei um eine öffentliche Bekanntgabe (eines „in anderer Weise erlassenen" VA) nach § 41 Abs. 3 oder um eine von § 41 Abs. 4 abweichende Sonderregelung handelt. Tatsächlich handelt es sich bei Verkehrszeichen um „in anderer Weise erlassene" VA (§ 37 Rn. 57, 79, § 41 Rn. 151), so dass sie weder schriftlich zu bestätigen noch zu begründen sind, s. § 37 Rn. 91, § 39 Rn. 105. *OVG Münster* konkretisiert die Bekanntgabeerfordernisse dahingehend, dass § 45 Abs. 4 StVO der

---

[1892] *BVerfG* NJW 1965, 2395 (m. Anm. *Hoffmann* NJW 1966, 875 und *Hohenester* NJW 1966, 539); *BVerwGE* 27, 181 = NJW 1967, 1627; *BVerwGE* 32, 204 = NJW 1969, 1684.
[1893] *BVerwGE* 59, 221, 224 = NJW 1980, 640; *BVerwG* 102, 316, 318 = NJW 1997, 1021; *BVerwG* NVwZ 1983, 610; NVwZ 1988, 623; NJW 2004, 698; NVwZ 2007, 340; *VGH München* NVwZ 1984, 383; in der Lit. bestand zunächst noch Widerstand: *Czermak* JuS 1981, 25; *Prutsch* JuS 1980, 566; *Obermayer* NJW 1980, 2386; *ders.* VwVfG, 2. Aufl. 1990, § 35 Rn. 189 ff.; *Renck* NVwZ 1984, 355; *Vogel* BayVBl 1977, 617, 620; *Zimmer* DÖV 1980, 116; zur heutigen Bedeutung des Streites *Leisner* DÖV 1999, 807, 810; *Manssen* NZV 1992, 465.
[1894] *Rebler* BayVBl 2004, 554, 559; *ders.* NZV 2006, 113 f.; *Sodan* in Sodan/Ziekow, § 42 Rn. 298.
[1895] Ablehnend *VGH München* BayVBl 1979, 341; dafür *VGH Kassel* NJW 1986, 2781; *VGH Mannheim* NVwZ-RR 1990, 59, 60; NZV 1995, 239.
[1896] *Manssen* DVBl 1997, 633, 634.
[1897] *BVerwG* NJW 1976, 2175; NVwZ 1994, 784; *OVG Koblenz* NVwZ 1985, 666.
[1898] *VGH Mannheim* NuR 1997, 290; NVwZ-RR 2003, 311, 312; *OVG Münster* NJW 1996, 3024, 3025.
[1899] So *Maurer*, § 9 Rn. 36 a.
[1900] *BVerwGE* 97, 323, 328 = NJW 1995, 1977; ebenso *OVG Münster* NWVBl 1994, 26; a. A. *OVG Lüneburg* NJW 1985, 1043; *Manssen* NZV 1992, 465, 467; *ders.* DVBl 1997, 633, 635.
[1901] *VGH Mannheim* NVwZ-RR 1998, 682; *VGH München* BayVBl 1999, 371.
[1902] *BVerwG* NVwZ 1988, 623 (unter Hinweis auf *BVerwG* NJW 1978, 656; NJW 1982, 348); s. a. *BVerwG* NJW 2004, 698.
[1903] *OVG Münster* NJW 1998, 329.
[1904] *VGH Kassel* NVwZ-RR 2006, 832 f.; *VGH Mannheim* UPR 1995, 78; *OVG Münster* NJW 1998, 329.
[1905] *VGH Mannheim* NVwZ 1994, 801.
[1906] *BVerwGE* 102, 316, 318 = NJW 1997, 1021 (mit Anm. *Hansen/Meyer* NJW 1998, 284; *Hendler* JZ 1997, 782; *Mehde* NJW 1999, 767; *ders.* Jura 1998, 297); ebenso *VGH Kassel* NJW 1997, 1023 (m. Anm. *Michaelis* NJW 1998, 122); *OVG Koblenz* DÖV 1986, 37; *VGH Mannheim* NVwZ-RR 1990, 59, 60; NVwZ-RR 2003, 311, 312; *OVG Schleswig* NVwZ-RR 2003, 647.

Straßenverkehrsbehörde eine öffentliche Bekanntgabe zwingend vorschreibe,[1907] eine wirksame öffentliche Bekanntgabe aber nur vorliege, wenn das Schild so angebracht werde, dass es von betroffenen Verkehrsteilnehmer bei Anlegung des von § 1 StVO vorgegebenen Sorgfaltsmaßstabs ohne weiteres wahrgenommen werden könne (**Sichtbarkeitsprinzip**),[1908] s. a. Rn. 336.

333 Die in Rn. 332 geschilderte neue Rspr. des *BVerwG* zur Bekanntgabe des Verkehrszeichen bildet eine deutliche **Abkehr** von der früheren Rspr.,[1909] nach der ein Verkehrszeichen im Wege der **Einzelbekanntgabe** dadurch bekannt gegeben werde, dass der Betroffene sich dem Schild nähere. Bedeutung hat die neue Rspr. zunächst für den Lauf der **Rechtsbehelfsfristen**:[1910] Sie beginnen für jedermann ab Anbringen des Schildes zu laufen und enden nach Ablauf eines Jahres (§ 58 Abs. 2 VwGO). Nach Ablauf dieser Frist ist das Schild für jedermann unanfechtbar,[1911] s. § 41 Rn. 136 ff. Aufhebungsansprüche können nur bei Vorliegen von Wiederaufgreifensansprüchen durchgesetzt werden.[1912] Früher war demgegenüber teilweise angenommen worden, die Widerspruchsfrist werde durch jede Wiederholung des Verkehrsvorgangs in Gang gesetzt[1913] oder die Frist beginne erst beim erstmaligen „Kontakt" zu laufen.[1914] In der Lit. wird hieran teilweise unter Berufung auf Art. 19 Abs. 4 GG festgehalten,[1915] hierbei aber zumeist die Möglichkeit von Wiederaufgreifensansprüchen (auch unter erleichterten Bedingungen, vgl. Rn. 19, 29, 272, 287, 309, 323, 339, § 41 Rn. 140, § 51 Rn. 19) übersehen.

334 Klargestellt wird durch die in Rn. 332 geschilderte neue Rspr. auch, dass mit dem Anbringen des Verkehrszeichens dieses für und gegen jedermann (auch gegenüber juristischen Personen)[1916] gilt, es **auf eine Kenntnisnahme(-möglichkeit) durch den Betroffenen nicht ankommt**,[1917] s. § 41 Rn. 135 ff. Bedeutung hat dies zunächst für die **Abschleppfälle**: Ein Halte-/Parkverbotsschild gilt mit sofortiger Wirkung auch für denjenigen, der vor Aufstellung des Schildes rechtmäßigerweise an der Stelle geparkt hat, an der nunmehr das Halten/Parken verboten sein soll.[1918] Ob der Betroffene mit der Aufstellung des Schildes rechnen musste oder ob ihm eine **Nachschaupflicht** oblag,[1919] ist für die Wirksamkeit des Schildes ihm gegenüber irrelevant.[1920] Da das Halte-/Parkverbot das nach § 80 Abs. 2 Nr. 2 VwGO sofort vollziehbare

---

[1907] *OVG Münster* NJW 1996, 3024, 3025; a. A. *Koch/Niebaum* JuS 1997, 312.
[1908] *OVG Münster* NJW 1990, 2835; vgl. a. *OVG Schleswig* NVwZ-RR 2003, 647.
[1909] *BVerwGE* 27, 181, 184 = NJW 1967, 1627; *BVerwGE* 59, 221, 226 = NJW 1980, 1640; *OVG Hamburg* NJW 1992, 1909; DÖV 1995, 783 (für öffentliche Bekanntgabe jedoch nunmehr *OVG Hamburg* NordÖR 2004, 399, 401); *VGH Kassel* NVwZ-RR 1992, 5; NVwZ-RR 1999, 23, 25 (für öffentliche Bekanntgabe demgegenüber *VGH Kassel* NJW 1997, 1023 (m. Anm. *Michaelis* NJW 1998, 122); NJW 1999, 2057); *VGH Mannheim* NJW 1991, 1698; *VG Weimar* ThürVBl 2001, 92, 94; an der früheren Rspr. festhaltend *OVG Lüneburg* NJW 2007, 1609, 1610.
[1910] Vgl. *BVerwGE* 92, 32, 34 = NJW 1993, 1729. Zur (viel zu großzügig gewährten) Klagebefugnis einfacher Verkehrsteilnehmer gegen Verkehrsschilder vgl. z. B. (jeweils m. w. N.) *BVerwGE* 92, 32, 35 = NJW 1993, 2057; *BVerwG* NJW 1999, 2056; NJW 2004, 698 f.; *VGH Kassel* NJW 1999, 2057; *Kettler* NZV 2004, 541 ff.; *Lorz* DÖV 1993, 129; *Manssen* NZV 1992, 465, 470; *Rebler* BayVBl 2004, 554, 556 f.; *Ronellenfitsch* SVR 2004, 161, 163.
[1911] *VG Freiburg*, Urt. v. 18. 5. 2004 – 4 K 414/02 (juris, Abs. 24); *Detterbeck*, Rn. 562; *Hansen/Meyer* NJW 1998, 284, 285; *Kopp/Ramsauer*, § 35 Rn. 114; *Schoch* Jura 2003, 752, 755; a. A. *Manssen* NZV 1992, 465, 468 und DVBl 1997, 633, 636 (wo auch von einer öffentlichen Bekanntgabe des Verkehrszeichens ausgegangen, jedoch angenommen wird, es gebe bei Verkehrszeichen keine Anfechtungsfrist, da sie nicht materiell bestandskräftig werden könnten); dem folgend: *Rebler* NZV 2006, 113, 114; s. a. *VGH Kassel* NJW 1999, 2057 (der allerdings die Rechtsbehelfsfristen im Fall der Änderung der Sachlage neu laufen lassen will).
[1912] *Detterbeck*, Rn. 562; *VG Freiburg*, Urt. v. 18. 5. 2004 – 4 K 414/02 (juris, Abs. 39).
[1913] *VGH Kassel* NVwZ-RR 1992, 5.
[1914] Vgl. *BVerwGE* 59, 221, 226 = NJW 1980, 1640.
[1915] So bei *Bitter/Konow* NJW 2001, 1386, 1389 f.; *Kettler* NZV 2004, 541, 542; *Koch/Niebaum* JuS 1997, 312; *Michaelis* JA 1997, 374, 376; *ders.* Jura 2003, 298, 300 ff.; *Rebler* BayVBl 2004, 554, 555; *Ronellenfitsch* SVR 2004, 161, 162 f.; *Vahle* DVP 2005, 353, 356.
[1916] *BVerwG* NVwZ 2006, 1072.
[1917] *Perrey* BayVBl 2000, 609, 610.
[1918] *OVG Hamburg* NordÖR 2004, 399, 400; a. A. noch *OVG Hamburg* NJW 1992, 1909; DÖV 1995, 783; *VGH Mannheim* NJW 1991, 1698; NVwZ-RR 1996, 149.
[1919] Zu den einzelnen gerichtlich aufgestellten Nachschaufristen vgl. *Michaelis* Jura 2003, 298, 303.
[1920] Inkonsequent daher *OVG Münster* NVwZ-RR 1996, 59, das trotz Annahme einer öffentlichen Bekanntgabe untersucht, ob dem Betroffenen eine Nachschaupflicht obliegt. Beide Ansätze sind miteinander unvereinbar; zutr. insoweit *Koch/Niebaum* JuS 1997, 312, 314.

§ 35 Begriff des Verwaltungsaktes

Gebot enthält, das Kfz (nach Ablauf der Parkzeit) sofort wegzufahren,[1921] kann es folglich mit Aufstellung sofort durch Abschleppen vollstreckt werden. Eine andere – hiermit nicht entschiedene – Frage ist, ob der Halter eines Kfz kostenpflichtig ist, wenn sein ursprünglich rechtmäßig geparktes Fahrzeug später wegen Verstoßes gegen ein neu aufgestelltes Halte- oder Parkverbotschild abgeschleppt wird.[1922] Hier neigt die Rspr. zu Unrecht dazu, unter Aushebelung gerade kein Ermessen einräumender Kostenvorschriften eine Kostendurchsetzung auszuschließen.[1923] Eine verschuldensunabhängige Kostenhaftung ist jedoch in der polizeirechtlichen Störerhaftung angelegt und verstößt i. d. R. auch nicht gegen Art. 14 GG und das Verhältnismäßigkeitsprinzip, jedenfalls soweit sich die hierdurch entstehenden Kosten im Rahmen der üblichen Betriebskosten eines Kfz halten.[1924] Angesichts des immensen Aufwandes, der um die Abschleppfälle getrieben wird, ist es erstaunlich, dass bisher noch keine Standardmaßnahme „Abschleppen und Umsetzen von Kfz" in die Polizeigesetze eingeführt wurde.[1925] Dies würde insbes. auch die mit den Abschleppfällen verbundenen Zuständigkeitsprobleme lösen.[1926]

Aus der in Rn. 332 geschilderten neuen Rspr. folgt auch, dass die **Aufhebung eines Verkehrszeichens** durch öffentliche Bekanntgabe in Form der Beseitigung des Schildes durch die hierzu befugte Stelle wirksam wird.[1927] Möglich ist auch ein zeitweiliges Aussetzen des Vollzugs, das durch Abdecken des Schildes bekannt gegeben wird.[1928] Die **rückwirkende Aufhebung** eines Verkehrszeichens – auch durch das Gericht – ist durch das Fachrecht ausgeschlossen.[1929] Für Verkehrszeichen gelten damit §§ 48 ff. jedenfalls insoweit nicht, als sie die Aufhebung begünstigender Verkehrszeichen betreffen.[1930] Ein **stattgebendes Anfechtungsurteil** gegen ein Verkehrszeichen wird erst praktisch wirksam, wenn das Schild abmontiert wird. Der Kläger kann sich bis dahin nicht darauf berufen, ihm gegenüber gelte das Verkehrsschild wegen der gerichtlichen Aufhebung nicht. Jedoch kann das Gericht analog § 113 Abs. 1 S. 2 VwGO die Verpflichtung der Behörde aussprechen, das Verkehrszeichen abzumontieren.[1931] 335

Sofern das Schild **ohne Mitwirkung der Behörde unkenntlich** wird, etwa in dem es völlig verrostet, zeitweilig zuschneit oder von einem Privaten abgeschraubt wird,[1932] lässt dies seine äußere Wirksamkeit (§ 43 Rn. 164 f.) unberührt; es liegt letztlich eine Schein-Aufhebung vor, die nach allgemeinen Grundsätzen nicht wirksam die Anordnung des Verkehrsschildes beseitigen kann,[1933] s. Rn. 62, § 44 Rn. 5. Bei Neuanbringung des Verkehrszeichens ist also kein neues VwVf durchzuführen, die Rechtsbehelfsfrist beginnt nicht neu.[1934] Jedoch folgt aus dem **Sichtbarkeitsprinzip** (Rn. 332), dass die innere Wirksamkeit (§ 43 Rn. 166 ff.) des Verkehrszeichens 336

[1921] BVerwGE 102, 316, 319 = NJW 1997, 316; BVerwG NJW 1978, 656; NJW 1982, 348; NVwZ 1988, 623. Zur Problematik dieser „Anreicherung" des Regelungsgehalts des Parkverbots *Hansen/Meyer* NJW 1998, 284, 285; *Remmert* NVwZ 2000, 642, 643.
[1922] *Hendler* JZ 1997, 782, 783; *Mehde* Jura 1998, 297, 299; *Michaelis* JA 1997, 374, 377; *ders.* Jura 2003, 298, 303; *Perrey* BayVBl 2000, 609, 610.
[1923] Vgl. *OVG Hamburg* NordÖR 2004, 399, 401; *VG Braunschweig* NdsVBl 2004, 246, 248; ferner *Hansen/Meyer* NJW 1998, 284, 286; *Perrey* BayVBl 2000, 609, 616.
[1924] Vgl. BVerfGE 102, 1, 20 = NJW 2000, 2573, 2575 (m. Anm. *Bickel* NJW 2000, 2562): Hier wird aus Art. 14 GG bei unverschuldeten Altlastenfällen der Verkehrswert des Grundstücks als maßgebliche Grenze der Zustandshaftung hergeleitet. Die Verschuldensunabhängigkeit der Zustandshaftung bei den Abschleppfällen betonend auch *VGH Mannheim* NJW 2007, 2058, 2059; *VGH München* NJW 1999, 1130.
[1925] Sie könnte etwa lauten: „Kfz, die entgegen § 12 StVO geparkt wurden oder nach Ablauf der Parkzeit entgegen § 13 StVO nicht fortbewegt werden, können umgesetzt oder in Verwahrung genommen werden. Satz 1 gilt auch, wenn erst nach Abstellen des Kfz das Parken untersagt wird. Die Kosten trägt der Halter. Ein Anspruch auf Erlass der Kostenforderung besteht nur im Fall des § 59 Abs. 1 S. 1 Nr. 3 LHO und ist nur auf Antrag zu gewähren." In NRW und Hamburg hat jedenfalls die kostenrechtliche Seite des Abschleppens eines Kfz eine Regelung gefunden: *OVG Hamburg* NordÖR 2006, 201 f.; *OVG Münster* NJW 2001, 2035; *VG Gelsenkirchen* NWVBl 2001, 72, 73; NWVBl 2002, 160, 162 f.
[1926] Hierzu *OVG Frankfurt (Oder)* LKV 2006, 225, 227; *VGH Kassel* NVwZ-RR 1999, 23, 25; *VGH Mannheim* VBlBW 2004, 213; *VG Weimar* ThürVBl. 2001, 92, 94; *Remmert* NVwZ 2000, 642, 643 ff.
[1927] *VGH Mannheim* NJW 1978, 1279; a. A. anscheinend *OVG Münster* NJW 1977, 597 (m. Anm. *Krebs* VerwArch 68 (1977), S. 285).
[1928] BVerwGE 92, 32, 34 = NJW 1993, 1729.
[1929] BVerwGE 97, 214, 221 = NJW 1995, 1371.
[1930] BVerwG DÖV 1977, 105; *VGH Kassel* NVwZ-RR 1992, 5, 6; *OVG Münster* NJW 1977, 316; *Manssen* DVBl 1997, 633, 635.
[1931] *VGH Kassel* NVwZ-RR 2006, 832, 833 (für § 80 Abs. 5 S. 3 VwGO).
[1932] Zur Strafbarkeit nach § 267 StGB: *OLG Köln* NJW 1999, 1042.
[1933] *Manssen* NZV 1992, 465, 467; a. A. *OVG Münster* NJW 1998, 331; *BayObLG* NJW 1984, 2110.
[1934] So auch *Schmidt-De Caluwe* VerwArch 90 (1999), S. 48, 55, 61.

von seiner andauernden Sichtbarkeit abhängig ist, die **Sichtbarkeit** also **aufschiebende Bedingung**, die **Unsichtbarkeit auflösende Bedingung der Verkehrszeichen-Regelung** kraft Gesetzes (vgl. § 36 Rn. 33 f.) ist.[1935] Ein „unsichtbares" Verkehrszeichen muss und darf vom Verkehrsteilnehmer nicht beachtet werden. Seine Missachtung stellt daher keine Ordnungswidrigkeit dar.[1936]

337 Weil Verkehrszeichen und -einrichtungen i. S. d. § 37 Abs. 2 „in anderer Weise erlassene" VA sind (Rn. 332, § 37 Rn. 57, 79, § 41 Rn. 151), dürfen nur solche Zeichen und Einrichtungen verwendet werden, die § 37, § 39 bis § 43 StVO vorsehen und deren nähere Ausgestaltung dort detailliert geregelt ist.[1937] Sie können auch auf einer gemeinsamen Tafel angebracht werden (§ 39 Abs. 2 S. 5 StVO).[1938] Eine straßenverkehrsrechtliche Anordnung, die durch ein Zeichen oder eine Einrichtung bekannt gegeben wird, das nicht von der StVO zugelassen und dessen Verwendung daher nach § 33 Abs. 2 StVO verboten ist, ist deshalb entgegen *BVerwG*[1939] nicht bloß anfechtbar, sondern wegen fehlerhafter Bekanntgabe unwirksam, vgl. § 41 Rn. 222. **Zusatzschilder nach § 39 Abs. 2 bis 5 StVO** beziehen sich nur auf das unmittelbar über dem Zusatzschild angebrachte Verkehrszeichen.[1940] Bei **Ampeln** werden die Ge- und Verbote durch die einzelnen Lichtzeichen öffentlich bekannt gegeben, wie sich unmissverständlich aus § 37 Abs. 2 StVO ergibt.[1941] Hierzu und zu Handzeichen des Polizisten nach § 36 Abs. 2 StVO s. § 41 Rn. 151, 198.

338 **bb) Regelung der Benutzung öffentlicher Einrichtungen/Anstalten:** Nach wohl h. M. in der Lit. ermöglicht § 35 S. 2 Alt. 3 auch, **Benutzungs- und Anstaltsordnungen** durch (öffentlich bekannt zu gebende, Rn. 280) AllgV zu regeln,[1942] weil der Sachbegriff des § 35 S. 2 auch das sachliche Substrat von (unselbständigen) Anstalten und öffentlichen Einrichtungen umfasse, Rn. 316. Allerdings müsse die Regelung deshalb auch einen (u. U. auch eher entfernten) Bezug zur Nutzung dieses sachlichen Substrats aufweisen (Öffnungszeiten, Nutzungsdauer, Nutzungsentgelt, Sanktionen bei Beschädigungen, Rauchverbote und sonstige Verhaltensvorschriften bezüglich der Sachnutzung). Hiergegen wird eingewandt, auf Grundlage des § 35 könnten **nicht ganze Normengefüge** erlassen werden[1943] bzw. § 35 S. 2 Alt. 3 ermächtige nur zu dinglichen Regelungen.[1944] In der **Rspr.** steht die Klärung dieser Frage noch aus. Sie ist nicht nur für das Kommunalrecht, sondern v. a. für den Bereich **staatlicher Einrichtungen/Anstalten** (staatliche Museen, [Gerichts-]Bibliotheken, Archive, Theater etc.) bedeutsam: Hier kann eine solche Regelung zumeist weder durch Satzung noch durch Verordnung getroffen werden.

339 Tatsächlich erscheint es als wenig gerechtfertigt, im Gegensatz zu VO und Satzungen „schlichte" Anstalts- und Benutzungsordnungen bei öffentlicher Bekanntgabe mit fehlerunabhängiger Wirksamkeit und unmittelbarer Vollstreckbarkeit (Rn. 276) auszustatten. Denn damit wird sie gegenüber jedermann – und damit auch gegenüber zukünftigen Nutzern – spätestens nach Ablauf eines Jahres (§ 58 Abs. 2 VwGO) formell bestandskräftig (Rn. 280, § 41 Rn. 136 ff.) und zwar auch dann, wenn sie ohne gesetzliche Grundlage zu Grundrechtseingriffen ermächtigt.

[1935] In diese Richtung *OVG Münster* NJW 2006, 1142, 1143; *OLG Stuttgart* VRS 95, 441, 442; *Rebler* BayVBl 2004, 554, 558.
[1936] A. A. noch die Voraufl., § 35 Rn. 246; *Kopp/Ramsauer*, § 35 Rn. 115.
[1937] *OVG Münster* NJW 1996, 3024, 3035.
[1938] *BayObLG* NZV 2001, 220, 221.
[1939] BVerwGE 91, 168, 171 = NJW 1993, 1728; ähnlich BVerwGE 59, 310, 316; s. a. *Vahle* DVP 2005, 353, 355.
[1940] *BVerwG* NJW 2003, 1408 f.; *BayObLG* NZV 2001, 220, 221.
[1941] BGHZ 99, 249, 252 = NJW 1987, 1945.
[1942] So etwa *Bier* VBlBW 1991, 81, 82 ff.; *Fehling* JA 1997, 485; *Kahl* Jura 2001, 505, 511; *Maurer*, § 9 Rn. 34; *Ortmann* NdsVBl 2000, 105, 107; *Schäfer*, Benutzungsregelungen gemeindlicher öffentlicher Einrichtungen auf Grundlage des § 35 S. 2 3. Alternative VwVfG, 1986, S. 209 ff.; *Wolff/Bachof/Stober* 2, 5. Aufl. 1987, § 99 Rn. 8. **Konkret wurde als AllgV angesehen:** Einführung der 5-Tage-Woche an Schule (Rn. 302), Nutzungsordnungen von Bibliotheken (vgl. etwa *Bamberger* DVBl 1999, 1632, 1633; *Heintzen/Hildebrandt* Jura 2000, 362, 364), Grillplatznutzungsordnung (*VGH Mannheim* NVwZ 1994, 920, 921), Hausordnungen von Parlamentsgebäuden (vgl. *Ortmann* NdsVBl 2000, 105, 107 ff.).
[1943] *Becker/Sichert* JuS 2000, 144, 146; *Fischedick*, Die Wahl der Benutzungsform kommunaler Einrichtungen, 1986, S. 26 f.; *Kopp/Ramsauer*, § 35 Rn. 116; *Schmidt-Aßmann*, Die kommunale Rechtsetzung im Gefüge der administrativen Handlungsformen und Rechtsquellen, 1981, S. 42 f.
[1944] So *Anslinger*, Die Sonderverordnung, Diss. 1991, S. 155 ff.

Den Erlass von Anstalts- und Benutzungsordnungen durch AllgV gänzlich auszuschließen, hätte jedoch zur Folge, diese Benutzungsregelungen – v. a. im staatlichen Bereich – in den „rechtsfreien Raum" zu entlassen. Um Wertungswidersprüche zu vermeiden, erscheint es daher sinnvoller – ähnlich wie im Planungsrecht (Rn. 264) – das Fehlerfolgenregime solcher normersetzender Benutzungs-AllgV an das Fehlerfolgenregime anzugleichen, das für Satzungen und VO gilt, etwa durch entsprechend „großzügige" Handhabung des § 44 Abs. 1 und der Gewährung von Wiederaufgreifensansprüchen i. w. S., vgl. Rn. 19, 29, 272, 287, 309, 323, § 41 Rn. 140, § 51 Rn. 19. Nur so lassen sich auch kaum lösbare Abgrenzungsprobleme zwischen solchen Regelungen vermeiden, die noch Benutzungsregelungen i. S. d. § 35 S. 2 Alt. 3 darstellen, und solchen, die bereits ganze Normengefüge ergeben.

Eine andere Frage ist, ob sich aus dem Fachrecht eine Verpflichtung zur Regelung von Benutzungsordnungen durch VO oder Satzung ergibt, s. Rn. 19, 29. Bedeutung kann dies etwa für die Frage haben, ob die Benutzung **kommunaler öffentlicher Einrichtungen** durch AllgV geregelt werden darf, weil hier – anders als bei staatlichen Anstalten, Rn. 338 – eine satzungsrechtliche Regelung ohne weiteres möglich ist und man hieraus schließen könnte, die Aufstellung allgemeiner außenwirksamer Benutzungsregeln obliege allein dem kommunalen Vertretungsorgan im Wege der Satzung. 340

Häufig wird der Erlass der Benutzungsordnung für eine Anstalt/öffentliche Einrichtung mit dem Erlass der Widmung zusammenfallen (Rn. 324 f.). Schon aus der Festsetzung des öffentlichen Zwecks, dem die Sache dienen soll, folgt im gewissen Rahmen der Umfang ihrer Benutzung. Dennoch ist die **Unterscheidung** zwischen **Widmung** und **Benutzungsregelung** sinnvoll und notwendig: Einzelne Modalitäten der Benutzung können geändert werden, ohne dass sich die Zweckbestimmung der Sache selbst ändert. Auch können für die Widmung und die Benutzungsregelung unterschiedliche Behörden zuständig sein. Die Unterscheidung kann jedoch im Einzelfall schwierig sein. Mit *Axer*[1945] ist danach zu differenzieren, ob die Regelung dazu dient, den Zweck der Sache zu bestimmen (dann Widmung) oder ob sie dazu dient, den Widmungszweck aufrecht zu erhalten und Störungen zu vermeiden (dann Benutzungsregel). 341

cc) Regelung der Benutzung nicht-öffentlicher Sachen: Durch AllgV nach § 35 S. 2 Alt. 3 kann auch die Benutzung nicht-öffentlicher Sachen geregelt werden, also insbes. auch von Sachen, die (nur) im Privateigentum stehen, s. Rn. 310. So haben die Gerichte, soweit sie eine Benutzungsregelung zur Bekämpfung einer abstrakten Gefahr als AllgV i. S. d. § 35 S. 2 Alt. 3 qualifiziert haben (Rn. 329), die Frage der Widmung der betroffenen Grundstücke i. S. d. öffentlichen Sachenrechts nicht geprüft. Damit kann etwa auch der Zugang zu einem der Öffentlichkeit nur tatsächlich zugänglichen Grundstück durch AllgV nach § 35 S. 2 Alt. 3 untersagt oder naturschutzrechtliche Verhaltensregeln für die Besucher eines Biotops aufgestellt werden.[1946] 342

VI. Europarecht

1. „Administrative act"/„acte administratif" i. S. d. Empfehlungen des Ministerkomitees des Europarates zum Verwaltungsrecht

Die Entschließung des Ministerkomitees des Europarates Nr. (77) 31 (Einl. Rn. 99) geht in Abs. 10 des „Explanatory Memorandum" davon aus, dass die Regelung eines Mindeststandards des VwVf eine Bestimmung seines Anwendungsbereichs notwendig mache. Der Einleitungssatz des Annexes der Entschließung erklärt daher seine Grundsätze für anwendbar *„to the protection of persons, whether physical or legal in administrative procedures with regard to any individual measures or decisions which are taken in the exercise of public authority and which are of such nature as directly to affect their rights, liberties or interests (administrative acts)."* Auf diese Definition des VwVf und des „administrative act", der in der französischen Version als „acte administratif" bezeichnet wird, nimmt der Appendix I Abs. 2 der Empfehlung Nr. R (80) 2 über die Ermessensausübung von Verwaltungsbehörden (Einl. Rn. 100) Bezug, wenn dort der „administrative act" definiert wird als *„any individual measure or decision which is taken in the exercise of public authority and which is of* 343

[1945] *Axer*, Widmung, 1994, S. 184 f.
[1946] *VGH Mannheim* NVwZ 2004, 119.

such nature as directly to affect the rights, liberties or persons whether physical or legal." Diese Definition übernehmen Abs. 2 der Einleitung der Empfehlung Nr. R (89) 8 über den vorläufigen Rechtsschutz in Verwaltungssachen (Einl. Rn. 100) und Nr. 4 der General Considerations der Empfehlung Nr. R (91) 1 zu Verwaltungssanktionen (Einl. Rn. 100). Zu übersetzen dürfte diese Definition des „administrative act" sein als *„Einzelmaßnahme oder -entscheidung, die in Ausübung öffentlicher Gewalt getroffen wird und die Rechte, Freiheiten und Interessen natürlicher oder juristischer Personen unmittelbar berühren".*[1947] Abs. 10 des „Explanatory Memorandum" der Entschließung Nr. (77) 31 stellt noch klar, dass nur Verwaltungsmaßnahmen, nicht Maßnahmen im Gesetzgebungs-, Gerichts- und Strafverfahren gemeint sind.

344   Die Übersetzung zeigt, dass dieser „administrative act" nicht dem VA-Begriff des § 35 entspricht, da das Merkmal Regelung fehlt.[1948] Damit umfasst der „administrative act" alle belastenden Einzelmaßnahmen und damit auch **belastende Realakte**. Dies ist unproblematisch, da die Empfehlungen an den „administrative act" allein verwaltungsverfahrensrechtliche und Rechtsschutzgarantien knüpfen, sie sich jedoch nicht mit seinen materiellrechtlichen Wirkungen befassen. Dem „administrative act" kommt also nur eine **verfahrensrechtliche** (Rn. 43 ff.) und eine **Rechtsschutzfunktion** (Rn. 47 f.) zu. Da generell nicht anzunehmen ist, dass das deutsche Verwaltungsrecht hinter bürgerschützenden europäischen Standards, wie sie insbes. in den Empfehlungen des Europarats zum Ausdruck kommen, zurückbleiben will, dürfte der weite Begriff des „administrative act" in den Empfehlungen ausschlaggebendes Argument dafür sein, insbes. die §§ 9 ff. als allgemeine Rechtsgedanken auch auf belastende Realakte zu erstrecken,[1949] s. a. Rn. 44. Daher ist die Annahme unzutreffend, dass die Empfehlungen keine über das VwVfG hinausreichenden Gewährleistungen enthielten.[1950] Allerdings gibt die **Empfehlung Nr. (2004) 20** über die richterliche Kontrolle von „adminisrative acts" nunmehr eine eigene Definition des „administrative act": Hierzu gehören – neben Unterlassungen – alle *„legal acts – both individual and normative – and physical acts taken in the exercie of public authority, which may affect the rights or interests of natural or legal persons."* In der französischen Version dieser Empfehlung wird insoweit deutlicher zwischen dem von der Empfehlung Nr. (2004) 20 umfassten weiten Begriff des „acte de l'administration" und dem von den früheren Empfehlungen verwendeten Begriff des „acte administratif" differenziert, dem in der Rechtsordnung einiger Mitgliedstaaten eine „spezifische Bedeutung" zukomme. Dies rechtfertigt jedoch nicht, den Begriff des „administrative act" i. S. der früheren Empfehlungen (nunmehr) restriktiv auszulegen, so dass nur Akte mit Regelungscharakter darunter fallen. Denn die Empfehlung Nr. 2004 (20), die den Mitgliedstaaten des Europarates die Einführung einer verwaltungsgerichtlichen Generalklausel empfiehlt, will mit dem (neuen) Begriff des „acte de l'administration" ersichtlich nur einem restriktiven Verständnis ihres Inhalts durch die Mitgliedstaaten vorbeugen.

2. Entscheidung nach Art. 249 Abs. 4 EG

345   **a) Funktionen der Entscheidung:** Art. 249 Abs. 4 EG erwähnt die Entscheidung als Handlungsform der Gemeinschaftsorgane, ohne sie zu definieren. Ihre Wirkung wird jedoch dahingehend umschrieben, dass die Entscheidung in allen ihren Teilen für diejenigen verbindlich ist, die in ihr bezeichnet sind. So wird die Entscheidung von der allgemeine Geltung beanspruchenden Verordnung und den unverbindlichen Stellungnahmen und Empfehlungen abgegrenzt. Die Entscheidung entfaltet somit individuelle Wirkung und stellt so die Handlungsform zur **einseitigen Regelung von Einzelfällen** dar.[1951] Zu Besonderheiten bei staatengerichteten

---

[1947] Übersetzung nach *Jellinek* ZRP 1981, 68, 69.
[1948] *U. Stelkens* ZEUS 2004, S. 129, 134 f.; einschränkend allerdings Europarat (Hrsg.), The administration and you – A handbook, 1997, S. 11: Hier werden „physical acts" als Maßnahme der Vollstreckung eines „administrative act", nicht aber selbst als „administrative act" gewertet; anders jedoch wieder S. 27, wo von „administrative acts of a more factual kind" gesprochen wird, auf den sich die Begründungspflicht nicht ohne weiters beziehe.
[1949] Näher zur Bedeutung der Empfehlungen des Ministerkomitees des Europarates für das innerstaatliche Recht: *U. Stelkens* DÖV 2006, 770, 773 m. w. N.; zu den Auswirkungen für das Verwaltungsverfahrensrecht gegenüber belastenden Realakten: *U. Stelkens* ZEUS 2004, 129, 159 f.
[1950] So aber *Scheuing* in Hoffmann-Riem/Schmidt-Aßmann, Innovation, 1994, S. 289, 292; *Schwarze* EuGRZ 1993, 377, 381.
[1951] So (jeweils m. w. N.) *Bockey,* Entscheidung der Europäischen Gemeinschaft, 1998, S. 19; *Greaves,* European Law Revue 21 (1996), 3, 4; *Junker,* VA im deutschen und französischen Recht und die Entscheidung

Entscheidungen s. Rn. 350. Sie erscheint daher als „**typisches Verwaltungsinstrument**"[1952] (s. aber Rn. 349), was insbes. auch die in Art. 13 ff. der Geschäftsordnung der Kommission vorgesehen Möglichkeit verdeutlicht, Generaldirektoren und Dienstleiter zu ermächtigen, im Namen der Kommission Verwaltungsmaßnahmen zu treffen (sog. **Delegation**).[1953] Insbes. Art. 253 EG (Begründungspflicht, hierzu § 39 Rn. 121 ff.), Art. 254 Abs. 1 und 3 EG (Bekanntgabe) sowie Art. 256 EG (Entscheidung als Vollstreckungstitel) knüpfen an das Vorliegen der Entscheidung Rechtsfolgen und weisen ihr damit eine gewisse **Verfahrens-** (vgl. Rn. 43 ff.) und **Titelfunktion** (vgl. Rn. 38 ff.) zu. Zu Nebenbestimmungen zu einer Entscheidung s. § 36 Rn. 151 f.; zur Form und Bestimmtheit Rn. 37 Rn. 79; zur Möglichkeit der Kommission, Zusagen abzugeben, s. § 38 Rn. 125; zur Bekanntgabe Rn. 350, § 41 Rn. 240 f.; zur Heilung von Verfahrensfehlern § 45 Rn. 158 ff. Allerdings gilt dies alles nur für den externen Gemeinschaftsrechtsvollzug (Rn. 348) nicht für Einzelfallentscheidungen des EG-Beamtenrechts (interner Gemeinschaftsrechtsvollzug). Insoweit wurde auf Grundlage von Art. 236, Art. 283 EG in **Art. 90 ff. EG-Beamtenstatut** eine eigenständige Handlungsform geschaffen,[1954] die von der Entscheidung i. S. d. Art. 249 Abs. 4 EG abzugrenzen ist.[1955]

Vielfach wird angenommen, der Entscheidung i. S. d. Art. 249 Abs. 4 EG komme auch eine **346 Rechtsschutzfunktion** (vgl. Rn. 47 f.) zu, weil Art. 230 Abs. 4 EG den Rechtsschutz vom Vorliegen einer Entscheidung (jedenfalls im Hinblick auf ihren materiellen Gehalt) abhängig zu machen scheint. Der (älteren?) Rspr. des *EuGH* entspricht es jedoch eher, zwischen einem (auch) formellen Entscheidungsbegriff des Art. 249 Abs. 4 EG und dem (nur) materiellen Entscheidungsbegriff des Art. 230 Abs. 4 EG zu differenzieren.[1956] Folgerichtig koppelt **Art. III-365 EVV** den Individualrechtsschutz auch sprachlich vom Vorliegen einer Entscheidung ab.[1957] Generell sollten daher die Entscheidungsbegriffe von Art. 249 Abs. 4 und Art. 230 Abs. 4 EG nicht gleichgesetzt werden.

Aus Art. 254 Abs. 3 EG, nach dem die Entscheidung i. S. d. Art. 249 Abs. 4 EG durch die **347** Bekanntgabe an den Adressaten **wirksam** wird, der Klagefrist des Art. 230 Abs. 5 EG und dem Umstand, dass Art. 241 EG (Inzidentrüge der Ungültigkeit einer Verordnung nach Ablauf der Klagefrist) auf Entscheidungen keine Anwendung findet,[1958] wird zudem geschlossen, auch eine rechtswidrige Entscheidung könne gültig sein und werde nach Ablauf der Klagefrist unanfechtbar. Zur **Nichtigkeit** (Inexistenz) § 44 Rn. 9 f. Daher ist nach Ablauf der Klagefrist des Art. 230 Abs. 5 EG auch eine gerichtliche Vorlage nach Art. 234 Abs. 1 lit. b EG über die Gültigkeit einer Entscheidung ausgeschlossen, da andernfalls die Bestandskraft der Entscheidung unterlaufen werden könnte.[1959] So kann sich auch derjenige, der eine an ihn gerichtete Entscheidung

---

im Recht der EG, 1990, S. 165 f.; *Mager,* EuR 2001, 661, 662; *Nettesheim* in Grabitz/Hilf, EUV/EGV, Art. 249 EG Rn. 187; *Oppermann,* § 6 Rn. 95; *Ruffert* in Calliess/Ruffert, Art. 249 EG Rn. 123; *Schmidt* in von der Groeben u. a., Art. 249 EG Rn. 43; *Schroeder,* Bindungswirkungen von Entscheidungen nach Art. 249 EG im Vergleich zu denen von VA nach deutschem Recht, 2006, S. 25.

[1952] *Biervert* in Schwarze, EU-Kommentar, Art. 249 EG Rn. 32.

[1953] *EuGH,* Rs. 5/85, EuGHE 1986, 715, Rn. 28 ff. – Akzo Chemie; bei Überschreitung der mit der Zeichnungsbefugnis (Rn. 55) vergleichbaren Delegation (dies wohl missverstehend *Vogt,* Entscheidung als Handlungsform des EG-Rechts, 2005, S. 22 f.), geht *EuGH* von einer formell fehlerhaften Entscheidung, nicht von einer „Schein-Entscheidung" aus: *EuGH,* Rs. C-249/02, EuGHE 2004, I 10717, Rn. 44 f.; zu restriktiven Handhabung der Delegation in der Praxis: *Priebe* Verwaltung 2000, S. 379, 405 mit Fn. 79.

[1954] Hierzu *Kalbe* in von der Groeben u. a., Art. 283 EG Rn. 16 ff.; *Rogalla,* Das Dienstrecht der Europäischen Gemeinschaften, 2. Aufl. 1992, S. 211 ff.

[1955] So zutreffend *Vogt,* Entscheidung als Handlungsform des EG-Rechts, 2005, S. 78 ff.; a. A. noch *Bockey,* Entscheidung der Europäischen Gemeinschaft, 1998, S. 22 ff.; *U. Stelkens* ZEUS 2005, 61, 68.

[1956] Hierzu ausführlich *Röhl,* ZaöRV 60 (2000), S. 331, 333 ff.; *Vogt,* Entscheidung als Handlungsform des EG-Rechts, 2005, S. 28 ff., 232 ff.; ferner *Bast* in Bogandy (Hrsg.), Europäisches Verfassungsrecht, 2003, S. 479, 519 ff.; *Greaves,* European Law Revue 21 (1996), 3, 5 f. In Frage gestellt wird diese (ältere) Rechtsprechung allerdings durch *EuGH,* Rs. C-239/99, EuGHE 2001, I-1197, Rn. 32 ff. = EuZW 2001, 181 – Nachi Europe (hierzu Rn. 350).

[1957] *Ruffert* in Calliess/Ruffert, Verfassung der Europäischen Union, 2006, Art. I-33 Rn. 107; *U. Stelkens* ZEUS 2005, 61, 85; *Vogt,* Entscheidung als Handlungsform des EG-Rechts, 2005, S. 339.

[1958] Ausdrücklich *EuGH,* Rs. 156/77, EuGHE 1978, 1881, Rn. 21, 24; *Ehricke* in Streinz, EUV/EGV, Art. 241 EG Rn. 11; *Gaitanides* in von der Groeben u. a., Art. 241 EG Rn. 2; *Kamann/Selmayr* NVwZ 1999, 1041, 1046 f.; *Schwarze* in Schwarze, EU-Kommentar, Art. 241 EG Rn. 7; differenzierend *Vogt,* Entscheidung als Handlungsform des EG-Rechts, 2005, S. 246 ff.

[1959] *EuGH,* Rs. 156/77, EuGHE 1978, 1881, Rn. 17 ff.; *EuGH,* Rs. C-188/92, EuGHE 1994, I-833 Rn. 15 ff. = EuZW 1994, 250 – TWD Textilwerke Deggendorf; *EuGH,* Rs. C-178/95, EuGHE 1997,

nicht nach Art. 230 Abs. 4 EG angefochten hat, nach Klagefristablauf nicht darauf berufen, eine an einen anderen gerichtete, einen gleichartigen Sachverhalt regelnde Entscheidung sei auf Klage dieses anderen für nichtig erklärt worden.[1960] Allgemein anerkannt ist auch, dass eine Entscheidung für das sie erlassende Organ dergestalt verbindlich ist, dass es von einer einmal getroffenen Entscheidung erst nach ihrer Aufhebung abweichen darf und diese Aufhebung nur unter Berücksichtigung von Vertrauensschutz zulässig ist, s. § 48 Rn. 25 ff., 166 f., 235. Damit kommt der Entscheidung auch eine **Individualisierungs- und Klarstellungsfunktion** (vgl. Rn. 31 ff.) zu,[1961] s. a. § 43 Rn. 27, 44, 89, 98 f., 189, 191, § 44 Rn. 9 f.

348 **b) (Un-)Ähnlichkeiten mit dem Verwaltungsakt:** Die Ähnlichkeit ihrer Funktionen rechtfertigt, die Entscheidung nach Art. 249 Abs. 4 EG mit dem **VA** des § 35 **zu vergleichen.**[1962] Die Vergleichbarkeit dieser Handlungsformen zeigt sich v. a., wenn die Behörde unmittelbar gegenüber dem Bürger tätig wird,[1963] so beim „klassischen" externen Gemeinschaftsrechtsvollzug im Kartell- und Produktzulassungsrecht[1964] oder in Zusammenhang mit der Beihilfeaufsicht;[1965] zum EG-Beamtenrecht Rn. 345. Wegen der Eigenständigkeit des Gemeinschaftsrechts kann diesem **Vergleich** zwischen Entscheidung und VA jedoch **allenfalls eine didaktische Funktion** zukommen.[1966] Zudem hinkt er. Denn die Grenzen der durch diese Handlungsformen regelbaren Sachverhalte sind unterschiedlich gezogen:

349 So können durch Entscheidungen nach Art. 249 Abs. 4 EG auch Maßnahmen getroffen werden, die nach deutschem Rechtsverständnis den **Verfassungs- oder Regierungsakten** zugerechnet würden und vom Anwendungsbereich des VwVfG nicht umfasst wären, s. Rn. 212. So sind **staatengerichtete Entscheidungen** auch dann möglich, wenn in vergleichbaren Situationen im Bund-Länder-Verhältnis ein Handeln durch VA ausscheidet,[1967] s. a. Rn. 352. Dies betrifft insbes. solche Entscheidungen, mit denen – ähnlich einer Bundesaufsicht – auf einen einheitlichen Vollzug sekundären Gemeinschaftsrechts hingewirkt wird.[1968] Durch Entscheidungen nach Art. 249 Abs. 4 EG können aber auch (verfassungsrechtliche) Maßnahmen **zwischen Gemeinschaftsorganen** getroffen werden. So wurde im **Parlamentsrecht** die Entscheidung des Europäischen Parlaments bzw. ihres Präsidenten über die Einsetzung von Untersuchungsausschüssen[1969] oder die Anerkennung einer Gruppe von Parlamentsabgeordneten als Fraktion[1970] als Entscheidung i. S. des Art. 249 Abs. 4 EG qualifiziert,[1971] so dass den hiervon betroffenen Parlamentsgruppierungen Rechtsschutz nach Art. 230 Abs. 4 EG gewährt wurde.[1972] In der Lit.

I-585 Rn. 21 = EuZW 1997, 316 – *Wiljo*; *EuGH*, Rs. C-239/99, EuGHE 2001, I-1197, Rn. 31 ff. = EuZW 2001, 181 – *Nachi Europe*; *Gaitanides* in von der Groeben u. a., Art. 234 EG Rn. 39; *Kamann/Selmayr* NVwZ 1999, 1041, 1043; *Pechstein/Kubicki* NJW 2005, 1825 ff.; *Schwarze* in Schwarze, EU-Kommentar, Art. 234 EG Rn. 34; *Wegener* in Calliess/Ruffert, Art. 234 EG Rn. 14 m. w. N.

[1960] *EuGH*, Rs. C-310/97, EuGHE 1999, I-5363, Rn. 56 ff. = NJW 2000, 1933 – *AssiDomän*; *EuGH*, Rs. C-239/99, EuGHE 2001, I-1197, Rn. 22 ff. = EuZW 2001, 181 – *Nachi Europe*; *Wessely* EuZW 2000, 368 ff.

[1961] *Schroeder*, Bindungswirkungen von Entscheidungen nach Art. 249 EG im Vergleich zu denen von VA nach deutschem Recht, 2006, S. 25 f.

[1962] *Mager*, EuR 2001, 661, 662; *Nettesheim* in Grabitz/Hilf, EUV/EGV, Art. 249 EG Rn. 187; *Oppermann*, § 6 Rn. 98; *Schmidt* in von der Groeben u. a., Art. 249 EG Rn. 43; w. Nachw. bei *Röhl* ZaöRV 60 (2000), S. 331, 333.

[1963] *Bogandy/Bast/Arndt* ZaÖRV 62 (2002), S. 77, 94.

[1964] Hierzu *Vogt*, Entscheidung als Handlungsform des EG-Rechts, 2005, S. 60 ff.

[1965] Hierzu *Vogt*, Entscheidung als Handlungsform des EG-Rechts, 2005, S. 93 ff.

[1966] Ähnlich *Bleckmann* DÖV 1993, 837, 844; an der Vergleichbarkeit zweifelnd *Biervert* in Schwarze, EU-Kommentar, Art. 249 EG Rn. 32; *Röhl* ZaöRV 60 (2000), S. 331, 333 ff.; *Schroeder* in Streinz, EUV/EGV, Art. 249 EG Rn. 13; *Vogt*, Entscheidung als Handlungsform des EG-Rechts, 2005, S. 8 ff.

[1967] *Biervert* in Schwarze, EU-Kommentar, Art. 249 EG Rn. 32; *Bockey*, Entscheidung der Europäischen Gemeinschaft, 1998, S. 19 f.; *Junker*, VA im deutschen und französischen Recht und die Entscheidung im Recht der EG, 1990, S. 158.

[1968] *Mager* EuR 2001, 661, 670; *Vogt*, Entscheidung als Handlungsform des EG-Rechts, 2005, S. 13 f., 103 ff., 117 ff.

[1969] *EuGH*, Rs. 78/85, EuGHE 1986, 1753, Rn. 10 – *Groupes des Droites Européenes*.

[1970] *EuG*, Rs. T-222/99, EuGHE 2001, II-2823, Rn. 48 ff. – *Martinez*; hierzu *Albers*, Jura 2004, 44, 45 f.; *Cole/Haus*, JuS 2003, 353, 356 f.; *Epiney* NVwZ 2002, 1429, 1431.

[1971] Siehe hierzu aber auch *Röhl*, ZaÖRV 60 (2000), S. 331, 336 f.

[1972] Diese auf „verwaltungsrechtliche" Streitigkeiten zugeschnittene Verfahrensart passt allerdings auf solche parlamentarischen Streitigkeiten kaum: *Stauß*, Das Europäische Parlament und seine Untergliederungen als Parteien im Verfahren der Nichtigkeitsklage (Art. 173 EGV), 1996, S. 57 ff.

werden solche Maßnahmen jedoch zumeist den sog. „unbenannten Rechtsakten" zugeordnet, weil die Handlungsformen des Art. 249 EG nicht den internen Bereich erfassten.[1973]

Die Definition der Entscheidung enthält generell kein Merkmal, dass mit dem Merkmal **350** „**Außenwirkung**" des § 35 vergleichbar wäre. Dies zeigt sich auch, wenn die Kommission an einem von einer mitgliedstaatlichen Behörde durchgeführten VwVf zu beteiligen ist (zum umgekehrten Fall Rn. 361). Wird in solchen **mehrstufigen VwVf**[1974] die Kommissionsentscheidung unmittelbar an den Betroffenen gerichtet, muss dieser sie nach Art. 230 Abs. 4 EG anfechten und kann nicht erst – wie typischerweise im deutschen System, Rn. 169 ff. – deren Umsetzung durch den Mitgliedstaat abwarten, um dann gegen diese (vor den mitgliedstaatlichen Gerichten) vorzugehen und hierbei inzident (ggf. im Verfahren nach Art. 234 EG) die Rechtmäßigkeit der Kommissionsentscheidung überprüfen lassen.[1975] Der Betroffene muss also zur Vermeidung der Bestandskraft sowohl der Kommissionsentscheidung als auch der mitgliedstaatlichen Entscheidung gegen beide Entscheidungen gerichtlich vorgehen (und zwar vor unterschiedlichen Gerichten).[1976] Die Anfechtungslast soll dem Betroffenen in gestuften Verfahren auch dann obliegen, wenn eine Entscheidung nur an den Mitgliedstaat gerichtet ist, diesen aber zu einem bestimmten Handeln gegenüber dem Betroffenen verpflichtet (ihm insoweit also keinen Handlungsspielraum belässt).[1977] Dann kann der Betroffene die Entscheidung nicht nur nach Art. 230 Abs. 4 EG anfechten, sondern *muss* dies auch innerhalb der Frist des Art. 230 Abs. 5 EG tun, um den Eintritt ihrer Bestandskraft auch ihm gegenüber zu verhindern.[1978] Dabei wird vorausgesetzt, dass die Anfechtungsfrist des Art. 230 Abs. 5 EG gegenüber dem Betroffenen zu laufen beginnt, wenn die an den Mitgliedstaat gerichtete Entscheidung dem Betroffenen nur formlos von der Kommission oder dem Mitgliedstaat mitgeteilt wurde. Darüber hinaus soll – jedenfalls nach wohl h. M. in der Lit., Rspr. scheint zu fehlen – die Rechtsbehelfsfrist für den mittelbar Betroffenen auch zu laufen beginnen, wenn die an den Mitgliedstaat gerichtete Entscheidung (nur) im Amtsblatt veröffentlicht wurde.[1979] Dass dies den Geboten effektiven Rechtsschutzes kaum entspricht, wird aus deutscher Sicht vermehrt hervorgehoben.[1980] Dieses Modell entspricht allerdings der französischen Rechtsschutzkonzeption bei Einzelfallmaßnahmen mit Drittwirkung – und zwar einschließlich der Annahme, dass die Rechtsbehelfsfrist für den Dritten (schon) mit der öffentlichen Bekanntgabe der anzufechtenden Maßnahme zu laufen beginnt.[1981]

Unterschiede zum VA ergeben sich auch im **Verhältnis** der Entscheidung nach Art. 249 **351** Abs. 4 EG **zu vertraglichen Handlungsformen** der Gemeinschaft. Vergleichbar mit der „klassischen" Zweistufentheorie (Rn. 109) sieht *EuGH* zwar die Entscheidung über den Vertragsschluss als eine vom Vertrag selbst zu unterscheidende Entscheidung, die mit der Nichtigkeitsklage angefochten werden könne.[1982] Anders als im deutschen Recht (§ 44 Rn. 65, § 61

[1973] Deutlich *Biervert* in Schwarze, EU-Kommentar, Art. 249 EG Rn. 5; *Bockey*, Entscheidung der Europäischen Gemeinschaft, 1998, S. S. 43 ff.; *Oppermann*, § 6 Rn. 97; *Schmidt* in von der Groeben u. a., Art. 249 EG Rn. 16; *Thierfelder*, Entscheidung im EWG-Vertrag, 1968, S. 53 ff.
[1974] Zu solchen Fällen *Sydow*, Verwaltung 2001, S. 517, 520 ff.; *Vogt*, Entscheidung als Handlungsform des EG-Rechts, 2005, S. 127 ff.
[1975] *EuGH*, Rs. C-178/95, EuGHE 1997, I-585 Rn. 19 ff. = EuZW 1997, 316 – Wiljo.
[1976] Deutlich *Röhl*, ZaöRV 60 (2000), S. 331, 357.
[1977] *Cremer* in Calliess/Ruffert, EUV/EGV Art. 230 EG Rn. 46; *Röhl*, ZaöRV 60 (2000), S. 331, 357.
[1978] *EuGH*, Rs. C-188/92, EuGHE 1994, I-833 Rn. 12 ff. = EuZW 1994, 250 – TWD Textilwerke Deggendorf; *BGH* EuZW 2004, 254, 255.
[1979] Deutlich *Röhl*, ZaöRV 60 (2000), S. 331, 358; wohl auch *Cremer*, in Calliess/Ruffert, EUV/EGV Art. 230 EG Rn. 67; *Gaitanides* in v. d. Groeben/Schwarze, Art. 230 Rn. 108 ff.; *Schwarze* in Schwarze EU-Kommentar, Art. 230 EG Rn. 53 ff.; ablehnend jedoch *Ruffert* in Calliess/Ruffert, Art. 254 EG, Rn. 11. EuG hat nur in einem Fall, in dem dies für den Betroffenen *günstig* war, den Lauf der Klagefrist des Drittbetroffenen an die Veröffentlichung der Entscheidung im Amtsblatt geknüpft: *EuG*, Rs. T-140/95, EuGHE 1998, II-3327, Rn. 24 ff. – Ryanair.
[1980] *Caspar* DVBl 2002, 1437, 1439; *Ehlers* DVBl 2004, 1441, 1444; *Röhl*, ZaöRV 60 (2000), S. 331, 357; *Schmidt-Aßmann*, Ordnungsidee Rn. 7/51; *Sydow* Verwaltung 2001, 517, 540; *ders.*, Verwaltungskooperation in der EU, 2004, S. 284 ff.
[1981] Vgl. *Chapus*, Droit du contentieux administratif, 9. Aufl. 2001, Rn. 712, 714, 725; *Vedel/Delvolvé*, Droit administratif – Tome 2, 12. Aufl. 1992, S. 158.
[1982] Vgl. z. B. *EuGH*, Rs. 23/76, EuGHE 1976, 730, Rn. 17 ff. – Pellegrini; *EuGH*, Rs. 56/77, EuGHE 1978, 761, Rn. 10 ff. – Agence Européene d'Interims SA; *EuG*, Rs. T-19/95, EuGHE 1996, II-321, Rn. 31 f. – Adia Interim; *EuG*, Rs. T-169/00, EuGHE 2002, II-609, Rn. 188 ff. – Esedra SPRL; *EuG*, Rs.

Rn. 3) werden die EG-Organe aber für ermächtigt gehalten, vertragliche Ansprüche durch Entscheidung nach Art. 249 Abs. 4 EG durchzusetzen.[1983]

352 Auch der **Begriff der Einzelfallregelung** wird in Zusammenhang mit Art. 249 Abs. 4 EG anders als in Zusammenhang mit § 35 verstanden. Jedenfalls **in Bezug auf den Rechtsschutz** (s. aber Rn. 346) geht Art. 230 Abs. 4 EG davon aus, dass insoweit allein der **materielle Gehalt** der Regelung maßgeblich sein soll und nicht der formelle Schein: Hier wird von „*Entscheidungen*" gesprochen, die eine natürliche oder juristische Person unmittelbar und individuell betreffen, „*obwohl sie als Verordnung ergangen sind.*" Dabei geht *EuGH* mittlerweile auch davon aus, solche Schein-VO könnten nach den Grundsätzen der Rn. 350 mit Fristablauf nach ihrer (ausschließlich) öffentlichen Bekanntgabe bestandskräftig werden.[1984] Materiell soll eine Entscheidung aber nur vorliegen, wenn der Adressatenkreis der Maßnahme durch die Maßnahme selbst individualisiert wird, so dass er in der Zukunft nicht erweitert werden kann. Die Adressaten müssen damit zum Zeitpunkt ihres Erlasses zumindest **zählbar**, der Adressatenkreis geschlossen sein[1985] – was nicht ausschließt, dass eine Maßnahme als ein Bündel von Einzelentscheidungen (sog. **Sammelentscheidungen**) ergeht.[1986] Die AllgV des § 35 geht hierüber deutlich hinaus.[1987] Hiermit (oberflächlich) vergleichbar sind wohl nur solche **staatengerichtete Entscheidungen,** die an alle Mitgliedstaaten gerichtet sind und deshalb **rechtsnormähnlich** wirken.[1988] Eine Verwandtschaft mit der AllgV zeigt sich aber auch bei Entscheidungen mit **raumbezogenen Planungscharakter** wie etwa bei der Festsetzung von FFH-Gebieten.[1989]

353 c) **Beschluss nach Art. I-33 Abs. 1 UA 3 EVV:** Der EVV baut die Entscheidung (die in der deutschen Fassung fehlerhaft in „Beschluss" umbenannt wird)[1990] zu einem Allzweck und Auffanginstrument um, indem ihr Einsatzbereich auf dem Gebiet der Verfassungs- und Regierungsakte (vgl. Rn. 349) erheblich ausgeweitet und sie darüber hinaus auch zu einem Instrument der Durchführungsverordnungsgebung (vgl. Rn. 352) umgestaltet wurde. Hiermit verliert diese Handlungsform alle Konturen und damit jede Speicherfunktion, die die Existenz einer Handlungsform erst rechtfertigt,[1991] vgl. Rn. 3, 6.

3. Verwaltungsakt beim indirekten Vollzug des Gemeinschaftsrechts

354 a) **Allgemeines:** Soweit das Gemeinschaftsrecht – wie im Regelfall – von Bundes- oder Landesbehörden vollzogen wird, erfolgt der Vollzug im Rahmen des Geltungsbereichs der § 1, § 2 nach dem VwVfG (Einl. Rn. 74), so dass die Umsetzung des materiellen Gemeinschaftsrechts **durch VA gemäß § 35 VwVfG,** § 31 SGB X, § 118 AO oder den entsprechenden Vorschriften des Landesrechtes erfolgen kann. Allerdings können sich aus dem geschriebenen und ungeschriebenen Gemeinschaftsrecht sowohl im Hinblick auf das VwVf als auch im Hinblick auf die Wirkungen des VA Sonderregelungen ergeben, die wie Fachrecht gemäß § 1

T-195/05, Rn. 29 ff. – Deloitte Business Advisory; *Röhl,* ZaöRV 60 (2000), 331, 344 ff.; *Schilling,* EuZW 1999, 239, 240; *U. Stelkens* EuZW 2005, 299, 302.
[1983] *U. Stelkens* EuZW 2005, 299, 302.
[1984] *EuGH,* Rs. C-239/99, EuGHE 2001, I-1197, Rn. 32 ff. = EuZW 2001, 181 – Nachi Europe; hierzu *Vogt,* Entscheidung als Handlungsform des EG-Rechts, 2005, S. 238 ff.
[1985] Ausführlich *Scherzberg* in Siedentopf (Hrsg.), Europäische Integration und nationalstaatliche Verwaltung, 1991, S. 17, 21 ff.; *Vogt,* Entscheidung als Handlungsform des EG-Rechts, 2005, S. 29 ff., 34 ff.; ferner: *Biervert* in Schwarze, EU-Kommentar, Art. 249 EG Rn. 19; *Mager* EuR 2001, 661, 663; *Nettesheim* in Grabitz/Hilf, EUV/EGV, Art. 249 EG Rn. 188; *Schmidt* in von der Groeben u. a., Art. 249 EG Rn. 45.
[1986] Zum Begriff etwa *EuGH,* Rs. 40/73, EuGHE 1975, 1663, Rn. 111 – Suiker Unie; *EuG,* Rs. T-227/95, EuGHE II 1997, 1185 Rn. 56 = EuZW 1997, 696; *Schroeder* in Streinz, EUV/EGV, Art. 249 EG Rn. 133.
[1987] Deshalb sollten Sammelentscheidungen nicht als AllgV bezeichnet werden, so aber *Schwarze,* Europäisches Verwaltungsrecht, S. 936; wie hier *Bockey,* Entscheidung der Europäischen Gemeinschaft, 1998, S. 50; *Vogt,* Entscheidung als Handlungsform des EG-Rechts, 2005, S. 91 f.
[1988] *Bogandy/Bast/Arndt* ZaöRV 62 (2002), S. 77, 95 ff.; *Greaves,* European Law Revue 21 (1996), 3, 11 ff.; *Mager,* EuR 2001, 661, 670 ff.; *Scherzberg* in Siedentopf (Hrsg.), Europäische Integration und nationalstaatliche Verwaltung, 1991, S. 17, 28 ff.; *Sensburg* JA 2007, 612, 613; *Vogt,* Entscheidung als Handlungsform des EG-Rechts, 2005, S. 152 ff.
[1989] Siehe hierzu die Nachw. bei *U. Stelkens* NuR 2005, 362, 369.
[1990] Hierzu *U. Stelkens* ZEUS 2005, 61, 63 ff.
[1991] Zur Kritik *U. Stelkens* ZEUS 2005, 61, 66 ff.; *Vogt,* Entscheidung als Handlungsform des EG-Rechts, 2005, S. 334 ff.; ferner *Ruffert* in Calliess/Ruffert, Verfassung der Europäischen Union, 2006, Art. I-33, Rn. 106.

§ 35 Begriff des Verwaltungsaktes   355, 356   § 35

Abs. 1 den allgemeinen Regelungen des VwVfG vorgehen. Fingiert das Gemeinschaftsrecht bei nicht fristgerechter Antragsbearbeitung aus Rechtsschutzgründen eine Ablehnungsentscheidung (Rn. 66),[1992] entspricht dies etwa nicht dem Modell des § 75 VwGO.[1993] Der Geltungsvorrang des Gemeinschaftsrechts kann auch gebieten, dass die Behörde in europarechtskonformer Handhabung des § 80 Abs. 2 Nr. 4 die **sofortige Vollziehung** eines in Vollzug des Gemeinschaftsrechts erlassenen VA anordnet bzw. die Anordnung der aufschiebenden Wirkung nach § 80 Abs. 4 VwGO unterlässt,[1994] wenn die aufschiebende Wirkung zur Folge hätte, dass der Zweck eines Sekundärrechtsakts gerade wegen der aufschiebenden Wirkung nicht erreicht werden kann,[1995] § 79 Rn. 56. Allgemein hierzu § 1 Rn. 27f., 218ff.; zu Nebenbestimmungen § 36 Rn. 153; zur Form und Bestimmtheit § 37 Rn. 140f.; zu Zusagen und Zusicherungen § 38 Rn. 126; zur Begründung § 39 Rn. 125; zur Bekanntgabe § 41 Rn. 242; zur **Aufhebung** § 1 Rn. 225, § 48 Rn. 19ff., 96ff., 168ff., 236ff.; zur sog. „Emmott'schen Fristenhemmung", s. § 43 Rn. 26, § 79 Rn. 56.

b) Entscheidung i. S. d. Art. 4 Nr. 5 Zollkodex: Der als **EG-Verordnung** erlassene 355 Zollkodex enthält insbes. in Art. 6ff., Art. 220ff., Art. 243ff. auch Regelungen über das von den Zollbehörden der Mitgliedstaaten zu beachtende VwVf, die Wirksamkeit und Korrektur der diese VwVf abschließenden Entscheidungen, die hiergegen gegebenen Rechtsbehelfe und ihre sofortige Vollziehbarkeit. Um den Anwendungsbereich dieser den Begriff der „Entscheidung" verwendenden Vorschriften zu bestimmen, definiert Art. 4 Nr. 5 ZK diese – wohl in bewusster Anlehnung an die Definition des § 35[1996] – als *„eine hoheitliche Maßnahme auf dem Gebiet des Zollrechts zur Regelung eines Einzelfalles mit Rechtswirkungen für eine oder mehrere bestimmte oder bestimmbare Personen."* Art. 6 Abs. 1 ZK zeigt, dass nur Entscheidungen der Zollbehörden (d. h. nach Art. 4 Nr. 3 ZK die für die Anwendung des Zollrechts zuständigen Behörden) gemeint sind.[1997] Zur verbindlichen Zolltarifs- und Ursprungsauskunft § 38 Rn. 127.

Unterschiede zum VA-Begriff in § 35 und § 118 AO ergeben sich insbes. insoweit, als es für 356 das Vorliegen einer Entscheidung auszureichen scheint, dass die Maßnahme überhaupt Rechtswirkungen für eine oder mehrere Personen entfaltet, während ein VA nur vorliegt, wenn die Maßnahme auf **unmittelbare**[1998] Rechtswirkungen **gerichtet** ist, s. Rn. 157. Bedeutung kann diesem Unterschied insbes. in gestuften VwVf (Rn. 169ff.) und bei der Qualifizierung von Weisungen übergeordneter Zollbehörden (Rn. 178) zukommen. Somit ist nicht auszuschließen, dass gewisse Maßnahmen als Entscheidung i. S. d. Art. 4 Nr. 5 ZK anzusehen sind, die die Tatbestandsmerkmale des § 35 bzw. § 118 AO nicht erfüllen. Im Übrigen ist wahrscheinlich, dass auch durch eigenständige Interpretation des Art. 4 Nr. 5 ZK durch *EuGH* und die Gerichte anderer Mitgliedstaaten beide Begriffe „auseinanderdriften" werden.[1999] Da der Zollkodex das VwVf in Zollsachen nicht abschließend kodifiziert und insoweit die **AO subsidiär** anwendbar bleibt,[2000] ist dies nicht nebensächlich, weil im Rahmen der subsidiären Anwendbarkeit der AO allein die Begriffsbestimmung des § 118 AO maßgeblich bleibt: Weder kann der Zollkodex bestimmen, dass die Begriffsbestimmung des Art. 4 Nr. 5 ZK auch außerhalb seines Anwendungsbereichs maßgeblich ist, noch ist der Anwendungsbereich der für VA geltenden Bestimmungen der AO durch eine Bezugnahme auf Art. 4 Nr. 5 ZK erweitert (vgl. Rn. 13) worden. Art. 4 Nr. 5 ZK überlagert damit § 118 AO auch in Zollsachen nicht,[2001] sondern schließt als vorrangiges Fachrecht lediglich die Anwendbarkeit einiger Rechtsfolgen aus, die die AO an das

---

[1992] *EuGH*, Rs. C-186/04 – Pierre Housieaux, Rn. 30f. = NVwZ 2005, 792.
[1993] Vgl. *Kopp/Schenke*, § 75 Rn. 1a.
[1994] *EuGH*, Rs. 217/88, EuGHE I 1990, 2879 = EuZW 1990, 384 – Tafelwein; *EuGH*, Rs. C-143/88 EuGHE I 1991, 415 = NVwZ 1991, 460 – Zuckerfabrik Süderdithmarschen.
[1995] So deutlich *Schwarze* NVwZ 2000, 241, 250f.; für allgemeine Bedeutung dieser Grundsätze wohl *Kokott* Verwaltung 1998, 335, 341ff.; *Schoch* in Schoch u.a., § 80 Rn. 157; *Stern* JuS 1998, 769, 775.
[1996] *Henke/Huchatz* ZfZ 1996, 226, 229.
[1997] *Witte* in Witte, Zollkodex, Art. 4 Rn. 2 Stichwort „Entscheidung".
[1998] Ob sich das Unmittelbarkeitskriterium aus den übrigen Tatbestandsmerkmalen des Art. 4 Nr. 5 Zollkodex herauslesen lässt, erscheint als zweifelhaft; so aber *Söhn* in Hübschmann/Hepp/Spitaler, § 118 AO Rn. 33.
[1999] *Friedrichs* StuW 1995, 15, 16; *Söhn* in Hübschmann/Hepp/Spitaler, § 118 AO Rn. 33.
[2000] Zum Verhältnis zwischen Zollkodex und AO: *Friedrich* StuW 1995, 15ff.; *Henke/Huchatz* ZfZ 1996, 226ff. und 262ff.
[2001] So aber *Kadelbach*, Allgemeines Verwaltungsrecht und Europäischen Einfluss, 1999, S. 326.

§ 35 357–359   Teil III. Verwaltungsakt

Vorliegen eines VA i. S. d. § 118 AO (und eben nicht an das Vorliegen einer Entscheidung i. S. d. Art. 4 Nr. 5 ZK) knüpft, vgl. Rn. 3, 30. Wegen der größeren Elastizität des **prozessualen VA-Begriffs** (Rn. 15 f.) einerseits und der ausdrücklichen Regelungen über das Rechtsbehelfsverfahren in Art. 243 ff. ZK andererseits, die davon ausgehen, dass für alle zollrechtlichen Entscheidungen ein einheitliches Rechtsbehelfsverfahren normiert wird, wird man jedoch annehmen können, dass auch solche zollrechtlichen Entscheidungen, die nicht als VA i. S. d. § 118 AO zu qualifizieren sind, VA i. S. d. §§ 347 ff. AO, §§ 63 ff., §§ 100 f. FGO sind.[2002] Zu Nebenbestimmungen zu zollrechtlichen Entscheidung § 36 Rn. 153; zur Form § 37 Rn. 141 f.; zur Begründung § 39 Rn. 125; zur Bekanntgabe § 41 Rn. 242.

357   Besonderes Interesse verdient die zollrechtliche Entscheidung jedoch v. a., weil sie nach **Art. 250 ZK** mit „echter" **transnationaler, gemeinschaftsweiter Wirkung** (s. Rn. 359) ausgestattet wurde: Hiernach haben die von jedem Mitgliedstaat erlassenen Entscheidungen in den anderen Mitgliedstaaten dieselben Rechtswirkungen wie die von diesen selbst erlassenen Entscheidungen, wobei sich diese Wirkungen nicht nur auf die vom ZK selbst an das Vorliegen einer Entscheidung geknüpften Wirkungen zu beziehen scheinen, sondern auch auf die Wirkungen, die das Recht des Mitgliedstaates den von seinen Behörden erlassenen Entscheidungen „anheftet". Damit ist möglich, dass in einem Mitgliedstaat der Entscheidung eines fremden Mitgliedstaates Wirkungen zukommen, die sie nach dem Recht des erlassenden Mitgliedstaates nicht hat.[2003]

358   **c) Transnationaler Verwaltungsakt:** Zur Gewährleistung der Grundfreiheiten wird vielfach sekundärrechtlich vorgeschrieben, dass Produkt- und Berufszulassungen, aber auch eher „persönliche" Regelungen wie Aufenthaltstitel oder Fahrerlaubnisse, die in einem Mitgliedstaat ausgestellt worden sind, von den anderen Mitgliedstaaten ohne besonderes Anerkennungsverfahren anzuerkennen sind. Solche Zulassungen wirken damit nicht nur im Gebiet des Ausstellerstaates sondern gemeinschaftsweit. Um dies zu kennzeichnen, werden sie als **transnationale VA** oder **VA mit gemeinschaftsweiter Wirkung** bezeichnet.[2004] Der Begriff ist jedoch ungenau, weil er zum einen suggeriert, dass die von anderen Mitgliedstaaten erlassenen Zulassungsentscheidungen sowohl in der Definition wie in der Funktion dem VA des § 35 in jeder Hinsicht vergleichbar seien (hierzu Rn. 362),[2005] und zum anderen, dass es sich bei dem gemeinschaftsweit Wirkung entfaltenden Zulassungsakt zwingend um einen VA handeln muss, eine Zulassung in Form von Rechtssätzen (die insbes. bei Produktzulassungen vorstellbar sind, Rn. 290 ff.) oder durch ör. Vertrag mit gemeinschaftsweiter Wirkung also ausgeschlossen wäre.

359   I. d. R. ergibt sich die Verpflichtung der Mitgliedstaaten zur Anerkennung der von anderen Mitgliedstaaten getroffenen Zulassungsakte aus EG-Richtlinien, die in das innerstaatliche Recht in verschiedener Weise umgesetzt werden können: Dies kann zunächst dergestalt geschehen, dass das zulassungsbedürftige Vorhaben gesetzlich zulassungsfrei gestellt wird, soweit es in einem anderen Mitgliedstaat bereits zugelassen ist. Die Zulassung durch einen anderen Mitgliedstaat ist dann lediglich Tatbestandsmerkmal der gesetzlichen Genehmigungsfreistellung **(Herkunftslandprinzip).** Eine andere – abgeschwächte – Möglichkeit, die regelmäßig in Bezug auf die Anerkennung von Berufsabschlussprüfungen und Diplomen,[2006] aber auch etwa durch § 21 a StVZO angeordnet wird, besteht darin, dass die von dem anderen Mitgliedstaat getroffene Zulassung materiellrechtlich einer nach innerstaatlichem Recht erteilten Zulassung gleichgestellt wird, jedoch das Vorliegen einer gleichgestellten Zulassung (nicht jedoch ihrer „Gleichwertigkeit") in einem Anerkennungsverfahren geprüft wird **(Prinzip der gegenseitigen Anerkennung).** Bei beiden Regelungsmodellen ergibt sich die Transnationalität des Zulassungsakts nicht aus diesem selbst, sondern beruht nur auf dem Gesetz des Aufnahmestaates.[2007] Eine **echte**

[2002] In diese Richtung auch *Kadelbach,* Allgemeines Verwaltungsrecht unter Europäischem Einfluss, 1999, S. 327: analoge Anwendung.
[2003] *Witte* in Witte, Zollkodex, Art. 250 Rn. 1 und 5.
[2004] *Fastenrath* Verwaltung 1998, S. 277, 301; *Neßler* NVwZ 1995, 863, 865; *Pernice/Kadelbach* DVBl 1996, 1101, 1109; *Schmidt-Aßmann,* Ordnungsidee, Rn. 7/50; *ders.* DVBl 1993, 924, 935 f.; *Wahl/Groß* DVBl 1998, 2.
[2005] *Ruffert* Verwaltung 2001, S. 453, 456.
[2006] *Pernice/Kadelbach* DVBl 1996, 1101, 1110.
[2007] *Becker* DVBl 2001, 855, 858 ff.; *Fastenrath* Verwaltung 1998, S. 277, 303; *Hofmann,* Rechtsschutz und Haftung im Europäischen Verwaltungsverbund, 2004, S. 49 ff.; *Kadelbach,* Allgemeines Verwaltungsrecht unter Europäischem Einfluss, 1999, S. 36 und 328.

§ 35 Begriff des Verwaltungsaktes	360, 361	§ 35

transnationale Wirkung können jedoch solche Maßnahmen haben, deren Regelungsgehalt und Wirkungen – wie bei der zollrechtlichen Entscheidung (Rn. 357, § 38 Rn. 127) – unmittelbar durch **EG-Verordnung** angeordnet werden. Sie dürfte sich insbes. auch dadurch auszeichnen, dass bei grenzüberschreitenden Zuständigkeitswechseln der Zulassungsakt der Behörde eines Mitgliedstaates (ebenfalls mit gemeinschaftsweiter Wirkung) durch die Behörde eines anderen Mitgliedstaates aufgehoben oder geändert werden kann.[2008] Ein Fall des VA mit echter transnationaler Wirkung dürfte das **Schengen-Visum** nach Art. 10 des Schengener Durchführungsabkommens sein, das – auch wenn es von einer anderen Vertragspartei ausgestellt wird – die Rechtswirkungen einer Aufenthaltsbewilligung nach § 4 AufenthG entfaltet.[2009] Echte, sich letztlich **aus der Natur der Sache** ergebende transnationale Wirkungen haben auch **standortbezogene Anlagenzulassungen,** die allerdings zumeist nicht zu den transnationalen VA gezählt werden:[2010] Hiervon gehen jedoch Art. 7 der UVP-Richtlinie und Art. 17 der IVU-Richtlinie aus, die eine grenzüberschreitende Behörden- und Öffentlichkeitsbeteiligung bei Anlagen mit grenzüberschreitenden Auswirkungen vorsehen, s. Rn. 360.

Transnationale VA sind von den anderen Mitgliedstaaten auch dann anzuerkennen, wenn sie (gemeinschafts-)rechtswidrig sind. Die **Verantwortung für seine Rechtmäßigkeit trägt damit allein der Ausstellerstaat.**[2011] Ggf. kann dieser aber gemeinschaftsrechtlich zu dessen Aufhebung verpflichtet sein. Der Rechtsschutz ist vor den Gerichten des Ausstellerstaates zu suchen.[2012] Wohl nur eine Frage des Prozessrechts des Ausstellerstaates ist es, ob auch der Staat, der einen VA anerkennen muss, Klage gegen den VA erheben kann, den er wegen seiner transnationalen Wirkung anzuerkennen hat. Der *EuGH* wäre für solche Klagen unzuständig.[2013] Allerdings sind Vertragsverletzungsverfahren nach Art. 226, 227 EG möglich, wenn der den VA erfassende Mitgliedstaat bei Erlass des VA Gemeinschaftsrecht verletzt.[2014] Um so wichtiger ist es, bereits **im VwVf** die **Behörden betroffener anderer Mitgliedstaaten** und auch die Betroffenen grenzüberschreitend **zu beteiligen.** Art. 17 der IVU-Richtlinie und Art. 7 UVP-Richtlinie sehen solche Regelungen für das standortbezogene Anlagenzulassungsverfahren vor. Auch Art. 25 des Schengener Durchführungsabkommens statuiert bestimmte Informations- und Konsultationspflichten der Vertragsparteien untereinander bei der Ausstellung bestimmter Schengen-Visa. Entfaltet eine Zulassung gemeinschaftsweite Wirkung, kann es umgekehrt aber auch notwendig sein, dass die sie erlassende Behörde Sachverhaltsermittlungen oder Prüfungskompetenzen auf dem Gebiet anderer Mitgliedstaaten ausübt (vgl. § 53b Abs. 6 KWG).[2015] Auch hier ist fraglich, ob es ausreicht, dass gegen solche Maßnahmen Rechtsschutz nur bei Gerichten des Staates gesucht werden kann, dessen Behörden den VA erlassen haben.[2016] Zu Sprachproblemen s. § 23 Rn. 4ff.

d) Mitgliedstaatliche Entscheidungen im Gemeinschaftsverwaltungsverbund: Mit zunehmender Verdichtung der EU zu einem einheitlichen Verwaltungsraum[2017] wird – durch Sekundärrecht – zunehmend ein europäischer Verwaltungsverbund geschaffen, in dem gemeinschaftsweit wirkende Entscheidungen nicht mehr – wie beim transnationalen VA – von einem Mitgliedstaat allein zu verantworten sind, sondern in VwVf ergehen, in denen sowohl (mehrere) Mitgliedstaaten als auch die Kommission in der Form zu beteiligen sind, dass entweder mehrere

---

[2008] Vgl. hierzu *Linke,* Europäisches Internationales Verwaltungsrecht, 2001, S. 250 ff.
[2009] S. hierzu *BayObLG* NVwZ-Beilage I, 8/2000, 95, 96; *Stoppa* ZAR 2003, 211 ff.
[2010] A. A. deshalb *Ruffert* Verwaltung 2001, S. 453, 463.
[2011] Vgl. *EuGH,* C-11/95, EuGHE I 1996, 4115, Rn. 34 = EuZW 1996, 718; *EuGH,* Rs. C-202/97, EuGHE I 2000, 883, Rn. 46 ff. = NZS 2000, 291 (hierzu *Rixen* SGb 2002, 93 ff.); *EuGH,* Rs. C-476/01, Rn. 45 ff. = NJW 2004, 1725 – Kapper; *EuGH,* Rs. C-227/05, Rn. 27 ff. = NJW 2006, 2173 – Halbritter; *EuGH,* Rs, C-2/05, EuGHE I 2006, 1079 Rn. 24 ff. – Herborsch Kiere NV; *EuGH,* Rs. C-340/05, Rn. 27 ff. = NJW 2007, 1863 – Kremer; *Fastenrath* Verwaltung 1998, 277, 203; *Linke,* Europäisches Internationales Verwaltungsrecht, 2001, S. 275 ff.; *Neßler* NVwZ 1995, 863, 865; *Peine* JA 2004, 417, 422 f.; *Ruffert* Verwaltung 2001, S. 453, 474 ff.
[2012] *Becker* DVBl 2001, 855, 856; *Classen* VerwArch 96 (2005), S. 464, 465; *Linke,* Europäisches Internationales Verwaltungsrecht, 2001, S. 256 ff.; *Ruffert* Verwaltung 2001, S. 453, 476.
[2013] Vgl. *Schmidt-Aßmann* JZ 1994, 832, 839.
[2014] *EuGH,* C-11/95, EuGHE I 1996, 4115 = EuZW 1996, 718.
[2015] Vgl. *Becker* DVBl 2001, 855, 863 f.; *Groß* JZ 1994, 596; *Ohler* DVBl 2002, 880 ff.
[2016] *Burgi,* Verwaltungsprozess und Europarecht, 1996, S. 56; *Groß* JZ 1994, 596, 604; *Hecker* AöR 127 (2002), S. 291, 316 ff.
[2017] *Schmidt-Aßmann,* Ordnungsidee, Rn. 7/1.

Mitgliedstaaten gemeinsam eine Entscheidung zu verantworten haben (z. B. in Zusammenhang mit der grenzüberschreitenden Abfallverbringung[2018] – **horizontaler Verwaltungsverbund**) oder die Entscheidung eines Mitgliedstaates Voraussetzung für ein Tätigwerden oder die Rechtmäßigkeit einer Kommissionsentscheidung i. S. des Art. 249 Abs. 4 EG (Rn. 344 ff.) ist, die Mitgliedstaaten jedenfalls verpflichtet werden, von der Kommission letztverbindlich zu entscheidende Anträge „vorzuprüfen" oder auch eine Kommissionsentscheidung Voraussetzung für die Rechtmäßigkeit einer mitgliedstaatlichen Entscheidung ist (hierzu bereits Rn. 350 – **vertikaler Verwaltungsverbund**).[2019] Auch Kombinationen beider Verbundsformen sind insbes. im **Produktzulassungsrecht** üblich, z. B. in der Form, dass ein Mitgliedstaat (nur) dann zur Zulassung eines Produkts (mit gemeinschaftsweiter Wirkung) berechtigt ist, wenn weder die Kommission noch ein anderer Mitgliedstaat hiergegen begründete Einwendungen erhebt, andernfalls das Genehmigungsverfahren zur Kommission „hochgezont" wird.[2020]

362   Diese Verantwortungsteilung wirft – mehr noch als die vergleichsweise „einfachen" transnationalen VA – in der Praxis vielfach noch nicht befriedigend gelöste Rechtsschutz- und Haftungsfragen auf.[2021] So geht *EuGH* davon aus, dass er auch dann nicht befugt sei, die Rechtmäßigkeit einer mitgliedstaatlichen Entscheidung im Rahmen einer gegen eine Kommissionsentscheidung gerichteten Klage zu prüfen, wenn die mitgliedstaatliche Entscheidung die Kommission bindet; die nationale Entscheidung müsse gesondert (vor den mitgliedstaatlichen Gerichten) angegriffen werden.[2022] Umgekehrt wird angenommen, gegen Entscheidungen der Kommission müsse gesonderter Rechtsschutz vor europäischen Gerichten nach Art. 230 Abs. 4 EG auch dann gesucht werden, wenn eine mitgliedstaatliche Behörde in einem VwVf „an sich" federführend ist, näher Rn. 350. Hiermit verträgt sich kaum, wenn die mitgliedstaatliche **Meldung eines FFH-Gebiets** nach § 33 BNatSchG nur als bloße Vorbereitungshandlung für die Kommissionsentscheidung über die Festsetzung des Netzes Natura 2000 (vgl. Rn. 168) gewertet wird, die kein VA sei und auch nicht unmittelbar Rechte der betroffenen Grundstückseigentümer berühre.[2023] Entsprechendes wird aber auch in anderen Fällen mitgliedstaatlicher Mitwirkung zu Kommissionsentscheidungen erwogen.[2024]

3. Europäischer Verwaltungsakt?

363   Wegen der mit dem VA i. S. d. § 35 in Definition und Funktion vergleichbaren (Rn. 348) Entscheidung nach Art. 249 Abs. 4 EG sowie der an § 35 angelehnten Definition der zollrechtlichen Entscheidung nach Art. 4 Nr. 5 ZK (Rn. 355 f.) wird teilweise angenommen, hiervon ausgehend sei die Herausbildung **gemeinschaftsweiter einheitlicher Kriterien für den Begriff des VA** möglich. Dem solle erhebliche Bedeutung für die Entwicklung des mitgliedstaatlichen und des EG-Eigenverwaltungsrechts zukommen.[2025] Selbst bei unterstellter Möglichkeit der Herausbildung einer gemeinschaftsweit zumindest in ihrem Kernbereich einheitlichen Definition wäre hiermit jedoch wenig gewonnen, sofern nicht über die Rechtsfolgen Einigkeit besteht, die mit der Qualifizierung einer Maßnahme als „europäischer VA" verknüpft sein sollen.[2026] Insofern ist das deutsche Modell mit seiner Vielzahl von VA-Funktionen alles andere als zwingend (vgl. Rn. 30): So knüpft das französische Verwaltungsrecht an den Begriff des „acte unilatéral non reglementaire"[2027] keine Vollstreckungsfunktion (Rn. 38), sondern weist diese

---

[2018] Hierzu z. B. *BVerwG* NVwZ 2004, 344 f.; *Ruffert* Verwaltung 2001, S. 453, 464 f.
[2019] *Hoffmann*, Rechtsschutz und Haftung im Europäischen Verwaltungsverbund, 2004, S. 151 ff.
[2020] Zu einem solchen Modell *Lienhard* NuR 2002, 13 ff.; *Wahl/Groß* DVBl 1998, 2, 5 ff.; ferner zu den Regelungsmodellen im gemeinschaftsrechtlichen Produktzulassungsrecht: *Caspar* DVBl 2002, 1437 ff.; *Godt* NJW 2001, 1167 ff.; *Hofmann*, Rechtsschutz und Haftung im Europäischen Verwaltungsverbund, 2004, S. 108 ff.; *Sydow*, Verwaltungskooperation in der EU, 2004, S. 118 ff.
[2021] Zusammenfassend *Hofmann*, Rechtsschutz und Haftung im Europäischen Verwaltungsverbund, 2004, S. 163 ff.; *Sydow*, Verwaltungskooperation in der EU, S. 277 ff.; ferner *Pache* VVDStRL 66 (2007), S. 106, 141 ff.
[2022] *EuGH*, Rs. C-97/91, EuGHE I 1992, 313, Rn. 9 ff. = EuZW 1992, 217 – *Borelli*.
[2023] *BVerwG* NVwZ 2006, 822 f.; ebenso OVG Bremen NuR 2005, 654; OVG Münster NuR 2003, 706; *Nies/Schröder* AgrarR 2002, 172, 182; *Stüer/Spreen* NdsVBl 2003, 44, 48 f.
[2024] OVG Schleswig NJW 2000, 1059, 1060; *Lienhard* NuR 2002, 13, 15.
[2025] *von Danwitz*, Verwaltungsrechtliches System, 1996, S. 249; *Schmidt-Aßmann*, Ordnungsidee, 1. Aufl. 1998, 7/50 (vorsichtiger in der 2. Aufl., 2004, Rn. 7/50); *Wolff/Bachof/Stober* 2, § 45 Rn. 17.
[2026] Ähnlich *Bleckmann* DÖV 1993, 837, 844 f.; *Röhl* ZaöRV 60 (2000), S. 331, 363 f.
[2027] Zum Begriff *Autexier*, Introduction au droit public allemand, 1997, Rn. 218.

regelmäßig dem Strafrichter zu.[2028] Auch zeigen die Entschließungen des Europarates zum Verwaltungsverfahrensrecht, dass die verfahrensrechtliche (Rn. 43 ff.) und die Rechtsschutzfunktion (Rn. 47) nicht zwingend mit der Individualisierungs- und Klarstellungsfunktion (Rn. 31 ff.) verknüpft zu sein brauchen, s. Rn. 344. Jedoch ist möglich, dass **bereichsspezifisch** durch EG-Verordnungen auch für den indirekten Vollzug Regelungen für das VwVf und die Wirkungen der das Verfahren abschließenden Entscheidung getroffen werden. Insoweit kann die Regelung des **Art. 4 Nr. 5 ZK** (Rn. 354 ff.) **Vorbildwirkung** für eine ähnliche Normierung spezieller Handlungsformen für den indirekten Vollzug von Gemeinschaftsrecht haben.

VII. Landesrecht

§ 106 LVWGSchlH enthält ohne inhaltliche Abweichung in S. 1 statt „hoheitlich" „öffent- **364** lich-rechtlich" (Rn. 104); überdies sind S. 1 und 2 in zwei Absätze aufgeteilt. Im Übrigen wird die Definition des § 35 ohne Abweichungen von den **Landesgesetzen** übernommen. Gerade dies erlaubt die Annahme, dass es sich bei der Definition des § 35 um einen „gemeindeutschen" allgemeinen Rechtsgrundsatz handelt (Rn. 12, 15), der den Ländern aber nicht verwehrt, in der „Grauzone" zwischen VA und sonstigen Maßnahmen bis zur Grenze des Formenmissbrauchs (Rn. 18) solche Maßnahmen (fachrechtlich) als VA zu qualifizieren, denen nach der Definition des § 35 keine VA-Qualität zukäme, Rn. 13. In diesem Fall ist die so als VA bezeichnete Maßnahme auch i. S. der § 42, §§ 68 ff., § 113 VwGO als VA anzusehen, selbst wenn die Voraussetzungen des § 35 nicht vorliegen. Die **VwGO ist** damit auch **für abweichende VA-Definitionen durch Landesrecht offen,** das so den Anwendungsbereich von Anfechtungs- und Verpflichtungsklagen erweitern und beschränken kann. Daher kann durch Landesrecht das Schweigen einer Behörde auch mit Wirkung für das Verwaltungsprozessrecht als VA fingiert werden, obwohl **fingierte VA** keine „Maßnahmen einer Behörde" sind, da sie nur durch die gesetzliche Fiktion entstehen, Rn. 66. Soweit für die Auslegung der § 42, §§ 68 ff., § 113 VwGO allein der bundesrechtliche VA-Begriff für maßgeblich gehalten wird (Rn. 15), wird auf fingierte VA i. d. R. nicht eingegangen. Diese Auffassung ist sonst nicht mit der Befugnis des Landesgesetzgebers vereinbar, für das Verwaltungsverfahrensrecht den VA-Begriff abweichend von § 35 zu definieren (Rn. 13), die ihm nicht über den Umweg des Verwaltungsprozessrechts genommen werden darf. Dies wäre aber der Fall, wenn etwa die Fristen für Anfechtungs- und Verpflichtungsklagen für von § 35 abweichende VA-Definitionen im Landesrecht nicht gelten würden, so dass diese letztlich nicht formell bestandskräftig werden könnten (§ 43 Rn. 20 ff.).

Nicht gegen die hier vertretene Auffassung spricht, dass mit guten Gründen angenommen **365** werden kann, dass diejenigen landesgesetzlichen Regelungen wegen Unvereinbarkeit mit §§ 42, 68, 113 Abs. 1 VwGO nichtig sind, die entsprechend § 18 Abs. 2 VwVG (der seinerseits wohl durch § 195 Abs. 2 VwGO aufgehoben worden ist, Rn. 93) den Sofortvollzug als VA fingieren (vgl. z. B. Art. 38 Abs. 2 BayVwZG, § 46 Abs. 7 S. 3 ThürVwZVG);[2029] hierzu und zur Realaktqualität dieser Maßnahmen Rn. 93 f. Diese Vorschriften beschränken sich nämlich darauf, allein für den Rechtsschutz einen VA zu fingieren. Eine solche unmittelbare Änderung des Verwaltungsprozessrechts ist den Ländern jedoch mangels ausdrücklicher Ermächtigung in der VwGO verwehrt.

VIII. Verwaltungsakte i. S. des Art. 19 EVertr

Unter der Überschrift „Fortgeltung von Entscheidungen der öffentlichen Verwaltung" ordnet **366** Art. 19 S. 1 EVertr an, dass vor dem „Wirksamwerden des Beitritts ergangene VA" wirksam bleiben. Sie können gem. S. 2 und 3 nach allgemeinen Grundsätzen aufgehoben werden oder dann, wenn sie mit rechtsstaatlichen Grundsätzen unvereinbar sind; zur Frage ihrer Erledigung bei Rechtsänderung s. § 43 Rn. 246. Damit transformiert **Art. 19 EVertr** alle „**DDR-VA**" in

---

[2028] *Autexier* in Sonnenberg/Autexier, Einführung in das französische Recht, 3. Aufl. 2000, Rn. 56.
[2029] So *Pietzner* VerwArch 84 (1993), S. 261, 283 ff.

das westliche Recht,[2030] dazu im Einzelnen § 43 Rn. 236 ff. Die Vorschrift verfolgt das Ziel, schnell eine Rechtseinheit herbeizuführen. Dadurch wird für diese Entscheidungen erst durch den Einigungsvertrag eine Rechtsqualität **fingiert,** die sie nach eigenem früherem Verständnis des DDR-Staates[2031] nicht gehabt haben.[2032] Zur Rechtslage nach dem 2. SED-UnBerG s. § 43 Rn. 264 ff. *BVerwG* verdeutlicht diesen **Fiktionscharakter des Art. 19 EVertr,** indem es seinen Anwendungsbereich nach der Definition des § 35 bestimmt.[2033] Folglich wird bei der Frage, ob die Entscheidung einer DDR-Behörde ein VA i. S. d. Art. 19 EVertr. ist, allein darauf abgestellt, ob die von der Entscheidung getroffene Regelung nach westdeutschem Verwaltungsrecht durch VA geregelt wird oder bei vergleichbarer Rechtslage durch VA geregelt würde.[2034] Da zumindest vor 1990 der Begriff der **AllgV** unbekannt war,[2035] sind jedoch Maßnahmen auf dem Grenzbereich zwischen Rechtssatz und Einzelfallregelung nicht als VA i. S. d. Art. 19 EVertr., sondern als nach Art. 9 EVertr. fortgeltendes „Recht" zu qualifizieren.[2036] Bereits zu DDR-Zeiten aufgestellte **Verkehrszeichen** sind jedoch als AllgV zu behandeln (Rn. 330 ff.), vgl. Anl. I Kap. XI Sachgeb. B Abschn III Nr. 14 lit. h EVertr. *BVerwG* erkennt zudem auch **„DDR-Widmungen"** (vgl. Rn. 320 ff.) an und liest diese aus einer „förmlichen Zweckbindung einer Sache für öffentliche Aufgaben, die auch dem DDR-Recht bekannt war", heraus.[2037]

367 Keine VA i. S. d. Art. 19 EVertr sind demgegenüber bloße **Hinweise** oder **Auskünfte** über das geltende Recht oder das beabsichtigte weitere Verfahren[2038] (vgl. Rn. 82 f.) oder die **bloße Duldung** eines rechtswidrigen Zustands durch DDR-Behörden,[2039] vgl. Rn. 92. Soweit aber nach DDR-Recht selbst an die jahrelange Duldung eines Bauwerks durch die zuständigen Behörden die Unzulässigkeit von Abrissverfügungen knüpfte (sog. **„Bevölkerungsbauwerke"**), schließt dieser Bestandsschutz auch Bauordnungsverfügungen nach neuem Recht aus.[2040] *BSG*[2041] hält auch die Existenz von DDR-Zusagen unter der Voraussetzung für möglich, es lasse

---

[2030] Zu historischen Vorbildern: *Dietlein,* FS Kutscheidt, 2003, S. 119 f.
[2031] Hierzu ausführlich 6. Aufl. § 35 Rn. 259 ff.; ferner: Akademie für Staats- und Rechtswissenschaften der DDR (Hrsg.), Verwaltungsrecht, 2. Aufl. 1988, S. 30 ff., 132 ff.; *Bernet* LKV 1992, 345; *Bley* in König (Hrsg.), Verwaltungsstrukturen der DDR, 1991, S. 249; *Engert,* Historische Entwicklung des Rechtsinstituts VA, 2002, S. 233 f.; *Misselwitz* VerwArch 69 (1978), S. 251; *Rühmland* DVBl 1983, 261, 265; *P. Stelkens,* VwVf, Rn. 303 ff.; *ders.* DtZ 1991, 164, 169; *Ule* DVBl 1985, 1029 ff.
[2032] *P. Stelkens,* VwVf, Rn. 304, 478 m. w. N.
[2033] *BVerwG* LKV 1994, 219; NVwZ 2006, 1423, 1424; ähnlich *BVerwGE* 105, 255, 258 = NJW 1998, 253; ebenso *OVG Weimar* LKV 1995, 294; *BSG* Breith 1997, 236; *Dietlein,* FS Kutscheidt, 2003, S. 119, 121.
[2034] **Beispiele für VA i. S. d. Art. 19 EVertr:** Steuerbescheid (*BFHE* 177, 317; *FG Berlin* EFG 2004, 1108, 1109; *FG Brandenburg* EFG 1996, 50; *FG Thüringen* EFG 1994, 358), Enteignung (*BVerwGE* 104, 186 = DtZ 1997, 264), Baugenehmigung (*OVG Berlin* LKV 1994, 410; LKV 1999, 196; *OVG Weimar* LKV 1994, 110; LKV 1995, 294; *VG Frankfurt (Oder),* LKV 2001, 472, 474 f.; *Gohrke/Brehsan* LKV 1999, 396), Standortgenehmigung für energiewirtschaftliche Vorhaben (*BezG Erfurt* LKV 1994, 31), atomrechtliche Genehmigung (*BVerfG* LKV 1994, 25; *BVerwGE* 90, 255 = LKV 1992, 377; *Rengeling* DVBl 1992, 222); Abfalldeponiezulassung (*VG Chemnitz* LKV 1999, 468, 469; *Kersting/Spieß* LKV 1999, 425; *Oebecke* LKV 1995, 132), Genehmigung eines Flugplatzes (*OVG Bautzen* LKV 1995, 404; *OVG Frankfurt (Oder)* LKV 1998, 272), Genehmigung zur Fällung eines Baumes (*VG Meiningen* LKV 1998, 243), Gewerbeerlaubnis zur Durchführung von Sportwetten (Rn. 368), Aufenthaltserlaubnis (*OVG Bautzen* SächsVBl 1999, 11), Approbation bzw. deren Rücknahme (*OVG Weimar* LKV 2000, 117), Bestellung zum Steuerbevollmächtigten (*BFH* HFR 2000, 31, 32), Ernennung zum Hochschulrektor (*BezG Erfurt* LKV 1993, 173), Fahrerlaubnis (*OVG Münster* LKV 1993, 133; *OVG Hamburg* DtZ 1999, 133; *OVG Hamburg* DtZ 1991, 320), Jagderlaubnis (s. § 43 Rn. 236; *OVG Bautzen* LKV 1993, 61; *OVG Frankfurt (Oder)* LKV 1997, 459), Gewährung eines Stipendiums (*OVG Berlin* LKV 1992, 299), Genehmigung eines Vereins (mit der Folge seiner Rechtsfähigkeit, s. *Weber* NJW 1998, 197, 200), Genehmigung zum Erbschaftserwerb juristischer Personen (*KG* DtZ 1996, 151, hierzu § 43 Rn. 236), Musterungsbescheid (*BVerwGE* 109, 487 f.; *VG Berlin* LKV 1991, 352), als Disziplinarstrafe verhängte Entlassung (*OVG Bautzen* LKV 1994, 149), Rentenbescheid (*BSG* Breith 1997, 236; LKV 2000, 127), Umgemeindung eines Teils des Gemeindegebiets (*VG Dresden* LKV 2000, 269, 270), Feststellung der Rechtsstellung einer Religionsgemeinschaft (*BVerwGE* 105, 255, 258 = NJW 1998, 253).
[2035] Vgl. Akademie für Staats- und Rechtswissenschaften der DDR (Hrsg.), Verwaltungsrecht, 2. Aufl. 1988, S. 121; zur Frage, welchen DDR-Maßnahmen Normcharakter zukam: *Janke* NJ 1997, 455 ff.
[2036] Vgl. für Landschaftsschutzgebietserklärung (Rn. 317): *OVG Frankfurt (Oder)* LKV 1997, 217, 218.
[2037] *BVerwG* 112, 274, 280 f. = NVwZ 2001, 1030, 1031 f.; zur straßenrechtlichen Widmung: *VG Schwerin* LKV 2002, 591, 592.
[2038] *BVerwG* LKV 1994, 219.
[2039] *VG Weimar* ThürVBl 1999, 265, 266.
[2040] *OVG Weimar* LKV 2001, 229, 230 f.
[2041] *BSGE* 85, 186, 190; zweifelnd demgegenüber *BFHE* 180, 21, 27.

sich nachweisen, dass sich die DDR-Behörde in Vergleichsfällen an solche Zusagen gehalten hat. Sieht man Zusage als VA (§ 38 Rn. 33 ff.), entspricht diese Vorgehensweise dem Fiktionscharakter des Art. 19 EVertr.

Dem Fiktionscharakter des Art. 19 EVertr entspricht es auch, wenn für die Frage, ob ein VA **368** i. S. d. Bestimmung vorliegt und welchen Inhalt er hat, dieselben **Auslegungsgrundsätze** herangezogen werden wie bei § 35, hierzu Rn. 71 ff. Maßgeblich wird damit auf den **Empfängerhorizont** abgestellt.[2042] Art. 19 EVertr bewirkt jedoch keine inhaltliche, v. a. weder **zeitliche** noch **räumliche Ausweitung** des Regelungsinhalts der Maßnahme, s. § 43 Rn. 242 f. So wandelt sich etwa die personenbezogene Zustimmung zur Errichtung eines Eigenheims nicht in eine rechtsnachfolgefähige Baugenehmigung.[2043] Problematisch bleiben die Fälle, in denen in der Vergangenheit Genehmigungen für den Geltungsbereich der DDR ausgesprochen worden sind: Hier stellt sich die Frage, ob eine Erstreckung auf den gesamten neuen Bereich der Bundesrepublik geregelt werden sollte. *BVerwG* stellt darauf ab, dass einem DDR-VA dann Geltung im ganzen Bundesgebiet zukommt, wenn dies auch für VA zutrifft, die von der Behörde eines (alten) Bundeslandes erlassen worden sind.[2044] Dies wurde bei **statusbegründende VA** angenommen, da deren Regelungen und Auswirkungen unteilbar seien,[2045] vgl. § 43 Rn. 242. Sonderregelungen wie z. B. in Anlage I Kap. X Sachgebiet D Abschn. II Nr. 23 über die (beschränkte) Freigabe von untersuchten Arzneimitteln für das gesamte Bundesgebiet[2046] deuten jedoch darauf hin, dass bei räumlicher Teilbarkeit einer Maßnahme die räumliche Beschränkung auf das Gebiet der DDR als Inhalt der ursprünglichen DDR-Maßnahme durch Art. 19 EVertr nicht erweitert worden ist. Dem hat sich *BVerwG* in Zusammenhang mit den **DDR-Glücksspielkonzessionen und Sportwettengenehmigungen** angeschlossen und ihre Wirkungen auf das Gebiet der ehemaligen DDR beschränkt.[2047]

IX. Vorverfahren

1. Rechtsnatur von Widerspruchs- und Abhilfebescheid

§ 35 gilt auch für die Entscheidung der Widerspruchsbehörde (§ 79).[2048] Der **Widerspruchsbescheid** **369** ist damit gegenüber dem Widerspruchsführer, jedem Dritten und auch gegenüber der Ausgangsbehörde **VA**,[2049] s. Rn. 23 f. Auch der von der Ausgangsbehörde getroffene **Abhilfebescheid** ist VA i. S. d. § 35,[2050] s. § 48 Rn. 63. § 79 Abs. 1 Nr. 2 VwGO stellt ihn in seinen Wirkungen prozessual dem Widerspruchsbescheid gleich. Nur Verwaltungsinternum ist jedoch die **Ablehnung der Abhilfe** nach § 73 Abs. 1 HS. 1 VwGO.[2051] Mangels Regelung kein VA ist die bloße Anregung der Widerspruchsbehörde an die Ausgangsbehörde, einem Widerspruch abzuhelfen, s. § 48 Rn. 63. Soweit die Widerspruchsbehörde die Ausgangsbehörde hierzu förmlich anweist, kann dies nach allg. Grundsätzen (Rn. 179 ff.) jedoch ein VA sein.

[2042] *BVerwGE* 105, 255, 258 = NJW 1998, 253; *BVerwGE* 126, 149, 160 = NVwZ 2006, 1175, 1178 f.; NVwZ 2006, 1423, 1425; *BVerwG* LKV 1994, 219; *OVG Weimar* LKV 2000, 309, 310; *VG Frankfurt (Oder)* LKV 2001, 472, 474.
[2043] *OVG Bautzen* LKV 2007, 85, 86.
[2044] *BVerwG* NVwZ 2006, 1423, 1424.
[2045] *BVerwGE* 105, 255, 258 = NJW 1998, 253; *Dietlein*, FS Kutscheidt, 2003, S. 119, 126 f.
[2046] Dazu *KG* ZLR 1992, 629.
[2047] *BVerwGE* 126, 149, 160 = NVwZ 2006, 1175, 1179 f.; ebenso *OVG Lüneburg* GewArch 2003, 247; NVwZ 2005, 1336, 1337; *VGH München* GewArch 2005, 78, 81; *OVG Münster* NWVBl 2003, 220, 221; NVwZ-RR 2004, 653 ff.; *Dietlein*, FS Kutscheidt, 2003, S. 119, 128 ff.; für bundesweite Geltung demgegenüber (noch): *OVG Weimar* LKV 2000, 309, 310 ff.; *BGH* NJW-RR 2002, 395, 397; *Horn* NJW 2004, 2047, 2049 ff.; *Rixen* NVwZ 2004, 1410, 1412 f.; *Voßkuhle/Baußmann* GewArch 2006, 395, 398 f.; für Erledigung kraft Rechtsänderung auch im Gebiet der ehemaligen DDR: *OVG Magdeburg* NVwZ-RR 2006, 470, 471 f.; *VG Dessau* GewArch 2003, 296, 297; auf den genauen Inhalt der Genehmigung abstellend: *BVerwG* NVwZ 2006, 1423, 1424 ff.
[2048] *Kopp/Ramsauer*, § 79 Rn. 47; *Kopp/Schenke*, § 73 Rn. 1; *Meyer/Borgs*, § 79 Rn. 13; *Repp* in Obermayer, VwVfG, § 79 Rn. 19.
[2049] *BVerwGE* 95, 333, 335 = NVwZ 1995, 165; *VGH Mannheim* NVwZ-RR 1991, 493, 495; *Koehl* BayVBl 2003, 331 f.
[2050] *Dolde* in Schoch u. a., § 72 Rn. 15; *Geis/Hinterseh* JuS 2002, 34, 35; *Kopp/Schenke*, § 72 Rn. 3.
[2051] *Geis/Hinterseh* JuS 2002, 34, 35; *Repp* in Obermayer, VwVfG, § 79 Rn. 19 Fn. 31.

370 Widerspruchs- und Abhilfebescheide, die Widersprüchen gegen **sachbezogene AllgV** i. S. d. § 35 S. 2 Alt. 2 und 3 (Rn. 308 ff.) ganz oder teilweise stattgeben bzw. abhelfen, sind selbst sachbezogene AllgV.[2052] Wird die durch den Widerspruchsbescheid modifizierte AllgV nicht zusätzlich auch den sonstigen hiervon Betroffenen bekannt gegeben, gelten teilweise unterschiedliche Regeln für unterschiedliche Betroffene hinsichtlich der ör. Eigenschaft oder Benutzung derselben Sache, s. § 41 Rn. 247. Zur besonderen Problematik bei der Aufhebung von **Verkehrszeichen** s. Rn. 335. Widerspruchsbescheide, die **personale AllgV** i. S. d. § 35 S. 1 Alt. 1 (Rn. 282 ff.) aufheben oder abändern, sind selbst keine AllgV i. S. d. § 35 S. 1 Alt. 1, da sie sich nicht an einen bestimmbaren Personenkreis richten, sondern konkret an den Widerspruchsführer, an den der Widerspruchsbescheid nach § 72, § 73 VwGO auch allein bekannt gegeben wird,[2053] s. § 41 Rn. 247. Eine andere Frage ist, ob die Regelungswirkung des Widerspruchsbescheides nicht auch andere Betroffene begünstigt, s. Rn. 273 f.

2. Verhältnis zwischen Widerspruchs- und Ausgangsbescheid

371 Nach § 79 Abs. 1 Nr. 1, § 113 Abs. 1 S. 1 VwGO bilden Ausgangs- und Widerspruchsbescheid – ggf. zusammen mit vor Erlass des Widerspruchsbescheids ergangenen Änderungsbescheiden[2054] – einen **einheitlichen materiellen VA**,[2055] s. Rn. 46, § 79 Rn. 14. Obgleich ursprünglicher VA und Widerspruchsbescheid **in unterschiedlichen Verfahren** ergangen sind, kann daher ein rechtswidriger Ausgangsbescheid durch den Widerspruchsbescheid zu einem rechtmäßigen materiellen VA umgestaltet werden.[2056] Umgekehrt können nicht beide VA gesondert angefochten werden. Selbst wenn der **Ausgangsbescheid zunächst rechtmäßig** war, der Widerspruchsbescheid diesen aber (etwa durch rechtsfehlerhafte Ermessenserwägungen) rechtswidrig macht, ist der aus beiden Bescheiden zusammengesetzte materielle VA **insgesamt** rechtswidrig und muss nach § 113 Abs. 1 VwGO aufgehoben werden.[2057] Zur Rücknahme nach § 48 Rn. 263 ff., § 79 Rn. 17. Wegen § 68 Abs. 1 Nr. 2, § 79 Abs. 1 Nr. 1 VwGO kann auch dann, wenn der Widerspruchsbescheid erstmalig zu einer Beschwer führt, kein erneuter Widerspruch mit der Begründung erhoben werden, der Widerspruchsbescheid habe den Ausgangs-VA faktisch vollständig ausgetauscht. Es kommt allenfalls eine **isolierte Anfechtungsklage** unter den Voraussetzungen des § 79 Abs. 1 Nr. 2, Abs. 2 VwGO in Betracht.[2058]

372 Aus § 79 Abs. 1 Nr. 1 VwGO folgt nicht, dass die Widerspruchsbehörde eine nicht als VA zu qualifizierende Maßnahme der Ausgangsbehörde „kraft Irrtums" in einen materiellen VA umgestalten kann,[2059] s. a. § 79 Rn. 14. Irrt sich die Widerspruchsbehörde über die Rechtsnatur der angegriffenen Maßnahme und hält den Widerspruch deshalb fehlerhaft für zulässig, ist der Widerspruchsbescheid rechtswidrig. Jedoch erzeugt er den Rechtsschein, die Ausgangsbehörde habe einen VA erlassen. Entsprechend den Grundsätzen der Rn. 16 ist daher die Maßnahme der Ausgangsbehörde in Gestalt des Widerspruchsbescheids nunmehr als (nur formeller) VA i. S. d. § 79 Abs. 1 Nr. 1 VwGO zu behandeln, obwohl die Maßnahme der Ausgangsbehörde materiell auch weiterhin kein VA i. S. d. § 35 ist (Rn. 17) und es sich bei dem Widerspruchsbescheid selbst um einen (formellen und) materiellen VA handelt (Rn. 369).[2060] Die durch die Wider-

---

[2052] A. A. *Busch* in Knack, § 79 Rn. 106.
[2053] Ebenso *Busch* in Knack, § 79 Rn. 106.
[2054] *VGH München* NVwZ 1998, 1191, 1192.
[2055] *BVerwG* NVwZ 2002, 1252, 1253.
[2056] *BVerwG* NVwZ-RR 1997, 132 f. (hierzu *Clausing* JuS 1998, 919, 923).
[2057] *BVerwGE* 19, 327, 330; *OVG Bautzen* NVwZ-RR 2002, 409, 410 f.; *VGH Mannheim* NVwZ 1990, 1085; *VG Freiburg* VBlBW 1986, 430, 432; *Schoch* Jura 2003, 752, 760; a. A. (für Aufhebung des rechtswidrigen Widerspruchsbescheides) *VGH Kassel* NVwZ 1988, 743, 744; *Brenner* in Sodan/Ziekow, § 79 Rn. 19 f.; *Kopp/Schenke*, § 113 Rn. 15.
[2058] *BVerwG* NVwZ-RR 1995, 613, 614; *OVG Lüneburg* NVwZ-RR 1999, 367; *VGH München* BayVBl 2006, 434, 435.
[2059] *VGH München* NVwZ 1990, 775, 776; *BFHE* 149, 280, 283; *Pietzcker* in Schoch u. a., § 79 Rn. 13; *Renck* BayVBl 1988, 409; *ders.* NVwZ 1989, 117.
[2060] Demgegenüber für Vorliegen eines formellen und materiellen VA: *BVerwGE* 41, 305, 307 f.; *BVerwGE* 57, 158, 161; *BVerwGE* 78, 3, 5 = NVwZ 1988, 51; *BVerwGE* 114, 226, 227 f.; *OVG Bautzen* NJW 2003, 3793, 3894; *OVG Magdeburg* LKV 1998, 278; NVwZ 2000, 208, 209; *VGH Mannheim* WissR 27 (1994), 306, 307; *OVG Schleswig* NVwZ-RR 2001, 589, 590 f.; *VG Neustadt a. d. W.* NVwZ-RR 2002, 272; *BSGE* 49, 291 292; *BSG* NZS 1993, 279; *Busch* in Knack, § 79 Rn. 107; für Unzulässigkeit der Anfechtungsklage *VGH München* NVwZ 1990, 775, 777; *BFHE* 149, 280, 283; *Happ* in Eyermann, § 79 Rn. 11; *Renck* NVwZ 1989, 117, 119; ähnlich wie hier *Martens* NVwZ 1988, 684, 689.

§ 35 Begriff des Verwaltungsaktes   373–375 § 35

spruchsbehörde erfolgte „Umgestaltung" der Maßnahme in einen nur prozessualen VA kann wegen des hierin liegenden Zuständigkeitsmangels nach § 113 Abs. 1 S. 1 VwGO aufgehoben werden, so dass die ursprüngliche Maßnahme – ihres „VA-Kleides" wieder beraubt – mit der ihr eigentlich zukommenden Rechtsnatur bestehen bleibt. Entgegen *BVerwG*[2061] enthält der Widerspruchsbescheid bei fehlerhafter Qualifizierung der angegriffenen Maßnahme als VA auch eine erstmalige Beschwer i. S. d. § 79 Abs. 1 Nr. 2 VwGO: Der scheinbare Rechtsform-Wechsel ist für den Betroffenen wegen der ihm hierdurch auferlegten Anfechtungslast (Rn. 4) nicht belastungs-indifferent,[2062] vgl. Rn. 25 ff.

Eine **isolierte Anfechtung** des Widerspruchsbescheides ist nur zugelassen in den Fällen des 373 § 79 Abs. 1 Nr. 2 und Abs. 2 S. 1 VwGO.[2063] In den Fällen des **§ 79 Abs. 1 Nr. 2 und Abs. 2 S. 1** VwGO ist gegenüber dem ursprünglichen VA eine **neue materielle Beschwer** eingetreten. Diese Beschwer kann die Ausgangsbehörde (Rn. 374), einen Beteiligten i. S. d. § 13 oder einen **Dritten** treffen. Beschwert i. S. d. § 79 Abs. 1 Nr. 2 VwGO kann auch der **Antragsteller** sein, dessen Begehren die Ausgangsbehörde ganz oder teilweise entsprochen hat, wenn der ihn begünstigende VA auf Widerspruch eines Dritten hin aufgehoben wird. Jedoch wird hier i. d. R. eine Verpflichtungsklage auf Erteilung des ursprünglichen Bescheides eher dem Begehren des Klägers entsprechen als eine gegen den Widerspruchsbescheid gerichtete Anfechtungsklage.[2064] Eine zusätzliche Beschwer soll auch vorliegen, wenn ein Widerspruchsbescheid den Ausgangsbescheid in einer Weise auslegt, die für deren Adressaten ungünstig ist,[2065] vgl. Rn. 71.

Da der Widerspruchsbescheid als verfahrensabschließende Entscheidung von der Ausgangsbe- 374 hörde nicht selbst aufgehoben werden kann,[2066] sind nach **§ 79 Abs. 1 Nr. 2 VwGO** statthaft auch **Anfechtungsklagen der Ausgangsbehörde** jedenfalls dann, wenn Träger der Ausgangs- und Widerspruchsbehörde auseinanderfallen.[2067] Ob die Ausgangsbehörde i. S. d. § 79 Abs. 1 Nr. 2 VwGO beschwert und klagebefugt ist, hängt davon ab, ob eine Verletzung eigener Rechte möglich ist. Dies ist gegeben, wenn der Widerspruchsbescheid eine Selbstverwaltungsangelegenheit der Ausgangsbehörde betrifft.[2068] Uneinigkeit besteht demgegenüber darüber, ob allein unmittelbare negative Auswirkungen auf den (Gemeinde-)Haushalt die Klagebefugnis begründen.[2069] Zu den vergleichbaren Problemen bei Weisungen Rn. 181 ff. Entgegen älterer Rspr.[2070] ist eine solche Klage auch zulässig, wenn ein **weisungsunabhängiger Rechtsausschuss** über Widersprüche von Behörden des eigenen Trägers entscheidet, sofern der Streit zwischen Widerspruchsbehörde und Selbstverwaltungskörperschaft – wie i. d. R. bei Beteiligung von Laienbeisitzern im Rechtsausschuss – nicht durch eine Entscheidung der gemeinsamen Entscheidungsspitze beigelegt werden kann,[2071] vgl. Rn. 190. Zu Klagen einer Behörde, deren Mitwirkungsrechte durch die Widerspruchsbehörde umgangen wurden s. Rn. 175.

Im Fall des § 79 Abs. 2 S. 2 VwGO leidet der – in einem eigenständigen Verfahren zustan- 375 de gekommene (Rn. 71) – Widerspruchsbescheid an einem wesentlichen Verfahrensfehler. Hier ist vieles umstritten.[2072] Ein Verfahrensfehler der Widerspruchsbehörde wird sich bei einer **Ermessensentscheidung** i. d. R. auf die Ermessenskontrolle auswirken. Allerdings wird – im Gegensatz zur Rechtslage beim erstinstanzlichen Bescheid unter Berücksichtigung des § 46 – keine zusätzliche Beschwer anzunehmen sein, wenn der erstinstanzliche Bescheid ohne Verfahrensfehler ermessensgerecht ergangen ist und „nur" bei der Zweckmäßigkeitskontrolle ein Verfahrens-

---

[2061] *BVerwGE* 78, 3, 6 = NVwZ 1988, 51 (m. Anm. *Renck* NVwZ 1989, 117).
[2062] Ebenso *Pietzcker* in Schoch u. a., § 79 Rn. 13.
[2063] Hierzu *Fendt* JA 2000, 977, 978 ff.
[2064] *OVG Münster* NJW 1997, 409.
[2065] *BVerwGE* 84, 220, 231 = NVwZ 1990, 963.
[2066] *BVerwG* NVwZ 2002, 1254, 1255.
[2067] *BVerwGE* 19, 121, 123 = NJW 1965, 317; *BVerwGE* 45, 207, 211 = NJW 1974, 1836; *BVerwGE* 95, 333, 335 = NVwZ 1995, 165; *BVerwGE* 100, 335 = NVwZ-RR 1997, 317; *BVerwG* NVwZ 1988, 1120; *VGH München* BayVBl 1994, 212; *Pietzcker* in Schoch u. a., § 79 Rn. 13.
[2068] *BVerwGE* 95, 333, 335; 100, 335 = NVwZ-RR 1997, 317; *VGH Mannheim* BauR 2006, 2000, 2001; *VGH München* NVwZ 1994, 716, 717.
[2069] So *BVerwG* NVwZ 2000, 326; NVwZ-RR 2002, 1254, 1255; *OVG Münster* NVwZ-RR 2005, 58, 59; a. A. *VGH Mannheim* NVwZ-RR 2006, 416, 417.
[2070] *BVerwGE* 45, 207, 211 = NJW 1974, 1836; *OVG Saarlouis* NVwZ 1990, 174.
[2071] A. A. *Hufen*, Verwaltungsprozessrecht, § 8 Rn. 26.
[2072] *Kopp* JuS 1994, 742; *Laubinger* FS Menger, 1985, S. 443; *Martens* DÖV 1988, 949; *Müller* NJW 1982, 1370; *Seibert* BayVBl 1983, 174.

fehler unterlaufen ist (anders bei materiellem Ermessensfehler). In diesen Fällen sind die Rechtsfolgen wie bei der **gebundenen Verwaltung**. Dort ist umstr., inwieweit eine Beschwer des Betroffenen eintritt, wenn die Widerspruchsbehörde wie die Ausgangsbehörde entscheiden müsste. Nach *BVerwG* besteht ein Rechtsschutzinteresse für die selbständige Anfechtung hier nur, wenn beachtliche Interessen an einer verfahrensfehlerfreien Entscheidung der Widerspruchsbehörde bestehen und der Verfahrensfehler nicht gerichtlich geheilt werden kann,[2073] hierzu § 24 Rn. 97, § 46 Rn. 26. Bis hierüber endgültig entschieden ist, wird der ursprüngliche VA nicht bestandskräftig.[2074]

376 Entsprechend § 79 Abs. 1 Nr. 2 VwGO kann ausnahmsweise auch eine **Verpflichtungsklage** auf **Erlass eines bestimmten Widerspruchsbescheides** statthaft sein, z.B. auf Abweisung des Widerspruchs (s.a. § 24 Rn. 98, § 79 Rn. 13), so wenn die Widerspruchsbehörde über den Widerspruch eines Dritten nicht innerhalb der Frist des § 75 VwGO entscheidet, weil andernfalls der Begünstigte die ihm gewährte Begünstigung nicht endgültig durchsetzen kann.[2075] Ähnlich ist die Situation, wenn die Ausgangsbehörde gegen einen sie belastenden Widerspruchsbescheid vorgehen will (Rn. 374). Auch hier kommt eine Klage (gegen sich selbst) auf (neuerlichen) Erlass des Ausgangsbescheides nicht in Betracht. Die Zulässigkeit einer Verpflichtungsklage auf Erlass eines Widerspruchsbescheides ist jedoch nicht allgemein zulässig, da § 75 VwGO voraussetzt, dass es keinen allgemeinen Anspruch auf Durchführung eines Vorverfahrens gibt,[2076] näher § 24 Rn. 98, § 79 Rn. 13.

§ 36 Nebenbestimmungen zum Verwaltungsakt

(1) **Ein Verwaltungsakt, auf den ein Anspruch besteht, darf mit einer Nebenbestimmung nur versehen werden, wenn sie durch Rechtsvorschrift zugelassen ist oder wenn sie sicherstellen soll, dass die gesetzlichen Voraussetzungen des Verwaltungsaktes erfüllt werden.**

(2) **Unbeschadet des Absatzes 1 darf ein Verwaltungsakt nach pflichtgemäßem Ermessen erlassen werden mit**
1. **einer Bestimmung, nach der eine Vergünstigung oder Belastung zu einem bestimmten Zeitpunkt beginnt, endet oder für einen bestimmten Zeitraum gilt (Befristung);**
2. **einer Bestimmung, nach der der Eintritt oder der Wegfall einer Vergünstigung oder einer Belastung von dem ungewissen Eintritt eines zukünftigen Ereignisses abhängt (Bedingung);**
3. **einem Vorbehalt des Widerrufs**

oder verbunden werden mit

4. **einer Bestimmung, durch die dem Begünstigten ein Tun, Dulden oder Unterlassen vorgeschrieben wird (Auflage);**
5. **einem Vorbehalt der nachträglichen Aufnahme, Änderung oder Ergänzung einer Auflage.**

(3) **Eine Nebenbestimmung darf dem Zweck des Verwaltungsaktes nicht zuwiderlaufen.**

Vergleichbare Vorschriften. § 120 AO 1977; § 32 SGB X.

Abweichendes Landesrecht: Das Landesrecht hat § 36 wortgleich (SchlH: § 107 LVwG) übernommen.

[2073] *BVerwGE* 49, 307, 308; 61, 45 = NJW 1981, 1683; *BVerwGE* 78, 93 = NVwZ 1988, 61; *BVerwGE* 81, 282 = NVwZ 1989, 757; *BVerwG* DVBl 1980, 960, 961; NVwZ 1988, 346; NVwZ 1999, 641; ebenso *OVG Münster* NVwZ-RR 2003, 615, 616; *Brenner* in Sodan/Ziekow, § 79 Rn. 51; *Pietzcker* in Schoch u.a., § 79 Rn. 15; *Weides*, S. 277; a. A. *Kopp* JuS 1994, 742, 743; *Martens* NVwZ 1982, 13, 15; *ders.* DÖV 1988, 949; *P. Stelkens* NVwZ 1982, 81, 83; *ders.* NWVBl 1989, 335, 340.
[2074] *BVerwG* DVBl 1980, 960, 961.
[2075] *VGH Mannheim* ESVGH 43, 142, 143; NVwZ 1995, 280; *VG Arnsberg* NWVBl 1999, 111, 112; *Rennert* in Eyermann, § 75 Rn. 4.
[2076] So *VG Frankfurt a. M.* NVwZ-RR 2000, 263; *Kopp/Schenke*, Vor § 68 Rn. 13 m.w.N.

§ 36 Nebenbestimmungen zum Verwaltungsakt

Entstehungsgeschichte: Bis zum Inkrafttreten des VwVfG vergleiche § 36 der 6. Aufl. und Rn. 70; seither ist § 36 unverändert geblieben; mit der Bek. der Neufassung v. 21. 1. 2003 (BGBl I 102) wurde in Abs. 1 jedoch „daß" in „dass" geändert.

Literatur: *Pietzcker,* Rechtsschutz gegen Nebenbestimmungen – unlösbar?, NVwZ 1995, 15; *Sarnighausen,* Widerruf auf Grund rechtswidriger Widerrufsvorbehalte nach § 49 II VwVfG?, NVwZ 1995, 563; *Fritzsche,* Durchsetzung nachbarschützender Auflagen über zivilrechtliche Abwehransprüche, NJW 1995, 1121; *Walther,* Die modifizierende Auflage, JA 1995, 106; *Brenner,* VA mit Nebenbestimmungen, JuS 1996, 281; *Schenke,* Eine unendliche Geschichte: Rechtsschutz gegen Nebenbestimmungen, in: FS Roellecke, 1997, S. 281 ff.; *J. Schmidt,* Zur Anfechtbarkeit von Nebenbestimmungen, NVwZ 1996, 1188; *Störmer,* Rechtsschutz gegen Inhalts- und Nebenbestimmungen, DVBl 1996, 81; *ders.,* Die aktuelle Rspr. zur Anfechtbarkeit von Nebenbestimmungen – eine kritische Bestandsaufnahme, NWVBl 1996, 169; *Kuchler,* Bedingungen zur Zahlung von Stellplatzablösebeträgen in Baugenehmigungen, LKV 1997, 349; *Remmert,* Nebenbestimmungen zu begünstigenden VA, VerwArch 88 (1997), S. 112; *Schmidt,* Auflage als echter Auflage und Inhaltsbestimmung der Genehmigung, UPR 1998, 334; *Sieckmann,* Die Anfechtbarkeit von Nebenbestimmungen zu begünstigenden VA, DÖV 1998, 525; *Jahndorf,* Rechtsschutz gegen Nebenbestimmungen, JA 1999, 676; *Heilemann,* Der Rechtsschutz gegen Nebenbestimmungen zu sozialrechtlichen VA, SGb 2000, 250; *Axer,* Nebenbestimmungen im Verwaltungsrecht, NVwZ 2001, 748; *Tegethoff,* Nebenbestimmungen in umweltrechtlichen Zulassungsentscheidungen, 2001; *Brüning,* Ist die Rspr. zur isolierten Anfechtbarkeit von Nebenbestimmungen wieder vorhersehbar?, NVwZ 2002, 1081; *Sproll,* Rechtsschutz gegen Nebenbestimmungen eines VA, NJW 2002, 3221; *Tietzsch,* Nebenbestimmungen zur Sanierungsgenehmigung: Mietobergrenzen, NVwZ 2002, 435; *Hanf,* Rechtsschutz zu Inhalts- und Nebenbestimmungen zu VA, 2003; *Heitsch,* Neben- und Inhaltsbestimmungen bei begünstigenden VA: Kriterien für die Auswahl des passenden Regelungsinstruments, DÖV 2003, 367; *Tegethoff,* Abgrenzung von Genehmigungsinhaltsbestimmung und Nebenbestimmung im Anlagenzulassungsrecht, UPR 2003, 416; *Bleckmann,* Zur Auflage im europäischen Beihilferecht, NVwZ 2004, 11; *Hufen/Bickenbach,* Rechtsschutz gegen Nebenbestimmungen zum VA, JuS 2004, 867 und 966; *Schmidt,* Rechtsschutz gegen Nebenbestimmungen, BayVBl 2004, 81 ff.; *Schulze-Werner,* Zulässigkeit von Nebenbestimmungen im Bereich der genehmigungsbedürftigen, stehenden Gewerbe, GewArch 2004, 9; *Humberg,* Dopingbekämpfung mittels Förderbewilligungsbescheid, GewArch 2006, 462 ff.; *Proelß,* Sicherstellung der naturschutzrechtlichen Ausgleichspflicht, NVwZ 2006, 655; *Attendorn,* Rückforderung von Zuwendungen wegen Verstoßes gegen Vergaberecht, NVwZ 2007, 293 ff.; *Domnach,* Neuregelung des Verwaltungsverfahrens für Zuwendungen des Bundes, NVwZ 2007, 53 ff.; *Labrenz,* Die neuere Rspr. des BVerwG zum Rechtsschutz gegen Nebenbestimmungen – falsch begründet, aber richtig, NVwZ 2007, 160 ff.; *Martin-Ehlers,* Rückforderung von Zuwendungen wegen Nichteinhaltung von vergaberechtlichen Auflagen, NVwZ 2007, 289 ff.; *Schröder,* Verlängerungsverwaltungsakt und Änderungsverwaltungsakt, NVwZ 2007, 532 ff.; zum Schrifttum vor 1996 s. § 36 der 6. Aufl.

Übersicht

	Rn.
I. Allgemeines	1
1. Aufbau und Bedeutung des § 36	1
2. Anwendungsbereich	7
a) „Nebenbestimmungstaugliche" Verwaltungsakte	7
b) „Nebenbestimmungsfeindliche" Verwaltungsakte	9
c) Nebenbestimmungen bei Nicht-Verwaltungsakten	14
3. Verhältnis zwischen Nebenbestimmung und Hauptverwaltungsakt	19
4. Formelle Anforderungen und Bestimmtheit	25
a) Zuständigkeit/Form/Verfahren	25
b) Bekanntgabe	26
c) Bestimmtheit	27
5. Besonderheiten bei AGB-ähnlichen Nebenbestimmungen	29
6. Nebenbestimmungen kraft Gesetzes	33
7. Rahmenvertragliche Vereinbarung von Nebenbestimmungen	35
8. Nachträgliches Beifügen von Nebenbestimmungen	36
9. Behördliche Aufhebung und Änderung von Nebenbestimmungen	44
a) Befugnis zur Aufhebung oder Änderung	44
b) Anspruch auf Aufhebung oder Änderung	50
10. Nebenbestimmungen und Rechtsschutz	54
a) Stand von Literatur und Rechtsprechung	54
b) Maßgeblichkeit des materiellen Rechts	56
c) Eigene Auffassung und ihre Konsequenzen	59
d) Rechtsschutz Drittbetroffener	63
e) Suspensiveffekt und einstweiliger Rechtsschutz	64
II. Arten der Nebenbestimmungen und Abgrenzung zu anderen „Verwaltungsaktzusätzen"	65
1. Begriff der Nebenbestimmung und Nebenbestimmungen eigener Art	65
2. Auslegungsgrundsätze	68
3. Befristung (Abs. 2 Nr. 1)	70
4. Bedingung (Abs. 2 Nr. 2)	75
5. Widerrufsvorbehalt (Abs. 2 Nr. 3)	78

	Rn.
6. Auflage (Abs. 2 Nr. 4)	82
a) Wesen und Durchsetzung	83
b) Abgrenzung zu Bedingung und Widerrufsvorbehalt	86
7. Auflagenvorbehalt (Abs. 2 Nr. 5)	89
8. Vorbehalt endgültiger Regelung	92
9. Abgrenzung zur Inhaltsbestimmung und modifizierender Gewährung	93
a) Begriff und Wirkungen der Inhaltsbestimmung	92
b) Modifizierende Gewährung und modifizierende Auflage	96
c) Abgrenzung von Inhalts- und Nebenbestimmungen	99
10. „Kautelarpraxis" typischer „Verwaltungsaktzusätze"	101
a) Allgemeines	101
b) Zweckbestimmung nach § 49 Abs. 3	102
c) Verwendungsnachweisklausel	103
d) Verpflichtung zur Beachtung des Vergaberechts	104
e) Verpflichtung zur Zahlung von Ausgleichsabgaben	105
f) Rückbau- und Übertragungsverpflichtungen	106
g) Verpflichtung zur Sicherheitsleistung	107
h) Festsetzung von Emissionsgrenzwerten	108
i) Pflicht zum Abbruch des zu ersetzenden Altbaus	109
j) Einschränkungen von Aufenthaltstiteln	110
III. Zulässigkeit von Nebenbestimmungen	111
1. Nebenbestimmungen bei belastendem Verwaltungsakt	111
2. Nebenbestimmungen bei Anspruch auf Verwaltungsakt und fachrechtlicher Ermächtigung (Abs. 1 Alt. 1)	115
3. Nebenbestimmungen zur Sicherstellung der gesetzlichen Voraussetzungen bei Anspruch auf Verwaltungsakt (Abs. 1 Alt. 2)	120
a) Bedeutung des § 36 Abs. 1 Alt. 2	120
b) Auswahl der Nebenbestimmungen	126
c) Anspruch auf Verwaltungsakt mit Nebenbestimmungen	130
4. Nebenbestimmungen bei Ermessensentscheidungen (Abs. 2)	132
a) Rechtsgrundverweisung auf § 36 Abs. 1 Alt. 1	132
b) Konkretisierung der Rechtsfolgenseite einer Ermessensermächtigung	133
5. Nebenbestimmungen bei Verwaltungsakt mit Plancharakter	140
6. Verbot zweckwidriger Nebenbestimmungen (Abs. 3) und allgemeine materielle Rechtmäßigkeitsvoraussetzungen	143
IV. Europarecht	151
V. Landesrecht	154
VI. Vorverfahren	155

I. Allgemeines

1. Aufbau und Bedeutung des § 36

1   Der Aufbau und die Wortwahl des § 36 ist wenig gelungen: **Abs. 1** regelt die Zulässigkeit von Nebenbestimmungen, wenn ein Anspruch auf Erlass eines VA besteht, wobei die Wortwahl bei beiden Alternativen nicht präzise ist. Im Fall der Alt. 1 ist ein nur eingeschränkter Anspruch auf Erlass eines VA gegeben (Rn. 117), im Fall der Alt. 2 liegt ein Anspruch auf Erlass des VA noch gar nicht vor (Rn. 120). **Abs. 2** regelt die Zulässigkeit von Nebenbestimmungen bei Ermessen (Rn. 132 ff.) ebenfalls in zwei Alternativen. **Abs. 3** begrenzt die Zulässigkeit für beide Bereiche, jedoch nur unvollständig, Rn. 144 f. Insgesamt geht § 36 entsprechend dem vor Erlass des VwVfG geltenden Recht[1] dabei von der **grundsätzlichen Zulässigkeit von Nebenbestimmungen** aus, soweit nicht über § 1 Sonderregelungen vorgehen (vgl. Rn. 9 ff.).

2   Zudem definiert Abs. 2 die einzelnen Nebenbestimmungen und damit den Begriff der Nebenbestimmung, wobei ohne plausiblen Grund in Nr. 1 und 2 der Begriff der „Vergünstigung" anstelle des sonst im VwVfG (z. B. in Nr. 4) verwendeten Begriffs der „Begünstigung" verwendet wird, s. Rn. 70. Entgegen seiner Systematik beziehen sich zudem die in **Abs. 2 enthaltenen Legaldefinitionen** auf § 36 insgesamt und auch auf andere Bestimmungen des VwVfG,

---

[1] Vgl. bereits *Fleiner*, Institutionen des deutschen Verwaltungsrechte, 8. Aufl. 1928, S. 187 f.; *Jellinek*, S. 261 f.; *O. Mayer*, S. 248 ff.; ferner *Forsthoff*, S. 214 ff.; *Wolff/Bachof*, Verwaltungsrecht I, 9. Aufl. 1974, S. 409 ff.

die die dort verwandten Begriffe aufnehmen (vgl. § 49 Abs. Nr. 1, Nr. 2 und Abs. 3 Nr. 2, § 49a Abs. 1 S. 1).[2] Der (nicht abschließende, Rn. 65) **Nebenbestimmungskatalog** des Abs. 2 umfasst dabei entsprechend den – **dem Privatrecht entlehnten**[3] – früheren ungeschriebenen Regeln des Allgemeinen Verwaltungsrechts die Befristung, Bedingung, Auflage, den Widerrufsvorbehalt und den Auflagenvorbehalt. Nur aus der Überschrift des § 36 und aus Abs. 3, der sich erkennbar auch auf Abs. 2 bezieht, wird deutlich, dass die Summe der in dem Katalog des Abs. 2 genannten „Bestimmungen" das ist, was § 36 Abs. 1 und Abs. 3 als „Nebenbestimmung" bezeichnet, ohne den Begriff der Nebenbestimmung selbst zu definieren, Rn. 65.

Jedoch ist bei der Auslegung des Fachrechts jedenfalls bei neueren Gesetzen auf die Legaldefinitionen des § 36 Abs. 2 zurückzugreifen, soweit diese von Nebenbestimmungen, Befristungen, Bedingungen, Auflagen etc. sprechen (vgl. § 12 BImSchG, § 12 Abs. 2 AufenthG [hierzu Rn. 110], § 68 Abs. 3 S. 4 TKG),[4] s. a. auch Rn. 11. Ältere Gesetze halten sich allerdings nicht immer an die Terminologie des § 36, wie z. B. die „Auflage" nach **§ 15 VersG** oder **§ 5 Abs. 2 GastG** zeigt, die mangels Haupt-VA (Rn. 19) keine „Auflage" i. S. d. § 36 Abs. 2 Nr. 4 sein kann.[5] Keine Auflage i. S. d. § 36 ist nach der Rspr. auch die „Auflage" nach **§ 59 Abs. 5 BBesG,** die die Zahlung von Dienstbezügen bei einem Studium eines Beamtenanwärters von einer Mindestdienstzeit abhängig macht: Sie soll nur für eine Rückzahlung von Bedeutung sein,[6] s. a. § 35 Rn. 247. 3

Da die Landesgesetze sowie § 120 AO und § 32 SGB X gleich lautende Formulierungen haben, sind die in § 36 enthaltenen Legaldefinitionen und Zulässigkeitsvoraussetzungen für Nebenbestimmungen zu VA Ausdruck **allgemeiner Rechtsgedanken** (§ 35 Rn. 12), die auch in Bereichen anzuwenden sind, für die das VwVfG nach § 2 nicht gilt. Dabei handelt es sich – wie bei § 35 (dort Rn. 31) – um einen **materiellrechtlichen Rechtsgedanken,** der als allgemeiner Grundsatz das Fachrecht materiell ergänzt. Dies hat die Frage aufgeworfen, ob und inwieweit durch die LVwVfG auch das materielle Bundesrecht modifiziert werden kann, hierzu Rn. 154. Der besonderen Bedeutung der Nebenbestimmungen im Umweltrecht soll **§ 91 UGB-KomE** (i. V. mit § 105 UGB KomE) Rechnung tragen.[7] Die Bestimmung lässt zur Vorhabengenehmigung (§ 35 Rn. 9) Bedingungen und Auflagen (Abs. 1 S. 2) sowie auf Antrag des Vorhabenträgers die Befristung (Abs. 1 S. 4) zu. Auflagenvorbehalte werden in § 91 Abs. 2 UGB-KomE nur eingeschränkt zugelassen. 4

Nebenbestimmungen sollen der Behörde eine einfache und zweckmäßige, **dem Einzelfall gerecht** werdende Entscheidung ermöglichen.[8] Besondere Bedeutung haben Nebenbestimmungen im Ausländer- (Rn. 110), Subventions- (Rn. 102 ff.), Wirtschaftsverwaltungs-,[9] Bau-, Planfeststellungs- und Anlagenzulassungsrecht (vgl. Rn. 105 ff.). Sie sind **unentbehrliches Hilfsmittel** der Verwaltungspraxis, weil sie typische Regelungsinhalte mit ihren Rechtsfolgen „baukastenähnlich" bereithalten;[10] zur „Kautelarpraxis" bei Nebenbestimmungen, Rn. 101 ff. Allerdings werden Nebenbestimmungen – möglicherweise zunehmend – in der Verwaltungspraxis auch **sachwidrig genutzt,**[11] z. B. wenn Nebenbestimmungen zur Verdeckung mangelnder Entscheidungswilligkeit oder -sicherheit oder als Rechtfertigung dafür missbraucht werden, den 5

---

[2] *Laubinger* WiVerw 1982, 117, 141.
[3] Vgl. zu den privatrechtlichen Vorbildern insbes. *Flume,* § 38, S. 677 ff.; zur Vorbildwirkung des Privatrechts für die Entwicklung der Nebenbestimmungen: *Ehlers* VerwArch 67 (1976), S. 369, 370 f.; *Elster,* Begünstigende VA mit Bedingungen, Einschränkungen und Auflagen, 1979, S. 11 ff., 24 ff.; *Fehn* DÖV 1988, 202, 203 f.; *Roellecke* DÖV 1968, 333.
[4] *VGH Mannheim* NVwZ-RR 2001, 272, 273; *Schulze-Werner* GewArch 2004, 9; *Störmer* in Fehling u. a. § 36 Rn. 68; zu einer Ausnahme: *OVG Münster* NVwZ-RR 2007, 60.
[5] *BVerwGE* 80, 164, 167 = NJW 1989, 53; *VGH Kassel* NVwZ-RR 2007, 6; *VGH München* NJW 1984, 2116; *Gusy* JuS 1993, 555, 558; *Laubinger* WiVerw 1982, 117, 124. Dem Vorbild dieser Bestimmungen entspricht auch eine ständige Verwaltungspraxis, Maßnahmen, die eine an sich erlaubnisfreie Tätigkeit einschränken, als „Auflage" zu bezeichnen (Hufen/Bickenbach JuS 2004, 867, 869); z. B. „Fahrtenbuchauflage" (*BVerwG* NJW 1979, 1054; *Laubinger* WiVerw 1982, 117, 124) oder „Meldeauflage" (*VGH Mannheim* NJW 2000, 3658, 3660).
[6] *BVerwG* NVwZ 1993, 372, 373; NVwZ-RR 2000, 520, 521; *OVG Koblenz* NVwZ-RR 2000, 522.
[7] Ausführlich zu § 91 UGB-KomE *Tegethoff,* Nebenbestimmungen, 2001, S. 134 ff.
[8] *OVG Koblenz* NVwZ 1982, 197, 199; *Brenner* JuS 1996, 281; *Ossenbühl* DVBl 1980, 803, 805; *Wolff/ Bachof/Stober/Kluth* I, § 47 Rn. 1.
[9] So schon *Krüger* DVBl 1955, 380 ff., 450 ff., 518 ff.; ferner *Schenke* WiVerw 1982, 142 ff.
[10] *Ruffert* in Erichsen/Ehlers, § 22 Rn. 1.
[11] Hierzu auch *Rumpel* BayVBl 1987, 577, 583.

Sachverhalt nicht richtig erforschen zu müssen oder bewusst im Unklaren belassen zu können. Dann entscheidet die Behörde über die Einhaltung allgemein- und/oder drittschützender Normen nicht mehr selbst (Rn. 125),[12] sondern verlagert eventuelle Risiken auf den Begünstigten oder Dritte. Dies kann Folge **missverstandener Ökonomisierung der Verwaltung** sein, nämlich bei Personalmangel oder -überforderung durch einen zu hohen Erledigungsdruck. Weitere Bedenken ergeben sich durch eine gewollte Ausdehnung der informellen Vorverhandlungen (§ 9 Rn. 175 ff.), gefördert durch den kommunalen Konkurrenzkampf um Investoren. Nebenbestimmungen werden ausgehandelt; nicht immer ist dabei die „Sicherstellung der Voraussetzungen des VA" i. S. d. § 36 Abs. 1 erstes Ziel.[13] Ein solcher Missbrauch kann aber den Wert der Nebenbestimmungen für eine *rechtsstaatliche* Verwaltungspraxis nicht schmälern. Sie sind – richtig eingesetzt – als Mittel der **Feinsteuerung** notwendig, ermöglichen eine „elastische" Verwaltung und kommen dem Interesse des Bürgers entgegen, der kein striktes „Nein", sondern ein „Ja, aber" erhält.[14] Diese Flexibilität geht allerdings verloren, wenn **AGB-ähnliche Nebenbestimmungskataloge** verwendet werden, die gerade nicht auf die Besonderheiten des Einzelfalls Rücksicht nehmen, hierzu Rn. 29 ff.

6 In Rspr. und Lit. wird das Problem der Nebenbestimmungen v. a. unter dem Gesichtspunkt des **Rechtsschutzes** (Rn. 54 ff.) diskutiert. Dabei wird die in Rn. 5 geschilderte **eigentliche Bedeutung** der Nebenbestimmungen für die Behörde und den Antragsteller als **Regelungsinstrument im VwVf** aus den Augen verloren (vgl. § 9 Rn. 67 ff., 90). Im VwVf stellen sich jedoch v. a. diese Fragen (s. a. § 35 Rn. 249):
– Was soll vom VA gedeckt sein (Inhaltsbestimmung)?
– Wird oder bleibt der VA wirksam (Bedingung, Befristung)?
– Kann zusätzlich ein Tun, Dulden oder Unterlassen durchgesetzt werden, ggf. im Wege der Vollstreckung nach Anordnung einer sofortigen Vollziehung (Auflage, Auflagenvorbehalt und Erlass einer Auflage auf Grund des Auflagenvorbehalts)?
– Soll die Beseitigung der Wirksamkeit des VA von einem weiteren VA abhängen (Widerrufsvorbehalt und Widerruf; Nichterfüllung der Auflage und Widerruf)?

Die Behörde muss sich daher bereits im VwVf **vor Erlass eines VA Klarheit** darüber verschaffen, welche Wirkungen sie erzielen will.[15] **Beratung** (§§ 25, 71 c) und **Anhörung** (Rn. 25) gewinnen hier besondere Bedeutung,[16] § 9 Rn. 35. Der Antragsteller wird versuchen, auf diesen Entscheidungsprozess einzuwirken (§ 9 Rn. 102), was nicht von vornherein bedenklich ist, s. § 9 Rn. 172 ff., § 54 Rn. 40 ff., § 71 a Rn. 5. In diesem Verfahrensstadium liegen aber die Gefahren (Rn. 5), die Rechtsschutzanlässe schaffen. Den Gefahren zu begegnen, ist ein Problem der hausinternen Verwaltungspolitik, allgemeiner der Verwaltungslehre, aber auch der Rechtsaufsicht, nicht der „richtigen" Klageart.

2. Anwendungsbereich

7 a) **„Nebenbestimmungstaugliche" Verwaltungsakte:** Der Begriff des VA i. S. d. § 36 Abs. 1 und 2, mit dem Nebenbestimmungen verbunden werden dürfen, ist nicht eingeschränkt. Daher fallen hierunter grundsätzlich **alle Formen des § 35**. Aus § 36 selbst folgt nur die Einschränkung, dass Auflagen und Auflagenvorbehalte nur begünstigenden VA beigefügt werden dürfen, s. Rn. 82, 89, 111 ff. Zu Plänen in VA-Form Rn. 140. Ob auch **feststellenden VA** (§ 35 Rn. 219 ff.) Nebenbestimmungen beigefügt werden können oder ob es sich bei einem mit einer Nebenbestimmung versehenen feststellenden VA nicht tatsächlich um einen (ggf. von der Ermächtigung nicht gedeckten) gestaltenden VA (§ 35 Rn. 216) handelt, ist indes fraglich. Diskutiert wird dies v. a. für **Vorbescheide**[17] (§ 35 Rn. 251 ff.): Unstr. scheinen hier Befristungen zuläs-

---

[12] Vgl. nur *BVerwGE* 90, 42, 47 = NVwZ 1993, 366.
[13] Ausführlich zum „Aushandeln" von Nebenbestimmungen im Umweltbereich *Tegethoff*, Nebenbestimmungen, 2001, S. 141 ff.
[14] *Axer* Jura 2001, 748; *Bull/Mehde*, § 18 Rn. 719; *Koch/Rubel/Heselhaus*, § 3 Rn. 44; *Maurer*, § 12 Rn. 2; *Störmer* in Fehling u. a., § 36 Rn. 2.
[15] *P. Stelkens*, VwVf, Rn. 356 f.
[16] *OVG Münster* NJW 1983, 2834.
[17] Vgl. *Dietlein* Verwaltung 2005, S. 211, 239 f.; *Mann*, Das gestufte VwVf im Baurecht, 1992, S. 175 ff.; *Selmer/Schulze-Osterloh* JuS 1981, 393, 397 f.; *Tegethoff*, Nebenbestimmungen, 2001, S. 113 ff., 128 ff.

sig zu sein,[18] während „Bedingungen" eher Hinweisfunktion zukommt.[19] Zur Anwendbarkeit der Rechtsgedanken des § 36 in Bereichen, für die VwVfG, SGB X und AO nicht gelten, s. Rn. 4. Zur „Nebenbestimmungstauglichkeit" von **Zusagen** und **Zusicherungen** s. § 38 Rn. 26.

Auch **AllgV** i. S. d. § 35 S. 2 sind VA i. S. d. § 36. Bedingungen, Befristungen und Widerrufsvorbehalt nehmen an der Natur der AllgV teil. Grundsätzlich können AllgV auch **Auflagen** beigefügt werden; soweit sie sich an einen nur bestimmbaren Personenkreis richten (§ 35 Rn. 284 ff.), sind sie selbst AllgV (vgl. Rn. 83). Dem steht die Vollstreckbarkeit der Auflage (Rn. 84) nicht entgegen, da das Verwaltungsvollstreckungsrecht keine mit § 750 Abs. 1 ZPO vergleichbare Regelung kennt, s. § 35 Rn. 276, § 37 Rn. 13. Die Beifügung von Auflagen zu **netzartigen AllgV** (§ 35 Rn. 270), die für verschiedene Betroffene einheitlich teils begünstigende, teils belastende Regelungen enthalten, dürfte jedoch regelmäßig ausgeschlossen sein, da § 36 Abs. 2 Nr. 4 mangels ausschließlich begünstigenden VA i. d. R. nicht einschlägig ist (Rn. 82) und auch § 49 Abs. 2 Nr. 2 davon ausgeht, dass der durch den VA Begünstigte auch der von der Auflage Belastete ist.[20]

b) **„Nebenbestimmungsfeindliche" Verwaltungsakte:** Aus § 1 (§ 1 Rn. 232 ff.) folgt,[21] dass das Fachrecht Nebenbestimmungen zu bestimmten VA vollständig oder teilweise ausschließen kann (z. B. § 9 Abs. 1 S. 2 AufenthG, § 15 Abs. 4 PBefG). Dies kann ausdrücklich geschehen, jedoch kann sich dies auch aus dem **Zweck des Gesetzes** implizit ergeben.[22] So wird etwa **§ 12 BImSchG** als eine § 36 vollständig verdrängende Regelung verstanden.[23] Ist ein Tatbestand fachrechtlich zwingend in einem anderen Verfahren zu regeln (z. B. Enteignungsverfahren nach § 19 FStrG), kann das gleiche Ergebnis (Beschaffung von Straßenland) nicht über Auflagen herbeigeführt werden.[24] Zur „Nebenbestimmungstauglichkeit" von **feststellenden VA und Vorbescheiden** Rn. 7.

Regelt das Fachrecht die **Rücknahme- und Widerrufsgründe abschließend,** darf sich die Behörde nicht dadurch einen weiteren Aufhebungsgrund schaffen, dass sie dem VA einen Widerrufsvorbehalt beifügt. Tut sie dies dennoch, ist der auf Grund des Widerrufsvorbehalts ausgesprochene Widerruf i. d. R. ermessensfehlerhaft, ohne dass es auf die Bestandskraft des widerrufenen VA ankäme, s. § 49 Rn. 41. Allerdings kann im Einzelfall zweifelhaft sein, ob eine derartige abschließende Regelung im Gesetz gewollt ist,[25] s. § 48 Rn. 2 ff. Denkbar ist auch, dass in einem Spezialgesetz lediglich besondere Rücknahme- und Widerrufsgründe aufgeführt sind, die sich aus der jeweiligen Materie ergeben, die allgemeinen Aufhebungsregeln aber unberührt bleiben sollen.

Lässt das **Gesetz** nur die **Beifügung von Auflagen** zu, sagt dies angesichts der wechselnden Terminologie des Gesetzgebers (Rn. 3) jedenfalls bei älteren Gesetzen nicht, dass Bedingungen unzulässig seien,[26] anders nur, wenn – wie bei § 12 Abs. 2 AufenthG, § 145 Abs. 4 BauGB – ausdrücklich zwischen Bedingungen und Auflagen unterschieden wird.[27]

Unzulässig ist eine Bedingung bei VA, die ihrer **Natur nach** oder nach dem **Zweck des Gesetzes** (Rn. 9) **bedingungsfeindlich** sind, wie dies oftmals für **rechtsgestaltende VA** (§ 35 Rn. 216 f.), z. B. für die Einbürgerung,[28] Beamtenernennung,[29] Approbation[30] oder ande-

---

[18] Vgl. *Wolff/Bachof*, Verwaltungsrecht I, 9. Aufl. 1974, S. 411.
[19] *Dietlein* Verwaltung 2005, S. 211, 240 f.; alle Nebenbestimmungen für denkbar haltend: *Mann*, Das gestufte VwVf im Baurecht, 1992, S. 176 f.
[20] *VG Potsdam* NVwZ 1994, 925, 927 f. (für Systemfeststellung nach VerpackV, hierzu § 35 Rn. 294).
[21] Daher konnte auf Abs. 4 des Musterentwurfs, der noch auf besondere Rechtsvorschriften verwies, verzichtet werden, hierzu *Rietdorf* DVBl 1964, 333.
[22] BVerwGE 104, 331, 334; *VGH Kassel* NVwZ 1985, 429; *OVG Münster* NVwZ 1985, 444.
[23] *VGH Kassel* NVwZ-RR 2002, 340; *OVG Münster* NVwZ-RR 2002, 342; *Tegethoff*, Nebenbestimmungen, 2001, S. 111 (jeweils m. w. N.).
[24] BVerwG NJW 1981, 241.
[25] Vgl. *VGH Mannheim* NVwZ-RR 2001, 272, 273; *v. Münch* JZ 1964, 121.
[26] *VGH Kassel* NVwZ-RR 1992, 469; *Dolde* BauR 1974, 382, 383; *Elster*, Begünstigende VA mit Bedingungen, Einschränkungen und Auflagen, 1979, S. 165 f.
[27] BVerwGE 126, 104, 107 f. = NVwZ 2006, 1167, 1168; *VG Berlin* NVwZ 2003, 242, 243; *Tegethoff*, Nebenbestimmungen, 2001, S. 110.
[28] BVerwGE 27, 263, 266 = NJW 1967, 2421; *VGH München* BauR 1976, 404, 405; *Ruffert* in Erichsen/Ehlers, § 22 Rn. 13.
[29] *Henneke* in Knack, § 36 Rn. 16; *Peine*, Rn. 506.
[30] BVerwGE 108, 100, 103 f. = NJW 1999, 1798.

re statusrechtliche Entscheidungen angenommen wird.[31] Diese Status-VA lassen einen durch die Bedingung herbeigeführten Schwebezustand zwischen gültigem Erlass des VA und dem Eintritt seiner Rechtswirksamkeit nicht zu. Gleiches gilt für die **Genehmigung** einer VO oder Satzung,[32] s. § 1 Rn. 182. Auch andere Nebenbestimmungen, insbes. Auflagen, können in diesen Fällen ausgeschlossen sein; jedoch ist dies nicht zwingend. Desgleichen dürfen **privatrechtsgestaltende VA** (§ 35 Rn. 217 f.) nicht mit Nebenbestimmungen versehen werden, die für das Privatrechtsgeschäft nicht zulässig wären; so ist ein befristeter oder bedingter VA, der eine Genehmigung zu einer Auflassung enthält (§ 925 Abs. 2 BGB) unzulässig,[33] vgl. etwa § 145 Abs. 4 S. 1 BauGB. Bei aufsichtsrechtlichen Genehmigungen gemeindlicher Verpflichtungsgeschäfte sind Nebenbestimmungen unzulässig, die auf eine Änderung des abgeschlossenen Vertrages zielen.[34]

13 Ist ein VA „an sich" nebenbestimmungsfeindlich oder sind mögliche Nebenbestimmung „an sich" abschließend geregelt, kann dennoch eine **Nebenbestimmung zur Sicherung der gesetzlichen Voraussetzungen** nach Abs. 1 Alt. 2 **zulässig** sein.[35] Dies ist der Fall, wenn durch die Nebenbestimmung zur Sicherung der gesetzlichen Voraussetzung nicht der Zweck des spezialgesetzlichen Verbots tangiert wird.[36] Der Zweck des spezialgesetzlichen Verbots untersagt z. B. eine Bedingung bei einem bedingungsfeindlichen VA (Rn. 12), erlaubt aber ggf. eine Befristung oder eine Auflage.

14 c) **Nebenbestimmungen bei Nicht-Verwaltungsakten**: § 36 gilt nicht für einseitige ör. „Rechtsgeschäfte", die mangels Außenwirkung keine VA sind, wie **behördliche Verfahrenshandlungen** (§ 35 Rn. 148 ff.), behördliche **Mitwirkungshandlungen in gestuften Verfahren** (§ 35 Rn. 169 ff.) oder **Maßnahmen in Sonderstatusverhältnissen** ohne Außenwirkung (§ 35 Rn. 198 ff.). Dennoch können auch diese Maßnahmen befristet oder bedingt oder mit einem Widerrufsvorbehalt versehen werden, soweit das Fachrecht dies nicht ausschließt (vgl. für den Widerruf von Mitwirkungshandlungen in gestuften Verfahren § 35 Rn. 173). Dies ergibt sich nicht aus einer entsprechenden Anwendung des § 36, vielmehr ist insoweit auf die dem Privatrecht entlehnten **allgemeinen Grundsätze des Verwaltungsrechts** zu befristeten, bedingten etc. Behördenhandeln (Rn. 2) zurückzugreifen. Daher können solche Maßnahmen nicht mit Auflagen i. S. d. § 36 Abs. 2 Nr. 4 versehen werden, die echte (durchsetzbare) Handlungspflichten (und nicht nur Obliegenheiten) begründen (z. B. beamtenrechtliche Umsetzung [§ 35 Rn. 199] unter der Auflage, als „Gegenleistung" einen Geldbetrag zu zahlen, Gewährung von Akteneinsicht [§ 35 Rn. 154] unter der Auflage, die hierdurch entstehenden Kosten zu entnehmen). Solche Auflagen wären selbständige VA und bedürften daher einer (in den Beispielen natürlich fehlenden) besonderen gesetzlichen Ermächtigung, vgl. § 35 Rn. 152 f. Zur „Nebenbestimmungstauglichkeit" von **Zusagen** und **Zusicherungen** s. § 38 Rn. 26.

15 Verlangt die intern mitwirkungsberechtigte Behörde bei einem **mehrstufigen VA** (§ 9 Rn. 127 ff., § 35 Rn. 169 ff.) die Aufnahme von Nebenbestimmungen,[37] erteilt sie damit ihre Zustimmung nur unter der Bedingung, dass diese Nebenbestimmungen (bei denen es sich auch um Auflagen handeln kann) von der nach außen zuständigen Behörde in den VA übernommen werden. Diese Nebenbestimmungen werden jedoch gegenüber dem Bürger nur wirksam, wenn die nach außen zuständige Behörde sie auch tatsächlich in den VA aufnimmt und den VA mit Nebenbestimmungen dem Antragsteller bekannt gibt, Rn. 26. Unterlässt sie dies, ist der VA ohne die notwendige Mitwirkungshandlung erlassen worden und somit rechtswidrig, § 35 Rn. 174.

16 § 36 findet auch keine Anwendung auf die Anordnung der sofortigen Vollziehung nach **§ 80 Abs. 2 Nr. 4 VwGO**, da es sich hierbei nicht um einen VA handelt (§ 35 Rn. 164). Wie in den in Rn. 14 genannten Fällen, können solche Anordnungen aber bedingt erfolgen.[38] Ebenso

---

[31] Vgl. a. *VGH Mannheim* NVwZ-Beilage I 9/2001, 99, 100 f.; *OVG Münster* NVwZ 1985, 444.
[32] *OVG Koblenz* NVwZ 1995, 1227; *VGH Mannheim* NVwZ-RR 1992, 175.
[33] *RGZ* 126, 132, 136; ähnlich *BGHZ* 79, 201, 205 = NJW 1981, 980 f.
[34] Näher *Wachsmuth* ThürVBl 2004, 181, 183 f.
[35] *Schulze-Werner* GewArch 2004, 9, 11; *Wendt* JA 1980, 25, 33; *U. Stelkens* in Wilms/Masing/Jochum, TKG, § 68 Rn. 162.
[36] *Brenner* JuS 1996, 281, 284.
[37] Vgl. z. B. *VG Gießen* NuR 2005, 272 f.
[38] *VG Frankfurt a. M.* NVwZ 2000, 1324; *VG Gera* ThürVBl 2002, 261, 262.

kann die Aussetzung der Vollziehung nach § 80 Abs. 4 VwGO unter einem Widerrufsvorbehalt gestellt werden.[39] Auch **Auflagen i. S. d. § 80 Abs. 5 Satz 4 VwGO** sind besondere Nebenbestimmungen im Rahmen des gerichtlichen Aussetzungsverfahrens, deren Nichtbeachtung das Gericht veranlassen kann, nach § 80 Abs. 7 VwGO zu verfahren, und damit keine Auflagen i. S. d. § 36.[40]

Für **vertragliches Verwaltungshandeln** gilt § 36 ebenfalls nicht. Hier gelten nur die privatrechtlichen Gestaltungsmöglichkeiten (vgl. §§ 158 ff. BGB), die für privatrechtliches Verwaltungshandeln unmittelbar, für den ör. Vertrag über den Verweis in § 62 S. 2 gelten. § 56 Abs. 1 S. 2 enthält jedoch für den ör. Vertrag eine mit § 36 Abs. 3 vergleichbare Regelung (Rn. 149), § 56 Abs. 3 verweist zudem ausdrücklich auf § 36 Abs. 1, um die Grenzen der Vereinbarkeit von „Gegenleistungen" bei gebundener Verwaltung zu beschreiben, hierzu § 56 Rn. 34 ff. **Einseitige privatrechtliche Rechtsgeschäfte** sind i. d. R. bedingungsfeindlich.[41] Zur rahmenvertraglichen Vereinbarung von Nebenbestimmungen für später zu erlassene VA Rn. 35. 17

Nicht ausgeschlossen ist es auch, **tatsächliches Verwaltungshandeln** von Bedingungen/ Befristungen (z. B. bedingte/befristete passive Duldung, vgl. § 35 Rn. 92) abhängig zu machen. Auch hier ist aber § 36 nicht einschlägig. Sollen Nebenleistungen im Umfeld tatsächlichen Handelns als „Auflage" verhängt werden (z. B. in Zusammenhang mit einem Bürgersteigausbau), ist dies ein selbständiger VA, der einer Ermächtigung bedarf. 18

3. Verhältnis zwischen Nebenbestimmung und Hauptverwaltungsakt

In Lit. und Rspr. sind für den VA, der mit Nebenbestimmungen versehen werden kann (Abs. 1, 2), die Begriffe **Haupt(verwaltungs)akt** oder **Hauptregelung** gebräuchlich.[42] Wegen seiner Verbreitung soll auch hier der Begriff des Haupt-VA verwandt werden, auch wenn er ungenau ist, weil er die Nebenbestimmungen als Neben(verwaltungs)akte, als Nebenregelungen, signalisiert. Der Gesetzgeber hat in Abs. 2 jedoch deutlich zwischen einer Regelung, die als Bestandteil des VA erfolgen muss (Befristung, Bedingung und Widerrufsvorbehalt), und einer mit dem VA „verbundenen" Nebenbestimmung (Auflage, Auflagenvorbehalt) unterschieden.[43] Während die Auflage häufig als **selbständige Nebenbestimmung** bezeichnet wird, werden Bedingungen und Befristungen **unselbständige Nebenbestimmungen** genannt.[44] Nebenbestimmungen der 1. Gruppe sind mit dem Haupt-VA konditional, die der 2. Gruppe mit dem Haupt-VA konjunktional verknüpft.[45] Zunehmend werden jedoch – insbes. auch in Zusammenhang mit der Rechtsschutzfrage, Rn. 54 ff. – alle Nebenbestimmungen (auch die Auflage, Rn. 83) einheitlich als vertypte VA-Bestandteile angesehen, die von der Hauptregelung abhängen und zusammen mit der Hauptregelung auf Grund einer einheitlichen Behördenentscheidung erlassen werden.[46] 19

Unstr. ist, dass die **Wirksamkeit aller Nebenbestimmungen von der Wirksamkeit des Haupt-VA abhängt.** Dies ergibt sich für die Befristung, Bedingung und den Widerrufsvorbehalt schon daraus, dass sie Bestandteil der Hauptregelung sind (Rn. 19), für Auflage und Auflagenvorbehalt aus ihrer Akzessorietät, Rn. 83, § 35 Rn. 226. Zudem **führt die Rechtswidrigkeit des Haupt-VA zwingend zur Rechtswidrigkeit aller Nebenbestimmungen,** mit denen er versehen wurde, ungeachtet ihrer Rechtsnatur. Dagegen berührt die Unwirksamkeit einer Nebenbestimmung nicht die Wirksamkeit des Haupt-VA.[47] Fällt nachträglich die Genehmigungsbedürftigkeit fort, berührt dies i. d. R. nicht die Wirksamkeit der Genehmigung und damit die Wirksamkeit der Nebenbestimmung.[48] 20

---

[39] *BFHE* 191, 1 = NVwZ-RR 2001, 286, 287 (zu § 69 Abs. 1 S. 1 FGO).
[40] *VGH Mannheim* NJW 1984, 1369; NJW 1985, 449; *VGH München* BayVBl 1978, 182; NVwZ-RR 1991, 159; *Schoch* in Schoch u. a., § 80 Rn. 296.
[41] *Flume,* § 38, S. 697 f.
[42] Z. B. *Brenner* JuS 1996, 281; *Maurer,* § 12 Rn. 1.
[43] Hierzu auch *Laubinger* VerwArch 73 (1982), S. 345, 359 f.
[44] *Brenner* JuS 1996, 281, 284; *Hanf,* Rechtsschutz gegen Inhalts- und Nebenbestimmungen zu VA, 2003, S. 6 ff.
[45] So *Sieckmann* DÖV 1998, 525, 529 f.
[46] Ausführlich hierzu *Tegethoff,* Nebenbestimmungen, 2001, S. 23 ff., 30 ff. m. w. N.
[47] *Sieckmann* DÖV 1998, 525, 530 (für Auflage).
[48] *OVG Münster* NVwZ 1994, 184 (für Auflage).

21 Ungeklärt ist dagegen – trotz des Zusammenhangs mit der Frage nach dem Rechtsschutz gegen Nebenbestimmungen – ob und inwieweit die **Rechtswidrigkeit einer Nebenbestimmung** auch zur Rechtswidrigkeit des Haupt-VA führt und deshalb die Behörde zur ganz oder teilweisen **Rücknahme (auch) des Haupt-VA** berechtigt. Dies ist unabhängig von der Frage des Rechtsschutzes gegen Nebenbestimmungen und den Folgen einer (isolierten) gerichtlichen Aufhebung von Nebenbestimmungen (hierzu Rn. 62) zu klären, wobei zwischen drei Konstellationen zu differenzieren ist:

22 (1) Soweit die **Behörde zum Erlass eines VA ohne Nebenbestimmungen verpflichtet** war, berührt die Rechtswidrigkeit der dem Haupt-VA dennoch beigegebenen Nebenbestimmungen die Rechtmäßigkeit des Haupt-VA nicht.[49] Wird z.B. im Fall des § 36 Abs. 1 Alt. 2 durch eine Nebenbestimmung „Voraussetzungen" sichergestellt, die keine gesetzlichen Voraussetzungen i.S.d. § 36 Abs. 1 sind, so rechtfertigt diese rechtswidrige Nebenbestimmung nicht auch die Rücknahme des (i.Ü. rechtmäßigen) Haupt-VA. Dies verdeutlicht auch der in § 49 Abs. 1 zum Ausdruck kommende allgemeine Grundsatz, dass ein VA nicht aufgehoben werden darf, wenn er mit demselben Inhalt sofort neu zu erlassen wäre, § 48 Rn. 80.

23 (2) Ist der Behörde **hinsichtlich des „Ob" und des „Wie" des Haupt-VA Ermessen** eingeräumt (Regelfall des § 36 Abs. 1 Alt. 2 und des § 36 Abs. 2, Rn. 143 ff.), „infiziert" dagegen die Rechtswidrigkeit auch nur einer Nebenbestimmung (unabhängig von ihrer Rechtsnatur) die Gesamtregelung (Haupt-VA und alle anderen Nebenbestimmungen), die damit ebenfalls insgesamt als rechtswidrig anzusehen ist. Denn hier geht das Gesetz von einer **einheitlichen Ermessensentscheidung** bei Erlass der Gesamtregelung aus, die deshalb auch nur einheitlich als ermessensgerecht oder ermessenswidrig eingestuft werden kann. Stellt sich somit die Rechtswidrigkeit einer Nebenbestimmung heraus, kann die Behörde – unter Beachtung der § 48 Abs. 1 S. 2 – den Gesamt-VA ganz oder teilweise zurücknehmen oder auch – als Form der teilweisen Rücknahme (Rn. 47 f.) – die rechtswidrige Nebenbestimmung durch andere Nebenbestimmungen ersetzen.[50] Dem steht i.d.R. **schutzwürdiges Vertrauen** des Betroffenen nicht entgegen, da die Behörde durch den Erlass der rechtswidrigen Nebenbestimmung – einem Auflagenvorbehalt (Rn. 41 ff.) oder Bedingungs- und Befristungsvorbehalt (Rn. 39) ähnlich – zum Ausdruck gebracht hat, dass sie von ihrem Recht aus § 36 Gebrauch machen wolle.[51] Weil bereits nach § 48 auf die Rechtswidrigkeit einer Nebenbestimmung auch durch Aufhebung des Haupt-VA reagiert werden kann, ist es verfehlt, wenn BVerwG[52] bei Aufhebung einer rechtswidrigen Auflage der Behörde den Rückgriff (nur) auf § 49 Abs. 2 Nr. 2 gestattet, um auch den Haupt-VA aufheben zu können, hierzu näher § 49 Rn. 51.

24 (3) Problematisch sind die Fälle, in denen ein **Anspruch auf Erlass des Haupt-VA nur „dem Grunde nach"** besteht, der Behörde jedoch hinsichtlich des „Wie" des Haupt-VA insoweit Ermessen eingeräumt wird, dass sie ihn zu bestimmten Zwecken mit Nebenbestimmungen versehen kann. Eine solche **„gebundene Verwaltung mit Randermessen"** ist insbes. gegeben, wenn die Behörde fachrechtlich ermächtigt wird, einen VA, auf den ein Anspruch besteht, mit Nebenbestimmungen zu versehen (**Fall des § 36 Abs. 1 Alt. 1,** hierzu Rn. 117) oder eine Ermessensreduzierung nur hinsichtlich des „Ob" des Erlasses des Haupt-VA, nicht jedoch in Bezug auf die diesem Haupt-VA beizufügenden Nebenbestimmungen eingetreten ist (vgl. Rn. 130). Auch hier **infiziert die Rechtswidrigkeit jeder Nebenbestimmung die Gesamtregelung,** macht jedoch den Gesamt-VA nur soweit rechtswidrig, wie das „Randermessen" reicht. Folglich darf die Behörde den Haupt-VA in der vorliegenden Konstellation nur insoweit zurücknehmen als der Anspruch auf Erlass des Haupt-VA dem Grunde nach unberührt

---

[49] Laubinger VerwArch 73 (1982), S. 345, 367; a.A. Schneider, Nebenbestimmungen im Verwaltungsprozess, 1981, S. 149 f.

[50] Grundlegend Laubinger VerwArch 73 (1982), S. 345, 364 ff.; Pietzcker in Schoch u.a., § 42 Abs. 1 Rn. 134; ders. NVwZ 1995, 15, 19; ebenso (in Zusammenhang mit der Frage, wie die Behörde auf die „isolierte Aufhebung" einer rechtswidrigen Nebenbestimmung durch das Gericht in den hier interessierenden Fällen reagieren kann): Axer Jura 2001, 748, 753; Heilemann SGb 2000, 250, 252; Hufen/Bickenbach JuS 2004, 966, 967; Janßen in Obermayer, VwVfG, § 36 Rn. 50; Kopp/Ramsauer, § 36 Rn. 62; Laubinger VerwArch 73 (1982), S. 345, 367; J. Schmidt VBlBW 2004, 81, 83; a.A. Erichsen VerwArch 66 (1975), S. 299, 310 f.; Lange AöR 102 (1977), S. 337, 355 f.

[51] Pietzcker in Schoch u.a., § 42 Abs. 1 Rn. 134; ders. NVwZ 1995, 15, 19; dies übersieht wohl Schenke, Verwaltungsprozessrecht, Rn. 807 f.

[52] BVerwGE 65, 139, 141 = NJW 1982, 2269.

bleibt. Hinsichtlich des „Wie" der Gewährung kann sie sich jedoch durch Rücknahme aller oder einzelner Nebenbestimmungen den Weg zu einer neuen Ausübung des „Randermessens" eröffnen und in Folge dessen auch die als rechtswidrig erkannte Nebenbestimmung durch eine weniger beeinträchtigende oder eine oder mehrere „aliud-Nebenbestimmungen" ersetzen, vgl. Rn. 47 f.

4. Formelle Anforderungen und Bestimmtheit

a) Zuständigkeit/Form/Verfahren: Für Nebenbestimmungen sind die gleichen Zuständigkeits- (Rn. 147), Form- und Verfahrensvoraussetzungen zu erfüllen wie für den Haupt-VA,[53] s. a. Rn. 6. Eine **Anhörung** nach § 28 ist erforderlich, soweit § 28 bei der Ablehnung eines Antrages anzuwenden ist, vgl. § 28 Rn. 26 ff. Ist eine Anhörung bei der Ablehnung nicht erforderlich, ist sie es auch nicht bei einer Erteilung unter Nebenbestimmung.[54] Soweit die Nebenbestimmung der Sicherung des Anspruches dient, liegt auch kein Eingriff in die Rechte des Betroffenen i. S. d. § 28 Abs. 1 vor. Allerdings ist eine Anhörung zweckdienlich, s. Rn. 6. Der Ermessensgebrauch bezüglich des Einsatzes der Nebenbestimmung (Rn. 143) ist grundsätzlich nach § 39 Abs. 1 S. 3 zu **begründen**,[55] § 39 Rn. 65 ff. Allerdings kann § 39 Abs. 2 Nr. 2 einschlägig sein,[56] s. § 39 Rn. 87 ff., 94. 25

b) Bekanntgabe: Gegenstand der Bekanntgabe ist nach § 41 der gesamte **verfügende Teil** (§ 35 Rn. 143) des VA, § 41 Rn. 15. Hierzu gehören auch alle Nebenbestimmungen, die dem Betroffenen damit nach § 41 Abs. 1 im vollen Wortlaut individuell bekannt zu geben sind[57] und ihm damit zugehen (§ 41 Rn. 61 ff.) müssen. **§ 41 enthält keine mit § 305 Abs. 2 BGB vergleichbaren Bekanntgabeerleichterungen.** (Nicht unbedenkliche) Einschränkungen hat die Rspr. – bei Zulässigkeit einer öffentlichen Bekanntgabe nach § 41 Abs. 3 – bisher nur bezogen auf den Inhalt der ortsüblichen Bekanntmachung nach § 41 Abs. 4 S. 1 gemacht, hierzu § 41 Rn. 170, 173. Insbes. im **Zuwendungsrecht** lassen es Teile der Rspr. jedoch mittlerweile für die Bekanntgabe von Nebenbestimmungen ausreichen, dass ein Bescheid auf „Musternebenbestimmungen", die in (öffentlich bekannt gegebenen) Richtlinien enthalten sind (hierzu Rn. 29 ff.), Bezug nimmt, ohne zu fordern, dass diese Richtlinien dem Bescheid beigelegt werden.[58] Nur die Möglichkeit zu eröffnen, **sich mit Teilen des verfügenden Teils eines VA selbst bekannt zu machen,** erfüllt die Voraussetzungen des § 41 Abs. 1 jedoch nicht. Die Situation ist auch nicht mit den in § 37 Rn. 37 f. geschilderten Fällen vergleichbar, weil es hier nicht um die Bezugnahmen geht, die den verfügenden Teil konkretisieren sollen, sondern sich die Bezugnahme auf den verfügenden Teil selbst bezieht, s. § 37 Rn. 39. Wird die Beifügung der „Nebenbestimmungsrichtlinien" versäumt, ist der VA folglich ohne Nebenbestimmungen erlassen (§ 43 Abs. 1 S. 2); auf Grund des im VA enthaltenen Verweises auf die Richtlinien kann seine Regelung jedoch zu unbestimmt sein.[59] Allerdings ist die Berufung auf die Nichtzusendung der Richtlinien und den hierin liegenden Bekanntgabefehler verwirkt, wenn sich der Adressat die Richtlinien besorgt *und* den VA gegenüber der Behörde im Folgenden als insgesamt gültig behandelt (Heilung durch „rügelose Einlassung", näher § 41 Rn. 238). 26

c) Bestimmtheit: Nebenbestimmungen müssen als Bestandteil der Hauptregelung (Rn. 19) auch selbst dem Bestimmtheitsgebot des § 37 Abs. 1 genügen, d. h. ihr Entscheidungsgehalt muss für den Adressaten und betroffene Dritte (§ 37 Rn. 4) nach Art und Umfang aus sich heraus erkennbar und verständlich sein. Zu Besonderheiten bei AGB-ähnlichen Nebenbestimmungen s. Rn. 30 f. Dies betrifft zunächst die Frage, ob und **welche Art von Nebenbestimmung** eingesetzt wurde oder ob ein „VA-Zusatz" eine Inhaltsbestimmung (Rn. 93 ff.) ist. So wird 27

---

[53] *Elster*, Begünstigende VA mit Bedingungen, Einschränkungen und Auflagen, 1979, S. 247 ff.
[54] A. A. *Hufen*, Fehler im VwVf, 4. Aufl. 2002, Rn. 344; *Hufen/Bickenbach* JuS 2004, 966.
[55] *BVerwG* NVwZ 1988, 147, 148; *VGH Mannheim* NVwZ 1983, 567, 568; *VG Köln* GewArch 1981, 100, 101; *Haller* NVwZ 1994, 1066, 1071; *Jarass* DVBl 1991, 7, 13.
[56] *VGH München* NJW 1986, 1564, 1566.
[57] Deutlich *BFH* HFR 2005, 1, 2 (für als Nebenbestimmung angesehenen Vorläufigkeitsvermerk).
[58] *OVG Frankfurt (Oder)*, Urt. v. 11. 2. 2004 – 2 A 680/03 (juris, Abs. 22); *VGH München* GewArch 1994, 328, 329; BayVBl 2000, 245, 246; *VG Köln* NVwZ-RR 2002, 605, 606; *Jennert* KommJur 2006, 286; *Kulartz/Schilder* NZBau 2005, 552, 553; am Beifügungserfordernis festhaltend: *BVerwGE* 116, 332, 334 = NVwZ 2003, 221, 222; unklar *BVerwG* NVwZ 2005, 1085, 1086.
[59] Vgl. hierzu *VG Dessau* LKV 2005, 466, 467.

teilweise aus dem **Bestimmtheitsgebot** geschlossen, die Behörde müsse bezeichnen, ob es sich um eine Nebenbestimmung (und welche) oder eine Inhaltsbestimmung handele.[60] Jedoch hat zunächst eine Auslegung des VA einschließlich der Nebenbestimmungen zu erfolgen (Rn. 69, § 37 Rn. 7). Erst wenn die Zuordnung mit den herkömmlichen Auslegungsmethoden (§ 35 Rn. 71 ff.) nicht zu lösen ist, ist § 37 Abs. 1 verletzt.

28 Steht die Art der Nebenbestimmung fest, stellt sich unter Bestimmtheitsgesichtspunkten die zusätzliche Frage, welcher Zeitpunkt oder Zeitraum bei der **Befristung** genau „bestimmt" ist (vgl. insoweit bereits den Wortlaut des § 36 Abs. 2 Nr. 2), der Eintritt welchen zukünftigen Ereignisses genau **Bedingung** für den VA ist, unter welchen Voraussetzungen ein **Widerrufsvorbehalt** zum Widerruf ermächtigen soll (Rn. 79), welches Tun, Dulden oder Unterlassen die **Auflage** genau vorschreibt,[61] und zur Beifügung welcher Auflagen der Auflagenvorbehalt genau ermächtigt. Wird dem Bestimmtheitserfordernis insoweit nicht genügt, ist die Nebenbestimmung (und damit ggf. auch die Gesamtregelung, vgl. Rn. 21 ff.) rechtswidrig, zumeist jedoch nicht nichtig, vgl. § 37 Rn. 40. Zur Möglichkeit einer „Heilung" durch „Klarstellungsbescheid" § 37 Rn. 41 ff.

5. Besonderheiten bei AGB-ähnlichen Nebenbestimmungskatalogen

29 Obwohl Nebenbestimmungen Instrumente der Feinabstimmung im Einzelfall sind (Rn. 5), werden zur Sicherung der Gleichbehandlung der Betroffenen – z. B. im Subventionsbereich, bei Gewährung des Zugangs zu öffentlichen Einrichtungen, aber auch bei wettbewerbsrelevanten Gestattungen im Wirtschaftsverwaltungsrecht (vgl. z. B. § 68 Abs. 3 S. 4 HS. 2 TKG) – vielfach „Musternebenbestimmungen" für bestimmte, regelmäßig wieder kehrende Entscheidungssituationen vorformuliert und dann (wie AGB) den einzelnen VA zu Grunde gelegt. Diese Praxis wirft spezifische Probleme auf:

30 Insoweit stellt sich zunächst sowohl auf der Ebene der Bekanntgabe (Rn. 26) als auch der notwendigen Bestimmtheit des VA (Rn. 27 f.) die Frage der **ordnungsgemäßen „Einbeziehung"** der vorformulierten Nebenbestimmungen in den VA. Die Rspr. verlangt hier nicht, dass sie in den Bescheid aufgenommen werden, sondern lässt es genügen, dass der VA die „Muster" (unter ihrer genauen Bezeichnung)[62] ausdrücklich zum Bestandteil seiner Regelung erklärt, sofern sie **dem VA beigefügt** werden;[63] zu Letzterem jedoch auch Rn. 26. Im Übrigen kennt das VwVfG keine mit § 305c BGB vergleichbare Regelung, nach der Nebenbestimmungen in AGB-ähnlichen Nebenbestimmungskatalogen, die nach ihrem Inhalt oder der Gestaltung des Bescheides so ungewöhnlich sind, dass der Adressat mit ihnen nicht zu rechnen brauchte

---

[60] *VGH Mannheim* NVwZ 1989, 383, 384 (zu Nebenbestimmung in Zulassung zur Prüfung); *OVG Münster* NVwZ 1991, 588, 589; *Fluck* DVBl 1992, 862, 867 m. w. N.
[61] **Beispiele:** Zu unbestimmt sind Auflagen, nach denen Luftverunreinigungen „möglichst zu vermeiden sind" (*OVG Münster* DÖV 1976, 391), ein beigefügtes „Merkblatt zu beachten" sei (*BVerwG* NVwZ 1990, 855), bestimmte Gutachten „als Bestandteil einer Baugenehmigung zu beachten" seien (*OVG Münster* NVwZ-RR 1997, 274, 275), die Einhaltung von Lärmwerten „durch bauliche Maßnahmen sicherzustellen" sei (*OVG Münster* NWVBl 1997, 11), „die Stallabluft wie bei Rauchkaminen in den freien Windstrom zu führen" ist (*VGH München* BayVBl 1989, 755, 757); eine „Grunddienstbarkeit zu bestellen" ist, ohne dass der Inhalt der Grunddienstbarkeit festgelegt wird (*OVG Frankfurt [Oder]* LKV 2003, 470), ein Stadionbetreiber im Interesse der Nachbarn verpflichtet wird, den Anteil der Besucher, die den öffentlichen Personennahverkehr nutzen, durch Abschluss entsprechender Verträge mit Busunternehmen zu erhöhen, ohne den Inhalt dieser Verträge zu bestimmen (*OVG Münster* NVwZ-RR 2006, 306, 309); zu unbestimmt ist ferner eine Regelung, aus der nicht eindeutig hervorgeht, ob aus der Auflage selbst eine Verpflichtung begründen oder das Entstehen der Verpflichtung vom Abschluss eines ör. Vertrages abhängig machen soll (*VGH Mannheim* VBlBW 1986, 462 f.). Zu unbestimmt ist auch eine Bedingung, nach der eine Aufenthaltserlaubnis erlischt, „sobald ein Reisedokument vorliegt und/oder die Abschiebung möglich ist (*VGH München* BayVBl 2007, 567, 569). Nicht zu unbestimmt ist die Anlagenzulassungsrecht die Formulierung von Zielvorgaben unter Bezugnahme auf technische Regelwerke (§ 37 Rn. 38), soweit sich die Zulassungsentscheidung an einen Vorhabenträger richtet, der über genügend Fachkunde verfügt, um aus dem technischen Regelwerk zu entnehmen, was von ihm gefordert wird. Insoweit müssen Nebenbestimmungen nicht allgemeinverständlich abgefast sein (*BVerwG* NVwZ-RR 1997, 278, 279). Nicht zu unbestimmt ist auch eine Auflage, die dem Betroffenen konkrete Lärmschutzmaßnahmen vorschreibt, ohne Lärmimmissionspegel anzugeben, deren Überschreitung durch diese Maßnahmen verhindert werden soll (*VGH Mannheim* NVwZ-RR 2007, 168, 169).
[62] *VG Dessau* LKV 2005, 466, 467.
[63] *BVerwGE* 116, 332, 334 = NVwZ 2003, 221, 222; *BVerwG* NVwZ 2005, 1085, 1086; *VGH München* NVwZ-RR 2003, 88; *OVG Münster* NVwZ-RR 2006, 86, 87.

("überraschende Klauseln"), nicht zum Bestandteil des VA werden. Solche Klauseln sind jedoch i. d. R. bereits ermessensfehlerhaft oder verstoßen gegen § 36 Abs. 3 (Rn. 144f.), wenn ihnen nicht schon bereits bei der Auslegung des VA die (vermeintliche) Bedeutung genommen wird, hierzu § 35 Rn. 76. Jedenfalls dürfte es i. d. R. ermessensfehlerhaft sein, sich auf solche Nebenbestimmungen zu berufen.

Probleme wirft auch eine Praxis auf, die einem VA einen regelrechten Nebenbestimmungskatalog formularmäßig beifügt, dessen Inhalt nur zu einem geringen Teil den konkreten Einzelfall betrifft, ihn i. Ü. jedoch schon tatbestandlich nicht erfasst. Derartige Nebenbestimmungskataloge sind z. B. vielfach den Zustimmungen der Wegebaulastträger zur Verlegung von Telekommunikationsleitungen nach § 68 Abs. 3 TKG beigefügt worden. Soweit die Telekommunikationsunternehmen auch gegen solche „unpassenden" Nebenbestimmungen vorgingen, wurde ihnen teilweise die **Klagebefugnis oder das Rechtsschutzbedürfnis** abgesprochen.[64] Zudem sind vielfach nach Klageerhebung „unpassende" Nebenbestimmung von der Behörde aufgehoben oder angepasst worden, um so eine Erledigung des Rechtsstreits herbeizuführen.[65] Tatsächlich dürfte jedoch ein **VA zu unbestimmt** sein, der es letztlich dem Betroffenen überlässt, aus einer Vielzahl vorformulierter Nebenbestimmungen diejenigen herauszusuchen, die auf sein Vorhaben „passen".[66] Folglich ist in solchen Fällen der Anspruch des Betroffenen auf ermessensfehlerfreie Entscheidung über die Beifügung von Nebenbestimmungen (Rn. 143ff.) noch nicht erfüllt, so dass er Neubescheidung verlangen kann, vgl. a. Rn. 53. 31

Beim Einsatz vorformulierter Nebenbestimmungen ist zudem besonders darauf zu achten, dass sie **nicht** wegen der Besonderheiten des zu regelnden Einzelfalls **in direktem Widerspruch zur Hauptregelung** treten. So können vorformulierte Subventionsbedingungen so gestaltet sein, dass die im Einzelfall gewährte Subvention nur dann zweckentsprechend verwendet werden kann, wenn gegen einzelne Nebenbestimmungen verstoßen wird. Sollen z. B. auch Eigenaufwendungen gefördert werden, verstoßen Nebenbestimmungen gegen § 36 Abs. 3, die zum Nachweis ordnungsgemäßer Subventionsverwendung (Rn. 103) ausschließlich die Vorlage von Rechnungen Dritter zulassen.[67] 32

6. Nebenbestimmungen kraft Gesetzes

Das Fachrecht kann einzelne VA kraft Gesetzes (auflösend) **befristen** (z. B. nach § 20 Abs. 3 S. 1 PBefG), (i. d. R. auflösend[68]) **bedingen** (z. B. nach § 77 Abs. 1 BauO NRW,[69] § 49 Abs. 2 GewO,[70] § 51 Abs. 1 Nr. 6 und 7 AufenthG, § 18 Abs. 2 BImSchG,[71] § 30 Abs. 4 WoGG[72]) oder mit einem **Auflagenvorbehalt** (vgl. Rn. 85), **Widerrufsvorbehalt** (§ 7 Abs. 1 WHG) oder auch konkreten **Auflagen** (vgl. z. B. § 4 Abs. 7 S. 1 TEHG)[73] versehen. Dann gilt der VA kraft Gesetzes als mit der gesetzlichen Befristung, Bedingung, dem gesetzlichen Widerrufs- oder Auflagenvorbehalt oder auch den gesetzlichen Auflagen versehen. Sein Inhalt wird teilweise gesetzlich **fingiert**: Er gilt mit dem Inhalt als bekannt gegeben, die ihm die gesetzliche Nebenbestimmung verleiht, vgl. § 35 Rn. 66. Damit würde eine Aufnahme der kraft Gesetzes beigefügten Nebenbestimmungen nur deklaratorisch wirken, wäre ein bloßer Hinweis auf die bestehende Rechtslage.[74] Behördlichen Nebenbestimmungen kommt hier eigenständige Bedeutung nur zu, wenn ihr Regelungsgehalt über den gesetzlichen Rahmen hinausgeht, nicht aber, wenn 33

---

[64] *VG Düsseldorf* RTKom 2001, 118, 119f.; *VG Düsseldorf*, Urt. v. 29. 1. 2003 – 16 K 5883/01 (n. v.), S. 6f. des Umdrucks; *VG Hannover*, U. v. 21. 5. 2001 – 10 A 3939/00 (n. v.), S. 6f. des Umdrucks.
[65] Vgl. *VG Düsseldorf*, Urt. v. 20. 11. 2002 – 16 K 7179/00 (n. v.), S. 8 des Umdrucks; *VG Düsseldorf*, Urt. v. 29. 1. 2003 – 16 K 5883/01 (n. v.), S. 12f. des Umdrucks; *VG Hannover*, Urt. v. 21. 5. 2001 – 10 A 3939/00 (n. v.), S. 4f. des Umdrucks; *VG Saarlouis* TMR 2003, 142, 144.
[66] *U. Stelkens* in Wilms/Masing/Jochum, TKG, § 68 Rn. 185.
[67] Vgl. den Fall *OVG Magdeburg* NVwZ 2000, 585 (hier gelöst durch Einschränkung des Widerrufsermessens nach § 49 Abs. 3); ähnlich der von *Martin-Ehlers* (NVwZ 2007, 289, 290) geschilderte Fall.
[68] S. aber auch *VGH München* NVwZ-RR 2002, 608, 609 (Zwangsgeldandrohung als kraft Gesetzes aufschiebend bedingter VA).
[69] Hierzu *BVerwG* NVwZ 1991, 984, 985.
[70] Dazu *Odenthal* GewArch 1994, 48.
[71] Hierzu *Scheidler* GewArch 2005, 142ff.
[72] Hierzu *VGH Mannheim* NVwZ-RR 2006, 703f.
[73] Hierzu *BVerwGE* 124, 47, 51 = NVwZ 2005, 1178, 1179.
[74] *BVerwGE* 124, 47, 51 = NVwZ 2005, 1178, 1179; *Brenner* JuS 1996, 281, 283; *Kopp/Ramsauer*, § 36 Rn. 8.

er dahinter zurückbleibt.[75] Die gesetzliche Nebenbestimmung setzt sich auch dann gegenüber dem ausdrücklich geregelten VA-Inhalt durch, wenn eine Auslegung des Haupt-VA unmissverständlich ergibt (§ 35 Rn. 76 ff.), dass er vom Betroffenen nur als uneingeschränkt und nebenbestimmungsfrei verstanden werden konnte. Ein kraft Gesetzes auflösend bedingter VA erledigt sich z. B. i. S. d. § 43 Abs. 2 mit Bedingungseintritt auch dann, wenn er ausdrücklich unbedingt erteilt wurde, s. § 43 Rn. 207. Ein kraft Gesetzes widerrufbarer VA kann auch dann widerrufen werden, wenn er ausdrücklich als unwiderrufbar erteilt oder die Widerrufsgründe entgegen der gesetzlichen Regelung eingeschränkt wurden.[76] Zur nachträglichen Beifügung gesetzlicher Nebenbestimmungen Rn. 42.

34 Bei **irreführendem Verhalten** der Behörde sind jedoch **Amtshaftungsansprüche** gegeben (vgl. § 25 Rn. 16 ff.). Dies gilt insbes., wenn die Behörde beim Betroffenen durch unklare Formulierungen im Haupt-VA die Fehlvorstellung weckt, der VA gelte uneingeschränkt. Es ist daher nicht nur guter Verwaltungsstil, sondern ein Gebot der **Formen- und Verfahrensklarheit** (§ 9 Rn. 57 f.), den Betroffenen auf „gesetzliche Nebenbestimmungen" des VA in der Begründung oder einem beigefügten Merkblatt hinzuweisen, mit denen dieser in Unkenntnis der Rechtslage nicht zu rechnen brauchte.

7. Rahmenvertragliche Vereinbarung von Nebenbestimmungen

35 In einem Fall, in dem ein Land Zuwendungen aus EG-Mitteln gewährt hatte und diese dann wegen Verletzung von Subventionsbedingungen zurückforderte, hielt es B*VerwG*[77] (vergleichbar mit dem Vertragsrecht, das für die Verträge der Gemeinschaftsorgane selbst gilt)[78] auch für möglich, rahmenvertraglich die Nebenbestimmungen für später zu erlassende VA zu vereinbaren. Diese – nach B*VerwG* – „vor die Klammer" später zu erlassender VA gezogenen Nebenbestimmungen sollen dann Nebenbestimmungen i. S. d. § 36 „gleichstehen", auch ohne dass sie in den VA selbst aufgenommen werden. Daher könne die Missachtung vertraglich vereinbarter „Auflagen" nach § 49 Abs. 3 Nr. 2 zum Widerruf auch dann ermächtigen, wenn sie nicht ausdrücklich Bestandteil des Zuwendungsbescheides sind. Dem ist zuzustimmen: Wenn § 54 S. 2 den Abschluss eines ör. Vertrages an Stelle eines VA zulässt, folgt hieraus auch die Möglichkeit, Teile später zu erlassender VA – und damit Nebenbestimmungen – durch ör. Vertrag unmittelbar festzulegen. Eine entsprechende Vorgehensweise scheint auch jenseits des Subventionsbereichs vorstellbar.[79] Zweifelhaft ist allerdings, ob in dieser Form vertraglich vereinbarte Auflagen auch – **unabhängig von den Voraussetzungen des § 61** – so vollstreckt werden können wie Auflagen, die nach § 36 Abs. 2 Nr. 4 dem VA beigefügt worden sind, vgl. Rn. 84.

8. Nachträgliches Beifügen von Nebenbestimmungen

36 Damit der Haupt-VA mit Nebenbestimmungen wirksam wird (vgl. § 43 Abs. 1 S. 2), müssen die Nebenbestimmungen zusammen mit dem Haupt-VA bekannt gegeben werden, s. Rn. 26. Die nachträgliche Beifügung von Nebenbestimmungen zu einem (ggf. fingierten,[80] § 35 Rn. 66) Haupt-VA stellt einen **Eingriff in die Bestandskraft** dieses VA dar.[81] Insoweit ist jedoch zwischen der Rechtsnatur der nachträglich beigefügten Nebenbestimmung und der Zulässigkeit ihrer Beifügung zu unterscheiden:

37 Die **nachträglich beigefügten Nebenbestimmungen als solche** sind **Nebenbestimmungen i. S. d. § 36**.[82] Die nachträglich beigefügte Bedingung, Befristung und der nachträglich beigefügte Widerrufsvorbehalt bilden damit – obwohl in unterschiedlichen VwVf zustande gekommen – zusammen mit dem Haupt-VA einen einheitlichen materiellen VA (vgl. § 35 Rn. 46). Die nachträglich mit einem VA verbundene Auflage und der nachträglich verbundene

---

[75] BVerwGE 124, 47, 51 = NVwZ 2005, 1178, 1179; a. A. *Kopp/Ramsauer*, § 36 Rn. 8.
[76] A. A. *Kopp/Ramsauer*, § 36 Rn. 25.
[77] BVerwG NVwZ-RR 2004, 413, 414; ähnlich auch VG Regensburg NuR 2006, 402.
[78] Zu diesem Zusammenhang U. *Stelkens* EuZW 2005, 299, 305 mit Fußn. 35.
[79] Vgl. etwa U. *Stelkens* in Wilms/Masing/Jochum, TKG, § 68 Rn. 140 (zu Rahmenverträgen für Zustimmung zur Verlegung von Telekommunikationsleitungen nach § 68 Abs. 3 TKG).
[80] BVerwGE 64, 285, 286 = NVwZ 1982, 191.
[81] OVG *Münster* NVwZ-RR 2002, 114, 115; *Schulze-Werner* GewArch 2004, 9, 12.
[82] VGH *Mannheim* NVwZ-RR 2007, 633 (für Bedingung); *Laubinger* WiVerw 1982, 117, 129 (für Auflage); *Störmer* in Fehling u. a., § 36 VwVfG Rn. 41.

Auflagenvorbehalt sind selbständige VA, die zu dem Haupt-VA akzessorisch sind (Rn. 83, 89). Die Nichtbefolgung einer solchen Auflage berechtigt zum Widerruf nach § 49 Abs. 2 Nr. 2, Abs. 3 Nr. 2, vgl. Rn. 83, § 49 Rn. 46. Auch die **Grenzen** der § 36 Abs. 1 bis 3 gelten unmittelbar, s. Rn. 115. Wird einem belastenden VA nachträglich eine begünstigende Nebenbestimmung beigefügt, führt dies auch nicht ohne Weiteres zur Erledigung der (so ergänzten) Ausgangsverfügung.[83]

Der **Akt der Beifügung der Nebenbestimmung** ist demgegenüber ein **selbständiger VA** **38** **als Vorgang,** vor dessen Erlass ein selbständiges VwVf durchzuführen ist (§ 35 Rn. 43ff.),[84] so dass nachträglich beigefügte Nebenbestimmungen unstr. isoliert anfechtbar sind.[85] Zur Beifügung durch die **Widerspruchsbehörde** Rn. 155f. Materiell stellt sich der Beifügungsakt – auch im Fall der nachträglichen Beifügung einer Auflage[86] – **als Teil-Aufhebung des zunächst nebenbestimmungsfreien Haupt-VA** dar, der mit einem teilweisen Neuerlass dieses VA verbunden ist.[87] Zum Austausch von Nebenbestimmungen Rn. 47f. Hierzu bedarf es einer Ermächtigung, soweit Nebenbestimmungen **zum Nachteil** des Betroffenen hinzugefügt werden sollen:

Eine solche **Ermächtigung** kann sich zunächst **aus dem Haupt-VA selbst** ergeben. Für **39** Auflagen ist in § 36 Abs. 2 Nr. 5 die Beifügung eines Auflagenvorbehalts ausdrücklich vorgesehen, Rn. 41ff. Da der Katalog des § 36 Abs. 2 nicht abschließend ist (Rn. 65) kann entspr. § 36 Abs. 2 Nr. 3 dem Haupt-VA auch ein **Vorbehalt für eine nachträgliche Befristung oder Bedingung** beigefügt werden.[88] Solche Vorbehalte schließen ein schutzwürdiges Vertrauen des Begünstigten auf einen unbeschränkten Fortbestand des Haupt-VA aus, so dass dies einer behördlichen Inanspruchnahme des Vorbehalts nicht entgegen steht. Demgegenüber wäre es sinnlos, im Haupt-VA die nachträgliche Beifügung eines Widerrufs- oder Auflagenvorbehalts vorzusehen, da ein solcher Vorbehalt nichts anderes als der Widerrufs- oder Auflagenvorbehalt selbst wäre.

Ist die nachträgliche Beifügung von Befristungen, Bedingungen und Auflagen **fachrechtlich** **40** vorgesehen (z. B. § 12 Abs. 2 S. 2 AufenthG, § 5 Abs. 1 GastG, § 33i GewO, § 19b Abs. 1 S. 3 WHG, § 17 BImSchG, § 17 Abs. 1 S. 3 AtG), liegt sie ebenfalls i. d. R. im Ermessen der Behörde, ohne durch **Vertrauensschutz** eingeschränkt zu sein.[89]

Bei Fehlen fachrechtlicher Ermächtigungen ist die nachträgliche Beifügung einer Nebenbestimmung nur zulässig, wenn **(1)** die **Voraussetzungen einer Teilaufhebung** des nebenbestimmungsfreien (bzw. bereits mit anderen Nebenbestimmungen versehenen) Haupt-VA **nach §§ 48 ff.** vorliegen und **(2)** die beizufügende Nebenbestimmung den Anforderungen des § 36 gerecht wird,[90] vgl. Rn. 37. Ist der (nebenbestimmungsfreie) Haupt-VA rechtswidrig, kann er somit – unter Berücksichtigung des § 48 Abs. 1 S. 2 – mit Nebenbestimmungen versehen werden, die diese Rechtswidrigkeit beseitigen,[91] s. a. Rn. 23f. Der Widerruf nach § 49 Abs. 1 Nr. 1 auf Grund eines Widerrufsvorbehalts kann ebenfalls die nachträgliche Beifügung von Nebenbestimmungen (als Teilwiderruf) decken.[92] Zudem kann unter den Voraussetzungen des § 49 Abs. 2 Nr. 3 bis 5 im Einzelfall eine nachträgliche Beifügung von Nebenbestimmungen möglich sein. **41**

Ob **Drittbetroffene einen Anspruch auf nachträgliche Beifügung** von Nebenbestimmungen haben, richtet sich nach den allgemeinen Grundsätzen, die für Ansprüche Drittbetroffener auf Änderung von VA mit Drittwirkung gelten, also nach § 51 (§ 51 Rn. 64ff.) oder den Grundsätzen über das Wiederaufgreifen i. w. S. (§ 51 Rn. 17ff.). Zum Rechtsschutz des Dritten s. Rn 63. **42**

---

[83] *VGH Mannheim* NVwZ-RR 2007, 633.
[84] *Laubinger* WiVerw 1982, 117, 128 (für Auflage); *Schröder* NVwZ 2007, 532, 533 (für „Verlängerung" eines befristeten VA); *Störmer* in Fehling u. a., § 36 VwVfG Rn. 41.
[85] *Axer* Jura 2001, 748, 752; *Kopp/Ramsauer*, § 36 Rn. 12a; *Schenke*, Verwaltungsprozessrecht, Rn. 292; *ders*. FS Roellecke, 1997, S. 281, 289.
[86] *OVG Münster* NVwZ-RR 2002, 114, 115.
[87] *Brenner* JuS 1996, 281, 286; *Kopp/Ramsauer*, § 36 Rn. 12, 52.
[88] *Brenner* JuS 1996, 281, 286; *Kopp/Ramsauer*, § 36 Rn. 50.
[89] *BVerwG* NJW 1988, 2552; *OVG Münster* NJW 1980, 854; zu einem Fall fehlerhafter Ermessensausübung: *VGH München* BayVBl 2007, 567 ff.
[90] *Kopp/Ramsauer*, § 36 Rn. 52.
[91] *VG München* NVwZ-RR 2000, 722, 723.
[92] *OVG Schleswig* NVwZ-RR 1994, 553.

43 Schließlich können auch bestehenden VA (Altgenehmigungen) nachträglich **durch Gesetz** Nebenbestimmungen hinzugefügt werden (vgl. § 4 Abs. 7 S. 1 TEHG), die dann als Nebenbestimmungen kraft Gesetzes (Rn. 33) den VA-Inhalt nachträglich modifizieren, ohne in den VA aufgenommen werden zu müssen.[93] Verfassungsrechtlich stellt sich hier allerdings die **Rückwirkungsproblematik**.[94]

9. Behördliche Aufhebung und Änderung von Nebenbestimmungen

44 **a) Befugnis zur Aufhebung oder Änderung:** Die behördliche Aufhebung von Nebenbestimmungen ist – ungeachtet der Art der Nebenbestimmung – schon wegen des Grundsatzes des **Vorrangs des Gesetzes** ausgeschlossen, wenn (erst) hierdurch die verbleibende Gesamtregelung (Haupt-VA mit anderen Nebenbestimmungen) rechtswidrig wird. Zur Aufhebung durch die Widerspruchsbehörde s. a. Rn. 157. Denn (natürlich) ist es der Behörde verwehrt, durch Aufhebung einer Nebenbestimmung (indirekt) einen rechtswidrigen VA zu „schaffen", vgl. a. § 48 Rn. 80, § 49 Rn. 22 f. Ist die Gesamtregelung jedoch unabhängig von der Nebenbestimmung, die aufgehoben werden soll, rechtswidrig, steht dies *allein* der Aufhebung ihrer (damit auch rechtswidrigen, Rn. 20) Nebenbestimmung nicht entgegen: Besteht keine staatliche Verpflichtung zur vollständigen Beseitigung eines rechtswidrigen Zustandes, besteht auch keine Pflicht, einen rechtswidrigen Zustand nur entweder vollständig zu beseitigen oder unverändert zu belassen; auch eine Teilbeseitigung ist möglich. Die Aufhebung einer Nebenbestimmung ist auch nicht *allein* (s. aber Rn. 47 f.) deshalb unzulässig, weil sie die Rechtswidrigkeit der Gesamtregelung u. U. „vertieft" (z. B. im Fall der Aufhebung einer zur Sicherung der Genehmigungsvoraussetzungen [§ 36 Abs. 1 Alt. 2] ungeeigneten Auflage, vgl. Rn. 128). Der Begriff der Rechtswidrigkeit erlaubt keine Stufungen; die „Schwere" eines Fehlers spielt nur für die an die Rechtswidrigkeit geknüpften Rechtsfolgen eine Rolle.[95]

45 Liegt die in Rn. 44 genannte Aufhebungssperre nicht vor, richtet sich die Aufhebung von Nebenbestimmungen – ungeachtet der Art der Nebenbestimmung[96] – nach **§§ 48 ff.**[97] Soweit der Erlass des Haupt-VA mit Nebenbestimmung auf einer **einheitlichen Ermessensentscheidung** beruht (Rn. 23 f.), ist in der Aufhebung der Nebenbestimmung zudem **zugleich ein Neuerlass des Haupt-VA** zu sehen, weil insoweit letztlich die Ermessenserwägungen, die zu seinem Erlass geführt haben, nachträglich ausgetauscht werden, vgl. § 45 Rn. 53 ff. Dementsprechend ist zu differenzieren:

46 (1) War die **Behörde verpflichtet, den VA ohne (jede) Nebenbestimmung zu erlassen** (Rn. 22), kann (nur) die (deshalb) rechtswidrig beigefügte Nebenbestimmung nach § 48 zurückgenommen werden. Durch die Beseitigung der Nebenbestimmung wird der Haupt-VA (auch bei einer Befristung oder Bedingung) nicht unvollständig, sondern unbeschränkt.[98] Begünstigt die Nebenbestimmung einen **Dritten,** ist jedoch dessen Vertrauen auf den Bestand der Nebenbestimmung nach § 48 Abs. 1 S. 2 zu berücksichtigen,[99] sofern nicht § 50, § 51 (§ 51 Rn. 64 ff.) greifen.

47 (2) Stand der **Erlass des Haupt-VA mit Nebenbestimmungen im Ermessen der Behörde** (Fälle der Rn. 23 f.) müssen für die Aufhebung der Nebenbestimmung neben den Voraussetzungen der §§ 48 ff. auch die Voraussetzungen für einen ermessensgerechten Neuerlass des (verbleibenden) Haupt-VA (ggf. mit neuen Nebenbestimmungen) vorliegen.[100] Fügt die Behörde z. B. einem VA, bei dem die gesetzlichen Voraussetzungen nicht vorliegen, eine zur Sicherung der Erfüllung der gesetzlichen Voraussetzungen (§ 36 Abs. 1 Alt. 2) ungeeignete auflösende Befristung bei (Rn. 129), so könnte bei isolierter Betrachtung eine Rücknahme dieser

---

[93] *BVerwGE* 124, 47, 51 = NVwZ 2005, 1178, 1179.
[94] Vgl. hierzu *Beaucamp* DVBl 2006, 1401, 1404 ff.; *Klett/Oexle* NVwZ 2004, 1301, 1303 (jew. zur verwandten Frage, inwieweit durch Gesetz die Erledigung bestehender VA herbeigeführt werden darf).
[95] Allgemein zur Notwendigkeit der Differenzierung zwischen Rechtswidrigkeit eines VA und den hieran zu knüpfenden Rechtsfolgen *Baumeister,* Beseitigungsanspruch, 2006, S. 127 ff.
[96] So auch *Laubinger* VerwArch 73 (1982), S. 345, 357; vgl. zu einer Bedingungsaufhebung OVG Greifswald NVwZ 2002, 104, 105.
[97] *VGH Mannheim* NVwZ-RR 2002, 621, 622 f. (für Auflage).
[98] A. A. *Remmert* VerwArch 88 (1997), S. 112, 131 f.
[99] *VGH Mannheim* NVwZ-RR 2002, 621, 623.
[100] Vgl. *OVG Lüneburg* NVwZ-RR 2002, 706, 707.

rechtswidrigen (belastenden) Befristung zwar als von § 48 Abs. 1 S. 1 gedeckt erscheinen (Rn. 44). Sie darf aber dennoch nicht erfolgen, weil der verbleibende Haupt-VA ohne Befristung nach wie vor rechtswidrig wäre.

Möglich wäre in diesem Fall jedoch, die auflösende Befristung durch eine aufschiebende Bedingung **zu ersetzen,** die zur Sicherung der Anspruchsvoraussetzungen geeignet ist (Rn. 127). Der Ersetzungsakt würde dann gleichzeitig **(a)** die Voraussetzungen des § 48 hinsichtlich der Aufhebung der Befristung, **(b)** die Voraussetzungen des § 36 Abs. 1 Alt. 2 hinsichtlich der nachträglichen Beifügung der aufschiebenden Bedingung und **(c)** die Voraussetzungen des § 48 hinsichtlich der in der nachträglichen Beifügung der aufschiebenden Bedingung auch zu sehenden Teilrücknahme des (ohne diese Bedingung rechtswidrigen) Haupt-VA (Rn. 41) erfüllen. Gleichermaßen können **rechtmäßige Nebenbestimmungen durch andere rechtmäßige Nebenbestimmung ersetzt** werden,[101] wenn **(a)** für den Widerruf der zu ersetzenden Nebenbestimmung die Voraussetzungen des § 49 Abs. 1, **(b)** für die in der nachträglichen Beifügung der neuen Nebenbestimmung liegenden Teilwiderruf des Haupt-VA (Rn. 41) die Voraussetzungen des § 49 Abs. 2 und **(c)** für die neue Nebenbestimmung die Voraussetzungen des § 36 vorliegen. 48

(3) Soll die **Aufhebung einer Nebenbestimmung** nicht isoliert, sondern **zusammen mit dem Haupt-VA** erfolgen, kommt es für die Zulässigkeit dieser Gesamt-Aufhebung nach Maßgabe der §§ 48 ff. allein auf den Haupt-VA an. Hierbei ist zu beachten, dass die Rechtswidrigkeit einer Nebenbestimmung auch die Gesamtregelung eines VA „infizieren" und diesen insgesamt rechtswidrig machen kann, näher hierzu Rn. 21 ff. 49

b) Anspruch auf Aufhebung oder Änderung: Ob der durch die Nebenbestimmungen **Belastete** (zu Ansprüchen Dritter, Rn. 42, 63) einen Anspruch auf Aufhebung (ggf. bestandskräftiger) Nebenbestimmungen hat, richtet sich nach den allgemeinen Grundsätzen, die für Ansprüche des Begünstigten auf VA-Änderung gelten. Es ist zu unterscheiden: 50

(1) War die **Beifügung der Nebenbestimmung von Anfang an rechtswidrig,** hat die Behörde aus materiellrechtlicher Sicht den Anspruch des Begünstigten auf Erlass des Haupt-VA bzw. auf ermessensfehlerfreie Entscheidung über den Erlass des Haupt-VA mit Nebenbestimmungen noch nicht (vollständig) erfüllt. Ist die in dem Erlass des Haupt-VA (auch) zu sehende Teilablehnung dieses Anspruchs jedoch bestandskräftig geworden, kann er nur durchgesetzt werden, soweit die Voraussetzungen für ein **Wiederaufgreifen** nach § 51 oder auch auf ein Wiederaufgreifen i. w. S. (§ 51 Rn. 13 ff.) bestehen. 51

(2) War der **Haupt-VA mit Nebenbestimmungen ursprünglich rechtmäßig,** kann ein Anspruch auf Aufhebung der Nebenbestimmung bestehen, wenn auf Grund einer Änderung der Sach- oder Rechtslage das Festhalten an der Nebenbestimmung als rechtswidrig erscheint. Hier folgt ein **Anspruch auf Neubescheidung** unmittelbar aus dem (geändertem) Fachrecht, ggf. i. V. m. § 51 Abs. 1 Nr. 1 (sog. **Neuverfahren,** § 51 Rn. 47 ff.).[102] 52

Im Übrigen wird die Wirksamkeit der durch den Haupt-VA gewährten Begünstigung nicht allein dadurch beeinträchtigt, dass der Betroffene die Aufhebung von Nebenbestimmungen oder einen Neuerlass des Haupt-VA ohne Nebenbestimmungen verlangt.[103] Dies gilt auch dann, wenn Behörde einen solchen Antrag (bestandskräftig) ablehnt. Der „nicht so" Begünstigte kann somit von der ihm bereits gewährten „Teilbegünstigung" nach wie vor Gebrauch machen; zu prozessualen Konsequenzen Rn. 58. Der Umstand allein, dass der Begünstigte einen VA ohne Nebenbestimmungen will, rechtfertigt auch nicht die Aufhebung des Haupt-VA,[104] vgl. Rn. 22 ff. 53

10. Nebenbestimmungen und Rechtsschutz

a) Stand von Literatur und Rechtsprechung: Bei der Diskussion über den Rechtsschutz gegen belastende Nebenbestimmungen zu begünstigenden VA i. S. d. § 36[105] (zum Rechtsschutz 54

---

[101] Vgl. *Schröder* NVwZ 2007, 532, 534.
[102] Vgl. z. B. *OVG Münster* NVwZ 2000, 89 f.; *Gerhold/Figgen* UPR 1994, 420.
[103] So aber wohl *Bull/Mehde,* Rn. 728.
[104] Ausführlich hierzu *Elster,* Begünstigende VA mit Bedingungen, Einschränkungen und Auflagen, 1979, s. 327 ff.
[105] Ausführlich zum Meinungsstand: *Hanf,* Rechtsschutz gegen Inhalts- und Nebenbestimmungen zu VA, 2003, S. 102 ff.

gegen Inhaltsbestimmungen und „modifizierende Auflagen" s. Rn. 95; zum Rechtsschutz Drittbetroffener Rn. 63) geht es *zunächst* um das **Problem der statthaften Klageart,** also darum, ob der Begünstigte eine ihm nicht genehme Nebenbestimmung mit der (isolierten) Anfechtungsklage angreifen kann (so dass bei Klageerfolg nur die Nebenbestimmung nach § 113 Abs. 1 S. 1 VwGO aufgehoben wird, wovon die Wirksamkeit des Haupt-VA unberührt bleibt) oder ob statthafte Klageart die Verpflichtungsklage auf Erlass des begünstigenden VA ohne Nebenbestimmungen oder zumindest auf ermessensgerechte Neubescheidung hinsichtlich der Nebenbestimmungsauswahl ist. Die nach wie vor stark vertretene, **„klassische" Auffassung,**[106] die bereits vor Erlass des VwVfG h. M. war[107] und auch Grundlage für den Aufbau des § 36 (Rn. 19), differenziert nach der Art der Nebenbestimmung: Es sei die isolierte Anfechtung der selbständigen Nebenbestimmungen (Auflagen und Auflagenvorbehalt) statthaft, nicht jedoch die der unselbständigen Nebenbestimmungen (Befristung, Bedingung, Widerrufsvorbehalt). Hier komme nur die Verpflichtungsklage auf Erteilung eines unbedingten, unbefristeten oder unwiderruflichen VA in Betracht. Nach der **Gegenansicht** kann jede Art von Nebenbestimmungen mit der Anfechtungsklage isoliert angefochten werden,[108] während eine nur selten vertretene Meinung immer nur die Verpflichtungsklage auf Neuerlass eines VA ohne Nebenbestimmungen für statthaft hält.[109] *BVerwG*[110] hat sich nunmehr (wie zuvor *BSG*)[111] relativ eindeutig („gefestigte Rspr.") – wenn auch ohne Begründung[112] – von der „klassischen Auffassung" abgewandt und sich der Auffassung angeschlossen, nach der jede Nebenbestimmung i. S. des § 36 isoliert anfechtbar ist. Die Instanzgerichte lassen seither die Frage der statthaften Klageart vielfach offen.[113]

55 Wird die isolierte Anfechtung (zumindest von Auflagen) für möglich gehalten, ist weiter – **als Problem der Begründetheit** einer solchen Anfechtungsklage (und damit auch als Problem der Klagebefugnis bzw. des Rechtsschutzbedürfnisses) – gefragt worden, ob eine *gerichtliche* Aufhebung nur von Nebenbestimmungen auch dann in Betracht komme, wenn **(1)** der Behörde im Ermessensbereich hierdurch eine Gesamtregelung „aufgedrängt" werde, die sie in Ausübung ihrer einheitlichen Ermessensentscheidung (Rn. 23, 24) nicht erlassen hätte[114] (hierzu Rn. 57, 62) oder jedenfalls **(2)** die Aufhebung der Nebenbestimmung das Entstehen einer rechtswidrigen Rest-Gesamtregelung (Haupt-VA ggf. mit anderen Nebenbestimmungen) zur Folge hat

---

[106] *Axer* Jura 2001, 748, 752 f.; *Happ* in Eyermann, § 42 Rn. 45 ff.; *Hanf,* Rechtsschutz gegen Inhalts- und Nebenbestimmungen zu VA, 2003, S. 113 ff.; *Koch/Rubel/Heselhaus,* § 3 Rn. 60; *Kopp/Ramsauer,* § 36 Rn. 63 ff.; *Pietzcker* NVwZ 1995, 15, 20; *ders.* in Schoch u. a., § 42 Rn. 120 ff., 132, 137; *Sieckmann* DÖV 1998, 525, 528 ff.; *Störmer* DVBl 1996, 81; *ders.* NWVBl 1996, 169, 172; *ders.* in Fehling u. a., § 36 VwVfG, Rn. 95 ff.

[107] *BVerwGE* 29, 261, 264 = NJW 1968, 1842; *BVerwGE* 36, 145, 153 f.; 41, 158, 181 = NJW 1973, 915; *BVerwG* DÖV 1974, 563; *Weyreuther* DVBl 1969, 232, 234 f.; *Wolff/Bachof* I, 9. Aufl. 1974, S. 412 f.; **a. A.** bereits *BVerwGE* 14, 307 = NJW 1962, 1978; *OVG Berlin* NJW 1964, 1152; *VGH Kassel* DVBl 1966, 504; *Badura* JuS 1964, 103; *Martens* DVBl 1965, 428.

[108] *Janßen* in Obermayer, VwVfG, § 36 Rn. 47 ff.; *Hufen/Bickenbach* JuS 2004, 867, 871 (nicht bei aufschiebender Bedingung); *Kopp/Schenke,* § 42 Rn. 22; *Laubinger* VerwArch 73 (1982), S. 345, 354 ff.; *Maurer,* § 12 Rn. 25 ff.; *Pietzner/Ronellenfitsch,* § 9 Rn. 21; *Schenke,* Verwaltungsprozessrecht, Rn. 295 ff.; *ders.* FS Roellecke, 1997, S. 281 ff.; *Sproll* NJW 2002, 3221, 3222; *Ule/Laubinger,* § 50 Rn. 29.

[109] *Ehlers* Verwaltung 1998, S. 53, 67; *Elster,* Begünstigende VA mit Bedingungen, Einschränkungen und Auflagen, 1979, S. 313 ff.; *Fehn* DÖV 1988, 202, 207 ff.; *Labrenz* NVwZ 2007, 161, 164 ff.; *Stadie* DVBl 1991, 613.

[110] *BVerwGE* 112, 221, 224 = NVwZ 2001, 429; *BVerwGE* 112, 263, 265 = NVwZ 2001, 919, 920; *BVerwG* NVwZ 2001, 562, 563 (insoweit in *BVerwGE* 112, 214 nicht abgedruckt); bereits zuvor *BVerwGE* 60, 269, 274 = NJW 1980, 2773; *OVG Lüneburg* GewArch 1985, 128; *OVG Münster* NVwZ 1993, 488; teilweise wird allerdings auch angenommen, den genannten Entscheidungen lasse sich eine solche Abkehr nicht entnehmen: *Hanf,* Rechtsschutz gegen Inhalts- und Nebenbestimmungen zu VA, 2003, S. 95 ff.; *Störmer* in Fehling u. a., § 36 VwVfG, Rn. 93.

[111] *BSGE* 59, 148, 152; 70, 167, 169 = NJW 1992, 2981.

[112] S. a. das bei *J. Schmidt* (VBlBW 2004, 81, 82 f.) wiedergegebene Schreiben des Senatsvorsitzenden.

[113] *OVG Berlin* NVwZ 2001, 1059 f.; *OVG Koblenz* NVwZ-Beilage I 3/2004, 21, 22; *OVG Lüneburg* NVwZ-RR 2002, 706, 707; *OVG Münster* NVwZ 2004, 1384 f.; *OVG Weimar* NVwZ-RR 2004, 206, 207 f.; *VG Düsseldorf* BauR 2004, 987, 988; für Anfechtbarkeit aller Nebenbestimmungen: *OVG Frankfurt (Oder)* LKV 2003, 470; *OVG Lüneburg* NVwZ-RR 2005, 394; *OVG Koblenz* NVwZ-RR 2006, 167; *VG Neustadt a. d. W.,* ZflR 2004, 1012.

[114] Aus der Lit. z. B. *Brenner* JuS 1996, 281, 287; *Brüning* NVwZ 2002, 1081; *Bull/Mehde,* Rn. 728; *Jahndorf* JA 1999, 676, 677; *Heilemann* SGb 2000, 250, 252; *Kopp/Schenke,* § 42 Rn. 22; *Lange* AöR 102 (1977), S. 337, 353; *Schenke,* Verwaltungsprozessrecht, Rn. 807 ff.; *ders.* FS Roellecke, 1997, S. 281 ff.

oder zumindest dessen Rechtswidrigkeit nicht beseitigt (hierzu Rn. 60f.). Zunächst schränkte der *8. Senat* des *BVerwG*[115] die Zulässigkeit der isolierten Anfechtung auch von Auflagen ein, wenn sie mit dem Haupt-VA auf einer **einheitlichen Ermessensentscheidung** (Rn. 23) beruhe; der Antragsteller müsse Klage auf Neubescheidung erheben. Dem hat sich der *1. Senat* angeschlossen,[116] der *8. Senat*[117] gab diese Rspr. dann jedoch auf, da sie den Grundsatz der isolierten Anfechtbarkeit (jedenfalls) der Auflage aufgebe. Der *4. Senat*[118] modifizierte diese Rspr. daraufhin, ohne die mittlerweile ergangene gegenteilige Entscheidung des *8. Senats* zu erwähnen: Die isolierte Anfechtung einer Auflage sei immer zulässig. Jedoch könne die **Anfechtungsklage** nur **begründet** sein, wenn der **Haupt-VA** auch nach Aufhebung der Auflage rechtmäßig sei, da die gerichtliche Aufhebung der Nebenbestimmung nicht zu rechtswidrigen Zuständen führen dürfe. Dem ist der *7. Senat*[119] mit der Maßgabe gefolgt, dass die Anfechtungsklage unzulässig sei, wenn offensichtlich sei, dass der Haupt-VA ohne Auflage nicht rechtmäßigerweise bestehen könne. Dem ist der *1. Senat*[120] und der *11. Senat*[121] gefolgt.

b) Maßgeblichkeit des materiellen Rechts: Meines Erachtens leidet die Diskussion zum Rechtsschutz gegen Nebenbestimmungen darunter, dass sie vielfach nur im Hinblick auf die Befugnisse des Gerichts geführt wird, ohne zuvor die materiellrechtliche Frage, ob und unter welchen Voraussetzungen der Betroffene einen materiellrechtlichen Anspruch auf Aufhebung belastender Nebenbestimmungen gegenüber der Behörde haben kann (hierzu Rn. 50ff.) und inwieweit sich die Rechtswidrigkeit einer Nebenbestimmung auf den Haupt-VA auswirkt (Rn. 21ff.) zu klären.[122] Daher ist in der Diskussion – auch in diesem Kommentar (6. Aufl., § 36 Rn. 92ff.) – **zu Unrecht die Frage der Teilbarkeit der Gesamtregelung** (vgl. § 43 Rn. 192ff., § 44 Rn. 195ff.) **in den Vordergrund** getreten, die sich aber nicht sinnvoll nach abstrakten oder „logischen"[123] Kriterien (Art der Nebenbestimmung, gebundene oder Ermessensverwaltung) beantworten lässt.[124] 56

Bei materiellrechtlicher Betrachtung scheint mir die gesamte Diskussion zudem auf zwei (vielfach unausgesprochenen) **Fehlvorstellungen** zu beruhen: Dies betrifft zunächst die Annahme, die **isolierte gerichtliche Aufhebung einer Nebenbestimmung** könne der Behörde im Ermessensbereich einen VA ohne Nebenbestimmung **endgültig „aufdrängen"**, den sie so nicht erlassen wollte (Rn. 55). Hierbei wird übersehen, dass im Ermessensbereich die Rechtswidrigkeit einer Nebenbestimmung die Gesamtregelung rechtswidrig macht, soweit das Ermessen reicht (Rn. 21ff.) und deshalb die Behörde auf die gerichtliche Aufhebung der Nebenbestimmung (die ja nur bei Rechtswidrigkeit der Nebenbestimmung in Betracht kommt) dadurch reagieren kann, dass sie den Haupt-VA nach den in Rn. 22ff., 44ff. geschilderten Grundsätzen zurücknimmt oder nachträglich mit anderen Nebenbestimmungen versieht. Hieran wird sie durch die Rechtskraft des Aufhebungsurteils nicht gehindert, das sich nur auf die Rechtswidrigkeit der Nebenbestimmung, nicht aber auf den unveränderten Bestand des Haupt-VA bezieht. Um sich vor einer solchen Aufhebung oder Änderung des Haupt-VA zu sichern, müsste der Kläger seine gegen die Nebenbestimmung gerichtete Anfechtungsklage mit einer (vorbeugenden) Feststellungsklage verbinden, nach der die Behörde nicht berechtigt sei, den Haupt-VA nach gerichtlicher Aufhebung der Nebenbestimmung zu ändern oder aufzuheben. 57

Die weitere Fehlvorstellung besteht darin, dass der Kläger die bereits erhaltene **Begünstigung** (Haupt-VA mit nicht genehmen Nebenbestimmungen) **insgesamt zur Disposition stelle** (und sie im laufenden Verfahren auch nicht ausnutzen könne), wenn er sich nicht auf die isolierte Anfechtung von Nebenbestimmungen beschränken könne, sondern Klage auf Neuerlass des Haupt-VA ohne Nebenbestimmungen erheben müsse.[125] Dies würde voraussetzen, dass ein 58

---

[115] *BVerwGE* 55, 135, 137 = NJW 1978, 1018.
[116] *BVerwGE* 56, 254, 256 = NJW 1979, 1112.
[117] *BVerwGE* 65, 139, 141 = NJW 1982, 2269.
[118] *BVerwG* NVwZ 1984, 366; NVwZ-RR 1997, 530.
[119] *BVerwGE* 81, 185, 186 = NVwZ 1989, 864.
[120] *BVerwGE* 100, 335, 338 = NVwZ-RR 1997, 317; *BVerwG* NVwZ-RR 1996, 20.
[121] *BVerwGE* 112, 221, 224 = NVwZ 2001, 429.
[122] Hierauf verweist zu Recht *Remmert* VerwArch 88 (1997), S. 112, 114ff.
[123] Auf die „logische" Abtrennbarkeit abstellend: *Sieckmann* DÖV 1998, 525, 528ff.
[124] Vgl. *Hanf*, Rechtsschutz gegen Inhalts- und Nebenbestimmungen zu VA, 2003, S. 155ff.
[125] *Koch/Rubel/Heselhaus*, § 3 Rn. 57; *Osterloh* JuS 1984, 978; *Ruffert* in Erichsen/Ehlers, § 22 Rn. 18; *Schenke*, Verwaltungsprozessrecht, Rn. 297; *ders.* in FS Roellecke, 1997, S. 281, 297.

Antrag auf Neuerlass eines VA zwingend einen Antrag enthält, auch die bereits (durch die gewährte Begünstigung) erhaltene Teilerfüllung des geltend gemachten Anspruchs (vollständig) aufzuheben. Materiellrechtlich ist dies unzutreffend, Rn. 53. Aber auch prozessrechtlich ist mit der Verpflichtungsklage (und dem Verpflichtungswiderspruch) nicht zwingend eine unselbständige Anfechtungsklage gegen den bereits erlassenen VA verbunden,[126] jedenfalls dann nicht, wenn der – hier gegebene – Fall der Teilgewährung bzw. der Gewährung eines aliud vorliegt.[127] Damit beschränkt sich die bestandskrafthemmende Wirkung von Widerspruch (s. a. Rn. 157) und Verpflichtungsklage in diesen Fällen auch nur auf die in der Teilgewährung zugleich liegende Ablehnung einer „Vollgewährung", nicht aber auf die Teilgewährung selbst,[128] die – auch im laufenden Widerspruchs- und Gerichtsverfahren – von der Behörde (nur) unter den Voraussetzungen der §§ 48 ff. (und damit unter Berücksichtigung von Vertrauensschutz) aufgehoben werden kann. Der **bereits erlassene VA bleibt** somit **von der gerichtlichen Entscheidung – unabhängig vom Ausgang des Verfahrens – unberührt:** Selbst wenn sich die Verpflichtungsklage als unbegründet erweist, bleibt der Haupt-VA also (mit Nebenbestimmungen) bestehen. Wird dagegen die Behörde nach § 113 Abs. 5 VwGO verpflichtet, den begehrten VA ohne Nebenbestimmungen zu erteilen, erledigt sich der zunächst erlassene VA auf „andere Weise" nach § 43 Abs. 2, nachdem die Behörde dem nachgekommen ist.[129]

59 c) **Eigene Auffassung und ihre Konsequenzen:** Vor diesem Hintergrund erscheint mir die Frage nach der statthaften Klageart für den Rechtsschutz gegen Nebenbestimmungen als eine Frage, die zwar entschieden werden muss, bei der es aber aus Sicht des materiellen Rechts auf die hierauf gegebene Antwort letztlich nicht ankommt. Daher **gebe ich die bisher in diesem Kommentar vertretene** (Rn. 93 ff. der 6. Aufl.), **„klassische Auffassung" auf und schließe mich der neueren Rspr. des *BVerwG* an,** nach der jede Art von Nebenbestimmung (auch im Widerspruchsverfahren, vgl. Rn. 157) isoliert angefochten werden kann (Rn. 54). Hierfür spricht insbes., dass so die statthafte Klageart unabhängig davon bestimmt werden kann, ob die Nebenbestimmung nachträglich dem VA beigefügt wird (dann ist nach allen Ansichten die „isolierte" Anfechtungsklage zulässig, Rn. 38) oder ob sie von Anfang an mit ihm erlassen bzw. mit ihm verbunden war.[130]

60 **Folgt man dem, muss man aber konsequent sein:** Daher kann ich mich nicht den in Rn. 55 geschilderten Bemühungen anschließen, die Begründetheit einer solchen Anfechtungsklage auszuschließen, wenn nach Aufhebung der Nebenbestimmung ein rechtswidriger Haupt-VA oder ein „Ermessenstorso" zurückbleibt:[131] Denn wenn die isolierte Anfechtung einer Nebenbestimmung statthaft ist, ist der Streitgegenstand ausschließlich auf die Frage der Rechtswidrigkeit der Nebenbestimmung und die Frage beschränkt, ob der Kläger hierdurch in seinen Rechten verletzt ist (§ 113 Abs. 1 S. 1 VwGO). Da nur die gerichtliche Aufhebung rechtswidriger Nebenbestimmungen in Betracht kommt und kein Fall denkbar ist, in dem durch die Aufhebung einer rechtswidrigen Nebenbestimmung ein ursprünglich rechtmäßiger VA rechtswidrig wird (Rn. 21 ff.), kann zunächst der befürchtete Fall, dass die gerichtliche Aufhebung einer Nebenbestimmung den Haupt-VA erst rechtswidrig macht (Rn. 55), nicht eintreten, vgl. Rn. 21 ff. **Möglich ist nur, dass die gerichtliche Aufhebung der rechtswidrigen Nebenbestimmung nicht zur Rechtmäßigkeit auch des Haupt-VA führt,** s. Rn. 44. Dies steht der gerichtlichen Aufhebung der Nebenbestimmung jedoch nicht entgegen: Denn es ist nicht Aufgabe des Gerichts, über den Streitgegenstand der bei ihm anhängigen Klagen hinaus für die Herstellung rechtmäßiger VA zu sorgen.[132] Entsprechendes gilt für das Widerspruchsverfahren,

---

[126] So aber wohl *OVG Bremen* BRS 36 Nr. 179; *VGH Kassel* DVBl 1966, 504, 506.
[127] *Kuchler* LKV 1997, 349, 351 f.; *Pietzcker* in Schoch u. a., § 42 Abs. 1 Rn. 137; *ders.* NVwZ 1995, 15, 20.
[128] A. A. *Schachel*, Nebenbestimmungen zu VA, 1979, S. 168 f.; *P. Stelkens* NVwZ 1985, 469, 470.
[129] Wie hier *OVG Berlin* DÖV 1964, 206, 207; BRS 58 Nr. 124 (das allerdings annimmt, dass die Erledigung bereits mit Rechtskraft des Urteils eintritt); *Elster*, Begünstigende VA mit Bedingungen, Einschränkungen und Auflagen, 1979, S. 127 ff.; *Lange* AöR 102 (1977), S. 337, 358; *Kuchler* LKV 1997, 349, 351 f.; *Pietzcker* in Schoch u. a., § 42 Abs. 1 Rn. 137; *ders.* NVwZ 1995, 15, 20; *Sieckmann* DÖV 1998, 525, 533.
[130] So zutreffend *Schenke*, Verwaltungsprozessrecht, Rn. 295.
[131] Wie hier (wenn auch mit teilweise abweichender Begründung) *Hufen/Bickenbach* JuS 2004, 966, 967 f.; *Janßen* in Obermayer, VwVfG, § 36 Rn. 49 ff.; *Ruffert* in Erichsen/Ehlers, § 22 Rn. 20; *J. Schmidt* VBlBW 2004, 81, 83; *Sieckmann* DÖV 1998, 525, 532.
[132] *Janßen* in Obermayer, VwVfG, § 36 Rn. 49; a. A. z. B. *Sproll* NJW 2002, 3221, 3223.

Rn. 157. Es ist allerdings zwischen zwei Fällen, in denen der Haupt-VA trotz Aufhebung der Nebenbestimmung rechtswidrig bleibt, zu unterscheiden:

Im ersten Fall ist die durch den **Haupt-VA** gewährte Begünstigung **unabhängig von den ihm beigefügten Nebenbestimmungen rechtswidrig.** Dann sind auch alle Nebenbestimmungen rechtswidrig, Rn. 20. Jedoch verletzt deren Rechtswidrigkeit den Kläger nicht in seinen Rechten: Wer keinen Anspruch auf eine Begünstigung hat, wird durch eine Teilgewährung der Begünstigung nicht in seinen Rechten beeinträchtigt.[133] Dies gilt auch bei Auflagen, weil die hierdurch entstehenden Handlungspflichten nur dann entstehen, wenn der Betroffene von der Begünstigung Gebrauch macht (Rn. 84). Ggf. kann es auch ermessensfehlerhaft sein, in einem solchen Fall die Auflage durchzusetzen. **61**

Im zweiten Fall **ergibt sich die Rechtswidrigkeit des Haupt-VA gerade daraus, dass die Ermessensentscheidung über die Beifügung der (angegriffenen) Nebenbestimmung fehlerhaft war** (Rn. 23 f.), z. B. weil die beigefügten Nebenbestimmungen unverhältnismäßig waren oder auch hinter dem Erforderlichen zurückblieben. Die Behörde selbst könnte in diesem Fall die rechtswidrige Nebenbestimmung nicht isoliert aufheben, sofern nicht auch die Voraussetzungen für den Neuerlass eines Haupt-VA ohne (oder mit anderen) Nebenbestimmungen vorliegen, Rn. 47 ff. Lässt man hier die isolierte gerichtliche Aufhebung der Nebenbestimmung nach § 113 Abs. 1 S. 1 VwGO zu, bedeutet dies somit, dass die **„an sich" einheitliche Entscheidung über die Aufhebung der Nebenbestimmung unter Neuerlass des Haupt-VA nun zwischen Gericht und Behörde gespalten** wird: Das Gericht beschränkt sich auf die Aufhebung der Nebenbestimmung. Dies führt unmittelbar dazu, dass sich die von der Behörde gewährte Begünstigung erweitert („reformatorische Kassation"). Dies kann (ggf. muss) die Behörde zum Anlass nehmen, im Rahmen der §§ 48 ff. und der für den Neuerlass des Haupt-VA geltenden Bestimmungen über die Aufhebung des Gesamt-VA oder die Beifügung neuer Nebenbestimmungen zu entscheiden. *Endgültig* wird der Behörde also auch in diesem Fall durch die gerichtliche Aufhebung der Nebenbestimmung kein VA aufgedrängt, den sie nicht erlassen wollte (Rn. 57). Auch wird die Behörde nicht verpflichtet, rechtswidrige Zustände bestehen zu lassen. Sie wird durch die gerichtliche Aufhebung nur zu der Entscheidung gezwungen, dem Kläger eine rechtswidrige Begünstigung zu belassen, die sie so nie gewähren wollte, oder die Folgen dieser Aufhebung in einem weiteren VwVf abzuarbeiten (und so die Zustände herbeizuführen, die sie für zweckmäßig erachtet). **Es ist kein Grund ersichtlich, weshalb die Behörde vor der so gerichtlich begründeten Entscheidungsobliegenheit geschützt werden müsste.**[134] Hierin einen Verstoß gegen das Gewaltenteilungsprinzip (Art. 20 Abs. 2 GG) zu sehen,[135] ist jedenfalls übertrieben. **62**

d) Rechtsschutz Drittbetroffener: Soweit Dritte dadurch belastet werden, dass ein VA mit Drittwirkung nicht mit (ausreichenden) drittschützenden Nebenbestimmungen versehen wird, ist für die Frage der statthaften Klageart ebenfalls zunächst auf das materielle Recht abzustellen. Aus Sicht des Dritten stellt sich der Erlass des Haupt-VA zunächst als Ablehnung *seines* Anspruchs auf Nebenbestimmungserlass dar, Rn. 42, 47 ff. Fordert er nun die nachträgliche Beifügung von Nebenbestimmungen, macht er einen kombinierten Anspruch auf Teilaufhebung des erlassenen Haupt-VA verbunden mit einen Anspruch auf teilweisen Neuerlass des VA mit Nebenbestimmungen geltend. Entsprechend der Rspr. zum Anspruch auf Planergänzung durch Schutzauflagen nach § 74 Abs. 2, § 75 Abs. 1a (§ 74 Rn. 273, § 75 Rn. 43 ff.) ist hierfür i. d. R. allein eine **Verpflichtungsklage gerichtet auf Beifügung einer (genau zu bezeichnenden) drittschützenden Nebenbestimmung** bzw. auf Neubescheidung zulässig.[136] Eine auf **Aufhebung des Gesamt-VA gerichtete Anfechtungsklage** entspricht damit nur dann dem Begehren des Dritten, wenn die fehlende Nebenbestimmung dazu führt, dass ihn gerade der Haupt-VA in seinen Rechten verletzt;[137] dies ist insbes. gegeben, wenn im Fall des § 36 Abs. 1 **63**

---

[133] A. A. wohl *Hufen/Bickenbach* JuS 2004, 966, 968.
[134] Wie hier *Hufen/Bickenbach* JuS 2004, 966, 967.
[135] So aber *Fehn* DÖV 1988, 202, 207; *Hanf*, Rechtsschutz gegen Inhalts- und Nebenbestimmung zu VA, 2003, S. 187 ff.; *Kopp/Schenke*, § 42 Rn. 24; *Schenke*, Verwaltungsprozessrecht, Rn. 329, 807.
[136] *BVerwG* BayVBl 1977, 153, 154; *Pietzner/Ronellenfitsch*, § 9 Rn. 21; *Störmer* in Fehling u. a., § 36 VwVfG Rn. 82.
[137] *Gerhardt* in Schoch u. a., § 113 Rn. 26; *Pietzcker* in Schoch u. a., § 42 Abs. 1 Rn. 140; *Pietzner/Ronellenfitsch*, § 9 Rn. 21.

Alt. 2 auf den Erlass von Nebenbestimmungen verzichtet wird, die drittschützende gesetzliche Voraussetzungen des VA sichern sollen.[138] Eine **isolierte Anfechtungsklage** gegen Nebenbestimmungen ist zulässig, sofern sie ihn, z. B. zugunsten anderer Betroffener, belasten.[139] Ist ein Genehmigungsverfahren ganz unterblieben, besteht kein Anspruch auf Durchführung dieses Verfahrens mit dem Ziel, schützende Auflagen zu erreichen.[140]

64 e) **Suspensiveffekt und einstweiliger Rechtsschutz:** Können alle Nebenbestimmungen isoliert angefochten werden (Rn. 54, 59 ff.) ergreift auch der **Suspensiveffekt** nach § 80 Abs. 1 VwGO nur die Nebenbestimmung (nicht die gesamte Begünstigung[141]), so dass von dem VA Gebrauch gemacht werden kann, ohne die Nebenbestimmung beachten zu müssen.[142] Für den gesamten Bereich des Bau- und Anlagenzulassungsrechts spielt dies jedoch i. d. R. keine Rolle, weil hier – oft auch sonst – der Suspensiveffekt i. d. R. fachrechtlich (§ 80 Abs. 2 Nr. 3 VwGO) ausgeschlossen ist; dies wirkt dann auch zu Lasten des Begünstigten, soweit er sich auf die Anfechtung ihn belastender Nebenbestimmungen beschränkt. Im Übrigen kann die Behörde den Suspensiveffekt vermeiden, wenn sie die Nebenbestimmung nach § 80 Abs. 2 Nr. 4 VwGO für sofort vollziehbar erklärt, dessen Voraussetzungen i. d. R. vorliegen werden.[143] Versäumt sie dies, ist es eben Konsequenz dieses Unterlassens der Behörde, vor der sie auch nicht zusätzlich geschützt zu werden braucht, dass der Begünstigte von der Begünstigung Gebrauch machen kann, während die Nebenbestimmung bis zur Entscheidung über den Widerspruch suspendiert bleibt. Drittbetroffene müssen dann ggf. nach § 80a Abs. 2 und 3 VwGO vorgehen.

II. Arten der Nebenbestimmungen und Abgrenzung zu anderen „Verwaltungsaktzusätzen"

1. Begriff der Nebenbestimmung und Nebenbestimmungen eigener Art

65 § 36 Abs. 2 zählt die Nebenbestimmungen auf, deren Wirkungen und grundsätzliche Zulässigkeit sich vor Erlass des VwVfG schon aus den allgemeinen Grundsätzen des Verwaltungsrechts ergab (Rn. 2). Der Begriff der Nebenbestimmung selbst wird jedoch nicht definiert;[144] daher ist auch der **Katalog** der Nebenbestimmungen in Abs. 2 **nicht abschließend**.[145] Einen bestimmten „VA-Zusatz" als unbenannte Nebenbestimmung zu kennzeichnen, ist aber nur sinnvoll, wenn **(1)** seine Wirksamkeit von der Wirksamkeit des Haupt-VA abhängt[146] (Rn. 20), sich **(2)** sein Inhalt „vertypen" lässt, so dass sich aus der Zuordnung eines VA-Zusatzes zu diesem Typ auf die sich hieraus ergebenden Konsequenzen für den Haupt-VA und die Gesamtregelung schließen lässt, der „neuen" Nebenbestimmung also eine Speicherfunktion (vgl. § 35 Rn. 6) zukommt, die mit der Speicherfunktion der in Abs. 2 genannten Nebenbestimmungen vergleichbar ist, und **(3)** sich die aus § 36 ergebenden Zulässigkeitsvoraussetzungen für Nebenbestimmungen 1:1 auf die „neue" Nebenbestimmung übertragen lassen. Dies ist z. Zt. nur beim **Bedingungs- und Befristungsvorbehalt** (Rn. 39) und dem **Vorbehalt endgültiger Nachprüfung** (Rn. 92, § 35 Rn. 245) erkennbar, während z. B. die vorläufige Kostenveranschlagung bei der Androhung der Ersatzvornahme (§ 13 Abs. 4 VwVG) deshalb nicht als Nebenbestimmung eigener Art angesehen werden sollte,[147] weil sich § 36 zur Zulässigkeit von **Nebenbestimmungen zu belastenden VA** grundsätzlich nichts entnehmen lässt, Rn. 111 ff.

---

[138] So *VGH Mannheim* NVwZ 1992, 389; *VGH München* BayVBl 1999, 215, 216 f.
[139] *Janßen* in Obermayer, VwVfG, § 36 Rn. 52; *Schenke* WiVerw 1982, 142, 160 ff.
[140] *BVerwGE* 85, 369, 372 f. = NVwZ 1991, 369.
[141] So aber *Schenke*, Verwaltungsprozessrecht, Rn. 298.
[142] *Kuchler* LKV 1997, 349, 351; *Ruffert* in Erichsen/Ehlers, § 22 Rn. 19; *J. Schmidt* VBlBW 2004, 81, 83; deshalb krit. zur isolierten Anfechtung von Nebenbestimmungen: *Elster*, Begünstigende VA mit Bedingungen, Einschränkungen und Auflagen, 1979, S. 317 f., 321; *Fehn* DÖV 1988, 202, 210; *Schneider*, Nebenbestimmungen und Verwaltungsprozeß, 1981, S. 117 ff.
[143] *Pietzcker* NVwZ 1995, 17, 19; *J. Schmidt* VBlBW 2004, 81, 83.
[144] *Tegethoff*, Nebenbestimmungen, 2001, S. 23 f.
[145] Wie hier *Brenner* JuS 1996, 281, 283; *Brüning*, Einstweilige Verwaltungsführung, 2003, S. 205; *Hanf*, Rechtsschutz gegen Inhalts- und Nebenbestimmungen zu VA, 2003, S. 9 f.; *Henneke* in Knack, § 36 Rn. 7; *Kopp/Ramsauer* § 36 Rn. 13; *Ruffert* in Erichsen/Ehlers, § 22 Rn. 2; *Schulze-Werner* GewArch 2004, 9; *Tegethoff*, Nebenbestimmungen, 2001, S. 36 f.; *Ziekow*, VwVfG, § 36 Rn. 5.
[146] Vgl. *Tegethoff*, Nebenbestimmungen, 2001, S. 24.
[147] A. A. *OVG Berlin* NJW 1981, 2484, 2485.

Keine Nebenbestimmungen eigener Art sind auch **„Nebenbestimmungsklauseln"**, die – 66
wie z.B. die Verwendungsnachweisklausel (Rn. 103) oder die Verpflichtung zur Sicherheitsleistung (Rn. 107) – in ihrer Wirkungsweise einer der in Abs. 2 genannten Nebenbestimmungen allgemein entspricht,[148] und deren Besonderheit nur darin besteht, dass sie sich durch regelmäßige Verwendung **nach Art von Handelsklauseln** so „verdichtet" haben, dass mit ihrer Verwendung gleichsam automatisch bestimmte Verkehrserwartungen hinsichtlich ihres Inhalts und ihres Zwecks verknüpft sind. Derartige Klauseln sind Ergebnis einer jahrelangen „Kautelarpraxis" der Verwaltung (Rn. 101 ff.), weichen jedoch nicht vom Nebenbestimmungskatalog des Abs. 2 ab.

Da von Abs. 1 nur Nebenbestimmungen erfasst werden, die eine **Haupt-Regelung ein-** 67
schränken, sind auch **selbständige Regelungen** keine Nebenbestimmungen (eigener Art), die die Haupt-Regelung (wie z.B. die Zwangsmittelandrohung, § 35 Rn. 226) erweitern oder – wie z.B. die Rückbauverpflichtungen (Rn. 106) – unabhängig von ihr Bestand haben sollen. Dies gilt auch, wenn sie eng auf die Haupt-Regelung bezogen ist und deshalb auch vielfach äußerlich mit ihr verbunden wird. Allerdings ist es auch für möglich gehalten worden, dass eine als „Ordnungsverfügung" bezeichnete Maßnahme in Wirklichkeit eine „Auflage" i.S.d. § 36 Abs. 2 sei.[149]

2. Auslegungsgrundsätze

Wird nicht bereits im VwVf klargestellt, welchen Inhalt und welche Bedeutung ein bestimm- 68
ter „VA-Zusatz" haben soll (Rn. 5 f.), entstehen Auslegungsprobleme nicht nur im Verhältnis der einzelnen Nebenbestimmungen zueinander, sondern auch darüber hinaus. Jedoch ist nach mehr als 30jähriger Geltung des VwVfG aus der Sicht des für die Auslegung maßgeblichen Empfängerhorizontes (§ 35 Rn. 71, 76 ff., § 37 Rn. 7) anzunehmen, dass eine Nebenbestimmung entsprechend der in § 36 Abs. 2 angegebenen Legaldefinition gewollt ist, wenn sich die Behörde der **Terminologie des § 36** bedient,[150] insbes. wenn im Bescheid zwischen Bedingungen, Auflagen etc. differenziert wird.[151] Eine klar gewählte äußere Form darf nur unbeachtet bleiben, wenn aus der Sicht des Empfängers und betroffener Dritter eindeutig eine „falsa demonstratio" vorliegt,[152] z.B. weil eine Auslegung entsprechend der gewählten Bezeichnung die Nebenbestimmung sinnlos oder perplex werden ließe.[153] Der Auffassung, es komme bei der Auslegung von Nebenbestimmungen *generell* nicht auf die Bezeichnung an, sondern auf den Inhalt, die materielle Aussage,[154] kann nicht (mehr) gefolgt werden. Anderes mag für die Auslegung alter VA (insbes. solche aus Zeiten vor Geltung des VwVfG) gelten. Welchen „VA-Zusatz" die Behörde hätte wählen müssen, ist jedenfalls unerheblich, s.a. § 35 Rn. 80.

Wohl um eine klare Festlegung zu vermeiden (Rn. 5), weicht die Verwaltungspraxis vielfach 69
in konturlose Begriffe wie **„Maßgaben",**[155] **„Einschränkungen", „Umweltschutzanord-**
nungen",[156] **„Zuteilungsregeln"**[157] oder auch schlicht **„Nebenbestimmungen"**[158] aus. Solche Unklarheiten sind i.d.R. unzweckmäßig i.S.d. § 10 S. 2. Hier kann für die Auslegung nur

---

[148] *Tegethoff,* Nebenbestimmungen, 2001, S. 39.
[149] *OVG Münster* NWVBl 1998, 242.
[150] *Fluck* DVBl 1992, 862, 868; *Störmer* in Fehling u.a., § 36 VwVfG Rn. 44; der Sache nach auch *OVG Bautzen* UPR 2006, 452; *OVG Koblenz* NJW 1990, 1194, 1195; *VGH Mannheim* VBlBW 1995, 29; NVwZ-RR 1997, 679 f.; *Kuchler* LKV 1997, 349, 351.
[151] Vgl. *VG Weimar* LKV 2002, 483, 484; *BGH* NJW-RR 2001, 840, 841.
[152] So bei einer als Befristung bezeichneten Bedingung (*VG Neustadt a.d.W.* ZflR 2004, 1012) oder bei einer auflösende Bedingung zu verstehenden „Auflage", deren Nichterfüllung „der Bescheid als aufgehoben gilt" (*OVG Greifswald* NVwZ 2002, 104, 105); eine Umqualifizierung einer als „modifizierende Auflage" bezeichneten Regelung in eine „Auflage" ist dagegen ausgeschlossen (a.A. *OVG Berlin* LKV 2004, 415, 416; *VG Berlin* NVwZ 2003, 242), auch ist ein „Hinweis" auf bestehende Widerrufsmöglichkeiten kein Widerrufsvorbehalt (a.A. *BVerwGE* 112, 263, 264 f. = NVwZ 2001, 919, 920).
[153] *Laubinger* WiVerw 1982, 117, 126.
[154] So noch *BVerwGE* 60, 269, 275 f. = NJW 1980, 2773; *BVerwGE* 80, 164, 170 = NJW 1989, 53; *BVerwG* NVwZ 1984, 36; *OVG Münster* NVwZ-RR 2000, 671 f.; *Hanf,* Rechtsschutz gegen Inhalts- und Nebenbestimmungen zu VA, 2003, S. 40 f.; *Happ* in Eyermann, § 42 Rn, 51; *Kopp/Ramsauer,* § 36 Rn. 14; *Peine,* Rn. 528; *Störmer* in Fehling u.a., § 36 VwVfG, Rn. 43; *Tietzsch* NVwZ 2002, 435, 436.
[155] Vgl. *Dolde* BauR 1974, 382, 383.
[156] Vgl. *Rumpel* NVwZ 1988, 502.
[157] *VG Köln* NVwZ-RR 2002, 605, 606.
[158] Vgl. *OVG Münster* NVwZ 2004, 1384; *VG Neustadt a.d.W.* ZflR 2004, 1012; *VG Stade* GewArch 2006, 473, 474.

auf den materiellen Inhalt abgestellt werden, wie er von dem Empfänger und einem betroffenen Dritten nach den Umständen des Einzelfalles bei verständiger Würdigung gedeutet werden konnte, § 35 Rn. 71, 76 ff. Dabei kann nicht nur fraglich sein, welche Nebenbestimmung i. S. d. § 36 Abs. 2 gewählt wurde, sondern ob überhaupt eine Nebenbestimmung i. S. d. § 36, eine Inhaltsbestimmung (Rn. 93) oder auch nur ein schlichter **Hinweis** (§ 35 Rn. 83) auf die Gesetzeslage gewollt war.[159] So sind die **Schutzauflagen nach § 74 Abs. 2 S. 2** regelmäßig keine Auflagen i. S. d. § 36, sondern Inhaltsbestimmungen, s. § 74 Rn. 168. Verbleiben Zweifel, ist die „Maßgabe" etc. zu **unbestimmt** (Rn. 27), da dann weder für die Behörde noch für den Betroffenen feststeht, welche Rechtsfolgen bei einer Nichtbeachtung eintreten.[160] Dies ist umso weniger hinnehmbar, als zunehmend **strafrechtliche Konsequenzen** mit der Nichtbeachtung von Nebenbestimmungen verbunden sind (§ 37 Rn. 31)[161] und auch die Durchsetzung drittschützender Nebenbestimmungen mit **zivilrechtlichen Mitteln** möglich ist (vgl. Rn. 85 und § 6 Abs. 3 UmweltHaftG).[162]

3. Befristung (Abs. 2 Nr. 1)

70 Die Befristung regelt den zeitlichen Geltungsbereich eines VA. Sie ist in Abs. 2 Nr. 1 definiert als Bestimmung, nach der eine Vergünstigung oder Belastung zu einem bestimmten Zeitpunkt beginnt, endet oder für einen bestimmten Zeitraum gilt. „**Vergünstigung**" ist mit „**Begünstigung**" i. S. d. § 48 Abs. 1 (§ 48 Rn. 115, § 49 Rn. 17, vgl. auch § 36 Abs. 2 Nr. 4, § 49 Abs. 2 Nr. 2 und Abs. 3 Nr. 2: „Begünstigter") gleichzusetzen: Erst während der Beratung im BT-Rechtsausschuss wurde in Abs. 2 Nr. 1 und 2 (nicht aber in Abs. 2 Nr. 4) das – im Regierungsentwurf noch einheitlich verwendete[163] – Wort „Begünstigung" durch „Vergünstigung" ersetzt, um (der spontanen Eingebung eines Ausschussmitgliedes folgend) einen einheitlichen Sprachgebrauch mit § 120 AO 1977 zu erzielen und bei einer elektronischen Rechtsdokumentation eine Verwechslung mit der Begünstigung i. S. d. § 257 StGB zu vermeiden. Es handelte sich somit um eine rein terminologische und – wegen der feststehenden Begriffe des begünstigenden VA (§ 48 Abs. 1) und des Begünstigten (§ 36 Abs. 2 Nr. 4, § 49 Abs. 2 Nr. 2) – wenig sinnvolle Änderung.

71 Möglich ist zunächst eine **Anfangs- oder Endbefristung**. Dann hängen die Rechtswirkungen des VA von einem **zukünftigen gewissen Zeitpunkt** ab, sei es, dass sie erst mit dem zukünftigen Zeitpunkt beginnt (**aufschiebende Befristung**), sei es, dass sie mit dem zukünftigen Zeitpunkt endet (**auflösende Befristung**).[164] I. d. R. wird der Zeitpunkt, zu dem die Rechtswirkung des VA beginnen oder enden soll, durch Angabe des kalendarischen Datums fixiert. Jedoch kann dieser Zeitpunkt auch durch ein bestimmtes Ereignis festgelegt werden, sofern objektiv (und nicht nur gemäß den Vorstellungen der Beteiligten und der Behörde)[165] sicher ist, dass das Ereignis eintreten wird.[166] Dabei muss nicht bereits feststehen, wann das Ereignis eintreten wird.[167] Ist der Zeitpunkt ungewiss und nicht **bestimmt,** handelt es sich um eine Bedingung,[168] Rn. 75 f. Keine Befristung i. S. d. Abs. 2 Nr. 1, liegt vor, wenn eine Genehmigung eine bestimmte Tätigkeit nur für **bestimmte Tages- oder Jahreszeiten** erlaubt[169] oder wenn eine Regelung rückwirkend gelten soll (falls es das materielle Recht erlaubt).[170]

---

[159] Vgl. *BSGE* 87, 219, 222 f. = NZS 2001, 446, 447; *Weyreuther* DVBl 1969, 233.
[160] *VGH Mannheim* NVwZ 1989, 382, 384.
[161] Vgl. *BayObLG* NVwZ 1987, 1022 (m. Anm. *Rumpel* NVwZ 1988, 502); *OLG Düsseldorf* NuR 1991, 244; *OLG Hamm* NJW 1974, 2245; *Fluck* DVBl 1992, 862; *Heine* NJW 1990, 2425; *Rumpel* NVwZ 1988, 502. Zu den Grenzen der Strafbewehrung von Nebenbestimmungen: *BVerfGE* 78, 374, 383 ff. = NJW 1989, 1663.
[162] *Fluck* DVBl 1992, 862.
[163] BT-Drs. 7/910, S. 15.
[164] *VGH Mannheim* NJW 1986, 395, 399.
[165] *Tegethoff,* Nebenbestimmungen, 2001, S. 27 f.
[166] *Brenner* JuS 1996, 281, 283; *Brüning,* Einstweilige Verwaltungsführung, 2003, S. 147; *Laubinger* WiVerw 1982, 117, 120 f.; *Ule/Laubinger* § 50 Rn. 7.
[167] Befristet ist somit auch eine Anstellung des Antragstellers auf Lebenszeit (*Laubinger* WiVerw 1982, 117, 132; *Ule/Laubinger* § 50 Rn. 7) oder eine „bis zum Beginn der Schulferien" erteilte Genehmigung.
[168] Vgl. *VG Neustadt a. d. W.* ZfIR 2004, 1012 (keine Befristung bei Betriebsgenehmigung für die Dauer der „Lebenserwartung" einer Anlage).
[169] *BVerwG* NVwZ-RR 2000, 213; *Laubinger* WiVerw 1982, 117, 119.
[170] *BVerwGE* 88, 278, 281 = NVwZ 1992, 473.

Mit dem Merkmal „bestimmter Zeit**raum**" wird eine bestimmte Zeitspanne erfasst, in der 72 bestimmte Begünstigungen (z. B. Aufenthaltsrechte, Baugestattungen) oder Belastungen (z. B. Duldungs- oder Handlungspflichten) eintreten oder während derer ein Rechtsverhältnis (z. B. Beamtenverhältnis) besteht. Hierdurch wird deutlich, dass die Zeiträume der Befristung nicht zusammenhängend zu sein brauchen[171] (vgl. § 31 Rn. 5). Das Merkmal hat jedoch keine besondere Bedeutung, wenn rechtlich nur das Fristende eines Zeitraumes (z. B. Jahr, Monat, Woche) nach § 31 i. V. m. §§ 188, 189 BGB auf einen bestimmten Zeit**punkt** festgelegt ist. Daher stellt § 163 BGB für die Befristung des bürgerlichen Rechtsgeschäfts auch nur auf Anfangs- und Endtermine ab.

Obgleich bei einem Anfangstermin die Rechtswirkungen des vorher erlassenen VA erst mit 73 diesem Termin eintreten (vgl. §§ 163, 158 Abs. 1 BGB), wird der VA dennoch mit der Bekanntgabe wirksam (§ 43 Rn. 182), d. h. der VA ist mit Bekanntgabe rechtlich **existent** (§ 35 Rn. 20 ff., § 41 Rn. 3, § 43 Rn. 164 f.) und bindet sowohl die Behörde als auch den Adressaten; lediglich die befristete **Rechtswirkung** tritt noch nicht ein. Auch treten z. B. die Rechtswirkungen einer aufschiebend befristeten Genehmigung, erst mit dem Anfangstermin ein, die Behörde ist jedoch auch schon vorher an die Genehmigung gebunden, so dass sie sie nur nach §§ 48 ff. aufheben kann.[172]

Spezifische Probleme werden aufgeworfen, wenn an Stelle des Erlasses eines zeitlich unbe- 74 grenzten Dauer-VA (§ 35 Rn. 223 ff.) mehrere VA mit (begrenzter) Dauerwirkung hintereinander gestaffelt werden (sog. **Ketten-VA**), also bei Fristablauf des jeweils früheren, auflösend befristeten VA ein neuer, jeweils später auflösend befristeter VA in Kraft gesetzt wird. Dies ermöglicht eine periodische Überprüfung, ob die Voraussetzungen des VA noch vorliegen, z. B. bei Aufenthaltsgenehmigung,[173] Sozialhilfegewährung (§ 35 Rn. 77, 225), Ausnahmegenehmigungen von Verkehrsverboten,[174] Sonderparkerlaubnissen.[175] Ob dies zulässig ist, richtet sich nach allgemeinen Grundsätzen, Rn. 115 ff., 120 ff., 132 ff. **Unzulässig** ist die wiederholte Befristung bei Fehlen einer fachgesetzlichen Ermächtigung, wenn ein Anspruch auf wiederkehrende Leistungen besteht, s. Rn. 122. Im Rahmen der gebundenen Verwaltung besteht jedenfalls ein Anspruch auf den erneuten VA; bei einer Ermessensentscheidung kann ein Verlängerungsanspruch aus **Vertrauensschutz** folgen.[176] Allerdings ist es gerade Sinn der Befristung, die Grundlage für ein über die Befristung hinausgehendes Vertrauen zu zerstören.[177] Ein Vertrauensschutz kann daher nur ansetzen, wenn VA **routinemäßig befristet** und über eine überlange Zeit hin verlängert werden, obgleich das Gesetz grundsätzlich unbefristete Erlaubnisse gestattet.[178] Ob Drittbetroffene im Falle der „Verlängerung" eines sie belastenden VA bei Anfechtung des „Verlängerungs-VA" nur dessen Rechtmäßigkeit oder auch die Rechtmäßigkeit des „verlängerten VA" überprüfen lassen können, ist str.[179]

4. Bedingung (Abs. 2 Nr. 2)

Auch die Definition des Abs. 2 Nr. 2 verwendet den Begriff der „Vergünstigung", der jedoch 75 mit dem Begriff der „Begünstigung" (§ 48 Rn. 115, § 49 Rn. 17) gleichzusetzen ist, Rn. 70. Von der Befristung unterscheidet sich die Bedingung dadurch, dass die Rechtswirkungen von einem **zukünftigen ungewissen Ereignis** abhängig gemacht werden (Rn. 71), sei es, dass die Rechtswirkungen mit dem Eintritt des Ereignisses eintreten **(aufschiebende Bedingung)**,[180]

---

[171] *Heitsch* DÖV 2003, 367 f.
[172] *Brüning*, Einstweilige Verwaltungsführung, 2003, S. 147.
[173] *BVerfGE* 49, 168, 184 ff. = NJW 1978, 2446; *BVerfG* NVwZ 1985, 259; *BVerwGE* 78, 192, 206 f. = NVwZ 1988, 251; *BVerwG* NVwZ 1985, 269.
[174] *BVerwG* NJW 1994, 2037.
[175] *OVG Münster* NJW 1987, 2890.
[176] *BVerfGE* 49, 168, 184 ff. = NJW 1978, 2446; *BVerwG* NVwZ 1988, 147, 148; *OVG Lüneburg* NJW 1984, 2654; *Axer* Jura 2001, 748; *Lange* WiVerw 1979, 15, 28; zurückhaltend *Sendler* UPR 1983, 33, 37.
[177] *BVerfG* NVwZ 1985, 259; *BVerwGE* 78, 192, 206 f. = NVwZ 1988, 251; *BVerwG* NVwZ 1985, 269; *Brenner* JuS 1996, 281, 283.
[178] *BVerwGE* 59, 284, 292 f. = NJW 1980, 2763, 2764; *Schnapp* NJW 1983, 973, 976 m. w. N.
[179] Zur Diskussion *Schröder* NVwZ 2007, 532, 534 ff.
[180] **Beispiele:** Aufschiebend bedingt ist die für den Fall des Bereitschafts- oder Verteidigungsfalls beschränkte Einberufung (*BVerwGE* 27, 263 = NJW 1967, 2421; *BVerwGE* 57, 69, 70), die Ausweisung eines Asylbewerbers unter der Voraussetzung, dass sein Asylantrag unanfechtbar abgelehnt wird (*OVG Münster*

§ 36 76, 77   Teil III. Verwaltungsakt

sei es, dass sie mit seinem Eintritt wegfallen (**auflösende Bedingung**).[181] Bei der aufschiebenden Bedingung wird der VA mit der Bekanntgabe wirksam (Rn. 73), die bedingten Rechtswirkungen bleiben jedoch bis zum Eintritt der Bedingung in der Schwebe, s. § 43 Rn. 182. Mittels aufschiebender Bedingung kann daher auch ein **VA „hilfsweise" erlassen** werden, also nur für den Fall, dass der „eigentlich gewollte" VA später „wegfällt".[182] Indem § 49a Abs. 1 S. 1 den Eintritt einer auflösenden Bedingung der Aufhebung eines VA mit Wirkung für die Vergangenheit gleichstellt, setzt er voraus, dass die auflösende Bedingung entgegen § 158 Abs. 2 BGB (entsprechend § 159 BGB) die Wirksamkeit des VA i. d. R. **rückwirkend** entfallen lässt,[183] vgl. § 49a Rn. 76. Zur Abgrenzung der Bedingung zur Auflage s. Rn. 86 ff.

76 Untauglicher Anknüpfungsgegenstand für Bedingungen sind Umstände, deren zukünftiges Nichteintreten bei Bescheiderteilung (z. B. bei tatsächlicher Unmöglichkeit ihrer Erfüllung) bereits gewiss ist.[184] Auch zur Überwindung **gegenwärtiger** oder **vergangener** Unsicherheiten ist die Bedingung untauglich;[185] hier greift allein das Institut des **vorläufigen VA** (Rn. 92, § 35 Rn. 243 ff.). Jedoch kann durch eine Bedingung die zukünftige Beseitigung der gegenwärtigen Ungewissheit geregelt werden, z. B. wenn die Wirksamkeit eines VA von dem Ergebnis eines Sachverständigengutachtens oder des Ergebnisses eines Musterprozesses abhängig gemacht wird.[186] Unerheblich für die Annahme einer Bedingung ist dagegen, ob der Eintritt des zukünftigen Ereignisses vom Willen des Adressaten oder eines anderen abhängt (sog. **unechte** oder **Potestativbedingung**).[187]

77 Umstr. ist, ob **§ 162 BGB** entsprechend anzuwenden ist, wenn ein Beteiligter oder die Behörde das Ereignis in einer **gegen Treu und Glauben** verstoßenden Weise herbeigeführt oder verhindert haben.[188] Dies ist ausgeschlossen, wenn die Bedingung auf Grundlage des **Abs. 1 Alt. 2** erlassen wurde, da dies der Behörde einen Verzicht auf gesetzliche Voraussetzungen erlauben würde, was Abs. 1 Alt. 2 nicht gestattet, s. Rn. 121. Treuwidriges Verhalten der Behörde kann hier nur durch Schadensersatzansprüche sanktioniert werden.[189] Soll die Bedingung die **Einhaltung ausschließlich drittschützender Vorschriften** sicherstellen und wird das Ereignis vom geschützten Dritten treuwidrig herbeiführt bzw. verhindert, könnte jedoch der Gedan-

---

NVwZ 1985, 444), die Erteilung einer Wohnberechtigungsbescheinigung an Verlobte, sofern eine Heiratsurkunde vorgelegt wird (*BVerwGE* 72, 1, 2 = NJW 1986, 738), die Erteilung eines Bauvorbescheides „unter der Voraussetzung", dass die Erschließung durch Abschluss eines Erschließungsvertrages sichergestellt wird (*OVG Münster* BRS 35 Nr. 150), eine Abgrabungsgenehmigung unter der Bedingung der vorherigen Sicherung eines Bodendenkmals (*VG Düsseldorf* BauR 2004, 987, 988).

[181] **Beispiele:** Auflösend bedingt ist ein Versorgungsbescheid unter der Bedingung, dass an die Kinder des Versorgungsberechtigten keine Leistungen gewährt werden (*OVG Münster* NVwZ 1993, 488), ein Zuwendungsbescheid, nach dem sich die Zuwendung ermäßigt, wenn sich die zuwendungsfähigen Ausgaben ermäßigen (*VGH München* BayVBl 2000, 245, 246; BayVBl 2006, 731 f.) bzw. nach dem die Zuwendung zurückzuzahlen ist, wenn der geförderte Betrieb stillgelegt wird (*BVerwG* NJW 1999, 160), ein Steuervergünstigungsbescheid unter der Bedingung der Einhaltung der Begünstigungsvoraussetzungen (*BFHE* 199, 6 = DStRE 2002, 1347, 1348), ein Beihilfebescheid, wenn er unter dem „Vorbehalt" ergeht, dass das *BVerfG* eine die Beihilfe begrenzende Norm für nichtig erklärt (*VGH München* 4. 3. 1993 – 3 B 92.1862 (juris)), eine Errichtungsgenehmigung für Windkraftanlage für die Dauer der privilegierten Nutzung der Windenergie (*VG Neustadt a. d. W.* ZflR 2004, 1012).

[182] *VGH München* NVwZ-RR 2005, 787, 790.

[183] Vgl. *VGH München* BayVBl 2000, 245, 246.

[184] *FG Hamburg* EFG 2006, 850, 851 (Rechtsfolge: Rechtswidrigkeit des Haupt-VA).

[185] *BVerwGE* 85, 24 = NJW 1991, 651; *BFHE* 175, 109; 199, 6 = DStRE 1347, 1348; *Brüning*, Einstweilige Verwaltungsführung, 2003, S. 199 ff.

[186] *VGH München* 4. 3. 1993 – 3 B 92.1862 – (juris); *Heitsch* DÖV 2003, 367, 373.

[187] *Brenner* JuS 1996, 281, 283. **Beispiele:** Baugenehmigung unter der Bedingung, dass ein Erschließungsvertrag abgeschlossen (*OVG Münster* BRS 35 Nr. 150) oder eine Ausgleichszahlung gezahlt werde (*VGH Kassel* NVwZ-RR 1992, 469), Gewerbeerlaubnis nach § 33a GewO unter der Bedingung, dass die auftretenden Personen sittenwidrige Verhaltensweisen unterlassen (*VG München* GewArch 1997, 477), Güterkraftverkehrsgenehmigung, die bei Verlegung des Unternehmenssitzes erlöschen soll (*BVerwG* 78, 114, 119), Zusage der Verlängerung einer Erlaubnis unter der Voraussetzung, dass die dieser beigefügten Auflagen eingehalten werden (*VGH Mannheim* GewArch 2005, 260, 261), Zuwendungsbescheid, der die Zuwendungsauszahlung davon abhängig macht, dass der Begünstigte den Bescheid bestandskräftig werden lässt (*VG Münster* NWVBl 2006, 436, 437) oder dass der geförderte Sportverband einem Dopingkontrollsystem angehört (*Humberg* GewArch 2006, 462, 464).

[188] Für uneingeschränkte Anwendbarkeit *Kopp/Ramsauer*, § 36 Rn. 22; a. A. *Janßen* in Obermayer, VwVfG, § 36 Rn. 14; *Tegethoff*, Nebenbestimmungen, 2001, S. 26; allgemein zur Anwendbarkeit des § 162 BGB im öffentlichen Recht *BVerwGE* 68, 156, 159; *BVerwGE* 102, 194, 199 = NVwZ-RR 1997, 421.

[189] *Janßen* in Obermayer, VwVfG, § 36 Rn. 14.

ke des § 162 BGB greifen. Soweit der Haupt-VA rechtmäßigerweise auch ohne Bedingung hätte erlassen werden können (Fälle des **Abs. 1 Alt. 1 und Abs. 2**), ist § 162 BGB dagegen sowohl zu Gunsten wie zu Lasten der Beteiligten anzuwenden.

5. Widerrufsvorbehalt (Abs. 2 Nr. 3)

78 Der Widerrufsvorbehalt wird in Abs. 2 Nr. 3 nicht definiert, seine Wirkungen ergeben sich allein aus § 49 Abs. 2 Nr. 1, § 49 Rn. 39ff. Häufig wird er als eine auflösende Bedingung angesehen, wobei die Bedingung der Widerruf nach § 49 Abs. 2 Nr. 1 sein soll.[190] Jedoch beseitigt – anders als bei der Potestativbedingung, Rn. 76 – nicht der Wille der Behörde, einen Widerruf zu erlassen, *unmittelbar* die Wirksamkeit des Haupt-VA. Der Widerrufsvorbehalt muss vielmehr durch einen neuen wirksamen VA, den Widerruf, umgesetzt werden, s. § 49 Rn. 109. Die Beseitigung der Wirksamkeit des Haupt-VA ist mithin erst die Rechtsfolge des aufhebenden VA „Widerruf", unabhängig davon, ob dieser Widerruf durch Widerrufsvorbehalt abgesichert ist oder nicht.[191] Ob der Widerruf durch einen Widerrufsvorbehalt abgesichert ist, ist eine Frage der Rechtmäßigkeit des Widerrufs, nicht seiner Wirksamkeit.[192] Der Widerrufsvorbehalt bewirkt mithin (nur) die Befugnis, über den Katalog des § 49 hinaus einen VA zu widerrufen, so dass er auf Grund dieser Ankündigung die Bildung eines **Vertrauensschutzes** auf den Bestand des Haupt-VA **verhindert**,[193] § 49 Rn. 35. Damit schafft er einen **konstitutiven Widerrufsgrund**, dessen Ausübung keine Entschädigung nach sich zieht (vgl. § 49 Abs. 6). Ein Widerrufsvorbehalt kann auch zum **teilweisen Widerruf** eines VA & damit auch als Grundlage für die nachträgliche Beifügung von Nebenbestimmungen dienen, Rn. 39, 48. Insoweit hat er Ähnlichkeiten mit dem Auflagenvorbehalt, Rn. 89. Eine bestimmte **Form** ist für den Widerrufsvorbehalt nicht vorgeschrieben, solange nur erkennbar bleibt, dass der VA unter Widerrufsvorbehalt erlassen werden sollte.[194]

79 Eine **Präzisierung der Widerrufsgründe** im Widerrufsvorbehalt ist möglich. Insbesondere kann – ähnlich einer Potestativbedingung, Rn. 76 – auch ein späteres Tun oder Unterlassen des Begünstigten als Widerrufsgrund spezifiziert werden,[195] Rn. 86. Dann sind die Widerrufsmöglichkeiten eingeschränkt, s. § 49 Rn. 42. Eine solche Präzisierung ist aber auch im Hinblick auf **§ 37 Abs. 1** nicht zwingend:[196] Es reicht aus, wenn aus den Begleitumständen auf die Reichweite und Zielsetzung des Widerrufs geschlossen werden kann. Denn auch der Widerrufsvorbehalt schafft keine Widerrufsmöglichkeit nach Willkür, sie besteht nur, wenn und soweit der Widerruf zur Wahrung der Belange erforderlich ist, die durch das Gesetz, das die Behörde zum Erlass des unter Widerrufsvorbehalt gestellten VA ermächtigt, geschützt sind,[197] s.a. § 49 Rn. 42. Zudem erstreckt sich auch die Pflicht zur **Begründung des Widerrufs nach § 39** auf die Voraussetzung des Widerrufsvorbehalts. Ein Widerrufsvorbehalt ist jedenfalls nur notwendig, wenn nicht bereits fachrechtlich der Widerruf gestattet ist, Rn. 33, 40. In diesem Fall kann ein dennoch beigefügter eingeschränkter Widerrufsvorbehalt die gesetzliche Widerrufsmöglichkeit nicht eingrenzen, jedoch (rechtswidrig) erweitern, Rn. 33. Ob der **rechtswidrig beigefügte Widerrufsvorbehalt** zum Widerruf berechtigt, ist jedoch str., § 49 Rn. 39ff.

80 Nach § 49 Abs. 2 ist der Widerruf auf Grund des Widerrufsvorbehalts bei Fehlen spezialgesetzlicher Regelungen nur **für die Zukunft** möglich,[198] und damit i.d.R. nur bei **VA mit**

---

[190] *OVG Berlin* NJW 1964, 1152; *OVG Münster* MDR 1979, 963; *Brenner* JuS 1996, 281, 283; *Kloepfer* DVBl 1972, 371, 375; *Maurer*, § 12 Rn. 7; *Wolff/Bachof/Stober/Kluth* I, § 47 Rn. 9.
[191] Wie hier *Hanf*, Rechtsschutz gegen Inhalts- und Nebenbestimmungen zu VA, 2003, S. 21ff.; *Remmert* VerwArch 88 (1997), S. 112, 133; *Schachel* Jura 1981, 449, 450; *Tegethoff*, Nebenbestimmungen, 2001, S. 29.
[192] Vgl. *OVG Bautzen* NJW 2000, 1057, 1058.
[193] *BVerwGE* 112, 263, 264 = NVwZ 2001, 919, 920.
[194] *VGH München* DÖV 1984, 216, 217 (m. Anm. *Steenblock*); *v. Münch* JZ 1964, 121, 126; Bedenken hiergegen bei *Gern/Wachenheim* JuS 1980, 276, 277.
[195] Vgl. *VGH München* NVwZ-RR 2007, 607, 608.
[196] *VGH München* NJW 1986, 1564, 1566; NVwZ-RR 1991, 632; *Brenner* JuS 1996, 281, 284; *Eichberger* GewArch 1983, 105, 106; *Hanf*, Rechtsschutz gegen Inhalts- und Nebenbestimmungen zu VA, 2003, S. 27f.; *Henneke* in Knack, § 36 Rn. 38; *Meyer/Borgs*, § 36 Rn. 16; *Sarnighausen* NVwZ 1995, 563, 565; *Tegethoff*, Nebenbestimmungen, 2001, S. 28.
[197] *OVG Berlin* LKV 2002, 183f.
[198] *BVerwGE* 95, 213, 225f.; *BSGE* 89, 62, 74 = NZS 2002, 552, 553; *Henneke* in Knack, § 36 Rn. 39; *Kopp/Ramsauer*, § 36 Rn. 24 („im Zweifel").

Dauerwirkung sinnvoll, § 35 Rn. 223. Jedoch ist nach § **49 Abs. 3 Nr. 2 analog** ein Widerruf mit Wirkung **auch für die Vergangenheit** dann möglich, wenn ein zweckgebundener Geld- oder Sachleistungs-VA i. S. d. § 49 Abs. 3 (§ 49 Rn. 92 ff.) mit einem Widerrufsvorbehalt verbunden wurde, s. a. § 49 a Rn. 19 ff. Denn gerade bei Subventionsbescheiden erscheinen Auflagen und Widerrufsvorbehalt oft als austauschbar, Rn. 86, 103. Für die Zulässigkeit einer Analogie zu § 49 Abs. 3 Nr. 2 spricht auch die Ähnlichkeit des Widerrufsvorbehalts mit der auflösenden Bedingung (Rn. 78), deren Rechtsfolgen § 49 a Abs. 1 S. 1 den Rechtsfolgen einer rückwirkenden Aufhebung gleichsetzt, Rn. 75.

81 Der Widerrufsvorbehalt berechtigt auch zum **Widerruf eines rechtswidrigen VA**,[199] allgemein § 49 Rn. 6. Jedoch ist die Rechtswidrigkeit des VA nicht ohne weiteres Widerrufsgrund i. S. d. Rn. 79: So berechtigt ein für den Fall der Änderung der Sachlage ausgesprochener Widerrufsvorbehalt nicht dazu, den VA wegen anfänglicher Rechtswidrigkeit zu widerrufen.[200] Ein rechtswidriger VA wird somit nur dann auf Grund eines Widerrufsvorbehalts widerrufen werden können, wenn aus denselben Gründen auf Grund desselben Widerrufsvorbehalts auch ein rechtmäßiger VA widerrufen werden könnte. Dies schließt eine Rücknahme des Haupt-VA nach § 48 nicht aus. In diesem Zusammenhang ist ein (uneingeschränkter) Widerrufsvorbehalt ein Argument dafür, dem Begünstigten auch gegenüber einer Rücknahme nur sehr abgeschwächten Vertrauensschutz zu gewähren.[201]

6. Auflage (Abs. 2 Nr. 4)

82 **a) Wesen und Durchsetzung:** Eine Auflage i. S. d. § 36 Abs. 2 ist nach dem Gesetzeswortlaut („Begünstigten") nur bei einem **begünstigenden VA,** auch in Form eines VA mit Drittwirkung, zulässig.[202] Ob der Haupt-VA (Rn. 19) begünstigend oder belastend ist, richtet sich nach den zu §§ 48 Abs. 1 S. 2, 49 Abs. 1 entwickelten Grundsätzen, s. § 48 Rn. 115 ff., § 49 Rn. 17 ff. Enthält ein VA sowohl begünstigende als auch belastende Regelungen, ist es zulässig, dem begünstigenden Teil eine Auflage beizufügen.[203] Gerade bei **VA mit Drittwirkung** zeigt sich in der Praxis, dass die dem begünstigenden Teil beigefügte Auflage zum Schutz des Belasteten erforderlich sein kann, s. Rn. 85, 124, 140.

83 Die Auflage **verpflichtet** den Begünstigten zu einem **Tun, Dulden oder Unterlassen** (Abs. 2 Nr. 4). Dies wird durch das Wort „vorschreiben" in Abs. 2 Nr. 4 unmissverständlich ausgedrückt, s. a. Rn. 83, 98. Diese **Verpflichtung** steht **neben** der durch den **Haupt-VA** (Rn. 19) ausgesprochenen Regelung, so dass die Auflage insoweit eine **selbständige hoheitliche Anordnung** ist.[204] Ihr Erlass steht jedoch in Zusammenhang mit dem Erlass des Haupt-

---

[199] *OVG Münster* MDR 1979, 963; ebenso *BFHE* 137, 209 = NVwZ 1983, 640; *Eichberger* GewArch 1983, 105, 111.
[200] *VGH München* DÖV 1984, 216, 217; a. A. wohl *VGH München* NVwZ-RR 1991, 632, 633.
[201] *OVG Berlin* LKV 2000, 458, 459.
[202] *Laubinger* WiVerw 1982, 117, 123.
[203] *Meyer/Borgs*, § 36 Rn. 17; *Schneider*, Nebenbestimmungen und Verwaltungsprozeß, 1981, S. 30 f.; a. A. *Schachel*, Nebenbestimmungen zu VA, 1979, S. 29 f. (VA müsse ausschließlich begünstigend sein).
[204] *BVerwGE* 29, 261 = NJW 1968, 1842; *BVerwGE* 41, 178 = NJW 1973, 915; *BVerwGE* 51, 15, 20 f. = NJW 1976, 1760. **Beispiele** für Auflagen i. S. d. § 36 Abs. 2 Nr. 4 sind: mit **Baugenehmigung** verbundene „Auflage", eine bestimmte Wand als Brandschutzwand auszugestalten (*OVG Münster* BauR 1985, 304; NWVBl 1993, 99, 100), eine Autowaschanlage so zu installieren, dass sie nur bei geschlossenem Hallentor in Betrieb genommen werden kann (*VG Köln* GewArch 1981, 100) oder eine Windenergieanlage mit einer Nachtabschaltautomatik zu versehen (*OVG Lüneburg* BauR 2003, 1205, 1206), mit **Zweckentfremdungsgenehmigung** verbundene Auflage, die für den Ersatzwohnraum abgeschlossene Mietverträge vorzulegen und Behördenmitarbeitern das Betreten der Wohnung zu gestatten (*VGH München* DVBl 1999, 475) oder den Mietpreis für den zu schaffenden Ersatzwohnraum auf die Vergleichsmiete zu begrenzen (*BVerwG* NJW 1998, 94), mit **Spielhallenerlaubnis** verbundene Auflage über die Aufstellung von Geldspielgeräten (*BVerwG* NVwZ-RR 1993, 547; NVwZ-RR 1996, 20; NVwZ-RR 1996, 436) bzw. die Anzahl der Aufsichtspersonen (*BVerwGE* 88, 348, 351 f. = NVwZ-RR 1992, 516; *VG Oldenburg* GewArch 1986, 229) und die Verpflichtung, deren Namen und Anschriften der Aufsichtsbehörde mitzuteilen (*OVG Münster* GewArch 1994, 20 f.), mit einer **Gaststättenerlaubnis** verbundene Auflage, dass die Zahl der Besucher 228 Personen nicht überschritten darf (*BVerwG* NVwZ-RR 1990, 404), dass in der unmittelbaren Nähe des Lokals keine Fahrräder abgestellt werden dürfen (*OLG Hamm* NJW 1974, 2245), nach 22 Uhr bestimmte Lärmemissionen unterlassen werden (*BVerwGE* 31, 15, 16) bzw. die Abrechnung von alkoholischen Getränken nicht nach der Verweildauer der Gäste vorgenommen wird (*VG Augsburg* GewArch 2000, 431), einer **atomrechtlichen Genehmigung** beigefügte „Forderung", einen bewaffneten Werkschutz zu bilden (*BVerwGE* 81, 185, 186 = NVwZ 1989, 864; *VGH Mannheim* VBlBW 1987, 292), als „Ordnungsverfügung" bezeich-

VA: Auflage und Haupt-VA ergehen auf Grund einer einheitlichen Ermessensentscheidung (Rn. 21 ff.) und beruhen auf derselben Ermächtigung. Insoweit ist die **Auflage vom Haupt-VA** in dreifacher Weise **abhängig**: Zum einen tritt die innere Wirksamkeit der Auflage (§ 43 Rn. 166) erst ein, wenn die Begünstigung des Haupt-VA umgesetzt wird,[205] zum anderen sind die innere und äußere Wirksamkeit an die Existenz und Wirksamkeit des Hauptaktes geknüpft[206] (Rn. 20) und schließlich ist im Zweifel auch die (sachbezogene) Auflage **rechtsnachfolgefähig,** wenn der Haupt-VA rechtsnachfolgefähig ist,[207] s. § 35 Rn. 260. Damit kann auch die Auflage als **akzessorischer VA** (§ 35 Rn. 226) bezeichnet werden. Im Gegensatz zu den akzessorischen VA wie Zwangsmittelandrohungen geht ihre Abhängigkeit jedoch noch weiter: Sie dient keinem eigenen Zweck, sondern nur dazu, die Regelung des Haupt-VA zu ergänzen. Sie sind deshalb auch bei ihrem Erlass und ihrem Bestand nicht vom Erlass und Bestand des Haupt-VA zu trennen, s. Rn. 19. Diese Abhängigkeit hindert aber nicht, die Auflage ihrerseits als **(materiellen) VA** zu werten,[208] denn es handelt sich hierbei um eine Regelung i. S. d. § 35.[209] Verbreitet ist aber auch die Auffassung, Haupt-VA und Auflage ergäben einen einheitlichen, aus beiden Regelungen zusammengesetzten VA.[210] Da diese Auffassung sämtliche für VA geltende Vorschriften unmittelbar auch auf die Auflage (eben als unselbständigen Teil des Haupt-VA) anwendet, ist der **Meinungsstreit** zur Rechtsnatur der Auflage allerdings **ohne praktische Bedeutung.**[211]

Die **Durchsetzung der durch die Auflage festgesetzten Verpflichtung** kann auf verschiedene Weise erfolgen: Zunächst kann die Auflage als ein auf ein Handeln, Dulden oder Unterlassen gerichteter (Teil eines) VA mit den Mitteln und unter den Voraussetzungen des Verwaltungszwangs (aber natürlich nur gegenüber dem Begünstigten als Pflichtigen)[212] **vollstreckt** werden,[213] s. § 35 Rn. 38, 215. Sie ist die Grundverfügung i. S. d. § 6 VwVG.[214] Auch die **sofortige Vollziehung** der Auflage kann unter der Voraussetzung des § 80 Abs. 2 Nr. 4 VwGO

84

---

nete Bestimmung zur **Fahrschulerlaubnis,** bestimmte Fahrschulschilder nicht zu verwenden (*OVG Münster* NWVBl 1998, 242), mit einer **Erlaubnis nach TierschutzG** verbunden Bestimmung, Schranke zwischen Kunden und Tieren zu errichten (*VGH Mannheim* NuR 1994, 487, 488), alle Tiere durch Ohrmarken zu kennzeichnen (*OVG Münster* NuR 1998, 400), einer Erlaubnis zum Halten eines gefährlichen Hundes beigefügte Vorgaben zur Hundehaltung (*VGH München* NVwZ 2001, 1313), mit einer **wasserrechtlichen Erlaubnis** verbundene Auflage, die genehmigte Rohrleitung dem jeweiligen Zustand des Gewässers anzupassen (*OVG Koblenz* DÖV 1989, 779), mit **naturschutzrechtlicher Genehmigung** verbunden Auflage, der Landschaftsbehörde unverzüglich das Auffinden bislang an diesen Standorten unbekannter Tier- und Pflanzenarten mitzuteilen (*OVG Münster* NVwZ 1999, 556, 557), mit einer **Grundstücksverkehrsgenehmigung** verbundene Auflage, das Grundstück weiterzuverkaufen, wenn der Käufer nicht innerhalb bestimmter Frist landwirtschaftliche Urproduktion aufnimmt (*BGH* NJW-RR 1998, 1470), mit einer **Rufnummerzuteilung** nach TKG verbundene „Nebenbestimmung", nicht mehr benötigte Rufnummern „zurückzugeben" (*VG Köln* NVwZ-RR 2002, 605, 606), mit **Genehmigung der Geschenkannahme** verbundene Auflage, dass der Beamte das Preisgeld abzuführen hat (*BVerwG* NVwZ 2000, 820), mit **Stundungsbewilligung** verbundene Auflage, dass Stundungszinsen zu entrichten sind (*OVG Münster* ZMR 1971, 95).
[205] *OVG Greifswald* NVwZ 2005, 835, 836; *Ehlers* VerwArch 67 (1967), 369, 375; *Sieckmann* DÖV 1998, 525, 530.
[206] *VGH Mannheim* VBlBW 1984, 83, 84; *Martens* DVBl 1965, 428; *Wolff/Bachof/Stober/Kluth* I, § 46 Rn. 15.
[207] *VGH Kassel* NVwZ 1985, 281; *OVG Greifswald* LKV 2005, 561, 562; *OVG Hamburg* DÖV 1981, 32; *OVG Münster* NVwZ-RR 2004, 478, 479; ausführlich *Dietlein,* Nachfolge im öffentlichen Recht, 1999, S. 408 ff.; *Guckelberger* VerwArch 90 (1999), S. 499, 506 ff.
[208] Wie hier *BVerwGE* 85, 24, 26 = NJW 1991, 651; *OVG Magdeburg* NVwZ 2000, 585; *VG Köln* NVwZ 1985, 36; *Axer* Jura 2001, 748, 749; *Brenner* JuS 1996, 281, 284; *Hanf,* Rechtsschutz gegen Inhalts- und Nebenbestimmungen zu VA, 2003, S. 45 ff.; *Hufen,* Verwaltungsprozessrecht, § 14 Rn. 62; *Kopp/Ramsauer,* § 36 Rn. 31; *Maurer,* § 12 Rn. 9; *Pietzcker* in Schoch u. a., § 42 Abs. 1 Rn. 132; *ders.* NVwZ 1995, 15, 16 f.; *Remmert* VerwArch 88 (1997), S. 112, 114 f.; *P. Stelkens* NVwZ 1985, 470; *Wolff/Bachof/Stober/Kluth* I, § 47 Rn. 13.
[209] So auch *Laubinger* WiVerw 1982, 119, 120; *ders.* VerwArch 73 (1982), S. 345, 349.
[210] *Badura* Jura 1964, 103; *Fehn* DÖV 1988, 202, 203; *Erichsen* Jura 1990, 214, 217; *Janßen* in Obermayer, VwVfG, § 36 Rn. 43; *Lange* AöR 102 (1977), S. 337, 361; *Laubinger* WiVerw 1982, 345, 348; *Meyer/Borgs,* § 36 Rn. 19, 18; *Mößle* BayVBl 1982, 225, 232; *Ruffert* in Erichsen/Ehlers, § 22 Rn. 9; *Schenke* WiVerw 1982, 142, 146; *ders.* JuS 1983, 182, 183, 184; *Schneider,* Nebenbestimmungen und Verwaltungsprozeß, 1981, S. 19 ff.; *Tegethoff,* Nebenbestimmungen, 2001, S. 33 f.; *Ule/Laubinger,* § 50 Rn. 13.
[211] So zutreffend *Henneke* in Knack, § 36 Rn. 41.
[212] *VGH München* NVwZ-RR 2001, 577 f.: Baugenehmigungsauflage begründet keine durch Verwaltungsvollstreckung durchsetzbare Duldungspflicht des vom Bauherrn verschiedenen Grundeigentümers.
[213] *OVG Münster* NVwZ-RR 2004, 478, 479; *Tegethoff,* Nebenbestimmungen, 2001, S. 32.
[214] *OVG Lüneburg* BauR 2003, 1205, 1206.

angeordnet werden (Rn. 64). Wegen der Abhängigkeit der Auflage vom Haupt-VA kann jedoch die Erfüllung der Auflage nicht verlangt werden, wenn der Begünstigte vom Haupt-VA **keinen Gebrauch** macht, vgl. Rn. 83. Entfällt bei einer unanfechtbaren Auflage später die Rechtsgrundlage, ist dies bei der Vollstreckung zu berücksichtigen,[215] § 51 Rn. 88. Ist eine Auflage jedoch bestandskräftig geworden, bildet sie auch einen selbständigen **Rechtsgrund** für die Behörde **zum „Behaltendürfen"** der auf Grundlage der Auflage erbrachten Leistungen,[216] Rn. 105, § 35 Rn. 33, 42. Wenn es – wie vielfach bei Verpflichtung zu unvertretbaren Handlungen, Rn. 103 f. – untunlich ist, die Auflage zu vollstrecken, besteht die Möglichkeit des **Widerrufs** des Haupt-VA nach § 49 Abs. 2 Nr. 2, Abs. 3 Nr. 2, s. hierzu § 49 Rn. 46 ff., 105. Dieses effektive Druckmittel sollte nicht dadurch entwertet werden, dass der Widerruf generell als „letztes" Mittel angesehen wird, dem aus Gründen der Verhältnismäßigkeit zunächst eine Auflagenvollstreckung vorausgehen müsse.[217] Auch darf der Widerruf wegen Missachtung (angeblich) „nebensächlicher" Auflagen nicht vorschnell als unverhältnismäßig angesehen werden, vgl. § 49 Rn. 57. Anders kann dies bei einem Widerruf nach § 49 Abs. 3 Nr. 2 sein, insbes. wenn dies wegen § 49a Abs. 1 zu Rückzahlungsverpflichtungen auch für länger zurückliegende Zeiträume mit entsprechender Höhe führt.[218]

85 Bei **drittschützenden Auflagen** (Rn. 82, 124, 140) kann auch ein Anspruch des Dritten gegenüber der Behörde auf Durchsetzung der Auflage durch Vollstreckung oder Widerruf des Haupt-VA bestehen.[219] BGH hat drittschützenden Auflagen zudem auch für das zivilrechtliche Nachbarrechtsverhältnis Bedeutung zugemessen: Normen, die zum Erlass drittschützender Auflagen ermächtigen, werden als Schutzgesetze i. S. d. § 823 Abs. 2 BGB verstanden. Eine auf Grund einer solchen Ermächtigung erlassene Auflage stelle eine Konkretisierung dieses Schutzgesetzes dar, so dass ihre Nichtbeachtung zugunsten des Nachbarn einen quasi-negatorischen Abwehranspruch aus **§ 823 Abs. 2, § 1004 BGB** (analog) auslöse.[220] Ob die Auflage drittschützenden Charakter hat, folgt aus dem jeweiligen materiellen Recht, z. B. Baunachbarrecht.

86 **b) Abgrenzung zu Bedingung und Widerrufsvorbehalt:** Der Unterschied der Auflage zur Potestativbedingung (Rn. 76) und zum Vorbehalt des Widerrufs für den Fall, dass der Begünstigte sich in einer bestimmten Weise verhält (Rn. 79), ist v. a. in der **Vollstreckbarkeit der Auflage** zu sehen, s. Rn. 84. Demgegenüber verpflichtet eine Bedingung den Begünstigten nicht zum Erfolg, sondern stellt das Tun, Dulden oder Unterlassen in sein Belieben, macht hiervon jedoch die Rechtswirkungen des VA abhängig („Die Bedingung suspendiert, zwingt aber nicht, die Auflage zwingt, suspendiert aber nicht").[221] Mehr **Ähnlichkeiten** bestehen **zwischen Auflage und Widerrufsvorbehalt:** Die Nichterfüllung der Auflage berechtigt ebenso wie die Verwirklichung von Widerrufsgründen nach § 49 Abs. 2 Nr. 1 bzw. Nr. 2 zum entschädigungslosen (§ 49 Abs. 6) Widerruf, Rn. 78, 84. Wenn es der Behörde (wie vielfach bei Nebenbestimmungen zu Zuwendungs- und Subventionsbescheiden, Rn. 102 f.) nicht darauf ankommt, die durch die Nebenbestimmung festgeschriebene „Gegenleistung" des Bürgers ggf. vollstrecken zu können, sind Auflage und Widerrufsvorbehalt austauschbar, was auch rechtfertigt, § 49 Abs. 3 Nr. 2 bei Verwendung (nur) eines Widerrufsvorbehalts anzuwenden, Rn. 80. Zur Abgrenzung zwischen Auflage und (Genehmigungs-)Inhaltsbestimmung s. Rn. 100.

87 Ob im Einzelfall eine Auflage oder ein Widerrufsvorbehalt gegeben ist, ist in der Praxis kaum problematisch. Diese Frage würde sich nur stellen, wenn die Behörde aus einem Widerrufsvorbehalt „vollstrecken" wollte, vgl. Rn. 86. Jedoch stellt sich vielfach das Problem, ob eine bestimmte Nebenbestimmung **Auflage oder Bedingung** sein soll und zwar insbes. in Zusammenhang mit Verpflichtungen zu Ausgleichszahlungen (Rn. 105) und zur Gestellung von Sicherheiten (Rn. 107) und bei Nebenbestimmungen zu Zuwendungsbescheiden (Rn. 102 ff.). Bei ausdrücklicher Bezeichnung der Nebenbestimmung als Bedingung oder Auflage lässt sich jedoch – jedenfalls mittlerweile – kaum rechtfertigen, entgegen der Bezeichnung eine Bedin-

---

[215] *OVG Münster* OVGE 21, 193.
[216] *VGH München* BayVBl 2004, 564, 565; s. a. *OVG Greifswald* LKV 2005, 174, 175.
[217] So aber *Störmer* in Fehling u. a., § 36 VwVfG Rn. 28.
[218] BVerwG NVwZ-RR 2004, 413, 415 f.; *OVG Münster* NVwZ-RR 2006, 86, 88.
[219] Vgl. den Fall von *VGH Mannheim* NVwZ-RR 2002, 621 ff.
[220] BGHZ 62, 265, 266 = NJW 1974, 1240; BGHZ 122, 1, 3 ff. = NJW 1993, 1580 (m. Anm. *Bauer* JR 1994, 103); BGH NJW 1997, 55; *Fritzsche* NJW 1995, 1121, 1123 f.
[221] *Savigny*, System des heutigen römischen Rechts III, 1840, S. 231.

gung als Auflage und umgekehrt zu werten,[222] v. a. dann, wenn in dem VA eindeutig zwischen Auflagen und Bedingungen unterschieden wird,[223] Rn. 68. Werden „neutrale" Formulierungen wie „Nebenbestimmungen" oder „Maßgaben" verwandt, gelten die **allgemeinen Auslegungsgrundsätze,** Rn. 69, § 35 Rn. 71, 76 ff. Hier ist Indiz die erkennbare Bedeutung, die die Erfüllung der Nebenbestimmung für die Behörde hat.[224] Insbes. spricht für eine Bedingung, wenn das öffentliche Wohl oder die Interessen Dritter die Ausnutzung der Genehmigung ohne diese Voraussetzung nicht zuließen[225] oder wenn unsicher ist, ob die zu sichernde Voraussetzung geschaffen werden kann oder besteht bleibt. Maßgebend ist dabei nicht die subjektive Vorstellung der Behörde, sondern der **objektive Erklärungsinhalt.**[226]

Bleiben unter Anwendung der herkömmlichen Auslegungsinstrumente **Zweifel** über die Rechtsnatur der Nebenbestimmung, wird unter Heranziehung des Grundsatzes, dass **Unklarheiten zu Lasten der Verwaltung** gehen (§ 35 Rn. 80), oft angenommen, es sei von einer Auflage anstelle einer Bedingung auszugehen, weil sie den Begünstigten weniger belaste.[227] Da die Auflage vollstreckungsfähig ist (Rn. 84), wird sich ein solches abstraktes Rangverhältnis jedoch kaum aufstellen lassen;[228] sie ergibt sich deshalb auch nicht aus dem Verhältnismäßigkeitsgrundsatz. Unabhängig davon kann ein solcher Auslegungsgrundsatz jedenfalls dann nicht gelten, soweit die Nebenbestimmung zum Schutz Dritter erlassen wurde, s. § 35 Rn. 80.

7. Auflagenvorbehalt (Abs. 2 Nr. 5)

Der Auflagenvorbehalt berechtigt zu einem Eingriff in die Bestandskraft des Haupt-VA, indem er die nachträgliche Beifügung von Auflagen (und damit eine Teil-Aufhebung des zunächst unbeschränkten Haupt-VA) zulässt, Rn. 38 f. Da Auflagen nach der Definition des Abs. 2 Nr. 4 nur mit begünstigenden VA verbunden sein können (Rn. 82), können auch Auflagenvorbehalte nur mit **begünstigenden VA** verbunden werden.[229] Ob dasselbe Ziel auch durch einen „Teil-Widerrufsvorbehalt" erreicht werden könnte, Abs. 2 Nr. 5 also letztlich überflüssig ist,[230] kann dahingestellt bleiben. Der Unterschied besteht jedenfalls darin, dass Abs. 2 Nr. 5 ausdrücklich nicht nur (wie der Widerrufsvorbehalt, Rn. 78) zu einer (Teil-)Aufhebung des Haupt-VA ermächtigt, sondern zugleich auch zur nachträglichen Beifügung von Auflagen, ohne dass dies – anders als bei einer nachträglichen Beifügung von Nebenbestimmungen nur auf Grundlage der

---

[222] *BVerwG* NJW 1986, 600; *VGH Kassel* NVwZ-RR 1992, 469; UPR 1994, 314 (insoweit in NVwZ-RR 1994, 647 nicht abgedruckt); NuR 1998, 268; *OVG Koblenz* NJW 1990, 1194, 1195; *VGH Mannheim* VBlBW 1995, 29; NVwZ-RR 1997, 679 f.; *Kuchler* LKV 1997, 349, 351.
[223] *BVerwGE* 29, 261, 265 = NJW 1968, 1842; *BGH* NJW-RR 2001, 840, 841.
[224] *Dolde* BauR 1974, 382, 384; *Laubinger* WiVerw 1982, 117, 126.
[225] So auch *Janßen* in Obermayer, VwVfG, § 36 Rn. 24.
[226] *Brenner* JuS 1996, 281, 285; *Laubinger* WiVerw 1982, 117, 126. **Beispiele:** Als **Bedingung** ist in Abgrenzung zur Auflage angesehen worden: Ausdrücklich als solche bezeichnete, einer Sondernutzungserlaubnis für Imbisshalle beigefügte „Bedingung", Mehrweggeschirr zu verwenden (*VGH Mannheim* NVwZ-RR 1997, 679 f.; offen bei *BVerwGE* 104, 331, 333), ausdrücklich als solche bezeichnete „Bedingung" zur Bauerlaubnis, dass Kfz-Einstellplätze geschaffen werden (*BVerwGE* 29, 261, 265 = NJW 1968, 1842; *VGH Mannheim* VBlBW 1995, 29; *Kuchler* LKV 1997, 349, 350), „Bedingung" zur Baugenehmigung, dass die Erschließung gesichert sein müsse (*BGH* NJW-RR 2001, 840, 841), „Auflage" zur Bodenverfestigung, dass die zur Schaffung eines Bauplatzes erforderliche Fläche hinzu erworben wird (*BVerwGE* 24, 129, 131 f. = NJW 1966, 1830), „Auflage" zu einem Subventionsbescheid, bei dessen Nichtbeachtung der Bescheid „als aufgehoben gelten" solle (*OVG Greifswald* NVwZ 2002, 104, 105). Eine (unzulässige, s. Rn. 12) aufschiebende Bedingung soll vorliegen, wenn die Genehmigung eines Bauleitplanes unter der „Auflage" erteilt wird, die als Mischgebiet dargestellte Fläche in ein Gewerbegebiet zu ändern (*VGH München* BauR 1976, 404, 405) oder eine Zustimmung zu einer LandschaftsschutzVO unter dem Vorbehalt erteilt wird, dass keine gravierenden Einwendungen erhoben werden (*VGH Mannheim* NVwZ-RR 1992, 175). Als **Auflage** ist in Abgrenzung zur Bedingung angesehen worden: „Bedingung" zur Baugenehmigung, nach der ein Zugangsweg zum Baugrundstück verlegt werden muss (*OVG Münster* VerwRspr. 6 Nr. 128), ausdrücklich als solche bezeichnete „Auflage" zur Fahrerlaubnis zum Nachweis anhaltender Alkoholabstinenz (*OVG Koblenz* NJW 1990, 1194, 1195).
[227] So etwa *OVG Lüneburg* GewArch 1981, 341, 344; *Axer* Jura 2001, 748, 749; *Brenner* JuS 1996, 281, 285; *Ruffert* in Erichsen/Ehlers, § 36 Rn. 9; *Laubinger* WiVerw 1982, 117, 126; *Kopp/Ramsauer*, § 36 Rn. 34; als weniger belastend wird die Auflage auch verstanden von *BVerwGE* 78, 114, 119 f.
[228] *Hanf*, Rechtsschutz gegen Inhalts- und Nebenbestimmungen zu VA, 2003, S. 43 f.; *Weyreuther* DVBl 1969, 232, 234.
[229] *Laubinger* WiVerw 1982, 117, 127; *Tegethoff*, Nebenbestimmungen, 2001, S. 34.
[230] So *OVG Schleswig* NVwZ-RR 1994, 553 f.; *Kopp/Ramsauer*, § 36 Rn. 38.

§§ 48 ff. (Rn. 41, 47 f.) – unmittelbar durch § 36 Abs. 1 und 2 begrenzt ist.[231] Wie der Widerrufsvorbehalt beseitigt der Auflagenvorbehalt jedoch den Vertrauensschutz: Der Begünstigte muss damit rechnen, dass später von ihm ein weiteres Tun, Dulden oder Unterlassen verlangt wird, Rn. 82. Ob der Auflagenvorbehalt wie die Auflage (Rn. 83) ein **materieller VA** ist,[232] ist str. Oft wird er lediglich als Ankündigung umschrieben.[233]

90 Der Auflagenvorbehalt ist **nicht notwendig,** wenn bereits fachrechtlich die nachträgliche Beifügung von Auflagen gestattet ist, Rn. 33, 40. In diesem Fall kann ein dennoch beigefügter Auflagenvorbehalt die gesetzlich vorgesehene Befugnis zur nachträglichen Beifügung nicht eingrenzen jedoch (ggf. rechtswidrig) erweitern, Rn. 33. Der Auflagenvorbehalt ist **nur zulässig,** wenn zum Zeitpunkt des Erlasses des Haupt-VA noch nicht sicher gesagt werden kann, ob die vorgesehenen Auflagen ausreichen, um die Voraussetzungen des Haupt-VA abzusichern. Der Inhalt der zukünftigen Auflage braucht dagegen noch nicht **präzisiert** zu werden,[234] vgl. Rn. 79.

91 Teilweise wird der Auflagenvorbehalt auch als Instrument der **Zulassungsbeschleunigung** angesehen; er soll ermöglichen, eine Genehmigung vorab zu erteilen, wenn die Prüfung von Einzelheiten die Entscheidung unangemessen verzögern würde.[235] § 91 Abs. 2 **UGB-KomE** (ähnlich § 12 Abs. 2 a BImSchG) hat diesen Gedanken übernommen.[236]

8. Vorbehalt endgültiger Regelung

92 Mit *BSG*[237] und entgegen der Begründung zu § 32 Entwurf 73 ist der Vorbehalt endgültiger Regelung (§ 35 Rn. 245), wie ihn § 164, § 165 AO für den Abgabenbereich normieren, als **Nebenbestimmung eigener Art** anzusehen.[238] Auch *BFH* bezeichnet den Vorbehalt der Nachprüfung nach § 164 AO als Nebenbestimmung.[239] Dieser Vorbehalt schränkt die Bindungswirkung des Haupt-VA in der Form ein, dass er sich auf andere Weise i. S. d. § 43 Abs. 2 erledigt, wenn er durch einen endgültigen VA ersetzt wird, § 43 Rn. 39. Dem steht nicht entgegen, dass ein solcher Vorbehalt unselbständiger Bestandteil der Haupt-Regelung ist;[240] denn dies trifft auch für die Befristung, die Bedingung und den Widerrufsvorbehalt zu, Rn. 19. Entscheidend ist, dass die allgemeinen Zulässigkeitsvoraussetzungen für solche Vorbehalte mit denen des § 36 identisch sind (§ 35 Rn. 246) und sich die Wirkungen dieser Vorbehalte in einer Weise „vertypen" lassen, die mit denen der in § 36 Abs. 2 genannten Nebenbestimmungen vergleichbar ist, § 35 Rn. 249, § 43 Rn. 37 ff. Angesichts der ungenauen Bezeichnungen in der Praxis (Rn. 69) ist jedoch auch nicht ausgeschlossen, dass im Einzelfall eine Nebenbestimmung i. S. d. § 36 Abs. 2 als **„Vorbehalt"** bezeichnet wird,[241] § 35 Rn. 249.

9. Abgrenzung zur Inhaltsbestimmung und modifizierender Gewährung

93 a) **Begriff und Wirkungen der Inhaltsbestimmung:** Von den Nebenbestimmungen des § 36 zu unterscheiden sind die sog. (Genehmigungs-)Inhaltsbestimmungen, die auch in **§ 91 Abs. 1 Satz 1 UGB-KomE**[242] besonders angesprochen werden: Bei einer Genehmigung sind dies die Elemente der Haupt-Regelung (Rn. 19), die das genehmigte erlaubte Tun oder Verhal-

---

[231] Vgl. *Hanf,* Rechtsschutz gegen Inhalts- und Nebenbestimmungen zu VA, 2003, S. 23 ff.; *Tegethoff,* Nebenbestimmungen, 2001, S. 35.
[232] So *Axer* Jura 2001, 748, 750; *Hanf,* Rechtsschutz gegen Inhalts- und Nebenbestimmungen zu VA, 2003, S. 57 ff.; *Hufen,* Verwaltungsprozessrecht, § 14 Rn. 55; *Maurer,* § 12 Rn. 14; *Remmert* VerwArch 88 (1997), S. 112, 133 f.; *Störmer* in Fehling u. a., § 36 VwVfG, Rn. 40.
[233] *Brenner* JuS 1996, 281, 285; ähnlich *Ule/Laubinger,* § 50 Rn. 17.
[234] *Kopp/Ramsauer,* § 36 Rn. 38; a. A. *Henneke* in Knack, § 36 Rn. 45; *Meyer/Borgs,* § 36 Rn. 23.
[235] Bericht der *Schlichter-Kommission,* Investitionsförderung durch flexible Genehmigungsverfahren, Rn. 294 ff.
[236] Hierzu UGB-KomE, S. 644; *Tegethoff,* Nebenbestimmungen, 2001, S. 221 ff.
[237] BSGE 62, 32, 37 = NZA 1988, 292 (m. Anm. *Biebach* DVBl 1988, 453); BSGE 82, 183, 188 = NZS 1999, 43, 45.
[238] Wie hier *Eschenbach* DVBl 2002, 1247, 1251 ff.; *ders.* NdsVBl 2002, 89, 90 ff.; in diese Richtung auch *Axer* DÖV 2003, 271, 275 f.; *Kopp* ZfSH/SGB 1992, 225, 230 ff.
[239] BFHE 181, 100 = NVwZ 1997, 103, 104; BFH HFR 2002, 374; HFR 2005, 1, 2.
[240] So aber wohl *Schmidt-De Caluwe* NZS 2001, 240, 243.
[241] VGH München 4. 3. 1993 – 3 B 92.1862 – (juris).
[242] Hierzu UGB-KomE, S. 643 f.; *Tegethoff,* Nebenbestimmungen, 2001, S. 102 ff.

ten (dem Antrag entsprechend oder hiervon ggf. auch abweichend oder dahinter zurückbleibend, Rn. 96 ff.) festlegen und konkretisieren, indem sie die genehmigte Handlung bzw. das genehmigte Vorhaben räumlich und inhaltlich (qualitativ und quantitativ) bestimmen[243] und damit „die Genehmigung erst ausfüllen".[244] Zur Abgrenzung zu Auflagen und Bedingungen s. Rn. 100.

Der **Unterschied zu den Nebenbestimmungen** i. S. d. § 36 zeigt sich, wenn die Inhaltsbestimmungen missachtet werden: Dann ist das durchgeführte Vorhaben nicht von der Genehmigung gedeckt, damit (jedenfalls) formell illegal und kann von der Behörde auf ordnungsrechtlicher Grundlage genau so untersagt werden als wenn gar keine Genehmigung vorläge.[245] Die Genehmigung selbst bleibt hiervon jedoch unberührt und kann vom Begünstigten nach wie vor in Anspruch genommen werden.[246] Demgegenüber kann sich die Missachtung von Nebenbestimmungen i. S. d. § 36 auf den Bestand des Haupt-VA auswirken: Die innere Wirksamkeit des VA tritt nicht ein oder außer Kraft (Rn. 71, 75), ein Widerruf ist möglich (Rn. 78, 84) oder es können nachträglich weitere Nebenbestimmungen beigefügt werden (Rn. 39, 89). **94**

Dies hat Auswirkungen für den **Rechtsschutz des Begünstigten:** Ist der Inhalt einer Genehmigung in einer Weise konkretisiert worden, die nach Auffassung des Begünstigten seinem Antrag nicht entspricht, so unterstellt er, sein Genehmigungsanspruch sei noch nicht (vollständig) erfüllt worden. Um seinen Genehmigungsanspruch durchzusetzen, genügt es nach h. M. (anders als bei Nebenbestimmungen, Rn. 54 ff.) nicht, die Inhaltsbestimmung **selbständig anzufechten**.[247] Vielmehr muss eine **Verpflichtungsklage** auf Erlass des VA erhoben werden, auf den der Antragsteller einen Anspruch zu haben glaubt.[248] Die bereits erteilte (eingeschränkte) Genehmigung bleibt von einer solchen Klage unberührt und wird dementspr. durch eine solche Verpflichtungsklage auch nicht wieder „zur Disposition" der Behörde gestellt,[249] vgl. Rn. 53, 58. **Dritte** müssen die erteilte Genehmigung insgesamt anfechten, wenn sie mit Inhaltsbestimmungen nicht einverstanden sind. Sieht sich der Begünstigte durch die erteilte Genehmigung beschwert, weil er das genehmigte Vorhaben nicht möchte, weil es seinem Antrag **95**

---

[243] *BVerwG* NVwZ-RR 2000, 213; *VGH Mannheim* VBlBW 1984, 83; NVwZ-RR 1999, 317 f.; *OVG Münster* NVwZ-RR 2000, 671; *Fluck* DVBl 1992, 862; *Heitsch* DÖV 2003, 367, 368 f.; *Schmehl* UPR 1998, 334, 335.
[244] **Beispiele:** Als **Inhaltsbestimmung** ist gesehen worden: Regelung über Untergrundabdichtung einer Deponie im PlfBeschl (*BVerwGE* 90, 42, 45 ff. = NVwZ 1993, 366), eine der Betriebsgenehmigung einer Feuerungsanlage beigefügte „Maßgabe", nur schwefelarmes Heizöl zu verwenden (*BVerwGE* 69, 37, 39 = NVwZ 1984, 371), eine Rauch- und Wärmeabzugsanlage einzubauen (*OVG Münster* NVwZ 2000, 1319, 1320) oder bei der Wohnnutzung eine Belegungsdichte nicht zu überschreiten (*VGH Kassel* NVwZ-RR 2002, 492), eine einer Tankstellenerlaubnis beigefügte „Maßgabe", ein Gasrückführungssystem einzurichten (*VGH Mannheim* NVwZ 1994, 709, 710), Satzungsgenehmigung (§ 1 Rn. 182) unter einer „Auflage", die in der Klarstellung des vom Satzungsgeber Gewollten besteht (*BVerwGE* 95, 123, 127 = NVwZ 1995, 267), einer Erlaubnis zur geschäftsmäßigen Besorgung fremder Rechtsangelegenheiten beigefügte „Auflage", dass rechtsberatende Tätigkeit in Kriegsdienstverweigerungssachen ausgeschlossen ist (*VGH Mannheim* VBlBW 1985, 138), einer immissionsschutzrechtlichen Genehmigungsbescheid beigefügte „Nebenbestimmung" über die Voraussetzungen, unter welchen bestimmte Stoffe in der zugelassenen Anlage verarbeitet werden dürfen (*OVG Münster* NVwZ-RR 2000, 671, 672), eine einer Genehmigung zur Deponieablagerung beigefügte „Nebenbestimmung", dass 75.000 t der beim Antragsteller anfallenden Abfälle anderweitig zu entsorgen sind, die Ablagerungszulassung also insoweit mengenmäßig beschränkt ist (*OVG Münster* NVwZ 2004, 1384), eine einer Altlastenfreistellung nach dem DDR-Umweltrahmengesetz beigefügte „Nebenbestimmung", die die Wirkungen der Altlastenfreistellung einschränkt (*VG Halle* LKV 2003, 385); einer Anerkennung einer zur Abhaltung von Erste-Hilfe-Kursen berechtigten Stelle beigefügte „Auflage", bestimmte Richtlinien zu beachten (*OVG Lüneburg* NVwZ 1992, 387, 388).
[245] *OVG Saarlouis* AS RP-S L 14, 239, 240; *Bull/Mehde*, Rn. 724; *Happ* in Eyermann, § 42 Rn. 43; *Heitsch* DÖV 2003, 367, 369; *Maurer*, § 12 Rn. 16; *Störmer* in Fehling u. a., § 36 Rn. 57.
[246] Vgl. *OVG Münster* NVwZ 2004, 1384, 1385.
[247] So aber *OVG Lüneburg* GewArch 1985, 128; *Kopp/Schenke*, § 42 Rn. 23; *Schenke* in FS Roellecke, 1997, S. 281, 292; wohl auch *J. Schmidt* VBlBW 2004, 81, 83.
[248] *BVerwGE* 36, 145, 154; 65, 139, 141 = NJW 1982, 2269; *BVerwGE* 110, 216, 218 = NVwZ 2000, 440; *BVerwG* DÖV 1974, 380, 381 und 563, 564; NVwZ-RR 2000, 213; *OVG Berlin* NVwZ 1997, 1005; *VGH Kassel* NuR 1995, 292; *VGH Mannheim* VBlBW 1984, 83; VBlBW 1985, 138; NVwZ 1994, 709, 710; NVwZ-RR 1999, 431; *VGH München* BayVBl 1973, 583; BayVBl 1985, 149, 150; NVwZ-RR 1990, 551, 552; *OVG Münster* GewArch 1994, 164, 165; NVwZ-RR 2000, 671; NVwZ 2000, 1319, 1320; *VG Halle* LKV 2003, 385; *VG Weimar* LKV 2002, 483 f.; *BSGE* 61, 235, 237; *Axer* Jura 2001, 748, 750; *Hanf*, Rechtsschutz gegen Inhalts- und Nebenbestimmungen zu VA, 2003, S. 113 ff.; *Hufen/Bickenbach* JuS 2004, 867, 871; *Ipsen*, Rn. 600; *Pietzner/Ronellenfitsch*, § 9 Rn. 18.
[249] A. A. *Bull/Mehde*, Rn. 724.

nicht entspricht (Rn. 96 ff.), ist insoweit die **Anfechtungsklage** zulässig. Das Rechtsschutzbedürfnis ergibt sich in aller Regel schon daraus, dass eine erteilte Genehmigung mit Gebühren verbunden ist,[250] i. Ü. der Staat dem Bürger nicht gegen seinen Willen eine Genehmigung aufdrängen darf, s. § 22 Rn. 28, § 35 Rn. 231.

96 **b) Modifizierende Gewährung und modifizierende Auflage:** Als Sonderfall der Inhaltsbestimmung wird vielfach die sog. modifizierende Gewährung (Genehmigung) und die „modifizierende Auflage" verstanden. Die Begriffsbildung ist hierbei ungenau und schwankt. Es geht um Fälle, in denen ein begünstigender VA, insbes. eine Genehmigung, hinter dem Antrag zurückbleibt oder hiervon abweicht, und diese Einschränkung in einer entsprechenden **Inhaltsbestimmung** i. S. d. Rn. 93 zum Ausdruck kommt. Die **modifizierende Gewährung** bedeutet damit die (teilweise) Ablehnung der beantragten Begünstigung verbunden mit der Gewährung einer (so nicht beantragten) anderen Begünstigung,[251] s. a. Rn. 53. Die Inhaltsbestimmung, die diese Antragsabweichung deutlich macht, wird – in Anschluss an *Weyreuther*[252] – (missverständlich) als **„modifizierende Auflage"** bezeichnet.[253] Hinsichtlich des Rechtsschutzes gelten die in Rn. 95 dargestellten Grundsätze. Die „modifizierende Auflage" **ist** damit **Inhaltsbestimmung** und kein aliud hierzu,[254] s. a. Rn. 98. Sie bezieht – wie die modifizierende Gewährung selbst – ihre Besonderheit nur daraus, dass sie nicht vom materiellen Antrag gedeckt ist, und dies wird nur erkennbar, wenn sie vom Antrag aus betrachtet wird.[255] Ob dies ihre Beibehaltung als eigenständige Rechtsfigur rechtfertigt, ist zweifelhaft.[256]

97 Da die Begriffe modifizierende Gewährung/Auflage einen VA beschreiben, der vom materiellen Antrag abweicht, beziehen sich diese Begriffe nur auf **materiell mitwirkungsbedürftige VA**,[257] § 35 Rn. 229 ff. Die Besonderheit der Genehmigung unter „modifizierenden Auflagen" gegenüber sonstigen mitwirkungslos ergangenen mitwirkungsbedürftigen VA liegt nur darin, dass die Behörde i. d. R. davon ausgehen kann, dass sich der Betroffene mit der Änderung einverstanden erklärt. Da die Mitwirkung des Betroffenen eine Rechtmäßigkeitsvoraussetzung ist, die auch nachgeholt werden kann (§ 35 Rn. 239), lässt sich damit auf die modifizierende Auflage die Grundstruktur des **§ 150 Abs. 2 BGB** übertragen (s. § 35 Rn. 232), wie auch die echten Nebenbestimmungen aus dem Privatrecht ableitbar sind, s. Rn. 2. Dies schließt nicht aus, dass im Einzelfall die Erteilung einer Genehmigung unter modifizierenden Auflagen fachrechtlich ausgeschlossen sein kann.[258] Im Übrigen entscheidet das materielle Recht, ob ein Anspruch auf die Genehmigung in der beantragten oder in der erteilten Form besteht.

98 Nicht anders als „normale" Inhaltsbestimmungen werden auch „modifizierende Auflagen" von § 36 nicht erfasst (Rn. 96), so dass die dort enthaltenen Regeln über die Zulässigkeit von Nebenbestimmungen nicht gelten.[259] Insbes. erfüllt – entgegen *Weyreuther*[260] – die „modifizierende Auflage" nicht die Tatbestandsmerkmale einer **Auflage** i. S. d. § 36 Abs. 2 Nr. 4. Sie **schreibt** dem Betroffenen **nichts vor,** wie es die Definition des § 36 Abs. 2 verlangt (Rn. 83): Weder die Durchführung des genehmigten Vorhabens noch die nachträgliche Stellung des entsprechend der modifizierten Genehmigung modifizierten Antrags (§ 35 Rn. 232) kann auf

---

[250] *Hoffmann* DVBl 1977, 514, 516 und 518.
[251] *OVG Berlin* BauR 1997, 1006, 1008; *VGH München* BayVBl 1985, 149, 150; BayVBl 1986, 114; *Brenner* JuS 1996, 281, 285; *Hufen/Bickenbach* JuS 2004, 867, 869 f.; *Wolff/Bachof/Stober/Kluth* I, § 47 Rn. 15; *Ziekow,* VwVfG, § 36 Rn. 3.
[252] *Weyreuther* DVBl 1969, 295 ff., ders. DVBl 1984, 365.
[253] Vgl. z. B. *BVerwG* DÖV 1974, 380; NVwZ-RR 1992, 529, 530; *VGH Kassel* NuR 1995, 292; *VGH Mannheim* NVwZ 1994, 709; NVwZ-RR 1994, 133, 134.
[254] *Fluck* DVBl 1992, 862, 863; *Heitsch* DÖV 2003, 367, 368; *Kopp/Ramsauer,* § 36 Rn. 35; *Kunert* UPR 1991, 249, 251; *Rumpel* BayVBl 1987, 577, 583; *Schmehl* UPR 1998, 334; *Störmer* in Fehling u. a., § 36 VwVfG Rn. 58; offen *Pietzner/Ronellenfitsch,* § 9 Rn. 19.
[255] *Heitsch* DÖV 2003, 367, 369; *Maurer,* § 12 Rn. 16.
[256] Ablehnend *Axer* Jura 2001, 748, 750; *Hanf,* Rechtsschutz gegen Inhalts- und Nebenbestimmungen zu VA, 2003, S. 65 ff.; *Heitsch* DÖV 2003, 367, 369; *Hufen/Bickenbach* JuS 2004, 867, 870; *Peine* Rn. 534; *Ruffert* in Erichsen/Ehlers, § 22 Rn. 10; *Störmer* in Fehling u. a., § 36 VwVfG Rn. 58; *Tegethoff,* Nebenbestimmungen, 2001, S. 77 ff.
[257] *Hoffmann* DVBl 1977, 514, 516.
[258] Vgl. *Dolde* BauR 1974, 382, 385 f.
[259] A. A. *VGH Mannheim* NVwZ-RR 1999, 431, 432 (wo § 36 Abs. 1 und 2 als Rechtsgrundlage für modifizierende Auflage angegeben wird); *Jarass* DVBl 1991, 7, 8.
[260] *Weyreuther* DVBl 1984, 365, 368.

Grund der modifizierenden Auflage durchgesetzt und vollstreckt werden.[261] Jedoch kann die Durchführung des (so) nicht genehmigten Vorhabens nach allgemeinem Ordnungsrecht verhindert werden, s. Rn. 94.

c) **Abgrenzung von Inhalts- und Nebenbestimmungen:** Bereits im VwVf (nicht erst bei der Rechtsschutzfrage) wirken sich die Unterschiede zwischen Nebenbestimmungen i. S. d. § 36 und Inhaltsbestimmungen aus. Wegen der **unterschiedlichen Rechtsfolgen** von Inhaltsbestimmungen gegenüber einer Auflage oder Bedingung i. S. d. § 36 müssen sich Behörde und Antragsteller bereits im VwVf vor Erlass des VA Klarheit darüber verschaffen, was angestrebt werden soll (Rn. 6). Je ungenauer die Bearbeitung durch die Behörde ausfällt (Rn. 5) oder je komplexer der Sachverhalt und seine rechtliche Bewertung erscheint, umso größer sind die Abgrenzungsschwierigkeiten, umso gefährlicher können für die Antragsteller straf- und haftungsrechtliche Konsequenzen sein (Rn. 69). **Unklarheiten** haben auch **für die Behörde** spätestens bei der Frage, ob nur die „Nebenbestimmung" vollstreckt werden kann oder mangels Genehmigung ein Verbot des (so nicht genehmigten) gesamten Tuns erfolgen muss, **erhebliche Konsequenzen.**

Wird im Bescheid nicht ausdrücklich zwischen Inhaltsbestimmungen und Nebenbestimmungen differenziert, wie dies „guter fachlicher Praxis" des Bescheidaufbaus entspricht,[262] entstehen (unnötige) Abgrenzungsprobleme, etwa bei Erklärungen wie „genehmigt **nach Maßgabe …**", „mit der Einschränkung …". Sie sind durch Auslegung des konkret erlassenen VA entsprechend den Grundsätzen der Rn. 68 f. zu lösen. Dies wird nicht dadurch vereinfacht, dass Inhalts- und Nebenbestimmungen in Grenzbereichen funktional austauschbar sind. Dann ist entscheidend auf die intendierten materiellrechtlichen Rechtsfolgen abzustellen (Rn. 94), soweit dies erkennbar wurde. Soweit es um die Abgrenzung zu Inhaltsbestimmungen in Form „modifizierender Auflagen" geht, hat sich die von *Weyreuther*[263] geprägte Faustformel eingebürgert: Die Antwort der Behörde auf einen Antrag des Bürgers sei bei einer Auflage: „Ja, aber …", bei einer „modifizierenden Auflage": „Nein, aber …". Im Übrigen spricht entscheidend für eine „echte" Auflage, dass dem Begünstigten zusätzliche, vom Genehmigungsgegenstand unabhängige Pflichten auferlegt wurden.[264] Uneinheitlich wird die Abgrenzung insbes. in Zusammenhang mit der Festlegung von Emissionsgrenzwerten (Rn. 108) und bei „Maßgaben" zu Aufenthaltserlaubnissen (Rn. 109) gesehen.[265]

---

[261] *Heitsch* DÖV 2003, 367, 369; *Lange* AöR 102 (1977), S. 337, 344 f.; *Laubinger* WiVerw 1982, 117, 139; *Rumpel* BayVBl 1987, 577, 580; *Tegethoff*, Nebenbestimmungen, 2001, S. 70 ff.; **a. A.** noch *BVerwG* DÖV 1974, 380, 381; *VGH Mannheim* BRS 29 Nr. 121; *Henneke* in Knack, § 36 Rn. 48.
[262] Hierzu *Tegethoff*, Nebenbestimmungen, 2001, S. 98 ff.
[263] *Weyreuther* DVBl 1969, 295, 297.
[264] Mit dieser Begründung ist als **Auflage** i. S. d. § 36 Abs. 2 Nr. 4 **in Abgrenzung zur „modifizierenden Auflage"** angesehen worden: Mit Rodungs- und Umwandlungsgenehmigung verbundene Ersatzaufforstungsanordnung (*VGH Kassel* NuR 1995, 292), mit Baugenehmigung verbundene „Auflage", Kfz-Stellplätze zu schaffen (*OVG Münster* BRS 33 Nr. 104; *BVerwG* BRS 58 Nr. 125), eine Pipeline feuerhemmend zu ummanteln (*BVerwG* NVwZ 1984, 366, 367; für modifizierende Auflage demgegenüber *OVG Bremen* BRS 36 Nr. 179), die Fenster zweiflügelig herzustellen (*OVG Bautzen* UPR 2006, 452); einer Baugenehmigung beigefügte „Nebenbestimmung", nach der die Zu- und Abfahrt zu einer Garage nur über eine bestimmte Straße erfolgen darf (*BVerwG* DÖV 1974, 563, 564) bzw. für das Gebäude eine Brandmeldeanlage auszustatten sei (*VG Dessau* LKV 1998, 325), einer Baugenehmigung für einen Dachausbau beigefügte Brandschutzauflagen, die sich auf das gesamte Gebäude beziehen (*VG Göttingen* NVwZ-RR 2003, 18), eine der Zustimmung zu einem Bauvorhaben des Bundes beigefügte „Maßgabe" zusätzlicher Sicherungsmaßnahmen (*BVerwG* NJW 1977, 163; zweifelhaft), einer wasserrechtlichen Bewilligung beigefügte „Auflage", bestimmte Sicherheitsvorkehrungen einzuhalten (*VG Halle* SächsVBl 2002, 192), einer immissionsschutzrechtlichen Genehmigung beigefügte Auflage, bestimmte Messungen durchzuführen (*OVG Münster* NWVBl 2002, 229), eine einer Sanierungsgenehmigung beigefügte „modifizierende Auflage", dass bei der Neuvermietung bestimmte Mietobergrenzen zu beachten seien (*OVG Berlin* LKV 2004, 415, 416; *VG Berlin* NVwZ 2003, 242 f.; dem folgend *BVerwGE* 126, 104, 107 = NVwZ 2006, 1167, 1168), „Maßgaben" zur Betriebserlaubnis für einen Kindergarten, die dessen personelle Ausstattung und Gruppengröße betreffen (*VGH Mannheim* NVwZ-RR 1999, 317).
[265] **Weitere Beispiele:** Als „modifizierende Auflage" ist **in Abgrenzung zur Auflage** i. S. d. § 36 Abs. 2 Nr. 4 angesehen worden: Einer Baugenehmigung für einen Wintergarten beigefügte „Auflage", dass die Grenzwand nicht aus Glas bestehen darf (*OVG Saarlouis* AS RP-SL 14, 239, 240), einer Baugenehmigung beigefügte „Maßgabe", dass anstelle eines vorgesehenen Lüftungsflügels eine Brandschutzwand zu errichten sei (*VGH Mannheim* BRS 29 Nr. 121), Genehmigung eines Bauvorhabens unter (in Bauvorlage grün gekennzeichneter) Abweichung vom Bauantrag (*VGH Mannheim* NVwZ-RR 1994, 133, 134), einer Abgrabungsgenehmigung beigefügte „Auflage", nach der die Abgrabung nicht – wie beantragt – bis zu

10. „Kautelarpraxis" typischer „Verwaltungsaktzusätze"

101 **a) Allgemeines:** Während in der Rspr. und Lit. die Frage nach der Rechtsnatur bereits erlassener Nebenbestimmungen im Vordergrund steht, stellt sich für die Behörde eher die Frage, mit welchen „Zusätzen" (Neben- oder Inhaltsbestimmung) sie einen VA versehen muss, um ein bestimmtes Ziel zu erreichen, Rn. 6. Für Standardsituationen hat sich eine „Kautelarpraxis" entwickelt, nach der bestimmten VA bestimmte „VA-Zusätze" regelmäßig beigefügt werden, ohne dass diese „VA-Zusätze" als Nebenbestimmungen eigener Art angesehen werden könnten, Rn. 66. Der Zweck dieser standardisierten „VA-Zusätze" ist zumeist klar. Unklarheiten bestehen jedoch oft über ihre Rechtsnatur und Rechtsfolgen:

102 **b) Zweckbestimmung nach § 49 Abs. 3:** Die Gewährung von Zuwendungen/Subventionen ist nach § 14, § 26 Abs. 1 HGrG, § 23, § 44 Abs. 1 BHO/LHO nur zulässig, wenn sie der Erfüllung bestimmter Zwecke dienen. Diese Zweckbindung muss im VA zum Ausdruck gebracht werden, soll ihre Missachtung zum Widerruf nach § 49 Abs. 3 Nr. 1 ermächtigen,[266] § 49 Rn. 94f., 99ff. Sie ist i.d.R. **Inhaltsbestimmung** des Zuwendungsbescheides i.S.d. Rn. 93:[267] Sie ist **keine Auflage,** wenn – wie zumeist – eine Durchsetzung der zweckentsprechenden Mittelverwendung (vgl. § 49 Rn. 101) unter Inanspruchnahme von Verwaltungszwang ausgeschlossen ist.[268] Anders kann es nur sein, wenn Maßnahmen gefördert werden, die die Behörde ansonsten selbst durchführen müsste, weil dann ein Interesse daran bestehen kann, eine selbständige (durchsetzbare) Verpflichtung zur zweckentsprechenden Mittelverwendung zu begründen. Die Zweckbestimmung ist zumeist auch **keine (auflösende) Bedingung,** anders nur dann, wenn für den Zuwendungsempfänger erkennbar ist, dass bei Zweckverfehlung die Zuwendung (entsprechend § 49a Abs. 1) zurückzuzahlen ist, ohne dass es einer vorherigen (im Ermessen stehenden) Aufhebung des Zuwendungsbescheides bedarf,[269] § 49a Rn. 21. Allerdings werden Klauseln, die den Begriff der „alsbaldigen Verwendung" i.S.d. § 49 Abs. 3 Nr. 1, § 49a Abs. 4 konkretisieren (§ 49 Rn. 103), als Auflage angesehen;[270] tatsächlich läge aus den Gründen der Rn. 103 eine Qualifizierung als zum rückwirkenden Widerruf ermächtigender **Widerrufsvorbehalt** (Rn. 80, 86) näher.

---

einer Tiefe von 56m über NN, sondern nur bis zu 62m über NN erfolgen dürfe (*OVG Münster* BRS 59, 246), einer Genehmigung zur Errichtung eines 300m hohen Schornsteins beigefügte Auflage, im Innern – zusätzlich zu den vorgesehenen Stegleitern – eine Aufzugsanlage einzubauen (*OVG Lüneburg* GewArch 1985, 128), Genehmigung eines Wanddurchbruchs für Sex-Shop unter der „Auflage", nicht – wie beantragt – Videoanlagen mit Einzelkabinen zu errichten (*OVG Berlin* BauR 1997, 1006, 1008), der Genehmigung eines Bebauungsplans (§ 1 Rn. 182) beigefügte „Auflagen und redaktionelle Änderungen", die eine Änderung des Planinhalts zur Folge haben (*VGH München* BauR1976, 405, 406; BayVBl 1986, 114), Genehmigung einer Dienstordnung (vgl. § 1 Rn. 182) unter der „Maßgabe", diese entsprechend der Musterdienstordnung teilweise zu ergänzen (*BSGE* 61, 235, 236f.), ausdrücklich als „modifizierende Auflage" bezeichnete Einschränkung einer Spielhallenerlaubnis, nach der Geldspielgeräte nicht so aufgestellt werden dürfen, dass mehrere Spieler zur gleichen Zeit mehrere Geräte bedienen kann (*OVG Münster* GewArch 1994, 164, 165; zweifelnd, jedoch i.E. bestätigend *BVerwG* GewArch 1996, 22; dazu auch *Störmer* NWVBl 1996, 169), einer wasserrechtlichen Bewilligung beigefügte „Nebenbestimmung", nachteilige Auswirkungen, die sich aus dem Bau und dem Betrieb einer Staustufe ergeben, entschädigungslos hinzunehmen (*VGH München* BayVBl 1977, 87), einer wasserrechtlichen Bewilligung beigefügte „Nebenbestimmung", wonach das eingeleitete Wasser so zu reinigen ist, dass gewisse Grenzwerte nicht überschritten werden (*VGH Mannheim* NVwZ-RR 1999, 431), einer Kiesabbaugenehmigung beigefügten „Auflage", die die spätere Nutzbarkeit des durch den Kiesabbau entstehenden Baggersees beschränkt (*VGH München* NVwZ-RR 1990, 553, 554), die einer Zulassung zum Rettungsdienst beigefügte „Auflage", die Vorhaltezeit der betroffenen Rettungsfahrzeuge anders als beantragt regelt (*BVerwG* NVwZ-RR 2000, 213), die Genehmigung eines Kaufvertrages (vgl. § 35 Rn. 217) unter der „Auflage", dass die Auflassung nicht an den Käufer, sondern einen Dritten erfolgt (vgl. *RGZ* 126, 132, 136), einer Zuschussbewilligung beigefügtes Verbot, den Zuschuss für bestimmte Zwecke zu verwenden (*VG Weimar* LKV 2002, 101), eine einer Plakatiergenehmigung beigefügte „Maßgabe", einen „Plakatiervertrag" mit einem Dritten zu schließen (*VG Weimar* LKV 2002, 483f.).

[266] *OVG Münster* NVwZ 2001, 693, 694; *BSGE* 87, 219, 220 = NZS 2001, 446, 447f.
[267] Deutlich *VG Weimar* LKV 2002, 101f.
[268] A.A. wohl *VGH München* NVwZ-RR 2003, 88f. (für eine als Auflage qualifizierte Regelung, nach der die geförderten Wohnungen nur einem bestimmten Personenkreis zur Verfügung stehen dürfen).
[269] Bejaht im Fall von *OVG Magdeburg* NVwZ-RR 2001, 284; *VGH München* BayVBl 2006, 731, 732; *VG Dessau* LKV 2005, 466.
[270] *BVerwGE* 116, 332, 334ff. = NVwZ 2003, 221, 222; *BVerwG* NVwZ 2005, 1085, 1086; *OVG Frankfurt (Oder),* Urt. v. 11. 2. 2004 – 2 A 680/03 (juris, Abs. 22); *VG Dresden* NVwZ 1999, 1137.

c) Verwendungsnachweisklausel: Regelmäßig als Auflagen i. S. d. § 36 Abs. 2 Nr. 4 werden Nebenbestimmungen zu Zuwendungsbescheiden angesehen, die entsprechend § 26 Abs. 1 S. 2 HGrG, § 44 Abs. 1 S. 2 BHO/LHO den Nachweis der zweckentsprechenden Mittelverwendung regeln.[271] Ihrer Funktion nach sollen diese Verwendungsnachweisklauseln jedoch weniger eine selbständige (vollstreckbare) Verpflichtung begründen (an einer zwangsweisen Durchsetzung der Nachweispflicht besteht kein Interesse[272]), sondern eine **Obliegenheit** des Begünstigten, deren Missachtung der Behörde eine (rückwirkende) Aufhebung mit der Folge des § 49a Abs. 1 ermöglichen soll. „Passender" wäre es daher, Verwendungsnachweisklauseln als zum rückwirkenden Widerruf ermächtigende **Widerrufsvorbehalte** zu verstehen, auf die § 49 Abs. 1 Nr. 2 analog anzuwenden ist, vgl. Rn. 80, 86. Sollen Nachweise **vor Zuwendungsauszahlung** erbracht werden, ist dies jedoch i. d. R. als aufschiebende Bedingung zu verstehen.[273] **103**

d) Verpflichtung zur Beachtung des Vergaberechts: Zuwendungsbescheide enthalten oft auch eine Klausel, nach der die geförderte Maßnahme nur unter Beachtung bestimmter vergaberechtlicher Bedingungen (z. B. der VOB/A) durchgeführt werden darf. Auch diese Regelungen werden v. a. im Hinblick auf die Widerrufsmöglichkeit des § 49 Abs. 3 Nr. 2 durchgehend als Auflage qualifiziert,[274] obwohl auch hier i. d. R. eine zwangsweise Durchsetzung weder gewollt noch möglich ist, so dass eher eine Einordnung als zum rückwirkenden Widerruf ermächtigender Widerrufsvorbehalt näher läge, vgl. Rn. 80, 86, 103. Tatsächlich werden in Zeiten knapper Kassen Verstöße gegen das Vergaberecht auch zunehmend als Rückforderungsanlass genutzt.[275] Umstr. ist, ob der Widerruf nach § 49 Abs. 3 Nr. 2 einen Verstoß gegen solche vergaberechtlichen Bestimmungen voraussetzt, die geeignet sind, der sparsamen und wirtschaftlichen Durchführung des geförderten Vorhabens unmittelbar zu dienen,[276] oder ob auch die Missachtung solcher vergaberechtlicher Bestimmungen zum Widerruf berechtigt, die (primär) den Interessen der Wettbewerber dienen.[277] Kommt es zum Widerruf, stellt sich zudem vielfach die Frage, ob der Zuwendungsempfänger Regress von den Personen nehmen kann, die für den Vergaberechtsverstoß verantwortlich sind.[278] **104**

e) Verpflichtung zur Zahlung von Ausgleichsabgaben: Soweit einem Vorhaben Vorschriften entgegenstehen, von deren Einhaltung die zuständige Behörde bei Zahlung einer Ausgleichsabgabe (z. B. naturschutzrechtliche oder Stellplatzausgleichsabgabe, Zweckentfremdungsabgabe) absehen kann, wird diese Ausgleichsabgabe vielfach im Genehmigungsbescheid festgesetzt. Teilweise wird dies als **Auflage**[279] verstanden, teilweise aber auch als **Inhaltsbestimmung** der Genehmigung[280] oder als **aufschiebende Bedingung**.[281] Dabei stellt die Rspr. vornehmlich auf die ausdrücklich gewählte Bezeichnung ab, s. Rn. 68. Die Verwendung einer Inhaltsbestimmung oder einer aufschiebenden Bedingung erschwert jedoch die Durchsetzung der Zahlungspflicht: Wird sie nicht beachtet und das Vorhaben dennoch durchgeführt, kann die Behörde nur gegen das deshalb formell illegal errichtete Vorhaben vorgehen, vgl. Rn. 75, 93f. **105**

---

[271] *OVG Magdeburg* NVwZ 2000, 585; *VGH München* GewArch 1994, 328, 329; NVwZ-RR 2003, 88, 89; *Schleich* NJW 1988, 236; allgemein hierzu *Domnach* NVwZ 2007, 53, 54 ff.

[272] Zur Problematik der Vollstreckung von Abrechnungspflichten: *BGH* NJW 2006, 2706 ff.; *Timme* NJW 2006, 2668 (jeweils zur Vollstreckung mietrechtlicher Nebenkostenabrechnungspflichten).

[273] Für Auflage: *VG Regensburg* NVwZ-RR 2000, 435, 437.

[274] *BVerwGE* 112, 360, 362 = NJW 2001, 1440; *VGH München* NJW 1997, 2255, 2256; BayVBl 2000, 248; BayVBl 2002, 498 f.; *OVG Münster* NVwZ-RR 2006, 86, 87 (mit kurzer Begründung); *VG Weimar* ThürVBl 2006, 68; *Antweiler* NVwZ 2005, 168; *Attendorn* NVwZ 2006, 991, 992; *Jennert* KommJur 2006, 286, 287; *ders.* NWVBl 2007, 293, 296; *Kulartz/Schilder* NZBau 2005, 552, 553; *Martin-Ehlers* NVwZ 2007, 289, 290; *Müller* VergabeR 2006, 592, 598; *Schleich* NJW 1988, 236.

[275] *Brune/Mannes* VergabeR 2006, 864 ff.; *Jennert* KommJur 2006, 286; *Kulartz/Schilder* NZBau 2005, 552; *Müller* VergabeR 2006, 592, 597.

[276] So *Antweiler* NVwZ 2005, 168, 170 f.; *Kulartz/Schilder* NZBau 2005, 552, 555; *Martin-Ehlers* NVwZ 2007, 289, 292 ff.; *Schleich* NJW 1988, 236, 241.

[277] So *OVG Münster* NVwZ-RR 2006, 86, 88; *Attendorn* NVwZ 2006, 991, 992 ff.; *ders.* NWVBl 2007, 293, 296 f.; *Brune/Mannes* VergabeR 2006, 864, 870 f.

[278] Für Haftung nach § 43 Abs. 2 GmbHG: *LG Münster* NZBau 2006, 523 ff.

[279] *BVerwGE* 55, 135, 142 = NJW 1978, 1018; *OVG Hamburg* DÖV 1991, 83, 84; *VGH Kassel* BBauBl 1994, 63, 64; NVwZ-RR 1994, 252; UPR 1994, 314; NVwZ-RR 1998, 68, 69; *VGH Mannheim* VBlBW 1984, 83, 84; *VGH München* BayVBl 2004, 564, 565.

[280] *OVG Berlin* NVwZ 1997, 1005.

[281] *BVerwG* NJW 1986, 600; *VGH Kassel* NVwZ-RR 1992, 469; NuR 1998, 268 (bestätigt durch *BVerwG* NVwZ-RR 1998, 98).

Wurde die Auflage gewählt, kann sich die Behörde auf die Durchsetzung (z. B. auch durch Aufrechnung) der Geldleistungsauflage beschränken, ohne dass bei Uneinbringlichkeit der Widerruf der Genehmigung ausgeschlossen ist, Rn. 84. Dass teilweise Ausgleichspflichten ausdrücklich als Bedingung oder Inhaltsbestimmung formuliert wurden, erklärt sich aus der – unbegründeten – Befürchtung, der Behörde könne wegen der isolierten Anfechtbarkeit (nur) der Auflage u. U. ein VA aufgedrängt werden, den sie so nicht erlassen wollte, vgl. jedoch Rn. 54 ff. Wurde der Haupt-VA einschließlich der die Ausgleichsabgabe festsetzenden Nebenbestimmung bestandskräftig, begründet dies auch einen selbständigen Rechtsgrund der Behörde zum Behaltendürfen der geleisteten Summe, auch wenn die gesetzliche Ausgleichsverpflichtung auf Grund einer Änderung der Rechtslage nachträglich entfällt.[282] Str. ist, ob eine einer Baugenehmigung beigefügte Ausgleichszahlungsauflage (z. B. Stellplatzablöse) wie die Baugenehmigung selbst (§ 35 Rn. 261) **rechtsnachfolgefähig** ist.[283]

106 f) **Rückbau- und Übertragungsverpflichtungen:** Soweit es nach Naturschutz- (vgl. § 19 BNatSchG) oder Baurecht (vgl. § 35 Abs. 5 Satz 2 BauGB) zulässig ist, vom Bauherrn einen Rückbau oder eine Rekultivierung für den Fall zu verlangen, dass das Vorhaben dauerhaft aufgegeben wird, lassen sich diese Verpflichtungen i. d. R. nicht sinnvoll als Nebenbestimmung mit der Baugenehmigung oder Eingriffsgestattung verbinden, da diese Verpflichtung nicht von der Wirksamkeit des Haupt-VA abhängig sein kann, wie dies bei Nebenbestimmungen der Fall ist (Rn. 25).[284] Denn solche Pflichten sollen auch dann bestehen, wenn die Genehmigung aufgehoben wird oder sich auf andere Weise erledigt; auch eine Auflage verlöre wegen ihrer Akzessorietät (Rn. 83) jedoch gerade dann ihre Wirkung, so dass – soweit überhaupt möglich – die Rückbauverpflichtung nachträglich als eigenständiger VA erneut erlassen werden müsste.[285] Dies lässt sich vermeiden, wenn Rückbauverpflichtungen von Anfang an als selbständige, vom Fortbestand der Genehmigung unabhängige Regelungen konstruiert werden, die jedoch ihrerseits durch tatsächliche Aufgabe der genehmigten Tätigkeit aufschiebend bedingt sind. Entsprechendes gilt, wenn eine Verpflichtung begründet werden soll, für den Fall des Erlöschens einer Erlaubnis die zu ihrer Ausübung errichteten Anlagen auf die Behörde oder einen Dritten zu übertragen.[286]

107 g) **Verpflichtung zur Sicherheitsleistung:** Fachrechtlich wird der Behörde vielfach gestattet, Begünstigungen davon abhängig zu machen, dass der Begünstigte eine Kaution oder Sicherheit leistet, um die Erfüllung bestimmter mit der Begünstigung verbundener Pflichten zu sichern, z. B. für (Rück-)Zahlungspflichten im Subventionsrecht[287] (s. a. § 165 Abs. 1 S. 4 AO), Instandsetzungs- (vgl. § 68 Abs. 3 S. 4 TKG) oder Rückbauverpflichtungen (vgl. § 32 Abs. 3 KrW-/AbfG). Solche Verpflichtungen werden teilweise als Nebenbestimmung sui generis angesehen.[288] Sie lassen sich jedoch als **Auflage oder (aufschiebende) Bedingung** konstruieren.[289] Um hinreichend **bestimmt** zu sein (Rn. 27), muss aus ihnen jedoch klar hervorgehen, in welcher Form, für welche Forderung in welcher Höhe Sicherheit zu leisten ist und unter welchen Voraussetzungen der Verfall der Sicherheit in welcher Form angeordnet werden kann. Ggf. kann und sollte ergänzend auf die §§ 241 ff. AO oder die etwas schuldnerfreundlicheren §§ 232 ff. BGB verwiesen werden. Bei Fehlen solcher ausdrücklicher Verweisungen im VA ist fraglich, ob die (ungeklärte) Möglichkeit, §§ 232 ff. BGB analog anzuwenden, eine Unbestimmtheit ausschließt.[290]

---

[282] *OVG Greifswald* LKV 2005, 174, 175; *VGH München* BayVBl 2004, 564, 565.
[283] Gegen Rechtsnachfolgefähigkeit *OVG Hamburg* DÖV 1991, 32, 33; a. A. *OVG Greifswald* LKV 2005, 561, 562.
[284] Vgl. *VGH München* NVwZ-RR 1997, 21, 22.
[285] So die Überlegung von *Proelß* NVwZ 2006, 655.
[286] A. A. *BVerwGE* 36, 185 (zu mit wasserrechtlicher Erlaubnis verbundenen „Auflage", im Falle des Erlöschens der Erlaubnis wasserbautechnische Anlagen unentgeltlich der Behörde zu übertragen).
[287] Vgl. *BVerwGE* 85, 24, 27 = NJW 1991, 651; *Kadelbach*, Allgemeines Verwaltungsrecht unter Europäischem Einfluß, 1999, S. 341 ff.
[288] *Kadelbach*, Allgemeines Verwaltungsrecht unter Europäischem Einfluß, 1999, S. 343.
[289] Zu den Auswahlkriterien: *Tegethoff*, Nebenbestimmungen, 2001, S. 43 f.; für Auflage: *BVerwGE* 85, 24 = NJW 1991, 651 (Verpflichtung, die Einbehaltung der vor Genehmigung der zu leistenden Kaution zu dulden); *VGH Kassel* NVwZ-RR 2005, 706; *VGH Mannheim* VBlBW 1984, 83, 84; *VGH München* NVwZ 1990, 992, 993; für Bedingung: *OVG Weimar* NVwZ-RR 2004, 206, 207; *VG Gera* ThürVBl 2002, 261, 262; *VG Gießen* NuR 2005, 272; offen bei *OVG Münster* NVwZ 2000, 89.
[290] Zu den Problemen, die entstehen, wenn insoweit keine klaren Regelungen getroffen werden, vgl. *BVerwG* NVwZ 2006, 703, 704 ff.

h) Festsetzung von Emissionsgrenzwerten: Uneinheitlich wird die Rechtsnatur von 108 Emissionsgrenzwertfestsetzungen in Anlagengenehmigungen angesehen: Sie wird teils als Auflage[291] i.S.d. § 36 Abs. 2 Nr. 4, teils als Inhaltsbestimmung der Genehmigung[292] verstanden. Beide Formen sind möglich und können auch zur effektiven Begrenzung der Emissionen beitragen. Wurde keine eindeutige Form gewählt, ist gerade deshalb die Abgrenzung besonders schwierig,[293] Rn. 99ff. I.d.R. dürfte jedoch die Auflage die Variante sein, die für Behörde und Betreiber (auch im Hinblick auf strafrechtliche Konsequenzen) die gegenüber der Inhaltsbestimmung rechtssicherere Lösung darstellt, insbes. weil hiernach geringe Grenzwertüberschreitungen nicht automatisch dazu führen, dass das Vorhaben insoweit formell illegal betrieben wird, vgl. Rn. 94. Regelungen, die zu kontinuierlichen Messung der Emissionen oder zur Vornahme konkreter Schalldämmungsmaßnahmen verpflichten, sind immer Auflagen.[294] Als Auflage wurde auch die einer Baugenehmigung beigefügte Regelung angesehen, die Fenster während der Übungsstunden einer Ballettschule zu schließen.[295]

i) Pflicht zum Abbruch des zu ersetzenden Altbaus: In der Praxis tritt häufig folgendes Problem auf: Ein Bauantrag sieht den Abbruch eines Altbaus auf einem Grundstück als Voraussetzung eines Neubaus vor, z.B. weil andernfalls nicht die notwendige Grundflächenzahl erreicht werden kann. Wird die Genehmigung antragsgemäß erteilt, ohne dass der Abriss des Altbaus zum Gegenstand einer Nebenbestimmung gemacht wird, bezieht sich die Baugenehmigung auf einen Neubau, der auf einem Grundstück ohne den Altbau errichtet werden soll. Das Nicht-Vorhandensein des Altbaus ist dann **Inhaltsbestimmung** der Neubaugenehmigung. Wird der Altbau nicht (freiwillig) abgerissen, ist der Neubau formell illegal, Rn. 94. Die Behörde kann nur hiergegen vorgehen. Den Altbau kann sie nicht abreißen lassen, weil er wegen der für ihn erteilten früheren Baugenehmigung formell legal ist. Eine Abrissverfügung hinsichtlich des Neubaus erscheint indes vielfach als unverhältnismäßig. Daher ist es geboten, die Abbruchregelung in Form einer (selbständig vollstreckbaren,[296] Rn. 84) **Auflage** in die Baugenehmigung aufzunehmen. 109

j) Einschränkungen von Aufenthaltstiteln: Uneinheitlich werden auch vielfach „VA-Zusätze" zu Aufenthaltstiteln angesehen: Die nach **§ 4 Abs. 2 S. 2 AufenthG** im Aufenthaltstitel zu treffende Regelung, ob eine Erwerbstätigkeit gestattet ist, wird teils als Auflage i.S.d. § 36 Abs. 2 Nr. 4, teils als Inhaltsbestimmung verstanden.[297] Die räumliche Beschränkung einer Aufenthaltsgenehmigung nach **§ 12 Abs. 2 S. 2 AufenthG** ist nach *VGH Mannheim*[298] – auch wenn sie als „Nebenbestimmung" bezeichnet wird – ein selbständiger, zu der Aufenthaltserlaubnis hinzutretender VA, da sie nach § 51 Abs. 6 AufenthG auch nach Wegfall der Aufenthaltsgenehmigung in Kraft bleibt und damit nicht – wie die Auflage – zu der Aufenthaltsgenehmigung akzessorisch ist (vgl. Rn. 83). Auch die **Befristung der Ausweisungswirkungen** nach § 11 Abs. 1 S. 3 AufenthG ist als selbständiger VA konzipiert.[299] Demgegenüber liegt eine Auflage vor, wenn der Ausländer zur Wohnsitznahme in einer Landesunterkunft verpflichtet wird.[300] 110

---

[291] *BVerwG* NVwZ 1998, 1067; *OVG Lüneburg* GewArch 1981, 341; *OVG Münster* NJW 1979, 772, 773; NWVBl 1997, 11; *VGH München* BauR 1978, 46 f.
[292] *BVerwG* DÖV 1974, 380, 381; *BVerwGE* 110, 216, 218 = NVwZ 2000, 440; *VGH Mannheim* NVwZ-RR 2000, 413, 415; *VGH München* BayVBl 1985, 149, 150; *OVG Münster* NVwZ-RR 2000, 671, 672; offen *VGH München* BayVBl 1999, 215, 217.
[293] Allgemein zur Abgrenzung in diesem Zusammenhang *Fluck* DVBl 1992, 862 ff.; *Kunert* UPR 1991, 249, 252; *Schmehl* UPR 1998, 334, 335 f.
[294] *VGH Mannheim* NVwZ-RR 2007, 168, 169; *OVG Münster* NWVBl 2002, 229.
[295] *BGHZ* 122, 1, 2 = NJW 1993, 1580 (m. Anm. *Bauer* JR 1994, 103).
[296] *OVG Münster* NVwZ-RR 2004, 478, 479; *P. Stelkens*, VwVf, Rn. 366.
[297] Zur Abgrenzung im Einzelnen: *OVG Münster* NVwZ-RR 2007, 60; *Renner*, Ausländerrecht, 8. Aufl. 2005, § 4 AufenthG Rn. 57 ff.; zum alten Recht für Auflage: *BVerwGE* 56, 254, 256 = NJW 1979, 1112; DVBl 1979, 585, 587; *VGH München* BayVBl 1986, 435, 436; *VG München* NVwZ-RR-Beil I 4/2000, 43; *Laubinger* VerwArch 73 (1982), S. 345, 352 ff.; zum alten Recht für Inhaltsbestimmung: *VGH Kassel* DÖV 1978, 137 (bestätigt durch *BVerwG* DÖV 1979, 374); *VGH Mannheim* VBlBW 1984, 88 (m. Anm. *Olbrich* VBlBW 1984, 286).
[298] *VGH Mannheim* VBlBW 1994, 449, 450 (offen *BVerwGE* 100, 335, 337 = NVwZ-RR 1997, 317); a. A. *VGH München* BayVBl 2007, 567, 568.
[299] *VGH Mannheim* NVwZ 2007, 609 ff.; zum alten Recht: *BVerwG* NJW 1981, 1919; *VG Berlin* InAuslR 1998, 57; *Walter* NVwZ 2000, 274, 277 ff.
[300] *OVG Koblenz* NVwZ-Beilage I 3/2004, 21, 22; *VGH München* NVwZ-Beilage I 6/2000, 67; BayVBl 2007, 567, 568; *VG Göttingen* NVwZ-Beilage I 4/2000, 39.

III. Zulässigkeit von Nebenbestimmungen

1. Nebenbestimmungen bei belastendem Verwaltungsakt

111 Nach den Legaldefinitionen des Abs. 2 sind **Bedingungen, Befristungen** und **Widerrufsvorbehalte** auch bei (ausschließlich) belastenden VA (zum Begriff § 48 Rn. 115 ff., § 49 Rn. 17 ff.) möglich. Da ein Widerruf eines belastenden VA nach § 49 Abs. 1 ohnehin möglich ist, ist jedoch ein Widerrufsvorbehalt ohne praktisches Interesse,[301] anders u. U. bei VA mit Drittwirkung.[302] Eine **Auflage** (und als Konsequenz dazu) der **Auflagenvorbehalt** ist dagegen nach dem Gesetzeswortlaut („Begünstigten") nur bei begünstigenden VA, auch in Form eines VA mit Drittwirkung, zulässig, näher Rn. 82, 89.

112 Wann Nebenbestimmungen bei **ausschließlich belastenden VA** bei **gebundener Verwaltung** (z. B. Ist-Ausweisung nach § 53 AufenthG) zulässig sind, regelt § 36 nicht. Abs. 1 gilt nur für begünstigende VA, mögen sie auch für Dritte belastend sein. Dies folgt aus dem Wort „Anspruch" in Abs. 1, das seinen Anwendungsbereich auf den der gewährenden Verwaltung beschränkt.[303] Sofern nichts anderes bestimmt ist (z. B. in § 164, § 165 AO, Rn. 92), sind Nebenbestimmungen zur **Sicherstellung der gesetzlichen Voraussetzungen** des VA (Abs. 1 Alt. 2) somit unzulässig:[304] Das Fachrecht impliziert, dass nur dann, wenn die tatbestandlichen Voraussetzungen des VA (nachweisbar) gegeben sind, ein solcher VA erlassen werden kann, vgl. a. § 35 Rn. 246. Dementspr. wäre etwa die Ausweisung eines Ausländers nach § 53 Nr. 1 AufenthG rechtswidrig, wenn sie unter der aufschiebenden Bedingung erfolgt, dass der Betroffene in einem anhängigen Verfahren zu mindestens drei Jahren Freiheitsstrafe verurteilt wird, obwohl die Bedingung „nur" der Sicherstellung der gesetzlichen Ausweisungsvoraussetzungen dienen würde.[305] Sinnlos wäre die Ablehnung einer Begünstigung unter der Bedingung, dass bestimmte Anspruchsvoraussetzungen *nicht* erfüllt werden, weil bei Eintritt der Bedingung nur die Ablehnung unwirksam würde, über die Bewilligung also noch entschieden werden müsste.

113 Soweit der Erlass eines belastenden VA im **Ermessen** der Behörde steht, ist jedoch § **36 Abs. 2** anwendbar,[306] Rn. 133. Der dort enthaltene Verweis auf Abs. 1 ist jedoch eine **Rechtsgrundverweisung**,[307] so dass auch Nebenbestimmungen zur Sicherstellung der gesetzlichen Voraussetzungen der Ermessensermächtigung nach **Abs. 1 Alt. 2** unzulässig sind. So kann z. B. eine Aufenthaltserlaubnis nach § 52 Abs. 1 Nr. 4 AufenthG nicht unter der aufschiebenden Bedingung widerrufen werden, dass der (angefochtene) Widerruf der Asylanerkennung durch das Bundesamt bestandskräftig wird. Denn § 52 Abs. 1 Nr. 4 AufenthG impliziert auch, dass die Ermessensentscheidung über den Widerruf der Aufenthaltserlaubnis zu dem Zeitpunkt erfolgt, zu dem alle Widerrufsvoraussetzungen eingetreten sind.[308]

114 Entgegen seinem Wortlaut ist § 36 Abs. 1 Alt. 2 auch bei VA mit „umgekehrter" Drittwirkung (**belastende VA mit drittbegünstigender Wirkung,** s. § 50 Rn. 57 ff.) unanwendbar, also auch dann wenn nicht der Erlass des VA, sondern sein Unterlassen den Dritten belastet. Besteht z. B. ein **Anspruch auf polizeiliches Einschreiten,** kann die Polizei diesem Anspruch zu Lasten desjenigen, gegenüber dem eingeschritten werden soll, nicht bereits dann durch Erlass einer Gefahrenabwehrverfügung stattgeben, wenn noch nicht alle gesetzlichen Voraussetzungen für das Einschreiten vorliegen,[309] s. Rn. 112. Bei **VA mit echter Drittwirkung** i. S. d. § 50 Rn. 8 ff. ist Abs. 1 Alt. 2 jedoch anwendbar: Hier können Nebenbestimmungen gerade zur Sicherstellung drittschützender Normen dienen, Rn. 82, 85, 124, 140.

---

[301] *Brüning,* Einstweilige Verwaltungsführung, 2003, S. 146; *Eichberger* GewArch 1983, 105 Fn. 2; *Laubinger* WiVerw 1982, S. 117, 122.
[302] Vgl. *VGH Mannheim* VBlBW 1983, 24, 25.
[303] *Brüning,* Einstweilige Verwaltungsführung, 2003, S. 149.
[304] *VG München* Urt. v. 26. 4. 2006 – M 23 K 05.2591 – (juris, Abs. 15); *Meyer/Borgs,* § 36 Rn. 26.
[305] Vgl. *OVG Münster* NVwZ 1985, 444.
[306] *VG München* Urt. v. 26. 4. 2006 – M 23 K 05.2591 – (juris, Abs. 15).
[307] So jetzt auch *Störmer* in Fehling u. a., § 36 VwVfG Rn. 76.
[308] *VGH Mannheim* NVwZ-Beilage I 9/2001, 99, 100 f.
[309] A. A. *Janßen* in Obermayer, VwVfG, § 36 Rn. 33.

2. Nebenbestimmungen bei Anspruch auf Verwaltungsakt und fachrechtlicher Ermächtigung (Abs. 1 Alt. 1)

§ 36 Abs. 1 Alt. 1 gestattet Nebenbestimmungen bei VA, auf die ein Anspruch besteht, dann, wenn dies durch Rechtsvorschrift vorgesehen oder vorgeschrieben ist (z. B. in § 12 Abs. 2 AufenthG, § 3 Abs. 2, § 11 Abs. 2 GastG, § 33i Abs. 1 S. 2 GewO, § 19b Abs. 1 WHG, § 8a Abs. 2 S. 2, § 12 Abs. 2 BImSchG, § 19 Abs. 1 S. 2 GenTG, § 17 Abs. 1 S. 2 AtG, § 68 Abs. 3 S. 4 TKG). Die Zulässigkeit von Nebenbestimmungen versteht sich in diesem Fall an sich von selbst, s. § 1 Rn. 232. § 36 Abs. 1 Alt. 1 kommt insoweit nur deklaratorische Bedeutung zu und bildet damit keine eigenständige Ermächtigung.[310] Jedoch ist im Einzelfall zu prüfen, ob die ausdrückliche fachgesetzliche Zulassung von Nebenbestimmungen wirklich konstitutiven Charakter hat oder nur eine Bekräftigung der in § 36 normierten Grundsätze darstellt.[311] Erlaubt das Gesetz Nebenbestimmungen, gelten die allgemeinen Grenzen (Rn. 143ff.), insbes. auch die des § 36 Abs. 3, s. Rn. 148. Zum fachrechtlichen Ausschluss von Nebenbestimmungen Rn. 9ff. 115

Im **Umkehrschluss** ergibt sich aus § 36 Abs. 1 Alt. 1, dass Nebenbestimmungen bei Anspruch auf Erlass eines VA (sofern nicht die Voraussetzungen der Alt. 2 vorliegen) bei Fehlen einer fachrechtlichen Ermächtigung ausgeschlossen sind.[312] Ihre Beifügung bedeutet hier eine unberechtigte Teilablehnung des Anspruchs.[313] Rechtsschutz gegen diese teilweise Erfüllungsverweigerung wird nach Maßgabe der Rn. 22, 46, 54ff. gewährt. 116

§ 36 Abs. 1 Alt. 1 ist deshalb allerdings **sprachlich ungenau:** Er legt nahe, dass selbst dann vollständig gebundene Verwaltung vorliegt, wenn das Fachrecht die Beifügung von Nebenbestimmungen zu einem VA, auf den ein Anspruch besteht, gestattet. Die fachrechtliche Ermächtigung zur Beifügung von Nebenbestimmungen schränkt jedoch den **Anspruch** ein, der „**nur dem Grunde nach**" besteht.[314] Ob und ggf. welche Nebenbestimmungen die Behörde dem VA beifügt, steht im Rahmen der fachrechtlichen Ermächtigung in ihrem Ermessen **(gebundene Verwaltung mit Randermessen),** so dass solche Ansprüche mittels der Bescheidungsklage (§ 113 Abs. 5 S. 2 VwGO) durchzusetzen sind, soweit keine Ermessensreduzierung auf Null vorliegt. Zudem können sich Ermessensfehler hier auch auf die Rechtmäßigkeit des Haupt-VA auswirken, s. Rn. 24. 117

Darüber hinaus darf die Behörde den **Erlass des Haupt-VA ablehnen,** wenn der Antragsteller im VwVf ernsthaft zu erkennen gibt, er werde etwaigen Nebenbestimmungen generell nicht Folge leisten. Dann ist schon im Erlasszeitpunkt erkennbar, dass der Haupt-VA alsbald wegen Nichtbeachtung von Nebenbestimmungen unwirksam werden oder aufzuheben sein wird. Hier handelt der Antragsteller letztlich **rechtsmissbräuchlich,** wenn er auf der Erfüllung seines Anspruchs besteht, obwohl schon zum Erlasszeitpunkt feststeht, dass er die gewährte Begünstigung auf Grund seines eigenen Verhaltens alsbald wieder verlieren wird. Insoweit greift der Gedanke des **dolo-agit-Grundsatzes.** 118

Fachrechtliche Ermächtigungen zu Nebenbestimmungen sind schließlich von den **Nebenbestimmungen,** die unmittelbar **kraft Gesetzes** einem VA beigefügt sind (Rn. 33), zu unterscheiden. Fachrechtliche Ermächtigungen i. S. d. Abs. 1 Alt. 1 bedürfen der Umsetzung durch die Behörde, die die Nebenbestimmung in den VA aufnehmen muss und sich ggf. rechtswidrig verhält, wenn sie dies nicht tut. Zur Ermächtigung zur nachträglichen Beifügung von Nebenbestimmungen s. Rn. 40. 119

---

[310] BGHZ 91, 178, 182 = NJW 1984, 2697; Heitsch DÖV 2003, 367, 369; Jarass DVBl 1991, 7, 8.
[311] So für Nebenbestimmungen zur Sanierungsgenehmigung nach § 145 Abs. 4 BauGB: BVerwGE 126, 104, 107 = NVwZ 2006, 1167, 1168; VG Berlin NVwZ 2003, 242, 243; für Ermächtigung, einer Baugenehmigung Nebenbestimmungen beizufügen: VG Weimar LKV 2000, 558, 559; Kopp/Ramsauer, § 36 Rn. 43; a. A. für Ermächtigung für Nebenbestimmungen zu Werbeanlagenbaugenehmigung OVG Lüneburg NVwZ-RR 2005, 394, 395.
[312] Heitsch DÖV 2003, 367, 370.
[313] Vgl. BVerwGE 58, 281, 284 = NJW 1980, 2266; BVerwGE 126, 104, 114 = NVwZ 2006, 1167, 1169; OVG Berlin LKV 2004, 415, 416ff.; OVG Koblenz NVwZ-RR 2004, 734f.; VG Berlin NVwZ 2003, 242, 243; BGHZ 91, 178, 181f. = NJW 1984, 2697; BGHZ 155, 214, 226 = NJW 2003, 3776, 3779.
[314] In diese Richtung die Überlegungen bei OVG Koblenz NVwZ-RR 2006, 167, 168.

3. Nebenbestimmungen zur Sicherstellung der gesetzlichen Voraussetzungen bei Anspruch auf Verwaltungsakt (Abs. 1 Alt. 2)

120 a) **Bedeutung des § 36 Abs. 1 Alt. 2:** Gleichsam als Minus und milderes Mittel gegenüber einer sonst im Rahmen der gebundenen Verwaltung notwendigen Ablehnung des VA[315] gestattet Abs. 1 Alt. 2 Nebenbestimmungen zu begünstigenden (Rn. 112, 114) **VA,** wenn sie der **Sicherstellung der gesetzlichen Voraussetzungen des VA** dienen sollen, die zum Zeitpunkt des Erlasses des VA noch nicht zweifelsfrei vorliegen oder vollständig nachgewiesen werden können. Anders als es die Formulierung des § 36 Abs. 1 nahe legt, besteht hier gerade kein Anspruch auf den VA,[316] s. a. Rn. 122. Deshalb stellt § 36 Abs. 1 Alt. 2 letztlich eine **Generalermächtigung** der Behörde dar, einen VA im Bereich der gebundenen gewährenden Verwaltung bereits „im Vorfeld" der Entstehung eines Anspruchs zu erlassen, sofern sich aus dem Fachrecht nichts anderes ergibt,[317] Rn. 9 ff. Nur deshalb kann auch im Anwendungsbereich des Abs. 1 Alt. 2 der Erlass eines VA unter Nebenbestimmungen im **Ermessen** der Behörde stehen, Rn. 130, 143 ff.

121 Zweck der Ermächtigung des § 36 Abs. 1 Alt. 2 ist es, **rechts- und anspruchsbegründende** Voraussetzungen, deren Fehlen zur Versagung des VA führen muss, auszuräumen. Die gesetzlichen Voraussetzungen eines VA sind **umfassend** zu verstehen. Maßgeblich ist allein das Fachrecht, weshalb vor Erlass eines VA unter Nebenbestimmungen notwendig ist, genau zu klären, unter welchen Voraussetzungen der fachrechtliche Anspruch steht. Soll eine Nebenbestimmung z. B. einen Versagungstatbestand bei einem Verbot mit Erlaubnisvorbehalt ausräumen, dient sie der Abwehr einer Gefahr. Daher muss die Behörde nachweisen, dass ohne sie in überschaubarer Zukunft mit hinreichender Wahrscheinlichkeit der Versagungstatbestand eintreten würde.[318] Über § 36 Abs. 1 Alt. 2 können also **keine weiteren Voraussetzungen** verlangt und durchgesetzt werden.[319] Insbes. darf eine Nebenbestimmung nicht nur dazu dienen, die Kontrolle über den Vollzug des VA zu erleichtern, Rn. 146. Geht die Behörde **irrtümlich** von der **Genehmigungspflicht** aus und fügt der Genehmigung eine Nebenbestimmung an, kann diese Nebenbestimmung nicht der Sicherung der gesetzlichen Voraussetzungen dieses VA dienen, da es diese gesetzlichen Voraussetzungen nicht gibt.[320]

122 Da die Ermächtigung des § 36 Abs. 1 Alt. 2 den Anspruch auf Erteilung des VA nicht relativiert (Rn. 120), ermächtigt sie nur zu solchen Nebenbestimmungen, die sicherstellen sollen, dass die **Anspruchsvoraussetzungen** (einmalig) **erfüllt werden.** Sie ermächtigt demgegenüber (auch bei Dauer-VA [§ 35 Rn. 223 ff.]) nach bestrittener, aber wohl h. M. **nicht** zu solchen Nebenbestimmungen, die sicherstellen, dass die Anspruchsvoraussetzungen auch **erfüllt bleiben.**[321] Die Befürchtung, dass die gesetzlichen Voraussetzungen des VA **in Zukunft** entfallen werden, begrenzt damit nicht die Verpflichtung, den VA ohne Nebenbestimmung zu erteilen. Nur so wird der differenzierten Widerrufsregelung in § 49 Abs. 2 Nr. 3, 4 Rechnung getragen. Soweit ein Anspruch auf wiederkehrende Leistungen besteht, darf der diesen Anspruch festsetzende VA also nicht nur deshalb auflösend befristet werden, um regelmäßig die Anspruchsvoraussetzungen prüfen zu können.[322] Dies ist nur zulässig, wenn das Fachrecht dies ausdrücklich

---

[315] *BVerwGE* 78, 114, 118; *Papier* NuR 1991, 162, 166.
[316] *Heitsch* DÖV 2003, 367, 369; *Papier* NuR 1991, 162, 166.
[317] Wie hier jetzt auch *OVG Münster* BauR 2003, 1870, 1872; *Heitsch* DÖV 2003, 367, 369; *U. Stelkens,* Verwaltungsprivatrecht, 2005, S. 718; *Störmer* in Fehling u. a., § 36 VwVfG Rn. 69.
[318] *BVerwGE* 88, 348, 350 = NVwZ-RR 1992, 516; *BVerwG* NVwZ-RR 1993, 547; *OVG Münster* GewArch 1994, 20, 21; *VG Augsburg* GewArch 2000, 431; *VG Minden* NVwZ-RR 2004, 831, 832; *VG Oldenburg* GewArch 1986, 229, 230.
[319] Vgl. *BVerwG* NJW 1998, 94; *OVG Frankfurt (Oder)* LKV 2003, 470, 471 ff.; *OVG Lüneburg* NJW 1978, 2260; NJW 1988, 1341; *OVG Münster* NWVBl 1998, 242; NVwZ-RR 1992, 525, 526; BGH NJW-RR 1998, 1470.
[320] *VG Köln* NVwZ 1985, 516.
[321] *BVerwGE* 60, 269, 276 (insoweit in NJW 1980, 2773 nicht abgedruckt); *OVG Koblenz* DÖV 1989, 779; *OVG Münster* NVwZ 1993, 488; *VG Neustadt a. d. W* ZfIR 2004, 1012 ff.; *VG Weimar* LKV 2000, 558, 559; BSGE 62, 32, 38 = NZA 1988, 292; *Brüning,* Einstweilige Verwaltungsführung, 2003, S. 151; *Heitsch* DÖV 2003, 367, 369; *Kopp/Ramsauer,* § 36 Rn. 45; *Ruffert* in Erichsen/Ehlers, § 22 Rn. 14; *Störmer* in Fehling u. a., § 36 VwVfG Rn. 71; **a. A.** *VGH Mannheim* BWVPr 1988, 78, 79 (insoweit wohl bestätigt von *BVerwG* ZfS 1992, 328, 330); *Brenner* JuS 1996, 281, 282; *Dietz* NuR 1999, 681, 684; *Janßen* in Obermayer, VwVfG, § 36 Rn. 32; *Henneke* in Knack, § 36 Rn. 19; *Tegethoff,* Nebenbestimmungen, 2001, S. 52 f.; unklar *BVerwG* NVwZ 1998, 1067.
[322] A. A. *VGH Mannheim* BWVPr 1988, 78, 79 (insoweit wohl bestätigt von *BVerwG* ZfS 1992, 328, 330); *Kloepfer* DVBl 1972, 371, 374.

vorsieht, s. Rn. 74. Nebenbestimmungen, die eine Kongruenz zwischen Anspruchsvoraussetzungen und anspruchskonkretisierenden VA sicherstellen sollen, sind somit nur bei Ermessensentscheidungen zulässig (Rn. 135) oder dann, wenn das Fachrecht dies bestimmt, s. Rn. 115 ff.

Eine (streng genommen keine Ausnahme darstellende) Ausnahme vom Grundsatz der Rn. 122 gilt nur dann, wenn Tatbestandsmerkmal der anspruchsbegründenden Norm ist, dass die Erfüllung der Anspruchsvoraussetzungen auf Dauer gesichert sein muss.[323] Hier ist Anspruchsvoraussetzung eine für den Betroffenen günstige **Prognose**. Nebenbestimmungen, die die Anspruchsvoraussetzungen auf Dauer sichern, können in diesem Fall daher damit gerechtfertigt werden, dass erst ihre Existenz eine günstige Prognose zugunsten des Betroffenen erlaubt.[324] Ebenso ist auf Grundlage des § 36 Abs. 1 Alt. 2 eine Nebenbestimmung möglich, die verhindern soll, dass der Begünstigte sich einen VA durch **Umgehung gesetzlicher Bestimmungen** erschleicht: So wurde nach § 36 Abs. 1 Alt. 2 als zulässig angesehen, eine Genehmigung unter die auflösende Bedingung der Beibehaltung des Unternehmenssitzes an einem bestimmten Ort zu stellen, wenn dies Voraussetzung für die Genehmigung ist und Anhaltspunkte dafür bestehen, dass alsbald nach Erteilung der Genehmigung der Unternehmenssitz verlegt werden soll.[325]

123

Soweit bereits zum Zeitpunkt der Entscheidung feststeht, dass die Erfüllung der gesetzlichen Voraussetzungen auch mittels Nebenbestimmungen nicht gesichert werden kann, muss der Anspruch auch bei Geringfügigkeit abgelehnt werden,[326] s. a. Rn. 118. § 36 Abs. 1 Alt. 2 räumt **kein Ermessen** ein, auf **gesetzliche Voraussetzungen zu verzichten.**[327] Dementspr. kann auch ein durch einen ohne Nebenbestimmungen erlassenen VA belasteter Dritter die vollumfängliche Aufhebung dieses VA verlangen und durchsetzen, wenn dieser wegen Nichtberücksichtigung der Rechte des Dritten rechtswidrig ist, die Sicherstellung der Rechte des Dritten jedoch durch Erlass von Nebenbestimmungen nach § 36 Abs. 1 Alt. 2 hätte gewährleistet werden können, näher Rn. 63.

124

Die Nebenbestimmung kann sich, wie die Bezeichnung „**Neben**"bestimmung andeutet, zudem nur auf **einzelne offene Voraussetzungen** des VA beziehen.[328] Sie setzt voraus, dass eine Entscheidung i. S. einer Regelung des Verfahrensgegenstandes im Wesentlichen ergehen kann. Deshalb ist eine Nebenbestimmung unzulässig, die einen baurechtlichen Vorbescheid davon abhängig machen würde, dass sich das Vorhaben im Sinn des § 34 BauGB einfügt.[329] Ebenso unzulässig ist eine Nebenbestimmung für PlfBeschl über eine Mülldeponie, die deren Untergrundabdichtung verlangt,[330] oder eine Bedingung zur Baugenehmigung, nach der zur Sicherstellung der Privilegierung des § 35 Abs. 1 Nr. 1 BauGB weitere Grundstücke zuzukaufen sind.[331] Die Befugnis des Abs. 1 Alt. 2 ermächtigt deshalb nicht dazu, eigene **Sachverhaltsermittlungspflichten** auf den Begünstigten zu übertragen,[332] vgl. Rn. 146. Die Sicherstellung durch Nebenbestimmung ist nur zulässig, wenn die abschließende Ermittlung des Sachverhaltes nicht möglich ist, weil die Prüfung und Erfüllung der Tatbestandsvoraussetzungen zum Zeitpunkt des Erlasses des VA nicht erfolgen kann,[333] s. § 24 Rn. 22.

125

b) Auswahl der Nebenbestimmungen: Da § 36 Abs. 1 Alt. 2 keinen Verzicht auf Anspruchsvoraussetzungen erlaubt (Rn. 124), ist vom Zweck der Ermächtigung nicht mehr der Einsatz solcher Nebenbestimmungen gedeckt, die das Erfülltwerden (Rn. 122) der gesetzlichen Voraussetzungen nicht wirklich **sicherstellen,** sondern zur Folge haben, dass die Behörde gleichsam in Vorleistung tritt, das Erfüllen der Anspruchsvoraussetzungen also nicht „Zug um

126

---

[323] *VGH Mannheim* VBlBW 1987, 292; *OVG Münster* NVwZ 1999, 556, 557.
[324] Wie hier jetzt auch *Heitsch* DÖV 2003, 367, 370; *Störmer* in Fehling u. a., § 36 VwVfG Rn. 71.
[325] BVerwGE 78, 114, 116 ff.
[326] *König* BayVBl 1978, 257; *Schneider,* Nebenbestimmungen und Verwaltungsprozeß, 1981, S. 45 f.
[327] BVerwGE 65, 139, 145 = NJW 1982, 2269; *Kopp/Ramsauer,* § 36 Rn. 46a; *Martens* JuS 1975, 69, 73; anders anscheinend BGH NJW 1970, 1178 (Erteilung von VA mit Widerrufsvorbehalt anstelle der als „engherzig" bezeichneten Ablehnung des VA rechtmäßig).
[328] Vgl. *VGH Kassel* NVwZ 1989, 484, 486; *VGH Mannheim* NVwZ-Beilage I 9/2001, 99, 101; *VGH München* BauR 1998, 1221; BSGE 62, 65 = NZS 2002, 552, 553.
[329] *OVG Münster* NVwZ 1989, 1081.
[330] BVerwGE 90, 42, 47 f. = NVwZ 1993, 366.
[331] *VGH München* BauR 1998, 1221.
[332] *OVG Münster* NVwZ-RR 1992, 525, 526.
[333] *Heitsch* DÖV 2003, 367, 370 ff.

Zug" erfolgt. Insoweit ist das **Auswahlermessen** der Behörde eingeschränkt. Berücksichtigt die Behörde dies nicht, ist der VA – weil nicht von der Ermächtigung des § 36 Abs. 1 Alt. 2 gedeckt (Rn. 120) – rechtswidrig und kann nach § 48 **zurückgenommen** werden. Umgekehrt kann das Verhältnismäßigkeitsprinzip gebieten, eine weniger belastende Nebenbestimmung zu wählen, soweit diese in gleicher Weise wie die gewählte Nebenbestimmung zur Sicherstellung der Anspruchsvoraussetzungen geeignet ist, vgl. Rn. 150. Insoweit kann auch ein Anspruch auf Erlass eines VA unter „nicht so" belastenden Nebenbestimmungen bestehen, vgl. Rn. 130.

127 Zur Sicherstellung der Anspruchsvoraussetzungen geeignet ist i. d. R. die **aufschiebende Befristung** (wenn das Entstehen des Anspruchs von einem sicher eintretenden Ereignis abhängt, etwa dem Erreichen einer bestimmten Altersgrenze oder bestimmten Dauer einer Tätigkeit[334]) bzw. die **aufschiebende Bedingung** (wenn das Entstehen des Anspruchs von einem ungewissen Ereignis abhängt),[335] z. B. bei Erteilung einer nur Verheirateten zustehenden Begünstigung an Verlobte unter der Bedingung, Heiratsurkunde vorzulegen,[336] oder bei einer Baugenehmigung unter der Bedingung, Pkw-Stellplätze zu schaffen.[337]

128 Demgegenüber können auf Grund des Abs. 1 Alt. 2 jedenfalls **wesentliche Voraussetzungen** des VA **nicht durch eine Auflage** (sondern allenfalls durch eine Bedingung) gesichert werden.[338] Die Auflage widerspräche der Interessenlage: Es obliegt dem Begünstigten, die Voraussetzungen eines begünstigenden VA nachzuweisen. Werden wesentliche Voraussetzungen durch eine Auflage gesichert, müsste die Behörde durch Vollstreckung der Auflage dafür sorgen, dass sie geschaffen werden. Dies ist nicht Aufgabe der Behörde und des Rechtsinstituts der Auflage.[339] Daher kann die Frage der Sicherung der Erschließung des Bauvorhabens allenfalls (Rn. 125) durch eine aufschiebende Bedingung, nicht jedoch durch eine Auflage geregelt werden.[340] Jedenfalls die Praxis geht jedoch – nicht ganz unbedenklich[341] – davon aus, eine Auflage reiche dann aus, wenn im Verhältnis zu dem Wert des „Anspruchsgegenstandes" (wie im Bsp. der Rn. 131) nur **eher geringfügige Voraussetzungen** fehlen und deshalb bereits die Widerrufsmöglichkeit nach § 49 Abs. 2 Nr. 2 und Abs. 3 Nr. 2 als mögliche Sanktion sicherstellt, dass der Begünstigte die Auflage erfüllen wird.[342] Dies setzt allerdings voraus, dass in einem solchen Fall der Widerruf nicht wegen „Unwesentlichkeit" der Auflage vorschnell als unverhältnismäßig angesehen wird,[343] s. Rn. 84, § 49 Rn. 57.

129 **Ungeeignet** zur Sicherstellung der gesetzlichen Voraussetzungen eines VA ist der **Widerrufsvorbehalt,** die **auflösende Befristung,**[344] i. d. R. auch die **auflösende Bedingung.**[345]

---

[334] Vgl. hierzu etwa den Fall von *BGH* NJW 2000, 2588: Beantragung der Fachanwaltsbezeichnung vor Ablauf der für ihre Erteilung vorgesehenen dreijährigen Tätigkeit als zugelassener Rechtsanwalt.
[335] Wie hier: *Heitsch* DÖV 2003, 367, 373; *Störmer* in Fehling u. a., § 36 VwVfG Rn. 74.
[336] *BVerwGE* 72, 1, 2 = NJW 1986, 738.
[337] *BVerwGE* 29, 261, 265 = NJW 1968, 1842; *VGH Mannheim* VBlBW 1995, 29; hierzu auch *Kuchler* LKV 1997, 349, 350.
[338] *BVerwGE* 78, 114, 119 f.; *Störmer* in Fehling u. a., § 36 VwVfG Rn. 74.
[339] Im Ergebnis wie hier *Schneider,* Nebenbestimmungen und Verwaltungsprozeß, 1981, S. 54.
[340] *BGH* NJW-RR 2001, 840, 841.
[341] Hiergegen mit beachtlichen Argumenten *Heitsch* DÖV 2003, 367, 373.
[342] **Beispiele:** Auf § 36 Abs. 1 Alt. 2 gestützt und für zulässig gehalten wurde: Auflage zur Baugenehmigung, bestimmte im Bebauungsplan vorgegebene oder sich aus dem Rücksichtnahmegebot ergebende Immissionsgrenzwerte einzuhalten (*BVerwG* NVwZ 1998, 1067; *VGH München* BauR 1978, 46, 48, s. a. Rn. 108), einen auf dem Grundstück befindlichen Altbau abzureißen (*OVG Münster* NVwZ-RR 2004, 478, 479, s. a. Rn. 109), eine Brandmeldeanlage einzubauen (*VG Dessau* LKV 1998, 325) bzw. eine bestimmte Wand als Brandwand auszubilden (*OVG Münster* BauR 1985, 304). Ebenso ist zulässig eine einer Tierhandelserlaubnis beigefügte Auflage, die Tierkäfige so zu gestalten, dass die Kunden keinen unmittelbaren Zugang zu den Käfigen haben (*VGH Mannheim* NuR 1994, 487, 488), einer Genehmigung eines Wildgeheges beigefügte Auflage, die Tiere mit Ohrmarken zu versehen, um tierseuchenrechtliche Bedenken auszuräumen (*OVG Münster* NuR 1988, 400), einer Spielhallenerlaubnis beigefügte Auflage, die die Einhaltung der Jugendschutzbestimmungen dadurch gewährleistet, dass den Betroffenen aufgegeben wird, nur solchen Personen Zutritt zu gewähren, die sich ausweisen können (*VGH Mannheim* GewArch 1983, 88, 89), eine einem Bescheid über die staatliche Förderung einer Schwangerschaftsberatungsstelle beigefügte Auflage, dass die Stelle – entsprechend den gesetzlichen Förderungsvoraussetzungen – den Vertragsabschluss mit hauptamtlichen Fachkräften nachzuweisen habe (*VG Regensburg* NVwZ-RR 2000, 435, 437).
[343] Vgl. *Heitsch* DÖV 2003, 367, 373.
[344] *VG Weimar* LKV 2000, 558, 559; *Meyer/Borgs,* § 36 Rn. 29; *Schneider,* Nebenbestimmungen und Verwaltungsprozeß, 1981, S. 49, 51; anders wohl *VGH Mannheim* VBlBW 1983, 24, 25; *BGH* NJW 1970, 1178; *Dietz* NuR 1999, 681, 684.
[345] *Brüning,* Einstweilige Verwaltungsführung, 2003, S. 151.

Unzulässig ist etwa, eine Genehmigung unter der auflösenden Bedingung zu erteilen, dass ein gesetzlich erforderlicher Fachkundenachweis innerhalb einer bestimmten Frist nicht nachgereicht wird.[346] Soweit Anspruchsvoraussetzung eine positive Prognose des zukünftigen Verhaltens des Antragstellers ist (Rn. 123), kann diese positive Prognose jedoch auch durch den Erlass einer **auflösenden Bedingung** sichergestellt werden, wie z. B. bei der einer Genehmigung nach § 33a GewO beigefügten auflösenden Bedingung, die die Nicht-Sittenwidrigkeit der Schaustellung sicherstellen soll.[347]

c) Anspruch auf Verwaltungsakt mit Nebenbestimmungen: Ein **Anspruch** auf Erlass eines VA unter Nebenbestimmungen zur Sicherung seiner Voraussetzungen nach § 36 Abs. 1 Alt. 2 besteht grundsätzlich **nicht**.[348] Die Rspr. nimmt jedoch einen **Anspruch auf ermessensfehlerfreie Entscheidung** (§ 40 Rn. 132 ff.) über den Einsatz von Nebenbestimmungen auf Grundlage des § 36 Abs. 1 Alt. 2 an,[349] vgl. Rn. 120, 143. Dieser Anspruch ist nach *BVerwG*[350] nicht von einem besonderen Antrag des Betroffenen abhängig; ein entsprechender Antrag sei vielmehr als „Minus" in dem Antrag auf Erlass eines VA ohne Nebenbestimmungen enthalten. Im Prozess sei damit von Amts wegen zu prüfen, ob der Kläger, der (noch) keinen Anspruch auf Erlass des VA hat, durch die behördliche Ablehnung des Antrags in seinem Recht auf ermessensfehlerfreie Entscheidung auf Erlass eines VA unter Nebenbestimmungen verletzt werde. Dann sei der Klage durch Bescheidungsurteil nach § 113 Abs. 5 S. 2 VwGO stattzugeben. Einem auf Erlass des VA unter Nebenbestimmungen gerichteten Hilfsantrag komme nur deklaratorischer Charakter zu.[351] 130

Die Ablehnung des Erlasses eines VA mit Nebenbestimmungen auf der Grundlage des § 36 Abs. 1 Alt. 2 hat die Rspr. insbes. dann unter Berufung auf das **Verhältnismäßigkeitsprinzip** für ermessensfehlerhaft gehalten, wenn **geringfügige** gesetzliche **Voraussetzungen** als Ablehnungsgrund benutzt wurden, obwohl sie durch Bedingungen und Auflagen gesichert werden können,[352] s. Rn. 150. So ist die Ablehnung einer Baugenehmigung rechtswidrig, wenn z. B. lediglich der gesetzlich vorgeschriebene Platz für Abfallbehälter bei einem Wohnungsbau fehlen würde. Die Einrichtung dieses Platzes kann durch Nebenbestimmungen gesichert werden. In diesen Fällen darf die Behörde nicht von einer Nebenbestimmung nur deshalb absehen, weil die Überwachung der Einhaltung der Nebenbestimmung Schwierigkeiten machen würde. § 36 Abs. 1 Alt. 2 gibt dem Betroffenen jedoch keinen Anspruch auf einen Verzicht auf (aus seiner Sicht) unwesentliche Anspruchsvoraussetzungen, s. Rn. 124. 131

4. Nebenbestimmungen bei Ermessensentscheidungen (Abs. 2)

a) Rechtsgrundverweisung auf § 36 Abs. 1 Alt. 1: § 36 Abs. 2 verweist zunächst für Ermessens-VA durch die Worte **„unbeschadet des Absatzes 1"** in Form einer **Rechtsgrundverweisung** (Rn. 113) auf **Abs. 1**: Diese Verweisung ist wie folgt zu lesen: „Besteht ein Anspruch auf ermessensfehlerfreie Entscheidung über den Erlass eines VA, darf dieser mit einer Nebenbestimmung versehen werden, wenn sie sicherstellen soll, dass die gesetzlichen Voraussetzungen des VA erfüllt werden." Diese Rechtsgrundverweisung ermöglicht also, fehlende Voraussetzungen für einen **Anspruch auf ermessensfehlerfreie Entscheidung** über den Erlass eines VA auszuräumen, und bezieht sich damit auf die **Tatbestandsseite** (§ 40 Rn. 32) eines solchen Anspruchs. § 36 Abs. 2 HS. 1 i. V. m. Abs. 1 Alt. 2 stellt insoweit eine echte Ermächtigung dar, die bereits „im Vorfeld" des Entstehens eines Anspruchs auf ermessensfehlerfreie Entscheidung über den Erlass eines VA den Erlass eines solchen VA als milderes Mittel gegenüber 132

---

[346] A. A. *VGH München* BayVBl 1988, 212.
[347] *VG München* GewArch 1997, 477.
[348] *BVerwG* NJW 1987, 2318, 2321; *Peine*, Rn. 510.
[349] *BVerwGE* 95, 123, 128 = NVwZ 1995, 267; *VG München* GewArch 1997, 477, 478; offen *OVG Münster* GewArch 1994, 20, 22.
[350] *BVerwGE* 95, 123, 128 = NVwZ 1995, 267; ebenso *VG München* GewArch 1997, 477, 478; *VG Regensburg* NVwZ-RR 2000, 435, 437.
[351] *BVerwGE* 95, 123, 126 = NVwZ 1995, 267; offen *BVerwGE* 108, 100, 103 = NJW 1999, 1798.
[352] *BVerwGE* 95, 123, 126 = NVwZ 1995, 267; *VGH Mannheim* GewArch 1983, 88, 89; *OVG Münster* NuR 1987, 374, 375; *VGH München* BauR 1978, 46, 48; *BGH* NJW 1960, 533. Sehr weitgehend demgegenüber *VG München* GewArch 1997, 477 f.

der Ablehnung wegen fehlender Anspruchsvoraussetzungen ermöglicht,[353] vgl. Rn. 120. Insoweit gelten auch die Einschränkungen des Abs. 1 (Rn. 120 ff.) ohne weiteres.[354]

133 **b) Konkretisierung der Rechtsfolgenseite einer Ermessensermächtigung:** Wie der Vergleich zwischen § 36 Abs. 2 HS. 1 (Rn. 132) und HS. 2 zeigt, bezieht sich § 36 Abs. 2 HS. 2 auf **begünstigende** und **belastende** (Rn. 113) VA. Darüber hinaus zeigt der Vergleich, dass auch auf Grund des § 36 Abs. 2 Nebenbestimmungen nicht nur zur **Sicherung der tatbestandlichen Voraussetzungen** zum Erlass eines VA berechtigen. Insoweit ist allein § 36 Abs. 2 HS. 1 i. V. m. § 36 Abs. 1 Alt. 2 einschlägig, dessen Anwendungsbereich also nicht über § 36 Abs. 2 HS. 2 erweitert werden kann, s. Rn. 112, 132.

134 § 36 Abs. 2 HS. 2 konkretisiert die Rechtsfolgenseite anderorts geregelter Ermessensermächtigungen. Er stellt klar, dass dann, wenn der Erlass des **Haupt-VA** (Rn. 19) im Ermessen steht, die Behörde nicht nur die Wahl zwischen dem Erlass oder Nichterlass des VA hat, sondern auch einen VA mit Nebenbestimmungen erlassen kann: Wenn eine Behörde rechtsfehlerfrei eine Belastung ohne Einschränkung aussprechen, eine Begünstigung vollständig versagen könnte, kann sie auch eine bedingte oder befristete Belastung auferlegen oder eine mit Widerrufsvorbehalt versehene oder mit Auflagen verbundene Begünstigung gewähren.[355] Dementspr. ergeben sich auch die für die Beifügung von Nebenbestimmungen nach § 36 Abs. 2 geltenden **Ermessensmaßstäbe** (Rn. 146) aus der Ermächtigung, die zum Erlass des Haupt-VA ermächtigt.

135 Folglich können im Anwendungsbereich des § 36 Abs. 2 HS. 2 auch Voraussetzungen für die **Ermessensüberlegungen** selbst geschaffen oder abgesichert werden, um z. B. den gesamten Spielraum zwischen Ablehnung und Gewährung eines beantragten begünstigenden VA ausschöpfen zu können. Ziel einer nach § 36 Abs. 2 erlassenen Nebenbestimmung kann zudem sein, sicherzustellen, dass die tatbestandlichen **Voraussetzungen** für den Erlass eines Ermessens-VA **auf Dauer** erfüllt bleiben, vgl. demgegenüber Rn. 122. Die Grenze der Unzulässigkeit wird jedoch überschritten, wenn Zweck der Nebenbestimmung nur ist, die behördliche Kontrolltätigkeit zu erleichtern, s. Rn. 146. Insoweit kann die Abgrenzung im Einzelfall schwierig sein.[356]

136 Schrumpft das **Ermessen auf Null,** gelten die Rn. 120 ff. Das Ermessen kann auch zugunsten anderer Betroffener eingeschränkt sein.[357] Nicht ausgeschlossen ist auch, dass im Einzelfall das Verhältnismäßigkeitsprinzip gebietet, einen VA unter „nicht so" belastenden Nebenbestimmungen zu erlassen, s. Rn. 126, 150.

137 Ist § 36 Abs. 2 somit als Konkretisierung der Rechtsfolge anderorts geregelter Ermessensermächtigungen zu verstehen (Rn. 134), ist nicht erforderlich, **§ 36 Abs. 2** (wie § 36 Abs. 1 Alt. 2, Rn. 120) den Rang einer **Ermächtigungsnorm** einzuräumen.[358] Dementspr. war schon vor Erlass des VwVfG unstr., dass ein im Ermessen stehender VA mit Nebenbestimmungen versehen werden konnte.[359] Maßgebend ist folglich, ob für den Haupt-VA eine gesetzliche Ermächtigungsnorm verlangt wird. Soweit die Ermächtigung zum Erlass des Haupt-VA reicht, besteht auch eine Ermächtigung zur Beifügung einer Nebenbestimmung. Mithin verlagert sich hier das Problem einer gesetzlichen Ermächtigung für belastende Nebenbestimmungen auf die Frage, ob für den Haupt-VA eine Ermächtigung erforderlich ist. Darf in **Grundrechte** nicht ohne Ermächtigung durch den Haupt-VA eingegriffen werden, darf auch kein Eingriff durch den Haupt-VA im Zusammenhang mit einer Nebenbestimmung auf Grund des § 36 Abs. 2 erfolgen.[360]

138 Ist für den **Erlass des Haupt-VA keine gesetzliche Ermächtigung** erforderlich, gilt dies dagegen auch für die hiermit verbundenen, als belastend empfundenen Nebenbestimmungen.

---

[353] So jetzt auch *Störmer* in Fehling u. a., § 36 VwVfG Rn. 76.
[354] *OVG Münster* NuR 1987, 374, 375; NVwZ 1999, 556, 558; *Kopp/Ramsauer*, § 36 Rn. 47; *Peine*, Rn. 512; wohl auch *Meyer/Borgs*, § 36 Rn. 26 (Erst-Recht-Schluss).
[355] *VG Halle* LKV 2003, 385, 387; *Störmer* in Fehling u. a., § 36 VwVfG Rn. 77.
[356] Siehe hierzu etwa *OVG Münster* NVwZ 1999, 556, 558 f.
[357] *BVerwG* BayVBl 1977, 153, 154.
[358] So aber *Meyer/Borgs*, § 36 Rn. 33; *Schneider*, Nebenbestimmungen und Verwaltungsprozeß, 1981, S. 42 f.; wie *VG Halle* LKV 2003, 385, 387; *Henneke* in Knack, § 36 Rn. 24; *Kopp/Ramsauer*, § 36 Rn. 47 a; offen *OVG Münster* NVwZ 1999, 556, 557.
[359] *BVerwGE* 55, 135, 140 = NJW 1978, 1018; *BVerwGE* 56, 254, 260 f. = NJW 1979, 1112, 1113; *OVG Münster* ZMR 1971, 95, 97 (m. w. N.); *v. Münch* JZ 1964, 121, 122; *Roellecke* DÖV 1968, 333, 335 ff.; *Weyreuther* DVBl 1969, 295, 298.
[360] *Jarass* NVwZ 1984, 473, 476 f.; *Remmert* VerwArch 88 (1997), S. 112, 115 f.

Wenn und soweit z. B. mit der h. M. für **Subventionsbewilligungen** keine gesetzliche Grundlage gefordert wird (§ 44 Rn. 70 ff.), ist hiermit auch entschieden, dass für die diesem Bescheid beigefügten Nebenbestimmungen ebenfalls keine gesetzliche Ermächtigung erforderlich ist,[361] da sich letztlich aus dem Lenkungszweck der Subvention zwingend das Erfordernis von Nebenbestimmungen ergibt: § 26 Abs. 1 S. 2 HGrG, **§ 44 Abs. 1 S. 2 BHO/LHO** gehen hiervon aus, wenn sie die Gewährung von Zuwendungen nur unter Beifügung von Verwendungsnachweisklauseln zulassen, vgl. Rn. 103. Es ist inkonsequent, einerseits für die Gewährung einer Subvention keine Ermächtigung zu verlangen, dieselbe Frage aber auf dem „Nebenkriegsschauplatz" der mit einer Subvention fast schon definitionsgemäß verbundenen Nebenbestimmungen „neu aufzurollen".[362] Um Nebenbestimmungen zu Subventionsbescheiden zu „retten", bedarf es deshalb nicht der Annahme, die Zustimmung zur Subvention könne eine gesetzliche Ermächtigung für den Erlass von Nebenbestimmungen ersetzen (§ 35 Rn. 231, § 44 Rn. 71)[363] oder es handele sich bei der Subventionsgewährung unter Nebenbestimmungen „per Saldo" um einen begünstigenden, keiner gesetzlichen Ermächtigung bedürfenden VA.[364]

139 Auch ohne gesetzliche Grundlagen im Subventionsbereich zulässig sind damit insbes. auch **Auflagen**,[365] obwohl diese selbständig durchsetzbare Handlungspflichten begründen, s. Rn. 83 f. Hiervon geht jedenfalls § 49 Abs. 3 Nr. 2 aus. Dies rechtfertigt sich v. a. daraus, dass die Auflage erst dann durchgesetzt werden kann, wenn der Betroffene von der Subventionsgewährung Gebrauch macht (Rn. 84). Darüber hinaus wird man dem Betroffenen, der einer Auflage nicht (mehr) nachkommen will, i. d. R. einen Anspruch auf ein Wiederaufgreifen i. w. S. dergestalt einräumen können, dass er den Widerruf des Subventionsbescheides nach § 49 Abs. 3 Nr. 2 verlangen kann, sofern er bereit und in der Lage ist, der Rückzahlungspflicht nach § 49a Abs. 1 S. 1 nachzukommen. Auf diese Weise kann er sich wegen deren Akzessorietät (Rn. 83) auch der Auflage entledigen. Damit besteht eine echte Bindung des Betroffenen an die Auflage nur dann, wenn er die Subvention behalten will; insoweit ist die Sachlage nicht wesentlich anders als bei einem bedingten oder unter Widerrufsvorbehalt stehenden Subventionsbescheid, vgl. Rn. 86.

5. Nebenbestimmungen bei Verwaltungsakt mit Plancharakter

140 Soweit Pläne VA sind (§ 35 Rn. 263 ff.), gilt § 36 auch für sie, vgl. Rn. 7. Dementspr. können auch PlfBeschl als VA (§ 74 Rn. 19) mit den Nebenbestimmungen des § 36 verbunden werden. Dies gilt auch für Auflagen- und Auflagenvorbehalte, da der PlfBeschl für den Vorhabenträger einen begünstigenden VA darstellt (§ 74 Rn. 18 ff.). Damit können insbes. die in § 74 Abs. 2 S. 2 und 3 genannten Schutzvorkehrungen in Form von Auflagen i. S. d. § 36 Abs. 2 Nr. 4 ergehen, vgl. § 72 Rn. 103, § 74 Rn. 168. Die Schranke des **§ 36 Abs. 3** findet ebenfalls auch auf Plan-VA unmittelbar Anwendung, s. § 72 Rn. 103.

141 Da § 36 jedoch Planungsentscheidungen nicht erwähnt, enthält die Vorschrift zur Zulässigkeit von Nebenbestimmungen zu Plan-VA keine **positive Regelung.** Insbes. findet **§ 36 Abs. 2 keine Anwendung,** da das Planungsermessen kein Fall des in § 40 geregelten Ermessens darstellt (§ 40 Rn. 42, § 74 Rn. 26 ff.), auf den § 36 Bezug nimmt,[366] s. § 72 Rn. 103. Dies bedeutet insbes., dass Nebenbestimmungen zu Plan-VA zur Sicherung der gesetzlichen Voraussetzungen der Planungsentscheidung unzulässig sind, da auch der Verweis des § 36 Abs. 2 HS. 1 auf § 36 Abs. 1 Alt. 2 (hierzu Rn. 113, 132) insoweit unanwendbar ist: Der Anspruch auf fehlerfreie Betätigung des Planungsermessens (§ 74 Rn. 30) ist damit kein Anspruch i. S. d. § 36 Abs. 1. **§ 105 Abs. 2 i. V. m. § 91 Abs. 1 S. 2 UGB-KomE** sieht allerdings auch für planerische Vorhabengenehmigungen Nebenbestimmungen zur Sicherung der Genehmigungsvoraussetzungen vor.

142 Ob ein Plan-VA mit Nebenbestimmungen versehen werden kann, richtet sich somit nach dem Fachrecht. I. d. R. dürfte jedoch in der Planungsermächtigung – wie bei Ermessensermäch-

---

[361] *Humberg* GewArch 2006, 462, 464; *Störmer* in Fehling u. a., § 36 VwVfG Rn. 78.
[362] Ähnlich *Bleckmann* DVBl 2004, 333, 338; *Jarass* NVwZ 1984, 473, 477.
[363] BVerwG NJW 1969, 809 (m. abl. Bespr. *Renck* JuS 1971, 77); NVwZ 1984, 36, 38; OVG Lüneburg NVwZ 1988, 450; BSGE 54, 286, 289 = NVwZ 1984, 62; *Schulke* DÖV 1959, 132; *Weides* NJW 1981, 841, 842; *ders.* JuS 1985, 364, 369.
[364] Z. B. *Schleich* NJW 1988, 236 ff. m. w. N.
[365] A. A. VG Dresden NVwZ 1999, 1137.
[366] Für analoge Anwendung *Kopp/Ramsauer*, § 36 Rn. 47; offen *Jarass* DVBl 1991, 7, 8.

tigung, Rn. 134 ff. – die Befugnis zur Beifügung von Nebenbestimmungen enthalten sein. Für PlfBeschl gilt § 74 Abs. 2 S. 2 und 3, § 74 Rn. 167. Auch kann sich aus dem **Abwägungsgebot** (§ 40 Rn. 42 ff., § 72 Rn. 9 ff., § 74 Rn. 26 ff.) eine Verpflichtung zum Erlass (drittschützender) Nebenbestimmungen zum PlfBeschl ergeben, s. § 74 Rn. 271, § 75 Rn. 63 ff.; zum Rechtsschutz § 74 Rn. 266 (für Vorhabensträger), Rn. 273 (für Drittbetroffene); für **nachträgliche Beifügung** § 75 Rn. 43 ff.

6. Verbot zweckwidriger Nebenbestimmungen (Abs. 3) und allgemeine materielle Rechtmäßigkeitsvoraussetzungen

143 Soweit § 36 nicht ausgeschlossen ist (Rn. 9 ff.) oder sich eine Verpflichtung zum Erlass von Nebenbestimmungen aus dem Fachrecht ergibt (Rn. 115), steht die Entscheidung, ob und welche Nebenbestimmungen erlassen werden, im **Ermessen** der Behörde, s. a. Rn. 120. Bei der Ermessensausübung ist zu bedenken, ob anstelle einer Nebenbestimmung eine Inhaltseinschränkung (Rn. 93 ff.) oder gar eine Ablehnung eines beantragten VA (Rn. 124, 134) in Betracht kommen.

144 Wird die Beifügung von Nebenbestimmungen erwogen, ist als **besondere Ermessensgrenze** das Verbot zweckwidriger Nebenbestimmungen des **§ 36 Abs. 3** zu beachten, das ein in der Rechtsstaatsidee verankertes Verbot wieder gibt.[367] Abs. 3 gilt damit als äußerste Grenze der Zulässigkeit der Beifügung von Nebenbestimmungen nicht nur für die von § 36 Abs. 1 und Abs. 2 erfassten Fälle, sondern für alle Fälle, in denen die Beifügung von Nebenbestimmungen zulässig ist, z. B. auch für fachrechtliche Nebenbestimmungsermächtigungen (Rn. 115 ff.) und für die von § 36 Abs. 1 und Abs. 2 nicht erfassten Fälle der gebundenen belastenden VA (Rn. 112 ff.) und der Plan-VA (Rn. 141 f.). Zudem gilt § 36 Abs. 3 auch für nachträglich beigefügte Nebenbestimmungen, s. Rn. 37.

145 Nach seinem **Wortlaut** bedeutet Abs. 3 **nicht**, dass nur solche Nebenbestimmungen zugelassen werden, die **in der Zweckbestimmung des VA** lägen, s. aber Rn. 148. Auf eine derartige Regelung wurde verzichtet, um eine zu weitgehende Einschränkung des Ermessens der Verwaltungsbehörde, Nebenbestimmungen zu setzen, zu vermeiden (Begründung zu § 32 Abs. 3 Entwurf 73). Die Nebenbestimmung darf aber dem **Zweck des VA nicht zuwiderlaufen.** Hierbei ist zu berücksichtigen, dass z. B. die Auflage als ein Mittel positiver Einwirkung gedacht ist. Mit ihr soll der **mit dem Rechtsvorgang beabsichtigte Zweck ermöglicht,** nicht jedoch vereitelt oder eingeschränkt werden.[368] Das kann schon dann der Fall sein, wenn die Nebenbestimmung weder geeignet noch tauglich zur Sicherung des Zwecks ist (Rn. 150). So sollen belastende Nebenbestimmungen bei der Vergabe von Subventionen den **Subventionszweck sichern.**[369] Dies wird nicht erreicht, wenn die Subventionsbedingungen so gestaltet sind, dass die Subvention nur dann zweckentsprechend verwendet werden kann, wenn gegen sie verstoßen wird (vgl. das Bsp. in Rn. 32) oder die Subvention erst zu einem Zeitpunkt ausgezahlt werden kann, zu dem der Zweck nicht mehr erreicht werden kann.[370] Gegen § 36 Abs. 3 verstieß auch eine Grundstücksteilungsgenehmigung nach § 19 BauGB a. F. unter einer jede bauliche Nutzung ausschließender Auflage,[371] oder das einer Baugenehmigung beigefügte Gebot, Grenzabstand einzuhalten, wenn dies nicht möglich ist.[372]

146 Unabhängig von der Pflicht zur Beachtung der äußersten Ermessensgrenze des Abs. 3 muss sich das **Entschließungs- und Auswahlermessen** bei Erlass von Nebenbestimmungen v. a. am **Zweck** der hierzu berechtigenden Ermächtigung (§ 40 Rn. 62 ff.) und der vom Gesetzgeber gewollten **Ordnung der Materie** ausrichten.[373] Deshalb darf die Nebenbestimmung nicht le-

---

[367] *Stern,* Staatsrecht I, § 20 IV 4 b, S. 804.
[368] *Schröder* DVBl 1964, 552; *VGH München* BayVBl 1973, 583.
[369] *BVerwG* NVwZ 1984, 36; *Jarass* JuS 1980, 115, 117; *ders.* NVwZ 1984, 473, 477; *Weides* NJW 1981, 841, 842 f.
[370] *VG Münster* NWVBl 2006, 436, 437.
[371] Vgl. *BVerwGE* 24, 129, 131 f. = NJW 1966, 1830; *OVG Münster* BRS 20 Nr. 89.
[372] *BGH* NJW 1985, 1692.
[373] *BVerfGE* 78, 374, 388 ff. = NJW 1989, 1663; *BVerwGE* 36, 145, 148; 51, 164, 165 f. = NJW 1977, 449; *BVerwGE* 55, 135, 140 = NJW 1978, 1018; *BVerwGE* 56, 254, 259 f. = NJW 1979, 1112; *BVerwGE* 64, 285, 288 = NVwZ 1982, 191; *BVerwG* DVBl 1979, 585, 587; NJW 1998, 94, 95 ff.; NVwZ-RR 1996, 436, 437; *OVG Lüneburg* NVwZ-RR 2001, 749, 750; *VGH Mannheim* DÖV 1992, 537; *VGH München*

diglich der **Erleichterung der behördlichen Aufgabe** dienen,[374] s. Rn. 121, § 9 Rn. 37, § 26 Rn. 51. Sie darf deshalb auch i. d. R. nicht gleichsam „auf Vorrat" erlassen werden, wenn für sie keinerlei konkreter Anlass besteht[375] oder dem Betroffenen der Sache nach die Erfüllung von Aufgaben übertragen, die die Behörde auf eigene Kosten erbringen muss.[376]

Als Ermessensgrenze ist auch zu beachten, ob die Behörde für den in der Nebenbestimmung **147** geregelten Bereich **zuständig** ist, Rn. 25. *BVerwG*[377] hat jedoch offen gelassen, ob auch **ressortfremde Gesichtspunkte** eine Nebenbestimmung rechtfertigen können. Bei der vergleichbaren Frage für § 56 hat *BVerwG*[378] den Bezug zum Aufgabenbereich der Behörde bei Leistung und Gegenleistung jedoch geprüft. Dies ist grundsätzlich auch für Nebenbestimmungen zu fordern.[379] Die Wahrnehmung ressortfremder Interessen liegt außerhalb des Aufgabenbereiches der erlassenden Behörde. Die Behörde darf auch bei dem Erlass von Nebenbestimmungen die Grenzen ihres Aufgabenbereiches nicht überschreiten und muss den von § 40 gezogenen Rahmen einhalten.

Vor Inkrafttreten des VwVfG entsprach es zudem allgemeiner Meinung, dass – über die Regelung des § 36 Abs. 3 hinaus (Rn. 145) – Nebenbestimmungen nur dann zulässig sind, wenn **148** sie **sachbezogen und sachgerecht** sind;[380] es sollte nicht ausreichen, dass sie irgendeinem legitimen Verwaltungszweck dienen oder allgemein (auch) den Zweck des VA fördern. Obwohl diese Grundsätze nach der Entstehungsgeschichte des § 36 Abs. 3 wohl nicht übernommen werden sollten (Rn. 145), sind sie nach Inkrafttreten des VwVfG unverändert beibehalten worden[381] und werden regelmäßig in § 36 Abs. 3 „hineingelesen": Es wird angenommen, § 36 Abs. 3 ordne an, dass Nebenbestimmungen nur dann beigefügt werden können, soweit dies durch den erlassenen VA gerechtfertigt sei.[382]

Insbes. bei **Geldleistungsauflagen** (vgl. Rn. 105) wird zudem als allgemeine Grenze für **149** Nebenbestimmungen auch das **allgemeine Koppelungsverbot** (§ 56 Rn. 3 ff.) herangezogen. Hiernach ist eine Nebenbestimmung unzulässig, die in keinem sachlichen **Zusammenhang mit dem VA** steht.[383] Deshalb dürfen hoheitliche Maßnahmen i. d. R. nicht von zusätzlichen **wirtschaftlichen Gegenleistungen** abhängig gemacht werden. Zulässig sind sie, wenn sie die Entscheidung aus finanzwirtschaftlichen Gründen erst ermöglichen, § 56 Rn. 49. Dieses Gebot des Sachzusammenhanges folgt i. Ü. aus der Zweckbestimmung des ermächtigenden Spezialgesetzes (Rn. 134) bzw. der Sicherungsfunktion der Nebenbestimmung im Fall des Abs. 1.[384] Voraussetzung ist daher, dass sich die Geldleistungsauflage streng am Zweck der Ermächtigung für den Haupt-VA ausrichtet und nicht für **fiskalische Zwecke** missbraucht wird, insbes. wenn die Genehmigung nicht im privaten, sondern (nur) im öffentlichen Interesse erteilt wird.[385] Hiernach sind **unzulässig** z. B. die einer Baugenehmigung beigefügte Auflage, einen Betrag für den Bau des gemeindlichen Schwimmbades zu stiften, oder ein baurechtlicher Vorbescheid, der von einer kostenlosen Grundstücksabtretung abhängig gemacht wird.[386] Anders kann es sein, wenn

---

DVBl 1999, 475, 476; *OVG Münster* NWVBl 1999, 52, 53; *VG Darmstadt* NVwZ-RR 2005, 236, 237; *VG Halle* LKV 2003, 385, 386.
[374] *VGH Mannheim* NuR 1994, 487, 489 (unter Hinweis auf nicht unmittelbar einschlägiges *BVerwGE* 32, 204, 206 = NJW 1969, 1684); *VGH München* DVBl 1999, 475, 476; *OVG Münster* NVwZ 1999, 556, 558; *VG Darmstadt* NVwZ-RR 2005, 236, 239; *BGHZ* 91, 178, 180 = NJW 1984, 2697.
[375] *OVG Lüneburg* GewArch 1981, 341, 344; *VGH Mannheim* NVwZ-RR 1999, 317, 318; *OVG Münster* GewArch 1994, 20, 21; *VG Augsburg* GewArch 2000, 431; *VG Oldenburg* GewArch 1986, 229, 230.
[376] *VG Düsseldorf* BauR 2004, 987, 993 f.
[377] *BVerwGE* 36, 145, 146.
[378] *BVerwGE* 84, 236, 238 = NVwZ 1990, 665.
[379] Ebenso *Humberg* GewArch 2006, 462, 464; *Schachel,* Nebenbestimmungen zu VA, 1979, S. 122 ff.; *ders.* DVBl 1980, 1038, 1040; *Störmer* in Fehling u. a., § 36 VwVfG Rn. 80; in diese Richtung auch *VG Köln* GewArch 1981, 100 f.
[380] *BVerwGE* 36, 145, 146; 51, 164, 166 = NJW 1977, 449; *OVG Münster* ZMR 1971, 95, 97; *Forsthoff,* S. 216.
[381] *BVerwGE* 56, 254, 261 = NJW 1979, 1112; *BVerwGE* 64, 285, 288 = NVwZ 1982, 191; *BVerwGE* 74, 48, 52 = NJW 1985, 2208; *BVerwG* DVBl 1979, 585, 587.
[382] Vgl. etwa *OVG Münster* NJW 1985, 1042, 1043; *VG Münster* NWVBl 2006, 436, 437; *Brenner* JuS 1996, 281, 282; *Henneke* in Knack, § 36 Rn. 29; *Janßen* in Obermayer, VwVfG, § 36 Rn. 41; *Kopp/Ramsauer,* § 36 Rn. 54; *Störmer* in Fehling u. a., § 36 VwVfG Rn. 80.
[383] *VGH München* BayVBl 1986, 237, 238.
[384] S. a. *Schneider,* Nebenbestimmungen und Verwaltungsprozeß, 1981, S. 77 ff.
[385] *BVerfGE* 38, 348, 369 = NJW 1975, 727.
[386] *VGH München* BayVBl 1976, 237, 238.

durch eine geringfügige Grundstücksabtretung das Baugrundstück erst erschlossen und damit bebaubar wird. S. ferner die Bsp. bei § 56 Rn. 37, 49 f.

150 Weitere Ermessensgrenzen ergeben sich daraus, dass die Nebenbestimmung **tatsächlich**[387] (vgl. § 44 Abs. 2 Nr. 4) und **rechtlich**[388] **möglich** sein muss. Außerdem muss sie – auch in der Auswahl der einzelnen Nebenbestimmungen oder bei der Wahl zwischen Nebenbestimmungen, Ablehnung und Inhaltsbestimmung – **verhältnismäßig**, also insbes. zur Erfüllung des Gesetzeszwecks **geeignet** und **erforderlich** sein,[389] s. Rn. 88, 130, 145. Soweit Nebenbestimmungen zum Schutz Dritter erlassen werden, müssen sie umgekehrt **tauglich** sein, dieses Ziel zu erreichen, dürfen das rechtlich Gebotene also nicht unterschreiten,[390] s. Rn. 124.

V. Europarecht

151 Dass auch **Entscheidungen i. S. d. Art. 249 Abs. 4 EGV** (§ 35 Rn. 345 ff.) mit **Bedingungen, Befristungen und Auflagen** versehen werden können, entspricht ständiger Praxis der Gemeinschaftsorgane, auch wenn es an einer mit § 36 vergleichbaren Definition der Nebenbestimmungen und einer allgemeinen Regelung ihrer Zulässigkeit fehlt.[391] Nebenbestimmungen haben insbes. im Kartellrecht eine große Bedeutung und sind hier v. a. Ergebnis eines **Aushandlungsprozesses,** wie Art. 9 KartellverfahrensVO[392] und Art. 6 Abs. 2, Art. 8 Abs. 2 Satz 2 FusionskontrollVO[393] zeigen: Hiernach kann derjenige, der den Erlass einer ihm nachteiligen Entscheidung fürchtet, gegenüber der Kommission eine **Verpflichtungszusage** abgeben. Wird diese von der Kommission „angenommen", wird sie zum Gegenstand von Nebenbestimmungen (Bedingungen oder Auflagen) einer Entscheidung gemacht, mit der das Kartell- oder Fusionskontrollverfahren eingestellt wird, die jedoch bei Nichtbeachtung der Nebenbestimmungen aufgehoben werden kann.[394]

152 Auch das Problem des **Rechtsschutzes gegen Nebenbestimmungen** zu Entscheidungen nach Art. 249 Abs. 4 EGV hat sich gestellt, wobei sich allerdings die deutschen Erkenntnisse (Rn. 54 ff.) schon deshalb nicht auf das Gemeinschaftsrecht übertragen lassen, weil dem Gemeinschaftsrecht eine Verpflichtungsklage unbekannt ist. Die Rspr. scheint hier noch im Fluss zu sein.[395]

153 Für den **indirekten Vollzug** des Gemeinschaftsrechts durch deutsche Behörden gilt § 36 unmittelbar. Jedoch kann Gemeinschaftsrecht einzelnen Nebenbestimmungen entgegenstehen: So wird etwa aus der besonderen Widerrufsregel des Art. 9 ZK geschlossen, zollrechtliche Entscheidungen (§ 35 Rn. 355 ff.) dürften nicht mit einem Widerrufsvorbehalt versehen werden,[396] vgl. Rn. 83. Art. 11 der RL 2006/123/EG **(Dienstleistungsrichtlinie)** verbietet dagegen grundsätzlich die Befristung von Genehmigungen in ihrem Anwendungsbereich. Umgekehrt kann die Beifügung von Nebenbestimmungen durch sekundäres Gemeinschaftsrecht ausdrücklich nach Art, Inhalt und Regelungsziel vorgeschrieben sein (vgl. etwa **Art. 9** der **IVU-Richt-**

---

[387] *BVerwGE* 29, 261, 266 = NJW 1968, 1842.
[388] *BVerwGE* 31, 15, 16; 87, 332, 344 = NVwZ-RR 1991, 601, 604; *OVG Lüneburg* GewArch 1981, 341, 344.
[389] *BVerwGE* 78, 114, 121; 88, 348, 351 f. = NVwZ-RR 1992, 516; *BVerwG* NVwZ-RR 1996, 20; NVwZ 2000, 820, 821; *OVG Koblenz* NJW 1990, 1194, 1195; *OVG Lüneburg* NVwZ-RR 2005, 394, 395; *VGH Mannheim* NVwZ-RR 1999, 317, 318; *VGH München* NJW 1977, 1933; *OVG Münster* NVwZ-RR 2002, 114, 115; *VG Berlin* NJW 2004, 627; *VG Düsseldorf* BauR 2004, 987, 990; *VG Minden* NVwZ-RR 2004, 831, 832; *VG Oldenburg* GewArch 1986, 229, 230; *VG Weimar* LKV 2006, 184; *Fluck* DVBl 1992, 862, 867.
[390] *VGH München* BayVBl 1999, 215, 216 f.; *OVG Münster* NWVBl 1997, 11.
[391] *Vogt,* Entscheidung als Handlungsform des EG-Rechts, 2005, S. 85 ff. (m. w. N.); ferner *Bleckmann* NVwZ 2004, 11 ff.; *Bockey,* Die Entscheidung der Europäischen Gemeinschaft, 1998, S. 74 ff.; *Sensburg* JA 2007, 612, 613.
[392] Verordnung (EG) Nr. 1/2003 zur Durchführung der in den Art. 81 und 82 EG niedergelegten Wettbewerbsregeln.
[393] Verordnung (EG) Nr. 139/2004 über die Kontrolle von Unternehmenszusammenschlüssen.
[394] Hierzu ausführlich *Kahlenberg/Neuhaus* EuZW 2005, 620 ff.; *Schwarze* EuZW 2002, 741 ff.
[395] Vgl. hierzu *EuGH*, Rs. 17/74, EuGHE 1974, 1063 – Transocean Marine Paint; *EuGH*, Rs. C-68/94, EuGHE 1998, I-1375 Rn. 35 ff.; *EuG*, Rs. T-244/93, EuGHE 1995, II-2265 Rn. 42 ff. und 94 ff. – TWD Textilwerke Deggendorf (hierzu *Gornig/Trüe* JZ 2000, 395, 402); *Vogt,* Entscheidung als Handlungsform des EG-Rechts, 2005, S. 87 ff. (m. w. N.).
[396] *Henke/Huchatz* ZfZ 1996, 262, 268.

linie). Wenngleich die Regelung des Ermessens nach § 36 (Rn. 143 ff.) auch ermöglichen würde, beim Vollzug europarechtlicher Vorschriften einschließlich Richtlinien mit zwingendem Charakter eine Ermessensschrumpfung auf Null anzunehmen, ist diese Möglichkeit nicht als ausreichend angesehen worden, um eine in einer Richtlinie zwingend vorgesehene Befristung umzusetzen,[397] s. a. Einl. Rn. 92.

VI. Landesrecht

Alle VwVfG der Länder enthalten mit § 36 gleichlautende Vorschriften. Dies hat *Kopp*[398] insoweit als verfassungswidrig angesehen, als die LVwVfG – insbes. in § 36 Abs. 1 Alt. 2 (Rn. 120, 132) – auch echte Ermächtigungen zum Erlass von VA mit Nebenbestimmungen enthält, die bundesrechtliches Fachrecht ergänzen. Auch diese Regelungen unterliegen jedoch als Annex des Verfahrensrechts (Rn. 3) – vorbehaltlich der Subsidiaritätsklausel des § 1 der LVwVfG – den Regeln der Art. 83 ff. GG,[399] vgl. § 1 Rn. 36.

VII. Vorverfahren

§ 36 gilt grundsätzlich auch für die Entscheidung der **Widerspruchsbehörde** (§ 79 Rn. 111). Gründe der **funktionellen** (instanziellen) **Zuständigkeit** (§ 3 Rn. 11, § 44 Rn. 175) stehen dem nicht entgegen. Die Widerspruchsbehörde kann damit auch erstmalig einen VA mit Nebenbestimmungen – auch Auflagen – versehen, da Haupt-VA und Nebenbestimmung auf derselben Ermächtigung beruhen, in einem einheitlichen VwVf erlassen werden und damit auch einer einheitlichen Überprüfung im Vorverfahren unterliegen (Rn. 157). Eine Zuständigkeitszersplitterung zwischen der Zuständigkeit zur Überprüfung des Haupt-VA und einer Zuständigkeit zu einer (nachträglichen) Nebenbestimmungsregelung durch die Erstbehörde würde daher zu untragbaren Ergebnissen führen. Ob die Widerspruchsbehörde verschärfende Nebenbestimmungen beifügen darf, richtet sich nach den zur **reformatio in peius** entwickelten Grundsätzen (§ 48 Rn. 68 ff.). Bei VA mit Drittwirkung sind die durch § 50 gesetzten Einschränkungen zu beachten, d. h. die Verschärfung zugunsten des Dritten muss auf einem zulässigen Widerspruch beruhen, der auf drittschützenden Vorschriften beruht. Ferner könnte ein Auflagenvorbehalt zugunsten des Dritten eine Verschärfung gestatten.[400]

Enthält der **Widerspruchsbescheid** durch eine Neuaufnahme oder Verschärfung der Nebenbestimmung eine **Beschwer**, kann er Gegenstand der Klage nach § 79 Abs. 1 Nr. 2 VwGO sein. Insoweit ist auch eine nur isolierte Anfechtung der durch den Widerspruchsbescheid beigefügten Nebenbestimmungen – ungeachtet der Art der Nebenbestimmung – möglich (vgl. Rn. 54 ff.), z. B. bei einer Klage des Bauherrn, weil auf einen Widerspruch eines Dritten einer Baugenehmigung erstmals im Widerspruchsverfahren eine Bedingung oder verschärfende Auflage beigefügt worden war. Gleiches gilt, wenn diese Nebenbestimmung auf den Widerspruch eines Dritten im **Abhilfebescheid** aufgenommen worden ist. Zur **aufschiebenden Wirkung** eines Widerspruchs s. Rn. 64.

Soweit die **isolierte Anfechtung** einer Nebenbestimmung zulässig ist (Rn. 54 ff.), ist der **Devolutiveffekt** des Widerspruchs allerdings **auf die angefochtene Nebenbestimmung beschränkt**. Insoweit ist es nicht Aufgabe der Widerspruchsbehörde zu prüfen, ob der verbleibende Haupt-VA ohne Nebenbestimmung rechtswidrig bleibt, vgl. Rn. 60 ff. Ggf. muss und kann die Ausgangsbehörde den verbleibenden Haupt-VA nach § 48 aufheben (Rn. 21 ff., 62), wozu sie die Widerspruchsbehörde u. U. auch anweisen kann, vgl. § 48 Rn. 63 ff., 267 ff.

---

[397] *EuGH*, Rs. C-131/88, EuGHE I 1991, 825 Rn. 68 f. = NVwZ 1991, 973.
[398] *Kopp*, VwVfG, 6. Aufl. 1996, § 36 Rn. 54.
[399] Wie hier *Henneke* in Knack, § 36 Rn. 2; ähnlich *Kopp/Ramsauer*, § 36 Rn. 1.
[400] BVerwG NVwZ 1983, 32.

§ 37 Bestimmtheit und Form des Verwaltungsaktes

(1) Ein Verwaltungsakt muss inhaltlich hinreichend bestimmt sein.

(2) ¹Ein Verwaltungsakt kann schriftlich, elektronisch, mündlich oder in anderer Weise erlassen werden. ²Ein mündlicher Verwaltungsakt ist schriftlich oder elektronisch zu bestätigen, wenn hieran ein berechtigtes Interesse besteht und der Betroffene dies unverzüglich verlangt. ³Ein elektronischer Verwaltungsakt ist unter denselben Voraussetzungen schriftlich zu bestätigen; § 3a Abs. 2 findet insoweit keine Anwendung.

(3) ¹Ein schriftlicher oder elektronischer Verwaltungsakt muss die erlassende Behörde erkennen lassen und die Unterschrift oder die Namenswiedergabe des Behördenleiters, seines Vertreters oder seines Beauftragten enthalten. ²Wird für einen Verwaltungsakt, für den durch Rechtsvorschrift die Schriftform angeordnet ist, die elektronische Form verwendet, muss auch das der Signatur zugrunde liegende qualifizierte Zertifikat oder ein zugehöriges qualifiziertes Attributzertifikat die erlassende Behörde erkennen lassen.

(4) Für einen Verwaltungsakt kann für die nach § 3a Abs. 2 erforderliche Signatur durch Rechtsvorschrift die dauerhafte Überprüfbarkeit vorgeschrieben werden.

(5) ¹Bei einem schriftlichen Verwaltungsakt, der mit Hilfe automatischer Einrichtungen erlassen wird, können abweichend von Absatz 3 Unterschrift und Namenswiedergabe fehlen. ²Zur Inhaltsangabe können Schlüsselzeichen verwendet werden, wenn derjenige, für den der Verwaltungsakt bestimmt ist oder der von ihm betroffen wird, auf Grund der dazu gegebenen Erläuterungen den Inhalt des Verwaltungsaktes eindeutig erkennen kann.

Vergleichbare Vorschriften: §§ 119, 157 AO 1977; § 33 SGB X.

Abweichendes Landesrecht: Bis auf Schleswig-Holstein haben die Länder § 37 wortgleich übernommen. Auch die Änderungen durch das 3. VwVfÄndG (Einl. Rn. 44, § 1 Rn. 277) sind (anders als bei § 3a, dort Rn. 59) inzwischen einheitlich umgesetzt worden. **§ 108 LVwG SchlH** enthält allerdings einige (zumeist nur sprachliche) Abweichungen. **Abs. 2 S. 1** lautet: „Ein Verwaltungsakt kann schriftlich, elektronisch, mündlich oder in anderer Weise erlassen werden, *soweit durch Rechtsvorschrift nicht eine bestimmte Form vorgeschrieben ist.*" (hierzu Rn. 52); **Abs. 3 S. 1** lautet: „Ein schriftlicher oder elektronischer Verwaltungsakt muss die erlassende Behörde erkennen lassen und die Unterschrift oder die Namenswiedergabe *der Behördenleiterin oder* des Behördenleiters, *ihrer oder* seiner Vertretung oder *einer oder eines von ihr oder ihm* Beauftragten enthalten." **Abs. 5** enthält eine Pflicht zur **Rechtsbehelfsbelehrung** (hierzu Rn. 117): „(5) Einem schriftlich oder elektronisch erlassenen sowie einem schriftlich oder elektronisch bestätigten Verwaltungsakt, der Anfechtung unterliegt, soll eine Belehrung beigefügt werden, aus der die Bezeichnung des Rechtsbehelfs, die Behörde oder das Gericht, bei der oder dem der Rechtsbehelf einzulegen ist, einschließlich der Anschrift, und die Rechtsbehelfsfrist ersichtlich sind." **Abs. 6** lautet (hierzu Rn. 68): „*Bei Verwaltungsakten, die mit Hilfe automatischer Vorrichtungen erlassen werden*, können Unterschrift und Namenswiedergabe entfallen. Zur Inhaltsangabe können Schlüsselzeichen verwendet werden, wenn *diejenige oder* derjenige, für *die oder* den der Verwaltungsakt bestimmt ist oder *die oder* der von ihm betroffen wird, aufgrund der dazu gegebenen Erläuterungen den Inhalt des Verwaltungsaktes eindeutig erkennen kann."

Entstehungsgeschichte: Bis zum Inkrafttreten des VwVfG vgl. § 37 der 6. Aufl. § 37 Abs. 2 und 3 haben ihre heutige Form durch das 3. VwVfÄndG (hierzu Einl. Rn. 44, § 1 Rn. 277) erhalten, das insoweit ohne Änderungen dem Regierungsentwurf (BT-Drs. 14/9000) folgte. Abs. 4 wurde durch dieses Gesetz neu eingefügt, der frühere Abs. 4 ohne Änderung in Abs. 5 umbenannt. Darüber hinaus wurde die Bestimmung durch die Bek. der Neufassung v. 21. 1. 2003 (BGBl I 102) an die neue Rechtschreibung angepasst. Abs. 2 und 3 lauteten in ihrer ursprünglichen Fassung: „(2) Ein Verwaltungsakt kann schriftlich, mündlich oder in anderer Weise erlassen werden. Ein mündlicher Verwaltungsakt ist schriftlich zu bestätigen, wenn hieran ein berechtigtes Interesse besteht und der Betroffene dies unverzüglich verlangt. (3) Ein schriftlicher Verwaltungsakt muß die erlassende Behörde erkennen lassen und die Unterschrift oder die Namenswiedergabe des Behördenleiters, seines Vertreters oder seines Beauftragten enthalten."

Literatur: *v. Ungern-Sternberg,* Zur inhaltlichen Bestimmtheit von Kartellverwaltungsakten, FS Geiß, 2000, S. 655 ff.; *Haus,* Zugangsverweigerung und Bestimmtheitsgrundsatz, NVwZ 2002, 432 ff.; *Kappeler,* Unbestimmte Aufenthaltsverbote gegen Angehörige der Drogenszene, BayVBl 2001, 336 ff.; *Klemke/Kleinjohann,* Form der Vergabekammerentscheidung, NZBau 2001, 614 ff.; *Arndt,* Nichtigkeit von Gebührenbescheiden der „Stadtwerke X", Die Gemeinde SH 2002, 59 ff.; *Volk,* Bestimmtheit von VA nach § 37 Abs. 1 VwVfG, Diss. Köln 2002; *Kraiczek,* Gleichstellung behinderter Menschen – Recht auf barrierefreie Kommunikation und Gestaltung von Dokumenten, Die Sozialversicherung 2003, 259 ff.; *App,* Zur Adressierung und Be-

§ 37 Bestimmtheit und Form des Verwaltungsaktes § 37

kanntgabe von kommunalen Steuerbescheiden und Bescheiden über andere Kommunalabgaben, KStZ 2005, 205 ff.; *Robrecht,* Die schriftliche Begründung und Bestätigung des VA, SächsVBl 2005, 241 ff.; *Linhart,* Der Bescheid, 3. Aufl. 2007; zum **elektronischen VA** und zur elektronischen Verwaltung (sog. eGovernment) s. die Nachweise **vor § 3 a**. Ausführlich zum Schrifttum vor 1996 s. § 37 der 6. Auflage.

Übersicht

	Rn.
I. Bestimmtheit (Abs. 1)	1
1. Allgemeines	1
2. Bestimmtheit der Behörde	9
3. Bestimmtheit des Adressaten	10
a) Allgemeine Anforderungen	10
b) Bezeichnung von Eheleuten/Lebenspartnern/Familien	15
c) Bezeichnung von Personengesellschaften und Vermögensgemeinschaften	16
d) Bezeichnung von Rechtsnachfolgern	18
e) Unterscheidung zwischen Bestimmtheits- und Bekanntgabefehlern	19
4. Bestimmtheit der getroffenen Regelung	27
a) Genehmigungen/Erlaubnisse	28
b) Geldleistungsbescheide	30
c) Verpflichtung zum Handeln, Dulden, Unterlassen	31
d) Grundstücksbezogene Regelungen	36
e) Zulässigkeit von Verweisungen	37
5. Fehlerfolgen und Heilung	40
II. Formen des Verwaltungsakts (Abs. 2 S. 1)	44
1. Bezugspunkt der Formvorschriften	44
2. Formfreiheit des Verwaltungsakts und ihre Grenzen	47
a) Formwahl als Ermessensentscheidung	47
b) Schriftform als Normalfall	49
c) Fachrechtliche Formvorschriften	52
3. Schriftlicher Verwaltungsakt	57
a) Definition der Schriftform	57
b) Gerichtliche Protokollierung	60
c) Fotokopie	61
d) Telefax	62
4. Elektronischer Verwaltungsakt	64
5. Elektronisch übermittelter Verwaltungsakt	66
6. „Mit Hilfe automatischer Einrichtungen erlassener" Verwaltungsakt	67
7. Mündlicher/fernmündlicher Verwaltungsakt	75
8. „In anderer Weise erlassener" Verwaltungsakt	79
III. Bestätigung (Abs. 2 S. 2 und 3)	80
1. Bestätigung mündlicher Verwaltungsakte	80
2. Bestätigung elektronischer Verwaltungsakte	89
3. Bestätigung von „in anderer Weise erlassenen" Verwaltungsakten und von Realakten	91
IV. Anforderungen an die Schriftform (Abs. 3 S. 1)	94
1. Anwendungsbereich	94
2. Behörde/Ort/Datum	97
3. Unterschrift/Namenswiedergabe	99
a) Anforderungen an den Unterschriftsleistenden/Namensträger	99
b) Funktion von Unterschrift/Namenswiedergabe	100
c) Anforderungen an Unterschrift	101
d) Anforderungen an Namenswiedergabe	104
d) Rechtsfolgen fehlender Unterschrift/Namenswiedergabe	106
4. Besonderheiten bei Zustellung?	107
5. Weitere Anforderungen an die Gestaltung schriftlicher Bescheide	109
a) Bescheidaufbau	109
b) Barrierefreie Gestaltung	111
c) Begründung	115
d) Rechtsbehelfsbelehrung	116
V. Anforderungen an die elektronische Form	121
1. Anforderungen des § 37 Abs. 3 und 4	121
2. Besonderheiten bei Zustellung?	126
3. Weitere Anforderungen an die Gestaltung elektronischer Verwaltungsakte	128
VI. Formerleichterungen für den „mit Hilfe automatischer Einrichtungen erlassenen" schriftlichen Verwaltungsakt (Abs. 5)	130
1. § 37 Abs. 5 als „totes Recht"	130
2. Entbehrlichkeit von Unterschrift und Namenswiedergabe	133
3. Verwendung von Schlüsselzeichen	134

§ 37 1–3   Teil III. Verwaltungsakt

	Rn.
VII. Europarecht	139
VIII. Landesrecht	143
IX. Vorverfahren	144

I. Bestimmtheit (Abs. 1)

1. Allgemeines

1 § 37 Abs. 1 regelt generell die Bestimmtheitsanforderungen an den VA und konkretisiert damit ein Erfordernis rechtsstaatlicher Verwaltung,[1] das insbes. im Ordnungsrecht schon lange anerkannt ist.[2] Es handelt sich um ein die **materielle Rechtmäßigkeit** eines VA betreffendes Erfordernis,[3] s. Rn. 40. Die Grundsätze einer **klaren Verfahrensgestaltung** werden demgegenüber durch Abs. 1 nicht angesprochen (§ 9 Rn. 57 f.); beide Grundsätze ergänzen indes einander.[4] Unsystematisch[5] wird § 37 Abs. 1 mit den Regelungen des § 37 Abs. 2 bis 5 zusammengefasst: Abs. 2, 3, 4, und 5 S. 1 regeln **Mindest*form*erfordernisse für den VA** (Rn. 44 ff.), während **Abs. 5 S. 2** Erleichterungen für die **Begründungspflicht** aufstellt, s. Rn. 135. Diese Formerfordernisse haben mit der Bestimmtheitsfrage nur insoweit etwas zu tun, als sich sowohl die Bestimmtheit als auch die Form des VA auf die Gestaltung konkreter Bescheide beziehen.

2 Nur der inhaltlich hinreichend bestimmte VA kann seine **Individualisierungs- und Klarstellungsfunktion** erfüllen und als **Titel** dienen,[6] s. § 35 Rn. 31, 38 f. Sichergestellt muss daher sein, **zwischen wem** (Adressat, Betroffenem und Behörde) die Rechtsbeziehung geregelt werden soll (Rn. 9 ff.), wobei die Regelung über die AllgV in § 35 S. 2 zeigt, dass im Einzelfall auch die Allgemeinheit als Adressat eines VA oder hiervon Betroffener in Betracht kommt, s. Rn. 13. Darüber hinaus muss klar sein, **welche Rechtsbeziehung** geregelt wird und wie die Regelung aussehen soll, s. Rn. 27 ff. Auch muss der Wille der Behörde **vollständig** zum Ausdruck kommen[7] und **unzweideutig für die Beteiligten des Verfahrens** erkennbar sein (Begründung zu § 33 Entwurf 73).[8] Sie müssen erkennen können, was von ihnen gefordert wird,[9] damit sie ihr Verhalten danach einrichten können.[10] Der VA darf damit keiner unterschiedlichen subjektiven Bewertung zugänglich sein.[11] Kein Bestimmtheitsproblem liegt vor, wenn ein VA zwar bestimmt, aber sehr weit gefasst und deshalb von der Ermächtigungsgrundlage nicht mehr gedeckt ist[12] oder als unverhältnismäßig erscheint.[13] So ist z. B. ein VA, der einen Maulkorbzwang für alle sich auf einem Grundstück befindlichen Hunde anordnet, nicht zu unbestimmt, sondern allenfalls materiellrechtlich vom Gefahrenabwehrrecht nicht gedeckt, wenn nicht von jedem einzelnen Hund eine konkrete Gefahr ausgeht.[14]

3 Das Bestimmtheitsgebot bezieht sich nur auf den **verfügenden Teil des VA** (§ 35 Rn. 141 ff.) einschließlich (aller) seiner **Nebenbestimmungen** (hierzu näher § 36 Rn. 27 f., 31), da sie zum

---

[1] *Volk*, Bestimmtheit von VA, 2002, S. 46 f. m. w. N.
[2] *PrOVGE* 88, 209; zusammenfassend *Volk*, Bestimmtheit von VA, 2002, S. 42 ff.
[3] *BVerwG* NJW 1968, 1842, 1843 (insoweit in *BVerwGE* 29, 261 nicht abgedruckt); *H. Meyer* NVwZ 1986, 513, 517; *Schwarz* in Fehling u. a., § 37 VwVfG, Rn. 1; *Volk*, Bestimmtheit von VA, 2002, S. 11 ff.
[4] Vgl. den Fall von *VGH Mannheim* VBlBW 1986, 462 f.
[5] So auch *Schwarz* in Fehling u. a., § 37 VwVfG, Rn. 1.
[6] *Schwarz* in Fehling u. a., § 37 VwVfG, Rn. 6.
[7] *VGH Kassel* NVwZ 1989, 484, 486.
[8] *BVerwGE* 84, 335, 338 = NVwZ 1990, 658; *BVerwG* NVwZ 1990, 855; NVwZ-RR 1997, 248; *VGH Mannheim* BRS 29 Nr. 91; VBlBW 1986, 462, 463; *VGH München* NJW 1982, 2570 f.; NVwZ 1989, 163; NVwZ-RR 1993, 381, 382; NVwZ-RR 1994, 690 f.; *OVG Münster* NWVBl 1994, 341; *OVG Saarlouis* BRS 25 Nr. 208.
[9] *OVG Weimar* NVwZ-RR 2003, 229, 231; *BGHZ* 152, 84, 85 f. = NJW 2003, 748, 749.
[10] *BVerwGE* 119, 282, 284 = NVwZ 2004, 878, 879; *OVG Greifswald* NVwZ-RR 2007, 21; *OVG Lüneburg* NVwZ-RR 2004, 346; *VGH Mannheim* VBlBW 1986, 462; *BGH* NJW-RR 1999, 262.
[11] *BVerwGE* 74, 196, 205 = NVwZ 1986, 919; *BVerwGE* 84, 335, 338 = NVwZ 1990, 658; *OVG Bremen* NVwZ-RR 2001, 157, 158; *OVG Münster* OVGE 13, 182, 184; 16, 263, 270; *VGH Mannheim* DVBl 1965, 776; *OVG Lüneburg* NVwZ 1985, 355, 356; *OVG Berlin* NuR 1986, 256.
[12] *OVG Münster* NWVBl 2000, 435, 436.
[13] Deutlich *FG M.-V.* EFG 2007, 10 f.; a. A. offenbar *OVG Lüneburg* NVwZ-RR 2004, 346.
[14] A. A. *VGH Kassel* NVwZ-RR 2000, 544, 546.

verfügenden Teil gehören (§ 36 Rn. 19).[15] Nicht dem Bestimmtheitsgebot unterworfen ist demgegenüber alles, was nicht zum verfügenden Teil gehört. Keine Frage der Bestimmtheit des VA ist somit, wenn ein Bescheid **Hinweise auf gesetzliche Pflichten** enthält und diese Pflichten nicht im Einzelnen bezeichnet, § 35 Rn. 83. Da diese Pflichten auch ohne Hinweis bestehen, braucht der VA auch nicht im Einzelnen die gesetzlichen Pflichten nennen, die von seinem Erlass abhängig sind.[16] Generell muss auch die Begründung des VA nicht hinreichend bestimmt sein, da sie seine Regelungswirkung unangetastet lässt,[17] § 39 Rn. 26, 41. Nach der Rspr. ist auch nicht notwendig, dass der Inhalt der Regelung im Entscheidungssatz so zusammengefasst ist, dass er alle Punkte aus sich heraus verständlich darstellt; es genügt vielmehr, dass sich der Regelungsinhalt aus dem Bescheid insgesamt einschließlich seiner Begründung ergibt.[18] Es wird daher keine Pflicht zur differenzierenden Darstellung von Verfügungssatz und Begründung angenommen, soweit nicht gesetzlich etwas anderes vorgeschrieben ist.[19] Dennoch sollte im Interesse der Klarheit und der Titelfunktion (§ 35 Rn. 27, 38 f.) generell der **verfügende Teil** des VA **deutlich** von der Begründung **abgesetzt** werden, s. a. § 39 Rn. 40. Im Einzelfall kann bei ungenügender Trennung unklar bleiben, ob und inwieweit eine Regelung i. S. d. § 35 getroffen worden ist, und schon deshalb § 37 Abs. 1 verletzt sein.[20] Zumindest macht sich die Behörde insoweit von den Auslegungskriterien eines Gerichts abhängig. Der Bürger jedenfalls sollte im Rahmen seiner Anfechtungslast (§ 35 Rn. 4) dafür Sorge tragen, dass bei ungenügender Trennung nicht ungewollt Teile des VA bestandskräftig werden,[21] vgl. a. § 35 Rn. 144. Maßgeblich für die Bestimmtheit ist die Gestalt des VA, die dieser durch den Widerspruchsbescheid gefunden hat. Ein zunächst bestimmter VA kann daher in der Gestalt des Widerspruchsbescheids unbestimmt werden[22] und umgekehrt, s. a. Rn. 41 (dort auch allgemein zur Heilung).

Soweit **Dritte** von einem VA (begünstigend oder belastend) betroffen werden (§ 41 Rn. 32), **4** muss dieser auch ihnen gegenüber bestimmt sein, s. a. Rn. 14. Sie werden durch die Unbestimmtheit jedoch nur dann in ihren Rechten verletzt, wenn sich diese gerade auf die Merkmale eines Vorhabens bezieht, deren genaue Festlegung erforderlich ist, um die Verletzung solcher Rechtsvorschriften auszuschließen, die dem Schutz des Dritten zu dienen bestimmt sind.[23] Ist eine Regelung rechtsnachfolgefähig (§ 35 Rn. 260 f.), muss der Inhalt auch für spätere **Rechtsnachfolger** feststehen.[24] Bei **vollstreckungsfähigen VA** (s. § 35 Rn. 215) kommt es nach h. M. zudem auf die Bestimmbarkeit für die Vollstreckungsorgane an,[25] s. Rn. 31 ff. (aber auch Rn. 11).

Durch den Begriff **hinreichend bestimmt** wird klargestellt, dass **Bestimmbarkeit** des Regelungsinhalts genügt; für Bestimmbarkeit des Adressaten s. Rn. 11. Welches Maß an Konkretisierung notwendig ist, hängt von der **Art** des VA, den **Umständen** seines Erlasses und seinem **Zweck** ab.[26] Maßstäbe im Einzelnen können sich aus dem jeweiligen Fachrecht ergeben.[27] Die Verwendung **generalisierender Begriffe** ist möglich, wenn sie eine Bestimmbarkeit im kon- **5**

---

[15] *Volk*, Bestimmtheit von VA, 2002, S. 7 f.
[16] *OVG Münster* NVwZ-RR 1992, 129, 130 (für Pflichten eines Denkmaleigentümers).
[17] *OVG Weimar* NVwZ-RR 2003, 229, 231; *OVG Saarlouis* NVwZ-RR 2007, 581 (L); *Volk*, Bestimmtheit von VA, 2002, S. 16 ff.
[18] *BVerwGE* 119, 282, 284 = NVwZ 2004, 878, 879; *BGH* NJW-RR 1999, 262; *BGHZ* 147, 325, 335 = NJW 2001, 3782, 3784; *BGHZ* 152, 84, 86 = NJW 2003, 748, 749; *Haus* NVwZ 2002, 432, 433.
[19] Vgl. *BVerwGE* 72, 300 ff. = NVwZ 1986, 208.
[20] *Volk*, Bestimmtheit von VA, 2002, S. 17 f.
[21] *P. Stelkens*, VwVf, Rn. 315; vgl. den Fall von *OVG Münster* NWVBl 2004, 344.
[22] *OVG Münster* NWVBl 1998, 356.
[23] *OVG Münster* NVwZ-RR 1997, 274, 275; NVwZ-RR 2003, 480, 481; NWVBl 2005, 470; ferner: *OVG Bautzen* SächsVBl 2003, 235, 236.
[24] *OVG Weimar* NVwZ-RR 2002, 774, 775; *VG Chemnitz* NVwZ-RR 2002, 382; *Kappeler* BayVBl 2001, 336, 339.
[25] *VGH Kassel* NVwZ-RR 2000, 544, 546; *VGH Mannheim* NVwZ 1998, 761, 762; *OVG Münster* BRS 38 Nr. 199; NVwZ 1993, 1000 f.
[26] *OVG Münster* NVwZ 1993, 1000; *BGHZ* 152, 84, 92 = NJW 2003, 748, 750; *Volk*, Bestimmtheit von VA, 2002, S. 26 f.
[27] *BVerwGE* 68, 97, 99 = NVwZ 1984, 243; *BVerwGE* 84, 335, 338 = NVwZ 1990, 658; *BVerwGE* 104, 301, 317 = NVwZ 1999, 178; *BVerwG* NVwZ 1989, 252; *OVG Bremen* NVwZ-RR 2001, 157, 158; *VGH Kassel* BauR 2003, 1875, 1876; *VGH München* NJW 2004, 2768; *BGHZ* 152, 84, 86 = NJW 2003, 748 f., 749; *Volk*, Bestimmtheit von VA, 2002, S. 32 ff.

kreten Fall gestatten,[28] z.B. durch die Beifügung von Beispielen in Fällen, in denen ein engerer Oberbegriff nicht mehr vorhanden ist. Zudem ist maßgeblich, welches Maß an Bestimmtheit der Behörde zur Regelung des fraglichen Sachverhaltes überhaupt möglich ist.[29] Die **Anforderungen** an die Bestimmtheit dürfen nur so hoch gesteckt werden, dass sie bei normalem, dem Sachverhalt angemessenem Verwaltungsaufwand **noch erfüllbar** bleiben. Keinesfalls dürfen sie den Erlass eines VA auf Grundlage bestimmter Ermächtigungen praktisch vollständig ausschließen.[30]

6 Aus § 23 Abs. 1 folgt, dass die **Verwendung von Fremdsprachen** im verfügenden Teil (Rn. 3, 48) **grundsätzlich zur Unbestimmtheit** des VA führt (§ 23 Rn. 29), jedenfalls wenn die „Schlüsselaussagen" in nichtdeutscher Sprache verfasst sind. § 23 Abs. 1 schließt jedoch die Verwendung von fremdsprachigen **Fachbegriffen** nicht aus, soweit diese Begriffe im Fachgebiet allgemein geläufig sind und (deshalb) dem (nur) deutsch sprechenden Fachmann ihre Bedeutung ohne weiteres klar ist,[31] s. § 23 Rn. 24. Dies ist aber gerade bei **Anglizismen** im nicht-technischen Bereich (Wirtschafts-, Sozial- und Rechtswissenschaften) vielfach nicht der Fall, da ihre Verwendung i.d.R. nur ein „modernes Lebensgefühl" signalisieren und keinen bestimmten Begriffsinhalt vermitteln soll. Nur „modische" Anglizismen haben daher im verfügenden Teil des VA nichts zu suchen, s.a. § 41 Rn. 64. Jedoch ist ein VA noch hinreichend bestimmt, wenn der Adressat Fachleute **zu Rate** ziehen muss und seine **Regelung für „ein breites Publikum"** schwer verständlich ist;[32] sofern nicht die Allgemeinverständlichkeit einer Anforderung erforderlich ist.[33]

7 Über diese Grundsätze hinausgehend lässt sich dem Rechtsstaatsprinzip nicht allgemein entnehmen, welche **Anforderungen** im Einzelfall an die Bestimmtheit eines VA zu stellen sind.[34] Können etwaige Zweifel durch **Auslegung** beseitigt werden, ist die Bestimmtheit des VA jedoch gewahrt.[35] Erst wenn auch im Wege der Auslegung unter Anwendung der **anerkannten Auslegungsgrundsätze** (§ 35 Rn. 71, 76 ff.) keine Klarheit über den Behördenwillen geschaffen werden kann bzw. Widersprüchlichkeiten nicht beseitigt werden können, ist Unbestimmtheit anzunehmen.[36] Daher ist es problematisch, wenn sowohl alle Beteiligten als auch die Behörde von einer bestimmten Angabe des Adressaten oder der Anordnung ausgegangen sind und erstmals im Gerichtsverfahren auf Grund anwaltlicher Beratung von einem Beteiligten oder durch das Gericht eine Unbestimmtheit angenommen wird,[37] s.a. Rn. 12. Soweit **Dritte** betroffen sind (Rn. 4), ist bei der Auslegung nach Maßgabe des Empfängerhorizontes auch auf sie abzustellen[38] (§ 35 Rn. 79); i. Ü. ist unerheblich, wie Unbeteiligte den VA verstehen.[39]

8 Damit sind vor allem **in sich widersprüchliche,** unverständliche Angaben oder Erklärungen, die durch ein Werturteil des Adressaten ausgefüllt werden müssen, zu unbestimmt, Rn. 28, 31, 40. Dies gilt auch wenn auf Grund **technischer Fehler,** z.B. bei Ampeln (Rn. 67, 79, § 35 Rn. 330, 337, § 41 Rn. 151, 198) oder EDV-Produkten (Rn. 137), sich widersprechende oder unverständliche Regelungen ergehen. Ebenfalls können **formularmäßige Regelungskataloge** zu unbestimmt sein, die in großem Umfang für den konkret zu regelnden Sachverhalt irrelevante Bestimmungen enthalten, so dass es letztlich dem Betroffenen überlassen bleibt, sich die für seinen Fall relevanten Bestimmungen herauszusuchen, näher § 36 Rn. 31.

---

[28] *OVG Greifswald* NVwZ-RR 2007, 21; *VGH Kassel* BauR 2003, 1875, 1876; *VGH Mannheim* UPR 1990, 390, 391; *Haus* NVwZ 2002, 432, 433; *Volk,* Bestimmtheit von VA, 2002, S. 32 f.
[29] *v. Ungern-Sternberg,* FS Geiß, 2000, S. 655, 663.
[30] *OVG Greifswald* NVwZ-RR 2007, 21.
[31] *OVG Münster* NJW 2005, 2246 (für Begriff „Showroom" in der Modebranche).
[32] *BVerwGE* 123, 261, 283 = NVwZ 2005, 933, 938.
[33] So *OVG Münster* NVwZ 1993, 1000 f.
[34] *BVerwG* Buchholz 11 Art. 20 GG Nr. 31; NVwZ-RR 1997, 248.
[35] Allgem. Rspr., z.B. *BVerwGE* 104, 301, 318 = NVwZ 1999, 178; *BVerwG* NVwZ-RR 1997, 248, 249; *VGH München* NVwZ-RR 1997, 731; *OVG Münster* NVwZ-RR 1996, 701; NVwZ-RR 1999, 38; BGHZ 152, 84, 86 = NJW 2003, 748, 749.
[36] *OVG Bautzen* SächsVBl 2003, 235, 236; *OVG Weimar* NVwZ-RR 2001, 212, 213.
[37] Vgl. den Fall von *OVG Weimar* LKV 2006, 281, 282.
[38] Vgl. *BVerwG* 88, 286, 292 f. = NVwZ 1993, 177.
[39] So jeweils für Abgabenbescheide: *BVerwG* NJW-RR 1995, 73; NVwZ-RR 1997, 248, 249; *OVG Weimar* LKV 2006, 281, 282; BFHE 162, 4.

2. Bestimmtheit der Behörde

Schon aus den Gründen zu Rn. 2 muss die **Behörde** erkennbar sein. Die Verletzung von § 37 Abs. 3 ist insoweit mehr als ein Formverstoß (Rn. 47) und hat die Nichtigkeit des VA nach § 44 Abs. 2 Nr. 1 zur Folge (§ 44 Rn. 132).[40] § 37 Abs. 1 verlangt bei mündlichen VA, dass der Beamte die Behörde, für die er tätig ist, zu erkennen gibt. Dies kann auch konkludent, z. B. durch Uniform oder Dienstausweis, geschehen.[41] Zum Sonderfall des durch mehrere Behörden erlassenen VA s. § 35 Rn. 52. Wie § 78 Abs. 1 Nr. 2 HS. 2 VwGO zeigt, ist die **Angabe des Behördenträgers** nicht erforderlich;[42] sie ergibt sich jedoch zumeist aus dem anzugebenden Behördennamen. Bei **Organleihe** (§ 4 Rn. 39) muss allerdings auch erkennbar sein, ob die Behörde für den entleihenden oder den verleihenden Rechtsträger handelt. Entsprechendes gilt bei **zwischenbehördlichen Mandaten** (§ 4 Rn. 40, § 35 Rn. 59). Dabei geht die Praxis allerdings von dem Grundsatz aus, dass im Zweifel für den „regulären" Behördenträger gehandelt wird, wenn nicht ausdrücklich für den entleihenden Verwaltungsträger/Mandanten gehandelt wird.[43] Im Einzelfall kann auch die **Benennung des Behördenträgers** ausreichend sein, **um die handelnde Behörde hinreichend bestimmt zu bezeichnen,** insbes. wenn ein Behördenträger nur über eine regelmäßig nach außen handelnde Stelle verfügt, wie dies bei den Kommunen in Zusammenhang mit den Geschäften der laufenden Verwaltung regelmäßig der Fall ist.[44] Gerade wegen § 44 Abs. 2 Nr. 1 sollten hier jedoch keine „Experimente" gewagt werden.[45] Als unzureichend wurde etwa angesehen, einen Bescheid im Namen der „Stadtwerke X" zu erlassen, wenn dies keinen Rückschluss auf die verantwortliche Behörde (hier: Magistrat) erlaubt.[46]

3. Bestimmtheit des Adressaten

a) Allgemeine Anforderungen: Nach § 37 Abs. 1 ist bestimmt anzugeben auch derjenige, der von der Regelung des VA materiell betroffen, hieraus also verpflichtet und/oder berechtigt sein soll (sog. **Inhaltsadressat**). § 157 Abs. 1 S. 2 AO umschreibt dies dahingehend, dass Steuerbescheide angeben sollen, wer die Steuer schuldet. Die Bestimmung des Inhaltsadressaten muss so möglich sein, dass eine Verwechslung auszuschließen ist. Andernfalls kann der VA nichtig sein, s. Rn. 40. Für wen der VA inhaltlich bestimmt ist, ergibt sich i. d. R., aber (wegen der Unterscheidung zwischen Bekanntgabe- und Inhaltsadressat, dazu Rn. 19) nicht zwingend,[47] aus dem **Anschriftenfeld** des VA, s. § 41 Rn. 27. Weitere Angaben, wie z. B. das Geburtsdatum, können erforderlich sein, wenn Verwechslungsgefahr besteht.[48] Die strengen Anforderungen, die an die Kennzeichnung der Parteien im Rubrum eines Gerichtsurteils gestellt werden (§ 313 Abs. 1 Nr. 1 ZPO), gelten für VA jedoch nicht.[49] Die Gerichte tragen dem zunehmend Rechnung. Nach *BFH* sind (so wörtlich) „Formalismus und Wortklauberei" unangebracht.[50]

Folglich kann die Personenangabe auch durch **Pseudonym** oder der Geschäftsbezeichnung eines Gewerbetreibenden („Mosterei A") geschehen, wenn nur klar ist, wer gemeint ist.[51] Auch eine **falsa demonstratio** schadet nicht, etwa wenn nach einer **formwechselnden Umwandlung** ein VA noch an die Gesellschaft unter dem Namen der alten Rechtsform gerichtet ist.[52] Zweifel können durch **Auslegung** beseitigt werden,[53] s. Rn. 7. Zu den Folgen **fehlerhafter Schreibweise** Rn. 20. Aus den **Begleitumständen,** z. B. aus anderen Mitteilungen[54] oder

---

[40] *Volk,* Bestimmtheit von VA, 2002, S. 77 f.
[41] *Volk,* Bestimmtheit von VA, 2002, S. 139 f.
[42] *OVG Bautzen* SächsVBl 2004, 286, 287.
[43] RGZ 100, 116, 117; BGHZ 2, 142, 144; *U. Stelkens,* Verwaltungsprivatrecht, 2005, S. 155.
[44] Vgl. *OVG Frankfurt (Oder)* NVwZ-RR 2004, 315, 316; *Henneke* in Knack, § 37 Rn. 25.
[45] So im Ergebnis auch *Volk,* Bestimmtheit von VA, 2002, S. 78 f.
[46] *OVG Schleswig* NordÖR 2002, 139; *Arndt* Die Gemeinde SH 2002, 59 ff.
[47] *OVG Münster* NVwZ-RR 1990, 451, 452; NWVBl 1993, 26; *VGH Mannheim* NJW 1990, 2270.
[48] *App* KStZ 2005, 205; *Kopp/Ramsauer,* § 37 Rn. 10.
[49] *Renck* JuS 1977, 449, 450.
[50] BFHE 179, 211, 214; BFH HFR 2006, 94, 95.
[51] Vgl. *OVG Weimar* LKV 2006, 281, 282.
[52] *OVG Münster* NVwZ-RR 2003, 327, 328.
[53] *OVG Frankfurt (Oder)* NVwZ-RR 2002, 479, 480; *OVG Münster* NWVBl 1993, 104; *BFH* NVwZ-RR 1991, 660; *FG MV* NVwZ-RR 1997, 124, 125.
[54] BFHE 147, 211 = NJW 1987, 920; *FG Münster* EFG 2001, 1206, 1207.

einer bestimmten Grundstücksbezeichnung, kann sich ergeben, dass wahrer Adressat eine andere Person ist als die im Anschriftenfeld Genannte, diese Angabe also offenbar unrichtig ist (§ 42 Rn. 27). Die Bestimmtheit fehlt jedoch, wenn zwei **Personen gleichen Namens** unter derselben Anschrift zu erreichen sind, es sei denn, aus den Umständen folgt klar, wer gemeint ist, z. B. wenn auf einen Kriegsdienstverweigerungsantrag des im Hause des Vaters lebenden namensgleichen Sohnes Bezug genommen wird. Aus dem Fachrecht können sich zudem besondere Anforderungen ergeben.[55] Entgegen einer in der Rspr. vertretenen Auffassung[56] ergeben sich jedoch keine strengeren Anforderungen aus dem Verwaltungsvollstreckungsrecht, weil die genaue **namentliche Bezeichnung des Vollstreckungsschuldners** im zu vollstreckenden VA **keine Vollstreckungsvoraussetzung nach den VwVfG** ist. § 750 ZPO ist für die Verwaltungsvollstreckung nicht entsprechend anwendbar, s. § 35 Rn. 276.

12   Eine unbestimmte Angabe der Adressaten (z. B. „Herr Müller und Miteigentümer", Rn. 17) kann zudem nachträglich dadurch **geheilt** werden (s. a. Rn. 41 ff.), dass die zu unbestimmt bezeichneten Personen im Verlauf des Verfahrens auftreten, z. B. durch Erhebung des Widerspruchs, ohne die ungenaue Bezeichnung zu rügen.[57] Gleiches gilt, wenn sich aus anderen Gründen die hinreichende Bestimmtheit des bezeichneten Adressaten durch die Erhebung des Widerspruchs ergibt.[58] Streng genommen liegt hierin keine Heilung, sondern die Bezeichnung erwies sich aus der Sicht ex post als für die Betroffenen hinreichend bestimmt, § 42 Rn. 7, 27. Diese Situation ist jedoch von dem Fall zu unterscheiden, dass der **Inhaltsadressat genau bestimmt** ist, jedoch ein Nichtadressat meint, er sei Adressat, z. B. weil ein Gesellschafter einer Personengesellschaft einen unmissverständlich an die Gesellschaft gerichteten Bescheid auf sich bezieht. Dieser Irrtum bewirkt nicht, dass der Bescheid (nachträglich) einen anderen als den erklärten Inhalt erhält, selbst wenn die Behörde diesen Irrtum teilt.[59]

13   Bei **öffentlicher Bekanntgabe** (nicht jedoch bei öffentlicher Zustellung nach § 10 VwZG, weil diese eine Individualbekanntgabe ersetzt, s. § 41 Rn. 144) sind die Anforderungen an die Bestimmtheit der Inhaltsadressaten zusätzlich relativiert (s. a. Rn. 26); es reicht aus, wenn sie **nach allg. Merkmalen gattungsmäßig** (§ 35 Rn. 284 ff.) oder durch ihre Beziehungen zu einer konkreten Sache (§ 35 Rn. 308 ff.) **bestimmt** sind.[60] Dies wird durch § 35 S. 2, der die Existenz von AllgV mit nur gattungsmäßig bestimmtem Adressatenkreis voraussetzt, klargestellt,[61] s. § 35 Rn. 271. Hieraus ergibt sich umgekehrt die besondere „Ringsumwirkung" der öffentlichen Bekanntgabe, wenn eine AllgV öffentlich bekannt gegeben wird, näher § 41 Rn. 136 ff. Verlangt das Fachrecht eine konkrete Bezeichnung des Adressaten, kann dies einer Regelung des fraglichen Sachverhalts durch AllgV schlechthin entgegenstehen, s. § 35 Rn. 267.

14   Der **Inhaltsadressat** (auf den sich § 37 Abs. 1 allein bezieht, s. Rn. 10) ist vom **materiellen Adressat** des VA zu unterscheiden, den **§ 13 Abs. 2 Nr. 2** mit der Bezeichnung „derjenige, an den die Behörde den VA richten will" und **§ 41 Abs. 1 S. 1 Alt. 1** mit der Bezeichnung „derjenige, für den der VA bestimmt ist", umschreiben. Der Begriff des materiellen Adressaten ist nur zur Unterscheidung zwischen dem eigentlichen Partner der Behörde im Verwaltungsrechtsverhältnis und „nur" Drittbetroffenen maßgeblich, s. § 22 Rn. 17, § 41 Rn. 29 f. Ein an einen **Drittbetroffenen** gerichteter VA muss jedoch auch in Bezug auf den Drittbetroffenen inhaltlich bestimmt sein: Wird dem belasteten Nachbarn eine Baugenehmigung bekannt gegeben, ist der Nachbar Inhaltsadressat dieses Bescheides und muss deshalb bestimmt bezeichnet werden, damit klar ist, wem gegenüber die belastenden Wirkungen des VA eintreten sollen.[62]

15   **b) Bezeichnung von Eheleuten/Lebenspartnern/Familien:** Umstr. ist, ob bei Eheleuten die Bestimmtheit durch eine Angabe wie „Eheleute Müller" oder „Herr Franz Müller und

---

[55] Vgl. z. B. *BVerwG* NVwZ 1990, 858.
[56] Vgl. etwa *OVG Bautzen* NVwZ 1998, 656; *OVG Münster* BRS 46 Nr. 117; a. A. wohl *BVerwG* NJW-RR 1995, 73, 74.
[57] *BVerwG* NVwZ-RR 1997, 248, 249; *OVG Frankfurt (Oder)* NVwZ-RR 2002, 479, 481 f.; *OVG Münster* OVGE 27, 309, 312.
[58] *VGH Mannheim* NJW 1990, 2270.
[59] *OVG Münster* NVwZ-RR 2006, 521 f.; ähnlich *BFH* HFR 2006, 1065, 1066; *FG Köln* EFG 2002, 438, 439; EFG 2006, 230, 231; *FG Münster* EFG 2004, 547 f.; a. A. jedoch *VG Dessau* NVwZ 2002, 623, 624 und *VG Kassel* NVwZ-RR 2002, 892 („einverständliche Auswechselung" des Bescheidadressaten).
[60] *Volk*, Bestimmtheit von VA, 2002, S. 133 f.
[61] Vgl. hierzu den Fall von *OVG Lüneburg* NVwZ-RR 2005, 93, 94.
[62] A. A. offenbar *Volk*, Bestimmtheit von VA, 2002, S. 136 f.

Ehefrau" gegeben ist oder ob zwingend **beide Eheleute mit vollem Namen** („Franz und Frieda Müller bzw. „Herrn Franz Müller und Frau Frieda Müller") zu bezeichnen sind.[63] Seitdem beide Eheleute keinen gemeinsamen Ehenamen mehr führen müssen (§ 1355 Abs. 1 S. 3 und Abs. 4 BGB), kommt dem besondere Bedeutung zu. Soweit das Fachrecht keine strengeren Anforderungen enthält,[64] dürfte jedoch für die Bestimmbarkeit der Inhaltsadressaten i. V. m. den Adressenangaben die o. g. Angaben genügen, selbst wenn kein gemeinsamer Ehename geführt wird.[65] Auch um sicherzugehen, dass der VA den Betroffenen zugeht, dürfte eine solche Bezeichnung i. d. R. reichen. Entsprechendes dürfte für Lebenspartner nach dem **Lebenspartnerschaftsgesetz** (LPartG) gelten, für die nach § 3 LPartG ein im Wesentlichen mit § 1355 BGB vergleichbares Namensrecht gilt. Auch bei langjähriger **nichtehelicher Lebensgemeinschaft** können Bezeichnungen wie „Frau Müller und Lebensgefährte" (für die Personen, auf die es bezüglich der Bestimmbarkeit ankommt, s. Rn. 5) bestimmbar sein,[66] vgl. Rn. 17 f.; zur Frage, ob ein „zusammengefasster Bescheid" an Eheleute/Lebenspartner/nichteheliche Lebensgemeinschaft ergehen darf, s. § 41 Rn. 75 ff., 211 f. Allerdings ergibt sich aus § 12 BGB bzw. dem allgemeinen Persönlichkeitsrecht ein Anspruch beider Eheleute/Lebenspartner/Lebensgefährten, mit vollem Namen bezeichnet zu werden. Die Nichtbeachtung dieses Anspruchs lässt jedoch die Wirksamkeit der Bekanntgabe und die Bestimmtheit der Bezeichnung der Inhaltsadressaten i. § 37 Abs. 1 unberührt.[67] I. d. R. zu unbestimmt dürften jedoch Bescheide sein, die etwa an die **„Familie Müller"** gerichtet werden, es sei denn, es ergibt sich aus der Bescheidbegründung noch hinreichend deutlich, dass z. B. das minderjährige Kind Adressat einer schulischen Ordnungsmaßnahme ist, die an die Eltern als Personensorgeberechtigte bekannt gegeben wird.[68]

c) Bezeichnung von Personengesellschaften und Vermögensgemeinschaften: Die **16** oHG, KG und die **Partnerschaftsgesellschaft** (§ 124 HGB, § 161 Abs. 2 HGB, § 7 Abs. 2 PartGG) verfügen über eine eigene Firma, so dass sie grundsätzlich nur durch eine Nennung ihrer Firma als Inhaltsadressat bestimmt bezeichnet werden,[69] s. a. § 11 Rn. 14, § 41 Rn. 80. U. U. kann die Auslegung jedoch ergeben, dass die Adressaten eines an eine Personengesellschaft gerichteten Bescheides die Gesellschafter sind.[70] Probleme wirft in der Praxis jedoch oft die korrekte Bezeichnung von Personengesellschaften und Vermögensgemeinschaften auf, die über keinen „gesetzlichen" Namen verfügen. Hinsichtlich der **Gesellschaft bürgerlichen Rechts** (GbR) ist nunmehr anerkannt, dass sie, sofern sie als Teilnehmer am Rechtsverkehr eigene Rechte und Pflichten begründet (Außen-GbR), **aktiv und passiv parteifähig** ist und es damit auch für die Vollstreckung in das Gesamthandsvermögen – entgegen dem Wortlaut des § 736 ZPO – keines an alle Gesellschafter gerichteten Titels mehr bedarf,[71] s. a. § 41 Rn. 81. Daher ist die GbR auch im VwVf – wie die oHG (§ 11 Rn. 14, § 41 Rn. 80) – unbeschränkt entspr. § 11 Nr. 1 und unter ihrem eigenen Namen beteiligtenfähig, sofern es sich nicht um eine reine GbR-Innengesellschaft handelt.[72] **Materiellrechtlich** ist daher deutlich zwischen der Inanspruchnahme der GbR und der Inanspruchnahme ihrer Gesellschafter als Einzelpersonen zu unterscheiden;[73] wer in Anspruch zu nehmen ist, bestimmt das Fachrecht. Sieht es eine Verpflichtung der GbR (z. B. als Eigentümer) vor, ist die GbR zu verpflichten, der Durchgriff auf

---

[63] S. hierzu im Einzelnen *Hein* BB 1979, 319, 320 f.; *Preißer* NVwZ 1987, 867; *Petersen* KStZ 1988, 41, 47; *Renck* JuS 1977, 449, 451.
[64] § 157 Abs. 1 S. 2 AO wird teilweise als eine solche Bestimmung gesehen: *VGH Mannheim* NVwZ 1986, 139; *FG Kassel* DB 1986, 465.
[65] Vgl. *VGH Mannheim* NVwZ-RR 1989, 597; *BFHE* 160, 207, 211 = NJW 1990, 3230; *BFH* NJW 1997, 151; wie hier auch *Kopp/Ramsauer*, § 37 Rn. 11 a; *Schwarz* in Fehling u. a., § 37 VwVfG Rn. 13; a. A. *Volk*, Bestimmtheit von VA, 2002, S. 126 ff.
[66] A. A. *Kopp/Ramsauer*, § 37 Rn. 11 a.
[67] So wohl auch *BFHE* 143, 491, 494 f. = NVwZ 1986, 156.
[68] *OVG Greifswald* NVwZ-RR 2002, 578 f.
[69] *App* KStZ 2005, 205, 208.
[70] *FG Köln* EFG 2002, 438, 439.
[71] *BGHZ* 146, 341 ff. = NJW 2001, 1056 ff.; zusammenfassend zur Entwicklung *K. Schmidt* NJW 2001, 993 ff.; *Timme/Hülk* JuS 2001, 1056 ff.
[72] *OVG Frankfurt (Oder)* NVwZ-RR 2002, 479, 482; ebenso für Beteiligung im Verwaltungsprozess: *OVG Bautzen* NJW 2002, 1361, 1362; SächsVBl 2002, 269; für Verfassungsprozess: *BVerfG* NJW 2002, 3533.
[73] *VGH Mannheim* NJW 2007, 105.

die Gesellschafter ist materiell rechtswidrig.[74] Ist eine Außen-GbR Inhaltsadressat eines Bescheides, ist die Angabe des Namens zu ihrer bestimmten Bezeichnung somit nicht nur ausreichend, sondern i. d. R. notwendig.[75] Sollen die Gesellschafter persönlich in Anspruch genommen werden, sollte eine Adressierung an die GbR als „Sammelbezeichnung der Gesellschafter" (vgl. Rn. 17) demgegenüber unterbleiben.[76] Hat die GbR keinen eigenen Namen, ist die Außen-GbR durch Benennung ihrer Gesellschafter zu bezeichnen, wobei deutlich zu machen ist, dass eben nicht die Gesellschafter persönlich, sondern die GbR als Gesamthandsverbund der Gesellschafter gemeint ist.[77]

17 Auch der **Wohnungseigentumsgemeinschaft** wird von § 10 Abs. 6 WEG Teilrechtsfähigkeit zugesprochen, soweit sie bei der Verwaltung gemeinschaftlichen Eigentums am Rechtsverkehr teilnimmt.[78] Materiellrechtlich stellt sich somit die Frage, ob eine bestimmte verwaltungsrechtliche Pflicht die Wohnungseigentümergemeinschaft (und damit die Wohnungseigentümer in ihrer Gesamtheit), die Wohnungseigentümer persönlich als Gesamtschuldner oder die Wohnungseigentümer persönlich als Teilschuldner trifft (vgl. auch § 10 Abs. 8 WEG).[79] Dies muss in dem Bescheid deutlich zum Ausdruck kommen, sonst ist er zu unbestimmt.[80] Von der Frage, ob die Wohnungseigentümergemeinschaft materiellrechtlich Träger verwaltungsrechtlicher Rechte und Pflichten sein kann, ist aber auch hier die Frage zu unterscheiden, ob sie als Inhaltsadressatin bestimmt genug bezeichnet ist, wenn sie durch einen Sammelbegriff bezeichnet wird, z. B. „Wohnungseigentumsgemeinschaft Y". Dies wurde auch bisher für möglich gehalten, soweit das einzelne Mitglied durch diese Bezeichnung bestimmbar ist.[81] Auch bei Vollstreckungsfähigkeit des VA ergeben sich insoweit keine strengeren Anforderungen (str.), s. Rn. 11. Mittlerweile ist auch gesetzlich vorgesehen, dass Wohnungseigentümergemeinschaften einen Namen haben müssen, mit dem sie bestimmt bezeichnet werden können (§ 10 Abs. 6 S. 4 WEG). Für **Miteigentümergemeinschaften** gilt das für Wohnungseigentümergemeinschaften Gesagte entsprechend, auch wenn ihre Teilrechtsfähigkeit bisher noch nicht (zivilrechtlich) anerkannt worden ist.[82] Wird ein Bescheid an „Herrn N. N. und Miteigentümer" adressiert, ist dies jedoch zu unbestimmt,[83] s. a. Rn. 23.

18 d) **Bezeichnung von Rechtsnachfolgern:** Uneinheitliche Bestimmtheitsanforderungen werden an die Bezeichnung von Gesamtrechtsnachfolgern gestellt. Werden sie namentlich bezeichnet, so ist klarzustellen, dass sie als Rechtsnachfolger in Anspruch genommen werden, weil andernfalls unklar sein kann, aus welchem Rechtsgrund die Inanspruchnahme erfolgt.[84] Es ist jedoch umstr., ob eine namentliche Nennung des Rechtsnachfolgers immer erforderlich ist[85] oder ob nicht auch die Angabe „Rechtsnachfolger des X" oder „Erbengemeinschaft X" ausreichend ist.[86] Letzteres wird jedenfalls dann ausreichen, wenn über die Frage, wer Rechtsnachfolger ist, keine Zweifel bestehen.[87] Es ist zudem angenommen worden, selbst dann, wenn nur der

---

[74] *VG Magdeburg* NJW 2001, 2418, 2419; *VG Potsdam* NVwZ-RR 2004, 785; *VG Schleswig* NVwZ 2004, 372, 373; *FG Köln* EFG 2001, 1021.
[75] So bereits *OVG Münster* BRS 58 Nr. 125; ähnlich *BVerwG* NJW-RR 1995, 73, 74; wie hier auch *App* KStZ 2005, 205, 209; *Kopp/Ramsauer*, § 37 Rn. 11a; *Schwarz* in Fehling u. a., § 37 VwVfG Rn. 14; a. A. teilweise die frühere Rspr.: *OVG Bautzen* NVwZ 1998, 656; *OVG Saarlouis* NVwZ 1993, 902, 903.
[76] Noch Bestimmtheit im Einzelfall annehmend: *FG Hamburg* EFG 2006, 1794, 1795.
[77] *VGH Mannheim* NJW 2007, 105 f.; *OVG Münster* NVwZ-RR 2003, 149, 150; *VG Schleswig* NVwZ-RR 2007, 130 f.; *App* KStZ 2005, 205, 209; *Kopp/Ramsauer*, § 37 Rn. 11a.
[78] Auslöser für diese Gesetzesänderung war *BGHZ* 163, 154 ff. = NJW 2005, 2061 ff.
[79] *BVerwG* NJW 2006, 791, 792; *VGH München* NVwZ-RR 2007, 223, 226 f.
[80] *BVerwG* NJW-RR 1995, 73, 74; *VGH Kassel* NJW 1984, 1645, 1646 f.; *OVG Saarlouis* NVwZ 1993, 902; *VG Koblenz* NVwZ-RR 2005, 762, 763.
[81] *BVerwG* NJW-RR 1995, 73, 74; *OVG Lüneburg* OVGE 39, 375, 376; *VGH Mannheim* ZKF 1983, 36; *Stuttmann* NVwZ 2004, 805, 806 f.; *Kopp/Ramsauer*, § 37 Rn. 11b; *Schwarz* in Fehling u. a., § 37 VwVfG Rn. 15; a. A. *VGH Kassel* NJW 1984, 1645, 1646; *VG Aachen* NWVBl 2004, 34 f.; *VG Koblenz* NVwZ-RR 2005, 762 f.; *Volk*, Bestimmtheit von VA, 2002, S. 129 f.
[82] Vgl. *OVG Münster* NVwZ-RR 1997, 8; *Stuttmann* NVwZ 2004, 805, 806 f.
[83] *OVG Münster* NVwZ-RR 1991, 205; NVwZ-RR 1997, 121, 122.
[84] *App* KStZ 2005, 205, 207.
[85] So *VGH Mannheim* VBlBW 1983, 408; *OVG Münster* OVGE 27, 309, 311; *VG Potsdam* NVwZ 1999, 214, 216; BFHE 98, 531, 535.
[86] So *VGH München* BayVBl 1998, 404, 405; *BFH* HFR 2006, 94, 95; *Schwarz* in Fehling u. a., § 37 VwVfG Rn. 16.
[87] BFHE 212, 72 = NJW-RR 2006, 589; a. A. *Volk*, Bestimmtheit von VA, 2002, S. 131.

Name des Rechtsvorgängers genannt werde, seien hierdurch die Gesamtrechtsnachfolger hinreichend bestimmt, soweit allen Beteiligten klar sei, dass sich der Bescheid an die Rechtsnachfolger richten solle.[88] Die Frage der bestimmten Bezeichnung der Rechtsnachfolger ist von der materiellrechtlichen und nach dem Fachrecht zu beurteilenden Frage zu trennen, ob ein gegenüber dem Rechtsvorgänger wirksam gewordener VA auch gegenüber den Rechtsnachfolgern wirkt, s. hierzu § 35 Rn. 260 ff. Zur Bekanntgabe an Rechtsnachfolger, § 41 Rn. 24. Hiervon ist wiederum die (zu verneinende) Frage zu unterscheiden, ob ein VA gegenüber den Rechtsnachfolgern wirksam wird, wenn der **Rechtsvorgänger vor Bekanntgabe verstirbt** (natürliche Person) bzw. aufgelöst/gelöscht wird (juristische Person) und der Rechtsnachfolger den VA auf sich bezieht, hierzu § 43 Rn. 176, § 44 Rn. 111, 143.

e) Unterscheidung zwischen Bestimmtheits- und Bekanntgabefehlern: Fehlerfolge 19 eines unbestimmten VA ist seine Rechtswidrigkeit bzw. Nichtigkeit s. Rn. 1, 40 f. Die Bekanntgabe ist demgegenüber Wirksamkeits-, nicht Rechtmäßigkeitsvoraussetzung für den VA: Der nicht wirksam bekannt gemachte VA ist inexistent, s. § 41 Rn. 222. Zum Sonderfall eines VA mit Drittwirkung, der nicht allen Betroffenen bekannt gegeben wird, § 35 Rn. 20, 23, § 41 Rn. 229 f., § 43 Rn. 165. Wegen dieser **unterschiedlichen Fehlerfolgen** ist zu unterscheiden, ob sich die Unbestimmtheit des Adressaten nach § 37 Abs. 1 „nur" auf die Rechtswidrigkeit oder bereits nach § 41 Abs. 1 i. V. m. § 43 Abs. 1 S. 1 auf die Wirksamkeit der Bekanntgabe des VA auswirkt. Dabei sind die Voraussetzungen wirksamer Bekanntgabe vorrangig zu prüfen. Für die Unterscheidung ist die **Differenzierung zwischen dem Inhaltsadressaten** und dem **Bekanntgabeadressaten** des VA hilfreich.[89] Bekanntgabeadressat ist diejenige Person, an die der VA bekannt zu geben ist bzw. bekannt gegeben werden soll. Die genaue Bezeichnung des Bekanntgabeadressaten ist notwendige Voraussetzung für die Wirksamkeit einer einfachen Bekanntgabe nach § 41 Abs. 1 und 2 oder durch Zustellung (§ 41 Abs. 5), weil der VA andernfalls nicht zugehen bzw. nicht zugestellt werden kann, s. § 41 Rn. 27. I. d. R. sind Inhaltsadressat und Bekanntgabeadressat – wie sich aus § 41 Abs. 1 S. 1 ergibt – identisch. Bereits § 41 Abs. 2 S. 2 zur Bekanntgabe an den Bevollmächtigten (hierzu § 41 Rn. 36 ff.) zeigt jedoch, dass beide auch auseinander fallen können. Dies gilt auch bei gesetzlicher Vertretung, hierzu § 41 Rn. 50 ff. Zur Bekanntgabe an Insolvenzverwalter/Testamentsvollstrecker s. § 41 Rn. 23. Folgende Konstellationen sind zu unterscheiden (s. a. § 42 Rn. 27):

aa) Ein VA wird mit einer Adressierung bekannt gegeben, die den heutigen Gepflogenheiten 20 nicht mehr entspricht (Bekanntgabe an Fräulein X, Bekanntgabe an Eheleute Willi Meier [vgl. Rn. 15]). Er geht jedoch dem Empfänger/allen Betroffenen zu, und es entstehen auch keine Missverständnisse bezüglich ihrer Betroffenheit. Hier bestehen weder an der Bestimmbarkeit noch an der ordnungsgemäßen Bekanntgabe Zweifel. Dementsprechend ist eine **unzutreffende Schreibweise** des Vor- und Nachnamens für die Bestimmtheit/Bekanntgabe nur schädlich, wenn dadurch eine Verwechslungsgefahr entsteht.[90] Ohne Grundrechtsverletzung kann sogar die Schreibweise des Namens des Adressaten den technischen Möglichkeiten einer EDV-Anlage angepasst werden, wenn nicht konkrete Rechtssätze entgegenstehen.[91] Jedoch besteht für diese Vereinfachung bei neuen EDV-Anlagen i. d. R. kein Bedürfnis mehr,[92] s. Rn. 130 ff.

bb) Ein VA wird ohne hinreichende oder unter falscher Adressierung „aus dem Haus gegeben", 21 so dass er dem Empfänger nicht zugehen oder zugestellt werden kann, s. § 41 Rn. 27. Der VA ist hier nicht bekannt gegeben und damit nicht wirksam, es sei denn, insoweit beste-

---

[88] *FG Münster* EFG 2001, 6, 9; ähnlich bereits *BVerwGE* 7, 17, 25 = NJW 1959, 401; ablehnend: *Kopp/Ramsauer*, § 37 Rn. 11 b.
[89] *App* KStZ 2005, 205 ff.; *Tipke/Kruse*, § 122 Rn. 15. Der Anwendungserlass zur AO (AEAO, s. Angaben vor Rn. 1 zu § 41) unterscheidet in Tz. 1.3.1, 1.4.1, 1.5.1 zu § 122 von Inhaltsadressat und Bekanntgabeadressat zusätzlich noch den Empfänger (so auch *App* KStZ 2005, 205, 206). Dies ist nur sinnvoll, wenn der Bevollmächtigte nach § 14 als Empfänger, nicht als Bekanntgabeadressat verstanden wird, wie der Fall zeigt, dass der gesetzliche Vertreter einer Person für eine bestimmte Angelegenheit dieser Person einen Bevollmächtigten bestellt. Ob für diese weitere Differenzierung ein Bedürfnis besteht, erscheint jedoch zweifelhaft.
[90] *BFH* NVwZ-RR 1991, 660, 661; *FG Freiburg* EFG 1992, 243, 244; *FG Schleswig* EFG 2001, 1530, 1531; *App* KStZ 2005, 205, 206.
[91] *BVerwGE* 31, 236; 45, 189, 192 = NJW 1974, 2101.
[92] S. aber *BVerwG* NJW 1993, 547 (in Personalpapieren dürfe in der Zone „für das automatische Lesen" anstelle eines Vokals mit Umlaut der Vokal mit nachfolgendem e geschrieben werden, weil auch ausländische Behörden befugt seien, den Namen automatisch zu lesen).

hen – wie in § 10 Abs. 2 AsylVfG – Sondervorschriften, s. § 41 Rn. 105. Erfolgt trotzdem **Zugang** oder wird die fehlerhafte Bekanntgabe durch nachträgliche Kenntnisnahme geheilt (§ 41 Rn. 232 ff.), liegt jedoch keine Unbestimmtheit des VA vor, wenn trotz **fehlerhafter/unzureichender Adressierung** keine Unklarheiten darüber bestehen, wer Inhaltsadressat des VA ist,[93] s. Rn. 11.

22 cc) Ein VA wird einer **bestimmten Person bekannt gegeben,** jedoch bleibt auch nach Auslegung **unklar,** ob sich der VA wirklich an diese Person als **Inhaltsadressat** (Rn. 10) richtet oder ob sie **nur Bekanntgabeadressat** (Rn. 19) für einen VA sein soll, der sich inhaltlich an eine andere Person richtet. Hier liegt eine wirksame Bekanntgabe nach § 41 vor (vgl. aber auch Rn. 23), jedoch ist der VA als zu unbestimmt rechtswidrig und ggf. nichtig.[94] Entsprechendes gilt, wenn ein VA einer bestimmten Person als Vertreter/Bevollmächtigter einer anderen Person (also „nur" als Bekanntgabeadressat) bekannt gegeben wird, sich dem Bescheid oder den Umständen jedoch nicht entnehmen lässt, wer der Vertretene (also der Inhaltsadressat) sein soll,[95] oder wenn der VA einer bestimmten Person bekannt gegeben wird, sich aus dem Inhalt des Bescheides jedoch die Möglichkeit ergibt, dass Inhaltsadressat ein Dritter sein soll und die Bekanntgabe an den Empfänger nur auf einer Verwechslung beruht. Ebenfalls fehlt es nicht an einer wirksamen Bekanntgabe sondern an der inhaltlichen Bestimmtheit, wenn ein VA an einen **Insolvenzverwalter/Testamentsvollstrecker** bekannt gegeben wird, sich jedoch aus dem Inhalt des Bescheides nicht klar ergibt, ob er als Privatmann, als Insolvenzverwalter/Testamentsvollstrecker des von ihm zu verwaltenden Vermögens oder als Bevollmächtigter des Gemeinschuldners/Erben angesprochen wird,[96] hierzu § 41 Rn. 23.

23 dd) Ein VA wird einer **genau bezeichneten Person** bekannt gegeben (Unterschied zur Fallgestaltung der Rn. 24) und dem Inhalt des Bescheides lässt sich entnehmen, dass **Inhaltsadressat** neben dieser Person **auch Dritte** sein sollen, gegenüber denen keine eigene Bekanntgabe erfolgt. Hier ist zwischen der gegenüber dem Empfänger und den Dritten getroffenen Regelungen zu unterscheiden. Gegenüber dem Empfänger ist der VA wirksam bekannt gegeben worden und die Bezeichnung des Inhaltsadressaten nicht zu unbestimmt.[97] Fraglich kann hier allerdings die Bestimmtheit der Rechtsfolgenanordnung sein, z. B. wenn nicht klar ist, ob der Empfänger als Teilschuldner oder als Gesamtschuldner mit den Dritten haftet, s. Rn. 30. Im Übrigen ist zu untersuchen, ob die Dritten hinreichend bestimmt wurden, vgl. Rn. 17. Nur dann kommt es darauf an, ob der VA mit Bekanntgabe an den Empfänger auch für die Dritten als bekannt gegeben anzusehen ist, hierzu § 41 Rn. 75 ff., 97, 211. Ist dies nicht der Fall, ist der VA nur gegenüber der genau bezeichneten Person bekannt gegeben, i. Ü. jedoch mangels Bekanntgabe unwirksam.[98]

24 ee) Ein VA wird **an** eine **Personenmehrheit adressiert** (Unterschied zur Fallgestaltung der Rn. 23) und eine **Ausfertigung nur einem Betroffenen** übergeben. Soweit hier die Bekanntgabe an den Empfänger nicht auch für die übrigen Mitglieder der Personenmehrheit wirkt (hierzu § 41 Rn. 76 f.), ist der VA gegenüber keinem der Betroffenen wirksam bekannt gegeben, s. § 41 Rn. 78. Kann eine Bekanntgabe an alle durch Übermittlung nur einer Ausfertigung erfolgen (§ 41 Rn. 76 f.), ist der hinsichtlich des Inhaltsadressaten jedenfalls dann hinreichend bestimmt, wenn entsprechend **§ 10 Abs. 3 S. 3 AsylVfG** ausdrücklich darauf hingewiesen wurde, gegenüber welchen Personen sie genau gelten soll. Mangels klarer Rechtsfolgenanordnung kann zudem ein nur an eine Personenmehrheit gerichteter Bescheid zu unbestimmt sein, wenn nicht klar ist, ob sich die Regelung an alle Mitglieder der Personenmehrheit in ihrer Gesamtheit oder an jeden einzelnen als Mitglied der Personenmehrheit richtet, hierzu Rn. 15 ff., 30.

---

[93] *OVG Münster* NWVBl 2001, 29, 30.
[94] *VG Schleswig* NVwZ-RR 2007, 130 f.; BFHE 151, 260 = NJW 1989, 936 (für Testamentsvollstrecker); *FG Mecklenburg-Vorpommern* NVwZ-RR 1997, 124, 125.
[95] BFHE 147, 211 = NJW 1987, 920.
[96] *OVG Magdeburg* NVwZ-RR 2004, 135 (für Insolvenzverwalter); BFHE 127, 497, 499 (für Testamentsvollstrecker); BFHE 174, 290 = NVwZ 1996, 207 (für Insolvenzverwalter).
[97] Wie hier BFHE 194, 1 = NVwZ-RR 2001, 1326 f.; *Kopp/Ramsauer,* § 37 Rn. 11.
[98] *OVG Münster* NVwZ-RR 1991, 205; NVwZ-RR 1997, 121, 122; BFHE 194, 1 = NVwZ-RR 2001, 1326 f.

ff) Ein VA wird an eine **genau bezeichnete Person bekannt gegeben,** und unter Be- 25
rücksichtigung des **Empfängerhorizontes** lässt sich der VA auch nicht anders verstehen, als
dass er sich an **diese Person als Inhaltsadressat** richtet; tatsächlich wollte die Behörde jedoch
diesen VA gar nicht an diese Person bekannt geben, sondern an eine andere. Hierzu gehören
auch die Fälle, dass ein VA an den Bevollmächtigten oder den gesetzlichen Vertreter einer Person bekannt gegeben werden soll, jedoch dem Schreiben nicht zu entnehmen ist, dass Inhaltsadressat der Regelung der Vertretene und nicht der Vertreter sein soll,[99] s. § 41 Rn. 44, 49; ähnlich bei Bekanntgabe eines VA an einen Insolvenzverwalter/Testamentsvollstrecker, s. Rn. 22.
Hier liegt – entgegen *BFH* – eine wirksame Bekanntgabe an den Empfänger vor, da die Abgabe
des VA der Behörde in einem solchen Fall trotz fehlendem echten Bekanntgabewillen zurechenbar ist und damit dem Empfänger wirksam bekannt gegeben worden ist,[100] s. § 41 Rn. 59.
Da der Adressat der Maßnahme in diesem Fall auch hinreichend bestimmt ist, kann sich eine
Rechtswidrigkeit der Maßnahme nur aus dem materiellen Recht ergeben. Bei Ermessens-VA
liegt insoweit immer Rechtswidrigkeit vor, weil sich die Ermessenserwägungen auf die konkrete
Person beziehen müssen. Im Übrigen dürfte es selbst nach Bestandskraft des VA im Regelfall
rechtsmissbräuchlich sein, wenn sich die Behörde gegenüber dem Empfänger auf diesen VA
beruft (ggf. aus ihm vollstrecken will), jedenfalls dann, wenn sie dem Empfänger gegenüber
zuvor die Auffassung vertreten hatte, dass der VA nicht ihm, sondern einem anderen gegenüber
wirken soll, vgl. § 53 Rn. 27 f.

gg) Bei **öffentlicher Bekanntgabe** (nicht jedoch bei öffentlicher Zustellung nach § 10 26
VwZG, weil diese eine Individualbekanntgabe ersetzt, s. § 41 Rn. 144) ist schließlich der Bekanntgabeadressat die Allgemeinheit, wie sich aus den besonderen Wirkungen der öffentlichen
Bekanntgabe erhellt, hierzu § 41 Rn. 136 ff. Der Bekanntgabeadressat ist dementsprechend hier
unbestimmbar und als Rechtsfigur ohne Bedeutung, s. a. Rn. 13.

4. Bestimmtheit der getroffenen Regelung

Zur Bestimmtheit der in dem verfügenden Teil des VA zusammengefassten **Regelung** 27
(Rn. 1, 4) gehört, dass der **Sachverhalt,** auf den sich die Regelung bezieht, und die **Rechtsfolge,** die bestimmt wird, erkennbar sein müssen. Hieran fehlt es jedenfalls, wenn nicht erkennbar ist, wie entschieden wurde.[101] Zudem muss die Rechtsfolge auf den konkreten Fall bezogen
sein, der VA darf also nicht nur den gesetzlichen Text wiederholen,[102] insbes. nicht in der Form,
dass die Regelung gesetzliche unbestimmte Rechtsbegriffe übernimmt und so die Wertung
dem Adressaten überlässt.[103] Erkennbar ist die Rechtsfolge nur, wenn auch die **Art des VA**
hinreichend festgelegt wird, z. B. ob es sich um eine vorläufige oder endgültige Regelung, um
einen Vorbescheid oder eine abschließende ggf. nur bedingte Entscheidung handelt,[104] s. § 35
Rn. 243 ff., 251 ff. Ferner, ob eine Inhaltsbestimmung des VA oder eine Nebenbestimmung
vorliegt (§ 36 Rn. 68 ff.). Zunächst muss eine Klärung durch Auslegung versucht werden,
Rn. 7. Wird ein VA aufgehoben, muss deutlich gemacht werden, ob dies mit Wirkung ex nunc
oder ex tunc erfolgt.[105]

a) Genehmigungen/Erlaubnisse: Zu unbestimmt ist eine Baugenehmigung, die eine 28
„Mehrzwecknutzung" zulässt, wenn Inhalt, Reichweite und Umfang der genehmigten Nutzung
offen bleibt[106] oder deren Regelung zusammen mit den Nebenbestimmungen in sich widersprüchlich ist, so dass man von ihr letztlich keinen Gebrauch machen kann,[107] ein PlfBeschl.,
der wesentliche regelungsbedürftige Fragen ungelöst lässt,[108] und ein Vorbescheid, der keine

---

[99] *OVG Weimar* ThürVBl 2004, 184, 186.
[100] Wie hier *OVG Weimar* NVwZ-RR 2000, 818, 819 f. (wo dies mit Rechtsscheinüberlegungen begründet wird); *OVG Weimar* ThürVBl 2004, 184, 186; *Beger* DStR 1975, 175, 178.
[101] *FG Düsseldorf* EFG 2004, 14, 15.
[102] *Volk,* Bestimmtheit von VA, 2002, S. 107 f.
[103] BVerwGE 94, 341, 350 f.; 104, 301, 320 f. = NVwZ 1999, 178.
[104] *Volk,* Bestimmtheit von VA, 2002, S. 90 ff.
[105] BVerwGE 123, 190, 202 f. = NVwZ 2005, 1329, 1331.
[106] *OVG Münster* NWVBl 2005, 470; vergleichbar der Fall von *OVG Münster* NVwZ-RR 2003, 480, 481.
[107] *OVG Münster* NVwZ 1989, 379, 380.
[108] *VGH Kassel* NVwZ 1989, 484.

konkrete Feststellung enthält, sondern die Vereinbarkeit mit den gesetzlichen Voraussetzungen durch Nebenbestimmungen fordert[109] oder von späteren Schallschutzgutachten abhängig macht.[110] Hinreichend bestimmt ist eine Regelung, nach der der Testbetrieb „frühestens" zu einem bestimmten Termin beginnen darf,[111] oder die Genehmigung eines „Showrooms", soweit die Betroffenen wissen, was damit gemeint ist,[112] s. a. Rn. 6. Zur Bestimmtheit von **Nebenbestimmungen** zur Genehmigung s. § 36 Rn. 27 f. mit Beispielen. Zur Bestimmtheit **drittschützender Anordnungen** Rn. 4.

29 Wird auf den **Antrag oder Antragsunterlagen** verwiesen (Rn. 37, § 22 Rn. 47), kann die mangelnde Bestimmtheit dieser Dokumente zur Unbestimmtheit des VA führen, weil die unbestimmten Unterlagen und Pläne entweder selbst Teil des verfügenden Teils des VA sind; dann ist § 37 Abs. 1 unmittelbar auf sie anzuwenden.[113] Oder sie wären als Teil des Antrages oder der Begründung zur Auslegung des für sich genommen unklaren verfügenden Teils erforderlich, sind dazu aber wegen der eigenen Unklarheit nicht in der Lage,[114] s. § 22 Rn. 43, 45 ff., § 35 Rn. 143, § 39 Rn. 39. Anders ist es jedoch, wenn sich diese Unklarheiten wiederum durch Auslegung beseitigen lassen.[115]

30 b) **Geldleistungsbescheide:** Einem **Geldleistungsbescheid** muss das Forderungsrechtsverhältnis, z.B. die Beitragsart (vgl. § 157 Abs. 1 S. 2 AO; der Sache nach einschränkend jedoch die in § 45 Rn. 48 f. geschilderte Rspr.[116]) und der Zeitpunkt der Leistung zu entnehmen sein.[117] Setzt sich ein Leistungsbescheid aus einer Summe einzelner Rechnungsposten zusammen, sind die Posten zumindest in der Begründung aufzuschlüsseln.[118] Entsprechendes gilt für Bescheide, die zur Duldung der Zwangsvollstreckung wegen Geldforderungen verpflichten.[119] Ist ein Bescheid an **mehrere Personen** gerichtet (Rn. 16 ff., § 41 Rn. 75 ff.), ist er nicht hinreichend bestimmt, wenn er nicht erkennen lässt, ob sie **als Gesamtschuldner** oder nach Bruchteilen (in welcher Höhe) in Anspruch genommen werden (anders wenn sich dies eindeutig aus dem Gesetz ergibt),[120] desgleichen, wenn nicht sicher ist, welche Person aus einer Personenmehrheit in Anspruch genommen werden soll,[121] s. Rn. 22 ff. Nicht erforderlich ist es aber nach materiellem Recht, neben dem in Anspruch genommenen Gesamtschuldner auch die übrigen zu benennen oder die Auswahl der Gesamtschuldner zu begründen[122] oder gar den Bescheid an alle Gesamtschuldner zu richten.[123] Hinreichend bestimmt ist auch ein Haftungsbescheid, der nur die Forderung bezeichnet, für die gehaftet werden soll, nicht jedoch die einzelnen dieser Forderung zugrunde liegenden Berechnungsgrundlagen.[124]

31 c) **Verpflichtung zum Handeln, Dulden, Unterlassen:** Wird dem Adressaten durch VA ein Handeln, Dulden oder Unterlassen aufgegeben, muss das **Ziel der geforderten Handlung** so bestimmt sein, dass sie nicht einer unterschiedlichen subjektiven Beurteilung zugänglich ist, Rn. 2. Die Konkretisierung dessen, was ge- oder verboten ist, muss in der Verfügung selbst er-

---

[109] *OVG Münster* NVwZ 1989, 1081; vgl. auch *OVG Münster* NVwZ-RR 2003, 823.
[110] *OVG Münster* 13. 5. 1994 – 10 A 2624/89 – (juris).
[111] *OVG Münster* NVwZ-RR 2000, 726, 727.
[112] *OVG Münster* NJW 2005, 2246.
[113] So bei *OVG Bautzen* SächsVBl 2003, 235, 236; *OVG Münster* NVwZ-RR 1989, 344; BauR 1994, 750; allgemein *Volk*, Bestimmtheit von VA, 2002, S. 61 f.
[114] So bei *OVG Münster* NVwZ 1986, 580.
[115] *VGH Mannheim* VBlBW 1997, 341.
[116] Deutlich zu diesem Zusammenhang *OVG Weimar* NVwZ-RR 2003, 229, 231.
[117] *BVerwGE* 74, 205 = NVwZ 1986, 919; *OVG Bautzen* SächsVBl 2004, 242; *OVG Koblenz* NVwZ-RR 1988, 46; NVwZ 1990, 399; KStZ 1990, 155; *OVG Münster* NVwZ 1989, 1087; NWVBl 1996, 69.
[118] *VGH Kassel* NVwZ-RR 1996, 287, 288 f.; *VGH München* NVwZ-RR 1994, 133; *OVG Münster* NWVBl 1996, 69; *OVG Weimar* NVwZ-RR 2001, 212, 213; NVwZ-RR 2002, 774, 775; *FG Köln* EFG 2006, 165 f.; a. A. wenn dem Adressaten die Posten bekannt sind: *OVG Saarlouis* NVwZ-RR 2006, 289.
[119] *BVerwGE* 104, 301, 318 f. = NVwZ 1999, 178; *VG Gera* NVwZ-RR 2001, 627, 629; *BFHE* 192, 232 = NVwZ-RR 2001, 629, 630 (für Pfändungsverfügung).
[120] *BVerwG* NVwZ-RR 1997, 248; *VGH Kassel* NJW 1984, 1645; *VGH München* NJW 1984, 626; NVwZ-RR 1993, 381, 382; NVwZ-RR 1994, 690, 691; *OVG Münster* NVwZ-RR 1997, 121, 122; NVwZ-RR 1999, 38.
[121] *VG Aachen* NWVBl 2004, 34, 35.
[122] *BVerwG* NJW 1993, 1667, 1668; *OVG Münster* NJW-RR 1990, 1298.
[123] *OVG Münster* NWVBl 1988, 346.
[124] *BSGE* 85, 200 = NZG 2000, 611 (m. Anm. *Kreßel* SGb 2000, 494).

folgen und darf nicht der Vollstreckung überlassen bleiben.[125] Dies gilt insbes., wenn die Nichtbeachtung des VA bußgeld- oder strafbewehrt ist (s. a. § 36 Rn. 69). Insoweit genügt eine Anordnung, die den Gesetzestext lediglich wiederholt, i. d. R. nicht,[126] ohne dass generalisierende Begriffe die Bestimmbarkeit immer ausschließen, Rn. 7. Zur Bestimmtheit von Auflagen § 36 Rn. 27 f. mit Beispielen. Je mehr unterschiedliche Interessen durch die Anordnung gewahrt werden sollen, umso bestimmter muss sie sein.[127] Unbestimmtheit liegt insbes. vor, wenn sich zwei **Anordnungen widersprechen,**[128] Rn. 8. Eine **Zwangsmittelandrohung** ist zu unbestimmt, wenn sie sich auf mehrere Anordnungen bezieht und nicht einzelnen Anordnungen zugeordnet werden kann.[129] Wird eine **Frist gesetzt,** muss sie kalendermäßig bestimmt sein (Festlegung eines genauen Zeitraums oder eines Enddatums).[130]

Bei einem **Verbot** muss unmissverständlich festgelegt werden, welche Handlungen zu unterlassen sind. Nicht erforderlich ist demgegenüber, dass dem Betroffenen die Mittel aufgezeigt werden, wie er sich an das Verbot halten kann.[131] Jedoch ist es unschädlich, wenn z. B. in der Aufforderung, die Ausübung eines Gewerbes zu unterlassen, zusätzlich beispielhaft Maßnahmen genannt werden, wie das Verbot eingehalten werden kann (z. B. „ggf. vorhandene Betriebsräume zu schließen").[132] Zu **unbestimmt** ist demgegenüber ein Verbot, dem nicht entnommen werden kann, auf welchen räumlichen Geltungsbereich es sich bezieht,[133] eine Sperrerklärung nach § 96 StPO (§ 35 Rn. 150), die nicht erkennen lässt, auf welche Akten sie sich bezieht,[134] ein als Verbot zu verstehendes Gebot, zukünftig „Schleichwerbung" zu unterlassen,[135] oder ein Aufenthaltsverbot, dass dem Betroffenen den Aufenthalt auf einem bestimmten Platz verbietet, jedoch das Betreten und Durchqueren des Platzes gestattet, ohne greifbare Kriterien für die Unterscheidung dieser Verhaltensweisen zu formulieren.[136] Weit gefasste Regelungen, die keine Ausnahmen zulassen, sind jedoch nicht zu unbestimmt, sondern allenfalls nach dem maßgeblichen Fachrecht rechtswidrig oder unverhältnismäßig, s. Rn. 2. **Hinreichend bestimmt** ist z. B. die als Verbot zu verstehende Anordnung, wonach Geräuscheinwirkung über eine bestimmte Lautstärke hinaus untersagt wird (hierzu auch § 36 Rn. 108)[137] und ein an Eigentümer gerichtetes Verbot der Gebäudenutzung als Bordell, ohne dass es notwendig wäre, aufzuführen, welche Mietverträge zu kündigen sind, um dem Verbot nachzukommen.[138]

Auch bei einem **Gebot** muss mindestens (s. a. Rn. 34) das **Ziel der geforderten Handlung** bestimmt angegeben werden. Hieran fehlt es z. B. wenn nicht angegeben wird, welche Maßnahmen durchzuführen sind, etwa bei einer schlichten Aufforderung, einen Sanierungsplan zu erstellen,[139] „Abfälle zur Beseitigung" dem öffentlichen Entsorgungsträger zu überlassen,[140] wenn

---

[125] *BGH* NJW-RR 1999, 262; *Haus* NVwZ 2002, 432, 433.
[126] *BVerwGE* 94, 341, 350 f.; *OVG Greifswald* LKV 2005, 413, 414; *OVG Lüneburg* NVwZ-RR 2004, 346; *VGH Mannheim* NVwZ 2000, 91; *VGH München* DVBl 1999, 624.
[127] *VGH München* BayVBl 1989, 755.
[128] *VGH Mannheim* NVwZ 1988, 1847; *OVG Münster* NVwZ 1989, 379.
[129] *VGH Kassel* BRS 36 Nr. 219; *VGH Mannheim* NVwZ-RR 1996, 612, 613; a. A. für Einzelfall *VGH Kassel* NVwZ-RR 1995, 218; *VGH Mannheim* 6. 2. 1980 – III 1381/79 – (juris); *VGH München* NVwZ 1987, 512; zusammenfassend *Dünchheim* VR 1994, 123, 128 f.; *Volk,* Bestimmtheit von VA, 2002, S. 34 ff.
[130] *BVerwG* NVwZ 2005, 1424, 1425; *Scheidler* NVwZ 2006, 1135, 1136; *Volk,* Bestimmtheit von VA, 2002, S. 100 f.
[131] *BVerwGE* 31, 15, 18; *BGHZ* 129, 137, 140 = NJW 1995, 1894.
[132] *OVG Münster* NVwZ-RR 1993, 138.
[133] *VGH Mannheim* NVwZ 1998, 761, 762.
[134] *VG Weimar* NVwZ-RR 2002, 394, 396.
[135] *VGH München* DVBl 1999, 624.
[136] *Kappeler* BayVBl 2001, 336, 338 f.; a. A. *VGH München* NVwZ 2000, 454, 457.
[137] *BVerwGE* 38, 209, 211 = NJW 1971, 1475; *VGH Mannheim* UPR 1990, 390; *VGH München* BayVBl 1985, 149, 152.
[138] *OVG Hamburg* NVwZ-RR 2006, 169, 170; weitere Beispiele: **Hinreichend bestimmt** ist auch Untersagung der Nutzung eines Gebäudes als „Swinger-Club" (*VGH Kassel* BauR 2003, 1875, 1876), Verbot, bei Demonstration Schutzhelme und Masken zu tragen (*VG Minden* NVwZ 1984, 331), Verbot, Utensilien mitzuführen, „die geeignet sind, das ‚Hütchenspiel' durchzuführen" (*VG Frankfurt a. M.* NVwZ 2003, 1407, 1408), die Untersagung eines konkret beabsichtigten Unternehmenszusammenschlusses, ohne dass notwendig wäre, hieraus konkrete Einzelverbote abzuleiten (*BGHZ* 147, 325, 334 f. = NJW 2001, 3782, 3784), die Untersagung, einem Dritten das Recht zu verweigern, bestimmte Anlagen gegen ein angemessenes Entgelt zu nutzen (*BGHZ* 152, 84, 88 = NJW 2003, 748, 749).
[139] *VGH Kassel* NJW 1993, 611, 612.
[140] *VGH Mannheim* NVwZ 2000, 91.

unklar bleibt, für welche Hunde eines Halters ein Maulkorbzwang gilt (s. a. Rn. 2),[141] oder bei fehlender Angabe, welche Bauteile zu entfernen sind.[142] Soll ein Grundstück von Abfällen geräumt werden, folgt aus dem Bestimmtheitsgebot allerdings nicht, dass jeder einzelne zu entfernende Gegenstand aufgezählt und damit der zu entsorgende Abfall gleichsam „inventarisiert" wird; es reicht aus, wenn eindeutig (ggf. mit Beispielen) umschrieben wird, welche Gegenstände zu entsorgen sind.[143] Bei einer Wiederaufforstungsanordnung wurde demgegenüber nicht für notwendig gehalten, die Pflanzdichte etc. anzugeben, weil eine solche Anordnung nur so verstanden werden könne, dass hierbei die allgemeinen forstwirtschaftlichen Regeln bei der Anpflanzung von Waldbäumen zu beachten seien.[144]

34 Das Bestimmtheitserfordernis erfordert bei einem **Gebot** zusätzlich die **Angabe des Mittels**, wie das erwünschte Ziel zu erreichen ist.[145] Anders ist es, wenn sich das Mittel von selbst versteht, z. B. bei einer Aufforderung, eine Mauer zu beseitigen,[146] oder wenn es das Fachrecht dem Betroffenen überlässt, wie ein bestimmtes Ziel zu erreichen ist (Baugebot).[147] Die **Notwendigkeit einer Mittelangabe wird** allerdings **vielfach** auch sonst **verneint**.[148] So wurde eine Messanordnung für hinreichend bestimmt gehalten, die keine konkreten Angaben über die Art und den Umfang der durchzuführenden Messungen enthielt, soweit der Adressat verpflichtet war, die Messungen durch anerkannte Messstellen durchführen zu lassen, die deshalb über den notwendigen Sachverstand verfügten.[149] Ebenso sei auch eine Sanierungsanordnung nicht zu unbestimmt, die nur das Sanierungsziel, nicht die Sanierungsmittel angebe.[150] Teilweise wird auch die Möglichkeit eines **gestuften Verfahrens** gesehen, in dem die Bestimmung des Mittels der Anordnung nachfolgen kann.[151] Dies setzt aber voraus, dass bereits mit der Anordnung zum Ausdruck gebracht wird, dass die Angabe eines bestimmten Mittels nachfolgt. Nicht zu unbestimmt ist es jedoch, wenn die Verfügung sich darauf beschränkt, als Mittel die Verwendung eines bestimmten Materials anzugeben, ohne den Betroffenen auch auf einen bestimmten Hersteller festzulegen.[152]

35 Das Recht des Betroffenen, unter mehreren tauglichen Mitteln die Auswahl zu treffen und ggf. ein **anderes Mittel anzubieten** (z. B. § 12 Abs. 2 S. 2 BPolG), rechtfertigt jedenfalls keine

---

[141] *VGH Kassel* NVwZ-RR 2000, 544, 546.
[142] *VGH Mannheim* DVBl 1965, 776; weitere Beispiele: **Zu unbestimmt** ist auch die Aufforderung, der „Erhaltungspflicht für Ihr Denkmal nachzukommen und die notwendigen Sicherungsmaßnahmen zu veranlassen" (*OVG Greifswald* LKV 2005, 413, 414), die „Endverbraucher über die von Ihrem Produkt ausgehenden Gefahren zu informieren", ohne den Inhalt der Information festzulegen (*OVG Münster* NVwZ-RR 2003, 493, 494), sich einer „erkennungsdienstlichen Behandlung zu unterziehen" (*OVG Lüneburg* NVwZ-RR 2004, 346), die Verpflichtung zur Bestellung einer Baulast oder Grunddienstbarkeit, wenn nicht umschrieben wird, welche Pflicht hierdurch gesichert werden soll (*OVG Frankfurt [Oder]* LKV 2003, 470; *OVG Münster* NVwZ 1993, 594; s. a. *VGH München* NVwZ 2003, 1534, 1537: Jedes Detail müsse nicht festgelegt werden), sozialhilferechtliche Heranziehung zur gemeinnützigen Arbeit, wenn die Art der Arbeit nur als „Hilfstätigkeiten" beschrieben wird (*VGH Mannheim* NVwZ-RR 2003, 789, 790), eine beamtenrechtliche Abordnungsverfügung, die in Erfüllung der Abordnung auszuübende Tätigkeit nicht festlegt (*VG Frankfurt a. M.* NVwZ-RR 2001, 397).
[143] *OVG Greifswald* NVwZ-RR 2007, 21.
[144] *VGH Kassel* NuR 1995, 292, 294; weitere Beispiele: **Hinreichend bestimmt** ist auch eine Anordnung, nach der eine Grundstücksanschlussleitung zu reparieren ist, soweit sich der genaue Umfang der vorzunehmenden Reparaturarbeiten aus einem beigefügten Gutachten ergibt (*OVG Münster* NVwZ-RR 2003, 297, 298), eine Anordnung, nach der Abfälle, die in einem bestimmten Container gesammelt werden, dem öffentlichen Entsorgungsträger zu überlassen sind (*VGH Mannheim* NVwZ 1999, 1243 f.), eine bestimmte Gebäudeaufstockung vollständig abzubrechen ist (*OVG Münster* BRS 60 Nr. 171) oder ein Angebot auf Netzzusammenschaltung abzugeben ist, das einer bestimmten, dem Netzbetreiber bekannten Nachfrage entspricht, ohne dass dieses Angebot bis ins Detail im Bescheid ausgearbeitet wird (*BVerwGE* 114, 160, 164 ff. = NVwZ 2001, 1399, 1400; für einen ähnlichen Fall ebenso *BVerwGE* 119, 282, 284 ff. = NVwZ 2004, 878, 879), Aufforderung an Provider, bestimmte Internet-Seiten zu „sperren" (*VG Aachen* v. 5. 2. 2003 – 8 L 1284/02 – [juris]).
[145] *OVG Münster* BauR 2000, 1477, 1478; *Schwarz* in Fehling u. a., § 37 VwVfG Rn. 20.
[146] Vgl. *VG Aachen* v. 5. 2. 2003 – 8 L 1284/02 – (juris).
[147] *BVerwGE* 84, 335, 338 = NVwZ 1990, 658; *VGH Mannheim* VBlBW 1987, 292, 295.
[148] *OVG Münster* NVwZ 1985, 355, 356; *Wolff/Bachof/Stober/Kluth* I, § 48 Rn. 34; *Henneke* in Knack, § 37 Rn. 17 ff.; differenzierend *Volk*, Bestimmtheit von VA, 2002, S. 121 f.
[149] *BVerwG* NVwZ 1984, 724.
[150] *OVG Münster* NVwZ 1985, 355, 356.
[151] *OVG Bremen* NVwZ-RR 2001, 157, 158; *VGH Kassel* NuR 1995, 292, 294; *OVG Münster* 24. 1. 1983 – 7 A 1742/82 – (juris).
[152] *OVG Münster* BauR 2000, 1477, 1478.

§ 37 Bestimmtheit und Form des Verwaltungsaktes

Einschränkung der Bestimmtheitsanforderungen hinsichtlich der Mittelangabe,[153] auch soweit das Auswahlrecht Ausdruck des Verhältnismäßigkeitsgrundsatzes ist.[154] Der **Verhältnismäßigkeitsgrundsatz** verpflichtet die Behörde, das objektiv geringstbeeinträchtigende Mittel festzusetzen, dessen Vollstreckbarkeit dann aber auch gesichert sein muss,[155] wozu eine bestimmte Mittelangabe (auch zum Schutz des Verpflichteten) erforderlich ist.[156] Das Verhältnismäßigkeitsprinzip verpflichtet aber nicht den Verpflichteten dazu, selbst ein geeignetes Mittel zu ermitteln, mit dem das Gebotsziel erreicht werden kann. Bei dem Auswahlrecht handelt es sich um ein Recht des Betroffenen, nicht um eine Prüfungspflicht, deren Folge die Übernahme des Risikos der Geeignetheit durch den Betroffenen anstelle der Behörde wäre.

d) Grundstücksbezogene Regelungen: Bei grundstücksbezogenen VA muss das betroffene Grundstück genau bezeichnet werden.[157] So ist es zu unbestimmt, wenn gewidmete Straßenparzellen nicht eindeutig bezeichnet werden,[158] z. B. bei parzellenscharfer Widmung mit „tlw."[159] Eine denkmalschutzrechtliche Unterschutzstellung ist zu unbestimmt, wenn unklar bleibt, ob ein Gebäude als Einzelanlage oder als Teil eines Ensembles unter Denkmalschutz gestellt ist,[160] kann jedoch bei einer Unterschutzstellung einer Parzelle, die mit „tlw." bezeichnet wird, noch bestimmt sein, wenn die in Anspruch genommene Fläche in einer Karte gekennzeichnet ist.[161] Bei straßenrechtlicher Widmung (§ 35 Rn. 321) wurde eine Bezugnahme auf nur bei der Behörde oder Dritten vorhandene Dokumente für zu unbestimmt gehalten; nur solche Verkehrswege könnten die Eigenschaft eines öffentlichen Weges erhalten, die in der Widmung ausdrücklich (mit Flurnummern) bezeichnet seien.[162] Bei zulässigen Bezugnahmen auf Landkarten kann Unbestimmtheit in Zusammenhang mit der Kennzeichnung von Grenzverläufen vorliegen, wenn der **Kartenmaßstab** eine eindeutige Grenzziehung nicht gestattet.[163] Zugleich muss durch Stempel, Anheftung, Vermerk oder dgl. sichergestellt sein, dass die in Bezug genommenen Karten Bestandteil des VA sind,[164] s. a. Rn. 37. 36

e) Zulässigkeit von Verweisungen: Die Regelung eines VA kann auch dann hinreichend bestimmt sein, wenn zu ihrer Konkretisierung (Rn. 39) auf allgemein zugängliche oder dem Betroffenen bekannte Dokumente (Pläne, Gutachten, Antragsunterlagen) verwiesen wird.[165] Eine solche Bezugnahme muss aber genau festlegen, auf welche bestimmte Aussage eines Dokuments sich der Verweis bezieht, pauschale Verweise, nach denen z.B. „folgende Gutachten Bestandteile der Baugenehmigung und zu beachten sind ...", sind zu unbestimmt.[166] Weitere 37

---

[153] So aber *VGH München* BayVBl 1985, 149.
[154] So aber *VGH Kassel* NuR 1995, 292, 294; *Kopp/Ramsauer*, § 37 Rn. 16.
[155] Vgl. *Grupp* VerwArch 69 (1978), S. 125, 145.
[156] Vgl. *Grupp* VerwArch 69 (1978), S. 125, 127 m. w. N.
[157] Vgl. BVerwGE 74, 124, 132 = NJW 1986, 2447; *BVerwG* Buchholz 407.4 § 19 FStrG Nr. 6; *OVG Koblenz* NVwZ 1990, 329; *OVG Münster* NVwZ 1989, 1086 und 1087; NVwZ 1993, 288; NVwZ-RR 1995, 108; *VG Frankfurt (Oder)* NuR 2002, 251; für Bezeichnung von **Wohnungseigentum:** *VG Chemnitz* NVwZ-RR 2002, 382.
[158] *VGH München* BayVBl 1997, 372; BayVBl. 1998, 563, 564 und 596; *VG Braunschweig* NdsVBl 2001, 99, 100.
[159] *OVG Koblenz* NVwZ 1991, 589.
[160] *VG Gelsenkirchen* NVwZ 1982, 45.
[161] *OVG Münster* NVwZ-RR 1993, 129. Weitergehend *VGH München* NVwZ-RR 1997, 731, wonach im Abgabenrecht eine Grundstücksangabe mit „tlw." auch ohne Plan eine hinreichende Berechnungsgrundlage darstellt.
[162] *VGH München* BayVBl 1998, 596 f.; BayVBl 2001, 468, 471 (zu Ausnahmefall des Fehlens einer Flurnummer).
[163] Vgl. *VGH München* NVwZ-RR 2001, 288, 289 (für Veränderungssperre bei ungeklärtem Kartenmaßstab); bei einem Maßstab von 1:1000 ist die Bestimmtheit i. d. R. unproblematisch (*OVG Lüneburg* NVwZ-RR 2002, 346, 345 (jedenfalls wenn Bescheid zusätzlich Entfernungsangaben enthält)); Bedenken bei einem Maßstab 1 : 5000: *OVG Münster* NVwZ-RR 1992, 209; NVwZ-RR 1993, 129; vgl. a. *VGH Mannheim* NVwZ-RR 1992, 296 (bei VO reicht Maßstab 1 : 2500 nicht aus, wenn zugleich ein bestimmter Text Flurstück in der Karte eingetragen sein sollte, diese Flurstücksangabe aber fehlt); *OVG Bautzen* NVwZ-RR 2001, 426, 427 (für Abrundungssatzung ist Maßstab 1 : 2730 unzureichend, weil dann eine Grenzlinie von 0,5 mm in der Wirklichkeit 1 m ausmache); nach *BayVerfGH* NVwZ-RR 1992, 12 reicht Maßstab von 1 : 25 000 für Grenzbestimmung eines Naturparks durch VO aus, wenn die *Außenkante* der Begrenzungslinie entscheidend sei *und* die Behörde versichert habe, dass diese in der Örtlichkeit feststellbar sei.
[164] *VGH München* BayVBl 1990, 185 (für VO).
[165] BVerwGE 114, 160, 164 = NVwZ 2004, 1399, 1400; *OVG Münster* NVwZ-RR 2003, 297, 298; *FG Köln* EFG 2006, 165.
[166] *OVG Münster* NVwZ-RR 1997, 274, 275.

Anforderungen können sich auch bei einer **öffentlichen Bekanntgabe** – etwa einer Widmung – (§ 35 Rn. 320) ergeben, s. § 41 Rn. 172. Die Bezugnahme auf dem Betroffenen unbekannte Dokumente, die sich nur bei den Akten befinden, führt zur Unbestimmtheit.[167]

38 Allgemein zulässig ist der Verweis auf **(technische) Regelwerke** (§ 26 Rn. 32 ff.), Tarife etc., sofern sie genau bezeichnet sind[168] und diese den Inhalt der Regelung nur konkretisieren, s. a. Rn. 39. Maßgebend ist die Ausgabe zum Zeitpunkt des Erlasses des VA. Eine dynamische Verweisung wäre zu unbestimmt.[169] Das Regelwerk muss jedoch **allgemein zugänglich** oder dem Betroffenen bekannt (gemacht) sein.[170] Hierzu genügt auch eine **Veröffentlichung im Internet**, sofern die genaue Internet-Adresse angegeben wurde.[171] Wird auf die „anerkannten Regeln der Technik" verwiesen, ist dies als Verweis auf die z. Zt. des Erlasses des VA gültigen anerkannten Regelwerke zu verstehen.[172] Der Verweis ist aber nur bestimmt genug, wenn die allgemeine Regelung auch den konkreten Fall erfasst, vgl. auch § 36 Rn. 31.

39 **Unbestimmtheit** liegt auch vor, wenn das Dokument, auf das Bezug genommen wird, den verfügenden Teil des VA nicht nur konkretisiert, sondern letztlich erst formuliert, der Regelungsinhalt des VA also ohne Heranziehung der in Bezug genommenen Dokumente nicht erkennbar ist, etwa weil aus dem Text des Bescheides selbst nicht hervor geht, was genehmigt wurde oder mit welchen Nebenbestimmungen ein VA versehen wurde. Hier **fehlt es auch an einer ordnungsgemäßen Bekanntgabe des VA** i. S. d. § 41 Abs. 1: Hiernach muss der verfügende Teil dem Betroffenen insgesamt zugehen (§ 41 Rn. 15, 66); es genügt nicht, dass dem Betroffenen nur eine Aufforderung zugeht, sich über die ihm gegenüber getroffene Regelung an anderer Stelle zu informieren. Dies gilt – anders als oft angenommen – auch **für Nebenbestimmungen**: Soweit ein Bescheid daher auf in Verwaltungsvorschriften vorformulierte Nebenbestimmungen verweist, müssen diese dem VA beigefügt werden (und dem Betroffenen mit zugehen), damit die Hauptregelung mit Nebenbestimmungen wirksam werden kann, und zwar auch dann, wenn sie öffentlich bekannt gemacht wurden oder sonst zugänglich sind, näher § 36 Rn. 26.

5. Fehlerfolgen und Heilung

40 Ein **unbestimmter VA** ist i. d. R. (nur) **materiell rechtswidrig** und anfechtbar, Rn. 1, § 44 Rn. 116. Zur Klagebefugnis bei Drittbetroffenen Rn. 4. **Nichtigkeit** nimmt die Rspr. an bei innerer Widersprüchlichkeit und Unverständlichkeit (§ 44 Rn. 114) oder wenn völlig offen bleibt, in welchem Umfang und wie entschieden wurde,[173] nicht aber, wenn die Unbestimmtheit untergeordnete Punkte eines VA, wie z. B. eine Fristsetzung,[174] betrifft, in einem Geldleistungsbescheid zwar die Gesamtsumme, nicht aber die einzelnen Rechnungsposten genannt sind[175] oder bei einer Widmung Unschärfen über den Wegeverlauf verbleiben.[176] Öfter wird Nichtigkeit wegen **Unbestimmtheit des Inhaltsadressaten** angenommen (§ 44 Rn. 112), denn ein Bescheid, der nicht erkennen lässt, gegen wen er sich richtet, kann von niemandem befolgt werden.[177] Zu den Fehlerfolgen bei Unbestimmtheit der Adressaten des VA s. a. Rn. 19 ff. Ist der VA wegen Unbestimmtheit nur rechtswidrig, ist er, soweit die Unbestimmtheit reicht, i. d. R. nicht vollzugsfähig.[178]

---

[167] *Wendt* JA 1980, 25, 32.
[168] *BVerwG* NVwZ-RR 1997, 278; *VGH München* NJW 2004, 2768; *OVG Münster* NWVBl 1997, 11; *BGHZ* 129, 37, 41 = NJW 1995, 1894; 130, 190, 195 = NJW 1996, 193.
[169] *VG Berlin* DVBl 1983, 281, 283.
[170] *VGH München* NJW 2004, 2768.
[171] *VGH München* NJW 2004, 2768.
[172] So wohl *BVerwG* NVwZ 1984, 724.
[173] Vgl. *VG Braunschweig* NdsVBl 2001, 99, 100; *FG Düsseldorf* EFG 2004, 14, 15; *Volk*, Bestimmtheit von VA, 2002, S. 179 ff.
[174] *BVerwG* NVwZ 2005, 1424, 1425.
[175] *OVG Münster* NVwZ 1989, 1087; *VGH München* NVwZ-RR 1994, 113.
[176] *VGH München* BayVBl 2001, 468, 471.
[177] Vgl. *OVG Weimar* LKV 2006, 281, 282; *VG Schleswig* NVwZ-RR 2007, 130 f.; *BFHE* 164, 4, 8; 173, 184 = NVwZ 1995, 102; *BFH* NVwZ-RR 1991, 660, 661; *FG Münster* EFG 2001, 1206; *App* KStZ 2005, 205.
[178] *OVG Münster* BauR 2000, 1477; BRS 60 Nr. 171.

Aus § 79 Abs. 1 Nr. 1 VwGO folgt jedoch allgemein die Möglichkeit einer **Heilung** der **41** Unbestimmtheit des Ausgangs-VA **durch den Widerspruchsbescheid**,[179] s. Rn. 3, § 35 Rn. 371. Im Übrigen sieht § 45 im Gegensatz zu § 35 Abs. 1 Nr. 4 Entwurf 70 keine **Heilungsmöglichkeit** der mangelnden Bestimmtheit vor, ohne sie jedoch auszuschließen, § 45 Rn. 151. So nehmen die Verwaltungsgerichte[180] – anders wohl die Finanzgerichte[181] – an, auch die Ausgangsbehörde könne durch einen „Klarstellungsbescheid" die mangelnde Bestimmtheit des ursprünglichen VA heilen, so dass dieser nicht mehr als rechtswidrig anzusehen ist. Den Gerichten soll es in einem solchen Fall verwehrt sein, den „klargestellten" VA nur wegen mangelnder Bestimmtheit als rechtswidrig aufzuheben. Damit wird anscheinend von einer Heilung **ex tunc**[182] ausgegangen. Der durch den „Klarstellungsbescheid" umgestaltete VA soll nunmehr in dieser Form – ähnlich wie es § 86 Abs. 1, § 96 SGG, § 365 Abs. 3 AO, § 68 FGO für die Einbeziehung von Änderungs-VA in das Vor- bzw. Klageverfahren vorsehen – Gegenstand von Widerspruch und Anfechtungsklage sein. Damit ist umgekehrt wohl die isolierte Anfechtung des Klarstellungsbescheides jedenfalls vor Bestandskraft des klargestellten VA ausgeschlossen. Die dogmatischen Grundlagen dieser Rspr. sind jedoch wenig gesichert. Sie stellt sich teilweise als eine Reaktion auf übertriebene Bestimmtheitsanforderungen dar. Insoweit ist zu betonen, dass es eines Rückgriffes auf diese Rspr. nicht bedarf, wenn der VA nur auslegungsbedürftig ist, s. Rn. 7.

Eine **Heilung** setzt nach dieser Rspr. zudem einen wirksamen VA voraus, so dass sie **ausge- 42 schlossen** ist, wenn der VA in seiner ursprünglichen Form wegen der Schwere des Fehlers und seiner Offenkundigkeit, insbes. bei Widersprüchlichkeit und Unverständlichkeit (§ 44 Rn. 114), **nichtig** ist.[183]

Erfolgt die Heilung nicht bereits im Widerspruchsverfahren (Rn. 41), muss sie nach der Rspr. **43** durch die für den VA **zuständige Behörde** erfolgen und in der **Form** des zu heilenden VA geschehen,[184] d. h. bei einem schriftlichen VA ist auch für die Heilung Schriftform erforderlich. Ist für den klarzustellenden VA nach dem maßgeblichen Fachrecht ein förmliches VwVf durchzuführen, soll dies nach *BVerwG*[185] für den „Klarstellungsbescheid" nicht notwendig sein. Schon aus Gründen der Klarstellung sollte auch während eines Prozesses die äußere Form eines VA gewählt werden, um die Heilungserklärung nicht als unverbindliche Prozesserklärung erscheinen zu lassen, vgl. § 38 Rn. 25.

III. Formen des Verwaltungsaktes (Abs. 2 S. 1)

1. Bezugspunkt der Formvorschriften

§ 37 Abs. 2 S. 1 stellt klar, dass ein VA in verschiedenen Formen, nämlich schriftlich, elektro- **44** nisch, mündlich oder „in anderer Weise", erlassen werden kann. Keine weitere VA-Form, sondern ein Unterfall des schriftlichen VA ist der „mit Hilfe automatischer Einrichtungen erlassene VA" i.S.d. Abs. 5 (s. Rn. 67 ff.). Elektronischer oder schriftlicher VA ist zudem der von § 41 Abs. 2 S. 1 erwähnte „elektronisch übermittelte VA", s. Rn. 66. § 37 Abs. 2 S. 2 spricht unmittelbar nur den **verfügenden Teil** des VA (§ 35 Rn. 143) an (einschließlich aller Nebenbestimmungen, § 36 Rn. 25 ff.), der nach § 41 bekannt zu machen ist, s. § 41 Rn. 15. § 37 Abs. 2 S. 2

---

[179] *VGH Kassel* NVwZ-RR 2000, 544, 546 f.; *Volk*, Bestimmtheit von VA, 2002, S. 166 f.
[180] Allgemein: *BVerwG* NVwZ-RR 2006, 589; ferner *BVerwGE* 87, 241, 244 f. = NVwZ 1991, 987 (für bergrechtliche Grundabtretung); *BVerwGE* 123, 261, 283 = NVwZ 2005, 933, 938 (für Nachtflugregelung); *OVG Bautzen* SächsVBl 2004, 242 (für Beitragsbescheid); *VGH Kassel* NVwZ-RR 1996, 287, 289 (für Festsetzung von Flugsicherungsgebühren); *OVG Koblenz* NVwZ 1990, 399 (für Beitragsbescheid); *OVG Lüneburg* NVwZ 1990, 590 (für Beitragsbescheid); *OVG Münster* NVwZ 1989, 1086, 1087 und 1087, 1088 (jeweils für Beitragsbescheide); NWVBl 1994, 341 (für Namensänderungsbescheid); NVwZ 1995, 308 (für Ordnungsverfügung); NWVBl 1996, 69, 70 (für Leistungsbescheid zur Durchsetzung eines Schadensersatzanspruches).
[181] Vgl. *BFH* HFR 2006, 1065, 1066.
[182] So deutlich *Henneke* in Knack, § 37 Rn. 19; *Kopp/Ramsauer*, § 37 Rn. 17.
[183] *OVG Münster* NVwZ 1995, 308.
[184] *OVG Koblenz* NVwZ 1990, 399; *OVG Münster* NWVBl 1996, 69, 70; *Henneke* in Knack, § 37 Rn. 19; *Kopp/Ramsauer*, § 37 Rn. 17.
[185] *BVerwGE* 87, 241, 245 = NVwZ 1991, 987.

und 3, § 39 Abs. 1 VwVfG und §§ 58, 59 VwGO knüpfen an die Form des verfügenden Teils jedoch „Folge-Formvorschriften" zur Bestätigung (Rn. 80 ff.), Begründung (§ 39 Rn. 35 ff.), der Rechtsbehelfsbelehrung (Rn. 76, 116 ff., 128) und der barrierefreien Gestaltung, s. Rn. 111 ff., 129.

45 Welche Form ein VA hat, bestimmt sich nach der Version der Verfügung, die bekannt gegeben wird, wie bereits das Wort „erlassen" in § 37 Abs. 2 S. 1 verdeutlicht, weil der Erlass des VA erst mit Abschluss des Bekanntgabevorgangs abgeschlossen ist, s. § 9 Rn. 182 ff., § 35 Rn. 21, § 41 Rn. 3. Die Konstruktion eines (bei den Akten verbleibenden) „Originalbescheides", von dem nur eine „Ausfertigung" dem Betroffenen bekannt gegeben wird, ist nicht die des VwVfG.[186] Die **Form der** (bei den Akten verbleibenden) **Urschrift ist** damit **für die Bestimmung der Form des VA irrelevant;**[187] sie bestimmt sich nach den allgemeinen, vom VwVfG nicht geregelten Grundsätzen ordnungsgemäßer Aktenführung, § 9 Rn. 53 ff., § 29 Rn. 8 ff., 24 ff. Deshalb kann ein schriftlicher VA auch ein VA sein, der auf Behördenseite – ohne ausgedruckt worden zu sein – unmittelbar vom Rechner an den Empfänger gefaxt wird (s. Rn. 63). Ebenso kann eine mündliche Erklärung nur ein mündlicher VA sein, selbst wenn über seinen Erlass ein schriftlicher Aktenvermerk angefertigt wird. Bei **VA mit Drittwirkung** (§ 50 Rn. 8 ff.) oder **AllgV** ist zudem möglich, dass derselbe VA bestimmten Betroffenen in Schriftform, anderen Betroffenen in anderer Form, insbes. elektronischer Form, zugeht. Dann müssen die jeweiligen Ausfertigungen den Formerfordernissen entsprechen, die für die VA-Form gelten, die für die jeweilige Ausfertigung gewählt wurde.

46 Wie die unterschiedlichen Regelungen in § 37 Abs. 2 S. 1 und Abs. 3 und 4 verdeutlichen, ist i. Ü. zwischen dem **Vorliegen einer bestimmten VA-Form** (schriftlich, elektronisch, mündlich etc.) und den **Anforderungen** an die gewählte Form (z. B. Unterschrift, Signatur) zu unterscheiden, die § 37 Abs. 3 und 4 bzw. das Fachrecht aufstellen.[188] Dies bleibt hinsichtlich der Schriftform oft unberücksichtigt,[189] weil § 126 BGB die Schriftform mit dem Erfordernis einer eigenhändigen Unterschrift gleichzusetzen scheint und als einzige Sanktion der Missachtung dieser Anforderung die Nichtigkeit der Willenserklärung nach § 125 BGB in Betracht kommt. Bei VA führen jedoch Formanforderungen nur teilweise zur Nichtigkeit, § 44 Abs. 2 Nr. 1, s. hierzu Rn. 47, § 44 Rn. 135. Im Übrigen ist der VA nur rechtswidrig, s. Rn. 53, § 45 Rn. 148.

2. Formfreiheit des Verwaltungsakts und ihre Grenzen

47 a) **Formwahl als Ermessensentscheidung:** § 37 Abs. 2 S. 1 stellt die schriftlichen, elektronischen, mündlichen oder „in anderer Weise" erlassenen VA nebeneinander und legt damit die **Auswahl** der Form in das **Ermessen** der Behörde, soweit nicht anderweitig eine bestimmte Form zwingend vorgeschrieben ist, hierzu Rn. 52 ff. Dem entspricht, dass auch für die Wahl der Bekanntgabeform im Regelfall Ermessen besteht, s. § 41 Rn. 18.

48 Für die **Zweckmäßigkeit der Auswahl** ist vor allem maßgeblich, dass das VwVfG und andere Gesetze an die unterschiedlichen VA-Formen unterschiedliche Rechtsfolgen hinsichtlich der genauen Ausgestaltung der Form des VA (Rn. 46 ff.), der Pflicht zur Bestätigung nach § 37 Abs. 2 S. 2 und 3 (hierzu Rn. 80 ff.), der Begründungspflicht (s. § 39 Rn. 5, 9 ff.), der Pflicht zur Beifügung einer Rechtsbehelfsbelehrung (hierzu Rn. 76, 116 ff., 128), der barrierefreien Gestaltung (Rn. 112 ff., 129) und im Hinblick auf die Art und Weise der Bekanntgabe (hierzu § 41 Rn. 63., 156 ff., 205) knüpft. I. d. R. ist es – von Eilfällen abgesehen – daher z. B. unzweckmäßig, einen VA zunächst mündlich zu erlassen, wenn ohnehin mit der Notwendigkeit einer schriftlichen Bestätigung (und hiermit verbundenen Begründung) gerechnet werden oder eine Rechtsbehelfsbelehrung (s. Rn. 76, § 42 Rn. 12) nachgereicht werden muss.

49 b) **Schriftform als Normalfall:** I. d. R. ergeht bei büromäßiger Erledigung ein schriftlicher VA. Hierfür hält die Behörde auch vielfach Mustervordrucke und/oder Textbausteine bereit,

---

[186] Deutlich (für AO) *BFHE* 195, 32 ff. = HFR 2001, 941, 942 f. (der Vorlagebeschluss wurde im Ergebnis bestätigt von *BFH (GS)*, BFHE 201, 1 ff. = NVwZ 2003, 895 f.).
[187] Vgl. *Redeker* NVwZ 1986, 545, 546; *Schmitz* VR 1991, 213, 216.
[188] *Catrein* NWVBl 2001, 50, 51; *Roßnagel* DÖV 2001, 221, 223.
[189] Z. B. bei *Skrobotz*, Elektronisches VwVf, 2005, S. 148 ff.

s. Rn. 69, § 10 Rn. 13 ff., § 39 Rn. 42. An Zahlen mag der schriftliche VA durch mündliche VA und VA durch Zeichen, z. B. im Straßenverkehr (Rn. 57, 79, § 35 Rn. 330, § 41 Rn. 151, 198), übertroffen werden (Begründung zu § 33 Abs. 2 Entwurf 73), nicht aber an Bedeutung. Der schriftliche VA ist die **klassische Form der Verwaltungsäußerung** und auch in einer modernen Verwaltung unverzichtbar. Ohne Schriftform ist z. Zt. oftmals noch eine Aktenführung unmöglich, s. § 9 Rn. 53 ff. Die Schriftform ist zudem oft auch deshalb die **zweckmäßige Form** im Sinne des § 10 S. 2, weil sie sowohl für die Behörde als auch für den Betroffenen eine sichere Grundlage bietet. Daher wird im Schrifttum[190] zu Recht ein **Gebot der Schriftform** angenommen, wenn es auf den **Wortlaut** des VA **ankommt**, insbes. ob, wann und mit welchem Inhalt, ggf. mit Nebenbestimmungen, der VA erlassen worden ist.[191] Dies ergibt sich letztlich aus § 37 Abs. 1.[192] Auch **Verwaltungsvorschriften**, die eine bestimmte Form vorschreiben (§ 10 Rn. 13), können das Ermessen binden. Eine ständige Praxis, einen VA mündlich zu erteilen, kann jedoch auch insoweit eine entgegen gesetzte Verwaltungsvorschrift verdrängen.[193] Auch führt die **Nichtverwendung von amtlichen Vordrucken** nicht automatisch zur Unbeachtlichkeit des so erlassenen VA,[194] soweit die Verwendung des Vordrucks nicht fachrechtlich vorgeschrieben ist, vgl. Rn. 52 ff.

Die Verwendung der Schriftform kann auch ein zwingendes Gebot der **Formen- und Verfahrensklarheit** (§ 9 Rn. 57 f.) sein, insbes. wenn der Betroffene aus früherem Verhalten der Behörde mit einer schriftlichen Bescheidung rechnen musste. Dies ist – auch bei Ablehnung eines Antrages – der Fall, wenn er einen Antrag schriftlich, insbes. auf von der Behörde zur Verfügung gestellten Antragsvordrucken (§ 24 Rn. 88 ff.), gestellt hat, i. d. R. auch bei mündlichen oder konkludenten Anträgen (§ 22 Rn. 30), die nicht sofort beschieden werden,[195] vgl. a. Art. 6 Abs. 3 S. 3 ZK (§ 37 Rn. 141), § 5 Abs. 2 UIG, Art. 4 Abs. 7 Aarhus-Übereinkommen. Dies gilt auch dann, wenn eine gesetzliche Schriftform (Rn. 52) ausdrücklich nur für die Stattgabe, nicht jedoch für die Ablehnung eines Antrags vorgesehen ist (für Zusicherung § 38 Rn. 116) oder, wenn im Rahmen eines Gesprächs die ablehnende Haltung der Behörde zum Ausdruck kommt. Deshalb wird man in nahezu allen Fällen, in denen kraft Gesetzes für den Erlass eines bestimmten VA Schriftform vorgesehen ist, nach dem insoweit maßgeblichen **Empfängerhorizont** (§ 35 Rn. 71 f.) das Vorliegen eines mündlichen oder konkludenten VA nur annehmen können, wenn **unmissverständlich** deutlich gemacht wird, dass bereits jetzt eine endgültige Entscheidung formlos getroffen werden soll. Zweifel gehen zu Lasten der Behörde. Sprechen die Anzeichen dafür, dass die Behörde einen VA schriftlich erlassen wird, kann demnach eine mündliche/konkludente Äußerung eines Bediensteten nicht dahin ausgelegt werden, sie sei bereits die abschließende Entscheidung. Entsprechendes gilt, wenn in einer Verwaltungsvorschrift schriftliche Form vorgesehen ist und dies dem Betroffenen bekannt ist.[196]

Eine mit dem schriftlichen VA vergleichbare „Normalität" hat der **elektronische VA** (Rn. 64 ff., 121 ff.) in der büromäßigen Verwaltung nicht erlangt. Die Entwicklung einer „elektronischen Verwaltung" wird vor allem dadurch erheblich gehemmt, dass insbes. § 3a Abs. 2 S. 2, § 37 Abs. 2 S. 3 und Abs. 4 die elektronische VA-Form nur dann der Schriftform gleichsetzen, wenn eine **Signatur nach dem Signaturgesetz** (in unterschiedlichen Formen, vgl. hierzu § 3a Rn. 21 ff.) verwendet wird (§ 3a Rn. 19). Denn die Signaturtechnik hat sich – entgegen der Annahme bei Schaffung des 3. VwVfÄndG – in der Bevölkerung **nicht durchgesetzt**,[197] s. a. § 3a Rn. 25. Die Regelungen des 3. VwVfÄndG drohen daher zu einem „**Musterbeispiel einer gescheiterten, vorauseilenden rechtlichen Technikgestaltung**" zu wer-

---

[190] Wendt JA 1980, 25, 30.
[191] VGH Mannheim UPR 1991, 451; VGH München DVBl 1978, 181, 183; Hufen, Fehler im VwVf, Rn. 291; Kischel, Die Begründung, 2003, S. 241; Wendt JA 1980, 25, 30.
[192] Volk, Bestimmtheit von VA, 2002, S. 14 f.
[193] OVG Münster NVwZ 1993, 75, 76.
[194] BVerwG LKV 2006, 31, 32.
[195] OVG Frankfurt (Oder) NVwZ 2002, 104, 105; P. Stelkens NVwZ 1987, 471, 472 (gegen BVerwG NVwZ 1986, 1011; hierzu zu § 38 Rn. 34); U. Stelkens ZEUS 2004, 129, 157 f.
[196] Vgl. aber für den Fall der unmissverständlichen (§ 35 Rn. 81) konkludenten Regelung: VGH München 3. 2. 1993 – 3 B 92.1422 – (juris); für den Fall einer begünstigenden Maßnahme: OVG Münster NVwZ 1993, 75, 76.
[197] Zur minimalen „Marktdurchdringung" der Signaturtechnik und ihrer Gründe Skrobotz, Das elektronische VwVf, 2005, S. 73 ff.; ferner Britz DVBl 2007, 993, 996; Schmitz DÖV 2005, 885, 893.

den.[198] § 3a Abs. 4 HmbVwVfG (§ 3a Rn. 59) hält daher an dem Signaturerfordernis nicht mehr fest, sondern gestattet auch, landesrechtliche Schriftformerfordernisse durch andere elektronische Formen zu ersetzen, soweit diese die Identifizierung des Ausstellers in ähnlicher Weise wie die Signaturtechnik gestatten.[199] Kommt es der Behörde vor allem auf eine schnelle Übermittlung an, wird sie daher wegen der geringen Verbreitung der Signaturtechnik eher auf die Verwendung des Telefax (Rn. 62f.) ausweichen.[200] Dies auch deshalb, weil gerade unter dem Namen von Behörden zahlreiche Spam-Mails versandt werden, die Viren, Werbung oder zweifelhafte Botschaften enthalten, so dass die ernst zu nehmende Gefahr besteht, dass gerade im Namen von Behörden versandte E-Mails als „Spam" ungelesen gelöscht werden (zum Zugang in diesem Fall s. § 41 Rn. 88). Unabhängig davon muss die Zweckmäßigkeit eines elektronischen VwVf für die einzelnen Verwaltungszweige getrennt geprüft werden, weshalb § 3a VwVfG die Durchführung elektronischer VwVf auch von der Zustimmung der Behörde abhängig macht, s. § 3a Rn. 10ff. Dass die **elektronische Form** gegenüber der **Schriftform** z. Zt. allenfalls eine „**Form zweiter Klasse**" ist, wird auch daran deutlich, dass § 37 Abs. 3 S. 2 einen allgemeinen Anspruch auf schriftliche Bestätigung eines elektronischen VA vorsieht, selbst wenn die Wahl der elektronischen Form von dem Betroffenen nach § 3a Abs. 1 zunächst gestattet worden ist, näher Rn. 89f.

52   c) **Fachrechtliche Formvorschriften:** Dass sich aus § 37 Abs. 2 S. 1 ergebende Formenwahlermessen besteht – auch ohne dass es ausdrücklich wie in § 108 Abs. 2 LVwG SchlH (oder § 29 Abs. 2 des Musterentwurfes) erwähnt ist – allein schon auf Grund des Subsidiaritätsgrundsatzes des § 1 (§ 1 Rn. 206ff.) nur dann, wenn das **Fachrecht** für den Erlass eines VA keine besondere Form vorschreibt.[201] Auch das VwVfG sieht weitere Regelungen vor, z.B. § 38 Abs. 1 S. 1 (§ 38 Rn. 54ff.) oder § 69 Abs. 2 S. 1 (§ 69 Rn. 12), ebenso wie das **Gemeinschaftsrecht**[202] und das **Landesrecht** (etwa für die Baugenehmigung). Diese gesetzlichen Formerfordernisse haben unterschiedliche **Funktionen**, z.B. die Behörde vor übereilten Regelungen zu schützen, Beweiszwecken zu dienen (z.B. § 38 Rn. 54) oder den Betroffenen zu schützen,[203] s.a. § 3a Rn. 17. Schriftform (die jedoch ggf. durch die elektronische Form ersetzt werden kann, Rn. 53) ist auch dann gesetzlich vorgesehen, wenn eine Entscheidung durch **Bescheid** ergehen soll (z.B. § 176 BauGB) oder die **Zustellung** des VA angeordnet wird, vgl. Rn. 107f., § 41 Rn. 205.

53   Ist für einen VA durch Rechtsvorschrift **Schriftform** vorgesehen, kann diese nach dem **Grundsatz des § 3a Abs. 2 S. 1 durch eine elektronische Form ersetzt** werden, die den Anforderungen des § 3a Abs. 2 S. 2 und des § 37 Abs. 3 S. 2 (Rn. 121ff.) entspricht, soweit gesetzlich nichts anderes bestimmt ist oder entsprechend § 37 Abs. 4 gesteigerte Anforderungen vorgesehen wurden, hierzu Rn. 125. Damit eine solche Ersetzung möglich ist, ist jedoch stets zusätzlich eine Gestattung des Adressaten nach § 3a Abs. 1 erforderlich. § 3a Abs. 2 und § 37 Abs. 3 gestatten also nicht, die Schriftform ohne oder gegen den Willen des Adressaten durch die (qualifizierte) elektronische Form zu ersetzen.

54   Insbes. die Begründung oder Veränderung von Statusverhältnissen werden auf Grund von Rechtsvorschriften von der Aushändigung von **Urkunden** abhängig gemacht, z.B. § 5 BRRG, § 6 Abs. 2 BBG für die Ernennungsurkunde des Beamten oder § 16 StAG für die Einbürgerung (vgl. a. § 35 Rn. 222). Für diese Urkunden ist i.d.R. eine besondere, herausgehobene Form entweder vorgeschrieben oder üblich und unterscheidet sich dadurch von dem allgemeinen Urkundenbegriff als einer schriftlich verkörperten Gedankenerklärung (§ 33 Rn. 13). Falls die Rechtsvorschrift keine abschließende Norm ist, ist **ergänzend** auf § 37 Abs. 3 zurückzugreifen.

55   Wird eine Entscheidung ohne Beachtung der gesetzlichen Formen getroffen, ist zunächst zu prüfen, ob unter der Berücksichtigung des insoweit maßgeblichen Empfängerhorizonts überhaupt ein VA erlassen wurde. Nur wenn dies (ausnahmsweise, Rn. 50) zu bejahen ist, stellt sich die Frage nach den Rechtsfolgen eines solchen Verstoßes. Maßgeblich ist das Fachrecht. Eine

---

[198] So zutreffend *Eiffert*, eGovernment, 2006, S. 118.
[199] Hierzu *Püschel* NordÖR 2004, 59ff.
[200] Vgl. *Dästner* NJW 2001, 3469, 3470.
[201] Vgl. die Zusammenstellung bei *Skrobotz*, Elektronisches VwVf, 2005, S. 166.
[202] Vgl. hierzu z.B. *BFHE* 209, 176ff. = NVwZ-RR 2006, 160f.
[203] Zusammenfassend *Weihrauch* VerwArch 82 (1991), S. 543, 557. Zur Schutzfunktion bei einer Baugenehmigung *P. Stelkens* BauR 1978, 158, 161 m.w.N.

allgemeine Vorschrift entsprechend **§ 125 BGB** fehlt im VwVfG. **§ 44 Abs. 2 Nr. 2** (s. dort Rn. 133 ff.) regelt nur den Sonderfall, dass für den Erlass eines VA die Aushändigung einer Urkunde vorgesehen ist. Daher reicht i. Ü. die Spannbreite der Konsequenz eines Verstoßes von Unbeachtlichkeit bis zur Nichtigkeit,[204] s. Rn. 53, § 44 Rn. 130. Jedoch ist die gesetzliche Schriftform i. d. R. spezialgesetzliche Wirksamkeitsvoraussetzung; nur wenn ausnahmsweise die Schriftform nur **Ordnungsfunktion** hat, ist ihr Fehlen unschädlich, s. § 44 Rn. 135. Zur Anfechtbarkeit wegen Verletzung der Schriftformanforderungen s. Rn. 106, § 45 Rn. 148 f.

Von den gesetzlichen Formvorschriften für den VA i. S. d. Rn. 52 ff. sind die (Schrift-)Formanforderungen zu unterscheiden, die für **(kommunale) Verpflichtungserklärungen** gelten. Hierbei handelt es sich – auch im ör. Rechtskreis (str.) – um **Regeln über die Vertretung der Behörde/juristischen Person** und damit um organisationsrechtliche Bestimmungen, näher § 35 Rn. 58. § 3a Abs. 2 findet daher keine Anwendung.[205] Die besonderen Vertretungsformerfordernisse können daher nur dann durch eine elektronische Form ersetzt werden, wenn dies in den Organisationsgesetzen ausdrücklich angeordnet ist, vgl. § 54 GO BadWürtt., Art. 38 Abs. 2 BayGO. Zu den Folgen der Nichtbeachtung solcher Vertretungsformvorschriften s. § 35 Rn. 62. 56

3. Schriftlicher Verwaltungsakt

a) Definition der Schriftform: Schriftform i. S. d. § 37 setzt die **Verkörperung** eines Gedankeninhalts (jedenfalls auch) durch **Schriftzeichen** (Buchstaben, Zahlen) in einer unmittelbar lesbaren Form voraus,[206] s. a. § 3a Rn. 17. Zur Verwendung von Schlüsselzeichen s. Rn. 134 ff. Hieran fehlt es, wenn eine Regelung ausschließlich durch die Bekanntgabe eines **Symbols** erlassen wird. Deshalb sind **Verkehrszeichen** (§ 35 Rn. 330 ff.) keine schriftlichen, sondern „in anderer Weise erlassene" VA,[207] s. Rn. 79. Zu den Auswirkungen für die Bekanntgabe, s. § 35 Rn. 332, § 41 Rn. 151, 198; für die Begründung § 39 Rn. 105; zur Bestätigung Rn. 91. Schriftform liegt jedoch noch vor, wenn der VA in seinem verfügenden Teil eine **ergänzende Darstellung** in Form von **Plänen oder Zeichnungen** enthält;[208] s. zur Bestimmtheit in diesem Fall Rn. 36 f.; zur Begründung und Bekanntgabe § 39 Rn. 39, § 41 Rn. 172. Aus § 23 Abs. 1 folgt zudem, dass (neben arabischen und lateinischen Zahlen) nur die **lateinischen Buchstaben** Schriftform in diesem Sinne sind, da sich nur in dieser Form die deutsche Sprache im Schriftverkehr ausdrückt,[209] vgl. § 23 Rn. 28, 48. Daher ist ein in **Blindenschrift** (Brailleschrift) geschriebener VA kein schriftlicher, sondern ein „in anderer Weise erlassener" VA, s. a. Rn. 112. 57

Eine Verkörperung des Gedankeninhalts in einer ohne weiteres unmittelbar lesbaren Form setzt voraus, dass die Schriftzeichen auf einer Sache i. S. d. § 90 BGB fixiert sind;[210] i. d. R. ist dies Papier, s. § 3a Rn. 17. Sofern Schriftzeichen verwendet werden (Rn. 57), kann ein schriftlicher VA jedoch etwa auch der Freigabestempel eines staatlichen Veterinärs auf einem Schwein sein. Elektronische Dokumente (Rn. 64) sind demgegenüber keine schriftlichen VA in diesem Sinne,[211] auch wenn sie mittels Diskette oder CD versandt werden; denn auch dann ist keine unmittelbare Lesbarkeit gegeben. Durch bloße Übermittlung einer Datei, bei der es dem Empfänger freisteht, ob er sie ausdrucken will, kann somit kein schriftlicher, sondern nur ein elektronischer VA erlassen werden, hierzu Rn. 59, 61. Dies wurde durch das 3. VwVfÄndG klargestellt, so dass sich der frühere Streit darüber, ob auch der elektronische VA als „schriftlicher VA" i. S. d. § 37 Abs. 2 a. F. angesehen werden konnte,[212] erledigt hat,[213] s. a. § 3a Rn. 2. 58

---

[204] *OVG Münster* NVwZ 1993, 75, 76.
[205] *Kunstein*, Elektronische Signatur als Baustein der elektronischen Verwaltung, 2005, S. 177; *U. Stelkens* VerwArch 94 (2003), S. 48, 66 f.
[206] *Janßen* in Obermayer, VwVfG, § 37 Rn. 16; *Kopp/Ramsauer*, § 37 Rn. 28.
[207] In diese Richtung *Manssen* NZV 1992, 465, 467; *ders.* DVBl 1997, 633, 635; offengelassen bei *BVerwGE* 102, 316, 318 = NJW 1997, 1021.
[208] *VGH München* DVBl 1978, 181, 183; *Kopp/Ramsauer*, § 37 Rn. 28.
[209] So auch *Skrobotz*, Elektronisches VwVf, 2005, S. 168.
[210] Vgl. *Skrobotz*, Elektronisches VwVf, 2005, S. 149. Das *RG* (Deutsche Juristenzeitung 1910, 594, 595) hat für § 126 BGB auch die Aufzeichnung auf einer Schiefertafel ausreichen lassen.
[211] *Henneke* in Knack, § 37 Rn. 20; *Rosenbach* NWVBl 1997, 121, 123; *ders.* NWVBl 1997, 326, 328.
[212] Hierzu m. w. N. *Eifert*, eGovernment, 2006, S. 98 ff.; *Kunstein*, Elektronische Signatur als Baustein der elektronischen Verwaltung, 2005, S. 114 ff.; *Skrobotz*, Elektronisches VwVf, 2005, S. 165 ff.
[213] Zutreffend *Maurer*, § 18 Rn. 16.

59 Jedoch kann ein schriftlicher VA auch dann vorliegen, wenn er **elektronisch übermittelt** wird (Rn. 66), soweit er auf Empfängerseite (wie beim herkömmlichen Telefax, s. Rn. 62) **automatisch ausgedruckt wird**, ohne dass dem Empfänger insoweit eine Entscheidungsmöglichkeit verbleibt. Die bloße *Möglichkeit* des Ausdruckes auf Empfängerseite reicht damit für die Schriftlichkeit eines VA nicht aus,[214] denn diese besteht für nahezu alle elektronisch übermittelten Dokumente, so für jede E-Mail. Es ist aber eine **Ermessensentscheidung der Behörde**, in welcher Form der VA erlassen werden soll (Rn. 47 ff.). Stellt die Behörde dem Empfänger (wie bei der Versendung einer E-Mail) letztlich frei, welche Form er dem VA gibt, hat sie jedenfalls keine Ermessensentscheidung zu Gunsten des Erlasses eines schriftlichen VA getroffen. Andernfalls wäre ein VA auch dann schriftlich erlassen, der dem Betroffenen mündlich so bekannt gegeben (diktiert) wird, dass ein Mitschreiben möglich ist; denn auch hier hätte der Empfänger die Möglichkeit, sich ein Schriftdokument zu erstellen. Unerheblich für das Vorliegen der Schriftform ist, ob ein Ausdruck auf Behördenseite erfolgt, s. Rn. 45, 63.

60 **b) Gerichtliche Protokollierung:** Die Frage, ob der Schriftform i. S. d. § 126 BGB die **gerichtliche Protokollierung** gleichsteht (hierzu § 22 Rn. 40), ist für die Frage, ob ein zu Protokoll erklärter VA ein schriftlicher VA ist, irrelevant, vgl. Rn. 46. Auch wenn das Protokoll zunächst auf Tonband diktiert und erst später abgeschrieben wird, liegt Schriftform vor, sobald das Protokoll erstellt ist. I. d. R. wird der zu Protokoll erklärte VA auch der Form des § 37 Abs. 3 genügen: Aus der Niederschrift sind der Name des erklärenden Beamten und die Behörde erkennbar.[215] Wirksam wird die Erklärung jedoch erst mit der Bekanntgabe (Zusendung) der Niederschrift, s. § 38 Rn. 59.

61 **c) Fotokopie:** Nach den Grundsätzen der Rn. 46 kann auch eine Fotokopie der bei den Akten verbleibenden Urschrift bzw. eines an einen Dritten gerichteten Schreibens[216] schriftlicher VA sein, der auch den Anforderungen des § 37 Abs. 3 genügen kann, Rn. 105. Jedoch kann fraglich sein, ob aus der Sicht des insoweit maßgeblichen Empfängerhorizontes (§ 35 Rn. 71 f.) erkennbar ist, dass mit der Übersendung einer Fotokopie tatsächlich ein VA erlassen und nicht nur vom Inhalt eines (bereits erlassenen) VA Mitteilung gemacht werden sollte. Dies gilt insbes., wenn eine Kopie eines an einen Dritten gerichteten Schreibens übermittelt wird, weil hier nicht ohne weiteres klar ist, dass der Betroffene dieses Schreiben auch auf sich beziehen soll.[217] Insoweit empfiehlt sich eine Klarstellung in einem Begleitschreiben. Nicht eindeutig ist etwa auch die Zusendung einer Fotokopie mit dem **Vermerk „zur Kenntnisnahme"**, die aus der Sicht des Empfängers (§ 35 Rn. 43 ff.) vielfach so verstanden werden wird, dass ihm kein VA bekannt gegeben, sondern nur vom Inhalt eines VA Mitteilung gemacht werden soll, s. § 35 Rn. 73. Zur **Zustellung** einer Fotokopie, s. Rn. 107 f. Wird eine Fotokopie nicht zum Zwecke der Bekanntgabe versendet, dient sie nur der Information, z. B. über einen noch zu erlassenden oder einen bereits erlassenen VA oder zu Beweiszwecken, § 26 Rn. 88.

62 **d) Telefax:** Auch die durch ein herkömmliches Telefaxgerät erzeugte Kopie ist – wie die „normale" Fotokopie, s. Rn. 61 – ein Schriftstück, so dass der durch ein Telefaxgerät erzeugte Ausdruck ein schriftlicher VA sein kann,[218] der jedoch i. S. d. § 41 Abs. 2 S. 1 „elektronisch übermittelt" wird, s. Rn. 66. Ein VA liegt jedoch nur vor, wenn für den Empfänger erkennbar ist, dass über das Telefax ein VA erlassen und nicht nur eine bloße Vorab-Information mitgeteilt werden soll, s. hierzu § 41 Rn. 86. Eine durch Telefax erzeugte Kopie kann auch den Anforderungen des § 37 Abs. 3 genügen (Rn. 105). Da für die Bestimmung der Form eines VA nach § 37 die Form der bei den Akten verbleibenden Urschrift unerheblich ist (Rn. 45), ist der zu § 126 BGB und zu bestimmenden Schriftsätzen geführte Streit, ob der Schriftform auch bei **Versendung eines Fax unmittelbar aus dem Rechner** genügt ist (hierzu § 22 Rn. 33), für

---

[214] So aber *Groß* DÖV 2001, 159, 161 f; *Holznagel/Krahn/Werthmann* DVBl 2000, 1477, 1482; *Redeker* NVwZ 1986, 545, 547; *Schmitz* VR 1991, 213, 217 f.; a. A. *Boehme-Neßler* NVwZ 2001, 374, 379; *Catrein* NVwBl 2001, 50, 55; *Henneke* in Knack, § 37 Rn. 20; *Rosenbach* NVwBl 1997, 326, 327; *Roßnagel* DÖV 2001, 221, 223.
[215] Wie hier *BVerwGE* 97, 323, 327 = NJW 1995, 1977; *BVerwG* NVwZ 2000, 1186, NVwZ 2003, 997; *OVG Münster* NVwZ 1993, 74.
[216] *OVG Münster* NVwZ-RR 2000, 556.
[217] *OVG Münster* NVwZ-RR 2000, 556.
[218] *BFH* NJW 1998, 2383.

§ 37 belanglos.[219] Voraussetzung für die wirksame Bekanntgabe eines VA per Telefax ist jedoch, dass der Empfänger die Verwendung seines Telefaxgerätes für die Übersendung des konkreten VA gestattet hat, hierzu § 41 Rn. 82 ff. Zur **Zustellung** mittels Telefax s. Rn. 107.

Ein Telefax als „schriftlichen VA" anzusehen, steht auch nicht entgegen, dass auf der **Empfängerseite** nicht zwingend – wie beim herkömmlichen Telefaxgerät – unmittelbar ein Ausdruck erfolgen muss, sondern auch möglich ist, dass das Telefax **nur als Datei auf dem Rechner des Empfängers** ankommt, so dass dieser selbst darüber entscheiden kann, ob er einen Ausdruck vornimmt oder nicht. Zwar liegt kein schriftlicher VA vor, wenn die Entscheidung, welche Form die Erklärung erhält, nicht von der Behörde, sondern vom Empfänger getroffen wird, s. Rn. 59. Dass dem Empfänger eines Telefax eine solche Entscheidung möglich ist, entspricht jedoch nicht der Regel. Wenn die Behörde ein Telefax versendet, wird sie daher (z. Zt. noch) davon ausgehen, auf Empfängerseite werde unmittelbar ein Ausdruck und damit ein schriftlicher VA erstellt. Daher ist anzunehmen, dass die Behörde bei Versendung eines VA mittels Telefax ihr **Auswahlermessen** bezüglich der Form des VA (Rn. 47 ff.) dahingehend ausgeübt hat, dass sie einen schriftlichen (und keinen elektronischen, hierzu Rn. 64 ff.) VA erlassen will,[220] vgl. a. § 3 a Rn. 7. Zur Bekanntgabe in diesem Fall s. § 41 Rn. 82 ff. 63

4. Elektronischer Verwaltungsakt

Seit dem 3. VwVfÄndG (hierzu Einl. Rn. 44, § 1 Rn. 277) nennt § 37 auch den elektronischen VA als besondere VA-Form, der somit nicht (mehr) als Unterfall des schriftlichen VA angesehen werden kann, s. Rn. 58. Der Begriff „elektronisch" wird jedoch nicht definiert. Inzwischen besteht wohl Einigkeit darüber, was ein elektronischer VA ist, jedoch scheint noch keine überzeugende Definition gefunden. Unstr. ist, dass „elektronische VA" nur solche VA sind, die ihre Informationen durch **Schriftzeichen** übermitteln (textliche Perpetuierung),[221] s. Rn. 57. Die ebenfalls elektronische Übermittlung eines mündlichen VA über Fernsprecher (Rn. 77 f.) wird von dem Begriff nicht erfasst.[222] **Nicht ausreichend** ist auch, dass der VA **elektronisch erzeugt**[223] oder **elektronisch übermittelt** wurde. Denn die Erzeugung des VA spielt sich im verwaltungsinternen Raum ab, stellt eine bloße Vorbereitungshandlung dar,[224] und auch bei elektronischer Übermittlung kann – wie beim Telefax, Rn. 62 f. – auf der Empfängerseite ein schriftlicher VA „ankommen" (Rn. 66). Zudem werden elektronische VA nicht zwingend elektronisch übermittelt, z. B. dann nicht, wenn eine Diskette mit der Post versandt wird, s. Rn. 66, § 41 Rn. 111. 64

Man kann den elektronischen VA daher so definieren, dass er mittels eines elektronischen Speichermediums erlassen wird;[225] treffender dürfte jedoch sein, als elektronischen VA einen VA zu verstehen, der auf Grund fachgesetzlicher Gestattung oder unter den Voraussetzungen des § 3 a Abs. 1 als elektronisches Dokument (zum Begriff § 3 a Rn. 1) übermittelt wurde.[226] Dieses elektronische Dokument ist (für den Empfänger, Rn. 45) das für den Rechtsverkehr maßgebliche Original des VA, sein Ausdruck gibt lediglich den Inhalt der Entscheidung wieder, ohne „amtliche Ausfertigung" zu sein.[227] Ein elektronischer VA ist damit nicht papiergebunden;[228] zur Bestätigungspflicht s. aber Rn. 89 f. Zur **öffentlichen Bekanntgabe** elektronischer VA s. § 41 Rn. 194 f. 65

---

[219] *Schmitz* VR 1991, 213, 215.
[220] Ebenso *Schmitz/Schlatmann* NVwZ 2002, 1281, 1286; *Skrobotz,* Elektronisches VwVf, 2005, S. 291; a. A. *Eiffert,* Electronic Governement, 2006, S. 102.
[221] *Skrobotz,* Elektronisches VwVf, 2005, S. 290.
[222] *Catrein* NWVBl 2001, 51, 55.
[223] Missverständlich daher *Rosenbach* DVBl 2001, 332, 335.
[224] *Schmitz/Schlatmann* NVwZ 2002, 1281, 1286.
[225] *Henneke* in Knack, § 37 Rn. 22; *Kersten* ZBR 2006, 35, 41; *Schmitz/Schlatmann* NVwZ 2002, 1281, 1286.
[226] *Kopp/Ramsauer,* § 37 Rn. 28 a.
[227] *Schmitz/Schlatmann* NVwZ 2002, 1281, 1286; *Stein* DVP 2006, 441, 442.
[228] Hierauf maßgeblich abstellend *Dietlein/Heinemann* NWVBl 2005, 53, 55; *Maurer,* § 18 Rn. 19; *Stein* DVP 2006, 441, 442; *Storr* MMR 2002, 579, 581.

5. Elektronisch übermittelter Verwaltungsakt

66 § 41 Abs. 2 erwähnt den „elektronisch übermittelten" VA. Dieser Begriff ist nicht mit dem Begriff des elektronischen VA gleichzusetzen, sondern erfasst auch schriftliche VA, soweit sie elektronisch übermittelt werden, was insbes. beim Telefax (Rn. 62 f.) der Fall ist.[229] Umgekehrt können auch elektronische VA durch die „Post" i. S. des § 41 Abs. 2 übermittelt werden, nämlich dann, wenn eine Diskette oder CD-Rom versandt wird; in diesem Fall ist § 41 Abs. 2 S. 1 Alt. 1 analog anzuwenden, s. § 41 Rn. 111.

6. „Mit Hilfe automatischer Einrichtungen erlassener" Verwaltungsakt

67 § 37 Abs. 5 nennt als **Unterfall des schriftlichen VA** den „mit Hilfe automatischer Einrichtungen erlassenen" VA, für den besondere Formerleichterungen gelten, Rn. 130 ff. Die Bestimmung, die ursprünglich in Abs. 4 enthalten war (s. Entstehungsgeschichte vor Rn. 1), wurde im Zuge des 3. VwVfÄndG (entgegen ursprünglicher Vorhaben)[230] zu Recht nicht auf elektronische VA erstreckt.[231] Für „in anderer Weise erlassene" automatisierte VA (etwa Ampelanlagen[232]) trifft Abs. 5 (und § 39) keine Regelung, s. Rn. 75, § 39 Rn. 14. Demgegenüber betrifft § 28 Abs. 2 Nr. 4 auch diesen Fall. Auch der **elektronisch übermittelte VA** (Rn. 66) ist nicht schon wegen seiner elektronischen Übermittlung ein „mit Hilfe automatischer Einrichtungen erlassener" VA.[233] Obwohl der Begriff „erlassen" im VwVfG grundsätzlich die Erstellung und Bekanntgabe einschließt (Rn. 45, § 9 Rn. 193 f., § 35 Rn. 21, § 41 Rn. 3), ist der gesetzliche Sprachgebrauch hier ungenau, da allein der maschinelle Ausdruck des Textes mit anschließender Versendung durch die Post, nicht jedoch die elektronische Übermittlung vorhergesehen wurde.

68 Unter den **Begriff der „automatischen Einrichtung"** i. S. d. Abs. 5 fallen im Grundsatz sowohl die (vom Gesetzgeber allein in den Blick genommenen)[234] **Großrechenanlagen** wie auch der jeweilige (ggf. mit anderen Rechnern vernetzte) **PC am Arbeitsplatz**. **§ 108 Abs. 6 LVwG SchlH** spricht von „automatischen Vorrichtungen", ohne dass sich hieraus ein Unterschied ergäbe. Nicht jeder mit Hilfe eines PC erstellte Bescheid ist jedoch i. S. d. § 37 Abs. 5 (sowie des § 28 Abs. 1 Nr. 4 [dort Rn. 62] und des § 39 Abs. 2 Nr. 3 [dort Rn. 97]) „mit Hilfe automatischer Einrichtungen erlassen". Vielmehr muss der **Rechner als Hilfsmittel bei der Entscheidungsfindung** dienen, indem z. B. auf Grundlage der getätigten Eingaben (Rn. 71) eine Rechenoperation (etwa Berechnung der zu bewilligenden Rente/Versorgungsbezüge, der zu entrichteten Abgaben) oder eine Terminverwaltung (etwa bei Einberufung von Wehrpflichtigen, Vergabe öffentlicher Einrichtungen) durchgeführt wird.[235] Die automatische Einrichtung muss damit letztlich bei der **Formulierung des verfügenden Teils** des VA (§ 35 Rn. 143) helfen.

69 **Nicht ausreichend** ist folglich, dass der Rechner als **fortentwickelte Schreibmaschine** verwendet wird. Soweit *BVerwG*[236] diese Unterscheidung gerade in der Grundlagenentscheidung zu automatisierten VA vor Inkrafttreten des VwVfG nicht getroffen hat und bei der bloßen Erstellung eines Einberufungsbescheides mittels EDV bereits Unterschrift/Namenswiedergabe der Behörde für entbehrlich hielt, ist dem für das geltende Recht nicht zu folgen. Sonst ließe sich die notwendige Abgrenzung der Anwendungsbereiche der § 28 Abs. 1 Nr. 4, § 37 Abs. 5, § 39 Abs. 2 Nr. 3 bei der Verwendung von **Textbausteinen** nicht leisten. Gerade die routinemäßige Verwendung von Textbausteinen kann jedoch ihrem Sinn nach nicht von § 37 Abs. 5 umfasst werden, sondern ist den **Formularen gleichzusetzen** (Rn. 132). Wie bei diesen ist bei dem Einsatz von Textbausteinen der Übergang von einem individuell abgefassten Text zu einem im Wesentlichen gespeicherten Schreiben fließend, je nach Umfang der Zusätze.

---

[229] Zum Telefax als elektronisch übermittelten VA: *App* KStZ 2005, 205, 209; *Schmitz/Schlatmann* NVwZ 2002, 1281, 1288; *Schlatmann* DVBl 2002, 1005, 1013; *Stein* DVP 2006, 441, 442 f.; ferner Nr. 1.8.2. des **Anwendungserlasses zu § 122 AO** (AEAO, Angaben vor § 41).
[230] Vgl. *Catrein* NWVBl 2001, 50, 57; *Rosenbach* DVBl 2001, 332, 334.
[231] Hierzu *Skrobotz*, Das elektronische VwVf, 2005, S. 334 ff.
[232] BGHZ 99, 249, 252 = NJW 1987, 1945.
[233] *Schmitz* VR 1991, 213, 218; a. A. *Redeker* NVwZ 1986, 545, 546.
[234] *Schmitz* VR 1991, 213, 218.
[235] So wohl auch *Kopp/Ramsauer*, § 37 Rn. 39.
[236] BVerwGE 45, 189, 191 = NJW 1974, 2101.

Ein „mit Hilfe elektronischer Einrichtungen erlassener VA" behält diese Qualität solange die 70 vom Rechner „angebotene" Hilfe von der Behörde nicht in Frage gestellt wird. **Manuelle Änderungen** des automatisch gefertigten Bescheides stellen somit dann die Qualität des VA als „mit Hilfe automatischer Einrichtungen erlassenen" VA in Frage, wenn sie sich auf den **verfügenden Teil** des VA (§ 35 Rn. 143) beziehen, da hierdurch die Hilfe der automatischen Einrichtung „ausgeschlagen" wird, s. Rn. 68. Es wird eine vom Programm als Verwaltungsvorschrift (Rn. 72) abweichende Entscheidung getroffen. Demgegenüber wird die Hilfe der automatischen Einrichtung nicht „ausgeschlagen", wenn manuelle Änderungen nur im Anschriftenfeld, bezüglich des Datums oder der Begründung vorgenommen werden.[237]

Muss die automatische Einrichtung als Hilfsmittel bei der Entscheidungsfindung dienen, damit 71 ein VA als „mit Hilfe automatischer Einrichtungen erlassen" angesehen werden kann (Rn. 68), stellt die Wendung „mit Hilfe" umgekehrt jedoch auch klar, dass **EDV-Anlagen** nur Hilfsmittel sind und **nicht selbst den VA erlassen**.[238] Rechtlich ist der mit Hilfe einer EDV-Anlage erlassene VA dem Erlass eines VA mit Hilfe von Berechnungstabellen/Taschenrechnern/Kalendern gleichzusetzen.[239] Der Rechner gibt selbst keine Willenserklärungen ab, wovon auch die Begründung zu § 33 Abs. 4 Entwurf 73 ausgeht. Dies gilt jedenfalls so lange, wie der Entwicklungsstand der EDV auf der des **determinierten Systems** verharrt. Hier wirken die Teile des Systems in vorhersehbarer Weise aufeinander ein, so dass das Ergebnis bei Eingabe der Werte feststeht und eine Abweichung nur durch einen Eingabe- oder Programmierungsfehler hervorgerufen wird. Denn EDV-Anlagen nach dem determinierten System funktionieren – grob gesprochen – wie folgt:[240]

Zunächst ermittelt die Behörde in organisatorischer menschlicher Vorarbeit die Eingabedaten 72 und die Beziehungen zwischen den Daten, die sie für eine bestimmte Art von Entscheidungen und den einzuschlagenden Verfahrensablauf für erforderlich hält. Hierbei werden auch generelle Ermessensüberlegungen, die sich auf die Art der Entscheidungen und ihren Verfahrensablauf beziehen, angestellt.[241] Dieser Vorgang wird in das Computerprogramm übersetzt. Dabei hat sich durchgesetzt, das Programm als **Verwaltungsvorschrift** anzusehen.[242] Soweit sich bei diesen Arbeiten ein **Fehler** einschleicht, der sich auf das Ergebnis des späteren VA auswirkt, bewirkt er die Rechtswidrigkeit des VA und berechtigt zur Anfechtung; es ist **kein Fall einer Berichtigung**,[243] s. § 42 Rn. 13 ff.

Für die Entscheidung des Einzelfalls erhebt und prüft der **Sachbearbeiter** der Behörde damit 73 zunächst die Daten dieses Falles in eigener **Verantwortung**. Er trifft dabei sowohl auf diesen Fall bezogene Ermessensentscheidungen[244] als auch wertende Entscheidungen, die sich z.B. auf den Sachverhalt beziehen (etwa ob er bestimmte Angaben als glaubhaft gemacht ansieht).[245] Die so aufbereiteten Daten werden in die EDV-Anlage eingegeben, die nach dem Programm die für die Fallgestaltung, unter die der Einzelfall fällt, vorgesehene Lösung automatisch bearbeitet.

Das dann ausgedruckte und versandte Schriftstück ist der **nach außen wirkende VA**.[246] Die 74 Verbindung von Anordnungsverfügung des Sachbearbeiters mit dem ausgedruckten Bescheid, der zu den Verwaltungsunterlagen geht, ist die Urschrift des VA,[247] s. Rn. 45. Wirksam wird der VA nach § 43 damit erst mit der Bekanntgabe.

---

[237] *BVerwG* NJW 1993, 1667, 1668; *OVG Weimar* ThürVBl 2000, 254, 255; BFHE 89, 460, 463.
[238] So schon *Bull*, Verwaltung durch Maschinen, 2. Aufl. 1964, S. 68 ff.
[239] Vgl. *BVerwGE* 45, 189, 191 = NJW 1974, 2101; BFHE 116, 482 = NJW 1975, 2360; *Schuhmann* BB 1973, 1433; vgl. auch für den Bußgeldbescheid *OLG Frankfurt* NJW 1976, 337 f.; *OLG Hamm* NJW 1995, 2937; *LG Frankfurt* NJW 1975, 2078 ff.; NJW 1976, 1906 f.
[240] Vgl. hierzu *Becker* DVBl 1998, 290.
[241] *Lenk* DVBl 1974, 832, 836.
[242] *Schmidt* AöR 96 (1971), S. 321, 352.
[243] *Maunz* BayVBl 1967, 86 f.; *Maurer*, § 18 Rn. 12.
[244] *BVerwGE* 45, 189, 195 = NJW 1974, 2101; *FG Düsseldorf* EFG 2001, 119; krit. zur Notwendigkeit „menschlicher" Ermessensentscheidungen in diesem Zusammenhang *Eifert*, Electronic Governement, 2006, S. 128 ff., 140 ff.
[245] Z. B. für Bußgeldbescheid *BGH* NJW 1997, 1380; *OLG Hamm* NJW 1995, 2937, 2938.
[246] *Bull*, Verwaltung durch Maschinen, 2. Aufl. 1964, S. 71; *Müller-Heidelberg* DVBl 1961, 11 ff.
[247] *LG Frankfurt* NJW 1976, 1906, 1907.

7. Mündlicher/fernmündlicher Verwaltungsakt

75 Der **mündlich erlassene VA** ist ein VA, der durch den Gebrauch der menschlichen Stimme bekannt gegeben wird, s. § 41 Rn. 96. Keine mündlichen, sondern „in anderer Weise erlassene" VA sind dementspr. Erklärungen von Behörden, die von **Maschinen** unter Verwendung von Geräuschen (Summer an Ampel für Blinde), synthetischen Stimmen oder Abspulen aufgenommener menschlicher Stimmen erlassen werden. Erklärungen, die durch **Gebärden** mit eindeutigem Erklärungsinhalt vermittelt werden (Kopfnicken, Gebärdensprache für Gehörlose [§ 23 Rn. 70 ff., § 41 Rn. 101], Zeichen nach § 36 Abs. 2 StVO [§ 41 Rn. 151, 198]), sind daher „in anderer Weise erlassene" VA, für die sich jedoch eine Bestätigungspflicht nach § 37 Abs. 2 S. 2 analog ergeben kann, s. Rn. 78, 91 f. Mündliche VA sind bekannt gegeben, wenn der Betroffene sie vernommen hat, s. § 41 Rn. 96. Zur öffentlichen Bekanntgabe s. § 41 Rn. 197. Zu Verständigungsproblemen mit Ausländern, § 23 Rn. 34 ff., § 41 Rn. 64, 96.

76 Da bei dem Erlass eines mündlichen VA keine **Rechtsbehelfsbelehrung** erfolgt,[248] gilt für die Rechtsbehelfsfristen § 58 i. V. m. § 70 Abs. 2 VwGO. Dabei beginnt die Jahresfrist des § 58 Abs. 2 VwGO mit dem Zeitpunkt der Eröffnung oder Verkündung des mündlichen VA, nicht mit dem Zeitpunkt des Zugangs einer Bestätigung nach § 37 Abs. 2 S. 2.[249] Da die schriftliche/elektronische Rechtsbehelfsbelehrung (Rn. 116 ff., 128) aber jederzeit nachgeholt werden kann (vgl. § 42 Rn. 12), kann sie der schriftlichen/elektronischen Bestätigung (Rn. 80 ff.) beigefügt werden,[250] so auch § 108 Abs. 2 LVwG SchlH und § 40a i. d. F. d. § 191 VwPO-E (Rn. 116). Die Rechtsbehelfsfrist beginnt dann mit der Zustellung oder Eröffnung der Rechtsbehelfsbelehrung, die der Bestätigung beigefügt ist, wenn der Betroffene nicht schon vorher über seine Rechtsbehelfe belehrt worden ist.[251] Da § 356 Abs. 1 AO den Beginn der Einspruchsfrist ausdrücklich nur dann an das Vorliegen einer Rechtsbehelfsbelehrung knüpft, wenn ein schriftlicher oder elektronischer VA vorliegt, nimmt demgegenüber *BFH* an, dass bei mündlichen VA die Einspruchsfrist auch ohne Rechtsbehelfsbelehrung zu laufen beginne.[252]

77 Auch die **fernmündliche Erklärung** ist ein mündlicher VA bzw. diesem gleichzustellen.[253] Dem entspricht die unangefochtene bürgerlich-rechtliche Praxis, die die von Person zu Person abgegebene Willenserklärung und die durch Fernsprecher übermittelte gleichbehandelt.[254] Mit Recht hat daher *OLG Hamm*[255] die telefonische Weisung eines Polizeibeamten nach § 36 StVO als wirksam angesehen.[256] Auch in einigen Gesetzen ist der fernmündlich ausgesprochene VA vorgesehen, vgl. z. B. § 13 Abs. 4 Arbeitssicherstellungsgesetz.[257] Vom fernmündlichen VA ist zu unterscheiden die telefonische Vorweg-Information über einen schriftlichen VA, s. § 41 Rn. 99.

78 Als mündlicher VA unter Abwesenden ist das Aufsprechen eines VA auf einen **Anrufbeantworter** bzw. in eine **Sprachbox** zu verstehen. Grundsätzliche Bedenken gegen eine solche VA-Form bestehen nicht.[258] Insoweit ist jedoch Zugangs- und damit Bekanntgabeerfordernis, dass der Betroffene seinen Anrufbeantworter auch tatsächlich **abgehört** und seine Verwendung der konkreten Behörde für die Übermittlung des konkreten mündlichen VA **gestattet** hat, näher § 41 Rn. 100, 107.

8. „In anderer Weise erlassener" Verwaltungsakt

79 „In anderer Weise erlassene" VA sind alle diejenigen VA, die weder schriftlich (Rn. 57 ff.), elektronisch (Rn. 64 ff.) noch mündlich (Rn. 75 ff.) erlassen wurden. Es handelt sich damit um einen Auffangtatbestand, der insbes. den **konkludent erlassenen VA** umfassen sollte, bei dem der Inhalt der Willenserklärung unmissverständlich (!) aus einem sonstigen Verhalten des Erklä-

---

[248] *OVG Münster* NVwZ 2001, 212, 213.
[249] *Czybulka* in Sodan/Ziekow, § 58 Rn. 60.
[250] *Stelkens* NuR 1982, 10, 11.
[251] *Robrecht* SächsVBl 2005, 241, 246.
[252] BFHE 209, 176 = NVwZ-RR 2006, 160.
[253] *VGH Mannheim* NVwZ 1992, 898; *VGH München* BayVBl 2000, 149, 150; *OVG Münster* NWVBl 1996, 222; BFHE 118, 426; *FG Baden-Württemberg* EFG 2004, 15, 16.
[254] So schon *RGZ* 61, 125.
[255] *OLG Hamm* NJW 1972, 1769.
[256] Einschränkend *Henneke* in Knack, § 37 Rn. 20.
[257] Vom 9. 7. 1968 (BGBl I 787), zul. geänd. durch VO v. 31. 10. 2006 (BGBl. I S. 2407).
[258] A. A. *Kopp/Ramsauer*, § 37 Rn. 20.

§ 37 Bestimmtheit und Form des Verwaltungsaktes   80–83 § 37

renden zu schließen ist, § 35 Rn. 81 (dort auch zu den Anforderungen an die Unmissverständlichkeit), § 41 Rn. 101. Hierzu müssten auch Maßnahmen der Ersatzvornahme, des unmittelbaren Zwangs, der unmittelbaren Ausführung und des Sofortvollzugs gezählt werden, wenn man sie – entgegen der hier vertretenen Auffassung – als VA ansieht,[259] hierzu § 35 Rn. 93 ff. Zu polizeirechtlichen Standardmaßnahmen als konkludente VA s. § 35 Rn. 96 ff. Zur (keinen VA darstellenden) **konkludenten Widmung** s. § 35 Rn. 325, § 41 Rn. 198. „In anderer Weise erlassen" ist aber auch der gegenüber Gehörlosen in **Gebärdensprache** (Rn. 75, § 23 Rn. 70 ff.) und der in **Blindenschrift** (Rn. 57, 111 f.) erlassene VA. Nicht verkannt werden darf jedoch, dass der Gesetzgeber unter den „in anderer Weise" erlassenen VA vor allem die durch gesetzlich typisierte Zeichen erlassenen VA des Straßenverkehrsrechts (**§ 36 Abs. 2 StVO, Ampeln** und **Verkehrszeichen,** hierzu § 35 Rn. 330 ff., § 41 Rn. 151, 198) im Blick hatte (vgl. etwa Begründung zu § 33 Abs. 2 Entwurf 73). Nur hieraus erklärt sich, dass § 37 Abs. 2 S. 2, eine **Pflicht zur Bestätigung** von „in anderer Weise erlassenen" VA und damit mittelbar auch die Pflicht der Begründung solcher VA ausschließt, s. Rn. 91, § 39 Rn. 14. Daher ist § 37 Abs. 2 S. 2 für solche „in anderer Weise erlassenen" VA analog anzuwenden, die mit den VA des Straßenverkehrsrechts nicht vergleichbar sind, näher Rn. 92.

III. Bestätigung (Abs. 2 S. 2 und 3)

1. Bestätigung mündlicher Verwaltungsakte

Mündliche und die ihnen zumindest gleichstehenden fernmündlichen VA (Rn 75 f.) sind auf Antrag schriftlich oder elektronisch zu bestätigen, wenn dies unverzüglich verlangt wird und ein berechtigtes Interesse des Betroffenen hieran besteht (für den Verteidigungsfall vgl. § 95 und § 65 BPolG). Wird eine andere hoheitliche Handlung als ein VA bestätigt, wird sie dadurch nicht zum VA. Zu sog. „nachträglichen Ordnungsverfügungen" bei unmittelbarer Ausführung oder Sofortvollzug bei nicht anwesendem Störer s. § 35 Rn. 94. Zur Bestätigung von Realakten Rn. 93. 80

§ 37 Abs. 2 S. 2 sieht nur eine Bestätigungspflicht auf **Antrag** („verlangt") vor. Für den Antrag ist keine Form vorgeschrieben, so dass er mündlich, schriftlich, konkludent und nach Maßgabe des § 3a Abs. 1 auch elektronisch gestellt werden kann,[260] vgl. § 22 Rn. 30. Der Beamte „vor Ort" (insbes. ein Polizeivollzugsbeamter) kann den Betroffenen jedoch ohne Verstoß gegen § 24 Abs. 3 darauf verweisen, seinen Antrag am Dienstsitz der Behörde (Polizeidienststelle) zu stellen, wenn es ihm aus tatsächlichen Gründen nicht möglich ist, ihn sofort entgegenzunehmen.[261] 81

Durch das Antragserfordernis wird eine Bestätigung **von Amts wegen** nicht ausgeschlossen, z.B. wenn die Behörde erkennt, dass ein berechtigtes Interesse auf Seiten des Betroffenen besteht. Im Einzelfall kann eine nicht beantragte Bestätigung jedoch rechtswidrig sein, etwa wenn sie allein zu Zwecken der Bloßstellung des Betroffenen erfolgt, z.B. bei ungefragter förmlich zugestellter Bestätigung eines Platzverweises, der gegenüber einem auf dem illegalen „Straßenstrich" angetroffenen Freier ausgesprochen wird.[262] 82

Ein **berechtigtes Interesse** des Betroffenen an der Bestätigung kann darin bestehen, dass er den VA anderen Stellen gegenüber nachweisen muss oder sich anhand der Begründung über die Möglichkeit einer Anfechtung Klarheit verschaffen will (Begründungen zu § 33 Abs. 2 Entwurf 73 und zu § 125 Abs. 2 EAO 1974). Eine bereits mündlich gegebene Begründung, schließt das berechtigte Interesse wegen der „Flüchtigkeit des Worts" jedoch nicht aus, s. § 39 Rn. 92. Auch ein nur wirtschaftliches Interesse reicht aus.[263] Das Bestätigungsinteresse kann auch bei **erledigten VA** bestehen, und ist insoweit auch nicht mit dem Fortsetzungsfeststellungsinteresse i.S.d. § 113 Abs. 1 S. 4 VwGO gleichzusetzen, weil beide „Interessen" ganz unterschiedliche Funktionen haben.[264] 83

---

[259] Vgl. *VGH München* BayVBl 2000, 149, 150.
[260] *Robrecht* SächsVBl 2005, 241, 244.
[261] *Robrecht* SächsVBl 2005, 241, 244.
[262] S. hierzu *Schneider/Kensbock* VBlBW 1999, 168, 170 f.
[263] *Henneke* in Knack, § 37 Rn. 27.
[264] *Robrecht* SächsVBl 2005, 241, 245; a. A. *Kopp/Ramsauer,* § 37 Rn. 24.

84 Der Betroffene muss die Bestätigung nach § 37 Abs. 2 S. 2 im Gegensatz zu § 29 Musterentwurf **unverzüglich** bei der Behörde **verlangen**. Die Begründung zu § 33 Abs. 2 Entwurf 73 und zu § 125 Abs. 2 EAO 1974 erklären den Begriff „unverzüglich" wie § 121 BGB als „ohne schuldhaftes Verzögern".[265] Dieses strenge Erfordernis ist im Interesse der Behörde aufgestellt worden, da es nach geraumer Zeit oft unmöglich ist, jedenfalls äußerst schwierig ist, den mündlichen VA noch im Einzelnen festzulegen. Der Anregung des DAV, auf dieses Erfordernis zu verzichten, da dem Betroffenen die Tragweite des VA nicht sofort bewusst werden muss, ist der Gesetzgeber nicht gefolgt.[266] Bei der Auslegung des Begriffs „unverzüglich" ist jedoch zu berücksichtigen, dass dem Betroffenen neben einer gewissen Überlegungsfrist auch die Möglichkeit rechtsanwaltlicher Beratung zugestanden werden muss. Allerdings verbietet der Sinn dieser Vorschrift eine Auslegung auf einen Monat wie bei § 35 Rn. 238. Eine Siebentagesfrist wird oftmals angemessen sein.[267] Der **Beginn der Überlegungsfrist** knüpft an die Kenntnis des Betroffenen von dem berechtigten Interesse an. Daher kann Rechtsunkenntnis im Einzelfall das Zögern entschuldigen.

85 Dass es der Behörde bei **verspätetem Verlangen** nach ihrem **Ermessen** möglich ist, den VA zu bestätigen, versteht sich von selbst.[268] Bei dieser Ermessensentscheidung wird die Behörde das Interesse des Betroffenen an der Bestätigung, die Gründe für die Verzögerung und ihr Vermögen, den mündlichen VA noch zu rekonstruieren, gegen- und miteinander abwägen. Ist der VA ohne weiteres zu rekonstruieren, weil sich alle Beteiligten übereinstimmend an seinen Inhalt erinnern, ist die Ablehnung der Bestätigung ermessensfehlerhaft, da hier eine Nicht-Bestätigung vom Sinn der Antragsfrist nicht gedeckt wäre.

86 Die Bestätigung kann schriftlich oder elektronisch erfolgen. Für die **Auswahl der Form gilt § 3a Abs. 1**: Weder kann der Betroffene eine elektronische Bestätigung verlangen, wenn die Behörde in dem Zusammenhang, in dem der VA ergangen ist, die elektronische Kommunikation nicht „eröffnet" hat,[269] vgl. § 3a Rn. 13. Noch kann die Behörde den VA elektronisch bestätigen, wenn der Bürger dies nicht nach § 3a Abs. 1 gestattet. Enthält der Bestätigungsantrag keine solche Gestattung, ist schriftlich zu bestätigen.[270]

87 Die **Bestätigung** selbst ist **kein VA**.[271] Sie dokumentiert vielmehr, dass ein mündlicher VA eines bestimmten Inhalts erlassen wurde. Zudem ist der Bestätigung eine Begründung beizufügen (§ 39 Rn. 9), so dass der Betroffene so u. U. erstmals von den Motiven Kenntnis nehmen kann, die zum VA-Erlass führten. Wird die Bestätigung vom Betroffenen inhaltlich nicht angezweifelt, erbringt sie zudem einen **faktisch kaum widerlegbaren Beweis**, dass ein mündlicher VA eines bestimmten Inhalts erlassen worden ist. Weigert sich die Behörde zu bestätigen oder bestätigt sie nach Auffassung des Betroffenen den tatsächlich erlassenen VA unzutreffend, muss allgemeine **Leistungsklage** erhoben werden. Bei Abweichung vom mündlichen VA kann in der Bestätigung jedoch auch ein Neuerlass des VA zu sehen sein, sofern sie vom Betroffenen so verstanden werden musste, § 35 Rn. 71 ff. Ob die **Ablehnung der Bestätigung** ein VA ist, richtet sich nach den in § 35 Rn. 99 ff. geschilderten Grundsätzen.

88 Der Sache nach gelten für die schriftliche und elektronische Bestätigung die **Anforderungen des § 37 Abs. 3**.[272] In der Bestätigung muss der VA zudem nach § 39 **begründet** werden, auch wenn kein Bestätigungsanspruch bestand, s. § 39 Rn. 9f. Zur Rechtsbehelfsbelehrung Rn. 76. Da die elektronische Bestätigung die schriftliche ersetzt, gilt für die Form § 3a Abs. 2; eine formgerechte elektronische Bestätigung muss also mit einer qualifizierten elektronischen Signatur nach dem Signaturgesetz versehen werden,[273] vgl. § 3a Rn. 20 ff.; § 37 Abs. 2 S. 3 Halbs. 2 bezieht sich nur auf S. 3 Halbs. 1, nicht auf S. 2, s. Rn. 88. Da keine **Bestätigungsfrist** vorgesehen ist, gilt **§ 10 S. 2**. Aus den Gründen, weshalb die Antragsfrist eingeführt wurde

---

[265] Hierzu auch *Robrecht* SächsVBl 2005, 241, 244 f.
[266] BT-Rechtsausschuss, Sitzung vom 18. Juni 1975.
[267] *Robrecht* SächsVBl 2005, 241, 245.
[268] *Robrecht* SächsVBl 2005, 241, 245.
[269] *Kunstein*, Die elektronische Signatur als Baustein der elektronischen Verwaltung, 2005, S. 149.
[270] *Skrobotz*, Das elektronische VwVf, 2005, S. 329 f.
[271] Allgem. Meinung, z. B. *OVG Münster* NVwZ-RR 1994, 549 f.; NWVBl 1997, 306, 307; *Robrecht* SächsVBl 2005, 241, 244, 246.
[272] *Kopp/Ramsauer*, § 37 Rn. 27.
[273] Ebenso, wenn auch mit abweichender Begründung *Kunstein*, Die elektronische Signatur als Baustein der elektronischen Verwaltung, 2005, S. 147 ff.

(Rn. 84) gilt jedoch i. d. R. eine **Pflicht zur unverzüglichen Bestätigung**.[274] Die nicht oder nicht rechtzeitige Bestätigung kann zu Amtshaftungsansprüchen führen.

2. Bestätigung elektronischer Verwaltungsakte

Nach § 37 Abs. 2 S. 3 Halbs. 1 ist auch ein elektronischer VA (Rn. 64 ff.) schriftlich zu bestä- 89 tigen, wenn hieran ein berechtigtes Interesse besteht und der Betroffene dies unverzüglich verlangt. Dabei kann – wie Halbs. 2 klarstellt – die **schriftliche Form nicht durch die elektronische gemäß § 3 a Abs. 2 ersetzt werden**. Diese – in der Begründung des Regierungsentwurfs zum 3. VwVfÄndG nicht erläuterte[275] – Regelung unterstellt, es könne ein berechtigtes Interesse an der schriftlichen Bestätigung eines elektronischen VA geben, obwohl die Verwaltung nur dann die elektronische Form wählen darf, wenn der Betroffene dies nach § 3 a Abs. 1 gestattet hat, vgl. § 3 a Rn. 10 ff. Dies ist inkonsequent, weil es der Betroffene in dieser Situation von Anfang an in der Hand hat, auf der Verwendung der Schriftform ihm gegenüber zu bestehen.[276] Jedenfalls kann die schriftliche Bestätigung niemals dazu dienen, die wegen einer fehlenden Gestattung nach § 3 a Abs. 1 unwirksame Bekanntgabe eines elektronischen VA (§ 41 Rn. 87) zu „heilen". In einem solchen Fall muss die Regelung vielmehr als schriftlicher VA neu bekannt gegeben werden, vgl. § 41 Rn. 231. Anders ist es jedoch bei öffentlicher Bekanntgabe eines elektronischen VA im Internet, die auch ohne Gestattung nach § 3 a Abs. 1 unter den Voraussetzungen des § 41 Abs. 3, 4 wirksam ist: Hier ersetzt der individuelle Anspruch auf schriftliche Bestätigung letztlich die fehlende Zugangseröffnung, s. § 41 Rn. 194 ff.

Vor diesem Hintergrund unterscheidet sich die Funktion der Bestätigung elektronischer VA 90 von der Bestätigung mündlicher VA. Bei mündlichen VA hat die Bestätigung v. a. Beweis- und „Begründungspflichtauslösungs"-Funktion (Rn. 87). Die Bestätigung elektronischer VA, die bereits selbst nach § 39 (elektronisch) zu begründen sind (§ 39 Rn. 5), soll demgegenüber wohl eher so etwas wie eine „beglaubigte Abschrift" des elektronischen VA darstellen,[277] der ungeachtet seines „Bestätigungs-Ausdrucks" durch die Behörde nach wie vor das „Original" bleibt, auf das Behörde und Betroffener auch jederzeit zugreifen können, s. Rn. 65. Ein berechtigtes Interesse an einer „amtlichen" schriftlichen Kopie eines solchen Originals, das „unverzüglich" nach Bekanntgabe des elektronischen VA geltend gemacht werden kann (vgl. Rn. 83 f.), erscheint – außer im Fall der öffentlichen Bekanntgabe eines elektronischen VA, s. Rn. 89, § 41 Rn. 194 ff. – allenfalls dann als vorstellbar, wenn dem Betroffenen (ohne Verstoß gegen § 3 a Abs. 2) ein elektronischer VA ohne qualifizierte Signatur zugesandt worden ist (weil hier ein berechtigtes Interesse an einer Bestätigung der „Authentizität" des VA bestehen kann)[278] oder wenn der Betroffene den Erlass des elektronischen VA anderen Behörden, die sich gem. § 3 a Abs. 1 der elektronischen Kommunikation verschlossen haben, zu Nachweiszwecken vorlegen muss. Im Übrigen kann ein berechtigtes Interesse an der schriftlichen Bestätigung bei nicht lösbaren Kommunikationsschwierigkeiten i. S. d. § 3 a Abs. 3 anzunehmen sein (soweit diese nicht bereits die Bekanntgabe des VA in Frage stellen, s. § 41 Rn. 94, 108), wenn sich herausstellt, dass die von der Behörde verwendete Signatur vom Empfänger wegen uneinheitlicher Signatursysteme nicht entschlüsselt werden kann oder wenn auf Grund der technischen Entwicklungen elektronische Dateien älteren Datums (und damit auch ältere elektronische VA) unter Verwendung aktueller Software nicht mehr ohne weiteres geöffnet und gelesen werden können. Im letzteren Fall wäre ein Bestätigungsantrag dann noch „unverzüglich", wenn er gestellt wird, sobald diese Folge des „Techniksprungs" erkennbar wird, mag dies auch erst mehrere Jahre nach VA-Erlass eintreten.

---

[274] Zwischen erledigten/nicht-erledigten VA differenzierend demgegenüber *Robrecht* SächsVBl 2005, 241, 246.
[275] Vgl. BT-Drs. 14/9000, S. 33.
[276] A. A. *Skrobotz*, Das elektronische VwVf, 2005, S. 329 f. (der allerdings geringere Anforderungen an die Gestattung nach § 3 a Abs. 1 stellt (aaO. S. 241 f.), als sie hier vertreten werden (§ 41 Rn. 87 ff.), so dass sich hieraus eher eine Bestätigungsnotwendigkeit ergibt).
[277] In diese Richtung wohl *Schmitz/Schlatmann* NVwZ 2002, 1281, 1286.
[278] *Kopp/Ramsauer*, § 37 Rn. 26.

3. Bestätigung von „in anderer Weise erlassenen" Verwaltungsakten und von Realakten

91 Der Gesetzgeber ist der Begründung zu § 33 Abs. 2 Entwurf 73 gefolgt, wonach VA, die durch Zeichen oder unmittelbares Handeln (konkludente VA, Rn. 79) gesetzt worden sind, einer Bestätigung nicht zugänglich seien.[279] Daher ist sie nur für mündliche VA vorgeschrieben worden. In den Blick genommen waren hierbei jedoch vor allem die durch **gesetzlich typisierte Zeichen** erlassenen **VA des Straßenverkehrsrechts** (§ 36 Abs. 2 StVO, Ampeln und Verkehrszeichen), hierzu Rn. 57, 79, § 35 Rn. 330 ff., § 41 Rn. 151, 198. Insoweit besteht i. d. R. weder ein berechtigtes Interesse an einer Bestätigung, noch wird etwa ein Polizist, der an einer Kreuzung nach Maßgabe des § 36 Abs. 2 StVO den Verkehr regelt, tatsächlich noch in der Lage sein, sich auf einen Bestätigungswunsch eines Betroffenen hin an einen bestimmten VA zu erinnern. Solche VA von der Bestätigungspflicht auszunehmen, erscheint als gerechtfertigt.

92 Jedoch lässt sich das Fehlen einer Bestätigungspflicht nicht für alle „in anderer Weise erlassene" VA rechtfertigen. Dies gilt insbes. für VA, die durch **Gebärdensprache** erlassen werden, s. Rn. 79. Es gibt keinen Grund, der rechtfertigen könnte, dass z. B. die Versagung einer Leistung, die durch ein schlichtes „Nein!" oder „Sie nicht!" erfolgt, bestätigungs- (und damit begründungspflichtig, s. Rn. 88, § 39 Rn. 14) sein soll, nicht aber die Ablehnung durch abwehrende Handbewegungen. Ebenfalls ließe sich nicht rechtfertigen, weshalb gegenüber Gehörlosen mittels Gebärdensprache (Rn. 75, § 23 Rn. 70 ff., § 41 Rn. 101) vermittelte VA niemals bestätigungspflichtig sein sollen. Damit ist es ein Gebot des **Art. 3 Abs. 1 GG**, § 37 Abs. 2 S. 2 auf solche „in anderer Weise erlassenen" VA – entgegen der wohl h. M. – **analog** anzuwenden, in denen sich die Rechts- und Interessenlage sowohl auf Seiten des Betroffenen wie auf Seite der Behörde in keiner Weise von der Rechts- und Interessenlage bei mündlichen VA unterscheidet.[280] Dass dies dem Gesetzeswortlaut widerspricht, steht dem nicht entgegen, weil es andernfalls einer Analogie nicht bedürfte. Auch der Wille des Gesetzgebers wird so nicht umgangen, da die hier interessierenden Fälle auf Grund der Fixierung auf die Beispiele aus dem Straßenverkehrsrecht (Rn. 91) nicht in den Blick genommen wurden und sie damit „ohne Willen" des Gesetzgebers aus dem Anwendungsbereich des § 37 Abs. 2 S. 2 herausgenommen wurden.

93 § 37 Abs. 2 regelt nicht, ob auch **belastende Realakte** bestätigungspflichtig sind. Dies wird man allenfalls bei **zielgerichteten tatsächlichen Grundrechtseingriffen** (insbes. für die Ausübung unmittelbaren Zwangs, vgl. § 35 Rn. 93 ff.) annehmen können. Hier würde eine analoge Anwendung des § 37 Abs. 2 S. 2 und eine hiermit verknüpfte Begründungspflicht (§ 39 Rn. 24) durchaus den Vorgaben der Entschließung des Ministerkomitees des Europarates Nr. (77) 31 (Einl. Rn. 99 ff.) entsprechen[281] (§ 35 Rn. 344) und erscheint auch unter dem Aspekt des Grundrechtsschutzes als geboten.[282] Jedenfalls ist kein Grund erkennbar, weshalb es bei Vorliegen eines berechtigten Interesses und Rekonstruierbarkeit des Geschehensablaufs für die Behörde unzumutbar sein sollte, dem Betroffenen einen bestimmten tatsächlichen Vorgang zu bestätigen und so die Frage, was geschehen ist, bereits im Vorfeld etwaiger gerichtlicher Verfahren außer Streit zu stellen.

IV. Anforderungen an die Schriftform (Abs. 3 S. 1)

1. Anwendungsbereich

94 § 37 Abs. 3 S. 1 regelt die Anforderungen an die Schriftform (zur elektronischen Form Rn. 121 ff.) bei Erlass eines VA. Diese gelten unabhängig davon, ob der VA öffentlich oder individuell bekannt gegeben wird (s. § 41 Rn. 65, 175) und ob gesetzlich Schriftform vorgesehen ist oder sich die Behörde im Rahmen ihres Formenwahlermessens (Rn. 47 ff.) freiwillig für die Schriftform entschieden hat. Für automatisierte VA gelten die Formerleichterungen des Abs. 5,

---

[279] Ebenso *Henneke* in Knack, § 37 Rn. 24.
[280] Wie hier *Kopp/Ramsauer*, § 37 Rn. 22; *Pünder* in Erichsen/Ehlers, § 13 Rn. 49; *Robrecht* SächsVBl. 2005, 241, 243; a. A. *Henneke* in Knack, § 37 Rn. 24; *Janßen* in Obermayer, VwVfG, § 37 Rn. 20; *Meyer/Borgs*, § 37 Rn. 19; *Ule/Laubinger*, § 51 Rn. 7.
[281] *U. Stelkens* ZEuS 2004, 129, 159 f.
[282] Wie hier *Robrecht* SächsVBl 2005, 241, 247 f.

wovon aber ermessensfehlerfrei kaum noch Gebrauch gemacht werden kann, Rn. 130 ff. Das Fachrecht (Rn. 52) kann zudem andere (weitergehende oder auch geringere) Formanforderungen stellen.[283] Ob dies der Fall ist, ist bei § 2 Abs. 1 VwZG umstr., hierzu Rn. 107 f. § 37 Abs. 3 regelt damit nicht, *ob* für einen VA Schriftform erforderlich ist (dazu Rn. 49 f., 52) und was Schriftform bedeutet (hierzu Rn. 57 ff.).

§ 37 Abs. 3 S. 1 bezieht sich auf Abs. 2, so dass sich die Anforderungen dieses Absatzes (jedenfalls) auf den **verfügenden Teil** (§ 35 Rn. 143) beziehen müssen (Rn. 44). Weil die **Begründung** (§ 39 Rn. 35 f.) und die **Rechtsbehelfsbelehrung** (Rn. 116 ff.) i. d. R. in demselben Schriftstück wie der verfügende Teil enthalten sind (Rn. 109 f.), werden diese Teile faktisch von § 37 Abs. 3 S. 1 erfasst. Rechtlich notwendig ist es aber nicht, dass Begründung oder Rechtsbehelfsbelehrung z. B. unterschrieben werden.[284] Bedeutung hat dies etwa bei nur unvollständiger Übermittlung eines schriftlichen VA, s. § 41 Rn. 66. Allerdings werden z. B. nachgesandte Begründungen/Rechtsbehelfsbelehrungen Hinweise auf die absendende Behörde und auch auf den VA haben müssen, da sonst die Zuordnung dieser Schriftstücke zu einem bestimmten VA kaum möglich ist.

Die Formvorschriften des § 37 Abs. 3 S. 1 sind schon vom Wortlaut her nur auf **VA** zugeschnitten. Sie gelten i. Ü. nur für die Version des VA, die dem Betroffenen bekannt gegeben wird (Ausfertigung) und nicht für die bei den Akten verbleibende Urschrift, s. Rn. 45. Noch weniger sind die Anforderungen des § 37 Abs. 3 S. 1 für andere ör. Handlungsformen entsprechend heranzuziehen, so etwa nicht für behördliche bestimmenden Schriftsätzen im Prozess[285] und insbes. nicht für den **ör. Vertrag**, für den anstelle des § 37 Abs. 3 über § 62 S. 2 VwVfG § 126 BGB gilt, s. § 57 Rn. 12, 17. Umgekehrt hat **§ 126 BGB** für VA keine Bedeutung, s. Rn. 46. § 37 Abs. 3 S. 1 ist jedoch zumindest entsprechend auf die **Zusage/Zusicherung** anzuwenden (§ 38 Rn. 58 ff.), ebenso auf die **schriftliche Bestätigung** nach § 37 Abs. 2 S. 2, s. Rn. 88; für **Berichtigung** s. § 42 Rn. 40 ff.

2. Behörde/Ort/Datum

Abs. 3 schreibt zunächst vor, dass der VA die **erlassende Behörde erkennen** lassen muss, anderenfalls der VA nichtig ist (§ 44 Abs. 2 Nr. 1, s. dort Rn. 132). Abs. 3 ist insoweit auch eine Frage der inhaltlichen Bestimmtheit, s. Rn. 9. Zur Bedeutung dieses Umstandes bei öffentlicher Bekanntgabe nach § 41 Abs. 4, s. § 41 Rn. 175. Nicht notwendig, jedoch üblich und oft hilfreich ist, dass das behördeninterne **Amt, Referat** oder **Dezernat** (§ 1 Rn. 250 f.) angegeben wird.[286] Hiervon sollte jedoch abgesehen werden, wenn die Bezeichnung des Amtes dem Gegenstand des Bescheides nicht angemessen ist. So entspricht es keinem guten Verwaltungsstil, wenn als Aussteller eines Friedhofsgebührenbescheides neben dem „Oberbürgermeister der Stadt Saarheim" auch das (intern für die Friedhofsverwaltung zuständige) „Amt für Entsorgung" erscheint. Im Übrigen reicht aus, wenn die Behörde im Zusammenhang mit der Unterschrift des Beamten oder aus einem Beglaubigungsvermerk erkennbar wird. Zum VA-Erlass durch mehrere Behörden s. § 35 Rn. 52. Zur Angabe des **Behördenträgers** und zur Bezeichnung der Behörde durch Benennung des Behördenträgers s. Rn. 9.

Die Angabe des **Ortes** und des **Datums** ist nicht zwingend vorgeschrieben. Die Angabe des Ortes ist jedoch im Regelfall nötig, um die erlassende Behörde zu kennzeichnen. Das Fehlen des Datums – bewusst wurde im Gesetz hierauf verzichtet (vgl. Begründung zu § 33 Abs. 3 Entwurf 73) – ist deshalb grundsätzlich unschädlich, weil maßgebend für die Rechtswirkungen des VA und die Rechtsbehelfsfristen die Bekanntgabe des VA ist (§ 43 Abs. 1 VwVfG, § 70 VwGO).[287] Allerdings zeigt die Praxis, dass die Datumsangabe sich für spätere Verfahren als nützlich erweist, um den VA zu identifizieren.[288] Zur Bedeutung des Bescheiddatums zur Er-

---

[283] Vgl. z. B. *VGH München* NVwZ-RR 2005, 736 (für Eintragung in Straßenbestandsverzeichnis).
[284] *BVerwG* 25. 6. 1992 – 6 B 46.91 – (juris); anders auf Grund der Prozessgesetze für gerichtliche Entscheidung *BVerwGE* 109, 336, 341 f = NVwZ 2000, 190.
[285] *GemSOGB* BVerwGE 58, 359, 364 ff. = BGHZ 75, 340 = NJW 1980, 172; *BVerwGE* 81, 32, 35 = NJW 1989, 1175.
[286] *Volk*, Bestimmtheit von VA, 2002, S. 80.
[287] Zum Abgabenrecht *FG Hamburg* EFG 2005, 1250, 1253.
[288] Zum Abgabenrecht s. *FG Hamburg* EFG 2005, 1250, 1253; *Seybold* DStR 1982, 275.

mittlung des Zeitpunkts der „Aufgabe zur Post" bzw. „Absendung" nach § 41 Abs. 2 S. 1 zu ermitteln, § 41 Rn. 120.

3. Unterschrift/Namenswiedergabe

99 **a) Anforderungen an den Unterschriftsleistenden/Namensträger:** Der VA muss die Unterschrift oder die Namenswiedergabe des **Behördenleiters**, seines **Vertreters** (sog. Organwalter i. e. S. [§ 35 Rn. 54]) oder seines **Beauftragten** (sog. Organwalter i. w. S., § 35 Rn. 55) enthalten. Der Vertreter unterschreibt i. d. R. mit „i. V.", die sonstigen Beauftragten mit „i. A.".[289] s. § 35 Rn. 55. Bei einer **Kollegialentscheidung** ist nur die Unterschrift des Vorsitzenden notwendig, soweit gesetzlich nichts anderes bestimmt ist.[290] § 37 Abs. 2 S. 1 beantwortet nicht, wer **zeichnungsberechtigt** ist. Dies ist eine Frage des Organisationsrechts; hierzu § 35 Rn. 53 ff.; zu den Rechtsfolgen fehlender Zeichnungsberechtigung, § 35 Rn. 62 f.

100 **b) Funktion von Unterschrift/Namenswiedergabe:** Sinn von Unterschrift/Namenswiedergabe ist jedenfalls, beim Empfänger sicherzustellen, dass nicht nur ein Entwurf vorliegt *(Beweisfunktion)*,[291] s. a. § 41 Rn. 53, § 45 Rn. 149. Sie ermöglicht auch, den für den Erlass des VA *rechtlich* Verantwortlichen nachzuweisen *(sog. Garantiefunktion)*. Da nach § 37 Abs. 3 S. 1 jedoch nicht zwingend derjenige unterschreiben bzw. seinen Namen angeben muss, der tatsächlich in der Sache entschieden hat (es reicht allgemein die Namenswiedergabe des Behördenleiters [!], also des Organwalters i. e. S. [§ 35 Rn. 54] aus), **dient die Regelung nicht (zwingend) der Identifizierung des tatsächlich handelnden Sachbearbeiters.**[292] § 37 Abs. 2 S. 1 ermöglicht zwar der Behörde, die für den VA-Erlass tatsächlich Verantwortlichen (Zeichnungsberechtigten, Organwalter i. w. S., § 35 Rn. 55) nach außen hervortreten zu lassen, zwingt aber nicht dazu.[293] Dennoch wird man es nicht für § 37 Abs. 3 S. 1 als ausreichend erachten können, wenn auf dem von der Behörde verwendeten Briefkopf als „Bearbeiter" oder „Ansprechpartner" Frau X angegeben wird, in der Unterschriftszeile jedoch nur „/" steht, da insbes. bei Routinebescheiden (Reisekostenabrechnungen etc.) der Bearbeiter oft ein Bürosachbearbeiter ohne Zeichnungsbefugnis ist.

101 **c) Anforderungen an Unterschrift:** Als Unterschrift wird i. d. R. die eigenhändige Namens-Unterschrift verstanden, die sich in einem **individuellen Schriftzug** verkörpert;[294] für ör. Vertrag § 57 Rn. 17; für Antrag § 22 Rn. 31. Bei der Frage, inwieweit die für das Zivil- und Prozessrecht entwickelten Unterschrifts-Anforderungen auf § 37 Abs. 3 S. 1 zu übertragen sind, ist allerdings zu beachten, dass die Bestimmung die Unterschrift nicht zwingend voraussetzt, sondern an ihrer Statt die Namenswiedergabe zulässt. Der Streit zu § 126 BGB und zu bestimmenden Schriftsätzen, ob dabei **einzelne Buchstaben erkennbar** sein müssen (vgl. § 22 Rn. 31, § 57 Rn. 17), braucht deshalb auf § 37 nicht übertragen zu werden. Schriftzug und Behördenangabe geben genügend Anhaltspunkte, um den Unterzeichner zu identifizieren, auch wenn keine einzelnen Buchstaben in der Unterschrift erkennbar sind. Die Individualität des Schriftzuges muss es allerdings ausschließen, dass er einem anderen Behördenbediensteten zugerechnet wird. **Eigenhändige Unterschrift** bedeutet sowohl bei § 126 BGB als auch bei § 37 Abs. 3, dass die Unterschrift mit dem Namen eines Anderen unzulässig ist.[295] Davon zu unterscheiden ist der Fall, dass irrtümlich der (eigenhändige) Name des Unterzeichners nicht mit einem maschinengeschriebenen Zusatz identisch ist; maßgebend ist hier die eigenhändige Unterschrift.[296] Zur Paraphe s. Rn. 103.

---

[289] *OVG Münster* OVGE 40, 186, 188.
[290] *BGHZ* 148, 55, 58 ff. = NZBau 2001, 517, 518; *BGH* NJW-RR 1994, 1406; *OLG Jena* NZBau 2001, 281, 282 f.; a. A. *BayObLG* VergabeR 2001, 256 f.; *OLG Düsseldorf* VergabeR 2001, 154, 157 f.; VergabeR 2002, 89, 90 ff.; *Klemke* NZBau 2001, 614, 616 f.
[291] *BVerwGE* 45, 189, 195 = NJW 1974, 2101; *VG Stuttgart* NVwZ-RR 2001, 336, 337; *Hufeld*, Vertretung der Behörde, 2003, S. 63; *von Mutius* VerwArch 67 (1976) S. 120; *Skrobotz*, Elektronisches VwVf, 2005, S. 167.
[292] So zutreffend *Hufeld*, Vertretung der Behörde, 2003, S. 62 ff.; a. A. *Henneke* in Knack, § 37 Rn. 26; *Kopp/Ramsauer*, § 37 Rn. 31.
[293] S. a. *OVG Weimar* NVwZ-RR 1995, 253.
[294] Zusammenfassend *H. Köhler*, FS Schippel, 1996, S. 209, 214 f.; *Schneider* NJW 1998, 1844.
[295] Vgl. *VGH Mannheim* NJW 1996, 3162, 3163 (für Klageschrift); *H. Köhler*, FS Schippel, 1996, S. 209, 211 ff. (zu § 126 BGB).
[296] *OVG Weimar* NVwZ-RR 1995, 253 (keine Nichtigkeit, allenfalls ein internes Vertretungsproblem).

Der Streit zu § 440 ZPO über den Beweiswert von sog. **Ober- und Nebenschriften** (§ 26 **102** Rn. 88)[297] betrifft § 37 Abs. 3 nicht. Regelungen auf der Rückseite eines unterschriebenen Schriftstückes, die erkennbar im Zusammenhang mit der Vorseite stehen, werden von der Unterschrift i. S. d. § 37 Abs. 3 S. 1 auf der Vorseite gedeckt.[298]

Die Frage, ob bei der Anwendung des § 126 BGB entgegen der wohl noch h. M. eine groß- **103** zügige Handhabung für **Paraphen** befürwortet werden sollte (vgl. § 22 Rn. 31), ist so nicht auf den VA zu übertragen. Da die Unterschrift auf dem bekannt zu gebenden Schreiben auch den Bekanntgabewillen dokumentieren soll (Rn. 100, § 41 Rn. 53, § 45 Rn. 149), reicht eine Paraphe nicht aus, weil durch sie jeder mitzeichnungsberechtigte Sachbearbeiter während des Laufes des VwVf den Vorgang abzeichnen kann, eine Paraphe allein damit nicht den Abschluss des VwVf durch Bekanntgabe kennzeichnet.[299]

d) Anforderungen an Namenswiedergabe: Die Namenswiedergabe, die anstelle der Un- **104** terschrift gesetzt werden kann, erfolgt i. d. R. maschinenschriftlich bzw. im Computerausdruck,[300] kann aber auch in der (fotomechanischen) **Wiedergabe einer Unterschrift** bestehen, s. Rn. 105. Beides steht der Unterschrift nach Abs. 3 S. 1 gleich, sofern das Fachrecht nicht ausdrücklich eine Unterschrift verlangt.[301] Keine Frage des § 37 Abs. 3 S. 1 ist, ob für die (bei den Akten verbleibende) Urschrift eines VA anstelle Unterschrift eine Namenswiedergabe oder Paraphe ausreicht, s. Rn. 45. Vielfach ist die Namenswiedergabe in Maschinenschrift mit einem **Beglaubigungsvermerk** (§ 33 Rn. 28 f.), z. Teil mit **Dienstsiegel** versehen. Schon dem Wortlaut nach sind sie nicht erforderlich.[302]

Die Namenswiedergabe kann auch eine **Reproduktion der Unterschrift** der in § 37 Abs. 3 **105** S. 1 genannten Personen darstellen, wobei es – wie bei eigenhändiger Unterschrift, s. Rn. 101 – keine Rolle spielt, ob sie leserlich ist bzw. einzelne Buchstaben erkennen lässt. Als Namenswiedergabe (nicht als eigenhändige Unterschrift)[303] ist daher auch ein **Faksimilestempel** anzusehen.[304] Auch kann unproblematisch die **Fotokopie** den Anforderungen des § 37 Abs. 3 S. 1 genügen, sofern die Kopiervorlage unterschrieben ist, s. aber auch Rn. 61. Die (mitfotokopierte) Unterschrift ist dann die Namenswiedergabe i. S. d. Abs. 3 S. 1. Gleiches gilt für die Versendung eines VA per **Telefax**. Die sich insoweit für § 126 BGB und für Prozesserklärungen stellenden Fragen (Nachweise bei § 22 Rn. 33 f., § 31 Rn. 11), sind für § 37 Abs. 3 S. 1 ohne Bedeutung. Maßgeblich ist allein, ob die durch das Telefaxgerät auf Empfängerseite erstellte Fernkopie eine Namenswiedergabe, ggf. in Form der (mitkopierten) Unterschrift auf der Faxvorlage, enthält, s. Rn. 62. Dies gilt auch, wenn das Fax **unmittelbar aus dem Rechner (Computerfax)** versendet wird, s. Rn. 63. Hier wäre in einer eingescannten Unterschrift die Namenswiedergabe zu sehen.

e) Rechtsfolgen fehlender Unterschrift/Namenswiedergabe: Fehlen die Unterschrift **106** oder die Namenswiedergabe auf dem dem Betroffenen bekannt gegebenen Schriftstück, ist der Bescheid rechtswidrig, jedoch – wie sich aus einem Umkehrschluss aus § 44 Abs. 2 Nr. 1 ergibt, nicht schon deshalb nichtig,[305] § 44 Rn. 135. Seine Aufhebung kann allerdings nur im Rahmen des **§ 46** verlangt werden; nach seiner Ausweitung auch auf Ermessensentscheidungen (§ 46 Rn. 73 ff.) wird hiernach fast immer Unbeachtlichkeit des Verfahrensfehlers vorliegen.[306] Eine

---

[297] *BGHZ* 113, 48, 51 f. = NJW 1991, 487; *H. Köhler*, FS Schippel, 1996, S. 209, 219.
[298] *BSG* NVwZ 1994, 830, 831 (für Zusicherung); a. A. *Kopp/Ramsauer*, § 37 Rn. 33.
[299] Der (nicht unberechtigte) Vorwurf der Realitätsferne der Paraphen-Rspr. in Bezug auf Rechtsanwälte bei *Schneider* NJW 1998, 1844 f. lässt sich daher nicht auf Behördenentscheidungen übertragen.
[300] *VGH Mannheim* DÖV 1997, 602.
[301] Vgl. z. B. *VGH München* NVwZ-RR 2005, 736 (für Eintragung in Straßenbestandsverzeichnis).
[302] *VGH Mannheim* DÖV 1997, 602; *VG Stuttgart* NVwZ-RR 2001, 336, 337; *Hufeld*, Vertretung der Behörde, 2003, S. 65; *Skrobotz*, Elektronisches VwVf, 2005, S. 169.
[303] *Köhler*, FS Schippel, 1996, S. 209, 217.
[304] *VGH München* NVwZ 1985, 430; für Bußgeldbescheid *OLG Saarbrücken* NJW 1973, 2041; *OLG Frankfurt* NJW 1976, 337.
[305] *VGH München* NVwZ 1987, 729; BayVBl 1997, 150, 151; *NdsFG* NVwZ-RR 1993, 229; *Janßen* in Obermayer, VwVfG, § 37 Rn. 31; *Klemke/Kleinjohann* NZBau 2001, 614, 617; *Kopp/Ramsauer*, § 37 Rn. 36; a. A. (Nichtigkeit der Vergabekammerentscheidung bei fehlender Unterschrift): *BayObLG* VergabeR 2001, 256 f.; *OLG Düsseldorf* VergabeR 2001, 154, 155 ff.; VergabeR 2002, 89, 90 ff.; *OLG Jena* NZBau 2001, 281, 283.
[306] *Henneke* in Knack, § 46 Rn. 34; *Klemke/Kleinjohann* NZBau 2001, 614, 617; *Ziekow*, VwVfG, § 37 Rn. 19.

Heilung nach § 45 Abs. 1 ist demgegenüber nicht vorgesehen. Wird bei einem zunächst ohne Unterschrift/Namenswiedergabe erlassenen VA die fehlende Unterschrift/Namenswiedergabe nachgeholt, kann dies jedoch als **Neuerlass des VA** zu verstehen sein,[307] s. § 45 Rn. 149. § 42 ist insoweit nicht anwendbar, da es sich insoweit um einen Formfehler handelt, der zur Rechtswidrigkeit des VA führt,[308] s. § 42 Rn. 1, 27. Schließlich kann das Fehlen von Unterschrift/ Namenswiedergabe ein Indiz dafür sein, dass es sich bei dem Schriftstück nicht um einen VA, sondern um einen bloßen **VA-Entwurf** handelt, s. § 41 Rn. 53, § 45 Rn. 149. Dann kann es bereits an einer wirksamen Bekanntgabe fehlen, s. § 41 Rn. 53 ff.

4. Besonderheiten bei Zustellung?

107   Wird durch Gesetz die Zustellung eines VA angeordnet, liegt hierin zugleich auch die Anordnung seiner Schriftlichkeit[309] (Rn. 52), die aber nach Maßgabe des § 5 Abs. 4 und 5 VwZG mittlerweile auch durch eine elektronische Form ersetzt werden kann, s. Rn. 126. Dabei stellt **§ 2 Abs. 1 VwZG** in seiner neuen Fassung (§ 41 Rn. 202) **keine besonderen Anforderungen an die Form des zuzustellenden Schriftstücks** mehr auf, das nur als „schriftliches Dokument" bezeichnet wird. Demgegenüber bestand nach § 2 Abs. 1 S. 1 VwZG i. d. F. von 1952 die Zustellung in der Übergabe eines Schriftstücks „in Urschrift, Ausfertigung oder beglaubigter Abschrift". Die **Länder** haben ihr Verwaltungszustellungsrecht (hierzu § 41 Rn. 244) insoweit weitgehend an das neue VwZG des Bundes angepasst, so dass auch hier zumeist das Zustellungsobjekt nur noch als „schriftliches Dokument" umschrieben wird.[310] Im Gegensatz zur früheren Rechtslage ist damit die **Wahrung** anderweitig gesetzlich vorgeschriebener **Schriftformanforderungen** (die von der „Schriftlichkeit" des Dokuments zu unterscheiden sind, s. Rn. 46) **nicht mehr Zustellungsvoraussetzung** und damit auch nicht mehr Voraussetzung einer wirksamen Bekanntgabe in Form der Zustellung,[311] zur Gegenansicht Rn. 108. Daher ist die wirksame Zustellung eines VA auch dann möglich, wenn der zuzustellende Bescheid der Form des § 37 Abs. 3 S. 1 nicht genügt.[312] Die Rechtsfolgen des Formmangels richten sich dann ausschließlich nach den Grundsätzen der Rn. 106. Noch weniger ist Voraussetzung einer wirksamen Zustellung, dass der VA mit einer eigenhändigen Unterschrift oder einem Beglaubigungsvermerk nach § 33 Abs. 4 (s. dort Rn. 28 ff.) versehen ist, wie dies zum früheren Recht in Auslegung der Begriffe „Urschrift, Ausfertigung und beglaubigte Abschrift" teilweise angenommen worden ist.[313] Daher kann heute auch eine bloße Fotokopie wirksam zugestellt werden,[314] ebenso ein VA in der Form des § 37 Abs. 5.[315] Eine Zustellung mittels **Telefax** kommt jedoch nur in den Fällen des § 5 Abs. 4 VwZG in Betracht, weil hier eine Zustellung „auf andere Weise" als durch Übergabe möglich ist, s. § 41 Rn. 210, 216, 217.

108   **Trotz des eindeutigen Wortlauts** wird jedoch dennoch angenommen, auch nach dem neuen VwZG müsse das zuzustellende schriftlichen Dokument eine Urschrift, eine Ausfertigung oder eine beglaubigte Abschrift sein, eine bloße Fotokopie genüge nicht.[316] Auch in der Gesetzesbegründung findet sich eine entsprechende Aussage.[317] Der Gesetzgeber wollte daher offenbar nicht durch Streichung der Worte „in Urschrift, Ausfertigung oder beglaubigter Abschrift" die Wirksamkeit einer Verwaltungszustellung von der Frage abkoppeln, ob das Zustellungsobjekt

---

[307] *Meyer/Borgs,* § 37 Rn. 23.
[308] *Meyer/Borgs,* § 37 Rn. 23.
[309] *VG Frankfurt a. M.* NVwZ-Beilage I 6/2000, 69, 70.
[310] Anders jedoch § 2 **SächsVwZG** i. d. F. der Bekanntmachung v. 10. 9. 2003 (SächsGVBl 2003, 620).
[311] Wie hier Dolde/Porsch in Schoch u. a., § 70 Rn. 17 Fn. 57; zum alten Recht s. § 37 Rn. 54 a der 6. Aufl. sowie *BFHE* 198, 330 = NVwZ 2003, 252 ff.
[312] Anders zum alten Recht: *VG Köln* NVwZ 1987, 83 f.; *BFHE* 116, 467, 468 f.; 125, 493, 496; 192, 200.
[313] So zum alten Recht *VGH Mannheim* NJW 1989, 1180; *OVG Münster* OVGE 28, 45, 46 ff.; *VG Meiningen* NVwZ 1999, 213; *BFHE* 198, 330 = NVwZ 2003, 252, 254; *Bambey* DVBl 1984, 374, 375; *Bitter* NVwZ 1999, 144, 145; *Ebnet* JZ 1996, 507, 515; *Schmitz* VR 1991, 213, 219.
[314] A. A. *Engelhardt/App,* § 2 VwZG Rn. 6; *Kruse* in Tipke/Kruse, § 2 VwZG Rn. 2; *Sadler,* VwVG VwZG, 6. Aufl. 2005, § 2 VwZG Rn. 16; *Schwarz* in Hübschmann/Hepp/Spitaler, § 2 VwZG Rn. 7; ebenso zum alten Recht *VGH Mannheim* NJW 1989, 1180; *Schmitz* VR 1991, 213, 219.
[315] A. A. *Engelhardt/App,* § 2 VwZG Rn. 6.
[316] *Engelhardt/App,* § 2 VwZG Rn. 1 ff.; *Kruse* in Tipke/Kruse, § 2 VwZG Rn. 2; *Sadler,* VwVG VwZG, 6. Aufl. 2005, § 2 VwZG Rn. 16; *Schwarz* in Hübschmann/Hepp/Spitaler, § 2 VwZG Rn. 7.
[317] BT-Drs. 15/5216, S. 11.

formgerecht ist. Er hat es durch seine Wortwahl jedoch dennoch eindeutig getan: § 2 Abs. 1 VwZG knüpft die Wirksamkeit der Zustellung unmissverständlich ausschließlich an die Formgerechtigkeit der Bekanntgabe des schriftlichen Dokuments, während die Form des Schriftstücks selbst irrelevant ist.

5. Weitere Anforderungen an die Gestaltung schriftlicher Bescheide

a) Bescheidaufbau: Das VwVfG enthält außer den allgemeinen Bestimmungen in § 37 Abs. 3 S. 1, Abs. 5 und § 39 Abs. 1 und den Sonderregelungen in § 69, § 74 Abs. 1 keine Regelungen über die Gestaltung schriftlicher Bescheide (vgl. demgegenüber für Urteil z. B. § 117 Abs. 2 VwGO). Jedoch ergeben sich allgemeine Gestaltungsanforderungen auch aus dem **Bestimmtheitsgebot** (§ 37 Abs. 1, s. Rn. 3, 9, 10),[318] aus § 23 Abs. 1 (Rn. 6, § 23 Rn. 17) sowie dem Grundsatz der **Einfachheit und Zweckmäßigkeit** (§ 10 S. 2, vgl. Rn. 21). Hieraus folgt etwa, dass jedenfalls bei komplexeren Regelungen deutlich zwischen **verfügendem Teil (Spruch)** und **Begründung** zu unterscheiden ist, Rn. 3. Im Übrigen bestimmt der Inhalt die Form: Je einfacher und verständlicher der mitzuteilende Inhalt, umso weniger förmlich muss die Ausgestaltung sein. Je komplexer der Sachverhalt und die Rechtsprobleme, umso strukturierter muss die äußere Form sein. In jedem Fall muss die **Sprache** verständlich sein; ein bürokratischer, aber auch ein mit Anglizismen versetzter Stil ist es oft nicht, § 23 Rn. 23, § 39 Rn. 41. Die Kunst, einen VA übersichtlich aufzubauen und in verständlicher Sprache kurz das Wesentliche mitzuteilen, ist von der Verwaltungslehre zu vermitteln; die Ausbildung des Mitarbeiters entscheidet über Güte oder Mängel der äußeren Form.[319] Vorsicht ist bei „zu kundenfreundlicher" Sprache geboten: Sie kann den VA-Charakter der Maßnahme in Frage stellen, wenn ihre Verbindlichkeit nicht mehr deutlich wird, s. § 35 Rn. 73 mit Beispielen.

Soweit keine besonderen Anforderungen durch Rechtsvorschriften gestellt werden, ist beim VA-Aufbau zweckmäßigerweise vom folgenden **Schema** auszugehen:[320]
– Erlassende Behörde (Rn. 9, 47),
– Ort, Datum (Rn. 48),
– Anschriftenfeld (Rn. 10 ff., § 41 Rn. 27),
– Tenor, verfügender Teil (§ 35 Rn. 143),
– Begründung (§ 39 Rn. 43 ff.),
– Rechtsbehelfsbelehrung (Rn. 116 ff.),
– Unterschrift oder Namenswiedergabe (Rn. 99 ff.).

Daneben kann eine **Anordnung der sofortigen Vollziehung** (§ 80 Abs. 2 Nr. 4, § 80a Abs. 1 VwGO) erforderlich sein mit
– Begründung der Anordnung der sofortigen Vollziehung (§ 80 Abs. 3 VwGO; hierzu § 39 Rn. 23),
– zweckmäßiger, ggf. notwendiger Rechtsbehelfsbelehrung, soweit durch Spezialgesetz für Anordnung der sofortigen Vollziehung vorgeschrieben.

Zusätzlich können geboten sein:
– **Gebührenentscheidung** nach den Verwaltungskostengesetzen des Bundes oder der Länder als zusätzlicher VA (§ 35 Rn. 227 f.) mit Rechtsbehelfsbelehrung,
– **Androhung eines Zwangsmittels** (§ 13 Abs. 2 VwVfG; hierzu § 35 Rn. 85, 165, 226) mit Rechtsbehelfsbelehrung.

b) Barrierefreie Gestaltung: Die Behindertengleichstellungsgesetze des Bundes und der Länder enthalten (außer in Niedersachsen und Sachsen-Anhalt) auch (unterschiedlich gestaltete) Regelungen zur barrierefreien Gestaltung von schriftlichen Bescheiden. **§ 10 Abs. 1 BGG**, der Vorbild der meisten landesgesetzlichen Regelungen ist, lautet:

„Träger öffentlicher Gewalt [...] haben bei der Gestaltung von schriftlichen Bescheiden, Allgemeinverfügungen, öffentlich-rechtlichen Verträgen und Vordrucken eine Behinderung von Menschen zu berücksichtigen. Blinde und sehbehinderte Menschen können nach Maßgabe der Rechtsverordnung nach Absatz 2

---
[318] *Volk*, Bestimmtheit von VA, 2002, S. 14 f.
[319] Zur Verwaltungssprache *Püttner*, Verwaltungslehre, 3. Aufl. 2000, S. 302 ff.; praktische Hinweise z. B. *Linhart*, Der Bescheid, 3. Aufl. 2007, S. 8 ff.; *Volkert*, Die Verwaltungsentscheidung, 4. Aufl. 2002; für umweltrechtliche Zulassungsentscheidungen: *Tegethoff*, Nebenbestimmungen, 2001, S. 98 ff.
[320] Vgl. *Linhart*, Der Bescheid, 3. Aufl. 2007, S. 8.

insbesondere verlangen, dass ihnen Bescheide, öffentlich-rechtliche Verträge und Vordrucke ohne zusätzliche Kosten auch in einer für sie wahrnehmbaren Form zugänglich gemacht werden, soweit dies zur Wahrnehmung eigener Rechte im Verwaltungsverfahren erforderlich ist."

Die auf Grundlage des § 10 Abs. 2 BGG erlassene RechtsVO (VBD)[321] sieht in § 3 insbes. vor, dass schriftliche Dokumente insoweit in **Blindenschrift oder in Großdruck** zugänglich zu machen sind und dass bei Großdruck ein Schriftbild und eine Papierqualität zu wählen ist, die die individuelle Wahrnehmungsfähigkeit der Berechtigten ausreichend berücksichtigen. Nach § 3 Abs. 1 VBD ist aber auch eine „elektronische, akustische, mündliche" Form der Zugänglichmachung möglich.[322] Nach § 4 VBD soll diese „Zugänglichmachung" „soweit möglich gleichzeitig mit der Bekanntgabe" erfolgen.

112   Damit unterscheidet § 10 Abs. 1 BGG zwischen dem nicht barrierefrei gestaltetem Original (dem VA) und seiner barrierefreien **„Zugänglichmachung"**, die nur **„Erläuterung" des Originals und damit nicht selbst VA** ist. Das Landesrecht stellt dies teilweise dadurch klar, dass es die Anforderungen an die barrierefreie Gestaltung „die Regelungen über die Form, Bekanntmachung und Zustellung von VA" ausdrücklich unberührt lässt.[323] Um die Gefahr von Widersprüchen zwischen dem VA und seiner „barrierefreien Zugänglichmachung" zu vermeiden, sollte aber – sofern der Behörde die Behinderung bekannt ist – im Rahmen des Möglichen der VA selbst barrierefrei gestaltet sein. Es besteht kein Grund, einem Sehbehinderten einen Bescheid in Kleindruck zu versenden und dem eine „barrierefreie Kopie" in Großdruck beizufügen. Soweit gesetzlich keine Schriftform vorgeschrieben ist, erscheint auch der **Erlass eines VA in Blindenschrift** (Brailleschrift) als „in anderer Weise erlassener VA" (Rn. 57, 75) nicht als ausgeschlossen.

113   § 10 Abs. 1 BGG verpflichtet zudem die Behörde, bei der Gestaltung schriftlicher Bescheide auf ihr bekannte **kognitive Einschränkungen** des Betroffenen Rücksicht zu nehmen, in dem – soweit möglich – eine besonders verständliche, nachvollziehbare Sprache, ggf. auch Umgangssprache, gewählt wird.[324]

114   Zu den **Fehlerfolgen** sagt § 10 Abs. 1 BGG nichts. Die fehlende oder fehlerhafte „Zugänglichmachung" berührt jedenfalls die Rechtmäßigkeit, Bekanntgabe und damit auch die Wirksamkeit des „eigentlichen" VA (Rn. 112) nicht. Der Wertung des § 10 Abs. 1 BGG ist jedoch zu entnehmen, dass eine fehlende oder fehlerhafte „Zugänglichmachung" i. d. R. eine **Wiedereinsetzung in den vorigen Stand** rechtfertigt, vgl. § 32 Rn. 22. Zudem kann hierin eine **Amtspflichtverletzung** zu sehen sein.

115   **c) Begründung:** Besondere Formanforderungen an die Gestaltung schriftlicher Bescheide ergeben sich v. a. auch aus § 39. Hiernach ist eine Begründung erforderlich mit Sachverhaltsdarstellung (§ 39 Rn. 49, 56), Rechtsausführungen (§ 39 Rn. 50 ff., 56) und bei Ermessen auch Zweckmäßigkeitsüberlegungen (§ 39 Rn. 59 ff.).

116   **d) Rechtsbehelfsbelehrung:** Entgegen der Anregung des BT-Rechtsausschusses ist in § 37 (anders §§ 157, 356 AO 1977, § 36 SGB X) eine Pflicht zur Beifügung einer Rechtsbehelfsbelehrung nicht aufgenommen worden. § 191 Abs. 9 Nr. 3 VwPO-E (dazu Einl. Rn. 54) sah folgenden § 40 a VwVfG vor:

„*Erläßt die Behörde einen schriftlichen Verwaltungsakt oder bestätigt sie schriftlich einen Verwaltungsakt, so ist der durch ihn beschwerte Beteiligte über den Rechtsbehelf und die Behörde oder das Gericht, bei denen der Rechtsbehelf anzubringen ist, deren Anschrift und die einzuhaltende Frist und Form schriftlich zu belehren.*"

117   Für **Bundesbehörden** ergibt sich eine Rechtsbehelfsbelehrungspflicht für schriftliche VA (zu elektronischen VA s. Rn. 129, zu mündlichen VA Rn. 76) jedoch aus **§ 59 VwGO**, der der Sache nach in das VwVfG gehört.[325] Auch einem Widerspruchsbescheid muss immer eine Rechtsbehelfsbelehrung beigegeben werden (§ 73 Abs. 3 VwGO). Sonderregeln enthalten § 74 Abs. 4,

---

[321] Verordnung zur Zugänglichmachung von Dokumenten für blinde und sehbehinderte Menschen im Verwaltungsverfahren nach dem Behindertengleichstellungsgesetz (VBD) v. 17. 7. 2002 (BGBl I 2002, 2652).
[322] Näher hierzu *Kraiczek* Die Sozialversicherung 2003, 259, 261 f.
[323] § 9 S. 2 BGG BW; Art. 12 Abs. 1 S. 4 BayBGG; § 16 S. 2 BerlLGBG; § 9 Abs. 1 S. 3 HmbGGbM; § 13 Abs. 1 S. 2 ThürGIG.
[324] *Kraiczek* Die Sozialversicherung 2003, 259, 261.
[325] *Meissner* in Schoch u. a., § 59 Rn. 2; *P. Stelkens* NuR 1982, 10, 11.

§ 69 Abs. 2. Nur **Berlin** (§ 3 Gesetz über das Verfahren der Berliner Verwaltung) und **SchlH** (§ 108 Abs. 5 LVwG) haben in ihre VwVfG eine allgemeine Rechtsbehelfsbelehrungspflicht aufgenommen. Zudem bestehen **Spezialgesetze** des Bundes (§ 211 BauGB, § 31 Abs. 1 S. 2 AsylVfG, § 21 Abs. 1 Nr. 7 9. BImSchV, § 131 Abs. 1 S. 2 TKG) und der Länder, aber auch in völkerrechtlichen Verträgen (vgl. z. B. Art. 4 Abs. 7 Aarhus-Übereinkommen[326]). Im Übrigen ist die Beifügung einer Rechtsbehelfsbelehrung nur als „Obliegenheit" in § 70 Abs. 2 i. V. m. § 58 VwGO ausgestaltet, s. Rn. 119. Zu beachten ist jedoch, dass § 70 Abs. 2, § 58 VwGO nur für die Verfahren gelten, die der verwaltungsgerichtlichen Kontrolle unterliegen. Teilweise hat insoweit § 79 eine Änderung bewirkt, als der dort enthaltene Verweis auf die VwGO (und damit auf § 58, § 59 VwGO) auch solche förmlichen Rechtsbehelfe umfasst, deren Kontrolle nicht dem Verwaltungsrechtsweg zugeordnet ist,[327] s. § 79 Rn. 28 f.

Soweit keine ausdrücklichen Regelungen über Rechtsbehelfsbelehrungspflichten bestehen, ergibt sich eine Rechtbehelfsbelehrungspflicht jedoch – entgegen der wohl h. M.[328] – aus **ungeschriebenen allgemeinen Rechtsgrundsätzen,** als deren Konkretisierung § 59 VwGO und die entsprechenden Vorschriften zu verstehen sind. Hiervon geht etwa auch die **Entschließung Nr. (77) 31** des Ministerkommitees des Europarates (Einl. 99 ff.) aus, die eine allgemeine Rechtsbehelfsbelehrungspflicht für jeden belastenden „administrative act" (§ 35 Rn. 343) vorsieht.[329] Dementsprechend hält BGH die Pflicht zur Erteilung einer Rechtsbehelfsbelehrung jedenfalls bei fristgebundenen Rechtsbehelfen für ein **Gebot des effektiven Rechtsschutzes.**[330] Keine Rechtsbehelfsbelehrungspflicht kann indes für fingierte VA (§ 35 Rn. 67) gelten; für ihre Anfechtung gilt daher i. d. R. die Jahresfrist des § 58 Abs. 2 VwGO.[331] Eine Belehrung **in deutscher Sprache** genügt, kann aber die Frage einer Wiedereinsetzung in eine versäumte Frist aufwerfen,[332] s. aber § 32 Rn. 22. **118**

Eine **fehlende/falsche Rechtsbehelfsbelehrung** macht den VA nicht rechtswidrig,[333] einen Rechtsbehelf, auf den fehlerhaft nicht verwiesen wird, nicht entbehrlich[334] und einen Rechtsbehelf, der tatsächlich unstatthaft ist, nicht statthaft.[335] Die Konsequenzen fehlender/falscher Belehrung ergeben sich – innerhalb ihres Anwendungsbereichs (Rn. 117) – nur aus § 70 Abs. 2, § 58 VwGO. Jenseits des Anwendungsbereichs dieser Bestimmungen schließt die fehlende/falsche Rechtsbehelfsbelehrung das Verschulden hinsichtlich des Fristversäumnisses aus, so dass **Wiedereinsetzung** zu gewähren ist.[336] Deshalb sollte jedoch vor Annahme einer Fristversäumnis zunächst die Richtigkeit der Rechtsbehelfsbelehrung (die während der gesamten Rechtsbehelfsfrist gegeben sein muss)[337] überprüft werden. Bei fehlerhafter/fehlender Rechtsbehelfsbelehrung können auch **Amtshaftungsansprüche** in Betracht kommen;[338] Ggf. können der Behörde nach § 155 Abs. 5 VwGO auch die durch die Befolgung der fehlerhaften Rechtsbehelfsbelehrung entstandenen Kosten auferlegt werden;[339] für das Vorverfahren s. § 80 Rn. 41. Zum **Inhalt der Belehrungspflicht** wird auf die einschlägige Lit.[340] zu § 58, § 59 VwGO verwiesen. **119**

---

[326] BGBl. II 2006, 1251.
[327] *BGHZ* 140, 208, 215 f. = NJW 1999, 1113 (m. Anm. *Battis* JZ 1999, 403); *BGH* NJW 1974, 1335, 1336 (zum Entwurf 70); ausführlich *Czybulka* in Sodan/Ziekow, § 59 Rn. 18 ff.
[328] Vgl. die Nachw. bei *Czybulka* in Sodan/Ziekow, § 58 Rn. 7; *Meissner* in Schoch u. a., § 58 Rn. 2.
[329] Vgl. *Czybulka* in Sodan/Ziekow, § 58 Rn. 7; *U. Stelkens*, ZEuS 2005, S. 61, 89.
[330] *BGHZ* 150, 390, 393 ff. = NJW 2002, 2171, 2272 (für freiwillige Gerichtsbarkeit); im Ergebnis ebenso *BGHZ* 140, 208, 216 ff. = NJW 1999, 1113 (für Baulandsachen).
[331] Vgl. *BFHE* 186, 297 = NVwZ 1999, 576 (eine a. A. für Steuerfestsetzung gleichstehende Steueranmeldung nach § 168 AO, weil § 356 AO, § 55 FGO an die Schriftlichkeit eines VA nicht nur die Belehrungspflicht, sondern auch die Folgen der Unterlassung einer Rechtsbehelfsbelehrung knüpft).
[332] *BVerfGE* 40, 95, 99 = NJW 1975, 1597; *BVerfGE* 42, 120, 125 = NJW 1976, 1021; *BVerwG* DVBl 1978, 888; NJW 1990, 3103; *BSG* DVBl 1987, 848.
[333] Ausführlich *Baumeister*, Beseitigungsanspruch als Fehlerfolge des rechtswidrigen VA, 2006, S. 198 ff.; *Czybulka* in Sodan/Ziekow, § 59 Rn. 24.
[334] *VGH Mannheim* NVwZ-RR 1999, 431, 432.
[335] Vgl. *BAG* NJW 2001, 244, 245.
[336] *BGHZ* 150, 390, 397 f. = NJW 2002, 2171, 2272 (für freiwillige Gerichtsbarkeit).
[337] *VGH Mannheim* 1. 6. 1993 – A 12 S 874/93 – (juris); *VG Darmstadt* NVwZ 2000, 591.
[338] *BGH* NJW 1984, 168.
[339] *Meissner* in Schoch u. a., § 58 Rn. 55.
[340] Insbes. *Czybulka* in Sodan/Ziekow, § 58 Rn. 41 ff.; *Leber* NVwZ 1996, 668; *Meissner* in Schoch u. a., § 58 Rn. 22 ff.; § 59; *Pietzner/Ronellenfitsch*, § 48 Rn. 5 ff.

120 Für **Bundesbehörden**[341] werden **Rechtsbehelfsbelehrungs-Muster** angeboten:[342]

Belehrung über Rechtsbehelfe nach der Verwaltungsgerichtsordnung (VwGO)

Nach § 59 der Verwaltungsgerichtsordnung (VwGO) ist eine Rechtsmittelbelehrung zu erteilen, wenn eine Bundesbehörde einen schriftlichen Verwaltungsakt erläßt, der der Anfechtung unterliegt. Um Bundesbehörden die Erteilung fehlerfreier Rechtsmittelbelehrungen zu erleichtern, wurden zuletzt mit Rundschreiben vom 3. November 1972 (GMBl S. 656) Muster für Rechtsbehelfsbelehrungen veröffentlicht. Im Hinblick auf den eingetretenen Zeitablauf ist in der Praxis Unsicherheit entstanden, ob die veröffentlichten Muster noch gültig sind. In den Anlagen 1 bis 4 werden die Muster für Rechtsbehelfsbelehrungen unter Berücksichtigung von zwischenzeitlich erfolgten Änderungen der VwGO neu bekannt gegeben. Soweit nach Änderung des § 82 Abs. 1 VwGO noch der Begriff „Streitgegenstand" statt der Wörter „Gegenstand des Klagebegehrens" verwandt worden ist, kann davon ausgegangen werden, daß dies die erteilten Rechtsbehelfsbelehrungen nicht unrichtig gemacht hat.

Die neuen Muster können für alle belastenden schriftlich erlassenen Verwaltungsakte verwendet werden, soweit es sich nicht um Fälle handelt, in denen nach §§ 50, 190 bis 192 VwGO besondere Vorschriften gelten.

Die Muster haben nur Gültigkeit für das allgemeine Verwaltungsverfahren; für besondere Verwaltungsverfahren gelten teilweise abweichende Regelungen.

(Muster 1)

Muster einer

Rechtsbehelfsbelehrung

bei einem schriftlich erlassenen anfechtbaren (belastenden) Verwaltungsakt, wenn vor Erhebung der Anfechtungsklage oder der Verpflichtungsklage ein Vorverfahren durchzuführen ist (§ 68 Abs. 1 Satz 1 VwGO oder § 68 Abs. 2 in Verbindung mit § 68 Abs. 1 Satz 1 VwGO), sofern nicht nach §§ 190 bis 192 VwGO besondere Vorschriften gelten.

Gegen diesen (diese) ... (Bescheid, Verfügung, Anordnung oder Entscheidung) kann innerhalb eines Monats nach Bekanntgabe Widerspruch erhoben werden. Der Widerspruch ist bei ... (Anschrift der Behörde, die den Verwaltungsakt erlassen hat) schriftlich oder zur Niederschrift einzulegen.

(Muster 2)

Muster einer

Rechtsbehelfsbelehrung

bei einem Widerspruchsbescheid in den Fällen des § 79 Abs. 1 Nr. 1 VwGO, sofern nicht nach §§ 50, 190 bis 192 VwGO besondere Vorschriften gelten.

Gegen den (die) ... (Bescheid, Verfügung, Anordnung oder Entscheidung) der ... (Bezeichnung und Anschrift der Behörde, die den Verwaltungsakt erlassen hat) vom ... kann innerhalb eines Monats nach Zustellung des Widerspruchsbescheides Klage bei dem Verwaltungsgericht in ... (Anschrift des nach § 52 VwGO zuständigen Verwaltungsgerichts) schriftlich oder zur Niederschrift des Urkundsbeamten der Geschäftsstelle erhoben werden.

Die Klage muß den Kläger, den Beklagten und Gegenstand des Klagebegehrens bezeichnen. Sie soll einen bestimmten Antrag enthalten. Die zur Begründung dienenden Tatsachen und Beweismittel sollen angegeben werden.

Der Klage nebst Anlagen sollen so viele Abschriften beigefügt werden, daß alle Beteiligten eine Ausfertigung erhalten können.

(Muster 3)

Muster einer

Rechtsbehelfsbelehrung

bei einem Abhilfebescheid oder Widerspruchsbescheid in den Fällen des § 79 Abs. 1 Nr. 2 und Abs. 2 VwGO, sofern nicht nach §§ 50, 190 bis 192 VwGO besondere Vorschriften gelten.

Gegen diesen ... (Abhilfebescheid, Widerspruchsbescheid) kann innerhalb eines Monats nach Zustellung Klage bei dem Verwaltungsgericht in ... (Anschrift des nach § 52 VwGO zuständigen Verwaltungsgerichts) schriftlich oder zur Niederschrift des Urkundsbeamten der Geschäftsstelle erhoben werden.

Die Klage muß den Kläger, den Beklagten und den Gegenstand des Klagebegehrens bezeichnen. Sie soll einen bestimmten Antrag enthalten. Die zur Begründung dienenden Tatsachen und Beweismittel sollen angegeben werden.

Der Klage nebst Anlagen sollen so viele Abschriften beigefügt werden, daß alle Beteiligten eine Ausfertigung erhalten können.

---

[341] Die Länder haben eigene Regelungen erlassen, in NRW z.B. Runderlass betr. Belehrung über Rechtsbehelfe vom 1. 4. 1960 – SMBl. 2010 –; Auflistung bei *Pietzner/Ronellenfitsch*, § 48 Rn. 17; s. ferner *Linhart*, Der Bescheid, 3. Aufl. 2007, S. 4 ff.

[342] RdSchr. d. BMI v. 23. 5. 1997 – V II 1 – 132120/6 (GMBl. 1997, 282).

(Muster 4)

Muster einer
Rechtsbehelfsbelehrung
bei einem schriftlich erlassenen anfechtbaren (belastenden) Verwaltungsakt, gegen den nach § 68 Abs. 1 Satz 2 VwGO oder § 68 Abs. 2 in Verbindung mit § 68 Abs. 1 Satz 2 VwGO unmittelbar die Anfechtungsklage oder die Verpflichtungsklage gegeben ist, sofern nicht nach §§ 50, 190 bis 192 VwGO besondere Vorschriften gelten.

Gegen diesen (diese) … (Bescheid, Verfügung, Anordnung oder Entscheidung) kann innerhalb eines Monats nach Bekanntgabe Klage bei dem Verwaltungsgericht in … (Anschrift des nach § 52 VwGO zuständigen Verwaltungsgerichts) schriftlich oder zur Niederschrift des Urkundsbeamten der Geschäftsstelle erhoben werden.

Die Klage muß den Kläger, den Beklagten und den Gegenstand des Klagebegehrens bezeichnen. Sie soll einen bestimmten Antrag enthalten. Die zur Begründung dienenden Tatsachen und Beweismittel sollen angegeben werden.

Der Klage nebst Anlagen sollen so viele Abschriften beigefügt werden, daß alle Beteiligten eine Ausfertigung erhalten können.

V. Anforderungen an die elektronische Form

1. Anforderungen des § 37 Abs. 3 und 4

Seit dem 3. VwVfÄndG (Einl. Rn. 44, § 1 Rn. 277) stellt **§ 37 Abs. 3 S. 1** klar, dass die Anforderungen dieser Bestimmung auch für elektronische VA (Rn. 64 f.) gelten. Auch elektronische VA müssen daher unabhängig davon, aus welchen Gründen die elektronische Form gewählt wurde, **mindestens die Behörde** erkennen lassen (Rn. 97; Fehlerfolge: Nichtigkeit nach § 44 Abs. 2 Nr. 1), sowie eine **Namenswiedergabe** des Behördenleiters/Vertreters/Beauftragten (Rn. 104 f.) enthalten (Fehlerfolge: „schlichte", nach § 46 zumeist unbeachtliche Rechtswidrigkeit, s. Rn. 106). Eine handschriftliche **Unterschrift** ist bei elektronischen VA ausgeschlossen. Eine mit der Maus/elektronischem Stift „gezeichnete" Unterschrift wäre allenfalls als Namenswiedergabe anzusehen, s. Rn. 105. Die Erleichterungen des **§ 37 Abs. 5** gelten für elektronische VA nicht, s. Rn. 67.

Soweit ein VA formfrei erlassen werden kann (Rn. 47 ff.), ist damit auch ein VA-Erlass durch einfache E-Mail ohne elektronische Signatur formgerecht, s. Rn. 51. Nur wenn **fachrechtlich Schriftform** vorgesehen ist (Rn. 52), gelten für deren (nur unter den Voraussetzungen des § 3 a Abs. 1 zulässigen, Rn. 53) Ersetzung durch die elektronische Form weitergehende Formanforderungen, die sich aus einer „Zusammenschau" aus **§ 3 a Abs. 2 S. 2 und 3** mit **§ 37 Abs. 3 S. 2 und Abs. 4** ergeben. Werden diese Voraussetzungen nicht eingehalten, kann die elektronische Form die gesetzlich angeordnete Schriftform nicht ersetzen. Die **Fehlerfolgen** entsprechen denen, die sonst gelten, wenn ein VA erlassen wird, der fachrechtlichen Formerfordernissen nicht entspricht. Damit ist die Einhaltung der besonderen elektronischen Form i. d. R. spezialgesetzliche Wirksamkeitsvoraussetzung des VA,[343] s. Rn. 55.

1. Zunächst ist nach **§ 3 a Abs. 2 S. 2** die Beifügung einer **qualifizierten Signatur** nach dem Signaturgesetz erforderlich (zum Begriff s. § 3 a Rn. 24; zur Funktionsweise § 3 a Rn. 31 ff.), die zudem nicht außerhalb etwaiger im Zertifikat eingetragener Anwendungsbeschränkungen (§ 7 Abs. 1 Nr. 7 SigG) angewendet werden darf.[344] Zudem ist die **Pseudonym-Regelung** des § 3 a Abs. 2 S. 3 (vgl. a. § 5 Abs. 3 SigG) zu beachten, hierzu § 3 a Rn. 38. Sie gestattet indes eine Signierung unter dem Behördennamen („Oberbürgermeister der Stadt Saarheim"), ohne dass der tatsächlich handelnde Bedienstete gegenüber dem Empfänger mit eigenem Namen (der eben durch den Behördennamen als Pseudonym ersetzt wird) in Erscheinung treten muss.[345]

2. Zudem muss auch das der Signatur nach § 37 Abs. 3 S. 2 zu Grunde liegende qualifizierte **Zertifikat** (§ 2 Nr. 7, §§ 5 ff. SigG) oder ein zugehöriges qualifiziertes Attributzertifikat (§ 5 Abs. 2 SigG) **die erlassene Behörde erkennen lassen.** Diese Regelung soll die **inhaltliche**

---

[343] *OVG Lüneburg* NVwZ 2005, 470 (für Zusicherung).
[344] Vgl. *FG Münster* MMR 2006, 636, 638 ff.
[345] Ausführlich (und verständlich) zum Hintergrund dieser Regelung und ihrer Bedeutung für Behörden *Skrobotz*, Elektronisches VwVf, 2005, S. 229 ff.

Richtigkeit des Dokuments insoweit garantieren, als hierdurch für den Empfänger nachprüfbar sicher gestellt wird, dass das Dokument tatsächlich von einer Behörde (und nicht einem Fälscher) stammt. Insoweit geht der Manipulationsschutz bei elektronischen VA deutlich über den Manipulationsschutz bei schriftlichen VA heraus, was sich aber durch die einfacheren Manipulationsmöglichkeiten bei elektronischen Dokumenten rechtfertigen lässt.[346] Zudem erleichtert dies die Zuordnung des Signierenden zu der Behörde, die im signierten Dokument nach § 37 Abs. 3 S. 1 genannt wird.[347]

125 3. Nach **§ 37 Abs. 4** kann schließlich durch Rechtsvorschrift angeordnet werden, dass die elektronische Form bei VA nur dann die Schriftform gem. § 3a Abs. 2 ersetzen kann, wenn die Signatur zusätzlich zu den in Rn. 123f. genannten Voraussetzungen **„dauerhaft überprüfbar"** ist. Diese „Gestattung" ist angesichts des Subsidiaritätsgrundsatzes des § 1 (§ 1 Rn. 206ff.) an sich überflüssig; sie soll als „Referenznorm" für fachrechtliche Formvorschriften dienen.[348] Eine Signatur ist in diesem Sinne „dauerhaft überprüfbar", wenn es sich um eine Signatur eines **akkreditierten Zertifizierungsanbieters** i. S. d. § 15 SigG handelt, weil hier eine nach § 4 Abs. 2 SigV (i. V. mit § 15 Abs. 6 SigG) eine 30-jährige Überprüfbarkeit der Signatur sicher gestellt sein soll,[349] s. § 3a Rn. 26f. Ob das in der Gesetzesbegründung zu § 37 Abs. 4 angegebene Ziel, die Überprüfbarkeit von Dauer-VA zu gewährleisten, auf diese Weise erreicht werden kann, erscheint allerdings wegen der Schnelllebigkeit der Technikentwicklung als höchst zweifelhaft.[350] Wenn es auf eine langfristige Perpetuierung des VA ankommt (insbes. bei Anlagengenehmigungen aller Art), sollte daher nach wie vor die Schriftform gewählt werden,[351] s. Rn. 52.

2. Besonderheiten bei Zustellung?

126 Soweit ein elektronischer VA nach **§ 5 Abs. 5 S. 1** des neuen **VwZG** (§ 41 Rn. 202) **elektronisch zugestellt** werden soll (elektronische Zustellung an jedermann, § 41 Rn. 217), verlangt § 5 Abs. 5 S. 2 VwZG, dass der VA mit einer qualifizierten elektronischen Signatur zu versehen ist. Dies bedeutet nicht, dass ein ohnehin nach § 3a Abs. 2 S. 2 mit einer qualifizierten elektronischen Signatur zu versehender VA doppelt zu signieren ist, sondern nur, dass ein elektronisch zuzustellender elektronischer VA auch dann mit einer qualifizierten elektronischen Signatur zu versehen ist, wenn dies nach § 3a Abs. 2 an sich nicht notwendig wäre,[352] vgl. Rn. 122f. Wird das Erfordernis des § 5 Abs. 5 S. 2 nicht eingehalten, ist der VA nicht in der durch das VwZG „bestimmten Form" i. S. d. § 2 Abs. 1 VwZG zugestellt worden, so dass keine wirksame Zustellung und damit auch keine wirksame Bekanntgabe vorliegt; die Frage der Rechtswidrigkeit des VA stellt sich hier nicht mehr, vgl. Rn. 107.

127 Im Fall der elektronischen Zustellung eines elektronischen VA nach **§ 5 Abs. 4 VwZG** (§ 41 Rn. 216) stellt das VwZG demgegenüber keine Anforderungen an die Form des elektronischen VA. Auch ein „formloser" elektronischer VA kann dementsprechend nach § 5 Abs. 4 VwZG elektronisch zugestellt werden.[353] Dass die Anforderungen der § 3a Abs. 2, § 37 Abs. 3 und 4 an die elektronische Form eingehalten werden, ist hier nicht Zustellungs-, sondern allein Rechtmäßigkeitsvoraussetzung des VA, vgl. Rn. 108. Zur elektronischen Zustellung nach Landesrecht s. § 41 Rn. 244.

3. Weitere Anforderungen an die Gestaltung elektronischer Verwaltungsakte

128 Die in Rn. 107f. geschilderten Anforderungen an den **Bescheidaufbau** gelten ohne weiteres auch für elektronische VA. Ebenso ist mittlerweile durch § 39 Abs. 1 klargestellt, dass auch

---

[346] Ausführlich zum Sinn und Zweck dieser Regelung *Kunstein*, Die elektronische Signatur als Baustein der elektronischen Verwaltung, 2005, S. 149ff.
[347] *Skrobotz*, Elektronisches VwVf, 2005, S. 293.
[348] *Skrobotz*, Elektronisches VwVf, 2005, S. 294.
[349] BT-Drs. 14/9000, S. 33; *Roßnagel* NJW 2003, 469, 473; *Schmitz/Schlatmann* NVwZ 2002, 1281, 1287.
[350] Ausführlich zum Problem langfristiger Perpetuierung elektronischer VA *Skrobotz*, Elektronisches VwVf, 2005, S. 46ff., 295f.
[351] So wohl auch *Eifert*, Electronic Governement, 2006, S. 106.
[352] BT-Drs. 15/5216, S. 13; *Engelhardt/App*, § 5 VwZG Rn. 23; *Rosenbach* NWVBl 2006, 121, 125; *Tegethoff* NdsVBl. 2007, 1, 6.
[353] *Kersten* ZBR 2005, 35, 43; *Rosenbach* NWVBl 2006, 121, 124; *Tegethoff* NdsVBl. 2007, 1, 6.

elektronische VA mit einer **Begründung** zu versehen sind (§ 39 Rn. 5). Durch Änderung der § 58, § 59 VwGO[354] wurde auch die Pflicht und Möglichkeit geschaffen, elektronische VA mit einer elektronischen **Rechtsbehelfsbelehrung** zu versehen (s. § 3a Rn. 46), so dass auch eine elektronische Rechtsbehelfsbelehrung nunmehr die Rechtsfolgen des § 58 VwGO ausschließt.[355] Fehlen ausdrückliche Bestimmungen zur Rechtsbehelfsbelehrungspflicht bei elektronischen VA, ergibt sie sich aus allgemeinen Rechtsgrundsätzen (Rn. 118), da insoweit eine unterschiedliche Behandlung elektronischer und schriftlicher VA nicht gerechtfertigt ist.

Anders als für schriftliche VA (Rn. 112 ff.) enthalten die Behindertengleichstellungsgesetze **129** des Bundes und der Länder keine speziellen Regelungen zur **barrierefreien Gestaltung elektronischer VA**. § 11 BGG zur barrierefreien Informationstechnik so wie die auf Grundlage des § 11 Abs. 1 S. 2 BGG erlassene BITV[356] betreffen nur behördliche Internet-Auftritte und Angebote sowie grafisch dargestellte behördliche Programmangebote, nicht aber die individuelle elektronische Kommunikation. Jedoch ergibt sich eine Pflicht zu barrierefreien Gestaltung auch der individuellen elektronischen Kommunikation aus der Generalklausel des § 4 BGG. Insoweit können die für die Internetauftritte aufgestellten Anforderungen der Anlage zur BITV[357] auch als Maßstab für die Gestaltung elektronischer Bescheide herangezogen werden. Nur so lässt sich auch hinsichtlich der barrierefreien Gestaltung ein Gleichlauf zwischen schriftlicher und elektronischer Form herstellen. Hinsichtlich der Fehlerfolgen gilt das zu Rn. 114 Gesagte entsprechend.

VI. Formerleichterungen für den „mit Hilfe automatischer Einrichtungen erlassenen" schriftlichen Verwaltungsakt (Abs. 5)

1. § 37 Abs. 5 als „totes Recht"

§ 37 Abs. 5 (bis zum 3. VwVfÄndG: § 37 Abs. 4) ist mittlerweile weitgehend „totes Recht". **130** Er ist ein **Relikt der Anfänge der „Verwaltungsautomation"** mit Hilfe der Großrechenanlagen **der 1960er und 1970er Jahre** mit ihrer **begrenzten Speicherkapazität,** die schon aus finanziellen Gründen rechtfertigte, die vom Rechner zu bearbeitenden und auszudruckenden Daten möglichst gering zu halten, und so der Verwaltungsvereinfachung dienen.[358] Schon vor Inkrafttreten des VwVfG hatte BVerwG angenommen, dass eben diese beschränkten technischen Möglichkeiten es rechtfertigen, zu Lasten des Empfängers die formalen Anforderungen an die Gestaltung schriftlicher Bescheide einzuschränken, weil andernfalls der Rationalisierungseffekt des Einsatzes von EDV-Anlagen in Frage gestellt würde.[359] Der Gesetzgeber hat diese „Kapitulation des Rechts vor den Mängeln der Technik"[360] in § 37 Abs. 5 nachvollzogen,[361] was auch nicht verfassungswidrig war:[362] Denn bereits die Speicherung auch des Namens des Sachbearbeiters (§ 37 Abs. 5 S. 1) bei einem schriftlichen (Rn. 132) „mit Hilfe automatischer Einrichtungen erlassenen" VA (zum Begriff Rn. 68 ff.) hätte erhebliche Mehrkosten verursacht. Die Zulassung der Verwendung von Schlüsselzeichen (§ 37 Abs. 5 S. 2) trug ebenfalls der eingeschränkten

---

[354] Art. 2 Nr. 4 des Gesetzes über die Verwendung elektronischer Kommunikationsformen in den Justiz (Justizkommunikationsgesetz – JKomG) – v. 22. 3. 2005 (BGBl I 837).
[355] Dies war problematisch, solange § 58 VwGO nur an die schriftliche Rechtsbehelfsbelehrungen Rechtsfolgen knüpfte, s. *Skrobotz*, Elektronische VwVf, 2005, S. 332 ff.
[356] Verordnung zur Schaffung barrierefreier Informationstechnik nach dem Behindertengleichstellungsgesetz (Barrierefreie-Informationstechnik-Verordnung – BITV) v. 7. 7. 2002 (BGBl I 2654).
[357] Hierzu *Roggenkamp* NVwZ 2006, 1239.
[358] *BVerwG* NJW 1993, 1667, 1668; BFHE 133, 250, 252 (zu § 119 Abs. 4 AO 1977). Zur Entwicklung *Bull*, Verwaltung durch Maschinen, 2. Aufl. 1964; *Grimmer* BB 1973, 1589, 1593; *Müller-Heidelberg* DVBl 1961, 11; *v. Mutius* VerwArch 67 (1976), S. 116; *Popper* DVBl 1977, 509; *Schuhmann* BB 1973, 1433; eingehend *Lazarotos*, Rechtliche Auswirkungen der Verwaltungsautomation auf das VwVf, Diss. 1990, S. 256 ff., 324 ff.; *Luhmann*, Recht und Automation in der öffentlichen Verwaltung, 2. unveränderte Aufl. 1997 (Erstaufl. 1966; hierzu *Becker* DVBl 1998, 290); *Polomski*, Der automatisierte VA, 1993.
[359] *BVerwG*E 40, 212, 218.
[360] *Roßnagel* DÖV 2001, 221, 228; dass diese „Kapitulation" wohl voreilig war, zeigen die Ausführungen von *AG Hersbruck* NJW 1984, 2426 f.
[361] *Eiffert*, Electronic Government, 2006, S. 122.
[362] *BVerfG* NJW 1994, 574.

Speicherkapazität Rechnung, sollte zudem wohl auch die Dauer des Ausdrucks des Bescheides mit Hilfe der früheren **Nadeldrucker** möglichst gering halten.[363]

131 Für moderne Datenverarbeitungsanlagen mit entsprechenden Druckern stellt jedoch beides kein Problem mehr dar. Deshalb ist 37 Abs. 5 mittlerweile durch die **technische Entwicklung überholt**. Werden moderne Datenverarbeitungsanlagen verwendet, ist daher die in Inanspruchnahme der Möglichkeiten des § 37 Abs. 5 ermessensfehlerhaft; denn ein technisch nicht notwendiges, die **Verwaltungseffizienz** (§ 9 Rn. 76 ff.) nicht steigerndes Festhalten an den Möglichkeiten des § 37 Abs. 5 ist eine **unzweckmäßige Verfahrensgestaltung**. § 37 Abs. 5 kann allenfalls noch übergangsweise angewandt werden, sofern noch Alt-EDV-Anlagen „aufgebraucht" werden.[364]

132 Zu Recht ist daher der Anwendungsbereich des § 37 Abs. 5 nicht im Zuge des 3. VwVfÄndG auf elektronische VA ausgeweitet worden, s. Rn. 67. Anders als nach § 119 Abs. 3 AO gilt § 37 Abs. 5 S. 1 auch nicht für „gleichartige VA größerer Zahl" (sog. **formularmäßige VA**; zum Begriff § 28 Rn. 59, § 39 Rn. 96). § 119 AO ist auf die finanzbehördliche Praxis zugeschnitten,[365] deren Steuerbescheide durch Siegeleindruck als amtlich gekennzeichnet sind.

2. Entbehrlichkeit von Unterschrift und Namenswiedergabe

133 Nach § 37 Abs. 5 S. 1 können zunächst bei „mit Hilfe automatischer Einrichtungen erlassenen" schriftlichen VA die nach § 37 Abs. 3 S. 1 erforderliche Unterschrift oder Namenswiedergabe fehlen. Eine obligatorische **Unterschrift** bei diesen in großer Zahl erlassenen VA ist nach wie vor sinnwidrig, da dem Rationalisierungseffekt zuwiderlaufend.[366] Der Ausschluss auch der **Namenswiedergabe** ist jedoch nur vor dem Hintergrund des Stands der Technik der 1970er Jahre erklärlich, s. Rn. 130. Sogar bei Steuerbescheiden ist daher inzwischen weitgehend üblich, dass der Sachbearbeiter oder „Ansprechpartner" genannt wird. Dies ist jedenfalls dann geboten, wenn sich der Bescheid wegen seiner guten Druckqualität/Bescheidgestaltung nicht mehr ohne weiteres als ein „mit Hilfe automatischer Einrichtungen erlassener" VA erkennen lässt.[367] Zu den Rechtsfolgen bei ermessenswidrigem Weglassen der Namenswiedergabe s. Rn. 106. Kann auf die Namenswiedergabe verzichtet werden, ist zweckmäßig, jedoch nicht notwendig, der **Hinweis** in dem Bescheid, er sei **mit Hilfe einer EDV-Anlage gefertigt** worden.[368]

3. Verwendung von Schlüsselzeichen

134 § 37 Abs. 5 S. 2 sollte für die Inhaltsangabe automatisch erstellter VA Erleichterungen durch die Möglichkeit bringen, Schlüsselzeichen zu verwenden. Erstaunlicherweise fehlt eine entsprechende Bestimmung in § 119 AO (nicht aber in § 33 SGB X). Wie die Wendung „dazu gegebene Erläuterungen" in S. 2 verdeutlicht, ist mit „Verwendung von Schlüsselzeichen" nicht die etwa bei Beihilfebescheiden übliche Praxis gemeint, dass bei der Zusammenstellung von Berechnungsgrundlagen bei den einzelnen Summen Ziffern/Buchstaben aufgeführt werden, die (nach Art von Fußnoten) auf eine bestimmte Einzelerläuterung verweisen. Gemeint ist vielmehr die Verwendung von Zeichen (Schlüsselzahlen [so noch § 29 Entwurf 70], Symbole wie Vierecke, Dreiecke etc.), deren Bedeutung sich nur erschließt, wenn sie in einem „Register" auf der Rückseite des Bescheides oder einem Beiblatt herausgesucht wird, das nicht nur die Erläuterungen für die tatsächlich verwendeten, sondern auch für die nicht verwendeten Zeichen enthält.

135 Der Sache nach kann die Verwendung der Schlüsselzeichen nur die **Begründungspflicht** nach § 39 Abs. 1 (vgl. aber § 39 Rn. 97) betreffen.[369] Deshalb spricht die Norm von **Inhaltsangabe**. Der Begriff schließt indes nicht aus, dass auch der **verfügende Teil** des VA ganz oder teilweise durch Schlüsselzeichen ausgedrückt wird. Hieran war aber nicht gedacht. Eine derartige Praxis wäre auch unpraktikabel, da die Schlüsselzeichen erläutert werden müssen. Die Ver-

---

[363] So wohl auch *Henneke* in Knack, § 37 Rn. 32.
[364] So auch *Roßnagel* DÖV 2001, 221, 227 f.; *Skrobotz*, Elektronische VwVf, 2005, S. 171; dem wohl folgend *Henneke* in Knack, § 37 Rn. 30.
[365] Vgl. Begründung zu § 125 Abs. 3 EAO 1974.
[366] *BVerwG* NJW 1993, 1667, 1668; *BVerwGE* 45, 189, 195 = NJW 1974, 2101 (mit Bespr. *v. Mutius* VerwArch 67 (1976), S. 116 ff.).
[367] Vgl. etwa zu einem solchen Fall *OVG Weimar* ThürVBl 2000, 254, 255.
[368] *BVerwGE* 45, 189, 193 f. = NJW 1974, 2101; *BVerwG* NJW 1993, 1667, 1668; *OVG Weimar* ThürVBl 2000, 254, 255, 256; *BFHE* 89, 460, 462 f.
[369] Vgl. schon *Müller-Heidelberg* DVBl 1961, 11, 14.

ständlichkeit des verfügenden Teils wäre nicht gewährleistet. Wird dennoch so verfahren, sind besondere Anforderungen an die Bestimmtheit zu stellen, vgl. Rn. 39. Zu den Fehlerfolgen s. Rn. 40 ff.

Wegen der fortgeschrittenen Technik sind kaum noch Fälle denkbar, in denen die Verwendung von Schlüsselzeichen bei VA-Erlass Rationalisierungseffekte bringt, v. a. weil die Schlüsselzeichen auch die Verwaltung belasten (§ 9 Rn. 76 ff.), wenn sie auf Empfängerseite nicht verstanden werden oder für die Behörde selbst (u. U. nach Jahren) notwendig wird, sich Klarheit über den Inhalt einer Regelung und die ihr beigefügte Begründung zu verschaffen.[370] Die Entscheidung für die Verwendung von Schlüsselzeichen ist damit bei Verwendung moderner Anlagen ermessensfehlerhaft, Rn. 131. **136**

Im Übrigen verlangt § 37 Abs. 5 S. 2, dass derjenige, für den der VA bestimmt ist oder der von ihm betroffen wird, auf Grund der dazu gegebenen Erläuterungen den Inhalt des VA eindeutig erkennen kann. „Eindeutig" bedeutet „zweifelsfrei", und zwar zweifelsfrei für das **Begriffs- und Erkenntnisvermögen eines durchschnittlichen Adressaten,** von dem kein besonderes Fachwissen auf dem Gebiet der EDV-Anlagen erwartet wird,[371] vgl. § 39 Rn. 93. Unklarheiten gehen zu Lasten der Behörde, vgl. Rn. 12, § 35 Rn. 73, 80. Die Schlüsselzeichen selbst und ihre dazu gegebenen Erläuterungen sowie die Kombination von Schlüsselzeichen und Erläuterungen müssen daher eindeutig sein. Nicht zu verlangen ist vom Adressaten, dass er **andere Personen** bei der Entschlüsselung zu Rate zieht. Ist der Bescheid unverständlich, ist er entweder unbestimmt oder ihm fehlt die erforderliche Begründung (Rn. 135). An der Eindeutigkeit der Erläuterungen fehlt es z. B., wenn ein Schlüsselzeichen für mehrere Begriffe oder für einen Begriff mehrere Schlüsselzeichen stehen, die im Einzelfall nach Auffassung eines durchschnittlichen Adressaten zutreffen könnten. Desgleichen, wenn aus den Erläuterungen nicht erkennbar ist, dass in einem Feld für ein Schlüsselzeichen ein derartiges Zeichen eingedruckt sein muss, im Einzelfall dieses Schlüsselzeichen aber fehlt.[372] **137**

Die **Erläuterungen** müssen schließlich **„dazu"** gegeben werden. Ein mit Schlüsselzeichen versehener VA ohne Erläuterung ist unverständlich, jedoch kann die Erläuterung nach § 45 Abs. 1 Nr. 2 **nachgeholt** werden, sofern die Schlüsselzeichen nur die Begründung des VA betreffen. Betreffen sie ausnahmsweise den Regelungsinhalt des VA selbst, ist er ohne Erläuterung, weil unverständlich, nichtig, s. Rn. 40. **138**

VII. Europarecht

Für den **direkten Vollzug** des Gemeinschaftsrechts verlangt *EuGH* der Sache nach strengere Anforderungen an die **Bestimmtheit** der Bezeichnung des von einer **Entscheidung nach Art. 249 Abs. 4 EG** (§ 35 Rn. 345 ff.) betroffenen Personenkreises, da für das Vorliegen einer Entscheidung ein nach allgemeinen Merkmalen bestimmbarer Personenkreis i. S. d. § 35 S. 2. Alt. 1 nicht ausreicht, AllgV in diesem Sinne auf Gemeinschaftsebene also nicht möglich sind, vgl. § 35 Rn. 352. Auch geht *EuGH* etwa davon aus, dass eine Bußgeldverfügung genau erkennen lassen muss, an wen sie sich richtet und welcher Verstoß ihm zur Last gelegt wird.[373] Hinsichtlich der **Form** ergibt sich aus der Begründungspflicht des Art. 253 EG, dass die Entscheidung grundsätzlich **schriftlich** zu ergehen hat.[374] Zusätzlich wird teilweise die Kennzeichnung als Entscheidung, die Beifügung des Datums und die Unterschrift eines Mitglieds des zuständigen Organs für erforderlich gehalten.[375] Eine **Rechtsbehelfsbelehrungspflicht** für Entscheidungen ist nicht vorgesehen.[376] **139**

---

[370] S. auch *AG Hersbruck* NJW 1984, 2426 f.; *Ossenbühl* NVwZ 1982, 465, 468 f.
[371] Begründung zu § 33 Abs. 3 Entwurf 73; BVerwGE 40, 212, 218; *VGH Mannheim* DVBl 1977, 652.
[372] BVerwGE 40, 212, 219.
[373] *EuGH* Rs. 40/73, EuGHE 1975, 1663 Rn. 111 – Suiker Unie –; *EuG*, Rs. T-227/95, EuGHE II 1997, 1185, Rn. 56 = EuZW 1997, 696 (m. Anm. *Wessely* EuZW 1997, 677).
[374] So auch *Gornig/Trüe* JZ 1993, 884, 888; *Röhl* ZaöRV 60 (2000), S. 331, 343; *Ruffert* in Calliess/Ruffert, Art. 254 EG Rn. 12.
[375] Vgl. etwa *Bockey*, Die Entscheidung im Recht der Europäischen Gemeinschaft, 1998, S. 107 m. w. N.; *Junker*, Der VA im deutschen und französischen Recht und die Entscheidung im Recht der Europäischen Gemeinschaften, 1990, S. 205.
[376] *EuGH*, Rs. C-153/98, EuGHE 1999, I-1441, Rn. 13 (Guérin); hierin wird keine Verletzung der EMRK gesehen: *EGMR*, Beschw.-Nr. 51717/99 v. 4. 7. 2000 (Guérin ./. 15 Mitgliedstaaten der EU).

140 Für den **indirekten Vollzug** des Gemeinschaftsrechts durch deutsche Behörden (§ 35 Rn. 354 ff.) gelten hinsichtlich des **Bestimmtheitserfordernisses** des § 37 Abs. 1 keine Besonderheiten. Allerdings reicht nach *EuGH* § 37 Abs. 1 nicht aus, um bestimmte Genehmigungsvoraussetzungen, die auf Grund einer Richtlinie in nationales Recht umgesetzt werden müssen, zu ersetzen.[377]

141 Hinsichtlich der **Form des VA** kann sich aus sekundärem Gemeinschaftsrecht ergeben, dass ein VA zwingend schriftlich zu erlassen ist, etwa wenn die Beifügung von Nebenbestimmungen verlangt wird, vgl. Rn. 52, § 36 Rn. 153. Art. 6 Abs. 2 S. 3 ZK sieht für die zollrechtliche Entscheidung nach Art. 4 Nr. 5 ZK (§ 35 Rn. 355) die Schriftform insbes. für den Fall vor, dass ein Antrag schriftlich gestellt wird, und stellt damit eine europarechtliche Konkretisierung des in Rn. 50, § 35 Rn. 73 erwähnten Grundsatzes der Formen- und Verfahrensklarheit dar. Dennoch kann sich auch beim Vollzug des Gemeinschaftsrechts mündliche VA als geeignete Form darstellen.[378] Zu den gemeinschaftsrechtlichen Vorgaben für elektronische VA s. § 3 a Rn. 51 ff.

142 Art. 6 Abs. 3 S. 3 ZK sieht für die Ablehnung einer zollrechtlichen Entscheidung eine **Rechtsbehelfsbelehrung** vor. Zur Bedeutung der Entschließung Nr. (77) 31 des Ministerkomitees des Europarates für eine allgemeine ungeschriebene Rechtsbehelfsbelehrungspflicht für alle deutschen Behörden s. Rn. 118.

VIII. Landesrecht

143 Das Landesrecht stimmt mit § 37 überein. Zu Abweichungen in § 108 LVWG SchlH s. Rn. 52, 67, 76, 99. Schleswig-Holstein und Berlin haben zudem Regeln über Rechtsbehelfsbelehrungen, Rn. 117.

IX. Vorverfahren

144 § 37 Abs. 1 gilt auch für die Entscheidung der Widerspruchsbehörde (§ 79), insbes. bei einer teilweisen Stattgabe,[379] s. auch § 48 Rn. 76. Vgl. auch zur **Heilung unbestimmter Regelungen** Rn. 41, § 45 Rn. 151. Weil der Widerspruchsbescheid zuzustellen ist, muss er in **Schriftform** ergehen[380] (Rn. 107 ff.), die jedoch mittlerweile nach Maßgabe des § 5 Abs. 4, Abs. 5 des neuen VwZG (§ 41 Rn. 202) i. V. m. § 3 a Abs. 2, § 37 Abs. 3 auch durch eine **qualifizierte elektronische Form** ersetzt werden kann, vgl. Rn. 126 f.

§ 38 Zusicherung

(1) ¹Eine von der zuständigen Behörde erteilte Zusage, einen bestimmten Verwaltungsakt später zu erlassen oder zu unterlassen (Zusicherung), bedarf zu ihrer Wirksamkeit der schriftlichen Form. ²Ist vor dem Erlass des zugesicherten Verwaltungsaktes die Anhörung Beteiligter oder die Mitwirkung einer anderen Behörde oder eines Ausschusses auf Grund einer Rechtsvorschrift erforderlich, so darf die Zusicherung erst nach Anhörung der Beteiligten oder nach Mitwirkung dieser Behörde oder des Ausschusses gegeben werden.

(2) Auf die Unwirksamkeit der Zusicherung finden, unbeschadet des Absatzes 1 Satz 1, § 44, auf die Heilung von Mängeln bei der Anhörung Beteiligter und der Mitwirkung anderer Behörden oder Ausschüsse § 45 Abs. 1 Nr. 3 bis 5 sowie Abs. 2, auf die Rücknahme § 48, auf den Widerruf, unbeschadet des Absatzes 3, § 49 entsprechende Anwendung.

Jedoch liegt hierin eine Verletzung des Grundrechts auf gute Verwaltung nach Art. 41 Abs. 1 der Grundrechte-Charta (vgl. *U. Stelkens*, ZEUS 2005, S. 61, 89).
[377] *EuGH* Rs. C-131/88, *EuGHE* I 1991, 825 Rn. 66 f. = NVwZ 1991, 973 (dazu *Weber* UPR 1992, 5; *Pernice/Kadelbach* DVBl 1996, 1100, 1106).
[378] BFHE 209, 176 = NVwZ-RR 2006, 160, 161 (für zollrechtliche Entscheidung).
[379] *Busch* in Knack, § 79 Rn. 159.
[380] BVerwG Buchholz 320 § 2 VwZG Nr. 3.

(3) Ändert sich nach Abgabe der Zusicherung die Sach- oder Rechtslage derart, dass die Behörde bei Kenntnis der nachträglich eingetretenen Änderung die Zusicherung nicht gegeben hätte oder aus rechtlichen Gründen nicht hätte geben dürfen, ist die Behörde an die Zusicherung nicht mehr gebunden.

Vergleichbare Vorschriften: § 34 SGB X. In der AO 1977 fehlt eine vergleichbare allgemeine Vorschrift. §§ 204 ff. AO sehen Sondervorschriften für verbindliche Zusagen aufgrund einer Außenprüfung vor, die erheblich vom Regelungskonzept des § 38 abweichen (Rn. 30, 39). Spezialbestimmungen enthalten zudem etwa § 89 Abs. 2 AO (verbindliche Auskunft über die Beurteilung genau bestimmter, noch nicht verwirklichter Sachverhalte, hierzu auch Schreiben des BMF betr. die Auskunft mit Bindungswirkung nach Treu und Glauben (verbindliche Auskunft) vom 29. 12. 2003 [BStBl I 742], s. Rn. 15, 50), § 42 e EStG (Lohnsteueranrufungsauskunft) und Art. 12 ZK (verbindliche Zolltarifauskunft, Rn. 127).

Abweichendes Landesrecht: Das Landesrecht hat § 38 wortgleich (SchlH: § 108 a LVwG) übernommen.

Entstehungsgeschichte: Bis zum Inkrafttreten des VwVfG vergleiche § 38 der 6. Aufl. Seither ist § 38 unverändert geblieben; mit der Bek. der Neufassung v. 21. 1. 2003 (BGBl I 102) wurde nur eine Anpassung an die neue Rechtschreibung vorgenommen. Durch die Änderungen der §§ 45, 48, 49 von 1996 (Einl. Rn. 42, 43), hat sich aber auch die Aussage der (dynamischen) Verweisung in § 38 Abs. 2 verändert, s. Rn. 82, 90.

Literatur: *Baumeister,* Die Zusicherung – ein Muster ohne Bindungswert?, DÖV 1997, 229 ff.; *Erfmeyer,* Bindungswirkung rechtswidriger allgemeiner Zusagen in entsprechender Anwendung der §§ 38 Abs. 2, 48 VwVfG, DVBl 1999, 1625 ff.; *Pietzcker,* Anmerkung zu OVG Berlin, Beschl. v. 24. 7. 2003 – 5 S 8.03 –, DVBl 2003, 1339 ff.; *Guckelberger,* Behördliche Zusicherungen und Zusagen, DÖV 2004, 357 ff.; *Möllers,* Anmerkung zu OVG Berlin, Urt. v. 16. 12. 2004 – 5 B 4.04 –, JZ 2005, 677 f.; *Schwarz,* Subventionsabbau im Spannungsfeld von politischer Gestaltungsfreiheit und grundrechtlicher Bindung, JZ 2004, 79 ff.; *Noll,* Inaussichtstellung von Fördermitteln in Zeiten akuter Finanznot, ThürVBl 2005, 145 ff.; *Kloepfer/Lenski,* Zusicherung im Zuwendungsrecht, NVwZ 2006, 501 ff.; *Pöcker/Otto,* Zusicherung der Ernennung zum Staatssekretär – eine Willenserklärung zwischen Beamtenrecht und politischer Leitungsebene, LKV 2007, 161 ff.; *Birk,* Gebühren für die Erteilung von verbindlichen Auskünften der Finanzverwaltung, NJW 2007, 1325 ff.; *Wienbracke,* Gebühr für verbindliche Auskunft (§ 89 III–V AO) verfassungsgemäß?, NVwZ 2007, 749 ff.; zum Schrifttum vor 1996 s. § 38 der 6. Aufl.

Übersicht

	Rn.
I. Allgemeines	1
1. Definition und Merkmale von Zusage und Zusicherung	1
a) Zusage als Oberbegriff und ihre Definition	1
b) Zusagefähige Maßnahmen	7
c) Zusicherungsfähige Maßnahmen/Abgrenzung von allgemeiner Zusage und Zusicherung	12
d) Abgrenzung zwischen Zusage und Sachentscheidung	17
e) Abgrenzung zwischen Zusagen, Auskünften und „schlichter Inaussichtstellung"	21
f) Zusagen unter Nebenbestimmungen	26
g) Zusagen Privater?	27
2. Zusage und Zusicherung als Verwaltungsakte	29
a) Stand von Literatur und Rechtsprechung	29
b) Vorliegen der Voraussetzungen des § 35	32
c) Keine Gründe für fehlenden Verwaltungsaktcharakter	39
3. § 38 als allgemeiner Rechtsgedanke?	44
a) Analoge Anwendung auf allgemeine Zusagen?	44
b) Analoge Anwendung im (Kommunal-)Abgabenrecht?	49
c) Analoge Anwendung auf vertragliche Zusicherungen und Zusagen?	52
II. Wirksamkeitsvoraussetzungen für Zusicherungen i. S. d. § 38	54
1. Schriftform	54
a) Schriftform als Wirksamkeitsvoraussetzung	54
b) Anforderungen an die Schriftform	58
c) Ersetzung durch elektronische Form	60
d) Besonderheiten bei (kommunalen) Verpflichtungserklärungen	61
2. Zuständige Behörde	62
3. Zurechenbarkeit zur zuständigen Behörde (Beachtung behördeninterner Zuständigkeit)	65
4. Bekanntgabe (§§ 41, 43) und fehlende Nichtigkeit i. S. d. § 44	68
5. Fachrechtliche Wirksamkeitsvoraussetzungen	72
III. Rechtmäßigkeitsvoraussetzungen für Zusicherungen, Umdeutung	73
1. Formelle Rechtmäßigkeit	73
a) Allgemeine Verfahrensvorschriften	73

	Rn.
b) Beteiligung anderer Stellen (§ 38 Abs. 1 S. 2)	74
c) Heilung von Verfahrensfehlern (§ 38 Abs. 2 i. V. m. § 45)	81
d) Unbeachtlichkeit von Verfahrensfehlern (§ 46)	84
2. Materielle Rechtmäßigkeit	85
3. Umdeutung (§ 47)	89
IV. Wirksamkeitsverlust von Zusicherungen	90
1. Aufhebung (§ 38 Abs. 2)	90
a) Verweis auf §§ 48, 49	90
b) Anwendung des § 50	93
c) Anwendung des § 51	94
2. Clausula rebus sic stantibus (§ 38 Abs. 3)	95
a) Anwendungsbereich	95
b) Voraussetzungen	97
c) Rechtsfolgen	106
3. Erledigung der Zusicherung durch Erfüllung (§ 43 Abs. 2)?	109
V. Ansprüche auf Zusicherungen	110
VI. Ablehnung der Zusicherung	115
VII. Rechtsschutzfragen	117
1. Klage auf Zusicherung	117
2. Anfechtung der Zusicherung durch Dritte	119
3. Klage auf Erfüllung der Zusicherung	122
VIII. Europarecht	125
IX. Landesrecht	128
X. Vorverfahren	129

I. Allgemeines

1. Definition und Merkmale von Zusage und Zusicherung

1 a) **Zusage als Oberbegriff und ihre Definition:** § 38 Abs. 1 S. 1 definiert die **Zusicherung** als einen Unterfall ör. Zusagen, nämlich als **Zusage, bezogen auf einen VA** im Gegensatz zu **Zusagen anderer Verwaltungsmaßnahmen.** Diese Begriffshierarchie entsprach nicht dem vor Inkrafttreten des VwVfG verwendeten Sprachgebrauch, nach dem beide Begriffe im Wesentlichen synonym verwendet wurden.[1] Sie hat sich jedoch mittlerweile durchgesetzt, wobei alle Zusagen, die keine Zusicherungen sind, (missverständlich, vgl. Rn. 4) als **allgemeine Zusagen** bezeichnet werden.[2] Im Abgabenrecht wird die Zusage vom *BFH* auch als **verbindliche Auskunft** bezeichnet,[3] hierzu Rn. 30, 50.

2 Der Begriff der Zusage selbst, auf den die **Legaldefinition** des Begriffs der Zusicherung des § 38 Abs. 1 S. 1 aufbaut, wird jedoch nicht legal definiert, so dass auch die Legaldefinition des § 38 Abs. 1 S. 1 in ihrem wesentlichen Teil **unvollständig** bleibt. Entsprechend der bereits vor Inkrafttreten des VwVfG weitgehend anerkannten Definition,[4] wird nach inzwischen einhelliger Auffassung unter einer Zusage jedoch eine *einseitige Selbstverpflichtung der Behörde zu einem späteren Tun oder Unterlassen gegenüber einem bestimmten Erklärungsempfänger* verstanden.[5]

3 Wie damit somit der Begriff der Zusage das Merkmal der **Einseitigkeit** (vgl. § 35 Rn. 104). Dies schließt Regelungen in ör. Verträgen nicht aus, in denen sich die Behörde zu einem späteren Tun oder Unterlassen gegenüber dem Erklärungsempfänger verpflichtet (sog. **vertragliche Zusagen**).[6] Die Rechtsfolgen solcher vertraglichen Zusagen zu regeln ist aber weder Anliegen des allgemeinen Instituts der Zusage noch des § 38, wie sich bereits aus dessen

---

[1] *Maiwald* BayVBl 1977, 449, 450; *Zeidler,* Gutachten 44. DJT Bd. 1, 2. Teil, S. 14, 74.
[2] Vgl. etwa *Erfmeyer* DVBl 1999, 1625.
[3] Hierzu *Rüsken* in Klein, AO, § 204 Rn. 17.
[4] Vgl. BVerwGE 26, 31, 36 = NJW 1967, 1434; BVerwGE 49, 244, 246 f. = NJW 1976, 303; BVerwGE 53, 166, 170; 53, 182, 183; BVerwG DVBl 1966, 857, 858; BSGE 25, 219, 220; BGH NJW 1970, 1414.
[5] BVerwGE 96, 71, 74 = NJW 1994, 2968; VGH Mannheim VBlBW 1996, 14, 16; *Detterbeck,* Rn. 519; *Erfmeyer* DVBl 1999, 1625, 1626; *Kahl* Jura 2001, 505, 509; *Koch/Rubel/Heselhaus,* § 6 Rn. 83; *Noll* ThürVBl 2005, 145, 148; zu abweichenden Definitionen *Fiedler,* Funktion und Bedeutung ör. Zusagen im Verwaltungsrecht, 1977, S. 101 ff.
[6] BVerwG NJW 1988, 662, 663.

systematischer Stellung ergibt.⁷ Daher gilt für vertragliche Zusicherungen § 38 jedenfalls nicht unmittelbar; zur analogen Anwendbarkeit Rn. 52 f.

Wie beim VA ist kennzeichnend für die Zusage auch die **Einzelfallbezogenheit** (§ 35 **4** Rn. 206 ff.). Allgemeine Erklärungen, sog. **abstrakt-generelle Zusagen** (vgl. § 35 Rn. 208), die an die Allgemeinheit gerichtet werden (z. B. Ankündigung nach Katastrophe, unbürokratische Hilfe zu leisten, Bekanntgabe von Subventionsrichtlinien),⁸ die also nicht gegenüber bestimmten oder bestimmbaren Adressaten abgegeben werden, sind mithin keine Zusagen. Sie können allenfalls über Art. 3 Abs. 1 GG Bedeutung erlangen, s. § 40 Rn. 105 ff. Der Begriff **Einzelfall ist jedoch wie bei § 35 S. 2** zu verstehen, so dass auch eine Zusage nur an einen bestimmbaren Personenkreis – z. B. bei einer Zusage an die Anwohner einer bestimmten Straße,⁹ vgl. § 35 Rn. 279 – möglich ist.

Wie dem Definitionsmerkmal „Selbstverpflichtung" zu entnehmen ist, ist die Zusage – wie **5** der VA (vgl. § 35 Rn. 145) – zudem auf **Setzung einer Rechtsfolge** gerichtet (hierzu auch Rn. 34), nämlich der Begründung eines **Anspruchs** des Begünstigten gegenüber der Behörde, also eines Rechts des Begünstigten, von der Behörde ein Tun oder Unterlassen zu verlangen (vgl. § 194 Abs. 1 BGB).¹⁰ Damit sind solche Maßnahmen aus dem Zusagebegriff ausgenommen, die die Rechtslage unmittelbar in anderer Weise als durch Begründung eines Anspruchs gegenüber der Behörde verändern.

Dem Definitionsmerkmal „Selbstverpflichtung" lässt sich weiterhin das Element des **auto- 6 nomen Handelns** der Behörde entnehmen: Eine Zusage liegt nur vor, wenn die Behörde sich zu einem Tun oder Unterlassen in der Zukunft verpflichtet, auf das der Betroffene nach den gesetzlichen Vorschriften jedenfalls in dieser Weise (jetzt noch) keinen Anspruch hat. Kennzeichnend für die Zusage ist damit, dass sie auf **Begründung eines subjektiv-öffentlichen Rechts extra legem** gerichtet ist.¹¹ Damit kommen Zusagen v. a. im Ermessensbereich vor, aber auch im Bereich der gebundenen Verwaltung (Rn. 86): Hier kommt ihr Bedeutung zu, wenn etwa in einem mehrpoligen Rechtsverhältnis dem Drittbetroffenen die **Einhaltung des objektiven Rechts** zugesichert wird (hierzu Rn. 15, 124) oder in Situationen tatsächlicher und rechtlicher Ungewissheit, in denen auch der Abschluss eines Vergleichsvertrages nach § 55, der Erlass eines vorläufigen VA (§ 35 Rn. 243 ff.) oder eines VA mit Nebenbestimmungen auf Grundlage des § 36 Abs. 1 Alt. 2 (§ 36 Rn. 120 ff.) in Betracht käme.

b) Zusagefähige Maßnahmen: Vor diesem Hintergrund dürften **grundsätzlich alle be- 7 hördlichen**¹² **Maßnahmen** zusagefähig sein. Zusagegegenstand ist zumeist die zukünftige Gestaltung eines bestimmten Rechtsverhältnisses. Hierzu gehören die auf Erlass oder eines bestimmten VA oder des Unterlassens des Erlasses eines bestimmten VA gerichtete Zusicherung i. S. d. § 38 Abs. 1 S. 1 (s. Rn. 12 ff.), aber auch die **auf Abschluss eines ör. Vertrages gerichtete Zusage**,¹³ die Zusage, von der Anordnung der sofortigen Vollziehung (§ 35 Rn. 164)¹⁴ oder Vollstreckungsmaßnahmen¹⁵ abzusehen, Duldungszusagen (Rn. 16) oder Planungszusagen (Rn. 88).

Da es subjektiv-öffentliche Rechte auf Abgabe privatrechtlicher Willenserklärungen einer **8** Behörde geben kann (§ 35 Rn. 107), können ör. Zusagen auch Maßnahmen sein, die die Behörde zur **Abgabe einer privatrechtlichen Willenserklärung** verpflichten.¹⁶ Tauglicher Zusagegegenstand kann aber auch die behördliche Verpflichtung sein, von privatrechtlichen Gestal-

---

⁷ Begründung zu § 34 Entwurf 73; *OVG Magdeburg* LKV 1997, 175, 176; *Bullinger,* Vertrag und VA, 1962, S. 57 ff.; *Guckelberger* DÖV 2004, 357, 358.
⁸ *Schwerdtfeger* NVwZ 1984, 486.
⁹ *Zeidler,* Gutachten 44. DJT Bd. 1, 2. Teil, S. 49 f.
¹⁰ *VGH Mannheim* NVwZ 1990, 892, 893.
¹¹ Ähnlich *Hailbronner* DVBl 1979, 767, 772; *Schwarz* in Fehling u. a., § 38 VwVfG Rn. 2.
¹² Ob auch Regierungsakte (§ 1 Rn. 186) und Gesetzgebungsakte (§ 1 Rn. 174 f.) Gegenstand verbindlicher Versprechen sein könnten, wird jedenfalls nicht vom Verwaltungsrecht bestimmt, für Regierungsakte *Pöcker/Otto* LKV 2007, 161, 162 (allerdings hier falsches Beispiel).
¹³ *VGH Mannheim* NVwZ 2000, 1304, 1305; *VG Hannover* NdsVBl 2000, 307.
¹⁴ *OVG Münster* 11. 8. 1999 – 10 B 1230/99 – n. v.
¹⁵ *VG Braunschweig* NVwZ-RR 2002, 307 f.
¹⁶ *U. Stelkens,* Verwaltungsprivatrecht, 2005, S. 1005; z. B. Zusage auf Abgabe eines Bürgschafts- oder Garantieversprechens, einer Schuldübernahme (*OVG Berlin* NJW 1984, 2593) oder Verkauf eines Grundstücks zu einem günstigen Preis (*BGH* NVwZ 1994, 91; *OLG Koblenz* NVwZ-RR 1991, 511).

tungsmöglichkeiten keinen Gebrauch zu machen oder **privatrechtliche gesetzliche Ansprüche nicht durchzusetzen.**[17]

9   Zusagegegenstand können auch **Verwaltungsinterna** sein, z. B. Zusage auf bestimmte Verwendung eines Soldaten[18] oder eines Richters auf Probe,[19] Zusage, einem Beamten Nichtraucherschutz am Arbeitsplatz zu gewähren[20] oder ihm seinen bisherigen Dienstposten zu belassen,[21] s. hierzu jeweils § 35 Rn. 199. Zusagegegenstand kann auch die Aufnahme in eine bestimmte Schulklasse[22] oder auf Vornahme einer bestimmten Verfahrenshandlung[23] sein.

10 Wie bereits § 89 Abs. 2 AO und die §§ 204 ff. AO andeuten, spielt im Steuerrecht die auch als verbindliche Auskunft bezeichnete Zusage einer bestimmten Bewertung eines Sachverhalts bei späterer Steuerfestsetzung eine große Rolle, näher Rn. 15, 30, 50. Auch die **Zusage einer bestimmten Rechtsauslegung** ist nicht ausgeschlossen.[24] Im Subventionsrecht wird oftmals eine bloße „Inaussichtstellung" einer Zuwendung für ein Vorhaben (Rn. 24) mit der Zusage verbunden, die Zuwendungsentscheidung nicht allein wegen eines „vorzeitigen Beginns" des Vorhabens abzulehnen.[25] Möglich ist aber auch eine Zusage, einen Genehmigungsantrag nicht aus Gründen abzulehnen, die nach den bereits bisher eingereichten Unterlagen abschließend beurteilt werden können.[26]

11 Zusagegegenstand kann auch die Vornahme bestimmter **Realakte/Tathandlungen**[27] oder die Erbringung von **Geldleistungen**[28] sein. Hier stellt sich oft das Problem der Abgrenzung zwischen Zusage und „vollständiger Sachentscheidung", Rn. 18.

12 c) **Zusicherungsfähige Maßnahmen/Abgrenzung von allgemeiner Zusage und Zusicherung:** Zusicherungen i. S. d. § 38 S. 1 sind nur solche Zusagen, die auf den Erlass oder das Unterlassen eines **bestimmten VA** gerichtet sind. Nur hierdurch unterscheidet sich die in § 38 unmittelbar geregelte Zusicherung von der im VwVfG nicht spezifisch geregelten allgemeinen Zusage (Rn. 1). Welche praktische Bedeutung dieser Unterscheidung zuzumessen ist, hängt indes maßgeblich davon ab, welche Rechtsnatur der allgemeinen Zusage beigemessen wird (Rn. 29 ff.) und ob § 38 analog auf die allgemeine Zusage angewendet wird, s. Rn. 44 ff.

13 Eine Zusicherung setzt zunächst voraus, dass ein VA-Erlass oder sein Unterlassen zugesagt wird. Grundsätzlich ist jede **Art von VA zusicherungsfähig;** ob eine Zusicherung eines bestimmten VA rechtmäßig (und wirksam) ist, bestimmt demgegenüber das Fachrecht, s. Rn. 72, 85. Gegenstand einer Zusicherung kann damit auch die Aufhebung eines früher erlassenen belastenden VA (z. B. Ordnungsverfügung, Abgabenbescheid[29]), die Nichtaufhebung eines begünstigenden VA[30] oder die „Verlängerung" einer befristeten Erlaubnis[31] sein. Zusicherungsfähig

---

[17] *U. Stelkens,* Verwaltungsprivatrecht, 2005, S. 1143.
[18] *BVerwG* NVwZ-RR 1993, 643 f.; NVwZ-RR 2002, 47.
[19] *BVerwGE* 102, 81, 84 = NJW 1997, 1248; *VGH Mannheim* VBlBW 1996, 14, 16.
[20] *BVerwG* NJW 1988, 783, 784.
[21] *BVerwGE* 60, 144, 154 = NJW 1981, 67.
[22] Unklar *VG Braunschweig* NVwZ-RR 2007, 324, 326.
[23] *VGH München* NVwZ-RR 2007, 382, 383.
[24] **Beispiele:** Zusage einer pauschalierten Aufwandsentschädigung (*OVG Bautzen* SächsVBl 2000, 9, 10), der Anerkennung eines bestimmtes Besoldungsdienstalters (*BVerwGE* 20, 292, 293) oder einer bestimmten Gestaltung des Krankenkassenbeitrages (*BSGE* 14, 104, 106 = NJW 1961, 1646).
[25] Hierzu *Noll* ThürVBl 2005, 145, 152 ff.
[26] *OVG Münster* NWVBl 1988, 49, 51.
[27] **Beispiele:** Zusage bestimmter Tunnelbaumaßnahmen (*BVerwG* NVwZ 1996, 906), Zusage des Unterlassens des Baus einer bestimmten Straße (*BGH* NVwZ-RR 1996, 66), Zusage gegenüber dem Nachbarn, eine stadteigene Baracke werde nach Errichtung eines neuen Gebäudes abgerissen (*OVG Hamburg* BauR 1982, 257, 263 f.), Zusage, es werde für eine ordnungsgemäße Regenwasserableitung Sorge getragen (*VGH Mannheim* NVwZ 1990, 892, 893), Zusage gegenüber Nachbarn, es werde neben einer Schule ein Grünstreifen angelegt (*OVG Bremen* NordÖR 2004, 109), Zusage, für die „Vollbelegung" eines Pflegeheims zu bestimmten Pflegesätzen Sorge zu tragen (*BGH* NVwZ 2001, 709, 710).
[28] **Beispiele:** Zusage, die Kosten für Probebohrungen (*VGH Mannheim* NVwZ 1991, 79, 80) oder für Kampfmittelräumungen (*BVerwG* NVwZ 2004, 1125) zu übernehmen, Zusage, es würden die Kosten einer von einem Verein betriebenen Musikschule übernommen (*OVG Lüneburg* NJW 1977, 773), Zusage, die Miete eines Sozialhilfebedürftigen zu übernehmen (*BVerwG* 96, 71, 74 = NJW 1994, 2968), Zusage eines Kreises gegenüber Gemeinde, sich an den Kosten einer Feuerwehrdrehleiter zu beteiligen (*VG Mainz* NVwZ-RR 2006, 274 ff.).
[29] *OVG Münster* NVwZ-RR 2002, 296 f.; *VG Düsseldorf* KStZ 2004, 78, 79.
[30] Vgl. *OVG Weimar* ThürVBl 2003, 56, 60.
[31] Vgl. *VGH Mannheim* GewArch 2005, 260, 261.

sind auch **AllgV**[32] (Rn. 72, § 35 Rn. 271, 331) und der Erlass eines **mit Nebenbestimmungen versehenen VA,** z.B. Zusicherung einer bedingten Genehmigung. Hier ist die Nebenbestimmung Inhaltsbestimmung der Zusicherung (vgl. § 36 Rn. 93 ff.). Zur Zusicherung mit Nebenbestimmungen Rn. 26.

Eine Zusicherung i.S.d. § 38 Abs. 1 S. 1 liegt jedoch nur vor, wenn der Erlass/das Unterlassen eines **bestimmten VA** zugesagt wird. Bestimmtheit i.S.d. § 38 Abs. 1 S. 1 meint nicht Bestimmtheit i.S.d. § 37 Abs. 1,[33] der jedoch auch für die Zusicherung selbst gilt (Rn. 85). Der zugesicherte VA muss nur nach Art und Regelungsgegenstand in der Zusicherung konkretisiert sein. Es muss klar umrissen sein, welcher VA erlassen/unterlassen werden soll, ohne dass dessen Inhalt schon in jeder Hinsicht feststehen muss; daher können einzelne Konkretisierungen, z.B. Nebenbestimmungen, auch dem späteren Verfahren überlassen bleiben.[34] Ein bestimmter VA wird deshalb auch zugesichert, wenn **bestimmte Teile** eines **teilbaren VA** zugesichert werden, selbst wenn der VA i.Ü. noch unbestimmt ist. Ebenso kann dem Nachbarn zugesichert werden, eine Baugenehmigung, deren Regelungsgehalt i.Ü. noch unbestimmt ist, werde eine bestimmte Auflage enthalten, s. § 36 Rn. 85. Möglich ist auch die **Zusicherung wahlweiser** konkreter **VA.** 14

Die Zusage des Erlasses/des Unterlassens eines **unbestimmten VA** ist demgegenüber keine Zusicherung, ohne dass sich § 38 Abs. 1 S. 1 im Umkehrschluss entnehmen ließe, solche Zusagen seien von vornherein unwirksam.[35] Zusagen, die auf unbestimmte VA gerichtet sind, können dementspr. allgemeine Zusagen und als solche wirksam sein, z.B. bei einer Zusage, nach der die erforderlichen Erlaubnisse für einen Straßenbahnbetrieb erteilt werden. Hier liegt keine Zusicherung vor, weil nicht klar ist, auf welche Erlaubnisse (nach § 29 Abs. 3 StVO, Sondernutzungs- und ggf. denkmalschutzrechtliche Erlaubnis) sich diese Zusage bezieht.[36] Ebenso wird kein bestimmter VA zugesichert, wenn sich die Zusage nur auf die **Bewertung bestimmter Tatbestandsmerkmale** bezieht, z.B. bei einer Zusage, eine Baugenehmigung nicht aus im Einzelnen genannten Gründen abzulehnen,[37] bei der Abgabenfestsetzung bestimmte Tatbestandsmerkmale als erfüllt anzusehen (s. § 89 Abs. 2 AO und Rn. 10, 30, 50) oder bei einem gegenüber dem Nachbarn gegebenen Versprechen, bei Erlass einer Baugenehmigung das **objektive Recht** einzuhalten. 15

Praktische Probleme kann die Abgrenzung der Zusicherung des Unterlassens eines bestimmten VA von der allgemeinen Zusage der **Duldung** eines bestimmten (rechtswidrigen) Zustandes aufwerfen. Die Abgrenzung wird dadurch erschwert, dass der **Begriff der Duldung** schillernd ist;[38] er ist ein Sammelbegriff verschiedener Handlungsformen mit dem zumindest faktischen Ergebnis, dass ein behördliches Einschreiten gegen formell und/oder materiell illegale Zustände nicht stattfindet.[39] Dabei begründet bloßes Schweigen oder Nichtstun keinen Anspruch auf Duldung, s. § 35 Rn. 92. Verpflichtet sich die Behörde dagegen ausdrücklich zur Duldung oder erklärt sie sich hierzu bereit, hängt von der Auslegung der Erklärung und damit vom Einzelfall ab, was genau unter Duldung zu verstehen ist.[40] Ist die Zusage auf das Unterlassen einer Beseitigungs- oder Abrissverfügung gerichtet, liegt eine Zusicherung vor. Wird nur allgemein das „Nichteinschreiten" zugesagt, das neben dem Abriss auch Veränderungen, Nutzungsuntersagungen, Vorlage von Plänen etc. umfassen kann, kann es sich um eine allgemeine Zusage handeln.[41] Erklärungen wie „die Anlage ist nicht zu beanstanden" werden i.d.R. nur eine Auskunft ohne Bindungswillen (Rn. 23) darstellen, die ggf. Schadensersatzfolgen, nicht aber den Bestand der ungenehmigten Anlage zeitigt.[42] Liegt eine allgemeine Duldungszusage vor, betrifft sie die 16

---

[32] *Guckelberger* DÖV 2004, 357, 358.
[33] *Kloepfer/Lenski* NVwZ 2006, 501, 502.
[34] *Guckelberger* DÖV 2004, 357, 358; *Henneke* in Knack, § 38 Rn. 9; *Kloepfer/Lenski* NVwZ 2006, 501, 502; *Liebetanz* in Obermayer, VwVfG, § 38 Rn. 20.
[35] *Lange* WiVerw 1979, 15, 31.
[36] *VGH München* NVwZ-RR 1999, 139, 140.
[37] *OVG Münster* NWVBl 1988, 49, 51.
[38] *OVG Münster* NWVBl 1995, 294, 296 f.
[39] Z.B. *Fluck* NuR 1994, 1990, 197, 198; *Hallwaß* NuR 1987, 296; *Heider* NuR 1995, 335, 336; *Rogall* NJW 1995, 922, 923 (dort auch zu strafrechtlichen Konsequenzen).
[40] Vgl. z.B. zu sog. **bauaufsichtsrechtlichen Duldungszusagen:** *VGH Mannheim* VBlBW 2003, 72; *OVG Münster* NWVBl 1992, 205, 207; NWVBl 1995, 294, 296; *Bracher* ZfBR 1987, 127 m.w.N.
[41] S. z.B. *OVG Hamburg* BauR 1982, 257, 263; *VGH Mannheim* NJW 1990, 3163, 3164; *Fluck* NuR 1990, 197, 199.
[42] A.A. wohl *VGH Mannheim* NJW 1990, 3163, 3164.

künftige Ermessensausübung und bindet insoweit die Behörde im Verhältnis zum Zusageempfänger,[43] s. § 40 Rn. 121 f. Denkbar ist jedoch auch eine sog. **aktive Duldung,** eine Entscheidung der Behörde, nicht erst in der Zukunft, sondern bereits jetzt ihr Entschließungsermessen (auf Einschreiten) dahin auszuüben, nicht tätig zu werden.[44]

17 d) **Abgrenzung zwischen Zusage und Sachentscheidung:** Zusage und Zusicherung sind auch von der unmittelbaren Sachregelung durch „normalen begünstigenden VA" zu unterscheiden. Zur Abgrenzung wird häufig die sich aus dem Zusage-Definitionsmerkmal „späteres Tun oder Unterlassen" ergebende **Zukunftsgerichtetheit** der Zusage betont,[45] die auch in § 38 Abs. 1 S. 1 durch das Wort **„später"** zum Ausdruck kommt.

18 Schwierig kann dabei v. a. die Unterscheidung zwischen Zusagen und **gewährenden VA** (§ 35 Rn. 216) sein, insbes. dann, wenn die Maßnahme, deren Vornahme die Behörde verspricht, ein Realakt oder eine Geldleistung (Rn. 11) ist.[46] Denn sowohl Zusage als auch der „normale" gewährende VA begründen unmittelbar subjektiv-öffentliche Rechte auf ein bestimmtes behördliches Handeln. Für die Abgrenzung – etwa zwischen **Subventionszusage** und **Subventionsbescheid**[47] oder der **Zusicherung auf Zulassung zu einer öffentlichen Einrichtung** und der **Zulassung selbst**[48] – ist hier entscheidend, ob sich die Behörde zu einem bestimmten Tun in der Zukunft verpflichtet, das jedoch noch nicht in jeder Hinsicht nach Art und Umfang spezifiziert ist (dann Zusage bzw. Zusicherung), oder ob die Maßnahme einen nach Art und Umfang bestimmten, unmittelbar durchsetzbaren Anspruch begründen soll (dann „normaler" VA). Eine Zusage wird i. d. R. vorliegen, wenn die versprochene Handlung vom Betroffenen noch gesondert beantragt werden muss.

19 Die Abgrenzung zwischen Zusagen und gestattenden Maßnahmen, insbes. die Abgrenzung zwischen Zusicherungen und **gestattenden VA** (§ 35 Rn. 216), ist einfacher: Wird die Rechtslage durch die Maßnahme unmittelbar zu Gunsten des Betroffenen umgestaltet, liegt ein „normaler VA" vor. Wird die Gestattung nur „versprochen", ist eine Zusicherung gegeben. So lassen sich die Zusicherung einer Änderungsgenehmigung von einer **Vorabzustimmung** zu einer späteren Änderung der Genehmigung (§ 9 Rn. 174), die Zusicherung des Erlasses einer Abgabenschuld (hierzu auch § 48 Rn. 133, § 53 Rn. 38, § 54 Rn. 125) von dem **(Voraus-) Verzicht** auf diese Schuld hinc et nunc[49] unterscheiden.

20 Die Zusicherung ist auch vom **vorläufigen VA** (§ 35 Rn. 243 ff.) und vom **Vorbescheid** (§ 35 Rn. 251 ff.) zu unterscheiden, die keinen Anspruch auf eine zukünftige Regelung begründen (Rn. 19), sondern bereits eine vorläufige Regelung bzw. die verbindliche Festsetzung einzelner VA-Voraussetzungen darstellen.[50] Was im Einzelfall gewollt ist, ist durch Auslegung zu ermitteln, wobei allerdings die Verwendung der Worte „Vorbescheid" bzw. „Zusicherung" deutliche Indizien bilden, da sie mittlerweile feststehende Begriffe sind.[51] Die Praxis sollte sich gerade deshalb durch die Wortwahl klar zwischen diesen Instituten entscheiden, da andernfalls zu befürchten ist, dass § 38 Abs. 3 auch auf den Vorbescheid angewandt wird.[52] Gerade deshalb ist die Abgrenzung sowohl für den Adressaten als auch für die Behörde bedeutsam. Andererseits kann aber die Auslegung des Fachrechts (nach wie vor) ergeben, dass eine dort als „Vorbescheid" bezeichnete Maßnahme nur mit den Wirkungen einer Zusage ausgestattet ist.[53]

---

[43] *Alleweldt* NuR 1992, 312, 315; *Palauro,* Haftungsrelevante Probleme der allgemeinen verwaltungsrechtlichen Zusage, Diss. 1983, S. 48 f., 152 f.; ebenso zum früheren Recht *BVerwG* DÖV 1965, 492; *OVG Münster* DÖV 1971, 208.
[44] Vgl. hierzu *VGH Kassel* BauR 1994, 229, 230; *VGH Mannheim* NJW 1990, 3163, 3164.
[45] Vgl. *BVerwG* DVBl 1966, 857, 859; NJW 1984, 2113; *OVG Lüneburg* NdsVBl 2001, 115, 116; *Haueisen* NJW 1961, 1901 f.; *Kopp/Ramsauer,* § 38 Rn. 8; *Maurer,* § 9 Rn. 60.
[46] Vgl. etwa *BVerwGE* 64, 24, 26 = NVwZ 1982, 315 (zur „Umzugskostenzusage", die im Ergebnis vom *BVerwG* als VA gewertet wird).
[47] S. hierzu *OVG Lüneburg* NJW 1977, 773; *Kopp/Ramsauer,* § 38 Rn. 8.
[48] *BVerwG* NVwZ 1987, 46; ähnlich die Fragestellung bei *OVG Berlin* NJW 2002, 313, 314.
[49] *BVerwG* NJW 1984, 2113; *OVG Lüneburg* NVwZ 1986, 780; NVwZ-RR 2001, 599; *OVG Münster* Gemeindehaushalt 1987, 17.
[50] Ausführlich *Dietlein* Verwaltung, 2005, S. 211, 218 f.
[51] *OVG Münster* NWVBl 1988, 49, 50.
[52] *Redeker* DVBl 1973, 744, 745. Bedenklich daher *BGH* DÖV 1978, 210, 211, wonach eine Erklärung „in die Nähe des Vorbescheides" gerückt, aber der Sache nach § 38 Abs. 3 angewandt wird.
[53] *BVerwGE* 48, 242, 242 = NJW 1975, 2221; *BVerwGE* 69, 1, 3 = NJW 1984, 1473.

e) Abgrenzung zwischen Zusagen, Auskünften und „schlichter Inaussichtstellung": 21
Kennzeichnend für Zusage und Zusicherung ist ihre Verbindlichkeit. Daher muss der Wille der Behörde, sich für die Zukunft zu binden und einen entsprechenden Anspruch des Begünstigten auf die zugesagte Maßnahme zu begründen, in der Erklärung **eindeutig** erkennbar sein, damit eine Zusage angenommen werden kann.[54] I. d. R. wird dies nur bei ausdrücklichen Erklärungen vorliegen, jedenfalls muss der **Bindungswille** durch Auslegung entsprechend § 133 BGB **unzweideutig zu erkennen** sein,[55] vgl. § 205 Abs. 1 AO. So liegt ein Bindungswille unmissverständlich vor, wenn dem Empfänger etwas „garantiert" wird.[56] Bei der Auslegung ist i. Ü. das gesamte Verhalten der Behörde zu berücksichtigen, wie es der Empfänger bei objektiver Betrachtung verstehen musste. Hierbei sind neben dem Wortlaut die Begleitumstände, insbes. der Zweck der Erklärung, ausschlaggebend,[57] § 35 Rn. 71 ff. So kann für das Vorliegen einer Zusicherung entscheidend sprechen, dass der versprochene VA die „Gegenleistung" für einen Verzicht des Begünstigten auf eine andere Rechtsposition darstellt.[58] Allerdings kann nicht ohne weiteres aus einem zeitlich befristeten Förderbescheid auf Grund des Gesamtzusammenhangs geschlossen werden, hiermit sei zugleich implizit eine Zusage einer Anschlussförderung „dem Grunde nach" enthalten.[59] Auch kann eine Äußerung in einem behördlichen Aktenvermerk über eine durchgeführte Anhörung kaum den Charakter einer Zusicherung haben.[60] Generell steht das **Schriftformerfordernis** für Zusicherungen einer „zu großzügigen" Anerkennung konkludenter Zusicherungen entgegen, Rn. 56.

Daher genügt insbes. Schweigen allein auf entsprechende Anfragen und Mitteilungen nicht.[61] 22 Auf den nicht nach außen in Erscheinung tretenden inneren Willen des Bediensteten kommt es ebenso wenig an.[62] Nicht hinreichend für die Annahme eines Bindungswillens ist auch das Bemühen der Bediensteten allein, ein Vorhaben des Antragstellers zu fördern oder einen Antrag „wohlwollend zur prüfen.[63] Der Bindungswille kann auch fehlen, wenn das Unterlassen eines VA „zugesichert" wird, dessen Erlass die Behörde auf Grund einer Fehleinschätzung der Rechtslage für rechtlich ausgeschlossen hält[64] oder wenn eine Erklärung ausdrücklich unter dem Vorbehalt des „derzeitigen Kenntnisstandes" abgegeben wird,[65] oder auch bei Angaben in einem Werbeprospekt für eine bestimmte Beamtenlaufbahn.[66]

Abgrenzungsprobleme können sich im Einzelfall zu schlichten (schriftlichen) **Auskünften** 23 (§ 25 Rn. 10 ff., § 35 Rn. 82 f) über Tatsachen und Rechtsansichten ergeben. Maßgebend ist auch hier nicht der benutzte Ausdruck, sondern der Erklärungsinhalt.[67] Fehlt eine Verpflichtung der Behörde, sich im Vorfeld einer noch zu treffenden Entscheidung über zu berücksichtigende Tatsachen- oder Rechtsfragen festzulegen, ist i. d. R. in einer „Mitteilung" der derzeitigen Auffassung der Behörde keine Zusage zu sehen.[68] Wird die Erteilung einer verbindlichen Zusage ausdrücklich abgelehnt, kann eine in diesem Zusammenhang erteilte Auskunft nicht als eine Zusage verstanden werden.[69] Auch in einer Benachrichtigung an den Betroffenen die beantragte

---

[54] *BVerwGE* 74, 15, 17 = NJW 1986, 2267; *BVerwGE* 97, 323, 326 = NJW 1995, 1977; *BVerwGE* 106, 129, 132 = NVwZ 1998, 1082.
[55] *BVerwG* NVwZ 2003, 997; *OVG Berlin* JZ 2005, 672; *BSG* NVwZ 1994, 830; *Guckelberger* DÖV 2004, 357; *Kloepfer/Lenski* NVwZ 2006, 501, 502; *Noll* ThürVBl 2005, 145, 150; weitergehend demgegenüber *BGH* NVwZ 2001, 709 f.
[56] *OVG Magdeburg* LKV 1997, 175, 176 (zur allgemeinen Zusage).
[57] *VG Mainz* NVwZ-RR 2006, 274, 275.
[58] *BVerwG*, Urt. v. 17. 1. 2007 – 10 C 1/06 (juris, Rn. 23).
[59] So in Zusammenhang mit der Problematik der Anschlussförderung im sozialen Wohnungsbau in Berlin: *OVG Berlin* JZ 2005, 672 ff. (a. A. noch im Verfahren des einstweiligen Rechtsschutzes: *OVG Berlin* DVBl 2003, 1333, 1334); *Möllers* JZ 2005, 677 ff.; *Pietzcker* DVBl 2003, 1339 f.; *Schwarz* JZ 2004, 79, 83 f.
[60] *VGH München* BayVBl 2007, 499 ff.
[61] *BVerwGE* 103, 219, 221 = NVwZ 1996, 1219.
[62] *OVG Magdeburg* LKV 1997, 175, 176 (zur allgemeinen Zusage).
[63] *Guckelberger* DÖV 2004, 357, 358.
[64] *VGH Kassel* NVwZ 2000, 92, 97.
[65] *VGH Mannheim* NVwZ-RR 1999, 525, 526.
[66] *OVG Lüneburg* VerwRspr. 28 Nr. 68.
[67] *BVerwGE* 65, 61, 68 ff. = NVwZ 1982, 677; *OVG Hamburg* NVwZ-RR 2007, 170 f.; *OVG Magdeburg* LKV 1997, 175, 176; *OVG Lüneburg* NVwZ 1986, 780; *BSG* NVwZ 1994, 830; *BGH* NJW 1994, 2087, 2090; NVwZ-RR 1996, 66.
[68] *VG Frankfurt a. M.* NJW 2001, 3500 (zur Auskunft über Punktestand im Verkehrszentralregister).
[69] *HessFG* EFG 2006, 1206, 1209.

Baugenehmigung liege bei der Bauaufsichtsbehörde gegen Zahlung der Genehmigungsgebühren zur Abholung bereit, ist bloß Wissenserklärung des Bereitliegens der Baugenehmigung, keine Zusicherung ihres Erlasses.[70]

24 Wird eine Maßnahme nur **„in Aussicht gestellt"**, kann dies als Zusage zu bewerten sein;[71] zumeist wird jedoch nur eine unverbindliche Absichtserklärung abgegeben worden sein, wie weiter verfahren werden soll,[72] insbes. dann, wenn aus haushaltsrechtlichen Gründen eine verbindliche Selbstverpflichtung rechtlich unzulässig wäre[73] oder wenn Formulierungen verwendet werden wie „wird voraussichtlich zu gewähren sein".[74]

25 Ob bei einer in einem **Prozess** schriftsätzlich **abgegebenen Erklärung** einer Behörde ein Bindungswille vorliegt, hängt vom Einzelfall ab: Nur ausnahmsweise wird darin eine Erklärung gesehen, die auf eine Änderung der streitigen materiellen Rechtslage gerichtet sei.[75] Wenn ein ernstlicher Bindungswille z. B. in einer zu Protokoll gegebenen Erklärung, deutlich erkennbar wird, kann jedoch eine Zusage vorliegen.[76] Es stellt sich aber dann die Frage nach der **Schriftform**, s. Rn. 59. Keine Zusage wird i. d. R. abgegeben durch die Erklärung der Behörde, bis zur Entscheidung des Gerichts im Eilverfahren von Vollstreckungsmaßnahmen abzusehen.[77] Ebenso wenig lassen sich i. d. R. Äußerungen eines Trägers öffentlicher Belange bei der Anhörung im Planungsverfahren als Zusicherung verstehen.[78]

26 f) **Zusagen unter Nebenbestimmungen:** Zusagen und Zusicherungen können nach allgemeiner Auffassung auch mit **Nebenbestimmungen** (entsprechend) § 36 versehen werden. Dies wird auch von denjenigen angenommen, die Zusage und Zusicherung nicht als VA ansehen,[79] vgl. § 36 Rn. 14. So ist etwa möglich die Zusicherung des Unterlassens einer Ordnungsverfügung unter der Bedingung, dass der Zusicherungsempfänger eine mündliche Abrede einhält,[80] Zusicherung der „Verlängerung" einer befristeten Erlaubnis unter der Bedingung der Einhaltung der dieser Erlaubnis beigefügten Auflagen,[81] Zusicherung der Aufhebung eines Abgabenbescheides unter der Bedingung, dass das Gericht in einem Musterverfahren einer bestimmten Rechtsansicht folgt,[82] Zusage der Kostenbeteiligung unter der Bedingung der Bereitstellung entsprechender Finanzmittel im Haushaltsplan.[83] Um die Verpflichtung zum Erlass des VA sowohl für die Behörde als auch für den Adressaten überschaubar zu halten, empfiehlt sich insbes. die **Befristung**. Durch eine befristete Zusicherung dürften Streitpunkte aus Anlass des § 38 Abs. 3 eingeschränkt werden. Ist die Geltungsdauer des **zugesagten VA gesetzlich befristet**, geht der Bindungswille der Behörde (Rn. 25 ff.) i. d. R. nicht weiter als die gesetzliche Frist des zugesagten VA. Hiervon muss bei verständiger Würdigung der Empfänger der Zusage ausgehen, so dass es keiner ausdrücklichen Befristung der Zusage bedarf.[84]

27 g) **Zusagen Privater?** Das allgemeine Verwaltungsrecht kennt keine **verbindliche einseitige Verpflichtungserklärungen Privater** gegenüber einer Behörde (s. jedoch zum einseitigen **Verzicht** auf ör. Rechte § 53 Rn. 29 ff.). Einseitige Selbstverpflichtungen gegenüber einer Behörde sind somit wirkungslos, auch wenn sie sich auf ör. Tatbestände beziehen. Die Behörde kann hieraus keine unmittelbaren Ansprüche herleiten. Um einer (freiwilligen) Selbstverpflich-

---

[70] *VGH München* BayVBl 87, 88.
[71] So *OVG Berlin* NVwZ 1986, 579; wohl auch *VGH Mannheim* VBlBW 1995, 30, 31.
[72] So *BVerwG* NVwZ-RR 1990, 87; *OVG Berlin* NVwZ 1986, 579; *Liebetanz* in Obermayer, VwVfG, § 38 Rn. 8; *Palauro*, Haftungsrelevante Probleme der allgemeinen verwaltungsrechtlichen Zusage, Diss. 1983, S. 30; *Wagner* DÖV 1988, 277, 282.
[73] Hierzu ausführlich *Noll* ThürVBl 2005, 145, 149 ff.
[74] *OVG Lüneburg* NVwZ 2005, 470.
[75] *BVerwGE* 74, 15, 17 = NJW 1986, 2267; *OVG Münster* NVwZ-RR 1990, 435 f.
[76] *BVerwGE* 97, 323, 326 f. = NJW 1995, 1977; *BVerwG* NVwZ 1996, 906, 907; NVwZ 2003, 997; *OVG Münster* NVwZ 1993, 74.
[77] *Lehmke* SächsVBl 1995, 121.
[78] *OVG Koblenz*, Urt. v. 6. 7. 2006 – 1 A 11 417/05 – (juris, Abs. 37).
[79] *BVerwG*, Beschl v. 17. 5. 2005 – 9 B 111/03 – (juris, Abs. 9).
[80] Vgl. *VGH Mannheim* NVwZ-RR 1995, 506, 507.
[81] Vgl. *VGH Mannheim* GewArch 2005, 260, 261.
[82] Vgl. *OVG Münster* NVwZ-RR 2002, 296, 297; *VG Düsseldorf* KStZ 2004, 78, 79.
[83] *VG Mainz* NVwZ-RR 2006, 274, 275 f.
[84] Im Ergebnis wie hier *OVG Münster* BRS 60 Nr. 150; *Meyer/Borgs*, § 38 Rn. 21; a. A. *Palauro*, Haftungsrelevante Probleme der allgemeinen verwaltungsrechtlichen Zusage, Diss. 1983, S. 128; *VGH München* BayVBl 1978, 735 (die eine Aufnahme der Befristung in die Zusicherung verlangen).

§ 38 Zusicherung   28–30 § 38

tung des Bürgers unmittelbare Verbindlichkeit zu geben, bedarf es damit i. d. R. des Abschlusses eines ör. Vertrages (dessen Grenzen, insbes. das Kopplungsverbot [§ 56 Abs. 2, § 59 Abs. 2 Nr. 4] einzuhalten sind). Denkbar sind dagegen mittelbare Folgen eines nicht eingehaltenen einseitigen Versprechens eines Privaten, wie z. B. die Verwirkung von Anfechtungsrechten (§ 53 Rn. 21, 26) oder der Eintritt einer auflösenden Bedingung. Das Fachrecht kann zudem einseitige Selbstverpflichtungen Privater mit bindender Wirkung vorsehen. Ein Beispiel hierfür bildet die Verpflichtungserklärung nach **§ 68 AufenthG,** die den Erklärenden gegenüber der Ausländerbehörde verpflichtet, die Kosten für den Lebensunterhalt eines Ausländers zu zahlen;[85] zu **kartellrechtlichen Verpflichtungszusagen** Privater gegenüber der EG-Kommission s. § 36 Rn. 151 f.

Keine wirklich verpflichtende Wirkung haben auch die sog. einseitigen Selbstverpflichtungen **28** im Umweltbereich, deren Abgabe schon jetzt Praxis ist und die in **§ 35 UGB-KomE** kodifiziert werden sollte.[86] Sie werden dort ausdrücklich als unverbindlich und in der Begründung zu § 35 UGB-KomE nur als Instrument der **politischen Werbung** bezeichnet.[87] Ihre rechtliche Bedeutung geht damit nicht über die eines Ehrenwortes hinaus. Allg. zum sog. **informellen Verfahren** § 9 Rn. 162 ff., § 54 Rn. 40 ff.

2. Zusage und Zusicherung als Verwaltungsakte

a) Stand von Literatur und Rechtsprechung: Die Rechtsnatur von Zusage und Zusiche- **29** rung war bereits vor Inkrafttreten des VwVfG umstritten,[88] durchzog auch die Beratungen des 44. Dt. Juristentages[89] und sollte nach der Begründung zu § 34 Entwurf 73 durch § 38 nicht entschieden werden (daher „entsprechende Anwendung" in Abs. 2, hierzu Rn. 37). Dementspr. bestehen auch heute noch zwei Ansichten: In der **Lit.** wird die Zusage teilweise – so auch in diesem Kommentar (Rn. 33 ff.) – **als VA** angesehen, für den § 38 innerhalb seines Anwendungsbereichs (Rn. 44 ff.) besondere Wirksamkeitsvoraussetzungen aufstellt.[90] Verbreitet ist jedoch auch die **traditionelle Auffassung,** nach der die Zusage eine **verwaltungsrechtliche Willenserklärung** eigener Art darstellt,[91] deren Verpflichtungswirkung sich nicht nach den für VA geltenden Grundsätzen bestimme, sondern nach den Grundsätzen, die die Rspr. vor Erlass des VwVfG zur Bindungswirkung von Zusagen aufgestellt hat (Rn. 31), sofern sich aus § 38 nichts anderes ergibt.

In der **heutigen Rspr.** ist ebenfalls **keine gerade Linie** erkennbar: I. d. R. wird die Frage **30 offen** gehalten,[92] zunehmend jedoch die **Zusicherung und Zusage als VA** gewertet.[93] Au-

---

[85] *Renner,* Ausländerrecht, 8. Aufl. 2005, § 68 AufenthG Rn. 4; ebenso für die Vorgängerregelung des § 84 AuslG: *BVerwGE* 108, 1, 4 = NVwZ 1999, 779; *VGH Kassel* NVwZ-RR 1998, 393, 394; *VGH München* NVwZ-RR 1998, 264, 265; *OVG Münster* NWVBl 1999, 185, 186; *Hölscheidt* DVBl 2000, 385, 386; a. A. *Kube* VBlBW 1999, 364, 365 (ör. Vertrag).
[86] Vgl. hierzu etwa *Fluck* VerwArch 89 (1998), S. 220 ff.; *Schendel* NVwZ 2001, 494; *Schröder* NVwZ 1998, 1011, 1012.
[87] UGB-KomE, S. 509.
[88] Für VA: *Achterberg* DÖV 1971, 397 ff.; *Kimminich* JuS 1963, 268, 272; *Pieper* VerwArch 59 (1968), S. 217, 247 ff.; *Obermayer* NJW 1972, 1465, 1468; *Rohwer/Kahlmann* DVBl 1962, 622, 625; für verwaltungsrechtliche Willenserklärung ohne VA-Charakter die Rspr. (Rn. 31) sowie *Forsthoff,* S. 171 f.; *Haueisen* NJW 1961, 1901; differenzierend *Mayer* JZ 1964, 677, 678 (Rechtsnatur der Zusage folgt der Rechtsnatur der zugesagten Handlung, hierzu Rn. 36).
[89] Vgl. nur Bericht NJW 1962, 1854, 1855 ff.; für VA: *Zeidler,* Gutachten 44 DJT Bd. 1, 2. Teil, S. 47 ff.
[90] *v. Bomhard,* Auskunft und Zusage im Steuerrecht, 1988, S. 112 ff.; *Brüning,* Einstweilige Verwaltungsführung, 2003, S. 153; *Guckelberger* DÖV 2004, 357, 359; *Bull/Mehde,* Rn. 783; *Henneke* in Knack, § 38 Rn. 21; *Ipsen,* Rn. 434; *Kahl* Jura 2001, 505, 509; *Krebs* VerwArch 69 (1978), S. 85 ff.; *Kopp/Ramsauer,* § 38 Rn. 21; *Kopp/Schenke,* Anh. § 42 Rn. 39; *Lange* WiVerw 1979, 15, 29; *Liebetanz* VerwArch 69 (1978), VwVfG, § 38 Rn. 6; *Meyer/Borgs,* § 38 Rn. 9; *Pietzcker* in Schoch u. a., § 42 Abs. 1 Rn. 42; *Ruffert* in Erichsen/Ehlers, § 20 Rn. 62; *Schick* in Hübschmann/Hepp/Spitaler, Vor § 204 AO Rn. 44; *Ule/Laubinger,* § 49 Rn. 1.
[91] *Detterbeck,* Rn. 519, 521; *Erichsen,* Jura 1991, 109, 110; *Koch/Rubel/Heselhaus,* § 6 Rn. 84; *König* VR 1990, 401, 403; *Maiwald* BayVBl 1977, 499, 452; *Maurer,* § 9 Rn. 60; *Peine,* Rn. 872 f.; *Wolff/Bachof/Stober/Kluth* I, § 53 Rn. 9; *Wolff/Decker,* § 38 VwVfG Rn. 3; *Ziekow,* VwVfG, § 38 Rn. 4; ähnlich *Palauro,* Haftungsrelevante Probleme der allgemeinen verwaltungsrechtlichen Zusage, Diss. 1983, S. 101 ff. (Zusage als verwaltungsrechtliches Schuldverhältnis eigener Art); *Seer,* Verständigungen in Steuerverfahren, 1996, S. 62 f. und *Seer* in Tipke/Kruse, Vor § 204 AO Rn. 36 (Zusage als verwaltungsaktsnahe Rechtsform, hierzu Rn. 35).
[92] *BVerwGE* 97, 323, 326 = NJW 1995, 1977; *BVerwG* NJW 1984, 2113; NJW 1987, 2180; NVwZ 1987, 46; NJW 1988, 662, 663; *BVerwG,* Beschl. v. 17. 5. 2005 – 9 B 111/03 – (juris, Abs. 3 und 9); *VGH München* BayVBl 1989, 689, 692; *OVG Münster* NWVBl 1988, 49, 51.
[93] Für **Zusicherung:** *BVerwG* NVwZ 1986, 1011; NVwZ-RR 1995, 506, 507; NVwZ 2003, 997; *OVG Münster* NWVBl 1992, 283, 284; NWVBl 1996, 108, 110; *BGH* NJW-RR 2001, 1564, 1565; NJW-

ßerhalb des (unmittelbaren, s. Rn. 44 ff.) Anwendungsbereichs des § 38 ist in der Rspr. jedoch auch die traditionelle Auffassung noch stark vertreten: Sie wird oftmals herangezogen, soweit es um allgemeine Zusagen geht.[94] Insbes. *BFH*[95] sieht – bei den Finanzgerichten nicht unbestritten[96] – die (auch als verbindliche Auskunft bezeichnete) Zusage der Finanzbehörden auf eine bestimmte Behandlung eines Steuersachverhalts (Rn. 2) **nicht als VA** an, s. hierzu auch Rn. 50. Er leitet dementspr. ihre Bindungswirkung (soweit nicht § 89 Abs. 2, §§ 204 ff. AO einschlägig sind) nicht aus § 124 AO (= § 43 VwVfG), sondern nur aus **Vertrauensschutzgrundsätzen/Treu und Glauben** her.[97] Damit ist die Behörde an eine rechtswidrige Zusage nur gebunden, wenn der Betroffene hierauf vertraut hat, sein Vertrauen betätigt hat und das Vertrauen unter Abwägung aller Umstände schutzwürdig ist (vgl. § 48 Rn. 136 ff.). *BFH* lässt darüber hinaus – weniger streng als § 38 Abs. 1 (Rn. 54 f.) – für die Wirksamkeit der Zusage **Mündlichkeit** ausreichen (Rn. 57).

31 Die Rspr. des *BFH* entspricht im Wesentlichen der **Rspr.** der Verwaltungsgerichte zur Bindungswirkung von Zusicherungen und Zusagen **vor Inkrafttreten des VwVfG,** die jedoch für die Wirksamkeit der Zusage darüber hinaus nicht forderte, dass sie nicht gegen ein gesetzliches Verbot verstieß oder aus anderen Gründen fehlerhaft war, es sei denn, die Nichteinhaltung führte unter dem Gesichtspunkt des Vertrauensschutzes nach Treu und Glauben zu nahezu unträgbaren Ergebnissen für den Betroffenen.[98] Eine besondere Form (Schriftform) ist jedoch nicht verlangt worden, auch wenn der zugesicherte VA formgebunden war. Die Behörde konnte also durch eine mündliche Zusage verpflichtet werden, einen schriftlichen VA zu erlassen,[99] s. ferner Rn. 58, 95.

32 **b) Vorliegen der Voraussetzungen des § 35:** Bei der Frage der Rechtsnatur von Zusicherung und Zusage ist zunächst von Folgendem auszugehen: Wird die Zusicherung als VA qualifiziert, muss auch die allgemeine Zusage als VA qualifiziert werden: Die Legaldefinition der Zusicherung fügt dem als Oberbegriff gedachten (Rn. 1) Begriff der Zusage jedenfalls keine „differentia specifica" zu, die die Zusicherung erst zum VA i. S. d. § 35 macht. Sieht man die Zusicherung nicht als VA, wäre jedoch denkbar, trotzdem die allgemeine Zusage als VA zu werten, da die Begründung eines Anspruchs auf Erlass eines VA auch als bloße Verfahrenshandlung und damit nicht als „Regelung" i. S. d. § 35 verstanden werden kann, s. § 35 Rn. 148. In diese Richtung geht jedenfalls die Qualifizierung der **Zusicherung als Verwaltungsvorakt.**[100]

33 Bei unbefangener Betrachtungsweise erfüllen jedoch sowohl die **allgemeine Zusage** und **Zusicherung** die Voraussetzungen der **Legaldefinition des § 35.**[101] Ist die Zusage als einseiti-

RR 2004, 1065, 1066; NJW 2005, 212; BSGE 56, 249, 251; 85, 186, 190; BSG NVwZ 1994, 830; für **allgemeine Zusage:** *OVG Bautzen* SächsVBl 2001, 142, 144; *VGH Mannheim* NVwZ 1991, 79, 80; *OVG Münster* NWVBl 1992, 205, 207.

[94] S. etwa *BVerwG* NJW 1988, 783, 784; NVwZ-RR 1993, 643; *VGH Mannheim* NVwZ 1990, 892; VBlBW 1996, 14, 17.

[95] BFHE 73, 813, 818 = NJW 1962, 319 f.; BFHE 76, 64, 68 = NJW 1963, 559; BFHE 89, 381, 383; 117, 195, 198; 152, 29, 32; 159, 114, 117 = NVwZ 1990, 1110; BFHE 180, 316, 323; BFHE 198, 403 = NVwZ 2003, 380 f.; BFH/NV 1998, 808, 809; BFH NVwZ 2000, 596, 598.

[96] Für VA etwa: *FG Brandenburg* EFG 1996, 403, 404; *FG Bremen* EFG 1992, 710, 711; *FG Köln* EFG 1984, 426; *FG Hamburg* EFG 1986, 59; *FG Nds* EFG 1987, 160; *FG Münster* EFG 1989, 546; ähnlich auch *FG Berlin* EFG 1991, 713 (das eine bestimmte Zusage nur deshalb nicht für VA hielt, weil in dem fraglichen Schreiben erkennbar auf die VA-Qualität verneinende Rspr. des *BFH* verwiesen wurde); wie *BFH* demgegenüber: *FG Bremen* EFG 1991, 231; *FG Düsseldorf* EFG 1996, 627.

[97] Zweifel jedoch offenbar bei BFHE 193, 494 = NVwZ 2001, 1079, 1080 (wo von „Zusicherung" gesprochen wird, an die das Finanzamt „jedenfalls" nach Treu und Glauben gebunden sei).

[98] BVerwGE 3, 199, 203 = NJW 1956, 1250; BVerwGE 6, 198, 199; 20, 292, 294; 26, 31, 36 = NJW 1967, 1434 (hierzu *Menger/Erichsen* VerwArch 59 (1968), S. 167); BVerwGE 49, 244, 248 = NJW 1976, 303; BVerwG NJW 1955, 805, 806 (insoweit in BVerwGE 1, 254 nicht abgedruckt); BVerwG JZ 1964, 687 (m. Anm. *Mayer* JZ 1964, 677); BVerwG DÖV 1966, 202, 204 f.; DVBl 1966, 857, 859; NJW 1984, 2113 (zu einer vor Inkrafttreten des VwVfG abgegebenen Zusicherung); *OVG Hamburg* VerwRspr. 19 Nr. 201; *OVG Münster* NVwZ 1985, 118, 119 (zu einer vor Inkrafttreten des VwVfG abgegebenen Zusicherung); BSGE 14, 104, 106 = NJW 1961, 1646; s. a. auch BVerwGE 53, 182, 185 ff. (wo schon vor Inkrafttreten des VwVfG der Grundsatz des § 38 Abs. 2 auf eine Zusicherung angewendet wird). Zusammenfassend *Dohle* BauR 1976, 395, 398.

[99] S. etwa BVerwGE 3, 199, 203 = NJW 1956, 1250 = BGHZ 23, 36, 51 f. = NJW 1957, 1539; s. a. auch *P. Stelkens* BauR 1978, 158, 165.

[100] *Erfmeyer* DVBl 1999, 1625, 1630; *Wolff/Bachof/Stober/Kluth,* § 53 Rn. 9. S. jedoch auch *Achterberg* DÖV 1971, 397, 398 ff., der die Zusicherung trotz Bezeichnung als Verwaltungsvorakt für einen VA hält.

[101] Dies wird auch zugestanden von: BFHE 159, 114, 117 = NVwZ 1990, 1110; *Menger/Erichsen* VerwArch 59 (1968), S. 167, 169.

ge Selbstverpflichtung der Behörde zu einem späteren Tun oder Unterlassen gegenüber einem bestimmten Erklärungsempfänger zu verstehen (Rn. 2), soll hierdurch also einseitig im Einzelfall ein Anspruch des Begünstigten begründet werden (Rn. 3 ff.), ist nicht ersichtlich, an welchem Tatbestandsmerkmal des § 35 es fehlen soll:

Da durch die Zusage ein Anspruch gegenüber der Behörde begründet werden soll (Rn. 5), liegt insbes. eine **Regelung** vor. Regelungsgegenstand ist die Begründung des Anspruchs.[102] Dies ist der verfügende Teil (§ 35 Rn. 143) der Zusage.[103] Soll kein Anspruch begründet werden, liegt keine Selbstverpflichtung der Behörde und damit keine Zusage vor (Rn. 2, 5). Auch der Umstand, dass der Zusage wegen ihrer Zukunftsgerichtetheit (Rn. 17 ff.) eine gewisse **Vorläufigkeit** innewohnt, spricht nicht gegen das Vorliegen eines VA,[104] wie das Beispiel des vorläufigen VA (§ 35 Rn. 242 ff.) zeigt. 34

Entgegen einer zum **Abgabenrecht** vertretenen Auffassung fehlt es der Zusage auch nicht am **hoheitlichen** Element des VA.[105] Hoheitlich heißt zunächst „einseitig" und ist darüber hinaus Ausdruck der „Andersordnung" von Staat und Bürger, § 35 Rn. 104. Beide Begriffselemente werden von der Zusage erfüllt: Sie ergeht einseitig (Rn. 3) und der Bürger kann entsprechende Selbstverpflichtungen nicht abgeben (Rn. 27). Dass die Zusage **Selbstbindung ohne Fremdbindung** gewährt, so dass es dem Begünstigten freisteht, sich auf die Zusage zu berufen, ist keine Besonderheit der Zusage gegenüber dem VA. Die gegenteilige Auffassung ist eine erkennbar von der abgabenrechtlichen Besonderheit geprägte Sicht, dass Abgabenbescheide nach den §§ 173 ff. AO neben der Festsetzung der Abgabe zugleich die Regelung enthalten, dass ein höherer Betrag nicht geschuldet werde (§ 48 Rn. 123). Außerhalb der AO ist Selbstbindung ohne Fremdbindung nicht außergewöhnlich: Eine ausschließlich selbstverpflichtende Wirkung ist vielen begünstigenden VA zu eigen, ohne dass sie deshalb Zusagen wären, s. Rn. 18. 35

Gegen die Qualifizierung der Zusage als VA spricht auch nicht, dass die **zugesagte Maßnahme nicht** (wie bei der Zusicherung) **zwingend ein VA** sein muss:[106] Es ist zwischen der Regelung der Zusage (der Begründung des Anspruchs) und der zugesagten Maßnahme (dem Tun oder Unterlassen, auf das der Anspruch gerichtet ist) zu unterscheiden.[107] Daher ist eine Zusage auch dann auf **Außenwirkung** gerichtet, wenn sie sich auf ein Verwaltungsinternum bezieht (Rn. 9), da sie auf Begründung eines subjektiv-öffentlichen Rechts gerichtet ist (Rn. 6) und gerade damit der Bereich des „Innenrechts" der Verwaltung verlassen wird, s. § 35 Rn. 146 f. 36

Auch Umstand, dass § 38 Abs. 2 bestimmte für VA geltende Vorschriften für Zusicherungen nur für **entsprechend anwendbar** erklärt, steht der Qualifizierung von Zusicherung (und Zusage) – ausweislich der Entstehungsgeschichte (Rn. 29) – als VA nicht entgegen,[108] zumal der **Verweis lückenhaft ist**, weil **nicht auf § 41 und § 43** verwiesen wird, die jedoch denknotwendige Voraussetzungen für das Eingreifen der § 44, § 48 und § 49 darstellen, s. Rn. 68. Wird die Zusicherung nicht als VA gesehen, bleiben auch die Anforderungen an die **Schriftform** des § 38 Abs. 1 S. 1 offen, so dass es insoweit der (zu begründenden) analogen Anwendung des § 37 Abs. 3 bedarf, s. Rn. 58, 60. Daher ist § 38 Abs. 2 nur als Klarstellung zu verstehen, die insbes. auch deshalb geboten war, weil die Rspr. für die Wirksamkeit der Zusicherung teilweise die Rechtmäßigkeit der zugesicherten Handlung verlangte, s. Rn. 31. Zudem wird hiermit auch die **Rechtsnatur** der **Ablehnung** (s. hierzu auch § 35 Rn. 99 ff.) und der **Aufhebung** der Zusicherung geklärt, die – nicht anders als die Zusicherung – VA sind, s. Rn. 91. Die Ansicht, die Zusicherung sei VA, passt also in das System des VwVfG (§ 35 Rn. 49). 37

Die Qualifizierung nicht nur der Zusicherung, sondern auch der allgemeinen Zusage als VA dürfte wohl auch am ehesten dem Umstand gerecht werden, dass die **Abgrenzung** zwischen allgemeinen **Zusagen** und **(sonstigen) VA** im Einzelfall erhebliche Schwierigkeiten aufwerfen kann, insbes. wenn die zugesagte Handlung ein Realakt oder eine Geldleistung ist, Rn. 18. Die 38

---

[102] *Krebs* VerwArch 69 (1978), S. 85, 89.
[103] Unklar insoweit *Peine,* Rn. 310.
[104] So aber *Wolff/Bachof/Stober/Kluth* I, § 53 Rn. 26.
[105] *Seer,* Verständigungen in Steuerverfahren, 1996, S. 62; *ders.* in Tipke/Kruse, Vor § 204 AO Rn. 36.
[106] So *Mayer* JZ 1964, 677, 678; wohl auch *VG Hannover* NdsVBl 2000, 307 (Zusage auf Abschluss eines ör. Vertrages könne selbst nur ör. Vertrag sein).
[107] *Guckelberger* DÖV 2004, 357, 364; *Rohwer-Kahlmann* DVBl 1962, 622, 624.
[108] *Krebs* VerwArch 69 (1978), S. 85, 89.

Gegenauffassung müsste sich dem kaum lösbaren Problem stellen, wie zu verfahren ist, wenn eine Maßnahme zwar materiell eine Zusage darstellt, jedoch unmissverständlich in VA-Form ergeht.[109] Hier müsste geklärt werden, ob ein solcher VA nur formeller VA oder auch materieller VA ist (vgl. § 35 Rn. 16 f.) und ob den für Zusagen angeblich geltenden Sonderregeln (Rn. 30) der Charakter eines Verbots der Handlungsform VA zukommt, das (nur) zur Rechtswidrigkeit oder auch zur Nichtigkeit des trotz dieses Verbotes erlassenen VA führt, vgl. § 35 Rn. 26.

39 **c) Keine Gründe für fehlenden Verwaltungsaktcharakter:** Führt demnach nach dem Wortlaut des § 35 letztlich kein Weg an der Qualifizierung der Zusage als VA (ggf. in Form der AllgV, Rn. 4) vorbei, ist die sich hieraus ergebende Konsequenz nach allgemeinen Grundsätzen, dass damit entschieden ist, dass (auch) für Zusagen die Rechtsfolgen gelten sollen, die das Gesetz (§ 35 Rn. 3, 30) an das Vorliegen eines VA knüpft. Dem steht nicht bereits entgegen, dass § 38 an Zusagen in Form von Zusicherungen teilweise andere Rechtsfolgen knüpft als an andere als VA zu qualifizierende Maßnahmen: Dem Gesetzgeber steht es frei, an bestimmte VA spezifische Rechtsfolgen zu knüpfen (s. § 35 Rn. 30): Dies zeigte im vorliegenden Zusammenhang auch besonders deutlich § 368 Abs. 1 Nr. 6 AO a. F., der die auf Grundlage der §§ 204 ff. AO abgegebene verbindliche Zusage nach einer Außenprüfung ausdrücklich als VA qualifizierte, obwohl die §§ 204 ff. AO erheblich von den allgemeinen Regeln über VA abweichen.

40 Wird die Zusage vielfach dennoch nicht als VA gewertet (Rn. 29 ff.), erklärt sich dies wohl v. a. aus einem wohl geschichtlich bedingten **Unbehagen,** (formlosen, s. Rn. 57) Zusagen als Sondervorteile gewährende Maßnahmen (Rn. 6) Bindungswirkung ohne Rücksicht auf ihre Rechtmäßigkeit zuzusprechen. Insbes. die **Individualisierungs- und Klarstellungsfunktion** des VA (§ 35 Rn. 31 ff.) soll demnach Zusagen nicht zukommen. Hierbei spielt wohl auch der Gesichtspunkt eine Rolle, dass (außerhalb der Fälle der Zusage zu Lasten Dritter, vgl. Rn. 69, 119 ff.) mangels Verletzung subjektiver Rechte durch eine Zusage eine gerichtliche Kontrolle des „Zusageverhaltens" einer Behörde faktisch ausgeschlossen ist und dass es deshalb als wenig angemessen erscheinen mag, den Erfolg einer Klage auf Erfüllung der Zusage (Rn. 122) nicht von der Rechtmäßigkeit der Zusage abhängig zu machen. Bei der Diskussion über die Rechtsnatur der Zusage dürfte aber auch die Vorbildwirkung der **kommunalrechtlichen Vertretungsvorschriften** (§ 35 Rn. 58, § 57 Rn. 24) und der § 183 Abs. 1 S. 1 BBG, § 2 Abs. 2 BBesG, § 3 Abs. 2 BeamtVG (Rn. 72) eine Rolle spielen, die die wirksame Verpflichtungserklärung eher als Ausnahme denn als Regel sehen. Der Streit um die Rechtsnatur der Zusage ist damit v. a. ein Streit darum, ob dass **Allgemeininteresse** erfordert, die **Behörde** in besonderer Weise **vor sich selbst zu schützen,** wenn sie einseitig einen gegen sich selbst gerichteten Anspruch begründet.

41 § 38 zeigt, dass der Gesetzgeber das in Rn. 40 genannte Unbehagen grundsätzlich nicht teilt. In § 38 wird trotz der Unentschlossenheit des Gesetzgebers, die **Rechtsnatur** der Zusicherung festzulegen (Rn. 29), die **Rechtsfolge** der Zusicherung, nämlich die Selbstverpflichtung der Behörde, einen bestimmten VA zu erlassen, geregelt. Zum Schutz der Behörde wird allerdings ein Formzwang eingeführt (Rn. 54 ff.). Damit konnte dieser Selbstverpflichtung, wie § 38 Abs. 2 und 3 zeigen, im Gegensatz zur Rspr. vor Erlass des VwVfG (Rn. 31), die eine Bindung nur aus dem Grundsatz des **Vertrauensschutzes** abgeleitet hat, eine umfangreichere **Bindungswirkung** beigegeben werden, die der des VA jedenfalls bei gleich bleibender Sach- und Rechtslage kaum noch nachsteht, s. Rn. 68. Allerdings wird der Besonderheit einer auf zukünftige Willenserklärungen gerichteten Bindung (Rn. 17 ff.) durch Abs. 3 Rechnung getragen, ohne dass diese Modifikation dem VA-Charakter widersprechen muss, s. Rn. 39.

42 Einer Bindungswirkung stehen auch **keine zwingende Interessen des Allgemeinwohls** entgegen: Dass die Behörde sich durch VA zu einem zukünftigen (rechtswidrigen) Verhalten verpflichten und sich auf diese Weise ein Verstoß gegen das Prinzip der **Gesetzmäßigkeit der Verwaltung** (§ 44 Rn. 45 ff.) perpetuieren kann, ist ein allgemeines Problem des VA, das sich in ähnlicher Weise insbes. auch bei feststellenden VA, Grundlagenbescheiden und öffentlich bekannt gegebenen AllgV stellt (§ 35 Rn. 32, 220). Die **clausula rebus sic stantibus** des § 38 Abs. 3, die für alle Zusagen gelten soll (s. Rn. 95), ließe sich ohne weiteres auch durch die Bei-

---

[109] Zu einem solchen Fall *BSGE* 19, 247, 249 f.

fügung eines Widerrufsvorbehalts nach § 36 Abs. 2 Nr. 3 (s. § 36 Rn. 78 ff.) nachbilden; s. Rn. 106. Zudem dürfte im Fall des Abs. 3 i. d. R. auch ein (allerdings entschädigungspflichtiger, vgl. Rn. 108) Widerruf nach § 49 Abs. 2 Nr. 3 bis 5 möglich sein.

Es besteht auch keine Gefahr, dass sich die Behörde gleichsam **unbemerkt zu späterem** **43** **Verhalten verpflichtet.** Wie auch sonst kann nicht jede Auskunft, Androhung oder Hinweis (§ 35 Rn. 82 ff.) im Hinblick auf ein zukünftiges Behördenhandeln sogleich als bindende Selbstverpflichtung der Behörde gesehen werden. Dies ist nur dann möglich, wenn sich dies nach **dem objektiven Erklärungswert** der Behördenaussage **unmissverständlich** ergibt,[110] vgl. Rn. 21 f., § 35 Rn. 71 ff. Es besteht auch für Zusagen keine Auslegungsregel dahingehend, dass sich die Behörde im Zweifel verbindlich verpflichten will. Der Gefahr, dass ein behördenintern unzuständiger Bediensteter weit reichende Zusagen abgibt, kann schließlich durch eine entsprechende Einschränkung der **Zeichnungsbefugnis** begegnet werden. Zu den Rechtsfolgen ihrer Missachtung Rn. 65 ff.

3. § 38 als allgemeiner Rechtsgedanke?

a) Analoge Anwendung auf allgemeine Zusagen? Ob § 38 Abs. 1 **innerhalb des An-** **44** **wendungsbereichs des VwVfG** auch auf allgemeine Zusagen analog Anwendung finden kann, ist umstritten. Klarzustellen ist, dass der Gesetzgeber der ausdrücklichen Anregung des DAV,[111] eine Regelung für die Zusage anderer Handlungen als des Erlasses eines VA zu treffen, nicht gefolgt ist. § 38 bezieht sich eben nur auf Zusicherungen.

Klarzustellen ist aber auch, dass angesichts der Selbstbeschränkung des Gesetzgebers, nur die **45** Wirksamkeitsvoraussetzungen der Zusicherung zu regeln, eine **planmäßige Regelungslücke** bezüglich der Wirksamkeitsvoraussetzungen und Bindungswirkung der allgemeinen Zusage besteht, zu deren „Füllung" das VwVfG aber auch keine Vorgaben macht. Es überlässt dies vielmehr der weiteren Entwicklung von Rspr. und Lehre. Damit kann **nicht** angenommen werden, dass das VwVfG die vor seinem Inkrafttreten **herrschende Auffassung** in der Rspr. zur Rechtsnatur und Bindungswirkung von Zusagen bezogen auf allgemeine Zusagen „**versteinern**" wollte, zumal diese auf der schon vor Inkrafttreten des VwVfG bestrittenen Annahme beruht, die Zusage sei kein VA, s. Rn. 31.

Die Analogiefrage kann zudem nur dann sinnvoll beantwortet werden, wenn Klarheit darüber **46** besteht, welche Rechtsfolgen bei Ablehnung der Analogie gelten sollen. Dies hängt davon ab, ob man der (hier vertretenen) Auffassung folgt, auch die allgemeine Zusage sei ein VA (Rn. 33 ff.), oder der traditionellen Auffassung, nach der die Zusage nur „schlichte" ör. Willenserklärung ist (Rn. 29 ff.):

aa) Wird die **allgemeine Zusage als VA angesehen**, bedeutet eine analoge Anwendung **47** des § 38 auf Zusagen, dass ihre Wirksamkeitsvoraussetzungen im Vergleich zu den für sie als VA „an sich" geltenden §§ 43 f. verschärft werden, indem hierfür analog § 38 Abs. 1 S. 1 und Abs. 3 Schriftform (Rn. 54 ff.), Behördenzuständigkeit (Rn. 62) und Nichtänderung der Verhältnisse (Rn. 95) verlangt wird.[112] Rechtfertigen ließe sich dies allenfalls mit der Annahme, die Behörde bedürfe bei Zusagen eines besonderen Schutzes vor sich selbst, was sich jedoch kaum begründen lässt, s. Rn. 40 ff. Angesichts der schwierigen Abgrenzungsprobleme zwischen Geld- und Sachleistungs-VA einerseits und Zusagen andererseits, die auf Geld- oder Sachleistungen gerichtet sind (Rn. 18), sollte vor diesem Hintergrund § 38 allenfalls auf zusicherungsähnliche allgemeine Zusagen (z. B. Zusage auf Abschluss eines ör. Vertrages oder auf eine sonstige zukünftige Ausgestaltung eines bestimmten Rechtsverhältnisses, s. Rn. 7), nicht jedoch auf Zusagen, die auf Vornahme von Realakten oder Geldleistungen gerichtet sind (Rn. 11), analog angewandt werden. Auch auf Realakte/Geldleistungen bezogene Zusagen in den Anwendungsbereich des § 38 mit einzubeziehen, erscheint mit *BVerwG* nur dann als gerechtfertigt, wenn Zusicherungen und allgemeine Zusagen zu einem „Gesamtpaket" geschnürt werden, weil hier der Zusammenhang der Erklärungen dafür spricht, auch die Form und die Rechtsfolgen (insbes. § 38 Abs. 3) einheitlich zu handhaben.[113]

---

[110] *BVerwGE* 102, 81, 84 = NJW 1997, 1248.
[111] S. auch *Redeker* DVBl 1973, 744, 745.
[112] Vgl. *Krebs*, VerwArch 69 (1978), S. 85, 90; a. A. offenbar *Guckelberger* DÖV 2004, 357, 365.
[113] So *BVerwGE* 97, 323, 326 = NJW 1995, 1977; ähnlich *Erfmeyer* DVBl 1999, 1625, 1632.

48 bb) Wird die **allgemeine Zusage „nur" als ör. Willenserklärung angesehen,** wirft demgegenüber die Ablehnung der analogen Anwendung des § 38 die Frage auf, nach welchen Kriterien sich denn dann bestimmen soll, ob und wann die allgemeine Zusage verbindlich ist. Hier wird vielfach auf die Rechtsprechungsgrundsätze verwiesen, die vor Erlass des VwVfG zur Verbindlichkeit von Zusagen und Zusicherungen entwickelt wurden.[114] Bei genauerer Betrachtungsweise – und mit zunehmenden zeitlichen Abstand – sind diese traditionellen Grundsätze jedoch eher konturlos, Rn. 31. Vor dem Hintergrund der traditionellen Auffassung von der Rechtsnatur der Zusage erscheint es daher – auch im Interesse der Rechtssicherheit – als geboten, § 38 auch auf die allgemeine Zusicherung analog anzuwenden, wie dies auch vermehrt in der **Rspr.** (eben vor dem Hintergrund der Annahme, die Zusage sei kein VA) vertreten wird.[115]

49 b) **Analoge Anwendung im (Kommunal-)Abgabenrecht?** Soweit Zusicherungen und Zusagen im Anwendungsbereich der AO und der KAG erlassen werden, stellt sich die Frage, ob § 38 (und der entsprechende § 34 SGB X) – ähnlich wie § 35 (dort Rn. 12) und § 36 (dort Rn. 4) – einen allgemeinen Rechtsgedanken normiert, ob insoweit also § 38 für Zusicherungen und ggf. auch für allgemeine Zusagen (Rn. 44 ff.) entsprechend anzuwenden ist. Denn im Anwendungsbereich der AO sind Zusagen nur für die Sonderfälle der § 89 Abs. 2, §§ 204 ff. AO, § 42e EStG, § 12 ZK (Rn. 127) ausdrücklich geregelt. Werden Zusage und Zusicherung als VA angesehen (Rn. 32 ff.), stellt sich auch hier die Frage nur unter dem Gesichtspunkt der Einschränkung der allgemeinen für VA geltenden Wirksamkeitsregeln, vgl. Rn. 47.

50 Zunächst sollte die Frage der entsprechenden Anwendbarkeit des § 38 im Anwendungsbereich der AO nicht mit der Frage vermengt werden, ob im Abgabenrecht Zusagen und Zusicherungen zulässig sind. Die Frage der **Wirksamkeit** der Zusage ist **von** der Frage ihrer **Rechtmäßigkeit zu unterscheiden.** Entgegen *BFH*[116] steht damit einer analogen Anwendung des § 38 im Anwendungsbereich der AO nicht bereits entgegen, dass die Festsetzung von Steuern nur durch die besondere VA-Form Steuerbescheid (§ 155 Abs. 1 S. 1 AO) erfolgen könne und die AO abschließend regele, wie der Steuerbescheid durch andere Hoheitsmaßnahmen beeinflusst werden könne. Hieraus folgt entgegen *BFH* (Rn. 30) nicht, dass Zusagen nur deshalb keine VA seien, weil sie in der AO nicht vorgesehen sind.[117] Die Überlegungen des *BFH* ständen i. Ü. auch einer Bindung an finanzbehördliche Zusagen nach Vertrauensschutzgrundsätzen entgegen, die der *BFH* aber zulässt, s. Rn. 30. Näher als eine analoge Anwendung des § 38 dürfte im Anwendungsbereich der AO jedoch eine **analoge Anwendung der §§ 204 ff. AO** auch auf die allgemeine steuerrechtliche Zusage liegen.[118]

51 Auch für das **Kommunalabgabenrecht** stellt sich die Frage der entsprechenden Anwendbarkeit des § 38.[119] Insoweit ist zu differenzieren: Nur im Anwendungsbereich des KAG kann sich die Frage nach einer Verdrängung des § 38 stellen, vgl. § 2 Rn. 61. Soweit das KAG den Tatbestand erfasst, ist zu unterscheiden, ob die Verweisungen des KAG auf die AO eine **Lücke** für die entsprechende Anwendbarkeit des § 38 lassen (dazu § 2 Rn. 63 ff.). Wird auf die AO als

---

[114] *BVerwG* NJW 1988, 783; NVwZ-RR 1993, 643 f.; *OVG Bautzen* SächsVBl 2001, 142, 144 f.; *VGH Mannheim* NVwZ 1990, 892; VBlBW 1996, 14, 16; *Guckelberger* DÖV 2004, 357, 365; *Erfmeyer* DVBl 1999, 1625, 1631; *Erichsen* Jura 1991, 109, 111; *Henneke* in Knack, § 38 Rn. 35; *Lange* WiVerw 1979, 15, 31; *Liebetanz* in Obermayer, VwVfG, § 38 Rn. 12; *Palauro*, Haftungsrelevante Probleme der allgemeinen verwaltungsrechtlichen Zusage, Diss. 1983, S. 108 ff., 121 ff., 134 ff., 140 ff.; *Peine*, Rn. 310; *Schwarz* in Fehling u. a., § 38 VwVfG Rn. 3.

[115] *BVerwGE* 97, 323, 326 = NJW 1995, 1977, 1979 (jedenfalls, wenn Zusage in Zusammenhang mit Zusicherung steht); *OVG Bautzen* SächsVBl 2000, 9, 10 (Anwendung des Schriftformerfordernisses); *OVG Magdeburg* LKV 1997, 175, 177 (für § 38 Abs. 2 i. V. m. § 48 Abs. 3, sofern sich eine entsprechende Anwendung anbiete); *VGH Mannheim* NVwZ 1991, 79, 80 (für Zusage auf Kostenübernahme); NVwZ 2000, 1304, 1305 (für Zusage auf Abschluss eines ör. Vertrages); *OVG Münster* NWVBl 1995, 294, 297 (für Schriftform, i. E. offengelassen); *VG Braunschweig* NVwZ-RR 2002, 307 f. (für Zusage, einen Scheck nicht einzulösen); *Krebs* VerwArch 69 (1978), S. 85, 91; *Maiwald* BayVBl 1977, 449, 452; *Maurer*, § 9 Rn. 61; *Meyer/Borgs*, § 38 Rn. 36; *Robbers* DÖV 1987, 272, 275; *Schmid* KStZ 1984, 61, 63.

[116] BFHE 159, 114, 117.

[117] Wie hier *FG Brandenburg* EFG 1996, 403, 404; *Schick* in Hübschmann/Hepp/Spitaler, Vor § 204 AO Rn. 44; Zweifel nun auch bei *BFHE* 193, 494 = NVwZ 2001, 1079, 1080.

[118] So *FG Düsseldorf* EFG 1981, 166, 168; *FG Bremen* EFG 1992, 710, 711; *v. Bomhard*, Auskunft und Zusage im Steuerrecht, 1988, S. 167 ff.; *Hufeld*, Vertretung der Behörde, 2003, S. 141 f.; *Sangmeister* DStZ 1987, 235, 237 ff.; *Seer*, Verständigungen in Steuerverfahren, 1996, S. 461 ff.; *ders.*, in Tipke/Kruse, Vor § 204 AO Rn. 42. In diese Richtung auch *BFHE* 180, 316, 323 f.

[119] Bejahend etwa *Allesch* DÖV 1990, 270, 277; *Schmidt* KStZ 1984, 61, 63.

geschlossene Verfahrensordnung verwiesen, ist § 38 unanwendbar (§ 2 Rn. 64); dementspr. dürfte hier – wie im unmittelbaren Anwendungsbereich der AO (Rn. 50) – für Zusagen eher auf den Rechtsgedanken der §§ 204ff. AO zurückzugreifen sein als auf den in § 38 normierten Rechtsgedanken, vgl. § 2 Rn. 67. Wird nur auf einzelne Bestimmungen der AO verwiesen, ohne i. Ü. das VwVfG zu verdrängen, ist § 38 unmittelbar anwendbar,[120] vgl. § 2 Rn. 65.

c) **Analoge Anwendung auf vertragliche Zusicherungen und Zusagen?:** Verpflichtet sich die Behörde vertraglich zu einem späteren Tun oder Unterlassen, handelt es sich mangels Einseitigkeit nicht um eine Zusage oder Zusicherung, so dass schon deshalb § 38 nicht unmittelbar anwendbar ist, s. Rn. 3. Vielmehr **gelten** für solche Verpflichtungen – **entgegen** einer teilweise in der **Rspr.** vertretenen Auffassung[121] – insbes. hinsichtlich der Form, des Verfahrens und ihrer Wirksamkeitsvoraussetzungen **ausschließlich die §§ 54ff.** Hinsichtlich der Schriftform macht dies wegen § 57 keinen Unterschied. Jedoch ist eine von einer **unzuständigen Behörde** geschlossene vertragliche Zusage nicht wie bei § 38 Abs. 1 S. 1 unwirksam (vgl. Rn. 62), sondern nur unter den Voraussetzungen des § 59 nichtig (vgl. § 59 Rn. 44ff.), zumeist jedoch wegen subjektiver Unmöglichkeit unerfüllbar (§ 62 S. 2 i. V. m. § 275 BGB).[122] Auch wird weder der (als Wirksamkeitsvoraussetzung ausgestaltete) **§ 58 Abs. 2** durch den (als Rechtmäßigkeitsvoraussetzung ausgestalteten, Rn. 75) **§ 38 Abs. 1 S. 2** noch die (in jedem Fall ein Tätigwerden der Behörde voraussetzende, vgl. § 60 Rn. 23a, 25b) Vertragsanpassungs-/Kündigungsregelung des **§ 60** durch die „ispso-iure"-Unwirksamkeitsregelung (Rn. 106) des **§ 38 Abs. 3** ersetzt.[123] 52

Dass dies dazu führt, dass vertragliche Zusicherungen im Fall des § 58 Abs. 2 eine schwächere, im Fall des § 60 eine stärkere Bindungswirkung entfalten als Zusicherungen in den Fällen des § 38 Abs. 1 S. 2 und Abs. 3, **rechtfertigt keine analoge Anwendung des § 38** auf vertragliche Zusagen:[124] Denn das VwVfG und die gesamte Rechtsordnung geht davon aus, dass die Verwaltung – soweit nichts anderes bestimmt ist – denselben Sachverhalt unter Einsatz verschiedener Handlungsformen regeln kann, auch wenn sich diese hinsichtlich ihrer Wirksamkeitsvoraussetzungen und Fehlerfolgen unterscheiden, ohne dass hierin ein Verstoß gegen Art. 3 Abs. 1 GG gesehen wird, s. § 35 Rn. 3. Daher werden bei Nichtanwendung des § 38 auf vertragliche Zusicherungen die für Zusicherungen geltenden Regelungen nicht vertraglich „umgangen", sondern es wird ein von § 54 S. 2 vorausgesetztes Handlungsformenwahlrecht in Anspruch genommen: § 54 S. 2 gestattet ganz allgemein, das für VA geltende Regelungsprogramm der §§ 35ff. durch Vertragsschluss durch das Regelungsprogramm der §§ 54ff. zu „ersetzen". Dies ist im Verhältnis zwischen Zusicherungen und ör. Verträgen nicht anders. 53

II. Wirksamkeitsvoraussetzungen für Zusicherungen i. S. d. § 38

1. Schriftform

a) **Schriftform als Wirksamkeitsvoraussetzung:** Im bewussten Gegensatz zur vor Erlass des VwVfG geltenden Rechtslage (vgl. Rn. 31) ist zum **Schutz der Behörde** für Zusicherungen das Schriftformerfordernis aufgestellt worden.[125] Redewendungen des zuständigen Sachbearbeiters wie „die Sache geht in Ordnung"[126] sollten nicht mehr binden können. Zugleich hat die Schriftform – für die Praxis von besonderer Bedeutung – **Beweisfunktion.**[127] Damit dient 54

---

[120] Für Bayern *Fischer* BayVBl 1984, 389, 394; für NRW: *OVG Münster* NVwZ-RR 2002, 296, 297.
[121] *OVG Greifswald* NJW 2003, 3146, 3147f.; *VGH Mannheim* NVwZ-RR 1999, 636, 637; dieser Rspr. „tendenziell" zustimmend *Guckelberger* DÖV 2004, 357, 363f.; ähnlich bereits für vor Inkrafttreten des VwVfG getroffene Zusagevereinbarungen: *BVerwGE* 49, 359 = NJW 1976, 686; *BVerwGE* 52, 303, 330ff., = NJW 1980, 1327, 1328f.
[122] Für analoge Anwendung demgegenüber *Guckelberger* DÖV 2004, 357, 364.
[123] Für § 58 Abs. 2 wie hier: *BVerwG* NJW 1988, 662, 663; *OVG Lüneburg* NVwZ 2000, 1309; *VGH München* BayVBl 1989, 689, 691; a. A. offenbar *OVG Greifswald* NJW 2003, 3136, 3148; für § 60 wie hier *BVerwG* NVwZ-RR 1993, 643f.; *Guckelberger* DÖV 2004, 357, 364; a. A. *OVG Greifswald* NJW 2003, 3146, 3148f.; *VGH Mannheim* NVwZ-RR 1999, 636, 637.
[124] A. A. *OVG Greifswald* NJW 2003, 3146, 3147f.; *VGH Mannheim* NVwZ-RR 1999, 636, 637; *Guckelberger* DÖV 2004, 357, 363f.
[125] Begründung zu § 34 Abs. 1 Entwurf 73.
[126] *BVerwG* NJW 1955, 805 (insoweit in BVerwGE 1, 254 nicht abgedruckt).
[127] *Guckelberger* DÖV 357, 360; *Schwarz* JZ 2004, 79, 83.

die Schriftform auch der **Rechtssicherheit**. Um klarzustellen, dass nur schriftliche Zusicherungen wirksam sind, sind auf Vorschlag des Bundesrates[128] in § 38 Abs. 2 vor dem Hinweis auf § 44 die Worte „unbeschadet des Absatzes 1 Satz 1" aufgenommen worden, vgl. aber auch § 37 Rn. 55, § 44 Rn. 135.

55 Nicht schriftlich erlassene Zusicherungen sind damit (unheilbar) unwirksam.[129] Nur (formell) rechtswidrig sind demgegenüber Zusicherungen, die zwar schriftlich erlassen wurden, jedoch nicht den für Zusicherungen geltenden Schriftformanforderungen (Rn. 57 f.) entsprechen,[130] s. zur Unterscheidung § 37 Rn. 46, 106. Eine – in der Praxis häufige – **schriftliche Bestätigung des Adressaten** einer mündlichen Zusicherung genügt nicht. **Bestätigt die Behörde** dagegen schriftlich ihre zuvor gegebene mündliche Zusicherung, kann dies i. d. R. als wirksame Zusicherung ausgelegt werden.[131]

56 Die Schutz- und Beweisfunktion der Schriftform (Rn. 54) gebietet auch, bei der Annahme, ein schriftlicher Bescheid oder sonstiges Behördenschreiben enthalte neben seiner eigentlichen Regelung/Aussage zugleich implizit die Zusicherung, einen (weiteren) VA zu erlassen, sehr zurückhaltend zu sein.[132] **Konkludente Zusicherungen** in diesem Sinne sind allenfalls möglich, wenn der – ggf. nur aus den Umständen unzweifelhaft erschließbare **Selbstbindungswille**, vgl. Rn. 21 f. – **in dem Schriftstück** zumindest **andeutungsweise Ausdruck** gefunden hat.[133]

57 Soweit § 38 nicht unmittelbar anwendbar ist (Rn. 44 ff.), ist umstr., ob Zusagen für ihre Wirksamkeit der Schriftform bedürfen. Im **Anwendungsbereich der AO** geht *BFH* hiervon nicht aus (Rn. 30), während für **allgemeine Zusagen** insoweit vermehrt eine Analogie zu § 38 Abs. 1 S. 1 für geboten gehalten wird.[134] Dem entspricht, dass für die Wirksamkeit fachrechtlich geregelter Zusagen i. d. R. Schriftform gefordert wird (vgl. § 205 Abs. 1 AO [Rn. 50], Art. 12 i. V. m. Art. 6 Abs. 2 S. 2 ZK [Rn. 127]). Weigert sich die Behörde, die Zusage schriftlich abzugeben, dürften ohnehin Zweifel an ihrem Bindungswillen (Rn. 21 ff.) bestehen.[135] Zur Form der Ablehnung einer Zusicherung s. Rn. 116.

58 **b) Anforderungen an die Schriftform:** Wird die Zusicherung als VA verstanden (Rn. 33 ff.) ergeben sich die **Anforderungen an die Schriftform** unmittelbar aus § 37 **Abs. 3 S. 1,**[136] im kaum vorstellbaren Fall von „mit Hilfe automatischer Einrichtungen" erlassener Zusicherungen (vgl. § 37 Rn. 67 ff.) auch aus § 37 Abs. 5 (s. a. § 37 Rn. 130 ff.). Soweit die Zusicherung nicht als VA angesehen wird (Rn. 29), wird ebenfalls hinsichtlich der Schriftformerfordernisse auf § 37 (nicht auf § 125 BGB) zurückgegriffen, weil die Zusicherung auf Erlass eines VA gerichtet sei.[137] Zu Einzelheiten der Schriftformanforderungen nach § 37 s. dort Rn. 94 ff. Stellt der zugesicherte VA **erhöhte Anforderungen** an die Form, z. B. Aushändigung einer Urkunde (§ 37 Rn. 54), gelten diese – entsprechend der früheren Rspr. (Rn. 30) – *nicht* für die Zusicherung.[138] Die Schutzfunktion für die Behörde (Rn. 54) wird durch die Schriftlichkeit des § 38 Abs. 1 gewahrt.

59 Werden Zusicherungen zur **gerichtlichen Niederschrift** gegeben, ist die Form gewahrt, wenn sich aus der Niederschrift – wie i. d. R. (§ 105 VwGO i. V. m. § 160 ZPO) – die Behörde

---

[128] BR-Stellungnahme zu § 34 Abs. 2 Entwurf 73.
[129] *OVG Bautzen* SächsVBl 2001, 142, 146; *VGH Kassel* NVwZ 2000, 92, 97; *VGH Mannheim* VBlBW 1996, 14, 17; *VGH München* NuR 1988, 39, 40; NVwZ 2004, 754, 755; *OVG Münster* NWVBl 1996, 222, 223; *Henneke* in Knack, § 38 Rn. 19; *Kopp/Ramsauer*, § 38 Rn. 17; für Rückkehr zur Mündlichkeit de lege ferenda *Grosser* SGb 1994, 610, dem aber wegen der bewährten Funktionen der Schriftlichkeit zu widersprechen ist.
[130] A. A. offenbar *VGH München* BayVBl. 2007, 499.
[131] *VGH Mannheim* NVwZ-RR 1995, 506, 507.
[132] Großzügiger wohl *Kloepfer/Lenski* NVwZ 2006, 501, 502.
[133] *OVG Berlin* JZ 2005, 672, 673 (entgegen *OVG Berlin* DVBl 2003, 1333, 1334 f.); *Möllers* JZ 2005, 677; *Pietzcker* DVBl 2003, 1339, 1340; *Schwarz* JZ 2004, 79, 83.
[134] *OVG Bautzen* SächsVBl 2000, 9, 10; *OVG Münster* NWVBl 1995, 294, 297 (i. E. offengelassen); wohl auch *VG Braunschweig* NVwZ-RR 2007, 324, 326; ablehnend *Erichsen* Jura 1991, 109, 111; *Henneke* in Knack, § 38 Rn. 35.
[135] *P. Stelkens*, VwVf, Rn. 411.
[136] *Guckelberger* DÖV 2004, 357, 360.
[137] Vgl. BVerwGE 97, 323, 327 = NJW 1995, 1977 f.; BVerwG NVwZ 2003, 997; *Wolff/Bachof/Stober/Kluth* I, § 53 Rn. 18.
[138] *Guckelberger* DÖV 2004, 357, 360; *Henneke* in Knack, § 38 Rn. 13.

und die Namenswiedergabe des Bediensteten ergeben,[139] s. § 37 Rn. 60. Weitere Voraussetzung ist, dass die Niederschrift dem Empfänger auch zugeht, da nur dann eine Bekanntgabe erfolgt, § 37 Rn. 60. Ohne Protokollierung ist eine Zusicherung mangels Schriftform unwirksam.[140] Zur Frage des Bindungswillens bei im Rahmen eines Prozesses abgegebenen Erklärungen, s. Rn. 25.

c) **Ersetzung durch elektronische Form:** Seit dem 3. VwVfÄndG (Einl. Rn. 44, § 1 Rn. 277, Vor § 3 a) gilt auch für Zusicherungen, dass die von § 38 Abs. 1 S. 1 angeordnete Schriftform nach Maßgabe des § 3a Abs. 2 durch eine elektronische Form ersetzt werden kann,[141] s. § 3a Rn. 45. Dass auch die zusätzlichen Anforderungen des § 37 Abs. 3 S. 2 gelten (§ 37 Rn. 124), ist nur selbstverständlich, wenn die Zusicherung als VA angesehen wird. Bedauerlicherweise hat das 3. VwVfÄndG insoweit eine Klarstellung versäumt.[142] Schon aus § 3a Abs. 2 S. 2 ergibt sich jedoch, dass eine einfache E-Mail ohne qualifizierte elektronische Signatur die Schriftform nicht ersetzen kann, eine solche „Zusicherung" also unwirksam ist,[143] s. a. § 3a Rn. 20. **60**

d) **Besonderheiten bei (kommunalen) Verpflichtungserklärungen:** Da Zusicherungen vielfach nicht zu den „Geschäften der laufenden Verwaltung" gehören (Rn. 6, 40, 67),[144] greifen für sie oft die besonderen **(Schrift-)Formanforderungen**, die für **(kommunale) Verpflichtungserklärungen** gelten, was in gewisser Weise wohl auch prägend für die Auffassung ist, Zusicherungen und Zusagen seien keine VA, vgl. Rn. 40. Hierbei handelt es sich jedoch – auch im ör. Rechtskreis, str. – um Regeln über die Vertretung der Behörde und damit um organisationsrechtliche Bestimmungen, die die Zurechenbarkeit einer Erklärung zu der Behörde (Rn. 65 ff.) und keine „eigentlichen" Formanforderungen betreffen, näher § 35 Rn. 58. Deshalb erfasst § 3a Abs. 2 diese „Vertretungsformerfordernisse" auch nicht, näher § 37 Rn. 56. **61**

2. Zuständige Behörde

Wie sich aus den Worten „unbeschadet des Abs. 1 S. 1" in § 38 Abs. 2 ergibt (vgl. Rn. 54) ist Wirksamkeitsvoraussetzung der Zusicherung ebenfalls, dass sie von der **sachlich und örtlich zuständigen Behörde** abgegeben wird.[145] Auch insoweit geht § 38 über § 44, insbes. dessen Abs. 2 Nr. 3 hinaus. Die Zuständigkeit beurteilt sich nach der für den zugesagten VA (s. § 38 S. 2 für Beteiligungsrechte). Ebenso muss die Behörde **instanziell** zuständig sein (§ 3 Rn. 8 § 44 Rn. 175), und zwar auch innerhalb der gebundenen Verwaltung,[146] es sei denn, es bestehe ein **Selbsteintrittsrecht** (§ 35 Rn. 179). Die **Weisung** an die nachgeordnete Behörde, eine Zusicherung zu erteilen, ist möglich, ist aber noch nicht die Zusicherung selbst, § 35 Rn. 178. **62**

Setzt sich eine Behörde, die nach der maßgeblichen Organisationsverfassung des Behördenträgers im Verhältnis nach außen zu seiner alleinigen Vertretung berechtigt, jedoch **intern an die Beschlüsse eines anderen Organs gebunden ist,** über diese Bindung hinweg, hat dennoch im insoweit allein maßgeblichen Außenverhältnis die zuständige Behörde gehandelt.[147] Bedeutung kommt dem v. a. im **Kommunalrecht** zu, soweit der Bürgermeister bei den dem Gemeinderat vorbehaltenen Aufgaben dessen Willen im Außenverhältnis nur umzusetzen hat. Wenn der Bürgermeister diese Bindung missachtet oder verkennt, liegt dementspr. dennoch eine wirksame Zusicherung vor,[148] die jedoch in entsprechender Anwendung des § 38 Abs. 1 S. 2 rechtswidrig ist: Wenn bereits Zusicherungen rechtswidrig sind, die „nur" unter Verstoß gegen Mitwirkungsrechte (zum Begriff Rn. 79) ergangen sind, muss dies „erst recht" für solche **63**

---

[139] BVerwGE 97, 323, 327 = NJW 1995, 1977 f.; BVerwG NVwZ 2003, 997.
[140] A. A. ohne Begr. VGH München DÖV 1987, 874.
[141] Schlatmann LKV 2002, 490, 492; Schmitz/Schlatmann NVwZ 2002, 1281, 1289.
[142] Sie ist für entbehrlich gehalten worden: Rosenbach DVBl 2001, 332, 334.
[143] OVG Lüneburg NVwZ 2005, 470.
[144] Vgl. z. B. VG Mainz NVwZ-RR 2006, 174, 175; BGH NVwZ 2001, 709 ff.; für ein Gegenbeispiel OVG Münster NVwZ-RR 2002, 296, 297.
[145] Begründung zu § 34 Entwurf 73 unter Berufung auf die gefestigte frühere Rspr.; a. A. VGH München BayVBl 1989, 689, 692.
[146] Niedermaier BayVBl 1965, 403; Palauro, Haftungsrelevante Probleme des allgemeinen verwaltungsrechtlichen Zusage, Diss. 1983, S. 62.
[147] VG Mainz NVwZ-RR 2006, 274, 275.
[148] Vgl. VGH Mannheim NVwZ 1990, 892, 893 (für allgemeine Zusage); Erichsen Jura 1991, 109, 111; Henneke in Knack, § 38 Rn. 12; Liebetanz in Obermayer, VwVfG, § 38 Rn. 23; Kopp/Ramsauer, § 38 Rn. 19.

Zusicherungen gelten, bei denen die Regeln über die verwaltungsträgerinterne Willensbildung missachtet wurden.[149]

64 Der Gesetzgeber ist bei der Ausgestaltung der Organisationsverfassung einer juristischen Person des öffentlichen Rechts jedoch nicht an das Modell der Rn. 63 gebunden. Es ist auch möglich, dass eine Behörde (z. B. der Bürgermeister) nur dann ihren Rechtsträger (Gemeinde) wirksam verpflichten kann, wenn sie den Beschlüssen des für die interne Willensbildung zuständigen Organs (z. B. dem Gemeinderat) konform handelt. So wird teilweise das **bayerische Kommunalverfassungsrecht** verstanden.[150] Hier kann dann die interne Bindung auch auf die externe Zuständigkeit „durchschlagen", so dass bei Missachtung dieser Bindungen die unzuständige Behörde handelt.[151] Eine unter Missachtung dieser Bindungen erteilte Zusicherung ist dann unwirksam.[152]

3. Zurechenbarkeit zur zuständigen Behörde (Beachtung behördeninterner Zuständigkeit)

65 Da eine Zusicherung nach § 38 Abs. 1 S. 1 definitionsgemäß „**von der Behörde**" erklärt werden muss, stellt sich auch hier – wie bei jeder anderen behördlichen Willenserklärung – die Frage, wann die von einem Menschen für die Behörde abgegebene Erklärung dieser zugerechnet werden kann. Hierzu sagt § 38 (ebenso wie § 35) nichts, insbes. kann aus den Worten „zuständige Behörde" nicht geschlossen werden, jeder Behördenbedienstete sei im Außenverhältnis fähig, für „seine" Behörde verbindliche Zusicherungen abzugeben.[153] Vielmehr sind insoweit allein die in § 35 Rn. 53 ff. dargestellten **verwaltungsorganisationsrechtlichen Grundsätze über die Vertretung der Behörde** maßgeblich, die bestimmen, unter welchen Voraussetzungen ein Behördenbediensteter die Fähigkeit (Vertretungsmacht) hat, „seine" Behörde wirksam zu verpflichten. Rechtlich stellt sich bei Zusicherungen das Vertretungsproblem damit nicht anders als bei „normalen" VA und sonstigen ör. oder privatrechtlichen Willenserklärungen, § 35 Rn. 53. Dies bedeutet nach ständiger Rspr. insbes., dass eine Willenserklärung (und damit auch eine Zusicherung) i. d. R. nur dann einer Behörde zuzurechnen ist, wenn sie entweder vom Behördenleiter oder seinem gesetzlichen Vertreter (Organwalter i. e. S.) abgegeben wird oder durch einen Behördenbediensteten, der über eine entsprechende **Zeichnungsbefugnis** verfügt, wobei *BVerwG* aus Verkehrsschutzgründen annimmt, eine tatsächlich erteilte Zeichnungsbefugnis decke alle Erklärungen des Bediensteten, die seiner **Stellung und Rangstufe in der Behörde** entsprechen, ausführlich zum Ganzen § 35 Rn. 54 bis 57.

66 Dementspr. ist es keine Abweichung von allgemeinen Grundsätzen, wenn *BFH*[154] annimmt, dass auch Zusagen nur wirksam abgegeben werden, wenn die Grenzen der Zeichnungsbefugnis beachtet werden.[155] Wurde eine Zusicherung von einem Behördenbediensteten ohne entsprechende Zeichnungsbefugnis erklärt, kann diese der Behörde nicht zugerechnet werden, es handelt sich um eine „Schein-Zusicherung". Näher zu deren Rechtsfolgen und „Heilungsmöglichkeiten". s. § 35 Rn. 63.

67 Da es sich nun bei Zusicherungen und Zusagen i. d. R. um eher „ungewöhnliche" Maßnahmen handelt, die vielfach nicht zu den „Geschäften der laufenden Verwaltung" gehören (Rn. 6, 40, 61), stellt sich die Vertretungsfrage gerade bei ihnen auch vergleichsweise häufig; denn es ist

---

[149] In diese Richtung (jeweils für VA) *OVG Koblenz* MittBayNot 2006, 450 ff.; *VGH München* NVwZ-RR 2003, 771, 772.
[150] Grundlegend *BayObLGZ* 1952, 271, 272 ff.; ferner *BayObLG* NJW-RR 1986, 1080; NVwZ-RR 1998, 510, 512 m. w. N.; offengelassen bei *BGH* NJW 1980, 115; a. A. wohl *VGH München* BayVBl. 1994, 51, 52; NVwZ-RR 2003, 771, 772.
[151] S. zum Ganzen *U. Stelkens*, Verwaltungsprivatrecht, 2005, S. 206 f.
[152] So *BVerwG* NVwZ 1987, 46, 47 (das hinsichtlich der Auslegung des Landeskommunalrechts durch die Instanzgerichte gebunden war); hiergegen (unter Verkennung der besonderen Entscheidungssituation): *Erichsen* Jura 1991, 109, 111; *Henneke* in Knack, § 38 Rn. 12; *Kopp/Ramsauer*, § 38 Rn. 19.
[153] Wie hier *Liebetanz* in Obermayer, VwVfG, § 35 Rn. 22; *Schwarz* in Fehling u. a., § 38 VwVfG Rn. 27; im Ergebnis auch *Guckelberger* DÖV 2004, 357, 360; **a. A.** *Henneke* in Knack, § 38 Rn. 12; *Hufeld*, Vertretung der Behörde, 2003, S. 143 f.; *Kopp/Ramsauer*, § 38 Rn. 18; *Maiwald* BayVBl 1977, 449, 450.
[154] Vgl. BFHE 73, 813, 819 = NJW 1962, 310; BFHE 76, 64, 68 = NJW 1963, 559; BFHE 89, 381, 383; 117, 195, 198; *BFH/NV* 1998, 808, 809 und 1221, 1222.
[155] A. A. *Hufeld*, Vertretung der Behörde, 2003, S. 139 ff. (der aber ein anderes Modell der Behördenvertretung favorisiert, vgl. § 35 Rn. 55, 62); wohl auch *Ziekow*, VwVfG, § 38 Rn. 6).

oft eine Beschränkung der Zeichnungsbefugnis auf „höherrangige" Behördenbedienstete vorgesehen. Auch ist z. B. nicht ohne weiteres anzunehmen, dass die Zeichnungsbefugnis des Leiters des Liegenschaftsamts so weit reicht, dass er auch eine für das Bauamt verbindliche Zusicherung abgeben kann, s. § 35 Rn. 57.

4. Bekanntgabe (§§ 41, 43) und fehlende Nichtigkeit i. S. d. § 44

§ 38 Abs. 2 stellt durch den Verweis auf § 44 (unvollkommen) klar, dass die „schlichte" inhaltliche Rechtswidrigkeit der Zusicherung – im Gegensatz zur vor Erlass des VwVfG herrschenden, jedoch nicht unumstrittenen Meinung, s. Rn. 31 – nicht zur Unwirksamkeit der Zusicherung führt.[156] Dabei ist der **Verweis in § 38 Abs. 2 nicht abschließend.** Die Vorschrift sollte nur der Klarstellung dienen, ohne eine Weiterentwicklung auszuschließen, s. Rn. 37. Verstünde man § 38 Abs. 2 als abschließende Regelung, müsste sie letztlich zu einem Anwendungsverbot führen, für das kein Grund besteht. Auch wenn die Zusicherung nicht als VA angesehen wird (Rn. 29 ff.), müssen demnach über die in § 38 Abs. 2 genannten Vorschriften hinaus zumindest die für VA geltenden Regelungen auch auf Zusicherungen angewandt werden, deren Geltung von den im Verweisungskatalog des § 38 Abs. 2 genannten Vorschriften vorausgesetzt werden. Dies betrifft insbes. **§ 43 Abs. 1 bis 3.** Damit bleibt auch eine rechtswidrige Zusicherung grundsätzlich so lange wirksam, bis sie aufgehoben (Rn. 90 ff.) wird.[157] Hierdurch wird auch die Anfechtung der Zusicherungserklärung nach §§ 119 ff. BGB ausgeschlossen.[158] 68

Da § 43 Abs. 1 wiederum auf § 41 aufbaut, ist Wirksamkeitsvoraussetzung einer Zusicherung außerdem, dass sie dem Begünstigten nach **§ 41** ordnungsgemäß **bekannt gegeben** wird. Hieran fehlt es etwa, wenn ihm ohne Bekanntgabewille der Entwurf einer Zusicherung gezeigt wird,[159] s. § 41 Rn. 55. Sollen **Drittbetroffene** (§ 38 Abs. 1 S. 2, vgl. Rn. 77, 119 ff.) an die Zusicherung gebunden werden, muss diese auch ihnen bekannt gegeben werden.[160] Andernfalls ist sie ihnen gegenüber unwirksam, so dass der Drittbetroffene den auf die Zusicherung hin erlassenen VA anfechten kann, ohne dass dem die Zusicherung entgegengehalten werden kann (Rn. 76), soweit ihnen nicht ausnahmsweise verwehrt ist, sich auf die fehlende Bekanntgabe zu berufen,[161] s. § 41 Rn. 230. Die Wirksamkeit der Zusicherung im Verhältnis zwischen Behörde und Zusicherungsempfänger bleibt hiervon – bei Erfüllung der Voraussetzungen des § 38 im Übrigen – grundsätzlich unberührt. Auf die mangelnde Durchsetzbarkeit der Zusicherung gegenüber dem nicht eingebundenen Dritten kann die Behörde – ggf. gegen Vertrauensentschädigung – durch Rücknahme oder Widerruf reagieren,[162] s. Rn. 90 f. 69

§ 38 Abs. 2 verweist jedoch auf § 44. Dass Zusicherungen an einem **schweren offenkundigen Fehler i. S. d. § 44 Abs. 1** leiden, der nicht bereits nach § 38 Abs. 1 S. 1 zur Unwirksamkeit führt (Rn. 54 ff.), und die Zusicherung dennoch mit Rechtsbindungswillen erklärt wird (Rn. 21 f.), erscheint allerdings als kaum vorstellbar. Jedoch kann Nichtigkeit nach **§ 44 Abs. 2 Nr. 1** und 2 (Formfehler) vorliegen, wenn zwar die Schriftform, nicht aber die gesetzlichen Schriftformanforderungen an die Zusicherung beachtet wurden, vgl. Rn. 55. Gegenüber **§ 44 Abs. 2 Nr. 3** (Missachtung örtlicher Zuständigkeit) geht bei Zusicherungen § 38 Abs. 1 S. 1 vor, s. Rn. 62. Die nach **§ 44 Abs. 2 Nr. 4** zur Nichtigkeit führende **tatsächliche Unmöglichkeit** kann sich auf die Verpflichtung der Behörde zum Erlass oder zum Unterlassen des zugesicherten VA[163] oder auf den VA selbst (§ 44 Rn. 143) beziehen. Gleiches gilt für die **rechtliche Unmöglichkeit,** die jedoch nur nach § 44 Abs. 1 zur Nichtigkeit führt, § 44 Rn. 146. Zu § 44 **Abs. 3 Nr. 3** und 4 (fehlende Mitwirkung von Ausschüssen und Behörden) s. Rn. 74 ff. 70

---

[156] So jetzt deutlich *BVerwG* NVwZ-RR 2007, 456, 457 f.
[157] *OVG Lüneburg* NJW 1988, 2126; *VGH Mannheim* NVwZ-RR 1995, 506, 507; *BSG* NVwZ 1994, 830, 831.
[158] *BVerwGE* 97, 323, 329 = NJW 1995, 1977, 1978.
[159] *OVG Münster* NWVBl 1996, 222, 223 (im Übrigen fehlt hier die Schriftform).
[160] *BVerwG* NVwZ-RR 2007, 456, 457; *OVG Lüneburg* NVwZ 2000, 1309, 1310; *VGH München* BayVBl 1989, 689, 691; *FG Nürnberg* NVwZ 1983, 504.
[161] *BVerwG* NVwZ-RR 2007, 456, 458.
[162] *BVerwG* NVwZ-RR 2007, 456, 458.
[163] So *Palauro*, Haftungsrelevante Probleme der allgemeinen verwaltungsrechtlichen Zusage, Diss. 1983, S. 145 ff.

71 § 44 Abs. 4 zur Teilnichtigkeit ist entsprechend anwendbar bei teilweiser Unwirksamkeit der Zusicherung. Dies setzt die **Teilbarkeit** der Zusicherung voraus, die i.d.R. vorliegen wird, wenn der zugesicherte VA teilbar (§ 43 Rn. 192 ff.) ist. Die Befugnis der Feststellung der Nichtigkeit durch die Behörde nach § **44 Abs. 5** ist entsprechend anwendbar auch bei Fehlen der Wirksamkeitsvoraussetzungen des § 38 Abs. 1 S. 1 (Rn. 54 ff.) und für die fehlende Bindung nach § 38 Abs. 3 (Rn. 107).

5. Fachrechtliche Wirksamkeitsvoraussetzungen

72 Dem Subsidiaritätsgrundsatz entsprechend (§ 1 Rn. 206 ff.) kann auch das Fachrecht **Zusicherungen ausschließen** oder die Wirksamkeitsvoraussetzungen modifizieren. Das Fachrecht entscheidet auch, ob bei Verstoß gegen solche Ausschlussvorschriften die Zusicherung unwirksam (so z.B. § 183 Abs. 1 S. 1 BBG, § 2 Abs. 2 BBesG, § 3 Abs. 2 S. 1 BeamtVG) oder nur rechtswidrig und nach § 38 Abs. 2 i.V.m. § 48 aufhebbar ist. Die Abgrenzung ist oft schwierig wegen der in der Rspr. vertretenen Tendenz, eine auch teilweise Verdrängung des VwVfG nach dem **Sinn und Zweck** einer Norm zuzulassen (§ 1 Rn. 232 f.). So verneint BVerwG die unmittelbare Anwendbarkeit des § 38 für den Bereich **militärischer Über- und Unterordnung** und folgert hieraus u. a., dass das Schriftformerfordernis des § 38 in diesem Bereich nicht gelte, da dieses den tatsächlichen Verhältnissen nicht gerecht werde.[164] Kein fachgesetzlicher Ausschluss wurde angenommen bei **Zusicherung auf Einstellung** in den öffentlichen Dienst[165] (hierzu auch Rn. 123, § 35 Rn. 162 f.; zur Zusicherung der Ernennung zum politischen Beamten s. Rn. 87) oder der vorherigen Anerkennung der Beihilfefähigkeit,[166] bei Zusicherung von Verkehrseinrichtungen (§ 35 Rn. 331)[167] oder im Flurbereinigungsrecht.[168]

III. Rechtmäßigkeitsvoraussetzungen für Zusicherungen, Umdeutung

1. Formelle Rechtmäßigkeit

73 **a) Allgemeine Verfahrensvorschriften:** § 38 Abs. 1 regelt selbst lediglich einige formelle Voraussetzungen wie Form, Zuständigkeit und die Mitwirkung Dritter. Wird die Zusicherung als VA angesehen (Rn. 33 ff.), ergibt sich jedoch schon hieraus, dass daneben auch die **§§ 9 ff.** auf das auf Erlass einer Zusicherung gerichtete VwVf anzuwenden sind. Aber auch nach der Gegenmeinung (Rn. 29 ff.) gilt Entsprechendes, weil dann die Zusicherung letztlich als Verfahrenszwischenschritt verstanden wird, der zum VA-Erlass führt, so dass die §§ 9 ff. jedenfalls insoweit Anwendung finden müssen, soweit sie ihrem **Sinn** nach zutreffen. Zudem setzt § 38 Abs. 1 S. 2 mit den Begriffen „Anhörung" (§ 28) und „Beteiligten" (§§ 11 ff.) die Anwendbarkeit der §§ 9 ff. voraus, vgl. Rn. 68. Im Übrigen sind die Regelungen der §§ 9 ff. für Antragsverfahren (s. § 22 Rn. 30 ff.) heranzuziehen, da die Eröffnung des Zusicherungsverfahrens i.d.R. auf **Antrag** erfolgt, Rn. 114. Abgeschlossen wird es mit der **Bekanntgabe** der Zusicherung (Rn. 69) oder ihrer Ablehnung (Rn. 115).

74 **b) Beteiligung anderer Stellen (§ 38 Abs. 1 S. 2):** Der Zusicherung kann die gesetzlich intendierte verpflichtende Wirkung nicht zukommen, wenn nicht auch betroffene Dritte sowie solche Behörden und Ausschüsse an die Zusicherung gebunden sind, die an dem Verfahren mitzuwirken haben, das auf Erlass des zugesicherten VA gerichtet ist. Dies setzt jedoch voraus, dass Drittbetroffene und mitwirkungsberechtigte Behörden „vorgezogen" an dem VwVf beteiligt werden, dass auf Erlass der Zusicherung gerichtet ist. Zweck des § 38 Abs. 1 S. 2 ist somit die durch die Zusicherung gewollte Bindung nicht wieder zu gefährden, aber auch der Schutz der

---

[164] BVerwGE 63, 110, 114 (noch offengelassen); BVerwGE 83, 255, 260; 103, 219, 220 = NVwZ 1996, 1219. S. auch BVerwG NVwZ-RR 1993, 643 f.
[165] BVerwGE 106, 129, 133 = NVwZ 1998, 1082; VGH Mannheim VBlBW 1996, 14, 16; Günther ZBR 1988, 181 f.
[166] OVG Münster NWVBl 1996, 108, 110.
[167] BVerwGE 97, 323, 328 = NJW 1995, 1977; ebenso Vorinstanz OVG Münster NWVBl 1994, 26; a. A. OVG Lüneburg NJW 1985, 1043, 1044; Manssen NZV 1992, 465, 467; ders. DVBl 1997, 633, 635.
[168] BVerwG RdL 1991, 13, 14; BVerwG, Urt. v. 17. 1. 2007 – 10 C 1/06 (juris, Rn. 24, 28).

zu beteiligenden Dritten und Behörden vor Aushöhlung ihrer Verfahrens- und Mitwirkungsrechte.[169]

Trotz dieser Bedeutung ist § 38 Abs. 1 S. 2 nicht als Wirksamkeits-, sondern als **„schlichte"** **Rechtmäßigkeitsvoraussetzung** ausgestaltet,[170] deren Missachtung ggf. nach § 45 heilbar ist, Rn. 85. § 38 Abs. 1 S. 2 wird in Abs. 2 nicht „unberührt" gelassen (vgl. demgegenüber Rn. 54, 62). Jedoch hat der Gesetzgeber durch den Wortlaut („darf") den in der Begründung zu § 34 Abs. 1 Entwurf 73 niedergelegten Willen zum Ausdruck gebracht, wonach die **Beteiligung** anderer Behörden, Ausschüsse und dritten Beteiligten **zur Pflicht** gemacht wird. Zusicherungen in der Form, dass sie „vorbehaltlich der Zustimmung der Behörde X" ergehen, sind damit nicht erwünscht, zumal sich derartige Zusicherungen in der Praxis häufig als wertlos erwiesen haben. Dass derartige Zusicherungen schlechthin verboten wären, kann § 38 aber nicht entnommen werden. 75

Die nach § 38 Abs. 1 S. 2 Alt. 1 beteiligten Dritten sind zudem nur dann an die Zusicherung gebunden, wenn sie ihnen gegenüber auch bekannt gegeben wurde (§ 43 Abs. 1 S. 1) bzw. sie sich ausnahmsweise nicht auf die fehlende Bekanntgabe ihnen gegenüber berufen können, s. Rn. 69, 119 ff. Als **Rechtsfolge** der Mitwirkung nach § 38 Abs. 1 Alt. 2 ergibt sich demgegenüber für die mitwirkungsberechtigten Behörden/Ausschüsse, dass sie nach ihrer Mitwirkung an die Zusicherung gebunden sind, es sei denn, sie konnten die Zusicherung anfechten und haben sie angefochten, s. § 35 Rn. 175. 76

Im Einzelnen begründet **§ 38 Abs. 1 S. 2 Alt. 1** zunächst eine Pflicht zur Anhörung solcher Beteiligter, deren Anhörung vor Erlass des zugesicherten VA gesetzlich angeordnet ist. Voraussetzung der Anhörungspflicht ist damit zunächst, dass der Dritte Beteiligter des auf Erlass der Zusicherung gerichteten VwVf ist. Sie setzt damit die **Hinzuziehung des Dritten nach § 13 Abs. 2** (zur Anwendbarkeit Rn. 73) zu diesem VwVf voraus.[171] Ohne Hinzuziehung besteht keine Anhörungspflicht nach § 38 Abs. 1 S. 2. Jedoch entfaltet § 38 Abs. 1 S. 2 insoweit Vorwirkung für die zusichernde Behörde, dass sie vor der Abgabe der Zusicherung zu erwägen hat, die Dritten an dem Zusicherungsverfahren zu beteiligen. Wurde hinzugezogen, entstehen neben der Anhörungspflicht nach § 38 Abs. 1 S. 2 alle Verfahrensrechte der §§ 9 ff.,[172] selbst wenn die Zusicherung kein VA wäre, s. Rn. 73. 77

Eine Anhörungspflicht des Beteiligten i. S. d. § 38 Abs. 1 S. 2 Alt. 1 besteht zudem nur, wenn sie auf Grund einer Rechtsvorschrift (= kraft Gesetzes) vor Erlass des zugesicherten VA erfolgen müsste. Hierzu gehört **insbes. § 28 Abs. 1** (in Bezug auf den zugesicherten VA). Hierdurch wird keine Verdoppelung angeordnet: Auch wenn dem beteiligten Dritten ohnehin das Recht aus § 28 Abs. 1 (in Bezug auf die Zusicherung) zustehen würde, ist die Vorschrift notwendig, da im Zusicherungsverfahren vielfach zweifelhaft sein wird, ob bereits die Zusicherung in die Rechte eines Dritten i. S. d. § 28 Abs. 1 eingreift. Gerade auch für diesen Fall verlagert § 38 Abs. 1 S. 2 die Anhörungspflicht für den zugesicherten VA in das Zusicherungsverfahren vor, ohne dass deshalb die Anhörungspflicht vor Erlass des zugesicherten VA entfiele. 78

Nach **§ 38 Abs. 1 Alt. 2** muss die Behörde, die die Zusicherung erteilen will, zudem diejenigen **Behörden oder Ausschüsse,** die am VwVf, das auf Erlass des zugesicherten VA gerichtet ist, auf Grund einer Rechtsvorschrift mitwirkungsberechtigt wären, entsprechend auch an dem VwVf mitwirken lassen, dass auf Erlass der Zusicherung gerichtet ist. Der Begriff der **Mitwirkung** entspricht dem des § 44 Abs. 3 und § 45 Abs. 1 (nicht dem des § 58 Abs. 2)[173] und erfasst damit **Anhörung, Einvernehmen, Benehmen, Beratung und Zustimmung** (§ 44 Rn. 184).[174] Genügt für den VA die **Fiktion einer Mitwirkung** (§ 35 Rn. 175), genügt dies auch für die Zusicherung. 79

Erforderlich ist die Mitwirkung nur, wenn sie nach der Rechtsvorschrift zwingend durchzuführen ist. Der mitwirkenden Behörde steht kein weiteres Ermessen als der zusichernden Behörde zu.[175] § 38 Abs. 1 S. 2 Alt. 2 ist entsprechend anzuwenden, wenn intern einem anderen 80

---

[169] *Liebetanz* in Obermayer, VwVfG, § 38 Rn. 28.
[170] *Guckelberger* DÖV 2004, 357, 360; wohl a. A. *VGH München* BayVBl 1989, 689, 692; BayVBl. 2007, 499, 500.
[171] Vgl. *Redeker* DVBl 1973, 744, 745.
[172] Ebenso *Liebetanz* in Obermayer, VwVfG, § 38 Rn. 29.
[173] Wie hier *Henneke* in Knack, § 38 Rn. 15; *Kopp/Ramsauer,* § 38 Rn. 27.
[174] *Guckelberger* DÖV 2004, 357, 360 f.
[175] *BVerwG* NJW 1987, 2180, 2181.

Organ als dem zur Außenvertretung zuständigen Organ die alleinige Entscheidungskompetenz zusteht, s. Rn. 63. In einem Prozess wäre die mitwirkende Behörde **beizuladen** (vgl. § 35 Rn. 176); ihre Zustimmungsverweigerung wird durch eine Gerichtsentscheidung ersetzt.[176]

81 **c) Heilung von Verfahrensfehlern (§ 38 Abs. 2 i. V. m. § 45):** § 38 Abs. 2 verweist für Zusicherungen ausdrücklich (nur) auf **§ 45 Abs. 1 Nr. 3 bis 5 und Abs. 2.** Zu § 45 Abs. 1 Nr. 3 (fehlende Anhörung eines Beteiligten) s. Rn. 77 f.; zu § 45 Abs. 1 Nr. 4 und Nr. 5 (fehlende Mitwirkung von Ausschüssen und Behörden) s. Rn. 79 f.

82 Bezüglich des Verweises auf **§ 45 Abs. 2** herrschten bei Erlass des VwVfG zwar klare Vorstellungen über die Grenzen von Heilungsmöglichkeiten nach § 45 Abs. 2 (§ 45 Rn. 38 ff., 101), dennoch kann die Verweisung in § 38 Abs. 2 auf § 45 Abs. 2 nur als **dynamische Verweisung** verstanden werden. Mithin ist § 45 Abs. 2 in der Fassung des GenBeschlG vom 12. 9. 1996 anzuwenden, § 45 Rn. 101 ff. Bei der Anwendung des § 45 Abs. 2 ist jedoch auf das Verfahren betreffend die Zusicherung (Rn. 117) abzustellen, nicht auf ein Vorverfahren betreffend den zugesicherten VA (Rn. 122). Diese Frage wird v. a. im mehrpoligen Verhältnis relevant (Rn. 69, 77 f., 119 ff.).

83 **§ 45 Abs. 1 Nr. 1 und 2** (fehlender Antrag und Begründung) und **§ 45 Abs. 3** sind im Verweis des § 38 Abs. 2 nicht erwähnt. Dies schließt jedoch ihre Anwendung nicht aus, (vgl. Rn 68, 73):[177] § 45 Abs. 3 ist wohl nur versehentlich in § 38 Abs. 2 nicht erwähnt worden, weil die Bestimmung erst im Lauf der BT-Beratungen eingeführt worden ist, s. § 45 Rn. 153. Zudem geben weder die Entstehungsgeschichte noch der Sinn der Regelung Anlass, auf Zusicherungen § 45 Abs. 1 Nr. 1 oder Nr. 2 nicht anzuwenden und Zusicherungen insoweit anders zu behandeln als einen VA, bei dem zunächst der Antrag oder die Begründung fehlt. Überdies würde Nr. 2 nur bei Zusicherungen im mehrpoligen Verhältnis (Rn. 69, 77 f., 119 ff.) relevant (vgl. § 39 Abs. 2 Nr. 1).

84 **d) Unbeachtlichkeit von Verfahrensfehlern (§ 46):** Auch § 46 wird in § 38 Abs. 2 nicht erwähnt; eine entsprechende Anwendung des **§ 46 a. F.** entfiel i. d. R., weil die Erteilung der Zusicherung im Ermessen der Behörde steht (Rn. 110), weshalb die Bestimmung nicht in den Verweis aufgenommen worden ist. Mit der Neufassung des § 46 durch das GenBeschlG, gewinnt § 46 auch für Ermessensentscheidungen eine größere Bedeutung (vgl. § 46 Rn. 73 ff.), so dass die Bestimmung nunmehr auch auf Zusicherungen angewandt werden kann,[178] v. a. in mehrpoligen Zusicherungsverhältnissen (Rn. 69, 77 f., 119 ff.). Die besonderen Unwirksamkeitsregeln des § 38 Abs. 1 S. 1 und die Regeln über die Bindung für die Zukunft nach Abs. 3 gehen jedoch vor.

2. Materielle Rechtmäßigkeit

85 § 38 stellt (nur) besondere Anforderungen für die Erteilung einer Zusicherung auf, sagt aber nichts dazu, unter welchen materiellen Voraussetzungen eine Zusicherung erteilt werden darf. Als Mindestvoraussetzung kann jedoch nur die Zusicherung rechtmäßig sein, die einen (objektiv) rechtmäßigen VA verspricht,[179] was letztlich durch „Voraussubsumtion" festzustellen ist.[180] Im Übrigen gelten die allgemeinen Rechtmäßigkeitsvoraussetzungen für VA (§ 44 Rn. 12 ff.) zumindest entsprechend. So muss entsprechend § 37 Abs. 1 die Zusicherung den Lebenssachverhalt und die zugesicherte Regelung i. S. d. § 35 bestimmt bezeichnen[181] (vgl. § 205 Abs. 2 AO) und über die Erteilung der Zusicherung **ermessensfehlerfrei** entschieden werden,[182] vgl. Rn. 110 ff.

86 Entgegen der vor Erlass des VwVfG h. M.[183] lässt § 38 Zusicherungen nicht nur im Rahmen der **Ermessensverwaltung** oder dann zu, wenn ein Sachverhalt vorliegt, über die ein gerichtlicher **Vergleich** (§ 106 VwGO) oder ein **Vergleichsvertrag** (§ 55) geschlossen werden kann,

---

[176] *BVerwG* NJW 1987, 2180, 2181.
[177] So für § 45 Abs. 1 Nr. 1 und 2 *Liebetanz* in Obermayer, VwVfG, § 38 Rn. 49.
[178] *Guckelberger* DÖV 2004, 357, 361; *Schwarz* in Fehling u. a., § 38 VwVfG Rn. 44.
[179] *Guckelberger* DÖV 2004, 357, 361.
[180] *Brüning*, Einstweilige Verwaltungsführung, 2003, S. 154.
[181] *Pietzcker* DVBl 2003, 1339, 1340.
[182] *Kopp/Ramsauer*, § 38 Rn. 23.
[183] *Redeker* DVBl 1973, 744, 745; *Zeidler*, Gutachten 44. DJT Bd. 1, 2. Teil, S., S. 44 ff.; Beschlüsse des 44. Deutschen Juristentages NJW 1962, 1854, 1856.

sondern auch im Rahmen der **gebundenen Verwaltung**. Hätte der Gesetzgeber die **Bindungswirkung** der Zusicherung im Bereich der gebundenen Verwaltung ausschließen wollen, hätte dies im Gesetz zum Ausdruck kommen müssen.[184] § 38 kann daher als **Ermächtigung** zum Erlass von Zusicherungen angesehen werden, die immer dann eingreift, wenn die Behörde zum Erlass eines VA befugt ist.[185] § 35 Rn. 25 ff., § 44 Rn. 55 ff. Jenseits des Anwendungsbereichs des VwVfG (Rn. 49 f.) wird demgegenüber die Ermächtigung zur Abgabe einer Zusicherung als in der Ermächtigung zum Erlass des VA enthaltenes „minus" angesehen.[186]

Das Fachrecht kann allerdings auch Zusicherungen ausschließen oder einschränken, ohne dass 87 dies zwingend zur Unwirksamkeit insoweit rechtswidriger Zusicherungen führen muss, vgl. Rn. 72. Nur rechtswidrig sind etwa Zusicherungen, die unter Verstoß gegen die **haushaltsrechtlichen Bindungen im Zuwendungsbereich**[187] abgegeben werden. Ebenso ist die **Zusicherung der Ernennung zum politischen Beamten** mit dem Konzept des politischen Beamten unvereinbar, jedenfalls wenn sie auch die Nachfolgeregierung binden soll.[188]

Auch dürfte das **planerische Abwägungsgebot** (§ 40 Rn. 42 ff., § 72 Rn. 9 ff., § 74 Rn. 26) 88 Zusicherungen auf **Pläne** in VA-Form (§ 35 Rn. 263 ff.), insbes. PlfBeschl, i. d. R. ausschließen. *BVerwG* betont allerdings jüngst, dass gerade die Nichterwähnung des § 38 in § 72 zeige, dass der Gesetzgeber nicht von einer generellen Unvereinbarkeit von Zusicherungen und Planungsentscheidungen ausgehe.[189] Dem kann jedoch nur dann zugestimmt werden, wenn im Zusicherungsverfahren auch das Abwägungsverfahren – ggf. unter Beteiligung der Öffentlichkeit, vgl. Rn. 77 f. – vorweggenommen wurde.[190] Hier stellen sich damit ähnliche Probleme wie bei der Frage, ob auch eine bestimmte Bauleitplanung Gegenstand einer Zusage oder eines ör. Vertrages sein kann,[191] vgl. hierzu § 54 Rn. 141, 143. *BVerwG* hält jedoch die Zusage einzelner Schutzmaßnahmen zugunsten Drittbetroffener für möglich,[192] wobei im konkreten Fall auch eine Rolle spielte, dass die Planfeststellungsbehörde diese Schutzmaßnahmen auf eigene Kosten (nicht auf Kosten des Vorhabenträgers) durchführen wollte, s. a. § 72 Rn. 123. Umgekehrt sah *BVerwG* eine einseitige Verpflichtungserklärung nicht als ausreichend an, um die Durchführung im Plan nicht vorgesehener naturschutzrechtlicher Ausgleichs- und Ersatzmaßnahmen sicherzustellen.[193]

3. Umdeutung (§ 47)

Auch wenn in § 38 Abs. 2 nicht erwähnt, erscheint auch die entsprechende Anwendbarkeit 89 des § 47 als überkommenes Rechtsinstitut (§ 47 Rn. 1 ff.) in Zusammenhang mit Zusicherungen als möglich. Dabei ist zu differenzieren: Ist die Zusicherung aus den Gründen des § 38 Abs. 1 S. 1 unwirksam, scheitert eine Umdeutung in eine fehlerfreie Zusicherung, unbeschadet der Streitfrage über die Umdeutung nichtiger VA (§ 47 Rn. 31), an den Voraussetzungen des § 47 Abs. 1. Ist die Zusicherung fehlerhaft, weil auf einen rechtswidrigen VA gerichtet (Rn. 85), wäre eine Umdeutung in eine Zusicherung, gerichtet auf einen rechtmäßigen VA, zwar grundsätzlich möglich, scheitert aber möglicherweise an den unterschiedlichen Ermessensüberlegungen (vgl. § 47 Rn. 43). Die Umdeutung einer Zusicherung in den zugesicherten oder ähnlichen VA scheitert daran, dass dieser VA nicht in der Zusicherung enthalten ist,[194] Rn. 17 ff., § 47 Rn. 33. Die Umdeutung dieses VA in eine Zusicherung ist nicht möglich, wenn der VA im Rahmen der gebundenen Verwaltung ergangen ist (§ 47 Rn. 42); i. Ü. nur bei gleichen Ermessensüberlegungen, s. aber oben. Die Umdeutung einer Zusicherung in eine **all-**

---

[184] Wie hier *OVG Münster* NWVBl 1996, 108, 110; *Liebetanz* in Obermayer, VwVfG, § 38 Rn. 4.
[185] Ebenso wohl auch *Kopp/Ramsauer*, § 38 Rn. 22.
[186] *FG Nürnberg* NVwZ 1983, 504.
[187] Hierzu *Kloepfer/Lenski* NVwZ 2006, 501, 503; *Noll* ThürVBl 2005, 145, 153 f.
[188] Für Unwirksamkeit dagegen *Pöcker/Otto* LKV 2007, 161, 162 f. (da es sich bei der Ernennung zum politischen Beamten nicht um Verwaltungstätigkeit handele).
[189] *BVerwG* NVwZ-RR 2007, 456, 457 f.
[190] Im Ergebnis ähnlich *BVerwG* NVwZ-RR 2007, 456, 458 f.
[191] Vgl. *BVerwGE* 45, 309, 317 ff. = NJW 1976, 70 ff.; *Dolde* NJW 1980, 1657, 1658; *Dossmann*, Die Bebauungsplanzusage, 1985.
[192] *BVerwG* NVwZ 1996, 906, 907.
[193] *BVerwG* NVwZ-RR 1998, 552, 553.
[194] *OVG Münster* NWVBl 1988, 49, 50 (für Umdeutung in Vorbescheid); wohl auch *Martens* JuS 1988, 779.

gemeine Zusage erscheint möglich. Die Umdeutung einer Zusicherung in eine andere Handlungsform wie Wissenserklärung, z. B. Auskunft, wird nicht von § 47 erfasst (§ 47 Rn. 25). Sie ist auch nach allgemeinen Grundsätzen wegen der unterschiedlichen Rechtsformen nicht möglich.[195] Eine Zusicherung ist auch nicht in einen Vorbescheid umdeutbar.[196]

IV. Wirksamkeitsverlust von Zusicherungen

1. Aufhebung (§ 38 Abs. 2)

90   a) **Verweis auf §§ 48, 49:** Soweit eine Zusicherung nicht unwirksam oder nichtig ist (Rn. 54 ff.), sind nach § 38 Abs. 2 für die erteilte Zusicherung die **§§ 48, 49 entsprechend anwendbar,** soweit nicht noch § 38 Abs. 3 vorgeht, s. Rn. 96. Dabei ist der Verweis als dynamische Verweisung zu verstehen, so dass er sich heute auf die §§ 48, 49 i. d. F. des Gesetzes zur Änderung verwaltungsverfahrensrechtlicher Vorschriften vom 2. 5. 1996 (Einl. Rn. 42) bezieht. Auf **§ 49a** ist die Verweisung aber nicht zu erstrecken, weil auf Grund der Zusicherung selbst noch keine zu erstattende Leistung ausgezahlt worden ist. Der Hinweis auf §§ 48, 49 bedeutet auch, dass die Aufteilung nach § 48 Abs. 2 und 3 entsprechend für die Zusicherung gilt. Dementspr. ist auch zu entschädigen, soweit die Zusicherung nach § 48 Abs. 3, § 49 Abs. 2 Nr. 5 aufgehoben werden kann (§ 48 Abs. 3, § 49 Abs. 6).[197] S. zur Zusicherung, eine Abgabe nicht über einen bestimmten Betrag hinaus zu erheben, § 48 Rn. 133. Auch die Frist des § 48 Abs. 4, § 49 Abs. 2 S. 2 ist entsprechend heranzuziehen.[198] Wurde die Zusicherung gegenüber einem Verwaltungsträger erklärt, ist Vertrauensschutz i. d. R. nicht angezeigt,[199] § 48 Rn. 137.

91   Dass die **Aufhebungsbescheide VA** sind, ist jedenfalls für diejenigen selbstverständlich, die die Zusicherung als VA ansehen, s. Rn. 33. Das Verfahren ist nach §§ 9 ff. abzuwickeln (§ 48 Rn. 253). Eine Aufhebung kann zwar **konkludent** durch den Erlass einer entgegengesetzten Endentscheidung erfolgen;[200] im Interesse der Rechtssicherheit müssen hierfür aber besondere Anhaltspunkte gegeben sein.[201] Zudem muss die Ermessenserwägung der § 48 Abs. 1 S. 1, § 49 angestellt und in der Begründung (§ 39 Abs. 1 S. 3) zum Ausdruck kommen (§ 48 Rn. 253).

92   Werden §§ 48, 49 durch ein **Spezialgesetz** verdrängt (§ 48 Rn. 2 ff.), entspricht es dem Sinn des § 38 Abs. 2, diese Spezialvorschriften auf die Zusicherung eines dem Spezialgesetz entsprechenden VA anzuwenden.[202]

93   b) **Anwendung des § 50:** Obgleich in § 38 Abs. 2 nicht erwähnt, ist auch § 50 anwendbar, da auch ein **Dritter** die Zusicherung anfechten kann, wenn sie z. B. entgegen seiner bei der Anhörung nach § 38 Abs. 1 S. 2 vorgebrachten Meinung erteilt worden ist und ihn in seinen Rechten verletzt (Rn. 77 f., 119 ff.). Auch wenn die Zusicherung nicht als VA begriffen wird, ist diese Rechtsfolge wegen der ihr beigegebenen Bindungswirkung und der Einschränkung des Vertrauensschutzes der §§ 48, 49 durch § 50 zwingend.

94   c) **Anwendung des § 51:** Auch § 51 ist letztlich als Ergänzung zu § 48 (§ 48 Rn. 1) im Grundsatz zwar anwendbar, wird aber nur wenige Anwendungsfälle finden. Die entsprechende Anwendbarkeit wird beschränkt sein auf ein Wiederaufgreifen nach vorangegangener Ablehnung einer Zusicherung (z. B. erneuter Antrag auf Zusicherung auf Unterlassen eines belastenden VA nach dem Vorfinden neuer Unterlagen) oder im Rahmen von mehrpoligen Zusicherungsverhältnissen (Rn. 77 f., 119 ff.). § 51 Abs. 1 Nr. 1 unterscheidet sich von § 38 Abs. 3 dadurch, dass die Änderung sich bei § 51 begünstigend und bei Abs. 3 belastend auf die Rechtsposition des Antragstellers auswirkt.

---

[195] *Palauro*, Haftungsrelevante Probleme der allgemeinen verwaltungsrechtlichen Zusage, Diss. 1983, S. 216 f.
[196] *OVG Münster* NWVBl 1988, 49, 50.
[197] *VGH Mannheim* NVwZ-RR 1997, 582, 584.
[198] *VG Braunschweig* NuR 2005, 733, 734.
[199] A. A. *VGH Mannheim* NVwZ 1991, 79, 80 (zur allgemeinen Zusage).
[200] *OVG Lüneburg*, OVGE 38, 430, 432; *VGH Mannheim* NVwZ 1991, 79, 80.
[201] So ausdrücklich *BVerwG* NVwZ-RR 2007, 456, 457.
[202] *OVG Lüneburg* OVGE 38, 430, 432; *P. Stelkens* BauR 1978, 158, 165; *ders.* BauR 1980, 7.

2. Clausula rebus sic stantibus (§ 38 Abs. 3)

a) Anwendungsbereich: § 38 Abs. 3 überträgt – entspr. der früheren Rspr.[203] – die clausula rebus sic stantibus[204] auf die Zusicherung und trägt damit ihrer Zukunftsgerichtetheit (Rn. 17) Rechnung.[205] Insoweit wird auch weitgehend angenommen, die clausula gelte als allgemeiner Grundsatz auch bei der allgemeinen Zusage[206] und auch für Zusagen und Zusicherungen im Abgabenrecht (Rn. 49f.), wobei *BFH* hier § 207 Abs. 1 AO entsprechend heranzieht.[207] Auch im Bereich der militärischen Unter- und Überordnung, innerhalb dessen § 38 nicht unmittelbar gelten soll (Rn. 72), sollen Zusagen vom Bestand der ihnen zugrunde liegenden Umstände abhängig sein.[208]

Wie der klarstellende Zusatz in § 38 Abs. 2 „unbeschadet des Abs. 3" zeigt, geht § 38 Abs. 3 insbes. § 38 Abs. 2 i.V.m. § 49 Abs. 2 Nr. 3 und 4 vor (Begründung zu § 34 Entwurf 73).[209] Liegt **anfängliche Rechtswidrigkeit** der Zusicherung vor (Rn. 73ff.), sind jedoch nur §§ 48, 50 anzuwenden (Rn. 90ff.). Die Abgrenzung ist wichtig, weil sich die Rechtsfolgen erheblich unterscheiden, s. Rn. 106ff.

b) Voraussetzungen: Voraussetzung des § 38 Abs. 3 sind (1.) eine Änderung der Sach- oder Rechtslage und – kumulativ – (2.) dass die Behörde in Kenntnis der Änderung (a) entweder die Zusicherung nicht gegeben hätte oder (b) aus rechtlichen Gründen nicht hätte geben dürfen. § 38 Abs. 3 setzt eine wirksam gewordene Zusicherung nach Abs. 1 voraus und beschränkt lediglich die Bindungswirkung dieser Zusicherung.

Ob eine **Änderung der Sach- und Rechtslage** vorliegt, entscheidet sich nach objektiven Kriterien durch einen Vergleich des Sachverhaltes und der tragenden Rechtssätze zum Zeitpunkt der Zusicherung und zum Zeitpunkt der geltend gemachten Änderung.[210] Unmaßgeblich sind die subjektiven Vorstellungen des einzelnen Bediensteten.[211] Eine Änderung der Sachlage muss daher tatsächlich beweisbar sein.[212] Zum Begriff der nachträglichen Änderung der Sach- oder Rechtslage s. ferner § 51 Rn. 88ff.; § 60 Rn. 9ff.

Es ist auch nicht von vornherein ausgeschlossen, dass als Änderung der Sachlage auch Umstände in der **Sphäre der Behörde** gelten können, wie z.B. neue Planungen[213] oder die Veränderungen der tatsächlichen Rahmenbedingungen ihrer Tätigkeit.[214] Die nachträgliche Erkenntnis der Behörde, dass sie die Zusicherung auf Grund falscher tatsächlicher und rechtlicher Voraussetzungen erteilt hat, steht jedoch einer Änderung der Sach- und Rechtslage nicht gleich, kann aber die Rücknahme oder den Widerruf rechtfertigen.[215] Es wurde jedoch angenommen, der Nachweis einer fehlerhaften Prognose der Behörde über das spätere Verhalten des Begünstigten (hier: Verschleppung der Neuerrichtung eines Gebäudes über 10 Jahre hinweg, wenn das Unterlassen einer Abrissverfügung für ein anderes Gebäude bis zur Errichtung des Neubaus zugesichert wurde) führe zu einem Wegfall der Bindungswirkung nach § 38 Abs. 3.[216]

Auch eine **Änderung der Haushaltslage** kann als Änderung der Sachlage angesehen werden, jedenfalls soweit sie einen vorhersehbaren Umfang überschreitet.[217] Dabei spielt es keine

---

[203] *BVerwGE* 20, 292, 194f.; *BSGE* 19, 247, 251f.; 23, 248, 252.
[204] *BVerwGE* 97, 323, 330 = NJW 1995, 1977.
[205] *Brüning*, Einstweilige Verwaltungsführung, 2003, S. 154.
[206] *OVG Hamburg* BauR 1982, 257, 264 (für Zusage, stadteigene Baracke abzureißen); *OVG Lüneburg* NVwZ-RR 1994, 12, 13 (für Duldungszusage); *BGH* NVwZ-RR 1996, 66 (für die Zusage, an einem bestimmten Ort niemals eine Querstraße zu bauen).
[207] BFHE 180, 316, 323.
[208] *BVerwG* NVwZ-RR 1993, 643, 644; NVwZ-RR 2002, 47.
[209] BR-Stellungnahme zu § 34 Abs. 2 Entwurf 73; *BVerwGE* 97, 323, 330 = NJW 1995, 1977.
[210] *BVerwGE* 97, 323, 330 = NJW 1995, 1977; *OVG Berlin* JZ 2005, 672, 674; ähnlich *BSG* NVwZ 1994, 830, 831.
[211] *VG Mainz* NVwZ-RR 2006, 274, 276; *Guckelberger* DÖV 2004, 357, 362.
[212] *VGH Mannheim* NVwZ-RR 1995, 506, 507.
[213] Für Straßenplanung *BVerwGE* 97, 323, 330f. = NJW 1995, 1977; ähnlich *OVG Hamburg* BauR 1982, 257, 264 (für allgemeine Zusage).
[214] *BVerwG* NVwZ-RR 2002, 47 (für Zusicherung gegenüber Soldaten, die nicht die vermehrten Auslandseinsätze berücksichtigte).
[215] *BVerwG* NVwZ 2004, 1125, 1126; *VGH Mannheim* NVwZ 1991, 79, 80; *VG Braunschweig* NuR 2005, 733, 734.
[216] *VGH Mannheim* VBlBW 2003, 72.
[217] *OVG Berlin* JZ 2005, 672, 675 (gegen *OVG Berlin* DVBl 2003, 1333, 1337).

Rolle, ob die Behörde bzw. ihr Rechtsträger diese Änderung „verschuldet" hat.[218] Entscheidend ist vielmehr, dass die Änderung insgesamt eine Haushaltskonsolidierung erfordert und es nicht nur darum geht, jetzt unliebsame Projekte durch – den politischen Präferenzen jetzt eher entsprechende – neue Projekte auszutauschen.

101 Wird eine Subvention zugesichert, kann auch das **vorzeitige Erreichen des Zuwendungszwecks** eine für § 38 Abs. 3 relevante Änderung der Sachlage darstellen, sofern der Zuwendungsbedarf objektiv entfällt (und nicht nur allein deshalb, weil der Begünstigte die geförderte Maßnahme in Vertrauen auf die Zusicherung vorgenommen hat).[219]

102 Generell kann jedoch auch im Bereich der **Ermessensverwaltung** die bloße Änderung der Ermessenspraxis für die Zukunft – etwa wegen geänderter politischer Präferenzen – nicht als Änderung der Sachlage angesehen werden, auch wenn sich dies durch Erlass neuer ermessenslenkender Verwaltungsvorschriften manifestiert, vgl. § 40 Rn. 124 ff. Andernfalls stünde die Bindungswirkung der Zusicherung letztlich im Belieben der Behörde.[220] Deshalb kann auch der Ansicht des *OVG Lüneburg* nicht gefolgt werden, wonach eine nachträgliche Änderung der Sachlage allein auf Grund einer Überprüfung des Falles durch die Aufsichtsbehörde[221] oder einer nachträglichen Änderung der Subventionspolitik[222] eingetreten sein soll. § 38 Abs. 3 ist jedoch einschlägig, wenn auf Grund einer Änderung der Sach- und Rechtslage eine zugesicherte Ermessensentscheidung zwar rechtlich zulässig bleibt, jedoch nunmehr als **zweckwidrig** anzusehen ist.[223] Andernfalls wäre die Alt. 1 („gegeben hätte") neben der Alt. 2 („nicht hätte geben dürfen") bedeutungslos.

103 Bevor eine Änderung der Sach- oder Rechtslage angenommen wird, muss daher untersucht werden, ob die Änderung nicht in Wahrheit zum Inhalt der Zusicherung gehört. Das ist der Fall, wenn die Zusicherung gerade im Hinblick auf eine von dem Bürger und der Behörde **erwarteten Änderung** abgegeben worden war.[224] Die Sach- und Rechtslage kann sich hier zwar erwartungsgemäß geändert haben, diese Änderung war aber von dem Bindungswillen der zusichernden Behörde erfasst. Die Änderung war damit **Inhaltsbestimmung der Zusicherung,** z.B. Zusicherung einer Baugenehmigung auch für den Fall, dass ein Bebauungsplan in Kraft tritt. In diesem Fall muss die Zusicherung nach §§ 48, 49 aufgehoben werden, wenn sich die Behörde von dieser Bindung befreien will.

104 Neben der Änderung der Sach- und Rechtslage ist nach dem **Wortlaut** des § 38 Abs. 3 (zur Ansicht des *BVerwG* s. Rn. 105) Voraussetzung des § 38 Abs. 3, dass die Behörde bei unterstellter Kenntnis der späteren Änderung die Zusicherung zum **Zeitpunkt** ihrer **Erteilung**[225] nicht erteilt hätte bzw. nicht hätte erteilen dürfen. Während die 2. Alt. relativ unproblematisch ist, weil insoweit allein objektive Kriterien eine Rolle spielen, wäre dem Wortlaut nach im Hinblick auf die 1. Alt. eine **hypothetische Betrachtungsweise** anzustellen und auf den **mutmaßlichen Willen** der Behörde abzustellen, vgl. § 44 Rn. 191 f. Dann entfiele die Bindung nur, wenn objektive Anhaltspunkte dafür bestehen, dass die Behörde die Zusicherung bei Kenntnis der Änderung **zum Zeitpunkt ihrer Abgabe** *nicht* gegeben hätte. Die Beweislast trüge insoweit die Behörde. Es würde – anders als in § 49 Abs. 2 Nr. 3 und 4 – nicht ausreichen, dass die Behörde die Zusicherung in Kenntnis der Änderung auch rechtmäßigerweise nicht hätte erteilen dürfen.[226]

105 Der in Rn. 104 geschilderten Wortlautauslegung ist zu folgen. In einer neueren Entscheidung nimmt *BVerwG* jedoch an, die Voraussetzungen des § 38 Abs. 3 lägen nur dann nicht vor (so dass die Zusicherung Bestand hat), wenn die Zusicherung zum **Zeitpunkt der Änderung** in Kenntnis dessen ebenso **erteilt worden wäre**.[227] Die Beweislast würde insoweit der Zusiche-

---

[218] A. A. *Klopefer/Lenski* NVwZ 2006, 501, 504.
[219] *Klopefer/Lenski* NVwZ 2006, 501, 504.
[220] *Guckelberger* DÖV 2004, 357, 362.
[221] *OVG Lüneburg* NVwZ-RR 1994, 12, 13.
[222] *OVG Lüneburg* NJW 1977, 774.
[223] A. A. *Redeker* DVBl 1973, 744, 745.
[224] Ebenso *Kopp/Ramsauer,* § 38 Rn. 38; *Möllers* JZ 2005, 677, 678.
[225] Bezüglich des maßgeblichen Zeitpunkts wie hier *Meyer/Borgs,* § 38 Rn. 30 ff.
[226] Wie hier *Baumeister* DÖV 1997, 229, 231 f.; *Guckelberger* DÖV 2004, 357, 362.
[227] BVerwGE 97, 323, 330 = NJW 1995, 1977 (unter Berufung auf *Kopp,* VwVfG, 6. Aufl. 1996, § 38 Rn. 26); dem folgend: *OVG Berlin* JZ 2005, 2005, 672, 675; *Henneke* in Knack, § 38 Rn. 33; *Kopp/Ramsauer,* § 38 Rn. 39.

rungsempfänger tragen. Es gäbe damit kaum noch einen Fall der Änderung der Sach- oder Rechtslage, bei dem die Bindung nicht entfiele. Dann hätte es aber des einschränkenden Nebensatzes in Abs. 3 nicht bedurft. Unabhängig davon, ist die Auffassung des *BVerwG* auch mit Zweck des § 38, der Zusicherung gegenüber der vor Inkrafttreten des VwVfG vertretenen h. M. eine gesteigerte Bindungswirkung zuzusprechen (Rn. 41, 68), kaum zu vereinbaren.[228]

c) **Rechtsfolgen:** Die Bindungswirkung entfällt nach § 38 Abs. 3 ohne weitere Erklärung **ipso iure** mit Wirkung **ex nunc**.[229] Dies schließt nicht aus, dass die Behörde in entsprechender Anwendung des **§ 44 Abs. 5** den Verlust der Bindung durch VA feststellt (Rn. 71). Daneben ist Feststellungsklage möglich (Rn. 118). Auch ohne Antrag wird es zur Klarstellung zweckmäßig sein, dass die Behörde den Verlust der Bindung dem Betroffenen jedenfalls dann mitteilt, wenn ihr bekannt ist, dass der Betroffene weiterhin auf den Bestand der Zusicherung vertraut.[230] Dies zeigt, dass es der Rechtssicherheit eher gedient hätte, der Behörde für den Fall des § 38 Abs. 3 eine besondere Widerrufsmöglichkeit einzuräumen. De lege lata besteht jedoch keine allgemeine Rechtspflicht, den Verlust der Bindung dem Betroffenen von Amts wegen mitzuteilen oder den Bestand der Zusicherung ständig zu überwachen. Jedoch sollte die Behörde dem Betroffenen erklären, ob im Rahmen einer Ermessensentscheidung eine nachträgliche Änderung der Sach- oder Rechtslage Bedeutung gewonnen hat.

106

In der Berufung auf den Wegfall der Bindung liegt i. d. R. kein Verstoß gegen den Grundsatz von Treu und Glauben.[231] Im Einzelfall kann ein Vertrauenstatbestand nur einen **teilweisen Verlust** der Bindung erfordern.[232] § 44 Abs. 4 kann entsprechend herangezogen werden (Rn. 71, § 44 Rn. 190). Ist die Bindung entfallen, bildet die Zusicherung keine Rechtsgrundlage für die Erteilung des zugesicherten VA, falls die Behörde ihn dennoch erlassen will, vgl. Rn. 122. Ob die Behörde diese Zusicherung „erfüllen" darf, hängt ausschließlich davon ab, ob ihr für den Erlass des VA selbst eine Befugnis zusteht.[233]

107

Rechtspolitisch nicht zu beanstanden ist, dass § 38 Abs. 3 keine mit § 49 Abs. 6 vergleichbare **Entschädigungsregelung** trifft.[234] Einem entsprechenden Vorschlag des DAV ist der Gesetzgeber nicht gefolgt. Hierin liegt kein Wertungswiderspruch § 49 Abs. 6.[235] Die Situation gleicht hier den Fällen, in denen kraft Fachrechts ein VA unter einem Widerrufsvorbehalt oder sonstigen Nebenbestimmungen steht (s. § 36 Rn. 33) bzw. besondere, den Vertrauensschutz ausschließende Widerrufstatbestände existieren (vgl. § 48 Rn. 2 ff.). Zudem wird die Zusicherung i. d. R. ausschließlich im Interesse des Zusicherungsempfängers erteilt; ein Grund, das Risiko der zukünftigen Entwicklung auf die Allgemeinheit abzuwälzen, ist nicht ersichtlich. Ein anderes Ergebnis folgt auch nicht aus dem Umstand, dass § 38 Abs. 2 i. V. m. § 48 auch bei der Zusicherung Vertrauensschutz gewährleistet, falls die Zusicherung zurückgenommen wird. Hier wird nicht das Vertrauen in die zukünftige Entwicklung geschützt, sondern in die anfängliche Rechtmäßigkeit der Zusicherung, für die die Behörde verantwortlich ist, s. Rn. 96.

108

3. Erledigung der Zusicherung durch Erfüllung (§ 43 Abs. 2)?

Neben § 38 Abs. 3 sind nur wenige Fälle vorstellbar, in denen sich Zusicherungen entsprechend § 43 Abs. 2 (Rn. 68) „auf andere Weise erledigen". Eine Erledigung der Zusicherung wird jedoch angenommen, wenn der zugesicherte VA (einmal) wirksam zustande gekommen ist.[236] Hat dieser VA später keinen Bestand, soll aus der Zusicherung keine Verpflichtung zur **Neuerteilung** folgen. Weshalb aus der Zusicherung – anders als bei einer vertraglichen Zusicherung[237] – nach ihrer Erfüllung kein eigenständiger Rechtsgrund zum „Behaltendürfen" des

109

---

[228] Wie hier *Baumeister* DÖV 1997, 229, 231.
[229] *BVerwGE* 97, 323, 330 = NJW 1995, 1977.
[230] *Guckelberger* DÖV 2004, 357, 363.
[231] *VGH München* BayVBl 1974, 15.
[232] *OVG Lüneburg* NJW 1977, 773 f. (für allgemeine Zusage); *Schwarz* in Fehling u. a., § 38 VwVfG Rn. 56.
[233] Nach *Baumeister* (DÖV 1997, 229, 233) soll die Erfüllung im Ermessen der Behörde stehen.
[234] Wie hier *Lange* WiVerw 1979, 15, 30; *Schwarz* in Fehling u. a., § 38 VwVfG Rn. 50, 57; *Ule/Laubinger*, § 49 Rn. 11.
[235] So aber *Baumeister* DÖV 1997, 229, 232 f.; *Kopp/Ramsauer*, § 38 Rn. 45.
[236] *VGH Mannheim* NVwZ-RR 1997, 582, 584.
[237] Vgl. a. *U. Stelkens*, Verwaltungsprivatrecht, 2005, S. 995 f.

zugesicherten VA folgen soll, erscheint jedoch angesichts anders lautender allgemeiner Grundsätze bei VA (§ 35 Rn. 42) nicht überzeugend. Wird der zugesicherte VA nachträglich aufgehoben, kann jedoch der Aufhebungsgrund zugleich eine Änderung der Sach- und Rechtslage darstellen, die die Wirksamkeit der Zusicherung (und damit das sich hieraus ergebende Recht auf Festhalten am VA) entfallen lässt.

V. Ansprüche auf Zusicherungen

110   Ob und wann Ansprüche auf Erteilung von Zusicherungen bestehen, lässt sich § 38 nicht entnehmen. Die Entscheidung steht deshalb im **Ermessen der Behörde,** soweit das Fachrecht nichts anderes bestimmt. Dies gilt auch im Rahmen der gebundenen Verwaltung.[238] Anerkannt ist jedoch das Bestehen eines **Anspruchs auf ermessensfehlerfreie Entscheidung,** wenn eine Zusicherung beantragt wird (Rn. 114).[239] Ermessen besteht auch, wenn die rechtlichen Voraussetzungen des zuzusichernden VA vorliegen, er zu diesem Zeitpunkt aus unterschiedlichsten Gründen jedoch noch nicht erlassen werden soll. Denn bei der Ermessensausübung können Interessen der Allgemeinheit oder Dritter gegen eine sofortige Bindung sprechen. Hierbei ist zu berücksichtigen, dass die Abgabe einer Zusicherung **vorbehaltlich der Beteiligung** anderer Behörden, Ausschüsse und Personen vom Gesetzgeber nicht mehr erwünscht ist, s. Rn. 75.

111   Zur pflichtmäßigen Ausübung des Ermessens gehört indes auch die Berücksichtigung des **Interesses des Betroffenen** an der Zusicherung, ohne dass das berechtigte Interesse des Antragstellers allein geeignet ist, den Anspruch auf ermessensfehlerfreie Entscheidung über die Zusicherung zu einem Anspruch auf Zusicherung zu verdichten.[240]

112   Im Einzelfall kann sich jedoch das **Ermessen auf Null reduzieren,** so dass ein Anspruch auf Zusicherungserteilung besteht. Eine solche Ermessensreduzierung liegt vor, wenn in einem VwVf. der Erlass eines VA rechtmäßigerweise von der Erteilung einer Zusicherung auf Erlass eines anderen VA abhängig gemacht wird.[241] Dem entspricht, dass *BVerwG* von einem Anspruch auf Einbürgerungszusicherung ausgeht, wenn diese nach der Praxis der ausländischen Behörde Voraussetzung für die Anerkennung des Verzichts auf bisherige Staatsbürgerschaft ist, der seinerseits Voraussetzung für die Einbürgerung ist.[242] Ähnlich dürfte es liegen, wenn der Antragsteller zu bestimmten Dispositionen (gesetzlich) gezwungen ist, er hierbei eine bestimmte Bandbreite von Möglichkeiten hat, die Auswahlentscheidung insoweit jedoch maßgeblich davon abhängt, welche Rechtsfolgen die Behörde an die jeweilige Disposition knüpft. In einem solchen Fall sollte dem Antragsteller jedenfalls das Risiko von Fehldispositionen mit existenzvernichtenden Folgen abgenommen werden.[243]

113   Erweist sich bei einer Prüfung auf Grund einer vorweggenommenen Subsumtion, dass der **zuzusichernde VA** (bzw. sein Nichterlass) **rechtswidrig** wäre, würde auch die Zusicherung rechtswidrig sein, s. Rn. 85. Ein Anspruch auf Zusicherung scheidet dann aus. Die Behörde entscheidet sich aber auch bereits dann ermessensfehlerfrei für eine Ablehnung, wenn sie bei ihrer Prüfung zu dem Ergebnis kommt, die Voraussetzungen für den zuzusichernden VA bzw. dessen Nichterlass lägen nicht vor. Ob diese Einschätzung objektiv zutrifft, ist für die Rechtmäßigkeit der Ablehnung der Zusicherung nicht maßgebend.[244] Eine Prüfung muss allerdings stattfinden, die aber bei komplexem Sachverhalt oder schwierigen Rechtsfragen wegen eines Antrages auf Zusicherung allein nicht zur Vollprüfung zwingt. Liegen die Voraussetzungen des zuzusichernden VA (bzw. seines Nichterlasses) eindeutig nicht vor, muss die Zusicherung abge-

---

[238] Wie hier *OVG Münster* NWVBl 1996, 108, 110.
[239] *BVerwG* NJW 1987, 2180; *OVG Münster* NWVBl 1988, 49, 51 f.
[240] Wie hier *OVG Münster* NWVBl 1988, 49, 52; *Liebetanz* in Obermayer, VwVfG, § 38 Rn. 35. Weitergehend *Kopp/Ramsauer*, § 38 Rn. 24, der einen Anspruch auf Zusicherung immer schon dann annimmt, wenn der Antragsteller ein berechtigtes Interesse an der Zusicherung hat und die Voraussetzungen zum Erlass des VA grundsätzlich vorliegen.
[241] *OVG Lüneburg* NdsVBl 1999, 262, 263 (insoweit bestätigt von *BVerwG* NVwZ 2001, 435 (m. Anm. *Ennuschat* DVBl 2000, 1627)).
[242] *BVerwG* NJW 1987, 2180; ebenso ohne Begründung *BVerwGE* 124, 168, 269 f. = NJW 2006, 1079.
[243] Vgl. hierzu etwa *Martens* JuS 1988, 776, 781.
[244] So zu Recht *OVG Münster* NWVBl 1988, 49, 52.

lehnt werden. § 38 gibt keine Ermächtigung (Rn. 86) zum Verzicht auf gesetzliche Tatbestandsmerkmale.[245] Die Grenzen des Ermessens wären aber wegen Willkür überschritten, wenn aus sachfremden Gründen oder offenbarer Fehleinschätzung eine Zusicherung abgelehnt würde.[246]

Voraussetzung für die Erteilung ist ein **Antrag**, der auch mündlich oder konkludent gestellt werden kann,[247] s. § 22 Rn. 30. Der Antrag ist nachholbar, s. Rn. 83. 114

VI. Ablehnung der Zusicherung

Ob die Ablehnung einer Zusicherung ein VA ist, richtet sich nach den in § 35 Rn. 99 ff. dargestellten Grundsätzen, unabhängig davon, ob die Zusicherung selbst als VA angesehen wird. Die Ablehnung ist rechtmäßig, soweit nicht ausnahmsweise ein Anspruch auf Zusicherung besteht und die Ablehnung nicht ermessensfehlerhaft erfolgte, s. Rn. 110 ff. Im Fall der rechtswidrigen Ablehnung muss die Zusicherung erstritten werden (Rn. 117), aus Treu und Glauben folgt keine Bindung an eine rechtswidrigerweise gar nicht erteilte Zusicherung.[248] Die besonderen Wirksamkeitsvoraussetzungen für Zusicherungen (Rn. 54 ff.) gelten für die Ablehnung jedoch nicht. Insbes. tritt bei Zuständigkeitsverletzungen grundsätzlich keine Unwirksamkeit ein, s. § 44 Rn. 168 ff., § 46 Rn. 38 ff. 115

Jedoch gilt auch für die Ablehnung der Zusicherung das Gebot der **Schriftform**, wenn auch nicht unmittelbar aus § 38 Abs. 1 S. 1, so doch aus dem Gesichtspunkt der **Formenklarheit**,[249] § 9 Rn. 57 f. Welche kaum vorhersehbaren Folgen nach dem Mündlichkeitsprinzip auftreten, zeigt die von der Gegenmeinung herangezogene Entscheidung des *BVerwG*,[250] das erstmals als Revisionsgericht die ablehnende Äußerung in einem Gespräch als abschließende Entscheidung wertete und deshalb sogar Bestandskraft der Ablehnung annahm. Dieser Entscheidung ist bereits deshalb nicht zuzustimmen, weil der Antragsteller jedenfalls nach schriftlichem Antrag bei einer mündlichen ablehnenden Äußerung der Behörde nach einer objektiven Betrachtungsweise nicht annehmen muss, dass über den Antrag abschließend entschieden ist, sondern erwarten kann, dass noch weiter verhandelt wird, näher § 35 Rn. 73, § 37 Rn. 50. 116

VII. Rechtsschutzfragen

1. Klage auf Zusicherung

Wird die Zusicherung als VA angesehen (Rn. 33 ff.) kann ein Anspruch auf Zusicherung (Rn. 110 ff.) nach erfolgloser Durchführung des **Vorverfahrens** mit der **Verpflichtungsklage** erzwungen werden.[251] Das Rechtsschutzbedürfnis fehlt dem Antragsteller nicht, insbes. ist er nicht auf einen vorbeugenden Rechtsschutz zu verweisen.[252] Der **Wechsel** von einer Verpflichtungsklage auf Erteilung eines VA auf eine Klage auf Zusicherung ist eine zulässige **Klagebeschränkung**.[253] Soweit die VA-Qualität der Zusicherung verneint wird (Rn. 29 ff.), müsste ein Anspruch auf sie im Wege der **allgemeinen Leistungsklage** geltend gemacht werden, der i. d. R. ein Antrag auf Erteilung der Zusicherung vorausgehen muss, vgl. Rn. 114, § 9 Rn. 160. Offen ist nach dieser Ansicht, ob die Klage auf Erteilung der Zusicherung mit einer gegen die Ablehnung der Zusicherung (als VA?, s. Rn. 115, § 35 Rn. 99 ff.) gerichteten Klage verbunden werden muss. 117

---

[245] *OVG Münster* NWVBl 1992, 205, 207; NWVBl 1992, 283, 284; NWVBl 1996, 108, 110.
[246] Wie hier *OVG Münster* NWVBl 1996, 108, 110.
[247] *P. Stelkens* NVwZ 1987, 471.
[248] *HessFG* EFG 2006, 1206. 1209 (für steuerrechtliche Zusage).
[249] A. A. *Henneke* in Knack, § 38 Rn. 13; *Kopp/Ramsauer*, § 38 Rn. 20.
[250] *BVerwG* NVwZ 1986, 1011 (dazu kritisch *Martens* JuS 1988, 776, 777 f.; *P. Stelkens* NVwZ 1987, 471 f.).
[251] *OVG Münster* NWVBl 1988, 49, 51; NWVBl 1992, 283, 284; NWVBl 1995, 108, 110.
[252] *OVG Münster* NWVBl 1988, 49, 50 f.; NWVBl 1992, 205, 207 (für Duldungszusage); *Martens* JuS 1988, 776, 779; *P. Stelkens* NVwZ 1987, 471, 472 (jeweils gegen *BVerwG* NVwZ 1986, 1011).
[253] *BVerwG* NJW 1987, 2180.

118 Soweit die Zusicherung **aufgehoben** worden ist, ist die Anfechtungsklage gegen die Aufhebungsentscheidung (Rn. 91) zulässig. Soll die Aufhebung sofort wirken, muss die **sofortige Vollziehung** angeordnet werden (§ 43 Rn. 199). Beruft sich die Behörde auf einen Fall des § 38 Abs. 3, kann **Feststellungsklage** (§ 43 VwGO) erhoben werden, s. Rn. 106.

2. Anfechtung der Zusicherung durch Dritte

119 Wird dem Begünstigten eine **Zusicherung auf Erlass eines VA mit Drittwirkung** (§ 50 Rn. 8 ff.) erteilt, kann der Dritte hiergegen Anfechtungsklage erheben unter denselben Voraussetzungen wie gegen den zugesicherten VA.[254] Ob eine Rechtsverletzung vorliegt, hängt im Einzelnen davon ab, was genau zugesichert wurde und ob insbes. die Rechte des Dritten auch noch – ohne Verstoß gegen die Zusicherung – durch Nebenbestimmungen gesichert werden können, s. Rn. 13. Eine Bindung des Dritten an die Zusicherung tritt nur ein, wenn die Zusicherung ihm gegenüber bekannt gemacht wurde bzw. er sich auf die fehlende Bekanntgabe ihm gegenüber nicht berufen kann, s. Rn. 69.

120 Wurde ein **VA mit „umgekehrter" Drittwirkung** (belastender VA mit drittbegünstigender Wirkung, vgl. § 50 Rn. 57 ff.) zugesichert **(Zusicherung zu Lasten Dritter),** etwa Zusicherung des bauaufsichtsrechtlichen Einschreitens gegenüber Nachbarn,[255] tritt auch hier eine Bindung des Nachbarn nur ein, wenn die Zusicherung ihm gegenüber bekannt gegeben wurde s. Rn. 69. Wurde die Zusicherung dem belasteten Dritten bekannt gegeben, muss dieser demgegenüber gegen die Zusicherung mit der Anfechtungsklage vorgehen. Versäumt er dies, kann er gegen den zugesicherten VA mangels Rechtsverletzung nicht mehr vorgehen, da er selbst an die Zusicherung gebunden ist, Rn. 76. Geht er gegen die Zusicherung vor, hat die Klage Erfolg, wenn der zugesicherte VA rechtswidrig ist. Ist er demgegenüber rechtmäßig (insbes. auch verhältnismäßig), kann die Zusicherung Rechte des belasteten Dritten nicht verletzen, auch nicht, wenn die Maßnahme im Ermessen der Verwaltung steht: § 38 setzt die Zulässigkeit einer Vorabbindung der Verwaltung auch im Ermessensbereich voraus (§ 38 Rn. 86). Dem Schutz des belasteten Dritten dient hier das Anhörungsverfahren nach § 38 Abs. 1 S. 2, s. Rn. 77 f.

121 Wird dem potentiell Belasteten eine **Zusicherung** erteilt, den **Antrag eines Dritten auf Erlass eines VA mit Drittwirkung abzulehnen** bzw. einen belastenden VA mit drittbegünstigender Wirkung nicht zu erlassen, ist eine Anfechtungsklage des potentiell Begünstigten gegen die Zusicherung möglich und geboten, jedenfalls soweit die Zusicherung auch ihm gegenüber bekannt gemacht wurde.

3. Klage auf Erfüllung der Zusicherung

122 Von den auf oder gegen Zusicherungen gerichteten Klagen (Rn. 110 ff.) sind zu unterscheiden die Klagen auf Erfüllung der Zusicherung. Die erteilte Zusicherung ist in diesen Fällen die Anspruchsgrundlage i. S. d. § 113 Abs. 5 VwGO bzw. subjektiv-öffentliches Recht i. S. d. § 42 Abs. 2 VwGO (Rn. 6) für eine **Verpflichtungsklage,** soweit der zugesicherte VA verweigert wird.[256] Sie begründet den Aufhebungsanspruch im Rahmen einer **Anfechtungsklage** gegen den VA, soweit die Unterlassung des VA zugesichert worden ist. Soweit der VA, dessen Erlass oder Unterlassen zugesichert wurde, im **Ermessen** der Behörde stand (Rn. 86), reduziert sich auf Grund der Zusicherung entsprechend ihrem Gegenstand das Ermessen auf Null, was bei der Begründetheit der Anfechtungs- oder Verpflichtungsklage zu berücksichtigen wäre. Wird eine zugesicherte Aufhebung eines belastenden VA (Rn. 13) nicht eingehalten, schränkt die Zusicherung auch das Entschließungsermessen der Vollstreckungsbehörde ein. Die Zusicherung ist mithin auch im Anfechtungsprozess gegen den Vollstreckungsakt zu berücksichtigen.[257] Ggf. besteht ein Folgenbeseitigungsanspruch, wenn aus dem unter Missachtung der Zusicherung erlassenen VA vollstreckt worden ist.[258]

123 Bei **Einstellungs- und Beförderungszusicherungen** im öffentlichen Dienstrecht (Rn. 72) wird eine Erfüllung der Zusicherung nach st. Rspr. i. d. R. unmöglich, wenn ein dritter Be-

---

[254] *Günther* ZBR 1988, 181, 184.
[255] Vgl. *OVG Lüneburg* NVwZ 2000, 1309, 1310.
[256] *BVerwGE* 97, 323, 326 = NJW 1995, 1977; *Ennuschat* JuS 1998, 905, 909.
[257] *OVG Münster* NVwZ 1993, 74 (dort auch zum Verhältnis zur Vollstreckungsgegenklage).
[258] *VG Braunschweig* NVwZ-RR 2002, 307 f.

werber eingestellt oder befördert worden ist, vgl. § 35 Rn. 160. Hier tritt an die Stelle des Erfüllungsanspruchs ein (vor den Verwaltungsgerichten einzuklagender) **Schadensersatzanspruch wegen Fürsorgepflichtverletzung.**[259] Bei Zusicherungen in vergleichbaren Verteilungssituationen (§ 35 Rn 160) können ggf. auch nur **Amtshaftungsansprüche** in Betracht kommen.

Wird die **Einhaltung des objektiven Rechts,** nicht aber ein bestimmter VA, zugesagt, handelt es sich nicht um eine Zusicherung, sondern allenfalls um eine allgemeine Zusage, s. Rn. 15. Diese Zusage begründet jedoch ein subjektiv-öffentliches Recht extra legem (Rn. 6), so dass sich die Rechtsschutzmöglichkeiten des Begünstigten erweitern; ihm kann die mangelnde drittschützende Wirkung des objektiven Rechts nicht entgegengehalten werden.[260]

VIII. Europarecht

Der *EuGH* erkennt für den direkten Vollzug des Gemeinschaftsrechts die Rechtsverbindlichkeit von Selbstverpflichtungen der Gemeinschaftsorgane, bestimmte Maßnahmen vorzunehmen oder zu unterlassen, grundsätzlich an, soweit sie erkennbar mit Rechtsbindungswillen abgegeben werden.[261] Dabei bleibt offen, ob die Zusicherung als Entscheidung i. S. d. Art. 249 Abs. 4 EG angesehen wird: Einerseits scheint der *EuGH* bei Rechtswidrigkeit von der Notwendigkeit der „Aufhebung" der Zusicherung auszugehen, die nur möglich sei, wenn der Begünstigte auf die Zusicherung nicht in schutzwürdiger Weise vertraut habe,[262] andererseits hat der *EuGH* Zusagen auch mit der Begründung für unverbindlich gehalten, dass sie jedenfalls rechtswidrig sei.[263] Mindestvoraussetzung der Verbindlichkeit der Zusicherung ist zudem, dass sie sowohl von der zuständigen Stelle[264] als auch von einem hierzu ermächtigten Bediensteten[265] (vgl. hierzu § 35 Rn. 345) abgegeben worden ist. Allgemein scheint der EuGH auch anzunehmen, eine Zusage verliere ihre verbindliche Wirkung jedenfalls bei einer Änderung der Rechtslage.[266] Zu den **Verpflichtungszusagen Privater im Kartellverfahren** s. § 36 Rn. 151.

Allgemeine europarechtliche Regelungen über die Erteilung von Zusicherung und Zusage beim **indirekten Vollzug** des Gemeinschaftsrechts existieren nicht. Deutsche Behörden haben bei der Umsetzung von EG-Recht § 38 anzuwenden (Einl. Rn. 74); bei der Aufhebung von Zusicherungen sind die EG-rechtlichen Vorgaben nicht anders als bei der Aufhebung sonstiger VA zu beachten, s. hierzu § 1 Rn. 225, § 48 Rn. 19 ff., 96 ff., 168 ff., 236 ff. Nichts anderes kann außerhalb des Anwendungsbereiches des VwVfG gelten. In beiden Fällen wird jedoch bei der Bindungswirkung ebenfalls der Vorrang des Gemeinschaftsrechts zu beachten sein (Einl. Rn. 71).

Als EG-rechtliche Anerkennung der Zusage kann die **verbindliche Zolltarifauskunft und Ursprungsauskunft** nach Art. 12 ZK gesehen werden,[267] die durch Art. 4 Nr. 5 HS. 2 ZK ausdrücklich als zollrechtliche Entscheidung nach Art. 4 Nr. 5 HS. 1 ZK (§ 35 Rn. 355ff.) qualifiziert wird. Diese Auskunft bindet alle Zollbehörden (auch die anderer Mitgliedstaaten) gegenüber dem Berechtigten hinsichtlich der zolltariflichen Einreihung bzw. der Feststellung des Ursprungs der Waren in nachfolgenden Zollverfahren und hat damit auch echte transnationale

---

[259] *VG Gera* NVwZ-RR 2005, 271.
[260] Vgl. hierzu etwa *BVerwGE* 49, 244, 246f. = NJW 1976, 303; *Dohle* BauR 1976, 395, 400; *Hailbronner* DVBl 1979, 768 ff.
[261] Vgl. *EuGH,* Rs. 54/65, EuGHE 1966, 530, 544 ff. (Compagnie des Forges de Chatillon); *EuGH,* Rs. 81/72, EuGHE 1973, 575, Rn. 6 ff.; *EuGH,* Rs. 71/74, EuGHE 1975, 563, Rn. 18 ff. (Frubo); *EuGH,* Rs. 90/77, EuGHE 1978, 995, Rn. 9 (Firma Hellmut Stimmig KG); *EuGH,* Rs. 303/81, EuGHE 1983, 1507, Rn. 28 ff. (Kloeckner); *EuGH,* Rs. 188/82, EuGHE 1983, 3721, Rn. 11 (Thyssen); *EuGH,* Rs. 228/84, EuGHE 1985, 1969, Rn. 9 ff. (Pauvert); *Schwarz,* Vertrauensschutz als Verfassungsprinzip, 2002, S. 495 f.; *Schwarze,* Europäisches Verwaltungsrecht, 2. Aufl. 2005, S. 1053 ff.
[262] *EuGH,* Rs. 228/84, EuGHE 1985, 1969, Rn. 14 f. (Pauvert).
[263] *EuGH,* Rs. 303/81, EuGHE 1983, 1507, Rn. 34 (Kloeckner); *EuGH,* Rs. 188/82, EuGHE 1983, 3721, Rn. 11 (Thyssen).
[264] *EuGH,* Rs. 54/65, EuGHE 1966, 530, 545 (Compagnie des Forges de Chatillon).
[265] *EuGH,* Rs. 71/74, EuGHE 1975, 563, Rn. 19/20 (Frubo).
[266] *EuGH,* Rs. 90/77, EuGHE 1978, 995, Rn. 9 (Firma Hellmut Stimmig KG).
[267] Zur Einordnung der Auskunft nach Art. 12 ZK als Zusage vgl. *Seer* in Tipke/Kruse, Vor § 204 AO Rn. 44 ff.

§ 39   Teil III. Verwaltungsakt

Wirkung (§ 35 Rn. 359).[268] Art. 12 Abs. 5 ZK trifft eine mit § 38 Abs. 3 vergleichbare Regelung über den Wirksamkeitsverlust bei Änderung der Sach- und Rechtslage.

IX. Landesrecht

128 Das Landesrecht hat § 38 wortgleich übernommen. Zur Fortgeltung von Zusicherungen und Zusagen aus der Zeit der DDR nach Art. 19 EVertr. s. § 35 Rn. 367.

X. Vorverfahren

129 Wenn auch in der Praxis nicht bedeutsam, so ist § 38 doch auch im **Vorverfahren** anwendbar (§ 79).[269] Ein Anwendungsbereich ist z. B. im Verhältnis zu einem begünstigten oder belasteten Dritten gegeben (Rn. 69, 77 f., 119 ff.). Allerdings kann die Widerspruchsbehörde nur insoweit eine Zusicherung abgeben, als ihre funktionelle Zuständigkeit reicht (Rn. 62). Selbstverständlich ersetzt eine Zusicherung nicht das Vorverfahren nach §§ 68 ff. VwGO.[243]

§ 39 Begründung des Verwaltungsaktes

(1) ¹Ein schriftlicher oder elektronischer sowie ein schriftlich oder elektronisch bestätigter Verwaltungsakt ist mit einer Begründung zu versehen. ²In der Begründung sind die wesentlichen tatsächlichen und rechtlichen Gründe mitzuteilen, die die Behörde zu ihrer Entscheidung bewogen haben. ³Die Begründung von Ermessensentscheidungen soll auch die Gesichtspunkte erkennen lassen, von denen die Behörde bei der Ausübung ihres Ermessens ausgegangen ist.

(2) Einer Begründung bedarf es nicht,
1. soweit die Behörde einem Antrag entspricht oder einer Erklärung folgt und der Verwaltungsakt nicht in Rechte eines anderen eingreift;
2. soweit demjenigen, für den der Verwaltungsakt bestimmt ist oder der von ihm betroffen wird, die Auffassung der Behörde über die Sach- und Rechtslage bereits bekannt oder auch ohne Begründung für ihn ohne weiteres erkennbar ist;
3. wenn die Behörde gleichartige Verwaltungsakte in größerer Zahl oder Verwaltungsakte mit Hilfe automatischer Einrichtungen erlässt und die Begründung nach den Umständen des Einzelfalls nicht geboten ist;
4. wenn sich dies aus einer Rechtsvorschrift ergibt;
5. wenn eine Allgemeinverfügung öffentlich bekannt gegeben wird.

Vergleichbare Vorschriften: § 121 AO 1977; § 35 SGB X, der Abs. 1 S. 3 als „Muss"-Regelung ausgebildet hat und in den Fällen des Abs. 2 Nr. 1 bis 3 eine Begründungspflicht auf Verlangen gibt (s. Rn. 4).

Abweichendes Landesrecht: Bis auf Schleswig-Holstein haben die Länder § 39 wortgleich übernommen. Auch die Änderungen durch das 3. VwVfÄndG (Einl. Rn. 44, § 1 Rn. 277) sind inzwischen einheitlich umgesetzt worden. **§ 109 LVwG SchlH** enthält gegenüber § 39 folgende Abweichungen: **§ 109 Abs. 2** (hierzu Rn. 110) lautet: „Bei Leistungs-, Eignungs- und ähnlichen Prüfungen von Personen genügt eine mündliche Begründung. Auf Antrag ist eine schriftliche oder elektronische Begründung zu erteilen. Der Antrag kann nur innerhalb einer Frist von zwei Wochen nach Bekanntgabe des Verwaltungsaktes gestellt werden." Die § 39 Abs. 2 entsprechende Regelung ist in **§ 109 Abs. 3** enthalten. § 109 Abs. 3 Nr. 1 LVwG lautet abweichend von § 39 Abs. 2 Nr. 1 VwVfG: „soweit [...] der Verwaltungsakt nicht in Rechte *einer anderen Person* eingreift." § 109 Abs. 3 Nr. 2 LVwG lautet abweichend von § 39 Abs. 2 Nr. 2 VwVfG „soweit *derjenigen Person, für die* der Verwaltungsakt bestimmt ist oder *die* von ihm betroffen wird. [...]"

Entstehungsgeschichte: Bis zum Inkrafttreten des VwVfG vgl. § 39 der 6. Aufl. § 39 Abs. 1 S. 1 und Abs. 2 Nr. 3 haben ihre heutige Form durch das 3. VwVfÄndG (hierzu Einl. Rn. 44, § 1 Rn. 277) erhalten, das insoweit ohne Änderungen dem Regierungsentwurf (BT-Drs. 14/9000) folgte. Darüber hinaus wurde die Bestimmung durch die Bek. der Neufassung v. 21. 1. 2003 (BGBl I 102) an die neue Rechtschreibung angepasst. Abs. 1 lautete in seiner ursprünglichen Fassung: „Ein schriftlicher oder schriftlich bestätigter Ver-

---
[268] *BFH* HFR 2001, 369; *Friedrich* StuW 1995, 15, 23.
[269] A. A. *Busch* in Knack, § 79 Rn. 109 (da mit Kontrollzweck des Vorverfahrens unvereinbar).

waltungsakt ist schriftlich zu begründen." Abs. 2 Nr. 2 enthielt in seiner ursprünglichen Fassung vor dem Wort „Begründung" das Wort „schriftliche" (zu dieser Streichung Rn. 92).

Literatur: *Müller-Ibold,* Die Begründungspflicht im europäischen und im deutschen Recht, 1990; *Koenig,* Der Begründungszwang in mehrpoligen Verwaltungsrechtsverhältnissen am Beispiel umweltrelevanter Entscheidungen, AöR 117 (1992), S. 514 ff.; *Schwab,* Die Begründungspflicht nach § 39 VwVfG, 1991; *Boroswski,* Intendiertes Ermessen, DVBl 1998, 149 ff.; *Brehm,* Nachbesserung der Bewertungsbegründung durch den Prüfer und Pflichten des Anwalts, NVwZ 2001, 880 ff.; *Müller-Franken,* Begründung von Prüfungsentscheidungen bei Berufszugangsprüfungen, VerwArch 92 (2001), S. 507 ff.; *Kischel,* Die Begründung, 2003; *Kischel,* Folgen von Begründungsfehlern, 2004; *U. Stelkens,* Europäische Rechtsakte als „Fundgruben" für allgemeine Grundsätze des deutschen Verwaltungsverfahrensrechts, 2004, S. 129 ff.; *Wölki,* Verwaltungsverfahrensgesetz (VwVfG) im Wertewandel – Eine interdisziplinäre Untersuchung zu zeitgemäßen Entstehungsvoraussetzungen eines VA unter dem Grundgesetz, 2004; *Calliess,* Gerichtliche Kontrolldichte und institutionelle Begründungspflicht im Europarecht – ein Kompensationsverhältnis, in „Für Sicherheit, für Europa" – Festschrift für Volkmar Götz, 2005, S. 239 ff.; *Robrecht,* Schriftliche Begründung und Bestätigung von VA – unter besonderer Berücksichtigung der vollzugspolizeilichen Praxis, SächsVBl 2005, 241 ff.; *Schoch,* Begründung von VA, Jura 2005, 757 ff.; *Scheffer,* Begründungspflicht bei Personalentscheidungen, NVwZ 2007, 779 ff.; zur **elektronischen Begründung** s. die Nachweise **vor** § 3 a. Ausführlich zum Schrifttum vor 1996 s. § 39 der 6. Auflage.

Übersicht

	Rn.
I. Allgemeines	1
1. Funktionen der Begründung	1
2. Verfassungsrechtlicher Rahmen	2
3. Unmittelbarer Anwendungsbereich und zulässige Analogien	5
a) Begründungspflicht für schriftliche und elektronische Verwaltungsakte ungeachtet ihres Inhalts	5
aa) Insbesondere begünstigende Verwaltungsakte	6
bb) Insbesondere Kollegialentscheidungen	7
cc) Insbesondere Entscheidungen bei Beurteilungsermächtigungen	8
b) Schriftlich oder elektronisch bestätigte Verwaltungsakte	9
c) Mündliche Verwaltungsakte	11
d) „In anderer Weise erlassene" Verwaltungsakte	14
e) Fachrechtliche Sonderregelungen	15
f) Geltung außerhalb des Anwendungsbereichs des VwVfG	17
g) Geltung für Nicht-Verwaltungsakte	18
aa) Entscheidungen in Verteilungsverfahren	20
bb) Maßnahmen in Zusammenhang mit öffentlich-rechtlichen und privatrechtlichen Verträgen	21
cc) Verwaltungsinterna	22
dd) Anordnung der sofortigen Vollziehung	23
ee) Eingreifende Realakte	24
ff) Rechtsnormen/Regierungsakte	25
4. Verhältnis von Begründung und Verwaltungsakt, Rechtsfolgen fehlender und fehlerhafter Begründung	26
a) Unterscheidung zwischen Begründung und Verwaltungsakt	26
b) Formelle Rechtswidrigkeit bei Missachtung des § 39	27
c) Anspruch auf materiellrechtlich zutreffende Begründung?	30
d) Anspruch auf Änderung der Begründung	31
II. Form, Bekanntgabe und Sprache der Begründung	35
III. Inhalt der Begründung (Abs. 1 S. 2 und 3)	43
1. Angabe der wesentlichen tatsächlichen und rechtlichen Gründe	43
a) Allgemeines	43
b) Wesentliche Gründe	45
c) Keine vorgeschobenen Gründe	47
d) Tatsächliche Gründe	49
e) Rechtliche Gründe	50
g) Verfahrensrechtliche Erwägungen	53
2. Begründung von Ermessensentscheidungen (Abs. 1 S. 2 und 3)	55
a) Begründung nach § 39 Abs. 1 S. 2	55
b) Darstellung der Zweckmäßigkeitserwägungen nach § 39 Abs. 1 S. 3	59
c) § 39 Abs. 1 S. 3 als „Soll"-Vorschrift	65
d) Begründung bei „intendiertem Ermessen"	69
e) Begründung bei Planungsermessen	72
IV. Ausnahmen von der Begründungspflicht (Abs. 2)	73
1. Ausnahmen nach Ermessen	73
2. Geschriebene Ausnahmen	76
a) Antrags- und erklärungskonformer Verwaltungsakt (Nr. 1)	76

	Rn.
b) Kenntnis von und Erkennbarkeit der Sach- und Rechtslage (Nr. 2)	87
c) Gleichartige oder mit Hilfe automatischer Einrichtungen erlassene Verwaltungsakte (Nr. 3)	95
d) Besondere Rechtsvorschriften (Nr. 4)	100
e) Öffentlich bekannt gegebene Allgemeinverfügungen (Nr. 5)	104
f) Prüfungsentscheidungen (§ 2 Abs. 3 Nr. 2)	109
3. Ungeschriebene Ausnahmen?	115
a) Allgemeines	115
b) Begründung bei Eilfällen	116
b) Begründung von Vollstreckungsakten	118
c) Begründungsverzicht des Betroffenen	119
V. Europarecht	121
VI. Landesrecht	126
VII. Vorverfahren	127

I. Allgemeines

1. Funktionen der Begründung

1 Der Begründung werden – i.d.R. kumulativ – folgende **Funktionen** zugeschrieben, die auch Eingang in Abs. 28ff. des „Explanatory Memorandum" zu Abschnitt IV der Entschließung (77) 31 des Ministerkomitees des Europarates (Einl. Rn. 99) gefunden hat:[1] Die Begründung hat zunächst **partnerschaftliche Funktion,** eine Funktion, die im Zuge der Dienstleistungsorientierung der Verwaltung einen besonderen Stellenwert bekommt.[2] Kennt der Betroffene die Gründe der Behörde, ist er vielleicht auch eher geneigt, die Entscheidung zu akzeptieren; die Begründung trägt damit zur Akzeptanz bei (**Akzeptanz- oder Befriedigungsfunktion** [§ 9 Rn. 66]), was wiederum die Effektivität des Verwaltungshandelns steigert. Zugleich wird dem Bürger ermöglicht zu kontrollieren, ob sein Bemühen um Einfluss auf die Verfahrensgestaltung und das Verfahrensergebnis (§ 9 Rn. 60) berücksichtigt worden ist. Die Begründung erklärt den Inhalt der Entscheidung (**Klarstellungs-, Beweisfunktion).** Der Betroffene kann innerhalb der Rechtsbehelfsfristen besser entscheiden, ob ein Rechtsbehelf eingelegt werden soll; die Begründung ermöglicht ihm, unter Abschätzung des Kostenrisikos (vgl. Rn. 27) seiner **Anfechtungslast** (§ 35 Rn. 4) nachzukommen, um die Bindungswirkung des VA abzuwehren. Ferner haben das Gericht wie zuvor die Widerspruchsbehörde eine bessere Möglichkeit, die Verwaltungsentscheidung nachzuprüfen (**Rechtsschutzfunktion),** s. Rn. 2, § 9 Rn. 63. Neben der Kontrolle im Rechtsbehelfsverfahren ermöglicht die Begründung eine stärkere Eigenkontrolle der Verwaltung (**Selbst-Kontrollfunktion),** sowie im öffentlichen Interesse die Festlegung der maßgeblichen Beweggründe – auch aus der Sicht der Vollständigkeit der Aktenführung (§ 9 Rn. 53) – für spätere Verfahren, s. auch Rn. 4, 59, 76, 120. Die Begründungspflicht dient damit nicht nur dem Individualinteresse des Betroffenen, sondern ist darüber hinaus **auch im Allgemeininteresse unverzichtbar** und damit z.B. auch dann nicht bedeutungslos, wenn ein VA an einen Verwaltungsträger gerichtet ist.[3]

2. Verfassungsrechtlicher Rahmen

2 Wegen ihrer Funktionen (Rn. 1) leitet *BVerfG* aus dem **Rechtsstaatsprinzip** und **Art. 19 Abs. 4 GG** einen Anspruch des Staatsbürgers, in dessen Rechte eingegriffen wird, ab, die Gründe des Eingreifens zu erfahren, weil er nur dann seine Rechte sachgemäß verteidigen kann und nicht bloßes Objekt des Verfahrens ist,[4] § 1 Rn. 42, § 9 Rn. 46. In seiner Rspr. zu berufsbezogenen Prüfungen (näher hierzu Rn. 110ff., § 2 Rn. 131ff., § 9 Rn. 21, § 40 Rn. 177ff.)

---

[1] Ausführlich hierzu und m.w.N. *Kischel*, Begründung, 2003, S. 38ff.
[2] Diese Funktion betonend *Wölki*, VwVfG im Wertewandel, 2004, S. 225ff.
[3] Nur eingeschränkte Bedeutung spricht *VG München* NVwZ-RR 2000, 742, 743 der Begründung in einem solchen Fall zu.
[4] *BVerfGE* 6, 32, 44; 40, 276, 286 = NJW 1976, 37; *BVerwGE* 22, 212, 217; *BVerwGE* 38, 191, 194; 91, 24, 45 = NVwZ-RR 1993, 621; *BVerwG* NJW 1981, 1917, 1918 (insoweit in *BVerwGE* 61, 105 nicht abgedruckt).

geht *BVerfG*[5] hierüber noch hinaus: Es leitet aus den Grundrechten Begründungspflichten ab, die zum einen von Art und Intensität des Grundrechtseingriffs, zum andern davon abhängig sein sollen, inwieweit der Grundrechtsschutz durch die nachträgliche Kontrolle der Gerichte gewährleistet ist. Mit dieser Einbettung der Begründungspflicht in die Rspr. zum **Grundrechtsschutz durch Verfahren** (§ 1 Rn. 45 ff., § 9 Rn. 21, § 45 Rn. 129 ff.) erweitert sich die ursprüngliche Sicht, die einen Begründungszwang zunächst nur für **belastende VA** als verfassungsmäßig geboten ansah.[6] Es gilt nun eine Pflicht zur Begründung für jeglichen VA, der subjektiv öffentliche Rechte des Bürgers tangiert. Die Rspr. hat daher teilweise unter Berufung auf die Rspr. zum Prüfungsrecht Begründungspflichten auch in anderen Fallgestaltungen mit Grundrechtsbezug gefordert.[7]

Die vom *BVerfG* vorgenommene verfassungsrechtliche Verankerung der Begründungspflicht **3** wird in der Lit. im Ergebnis (wenn auch teilweise mit anderer Schwerpunktsetzung) geteilt.[8] Zusätzlich wird auch auf das **Demokratieprinzip** zurückgegriffen, da die Begründung dem Zweck diene, dem Betroffenen von der Richtigkeit der Entscheidung zu überzeugen, die Entscheidung also durch Konsens zu legitimieren.[9]

Da auch die **Verwaltungseffizienz** verfassungsrechtliche Bezüge aufweist (§ 9 Rn. 76 ff.), **4** sind allerdings auch die Ausnahmen von der Begründungspflicht des § 39 Abs. 2 im Grundsatz verfassungsrechtlich vorgeprägt, da sie der Belastungsfähigkeit und Effizienz einer funktionierenden Verwaltung Rechnung tragen.[10] Allerdings darf die mit einer Begründungspflicht einhergehende Belastung nicht zu hoch eingeschätzt werden: Belastend ist zumeist nicht die Formulierung der Gründe, sondern die Feststellung des Sachverhalts und die korrekte Rechtsanwendung. Hiervon entlastet auch § 39 Abs. 2 nicht.[11] Jedenfalls wird durch den Ausnahmekatalog einer zu starken **Belastung der Verwaltung** durch den Begründungszwang entgegen gewirkt.[12] Die hierdurch erreichte **Balance** berücksichtigt aber auch, dass eine stärkere Belastung die Behörden nicht von den rechtsstaatlichen Grundsätzen der Begründungspflicht entbinden kann.[13] Deshalb ist der **Ausnahmekatalog** des § 39 Abs. 2 zwar **verfassungsrechtlich hinnehmbar**.[14] § 35 Abs. 3 SGB X, der auf Verlangen auch in den Ausnahmefällen der Nr. 1 bis 3 einen Anspruch auf nachträgliche Begründung gibt, zeigt aber, dass schon die durch § 39 gefundene Lösung den Effektivitätsinteressen der Verwaltung weit entgegenkommt. Die Behörde hat es in der Hand, durch **verfassungskonforme Anwendung der Ausnahmeregelungen,** die kein „Muss" sind, sondern in ihrem Ermessen stehen (Rn. 74), zu berücksichtigen, dass die Funktionen der Begründungspflicht, insbes. die Funktion des Individualrechtsschutzes (Rn. 1) gewahrt und der verfahrensrechtliche Grundrechtsschutz (Rn. 2) eingehalten wird.[15] Dies ist auch bei Auslegung des § 39 Abs. 1 S. 3 (Rn. 55 ff.) und des Abs. 2 (Rn. 73 ff.) zu berücksichtigen.

3. Unmittelbarer Anwendungsbereich und zulässige Analogien

a) Begründungspflicht für schriftliche und elektronische Verwaltungsakte ungeach- 5 tet ihres Inhalts: § 39 gilt – innerhalb des Anwendungsbereichs des VwVfG – nach Abs. 1 S. 1 unmittelbar zunächst nur für schriftliche VA (zum Begriff § 37 Rn. 57 ff.) und – seit dem 3. VwVfÄndG (Einl. Rn. 44, § 1 Rn. 277) – auch für elektronische VA (zum Begriff § 37

---

[5] *BVerfGE* 84, 34, 46, 47 = NJW 1991, 2005; *BVerwGE* 84, 59 = NJW 1991, 2008.
[6] Vgl. etwa *BVerwGE* 51, 1, 4 f.; *Ule/Laubinger*, § 1 Rn. 10.
[7] *BVerwGE* 91, 24, 45 = NVwZ-RR 1993, 621 (für Entscheidung über Lehrbefugnis); *OVG Münster* NVwZ-RR 1995, 667 (für Ablehnung der Verleihung des Titels „außerplanmäßiger Professor"); *VG Chemnitz* LKV 1996, 168 (für Aberkennung eines Professorentitels); *VG Weimar* NVwZ-RR 2002, 394, 395 (für Entscheidung über Sperrerklärung nach § 96 StPO).
[8] Ausführlich zu den einzelnen Herleitungen und ihrer Kritik *Kischel*, Begründung, 2003, S. 63 ff., 116 ff., 123 ff.
[9] *Kischel*, Begründung, 2003, S. 106 ff. m. w. N.
[10] *Liebetanz* in Obermayer, VwVfG, § 39 Rn. 7; *Schmidt-Aßmann* in Maunz/Dürig, Art. 19 Abs. 4 Rn. 253.
[11] *Kischel*, Begründung 2003, S. 234 f.
[12] *VG Chemnitz* LKV 1996, 168, 169; *Dechsling* DÖV 1985, 714, 715; *Dolzer* DÖV 1985, 9, 13; *Schwab* DÖD 1992, 9.
[13] *Kischel*, Begründung, S. 233 ff.
[14] Wie hier st. Rspr. und *Henneke* in Knack, § 39 Rn. 12; *Kischel*, Begründung, 2003, S. 400; *Schwab*, Begründungspflicht nach § 39 VwVfG, 1991 S. 95; *ders.* DÖD 1992, 9, 10.
[15] *Kischel*, Begründung 2003, S. 230 ff., 400; *Wölki*, VwVfG im Wertewandel, 2004, S. 226 f.

Rn. 64). Damit ist alleiniger Anknüpfungspunkt des § 39 die VA-Form, nicht der Inhalt des VA. Dieser spielt allein für die in § 39 Abs. 2 vorgesehenen Ausnahmen eine Rolle. Daher besteht die Begründungspflicht nach § 39 Abs. 1 S. 1 allgemein: So sind auch VA im Bereich der **gebundenen Verwaltung** zu begründen, auch wenn sich hier im Einzelfall u. U. die Begründungspflicht auf die Nennung der Ermächtigungsgrundlage beschränken kann,[16] s. Rn. 50, 93. Zu begründen sind aber auch **Ermessensentscheidungen**, wie das Wort „auch" in § 39 Abs. 1 S. 3 erkennen lässt, hierzu Rn. 55 ff.

6   aa) **Insbesondere begünstigende Verwaltungsakte:** Aus der Allgemeinheit der Begründungspflicht folgt zudem, dass nicht nur belastende, sondern auch begünstigende schriftliche oder elektronische VA zu begründen sind.[17] Dies entspricht den im Allgemeininteresse liegenden Funktionen der Begründung (Rn. 1),[18] weshalb die Begründung auch begünstigender VA bereits vor Erlass des VwVfG, wenn auch nicht als verfassungsrechtlich geboten, so doch zumindest als zweckmäßig angesehen worden war.[19] Es gibt daher im Anwendungsbereich des VwVfG keine Befreiung von der Begründungspflicht **aus der Natur der Sache**, vgl. Rn. 101. Entgegen *BSG*[20] entfällt eine Pflicht zur Begründung also z. B. auch dann nicht, wenn ein bereits ausführlich begründeter VA zugunsten des Betroffenen abgeändert wird. Bei begünstigenden VA sind aber häufig die Ausnahmen des § 39 Abs. 2 Nr. 1 und 2 einschlägig, s. Rn. 76 ff., 87 ff. Für **VA mit Drittwirkung** Rn. 83 ff.

7   bb) **Insbesondere Kollegialentscheidungen:** Der Begründungszwang für schriftliche und elektronische VA gilt auch für Kollegialentscheidungen.[21] Die insoweit in einer früheren Entscheidung des *BVerwG*[22] geäußerten Bedenken, die auch oftmals für die „Unbegründbarkeit" von Mehrheitsentscheidungen bei der Wahl von Personen in bestimmte Ämter[23] und von formellen Gesetzen[24] (Rn. 25) herangezogen werden, haben in § 39 nicht zu einer Ausnahme geführt. Die Begründung, die § 39 verlangt, muss nicht die einzelnen (möglicherweise sachfremden, möglicherweise gar nicht vorhandenen [„Abnicken"]) Beweggründe jedes Kollegiumsmitglieds für eine Entscheidung wiedergeben, sondern die „tragenden" Gründe (Rn. 45), also die Gründe, auf die sich das Kollegium (möglicherweise nur mehrheitlich) einigen konnte, bezüglich derer die Kollegiumsmitglieder (mehrheitlich) der Ansicht sind, dass sie die Entscheidung im Verhältnis zum Bürger rechtfertigen kann.[25] Dass auch Kollegialentscheidungen begründbar sind, zeigen i. Ü. die Begründungen von Gerichtsurteilen und von Entscheidungen, die durch Prüfungsausschüsse oder durch Widerspruchs- oder Beschlussausschüsse ergehen.[26] Die Begründung schreibt i. d. R. der **Vorsitzende** des Kollegiums, der die in der Diskussion erkennbare, ggf. durch Abstimmung (§ 91) zu ermittelnde Mehrheitsmeinung darstellen muss,[27] § 37 Rn. 99.

8   cc) **Insbesondere Entscheidungen bei Beurteilungsermächtigungen:** Da in § 39 Abs. 1 S. 1 und 2 keine Ausnahme vorgesehen ist, sind auch schriftliche und elektronische VA, die auf einer Beurteilungsermächtigung (s. § 40 Rn. 158 ff.) beruhen, zu begründen. Dies gilt auch bei **Planungsentscheidungen** (Rn. 72) und **Bewertungen insbes. politischer, wirtschaftlicher und pädagogischer Art**.[28] Die eingeschränkte gerichtliche Kontrolldichte lässt nicht nur die wesentlichen Funktionen der Begründungspflicht (Rn. 1) unberührt, sondern

---

[16] Für diesen Fall a. A. *VGH München* BayVBl 1995, 84.
[17] Wie hier *Henneke* in Knack, § 39 Rn. 5.
[18] *Kischel*, Begründung, 2003, S. 156 ff.
[19] *Schick* JuS 1971, 1, 5; *Wendt* JA 1980, 25, 30; *Wolff/Bachof* I, 9. Aufl. 1974, § 50 II d 2, S. 420.
[20] BSG NZS 2000, 210, 211.
[21] Ebenso *OVG Magdeburg* LKV 1994, 60, 62; *Dolzer* DÖV 1985, 9, 17; *Henneke* in Knack, § 39 Rn. 8; *Kopp/Ramsauer*, § 39 Rn. 7; *Müller-Ibold*, S. 222 f.
[22] BVerwGE 12, 20, 26 f. = NJW 1961, 1321.
[23] Für **Richterwahlausschuss:** BVerfGE 24, 268, 274 ff.; BVerwGE 105, 89, 92 = DtZ 1997, 281; für Wahl kommunaler Wahlbeamter: *OVG Münster* NVwZ-RR 2002, 291, 292.
[24] StGH BW NJW 1975, 1205, 1214. Hiergegen *Rixecker* FS Ellscheid, 1999, S. 126, 131.
[25] *Kischel*, Begründung, 2003, S. 360 ff.
[26] Vgl. auch BVerwGE 99, 371, 376 = DtZ 1996, 118; *VG Berlin* NJW 1973, 1148. S. ferner für kommunale Kollegialentscheidungen *Gern/Schönhoff* VBlBW 1985, 43.
[27] OVG Magdeburg LKV 1994, 60, 62; *Dolzer* DÖV 1985, 9, 17; *Kischel*, Begründung, 2003, S. 361.
[28] S. z. B. *Günther* NWVBl 1991, 181; *Kopp/Ramsauer*, § 39 Rn. 28; *Müller-Ibold*, Die Begründungspflicht im europäischen und im deutschen Recht, 1990; S. 216 f.; *Scheffler* DÖV 1977, 767, 771 m. w. N.

verlangt aus den unter Rn. 2f. genannten verfassungsrechtlichen Gesichtspunkten eine Verfahrensstruktur, die willkürliches Behördenhandeln ausschließt. Je eingeschränkter die gerichtliche Kontrolle, desto eingehender muss dementspr. gerade die Begründung sein.[29] Selbst die Ausnahme in § 2 Abs. 3 Nr. 2 wurde vom *BVerfG* durch ein weitgehendes verfassungsrechtliches Begründungserfordernis verdrängt, s. Rn. 110 ff.

b) Schriftlich oder elektronisch bestätigte Verwaltungsakte: Zu begründen sind auch schriftlich oder elektronisch bestätigte VA. Gemeint ist damit, dass in der Bestätigung, die selbst kein VA ist (§ 37 Rn. 87), der bestätigte VA zu begründen ist, Rn. 35, § 37 Rn. 88. § 39 Abs. 1 S. 1 knüpft dabei nicht auf das Vorliegen eines Bestätigungsanspruchs nach § 37 Abs. 2 S. 2 (§ 37 Rn. 80 ff.) an, sondern nur an eine tatsächliche Bestätigung, auch dann, wenn sie von Amts wegen (§ 37 Rn. 82) oder auf Grund eines verspäteten Antrags (§ 37 Rn. 85) erfolgt ist. Unerheblich für die Begründungspflicht ist auch, welche Form (mündlich, elektronisch, „in anderer Weise erlassen") der bestätigte VA selbst hat. 9

Für die Begründungspflicht der Bestätigung ist dementspr. ebenfalls unerheblich, ob der VA selbst bereits mündlich (Rn. 11 f.) oder elektronisch begründet worden ist. Daher ist auch eine schriftliche Bestätigung eines elektronischen VA nach § 37 Abs. 2 S. 3 (schriftlich, Rn. 36) zu begründen, wenn der elektronische VA selbst bereits mit einer (elektronischen) Begründung versehen war, wie dies § 39 Abs. 1 S. 1 fordert, s. Rn. 5. Diese „doppelte" Begründungspflicht erklärt sich aus der spezifischen Funktion der schriftlichen Bestätigung nach § 37 Abs. 2 S. 3, als Art „beglaubigte Abschrift" des elektronischen VA zu dienen, s. § 37 Rn. 90. Hieraus folgt dann auch, dass die **schriftliche Begründung** der Bestätigung **mit der elektronischen Begründung des elektronischen VA wortlautidentisch** sein muss, soll die Bestätigung hier ihren Sinn erfüllen. 10

c) Mündliche Verwaltungsakte: § 39 Abs. 1 S. 1 selbst begründet keine Pflicht zur (sofortigen) mündlichen Begründung eines mündlichen VA, anders teilweise das Fachrecht (§ 13 Abs. 1 VersG). Jedoch verbietet § 39 Abs. 1 S. 1 der Behörde natürlich nicht, einen mündlichen VA mündlich zu begründen.[30] Ob sie dies tut, steht nach h.M. in ihrem **Ermessen** (s.a. Rn. 12); dabei wird bei mündlichen VA vielfach eine der in **§ 39 Abs. 2** genannten Situationen vorliegen, so dass eine Ablehnung auch bei entsprechender Nachfrage ermessensgerecht ist. Ermessensgerecht ist auch die Ablehnung in **Eilfällen**, vgl. Rn. 116 f. In sonstigen Fällen liegt es vielfach auch im **Behördeninteresse** auf entsprechende Nachfrage des Betroffenen eine mündliche Begründung zu geben, auch um den Aufwand eines durch eine Ablehnung provozierten (auch mündlich möglichen, § 37 Rn. 81) Antrags auf schriftliche Bestätigung nach § 37 Abs. 2 S. 1 zu entgehen. Hier greift auch die **Akzeptanz- und Partnerschaftsfunktion** (Rn. 1) im vollen Umfang. 11

Die grundlose Ablehnung einer mündlichen Begründung ist deshalb bei entsprechender **Nachfrage** ermessensfehlerhaft, zumal die Begründung i.d.R. kurz ausfallen kann, da sich mündliche VA ohnehin nur für einfache Sachverhalte eignen (§ 37 Rn. 49 f.). Der Sache nach besteht daher eine **Pflicht zur mündlichen Begründung auf Nachfrage, wenn kein Grund des § 39 Abs. 2 oder Eilbedürftigkeit vorliegt.**[31] Insoweit lässt sich die Rspr. des *BVerwG* zur Begründungspflicht bei mündlichen Prüfungen (Rn. 113) verallgemeinern, s.a. § 109 Abs. 2 LVwG SchlH. Dass diese Pflicht in § 39 nicht genannt ist, steht ihrer Anerkennung nicht entgegen, da das VwVfG hinsichtlich der Anerkennung von Verfahrensrechten gegenüber der Verwaltung nicht abschließend ist, und der Gesetzesvorbehalt für die Anerkennung von Rechten gegenüber der Verwaltung nicht gilt.[32] 12

Wird ein VA mündlich begründet, lässt dies für sich allein jedoch weder das berechtigte Interesse an einer schriftlichen Bestätigung entfallen (§ 37 Rn. 83) noch kann dies die Anwendung des § 39 Abs. 2 Nr. 2 rechtfertigen, s. Rn. 92. 13

d) „In anderer Weise erlassene" Verwaltungsakte: § 39 selbst begründet auch keine Pflicht zur Begründung „in anderer Weise" erlassener VA (§ 37 Rn. 79). Jedoch besteht eine 14

---

[29] *VG Berlin* NJW 1973, 1148; *Kellner* DÖV 1972, 801, 803; *Koenig* AöR 117 (1992), S. 514, 538.
[30] *Robrecht* SächsVBl 2005, 241, 242.
[31] Ausführlich *Kischel*, Begründung 2003, S. 237 ff.; ebenso *Hufen*, Fehler im VwVf, Rn. 298; ausdrücklich a.A. *VGH Mannheim* NVwZ 1989, 163 und § 39 Rn. 16 der 6. Aufl.
[32] *U. Stelkens* ZEuS 2004, S. 129, 149 f.

Pflicht zur schriftlichen Begründung, soweit § 37 Abs. 2 S. 2 auf solche „in anderer Weise erlassenen" VA **analog** anzuwenden ist, bei denen sich die Rechts- und Interessenlage sowohl auf Seiten des Betroffenen als auch auf Seite der Behörde in keiner Weise von der Rechts- und Interessenlage bei mündlichen VA unterscheidet (s. § 37 Rn. 92). In diesen Fällen wird man unter den Voraussetzungen der Rn. 12 auch eine Pflicht zur mündlichen Begründung auf Nachfrage anzunehmen haben. Dies ist anders bei den Fällen „in anderer Weise erlassener" VA, die sich nicht zur schriftlichen Bestätigung eignen, s. § 37 Rn. 91. Zur fehlenden Begründungspflicht bei Verkehrszeichen s. Rn. 105.

15 e) **Fachrechtliche Sonderregelungen:** Vielfach sieht das Fachrecht (auch das Gemeinschaftsrecht, Rn. 125) besondere Begründungspflichten vor, die entsprechend dem Subsidiaritätsgrundsatz (§ 1 Rn. 206 ff.) § 39 vorgehen. Teilweise ist nur eine Begründungspflicht ohne Festlegung des Begründungsinhalts vorgesehen. Dann kann § 39 Abs. 1 S. 2 und 3 zur Bestimmung des Umfangs der Begründungspflicht herangezogen werden.[33] Soweit keine oder spezifische Ausnahmegründe vorgesehen sind, kann jedoch *nicht* auf § 39 Abs. 2 (ergänzend) zurückgegriffen werden.[34] Die Begründungspflicht gilt dann eben ausnahmslos. Gesetzliche Regelungen sind z. B. (**§ 74 Abs. 1 i.V.m.**) **§ 69 Abs. 2 VwVfG** (§ 69 Rn. 13, § 74 Rn. 157 ff.), **§ 73 Abs. 3 VwGO** (Rn. 128 ff.), **§ 31 Abs. 1 S. 2 AsylVfG,**[35] **§ 10 Abs. 7 BImSchG i.V.m. § 21 Abs. 1 Nr. 5 9. BImSchV,**[36] **§ 131 TKG.** Im Landesrecht sind oftmals besondere Begründungspflichten für Kommunalaufsichtsmaßnahmen vorgesehen.[37] Zu **Rechtsvorschriften,** die die **Begründung einschränken** oder **ausschließen** s. Rn. 100 ff.

16 Teilweise stellt das Fachrecht auch **besondere Anforderungen an den Begründungsinhalt** auf (z. B. **§ 16 Abs. 1 Nr. 5 AtVfV, § 11 S. 4 und 5 UVPG** [hierzu auch Rn. 125]). Auch § 90 Abs. 5 S. 3 **UGB-KomE** sollte die Behörde ausdrücklich verpflichten, in der Begründung einer Vorhabengenehmigung (§ 35 Rn. 9) darzulegen, weshalb sie sich bei mehreren Alternativen für die gewählte Lösung entschieden hat.

17 f) **Geltung außerhalb des Anwendungsbereichs des VwVfG:** § 39 gilt nicht in den Bereichen, in denen das VwVfG nach § 2 ganz oder teilweise verdrängt wird. Allerdings ist bei Fehlen besonderer Vorschriften der verfassungsrechtliche Grundsatz der Begründungspflicht, der bereits vor der konkreten Ausgestaltung des § 39 galt (Rn. 2 ff.), für VA außerhalb des Anwendungsbereichs des VwVfG anwendbar. Dadurch werden die konkreten Voraussetzungen des § 39 zwar an sich nicht zu einem **allgemeinen Rechtsgrundsatz,** wie die unterschiedlichen Gestaltungen des § 39 einerseits und § 121 AO, § 35 SGB X sowie die der Sonderregelungen (Rn. 10) und die Begründungsanforderungen des Prüfungsrechts (Rn. 109 ff.) andererseits zeigen. Dennoch ist eine **analoge Anwendbarkeit des § 39** als „allgemeinste" Regelung einem Rückgriff auf nicht näher spezifizierte allgemeine Rechtsgrundsätze vorzuziehen,[38] s.a. Rn. 19.

18 g) **Geltung für Nicht-Verwaltungsakte:** Schon seinem Wortlaut nach gilt § 39 unmittelbar nur für die Begründung von VA. Jedoch wird in vielen Bereichen eine Erstreckung der für VA geltenden Begründungspflichten auf andere Verwaltungsmaßnahmen diskutiert, in denen sich die Sachlage im Hinblick auf die Begründungsfunktionen (Rn. 1) und auch die verfassungsrechtliche Ausgangslage (Rn. 2 ff.) nicht wesentlich unterscheiden,[39] s.a. § 1 Rn. 118 f., 154 f., 161 ff. Bei diesen Fragen ist i.d.R. eine **analoge Anwendung des § 39** einer Verfahrensweise vorzuziehen, die eine Maßnahme nur deshalb als VA qualifiziert, um zu einer unmittelbaren Anwendbarkeit des § 39 zu kommen. Umgekehrt indiziert der Umstand, dass bestimmte Maßnahmen (z. B. von der Zweistufentheorie) als VA qualifiziert wurden, um so zu einer Anwendbarkeit des § 39 (und anderer Verfahrensbestimmungen) zu kommen i.d.R., dass allgemein angenommen wird, eine Analogie zu § 39 sei in diesen Fällen gerechtfertigt, s. § 35 Rn. 44, 109.

---

[33] *BVerwG* Buchholz 424.01 § 4 FlurbG Nr. 10; weitergehend *Wendt* JA 1980, 25, 31, wonach aus der Begründungspflicht folgt, dass Ermessenserwägungen angegeben werden müssen.
[34] Wie hier *Wendt* JA 1980, 25, 32; *Ziekow,* VwVfG, § 39 Rn. 2.
[35] Dazu *VGH Kassel* NJW 1983, 2404; *P. Stelkens* ZAR 1985, 15, 23.
[36] Dazu *Koenig* AöR 117 (1992), S. 514, 528 ff.
[37] Vgl. *VGH Kassel* NVwZ-RR 1996, 405.
[38] *Kopp/Ramsauer,* § 39 Rn. 8; a. A. § 39 Rn. 7 der 6. Aufl.
[39] *Koch/Rubel/Heselhaus,* § 5 Rn. 5 ff.

19 § 39 analog anzuwenden ist auch einer Vorgehensweise vorzuziehen, die allgemein auf verfassungsrechtliche Begründungspflichten verweist, weil allgemeine ungeschriebene Rechtsgrundsätze den Inhalt der Begründungspflicht und ihre Ausnahmen nicht konkret genug umschreiben, um im Einzelfall operabel zu sein.[40] Im Anwendungsbereich von SGB X und AO sind jedoch § 35 SGB X bzw. § 121 AO analog heranzuziehen.[41]

20 **aa) Entscheidungen in Verteilungsverfahren:** Mittlerweile ist wohl weitgehend anerkannt, dass die Auswahl des erfolgreichen Bewerbers und die Gründe, weshalb der erfolglose Bewerber nicht zum Zuge gekommen ist, in der sog. **Vorab-Mitteilung** in allen Verteilungsverfahren (ausführlich hierzu § 35 Rn. 160 ff.) zu begründen ist, unabhängig davon, ob diese Verteilungsverfahren auf Erlass eines VA oder auf Abschluss ör. oder privatrechtlicher Verwaltungsverträge gerichtet sind und unabhängig davon, ob die Vorab-Mitteilung selbst als VA oder als schlichte Verfahrenshandlung (§ 35 Rn. 163) verstanden wird.[42] Entsprechendes sieht § 13 VgV für das Kartellvergaberecht (§ 35 Rn. 126) vor, gilt (jedenfalls aus gemeinschaftsrechtlichen Gründen) aber auch für das Vergabeverfahren unterhalb der Schwellenwerte, soweit Auftraggeber eine juristische Person des öffentlichen Rechts ist,[43] s. § 35 Rn. 124. Dabei ist Mindestinhalt der Begründung (vgl. § 13 S. 1 VgV): **Nennung des Namens des erfolgreichen Bewerbers**[44] (jedenfalls, wenn damit zu rechnen ist, dass der übergangene Bewerber damit wegen eines relativ geschlossenen Bewerberkreises etwas anfangen kann) und eine (nicht nur formelhafte) **Angabe der Qualitäten** des erfolgreichen Bewerbers, die rechtfertigen, ihn dem erfolglosen Bewerber vorzuziehen.[45] Dies entspricht **Art. 41 Abs. 2 der Vergabekoordinierungsrichtlinie:**[46] Hiernach sind (jedenfalls auf Nachfrage) die nicht berücksichtigten Bieter unverzüglich über die Gründe ihrer Ablehnung und die Merkmale und Vorteile des berücksichtigten Angebots zu informieren.

21 **bb) Maßnahmen in Zusammenhang mit öffentlich-rechtlichen und privatrechtlichen Verträgen:** Soweit nicht das Zivilrecht ausnahmsweise die Begründung der Ausübung von Gestaltungsrechten vorsieht, ist in Zusammenhang mit Verwaltungsverträgen nur in **§ 60 Abs. 2 S. 2**, eine Begründungspflicht für die Kündigung eines ör. Vertrages in den Fällen des § 60 Abs. 1 normiert, die jedoch nicht nur für die Behörde gilt, sondern auch für deren Vertragspartner (s. § 60 Rn. 31). Soweit die Zweistufentheorie in diesem Zusammenhang angewendet wird, wendet die h. M. jedoch § 39 auf die Ablehnung des Vertragsschlusses unmittelbar an, da dieser als VA gesehen wird, s. § 35 Rn. 109, 137. Insgesamt entspricht die Anerkennung einer Begründungspflicht für die Ablehnung eines Vertragsschlusses (auch außerhalb von Verteilungssituationen, Rn. 20) unabhängig von seiner Qualifikation als VA jedoch wohl der europäischen Rechtsentwicklung,[47] so dass schon deshalb in diesen Fällen heute § 39 analog angewandt werden sollte.[48]

---

[40] Im Ergebnis wie hier *Verfassungs- und Verwaltungsgericht der Vereinigten Ev.-Luth. Kirche Deutschlands* NVwZ-RR 2001, 348, 351; a. A. z. B. *Frenz* VergabeR 2007, 1, 5 f.
[41] S. hierzu *U. Stelkens* ZEuS 2004, S. 129, 162 f.; *ders.*, Verwaltungsprivatrecht, 2005, S. 1019 ff.
[42] *Hufen*, Fehler im VwVf, Rn. 442; *Kahl*, FS Zezschwitz, 2005, S. 151, 171 f.; *Kopp/Ramsauer*, § 39 Rn. 10; *Schmidt-Aßmann* in Maunz/Dürig, Art. 19 Abs. 4 Rn. 254; *U. Stelkens*, Verwaltungsprivatrecht, 2005, S. 980.
[43] *Frenz* VergabeR 2007, 1, 4.
[44] *VG Frankfurt a. M.* NVwZ 1991, 1210 (für beamtenrechtliche Vorab-Information); *VG Sigmaringen* NVwZ-RR 2002, 280, 282 (für beamtenrechtliche Vorab-Information); *BGH* NVwZ 2005, 845, 846 (für § 13 VgV); *LG Düsseldorf* NZBau 2003, 109 f.; ohne nähere Begründung ablehnend: *OVG Koblenz* NVwZ 2007, 109 (für Vorab-Information im Beamtenrecht).
[45] Allgemein bereits *Gusy* GewArch 1988, 322, 325 f.; für **beamtenrechtliche Vorab-Information:** *OVG Bautzen* NVwZ 2007, 847; *OVG Schleswig* NVwZ-RR 1994, 350; NVwZ-RR 1996, 266, 267; *VG Gelsenkirchen* NVwZ-RR 1997, 109; *VG Sigmaringen* NVwZ-RR 2002, 280, 282; *Bröhmer*, Transparenz als Verfassungsprinzip, 2004, S. 95 f.; *Scheffer* NVwZ 2007, 779, 780; restriktiver: *VG Frankfurt a. M.* NVwZ 1991, 1210, 1211; **für § 13 VgV:** *KG Berlin* NZBau 2002, 522, 523; *OLG Jena* VergabeR 2005, 521, 523; *Schröder* NVwZ 2002, 1440, 1441 f.; teilweise lässt die Rspr. zu § 13 VgV jedoch Formularschreiben genügen, um die Begründungspflicht nicht zu „überspannen": *BayObLG* NZBau 2002, 578; *OLG Düsseldorf* VergabeR 2001, 429, 430; *OLG Koblenz* NZBau 2002, 526, 527; NZBau 2003, 576, 577; *Vergabekammer des Bundes* VergabeR 2001, 321, 323.
[46] Richtlinie 2004/18/EG über die Koordinierung der Verfahren zur Vergabe öffentlicher Bauaufträge, Lieferaufträge und Dienstleistungsaufträge.
[47] *U. Stelkens* ZEuS 2004, S. 129, 147 f.
[48] Im Ergebnis wie hier: *Becker*, Verwaltungsprivatrecht und Verwaltungsgesellschaftsrecht, 1994, S. 83 ff.; *Henke*, Recht der Wirtschaftssubventionen als öffentliches Vertragsrecht, 1979, S. 215; *Hufen*, Fehler im

22 **cc) Verwaltungsinterna:** Die Rspr. hat bisher keine Begründungspflicht angenommen für verwaltungsinterne Mitwirkungshandlungen im **gestuften VwVf** (§ 35 Rn. 167 ff.) und für Weisungen und Verwaltungsvorschriften, auch wenn diese für die federführende Behörde bindend sind.[49] Dies kann die Funktionen der Begründung (Rn. 1) leer laufen lassen, wenn die Gründe auch der federführenden Behörde nicht bekannt sind und sie diese daher auch nicht nachrichtlich in die Begründung des VA übernehmen kann,[50] s. a. Rn. 48, 63 f. Keine Begründungspflichten gelten für sog. „**schlichte Verwaltungsgebote**" im Rahmen von **Sonderstatusverhältnissen** (§ 35 Rn. 198),[51] da Sinn der Herausnahme dieser „Gebote" aus dem VA Begriff i. d. R. gerade ist, die Funktionsfähigkeit der Verwaltung durch Entlastung von Verfahrenspflichten sicher zu stellen,[52] s. § 35 Rn. 146. Entsprechendes gilt auch für Verfahrenshandlungen, soweit sie nicht als VA anzusehen sind (§ 35 Rn. 148 ff.), s. a. Rn. 53.

23 **dd) Anordnung der sofortigen Vollziehung:** Da die Anordnung der sofortigen Vollziehung nach h. M. keinen VA darstellt (§ 35 Rn. 164), gilt § 39 hierfür nicht unmittelbar. Selbst die Mindermeinung sieht § 80 Abs. 3 VwGO als lex specialis zu § 39 an. Die Problematik ist mit der Problematik der Anwendung des § 28 vergleichbar (dort Rn. 11) und wirkt sich auf die Frage aus, ob § 39 Abs. 2 oder **§ 45** auch **für** die **Begründung nach § 80 Abs. 3 VwGO** gilt, s. § 9 Rn. 218, § 45 Rn. 37. Die getrennten Regelungen nach § 39 und nach § 80 Abs. 3 VwGO schließen selbstverständlich nicht aus, dass die Begründungen im konkreten Fall **aufeinander abgestimmt** und gegenseitig zur Auslegung herangezogen werden können.[53] Für die Begründung einer sofortigen Vollziehung einer AllgV s. Rn. 108.

24 **ee) Eingreifende Realakte:** Abschnitt IV der Entschließung (77) 31 des Ministerkomitees des Europarates (Einl. Rn. 99) geht durch Bezugnahme auf den „administrative act" (§ 35 Rn. 343) von einer schriftlichen Begründungspflicht auch für **zielgerichtete belastende Realakte** aus (Rn. 123), der jedoch auch dann Genüge getan ist, wenn sie auf Anfrage des Betroffenen innerhalb angemessener Zeit schriftlich erfolgt. So verstanden ist eine Begründungspflicht bei Realakten nicht schlechthin ausgeschlossen.[54] Dies gilt jedenfalls dann, wenn – wie hier – analog § 37 Abs. 2 S. 2 eine Pflicht zur Bestätigung zielgerichteter belastender Realakte angenommen wird, § 37 Rn. 93. Hiervon ist zu unterscheiden, dass die Rspr. die Ablehnung eines Realaktes oftmals als VA, nämlich als Entscheidung über das Nichtbestehen eines Anspruchs auf Vornahme des Realaktes versteht und deshalb diese Entscheidung in unmittelbarer Anwendung des § 39 für begründungsbedürftig hält, s. § 35 Rn. 99 ff.

25 **ff) Rechtsnormen/Regierungsakte:** Nach *EuGH*[55] lässt sich aus Art. 253 EG, der eine Begründungspflicht auch für Verordnungen und Richtlinien der EG vorsieht (Rn. 122), keine Begründungspflicht für Rechtsnormen der Mitgliedstaaten herleiten. Dementspr. wird eine allgemeine Begründungspflicht für **Parlamentsgesetze** in Deutschland auch weitgehend abgelehnt.[56] Zur Stendal-Entscheidung s. a. § 9 Rn. 95 ff. Bei **Rechts-VO und Satzungen** (für

---

VwVf, Rn. 442; *Pünder* in Erichsen/Ehlers, § 13 Rn. 51; *Schmidt-Aßmann* in Maunz/Dürig, Art. 19 Abs. 4 Rn. 254; *U. Stelkens* ZEuS 2004, S. 129, 157; wohl auch *Schwarz* in Fehling u. a., § 39 VwVfG Rn. 5; a. A. *Liebetanz* in Obermayer, § 39 Rn. 12.
[49] Gegen Begründungszwang für Verwaltungsvorschrift *OVG Münster* NVwZ 2002, 614; *Sauerland*, Verwaltungsvorschrift im System der Rechtsquellen, 2005, S. 335 ff.; gegen Begründungszwang für Entscheidung des Richterwahlausschusses: BVerfGE 24, 268, 274 ff.; BVerwGE 70, 270, 275 = NJW 1985, 1093; BVerwGE 105, 89, 92 = DtZ 1997, 281; BVerwGE 102, 174, 177 = DtZ 1997, 138.
[50] Für eine Begründungspflicht von Verwaltungsinterna, die eine erkennbar benachteiligende Wirkung im Außenbereich haben, daher *Hufen*, Fehler im VwVf., Rn. 490.
[51] *Bull/Mehde*, § 18 Rn. 731.
[52] Weitergehend *Kopp/Ramsauer*, § 39 Rn. 10.
[53] BVerwG DVBl 1986, 1159; VGH Kassel NJW 1988, 1281, 1283.
[54] *Robrecht* SächsVBl. 2005, 241, 247 f.; *Widmann*, Abgrenzung zwischen VA und eingreifendem Realakt, Diss. 1996, S. 9.
[55] EuGH, Rs. C-70/95, EuGHE I 1997, 3395 Rn. 18 ff. (Sodemare).
[56] StGH BW NJW 1975, 1205, 1214 (für Gesetz über Gebietsreform); VerfG LSA LKV 1995, 75, 79 (für Gesetz über Gebietsreform); ThürVerfG NVwZ-RR 1999, 55, 59 f. (für Gesetz über Gebietsreform); *Cremer* NVwZ 2004, 669, 671 ff.; *Rixecker* in Jung/Neumann, Rechtsbegründung – Rechtsbegründungen, FS Ellscheid, 1999, S. 126, 133 f.; *Waldhoff* in Depenheuer/Heintzen/Jestaed/Axer, Staat im Wort, FS Isensee, 2007, S. 325 ff.; ausführlich hierzu und m. w. N. *Kischel*, Begründung, 2003, S. 260 ff.; krit. zur fehlenden Begründungspflicht *Redeker/Karpenstein* NJW 2001, 2825 ff.

Verwaltungsvorschriften Rn. 22) wird eine Begründungspflicht jedoch öfter befürwortet.[57] Hier gerade § 39 analog anzuwenden dürfte jedoch nur in Betracht kommen, soweit es sich um Rechts-VO und Satzungen handelt, deren Regelungsgehalt auch in Form eines VA hätte ergehen können (s. § 35 Rn. 18, 264), weil nur in diesem Fall eine mit dem Erlass eines VA vergleichbare Interessenlage vorliegen kann.[58] Insoweit könnte **§ 9 Abs. 8 BauGB,** aber auch die von **Art. 9 Abs. 1 sog. SUP-Richtlinie**[59] vorgesehene Erklärung der Einbeziehung von Umwelterwägungen in Pläne und Programme, der auch für Rechtsnormen gilt, **Vorbildfunktion** haben, vgl. a. Rn. 125. Die **Rspr.** lehnt eine solche Begründungspflicht jedoch auch in solchen Fällen ab.[60] Wenn eine RechtsVO in Verfassungsrechte eingreift, verlangt jedoch BVerfG die Darlegung der Gründe im Gerichtsverfahren.[61] Ebenso hat sich die Rspr. auch dem Gedanken einer Begründungspflicht für einzelfallbezogene **Regierungsakte** (s. § 1 Rn. 186 ff., § 35 Rn. 212) verschlossen.[62] Für **Gnadenakte** s. § 1 Rn. 198.

4. Verhältnis von Begründung und Verwaltungsakt, Rechtsfolgen fehlender und fehlerhafter Begründung

a) **Unterscheidung zwischen Begründung und Verwaltungsakt:** Die Begründung ist 26 die Erklärung der Behörde, warum sie den **verfügenden Teil** des VA (§ 35 Rn. 143) so und nicht anders erlassen hat; sie ist mithin nur ein formaler Teil des VA (s. § 37 Rn. 3), mit dem VA nur äußerlich verbunden,[63] wie seit dem 3. VwVfÄndG auch durch die Worte „zu versehen" deutlich zum Ausdruck kommt, s. Rn. 35. Eine Untersagungsverfügung kann daher auch auf zwei alternative tatsächliche und rechtliche Begründungen gestützt werden, ohne dass deshalb vom Vorliegen zweier voneinander unabhängiger VA ausgegangen werden müsste.[64] Jedoch kann die Begründung **unverzichtbares Auslegungskriterium** zur Bestimmung des Inhalts eines VA sein (§ 35 Rn. 76, 143 f.) und deren Fehlen oder Unverständlichkeit dessen Bestimmtheit nach § 37 Abs. 1 tangieren, s. § 37 Rn. 3. Die Begründung bestimmt damit den Inhalt der getroffenen Regelung mit, vgl. Rn. 30, § 45 Rn. 48 ff.

b) **Formelle Rechtswidrigkeit bei Missachtung des § 39:** Fehlt die Begründung oder 27 entspricht sie nicht den Anforderungen des § 39 macht dies den VA formell rechtswidrig[65] und verletzt den Adressaten in seinen Verfahrensrechten. Dies gilt auch, wenn im **Fall des § 39 Abs. 2 ermessensfehlerhaft von der Begründung abgesehen wurde,** s. Rn. 74. Ob eine gerichtliche Aufhebung nach § 113 Abs. 1 S. 1 erfolgt, hängt von § 46 ab (vgl. § 46 Rn. 12, 15), falls der Fehler nicht nach § 45 Abs. 1 Nr. 2 geheilt wird. Die Unbeachtlichkeit nach § 46 und die Heilungsmöglichkeit nach § 45 relativiert jedoch die (ursprüngliche) Rechtswidrigkeit des VA nicht, § 45 Rn. 25, 33 ff. Sie kann daher auch in **Amtshaftungs- und Disziplinarverfahren** von Bedeutung sein. Hinzu tritt die Wiedereinsetzungsmöglichkeit nach **§ 45 Abs. 3,** s. § 45 Rn. 153 ff. Denkbar ist die **Kostenfolge aus § 155 Abs. 5 VwGO,** wenn die Behörde durch eine völlig unzutreffende Begründung den Kläger in den Prozess getrieben hat.[66] Für das Widerspruchsverfahren sieht § 80 Abs. 1 S. 2 eine Kostenfolge bei Heilung vor,[67] § 80 Rn. 37 ff.

---

[57] *v. Danwitz,* Gestaltungsfreiheit des Verordnungsgebers, 1989, S. 138 ff.; *Kischel,* Begründung, 2003, S. 304 ff.; *Schmidt-Aßmann* in Maunz/Dürig, Art. 19 Abs. 4 Rn. 253; *ders.,* Ordnungsidee, Rn. 6/87; *Trips,* Verfahren der exekutiven Normsetzung, 2006, S. 199 ff.; *Wigge* NZS 2001, 578, 582 f.
[58] *OVG Lüneburg* NVwZ-RR 1998, 728, 736; *Rixecker* in Jung/Neumann, Rechtsbegründungen – Rechtsbegründungen, FS Ellscheid, 1999, S. 126 ff.; wohl auch *Hufen,* Fehler im VwVf, Rn. 472; *Vogt,* Entscheidung als Handlungsform des EG-Rechts, 2005, S. 221 f.
[59] Richtlinie 2001/42/EG v. 27. 6. 2001 über die Prüfung der Umweltauswirkungen bestimmter Pläne und Programme.
[60] *BVerfG* NVwZ 1987, 879 (für Erhaltungssatzung nach § 39 h BBauGB = § 172 BauGB); *BVerwG* NVwZ-RR 1993, 286 (kein Verfassungsrang der Begründungspflicht für Bebauungspläne nach § 9 Abs. 8 BauGB); *VGH München* BayVBl 1994, 693 (für VO über Schulbezirkseinteilung); *VGH München* NJW 1997, 1385 (für Satzung über Kabeleinspeisung); *OVG Münster* NWVBl 2003, 95, 96 (für Flugroutenfestlegung); ebenso *Möstl* in Erichsen/Ehlers, § 18 Rn. 22.
[61] *BVerfGE* 85, 36, 57 = NVwZ 1992, 361, 362 (dazu *Redeker* NVwZ 1992, 305, 308).
[62] *BVerfG* NJW 1992, 3033; *BVerwG* NJW 1991, 936; *Rühl* DVBl 1993, 14.
[63] *Baumeister,* Beseitigungsanspruch als Fehlerfolge des rechtswidrigen VA, 2006, S. 166.
[64] *BGHZ* 147, 325, 332 f. = NJW 2001, 3782, 3784.
[65] S. nur *Baumeister,* Beseitigungsanspruch als Fehlerfolge des rechtswidrigen VA, 2006, S. 156.
[66] *VGH Kassel* NVwZ-RR 2001, 8.
[67] *Schwab,* Begründungspflicht nach § 39 VwVfG, 1991, S. 126 ff.; *ders.* DÖD 1993, 249, 253. S. a. *VG Gießen* NVwZ-RR 2001, 9, 10.

28 Auch die von § 39 Abs. 1 verlangten **Ermessensbegründungen** haben **verfahrensrechtlichen Charakter,** geben also für die materiellen Fragen, **ob** Ermessen überhaupt oder missbräuchlich ausgeübt und seine **Grenzen** eingehalten worden sind (§ 40 Rn. 53, 73 ff.), nur Anhaltspunkte, denen andere Belege, z. B. aus Aktenvermerken, gleich stehen. Das Fehlen einer Ermessensbegründung ist jedoch i. d. R. ein starkes **Indiz für einen materiellen Ermessensausfall.**[68]

29 Trotz der Möglichkeit, eine fehlende Begründung nach § 45 Abs. 1 Nr. 2 zu heilen, kann eine einmal mit dem VA versehene Begründung **nicht nachträglich** in der Weise **geändert** werden, als habe sie von Anfang an nicht vorgelegen. Hiergegen spräche bereits der Grundsatz der Vollständigkeit der Akte (§ 9 Rn. 53 ff.). Entgegen *BVerwG*[69] kann daher die Behörde durch die schlichte Erklärung, die ursprüngliche Begründung sei „überholt", nicht erreichen, dass ein „Ermessens-VA" so behandelt wird, als habe von Anfang an keine Begründung vorgelegen. Vielmehr handelt es sich der Sache nach um die Ersetzung eines VA durch einen anderen,[70] vgl. § 45 Rn. 44.

30 **c) Anspruch auf materiellrechtlich zutreffende Begründung?:** Umstr. sind die Auswirkungen auf die Rechtmäßigkeit des VA, wenn die in der Begründung angegebenen Gründe materiellrechtlich die mit dem VA getroffene Entscheidung nicht tragen, sie also inhaltlich objektiv unrichtig sind, weil sie z. B. die falsche Rechtsgrundlage nennen. § 39 lässt sich hierzu nichts entnehmen: Der VA ist auch in diesem Fall formell rechtmäßig, weil **§ 39 Abs. 1 S. 2** unstr. als Verfahrensnorm auf die Sicht der Behörde abstellt,[71] und jedenfalls **selbst keine Pflicht zur objektiv richtigen Begründung** aufstellt.[72] Zur widersprüchlichen Begründung s. Rn. 41. Umstr. ist allerdings, ob eine objektiv unrichtige Begründung nicht „automatisch" zur materiellen Rechtswidrigkeit des VA führt. Dann wäre Voraussetzung der materiellen Rechtmäßigkeit des VA, dass der VA nicht nur objektiv die gesetzlichen Voraussetzungen erfüllt, sondern auch sachlich zutreffend begründet ist.[73] Dies lehnt die h. M. ab, ausführlich hierzu § 45 Rn. 46 ff. Die Entscheidung der Streitfrage hängt davon ab, wie eng Begründung und VA als miteinander verknüpft angesehen werden, ob also – mit der h. M. – für möglich gehalten wird, dass ein VA sein Wesen nicht verändert (vgl. § 45 Rn. 48 ff.), wenn die Begründung „ausgetauscht" wird, die den VA nach Auffassung der Behörde tragen soll. Werden Begründung und Verfügungssatz – im Gegensatz zur h. M. – für untrennbar gehalten,[74] liegt die Annahme nahe, dass jeder materiell fehlerhaft begründete VA zugleich materiell rechtswidrig ist und jedes **„Nachschieben von Gründen"** der Sache nach einen Neuerlass des VA darstellt (§ 45 Rn. 51). Hierzu ausführlich und der h. M. folgend § 45 Rn. 45 ff., 62 ff.

31 **d) Anspruch auf Änderung der Begründung?:** Die Rspr. erkennt keinen **Anspruch** auf eine **bestimmte Begründung** an.[75] So fehlt für die Klage gegen die Änderung der Begründung eines VA das Rechtsschutzinteresse, wenn etwa die Begründung eines Bescheides über eine Steuervergünstigung geändert wird (nunmehr Familienheim mit einer Wohnung anstatt mit zwei Wohnungen), die Steuerbegünstigung aber bestehen bleibt.[76] Da die Begründung nicht in Bestandskraft erwächst (Rn. 26, § 35 Rn. 143 f.), gilt dies auch dann, wenn es in einem späteren Verfahren auf die genaue Begründung ankommen sollte.

32 Nicht ausgeschlossen ist jedoch, dass eine bestimmte Begründung im Einzelfall Rechte der Beteiligten oder auch Dritter verletzen kann, so dass sich insoweit ein **Anspruch auf Ände-**

---

[68] Vgl. *BVerwG* NVwZ 2007, 470, 471; *BFH* HFR 2003, 260, 261 f.; *Robrecht* SächsVBl 2005, 241, 243; *Schoch* Jura 2005, 757, 758.
[69] *BVerwGE* 79, 274, 281 = NVwZ 1988, 935.
[70] *P. Stelkens*, VwVf, Rn. 408.
[71] *BVerwG* NVwZ 1993, 572; Buchholz 451, 512 MGVO Nr. 37; NVwZ 1999, 303; *Koenig* AöR 117 (1992), S. 514, 522 f.; *Schoch* Jura 2005, 757.
[72] *Baumeister*, Beseitigungsanspruch als Fehlerfolge des rechtswidrigen VA, 2006, S. 189; *Kischel*, Folgen von Begründungsfehlern, 2004, S. 11.
[73] So mit ausführlicher Begründung für diese Sichtweise: *Baumeister*, Beseitigungsanspruch als Fehlerfolge des rechtswidrigen VA, 2006, S. 156 ff.; hiergegen ebenfalls ausführlich *Kischel*, Folgen von Begründungsfehlern, 2004, S. 8 ff.
[74] Deutlich für eine Untrennbarkeit von VA und seinen Gründen im Gegensatz zur h. M.: *Baumeister*, Beseitigungsanspruch als Fehlerfolge des rechtswidrigen VA, 2006, S. 171 ff.
[75] *BVerwG* NVwZ 1985, 266.
[76] *VGH München* BayVBl 1985, 278.

rung der Begründung aus dem **allgemeinen ör. Folgenbeseitigungsanspruch** (§ 1 Rn. 110, 145) ergibt.[77] Wird z. B. eine Begründung in ein Ausweispapier oder eine Bescheinigung (§ 35 Rn. 87 f.) aufgenommen, kann dies eine zu beseitigende Verletzung datenschutzrechtlicher Bestimmungen (s. a. Rn. 103) darstellen.[78]

Für Gerichtsentscheidungen hat *BVerfG* zudem schon sehr früh festgestellt, dass nicht nur der Urteilstenor selbst in Grundrechte eingreifen kann, sondern auch die Urteilsbegründung, z. B. wenn sie Beleidigungen oder besonders abwertende Urteile über einen Verfahrensbeteiligten oder Dritte enthält.[79] Für die Begründung von VA kann insoweit nichts anderes gelten.[80] Eine **Beeinträchtigung des allgemeinen Persönlichkeitsrechts** durch die Begründung ist jedoch gerechtfertigt, soweit die sich aus § 39 ergebende Pflicht, die tragenden Gründe des VA mitzuteilen, auch abwertende Äußerungen über Verfahrensbeteiligte oder Dritte in der Begründung notwendig macht, etwa bezüglich der Unglaubwürdigkeit eines Zeugen oder der „Unzuverlässigkeit" eines Beteiligten. Ein Begründungsänderungsanspruch kann somit nur dann bestehen, wenn sich die in der Begründung enthaltenen kritischen Bewertungen menschlicher Eigenschaften nicht mehr auf den Gegenstand des Verfahrens beziehen, dem Verfahrensgegenstand nicht mehr angemessen sind oder formale Beleidigungen enthalten.[81] 33

Ein auf Begründungsänderung gerichteter Folgenbeseitigungsanspruch ist auch dann einschlägig, wenn angenommen wird, die in einer **Prüfungsentscheidung** bekannt gegebene Gesamtnote bzw. die verschiedenen Einzelnoten seien nur Teil der Begründung der Entscheidung über das Bestehen oder Nichtbestehen der Prüfung, s. § 35 Rn. 205. Ist die Bewertung unrichtig, ergibt sich dann jedenfalls bei berufsbezogenen Prüfungen aus Art. 12 Abs. 1 GG ein Anspruch auf Neubewertung (vgl. Rn. 110 ff.) und entsprechender Änderung der Begründung der Prüfungsentscheidung. 34

II. Form, Bekanntgabe und Sprache der Begründung

Nach § 39 Abs. 1 S. 1 sind schriftliche und elektronische VA und Bestätigungen mit einer Begründung „zu versehen". Hierdurch wird hinreichend deutlich, dass nicht jede beliebige Form der Begründung, also nicht auch die mündliche oder telefonische Begründung ausreicht, um der Begründungspflicht nach § 39 zu genügen, sondern dass die Begründung an der Form des VA bzw. der Bestätigung (schriftlich oder elektronisch) teilhaben muss, s. a. Rn. 92. Damit setzt § 39 Abs. 1 S. 1 als selbstverständlich voraus, dass **verfügender Teil und Begründung in einem einheitlichen Bescheid zusammengefasst sind**, s. a. § 37 Rn. 109 f., 115. Hierdurch wird eine dauernde Überprüfbarkeit der Begründung gewährleistet.[82] Obwohl nach dem Wortlaut des § 41 lediglich der VA (= der verfügende Teil, Rn. 26) bekannt zu geben ist und dieser nach § 43 auch wirksam wird, wenn ihm keine Begründung beigefügt ist, geht der Gesetzgeber davon aus, dass die Begründung mit der Bekanntgabe des VA erfolgt. Nur so kann die Begründung ihrer Funktion gerecht werden;[83] s. Rn. 1. Hieraus folgt: Soweit gesetzlich nicht anderes bestimmt ist (§ 41 Abs. 4, § 69 Abs. 2, § 74 Abs. 5), ist die **Begründung mit dem verfügenden Teil bekannt zu geben**, eine Begründung nur für die Akten reicht nicht aus.[84] Ein Nachreichen der Begründung ist immer eine Nachholung i. S. d. § 45 Abs. 1 Nr. 2, s. Rn. 27. 35

Dementspr. ist ein schriftlicher oder schriftlich bestätigter VA schriftlich (zum Begriff § 37 Rn. 57), ein elektronischer oder elektronisch bestätigter VA elektronisch (zum Begriff § 37 Rn. 64 f.) zu begründen. Dies schließt i. d. R. aus, einen schriftlichen VA elektronisch und einen elektronischen VA schriftlich zu begründen, weil dies einen **unerwünschten Medienbruch** darstellt. Eine andere Frage ist, ob eine „Nachholung" der Begründung i. S. d. § 45 Abs. 1 Nr. 2 vorliegt, wenn die **Begründung eines elektronischen VA nachträglich schriftlich** und die 36

---

[77] *Kopp* JuS 1981, 419, 427.
[78] *OVG Schleswig* NVwZ-Beilage I 4/2000, 34.
[79] BVerfGE 6, 7, 10 = NJW 1956, 1833; BVerfGE 28, 151, 160 ff.; s. a. *OVG Münster* NJW 1988, 2636.
[80] In diese Richtung wohl *BVerwG* NVwZ 1991, 270; *Schwarz* in Fehling u. a., § 39 Rn. 11.
[81] BVerfGE 28, 151, 163; *VGH Mannheim* NVwZ 1991, 184, 185.
[82] *Kischel*, Begründung, 2003, S. 354 ff.
[83] Vgl. *VGH Kassel* NVwZ-RR 2001, 8 f.
[84] Wie hier *Liebetanz* in Obermayer, VwVfG, § 39 Rn. 17; im Ergebnis ebenso *OVG Münster* NVwZ-RR 1995, 314 m. w. N. (für Eintragung in Denkmalliste).

Begründung eines schriftlichen VA nachträglich elektronisch gegeben wird.[85] Letzteres ist zumindest nur bei einer Gestattung der elektronischen Begründung durch den Empfänger nach § 3a Abs. 1 und unter Beachtung der Form des § 3a Abs. 2 (nicht zwingend jedoch der des § 37 Abs. 3 S. 2. s. Rn. 37) zulässig. Im Zweifel ist ein „Formwechsel" zwischen Verfügungssatz und Begründung wegen der hiermit verbundenen Medienbrüche jedoch unzweckmäßig i. S. d. § 10 und deshalb ermessensfehlerhaft, wenn der Betroffene hiermit nicht einverstanden ist.

37 Die Begründung braucht für sich nicht die **Anforderungen an die Schriftform/ elektronische Form des § 37 Abs. 3** einzuhalten, da diese Regelung nur für den verfügenden Teil des VA gilt (§ 37 Rn. 95). Wird die Begründung nach Erlass des VA nachgeholt, muss allerdings die **Behörde erkennbar** sein und die Begründung einem bestimmten VA zuzuordnen sein. Uneingeschränkt gelten für die Begründung die Grundsätze der Behindertengleichstellungsgesetze zur **barrierefreien Gestaltung schriftlicher und elektronischer Bescheide,** hierzu § 37 Rn. 112 ff., 129.

38 Sowohl die schriftliche wie die elektronische Form der Begründung verlangt die Verwendung der **lateinischen Schrift** (§ 37 Rn. 57, 64; zur Verwendung von **Schlüsselzeichen** s. § 37 Rn. 134 ff.) und der **deutschen Sprache** (§ 23 Abs. 1), andernfalls ist die Begründung als inexistent zu behandeln, vgl. § 23 Rn. 17, 28, 48, § 37 Rn. 6. Dies gilt auch bei der Beteiligung von Ausländern einschließlich von EU-Angehörigen, selbst dann, wenn der Antrag fremdsprachig gestellt werden kann, vgl. § 23 Rn. 10 ff., 52. Ausnahmsweise muss der Inhalt des Bescheides in der Sprache des Ausländers erläutert werden (§ 23 Rn. 38 ff.). Sprachprobleme können ferner durch eine großzügige Wiedereinsetzungspraxis aufgefangen werden (§ 32 Rn. 22). Ausnahmen können sich in einzelnen Sachbereichen, z. B., sofern vorgeschrieben, bei **transnationalen VA** (§ 35 Rn. 358 ff.) oder im technischen Bereich (vgl. § 23 Rn. 52) ergeben.

39 Soweit die Begründung aus sich heraus verständlich bleibt, ist ein ergänzender **Verweis auf veröffentlichte oder dem Betroffenen bekannte und zugängliche Dokumente** (Pläne, Unterlagen, Berichte, Schriftsätze, dem Adressaten bereits zugegangene Verfügungen, **[technische] Regelwerke, Verwaltungsvorschriften** [Rn. 48, 62], Gerichtsentscheidungen, Informationen im Internet) zulässig, ggf. sogar zur näheren Erklärung erforderlich.[86] Jedoch darf sich die Begründung nicht darauf beschränken, auf solche Dokumente ohne nähere Erläuterung zu verweisen, weil dann der VA nicht mehr mit einer (individuellen) „Begründung" versehen ist, sondern nur noch mit einer Fundstelle, wo die Begründung zu finden ist (vgl. § 41 Abs. 4 S. 2). Bei Verweis auf **fremdsprachige (Antrags-)Unterlagen** ist i. d. R. unerheblich, dass diese nicht in der Amtssprache abgefasst sind: Entweder ist die Fremdsprachigkeit in diesen Fällen gestattet, so dass § 23 verdrängt wird (§ 1), oder § 39 Abs. 2 Nr. 1 oder Nr. 2 erfassen den Fall. Zur Zulässigkeit von Verweisen im **verfügenden Teil** s. § 37 Rn. 37 ff. Gegenüber Drittbetroffenen kann jedoch bei einem solchen Verweis ein Begründungsmangel vorliegen, s. Rn. 38.

40 An die **Gestaltung und den Aufbau der Begründung** sind nicht die gleichen Anforderungen zu stellen, wie an die Begründung von Urteilen (§§ 117, 108 VwGO). Urteils- und VA-Begründungen haben unterschiedliche Funktionen und kommen in nicht zu vergleichenden Verfahren zustande,[87] § 9 Rn. 70. VA-Begründungen sind einfach und zweckmäßig zu gestalten (vgl. § 10 S. 2). Daher ist es nicht erforderlich, bei komplizierten Sachverhalten aber sinnvoll, die für Urteile vorgeschriebene Trennung zwischen Sachverhaltsmitteilung und rechtlicher Begründung vorzunehmen,[88] § 37 Rn. 3. I. d. R. sind aber verfügender Teil und Begründung deutlich zu trennen, weil andernfalls Unklarheiten entstehen können, s. § 37 Rn. 3. Zum Aufbau eines Bescheides vgl. § 37 Rn. 109 f.

41 Im Übrigen fördert eine dem Laien bei durchschnittlichem Erkenntnisvermögen (Rn. 93) **verständliche Sprache** und ein **nachvollziehbarer Begründungsaufbau** den Zweck, für den die Begründung gedacht ist,[89] § 9 Rn. 47, § 23 Rn. 23, § 25 Rn. 22, § 37 Rn. 109. Für

---

[85] So wohl *Kopp/Ramsauer*, § 39 Rn. 17; *Schwarz* in Fehling u. a., § 39 VwVfG Rn. 21.
[86] *Kischel*, Begründung, S. 352 ff.; *Scheffler* DÖV 1977, 767, 770; für Bezugnahme auf frühere Verfügung BVerwG NVwZ 1987, 504; BSG NZS 2000, 210, 211.
[87] *Dolzer* DÖV 1985, 9, 11.
[88] *Schick* JuS 1971, 1, 6.
[89] Ausführlich *Kischel*, Begründung, 2003, S. 338 ff., 345 ff.

eine dienstleistungsorientierte Verwaltung (Rn. 1) ist sie unverzichtbar.[90] Dabei darf Dienstleistungsorientierung nicht mit der Verwendung modischer **Angliszismen** gleichgesetzt werden, s. a. § 37 Rn. 6. Unübersichtlichkeit und für den Durchschnittsbürger bestehende Unverständlichkeit allein machen jedoch den VA i. d. R. nicht verfahrensfehlerhaft. Kein formeller Begründungsfehler, sondern allenfalls materiell-rechtlich bedeutsam ist auch, wenn die **Begründung inhaltlich widersprüchlich** ist.[91] Wird die Begründung vom Adressaten nicht verstanden, muss er Rechtsrat einholen. Ein Grund für eine Wiedereinsetzung wäre dies nur dann, wenn die Unverständlichkeit einem gänzlichen Fehlen der Begründung gleichkommt, wie § 45 Abs. 3 zeigt.[92] Allerdings schließt eine unübersichtliche und dem Laien kaum nachvollziehbare Begründungsgestaltung, die wichtige Aussagen in seitenlangen Berechnungen „versteckt", **grobe Fahrlässigkeit** im Rahmen des **§ 48 Abs. 2 S. 3 Nr. 3** i. d. R. aus, auch wenn der Unübersichtlichkeit wegen die Bescheidbegründung nicht „kritisch überprüft" wurde,[93] vgl. § 48 Rn. 161. Bei **Missachtung bekannter kognitiver Einschränkungen des Betroffenen** werden zudem die Anforderungen an die barrierefreie Gestaltung schriftlicher Bescheide nach den **Behindertengleichstellungsgesetzen** verletzt (Rn. 93, § 37 Rn. 113), was ggf. Amtshaftungsansprüche auslösen kann, wenn deshalb Rechtsbehelfe versäumt werden, vgl. § 37 Rn. 114.

Durch den Einsatz von **Textbausteinen** wird die Gefahr verstärkt, dass Begründungen unverständlich werden. Werden nämlich nur zahlreiche Textteile zusammengesetzt, die mit dem zu begründenden Fall nichts oder nur wenig zu tun haben, bleiben die eigentlichen, insbes. für eine Ermessensausübung im Einzelfall ausschlaggebenden Gründe im Unklaren; sie fehlen. § 39 Abs. 1 S. 2, 3 kann verletzt sein.[94] Für die Begründung von VA, die mit Hilfe von EDV-Anlagen erstellt sind, s. § 37 Rn. 134ff. **42**

III. Inhalt der Begründung (Abs. 1 S. 2 und 3)

1. Angabe der wesentlichen tatsächlichen und rechtlichen Gründe

a) **Allgemeines:** § 39 Abs. 1 S. 2, der zur Klarstellung der Pflicht aus S. 1 erst im Entwurf **43** 73 auf Drängen der Literatur[95] hinzukam, gibt Hinweise zum Inhalt der Begründung und wird für Ermessensentscheidungen durch § 39 Abs. 1 S. 3 ergänzt. Um den Funktionen der Begründung (Rn. 1) gerecht zu werden, sind die wesentlichen (Rn. 45) tatsächlichen (Rn. 49) und rechtlichen (Rn. 50) Gründe mitzuteilen, die die Behörde zu ihrer Entscheidung bewogen haben (Rn. 47f.). Die Anforderungen an **Umfang** und **Vollständigkeit** dieser Angaben sind, worauf schon die Begründung zu § 35 Entwurf 73 hinweist, **von Fall zu Fall** und je nach Rechtsgebiet **verschieden.** Es muss jedoch die Überprüfung der Entscheidung ermöglicht werden.[96] Auch der **Kenntnisstand des Betroffenen** ist zu berücksichtigen und kann im Einzelfall auch eine knappere[97] (Rn 71, 93), ggf. auch eine ausführlichere (Rn. 41, 93) Begründung rechtfertigen. Die Begründung muss ferner Aufschluss über die Reichweite der Bindungswirkung des VA geben (§ 35 Rn. 143). Deshalb bestimmt der Inhalt der Entscheidung den Umfang der Begründung.[98]

Zusätzlich verweist BVerwG[99] auf die **Abhängigkeit des Begründungsinhalts vom jeweiligen Rechtsgebiet.** Dies bedeutet – bei fehlenden verdrängenden Spezialnormen, Rn. 100ff. – jedoch nicht, dass die Voraussetzungen des § 39 unter Rückgriff auf die Besonderheiten des jeweiligen Rechtsgebiets „entschärft" werden können. Die **Einschränkung von § 121 Abs. 1** **44**

---

[90] Ausführlich *Wölki,* VwVfG im Wertewandel, 2004, S. 232 ff.
[91] A. A. wohl *VGH Kassel* NVwZ-RR 2006, 776, 779.
[92] Großzügiger die steuerrechtliche Rspr. zu § 126 Abs. 3 AO: *FG Düsseldorf* EFG 2002, 303 m. w. N.
[93] *Widmann* ZfSH/SGB 2004, 230, 231.; a. A. *LSG Sachsen* ZfSH/SGB 2004, 248, 250.
[94] *VGH München* NVwZ-RR 2003, 837; *OVG Münster* NVwZ-RR 1996, 173 f.; *FG Düsseldorf* EFG 2001, 119 f.
[95] *Spanner* JZ 1970, 671, 673; *Ule,* FS Heymanns Verlag I, 1965, S. 71; *Ule/Becker,* VwVf im Rechtsstaat, 1964, S. 45 f.
[96] *BVerwGE* 84, 375, 388 = NJW 1990, 2761; *VGH Kassel* NVwZ-RR 1997, 57, 58; *OVG Magdeburg* LKV 1994, 60, 62.
[97] *OVG Weimar* ZFSH/SGB 1999, 143, 145; *VG München* NVwZ-RR 2000, 742, 743.
[98] *OVG Lüneburg* NJW 1984, 1138.
[99] Z. B. *BVerwGE* 74, 196, 205 = NVwZ 1986, 919.

HS. 2 AO 1977, *"soweit dies zu seinem Verständnis erforderlich ist"*, ist in § 39 bewusst **nicht übernommen** worden, da sie auf besonderen steuerrechtlichen Voraussetzungen beruht,[100] s. Rn. 93. Bei typischen Geschehensabläufen oder formularmäßigem Vortrag des Antragstellers oder Betroffenen sind auch Standardformulierungen statthaft,[101] s. a. Rn. 96.

45 **b) Wesentliche Gründe:** Mitzuteilen sind nach § 39 Abs. 1 S. 2 die **wesentlichen** tatsächlichen und rechtlichen Gründe, die die Behörde zu ihrer Entscheidung bewogen haben. Erforderlich sind damit nicht alle Angaben, die für eine vollständige Überprüfung der Rechtmäßigkeit des VA in tatsächlicher und rechtlicher Hinsicht notwendig wären.[102] Anzugeben sind vielmehr die **tragenden Gründe,** von denen die **erlassende Behörde** bei ihrer Entscheidung ausgegangen ist, vgl. Rn. 30. Diese tragenden Gründe sind in jedem Fall, vorbehaltlich der Ausnahmen nach § 39 Abs. 2, mitzuteilen. Nicht erforderlich ist die Angabe **weiterer Gründe als die für den Einzelfall** entscheidenden,[103] selbst wenn sie im Verfahren erörtert worden sind.[104] Wird die Ablehnung eines Antrages auf einen **Versagungsgrund** gestützt, bestehen daneben aber noch andere, sollte jedoch auf sie hingewiesen werden, zumindest kenntlich gemacht werden, dass noch weitere Ablehnungsgründe bestehen können, um zu verhindern, dass der Betroffene unnötige Aufwendungen zur Beseitigung dieses Versagungsgrundes auf sich nimmt.

46 Unerheblich für die Grenzen zwischen „wesentlichen" und „unwesentlichen" Gründen ist, wie schwerwiegend der VA in die Rechte des Betroffenen eingreift.[105] Dass es sich bei einem VA um eine **„Bagatelle"** handelt, begründet für sich allein keine Erleichterungen von der Begründungspflicht. Ebenso kann auch ein **tiefgreifender Eingriff** durch VA einfach zu begründen sein. Allerdings sind natürlich tiefgreifende Eingriffe vielfach nur unter komplexen Voraussetzungen zulässig und es wird hierzu auch umfangreicher von den Beteiligten in tatsächlicher Hinsicht vorgetragen, so dass *deshalb* ein VA oftmals bei tiefgreifenden Eingriffen besonders ausführlich begründet werden muss.[106]

47 **c) Keine vorgeschobenen Gründe:** Durch die Wendung „die die Behörde zu ihrer Entscheidung bewogen haben" wird klargestellt, dass die Behörde die **„wahren" Gründe** für den VA-Erlass anzugeben hat. Wird ein VA z. B. nur wegen politischer Beziehungen erlassen, ist nach § 39 Abs. 1 S. 2 genau dies in der Begründung anzugeben; andernfalls ist der VA formell rechtswidrig, auch wenn er materiellrechtlich im Ergebnis nicht zu beanstanden sein sollte. Sonst kann die Begründung insbes. auch ihre Selbstkontroll- und Transparenzfunktion (Rn. 1) nicht erfüllen.[107]

48 Kein Fall nur vorgeschobener Gründe ist, wenn der VA von dem Behördenbediensten auf Grund einer **Weisung/Verwaltungsvorschrift** erlassen wird, von deren inhaltlicher Richtigkeit der Bedienstete persönlich nicht überzeugt ist. Hier sind die Erwägungen wiederzugeben, die nach Auffassung des Anweisenden den VA tragen sollen, weil es im Hinblick auf die Funktionen der Begründung (Rn. 1) nicht auf die persönliche Überzeugung des Amtswalters, sondern auf die dem Bürger als Einheit gegenübertretende Verwaltung ankommt. Erlässt die Behörde aber einen VA ausschließlich deshalb, weil sie an eine **Mitwirkungshandlung einer anderen Behörde** gebunden ist, über die sie sich auch bei Rechtswidrigkeit nicht hinwegsetzen kann (§ 35 Rn. 174 ff.), ist auf diese Bindungswirkung hinzuweisen, um der Pflicht aus § 39 Abs. 1 S. 2 Genüge zu tun.

49 **d) Tatsächliche Gründe:** Bei den nach § 39 Abs. 1 S. 1 anzugebenden tatsächlichen Gründen handelt es sich um die Darlegung des von der Behörde nach § 24, § 26 ermittelten und von ihr als gegeben angenommenen **Sachverhalt,** s. § 24 Rn. 25 ff. Hierzu zählt bei strittigem Sachverhalt auch eine **Beweiswürdigung,**[108] s. § 24 Rn. 14 ff., 19, § 26 Rn. 9. Zum Erfahrungssatz s. § 26 Rn. 28 ff. Auch die Gesichtspunkte, die der Betroffene z. B. bei der **Anhörung**

---

[100] S. Stellungnahme des BR zu § 127 EAO 1974 – BT-Drs. VI/1982, kritisch dazu *Fiedler* NJW 1981, 2093, 2095; *Wendt* JA 1980, 25, 30.
[101] *BVerwG* NVwZ 1983, 476, 478 (insoweit in *BVerwGE* 67, 47 nicht abgedruckt).
[102] *OVG Weimar* NVwZ-RR 2003, 229, 232.
[103] *VGH München* NVwZ 1985, 663, 664.
[104] *BVerwG* NJW 1961, 2228.
[105] A. A. *Robrecht* SächsVBl 2005, 241, 242.
[106] *Kischel*, Begründung, 2003, S. 386.
[107] *Kischel*, Begründung, 2003, S. 357 f.
[108] *VGH Kassel* NVwZ-RR 2006, 776, 779.

(§ 28) vorgetragen hat und denen die Behörde nicht folgt, müssen erörtert werden,[109] Rn. 1, 90. Zum Umfang der Begründung, wenn **vertrauliche Informationen** verwertet werden, s. Rn. 67, 103, § 24 Rn. 34.

e) **Rechtliche Gründe:** Die nach § 39 Abs. 1 S. 1 anzugebenden rechtlichen Gründe, sind **50** i. d. R. die **Subsumtionsschritte und das Subsumtionsergebnis** der Behörde (§ 9 Rn. 135). Dies bedeutet zunächst, dass die **Angabe der konkreten Ermächtigungsnorm** erforderlich ist, insbes. dann, wenn sonst die Ermächtigung oder Befugnis der Behörde für ihr Handeln unklar bleiben würde.[110] I. d. R. ist auch die **Fundstelle** anzugeben (wobei ein Hinweis auf die im Internet vorgehaltenen, frei zugänglichen Gesetzessammlungen genügt, anders dann, wenn es auf eine bestimmte Fassung der Ermächtigungsnorm zu einem bestimmten Zeitpunkt ankommt).[111] Die fehlende Angabe der Ermächtigungsnorm ist nur unschädlich, wenn sich sinngemäß die rechtliche Grundlage aus den übrigen Angaben ergibt.[112] Sind die jeweiligen Gesetzesfassungen inhaltlich identisch, ist auch die Angabe der falschen Norm unschädlich.

Die **bloße Angabe des Gesetzestextes** oder **formelhafte Wendungen** ohne konkreten **51** Bezug zum Fall und das schlichte „Fallenlassen von Stichworten" („Verhältnismäßigkeit", „in Abwägung aller Umstände") allein **genügen** jedoch **nicht**.[113] Dies bedeutet, dass z. B. bei einem geltend gemachten Schadensersatzanspruch die einzelnen Leistungsposten dargelegt werden müssen,[114] bei einer Festsetzung des Kaufkraftausgleichs die Berechnungsgrundlagen zu erläutern sind[115] und bei Vorladungen zu erkennungsdienstlichen Behandlungen anzugeben ist, worin die vom Betroffenen konkret ausgehende Gefahr gesehen wird.[116] Zu begründen sind damit alle für den Inhalt des VA rechtlich wesentlichen Gesichtspunkte, u. U. auch die Inanspruchnahme des **Adressaten**,[117] die Auswahl des **Mittels** (§ 37 Rn. 34 f.) oder von **Nebenbestimmungen** (§ 36 Rn. 25). Mithin ist i. d. R. die **materiellrechtliche Begründetheit** der Entscheidung darzustellen, wobei auch **Alternativbegründungen** möglich sind,[118] s. a. Rn. 26. Ausführungen zur **Zulässigkeit** (§ 9 Rn. 138 ff.) sind nur erforderlich, wenn der konkrete Fall Anlass zur Überprüfung gibt, z. B. bei Streit über die Zuständigkeit der Behörde, über die Auswahl des Verfahrens etc. Die strengen Aufteilungsregeln wie im Gerichtsverfahren bestehen aber nicht, s. § 9 Rn. 135 f. Der Verständlichkeit dient es, wenn komplizierte Vorschriften in der Begründung erläutert werden. Auf die Behörde bindende Mitwirkungshandlungen anderer Behörden ist hinzuweisen, s. Rn. 48.

Bei **unbestimmten Rechtsbegriffen/Beurteilungsspielräumen** (Rn. 8) gehören zu den **52** darzustellenden rechtlichen Gründen i. S. d. § 39 Abs. 1 S. 2 auch die Begründung der in diesem Zusammenhang zu treffenden **wertenden Entscheidungen.** Es muss erkennbar sein, dass eine Bewertung überhaupt stattgefunden hat, welche Faktoren für die Bewertung maßgebend waren und welche Bedeutung den einzelnen Faktoren beigemessen worden ist.[119] Bei **Prognosen** müssen die Prognosemaßstäbe dargestellt werden.[120] Bei Beurteilungsermächtigungen muss die Begründung zeigen, von welcher „Einschätzungsprärogative" (§ 40 Rn. 199) sie ausgegangen ist

---

[109] *OVG Münster* NJW 1978, 1764, 1765; *VGH Mannheim* NuR 1984, 102, 103; vgl. auch *BFHE* 188, 10 = NJW 1999, 2063, 2064: Pflicht zur Begründung eines Schätzungsbescheides, der erheblich von den Angaben des Betroffenen abweicht.
[110] *VGH Mannheim* VBlBW 2007, 62, 63; *Hufen,* Fehler im VwVf, Rn. 309; *Pünder* in Erichsen/Ehlers, § 13 Rn. 52; a. A. *OVG Magdeburg* LKV 2001, 563, 564.
[111] *Hufen,* Fehler im VwVf, Rn. 309.
[112] *BVerwGE* 71, 354, 358 = NVwZ 1985, 905; *OVG Weimar* NVwZ-RR 2003, 229, 232.
[113] *BVerwGE* 102, 63, 70 = NVwZ 1997, 1123; *BVerwG* NVwZ 2001, 1410, 1413; NVwZ-RR 2001, 246, 248; *OVG Lüneburg* NJW 1984, 1138, 1139; *VGH München* NVwZ-RR 2003, 837; *OVG Münster* BRS 36 Nr. 207; NVwZ-RR 1989, 614; *VG Gera* ThürVBl 2002, 184, 185; *VG Dresden* LKV 1999, 334.
[114] *OVG Münster* NWVBl 1996, 69.
[115] *VGH Kassel* DVBl 1994, 597 (L); nicht erforderlich soll jedoch die Darlegung der Berechnungsgrundlagen für die Ermittlung vom Umlagefaktoren bezüglich einer Sonderabgabe sein: *VGH Kassel* NVwZ-RR 1997, 57, 58.
[116] *Robrecht* SächsVBl 2005, 241, 242.
[117] *BFH* HFR 2003, 260 f.; für Ausnahme bei Anordnung der Gesamtschuldnerschaft: *BVerwG* NJW 1993, 1667, 1669.
[118] *BGHZ* 147, 325, 332 f. = NJW 2001, 3782, 3784.
[119] Vgl. auch *BFHE* 188, 10 = NJW 1999, 2063, 2064 zur Begründung eines Schätzungsbescheides.
[120] Im einzelnen *Koenig* AöR 117 (1992), S. 514, 530 ff., 536 f.; s. a. *BVerfGE* 88, 40, 60 = NVwZ 1993, 666 (für Anerkennung einer Privatschule nach Art. 7 Abs. 5 GG; dazu *Schmidt-Aßmann/Groß* NVwZ 1993, 617); *OVG Münster* NVwZ-RR 1989, 615 (für Denkmalschutz).

und welche Beurteilungsmaßstäbe sie angewandt hat,[121] s.a. § 24 Rn. 58. Zur Begründung des Planungsermessens Rn. 72.

53 g) **Verfahrensrechtliche Erwägungen:** Zu den tatsächlichen und rechtlichen Gründen, die die Behörde zu ihrer Entscheidung bewogen haben, können **im Einzelfall** auch **verfahrensrechtliche Erwägungen** gehören, vor allem die zur **Feststellung der Tatsachen** geführt haben.[122] Auch dieser Bereich ist durch § 39 Abs. 1 S. 2 abgedeckt, wenngleich § 39 in erster Linie die Begründung der Entscheidung, nicht des Weges zur Entscheidung verlangt. I.d.R. ist jedoch keine Begründung über die **Auswahl des Verfahrens** (§ 9 Rn. 162 ff.) wie generell für eine **verfahrensrechtliche Ermessensentscheidung** (§ 10 Rn. 16 ff.) nötig.[123] Bei der Vielzahl verfahrensrechtlicher Ermessensentscheidungen im Laufe eines VwVf wäre eine solche Anforderung unerfüllbar; eine solche selbst im Gerichtsverfahren nicht bestehende Pflicht hätte ausdrücklich bestimmt werden müssen.

54 Wird jedoch über die Ermittlung der Tatsachen gestritten oder ist es für die Behörde sonst wie erkennbar, dass diese Fragen für den Betroffenen Bedeutung haben, sind Angaben in der Begründung zur zweckmäßigen **Form** des Verfahrens (§ 10), zur **Untersuchung** nach § 24, zur Auswahl der **Beweismittel** nach § 26 (vgl. z.B. § 26 Rn. 6 ff.), zur **Anhörung** Beteiligter (§ 28), zur **Akteneinsicht** (§ 29), zur **Beteiligung** eines **Dritten** (§ 13 Abs. 2) oder des Verfahrensbevollmächtigten (§ 14 Rn. 23) usw. erforderlich.[124] Teilweise wird generell eine Begründung gefordert, wenn von der Möglichkeit des § 28 Abs. 2 (§ 28 Rn. 50) Gebrauch gemacht wird.[125] Die Darstellung der Beweiswürdigung gehört zur Mitteilung des festgestellten Sachverhaltes, s. Rn. 49.

2. Begründung von Ermessensentscheidungen (Abs. 1 S. 2 und 3)

55 a) **Begründung nach § 39 Abs. 1 S. 2:** § 39 Abs. 1 S. 3 ergänzt die Begründungsanforderungen des § 39 Abs. 1 S. 2, setzt also eine Begründung nach S. 2 voraus, wie das Wort „auch" klarstellt.[126] § 39 Abs. 1 S. 3 ist damit keine die allgemeine Regelung des § 39 Abs. 1 S. 2 insgesamt verdrängende Spezialvorschrift.[127] Damit gilt auch § 39 Abs. 1 S. 2 für Ermessensentscheidungen, s. Rn. 5. Die erleichternde „Soll-Regelung" des § 39 Abs. 1 S. 3 (Rn. 65) bezieht sich folglich nicht auf die Sätze 1 und 2, sondern allein auf die hiervon nicht erfassten **Zweckmäßigkeitsüberlegungen** (Rn 59 ff.), deren Richtigkeit gerichtlich nach § 114 S. 1 VwGO nicht überprüfbar sind.

56 Jeder Ermessens-VA, für keine Ausnahme nach § 39 Abs. 2 gilt, muss daher nach § 39 Abs. 1 S. 2 zwingend die getroffenen **tatsächlichen Feststellungen** darlegen, die sich auf die Tatbestandsseite der Ermessensermächtigung beziehen.[128] Ebenso sind zwingend die **norminternen und normexternen gesetzlichen Grenzen des Ermessens** (§ 40 Rn. 73 ff.) darzustellen, die ebenfalls zu den rechtlichen Gründen gehören. Hinzu können ggf. auch Ausführungen zum Gleichheitsgrundsatz und damit zusammenhängende Bindungen (vgl. auch Rn. 62) treten. Zu den zwingend darzustellenden rechtlichen Gründen gehört auch die Skizzierung **des Zwecks der Ermächtigung**,[129] da auch sie den rechtlichen Rahmen der Ermächtigung bildet (§ 40 Rn. 62 ff.). Nicht § 39 Abs. 1 S. 3, sondern § 39 Abs. 1 S. 2 erfasst damit die Darstellung der Gründe, die nach Auffassung der Behörde die Annahme rechtfertigen, dass die Entschei-

---

[121] *BVerwGE* 39, 197, 204 = *NJW* 1972, 596; *BVerwGE* 91, 24, 44 = *NVwZ-RR* 1993, 621; *OVG Magdeburg* LKV 1994, 60, 62; *VG Chemnitz* LKV 1996, 168; *Martens* JuS 1981, 34, 35.
[122] *Scheffler* DÖV 1977, 767, 770; *Spanner* JZ 1970, 671, 673; *Ule,* FS Heymanns Verlag I, 1965, S. 27; *Ule/Becker,* VwVf im Rechtsstaat, 1964, S. 45.
[123] Str., für generelle Begründungspflicht *Hill* NVwZ 1985, 449, 455; *Hufen,* Fehler im VwVf, Rn. 309; *Mandelartz* DVBl 1983, 112, 114 f.; wohl auch *Henneke* in Knack, § 39 Rn. 7; einschränkend *Kamphausen/Kampmann* BauR 1986, 403, 410 f.
[124] Wie hier *Liebetanz* in Obermayer, VwVfG, § 39 Rn. 28.
[125] *OVG Münster* NJW 1978, 1764, 1765; NVwZ 1982, 326; *VG Köln* InfAuslR 1981, 99; *VG München* NVwZ-Beil. I 11/2000, 130, 131; a.A. wohl *BVerwG* NVwZ 1983, 742 (das die Frage aber offen lassen konnte). Die in diesem Zusammenhang oft bemühte Entscheidung *BVerwGE* 80, 299, 304 = NJW 1989, 993 gibt zu dieser Frage nichts her, weil die Behörde in dem konkreten Fall eine Begründung gegeben hatte.
[126] *Schwarz* in Fehling u.a., § 39 VwVfG Rn. 29.
[127] So wohl *Kischel,* Begründung, 2003, S. 226 f.
[128] Vgl. *BVerwG* NJW 1988, 2911.
[129] *BVerwGE* 62, 330, 340; *VG München* NVwZ-RR 2000, 538.

dung i. S. d. § 40 dem Zweck der Ermächtigung entspricht und die gesetzlichen Grenzen nicht missachtet.

Handelt es sich um eine Ermessensermächtigung auf Grund einer sog. **Soll-Vorschrift** (§ 40 Rn. 26 ff.), ist der Regelfall nur nach § 39 Abs. 1 S. 2, ein **atypischer Fall** zusätzlich **nach S. 3** zu begründen. Diesen Unterschied zur allgemeinen Ermessensnorm verwischt die Rechtsprechung zum sog. intendierten Ermessen, s. Rn. 69 ff. 57

Ist das **Ermessen auf Null** geschrumpft (§ 40 Rn. 56 ff.), richtet sich die Begründungspflicht ausschließlich nach § 39 Abs. 1 S. 2. Dabei ist auch auf die für die Ermessensschrumpfung maßgebenden Gründe hinzuweisen.[130] Nur so kann der Bürger nachvollziehen, ob die Behörde z. B. zu vorschnell von einer Ermessensschrumpfung ausgegangen ist, so dass er bei einer gerichtlichen Überprüfung in die Lage versetzt wird, u. U. aus seiner persönlichen Sphäre Gründe vorzubringen, die auch das Gericht davon abhalten können, zu vorschnell die Ermessensschrumpfung zu akzeptieren.[131] 58

b) Darstellung der Zweckmäßigkeitserwägungen nach § 39 Abs. 1 S. 3: § 39 Abs. 1 S. 3 erweitert die Begründungspflicht nach § 39 Abs. 1 S. 1 bei Ermessensentscheidungen auf die Darstellung der nicht-rechtlichen Erwägungen, die dazu geführt haben, dass die Behörde ihre Ermessensentscheidung (im Rahmen des § 40) so und nicht anders getroffen hat, s. Rn. 55 ff. Dies ermöglicht die Kontrolle, ob der Rahmen des § 40 VwVfG, § 114 Abs. 1 S. 1 VwGO beachtet wurde.[132] Zugleich kann es für die Behörde in einem späteren (Aufhebungs-) Verfahren von Bedeutung sein zu wissen, aus welchen Zweckmäßigkeitserwägungen der frühere Fall so entschieden worden ist,[133] s. Rn. 1. Erst recht gilt dies für die Zweckmäßigkeitskontrolle im Vorverfahren. 59

§ 39 Abs. 1 S. 3 verlangt deshalb **mehr als** nur die Mitteilung, **dass** die Behörde ihr **Ermessen ausgeübt hat** (so noch § 30 Abs. 1 S. 2 Entwurf 70).[134] Dies ist schon nach § 39 Abs. 1 S. 2 geboten, s. Rn. 65. Es müssen vielmehr entsprechend der früheren Rspr.[135] die Überlegungen mitgeteilt werden, die die Behörde bei der **Abwägung des Für und Wider**, d. h. bei der Abwägung aller nach Lage der Dinge im konkreten Fall in Betracht kommenden öffentlichen und privaten Interessen, angestellt hat. *Diese* Rspr. war maßgebend für die Formulierung des S. 3, so dass sie nach Erlass des VwVfG erst recht gilt.[136] Je freier der Handlungs- und Gestaltungsspielraum, umso eingehender müssen die Ermessensgründe dargelegt werden.[137] 60

Allerdings gilt auch hier, dass nur die **tragenden** (Rn. 45) **Ermessenserwägungen** mitzuteilen sind.[138] Gründe, die für die Ermessensentscheidung unerheblich sind, brauchen nicht erörtert zu werden.[139] Das gleiche gilt für Ermessensgründe, die sich der Behörde nicht **aufdrängen**,[140] oder Gründe aus der **Sphäre des Betroffenen**, die dieser nicht vorgetragen hat, s. § 26 Rn. 52. Ebenso muss nicht auf solche Entscheidungsmöglichkeiten eingegangen werden, die erkennbar sachwidrig oder rechtswidrig sind.[141] Da Sinn und Zweck einer Ermessensermächtigung jedoch i. d. R. ist, den Besonderheiten des Einzelfalls gerecht zu werden, genügen auch hier **formelhafte Zweckmäßigkeitsausführungen** ohne konkreten Bezug zum Fall nicht, s. Rn. 51. 61

Wird das Ermessen entsprechend einer **ständigen Übung** oder einer **Verwaltungsvorschrift** ausgeübt, genügt der Hinweis hierauf (unter Angabe ihrer Fundstelle [Rn. 39] oder zumindest sinngemäßer Wiedergabe der einschlägigen Passagen, s. a. § 25 Rn. 14) einschließlich der Darlegung, warum der Fall von der Verwaltungsvorschrift oder der Übung erfasst wird.[142] 62

---

[130] *P. Stelkens* NWVBl 1989, 335, 339; a. A. anscheinend *OVG Münster* NJW 1982, 1661.
[131] Zu dieser Tendenz in der Gerichtspraxis *P. Stelkens,* VwVf, Rn. 452, 399.
[132] Zur praktischen Bedeutung auch für die Behörde *P. Stelkens* NWVBl 1989, 335, 339.
[133] *Schick* JuS 1971, 3.
[134] Wie hier *OVG Hamburg* GewArch 1983, 193, 194; *VGH Mannheim* BauR 1991, 449; a. A. *VGH München* GewArch 1983, 205.
[135] *BVerwGE* 22, 215, 217; *BVerwG* DVBl 1962, 562, 563.
[136] Wie hier *OVG Magdeburg* LKV 1994, 60, 62.
[137] *Schwab* DÖD 1994, 80, 81.
[138] *VGH Mannheim* NVwZ 1998, 86.
[139] *BVerwGE* 77, 352, 362 f. = NJW-RR 1987, 1486; *VGH Mannheim* NVwZ 1998, 86.
[140] *Schwab* DÖD 1994, 80, 81.
[141] *OVG Hamburg* NVwZ-RR 2002, 458, 459.
[142] *VGH Mannheim* KStZ 1991, 110, 111; *Hufen,* Fehler im VwVf, Rn. 311.

Entsprechend Nr. 8 der **Empfehlung R (80) 2** des Ministerkomitees des **Europarates über die Ermessensausübung von Verwaltungsbehörden** (Einl. Rn. 100, § 40 Rn. 3), ist jedoch zu begründen, weshalb in einem Einzelfall von der ständigen Übung/Verwaltungsvorschrift abgewichen wurde.[143] Nähere Darlegungen sind auch erforderlich, wenn gerade die Übung oder die Verwaltungsvorschrift Anlass zur Auseinandersetzung gibt oder die Verwaltungsvorschriften so weit gefasst sind, dass für den Betroffenen der Bezug zum konkreten Fall nicht mehr erkennbar ist.[144] Einer eingehenden Begründung bedarf es auch, wenn anlässlich des konkreten Falles eine ständige Übung aufgegeben wird (§ 40 Rn. 124) oder wenn eine Verwaltungsvorschrift rückwirkend so geändert wird, dass ein zum Zeitpunkt der Antragstellung unter diese Richtlinie fallendes Vorhaben zum Zeitpunkt des Erlasses des VA nicht mehr hierunter fällt.[145]

63 Wird das Ermessen auf Grund einer **Einzelweisung** (Rn. 48, § 40 Rn. 52) ausgeübt, ist i. d. R. der Hinweis hierauf allein nicht ausreichend, um das Ermessen zu begründen. Eine der Weisung selbst (nicht zwingend) beigegebene Begründung wirkt wie die Weisung selbst nur verwaltungsintern. Für den Bürger ist gleichwohl maßgebend, welche Ermessenserwägungen die Verwaltung als Einheit vorgenommen hat. Daher empfiehlt es sich, die Ermessenserwägungen mitzuteilen, die die weisungsbefugte Behörde ihrer Weisung zu Grunde gelegt hat,[146] zum Rücknahmebescheid § 48 Rn. 64. Will die federführende Behörde diese Ermessenserwägungen (mit Außenwirkung) nicht übernehmen, hat sie nach § 39 Abs. 1 S. 3 eigene Erwägungen darzulegen; nur diese sind dann für die Erfüllung der Voraussetzungen des § 39 Abs. 1 S. 3 maßgebend.

64 Entsprechendes gilt, wenn die Behörde intern durch eine **mitwirkungsberechtigte Behörde** in ihrem Ermessen beeinflusst oder eingeschränkt wird (§ 9 Rn. 127 ff., 202, § 35 Rn. 169 ff.) oder wenn die Entscheidungskompetenzen intern auf unterschiedliche Behörden verteilt sind.[147] Eine Pflicht zur Begründung der Mitwirkungshandlung selbst besteht nach der Rspr. nur, soweit dies fachgesetzlich vorgesehen ist, s. Rn. 22. Gerade deshalb kann der Hinweis auf die die Behörde bindende Wirkung der Mitwirkungshandlung besonders wichtig sein, vgl. Rn. 48.

65 **c) § 39 Abs. 1 S. 3 als „Soll"-Vorschrift:** Gegen erhebliche Kritik[148] hat sich wegen der Koordinierungsbestrebungen mit § 127 Abs. 1 S. 2 EAO 1974 in § 39 Abs. 1 S. 3 nur eine „Soll"-Vorschrift durchgesetzt (als **„Muss"**-Regelung dagegen der spätere § 35 Abs. 1 S. 3 SGB X!). Nach dieser „Soll"-Vorschrift ist im Regelfall eine Begründung abzugeben. Liegt ein atypischer Fall vor (Rn. 66 ff.) kann dagegen ohne Rechtsverstoß von der Darstellung (nur) der (reinen) Zweckmäßigkeitserwägungen abgesehen werden. Auch in diesen Ausnahmefällen ist jedoch immer die Begründung nach § 39 Abs. 1 S. 2 erforderlich, Rn. 55 f. Hieraus folgt auch, dass nach § 39 Abs. 1 S. 2 immer mitgeteilt werden muss, **dass** das Ermessen ausgeübt worden ist. Dies ist auch sinnvoll, um dem späteren Vorwurf des Ermessensausfalls (§ 40 Rn. 77) begegnen zu können.[149]

66 Bei der Frage, in welchen Fällen von der „Soll-Begründung" nach § 39 Abs. 1 S. 3 abgesehen werden kann, ist i. Ü. nach allgemeiner Auffassung restriktiv vorzugehen, die Soll-Vorschrift tendenziell als Muss-Vorschrift zu verstehen:[150] Arbeitsaufwand und Schwierigkeit der Darstellung der Ermessensgründe sind vom Gesetzgeber gerade nicht als Grund für eine Begründungserleichterung nach § 39 Abs. 1 S. 3 anerkannt worden. Denn diese Faktoren werden durch § 39 Abs. 2 aufgefangen (Rn. 4), dessen Nr. 2 vor allem auch für § 39 Abs. 1 S. 3 Bedeutung hat,[151] s. Rn. 87 ff. Ebenso besteht kein Anlass, das Vorliegen von Ausnahmen von der Begründungspflicht nach § 39 Abs. 1 S. 3 immer dann anzunehmen, wenn die Rspr. vor Inkrafttreten des VwVfG eine nähere Darlegung der Ermessenserwägungen (teilweise) für nicht erforderlich hielt.

---

[143] So auch OVG Münster NVwZ 1984, 600.
[144] *Schwab* DöD 1992, 80, 83.
[145] *VG Meiningen* LKV 2000, 415, 416.
[146] Vgl. *VGH München* BayVBl 2005, 50, 51.
[147] OVG Münster NVwZ-RR 1993, 132, 134.
[148] U. a. von *Ule* DVBl 1976, 421, 428.
[149] Vgl. *P. Stelkens* NWVBl 1989, 335, 339.
[150] Wie hier z. B. OVG Hamburg GewArch 1983, 193, 194; OVG Lüneburg NJW 1984, 1138, 1139; VGH Mannheim NVwZ 1983, 554; VG Chemnitz LKV 1996, 168, 170; *Hufen*, Fehler im VwVf, Rn. 312; *Kischel*, Begründung, 2003, S. 226 f.; *Kopp/Ramsauer*, § 39 Rn. 25; *Schoch* Jura 2005, 757, 758; *Schwab* DöD 1994, 80; *Schwarz* in Fehling u. a., § 39 VwVfG Rn. 30.
[151] *Kischel*, Begründung, 2003, S. 226 f.

So ist eine Ausnahme nicht schon dann gegeben, wenn die Ermessenserwägungen zu dem Verständnis des VA nicht erforderlich sind[152] oder wenn aus der Sicht der Behörde keine besonderen Umstände des Einzelfalles vorliegen,[153] s. a. Rn. 71.

Als Ausnahme und atypischer Fall i. S. d. Rn. 66, in dem **unter Berücksichtigung der** 67 **Funktionen** (Rn. 1) von einer Begründung der Ermessenserwägungen abgesehen werden kann, sind daher nur ermessensrelevante besondere **schützenswerte Interessen der Beteiligten, Dritter**, ggf. auch des **Staates** zu akzeptieren,[154] vgl. Rn. 103, § 29 Rn. 58 ff. Dies kann unter den in Rn. 117 genannten Voraussetzungen auch bei Gefahr in Verzug von Bedeutung sein.

Darüber lässt die Rspr. ein Absehen von der Zweckmäßigkeitsbegründung nach § 39 Abs. 1 68 S. 3 zu, wenn das Ermessen ausschließlich **im öffentlichen Interesse** (§ 40 Rn. 142) oder den **Individualinteressen Dritter** eingeräumt wurde.[155] Dies ist gerechtfertigt, da § 39 Abs. 1 S. 3 zwar keinen Unterschied für die Art der Ermessensüberlegungen macht, die Funktionen der Begründung (Rn. 1) jedoch nur dann greifen, wenn die zu begründende Zweckmäßigkeitsentscheidung im Verhältnis zu den Betroffenen und für die Behörde irgend eine rechtliche Relevanz hat, dass Ermessen also auch „in Richtung" auf den Betroffenen ausgeübt werden muss, dieser also einen Anspruch auf ermessensfehlerfreie Entscheidung hat. Ob dies der Fall ist, entscheidet das Fachrecht, § 40 Rn. 139 ff.

d) Begründung bei „intendiertem Ermessen": Besondere Ausnahmen von der Begrün- 69 dungspflicht sollen beim sog. „intendierten Ermessen" (hierzu auch § 40 Rn. 28 ff.) gelten. Dies betrifft im Wesentlichen **drei Fallgruppen**,[156] nämlich die im Ermessen stehende Bewilligung einer **Ausnahme/Befreiung** von einer gesetzlich festgelegten Regel/Pflicht,[157] die im Ermessen stehende Durchsetzung von **(Rück-)Zahlungspflichten zu Gunsten der öffentlichen Hand** (wegen des Grundsatzes der Wirtschaftlichkeit und Sparsamkeit der Haushaltsführung)[158] und das Entschließungsermessen bezüglich des **Einschreitens gegenüber einem rechtswidrigen Zustand**.[159]

---

[152] So vor Inkrafttreten des VwVfG etwa *BVerwGE* 22, 215, 217 (keine Begründung, wenn Gründe „auf der Hand liegen"); *BVerwGE* 38, 191, 194 (keine Begründung, wenn Gründe „auf der Hand liegen"); *BVerwGE* 54, 276, 280 (keine Begründung bei „Offenkundigkeit" der für den VA sprechenden Umstände).
[153] So *BVerwGE* 57, 1, 6.
[154] Für Geheimhaltungsbedürfnis des Staates in Sicherheitsfragen *BVerwGE* 84, 375, 388 f. = NJW 1990, 2761 (dazu *Simitis/Fuckner* NJW 1990, 2713).
[155] *BVerwGE* 79, 68, 71 f. (zum Auswahlermessen beim Überhang von Wehrpflichtigen; kritisch dazu *Wolf* DVBl 1988, 1226, 1227); *BVerwGE* 84, 375, 388 = NJW 1990, 2761 (für Erteilung einer Auskunft über die beim Verfassungsschutz gespeicherten Daten); *Schwab* DÖD 1994, 80, 82.
[156] S. die ausführliche Zusammenstellung bei *Kaffenberger*, Das intendierte Verwaltungsermessen, 2002, S. 7 ff.; ferner wurde intendiertes Ermessen auch angenommen bei Entlassung von Beamten auf Probe wegen Dienstvergehen *BVerwGE* 66, 19, 25 = NVwZ 1983, 286; *BVerwGE* 82, 356, 363 = NVwZ 1990, 768); *BVerwG* DVBl 1983, 1105, 1107; bei Ersetzung rechtswidrig verweigertem kommunalen Einvernehmens nach § 36 Abs. 2 S. 3 BauGB (§ 35 Rn. 175): *VG Frankfurt a. M.* NVwZ-RR 2001, 371, 373; bei Aufforderung zur Abgabe einer eidesstattlichen Versicherung nach § 284 AO: *FG Saarland* EFG 2001, 1174, 1175.
[157] *BVerwGE* 72, 1, 6 f. = NJW 1986, 738 (zur Erteilung einer Wohnberechtigungsbescheinigung an nichteheliche Lebensgemeinschaft; *BVerwGE* 105, 313, 321 f. = NJW 1998, 1166 (für Entzug der Rechtsfähigkeit eines sich wirtschaftlich betätigenden Vereins); *BVerwG* NJW 1987, 1564, 1565 (zur Erteilung einer Wohnberechtigungsbescheinigung an nichteheliche Lebensgemeinschaft); *BVerwG* NVwZ 1987, 601, 607 (für Gewährung eines Billigkeitserlasses bei Vorliegen unbilliger Härte); *VGH München* NVwZ-RR 1989, 423, 424 (für Ablehnung der Zusendung von Personalakten).
[158] *BVerwGE* 91, 82, 90 = NJW 1993, 744; *BVerwGE* 105, 55, 57 f. = NJW 1998, 2233 (m. Anm. *Schwabe* DVBl 1998, 147); *BVerwGE* 116, 332, 337 = NVwZ 2003, 221, 223. In diese Richtung auch (jedoch trotz § 121 AO gegenüber der Rspr. wesentlich strenger) unter dem Stichwort **„Vorprägung der Ermessensentscheidung"** zur Inanspruchnahme des vorsätzlich handelnden Haftungsschuldners *BFHE* 125, 126, 129 = NJW 1978, 1879; *BFHE* 149, 511, 513; 155, 243, 245 = NJW 1989, 1383 (hierzu *P. Stelkens* NWVBl 1989, 335, 339).
[159] *BVerwG* BRS 36 Nr. 93; NJW 1986, 393, 394; NVwZ-RR 1991, 63, 64; *OVG Lüneburg* NVwZ-RR 1995, 7 (im konkreten Fall abgelehnt); *VGH Kassel* NJW 1988, 1281, 1283; NVwZ 1991, 280, 281; GewArch 1996, 291, 292; *OVG Koblenz* GewArch 1994, 203, 204; *VGH Mannheim* NJW 1986, 395, 399; BauR 1991, 449, 451 (im konkreten Fall abgelehnt); VBlBW 1998, 186, 188 (im konkreten Fall abgelehnt); *OVG Münster* BRS 35 Nr. 116 (im konkreten Fall abgelehnt); BauR 1991, 448; *OVG Weimar* LKV 1997, 370, 371; *VG Gießen* NVwZ-RR 2000, 495.

70 Frühere Äußerungen des *BVerwG*[160] konnten dahingehend verstanden werden, dass in diesen Fallgruppen – ähnlich wie bei Sollvorschriften (§ 40 Rn. 26 ff.) – das Gesetz ein bestimmtes Ergebnis nahe lege, dieses Ergebnis im Grunde gewollt sein solle und nur im Ausnahmefall hiervon abgewichen werden könne, eine **Abwägungsentscheidung** (§ 40 Rn. 13) also **in typischen Fällen gar nicht** stattzufinden habe (und deshalb § 39 Abs. 1 S. 3 in diesen Fällen keine Anwendung finde, s. Rn. 57). Mittlerweile hat *BVerwG*[161] jedoch klargestellt, dass beim „intendierten Ermessen" auch in typischen Fällen eine Abwägungsentscheidung stattfinden müsse, sich jedoch hier das Abwägungsergebnis von selbst verstehe und es deshalb **keiner das Selbstverständliche darstellenden Begründung** nach § 39 Abs. 1 S. 3 bedürfe.[162] Damit nimmt *BVerwG* letztlich eine Ausnahme von der Soll-Begründung i. S. d. Rn. 66 für den Fall an, dass keine besonderen Umstände des Einzelfalles vorliegen, die eine Abweichung von der sonst regelmäßig gebotenen und sinnvollen Ermessensausübung darstellen. Nur so ist die Rechtsfigur des „intendierten Ermessens" dogmatisch tragfähig.[163] Dies bedeutet aber auch, dass auch bei intendiertem Ermessen die Pflicht nach § 39 Abs. 1 S. 2 bestehen bleibt, insbes. muss der Sachverhalt in einer Weise dargestellt werden, dass festgestellt werden kann, dass ein Regelfall, bei dem das Ermessen intendiert ist, überhaupt vorliegt.[164]

71 Grundsätzlich kann dem Satz, dass das Selbstverständliche auch bei der Zweckmäßigkeitserwägungen nach § 39 Abs. 1 S. 3 keiner Begründung bedarf, auch wegen § 39 Abs. 2 Nr. 2 (s. Rn. 93) zugestimmt werden. **Entscheidend** ist jedoch, **wessen Sicht zur Bestimmung des Selbstverständlichen maßgeblich ist.** Im Hinblick auf die **Funktionen der Begründung** kann es dabei nicht auf die Sicht der Behörde oder des Gerichts[165] ankommen, sondern nur auf die Sicht des Empfängers, dessen Kenntnisstand zu berücksichtigen ist, s. Rn. 43. So ist nicht für jedermann selbstverständlich, warum gegen seinen Schwarzbau eingeschritten wird, nicht aber gegen denjenigen des Nachbarn. Auch Redewendungen wie „Die Rücknahme der Zahlungsbewilligung halten wir im Hinblick auf unsere Pflicht zur sparsamen Verwendung von Steuermitteln für gerechtfertigt, weil keine Gründe erkennbar sind, sie ihnen trotz Verstoßes gegen die ihnen bekannten Vergabebedingungen zu belassen" stellen sich nicht für jeden Empfänger als „Leerformel" dar und können daher die Funktionen der Begründung (Rn. 1) erfüllen. Der Hinweis darauf, dass bestimmte Kosten bei Nichtgeltendmachung von Ansprüchen von der Allgemeinheit zu tragen wären – und damit in ähnlich gelagerten Fällen auch vom Betroffenen – kann die **Akzeptanz** der Entscheidung durch diesen fördern. Der Hinweis darauf, dass beim Betroffenen – anders als er selbst angenommen hat – kein Sonderfall vorliegt, kann diesem helfen, die **Erfolgsaussichten etwaiger Rechtsbehelfe** zu prüfen. Zudem zeigt gerade in der Praxis ein Vergleich mit Parallelfällen, dass durchaus auch ein anderes als das „intendierte" Ergebnis – zumindest in zeitlicher Hinsicht – erreicht werden kann.[166]

72 **e) Begründung bei Planungsermessen:** § 39 Abs. 1 S. 3 erfasst das vom „normalen" Ermessen zu unterscheidende „Planungsermessen" (§ 40 Rn. 42 ff.) nicht. Die bei Plan-VA (§ 35 Rn. 263 ff.) zu treffende **Abwägungsentscheidung** ist nach § 39 Abs. 1 S. 2 zu begründen.[167] Insoweit muss dargelegt werden, dass eine Abwägung überhaupt stattgefunden hat, welche Belange in die Abwägung eingestellt worden sind und welche Gewichtung die einzelnen Belange erfahren haben,[168] vgl. § 74 Rn. 158 ff. Insbes. bei **mehrpoligen Rechtsverhältnissen** (§ 9

---

[160] *BVerwGE* 72, 1, 6 f. = NJW 1986, 738; *BVerwGE* 91, 82, 90 = NJW 1993, 744; *BVerwG* BRS 36 Nr. 93; NJW 1987, 1564, 1565; NVwZ 1987, 601, 607.
[161] *BVerwGE* 105, 55, 57 f. = NJW 1998, 2233 (m. Anm. *Schwabe* DVBl 1998, 147); dem folgend *BVerwGE* 116, 332, 337 = NVwZ 2003, 221, 223.
[162] Ausführlich zu diesen unterschiedlichen Konzeptionen des intendierten Ermessens *Borowski* DVBl 2000, 149, 150 ff.
[163] So auch *Borowski* DVBl 2000, 149, 155 f.
[164] *OVG Greifswald* NVwZ-RR 2004, 805, 806; *VG Gießen* NVwZ-RR 2004, 275, 277; im Ergebnis auch *VGH München* NVwZ-RR 2004, 879, 882 (das aber die grundsätzliche Geltung der Begründungspflicht nach § 39 Abs. 1 S. 2 auch bei intendiertem Ermessen übersieht und deshalb auf Art. 19 Abs. 4 GG zurückgreift).
[165] So aber *Mußgnug* VBlBW 1984, 423, 429 und *Schwab*, Begründungspflicht nach § 39 VwVfG, 1991, S. 58, die allein auf die Rechtsschutzfunktion abstellen.
[166] *P. Stelkens*, VwVf, Rn. 399.
[167] *BVerwGE* 74, 109, 114 = NJW 1986, 2449.
[168] *VGH Mannheim* NVwZ 1998, 86; *Koenig* AöR 117 (1992), S. 514, 537 ff.

Rn. 25 ff.) sind die subjektiv öffentlichen Rechte der Dritten sowie die Einwendungen sonstiger Bürger inhaltlich in die Begründung einzuarbeiten,[169] § 69 Rn. 13 f.

IV. Ausnahmen von der Begründungspflicht (Abs. 2)

1. Ausnahmen nach Ermessen

§ 39 Abs. 2 belässt das Recht zur Begründung, beseitigt aber im Interesse der Verwaltungseffektivität (Rn. 4) die **Pflicht** aus Abs. 1 S. 2 und S. 3. Die Ausnahmeregelungen gelten mithin für gebundene wie für Ermessensentscheidungen. Wird gegen einen VA, der nach § 39 Abs. 2 nicht begründet werden muss, Widerspruch erhoben, ist der **Widerspruchsbescheid** wegen § 73 Abs. 3 VwGO zu begründen, s. Rn. 15, 106, 129.

Ob die Behörde von der Befugnis nach § 39 Abs. 2 Gebrauch macht, steht in ihrem **Ermessen**, bei dessen Ausübung die Funktionen einer Begründung (Rn. 1) und ein eventueller **Grundrechtsschutz** (Rn. 2) mit dem (nicht so hohen, s. Rn. 4) Entlastungseffekt bei Absehen einer Begründung abgewogen werden müssen. Dabei ist ein Absehen von der Begründung immer ermessensfehlerhaft, wenn hierdurch eine nur oberflächliche Sachverhaltsermittlung und Rechtsanwendung verdeckt werden soll.[170] Bei der Ermessensausübung ist auch zu berücksichtigen, ob der VA wenigstens **teilweise** oder in anderen Formen als in § 39 vorgesehen begründet werden kann: Im Fall der Nr. 2 kann etwa auf Schriftsätze hingewiesen, im Fall der Nr. 3 können dem VA allgemeine Hinweise oder **Merkblätter** beigelegt werden, im Fall der Nr. 5 kann die Begründung entweder zusammen mit dem VA bekannt gemacht oder ausgelegt (vgl. § 41 Abs. 4 S. 2) werden, § 41 Rn. 156 ff. Als Verfahrensentscheidung muss ein Absehen von der Begründung allerdings nicht begründet werden,[171] s. Rn. 53. Ist **ermessensfehlerhaft von der Begründung abgesehen worden,** ist der **VA** aber ebenso **formell rechtswidrig** wie wenn fälschlich vom Vorliegen einer der Tatbestände des § 39 Abs. 2 ausgegangen wird,[172] s. Rn. 27.

Zudem ist § 39 Abs. 2 vor dem Hintergrund der verfassungsrechtlichen Begründungsgebote **restriktiv auszulegen**.[173] Nur bei restriktiver Auslegung erscheint die Bestimmung auch **verfassungskonform**, s. Rn. 4. Nicht anzuwenden ist § 39 Abs. 2 bei spezialgesetzlichen Begründungspflichten, s. Rn. 15. Soweit § 39 für VA außerhalb des Anwendungsbereichs des VwVfG (Rn. 18) und auf Nicht-VA (Rn. 19 ff.) analog anzuwenden ist, gilt dies jedoch auch für § 39 Abs. 2.

2. Geschriebene Ausnahmen

a) Antrags- und erklärungskonformer Verwaltungsakt (Nr. 1): Eine Begründung kann nach Nr. 1 entfallen, soweit die Behörde einem **Antrag** (Rn. 77) entspricht (Rn. 79 ff.) oder einer **Erklärung** (Rn. 78) folgt (Rn. 79 ff., 86) und **nicht in die Rechte** eines anderen **eingegriffen** wird (Rn. 83 ff.). Hier wird auf die Eigenkontrolle der Verwaltung verzichtet.[174] Deshalb scheint die Inanspruchnahme dieser Ausnahme als ermessensfehlerhaft (Rn. 74), wenn ein gesteigertes öffentliches Interesse an der getroffenen Entscheidung und damit auch an ihrer Begründung besteht.[175]

Anträge i. S. d. Nr. 2 sind verfahrensrechtliche und materiellrechtliche Anträge (§ 22 Rn. 18, 19, § 35 Rn. 230), gleichgültig, ob sie als Haupt- oder Hilfsantrag oder als Alternativanträge gestellt sind (zu den unterschiedlichen Konsequenzen s. Rn. 82). Sie sind auf den Erlass eines VA gerichtet. Hierunter fallen jedoch keine **Anzeigen** oder **Anregungen** (§ 22 Rn. 21), allerdings wird insoweit kaum ein VA gegenüber dem Anregenden bzw. Anzeigenden ergehen. Ebenfalls kein Antrag ist eine **Anzeige nach den neuen Anzeigeverfahren** (hierzu § 9 Rn. 87 ff., § 35

---

[169] Im einzelnen *Koenig* AöR 117 (1992), S. 514, 531 ff., 536 ff.
[170] Vgl. *Kischel*, Begründung, 2003, S. 234 f.
[171] *BVerwG* Buchholz 316 § 39 VwVfG Nr. 13.
[172] Deutlich *Hufen*, Fehler im VwVf, Rn. 316.
[173] *Hufen*, Fehler im VwVf, Rn. 301.
[174] *Schwab*, Begründungspflicht nach § 39 VwVfG, 1991, S. 96; ders. DÖV 1992, 9, 10.
[175] *Kischel*, Begründung 2003, S. 230 f.

Rn. 34 ff., 155 ff., § 71 a Rn. 19 f.), sofern es sich nicht um „falsche Anzeigeverfahren" (§ 35 Rn. 156) handelt: Nimmt der Vorhabenträger z. B. an, sein Vorhaben sei genehmigungsfrei und zeigt er es deshalb nur an, ist eine auf diese Anzeige hin erlassene Genehmigung zu begründen. Auch ist Nr. 1 nicht auf begünstigende VA, die keines Antrages bedürfen, übertragbar.[176]

78 **Erklärung** i. S. d. Nr. 2 sind alle Äußerungen und sonstigen Ausführungen zur Sache, die nicht Antragstellung sind, und die der Betroffene in dem Bewusstsein abgibt, dass die Behörde sie bei ihrer Entscheidung berücksichtigen wird oder kann.[177] Hierunter kann nicht jegliche Äußerung zum Sachverhalt, zur Rechtslage oder zum Verfahren verstanden werden. Z. B. befreien Äußerungen des Antragstellers oder Dritter in einer Anhörung nicht von der Begründung, sondern müssen in ihr verarbeitet werden, s. ferner Rn. 90. Wie das im Gesetzgebungsverfahren genannte Beispiel der **Steuererklärung** zeigt, sollen z. B. Erklärungen zu belastenden VA gemeint sein, die wie ein Antrag das Verfahren insgesamt oder in Teilbereichen betreffen, z. B. Erklärungen zur Einkommenslage bei Kindergartenbeiträgen oder für Sozialleistungen. Soweit Dritte erfasst sind, muss sich die Erklärung ebenfalls auf den Verfahrensgegenstand insgesamt oder auf einen abtrennbaren Teil beziehen, z. B. bei **Verzicht auf das materielle Recht** (§ 53 Rn. 29 ff.).

79 Die Begründungspflicht entfällt nur, **soweit** dem **Antrag entsprochen** oder der **Erklärung gefolgt** wird. Wird einem Antrag oder einer Erklärung nur **teilweise** gefolgt, kann die Begründung nur insoweit entfallen, wie die Entscheidung dem Antrag oder der Erklärung entspricht. Aus § 45 Abs. 3 folgt auch, dass keine Pflicht des Beteiligten besteht, selbst zu überprüfen, ob die Behörde seinen Erklärungen vollständig gefolgt ist.[178] Eine solche Pflicht kann nicht dem Antragsteller/Erklärenden mit der Begründung auferlegt werden, es bleibe ihm überlassen, Widerspruch zu erheben, so dass im Widerspruchsverfahren eine genauere Klärung herbeigeführt werden könne.[179] Hat eine Beratung nach § 25 stattgefunden, kann jedoch zugleich ein Fall des § 39 Abs. 2 Nr. 2 vorliegen, s. a. Rn. 92. Dies gilt insbes. bei einer Beratung durch Merkblätter, § 25 Rn. 23.

80 Die teilweise Stattgabe, die zugleich die Ablehnung einer darüber hinaus beantragten Leistung ausspricht und insoweit zu begründen ist, ist ferner abzugrenzen von einer Bescheidung eines nicht auf eine bestimmte Leistung, z. B. eines Geldbetrages gerichteten Antrages (Subvention, Wohngeld etc.). Hier ist str., ob die gewährte Leistung im Einzelnen begründet werden muss.[180] Allerdings liegt in der Festsetzung eines (ggf. nach der materiellen Rechtslage) **zu geringen Betrages** i. d. R. keine Ablehnung des überschießenden Betrages, s. § 48 Rn. 123. Die Begründung einer (teilweisen) „Nicht-Entscheidung" ist schon nach § 39 Abs. 1 S. 1 nicht erforderlich. Daher liegt das Problem weniger bei der Begründung als bei der Auslegung des Antrages. Warum nicht ein höherer Betrag festgesetzt worden ist, ist nur dann zu begründen, wenn dem Antrag (ggf. durch Auslegung) zu entnehmen ist, dass mehr als die gewährte Leistung beantragt worden war. Insoweit trägt der Antragsteller bei **unbestimmten Anträgen** das Risiko s. § 22 Rn. 45 ff.

81 Keine dem Antrag entsprechende Entscheidung ist die Gewährung eines **aliud**, etwa in Form einer **modifizierenden Auflage/Gewährung** (§ 36 Rn. 93 ff.). Zum Zeitpunkt des Erlasses des VA kann die Behörde noch nicht davon ausgehen, dass der Antragsteller mit der Modifikation einverstanden ist.[181] Insoweit müssen die Funktionen einer Begründung voll erfüllt werden, insbes. muss sich der Antragsteller anhand der Begründung darüber klar werden, ob er seinen ursprünglichen Antrag – ggf. alternativ – weiterverfolgen will.

82 Ebenso muss eine Begründung über Auswahl und Ablehnung erfolgen, wenn der **Hauptantrag** abgelehnt und nur dem **Hilfsantrag** entsprochen wird oder wenn von **zwei Anträgen**, die **alternativ** gestellt worden waren (§ 22 Rn. 77), nur einer genehmigt wird. Zur Begründung von **Nebenbestimmungen** s. § 36 Rn. 25.

---

[176] *Kopp/Ramsauer*, § 39 Rn. 39; *Liebetanz* in Obermayer, VwVfG, § 39 Rn. 47.
[177] *Kopp/Ramsauer*, § 39 Rn. 36; *Meyer/Borgs*, § 39 Rn. 14; *Müller-Ibold*, Begründungspflicht im europäischen und im deutschen Recht, 1990, S. 175.
[178] FG Baden-Württemberg EFG 1987, 155 (zu § 126 Abs. 3 AO).
[179] So wohl *Schwab*, Begründungspflicht nach § 39 VwVfG, 1991, S. 98; *ders.* DöD 1992, 9, 11.
[180] Dafür *Dechsling* DÖV 1985, 714, 717; abl. *Schwab*, Begründungspflicht nach § 39 VwVfG, 1991, S. 98 f.; *ders.* DöD 1992, 9, 11.
[181] A. A. *Schwab*, Begründungspflicht nach § 39 VwVfG, 1991, S. 98; *ders.* DöD 1992, 9, 11.

Die Begründungspflicht entfällt auch nur, soweit der **VA nicht in Rechte eines anderen** 83 **eingreift**. Bei **VA mit Drittwirkung** muss somit zumindest dem belasteten Dritten eine begründete Ausfertigung zugehen (Rn. 35), die Ausfertigung für den Begünstigten, dessen Antrag stattgegeben wurde, braucht dagegen keine Begründung zu enthalten, vgl. a. § 37 Rn. 45. Entsprechendes gilt, wenn andere Behörden oder Stellen ein **Anfechtungsrecht** gegen den begünstigenden Bescheid haben (vgl. § 35 Rn. 175 f.).[182]

Die Begründung an den Dritten muss sich nur mit den Argumenten befassen, die den Dritten 84 betreffen. Argumente aus der Sphäre des Antragstellers oder anderer Dritter können durch deren Rechte auf informationelle Selbstbestimmung (Rn. 32, 103) vor einer Mitteilung geschützt sein. Zur Begründung der **Vorab-Mitteilung in Verteilungsverfahren** s. Rn. 20. Teilweise bestehen Sonderregelungen, z. B. im Baurecht s. Rn. 101.

Aus Nr. 1 folgt auch, dass gegenüber dem Antragsteller nicht begründet werden muss, aus welchen 85 Gründen die Behörde die Anträge oder das Vorbringen des Dritten abgelehnt hat.[183] Es ist nicht die Funktion einer Begründung des begünstigenden VA, die Rechtsstellung des Begünstigten zusätzlich schon vorbeugend für einen Nachbar- oder Konkurrentenprozess abzusichern. Zudem brauchen die Ablehnungsgründe, die den Dritten betreffen, nichts mit der Rechtsposition des Begünstigten zu tun zu haben und können, z. B. als persönliche Gründe oder als Geschäftsgeheimnis, ihrerseits durch das informelle Selbstbestimmungsrecht etc. geschützt sein, s. Rn. 103.

Hat der Dritte (unstrittig) dem Antrag und damit dem VA **zugestimmt** oder auf seine 86 Rechte verzichtet (§ 53 Rn. 29 ff.), wird von seiner Erklärung nicht abgewichen. Hier kann die Begründung auch gegenüber dem Dritten entfallen.

b) Kenntnis von und Erkennbarkeit der Sach- und Rechtslage (Nr. 2): Nach **Nr. 2** 87 kann von einer Begründung abgesehen werden, soweit (Rn. 94) dem materiellen Adressaten oder dem Betroffenen (zur Unterscheidung § 22 Rn. 17, § 37 Rn. 14, § 41 Rn. 29 f.) nicht nur die **Sach- und Rechtslage**, sondern auch die **Auffassung der Behörde** hierüber **bekannt** (Rn. 89) oder **für ihn „ohne weiteres"** erkennbar (Rn. 93) sind. Dies muss ihrerseits der Behörde bekannt sein, da sie andernfalls nicht ermessensgerecht (Rn. 74) von einer Begründung absehen kann. Ob diese Voraussetzungen vorliegen, bestimmt sich nach den Umständen des Einzelfalles.[184] Dabei kann Nr. 2 – zusammen oder getrennt – von der Begründungspflicht nach § 39 Abs. 1 S. 2 (Sachverhalt oder Rechtsgründe) oder § 39 Abs. 1 S. 3 (reine Zweckmäßigkeitserwägungen) befreien.

Das, was bekannt/ohne weiteres erkennbar ist, muss sich **inhaltlich mit § 39 Abs. 1 S. 2** 88 **und 3 decken**. Nur dann werden die Funktionen der Begründung, die den Betroffenen schützen (Rn. 1), nicht benötigt. Hieran fehlt es, wenn dem Betroffenen zwar die Sachlage, nicht aber die rechtliche Bewertung durch die Behörde erkennbar ist[185] oder wenn sich die Kenntnis allein auf das mit dem VA verfolgte Ziel und darauf beschränkt, dass die Behörde meint, der VA sei rechtmäßig, ohne Näheres zur Begründung der Rechtsauffassung der Behörde und der von ihr angestellten Zweckmäßigkeitserwägungen zu wissen.[186] So muss z. B. bei der Festsetzung eines Schadensersatzanspruches die Rechtsauffassung der Behörde zu den einzelnen Leistungsposten bekannt sein,[187] vgl. Rn. 51.

Die Begründung kann zunächst bei **positiver Kenntnis des Betroffenen** von der Auffas- 89 sung der Behörde über die Sach- und Rechtslage entfallen. Diese Kenntnis kann insbes. durch **Versendung von Informations- und Merkblättern** durch die Behörde vermittelt werden, in denen sie den später zu erlassenden VA und die Gründe hierfür ankündigt.[188] Aber auch sonstiger vorangegangener **Schriftwechsel** kann die Information vermitteln, sofern zum Zeitpunkt des Schriftwechsels klar ist, welche VA erlassen werden sollen, und sich auch die Rechtsauffassung der Behörde nicht mehr bis zum VA-Erlass ändert.[189] Nach *BVerwG*[190] reicht

---

[182] S. *VG Köln* InfAuslR 1981, 160 (für Anerkennungsbescheid im Asylrecht).
[183] *Schwab*, Begründungspflicht nach § 39 VwVfG, 1991, S. 99 f.; *ders.* DöD 1992, 9, 12.
[184] *BVerwG* Buchholz 316 § 39 VwVfG Nr. 13.
[185] Zutreffend *VG Chemnitz* LKV 1996, 168, 170.
[186] Vgl. *BVerwG* NVwZ 2001, 1410, 1413; a. A. *VGH München* NVwZ 2001, 1291.
[187] *OVG Münster* NWVBl 1996, 69.
[188] *OVG Lüneburg* NordÖR 2004, 245.
[189] *VGH Mannheim* NVwZ 1998, 86.
[190] *BVerwG* Buchholz 316 § 39 VwVfG Nr. 13.

bereits ein an einen anderen Beteiligten gerichtetes Schreiben aus, wenn es dem Betroffenen schriftlich übermittelt worden ist. Es muss aber wohl verlangt werden, dass die Übermittlung durch die Behörde veranlasst worden ist, da sonst zweifelhaft sein kann, ob das Schreiben inhaltlich noch der Meinung der Behörde entspricht.

90 Daher folgt auch aus einer durchgeführten **Anhörung** nach § 28 die Kenntnis i.d.R. noch nicht, selbst wenn sie schriftlich durchgeführt wurde (Rn. 92), da der Betroffene noch nicht die abschließende Stellungnahme der Behörde einschließlich der Bewertung des Anhörungsergebnisses (Rn. 49) kennt.[191] Andernfalls hätte die Begründungspflicht bei ordnungsgemäßer Durchführung des VwVf nach § 28 keine praktische Bedeutung.

91 Die **Kenntnis** kann auch **aus anderen VwVf** bei gleicher Sach- und Rechtslage folgen. Insbes. bei Ermessensbegründung müssen die Ermessenserwägungen aber Gegenstand des anderen Verfahrens gewesen sein.[192] Nicht überzeugend ist daher, wenn die Begründung einer (im Ermessen stehenden) Abrissverfügung wegen vorausgehender Begründung der Ablehnung einer Baugenehmigung für entbehrlich gehalten[193] oder aus dem Vorliegen eines Widerrufsvorbehalts auf die Kenntnis der Widerrufsgründe geschlossen wird.[194]

92 **Nur mündliche Informationen vermitteln die Kenntnis nicht.**[195] Andernfalls könnte das Formerfordernis des § 39 Abs. 1 (Rn. 35 f.) umgangen werden, indem die Behörde dem Betroffenen vor Bekanntgabe des VA **mündlich/fernmündlich** ihre Gründe mitteilt.[196] Zudem ließe sich auch im Rechtsschutzverfahren kaum klären, ob die Voraussetzungen der Nr. 2 tatsächlich vorlagen, zumal dann, wenn Streit über den genauen Informationsinhalt besteht.[197] Entscheidungen zu § 121 Abs. 1 AO können nicht auf § 39 übertragen werden,[198] Rn. 17, 44, 66. Wurde ein mündlicher VA bereits mündlich begründet (Rn. 12), entfällt daher ebenfalls nicht bereits deshalb die Pflicht zur schriftlichen/elektronischen Begründung der schriftlichen/elektronischen Bestätigung, s. Rn. 13. Hieran hat sich auch nichts dadurch geändert, dass das Wort „schriftliche" in Abs. 2 Nr. 2 durch das 3. VwVfÄndG (Einl. Rn. 44, § 1 Rn. 277) gestrichen worden ist. Aus den Worten „zu versehen" in der neuen Fassung des § 39 Abs. 1 S. 1 ergibt sich deutlich, dass die Begründung an der Form des VA bzw. seiner Bestätigung teil haben soll, Rn. 35 f. Allenfalls bei (nachweisbar) **besonders eingehenden Beratungen/Besprechungen** (Durchführung echter Rechtsgespräche, vgl. § 28 Rn. 38 f.) kann im Einzelfall Nr. 2 eingreifen.

93 „**Ohne weiteres erkennbar**" stellt erheblich höhere Anforderungen, als dass die Begründung lediglich nicht für das Verständnis des VA erforderlich wäre. Dies zeigt der Vergleich zwischen § 121 Abs. 1 AO und § 39 Abs. 2 Nr. 2. Auch darf § 39 Abs. 2 Nr. 2 nicht allein unter dem Gesichtspunkt der Kontrollfunktion der Begründung (Rn. 1) ausgelegt werden. Die Behörde muss daher sicher sein (Rn. 87), dass die Gründe bei **durchschnittlichem Erkenntnisvermögen offensichtlich** sind (vgl. § 44 Rn. 126). Hieran fehlt es, wenn zwar aus der Sicht der Behörde keine besonderen Umstände des Einzelfalles vorliegen (Rn. 71), dies dem Betroffenen aber nicht bekannt oder ohne weiteres erkennbar ist.[199] Eine „öffentliche Diskussion" des Problems allein genügt nicht.[200] Auch die schlichte Bezugnahme auf die Rechtsgrundlage (Rn. 50) vermittelt für sich allein keine Erkennbarkeit ihres Inhalts, selbst wenn bei Kenntnis des Inhalts offensichtlich ist, dass der VA hiervon gedeckt ist.[201] Problematisch ist auch die Annahme nicht näher dargelegter Lebenserfahrungen (vgl. § 24 Rn. 20, § 26 Rn. 27), wie z.B., dass eine Ausreisefrist von einem Monat für einen Ausländer genügt.[202] Besondere **Berufser-**

---

[191] *P. Stelkens* BauR 1978, 158, 163; *ders.*, VwVf, Rn. 269; wohl auch *OVG Münster* NVwZ-RR 1989, 615; *OVG Lüneburg* NVwZ 1989, 1180, 1181; *VGH Mannheim* NVwZ 1992, 898; a.A. *VGH München* GewArch 1983, 205, 206.
[192] *OVG Hamburg* GewArch 1983, 193, 194; einschränkend *VGH Mannheim* GewArch 1987, 34, 35 f.
[193] *OVG Münster* NuR 1981, 106.
[194] *VGH München* NVwZ-RR 1991, 632, 633.
[195] Im Ergebnis auch *Wölki*, VwVfG im Wertewandel, 2004, S. 229 f.
[196] So bereits zum Musterentwurf *Feneberg* DVBl 1965, 222, 223; *Schick* JuS 1971, 1 ff., 5.
[197] Vgl. *Kischel*, Begründung 2003, S. 232 ff.
[198] Vgl. *FG Saarland* EFG 1997, 1275: Nach telefonischer Erläuterung ist Begründung nicht i.S.d. § 121 AO zum „Verständnis" des Steuerbescheides „erforderlich".
[199] *Hufen*, Fehler im VwVf, Rn. 302.
[200] *VG Hannover* InfAuslR 1982, 196.
[201] A.A. *OVG Lüneburg* NordÖR 2004, 245; *BSGE* 85, 98, 100 = NZS 2000, 254 f.
[202] So z.B. *VGH Mannheim* DVBl 1987, 55; a.A. daher *VGH Kassel* InfAuslR 1989, 299.

fahrung kann jedoch berücksichtigt werden.[203] Weiß die Behörde, dass die Auffassungsgabe des Betroffenen hinter dem Durchschnitt zurück bleibt, muss jedoch eine Begründung gegeben werden,[204] wie auch aus den **Behindertengleichstellungsgesetzen** folgt, vgl. Rn. 41, § 37 Rn. 113.

Die Begründungspflicht entfällt nach Nr. 2 schließlich auch nur, **soweit** die Kenntnis oder Erkennbarkeit der Sach- und Rechtslage besteht. Ein vollständiges Entfallen der Begründungspflicht Nr. 2 kommt daher i. d. R. nur bei ganz einfach gelagerter Sach- und Rechtslage in Betracht.[205] Als Beispiel wird die Aufforderung zur Einschulung eines Kindes genannt.[206] In komplexeren Fällen kann Nr. 2 demgegenüber z. B. zwar zur Folge haben, dass die Behörde nicht begründen muss, weshalb sie von einer Befugnis zur Beifügung von Nebenbestimmungen (§ 36 Rn. 25) ausgeht, wenn dem Betroffenen diese Auffassung der Behörde bekannt ist. Hierdurch entfällt aber nicht die Pflicht zu begründen, weshalb die konkret angeordnete Nebenbestimmung von dieser Befugnis gedeckt ist.[207] 94

c) Gleichartige oder mit Hilfe automatischer Einrichtungen erlassene Verwaltungsakte (Nr. 3): Nr. 3 gilt für gleichartige VA in größerer Zahl (Rn. 96) und für mit Hilfe automatischer Einrichtungen erlassene VA (Rn. 97). Die Gesetzesbegründung nahm an, dass diese VA typischerweise aus sich heraus verständlich seien, so dass die Begründungspflicht nur eine „überflüssige Förmlichkeit" darstelle.[208] Dies stellt der Zusatz „sofern die Begründung nach den Umständen des Einzelfalles nicht geboten ist" (Rn. 98) klar. Gerade wegen dieses Zusatzes hat die missglückte Vorschrift[209] jedoch kaum einen Anwendungsbereich, der nicht bereits von Nr. 1 und Nr. 2 erfasst wird,[210] s. Rn. 97, 99. 95

„**Gleichartige VA in größerer Zahl**" sind VA, die innerhalb eines zeitlichen Zusammenhangs[211] auf dieselbe Rechtsgrundlage und denselben Sachverhalt gestützt werden, s. § 28 Rn. 59. Keine VA in diesem Sinne sind VA, die **konkrete Einzelschicksale** regeln, mag auch die Begründung gleichförmig sein, wie z. B. in vielen Asylverfahren.[212] In diesen Fällen darf die Begründung nicht fehlen, es ist aber eine **gleichartige Begründung** bei gleichartigem, sich vielfach wiederholendem Sachverhalt zulässig,[213] s. Rn. 44. 96

Dass der Begründungszwang bei „**mit Hilfe automatischer Einrichtungen erlassenen VA**" (zum Begriff § 37 Rn. 68 ff.) entfallen kann, ist wie bei der vergleichbaren Vereinfachungsregel des § 37 Abs. 5 nur vor dem Hintergrund des Entwicklungsstandes der EDV der 1970er Jahre zu verstehen, der es wohl unvorstellbar machte, komplexere VA, die nicht aus sich heraus verständlich sind, mittels EDV zu erstellen, und rechtfertigte, die auszudruckenden Informationen (Nadeldrucker!) möglichst gering zu halten, s. § 37 Rn. 130 ff. Aufgrund der **technischen Entwicklung** ist **Nr. 3** insoweit **mittlerweile** ebenso **totes Recht** wie § 37 Abs. 5; bei Verwendung moderner EDV ist die Anwendung der Nr. 3 immer ermessensfehlerhaft (vgl. § 37 Rn. 131, 133, 136), soweit nicht der „mit Hilfe automatischer Einrichtungen erlassene" VA zugleich „gleichartig in größerer Zahl" i. S. d. Rn. 96 erlassen wird. 97

Bei den von Nr. 3 erfassten VA kann die Behörde von einer Begründung nur absehen, wenn sie „nach den **Umständen des Einzelfalles nicht geboten** ist." Ein generelles Absehen von einer Begründung bei VA in Massenverfahren ist nicht eingeführt worden; die Erleichterung der Verwaltungsarbeit allein ist kein Grund, der ein Absehen von einer Begründung rechtfertigen könnte,[214] s. Rn. 4. 98

Daher sind aber auch kaum Fälle der Nr. 3 denkbar, in denen ein völliges Absehen von der Begründung als ermessensgerecht erscheinen könnte. Als Beispiel wird die Erhebung von Müllgebühren/Hundesteuern genannt, da hier die Sach- und Rechtslage üblicherweise bekannt und 99

---

[203] *VGH München* NJW 1986, 1564, 1566.
[204] *Liebetanz* in Obermayer, § 39 Rn. 56.
[205] *Henneke* in Knack, § 39 Rn. 15.
[206] *Kopp/Ramsauer*, § 39 Rn. 44.
[207] *OVG Lüneburg* NVwZ 1989, 1181, 1182.
[208] BT-Drs. 7/910. S. 61. Ebenso bereits Begründung zu § 30 Abs. 2 Nr. 3 Musterentwurf.
[209] *Kischel*, Begründung, 2003, S. 243.
[210] *Kopp/Ramsauer*, § 39 Rn. 48.
[211] A. A. *Henneke* in Knack, § 39 Rn. 16: „fortlaufender" Erlass genüge.
[212] *VG Hannover* InfAuslR 1982, 196 f.; *P. Stelkens* NVwZ 1982, 81, 82.
[213] BVerfG NJW 1982, 29; *P. Stelkens* ZAR 1985, 15, 23.
[214] *Hufen*, Fehler im VwVf, Rn. 303.

auch keine einzelfallbezogenen Entscheidungen zu treffen seien.[215] Jedoch fallen solche Regelungen typischerweise in den Anwendungsbereich der Kommunalabgabengesetze und damit der AO (§ 2 Rn. 59 ff.). Zudem gibt es auch in diesen Fällen keinen Grund, weshalb nicht die in Frage kommenden Rechtsvorschriften anzugeben sein sollten und – der Gleichförmigkeit der VA entsprechend – eine kurze **formularmäßige Begründung** – ggf. in Form von Merkblättern, Rn. 74 – gegeben werden kann.

100 **d) Besondere Rechtsvorschriften (Nr. 4):** Nr. 4 verweist für eine Ausnahme vom Begründungszwang auf Rechtsvorschriften (des Gemeinschafts-, Bundes- und Landesrechts) und hat damit nur nachrichtlichen Charakter. In der Gesetzesbegründung wurde dabei die Erwartung ausgesprochen, dass „der Gesetzgeber diese Regelung mit Rücksicht auf die Besonderheit der Materie *und unter Beachtung des Rechtsschutzbedürfnisses des Betroffenen* vorgenommen hat", jedoch für möglich gehalten, dass sich der Begründungsausschluss auch nur aus dem Sinn einer Rechtsvorschrift ergeben könne.[216]

101 Ein spezialgesetzlicher Ausschluss der Begründungspflicht ist unproblematisch anzunehmen, wenn er sich wie in § 95 VwVfG (§ 95 Rn. 1 f.) sowie z. B. § 77 Abs. 2 AufenthG,[217] § 50 Abs. 4 S. 3 AsylVfG,[218] § 75 Abs. 1 S. 2 BauO NW[219] aus der **Rechtsvorschrift eindeutig** ergibt. Dass der Ausschluss verfassungskonform ist und tatsächlich unter Beachtung der Rechtsschutzinteressen des Betroffenen angeordnet wurde, ist damit jedoch nicht entschieden. Umgekehrt schließt Nr. 4 eindeutig aus, die (nicht in einer Rechtsvorschrift zum Ausdruck kommende) **Natur der Sache** lasse ein Absehen von einer Begründung zu, vgl. zu Kollegialentscheidungen und Entscheidungen auf Grund Beurteilungsermächtigungen Rn. 7 f., zu Eilfällen Rn. 116 f.

102 Problematisch ist jedoch, inwieweit – wie von der Gesetzesbegründung (Rn 100) und der h. M.[220] angenommen – auch aus dem **Sinn oder Zusammenhang einer Rechtsvorschrift** ein Ausschluss der Begründungspflicht angenommen werden kann. Die Erwartung des Gesetzgebers, solche Ausschlüsse würden nur mit Rücksicht auf die Besonderheit der Materie und unter Beachtung des Rechtsschutzbedürfnisses des Betroffenen angeordnet (Rn. 100), sollte insoweit als Direktive bei der Auslegung des Fachrechts berücksichtigt werden. Hierbei ist also zu fragen, ob tatsächlich im Hinblick auf die Begründungsfunktionen (Rn. 1) angenommen werden kann, der Gesetzgeber habe fachrechtlich die Begründungspflicht (nur) implizit ausgeschlossen. Dies ist nur selten gegeben.

103 Die von der Rspr.[221] angenommenen Fälle impliziten Begründungsausschlusses überzeugen daher nur, soweit sie Fälle der Rn. 68 betreffen. Zudem können die Vorschriften des **Datenschutzes** und das Recht auf **informationelle Selbstbestimmung** als Rechtsvorschriften i. S. d. Nr. 4 angesehen werden, obwohl sie die Begründungspflicht nicht ausdrücklich einschränken. Sie verlangen eine Auslegung des § 39, die die personenbezogenen Daten schützt.[222] Gleiches gilt für § 30, das **Steuergeheimnis** und das **Sozialgeheimnis** oder für den in § 29 Abs. 2 VwVfG, § 99 Abs. 1 S. 2 VwGO zum Ausdruck kommenden Grundsatz der Schutzwürdigkeit **„echter" Staatsgeheimnisse**.[223] Diese Regelungen sind als während des gesamten VwVf zu beachtende Grundsätze auch bei der Begründung zu beachten, ohne dass deshalb die Begründung insgesamt entfallen dürfte; auf die Geheimhaltungsbedürftigkeit ist hinzuweisen.[224]

---

[215] *Henneke* in Knack, § 39 Rn. 18; *Liebetanz* in Obermayer, VwVfG, § 39 Rn. 60.
[216] BT-Drs. 7/910, S. 61.
[217] Begründete verfassungsrechtliche Bedenken bei *Renner*, Ausländerrecht, § 77 AufenthG Rn. 6 ff.
[218] *VGH Kassel* NVwZ 1985, 674.
[219] Vgl. hierzu *Finkelnburg/Ortloff* II, S. 134 f.; *P. Stelkens* BauR 1986, 390, 399.
[220] *Henneke*, in Knack, § 39 Rn. 18; *Kopp/Ramsauer*, § 39 Rn. 50; *Liebetanz* in Obermayer, VwVfG, § 39 Rn. 63; *Schwab*, Begründungspflicht nach § 39 VwVfG, 1991, S. 115.
[221] *BVerwGE* 79, 68, 72 = NVwZ 1988, 628 (für Einberufung); *BVerwG* NVwZ 1991, 792 (für Asylrecht); *BVerwG* NJW 1993, 1667, 1669 (für Gesamtschuldnerhaftung für Fehlbelegungsabgabe); *BVerwG* NVwZ-RR 1993, 90 (für Entlassung eines politischen Beamten); *BVerwG* Buchholz 448.0 § 19 WPflG Nr. 21 (für Wehrpflichtrecht); *OVG Münster* NWVBl 1992, 132 (für Entlassung eines politischen Beamten); *OVG Münster* NWVBl 1996, 69, 70 (für Verfassungsschutz).
[222] *BVerfGE* 77, 121, 125 = NJW 1988, 403; *BVerfG* NVwZ 1991, 1162.
[223] *BVerwGE* 84, 375, 389 = NJW 1990, 2761; *OVG Münster* NWVBl 1996, 69.
[224] *BVerwGE* 81, 95, 100.

e) **Öffentlich bekannt gegebene Allgemeinverfügungen (Nr. 5):** Kein Begründungszwang besteht nach Nr. 5, wenn eine AllgV öffentlich bekannt gegeben wird. Gemeint sind die nach § 41 Abs. 3 S. 2 oder nach einer besonderen Rechtsvorschrift (§ 41 Rn. 151) öffentlich bekannt gegebenen AllgV. Diese Ausnahme ist aus den gleichen Überlegungen wie die Nr. 3 geschaffen worden.[225] Somit ging der Gesetzgeber davon aus, dass diese AllgV auch ohne Begründung aus sich heraus verständlich sind. Damit ist wohl v. a. an Widmungen (§ 35 Rn. 320ff.), Gefahrenabwehr-AllgV (§ 35 Rn. 284ff.) und (Schul-)Organisationsmaßnahmen (Rn. 302) gedacht worden. Hier wird man eine „Aus-Sich-Heraus-Verständlichkeit" i. d. R, ebensowenig annehmen können wie bei rechtsnormersetzenden AllgV nach § 35 S. 2. Alt. 3, insbes. bei als AllgV erlassene **Anstalts- und Benutzungsordnungen,**[226] s. hierzu § 35 Rn. 338.

Dass **Verkehrszeichen** nicht nach § 39 zu begründen sind, ergibt sich demgegenüber nicht aus § 39 Abs. 2 Nr. 5, obwohl diese öffentlich bekannt gegebene AllgV sind, § 35 Rn. 330ff. Denn Verkehrszeichen sind keine schriftlichen, sondern „in anderer Weise erlassene" VA (§ 37 Rn. 57, 79), für die § 39 ohnehin nicht gilt (Rn. 14) und die auch nicht nach § 37 Abs. 2 S. 2 (analog) bestätigungspflichtig sind, vgl. § 37 Rn. 91. Teilweise wird jedoch aus verfassungsrechtlichen Gründen (Rn. 2) angenommen, es müsse eine Begründung von Verkehrszeichen für die Akten angefertigt werden, in die auf Nachfrage Einsicht zu gewähren sei.[227] Ob man dem zustimmt, hängt davon ab, ob der in einem Verkehrszeichen liegende Grundrechtseingriff als so schwerwiegend angesehen wird, dass hiergegen Grundrechtsschutz durch Verfahren gewährt werden muss.

Mit der Annahme, bei allein öffentlich bekannt gegebenen AllgV sei eine „Aus-Sich-Heraus-Verständlichkeit" gegeben (Rn. 103), ist die mögliche Komplexität der durch AllgV regelbaren Sachverhalte jedoch unterschätzt worden, vgl. z. B. § 35 Rn. 288, 299. Um den in Rn. 1ff. geschilderten Anforderungen Rechnung zu tragen, ist daher **Nr. 5** dahin gehend **restriktiv zu verstehen,** dass nur dann die Begründung entfallen kann, wenn und soweit die AllgV aus sich heraus verständlich ist.[228] Dies entspricht der **Wertung des § 74 Abs. 2 i. V. m. § 69 Abs. 2** zur Begründungspflicht (§ 74 Rn. 157ff.) für PlfBeschl (also von AllgV, vgl. § 35 Rn. 263, 270, § 74 Rn. 19) und von § 131 Abs. 1 S. 1 TKG zur Begründungspflicht (auch) der von der BNetzA ggf. öffentlich bekannt zu gebenden AllgV (vgl. § 35 Rn. 288, 310). § 41 Abs. 4 S. 2 lassen sich indes keine Hinweise entnehmen: § 39 regelt abschließend die Begründungspflicht und ihre Ausnahmen. Nur soweit eine Begründung notwendig ist oder gegeben wurde, gilt § 41 Abs. 4 S. 2,[229] s. § 41 Rn. 176.

Ist neben einer öffentlichen Bekanntgabe eine **individuelle Bekanntgabe** erforderlich (§ 41 Rn. 142, 147), trifft Nr. 5 auch in einfachen Fällen (Rn 103) nicht zu; eine Begründung ist erforderlich.[230]

Nr. 5 besagt auch nichts zur Begründungspflicht einer **Anordnung der sofortigen Vollziehung einer AllgV** (§ 35 Rn. 275). Sie muss nach § 80 Abs. 3 VwGO begründet werden, s. Rn. 23. Eine andere Frage ist, ob die Begründung nach § 41 Abs. 3, 4 mit dem Tenor der Verfügung veröffentlicht werden muss. Dies ist zu verneinen, s. § 41 Rn. 174.

f) **Prüfungsentscheidungen (§ 2 Abs. 3 Nr. 2):** Ausnahmen von der Begründungspflicht nach § 39 sieht § 2 Abs. 3 Nr. 2 für Prüfungsentscheidungen bei behördlichen Leistungs-, Eignungs- und ähnlichen Prüfungen vor. Zum Begriff und zur VA-Qualität von Prüfungsentscheidungen s. § 2 Rn. 125, § 35 Rn. 204f. Entsprechendes sehen § 2 der LVwVfG für den Schul- und Hochschulbereich vor, s. Rn. 126, § 2 Rn. 136ff.

Soweit sich hieraus gesetzliche Ausschlüsse der Begründungspflicht ergeben, ist dies durch die Rspr. des *BVerfG*[231] zum (fehlenden) Beurteilungsspielraum bei **berufsbezogenen Prüfungsentscheidungen** (Rn. 2, § 2 Rn. 131, § 40 Rn. 177ff.), zu denen auch die **Abiturprüfung**

---

[225] BT-Drs. 7/910, S. 61.
[226] Auch in diesen Fällen jedoch eine Begründung „zur Einsichtnahme" fordernd *Kischel*, Begründung, 2003, S. 244.
[227] *Kischel*, Begründung 2003, S. 247 ff.; *Schmidt-Aßmann* in Maunz/Dürig, Art. 19 Abs. 4 Rn. 254.
[228] Wie hier *Pünder* in Erichsen/Ehlers, § 13 Rn. 51.
[229] *Henneke* in Knack, § 39 Rn. 19; *Kischel*, Begründung 2003, S. 246; a. A. *Pünder* in Erichsen/Ehlers, § 13 Rn. 51.
[230] *VGH Mannheim* NVwZ 1989, 978; *Blümel* VerwArch 73 (1982), S. 5.
[231] *BVerfGE* 84, 34, 46 ff. = NJW 1991, 2005; *BVerfGE* 84, 59, 77 = NJW 1991, 2008.

gehört,[232] jedoch weitgehend „überholt" (vgl. § 2 Rn. 132):[233] Die vom *BVerfG* gefordert materielle Gerichtskontrolle von Prüfungsentscheidungen macht formell eine **Begründung** der Prüfungsentscheidung erforderlich, aus der sich die **Bewertung** der Prüfungsleistung, und zwar der Einzel- wie der Gesamtleistung, ergibt.[234] Eine Ausweitung dieser Forderung auf alle Prüfungen (und damit auch auf nicht berufsbezogene Prüfungen) und damit eine völlige Überholung des § 2 Abs. 3 Nr. 2 hat die Rspr. jedoch noch nicht vorgenommen.[235] Bei berufsbezogenen Prüfungen sind jedoch nunmehr die Bewertungsentscheidungen darzulegen. Im Einzelnen hat die Rspr. für den Fall des Fehlens ausdrücklicher Regelungen[236] (vgl. § 109 Abs. 2 LVwG, s. Rn. 126) folgende Grundsätze aufgestellt:

111   Bei **schriftlichen** berufsbezogenen **Prüfungen** muss der Prüfer die Bewertung **schriftlich**[237] unter Hinweis auf die für das Ergebnis ausschlaggebenden Gesichtspunkte, zumindest kurz, aber verständlich so begründen, dass es dem Prüfling und den Gerichten möglich ist, die grundlegenden Gedankengänge, auf denen die Bewertung beruht, nachzuvollziehen.[238] Der notwendige Begründungsumfang kann nach der Art der Aufgabenstellung variieren.[239] Je weiter der Antwortspielraum des Prüflings ist, desto präziser muss die Begründung sein, mit der einzelne Ausführungen als fehlerhaft bewertet werden.[240] Ist die Begründung fehlerhaft, ist dies ein Indiz dafür, dass dem Prüfer die notwendigen Kenntnisse im Hinblick auf die Prüfungsmaßstäbe fehlen, worin eine **Amtspflichtverletzung** liegt.[241]

112   Wird eine Leistung von **zwei Prüfern** korrigiert und schließt sich der Zweitkorrektor der Begründung des Erstkorrektors an, so bedarf es jedoch keiner weiteren umfangreichen Erörterung der Bewertung durch den Zweitkorrektor, wenn die Begründung des Erstkorrektors ausreichend ist.[242] Jedoch sollte im Votum des Zweitkorrektors über ein bloßes „Einverstanden" hinaus wenigstens ein Punkt der Leistung besonders angesprochen werden, um dem Vorwurf zu begegnen, der Zweitprüfer habe sich kein eigenes Urteil über die Prüfungsleistung gebildet. Bei zunächst divergierender Bewertung muss die nach Beratung getroffene gemeinsame Bewertung erneut begründet werden.[243]

113   Bei **mündlichen Prüfungen** fordert *BVerwG*[244] nur auf Verlangen eine mündliche, ggf. schriftliche Begründung.[245] Die Prüfungsbehörde ist verpflichtet, den Prüfling auf die Möglichkeit des Verlangens hinzuweisen. Fehlt die Begründung, kann dies wegen der fehlenden Erinnerung des Prüfers eine Wiederholung der Prüfung notwendig machen.[246]

114   Ein **„Nachschieben von Gründen"** (allgemein hierzu § 45 Rn. 45ff., 62ff.) wird vom *BVerwG* bei Prüfungsentscheidungen grundsätzlich nicht zugelassen, sondern nur, wenn neue Einwände in Zusammenhang mit den als unrichtig gerügten Einzelpunkten stehen.[247] Insbes.

---

[232] *VG Dresden* SächsVBl 2001, 267ff.; *VG Potsdam* LKV 2001, 572ff.
[233] *BVerwGE* 91, 262, 265f. = NVwZ 1993, 677 spricht davon, dass § 2 Abs. 3 Nr. 2 die Begründungspflicht aus allgemeinen Grundsätzen des Prüfungsverfahrens nicht ausschließen wollte. Diese Rspr. ist bislang nicht dahin verstanden worden, dass sie eine generelle Begründungspflicht der Prüfungsentscheidung gefordert hätte und die Folge, dass der Ausschluss des § 39 im Prüfungsrecht durch § 2 Abs. 3 Nr. 2 verfassungswidrig wäre: vgl. *Niehues* NJW 1991, 3001, 3003; *Redeker* NVwZ 1992, 305, 308.
[234] *Müller-Franken* VerwArch 92 (2001), S. 507, 515f.
[235] Vgl. *VGH Mannheim* NVwZ-RR 1999, 291, 292 (für Jägerprüfung); krit. hierzu *Kischel*, Begründung, 2003, S. 251ff.
[236] Diese werden ausdrücklich eingefordert von *BVerwGE* 99, 185, 190 = NJW 1996, 2670.
[237] *BVerwGE* 91, 262, 265f. = NVwZ 1993, 677; *BVerwG* NVwZ-RR 2000, 503.
[238] *BVerwGE* 91, 262, 265f. = NVwZ 1993, 677; *BVerwGE* 92, 132, 136 = NVwZ 1993, 681; *BVerwG* NVwZ-RR 1994, 582, 583; NVwZ-RR 2000, 503.
[239] Ausführlich hierzu *Müller-Franken* VerwArch 92 (2001), S. 507, 516f.
[240] *BVerwG* NVwZ-RR 1994, 582, 583f. (zur Aufsatzklausur im juristischen Staatsexamen).
[241] *OLG München* NJW 2007, 1005f.
[242] *BVerwG* NVwZ-RR 1994, 582, 584; *OVG Münster* NVwZ 1995, 800, 802; NWVBl 1997, 434; *Müller-Franken* VerwArch 92 (2001), S. 507, 519.
[243] *VG Köln* NWVBl 2002, 70, 71.
[244] *BVerwGE* 99, 185, 189 = NJW 1996, 2670 (dazu *Hösch* JuS 1997, 602); *BVerwG* NJW 1998, 323, 326f.; NJW 1998, 3657, 3658. Ebenso *BFHE* 187, 373 = NVwZ-RR 2000, 295, 296; anders die frühere Rspr. des *BFH* (*BFHE* 147, 249), die einen Wegfall der Begründungspflicht nach § 121 AO aus der Natur der Sache angenommen hatte, da für die AO eine mit § 2 Abs. 3 Nr. 2 vergleichbare Ausnahmevorschrift fehlte.
[245] Ausführlich hierzu *Kischel*, Begründung, 2003, S. 253ff.; *Müller-Franken* VerwArch 92 (2001), S. 507, 520ff.
[246] *BVerwG* NVwZ 1997, 502.
[247] *BVerwGE* 109, 211, 218 = NJW 2000, 1055; *BVerwG* NVwZ 1993, 686, 688.

darf das Gericht nicht selbst Gründe nachschieben und Bewertungsfehler „austauschen".[248] Für möglich wird allerdings gehalten, dass der Prüfer eine aus sich heraus unzureichende Begründung im Gerichtsverfahren erläutert und klarstellt.[249] Zum sog. **„Nachkorrektur- oder Zwischenverfahren"** zur Überprüfung der Begründung s. § 2 Rn. 132, § 9 Rn. 208, § 40 Rn. 226.

3. Ungeschriebene Ausnahmen?

a) **Allgemeines:** § 39 Abs. 2 begründet **keine allgemeine Ausnahme** von der Begründungspflicht. Es fehlt im Gegensatz zu § 28 Abs. 2 das Wort „insbesondere" oder allgemein gehaltene Ausnahmeregeln wie in § 28 Abs. 3 oder § 29 Abs. 2. Der Katalog ist daher als **abschließende Aufzählung** gedacht.[250] Ausnahmen können nur durch eine **Rechtsvorschrift** (Rn. 100 ff.) erfolgen. Daher **verbietet** sich auch eine **analoge Anwendung** des § 39 Abs. 2 Nr. 1 bis 5, selbst wenn die Interessenlage gleich wäre.[251]   115

b) **Begründung bei Eilfällen:** Da § 39 Abs. 2 keine mit **§ 28 Abs. 1 Nr. 1 und 2 vergleichbare Vorschrift** kennt, bedeutet dies insbes., dass nach § 39 auch bei Gefahr in Verzug eine Begründung erforderlich ist, die in jeder Hinsicht den Anforderungen des § 39 Abs. 1 entspricht. Jedoch kann oft Nr. 2 und Nr. 5 (für Gefahrenabwehr-AllgV § 35 Rn. 284 ff.) greifen und ggf. kann auch eine Ausnahme nach § 39 Abs. 1 S. 3 vorliegen, die ein Absehen von einer Darlegung der Zweckmäßigkeitserwägungen bei Ermessensentscheidungen gestattet, vgl. Rn. 67. Mit § 39 unvereinbar ist demgegenüber die Annahme, in Eilfällen könne die Begründung kürzer ausfallen als „an sich" nach § 39 Abs. 1 S. 2 geboten und sei ggf. nach § 45 Abs. 1 Nr. 2 nachzuholen.[252] Denn die Möglichkeit, die Begründung nachzuholen, ändert nichts daran, dass das ursprüngliche Unterlassen der Begründung rechtswidrig ist und damit eine Dienstpflichtverletzung darstellt, s. Rn. 27.   116

Rechtmäßig kann ein Absehen von der Begründung daher nur im Fall einer letztlich **„übergesetzlichen Pflichtenkollision"** sein, nämlich (nur) dann, wenn (kumulativ) **(1)** der VA sofort erlassen werden muss, um Rechtsgüter vom höchsten Rang (Leib/Leben) zu schützen, **(2)** eine rechtzeitige Formulierung der Gründe entsprechend den Anforderungen des § 39 Abs. 1 **tatsächlich objektiv unmöglich** ist und **(3)** die Behörde bei sachangemessener Verfahrensgestaltung das Verfahren nicht bereits früher hätte abschließen können, so dass sie für eine Begründung ausreichend Zeit gehabt hätte.   117

c) **Begründung von Vollstreckungsakten:** Auch für die Begründung von Vollstreckungsakten fehlt eine dem § 28 Abs. 2 Nr. 5 vergleichbare Ausnahmevorschrift. Sie müssen als VA (§ 35 Rn. 165 ff.) nach § 39 begründet werden. Bei vorausgegangener Grundverfügung, benötigen sie jedoch oft nur einen Bezug auf die gesetzlichen Ermächtigungen. Der Zusammenhang mit der Grundverfügung ermöglicht dann i. d. R. das Verständnis des „Ob" und „Wie" der Vollstreckung. Soweit jedoch Ermessensentscheidungen ergehen (über die Auswahl der Zwangsmittel, die einzuhaltende Frist, die Erfüllung der Forderung usw.) können umfangreichere Begründungen erforderlich sein.[253]   118

d) **Begründungsverzicht des Betroffenen:** In der Lit. wird betont, dass auf die Begründung nicht verzichtet werden könne, da die Begründung auch im allgemeinen Interesse (Rn. 1) bestehe.[254] Es ist jedoch zwischen der **Zulässigkeit und den Wirkungen des Verzichts** zu differenzieren: Da sich die Begründungspflicht aus der Sicht des Betroffenen als ein Verfahrensrecht darstellt, kann er hierauf wirksam verzichten (§ 53 Rn. 31), soweit die allgemeinen Verzichtsvoraussetzungen (§ 3 Rn. 33 f.) eingehalten werden. Hierbei sind besondere Anforderun-   119

---

[248] BVerwGE 105, 328, 333 f. = NVwZ 1998, 636.
[249] BVerwG NVwZ 2001, 922 f.; hierzu *Brehm* NVwZ 2001, 880.
[250] Wie hier *Schwab*, Begründungspflicht nach § 39 VwVfG, 1991, S. 94; *ders.* DöD 1992, 9, 10.
[251] *Dechsling* DÖV 1985, 719; *Schwab*, Begründungspflicht nach § 39 VwVfG, 1991, S. 98; *ders.*, DöD 1992, 9, 11.
[252] So *Kopp/Ramsauer*, § 39 Rn. 33.
[253] Vgl. *VG Dresden* LKV 1999, 334; *FG Nürnberg* EFG 2001, 800 f.
[254] *Henneke* in Knack, § 39 Rn. 24; *Hufen*, Fehler im VwVf, Rn. 300; *Kischel*, Begründung, 2003, S. 231 f.; *Liebetanz* in Obermayer, VwVfG, § 39 Rn. 44; *Kopp/Ramsauer*, § 39 Rn. 54; *Müller-Ibold*, Begründungspflicht im europäischen und im deutschen Recht, 1990, S. 188; *Ule/Laubinger*, § 52 Rn. 5; weniger weitgehend *Meyer/Borgs*, § 39 Rn. 11.

gen an die **Freiwilligkeit** des Verzichts zu stellen. Ein „Formularverzicht" wäre unwirksam.[255] Soweit ein Verzicht wirksam ist, beschränken sich seine Wirkungen aber auf die Verfahrensposition des Verzichtenden: Der wegen des Verzichts nicht begründete VA ist wegen Missachtung des § 39 formell rechtswidrig, **verletzt** jedoch insoweit **den Betroffenen nicht in seinen Rechten,** eben weil er auf das Begründungsrecht verzichtet hat, vgl. Rn. 27.

120 Der **Verzicht begründet damit kein Recht des Betroffenen auf Unterlassung einer Begründung,** weil die Begründungspflicht auch im Allgemeininteresse besteht, s. Rn. 1. Er dispensiert die Behörde auch nicht von ihrer objektiv-rechtlichen Begründungspflicht aus § 39. Dies folgt aus der Entstehungsgeschichte:[256] Der DAV hatte den Gesetzgeber angeregt, den Abs. 2 um den Halbsatz zu ergänzen „wenn im Interesse des Betroffenen eine Begründung untunlich ist oder er hierauf verzichtet". Der BT-Innenausschuss hat dies bewusst abgelehnt, da die Begründung auch im öffentlichen Interesse, etwa wegen späterer Verfahren, bei VA mit Doppelwirkung auch im Interesse des betroffenen Dritten, erfolge. Hiernach kann es durchaus sinnvoll sein, z. B. bei der Versagung einer Gaststättenkonzession auch Gründe zu nennen, die dem Betroffenen zur Unehre gereichen, s. Rn. 33.

V. Europarecht

121 Dass Einzelfallregelungen der Verwaltung i. d. R. zu begründen sind, ist ein **gemeineuropäischer Grundsatz,** auch wenn er in den Mitgliedstaaten teilweise unterschiedlich ausgestaltet ist.[257] Dies kommt insbes. darin zum Ausdruck, dass er zu den Grundsätzen des Verwaltungsverfahrens zählt, über die gemäß der **Entschließung Nr. 77 (31) des Ministerkomitees des Europarates** (Einl. Rn. 99) ein „breiter Konsens" besteht. Zudem ist die Pflicht der „Verwaltung, ihre Entscheidungen zu begründen" nach **Art. 41 Abs. 2 lit. b der Europäischen Grundrechte-Charta** (Einl. Rn. 87 ff., § 1 Rn. 26) **Teil des Grundrechts auf gute Verwaltung,** womit der Rang deutlich wird, der der Begründungspflicht für Verwaltungsentscheidungen auf europäischer Ebene zugemessen wird.

122 Zu Recht wird darauf hingewiesen, dass die Begründungspflicht auf Gemeinschaftsebene jedoch auch Ausdruck der **Rechtsstaatlichkeit des Art. 6 Abs. 1 EU** ist und zwar auch losgelöst vom Individualrechtsschutz.[258] Dies kommt deutlich in **Art. 253 EG** zum Ausdruck, der die Begründungspflicht unabhängig vom Grundrechtsschutz für alle „Verordnungen, Richtlinien und Entscheidungen, die vom Europäischen Parlament und vom Rat gemeinsam oder vom Rat oder von der Kommission angenommen werden" normiert. Gerade wegen seines primär objektiv-rechtlichen Charakters und seines teilweise abweichenden Anwendungsbereichs sollte die Begründungspflicht aus Art. 253 EG jedoch nicht mit der Begründungspflicht aus Art. 41 Abs. 2 lit. b der Grundrechte-Charta gleichgesetzt werden.[259] Die durch Art. 253 EG auch angeordnete Begründungspflicht für Rechtsnormen, zeigt zwar, dass auch eine Begründung von Rechtsnormen objektiv möglich. Eine Verpflichtung auch der Mitgliedstaaten, Rechtsnormen zu begründen, kann hieraus aber noch nicht abgleitet werden, s. Rn. 25.

123 Kennzeichnend für die gemeineuropäische Begründungspflicht für Verwaltungsmaßnahmen ist v. a., dass sie weder an das Vorliegen eines „klassischen" Grundrechtseingriffs noch an eine bestimmte Handlungsform geknüpft ist: So bezieht die Entschließung Nr. 77 (31) auch **belastende Realakte** in die Begründungspflicht mit ein, s. Rn. 24. Entsprechendes gilt für Art. 41 Abs. 2 lit. b der Grundrechte-Charta, der allgemein von „Entscheidungen der Verwaltung" spricht und damit über den (bereits sehr weiten, vgl. § 35 Rn. 349 ff.) Entscheidungsbegriff des Art. 249 Abs. 4 EG hinausgeht, insbes., indem die gesamte Gemeinschaftsverwaltung (und nicht nur die Hauptorgane) mit einbezogen wird.[260] Zudem wird man auch Entscheidungen **in Zu-**

---

[255] Vgl. BT-Drs. 7/910, 61.
[256] BT-Drs. 7/910, 61.
[257] Vgl. *Eisenberg,* Die Anhörung des Bürgers im VwVf und die Begründungspflicht für VA. Rechtsvergleichende Untersuchung zweier zentraler Grundsätze des VwVf in Deutschland und Frankreich, 1997; *Schwarze,* Europäisches Verwaltungsrecht, 2. Aufl. 2005, S. 1333 ff.
[258] *Calliess,* FS Götz 2005, S. 239, 256.
[259] *Heselhaus* in Heselhaus/Nowak, Handbuch der Europäischen Grundrechte, 2006, § 57 Rn. 58.
[260] So zutreffend *Heselhaus* in Heselhaus/Nowak, Handbuch der Europäischen Grundrechte, 2006, § 57 Rn. 57 ff.

sammenhang mit **Verwaltungsverträgen** (vgl. Rn. 21) und über die Vornahme von Realakten (Rn. 4) als zu begründende „Entscheidungen" i. S. d. Art. 41 Abs. 2 lit. b der Grundrechte-Charta ansehen können.

Was den **Mindestinhalt** und den notwendigen Umfang der gemeineuropäischen Begründungspflicht angeht, kann jedoch auf die Rspr. des *EuGH* zur Begründung von Entscheidungen im **direkten Vollzug** nach **Art. 253 EG** zurückgegriffen werden.[261] Diese Rspr. wurden vom *EuGH* selbst wie folgt zusammengefasst: **124**

„[Die Begründung muss] der Natur des betreffenden Rechtsakts angepasst sein und die Überlegungen des Gemeinschaftsorgans, das den Rechtsakt erlassen hat, so klar und eindeutig zum Ausdruck bringen [...], daß die Betroffenen ihr die Gründe für die erlassene Maßnahme entnehmen können und das Gerichtshof seine Kontrollaufgabe wahrnehmen kann. Das Begründungserfordernis ist nach den Umständen des Einzelfalls, insbesondere nach dem Inhalt des Rechtsakts, der Art der angeführten Gründe und nach dem Interesse zu beurteilen, das die Adressaten oder andere durch den Rechtsakt unmittelbar und individuell betroffene Personen an Erläuterungen haben können. In der Begründung brauchen nicht alle tatsächlich oder rechtlich einschlägigen Gesichtspunkte genannt zu werden, da die Frage, ob die Begründung eines Rechtsakts den Erfordernissen des [Art. 253 EG] genügt, nicht nur anhand ihres Wortlauts zu beurteilen ist, sondern auch anhand ihres Kontexts sowie sämtlicher Rechtsvorschriften auf dem betreffenden Gebiet." [262]

Dabei steigen die Begründungsanforderungen mit der Tiefe des durch die Entscheidung vermittelten Grundrechtseingriffs[263] und der Weite der bei der Entscheidung bestehenden Entscheidungsspielräume.[264] Zudem ist die Begründung gleichzeitig mit der Entscheidung bekannt zu geben. Fehlt sie oder ist sie unzureichend, kann sie **nicht im Prozess nachgeholt** werden:[265] Der Verfahrensgarantie würde nach Auffassung des *EuGH* ihre praktische Wirksamkeit genommen und die Funktionen der Begründung würden in Frage gestellt, wenn man den Gemeinschaftsorganen erlauben würde, ihre Gründe erstmals vor dem Gemeinschaftsrichter zu nennen,[266] s. a. § 45 Rn. 164.

Für den **indirekten Vollzug** des Gemeinschaftsrechts sind in Verordnungen und Richtlinien teilweise besondere Begründungspflichten für mitgliedstaatliche Verwaltungsentscheidungen normiert. So erweitert Art. 6 Abs. 3 ZK die Begründungspflicht für **zollrechtliche Entscheidungen** nach Art. 4 Nr. 5 ZK (§ 35 Rn. 355 ff.), ohne Ausnahmen zuzulassen, so dass sich auch ein Rückgriff auf § 121 Abs. 2 AO verbietet.[267] Art. 10 Abs. 6 der RL 2006/123/EG **(Dienstleistungsrichtlinie)** verpflichtet – ohne Ausnahme – zu einer „ausführlichen Begründung" aller ablehnenden Genehmigungsentscheidungen in ihrem Anwendungsbereich. Spezielle Begründungspflichten normieren aber auch die **Richtlinien über die Umweltverträglichkeitsprüfung**, sofern sie dazu verpflichten, in der Zulassungsentscheidung die Hauptgründe anzugeben, weshalb den von der Öffentlichkeit vorgebrachten umweltschutzrelevanten Bedenken nicht gefolgt wurde.[268] Dieser Gedanke wird auch von Art. 6 Abs. 6 **Aarhus-Übereinkommen** übernommen. Grundsätzlich verlangt jedoch Gemeinschaftsrecht keine über § 39 hinausgehende Begründungspflichten beim indirekten Vollzug.[269] Zu **Sprachproblemen bei EU-Ausländern** s. Rn. 38 f. Zur Heilung von Begründungsmängeln beim indirekten Vollzug s. § 45 Rn. 167 ff. **125**

VI. Landesrecht

Landesrecht enthält keine inhaltlichen Abweichungen. Teilweise sind jedoch an anderer Stelle weitere allgemeine Ausnahmen vom Begründungszwang vorgesehen, so in dem jeweiligen **126**

---

[261] Hierzu auch *Vogt*, Entscheidung als Handlungsform des EG-Rechts, 2005, S. 223 ff.
[262] *EuGH*, Rs. C-357/95P, EuGHE 1998, I-1719, Rn. 63 (Sytraval).
[263] *EuGH*, Rs. 33/79, EuGHE 1980, I-1677, Rn. 14 (Kuhner).
[264] Vgl. die Analyse bei *Calliess*, FS Götz 2005, S. 239, 256.
[265] *EuGH*, Rs. C-195/80, EuGHE 1981, 2861, Rn. 20 (Michel); *EuGH*, Rs. C-353/01P, EuGHE 2004, I-1073, Rn. 32 = NVwZ 2004, 462 (Mattila).
[266] Einzelheiten zur nicht ganz einheitlichen Rspr. bei *Calliess* in Calliess/Ruffert, Art. 253 EGV Rn. 25 f.
[267] *Tipke/Kruse*, § 121 AO Rn. 13.
[268] Art. 9 Abs. 1 der Richtlinie 85/337/EWG über die Umweltverträglichkeitsprüfung bei bestimmten öffentlichen und privaten Projekten; Art. 9 Abs. 1 der Richtlinie 2001/42/EG über die Prüfung der Umweltauswirkungen bestimmter Pläne und Programme.
[269] *BVerwG* NVwZ 1999, 303, 305.

§ 2 für den **Schul- und Hochschulbereich** (§ 2 Rn. 137f.), die insbes. die in § 35 Rn. 203 genannten VA betreffen können, oder für den Notstandsfall (Naturkatastrophen), s. § 95 Rn. 4. **§ 109 Abs. 2 LVwG SchlH** ordnet für Prüfungen ausdrücklich an, dass eine mündliche Begründung genügt, jedoch auf Antrag eine schriftliche/elektronische Begründung zu erteilen ist, s. Rn. 110.

VII. Vorverfahren

127 Für die Begründung eines **Abhilfebescheides** nach § 72 VwGO folgt aus § 79 HS. 2, dass **§ 39 in vollem Umfang,** einschließlich seines Abs. 2, anwendbar ist.[270] Der Abhilfebescheid ist kein Widerspruchsbescheid i. S. d. § 73 VwGO (s. § 73 Abs. 1 S. 1 HS. 1 VwGO), so dass für ihn § 73 Abs. 3 VwGO (Rn. 128f.) nicht gilt. Auf eine dem § 73 Abs. 3 S. 1 VwGO vergleichbare Regelung wurde bei § 72 VwGO verzichtet, weil der positive Abhilfebescheid nicht als Beschwerde angesehen worden ist. Allerdings darf nach § 79 i. V. m. § 39 Abs. 1 Nr. 2 von einer Begründung nicht abgesehen werden, wenn ein **Dritter** durch die Abhilfe beschwert worden ist (vgl. § 71 VwGO, s. Rn. 83).

128 Für den **Widerspruchsbescheid** folgt die Begründungspflicht aus **§ 73 Abs. 3 S. 1 VwGO**. Nach § 79 ist hinsichtlich des **Begründungsinhalts** § 39 Abs. 1 S. 2 und 3 heranzuziehen.[271] Dabei kann inhaltlich sowohl auf den ursprünglichen Bescheid als auch auf den Widerspruch Bezug genommen werden, s. Rn. 39. Aus der Begründung des Widerspruchsbescheides sollte sich aber v. a. ergeben, ob andere oder ergänzende Rechtsgrundlagen und/oder Ermessensgesichtspunkte als in dem ursprünglichen Bescheid herangezogen worden sind. Soweit die Widerspruchsbehörde nicht selbst zur Überprüfung der Zweckmäßigkeit des VA berechtigt, sondern auf eine reine Rechtskontrolle beschränkt ist, hat sie die Ermessenserwägungen der Ausgangsbehörde in den Widerspruchsbescheid nachrichtlich aufzunehmen.[272]

129 Die Begründungsausnahmen des **§ 39 Abs. 2** gelten für den Widerspruchsbescheid nicht, s. a. Rn. 15, 73. § 39 Abs. 2 wird von **§ 73 Abs. 3 S. 1 VwGO** als lex specialis verdrängt (s. § 79 HS. 2 „im Übrigen").[273] **Bundesrecht** kann jedoch auch bei Nichtgeltung des § 39 Abs. 2 Nr. 4 spezialgesetzlich von der Begründungspflicht des § 73 Abs. 3 S. 1 VwGO dispensieren, vgl. Rn. 100. Es kommt auch **keine analoge Anwendung des § 39 Abs. 2** in Betracht, da die Bestimmung **keinen allgemeinen Rechtsgrundsatz** enthält, der die mit der analogen Anwendung des § 39 Abs. 2 verbundene teleologische Reduktion des § 73 Abs. 3 S. 1 rechtfertigen könnte. Daher sind auch stattgebende Widerspruchsbescheide immer im vollen Umfang zu begründen; denn hier tritt die Selbstkontrollfunktion der Begründung in den Vordergrund, s. Rn. 1. Das war h. M. bereits vor Erlass des VwVfG.[274] Die Entstehungsgeschichte des VwVfG gibt keine Anhaltspunkte dafür, dass hieran gleichsam implizit über § 79 etwas geändert werden sollte.

130 Fehlt ein Vorverfahren, ist im **Prüfungsrecht** bei berufsbezogenen Prüfungen (Rn. 2, 109ff.) ein sog. **„Nachkorrektur-** oder **Zwischenverfahren"** zur Überprüfung der Begründung durchzuführen. Hierzu näher § 2 Rn. 132, § 9 Rn. 208, § 40 Rn. 226.

§ 40 Ermessen

Ist die Behörde ermächtigt, nach ihrem Ermessen zu handeln, hat sie ihr Ermessen entsprechend dem Zweck der Ermächtigung auszuüben und die gesetzlichen Grenzen des Ermessens einzuhalten.

---

[270] Wie hier *Kopp/Ramsauer*, § 79 Rn. 21.
[271] *Busch* in Knack, § 79 Rn. 111.
[272] *Rennert* in Eyermann, § 73 Rn. 6.
[273] *VGH München* BayVBl 1987, 272; *OVG Münster* InfAuslR 1982, 19; *Dolde* in Schoch u. a., § 73 Rn. 52; *Kopp/Schenke*, § 73 Rn. 11; *Rennert* in Eyermann, § 73 Rn. 20; **a. A.** *VGH Mannheim* NVwZ 1992, 898; *Busch* in Knack, § 79 Rn. 111; *Geis* in Sodan/Ziekow, § 73 Rn. 28.
[274] Z. B. *Klinger*, VwGO, 2. Aufl. 1964, § 73 B Anm. 2; *Kopp*, VwGO, 2. Aufl. 1976, § 73 Anm. 4; *Eyermann/Fröhler*, 4. Aufl. 1965, § 73 Rn. 8; a. A. jedoch *Koehler*, VwGO, 1960, § 73 Anm. X 3.

§ 40 Ermessen   § 40

Vergleichbare Vorschriften: § 5 AO; § 39 Abs. 1 S. 1 SGB-AT; § 114 VwGO; § 102 FGO; § 54 Abs. 2 S. 2 SGG.

Abweichendes Landesrecht: SchlH: § 73 Ermessen. (1) Die Behörde entscheidet, soweit Rechtsvorschriften nicht bestimmen, daß oder in welcher Weise sie tätig zu werden hat, im Rahmen der ihr erteilten Ermächtigung nach sachlichen Gesichtspunkten unter Abwägung der öffentlichen Belange und der Interessen der einzelnen Person über die von ihr zu treffenden Maßnahmen (pflichtgemäßes Ermessen). (2) Die Maßnahme darf nicht zu einer Beeinträchtigung der einzelnen Person oder der Allgemeinheit führen, die zu dem beabsichtigten Erfolg in einem offenbaren Mißverhältnis steht. (3) Die Behörde hat unter mehreren zulässigen und geeigneten Maßnahmen tunlichst diejenige anzuwenden, die die Allgemeinheit und die einzelne Person am wenigsten beeinträchtigen. S. Rn. 237.

Entstehungsgeschichte: Bis zum Inkrafttreten des VwVfG vgl. § 40 der 6. Auflage. Vgl. ferner Rn. 3 f., 45, 131, 133.

Literatur: *v. Danwitz*, Zur Grundlegung einer Theorie der subjektiv-öffentlichen Gemeinschaftsrechte, DÖV 1996, 481; *Held-Daab*, Das freie Ermessen, 1996; *Ruffert*, Subjektive Rechte im Umweltrecht der Europäischen Gemeinschaft, 1996; *Bleckmann*, Ermessensfehlerlehre, 1997; *Hain/Schlette/Schmitz*, Ermessen und Ermessensreduktion – ein Problem im Schnittpunkt von Verfassungs- und Verwaltungsrecht, AöR 1997, 32; *Schmidt-Aßmann*, Die Kontrolldichte der Verwaltungsgerichte: Verfassungsrechtliche Vorgaben und Perspektiven, DVBl 1997, 281; *Sieckmann*, Beurteilungsspielräume und richterliche Kontrollkompetenzen, DVBl 1997, 101; *Triantafyllou*, Zur Europäisierung des subjektiven öffentlichen Rechts, DÖV 1997, 192; *Brinktrine*, Verwaltungsermessen in Deutschland und England, 1998; *Kingreen/Störmer*, Die subjektivöffentlichen Rechte des primären Gemeinschaftsrechts, EuR 1998, 263; *Schenk*, Befreiungsermessen, 1998; *Smeddinck*, Der unbestimmte Rechtsbegriff – strikte Bindung oder Tatbestandsermessen?, DÖV 1998, 370; *Weitzel*, Justitiabilität des Rechtsetzungsermessens, 1998; *Grupp*, Behördliche Beurteilungsspielräume im „schlanken Staat", in FS Blümel, 1999, S. 139; *Sachs*, Kein Recht auf Stiftungsgenehmigung, in FS Leisner, 1999, S. 955; *Schoch*, Individualrechtsschutz im deutschen Umweltrecht unter dem Einfluß des Gemeinschaftsrechts, NVwZ 1999, 457; *Ziekow* (Hrsg.), Handlungsspielräume der Verwaltung, 1999; *Laub*, Die Ermessensreduzierung in der verwaltungsgerichtlichen Rechtsprechung, 2000; *Schulze-Fielitz*, Verwaltungsgerichtliche Kontrolle der Planung im Wandel – Eröffnung, Maßstäbe Kontrolldichte, in FS Hoppe, 2000, S. 997; *Pache*, Tatbestandliche Abwägung und Beurteilungsspielraum, 2001; *Rode*, § 40 VwVfG und die deutsche Ermessenslehre, 2003; *Seibert*, Die Einwirkung des Gleichheitssatzes auf das Rechtsetzungs- und Rechtsanwendungsermessen der Verwaltung, FG 50 Jahre BVerwG, 2003, S. 535; *Schoch*, Das verwaltungsbehördliche Ermessen, Jura 2004, 462; *ders.*, Der unbestimmte Rechtsbegriff im Verwaltungsrecht, Jura 2004, 612; *Beaucamp*, Ermessen der Verwaltung: Frei? Pflichtgemäß? Reduziert? Intendiert? – Eine Bestandsaufnahme, JA 2006, 74; *Laubinger*, Grenzen der gerichtlichen Überprüfung von Hoheitsakten in Deutschland, in Schenke/Seok (Hrsg.), Rechtsschutz gegen staatliche Hoheitsakte in Deutschland und Korea, 2006, S. 177; *Hain*, Unbestimmter Rechtsbegriff und Beurteilungsspielraum – ein dogmatisches Problem rechtstheoretisch betrachtet, in FS Starck, 2007, S. 36; *E. Hofmann*, Abwägung im Recht, 2007, S. 325; *Pietzcker*, Die Schutznormlehre, in FS Isensee, 2007, S. 577. Ausführlich zum Schrifttum vor 1996 s. § 40 der 6. Auflage.

Übersicht

	Rn.
I. Allgemeines	1
1. Grundsätzliche Bedeutung	1
2. Das europäische Gemeinschaftsrecht	7
II. Ermessensverwaltung und Gesetzmäßigkeit der Verwaltung	12
1. Die Bindung an das Gesetz	12
2. Entscheidungsfreiheit als Zeichen der Ermessensverwaltung	13
3. Verfassungsmäßigkeit gesetzlicher Ermächtigung zu Ermessensentscheidungen	16
III. Anwendungsbereich des Ermessens	21
1. Ausdruck des Ermessens im Gesetz	21
2. Soll-Vorschriften	26
3. „Intendiertes Ermessen"?	28
4. Frei gestaltende Verwaltung	31
5. Der Standort des Ermessens auf der Rechtsfolgenseite	32
6. Materielle Verzahnung von Tatbestands- und Rechtsfolgenseite	38
7. Planerische Gestaltung; Abwägung	42
8. Sachliche Bezugspunkte des Ermessens	45
9. Entsprechende Anwendungsmöglichkeiten	47
10. Die ermächtigte Stelle	51
IV. Grenzen des Ermessens	53
1. Wirkung von Grenzverletzungen; Ermessensschrumpfung	55
2. Verfehlung des Ermessenszwecks	62
3. Gesetzliche Grenzen des Ermessens	73
a) Die Grenzen aus dem ermächtigenden Gesetz	74
b) Die Grenzen aus sonstigen Gesetzen	82

	Rn.
4. Selbstbindung der Verwaltung	103
a) Rechtsgrundlagen der Selbstbindung	104
b) Voraussetzungen der Selbstbindung	105
c) Wirkungen der Selbstbindung	123
V. Subjektive Rechte aus Ermessensermächtigungen	131
1. Voraussetzungen subjektiver öffentlicher Rechte (Schutznormlehre)	131
2. Erscheinungsformen subjektiver Rechte aus Ermessensermächtigungen	134
a) Das Recht auf ermessensfehlerfreie Entscheidung	135
b) Strikter Anspruch bei Ermessensschrumpfung	137
3. Subjektive Rechte aus einzelnen Ermessensermächtigungen	139
4. Subjektive Rechte aus dem Gleichheitssatz	143
5. Subjektive Rechte nach europäischem Gemeinschaftsrecht	144
VI. Unbestimmter Rechtsbegriff	147
1. Strikte Rechtsbindung der Verwaltung unter voller Gerichtskontrolle	147
2. Keine grundsätzlich durchgreifenden Bedenken	149
3. Verfassungsrechtliche Anforderungen	152
4. Beispiele unbestimmter Rechtsbegriffe	157
VII. Beurteilungsermächtigung	158
1. Begründung aus materiellen Ermächtigungsnormen	158
2. Verfassungsrechtliche Voraussetzungen	165
3. Wirkungen	173
4. Fallgruppen	175
5. Selbstbindung	215
6. Kontrollumfang	220
VIII. Europäisches Gemeinschaftsrecht	236
IX. Landesrecht	237
X. Vorverfahren	238

I. Allgemeines

1. Grundsätzliche Bedeutung

1 § 40 will nicht zu der Diskussion[1] über den Begriff des Ermessens oder gar des unbestimmten Rechtsbegriffs (Rn. 147 ff.) oder der Beurteilungsermächtigung (Rn. 161 ff.) Stellung nehmen. § 40 enthält – im Gegensatz zu § 73 LVwG SchlH – **keine Begriffsbestimmung** (dazu Rn. 13). Es sind nur die **Grenzen der Ermessensausübung** festgelegt, die nach § 114 VwGO als Prüfungsmaßstab für das Verwaltungsgericht gelten; auch die Einfügung des § 114 S. 2 VwGO ändert hieran im Grundsatz nichts, führt allerdings im Ergebnis zu Einschränkungen des Rechtsschutzes (dazu noch Rn. 5; § 45 Rn. 62 ff.).[2]

2 Dem entspricht es, dass die überaus breite Auseinandersetzung in den letzten Jahren vor allem unter dem Aspekt der (verwaltungs-)gerichtlichen **Kontrolldichte** geführt worden ist.[3]

3 § 40 widerspricht der Übung des VwVfG, keine **materiell-rechtlichen Grenzen** aufzuzeigen, deren Verletzung zur Rechtswidrigkeit des VA führen kann (Begründung zu §§ 40 bis 42 Entwurf 73; § 44 Rn. 12). Vom materiellen Gehalt her entspricht § 40 der Empfehlung des Ministerkomitees des Europarates Nr. R (80) 2 vom 11. 3. 1980 (s. Einl Rn. 100).

---

[1] Zu den historischen Wurzeln vgl. etwa *Held-Daab,* Das freie Ermessen, 1996, passim; s. auch *Oldiges* in FS 100 Jahre SächsOVG, 2002, S. 195 ff.

[2] S. zu § 114 S. 2 VwGO BT-Drs 12/8553, 13/3993, 14/4069, 13/5098, 13/5325, 13/5642 und dazu noch Rn. 5; zum nicht Gesetz gewordenen Vorschlag eines § 114a VwGO s. Rn. 148.

[3] S. die oben angegebene Literatur, unten Rn. 147 ff., sowie allg. *Stern* Staatsrecht I, S. 838 ff.; Bd. II, S. 761 f. m. w. N.; *Schmidt-Aßmann* S. 188 ff.; *ders.* in Maunz/Dürig, Art. 19 Abs. 4, 2003, Rn. 180 ff. m. w. N.; *Papier* HStR VI, § 154 Rn. 59 ff.; *Herzog* NVwZ 1992, 2601 ff.; *Sendler* DVBl 1994, 1089 ff.; die Beiträge in *Blümel/Pitschas,* Reform, und in *Ziekow* (Hrsg.), Handlungsspielräume der Verwaltung, 1999, insbes. *Geis,* S. 97 ff.; *Schulze-Fielitz* in FS Hoppe, 2000, S. 997 ff.; auch *E. Hofmann,* Abwägung im Recht, 2007, S. 325 ff.; rechtsvergleichend etwa *Adam,* passim; die Beiträge in *Frowein* (Hrsg.), Die Kontrolldichte bei der gerichtlichen Überprüfung von Handlungen der Verwaltung, 1993; *Varadinek,* Ermessen und gerichtliche Nachprüfbarkeit im französischen und deutschen Verwaltungsrecht und im Recht der Europäischen Gemeinschaft, Diss. Berlin 1993; *Sendler* NJW 1994, 1518 ff.; *Kutscheidt* NWVBl 1995, 121 ff.; *Grabenwarter* Verfahrensgarantien in der Verwaltungsgerichtsbarkeit, 1997, S. 198 ff.; *Geurts,* Verwaltungsgerichtliche Kontrolldichte, 1999; ausführlich, auch zur historischen Entwicklung *Ibler,* Rechtspflegender Rechtsschutz im Verwaltungsrecht, 1999; *Böhm* DÖV 2000, 990 ff.; *Fraenkel-Haeberle* DÖV 2005, 808 ff.

§ 40 knüpft an überkommene **allgemeine Grundsätze des Verwaltungsrechts**[4] an, die im 4
Wesentlichen bereits in der Zeit vor 1933 anerkannt waren[5] und zunächst im Recht der Verwaltungsgerichtsbarkeit[6] wieder aufgegriffen wurden. Mit der Aufnahme des § 40 in das VwVfG sollte lediglich zur Vervollständigung der Regelung über den VA nochmals klargestellt werden, was ohnehin in der Rechtsprechung des BVerfG erhärtetes Allgemeingut einer an Gesetz und Recht orientierten Verwaltung war (Begründung zu § 36 Entwurf 73). Die nachstehenden Grundsätze gelten auf dieser Grundlage auch außerhalb des Anwendungsbereichs des VwVfG (und seiner Parallelvorschriften).[7] Zu entsprechenden Anwendungsmöglichkeiten noch Rn. 47 ff.

Der **gerichtlichen Beurteilung von Ermessenserwägungen**, nicht notwendig auch der 5
ihrer rechtlich strikt verbindlichen Grenzen, ist grundsätzlich die Sach- und Rechtslage im **Zeitpunkt der letzten behördlichen Entscheidung** zugrunde zu legen,[8] und zwar auch bei noch nicht vollzogenen VAen. Entsprechendes gilt für Entscheidungen bei Beurteilungsspielräumen.[9] Nach § 114 S. 2 VwGO[10] ist seit 1997 eine Ergänzung der Ermessenserwägungen noch im Gerichtsverfahren zulässig. Eine Nachholung ursprünglich völlig fehlender Ermessenserwägungen ist von der Bestimmung ebenso wenig gedeckt wie die Auswechslung der Ermessensgründe.[11] Der Rechtsgedanke der Bestimmung soll auch bei Entscheidungen im Rahmen von Beurteilungsermächtigungen durchgreifen.[12] S. ferner § 45 Rn. 62 ff.

Im Prozess **nachträglich vorgebrachte ergänzende Ermessenserwägungen** sind zu be- 6
rücksichtigen, soweit sie (auch) materiell- und verwaltungsverfahrensrechtlich zulässigerweise nachgeschoben werden können.[13] Entsprechend früher entwickelten Rechtsprechungsgrundsätzen müssen allerdings die nachträglich angegebenen Gründe zum für die gerichtliche Beurteilung des Klagebegehrens insgesamt maßgeblichen Zeitpunkt, also vielfach der letzten Behördenentscheidung, bereits vorgelegen haben.[14] Bei Ansprüchen auf Erteilung einer Erlaubnis stellt das BVerwG[15] auch für die Voraussetzungen einer Ermessensschrumpfung (Rn. 56 ff.) auf den Zeitpunkt der gerichtlichen Entscheidung ab. Zur übergreifenden Problematik s. § 44 Rn. 16 ff.

2. Das europäische Gemeinschaftsrecht

Das europäische Gemeinschaftsrecht eröffnet in Art. 230 Abs. 2 EG (ähnlich Art. 173 Abs. 1, 7
2 EGV), Art. 146 Abs. 2 EAGV[16] die gerichtliche Kontrolle ausdrücklich gegenüber dem **Er-**

---

[4] Dazu allgemein Maurer, § 4 Rn. 29 ff.
[5] Vgl. nur W. Jellinek, S. 28 ff. m. w. N.
[6] Vgl. schon § 23 Abs. 3 MRVO Nr. 165; § 36 BayVGG; § 36 BremVGG; § 36 HessVGG; § 15 Abs. 2 BVerwGG; zur Rückanknüpfung der VwGO s. die Begr. des RegE, BT-Drs III/55, S. 32, 43.
[7] Vgl. für den Bereich des § 2 Abs. 3 Nr. 1 (§ 2 Rn. 106 ff.) in der Sache BGH NJW 1995, 529 ff.; zur Anwendbarkeit des § 40 VwVfG auf die „Kronzeugen"-Regelung des § 11 a BDO Weiß PersV 1998, 3, 9, 16 f.
[8] Vgl. BVerwGE 94, 35, 41 m. w. N.; 120, 246, 250; BFH NVwZ 1992, 1024 m. w. N.; abw. mit Rücksicht auf gemeinschaftsrechtliche Vorgaben für die Ausweisung von Unionsbürgern BVerwGE 121, 297, 308 ff.; dazu Bader JuS 2006, 199 ff.
[9] S. BVerwGE 62, 280, 287; 69, 183, 191 f.; s. ferner OVG Münster InfAuslR 1982, 19 m. w. N.; OVG Münster NVwZ 1991, 912; VGH München NVwZ 1991, 396; VGH Mannheim VBlBW 1984, 179, 180; VBlBW 1990, 234, 235 zu Prognoseentscheidung (s. auch Rn. 195 ff.); VBlBW 1994, 58, 59; OVG Berlin OVG BlnE 19, 56, 58; Ossenbühl JZ 1970, 348; H.J. Müller NVwZ 1992, 1370.
[10] BGBl 1996 I, S. 1626. S. auch den Gesetzentwurf der BReg, BT-Drs 12/8553, Art. 1 Nr. 13, BT-Drs 13/3993, Art. 1 Nr. 14. Zur Neuregelung etwa Axmann, Das Nachschieben von Gründen im Verwaltungsrechtsstreit, 2001, S. 143 ff.; Pöcker/Barthelmann DVBl 2002, 668 ff.; Durner VerwArch 2006, 345, 354, 357 f.; auch zum Umgang m. § 102 S. 2 FGO Kraus ThürVBl 2004, 205 ff.
[11] BVerwGE 106, 351, 365; 107, 164, 169; OVG Bautzen LKV 1998, 280 f.; VGH Mannheim DVBl 2003, 465, 469; OVG Münster NVwZ 2001, 1424; OVG Schleswig NordÖR 2002, 122, 124; zu § 102 S. 2 FGO BFH NJW 2004, 3061, 3063 m. w. N.; offen lassend für einen Wechsel der Begründung für Einbürgerungsablehnung BVerwGE 114, 195, 198 f.
[12] So OVG Bautzen SächsVBl 1998, 157, 161; 218, 219.
[13] BVerwGE 106, 351, 362 ff. unter verfassungsrechtlicher Billigung der Vorschrift; auch OVG Bautzen SächsVBl 1999, 218, 219; offen BVerwG NJW 2000, 2121, 2123. S. allg. zur problematischen Neuregelung Axmann, Das Nachschieben von Gründen im Verwaltungsrechtsstreit, 2001, S. 128 ff.; zur „Verböserung" von Ermessenserwägungen im Rahmen des § 114 S. 2 VwGO OVG Münster NVwZ 1999, 556, 559.
[14] BVerwGE 105, 55, 59 m. w. N.; anders VGH Mannheim NVwZ-RR 1998, 682, 683, für während des Gerichtsverfahrens durchgeführte Verkehrszählungen.
[15] NVwZ 1992, 1211, 1212. Für den Zeitpunkt der Gerichtsentscheidung bei besonderer Fallgestaltung auch VGH Mannheim VBlBW 1996, 34.
[16] Auch Art. 33 Abs. 1 Satz 1 und 2 des inzwischen außer Kraft getretenen EGKSV.

§ 40 8, 9   Teil III. Verwaltungsakt

messensmissbrauch von Gemeinschaftsorganen. Die Bedeutung dieses dem französischen Recht[17] entlehnten Begriffs ist für das Gemeinschaftsrecht nicht abschließend geklärt (s. auch Rn. 9).[18] Die Praxis scheint auf den verschiedenen Gebieten des Gemeinschaftsrechts unterschiedlichen Grundsätzen zu folgen.[19] Keine abschließende Klarheit besteht auch darüber, worauf sich sonst im Einzelnen die **gerichtliche Kontrollmöglichkeit** gegenüber Entscheidungen des Rates und der Kommission nach Art. 249 Abs. 1, 4 EG erstreckt, die auf der Grundlage von ermessensbegründenden Europarechtsnormen ergehen.[20]

8   Dies liegt nicht zuletzt daran, dass es im europäischen Recht **keine** dem deutschen Recht vergleichbare **klare Abgrenzung** zwischen **Ermessensbestimmungen** und Regelungen mit unbestimmten **Rechtsbegriffen** gibt, die im Grundsatz strikt verbindlich sind, allenfalls Beurteilungsspielräume eröffnen können.[21] Vielmehr werden alle der Verwaltung normativ eröffneten Spielräume grundsätzlich gleich behandelt.[22] Die zur Kontrolle von „Beurteilungsspielräumen" vom *EuGH* formulierten Kontrollmaßstäbe (s. Rn. 163, 233) sind dementsprechend prinzipiell verallgemeinerungsfähig.

9   Für die Überwachung von **Beihilfen,** insbes. für Entscheidungen auf der Grundlage von Art. 87 Abs. 3 EG, hat der *EuGH* der **Kommission ein weites Ermessen** eingeräumt, das auf die Gemeinschaft insgesamt zu beziehende wirtschaftliche und soziale Wertungen voraussetzt. Die Kommission soll allerdings alle relevanten Umstände, einschließlich der in früheren Entscheidungen behandelten Umstände, berücksichtigen dürfen und müssen. Deshalb sieht der *EuGH* keinen Ermessensfehler, wenn die Kommission die Auszahlung einer genehmigungsfähigen Beihilfe von der Rückzahlung einer früheren rechtswidrigen Beihilfe abhängig macht.[23] Beim Erlass von **Importverboten** nimmt der *EuGH* einen **Ermessensmissbrauch** an, wenn

---

[17] Vgl. *Becker,* Der Einfluss des französischen Verwaltungsrechts auf den Rechtsschutz in den Europäischen Gemeinschaften, 1963, S. 35 ff., ebda, S. 141 f.; *Fromont,* Rechtsschutz gegenüber der Verwaltung in Deutschland, Frankreich und den Europäischen Gemeinschaften, 1967, S. 239, 251 ff.; *Hoffmann,* Das Ermessen der Verwaltungsbehörden in Frankreich, 1967, S. 17 ff.; *Rengeling,* S. 300; *Degen* Verwaltung 1981, 157, 166 ff.; *Schlette,* Die verwaltungsgerichtliche Kontrolle von Ermessensakten in Frankreich, 1991, S. 95 ff.; zur gerichtlichen Ermessenskontrolle nach französischem Recht umfassend *C. Lerche* in Frowein (Hrsg.), Die Kontrolldichte bei der gerichtlichen Überprüfung von Handlungen der Verwaltung, 1993, S. 1 ff. m.w.N.; *Varadinek,* Ermessen und gerichtliche Nachprüfbarkeit im französischen und deutschen Verwaltungsrecht und im Recht der Europäischen Gemeinschaft, Diss. Berlin 1993, S. 6 ff.; ferner *Schwarze* NVwZ 1996, 22, 25; *J. Koch* VerwArch 1998, 560, 571 f.; *ders.,* Verwaltungsrechtsschutz in Frankreich, 1998, S. 171 ff.; *Starck* in FS Bernhardt, 1995, S. 595, 605 f.
[18] *Rupprecht,* Die Nachprüfungsbefugnis des Europäischen Gerichtshofes gegenüber Ermessenshandlungen der Exekutive in der Montanunion und der Europäischen Wirtschaftsgemeinschaft, Diss. Kiel 1962, S. 51 ff.; *Clever,* Ermessensmissbrauch und détournement de pouvoir nach dem Recht der Europäischen Gemeinschaften im Lichte der Rechtsprechung ihres Gerichtshofes, 1967, S. 117 ff.; *Bleckmann* in FS Kutscher, 1981, S. 25 ff.; *Gaitanides* in von der Groeben/Schwarze, Art. 230 Rn. 136 f.; *Booß* in Grabitz/Hilf, Art. 230 Rn. 126; *Ehricke* in Streinz, Art. 230 Rn. 79; *Weber* in Schweitzer, S. 55, 68; *Stettner* in Dauses, B III Rn. 70; *Stotz/Tonne* ebda, P I Rn. 194; *Schwarze* in ders., Hrsg., S. 123, 198 ff.; *Brenner,* S. 387 ff.
[19] Vgl. *Schwarze,* S. 303 ff., 314 ff., 399 ff.; *Weber* in Schweitzer, S. 55, 68; *Herdegen/Richter* in Frowein (Hrsg.), Die Kontrolldichte bei der gerichtlichen Überprüfung von Handlungen der Verwaltung, 1993, S. 209, 217 ff.; *Adam,* S. 27, 217 ff., 239 f.; *Varadinek,* Ermessen und gerichtliche Nachprüfbarkeit im französischen und deutschen Verwaltungsrecht und im Recht der Europäischen Gemeinschaft, Diss. Berlin 1993, S. 212 ff.; zur Kontrolldichte ferner *Pache* DVBl 1998, 380; rechtsvergleichend *ders.,* Tatbestandliche Abwägung und Beurteilungsspielraum, 2001, S. 192 ff.; s. im Einzelnen etwa *Nolte,* Beurteilungsspielräume im Kartellrecht der Europäischen Gemeinschaft und der Bundesrepublik Deutschland, 1997; *F. Schmidt,* Die Befugnis des Gemeinschaftsrichters zu unbeschränkter Ermessensnachprüfung, 2004.
[20] Vgl. (allgemeiner) *Rausch,* Die Kontrolle von Tatsachenfeststellungen und -würdigungen durch den Gerichtshof der Europäischen Gemeinschaften, 1994, S. 203, 238 ff.
[21] *Schwarze,* S. 280 ff.; *ders.* in Schwarze/Schmidt-Aßmann, S. 204; *Grabitz* NJW 1989, 1776, 1778; *Adam,* S. 29; *Herdegen/Richter* in Frowein (Hrsg.), Die Kontrolldichte bei der gerichtlichen Überprüfung von Handlungen der Verwaltung, 1993, S. 209, 210 ff. m.w.N.; *Rengeling* VVDStRL 53, 1994, 202, 208; *Classen,* S. 167; *Huber,* Europarecht, § 20 Rn. 24 ff.; *Bleckmann,* Europarecht, Rn. 862; *Herdegen,* § 11 Rn. 47; die fehlende Trennung kommt z.T. in der Begrifflichkeit des *EuGH* zum Ausdruck, s. z.B. *EuGH,* Rs. 110/63, EuGHE 1965, 859, 878: „Beurteilungsermessen"; für autonome Begriffsbildung *Bleckmann* EuGRZ 1979, 485, 488; die Kommission sieht in der Abgrenzung zwischen Ermessens- und Beurteilungsspielraum nur ein terminologisches Problem, vgl. *EuGH,* Rs. 183/84, EuGHE 1985, 3351 Rn. 23; anders *Brenner,* S. 388.
[22] Vgl. *Engel* Verwaltung 1992, 437, 458; *Schwarze* in ders., Hrsg., S. 123, 198 f.; *Streinz,* Europarecht, Rn. 598; *v. Danwitz,* S. 331; *Kadelbach,* S. 453, speziell zum Beurteilungsspielraum S. 444 ff.
[23] *EuGH,* Rs. C-355/95 P, EuGHE 1997, I-2549 Rn. 26 ff. = NVwZ 1998, 269.

§ 40 Ermessen   10–12 § 40

ein Gemeinschaftsorgan einen Rechtsakt (überwiegend) zu anderen als den angegebenen Zwecken oder aber zur Umgehung eines speziell vorgesehenen Verfahrens erlässt.[24]

Ergehen in Anwendung europarechtlicher oder aufgrund von Europarecht erlassener deutscher Rechtsnormen VAe deutscher Behörden (sog. **indirekter Vollzug;** s. auch Rn. 164, 235), gilt grundsätzlich § 40 einschließlich der in ihm anerkannten allgemeinen Grundsätze des Verwaltungsrechts. Der maßgebliche Zweck der Ermächtigung und die gesetzlichen Grenzen des Ermessens sind in erster Linie der angewendeten **europarechtlichen Ermessensnorm** zu entnehmen.[25] Auch sonstige gesetzliche Grenzen des Ermessens sind primär auf der europarechtlichen Ebene zu finden.[26] 10

Ein den europarechtlich eröffneten Handlungsspielraum materiell einengender **Rückgriff auf deutsches Recht** ist wegen des (Anwendungs-)Vorrangs des Gemeinschaftsrechts **grundsätzlich ausgeschlossen;**[27] insbes. kann auch das Grundgesetz mit seinen Grundrechten und sonstigen rechtsstaatlichen Anforderungen (Rn. 83 ff.) nur Berücksichtigung finden, soweit es sich gegenüber dem Europarecht durchsetzen kann.[28] Daraus resultiert gegebenenfalls eine doppelte Grundrechtsbindung.[29] Deutsche Rechtsnormen können im Übrigen als Ermessensgrenzen wirksam sein, wenn sie nicht in Gegensatz zu der Zielsetzung des gemeinschaftsrechtlich eröffneten Ermessens stehen. Die Notwendigkeit gemeinschaftsrechtskonformer Auslegung kann zur Begründung von Ermessensspielräumen führen.[30] 11

II. Ermessensverwaltung und Gesetzmäßigkeit der Verwaltung

1. Die Bindung an das Gesetz

Die Gesetzmäßigkeit der Verwaltung ist im Grundgesetz in dem nach Art. 79 Abs. 3 GG geschützten Art. 20 GG verankert[31] und gehört damit zu den vornehmsten Verfassungsinhalten. Diesem Verfassungsgrundsatz ist in umfassender Weise entsprochen, wenn gesetzlich in Tatbestand und Rechtsfolgen abschließend festgelegte Voraussetzungen und Inhalte behördlichen 12

---

[24] *EuGH,* Rs. C-183/95, EuGHE 1997, I-4315 Rn. 48 = EuZW 1997, 730 m. w. N. zur diesbezüglichen st. Rspr.; *Stotz/Tonne* in Dauses, P I Rn. 194 m. w. N.

[25] Vgl. etwa *Clever,* Ermessensmissbrauch und détournement de pouvoir nach dem Recht der Europäischen Gemeinschaften im Lichte der Rechtsprechung ihres Gerichtshofes, 1967, S. 144 ff., 150 ff.; *Rengeling,* S. 24; ausdrücklich im Bereich des Dienstrechts *Schwarze,* S. 292 ff.; im Geltungsbereich des (außer Kraft getretenen) EGKSV *ders.* in Schwarze/Schmidt-Aßmann, S. 211 ff. Zur gerichtlichen Überprüfung der im Rahmen von Richtlinien den mitgliedstaatlichen Organen eröffneten Ermessensbetätigung (auch der Gesetzgebungsorgane) vgl. *EuGH,* Rs. C-72/95, EuGHE 1996, I-5403 Rn. 59 ff. m. w. N. = NVwZ 1997, 473.

[26] Vgl. für den gemeinschaftsrechtlichen Grundsatz der Verhältnismäßigkeit *EuGH,* verb. Rs. 41 u. a./79, EuGHE 1980, 1979 Rn. 21.; *EuGH,* Rs. 285/87, EuGHE 1989, 2237 Rn. 21 f.; *Kutscher* in ders./Ress/Teitgen/Ermacora/Ubertazzi, Der Grundsatz der Verhältnismäßigkeit in europäischen Rechtsordnungen, 1985, S. 89, 93; *Schwarze,* S. 838, 841; *Weber* in Schweitzer, S. 55, 75 f.; s. auch *Rengeling* EuR 1984, 331, 337 f.; *ders.* VVDStRL 53, 1994, 202, 208 f., auch für Bindung an Gemeinschaftsgrundrechte; dazu etwa *EuGH,* Rs. 5/88, EuGHE 1989, 2609 Rn. 19; *EuGH,* Rs. C-44/94, EuGHE 1995, I-3115 Rn. 55 ff. = EuZW 1996, 313; *Schwarze* NJW 1986, 1067, 1068 ff.; *Everling* EuR 1990, 195, 208; *Jürgensen/Schlünder* AöR 1996, 200, 206; zur Prüfungsdichte bei Grundrechtsbeeinträchtigungen *Nettesheim* EuZW 1995, 106, 107 f.; zur Reichweite gemeinschaftsrechtlicher Garantien für das VwVf *EuGH,* Rs. C-269/90, EuGHE 1991, I-5469 Rn. 14 = NVwZ 1992, 358.

[27] Vgl. dazu etwa *EuGH,* Rs. 6/64, EuGHE 1964, 1251, 1269; *EuGH,* Rs. 106/77, EuGHE 1978, 629 Rn. 21 ff. = NJW 1978, 1741, ebda auch zum Vorrang gegenüber Verfassungsrecht; *EuGH,* Rs. 249/85, EuGHE 1987, 2345 Rn. 17; auch mit anderem konstruktiven Ansatz *BVerfGE* 73, 339, 374 f.; 75, 223, 240 f.; 89, 155, 175; 92, 203, 227; 102, 147, 162 ff.; *BVerfG (K)* NJW 2000, 2015, 2016; aus dem Schrifttum *Streinz,* Bundesverfassungsgerichtlicher Grundrechtsschutz und Europäisches Gemeinschaftsrecht, 1989, S. 93 ff.; *ders.* in Schweitzer, S. 241, 252 f.; *Stettner* in Dauses, A IV Rn. 30 ff.

[28] S. dazu allgemein nur *Streinz* in Sachs GG, Art. 23 Rn. 27 f., 41 f.; vgl. auch schon *EuGH,* verb. Rs. 205–215/82, EuGHE 1983, 2633 Rn. 30 ff. = NJW 1984, 2024; *Pernice* NJW 1990, 2409, 2417; *Streinz* in Schweitzer, S. 241, 264 ff.

[29] Vgl. dazu *Rengeling* VVDStRL 53, 1994, 202, 208 f.

[30] *BVerwGE* 121, 297, 301 ff., zur Unanwendbarkeit der §§ 47, 48 AuslG auf Unionsbürger; entspr. für aufenthaltsberechtigte Türken *BVerwGE* 121, 315, 318 ff.; bestätigt in *BVerwG* NVwZ 2005, 1074; vgl. auch *Bader* JuS 2006, 199 ff. Die in *BVerfGE* 89, 155, 174 f.; dazu *Sachs* in ders. GG, vor Art. 1 Rn. 21; *Streinz* ebda, Art. 23 Rn. 50; *ders.,* Rn. 214a, 217a, 219a, beanspruchte unmittelbare Kontrolle der im Inland wirksamen Hoheitsgewalt der Gemeinschaft anhand der Grundrechte des Grundgesetzes bleibt problematisch.

[31] Dazu zusammenfassend *Sachs* in ders. GG, Art. 20 Rn. 64 ff.

Handelns beachtet werden. Im Rahmen der **gebundenen Verwaltung** ist idealtypisch nur *eine* ganz bestimmte Entscheidung der Behörde zulässig. In der Praxis ergeben sich gleichwohl Unsicherheiten über den Inhalt der gesetzlichen Regelung, weil die abstrakt-generelle Norm auf den Einzelfall bezogen, ausgelegt und angewendet werden muss, s. Rn. 74 ff., 147 ff.; § 44 Rn. 84 ff.

2. Entscheidungsfreiheit als Zeichen der Ermessensverwaltung

13 Kennzeichen der Ermessensverwaltung ist demgegenüber, dass einer Behörde durch Rechtsvorschrift die **Entscheidungsfreiheit** eingeräumt ist, von mehreren rechtlich zulässigen Entscheidungen aus Zweckmäßigkeitsgründen (vgl. § 68 VwGO) unter **Abwägung der öffentlichen Belange** und der **Interessen des Einzelnen** die sachgerechte zu wählen.[32] Man spricht insoweit vom **Handlungs- oder Verhaltensermessen** (Rn. 45).[33]

14 Die **Gewichtigkeit der abzuwägenden Belange** kann nach Maßgabe der jeweils einschlägigen Bestimmungen unterschiedlich sein; denselben privaten Belangen **eines Betroffenen** kann durchaus verschiedenes Gewicht zukommen.[34] Zu differenzieren ist auch anhand der tatsächlichen Gegebenheiten des Einzelfalls, die es etwa erfordern können, prinzipiell maßgebliche Belange bei unzumutbaren Konsequenzen zurückzustellen.[35] Beim VA mit Drittwirkung (s. § 50 Rn. 8 ff.) sind vielfach vor allem die Interessen der beteiligten Privatpersonen gegeneinander abzuwägen.[36] In anderen Fällen können die **Belange weiterer Privatpersonen** gegenüber dem öffentlichen Interesse mit zu berücksichtigen sein, so wegen Art. 6 Abs. 1 GG (s. näher Rn. 86) die Belange des (deutschen) Ehegatten bei ausländerrechtlichen Entscheidungen.[37] Denkbar ist bei entsprechender gesetzlicher Gestaltung auch, dass **ausschließlich das staatliche Interesse** mit seinen vielfältigen Bezugspunkten zur Geltung zu bringen ist, während eine Abwägung mit den persönlichen Interessen des Betroffenen unterbleibt.[38] Die Gewichtung mehrerer relevanter Elemente des öffentlichen Interesses muss nach Maßgabe der jeweiligen Sachgegebenheiten dem Grundsatz der Verhältnismäßigkeit (Rn. 83) entsprechen.[39]

15 Maßgebend für die **Zweckmäßigkeit einer Entscheidung** sind Ausmaß, Schnelligkeit und Sicherheit, mit denen der Gesetzeszweck erreicht wird, einerseits, der dazu erforderliche Verwaltungsaufwand andererseits,[40] ferner etwaige positive oder negative Nebenfolgen, auch Gerechtigkeitserwägungen.[41] Dabei können verschiedene Entscheidungen unabhängig vom Grad ihrer Zweckmäßigkeit rechtmäßig sein,[42] solange nicht der Ermessenszweck überhaupt verfehlt wird (s. Rn. 62 ff.). Terminologisch ist es wenig glücklich, hier von „‚inneren' Bindungen des Ermessens" zu sprechen,[43] weil dadurch einer Verwechslung mit den inneren Ermessensfehlern (s. Rn. 62 ff.) Vorschub geleistet wird. Zur unzweckmäßigen Entscheidung s. Rn. 72. Zur **Begründungspflicht** bei Ermessensentscheidungen als **verfahrensrechtlicher** Pflicht s. § 39 Rn. 17, 27, 43.

---

[32] Empfehlung Nr. R (80) 2 s. Rn. 3; § 73 Abs. 1 LVwG SchlH. Vgl. allgemein auch *Pache*, Tatbestandliche Abwägung und Beurteilungsspielraum, 2001, S. 20 ff.; aus österreichischer Sicht *Raschauer* in FS Winkler, 1997, S. 881.
[33] *Obermayer* NJW 1963, 1177; *Rengeling*, S. 268.
[34] Vgl. etwa *VGH Mannheim* VBlBW 1994, 325, 326, zu den privaten Verhältnissen eines Ausländers nach § 45 Abs. 2 Nr. 1 AuslG bei der Regelausweisung nach § 47 Abs. 2 AuslG einerseits, im Falle des § 47 Abs. 3 S. 2, § 48 AuslG andererseits.
[35] Vgl. *VGH München* BayVBl 1999, 305, 306, zur Befreiung von artenschutzrechtlichen Verboten.
[36] Vgl. für eine Baugenehmigung etwa *VGH München* GewArch 1994, 82, 83; BayVBl 1995, 22, 23.
[37] Vgl. *BVerwGE* 102, 12, 18 ff. m. w. N.
[38] S. für die Einbürgerung *BVerwG* NJW 1985, 2908; InfAuslR 1986, 4; NJW 1987, 856, 857; zur Einberufung *BVerwGE* 79, 68, 71 mit abl. Anm. *Wolff*; dazu § 39 Rn. 68; zu steuerrechtlichen Außenprüfungen BFH NVwZ 1992, 709, 710 m. w. N.; zur subjektiv-rechtlichen Seite s. § 139 f.
[39] Vgl. für die Bestimmung einer Gebühr aus einem gesetzlichen Rahmen mit verschiedenen Bemessungskriterien *OVG Bautzen* SächsVBl 1999, 108, 109 f.; *VG Gera* ThürVBl 1999, 68 f.; zur Unbeachtlichkeit grundsätzlich bedeutsamer Bemessungsfaktoren für Gebührenfestsetzung bei § 50 Abs. 3 S. 1 TKG *VG Regensburg* BayVBl 1998, 700, 701.
[40] Vgl. *Achterberg*, § 19 Rn. 18 ff.
[41] Vgl. *VGH Kassel* NVwZ 1992, 1101, 1102 LS 6.
[42] *Wolff/Bachof/Stober*, § 31 Rn. 39; *König* BayVBl 1983, 161, 165; *Kopp/Ramsauer*, § 40 Rn. 13; *Quaritsch* in Blümel/Bernet, S. 43, 45.
[43] So *Drews/Wacke/Vogel/Martens*, S. 373; dem folgend *Henneke* in Knack, § 40 Rn. 38.

3. Verfassungsmäßigkeit gesetzlicher Ermächtigung zu Ermessensentscheidungen

§ 40 ist selbst keine ermessensbegründende Bestimmung, sondern setzt entsprechende gesetzliche Regelungen voraus; er geht dabei von der **verfassungsrechtlichen Zulässigkeit gesetzlicher Ermächtigung zu Ermessensentscheidungen**[44] aus. Die für die Ermessensausübung maßgeblichen Kriterien müssen nicht ausdrücklich im Gesetzestext angegeben sein; vielmehr genügt es, wenn sie sich im Wege der Auslegung, insbes. auch unter Berücksichtigung der Entstehungsgeschichte, ermitteln lassen.[45] 16

Als **rechtsstaatswidrig** ist eine Ermächtigung namentlich anzusehen, wenn sie die Verwaltung zum Erlass belastender VAe ohne Einschränkung nach Inhalt, Gegenstand, Zweck und Ausmaß berechtigt, der Eingriff für den Staatsbürger also **nicht mehr vorhersehbar** und berechenbar ist;[46] für Eingriffsermächtigungen gelten mit Rücksicht auf die berührten Grundrechte gesteigerte Bestimmtheitsanforderungen.[47] Das Gesetz darf die Entscheidung über die Grenzen der Freiheit des Bürgers nicht einseitig in das Ermessen der Verwaltung legen.[48] Je nach Kontext kann der Ermessensrahmen gleichwohl sehr weiträumig sein,[49] bedarf dann für den Vollzug weiterer selbst gesetzter Maßstäbe (dazu Rn. 92 ff.; zur Bestimmtheit ferner Rn. 152 ff.). 17

Auch spezielle **Grundrechte** stehen der gesetzlichen Begründung von Ermessensspielräumen im Hinblick auf beschränkende Regelungen nicht schlechthin entgegen, werden aber gegenüber der ermöglichten Ermessensentscheidung in verschiedener Weise einschränkend wirksam (dazu Rn. 63 ff., 74, 85 ff.).[50] Die Möglichkeit, der Bedeutung der Grundrechte im Rahmen des Ermessens flexibel Rechnung zu tragen, lässt die **Ermessensermächtigung zu Belastungen** gegenüber dem strikten Belastungsgebot als die mildere Lösung erscheinen.[51] Soweit freilich jeder Gebrauch einer Ermächtigung zur Grundrechtsverletzung führen muss, ist die zugrunde liegende Norm trotz (!) des Ermessens verfassungswidrig. 18

Bei gesetzlichen **Ermächtigungen zur Freistellung von gesetzlichen Grundrechtsbeschränkungen** ist umgekehrt das Ermessen weniger grundrechtsfreundlich als eine strikte Norm; es ist daher verfassungswidrig, soweit die Durchbrechung der gesetzlichen Beschränkung verfassungsrechtlich notwendig ist, um einen normativen Grundrechtsverstoß auszuschließen.[52] Praktisch kann die Verfassungswidrigkeit der Ermessensermächtigung dabei durch verfassungskonforme Auslegung im Sinne einer (regelmäßig) zwingenden Norm vermieden werden.[53] 19

Gesetzliche Ermächtigungen zur Freistellung von grundrechtsbeschränkenden gesetzlichen Verboten sind durchweg als auf gebundene VAe ausgerichtet zu verstehen (präventive Verbote mit Erlaubnisvorbehalt).[54] Bei grundsätzlich gemeinwohlwidrigen Betätigungen sind aber im Rahmen der jeweiligen Grundrechtsbegrenzungen auch repressive Verbote mit **Befreiungsvor-** 20

---

[44] Dazu *BVerfGE* 8, 274, 324 f.; 49, 89, 145 f.; 61, 82, 111; 69, 1, 42; 103, 142, 156 f.; *BVerwGE* 8, 272, 274 f.; 56, 254, 259; *BVerwG* NJW 1987, 1435; *OVG Lüneburg* NVwZ-RR 1991, 576, 577; *Stern* Staatsrecht I, S. 850 ff.; Bd. II, S. 764 f.; Bd. III/1, S. 1354; *Schmidt-Aßmann* in Maunz/Dürig, Art. 19 Abs. 4, 2003, Rn. 189 jeweils m. w. N.; *ders.* DVBl 1997, 281, 282 f.; *Schenke* in BK, Art. 19 Abs. 4, 1982, Rn. 316 ff.; differenzierend *Börger*, Genehmigungs- und Planungsentscheidungen unter dem Gesichtspunkt des Gesetzesvorbehalts, 1987, S. 108 ff.; a. A. *Cattepoel* VerwArch 1980, 140, 141 ff. m. w. N.
[45] *BVerwGE* 95, 15, 17 m. w. N.
[46] *BVerfGE* 8, 274, 325; 20, 150, 154 ff. m. w. N.; 110, 33, 52 ff. m. w. N.; *OVG Münster* DÖV 1977, 854, 855; *Stern* Staatsrecht I, S. 818, 830 m. w. N.
[47] *BVerfGE* 113, 348, 376 m. w. N.; *Sachs* in ders. GG, Art. 20 Rn. 128 m. w. N.
[48] *BVerfGE* 78, 214, 226 m. w. N.; 110, 33, 54; 113, 348, 376; ebenso *BVerwGE* 80, 137, 161.
[49] Vgl. etwa *BVerfGE* NJW 1985, 2908, zu § 8 Abs. 1 RuStAG; *BVerwG* NVwZ-RR 1990, 418, 419, zu § 2 lit. A StatG/ProdGew; zum Ausländerrecht s. *Schnapp* NJW 1983, 973, 975 ff. m. w. N. Zur Auswahl zwischen Gesamtschuldnern *BVerwG* NVwZ 1983, 222, 223; NJW 1993, 1667, 1669; NVwZ-RR 1995, 305, 307 m. w. N.; *VGH München* NVwZ-RR 1999, 99, 100 f.; *OVG Bautzen* SächsVBl 1999, 111, 112 f. m. w. N.; *OVG Greifswald* LKV 2004, 230; zum Auswahlermessen bei Störern *VGH München* NVwZ-RR 1999, 99, 100; *VGH Mannheim* NVwZ 2002, 1260, 1262 f.; *VGH Kassel* NuR 2006, 308, 309.
[50] *Stern* Staatsrecht III/1, S. 1354 m. w. N.; s. *Gromitsaris* DÖV 1997, 401, 403 f.; abl. zur Frage eines grundrechtlichen Anspruchs auf Genehmigung einer Stiftung *Sachs* in FS Leisner, 1999, S. 955, 959 ff.
[51] Vgl. zur Eröffnung des Schutzes vor Abschiebung mit Rücksicht auf extrem lebensgefährdende Lagen *BVerwG* NVwZ 1996, 199, 200.
[52] S. *BVerwGE* 40, 371, 382 ff.; *Sachs* in Stern, Staatsrecht III/1, S. 569 f. m. w. N.
[53] S. *BVerwGE* 18, 247, 249; 25, 161, 162; *OVG Münster* OVGE 19, 188, 189; auch *BVerfGE* 65, 116, 128; *Sachs* in Stern, Staatsrecht III/1, S. 617 m. w. N.; krit. etwa *Meyer/Borgs*, § 40 Rn. 23; *Ortloff* NVwZ 1988, 320 ff., für § 35 Abs. 2 BauGB.
[54] Vgl. *BVerfGE* 49, 89, 145 m. w. N.; § 35 Rn. 78; § 44 Rn. 52.

behalt möglich, die der Behörde ein **Ermessen** einräumen, da sie immer noch weniger stark eingreifen als ein ausnahmslos durchgreifendes Verbot.[55] Die Zulässigkeit von Ermessen bei **atomrechtlichen Genehmigungen,** die aus präventiven Gründen vorgesehen sind, wird mit der Sonderstellung dieses Rechtsgebiets begründet.[56] Ein Ermessensspielraum bei der Genehmigung der Verbindung mehrerer Nurnotare zur gemeinsamen Berufsausübung nach § 9 Abs. 2 S. 2 BNotO soll zulässig sein, da es sich um einen „‚staatlich gebundenen' Beruf" handle.[57]

III. Anwendungsbereich des Ermessens

1. Ausdruck des Ermessens im Gesetz

21 Die Ermächtigung zu Ermessensentscheidungen drückt das Gesetz vielgestaltig aus: **Selten** ist **ausdrücklich gesagt,** dass die Behörde nach ihrem Ermessen handelt (wie in § 22 VwVfG; § 10 Abs. 1 BGSG). Am gebräuchlichsten ist der Begriff **„kann, können"** (wie in §§ 10, 22 ff. BGSG, §§ 17, 20 Abs. 1 und 3, 24, 25 BImSchG, § 11 AbfG).[58] S. im Rahmen des VwVfG § 42 Rn. 28 m.w.N.; § 47 Rn. 11. Diese Formulierungen können allerdings nur die Einräumung einer Entscheidungskompetenz bedeuten („Kompetenz-Kann").[59] S. noch Rn. 23.

22 Andere Formulierungen, die typischerweise eine Ermessensermächtigung kennzeichnen, sind etwa: die Behörde ist **berechtigt, darf** (z. B. §§ 36, 49 Abs. 2),[60] ist **befugt**.[61] Werden in neueren Gesetzen derartige Formulierungen gewählt, wird im Allgemeinen damit der Verwaltung ein Ermessen eingeräumt.[62] Die gesetzlich vorgesehene Möglichkeit von Nebenbestimmungen lässt als solche keinen Schluss auf ein Ermessen für den Erlass des VA zu.[63] Ein Ermessen kann auch ohne klare Hinweise des Normtextes aus dem Gegenstand der vorgesehenen Regelung folgen, etwa bei Maßnahmen im Bereich der staatlichen Organisationsgewalt[64] oder bei Regelungen, die ein Genehmigungserfordernis ohne weitere Tatbestandsmerkmale aufstellen[65] oder nur Versagungsgründe normieren.[66] Schließlich kann man einen Ermessensspielraum schon daraus ableiten, dass eine Norm lediglich von einer gesetzlichen Verpflichtung freistellt, ohne das fragliche Behördenhandeln zu verbieten.[67]

---

[55] Vgl. *BVerwGE* 96, 293, 298 ff. (Wettunternehmen); 96, 302, 311 f.(Spielbank); 117, 50, 55 f. (zu § 35 Abs. 2 BauGB); allgemein *Maurer,* § 9 Rn. 55 m.w.N.; *Schenk,* Befreiungsermessen, 1998, S. 29 ff.; *Schwabe* in FS Folz, 2003, S. 305, 312 ff.; zur „Umdeutung" in ein präventives Verbot aufgrund grundrechtskonformer Auslegung *Gromitsaris* DÖV 1997, 401, 403 f.
[56] *BVerfGE* 49, 89, 145 ff.
[57] *BGHZ* 127, 83, 89 ff.; zur Kritik an dieser Rechtsfigur s. nur *Mann* in Sachs GG, Art. 12 Rn. 46 ff., 50 f.
[58] S. zu § 23 Abs. 1, 3 S. 2 SGB VIII *BVerwGE* 102, 274, 280 f.; zu § 38 SGB X ausdrücklich *BSG* NVwZ-RR 1991, 1, 2, in Abgrenzung zur Auslegung als (nicht verpflichtende) Ermächtigung i. S. d. Kompetenzverteilung. Zu § 105 e Abs. 1 GewO *BVerwGE* 84, 86, 89; *BVerwG* NJW 1990, 1061, unter Aufgabe von *BVerwGE* 24, 15, 22 f.; zu § 7 Abs. 1 AuslG *BVerwGE* 94, 35, 44 f.; zu § 90 Abs. 1 S. 1 BSHG *BVerwGE* 92, 281, 286; zu § 7 Abs. 1 SUrlV *OVG Münster* NVwZ-RR 1992, 576; zu § 4 Abs. 1 S. 2 BauGB-MaßnG *VGH München* DVBl 1996, 267, 268; zu §§ 35 Abs. 7 GewO *BVerwGE* 100, 187, 198; zu § 16 Abs. 3 S. 1 HandwO unter Aufgabe der früheren Judikatur *VGH Kassel* NVwZ 1991, 280, 281; skeptisch gegenüber einem passivischen Können – „... können geschützt werden" in § 2 Abs. 1 HbgDenkmSchG – *OVG Hamburg* NVwZ-RR 1989, 117, 118; zu § 8 Abs. 1 StAG *VGH Mannheim* NVwZ 2001, 1434; *VGH München* NVwZ-RR 2005, 856, 857; zu § 22 Abs. 3 MDStV *OVG Münster* NVwZ 2003, 2183, 2186; zu § 1 PersAnpassG *BVerwG* DÖV 2005, 696, 697; zu § 99 Abs. 2 S. 2 VwGO *BVerwG* NVwZ 2004, 105; zu § 36 Abs. 2 Nr. 2 BW FWG *VGH Mannheim* VBlBW 2002, 73; § 16 Abs. 2 S. 1 StrG i. V. m. § 8 Abs. 1 S. 2 FStrG *VGH Mannheim* VBlBW 2006, 196.
[59] So zuletzt für § 323 Abs. 1 S. 3 SGB III *BSG.* 8. 2. 2007 – B7 a AL 36/06 R –, juris, Rn. 14 m. w. N. (offen lassend für die Begründung korrespondierender subjektiver Rechte).
[60] Für ein Ermessen zur Erteilung der unbefristeten Aufenthaltserlaubnis nach § 26 Abs. 3 S. 1 AuslG („„darf nur versagt werden") *OVG Hamburg* NVwZ-RR 1993, 217.
[61] *VGH Mannheim* NJW 1986, 395, 398; auch VBlBW 1995, 249 m. w. N., gegen ein Ermessen bei §§ 15, 28 Abs. 1 S. 1, 30 Abs. 1 AuslG mangels entsprechender Formulierungen.
[62] *OVG Münster* NJW 1973, 1993 mit Bespr. *Lohmann* DVBl 1974, 321; ganz selbstverständlich in diesem Sinne auch die Plenarentscheidung *BVerfGE* 54, 277, 298; für die Versagung der Genehmigung nach § 172 BauGB *Schöpfer* NVwZ 1991, 511 ff.
[63] Zu § 9 Abs. 2 S. 2 BNotO *BGHZ* 127, 83, 89 f.; für BauO *VG Weimar* ThürVBl 2000, 89, 90.
[64] Zu § 9 Abs. 2 S. 2 BNotO *BGHZ* 127, 83, 90, 93 f.; zu § 21 TKG *Jochum* MMR 2005, 161 f.; *OVG Lüneburg* OVGE 40, 496, 498 f.
[65] Vgl. für § 28 Abs. 3 BJagdG *VGH Mannheim* NuR 1998, 551, 554.
[66] Vgl. zu § 6 WHG *Franz* VerwArch 2003, 192, 209 ff. m. w. N. zum Streitstand.
[67] *BVerwGE* 84, 375, 386, bei § 13 Abs. 2 BDSG für Auskunftspflicht.

In bestimmten Fällen, namentlich bei verfassungskonformer Auslegung (Rn. 19) oder wegen 23
des Zusammenhangs des Gesetzes,[68] werden aber auch „Kann"-Vorschriften als **Befugnisnormen mit strikt verpflichtendem Inhalt** interpretiert.[69] Kein Ermessen soll die Regelung von
Erstattungsansprüchen gem. § 104 Abs. 1 SGB X für ihre Geltendmachung implizieren.[70] Die
an das Familiengericht gerichtete Kann-Bestimmung des § 1634 Abs. 2 S. 2 BGB wird im Sinne
eines bloßen Handlungsrahmens ausgelegt, der eine strikte Pflicht zur Entscheidung nicht ausschließt.[71] Trotz der Formulierung („darf nur") soll im Rahmen des § 6 Abs. 2 BauGB bei Vorliegen eines Versagungsgrundes die Genehmigung des Flächennutzungsplanes ausgeschlossen
sein.[72]

Denkbar ist umgekehrt auch, dass eine **„Muss"-Vorschrift** nach ihrem Zweck **als Ermes-** 24
sensnorm zu verstehen ist.[73] Trotz des Wortlauts wird bei der Entscheidung über die Notwendigkeit der Enteignung nach Art. 3 Abs. 1 BayEG ein gewisser Planungsspielraum angenommen.[74] Zum Planungsermessen Rn. 42 ff. Ein bedarfsorientiertes Ermessen im Rahmen des § 93
Abs. 2 S. 1 1. HS BSHG wird verneint.[75] Ferner kann bei einer zwingend zum Handeln verpflichtenden Norm hinsichtlich der **Handlungsmodalitäten ein Ermessensspielraum** verbleiben (allgemein Rn. 46).[76]

Entscheidungsfreiräume im **Recht der EU** können sich aus vergleichbaren Formulierungen 25
des „Könnens", „Dürfens" oder dergleichen ergeben, ohne dass der *EuGH* dies mit Bezug auf
den Normtext ausdrücklich feststellt. Eine mögliche Erklärung hierfür liefern Verbindungslinien
zum französischen Recht, in dem das Ermessen der vollziehenden Gewalt nicht vom Gesetzgeber verliehen, sondern durch diesen (nur) begrenzt wird.[77] Der Umstand, dass nicht klar zwischen (Rechtsfolge-)Ermessen und Spielräumen auf der Tatbestandsseite unterschieden wird
(vgl. Rn. 8),[78] führt dazu, dass für die Begründung von Spielräumen jeder Art grundsätzlich alle
Tatbestandsmerkmale mit zu berücksichtigen sind, die in unterschiedlicher Weise darauf angelegt sind. Zum Teil wird deshalb ganz allgemein auf die Auslegung der anzuwendenden Norm
verwiesen.[79]

2. Soll-Vorschriften

Verwendet ein Gesetz die Wendung **„soll"** (vgl. § 14 Abs. 3 S. 1 und dazu § 14 Rn. 22, § 39 26
Abs. 1 S. 3 und dazu § 39 Rn. 65 ff., sowie z.B. § 4 Abs. 3 BLG; § 31 Abs. 5 AsylVfG;[80] § 48

---

[68] *BVerwG* NuR 1986, 74, für die Aufstiegserlaubnis von Flugmodellen.
[69] So zu § 48 Abs. 2 BBergG *BVerwGE* 74, 315, 323; dazu krit. *Seibert* DVBl 1986, 1277, 1278; s. ferner *OVG Münster* NJW 1969, 1732; *Riecker,* Die Versorgungsverwaltung 1989, 90 ff., zu § 88 Abs. 3 SVG; *BVerwGE* 106, 263, 271; 108, 64, 70 m.w.N. für Entlassung von Probebeamten; *VGH München* BayVBl 1995, 84, für die rückwirkende Erhebung der Fehlbelegungsabgabe nach Art. 2 Abs. 9 BayAFWoG; *OVG Berlin* NVwZ 1993, 198, 200, für die verbindliche Feststellung von Beschäftigungsverboten nach dem MuSchG; *VGH Kassel* DÖV 1995, 782, 783; für die Versagung der Unbedenklichkeitsbescheinigung nach § 33e Abs. 1 S. 2 GewO; für die Erteilung der Zugangsberechtigung zum Sicherheitsbereich eines Flugplatzes nach § 29d Abs. 1 LuftVG *VGH München* NVwZ-RR 1999, 501; sehr weitgehend *VGH München* DÖV 1980, 51; zu 342 Abs. 1 LAG *BVerwGE* 44, 339, 342; zu § 43 Abs. 2 BGB *K. Schmidt* NJW 1998, 1124, 1125 m.w.N.
[70] *BVerwGE* 87, 31, 34 f.; s. auch *VGH München* BayVBl 1996, 660, 661 f., gegen ein aus § 51 SGB I abgeleitetes Ermessen in Bezug auf eine hoheitliche Aufrechnungserklärung; ebenso *VGH München* BayVBl 1997, 310, 311, in Bezug auf § 25a BSHG.
[71] *BGH* NJW 1994, 312, 313 m.w.N.
[72] *BVerwGE* 105, 67, 73.
[73] S. *OVG Münster* NuR 1983, 34, zu § 34 Abs. 3 FlurbG.
[74] *VGH München* DÖV 1994, 349 m.w.N.
[75] *BVerwGE* 94, 202, 204 ff.
[76] Vgl. § 4 Abs. 2 S. 1 LSchlG *BVerwG* NJW 1990, 787; zu § 3 Abs. 1 StVZO *OVG Bremen* NJW 1990, 2081 f.; zu § 67 Abs. 1 S. 2 BSHG *VG Bremen* NVwZ-RR 2000, 687 m.w.N. Zum Zusammenhang zwischen Normtyp und Offenheit für eigenverantwortliche Ausgestaltung durch die Verwaltung s. *Tettinger* Verwaltung 1989, 291, 303.
[77] Vgl. *Varadinek,* Ermessen und gerichtliche Nachprüfbarkeit im französischen und deutschen Verwaltungsrecht und im Recht der Europäischen Gemeinschaft, Diss. Berlin 1993, S. 32.
[78] Für entsprechende Ansätze für das deutsche Recht s. Rn. 32 ff.
[79] So *Varadinek,* Ermessen und gerichtliche Nachprüfbarkeit im französischen und deutschen Verwaltungsrecht und im Recht der Europäischen Gemeinschaft, Diss. Berlin 1993, S. 205.
[80] *BVerwGE* 106, 339, 343.

Abs. 1 S. 2 SGB X;[81] § 20 Abs. 2 S. 1, § 25 Abs. 2 BImSchG;[82] § 12 Abs. 4 WPflG;[83] § 91 Abs. 4 SGB IX;[84] § 9 Abs. 1 [Ru]StAG,[85] § 25 Abs. 3 S. 1 AufenthG[86]) wird für den **Regelfall eine Bindung** vorgesehen; insoweit besteht daher kein Ermessen. Aus wichtigem Grund oder in atypischen Fällen kann die Behörde jedoch nach insoweit eröffnetem pflichtgemäßen Ermessen von der vom Gesetzgeber für den Normalfall vorgesehenen Rechtsfolge abweichen.[87]

26 a Andere **Gesetzgebungstechniken mit gleichem Resultat** finden sich etwa in § 27 WoGG mit dem Regelbewilligungszeitraum,[88] bei „in der Regel" zu treffenden Entscheidungen,[89] in § 31 Abs. 2 BauGB a. F. mit der Befreiungsmöglichkeit im Einzelfall,[90] ähnlich in § 135 Abs. 5 S. 1 BauGB für das Absehen von der Erhebung des Erschließungsbeitrags im Einzelfall,[91] in § 12 Abs. 6 S. 2 WPflG mit der Zurückstellungsmöglichkeit über die Altersgrenze hinaus in Ausnahmefällen,[92] in § 6 Abs. 2 BNotO für die Erfüllung der allgemeinen Wartezeit bei der Bestellung zum Notar,[93] bei der Zulassung zu einer zweiten Wiederholungsprüfung in besonderen Ausnahmefällen,[94] für die in § 46 StVO vorgesehenen Ausnahmegenehmigungen.[95] Bei § 172 Abs. 4 BauGB soll die Formulierung „darf nur" für eine Versagung lediglich in atypischen Fällen Raum lassen.[96]

27 **Atypisch** sind insbes. die Sachverhalte, die zwar vom abstrakten Rahmen des Gesetzes, nicht aber von seiner Zweckbestimmung erfasst werden, z. B. in Missbrauchsfällen;[97] die Abweichung muss so bedeutsam sein, dass das sonst ausschlaggebende Gewicht der für die Regelentscheidung maßgeblichen Gründe beseitigt wird;[98] die Besonderheiten des Einzelfalls müssen ein Abweichen nahe legen.[99] Der Bindungsumfang ist aber auch bei Soll-Vorschriften letztlich von der Auslegung der jeweiligen Einzelbestimmung abhängig.[100] Die Voraussetzungen des Vorliegens eines atypischen Falls unterliegen voller gerichtlicher Überprüfung.[101] Entsprechendes gilt für die Voraussetzungen eines nur im atypischen Fall bestehenden Beurteilungsspielraums.[102]

3. „Intendiertes Ermessen"?

28 Weitergehende Unsicherheiten ergeben sich aus der Tendenz der Judikatur, als allgemeine Ermessensermächtigungen gefasste Vorschriften dahin auszulegen, dass sie die Ermessensausübung für den Regelfall in eine **bestimmte Richtung** festlegen.[103] Eine prinzipielle Handlungs-

---

[81] *BSGE* 69, 233, 237.
[82] Zu letzterer Bestimmung *BVerwGE* 91, 92, 94.
[83] *Wolff/Bachof/Stober* 1, § 31 Rn. 34.
[84] *VGH Mannheim* NZA-RR 2006, 183.
[85] *BVerwGE* 119, 17, 20 m. w. N.; *VGH Mannheim* VBlBW 2003, 442, 444.
[86] *BVerwGE* 124, 326, 331.
[87] *BVerwG* DÖV 1967, 424; DVBl 1973, 35; NJW 1984, 70, 71; *BVerwGE* 84, 220, 232 f.; 119, 17, 20 m. w. N.; *VGH Kassel* JZ 1969, 429, 431; *OVG Münster* DVBl 1970, 705; OVGE 30, 36, 37; *OVG Lüneburg* ZfBR 1983, 41; zum Einsatz bei Zielen der Raumordnung *Hoppe* in FS Maurer, 2001, S. 625 ff.
[88] Dazu *BVerwG* NVwZ 1990, 1078, 1080.
[89] Vgl. zu verschiedenen Entscheidungen nach dem abgelösten AuslG *BVerwG* Buchholz 402.240 § 47 AuslG 1990 Nr. 13; Buchholz 204.240 § 47 AuslG Nr. 15; *OVG Hamburg* NVwZ-RR 1993, 217; *VGH Mannheim* NVwZ-RR 1997, 746, 747; VBlBW 1998, 75; *VG Lüneburg* NVwZ-Beil I 6/2001, 69.
[90] Dazu für Nr. 2 *BVerwG* NVwZ 1990, 556 f.; differenzierend *Schenk*, Befreiungsermessen, 1998, S. 138 ff.; offener jetzt wohl *BVerwGE* 117, 50, 55 f. (Versagung, wenn gewichtige Interessen entgegenstehen).
[91] *BVerwG* NVwZ 1987, 601, 603; zu Art. 1 § 4 Abs. 3 S. 2 DDR-URG entspr. *Dannecker/Klink* LKV 2003, 159, 161 f.
[92] Dazu *BVerwG* NVwZ-RR 1990, 87 f.
[93] BGH NJW-RR 1998, 1281.
[94] *BVerwG* NVwZ-RR 1998, 245, 246, zu § 15 Abs. 3 S. 1 BerlJAG.
[95] *VGH München* BayVBl 1998, 536 m. w. N.
[96] *BVerwGE* 105, 67, 73.
[97] *BVerwG* NJW 1984, 70, 71; NJW 1987, 2174, 2178.
[98] *BVerwGE* 94, 35, 43 f., für die Regelversagungsgründe des § 7 Abs. 2 AuslG.
[99] *BVerwGE* 91, 92, 99.
[100] *BVerwG* NJW 1986, 1629, 1630; für ein Minimum an Atypik *BVerwG* NVwZ 1990, 556 f., für die bebauungsrechtliche Befreiung; dazu auch *Wilke* in FS Gelzer, 1991, S. 165 ff. Vgl. zu § 74 Abs. 1 SGB VIII, der in Abs. 3 S. 1 zugleich Ermessensausübung im Rahmen verfügbarer Haushaltsmittel vorsieht, *VG Lüneburg* NdsVBl 2000, 95, 96.
[101] *BSG* SGb 1988, 509, 511 m. w. N. und Anm. *Martens*; *BVerwGE* 90, 275, 280; 91, 7, 13.
[102] *OVG Lüneburg* OVGE 37, 505, 509.
[103] Dazu insgesamt etwa *Volkmann* DÖV 1996, 282; *Borowski* DVBl 2000, 149; *Beuermann*, Intendiertes Ermessen, 2002; *Kaffenberger*, Das intendierte Verwaltungsermessen, 2002; *Pabst* VerwArch 2002, 540 ff.

pflicht der Behörden wird für das Einschreiten **gegen rechts- und ordnungswidrige Zustände** angenommen.[104] Entsprechendes gilt für die Aufrechterhaltung oder (Wieder-)Herstellung rechtmäßiger Situationen,[105] etwa für Beseitigung formell illegaler Steganlagen[106] oder (wegen des Gewichts des Rechtsverstoßes) für Maßnahmen nach § 33 Abs. 2 TKG.[107] Auch die Ersetzung eines eindeutig rechtswidrig versagten gemeindlichen Einvernehmens gehört in diesen Kontext.[108] Das Rücknahmeermessen nach § 48 ist aber nicht allgemein auf Aufhebung des VA intendiert (§ 48 Rn. 85).

Das *BVerwG* hat in diesem Zusammenhang unter Hinweis auf das Prinzip der Gesetzmäßigkeit der Verwaltung und das haushaltsrechtliche Gebot der Wirtschaftlichkeit und Sparsamkeit sowie einschlägige Gesetzesbestimmungen (neben §§ 48, 49, 49a VwVfG § 87 Abs. 2 S. 3 BBG, § 12 Abs. 2 S. 3 BBesG, § 52 Abs. 2 S. 3 BeamtVG; §§ 45, 47, 50 Abs. 2 SGB X; § 92a Abs. 1 S. 2 BSHG) einen **gemeinsamen Rechtsgedanken** angenommen, der auch im Falle des § 84 Abs. 1 AuslG regelmäßig gebieten soll, den Anspruch geltend zu machen, es aber andererseits erfordert, hiervon in atypischen Fällen abzusehen.[109] Andererseits hat das *BVerwG* es nicht beanstandet, wenn bei Rückforderung der Bezüge wegen Nichtigkeit der Ernennung dem Betroffenen die Bezüge für die Zeit belassen werden, in der er tatsächlich Dienst geleistet hat,[110] ein Umstand, der kaum als atypisch bezeichnet werden kann.

Weitere Fälle intendierten Ermessens werden angenommen für die Möglichkeit, statt Sachleistungen Wertgutscheine auszugeben;[111] für die Hilfe zum Lebensunterhalt in besonderen Härtefällen;[112] für die Entscheidungen nach §§ 90, 91 BSHG;[113] für die (Nicht-)Erteilung einer Ausnahme-Wohnberechtigungsbescheinigung an (nur) Verlobte;[114] für die (Nicht-)Erteilung einer Zweckentfremdungsgenehmigung;[115] für einen Vorrang des Denkmalschutzes bei der Ermessensentscheidung zwischen Denkmalschutz und Denkmalpflege;[116] für strikte Subsidiarität des Duldungsbescheides nach § 191 Abs. 1 AO;[117] für grundsätzliche Ablehnung auswärtiger Personalakteneinsicht;[118] ebenso für Auskunftserteilung der Polizei nach Datenschutzrecht;[119] für die Anerkennung von Beschäftigungsstellen im Zivildienst;[120] für das ausnahmsweise eröffnete Ermessen des § 12 Abs. 6 S. 2 WPflG;[121] für die Entlassung eines Beamten nach Feststellung eines Dienstvergehens;[122] für die Anrechnung von Einkünften auf Dienstbezüge;[123] für eine Fahrtenbuchauflage;[124] für die behördliche Verneinung des allgemeinen Sachbescheidungsinteresses im vereinfachten Genehmigungsverfahren.[124a]

Grundlage „intendierten" Ermessens sollen auch über die Ermessensvorschrift hinausreichende **Zusammenhänge mit übergeordneten Normen** sein können. Namentlich kann die

---

[104] S. *BVerwG* BRS 36 Nr. 93; NJW 1986, 393, 394; hierzu auch *OVG Lüneburg* BRS 38 Nr. 205 und BRS 46 Nr. 191; *OVG Saarlouis* BRS 44 Nr. 194; *VGH Mannheim* NJW 1986, 395, 399; ESVGH 42, 238f. (LS); *VBlBW* 1998, 186, 188; *OVG Berlin* LKV 1991, 108, 109 m. w. N.; *VGH Kassel* NVwZ-RR 1997, 222f.; *OVG Weimar* LKV 1997, 370, 371 m. w. N.
[105] Vgl. in unterschiedlichen Zusammenhängen (näher Vorauf. Rn. 28) *BVerwGE* 91, 82, 90f.; 105, 55, 56ff.; *BVerwGE* 105, 313, 321f. m. w. N.; *BSG* DVBl 1994, 1246, 1247 m. w. N.; *VGH Mannheim* NJW 1991, 1698f.; *VGH Kassel* DÖV 1996, 937 (LS). *OVG Bautzen* NVwZ-RR 1997, 411, 413; *VGH München* BayVBl 2003, 530, 531. Für das rechtsaufsichtliche Einschreitermessen i. E. *Wehr* BayVBl 2001, 705 ff.
[106] *OVG Berlin* NuR 2002, 365, 366.
[107] *BVerwGE* 114, 160, 193; 119, 282, 305; 120, 54, 79.
[108] *VG Frankfurt* NVwZ-RR 2001, 371, 373; ein Ermessen bei Ersetzung des Einvernehmens offen lassend *OVG Lüneburg* NVwZ-RR 2004, 91, 93; für Ermessen *VGH München* BayVBl 2006, 605f.
[109] *BVerwGE* 108, 1, 17f.; ferner etwa *VGH München* BayVBl 2002, 152.
[110] *BVerwGE* 109, 365, 368f.
[111] *BVerwGE* 92, 169, 170f., zu § 120 Abs. 2 S. 3 BSHG
[112] *VGH Kassel* NVwZ-RR 1992, 636 m. w. N., zu § 26 S. 2 BSHG.
[113] *VGH Mannheim* NJW 1991, 2922f.
[114] *BVerwGE* 72, 1, 6; *BVerwG* NJW 1987, 1564, 1565.
[115] *OVG Berlin* OVG BlnE 19, 56, 62.
[116] *OVG Hamburg* NVwZ-RR 1989, 117.
[117] *OVG Koblenz* NJW 1989, 1878f.
[118] *VGH München* NVwZ-RR 1989, 423, 424.
[119] *BVerwG* NJW 1990, 2765, 2767f.
[120] *BVerwG* 79, 274, 281f. m. w. N.
[121] *BVerwG* NVwZ-RR 1990, 87f.
[122] *BVerwGE* 82, 356, 363 m. w. N.
[123] *Verf- und VerwG der Vereinigten Ev.-Luth. Kirche Deutschlands* NVwZ-RR 2001, 348, 352.
[124] *VGH Kassel* NJW 2005, 2411.
[124a] *Wittreck* BayVBl 2004, 193, 202f.

Berührung von Grundrechtspositionen, die sonst als Grenzen des Ermessens wirksam werden (Rn. 85 ff.), Anlass sein, die Ermessensvorschrift so zu interpretieren, dass die Ermessensausübung für den Regelfall in grundrechtsfreundlicher Sicht festgelegt ist.[125] Auch wenn es um die Durchsetzung gemeinschaftsrechtlicher Vorgaben geht, kann im Interesse der gebotenen Effektivität „intendiertes Ermessen" anzunehmen sein.[126] Die Einführung einer Ermessensintendierung durch abgeleitete Rechtsvorschriften soll sachlicher Rechtfertigung bedürfen.[127]

30   Bei Annahme eines solcherart „intendierten Ermessens" ist – wohl entgegen den Tendenzen der Praxis – **größte Zurückhaltung** geboten.[128] Bedenklich ist auf der einen Seite die Okkupation gesetzlich begründeter Handlungsspielräume der Verwaltung durch die Gerichte,[129] auf der anderen Seite die Gefahr, dass mit der Annahme eines „intendierten Ermessens" die mit der Ermessensausübung verbundenen Abwägungspflichten und Verfahrensbindungen und ihre gerichtliche Kontrolle unterlaufen werden.[130] Daher verdient es Zustimmung, dass ein intendiertes Ermessen dann ausgeschlossen wird, wenn eine Vorschrift lediglich Regelbeispiele für die zu treffende Entscheidung normiert.[131] Zutreffend wird die Annahme eines intendierten Ermessens bei dem Widerruf der Anerkennung als Kriegsdienstverweigerer wegen eines nach Ableistung des Zivildienstes gezeigten Verhaltens abgelehnt;[132] ebenso ist eine von den Instanzgerichten angenommene „Vorentscheidung" des Gesetzgebers für Geldleistungen im Rahmen des § 22 BSHG zu verneinen.[133] S. auch Rn. 57 ff.; § 39 Rn. 69 f.; § 46 Rn. 12; § 48 Rn. 79; § 49 Rn. 8 ff., 10 f.; für Zuwendungsbescheide s. § 49 Rn. 96.

4. Frei gestaltende Verwaltung

31   Mangels gesetzlicher Ermächtigung handelt es sich nicht um Ermessen, wenn einer Behörde Handlungsspielräume in Bereichen zustehen, die nicht gesetzlich geregelt sind (Rn. 21).[134] Die auch in diesen Fällen **„frei gestaltender Verwaltung"** bestehenden Rechtsbindungen entsprechen indes weithin denen der Ermessensverwaltung.[135] Insbes. greift die Bindung an die Gesetze ebenso durch wie die Selbstbindung (Rn. 82 ff., 103 ff.).

5. Der Standort des Ermessens auf der Rechtsfolgenseite

32   Das in § 40 VwGO geregelte Ermessen hat als Handlungsermessen (Rn. 13) seinen Standort innerhalb des konditional verstandenen Normaufbaus auf der **Rechtsfolgenseite,** während die tatbestandlichen Voraussetzungen der Ermächtigung zum Ermessenshandeln nicht zuletzt aus verfassungsrechtlichen Gründen im Gesetz selbst festgelegt sind.[136] Liegen schon die tatbestand-

---

[125] Offen gelassen in *BVerfG (K)* NJW 2000, 1399, 1400.
[126] Dafür *Iglesias* EuGRZ 1997, 289, 293; offen gelassen für § 1 Abs. 2 bwAGFlHG von *VGH Mannheim* VBlBW 1997, 186, 188.
[127] *VGH München* NVwZ-RR 2004, 879, 881.
[128] Zustimmend etwa *OVG Berlin* LKV 2001, 376, 377; *Pabst* VerwArch 2002, 540 ff.
[129] Dies allerdings abl. *Schwabe* DVBl 1998, 147, 148.
[130] Abl. daher mit Recht *Maurer*, § 7 Rn. 12; *Stelkens* NWVBL 1989, 335, 338 f.; auch *Volkmann* DÖV 1996, 282 ff. m. w. N.; *Gerhardt* in Schoch u. a., § 114 Rn. 20; im Ergebnis auch *Borowski* DVBl 2000, 149 ff. Positiv etwa *Schwabe* DVBl 1998, 147 f.; *Beckmann* VR 1999, 357 ff. Zurückhaltend *Schwarz* in Fehling u. a. § 114 VwGO Rn. 34.
[131] *OVG Bautzen* SächsVBl 2000, 118, 119, zum Absehen von Wartefrist für Privatschulförderung.
[132] *BVerwG* NVwZ-RR 1995, 43, 44, für Waffendienst in Nicaragua.
[133] *BVerwGE* 72, 354, 355 f.
[134] *Ule/Laubinger*, § 55 Rn. 2; *Stern* Staatsrecht II, S. 761, 767 m. w. N. Für Anwendbarkeit von § 40 *Kopp/Ramsauer* § 40 Rn. 3 a.
[135] *Wolff/Bachof/Stober* 1, § 30 Rn. 7; wohl etwas restriktiver *Stern* Staatsrecht II, S. 767 m. w. N.; die Abgrenzung kann problematisch sein, vgl. *BVerwGE* 101, 64, 69 f.
[136] So die klassische Sichtweise der wohl noch h. M., vgl. *BVerwGE* 16, 116, 129; 72, 38, 53 m. w. N.; *BVerwG* NJW 1999, 2056; *OVG Lüneburg* OVGE 43, 363, 364 f.; *VGH Mannheim* DÖV 1995, 424, 426; *Kellner* DÖV 1962, 574; *König* BayVBl 1983, 161, 162; *Ule/Laubinger*, § 55 Rn. 2; *Maurer*, § 7 Rn. 26; *Achterberg*, § 18 Rn. 37; *Henneke* in Knack, § 40 Rn. 26; *Kopp/Ramsauer*, § 40 Rn. 22; jetzt auch *Liebetanz* in Obermayer, VwVfG, § 40 Rn. 4; a. A. *Koch*, Unbestimmte Rechtsbegriffe und Ermessensermächtigungen im Verwaltungsrecht, 1979, S. 102 ff.; *Meyer/Borgs*, § 40 Rn. 6, 13, 17 ff.; *Obermayer* NJW 1986, 2642, 2645; *Bullinger* JZ 1984, 1001; *Schmidt-Eichstaedt* DVBl 1985, 645; *Martens* JuS 1987, 103; *Herdegen* JZ 1991, 747 ff.; *Starck* in FS Sendler, 1991, S. 167 ff.; *Schmidt-Aßmann*, S. 206 ff.; krit. auch *Sendler* NJW 1986, 796, 799 f.; *Schuppert* DVBl 1988, 1191, 1197; s. für einen umfassenden Ermessensbegriff ferner *Nagel*, Die Rechtskonkretisierungsbefugnis der Exekutive, 1993; auf rechtsvergleichender Grundlage *Brinktrine*, Verwaltungs-

lichen Voraussetzungen einer Ermessensnorm nicht vor, stellt sich die Frage eines Ermessensfehlers nicht mehr.[137]

Allerdings ist nicht zu leugnen, dass auch innerhalb der gesetzlichen Tatbestandsvoraussetzungen Spielräume bestehen können, die im Rahmen des verfassungsrechtlich Zulässigen anzuerkennen sind. Trotz struktureller Verwandtschaft zu den Spielräumen bei Ermessensermächtigungen hat sich aber bisher eine dogmatische Vereinheitlichung nicht durchsetzen können.[138] Terminologisch sind daher **Begriffe** wie **Tatbestands-** oder **Beurteilungsermessen wenig glücklich,** zumal sie die besonderen Probleme der auf der Tatbestandsseite bestehenden unterschiedlichen Spielräume eher verschleiern (s. zum unbestimmten Rechtsbegriff Rn. 147 ff.; zur Beurteilungsermächtigung Rn. 158 ff.).

Eine Ermessensermächtigungsnorm ist im **Normalfall so strukturiert,** dass ihre gesetzlichen Merkmale als Rechtsbegriffe der Subsumtion bedürfen, an die sich ggf. die Ermessensausübung anschließt. Beide Elemente können in einer einzelnen Entscheidung mehrfach notwendig werden,[139] d. h. im Rahmen einer grundsätzlich in das Ermessen der Behörde gestellten Entscheidung kann die Beachtung näherer gesetzlicher Bestimmungen über die Art der Ermessensausübung geboten sein, wobei diese Vorgaben wiederum Ermessensspielräume begründen können. Insofern ist die Trennung zwischen Tatbestands- und Rechtsfolgenseite einer Norm eine Vereinfachung der normativen Detailstruktur.

Neben den Umständen, die zwingend notwendig sind, um den gesetzlichen Tatbestand auszufüllen, sind für die Ermessensausübung regelmäßig weitere tatsächliche Gegebenheiten von Bedeutung (**„Ermessenssachverhalt"**),[140] die als Grundlage der Ermessensausübung zutreffend und vollständig ermittelt werden müssen; zur diesbezüglichen Gerichtskontrolle s. Rn. 224.

Enthält eine Norm neben der Ermessensermächtigung auf der Tatbestandsseite einen unbestimmten Rechtsbegriff (Rn. 147 ff.) mit oder ohne Beurteilungsermächtigung (Rn. 158 ff.), spricht man von **Koppelungsvorschriften** oder auch **Mischtatbeständen.**[141] Dabei unterliegen beide Normelemente grundsätzlich den jeweils für sie gültigen Regeln, so etwa bei der tatbestandlich von der Wahrung der Medienvielfalt abhängigen Ermessensgenehmigung von Anbieterverträgen im Rundfunkrecht.[142]

Nicht ausgeschlossen ist, dass von den Tatbestandsvoraussetzungen umfasste Belange auch bei der Ermessensausübung von Bedeutung sind.[143] Ein enger Zusammenhang von **Tatbestandskriterien und Ermessensspielraum** wird etwa bei der gaststättenrechtlichen Sperrzeitverkürzung angenommen.[144] Die erneute Berücksichtigung tatbestandsausfüllender Umstände

---

ermessen in Deutschland und England, 1998; aus der Sicht des Arbeitsrechts einseitig wertend *Rieble* NJW 1991, 65, 66 f.; zur differenzierten Meinungslage s. ferner *Stern* Staatsrecht II, S. 761 ff., S. 766; *Ossenbühl* in Erichsen, § 10 Rn. 10 ff.; *Schmidt-Aßmann* in Maunz/Dürig, Art. 19 Abs. 4, 2003, Rn. 180 ff., 186, 189 jeweils m. w. N.
[137] *VGH München* BayVBl 1998, 341.
[138] Zur Entwicklung der Diskussion bei Ablehnung der h. M. *Held-Daab,* Das freie Ermessen, 1996, S. 236 ff., 250 ff.; *Thieme* DÖV 1996, 757, 762; *Smeddinck* DÖV 1998, 370 ff. jeweils m. w. N. Für eine Vereinheitlichung unter dem Aspekt der Abwägung *Pache,* Tatbestandliche Abwägung und Beurteilungsspielraum, 2001, S. 457 ff.; s. auch *Schmidt-Aßmann* in Maunz/Dürig, Art. 19 Abs. 4, 2003, Rn. 187 a m. w. N.
[139] Vgl. *Schwerdtfeger* JuS 1969, 519, 523; *Ossenbühl* DÖV 1976, 463, 465; *König* BayVBl 1983, 161, 162 ff.; *Drews/Wacke/Vogel/Martens,* S. 372 m. w. N., für eine Polizeiverfügung; für eine bauordnungsrechtliche Verfügung. *Rabe* BauR 1978, 166, 172.
[140] Vgl. etwa *VGH München* NVwZ-RR 1993, 552, 555 f.
[141] S. BVerwGE 72, 1, 4; BVerwG NVwZ 1987, 601, 603; BVerwGE 84, 86, 89; BVerwG NJW 1990, 1061 f.; *OVG Münster* NVwZ-RR 1995, 481, 482; *VGH Mannheim* NuR 1990, 169, 171; *Nierhaus* JuS 1978, 596, 600; *Maurer,* § 7 Rn. 48 f.; *Ule/Laubinger,* § 55 Rn. 3; *Achterberg,* § 18 Rn. 38; *Faber,* § 14 III b; *Ossenbühl* in Erichsen, § 10 Rn. 13, 47 f.; *Pache,* Tatbestandliche Abwägung und Beurteilungsspielraum, 2001, S. 49 ff.; auch *Stern,* Verwaltungsprozessuale Probleme, Rn. 564; abl. *OVG Münster* NVwZ-RR 1997, 4, 5, für Ausnahmegenehmigungen nach § 46 Abs. 2 S. 1 StVO; str. für die Vollziehungsanordnung nach § 80 Abs. 2 Nr. 4 VwGO, dazu *Grigoleit,* Die Anordnung der sofortigen Vollziehbarkeit gemäß § 80 Abs. 2 Nr. 4 VwGO als Verwaltungshandlung, 1997, S. 98 ff.; für die Einstufung von Planungsnormen als Koppelungstatbestände *Bartunek,* Probleme des Drittschutzes bei der Planfeststellung, 2000, S. 46 f.
[142] *VGH München* NVwZ-RR 1993, 552, 554.
[143] *VGH Kassel* GewArch 1990, 70, 72; *VGH Mannheim* VBlBW 1994, 325, 326, für den besonderen Ausweisungsschutz nach § 48 Abs. 1, § 47 Abs. 3 S. 2 AuslG; für eine „ermessensdirigierende Funktion" unbestimmter Rechtsbegriffe in Fachplanungsnormen s. *Bartunek,* Probleme des Drittschutzes bei der Planfeststellung, 2000, S. 46 f.
[144] *VGH Mannheim* NVwZ-RR 1991, 66 f.

im Ermessensbereich wird hinsichtlich der Untersagung der Erziehertätigkeit bei Ungeeignetheit wegen Verstößen gegen das BtMG abgelehnt.[145] Fehlende Schutzwürdigkeit des Betroffenen kann bereits die tatbestandlichen Voraussetzungen der Eingriffsnorm entfallen lassen.[146]

6. Materielle Verzahnung von Tatbestands- und Rechtsfolgenseite

38 Die Trennung zwischen Tatbestandsvoraussetzungen und solchen der Ermessensausübung kann im Einzelfall Schwierigkeiten bereiten, die durch die **Entscheidung** des *Gemeinsamen Senates der Obersten Gerichtshöfe des Bundes*[147] **zu § 131 RAO** nicht verringert worden sind. Der *Gemeinsame Senat* stellte zur Struktur der Bestimmung zunächst fest: „Die Ermächtigung ... enthält eine Voraussetzung, nämlich die Unbilligkeit im Einzelfall, und eine Folge, nämlich die Möglichkeit, Steuern zu erlassen." Zum Verständnis der Vorschrift hat er es für ausgeschlossen erklärt, „daß ... von vornherein auf Grund dogmatischer Überlegungen bestimmt und festgelegt werden kann, ob es sich um eine Koppelung zwischen unbestimmtem Rechtsbegriff und (sich daran anschließender) Ermessensausübung, oder ob es sich um die Ermächtigung zu einer Ermessensausübung handelt, die sich an dem unbestimmten Begriff zu orientieren hat."[148]

38a Auf die konkrete Fragestellung beschränkt hat der *Gemeinsame Senat* alsdann die Entscheidung darüber, ob die Einziehung der Steuer nach Lage des einzelnen Falles unbillig sei, als **einheitliche Ermessensentscheidung** gewertet, da der wesensmäßig in den Ermessensbereich hineinragende Begriff der Billigkeit sowohl für das „ob" als auch für das „wie" der Verwaltungsentscheidung maßgebend sei; eine dem Wortlaut entsprechende Trennung zwischen einem voll gerichtlich nachprüfbaren unbestimmten Rechtsbegriff (s. Rn. 147ff.) und einer Ermessensermächtigung schien ihm nicht möglich, da sie inhaltlich in eins zusammenfielen. Er nahm deshalb eine **materielle Verzahnung von Tatbestands- und Rechtsfolgenseite** der Norm zu einer einheitlichen Ermessensvorschrift an.

39 **Begrifflich** hat die Entscheidung dadurch fortwirkenden **Missverständnissen** Vorschub geleistet, dass sie zunächst den § 131 Abs. 1 S. 1 RAO als Fall der sog. Koppelungsvorschriften bezeichnet hat. Damit sollte indes nicht dessen spezifische Eigenart bezeichnet werden; vielmehr sollten offenbar allein im Hinblick auf die äußere Gestalt der Formulierung alle Rechtsnormen mit unbestimmtem Rechtsbegriff einerseits, ermessensbegründendem Können andererseits bezeichnet werden.[149] Dessen ungeachtet werden die Begriffe „Koppelungsnorm" oder „Koppelungstatbestand" bis heute gelegentlich spezifisch auf diese nur „scheinbare(n) Koppelungstatbestände"[150] bezogen.[151]

40 Mit wünschenswerter Klarheit hat sich das *BVerwG* in einigen Entscheidungen[152] dahin geäußert, dass der **Beschluss** des *Gemeinsamen Senates* nur eine Entscheidung für den Einzelfall des § 131 RAO gewesen sei. Sie **erlaubt keine Verallgemeinerung** für alle (echten) Koppelungstatbestände (Rn. 36).

---

[145] *VGH Mannheim* DVBl 1989, 1265, 1267.
[146] BVerwGE 91, 92, 96f., für § 25 Abs. 2 BImschG.
[147] BVerwGE 39, 355ff. gegen den Vorlagebeschluss BVerwGE 35, 69; dazu *Redeker* DVBl 1972, 608; *Kloepfer* NJW 1972, 1411; *Bachof* JZ 1972, 641; *Erichsen* VerwArch 1972, 337ff.; *Kellner* DÖV 1972, 801ff. m.w.N.; auch *Isensee* in FS Flume, Bd. II, 1978, S. 129, 138; BFHE 122, 28ff., zu § 222 AO; BSGE 83, 292ff, zu § 76 Abs. 2 Nr. 3 SGB IV.
[148] BVerwGE 39, 355, 362, 364 (gesperrter Druck im Original).
[149] BVerwGE 39, 355, 362: Eine Verständnismöglichkeit der Koppelungsvorschrift in diesem Sinne wird dann der sonst (Rn. 36) meist synonym verwendete Begriff des „Mischtatbestands mit Rechtsentscheidung und sog. Folgeermessen" genannt; zur Umschreibung des insgesamt als Koppelungsvorschriften angesprochenen Kreises der gemeinten Vorschriften S. 364 oben.
[150] So richtig *Faber*, § 14 III b; ausdrücklich noch in der Vorauﬂ. *Obermayer*, VwVfG, § 40 Rn. 47.
[151] Vgl. etwa *Stern* Staatsrecht II, S. 766; *ders.*, Verwaltungsprozessuale Probleme, Rn. 374; *Bull/Mehde* Rn. 589; *M. Redeker* in Redeker/v. Oertzen, § 114 Rn. 8, unter irriger Berufung auf BVerwGE 39, 355 in Fn. 15; ebenso wieder *v. Bogdandy* VerwArch 1982, 53, 75; *Schulze-Fielitz* JZ 1993, 772, 774; zumindest missverständlich auch *VGH Mannheim* NVwZ-RR 2000, 162 („Koppelungsvorschrift..., die zu einer einheitlichen Ermessensentscheidung ermächtigt"); ähnlich uneinheitlich auch *Grzeszick* ZUM 1997, 911, 916f., 919.
[152] BVerwGE 40, 353, 356, für das Namensänderungsrecht; BVerwGE 45, 162, 164f., zu § 3 BÄO; BVerwG NJW 1975, 70, 74, zu § 1 BBauG; BVerwG BauR 1978, 387, 388, zu § 31 BBauG; BVerwGE 62, 230, 238ff., zu § 25 WoBindG 1974; s. auch OVG Münster NVwZ 1982, 47, zu § 79 StBauFG.

Allerdings sind trotz einer Trennung im Normtext **weitere Einzelfälle einheitlicher Er-** 41
messensentscheidungen angenommen worden.[153] Eine einheitliche Ermessensentscheidung
hat das *BVerwG* beim Begriff der „unbilligen Härte" in § 25 Abs. 6 S. 1 BAföG angenommen,[154] ohne nähere Begründung auch im Rahmen des § 2 GjS für die Ermessensentscheidung
darüber, ob ein Fall von geringer Bedeutung i. S. d. Vorschrift gegeben ist, bei dessen Vorliegen
von der Aufnahme in den Index abgesehen werden kann.[155]

7. Planerische Gestaltung; Abwägung

Bis heute nicht abschließend bewältigt sind auch die Probleme, die sich aus den mehr als „fi- 42
nales Programm" konzipierten Vorschriften vor allem des Planungsrechts ergeben. Der normative Gehalt solcher Regelungen erschöpft sich darin, die Verwaltung zu **freier planerischer Gestaltung** nach gesetzlichen Zielvorstellungen und Abwägungsrichtlinien zu verpflichten. Das
damit eingeräumte sog. **Planungsermessen** fällt daher aus dem Bereich des klassischen Ermessensverständnisses hinaus, auch wenn normtheoretisch letztlich keine durchgreifenden Verschiedenheiten erkennbar sein sollten.[156]

Wann im Einzelnen einer Vorschrift eine solche planerische Gestaltungsermächtigung zu ent- 43
nehmen ist, muss im Zweifel durch Auslegung in Anlehnung an die allgemeinen Grundsätze
(Rn. 21 ff.) festgestellt werden.[157] Die aufgrund solcher Bestimmungen getroffenen Verwaltungsentscheidungen werden von der Rechtsprechung nach Maßgabe **spezifischer Grundsätze** kontrolliert (dazu näher § 35 Rn. 264; § 72 Rn. 11; § 74 Rn. 26 ff., 125 ff.).[158]

Eine gesetzlich ausdrücklich oder konkludent durch Einbeziehung zahlreicher abwägungsbe- 44
dürftiger Kriterien vorgesehene Abwägung muss nicht stets eine Gestaltungsfreiheit begründen,
sondern kann in bestimmten Fällen auch die Verpflichtung der Verwaltung bedeuten, **gesetzlich vorgegebene Abwägungen** ohne Spielraum für selbständige Dezisionen unter umfassender gerichtlicher Kontrolle **lediglich nachzuvollziehen** (ferner generell Rn. 147 ff.; zur Begründung s. § 39 Rn. 43 ff.).[159] Die Maßstäbe für die Kontrolle der Abwägung nach § 8 Abs. 3

---

[153] S. namentlich *BSG* SGb 1973, 265 mit Anm. *Ule* für den Begriff „Härtefall" in § 602 RVO und *BVerwGE* 72, 1, 6, zu § 5 Abs. 1 S. 2 lit. c WoBindG; *VGH Mannheim* NVwZ-RR 2000, 162 zu § 88 Abs. 4 BaWüSchulG; *OVG Münster* NWVBl 2001, 140 zu der Ausnahmesituation bei § 46 Abs. 1 StVO; *OVG Lüneburg* NJW 2007, 2570 („unbillige Härte" beim Erlass von Studiengebühren). Für einen einheitlichen Mischtatbestand bei § 10 S. 1 TKG *Grzeszick* ZUM 1997, 911, 916 f., abl. für § 11 Abs. 3 S. 2 TKG ebda, S. 919.
[154] *BVerwGE* 107, 164, 167 f.
[155] So *BVerwGE* 39, 197, 199 LS 7, 209; bestätigt in *BVerwG* NJW 1987, 1431, 1434.
[156] Für strukturelle Gleichartigkeit von allgemeinem Verwaltungs- und Planungsermessen *Bartlsperger* in Erbguth u. a., Abwägung im Recht, 1996, S. 79 ff.; dem folgend *Bartunek*, Probleme des Drittschutzes bei der Planfeststellung, 2000, S. 54; mit meist krit. Aufnahme in der Diskussion; für eine eigenständige Abwägungsdogmatik *J. Dreier*, Die normative Steuerung der planerischen Abwägung, 1995, S. 45 ff.; auch *Waechter* VerwArch 1997, 298, 312 f.; s. allgemein zum Verhältnis von Ermessen und Abwägung *Koch* VerwArch 1997, S. 9, 22 f.; *Pache*, Tatbestandliche Abwägung und Beurteilungsspielraum, 2001, S. 30 ff., 457 ff.
[157] Vgl. etwa bejahend für das Enteignungsrecht *VGH München* DÖV 1994, 349 m. w. N.; verneinend für die Wahl der Straßenklasse *VGH München* NVwZ 1991, 590, 591; für die Festsetzung eines Wasserschutzgebiets *OVG Bautzen* SächsVBl 2002, 170, 174 f.; ohne bundesrechtlichen Bedenken im Hinblick auf dahingehende Auslegung von Vorschriften des Landesmedienrechts *BVerwG* NVwZ 1997, 61, 65; für § 6 BImschG i. V. mit § 38 S. 1 Hs. 2 BauGB *OVG Weimar* ThürVBl 2006, 152, 156.
[158] Dazu etwa allgemein *Stern* Staatsrecht I, S. 852; *Hoppe* in FS Menger, 1985, S. 747; *Maurer*, § 7 Rn. 63; *Badura* in Erichsen, § 39 Rn. 23 ff.; *Schmidt-Aßmann* in Maunz/Dürig, Art. 19 Abs. 4, 2003, Rn. 208 ff.; *Börger*, Genehmigungs- und Planungsentscheidungen unter dem Gesichtspunkt des Gesetzesvorbehalts, 1987, S. 147 ff.; *Ibler*, Die Schranken planerischer Gestaltungsfreiheit im Planfeststellungsrecht, 1988, S. 36 ff. m. w. N.; *ders.* JuS 1990, 7 ff.; *Koch* DVBl 1989, 399; *Wolf* in Entwicklungstendenzen im Verwaltungsverfahrensrecht und in der Verwaltungsgerichtsbarkeit, 1990, S. 153 ff., 181 ff.; *Erbguth* NVwZ 1992, 209, 210 ff.; *Tsevas*, Die verwaltungsgerichtliche Kontrollintensität bei der materiell-rechtlichen Nachprüfung des Planfeststellungsbeschlusses für raumbeanspruchende Großprojekte, 1992; *Ronellenfitsch* NVwZ 1999, 583 ff.; *Schulze-Fielitz* in FS Hoppe, 2000, S. 997 ff.; *Bartunek*, Probleme des Drittschutzes bei der Planfeststellung, 2000, S. 51 f.; zur planerischen Gestaltungsfreiheit von Vorhabenträger und Planfeststellungsbehörde *Hoppe/Just* DVBl 1997, 789, 791 ff.; für eine Einbeziehung in den Beurteilungsspielraum wohl *Faber*, § 14 III c; *Erbguth* DVBl 1992, 398 ff., nimmt für die PlfV Ermessensbetätigung an; vgl. aus österreichischer Sicht *Berka* in FS Winkler, 1997, S. 67.
[159] S. etwa §§ 34, 35 BauGB; *BVerwG* MDR 1979, 342; *BVerwGE* 75, 214, 216, 253 ff.; *Schmidt-Aßmann* in Maunz/Dürig, Art. 19 Abs. 4, 2003, Rn. 208 m. w. N.; zur Einbeziehung eines planerischen Elements in Einzelentscheidungen durch das Tatbestandsmerkmal der städtebaulichen Vertretbarkeit in § 34 Abs. 3 Nr. 2

BNatSchG a. F. sollen in ihren Grundstrukturen denen bei der Kontrolle des planungsrechtlichen Abwägungsgebots entsprechen.[160] Besondere Prüfungsmaßstäbe werden bei Regelungen des Flugverkehrs angenommen.[161] Zur sog. **Planrechtfertigung** s. § 74 Rn. 39 ff.

8. Sachliche Bezugspunkte des Ermessens

45 § 40 stellt auf die gesetzliche Ermächtigung der Behörde ab, „**nach ihrem Ermessen zu handeln**". Diese Formulierung ist missverständlich und erklärt sich aus der Anpassung an § 39 SGB-AT (vgl. im Einzelnen 1. Aufl. Rn. 15 f.). Allerdings heißt es in § 39 SGB-AT: „**bei der Entscheidung** über Sozialleistungen nach ihrem Ermessen zu **handeln**". Gemeint waren durch die Übernahme des Begriffs „handeln" somit in erster Linie Handlungen im Rahmen der **materiellen Entscheidung**. Aber auch Handlungen, die mit dem Erlass des VA in Zusammenhang stehen, fallen darunter (**Verfahrensermessen;** dazu § 10 Rn. 16 ff.; zur Begründung beim Verfahrensermessen § 39 Rn. 53).

46 Im Rahmen des materiellen Entscheidungsermessens können ein **Entschließungsermessen** und ein **Auswahlermessen** unterschieden werden.[162] Im ersteren Fall geht es um die Möglichkeit, **ob** und **wann** eine Entscheidung getroffen wird, im letzteren Fall ist die Frage entscheidend, **welche** von mehreren Maßnahmen und gegen **wen** sie ergriffen wird.[163] Grundsätzlich unterschiedliche Anforderungen an die Ermessensausübung bestehen insoweit nicht; dies schließt bereichsspezifische Ausdifferenzierungen besonderer Maßstäbe nicht aus.[164]

9. Entsprechende Anwendungsmöglichkeiten

47 Wie die Stellung des § 40 in Teil III des Gesetzes („Verwaltungsakt") zeigt, bezieht sich § 40 nicht auf **andere Verwaltungshandlungen.** Jedoch sind die Grundsätze entsprechend heranzuziehen,[165] namentlich für das **Ermessen,** einen **ör Vertrag abzuschließen** – anders als bei § 40 durch § 73 LVwG SchlH erfasst –,[166] für das Ermessen, **Auskunft** über den Rahmen des § 25 (dort Rn. 13) hinaus zu erteilen und **Akteneinsicht** jenseits des § 29 (dort Rn. 13 f.) zu gewähren[167] (allgemein zum Verfahrensermessen s. Rn. 45 und näher § 10 Rn. 16 ff.), oder für das **Organisationsermessen** im verwaltungsinternen Bereich.[168]

BauGB s. *BVerwGE* 84, 322, 331. Gegen einen planerischen Gestaltungsspielraum im Hinblick auf Alternativstandorte in der atomrechtlichen Planfeststellung *BVerwG* NVwZ 2007, 833, 835; 837, 838 f.

[160] So für die fachplanerische Abwägung *BVerwG* NVwZ 2007, 581, 584; allgemeiner auch *BVerwGE* 85, 348, 362 m. w. N.; anders bei Entscheidungen über Vorhaben nach § 35 Abs. 1 BauGB *BVerwG* NVwZ 2002, 1112 f.; zur Problematik auch *Kuschnerus* NVwZ 1996, 235, 240 f. m. w. N.

[161] *BVerwGE* 111, 276, 282 ff.; 119, 245, 256; 121, 152, 157 ff.; 123, 322, 330 ff. Zu besonders weit gehenden Beurteilungsspielräumen bei Militärflugplätzen *VG Neustadt/W.* DVBl 2007, 1050 f. (nur LS).

[162] Nach der Terminologie von *Wolff/Bachof/Stober* 1, § 31 Rn. 35.

[163] Vgl. etwa *BVerwGE* 81, 197, 211 f.; *BVerwG* NVwZ-RR 1990, 39 f.; 418 f.; 1995, 305, 306 ff. m. w. N.; *VGH Kassel* NVwZ-RR 2004, 32; *Hain/Schlette/Schmitz* AöR 1997, 32, 37 ff. Für ein bei Verpflichtung zum Einschreiten bestehendes Entschließungsermessen über die Inanspruchnahme eines bestimmten Adressatenkreises *OVG Münster* NJW 2003, 2183, 2186.

[164] Vgl. *BVerwG* NJW 1986, 1626, 1627 f.; NVwZ 1991, 475; *BVerwGE* 89, 138, 144; *VGH Mannheim* NVwZ 1990, 179, 180; 781, 783 f.; NVwZ-RR 1991, 27 f.; 1992, 350; *VG Darmstadt* NVwZ-RR 1994, 497, 499, für die Störerauswahl im Polizeirecht; *BVerwG* NVwZ-RR 1995, 305, 306 ff.; *OVG Münster* NVwZ 1995, 1231, 1232; *VGH München* NVwZ-RR 1999, 99, 100 f., für die Auswahl zwischen Gesamtschuldnern bei Abgaben(-vollstreckung); *BFH* NVwZ 1992, 709, 710, für die Auswahl der Betroffenen bei steuerrechtlichen Außenprüfungen.

[165] Wie hier *Kopp/Ramsauer,* § 40 Rn. 3; *OVG Münster* DVBl 1983, 1074, zum Zurückbehaltungsrecht; für unmittelbare Anwendung *VGH München* BayVBl 1997, 310.

[166] S. *BVerwG* DVBl 1970, 866; *BVerwGE* 94, 202, 204 f.; § 54 Rn. 91, 93; abl. für einen Vertrag des Verwaltungsprivatrechts *BGHZ* 155, 166, 172 f.

[167] S. *BVerwGE* 61, 15, 20 ff.; 61, 40; *BVerwG* Buchholz 316 § 29 VwVfG Nr. 6; 442 061 § 8 FAG Nr. 2; *VGH Mannheim* JuS 1977, 771; *OVG Münster* NJW 1999, 1802 f.

[168] Dazu etwa *BVerwG* NVwZ-RR 2001, 243, 254; Buchholz 236.1 § 3 SG Nr. 32; *BGH* NJW 1996, 123, 124; *VGH Mannheim* NVwZ-RR 2006, 802; *VGH München* NVwZ-RR 1993, 355 f.; *OVG Koblenz* NVwZ 2002, 495, 496; offen lassend *OVG Münster* NVwZ-RR 2003, 376, 378, aber abl. für Ratsbeschlüsse; zur Abgrenzung zwischen Maßnahmen freier Behördenorganisation und (allein) an § 40 zu messenden VAen *BVerwGE* 95, 15, 17; auch *BVerwGE* 101, 112, 115; *BVerwG* NVwZ-RR 2000, 172, zum Abbruch von Stellenbesetzungsverfahren. Zum Stellenbewirtschaftungsermessen auch *OVG Lüneburg* NdsVBl 2006, 110, 111.

Andere Regeln sind nach dem Grundgesetz für die gesetzgeberische Gestaltungsfreiheit[169] in unterschiedlichen Lebensbereichen,[170] insbes. bei der Grundrechtsausgestaltung, der Erfüllung von Schutzpflichten oder beim Ausgleich kollidierender Grundrechtspositionen maßgeblich.[171] Ähnliche Grundsätze gelten für das sog. **normative Ermessen** bei Erlass administrativer Rechtsnormen,[172] etwa für die Kontrolldichte bei namentlich kommunalen Satzungen[173] auf unterschiedlichsten Gebieten.[174] **48**

Die verwendeten Formulierungen sind dabei uneinheitlich. So spricht man von einem gegenüber den rechtsstaatlichen Bestimmtheitserfordernissen gerechtfertigten **Beurteilungsspielraum**,[175] bei Begründung von Anschluss- und Benutzungszwang von einer vom Planungsermessen unterschiedenen **Einschätzungsprärogative**,[176] für die Allgemeinverbindlicherklärung nach § 5 TVG von einer Ausprägung des mit Rechtsetzungsakten der Exekutive typischerweise verbundenen normativen Ermessens.[177] Das normative Entschließungsermessen (Rn. 46) kann durch gesetzliche Regelungsaufträge ausgeschlossen sein;[178] weitergehend besteht die Notwendigkeit solcher Festlegung, falls das Gesetz sonst unanwendbar bliebe.[179] Der Kontrollumfang bei kapazitätsregelnden Rechtsverordnungen wird strikt gefasst.[180] **49**

Vergleichbare Rechtsgrundsätze wie nach § 40 greifen aber für parallele Entscheidungsspielräume aufgrund nicht abschließender normativer Bindung auch in anderen Rechtsbereichen ein, so etwa im Kartellrecht,[181] in der Wirtschaftsprüfung,[182] aber auch für die (nicht nur rechtsprechende) Tätigkeit der Gerichte in den verschiedensten Rechtsbereichen („richterliches Ermessen").[183] Grundsätzlich gilt auch für Entscheidungsspielräume von Staatsorganen im Rahmen verfassungsrechtlicher Regelungen nichts anderes.[184] Strukturell ähnliche Erscheinungen finden sich ferner außerhalb des Bereichs staatlicher Stellen, etwa im Arbeitsrecht,[185] Gesell- **50**

---

[169] Vgl. allgemein allerdings *Meßerschmidt*, Gesetzgebungsermessen, 2000.
[170] BVerfGE 100, 59, 94 f.; 101, 54, 75 f.; 102, 254, 298; 103, 242, 258; 103, 310, 324 f.; 106, 166, 175 f.; 106, 201, 206; 109, 64, 85; 111, 160, 169; 111, 176, 184; 112, 93, 109; 115, 381, 389 ff.; *BVerfG (K)* NVwZ 2002, 71; DVBl 2002, 1622, 1623; NZS 2003, 87, 88.
[171] Vgl. z. B. *BVerfGE* 95, 335, 349 zum Wahlrecht; *BVerfGE* 96, 56, 64 f. allgemein zu Schutzpflichten; *BVerfGE* 97, 169, 176 f. zur freien Wahl des Arbeitsplatzes; *BVerfGE* 98, 218, 257 zum Persönlichkeitsrecht (des Schülers); 100, 1, 37 zur Eigentumsgarantie; *BVerfGE* 101, 106, 123 zur Rechtsweggarantie; *BVerfGE* 103, 310, 324 f. zum Besoldungsrecht; *BVerfGE* 109, 64, 85 zur Berufsausübung; *BVerfGE* 111, 160, 169 allgemein zur gewährenden Staatstätigkeit; *BVerfGE* 112, 93, 109 zur Eigentumsgarantie.
[172] Vgl. hierzu *Ossenbühl* in FS H. Huber, 1981, S. 283 ff.; *ders*. NJW 1986, 2805, 2808 ff.; *Badura* in GS Martens, 1987, S. 25 ff. jeweils m.w.N.; *Kloepfer* ZG 1988, 289, 301; *ders.* DVBl 1995, 441; *Weitzel*, Justitiabilität des Rechtsetzungsermessens, 1998, S. 141 ff.; ferner *Börger*, Genehmigungs- und Planungsentscheidungen unter dem Gesichtspunkt des Gesetzesvorbehalts, 1987, S. 55 ff.; *v. Danwitz*, Die Gestaltungsfreiheit des Verordnungsgebers, 1989, insbes. S. 161 ff.; *Herdegen* AöR 1989, 607 ff.
[173] *BVerwGE* 116, 188, 192 ff.; dazu *Ausspruch* in FS Drieshaus, 2005, S. 3, 7 ff.; *Meyer* NdsVBl 2003, 117 ff.; *Oebbecke* NVwZ 2003, 1313 ff.; *J. Schmidt* LKV 2003, 71 ff.; *OVG Münster* NVwZ 1990, 393, 394; *OVG Lüneburg* OVGE 39, 387 ff.; zu Gebührensatzungen s. *Wiesemann* DVBl 2007, 873 ff.
[174] Für Beispiele s. ausf. Voraufl., § 40 Rn. 48, sowie etwa *BVerwGE* 116, 118 für Handelsmarktsatzung.
[175] *BVerwGE* 80, 113, 115, im Anschluss an *BVerwGE* 38, 348, 363; s. für VAe Rn. 158 ff.
[176] *OVG Lüneburg* NVwZ-RR 1991, 576, 577.
[177] *BVerwGE* 80, 355, 370.
[178] S. *BVerfGE* 79, 174, 193 f.
[179] *BVerfGE* 78, 249, 272 f.; dazu *Schwabe* DVBl 1990, 1144 ff.
[180] *BVerfGE* 85, 36, 53 ff.; dazu *Brehm/Zimmerling* NVwZ 1992, 340 ff.
[181] Vgl. *Nolte*, Beurteilungsspielräume im Kartellrecht der Europäischen Gemeinschaft und der Bundesrepublik Deutschland, 1997.
[182] Dazu *Niemann* DStR 2004, 52.
[183] Vgl. *BVerwG* NJW 1993, 3164 („tatrichterlich ..."); BGH NJW 1994, 312, 313 m.w.N.; *AG Aachen* NJW 1995, 1911, 1912, zu § 47 Abs. 2 OWiG; *BayObLG* DÖV 1998, 81, 82, zu § 22 Abs. 4 S. 1 BNatSchG; *BVerwGE* 110, 203, 205 (Verfahrensermessen); *OLG Düsseldorf* NJW-RR 2000, 1465, 1466, zu § 26 III WEG; allgemein ferner *Sendler* NJW 1998, 1282; zu Einzelbereichen etwa *Warda*, Dogmatische Grundlagen des richterlichen Ermessens im Strafrecht, 1962; *Störmer* ZStW 1996, 494 ff.; zu Beurteilungsspielräumen im Strafverfahren; *Stickelbrock*, Inhalt und Grenzen richterlichen Ermessens im Zivilprozeß, 2002; zum Ermessen der Kammern des BVerfG *Benda* NJW 1995, 429, 430; *Sendler* NJW 1996, 3291 ff.; zur Geschäftsverteilung s. Rn. 205.
[184] vgl. namentlich *BVerfGE* 62, 1, 35 f., 50 f.; 114, 121, 148, 157.
[185] Z. B. bei Maßnahmen der Einigungsstelle nach dem BetrVG, vgl. *BVerfG* BB 1988, 342; *BAG* BB 1983, 1597, 1599; *BAGE* 51, 217, 233 ff.; *Rieble*, Die Kontrolle des Ermessens der betriebsverfassungsrechtlichen Einigungsstelle, 1990, S. 163 ff.; *Fiebig*, Der Ermessensspielraum der Einigungsstelle, 1992; *Wittig*, Beurteilungsspielräume im Betriebsverfassungsgesetz, 2003. Dagegen unterliegen Betriebsvereinbarungen nur einer gerichtlichen Billigkeitskontrolle, vgl. *BAGE* 22, 252, 267 f.; 35, 160, 170 m.w.N.; *Blomeyer* DB

schaftsrecht[186] und sogar im allgemeinen Privatrecht.[187] Gegenüber Verallgemeinerungen ist angesichts der je besonderen Gegebenheiten der verschiedenen Anwendungsgebiete allerdings Vorsicht geboten.

10. Die ermächtigte Stelle

51 Die Ermächtigung zur Ermessensentscheidung richtet sich an die für die Ermessensentscheidung **zuständige Behörde**. Dies gilt auch im Verhältnis zum Vorhabenträger zugunsten der Enteignungsbehörde.[188] § 32 AuslG soll einen Ermessensspielraum nur zugunsten der obersten Landesbehörde begründen, deren Entscheidungen die Norm tatbestandlich ausfüllen, so dass den Ausländerbehörden kein Spielraum bleibt, im Einzelfall abweichend von der Anordnung zu befinden.[189]

52 Die entscheidende Behörde bleibt aber stets den Weisungsbefugnissen **übergeordneter Stellen** der Verwaltungshierarchie unterworfen. Diese sind grundsätzlich befugt, selbst das Ermessen auszuüben oder diesbezügliche fachliche **Weisungen** zu erteilen.[190] Die Widerspruchsbehörde kann grundsätzlich eine fehlende Ermessensbetätigung nachholen,[191] soweit sie nicht auf eine Rechtmäßigkeitskontrolle beschränkt ist.[192] S. auch unten Rn. 231 und § 45 Rn. 57 ff., 68.

IV. Grenzen des Ermessens

53 Die Verpflichtung, das Ermessen entsprechend dem **Zweck der Ermächtigung** auszuüben und die **gesetzlichen Grenzen des Ermessens** einzuhalten, besteht für eine an Gesetz und Recht orientierte Verwaltung auch ohne die Klarstellung in § 40.[193] Ein sog. „freies" Ermessen ohne rechtliche Bindungen besteht nicht.[194] Schon nach *W. Jellinek*[195] haben die Verwaltungsgerichte „zum Überdrusse oft betont", dass „auch das freieste Ermessen pflichtmäßiges Ermessen" ist.[196] Dies schließt nicht aus, dass in bestimmten Bereichen die Ermessensspielräume besonders großzügig bemessen sind, etwa beim organisatorischen Ermessen des Dienstherrn.[197]

54 Für die rechtlichen Bindungen des Ermessens nach **europäischem Gemeinschaftsrecht** gelten zum Teil **besondere Grundsätze**.[198] Allerdings soll es möglich sein, alle spezifisch das

---

1984, 926 ff.; *Rieble* a. a. O., S. 178 m. w. N.; zu den Grundsätzen der Ermessensausübung durch den Aufsichtsrat einer AG *Jäger* WiB 1997, 10, 13 ff.
[186] S. etwa *Hermann* ZIP 1998, 761 m. w. N. für das unternehmerische Ermessen der Leitungsorgane; *Gawrisch*, Ermessensentscheidungen des Aufsichtsrates und ihre gerichtliche Kontrolle, 2000; *M. Roth*, Unternehmerisches Ermessen und Haftung des Vorstands, 2001.
[187] *Neumann-Duesberg* JZ 1952, 705, 707; *Mayer-Maly* in FS Melichar, 1983, S. 441 ff.; *Rieble*, Die Kontrolle des Ermessens der betriebsverfassungsrechtlichen Einigungsstelle, 1990, S. 109 ff.; *Fastrich*, Richterliche Inhaltskontrolle im Privatrecht, 1992, S. 17.
[188] VGH München DÖV 1994, 349.
[189] OVG Weimar ThürVBl 1995, 181, 182.
[190] BVerwG Buchholz 316 § 40 VwVfG Nr. 1; BVerfGE 76, 1, 76, für die Ausführung von Bundesgesetzen durch die Länder; VGH München BayVBl 2005, 50, 51; für Einzelweisungen aufgrund der Richtlinienkompetenz s. VGH Mannheim VBlBW 1991, 370, 371; s. noch Rn. 106 ff. und Rn. 129 f.; allgemein hierzu *Sahlmüller* BayVBl 1973, 258; *Rieger*, Ermessen und innerdienstliche Weisung, 1991, insbes. auch zum Binnenbereich einer Behörde; auch § 48 Rn. 63 ff.; zur Begründung § 39 Rn. 63 f.
[191] BVerwG NJW 1981, 1917, 1918; BVerwGE 100, 187, 198 f.; wohl auch BVerwGE 72, 1 ff.
[192] Vgl. *Pietzner/Ronellenfitsch*, § 37 Rn. 17 f., § 38 Rn. 8 f. m. w. N.
[193] BVerwGE 9, 137, 147; Empfehlung Nr. R (80) 2; oben Rn. 3. S. allerdings für ein abweichendes Verständnis von „discretion" im amerikanischen Verwaltungsrecht *Lepsius*, Verwaltungsrecht unter dem Common Law, 1997, S. 166 ff.; demgegenüber für Parallelen *Brinktrine*, Verwaltungsermessen in Deutschland und England, 1998, S. 377 ff.
[194] BVerfGE 18, 353, 363; 69, 161, 169 m. w. N.; wohl nur terminologisch anders VGH München NVwZ-RR 2002, 705 f.
[195] Verwaltungsrecht, 3. Aufl. 1931, S. 30.
[196] Zur damaligen Diskussion auch *Plappert*, Das Prinzip der Gesetzmäßigkeit der Verwaltung und das freie Ermessen, 1929; zur früheren Anerkennung auch gänzlich freien Ermessens vgl. *Schmidt-de Caluwe*, S. 143 ff.
[197] BVerwGE 60, 144, 151; 89, 199, 202; VGH Kassel NVwZ-RR 1996, 338, 339.
[198] Vgl. *Fromont*, Rechtsschutz gegenüber der Verwaltung in Deutschland, Frankreich und den Europäischen Gemeinschaften, 1967, S. 257 ff.; *Schwarze*, S. 283 ff.; *Weber* in Schweitzer, S. 55, 65 ff.; *Nettesheim* in Grabitz/Hilf, Art. 249 Rn. 103; *Adam*, S. 217 ff.; *Varadinek*, Ermessen und gerichtliche Nachprüfbarkeit im französischen und deutschen Verwaltungsrecht und im Recht der Europäischen Gemeinschaft, Diss. Berlin

Gemeinschaftsrecht verletzenden Ermessensfehler im mittelbaren Vollzug mit den Kategorien der deutschen Ermessensfehlerlehre zu erfassen.[199]

1. Wirkung von Grenzverletzungen; Ermessensschrumpfung

Jede Überschreitung der Grenzen des Ermessens ist ein **Rechtsverstoß**. Ein ermessensfehlerhafter VA ist rechtswidrig, § 114 S. 1 VwGO, und stellt bei Vorliegen der weiteren Voraussetzungen (s. zur Drittrichtung der Verpflichtung Rn. 133, 139 ff.) eine **Amtspflichtverletzung** dar.[200]

Wenn von den grundsätzlich eröffneten Handlungsmöglichkeiten alle bis auf eine ermessensfehlerhaft und damit rechtswidrig sind, **schrumpft** der gesetzlich eingeräumte behördliche **Ermessensspielraum auf Null**,[201] so dass die Behörde strikt verpflichtet ist, im Sinne der verbleibenden Handlungsmöglichkeit tätig zu werden. Insbes. muss eine Ermessensentscheidung ergehen, deren Ablehnung durch keinerlei tragfähige Ermessensgesichtspunkte zu rechtfertigen ist.[202] Zum diesbezüglichen Anspruch des Betroffenen s. Rn. 137; zur Begründung vgl. § 39 Rn. 58; zur Anwendung von § 46 s. dort Rn. 61.

Gegenüber der gesetzlichen Zielsetzung, mit der Ermessensermächtigung einen Handlungsspielraum zu begründen, kann eine solche oft allzu leicht bejahte Ermessensreduzierung **nur ausnahmsweise** angenommen werden,[203] zumal zugleich die Anforderungen an eine ordnungsgemäße Ermessensausübung und die daran anknüpfenden Kontrollmöglichkeiten der Gerichte entfallen. Dies entspricht der Zurückhaltung gegenüber der Figur des „intendierten" Ermessens (Rn. 28 ff.), die im gesetzlichen Regelfall durchweg zur Ermessensschrumpfung führen müsste.

Ermessensschrumpfung wird verneint etwa: für Entscheidungen des Bundestagspräsidenten über die Nutzung des Reichstagsgebäudes zu künstlerischen Darbietungen;[204] wenn dem Antragsteller vor einer Rechtsänderung die (Bau-) Genehmigung zu Unrecht vorenthalten worden ist, sofern nachträglich keine neuen Umstände zu seinem Nachteil eingetreten sind,[205] trotz der Einwirkung der Grundrechte Betroffener (Rn. 85 ff.);[206] hinsichtlich der Ausgabe zuvor mit dem Prüfer abgesprochener Diplomarbeitsthemen;[207] hinsichtlich der Form der Hilfegewährung nach § 4 Abs. 2 BSHG, § 2 Abs. 1 AsylbLG;[208] für eine friedhofsrechtliche Umbettungserlaubnis nach unberechtigter Beisetzung in einem Familiengrab;[209] für Datenübermittlungsbegehren einer Rundfunkanstalt zwecks Gebührenerhebung;[210] für die Entscheidung der Hauptfürsorgestelle, der Kündigung des Arbeitsverhältnisses eines Schwerbehinderten gem. § 21 Abs. 4 SchwbG zuzustimmen;[211] für die Einbürgerung Asylberechtigter aufgrund des Wohlwollensgebots des Art. 34 GenfKonv, soweit staatliche Belange entgegenstehen;[212] für die Einbürgerung mit Rücksicht auf den Gedanken des Art. 116 Abs. 2 GG.[213] Zum Verhältnis zur Selbstbindung s. Rn. 125.

1993, S. 203 ff.; *Bleckmann*, Ermessensfehlerlehre, 1997, S. 229 ff.; *ders.*, Europarecht, 6. Aufl. 1997, Rn. 870 ff.; *Haibach* NVwZ 1998, 456; *Gornig/Trüe* JZ 2000, 501, 505; s. zur Ermessensschrumpfung Rn. 61, zur Zweckverfehlung Rn. 7, 10, 62 ff., zu den gesetzlichen Grenzen des Ermessens Rn. 7, 10, 73 ff., zur Selbstbindung Rn. 103 ff., insbes. Rn. 109.

[199] Dafür *Kadelbach*, S. 453 ff.
[200] BGHZ 74, 144; 75, 120; BGH NVwZ 1985, 682, 683 f.; *Ossenbühl*, S. 46 m. w. N.
[201] Vgl. BVerwGE 69, 90, 94; 78, 40, 46; 94, 35, 46 f.; 122, 103, 108; ausf. *Di Fabio* VerwArch 1995, 214 ff.; *Hain/Schlette/Schmitz* AöR 1997, 32, 39 ff.; *Laub*, Die Ermessensreduzierung in der verwaltungsgerichtlichen Rechtsprechung, 2000; krit. zu diesem bewährten Begriff *König* BayVBl 1983, 161, 165; zur Ermessensreduzierung im Sozialrecht *Kuklok* SozVers 1997, 63, 66 f.
[202] BVerwGE 95, 15, 19.
[203] Allgemein ebenso VGH Mannheim VBlBW 2007, 195, 196. Vgl. auch gegenüber dem Einfluss von Art. 6 Abs. 1 GG in diesem Sinne für die Einbürgerung BVerwGE 80, 233, 245 ff.; abl. sogar für die Einstellung eines (an sich) strafrechtswidrigen Anlagenbetriebs BVerwGE 112, 123, 131.
[204] BVerfG (K) NJW 2005, 2843.
[205] BVerwG NVwZ-RR 1993, 65.
[206] BVerwGE 96, 302, 317.
[207] OVG Münster NVwZ 1994, 806, 807.
[208] OVG Münster NVwZ 1995, Beilage 3, S. 20, 22.
[209] VGH Kassel DVBl 1994, 218, 222.
[210] VGH Mannheim DÖV 1995, 424, 427.
[211] OVG NW NWVBl 2000, 390, 391.
[212] OVG Münster NVwZ-RR 2001, 137, 142 m. w. N.
[213] BVerwGE 114, 195, 204.

59 **Angenommen** worden ist **Ermessensschrumpfung** etwa: für die Verlängerung der Frist des § 31 Abs. 7 VwVfG (vgl. § 31 Rn. 46) bei Vorliegen von Wiedereinsetzungsvoraussetzungen;[214] bei Sondernutzungserlaubnis für Plakatwerbung politischer Parteien im Parlamentswahlkampf;[215] für ordnungsbehördliche Verfügungen zur Durchsetzung (feiertags-)gesetzlicher Verbote, wenn den gesetzlichen Verbotsgründen keine sachgerechten Gründe entgegengesetzt werden können;[216] ebenso zur Durchsetzung des Nachtbackverbots;[217] gegen eine nachträgliche zeitliche Beschränkung der zum Zweck der Eheführung erteilten Aufenthaltserlaubnis § 12 Abs. 2 S. 2 AuslG bei eigenständigem Aufenthaltsrecht des Ausländers nach § 19 Abs. 1 AuslG;[218] beim Wiederaufgreifen nach bestandskräftigen Entscheidungen nach § 53 AuslG bei extremer individueller Gefährdung nach Abschiebung;[219] tendenziell bei durch Art. 14 GG vermitteltem Bestandsschutz im Rahmen des § 34 Abs. 3 BauGB;[220] für die Anerkennung der Eignung nach § 8a Abs. 4 Nr. 7 S. 2 StVZO trotz eventuell demotivierender Wirkungen auf gemeinnützige Hilfsorganisationen;[221] für die Verweigerung einer Zweckentfremdungsgenehmigung, wenn das gegen das Verhältnismäßigkeitsgebot verstieße;[222] für § 10 Abs. 4 GüKG nach Ablauf von mehr als zwei Jahren;[223] für Erstattungsbescheide gegenüber bösgläubigen Empfängern ungerechtfertigter Sozialversicherungsleistungen;[224] für Ausnahmen vom Verbot der Eigenwerbung gem. § 43 BOKraft zugunsten nur im Fernverkehr tätiger Mietwagenunternehmer.[225]

60 Ermessensreduzierungen auf Null sind **ferner anerkannt** worden:[226] für § 16 Abs. 3 S. 1 HandwO (jedenfalls bei zugleich vorliegender materieller Illegalität);[227] für das bauaufsichtliche Einschreiten gegen nachbarrechtsverletzende Grundstücksnutzungen;[228] für die Anforderung zusätzlicher Prüfungsunterlagen, wenn sich im gentechnischen Genehmigungsverfahren Anhaltspunkte für Sicherheitsmängel ergeben;[229] für abwasserrechtliche Ermessensspielräume einer Gemeinde, die durch die Abwasserbeseitigungspflicht konkretisierende Bescheide des Landrats beseitigt werden, mit der Folge einer strafbarkeitsbegründenden Garantenstellung des Bürgermeisters (§ 324 StGB);[230] für die Bestellung externer Gutachter im Promotionsverfahren bei sonst unvermeidbar fehlerhafter Entscheidung.[231] Eine Schrumpfung des Ermessens wird auch mit Rücksicht auf die Pflicht zur **Folgenbeseitigung** angenommen, wenn ein VA, der nunmehr im Ermessen der Behörde steht, zuvor einer strikt verbindlichen Regelung zuwider nicht erlassen worden war und zwischenzeitlich keine Umstände eingetreten sind, die eine andere Ermessensentscheidung rechtfertigen.[232]

---

[214] *VGH München* BayVBl 2000, 20 f.
[215] *BVerwGE* 56, 56, 59 f.; *OVG Saarlouis* DÖV 1998, 1013 f. m.w. N.; zu einer von einer politischen Partei veranstalteten Schülerfete *VG Braunschweig* NdsVBl 2000, 94 f.; für Gewerkschaftsveranstaltungen wegen Art. 9 Abs. 3 GG *VG Weimar* LKV 2002, 388 f.
[216] *BVerwGE* 78, 118, 129 f.
[217] *BVerwG* NVwZ-RR 1995, 391.
[218] *VGH München* BayVBl 2000, 279.
[219] *BVerwGE* 122, 103, 108.
[220] *BVerwGE* 84, 322, 334.
[221] *BVerwGE* 95, 15, 17.
[222] *BVerwGE* 95, 341, 347.
[223] So *OVG Bautzen* SächsVBl 1998, 87, 89.
[224] *BSG* DVBl 1994, 1246, 1247.
[225] *VGH Mannheim* VBlBW 2001, 375 f.
[226] Zu den Anwendungsfällen auch *Gern* DVBl 1987, 1194 ff. m.w. N. Ausführlich zur Ermessensschrumpfung im Polizeirecht *Drews/Wacke/Vogel/Martens*, S. 396 ff. m.w. N.; zu verschiedenen Rechtsgebieten *Laub*, Die Ermessensreduzierung in der verwaltungsgerichtlichen Rechtsprechung, 1999, S. 50 ff.
[227] *Frotscher*, Wirtschaftsverfassungs- und Wirtschaftsverwaltungsrecht, 4. Aufl. 2004, Rn. 418 m.w. N.; weitergehend *VGH Kassel* NVwZ 1991, 280, 281 m.w. N.
[228] *OVG Berlin* OVG BlnE 19, 102, 104; s. aber auch Rn. 88; im Grundsatz gegen eine bundesrechtlich begründete Pflicht zum Einschreiten *BVerwG* NVwZ-RR 1997, 271; für Maßgeblichkeit des Landesrechts auch *BVerwG* NVwZ 1998, 395; dies lassend für bauplanungsrechtlich veranlasste Fälle *BVerwG* UPR 1998, 355 und dazu krit. *Jäde* UPR 1998, 326 ff.; für bauaufsichtliche Nutzungsuntersagungen überhaupt *OVG Weimar* ThürVBl 1998, 137 f. Zur Situation nach dem neuen Bauordnungsrecht etwa *Sacksofsky* DÖV 1999, 946 ff.; *Sarnighausen* UPR 1998, 329 ff.
[229] *VG Gießen* NVwZ-RR 1993, 534, 536.
[230] *BGHSt* 38, 325, 331 ff.; krit. dazu *Schwarz* NStZ 1993, 285 f.; *Michalke* NJW 1994, 1693, 1694 f.
[231] *OVG Münster* NJW 2002, 3346, 3347 f.
[232] *BVerwG* NVwZ-RR 1993, 65, für Baugenehmigung; *VG Gera* ThürVBl 1999, 237 f., nimmt sogar einen Anspruch auf Ernennung zum Beamten auf Probe an. Zurückhaltend nach Nichtbescheidung eines Einbürgerungsanspruchs *VGH München* NVwZ-RR 2005, 856, 857.

Vgl. allgemein zum **Stand der Ermessensfehlerlehre** mit ihren verschiedenen Einteilungsmodellen *Alexy,*[233] der selbst die weitgehende Identität von Ermessensfehlern und Rechtsmängeln überhaupt nachweist. Zu den im Rahmen europarechtlich beeinflussten Verwaltungshandelns in Betracht kommenden Ermessensfehlern vgl. etwa *Gornig/Trüe,*[234] die im Anschluss an *EuGHE* 1976, 19, 30 Rn. 8 – Balkan-Import-Export –, als Ermessensfehler (nur) Ermessensüberschreitung und Ermessensmissbrauch anerkennen wollen; s. zu den differenzierten Grundsätzen des Europarechts auf diesem Gebiet im Übrigen Rn. 7 ff., 54. **61**

2. Verfehlung des Ermessenszwecks

Wird der Zweck der Ermächtigung verfehlt (nicht bei bloßer Unzweckmäßigkeit, s. Rn. 15, 72), spricht man von **Ermessensfehlgebrauch,** auch **Ermessensmissbrauch (inneren Ermessensfehlern).** In diesem Fall hält die Behörde den Rahmen der Ermächtigungsnorm ein, übt ihr Ermessen aber aus Gründen aus, die außerhalb des Ermessenszwecks liegen. Hierunter fallen auch Gründe, die für sich gesehen durchaus im Interesse der Allgemeinheit liegen, die aber nicht vom maßgeblichen Zweck gerade des ermächtigenden Gesetzes umfasst sind. Sachverhalte, die die Tatbestandsvoraussetzungen einer Ermessensnorm ausfüllen, können keine ablehnende Ermessensentscheidung tragen.[235] **62**

Allerdings ist der Zweck des Ermessens nicht aus isolierter Betrachtung der Ermächtigungsnorm zu bestimmen,[236] da deren Bedeutungsgehalt durch andere Vorschriften, insbes. solche des jeweiligen Gesetzes im Übrigen,[237] ferner insbes. die **Grundrechte, beeinflusst** wird (s. auch Rn. 74 sowie Rn. 18 ff.).[238] Bei **Verweisungen** auf Ermessensnormen können für den Zweck der Ermächtigung auch die besonderen Zielsetzungen des verweisenden Gesetzes zu beachten sein.[239] Bei Gesetzen zur Umsetzung gemeinschaftsrechtlicher Richtlinien sind zudem deren Ziele für die Ermessensausübung von Bedeutung.[240] Bei einer Mehrheit von Gesetzeszwecken ist ggf. der vorrangige Zweck in einer Abwägung stärker zu gewichten.[241] **63**

Beispiele: Versetzung eines politischen Beamten in den einstweiligen Ruhestand aus Altersgründen; Umsetzung eines Abteilungsleiters im Ministerium wegen politischer Anschauungen und persönlicher Beziehungen;[242] Abriss eines Hauses nach ordnungsbehördlichen Regelungen, um die Straße verbreitern zu können; Verlängerung von Ladenöffnungszeiten, um die Gefahren einer verlassenen Ladenpassage zu bekämpfen;[243] Erziehungs- oder Strafgründe bei Maßnahme zur Gefahrenabwehr;[244] Strafgründe bei der aus erzieherischen Gründen anzuordnenden Teilnahme am Verkehrsunterricht gem. § 48 StVO;[245] Begründung der Festsetzung des höchstmöglichen Zwangsgeldes mit der Rechtswidrigkeit des mit der Grundverfügung bekämpften Verhal- **64**

---

[233] JZ 1986, 701 ff.; aus rechtsvergleichender Sicht auch *Grabenwarter,* Verfahrensgarantien in der Verwaltungsgerichtsbarkeit, 1997, S. 258 ff.
[234] JZ 1993, 884, 890.
[235] *BVerwG* ZBR 2001, 35 f. zu § 38 Abs. 1 SVG.
[236] So möglicherweise aber *VG Darmstadt* NVwZ-RR 2005, LS 5, 236, 239.
[237] Vgl. zur Berücksichtigung von Lärmschutzinteressen im Rahmen des § 45 Abs. 1 S. 1 StVO ungeachtet der diesbezüglichen Sonderbestimmung in § 45 Abs. 1 S. 2 Nr. 3 StVO *OVG Münster* NJW 1996, 3024, 3025 f.; zur Bindung der verdachtslosen Einzelkontrolle durch die Polizeibehörden im Grenzgebiet an den Gesetzeszweck der Bekämpfung grenzüberschreitender Kriminalität *Möllers* NVwZ 2000, 382, 386 f.
[238] *Stern* Staatsrecht III/1, S. 1354 m. w. N.; ausführlich *Keppeler,* Die Grenzen des behördlichen Versagungsermessens unter besonderer Berücksichtigung des Zwecks der Ermächtigung, 1989, insbes. S. 92 ff.; zur Auswirkung der gleichen staatsbürgerlichen Rechte von Soldaten auf das Ermessen bei Verwendungsentscheidungen *BVerwGE* 83, 19, 21 f.; zur Auswirkung des Art. 1 Abs. 1 GG auf den Zweck der in § 119 Abs. 1 BSHG enthaltenen Ermessensermächtigung s. *OVG Münster* DVBl 1995, 1194, 1195 f.; zur unmittelbar ermessensbegrenzenden Wirksamkeit der Grundrechte s. Rn. 85 ff.; zum Zusammenhang des Umfangs zulässiger Erwägungen mit dem Normtyp s. *Tettinger* Verwaltung 1989, 291, 303.
[239] *OVG Münster* NVwZ 1995, Beilage 3, S. 20, 22.
[240] *BVerwGE* 102, 282, 286 f., zu § 4 Abs. 1 S. 2 UIG.
[241] *VG Frankfurt a. M.* NVwZ-RR 2007, 269 f., zur vorrangigen Bedeutung dienstlicher Erfordernisse bei Versetzungsentscheidungen gegenüber dem persönlichen Interesse an der erleichterten Wahrnehmung eines Kommunalmandats.
[242] *OVG Saarlouis* ZBR 1995, 47, 48.
[243] *BVerwGE* 65, 167, 169.
[244] *VG Karlsruhe* NJW 1978, 558.
[245] *VGH München* NJW 1992, 454.

tens;[246] Vollstreckung eines VA bei Kenntnis seiner Rechtswidrigkeit.[247] Ein Ermessensfehlgebrauch ist es auch, von der Durchsetzung eines gesetzlichen Verbots aus Gründen abzusehen, die nach der gesetzlichen Regelung Verbotsgründe sind,[248] oder von Differenzierungen generell abzusehen, um daraus folgende soziale Spannungen zu vermeiden.[249]

65 **Grundsätzlich ermessensfehlerhaft** ist die Berücksichtigung **fiskalischer Interessen** im Polizeirecht,[250] was die Berücksichtigung von Effizienzgesichtspunkten nicht ausschließt.[251] Unzulässig sollen fiskalische Erwägungen ferner etwa für die Versetzung in den Ruhestand ohne Nachweis der Dienstunfähigkeit[252] und für die Entscheidung über die Verlängerung des Erziehungsurlaubs sein.[253] Auch für die Aussetzung der Wartefrist für Zuschüsse an Privatschulen soll die haushaltsrechtliche Situation keine Beachtung finden dürfen.[254] Die Wahl der Behörde zwischen Abhilfe- und Rücknahme im Falle der Drittanfechtung eines rechtswidrigen VA darf sich nicht an dem Ziel orientieren, der Kostenlast des § 80 Abs. 1 S. 1 VwVfG zu entgehen[255] (s. auch § 50 Rn. 5). Rücksicht auf den zu erwartenden **Verwaltungsaufwand** kann ermessensfehlerhaft sein, wenn sie auf Kosten der Verwirklichung gesetzlicher Ziele geht; so darf die Auswahl des Informationsmittels beim Anspruch auf Umweltinformationen nach § 4 Abs. 1 S. 2 UIG nicht zugunsten einer weniger aufwändigen Informationsgewährung getroffen werden, wenn dadurch der freie und umfassende Informationszugang des Antragstellers beeinträchtigt wird.[256]

66 Doch müssen fiskalische Erwägungen **nicht immer sachfremd** sein,[257] etwa bei der Freigabe deutscher Vermögenswerte im Ausland gegen Zahlung eines Ablösebetrages;[258] für eine Festlegung auf den Mindestanteil bei § 129 Abs. 1 S. 3 BauGB;[259] für die Entscheidung zwischen Versetzung in den Ruhestand oder Entlassung;[260] für die Berücksichtigung der Begleichung der Abschiebungskosten durch den Ausländer bei Entscheidung über die Befristung der Abschiebungswirkung;[261] für die Geltendmachung der Verjährungseinrede gegenüber Versorgungsansprüchen von Witwen nach militärgerichtlichen Todesurteilen, die offensichtliches Unrecht darstellen;[262] für Nichtbesetzung einer Stelle mit Kw-Vermerk.[263] S. auch § 36 Rn. 132, 134, 144 ff.; § 48 Rn. 185 f.

67 Sachfremd ist hingegen ein Ausschluss von der Teilnahme an einem Jahrmarkt mit Rücksicht auf den Familienstand eines Schaustellers,[264] ohne dass es auf eine Verletzung von Art. 6 Abs. 1 GG ankommt; die Erteilung einer vorläufigen Erlaubnis, wenn die Gaststättenerlaubnis selbst bereits abgelehnt ist;[265] die Berücksichtigung anderer als wegerechtlich relevanter Aspekte bei Sondernutzungsverfahren;[266] die ausschließliche Berücksichtigung allgemein-ordnungsbehördli-

---

[246] *VGH Mannheim* VBlBW 1995, 316.
[247] *VG Bremen* NVwZ-RR 1998, 468, 469.
[248] *BVerwGE* 79, 118, 129 f., zum Feiertagsrecht.
[249] *OVG Bautzen* NVwZ-Beil. I 1/2003, 5, 7.
[250] *Liebetanz* in Obermayer, VwVfG, § 40 Rn. 31; *Wolff/Bachof/Stober* 1, § 29 Rn. 16; *Maurer*, § 7 Rn. 22; vgl auch *Leisner*, Die Leistungsfähigkeit des Staates, 1998, S. 161 f.; allgemeiner *P. Kirchhof* HStR III[1], § 59 Rn. 77.
[251] Vgl. *Peters* DÖV 2001, 749, 759 ff.; allgemeiner zum polizeilichen Auswahlermessen insoweit *Waechter* VerwArch 1997, 298, 327 ff.; zur Verantwortlichkeit bei der Altlastensanierung *Kothe* VerwArch 1997, 465 ff.; s. auch Rn. 82.
[252] *BVerwGE* 16, 194, 196; s. aber Rn. 66.
[253] *VGH Kassel* DVBl 1998, 1089 f., wonach in diesem Zusammenhang allein personalwirtschaftliche Erwägungen in Betracht kommen.
[254] *OVG Bautzen* SächsVBl 2000, 118 f.
[255] *BVerwGE* 101, 64, 69 ff.
[256] *BVerwGE* 102, 282, 286 ff. mit Anm. *Hendler* JZ 1998, 245 f.; s. ferner etwa *VGH Mannheim* NuR 1999, 149, 152 f.
[257] Vgl. grundsätzlich etwa *Papier* in Hoffmann-Riem/Schmidt-Aßmann, Effizienz, 1999, 231 ff., 240 f.; auch *Schmidt-Aßmann* ebda, S. 245 ff., 264 f.; *Peters* DÖV 2001, 749 ff.
[258] *BVerwGE* 15, 251, 254 f.
[259] *BVerwG* NVwZ 1989, 469.
[260] *BVerwGE* 22, 215, 219; *OVG Münster* NVwZ 1990, 770.
[261] *OVG Hamburg* DVBl 1990, 495 (nur LS).
[262] *BSG* NJW 1995, 3141, 3143.
[263] *OVG München* ZBR 1989, 204, 205.
[264] *BVerwG* NVwZ 1984, 585.
[265] *VGH Mannheim* NVwZ-RR 1991, 64 f.
[266] *OVG Lüneburg* NJW 1986, 863; *KrG Erfurt* ThürVBl 1993, 92, 94; *VG Braunschweig* NdsVBl 2000, 94, 95.

cher Gesichtspunkte bei Entscheidung über straßenrechtliche Sondernutzungserlaubnis;[267] die Rechtfertigung von Nebenbestimmungen zu einer straßenrechtlichen Sondernutzungserlaubnis mit Aspekten der Müllvermeidung,[268] sowie grundsätzlich jede Orientierung an **ressortfremden Gesichtspunkten** (§ 36 Rn. 147). Zumindest eine Bindung an ausländerrechtliche Gesichtspunkte bei sozialhilferechtlichen Ermessensentscheidungen wird ausgeschlossen.[269] Von der Regelung des § 18 Abs. 1 S. 2 GastG gedeckt ist die Berücksichtigung der örtlichen Struktur, etwa der ländlichen Struktur einer Gemeinde.[270] Grundsätzlich zulässig ist auch die Ausweisung eines ausländischen Straftäters aus generalpräventiven Gründen.[271]

Ferner sind missbräuchlich Maßnahmen aus **Schikane oder persönlichen Gründen**, z.B. Versagen eines baurechtlichen Dispenses, weil der Antragsteller Ausländer ist, treuwidriges Vorgehen, wie die Inanspruchnahme des subsidiär Haftenden, wenn die Behörde sich ein Vorgehen gegen den Erstschuldner vorwerfbar selbst vereitelt hat,[272] und überhaupt Willkürakte,[273] unabhängig von Art. 3 Abs. 1 GG (dazu Rn. 91ff.), ebenfalls VAe, die durch Täuschung, Drohung oder Bestechung erwirkt werden, § 48 Rn. 150ff. **68**

Nach Auffassung des *BVerwG*[274] soll kein Ermessensmissbrauch, sondern eine Überschreitung der gesetzlichen Grenzen des Ermessens vorliegen, wenn die Behörde einem **irrtümlich** dem Gesetz unterstellten Zweck folgt. Bei **mehreren Gründen** für eine Ermessensentscheidung genügt es, wenn einer der maßgeblichen Gründe dem Gesetz entspricht; doch muss dieser Grund wirklich tragend und nicht nur Vorwand sein.[275] Andererseits ist es grundsätzlich unbedenklich, dass eine Behörde sich im Sinne einer **Doppelbegründung** hilfsweise auf Ermessensgründe stützt, wenn sie zugleich die Voraussetzungen einer gebundenen Entscheidung als gegeben annimmt.[276] **69**

Ein innerer Ermessensfehler kann sich auch daraus ergeben, dass ein speziell auf die Besonderheiten des jeweiligen Einzelfalles ausgerichtetes Ermessen[277] generell, insbes. durch Verwaltungsvorschriften, ausgeübt wird. Auch wo, wie im Regelfall, die **generelle Betätigung des Ermessens** dem Gesetzeszweck gerecht wird (s. auch Rn. 92ff.), kann eine zu abstrakt-schematische Lösung, die keinen Raum mehr für die Berücksichtigung der Besonderheiten des Einzelfalls lässt, den Zweck der Ermessensermächtigung verfehlen und deshalb fehlerhaft sein.[278] Zur hiervon zu unterscheidenden prinzipiellen Nichtbetätigung des Ermessens als Ermessensmangel s. Rn. 81. **70**

Einzelfälle: Unzulässig ist eine Verlagerung des Ermessensspielraums auf Ärzte durch Richtlinien, die zwingend eine ganz spezifische ärztliche Bescheinigung als Grundlage der Ermessensentscheidung über die Befreiung von der Gurtanlegepflicht verlangen.[279] Über den Ermächtigungszweck, privatärztliche Gefälligkeitsatteste auszuschließen, geht es hinaus, wenn nur das Zeugnis einer Universitätsklinik, nicht aber auch ein amtsärztliches Attest als Nachweis einer Krankheit zugelassen wird.[280] Die Verweigerung einer neuen Aufenthaltserlaubnis an Studierende aus Entwicklungsländern nach Abschluss der Ausbildung ist hingegen grundsätzlich **ermes- 71**

---

[267] *VGH Kassel* NVwZ 1994, 189, 190; für Ausnahmegenehmigung für Rallye *OVG Münster* NVwZ-RR 1997, 4, 5 ff.; anders jetzt *BVerwG* NVwZ 1997, 569; für alle Gründe, die einen sachlichen Bezug zur Straße haben, *VGH Mannheim* NVwZ-RR 1997, 677, 678; 2000, 837, 838; 2002, 740, 745; VBlBW 2006, 194; *OVG Münster* NWVBl 2007, 64, 65; s. auch *Sauthoff* Straße und Anlieger, 2003, Rn. 648 ff.
[268] *OVG Schleswig* NVwZ-RR 1994, 553, 554; *VGH Mannheim* NVwZ-RR 1997, 679, 680 f.
[269] Vgl. *BVerwGE* 78, 314, 318 ff.; *OVG Hamburg* NVwZ-RR 1990, 143 ff.); differenzierend *OVG Münster* NVwZ-RR 1991, 437, 439.
[270] *BVerwG* NVwZ-RR 1996, 260, 261.
[271] Grundsätzlich ausgeschlossen ist dagegen die Ausweisung eines EU-Bürgers aus generalpräventiven Gründen, *BVerwGE* 102, 63, 68 f. m. w. N.; ausdrücklich *EuGH*, Rs. 67/74, EuGHE 1975, 297 Rn. 7.
[272] S. *VGH Kassel* NJW 1981, 476, 477.
[273] Im subjektiven Sinn, s. *Kopp/Ramsauer*, § 40 Rn. 55 m. N.
[274] *BVerwGE* 12, 346 (LS 2).
[275] S. *BVerwG* NJW 1988, 783 f. m. w. N.
[276] *BVerwGE* 110, 140, 144.
[277] Vgl. § 15 Abs. 1 VersG und dazu *Maurer*, § 7 Rn. 13 ff. m. w. N.; zu § 67 Abs. 1 S. 2 BSHG *VG Bremen* NVwZ-RR 2000, 687 m. w. N.; zum Kostenersatz für Feuerwehreinsätze *VGH Mannheim* VBlBW 1998, 431, 432; zur regelmäßigen Abweichung vom Zweiprüferprinzip *OVG Münster* NJW 1999, 305, 306.
[278] *BVerwGE* 15, 196, 202 f.
[279] *VG Frankfurt a. M.* NJW 1989, 1234 f.
[280] *VGH München* NVwZ-RR 1992, 555, 556 f.

sensfehlerfrei;[281] das Ziel, Mehrstaatigkeit zu vermeiden, soll nach wie vor bei Ermessenseinbürgerungen nach § 8 (Ru)StAG unbedenklich sein.[282] Von der Zuweisung von Referendaren zum sog. Speyer-Semester kann im Interesse eines geordneten Vorbereitungsdienstes grundsätzlich abgesehen werden.[283] Dem Sinn des § 4 Abs. 3 S. 1 Nr. 2 BUKG entspricht es, wenn die danach vorgesehene Umzugskostenvergütung durch Ermessensrichtlinie für den Fall ausgeschlossen wird, dass die neue Wohnung im Einzugsbereich des bisherigen Wohnorts liegt.[284]

72 Ist die Entscheidung nur **unzweckmäßig**, weil die Behörde einzelne der Zweckmäßigkeitsfaktoren über- oder unterbewertet hat, ohne dass dabei aber der Zweck der Ermächtigung oder die gesetzlichen Grenzen des Ermessens verkannt wurden, ist der VA rechtmäßig. Insoweit ist auch keine Amtspflichtverletzung gegeben.[285] Eine Zweckmäßigkeitskontrolle kann nur im Vorverfahren, nicht aber vom Verwaltungsgericht ausgeübt werden (§§ 68, 114 VwGO; Rn. 231). S. auch schon Rn. 13 ff.

3. Gesetzliche Grenzen des Ermessens

73 Die Verpflichtung, die gesetzlichen Grenzen des Ermessens einzuhalten, bezieht sich auf **zwei Bereiche**. Zum einen muss sich die Ermessensausübung in dem durch die Ermächtigungsnorm abgesteckten Rahmen halten, wobei auch zugehörige Bestimmungen einzubeziehen sind, etwa bei einem Bundesgesetz die landesrechtliche Ausführungsregelung,[286] zum anderen wirken auch alle sonstigen normativen Regelungen aufgrund der Bindungskraft des Gesetzes (s. § 44 Rn. 84 ff.) dahingehend, dass die Behörde sich nicht zu ihnen in Widerspruch setzen darf.

74 **a) Die Grenzen aus dem ermächtigenden Gesetz.** Verstöße gegen die Anforderungen der Ermächtigungsnorm selbst (**äußere Ermessensfehler**) setzen voraus, dass deren maßgeblicher Bedeutungsgehalt verfehlt wird, der von anderen Rechtsnormen, insbes. den Grundrechten, beeinflusst sein kann (s. schon Rn. 18 ff., 63, 85 ff.).[287] Dabei sind zwei Erscheinungsformen zu unterscheiden:

75 **Ermessensüberschreitung** ist anzunehmen, wenn der äußere Rahmen der Ermächtigungsnorm überschritten wird. Dies geschieht einerseits, wenn die für die Eröffnung des Ermessenshandelns vorgesehenen **Voraussetzungen** der Ermächtigungsnorm, einschließlich der die Voraussetzungen näher festlegender Bestimmungen,[288] nicht gegeben sind, z.B. durch Verkennung des unbestimmten Rechtsbegriffs bei einem Koppelungstatbestand (Rn. 36), wie bei Durchführung eines sofortigen Vollzugs, obgleich noch keine drohende Gefahr i.S.d. § 6 Abs. 2 VwVG vorliegt;[289] gleichzustellen ist die Ausübung von Ermessen, wo das Gesetz eine rechtlich gebundene Entscheidung vorsieht.[290]

76 Andererseits liegt Ermessensüberschreitung vor, wenn die Behörde über die gesetzlich vorgesehene **Rechtsfolge** hinausgeht, etwa durch Androhung eines Zwangsgeldes in Höhe von 3000 DM, obwohl höchstens 2000 DM zulässig sind (§ 11 VwVG), oder wenn umgekehrt das Zwangsgeld niedriger als die vorgeschriebene Mindesthöhe von 3 DM festgelegt würde.

77 **Ermessensmangel (Ermessensunterschreitung, Ermessensnichtgebrauch)** liegt immer dann vor, wenn ein gesetzlich eingeräumtes Ermessen (auch nur teilweise) nicht betätigt wird. Abgesehen von bewussten Rechtsverstößen gilt dies vor allem für Entscheidungen, die die Be-

---

[281] *BVerwG* NVwZ 1989, 762, 763 m.w.N.; DVBl 1990, 495 LS.
[282] *BVerwG* NJW 1991, 2227 f.; restriktiver *BVerwG* Buchholz 130 § 8 RuStAG Nr. 43; vgl. auch *VGH Kassel* EzAR 277 Nr. 11; *VGH München* 14.9.2006 – 5 BV 05.1698, juris, Rn. 31.
[283] *OVG Weimar* LKV 2001, 79 f.
[284] *BVerwG* NVwZ-RR 1998, 442.
[285] *BGH* NJW 1979, 1354.
[286] *OVG Lüneburg* OVGE 40, 496, 499 f.
[287] *Stern* Staatsrecht III/1, S. 1354 m.w.N.; ferner etwa zum Einfluss des Art. 6 GG auf Regelungen des Ausländerrechts *BVerwGE* 36, 45, 48; 56, 246, 249 f.; *BVerwG* NVwZ 1986, 306 f.; NVwZ 1987, 700 f.; ferner grundsätzlich *BVerfGE* 76, 1, 41 ff., 49 ff.; zur Auslegung des allgemeinen Wohls nach § 24 Abs. 3 BauGB mit Rücksicht auf Art. 4, 140 GG *BVerwG* NVwZ 1994, 282, 284.
[288] Vgl. für § 90 Abs. 1 S. 1 und 3 BSHG *BVerwG* 92, 281, 283.
[289] Zur Wirkung von Irrtümern im tatsächlichen Bereich s. *VG Köln* NJW 1983, 1212, 1213; auch *VG Freiburg* VBlBW 1989, 354.
[290] Vgl. für ein gemeindliches Einvernehmen im Kindergartenrecht *VGH München* BayVGHE n.F. 42, 42, 44; vgl. für den Fall des Vorliegens einer Ausnahme von der Regel des § 8 Abs. 2 S. 3 AuslG *BVerwG* NVwZ 2000, 1422, 1424; zur Struktur der Lizenzerteilung nach § 8 Abs. 1 S. 1 TKG als gebundene Entscheidung *Spoerr/Deutsch* DVBl 1997, 300, 307.

hörde aufgrund der **irrigen Annahme** trifft, **es bedürfe keiner Ermessensausübung.** Dies kann sich aus der Auffassung der Behörde ergeben, weitergehende, von den Bindungen des pflichtgemäßen Ermessens **nicht eingeengte Entscheidungsfreiheit** zu genießen, etwa aufgrund grundrechtsgeschützter Freiräume.[291]

Meist geht es darum, dass die Behörde umgekehrt **fälschlich** meint, ihre Entscheidung müsse ganz oder teilweise aufgrund zwingenden Rechts **gebunden getroffen** werden.[292] In diesem Fall schöpft die Behörde den Ermessensrahmen – ganz oder zum Teil – nicht aus, weil sie sich des ihr eingeräumten Ermessens nicht bewusst ist,[293] z. B. aufgrund einer Verkennung der gesetzlichen Tatbestandsvoraussetzungen,[294] bei irrtümlicher Annahme haushaltsrechtlicher Bindung[295] oder einer Selbstbindung (Rn. 127f.). 78

Hierher gehören auch Fälle **unvollständiger Ermessenserwägungen,** wenn die gebotene Interessenabwägung (Rn. 13) unterblieben ist oder die Behörde wesentliche Aspekte unberücksichtigt lässt, etwa bei Nichtberücksichtigung von Abschiebungshindernissen[296] oder von im Heimatstaat drohenden Nachteilen und Gefahren[297] bei der Ausweisung; bei Geldleistungsbemessung wegen Wohnungsbindungsverstoßes;[298] bei Festsetzung von Verwaltungsgebühren ohne Rücksicht auf den Verwaltungsaufwand;[299] bei Ausnahmen von Abstandsvorschriften;[300] beim Erziehungsbedürfnis bei Anordnung von Verkehrsunterrichtsteilnahme;[301] bei Verbot aufgrund formeller Illegalität ohne Berücksichtigung der Genehmigungsfähigkeit;[302] bei unzureichender Sachverhaltsaufklärung[303] oder bei Nichtberücksichtigung von Mängeln des Prüfungsverfahrens oder der Prüfungsaufgaben bei Ermessensentscheidung nach § 18 JAG über Sanktionen gegen den Prüfling.[304] 79

Enthält die **Begründung** entgegen § 39 Abs. 1 S. 3 nicht die Gesichtspunkte für die Ermessensentscheidung, kann grundsätzlich von einem materiellen Ermessensmangel ausgegangen werden,[305] nicht aber, wenn sich die Ermessensausübung aus sonstigen Umständen ergibt (s. § 39 Rn. 28; § 45 Rn. 42f.).[306] Der **Nachweis** der Ermessensausübung durch die Behörde muss allerdings zweifelsfrei geführt werden können (vgl. in diesem Zusammenhang die Pflicht zur vollständigen Aktenführung § 9 Rn. 53ff.). Die Benennung des Sachbearbeiters als Zeugen ist untauglich.[307] 80

Als Ermessensmangel ist es auch zu werten, wenn die Behörde von ihrer **Ermessensermächtigung grundsätzlich keinen Gebrauch** machen will, weil z.B. die Erteilung von Ausnahmen unerwünscht ist[308] oder Berufungsfälle nach sich ziehen könnte.[309] Dies ist von der regelmäßig zulässigen generellen Ausübung des Ermessens in einem bestimmten Sinne (Rn. 70) zu unterscheiden. Zur Bedeutung einer Selbstbindung der Verwaltung s. Rn. 103ff., 127. Der Einsatz von sog. Konfliktmittlern kann zu Ermessensunterschreitung führen,[310] wenn die Be- 81

---

[291] Vgl. für die akademische Selbstverwaltung *BVerwGE* 91, 24, 27, 42.
[292] *BVerwGE* 15, 196, 199; 17, 267, 279; 19, 149, 152; 23, 112, 122; 31, 213; *BVerwG* NJW 1978, 507; ZBR 1996, 215; *OVG Hamburg* NordÖR 2002, 168, 169f.
[293] *BVerwG* NVwZ 1990, 774, 775 m.w.N.; *VGH München* NVwZ-RR 1991, 250, 252.
[294] *BVerwG* NJW 1981, 1917; *OVG Münster* NJW 1989, 478, 479; *VGH München* InfAuslR 1983, 241. Dort wird aber in Übereinstimmung mit *BVerwG* DVBl 1982, 842 eine hilfsweise Ermessensentscheidung zugelassen.
[295] *OVG Lüneburg* ZBR 1989, 204, 205.
[296] *BVerwGE* 78, 285, 290ff.; *BVerwG* NVwZ 1997, 685, 686ff.; *OVG Münster* NVwZ 1991, 912.
[297] *BVerwGE* 102, 249, 252ff. m.w.N., auch wenn es sich nicht um Duldungsgründe handelt.
[298] *BVerwGE* 85, 163ff.
[299] *VG Lüneburg* NdsVBl 1998, 246, 247.
[300] *VGH Mannheim* NVwZ-RR 1990, 295.
[301] *VGH München* BayVBl 1991, 178, 179.
[302] *OVG Bautzen* SächsVBl 1996, 42, 43, zu § 11 Abs. 3, S. 2 TierSchG.
[303] *BVerwGE* 99, 336, 337ff., für die Aufklärungspflicht der Hauptfürsorgestelle im Rahmen des § 15 SchwbG. Gegen eine gerichtliche Nachbesserung *OVG Münster* OVGE 44, 225, 229f.
[304] *VGH Kassel* DVBl 1997, 619, 620.
[305] Vgl. *BVerwGE* 91, 24, 42; 102, 63, 69ff.
[306] *OVG Bremen* VerwRspr 1976, Nr. 196; nach *OVG Bautzen* NVwZ-RR 1999, 101, 102, sollen bei Vorliegen der Vollstreckungsvoraussetzungen nur in atypischen Ausnahmefällen weitergehende Erwägungen angezeigt sein.
[307] *Stelkens* BauR 1978, 158, 162.
[308] *BVerwGE* 19, 94, 101.
[309] *BVerwGE* 15, 207, 212.
[310] S. etwa *Brohm* DVBl 1990, 321, 326f.

hörde sich an ein Vermittlungsergebnis gebunden fühlt und deshalb wesentliche Aspekte unberücksichtigt lässt; allerdings dürfte die Orientierung an getroffenen Vereinbarungen nicht schlechthin unzulässig sein, weil die damit angestrebte Akzeptanz eine sachgerechte Ermessenserwägung darstellt.[311] Zu mangelndem Ermessen auch § 51 Rn. 148.

82 **b) Die Grenzen aus sonstigen Gesetzen.** Gesetzliche Grenzen des Ermessens sind aufgrund der **Bindung an das Gesetz** (s. § 44 Rn. 43f., 84ff.) ferner alle überhaupt irgendwie einschlägigen Rechtsnormen;[312] dazu gehören neben den unterschiedlichen Normen des deutschen Rechts auch Bestimmungen des Gemeinschaftsrechts (s. noch Rn. 91), einschließlich (jedenfalls bereits umgesetzter) Richtlinien.[313] Durch die Ermessensentscheidung darf kein Rechtsverstoß bewirkt werden,[314] auch nicht durch Nichtanwendung einschlägiger strikt verbindlicher Vorschriften.[315] Nicht einschlägig sind mangels Außenwirkung insoweit die Regelungen des Haushaltsplanes;[316] allerdings soll die Ermessensausübung durch die haushaltsrechtliche Begrenzung der jeweils vorhandenen und besetzbaren Planstellen gebunden sein, selbst wenn ein materiell-rechtlicher Anspruch auf Beschäftigung auf einer solchen Stelle besteht.[317]

83 Von Bedeutung sind vor allem die übergreifend für die gesamte Rechtsordnung wirksamen **verfassungsrechtlichen Anforderungen,** die sich primär aus dem Grundgesetz, aber auch aus den Landesverfassungen ergeben können.[318] Hervorzuheben sind insoweit namentlich die zwingenden **Gebote des Rechtsstaats,**[319] wie der **Grundsatz des Vertrauensschutzes**[320] und der vielfach mit Grundrechtsbeeinträchtigungen verknüpfte **Grundsatz der Verhältnismäßigkeit (Übermaßverbot).**[321] Dieser kann es insbes. gebieten, als mildere Mittel ebenso Erfolg versprechende, aber weniger belastende Handlungsalternativen zu wählen;[322] ein Ermessen besteht insoweit nicht.[323]

84 Von Bedeutung sind ferner der **Grundsatz der Sozialstaatlichkeit**[324] und (sonstige) **Staatszielbestimmungen,** die als Direktive für die Ermessensausübung wirken können, wie namentlich die Umweltschutzklausel des Art. 20a GG[325] und verwandte landesverfassungsrechtliche Bestimmungen.[326]

---

[311] Dafür etwa *Würtenberger,* Die Akzeptanz von Verwaltungsentscheidungen, 1996, S. 153 ff. m. w. N.
[312] Vgl. *VGH Mannheim* VBlBW 1996, 394, 395, für eine entsprechende Anwendung des § 52 Abs. 2 BAT auf Beamte im Rahmen der Ermessensentscheidung nach § 12 Abs. 2 SonderurlaubsVO; für eine kommunale Satzung zur Handhabung des Ermessens bei Erhebung des Kostenersatzes für Feuerwehreinsätze *VGH Mannheim* VBlBW 1998, 431, 432.
[313] *BVerwGE* 102, 282 ff., zur Bindung des Auswahlermessens nach § 4 Abs. 1 S. 2 UIG durch die UIRL; dazu etwa *Röger* DVBl 1997, 885 ff. Zur Möglichkeit der Abweichung bei gewichtigen Gründen *VGH Mannheim* NVwZ 1998, 987, 990.
[314] *VGH Kassel* NJW 1983, 2280.
[315] *VGH Mannheim* NVwZ-RR 1992, 358 f., für Sperrzeitregelungen bei Vorliegen von – zwingenden – Widerrufsgründen für die Gaststättenerlaubnis; dazu auch *Kienzle* GewArch 1992, 407 ff.
[316] Dazu *Stern* Staatsrecht II, S. 1207; *OVG Lüneburg* ZBR 1989, 204, 205.
[317] So *VGH Kassel* ZBR 1995, 278, 279.
[318] Zur Bedeutung für ein bundesgesetzlich eingeräumtes Ermessen vgl. *Erbguth/Wiegand* Verwaltung 1996, 159, 172 ff.
[319] *BVerfGE* 49, 168, 184; 69, 161, 169 jeweils m. w. N.; das hier eingeschlossene Willkürverbot des allgemeinen Gleichheitssatzes hat ebenso wie die freiheitlichen Gehalte des Rechtsstaatsprinzips, *Stern* Staatsrecht I, S. 788 ff., seinen primären Standort bei den Grundrechten, s. Rn. 91 ff.
[320] *BVerfGE* 49, 168, 184 f., 188; *BVerwG* NJW 1980, 2763, 2764; Rn. 104, 120 ff.; § 48 Rn. 177 ff.; hierzu allgemein *Stern* Staatsrecht I, S. 831 ff., insbes. S. 833 f.; *Sachs* in ders. GG, Art. 20 Rn. 131 ff. jeweils m. w. N., sowie etwa *Stelkens* JuS 1984, 930. Vgl. ferner z. B. *OVG Münster* NJW 1999, 1802, 1803.
[321] Dazu etwa *BVerfGE* 110, 141, 164 f.; 113, 63, 80; *BVerfG (K)* NVwZ 2005, 203, 204; *BVerwG* 115, 373, 382; 122, 293, 298; *BVerwG* Buchholz 235 § 91 BDO Nr. 2; *BVerwG* NJW 2001, 3139; allgemein zum Gehalt dieses Verfassungsgrundsatzes *Stern* Staatsrecht I, S. 861 ff.; *Sachs* in ders. GG, Art. 20 Rn. 145 ff.; *Kloepfer* in FG 50 Jahre BVerwG, 2003, S. 329 ff. S. auch § 73 Abs. 2, 3 LVwG SchlH.
[322] Vgl. etwa für das Ausweisungsermessen bezogen auf Beschränkungen politischer Betätigung *VGH Mannheim* VBlBW 1999, 151, 154.
[323] Vgl. zum Straßenverkehrsrecht *BVerwG* NJW 1999, 2056 im Anschluss an *BVerwGE* 92, 32, 39 f.; s. aber *BVerwG* NJW 2001, 3139, 3140 (Höhe der Geschwindigkeitsbegrenzung).
[324] *BVerwG* 42, 148, 157 f.; 44, 333, 337 f.; *BVerwG* DVBl 1979, 585, 587; *Herzog* BayVBl 1976, 161; *Stern* Staatsrecht I, S. 916 m. w. N.; *Badura* DÖV 1989, 491 ff.
[325] Vgl. *BVerwG* NVwZ 1998, 1080, 1081; *Murswiek* in Sachs GG, Art. 20a Rn. 61, 69.
[326] Vgl. etwa zu Art. 40 Abs. 3 BbgVerf in Bezug auf Waldsperrungen *OVG Frankfurt (Oder)* NuR 1999, 519, 521; allgemein *Balensiefen* in Simon/Franke/Sachs, Handbuch der Verfassung des Landes Brandenburg, 1994, § 8 Rn. 23.

§ 40 Ermessen

Neben den Verfassungsstrukturprinzipien sind vor allem die **Grundrechte**,[327] vielfach im **85** Zusammenhang mit der Verhältnismäßigkeit, in den verschiedenen grundrechtlich gesicherten Lebensbereichen als unmittelbare Grenzen des Ermessens wirksam.[328] Neben den grundgesetzlichen Garantien können weitergehende landesverfassungsrechtliche Grundrechte eigenständige Bindungen auslösen. Die grundrechtlichen Anforderungen können auch über den Anwendungsbereich gesetzlicher Umsetzungen hinaus über deren Grundgedanken wirksam werden.[329]

Zu beachten sind etwa die Bedeutung der Menschenwürde nach **Art. 1 Abs. 1 GG** für Er- **86** messensentscheidungen im Sozialhilferecht[330] und im Ausländerrecht;[331] die des allgemeinen Persönlichkeitsrechts aus **Art. 2 Abs. 1 i. V. m. Art. 1 Abs. 1 GG** z. B. für die Entscheidung über das Tragen eigener Kleidung eines Häftlings bei Vorführung zu Gericht durch die JVA[332] oder über ein Auskunftsbegehren der Kindesmutter nach Inkognitoadoption;[333] die des Rechts auf informationelle Selbstbestimmung (bei Datenübermittlung nach Melderecht);[334] die Bedeutung von **Art. 6 GG** für das Ausländerrecht[335] oder für die Einbürgerung.[336] Auch der Gedanke des Art. 116 Abs. 2 GG kann für das Einbürgerungsermessen Bedeutung haben.[337]

Für die politische Betätigung hervorzuheben ist die Bedeutung von **Art. 5 Abs. 1 GG,** etwa **87** für parteipolitische Straßenwerbung (dazu auch Art. 21 GG),[338] für die Überlassung von Hochschulräumen[339] oder bei Erteilung einer Sondernutzungserlaubnis.[340] Bei Demonstrationen wird wichtig **Art. 8 GG**,[341] beim Entzug der Rechtsfähigkeit einer Religions- oder Weltanschauungsgemeinschaft gem. § 43 Abs. 2 BGB **Art. 4 GG**.[342]

Im wirtschaftlichen Bereich spielt vor allem die Berufsfreiheitsgarantie nach **Art. 12 Abs. 1** **88** **GG** eine Rolle, etwa zugunsten eines gemeinnützigen e. V. bei der Anerkennungsentscheidung nach § 8a Abs. 4 Nr. 7 S. 2 StVZO,[343] für die Zulassung einer Spielbank[344] oder für die Zulassung eines Sportwettunternehmens.[345] Art. 12 Abs. 1 und **Art. 14 Abs. 1 GG** sind zu beachten etwa im Hinblick auf die Zweckentfremdungsgenehmigung, allerdings wohl nur in Fällen von Existenzgefährdung;[346] die Eigentumsgarantie wirkt ferner etwa zugunsten eines Restes von Bestandsschutz im Baurecht,[347] hat Einfluss auf das Einschreitermessen der Bauaufsichtsbehörde,[348] auf die Entscheidung über die Zulassung eines Bauvorhabens[349] und auf die Berücksichtigung des Anliegergebrauchs im Rahmen des § 45 Abs. 1 StVO.[350]

---

[327] Zu den weiteren Einwirkungsweisen der Grundrechte s. Rn. 18 f., 63, 74, 98, ferner Rn. 103 ff.
[328] *Stern* Staatsrecht III/1, S. 1354 m. w. N., auch zur Bedeutung einzelner Grundrechtsbestimmungen.
[329] Vgl. etwa *BVerwGE* 116, 378, 385 ff.
[330] *BVerwGE* 72, 354, 357; *OVG Münster* NWVBl 1990, 279, 280; NVwZ-RR 1991, 437, 439; NVwZ 1995, Beilage 3, S. 20, 22 (restriktiv für AsylbLG); NVwZ-RR 1997, 174, 175.
[331] S. etwa *BVerwG* NVwZ 1997, 685, 686 ff.
[332] *BVerfG (K)* NJW 2000, 1399, 1400.
[333] *OVG Lüneburg* NJW 1994, 2634, 2635.
[334] *VGH Mannheim* DÖV 1995, 424, 426.
[335] *BVerfGE* 76, 1, 49 ff.; 80, 81, 93; BVerfG (K), NVwZ 2006, 682 f.; *BVerwGE* 42, 133 ff.; 48, 299, 302 f.; 60, 126 ff.; 70, 54, 56 f.; 71, 228, 232 f.; 78, 192, 207; 98, 31, 46; 102, 12, 18 ff.; 105, 35, 39 f.; 106, 13, 17; 109, 305, 310 ff.; 116, 378, 386 f.; 117, 380, 388 f.; 121, 297, 307; ferner *VGH München* NVwZ 2000, 693, 694; auch *Rennert* in FG 50 Jahre BVerwG, 2003, S. 433 ff.; *Stern*, Staatsrecht IV/1, S. 462 ff.
[336] S. zu § 8 Abs. 1 RuStAG *BVerwGE* 80, 249, 254 f.; 84, 93, 98 ff.; auch *BVerwGE* 80, 233, 245 ff.
[337] *BVerwGE* 114, 195, 204.
[338] *BVerwGE* 56, 56, 59; *OVG Saarlouis* DÖV 1998, 1013 f. m. w. N.
[339] *VGH Mannheim* VBlBW 1987, 28, 29.
[340] *OVG Münster* NVwZ 1988, 269 ff.; *VGH Kassel* NVwZ 1994, 189, 191. Zur Berücksichtigung auch der Pressefreiheit vgl. *VGH München* NVwZ-RR 2002, 782.
[341] Vgl. etwa *BVerfGE* 69, 315, 351 ff.; *VG Sigmaringen* VBlBW 1990, 117; *VG Hannover* NJW 1991, 1000 f.; *Schwerdtfeger* in GS Martens, 1987, S. 445, 454 ff. Zur Unbeachtlichkeit gegenüber Ausländern *VGH Mannheim* NVwZ 1999, Beilage I, 49, 50.
[342] *VGH Mannheim* NJW 1996, 3358, 3363; *VG Hamburg* NJW 1996, 3363, 3364 f.; im Ergebnis für Bedeutungslosigkeit des Art. 4 GG allerdings *BVerwGE* 105, 313, 321.
[343] *BVerwGE* 95, 15, 19 ff.
[344] *BVerwGE* 96, 302, 312.
[345] *BVerwGE* 96, 293, 298 ff.; 302, 312 f., 314 ff.
[346] *BVerwGE* 95, 341, 347 f.
[347] *BVerwGE* 84, 322, 334 f.
[348] *BVerwG* NVwZ 1995, 272.
[349] In Bezug auf das MVWaldG *OVG Greifswald* LKV 2007, 136, 138.
[350] *OVG Münster* NVwZ-RR 1996, 203.

89 Zur Kunstfreiheit nach **Art. 5 Abs. 3 GG** vgl. Rn. 192 f. zum Beurteilungsspielraum; Rn. 58 zur Frage der Ermessenschrumpfung. Art. 5 Abs. 3 (Wissenschaftsfreiheit) und Art. 12 Abs. 1 GG können für das Ermessen bei der Erteilung der Lehrbefugnis Bedeutung erlangen.[351]

90 Ebenso kann die Rechtsweggarantie des **Art. 19 Abs. 4 GG** in diesem Zusammenhang eine Rolle spielen.[352]

91 Von hervorgehobener Bedeutung ist der **Gleichheitssatz**,[353] und zwar sowohl der allgemeine Gleichheitssatz des **Art. 3 Abs. 1 GG** als auch die besonderen Gleichheitsbestimmungen des Grundgesetzes, wie **Art. 3 Abs. 2, 3, Art. 6 Abs. 5, Art. 33 Abs. 1–3**[354] oder die Chancengleichheit politischer Parteien und Wahlbewerber.[355] Auch das gemeinschaftsrechtliche Verbot von Diskriminierungen wegen der Staatsangehörigkeit ist zu beachten[356] (s. allgemein Rn. 10). Der Auftrag zur Förderung der Gleichberechtigung soll aber nicht das Ermessen der Schulbehörden dahin binden, bei der Zuweisung zu bestimmten Schulen die Ganztagsbetreuung von Kindern sicherzustellen, wenn beide Eltern voll berufstätig sind oder es sein wollen.[357]

92 Die Verwaltung, d. h. der jeweils zuständige Verwaltungsträger[358] (Rn. 129), darf die ihr durch den Ermessensspielraum eröffneten Möglichkeiten differenzierter Entscheidung **nicht** völlig **systemlos, sprunghaft, willkürlich** handhaben, sondern muss innerhalb der normativen Vorgaben gleichmäßig, nach selbst geschaffenen Maßstäben entscheiden.[359] So muss etwa einem flächendeckenden bauaufsichtlichen Vorgehen gegen verbreitete illegale Nutzungen ein Bereinigungskonzept zugrunde gelegt werden.[360] Zur Selbwahlerbindung der Behörden vgl. Rn. 103 ff. Umgekehrt wird allerdings auch das sehr weite Auswahlermessen für Außenprüfungen mit dem Ziel gerechtfertigt, eine auch faktisch möglichst gleichmäßige Steuerbelastung sicherzustellen.[361]

93 Die die Ermessensbetätigung leitenden Maximen dürfen weder speziellen Gleichheitssätzen[362] zuwiderlaufen, wie etwa die gegen Art. 3 Abs. 3 GG verstoßende Umsetzung eines Abteilungsleiters im Ministerium wegen seiner politischen Anschauungen,[363] noch die Anforderungen des allgemeinen Gleichheitssatzes vernachlässigen. Für Letztere wurde früher generell auf das überkommene **Willkürverbot** abgestellt, das dann verletzt ist, wenn sich keinerlei sachlicher Grund für eine Unterscheidung anführen lässt.[364] Dies gilt insbes. auch für die Anwendung des Art. 3 Abs. 1 GG auf die Ermessensausübung.[365]

94 In der neueren Judikatur des *BVerfG* sind darüber hinaus für wichtige Fallgruppen **stringentere Kriterien** formuliert worden, und zwar zumal für personenbezogene Differenzierun-

---

[351] *BVerwGE* 91, 24, 28 ff.; *VGH München* NVwZ-RR 1995, 399 LS; s. auch *OVG Lüneburg* NdsVBl 1996, 293, 294, wonach der Hochschule bei der Ermessensentscheidung über die Auswahl bei der Besetzung einer Professorenstelle eine durch Art. 5 Abs. 3 GG geschützte Beurteilungskompetenz über die fachliche Qualifikation der Bewerber zukommt.

[352] S. *BVerwGE* 84, 375, 377 f. (Auskunft durch Verfassungsschutz) m. Anm. *Bäumler* DVBl 1990, 865; vgl. auch *Kröger* JZ 1991, 562.

[353] Dazu *Zippelius* und *G. Müller* VVDStRL 47, 1989, 7 ff., 37 ff.; ferner die Begleitaufsätze von *Gusy* NJW 1988, 2505; *Robbers* DÖV 1988, 749; *Sachs* NWVBl 1988, 295; *Schoch* DVBl 1988, 863; *Stettner* BayVBl 1988, 545; *Wendt* NVwZ 1988, 778 sowie etwa *P. Kirchhof* HStR V, §§ 124, 125; *Sachs* HStR V, § 127; *Huster*, Rechte und Ziele, 1993.

[354] S. nur *Stern* Staatsrecht III/1, S. 1331, 1356 m. w. N.; *Sachs* HStR V, § 126.

[355] *VGH Mannheim* NVwZ-RR 1997, 629, 630 m. w. N.; *OVG Münster* NJW 2002, 3417 ff.; *OVG Bremen* NVwZ-RR 2003, 651, 652.

[356] S. etwa zur Erteilung eines Jagdscheins an einen Italiener ohne deutsche Jägerprüfung *VGH Mannheim* NuR 2000, 97, 98 f.

[357] *OVG Hamburg* NVwZ-RR 2000, 679, 680.

[358] *VGH München* NVwZ-RR 1999, 499, 500.

[359] *Stern* Staatsrecht II, S. 764; Bd. III/1, S. 1358; *Kopp/Ramsauer*, § 40 Rn. 24; s. auch *BVerwG* NJW 1987, 1564 f.; NVwZ-RR 1990, 418.

[360] *VGH Kassel* NVwZ 1986, 683, 684; NVwZ-RR 1992, 346, 348 m. w. N.; *OVG Lüneburg* NVwZ-RR 1994, 249; *OVG Bremen* NVwZ 1995, 606, 607 f.; zu den Grenzen dieser Pflicht *BVerwG* NVwZ-RR 1992, 360; *OVG Münster* NVwZ-RR 1991, 545, 546.

[361] *BFH* NVwZ 1992, 709, 710 f.

[362] *Sachs* HStR V, § 126; insbes. zu Art. 3 Abs. 2, 3 GG *ders.*, Grenzen des Diskriminierungsverbots, 1987.

[363] *OVG Saarlouis* ZBR 1995, 47, 48.

[364] So in Anknüpfung an *Leibholz*, Die Gleichheit vor dem Gesetz, 1925, die st. Rspr. des *BVerfG* seit *BVerfGE* 1, 14, 52; aus jüngerer Zeit etwa *BVerfGE* 93, 386, 400; 96, 189, 203; 98, 17, 47; 102, 254 (302); 103, 310 (318); 106, 201 (206); 111, 54 (83); 112, 185 (215 f.); 114, 258 (297 f.); 116, 135 (161).

[365] Aus jüngerer Zeit etwa *BVerwG* NVwZ-RR 1990, 418, 419; NVwZ-RR 1992, 360; *OVG Münster* NWVBl 1995, 233, 234.

gen[366] sowie im Zusammenhang mit betroffenen Freiheitsrechten oder sonstigen Grundrechtsgarantien.[367] In diesem Bereich soll ein Verstoß gegen Art. 3 Abs. 1 GG schon dann vorliegen, wenn eine Gruppe von Normadressaten im Vergleich zu anderen Normadressaten anders behandelt wird, obwohl zwischen beiden Gruppen keine Unterschiede von solcher Art und solchem Gewicht bestehen, dass sie die ungleiche Behandlung rechtfertigen können;[368] dem hat sich auch das *BVerwG* im Rahmen seiner zum Teil noch allein am Willkürverbot orientierten Judikatur[369] angeschlossen.[370] Für die neuen, seit 1980 von der Judikatur verwendeten Kriterien hat sich die heute kaum noch sachgerechte Bezeichnung als sog. **neue Formel** gehalten.[371] **Nicht** zugestimmt werden kann der verbreiteten, auch durch entsprechende Formulierungen in der Judikatur des *BVerfG* geförderten[372] Gleichsetzung der „neuen Formel" mit **Verhältnismäßigkeitsanforderungen,** die trotz mancher Ähnlichkeit den besonderen Strukturen der vergleichenden Gleichheitsprüfung nicht gerecht wird.[373] Die Judikatur des *BVerfG* ist in Richtung auf eine **weiter abgestufte Skala von Maßstäben** unter Berücksichtigung auch der Intensität der Grundrechtsberührung, der Reichweite der Differenzierung und ihrer Nähe zu den verpönten Unterscheidungsmerkmalen des Art. 3 Abs. 3 GG weiterentwickelt worden,[374] die sich in ihrer notwendigen Differenziertheit jeder simplen Formel entzieht.[375]

Diese beim *BVerfG* durchweg auf die Gesetzgebung ausgerichteten strengeren Maßstäbe der **95** Gleichheitsprüfung sind, was bislang zu wenig beachtet wird,[376] auch für das **Verwaltungshandeln in Einzelfällen** von Bedeutung. Sie müssen hier auf die selbstgesetzten behördlichen Maximen der Ermessensausübung als das strukturelle Äquivalent der fehlenden Normen bezogen werden. Die Gleichheitsprüfung anhand der **neuen Formel** ist insoweit auf die im Rahmen der **Ermessensleitlinien** gebildeten, verschieden zu behandelnden Personengruppen zu beziehen, oder es ist auf die vom Verwaltungshandeln berührten Grundrechtspositionen Rücksicht zu

---

[366] S. insbes. *BVerfGE* 68, 237, 250; 81, 156, 205 f.; 83, 1, 23; 88, 5, 12; 88, 87, 96 f.; 90, 46, 56; 92, 53, 68 f.; 94, 241, 260; 95, 39, 45; 143, 155; 96, 315, 325; 97, 271, 290 f.; 97, 332, 344; 98, 1, 12; 98, 49, 63; 98, 365, 389; 99, 129, 139; 165, 177 f.; 100, 1, 38; 59, 90; 101, 54, 101; 239, 269; 275, 290 f.; 102, 41, 54; 68, 87; 104, 126, 144 f.; 107, 205, 213 f.; 108, 52, 67 f.; 112, 368, 401; *BVerfG FamRZ* 2006, 1818, 1819; 1824, 1825; zur Geltung auch für juristische Personen *BVerfGE* 95, 267, 317; 99, 367, 389; s. insoweit auch *BVerfGE* 101, 151, 156.
[367] Vgl. allgemein *BVerfGE* 74, 9, 24; 82, 126, 146; 87, 1, 36 f.; 87, 234, 255; 88, 5, 12; 88, 87, 96 f.; 89, 15, 22 f.; 89, 365, 375 f.; 90, 46, 56; 91, 346, 362 f.; 91, 389, 401 f.; 92, 53, 69; 95, 267, 317; 98, 365, 389; 99, 367, 388; *BVerfG (K) NJW* 1999, 2959 f.; *NVwZ* 2000, 309, 311; *NJW* 2001, 1200, 1201; s. ferner zu einzelnen Grundrechten für Art. 2 Abs. 1 i.V.m. Abs. 1 GG *BVerfGE* 60, 123, 133 f.; 88, 87, 97 f.; auch 89, 69, 89; ferner *BVerfG* 18. 7. 2006, – 1 BvL 1/04, 1 BvL 12/04, juris, Rn. 56 ff.; *BVerfG (K) NJW* 2005, 2138, 2139; für Art. 12 Abs. 1 GG *BVerfGE* 62, 256, 274; 89, 69, 89 f.; 97, 169, 181; *BVerfG (K) NZS* 2001, 486 f.; *NJW-RR* 2002, 492 f.; *NJW* 2004, 2725, 2727; *NVwZ* 2004, 1347, 1349; für Art. 6 Abs. 4 GG *BVerfGE* 65, 104, 113; *BVerfG (K) NVwZ* 1996, 580, 583; für Art. 6 Abs. 1 GG *BVerfGE* 67, 348, 365; 87, 1, 36 f.; 87, 234, 255; 106, 166, 176; 107, 27, 52 f.; 111, 160, 169; 176, 184; auch 69, 188, 205; (implizit) 71, 364, 383 ff.; *BVerfG (K)* 23. 10. 2006, – 2 BvR 1797/06, juris, Rn. 20 ff.; für Art. 14 Abs. 1 GG (Eigentumsgarantie) *BVerfGE* 74, 9, 24 f.; 74, 203, 217; für Art. 14 Abs. 1 GG (Erbrechtsgarantie) *BVerfGE* 99, 341, 355 f.; für Art. 5 Abs. 3 GG *BVerfGE* 81, 108, 118; für Art. 2 Abs. 1 GG *BVerfGE* 89, 69, 89; 97, 271, 291; (implizit) 109, 96, 123; für Art. 19 Abs. 4 GG *BVerfGE* 93, 99, 111; *BVerfG (K) NVwZ* 2004, 334, 335.
[368] St. Rspr. seit *BVerfGE* 55, 72, 88.
[369] Vgl. aus neuerer Zeit etwa *BVerwGE* 104, 60, 63; 105, 110, 111; 114, 291, 295; 117, 199, 205; 219, 225; 305, 312; 118, 277, 283; 119, 172, 180; 120, 311, 333; 123, 332, 338 (allerdings: „der allgemeine Gleichheitssatz und das Willkürverbot des Art. 3 Abs. 1 GG"); 124, 187, 195.
[370] *BVerwGE* 91, 159, 164; 95, 252, 260; 106, 85, 89; 191, 195; 124, 227, 234; 125, 79, 82; 384, 388.
[371] Etwa *Zuck* MDR 1986, 723, 724; *Maaß* NVwZ 1988, 14 sowie die Beiträge zur Staatsrechtslehrertagung 1988, s. Rn. 91; ferner *P. Kirchhof* HStR V, § 124 Rn. 217 ff., 278; *Osterloh* in Sachs, Art. 3 Rn. 13 ff. m. w. N.
[372] Vgl. aus neuerer Zeit z. B. *BVerfGE* 95, 143, 155; 267, 316; 97, 169, 180 f.; 99, 341, 355; 367, 388; 101, 54, 101; 275, 290 f.; 103, 310, 318; 107, 27, 45; 112, 164, 174; 268, 279; 113, 167, 214; 116, 164, 180; der spezifisch gleichheitsrechtlichen Problematik angemessene Formulierungen finden sich etwa in *BVerfGE* 96, 1, 5 f.; 99, 88, 94; 101, 132, 138; 151, 155; 297, 309.
[373] Zur notwendigen Unterscheidung von Verhältnismäßigkeits- und „Entsprechens"-Prüfung instruktiv *Huster,* Rechte und Ziele, 1993, insbes. S. 142 ff., zur „neuen Formel" ebda. S. 193 ff.
[374] *BVerfGE* 88, 87, 96 f.; 89, 15, 22; 89, 365, 375; 91, 346, 362 f.; 91, 389, 401 f.; 92, 365, 407 f.; 97, 169, 180 f.; 99, 367, 388; 101, 275, 291; 103, 310, 319; 105, 313, 363 (abw. Meinung *Haas*).
[375] Vgl. dazu im Überblick näher *Sachs* JuS 1997, 124 ff.
[376] Vgl. dazu etwa die Erwägungen bei *Gerhardt* in Schoch u. a., § 114 Rn. 24.

nehmen. Auf der Grundlage der „neuen Formel" wurde etwa eine ermessensleitende Verwaltungsvorschrift (dazu Rn. 106 ff.) für gleichheitswidrig erklärt, die eine pauschalierte Reisekostenerstattung nur für Vollzeitbeschäftigte, nicht aber für Teilzeitkräfte vorsah.[377] Ganz ohne Erwähnung des Gleichheitssatzes gebilligt wurde andererseits die Differenzierung nach dem Lebensalter, wenn ein Gutachten nach § 15 e Abs. 1 Nr. 3, § 15 f Abs. 2 Nr. 2 StVZO von über 50-jährigen Busfahrern verlangt wird.[378]

96 Besonderes Gewicht hat insbes. im Hinblick auf berufsbezogene Prüfungen die **Chancengleichheit** aus Art. 12 Abs. 1 i. V. m. Art. 3 Abs. 1 GG, die nicht nur für die Leistungsbeurteilung von Bedeutung ist (dazu Rn. 171, 177 ff., 220 ff.), sondern sich bereits auf das Ermessen der Prüfungsbehörden hinsichtlich ihres Verfahrens und der Prüfungsorganisation auswirkt, etwa für den Ausgleich lärmbedingter Prüfungsstörungen durch Schreibverlängerungen,[379] für die (deshalb strengen) Anforderungen an den Nachweis der Prüfungsunfähigkeit,[380] für die Vorkehrungen gegen die Mitwirkung befangener Prüfer.[381] Ein Anspruch darauf, nicht mit – nach statistischen Durchschnittswerten – besonders strengen Prüfern konfrontiert zu werden, besteht nicht.[382]

97 Für **juristische Personen des öffentlichen Rechts** greift Art. 3 Abs. 1 GG als Grundrecht zwar nicht ein,[383] doch ergibt sich aufgrund des Rechtsstaatsgebots, dass das Willkürverbot auch in den Beziehungen innerhalb des hoheitlichen Staatsaufbaus beachtet werden muss.[384]

98 Eine rechtmäßige Ermessensentscheidung muss ferner folgenden Voraussetzungen genügen: Es müssen die **wesentlichen Verfahrensanforderungen** (§ 45 Rn. 116 ff.) eingehalten werden (zum Aufhebungsanspruch s. § 46 Rn. 60 ff.).[385] Außerdem müssen behördliche Entscheidungen **rechtzeitig** ergehen;[386] die allgemeine dogmatische Herleitung dieses Erfordernisses bleibt offen, für den Hafturlaub wird auf die Grundrechte zurückgegriffen. Zur Entscheidung in angemessener Frist s. allgemein § 10 Rn. 5 f.

99 Weiterhin ist zu fordern, dass der **Sachverhalt** – von der entscheidenden Stelle[387] – **zutreffend und umfassend ermittelt** worden ist.[388] **Alle wesentlichen Umstände** müssen bei der Entscheidung berücksichtigt sein.[389] Dabei kommt es – außerhalb des Bereichs planerischer Abwägung, str. – entscheidend auf das Ermittlungsergebnis, nicht auf Fehler des Ermittlungsvorgangs an, s. § 24 Rn. 58.

100 Die **Ermittlungspflicht** kann bei vernachlässigter Mitwirkungslast des Betroffenen eingeschränkt sein (§ 26 Rn. 46 ff.).[390] Zum Teil wird die Notwendigkeit verneint, bei einer Baueinstellungsverfügung die Genehmigungsfähigkeit des Vorhabens zu prüfen.[391] Nicht unproblematisch ist die Begrenzung der Sachverhaltsermittlung aufgrund typisierender Verwaltungsvorschriften.[392]

---

[377] *BVerwGE* 91, 159, 164 f.
[378] *BVerwGE* 98, 221, 225.
[379] *BVerwGE* 94, 64, 68 ff.; allgemeiner etwa *Lindner* BayVBl 1999, 100.
[380] *OVG Münster* NWVBl 1999, 23 m. w. N., für die Berechtigung des Verlangens nach amtsärztlichem Attest; auch *OVG Münster* DVBl 2000, 719, 720.
[381] *BVerwGE* 107, 363, 365 f.
[382] *BVerwG* NVwZ 1999, 74 f.
[383] Vgl. etwa *BVerfGE* 21, 362, 372; 78, 101, 102; 89, 132, 141; *Osterloh* in Sachs GG, Art. 3 Rn. 73; *Sachs* ebda, Art. 19 Rn. 109 jeweils m. w. N.
[384] S. *BVerfGE* 35, 263, 272; 75, 192, 200 f.; 83, 363, 393; 89, 132, 141 f.; 113, 167 (262); auch 91, 228, 244; *BVerwGE* 106, 280, 287.
[385] S. hierzu etwa recht restriktiv *Diekötter*, Die Auswirkung von Verfahrensfehlern auf die Rechtsbeständigkeit von Ermessensentscheidungen, 1997.
[386] Vgl. zu diesem Aspekt ermessensfehlerfreier Entscheidung *BVerfGE* 60, 16, 41 f.; 69, 161, 169 m. w. N.
[387] *BVerwGE* 82, 356, 363; *OVG Berlin* NJW 1980, 539.
[388] Dazu *BVerfGE* 51, 386, 399 f.; *BVerwG* DVBl 1982, 69, 71; *BVerwGE* 62, 108 ff.; *BVerwG* NJW 1983, 1988; UPR 1988, 266; *OVG Münster* NWVBl 1996, 138, 139; vgl. allgemeiner zu Ermittlungs- und Bewertungsdefiziten im VwVf auch *Gaentzsch* in FS Redeker, 1993, S. 405 ff., insbes. S. 410 ff.
[389] Vgl. *BVerwG* NJW 1975, 2156, 2157; *OVG Münster* NJW 1976, 1227 f. S. auch *VGH Mannheim* NVwZ-RR 1992, 350 f.; 358, 359; *VGH München* BayVBl 1993, 310, 311.
[390] S. auch *BVerwG* InfAuslR 1985, 199; § 24 Rn. 18, 28 f.
[391] *OVG Bautzen* LKV 1993, 427, 428.
[392] S. etwa *Lambrecht* in Steuerrecht und Verfassungsrecht, 1989, S. 79 ff., 108 ff.; *Osterloh* JuS 1990, 100, 102 f.; rechtsvergleichend zur Kontrolle behördlicher Tatsachenfeststellung *C. Lerche* in Frowein (Hrsg.), Die Kontrolldichte bei der gerichtlichen Überprüfung von Handlungen der Verwaltung, 1993, S. 249 ff.

§ 40 Ermessen

Andererseits findet sich vielfach eine Verstärkung der Ermittlungspflicht aufgrund von Grund- 101
rechten,³⁹³ die sich im Rahmen der allgemeinen **Verfahrenswirkung der Grundrechte** ergibt.³⁹⁴

Wegen der **Begründung** von Ermessensentscheidungen als verfahrensrechtlicher Verpflich- 102
tung und ihrer Abgrenzung zu materiellen Ermessensvoraussetzungen s. Rn. 80; § 39 Rn. 55 ff.

4. Selbstbindung der Verwaltung

Die Selbstbindung der Verwaltung ist für die geordnete Handhabung von Ermessensvorschrif- 103
ten ebenso wie für die gerichtliche Kontrolle von überragender Bedeutung.³⁹⁵

a) Rechtsgrundlagen der Selbstbindung. Normative Grundlage der Selbstbindung ist vor 104
allem der **Gleichheitssatz** des Art. 3 Abs. 1 GG (Rn. 91, 105).³⁹⁶ Daneben kann sich eine
Selbstbindung aber auch aufgrund des rechtsstaatlichen **Vertrauensschutzprinzips** (Rn. 83)
ergeben.³⁹⁷ Die gleichheitsrechtlich bewirkte Selbstbindung der Behörde soll ihrerseits auch einen Vertrauensschutz begründen können.³⁹⁸ Für von der Verwaltung selbst erlassene Vorschriften über das betriebliche Vorschlagswesen wird die Verwaltung aufgrund einer Selbstverpflichtung als gebunden angesehen wie nach einer **Auslobung** gem. §§ 657 ff. BGB.³⁹⁹ Legt eine
Gemeinde Regeln für die Ausübung des ihr gesetzlich eingeräumten Ermessens durch Satzung
fest,⁴⁰⁰ sind diese als gesetzliche Grenzen des Ermessens (Rn. 82) unmittelbar (außen-)wirksam.

b) Voraussetzungen der Selbstbindung. Das Eingreifen der Selbstbindung hängt von ei- 105
ner Reihe von Voraussetzungen ab. Sie tritt nach **Art. 3 Abs. 1 GG** aufgrund einer **ständigen
gleichmäßigen Übung der Verwaltungspraxis** ein,⁴⁰¹ deren Maximen das Gleichhandlungsgebot des Art. 3 Abs. 1 GG inhaltlich ausfüllen. Eine Ermessensbindung gegenüber einem Dritten soll auch schon durch eine behördliche Entscheidung in einem Parallelfall eintreten können.⁴⁰²

Unbeschadet der Bedeutsamkeit einer schlichten gleichmäßigen Verwaltungspraxis geht es oft 106
um den praktisch entscheidend wichtigen Fall, dass diese Maximen in an sich nicht nach außen
wirkenden **Verwaltungsvorschriften** (§ 44 Rn. 75) niedergelegt sind, die im Rahmen der
Selbstbindung mittelbar Außenwirksamkeit erlangen.⁴⁰³

In solchen Fällen wird auch eine **Selbstbindung der Gemeinschaftsorgane** im Rahmen 107
des direkten Vollzuges von EG-Recht angenommen.⁴⁰⁴ Zur Umsetzung von Richtlinien durch
nationale Verwaltungsvorschriften s. Einl Rn. 92.

Die Verwaltungsvorschrift muss sich ihrerseits an den Ermessensrahmen halten, andernfalls ist 108
sie rechtswidrig.⁴⁰⁵ Alle möglichen **Ermessensfehler** (Rn. 62 ff., 128 f.) sind zu **vermeiden.**

---

³⁹³ Vgl. *BVerfGE* 51, 386, 399 f., zu Art. 6 Abs. 1, 2 GG; *BVerfGE* 52, 391, 407; auch *BVerfGE* 76, 143, 163 ff.; *BVerwG* NVwZ 1989, 69, 70 f. m.w.N., zu Art. 16 Abs. 2 S. 2 GG; auch *OVG Münster* BRS 28 Nr. 165, zu Art. 3 GG.
³⁹⁴ Dazu etwa *Stern* Staatsrecht III/1, S. 953 ff.; *Sachs* in ders. GG, vor Art. 1 Rn. 34 jeweils m.w.N.
³⁹⁵ Zur Selbstbindung außerhalb des Ermessens s. Rn. 156 und Rn. 215 ff.
³⁹⁶ S. etwa *BVerwGE* 104, 203, 223; *BVerwG* NJW 1980, 718; 1985, 1234; *OVG Münster* NJW 1980, 469; DÖV 1981, 109; *VGH Mannheim* NVwZ 1991, 1199 m.w.N.; *Stern* Staatsrecht III/1, S. 1358; *Maurer*, § 24 Rn. 21 m.w.N.; *P. Kirchhof* HStR V, § 125 Rn. 17; *Di Fabio* VerwArch 1995, 214, 223 f.; krit. *Gusy* GewArch 1980, 324, 325; *Lange* NJW 1992, 1193, 1195; zu nur z.T. vergleichbaren Problemen auch *Riggert*, Die Selbstbindung der Rechtsprechung durch den allgemeinen Gleichheitssatz (Art. 3 I GG), 1993.
³⁹⁷ *BVerwGE* 104, 203, 223; *OVG Münster* GewArch 1976, 290; *Schwerdtfeger* NVwZ 1984, 486; *Stern* Staatsrecht III/1, S. 1359 m.w.N.; ferner Rn. 113 ff., 122 ff.; *Di Fabio* VerwArch 1995, 214, 224 f.
³⁹⁸ BGHZ 124, 327, 332.
³⁹⁹ *BVerwGE* 59, 348, 351 ff.; *OVG Münster* NWVBl 1994, 215, 216.
⁴⁰⁰ Für diese Möglichkeit *VGH Mannheim* NWVBl 1998, 431, 432.
⁴⁰¹ *BVerwGE* 31, 212 ff.; *OVG Münster* OVGE 25, 141 ff.; *VGH Kassel* NJW 1993, 2331; *Stern* Staatsrecht III/1, S. 1331, 1358 m.w.N. Zur Möglichkeit immanenter Differenzierungen *OVG Münster* NWVBl 2002, 236, 237 f.
⁴⁰² *VGH Mannheim* NJW 1989, 603.
⁴⁰³ *BVerwGE* 34, 278, 280 *BVerwG* NJW 1979, 280; DVBl 1982, 195, 197; *BVerwGE* 66, 268, 269; 100, 335, 339 f.; *BAG* NZA-RR 1996, 313, 314; *OVG Münster* NWVBl 2003, 20, 22; *Hamann* VerwArch 1982, 28 ff.; *Gusy* VBlBW 1984, 393; *Schwerdtfeger* NVwZ 1984, 486; *Weyreuther* DVBl 1986, 853, 855; *Lange* NJW 1992, 1193, 1194 ff.; *Guckelberger* Verwaltung 2002, 61, 65 f.; *Remmert* Jura 2004, 728 ff.
⁴⁰⁴ *EuG*, Rs. T-214/95, EuGHE 1998, II-717 Rn. 79 m.w.N.; *v. Danwitz* JZ 2000, 429, 434 f. m.w.N.; *Stettner* in Dauses, B III Rn. 71 m.w.N. Zu Verwaltungsvorschriften im Gemeinschaftsrecht *Bührle*, Gründe und Grenzen des „EG-Beihilfenverbots", 2006, S. 205 f.
⁴⁰⁵ *BVerwG* NJW 1977, 1578, 1579; *BFH* NJW 2006, 2799, 2800; zum Ausschluss der Selbstbindung s. Rn. 116.

Namentlich darf die Bindung an das ermächtigende Gesetz nicht vernachlässigt werden,[406] auch nicht zum Zwecke der Typisierung.[407] (Nicht gesetzliche) Beschlüsse des Parlaments oder seiner Ausschüsse stellen keine Bindungsgrundlage dar.[408] Der *BayVerfGH* schließt die Bindung an die landesgesetzlich in Bezug genommenen Beihilfevorschriften des Bundes bei Verletzung des Wesenskerns der Fürsorgepflicht aus.[409]

109 Vor allem muss das **Verfassungsrecht beachtet** werden. So dürfen die ja auf eine gleichheitliche Praxis zielenden Verwaltungsvorschriften nicht selbst den Gleichheitssatz verletzen (s. auch Rn. 95). Jedenfalls in der Begründung fragwürdig ist es daher, wenn die Festlegung behördlich festgelegter Fallgruppen für die außerhalb gesetzlicher Verpflichtungen erfolgte Übernahme der Kosten der Tagespflege im Verhältnis zu vergleichbaren Fällen nicht an Art. 3 Abs. 1 GG gemessen wird.[410]

110 Verfassungswidrig waren schon mangels gesetzlicher Grundlage[411] insbes. die früher verbreitet **durch Verwaltungsvorschriften** begründeten **Quotenregelungen** für bevorzugte Einstellungen und Beförderungen von Frauen im öffentlichen Dienst gegenüber Art. 3 Abs. 2, 3, Art. 33 Abs. 2 GG.[412] Über die seither erlassenen **gesetzlichen Quotenregelungen** hat das *BVerfG* trotz etlicher Vorlagen bis heute nicht entschieden.[413] **Der *EuGH*** lehnt im Rahmen der Richtlinie 76/207/EWG zwar automatische Quotierungen anhand allein des Geschlechts ab,[414] lässt aber eine Bevorzugung weiblicher Bewerber bei gleicher Qualifikation[415] zu, wenn nicht andere persönliche Kriterien den Vorrang eines Mannes begründen.[416]

111 Entscheidend bleibt für den Inhalt einer eintretenden Selbstbindung stets die **praktische Handhabung** der Verwaltungsvorschriften (s. auch Rn. 215),[417] die daher nicht wie Rechtsnormen auszulegen sind, sondern als Willenserklärung der anordnenden Stelle unter Berücksichtigung der tatsächlichen Handhabung.[418] Bei normkonkretisierenden Verwaltungsvorschriften nähert sich das *BVerwG* wohl einer Auslegungsmethode wie bei Rechtsnormen, misst allerdings entstehungsgeschichtlichen Argumenten verstärkte Bedeutung bei.[419] Die behördliche

---

[406] Vgl. zu § 120 BSHG für eine Umkehrung der gesetzlichen Regel-Ausnahme-Systematik *BVerwGE* 71, 139, 146 f.; *VGH München* BayVBl 1991, 21, 22 m. w. N. = NVwZ-RR 1991, 441 (nur LS).
[407] Zu deren Zulässigkeit s. *BVerfGE* 78, 214, 227 ff.; dazu ferner etwa *Lambrecht* in Steuerrecht und Verfassungsrecht, 1989, S. 79, 110 ff.; *Osterloh* JuS 1990, 100 ff. m. w. N.
[408] Vgl. *VGH München* NVwZ-RR 1993, 355, 356.
[409] ZBR 1996, 93, 94.
[410] So aber *OVG Lüneburg* OVGE 43, 345, 350.
[411] Anders für frauenbevorzugende Förderrichtlinien *BVerwG* NVwZ 2003, 92, 94 m. Anm. *Sachs* JuS 2003, 411, gegen *OVG Münster* NWVBl 2002, 239, 240; *Wernsmann* JuS 2002, 959 ff.
[412] *OVG Münster* NJW 1989, 2560 mit Anm. *Sachs* JuS 1990, 318; s. auch *VG Bremen* NJW 1988, 3224, und dazu *Sachs* Jura 1989, 465 ff. Vgl. auch *Rademacher*, Diskriminierungsverbot und „Gleichstellungsauftrag", 2004, S. 197 ff.
[413] Vgl. die Nachw. bei *Osterloh* in Sachs GG, Art. 3 Rn. 286 ff. sowie abl. noch OVG *Lüneburg* NVwZ 1996, 497 ff.; *OVG Münster* NVwZ 1996, 495 f.; *VG Schleswig* NVwZ 1995, 724 f.; *VG Arnsberg* NVwZ 1995, 725 f.; *Starck* in v. Mangoldt/Klein/Starck, Art. 3 Rn. 311 ff. m. w. N.; *Burmeister* NWVBl 1998, 419 ff.; *Sachs* JuS 2000, 812 Nr. 5; *Starck* JZ 2000, 670 ff. Vgl. auch *OVG Münster* NVwZ 2002, 53.
[414] *EuGH*, Rs. C-450/93, EuGHE 1995, I-3051 = NJW 1995, 3109 mit Anm. *Sachs* EAS RL 76/207/EWG Art. 2 Nr. 11; ebenso *Ganser-Hillgruber* DZWiR 1996, 35 ff.; näher *Schweizer*, Der Gleichberechtigungssatz – neue Form, alter Inhalt?, 1998, S. 234 ff.
[415] Dies musste auch gegenüber einer nationalen gesetzlichen Regelung betont werden, die eine Bevorzugung von Frauen selbst bei (nicht allzu viel) schlechterer Qualifikation vorsah, *EuGH*, Rs. C-407/98, EuGHE 2000, I-5539 Rn. 43 = NJW 2000, 2653; vgl. insoweit auch *EuGH*, Rs. C-158/97, EuGHE 2000, I-1875 Rn. 23 und 38 = NJW 2000, 1549.
[416] Vgl. *EuGH*, Rs. C-409/95, EuGHE 1997, 6363 = NJW 1997, 3429 m. Anm. *Sachs* DVBl 1998, 183 ff.; *EuGH*, Rs. C-158/97, EuGHE 2000, I-1875 = NJW 2000, 1549; mit Anm. *Pirstner* EuZW 2000, 479 f.; *Sachs* JuS 2000, 812 Nr. 5; *Starck* JZ 2000, 670 ff.; ferner etwa *OVG Münster* NVwZ-RR 2000, 176 f.; für Gemeinschaftsrechtswidrigkeit noch *OVG Lüneburg* NdsVBl 1996, 159, 160 f.; zum Ganzen etwa *Laubinger* VerwArch 1996, 305 ff., 473 f.; *Burmeister* NWVBl 1998, 419 ff.; *Sachs* RdA 1998, 129 ff.; *Schweizer*, Der Gleichberechtigungssatz – neue Form, alter Inhalt?, 1998, S. 158 ff., 234 ff.; *Suhr* EuGRZ 1998, 121 ff.
[417] Eigenmächtige Abweichungen nachgeordneter Stellen bleiben außer Betracht, s. *BVerwGE* 86, 55, 58.
[418] *BVerwGE* 58, 45; *BVerwG* NJW 1996, 1766, 1767; BayVBl 1991, 697 m. w. N.; DÖD 1999, 113 f.; *BFH* NVwZ 2006, 967, 968 m. w. N.; *VGH Mannheim* NVwZ-RR 1989, 245; *OVG Münster* NWVBl 1990, 128; *OVG Magdeburg* LKV 2002, 283, 284; anders für Verwaltungsvorschriften mit gesetzesauslegendem Charakter *BFHE* 198, 559, 561 f., womit aber wohl nur die unmittelbare Maßgeblichkeit des Gesetzes unterstrichen wird.
[419] *BVerwGE* 110, 216, 219.

Auslegungs- und Anwendungspraxis muss selbst den Anforderungen des Gleichheitssatzes und der Verhältnismäßigkeit genügen,[420] darf auch – unabhängig vom schlichten Wortlaut der Richtlinien – nicht gegen den gesetzlich bestimmten (Förderungs-)Zweck des zugrunde liegenden Gesetzes verstoßen.[421] Bei Bezugnahme der Verwaltungsvorschrift auf einen Mietspiegel kann es geboten sein, dessen spätere Fortschreibung zugunsten betroffener Beamter zu berücksichtigen.[422]

Nicht unproblematisch ist die Erstreckung der Selbstbindung auf Fälle **erstmaliger Anwendung von Verwaltungsvorschriften,** die dabei als „antizipierte Verwaltungspraxis" die ständige gleichmäßige Übung ersetzen sollen.[423] Richtigerweise wird man die Bindung durch den Gleichheitssatz wohl nur in dem (freilich regelmäßig eintretenden) Fall annehmen können, dass die betreffenden Verwaltungsvorschriften überhaupt zur Anwendung kommen; denn erst dann steht fest, dass die Verwaltung nicht von der bindungsfreien Möglichkeit der Aufgabe der eigenen Richtlinien (s. Rn. 124) Gebrauch gemacht hat.[424] Zu den mittelbaren Rechtswirkungen der VOB/A als Verwaltungsvorschrift bei Ausschreibungen s. *BGHZ* 116, 149, 152. Für das Europarecht wird eine Bindung der Kommission an selbst aufgestellte Verfahrensregeln angenommen.[425] **112**

Sind Verwaltungsvorschriften veröffentlicht,[426] kann auch unabhängig von den Voraussetzungen einer gleichheitsrechtlichen Bindung eine **Selbstbindung kraft Vertrauensschutzes** eintreten[427] (s. auch Rn. 125). Zum Anspruch auf Veröffentlichung und Bekanntgabe von Verwaltungsvorschriften s. § 25 Rn. 14. Als Selbstbindung des Entschließungsermessens kann die Festlegung von Sanierungszielwerten nach dem BBodSchG verstanden werden.[428] **113**

Dagegen kann **nicht allein** aus der Tatsache **früherer positiver Entscheidungen** ein Vertrauensschutz im Hinblick auf spätere Entscheidungen konstruiert werden. Dies gilt namentlich für Subventionsbewilligungen,[429] doch kann etwa auch eine Bindung an eine Genehmigungspraxis für Autorennen bei § 29 Abs. 1 StVO ausscheiden.[430] **114**

Andererseits kann eine wiederholte, **„routinemäßige" Verlängerung** einer Aufenthaltserlaubnis das Ermessen für die erneute Verlängerung entscheidend einschränken.[431] **115**

Ausgeschlossen ist eine Bindung, wenn die früheren Entscheidungen unter Widerrufsvorbehalt standen und befristet waren.[432] Eine Bindung beamtenrechtlicher Entscheidungen nach Maßgabe der betrieblichen Übung des Arbeitsrechts wird abgelehnt.[433] **116**

In jedem Falle kommt eine Selbstbindung **nur** in Bezug auf **rechtmäßige Verwaltungspraxis** oder -vorschriften in Betracht.[434] Abgelehnt wurde daher etwa eine Berufung auf die gesetzlich nicht vorgesehene Praxis der Nichteinberufung sorgeberechtigter Väter von Kleinkin- **117**

---

[420] *OVG Münster* NVwZ-RR 1989, 169.
[421] *OVG Lüneburg* OVGE 40, 387, 388.
[422] *OVG Münster* NWVBl 1992, 253, 255.
[423] Vgl. *BVerwGE* 52, 193, 199; *BVerwG* DVBl 1982, 195, 196 f.; DÖV 1982, 76; breitere Begriffsverwendung bei *OVG Münster* NWVBl 2003, 20, 22; wohl auch *BVerwG* ZBR 2006, 347, 349.
[424] Ähnlich *Maurer,* § 24 Rn. 22.
[425] *EuGH,* Rs. 81/72, EuGHE 1973, 575 Rn. 9; Rs. 148/73, EuGHE 1974, 81 Rn. 12; *EuG,* Rs. T-7/89, EuGHE 1991, II-1711 Rn. 53; Rs. T-15/89, EuGHE 1992, II-1275 Rn. 53.
[426] *Wittling,* Die Publikation der Rechtsnormen einschließlich der Verwaltungsvorschriften, 1991, S. 164 ff.; *Hey,* Steuerplanungssicherheit als Rechtsproblem, 2002, S. 687 ff.
[427] *BVerwGE* 35, 159, 162 f.; 104, 220, 227 ff.; *OVG Münster* GewArch 1976, 290; zur wenig einheitlichen Rechtsprechung des *BVerwG* vgl. *Schwerdtfeger* NVwZ 1984, 486 ff.; restriktiv etwa *Maurer,* § 24 Rn. 24; *ders.* HStR III[1], § 60 Rn. 93 ff.
[428] Dafür *Sandner* NJW 2000, 2542, 2546 f.
[429] *BGH* JR 1975, 387; dazu *Selmer* JuS 1987, 807; wieder *VGH Mannheim* NVwZ 1991, 1199 m. w. N.; auch § 38 Rn. 102; zu einem Ausnahmefall *OVG Saarlouis* DÖV 1977, 902, 903.
[430] *VG Schleswig* NVwZ-RR 1990, 72, 73.
[431] Vgl. *BVerfGE* 49, 168, 186; zu den Grenzen dieses Gesichtspunkts *VGH Mannheim* VBlBW 1991, 152, 153; als ermessensfehlerhaft ist auch die Ablehnung eines Antrags auf Erteilung einer Aufenthaltserlaubnis unter Berufung auf arbeitsmarktpolitische Gründe unter Verstoß gegen einen entspr. Erlass des Innenministeriums Baden-Württemberg bewertet worden, *VGH Mannheim* NVwZ 2000, Beilage I, 125, 127.
[432] Vgl. *OVG Berlin* LKV 1991, 311 (LS), für Sondernutzungserlaubnis; *VG Freiburg* VBlBW 1990, 116, 117, für Sperrzeitverkürzung.
[433] *OVG Münster* NJW 1991, 1502, zur Dienstbefreiung am Rosenmontag.
[434] *BVerfG (K)* NVwZ 1994, 475, 476; *BVerwGE* 118, 379, 383; *OVG Lüneburg* VerwRspr 1977, Nr. 68. Wohl deshalb gegen eine Ermessenschrumpfung kraft „antizipierter" Festlegung durch Senatsbeschluss *OVG Berlin* NVwZ 2002, 1266.

dern.⁴³⁵ Problematisch sind Gerichtsentscheidungen, die sich für die Selbstbindung mit der materiellen Rechtmäßigkeit behördlicher Entscheidungen begnügen, auch wenn sie von unzuständigen Stellen getroffen wurden.⁴³⁶ Der Vorrang des Gesetzes verhindert, dass sich die Verwaltungsbehörde selbst auf eine der Bindung an das Gesetz widersprechende „Gleichheit im Unrecht" verpflichtet.⁴³⁷

118 Dies gilt namentlich gegenüber behördlichen **Richtlinien,** die die gleichheitliche Durchsetzung zwingender **Gesetzesvorschriften unterlaufen,** wie mit dem – zwischenzeitlich in § 30a AO auf Gesetzesebene fortgeführten – sog. Bankenerlass, der durch Beschränkung der Ermittlung und Kontrolle von Kapitaleinkünften einen – vom Gesetzgeber geduldeten – Erhebungsmangel bewirkte.⁴³⁸ Zu finanzbehördlichen Nichtanwendungserlassen s. § 44 Rn. 86. Der Erlass eines Landesinnenministers, der den nachgeordneten Landesbehörden eine Auslegung des § 45 PStG vorgibt, die der einheitlichen Judikatur aller Oberlandesgerichte widerspricht, ist auch als unvereinbar mit dem Grundsatz der Bundestreue bewertet worden.⁴³⁹

119 Der Grundsatz „Keine Gleichheit im Unrecht"⁴⁴⁰ stellt andererseits die Ermessensverwaltung nicht von der Pflicht zur Gleichbehandlung frei, die allein „im Recht" erfolgen kann; die Gesetzmäßigkeit eines VA im Übrigen schließt also die **Rechtswidrigkeit wegen Verletzung des Art. 3 Abs. 1 GG** nicht aus.⁴⁴¹

120 Nach einer nicht unproblematischen Auffassung⁴⁴² soll eine außenwirksame Selbstbindung ferner davon abhängen, dass die fragliche Verwaltungsentscheidung auch dem privaten **Interesse des Bürgers zu dienen bestimmt** ist. Dies überzeugt nicht, weil die objektiv-rechtliche Bindung von Kriterien des subjektiven Rechts (Rn. 139 ff.) abhängig gemacht und weil die individualschützende Bedeutung des Gleichheitssatzes (Rn. 143) als Grundlage der Selbstbindung vernachlässigt wird.

121 Eine Selbstbindung kann die Behörde im Einzelfall auch durch eine **Zusicherung** eingegangen sein⁴⁴³ oder durch eine frühere Ermessensentscheidung in einem **gestuften Verfahren** (§ 35 Rn. 169, 256; § 38 Rn. 20).⁴⁴⁴ Eine Selbstbindung kann ferner aus einem besonderen, die Behörde verpflichtenden VA hergeleitet werden.⁴⁴⁵ Unabhängig von den Voraussetzungen des § 38 soll die Möglichkeit der Selbstbindung an das noch ungewisse Ergebnis eines Musterprozesses durch eine bedingte Entscheidung über die Ermessensausübung bestehen, wobei die Bin-

---

⁴³⁵ *BVerwGE* 92, 153, 154 f., 157 m. w. N.
⁴³⁶ *BVerwG* NVwZ 1994, 581, 582; *VGH München* GewArch 1994, 341. Zur Organkompetenz des Gemeinderates für die Festlegung von Richtlinien zur Marktzulassung *VGH Mannheim* NVwZ-RR 1992, 90.
⁴³⁷ Vgl. *BVerfG (K)* NVwZ 1994, 475, 476; so auch für das Gemeinschaftsrecht *EuGH*, Rs. C-354/87, EuGHE 1990, I-3879 Rn. 35; *Stettner* in Dauses B III Rn. 71; vgl. im Übrigen *BVerwGE* 5, 1, 8; 34, 278, 282 ff.; *BVerwG* DÖV 1977, 830, 831 m. w. N.; NVwZ 1982, 101, 102; DVBl 2005, 784, 785 f.; *BVerwGE* 92, 153, 154 f. m. w. N., 157; 118, 379, 282; diff. hierzu 122, 331 ff.; dazu auch *VGH Kassel* NVwZ 1986, 683, 684 f.; *OLG Hamburg* NJW 1988, 1600, 1601; *OVG Münster* NVwZ-RR 1991, 545 f.; NVwZ 2001, 233, 234; *OVG Berlin* DVBl 1992, 280, 285; ferner etwa *Dürig* in Maunz/Dürig, Art. 3 Abs. I Rn. 182 ff., 471; *Starck* in v. Mangoldt/Klein/Starck, Art. 3 Rn. 274 f.; *Randelzhofer* JZ 1973, 536 ff.; *Arndt* in FS Armbruster, 1976, S. 233; *Berg* JuS 1980, 418; *Ossenbühl* HStR III¹, § 65 Rn. 58 m. w. N.; *Pauly* JZ 1997, 647 ff.; *Kölbel*, Gleichheit „im Unrecht", 1998, Rn. 99; abw. namentlich *Götz* DVBl 1968, 93; ders. in FG BVerwG, 1978, S. 245; ders. NJW 1979, 1478; *Weitzel* NuR 1986, 128 f.; *Wolny* UPR 1987, 121; noch in der 9. Auflage *Eyermann/Fröhler/Kormann*, § 114 Rn. 23; diff. *Ulrich*, Das Verfassungsphänomen der Gleichheit contra legem, 2000.
⁴³⁸ S. *BVerfGE* 84, 239, 268 ff. und dazu etwa *Rodi* NJW 1990, 3246 ff.; ders. NJW 1991, 2865 ff.
⁴³⁹ *OLG Hamm* NJW 1998, 164, 165.
⁴⁴⁰ Dazu im strafrechtlichen Kontext auch *BVerfGE* 50, 142, 166.
⁴⁴¹ S. sogar für die gleichheitswidrige Anwendung zwingenden Rechts *VGH Mannheim* NJW 1971, 954 f. mit Anm. *Götz* DVBl 1972, 188 f.; *VGH Kassel* NVwZ 1986, 683; *VG Leipzig* NVwZ 1995, 617 f. m. w. N.; *Sachs* NWVBl 1988, 295, 300; ders. in FS Friauf, 1996, S. 309 ff. m. w. N.; *Kölbel*, Gleichheit „im Unrecht", 1998, Rn. 110 f.; wohl auch *Osterloh* in Sachs GG, Art. 3 Rn. 46 ff., 50 f.; differenzierend *Ulrich*, Das Verfassungsphänomen der Gleichheit contra legem, 2000; sehr deutlich allgemein in Fällen gesetzwidriger Besteuerung *Tipke*, Die Steuerrechtsordnung, Bd. III, 1993, S. 1395; ders. FR 2006, 949, 956 ff.; (nur) bei prinzipiell zur Verfehlung der Belastungsgleichheit führender Gestaltung der Verwaltungspraxis für das Steuerrecht *BVerfGE* 84, 239, 284; grundsätzlich wohl auch *P. Kirchhof* HStR V, § 125 Rn. 62 ff., 87 ff. m. w. N.; anders nicht die vorherrschende Praxis. Vgl. auch *BVerfGE* 105, 252, 279.
⁴⁴² *BVerwG* NJW 1975, 180 f.
⁴⁴³ *BVerwG* DVBl 1976, 339; s. auch *Bracher* ZfBR 1987, 127 ff., zur Duldungszusage im Baurecht; s. auch Rn. 122 f.; § 38 Rn. 86.
⁴⁴⁴ *Breuer* VerwArch 1981, 261, 270 ff. m. w. N.
⁴⁴⁵ Wie etwa bei der Duldung nach § 17 AuslG, *VG Wiesbaden* InfAuslR 1984, 209.

dung von der Kenntnis der Begünstigten von der Erklärung unabhängig sein soll.[446] S. ferner Rn. 104.

Keine Selbstbindung bewirkt auch bei langer Dauer die bloße **Duldung** eines Sachverhalts.[447] Dies müsste auch für die sog. **aktive Duldung** durch bewusstes Nichtentscheiden zutreffen, die aber teilweise mit einem DuldungsVA gleichgesetzt wird.[448] Unbedenklich ist dagegen die Selbstbindungswirkung, wenn eine als Zusicherung nach § 38 gewertete, ausdrückliche Duldungserklärung abgegeben ist.[449] Zur Bindung des weiteren Vorgehens in der Sache an eine bloße Duldung gelangt man grundsätzlich auch nicht über **Verwirkung** (s. allgemein § 53 Rn. 21 ff.).[450] Anderes gilt, wenn aus dem früherem Verhalten der Behörde gegenüber dem Betroffenen ein Vertrauenstatbestand erwachsen ist, den die Behörde bei ihrer Entscheidung nicht außer acht lassen kann, ohne sich dem Vorwurf willkürlichen bzw. treuwidrigen Vorgehens auszusetzen (s. ferner § 53 Rn. 23).[451] Eine völlig andere Frage ist es, ob eine gleichheitsrechtliche Bindung *zur* Duldung in **Parallelfällen** in Betracht kommt; das ist unter den allgemeinen Selbstbindungsvoraussetzungen nicht ausgeschlossen (s. aber Rn. 125 f.). 122

c) Wirkungen der Selbstbindung. Soweit eine wirksame Selbstbindung der Verwaltungsbehörde anzunehmen ist, ist eine davon im Einzelfall zugunsten oder zulasten der Betroffenen abweichende Entscheidung wegen Verstoßes gegen Art. 3 Abs. 1 GG rechtswidrig;[452] ob die Bindung bewusst oder irrtümlich vernachlässigt wird, ist insoweit grundsätzlich ohne Bedeutung.[453] Probleme kann auch die Verteilung der Beweislast für die Selbstbindungsvoraussetzungen aufwerfen.[454] 123

Art. 3 GG hindert die Behörde nicht, eine ständige Verwaltungspraxis aus sachgerechten Erwägungen umstellen und damit ihre **Selbstbindung** für die Zukunft allgemein, nicht nur für einen Einzelfall, **aufzuheben**.[455] Auch können Verwaltungsvorschriften förmlich aufgehoben oder geändert werden.[456] Dabei ist die Einhaltung der Form erforderlich, in der die abzuändernde Verwaltungsvorschrift um ihrer Wirksamkeit willen ergehen musste.[457] Grundsätzlich kann eine Verwaltungsvorschrift aber auch allein durch **abweichende Praxis** unbeachtlich werden;[458] die Abweichung nachgeordneter Stellen genügt allerdings nicht.[459] Zulässig ist nach Aufhebung einer Verwaltungsvorschrift grundsätzlich eine erneute andersgeartete Bindung für die Zukunft[460] oder das Freistellen der Entscheidung von Fall zu Fall. Bei einem VA mit Dau- 124

---

[446] *VGH Kassel* NVwZ 1995, 394, 395.
[447] *BVerwG* NVwZ-RR 1992, 546; ferner etwa *VGH München* BRS 22 Nr. 210; *VGH Kassel* BRS 28 Nr. 163; *Pietzcker* JZ 1985, 209, 215 m. w. N.
[448] Vgl. zu dieser Möglichkeit *Randelzhofer/Wilke*, Die Duldung als Form des flexiblen Verwaltungshandelns, 1981; daran anschließend *OVG Berlin* NJW 1983, 777, 778; auch *Sellmann* in FS Gelzer, 1991, S. 249 ff.; *Hüting*, Die Wirkung der behördlichen Duldung im Umweltstrafrecht, 1996, S. 31 jeweils m. w. N.; abl. *OVG Berlin* NuR 2002, 365; *Bohne* VerwArch 1984, 343, 356 f.; *Hallwaß* NuR 1987, 296 m. w. N.; mit Rücksicht auf die Rechtsklarheit auch *VGH München* BayVBl 1986, 657.
[449] *VGH Mannheim* NJW 1990, 3163, 3164; s. auch Rn. 121.
[450] S. *VGH Kassel* NJW 1984, 318, 319.
[451] Vgl. *OVG Münster* 10. 6. 1976 – X A 1769/74; *Rabe* BauR 1978, 166, 173; s. auch für die Wirkung langjähriger Duldung gegenüber einer Abbruchverfügung *OVG Berlin* BRS 30 Nr. 196; *OVG Münster* BRS 47 Nr. 194; im Ergebnis ähnlich *BGHZ* 155, 27, 37 f.; ähnlich im Hinblick auf Verhältnismäßigkeit *Papier* NVwZ 1986, 256, 259, im Anschluss an *BVerwG* DVBl 1979, 67, 69; s. auch *BVerfG* EuGRZ 1996, 476, 478; *Hermes/Wieland*, Die staatliche Duldung rechtswidrigen Verhaltens, 1988; insbes. zu Konsequenzen für das Umweltstrafrecht *Rogall* NJW 1995, 922 ff.; zur Verlässlichkeit von beamtenrechtlichen Beihilferichtlinien *BVerwGE* 71, 342; ähnlich für das Ermessen der Gemeinschaftsorgane *GA Ruiz-Jarabo Colomer*, Rs. C-310/97, EuGHE 1999, I-5363 Rn. 87 = NJW 2000, 1933.
[452] Die Möglichkeit nachteiliger Wirkungen des Gleichheitsverstoßes für Betroffene (Subventionsbewerber) betont *BVerwG* NVwZ 2003, 1376 m. w. N.; auch *OVG Weimar* ThürVBl 2004, 241, 242.
[453] Vgl. etwa *VGH Mannheim* NVwZ 1999, 547.
[454] Vgl. dazu *Ewer/Rapp* NVwZ 1991, 549 ff. m. w. N.
[455] *BVerwGE* 104, 220, 223; 126, 33, 51.
[456] *BVerwGE* 104, 220, 223 f.; 126, 33, 47.
[457] *BVerwGE* 104, 220, 223 f.
[458] *BVerwG* NVwZ 1982, 101, 102; *VGH München* NuR 1988, 39; *BGH* NJW 1987, 1329, 1330 f.; *Deibel* InfAuslR 1985, 1, 4. Zur Änderung der Auswahlpraxis bei unveränderten Beurteilungsrichtlinien *OVG Münster* NWVBl 1999, 24; zur Umstellung der Beförderungspraxis bei (äußerlich) unverändert fortbestehenden Beförderungsrichtlinien *VGH Mannheim* VBlBW 2000, 196, 197.
[459] S. *BVerwGE* 86, 55, 58; zur Möglichkeit, eine Klarstellung der Auslegung vorzunehmen, s. *Meyer* NVwZ 1986, 12, 14 m. w. N.
[460] Vgl. *BVerfGE* 73, 280, 300.

erwirkung soll jedenfalls im Rahmen eines Konkurrenzverhältnisses eine Praxisänderung nur zuzulassen sein, wenn durch eine Übergangsregelung die ungleiche Behandlung neuer und alter Betroffener vermieden wird.[461]

125 Die Zulässigkeit genereller Praxisänderung steht einer **Ermessensschrumpfung auf Null** aufgrund einer Selbstbindung kraft Gleichheitssatzes (Rn. 104 ff.) prinzipiell entgegen,[462] für die einzelne Behörde, die an Verwaltungsvorschriften einer übergeordneten, an der Einzelfallentscheidung nicht unmittelbar beteiligten Stelle gebunden ist, bleibt freilich dennoch praktisch nur die eine, gleichheitsgemäße Entscheidung.[463] Vertrauensschutz soll wegen der Möglichkeit jederzeitiger Änderung grundsätzlich nicht bestehen,[464] es aber doch erforderlich machen können, die Ermessenspraxis erst nach einer Übergangszeit umzustellen[465] (s. auch Rn. 113).

126 Gesetzesfrei gewährte **Subventionen** (dazu § 44 Rn. 70 ff.) bleiben stets davon abhängig, dass im Rahmen eines Haushaltsansatzes Mittel zur Verfügung stehen; eine davon abgelöst wirksame Selbstbindung ist ausgeschlossen,[466] weil sonst der Bewilligungsvorbehalt des Parlaments unterlaufen würde. Eine Verwaltungspraxis in diesem Bereich entwickelt sich stets nur unter dem Vorbehalt verfügbarer Haushaltsmittel. Doch genügt es, wenn die Mittel bei Antragstellung verfügbar sind, weil bei Abstellen auf einen späteren Zeitpunkt die Gleichheitsbindung von der Behörde stets unterlaufen werden könnte.[467]

127 Entscheidet die Behörde ohne weitere Ermessenserwägungen im Einzelfall nach einer bestehenden Selbstbindung, begründet dies **grundsätzlich keinen Ermessensmangel**. Die Selbstbindung entbebt die Behörde aber nicht der Verpflichtung, in jedem in Frage kommenden Fall zu überprüfen, ob die Voraussetzungen für die Selbstbindung, insbes. durch Verwaltungsvorschrift,[468] vorliegen. Eine ggf. anspruchsbegründende Selbstbindung soll sich noch während des Gerichtsverfahrens ergeben können.[469]

128 Dabei ist grundsätzlich die Ermessensbindung durch Verwaltungsvorschriften nicht so weitgehend, dass sie nicht erlauben würde, wesentlichen Besonderheiten des Einzelfalles Rechnung zu tragen.[470] Vielmehr ist es ein Ermessensmangel (Rn. 77 ff.), wenn die Behörde im Rahmen ihrer Ermessensermächtigung die Entscheidungen so **schematisiert,** dass die Besonderheiten des Einzelfalles außer Betracht bleiben[471] (zur Begründung s. § 39 Rn. 62). Dahingehende Verwaltungsvorschriften sind gesetzwidrig und damit auch für nachgeordnete Behörden unbeachtlich.[472] Andererseits müssen für eine Abweichung von ermessensbindenden Verwaltungsvorschriften Besonderheiten des Einzelfalles vorliegen, die dies rechtfertigen[473] (s. auch Rn. 56); ansonsten ist die nachgeordnete Behörde nicht mehr zur eigenen Ermessensausübung befugt.[474]

129 Die **Selbstbindung** betrifft jeweils nur den Bereich des Verwaltungsträgers, dessen Behörde sie durch ihr Verhalten begründet;[475] wird der Verwaltungsträger nach außen durch eine einzige Behörde vertreten, wirkt die Bindung für den Gesamtbereich des Verwaltungsträgers, unabhängig von internen Zuständigkeitsaufteilungen.[476] Die Bindungswirkung reicht jedoch grundsätzlich nicht über den Zuständigkeitsbereich des Verwaltungsträgers hinaus. Weder der Gleichheits-

---

[461] *BVerwG* NVwZ 1994, 581, 582.
[462] Vgl. *VGH München* NVwZ 1990, 998, 999.
[463] Verallgemeinernd hierzu *Stern* Staatsrecht III/1, S. 1359.
[464] *BVerwG* DÖD 1999, 113, 114, wo dennoch die fehlende Schutzwürdigkeit des Vertrauens wegen geänderter Verhältnisse geprüft wird; ähnlich bei Offenlassen der Grundsatzfrage *BVerwGE* 126, 33, 47 ff.
[465] *VGH Kassel* DVBl 1998, 781, 782 f. für finanzielle Zuwendungen an Kreistagsfraktionen.
[466] Vgl. etwa *VGH München* GewArch 1994, 328; *OVG Berlin* LKV 1994, 262 f.
[467] So *OVG Lüneburg* OVGE 40, 387, 390 f.
[468] *BVerwG* NJW 1980, 75; *BVerwGE* 100, 335, 340 f.; *OVG Berlin* NVwZ 1982, 49; *OVG Münster* NJW 1981, 936; 1986, 1449; *VGH Mannheim* NVwZ-RR 2004, 416, 417; *Schwerdtfeger* NVwZ 1984, 486; ferner § 35 Rn. 110 ff.
[469] *BVerwG* NVwZ 1992, 1211, 1212.
[470] *BVerwGE* 70, 127, 142 m. w. N.; *BVerwG* NJW 1991, 650, 651 m. w. N. Ebenso für ermessensbindende Satzungen *VGH Mannheim* VBlBW 1998, 431, 432 f.
[471] *BVerwG* Buchholz 316 § 40 VwVfG Nr. 1; *BVerwGE* 70, 127, 142; *BVerwG* NVwZ 1989, 469; 1989, 762; NJW 1990, 1309, 1311; *OVG Münster* NVwZ 1984, 600; NVwZ-RR 1989, 484; *VGH München* GewArch 1990, 141; Empfehlung Nr. R (80) 2, s. Rn. 3, Nr. 6, 1.
[472] *VGH München* DÖV 1998, 253 f.
[473] *OVG Koblenz* NJW 1985, 1415 f.
[474] *VGH München* BayVBl 1977, 700.
[475] *BVerfGE* 21, 54, 68 m. w. N.; 79, 127, 158; *BVerwGE* 70, 127, 132; 78, 192, 205.
[476] *BVerwG* NVwZ 1994, 581, 582.

satz noch Vertrauensschutzgesichtspunkte können eine Verpflichtung unbeteiligter Verwaltungsträger bewirken. Dies lässt sich für Bund und Länder aus ihrer Eigenstaatlichkeit, für Selbstverwaltungsträger aus der ihnen übertragenen Autonomie erklären,[477] ist aber schon Konsequenz der Eigenständigkeit jeder Rechtspersönlichkeit und gilt deshalb allgemein. In Ermangelung ermessensbindender Verwaltungsvorschriften einer übergeordneten Stelle[478] ist mithin nur der **jeweils handelnde Verwaltungsträger** betroffen.[479]

Weitergehend wird die Selbstbindung vielfach auch innerhalb ein und desselben Rechtsträgers auf die jeweils **handelnde Behörde** beschränkt;[480] ähnlich könnten Formulierungen in der Rechtsprechung zu verstehen sein, die ganz allgemein von Auslegung und Anwendung derselben Rechtsvorschriften durch verschiedene Behörden und Gerichte sprechen.[481] Jedenfalls kann aber das zuständige Vertretungsorgan der Gemeinde bindende Richtlinien für das Verwaltungshandeln der gemeindlichen Behörde erlassen.[482]

130

V. Subjektive Rechte aus Ermessensermächtigungen

1. Voraussetzungen subjektiver öffentlicher Rechte (Schutznormlehre)

Vor allem für die gerichtliche Überprüfbarkeit von Ermessensentscheidungen ist der **Bestand subjektiver Rechte** aus den Ermessensermächtigungen von großer Bedeutung, namentlich wenn es darum geht, die Vornahme einer begehrten, ins Ermessen gestellten Verwaltungsmaßnahme durchzusetzen. Der Umstand, dass § 40 VwVfG im Gegensatz zu § 39 Abs. 1 S. 2 SGB-AT nicht ausdrücklich subjektive Rechte anspricht, schließt nicht aus, diese nach allgemeinen Regeln zu begründen. Die Begründung zu § 36 Entwurf 1973 ging ausdrücklich vom Bestand eines einschlägigen Grundsatzes des allgemeinen Verwaltungsrechts aus.[483]

131

Maßstab für die Annahme subjektiver öffentlicher Rechte ist trotz mancher Kritik bis heute die (auf *Bühler* Die subjektiven öffentlichen Rechte und ihr Schutz in der deutschen Verwaltungsrechtsprechung, 1914, zurückgeführte)[484] sog. **Schutznormlehre**.[485] Diese überlässt es –

132

---

[477] So etwa *Starck* in v. Mangoldt/Klein/Starck, Art. 3 Rn. 247.
[478] Zur Möglichkeit differenzierter Anwendung in der Praxis s. *Ossenbühl* HStR III¹, § 65 Rn. 54.
[479] BVerfGE 76, 1, 76ff., zur länderverschiedenen Anwendung des Ausländerrechts; BVerwGE 70, 127, 132; 78, 192, 205, jeweils unter Hinweis auf Notwendigkeiten eines im Wesentlichen bundeseinheitlichen Gesetzesvollzuges; letzteres betont für den Vollzug der Steuergesetze Dittmann in FS Dürig, 1990, S. 221, 227ff.; s. auch *OVG Münster* NVwZ-RR 1991, 437, 439, zur fehlenden Bindung der Sozialhilfeträger an ausländerrechtliche Erlasse.
[480] Für eine Bundesbahndirektion *BVerwGE* 5, 1, 9.
[481] BVerfGE 21, 87, 91; 75, 329, 347; ähnlich schon BVerfGE 1, 82, 85; OVG Münster DVBl 1955, 294, 296; weithin einhellig auch die Kommentare zum Grundgesetz vgl. *Dürig* in Maunz/Dürig, Art. 3 Abs. I Rn. 440ff.; *Gubelt* in v. Münch/Kunig I, Art. 3 Rn. 39; *Rüfner* in BK, Art. 3 Abs. I Rn. 162; *Jarass* in Jarass/Pieroth, Art. 3 Rn. 10; *Osterloh* in Sachs GG, Art. 3 Rn. 81. BVerwG NVwZ 1994, 581, 582, ließ die Bindung der zuständigen Behörde an die Praxis einer unzuständigen pointiert offen.
[482] *VG Oldenburg* NVwZ-RR 2005, 127, 128f.
[483] Zur Entwicklung *T. Schmidt* Die Subjektivierung des Verwaltungsrechts, 2006, insbes. S. 91ff.
[484] Zu den geschichtlichen Hintergründen näher *Bauer*, Geschichtliche Grundlagen der Lehre vom subjektiven öffentlichen Recht, 1986; *Sachs* in Stern, Staatsrecht III/1, S. 512ff.; *Malmendier*, Vom wohlerworbenen Recht zur verrechtlichten Freiheit, 2003, insbes. S. 209ff.; *Pasemann*, Die Entwicklung des Schutzes subjektiver öffentlicher Rechte unter Berücksichtigung des europäischen Einflusses, 2005, S. 29ff.; auch *Enders* in FS 100 Jahre SächsOVG, 2002, S. 167ff.
[485] Ausdrücklich BVerfGE 27, 297, 307; auch wieder BVerfG (K) NJW 1990, 2249; entspr. auch BVerfGE 78, 214, 226; 79, 203, 209; 83, 182, 194f.; 116, 1, 11f. = BVerfG NJW 2006, 2613, 2614; st. Rspr. des BVerwG seit BVerwGE 1, 83; ausdrücklich zur „herrschenden Schutznormtheorie" BVerwGE 98, 118, 120 f. m. w. N.; ähnlich BVerwGE 92, 313, 317; ferner etwa BVerwGE 92, 153, 156f.; 94, 202, 204f.; 97, 39, 40f.; BVerwG NVwZ-RR 2001, 253, 254; auch VGH München NVwZ-RR 2002, 705f.; s. auch Rn. 134. Vgl. aus dem Schrifttum ausführlich *Huber*, Konkurrenzschutz im Verwaltungsrecht, 1991, S. 100ff.; *Wahl* in Schoch u.a., Vorb § 42 Abs. 2 Rn. 94ff.; *Wahl/Schütz* ebda, § 42 Abs. 2 Rn. 48ff.; *Sodan* in ders./Ziekow, § 42 Rn. 386ff.; *ders.* NVwZ 2000, 601, 602; *Eisele*, Subjektive öffentliche Rechte auf Normerlass, 1999, S. 42ff.; *Henrichs*, Das subjektive öffentliche Recht auf Erlaß einer untergesetzlichen Norm und seine Durchsetzbarkeit, 2005, S. 28 ff.; *Scherzberg* Jura 2006, 839, 841 f.; *Pietzcker* in FS Isensee, 2007, S. 577ff.; zu Rechten Dritter s. § 50 Rn. 14ff.; s. auch *Grabenwarter* in Verh. des 16. Österreichischen Juristentages Graz 2006, Bd. I/1, Subjektive Rechte und Verwaltungsrecht, 2006, S. 20ff.; krit. gegenüber der Schutznormlehre *Bauer* AöR 1988, 582ff. m.w.N.; *H. Fischer*, Die Auswirkungen der Rechtsprechung des Bundesverfassungsgerichts auf die Dogmatik des Allgemeinen Verwaltungsrechts, 1997, S. 114ff.; skeptisch auch *W. Roth*, Verwaltungsrechtliche Organstreitigkeiten, 2001, S. 552ff.

vorbehaltlich unmittelbar verfassungsrechtlich begründeter Rechte – dem Gesetz zu bestimmen, unter welchen Voraussetzungen dem Bürger ein Recht zusteht und welchen Inhalt es hat,[486] gibt aber Kriterien dafür an, nach welchen Voraussetzungen bei Fehlen ausdrücklicher normativer Aussagen über Bestand und Reichweite subjektiver Rechte aufgrund einer Rechtsnorm (des Gesetzes oder auch der Verfassung[487]) zu entscheiden ist.

133 Ein subjektives öffentliches Recht ergibt sich nach der wohlverstandenen Schutznormlehre aus einer objektiv-rechtlichen Bestimmung des öffentlichen Rechts, die für den Betroffenen günstige Rechtswirkungen entfaltet[488] und – nach einer nicht zuletzt an den Grundrechten der Betroffenen orientierten Auslegung (s. auch Rn. 139) – zumindest auch den Zweck hat, den Betroffenen zu begünstigen,[489] und es ihm **ermöglichen soll**, sich auf diese **Begünstigung zu berufen**.[490] Die letztgenannte Voraussetzung muss dabei genau im Sinne einer *intendierten* Durchsetzbarkeit verstanden werden; würde man auf die bestehende Möglichkeit der Durchsetzung abstellen, geriete man aufgrund der umfassenden Klagbarkeit individueller Rechte nach Art. 19 Abs. 4 GG in einen nicht mehr aufzulösenden logischen Zirkel. Die maßgebliche Intention der Durchsetzbarkeit kann allerdings aufgrund der Gesamtkonzeption des GG in aller Regel angenommen werden.[491] bleibt aber in problematischen Fällen unverzichtbar. Wegen der besonders kritischen subjektiven Rechte Dritter s. § 50 Rn. 12 ff. Fraglich kann bei mehreren Begünstigten auch sein, welchem von ihnen die Berechtigung zusteht.[492]

2. Erscheinungsformen subjektiver Rechte aus Ermessensermächtigungen

134 Der **Inhalt des subjektiven öffentlichen Rechts** wird vom normativen Gehalt der zugrunde liegenden objektiven Rechtsvorschrift bestimmt. Das subjektive Recht geht nie über die **objektive Rechtsbindung** hinaus, bleibt aber, wenn die weiteren Voraussetzungen vorliegen, auch nicht hinter ihr zurück.[493]

135 **a) Das Recht auf ermessensfehlerfreie Entscheidung.** Eine Ermessensermächtigung mit ihrer grundsätzlich beschränkten Verpflichtungswirkung erzeugt dementsprechend, wenn sie die Voraussetzungen der Schutznormlehre erfüllt, prinzipiell (nur) einen **Anspruch auf fehlerfreie Ermessensausübung**,[494] oft auch als **formell subjektiv öffentliches Recht** bezeichnet.[495]

136 Mangels jeglicher (positiver) Rechtsbindung gibt es **im Bereich der gesetzesfrei gestaltenden Verwaltung**[496] selbst ein so begrenztes Recht **nicht**. Namentlich wurde ein solches

---

[486] So ohne ausdrückliche Erwähnung der Schutznormlehre bezogen auf den „Gesetzgeber" *BVerfGE* 96, 100, 114 f.; *BVerfG (K)* NJW 2004, 3257, 3258.

[487] Zur Begründung subjektiver Grundrechtsberechtigungen aus den objektiven Grundrechtsbestimmungen anhand der Schutznormlehre s. *Sachs* in ders. GG, vor Art. 1 Rn. 39 ff.; ausführlich *ders.* in Stern Staatsrecht III/1, S. 508 ff. jeweils m. w. N.

[488] Diese Voraussetzung darf nicht zu eng verstanden werden; vielmehr kann sich u. U. für den Betroffenen sogar eine Verpflichtung als Begünstigung darstellen; vgl. für die belastende Wirkung eines Ausmusterungsbescheides (mit Rücksicht auf das Persönlichkeitsrecht) *BVerwG* NJW 1979, 2116; abl. *Spranger* NVwZ 1999, 147, 148; im Sinne des *BVerwG* ist der Ausnahme der Frauen von der Wehrpflicht zu beurteilen, dazu etwa *Sachs* NWVBl 2000, 405, 411 f. m. w. N.

[489] Insoweit ausdrücklich auch die Begründung zu § 36 Entwurf 1973. Für die verbreitete Verkürzung der Schutznormlehre auf diesen Aspekt s. etwa *BVerwG* NJW 2001, 328 m. w. N.; *VGH Mannheim* NVwZ-RR 2004, 750; *VGH München* NVwZ 2001, 339, 340; skeptisch zur Abgrenzung individueller Interessen *Reiling* DÖV 2004, 181 ff.

[490] Deutlich etwa *BVerwGE* 107, 215, 220; 111, 276, 280. Vgl. etwa gegen ein subjektives Recht der Lehrer an der ihnen gesetzlich eingeräumten pädagogischen Verantwortung *VGH Mannheim* VBlBW 1998, 108.

[491] S. bei zu weitgehender Verallgemeinerung *Bachof* in GS Jellinek, 1955, S. 287, 301; näher, auch zu den Ausnahmen, *Sachs* in Stern, Staatsrecht III/1, S. 535 ff. m. w. N.; *Huber*, Konkurrenzschutz im Verwaltungsrecht, 1991, S. 284 ff. Krit. zur Erosion der subjektiv-rechtlichen Rechtsstellung des Einzelnen im Sozialrecht daher *Schmidt-de Caluwe* in FS v. Zezschwitz, 2005, S. 263 ff.

[492] Vgl. *BVerwGE* 102, 274, 278 f., im Falle der Feststellung gem. § 23 Abs. 3 S. 2 SGB VIII.

[493] *Bachof* VVDStRL 12, 1954, 37, 75 f.; *Sachs* in Stern, Staatsrecht III/1, S. 544, 546 m. w. N.

[494] *BVerfGE* 27, 297, 307 f.; 60, 16, 41 f.; 69, 161, 169; *BVerwGE* 2, 288, 290, st. Rspr., vgl. etwa *BVerwG* NJW 1990, 400; *BVerwGE* 84, 322, 334; 85, 220, 222 f.; 94, 202, 204; *VGH Mannheim* NVwZ 2000, Beilage I, 122, 123; *Wolff/Bachof/Stober* I, § 43 Rn. 57 ff.; *Hoffmann-Becking* DVBl 1970, 850; *Randelzhofer* BayVBl 1975, 573, 607.

[495] *Sennekamp* in Fehling u. a. § 42 VwGO Rn. 59; *Kopp/Ramsauer*, § 40 Rn. 32; *Kopp/Schenke*, § 42 Rn. 91. Insoweit abl. *Randelzhofer* BayVBl 1975, 573 f.

[496] Dazu *Stern* Staatsrecht II, S. 767 f.; Bd. III/1, S. 1355 f.

Recht für einen Schiffsausrüster verneint, der zum Verkauf auf Schleusengelände zugelassen werden wollte.[497] Selbständige Ansprüche können sich aber aus dem hier oft zu Unrecht nicht berücksichtigten Gleichheitssatz ergeben, s. Rn. 143.

b) Strikter Anspruch bei Ermessensschrumpfung. Steigert sich die Verpflichtungswirkung der Ermessensermächtigung durch eine **Ermessensreduzierung auf Null** oder Ermessensschrumpfung zur strikt verbindlichen Festlegung auf eine ganz bestimmte Entscheidung (Rn. 56), besteht ein ebenso strikter Anspruch auf den Erlass dieser Entscheidung.[498] Allerdings muss das Tatbestandsmerkmal eines „gesetzlichen Anspruchs" in spezialgesetzlichen Zusammenhängen nicht notwendig auch den Anspruch aufgrund von Ermessensschrumpfung umfassen.[499] 137

Zur Durchsetzung eines Anspruchs aufgrund von Ermessenschrumpfung ist auch **vorbeugender und vorläufiger Rechtsschutz** möglich.[500] Die prozessuale Frage, ob im Falle einer durch einen nachbarlichen Anspruch auf Einschreiten bewirkten Ermessensschrumpfung der Nachbar sein Recht nur in der Form eines strikten Anspruches geltend machen kann, ist unentschieden geblieben.[501] 138

3. Subjektive Rechte aus einzelnen Ermessensermächtigungen

Die wichtigste Voraussetzung eines subjektiven Rechts ist nach der Schutznormlehre (s. Rn. 132f.), auch bei einer Ermessensermächtigung ihr **Individualbegünstigungszweck**. Dieser ist durch Auslegung der Ermächtigungsbestimmung festzustellen; dabei kann die Ausstrahlungswirkung der Grundrechte (auch schon Rn. 133)[502] entscheidend für die Annahme des Schutznormcharakters sein, der dadurch eine gewisse Unabhängigkeit von den gelegentlich weniger individualrechtsfreundlichen Zielvorstellungen des Normsetzers der Ermächtigungsnorm erlangt,[503] womit zugleich die wichtigsten Einwände der Kritiker der Schutznormlehre entfallen. Der Individualbegünstigungszweck fehlt namentlich bei Vorschriften, die – trotz günstiger (Reflex-)Wirkungen auf die Betroffenen – ausschließlich öffentlichen Interessen zu dienen bestimmt sind[504] (für Beispiele s. Rn. 142). Eine große Bedeutung der öffentlichen Interessen schließt einen konkurrierenden Individualbegünstigungs(neben)zweck nicht aus. Es genügt, wenn die Behörde nach dem Gesetz auch rechtlich geschützte Interessen des Betroffenen zu berücksichtigen hat; im Grenzbereich ist dabei der grundrechtsfreundlichen Interpretation der Vorzug zu geben.[505] 139

Das *BVerwG*[506] hält ein solches Nebeneinander von Schutzzwecken bei einer Vorschrift **selbst** dann für möglich, wenn für das Ermessen **allein das staatliche Interesse** maßgeblich ist (Rn. 14). Wegen der Bedeutung der Entscheidung für die Lebensverhältnisse der Betroffenen hat es auch bei solcherart einseitiger Orientierung der Ermessensausübung einen Individualbegünstigungszweck in der Eröffnung der Möglichkeit zur begünstigenden Entscheidung an sich anerkannt. Dieser Ansatz dürfte für manche der Fälle, in denen subjektive Rechte wegen der alleinigen Ausrichtung der Ermessensnorm an öffentlichen Interessen verneint werden,[507] eine Überprüfung und Neubewertung erforderlich machen. 140

---

[497] S. *BVerwGE* 39, 235; Bespr. *Erichsen* HRRVwR 1973, A 2, C 6; dazu auch *Hoffmann-Becking* JuS 1973, 615; *H. Weber* JuS 1973, 62. Für die Zulassung eines Bestattungsunternehmers zur gewerblichen Betätigung auf dem Gemeindefriedhof wegen Art. 12 Abs. 1 GG anders *VG Meiningen* LKV 1999, 237 f.

[498] *BVerwGE* 11, 92, 97, 101; *BVerwG* DVBl 1982, 306, 308; *BVerwGE* 69, 90, 94; *BAG* NZA-RR 1996, 313, 314; *OVG Münster* OVGE 27, 291, 295; NJW 1984, 883; *OVG Berlin* NJW 1983, 777; *OVG Lüneburg* NJW 1985, 2966; *VGH Mannheim* VBlBW 1992, 149f.; *BezG Erfurt* ThürVBl 1993, 65; *VG Berlin* NVwZ-RR 1990, 108f.; *Martens* JuS 1962, 245; *Maunz* BayVBl 1977, 135; *Götz* NVwZ 1984, 211, 216.; ausf. *T. Schmidt* Die Subjektivierung des Verwaltungsrechts, 2006, S. 209ff.

[499] So für § 28 Abs. 3 S. 2 AuslG *BVerwGE* 105, 35, 38ff.

[500] *OVG Lüneburg* NJW 1971, 1149 m. Bespr. *Erichsen* HRRVwR 1971, F 6 (5); *OVG Koblenz* NJW 1978, 2355, 2356; *OVG Münster* NJW 1991, 1502; s. auch NJW 1989, 89 m. w. N., wo weitergehend auch einstweilige Anordnung zur Sicherung des bloßen Bescheidungsanspruchs zugelassen wird; abl. insoweit *VGH Kassel* NJW 1989, 470, 472; zu dieser Streitfrage auch *Kopp/Schenke*, § 123 Rn. 12 m. w. N.; *Schoch* in ders. u. a., § 123 Rn. 16, 158ff.

[501] *BVerwG* NVwZ 1992, 165 = *BVerwGE* 88, 191 ff. (insoweit nicht abgedruckt).

[502] Vgl. *Sachs* in ders. GG, vor Art. 1 Rn. 32 m. w. N.

[503] Näher *Sachs* in Stern, Staatsrecht III/1, S. 539f. m. w. N.

[504] Vgl. hierzu *Sachs* in FS Leisner, 1999, S. 955, 969, für § 4 StiftG NW.

[505] *BVerfGE* 96, 100, 115 m. w. N.

[506] NJW 1987, 856, 857, gegen *Stein* DÖV 1984, 177.

[507] S. aus jüngerer Zeit etwa *BVerwGE* 92, 153, 156f.; w. N. in Rn. 142.

140a Andererseits kann eine Ermessensvorschrift nur **teilweise individualschützenden Charakter** haben; sie begründet dann nur in diesem Umfang Ansprüche des Begünstigten auf ermessensfehlerfreie Entscheidung, während er anderweitige Ermessensfehler nicht geltend machen kann.[508] So soll etwa in Bezug auf das Einschreitermessen der nur subsidiär zuständigen höheren Wasserbehörde der in Anspruch genommene Störer keine subjektiv-rechtliche Position besitzen.[509] Ob der Abwehranspruch des ermessensfehlerhaft und damit rechtswidrig Belasteten in dieser Weise relativiert werden kann, ist fraglich.

141 **Anwendungsfälle** subjektiver Rechte aus Ermessensermächtigungsnormen wurden **angenommen** etwa für die ärztliche Berufserlaubnis, auch an Ausländer;[510] für die Telefon-Ortsnetzgestaltung und -einteilung durch die Bundespost,[511] insbes. für betroffene Gemeinden; für den Anspruch Drittbetroffener auf Schadensvorsorge gem. § 7 Abs. 2 Nr. 3 AtG;[512] für die Ermächtigung des § 45 Abs. 1 StVO zum straßenverkehrsbehördlichen Einschreiten;[513] ferner zugunsten der Gemeinden bei der Anordnung geschwindigkeitsbeschränkter Zonen;[514] für Vorhabenträger bzgl. der Entscheidung der Gemeinde nach § 12 Abs. 2 BauGB;[515] für die Allgemeinverbindlicherklärung nach § 5 TVG zugunsten der Tarifvertragsparteien;[516] für die Vergabe von Zuschüssen an Offene Kanäle;[517] für das Auswahlermessen nach § 4 Abs. 1 S. 2 UIG;[518] für die Einbürgerung Asylberechtigter;[519] allgemein zu § 8 RuStAG;[520] für die Beachtung von Vorschriften über die Art der zu begründenden Beamtenverhältnisse;[521] für die Erteilung der Lehrbefugnis;[522] für die diesbezügliche Antragstellung der Hochschule;[523] für die Aufnahme in die (Berufungs-)Vorschlagsliste für die Besetzung einer Professorenstelle;[524] für das Hinausschieben der Altersgrenze von Beamten;[525] für die Entscheidung über den Abschluss einer Pflegesatzvereinbarung nach § 93 Abs. 2 BSHG;[526] für die Beachtung des Vorschlags zur Besetzung des Landschaftsbeirats für vorschlagsberechtigten Naturschutzverband;[527] für die Entscheidung nach § 363 Abs. 2 S. 4 AO.[528] Für Entscheidungen nach dem VwVfG s. etwa § 48 Rn. 78 f.; § 49 Rn. 10; § 51 Rn. 13 ff.; wegen drittbegünstigender Bestimmungen s. ferner § 50 Rn. 14 ff., 19 ff.

142 **Verneint** wurde ein solcher **Anspruch:** für die Auswahl einzuberufender Wehrpflichtiger;[529] für die Auswahl von Berufssoldaten, die in den vorzeitigen Ruhestand versetzt werden;[530] für

---

[508] Vgl. für § 31 Abs. 2 BauGB *BVerwG* BayVBl 1999, 26 m. w. N.; für § 12 Abs. 2 BauGB *VGH Mannheim* NVwZ 2000, 1060, 1061.
[509] *VG Meiningen* ThürVBl 2000, 137, 138.
[510] *OVG Koblenz* NJW 1978, 2355, 2356.
[511] *BVerwG* NJW 1981, 2075. Für § 66 Abs. 2 TKG jetzt offen lassen *VG Köln* NWVBl 2006, 107, 108.
[512] *BVerwGE* 101, 347, 361 ff.
[513] Gegenüber Erschütterungen durch Schwerlastverkehr *BVerwG* NJW 2003, 601 f.; insbes. zum Anliegergebrauch *OVG Münster* NVwZ-RR 1996, 203, 204; NJW 1996, 3024, 3025; *VG Neustadt* NVwZ-RR 2003, 67, 68; zur Erteilung von Anwohnerparkausweisen *OVG Münster* NWVBl 1996, 429, 430 f.; zur Lärmminderung *VGH München* BayVBl 2003, 80; *OVG Münster* NWVBl 2006, 145, 146.; zur Immissionsabwehr *VGH München* BayVBl 1999, 371; offen lassend für Hinweisschilder *BVerwG* NJW 1990, 400 f.
[514] *BVerwG* 95, 333, 337 ff.; *VGH Mannheim* DVBl 1994, 348, 349 ff.; UPR 1996, 192.
[515] *VGH Mannheim* NVwZ 2000, 1060, 1061 – kein Anspruch besteht jedoch auf einen bestimmten Inhalt der Entscheidung.
[516] *BVerwGE* 80, 355, 366 ff.
[517] *OVG Münster* NWVBl 2002, 299, 300.
[518] *BVerwGE* 102, 282, 284; allgemein zur Umweltinformation als Gegenstand eines subjektiven Rechts *Reinhardt* Verwaltung 1997, 161 ff.
[519] *BVerwG* NJW 1975, 2156 f.; zur Ablehnung der Einbürgerung, wenn der Asylberechtigte sich nicht zur freiheitlichen demokratischen Grundordnung bekennt, *OVG Münster* NVwZ-RR 2001, 137, 138 ff.
[520] *BVerwG* NJW 1987, 856, 857.
[521] *BVerwGE* 27, 155, 161.
[522] *BVerwGE* 91, 24, 28, 39; ebenso für die Auswahlentscheidung bei der Besetzung einer Professur *OVG Lüneburg* NdsVBl 1996, 293 f.
[523] *VGH München* NVwZ-RR 1995, 399 LS 1.
[524] *OVG Schleswig* NVwZ-RR 1996, 660.
[525] *OVG Koblenz* NVwZ-RR 2005, 52 f.
[526] *BVerwGE* 94, 202, 204 f.
[527] *VG Köln* NWVBl 2005, 76 f.
[528] *BFH* NVwZ-RR 2007, 69, 71.
[529] *BVerwG* NJW 1975, 180 f.; DVBl 1988, 1225 f. mit abl. Anm. *Wolf*; *BVerwGE* 92, 153, 156 f. m. w. N.; dazu auch *Heimerl* ThürVBl 1998, 128, 131; zu verbleibenden subjektiven Rechten gegenüber Diskriminierung *BVerwG* DÖV 2003, 683, 684; auch *BVerwG* NVwZ-RR 2004, 269; zu Art. 3 GG auch u. Rn. 143.
[530] *OVG Münster* NVwZ 1987, 723; *VG Freiburg* DVBl 1986, 1168 f. m. Anm. *Kirchhoff*.

die Zustimmung nach § 8 Abs. 2 KatSG;[531] für die (vorzeitige) Einberufung zum Zivildienst;[532] für die polizeiliche Verkehrsüberwachung, selbst bei Verstößen gegen drittschützende Regelungen;[533] für die betroffenen Mieter bei Zweckentfremdungsgenehmigung[534] oder auf Aufstellung und Veröffentlichung eines Mietspiegels durch die Gemeinde;[535] für die Schaffung kommunaler Einrichtungen;[536] für die Übertragung der Notfallversorgung im Rettungsdienst;[537] für die Erteilung eines Investitionsvorrangbescheids für den Investor;[538] (im Regelfall) für die Gesamtschuldnerauswahl bei der Vollstreckung;[539] für die Errichtung hinreichend vieler Notarstellen nach § 4 BNotO gegenüber den Bewerbern;[540] für die Versagung einer Nebentätigkeitsgenehmigung;[541] für die Auswahl bei Außenprüfungen;[542] für asylrechtliche Zuweisungsentscheidungen;[543] für Beschäftigung von Bediensteten im Angestelltenverhältnis entgegen Art. 33 Abs. 4 GG;[544] für die Anordnung eines allgemeinen Abschiebestopps durch die oberste Landesbehörde nach § 53 Abs. 6 S. 2, § 54 AuslG;[545] für den Vorschlag, die Bezeichnung „außerplanmäßiger Professor" zu verleihen;[546] für die Entscheidung nach § 41 Abs. 2 BBG, den Ruhestand eines Beamten hinauszuschieben;[547] für die erneute Berufung eines wegen Dienstunfähigkeit in den Ruhestand versetzten Beamten in das Beamtenverhältnis;[548] für eine Sperrung für den LKW-Verkehr nach § 45 Abs. 1 S. 1 StVO;[549] für die Umbenennung einer Straße (für anwohnende Mieter)[550] oder die Änderung von Hausnummern;[551] für die Zuweisung zu einem Prüfungsort im 2. juristischen Staatsexamen;[552] für Regelungsexperimente.[553] Wegen drittbegünstigender Bestimmungen s. ferner § 50 Rn. 14 ff., 19 ff.

4. Subjektive Rechte aus dem Gleichheitssatz

Ob ein **Rückgriff auf Art. 3 Abs. 1 GG** möglich ist, um subjektive Rechte zu begründen, die sich aus der Ermessensermächtigung nicht oder nicht in diesem Umfang ergeben, ist **nicht abschließend geklärt**. Gelegentlich wird überhaupt bezweifelt, dass Art. 3 Abs. 1 GG ein subjektives Recht begründet.[554] Der Gleichheitssatz ist indes als Grundrechtsbestimmung durchaus taugliche Grundlage **selbständiger Rechte auf Gleichbehandlung**. Seine Wirkung greift unabhängig davon durch, ob und inwieweit das Verwaltungshandeln auf gesetzlicher Grundlage beruht; sie gilt außerhalb des Ermessensbereichs ebenso für die strikt gesetzesgebundene Verwaltung (Rn. 119) wie auch für die gesetzesfrei gestaltende Verwaltung.[555] Die Chancengleichheit kann auch Bedeutung erlangen für auf der Basis der Rundfunkfreiheit zu treffende Ermessens-

143

---

[531] *BVerwGE* 85, 220, 222 f.; *VGH München* BayVBl 1989, 502 f.
[532] *VG München* NVwZ-RR 2000, 306.
[533] *OVG Münster* NVwZ 1983, 101 f.
[534] *BVerwGE* 95, 341, 359.
[535] *BVerwGE* 100, 262, 272 f.
[536] *OVG Münster* NWVBl 2004, 387 m. w. N.
[537] *VG Darmstadt* NVwZ-RR 2003, 838, 839.
[538] *BVerwGE* 97, 39, 40 f. m. N.
[539] *BVerwG* NVwZ-RR 1995, 305, 308; allg. auch Rn. 18.
[540] *BGH* NJW 1996, 123, 124.
[541] *BVerwGE* 99, 64, 67 f.
[542] *BFH* NVwZ 1992, 709, 710.
[543] *VGH Mannheim* NJW 1980, 1868; *OVG Münster* DÖV 1991, 513, 514.
[544] *BVerwG* NVwZ-RR 2001, 253, 254, auch gegen einen Anspruch auf ermessensfehlerfreie Ausübung des Organisationsermessen bezüglich der Schaffung von Beamtenstellen; für die Änderung der Funktionsbeschreibung von Stellen *VGH Mannheim* NVwZ-RR 2004, 750.
[545] *BVerwG* NVwZ 1996, 199 f.
[546] (Zweifelnd) *OVG Münster* NVwZ-RR 1993, 627 f.
[547] *VGH München* NVwZ-RR 1994, 33 f.
[548] *BVerwG* NJW 2001, 328.
[549] *OVG Schleswig* NJW 1993, 872.
[550] *OVG Berlin* LKV 1994, 298.
[551] *VGH München* 2002, 705, 706.
[552] *OVG Bautzen* SächsVBl 2002, 113, 114 f.
[553] So recht pauschal *Hummel*, Recht der behördlichen Regelungsexperimente, 2003, S. 147 f.
[554] Offengelassen in *BVerwGE* 65, 167, 173; s. demgegenüber *Sachs* DÖV 1984, 411; *ders.* NWVBl 1988, 295, 298 jeweils m. w. N.; *Osterloh* in Sachs GG, Art. 3 Rn. 38 mit Fußn. 63 („Heute unbestr."); mit Differenzierungen *Pietzcker* JZ 1989, 305 ff.
[555] *Stern* Staatsrecht III/1, S. 1357 und 1359 m. w. N. Ausf. zur Begründung der Selbständigkeit gleichheitsrechtlicher Berechtigungen *Sachs* in FS Friauf, 1996, S. 309, 322. Für ein Recht, auch außerhalb des Bereichs (sonstiger) subjektiver Rechte willkürfrei behandelt zu werden, *BVerwG* NVwZ-RR 2004, 269, 270.

entscheidungen, etwa für die Auswahl der Teilnehmer einer Fernsehdiskussion.[556] Ein **Gleichbehandlungsanspruch** kann daher gestützt allein auf Art. 3 Abs. 1 GG **auch** durchgreifen, wenn **eine Ermessensermächtigung** fehlt[557] oder **keinen Individualbegünstigungszweck** für den Anspruchsteller besitzt.[558]

5. Subjektive Rechte nach europäischem Gemeinschaftsrecht

144   Das subjektive öffentliche Recht hat im europäischen Gemeinschaftsrecht bisher keine vergleichbar zentrale Bedeutung wie im nationalen Recht erlangt.[559] Maßgeblich dafür dürfte in erster Linie eine **andere Konzeption des Rechtsschutzes** sein,[560] die jedenfalls primär nicht vom verletzten subjektiven Recht des Klägers ausgeht, sondern neben den Adressaten von Entscheidungen, wie namentlich auch den Antragstellern im Falle ablehnender Entscheidung,[561] (sonst) unmittelbar und individuell betroffene Personen zur Klage zulässt, vgl. Art. 230 Abs. 2, 4 EG,[562] auch Art. 243 Abs. 1 Zollkodex.[563] Die zur Klage berechtigenden Positionen des Einzelnen beruhen nach dem Gemeinschaftsrecht und nach der deutschen Rechtsordnung auf unterschiedlichen Konzeptionen, wobei Ersteres französischen Vorstellungen folgend[564] die Klagemöglichkeit (zumal beim indirekten Vollzug) betont und zumindest auch als Instrument zur Effektuierung des Gemeinschaftsrechts versteht, während Letzteres den Schutz subjektiver Rechte prinzipiell als Selbstzweck anerkennt.[565] Dies hat Auswirkungen auf den Kreis der klage-

---

[556] *VGH Mannheim* DÖV 1997, 345 f.
[557] Wie hier *Schwarz* in Fehling u. a., § 114 VwGO Rn. 23; anders BVerwGE 39, 235, 238 f. (Schleusenfall); dazu schon Rn. 136.
[558] So ausdrücklich zuletzt BVerfGE 116, 1 (12); in der Sache wohl auch BVerwG DÖV 2005, 696, 697 f.; anders noch BVerfGE 96, 100, 115; 113, 273, 311; zumindest gegenüber einer Selbstbindung BVerwG NJW 1975, 180 f.; allgemein wohl auch BVerwGE 92, 153, 156, zur Auswahl von Wehrpflichtigen; *VGH München* NVwZ-RR 1994, 33, 34; *OVG Koblenz* NVwZ-RR 2002, 351, 352; *VGH Mannheim* NVwZ-RR 2004, 750, 751; ferner *Seibert* in FG 50 Jahre BVerwG, 2003, S. 535, 548 ff.; *Lange* NJW 1992, 1193, 1195, auch im Zusammenhang mit Verwaltungsvorschriften; wie hier wohl *VGH München* BayVBl 1990, 178, 179, für die Zulassung Ortsfremder zu Gemeindeversammlungen; *VGH München* NVwZ-RR 2002, 705, 706 (Hausnummernänderung); *OVG Koblenz* NVwZ 2002, 475, 476 (Ausnahme von Verwaltungsbereichen von der Altersteilzeit).
[559] Vgl. dazu *Riese* in FS Hallstein, 1966, S. 414, 425 f.; *K. Koch,* Die Klagebefugnis Privater gegenüber Europäischen Entscheidungen gemäß Art. 173 Abs. 2 EWG-Vertrag, 1981, S. 216 ff.; *Kahl,* Umweltprinzip und Gemeinschaftsrecht, 1993, S. 145 ff.; *Burgi,* S. 51 ff.; *Classen,* S. 77 ff.; *Wahl* in Schoch u. a., Vorb § 42 Abs. 2 Rn. 121 ff.; *Ruthig* BayVBl 1997, 289, 291 ff.; *v. Danwitz* DÖV 1996, 481 ff.; *Stern* JuS 1998, 769, 770 f.; *Fichtner,* Rechte des Einzelnen im Recht der Europäischen Gemeinschaft, 2005; zu subjektiv-öffentlichen Rechten aufgrund von EG-Richtlinien EuGH, Rs. C-131/88, EuGHE 1991, I-825 Rn. 7; Rs. C-236/92, EuGHE 1994, I-483 Rn. 8 ff. m. w. N.; *Steinberg* AöR 1995, 549, 583 ff. Für Systematisierungsversuche s. etwa *Kingreen/Störmer* EuR 1998, 263 ff.; *Reich,* Bürgerrechte in der Europäischen Union, 1999.
[560] Vgl. grundsätzlich etwa *Skouris,* Verletztenklagen und Interessentenklagen im Verwaltungsprozess, 1979; *Hölscheidt* EuR 2001, 376 ff.; *Calliess* NJW 2002, 3577 ff.
[561] S. etwa *EuGH,* Rs. 26/76, EuGHE 1977, 1875 Rn. 13; Rs. 123/77, EuGHE 1978, 845 Rn. 8 ff.; vgl. zudem für Antragsteller im Falle der Nichtentscheidung ausdrücklich Art. 243 Abs. 2 Zollkodex.
[562] S. dazu etwa *EuGH,* Rs. 25/62, EuGHE 1963, 211, 238; Rs. 169/84, EuGHE 1986, 883, 895 f.; Rs. 169/84, EuGHE 1986, 391 Rn. 21 ff.; *EuGH,* Rs. C-309/89, EuGHE 1994, I-1853 Rn. 17 ff. = EuZW 1994, 432; *EuGH,* Rs. C-106/98 P, EuGHE 2000, I-3659 Rn. 39 ff.; Rs. C-263/02 P, EuGHE 2004, I-3425 Rn. 44 f.; für Klagen gegen Verordnungen *EuGH,* Rs. C-50/00 P, EuGHE 2002, I-6677 Rn. 36 ff.; *Junker,* Der Verwaltungsakt im deutschen und französischen Recht und die Entscheidung im Recht der Europäischen Gemeinschaften, 1990, S. 219 ff.; *Wahl* in Schoch u. a., Vorb § 42 Abs. 2 Rn. 122 ff. m. w. N.; *Classen* in Schulze/Zuleeg, § 4 Rn. 27.
[563] Hierzu etwa *Alexander* in Witte, Art. 243 Rn. 11.
[564] Rechtsvergleichend *Halfmann* VerwArch 2000, 74 ff.; zum französischen Recht ferner etwa *Koch* VerwArch 1998, 560, 566 f.; für stärkere Orientierung am subjektiven Recht in Frankreich, Italien und Spanien *Fromont* in FG 50 Jahre BVerwG, 2003, S. 93 ff.; zur Tendenz des EuGH, den Einzelnen in den Dienst effektiver Durchsetzung des Gemeinschaftsrechts zu stellen, etwa *Ehlers,* S. 58; dazu grundsätzlich *Masing,* Die Mobilisierung des Bürgers für die Durchsetzung des Rechts, 1997; ferner *Schulev-Steindl* JRP 2004, 128 ff.; zu neueren Tendenzen *Pache,* Tatbestandliche Abwägung und Beurteilungsspielraum, 2001, S. 414 ff.
[565] Vgl. *Winter* NuR 1991, 453, 454 f.; *Langenfeld* DÖV 1992, 955, 962; *Schmidt-Aßmann* DVBl 1993, 924, 934; *Kahl* ThürVBl 1994, 225, 256, 260; *Schoch* JZ 1995, 109, 117; *Steinberg* AöR 1995, 549, 584 f.; *v. Danwitz,* S. 230 ff.; *Himmelmann* DÖV 1996, 145, 146 ff.; *Wegener* in Lübbe-Wolff (Hrsg.), Der Vollzug des europäischen Umweltrechts, 1996, S. 145 ff.; *Ruffert,* Subjektive Rechte im Umweltrecht der Europäischen Gemeinschaft, 1996; *ders.* DVBl 1998, 69 ff.; *Kokott* Verwaltung 1998, 335, 348 ff.; *Kadelbach,* S. 368 ff.; *Reiling,* Zu individuellen Rechten im deutschen und im Gemeinschaftsrecht, 2004; a. A. bei Schadensersatzansprüchen *Triantafyllou* DÖV 1992, 564, 568 f.; *ders.* DÖV 1997, 192, 195 ff.; zur Frage, nach welchem Recht sich die Voraussetzungen der Klagebefugnis richten, *Papier* DVBl 1993, 809, 811; *Kahl* ThürVBl 1994, 225, 256, 260 (Gemeinschaftsrecht); anders für das Beihilfeverbot des Art. 87 EG *Schwarze*

§ 40 Ermessen 145, 146 § 40

berechtigten Personen,[566] die auch für die Einlegung von Rechtsbehelfen gegenüber normativ nicht abschließend gebundenen Entscheidungen von Bedeutung sein können.[567]

Bei der Bestimmung der wegen **unmittelbarer und persönlicher Betroffenheit** zur Klage 145 berechtigten Personen wird allerdings zumindest im Ergebnis weitgehend doch – zumindest im Sinne einer hinreichenden Bedingung – für entscheidend gehalten, ob die Personen sich, insbes. als Drittbetroffene, auf eine (mögliche) **Verletzung in eigenen Rechten berufen**.[568] So stellte der Vorschlag der Kommission für den Zollkodex[569] in Art. 241 darauf ab, dass eine Person klagen kann, wenn sie „der Meinung ist, daß ihre Rechte durch eine Entscheidung auf dem Gebiet des Zollrechts verletzt werden ..., selbst wenn die Entscheidung nicht an sie gerichtet ist"; die unmittelbare und persönliche Betroffenheit wurde daneben als zusätzliches, einschränkendes Merkmal verlangt.[570]

Soweit allerdings mittelbar – ob, wie gezeigt (Rn. 145), im prozessualen Rahmen oder auch 146 bei der Frage der Amtshaftung[571] – (möglicherweise verletzte) Individualrechte bedeutsam werden, sind für deren Bestimmung wohl zumindest den Kriterien des deutschen Rechts **vergleichbare Regeln** maßgeblich.[572] Auf einer anderen Ebene liegt die vieldiskutierte Frage einer gemeinschaftsrechtlich begründeten Notwendigkeit, die Durchsetzbarkeit des Gemeinschaftsrechts in der innerstaatlichen Rechtsordnung durch Begründung innerstaatlicher subjektiver Rechte sicherzustellen.[573] Neben dem Umweltrecht[574] hat insbes. das Vergaberecht hierzu An-

---

in GS Martens, 1987, S. 819, 840 (nationales Recht); s. ferner etwa *Huber* EuR 1991, 31, 33 ff.; *Burgi*, S. 52 ff.; *Ruthig* BayVBl 1997, 289, 291 ff.; *Masing*, Die Mobilisierung des Bürgers für die Durchsetzung des Rechts, 1997, S. 176 ff.; *Halfmann* VerwArch 2000, 74 ff.

[566] S. dazu *Daig* in FS Riese, 1964, S. 187, 201 ff.; *K. Koch*, Die Klagebefugnis Privater gegenüber Europäischen Entscheidungen gemäß Art. 173 Abs. 2 EWG-Vertrag, 1981, S. 221 ff.; *Gaitanides* in von der Groeben/Schwarze, Art. 230 Rn. 37 ff.; *Ehlers* VerwArch 1993, 139, 150 ff.; *Everling* in FS Redeker, 1993, S. 293, 304 m. w. N.; *Nicolaysen* in Stober, Rechtsschutz im Wirtschaftsverwaltungs- und Umweltrecht, 1993, S. 363 ff.; *Allkemper*, Der Rechtsschutz des einzelnen nach dem EG-Vertrag, 1995, S. 76 ff.; *v. Danwitz* DÖV 1996, 481, 485; *ders.* DVBl 1998, 421, 425 f.; *Renke*, EG-Richtlinien und verwaltungsgerichtlicher Rechtsschutz, 1998. Zu europarechtlich vermittelten Konkurrenzschutzansprüchen etwa *EuGH*, Rs. C-106/98 P, EuGHE 2000, I-3659 Rn. 40 ff.; *Huber* EuR 1991, 31, 37 ff.; *Nowak*, Konkurrentenschutz in der EG, 1997, Rn. 23. Zum Vergaberecht *Kokott* Verwaltung 1998, 335, 357 f.; dort S. 362 f., auch allgemein zu unterschiedlichen Standards beim direkten und beim indirekten Vollzug; *Noch*, Vergaberecht und subjektiver Rechtsschutz, 1998, insbes. S. 127 ff.

[567] Zur Klagemöglichkeit bei Ermessensentscheidungen *EuGH*, Rs. 191/82, EuGHE 1983, 2913 Rn. 30; *EuG*, Rs. T-340/99, EUGHE 2002, II-2905 Rn. 114 f.; für zollrechtliche Entscheidungen der Zollbehörden *Alexander* in Witte, Art. 243 Rn. 5.

[568] Vgl. zu Übereinstimmungen der Systeme *Huber*, Europarecht, § 14 Rn. 32 ff.; *ders.* in v. Mangoldt/Klein/Starck, Art. 19 Rn. 410 ff.; *Triantafyllou* DÖV 1997, 192, 197 ff.; *Classen* Verwaltung 1998, 307, 330; auch *Eilmansberger*, Rechtsfolgen und subjektives Recht im Gemeinschaftsrecht, 1997, S. 201 ff.; ausdrücklich *Ehlers*, S. 56 f.; *Pietzcker* in Schmidt-Aßmann/Hoffmann-Riem (Hrsg.), Verwaltungskontrolle, 2001, S. 89, 99 ff.; die Unterschiede betont etwa *Halfmann* VerwArch 2000, 74 ff. m. w. N.; vermittelnd *Epiney* VVDStRL 61 (2002), 363, 393 ff.; für Anpassung des § 42 Abs. 2 VwGO an das EG-Recht *Millgramm* SächsVBl 1997, 107, 108; vgl. ferner *Schmidt-Aßmann* DVBl 1997, 281, 285 f.; *Baumgartner*, Die Klagebefugnis nach deutschem Recht vor dem Hintergrund der Einwirkungen des Gemeinschaftsrechts, 2005.

[569] ABlEG 1990, C 128, S. 1.

[570] Auch wenn diese Fassung letztlich nicht in die Verordnung des Rates eingegangen ist, zeigt sie doch den Bedeutungsgehalt der nach dem Vorbild des Art. 230 Abs. 2, 4 EG allein als Kriterium verbliebenen unmittelbaren und persönlichen Betroffenheit auf. Gegen eine Überbewertung der Unterschiede (beim Umweltrecht) *Classen* VerwArch 1997, 645, 658 ff.; *Kokott* Verwaltung 1998, 335, 358 f.; für eine Annäherung der Verwaltungsgerichtsbarkeiten in Europa in diesem Punkt *Fromont* in FG 50 Jahre BVerwG, 2003, S. 93 ff.

[571] Zur parallelen Geltung der Schutznorm-Kriterien insoweit etwa *Grabitz* in Schweitzer, S. 167, 176 m. w. N.; ähnlich *Eilmansberger*, Rechtsfolgen und subjektives Recht im Gemeinschaftsrecht, 1997, S. 209 f.; differenzierend *Kadelbach*, S. 397 ff. m. w. N.; auch *Grzeszick* EuR 1998, 417 ff.

[572] Vgl. in diesem Sinne ausf. *Schmidt-Preuß*, Kollidierende Privatinteressen im Verwaltungsrecht, 1992, S. 240 ff.; bei verbleibenden Differenzierungen auch *Classen* in Schulze/Zuleeg, § 4 Rn. 120; *Pache*, Tatbestandliche Abwägung und Beurteilungsspielraum, 2001, S. 414 ff.; *Schoch* in FG 50 Jahre BVerwG, 2003, S. 507, 517 ff.; *Pasemann*, Die Entwicklung des Schutzes subjektiver öffentlicher Rechte unter Berücksichtigung des europäischen Einflusses, 2005, S. 249 ff.; *Pietzcker* in FS Isensee, 2007, S. 577, 586 ff.; offener *Streinz* VVDStRL 61 (2002), 200, 344 ff.

[573] Dazu nun *Wahl* in Schoch u. a., Vorb § 42 Rn. 127 f. m. w. N., namentlich zum Umweltrecht; ferner etwa *Remmert* Verwaltung 1996, 465, 472 ff.; *Classen* VerwArch 1997, 645, 652 f.; *Huber* BayVBl 2001, 577, 581 f.

[574] Zu den klagbaren Rechtspositionen in diesem Bereich ferner etwa *Wegener* in Lübbe-Wolff (Hrsg.), Der Vollzug des europäischen Umweltrechts, 1996, S. 145 ff.; *Schoch* NVwZ 1999, 457 ff.; *Winter* NVwZ 1999, 467 ff.

lass gegeben (s. § 1 Rn. 254 f.; § 9 Rn. 99).[575] Weitgehend bietet allerdings schon das geltende Recht, notfalls in gemeinschaftsrechtskonformer Auslegung, hinreichende Möglichkeiten, gemeinschaftsrechtliche Positionen durchzusetzen, wo dies nach dem Recht der EG notwendig ist.[576]

VI. Unbestimmter Rechtsbegriff

1. Strikte Rechtsbindung der Verwaltung unter voller Gerichtskontrolle

147 Ebenso wie der „bestimmte"[577] ist auch der unbestimmte Rechtsbegriff auf strikte rechtliche Bindung der Verwaltung ausgerichtet. Das Gesetz legt, wenn auch unvollkommen, Tatbestandsvoraussetzungen oder Rechtsfolgen abschließend fest, die die Verwaltung lediglich anzuwenden hat. Die unbestimmte Fassung ändert nichts an der normativen Fixierung auf ein allein „richtiges" Ergebnis, sondern erzeugt allenfalls Schwierigkeiten, den einzig zutreffenden Inhalt zu ermitteln. Allein dies ist die Aufgabe der Verwaltungsbehörden, ein Spielraum für eigene Entscheidung kommt ihnen grundsätzlich nicht zu. Die Ergebnisse, zu denen sie gelangen, unterliegen insoweit **vollständig** der durch Art. 19 Abs. 4 GG verfassungsrechtlich vorgeschriebenen **Kontrolle durch die Verwaltungsgerichte.** Diese erstreckt sich sowohl auf die Bestimmung des Sinngehalts der Norm als auch auf die Feststellung der Tatsachengrundlagen und die Anwendung des unbestimmten Rechtsbegriffs auf die im Einzelfall festgestellten Tatsachen.[578]

148 Auf eine grundlegende Änderung der Kontrollsituation zielte der **radikale Vorschlag**[579] eines neuen **§ 114 a VwGO** durch das Justizministerium Mecklenburg-Vorpommern,[580] der weit über die bisher anerkannten Fälle von Beurteilungsermächtigungen (Rn. 175 ff.) hinaus die gerichtliche Kontrollmöglichkeit bei allen unbestimmten Rechtsbegriffen mit abwägenden und wertenden Elementen ausschließen wollte. Dieser Ansatz ist mit Recht auf Kritik gestoßen[581] und schien nach Erlass des 6. VwGOÄndG, das diesen Vorschlag nicht aufgegriffen hat, erledigt. Zwischenzeitlich ist er im Rahmen der Bemühungen um einen „schlanken Staat" doch wieder in die Überlegungen einbezogen,[582] aber jedenfalls bislang noch nicht zum Gesetz erhoben worden.

2. Keine grundsätzlich durchgreifenden Bedenken

149 Die klassische Ausgangsposition der h. M.[583] ist immer wieder mit Rücksicht auf die methodisch unvermeidbaren Ungewissheiten über die **einzig richtige Gesetzesauslegung** angegriffen worden. Die Behebung derartiger Unsicherheiten ist aber eine herkömmliche und anerkannte Aufgabe der Gerichte,[584] so dass kein Anlass besteht, deren Tätigwerden hier generell zu beschränken.

---

[575] Vgl. *EuGH,* Rs. C-433/93, EuGHE 1995, I-2303, insbes. Rn. 19 = EuZW 1995, 635; ferner etwa *Prieß* EuZW 1996, 357, 359; *Kokott* Verwaltung 1998, 335, 345, 357 f.; *Classen* VerwArch 1997, 645, 661 f.
[576] *Kadelbach,* S. 391 ff.; *Ehlers,* S. 59.
[577] Zu dieser problematischen Kategorie *Stern* Staatsrecht II, S. 762 f. m. w. N.; *Erichsen* DVBl 1985, 22
[578] BVerfGE 64, 261, 279; 103, 142, 156; BVerwGE 94, 307, 309; VGH München BayVBl 1993, 49, 50.
[579] *Kutscheidt* NWVBl 1995, 121.
[580] "(1) Erfordert die Anwendung eines unbestimmten Rechtsbegriffs Abwägungen, Prognosen oder Wertungen, so steht der Verwaltungsbehörde dabei ein Beurteilungsspielraum zu. (2) Das Gericht prüft, ob der Verwaltungsbehörde ein Beurteilungsspielraum zusteht sowie ob die gesetzlichen Grenzen der Beurteilungsermächtigung überschritten sind oder von ihr in einer dem Zweck der Ermächtigung nicht entsprechenden Weise Gebrauch gemacht wurde." Abgedr. bei *Ewer* NVwZ 1994, 140; mit Begründung in Rudolf von Benningsen-Stiftung (Hrsg.), Beurteilungsspielraum der Behörden und richterliche Kontrolldichte, 1994, S. 49 ff.
[581] Vgl. etwa *Ewer* NVwZ 1994, 140 ff.; *Redeker* NJW 1994, 1707, 1708; *Gerhardt* in Schoch u. a., Vorb § 113 Rn. 28.
[582] S. Sachverständigenrat „Schlanker Staat" (Hrsg.), Abschlussbericht, Bd. 1, 2. Aufl. 1998, S. 191; vgl. dazu auch *Meyer-Teschendorf/Hofmann* ZRP 1998, 132; *Meyer-Teschendorf* in Ziekow (Hrsg.), Handlungsspielräume der Verwaltung, 1999, S. 9 ff.; krit. *Grupp* in FS Blümel, 1999, S. 139 ff.
[583] S. etwa BVerfGE 15, 275, 282; 64, 261, 279; 106, 62, 148; *Stern* Staatsrecht I, S. 838 ff., insbes. S. 852; *Schmidt-Aßmann* in Maunz/Dürig, Art. 19 Abs. 4, 2003, Rn. 183; *Gerhardt* in Ziekow (Hrsg.), Handlungsspielräume der Verwaltung, 1999, S. 57 ff.
[584] BVerfGE 13, 153, 164; 21, 73, 82; 58, 233, 248; 59, 231, 264; 62, 256, 275 f.; BVerfG (K) 30. 11. 1988 – 1 BvR 900/88, juris, Rn. 8.

Die grundsätzlichen **Gegenentwürfe,** wie namentlich die **Vertretbarkeitslehre** *Ules*[585] oder 150
die **Aufgabe der Unterscheidung von Rechtsanwendung und Ermessensausübung**
(Rn. 32 f.),[586] haben sich daher **als prinzipielle Alternative nicht durchsetzen können.**
Ihren Bedenken wird vielmehr durch Anerkennung gewisser Durchbrechungen der verwaltungsgerichtlichen Kontrollkompetenz Rechnung getragen.

Das *BVerfG*[587] hat eine Bindung der Gerichte an tatsächliche oder rechtliche Feststellungen 151
der Verwaltung für grundsätzlich unvereinbar mit **Art. 19 Abs. 4 GG** erklärt, jedoch die Möglichkeit „normativ eröffneter Gestaltungs-, Ermessens- und Beurteilungsspielräume" vorbehalten.[588] Abgesehen vom Ermessen zieht es sie aber nur ausnahmsweise als zulässig in Betracht[589] (hierzu Rn. 165 ff.). Für unbestimmte Rechtsbegriffe an sich ist daher an der strikten Gesetzesbindung der Verwaltung festzuhalten.

3. Verfassungsrechtliche Anforderungen

Die u. U. nach den Gegebenheiten des jeweiligen Rechtsgebietes und, um den Grundrechten 152
der Betroffenen sowie der Gerechtigkeit durch Flexibilität im Einzelfall Rechnung zu tragen,[590]
notwendige Verwendung unbestimmter Rechtsbegriffe in Normen der gebundenen wie auch
der Ermessensverwaltung (s. Rn. 36 f.) ist **verfassungsrechtlich zulässig,** solange die vom
rechtsstaatlichen **Bestimmtheitsgrundsatz**[591] gebotenen, für Regelungen im Staat-Bürger-Verhältnis charakteristischen[592] Erfordernisse der Normklarheit und Justiziabilität eingehalten
sind.[593]

Verbleibende Auslegungsprobleme sind unschädlich, sofern sie mit herkömmlichen juristi- 153
schen Methoden bewältigt werden können;[594] insoweit kann die Klärung verbleibender Zweifelsfragen den Rechtsanwendungsorganen überlassen werden.[595] Es ist Sache der Verwaltungsbehörden und Gerichte, solche Zweifelsfragen mit Hilfe der **anerkannten Auslegungsmethoden zu beantworten.**[596] Die gelegentlich aufgestellte Forderung, die Betroffenen müssten die
Rechtslage erkennen und ihr Verhalten danach einrichten können,[597] hat demgegenüber eher
fiktiven Charakter. Zu gesteigerten Bestimmtheitsanforderungen an die Begriffsverwendung im
VA s. § 37 Rn. 5, 7 f., 37 ff.

Keine Bedenken bestehen jedenfalls dagegen, zunächst unbestimmt gefasste Rechtsbegriffe 154
durch ergänzende **Rechtsnormen typisierend näher festzulegen,** weil dies der Rechtssicherheit dienlich ist.[598]

Das notwendige Maß an Bestimmtheit soll auch durch **Konkretisierung in der Rechtspre-** 155
chungspraxis[599] sichergestellt werden können. Insoweit lässt das *BVerfG* bei defizitären Norm-

---

[585] In GS Jellinek, 1955, S. 309; *ders.* Verwaltungsprozessrecht, § 2 I; *ders.* DVBl 1973, 756 ff.; *ders.* VerwArch 1985, 15; generell für einen Spielraum auch *BGH* DVBl 1983, 269; für grundsätzlich volle Kontrolle aber *BGH* NJW 1989, 96, 97. Zu dieser Lehre *Pache*, Tatbestandliche Abwägung und Beurteilungsspielraum, 2001, S. 62 ff.
[586] Zu weiteren Modellen s. *Stern*, Verwaltungsprozessuale Probleme, Rn. 553 ff.; zum Streitstand auch *Erichsen* DVBl 1985, 22, 23; aus der Diskussion s. ferner *Weyreuther* UPR 1986, 121; *Franssen* in FS Zeidler, Bd. 1, 1987, S. 429; *Rupp* ebda, S. 456; *Sendler* in FS Ule, 1987, S. 337; *Martens* JuS 1987, 103; *v. Mutius* Jura 1987, 92, 93; *Schuppert* DVBl 1988, 1191, 1197 m. w. N.; *Gusy* DÖV 1990, 537, 540 ff.; *Fiedler* in Entwicklungstendenzen im Verwaltungsverfahrensrecht und in der Verwaltungsgerichtsbarkeit, 1990, S. 315 ff.; *Starck* in FS Sendler, 1991, S. 167 ff.; *Hain* in FS Starck, 1997, S. 35 ff.
[587] *BVerfGE* 61, 82, 111; 103, 142, 156; *BVerfG (K)* NJW 2003, 2303, 2304.
[588] Offen auch *BVerfGE* 83, 130, 148.
[589] *BVerfGE* 64, 261, 279; 84, 34, 49 f.; 88, 40, 56 f.; 101, 106, 122 f.; 103, 142, 156 f.; auch *BVerfG (K)* NJW 2003, 2303, 2304; 2004, 2725, 2726.
[590] *BVerfGE* 48, 210, 221 f.; 80, 103, 108; zur Möglichkeit differenzierter verfassungskonformer Interpretation auch *BVerfGE* 71, 81, 105 m. w. N.
[591] S. *Stern* Staatsrecht I, S. 829 f.; *Sachs* in ders. GG, Art. 20 Rn. 126 ff.
[592] *BVerfGE* 72, 330, 390, auch 399, zur abweichenden Struktur der Normen der Finanzverfassung.
[593] St. Rspr., vgl. *BVerfGE* 49, 89, 133; 78, 214, 226; 110, 33, 56 f. jeweils m. w. N. Auch o. Rn. 17.
[594] *BVerfGE* 82, 209, 224 f.; 83, 130, 145; 90, 1, 16; 106, 1, 19.
[595] *BVerfGE* 79, 174, 195; 80, 103, 108; speziell für die Rechtsprechung *BVerfGE* 81, 70, 88 m. N.
[596] *BVerfGE* 79, 106, 120; 110, 33, 56 f.
[597] *BVerfGE* 78, 205, 212 m. w. N.
[598] Vgl. zur Festlegung der Zumutbarkeitsschwelle nach § 3 Abs. 1 BImschG durch § 2 der 18. BImSchV *BVerwG* NVwZ 1995, 993.
[599] *BVerfGE* 49, 168, 181 ff.; 76, 1, 74, für § 2 Abs. 1 S. 2 AuslG; *BVerfGE* 75, 329, 344, zu § 4 Abs. 1 BImSchG; *BVerfGE* 101, 106, 127 f. zu § 99 Abs. 1 S. 2 VwGO.

texten eine kompensierende inhaltliche Ausfüllung durch die lange Tradition von Gesetzgebung, Verwaltungshandhabung und Rechtsprechung[600] oder auch die jahrzehntelange Entwicklung von Begriffen in Rechtsprechung und Lehre[601] zu. Bedeutsam dürfte dies namentlich bei vorkonstitutionellem Recht bzw. bei bereits vorgeprägt in neue Gesetze übernommenen Tatbestandsmerkmalen sein. Denn eine einmal aufgrund grundgesetzlicher Anforderungen eingetretene Verfassungswidrigkeit wegen Unbestimmtheit kann auch so nicht rückwirkend beseitigt werden. Wo im Einzelfall die Grenze des verfassungsrechtlich noch Zulässigen verläuft, ist abstrakt freilich nicht zu bestimmen.[602]

156 Das *BVerfG* hat auch **norminterpretierenden Richtlinien,** die für eine einheitliche Handhabung eines unbestimmten Rechtsbegriffs sorgen, die Fähigkeit zugesprochen, das verfassungsrechtlich gebotene Maß an Bestimmtheit sicherzustellen.[603] Allerdings geben solche Verwaltungsvorschriften[604] dem Bürger nur Hinweise auf die behördliche Handhabung eines unbestimmten Rechtsbegriffs; sie können seinen „richtigen" Inhalt verfehlen, binden daher die Gerichte nicht,[605] und können auch keine Selbstbindung der Verwaltung bewirken,[606] die auf „Gleichheit im Unrecht" hinauslaufen würde (s. Rn. 117 ff., insbes. Rn. 119). Möglich ist auch eine gleichheitswidrig differenzierende Auslegung unbestimmter Rechtsbegriffe.[607] Zu den sog. normkonkretisierenden Richtlinien s. Rn. 216 ff. Die Unsicherheiten der Rechtsanwendung sollen auch durch **sachverständige Beratung** kompensiert werden können.[608]

4. Beispiele unbestimmter Rechtsbegriffe

157 Die Gerichte haben auf den verschiedensten Rechtsgebieten auch äußerst weit gefasste gesetzliche Kriterien als **unbestimmte Rechtsbegriffe** behandelt und damit ihre umfassende Kontrollkompetenz gegenüber den einschlägigen Verwaltungsentscheidungen bejaht. **Beispiele** besonders breit angelegter Begriffe sind etwa:[609] öffentliche Sicherheit und Ordnung;[610] Wohl der Allgemeinheit;[611] öffentliche Belange;[612] sonstige erhebliche Belange der Bundesrepublik Deutschland;[613] Zuverlässigkeit,[614] Eignung;[615] tatsächliche Anhaltspunkte für einen Verdacht.[616]

---

[600] Vgl. zu § 25 Abs. 1 GewO, § 4 Abs. 1 Nr. 1 GastG, § 8 Abs. 1 HandwO *BVerfGE* 49, 89, 134; zum Begriff der Beleidigung und zur dazu ergangenen hundertjährigen Rechtsprechung *BVerfGE* 93, 266, 291 f., unter Betonung der Sonderstellung vorkonstitutionellen Rechts.

[601] So für die polizeiliche Generalklausel *BVerfGE* 54, 143, 144 f.; in concreto verneinend zu § 15 Abs. 2 lit. a FAG *BVerfGE* 78, 374, 388, gegenüber den gesteigerten Anforderungen des Art. 103 Abs. 2 GG.

[602] Vgl. etwa die wechselnde Judikatur des *BVerwG* zu § 41 BImSchG, *BVerwGE* 71, 150 ff. m. w. N.; s. auch *BVerfGE* 54, 237, 246; 80, 269, 279 ff. und die Aufgabe der bisherigen Judikatur in *BVerfGE* 98, 49, 60 ff., zur Reichweite des von der Praxis angenommenen notarrechtlichen Sozietätsverbots, dessen angebliche, auch vom *BGH* (ausdrücklich *BGHZ* 64, 214, 216 f.) zunächst nicht entdeckte Grundlage im Gesetz allerdings kaum als noch so unbestimmter Rechtsbegriff zu erfassen ist.

[603] S. zu § 2 Abs. 1 S. 2 AuslG *BVerfGE* 49, 168, 183; anders angesichts differierender Länderrichtlinien *BVerfGE* 76, 1, 74; auch *VGH München* BayVBl 1981, 50 f.; § 44 Rn. 74 ff.

[604] Zur Abgrenzung von Ermessensrichtlinien s. *BVerwG* NJW 1975, 2775, 2776 m. w. N.

[605] S. *BVerfGE* 49, 168, 183; 78, 214, 227; krit. etwa *Osterloh* JuS 1980, 100, 102 f.; *Bleckmann* JZ 1995, 685, 687, will „gesetzesinterpretierenden Verwaltungsverordnungen" jetzt aufgrund vermuteter Übereinstimmung von (später erklärtem) Ministerial- und (ursprünglichem) Parlamentswillen „zumindest dieselbe Bindungswirkung bei der Gesetzesinterpretation zu(zu)ordnen wie bei der Regierungsbegründung".

[606] *BVerwGE* 36, 313 f.; *BVerwG* NJW 1975, 180 f.; *Ossenbühl* HStR III¹, § 65 Rn. 55 ff.

[607] S. *BVerfGE* 70, 230, 239 f. m. w. N.

[608] Zum Denkmalschutzrecht *OVG Berlin* OVG BlNE 21, 81 f., im Anschluss an *BVerwG* NJW 1988, 505 f.

[609] Vgl. die Beispiele in der 6. Aufl. § 40 Rn. 158 ff.; auch *Maurer,* § 7 Rn. 35 f.; insbes. zum Wirtschaftsverwaltungsrecht *Bauer* in R. Schmidt, Öffentliches Wirtschaftsrecht, Allgemeiner Teil, 1990, S. 443 f.; *Ebinger,* Der unbestimmte Rechtsbegriff im Recht der Technik, 1993.

[610] *BVerfGE* 54, 143, 144 f. m. w. N.; zur Diskussion s. *Drews/Wacke/Vogel/Martens,* S. 37 f., 246 ff.

[611] Zu § 31 Abs. 2 BauGB *BVerwG* BauR 1978, 387, 388; zu § 24 Abs. 3 BauGB *BVerwG* NVwZ 1994, 282, 284.

[612] Vgl. §§ 31, 34, 35 BauGB; dazu *BVerwGE* 68, 311, 313; *Weyreuther* BauR 1981, 1 ff.; *Bartunek,* Probleme des Drittschutzes bei der Planfeststellung, 2000, S. 45; allg. auch *BVerwGE* 120, 382, 384.

[613] Zu § 7 Abs. 1 Nr. 1 PassG *BVerfGE* 6, 32, 42 f.; zu § 2 AuslG S. 3. Aufl. § 40 Rn. 89.

[614] Im Gewerbe-, aber auch Luftverkehrsrecht, s. *BVerwGE* 121, 257, 261 m. w. N.; *OVG Hamburg* NordÖR 2005, 214.

[615] Bei einer Jugendhilfemaßnahme *VGH Mannheim* NVwZ-RR 2002, 581, 582.

[616] Zum Gesetz zu Art. 10 GG *BVerwGE* 87, 23, 26 f.; *OVG Münster* NJW 1983, 2346, 2347.

VII. Beurteilungsermächtigung

1. Begründung aus materiellen Ermächtigungsnormen

Gegenüber der grundsätzlich vollständig gerichtlich kontrollierten umfassenden **Rechtsbindung** der Verwaltung bei unbestimmten Rechtsbegriffen ist die Möglichkeit gewisser **Durchbrechungen** heute in weitem Umfange anerkannt.[617] 158

Alles weitere ist indes vor dem Hintergrund der prinzipiellen Meinungsverschiedenheiten über die Grundfragen verwaltungsbehördlicher Bindung und Freiheit sowie über die korrespondierende Gerichtskontrolle (Rn. 149 ff.) heillos umstritten. Immerhin scheint sich eine Entwicklung abzuzeichnen, die sich von den normtheoretischen Begründungsansätzen eines aus der Offenheit der Gesetzesfassung folgenden **Beurteilungsspielraums** löst und eher auf eine (normativ z. T. aus funktionellrechtlichen Erwägungen[618] gezielt begründete) **Beurteilungsermächtigung** abstellt.[619] Auch damit ist freilich „die ‚ewige Diskussion' um die Kontrollproblematik"[620] keineswegs ein für alle mal beendet, sondern weitgehend nur auf die Kriterien für das Vorliegen einer solchen Ermächtigung verlagert.[621] 159

Die **Judikatur des BVerfG** ist weder eindeutig noch stetig[622] und vermeidet pointiert jede grundsätzliche Festlegung.[623] Ausdrücklich offen geblieben ist, ob generell wegen hoher Komplexität oder Dynamik einer Materie und damit verbundener Schwierigkeiten im Nachvollzug von Verwaltungsentscheidungen aufgrund der Funktionsgrenzen der Rechtsprechung ein Entscheidungsfreiraum anzunehmen ist.[624] Jedenfalls ist die bloße „Komplexität" von Entscheidungen ausdrücklich für nicht ausreichend erklärt worden, um einen gerichtskontrollfreien Entscheidungsspielraum der Verwaltung zu begründen.[625] Auch prognostische Begriffselemente allein genügen nicht,[626] bei Entscheidungen, die vorausschauende konkrete und einzelfallbezogene Würdigungen der gesamten Persönlichkeit eines Menschen erfordern, wird aber ein weiter Beurteilungsspielraum akzeptiert.[627] 160

Das *BVerwG* neigt in seiner neueren Judikatur zum Rückgriff auf die **Ermächtigungskonstruktion**.[628] 161

Ausschlaggebend für den Bestand einer Beurteilungsermächtigung ist das jeweils **einschlägige (materielle) Gesetz**,[629] dessen diesbezüglicher Gehalt im Wege der Auslegung nach allgemeinen Regeln festzustellen ist.[630] Eine Beurteilungsermächtigung muss weder ausdrücklich ausgesprochen[631] noch auf eine entstehungsgeschichtlich belegte Absicht des Gesetzge- 162

---

[617] S. Rn. 150 f.; im Überblick ausf. *Pache*, Tatbestandliche Abwägung und Beurteilungsspielraum, 2001; abl. *Rupp*, Grundfragen der heutigen Verwaltungsrechtslehre, 1965, S. 177 ff.; *ders.* in FS Zeidler, Bd. 1, 1987, S. 456, 463 ff.; *Czermak* JuS 1968, 399; *Schmidt-Salzer* VerwArch 1969, 261; *ders.* DVBl 1972, 391 f.; skeptisch auch *VG Wiesbaden* NJW 1988, 356 ff. m. w. N. Vgl. auch *Hain* in FS Starck, 2007, S. 35 ff.
[618] Dazu *Pache*, Tatbestandliche Abwägung und Beurteilungsspielraum, 2001, S. 76 ff.
[619] Vgl. *Schmidt-Aßmann* in Maunz/Dürig, Art. 19 Abs. 4, 2003, Rn. 180 ff.; *Bullinger* JZ 1984, 1001, 1005 ff.; *Papier* in FS Ule, 1987, S. 235, 240 ff.; *Schenke* WiVerw 1988, 145, 175 ff.; *Wortmann* NWVBL 1989, 342 ff.; *Wahl* NVwZ 1991, 410 ff.; *Redeker* NVwZ 1996, 126, 129; *Grupp* in FS Blümel, 1999, S. 139, 143 ff.; *Müller-Franken*, Maßvolles Verwalten, 2004, S. 357 ff., 420 ff.; aus rechtsvergleichender Sicht *Grabenwarter*, Verfahrensgarantien in der Verwaltungsgerichtsbarkeit, 1997, S. 263 ff.
[620] *Ossenbühl* in FS Redeker, 1993, S. 55 ff.; auch *ders.* JZ 2003, 96.
[621] Kritisch zur normativen Ermächtigungslehre *Schwarz* in Fehling u. a., § 114 VwGO Rn. 18.
[622] Vgl. eher im Sinne der Ermächtigungslehre *BVerfG (VPr)* NJW 1981, 2683 f.; *BVerfGE* 61, 82, 111; eher im Sinne normtheoretischer Beschränkung *BVerfGE* 64, 261, 279; beides kombinierend *VGH Mannheim* NJW 1987, 1440.
[623] *BVerfGE* 61, 82, 111; 83, 130, 148; nicht eindeutig auch *BVerfGE* 88, 40, 56 f.; 61; 103, 142, 156 f.
[624] *BVerfGE* 84, 34, 50; auch *BVerfG (K)* NVwZ 2002, 1368; dazu noch Rn. 177 ff. Zur Satzunggebung *BVerwGE* 116, 188, 191.
[625] *BVerfGE* 88, 40, 58 f. Zusammenfassend zur neueren Judikatur des *BVerfG Schulze-Fielitz* JZ 1993, 772 ff.; *Sendler* DVBl 1994, 1089 ff.; *C. Hofmann* NVwZ 1995, 740; auch *Sieckmann* DVBl 1997, 101 ff.
[626] *BVerfGE* 103, 142, 157 m. w. N. (zur „Gefahr im Verzug" bei Art. 13 Abs. 2 GG); dem folgend *BVerfG (K)* NJW 2003, 2303, 2304; *BVerfGK* 2, 310, 315; s. noch u. Rn. 173, 198 ff.
[627] *BVerfGE* 108, 282, 296 m. w. N.; s. noch u. Rn. 187 ff.
[628] S. *BVerfGE* 81, 12, 17; 94, 307, 309 f.; 111, 318, 319; 120, 227, 232; *BVerwG* NJW 2007, 2790, 2792; s. auch Rn. 177 ff.
[629] *BVerwGE* 59, 213, 215 f.; *Papier* in FS Ule, 1987, S. 244 f.
[630] *Kopp/Ramsauer*, § 40 Rn. 82; *Kopp/Schenke*, § 114 Rn. 24 f.; *Gerhardt* in Schoch u. a., § 114 Rn. 57 ff. jeweils m. w. N.
[631] Vgl. *Erichsen* DVBl 1985, 22, 26.

bers⁶³² (objektive Auslegung)⁶³³ zurückzuführen sein. Vielmehr können sämtliche Eigenheiten des Gesetzes (die Art der Regelung, die betroffene Sachmaterie, die Ausgestaltung des Verfahrens, die Entscheidungsträger) berücksichtigt werden,⁶³⁴ wobei in der Rechtsprechung verschiedene Gruppen von Anwendungsfällen anerkannt sind (Rn. 175 ff.). Die Abhängigkeit der Beurteilungsermächtigung vom Gesetz entspricht der Situation beim subjektiven Recht im Rahmen der Schutznormlehre.⁶³⁵ Es besteht ggf. ein Anspruch auf fehlerfreie Ausübung der Beurteilungsermächtigung.⁶³⁶

163 Im **Recht der EU,** das keine dem deutschen Recht vergleichbare klare Trennung zwischen Ermessen und unbestimmten Rechtsbegriffen mit Beurteilungsspielräumen kennt (Rn. 8), ist ein dogmatisch eindeutiges Modell für die Begründung der Spielräume beim Normvollzug nicht festzustellen.⁶³⁷ Auch die Rechtsprechungspraxis legt sich nicht allgemein fest; der *EuGH* verzichtet meist ganz darauf, die Anerkennung behördlicher Spielräume beim (direkten) Vollzug des EG-Rechts näher zu begründen.⁶³⁸ In einer neueren Entscheidung⁶³⁹ orientiert er sich in einer funktionalen Begründung daran, dass die Kommission ihre Aufgaben erfüllen kann, und postuliert deshalb einen Beurteilungsspielraum der Kommission in europarechtlichen VwVf, die komplexe technische Beurteilungen zum Gegenstand haben; an anderer Stelle spricht der *EuGH* von einem Ermessensspielraum bei der Beurteilung eines komplexen wirtschaftlichen Sachverhalts⁶⁴⁰ oder überhaupt davon, dass die Behörden über einen weiten Ermessensspielraum verfügen, wenn sie komplexe Prüfungen vorzunehmen haben;⁶⁴¹ zum Kontrollumfang s. Rn. 233.

164 Für den **(indirekten) Vollzug** europarechtlicher Rechtsnormen oder in Ausführung von Europarecht ergangener deutscher Rechtsnormen durch deutsche Stellen wird man unabhängig von den zum innerstaatlichen Recht anerkannten Fallgruppen (Rn. 175 ff.) den Behörden die Entscheidungsfreiräume zugestehen können und müssen, die ihnen der Wortlaut der zu vollziehenden Gemeinschaftsnorm einräumt⁶⁴² oder die notwendig sind, um die Ziele der Bestimmung zu erreichen.⁶⁴³ Zur Kontrolle s. Rn. 235.

2. Verfassungsrechtliche Voraussetzungen

165 Daneben ist vor allem der **Einfluss des Verfassungsrechts** bereits im Rahmen verfassungsorientierter sowie ggf. verfassungskonformer Auslegung⁶⁴⁴ zu berücksichtigen. Reduzierungen der gerichtlichen Kontrolle können nur ausnahmsweise vor **Art. 19 Abs. 4 GG** gerechtfertigt werden (s. auch Rn. 151).⁶⁴⁵ Dessen Rechtsschutzgebot greift immer durch, wenn in Rechte

---

⁶³² Für einen Beurteilungsspielraum auf entstehungsgeschichtlicher Grundlage OVG *Münster* NWVBl 2007, 154, 155.
⁶³³ Vgl. *Sachs* DVBl 1984, 73, 74 m. w. N.
⁶³⁴ Ansätze einer Typisierung einschlägiger Gesetze bei *Brohm* in Hill (Hrsg.), Zustand und Perspektiven der Gesetzgebung, 1989, S. 217, 229 f.; vgl. zu den Anforderungen für die Annahme einer Beurteilungsermächtigung auch *Grupp* in FS Blümel, 1999, S. 139, 143 ff.
⁶³⁵ So *Wahl* NVwZ 1991, 409, 411; *Schulze-Fielitz* JZ 1993, 772, 777 m. w. N.; s. auch allgemein Rn. 132 f.
⁶³⁶ S. etwa *BVerwGE* 111, 318, 319.
⁶³⁷ Vgl. dazu *Rupprecht,* Die Nachprüfungsbefugnis des Europäischen Gerichtshofes gegenüber Ermessenshandlungen der Exekutive in der Montanunion und der Europäischen Wirtschaftsgemeinschaft, Diss. Kiel 1962, S. 35 f.; *Bleckmann* EuGRZ 1979, 485, 488; *Everling* in FS Redeker, 1993, S. 293, 306 f. m. w. N.; *Gerhardt* in Schoch u. a., Vorb § 113 Rn. 34; s. auch *Heinrichs* EuR 1990, 289, 291 f., bei Streitigkeiten im Bereich des Dienstrechts.
⁶³⁸ Vgl. *EuGH,* Rs. 98/78, EuGHE 1979, 69 Rn. 5; *EuGH,* Rs. 43/72, EuGHE 1973, 1055 Rn. 20, stellt auf Wortlaut und Zweck des Art. 103 Abs. 2 EWG-Vertrag ab; s. zu den verschiedenen Sachbereichen *Schwarze,* in ders./Schmidt-Aßmann, S. 203, 212 ff.
⁶³⁹ NVwZ 1992, 358, 359.
⁶⁴⁰ *EuGH,* Rs. 55/75, EuGHE 1976, 19 Rn. 8; Rs. 166/78, EuGHE 1979, 2575 Rn. 19; s. auch *Brenner,* S. 390 f.; *Bleckmann,* Ermessensfehlerlehre, 1997, S. 216 f.; *EuGH,* Rs. C-84/94, EuGHE 1996, I-5755 Rn. 58 = EuZW 1996, 751, billigt den Gemeinschaftsorganen auch bei sozialpolitischen Entscheidungen einen weiten Ermessensspielraum zu.
⁶⁴¹ *EuGH,* Rs. C-120/97, EuGHE 1999, I-240 Rn. 34 m. w. N. = EuZW 1999, 503.
⁶⁴² *EuGH,* Rs. 183/84, EuGHE 1985, 3351 mit Anm. *Ule* DVBl 1986, 93 f.
⁶⁴³ Vgl. dazu etwa *Engel* Verwaltung 1992, 437, 443.
⁶⁴⁴ Zur Unterscheidung *Stern* Staatsrecht I, S. 135 m. w. N.
⁶⁴⁵ BVerfGE 84, 34, 49; 59, 77; ferner VGH *Mannheim* NJW 1987, 1440; *Maurer,* § 7 Rn. 56 ff.; restriktiv *Schulze-Fielitz* JZ 1993, 772, 776; *Grupp* in FS Blümel, 1999, S. 139, 143 ff.; mit umgekehrter Tendenz

Betroffener eingegriffen wird, die in anderen Rechtsnormen, zumal in **Grundrechten,** ihre Grundlage haben.

Daher begegnet es Bedenken, dass das Vorliegen der Voraussetzungen des unmittelbar grundrechtlichen Begriffs der **Kunst nach Art. 5 Abs. 3 S. 1 GG** über eine entsprechende Ermächtigung des einfachen Gesetzgebers im GjS der letztverbindlichen Beurteilung einer Verwaltungsstelle überantwortet wurde.[646] Vielmehr besteht ungeachtet aller Definitionsschwierigkeiten die verfassungsrechtliche Pflicht, zum Schutz der Freiheit der Kunst bei der konkreten Rechtsanwendung zu entscheiden, ob die Voraussetzungen des Art. 5 Abs. 3 S. 1 GG vorliegen.[647] **166**

Das *BVerwG* hat seine ältere Rechtsprechung hierzu (unter Hinweis auf § 31 Abs. 1 BVerfGG) als nicht mehr haltbar aufgegeben und sieht die Verwaltungsgerichte im Umfang der verfassungsgerichtlichen Überprüfungsmöglichkeiten zur Kontrolle der Behördenentscheidung berufen.[648] Obwohl es damit einen Beurteilungsspielraum ausdrücklich verneint,[649] nimmt es doch eine Beschränkung des gerichtlichen Prüfungsumfangs gegenüber einem **behördlichen „Entscheidungsvorrang"** hinsichtlich der bei den Entscheidungen notwendigen eigentlichen Abwägung an, weil die Übertragung der Verwaltungsentscheidung auf ein staatsfernes pluralistisches Gremium eine institutionelle Grundrechtsabsicherung darstelle, die durch gerichtliche Kontrolle leer laufen würde.[650] Mit dieser Begründung lässt sich allerdings schwerlich eine Reduzierung des Prüfungsumfangs zum Nachteil des betroffenen Grundrechtsträgers begründen, dessen Kunstfreiheit ja abgesichert, nicht aber eingeschränkt werden soll. Unberührt bleibt in jedem Fall die gerichtliche Kontrolle der auch mit Rücksicht auf Art. 5 Abs. 3 S. 1 GG gebotenen Verfahrensanforderungen, etwa zur umfassenden Ermittlung der maßgeblichen Belange.[651] Zum Ganzen auch Rn. 192 ff. **167**

Vollständig überprüft das *BVerfG* auch, ob ein indiziertes Werk den Schutz der **Wissenschaftsfreiheit nach Art. 5 Abs. 3 S. 1 GG** genießt und billigt dabei die von den Verwaltungsgerichten ausgeübte Vollkontrolle.[652] Auch hinsichtlich der Freiheit der **Meinungsäußerung nach Art. 5 Abs. 1 S. 1 GG** prüft das *BVerfG* die Indizierungsentscheidung in vollem Umfang nach, ohne den in der aufgehobenen Entscheidung des *BVerwG*[653] angenommenen Beurteilungsspielraum näher zu diskutieren.[654] **168**

Nur wenn die Reichweite der materiellen Rechte der Betroffenen von derselben Norm abhängt, die die Beurteilungsermächtigung begründen soll, greift Art. 19 Abs. 4 GG wegen seiner **Abhängigkeit von vorgegebenen materiellen subjektiven Rechten** nicht durch.[655] Auch auf dieser Ebene ist der Gesetzgeber allerdings im Rahmen der grundgesetzlichen Verfassungsordnung nicht völlig frei. Er ist vielmehr grundsätzlich verpflichtet, gezielt individualbegünstigende Regelungen auch als subjektive Berechtigungen auszugestalten, womit Art. 19 Abs. 4 GG anwendbar wird (Rn. 133). **169**

Die genannten **verfassungsrechtlichen Begrenzungen** stehen einer **uferlosen Ausweitung** von Beurteilungsspielräumen durch gesetzgeberische Dezision wie durch weitherzige Auslegung des geltenden Rechts entgegen.[656] Ob sie in der gegenwärtigen Diskussion immer ausreichend berücksichtigt werden, scheint fraglich. **170**

H. Fischer, Die Auswirkungen der Rechtsprechung des Bundesverfassungsgerichts auf die Dogmatik des Allgemeinen Verwaltungsrechts, 1997, S. 81 ff.

[646] So *BVerwGE* 77, 75, 84 f.
[647] *BVerfGE* 67, 213, 225; 83, 130, 148, wo offen blieb, ob ein Beurteilungsspielraum völlig ausgeschlossen sein muss; s. hierzu *Geis* NVwZ 1992, 25, 28 f.; *Redeker* NVwZ 1992, 305, 308; *Würkner* NVwZ 1992, 309 ff.
[648] *BVerwGE* 91, 211, 212 f.
[649] *BVerwGE* 91, 223, 226; vgl. auch *OVG Münster* NVwZ 1992, 396, 397.
[650] *BVerwGE* 91, 211, 215 ff.; daran anknüpfend *BVerwGE* 91, 217, 222; 91, 223, 226 f.; dazu *Würkner/Kerst-Würkner* NJW 1993, 1446 ff.; dies. NVwZ 1993, 641 f.; *Sendler* DVBl 1994, 1089, 1094 f.; mit unterschiedlichen Begründungsansätzen *Vlachopoulos,* Kunstfreiheit und Jugendschutz, 1996, S. 261 ff.; vgl. zuvor auch *VG Köln* NVwZ 1992, 402, 403.
[651] Dazu *BVerwG* NJW 1999, 75, 76 ff.
[652] *BVerfGE* 90, 1, 11 ff.
[653] NJW 1987, 1431, 1432; dazu *Lutz* NJW 1988, 3194.
[654] *BVerfGE* 90, 1, 16 ff.; auch *BGHSt* 34, 218, 220 f.; für einen Beurteilungsspielraum dagegen *v. Hartlieb* NJW 1985, 831, 833.
[655] Zumindest missverständlich insoweit *Schmidt-Aßmann* in Maunz/Dürig, Art. 19 Abs. 4, 2003, Rn. 191.
[656] S. restriktiv etwa *BVerwG* DÖV 1977, 134 f.

171 Andererseits hat das *BVerfG* für die Bewertung von Berufszugangsprüfungen aus dem Grundsatz der Chancengleichheit im Prüfungswesen gem. Art. 12 Abs. 1 GG i. V. m. Art. 3 Abs. 1 GG (s. Rn. 96, 177 ff., 220 ff.) die Notwendigkeit hergeleitet, zugunsten eines Entscheidungsspielraums der Prüfungsbehörden bei prüfungsspezifischen Wertungen die **gerichtliche Kontrolle einzuschränken,** weil diese eine Chance auf eine vom Bewertungsrahmen der Prüfungsbehörde unabhängige Bewertung bedeuten würde (s. auch Rn. 173, 177 ff., 222 ff.; ferner § 2 Rn. 131, § 9 Rn. 208, § 39 Rn. 109 ff.).[657]

172 Bei **Art. 7 Abs. 5 GG** hat das *BVerfG* die Gerichtskontrolle insoweit ausgeschlossen, als die Anerkennung eines besonderen pädagogischen Interesses Elemente wertender Erkenntnis beinhaltet, deren Ergebnisse nicht vollständig auf die Anwendung der Grundgesetzbestimmung zurückzuführen sind. Allgemeiner verlangt es, dass die einschlägige Norm der Verwaltung in verfassungsrechtlich unbedenklicher Weise Entscheidungen abverlangt, ohne hinreichend bestimmte Vorgaben dafür zu enthalten; insoweit hätten die Gerichte die grundgesetzliche Kompetenzverteilung zu respektieren.[658]

3. Wirkungen

173 Die Wirkung einer Beurteilungsermächtigung für die entscheidende Behörde ist nicht abschließend geklärt und wohl **nicht einheitlich zu beurteilen.** In bestimmten Fällen, etwa bei unwiederholbaren Entscheidungssituationen, kann das Gesetz durchaus auf eine einzige, richtig zu treffende, aber eben später nicht voll überprüfbare Entscheidung ausgerichtet sein. So geht das *BVerfG*[659] für Berufszugangsprüfungen von rechtlich gebundenen Bewertungsentscheidungen der Prüfer aus.[660] Andererseits ist nicht auszuschließen, dass Normen, die prognostisch-planerische Einschätzungen vorsehen, ähnlich wie Ermessensermächtigungen für unterschiedliche Ergebnisse Raum lassen und insoweit echte Wahlmöglichkeiten eröffnen.[661]

174 **Im praktischen Ergebnis** ist unabhängig von der Beurteilung der materiellen Entscheidungssituation der (partielle) **Ausschluss gerichtlicher Kontrolle,** durch die die einmal getroffene behördliche Entscheidung Letztverbindlichkeit erlangt, **entscheidend** (Rn. 151, 158 ff., 165 ff.).

4. Fallgruppen

175 Die Abhängigkeit der Beurteilungsermächtigungen von den einzelnen materiellen Rechtsgrundlagen führt zu einer primär sachgeprägten **Vielfalt der Anwendungsfälle,** die bisher eine abschließende Systematisierung nicht zugelassen hat.[662] Die neuen Entscheidungen des *BVerfG*[663] haben zwar in ihrem Anwendungsbereich mit Rücksicht auf die betroffenen Grundrechte dezidiert strengere Akzente gesetzt, jedoch für die ausdrücklich anerkannte Möglichkeit von Beurteilungsspielräumen keine abschließenden Kriterien entwickelt; die bisher in der Judikatur verwendeten Ansätze bleiben daher im Grundsatz maßgeblich, auch wenn ihre Tragfähigkeit im Einzelnen im Lichte der bundesverfassungsgerichtlichen Ausführungen restriktiver als früher bestimmt werden muss.

176 **Nach der Judikatur** sind bisher vor allem folgende **Fallgruppen**[664] von Bedeutung:

---

[657] *BVerfGE* 84, 34, 52; dem folgend *BVerfGE* 84, 59, 77; ferner *BGHZ* 124, 327, 330 f.; zu den Konsequenzen dieser Entscheidungen allgemein *Redeker* NVwZ 1992, 305 ff.

[658] *BVerfGE* 88, 40, 61; ebda, S. 57 ff., weitere Ausführungen für mögliche Ansätze für Beurteilungsspielräume, dazu im jeweiligen Zusammenhang. Zu dieser Entscheidung ausführlich *Schmidt-Aßmann/Groß* NVwZ 1993, 617 ff.; *Pieroth/Kemm* JuS 1995, 780 ff. Entsprechend für den gesetzlichen Begriff der besonderen pädagogischen Prägung einer (Ersatz-)Schule *VGH Kassel* NVwZ-RR 2000, 157, 159. Abl. für die „Gefahr im Verzug" in Art. 13 Abs. 2 GG *BVerfGE* 103, 142, 156 f.

[659] *BVerfGE* 84, 34, 50.

[660] Ebenso *Herdegen* JZ 1991, 747, 750.

[661] Für die Qualifikation als Ermessensentscheidung schlechthin noch in der 9. Auflage *Eyermann/Fröhler/Kormann,* § 114 Rn. 9, 9 d.

[662] Vgl. aber schon die Typologie bei *Schmidt-Aßmann* in Maunz/Dürig, Art. 19 Abs. 4, 2003, Rn. 187 ff., 191 ff.; ferner etwa *Starck* in FS Sendler, 1991, S. 177 ff.

[663] *BVerfGE* 83, 130, 148; 84, 34, 49 ff.; 84, 59, 77 ff.; 88, 40, 56 ff.; dazu auch Rn. 160 f.

[664] Vgl. zusammenfassend *BVerwG* NVwZ 1991, 268, 269 m. w. N.; *BVerwGE* 92, 340, 348; 120, 227, 231 f.; s. auch *Ziekow,* § 40 Rn. 48 ff.; *Maurer,* § 7 Rn. 37 ff.; *M. Redeker* in Redeker/v. Oertzen, § 114 Rn. 19; *Kopp/Schenke,* § 114 Rn. 25 ff.; *Pache,* Tatbestandliche Abwägung und Beurteilungsspielraum, 2001, S. 120 ff.; *Geis* DÖV 1993, 22, 23; *Schulze-Fielitz* JZ 1993, 772 ff.; *Beaucamp* JA 2002, 314 ff.; krit. gegenüber einer „Kanonisierung" *Gerhardt* in Schoch u. a., § 114 Rn. 57. Vgl. auch *BVerfG (K)* NVwZ 2002, 1368, in Bezug auf dienstliche Beurteilungen.

Das *BVerwG* hatte seit langem eine Beurteilungsermächtigung für **Prüfungsentscheidun-** 177
gen665 anerkannt. Dieser prüfungsrechtliche Beurteilungsspielraum ist vom *BVerfG* für den berufsgrundrechtlichen Bereich des Art. 12 Abs. 1 GG (namentlich für die Juristischen Staatsprüfungen und die Ärztliche Vorprüfung) in grundsätzlicher Weise im Ergebnis in seiner Existenz bestätigt, in Begründung und Reichweite indes wesentlich modifiziert und eingeschränkt worden.666 Mit dieser **Wende der Rechtsprechung** hat das *BVerfG* der seit langem667 formulierten Kritik an den rechtsstaatlich unbefriedigenden Zuständen bei der Kontrolle von Prüfungsentscheidungen Rechnung getragen. Nach der neuen Judikatur bleiben nur **prüfungsspezifische Wertungen**668 der Letztentscheidungskompetenz der Prüfungsbehörden überlassen, dagegen sind Fragen fachlicher Richtigkeit669 grundsätzlich von den Gerichten zu überprüfen.670 Mangels eindeutiger Maßstäbe soll auch in diesem Bereich dem Prüfer ein Bewertungsspielraum zustehen, zugleich fordert das *BVerfG* aber auch einen angemessenen Antwortspielraum für den Prüfling. Namentlich darf eine vertretbare und mit gewichtigen Argumenten folgerichtig begründete Lösung nicht als falsch gewertet werden.671 Gerichtlicher Kontrolle unterliegt auch, ob die Grenzen des zulässigen Prüfungsstoffs überschritten sind.672

Zur Begründung des verbleibenden behördlichen Beurteilungsspielraums hat das *BVerfG* na- 178
mentlich darauf abgehoben, dass die den einheitlichen **Bewertungsrahmen** notwendig **sprengende Gerichtskontrolle** nicht mit der Chancengleichheit zu vereinbaren sei (s. Rn. 171). Nur als Beleuchtung von Teilaspekten der Problematik akzeptiert es die Hinweise der bisherigen Rechtsprechung auf die stark subjektiven Elemente eines „höchstpersönlichen Fachurteils" und auf die Schwierigkeiten beim Nachvollzug einer Prüfungssituation.673 Dagegen weist das *BVerfG* die Notwendigkeit spezialisierten Sachverstandes zur Überprüfung von Bewertungen als unerheblich zurück; diese Schwierigkeit gerichtlicher Kontrolle bestehe auch bei anderen Gegenständen verwaltungsgerichtlicher Verfahren und sei wie dort mit Hilfe von Sachverständigen zu überwinden.

Wegen der gegenüber der früheren verwaltungsgerichtlichen Judikatur wesentlich **verschärf-** 179
ten Anforderungen an die Kontrolle von Prüfungsentscheidungen haben die vorgenannten Entscheidungen des *BVerfG* sowohl hinsichtlich der dogmatischen Grundlagen als auch besonders wegen der Konsequenzen für die Praxis alsbald besondere, lang anhaltende Aufmerksamkeit im **Schrifttum** gefunden.674

---

665 St. Rspr. seit *BVerwGE* 8, 272, 273; vgl. etwa *BVerwG* NJW 1984, 2650 m. N.; NVwZ 1988, 433; 1990, 66; ferner etwa *Schmidt-Aßmann* in *Maunz/Dürig*, Art. 19 Abs. 4, 2003, Rn. 193, 195 m. w. N.; *Niehues* Prüfungsrecht, Rn. 326 ff., 399 ff.
666 *BVerfGE* 84, 34, 49 ff.; 84, 59, 77 ff.; daran anknüpfend *BVerfG (K)* NVwZ 1992, 657 f.
667 Vgl. etwa noch die Kommentierung in der Vorauflage von *Obermayer*, VwVfG, § 40 Rn. 113; auch zusammenfassend *Liebetanz* in *Obermayer*, VwVfG, § 40 Rn. 68 ff.
668 Dafür bei der Entscheidung über Abweichung von rechnerischer Gesamtnote aufgrund des Gesamteindrucks *BVerwG* NJW 1996, 942, 943; zum Ausschluss prüfungsfremder Erkenntnisquellen hierbei *OVG Münster* NWVBl 1997, 380 f.; gegen prüfungsspezifische Wertung hinsichtlich der Grenzen des zulässigen Prüfungsstoffs *VGH Mannheim* DVBl 1995, 1356, 1357.
669 Zur Notwendigkeit, im Einzelfall fachwissenschaftliche Beurteilungen aus ihrer Verflechtung mit prüfungsspezifischen Bewertungen herauszufiltern, vgl. *BVerwG* NVwZ 1998, 738.
670 Vgl. *BVerwG* NVwZ 2000, 921 m. w. N.
671 Nicht als falsch gewertet werden dürfen im Antwort-Wahl-Verfahren der Ärztlichen Prüfung Antworten, die gesicherten medizinischen Erkenntnissen entsprechen, die im den Prüflingen zugänglichen Fachschrifttum bereits veröffentlicht sind, *BVerwGE* 104, 203, 206; eine höchstrichterlich geäußerte Rechtsauffassung darf nicht als falsch behandelt werden, *OVG Saarlouis* NVwZ 2001, 942, 943.
672 *BVerwG* NJW 1998, 323, 327.
673 Vgl. hierfür aber wieder *BVerfGE* 88, 40, 57 f.
674 Vgl. etwa *Gusy* Jura 1991, 633 ff.; *Niehues* NJW 1991, 3001 ff.; *Pietzcker* JZ 1991, 1084 ff.; *Rux* MDR 1991, 711 f.; *Theuersbacher* BayVBl 1991, 649 ff.; *Czermak* NJW 1992, 2612 f.; *Herzog* NJW 1992, 2601, 2602 f.; *Koenig* VerwArch 1992, 351 ff.; *Redeker* NVwZ 1992, 305 ff.; *Rozek* NVwZ 1992, 343 ff.; *Seebass* NVwZ 1992, 609 ff.; *Becker* NVwZ 1993, 1129 ff.; *Löwer* in FS Redeker, 1993, S. 515 ff.; *v. Mutius/Sperlich* DÖV 1993, 45 ff.; *Streinz/Hammerl* JuS 1993, 663; *Wimmer* in FS Redeker, 1993, S. 531 ff.; *v. Golitschek* BayVBl 1994, 257 ff., 300 ff. (insbes. für Juristische Staatsprüfungen); *Muckel* WissR 1994, 107 ff.; *Höfling* RdJB 1995, 387 ff.; *C. Hofmann* NVwZ 1995, 740 ff.; *Kopp* JuS 1995, 468 ff.; *Martens* KritV 1995, 397, 416 ff.; *Lindner* BayVBl 1999, 100; ausf. auch *Ibler*, Rechtspflegender Rechtsschutz im Verwaltungsrecht, 1999; S. 359 ff.; *Lampe*, Gerechtere Prüfungsentscheidungen, 1999; zu den Auswirkungen in der gerichtlichen Praxis *Wortmann* NWVBl 1993, 324 ff.; zum vorläufigen Rechtsschutz *Zimmerling/Brehm* Prüfungsrecht, 2. Aufl. 2001, § 36; zur Anfechtung juristischer Staatsprüfungen *Gohrke/Brehsan* SächsVBl 1999, 53 ff.; für einen praktischen Leitfaden s. *Fliegauf* Prüfungsrecht, 1996.

180 Die **verwaltungsgerichtliche Rechtsprechung** ist den bundesverfassungsgerichtlichen Vorgaben für das Prüfungsrecht gefolgt.[675] Sie hat dabei ihre früheren Kontrollmaßstäbe auch in verfahrensrechtlicher Hinsicht in vielfältiger Weise fortentwickelt, teilweise aber auch an früheren Restriktionen festgehalten (dazu Rn. 177).

181 Das *BVerfG* **selbst** hat seither in Kammerbeschlüssen den Prüfungsbehörden bei Störungen der Chancengleichheit jeden Entscheidungsspielraum hinsichtlich der gebotenen Kompensationsmaßnahmen abgesprochen[676] und verlangt, dass ein Stichentscheid über eine Prüfungsnote nur von einem hinreichend sachkundigen Beamten vorgenommen werden darf, der der gesamten Prüfung beigewohnt hat; lenkt ein Prüfer bei einer Entscheidung des Prüfungsausschusses um des „lieben Friedens" willen ein, ist dies sachfremd.[677]

182 Die überkommene verwaltungsgerichtliche Judikatur zu den prüfungsrechtlichen Beurteilungsspielräumen wurde auf die **verschiedensten Prüfungen** (etwa: beamtenrechtliche Laufbahnprüfungen;[678] Eignungsprüfung bei Heilpraktikern;[679] aber etwa auch die Jägerprüfung[680]) angewendet. Die Rechtsprechungsgrundsätze des *BVerfG* sind dagegen zunächst ausschließlich auf **berufsrelevante Prüfungen** bezogen. In der seitherigen Judikatur betrifft dies vor allem die vom *BVerfG* selbst behandelten Juristischen Staatsprüfungen[681] und (Zahn-)Ärztlichen (Vor-)-Prüfungen,[682] aber auch zahlreiche andere berufsbezogene Prüfungen.[683]

183 Darüber hinaus wurden die besonderen Grundsätze für die Kontrolle von Prüfungsentscheidungen stets auch auf **prüfungsähnliche Entscheidungen** (zumal im schulischen Bereich) erstreckt.[684] Dies betraf etwa die Bewertung von Habilitationsleistungen (s. aber Rn. 182)[685] oder auch die Einschätzung der Gleichwertigkeit des Ausbildungsstandes nach § 3 Abs. 2 Nr. 1 BÄO.[686] Dabei wurden im Hinblick auf die notwendigen pädagogischen Einschätzungen auch sonstige Entscheidungen **im Schulwesen** einbezogen, und zwar sowohl solche mit Bezug auf Einzelpersonen (z. B. zur Sonderschulbedürftigkeit) als sogar übergreifende Organisationsentscheidungen,[687] obwohl diese nur noch bedingt vergleichbar scheinen. Diese Rechtsprechung wird jedenfalls insoweit der neuen Judikatur des *BVerfG* anzupassen sein, als auch hier Art. 12 Abs. 1 GG berührt wird.[688] Allerdings sind auch vor diesem Hintergrund Beurteilungsspielräume nicht gänzlich ausgeschlossen.[689]

184 Weitergehend kann aufgrund der umfassenden Reichweite der Rechtsschutzgarantie des Art. 19 Abs. 4 GG **auch außerhalb des berufsgrundrechtlich geschützten Bereichs** im Hinblick auf die Berührung anderer Grundrechte, notfalls des Art. 2 Abs. 1 GG, eine weiterge-

---

[675] Vgl. *BVerwGE* 91, 262, 265 ff.; 92, 132, 136 ff.; *BVerwG* NVwZ 1993, 686, 687; 689 f.; *BVerwGE* 94, 64, 68 f.; *BVerwG* ThürVBl 1994, 156, 157; NVwZ-RR 1994, 582 f.; NVwZ 1995, 494; *BVerwGE* 96, 126, 135; *BVerwG* DVBl 1994, 1362 ff. = NVwZ 1994, 168 LS; NVwZ 1995, 788, 789; *BVerwGE* 98, 210, 218; 98, 324, 327, 330; *BVerwG* NJW 1996, 942, 943 f.; NVwZ 1997, 502 f.; NVwZ-RR 2000, 503 f.; *BVerwG* NVwZ 2000, 921; zusammenfassend etwa *Michaelis* VBlBW 1997, 441; ferner Rn. 177 f.

[676] *BVerfG (K)* NJW 1993, 917 f., gegenüber *BVerwGE* 85, 323, 328 f.; wie das *BVerfG* dann *BVerwGE* 94, 64, 68 f.; skeptisch *Sendler* DVBl 1994, 1089, 1095 ff.; entsprechend für Prüfungserleichterungen bei Beeinträchtigungen der Schreibfähigkeit *VGH Mannheim* NVwZ 1994, 598, 599.

[677] *BVerfG (K)* NVwZ 1995, 469 f.

[678] *OVG Münster* NVwZ-RR 1990, 493, 494.

[679] *BVerwGE* 99, 172 ff.; *VGH München* NJW 1991, 1558, 1559.

[680] Dazu *VGH Kassel* ESVGH 40, 132 ff. Gegen die Übernahme der bundesverfassungsgerichtlichen Judikatur für diese Prüfungen *VGH Mannheim* NVwZ-RR 1999, 291.

[681] Vgl. etwa *BVerwGE* 92, 132, 136 ff.; 94, 64, 68 f.; 96, 126, 135; 109, 212; *BVerwG* NVwZ 2001, 922; 2002, 1375; *OVG Münster* NVWBl 1993, 293, 295; DVBl 1994, 644, 645; 648; NVwZ-RR 1994, 585, 586; NVwZ 1995, 800 ff.; NWVBl 1998, 403; *VGH München* NVwZ 1992, 693; 1993, 92, 93; *VGH Mannheim* NVwZ 1994, 598, 599; *OVG Lüneburg* NVwZ-RR 1998, 179.

[682] *BVerwGE* 98, 210, 218; *BVerwG* NVwZ 1997, 502 f.; *OVG Münster* DVBl 1993, 58 ff.; NWVBl 1992, 318, 319; DVBl 2000, 718; *VGH Mannheim* DVBl 1993, 508 f.; NVwZ-RR 1996, 34; für die Prüfung zur Erlangung der Facharztanerkennung *VGH München* NJW 1996, 1614 ff.

[683] Vgl. für Beispiele die Voraufl., § 40 Rn. 186 f.

[684] Vgl. jetzt *BVerwG* DVBl 1996, 1381 ff.; vorher schon *Maurer*, § 7 Rn. 38, 44 m. w. N.; *Hamann/Vahle* VR 1990, 17 ff.

[685] *VGH München* BayVGHE n. F. 43, 94, 99.

[686] *OVG Münster* NWVBl 1991, 172 f. = DÖV 1991, 655 f.

[687] Vgl. *Maurer*, § 7 Rn. 38 m. N.

[688] Vgl. dazu etwa *OVG Münster* NWVBl 1993, 293, 295 m. w. N.

[689] *VGH München* NVwZ-RR 1996, 146, 147 f., hat einen solchen Spielraum für die Entscheidung anerkannt, ob und inwieweit ein heilkundlich tätiger Psychotherapeut vor Erteilung einer spezifisch beschränkten Heilpraktikererlaubnis einer weiteren Untersuchung zu unterziehen ist.

hende Gerichtskontrolle von Prüfungen und prüfungsähnlichen Entscheidungen als früher angenommen erforderlich sein, etwa für die **Promotion,**[690] für die Befreiung vom Verbot des nochmaligen Wiederholens einer Jahrgangsstufe der Schule,[691] für Entscheidungen über Klasseneinteilungen in der Schule,[692] für die Schulbuchzulassung.[693]

Eher **traditionell geprägte Entscheidungen** finden sich (noch) zu pädagogisch bedingten Spielräumen, so für die Ordnungsmaßnahme der Entlassung aus der Schule,[694] für Versetzungsentscheidungen,[695] für Notenbildung,[696] für „pädagogische Maßnahmen" (Weisungen mit Einschließen der Schüler),[697] für die Prüfung und Feststellung der Schulfähigkeit,[698] ferner für die Entscheidung nach § 35a SGB VIII.[699]   185

Gegen eine Beurteilungsermächtigung wurde entschieden für den sachverständigen Prüfer bei § 15 Abs. 2 S. 1 Nr. 3 StVZO;[700] für die Sachkundebeurteilung bei Sachverständigen gem. § 36 Abs. 1 GewO auch nach einer Prüfung durch einen vorbereitenden Fachausschuss;[701] bei der Zulassung zu einer 2. Wiederholungsmöglichkeit beim 1. Juristischen Staatsexamen;[702] für Körentscheidungen nach dem TierzuchtG,[703] für die Gleichwertigkeit ausländischer Hochschulen.[704] Auch im Strafverfahren werden Beurteilungsspielräume regelmäßig abgelehnt.[705] S. ferner Rn. 157 ff.   186

Seit langem anerkannt werden **Beurteilungsermächtigungen oder -spielräume** im Zusammenhang mit **beamtenrechtlichen** Entscheidungen. Namentlich gilt dies für die Beurteilung von **Eignung, Befähigung und fachlicher Leistung,** die Art. 33 Abs. 2 GG als Kriterien der Bestenauslese verfassungsrechtlich vorgibt.[706]   187

Die Anerkennung von Spielräumen in diesem Bereich betrifft zumal **Einstellungen,** bei denen nicht immer klar gegenüber dem Ermessen (s. noch Rn. 190) abgegrenzt wird,[707] und **Beförderungen**[708] als solche. Der Beurteilungsspielraum greift aber auch bei **Versetzungen** durch, soweit es für sie auf die Eignung des Betroffenen oder deren Fehlen ankommt;[709] Art. 33 Abs. 2 GG soll allerdings für die Versetzung in Konkurrenz zu Beförderungsbewerbern nicht gelten.[710] Besonders weitgehende Spielräume werden für die Wahl von Gerichtspräsidenten   188

---

[690] Vgl. ausdrücklich *VGH Kassel* ESVGH 43, 171, 173 m. w. N. = NVwZ-RR 1993, 628 LS.
[691] *VGH München* BayVBl 1993, 310, 311.
[692] *VGH München* NVwZ-RR 1993, 355, 356.
[693] *VGH München* NVwZ-RR 1993, 357.
[694] *VGH München* BayVBl 1994, 346.
[695] *VGH Mannheim* NVwZ-RR 1993, 358, 359; *OVG Lüneburg* NdsVBl 2001, 120.
[696] *VGH München* BayVBl 2004, 404, 405 f.
[697] *OVG Schleswig* NJW 1993, 952, 953.
[698] *OVG Münster* NVwZ 2007, 30, 31.
[699] Dafür *OVG Schleswig* NJW 2007, 243; abl. für die Entscheidung über den Hilfeanspruch überhaupt *OVG Koblenz* NJW 2007, 1993, 1994.
[700] BVerwGE 65, 157, 164.
[701] *BVerwG* NVwZ 1991, 268, 269 f.
[702] *VGH Kassel* NVwZ-RR 1989, 371 f.
[703] *BVerwG* NVwZ 1991, 568, 569 f.
[704] *OVG Schleswig* NordÖR 2003, 270, 271 (Führung ausländischer Grade).
[705] Vgl. *Störmer* ZStW 1996, 494, 509 ff. m. w. N.
[706] Vgl. BVerfGE 56, 146, 163; 98, 324, 327; *BVerwG* NVwZ-RR 1990, 489; *OVG Schleswig* NVwZ-RR 1997, 373, 374; *Sachs* HStR V, § 126 Rn. 144 m. w. N. Zu Besonderheiten bei der Anwendung des Art. 33 Abs. 2 GG auf Einstellungen im öffentlichen Dienst der neuen Länder vgl. *OVG Bautzen* LKV 1994, 147, 148; s. auch *Battis* in Sachs GG, Art. 33 Rn. 36 m. w. N. zur Bedeutung von SED-Zugehörigkeit und früherer Nähe zur Staatsmacht in der DDR; für einen Beurteilungsspielraum insoweit *VG Chemnitz* DÖD 1995, 93, 96; ebenso *VG Meiningen* LKV 1996, 419, 421, für die Eignung eines früheren IM für die Wahrnehmung eines Kommunalwahlamtes.
[707] S. BVerwGE 68, 109, 110 mit Anm. *Brodersen* JuS 1984, 807; bei Beteiligung eines Richterwahlausschusses *VGH Kassel* DVBl 1990, 306, 308; speziell zur Gewähr, jederzeit für die freiheitliche demokratische Grundordnung einzutreten, s. BVerfGE 39, 334, 354; BVerfG (VPr) NJW 1981, 2683 f.; BVerfGE 61, 176, 185 f.; 61, 194, 199; *BVerwG* NJW 1982, 779; DVBl 1983, 1105; BVerwGE 83, 90, 94; entsprechend für Einbürgerungsbewerber *VGH Mannheim* NVwZ 2001, 1434 f. Zur Anerkennung eines Spielraums bei Einstellungen BVerfGE 108, 282, 296.
[708] BVerfG (K) NVwZ 2003, 200, 201; *BVerwG* NJW 1976, 1908 f.; NVwZ 1990, 974; *VGH Mannheim* VBlBW 1996, 419 ff.; *OVG Saarlouis* NVwZ-RR 2007, 402, 403.
[709] Vgl. für Eignungsmängel von Soldaten BVerwGE 83, 251, 253; *BVerwG* NVwZ 2000, 80 f.; für Beurteilungsspielraum bei vergleichender Eignungsprüfung zu versetzender Soldaten BVerwGE 103, 4 (LS 5), 8.
[710] *OVG Münster* DVBl 1991, 1211, 1212; im Grundsatz ebenso BVerwGE 122, 237, 242; im Anschluss daran *OVG Münster* NVwZ-RR 2006, 340, 341; a. A. BAGE 103, 212, 216; zuvor bereits 89, 300, 302.

durch das Parlament angenommen.[711] Eine Beurteilungsermächtigung gilt auch für die Entscheidung über den Nachweis der Bewährung auf einem höherwertigen Dienstposten nach § 11 BLVO.[712]

189 Erfasst werden ferner vor allem auch verselbständigte **Beurteilungen im Vorfeld** solcher Entscheidungen, namentlich dienstliche Beurteilungen von Beamten[713] und Richtern[714] oder auch Beurteilungen von Lehramtsanwärtern[715] oder von Soldaten.[716] Einen Beurteilungsspielraum soll es ferner geben bei der relativen Bewertung von Examensnoten aus anderen Ländern,[717] für Auswahlentscheidungen von Richterwahlausschüssen,[718] insbes. bei der Eignungsentscheidung der **Richterwahlausschüsse** hinsichtlich früherer DDR-Richter,[719] und für Übernahmeentscheidungen der Staatsanwaltberufungsausschüsse.[720] Verneint wurde hingegen ein Beurteilungsspielraum im Hinblick auf die Unzumutbarkeit der Fortsetzung eines Dienstverhältnisses mit einer früher für das MfS tätigen Person,[721] bejaht dagegen für die positive Prognose zukünftiger Bewährung im Amt eines Bürgermeisters trotz früherer MfS-Tätigkeit.[722]

190 Eng mit der Beurteilungsermächtigung verbunden findet in bestimmten Bereichen ein ergänzender Ermessensspielraum Anerkennung, so bei der **Auswahl zwischen gleich qualifizierten Bewerbern**,[723] bei der Entscheidung über die Entlassung eines dienstunfähigen Beamten statt seiner Versetzung in den Ruhestand[724] oder bei der Auswahl von Beamten für einen Laufbahnaufstieg, auch unter Verwendung externer psychologischer Gutachten.[725] Zu Laufbahnprüfungen s. Rn. 182 f. Eine Beurteilungsermächtigung gilt auch für die Frage der Bewährung von Beamten auf Probe.[726]

191 Das *BVerwG* erkennt **ferner** einen **Beurteilungsspielraum** bei der Erteilung militärischer Sicherheitsbescheide für Soldaten an.[727] Der *BGH* bejaht einen Beurteilungsspielraum bei der Auswahl von Notariatsbewerbern,[728] das *OVG Münster* für die Frage, ob ein Hochschulbediensteter nicht ausgelastet ist und deshalb einen Lehrauftrag in seinem Hauptamt ausüben kann;[729] es nimmt ferner eine Einschätzungsprärogative der Hochschule hinsichtlich der erforderlichen wissenschaftlichen Befähigung bei Verleihung der Bezeichnung „außerplanmäßiger Professor" an.[730] Zur Selbstbindung s. Rn. 215.

Vgl. auch *BVerwG* Buchholz 236.1. § 3 SG Nr. 32; (nur) für den konkreten Fall verneinend *OVG Münster*, 7. 8. 2006, – 1 B 653/06, juris, Rn. 7 ff.
[711] So unter Berufung auf die demokratische Legitimation *OVG Schleswig* DVBl 1999, 937, 938; dazu krit. *Ziekow/Guckelberger* NordÖR 1999, 218 f.
[712] *BVerwG* NVwZ-RR 2000, 219 f.
[713] St. Rspr. des *BVerwG*, s. etwa *BVerwGE* 21, 127, 129 f.; 60, 245 f.; 86, 59, 63 f.; *BVerwG* DVBl 1993, 956; *BVerwGE* 97, 128, 129. Billigend *BVerfG (K)* NVwZ 2002, 1368.
[714] *OVG Münster* NVwZ-RR 2004, 874, 875 m. w. N.
[715] *BVerwG* NVwZ-RR 1990, 619, 620.
[716] *BVerwGE* 93, 281, 282 f. Zur Beurteilung der Erfolgsaussichten des Studiengangwechsels eines Soldaten *BVerwG* ZBR 2002, 182; zur Feststellung eines Ausbildungsrückstandes *BVerwG* DÖD 2001, 171, 172; zur Gerichtskontrolle auch bei „politischen" Beamten *BVerwG* DVBl 2007, 1119 (nur LS).
[717] *BVerwGE* 68, 109, 115; *OVG Lüneburg* NVwZ 1995, 803, 804.
[718] *OVG Schleswig* NVwZ-RR 2003, 321 f.; *VG Schleswig* NJW 1992, 2440, 2441 f.
[719] *BVerwGE* 99, 371, 376 ff.; *BVerwG* DtZ 1997, 138 f.; *OVG Bautzen* SächsVBl 1995, 62, 65; *KrG Erfurt* LKV 1993, 142, das zudem eine der Verwaltungsgerichtskontrolle überhaupt entzogene parlamentarische Kontrollmaßnahme annimmt; *VG Meiningen* ThürVBl 1994, 193, 195 f.; *VG Dresden* SächsVBl 1994, 133, 134 f.; *VG Weimar* ThürVBl 1994, 196, 199; *BVerfGE* 87, 68, 89, spricht von „Eignungsprognose"; ebenso *BVerwG* DtZ 1997, 39 f.
[720] *OVG Magdeburg* DVBl 1993, 960, 964; *OVG Weimar* ThürVBl 1995, 232, 235.
[721] *BVerwGE* 108, 64, 66; 109, 59, 65 f.; *OVG Greifswald* LKV 1996, 251 f. m. w. N.
[722] *OVG Bautzen* SächsVBl 1998, 157, 161.
[723] S. etwa *BVerwGE* 81, 22, 26; *BVerwG* NVwZ-RR 1990, 489, 490; NVwZ 1990, 974, 975; *BezG Erfurt* ThürVBl 1993, 65; allgemein zur Verbindung der Beurteilungsermächtigungen mit Ermessensspielräumen *Schmidt-Aßmann* in Maunz/Dürig, Art. 19 Abs. 4, 2003, Rn. 194.
[724] *BVerwG* NVwZ 1990, 770.
[725] *BVerwGE* 80, 224, 225 f.
[726] *BVerfGE* 43, 154, 166; *BVerwGE* 32, 237, 238 f.; 85, 177, 180; 106, 263, 266.
[727] *BVerwGE* 76, 52, 53; 83, 90, 94 f.; *BVerwG* NJW 1995, 740 f.; differenzierend demgegenüber für die Zuverlässigkeit nach dem Luftverkehrsrecht *BVerwGE* 121, 257, 261 f.
[728] *BGHZ* 124, 327, 330 f.
[729] *OVG Münster* NVwZ-RR 1990, 419 (LS).
[730] *OVG Münster* NVwZ-RR 1995, 667, 668 f.; für den früher vorgesehenen diesbezüglichen Vorschlag der Hochschule bereits *OVG Münster* NVwZ-RR 1993, 627, 628.

Eine **weitere Entwicklung** wurde durch *BVerwGE* 39, 197⁷³¹ zu der Frage der Eigenschaft 192
einer Schrift als jugendgefährdend⁷³² eingeleitet, wonach die Entscheidung eines **weisungsunabhängigen, nach besonderen Kriterien zusammengesetzten Gremiums** (näher Rn. 204 ff.), **die wertende Elemente** mit einem Einschlag eines **vorausschauenden** und zugleich **richtungsweisenden Urteils** enthält (näher Rn. 195 ff.), nicht gerichtlich nachvollziehbar ist.

Inzwischen hat das *BVerfG* – ohne jeden Beurteilungsspielraum völlig zu negieren – eine 193
volle Gerichtskontrolle nicht nur für die Qualität als Kunst, sondern auch hinsichtlich der Jugendgefährdung für geboten erklärt.⁷³³ Das *BVerwG* hat demgegenüber an einem **behördlichen „Entscheidungsvorrang"** hinsichtlich der bei den Entscheidungen notwendigen eigentlichen Abwägung festgehalten;⁷³⁴ näher dazu Rn. 167.

Auch über den Bereich der Indizierung nach dem GjS hinaus **wirken** die genannten **Ansät-** 194
ze von *BVerwGE* 39, 197 in der Diskussion **fort**. Die beiden unterschiedlichen Gesichtspunkte, auf die sich die Entscheidung stützte, können je für sich mit Beurteilungsspielräumen in Verbindung gebracht, jedoch nicht ohne Einschränkung verallgemeinert werden.⁷³⁵

Nur unter zusätzlichen Bedingungen kann namentlich die Notwendigkeit, eine **Ent-** 195
scheidung aufgrund wertender Prognose zu treffen,⁷³⁶ zur Anerkennung einer Beurteilungsermächtigung führen,⁷³⁷ auch wenn gelegentlich abweichende Entscheidungen vorkommen, so etwa für die polizeiliche Entscheidung über den Einsatzplan bei einer Großveranstaltung⁷³⁸ oder zur Beurteilung der Flucht- und Missbrauchsgefahr bei Urlaub eines Strafgefangenen.⁷³⁹ Für ablehnende Entscheidungen über Vollzugslockerungen nach § 11 Abs. 2 StVollzG soll ein Beurteilungsspielraum bestehen, der allerdings weitgehenden Einschränkungen unterworfen wird.⁷⁴⁰

Ein Ausschluss der Gerichtskontrolle folgt nicht aus der **Notwendigkeit von Wertungen** für 196
sich.⁷⁴¹ Volle Gerichtskontrolle hat dementsprechend das *BVerfG* unter Hinweis auf die Bedeutungslosigkeit aktueller persönlicher Wertungen für die Annahme besonders schwerer Schuld bei der Entscheidung über Hafturlaub durchgreifen lassen.⁷⁴² Die Beurteilungsermächtigung für Filmbewertungen wurde erst aus der Kunstfreiheitsgarantie mit dem Gebot der Staatsferne abgeleitet;⁷⁴³ doch finden sich insoweit auch traditionellere Ansätze.⁷⁴⁴ Eine Beurteilungsermächtigung für das besondere pädagogische Interesse nach Art. 7 Abs. 5 GG wegen der Notwendigkeit komplexer fachwissenschaftlicher Bewertungen wird vom *BVerfG* im Gegensatz zur vorhergehenden Judikatur der Verwaltungsgerichtsbarkeit unter Hinweis auf die Hilfe Sachverständiger abgelehnt.⁷⁴⁵

In verschiedenen Zusammenhängen werden allerdings die jeweils notwendigen **Wertun-** 197
gen als ausschlaggebend für die Anerkennung von Spielräumen angesehen, so etwa vom

---

⁷³¹ Bespr. von *Erichsen* HRRVwR 1972, C 1; *Kellner* DÖV 1972, 801; *H. J. Müller* NJW 1972, 1587; *Ossenbühl* DÖV 1972, 401; *v. Olshausen* JuS 1973, 217; *Ott* NJW 1972, 1220; *Bachof* JZ 1972, 208; *Schmidt-Salzer* DVBl 1972, 391; *Wagenitz* DVBl 1972, 392; *Jarosch* DÖV 1974, 123; *Nierhaus* DVBl 1977, 19; abl. *Quaritsch* Ermessen und unbestimmter Rechtsbegriff in Blümel/Bernet, S. 43, 59.
⁷³² Im Ergebnis bestätigt in *BVerwGE* 77, 75, 77 f. m. w. N.; *BVerwG* NJW 1987, 1431, 1432; dazu *Lutz* NJW 1988, 3194; ferner *VG Köln* NJW 1989, 3171 m. w. N.
⁷³³ *BVerfGE* 83, 130, 148.
⁷³⁴ *BVerwGE* 91, 211, 215 ff.; daran anknüpfend *BVerwGE* 91, 217, 222; 91, 223, 226 f.
⁷³⁵ Vgl. *BVerwG* NJW 1975, 70, 74; ferner *Kellner* DÖV 1972, 801, 805 f. m. w. N.; *Sendler* WiVerw 1976, 2, 21; *Tettinger* GewArch 1984, 41, 45 ff.; Verwendung von Sachverständigen; *Ladeur* NuR 1985, 81; *Ossenbühl* in FS Menger, 1985, S. 731 ff.; *Paefgen* BayVBl 1986, 513 ff.; *Maurer*, § 7 Rn. 45 f. m. w. N.
⁷³⁶ Vgl. insoweit auf Sinn und Zweck des § 3 c UVPG abstellend *OVG Münster* NWVBl 2007, 154, 155, bei zusätzlichen Anhaltspunkten im Wortlaut und in der Entstehungsgeschichte.
⁷³⁷ S. Rn. 199 ff.; weitergehend aber *Wolff/Bachof/Stober* 1, § 31 Rn. 18 ff., zur „Einschätzungsprärogative"; *Ossenbühl* DÖV 1972, 401, 404 und DÖV 1976, 463, 466 f., für polizeilichen Gefahrbegriff.
⁷³⁸ *VGH Mannheim* NJW 1981, 1226.
⁷³⁹ *KG* NJW 1979, 2574.
⁷⁴⁰ *BVerfG (K)* NJW 1998, 1133, 1134.
⁷⁴¹ Vgl. ausdrücklich etwa *BVerwGE* 81, 12, 17; *BVerwG* NVwZ 1991, 268, 269; 568, 570; *BVerwGE* 92, 340, 350; *VGH München* BayVBl 1993, 49, 50.
⁷⁴² *BVerfGE* 64, 261, 279.
⁷⁴³ *VG Wiesbaden* NJW 1988, 356, 361; für den nur eingeschränkt gerichtlicher Kontrolle unterliegenden Bewertungsspielraum einer Filmbewertungsstelle bei Zuerkennung eines Filmprädikats s. nun *VGH Kassel* NJW 1998, 1426, 1427.
⁷⁴⁴ *VGH Kassel* NJW 1987, 1436; 1998, 1426, 1427 f.; *OVG Berlin* NJW 1988, 365 m. w. N.; anders für den Ausschluss eines Filmes von der Förderung wegen Verletzung religiöser Gefühle *OVG Münster* NVwZ 1993, 76, 78 f.
⁷⁴⁵ *BVerfGE* 88, 40, 58 f., gegenüber *BVerwGE* 75, 275, 278 f.

BGH für die Annahme zureichender tatsächlicher Anhaltspunkte für ein Einschreiten der Staatsanwaltschaft nach § 152 Abs. 2 StPO;[746] und bei der Anordnung der Telefonüberwachung nach § 100 a StPO;[747] ferner etwa für Hochschulvorschlag zum außerplanmäßigen Professor,[748] für die Entscheidungen des Ehrenausschusses der Architekten- und Ingenieurkammer in einem gerichtsähnlichen standesrechtlichen Verfahren,[749] für die Wertungen in grundrechtsrelevanten öffentlichen Äußerungen der öffentlichen Gewalt[750] oder für die Beurteilung eines Weins als fehlerfrei.[751] Wirken Äußerungen oder sonstige Aktivitäten der Staatsgewalt in relevanter Weise auf grundrechtlich geschützte Positionen Einzelner ein,[752] sind freilich die Anforderungen an die Rechtfertigung von Grundrechtsbeeinträchtigungen zu beachten; umgekehrt bleiben den verantwortlichen Staatsorganen gegenüber (zugleich) einschlägigen grundrechtlichen Schutzpflichten angesichts ihrer nur grundsätzlichen Bindungskraft Spielräume.[753] Offengelassen hat das *OVG Koblenz*,[754] ob dem Sitzungsleiter im Gemeinderat bei der Feststellung „grober Ungebühr" wegen der notwendigen komplexen Bewertung von Äußerungen und der gesamten Atmosphäre ein Beurteilungsspielraum zusteht.

198 Ebensowenig gibt es eine allgemeine Beurteilungsermächtigung für **Prognosen** schlechthin.[755] Auch *BVerfGE* 88, 40, 60 f. schließt bei Entscheidungen mit prognostischen Elementen (hier: zu Art. 7 Abs. 5 GG) eine gerichtliche Überprüfung nicht von vornherein aus, sieht diese **Kontrolle aber ihrem Wesen nach beschränkt** auf die Frage, ob der Sachverhalt zutreffend ermittelt und der Prognose eine geeignete Methode zugrunde gelegt worden ist. Jedenfalls ist eine Reduktion der Kontrolldichte auf die nur prognostisch zu erfassenden Voraussetzungen zu beschränken.[756]

199 Dagegen wird ein Beurteilungsspielraum verbreitet anerkannt für Entscheidungen mit Prognosen, die auf politische, wirtschaftliche, soziale oder kulturelle **Gesamtzusammenhänge** gerichtet sind.[757] In diesem Zusammenhang ist häufig auch von einer **Einschätzungsprärogative** die Rede.[758] Zu Planungsentscheidungen auch Rn. 42 ff.

200 Als **Anwendungsfälle** derartiger Beurteilungsermächtigungen sind angesehen worden etwa die Entscheidung über die wirtschaftliche Betätigung von Gemeinden;[759] über den Beobachtungszeitraum für die wirtschaftlichen Auswirkungen einer Droschkengenehmigung;[760] die Prognose zur Gewähr, das öffentliche Verkehrsbedürfnis am besten zu befriedigen;[761] die Prognose, ob eine Beeinträchtigung des öffentlichen Rettungsdienstes zu erwarten ist;[762] die Einschätzung der

---

[746] *BGH* NJW 1989, 96, 97 m. w. N., unter Berufung auf *BVerfG (VPr)* NJW 1984, 1451, 1452; abl. *Störmer* ZStW 1996, 494, 510 ff.; auch *Eisenberg/Conen* NJW 1998, 2241 ff.
[747] *BGH* NJW 1995, 1974, 1975; dazu auch *Störmer* StV 1995, 653 ff.; *ders.* ZStW 1996, 494, 517 ff.
[748] *OVG Münster* NVwZ-RR 1995, 627, 628.
[749] Problematisch *OVG Lüneburg* OVGE 42, 317, 318 LS, 321 f., für ein „Beurteilungsermessen".
[750] *OVG Münster* NVwZ 1991, 176, 177 f.
[751] *BVerwG* NJW 2007, 2790, 2792, auch im Hinblick auf die hohe Sachkunde der Weinprüfungskommissionsmitglieder, unter Aufgabe von *BVerwGE* 94, 307.
[752] Dazu *Sachs* in ders. GG, vor Art. 1 Rn. 89; ausführlich *ders.* in Stern, Staatsrecht III/2, S. 192 f.
[753] *Sachs* in ders. GG, vor Art. 1 Rn. 35 m. w. N.; für politische Gestaltungsfreiheit allgemein auch hier *Dirnberger* DVBl 1992, 879 ff.
[754] DÖV 1996, 474 f.
[755] *Schmidt-Aßmann* in Maunz/Dürig, Art. 19 Abs. 4, 2003, Rn. 198 m. w. N.; *Kopp/Ramsauer*, § 40 Rn. 18; *Kloepfer* VerwArch 1985, 371, 393 f.; vgl. zu § 9 Abs. 1 RuStAG *BVerwGE* 79, 94, 96; zum Bezug der Prognosekontrolle auf die Sicht ex ante s. *VGH Mannheim* VBlBW 1990, 234; gegen Revisibilität *BSG* DVBl 1990, 212, 213; unklar *BVerwGE* 120, 227, 232.
[756] *BVerwGE* 120, 227, 232 f., für nur zu schätzende zukünftige Kostenpositionen bei Flughafengebühren.
[757] Vgl. *Nierhaus* DVBl 1977, 19; ähnlich auch *Schmidt-Aßmann* in Maunz/Dürig, Art. 19 Abs. 4, 2003, Rn. 199 m. w. N., bei starker Differenzierung im Planungsbereich; zur Kontrolldichte s. *Hoppe* in FG BVerwG, 1978, S. 295; *Redeker* in FS Scupin, 1983, S. 861, 875; krit. *Braun* VerwArch 1985, 158, 182; *Paefgen* BayVBl 1986, 513, 551; *Bauer* in R. Schmidt, Öffentliches Wirtschaftsrecht, Allgemeiner Teil, 1990, S. 446 f.; zweifelnd auch *Stern*, Verwaltungsprozessuale Probleme, Rn. 562.
[758] S. *BVerwGE* 64, 238, 242; 77, 75; 79, 208, 213; 81, 12, 17; *BVerwG* NVwZ 1991, 268, 269; 568, 570; *VGH München* BayVBl 1996, 176, 177; *OVG Münster* ZIP 1996, 131, 134; *VG Münster* NJW 1982, 710 m. w. N.; differenzierend, aber ohne klare Abgrenzung, auch *Schmidt-Aßmann* in Maunz/Dürig, Art. 19 Abs. 4, 2003, Rn. 197; umfassend dagegen *Wolff/Bachof/Stober* I, § 31 Rn. 18 ff.
[759] Schon *BVerwGE* 39, 329, 334; zuletzt wieder *Jarass* DVBl 2006, 1, 10 f. m. w. N.
[760] *BVerwGE* 64, 238, 242; ähnlich *BVerwGE* 79, 208, 213 ff.; auch *BVerwGE* 82, 295, 299.
[761] *BVerwGE* 80, 270, 275, nach § 10 Abs. 3 GüKG; auch *OVG Lüneburg* NJW 1992, 1979, 1980.
[762] *VGH München* BayVBl 1996, 176, 177.

Kriterien Stabilität des Preisniveaus, hoher Beschäftigungsgrad, außenwirtschaftliches Gleichgewicht, stetiges und angemessenes Wachstum;[763] die Prognose für regional-wirtschaftliche Gegebenheiten;[764] die Beurteilung der „Kosten- und Erlöslage" bei Stromtarifen;[765] die abwägende Bewertung der öffentlichen Verkehrsinteressen;[766] die Zulassung der Ausgabe von Mehrheitsaktien;[767] die Veränderung von IHK-Bezirken;[768] der besondere Versorgungsbedarf für die Besetzung eines zusätzlichen Vertragsarztsitzes;[769] die Prognose des Bedarfs an Rettungsdienstleistungen;[770] die Annahme der besseren Gewähr für größere Meinungsvielfalt im publizistischen Wettbewerb[771] und bei Rundfunkveranstaltern;[772] naturschutzfachliche Bewertungen;[773] planerische Abwägungsentscheidungen von Regulierungsbehörden.[774]

Die Notwendigkeit **politischer Wertungen** soll die (verfassungs-)gerichtliche Kontrolle der Zustimmung des Finanzministers zu über- und außerplanmäßigen Ausgaben hinsichtlich des Vorliegens eines Bedürfnisses ausschließen.[775] Generell wird eine politische Einschätzungsprärogative des jeweiligen Verantwortungsträgers hinsichtlich der in Verfolgung von Staatsaufgaben entfalteten Aktivitäten, wie zumal der Verbreitung von Empfehlungen oder Warnungen, angenommen.[776] Auch auf die Auswirkungen auf den Haushalt wird zur Begründung kontrollfreier Spielräume der Verwaltung (für Schulorganisation) abgestellt;[777] für die Einhaltung der „Grundsätze der Wirtschaftlichkeit und Sparsamkeit" wird eine Entscheidungsprärogative der zuständigen Stelle mit entsprechendem Beurteilungsspielraum angenommen.[778] 201

Für einen **verteidigungspolitischen** Beurteilungsspielraum hat sich die Rechtsprechung bei der zwingenden Notwendigkeit von Tiefflügen nach § 30 Abs. 1 LuftVG ausgesprochen.[779] Sicherheits- und außenpolitische Beurteilungsspielräume wurden auch im Rahmen des § 3 AWG postuliert.[780] 202

Verneint wurden Beurteilungsermächtigungen etwa für das Merkmal volkswirtschaftlich besonders förderungswürdig[781] und die Eignung zur Verbesserung der Unternehmensstruktur eines Wirtschaftszweigs,[782] ebenso für straßenrechtliche Klassifizierung.[783] Weitere Beispiele finden sich in den verschiedensten Bereichen.[784] Differenziert wird für die Bewertung der wirtschaftlichen Entwicklung beim Krankenhauspflegesatz.[785] 203

---

[763] Schiedsgerichtsurteil DÖV 1973, 852, 855.
[764] *BVerwG* NJW 1988, 276, 277, zum InvZulG.
[765] *VGH München* DVBl 1989, 524, 525 f.
[766] *BVerwGE* 82, 260, 265, zum PBefG.
[767] *OVG Münster* ZIP 1996, 131, 134; *Terbrack/Wermeckes* DZWiR 1998, 186, 189.
[768] *OVG Lüneburg* OVGE 40, 496, 502 f. (unter Berufung auf *BVerfGE* 50, 50 ff. zur Gestaltungsfreiheit des Gesetzgebers bei kommunaler Neugliederung).
[769] *BSG* NJW 1998, 854 m. w. N.; für die Genehmigung von Zweigpraxen s. *BSGE* 77, 188, 191 f.
[770] Keine bundesrechtlichen Bedenken sieht *BVerwG* NVwZ-RR 2000, 213, 215.
[771] *VG Weimar* ThürVBl 1993, 136, 138.
[772] *VGH München* NJW 1997, 1385, 1386 f.; *VG Weimar* ThürVBl 1995, 186, 188. Eher für eine Legitimation durch den Planungscharakter von Kabel-Einspeisungsentscheidungen *Ladeur* DVBl 1997, 983 ff.
[773] *BVerwGE* 117, 149, 155 f.; 121, 72, 84.
[774] *Schmidt-Aßmann*, in: Maunz/Dürig, Art. 19 Abs. 4, 2003, Rn. 197 a m. w. N.; *Burgi* DVBl 2006, 269, 275 (für Festlegungen im Energierecht).
[775] *BVerfGE* 45, 1, 39; *VerfGH NW* NVwZ 1992, 470, 472; 1995, 162, 163.
[776] *VerfGH NW* NVwZ 1992, 467, 469.
[777] *VGH München* NVwZ-RR 1993, 355, 356.
[778] *BVerwG* DÖV 2006, 913, 914 f. (zur Bundeswehr); *BSGE* 55, 277, 279; 56, 197, 199, in Bezug auf die „Wirtschaftlichkeit"; für Gebührenfestlegungen und Entgeltgenehmigungen *Cromme* DVBl 2001, 762 f.; abl. *v. Danwitz* DVBl 2003, 1405 ff.; s. auch Rn. 207. Zu Kosten-Nutzen-Analysen als Maßstäben *Fehling* VerwArch 2004, 443 ff.
[779] *BGHZ* 122, 368, 370 f.; *BVerwG* NJW 1994, 535; *BVerwGE* 97, 203, 209 m. zust. Anm. *Ossenbühl* JZ 1995, 512 f.; ebenso die Vorinstanzen, *OVG Münster* NWVBl 1993, 23, 24; *VG Münster* NVwZ 1990, 290, 291; auch *VGH Mannheim* VBlBW 2006, 475, 477, sowie etwa *Wolfrum* NVwZ 1990, 237, 238, gegen *VG Darmstadt* NJW 1988, 3170.
[780] Vgl. *v. Bogdandy* VerwArch 1992, 53, 77 f. m. w. N.; *ders.* in Grabitz/v. Bogdandy/Nettesheim, Europäisches Außenwirtschaftsrecht, 1994, S. 362 f.
[781] *OVG Münster* DVBl 1976, 681, 682, zu § 32 KohleG.
[782] *OVG Münster* NJW 1985, 1973; dazu *Meincke* JuS 1986, 772.
[783] *VGH München* NVwZ 1991, 590, 591; ohne bundesrechtliche Bedenken dazu *BVerwG* NVwZ 1995, 700, 701.
[784] Vgl. Rn. 157 sowie bei *Schmidt-Aßmann* in Maunz/Dürig, Art. 19 Abs. 4, 2003, Rn. 197, 199; *Wahl* NVwZ 1991, 409, 413 f.
[785] *BVerwG* NJW 1984, 2648, 2649 f.; wohl bestätigend *BVerwGE* 108, 47, 52.

204 Beurteilungsermächtigungen werden ferner mit Rücksicht auf das zur Entscheidung berufene Organ angenommen, wenn das Gesetz die Entscheidung[786] **weisungsfreien Gremien** überträgt, die **interessenpluralistisch** und/oder aufgrund besonderer **Sachkunde der Mitglieder zusammengesetzt** sind[787] (Rn. 192), was etwa für die Richterwahlausschüsse in den neuen Ländern[788] und nach Europarecht vorgeschriebene Sachverständigenkommissionen zur Weinprüfung[789] angenommen wurde. Das *BVerwG* betont, dass die im atomrechtlichen Bereich tätigen Gremien (Reaktorsicherheitskommission, Kerntechnischer Ausschuss) nicht auf politischpluralistischer Grundlage legitimiert sind, schließt damit Einwände gegen eine einseitig industriefreundliche Zusammensetzung aus.[790] Problematisch ist, ob ein Beurteilungsspielraum für Ethik-Kommissionen legitimierbar ist.[791]

205 Allein eine derartige Zusammensetzung eines Entscheidungsträgers genügt für sich betrachtet allerdings auch nicht.[792] Als maßgebliches Kriterium kann etwa die in einer gewissen Staatsferne erfolgende pluralistische Meinungsbildung hinzukommen, auf die zumal für den Bereich der Presse-, Rundfunk- und Kunstfreiheit abgestellt wird,[793] oder die Unersetzbarkeit der Meinungsbildung.[794] Gegenüber **Interessenvertretergremien** kann im Gegenteil schon aus Gründen des Demokratieprinzips und der Rechtsstaatlichkeit eine besonders intensive Gerichtskontrolle verfassungsrechtlich geboten sein.[795]

206 Für die Änderung eines **gerichtlichen Geschäftsverteilungsplans** soll dem Präsidium aufgrund seiner eigenverantwortlichen Stellung als Gremium verwaltungsunabhängiger Selbstorganisation und der Besonderheit der ihm übertragenen Aufgaben im Interesse flexibler Reaktionsmöglichkeit ein Beurteilungsspielraum hinsichtlich der vorübergehenden Überlastung einer ordentlichen Strafkammer zukommen.[796]

207 Die der **Schiedsstelle** nach § 94 BSHG im Rahmen des **§ 93 Abs. 2 BSHG** eingeräumte Entscheidungsprärogative zu den unbestimmten Begriffen Wirtschaftlichkeit, Sparsamkeit, Leistungsfähigkeit, leistungsfähiges Entgelt soll aus dem Wesen und der Aufgabe der Schiedsstelle sowie aus der Eigenart ihrer Entscheidungen folgen. Im Einzelnen wird dies auf ihre Zusammensetzung aus mit der Materie vertrauten Interessenvertretern und ihre Aufgabe der Schlichtung bei eingeräumter Weisungsfreiheit gestützt, wobei auch das dahinter stehende Vereinbarungsprinzip wohl eine Rolle spielt.[797]

208 Andererseits ist auch **besondere Fachkunde** des Entscheidungsträgers kein zwingender Grund für einen Beurteilungsspielraum, da das Gericht auch insoweit mit Hilfe von **Sachverständigen** grundsätzlich zur Kontrolle in der Lage ist.[798] Nachdem das *BVerfG* für die Indizierung nach dem GjS eine sachverständig-gutachterliche Ermittlung der schädigenden Folgen einer Schrift auf Kinder in Betracht zieht,[799] dürfte kaum mehr Raum bleiben für Beurteilungsspielräume kraft Sachverstandes.[800] Namentlich werden mit Rücksicht auf die Sachverständigenlösung im

---

[786] Oder (nur) Mitwirkungsbefugnisse, so *BVerwGE* 121, 1, 5 ff.; *VGH Mannheim* NVwZ-RR 2003, 653, 654 (Medienrat).
[787] Vgl. schon *BVerwGE* 12, 20 sowie 59, 213, 217; 62, 330, 337; 72, 195; 77, 78; *BVerwG* NVwZ 1991, 268, 269.
[788] *OVG Bautzen* SächsVBl 1995, 62, 63, 65; *KrG Erfurt* LKV 1993, 142, 143; *VG Weimar* ThürVBl 1994, 196, 199.
[789] *BVerwG* NJW 2007, 2790, 2792 f., unter Aufgabe von *BVerwGE* 94, 307.
[790] *BVerwG* NVwZ-RR 1994, 14, 15.
[791] Deren Zusammensetzung kann kaum pluralistisch-repräsentativ genannt werden. Abl. daher *Sobota* AöR 1996, 229, 249 ff.; ähnlich *Quaritsch*, Ermessen und unbestimmter Rechtsbegriff, in Blümel/Bernet, S. 43, 59.
[792] Generell vorsichtig *Kloepfer* VerwArch 1985, 371, 395; eher großzügig *Greipl*, Art. 19 IV GG und Entscheidungen von unabhängigen Sachverständigenausschüssen, Diss. Bonn 1988; *ders.* DVBl 1989, 746 ff.
[793] *BVerfGE* 83, 130, 150; dem folgend *BVerwGE* 91, 211, 217; *Bamberger* VerwArch 2002, 217, 237 ff.
[794] Dafür eine nähere Begründung *BVerwG* NVwZ 1991, 568, 569.
[795] *Schmidt-Aßmann* in Maunz/Dürig, Art. 19 Abs. 4, 2003, Rn. 198 f., in Parallele zu *BVerfGE* 33, 125, 159; skeptisch auch *Maurer*, § 7 Rn. 45 f.
[796] BGH NJW 2000, 1580, 1581.
[797] *BVerwGE* 108, 47, 49 ff.
[798] *BVerwG* NJW 1987, 2318, 2320; *BVerwGE* 81, 12, 17; *BVerwG* NVwZ 1991, 268, 269; s. auch *VGH Mannheim* NJW 1987, 1440 f.
[799] *BVerfGE* 83, 130, 147; dem folgend *BVerwGE* 91, 211, 216 f.; dazu *Niehues* NJW 1997, 557, 559.
[800] Anders auch mit Rücksicht auf Vorgaben des EG-Rechts etwa *BVerwG* NJW 2007, 2790, 2792 f., unter Aufgabe von *BVerwGE* 94, 307.

Prüfungsbereich (partiell) Beurteilungsspielräume ausgeschlossen;[801] ebenso wenig wird ein Beurteilungsspielraum zu Art. 7 Abs. 5 GG wegen besonderer behördlicher Fachkompetenz anerkannt, weil grundsätzlich eine gerichtliche Überprüfung mit Hilfe unabhängiger Sachverständiger möglich ist.[802] Jedenfalls auch auf die Fachkompetenz stellt das *OVG Münster* für den Hochschulvorschlag zum außerplanmäßigen Professor ab.[803] Ob die Festlegung der **Regelsätze nach § 22 BSHG** durch Verwaltungsvorschrift mit Rücksicht auf die besondere Fachkompetenz der Behörden nur eingeschränkter Kontrolle zu unterliegen hat,[804] scheint danach fraglich. Auch die vorherige Anhörung sozial erfahrener Personen nach § 114 Abs. 1 BSHG kann dies nicht begründen; allein der Hinweis auf begriffsimmanente Toleranzen[805] ist allerdings kaum überzeugender.

Zu beachten ist ferner, dass Beurteilungsermächtigungen häufig nicht die Gesamtentscheidung erfassen, sondern nur einzelne Elemente der abschließenden Entscheidungskompetenz der Verwaltung überantworten. Dies wird etwa angenommen für die Planrechtfertigungsprüfung[806] oder für die Höhe des Kreisumlagesatzes.[807] Schon die überkommene **Faktorenlehre**[808] trug der Tatsache Rechnung, dass die oft ganz heterogenen Voraussetzungen einer behördlichen Entscheidung als ihre „Vorfragen"[809] im Hinblick auf die Reichweite gerichtlicher Kontrolle unterschiedlichen Regeln folgen konnten. 209

Der Versuch, über die Faktorenlehre eine zusätzliche Fallgruppe von Beurteilungsspielräumen zu erfassen,[810] scheitert freilich an der inhaltlichen Beliebigkeit von „Faktoren".[811] Diese bezeichnen vielmehr nur diejenigen Tatbestandsmerkmale, auf die eine anderweitig sachlich zu begründende Beurteilungsermächtigung bezogen und beschränkt ist. Die **Reduzierung der Kontrollfreiräume auf die spezifisch darauf angelegten Elemente der Entscheidungsvoraussetzungen** ist eine allgemeine, für alle Fallgruppen von Beurteilungsermächtigungen zutreffende Erscheinung. So hat das *BVerfG*[812] den prüfungsrechtlichen Bewertungsspielraum nach Maßgabe seiner verfassungsrechtlichen Legitimation auf prüfungsspezifische Wertungen begrenzt. Dementsprechend wird auch in anderen Fällen genau zu prüfen sein, mit welcher Reichweite ein etwaiger Beurteilungsspielraum im Einzelnen anzuerkennen ist. 210

Bei Tatsachen- und Erfahrungsbegriffen ist eine Beurteilungsermächtigung grundsätzlich abzulehnen, wie etwa für Verkehrsgefährdung (§ 9 BFStrG),[813] Ungeeignetheit eines Grundstücks als Landeplatz nach § 6 Abs. 2 S. 2 LuftVG,[814] die Befürchtung von Tierseuchen[815] oder für die Voraussetzungen nach dem Gesetz zu Art. 10 GG.[816] 211

Allerdings können sich gerade auch im Bereich von **Naturwissenschaft und Technik** Erkenntnisprobleme ergeben, wenn etwa aufgrund wissenschaftlichen Meinungsstreits unter- 212

---

[801] *BVerfGE* 84, 34, 55.
[802] *BVerfGE* 88, 40, 58; daran anschließend *BVerwGE* 92, 340, 348 f.
[803] *OVG Münster* NVwZ-RR 1995, 627, 628.
[804] So *VGH Mannheim* NVwZ 1991, 92, 93.
[805] Beides wird angesprochen in *BVerwGE* 94, 326, 331 m. w. N.
[806] *BVerwGE* 56, 110, 121.
[807] *OVG Lüneburg* DÖV 1986, 1019, 1020 f.
[808] Dazu nur *Schmidt-Aßmann* in Maunz/Dürig, Art. 19 Abs. 4, 2003, Rn. 202 m. w. N., der selbst von Rezeptionsbegriffen spricht.
[809] S. etwa *Maurer*, § 7 Rn. 42, 45 f.
[810] *BVerwGE* 26, 65, 75 f.
[811] Vgl. *BVerwGE* 94, 326, 331, mit dem Hinweis, dass bezüglich der Festsetzung der Regelsätze nach § 22 BSHG nicht alle den Bedarf bestimmenden Faktoren genau feststellbar seien.
[812] *BVerfGE* 84, 34, 52 f.
[813] *BVerwGE* 16, 116, 129; zu §§ 5, 6 BImSchG *BVerwGE* 55, 250, 253 f.; *BVerwG* DÖV 1989, 825 Nr. 122 LS; *OVG Münster* NJW 1976, 2360, 2361; s. hierzu auch *Müller-Glöge*, Die verwaltungsgerichtliche Kontrolle administrativer Immissionsprognosen, 1982; *Schwab*, Möglichkeiten der Kontrollrestriktion und der Verfahrensbeschleunigung bei der gerichtlichen Überprüfung der Genehmigung nach § 6 BImSchG, Diss. Münster 1986; zum „Stand der Technik" als Rechtsbegriff s. *Asbeck-Schröder* DÖV 1992, 252 ff.; *Lamb*, Kooperative Gesetzeskonkretisierung, 1995, S. 43 ff.; *Heimlich* NuR 1998, 582 ff.; anders wohl *VGH Mannheim* NuR 1984, 102, 103, unter Hinweis auf *Ossenbühl* DVBl 1974, 309, 313; krit. auch *Ossenbühl* DVBl 1978, 1 ff.; *Breuer* DVBl 1978, 28 ff.; differenzierend *ders.* NVwZ 1988, 104, 108 ff. m. w. N.; nach *BVerwG* NVwZ-RR 1997, 214 f., können DIN-Vorschriften anerkannte „Regeln der Technik" i. S. d. § 18 b WHG sein, reichen aber noch nicht ohne weiteres kraft ihrer Existenz und schließen einen Rückgriff auf weitere Erkenntnismittel nicht aus.
[814] *BVerwG* DVBl 1971, 415, 416.
[815] *BVerwG* DÖV 1984, 557.
[816] *OVG Münster* NJW 1983, 2346, 2349.

schiedliche Sachverständigenauffassungen bestehen, was zumal im **Umweltrecht**[817] häufig der Fall ist.[818] Das *BVerfG* hat offen gelassen, ob sich die Gerichte darauf beschränken können zu prüfen, ob bei Kenntnislücken und Unsicherheiten in diesem Bereich eine sich ergebende Bandbreite eingehalten worden ist.[819] Später hat es bezogen auf die zeitliche Verfahrensabfolge den Gerichten verwehrt, einschlägige Bewertungen der Verwaltung durch ihre eigene zu ersetzen, und sie auf die Überprüfung der Rechtmäßigkeit der Feststellungen und Bewertungen der Verwaltung beschränkt, ohne indes Grenzen der Rechtsbindung aufzuzeigen. Immerhin erklärt es ausdrücklich auch für diesen Bereich normativ eröffnete Beurteilungsspielräume für denkbar.[820] Inwieweit dies **im Rahmen der anerkannten Fallgruppen** (Rn. 175 ff.) angenommen werden kann, ist **zweifelhaft**.[821]

213 Das *BVerwG* hat im Wyhl-Urteil[822] aus der Struktur des Vorsorgebegriffs des § 7 Abs. 2 Nr. 3 AtomG hergeleitet, dass die **Wertung wissenschaftlicher Streitfragen** einschließlich der daraus folgenden **Risikoabschätzung** der **Exekutive** zur **letztverbindlichen Entscheidung** zugewiesen sei. Verfassungsrechtlich hat es dies unter Hinweis darauf für gerechtfertigt erklärt, dass die Exekutive für die Verwirklichung des Grundsatzes bestmöglicher Gefahrenabwehr und Risikovorsorge sehr viel besser ausgerüstet sei als die Gerichte (im Anschluss an *BVerfGE* 49, 89, 140, dort zum Verhältnis zur Gesetzgebung). Die Gerichte bleiben darauf beschränkt, (für das Ergebnis relevante) Defizite bei der behördlichen Ermittlung und Bewertung von Risiken festzustellen.[823]

214 Die **Tragfähigkeit** dieses Ansatzes **bleibt abzuwarten**.[824] Das *BVerfG* lässt die verfassungsrechtliche Haltbarkeit ausdrücklich offen,[825] ist allenfalls bereit, die **atomrechtliche Genehmigung als einen Sonderfall** zu behandeln.[826] In diese Richtung lässt es sich auch verstehen, wenn das *BVerwG* ausdrücklich offen lässt, ob die Rechtslage nach § 7 Abs. 2 Nr. 3 AtG mit dem Begriff des „Beurteilungsspielraumes" zutreffend gekennzeichnet ist.[827] Eine Übernahme für andere Rechtsgebiete[828] ist jedenfalls nicht generell möglich (s. aber zum Gentechnikrecht Rn. 216). Nicht abschließend geklärt ist die Bedeutung des – ja auch den Gerichten zur Verfügung stehenden – externen Sachverstandes.[829]

---

[817] Zur Gerichtskontrolle in diesem Bereich etwa *Wilke* Jura 1992, 186 ff.
[818] S. zur Gesamtproblematik *Hegele*, Die Bedeutung von Sachverständigengutachten für die richterliche Rechtskonkretisierung im Umweltschutz, 1993.
[819] *BVerfGE* 49, 89, 136, im Anschluss an *BVerwGE* 55, 250, 253 f.
[820] *BVerfGE* 61, 82, 111, 114 f.
[821] S. *Kloepfer* VerwArch 1985, 371, 391 ff. m. w. N.
[822] *BVerwGE* 72, 300, 316 ff. mit Bearbeitung *Osterloh* JuS 1988, 495 ff. m. w. N.; auch *BVerwGE* 78, 177, 180; 80, 207, 217; 81, 185, 190 ff. m. Anm. *Karpen* JZ 1989, 898 und *Bracher* DVBl 1989, 517, zum bewaffneten Werkschutz nach § 7 Abs. 2 AtomG; *BVerwGE* 92, 185, 195 f.; 106, 115, 120 f.; *VGH Mannheim* VBlBW 1987, 292, 294; ähnlich *VGH Kassel* ESVGH 39, 262, 264 f., 268 f.; grundsätzlich zustimmend *Wilke* Jura 1992, 186, 189 ff.; abl. *Kopp/Ramsauer*, § 40 Rn. 80 m. w. N. Zu § 6 Abs. 2 Nr. 2 AtG entsprechend (bei Prüfung einer Verfahrensrüge) *BVerwG* NVwZ 1999, 654, 655.
[823] Näher *BVerwG* 106, 115, 120 ff. m. w. N.; *Badura* DVBl 1998, 1197, 1201 f.; zum Versagungsermessen im Hinblick auf den Atomausstieg *Kühne* DVBl 2003, 1361 ff.
[824] Skeptisch etwa *Papier* in FS Ule, 1987, S. 235, 250 f.; auch *Sendler* ebda, S. 337, 356 ff. m. w. N.; *Albers* in FS Simon, 1987, S. 519, 534 ff. m. w. N.; *Beckmann* UPR 1987, 321, 324 ff. m. w. N.; *Nierhaus* S. 390 f. m. w. N.; *Fischer*, Umweltschutz durch technische Regelungen, 1989, S. 73 ff., insbes. S. 99 ff.; *Denninger*, Verfassungsrechtliche Anforderungen an die Normsetzung im Umwelt- und Technikrecht, 1990, Rn. 204; *Hendler* DÖV 1998, 481, 488 f.; für richterliche Selbstbeschränkung in diesem Bereich *Fröhler* in FS Ule, 1987, S. 55, 72; differenzierend *Wahl* NVwZ 1991, 409 ff. m. w. N.; zu den Auswirkungen auf behördliche und gerichtliche Verfahren *ders.* in Dokumentation zur 14. wissenschaftlichen Fachtagung der Gesellschaft für Umweltrecht e. V. Berlin, 2. und 3. 11. 1990, 1991, S. 41 ff.; positiv und verallgemeinernd etwa *K. Vogel* in FS Thieme, 1993, S. 605 ff.; bei entsprechender gesetzlicher Ermächtigung auch *Jachmann* Verwaltung 1995, 17 ff.; für Reduzierung der verwaltungsgerichtlichen Kontrolldichte bei gemischt-interdisziplinären Tatbeständen *Salzwedel* in FS Redeker, 1993, S. 421 ff.; s. auch Rn. 216 ff.
[825] *BVerfGE* 80, 257, 265.
[826] *BVerfGE* 78, 214, 227.
[827] *BVerwG* NVwZ-RR 1994, 14, 15.
[828] Ob die Rechtsprechungsgrundsätze über die Genehmigung nach § 7 Abs. 2 Nr. 3 AtG hinaus auf andere Entscheidungen nach diesem Gesetz erstreckt werden können, ist umstritten; gegen eine Erweiterung auf die Widerrufs- und Stilllegungsentscheidungen nach § 17 Abs. 5, § 19 Abs. 3 S. 1 2. Alt. AtG *Pfaundler* UPR 1999, 336 ff., gegenüber *VGH Kassel* NVwZ-RR 1998, 361.
[829] Dazu etwa *Di Fabio* VerwArch 1990, 193 ff.

5. Selbstbindung

Auch im Rahmen einer Beurteilungsermächtigung besteht die Möglichkeit der Selbstbindung,[830] da die verfassungsrechtlichen Bindungen des Gleichheitssatzes (Rn. 91 ff.) und des rechtsstaatlichen Vertrauensschutzes (Rn. 83) auch hier gelten. Daraus ergibt sich die Möglichkeit, dass **Verwaltungsvorschriften,** die innerhalb des der Exekutive überantworteten Spielraums im Einklang mit den gesetzlichen Bestimmungen erlassen sind, wie im Ermessensbereich **mittelbar Außenwirksamkeit** erlangen, etwa Richtlinien für die dienstliche Beurteilung,[831] Regelungen für die Auswahl zwischen Notarbewerbern[832] oder Bestimmungen über besoldungsrechtliche Mietzuschüsse.[833] Allerdings ist auch hier wie beim Ermessen (Rn. 111) letztlich, d. h. insbes. im Falle der Abweichung, die tatsächliche Verwaltungspraxis und nicht der Wortlaut der Regelungen entscheidend.[834] 215

In diesem Sinne muss wohl auch die **vieldiskutierte**[835] (vgl. auch Rn. 213 f.; § 44 Rn. 80) **normkonkretisierende Richtlinie** des Wyhl-Urteils[836] mit Bindungswirkung für die Verwaltungsgerichte verstanden werden. Der dort angenommene Ausschluss verwaltungsgerichtlicher Überprüfung kann allerdings nur den durch die Beurteilungsermächtigung geschaffenen Spielraum betreffen und lässt die Möglichkeit verfassungsrechtlicher Überprüfung der Nutzung dieses Spielraums zumal auf Grundrechtsverstöße unberührt.[837] Der Anwendungsbereich der normkonkretisierenden Richtlinie war zunächst im Wesentlichen **auf das Atomrecht begrenzt,** obgleich die Distanz in anderen Bereichen der Judikatur manchmal eher verbaler als materieller Natur war.[838] Für die Prüfung der Sicherheit einer gentechnischen Anlage hat das BVerwG mit Rücksicht auf übereinstimmende Normstrukturen ausdrücklich einen Beurteilungsspielraum anerkannt, der der Rechtslage nach dem AtG entspricht.[839] S. insgesamt auch Rn. 156, 219. 216

Inzwischen ist der **Anwendungsbereich** der normkonkretisierenden Verwaltungsvorschrift grundsätzlich auf das **Umwelt- und Technikrecht insgesamt** ausgedehnt worden.[840] Erweiternde Ansätze gab es etwa schon für die auf § 3 FluglärmG beruhende Berechnungsanleitung in der Flughafenplanfeststellung[841] und für Verwaltungsvorschriften nach § 4 Abs. 5 S. 1 AbfG.[842] Im Immissionsschutzrecht hat sich das BVerwG zunächst eher zurückhaltend gezeigt. Namentlich ging es beim Lärmschutz mit Zustimmung des BVerfG[843] von unmittelbar anwendbaren unbestimmten Rechtsbegriffen aus, bei deren Anwendung auf den Einzelfall die einschlägigen Regelwerke lediglich mit indizieller Bedeutung berücksichtigt werden.[844] Mit Erlass der 217

---

[830] *BVerwG* NVwZ 1982, 101; auch *OVG Bautzen* DÖV 1997, 380, 381, das aber letztlich eine solche Bindung im Rahmen des § 28 Abs. 3 S. 1 AuslG mangels Beurteilungsspielraum ablehnt; *Menger* VerwArch 1972, 213; skeptisch *M. Redeker* in Redeker/v. Oertzen, § 114 Rn. 32.
[831] *BVerwG* NVwZ 1982, 101; *BVerwG* RiA 2000, 283 f.
[832] *BGHZ* 124, 327, 332 f.
[833] *OVG Münster* NWVBl 1992, 253 f.
[834] Vgl. für Beurteilungsrichtlinien *BVerwG* RiA 2000, 283 f.
[835] S. *Stern* Staatsrecht III/1, S. 1484; *Ossenbühl* HStR III[1], § 65 Rn. 60; sowie etwa *Di Fabio* DVBl 1992, 1338 ff.; *Huber* ZMR 1992, 469 ff.; *Sendler* UPR 1993, 321 ff.; *Jachmann* Verwaltung 1995, 17 ff., insbes. S. 30, Fn. 76; *Hendler* JUTR 1997, 55 ff., 65 ff.; *Schmidt-Preuß* DVBl 2000, 767, 775 ff.; *Uerpmann* BayVBl 2000, 705, 708 ff.; *v. Danwitz* DÖV 2001, 353, 362.
[836] *BVerwGE* 72, 300, 320; bestätigend *BVerwGE* 78, 177, 180; 80, 207, 217; 81, 185, 190 ff.
[837] S. *Stern* Staatsrecht III/1, S. 1486 m. w. N.
[838] Vgl. im Überblick *Wahl* NVwZ 1991, 409, 413 f. m. w. N. Zu privaten technischen Regelwerken s. auch die Beiträge von *Johann, Reihlen* und *Schmidt-Preuß* in Kloepfer (Hrsg.), Selbstbeherrschung im technischen und außertechnischen Bereich, 1998, S. 67 ff.
[839] *BVerwG* NVwZ 1999, 1232, 1233 f.; zust. *Kroh* DVBl 2000, 102 m. w. N.; abl. *Beaucamp* DÖV 2002, 24 ff. Gegen Beurteilungsspielräume im Gentechnikrecht ausführlich *Schmieder*, Risikoentscheidungen im Gentechnikrecht, 2004.
[840] In diesem Sinne auch *BVerwGE* 107, 338, 340 f. m. w. N.
[841] Dafür *VGH Mannheim* NVwZ-RR 1991, 137 LS 16.
[842] *Mühlenbruch*, Außenwirksame Normkonkretisierung durch „Technische Anleitungen", 1992; s. auch insbes. zur Bindung der Gerichte *Asbeck-Schröder*, Grundfragen der TA Sonderabfall, 1991, S. 179 f.; *Hösel/v. Lersner/Wendenburg*, Recht der Abfallbeseitigung, 1994, § 4 AbfG Rn. 52; *Lamb*, Kooperative Gesetzeskonkretisierung, 1995, S. 53 f.; ausführlich *Jarass*, Inhalte und Wirkungen der TA Siedlungsabfall, 1999, S. 41 ff.; zur LAGA-Abfallliste vgl. *Giesberts/Hilf* UPR 1999, 168 ff.
[843] Zu § 3 Abs. 1, §§ 41 ff. BImSchG *BVerfGE* 79, 174, 194 ff.; dazu *Broß* VerwArch 1989, 395, 400 ff.
[844] Vgl. *BVerwGE* 79, 254, 264; *BVerwG* NJW 1990, 925, 928 f.; *BVerwGE* 88, 143, 148 f.; 90, 163, 166; s. auch *VGH München* NJW 1990, 2485, 2486 f. m. w. N.; ferner etwa *Kutscheidt* NWVBl 1994, 281 ff.;

16. BImSchV – VerkehrslärmschutzVO[845] – als konkreter normativer Entscheidungsgrundlage dürfte jedenfalls in ihrem Anwendungsbereich[846] die Problematik entschärft sein. Für die TA Luft hatte das *BVerwG* zunächst offen gelassen, ob sie als antizipiertes Sachverständigengutachten (s. § 26 Rn. 33) einzustufen sein könnte (s. auch § 44 Rn. 77, 79, 81 f.).[847] Inzwischen geht es von einer normkonkretisierenden Verwaltungsvorschrift mit auch im Gerichtsverfahren bindender Außenwirkung sowohl bei der **TA Luft**[848] als auch bei der **TA-Lärm** aus.[849] Auch die **Rahmen-Abwasser-VwV** ist als für die Gerichte bindende Konkretisierung des § 7a Abs. 1 WHG eingestuft worden.[850]

218 Das *BVerwG* hält gleichwohl daran fest, dass eine Bindung der Gerichte an Verwaltungsvorschriften auch im Umwelt- und Technikrecht die Ausnahme ist, und betont die **strengen Anforderungen,** die **an eine Normkonkretisierung** zu stellen sind. Einschlägige Verwaltungsvorschriften müssen – abgesehen von der selbstverständlichen Beachtung aller rechtlichen Vorgaben – dem wesentlichen Erkenntnis- und Erfahrungsstand Rechnung tragen, der aufgrund eines umfangreichen Beteiligungsverfahrens ermittelt worden sein muss; ihre Verbindlichkeit endet, wenn sie durch Erkenntnisfortschritte in Wissenschaft und Technik überholt ist.[851] Gleichwohl scheinen die besonderen Probleme der Normierungsformen des technischen Sicherheitsrechts insgesamt noch nicht hinreichend bewältigt (dazu noch § 44 Rn. 77, 79, 81 f.; § 26 Rn. 34).[852] Praktikabel dürfte in vielen Fällen der Weg sein, Ergebnisse der einschlägigen behördlichen Ermittlungen – mangels greifbarer entgegenstehender Anhaltspunkte – als de facto dem jeweils maßgeblichen Erkenntnisstand entsprechend zu behandeln.[853] Eine Ausdehnung der Rechtsfigur auf andere Bereiche ist grundsätzlich bedenklich.[854]

219 Seitdem der *EuGH* die **Umsetzung von EG-Richtlinien** durch bloße Verwaltungsvorschriften für unzureichend erklärt hat (s. Einl Rn. 92), dürften diese auch sonst zumindest in den durch Richtlinien vorgeprägten Bereichen durch Rechtssätze mit voller Außenwirksamkeit abgelöst werden, schon um zukünftigen Beanstandungen aus dem Wege zu gehen. Ein Abschied

---

s. zum Gesamtkomplex auch *Wittling*, Die Publikation der Rechtsnormen einschließlich der Verwaltungsvorschriften, 1991, S. 190 ff.; *Lübbe-Wolff* ZG 1991, 219 f.; *J. Wolf* DÖV 1992, 849 ff.; *H.-J. Koch* ZUR 1993, 103 ff.; *Bönker*, Umweltstandards in Verwaltungsvorschriften, 1992; *Ebinger*, Der unbestimmte Rechtsbegriff im Recht der Technik, 1993; *Gusy* NVwZ 1995, 105 ff.; *Rogmann*, Die Bindungswirkung von Verwaltungsvorschriften, 1998, S. 190 ff.

[845] Dazu *Alexander* NVwZ 1991, 318 ff.; s. ferner die 18. BImSchV – SportanlagenlärmschutzVO –, dazu etwa *VGH München* NVwZ-RR 2004, 20, 21.

[846] Für die Bedeutung der danach vorgesehenen Immissionsgrenzwerte als Orientierungspunkte für die Bestimmung der Zumutbarkeitsgrenze im Rahmen des § 45 Abs. 1 S. 2 Nr. 3 StVO *VGH München* BayVBl 1999, 371, 372 m. w. N.

[847] *BVerwG* NVwZ 1984, 824, 825; zu einschlägigen VDI-Richtlinien als „Entscheidungshilfe" *OVG Münster* NVwZ-RR 1990, 545, 548; *OVG Lüneburg* DVBl 2000, 1871, 1873; zu trotz einschlägiger VDI-Richtlinie notwendiger weiterer Sachaufklärung mangels abschließender Aussagen derselben *BVerwG* UPR 1999, 24, 25; zur Frage der Beweiskraft internationaler und privater Fachnormen und -richtlinien für das schweizerische Recht *Wagner Pfeifer* ZSchwR 1997 I 433, 439 f.

[848] So dezidiert *BVerwGE* 110, 216; 114, 342, 344; Ansätze schon in *BVerwG* NVwZ 1995, 994 f.; daran anknüpfend *BVerwG* NVwZ-RR 1996, 498, 499; *Doerfert* JA 1999, 949, 952; s. auch *OVG Lüneburg* DVBl 2000, 1871, 1872 f.; *VGH Mannheim* DVBl 2000, 1865, 1867; *Fassbender* UPR 2002, 15 ff.; *Hochhuth* JZ 2004, 283 ff.; zur neuen TA-Luft etwa *Hansmann* NVwZ 2002, 1208; NVwZ 2003, 266 ff.; *Ohms* DVBl 2002, 1365; *Pschera/Koepfer* NuR 2003, 517 ff.

[849] *BVerwGE* 107, 338, 341 m. w. N.; *OVG Münster* NVwZ 2004, 366 f. m. w. N.; *Hansmann*, TA Lärm, 2000, insbes. Vorbem. S. 1 sowie Rn. 6 f.; *C. Müller*, Die TA-Lärm als Rechtsproblem, 2001.

[850] *BVerwGE* 107, 338, 341 f.

[851] *BVerwGE* 107, 338, 341 f. m. w. N.; *VGH Mannheim* DVBl 2000, 1865, 1867 f.; *Uerpmann* BayVBl 2000, 705, 709; s. aus schweizerischer Sicht *Wagner Pfeifer* ZSchwR 1997 I 433, 439 f.

[852] *Stern* Staatsrecht III/1, S. 1484 ff. m. w. N.; hierzu ferner *Schmidt-Aßmann* in Maunz/Dürig, Art. 19 Abs. 4, 2003, Rn. 202 ff., der eine Kategorie der Rezeptionsbegriffe bildet; *M. Schäfer*, Verfassungsrechtliche Rahmenbedingungen für die Konkretisierung unbestimmter Sicherheitsstandards durch die Rezeption von Sachverstand, 1998. Für einen Typus der Standardisierungsermächtigungen *Kautz* GewArch 2000, 233 ff. Über den innerstaatlichen Bereich hinausgreifend *Zubke-von Thünen*, Technische Normung in Europa, 1999.

[853] Vgl. etwa im Rahmen des § 22 Abs. 1 BImschG für die Grenzwertempfehlungen der Strahlenschutzkommission *BVerwG* DVBl 1996, 682, 683.

[854] Dafür aber für gemeinsame Richtlinien der Landesmedienanstalten *Ladeur* DÖV 2000, 217 ff.; für vom Gesetzgeber gelassene, verfassungswidrige Lücken füllende (Privatschul-)Förderrichtlinien *OVG Schleswig* NVwZ 2002, 114.

6. Kontrollumfang

VAe, die aufgrund von Gesetzen mit Beurteilungsermächtigung ergehen, sind nicht jeder 220 (verwaltungs-)gerichtlichen Kontrolle entzogen. Diese kann überhaupt nur insoweit reduziert sein, als der zugunsten der Verwaltung begründete Spielraum berührt ist (s. Rn. 209f.). Die Reichweite dieses Spielraums hängt maßgeblich von der jeweiligen verfassungsrechtlichen oder zumindest **verfassungsgemäßen Legitimation** ab. Diese bestimmt die **äußeren Grenzen** des Bereichs reduzierter **Kontrolldichte**.[856] Dementsprechend hat das *BVerfG* den aus dem Gleichheitssatz nicht voll überzeugend begründeten[857] kontrollfreien Entscheidungsspielraum der Prüfer von vornherein auf **prüfungsspezifische Wertungen** beschränkt.[858] Außerhalb dieses Bereichs sind die Gerichte zu umfassender Überprüfung berechtigt und verpflichtet. Dies wird in der neueren Judikatur bei Störungen der Chancengleichheit hinsichtlich der gebotenen Kompensationsmaßnahmen angenommen, für die jeder behördliche Entscheidungsspielraum fehlen soll.[859]

Innerhalb des Bereichs, für den eine reduzierte Kontrolldichte legitimiert ist, ist die Kontrolle 221 nicht ausgeschlossen, sondern nur eingeschränkt. Die den Gerichten **verbleibende Kontrolle** muss für einen wirkungsvollen Schutz der Grundrechtspositionen der Betroffenen zweckgerichtet, geeignet und angemessen sein.[860] In der verwaltungsgerichtlichen Praxis sind für diese **inneren Grenzen** der Freistellung von gerichtlicher Kontrolle einige Kriterien entwickelt worden,[861] die sich zu einer dem **Kontrollprogramm** bei Ermessensentscheidungen (Rn. 53ff.) ähnlichen **Formel** zusammenfassen lassen.[862] Danach liegt ein von den Gerichten feststellbarer Rechtsverstoß bei Entscheidungen aufgrund von Beurteilungsermächtigungen vor, wenn die Behörden Verfahrensfehler begehen, von einem unrichtigen Sachverhalt ausgehen, anzuwendendes Recht verkennen, bei seiner Anwendung allgemeingültige Bewertungsmaßstäbe verletzen oder sich von sachfremden Erwägungen leiten lassen. Ob sich die auf diese Maßstäbe begrenzte gerichtliche Kontrolle immer im Sinne einer Immunisierung der Verwaltungsentscheidung und Beschleunigung des Gesamtverfahrens niederschlagen muss, ist keineswegs ausgemacht.[863]

Das *BVerfG*[864] hat diese auch für das Prüfungsrecht anerkannte Rechtsprechungsformel auf- 222 gegriffen und im Grundansatz nicht beanstandet; es hat nur bemängelt, die Formel sei so abstrakt, dass sie die Kontrolldichte noch nicht erkennen lasse. Entscheidend sei – im Rahmen dieser Formel –, unter welchen Voraussetzungen die Verletzung allgemeingültiger Bewertungsmaßstäbe angenommen und aus welchen Merkmalen auf sachfremde Erwägungen geschlossen wird. Es hat insoweit die restriktiven Ansätze der älteren Judikatur durch stringentere Anforderungen ersetzt, die seither in der Judikatur der Verwaltungsgerichte umgesetzt worden sind (dazu grundsätzlich Rn. 180ff.). Von diesen weitergehenden Postulaten abgesehen bleiben die Kriterien der **bisherigen Rechtsprechungsformel im Grundsatz weiterhin maßgeblich**.[865]

---

[855] In diese Richtung *Doerfert* JA 1999, 949, 952; dagegen etwa *v. Danwitz* VerwArch 1993, 73ff., 96; ähnlich zuvor *Reinhardt* DÖV 1992, 102ff.; *Röthel/Hartmann* JUTR 1995, 71ff., 100; ferner etwa *Jarass* JuS 1999, 105, 108ff.
[856] *Sieckmann* DVBl 1997, 101, 103f., differenziert insoweit zwischen Kontrollmaßstab und -intensität.
[857] Skeptisch auch *Maurer*, § 7 Rn. 43.
[858] *BVerfGE* 84, 34, 52.
[859] *BVerfG* (K) NJW 1993, 917f., gegenüber *BVerwGE* 85, 323, 328f.; wie das *BVerfG* dann *BVerwGE* 94, 64, 68f.; auch *VGH Mannheim* NVwZ 1994, 598, 599; skeptisch *Sendler* DVBl 1994, 1089, 1095ff.
[860] *BVerfGE* 84, 34, 53; 84, 59, 78, für den Schutz der Berufsfreiheit bei berufsbezogenen Prüfungen.
[861] Dazu *Schmidt-Aßmann* in Maunz/Dürig, Art. 19 Abs. 4, 2003, Rn. 192 m.w.N.
[862] Für Gleichwertigkeit der Kontrollmöglichkeiten *Herdegen* JZ 1991, 747, 750f.
[863] Vgl. aus verwaltungsrichterlicher Sicht skeptisch etwa *Kutscheidt* NWVBl 1995, 121, 124f.
[864] *BVerfGE* 84, 34, 53f.
[865] S. aus neuerer Zeit etwa *BVerwG* NJW 1995, 740f.; *VGH München* BayVBl 1993, 310, 311; NVwZ-RR 1993, 357 (im Anschluss an die in *BVerfGE* 85, 36, 56ff. für das normative Ermessen formulierten Maßstäbe); *VGH Mannheim* NVwZ-RR 1993, 358, 359; *BezG Erfurt* ThürVBl 1993, 65; *OVG Bautzen* SächsVBl 1995, 62, 65 m.w.N.; auch *BVerwGE* 97, 203, 209 m.w.N.; dazu Anm. *Ossenbühl* JZ 1995, 512f., der die Ähnlichkeit zur Planungskontrolle (dazu Rn. 43) hervorhebt.

223 Die Bedeutung der **Grundrechte** (dazu allgemein Rn. 165ff.) kann freilich **auch außerhalb des Prüfungsrechts** im Sinne **verschärfter Kriterien** der Gerichtskontrolle wirksam werden.[866]

224 Gegenstand der **Kontrolle** ist jedenfalls, ob **Ermittlung und Feststellung des Sachverhalts** zutreffend und vollständig waren;[867] zu prüfen bleiben in jedem Falle auch **Verfahrensfehler**,[868] insbes. für **Prüfungsverfahren**.[869] Gerade in diesem Bereich sind zahlreiche **Fortentwicklungen der Judikatur** aus neuerer Zeit festzustellen, die hier nicht im Einzelnen dokumentiert werden können.[870]

225 Verfahrensfehler sollen nur beachtlich sein, wenn sie **entscheidungsrelevant** sind;[871] dafür genügt es, wenn die Ursächlichkeit des Verfahrensfehlers für die getroffene Entscheidung nicht auszuschließen ist;[872] näher § 45 Rn. 116ff., insbes. Rn. 123f.; auch § 46 Rn. 51ff., 73ff. Der fehlende Einfluss eines festgestellten Verfahrensfehlers muss im Einzelfall belegt werden.[873] Bei unsubstantiierter oder rechtlich unbeachtlicher Rüge des Prüflings kann ein Fall fehlender Erheblichkeit anzunehmen sein.[874] Allerdings können die Verwaltungsgerichte festgestellten Bewertungsfehlern die Erheblichkeit nicht mit Rücksicht auf weitere, erst gerichtlich festgestellte Schwächen der Prüfungsleistung absprechen.[875] Mängel im Prüfungsverfahren, nicht auch solche der materiellen Beurteilung,[876] sind zur Vermeidung von Rechtsnachteilen **unverzüglich geltend zu machen**.[877]

226 Ergänzend zu gesetzlichen Verfahrensanforderungen hat das BVerfG[878] dem Grundrecht der Berufsfreiheit nach **Art. 12 Abs. 1 GG** unmittelbar **Anforderungen an die Gestaltung des Verwaltungsverfahrens** entnommen und verlangt, dass der betroffene Bürger die Gelegenheit haben müsse, auf vermeintliche Irrtümer und Rechtsfehler rechtzeitig und wirkungsvoll hinzuweisen und damit ein **Überdenken** anstehender oder bereits getroffener Entscheidungen zu erreichen. Ein solches der verwaltungsgerichtlichen Klage vorausgehendes **Vorverfahren** muss nicht notwendig auf eine vollständige Neubewertung von Prüfungsleistungen gerichtet sein, vielmehr genügt auch eine Fehlerkontrolle. Die Kontrolle muss nicht durch eine neutrale Stelle innerhalb der Verwaltung erfolgen, sondern kann unter maßgeblicher Beteiligung der ursprünglichen Prüfer stattfinden;[879] auch muss es keinen Instanzenzug geben. Diese An-

---

[866] Vgl. etwa BVerfGE 103, 142, 157 zu Art. 13 Abs. 2 GG; auch BVerfGE 110, 33, 53ff.; 113, 348, 376 zu Art. 10 GG; BVerfGE 113, 63, 80 zu Art. 5 Abs. 1 S. 2 GG (Presse); VGH Mannheim NVwZ-RR 2003, 653, 654 (Rundfunk); nicht unbedenklich BGH NJW 1995, 1974f., wo die Anordnung der Telefonüberwachung nur auf Willkür geprüft wird.

[867] BVerwG NJW 1984, 2649; 1986, 796, 798; BVerfGE 72, 282, 285; 77, 75, 78.

[868] BVerwG DVBl 1981, 1149; 1982, 195; VGH Mannheim DVBl 1977, 461; vgl. auch § 46 Rn. 62f.

[869] Dazu eingehend Niehues, Prüfungsrecht, Rn. 399ff.; ders. NJW 1997, 557, 558ff.; Zimmerling/Brehm NVwZ 1997, 451ff.; dies., Prüfungsrecht, 2. Aufl. 2001, Rn. 111ff., 576ff.; Lampe, Gerechtere Prüfungsentscheidungen, 1999; zur Juristischen Staatsprüfung etwa Gohrke/Brehsan SächsVBl 1999, 53, 57ff.; zur Änderung eines Verfahrens während einer Prüfung BVerwGE 16, 150ff.; zum Gebot der Fairness BVerwGE 55, 355, 360ff.; BVerwG NVwZ 1985, 187 m. w. N.; OVG Münster NVwZ-RR 1997, 714f.; ferner § 9 Rn. 60.

[870] Vgl. dazu die Beispiele in Vorauf., § 40 Rn. 226. Vgl. ferner Kopp/Schenke, § 114 Rn. 30; auch Wolff in Sodan/Ziekow, § 114 Rn. 357ff.

[871] Vgl. BVerwGE 83, 90, 94f.; BVerwG NJW 1995, 740, 741.

[872] BVerfGE 84, 34, 55; BVerwGE 91, 262, 270; BVerwG NVwZ-RR 1994, 582 m. w. N.; VGH Mannheim NVwZ-RR 1999, 291; OVG Schleswig NVwZ-RR 2003, 323.

[873] BVerwGE 107, 363, 371f., für die Anwesenheit eines als befangen ausgeschlossenen Prüfers im Prüfungsraum; OVG Münster NJW 1990, 305, 307, im Falle der Vorkorrektur von Prüfungsarbeiten durch dafür gesetzlich nicht zugelassene (studentische) Hilfskräfte.

[874] S. etwa OVG Münster NVwZ 1992, 694, 695; 696, 697; NWVBl 1997, 434, 435; zur Obliegenheit des Prüflings, Einwände schlüssig, substantiiert und nachvollziehbar darzulegen, auch OVG Münster OVGE 44, 38, 40 = DVBl 1994, 1374 (nur LS).

[875] BVerwGE 105, 328, 333ff.

[876] Vgl. ausdrücklich etwa BVerwG NVwZ 2000, 921.

[877] S. unter Bestätigung der überkommenen Rechtsprechungsgrundsätze BVerwGE 96, 126, 129ff. m. w. N.; für Fälle unzulänglicher Unterrichtung über die Rücktrittsmöglichkeit BVerwGE 99, 172, 180. Zur Notwendigkeit sofortiger Befangenheitsrüge OVG Münster NWVBl 1993, 293, 294f.; restriktiv gegenüber der Pflicht des Prüflings, unverzüglich die Gründe eigener Säumnis mitzuteilen, für den Fall, dass die Chancengleichheit Dritter nicht gefährdet ist, BVerwGE 106, 369, 371ff. Vgl. auch Linke NVwZ 2006, 1382ff.

[878] BVerfGE 84, 34, 45ff., 48f.

[879] BVerwGE 98, 324, 330ff.; BVerwG NVwZ-RR 2000, 503f. m. w. N.

forderungen waren seither Gegenstand zahlreicher **verwaltungsgerichtlicher Entscheidungen**.[880]

Gegenstand der Kontrolle ist ferner die Frage, ob der **Begriffsinhalt** der angewendeten Rechtsvorschrift – abstrakt – zutreffend ausgelegt worden ist, insbes. ob bei der Anwendung auf den Einzelfall die **Grenzen** und **Wertmaßstäbe** eingehalten sind.[881] 227

Besondere Bedeutung haben ferner Verstöße gegen wohl nicht abschließend zu bestimmende **allgemeingültige Bewertungsmaßstäbe**.[882] Aufgrund allgemeinster Vorgaben hat das *BVerwG* etwa die Regel aufgestellt, dass fehlerhafte Fragen grundsätzlich nicht in das Prüfungsergebnis eingehen dürfen.[883] Bei berufsbezogenen **Prüfungen** betont das *BVerfG* den Grundsatz, dass eine vertretbare und mit gewichtigen Argumenten folgerichtig begründete Lösung nicht als falsch bewertet werden darf.[884] Ein Antwortspielraum für den Prüfling ergibt sich allerdings nicht aus fehlerhaften Lösungshinweisen der Prüfungsbehörde.[885] Richtsätze für das anteilige Verhältnis überdurchschnittlicher Gesamtnoten sind zur Konkretisierung der Beurteilungsmaßstäbe grundsätzlich zulässig.[886] Nicht erforderlich ist, dass sich mehrere Prüfer auf ein einheitliches „Bewertungsschema" für die Korrektur schriftlicher Arbeiten festlegen.[887] 228

Beurteilungen müssen (im Soldatenrecht auf der Grundlage entsprechender Beurteilungsbestimmungen) mit der notwendigen Klarheit abgefasst sein.[888] Bei dienstlichen Beurteilungen von Beamten gilt der allgemeingültige Beurteilungsmaßstab, dass das Dienstalter für das Bewertung abschließende Gesamturteil ohne Belang ist. Es darf nicht zur Begründung eines besseren oder schlechteren Gesamturteils herangezogen werden.[889] Rechtswidrig sind Beurteilungen von voreingenommenen Beurteilern.[890] Einen allgemeinen Grundsatz, dass ein besonders ausgebildeter Beamter nur von einem Beamten mit (zumindest) gleicher Ausbildung dienstlich beurteilt werden kann, soll es nicht geben.[891] 229

Jedenfalls von den Gerichten zu kassieren sind auch bei bestehendem Beurteilungsspielraum Entscheidungen aufgrund **sachwidriger Erwägungen**.[892] So dürfen etwa bei Meisterprüfungen übermäßige Anforderungen den Gedanken des Befähigungsnachweises nicht verfälschen und die Prüfung zur Abwehr unliebsamer Konkurrenz zweckentfremden.[893] Der Willkürkontrolle unterliegen Entscheidungen der Bundesprüfstelle[894] sowie Prüfungsentscheidungen.[895] Prüfungsaufgaben müssen verständlich gestellt werden; sie dürfen weder etwas fachlich Unmögliches verlangen noch in sich widersprüchlich sein.[896] 230

Die **Widerspruchsbehörde** (s. Rn. 238) darf dagegen die Entscheidung voll überprüfen. Ausgenommen bleiben grundsätzlich nur Faktoren, die allein auf der Kenntnis des Erstbeurtei- 231

---

[880] S. allgemein *BVerwGE* 92, 132, 136 ff.; 98, 324, 330 f.; zur Geltung auch für beamtenrechtliche Laufbahnprüfungen *BVerwGE* 98, 324, 330 ff. S. ferner die Beispiele in der Vorauf., § 40 Rn. 229, sowie etwa *BVerwG* NVwZ 2001, 922 f., zu nachträglichen Erläuterungen von Bewertungen; *BVerwG* NVwZ 2002, 1375 f., zum Umfang von Wiederholungsprüfungen.
[881] *BVerwGE* 19, 128, 132 f.; 39, 197, 204; *BVerwG* NJW 1976, 1908; DVBl 1983, 1105, 1108; BayVBl 1985, 501; NJW 1986, 796, 799; *OVG Lüneburg* NJW 1974, 2149.
[882] Vgl. zum bedeutungsgleichen Begriff „allgemein anerkannte Bewertungsgrundsätze" *Hofmeyer*, „Allgemein anerkannte Bewertungsgrundsätze" als schulrechtliche Beurteilungskriterien, 1988, S. 62 ff.
[883] *BVerwGE* 98, 210, 218.
[884] *BVerfGE* 84, 34, 55; weitere Beispiele bei *Niehues*, Prüfungsrecht, Rn. 340 ff.
[885] *OVG Münster* NWVBl 1997, 434, 435.
[886] *VGH Kassel* DÖV 2000, 605 m. w. N.
[887] *VGH München* BayVBl 1999, 84, 85 f. m. w. N.
[888] *BVerwGE* 93, 279, 280 f. Zu Anforderungen an die Begründung und vorherige Hinweise bei Verschlechterungen der Beurteilung *BVerwG* NVwZ-RR 2000, 366 f.; zum Verstoß gegen allgemeine Beurteilungsgrundsätze, insbes. das Differenzierungsgebot, bei nahezu wörtlich übereinstimmenden soldatenrechtlichen Beurteilungen s. *BVerwG* NVwZ-RR 2000, 441.
[889] *OLG Nürnberg* DRiZ 1982, 110, 112; weitere Beispiele bei *Schnellenbach*, Beamtenrecht in der Praxis, 6. Aufl. 2005, Rn. 489.
[890] Zu den diesbezüglichen Anforderungen vgl. *BVerwGE* 106, 318 ff.
[891] *VGH München* BayVBl 1999, 565.
[892] *BVerwGE* 32, 237, 238 f.; *BVerwG* NJW 1984, 2650; BayVBl 1985, 501; NJW 1986, 796, 799; *VGH Mannheim* NJW 1989, 1379 f.
[893] *OVG Schleswig* NVwZ-RR 1995, 393 m. w. N.
[894] S. *BVerwG* NJW 1987, 1434; 1988, 1864 jeweils m. w. N.; allgemein zur Kontrolle dieser Entscheidungen *VG Köln* NJW 1989, 3171 m. w. N.; s. aber auch Rn. 167 f., 208.
[895] Etwa *OVG Münster* NWVBl 1993, 293, 295 f. Im Übrigen zum Prüfungsrecht schon Rn. 177 ff. m. w. N.; zur Begründung von Prüfungsentscheidungen näher § 39 Rn. 109 ff m. w. N.
[896] Vgl. für Abiturprüfungen *BVerwG* NVwZ-RR 1998, 176, 178.

§ 40 232–237   Teil III. Verwaltungsakt

lenden beruhen können, z. B. bei mündlicher Prüfung.[897] Doch ist die volle Überprüfung von Leistungsbewertungen bei Juristischen Staatsprüfungen im Widerspruchsverfahren bundesrechtlich nicht zwingend vorgeschrieben.[898]

232 Wegen der **Begründung** von Entscheidungen aufgrund einer Beurteilungsermächtigung s. § 39 Rn. 8, 52 und 109 ff. (für Prüfungsentscheidungen).

233 Soweit **Organe der Europäischen Gemeinschaft** über einen Beurteilungsspielraum verfügen (Rn. 163), erkennt der *EuGH* wohl großzügiger bemessene Beurteilungsspielräume an, als sie gegenwärtig im deutschen Recht angenommen werden, und geht kaum über eine **Evidenzkontrolle** hinaus; vielmehr beschränkt sich der Gemeinschaftsrichter in einem solchen Fall – abgesehen von der Prüfung der Tatbestandsvoraussetzungen und ihrer rechtlichen Bewertung – insbes. auf die Frage, ob das Handeln der Behörde einen **offensichtlichen Irrtum** aufweist oder ob sie die Grenzen ihres Ermessensspielraums offensichtlich überschritten hat.[899]

234 Größere Bedeutung misst der *EuGH* allerdings der Beachtung der gemeinschaftsverfahrensrechtlichen Garantien für das VwVf (dazu allgemein Einl Rn. 81) zu. Um überprüfen zu können, ob die für die Wahrnehmung des Beurteilungsspielraums maßgeblichen sachlichen und rechtlichen Umstände vorgelegen haben, unterwirft der *EuGH* insbes. folgende Punkte seiner Kontrolle: die Verpflichtung des zuständigen Organs, sorgfältig und unparteiisch alle relevanten Gesichtspunkte des Einzelfalls zu untersuchen, das Recht des Betroffenen, seinen Standpunkt zu Gehör zu bringen, und das Recht auf eine ausreichende Begründung der Entscheidung.[900] Im Einzelnen sind die Kontrollmaßstäbe aber je nach Rechtsgebiet unterschiedlich (Rn. 8).

235 Die Kontrolle des (indirekten) **Vollzuges durch deutsche Stellen** im Falle europarechtlich begründeter Beurteilungsspielräume (Rn. 164) wird sich auf der Grundlage der allgemeinen innerstaatlichen Maßstäbe (Rn. 220 ff.) daran zu orientieren haben, dass die Verwirklichung der Ziele des Gemeinschaftsrechts gesichert bzw. nicht gefährdet wird. Im Übrigen geht der *EuGH* offenbar davon aus, dass von den nationalen Gerichten nicht mehr verlangt werden kann, als die für ihn geltenden Maßstäbe des Gemeinschaftsrechts verlangen.[901] Zur Berücksichtigung (auch) europarechtlicher Rechtsstaatsgrundsätze und Grundrechte Rn. 10.

VIII. Europäisches Gemeinschaftsrecht

236 Für die im Kontext des § 40 behandelten Problemkreise gelten beim europäischen Gemeinschaftsrecht weitgehend **besondere Grundsätze**, s. im Einzelnen näher Rn. 7 bis 11, 61, 163 f., 233 ff.; ferner Rn. 25, 29a, 54, 63, 82, 91, 106, 107, 110, 144 ff., 219.[902]

IX. Landesrecht

237 Eine in verschiedenen Punkten abweichende Regelung des Ermessens findet sich für Schleswig-Holstein, s. Rn. 1, 13, 31, 47, 83.

---

[897] *BVerwG* NJW 1979, 2417, 2420; *BVerwGE* 70, 4, 9 ff.; *VGH München* NJW 1982, 2685, 2686.
[898] *BVerfGE* 84, 34, 47 f.; *BVerwG* NJW 1988, 2632.
[899] So *EuGH*, Rs. C-120/97, EuGHE 1999, I-240 Rn. 34 m. w. N. = EuZW 1999, 503. Vgl. auch *v. Danwitz*, S. 329, 331 f.; allgemein für eine stärker als im Gemeinschaftsrecht ausgeprägte Beurteilungskompetenz deutscher Verwaltungsgerichte *Classen* JZ 1997, 454, 456, zum Vorlagebeschluss des *VG Frankfurt a. M.* EuZW 1997, 182 ff.; im Einzelnen vgl. etwa *Nolte*, Beurteilungsspielräume im Kartellrecht der Europäischen Gemeinschaft und der Bundesrepublik Deutschland, 1997.
[900] *EuGH*, Rs. C-269/90, EuGHE 1991, I-5469 Rn. 14 = NVwZ 1992, 358; s. auch *Gerhardt* in Schoch u. a., Vorb § 113 Rn. 34; *Bleckmann*, Ermessensfehlerlehre, 1997, S. 169, 229 ff.
[901] *EuGH*, Rs. C-120/97, EuGHE 1999, I-240 Rn. 35. m. w. N. = EuZW 1999, 503.
[902] Im Überblick *Pache*, Tatbestandliche Abwägung und Beurteilungsspielraum, 2001, S. 302 ff.

X. Vorverfahren

§ 40 gilt auch für das Vorverfahren (§ 79). § 68 VwGO erlaubt allerdings der Widerspruchsbehörde eine **grundsätzlich uneingeschränkte Zweckmäßigkeitskontrolle**. Dabei schließt das *OVG Münster* Ermessen aus; dagegen soll bei einer Weisung zur Rücknahme Ermessen auszuüben sein.[903] In Selbstverwaltungsangelegenheiten besteht jedoch nur eine Rechtskontrolle, soweit die Widerspruchsbehörde nicht die Selbstverwaltungsbehörde selbst ist. Im übrigen kann die Nachprüfung durch (Landes- oder Bundes-)Gesetz für besondere Fälle ausgeschlossen oder beschränkt werden, § 68 Abs. 1 S. 2 VwGO, sofern keine verfassungsrechtlichen Anforderungen entgegenstehen.[904] Zu den Konsequenzen bei Ersetzung der Ermessensausübung der Ausgangsbehörde durch eigene, fehlerhafte der Widerspruchsbehörde s. § 35 Rn. 371. S. auch Rn. 52, 235 und § 51 Rn. 146 ff.

238

§ 41 Bekanntgabe des Verwaltungsaktes

(1) ¹Ein Verwaltungsakt ist demjenigen Beteiligten bekannt zu geben, für den er bestimmt ist oder der von ihm betroffen wird. ²Ist ein Bevollmächtigter bestellt, so kann die Bekanntgabe ihm gegenüber vorgenommen werden.

(2) ¹Ein schriftlicher Verwaltungsakt gilt bei der Übermittlung durch die Post im Inland am dritten Tage nach der Aufgabe zur Post, ein Verwaltungsakt, der elektronisch übermittelt wird, am dritten Tage nach der Absendung als bekannt gegeben. ²Dies gilt nicht, wenn der Verwaltungsakt nicht oder zu einem späteren Zeitpunkt zugegangen ist; im Zweifel hat die Behörde den Zugang des Verwaltungsaktes und den Zeitpunkt des Zugangs nachzuweisen.

(3) ¹Ein Verwaltungsakt darf öffentlich bekannt gegeben werden, wenn dies durch Rechtsvorschrift zugelassen ist. ²Eine Allgemeinverfügung darf auch dann öffentlich bekannt gegeben werden, wenn eine Bekanntgabe an die Beteiligten untunlich ist.

(4) ¹Die öffentliche Bekanntgabe eines schriftlichen oder elektronischen Verwaltungsaktes wird dadurch bewirkt, dass sein verfügender Teil ortsüblich bekannt gegeben wird. ²In der ortsüblichen Bekanntmachung ist anzugeben, wo der Verwaltungsakt und seine Begründung eingesehen werden können. ³Der Verwaltungsakt gilt zwei Wochen nach der ortsüblichen Bekanntmachung als bekannt gegeben. ⁴In einer Allgemeinverfügung kann ein hiervon abweichender Tag, jedoch frühestens der auf die Bekanntmachung folgende Tag bestimmt werden.

(5) Vorschriften über die Bekanntgabe eines Verwaltungsaktes mittels Zustellung bleiben unberührt.

Vergleichbare Vorschriften: § 122 AO; § 37 SGB X

Abweichendes Landesrecht: § 41 wurde von den meisten Ländern einschließlich der Änderungen durch das 3. VwVfÄndG (Einl. Rn. 44, § 1 Rn. 277) wortgleich übernommen. In **Bbg** und **Hbg** lautet jedoch Abs. 2 S. 2 HS. 1: „Dies gilt nicht, wenn der Verwaltungsakt nicht oder zu einem späteren Zeitpunkt zugegangen ist *oder bei elektronischer Übermittlung nachweisbar zu einem früheren Zeitpunkt zugegangen ist*". In **MV** ist **Abs. 2 S. 2** in zwei Sätze aufgeteilt und lautet: „Dies gilt nicht, wenn der Verwaltungsakt nicht oder zu einem späteren Zeitpunkt zugegangen ist; *bei elektronischer Übermittlung gilt dies auch nicht, wenn der Verwaltungsakt zu einem früheren Zeitpunkt zugegangen ist. Im Zweifel [...]*". Zu diesen Abweichungen s. Rn. 124. In **Hbg** steht zudem in **Abs. 1 S. 2** an Stelle des Wortes „kann", das „soll"; zudem ist in **Abs. 4 S. 1** an Stelle einer „ortsüblichen Bekanntgabe" eine Bekanntgabe „im Amtlichen Anzeiger" vorgesehen, in **Abs. 4 S. 2** fehlt das Wort „ortsüblich", in **Abs. 4 S. 3** stehen an Stelle der Worte „ortsüblichen Bekanntgabe" die Worte „Bekanntgabe im Amtlichen Anzeiger". Nach § 3 Abs. 1 VwVfG **RhPf** ist § 41 Abs. 2 S. 1 „mit der Maßgabe anzuwenden, dass an die Stelle des Wortes ,im Inland' [...] die Worte ,in der Bundesrepublik Deutschland' treten". Auch **§ 110 LVwG SchlH** enthält verschiedene sprachliche Abweichungen. **Abs. 1** lautet: „Ein Verwaltungsakt ist *derjenigen oder* demjenigen Beteiligten bekannt zu geben, für *die oder* den er *seinem Inhalt nach* bestimmt ist oder *die oder* der von ihm betroffen wird. Ist *eine Bevollmächtigte*

---

[903] *OVG Münster* NVwZ-RR 1993, 289.
[904] S. *BVerfGE* 84, 34, 46 ff.; zu den diesbezüglichen Anforderungen im Prüfungsrecht s. Rn. 232; auch insgesamt näher dazu Kommentierungen zu §§ 68, 73 VwGO.

§ 41

Teil III. Verwaltungsakt

oder ein Bevollmächtigter bestellt, so kann die Bekanntgabe *ihr oder* ihm gegenüber vorgenommen werden", s. Rn. 29. In **Abs. 3** steht an Stelle des Wortes „darf" das Wort „kann", und **Abs. 4** S. 1 und 3 enthalten an Stelle des Wortes „ortsüblich" jeweils das Wort „örtlich". In **Abs.** 4 S. 2 fehlt das Wort „ortsüblichen". **Abs. 5** enthält an Stelle des Wortes „mittels" das Wort „durch". Zum **Landesverwaltungszustellungsrecht** s. Rn. 244.

Entstehungsgeschichte: Bis zum Inkrafttreten des VwVfG vgl. § 41 der 6. Aufl. Seither ist § 41 zweimal geändert worden: Das 2. VwVfÄndG (Einl. Rn. 44) ersetzte in Abs. 2 die Worte „Geltungsbereich dieses Gesetzes" durch das Wort „Inland", da nach der Wiedervereinigung die ursprüngliche Formulierung, die die besondere rechtliche Situation der beiden deutschen Staaten berücksichtigte, nicht mehr erforderlich war. § 41 Abs. 2 und Abs. 4 S. 1 haben ihre heutige Form durch das 3. VwVfÄndG (hierzu Einl. Rn. 44, § 1 Rn. 277) erhalten, das insoweit ohne Änderungen dem Regierungsentwurf (BT-Drs. 14/9000) folgte. Darüber hinaus wurde die Bestimmung durch die Bek. der Neufassung v. 21. 1. 2003 (BGBl I 102) an die neue Rechtschreibung angepasst. In seiner ursprünglichen Fassung lautete **Abs. 2** „(2) Ein schriftlicher Verwaltungsakt, der durch die Post im Inland [*bis zum 2. VwVfÄndG:* „im Geltungsbereich dieses Gesetzes"] übermittelt wird, gilt mit dem dritten Tage nach der Aufgabe zur Post als bekannt gegeben, außer wenn er nicht oder zu einem späteren Zeitpunkt zugegangen ist; im Zweifel hat die Behörde den Zugang des Verwaltungsaktes und den Zeitpunkt des Zugangs nachzuweisen." In **Abs. 4** S. 1 fehlten in der ursprünglichen Fassung die Worte „oder elektronischen", hierzu Rn. 194.

Literatur: *I. Bauer,* Prozessuale Auswirkungen der Rspr. des BVerfG zu § 10 AsylVfG (Belehrungspflicht bei Wohnsitzwechsel), VBlBW 1995, 341 ff.; *Füßer,* Fristablauf der Widerspruchsfrist bei Bekanntgabe der Baugenehmigung an Drittbetroffene, LKV 1996, 314 ff.; *Schenkewitz/Fink,* Die außergerichtlichen Rechtsbehelfsfristen im Steuerrecht und allgemeinen Verwaltungsrecht, BB 1996, 2117 ff.; *Kintz,* Zustellung und Frist in der öffentlich-rechtlichen Arbeit, JuS 1997, 1115 ff.; *Bitter,* Heilung von Zustellungsmängeln gem. § 9 I VwZG durch Erhalt einer Bescheidkopie?, NVwZ 1999, 144 ff.; *Allesch,* Zur Auswirkung von Zustellungsmängeln auf die Wirksamkeit von VA, BayVBl 2000, 361; *Spranger,* Die Auswirkung von Zustellungsmängeln auf die Wirksamkeit von VA, BayVBl 2000, 359 ff.; *Kim/Dübbers,* Rechtliche Probleme bei Einwurf- und Übergabeeinschreiben, NJ 2001, 65 ff.; *Steiner/Steiner,* Beweisprobleme durch das neue Zustellungsreformgesetz, insbes. aus verwaltungsverfahrens- und prozessrechtlicher Sicht, NVwZ 2002, 437 ff.; *Schmitz/Bornhofen,* Digitale Verwaltung – auch im Standesamt, Das Standesamt 2003, 97 ff.; *App,* Zur Adressierung und Bekanntgabe von kommunalen Steuerbescheiden und Bescheiden über andere Kommunalabgaben, KStZ 2005, 205 ff.; *Rosenbach,* Das neue Verwaltungszustellungsgesetz (VwZG) des Bundes, DVBl 2005, 816 ff.; *Hebeler,* Wann bestehen Zweifel am Zugang eines schriftlichen, mittels einfachen Briefs übersandten VA, DÖV 2006, 112 ff.; *Humberg,* Reform des Verwaltungszustellungsrechts des Bundes, VR 2006, 325 ff.; *Kremer,* Neuerliche Reform des Verwaltungszustellungsrechts des Bundes, NJW 2006, 332 ff.; *Rosenbach,* Das neue Verwaltungszustellungsrecht, NWVBl 2006, 121 ff.; *Stein,* Bekanntgabeformen von VA, DVP 2006, 441 ff.; *Tegethoff,* Die Novellierung des Verwaltungszustellungsrechts, NdsVBl 2007, 1 ff.; *ders.,* Das neue Verwaltungszustellungsrecht, JA 2007, 131 ff.; s. ferner die umfangreichen Ausführungen im **Anwendungserlasses zur Abgabenordnung (AEAO)** des BMF (vom 15. Juli 1998 [BStBl I S. 630]; zul. geändert durch BMF-Schreiben vom 26. 1. 2007 (BStBl I S. 146) **zu § 122 AO.** Zur **Bekanntgabe elektronischer und elektronisch übermittelter VA** s. die Literaturangaben **vor** § 3 a. Ausführlich zum Schrifttum vor 1996 s. § 41 der 6. Auflage.

Übersicht

	Rn.
I. Allgemeines	1
1. Wesen, Wirkungen und verfassungsrechtlicher Rahmen der Bekanntgabe	1
2. Anwendungsbereich	9
3. Gegenstand der Bekanntgabe	15
4. Bekanntgabeformen und ihre Auswahl	17
II. Bekanntgabeadressaten (Abs. 1)	21
1. Regelungsgegenstand und Anwendungsbereich des § 41 Abs. 1	21
2. Bekanntgabe an denjenigen, für den der Verwaltungsakt bestimmt ist (Abs. 1 S. 1 Alt. 1)	29
3. Bekanntgabe an betroffene Beteiligte (Abs. 1 S. 1 Alt. 2)	31
4. Bekanntgabe an Bevollmächtigten (Abs. 1 S. 2)	36
a) Bevollmächtigter i. S. d. § 14	36
b) Ermessensentscheidung	39
c) Bekanntgabemodalitäten	44
d) Besonderheiten bei Zustellung	47
5. Bekanntgabe an juristische Personen und teilrechtsfähige Organisationen	48
6. Bekanntgabe an Geschäftsunfähige und beschränkt Geschäftsfähige	50
III. Allgemeine Bekanntgabevoraussetzungen	53
1. Abgabe des Verwaltungsaktes (mit Bekanntgabewillen)	53
a) Erfordernis des tatsächlichen Bekanntgabewillens	53
b) Ersetzung des tatsächlichen Bekanntgabewillens durch Rechtsscheinerwägungen	57
c) Möglichkeit der Aufgabe des Bekanntgabewillens?	60

	Rn.
2. Zugang	61
a) Zugang als allgemeine Bekanntgabevoraussetzung/Begriff	61
b) Zugang und Fremdsprachen	64
c) Zugang und Formanforderungen	65
d) Zugang und unvollständige Übermittlung	66
e) Zugang und Empfangsboten	67
f) Zugang bei „herkömmlicher" Übermittlung schriftlicher Verwaltungsakte	69
g) Zugang schriftlicher Verwaltungsakte gegenüber Personenmehrheiten	75
h) Zugang bei Einsatz von Telefax	2
i) Zugang elektronischer Verwaltungsakte	87
j) Zugang mündlicher Verwaltungsakte	96
k) Zugang telefonischer Verwaltungsakte	99
l) Zugang bei Mitteilung auf den Anrufbeantworter	100
m) Zugang „in anderer Weise" erlassener Verwaltungsakte	101
n) Zugangsvereitelung/Kooperationsobliegenheiten	102
IV. Zugangsvermutungen (Abs. 2)	109
1. Funktion und Anwendungsbereich des § 41 Abs. 2	109
2. Voraussetzungen des § 41 Abs. 2 S. 1 Alt. 1 (schriftliche Verwaltungsakte)	111
a) Schriftlicher Verwaltungsakt	111
b) Übermittlung durch die Post	112
c) Übermittlung im Inland	115
3. Voraussetzungen des § 41 Abs. 2 S. 1 Alt. 2 (elektronisch übermittelte Verwaltungsakte)	116
4. Wirkungen und Ausschluss der Zugangsvermutung (§ 41 Abs. 2 S. 2)	119
a) Gegenstand der Zugangsvermutung	119
b) Zugang vor Ablauf der Drei-Tages-Frist	121
c) Fehlender Zugang/Zugang nach Ablauf der Drei-Tages-Frist/Zweifelsregelung	126
d) Berechnung der Drei-Tages-Frist	132
V. Öffentliche Bekanntgabe (Abs. 3 und 4)	135
1. Funktion und Wirkungsweise der öffentlichen Bekanntgabe	135
a) Bekanntgabe ohne Zugang	135
b) Wirkungen öffentlicher Bekanntgabe	136
2. Abgrenzung der öffentlichen Bekanntgabe zu anderen Bekanntgabeformen	142
a) Abgrenzung zur Individualbekanntgabe	142
b) Abgrenzung zur öffentlichen Zustellung	143
3. Zulässigkeit öffentlicher Bekanntgabe (Abs. 3)	146
a) Öffentliche Bekanntgabe als Ermessensentscheidung	146
b) Zulassung durch Fachrecht (Abs. 3 S. 1)	148
c) Zulässigkeit bei Allgemeinverfügungen (Abs. 3 S. 2)	152
4. Öffentliche Bekanntgabe schriftlicher Verwaltungsakte (Abs. 4)	156
a) Bekanntmachung und bekannt zu gebender Verwaltungsakt	156
b) Ortsübliche Bekanntmachung (Abs. 4 S. 1)	159
c) Ortsübliche Bekanntmachung (nur) im Internet?	162
d) Bekanntmachung des verfügenden Teils (Abs. 4 S. 1)	167
e) Hinweis auf Einsichtsmöglichkeit (Abs. 4 S. 2)	176
f) Fiktion des Bekanntgabetermins (Abs. 4 S. 3)	184
g) Fiktion des Bekanntgabetermins für Allgemeinverfügungen (Abs. 4 S. 4)	189
h) Bekanntmachung der Rechtsbehelfsbelehrung?	192
5. Öffentliche Bekanntgabe elektronischer Verwaltungsakte (Abs. 4)	194
6. Öffentliche Bekanntgabe mündlicher und „in anderer Weise erlassener" Verwaltungsakte	197
VI. Bekanntgabe mittels Zustellung (Abs. 5)	199
1. Anwendungsbereich und Wirkungsweise des Zustellungsrechts	199
a) Bedeutung des § 41 Abs. 5	199
b) Anwendbarkeit des Zustellungsrechts	202
c) Unterschiede zur Bekanntgabe nach § 41 Abs. 1 bis 4	204
2. Formen der Zustellung	207
a) Begriff der Zustellung/Zustellorgane	207
b) Zustellung durch Übergabe eines Dokuments	210
c) Ersatzzustellung durch Einwurf in den Briefkasten und durch Niederlegung	213
d) Zustellung mittels Einschreiben	214
e) Zustellung „auf andere Weise" nach § 5 Abs. 4 VwZG	216
f) Elektronische Zustellung an jedermann	217
VII. Bekanntgabe und Zustellung im Ausland	218
VIII. Fehlerfolgen und Heilung	222
1. Fehlerfolgen	222

	Rn.
a) Inexistenz des Verwaltungsakts als Folge von Bekanntgabefehlern	222
b) Rechtsschutz gegen inexistente Verwaltungsakte	226
c) Besonderheiten in mehrpoligen Rechtsverhältnissen	229
2. Heilung	231
a) Heilung durch erneute Bekanntgabe	231
b) Heilung durch nachträglichen Zugang	232
c) Heilung/Verwirkung durch „rügelose Einlassung"	238
IX. Europarecht	239
X. Landesrecht	243
XI. Vorverfahren	245

I. Allgemeines

1. Wesen, Wirkungen und verfassungsrechtlicher Rahmen der Bekanntgabe

1 Die in § 41 nur unvollständig geregelte (Rn. 7) Bekanntgabe bildet den Schlusspunkt des auf Erlass eines VA gerichteten VwVf. Sie ist die **Information des Betroffenen** (oder jedenfalls die Eröffnung einer Informationsmöglichkeit für ihn) **darüber, was die Behörde als „für ihn rechtens" einseitig festgesetzt hat**,[1] vgl. § 35 Rn. 4, 31.

2 Diese Information ist **verfassungsrechtlich gefordert:** Dem Bürger, ohne ihn zu informieren, Pflichten aufzuerlegen und deren Nichtbefolgung ggf. zu sanktionieren, aber auch ihm Rechte zu gewähren, die er mangels Kenntnis nicht durchsetzen kann, würde ihn zum Objekt staatlichen Handelns machen, § 9 Rn. 46. Das Bekanntgabeerfordernis ist damit ein **rechtsstaatliches Gebot.**[2] Erst die Bekanntgabe des VA ermöglicht auch, wie verfassungsrechtlich geboten, ihn mit einer **Begründung** zu versehen, die die hiermit verbundenen Funktionen erfüllen kann (§ 39 Rn. 1 ff.), und erlaubt auch die Beifügung einer **Rechtsbehelfsbelehrung,** wie dies ebenfalls rechtsstaatlich gefordert ist, s. § 37 Rn. 118. Die Bekanntgabe dient zudem der Verwirklichung des rechtlichen Gehörs im VwVf[3] und wird von Art. 19 Abs. 4 GG vorausgesetzt.[4] Da der nicht bekannt gegebene VA nicht befolgt werden kann, dient die Bekanntgabe auch der – ebenfalls verfassungsrechtlich gebotenen – **Effizienz der Verwaltung** (§ 9 Rn. 76 ff.), die durch „heimliche" Maßnahmen allein ihre Zwecke nicht erfüllen kann.

3 Erst mit der Bekanntgabe ist deshalb der materielle VA (als Rechtsgeschäft, s. § 35 Rn. 31) **existent, erlassen,** das VwVf ist **abgeschlossen,** s. Rn. 28, § 35 Rn. 20 f., § 43 Rn. 164; zum Begriff Erlass s. § 9 Rn. 182 ff., § 35 Rn. 21. Der **VA wird** (gegenüber dem Inhaltsadressaten, zum Begriff § 37 Rn. 14) nach § 43 Abs. 1 S. 1 **wirksam** (s. § 43 Rn. 174 ff.). Die Bekanntgabe ist auch Mindestvoraussetzung einer Vollstreckung aus dem VA,[5] s. § 35 Rn. 38. Will die Behörde den VA nach Bekanntgabe nicht mehr aufrecht erhalten, muss sie ihn aufheben (§§ 48 bis 50); will der Betroffene ihn abwehren, muss er ihn anfechten (§§ 68 ff. VwGO) oder das Wiederaufgreifen des Verfahrens betreiben (§ 51). Demgegenüber kann ein VA **vor Bekanntgabe** entsprechend § 130 Abs. 1 S. 2 BGB (vgl. Rn. 8) **widerrufen** werden, s. Rn. 60, § 43 Rn. 176.

4 Dies zeigt deutlich: Erst mit der Bekanntgabe **können sich** *aus dem VA selbst* **Rechtsfolgen ergeben.** Hiervon ist zu unterscheiden, dass der VA als Vorgang/Verfahrensabschlusshandlung (die Willenserklärung) bereits mit dessen Abgabe (Rn. 53 ff.) in der Welt ist (§ 35 Rn. 21). Auch ist die „Existenz des materiellen VA" nicht mit seiner „(äußeren) Wirksamkeit" gleichzusetzen, § 35 Rn. 20, § 43 Rn. 164. Werden diese Differenzierungen nicht beachtet, entstehen Missverständnisse. Soweit die **Bekanntgabe** von VA **erst nach ihrem Vollzug** für möglich gehalten wurde, beruht dies i. d. R. auf einer verfehlten Gleichsetzung von Grundrechtseingriff und VA und betraf Maßnahmen (Anordnung nach Artikel 10-Gesetz,[6] Anwendung unmittelba-

---

[1] Ähnlich *Jachmann,* Fiktion im öffentlichen Recht, 1998, S. 243.
[2] BGHZ 145, 383 = NJW 2001, 680, 681 (in Zusammenhang mit DDR-Enteignungen).
[3] BVerwGE 104, 301, 306 = NVwZ 1999, 178; BFHE 192, 200 = NVwZ-RR 2001, 77.
[4] So für Planfeststellungsbeschluss: *BVerfG (Vorprüfungsausschuss)* NJW 1985, 729; für straßenrechtliche Bestandsverzeichnisse: BVerfG NVwZ 2000, 185, 186; für öffentliche Bekanntgabe im Gerichtsverfahren: BVerfGE 61, 82, 109 = NJW 1982, 2173; BVerfGE 77, 275, 286 f. = NJW 1988, 1255.
[5] BFHE 199, 511 = NJW 2003, 1070.
[6] So jeweils zur Anordnung nach dem Artikel 10-Gesetz (G 10): *BVerwGE* 87, 23, 25 = NJW 1991, 581; *OVG Münster* NJW 1983, 2346. In diese Richtung auch *VGH München* BayVBl 1991, 433, 435.

ren Zwangs, Durchführung der Ersatzvornahme im Sofortvollzug bzw. unmittelbarer Ausführung[7]), die keine VA, sondern Realakte oder Verwaltungsinterna sind, vgl. § 35 Rn. 22, 145, § 43 Rn. 175.

Wird die Bekanntgabe (§ 41) als **Informationsvorgang** verstanden, an den die Rechtsordnung zu Gunsten und zu Lasten sowohl des Informierten wie des Informierenden Rechtsfolgen knüpft (§ 43), zeigt sich, dass der für diesen Informationsvorgang geltende **rechtliche Rahmen** hinsichtlich der „Gültigkeit" dieses Vorgangs (und damit seiner Eignung, die hieran geknüpften Rechtsfolgen auszulösen) **zwei Seiten berücksichtigen muss:**[8] Auf der Seite der informierenden Behörde muss gewährleistet sein, dass grundsätzlich nur solche Informationen Rechtsfolgen auslösen, die die eigene Sphäre mit ihrem Wissen und Wollen" verlassen haben, und sich der Betroffene der Information nicht entziehen kann. Auf der Seite des Empfängers muss (nur) gewährleistet sein, dass er tatsächlich Kenntnis vom Inhalt der Information nehmen kann. Die Regelungen zur Bekanntgabe müssen daher die Individualinteressen mit denen der Allgemeinheit an einer funktionierenden Verwaltung miteinander ausgleichen.[9] Zudem können auch die Interessen Drittbetroffener (z. B. Datenschutz) zu berücksichtigen sein.

Dieser Ausgleich kann auch rechtfertigen, neben oder anstelle einer Individualbekanntgabe eine **öffentliche Bekanntgabe** vorzusehen, wenn anders der Bekanntgabezweck unter Berücksichtigung auch der „Leistungsfähigkeit" der Behörde **(Verwaltungseffizienz)**[10] nicht erreicht werden kann.[11] Die Regelung muss die Überwindung von Bekanntgabeschwierigkeiten zum Ziel haben, darf also nur erfolgen, wenn eine Individualbekanntgabe faktisch ausgeschlossen oder mit einem gänzlich unverhältnismäßigen Aufwand verbunden wäre. Dies muss etwa auch bei der Auslegung des **§ 10 Abs. 1 Nr. 1 VwZG** berücksichtigt werden, so dass eine öffentliche Zustellung nur möglich ist, wenn die Behörde alle möglichen und geeigneten Nachforschungen angestellt hat, um den Aufenthaltsort des Betroffenen festzustellen,[12] was von der Rspr. mittlerweile durchaus streng geprüft wird.[13] Das Bestreben nach Verwaltungserleichterungen/Personaleinsparung kann dagegen eine öffentliche Bekanntgabe für sich allein nicht rechtfertigen. Jede Behörde muss so ausgestattet sein, dass sie ihre Aufgaben erfüllen kann – hierzu gehört auch die Information der Betroffenen über die von ihr getroffenen Entscheidungen.

Mit § 41 wird der in den Rn. 5 f. geschilderte Gesetzgebungsauftrag umgesetzt. § 41 beschränkt sich allerdings darauf, bestimmte Einzelfragen der Bekanntgabe zu regeln, ohne den Begriff der Bekanntgabe und ihre Voraussetzungen näher zu bestimmen. Daher muss § 41 mittels eines Rückgriffs auf **die zivilrechtlichen Grundsätze zum Wirksamwerden von Willenserklärungen** ergänzt werden, wovon bereits die Gesetzesbegründung ausging.[14] Dies erscheint als gerechtfertigt, da es sich bei dem VA um eine Willenserklärung handelt (s. § 35 Rn. 69), jedoch natürlich nur so lange, wie § 41 – etwa für die öffentliche Bekanntgabe,

---

[7] *Erfmeyer* DÖV 1999, 719, 721; *Köhler* BayVBl 1999, 582, 583.
[8] Zutreffend *Hufen,* Fehler im VwVf, Rn. 285.
[9] Vgl. *Jachmann,* Fiktion im öffentlichen Recht, 1998, S. 471.
[10] BVerwGE 67, 206, 209 = NJW 1984, 188; BVerwG NVwZ 1987, 330.
[11] So für Planfeststellungsbeschluss: *BVerfG (Vorprüfungsausschuss)* NJW 1985, 729; für straßenrechtliche Bestandsverzeichnisse: *BVerfG (K)* NVwZ 2000, 185, 186.
[12] BVerwGE 104, 301, 306 = NVwZ 1999, 178, 179; BFHE 192, 200 = NVwZ-RR 2001, 77.
[13] BVerwGE 104, 301, 306 = NVwZ 1999, 178, 179 (Zustellung ins Ausland bei bekanntem oder ermittelbaren Wohnort vorrangig); *OVG Hamburg* NVwZ-RR 2001, 270, 271 (ggf. Zeugenbefragung zur Ermittlung des Aufenthaltsorts notwendig); *OVG Münster* NVwZ-RR 2001, 409, 410 (gescheiterter Versuch individueller Bekanntgabe reicht insbes. dann nicht, wenn dieser auch auf unvollständiger Ausfüllung des Anschriftenfeldes beruht); BFHE 192, 200 = NVwZ-RR 2001, 77 (Vermutung, dass Scheinadresse angegeben wurde, ist nicht ausreichend); BFHE 201, 425 = NVwZ-RR 2004, 461, 462 (gescheiterter Zustellversuch nach § 3 VwZG allein nicht ausreichend); *FG Bbg* EFG 2006, 2 f. (Vermerk des Postbediensteten „keine Zustellmöglichkeit" auch in Verbindung mit fehlerhafter Anfrage Dritter und erfolgloser Meldeanfrage im Einzelfall unzureichend); *FG Düsseldorf* EFG 2006, 865 f. (erfolglose Anfrage beim Einwohnermeldeamt nicht immer ausreichend); *FG Köln* EFG 2007, 158, 159 (Meldeanfrage im Ausland bzw. ein Zustellungsversuch im Ausland nach § 9 VwZG muss zunächst durchgeführt werden); **zurückhaltend** allerdings BFH/NV 2005, 998 ff. und *FG Hessen* EFG 2004, 1154, 1155 (keine Nachforschungen notwendig, wenn Anfragen bei Einwohnermeldeamt und Polizei erfolglos bleiben, wenn auch hiernach bekannte Dritte möglicherweise Auskunft geben könnten, deren Wohnort aber nicht einfach zu ermitteln ist). Wegen Amtsermittlungspflicht kaum auf die Zustellung nach § 10 VwZG übertragbar dagegen BGHZ 153, 189, 192 ff. = NJW 2003, 1326 ff. (keine Unwirksamkeit eines Urteils, wenn die öffentliche Zustellung der Klageschrift durch fehlerhafte Angaben des Klägers erschlichen wurde).
[14] BT-Drs. 7/910, S. 61 (zu § 37 Entwurf 73).

s. Rn. 135 – oder sonstige ör. Bestimmungen keine Sonderregeln aufstellen. Dabei setzt § 43 Abs. 1 S. 1 voraus, dass **jeder VA eine empfangsbedürftige Willenserklärung** ist, dass also jeder VA – auch wenn er ausschließlich begünstigend wirkt – die Rechtssphäre seiner Inhaltsadressaten (zum Begriff § 37 Rn. 10, 14) berührt. Dies gilt auch, wenn sich eine **AllgV** an einen nur gattungsmäßig oder durch ihre Beziehungen zu einer Sache bestimmten Personenkreis richtet, ggf. auch an jedermann. Auch diese VA haben (ggf. die Allgemeinheit als) Inhaltsadressaten (§ 35 Rn. 259), so dass ggf. jedermann über ihren Erlass informiert werden muss.[15]

8 Daher ist zur Ergänzung des § 41 konkret auf die **zu § 130 BGB entwickelten Grundsätze** über das **Wirksamwerden empfangsbedürftiger Willenserklärungen** zurückzugreifen. Ergänzungsbedürftig ist § 41 dabei im Hinblick darauf, wann das „Inverkehrbringen" eines VA der Behörde zugerechnet werden kann (Problem der **„Abgabe" einer Willenserklärung** bzw. des sog. **Bekanntgabewillens**, Rn. 53ff.). Zudem ergibt sich aus § 130 Abs. 1 BGB, dass der VA (wie auch in § 41 Abs. 2 angesprochen) gegenüber dem Inhaltsadressaten grundsätzlich nur und erst zu dem Zeitpunkt wirksam wird, in dem er ihm zugeht (Rn. 61ff.), sofern nicht vorher oder gleichzeitig ein „Widerruf" i. S. d. § 130 Abs. 1 S. 2 BGB (nicht des § 49) zugegangen ist. Das Zugangserfordernis wird aber bei öffentlicher Bekanntgabe nach § 41 Abs. 3 durch eine öffentliche Verlautbarung (Rn. 135), bei der Zustellung nach § 41 Abs. 5 i. V. m. dem VwZG durch bestimmte genau beschriebene Förmlichkeiten ersetzt, s. Rn. 204.

2. Anwendungsbereich

9 Im **Anwendungsbereich des VwVfG (§§ 1, 2)** ist ein **VA** nach § 41 oder dem VwZG (Rn. 199ff.) bekannt zu geben, soweit die Art der Bekanntgabeform nicht gesondert geregelt ist.[16] **Sonderregelungen** wie § 69, § 74 Abs. 4, 5 VwVfG, § 73 Abs. 3 VwGO (Rn. 116), § 17 Abs. 6 FStrG, § 10, § 31 Abs. 1 AsylVfG, § 13 Abs. 7 VwVG, § 39 StVO (Rn. 151, § 35 Rn. 332ff.) gehen vor. Eine besondere Form der Bekanntgabe ordnen auch die Regelungen an, die für bestimmte statusbegründende VA (Beamtenernennung, Einbürgerung) die **„Aushändigung einer Urkunde"** vorsehen (vgl. § 5 Abs. 2 BRRG, § 6 Abs. 2 BBG, § 16 Abs. 1 StAG).[17] Hierunter ist die förmliche (persönliche) Übergabe unter Mitwirkung der Behörde in den Besitz des materiellen Adressaten zu verstehen.[18] Ob solche Sondervorschriften durch Heranziehung des § 41 ergänzt werden können, entscheidet das Fachrecht, ist aber im Zweifel nicht anzunehmen, s. z. B. für Verkehrszeichen § 35 Rn. 332ff. Ist die **Zustellung** als Bekanntgabeform vorgesehen oder gewählt worden (Rn. 202), bestimmt sich die Wirksamkeit der Bekanntgabe abschließend nach den VwZG, s. Rn. 199.

10 **Außerhalb des Anwendungsbereichs des VwVfG** kommt eine analoge Anwendung des § 41 nicht in Betracht. Allenfalls § 41 Abs. 1 S. 1 kann – weil verfassungsrechtlich geboten, s. Rn. 2 – als Ausdruck eines allgemeinen Rechtsgedankens verstanden werden, jedoch nicht die spezielleren § 41 Abs. 1 S. 2 und Abs. 2 bis 5.[19] Daher ist **§ 41 Abs. 2** z.B. nicht im Wiedergutmachungsrecht (§ 2 Abs. 2 Nr. 6), anzuwenden;[20] Entsprechendes gilt für § 41 Abs. 4.[21]

11 Nicht von § 41 geregelt wird auch die Frage, ob und inwieweit ein **Anspruch auf** eine **erneute Ausfertigung** eines bereits bekannt gegebenen VA besteht, s. a. Rn. 142, 147, 183. Grundsätzlich dürfte die Erteilung einer Abschrift als Beleg für einen ergangenen VA im Ermessen der Behörde stehen, das jedoch bei berechtigtem Interesse des Bürgers auf Null schrumpft. So ist ein Anspruch auf (ggf. gebührenpflichtige) Erteilung weiterer Abschriften gegeben, wenn die bekannt gegebene Ausfertigung verloren gegangen ist oder wenn ausnahmsweise für die Bekanntgabe eines VA an eine Personenmehrheit die Übermittlung nur einer Ausfertigung reicht, s. Rn. 45, 79. Ebenso besteht ein Anspruch auf (gebührenfreie) Zusendung fehlender Teile im Fall der Rn. 66. Ggf. können sich solche Ansprüche auch aus dem **IFG** ergeben.

---

[15] Derartige VA nicht als empfangsbedürftige Willenserklärungen verstehend *Jachmann*, Fiktion im öffentlichen Recht, 1998, S. 448 f.
[16] *BVerwGE* 67, 206 = NJW 1984, 188.
[17] Deutlich *BVerwGE* 55, 212 ff.
[18] *VGH Kassel* NVwZ-RR 2007, 208, 209 (für Einbürgerung).
[19] *Kopp/Ramsauer*, § 41 Rn. 4.
[20] A. A. ohne Begründung *OVG Münster* Archiv PF 1981, 60, 61 (für Zugang von VA im Anwendungsbereich des § 2 Abs. 3 Nr. 4 a. F. [vgl. § 2 Rn. 142]); *VG Frankfurt a. M.* NVwZ-RR 2007, 438, 439 (für Zugang von VA der GEZ).
[21] S. *BVerwG* NVwZ 1987, 330.

§ 41 kann nicht auf **andere behördliche Willenserklärungen** (Verwaltungsinterna, Willenserklärungen in Zusammenhang mit ör. Verträgen) und auf behördliche „geschäftsähnliche Handlungen" (§ 35 Rn. 82 ff.) **analog** angewendet werden.[22] Dies gilt auch für **§ 41 Abs. 2**. Eher bietet sich die entsprechende Anwendung von **§ 130 BGB** an.[23] Auch wem eine solche Erklärung zu ihrer Wirksamkeit zugehen muss, lässt sich nicht § 41 Abs. 1 entnehmen, auch nicht in Form eines Erst-Recht-Schlusses z. B. zu § 41 Abs. 1 S. 2.[24] Schon gar nicht kann § 41 auf Erklärungen des Bürgers analog angewendet werden.[25] Auch lässt sich § 41 Abs. 3 nichts dazu entnehmen, ob und wann andere Erklärungen als VA wirksam öffentlich bekannt gegeben werden können.[26] Auch **§ 41 Abs. 4** kann nicht auf öffentliche Bekanntmachungen anderer Verwaltungstätigkeit (z. B. Prüfungsnoten) analog angewandt werden.[27]

Für die **Zusicherung** nach § 38 folgt allerdings aus der entsprechenden Anwendung der VA-Regelungen auch für diejenigen, die in der Zusicherung keinen VA sehen, dass § 41 entsprechend anzuwenden ist, s. § 38 Rn. 68 f. Ebenso schließt § 41 Abs. 4 nicht aus, in vergleichbarer Form nach Art einer **Bestätigung nach § 37 Abs. 2 S. 2** schriftlich auf die bereits erfolgte öffentliche Bekanntmachung eines mündlichen (Rn. 197) oder „in anderer Weise erlassenen" (Rn. 198) VA hinzuweisen.

Ebenso ist § 41 auf die **Anordnung der sofortigen Vollziehung** analog anzuwenden,[28] deren Bekanntgabe § 80 Abs. 2, 3 VwGO nicht regelt, obwohl es sich hierbei nicht um einen VA handelt, s. § 35 Rn. 164. Insbes. § 41 Abs. 2 ist daher auf die Anordnung analog anzuwenden, unabhängig davon, ob die Anordnung mit dem VA verbunden oder nachträglich erlassen wird. Für öffentliche Bekanntgabe s. Rn. 174. Eine andere Ansicht würde ggf. dazu führen, dass eine mit einem VA verbundene Anordnung zu einem anderen Zeitpunkt wirksam würde als der VA.

3. Gegenstand der Bekanntgabe

Gegenstand der Bekanntgabe ist nach § 41 nur der VA. Gemeint ist damit die Bekanntgabe des **verfügenden Teils** des VA, also die Regelung i. S. d. § 35, s. § 35 Rn. 143. Hierzu gehören auch die Anordnung der sofortigen Vollziehung (Rn. 14) und – entgegen Teilen der Rspr. – auch **alle Nebenbestimmungen** i. S. d. § 36, selbst wenn sie sehr umfangreich sind. Die Bekanntgabe einer schlichten Aufforderung, sich selbst mit anderweitig veröffentlichten Nebenbestimmungen bekannt zu machen, genügt nicht; ausführlich hierzu § 36 Rn. 26. Für öffentliche Bekanntgabe s. Rn. 173.

Demgegenüber gehören **Begründung** (§ 39) und **Rechtsbehelfsbelehrung** (§ 37 Rn. 116 ff.) nicht zwingend zum bekannt zu gebenden VA, § 39 Rn. 26. Die gegenteilige Rspr. zur Zustellung von gerichtlichen Urteilen und Beschlüssen[29] lässt sich nicht auf VA übertragen. Wird der VA bekannt gegeben, wird sein Inhalt wirksam (§ 43 Abs. 1 S. 2), auch wenn eine Begründung (noch) nicht vorliegen sollte, s. auch Rn. 66. Allerdings geht § 39 davon aus, dass die Begründung zusammen mit dem VA bekannt gegeben wird, s. § 39 Rn. 35. Fehlt sie, ist sie jedoch ohne Konsequenz für die Bekanntgabe nachholbar, ggf. führt das Fehlen nur zu einer Wiedereinsetzung in den vorigen Stand (§ 45 Abs. 1 Nr. 2, Abs. 3). Zur Nachholung der Rechtsbehelfsbelehrung s. § 37 Rn. 76, § 42 Rn. 12; zur öffentlichen Bekanntgabe der Rechtsbehelfsbelehrung s. Rn. 192 f.

---

[22] A. A. ohne Begründung *Wolff* in Wolff/Decker, § 41 VwVfG Rn. 4.
[23] So im Ergebnis auch *OVG Bautzen* SächsVBl 1999, 162 (für Mitteilung der beabsichtigten Zurruhesetzung eines Soldaten nach Personalstärkegesetz); *OVG Bautzen* SächsVBl 2003, 64, 65 (für Einvernehmen nach § 36 BauGB); *VGH Kassel* NJW 2005, 2411, 2413 (für Anhörungsbogen im Ordnungswidrigkeitenverfahren); *VGH München* NVwZ-RR 2001, 364, 365 (für Einvernehmen nach § 36 BauGB); *VGH München*, Beschl. v. 7. 4. 2006 – 11 CS 05.1964 – (juris, Abs. 18 – für Anhörungsbogen im Ordnungswidrigtenverfahren); a. A *VG Gera* NVwZ-RR 2001, 627, 629 (für Mahnung, § 35 Rn. 166); wohl auch *OVG Lüneburg* NVwZ 2003, 1543 (für Versendung eines Mitteilungsblattes).
[24] A. A. für Ankündigung der Abschiebung *OVG Münster* NVwZ-RR 2003, 386, 387.
[25] Vgl. z. B. *OVG Hamburg* NJW 2006, 2505, 2506.
[26] *OVG Münster* NVwZ-RR 2007, 519 f. (für Bekanntgabe nach § 3 a S. 2 UVPG).
[27] *VGH München* BayVBl 1984, 629.
[28] *Wolff* in Wolff/Decker, § 41 VwVfG Rn. 4.
[29] Vgl. BVerwGE 109, 336, 341 f. = NVwZ 2000, 190 (für Rechtsbehelfsbelehrung); BGHZ 138, 166, 168 = NJW 1998, 1959 (für Begründung); BGH NJW 2001, 1653, 1654 (für Begründung).

4. Bekanntgabeformen und ihre Auswahl

17 § 41 selbst kennt **verschiedene Bekanntgabeformen:** Die in § 41 Abs. 1 und 2 nur punktuell geregelte sog. „**einfache Bekanntgabe**", die in § 41 Abs. 3 und 4 ebenfalls nur teilweise näher ausgestaltete **öffentliche Bekanntgabe** und die in § 41 Abs. 5 erwähnte „**Bekanntgabe mittels Zustellung**", die nach Maßgabe der Verwaltungszustellungsgesetze erfolgt. Innerhalb dieser Bekanntgabeformen unterscheidet sich zudem die Art und Weise der Bekanntgabe maßgeblich danach, ob es sich i. S. d. § 37 Abs. 2 S. 1 um einen **schriftlichen, elektronischen, mündlichen oder „in anderer Weise erlassenen" VA** handelt (für einfache Bekanntgabe Rn. 69 ff.; für öffentliche Bekanntgabe Rn. 156). Eine Zustellung kommt nur für schriftliche und elektronische VA in Betracht, s. Rn. 205. **§ 43 Abs. 1 S. 2** fasst alle diese Bekanntgabeformen unter dem Begriff „Bekanntgabe" als Oberbegriff zusammen, meint hiermit also auch die öffentliche Bekanntgabe und die Zustellung,[30] Rn. 199.

18 Soweit fachrechtlich nichts anderes bestimmt ist (Rn. 9), liegt die **Bekanntgabeart im Ermessen** der Behörde,[31] die jedoch in § 41 Abs. 3 für die öffentliche Bekanntgabe eingeschränkt wird. Dem entspricht, dass grundsätzlich auch die Auswahl der für einen VA geltenden Form im Ermessen der Behörde steht, s. § 37 Rn. 47. Für die Auswahl der Bekanntgabeart der Zustellung wird dies in § 1 Abs. 3, § 2 Abs. 3 VwZG verdeutlicht, s. Rn. 202. Die Auswahl muss nicht begründet werden,[32] s. § 39 Rn. 53.

19 Bei der **Ermessensausübung** sind v. a. die mit den Bekanntgabeformen jeweils verbundenen **Kosten,** das öffentliche **Interesse an einem schnellen** und **nachweisbaren Wirksamwerden des VA,** die mit den einzelnen Bekanntgabeformen verbundenen **Risiken der tatsächlichen Nicht-Information** des Betroffenen und etwaige **Lästigkeiten,** die dem Betroffenen durch bestimmte Bekanntgabeformen entstehen, wenn er von dem Inhalt eines VA tatsächlich Kenntnis nehmen will, miteinander abzuwägen. Wird ein Postdienstleister mit der Bekanntgabe oder Zustellung betraut, ist zudem seine Zuverlässigkeit maßgebliches Abwägungskriterium, s. a. Rn. 130.

20 Hat die Behörde eine bestimmte Bekanntgabeform gewählt, muss sie sie entsprechend der jeweiligen gesetzlichen Regelung anwenden, sie kann also nicht nur z. B. einzelne Zustellungsbestimmungen anwenden.[33] Ob sie auch eine andere Bekanntgabeform hätte wählen können, deren Voraussetzungen tatsächlich erfüllt wurden, ist für die Wirksamkeit der Bekanntgabe unerheblich.[34] Eine Umdeutung der Bekanntgabeart ist ausgeschlossen, Rn. 222 f., 237. Daher ist die **gewählte Bekanntgabeform in den Akten zu vermerken.** Fehlt ein Vermerk, ist von der Wahl der „einfachen Bekanntgabe" auszugehen, s. Rn. 202. Wählt die Behörde eine **gesetzlich nicht zugelassene Bekanntgabeform,** ist die Bekanntgabe unwirksam.

II. Bekanntgabeadressaten (Abs. 1)

1. Regelungsgegenstand und Anwendungsbereich des § 41 Abs. 1

21 § 41 Abs. 1 bestimmt, an wen im Regelfall bekannt zu geben ist, ohne die Bekanntgabe an andere Personen zu verbieten oder die Rechtsfolgen erfolgter und unterlassener Bekanntgabe zu regeln. Diese richten sich ausschließlich nach § 43 Abs. 1, s. Rn. 222 ff., § 43 Rn. 176 ff. § 41 Abs. 1 sagt auch nicht, an wen der VA zu richten ist und wer von ihm betroffen wird, wer also **Inhaltsadressat** eines VA ist (zum Begriff § 37 Rn. 10, 14). Dies bestimmt das Fachrecht.

22 Ist der VA nach dem Fachrecht für **mehrere Personen** bestimmt oder werden mehrere Personen von ihm betroffen, ergibt sich jedoch unmittelbar aus § 41 Abs. 1 S. 1, dass er allen diesen Personen bekannt zu geben ist, § 43 Rn. 179; zu den Bekanntgabemodalitäten bei Personenmehrheiten s. Rn. 75 ff., 97. Kann die **Verpflichtung,** die der VA der Personenmehrheit auferlegt, **nur von allen Personen gemeinsam erfüllt** werden (etwa bei gemeinschaftlicher

---

[30] BVerwG NVwZ 1992, 565, 566; OVG Münster NVwZ-RR 2007, 519 f.
[31] Vgl. BGH NVwZ 1984, 398, 399; Stein DVP 2006, 441.
[32] BFHE 191, 486 = NVwZ-RR 2001, 215; FG Hamburg EFG 1989, 550.
[33] OVG Bautzen NVwZ-RR 2002, 550, 551; OVG Koblenz DVBl 1983, 955; BFHE 204, 203 = NVwZ-RR 2005, 765; BSG NVwZ 1990, 1108.
[34] Deutlich OVG Bautzen SächsVBl 2001, 299; OLG München NVwZ 2004, 1150, 1151.

Verwaltung der Miteigentümer nach § 744 Abs. 1 BGB), ist zudem die Verpflichtung auch der anderen Personen durch VA Voraussetzung für die Durchsetzbarkeit der Pflicht, s. § 44 Rn. 147.

Das Fachrecht und nicht § 41 Abs. 1 ist auch für die Frage maßgeblich, ob bei **Insolvenz/Testamentsvollstreckung** der VA gegen den Gemeinschuldner/Erben oder den Insolvenzverwalter/Testamentsvollstrecker zu richten ist.[35] Fehler wirken sich insoweit nicht auf die Bekanntgabe, sondern auf die materielle Rechtmäßigkeit des VA aus, s. a § 37 Rn. 22. Ein an den Gemeinschuldner gerichteter VA wird dementspr. gegenüber dem Gemeinschuldner auch dann wirksam, wenn dieser nach materiellem Recht an den Insolvenzverwalter zu richten gewesen wäre, s. § 37 Rn. 25. Die Insolvenzmasse wird hierdurch jedoch nicht verpflichtet. Insoweit unterscheidet sich dieser Fall vom Fall der Bekanntgabe an eine inexistierende Person,[36] hierzu § 43 Rn. 176, § 44 Rn. 111, 143. 23

§ 41 Abs. 1 regelt auch nicht i. V. m. § 43, ob ein einmal bekannt gegebener VA gegenüber einem **Rechtsnachfolger** wirkt. Auch dies ist eine materielle Frage, § 9 Rn. 195, § 35 Rn. 260 ff. Eine erneute Bekanntgabe des dem Rechtsvorgänger bereits bekannt gegebenen VA ist, um die Rechtsnachfolge zu begründen, auf Grund des VwVfG nicht erforderlich;[37] sie wäre bei der Eingriffsverwaltung aus der Sicht der Behörde sogar schädlich, da sie einen Zweitbescheid darstellen und damit erneut die Anfechtungsmöglichkeit eröffnen würde, s. § 51 Rn. 38 ff. Dies gilt nach *BVerwG* auch, wenn zwar an den Rechtsvorgänger keine Bekanntgabe erfolgte, dieser jedoch nach Maßgabe der Rn. 230 sein Anfechtungsrecht verwirkt hat.[38] Eine andere (zu verneinende) Frage ist, ob ein VA gegenüber den Rechtsnachfolgern wirksam wird, wenn der **Rechtsvorgänger vor Bekanntgabe verstirbt** (natürliche Person) bzw. aufgelöst/gelöscht wird (juristische Person) und der Rechtsnachfolger den VA auf sich bezieht, hierzu § 43 Rn. 176, § 44 Rn. 111, 143. 24

§ 41 Abs. 1 befasst sich damit ausschließlich mit den Bekanntgabeadressaten (zum Begriff § 37 Rn. 19), ist insoweit allerdings unvollständig, da nur die Bevollmächtigten (§ 41 Abs. 1 S. 2) erwähnt werden, jedoch die Bekanntgabe an den ggf. erst nach § 16 zu bestellenden **gesetzlichen Vertreter** nicht geregelt wird; insoweit sind **§§ 11, 12** ergänzend heranzuziehen, soweit nicht Sonderregelungen (z. B. für die Zustellung § 6 VwZG) eingreifen, näher Rn. 48 f., 50 ff. 25

§ 41 Abs. 1 gilt jedoch grundsätzlich **für alle Bekanntgabeformen**. Für die Zustellung wird jedoch § 41 Abs. 1 S. 2 durch § 7 VwZG verdrängt, s. Rn. 47. Bei der öffentlichen Bekanntgabe nach § 41 Abs. 3 und 4 (nicht aber bei der öffentlichen Zustellung nach § 10 VwZG, s. Rn. 144) ist der Bekanntgabeadressat die Allgemeinheit, so dass die in § 41 Abs. 1 genannten Personen gleichsam automatisch erfasst werden, es also auf die nähere Bestimmung dieses Personenkreises nicht ankommt, s. Rn. 136 ff. 26

Kein Problem des § 41 Abs. 1, sondern des § 37 Abs. 1 (s. dort Rn. 10 ff.) ist, wie genau der Inhaltsadressat eines VA bestimmt sein muss, um Verwechslungen auszuschließen. Ausführlich zur **Unterscheidung zwischen Bestimmtheits- und Bekanntgabefehlern**, s. § 37 Rn. 19 ff. Welche Angaben die Behörde benötigt, um dem Bekanntgabeadressaten zu erreichen (Adresse, Telefaxnummer, E-Mail-Adresse etc.) hängt von der Form ab, in der der VA übermittelt werden soll, s. Rn. 63 ff. Die notwendigen Daten können ggf. dem Antrag entnommen werden (§ 22 Rn. 45) und müssen i. Ü. ermittelt werden. § 37, § 41 Abs. 1 und § 43 Abs. 1 sagen zu diesen rein praktischen Problemen nichts und knüpfen dementsprechend an eine bloß falsche Adressierung auch keine Rechtsfolgen. 27

---

[35] S. hierzu etwa *BVerwGE* 122, 75 ff. = NVwZ 2004, 1505 ff. (für Inanspruchnahme des Insolvenzverwalters nach BBodSchG); *OVG Greifswald* NJW 1998, 175 (für Zustandsverantwortlichkeit des Insolvenzverwalters); *OVG Lüneburg* NJW 2007, 1224 (für Erlaubnis zum Führen eines Titels); *VGH München* NVwZ-RR 2006, 537, 539 f. (für Zustandsverantwortlichkeit des Insolvenzverwalters); *VG Hannover* NJW 2002, 843 f. (für nachträgliche Anordnungen nach § 5 Abs. 3 BImSchG); *VG Potsdam* NJW 2002, 3566 (für nachträgliche Anordnungen nach § 5 Abs. 3 BImSchG); *BFHE* 174, 290 = NVwZ 1996, 207 (für Geltendmachung von Steuerschulden gegenüber Insolvenzverwalter); *BFHE* 203, 14 = NVwZ-RR 2004, 529, 530 (für Geltendmachung von Steuerschulden gegenüber Testamentsvollstrecker); zur Form der Bekanntgabe an den Insolvenzverwalter: *App* KStZ 2005, 205, 206; allgemein zu den Ordnungspflichten in der Insolvenz *Kley* DVBl 2005, 727 ff.
[36] A. A. *Karst/Ott* NVwZ 1994, 979, 980.
[37] Wie hier *OVG Münster* NVwZ-RR 1999, 786, 787; *Guckelberger* VerwArch 90 (1999), S. 499, 511 f.; *Stadie* DVBl 1990, 501, 507; a. A. *Rumpf* VerwArch 76 (1987), S. 269, 289.
[38] *BVerwGE* 104, 115, 118 = NJW 1998, 173; ebenso *OVG Greifswald* NVwZ-RR 2003, 15, 16 ff.

28 Aus besonderen Vorschriften kann sich ergeben, dass der VA **auch anderen Behörden und Stellen bekannt zu geben** ist, insbes. wenn ihre Rechtsträger ein eigenes Anfechtungsrecht haben. Daneben sind Regelungen vorhanden, die lediglich ein Unterrichtungsrecht anderer Stellen vorsehen (z. B. § 15 Abs. 5 PBefG).

2. Bekanntgabe an denjenigen, für den der Verwaltungsakt bestimmt ist (Abs. 1 S. 1 Alt. 1)

29 § 41 Abs. 1 S. 1 Alt. 1 bezieht sich mit seiner Formulierung „denjenigen für den der VA bestimmt ist" auf **§ 13 Abs. 2 Nr.** 2, der diese Person als denjenigen umschreibt, an den die Behörde den VA richten will, und hiermit als Oberbegriff auch den Fall des § 13 Abs. 1 Nr. 1 (Antragsteller) umfasst, s. § 13 Rn. 21. Dieser Beteiligter wird oftmals als **materieller Adressat** bezeichnet (s. § 13 Rn. 21 ff., § 22 Rn. 17). Dieser Begriff ist nicht mit dem Begriff des Inhaltsadressaten gleichzusetzen (der sich auch auf den Betroffenen i. S. d. § 41 Abs. 1 S. 1 Alt. 2 bezieht, s. § 37 Rn. 14). Daher ist die von § 41 Abs. 1 Alt. 1 abweichende Formulierung in **§ 110 LVwG SchlH** „für den er *seinem Inhalt nach bestimmt* ist" zumindest missverständlich.

30 Der VA ist für denjenigen bestimmt, an den ihn die Behörde richtet, weil er nach Ansicht der Behörde den Tatbestand der Norm verwirklicht hat und ihn die Rechtswirkung i. S. d. § 35 treffen soll (z. B. Störer, Bauherr, Subventionsberechtigter, Schüler, Beamter). Ihm gegenüber betreibt die Behörde das VwVf, weil sie ihn als Partner des materiellen und verfahrensrechtlichen Verwaltungsrechtsverhältnisses ansieht. Stellt sich bei einer Überprüfung heraus, dass die Annahme der Behörde über die Beteiligung des Betroffenen an dem Rechtsverhältnis unrichtig war, ist dies eine Frage der Rechtswidrigkeit, nicht der Bekanntgabe des VA.

3. Bekanntgabe an betroffene Beteiligte (Abs. 1 S. 1 Alt. 2)

31 Neben der Bekanntgabe an den Beteiligten nach § 13 Abs. 1 Nr. 1 und Nr. 2 verpflichtet § 41 Abs. 1 S. 1 die Behörde auch zur Bekanntgabe an den betroffenen Beteiligten, also an denjenigen, der nach § 13 Abs. 2 hinzugezogen wurde und der sich jedenfalls bei Erlass des VA als Betroffener darstellt. Bedeutung hat diese Regelung bei **VA mit Drittwirkung** (§ 50 Rn. 8 ff.), darüber hinaus auch bei VA mit „umgekehrter" Drittwirkung (**belastende VA mit drittbegünstigender Wirkung,** s. § 50 Rn. 57 ff.). Besteht ein Anspruch auf polizeiliches Einschreiten, ist damit der gegenüber dem Störer erlassene VA auch gegenüber dem Anspruchsinhaber als „betroffenen Beteiligten" bekannt zu geben.

32 Ob eine Person von dem VA **„betroffen"** wird, richtet sich nach **materiellem Recht** und nach dem Schutzzweck der jeweiligen Norm. Maßgebend ist, ob der VA in die materiellen Rechte im Sinn eines schutzwürdigen Individualinteresses einer anderen Person als die des Adressaten eingreift (§ 40 Rn. 131 ff., § 50 Rn. 12 ff.). Nur wirtschaftliche oder ideelle Interessen begründen keine Betroffenheit in diesem Sinn. Der Kreis der Betroffenen ist also wesentlich enger als der Kreis der **Einwender** z. B. i. S. d. § 74 Abs. 4 (hierzu § 74 Rn. 207 ff.). So besteht etwa keine Betroffenheit des Miteigentümers durch den an einen anderen Miteigentümer gerichteten Anschlussbeitragsbescheid.[39] Betroffen kann aber auch ein Einzelner sein, wenn i. Ü. öffentliche Bekanntmachung vorgeschrieben ist, s. Rn. 147. Stellt sich im Laufe des Verfahrens heraus, dass ein **Beteiligter nicht** (mehr) **betroffen** ist, ist ihm der VA auch nicht bekannt zu geben.

33 Die Pflicht zur Bekanntgabe an den Betroffenen wurde in erster Linie aufgenommen, um einen „echten" VA mit Drittwirkung auch gegenüber dem belasteten Dritten wirksam werden lassen, s. Rn. 31. Jedoch ist nur der betroffene **„Beteiligte"** angesprochen. Daher muss der VA nach § 41 Abs. 1 S. 1 dem belasteten Dritten, der nach § 13 Abs. 2 nicht zum Verfahren hinzugezogen worden ist, nicht bekannt gegeben werden. Die Bekanntgabe ist bewusst auf die „Beteiligten" i. S. d. § 13 beschränkt worden. Eine weitergehende Anregung des BDVR hat sich im Gesetzgebungsverfahren nicht durchsetzen können.

34 Eine Bekanntgabe an einen nicht als Beteiligten hinzugezogenen Drittbetroffenen ist aber durch diese Einschränkung nicht ausgeschlossen (Rn. 21), sondern steht im **Ermessen** der Behörde, das sie nach dem Zweck des mehrpoligen Rechtsverhältnisses ausüben muss. Zu den

---

[39] *OVG Münster* NJW 1977, 2369.

Folgen unterlassener Bekanntgabe an den Drittbetroffenen s. Rn. 229 f. Daher kann es z. B. aus Beschleunigungsgründen auch im Interesse des Begünstigten sinnvoll sein, dass die Behörde den VA auch Betroffenen, die nicht Beteiligte sind, bekannt gibt und damit auch ihnen gegenüber die materiell-rechtliche Wirkung des § 43 auslöst.[40] Hierdurch wird aber eine fehlerhaft unterlassene Beteiligung nach § 13 nicht geheilt. Entgegen *Hufen*[41] ist in der Bekanntgabe auch keine Hinzuziehung nach § 13 Abs. 2 zu sehen. Eine Praxis, die erst in der Bekanntgabe eine Hinzuziehung vornähme, nähme dem Dritten erhebliche Verfahrensrechte (z. B. Anhörung, ggf. Beteiligung bei Augenscheineinnahme) in dem Entscheidungsprozess (§ 9 Rn. 90 ff.).

Der begünstigte Adressat kann die **Bekanntgabe** an den **Dritten** nicht verhindern. Dem 35
Begünstigten steht aber ein Anspruch zu, dass die Behörde auf seinen **Antrag** hin eine **Bekanntgabe** an den belasteten Dritten vornimmt. Ihm gegenüber wird sich die Behörde nicht auf ein Bekanntgabeermessen (Rn. 34) berufen können. Der materielle Anspruch auf eine Genehmigung ist erst dann vollständig erfüllt, wenn die Behörde alles getan hat, um einen – auch Dritten gegenüber – wirksamen VA zu erlassen.[42] Insbes. kann sich die Behörde durch mangelnde Bekanntgabe an den Dritten nicht die Möglichkeit offen halten, die Anfechtungsfrist für den Dritten heraus zu schieben und sich dadurch die erleichterten Rücknahmemöglichkeiten des § 50 zu erhalten. Für die **Rücknahme eines VA mit Doppelwirkung** s. ferner § 43 Rn. 181.

4. Bekanntgabe an Bevollmächtigten (Abs. 1 S. 2)

a) **Bevollmächtigter i. S. d. § 14:** Ist ein Bevollmächtigter – ggf. konkludent oder in An- 36
scheins- oder Duldungsvollmacht[43] (Rn. 77, § 14 Rn. 8, 16) – bestellt, steht die Bekanntgabe ihm gegenüber im Ermessen der Behörde (s. Rn. 39 ff.). **§ 171, § 173 BGB** sind entsprechend anwendbar.[44] Eine Bekanntgabe an den Bevollmächtigten in dieser Eigenschaft ist jedoch nur möglich, wenn der Behörde das **Bevollmächtigtenverhältnis bekannt** ist (z. B. durch Vollmacht oder aus einem Antrag, s. Rn. 77, § 22 Rn. 36). Liegt keine Vollmacht (für genau dieses Verfahren[45]) vor, geht die Bekanntgabe ins Leere, der VA wird nicht wirksam;[46] zur Heilung (analog) bei Zugang an Vollmachtgeber Rn. 234 f.

§ 41 Abs. 1 S. 2 bezieht sich seinem Wortlaut nach ausdrücklich nur auf den Bevollmächtig- 37
ten i. S. d. § 14 (dort Rn. 6 ff.) und **§ 15** (s. dort Rn. 9). Als Bevollmächtigter i. S. d. § 41 Abs. 1 S. 2 ist jedoch nach *OVG Bautzen*[47] auch eine **juristische Person** (s. aber § 14 Rn. 10) zu behandeln, solange die Behörde diese als Bevollmächtigte nicht in sinngemäßer Anwendung der § 14 Abs. 6 und 7 zurückgewiesen hat. Grundsätzlich möglich ist auch die Bestellung eines Bevollmächtigten mit **Sitz im EU-Ausland**, § 14 Rn. 34. Soll ihm bekannt gegeben werden, gelten hierfür die allgemeinen Regeln für die Bekanntgabe im Ausland,[48] s. Rn. 218 ff.

Kein Bevollmächtigter i. d. S. ist der gesetzliche/organschaftliche Vertreter, auch nicht wenn 38
dieser nach § 16 bestellt wurde, s. hierzu Rn. 48 ff. Dies gilt auch für den Fall der **§ 17** und **§ 18**. Während des Gesetzgebungsverfahrens wurde der Antrag abgelehnt, u. a. für die Bekanntgabe diese Vertreter den Bevollmächtigten gleichzustellen. Daher verweist § 19 Abs. 2 weder auf § 14 Abs. 3 noch auf § 41 Abs. 1 S. 2, s. § 19 Rn. 7, vgl. auch § 80 Rn. 79. An Vertreter darf somit nur bekannt gegeben werden, wenn die Vertretungsmacht dies umfasst. Dies ist bei den nach § 17, § 18 bestellten Vertretern nicht der Fall (§ 19 Rn. 7),[49] während im Fall des § 16

---

[40] Ausführlich *Gusy* GewArch 1988, 322 ff.
[41] *Hufen,* Fehler im VwVf, Rn. 284.
[42] In diese Richtung auch *BGH* NVwZ 2004, 638, 639.
[43] *OVG Münster* NVwZ-RR 2004, 72 f.; *FG Nds* EFG 2003, 181; *FG Münster* EFG 2003, 1586, 1589.
[44] *VGH Kassel* NVwZ 1998, 1313, 1314; *OVG Münster* NJW 1977, 1981.
[45] Vgl. *VG Gießen* NVwZ-RR 2001, 560; *BFH* HFR 2006, 338, 339 f.; *FG Hamburg* EFG 2004, 155, 156; *FG München* EFG 2004, 1660 f.
[46] *OVG Lüneburg* NJW 1996, 212; zum Vollmachtswiderruf nach Abgabe aber vor Ablauf der Frist des § 41 Abs. 2 vgl. *FG Bbg* EFG 2001, 154, 155. Zur Bedeutung der Bekanntgabe an Kanzleiabwickler nach Tod des bevollmächtigten Rechtsanwalts vgl. *BayObLG* NJW 2004, 3722 f. (Urteilszustellung).
[47] *OVG Bautzen* SächsVBl 2000, 290, 291 (zu § 7 VwZG).
[48] Vgl. *BFHE* 191, 202 = NVwZ 2000, 1214 (zur bejahten Frage der analogen Anwendbarkeit des § 122 Abs. 2 Nr. 2 AO auf diesen Fall).
[49] Jedoch ist hier oftmals öffentliche Bekanntgabe möglich, vgl. Rn. 145.

§ 41 39–42   Teil III. Verwaltungsakt

Abs. 1 Nr. 1, 2, 4 und 5 (nicht aber im Fall der Nr. 3) zwangsläufig an den Vertreter bekannt gegeben werden muss.

39   b) **Ermessensentscheidung:** Die Streitfrage,[50] ob § 41 Abs. 1 S. 2 eine Ermessensnorm darstellt oder nur eine Regelung der Befugnis, die gegenüber § 14 Abs. 3 keine Spezialnorm darstellt, ist mittlerweile von *BVerwG* und – für § 122 Abs. 1 S. 3 AO – *BFH* zugunsten der ersten Alternative entschieden worden.[51] Dies ermöglicht der Behörde durch eine Bekanntgabe an den Betroffenen jeder Diskussion darüber auszuweichen, ob der Bevollmächtigte wirksam bestellt wurde. § 14 Abs. 3 bezieht sich damit nur auf das Verhalten der Behörde gegenüber dem Bevollmächtigten **während des VwVf**, s. a. § 14 Rn. 21 ff. Dem ist zu folgen.[52] Damit ist bewusst die Konzeption des **§ 7 Abs. 1 S. 2 VwZG** (hierzu auch Rn. 47) nicht übernommen worden, nach dem die Zustellung an den Bevollmächtigten bei Vorlage einer schriftlichen Vollmacht zwingend ist.

40   Ob die unterschiedliche Gestaltung der Regelungen der § 14 Abs. 3, § 41 Abs. 1 S. 2 VwVfG, § 7 Abs. 1 S. 2 VwZG sinnvoll ist, ist eine rechtspolitische Frage. Eine Angleichung der Vorschriften kann jedenfalls nicht im Wege der Auslegung erreicht werden. Da sich die Verwaltungspraxis auch weitgehend an den Wortlaut des § 41 Abs. 1 S. 2 hält und vielfach dem Beteiligten selbst den VA bekannt gibt, sollte ein Bevollmächtigter, insbes. ein Rechtsanwalt, in jedem Fall den Mandanten auf diese Möglichkeit hinweisen, um den Ablauf der Rechtsbehelfsfrist nicht zu versäumen (s. noch Rn. 42).

41   Bei der Ermessensausübung, die nicht fehlen darf, ohne aber begründet werden zu müssen (§ 39 Rn. 53), ist zu berücksichtigen, dass wesentlicher Grund für die „kann"-Regelung die Ansicht war, eine „soll"- oder „ist"-Regelung könne die Behörde, insbes. im Rahmen der Massenverwaltung, zu stark belasten. Daher war eine Koordinierung mit § 122 AO nur auf der Basis einer Ermessensregelung möglich. In anderen Verwaltungszweigen kann es demgegenüber **zweckmäßig** sein, an den Bevollmächtigten bekannt zu geben, insbes. wenn sich die Behörde schon in der Vergangenheit mehrfach an den Bevollmächtigten gewandt hat oder ihr bekannt ist, dass der Vertretene die Bekanntgabe an den Bevollmächtigten wünscht. Ergibt sich aus einer schriftlichen **Vollmacht** unmissverständlich, dass die Bekanntgabe an den Bevollmächtigten gerichtet werden soll, muss die Behörde i. d. R. diesem Wunsch entsprechen; ebenso muss ein Änderungsbescheid an den Bevollmächtigten bekannt gegeben werden, wenn gegen den geänderten VA eine Anfechtungsklage erhoben wurde und der Betroffene von dem Bevollmächtigten auch in diesem Verfahren vertreten wird.[53] Gibt die Vollmacht Anlass zu Zweifeln, ist jedoch i. d. R. Bekanntgabe an den Vollmachtgeber geboten,[54] so dass i. d. R. unbedenklich ist, wenn an den Vollmachtgeber bekannt gegeben wird, wenn **keine** eindeutige **schriftliche (Empfangs-)-Vollmacht** vorgelegt wird.[55] Das Ermessen kann auch über Art. 3 Abs. 1 GG gebunden sein, so dass z. B. nur eine Bekanntgabe an den Bevollmächtigten erfolgen darf, weil sich bei der Behörde eine entsprechende Praxis in Massenverfahren entwickelt hat.

42   Musste der Vertretene damit rechnen, dass an den Bevollmächtigten bekannt gegeben wird (z. B. weil die Behörde alle Mitteilungen während des Verwaltungsverfahrens an den Bevollmächtigten gerichtet hat, s. § 14 Abs. 3), erfolgt die Bekanntgabe des VA aber (ohne Ermessensfehler) gegenüber dem Vertretenen und wird dadurch eine Frist versäumt, können die Voraussetzungen für eine **Wiedereinsetzung** in den vorigen Stand (§ 70, § 60 VwGO) gegeben sein, insbes. wenn im konkreten Fall Schutzgüter beeinträchtigt werden, die gerade durch die Bekanntgabe an den Bevollmächtigten geschützt werden sollen.[56]

---

[50] Dazu eingehend § 41 Rn. 52 der 5. Aufl.
[51] *BVerwGE* 105, 288, 292 ff. = NVwZ 1998, 1292; *BFHE* 193, 41 = NVwZ 2001, 473.
[52] Ebenso *VGH Mannheim* NVwZ-RR 2006, 154, 155 (unter Aufgabe seiner früheren Rspr.); *BSG* NVwZ 1986, 421 (zu § 37 Abs. 1 S. 2 SGB X); *BFHE* 131, 270 (zu § 122 Abs. 1 S. 2 AO); *FG Hamburg* EFG 2003, 583, 584 (zu § 122 Abs. 1 S. 2 AO); *Henneke* in Knack, § 41 Rn. 10; a. A. etwa *Drescher* NVwZ 1988, 680, 683; *Meyer/Borgs*, § 41 Rn. 10.
[53] *BFHE* 174, 208 ff. = NVwZ-RR 1995, 63 f.; *BFH* HFR 2005, 732, 733 (Hauptargument ist hier allerdings der Zusammenhang mit § 68 FGO, der in der VwGO keine Entsprechung hat).
[54] *BFHE* 193, 41 = NVwZ 2001, 473, 474; *BFH* HFR 2001, 650, 651; *FG Hamburg* EFG 2003, 583, 584.
[55] *BFHE* 204, 403 = NVwZ-RR 2005, 765 f.
[56] Vgl. *VGH Kassel* NVwZ-RR 1993, 432, 434; einschränkend *BFH* HFR 2001, 401, 402.

Ermessensfehler führen (entgegen Rn. 53 der 6. Aufl.) indes zur **Unwirksamkeit der Bekanntgabe** mit der Folge der Rn. 222 ff.[57] Dem entspricht, dass bei Verstoß gegen § 7 Abs. 1 VwZG (auch bei Ermessensfehlern) die Zustellung für unwirksam gehalten wird.[58] Alle anderen Konstruktionen (Unbeachtlichkeit,[59] Nicht-Beginn der Rechtsbehelfsfristen,[60] Wiedereinsetzung in den vorigen Stand[61]) führen zu größeren Rechtsunsicherheiten als diese Rechtsfolge, die auch bei allen anderen Bekanntgabefehlern greift. Wenn der Gesetzgeber die Ermessensausübung i. S. d. § 41 Abs. 1 S. 2 als bloße Ordnungsvorschrift hätte ausgestalten wollen, hätte er dies deutlicher zum Ausdruck bringen müssen. Allerdings folgt aus dieser strengen Rechtsfolge auch, dass an das Vorliegen von Ermessensfehlern strenge Voraussetzungen gestellt werden, der gesetzlich weit gezogene Ermessensrahmen (Rn. 39) also nicht contra legem verengt wird.[62] Ermessensfehler werden daher letztlich nur bei gleichsam treuwidrigem Vorgehen der Behörde gegeben sein. Zur Heilung des Fehlers nach § 8 VwZG (analog), s. Rn. 234 f. **43**

c) **Bekanntgabemodalitäten:** Bestehen **mehrere Bevollmächtigte,** genügt die Bekanntgabe an einen, wenn sie berechtigt sind, den Vollmachtgeber jeweils einzeln zu vertreten (vgl. **§ 7 Abs. 3 VwZG**),[63] s. § 14 Rn. 10. Entschließt sich die Behörde dennoch dazu, jedem der Bevollmächtigten bekannt zu geben, ist für die Wirksamkeit der Bekanntgabe der Zeitpunkt der ersten Bekanntgabe maßgebend.[64] Wird der Bevollmächtigte im VA unter Berücksichtigung des Empfängerhorizontes nicht nur als Bekanntgabeadressat, sondern als Inhaltsadressat angesprochen, so trifft der VA ihm gegenüber eine Regelung und wird ihm gegenüber wirksam, auch wenn die Behörde eine solche Regelung gar nicht treffen wollte (str.), näher § 37 Rn. 25. **44**

Wird dem Bevollmächtigten bekannt gegeben, genügt bei der Zustellung nach **§ 7 Abs. 1 S. 3 VwZG** die Übersendung einer Ausfertigung, auch wenn der Bevollmächtigte mehrere Beteiligte vertritt. Jedoch muss der Bevollmächtigte bei Bekanntgabe an ihn von allen bevollmächtigt sein, sonst gilt der VA nur für seinen Vollmachtgeber als bekannt gegeben.[65] § 7 Abs. 1 S. 3 VwZG ist **entsprechend** auch auf die **einfache Bekanntgabe schriftlicher VA** anzuwenden, so dass es in diesem Fall auf die in Rn. 75 ff. dargestellten Probleme nicht ankommt, s. Rn. 77. Dies gilt jedoch entsprechend **§ 7 Abs. 2 VwZG** nicht, wenn der Bevollmächtigte – wie im Fall des § 15 – **nur Empfangsbevollmächtigter** ist; hier sind dem Bevollmächtigten so viele Ausfertigungen zu übermitteln, wie Beteiligte vorhanden sind. Im Zustellungsrecht wird diese Vorschrift jedoch weitgehend als reine Ordnungsvorschrift verstanden, die die Wirksamkeit der Zustellung an alle unberührt lässt.[66] Dies dürfte auch für die einfache Bekanntgabe gelten, jedoch besteht ein vom Empfangsbevollmächtigten ggf. durchzusetzender Anspruch gegenüber der Behörde auf Zusendung weiterer Ausfertigungen, s. a. Rn. 79. **45**

Elektronische VA können gegenüber dem Bevollmächtigten nur dann wirksam bekannt gegeben werden, wenn der **Vollmachtgeber** (auf den Bevollmächtigten kommt es nicht an) insoweit einen **Zugang nach § 3a Abs. 1 eröffnet** hat, näher Rn. 91. An diese Zugangseröffnung sind allerdings hohe Anforderungen nur zu stellen, wenn es um VA mit Dauerwirkung geht oder um VA, die aus sonstigen Gründen zum Nachweis bestimmter Umstände vorgehalten werden müssen. Handelt es sich um VA, deren Wirkungen sich mit ihrem Erlass weitgehend erschöpfen, kann in der Bevollmächtigung zugleich auch insoweit eine Zugangseröffnung nach § 3a Abs. 1 zu sehen sein, wie der Bevollmächtigte in eigenen Angelegenheiten den Zugang eröffnet hat. **46**

d) **Besonderheiten bei Zustellung:** Nach **§ 7 Abs. 1 S. 2 VwZG** hat die Zustellung zwingend an den Bevollmächtigten zu erfolgen, wenn eine schriftliche Vollmacht vorgelegt **47**

---

[57] *BFH* HFR 2005, 732, 733; HFR 2006, 338, 339.
[58] *BVerwG* NJW 1988, 1612 f.; *FG München* EFG 2002, 874 f.; *Engelhardt/App,* § 7 VwZG Rn. 7; *Kruse* in Tipke/Kruse, § 7 VwZG Rn. 8; *Schwarz* in Hübschmann/Hepp/Spitaler, § 7 VwZG Rn. 19.
[59] *OVG Münster* NVwZ-RR 1997, 77, 78.
[60] So *Kopp/Ramsauer,* § 41 Rn. 39.
[61] So *Drescher* NVwZ 1988, 680, 683; *VGH Kassel* NVwZ-RR 1993, 432, 434.
[62] Zu eng insoweit wohl *BFH* HFR 2006, 338, 339.
[63] *BVerwG* NJW 1984, 2115 (für gerichtliche Zustellung); *VGH München* NVwZ-RR 2002, 696 (für Verwaltungszustellung).
[64] *BVerwG* NJW 1998, 3528 (für gerichtliche Zustellung).
[65] Vgl. *FG Nürnberg* EFG 1990, 47.
[66] *VGH Mannheim* NVwZ-RR 1989, 597; *Kruse* in Tipke/Kruse, § 7 VwZG Rn. 3; *Schwarz* in Hübschmann/Hepp/Spitaler, § 7 VwZG Rn. 27.

wurde. Diese Regelung wird auch bei „gewillkürter Zustellung" (Rn. 20, 202) durch § 41 Abs. 1 S. 2 **nicht verdrängt,** auch wenn dies – anders als bei § 14 Abs. 3 S. 4 (hierzu § 14 Rn. 24) – nicht deutlich gesagt wird. Liegt eine **schriftliche Vollmacht** vor, ist folglich die Zustellung an den Vollmachtgeber unwirksam;[67] zur Heilung s. Rn. 234 f. Ist der Bevollmächtigte für die Behörde nicht erreichbar, ist jedoch entgegen dem Wortlaut des § 7 Abs. 1 S. 2 VwZG die Zustellung unmittelbar an den Vollmachtgeber der an den Bevollmächtigten gerichteten öffentlichen Zustellung nach § 10 VwZG (Rn. 6, 143) vorzuziehen.[68] Liegt **keine schriftliche Vollmacht** vor, steht nach § 7 Abs. 1 S. 1 die Zustellung an den Bevollmächtigten im Ermessen der Behörde, so dass insoweit die Grundsätze der Rn. 39 ff. gelten.[69] Zur Zustellung gegenüber Rechtsanwalt Rn. 216.

5. Bekanntgabe an juristische Personen und teilrechtsfähige Organisationen

48 Wie bereits schon die Formulierung des § 12 Abs. 1 Nr. 3 und Nr. 4 verdeutlicht („*durch ihren gesetzlichen Vertreter/Leiter*"), sieht das VwVfG **juristische Personen** (§ 11 Nr. 1 Alt. 2), **teilrechtsfähige Vereinigungen** (§ 11 Nr. 2) und **Behörden** (§ 11 Nr. 3) selbst als handlungsfähig an. Zu Personengesellschaften s. auch Rn. 80 f. Deren organschaftliche Vertreter (z. B. Vorstand nach § 78 AktG, Geschäftsführer nach § 35 GmbHG, Bürgermeister nach den Gemeindeordnungen) werden damit – dem Wesen der organschaftlichen Vertretung entsprechend – als bloße „Durchlaufstation" angesehen. Deshalb ist die juristische Person etc. selbst und nicht deren organschaftlicher Vertreter Bekanntgabeadressat.[70] Folglich genügt bei Zustellung wie bei einfacher Bekanntgabe (entspr.) **§ 6 Abs. 3 VwZG** die Bekanntgabe eines VA an nur einen organschaftlichen Vertreter auch dann, wenn mehrere Vertreter vorhanden sind.

49 Dementspr. ist es auch bei Bekanntgabe an einen solchen Beteiligten **nicht notwendig,** dass die organschaftlichen **Vertreter namentlich genannt** werden, sofern der VA an den Sitz (Geschäftsadresse) der juristischen Person übermittelt wird. Die juristische Person etc. muss vielmehr so organisiert sein, dass behördliche Bescheide wie andere Willenserklärungen auch zur Kenntnis der dazu berufenen Personen gelangen, sofern unter der **Geschäftsadresse** des Inhaltsadressaten bekannt gegeben wird.[71] Dies dürfte auch bei **Zustellung** gelten.[72] Wird von der namentlichen Nennung der organschaftlichen Vertreter abgesehen, ist jedoch zweckmäßig, wenn auch nicht notwendig,[73] einen aussagefähigen Betreff oder zumindest die Wendung „z. Hd. des Vorstandes" zu wählen, um deutlich zu machen, dass es sich um eine „Chefsache" handelt. Wird der organschaftliche Vertreter namentlich genannt, muss deutlich werden, dass er nicht persönlich als Inhaltsadressat des VA angesprochen wird. Sonst ist der VA zu unbestimmt, s. § 37 Rn. 22.

6. Bekanntgabe an Geschäftsunfähige und beschränkt Geschäftsfähige

50 § 41 Abs. 1 regelt im Gegensatz zu § 6 VwZG die Bekanntgabe an Geschäftsunfähige und beschränkt Geschäftsfähige nicht ausdrücklich, insbes. umfasst § 41 Abs. 1 S. 2 diesen Fall nicht, s. Rn. 37. § 6 Abs. 1 und 3 VwZG formuliert jedoch Grundsätze, die für die einfache Bekanntgabe entsprechend heranzuziehen sind: Daher ist bei fehlender Handlungsfähigkeit nach § 12 Abs. 1 Nr. 1 und Nr. 2 (entspr. § 6 Abs. 1 VwZG) an den **gesetzlichen Vertreter** (z. B. Eltern gemäß § 1629 BGB, Betreuer gem. § 1902 BGB) bekannt zu geben, da sich § 12 – entgegen seinem insoweit missverständlichen Wortlaut – unstr. auch auf die passive Handlungsfähigkeit bezieht, s. § 12 Rn. 4. Für öffentliche Bekanntgabe s. aber Rn. 137, § 37 Rn. 19. Bei mehreren gesetzlichen Vertretern genügt gem. § 6 Abs. 3 VwZG die Bekanntgabe an einen (s. a. § 1629

---

[67] *OVG Münster* NVwZ-RR 1997, 77, 78; *BFH/NV* 1987, 482.
[68] *VG Neustadt a. d. W.* NVwZ-Beilage I 9/2000, 110, 111 (unter Berufung auf § 10 Abs. 2 S. 1 AsylVfG).
[69] *VG Meiningen* NVwZ-RR 2000, 476.
[70] *App* KStZ 2005, 205, 208.
[71] *Tipke* in Tipke/Kruse, § 122 AO Rn. 30; ebenso **Anwendungserlass zur AO** (AEAO, Angaben vor Rn. 1), Nr. 2.4.1.1, 2.4.1.2 und 2.8.1 zu § 122 AO.
[72] Wie hier *OVG Bautzen* SächsVBl 2001, 33; BFHE 100, 71; *Engelhardt/App,* § 6 VwZG Rn. 5; *Schwarz* in Hübschmann/Hepp/Spitaler, § 6 VwZG Rn. 16; *Kruse* in Tipke/Kruse, § 6 VwZG Rn. 8; **a. A.** *VGH Kassel* NJW 1998, 920.
[73] *Tipke* in Tipke/Kruse, § 122 AO Rn. 30.

Abs. 1 S. 2 HS. 2 BGB).[74] Ist kein gesetzlicher Vertreter vorhanden, ist er nach § 16 Abs. 1 Nr. 4 zu bestellen.[75] Die Bekanntgabe an den Handlungsfähigen selbst lässt den VA nicht wirksam werden, selbst wenn die Handlungsunfähigkeit der Behörde nicht bekannt ist.[76] Die Beweislast für die Handlungsunfähigkeit trägt der, der daraus Rechte herleitet.[77] Ist der Adressat nur **partiell handlungsfähig** (§ 12 Abs. 1 Nr. 2), ist ihm der VA persönlich bekannt zu geben, soweit er dem geschäftsfähigen Rechtskreis zuzurechnen ist.

Bloße Kenntnisnahme von einem an den Handlungsunfähigen gerichteten Schreiben durch 51 den gesetzlichen Vertreter **reicht für eine Heilung** entspr. **§ 8 VwZG nicht** aus.[78] **§ 131 BGB** ist aus Gründen der Verfahrensklarheit nicht entsprechend anzuwenden, näher Rn. 234f. Jedoch kann der gesetzliche Vertreter die gegenüber dem Handlungsunfähigen erfolgte **Bekanntgabe mit Wirkung ex tunc** (entsprechend § 108 BGB) **genehmigen**,[79] s.a. § 12 Rn. 5. Mit der Frage des „Bekanntgabewillens" (Rn. 53ff.) hat dies nichts zu tun,[80] s. hierzu Rn. 234. Daher ist auch eine „Heilung" durch „rügelose Einlassung" des gesetzlichen Vertreters möglich,[81] s. Rn. 238. Eine Genehmigung nur mit Wirkung ex nunc ist dann möglich, wenn der VA hierdurch nicht in seinem Inhalt verändert wird.

Tritt nach Bekanntgabe **Handlungsfähigkeit ein**, ist für die Möglichkeit einer Genehmi- 52 gung wie in Rn. 51 zu differenzieren: Eine **Genehmigung** der Bekanntgabe ihm gegenüber ist auch mit Wirkung ex tunc möglich,[82] ebenso eine Heilung durch „rügelose Einlassung" (mit Wirkung ex tunc).[83] Eine Heilung durch schlichte **Kenntnisnahme** entsprechend § 8 VwZG ist ebenfalls (mit Wirkung ex nunc) grundsätzlich möglich,[84] s. Rn. 232. Lässt sich aber zwischen der Absendung des VA und der gewonnenen Handlungsfähigkeit kein zeitlicher Zusammenhang mehr herstellen, wird man jedoch nicht mehr annehmen können, dass dem Betroffenen das Schriftstück noch i.S.d. § 8 VwZG „tatsächlich zugehen" kann. Der einfache Besitz an dem Schriftstück kann nicht noch nach Jahren einem inzwischen handlungsfähig Gewordenen eine Bekanntgabe vermitteln. Letztlich hat sich der VA hier schon vor Bekanntgabe erledigt.

III. Allgemeine Bekanntgabevoraussetzungen

1. Abgabe des Verwaltungsaktes (mit Bekanntgabewillen)

a) Erfordernis des tatsächlichen Bekanntgabewillens: Jede Form der Bekanntgabe 53 (auch die öffentliche Bekanntgabe und die Zustellung) setzt nach st. Rspr. voraus, dass ein sog. **Bekanntgabewille** der Behörde vorliegt: Dem Bekanntgabeadressaten (zum Begriff § 37 Rn. 19) muss die Tatsache des Ergehens des VA und sein Inhalt mit **Wissen und Willen der Behörde** eröffnet werden.[85] Dieser Bekanntgabewillen muss umfassen, **ob, wann** und **an wen**

---

[74] *VGH München* BayVBl 1979, 51; *BFHE* 120, 148 = NJW 1977, 544 (L).
[75] *OVG Lüneburg* NVwZ-Beilage I 6/2002, 65f.; *VGH München* NJW 1984, 2845; im Ergebnis auch *Cremer* VR 1988, 384.
[76] *BVerwG* NJW 1985, 576, 577; NJW 1994, 2633, 2634; *OVG Hamburg* DVBl 1982, 218; *VGH Mannheim* NVwZ-RR 1991, 493; VBlBW 1992, 474; *VGH München* NJW 1984, 2845; *OVG Schleswig* NVwZ-RR 1994, 484, 485; *BayObLG* DÖV 1979, 62, 63; *FG Nds* EFG 2002, 1566, 1567.
[77] *BVerwG* NJW 1994, 2633.
[78] *BVerwG* ZBR 2001, 216, 217; *VGH Mannheim* NuR 2006, 440, 441; *VGH München* NJW 1984, 2845; weitergehend *Krause* VerwArch (69) 1970, S. 318f.
[79] *VGH Mannheim* NuR 2006, 440, 441; nur Wirkung ex nunc nach *Drüen* in Tipke/Kruse, § 79 AO Rn. 11, da andernfalls die Rechtsbehelfsfristen nicht gewahrt werden können. Bei Ablauf der Rechtsbehelfsfristen und dem Willen, Rechtsbehelfe einzulegen, wird jedoch keine Genehmigung erfolgen.
[80] *BVerwG* NJW 1985, 576, 577; *OVG Schleswig* NVwZ-RR 1994, 484; a.A. *VGH München* NJW 1984, 2845; *Liebetanz* in Obermayer, VwVfG, § 41 Rn. 30.
[81] Zweifelnd insoweit *VGH München* NJW 1984, 2845.
[82] *OVG Schleswig* NVwZ-RR 1994, 484f., 485; nur Wirkung ex nunc: *VGH Mannheim* NVwZ-RR 1991, 493, 494.
[83] Offen *VGH Mannheim* NVwZ-RR 1991, 493, 494.
[84] *BVerwG* NJW 1994, 2633, 2634; *VGH Mannheim* NVwZ-RR 1991, 493, 494, NuR 2006, 440, 441.
[85] *BVerwGE* 17, 148, 153 = NJW 1964, 1041; *BVerwGE* 22, 14, 15; 29, 321, 323 = NJW 1968, 1538; *BVerwGE* 104, 301, 314 = NVwZ 1999, 178; *BVerwG* JZ 1964, 687; *VGH München* BayVBl 1998, 563, 565; *VG Bremen* NVwZ-RR 1996, 550, 551; *VG Dessau* NVwZ-RR 2001, 536, 537; *BFHE* 142, 204 = NVwZ 1985, 519; *BFHE* 147, 205, 207 = NVwZ 1987, 632; *BFHE* 155, 466 = NVwZ 1990, 104; *BFH* NVwZ-RR 1991, 660, 661.

der VA bekannt gegeben wird,[86] nicht jedoch den **Bekanntgabeweg,** so dass es z. B. unerheblich ist, wenn ein VA unmittelbar dem Adressaten bekannt gegeben wird, die Bekanntgabe aber über einen Dritten (Boten oder andere Stelle) erfolgen sollte.[87] Der Bekanntgabewille wird bei schriftlichen VA aus der **Unterschrift**[88] oder der **Namenswiedergabe** i. S. d. § 37 Abs. 3 (§ 37 Rn. 100), aus der bei den Akten verbleibenden Urschrift oder aus sonstigen Umständen, z. B. Begleitschreiben oder früheren Bekanntgabeversuchen[89] geschlossen.

54   Welcher Mensch innerhalb der Behördenorganisation den Bekanntgabewillen bilden muss, damit ein behördlicher Bekanntgabewille vorliegt, ist ein **Vertretungsproblem,**[90] also ein Problem der Zurechung des VA zu der Behörde. Maßgeblich sind die in § 35 Rn. 53 ff. geschilderten Grundsätze. Zu den Rechtsfolgen fehlender Zurechenbarkeit § 35 Rn. 62 f. Hiervon ist die grundsätzlich zulässige Einschaltung von **Erklärungsboten** (hierzu näher § 35 Rn. 61) durch die Behörde zu unterscheiden, bei der es für den Bekanntgabewillen auf die beauftragende Behörde, nicht auf den Boten ankommt, so dass der Bekanntgabewille auch nicht in Frage gestellt wird, wenn der Bote einen anderen Erklärungsweg wählt, als von der Behörde vorgesehen.[91] Zu Empfangsboten s. Rn. 67 f.

55   Unbestritten fehlt es an dem Bekanntgabewillen, wenn der Beteiligte nur zufällig von dem VA Kenntnis nimmt, etwa weil ein anderer Beteiligter ihn hiervon unterrichtet, ebenso, wenn eine Behörde einer anderen Behörde den VA informatorisch oder im Rahmen ihrer Mitwirkung mitteilt.[92] Der Bekanntgabewille fehlt auch, wenn der Betroffene von einem Gemeinderatsbeschluss erfährt, bevor dieser durch das kommunale Hauptverwaltungsorgan umgesetzt worden ist (vgl. hierzu § 38 Rn. 63 f.),[93] wenn dem Adressaten lediglich Akteneinsicht gegeben wird (Rn. 233), wenn die Behörde den VA (insbes. **vor Unterzeichnung**) dem Betroffenen als Entwurf zur Kenntnis gibt[94] oder wenn der Betroffene mittels Postkarte davon informiert wird, dass ihm gegen Zahlung einer Gebühr die fertig gestellte Baugenehmigung ausgehändigt werden wird.[95] Wird dem Adressaten vor Unterzeichnung ein Entwurf einer Genehmigung gezeigt, entsteht dadurch kein Anspruch auf eine Bekanntgabe, es liegt darin auch keine Zusicherung, s. § 38 Rn. 69. Zur Vorab-Information mittels Telefon und Telefax s. Rn. 86, 99.

56   Wie die Beispiele zeigen, entsprechen dem so verstandenen Bekanntgabewillen im Wesentlichen die im Zivilrecht entwickelten Grundsätze zur Notwendigkeit der willentlichen) **Abgabe** einer Willenserklärung (vgl. § 130 Abs. 1 BGB). Diese Abgabe liegt nach h. M. vor, wenn der Erklärende alles bei ihm Liegende getan hat, um seinen rechtsgeschäftlichen Willen in der Weise zu äußern, dass an der Endgültigkeit dieses Willens kein Zweifel sein kann.[96] Bei einer empfangsbedürftigen Erklärung gehört dazu ferner, dass sie in Richtung des Empfängers in den Verkehr gebracht wurde.[97] I. d. R. sollte auch der Bekanntgabewillen mit der „Abgabe" i. S. d. § 130 BGB gleichgesetzt werden, insbes. auch, weil für sonstige ör. empfangsbedürftige Willenserklärungen i. d. R. uneingeschränkt auf die zu § 130 BGB entwickelten Grundsätze zurückgegriffen wird.

57   **b) Ersetzung des tatsächlichen Bekanntgabewillens durch Rechtsscheinerwägungen:** Während im Zivilrecht nach traditioneller Auffassung die Abgabe einer Willenserklärung vom **tatsächlichen Willen** des Erklärenden getragen werden muss, um wirksam zu sein, wird zunehmend ein Bedürfnis gesehen, im Einzelfall aus Verkehrsschutzgründen den tatsächlichen Abgabewillen zu fingieren, wenn der „Erklärende" in zurechenbarer Weise den **Rechtsschein**

---

[86] *FG Münster* EFG 1988, 56; *FG München* NVwZ-RR 1990, 525, 526.
[87] *OVG Münster* KStZ 1995, 235, 236.
[88] *VG Leipzig* 5. 10. 1999 – 7 K 52/97 – (juris); *FG Nds* EFG 2007, 78.
[89] *BVerwG* NJW 1988, 1612, 1613; *BFHE* 192, 200; *Beger* DStR 1975, 175, 178.
[90] *Kopp/Ramsauer,* § 41 Rn. 7 a.
[91] Offen *OVG Greifswald* NVwZ-RR 2002, 805.
[92] *BVerwGE* 29, 321, 323 = NJW 1968, 1538; *OVG Greifswald* NVwZ-RR 2001, 210; *BGH* NVwZ-RR 1989, 523, 524; *Hufeld,* Vertretung der Behörde, 2003, S. 320.
[93] *OVG Lüneburg* NVwZ-RR 2001, 599; *OVG Magdeburg* NVwZ 2000, 208 f.; *VGH München* BayVBl 1998, 563, 565.
[94] *BVerwG* JZ 1964, 687; *OVG Münster* NWVBl 1996, 222, 223; *BayObLG* BayVBl 1986, 186.
[95] *VGH München* BayVBl 2002, 87.
[96] *Flume,* § 14 2, S. 225 f.; *Larenz/Wolff,* Allgemeiner Teil des Bürgerlichen Rechts, 9. Aufl. 2004, § 24 Rn. 6 ff.; *Medicus,* Allgemeiner Teil des BGB, 9. Aufl. 2006, 265.
[97] *BGHZ* 65, 13, 14 f.; *BGH* NJW 1979, 2032 f.; gegen dieses zusätzliche Abgabeerfordernis bei empfangsbedürftigen Willenserklärungen mit beachtlichen Argumenten *Britz* MittRhNotK 2000, 197 ff.

einer von seinem Willen getragenen Erklärung gesetzt hat. Bezogen auf VA ist die Rspr. teilweise zurückhaltender, was aber nicht mit den Besonderheiten des VA-Erlasses begründet wird, sondern eher auf Nicht-Rezeption neuerer Erkenntnisse zum Wirksamwerden zivilrechtlicher Willenserklärungen beruht. Tatsächlich ist i. d. R. kein Grund erkennbar, VA hinsichtlich der „Willensgetragenheit" des Abgabeerfordernisses anders zu behandeln als privatrechtliche Willenserklärungen:

aa) Im Zivilrecht wird zwischen dem Willen zur Abgabe einer Willenserklärung und dem sog. **Erklärungsbewusstsein** unterschieden. Fehlt der Abgabewille, weiß der Erklärende, dass eine bestimmte Erklärung als Willenserklärung anzusehen wäre, will sie aber nicht abgeben. Fehlt das Erklärungsbewusstsein, weiß der Erklärende nicht, dass ein bestimmtes Verhalten aus der Sicht der Empfänger als Willenserklärung verstanden werden muss (Trierer Weinversteigerung).[98] Nach der mittlerweile ganz h. M. im Zivilrecht steht das fehlende Erklärungsbewusstsein der Wirksamkeit einer Erklärung als Willenserklärung nicht entgegen, sofern sie vom Empfängerhorizont her gesehen als Willenserklärung zu verstehen war.[99] Dem entspricht, dass auch die Verwaltungsgerichte für die Frage, ob ein VA vorliegt, allein auf den Empfängerhorizont und nicht auf den Willen der Behörde abstellen, s. § 35 Rn. 72 ff., 147. Daher ist das Erklärungsbewusstsein **kein Element des Bekanntgabewillens.** Ein VA ist daher auch dann wirksam bekannt gegeben, wenn die Behörde nicht weiß, dass ihre Erklärung ein VA ist oder sie bewusst keinen VA erlassen will, jedoch auf Grund ihres Verhaltens aus der Sicht des Empfängers einen VA erlässt, s. a. § 43 Rn. 187.

bb) Auch im Zivilrecht nicht geklärt ist demgegenüber der Fall, dass eine Erklärung den Bereich des Erklärenden ohne dessen (Abgabe-)Willen verlässt und hierdurch beim Empfänger der **Schein einer wirksam abgegebenen Willenserklärung** entsteht (liegen gelassenes Schreiben wird von Raumpflegerin versandt, obwohl sich der Erklärende die Angelegenheit noch überlegen wollte). Bei VA sind praktisch bedeutsam die Fälle des durch einen Eingabefehler bei maschineller Bearbeitung „aus Versehen" hergestellten und unbemerkt von einer zentralen Versandstelle versandten Bescheides.[100] Nach traditioneller Auffassung im Zivilrecht fehlt es hier an der Abgabe, die Willenserklärung ist unwirksam.[101] BFH[102] folgt dieser Auffassung der Sache nach und nimmt an, dass es sich bei einem trotz fehlenden Bekanntgabewillens ergangenen VA um einen bloßen **Schein-VA** (§ 35 Rn. 62, § 44 R n. 5) handele, bezüglich dessen Bestandes kein Vertrauensschutz zu gewähren sei.[103] Im Zivilrecht ist jedoch die traditionelle Auffassung mittlerweile weitgehend überwunden worden. Es wird angenommen, die Erklärung sei wirksam, könne jedoch nach §§ 119 ff. BGB angefochten werden.[104] Die hierfür vorgebrachten Argumente rechtfertigen auch für die Frage, ob ein Bekanntgabewille vorliegt, allein den **Empfängerhorizont** für **maßgeblich** zu erklären, solange die **Abgabe** des VA einem Behördenvertreter **zugerechnet** werden kann.[105] Hierdurch ließe sich diese Fallgestaltung mit der des fehlenden Erklärungsbewusstseins gleich behandeln, für die ebenfalls der Empfängerhorizont maßgebend ist, s. Rn. 58. Ein Unterschied im Bedürfnis der Behörde, vor unerwünschten Willenserklärungen geschützt zu sein, besteht zwischen den beiden Fallgestaltungen nicht.[106] Wird auf diese Weise ein rechtswidriger begünstigender VA erstellt, und trifft dieser den Begünstigten „aus heiterem Himmel", kann jedoch das Vertrauen auf den Bestand des Bescheides im Einzelfall nicht schützenswert und deshalb eine **Rücknahme** nach § 48 unproblematisch möglich sein.[107]

---

[98] Zur Unterscheidung *Medicus*, Allgemeiner Teil des BGB, 9. Aufl. 2006, Rn. 266.
[99] So (im Einzelnen unterschiedlich): BGHZ 91, 324, 327 ff. = NJW 1984, 2279 (hierzu *Ahrens* JZ 1984, 986; *Brehmer* JuS 1986, 440; *Canaris* NJW 1984, 2281); BGHZ 109, 171, 177 = NJW 1990, 454; *Flume*, S. 414; *Larenz/Wolff*, Allgemeiner Teil des Bürgerlichen Rechts, 9. Aufl. 2004, § 24 Rn. 6 ff.; *Medicus*, Allgemeiner Teil des BGB, 7. Aufl. 1997, Rn. 607 ff.
[100] Vgl. *FG Düsseldorf* EFG 2006, 1714, 1715; *FG München* EFG 2005, 1502 ff.
[101] BGH NJW 1979, 2032 f.
[102] BFHE 142, 204 = NVwZ 1985, 519, 520.
[103] Ähnlich *Blunk/Schroeder* JuS 2005, 602, 604.
[104] *Larenz/Wolff*, Allgemeiner Teil des Bürgerlichen Rechts, 9. Aufl. 2004, § 26 Rn. 7; *Medicus*, Allgemeiner Teil des BGB, 9. Aufl. 2006, Rn. 266, 607; *Taupitz/Kritter* JuS 1999, 839, 840.
[105] In diese Richtung *VG Leipzig* 5. 10. 1999 – 7 K 52/97 – (juris); a. A. *Wolff* in Wolff/Decker, § 41 VwVfG Rn. 6.
[106] Wie hier *Rüping*, Verwaltungswille und Verwaltungsakt, Diss. 1986, S. 147 ff.
[107] Vgl. etwa den Fall von *FG München* EFG 2005, 1502, 1504.

60 **c) Möglichkeit der Aufgabe des Bekanntgabewillens?:** Aus dem Erfordernis des Bekanntgabewillens hat *BFH* geschlossen, ein einmal vorhandener Bekanntgabewille könne auch **aufgegeben** werden, solange der VA den Herrschaftsbereich der Behörde noch nicht verlassen habe. Dann soll der VA selbst dann nicht wirksam bekannt gegeben worden sein, wenn es nicht mehr gelingt, ihn auf seinem Weg zum Empfänger aufzuhalten.[108] Diese Auffassung – die teilweise auf das Allgemeine Verwaltungsrecht übertragen wird[109] – löst sich unnötig von **§ 130 Abs. 1 S. 2 BGB,** der die Aufgabe des Abgabewillens nur bei rechtzeitig erfolgtem Zugang eines Widerruf gelten lässt.[110] Es ist kein Grund erkennbar, weshalb für VA auch in der Steuerverwaltung etwas anderes gelten sollte. Diese Rspr. widerspricht auch der steuerverfahrensrechtlichen Tradition: § 92 Abs. 1 der **Reichsabgabenordnung** ordnete (vergleichbar mit § 130 Abs. 1 S. 2 BGB) ausdrücklich an, dass Verfügungen nur bis zur Bekanntgabe, die nach § 91 RAO ausdrücklich Zugang voraussetzte (Rn. 29), zurückgenommen, geändert oder ersetzt werden können.

2. Zugang

61 **a) Zugang als allgemeine Bekanntgabevoraussetzung/Begriff:** Wie § 41 Abs. 2 S. 2 andeutet, wird ein VA bei der einfachen Bekanntgabe entsprechend § 130 Abs. 1 S. 1 BGB (Rn. 8) zu dem Zeitpunkt wirksam, in dem er dem Bekanntgabeadressaten (zum Begriff: § 37 Rn. 19) zugeht, soweit der Zugang nicht nach § 41 Abs. 2 S. 1 vermutet oder nach Maßgabe der § 41 Abs. 3 bis 5 durch eine andere Form der Eröffnung einer Informationsmöglichkeit (öffentliche Bekanntgabe, Zustellung, s. Rn. 135, 204) ersetzt wird. Dies hatte **§ 91 Abs. 1 S. 1** der **Reichsabgabenordnung** mit der dort enthaltenen Legaldefinition der Bekanntgabe noch wesentlich deutlicher gemacht: „*Verfügungen (Entscheidungen, Beschlüsse, Anordnungen) der Behörden für einzelne Personen werden dadurch wirksam, daß sie demjenigen zugehen, für den sie ihrem Inhalt nach bestimmt sind.*" Der Zugang des VA ist damit Grundtatbestand der Bekanntgabe, wovon auch § 8 VwZG (Rn. 232) ausgeht. Ob man deshalb Bekanntgabeformen, die auf Zugang verzichten (öffentliche Bekanntgabe und Zustellung), als Bekanntgabefiktionen bezeichnet, ist eine reine Terminologiefrage.[111]

62 Zugang liegt – entsprechend den zum Zivilrecht entwickelten Grundsätzen – bereits vor, wenn die Willenserklärung so in den Machtbereich des Empfängers gelangt ist, dass dieser bei gewöhnlichem Verlauf und *unter normalen Umständen* (also unabhängig von in der Person des Empfängers liegenden Gründen [Urlaub, Krankheit])[112] unter Berücksichtigung der Verkehrsanschauung die **Möglichkeit** hat, von ihr **Kenntnis** zu nehmen.[113] Die Begründung einer solchen Möglichkeit genügt demnach für eine wirksame Bekanntgabe, ist aber auch notwendig[114] und muss ggf. von der Behörde bewiesen werden. Einen Anscheinsbeweis des Zugangs auf Grund Ab-Vermerks in den Akten gibt es nicht, s. Rn. 120, 129 f. Eine **Kenntnisnahme** durch den Empfänger ist **nicht erforderlich**.[115]

63 Wann Zugang vorliegt, hängt von der **Form des VA** (§ 37 Abs. 2 S. 1) ab, s. Rn. 69 ff. § 130 BGB (Rn. 8) deutet dies mit der ihm zu Grunde liegenden Unterscheidung zwischen mündlichen und schriftlichen Willenserklärungen an. Wegen der auch im Allgemeininteresse und/oder im Interesse Dritter liegenden Konsequenzen der Bekanntgabe und ihrer rechtsstaatlichen Funktionen (Rn. 2) sind die gesetzlichen Voraussetzungen des Zugangs nicht dispositiv, so dass im bürgerlichen Recht zulässige Vereinbarungen über **Zugangserleichterungen**[116] oder gar ent-

---

[108] BFHE 147, 205 = NVwZ 1987, 632; BFHE 180, 538; 193, 19 = NVwZ 2001, 599; zum Beweis der Aufgabe des Bekanntgabewillens wird jedoch eine unmissverständliche Dokumentation in den Akten verlangt: BFHE 155, 466 = NVwZ 1990, 104; s. a. FG Münster EFG 1996, 1136, 1137 (Bekanntgabewille des Vorgesetzten könne nicht von einem diesem untergeordneten Bediensteten aufgegeben werden).
[109] *Kopp/Ramsauer,* § 41 Rn. 7.
[110] Ebenfalls ablehnend: *Hufeld,* Vertretung der Behörde, 2003, S. 314 ff.
[111] So *Jachmann,* Fiktion im öffentlichen Recht, 1998, S. 442 ff.
[112] Vgl. BGH NJW 2004, 1320, 1321.
[113] *BVerwG* Buchholz 316 § 43 VwVfG Nr. 2; Buchholz 316 § 41 VwVfG Nr. 2; BFHE 190, 292 = NJW 2000, 1742.
[114] *VGH München* BayVBl 1987, 693.
[115] *Skouris* VerwArch 65 (1974), S. 264, 267 f.
[116] Hierzu etwa *BGHZ* 130, 71, 75 = NJW 1995, 2217.

sprechende einseitige Bestimmungen durch die Behörde oder ein Verzicht durch den Adressaten unwirksam sind.

b) Zugang und Fremdsprachen: Auch Fragen der fremdsprachigen Verständigung werden im Zivilrecht als Zugangsproblem angesehen: Zugang soll zu verneinen sein, wenn der Empfänger eine Erklärung in einer für ihn fremden Sprache nicht gelten lassen müsse.[117] Wegen der auch für die Bekanntgabe geltenden eindeutigen Regelung des **§ 23** (§ 23 Rn. 17) kann deshalb jedenfalls ein schriftlicher und elektronischer VA nur zugehen, wenn er unter Verwendung der deutschen Sprache bekannt gegeben wird, s. § 23 Rn. 48. Bei **mündlichen** VA ist jedoch die Verwendung einer Fremdsprache zulässig, sofern der Betroffene hiermit einverstanden ist, s. § 23 Rn. 34.

c) Zugang und Formanforderungen: Der Zugang des VA wird nicht in Frage gestellt, wenn dieser nicht in der Form (schriftlich, elektronisch, mündlich, „in anderer Weise erlassen") zugeht, die gesetzlich vorgeschrieben ist, oder wenn der VA nicht den gesetzlichen Formanforderungen genügt. Formfehler können jedoch die Rechtmäßigkeit des VA, ggf. auch seine Wirksamkeit in Frage stellen, und für den Empfänger auch die Frage aufwerfen, ob überhaupt mit einer formlosen Mitteilung ein VA erlassen werden sollte, s. § 37 Rn. 50, 55, 106. Umgekehrt kann die Wahl der falschen VA-Form (z. B. mündlich statt schriftlich) nicht durch schlichten Zugang des der richtigen Form nicht entsprechenden VA (analog) § 8 VwZG geheilt werden, s. Rn. 236. Form und Zugang des VA sind daher zu unterscheiden. Ebenso ist es kein Problem des Zugangs eines Dokuments, sondern der Auslegung seines Inhalts, ob z. B. mit der Versendung einer Bescheidkopie ohne erläuterndes Begleitschreiben oder dem schlichten **Vermerk „zur Kenntnisnahme"** ein VA bekannt gegeben oder der Inhalt eines VA mitgeteilt werden soll, s. § 35 Rn. 73.

d) Zugang und unvollständige Übermittlung: Aus der notwendigen Unterscheidung zwischen Zugang und Formgerechtigkeit (Rn. 65) folgt auch, dass ein VA auch dann wirksam bekannt gegeben sein kann, wenn er nur **unvollständig übermittelt** wurde (etwa bei Fehlen einzelner Seiten, Unverständlichkeit einzelner Wörter, Unlesbarkeit einzelner Dateiteile), sofern der verfügende Teil des VA (§ 35 Rn. 143) in dem „Torso" enthalten ist. Nur die Übermittlung dieses Teils verlangt § 41 für die Bekanntgabe eines VA, s. Rn. 16. Lässt sich der verfügende Teil ohne die Begründung nicht verstehen (s. § 35 Rn. 143 f.), kann der VA jedoch zu unbestimmt i. S. d. § 37 Abs. 1 sein. Enthält der „Torso" keine Behördenangabe, ist der bekannt gegebene VA nach § 44 Abs. 2 Nr. 1 nichtig, § 37 Rn. 97, § 44 Rn. 132. Fehlen die übrigen Anforderungen des § 37 Abs. 3 ist der VA (nur) rechtswidrig, s. § 37 Rn. 106, § 45 Rn. 148 f.

e) Zugang und Empfangsboten: Ein VA kann auch gegenüber einem Empfangsboten des Bekanntgabeadressaten erklärt werden. Empfangsbote ist, wer vom Empfänger zur Entgegennahme von Erklärungen bestellt worden ist (ggf. sind hier auch die Grundsätze der Duldungs- bzw. Anscheinsvollmacht heranzuziehen)[118] oder wer nach der Verkehrsanschauung als bestellt anzusehen ist.[119] Zugang tritt bei Einschaltung von Empfangsboten nicht unmittelbar mit der Erklärung gegenüber diesem, sondern erst dann ein, sobald mit einer Übermittlung an den Bekanntgabeadressaten zu rechnen war.[120] Zur **näheren Bestimmung der Verkehrsanschauung** kann grundsätzlich der Rechtsgedanke des § 178 Abs. 1 ZPO (i. V. m. § 5 Abs. 2 VwZG) herangezogen werden.[121] Damit sind als Empfangsbote **in der Wohnung** (und nur dort) jedenfalls anzusehen der Ehegatte,[122] der eingetragene Lebenspartner, der (nichteheliche) Lebensgefährte,[123] die sonstigen zur Familie gehörenden erwachsenen Familienangehörigen[124] und er-

---

[117] *Flume,* § 15 I 5, S. 249 f.; *John* AcP 184 (1984), S. 384, 399; *Medicus,* Allgemeiner Teil des BGB, 9. Aufl. 2006, Rn. 295 f.
[118] *FG Münster* EFG 2003, 1586, 1589; *FG Saarl.* EFG 1995, 150, 151.
[119] Für Zivilrecht: *Joussen* Jura 2003, 577, 579.
[120] *OVG Frankfurt (Oder)* NVwZ-RR 2005, 565; ebenso für zivilrechtliche Willenserklärung *BGH* NJW-RR 1989, 757, 758; NJW 2002, 1565, 1567; *Joussen* Jura 2003, 577, 579.
[121] *BSG* NJW 2005, 1303, 1304 (für Urteilszustellung).
[122] *BVerwG* Buchholz 316 § 41 VwVfG Nr. 2; *OVG Frankfurt (Oder)* NVwZ-RR 2005, 565; differenzierend *BGH* NJW 1994, 2613.
[123] *BVerwG* NVwZ 2002, 80, 81 (für Verwaltungszustellung nach altem Recht).
[124] *BSG* NJW 2005, 1303, 1304 (für Urteilszustellung).

wachsene (WG-)Mitbewohner,[125] sowie in der Familie beschäftigten Personen (z. B. Au-pair-Mädchen). Bei **Geschäftsräumen**[126] soll grundsätzlich jede dort beschäftige Person tauglicher Empfangsbote sein,[127] vgl. § 178 Abs. 1 Nr. 2 ZPO. Jedoch sollte mit der Annahme einer Empfangsbotenbestellung kraft Verkehrsanschauung – jedenfalls für die Bekanntgabe von VA – eher zurückhaltend verfahren werden:[128] Denn wenn der Empfangsbote den VA nicht an den Empfänger weiterleitet, soll dies zu Lasten des Empfängers gehen.[129]

68 Wird die Erklärung gegenüber einer nach der Verkehrsanschauung **nicht** ermächtigten Person abgehen, wird diese **Erklärungsbote** der Behörde (§ 35 Rn. 61), so dass die Erklärung nur zugeht, wenn sie dem Bekanntgabeadressaten richtig übermittelt wird.[130] Zu Besonderheiten bei mündlichen VA s. Rn. 97.

69 **f) Zugang bei „herkömmlicher" Übermittlung schriftlicher Verwaltungsakte:** § 41 Abs. 2 S. 1 stellt eine Zugangsvermutung (nur) für den Fall auf, dass ein schriftlicher VA (zum Begriff § 37 Rn. 57 ff.) durch die Post übermittelt wird, ohne die Übermittlung durch Behördenbedienstete und andere Boten auszuschließen.[131] Der tatsächliche Zugang ist jedoch festzustellen, wenn ein schriftlicher VA nicht durch die Post übermittelt wird, wenn der Zugang nach § 41 Abs. 2 S. 3 bestritten wird (Rn. 126 ff.) oder es darum geht, wann ein Bekanntgabefehler (analog) § 8 VwZG geheilt werden kann (Rn. 232 ff.).

70 Allgemein ist für den Zugang eines schriftlichen VA notwendig (aber nicht ausreichend, s. Rn. 72 ff.), dass der Betroffene die **tatsächliche Verfügungsgewalt** über das den VA verkörpernde **Schriftstück** erhält. Notwendig für den Zugang ist somit, dass der Betroffene (ggf. mittelbaren) **Besitz an dem Schriftstück** erlangt. Deshalb fällt die **Ermittlung der richtigen Anschrift** (Wohnung) des Bekanntgabeadressaten in die Risikosphäre der Behörde, soweit gesetzlich nichts anderes bestimmt ist,[132] s. a. Rn. 27, 106. Auf welche Weise die Verfügungsgewalt begründet wird (persönliche Übergabe, Einwurf in Briefkasten, Versendung mit der Post), ist unerheblich. Kein Zugang liegt vor, wenn das Schreiben lediglich in den Hausflur eines Mehrfamilienhauses abgelegt wird; anderes mag gelten, wenn kein Briefkasten vorhanden ist.[133] Zugang ist jedoch bei Einwurf in einen Gemeinschaftsbriefkasten möglich; geht der Brief in einem solchen Fall durch die Schuld eines Mitbenutzers verloren, besteht ggf. ein Wiedereinsetzungsanspruch.[134] Für den **Zugang bei** einer **Behörde** genügt es, dass das Schriftstück bei der hierfür eingerichteten Stelle angelangt ist; die Weiterleitung an den Sachbearbeiter ist nicht entscheidend.[135]

71 Nicht ausreichend ist, dass das Schriftstück dem Betroffenen vorgelesen[136] oder er sonst (telefonisch, mittels Postkarte) hiervon in Kenntnis gesetzt wird.[137] Hier kann allenfalls angenommen werden, die Behörde habe sich kurzfristig dafür entschieden, anstelle eines schriftlichen VA einen mündlichen VA zu erlassen, s. a. Rn. 55, 99. Nicht ausreichend ist auch, dass der VA dem Betroffenen **nur zum Durchlesen überlassen** und dann wieder „eingesammelt" wird. Die gegenteilige im Zivilrecht vertretene Auffassung,[138] lässt sich wegen der besonderen Funktionen der Schriftform bei VA (§ 37 Rn. 49 f.) nicht auf die Bekanntgabe übertragen.

---

[125] Für zivilrechtliche Willenserklärung: *BGHZ* 136, 314, 324 = NJW 1997, 3437; vgl. a. *BGH* NJW 2001, 1946, 1947.
[126] Zum Begriff *BVerwG* NVwZ 2005, 1331, 1332.
[127] Für zivilrechtliche Willenserklärung *BGH* NJW 2002, 1565, 1566 f.
[128] Einschränkend für Zivilrecht auch *Medicus*, Allgemeiner Teil des BGB, 9. Aufl. 2006 Rn. 286.
[129] Für zivilrechtliche Willenserklärung *Joussen* Jura 2003, 577, 580; *Larenz/Wolff*, Allgemeiner Teil des Bürgerlichen Rechts, 9. Aufl. 2004, § 26 Rn. 42; *Medicus*, Allgemeiner Teil des BGB, 9. Aufl. 2006 Rn. 285.
[130] Für zivilrechtliche Willenserklärung *Larenz/Wolff*, Allgemeiner Teil des Bürgerlichen Rechts, 9. Aufl. 2004, § 26 Rn. 41.
[131] *OVG Frankfurt (Oder)* NVwZ 2004, 507; NVwZ-RR 2005, 565; *FG Saarl.* EFG 1993, 196, 197.
[132] *OVG Schleswig* NVwZ 2002, 358 ff.
[133] *OVG Schleswig* NVwZ 2002, 358, 359.
[134] *BVerwG* NJW 1988, 578.
[135] *BSGE* 42, 279, 280; *BGH* NJW 2000, 3128, 3129.
[136] So aber *RGZ* 61, 100, 101 (für VA). Diese Entscheidung ist jedoch bereits durch *RGZ* 61, 414, 415 (für zivilrechtliche Willenserklärungen) überholt worden. Unklar *VGH Mannheim* NVwZ 1998, 761, 762.
[137] *VGH München* BayVBl 2002, 87; *BayObLG* BayVBl 1986, 186; s. a. *BGH* NJW 2007, 1605, 1606 (für Zustellung einer gerichtlichen Verfügung).
[138] *BAG* NJW 2005, 1533; a. A. insoweit wohl *OLG Brandenburg* NJW 2005, 1585, 1586; *Medicus*, Allgemeiner Teil des BGB, 9. Aufl. 2006, Rn. 290.

Neben der Besitzbegründung am Schriftstück ist weitere Zugangsvoraussetzung, dass der **72** Empfänger nach dem gewöhnlichen Verlauf und unter normalen Umständen (Rn. 62) die **Möglichkeit** hat, von ihm **Kenntnis** zu nehmen.[139] Dies hängt im Einzelfall davon ab, auf welche Weise Verfügungsgewalt über das Schriftstück begründet wurde. Bei Einwurf des Schriftstückes in den **Briefkasten** des Adressaten ist entscheidend, wann nach der Verkehrsanschauung mit der nächsten Leerung zu rechnen ist. Dabei wird auch bei Geschäftsräumen eine Verkehrsauffassung fingiert, nach der eine Leerung auch am Samstag erfolge,[140] hierzu auch Rn. 134. Dies könne auch nicht durch eine Vereinbarung zwischen dem Empfänger und dem Postboten „umgegangen" werden, nach der die Post erst am Montag statt am Samstag auszuliefern ist.[141] Wann die Deutsche Post AG in der vom Betroffenen bewohnten Straße nach ihrer eigenen Auskunft Briefe zustellt, kann jedoch für den Zugangszeitpunkt aus Gründen der Rechtssicherheit und der jederzeit möglichen Änderung ihres Zustellungsgebarens nicht maßgeblich sein.[142] Wird ein VA in einem Paket zwischen einem Konvolut von Akten gleichsam versteckt, liegt die Möglichkeit der Kenntnisnahme erst vor, wenn der Bescheid von dem Betroffenen tatsächlich gefunden wird.[143]

Wird dem Empfänger bei einem per **Übergabe-Einschreiben** (zum Einwurf-Einschreiben **73** s. Rn. 126) übermittelten Brief nur ein **Benachrichtigungsschein** ohne Angabe des Absenders und des Inhalts des Schreibens in den Briefkasten eingelegt, liegt nach h. M. im Zivilrecht erst dann Zugang vor, wenn der Empfänger das Schreiben tatsächlich bei der Post abholt; die Nichtabholung wird auch nicht als Zugangsvereitelung (Rn. 102 ff.) behandelt.[144] Dies ist wegen der beschränkten Öffnungszeiten und oftmals schlechten Erreichbarkeit der Postämter, bei denen solche Schreiben abgeholt werden können, auch auf die Bekanntgabe zu übertragen.[145] Es gibt keinen Erfahrungssatz, dass es jedermann möglich ist, innerhalb der Aufbewahrungsfrist während der Öffnungszeiten ein solches Postamt aufzusuchen.[146] Dies gilt selbst dann, wenn der Erklärende – etwa auf Grund telefonischer Vorab-Information durch die Behörde, s. Rn. 99 – weiß, dass ihm demnächst ein Einschreiben zugehen wird.[147]

Die Bekanntgabe eines VA kann unproblematisch auch an eine **Postfachadresse** erfolgen. Es **74** bedarf insoweit – anders als dies für das Prozessrecht angenommen wird[148] – keiner „ladungsfähigen Anschrift". Dies ist insbes. von Bedeutung für (inländische) **Obdachlose,** denen schriftliche VA regelmäßig nur über Postfachadressen oder durch Bestellung von Empfangsbevollmächtigten bekannt gegeben werden können, da § 15 für inländische Obdachlose als Beteiligte eines VwVf nicht gilt, s. § 15 Rn. 1. Gibt der Betroffene eine Postfachadresse an, wurde die Notwendigkeit des Abholens seiner Briefe beim Postamt von dem Betroffenen selbst geschaffen, so dass es hier gerechtfertigt ist, Zugang anzunehmen, wenn nach dem gewöhnlichen Verlauf mit der Leerung des Postfaches zu rechnen ist; das ist i. d. R. der nächste Tag, an dem das Postamt geöffnet ist,[149] auch wenn dieser Tag ein Samstag ist,[150] hierzu auch Rn. 72. Wird bei einem Übergabe-Einschreiben nur ein Benachrichtigungszettel in das Postfach eingelegt, erfolgt jedoch auch hier Zugang erst, wenn dieses Schreiben auch tatsächlich abgeholt wird.[151]

---

[139] *OVG Frankfurt (Oder)* NVwZ-RR 2005, 565.
[140] BFHE 190, 292 = NJW 2000, 1742; BFHE 211, 392 = NJW 2006, 1615, 1616; *Behn* ArchPF 1981, 193, 201.
[141] *FG Berlin* EFG 2003, 8 f.; *FG Köln* EFG 2001, 470, 471.
[142] A. A. für zivilrechtliche Willenserklärung *BGH* NJW 2004, 1320, 1321.
[143] Offen *OVG Lüneburg* NVwZ-RR 2003, 806, 807 (für Zustellung).
[144] Für zivilrechtliche Willenserklärung: BGHZ 137, 205, 208 ff. = NJW 1998, 976; zustimmend *Benedict* NVwZ 2000, 167, 168; *Kim/Dübbers* NJ 2001, 65 ff.; *Franzen* JuS 1999, 429; *Peters* JR 1998, 368.
[145] In diese Richtung auch *BVerwG* NJW 1983, 2344, 2345 (wie *BGH* in Bezug auf Zugang, für den Fall des bewussten Nichtabholens offen gelassen); a. A. *Wolff* in Wolff/Decker, § 41 VwVfG Rn. 18; zur früheren Rspr. der Verwaltungsgerichte *Behn* ArchPF 1981, 193, 201.
[146] A. A. noch explizit *Behn* ArchPF 1981, 193, 202 f. (für alte Postschalterstunden und der Annahme, dass ein Arbeitnehmer ggf. Familienangehörige mit der Abholung beauftragen könne; entspr. Vorstellungen im Zivilrecht hat noch *Larenz/Wolf,* Allgemeiner Teil des Bürgerlichen Rechts, 9. Aufl. 2004, § 26 Rn. 25, 28).
[147] So für Zivilrecht BAGE 83, 73 = NJW 1997, 146, 148 (hierzu *Franzen* JuS 1999, 429); a. A. für behördliche Zustellung *VGH München* BayVBl 2007, 570.
[148] *BVerwG* NJW 1999, 2608; BFHE 193, 52 = NJW 2001, 1158; *Clausing* JuS 1998, 919, 921 f.
[149] BVerwGE 10, 293, 294 = NJW 1960, 1587; BSGE 42, 279, 280; BFHE 119, 201; 176, 510, 512 f.
[150] *OVG Münster* NVwZ 2001, 1171, 1173; *FG BW* NVwZ 2002, 383, 384; *FG Nds* EFG 2002, 176; *FG Saarl.* NVwZ 2001, 1199, 1200.
[151] *OVG Münster* OVGE 32, 120, 124 f.

75 **g) Zugang schriftlicher Verwaltungsakte gegenüber Personenmehrheiten:** Insbes. wenn die gleiche Regelung gegenüber **Ehegatten** oder **Eltern und ihren Kindern** erlassen werden soll, werden vielfach in einem Bescheid mehrere an verschiedene Personen gerichtete VA zusammengefasst (**zusammengefasste Bescheide**, s. a. § 35 Rn. 45)[152] und der Personenmehrheit nur eine Ausfertigung dieses Bescheides übermittelt. § 10 Abs. 3 AsylVfG[153] und § 122 Abs. 7 AO sanktionieren diese Praxis ausdrücklich, stellen jedoch für die Wirksamkeit der Bekanntgabe besondere Voraussetzungen auf. Fehlt es an einer solchen Bestimmung, kann ein solcher Bescheid nur dann als an alle Personen bekannt gegeben gelten, wenn er allen Personen gleichermaßen zugeht. Auch außerhalb solcher Sondervorschriften ist jedoch – entgegen der Rspr. des *BFH* zur Bekanntgabe von Steuerbescheiden[154] – nicht Zugangs-, und damit Bekanntgabevoraussetzung, dass alle Betroffenen eine eigene Ausfertigung erhalten.[155] Ist Zugangsvoraussetzung für schriftliche Erklärungen, dass der Empfänger die Verfügungsgewalt über das Schriftstück erhält (Rn. 70) und sich hieraus die Möglichkeit der Kenntnisnahme ergibt (Rn. 72), so muss insoweit auch die Begründung von **Mitbesitz** (§ 866 BGB) ausreichen, wenn als sicher erscheint, dass die Betroffenen das Schriftstück, das sie jeweils auch persönlich betrifft, **in Zukunft gemeinsam besitzen** werden. Zu Besonderheiten bei **Zustellung** Rn. 211 f.

76 Erklären sich die Betroffenen ausdrücklich mit der Zusendung nur einer Bescheidausfertigung an alle Beteiligten einverstanden, ist daher die Bekanntgabe nur zusammengefasster Bescheide ohne weiteres zulässig,[156] vgl. § 122 Abs. 6 AO. Im Übrigen wird man die Frage, ob Mitbesitz begründet werden wird, nach der **Verkehrsanschauung** ermitteln können, jedoch sind insoweit wesentlich strengere Maßstäbe anzulegen als bei der in Rn. 67 angesprochenen Empfangsbotenbestellung. Mindestvoraussetzung ist, dass die Betroffenen über eine **gemeinsame Wohnanschrift** verfügen (vgl. § 122 Abs. 7 AO/§ 10 Abs. 3 AsylVfG) und darüber hinaus in einem persönlichen Verhältnis stehen, das die Annahme erlaubt, die Ausfertigung werde gemeinschaftlich besessen. Dies wird allenfalls bei einem Ehepaar, einer eingetragenen Lebenspartnerschaft oder im Verhältnis von Eltern zu ihren Kindern anzunehmen sein, zweifelhaft aber schon im Verhältnis von Eltern zu volljährigen Kindern und umgekehrt oder bei einem in **nichtehelicher Lebensgemeinschaft** lebenden Paar, keinesfalls aber bei mehreren in einer Wohngemeinschaft oder in einer Unterkunft lebenden Personen.

77 Unabhängig vom Vorliegen der in Rn. 76 genannten Voraussetzungen wird aus **§ 7 Abs. 1 S. 2 VwZG** geschlossen, dass nur eine Ausfertigung genügt, wenn sich die Betroffenen **gegenseitig bevollmächtigt**[157] haben oder wenn sie einen **gemeinsamen Vertreter/Bevollmächtigten**[158] haben. Dies gilt nicht nur bei Ehegatten und Familien, sondern auch bei Miteigentümergemeinschaften und Erbengemeinschaften, s. a. § 37 Rn. 17 f. Die Bevollmächtigung kann auch **konkludent** vorgenommen werden. Hiervon kann jedoch – auch bei Ehegatten – nicht ohne Anhaltspunkte im konkreten Fall ausgegangen werden.[159] Insbes. folgt aus heutiger Sicht

---

[152] *OVG Münster* NVwZ-RR 1995, 623.
[153] S. hierzu *VG Frankfurt a. M.* NVwZ-Beil. I 6/2000, 69, 70.
[154] Vgl. etwa *BFHE* 126, 5, 6; 143, 491, 494 = NVwZ 1986, 156; *BFHE* 146, 196, 198. BFH knüpft insoweit an die Rspr. des *BFH* **vor Inkrafttreten der AO 1977** an (etwa *BFHE* 104, 45, 47; 117, 205, 206). Dies ist nicht unbedenklich, weil nach § 211 Abs. 3 RAO Steuerbescheide förmlich *zuzustellen* waren und sich hieraus die Notwendigkeit eigener Ausfertigungen ergab, s. Rn. 211. **Anders** dementspr. die Rspr. des *BFH* zur Bekanntgabe von VA, die auch nach der RAO nicht zuzustellen waren: *BFHE* 124, 408, 411; 134, 395, 396; 155, 238, 241 f. = NVwZ-RR 1989, 599; *BFHE* 160, 207, 212.
[155] *BVerwG* NVwZ 1992, 565, 566 (und die übrige Rspr., die (allerdings zu Unrecht) eine Heilung nach § 8 VwZG auch bei Zustellung nur einer Bescheidausfertigung an Eheleuten für möglich hält; s. hierzu die Nachweise bei Rn. 211, 223); *VGH Kassel* NVwZ 1984, 246; *VGH München* BayVBl 1998, 404, 405; NVwZ Beil. I 6/2000, 67; **a. A.** *Kopp/Ramsauer*, § 41 Rn. 33; *Petersen* KStZ 1988, 41, 45; *Preißler* NVwZ 1987, 867, 871; wohl auch BReg in ihrer Gegenäußerung zu einem Antrag des BRates in Zusammenhang mit der Novellierung des VwZG: BT-Drs. 15, 5216, S. 21.
[156] *OVG Münster* NVwZ-RR 2001, 596, 597.
[157] *BVerwG* NJW 1993, 2884 (im konkreten Fall abgelehnt); *VG Potsdam* NVwZ 1999, 214 (im konkreten Fall abgelehnt); *BFHE* 100, 171, 174 = NJW 1971, 727; *BFHE* 134, 395, 396; 149, 418, 422; 176, 510, 513 f.; *Rößler* NJW 1983, 661, 662; *Kintz* JuS 1997, 1115, 1116.
[158] Für Ehegatten: *BFHE* 155, 238, 242 = NVwZ-RR 1989, 599; für Erbengemeinschaft: *VGH München* NVwZ-RR 2002, 608, 609; *FG Münster* EFG 2004, 547; für Miteigentümer *Stuttmann* NVwZ 2004, 805, 807.
[159] Vgl. etwa *VGH Mannheim* VBlBW 1984, 114; *VGH München* BayVBl 1991, 338, 339; *BFHE* 104, 45, 47; 117, 205, 206; 146, 196, 198; 182, 262, 267 = NVwZ 1998, 322; *BFH* NJW 1997, 151.

eine gegenseitige Bevollmächtigung nicht allein daraus, dass ein **Ehepaar** einen Antrag gemeinsam gestellt hat.[160] **Anscheins- oder Duldungsvollmacht** reichen jedoch aus,[161] s. a. § 14 Rn. 16.

Liegen die oben genannten Voraussetzungen nicht vor, ist nicht sicher, wer aus der Personenmehrheit den VA letztlich erhalten hat, so dass diese Bekanntgabe **gegenüber keinem der Beteiligten wirken** kann, s. § 37 Rn. 24. Zur Heilung muss eine neue Bekanntgabe erfolgen (Rn. 231), soweit sich die Betroffenen nicht auf den VA „rügelos einlassen", Rn. 238. Zudem ist auch im Fall der Rn. 76 entspr. **§ 122 Abs. 7 S. 2 AO** die Bekanntgabe unwirksam, wenn der Behörde bekannt ist, dass zwischen den Beteiligten ernstliche Meinungsverschiedenheiten bestehen, oder wenn sie die Bekanntgabe einzelner Ausfertigungen beantragt haben. Denn hier ist die Verkehrsauffassung des Mitbesitzes widerlegt. Ist demgegenüber die Bekanntgabe an eine Personenmehrheit durch Übermittlung nur einer Ausfertigung zulässig, ist der VA gegenüber allen in dem Bescheid angesprochenen Personen bekannt gegeben worden. Dies gilt auch dann, wenn einer der Betroffenen vor Bekanntgabe verstorben ist. Hierdurch geht der Bescheid nicht insgesamt „ins Leere", sondern nur gegenüber der verstorbenen Person.[162] Von der Frage des Zugangs eines zusammengefassten Bescheides an eine Personenmehrheit ist die („nur" für die Rechtswidrigkeit des Bescheides bedeutsame) Frage zu trennen, welche Anforderungen § 37 Abs. 1 an die genaue Bezeichnung der Inhaltsadressaten eines solchen Bescheides stellt, s. hierzu § 37 Rn. 15 ff.

Ob von der Möglichkeit der Bekanntgabe nur zusammengefasster Bescheide entsprechend der Rn. 76 ff. Gebrauch gemacht wird, liegt im **Ermessen der Behörde**. Insoweit wird sie zu berücksichtigen haben, dass bei den Empfängern sowohl die Zusendung mehrerer gleich lautender Bescheide als auch die Zusendung nur eines Bescheides Verwirrung stiften kann. Wird nur eine Ausfertigung zugesandt, ist daher entsprechend § 10 Abs. 3 S. 3 AsylVfG ausdrücklich darauf hinzuweisen, gegenüber welchen Personen der VA gelten soll, andernfalls ist er zu unbestimmt, s. § 37 Rn. 24. Zudem haben entspr. **§ 122 Abs. 6 HS. 2 AO** alle Beteiligten einen **Anspruch auf die Zusendung einer eigenen Abschrift**, selbst wenn ihnen gegenüber der VA durch Zusendung nur einer gemeinsamen Ausfertigung bekannt gegeben wurde, s. a. Rn. 11, 45. Zudem ist in der **Rechtsbehelfsbelehrung** (§ 37 Rn. 116 ff.) darauf hinzuweisen, dass alle genannten Personen gesondert Rechtsbehelfe gegen den Bescheid einlegen müssen. Zwar hat *BVerwG*[163] ausreichen lassen, wenn nur ein Ehepartner **Widerspruch** einlegt, um ein Vorverfahren für beide durchzuführen. Jedoch ist fraglich, ob dies heute noch so gesehen würde, wenn keine ausdrückliche Bevollmächtigung vorliegt.[164] Werden mehrere Ausfertigungen versandt, sollte ausdrücklich darauf hingewiesen werden, dass der Bescheid nicht versehentlich doppelt versandt wurde, sondern dass es sich um zwei unterschiedliche VA handelt, gegen die daher auch gesondert Rechtsbehelfe einzulegen sind.[165]

Ist an eine **oHG, KG, Partnerschaft** und eine **politische Partei** bekannt zu geben, ist zu beachten, dass sie von § 124, § 161 Abs. 2 HGB, § 7 PartGG, § 3 Parteiengesetz letztlich nicht anders als eine juristische Person gestellt werden, so dass sie im VwVf wie eine juristische Person zu behandeln sind und sich ihre Beteiligtenfähigkeit nach § 11 Nr. 1 richtet, s. § 11 Rn. 14. Sollen dementsprechend solche Gesellschaften als Gesellschaft durch VA verpflichtet werden, stellen sich die in Rn. 75 ff. aufgeworfenen Probleme nicht. Der VA ist – wie bei einer „echten" juristische Person – der Gesellschaft als solcher bekannt zu geben, näher Rn. 48 f. Die Übersendung mehrerer Ausfertigungen ist nicht notwendig. Anders ist es, wenn die **Gesellschafter persönlich** in Anspruch genommen werden sollen. Hier ist eine Bekanntgabe an jeden einzelnen Gesellschafter gem. den in Rn. 75 ff. dargestellten Grundsätzen notwendig.[166] Keinesfalls

---

[160] A. A. *BFHE* 100, 171, 174 = NJW 1971, 727; *BFHE* 104, 45, 47; 126, 5, 6; 146, 197, 198 (für den Fall des gemeinsam unterschriebenen Antrags auf Zusammenveranlagung; s. jetzt aber § 122 Abs. 7 AO).
[161] *BVerwG* NJW-RR 1995, 73, 75; *VGH Kassel* NVwZ 1987, 898; *VGH Mannheim* NVwZ 1989, 597; *OVG Münster* NVwZ 1990, 794; *VG Potsdam* NVwZ 1999, 214; *BFHE* 162, 4, 10 f.; *Petersen* KStZ 1988, 41, 44.
[162] *FG BW* NVwZ-RR 1999, 713, 714; *FG Nds* EFG 2003, 664.
[163] *BVerwG* NJW 1976, 1516 (insoweit in *BVerwGE* 50, 171 nicht abgedruckt; kritisch dazu *Renck* JuS 1977, 449); ferner *VGH Kassel* NVwZ 1986, 137.
[164] Wie hier *OVG Koblenz* NVwZ 1987, 899; *BFHE* 182, 262, 267 f. = NVwZ 1998, 322; *Preißer* NVwZ 1987, 867, 871 (wohl auch *BVerwG* NJW 1988, 1228 im Nachbarschaftsverhältnis).
[165] Vgl. *OVG Münster* NVwZ-RR 2002, 149, 150.
[166] *OVG Münster* OVGE 30, 54 ff.; vgl. a. *OVG Frankfurt (Oder)* NJW 1998, 3513.

kann unterstellt werden, der Vertreter der Gesellschaft sei auch Bevollmächtigter der Gesellschafter.

81 Die in Rn. 80 dargestellten Grundsätze gelten uneingeschränkt auch für den **nichtrechtsfähigen Verein** (§ 11 Rn. 21 f.), die Wohnungseigentümergemeinschaft (§ 37 Rn. 17) und für die **GbR-Außengesellschaft**[167] (§ 37 Rn. 16). Für die Erbengemeinschaft und die Miteigentümergemeinschaft sowie eine GbR-Innengesellschaft (§ 37 Rn. 16) gelten demgegenüber die in Rn. 75 ff. genannten Grundsätze, s. a. § 37 Rn. 17 f.

82 **h) Zugang bei Einsatz von Telefax:** Ein VA, der mittels Telefax bekannt gegeben wird (zur Vorab-Information mittels Telefax Rn. 86), ist ein schriftlicher VA, der jedoch i. S. d. § 41 Abs. 2 S. 1 i. d. F. des 3. VwVfÄndG „elektronisch übermittelt wird", s. § 37 Rn. 62 f., 66. Auch § 41 Abs. 2 sagt jedoch nichts dazu, wann ein VA mittels Telefax bekannt gegeben werden darf. Da ein Telefaxgerät vom Betroffenen v. a. im eigenen Interesse bereitgehalten wird, kann nicht ohne weiteres angenommen werden, es solle auch den Zugang von (behördlichen) Willenserklärungen (auf Kosten des Empfängers) erleichtern, zumal Telefaxgeräte nach wie vor – im Vergleich zur herkömmlichen Briefpost – erhöht störanfällig sind, wobei die Störanfälligkeit in ihrer Intensität zudem (für die Behörde nicht erkennbar) nach Art und Alter des vorgehaltenen Gerätes schwankt. Es erscheint daher – wohl **entgegen** dem **Anwendungserlass zur AO** (Nr. 1.8.2 zu § 122) – als gerechtfertigt, **§ 3 a Abs. 1** als Ausdruck eines **allgemeinen Rechtsgedanken** zu verstehen, der auch (heute noch) für den behördlichen Einsatz von **Telefax** gilt:[168] Damit ist bei Übermittlung eines VA mittels Telefax **Zugangsvoraussetzung** (und damit Bekanntgabevoraussetzung) eine (von der Behörde zu beweisende) **besondere Zugangseröffnung** für die Verwendung des Telefax, vgl. Rn. 87. Insoweit kann auch nicht angenommen werden, dass z. B. mit dem Eintrag der Telefax-Nummer im Telefonbuch oder im Internet zugleich die Bereitschaft erklärt wird, gerade auch VA (jeder beliebigen Behörde) auf diese Weise mitgeteilt zu bekommen. Vielmehr bedarf es mindestens einer (konkludenten) Gestattung in Zusammenhang mit einem konkreten Behördenkontakt, z. B. durch Angabe der Telefaxnummer im Schriftwechsel.[169]

83 Unter den Voraussetzungen des § 41 Abs. 2 S. 1 Alt. 2 wird der Zugang eines VA bei Einsatz von Telefax jedoch vermutet, Rn. 116 ff. Auf den tatsächlichen Zugang kommt es aber im Fall des § 41 Abs. 2 S. 3 (s. Rn. 126 ff.) oder dann an, wenn ein Bekanntgabefehler durch Versendung eines Telefax (analog) § 8 VwZG geheilt werden soll (Rn. 232 ff.). Insoweit ist **Mindestvoraussetzung** für den Zugang, dass das Telefax auf Empfängerseite **abgerufen** werden kann. Störungen im Telefonnetz oder auf der Absenderseite verhindern den Zugang.

84 Da der mittels Telefax übermittelte VA ein schriftlicher VA ist (§ 37 Rn. 62 f.), ist er mit **BFH** jedoch darüber hinaus erst dann als zugegangen anzusehen, wenn er vom Faxgerät tatsächlich **ausgedruckt** wird, da schriftliche Willenserklärungen erst zugehen, wenn der Empfänger tatsächliche Verfügungsgewalt über das Schriftstück hat,[170] s. Rn. 70. Eine bloße „Abrufmöglichkeit" genügt insoweit nicht. Auch das Risiko von **Fehlern auf der Empfängerseite** (Papierstau) ist daher dem Erklärenden zuzurechnen. Folglich hat der Absender auch die Beweislast für den Zugang, der durch den „OK-Vermerk" des Telefaxsendeprotokolls (das nur die erfolgreiche Absendung ggf. auch Übertragung, nicht aber den Ausdruck dokumentiert)[171] nicht bewiesen wird. Die (auch insoweit) gegenteilige Rspr. zum Zugang von Telefax bei Gerichten und Behörden (§ 22 Rn. 51) sind nicht zu Lasten des Bürgers anwendbar.[172] Allenfalls kann das Unterlassen des Ausdrucks in einem solchen Fall als Zugangsvereitelung angesehen werden, s. Rn. 107. Bei nur **unvollständigem Empfang** gelten die Grundsätze der Rn. 66.

85 Nach der Verkehrsauffassung (Rn. 62) kann schließlich nicht bereits **unmittelbar mit** dem **Ausdruck** mit einer Kenntnisnahme gerechnet werden. Vielmehr ist – ähnlich wie bei Einwurf

---

[167] A. A. (ohne Berücksichtigung der Außenrechtsfähigkeit der GbR): *OVG Greifswald* NVwZ-RR 2002, 805 (Bekanntgabe einer eigenen Ausfertigung an jeden Gesellschafter erforderlich).
[168] Wie hier *Schmitz/Schlatmann* NVwZ 2002, 1281, 1288; wohl auch *Stein* DVP 2006, 441, 442.
[169] Vgl. z. B. den Fall von *OVG Lüneburg* NJW 2002, 1669; im Ergebnis ebenso *Schmitz/Schlatmann* NVwZ 2002, 1281, 1288. Die Gestattungsanforderungen sind damit geringer als bei der Gestattung der Zusendung elektronischer VA.
[170] *BFHE* 186, 491 = NVwZ 1999, 220 (hierzu *Plewka/Söffing* NJW 1999, 2004); *Stein* DVP 2006, 441, 442; a. A. *Schmitz* VR 1991, 213, 218; für zivilrechtliche Willenserklärung: *BGH* NJW 2004, 1320.
[171] S. *Gregor* NJW 2005, 2885 f.
[172] Offen *BGH* NJW 1995, 665, 666 m. w. N.

in den Hausbriefkasten (Rn. 72) – noch eine Frist einzurechnen, da der bloße Umstand, dass ein Telefax eingeht, längst kein Signal für besondere Wichtigkeit mehr ist, so dass die sofortige Kenntnisnahme eines Telefax unmittelbar nach Eingang der Verkehrsanschauung nicht (mehr) entspricht.[173] Anderes mag bei einem Rechtsanwalt und vergleichbaren „Geschäftsbesorgern" innerhalb der Geschäftszeiten gelten.[174]

86 Nicht immer muss in der Zusendung eines Telefax jedoch die Bekanntgabe eines VA zu sehen sein. Möglich ist auch, dass auf diesem Weg nur der Erlass eines durch die Post oder auf andere Weise (z. B. auch durch Zustellung) noch zu übermittelnden schriftlichen VA angekündigt wird. Bei einer solchen **Vorab-Information** fehlt der Bekanntgabewille (Rn. 55), so dass der VA erst mit der Bekanntgabe des nachfolgenden Schriftstücks wirksam wird.[175] Ohne Bekanntgabewille erfolgen auch Telefax-Übermittlungen bereits erlassener VA, wenn sie lediglich zur Information oder Beweiszwecken dienen sollen, s. Rn. 11. Bestehen **Zweifel**, ob mit der Übersendung eines Telefax eine Vorab-Information oder eine Bekanntgabe erfolgen soll, ist von einer Vorab-Information auszugehen,[176] weil aus der Sicht des Empfängers die Zusendung von VA durch Telefax immer noch als Ausnahme empfunden werden dürfte. Soll ein VA durch Telefax bekannt gegeben werden, sollte deshalb hierauf ausdrücklich in dem Telefax hingewiesen werden.

87 **i) Zugang elektronischer Verwaltungsakte:** Ein elektronischer VA (zum Begriff: § 37 Rn. 64 f.) kann, wenn er auf Diskette/CD gespeichert ist, wie ein Schriftstück (zur Anwendbarkeit des § 41 Abs. 2 in diesem Fall Rn. 111), i. Ü. elektronisch i. S. d. des § 41 Abs. 2 S. 1 i. d. F. des 3. VwVfÄndG übermittelt werden. Auch § 41 Abs. 2 sagt jedoch nichts dazu, wann ein elektronischer VA bekannt gegeben werden darf. Dies bestimmt sich nach **§ 3a Abs. 1**, der ausdrücklich eine **„Zugangseröffnung"** für die Übermittlung elektronischer Dokumente (und damit auch elektronischer VA) durch den Empfänger verlangt. Damit ist Zugangsvoraussetzung (und folglich Bekanntgabevoraussetzung), dass der Betroffene dieser Behörde für die Bekanntgabe dieses VA gestattet hat, ihm gegenüber die moderne Kommunikationsform zu verwenden, s. § 3a Rn. 1. Ein trotz fehlender Zugangseröffnung durch den Betroffenen von der Behörde etwa per E-Mail bekannt gegebener VA kann damit nicht zugehen und ist folglich nicht wirksam bekannt gegeben.[177] Zur öffentlichen Bekanntgabe elektronischer VA s. a. Rn. 196.

88 Es werden allerdings uneinheitliche **Anforderungen an die Zugangseröffnung nach § 3a Abs. 1** gestellt. Nach der Gesetzesbegründung soll auch eine konkludente Zugangseröffnung möglich sein, was ggf. unter Rückgriff auf die **„Verkehrsanschauung"** auch unter **Berücksichtigung der Verbreitung der Signaturtechnik** zu klären sei.[178] Dies hilft v. a. deshalb kaum weiter, weil sich die Signaturtechnik entgegen den Annahmen des Gesetzgebers nicht verbreitet hat, s. § 37 Rn. 51. Ebenso wenig ist vorhergesehen worden, dass an E-Mail-Adressen teilweise massenhaft **Spam-Mails** gesendet werden, die auch und gerade unter Verwendung von Behördennamen Viren, Werbung und sonstige sinnlose Botschaften enthalten,[179] so dass man niemandem einen Vorwurf machen kann, wenn E-Mails einer Behörde, von der keine E-Mails erwartet werden, ungelesen gelöscht oder in Spam-Ordner verbannt werden.[180]

89 Strenge Anforderungen an die Konkretheit der Gestattung gerade für die Bekanntgabe von VA zu stellen, erscheint zudem dann als notwendig, wenn die **elektronische Form** die **Schriftform ersetzen** soll (§ 37 Rn. 53). Der Empfänger hat ein gesteigertes Interesse daran, dass ihm solche VA der Nachweisfunktion des Formerfordernisses entsprechend (§ 3a Rn. 17) nicht nur „virtuell" zugehen, v. a. wenn es sich um **VA mit Dauerwirkung** handelt, bei denen

---

[173] Ähnlich für zivilrechtliche Willenserklärung *BGH* NJW 2004, 1320; *Taupitz/Kritter* JuS 1999, 839, 841 (allerdings zwischen Art des Empfängers differenzierend); a. A. *OLG Rostock* NJW-RR 1998, 526 (Zugang immer während der Geschäftszeit).
[174] *OVG Lüneburg* NJW 2002, 1969, 1970.
[175] *OLG Stuttgart* NZBau 2001, 462, 462 (für Vergabekammerentscheidung).
[176] *OVG Hamburg* NJW 1997, 2616, 2617.
[177] *Kunstein*, Elektronische Signatur als Baustein der elektronischen Verwaltung, 2005, S. 140; *Storr* MMR 2002, 579, 581.
[178] BT-Drs. 14/9000, S. 30 f.
[179] Vgl. *Hoeren* NJW 2007, 801, 805 mit Beispielen.
[180] Zutreffend *Heidemann* NJW-aktuell 35/2004, XII f.

die elektronische Form gegenüber der Schriftform spezifische (u. U. auch kostspielige) Perpetuierungsprobleme aufwirft,[181] näher § 37 Rn. 125. Diesem Interesse wird nur eingeschränkt durch die **Pflicht zur schriftlichen Bestätigung elektronischer VA** nach § 37 Abs. 2 S. 2 Rechnung getragen, weil es sich bei dieser Bestätigung nur um eine „Kopie" handelt, die das elektronische Original, das für den Rechtsverkehr nach wie vor maßgeblich bleibt, nicht ersetzt, s. § 37 Rn. 90.

90 Vor diesem Hintergrund ist jedenfalls für den Zugang von elektronischen VA nach wie vor zu verlangen, dass sich die Zugangseröffnung auf ein konkretes VwVf und damit auf einen konkreten VA einer konkreten Behörde bezieht.[182] Wegen des Spam-Problems (Rn. 88) muss dies – entgegen der Gesetzesbegründung[183] – auch für Rechtsanwälte, Geschäftsleute und Behörden gelten. I. d. R. ist daher eine Eröffnung des Zugang für elektronische VA nur anzunehmen, wenn ein Antrag elektronisch gestellt wurde (unverbindliche Anfragen per E-Mail im Vorfeld dürften nicht ausreichen), s. a. § 3a Rn. 12 ff. Weitergehende Zugangseröffnungen sind im Rahmen **verwaltungsrechtlicher Schuldverhältnisse** denkbar, z. B. im Verhältnis zwischen Beamten und dem Dienstherrn.[184] Allgemeine **Angaben im Briefkopf** oder im Internet können dagegen von niemandem als Eröffnung des Zugangs für rechtsverbindliche Erklärungen beliebiger Art von jedermann verstanden werden.[185] Soweit im Zivilrecht für die Eröffnung des Zugangs von elektronischen Willenserklärungen weniger strenge Voraussetzungen aufgestellt werden,[186] mag dies daran liegen, dass entweder in dem Wunsch, den elektronischen Geschäftsverkehr zu fördern, das Spam-Problem nicht angemessen berücksichtigt wird,[187] oder der Schwerpunkt auf das Zustandekommen von Verträgen gelegt wird, die ohnehin nur verbindlich werden, wenn ein zugesandtes Angebot auch angenommen wird.[188]

91 Soll ein VA nach **§ 41 Abs. 1 S. 2** einem Rechtsanwalt bekannt gegeben werden, ist aus den Gründen der Rn. 89 dem Schutzzweck des § 3a Abs. 1 entsprechend (§ 3a Rn. 12) zudem für die **Zugangseröffnung** für elektronische VA **nicht auf den Rechtsanwalt,** sondern **auf den Mandanten abzustellen,** da dieser später mit etwaigen Nachteilen der elektronischen Form „leben" muss, s. a. Rn. 46. Dass der Betroffene den Zugang für elektronische VA eröffnet, wird man daher auch deshalb nur dann nur annehmen können, wenn er entweder ausdrücklich eine Zusendung des VA per E-Mail wünscht oder wenn für ihn erkennbar wird, dass er sich mit dem Eintritt in „elektronische" Verhandlungen mit der Behörde auch bereit erklärt, den VA per E-Mail zu empfangen.

92 Neben der Gestattung ist weitere Zugangsvoraussetzung entsprechend den Anforderungen für Schriftstücke (Rn. 70), dass dem Betroffenen **dauerhafte Verfügungsgewalt über die Datei** gewährt wird. Dies ist gegeben, wenn ihm die Datei auf einer Diskette/CD wie ein Brief übermittelt wird (Rn. 87), oder eine Datei über das Internet auf einen Speicherplatz übermittelt wird, auf den der Empfänger (alleinigen) Zugriff hat.[189] Keine Verfügungsgewalt wird begründet, wenn der Empfänger nur per E-Mail darauf hingewiesen wird, dass der verfügende Teil des VA ganz oder teilweise (z. B. Nebenbestimmungen) auf **der Internetseite der Behörde abgerufen** werden kann, weil die entsprechende Seite von der Behörde jederzeit geändert werden kann. Auch die Möglichkeit einer Abspeicherung der Internet-Seite begründet eben nur diese Möglichkeit, nicht jedoch die tatsächliche dauerhafte Verfügungsgewalt.[190]

---

[181] Ebenso für eine Differenzierung hinsichtlich der Zugangseröffnung für VA und bloße Informationen *Skrobotz*, Das elektronische VwVf, 2005, S. 242.
[182] Wie hier *Kunstein*, Elektronische Signatur als Baustein der elektronischen Verwaltung, 2005, S. 139 f.; *Roßnagel* NJW 2003, 469, 473; krit. *Skrobotz*, Das elektronische VwVf, 2005, S. 241 f. (der hierin eine „möglicherweise" zu große Erschwernis der elektronischen Kommunikation sieht). Es ist aber nicht Aufgabe des VwVfG die elektronische Kommunikation zu erleichtern, sondern die Verwendung moderner Kommunikationsmöglichkeiten sachangemessen auszugestalten).
[183] BT-Drs. 14/9000, S. 31.
[184] *Kersten* ZBR 2006, 35, 37.
[185] So aber *Brandis* in Tipke/Kruse, § 87a AO Rn. 5; etwas restriktiver Nr. 1 zu § 87a AO des **Anwendungserlasses zur AO** (Angaben vor Rn. 1).
[186] Vgl. z. B. *Mankowski* NJW 2004, 1901 ff.
[187] S. aber jetzt *Wietzorek* MMR 2007, 156 ff. (wenn auch ohne Modifikation der Zugangskriterien).
[188] So wohl *Mankowski* NJW 2002, 2822, 2823.
[189] *Dietlein/Heinemann* NWVBl 2005, 53, 55; *Skrobotz*, Das elektronische VwVf, 2005, S. 253.
[190] Vgl. (für Widerrufsbelehrung im Verbraucherschutzrecht): *Bonke/Gellmann* NJW 2006, 3169 f.; *Zenker* JZ 2007, 816 ff.

Darüber hinaus ist Zugang nur gegeben, wenn der Betroffene die übermittelte **Datei**, die 93 den elektronischen VA enthält, auch **öffnen** und diese **lesen kann**,[191] s. § 3a Rn. 41. Hiervon geht auch **§ 87a Abs. 1 S. 2 AO** unmissverständlich aus.[192] Es muss zu Lasten der Behörde gehen, dass sie ein System verwendet, das mit dem des Empfängers nicht kompatibel ist. Die Vorstellung der Gegenansicht,[193] die Gestattung nach § 3a Abs. 1 sei ggf. auf die beim Empfänger vorhandene Software spezifisch zu begrenzen, so dass ggf. vorher „Verhandlungen" über die einzusetzende Software notwendig wären, nur um sicherzustellen, dass bei Nutzung der vereinbarten Software auch dann Zugang angenommen werden könne, wenn sich die Datei dann doch nicht lesen lasse, stellt im Interesse eines „sicheren" Zugangs Anforderungen an die Zugangseröffnung nach § 3a Abs. 1, die diese als völlig unpraktikabel erscheinen lassen, so dass im Interesse einer „sicheren" elektronischen Kommunikation diese praktisch ausgeschlossen wird. Dies dient nicht der Erleichterung des elektronischen Rechtsverkehrs, s. § 3a Rn. 44.

Lässt sich die Datei nicht öffnen, erwächst jedoch aus der Zugangseröffnung nach § 3a Abs. 1 94 eine Rügeobliegenheit gegenüber der Behörde, wovon auch § 3a Abs. 3 S. 2 ausgeht, näher Rn. 107f. Ist die **Datei nur teilweise lesbar** (z.B. bei Umwandlung einzelner Zeichen, Worte oder Teil-Dateien (etwa Bilder) in Zahlen-Buchstaben-Kombinationen) ist zu unterscheiden: Das systematische Ersetzen einzelner Zeichen im Text, wie das Austauschen von „§", „ß" oder Umlauten durch Zeichenkombinationen (z.B. „ä" durch „ä") wird den Zugang nicht beeinträchtigen, solange der Text verständlich bleibt, vgl. § 37 Rn. 137. Sobald aber die Verständlichkeit nicht mehr gewährleistet ist, insbes. bei Umwandlung von zeichnerischen Darstellungen (§ 37 Rn. 36, § 39 Rn. 39) in Zahlen-Buchstaben-Kombinationen oder wenn die Zahlen-Buchstaben-Kombinationen keine Ähnlichkeit mehr mit der deutschen Sprache hat (Rn. 64), ist die Lesbarkeit des Textes nicht mehr gesichert, und der Zugang ausgeschlossen. Betrifft die Unlesbarkeit nur Teile der Datei, sind die Grundsätze der Rn. 66 anzuwenden. Kann die Signatur nicht gelesen werden, stellt dies den Zugang nicht in Frage, jedoch ist der VA u.U. wegen Formfehlers rechtswidrig,[194] s. § 37 Rn. 144.

Kann die Datei geöffnet werden (Rn. 94), ist fraglich, zu welchem **Zeitpunkt** der **Zugang** 95 **erfolgt**: Da elektronische VA keine schriftlichen VA sind (§ 37 Rn. 58, 64f.) kommt es nicht wie beim Telefax (s. Rn. 84) auf den Ausdruck an, sondern allein auf die Möglichkeit des Abrufs. Diese besteht grundsätzlich mit der **Ablage** der Nachricht **im elektronischen Briefkasten**.[195] Jedoch wird man – nicht anders als beim Hausbriefkasten – nicht annehmen können, dass diese tatsächlich jederzeit geleert werden; vielmehr ist im Hinblick auf den Leerungszeitpunkt die **Verkehrsanschauung** maßgeblich, die sich allerdings noch **nicht einheitlich** gebildet hat, näher § 3a Rn. 44. § 41 Abs. 2 S. 1 löst das Problem, indem er einheitlich einen Zugang nach drei Tagen fingiert, s. Rn. 116f., 123, 131. § 87a Abs. 1 S. 2 AO scheint demgegenüber eine sofortige Abrufung (auch bei Privaten) vorauszusetzen,[196] was jedoch durch die Drei-Tages-Regelung des § 122 Abs. 2a AO für elektronisch übermittelte VA praktisch deutlich abgeschwächt wird.

j) Zugang mündlicher Verwaltungsakte: Ein mündlicher VA (§ 37 Rn. 75) geht zu, 96 wenn der Betroffene die Erklärung **vernommen und** als solche **verstanden** hat.[197] Zudem muss hinreichend deutlich gemacht werden, dass mündlich eine potentiell bestandskraftfähige Entscheidung getroffen wird, da die Äußerung sonst vom Empfänger i.d.R. nur als Vorankündigung verstanden werden wird, s. § 35 Rn. 73f., § 37 Rn. 50. Taubheit/Schwerhörigkeit gehen zu Lasten der Behörde, ebenso **Sprachunkenntnis** und Sprachschwierigkeiten des Betrof-

---

[191] Wie hier *Kopp/Ramsauer*, § 3a Rn. 13a; *Roßnagel* NJW 2003, 469, 473; *Schmitz* DÖV 2005, 885, 891; *Storr* MMR 2002, 579, 582.
[192] Deshalb kritisch zu dieser Regelung *Eifert,* Electronic Governement, 2006, S. 70; *Skrobotz,* Das elektronische VwVf, 2005, S. 264.
[193] So *Eifert,* Electronic Governement, 2006, S. 68ff.; *Skrobotz,* Das elektronische VwVf, 2005, S. 257ff.; im Ergebnis auch *Dietlein/Heinemann* NWVBl 2005, 53, 55f.
[194] *Kunstein,* Elektronische Signatur als Baustein der elektronischen Verwaltung, 2005, S. 140.
[195] *Dietlein/Heinemann* NWVBl 2005, 53, 55.
[196] Deshalb kritisch *Skrobotz,* Das elektronische VwVf, 2005, S. 262ff.
[197] *Stein* DVP 2006, 441, 443; für zivilrechtliche Willenserklärung: *BGH* WM 1989, 650, 652 (insoweit in NJW 1989, 1728 nicht abgedruckt); *BAGE* 40, 95 = NJW 1983, 2835; *Flume,* § 14 8, S. 241; *Larenz/Wolf,* Allgemeiner Teil des Bürgerlichen Rechts, 9. Aufl. 2004, § 26 Rn. 34f.; *Medicus,* Allgemeiner Teil des BGB, 9. Aufl. 2006, Rn. 289.

fenen, die ggf. durch Hinzuziehung eines **Dolmetschers** (s. § 23 Rn. 34 ff.) oder durch Verwendung einer Fremdsprache beseitigt werden müssen. Jedoch ist eine nicht verstandene Erklärung zugegangen, wenn die Behörde nach den für sie erkennbaren Umständen davon ausgehen durfte, der Betroffene habe sie richtig oder vollständig verstanden.[198]

97   Soll ein mündlicher VA **mehreren Personen** bekannt gegeben werden, muss der VA jedem einzelnen Bekanntgabeadressaten mitgeteilt und von jedem Einzelnen vernommen werden. Die **Einschaltung von Boten** (Rn. 67 f., § 35 Rn. 61) ist bei mündlichen VA bedenklich, weil der Empfänger hier berechtigte Zweifel an der Authentizität der Erklärung haben wird, insbes. wenn der Bote ein Privater ist, vgl. a. § 37 Rn. 9. Bei **Unternehmen/Organisationen** können jedoch auch solche Angestellte als Empfangsboten für mündliche VA angesehen werden, die auch sonst für die Entgegennahme mündlicher Erklärungen für zuständig erachtet werden.[199] Möglich ist auch die Bekanntgabe mündlicher VA an den **Bevollmächtigten** nach § 41 Abs. 1 S. 2, der – auch um Haftungsrisiken zu vermeiden – sofort eine schriftliche Bestätigung (ggf. mündlich, § 37 Rn. 81) beantragen sollte, § 37 Rn. 80 ff.

98   Die **Verkündung** mündlicher VA auf Grund einer **mündlichen Verhandlung** geschieht i. d. R. in **herausgehobener Form**, um im Interesse der Verfahrensklarheit (§ 9 Rn. 57) auch äußerlich erkennen zu lassen, dass eine Entscheidung ergeht, mit der das VwVf abgeschlossen werden soll.[200] In diesem Fall wird die verkündete Entscheidung i. d. R. protokolliert (vgl. § 93 VwVfG). Ist neben der Verkündung noch die Zustellung vorgeschrieben, ist die Verkündung nur Vorankündigung, die Zustellung die Bekanntgabe eines schriftlichen VA.[201] Der zugestellte VA muss in diesen gesetzlich geregelten Fällen inhaltlich jedoch dem Verkündeten entsprechen. Widersprechen sie sich, kann ein Fall des § 42 vorliegen; die protokollierte Fassung der Verkündung wird vorrangig sein. Ist nicht aufklärbar, welche Fassung gemeint ist, ist der VA zu unbestimmt, s. § 37 Rn. 7 f.

99   k) **Zugang telefonischer Verwaltungsakte:** Für die telefonische Übermittlung eines VA (zur Zulässigkeit § 37 Rn. 77) gelten die Grundsätze der Rn. 96 ff. Verständigungsschwierigkeiten auf Grund von Störungen in der Telefonleitung hindern den Zugang. Vielfach wird in einem Telefonat jedoch nur eine Vorweg-Information über einen noch zu ergehenden schriftlichen VA zu sehen sein. Richtet sich der Betroffene nach der Mitteilung und entspricht der nachfolgende schriftliche VA nicht ihrem Inhalt, so dass dem Betroffenen ein Schaden entsteht, kann – ähnlich wie bei einer falschen Auskunft (§ 25 Rn. 45) – eine Amtspflichtverletzung vorliegen.

100   l) **Zugang bei Mitteilung auf den Anrufbeantworter:** Ob ein mündlicher VA durch bloße Mitteilung auf dem **Anrufbeantworter** bekannt gegeben werden kann, ist str., s. a. § 37 Rn. 78. Dem steht nicht entgegen, dass mündliche Willenserklärungen nur zwischen Anwesenden abgegeben werden könnten;[202] für das Zivilrecht wird dies auch nicht vertreten.[203] Jedoch wird man als **Zugangsvoraussetzung** wie beim Telefax (Rn. 82) **analog § 3 a Abs. 1** eine (von der Behörde zu beweisende) **Gestattung** der Verwendung des Anrufbeantworters als Bekanntgabemittel zu verlangen haben, etwa dergestalt, dass der Betroffene dem zuständigen Amtswalter mitteilt, er möge seine Entscheidung „notfalls auf den Anrufbeantworter" sprechen. Darüber hinaus kann der Zugang erst mit „**Abhören**" des Anrufbeantworters erfolgen, weil erst dann der VA (wie für mündliche VA notwendig, Rn. 96) **vernommen** werden kann. Zur Zugangsverhinderung s. Rn. 107. Es gibt keinen Grund, den Empfänger, der den Anrufbeantworter vor allem im eigenen Interesse aufstellt, mit dem Risiko einer technischen Störung oder versehentlichen Löschung der Nachricht zu belasten, zumal der Anrufbeantworter oft von mehreren Personen bedient wird. Damit handelt die Behörde kaum zweckmäßig, wenn sie diesen Kommunikationsweg nutzt; so sollte sie von Amts wegen zumindest eine schriftliche Bestäti-

---

[198] *Larenz/Wolf*, Allgemeiner Teil des Bürgerlichen Rechts, 9. Aufl. 2004, § 26 Rn. 36; *Medicus*, Allgemeiner Teil des BGB, 9. Aufl. 2006, Rn. 289.
[199] *FG BW* EFG 2004, 15, 16 (Sekretärin); vgl. a. *BGH* NJW 2002, 1565, 1566 f.
[200] *P. Stelkens* NVwZ 1987, 471, 472.
[201] *BVerwGE* 55, 299, 301 = NJW 1978, 1988; *BVerwGE* 58, 100, 102 = NJW 1980, 1480.
[202] So aber *KG* NJW 1990, 1803, 1804; dem folgend *Kopp/Ramsauer*, § 37 Rn. 20; wohl auch *VGH München* BayVBl 2000, 149, 150.
[203] Vgl. *John* AcP 184 (1984), S. 385, 388.

gung nachsenden oder den telefonischen Weg einschließlich des Anrufbeantworters nur als **Vorweg-Information** (Rn. 99) über einen nachfolgenden schriftlichen VA nutzen.

m) Zugang „in anderer Weise" erlassener Verwaltungsakte: Ein „in anderer Weise" **101** i. S. d. § 37 Abs. 2 zu erlassender VA (§ 37 Rn. 79) wird in dieser Weise, etwa durch Vermittlung der **Gebärdensprache** (§ 23 Rn. 70), **Versiegelung** etc. bekannt gegeben. Die Bekanntgabe eines **konkludent erlassenen** VA ist den Umständen zu entnehmen, § 35 Rn. 81, § 37 Rn. 79. Diese müssen nach dem insoweit maßgeblichen Empfängerhorizont unmissverständlich auf das Vorliegen eines bestimmten Behördenwillens schließen lassen. Soweit keine öffentliche Bekanntgabe vorliegt (wie etwa bei Verkehrszeichen [Rn. 151, 198], § 35 Rn. 332 ff., § 37 Rn. 57), ist jedoch auch hier Zugang für die Wirksamkeit des konkludenten VA Voraussetzung. Welche Zugangsvoraussetzungen im Einzelnen gelten richtet sich danach, ob der „in anderer Weise erlassene" VA eher den schriftlichen oder eher den mündlichen Erklärungen näher steht. Bei Gebärden-VA liegt etwa entsprechend den in Rn. 96 genannten Grundsätzen Zugang nur vor, wenn der Betroffene das unmissverständliche Verhalten tatsächlich **wahrgenommen** hat.

n) Zugangsvereitelung/Kooperationsobliegenheiten: Soweit der Zugang einer Willens- **102** erklärung aus Gründen scheitert, die in der Sphäre des Empfängers liegen, ist im Zivilrecht anerkannt, dass im Einzelfall der Zugang dennoch als erfolgt angesehen werden kann. Hierbei ist umstr., ob dann der (rechtzeitige) **Zugang fingiert** wird oder ob es dem Betroffenen nur verwehrt ist, sich nach **§ 242 BGB** (in entsprechender Anwendung des § 162, § 815 S. 2 BGB) auf den fehlenden (rechtzeitigen) Zugang zu berufen. Von Bedeutung ist der Streit im Wesentlichen für die Frage, ob der Erklärende an die Erklärung, deren Zugang vereitelt wurde, gebunden ist oder ob er sich hiervon ohne weiteres nach § 130 Abs. 1 S. 2 BGB wieder lossagen kann.[204] Soweit diese zivilrechtlichen Grundsätze auf die Bekanntgabe von VA übertragen werden können, sollte aus Gründen der Rechtssicherheit von einer Zugangsfiktion ausgegangen werden.[205] Kein Problem der Zugangsvereitelung ist es, wenn eine Kenntnisnahme des VA nach der maßgeblichen Verkehrsauffassung möglich ist, der Betroffene jedoch nicht Kenntnis nimmt. Hier liegt Zugang vor,[206] s. Rn. 62.

Den Zugang zu fingieren, erscheint jedenfalls dann als gerechtfertigt, wenn der Betroffene **103** **vorsätzlich** (nicht unbedingt arglistig) **ohne rechtfertigenden Grund** eine ihn nicht weiter belastende Maßnahme nicht vornimmt, die den Zugang eines VA erst ermöglicht, wie etwa die Entgegennahme eines ihm zur persönlichen Aushändigung angebotenen Schreibens[207] (ein Grund zur Verweigerung der Annahme liegt jedoch vor, wenn das Schreiben nicht genügend frankiert war)[208] oder das Unterlassen von eigenem Lärm, das notwendig ist, um einen mündlichen VA vernehmen zu können, vgl. Rn. 96. Dies entspricht auch der Wertung des (§ 3 Abs. 2, § 5 Abs. 2 S. 1 VwZG i. V. m.) § 177 ZPO. Ebenso erscheint eine Zugangsfiktion als geboten, wenn der Empfänger bewusst und zielgerichtet den Anschein gesetzt hat, er wohne unter einer bestimmten Adresse, um Bekanntgaben bestimmter VA ins Leere laufen zu lassen.[209]

Hat der Empfänger einen **Empfangsboten** (Rn. 67 f., 99), ist im Zivilrecht umstr., ob sich **104** der Empfänger jede Annahmeverweigerung des Empfangsboten zurechnen lassen muss[210] oder nur die, die in Absprache mit ihm erfolgen.[211] Insbes. bei Empfangsboten „kraft Verkehrsauffassung" kann für die Bekanntgabe nur die letztere Auffassung gelten. Denn es besteht keine gesetzliche Pflicht, für andere VA entgegenzunehmen, auch wenn die Verkehrsauffassung von einem entsprechenden Recht ausgeht.

Über die Fälle der Rn. 103 f. hinausgehend werden dem Empfänger im Zivilrecht weiter- **105** gehende Obliegenheiten auferlegt, sofern jemand auf Grund bestehender oder angebahnter

---

[204] Zum Meinungsstreit *Franzen* JuS 1999, 429, 432; *Medicus*, Allgemeiner Teil des BGB, 9. Aufl. 2006, Rn. 278 f.
[205] Demgegenüber für Lösung über § 242 BGB: *BVerwGE* 85, 213, 216 = NVwZ 1991, 73; *VG Berlin* NVwZ-RR 2002, 586, 587; *LSG NRW* NJW 1990, 407.
[206] Für privatrechtliche Willenserklärung: *Larenz/Wolf*, Allgemeiner Teil des Bürgerlichen Rechts, 9. Aufl. 2004, § 26 Rn. 44; *Medicus*, Allgemeiner Teil des BGB, 9. Aufl. 2006, Rn. 277.
[207] *LSG NRW* NJW 1990, 407 (für Übergabe-Einschreiben); *BGH* NJW 1983, 929, 930 (für privatrechtliche Willenserklärung).
[208] *OVG Hamburg* NJW 1995, 3137 (für umgekehrten Fall eines Schreibens an eine Behörde).
[209] Vgl. *OVG Bautzen* NVwZ-RR 2002, 550, 551 (für Zustellung).
[210] So *Herbert* NZA 1994, 391; *Joussen* Jura 2003, 577, 581; *Schwarz* NJW 1994, 891.
[211] So *BAG* NJW 1993, 1093, 1094.

vertraglicher Beziehungen mit dem Zugang rechtserheblicher Erklärungen zu rechnen hat. *BGH* fordert hier, dass der Empfänger **geeignete Vorkehrungen** trifft, damit ihn derartige Erklärungen auch erreichen.[212] Hierzu kann etwa die Stellung von Nachsendeanträgen zählen. Damit werden teilweise **echte Kooperationsobliegenheiten** statuiert, die über das „normale" Bereithalten eines Briefkastens hinausgehen und deren Verletzung eine Zugangsfiktion auslösen soll. *BVerwG* geht nicht so weit, sondern nimmt Entsprechendes (nur) an, wenn der Zugang eines VA scheitert, weil der Betroffene *spezialgesetzlichen* Meldepflichten, die seine Erreichbarkeit sicherstellen sollen, nicht nachgekommen war.[213] So sieht z.B. § 10 AsylVfG Meldepflichten vor, an deren Nichterfüllung § 10 Abs. 2 AsylVfG auch ausdrücklich die Regelung knüpft, dass der Asylbewerber ihm nicht zugegangene Zustellungen und formlose Mitteilungen selbst dann gegen sich gelten lassen muss, wenn die Sendung als unzustellbar zurück kommt.[214] Solche Regelungen sind nur dann vertretbar, wenn der Betroffene hierauf eigens **hingewiesen** wird, wie dies § 10 Abs. 7 AsylVfG auch vorsieht. An die Erfüllung dieser Belehrungspflicht stellt *BVerfG* zu Recht erhöhte Anforderungen,[215] s. hierzu ferner § 23 Rn. 7, § 37 Rn. 117 f.

106 Dies zeigt bereits, dass sich aus dem **allgemeinen Verfahrensrechtsverhältnis** (vgl. § 9 Rn. 25 ff.) allein **keine Kooperationsobliegenheiten** herleiten lassen, die den Bürger dazu anhalten, sicherzustellen, dass ihn VA auch erreichen,[216] s. § 9 Rn. 32. Ebenso wenig bestehen **Rügeobliegenheiten** bei erkennbar fehlerhafter Bekanntgabe, s.a. Rn. 238. Insbes. folgt aus der **Verletzung allgemeiner melderechtlicher Pflichten** nicht, dass man VA, die noch an frühere Adressen gesandt werden, gegen sich gelten lassen muss, wie sich auch aus einem Umkehrschluss zu den in Rn. 105 genannten Bestimmungen ergibt.[217] Ebenso besteht keine Obliegenheit, auf einen Benachrichtigungszettel hin ein Übergabe-Einschreiben bei der Post abzuholen, s. Rn. 73. Auch ist es das jeweilige Fachrecht, das entscheidet, ob die protokollierte **Verkündung** eines **mündlichen VA** im Rahmen einer mündlichen Verhandlung (Rn. 98) auch dann wirksam ist, wenn der Adressat des VA zur Zeit der Verkündung nicht (mehr) an der mündlichen Verhandlung teilnimmt.

107 Besonderheiten bestehen jedoch bei Verwendung solcher **moderner Kommunikationsformen,** die die Behörde nur dann für Bekanntgabezwecke nutzen darf, wenn der Empfänger ihr insoweit den Zugang eröffnet hat, also insbes. Telefax, Anrufbeantworter und den elektronischem Datenaustausch via E-Mail, s. Rn. 82, 87 ff., 100. Hier hängt der Zugang – anders als bei der Verwendung der normalen Briefpost – in erhöhtem Maße von Umständen ab, die in der Sphäre des Empfängers liegen, weshalb eben auch eine besondere Zugangseröffnung erforderlich ist. Hiermit gibt der Empfänger aber zu erkennen, dass die Verwendung der modernen Kommunikationsform für die Übermittlung des konkreten VA auch in seinem Interesse liegt, so dass es gerechtfertigt erscheint, ihm die Obliegenheit zu übertragen, im Telefaxgerät gespeicherte VA auch auszudrucken (Rn. 84), auf dem Anrufbeantworter gespeicherte Nachrichten abzuhören (Rn. 100) etc., mit der Folge, dass zumindest bei **vorsätzlicher Verletzung** solcher Obliegenheiten der **Zugang fingiert** wird. Die Rechtslage ist hier ähnlich wie bei der Verwendung einer Postfachadresse, s. Rn. 74.

108 Aus denselben Gründen besteht die Obliegenheit zur **unverzüglichen** (§ 121 BGB) **Rüge** bei einer **gescheiterten elektronischen Übermittlung.** Soweit der Empfänger erkennen kann, dass ein gescheiterter Kommunikationsversuch gerade von der Behörde stammt, kann man auf Grund seiner Gestattung von ihm verlangen, dass er auf die gescheiterte Übermittlung (etwa bei unvollständigem Telefaxempfang [Rn. 84] oder Unmöglichkeit, eine Datei zu öffnen [Rn. 93]) hinweist. Wird diese Obliegenheit verletzt, ist der Zugang auf den Zeitpunkt zu fingieren, bei dem bei unverzüglicher Rüge eine ordnungsgemäße Bekanntgabe erfolgt

---

[212] *BGHZ* 67, 271, 276 = NJW 1977, 194; einschränkend *BGHZ* 137, 205, 208 ff. = NJW 1998, 976 (zustimmend *Benedict* NVwZ 2000, 167, 168; *Franzen* JuS 1999, 429; *Peters* JR 1998, 368).
[213] Für Meldepflicht der Wehrpflichtigen: *BVerwGE* 85, 213, 216 = NVwZ 1991, 73; ebenso *VG Berlin* NVwZ-RR 2002, 586, 587.
[214] Zu den Grenzen dieser Regelung *OVG Münster* NVwZ-RR 2001, 409.
[215] *BVerfG* NVwZ-Beilage I 4/1994, 25, 26; BayVBl 1996, 727; NVwZ-Beilage I 11/1996, 81, 82; ferner *Bauer* VBlBW 1995, 341; *Heberlein* JuS 1998, 1117, 1118 f.; *Schwachheim,* NVwZ 1994, 970; einschränkend jedoch *BVerfG* NVwZ-Beil I 5/2002, 57 f.
[216] A. A. nunmehr *VGH München* BayVBl 2007, 570.
[217] *OVG Schleswig* NVwZ 2002, 358, 359.

wäre.[218] Bei der Bestimmung der „Unverzüglichkeit" entspr. § 121 BGB ist der Zeitpunkt des Eingangs des behördlichen Übermittlungsversuches, aber auch eine angemessene Zeit für Versuche zur Fehlerbehebung auf Empfängerseite zu berücksichtigen. Eine solche Obliegenheit setzt § 3a Abs. 2 S. 2 letztlich voraus.

IV. Zugangsvermutungen (Abs. 2)

1. Funktion und Anwendungsbereich des § 41 Abs. 2

§ 41 Abs. 2 soll im Interesse der Rechtssicherheit Streitigkeiten über das „Ob" und „Wann" des Zugangs vermeiden, indem in Fällen, in denen die Behörde für die Bekanntgabe Übermittlungswege nutzt, bei denen sie den tatsächlichen Zugang des VA nicht selbst feststellen (und zu Beweiszwecken dokumentieren) kann, kraft Gesetzes als Regelfall angenommen wird, dass der Zugang nach drei Tagen nach der letzten Handlung der Behörde erfolgt, mit der sie den VA auf den Weg gebracht hat. Diese gesetzliche Annahme kann der Bekanntgabeadressat in Frage stellen, so dass (nur) dann die Behörde den tatsächlichen Zugang und seinen Zeitpunkt beweisen muss, s. Rn 126ff. Umstr. ist, ob das Bestreiten und der Gegenbeweis durch den Empfänger auch zulässig sind, um den Zugang entgegen der gesetzlichen Grundannahme vorzuverlegen, s. Rn. 125. Nimmt man dies nicht an, fingiert § 41 Abs. 2, dass der Zugangs *nicht vor* einem bestimmten Termin erfolgt ist; i. Ü. handelt es sich um eine widerlegliche Vermutung.[219]

§ 41 Abs. 2 enthält keinen allgemeinen Rechtsgedanken und ist daher weder außerhalb des Anwendungsbereichs des VwVfG noch auf andere behördliche Erklärungen als VA anwendbar, s. Rn. 10, 12. **§ 4 Abs. 2 VwZG** enthält für die Zustellung durch die Post mittels Einschreiben eine entsprechende Regelung, jedoch nicht für die Zustellung nach § 3 VwZG, nicht für die elektronische Zustellung nach § 5 Abs. 5 VwZG und auch nicht für den Fall des Einschreibens mit Rückschein, weil hier der Nachweis nach § 4 Abs. 2 S. 1 VwZG vorgeht.[220] Soweit das VwZG keine entsprechenden Regelungen enthält, kann § 41 Abs. 2 auch nicht ergänzend herangezogen werden.[221]

2. Voraussetzungen des § 41 Abs. 2 S. 1 Alt. 1 (schriftliche Verwaltungsakte)

a) **Schriftlicher Verwaltungsakt:** Ausdrücklich nur für schriftliche VA (§ 37 Rn. 57f.) gilt § 41 Abs. 2 S. 1 Alt. 1. Die Bestimmung ist jedoch analog auf die Übermittlung elektronischer VA anzuwenden, soweit ein **elektronischer VA** (§ 37 Rn. 64) nicht i. S. d. § 41 Abs. 1 Alt. 2 elektronisch übermittelt, sondern gespeichert auf einer Diskette/CD mit der Post im Inland versandt wird. Im Hinblick auf die Funktion des § 41 Abs. 2 (Rn. 58) ist nicht erkennbar, weshalb in einem solchen Fall die Drei-Tages-Vermutung nicht gelten sollte. Die Interessenlage unterscheidet sich nicht von der in den Fällen der Alt. 1 und 2. Dem entspricht, dass die § 41 Abs. 2 entsprechende Zugangsvermutung des § 4 Abs. 2 des neuen VwZG (Rn. 202) auch für die Zustellung auf Diskette/CD gespeicherter elektronischer Dokumente mittels Einschreiben gilt.[222]

b) **Übermittlung durch die Post:** § 41 Abs. 2 gilt nur für die Übermittlung durch die „Post", ohne eine Übermittlung schriftlicher VA auf andere Weise auszuschließen, s. Rn. 69. Seit der Privatisierung der Bundespost (§ 2 Rn. 144f.) ist jedoch nicht mehr eindeutig, **wer „Post" ist**.[223] Für das VwZG wird der Begriff der „Post" in § 2 Abs. 2 S. 1 VwZG als „Erbringer von Postdienstleistungen" legaldefiniert. Was Postdienstleistungen sind, wird in § 4 Nr. 1 legaldefiniert insbes. als gewerbsmäßig erbrachtes Befördern von Briefsendungen (das sind adressierte schriftliche Mitteilungen, s. § 4 Nr. 2 PostG) und adressierten Paketen, deren Einzelgewicht 20 kg nicht übersteigt. Allerdings ist § 2 Abs. 2 S. 1 VwZG auch in Zusammenhang mit

---

[218] Wie hier *Schmitz* NVwZ 2002, 1239, 1244; *Storr* MMR 2002, 579, 582f.; a. A. *Kopp/Ramsauer*, § 3a Rn. 13a.
[219] Zu dieser Klassifizierung *Jachmann*, Fiktion im öffentlichen Recht, 1998, S. 460ff.
[220] Ausführlich *Schwarz* in Hübschmann/Hepp/Spitaler, § 4 VwZG Rn. 21ff.
[221] *VG Leipzig* NJW 1994, 3179; *BFHE* 165, 5 = NVwZ 1992, 815; *FG Hamburg* EFG 1989, 550.
[222] *Kremer* NJW 2006, 332, 333; *Rosenbach* DVBl 2005, 816, 817; *Tegethoff* NdsVBl 2007, 1, 2.
[223] Für entsprechende Problematik nach dem SächsVwZG: *OVG Bautzen* NVwZ-RR 2002, 478f.

§ 33 Abs. 1 PostG zu lesen, nach der **nur Lizenznehmer** mit Hoheitsrechten für Zustellzwecke beliehen sind, so dass im Ergebnis nur solche Unternehmen „Post" i. S. d. VwZG sein können, die eine lizenzpflichtige Tätigkeit nach § 5 Abs. 1 PostG ausüben und auch eine solche Lizenz erhalten haben. Von Bedeutung ist dies deshalb, weil (nur) im Lizenzerteilungsverfahren nach § 6 Abs. 3 PostG die **Zuverlässigkeit des Postdienstleisters** geprüft wird. Eine solche Zuverlässigkeitsprüfung erscheint aber letztlich als notwendiger Anknüpfungspunkt für die gesetzliche Vermutung des § 41 Abs. 2, dass Briefe von einem Postdienstleister i. d. R. innerhalb von drei Tagen übermittelt werden,[224] s. a. Rn. 130. Daher kann – **entgegen dem Anwendungserlass zur AO** (Nr. 1.8.2. zu § 122 AO) – der Postbegriff des § 2 Abs. 2 VwZG nicht unmodifiziert auf die einfache Bekanntgabe übertragen werden,[225] weil dies ermöglicht, dass auch die Übermittlung durch solche Postdienstleister erfasst würde, die nicht lizenzpflichtige Postdienstleistungen erbringen (vgl. § 5 Abs. 2 PostG). „Post" i. S. d. § 41 Abs. 2 sind daher nur Postdienstleister, die über eine Lizenz nach §§ 5 ff. PostG verfügen.[226]

113 Eine „Übermittlung durch die Post" i. S. d. § 41 Abs. 2 S. 1 liegt deshalb nur vor, wenn eine Postdienstleistung i. S. d. § 4 Abs. 1 Nr. 1 PostG durch einen Lizenznehmer in Anspruch genommen wird. Auf die Form der Übermittlung durch den Postlizenznehmer (einfacher Brief, Übergabe-Einschreiben, Einwurf-Einschreiben) kommt es i. Ü. anders als bei § 4 VwZG, s. Rn. 214 – nicht an. Telekommunikationsdienstleistungen i. S. d. § 3 TKG werden nicht umfasst; eine Übersendung eines VA per Telefax (Rn. 82 ff.) unterfällt daher nicht § 41 Abs. 2 S. 1 Alt. 1,[227] wohl aber § 41 Abs. 1 Alt. 2, s. Rn. 116, § 37 Rn. 66.

114 Ebenfalls kein Fall des § 41 Abs. 2 S. 1 Alt. 1 ist, wenn die Behörde die **Behördenpost** (Dienstpost) oder eigene Boten zur Bekanntgabe von VA einschaltet.[228] Hier greift auch der Sinn der Zugangsvermutung nicht, da die Behörde es hier in der Hand hat, den Zugang selbst zu dokumentieren, s. Rn. 109. Um den Empfänger nicht in die Irre zu führen, sollte aber in diesem Fall dem Umschlag ein deutlich sichtbarer Vermerk aufgebracht werden, dass der Bescheid nicht durch die Post übermittelt wurde, wenn er in den Briefkasten geworfen wird. Andernfalls kann eine Wiedereinsetzung gerechtfertigt sein, da es dem Betroffenen nicht zuzumuten ist, den Umschlag darauf hin zu untersuchen, ob er (Frei-)Stempel oder sonstige Kennzeichen enthält, die auf eine Übermittlung durch einen Postdienstleister schließen lassen.[229]

115 **c) Übermittlung im Inland:** Die Vermutung gilt nur bei Übermittlung durch die Post im Inland. Postsendungen **vom** und **ins Ausland** werden durch § 41 Abs. 2 S. 1 Alt. 1 nicht erfasst, da die „Post" i. S. d. Rn. 112 ff. sie nicht vollständig im Inland übermittelt. § 122 Abs. 1 Nr. 2 AO sieht demgegenüber eine vergleichbare Bekanntgabevermutung (einen Monat nach Aufgabe zur Post) bei Übermittlung durch die Post im Ausland vor, s. Rn. 218. Diese Vorschrift enthält jedoch keinen allgemeinen, auf § 41 übertragbaren Rechtsgedanken. Für Sendungen ins Ausland gilt daher entspr. § 130 BGB der Tag des Zugangs, s. Rn. 218. Bei Beteiligten, die keinen Wohnsitz/gewöhnlichen Aufenthalt im Inland haben, kann die Behörde aber nach **§ 15** die Bestellung eines **Empfangsbevollmächtigten** verlangen. Wird dem nicht Folge geleistet, gilt noch § 15 S. 2 eine Zugangsvermutung für jedes Schriftstück (nicht nur VA), die nach **sieben Tagen** nach Aufgabe zur Post eintritt, § 15 Rn. 12. Demgegenüber gilt keine gesetzliche Zugangsvermutung, wenn z. B. ein VA etwa in den Urlaubsort nachgesandt wird. Näher zur Bekanntgabe ins Ausland Rn. 218 ff.

3. Voraussetzungen des § 41 Abs. 2 S. 1 Alt. 2 (elektronisch übermittelte Verwaltungsakte)

116 Das 3. VwVfÄndG hat die Zugangsvermutung des § 41 Abs. 2 S. 1 auch auf den Fall der elektronischen Übermittlung eines VA erstreckt. Dies entspricht den Funktionen des § 41 Abs. 2 (Rn. 109), da sich auch hier die Behörde eines Übermittlungsweges bedient, bei dem sie

---

[224] So wohl auch *OVG Koblenz* NVwZ-RR 2003, 4.
[225] So aber *Schmitz/Olbertz* NVwZ 1999, 126, 127; dem wohl folgend *Henneke* in Knack, § 41 Rn. 18.
[226] So auch die Begründung zur Änderung der Worte „deutsche Bundespost POSTDIENST" durch „Post" im SächsVwZG, Sächs. Landtag, LT-Drs. 3/6938, S. 15.
[227] *OVG Lüneburg* NJW 2002, 1969; *Schmitz* VR 1991, 213, 215.
[228] *OVG Frankfurt (Oder)* NVwZ 2004, 507; *OVG Koblenz* NVwZ-RR 2003, 4.
[229] A. A. für Rechtsanwalt *OVG Frankfurt (Oder)* NVwZ 2004, 507.

den tatsächlichen Zugang des VA nicht selbst feststellen kann. **Elektronisch übermittelt** werden können sowohl schriftliche VA (und zwar mittels Telefax) als auch elektronische VA (i. d. R. per E-Mail), s. § 37 Rn. 66. Keine elektronische Übermittlung liegt vor, wenn ein elektronischer VA auf Diskette wie ein Schriftstück versandt wird; hier gilt jedoch § 41 Abs. 2 Alt. 1 analog, s. Rn. 111.

Anders als seine Alt. 1 stellt § 41 Abs. 2 Alt. 2 **keine besondere Anforderungen an den** 117 **„elektronischen Übermittlerdienst".** Die Behörde kann sich daher jedes Unternehmens im In- und Ausland bedienen, um ihre VA elektronisch zu übermitteln. Anders wäre die Regelung wegen der Unüberschaubarkeit der Übertragungswege im Internet nicht denkbar gewesen. Im Ergebnis kann dies auch hingenommen werden, weil die Unzuverlässigkeit eines „elektronischen Übermittlungsdienstes" i. d. R. sehr schnell auch dem Absender durch Rücklaufmails, seine Sendeprotokolle etc. bekannt wird.

Anders als bei seiner Alt. 1 ist § 41 Abs. 2 Alt. 2 auch nicht auf Übermittlungen im Inland 118 begrenzt, so dass die Vermutung **auch** bei **Übermittlungen von und ins Ausland** greift. Dabei wird die Zulässigkeit der Bekanntgabe ins Ausland vorausgesetzt, s. Rn. 218 ff. Das **Verhältnis zu § 15 S. 2** bestimmt sich wie folgt: § 15 greift ein für alle elektronisch übermittelten Dokumente (nicht nur VA), setzt jedoch voraus, dass der Empfänger keinen Wohnsitz/gewöhnlichen Aufenthalt im Inland hat. § 41 Abs. 2 Alt. 2 ist demgegenüber auf VA beschränkt, gilt aber auch, wenn sich der Empfänger zeitweilig im Ausland befindet (und ihm ein VA dorthin elektronisch übermittelt wird).

4. Wirkungen und Ausschluss der Zugangsvermutung (§ 41 Abs. 2 S. 2)

a) Gegenstand der Zugangsvermutung: Liegen die Voraussetzungen des § 41 Abs. 2 S. 1 119 vor, wird der Zugang des schriftlichen VA drei Tage nach der Aufgabe zur Post, des elektronisch übermittelten VA drei Tage nach Absendung vermutet. **Vermutet werden damit alle Zugangsvoraussetzungen** für schriftliche und elektronisch übermittelte VA. Vermutet wird also, dass der VA innerhalb der Drei-Tages-Frist in den Machtbereich des Empfängers gelangt war (Rn. 70 f., 84, 92) und dieser die Möglichkeit der Kenntnisnahme hatte (Rn. 72 ff., 85, 93 ff.). Vermutet wird auch die **„Zugangseröffnung" nach § 3 a Abs. 1 (analog)** für die Übermittlung von VA via E-Mail (Rn. 87 ff.) und Telefax (Rn. 82). Nicht vermutet wird dagegen der **Bekanntgabewille** (Rn. 53 ff.), jedoch greifen bei Absendung eines Bescheides durch die Behörde i. d. R. die in Rn. 57 ff. geschilderten Rechtsscheinerwägungen, die den Bekanntgabewillen ersetzen. Nicht vermutet wird auch, dass der Empfänger richtiger Bekanntgabeadressat i. S. d. § 41 Abs. 1 (Rn. 17 ff.) war.

Nicht vermutet wird nach § 41 Abs. 2 zudem, ob und wann der VA zur Post aufgegeben 120 wurde bzw. abgesendet wurde. Dass dieser Zeitpunkt feststeht, ist vielmehr Voraussetzung der Zugangsvermutung.[230] Beweispflichtig ist insoweit die Behörde, so dass sich in jedem Fall die Eintragung eines datierten **„Ab-Vermerks"** entspr. § 4 Abs. 2 S. 3 VwZG in die Akten empfiehlt.[231] Der Postaufgabevermerk des Sachbearbeiters beweist allerdings nur die Abgabe an die Poststelle, nicht aber die Versendung durch die Poststelle.[232] Ein Anscheinsbeweis oder ein allgemeiner Erfahrungssatz, dass ein Bescheid am Tag seiner Herstellung bzw. Datierung (s. § 37 Rn. 98) zur Post aufgegeben bzw. elektronisch abgesendet wird, existiert ebenfalls nicht.[233] Auch allgemeine Ausführungen dazu, wann bei normalem Verlauf der Dinge ein zu einem bestimmten Zeitpunkt erstellter Bescheid in der konkreten Behörde abgesendet wird, erbringen keinen Beweis;[234] anders kann dies bei vollautomatisierter Bescheidversendung sein, die ihrer Programmierung nach garantiert, dass das Datum des Bescheides mit seinem Absendetag über-

---

[230] *OVG Bautzen* KStZ 2003, 176, 177; *VGH Mannheim* NVwZ-RR 1992, 339 f.; *VG Bremen* NVwZ-RR 1996, 550, 55; *BFH* HFR 2001, 1134; *BFH/NV* 2002, 1417; *FG München* EFG 2006, 1030, 1031; *FG Nds* EFG 2001, 1406, 1407; *FG Schleswig* EFG 2001, 1470 f.
[231] *FG BW* EFG 2002, 378, 379.
[232] *OVG Münster* NVwZ 2004, 120 f.; *FG Schleswig* EFG 2001, 1470; *Tipke* in Tipke/Kruse, § 122 AO Rn. 59.
[233] *OVG Bautzen* KStZ 2003, 176, 177; *OVG Münster* NVwZ 2004, 120; *FG München* EFG 2006, 1030, 1032; s. a. *BFH* HFR 2001, 1134; *BFH/NV* 2002, 1417; *FG Hamburg* EFG 2005, 1250, 1251; a. A. wohl *FG Nürnberg* EFG 2002, 946, 947.
[234] *FG Nds* EFG 2001, 1406, 1407, wohl auch *FG Schleswig* EFG 2001, 1470.

einstimmt.[235] *OVG Münster* lässt jedoch für den Beweis des Aufgabetages eine vier Monate später abgegebene eidesstattliche Versicherung des zuständigen Sachbearbeiters genügen.[236]

121 **b) Zugang vor Ablauf der Drei-Tages-Frist:** § 41 Abs. 2 S. 2 vermutet unwiderlegbar, dass der VA nicht vor Ablauf der Drei-Tages-Frist zugegangen ist. Jedenfalls der **Behörde** (zum Empfänger Rn. 125) **steht kein Gegenbeweis früheren Zugangs zu,** eine Abkürzung zu Ungunsten des Empfängers ist ausgeschlossen.[237]

122 Dies hat nicht nur Bedeutung für die Rechtsbehelfsfristen, sondern kann sich auch in Fällen auswirken, in denen es nach materiellem Recht auf den Zugangszeitpunkt ankommt. So ermöglicht § 41 Abs. 2 bei **mitwirkungsbedürftigen VA** dem Empfänger nach tatsächlicher Kenntnisnahme des Bescheides aber vor Eintritt der Zugangsfiktion einen auf VA-Erlass gerichteten Antrag noch zu widerrufen und dem VA so den Boden zu entziehen,[238] s. § 35 Rn. 237. Zudem kann sich die Vermutung auswirken, wenn gesetzlich eine **Genehmigungsfiktion** vorgesehen ist, wenn nicht innerhalb einer bestimmten Frist die Genehmigung gegenüber dem Betroffenen versagt wird, s. § 35 Rn. 66. Wird die Versagung durch einfachen Brief ausgesprochen, ist die Frist nur eingehalten, wenn die Drei-Tages-Frist nach Aufgabe des VA zur Post voll eingehalten ist. Dies gilt selbst dann, wenn der tatsächliche Zugang vor Ablauf der Drei-Tages-Frist erfolgt sein sollte und der Zeitpunkt des tatsächlichen Zugangs noch innerhalb der Versagungsfrist liegt.[239]

123 Die unbedingte Geltung der Zugangsvermutung zu Lasten der Behörde gilt auch bei **elektronisch übermittelten VA,** obwohl hier die vermutete Zugangsfrist sehr lang ausgestaltet ist, da die tatsächliche Übermittlung hier i. d. R. allenfalls Minuten dauert. Die lange Frist wurde im Gesetzgebungsverfahren damit begründet, dass die Übermittlungswege im Internet nicht vorhersehbar seien und auch unterschiedliche Tages- und Nachtzeiten ausgeglichen werden müssen.[240] Zudem erspart die einheitliche Frist die Ermittlung der noch nicht vorhandenen Verkehrsauffassung, wie oft insbes. private E-Mails abzufragen sind, s. Rn. 95. Liegt eine Zugangseröffnung nach § 3a Abs. 1 vor, erscheint die Erwartung auch als gerechtfertigt, dass der Bürger regelmäßig nachsieht, ob eine E-Mail der Behörde eingegangen ist, ohne dass aus § 41 Abs. 2 auch jenseits seines Anwendungsbereichs eine „Verkehrsauffassung" abgeleitet werden könnte, jedermann, der den Zugang für elektronische Post eröffne, müsse mindestens alle drei Tage diese Post abrufen.

124 Bei der Übermittlung mittels **Telefax** (Rn. 82 ff.) wirft diese Regelung jedoch deutliche Nachteile für die Behörde gegenüber dem früheren Rechtszustand auf, da sich auf Grund der Drei-Tages-Frist das Telefax jetzt nicht mehr in Fällen eignet, in denen es für die Behörde auf ein schnelles Wirksamwerden des VA ankommt. Deshalb sehen die LVwVfG **Brandenburgs, Hamburgs und Mecklenburg-Vorpommerns** für (alle) elektronisch übermittelten VA ausdrücklich die Widerlegung der Vermutung (auch durch die Behörde) für den Zugang elektronisch übermittelter VA zu,[241] s. vor Rn. 1.

125 Die **Zugangsfiktion greift nicht zu Lasten des Empfängers;** diesem steht also, wenn es für ihn günstig ist, der Beweis offen, ihm sei der VA schon früher zugegangen.[242] § 41 Abs. 2 S. 2 ist insoweit teleologisch zu reduzieren. Die noch in der 6. Aufl. bei Rn. 64 vertretene Gegenauffassung hätte zur Folge, dass die Behörde noch nach tatsächlichem Zugang, aber vor Ablauf der Drei-Tages-Frist den VA entsprechend § 130 Abs. 1 S. 2 BGB (Rn. 8, 60, § 43 Rn. 177) widerrufen könnte, ohne dass insoweit die Vertrauensschutzregelungen der § 48, § 49 anzuwenden wären. Für den Bürger bestünde das Risiko, dass er bei einer erlaubnispflichtigen Tätigkeit in dieser Zwischenzeit noch nicht von der Erlaubnis Gebrauch machen darf. Derartige

---

[235] *FG MV* EFG 2001, 862; ähnlich auch *FG Köln* EFG 2003, 1450 f.
[236] *OVG Münster* NVwZ 2001, 1171.
[237] Für § 4 VwZG *OLG München* NVwZ 2004, 1150, 1151.
[238] Vgl. *BFH* HFR 2003, 7, 8 (für Einspruchrücknahme bei verbösernden Einspruchsbescheid).
[239] Wie hier *OVG Münster* NJW 1971, 33; *OLG München* NVwZ 2004, 1150, 1151; *P. Stelkens* NJW 1971, 1329; auf den tatsächlichen Zugang auch vor Ablauf der Drei-Tages-Frist stellt ab *OVG Lüneburg* NJW 1971, 447; s. auch *Skouris* VerwArch 65 (1974), S. 264, 265.
[240] BT-Drs. 14/9000, S. 34.
[241] Vgl. Drs. 4/799 des Landtags Mecklenburg-Vorpommerns, S. 39; die Abweichung wird nicht begründet in Drs. 17/1777 der Hamburgischen Bürgerschaft (vgl. S. 10).
[242] Wie hier *Liebetanz* in Obermayer, VwVfG, § 41 Rn. 34; *Meyer/Borgs,* § 41 Rn. 13; *Schmitz* StAnz 2003, 97, 103.

Rechtsfolgen zu Lasten des Bürgers auszulösen, ist nicht Sinn der Zugangsfiktion; hiermit soll zwar ein Streit über den genauen Zeitpunkt des Eingangs ausgeschlossen werden, ohne dass dies aber rechtfertigt, diesen Streit zu Lasten des Bürgers auszuschließen, wie auch § 41 Abs. 2 S. 2 zeigt. Die teleologische Reduktion greift auch bei **VA mit Drittwirkung:** § 41 Abs. 2 hat nicht den Schutz des Drittbetroffenen an einem spätem Zugang zum Zweck.

c) Fehlender Zugang/Zugang nach Ablauf der Drei-Tages-Frist/Zweifelsregelung: 126
Die Vermutung gilt nach § 41 Abs. 1 S. 2 HS. 1 nicht, wenn der VA nach den Grundsätzen der Rn. 61ff. gar nicht oder erst nach Ablauf der Drei-Tages-Frist erfolgt ist. Insoweit ist die Vermutung also zu Gunsten wie zu Lasten der Behörde widerlegbar. Kommt es für die Behörde auf den genauen Zeitpunkt einer Bekanntgabe an, sollte sie daher eher den Weg der Zustellung gehen[243] oder sollte den VA nicht mittels einfachen Briefs, sondern mittels **Einwurf-Einschreiben** versenden, bei dem sich der Zugang eher als bei einem einfachen Brief nachweisen lässt, ohne dass der Zugang – wie beim Übergabe-Einschreiben, s. Rn. 73 – von der Bereitschaft des Empfängers abhängt, auf den Benachrichtigungszettel hin das Einschreiben bei der Post abzuholen.[244]

Ob der Zugang entgegen der Vermutung des § 41 Abs. 2 nicht oder später eingetreten ist, ist 127 grundsätzlich (von der Behörde oder dem Gericht) **von Amts wegen zu ermitteln;** Anlass gibt es hierzu jedoch nur, wenn der Empfänger den Nicht-Zugang/verspätetem **Zugang bestreitet,** da nur dann Anlass für eine Sachverhaltsermittlung besteht, vgl. § 24 Rn. 28. Dabei muss sich dem Bestreiten entnehmen lassen, dass der Zugang und nicht nur das tatsächliche Unterbleiben der rechtzeitigen Kenntnisnahme, die nicht Zugangsvoraussetzung ist (Rn. 62), bestritten wird.[245] Verbleiben nach Erhebung aller insoweit heranziehbaren Beweise (Rn. 129) Zweifel, trägt nach der Beweislastregel des § 41 Abs. 2 S. 2 Halbs. 2 die Beweislast (§ 25 Rn. 55) die Behörde, so dass der Sachverhalt entspr. der Behauptung des Empfängers (Nichtzugang, Zugang zu einem späteren Zeitpunkt) zu behandeln ist.

Die wohl noch h.M. entnimmt § 41 Abs. 2 S. 2 der Sache nach jedoch auch eine Aussage 128 zum **Beweismaß** (§ 24 Rn. 20), so dass Zweifel an einem Zugang entsprechend der Zugangsvermutung erst bei Vorliegen einer **ernsthaften Möglichkeit eines Nichtzugangs/verspäteten Zugangs besteht.** Deshalb soll das schlichte Bestreiten des Zugangs durch den Empfänger die Sachverhaltsermittlungspflicht nach Rn. 127 noch nicht auslösen; es müsse vielmehr ein atypischer Geschehensablauf ernstlich und substantiiert dargetan werden.[246] Teilweise wird jedoch auch ein schlichtes Bestreiten für ausreichend erachtet, § 41 Abs. 2 also keine Beweismaßvorgabe entnommen, weil es in der Natur der Sache liege, dass die Gründe für den fehlenden oder verspäteten Zugang nicht angegeben werden könnten.[247] Letzterer Ansicht ist – entgegen Rn. 68 der 6. Aufl. – zuzustimmen. Insbes. sind Zweifel an der Glaubwürdigkeit des Bestreitens im Rahmen der Beweiswürdigung und nicht schon in Zusammenhang mit der Forderung nach einem Zugangsnachweis zu berücksichtigen. Tatsächlich wurde in den meisten Entscheidungen, in denen die Zugangsvermutung mangels qualifizierten Bestreitens für nicht widerlegt angesehen wurde, in diesem Rahmen eher eine antizipierte Beweiswürdigung vorgenommen als die

---

[243] *Hebeler* DÖV 2006, 112, 115f.
[244] Zum einfacheren Beweis des Zugangs beim Einwurf-Einschreiben *AG Paderborn* NJW 2000, 3722; *Benedikt* NVwZ 2000, 167; *Dübbers* NJW 1997, 2503, 2504; *Kim/Dübbers* NJ 2001, 65, 67; *Putz* NJW 2007, 2450ff.; *Reichert* NJW 2001, 2523f.; *Saenger/Gregoritza* JuS 2001, 899ff.; einen Anscheinsbeweis auch bei Einwurf-Einschreiben ablehnend *LG Potsdam* NJW 2000, 3722; *AG Kempen* NJW 2007, 1215.
[245] Zu solchen Fällen z.B. *OVG Münster* NVwZ 2001, 1171, 1172; *FG BW* NVwZ 2002, 383, 384; *FG Berlin* EFG 2003, 8; *FG Köln* EFG 2001, 470, 471; *FG Nds* EFG 2002, 176.
[246] So *VGH Mannheim* NJW 1986, 210; *OVG Münster* NJW 1981, 1056f.; NVwZ-RR 1995, 550; NVwZ 2001, 1171, 1172; *VG Bremen* NVwZ 1994, 1236; *BSG* NZS 2001, 53, 54; *BFHE* 134, 213 = NVwZ 1982, 400; *BFHE* 156, 66 = NVwZ 1990, 303; *BFHE* 190, 292 = NJW 2000, 1742; *BFH* HFR 2001, 1134, 1135; *FG BW* EFG 2002, 378, 379; *FG Bremen* EFG 2006, 1030, 1031; *FG Kassel* EFG 1987, 535; EFG 1990, 48; *FG Nds* EFG 1997, 3; *BGH* NJW 1992, 1695, 1696; s. im Einzelnen zu Beweisfragen bei der Behauptung des Nichtzugangs eines mittels einfachen Briefs übersandten VA *Drescher* NVwZ 1987, 771.
[247] So *OVG Bautzen* KStZ 2003, 176, 177; *OVG Lüneburg* NVwZ-RR 2007, 365, 366; *OVG Münster* NVwZ 1995, 1228, 1229; NVwZ-RR 1997, 77, 78; NVwZ 2004, 120; *VG Frankfurt a.M.* NVwZ-RR 2004, 306, 307; *FG Berlin* NVwZ-RR 2001, 603, 604; *FG Münster* EFG 2003, 1586, 1587; *FG Nds* EFG 2000, 1290; *FG Schleswig* EFG 2001, 1470f.; im Ergebnis wohl auch *OVG Weimar* NVwZ-RR 2003, 3.

Substantiiertheit des Bestreitens geprüft[248] oder es lag schon gar kein Bestreiten des Zugangs, sondern ein bestimmte Rechtsauffassung zum Zugangsbegriff vor, vgl. Rn. 127.

129 Wird der Zugang entsprechend der Vermutung nach § 41 Abs. 2 bestritten, muss daher der tatsächliche Geschehensablauf unter Rückgriff auf die „normalen" Beweiserhebungsregelungen geklärt werden: **Zeugenbeweis,** Auskünfte des zur Übermittlung eingeschalteten Unternehmens (s. a. Rn. 130), Parteianhörung. Auch **Indizienbeweise** sind zulässig, so dass z. B. bestimmte Verhaltensweisen des Empfängers zu seinem Nachteil die Annahme rechtfertigen können, dass tatsächlich ein Zugang innerhalb der Drei-Tages-Frist erfolgt ist.[249] So genügen Anhaltspunkte, dass der Adressat den VA erhalten hat, um die Zweifel zu widerlegen,[250] z. B. weil ihm offenbar der Inhalt bekannt ist[251] oder er den Nicht-Zugang oder verspätetem Zugang erst im Laufe des Gerichtsverfahrens nach anwaltlicher Beratung rügt.[252] Ebenso kann gegen die Glaubwürdigkeit des Bestreitens sprechen, wenn der Empfänger zwar genau angeben kann, dass er den VA nicht innerhalb der Frist erhalten habe, jedoch nicht, wann er ihn später erhalten hat.[253] Zudem ist es nach wie vor sehr unwahrscheinlich, dass eine Person bestimmte Briefsendungen häufiger nicht erhalten haben will (z. B. unterschiedliche Ordnungsverfügungen oder Abgabenbescheide sollen den Adressaten in den letzten Jahren nicht erreicht haben)[254] oder dass der Empfänger die mit einem Bescheid angeordnete Einstellung einer Leistung jahrelang nicht bemerkt haben will.[255] Nach *BFH* obliegen jedoch auch Rechtsanwälten/Steuerberatern keine besondere Pflichten, um den Tag des verspäteten Zugangs nachweisen zu können;[256] die Grundsätze zum Organisationsverschulden bei Wiedereinsetzungsanträgen (§ 32 Rn. 20) können nicht auf die Beweisfrage nach § 41 Abs. 2 übertragen werden. Eindeutig **gegen einen Zugang** spricht, wenn der Bescheid in einer Weise adressiert ist, dass er allenfalls „zufällig" den Empfänger erreichen kann.[257]

130 Einen **Anscheinsbeweis,** nach dem z. B. (nachweisbar abgesendete, vgl. Rn. 120) Briefe in der Bundesrepublik nur selten verloren gehen und innerhalb von drei Tagen zugehen, schließt jedoch § 41 Abs. 2 S. 2 HS. 2 unmissverständlich aus.[258] Dies ist insbes. seit der **Liberalisierung des Postmarktes** gerechtfertigt. Insoweit muss sich aus den konkreten organisatorischen und betrieblichen Vorkehrungen des mit der Übermittlung beauftragten Unternehmens (das auch die Deutsche Post AG sein kann, ohne dies sein zu müssen s. Rn. 112 ff.) ergeben, dass ein Vertrauen darauf berechtigt ist, dass die Brieflaufzeit die Drei-Tages-Frist im Regelfall nicht überschreitet,[259] vgl. § 32 Rn. 25. Die Festsetzung der **Brieflaufzeiten nach § 2 Nr. 3 PUDLV**[260] ändert an der Notwendigkeit einer solchen Einzelfallprüfung nichts, weil hierdurch keine Qualitätsanforderungen für jedes einzelne Postunternehmen (auch nicht für die Deutsche Post AG) aufgestellt werden (bei deren Nichteinhaltung die Lizenz widerrufen werden könnte),[261] sondern allgemeine Qualitätsanforderungen an die Postdienstleistungsinfrastruktur (Universaldienst),

---

[248] Zutreffend *Hebeler* DÖV 2006, 112, 115 f.
[249] BFHE 151, 315 = NVwZ 1990, 303; BFHE 209, 416 ff.
[250] *OVG Münster* NVwZ 1995, 1228.
[251] S. a. *FG Nds* EFG 2000, 1290: Erste Reaktion eines Steuerberaters auf eine Information des Finanzamtes, dass ein bestandskräftiger Bescheid vorliege, ist nicht aussagekräftig.
[252] *FG BW* FG 2002, 378, 379; EFG 2003, 906, 907; *FG Bbg* EFG 2005, 1002 f.; *FG Nds* EFG 2002, 582, 583.
[253] *FG Nürnberg* EFG 2002, 946, 947.
[254] *VG Frankfurt a. M.* NVwZ-RR 2007, 438, 439.
[255] So der Fall bei *LSG Stuttgart* NVwZ-RR 2004, 758, 759.
[256] BFHE 209, 416 ff. = NVwZ 2005, 1461, 1462; ebenso *FG Düsseldorf* EFG 2005, 85; a. A. *BGH* NJW 1992, 1695.
[257] *FG Köln* EFG 2002, 1006, 1007.
[258] *VGH Mannheim* NVwZ-RR 2002, 881, 883; *OVG Münster* NVwZ 1995, 1228, 1229; *OVG Weimar* NVwZ-RR 2003, 3; *BFH* HFR 2003, 755, 756; HFR 2004, 92, 93; HFR 2004, 945, 946; a. A. *Henneke* in Knack, § 41 Rn. 18.
[259] So die Rspr. zur Wiedereinsetzung bei Wahl eines Kurierdienstes: BVerfG NJW 1999, 3701, 3702; *OVG Münster* NJW 1994, 402, 403; BFH/NV 1997, 34; BFH NVwZ-RR 2000, 263.
[260] Post-Universaldienstleistungsverordnung vom 15. 12. 1999 (BGBl. I 2418), zul. geänd. durch Gesetz v. 7. 7. 2005 (BGBl. I S. 1970).
[261] § 9 Abs. 2 PostG dürfte einen Verstoß gegen die PUDLV als Widerrufsgrund nicht umfassen, da das einzelne Postunternehmen nicht unmittelbar an die PUDLV gebunden ist. Allerdings dürfte im Einzelfall ein Widerruf nach § 9 Abs. 1 PostG i. V. m. § 49 Abs. 1 Nr. 3 VwVfG in Betracht kommen, wenn sich hierdurch das (mittlerweile eingetretene) Fehlen von Leistungsfähigkeit, Fachkunde und Zuverlässigkeit nach § 6 Abs. 2 PostG erweist.

bei deren Unterschreiten der BNetzA (nur) die Instrumentarien der §§ 12 ff. PostG zur Verfügung stehen, die sich nicht auf eine Verbesserung des Qualitätsstandards eines bestimmten Unternehmens, sondern auf den Postmarkt insgesamt beziehen. Dementspr. wird auch die **Feststellung** der Regulierungsbehörde **nach § 13 Abs. 1 S. 1 PostG**, dass in Bezug auf die Postlaufzeiten die Universaldienstleistung nicht ausreichend erbracht wird, bzw. das Unterbleiben einer solchen Feststellung eine Vermutung weder für noch gegen die Einhaltung der in § 2 Nr. 3 PUDLV vorgegebenen Postlaufzeiten durch das konkret mit der Übermittlung eines VA beauftragte Unternehmen begründen. Auf Grund der Wettbewerbssituation der einzelnen Postunternehmen untereinander kann auch – anders als früher in Bezug auf die Deutsche Bundespost – den **Verlautbarungen der Unternehmen über die von ihnen gewährleisteten Postlaufzeiten** und die Regelmäßigkeit des Postzustelldienstes innerhalb bestimmter Bezirke nicht uneingeschränkt Glauben geschenkt werden.[262]

Kein Anscheinsbeweis kann auch hinsichtlich des **Zugangs elektronisch übermittelter VA** gelten. Hier fehlt es überhaupt angesichts ihrer vielfältigen Zugangsvoraussetzungen (Zugangseröffnung, s. Rn. 82, 87 ff., Zugriffsmöglichkeit, Ausdruck [Rn. 84] bzw. Lesbarkeit des Dokuments [Rn. 93 ff.], Beteiligung verschiedener Übermittlerdienste mit entsprechenden Störungspotential etc.) an jeder für einen solchen Beweis notwendigen Grundwahrscheinlichkeit, dass ein Zugang (innerhalb von drei Tagen) tatsächlich erfolgt.[263] Auch wenn die meisten Telefaxe und E-Mails alsbald ankommen, kann es z. B. immer noch an der Zugangseröffnung (analog) § 3a Abs. 1 fehlen, die dann bei Bestreiten von der Behörde bewiesen werden muss. 131

d) Berechnung der Drei-Tages-Frist: Mit dem dritten Tag nach der Aufgabe zur Post bzw. der Absendung gilt die Bekanntgabe als erfolgt. Wie die Frist konkret zu berechnen ist, lässt sich dem nicht entnehmen. Da die Frist jedoch durch ihren Beginn und Ende definiert wird, muss insoweit auf **§ 31 Abs. 1** zurückgegriffen werden (zu § 31 Abs. 3 s. Rn. 133):[264] Der Beginn dieser Frist wird in § 41 Abs. 2 S. 1 nur durch „Aufgabe zur Post" bzw. „Absendung" gekennzeichnet. Sie ist also durch ein in den Lauf eines Tages fallendes Ereignis entsprechend § 31 Abs. 1 i. V. m. § 187 Abs. 1 BGB in dem Sinn bestimmt, dass dieser Tag bei der Frist nicht mitrechnet. Das Ende der Frist wird mit „**dem dritten Tag nach**" diesem Ereignis festgesetzt. Ergänzend ist aus § 188 Abs. 1 BGB herauszulesen, dass die Fiktion erst mit dem **Ablauf** des dritten Tages eintreten kann. Wird der VA z. B. am 10. 10. bei der Post aufgegeben, ist die Bekanntgabe mit dem Ablauf des 13. 10., also am 14.10 um 0:00 Uhr erfolgt. Diese Rechtsfolge kann Bedeutung haben für Fallgestaltungen, in denen sich an den Bekanntgabetermin weitere Verpflichtungen, Ge- und Verbote etc. anknüpfen. Für die Berechnung weiterer, in Anknüpfung an die Bekanntgabefiktion festgesetzter Fristen und Termine ist jedoch zu beachten, dass hierfür die entsprechenden Regelungen *dieser* Fristen und Termine maßgebend sind. So gilt z. B. § 31 Abs. 2 für Aufforderung eines Abrisses eines Gebäudes „einen Monat nach Bekanntgabe". Ähnlich berechnet sich die Widerspruchsfrist nach § 70 VwGO (dazu § 31 Rn. 61), wonach die Monatsfrist *nach* der Bekanntgabe beginnt. Die Bekanntgabe wird damit als ein in den Lauf des Tages fallendes Ereignis i. S. d. § 187 Abs. 1 BGB angesehen, unabhängig davon, dass die Bekanntgabefiktion des § 41 Abs. 2 erst mit dem Ablauf des dritten Tages eintritt. Die Widerspruchsfrist beginnt damit im obigen Beispielsfall nach § 187 Abs. 1 BGB am 14. 10. und endet nach § 188 Abs. 2 Alt. 1 BGB am 13. 11. 132

Umstr. ist, ob sich die Fiktion auch dann auf den Ablauf des dritten Tages bezieht, wenn dieser auf einen **Sonntag, gesetzlicher Feiertag oder Sonnabend** (Samstag) fällt. Alle Senate des *BFH* haben dies mittlerweile auf Anfrage des IX. Senats für § 122 Abs. 2 AO unter Rückgriff auf die § 31 Abs. 3 VwVfG entsprechende Regelung des § 108 Abs. 3 AO ausdrücklich verneint.[265] Die bei den Verwaltungsgerichten noch herrschende Gegenauffassung, die v. a. 133

---

[262] Ein Vertrauen auf die von der Deutschen Post AG angegebenen Postlaufzeiten halten nach wie vor für gerechtfertigt: *BVerfG (K)* NJW 2001, 744, 745; *BFH* NVwZ-RR 2000, 263; *FG Saarl* NVwZ 2001, 1199, 1200.
[263] Wie hier *Skrobotz*, Das elektronische VwVf, 2005, S. 265 ff.; *Storr* MMR 2002, 579, 582 f.
[264] Im Ergebnis auch *Deckenbrock/Patzer* Jura 2003, 476, 479; *Wolff* in Wolff/Decker, § 41 VwVfG Rn. 21.
[265] *BFHE* 203, 26 = NJW 2004, 94, 955; s. auch den entsprechenden nachträglich aufgehobenen (BFHE 202, 431) Vorlagebeschluss des IX. Senats *BFHE* 199, 493 ff.; a. A. z. B. noch *BFHE* 190, 292 = NJW 2000, 1742.

damit begründet wird, § 41 Abs. 2 regele einen Zeitpunkt und keine Frist, so dass § 31 Abs. 3 nicht gelte,[266] mag formal korrekt sein, kann wegen der Sinnlosigkeit ihres Ergebnisses (Zugang am Sonntag[!]) jedoch vom Gesetzgeber kaum als gewollt angesehen werden:[267] Die Drei-Tages-Regelung ist Gesetz geworden, weil sie der üblichen Postlaufzeit im Inland mit einem Sicherheitszuschlag von einem Tag entsprach. Sie weicht damit auch kaum von der regelmäßigen Postlaufzeit ab, da der tatsächliche Postverlauf ebenfalls durch die Tage am Wochenende und durch Feiertage verzögert sein wird. Mithin wird ohnehin in diesen Fällen die Bekanntgabe i.d.R. an dem Tag nach den genannten Tagen auf Grund berechtigter Zweifel (Rn. 127 ff.) angenommen werden müssen. Der Bürger sollte allerdings die **Unsicherheit** bei der Rechtsanwendung **berücksichtigen** und nicht darauf vertrauen, dass die Behörde oder ein Gericht die ihm günstigere Norm des § 193 BGB bzw. des § 31 Abs. 3 akzeptiert.

134   Kommt es wegen Widerlegung der Vermutung nach § 41 Abs. 2 auf den tatsächlichen Zugang an, wird jedoch § 31 Abs. 3 bzw. § 108 Abs. 3 AO auch vom *BFH* nicht analog angewandt, sondern an der Fiktion einer Verkehrsauffassung festgehalten, nach der insbes. auch in Rechtsanwaltskanzleien und sonstigen Unternehmen Briefkästen auch am Samstag geleert würden,[268] s. Rn. 72.

V. Öffentliche Bekanntgabe (Abs. 3 und 4)

1. Funktion und Wirkungsweise der öffentlichen Bekanntgabe

135   **a) Bekanntgabe ohne Zugang:** Die öffentliche Bekanntgabe unterscheidet sich von der einfachen Individualbekanntgabe dadurch, dass ihre Wirksamkeit nicht vom Zugang des VA beim Betroffenen abhängt,[269] s. Rn. 8, 61. Das Zugangserfordernis wird durch eine **öffentliche Verlautbarung** des VA ersetzt, die zwar tatsächlich jedermann die Kenntnisnahme ermöglicht, bei der aber die Wahrnehmung der Kenntnisnahmemöglichkeit von der Aufmerksamkeit, dem Interesse, den tatsächlichen Möglichkeiten des Betroffenen und damit letztlich vom Zufall[270] abhängt, da der VA – anders als beim Zugang – **nicht in den Machtbereich des Empfängers** gelangt, vgl. Rn. 62. Zur verfassungsrechtlichen Zulässigkeit öffentlicher Bekanntgabe s. Rn. 6.

136   **b) Wirkungen öffentlicher Bekanntgabe:** Die öffentliche Bekanntgabe nach § 41 Abs. 3 (nicht die öffentliche Zustellung nach § 10 VwZG, s. Rn. 144) **wirkt für und gegen jedermann** (§ 43 Rn. 90). § 43 Abs. 1 S. 1 lässt sich nicht entnehmen, dass ein VA gegenüber solchen Personen, die von ihm (noch) nicht betroffen werden, selbst dann nicht wirksam wird, wenn er ihnen bekannt gegeben wird. Zwar wäre eine solche Auslegung nach dem Wortlaut des § 43 Abs. 1 S. 1 möglich, ist jedoch nicht zwingend (man kann hierin auch nur die Klarstellung der Möglichkeit relativer Wirksamkeit eines VA bei Individualbekanntgabe sehen, s. § 43 Rn. 179 ff.) und entspricht auch nicht der Rspr. zur „allseitigen" Wirksamkeit öffentlich bekannt gegebener Widmungen (§ 35 Rn. 320 ff.) und Benutzungsregelungen i.S.d. § 35 S. 2 Alt. 3 (§ 35 Rn. 329 ff.), insbes. Verkehrszeichen (§ 35 Rn. 330 ff.).

137   Diese „Ringsumwirkung" der öffentlichen Bekanntgabe wirkt sich allerdings nicht aus, wenn ein VA, der sich nur an einen bestimmten Adressaten richtet, öffentlich bekannt gegeben wird. Da es außer dem konkreten Inhaltsadressaten niemanden gibt, der durch den öffentlich bekannt gegebenen VA in seinen Rechten verletzt oder betroffen sein könnte, ist es hier unerheblich, dass mit der Bekanntgabe des VA dieser gegenüber jedermann wirksam wird. Anders ist es insbes. bei öffentlicher **Bekanntgabe von VA mit Drittwirkung und** solchen **AllgV,** bei denen der Kreis der Betroffenen zum Zeitpunkt ihres Erlasses nicht feststeht (s. die Beispiele bei § 35 Rn. 284 ff., 308 ff.). Diese VA werden bei öffentlicher Bekanntgabe nach § 41 Abs. 3 nach § 43

---

[266] *OVG Lüneburg* NVwZ-RR 2007, 78; *VGH München* NJW 1991, 1250; *Deckenbrock/Patzer* Jura 2003, 476, 479; *Geis/Hintersch* JuS 2001, 1176, 1178; *Kopp/Schenke,* § 70 Rn. 6 d; *Liebetanz* in Obermayer, VwVfG, § 41 Rn. 35; *Wolff* in Wolff/Decker, § 41 VwVfG Rn. 22.
[267] **Wie hier** *Henneke* in Knack, § 41 Rn. 19; *Meyer/Borgs,* § 41 Rn. 14.
[268] BFHE 211, 392 = NJW 2006, 1615 f. (gegen *FG Bbg* EFG 2005, 1002 f.).
[269] A.A. anscheinend *Bitter/Konow* NJW 2001, 1386, 1390 ff.
[270] BGHZ 153, 189, 195 = NJW 2003, 1326, 1328 (für öffentliche Zustellung eines Urteils).

Abs. 1 S. 1 **auch gegenüber** solchen **Personen** wirksam, die von der öffentlichen Verlautbarung des VA keine Kenntnis nehmen konnten, etwa weil sie sich zum Zeitpunkt der Bekanntgabe an einem anderen Ort im Inland oder im Ausland aufhielten oder auch zum Zeitpunkt der Bekanntgabe nach § 12 **handlungsunfähig** waren; s. demgegenüber bei Individualbekanntgabe Rn. 50 ff. Die öffentliche Bekanntgabe kann damit auch die Bestellung von **Vertretern nach § 16 entbehrlich** machen, wie deutlich etwa § 36 Abs. 4 Feststellungsgesetz[271] zeigte, nach dem die im BAnz. veröffentlichte Feststellung eines Vertreibungsschadens auch für die nicht ermittelten Beteiligten als „Feststellungsbescheid" galt.

Die **öffentliche Bekanntgabe** nach § 41 Abs. 3 **wirkt** folglich **weltweit;**[272] eine in Saarheim ortsüblich öffentlich bekannt gegebene AllgV wirkt auch für und gegen einen Betroffenen, der sich z. Zt. in Neuseeland aufhält. Zur Wiedereinsetzung s. Rn. 141. Soweit *Kopp/ Ramsauer*[273] annehmen, die Wirkungen der öffentlichen Bekanntgabe seien auf den örtlichen Zuständigkeitsbereich der Behörde begrenzt, scheint dies zwar durch den Begriff „Ortsüblichkeit" in § 41 Abs. 4 nahe gelegt zu werden (s. hierzu aber Rn. 160 ff.), jedoch wird hiermit die Frage der Form der Bekanntgabe mit der Frage ihrer Wirkungen vermengt.[274] **138**

Die öffentliche Bekanntgabe wirkt zudem **unbeschränkt in die Zukunft** und folglich auch gegenüber solchen erst später betroffenen Personen, die z. Zt. der Bekanntgabe noch gar nicht existierten,[275] § 43 Rn. 90. Diese **Zukunftsoffenheit der öffentlichen Bekanntgabe** eines VA ist der Grund dafür, dass die Abgrenzung zwischen personaler AllgV nach § 35 S. 2 Alt. 1 und Rechtssatz nur bei öffentlich bekannt gegebenen AllgV Probleme aufwirft, s. § 35 Rn. 272, 280. Erst die Möglichkeit der öffentlichen Bekanntgabe von sachbezogenen AllgV gemäß § 35 S. 2 Alt. 2 und 3 nach § 41 Abs. 3 S. 2 bewirkt damit, dass sie rechtsnormsetzenden Charakter haben können, s. § 35 Rn. 310, 329, 338 ff. **139**

Diese **Zukunftsoffenheit** der öffentlichen Bekanntgabe wirft **Rechtsschutzprobleme** auf, nämlich dann, wenn eine Person erst dann von dem VA betroffen wird, nach dem dieser VA ihr gegenüber formell bestandskräftig geworden ist, Widerspruch und Anfechtungsklage also nach § 70, § 74 verfristet sind. Denn diese Person hatte auch vor formeller Bestandskraft als damals noch nicht Betroffene mangels Klagebefugnis nach § 42 Abs. 2 VwGO keine Möglichkeit gegenüber diesem VA Rechtsschutz zu erlangen. Wegen **Art. 19 Abs. 4 GG** müssen ihr jedoch **Wiederaufgreifensansprüche i. w. S.** unter erleichterten Bedingungen gewährt werden[276] (§ 35 Rn. 19, 29, 272, 287, 309, 323, 339, § 51 Rn. 19), sofern sie eine Individualbekanntgabe gegenüber einem Dritten nicht als dessen **Rechtsnachfolger** gegen sich gelten lassen muss, s. Rn. 24, § 35 Rn. 260 ff. **140**

Sowohl der Fall des zunächst noch nicht Betroffenen (Rn. 140) wie der Fall des sich nicht „vor Ort" befindenden Betroffenen (Rn. 138) werfen zudem die Frage auf, ob bei Versäumung der Rechtsbehelfsfristen wegen mangelnder Kenntnisnahmemöglichkeit **Wiedereinsetzung in den vorigen Stand** gewährt werden kann. *OLG Dresden*[277] hat dies für den Fall des sich nicht „vor Ort" befindenden Betroffenen bejaht. Hierdurch werden jedoch die Funktionen der öffentlichen Bekanntgabe entwertet.[278] Der Fall der Unkenntnis von der öffentlichen Bekanntgabe eines VA ist eher mit dem Fall der Rechtsunkenntnis vergleichbar, bei dem ebenfalls regelmäßig **141**

---

[271] Gesetz über die Feststellung von Vertreibungsschäden und Kriegssachschäden – Feststellungsgesetz i. d. F. der Bekanntmachung vom 1. 10. 1969 (BGBl I 11885), aufgehoben durch Gesetz v. 21. 6. 2006 (BGBl I, 1326).
[272] Ebenso *OLG Dresden* SächsVBl 1999, 212, 214 (für öffentliche Bekanntgabe nach § 50 Abs. 1 S. 1 BauGB); *Dolde/Porsch* in Schoch u. a., § 70 Rn. 16.
[273] *Kopp/Ramsauer*, § 41 Rn. 53.
[274] Aus *BVerwGE* 70, 77, 83 = NVwZ 1985, 39 folgt nichts anderes: Zwar wurde hier angenommen, bei öffentlicher Bekanntgabe einer sich über mehrere Gemeinden erstreckenden Schutzbereichsanordnung nach § 2 Schutzbereichsgesetz (s. § 35 Rn. 319) in einer Gemeinde beschränkten sich die Wirkungen der öffentlichen Bekanntmachung nur auf diese Gemeinde. Dies erklärt sich jedoch daraus, dass die Schutzbereichsanordnung nach § 2 Schutzbereichsgesetz der Sache nach ein Bündel von sachbezogenen AllgV nach § 35 S. 2 darstellt (§ 35 Rn. 315), so dass sich die Wirksamkeit der einzelnen in diesem Bündel enthaltenen AllgV auch ortsbezogen unterschiedlich bestimmen kann, vgl. auch *BVerwG* Buchholz 424.01 § 110 FlurbG Nr. 4.
[275] *Ehlers* K & R 2001, 1, 6.
[276] *Schmidt-Aßmann* in Maunz/Dürig, Art. 19 Abs. 4 Rn. 251; ähnlich *Ehlers* K & R 2001, 1, 6; *Lübbe* BayVBl 1995, 97, 101.
[277] *OLG Dresden* SächsVBl 1999, 212, 214.
[278] So auch *OVG Bautzen* SächsVBl 2003, 221, 223.

ein die Wiedereinsetzung ausschließendes Verschulden angenommen wird,[279] s. § 32 Rn. 23, 28. Dies schließt jedoch nicht aus, dass auch bei öffentlicher Bekanntgabe aus anderen Gründen – etwa wegen § 45 Abs. 3 (s. dort Rn. 153 ff.) – Wiedereinsetzung zu gewähren sein kann.[280]

2. Abgrenzung der öffentlichen Bekanntgabe zu anderen Bekanntgabeformen

142 **a) Abgrenzung zur Individualbekanntgabe:** Ob ein VA (nur) öffentlich oder (auch) individuell bekannt gegeben worden ist, kann zweifelhaft sein, wenn ein VA einer bestimmten Person individuell bekannt zu geben ist und hiervon die Öffentlichkeit (z. B. im Amtsblatt der Behörde) zu unterrichten ist (vgl. z. B. § 35 Rn. 291 ff.) oder wenn einer bestimmten Person von einem öffentlich bekannt gegebenen VA Mitteilung gemacht wird. In beiden Fällen kann eine Kombination von öffentlicher Bekanntgabe und Individualbekanntgabe vorliegen, s. hierzu Rn. 147. Möglich ist aber auch, dass entweder die Öffentlichkeit nur auf den Erlass eines bestimmten VA gegenüber einer bestimmten Person oder ein Einzelner auf einen bereits öffentlich bekannt gegebenen VA informatorisch hingewiesen werden soll bzw. ihm (entsprechend § 69 Abs. 2 S. 5, § 74 Abs. 5 S. 4) auf mündliche oder schriftliche Anforderung eine Abschrift des VA zugesendet wird. Im ersteren Fall beginnt die Anfechtungsfrist für denjenigen, dem der VA individuell bekannt gegeben worden ist, erst mit dieser Bekanntgabe,[281] im zweiten Fall ist der VA mit der öffentlichen Bekanntgabe erlassen, die Rechtsbehelfsfrist beginnt mit ihr zu laufen,[282] s. Rn. 192 f. Welche Variante gewählt worden ist, ist eine Frage des Einzelfalles sowie der Auslegung der Rechtsvorschriften, die eine entsprechende Vorgehensweise vorsehen.

143 **b) Abgrenzung zur öffentlichen Zustellung:** Die öffentliche Zustellung nach § 10 VwZG und sonstigen Vorschriften (vgl. § 10 Abs. 6 AsylVfG), die eine Zustellung durch öffentliche Verlautbarung (ggf. auch per Rundfunk- und Fernsehdurchsage)[283] zulassen, ist kein Fall des § 41 Abs. 3, sondern des § 41 Abs. 5.[284] Für die Form der öffentlichen Zustellung nach § 10 VwZG ist damit nicht § 41 Abs. 4 (auch nicht ergänzend), sondern allein § 10 Abs. 2 VwZG maßgebend.

144 Öffentliche Zustellung und öffentliche Bekanntgabe nach § 41 Abs. 3 unterscheiden sich auch in den Wirkungen: Die **Zustellung nach § 10 VwZG** wirkt nach § 10 Abs. 3 S. 6 VwZG immer **nur individuell** gegenüber demjenigen, dem das Schriftstück zugestellt werden soll. Nur ihm gegenüber wird der VA damit nach § 43 Abs. 1 S. 1 VwVfG wirksam. Die **öffentliche Bekanntgabe nach § 41 Abs. 3 wirkt** demgegenüber **für und gegen jedermann** (Rn. 136 ff.). Der Unterschied zeigt sich bei öffentlicher Bekanntgabe eines VA mit Drittwirkung: Erfolgt sie gegenüber dem Begünstigten nach § 10 VwZG, muss der VA Drittbetroffenen gesondert bekannt gegeben werden, um diesen gegenüber Wirksamkeit zu entfalten, s. Rn. 229, § 43 Rn. 179. Erfolgt sie nach § 41 Abs. 3, gilt sie grundsätzlich gegenüber jedermann und damit jedem Drittbetroffenen. Weitere Bekanntgaben sind überflüssig, sofern sie nicht fachrechtlich vorgesehen sind, s. Rn. 147. Soweit eine öffentliche Bekanntgabe zulässig und nicht zwingend Zustellung vorgesehen ist, kann damit eine öffentliche Bekanntgabe nach § 41 Abs. 3 auch eine Zustellung nach § 10 (oder § 9) VwZG entbehrlich machen, s. a. Rn. 137 f.

145 Gewissermaßen zwischen § 41 Abs. 3 und § 10 VwZG liegen die Vorschriften über das **Massenverfahren** (hierzu § 17 Rn. 1 ff.), nach denen die **Zustellung eines VA durch** eine **gegenüber jedermann wirkende öffentliche Bekanntmachung ersetzt** werden kann, vgl. z. B. § 69 Abs. 2 S. 2 VwVfG (hierzu § 69 Rn. 16 ff.), § 74 Abs. 5 VwVfG (hierzu § 74 Rn. 214), § 10 Abs. 8 BImSchG. Die Wirkungsweise der öffentlichen Zustellung ist hier mit den Rechtswirkungen einer öffentlichen Bekanntgabe nach § 41 Abs. 3 identisch, jedoch sind

---

[279] So auch *Guttenberg* MDR 1993, 1049 ff. für Unkenntnis von öffentlicher Zustellung.
[280] Vgl. etwa *BGHZ* 144, 310 = NVwZ 2000, 1326.
[281] *VG Hamburg* NuR 2004, 543, 544.
[282] *OVG Bautzen* SächsVBl 2003, 221, 222; *Bambey* DVBl 1984, 374, 377.
[283] Vgl. etwa § 14 Energiesicherungsgesetz 1975 v. 20. 12. 1974 (BGBl I 3681), zul. geänd. durch VO v. 31. 10. 2006 (BGBl I 2407); § 18 Verkehrssicherstellungsgesetz v. 24. 8. 1965 (BGBl I 927), zul. geänd. durch VO v. 31. 10. 2006 (BGBl I 2407); § 22 Wassersicherstellungsgesetz v. 24. 8. 1965, zul. geänd. durch Gesetz v. 12. 8. 2995 (BGBl. I, 2354); § 17 Wirtschaftssicherstellungsgesetz i. d. F. der Bek. v. 3. 10. 1968 (BGBl I 1069), zul. geänd. durch VO v. 31. 10. 2006 (BGBl I 2407).
[284] *Henneke* in Knack, § 41 Rn. 23; ebenso zum Verhältnis zwischen § 122 Abs. 3 AO zu § 10 VwZG *Tipke* in Tipke/Kruse, § 122 AO Rn. 65.

auch hier nicht § 41 Abs. 3 und 4 anwendbar, sondern § 41 Abs. 5, da es sich um eine Sonderform der Zustellung handelt.

3. Zulässigkeit öffentlicher Bekanntgabe (Abs. 3)

a) **Öffentliche Bekanntgabe als Ermessensentscheidung:** Die Verwendung des Wortes „darf" in § 41 Abs. 3 („kann" in § 110 LVwG SchlH) zeigt, dass die öffentliche Bekanntgabe **im Ermessen** der Behörde steht, sofern sie gesetzlich zugelassen ist und sich aus dem Fachrecht – wie etwa aus § 50 Abs. 1 S. 1 BauGB[285] – nichts anderes ergibt. Selbst wenn die Voraussetzungen öffentlicher Bekanntgabe vorliegen, kann die Behörde somit grundsätzlich eine Individualbekanntgabe vornehmen.[286] 146

Möglich ist es daher auch, eine **öffentliche Bekanntgabe** mit einer **Individualbekanntgabe zu kombinieren,**[287] um z. B. einem sehr stark Betroffenen die Rechtsverfolgung zu erleichtern.[288] Dies kann im Einzelfall sogar verfassungsrechtlich geboten sein.[289] Die Rechtsbehelfsfristen beginnen für diesen Betroffenen dann schon bzw. erst mit der (wirksamen) Individualbekanntgabe des VA ihm gegenüber. Die gleichzeitig, vorher oder nachher erfolgte öffentliche Bekanntgabe des VA entfaltet gegenüber diesem Betroffenen dagegen keine Wirkungen. Die Behörde kann damit bestimmte Personen von der „Ringsumwirkung" der öffentlichen Bekanntgabe (Rn. 136 ff.) ausnehmen. 147

b) **Zulassung durch Fachrecht (Abs. 3 S. 1):** Dass die öffentliche Bekanntgabe eines VA zulässig ist, wenn sie fachgesetzlich zugelassen ist, ergibt sich schon aus § 1, s. § 1 Rn. 232. § 41 Abs. 3 S. 1 stellt jedoch klar, dass abweichend von der Regel, dass die Bekanntgabeform im Ermessen der Behörde liegt (siehe Rn. 18), die öffentliche Bekanntgabe eines VA bei Fehlen von Sonderbestimmungen unzulässig ist. Eine dennoch erfolgte öffentliche Bekanntgabe lässt den VA nicht wirksam werden und setzt die Rechtsbehelfsfrist nicht in Lauf (§ 70 VwGO),[290] s. Rn. 222. Insbes. ist die öffentliche Bekanntgabe nicht zulässig, wenn der **Aufenthaltsort** des Empfängers **unbekannt** ist.[291] Hier ist nur die öffentliche Zustellung nach § 10 VwZG möglich, s. Rn. 6, 143 ff. 148

Umgekehrt zeigt § 41 Abs. 3 S. 1 im Vergleich zu seinem S. 2, dass die öffentliche Bekanntgabe nicht nur auf AllgV beschränkt ist, sondern auch Einzel-VA öffentlich bekannt gegeben werden können (zur Abgrenzung s. § 35 Rn. 277 ff.). Die besonderen Wirkungen der öffentlichen Bekanntgabe (Rn. 136 ff.) sind jedoch in diesem Fall nur dann von Bedeutung, wenn es sich um einen VA mit Drittwirkung (§ 50 Rn. 8 ff.) handelt. 149

Rechtsvorschriften, die eine öffentliche Bekanntgabe zulassen, können auch Regelungen über die Art und Weise der Bekanntgabe bringen, die bei schriftlichen VA von § 41 Abs. 4 abweichen oder ihn ergänzen (vgl. z. B. § 50 BauGB, § 2 Abs. 1 S. 2 SchutzberG[292]). Teilweise ist insoweit auch eine individuelle Unterrichtung der bekannten Betroffenen vorgesehen, ohne dass dies jedoch als Bekanntgabevoraussetzung angesehen wird,[293] Rn. 142. Umgekehrt darf eine Regelung, nach der die interessierte Öffentlichkeit von einem VA, der an eine bestimmte Person gerichtet ist, zu unterrichten ist (Rn. 142), nicht ohne besondere Anhaltspunkte als eine die öffentliche Bekanntgabe gestattende Rechtsvorschrift angesehen werden.[294] 150

Teilweise sieht das Fachrecht auch Regelungen über die öffentliche Bekanntgabe von **AllgV** vor, insbes. indem sie die öffentliche Bekanntgabe zwingend vorschreiben, so dass für Ermessensentscheidungen nach Rn. 146 kein Raum ist. § 41 Abs. 3 S. 2 (wohl aber Abs. 4, wenn nichts anderes bestimmt ist) ist dann unanwendbar, vgl. § 2 Abs. 6 S. 4 FStrG. Zu diesen Regelungen gehört auch § 39 Abs. 2 und 3 StVO („angebracht") für **Verkehrszeichen,** ausführ- 151

---

[285] S. *OLG Dresden* SächsVBl 1999, 212, 214.
[286] *BVerwGE* 70, 77, 83 = NVwZ 1985, 39.
[287] *BVerwGE* 70, 77, 83 = NVwZ 1985, 39.
[288] *Bambey* DVBl 1984, 374, 376 f.; *Niehues* DVBl 1982, 317, 320.
[289] *BVerwGE* 70, 77, 82 = NVwZ 1985, 39; *VGH Mannheim* NVwZ 1989, 978, 979 (für Einzelbekanntgabe an Gemeinde zum Schutz der Selbstverwaltung).
[290] *VGH München* DVBl 1978, 181, 183; *VG Hamburg* NuR 2004, 543, 544.
[291] *VG Potsdam* NVwZ-RR 2003, 329.
[292] Hierzu *BVerwG* NVwZ-RR 2002, 444, 445.
[293] *OVG Bautzen* SächsVBl 2003, 221, 222 (für Straßenbestandsverzeichnis).
[294] *VG Hamburg* NuR 2004, 543, 544.

lich hierzu § 35 Rn. 332 ff. Hier ist auch § 41 Abs. 4 unanwendbar, da Verkehrszeichen keine schriftlichen, sondern „in anderer Weise" erlassene VA sind, § 37 Rn. 57, 79. Ebenfalls zur öffentlichen Bekanntgabe „in anderer Weise erlassener" AllgV ermächtigen **§ 36 Abs. 2 StVO** für die Handzeichen des Polizisten an einer Kreuzung (§ 35 Rn. 270) und **§ 37 Abs. 2 StVO** für Ampeln (§ 35 Rn. 337): Dass hier eine öffentliche Bekanntgabe vorliegt, folgt aus dem Regelungskonzept der StVO, die ersichtlich annimmt, dass diese Zeichen nicht nur für diejenigen gelten, die sie tatsächlich wahrgenommen haben (wie dies für die Individualbekanntgabe erforderlich wäre, s. Rn. 101), sondern für alle hiervon Betroffenen und damit auch die Unaufmerksamen.

152 **c) Zulässigkeit bei Allgemeinverfügungen (Abs. 3 S. 2):** Soweit nicht bereits durch Rechtsvorschrift besonders vorgesehen und damit bereits nach § 41 Abs. 3 S. 1 zulässig (Rn. 151), dürfen abweichend von § 41 Abs. 3 S. 1 nach S. 2 AllgV auch dann öffentlich bekannt gegeben werden, wenn eine Bekanntgabe an die Beteiligten **untunlich** ist. § 41 Abs. 3 S. 2 **ermächtigt** damit zur öffentlichen Bekanntgabe. Liegen die Voraussetzungen des S. 2 nicht vor, sind auch AllgV individuell bekannt zu geben. So ist etwa die Eintragung eines Denkmals in die Denkmalliste (§ 35 Rn. 319) im konstitutiven System nach § 41 Abs. 1 an den Betroffenen bekannt zu geben. Hier besteht nicht allein deshalb eine Pflicht zur öffentlichen Bekanntgabe, weil es sich um eine AllgV handelt.[295]

153 Nach der Gesetzesbegründung[296] sollte **Untunlichkeit** vorliegen, wenn der Kreis der **Betroffenen nicht** von vornherein **feststellbar** ist und bei AllgV, die an jedermann gerichtet sind, wie Widmungen (§ 35 Rn. 320 ff.), in VA-Form ergehende Organisationsakte (§ 35 Rn. 300 ff.) und Benutzungsregelungen nach § 35 S. 2 Alt. 3 (§ 35 Rn. 338 ff.).[297] Hier ist eine individuelle Bekanntgabe nicht nur untunlich, sondern unmöglich.[298] Ferner ist eine Einzelbekanntgabe einer AllgV trotz Kenntnis der Behörde von den Beteiligten untunlich, wenn die Bekanntgabe **eilig** ist und die einzelnen Betroffenen nicht rechtzeitig erreicht werden können (s. § 35 Rn. 279a), z.B. bei Bekanntgabe einer Räumungsverfügung für einen gefährdeten Stadtteil durch Rundfunk oder Lautsprecherwagen.[299]

154 Diese Beispiele zeigen, dass sich der Grund für die öffentliche Bekanntgabe aus der Schwierigkeit oder **Unmöglichkeit einer Einzelbekanntgabe** ergeben muss. Nur dann ist die Bekanntgabe an die Beteiligten untunlich. Ansonsten ist die Einzelbekanntgabe auch bei AllgV – soweit fachrechtlich nichts anderes bestimmt ist (Rn. 151) – zwingend. Maßgebend sind die **Verhältnisse des Einzelfalles.** Die Einzelbekanntgabe darf erst dann – verfassungsgemäß, Rn. 6 – aufgegeben werden, wenn der Adressatenkreis so groß ist, dass er, bezogen auf Zeit und Zweck der Regelung, vernünftigerweise nicht mehr angesprochen werden kann. **§ 18**, der unmittelbar nicht anwendbar ist, kann hierfür durch seine absolute Zahl von **50 Betroffenen** (vgl. § 28 Rn. 60) **und** der zusätzlichen Prüfung, ob sonst die **ordnungsgemäße Durchführung des VwVf beeinträchtigt** wäre, Anhaltspunkte bieten. Auch dann kann immer noch eine Kombination von öffentlicher Bekanntgabe und Einzelbekanntgabe gegenüber Einzelnen, z.B. dem materiellen Adressaten des VA und besonders stark Betroffenen, geboten sein, s. Rn. 147.

155 Besteht keine Gefahr für die ordnungsgemäße Durchführung des VwVf, sah das VwVfG in seiner ursprünglichen Fassung (§ 17 Abs. 4 S. 2, § 69 Abs. 2 S. 2, § 73 Abs. 5 S. 2, § 74 Abs. 5 S. 1) erst bei **300 Betroffenen** die Notwendigkeit einer öffentlichen Bekanntgabe. Hieran ist für die Auslegung des Begriffs „untunlich" in § 41 Abs. 3 S. 2 festzuhalten, obwohl die 300-Personengrenze durch das GenBeschlG (Einl. Rn. 43) auf 50 herabgesetzt worden ist, ohne dass es noch der zusätzlichen Prüfung einer Beeinträchtigung der ordnungsgemäßen Durchführung eines Verfahrens bedürfen sollte. Diese gesetzliche Herabsetzung der Anzahl ist kein Ausdruck eines allgemeinen Standards, der auch bei § 41 Abs. 3 S. 2 berücksichtigt werden könnte.[300]

---

[295] *OVG Münster* NuR 1999, 655, 656.
[296] BT-Drs. 7/910, S. 62 (Begründung zu § 37 Abs. 3 Entwurf 73).
[297] BVerwGE 70, 77, 82 = NVwZ 1985, 39; *Niehues* DVBl 1982, 317 f.
[298] *Niehues* DVBl 1982, 320.
[299] *Liebetanz* in Obermayer, § 41 Rn. 51.
[300] Soweit in der Gesetzesbegründung die Herabsetzung als eine Anpassung an einen allgemeinen Standard dargestellt wird, der in § 56a, § 65 Abs. 3, § 67 a u. a. VwGO seinen Niederschlag gefunden habe (BT-Drs. 13/3995, S. 8) wird verkannt, dass diese langjährig untersuchten und mit dem 4. VwGOÄndG eingeführten Regelungen für Massenverfahren nicht eine allgemeine Erfahrung wiedergeben sollten, sondern

4. Öffentliche Bekanntgabe schriftlicher Verwaltungsakte (Abs. 4)

a) Bekanntmachung und bekannt zu gebender Verwaltungsakt: Schon aus dem Wortlaut des § 41 Abs. 4 S. 2 ergibt sich, dass zwischen der Bekanntmachung nach Abs. 4 und dem bekannt zu gebenden VA zu unterscheiden ist. Schriftlicher VA i. S. d. § 37 Abs. 3 S. 1 und des § 39 Abs. 1 ist das bei der Behörde ausgelegte Schriftstück. Die ortsübliche Bekanntmachung ist ein formalisierter Hinweis auf die Auslegung des VA.[301] **156**

Hierdurch schließt § 41 Abs. 4 jedoch die öffentliche Verlautbarung des schriftlichen VA selbst nicht aus, so dass auch die – oftmals bürgernähere, s. aber Rn. 158 – **öffentliche Bekanntgabe** eines schriftlichen VA **im vollen Wortlaut** (also in der Form des § 37 Abs. 3 [Rn. 175], mit Begründung und Rechtsbehelfsbelehrung [Rn. 192f.]) möglich ist. Hiervon wird in der Praxis auch Gebrauch gemacht.[302] § 41 Abs. 4 S. 1 ist daher so zu lesen, dass die öffentliche Bekanntgabe eines schriftlichen VA *auch* dadurch bewirkt werden kann, dass *nur* sein verfügender Teil (nebst Hinweis nach § 41 Abs. 4 S. 2) ortsüblich bekannt gemacht wird. *Daneben* besteht aber die Möglichkeit, den VA im vollen Wortlaut ortsüblich (Rn. 159) bekannt zu geben.[303] Die öffentliche Bekanntmachung ist dann selbst der VA.[304] Dann bedarf es auch keiner Auslegung und keines Hinweises auf die Auslegung nach § 41 Abs. 4 S. 2, s. Rn. 177. Ausgeschlossen ist demgegenüber auch in Eilfällen die öffentliche Bekanntmachung eines schriftlichen VA durch bloßes Vorlesen,[305] vgl. Rn. 71. **157**

Ob die Behörde den schriftlichen VA in „verkürzter" Form oder im vollen Wortlaut ortsüblich bekannt gibt, liegt in ihrem **Ermessen**, s. Rn. 18. Bei der Ausübung des Ermessens wird sie zu berücksichtigen haben, dass Geheimhaltung mit dem Wesen der Bekanntgabe grundsätzlich unvereinbar ist (s. Rn. 2). Eine nur verkürzte öffentliche Bekanntgabe kann aber aus Gründen des **Datenschutzes** geboten sein.[306] Maßgeblich für die Zulassung der „verkürzten" Form der öffentlichen Bekanntgabe waren allerdings v. a. **fiskalische Erwägungen:** Die Kosten der öffentlichen Bekanntgabe (Druck/Inseratskosten) sollen durch Kürzung des bekannt zu gebenden Textes gesenkt werden. Dementsprechend dürfte die Entscheidung für die nach § 41 Abs. 4 mögliche „verkürzte" Form der öffentlichen Bekanntgabe immer dann ermessensfehlerhaft sein, wenn die mit einer Wiedergabe des VA im vollen Wortlaut verbundenen zusätzlichen Kosten in keinem Verhältnis zu den Erschwernissen für den Bürger bei nur „verkürzter" Bekanntgabe stehen. **158**

b) Ortsübliche Bekanntmachung (Abs. 4 S. 1): Die öffentliche Bekanntgabe eines schriftlichen VA kann nur durch ortsübliche Bekanntmachung (für Hamburg und Schleswig-Holstein s. vor Rn. 1) erfolgen. Dies gilt nicht nur bei Wahl der in Abs. 4 ausdrücklich geregelten „verkürzten Form" der öffentlichen Bekanntgabe, sondern **auch bei öffentlicher Bekanntgabe des VA in vollem Wortlaut** (Rn. 157). **159**

§ 41 Abs. 4 verpflichtet damit (wie § 73 Abs. 5, s. § 73 Rn. 47) die Behörde nicht zu einer bestimmten Bekanntmachungsform, sondern verweist auf die „Ortsüblichkeit".[307] Hierdurch wird auf das **Organisationsrecht** verwiesen, das im VwVfG grundsätzlich nicht geregelt ist **160**

---

bewusst auf 50 beschränkt worden sind, weil den Gerichten – anders als den Verwaltungsbehörden – kein auf Massenverfahren eingerichteter Apparat zur Verfügung stehe (vgl. *BMJ* [Hrsg.], Entwurf einer Verwaltungsprozessordnung, 1978, S. 206, zurückgehend auf *Laubinger*, Gutachten über eine künftige gesetzliche Regelung für Massenverfahren im Verwaltungsverfahrensrecht und im Verfahrensrecht für die Verwaltungsgerichte, 1975).

[301] *Kischel*, Die Begründung, 2003, S. 246; wohl auch zu § 122 Abs. 4 AO: *BVerwG* NVwZ 1987, 330.
[302] Vgl. z. B. die im Amtsblatt des Saarlandes v. 11. 11. 1999 (S. 1510) bekannt gegebene AllgV v. 22. 10. 1999.
[303] So auch *Skrobotz*, Das elektronische VwVf, 2005, S. 275f.
[304] Vgl. zu § 27 Abs. 3 GrStG: *BVerwG* NVwZ 1987, 330.
[305] Offengelassen *VGH Mannheim* NVwZ 1998, 761, da AllgV bereits zu unbestimmt war.
[306] Datenschutzrechtliche Erwägungen waren Anlass dafür, dass § 10 VwZG eine öffentliche Zustellung durch Veröffentlichung des zuzustellenden Dokuments in vollem Wortlaut (entgegen § 15 Abs. 1 VwZG a. F.) nicht mehr zulässt, s. BT-Drs. 15/5216, S. 14.
[307] Anders ist es bei § 67 Abs. 1 S. 5 (s. dort Rn. 18), § 69 Abs. 2 S. 3 (dort Rn. 51), § 74 Abs. 5 (s. dort Rn. 216). Ein Grund für die unterschiedlichen Regelungen in § 41 Abs. 4, § 73 Abs. 5 einerseits und § 67 Abs. 1 S. 5, § 69 Abs. 2 S. 3, § 74 Abs. 5 andererseits scheint nicht ersichtlich. Er besteht wohl nur darin, dass die Vorschriften über das Massenverfahren erst spät im Gesetzgebungsverfahren in das VwVfG eingefügt wurden (s. Einl. Rn 39) und anscheinend eine Anpassung der bereits im Entwurf 73 enthaltenen § 41 Abs. 4 S. 1 (§ 37 Entwurf 73) und § 73 Abs. 5 (§ 69 Abs. 5 Entwurf 73) unterblieb.

(vgl. Einl. Rn. 25, § 1 Rn. 158). Ob die Bekanntmachung durch Aushang, amtliches Veröffentlichungsblatt,[308] Inserat in örtlicher Tageszeitung etc. erfolgt, bestimmt sich daher nach dem für die Behörde **geltendem Organisationsrecht,** für Gemeindebehörden nach Gemeinderecht.[309] Diese Regelungen, z.B. die Hauptsatzung einer Gemeinde oder die landesrechtlichen BekanntmachungsVO, ergänzen das § 41 Abs. 4 entsprechende Landesrecht.[310] Fehlt für eine bestimmte Behörde eine entsprechende Regelung, kann auf die „ortsüblichen Gepflogenheiten", d.h. letztlich lokales Verwaltungsorganisationsgewohnheitsrecht, zurückgegriffen werden.[311] Fehlt es auch hieran, ist eine öffentliche Bekanntgabe nach § 41 Abs. 4 ausgeschlossen.

161 Der Begriff der „ortsüblichen" Bekanntmachung" in § 41 Abs. 4 S. 1 ist unglücklich gewählt, weil er die Bekanntmachung von **überregional wirkenden VA von überregional zuständigen Behörden** nicht umfasst (Beispiele hierfür etwa bei § 35 Rn. 286ff.). Erkennbar sind bei der Begriffswahl nur VA von Behörden mit begrenztem örtlichen Zuständigkeitsbereich und VA mit nur begrenzt örtlichem Wirkungsbereich, insbes. raum- und vorhabenbezogene Pläne (s. § 35 Rn. 264), in den Blick genommen worden. Deshalb ist die Begriffswahl auch in § 73 Abs. 5 unproblematisch, weil hier unmittelbar die Gemeinden angesprochen werden. § 41 Abs. 4 ist jedoch insoweit erweiternd auszulegen, dass VA überregionaler Behörden bei fehlendem örtlichen Bezug der Regelung (insbes. bei fehlendem Grundstücksbezug) nach den für sie geltenden üblichen Bestimmungen bekannt zu geben sind.[312] Daher kann in diesen Fällen auch die Veröffentlichung in einem überregional wirkenden Veröffentlichungsblatt i.S.d. § 41 Abs. 4 „ortsüblich" sein.

162 c) **Ortsübliche Bekanntmachung (nur) im Internet?:** § 41 Abs. 4 würde seinem Wortlaut nach nicht ausschließen, dass die dort vorgesehene **öffentliche Bekanntmachung** nicht in Schriftform, sondern nur elektronisch **im Internet** erfolgt. Dem steht nicht bereits entgegen, dass ein nur in elektronischer Form bekannt gegebener VA kein schriftlicher VA sein kann (§ 37 Rn. 45), da jedenfalls bei der von § 41 Abs. 4 unmittelbar angesprochenen „verkürzten" öffentlichen Bekanntgabe der VA selbst von der Bekanntmachung zu unterscheiden ist, s. Rn. 156; anders ist es, wenn ein VA im Internet „im vollen Wortlaut" bekannt gegeben wird. Hier handelt es sich um die öffentliche Bekanntgabe eines elektronischen VA; zu ihrer Zulässigkeit Rn. 194ff.

163 Ob das Internet als Bekanntmachungsorgan einer Behörde auch im Fall des § 41 Abs. 4 genutzt werden kann, ist zunächst eine **Frage des Verwaltungsorganisationsrechts.** So enthält die **BekanntVO SchlH**[313] für Bekanntmachungen und Verkündungen der Gemeinden in § 4 auch folgende Regelung für die Bekanntmachung im Internet:

(1) Die örtlichen Bekanntmachungen und Verkündungen des Trägers der öffentlichen Verwaltung in der Bekanntmachungsform Internet erfolgen dadurch, dass er sie im Internet bereitstellt und in der Zeitung unter Angabe der Internetadresse hierauf hinweist; der Hinweis in der Zeitung entfällt bei Bekanntmachungen, die keine Rechtsetzungsvorhaben betreffen. Der Hinweis in der Zeitung kann durch einen entsprechenden Hinweis an mindestens einer Bekanntmachungstafel des Trägers der öffentlichen Verwaltung ersetzt werden; [...]. Die Beachtung der Sätze 1 und 2 ist in den Akten zu vermerken.
(2) Über die Internetseite des Trägers der öffentlichen Verwaltung müssen sämtliche örtlichen Bekanntmachungen und Verkündungen, die nach dem Inkrafttreten der Bestimmung der Bekanntmachungsform (§ 6 Abs. 1 Nr. 1) veröffentlicht werden, zentral erreichbar sein. Rechtsvorschriften müssen auf Dauer vorgehalten werden; dies gilt nicht für jährlich neu zu erlassende Satzungen. Die Sätze 1 und 2 gelten auch für Flächennutzungs- und Bebauungspläne. Sonstige örtlich bekannt zu machende Pläne, Karten oder Zeichnungen einschließlich der dazu gehörigen Ergänzungen, wie Begründungen, Erklärungen können im Internet bekannt gemacht werden.
(3) Die Bereitstellung im Internet darf nur im Rahmen einer ausschließlich in Verantwortung des Trägers der öffentlichen Verwaltung betriebenen Internetseite erfolgen. Er darf sich zur Einrichtung und Pflege der Internetseite eines Dritten bedienen.

---

[308] Allgemein zu Amtsblättern der Gemeinden *Buhren* LKV 2001, 303 ff.
[309] Ebenso *BVerwGE* 104, 337, 340 = NVwZ 1998, 847 (zu § 73 Abs. 5); *BVerwG* NVwZ 1997, 489, 490 (zu § 17 Abs. 4 FStrG); *VGH München* NVwZ-RR 2003, 296 (zu § 74 Abs. 4 HS 2).
[310] *OVG Münster* NWVBl 1989, 26.
[311] *Kopp/Ramsauer*, § 41 Rn. 52.
[312] Wie hier *OVG Berlin* NVwZ-RR 2002, 720, 721 (für Bekanntmachung überregionalen VA der Bundesregierung); *Liebetanz* in Obermayer, VwVfG, § 41 Rn. 57.
[313] LandesVO über die Bekanntmachung und Verkündung (Bekanntmachungsverordnung – BekanntVO) v. 11.11.2005 (GVOBl. 2005, 527).

§ 41 Bekanntgabe des Verwaltungsaktes 164–169 § 41

(4) Anders lautende Rechtsvorschriften über örtliche Bekanntmachungen und Verkündungen bleiben unberührt.

Dabei ist davon auszugehen, dass derartige Regelungen trotz des nach wie vor nur eingeschränkten Verbreitungsgrades des Internets verfassungsrechtlich unbedenklich sind,[314] auch weil der tatsächliche Verbreitungsgrad des Internets deutlich höher liegt als der herkömmlicher Verkündungsblätter oder Anschlagstafeln, s. a. § 3a Rn. 8. **164**

Von dieser verwaltungsorganisationsrechtlichen Frage ist die Frage zu unterscheiden, ob **§ 41 Abs. 4** für die öffentliche Bekanntgabe schriftlicher VA **nicht implizit eine schriftliche Form der Bekanntmachung** voraussetzt (zum Begriff Schriftform § 3a Rn. 17, § 37 Rn. 57ff.), so dass ohne Änderung auch des § 41 Abs. 4 eine (nur) elektronische öffentliche Bekanntmachung eines schriftlichen VA auch bei entsprechender Zulassung durch das Verwaltungsorganisationsrecht ausgeschlossen wäre. Dies ist anzunehmen: Selbst für die öffentliche Bekanntmachung elektronischer VA setzt § 41 Abs. 4 eine schriftliche Bekanntgabe in ortsüblicher Form darüber voraus, wo der elektronische VA im Internet zu finden ist, s. Rn. 195. Daher kann die Bekanntgabe bei schriftlichen VA letztlich erst Recht nur in schriftlicher Form (Aushang/Verkündungsblatt/Zeitungsinserat) erfolgen. Für die öffentliche Bekanntmachung nach **§ 10 Abs. 2 S. 1 VwZG** ist jedoch anerkannt, dass die von der Behörde hierfür „allgemein bestimmte Stelle" auch die Behörden-Website im Internet sein kann.[315] Dies folgt allerdings nicht nur ausdrücklich aus den Gesetzesmaterialien,[316] sondern auch indirekt aus der von § 10 Abs. 2 S. 1 VwZG ausdrücklich zugelassenen öffentlichen Bekanntmachung (nur) im elektronischen Bundesanzeiger und lässt sich daher nicht auf § 41 Abs. 4 übertragen. **165**

§ 41 Abs. 4 schließt jedoch umgekehrt auch nicht aus, den VA *auch* im Internet informationshalber (sinnvollerweise im vollen Wortlaut und mit Begründung) zu veröffentlichen, soweit dem nicht Datenschutzgründe entgegenstehen.[317] Um Missverständnisse zu vermeiden, sollte dann aber ausdrücklich darauf hingewiesen werden, dass es sich bei dieser Veröffentlichung im Internet nicht um den „eigentlichen" Bekanntgabeakt handelt, sondern das für die Frage der Wirksamkeit der Bekanntgabe und den Beginn der Rechtsbehelfsfristen ausschließlich die nach Maßgabe des § 41 Abs. 4 erfolgte schriftliche öffentliche Bekanntgabe maßgeblich ist. **166**

d) Bekanntmachung des verfügenden Teils (Abs. 4 S. 1): § 41 Abs. 4 S. 1 kennzeichnet auch den Mindestinhalt der ortsüblichen öffentlichen Bekanntmachung des VA. Hierdurch wird die öffentliche Bekanntgabe eines schriftlichen VA im vollen Wortlaut jedoch nicht ausgeschlossen, s. Rn. 157. Umgekehrt ist die Ortsüblichkeit der Bekanntmachung nur für die Frage, **wie** bekannt gegeben wird, nicht jedoch für die Frage des Objektes der Bekanntmachung, also **was** bekannt zu machen ist, maßgeblich. **167**

Mindestens bekannt zu geben ist zunächst der **verfügende Teil** des VA, d. h. der Teil des schriftlichen VA, der den Ausspruch über die Regelung des Einzelfalles im Sinne des § 35 enthält (§ 35 Rn. 143). Er muss nicht nur seinem Inhalt, sondern **dem Wortlaut nach** mitgeteilt werden.[318] Die Wendung des § 41 Abs. 4 „verfügender Teil ... bekannt gegeben" ist eindeutig. Der Gesetzgeber zeigt durch die Regelung, die für die Begründung getroffen worden ist (Rn. 176ff.), dass ihm nur hierfür der Abdruck unzumutbar erschien, während er im Hinblick auf die Anstoßwirkung, sich um eine Einsicht in den VA zu bemühen, den vollen Abdruck des Wortlauts des verfügenden Teils für notwendig hielt. **168**

Dass es – wie bei § 10 Abs. 2 VwZG – wohl verfassungsrechtlich möglich gewesen wäre, auf die volle Wiedergabe des verfügenden Teils des VA zugunsten einer Zusammenfassung seines Inhalts zu verzichten,[319] da bei der „verkürzten" Bekanntgabe nach § 41 Abs. 4 der bekannt gegebene Text nicht den VA selbst, sondern nur einen Hinweis auf den ausgelegten VA darstellt (Rn. 156), ändert hieran angesichts der eindeutigen gesetzgeberischen Entscheidung nichts. Es **169**

---

[314] Vgl. *Kissel* NJW 2006, 801, 803 ff.
[315] *Engelhardt/App*, § 10 VwZG Rn. 12; *Kruse* in Tipke/Kruse, § 10 VwZG Rn. 6; *Schwarz* in Hübschmann/Hepp/Spitaler, § 10 VwZG Rn. 31; ausdrücklich das Internet als Bekanntmachungsorgan ansprechend: **§ 108 Abs. 2 VwVfG M-V.**
[316] BT-Drs. 15/5216, S. 14.
[317] *Skrobotz*, Das elektronische VwVf, 2005, S. 278 ff.
[318] Wie hier *Kopp/Ramsauer*, § 41 Rn. 51; *Liebetanz* in Obermayer, VwVfG, § 41 Rn. 56.
[319] Vgl. insoweit zur einschränkenden Regelung des § 2 Abs. 1 S. 2 SchutzbereichsG *BVerwG* NVwZ-RR 2002, 444, 445.

ist dem Gesetzgeber nicht verwehrt, das VwVf in einer Weise auszugestalten, die über das verfassungsrechtliche Mindestmaß hinausgeht.

170　Die wörtliche Wiedergabe gilt damit auch für einen **verfügenden Teil**, der sehr **umfangreich** ausfällt. *BVerwG*[320] hat allerdings für § 74 Abs. 5 eine inhaltliche Umschreibung des Vorhabens ausreichen lassen, die den Betroffenen bewusst macht, dass sie von der Regelung des PlfBeschl betroffen sind, s. hierzu näher § 74 Rn. 217 ff. Ob diese – auch für das PlfV nicht unbestrittene[321] – Auslegung des Begriffs „verfügender Teil" bei § 74 Abs. 5 zutreffend ist, soll hier dahingestellt bleiben. Hierfür kann sprechen, dass § 74 Abs. 5 S. 2 HS. 2 bereits selbst auf die öffentliche Bekanntgabe von Nebenbestimmungen und damit von Teilen des verfügenden Teils verzichtet (vgl. demgegenüber Rn. 15, 173), so dass dies als Indiz dafür genommen werden könnte, dass es mit dem Wortlaut in § 74 Abs. 5 nicht ganz genau zu nehmen ist. Schon weil eine mit § 74 Abs. 5 S. 2 HS. 2 vergleichbare Regelung bei Abs. 4 fehlt, lässt sich diese Rspr. jedoch nicht auf Abs. 4 (und auch nicht auf § 69 Abs. 2 S. 3, s. dort Rn. 19) übertragen.[322]

171　Soweit *BVerwG* seine Rspr. zu § 74 Abs. 5 auch damit begründet, eine wörtliche Wiedergabe eines umfangreichen Tenors würde den Bürger verwirren und deshalb eine inhaltliche Wiedergabe der wesentlichen Merkmale des Verfahrens und der Regelung genügen, ist dies schlechthin nicht tragfähig und schon deshalb nicht auf § 41 Abs. 4 übertragbar. Abgesehen davon, dass es nicht Fürsorge für den Bürger, sondern fiskalische Gesichtspunkte sind, die die Behörde zu einer eingeschränkten Veröffentlichung veranlassen (vgl. 158), steht der Behörde eine derartige Bevormundung eines handlungsfähigen Bürgers nicht zu (vgl. § 9 Rn. 46). Diese Beweggründe wären verfahrensermessensfehlerhaft (§ 10 Rn. 17). Überdies macht es für die Aufnahmefähigkeit eines Bürgers keinen Unterschied, ob der umfangreiche verfügende Teil, wenn er § 37 Abs. 1 entspricht, individuell oder öffentlich bekannt gegeben wird.

172　Ob zur näheren Bestimmung des Tenorinhalts anstelle einer Veröffentlichung nur ein Hinweis auf **Karten, Pläne, Unterlagen** etc., die bei der Behörde ausliegen, erfolgen darf, bestimmt das Gesetz nicht. Die Verweisung allein ist jedoch aus den Gründen zu Rn. 168 ff. unzulässig, wenn diese Unterlagen **Teil des verfügenden Teils** sind,[323] s. a. § 73 Rn. 19. Wo sich das Gesetz (bei Bekanntmachung von Satzungen oder RechtsVO) ausnahmsweise mit einem derartigen Hinweis begnügt, ist es ausdrücklich geregelt (vgl. etwa § 10 Abs. 3 S. 3 BauGB). Zulässig sind jedoch zusätzliche Informationen durch derartige Hinweise. Sie erklären nur den verfügenden Teil näher und gehören damit zur **Begründung** oder können als **Antragsunterlagen** (§ 22 Rn. 43) zur Auslegung des verfügenden Teils herangezogen werden,[324] s. a. § 37 Rn. 29, § 39 Rn. 39. In diesen Fällen ist es also unschädlich, wenn die Karten und Unterlagen nicht genau bezeichnet werden.

173　Da **Nebenbestimmungen** zum verfügenden Teil des VA gehören (vgl. § 36 Rn. 19), müssen sie ebenfalls mitgeteilt werden, s. Rn. 15, § 36 Rn. 26. Die erleichterte Bekanntmachung nach § 74 Abs. 5 S. 2 HS. 2 (Hinweis auf Auflagen) ist eine Einschränkung der Verpflichtung zur Bekanntgabe des verfügenden Teils und kann daher nicht auf § 41 Abs. 4, bei dem eine solche Einschränkung fehlt, übertragen werden. Dies ergibt sich schon daraus, dass im PlfV – im Gegensatz zu § 41 Abs. 4 – immer auch eine Individualzustellung gegenüber dem Träger des Vorhabens erfolgen muss (vgl. Rn. 147) und dass eine öffentliche Bekanntmachung nach § 74 Abs. 5 nur im Ausnahmefall zulässig ist, und zwar in Verfahren mit mehr als 50 Betroffenen. Außerdem geht der Entscheidung im Fall des § 74 Abs. 5 ein intensives Anhörungs- und Erörterungsverfahren nach § 73 voraus, während bei den nach § 41 Abs. 4 bekannt zu machenden VA die Anhörung (§ 28 Abs. 2 Nr. 4) und die Begründung (§ 39 Abs. 2 Nr. 3, 5) i. d. R. entfallen können.

174　Eine **Anordnung der sofortigen Vollziehung** als Teil des verfügenden Teils (vgl. Rn. 14) ist ebenfalls im Wortlaut, aber nicht notwendig mit Begründung, in die öffentliche Bekanntma-

---

[320] *BVerwGE* 67, 206, 213 f. = NJW 1984, 188.
[321] A. A. etwa *Blümel* VerwArch 73 (1982), S. 5, 11 ff.
[322] Wie hier *Liebetanz* in Obermayer, § 41 Rn. 56; a. A. *OVG Bremen* ZfW 1990, 475, 478; unkrit. *VGH München* NVwZ-RR 1998, 487, 488.
[323] So auch für Karte bei Flurbereinigungsbeschluss *BVerwG* Buchholz 424.01 § 110 FlurbG Nr. 4; für Widmung nach § 6 Abs. 1 S. 2 StrWG NRW, die wegen der Nutzungsart auf einen Bebauungsplan verwies, *OVG Münster* NWVBl 1989, 26.
[324] *BVerwGE* 67, 206, 215 = NJW 1984, 188, 190.

chung aufzunehmen.³²⁵ Denn § 41 Abs. 4 S. 2 kann auch für die **Begründung der Anordnung der sofortigen Vollziehung** (§ 39 Rn. 23) herangezogen werden,³²⁶ s. § 39 Rn. 108.

Da im Fall der „verkürzten" Bekanntgabe nach § 41 Abs. 4 die Bekanntgabe nur Hinweis auf den zur Einsicht ausliegenden VA ist (Rn. 156), gelten die **Anforderungen an die Form eines schriftlichen VA des § 37 Abs. 3 S. 1** (§ 37 Rn. 97 ff.) für die öffentliche Bekanntgabe nicht. Unterschrift oder Namenswiedergabe müssen daher nicht öffentlich bekannt gemacht werden. Anders ist es, wenn die Behörde den VA vollständig öffentlich bekannt gibt, so dass die öffentliche Bekanntgabe selbst der VA ist, s. Rn. 157. Dass die Behörde erkennbar ist, ist jedoch auch Bestimmtheitserfordernis und damit notwendiger Teil des verfügenden Teils des VA (§ 37 Rn. 9) und damit Mindestinhalt auch der „verkürzten" öffentlichen Bekanntgabe. **175**

e) Hinweis auf Einsichtsmöglichkeit (Abs. 4 S. 2): In die ortsübliche Bekanntmachung ist ferner der **Hinweis** aufzunehmen, **wo** der **VA** und seine **Begründung eingesehen** werden können. Ob der VA einer Begründung bedarf, regelt § 41 Abs. 4 S. 2 jedoch nicht (§ 39 Rn. 106). **176**

Nach dem Wortlaut der § 41 Abs. 4 S. 2 ist auch dieser Hinweis **Teil der öffentlichen Bekanntmachung**³²⁷ und damit Voraussetzung ihrer Wirksamkeit. Dies gilt allerdings nur im Fall der von § 41 Abs. 4 unmittelbar geregelten „verkürzten" öffentlichen Bekanntgabe, s. Rn. 156. Soweit die Behörde von der Möglichkeit der öffentlichen Bekanntgabe des VA im vollen Wortlaut Gebrauch macht, kann der Hinweis dementsprechend entfallen, vgl. Rn. 157. **177**

Selbstverständlich, wenn auch nicht ausdrücklich als Bekanntgabevoraussetzung aufgestellt ist, dass der Hinweis „wahr" sein muss, dass also der VA und die Begründung auch **tatsächlich ausgelegt** werden. Fehlt die Auslegung, ist die öffentliche Bekanntgabe unwirksam. Wird nur die Einsicht rechtswidrig verweigert, ist die Bekanntgabe demjenigen gegenüber unwirksam, der keine Einsicht nehmen konnte.³²⁸ **178**

Der **Ort** der Einsichtsmöglichkeit („wo") muss in dem Hinweis angegeben werden. Hierzu gehört die Angabe des Dienstgebäudes mit **Orts- und Straßenangabe**. *OVG Bautzen*³²⁹ hält sehr weitgehend für § 3 Abs. 2 S. 2 BauGB eine genaue **Angabe** auch des **Dienstzimmers** für erforderlich; die Bezeichnung „Bauamt" soll nicht ausreichen. Auch in einer größeren Stadt ist jedoch nicht erforderlich, dass die Einsichtnahme in mehreren Stadtteilen ermöglicht werden muss.³³⁰ **179**

Anders als bei § 73 Abs. 5 Nr. 1, § 74 Abs. 4 S. 2 ist die Angabe eines **begrenzten Zeitraums der Auslegung** (Rn. 184 ff.) nicht erforderlich. Auch eine unbegrenzte Auslegung ist möglich. Sie dürfte erforderlich sein, solange die Behörde selbst aus dem VA unmittelbar Rechtsfolgen herleiten will, vgl. Rn. 139 f. Mindestens muss der VA jedoch innerhalb des in § 41 Abs. 4 S. 3 genannten Zeitraums von zwei Wochen ausgelegt werden.³³¹ Andernfalls wäre der Zweck der Einsichtsmöglichkeit als Ersatz für die Individualbekanntgabe nicht gewährleistet. **180**

Ebenfalls nicht angegeben werden muss, zu welchen **Tageszeiten innerhalb des Auslegungszeitraums** Einsicht genommen werden kann.³³² Ist in der Bekanntmachung nichts anderes bestimmt, gelten insoweit die „regulären" für den **Publikumsverkehr vorgesehenen Stunden** (§ 73 Rn. 63), jedoch dürfen diese nicht nur 4 Vormittage,³³³ sondern müssen wohl mindestens fünf Tage und täglich sieben Stunden umfassen.³³⁴ Ist der Behörde der mit der Einsichtnahme verbundene Verwaltungsaufwand zu groß, kann sie dem durch öffentliche Bekanntgabe des VA im vollen Wortlaut ausweichen, s. Rn. 157, 177. **181**

Die Einsichtsmöglichkeit darf auch nicht vom Nachweis einer Betroffenheit abhängen. Für Bundesbehörden folgt dies schon aus **§ 1 IFG,** gilt aber auch i. Ü., da Sinn der Einsicht auch sein kann, sich durch Kenntnisnahme von der Begründung zu vergewissern, dass eine Betroffenheit (nicht) besteht,³³⁵ s. a. § 73 Rn. 64. **182**

---

³²⁵ *Blümel* VerwArch 73 (1982), S. 5, 23 ff.
³²⁶ *OVG Bremen* NVwZ 1986, 1039; *OVG Koblenz* NVwZ 1986, 1036.
³²⁷ Wie hier *Liebetanz* in Obermayer, VwVfG, § 41 Rn. 58.
³²⁸ Wie hier *OVG Lüneburg* OVGE 33, 455; weitergehend *OVG Bremen* ZfW 1990, 475, 478.
³²⁹ *OVG Bautzen* SächsVBl 2000, 115, 116 f.
³³⁰ Vgl. *VGH Mannheim* NVwZ-RR 1994, 374, 375.
³³¹ Wie hier *Liebetanz* in Obermayer, VwVfG, § 41 Rn. 60.
³³² *VGH Mannheim* NVwZ-RR 1994, 374 f.
³³³ Vgl. *VGH Mannheim* VBlBW 2001, 58; *VGH München* BayVBl 1974, 533.
³³⁴ Viel zu restriktiv zu § 3 Abs. 2 BauGB (2 Tage mit insges. 16 Stunden ausreichend): *OVG Weimar* ThürVBl 2005, 89.
³³⁵ Vgl. *BVerwGE* 98, 339, 360 = NVwZ 1996, 381.

183 Wie in § 74 Abs. 4, aber anders als in § 69 Abs. 2 (s. dort Rn. 23 ff.), § 74 Abs. 5 (s. dort Rn. 216) VwVfG oder § 10 Abs. 8 BImSchG, hat der Betroffene neben der Einsichtsmöglichkeit keinen Anspruch darauf, eine **schriftliche Ausfertigung** des VA zu bekommen. Allerdings ist die Behörde auch nicht gehindert, auf Verlangen eine Ausfertigung auszustellen (vgl. Rn. 142). Schon aus **§ 7 Abs. 4 IFG** folgt, dass dem Einsichtnehmenden auch unabhängig von seiner Betroffenheit i. d. R. die Möglichkeit gewährt werden muss, sich auf eigene Kosten eine Abschrift oder Fotokopie anzufertigen.[336] Auch in den Ländern, in denen keine vergleichbaren Bestimmungen bestehen, ist jedenfalls bei nachgewiesener Betroffenheit kein Grund erkennbar, der Behörde insoweit Ermessen einzuräumen, vgl. § 73 Rn. 64. Zu den Modalitäten § 29 Rn. 79 f.

184 **f) Fiktion des Bekanntgabetermins (Abs. 4 S. 3):** Anders als in § 74 Abs. 4 enthält § 41 Abs. 4 S. 3 keine Auslegungsfrist von zwei Wochen, sondern fingiert nur einen **Bekanntgabetermin** und gleicht damit der Zustellungsfiktion in § 69 Abs. 4 S. 4 (dazu § 69 Rn. 21). Er gilt sowohl bei der unmittelbar durch § 41 Abs. 4 geregelten „verkürzten" Bekanntgabe wie bei Bekanntgabe des VA im vollen Wortlaut, vgl. Rn. 156 f. Die Frist verkürzt sich nach § 95 im **Verteidigungs- oder Spannungsfall** für VA in Verteidigungsangelegenheiten; zu den Begriffen § 95 Rn. 3 f. Weil dieser Termin zugleich die (Mindest-)Frist für die Auslegung darstellt (Rn. 180), ergeben sich einige Streitfragen:

185 Setzt die Behörde eine **längere Auslegungsfrist** als zwei Wochen fest, berührt dies nach dem klaren Wortlaut des Gesetzes nicht die Fiktion der Bekanntgabe.[337] Eine behördliche Hinausschiebung des Bekanntgabetermins erscheint als ausgeschlossen (anders bei AllgV Rn. 191), die Bekanntgabe wäre unwirksam,[338] s. Rn. 222. Unwirksam ist die Bekanntgabe auch bei einer Verkürzung der Mindestauslegungsfrist von zwei Wochen, s. Rn. 180.

186 Nicht eindeutig geklärt ist, wie die **Zwei-Wochen-Frist zu berechnen ist.** Da in § 41 Abs. 4 S. 3 ein **Bekanntgabetermin** fingiert wird, kann § 31 seinem Wortlaut nach nicht angewandt werden.[339] Jedoch ist die Fiktion von der Berechnung eines Zeitraumes (zwei Wochen) abhängig, dessen Beginn von einem Ereignis (z. B. Bekanntmachung in der Zeitung) abhängig ist, so dass § 31 i. V. m. § 187, § 188 BGB Anknüpfungspunkte für die Berechnung bieten. Werden diese Vorschriften zumindest entsprechend herangezogen, ist auch sichergestellt, dass für das Ende einer – i. d. R. – auf zwei Wochen beschränkten Auslegungsfrist (Rn. 180) derselbe Zeitpunkt maßgebend ist wie für die Bekanntgabe,[340] vgl. a. § 73 Rn. 63.

187 Die somit nach § 31 i. V. m. § 187 Abs. 2, § 188 Abs. 2 BGB zu berechnende **Zweiwochenfrist** beginnt **nach** (vgl. die unterschiedliche Fassung zu § 69 Abs. 2 Satz 4, s. dort Rn. 21) der ortsüblichen Bekanntmachung, **nicht,** wie noch in § 37 Abs. 4 Satz 3 Entwurf 73, **nach dem Tag** der ortsüblichen Bekanntmachung. Bei einer Bekanntmachung im Veröffentlichungsblatt oder einer Zeitung ist die Bekanntgabe vollzogen, wenn das Blatt oder die Zeitung **gedruckt und ausgeliefert** worden ist.[341] Im BT-Innenausschuss bestand Einigkeit, dass bei Veröffentlichungen in mehreren Zeitungen an unterschiedlichen Tagen die letzte Veröffentlichung maßgebend sein soll.[342] Dann erst ist die ortsübliche Bekanntmachung eines VA abgeschlossen.[343] Erfolgt die ortsübliche Bekanntmachung durch **Aushang,** zählt die Zwei-Wochen-Frist erst ab Ende der vorgesehenen Aushangsfrist. § 31 Abs. 4 Satz 4 Musterentwurf, der in Anlehnung an § 15 Abs. 3 a. F. VwZG (= § 10 Abs. 4 S. 6 VwZG) lautete: „Der VA gilt zwei Wochen nach dem Tag des Aushängens als bekannt gegeben", ist nicht Gesetz geworden.

188 Da die zwei Wochen entsprechend den Fristen-Regelungen zu bestimmen sind (Rn. 186), sind die Zeiten innerhalb dieses Zeitraums nicht maßgebend; es ist daher unschädlich, wenn in

---

[336] *Liebetanz* in Obermayer, VwVfG, § 41 Rn. 61; *Meyer/Borgs*, § 41 Rn. 30.
[337] Wie hier auch *Kopp/Ramsauer*, § 41 Rn. 56.
[338] Für Unbeachtlichkeit *Liebetanz* in Obermayer, VwVfG, § 41 Rn. 64.
[339] So *Liebetanz* in Obermayer, VwVfG, § 41 Rn. 62.
[340] Im Ergebnis wie hier *Meyer/Borgs*, § 41 Rn. 31.
[341] OVG Münster NWVBl 1989, 26.
[342] Dies kommt ansatzweise zum Ausdruck in BT-Drs. 7/4494, S. 8 (Bericht des BT-Innenausschusses).
[343] Wegen der unterschiedlichen Bekanntmachungsmöglichkeiten ist dieser Zeitpunkt aus Rechtssicherheitsgründen für Satzungen und ortsrechtliche Bestimmungen auch z. B. in § 6 BekanntmachungsVO NRW übernommen worden. Anders ist die Interessenlage bei der Verkündung von formellen Gesetzen, bei der BVerfGE 16, 6, 16 ff. = NJW 1963, 1443 auf den Zeitpunkt des Inverkehrbringens des ersten Stücks der jeweiligen Nummer des Gesetzblattes abstellt.

diesen Zeitraum – vorbehaltlich des § 31 Abs. 3 – Feiertage fallen.³⁴⁴ Fällt das Ende der Zwei-Wochen-Frist auf einen **Sonntag, Sonnabend oder gesetzlichen Feiertag** folgt aus der Anwendbarkeit des § 31 auch die Anwendbarkeit des § 31 Abs. 3; im Übrigen ist die Interessenlage gleich der bei § 41 Abs. 2, s. Rn. 133.

g) Fiktion des Bekanntgabetermins für Allgemeinverfügungen (Abs. 4 S. 4): Für die AllgV kann eine andere Frist als die des § 41 Abs. 4 S. 3 vorgesehen werden, unabhängig davon, ob die von § 41 Abs. 4 unmittelbar geregelte „verkürzte" Bekanntgabe gewählt oder die AllgV im vollen Wortlaut bekannt gegeben wurde, s. Rn. 156 f. Die Bestimmung einer anderen Frist ist zuweilen erforderlich, wenn z. B. AllgV keinen Aufschub dulden, wie bei seuchenpolizeilichen Anordnungen. 189

Der andere **Zeitpunkt muss in der AllgV** bestimmt werden. Da der Zeitpunkt, zu der die Bekanntgabe als erfolgt gilt und damit der VA wirksam wird, wesentlich ist, muss diese Bestimmung ortsüblich bekannt gegeben werden. Es reicht nicht aus, wenn die Bestimmung der abweichenden Frist in der zur Einsicht ausliegenden Ausfertigung enthalten ist. Von dieser Frist als Teil des Bekanntgabevorgangs ist eine behördlich gesetzte Frist als Teil einer Aufforderung (§ 31 Rn. 24, 47) zu unterscheiden. 190

Der abweichende Tag kann vor oder nach dem in § 41 Abs. 4 S. 3 genannten Zeitpunkt liegen. Eine Bekanntmachungsfiktion vor dem auf die Bekanntmachung folgenden Tag ist jedoch unzulässig. 191

h) Bekanntmachung der Rechtsbehelfsbelehrung?: Im Gegensatz zu § 69 Abs. 2 Satz 3, § 74 Abs. 5 Satz 2 VwVfG, § 10 Abs. 8 BImSchG regelt § 41 Abs. 4 nicht, ob im „verkürzten" Bekanntmachungsverfahren (s. Rn. 156) auch die **Rechtsbehelfsbelehrung** (§ 37 Rn. 116 ff.) ortsüblich bekannt zu machen ist. Es fehlt auch eine Vorschrift wie § 74 Abs. 4 S. 2 (s. dort Rn. 211), wonach in der öffentlichen Bekanntmachung nur auf einen ausgelegten PlfBeschl, der seinerseits mit einer Rechtsbehelfsbelehrung versehen ist, hinzuweisen ist. Diese unterschiedlichen Gesetzesfassungen sind misslich, da § 41 Abs. 4 keine Befreiung von der allgemeinen Rechtsbehelfsbelehrungspflicht aufstellt (vgl. dazu § 37 Rn. 117 f.) und § 58 VwGO auch bei solchen schriftlichen VA gilt, die öffentlich bekannt gegeben werden. Daher ist auch einem öffentlich bekannt zu gebenden schriftlichen VA eine Rechtsbehelfsbelehrung beizufügen, da andernfalls die Jahresfrist des § 58 Abs. 2 VwGO läuft.³⁴⁵ 192

Str. ist jedoch, ob es (bei verkürzter Bekanntgabe, s. Rn. 156) für § 58, § 59 VwGO ausreicht, wenn die Rechtsbehelfsbelehrung nur dem zur Einsicht ausgelegten VA beigefügt wird,³⁴⁶ oder ob notwendig ist, dass sie (zusätzlich) auch in den nach § 41 Abs. 4 bekannt zu gebenden Hinweis aufzunehmen ist.³⁴⁷ Die Frage ist durch Auslegung der Worte „schriftliche Belehrung" in § 58 Abs. 1 VwGO bzw. „beifügen" in § 59 VwGO zu beantworten. § 41 Abs. 4 lässt sich hierfür unmittelbar nichts entnehmen, s. Rn. 192. Dem Sinn und **Zweck der Rechtsbehelfsbelehrungspflicht** entspricht es jedoch nur, dem Betroffenen in Zusammenhang mit der Maßnahme, die ihm den VA bekannt gibt, zu belehren; die Eröffnung der Möglichkeit der Einsichtnahme einer Rechtsbehelfsbelehrung wird demgegenüber den Anforderungen der §§ 58, 59 VwGO nicht gerecht. Gerade der Hinweis auf die nur befristet möglichen Rechtsbehelfe vermag zudem auch eine **gesteigerte Anstoßwirkung** auslösen, sich durch Einsichtnahme in den ausliegenden VA zu informieren. Zudem gehen § 58, § 59 VwGO ersichtlich davon aus, dass der **Betroffene** die **Rechtsbehelfsbelehrung** zum näheren Studium **behalten** kann. Diese Möglichkeit ist nur bei Abdruck der Rechtsbehelfsbelehrung in der Bekanntmachung gegeben, da kein Anspruch auf Erteilung einer Abschrift des auszulegenden VA besteht, s. Rn. 183. Soweit *BVerwG*³⁴⁸ für den Fall des § 74 Abs. 4 S. 2 (s. dort Rn. 211), der ausdrücklich eine Pflicht zur Rechtsbehelfsbelehrung nur auf der ausliegenden Ausfertigung des VA und nicht auf der öffentlichen Bekanntmachung vorsieht, ausdrücklich nicht von der Not- 193

---

³⁴⁴ Vgl. *BVerwG* NVwZ 1986, 740.
³⁴⁵ *Meissner* in Schoch u. a., § 58 Rn. 37; *P. Stelkens* NuR 1982, 10, 14; zweifelnd bezüglich der Anwendbarkeit des § 58 Abs. 2 VwGO bei öffentlicher Bekanntgabe *Martens* DVBl 1968, 322, 326.
³⁴⁶ So *Czybulka* in Sodan/Ziekow, § 58 Rn. 41; *Kopp/Schenke*, § 58 Rn. 6; *Liebetanz* in Obermayer, VwVfG, § 41 Rn. 56.
³⁴⁷ So *Meissner* in Schoch u. a., § 58 Rn. 37; *P. Stelkens* NuR 1982, 10, 14.
³⁴⁸ *BVerwG* NVwZ 1988, 364 (zu § 74 Abs. 4 S. 2 entsprechendem § 18a Abs. 4 S. 2 FStrG a. F.).

wendigkeit einer Rechtsbehelfsbelehrung in der Bekanntmachung ausgeht, lässt sich dies angesichts dieser ausdrücklichen, den allgemeinen Regeln des § 58, § 59 VwGO vorgehenden Regelung nicht auf § 41 Abs. 4 übertragen.

5. Öffentliche Bekanntgabe elektronischer Verwaltungsakte (Abs. 4)

194 Für die **öffentliche Bekanntgabe elektronischer VA** (§ 37 Rn. 64) kommt faktisch nur die **Bekanntgabe im Internet** auf einem „virtuellen Anschlagbrett" der Behörde unter einem kennzeichnungsgeeigneten „Domain-Namen"[349] in Betracht, soweit auf der Behörden-Homepage ein verlinkter, deutlicher Hinweis auf „öffentliche Bekanntmachungen" angebracht wird.[350] § 4 BekanntVO SchlH (Rn. 163) scheint insoweit richtungsweisend. Grundrechte stehen einer öffentliche Bekanntgabe von VA in dieser Form nicht entgegen (Rn. 164), zumal § 37 Abs. 2 S. 3 jedem, der hieran ein berechtigtes Interesse hat, auch bei öffentlicher Bekanntgabe eines elektronischen VA auf (formlosen) Antrag einen Anspruch auf (kostenfreie) schriftliche Bestätigung zuspricht, s. § 37 Rn. 89f. Solange nicht jeder ohne weiteres Zugriff zum Internet hat, dürfte zusätzlich geboten sein, dass die Behörde – wie bei einem echten Anschlagbrett – mindestens ein **Terminal** (mit Möglichkeit zum Ausdruck) **an ihrem Dienstsitz** bereithält, an dem die öffentlichen Bekanntmachungen abgerufen werden können.[351] Notwendig wäre auch eine qualifizierte Hilfestellung bei der Benutzung eines solchen Terminals. Dies kann entfallen, wenn die Behörde einen Ausdruck zur Einsichtnahme bereithält und hierauf besonders hinweist.

195 Die – im Gesetzgebungsverfahren nicht erläuterte[352] – Erweiterung des § 41 Abs. 4 auf elektronische VA stellt jedoch klar, dass eine öffentliche Bekanntgabe elektronischer VA **nur unter zusätzlichen Voraussetzungen gestattet ist:** Er verlangt neben der öffentlichen Bekanntmachung des VA (im vollen Wortlaut) im Internet zusätzlich eine **öffentliche Bekanntgabe in Schriftform** (durch Aushang, Zeitungsinserat, Verkündungsblatt). Der Hinweis nach § 41 Abs. 4 S. 2 beschreibt als „wo" der Einsichtnahme dann die Internet-Adresse, unter der der elektronische VA (mit seiner Begründung) zu finden ist. Hierdurch wird sicher gestellt, dass auch die „Anstoßwirkung" der Bekanntgabe auch solche Personen ergreift, die sich nicht mit dem Internet auseinandersetzen wollen, und dass ein klarer Anknüpfungspunkt für die Berechnung der Frist nach § 41 Abs. 3 S. 3 und der Rechtsbehelfsfristen besteht. Zudem gewährt § 37 Abs. 2 S. 3 jedem, der hieran ein berechtigtes Interesse geltend machen kann, einen Anspruch auf (individuelle) schriftliche Bestätigung des öffentlich bekannt gemachten elektronischen VA (s. § 37 Rn. 89f.), worauf in der öffentlichen Bekanntmachung **analog § 41 Abs. 4 S. 2 zusätzlich hinzuweisen** ist. Durch diese schriftliche Bekanntmachung und ggf. Bestätigung wandelt sich der elektronische VA auch nicht zu einem schriftlichen VA, da die „verkürzte" Bekanntgabe nach Abs. 4 nicht den VA selbst darstellt, sondern nur einen Hinweis auf einen VA, s. Rn. 156.

196 Weitergehende Voraussetzungen stellt § 41 Abs. 4 für die öffentliche Bekanntgabe elektronischer VA nicht auf. Insbes. ist **keine „Zugangseröffnung"** der von dem VA Betroffenen nach **§ 3a Abs. 1 notwendig,** da bei der öffentlichen Bekanntgabe gerade kein Zugang notwendig ist und sich § 3a Abs. 1 (und Abs. 3) nur mit der individuellen elektronischen Kommunikation befasst, während heute das Internet generell als allgemein zugängliche Informationsquelle auch im Rechtssinne betrachtet wird, s. § 3a Rn. 8. Daher besteht – anders als bei Rn. 83d der 6. Aufl. noch angenommen – kein Widerspruch zwischen § 41 Abs. 4 und § 3a Abs. 1.[353] Dem entspricht, dass § 10 Abs. 2 VwZG für die öffentliche Zustellung eine elektronische Bekanntmachung genügen lässt (Rn. 165), während für die individuelle Zustellung elektronischer Dokumente eine Zugangseröffnung nach § 5 Abs. 5 VwZG notwendig ist, s. Rn. 217.

---

[349] Üblich ist etwa bei Städten die Verwendung des Städtenamens, s. etwa http://www.saarheim.de; zweifelhaft ist die Kennzeichnungseignung bei Behörden-Abkürzungen, da diese zumeist nur Juristen vertraut sind; dies übersehend *Skrobotz*, Das elektronische VwVf, 2005, S. 277 Fn. 622.

[350] *Kunstein*, Elektronische Signatur als Baustein der elektronischen Verwaltung, 2005, S. 216; *Skrobotz*, Das elektronische VwVf, 2005, S. 276f.

[351] Wie hier wohl bei *Skrobotz*, Das elektronische VwVf, 2005, S. 277f.; weitergehende Bedenken *Kunstein*, Elektronische Signatur als Baustein der elektronischen Verwaltung, 2005, S. 216 m.w.N.

[352] In BT-Drs. 14/9000 heißt es hierzu nur „Die Änderung stellt klar, dass die Regelung über die öffentliche Bekanntgabe eines Verwaltungsaktes auch für elektronische Verwaltungsakte gilt" (S. 34).

[353] Von einem Widerspruch ausgehend jedoch *Skrobotz*, Das elektronische VwVf, 2005, S. 277.

6. Öffentliche Bekanntgabe mündlicher und „in anderer Weise erlassener" Verwaltungsakte

§ 41 Abs. 3 gilt anders als Abs. 4 für alle Formen von VA. Die Form der den Zugang ersetzenden öffentlichen Verlautbarung (Rn. 135) ist jedoch für mündliche und „auf andere Weise erlassene" VA nicht geregelt. Insoweit ergibt sich aus dem Wesen der öffentlichen Bekanntgabe, dass hierfür eine Form gewählt werden muss, die von allen Betroffenen jedenfalls potentiell wahrgenommen werden kann. Eine **öffentliche Verlautbarung mündlicher VA** kommt daher i. d. R. nur mittels Lautsprecher(-wagen), Rundfunk und Fernsehen (vgl. § 45 Abs. 4 HS. 2 StVO) in Betracht.[354]

Wie **„in anderer Weise erlassene",** insbes. konkludente VA (§ 35 Rn. 81, § 37 Rn. 79) öffentlich bekannt gegeben werden, lässt sich demgegenüber nicht allgemein bestimmen. Maßgeblich sind die Vorschriften, die eine öffentliche Bekanntgabe „in anderer Weise erlassener" VA zulassen (Rn. 151). Sie müssen die Form, in der diese öffentliche Bekanntgabe erfolgen soll, genau bestimmen, s. etwa § 36 Abs. 2 StVO zu den Handzeichen des Polizisten an einer Kreuzung, § 37 StVO für Ampel (hierzu § 35 Rn. 337), § 39 i. V. m. § 41, § 42 StVO für Verkehrszeichen (hierzu § 35 Rn. 332 ff.). Wird diese Form nicht eingehalten, ist keine ordnungsgemäße öffentliche Bekanntgabe erfolgt, s. für Verkehrszeichen § 35 Rn. 337. Nur so lässt sich sicherstellen, dass die öffentliche Verlautbarung – entsprechend den Geboten der Verfahrensklarheit (§ 9 Rn. 57 f.) – der Öffentlichkeit als (mit den näheren Umständen des Erlasses nicht vertrauter) Adressaten **unmissverständlich** (!) mitteilt, welche Regelung getroffen worden ist. Dies schließt aus, einen sich über Jahren erstreckenden Verhaltensprozess der Behörde als öffentliche Bekanntgabe einer (konkludenten) AllgV zu deuten, wie dies vielfach in Zusammenhang mit **konkludenten Widmungen** angenommen wird, bei denen es sich aber ohnehin nicht um VA, sondern um lokales Gewohnheitsrecht handelt, näher § 35 Rn. 325.

VI. Bekanntgabe mittels Zustellung (Abs. 5)

1. Anwendungsbereich und Wirkungsweise des Zustellungsrechts

a) Bedeutung des § 41 Abs. 5: Insbes. weil § 56 Abs. 2 VwGO (ebenso § 53 Abs. 2 FGO, § 63 Abs. 2 SGG) bis zum **ZustRG v. 25. 6. 2001**[355] für die Zustellung der Verwaltungsgerichte auf VwZG verwies, ist das VwZG bewusst nicht in das VwVfG eingearbeitet worden (Einl. Rn. 22). Dennoch sollte die Bekanntgabe auch durch förmliche Zustellung erfolgen können. Dies stellt § 41 Abs. 5 klar, indem er die Vorschriften über die Bekanntgabe von VA mittels Zustellung für „unberührt" erklärt (deutlicher insoweit § 122 Abs. 5 S. 1 AO). Hieraus ergibt sich, dass die Vorschriften des § 41 Abs. 1 bis 4 auf die Zustellung eines VA keine, auch keine subsidiäre Anwendung finden, s. a. Rn. 110, 143. Umgekehrt zeigt die Verwendung des Wortes „Bekanntgabe" in § 41 Abs. 5, dass es sich auch bei der Bekanntgabe mittels **Zustellung** um eine **Bekanntgabe** i. S. d. VwVfG, insbes. **i. S. d. § 43** handelt (s. Rn. 17). § 2 Abs. 1 VwZG n. F. (Rn 202) übernimmt auch deshalb den Begriff der Bekanntgabe, um das Wesen der Zustellung zu beschreiben.[356] § 41 Abs. 5 ist aber kein Anwendungsgesetz i. S. d. § 1 Abs. 2 VwZG, sondern nur Klarstellung i. S. d. Subsidiaritätsgrundsatzes (§ 1 Rn. 206 ff.), die die Anwendbarkeit des VwZG (Rn. 202 f.) voraussetzt.

Wird die Form der Bekanntgabe mittels Zustellung gewählt oder ist sie gesetzlich vorgeschrieben (s. Rn. 18, 202), ist damit jedoch Voraussetzung für das Wirksamwerden des VA nach § 43 Abs. 1 S. 1 die Wirksamkeit der Zustellung (d. h. Einhaltung der in §§ 2 ff. VwZG beschriebenen Förmlichkeiten), sofern nicht eine Heilung nach § 8 VwZG (hierzu Rn. 232 ff.) erfolgt, da § 43 für die Wirksamkeit des VA die Wirksamkeit der Bekanntgabe voraussetzt (§ 43 Rn. 174), näher Rn. 20, 222 f. Soweit die förmliche Zustellung eines VA jedoch nach Maßgabe des Verwaltungsvollstreckungsrechts nur **Voraussetzung für die Vollstreckbarkeit** des VA ist,

---

[354] S. etwa auch BVerwGE 12, 87 = NJW 1961, 2078 (Endiviensalat-Fall, hierzu § 35 Rn. 286 f.).
[355] Gesetz zur Reform des Verfahrens bei Zustellungen im gerichtlichen Verfahren (Zustellungsreformgesetz – ZustRG) v. 25. 6. 2001 (BGBl I, 1206).
[356] Zurückgehend auf die Stellungnahme des Bundesrates (BT-Drs. 15/5216, S. 18); Kritik hieran bei *Sadler*, VwVG – VwZG, 6. Aufl. 2006, Einl. VwZG Rn. 4.

wird durch die einfache Bekanntgabe nach § 41 nicht die Wirksamkeit dieses VA, wohl aber seine Vollstreckbarkeit berührt.[357]

201 Im Einzelfall können jedoch **Wertungen des Zustellungsrechts auf** die einfache **Bekanntgabe** i. S. eines Erst-Recht-Schlusses **übertragen** werden, s. etwa Rn. 67 (zur Frage, wer Empfangsbote ist), Rn. 103 (zur Zugangsvereitelung), Rn. 232 ff. (zur Heilung fehlerhafter Bekanntgabe durch nachträgliche Kenntnisnahme), Rn. 50 (zur Bekanntgabe an gesetzliche Vertreter), Rn. 112 (zur Frage, wer „Post" i. S. d. § 41 Abs. 2 ist). Jedoch ist insoweit **Vorsicht geboten,** s. etwa Rn. 39 (zur Pflicht zur Bekanntgabe an Bevollmächtigten).

202 **b) Anwendbarkeit des Zustellungsrechts:** Das VwZG des Bundes ist durch Art. 1 des **Gesetzes zur Novellierung des Verwaltungszustellungsgesetzes**[358] neu gefasst worden, und hat nach Art. 4 Abs. 1 S. 2 das VwZG vom 3. 7. 1952[359] abgelöst. Die meisten Länder haben ihr Zustellungsrecht mittlerweile diesem Vorbild angepasst (Rn. 244). Nach § 1 Abs. 2 VwZG und den entsprechenden Vorschriften der LVwZG gelten die **Zustellungsvorschriften** bei **gesetzlich vorgeschriebener** oder **behördlich angeordneter Zustellung.** Auch bei gesetzlich vorgeschriebener Zustellung ist Voraussetzung der Anwendbarkeit des Zustellungsrechts jedoch, dass die Behörde die **Zustellung** tatsächlich **verfügt** hat,[360] s. Rn. 18 ff. Will sie nur eine einfache Bekanntgabe vornehmen, lässt sich dies nicht – auch nicht über § 8 VwZG – in eine förmliche Zustellung umdeuten, näher Rn. 222 f. Jedoch spricht bei gesetzlich angeordneter Zustellung eine Vermutung dafür, dass die Behörde die Zustellung verfügt hat. Dass die Behörde die Zustellung behördlich angeordnet hat, ergibt sich allerdings nicht bereits daraus, dass für die Übermittlung des VA ein Übergabe-Einschreiben gewählt wurde (vgl. § 4 VwZG) oder dass ein Behördensachbearbeiter ein Schreiben dem Betroffenen persönlich übergibt (vgl. § 5 Abs. 1 S. 1 VwZG).[361] Hierfür spricht eine Vermutung nur in dem Fall, dass die Zustellung gesetzlich vorgesehen ist.[362] Hat die Behörde die förmliche Zustellung gewählt, ist Wirksamkeitsvoraussetzung der Bekanntgabe, dass die § 2 VwZG beachtet werden, auch wenn eine einfache Bekanntgabe nach § 41 möglich gewesen wäre, s. Rn. 20.

203 Nach § 1 Abs. 1 VwZG ist das VwZG anwendbar für Zustellungsverfahren von Bundesbehörden und Behörden bundesunmittelbarer juristischer Personen des öffentlichen Rechts sowie der **Landesfinanzbehörden** (zum Begriff § 2 FVG, s. § 2 Rn. 56).[363] Für die **übrigen Landesbehörden** gelten dementspr. die LVwZG (Rn. 244), auch wenn durch Bundesrecht die Zustellung angeordnet wird.[364] **Besondere Zustellungsvorschriften** wie § 10 AsylVfG[365] oder die Vorschriften, nach denen eine Zustellung durch öffentliche Bekanntgabe ersetzt werden kann (Rn. 145), gehen den allgemeinen Zustellungsgesetzen vor. Eine analoge Anwendung solcher Sondervorschriften auch auf gesetzlich nicht geregelte Fälle scheidet jedoch aus.[366]

204 **c) Unterschiede zur Bekanntgabe nach § 41 Abs. 1 bis 4:** Anders als bei der einfachen Bekanntgabe kommt es für die Wirksamkeit der Bekanntgabe eines VA mittels Zustellung nicht darauf an, ob der VA dem Empfänger zugeht. Das **Zugangserfordernis** (nicht aber das Erfordernis des Bekanntgabewillens, s. Rn. 53) wird vielmehr **durch** das Erfordernis der Einhaltung bestimmter, in §§ 2 ff. VwZG und den entsprechenden Landesvorschriften genau beschriebener **Förmlichkeiten ersetzt,** vgl. Rn. 210 ff. Anders als bei der öffentlichen Bekanntgabe

---

[357] *Allesch* BayVBl 1991, 653.
[358] Gesetz zur Novellierung des Verwaltungszustellungsrechts v. 12. 8. 2005 (BGBl I, 2354). Hierzu *Humberg* VR 2006, 325 ff.; *Kremer* NJW 2006, 332 ff.; *Rosenbach* DVBl 2005, 816 ff.; *ders.* NWVBl 2006, 121 ff.; *Tegethoff* NdsVBl 2007, 1 ff.; s. ferner **Nr. 3 zu § 122 AO** des Anwendungserlasses zur AO (AEAO, Angaben vor Rn. 1).
[359] Verwaltungszustellungsgesetz (VwZG) v. 3. 7. 1952 (BGBl I, 379), zul. geänd. durch das Zustellungsreformgesetz (Rn. 199).
[360] So *BVerwGE* 16, 165, 166; *VGH Mannheim* VBlBW 1988, 143, 144; NVwZ-RR 1997, 583; BFHE 191, 486 = NVwZ-RR 2001, 215.
[361] *FG Saarl.* EFG 1993, 196, 197.
[362] *VGH Kassel* NVwZ 1986, 138, 139.
[363] Str. ist, ob das VwZG für Landesfinanzbehörden auch gilt, soweit der Bundesgesetzgeber nicht die Gesetzgebungskompetenz zur Regelung des VwVf hat, vgl. *Engelhardt/App*, § 1 VwZG Rn. 2.
[364] *BVerwG* NVwZ 1989, 648, 649; *P. Stelkens* LKV 1992, 13, 14.
[365] Hierzu z. B. *OVG Magdeburg* NVwZ-Beilage I 5/2002, 59 f.; *OVG Münster* NVwZ-RR 2001, 409 ff.; *VG Gießen* NVwZ-Beilage I 3/2001, 45 f.
[366] So für analoge Anwendung des § 10 Abs. 4 AsylVfG für die Zustellung in Gemeinschaftsunterkünften *VGH Mannheim* NVwZ-Beilage I 5/1999, 42; *VGH München* NVwZ Beilage I 5/2000, 56.

(Rn. 135) sind jedoch die Vorschriften des VwZG/LVwZG grundsätzlich darauf gerichtet, dem Betroffenen den VA zukommen zu lassen und ihm so eine sichere Kenntnisnahmemöglichkeit zu verschaffen, s. aber Rn. 143f., 213. Hierdurch wird der Zugang des VA jedoch nicht zur Voraussetzung der Zustellung. Eine indirekte Ausnahme bildet jedoch § 4 VwZG, da hier bei Zustellung durch Aufgabe zur Post (mittels Einschreiben) – wie bei § 41 Abs. 2 – in Zweifelsfällen der Nachweis des Zugangs verlangt wird, s. hierzu Rn. 110, 214.

Im Unterschied zur Bekanntgabe nach § 41 kann Gegenstand der Zustellung nach § 2 Abs. 1 VwZG **jedes schriftliche oder elektronische Dokument** sein. Entsprechendes gilt in allen Bundesländern mit Ausnahme Baden-Württembergs und Sachsens (hier sind nur Schriftstücke zustellbar, s. Rn. 244). Dementsprechend ist anzunehmen, dass das Fachrecht zwingend die (durch die elektronische Form ersetzbare) Schriftform für einen VA anordnet, wenn Zustellung angeordnet wird, s. § 37 Rn. 52f. Dabei ist die **Einhaltung besonderer Schriftformanforderungen** (außer in Sachsen, Rn. 244) **nicht mehr Zustellungsvoraussetzung** (str.), so dass auch eine Fotokopie wirksam zugestellt werden kann, näher § 37 Rn. 107f.; anders ist bei der Zustellung elektronischer Dokumente nach § 5 Abs. 5 VwZG, s. § 37 Rn. 126f. **205**

Der Anwendungsbereich der VwZG ist auch nicht auf die Bekanntgabe von VA begrenzt. BGH[367] schließt jedoch eine Anwendbarkeit der VwZG für **Erklärungen privatrechtlicher Art** aus und verweist die Behörde insoweit auf § 132 BGB. **206**

2. Formen der Zustellung

a) Begriff der Zustellung/Zustellorgane: Nach § 2 Abs. 1 VwZG ist die Zustellung die Bekanntgabe eines schriftlichen oder elektronischen Dokuments in der durch das VwZG bestimmten Form. Hierdurch wurde der Zustellungsbegriff an den des § 166 Abs. 1 ZPO i.d.F. des Zustellungsreformgesetzes (Rn. 199) angepasst. Zu diesen Formerfordernissen gehört – entgegen dem früheren Recht – **nicht** mehr die **formgerechte Beurkundung des Zustellvorgangs;** die in § 3 Abs. 1, § 5 Abs. 2 S. 2, Abs. 4 S. 2, Abs. 5 S. 3 genannten Urkunden dienen ausschließlich dem Nachweis der Zustellung.[368] Daher begründet auch der systematische Verzicht auf die Ausstellung derartiger Urkunden keinen Zustellungsmangel; die Behörde verstößt hier v.a. gegen ihre eigenen Interessen.[369] **207**

Hinsichtlich der Frage, wer zustellt, unterscheidet das VwZG zwischen der Zustellung durch die Behörde (§ 5 VwZG) und der Zustellung durch die Post (§ 3, § 4 VwZG); zum Postbegriff Rn. 112. Die Gerichte haben es bisher abgelehnt, den von den nach § 33 PostG Beliehenen (insbes. der Deutschen Post AG) ausgestellten Postzustellungsurkunden geringere Beweiskraft zuzumessen als den vor der Postreform von der Deutschen Bundespost ausgestellten Postzustellungsurkunden.[370] Das wegen des Wettbewerbsdrucks auf dem Postmarkt und des hiermit verbundenen Drucks auf die Postboten, ihre Zustellrunden möglichst schnell „durchzuziehen", erheblich gestiegene Risiko von (bewussten und unbewussten) Fehlleistungen wird ohne gerechtfertigten Grund einseitig den Zustelladressaten übertragen, s. hierzu auch Rn. 130. Soweit das BVerfG (Kammerentscheidung) 1997 die Zustellung durch Aufgabe zur Post als verfassungsrechtlich unbedenklich angesehen hat,[371] taugt die Entscheidung nicht dazu, die heute bestehenden tatsächlichen Glaubwürdigkeitsprobleme als unbegründet zu qualifizieren.[372] **208**

Ferner unterscheidet das VwZG in § 2 Abs. 2 zwischen der „regulären" Zustellungsformen, zwischen denen nach § 2 Abs. 3 VwZG die Behörde frei wählen kann, und den in § 9 (Zustellung im Ausland, hierzu Rn. 221) und § 10 (öffentliche Zustellung, hierzu Rn. 6, 143ff.) gere- **209**

---

[367] *BGHZ* 67, 271, 276 = *NJW* 1977, 194; a.A. wohl *OVG Berlin* NVwZ-RR 1998, 464, 465; *Sadler*, VwVG – VwZG, 6. Aufl. 2006, Einl. VwZG Rn. 2.
[368] *Engelhardt/App*, § 2 VwZG Rn. 1; vgl. auch die Begründung zum Zustellungsreformgesetz (BT-Drs. 14/4554, S. 15 zu § 166) und hierzu *BVerwG* BayVBl 2007, 315; *OVG Berlin* NVwZ-RR 2004, 724; *OVG Münster* NVwZ 2003, 632; *VGH München* NVwZ-RR 2005, 4; *BGH* NJW 2005, 3216, 3217; *BFH* NVwZ-RR 2002, 240.
[369] So bereits zum VwZG 1952: *BVerwG* NVwZ 2006, 943f.
[370] BFHE 183, 3 = NJW 1997, 3264; *FG Düsseldorf* NVwZ-RR 2000, 654; *BSG* NVwZ-RR 1998, 352; *OLG Düsseldorf* NJW 2000, 2831; *OLG Frankfurt a.M.* NJW 1996, 3159; ferner *Benedict* NVwZ 2000, 167, 169.
[371] *BVerfG* NJW 1997, 1772.
[372] A.A. *Engelhardt/App*, § 3 VwZG Rn. 1. Zu den schon früher bestehenden Zweifeln *Späth* NJW 1997, 2155ff.

gelten Sonderformen der Zustellung, die nur unter bestimmten (engen) Voraussetzungen zulässig sind.

210 b) **Zustellung durch Übergabe eines Dokuments:** Hauptform der Zustellung ist die **Übergabe** eines (i. d. R. schriftlichen, bei Speicherung auf Diskette/CD u. U. auch elektronischen[373]) Dokuments (s. § 3 Abs. 1, § 4 Abs. 1 Alt. 1, § 5 Abs. 1 VwZG), auch wenn die Übergabe entgegen § 2 Abs. 1 VwZG 1952 nicht mehr Teil der Legaldefinition der Zustellung ist.[374] Mit der Übergabe ist dann die Zustellung erfolgt, unabhängig davon, ob sie an den Empfangsberechtigten oder im Wege der **Ersatzzustellung** nach § 3 Abs. 2, § 5 Abs. 2 S. 1 VwZG i. V. m. § 178 ZPO an eine andere Person erfolgt.[375] Zur fehlenden Möglichkeit der Ersatzzustellung im Fall des § 4 VwZG s. Rn. 215. Übergabe ist die **Aushändigung von Hand zu Hand**.[376] Die Versendung eines **Telefax** erfüllt diese Anforderungen nicht,[377] s. a. Rn. 216, 217.

211 Aus dem Begriff der Übergabe folgt nach h. M. zudem, dass dann, wenn ein VA an eine Personenmehrheit gerichtet ist, an jeden Adressaten auch eine Ausfertigung zu übergeben ist, damit dieser **Alleinbesitz** an dem Schriftstück erhält. Anders als bei der einfachen Bekanntgabe (Rn. 75 f.) reicht damit für die Zustellung an mehrere Personen (auch bei Zustellung an Eheleute und Familien) die Begründung von Mitbesitz an dem Schriftstück nicht aus.[378] Etwas anderes gilt nur, wenn dies – wie in § 10 Abs. 3 AsylVfG geschehen[379] –, ausdrücklich bestimmt ist (hierzu zählt der nur die einfache Bekanntmachung betreffende § 122 Abs. 6 und 7 AO nicht)[380] oder wenn nach § 8 VwZG an einen Bevollmächtigten mehrerer Personen zugestellt wird bzw. der Zustellungsempfänger auch als Bevollmächtigter der anderen Adressaten anzusehen ist, s. Rn. 45, 77.

212 Str. ist, ob bei Übergabe nur eines Schriftstücks an mehrere Adressaten der Zustellungsmangel nach § 8 VwZG **geheilt** werden kann, wenn tatsächlich eine gemeinsame Verfügungsgewalt begründet wurde,[381] s. auch Rn. 223. Dies sollte verneint werden, da der Begriff des „tatsächlichen Zugangs" in § 8 VwZG wohl nur als Umschreibung des Ergebnisses der „Übergabe" verstanden werden kann, so dass auch hierfür das Innehaben von „Alleinbesitz" als notwendig erscheint. Jedenfalls lässt sich eine Unbeachtlichkeit des Erfordernisses der Übergabe einer Ausfertigung pro Person nicht aus § 43 VwVfG herleiten, näher Rn. 223. Möglich ist aber eine „Heilung" durch „rügelose Einlassung", s. Rn. 238.

213 c) **Ersatzzustellung durch Einwurf in den Briefkasten und durch Niederlegung:** Kann die Zustellung durch Übergabe nicht erfolgen, weil der Empfänger nicht angetroffen wird, sieht § 3 Abs. 2, § 5 Abs. 2 i. V. m. § 180, § 181 ZPO eine Ersatzzustellung durch Einle-

---

[373] *Humbert* VR 2006, 325, 326; *Kremer* NJW 2006, 332 f.; *Rosenbach* DVBl 2005, 816, 817; *ders.* NWVBl 2006, 121, 122; *Tegethoff* NdsVBl 2007, 1, 2; *ders.* JA 2007, 131, 132.
[374] Zu den Gründen BT-Drs. 15/5216, S. 11 (bei elektronischen Dokumenten könne eine Übergabe nicht stattfinden).
[375] *Kruse* in Tipke/Kruse, § 2 VwZG Rn. 3.
[376] *Kruse* in Tipke/Kruse, § 2 VwZG Rn. 3.
[377] *Engelhardt/App,* § 2 VwZG Rn. 7.
[378] *BVerwG* DÖV 1958, 715, 716; DÖV 1976, 353 (insoweit in *BVerwGE* 50, 171 nicht abgedruckt); *BVerwG* NJW 1993, 2884 (hier jedoch wohl für den Fall Ausnahme, dass ein Schriftstück mehreren Empfängern gemeinsam übergeben wird); *OVG Berlin* NVwZ 1986, 136; *VGH Kassel* NVwZ 1986, 138, 139; NVwZ 1987, 898; *OVG Koblenz* NVwZ 1987, 899; *VGH Mannheim* 2. 6. 1980 – III 1381/79 (juris); VBlBW 1984, 114; BWVPr 1986, 131, 132; NVwZ-RR 1989, 593; NVwZ-RR 1992, 396, 397; NJW 1996, 3162; *VGH München* NVwZ 1987, 900; BayVBl 1997, 570; *OVG Münster* NVwZ 1995, 623; BFHE 100, 171, 174 = NJW 1971, 727; BFHE 104, 45, 47; 117, 205, 206; 178, 105, 106 f. = NJW 1995, 3207; *FG München* NVwZ-RR 1990, 525. Diese schon zum VwZG 1952 bestehende h. M. wird nun bestätigt durch Entstehungsgeschichte des VwZG 2005: Der Antrag des Bundesrates, nach dem es für die Zustellung eines zusammengefassten Bescheides, der an Ehegatten, Ehegatten mit ihren Kindern, Alleinstehende mit ihren Kindern oder Lebenspartner gerichtet ist, für alle Beteiligten genügen sollte, wenn für allen Beteiligten zusammen nur eine Ausfertigung zugestellt wird (BT-Drs. 15/5216, S. 19), ist nicht Gesetz geworden.
[379] S. hierzu *VG Frankfurt a. M.* NVwZ-Beilage I 6/2000, 69, 70.
[380] BFHE 178, 105, 106 f. = NJW 1995, 3207 (zu § 155 Abs. 5 AO a. F.); *Tipke* in Tipke/Kruse, § 122 AO Rn. 69, 70.
[381] **Für Heilungsmöglichkeit** *VGH Mannheim* 6. 2. 1980 – III 1381/79 – (juris); BWVPr 1986, 131, 132; *VGH München* BayVBl 1991, 338, 339; *OVG Münster* OVGE 31, 147; NVwZ-RR 1995, 623; *Kintz* JuS 1997, 1115, 1119; **a. A.** *OVG Berlin* NVwZ 1986, 136; *OVG Koblenz* KStZ 1974, 197; NVwZ 1987, 899, 900; *VGH München* NVwZ 1984, 249; NVwZ 1987, 900, 901; *VGH Mannheim* VBlBW 1986, 183; NJW 1996, 3162; *Petersen* KStZ 1988, 41, 44; *Proksch* BayVBl 1970, 399; *Renck* JuS 1977, 449, 451.

gung in den Briefkasten[382] (durch das ZustRG [Rn. 199] neu geschaffen)[383] und durch Niederlegung (hier entstehen immer wieder Zweifelsfragen)[384] vor. In diesen Fällen gilt das Schriftstück mit der Einlegung in den Briefkasten (§ 180 S. 2 ZPO) bzw. der Abgabe der schriftlichen Mitteilung über die Niederlegung (§ 181 Abs. 1 S. 3 ZPO) als zugestellt. Für die Wirksamkeit der Zustellung auch im Fall Niederlegung ist (anders als im Fall der Rn. 73) unerheblich, ob das niedergelegte Schriftstück abgeholt wird. Wird das Schriftstück nicht abgeholt, gewährt *BVerwG*[385] auch keine Wiedereinsetzung und begründet dies mit der staatsbürgerlichen Pflicht, bereit zu sein, sich von dem Inhalt von Schriftstücken, die zwecks Zustellung niedergelegt wurden, Kenntnis zu verschaffen.

d) Zustellung mittels Einschreiben: Bei der **Zustellung mittels Einschreiben** nach § 4 VwZG wird das (schriftliche, ggf. auch elektronische, s. Rn. 210) Dokument nicht „hoheitlich" übergeben, sondern es wird – für die Zustellung atypisch – die Zustellung mit „normalem" Zugang (vgl. Rn. 69 ff.) bewirkt. Dementsprechend ist eine § 41 Abs. 2 VwVfG entsprechende Zugangsfiktion vorgesehen, s. Rn. 110. Näheres zur Berechnung der auch insoweit geltenden Drei-Tages-Frist und zum Beweis des Zugangs bei Rn. 132 ff. Ein **eingeschriebener Brief** i. S. d. § 4 VwZG ist nur ein Brief, für den die Versendungsform des Einschreibens i. S. d. § 1 Abs. 2 Nr. 1 **PUDLV** gewählt wurde; dies ist z. Zt. nur das von der Deutschen Post AG angebotene **Übergabe-Einschreiben, nicht** das sog. **Einwurf-Einschreiben,** da letzteres nicht i. S. d. § 1 Abs. 2 Nr. 1 PUDLV dem Empfänger ausgehändigt (d. h. übergeben i. S. d. Rn. 210 ff.), sondern wie ein einfacher Brief in den Briefkasten eingeworfen wird.[386] Wird der Empfänger nicht angetroffen und nur ein Benachrichtigungsschein in den Briefkasten eingeworfen, ist die Zustellung erst erfolgt, wenn der Empfänger die Sendung tatsächlich abholt, s. Rn. 73.

Bei der Zustellung nach § 4 VwZG handelt der Postdienstleister nach h. M. nicht als Beliehener i. S. d. § 33 PostG, sondern auf Grund eines privatrechtlichen Briefbeförderungsvertrages im Verhältnis zur Behörde.[387] Deshalb gelten die §§ 171 ff. ZPO zur Ersatzzustellung nicht für den Fall der Zustellung nach § 4 VwZG. Die Zulässigkeit einer Ersatzzustellung, z. B. an eine andere Person (z. B. durch Übergabe des Einschreibens an Ehefrau, vgl. § 178 Abs. 1 ZPO), kann sich auch nicht aus dem privatrechtlichen Briefbeförderungsvertrag ergeben, da der Empfänger hieran nicht gebunden ist. Eine **Ersatzzustellung** ist damit – nach zutreffender Auffassung des *BSG*[388] und entgegen der Gesetzesbegründung[389] – **im Fall des § 4 VwZG ausgeschlossen.**[390] Allenfalls kann eine Heilung nach § 8 VwZG bei Übergabe an eine Person, die nach den Grundsätzen der Rn. 67 als Empfangsbote anzusehen ist, möglich sein.[391]

e) Zustellung „auf andere Weise" nach § 5 Abs. 4 VwZG: Die Zustellung gegen Empfangsbekenntnis (das nur Zustellungsnachweis ist, s. Rn. 207) gegenüber Behörden, Rechtsanwälten, Notaren, Steuerberatern und den sonstigen in § 5 Abs. 4 VwZG abschließend aufge-

---

[382] Vgl. hierzu *BGH* NJW 2006, 150, 151 f.
[383] Hierdurch sollte die Zahl der Fälle der (umständlichen) Zustellung durch Niederlegung vermindert werden und der Zugang zu der Sendung an den Adressaten erleichtert werden, s. BT-Drs. 14/4554.
[384] S. etwa zur Zulässigkeit der Niederlegung, wenn Unklarheiten über die Zulässigkeit einer Ersatzzustellung nach § 178 ZPO bestehen: *BVerwG* NVwZ 2002, 80, 81; für Anforderungen an das Vorliegen einer Wohnung, bei der zunächst zugestellt werden muss: *VGH München* BayVBl 2000, 403; zu den Folgen des Vortäuschens einer Wohnung für die Wirksamkeit der Niederlegung: *OVG Bautzen* SächsVBl 2001, 299; *OVG Lüneburg* NVwZ-RR 2005, 760 f.; für Anforderungen an den Einwurf des Benachrichtigungsscheins in Briefkasten: *BSG* NVwZ-RR 1999, 352; *FG Düsseldorf* NVwZ-RR 2000, 654; *Westphal* NJW 1998, 2413; zur Zulässigkeit der Befestigung des Benachrichtigungsscheins an der Haustür: *OVG Frankfurt (Oder)* LKV 2007, 239 f.; für Inhalt der Benachrichtigung: *VGH Mannheim* NVwZ-RR 2001, 501, 502; *AG Baden-Baden* NJW 2001, 839, 840; zur Niederlegung bei Postagentur: *VG Hannover* NJW 1998, 920; *BGH* NJW 2001, 832.
[385] *BVerwG* NJW 1987, 2529.
[386] *BVerwG* NJW 2001, 458; *OVG Koblenz* NVwZ-Beilage I 1/2001, 9, 10; *Dübbers* NJW 1997, 2503, 2504; *Kim/Dübbers* NJ 2001, 65, 68; *Tegethoff* JA 2007, 131, 132; deutlich auch BT-Drs. 15/5216, S. 12.
[387] BT-Drs. 15/5216, S. 11, 12; *Engelhardt/App*, § 4 VwZG, Rn. 1; *Rosenbach* NWVBl 2006, 121, 122; *Schwarz* in Hübschmann/Hepp/Spitaler, § 4 VwZG Rn. 16; *Tegethoff* NdsVBl 2007, 1, 4.
[388] *BSG* NJW 2005, 1303, 1304; Zweifel auch bei *Kopp/Schenke*, § 56 Rn. 21.
[389] BT-Drs. 15/5216, S. 12; dem folgend *Engelhardt/App*, § 4 VwZG, Rn. 13; *Rosenbach* DVBl 2005, 816, 818; *Schwarz* in Hübschmann/Hepp/Spitaler, § 4 VwZG Rn. 5; *Stein* DVP 2006, 441, 447; *Tegethoff* NdsVBl 2007, 1, 4; *ders.* JA 2007, 131, 132.
[390] Im Grundsatz wie hier *Stein* DVP 2006, 441, 448.
[391] So im Ergebnis wohl auch *BSG* NJW 2005, 1303, 1304; zustimmend *Humberg* SGb 2005, 359 ff.

zählten³⁹² Empfängern kann durch Übergabe (Rn. 210) oder „auf andere Weise", auch elektronisch, erfolgen. Möglich ist damit die Übermittlung durch gewöhnliche Briefpost,³⁹³ Telefax³⁹⁴ oder auch eines elektronischen Dokuments per E-Mail. Ob die Formanforderungen für die so übermittelten schriftlichen und elektronischen VA eingehalten wurden, ist hier ausschließlich Rechtmäßigkeits-, nicht Zustellungsvoraussetzung, s. § 37 Rn. 127. Für die Wirksamkeit der **Zustellung** auch eines **elektronischen Dokuments** ist nicht erforderlich, dass der Empfänger den Zugang entsprechend § 3a Abs. 1 eröffnet hat.³⁹⁵ Dies bildet jedoch keinen Wertungswiderspruch zu den in Rn. 87 ff. dargestellten Grundsätzen, da **Wirksamkeitsvoraussetzung** der Zustellung nach § 5 Abs. 4 (bei allen schriftlichen und elektronischen Dokumenten) die **Annahmebereitschaft des Adressaten** ist,³⁹⁶ der Empfänger muss sich also bereit erklären, das Dokument als zugestellt entgegenzunehmen (diese Erklärung ist auch für den Zustellungszeitpunkt maßgeblich),³⁹⁷ was i.d.R. durch das unterschriebene Empfangsbekenntnis bewiesen wird.³⁹⁸ Will der Empfänger daher für elektronische Dokumente keinen Zugang eröffnen, kann er die Annahme des elektronisch zugestellten Dokuments verweigern. Eine Heilung nach § 8 VwZG durch tatsächlichen Zugang ist bei fehlender Zugangseröffnung bei elektronischen Dokumenten nach § 3a Abs. 1 ausgeschlossen, weil die Zugangseröffnung eben notwendige Voraussetzung des tatsächlichen Zugangs ist.

217 **f) Elektronische Zustellung an jedermann:** Zulässig ist auch die elektronische Zustellung elektronischer Dokumente an jedermann (§ 5 Abs. 5) gegen (ggf. elektronisches) Empfangsbekenntnis, soweit der Empfänger hierfür einen Zugang eröffnet hat. An die Zugangseröffnung nach § 5 Abs. 5 VwZG sind für die Zustellung elektronischer VA keine geringeren Anforderungen zu stellen als für die Zugangseröffnung nach § 3a Abs. 1 VwVfG, vgl. Rn. 87 ff. Zusätzlich ist Wirksamkeitsvoraussetzung für die Zustellung, dass das elektronische Dokument entsprechend den Anforderungen des § 5 Abs. 5 VwZG elektronisch signiert ist, s. § 37 Rn. 126. Da das Telefax kein elektronisches Dokument ist (§ 37 Rn. 62f.), lässt § 5 Abs. 5 VwZG (anders als § 5 Abs. 4 VwZG) die Zustellung mittels Fax nicht zu.

VII. Bekanntgabe und Zustellung im Ausland

218 Die Möglichkeit einfacher Bekanntgabe im Ausland – und zwar in allen Staaten – setzt insbes. § 15 Abs. 1 S. 2, deutlicher noch **§ 122 Abs. 2 Nr. 2 AO** voraus, der – anders als § 41 Abs. 2 S. 1 Alt. 1 (Rn. 115) – auch für die Übermittlung eines VA durch die Post in das Ausland eine Zugangsfiktion von einen Monat vorsieht. Auch § 41 Abs. 2 S. 1 Alt. 2 geht für elektronisch übermittelte VA von der **völkerrechtlichen Zulässigkeit** der einfachen Bekanntgabe im Ausland aus, s. Rn. 118. Dies ist zutreffend, da die **deutsche Behörde** in diesen Fällen **nicht selbst im Ausland tätig wird**. Vielmehr werden an den Umstand, dass ein VA im Ausland zugeht (Rn. 61 ff.), im Inland die Rechtsfolgen der § 41, § 43 geknüpft. Die Rechtslage unterscheidet sich damit nicht grundsätzlich von allen anderen Fällen, in denen das innerstaatliche Recht an bestimmte Tatbestände, die sich tatsächlich im Ausland abspielen, Rechtsfolgen knüpft. Das völkerrechtliche Territorialitätsprinzip wird hierdurch nicht verletzt. Die einfache Bekanntgabe im Ausland ist damit in allen Staaten unabhängig von ihrer Zustimmung völker-

---

³⁹² BT-Drs. 15/5216, S. 13.
³⁹³ *BFH* NVwZ 2000, 356.
³⁹⁴ Deutlich BT-Drs. 15/5216, S. 13; ferner *OVG Bautzen* NVwZ-RR 2002, 56; *Rosenbach* DVBl 2005, 816, 818 f.; *Tegethoff* JA 2007, 131, 133.
³⁹⁵ A. A. *Rosenbach* NWVBl 2006, 121, 124, insbes. Fn. 8 und 9. Die dort verworfene Wortlautauslegung scheint – auch wenn dies vom Gesetzgeber nicht gewollt war – als die einzig Mögliche, da § 5 Abs. 4 VwZG eindeutig als Spezialregelung zu § 3a Abs. 1 VwVfG zu verstehen ist.
³⁹⁶ *Kruse* in Tipke/Kruse, § 5 VwZG Rn. 6; *Schwarz* in Hübschmann/Hepp/Spitaler, § 5 VwZG Rn. 27.
³⁹⁷ So *BVerfG* NJW 2001, 1563, 1564; *BVerwGE* 58, 107 ff. = NJW 1979, 1998; *BVerwG* NJW 1980, 2427; *OVG Bautzen* NVwZ 2002, 113; *OVG Lüneburg* NVwZ-RR 2005, 365; *OVG Münster* NWVBl 2001, 29, 30; *OVG Hamburg* NVwZ 2005, 235; *OLG Nürnberg* NJW 1992, 1177, 1178; *BSG* NVwZ 1998, 1332, 1333.
³⁹⁸ *BVerfG (K)* NJW 2001, 1563, 1564; *OVG Lüneburg* NJW 2005, 3802; NVwZ-RR 2005, 365; *OVG Münster* NVwZ-RR 2004, 38; *BGH* NJW 2003, 2460.

rechtlich zulässig.³⁹⁹ Ob eine wirksame Bekanntgabe, insbes. Zugang vorliegt, bestimmt sich nach den zu § 130 BGB entwickelten Grundsätzen, s. Rn. 53 ff., 61 ff.

Der **Anwendungserlass zur AO** (AEAO, s. Angaben vor Rn. 1) nimmt in Ziff. 1.8.4 zu § 122 AO demgegenüber an, eine Bekanntgabe mittels einfachen Briefes (nichts anderes kann für die Bekanntgabe mittels Fernsprechers [Rn. 99], Telefax [Rn. 83 ff.] oder E-Mail [Rn. 87 ff.] gelten) im Ausland völkerrechtlich nur zulässig sei, wenn der betreffende Staat hiermit einverstanden ist oder dies zumindest toleriere.⁴⁰⁰ Fehle ein solches Einverständnis, müsse nach (dem § 15 VwVfG entsprechenden) § 123 AO bzw. § 9, § 10 VwZG verfahren werden. Dem folgt anscheinend *BFH*.⁴⁰¹ Auch die Begründung des Regierungsentwurfs zu Art. 1 Nr. 15 des Steuerbereinigungsgesetzes 1986,⁴⁰² durch den der Anwendungsbereich des § 122 Abs. 2 AO auf die Bekanntgabe im Ausland ausgeweitet wurde, scheint dieser Auffassung zu sein.⁴⁰³ Jedoch fehlt bereits eine Begründung dafür, warum nach erfolgloser Aufforderung zur Bestellung eines Empfangsberechtigten im Inland die einfache Bekanntgabe im Ausland dann doch völkerrechtlich zulässig sein soll. 219

Die Vornahme von **Zustellungshandlungen im Ausland** (nicht aber – wie § 10 VwZG zeigt – die Vornahme von Zustellungshandlungen im Inland, die „ins Ausland" wirken sollen) ist dagegen grundsätzlich unzulässig, da die Übergabehandlung als **Hoheitsakt** gesehen wird,⁴⁰⁴ s. a. Rn. 221. Unabhängig davon ergibt sich bereits aus der Regelungssystematik der § 9, § 10 VwZG, dass für inländische Behörden oder deutsche Auslandsvertretungen keinesfalls die Möglichkeit besteht, sich im Ausland der ausländischen Post für Zustellungszwecke zu bedienen.⁴⁰⁵ Die ausländische Post ist nicht „Post" i. S. d. dieser Bestimmungen, s. Rn. 112. Sind Zustellungshandlungen im Ausland vorzunehmen, geschieht dies daher nach **zwischenstaatlichen Vereinbarungen.** Zwischenstaatliche Vereinbarungen sind entweder zweiseitige Abkommen⁴⁰⁶ oder multilaterale Übereinkommen wie das **Europäische Übereinkommen über die Zustellung von Schriftstücken in Verwaltungssachen im Ausland** vom 24. 11. 1977.⁴⁰⁷ 220

Bestehen keine zwischenstaatlichen Übereinkommen, richtet sich die Zustellung nach **§ 9 VwZG,** der – weitergehend als das frühere Recht – in **Abs. 1 Nr. 1** nun auch die Zustellung mittels Einschreiben mit Rückschein und in **Abs. 1 Nr. 4** auch die Zustellung durch elektronische Übermittlung elektronischer Dokumente unter den Voraussetzungen des § 5 Abs. 5 VwZG (Rn. 217) zulässt, sofern dies völkerrechtlich zulässig ist, wobei die Gesetzesbegründung davon ausgeht, dass eine solche Zustellung von den meisten **Staaten „toleriert"** werde,⁴⁰⁸ s. hierzu auch Rn. 219. Erst wenn auch ein Zustellungsversuch nach § 9 VwZG gescheitert ist, kommt eine öffentliche Zustellung nach § 10 Abs. 1 Nr. 2 VwZG (hierzu Rn. 143) in Betracht, vgl. Rn. 6. 221

VIII. Fehlerfolgen und Heilung

1. Fehlerfolgen

a) Inexistenz des Verwaltungsakts als Folge von Bekanntgabefehlern: Unterbleibt die Bekanntgabe, wird der materielle VA nicht existent; das VwVf wird nicht abgeschlossen, näher 222

---

³⁹⁹ So auch *Nothnagel,* Die Bekanntgabe von VA im Steuerrechtsverhältnis, Diss. 1983, 122 ff. m. w. N.; *Tipke* in Tipke/Kruse, § 123 AO Rn. 2; a. A. *Kruse* in Tipke/Kruse, § 9 VwZG Rn. 2.
⁴⁰⁰ Insoweit soll kein Einverständnis (vgl. Ziff. 3.1.4.1. zu § 122 AEAO) vorliegen bei Ägypten, Argentinien, Bulgarien, China, Republik Korea, Kuwait, Litauen, Mexiko, Norwegen, Russische Föderation, San Marino, Schweiz, Sri Lanka, Türkei, Ukraine, Venezuela, Zypern.
⁴⁰¹ BFHE 191, 202 = NVwZ 2000, 1214; ebenso *Bock* DStZ 1986, 329, 330; *Domann* BB 1986, 611, 614; ähnlich auch *Kopp/Ramsauer,* § 41 Rn. 76.
⁴⁰² Vom 19. 12. 1985 (BGBl I 2436).
⁴⁰³ BT-Drs. 10/1636, S. 40.
⁴⁰⁴ *Schwarz* in Hübschmann/Hepp/Spitaler, § 9 VwZG Rn. 5.
⁴⁰⁵ BSG NJW 1973, 1064; *Engelhardt/App,* Art. 11 EuropÜbereink. Rn. 1; § 9 VwZG Rn. 4; a. A. ohne Begründung OVG Münster 22. 5. 2000 – 8 A 5431/96 – n. v. (für Zustellung deutscher Auslandsvertretung durch „registered mail" in Südafrika).
⁴⁰⁶ Aufzählung bei *Engelhardt/App,* § 9 VwZG Rn. 9 ff.
⁴⁰⁷ SEV-Nr. 094. Zum Text, Ratifikationsstand und offiziellen Erläuterungen siehe die Informationen bei **http://conventions.coe.int/Treaty/GER/v3MenuTraites.asp;** ferner *Engelhardt/App,* S. 505 ff.
⁴⁰⁸ BT-Drs. 15/5216, S. 14.

Rn. 2, § 35 Rn. 20 ff. Entsprechendes gilt, wenn **zwingende Erfordernisse der gewählten Bekanntgabeform** nicht eingehalten werden. Dann gilt die Bekanntgabe als nicht erfolgt, die Rechtsfolgen von Bekanntgabefehlern entsprechen damit den Rechtsfolgen nicht erfolgter Bekanntgabe: Der VA ist inexistent. Dies gilt auch, wenn die Behörde rechtmäßigerweise eine andere Bekanntgabeform hätte wählen können und deren Voraussetzungen vorliegen, s. Rn. 20, § 43 Rn. 174, 176. Dementspr. lehnen *BFH*[409] und dem folgend der **Anwendungserlass zur AO** in Nr. 4.5.3 zu § 122 AO (Angaben vor Rn. 1) die Umdeutung einer fehlerhaften Zustellung in eine einfache Bekanntgabe ab.

223 Dem kann auch für den Fall fehlerhafter Zustellung nicht mit *VGH Mannheim*[410] entgegengehalten werden, in jeder Zustellung sei als „Minus" eine einfache Bekanntgabe nach § 41 enthalten, so dass bei erfolgtem Zugang – selbst bei gesetzlich vorgeschriebener Zustellung – die Wirksamkeit des VA nach § 43 eintrete. Diese Sichtweise ist mit dem Wortlaut und der Systematik des § 41 Abs. 5 unvereinbar. Wenn es für das Wirksamwerden eines VA nach § 43 allein auf die Einhaltung der Bekanntgabevoraussetzungen des § 41 ankäme und damit die Formgerechtheit der Zustellung bzw. die Einhaltung zwingender Zustellungsvorschriften immer – und nicht nur im Rahmen des § 8 VwZG (Rn. 232 ff.) – unbeachtlich wäre, blieben die Regeln über die Bekanntgabe eines VA mittels Zustellung nicht „unberührt".[411] Konsequent weitergedacht müsste die Auffassung des *VGH Mannheim* zudem zur Folge haben, dass in Fällen wirksamer Zustellung, bei der kein Zugang erfolgt (etwa im Fall des § 10 VwZG, s. Rn. 143 ff.), auch keine wirksame Bekanntgabe nach § 43 vorliegen würde.

224 Die bei fehlender oder fehlerhafter Bekanntgabe nicht eintretende Existenz (Rn. 222) ist keine **Nichtigkeit** i. S. d. § 44,[412] s. § 44 Rn. 6. § 44 setzt den Erlass und damit die Existenz des VA voraus die Rechtsfolge der Nichtigkeit tritt also bei schwerer materieller Rechtswidrigkeit des bereits erlassenen VA ein, s. § 43 Rn. 222. Da die Bekanntgabe **Wirksamkeitsvoraussetzung** ist, kann ihr Fehlen jedoch **keine Rechtswidrigkeit** des VA verursachen; ein Bekanntgabemangel führt nicht zu einem Fehler *im* Bescheid,[413] auch nicht gegenüber einem Dritten, s. Rn. 229.

225 Analog **§ 44 Abs. 5** kann die Behörde jedoch die „Inexistenz" eines VA auf Antrag oder von Amts wegen feststellen, um den Rechtsschein zu beseitigen,[414] vgl. § 44 Rn. 203. Hat die Behörde sich hinsichtlich der Unwirksamkeit der Bekanntgabe geirrt, war sie also tatsächlich ordnungsgemäß erfolgt, muss sie sich an ihrer Feststellungs-Entscheidung festhalten lassen: Der VA ist dann als nicht wirksam bekannt gegeben zu behandeln.[415]

226 **b) Rechtsschutz gegen inexistente Verwaltungsakte:** Nach einhelliger Auffassung kann der Streit um die Wirksamkeit eines VA wegen fehlender oder fehlerhafter Bekanntgabe jedenfalls mittels der **Feststellungsklage** nach § 43 Abs. 1 ausgetragen werden. Auch in der Rspr. ist jedoch umstr., ob insoweit auch – ähnlich wie bei einem nichtigen (§ 43 Rn. 226, § 44 Rn. 199, § 48 Rn. 57) oder nur formellen VA (§ 35 Rn. 16 f.) – Widerspruch und **Anfechtungsklage** statthaft sind.[416] Als problematisch werden dabei zumeist die Fälle angesehen, in

---

[409] BFHE 173, 213, 216, 218 f. = NVwZ-RR 1995, 181; BFHE 178, 105, 108 = NJW 1995, 3207.
[410] *VGH Mannheim* 6. 2. 1980 – II 1381/79 – (juris); NVwZ-RR 1992, 396, 397 f.; NVwZ-RR 1996, 612, 613; NVwZ-RR 1997, 582, 583; ferner *OVG Koblenz* NVwZ 1986, 138, 139; *Liebetanz* in Obermayer, VwVfG, § 41 Rn. 70; *H. Meyer* in Knack, § 43 Rn. 27; ob auch *VGH München* BayVBl 1997, 570 dieser Auffassung folgt, ist nicht ganz klar, vgl. *Spranger* BayVBl 2000, 359 Fn. 1; unklar insoweit *BVerwG* NVwZ 1992, 565, 566; BVerwG 8. 12. 1995 – 11 B 132/95 (juris – für eine Auslegung dieser Urteile i. S. d. Auffassung des *VGH Mannheim* dieser selbst in NVwZ-RR 1997, 582, 583 und *Allesch* NVwZ 1993, 544, 545; *ders.* BayVBl 2000, 361, 362; a. A. *Spranger* BayVBl 2000, 359 f.).
[411] Ebenso *OVG Koblenz* NVwZ 1987, 899, 900; *Bitter* NVwZ 1999, 144 f.
[412] BVerwG NVwZ 1987, 330; *VGH Mannheim* NVwZ 1991, 1195, 1196; *Meyer* NVwZ 1986, 513, 518 Fn. 35; **a. A.** *VGH München* NVwZ 1984, 249, 250; *VG Potsdam* NVwZ 1999, 214, 216; unklar BVerwG 9. 7. 1980 – 8 C 59/79 – (juris): Nichtigkeit nach § 43 Abs. 1 VwGO bedeutet Unwirksamkeit des VA; ebenso BFHE 174, 290 = NVwZ 1996, 207 („Nichtigkeit nach § 124 Abs. 1 AO"); *Skouris* VerwArch 65 (1974), S. 264, 275 f.
[413] *Allesch*, NVwZ 1993, 544; *Liebetanz* in Obermayer, VwVfG, § 41 Rn. 74; a. A. *OVG Magdeburg* NVwZ 2000, 208, 209 (für den Fall der einfachen Bekanntgabe an Stelle der gesetzlich vorgeschriebenen öffentlichen Bekanntgabe).
[414] So im Ergebnis *Blunk/Schroeder* JuS 2005, 602, 605.
[415] *FG BW* EFG 2004, 1101.
[416] Für Zulässigkeit auch von Widerspruch, Anfechtungsklage und Antrag nach § 80 Abs. 5 VwGO: *OVG Hamburg* DVBl 1982, 218; *VGH Kassel* NVwZ 1986, 137; *VGH Mannheim* NVwZ 1998, 761, 762

denen sich der Betroffene gegen einen ihn belastenden VA Widerspruch und Anfechtungsklage (auch) mit der Begründung erhebt, dieser VA sei ihm – anders als die Behörde annehme – nicht bekannt gegeben worden. Vielfach wird in derartigen Fällen aber bereits eine Heilung des Bekanntgabefehlers nach den in Rn. 231 ff. und Rn. 238 geschilderten Grundsätzen eingetreten sein.

Unabhängig davon sollte bei der Entscheidung des Streites nicht nur die Standardsituation des Angriffs des Betroffenen gegen einen ihn belastenden VA im Hauptsacheverfahren in den Blick genommen werden, sondern auch die praktisch bedeutsamere Frage der Anwendbarkeit des § 80 VwGO[417] und der Fall, dass ein Drittbetroffener einen ihm nicht bekannt gegebenen VA anfechten will, bezüglich dessen die Behörde behauptet, dass er auch dem Begünstigten noch nicht wirksam bekannt gegeben worden sei, während der beigeladene Begünstigte das Gegenteil annimmt.[418] Gerade hier zeigt sich, dass – nicht anders als im Fall der Anfechtungsklage gegen einen nichtigen VA – ein praktisches Bedürfnis an der Zulässigkeit auch der Anfechtungsklage gegen einen mangels Bekanntgabe unwirksamen VA und einer „Aufhebung" des durch einen solchen VA vermittelten „Rechtsscheins" bestehen kann, jedenfalls dann, wenn die Frage der Bekanntgabe zwischen der Behörde und dem Betroffenen strittig ist. Besteht aber ein solches praktisches Bedürfnis, sollte dem das der dienenden Funktion des Verwaltungsprozessrechts nicht angemessene „dogmatische" Argument nicht entgegengehalten werden, ein inexistenter VA könne nicht nach § 113 Abs. 1 S. 1 „aufgehoben" werden, vgl. auch § 35 Rn. 16. Dass § 43 Abs. 2 Alt. 2 VwGO ausdrücklich nur für einen „nichtigen" VA die Anfechtungsklage neben der Feststellungsklage zulässt, steht dieser Auffassung nicht entgegen, da der Begriff der „Nichtigkeit" der 1960 erlassenen VwGO nicht zwingend mit dem des § 44 VwVfG gleichgesetzt werden muss, sondern auch in dem weiteren Sinne der „Unwirksamkeit" verstanden werden kann.[419] 227

Die hier behandelte Konstellation ist i. Ü. von dem Fall zu unterscheiden, dass Rechtsbehelfe eingelegt werden, ohne dass die Bekanntgabe des nur erwarteten VA abgewartet wird. Hier geht es nicht um die Beseitigung des Rechtsscheins eines wirksam erlassenen VA, sondern der Sache nach um einen auf Nicht-Erlass eines VA gerichteten **vorbeugenden Rechtsbehelf**. Wie diese zu behandeln sind, ist in Rspr. und Lit. umstr.[420] 228

c) **Besonderheiten in mehrpoligen Rechtsverhältnissen**: Ist ein VA für mehrere Personen bestimmt oder werden hiervon mehrere Personen betroffen, der VA aber nicht an alle Adressaten oder Betroffenen (ordnungsgemäß) bekannt gegeben, wird er gegenüber denjenigen, denen er nicht bekannt gegeben wurde, nicht wirksam, § 43 Rn. 176, 179. Dies gilt unabhängig davon, ob die Personen, an die nicht wirksam bekannt gegeben wurde, am VwVf beteiligt waren. Die **Rechtsbehelfsfristen** (auch nicht die Jahresfrist des § 58 Abs. 2, § 70 Abs. 2 VwGO) beginnen ihnen gegenüber nicht zu laufen.[421] Die Wirksamkeit der Bekanntgabe an die übrigen Beteiligten wird dadurch aber nicht berührt (§ 43 Rn. 169). **Mit der Bekanntgabe an nur eine Person wird der VA** jedoch **gegenüber jedermann existent**, s. § 35 Rn. 20, § 43 Rn. 165. Dies ergibt sich aus der Anerkennung der Konzeption des VA mit Drittwirkung in § 50. Deshalb ist bei VA mit Drittwirkung dem betroffenen Dritten nach h. M. bereits vor Wirksamkeit ihm gegenüber und vor Ablauf seiner Rechtsbehelfsfristen eine Anfechtungsklage 229

(stillschweigend); *VGH Mannheim* NuR 2006, 440; *VGH München* NVwZ 1984, 249, 250 (allerdings auf Grundlage der Annahme, der fehlerhaft bekannt gegebene VA sei nichtig i. S. d. § 44); *VG Bremen* NVwZ 1994, 1236, 1237; NVwZ-RR 1996, 550, 551; *VG Gießen* NVwZ-RR 1990, 412; *BFH* NVwZ-RR 2000, 8, 9 (dort auch zur Anwendbarkeit des § 68 FGO, wenn im laufenden Verfahren der VA erneut bekannt gemacht wird); *FG Hamburg* EFG 2004. 155, 156; *FG Saarl.* EFG 1993, 196; EFG 1995, 157, 158; *Blunk/Schroeder* JuS 2005, 602, 605 ff.; *Kopp/Ramsauer*, § 43 Rn. 50; *Pietzcker* in Schoch u. a., § 42 Abs. 1 Rn. 20; *Pietzner/Ronellenfitsch*, § 31 Rn. 6; **a. A.** *VGH Mannheim* NVwZ 1991, 1195, 1196; *OVG Münster* NJW 2004, 3730, 3731 (für den Fall, dass Adressat vor Bekanntgabe verstorben ist); *VG Berlin* NVwZ-RR 2002, 586, 587; *VG Meiningen* LKV 1998, 243; *Happ* in Eyermann, § 42 Rn. 16; *Liebetanz* in Obermayer, VwVfG, § 41 Rn. 75 f.; *Meyer/Borgs*, § 41 Rn. 39.
[417] So zu Recht *OVG Hamburg* DVBl 1982, 218; *VGH Mannheim* NuR 2006, 440.
[418] Vgl. hierzu *Schmidt* DÖV 2001, 857.
[419] Wie hier wohl *BVerwG* 9. 7. 1980 – 8 C 59/79 – (juris); BFHE 174, 290 = NVwZ 1996, 207; a. A. jedoch *BVerwG* NVwZ 1987, 330.
[420] Hierzu ausführlich m. w. N. *Schmidt* DÖV 2001, 857 ff.
[421] St. Rspr. *BVerwGE* 44, 294, 296 = NJW 1974, 1261; *BVerwG* DÖV 1969, 428, NJW 1981, 1000.

möglich.[422] Umgekehrt wird eine nur dem Nachbarn bekannt gegebene Baugenehmigung nicht auch gegenüber dem Bauherrn wirksam.[423]

230   Zunächst für den **Baunachbarstreit** ist jedoch die Auffassung entwickelt worden, der Drittbelastete müsse sich nach dem **Grundsatz von Treu und Glauben** auf der Grundlage des Nachbarschaftsverhältnisses (§ 9 Rn. 36) so behandeln lassen, als würde die **Widerspruchsfrist** von einem Jahr nach § 70, § 58 Abs. 2 VwGO von dem Zeitpunkt der Kenntnisnahme oder des Kennenmüssens an beginnen, wenn er den Erlass des VA an den Begünstigten gekannt hat oder hätte kennen müssen.[424] Daneben können seine verfahrensrechtlichen und materiellen Rechte schon früher **verwirkt** sein, jedoch ist der für die Verwirkung maßgebliche Zeitraum **deutlich länger bemessen** als die Zeit, die den regelmäßig geltenden verfahrensrechtlichen Rechtsbehelfsfristen – i. d. R. Monatsfrist – entspricht,[425] s. § 53 Rn. 21 ff., § 79 Rn. 46. Mittlerweile ist diese Konstruktion auf weitere **mehrpolige Verwaltungsrechtsverhältnisse** (§ 9 Rn. 25 ff.) erweitert worden, ohne dass noch maßgeblich auf gegenseitige Schadensminderungspflichten abgestellt wird.[426] Ist das Anfechtungsrecht verwirkt, wirkt dies – wie eine ordnungsgemäß erfolgte Bekanntgabe – auch gegenüber dem Rechtsnachfolger, sofern der VA rechtsnachfolgefähig ist, s. Rn. 24.

2. Heilung

231   **a) Heilung durch erneute Bekanntgabe:** Die Bekanntgabe kann mit Wirkung **ex nunc**, nicht rückwirkend, **nachgeholt** werden,[427] § 43 Rn. 177. Die erneute Bekanntgabe ist dann (bei Erfolg) der erstmalige Erlass des zunächst nicht bekannt gegebenen VA (nicht die Zusendung einer weiteren Ausfertigung eines „Originalbescheides, s. § 37 Rn. 45),[428] so dass zuvor kein erneutes VwVf durchgeführt werden muss, s. § 35 Rn. 21. Ist allerdings **die erste Bekanntgabe wirksam** erfolgt, wird sie durch eine zweite nicht ungeschehen gemacht,[429] s. a. Rn. 225. Wird eine zweite Bekanntgabe durchgeführt, kann darin eine wiederholende Verfügung oder ein Zweitbescheid liegen, s. § 51 Rn. 57 ff. Wegen § 79 Abs. 1 Nr. 1 VwGO kann ein ordnungsgemäß bekannt gegebener **Widerspruchs- oder Abhilfebescheid** eine unwirksame Bekanntgabe des Ausgangsbescheides ex nunc heilen,[430] sofern der Widerspruch nicht nur als unzulässig zurückgewiesen wurde.[431] Eine erneute Bekanntgabe des Ausgangsbescheides ist deshalb nach ordnungsgemäßer Bekanntgabe des **Widerspruchsbescheides** nicht erforderlich.[432]

232   **b) Heilung durch nachträglichen Zugang:** Ob eine Heilung mit Wirkung **ex nunc**[433] allein durch nachträglichen Zugang (Rn. 61 ff.) möglich ist, ist im VwVfG nicht geregelt. Jedoch kann **§ 8 VwZG**, wonach ein Schriftstück dann als zugestellt gilt, wenn es dem Emp-

---

[422] Zur Pflicht der Genehmigungsbehörde, den Genehmigungsinhaber unverzüglich von Drittrechtsbehelfen zu unterrichten (sonst Amtshaftung): *BGH* NVwZ 2004, 638, 639.
[423] *VGH München* BayVBl 2002, 87.
[424] Grundlegend: *BVerwGE* 44, 294, 298 ff. = NJW 1974, 1261; ferner *BVerwGE* 78, 85, 88 ff. = NJW 1988, 839; *BVerwG* NVwZ 1988, 730; NJW 1988, 1228; Buchholz 406.19 Nachbarschutz Nr. 87; NVwZ 1991, 1182; NVwZ 2001, 206; *Schoch* Jura 2003, 752, 754 f.; *Troidl* NVwZ 2004, 315.
[425] *BVerwG* NVwZ 1991, 1182; *OVG Greifswald* NVwZ-RR 2003, 15, 16; *OVG Münster* NVwZ-RR 1993, 397.
[426] *BVerwGE* 104, 118 = NJW 1998, 173 (für Ausnahme vom Verbot der Mehrstimmrechte nach § 12 Abs. 2 a. F. AktG); *BVerwG* NVwZ 2001, 206 (für Fachplanungsrecht); *BVerwG* NVwZ 2005, 1334 (für Vermögensrecht); *OVG Frankfurt (Oder)* LKV 2001, 466 (für Verhältnis zwischen Gemeinden); *VGH München* NVwZ-RR 2002, 426, 427 (für PlfBeschl); *VG Berlin* NVwZ 1985, 932 (für Massenverfahren); *Deckenbrock/Patzer* Jura 2003, 476, 477 f.; ablehnend für Sonderfall *OVG Greifswald* NVwZ-RR 2001, 210. Zur Seltenheit des „Kennenmüssens" außerhalb des Baurechts s. a. *Gusy* GewArch 1988, 322, 324.
[427] *BVerwG* Buchholz 424.01 § 110 FlurbG Nr. 4; *VGH München* NJW 1984, 2845; *VGH Mannheim* NVwZ-RR 1991, 493; *VG Gera* LKV 2001, 82, 83; *BFH* NVwZ-RR 2000, 8, 9.
[428] Deutlich *BFHE* 195, 32 = HFR 2001, 941, 942 f. (der Vorlagebeschluss wurde im Ergebnis bestätigt von *BFH (GS)* BFHE 201, 1 ff. = NVwZ 2003, 895 f.).
[429] *VGH Kassel* NVwZ 1998, 1313, 1314.
[430] *OVG Magdeburg* NVwZ 2000, 208, 209; ebenso für Einspruchsentscheidung *BFHE* 167, 347, 351; 173, 213, 220 = NVwZ-RR 1995, 181; *BFHE* 208, 386 = NVwZ 2005, 1462, 1463; *BFH* NJW 1996, 1560.
[431] So für Einspruchsentscheidung: *BFHE* 173, 213, 220 = NVwZ-RR 1995, 181; *FG Köln* EFG 1994, 330.
[432] In diese Richtung *VGH Mannheim* NVwZ-RR 1991, 493, 495 (jedoch über § 47); a. A. *VG Gießen* NVwZ-RR 1990, 412, 413; *VG Meiningen* LKV 1998, 243.
[433] *VGH Mannheim* NVwZ-RR 1991, 493, 494.

fangsberechtigten nachweislich zugegangen ist,[434] **analog** auch auf den Fall fehlerhafter einfacher oder öffentlicher Bekanntgabe angewendet werden,[435] s. § 43 Rn. 177. Zur Möglichkeit der **Genehmigung mit Wirkung ex tunc** bei Bekanntgabe an Handlungsunfähigen s. Rn. 51 f. Bezogen auf die einfache Bekanntgabe eines **schriftlichen** oder **elektronischen VA** bedeutet dies, dass eine Heilung eintritt, wenn derjenige, dem der VA bekannt gegeben werden sollte, das Schriftstück bzw. die Datei i. S. d. Rn. 69 ff., 87 ff. tatsächlich erhalten hat. Bei einem **mündlichen** oder **„in anderer Weise erlassenen"** VA tritt Heilung ein, wenn der Betroffene diesen tatsächlich vernommen bzw. wahrgenommen hat, s. Rn. 96, 101. Heilung tritt damit jedenfalls immer dann ein, wenn trotz eines **Fehlers im Bekanntgabevorgang** ein VA denjenigen erreicht, dem er bekannt gegeben werden sollte. Dies ist z. B. der Fall, wenn ein Schriftstück einer Person zur Weiterleitung an den Betroffenen übergeben wird, die nicht als dessen Empfangsbote anzusehen ist (Rn. 67), jedoch dieser das Schriftstück trotzdem an den Betroffenen weiterleitet,[436] Rn. 68. Ebenfalls, wenn der Betroffene eine ihm zugesandte Datei zunächst nicht öffnen kann, er sich jedoch später die hierfür notwendige Software besorgt (vgl. Rn. 94, 108) etc.

Nicht ausreichend für eine Heilung entsprechend § 8 VwZG ist allerdings, dass der **Betroffene sich selbst (zufällig) Kenntnis** von dem Inhalt des Bescheides verschafft, etwa im Wege der Akteneinsicht im Gerichtsverfahren.[437] Zwar ist nicht erforderlich, dass sich der Behördenbedienstete, der z. B. eine Bescheidkopie an den Betroffenen übersendet, bewusst ist, hierdurch eine Heilung herbeizuführen, woran es immer dann fehlen wird, wenn er von der Wirksamkeit der bereits erfolgten Bekanntgabe ausgeht.[438] Jedoch kann auch von einem „tatsächlichen Zugang" nur gesprochen werden, wenn die Ausfertigung des VA, die zugehen soll, von der Behörde in Richtung auf den Empfänger „auf den Weg gebracht" wurde und dem Empfangsberechtigten i. S. d. Rn. 62 ff. auch tatsächlich zugeht. Nicht ausreichend ist deshalb auch, wenn der Empfänger lediglich über den Inhalt des VA unterrichtet wird.[439] Alles andere führt zu unerträglichen **Rechtsunsicherheiten**.

BVerwG[440] und *BFH*[441] nehmen jedoch Heilung an, wenn der **Bevollmächtigte** das für den Beteiligten bestimmte Schreiben erhält; gleiches gilt nach *BVerwG*[442] und *BFH*[443] für den Fall, dass der Beteiligte einen an ihn adressierten, aber auf Grund Fachrechts zwingend an seinen Bevollmächtigten bekannt zu gebenden VA an diesen weiterleitet.[444] *BSG*[445] nimmt demgegenüber keine Heilung an, wenn der Beteiligte ein an seinen Bevollmächtigten adressiertes Schreiben erhält. *VGH München*[446] geht schließlich davon aus, dass die fehlerhafte Bekanntgabe an einen i. S. d. § 12 Abs. 1 **Handlungsunfähigen** nicht dadurch geheilt werden könne, dass dessen **gesetzlicher Vertreter** hiervon später Kenntnis erlangt, hierzu auch Rn. 51 f. Bei diesen Fragen handelt es sich nicht – wie in den Entscheidungen teilweise angedeutet – um Probleme des sog. Bekanntgabewillens (Rn. 53 ff.), sondern um ein Problem der Auslegung des Begriffs „Empfangsberechtigter" in § 8 VwZG, die unter Berücksichtigung der Wertungen des § 41 Abs. 1 S. 2 bzw. des § 12 Abs. 1 erfolgen muss. Insoweit dürften – entgegen *BVerwG* und *BFH* – vor allem Gründe der **Rechtssicherheit** und der **Verfahrensklarheit** dagegen sprechen, dass

---

[434] Zur Ersetzung des Begriffes „nachweislich erhalten" in § 9 VwZG 1952 durch die Worte „tatsächlich zugegangen" in § 8 VwZG *OVG Hamburg* NVwZ 2005, 235.
[435] Wie hier (jeweils zu § 9 Abs. 1 VwZG 1952) *BVerwG* NJW-RR 1995, 73, 75; BFHE 155, 472 = NJW 1989, 2496; BFHE 184, 232 = NVwZ 1998, 998; BFHE 208, 386 = NVwZ 2005, 1462, 1463; *FG Münster* EFG 2005, 326 f.; *Brockmeyer* in Klein, AO, § 122 Rn. 7; *Kopp/Ramsauer*, § 41 Rn. 28; *Ule/Laubinger*, § 53 Rn. 10; *Wolff* in Wolff/Decker, § 41 VwVfG Rn. 16 f.
[436] Vgl. BGH NJW 2001, 1946, 1948.
[437] BVerwGE 85, 213, 215 = NVwZ 1991, 73, 74; *VG Dessau* NVwZ-RR 2001, 536, 537; ebenso *BayObLG* NJW 2004, 3722 (für gerichtliche Zustellung).
[438] BFHE 192, 200 = NVwZ-RR 2001, 77, 78; *FG Münster* EFG 2003, 1586, 1588.
[439] *OVG Münster* NVwZ-RR 2001, 409, 410; unklar *BVerwG* Buchholz 340, § 9 VwZG Nr. 10.
[440] BVerwGE 104, 301, 314 = NVwZ 1999, 178; *BVerwG* NJW 1988, 1612, 1613.
[441] BFHE 155, 472 = NJW 1989, 2496; BFHE 192, 200 = NVwZ-RR 2001, 77, 78; *BFH* NVwZ-RR 1991, 660, 661; *FG Münster* EFG 2003, 1586, 1588; EFG 2005, 326, 327.
[442] *BVerwG* NJW 1988, 1612, 1613.
[443] BFHE 155, 472 = NJW 1989, 2496.
[444] A. A. *OVG Münster* NJW 1989, 120, 121.
[445] *BSG* NVwZ 1990, 1108; ebenso *VG Potsdam* NVwZ 1999, 214, 215; *FG Münster* EFG 1988, 56, 57.
[446] *VGH München* NJW 1984, 2845.

der „Erhalt" eines VA durch eine Person, die in diesem VA nicht ausdrücklich als Empfänger bezeichnet ist, zur Heilung führen kann,[447] zumal wenn insoweit auch noch die Grundsätze der Anscheins- und Duldungsvollmacht herangezogen werden.[448]

235 Diese restriktive Sichtweise ist insbes. erforderlich, seit dem die die Heilung im Hinblick auf die Rechtsbehelfsfristen ausschließende Regelung des § 9 Abs. 2 VwZG a. F. weggefallen ist.[449] Wenn zu schnell Heilung angenommen wird, entstehen auch Begründungsschwierigkeiten, wenn Streit über den „richtigen" Adressaten besteht, hierzu § 37 Rn. 22, 25. Heilung ist dagegen zu bejahen, wenn etwa ein an den Bevollmächtigten adressiertes Schreiben versehentlich an den Betroffenen versendet wurde und dieser es dem Bevollmächtigten weiterleitet. Hier liegt letztlich ein Fall der Rn. 232 vor.

236 Bezieht sich § 8 VwZG nur auf den Bekanntgabevorgang, kann durch bloße Kenntnisnahme **keine Heilung von Fehlern am Bekanntgabeobjekt** eintreten. Ist ein VA in einer bestimmten Form (schriftlich, elektronisch, mündlich, „in anderer Weise") bekannt zu geben, kann keine Heilung eintreten, wenn der Betroffene von ihm in einer anderen Form Kenntnis erlangt. Dementsprechend fordert *BVerwG* zu Recht für die Heilung der fehlgeschlagenen Zustellung eines schriftlichen Dokuments, dass der Betroffene zumindest ein Schriftstück „erhält". Nur die (mündliche) Mitteilung des Inhalts eines Schriftstücks an den Betroffenen reicht nicht aus.[450] Anderes lässt sich auch nicht der Rspr. zum alten Zustellungsrecht entnehmen, das für das Zustellungsobjekt – im Gegensatz zum neuen Recht – bestimmte Form*anforderungen* (zur Unterscheidung zwischen Form und Formanforderungen § 37 Rn. 46) vorsah (vgl. § 37 Rn. 107). Insoweit war angenommen worden, eine Heilung von Zustellungsfehlern könne auch durch Übersendung einer (diesen Formanforderungen nicht entsprechenden, vgl. § 37 Rn. 108) Bescheidkopie erfolgen.[451] Diese Rspr. auf die Fälle der fehlerhaften Wahl der VA-Form zu übertragen, würde jedoch bedeuten, die gebotenen Differenzierungen zwischen schriftlichen, elektronischen, mündlichen und „in anderer Weise" erlassenen VA auszuheben.

237 Str. ist schließlich auch, ob eine Heilung nach § 8 VwZG bei fehlerhaft gewählter **Bekanntgabeart** möglich ist (einfache Bekanntgabe statt Zustellung, öffentliche Bekanntgabe statt Individualbekanntgabe). Die wohl h. M. verneint dies und begründet dies damit, dass sich der Bekanntgabewille auch auf die Bekanntgabeart beziehen müsse, der fehlende Bekanntgabewille aber nicht nach § 8 VwZG geheilt werden könne.[452] Versteht man den Bekanntgabewillen als „Abgabe" des VA gemäß dem entsprechend anzuwendenden § 130 Abs. 1 BGB (Rn. 53 ff.), ist jedoch die Frage, welche Form die Behörde wählt, um dem VA Wirksamkeit zu verleihen, eher ein Problem des Zugangs des VA,[453] s. Rn. 63. Dementspr. muss die Frage unter Berücksichtigung der Aspekte der **Rechtssicherheit** und **Verfahrensklarheit** gelöst werden. Insoweit dürfte der allgemeine Grundsatz, dass sich die Behörde an der gesetzlich vorgesehenen oder einmal gewählten Bekanntgabeart festhalten lassen muss (Rn. 20) und sie nicht nachträglich in eine andere Bekanntgabeart umgedeutet werden kann – trotz gegenteiliger Tendenz in der Rspr. zum Verwaltungszustellungsrecht (s. hierzu Rn. 223) – zwingend sein.[454] Dementsprechend kann entgegen *OVG Magdeburg* eine Individualbekanntgabe auch eine fehlende gesetzlich vorgeschriebene öffentliche Bekanntgabe nicht ersetzen.[455]

238 **c) Heilung/Verwirkung durch „rügelose Einlassung":** Nach nicht unbestr.[456] h. M. verliert der Betroffene das Recht, die fehlerhafte Bekanntgabe zu rügen, wenn er – ohne hin-

---

[447] Wie hier *BFH/NV* 1987, 482.
[448] So *FG Münster* EFG 2003, 1586, 1589.
[449] Vgl. die Überlegungen bei *FG Münster* EFG 2005, 326, 327.
[450] *BVerwGE* 104, 301, 313 = NVwZ 1999, 178; *BVerwG* ZBR 2001, 216, 217; s. a. *BGH* NJW 2007, 1605, 1606 (für Zustellung einer gerichtlichen Verfügung).
[451] *BVerwGE* 104, 301, 314 = NVwZ 1999, 178; *BFHE* 192, 200 = NVwZ-RR 2001, 77. S. ferner *BVerwG* NVwZ 1999, 183, 184 (für Gerichtsbescheid, bei dem Beglaubigungsvermerk fehlte); *BGH* NJW 2001, 838, 839 (fehlende Unterschrift auf Urteil). Diese Rspr. ist heute nur noch für das SächsVwZG maßgeblich, weil hier noch besondere Formanforderungen für das Zustellungsobjekt bestehen, s. Rn. 244.
[452] So *BVerwGE* 16, 165, 166; *VGH Mannheim* VBlBW 1988, 143, 144; NVwZ-RR 1997, 583.
[453] So für den Fall fehlgeschlagener Zustellung nach § 132 BGB *BGHZ* 67, 271, 275 ff. = NJW 1977, 194.
[454] *BFHE* 173, 213, 218 ff. = NVwZ-RR 1995, 181; *BFHE* 178, 105, 108 = NJW 1995, 3207.
[455] *OVG Magdeburg* NVwZ 2000, 208, 209. Den dort angesprochenen Rechtsschutzanliegen ist entsprechend den Grundsätzen der Rn. 226 f. Rechnung zu tragen.
[456] A. A. wohl *OVG Berlin* NVwZ 1986, 136; *VGH München* NVwZ 1984, 249; *Preißler* NVwZ 1987, 867, 871; offen *VGH Mannheim* NVwZ-RR 1989, 597, 598.

sichtlich der fehlerhaften Bekanntgabe einen Vorbehalt zu machen – die Handlung vornimmt, die ihm der VA aufgibt, oder wenn er die gegen den VA vorgesehenen Rechtsbehelfe einlegt, ohne die fehlerhafte Bekanntgabe zu rügen. Dies soll zwar den fehlenden Bekanntgabewillen der Behörde ersetzen können,[457] wohl aber sonstige Mängel, die nach § 8 VwZG nicht heilbar sind (Fälle der Rn. 234 ff.), betreffen.[458] Teilweise wird hierin ein Fall der Heilung gesehen.[459] Dann würde der „Heilungserfolg" erst ex nunc (Rn. 231 f.) eintreten, was z. B. für die Entstehung von Zinsen/Versäumniszuschlägen etc. von Bedeutung sein kann. Nach wohl überwiegender Ansicht verliert der Betroffene demgegenüber in diesem Fall schlechthin das Recht, die fehlerhafte Bekanntgabe zu rügen, so dass der VA als von Anfang an wirksam bekannt gegeben gilt.[460] Es wird eine **Verwirkung** des **Rechts auf ordnungsgemäße Bekanntgabe** angenommen, vgl. § 53 Rn. 21 ff. Zieht man den Verwirkungsgedanken heran, wird jedoch deutlich, dass bloßes Nichtstun als „Reaktion" auf einen gescheiterten Bekanntgabeversuch nicht ausreicht, um Verwirkung anzunehmen,[461] s. § 53 Rn. 24. Eine allgemeine Obliegenheit zur Rüge fehlerhafter Bekanntgabe lässt sich hieraus nicht herleiten, s. a. Rn. 105 ff. Die Verwirkung kommt vielmehr nur dann in Betracht, wenn der Betroffene den VA gegenüber der Behörde **erkennbar als gültig behandelt**. Zur Frage, inwieweit bei Bekanntgabe an einen Handlungsunfähigen der Bekanntgabefehler durch „rügelose Einlassung" des gesetzlichen Vertreters „geheilt" werden kann, s. Rn. 51 f. Ob auch die **Behörde** das Recht, die fehlerhafte Bekanntgabe eines (begünstigenden) VA zu rügen, **verwirken** kann, wenn sie diesen zunächst als wirksam behandelt, ist ungeklärt, dürfte jedoch jedenfalls in ausschließlich zweipoligen Rechtsbeziehungen zu bejahen sein, vgl. § 53 Rn. 26. Hat die Behörde einen wirksam bekanntgegebenen VA jedoch im Folgenden, z. B. in einer Feststellung analog § 44 Abs. 5, als inexistent behandelt, muss sie sich hieran festhalten lassen, s. Rn. 225.

IX. Europarecht

Die gemeineuropäisch in der **Entschließung Nr. 77 (31) des Ministerkommitees des Europarates** (Einl. Rn. 99) anerkannte Begründungs- und Rechtsbehelfsbelehrungspflicht (§ 37 Rn. 118, 142, § 39 Rn. 121) setzen eine Bekanntgabe der hiervon betroffenen „administrative acts" (§ 35 Rn. 343 f.) voraus.[462] Konkrete **europarechtliche Anforderungen** an die Bekanntgabe haben sich jedoch noch nicht entwickelt, Einl. Rn. 89. Das **Europäische Übereinkommen über die Zustellung von Schriftstücken in Verwaltungssachen im Ausland** (Rn. 220) ist auf die „transnationale" Bekanntgabe zugeschnitten und kann daher keine Hinweise bieten. Allerdings zeigt Art. 11 Abs. 1 des Übereinkommens, dass die Zustellung von Schriftstücken durch die Post generell als unbedenklich angesehen wird.

Entscheidungen nach Art. 249 Abs. 4 EG (§ 35 Rn. 345 ff.) sind nach Art. 254 Abs. 3 EG (nur) denjenigen bekannt zu geben, für die sie bestimmt sind, also ihren **materiellen Adressaten** (vgl. Rn. 29). Erst dadurch werden sie wirksam und nach Art. 249 Abs. 3 EG verbindlich. Dies gilt auch für die Entscheidungen, die nach Art. 254 Abs. 1 EG im Amtsblatt zu veröffentlichen sind.[463] Gegenüber **Drittbetroffenen** müssen Entscheidungen demgegenüber nicht gesondert bekannt gegeben werden. Auch die Rechtsbehelfsfrist nach Art. 230 Abs. 5 EG be-

---

[457] *VGH München* NJW 1984, 2845; *OVG Münster* NJW 1989, 120, 121; *VG Potsdam* NVwZ 1999, 214, 215.
[458] *VGH München* BayVBl 1997, 570; BayVBl 1998, 404, 405.
[459] So wohl *VGH München* VGHE n. F. 20, 39; BayVBl 1971, 390, 391; *OVG Koblenz* NVwZ 1986, 137; *OVG Münster* NVwZ 1995, 395, 396.
[460] So *BVerwG* NJW-RR 1987, 1297; *VGH Mannheim* BWVPr 1986, 131, 132; NVwZ-RR 1989, 593, 596; NVwZ-RR 1991, 493, 494; NVwZ-RR 1997, 582, 583; *VGH München* BayVBl 1979, 733; NJW 1984, 2845; BayVBl 1991, 338, 339; BayVBl 1997, 570; BayVBl 1998, 124 und 404, 405; *OVG Münster* NVwZ-RR 1999, 786, 787 f.; *FG Köln* EFG 1997, 1276; *FG MV* NVwZ-RR 1997, 124, 125; *Schmidt* in Eyermann, § 56 Rn. 25; *Kopp/Schenke*, § 56 Rn. 17.
[461] A. A. wohl *OVG Bautzen* SächsVBl 2001, 33 f.
[462] So ausdrücklich *Europarat* (Hrsg.), The administration and you – a handbook, 1997, Rn. 49 (offizielles Handbuch des Europarates, das die den Empfehlungen des Europarates zum Verwaltungsverfahrensrecht zu Grunde liegenden Prinzipien erläutern soll).
[463] *Ruffert* in Calliess/Ruffert, Art. 254 EG Rn. 10; *Schmidt* in v. d. Groeben/Schwarze, Art. 254 EG Rn. 23; a. A. *Vogt*, Entscheidung als Handlungsform des EG-Rechts, 2005, S. 215 ff. m. w. N.

ginnt ihnen gegenüber bereits dann zu laufen, wenn die Entscheidung im Amtsblatt öffentlich bekannt gegeben wird oder ihnen von der Entscheidung durch die Kommission oder einem Dritten Mitteilung gemacht wird, näher § 35 Rn. 350. Diese Auslegung des Art. 254 EG ist im Hinblick auf das Grundrecht der guten Verwaltung des Art. 41 Abs. 1 der Grundrechte-Charta (Einl. Rn. 88, § 1 Rn. 26) und vor dem Hintergrund des in Rn. 239 erwähnten gemeineuropäischen Rechtsgrundsatzes nicht überzeugend und könnte bei einer Aufnahme des Grundrechts auf gute Verwaltung in das Primärrecht, wie dies Art. II-101 EVV vorsah, nicht gehalten werden.[464]

241 Besondere Formen der **Bekanntgabe** sieht Art. 254 Abs. 3 EG nicht vor, jedoch wird man aus dem Normzusammenhang entnehmen müssen, dass nur eine Individualbekanntgabe zulässig, eine **öffentliche Bekanntgabe** demgegenüber ausgeschlossen ist.[465] Entscheidungen, die i. S. d. Art. 230 Abs. 4 EG „als Verordnung" ergehen, sollen jedoch mit ihrer öffentlichen Bekanntgabe wirksam werden; auch die Rechtsbehelfsfrist für die hiervon Betroffenen soll mit der (nur) öffentlichen Bekanntgabe zu laufen beginnen, s. § 35 Rn. 352. Wegen der Begründungspflicht (Art. 253 EG, hierzu § 39 Rn. 122 f.) wird im Regelfall jedoch nur eine **schriftliche Bekanntgabe** möglich sein, s. § 37 Rn. 139. Eine förmliche Zustellung oder die Verwendung von Einschreiben sieht Art. 254 Abs. 3 EG jedoch nicht vor,[466] auch wenn sie von der Kommission teilweise verwandt werden.[467] Entscheidend sind Zugang und Möglichkeit der Kenntnisnahme[468] unter Verwendung der Sprache des Mitgliedstaates, dem der Adressat angehört.[469] Eine Annahmeverweigerung hindert die Wirksamkeit nicht. Eine **fehlerhafte** (nicht jedoch eine fehlende) **Bekanntgabe** hat keine Folgen für die Wirksamkeit der Entscheidung, wenn der Adressat tatsächlich Kenntnis genommen hat, jedoch beginnt die Klagefrist nach Art. 230 Abs. 4 EG dann erst ab Kenntnisnahme zu laufen.[470]

242 Für den **indirekten Vollzug** von Gemeinschaftsrecht durch deutsche Behörden ist § 41 in vollem Umfang anwendbar (Einl. Rn. 74). Für die transnationale Bekanntgabe ist i. d. R. das Europäische Übereinkommen über die Zustellung von Schriftstücken in Verwaltungssachen im Ausland (Rn. 220) anwendbar. Im Übrigen enthält das Sekundärrecht teilweise Bekanntgaberegelungen. Art. 6 Abs. 2 ZK sieht z. B. für die **zollrechtliche Entscheidung** nach § 4 Nr. 5 ZK (§ 35 Rn. 355 ff.) eine Bekanntgabe vor, ohne sie jedoch näher zu regeln. Für deutsche Zollbehörden ist deshalb auf § 122 AO zurückzugreifen.[471]

X. Landesrecht

243 Die Länder haben § 41 zumeist wortgleich, teilweise mit kleineren sprachlichen Abweichungen (vor Rn. 1) übernommen. Inhaltliche Abweichungen bestehen zu § 41 Abs. 2 in **Brandenburg, Hamburg** und **Mecklenburg-Vorpommern,** weil hier ausdrücklich auch eine Widerlegung der Zugangsvermutung in dem Fall für möglich erklärt wird, dass ein elektronisch übermittelter VA zu einem früheren Zeitpunkt zugeht, s. Rn. 124. In **Hamburg** „soll" nach § 41 Abs. 1 S. 2 dem Bevollmächtigten bekannt gegeben werden.

244 Für die Zustellung durch Landesbehörden haben die Länder **eigene VwZG** erlassen, die auch dann anzuwenden sind, wenn der Bund für die Landesbehörden schlicht Zustellung vorschreibt, ohne zugleich auf das VwZG des Bundes zu verweisen (wie bei § 73 Abs. 3 VwGO, s. Rn. 246). Die VwZG von **Berlin, Bremen, Brandenburg, Hamburg, Hessen, Niedersachsen, Rheinland-Pfalz** und des **Saarlandes** enthalten eine dynamische Verweisung auf das

---

[464] *U. Stelkens* ZEuS 2005, 61, 85 ff.
[465] *Bockey,* Die Entscheidung der Europäischen Gemeinschaft, 1998, S. 111; *Ruffert* in Calliess/Ruffert, Art. 254 EG Rn. 7.
[466] *Ruffert* in Calliess/Ruffert, Art. 254 EG Rn. 8; *Schmidt* in v. d. Groeben/Schwarze, Art. 254 EG Rn. 18.
[467] Vgl. *EuG,* Rs. T-12/90, EuGHE II 1991, 219, Rn. 22 ff.
[468] *EuGH,* Rs. 6/72, EuGHE 1973, 215, Rn. 10 (Europemballage); *EuGH,* Rs. 48/69, EuGHE 1972, 619, Rn. 39 f. (ICI); *EuG,* Rs. T-43/92, EuGHE II 1994, 441, Rn. 25 (Dunlop Slazenger).
[469] *EuGHE,* Rs. 40/73, EuGHE 1975, 1163, Rn. 113 (Suiker Unie).
[470] *EuGH,* Rs. 52/69, EuGHE 1972, 787, Rn. 18 (Geigy); *Bockey,* Die Entscheidung der Europäischen Gemeinschaft, 1998, S. 111; *Gornig Trüe* JZ 1993, 884, 888.
[471] *Alexander* in Witte, Zollkodex, Art. 6 Rn. 70; *Friedrich* StuW 1995, 15, 22.

§ 41 Bekanntgabe des Verwaltungsaktes

VwZG des Bundes.[472] In teilweise wortgleicher Anlehnung an das VwZG des Bundes ist das Zustellungsrecht in **Bayern**,[473] **Mecklenburg-Vorpommern**,[474] **Nordrhein-Westfalen**,[475] und **Schleswig-Holstein**[476] ausgestaltet, wenn auch teilweise noch weitere Zustellungsformen enthalten sind. In **Sachsen**[477] sind die Änderungen des VwZG des Bundes noch nicht übernommen worden, die Gesetze **Baden-Württembergs**[478] und **Thüringens**[479] enthalten zahlreiche vom Bundesrecht abweichende Regelungen. Die **Zustellung elektronischer Dokumente** ist noch **nicht möglich** in **Baden-Württemberg** und **Sachsen**. Nach § 2 Abs. 1 SächsVwZG müssen die zuzustellenden Schriftstücke zudem noch eine besondere Form haben (Urschrift, Ausfertigung oder beglaubigte Abschrift); die Beachtung dieser Formanforderungen wird – wie bei § 2 Abs. 1 VwZG 1952 – als Zustellungsvoraussetzung angesehen, vgl. § 37 Rn. 107 f.

XI. Vorverfahren

Die **Widerspruchsfrist** des § 70 VwGO knüpft an die Bekanntgabevorschriften des Bundes 245 oder der Länder an.[480] Schon aus § 79 Abs. 1 Nr. 1 VwGO folgt, dass ein ordnungsgemäß zugestellter Widerspruchsbescheid eine fehlerhafte Bekanntgabe des Erstbescheides (ex nunc) **heilt**, s. Rn. 231.

Da § 73 VwGO auf den **Abhilfebescheid** des § 72 VwGO nicht anwendbar ist, gilt für ihn 246 § 41 in vollem Umfang (§ 79). Für den **Widerspruchsbescheid** hat § 41 nur mit seinem Abs. 1 S. 1 Bedeutung (§ 79); i. Ü. ist der Widerspruchsbescheid **zuzustellen** (§ 73 Abs. 3 VwGO). Nach § 73 Abs. 3 S. 2 richtet sich die Zustellung nach den Vorschriften des Verwaltungszustellungsgesetzes; gemeint ist das VwZG des Bundes, das auch anzuwenden ist, wenn eine Landesbehörde einen Widerspruchsbescheid erlässt.[481]

Alle im VwZG geregelten Zustellungsarten (Rn. 207 ff.) sind möglich. Dies gilt auch für die 247 elektronische Zustellung, s. § 37 Rn. 144. Eine **öffentliche Bekanntgabe** des Widerspruchsbescheides nach § 41 Abs. 3, 4 findet selbst dann nicht statt, wenn der angefochtene VA öffentlich bekannt gegeben werden durfte, s. § 35 Rn. 370. Unklar ist, ob ein Widerspruchsbescheid auch an einen erstmalig beschwerten Dritten (§ 68 Abs. 1 Nr. 2, § 79 Abs. 1 Nr. 2 VwGO) zuzustellen ist (vgl. § 74 Abs. 1 S. 1 VwGO) oder ob insoweit eine einfache Bekanntgabe (vgl. § 74 Abs. 1 S. 2 VwGO) ausreicht.[482]

Zustellungsfehler des Widerspruchsbescheides und solcher VA, bei denen der Widerspruch 248 ausgeschlossen ist, können nach § 8 VwZG entgegen der früheren Rechtslage (§ 9 Abs. 2 VwZG a. F.) auch mit der Wirkung geheilt werden, dass der Beginn der Rechtsbehelfsfristen ab

---

[472] § 5 des Gesetzes über das Verfahren der Berliner Verwaltung i. d. F. des Gesetzes v. 4. 5. 2005 (GVBl 282); § 1 Abs. 1 Verwaltungszustellungsgesetz für das Land Brandenburg (BbgVwZG), zul. geänd. durch Gesetz v. 28. 6. 2006 (GVBl I. 74, 86); § 1 Abs. 1 Bremisches Verwaltungszustellungsgesetz (BremVwZG) v. 26. 1. 2006 (GBl 49); § 1 Abs. 1 Hamburgisches Verwaltungszustellungsgesetz (HmbVwZG), zul. geänd. durch Gesetz v. 14. 12. 2005 (GVBl 2006, 1); § 1 Abs. 1 Hessisches Verwaltungszustellungsgesetz (Hess. VwZG), zul. geänd. durch Gesetz v. 21. 7. 2006 (GVBl I, 394) – hier ist der Verweis allerdings noch nicht an das neue VwZG des Bundes angepasst worden, s. *Engelhardt/App*, Einf. VwZG Rn. 6; § 1 Abs. 1 Niedersächsisches Verwaltungszustellungsgesetz (NVwZG) v. 23. 2. 2006 (GVBl, 72); § 1 Abs. 1 Landesverwaltungszustellungsgesetz Rheinland-Pfalz (LVwZG) v. 2. 3. 2006 (GVBl, 56); § 1 Abs. 1 Saarländisches Verwaltungszustellungsgesetz (SVwZG) v. 13. 12. 2005 (Amtsbl 2006, 214); § 1 Abs. 1 Verwaltungszustellungsgesetz des Landes Sachsen-Anhalt (Vw ZG-LSA), zul. geänd. durch Gesetz v. 19. 3. 2002 (GVBl 130, 135).
[473] Art. 1 bis 17 Bayerisches Verwaltungszustellungs- und Vollstreckungsgesetz (VwZVG), zul. geänd. durch Gesetz v. 26. 7. 2006 (GVBl 387).
[474] § 94 bis § 109 VwVfG MV.
[475] Verwaltungszustellungsgesetz für das Land Nordrhein-Westfalen (Landeszustellungsgesetz – LZG NRW) v. 7. 3. 2006 (GV 94); hierzu *Rosenbach* NWVBl 2006, 121 ff.
[476] § 146 bis § 155 LVwG SchlH.
[477] Verwaltungszustellungsgesetz für den Freistaat Sachsen (SächsVwZG) i. d. F. der Bekanntmachung v. 10. 9. 2003 (GVBl 2003, 620).
[478] Verwaltungszustellungsgesetz für Baden-Württemberg, zul. geänd. durch Gesetz v. 3. 7. 2002 (GBl 266).
[479] § 1 bis 17 Thüringer Verwaltungszustellungs- und Vollstreckungsgesetz (ThürVwZVG), zul. geänd. durch Gesetz v. 3. 12. 2002 (GVBl 432).
[480] *VGH Mannheim* VBlBW 1988, 143, 144.
[481] *Kopp/Schenke*, § 73 Rn. 22 a.
[482] Hierzu *Kopp/Schenke*, § 73 Rn. 22; *Winkler* BayVBl 2000, 235. Nach *VGH München* NVwZ 1983, 161 f. ist eine Zustellung nur an Klagebefugte notwendig.

§ 42 1   Teil III. Verwaltungsakt

dem Zeitpunkt des tatsächlichen Zugangs (Rn. 232 ff.) zu laufen beginnt.[483] Daher muss der genaue Zeitpunkt der Heilung bestimmt werden, was u. U. größere Schwierigkeiten aufwirft, als eine erneute Zustellung.

§ 42 Offenbare Unrichtigkeiten im Verwaltungsakt

[1]Die Behörde kann Schreibfehler, Rechenfehler und ähnliche offenbare Unrichtigkeiten in einem Verwaltungsakt jederzeit berichtigen. [2]Bei berechtigtem Interesse des Beteiligten ist zu berichtigen. [3]Die Behörde ist berechtigt, die Vorlage des Dokuments zu verlangen, das berichtigt werden soll.

Vergleichbare Vorschriften: § 129 AO; § 38 SGB X; § 118 VwGO; § 107 FGO; § 138 SGG; § 319 ZPO.

Abweichendes Landesrecht: Bay: S. 3 spricht noch von „Schriftstück" statt von Dokument.

Entstehungsgeschichte: Bis zum Inkrafttreten des VwVfG vgl. § 42 der 6. Auflage. Die **Änderung** in Satz 3 erfolgte durch das 3. VwVfG-ÄndG als Konsequenz der Änderung von § 37 Abs. 2, Begr. RegE, BT-Drs 14/9000, S. 34. Vgl. ferner Rn. 2, 4, 13, 14, 22, 31, 36.

Literatur: *Jachmann,* Die Berichtigung offenbar unrichtiger Verwaltungsakte gemäß § 42 Verwaltungsverfahrensgesetz, Diss. Regensburg 1993; *Musil,* Die Berichtigung von Verwaltungsakten wegen offenbarer Unrichtigkeiten gemäß § 42 VwVfG und § 129 AO, DÖV 2001, 947. – **Zur AO** s. *Kuhfus,* Die Berichtigung offenbarer Unrichtigkeiten nach § 129 Abgabenordnung, 1999; *R. Schmidt,* Korrekturen von Verwaltungsakten im Steuerprozeß, 1999, S. 56 ff.; *Goez/Weiner,* Die Berichtigung von Steuerbescheiden nach § 129 AO bei Fehlern des Finanzamts in früherer Veranlagung, INF 2004, 782. Ausführlich zum Schrifttum vor 1996 s. § 42 der 6. Auflage.

Übersicht

	Rn.
I. Allgemeines	1
1. Klarstellungsfunktion/Rechtsfolgen	1
2. Allgemeiner Rechtsgedanke	4
II. Voraussetzungen der Berichtigung	6
1. Zumutbarkeit?	6
2. Unrichtigkeit	7
3. In einem Verwaltungsakt	11
4. Offenbare Unrichtigkeiten	22
5. Schreib- und Rechenfehler	25
III. Berichtigungsentscheidung	28
1. Ermessensentscheidung nach S. 1	28
2. Keine VA-Qualität der Berichtigung	32
3. Berichtigungspflicht bei berechtigtem Interesse (S. 2)	34
IV. Verfahren	36
1. Zuständigkeit	36
2. Weitere Verfahrensfragen	37
a) Antragsunabhängigkeit der Berichtigung	37
b) Vorlageverlangen nach S. 3	38
c) Sonstiges	40
V. Europarecht	45
VI. Landesrecht	47
VII. Vorverfahren	48

I. Allgemeines

1. Klarstellungsfunktion/Rechtsfolgen

1   In § 42 kommt ein allgemeiner Gedanke des Verwaltungs- und Gerichtsverfahrensrechts zum Ausdruck:[1] Offenbare Unrichtigkeiten können berichtigt werden, obwohl Behörde oder Gericht an sich an die getroffene Entscheidung gebunden ist. Die Unrichtigkeit bezeichnet die Abwei-

---

[483] *Sadler,* VwVG/VwZG, 6. Aufl. 2006, § 8 VwZG Rn. 35 ff.
[1] BVerwGE 48, 336, 338. Zur Berichtigung von Gesetzen etwa *Funke* ZG 2005, 358 ff.

chung des mit der Entscheidung erklärten Willens vom wahren Willen der entscheidenden Stelle. Im Falle der Unrichtigkeit ist die **Entscheidung nicht rechtswidrig**.[2] Die „Berichtigung" meint nicht die Korrektur eines rechtsfehlerhaften VA, die nach § 48 erfolgen zu hat (s. Rn. 19).[3] Bei älteren Gesetzen findet sich gelegentlich ein abweichender Sprachgebrauch, dessen Besonderheiten ggf. Rechnung zu tragen ist.[4]

Die offenbar unrichtige Entscheidung gilt von vornherein mit dem wirklich gewollten Inhalt, auch wenn keine Berichtigung erfolgt. Die Berichtigung stellt nur klar, was wirklich gewollt und auch bereits – wenngleich unvollkommen – erklärt war **(Klarstellungsfunktion)**.[5] Ein **Vertrauen** in den Fortbestand der Unrichtigkeit i. S. d. § 42 findet bei offenbarer Unrichtigkeit keine Grundlage;[6] es ist somit nicht schutzwürdig.[7]

Sind aufgrund des VA **Leistungen** erbracht worden, ist der VA in seiner berichtigten Form der **Rechtsgrund** für die Leistungen. Ist im Hinblick auf einen offenbar unrichtigen VA zu viel geleistet worden, greift der allgemeine **Erstattungsanspruch** (§ 9 Rn. 39; § 49a Rn. 1 ff.) ein. Anders als nach § 50 Abs. 5 SGB X[8] ist der allgemeine Erstattungsanspruch weder von einer Ermessensentscheidung noch von Gesichtspunkten des Vertrauensschutzes abhängig; er wird in der Regel im Wege der Leistungsklage geltend gemacht (Rn. 32 f.; § 9 Rn. 39; § 35 Rn. 25 ff.; § 44 Rn. 62 ff.).

2. Allgemeiner Rechtsgedanke

Der dem § 42 zugrunde liegende **allgemeine Rechtsgedanke** hat in den einzelnen Verfahrensgesetzen **unterschiedlichen Ausdruck** gefunden (vgl. neben § 129 AO und § 38 SGB X vor allem die entsprechenden Regelungen für die Gerichtsbarkeiten, s. § 319 ZPO, § 118 VwGO, § 107 FGO, § 138 SGG; außerdem z. B. § 132 FlurbG, § 95 PatG, § 46a Abs. 1 S. 1 PStG). § 42 lehnt sich – nach der Begründung zu § 38 Entwurf 73 im Sinne der Rechtsvereinheitlichung – an § 118 VwGO, § 107 FGO, § 138 SGG an.

§ 42 gilt nur für VAe, **nicht für sonstige Rechtsakte** der Behörde. Sein Grundgedanke ist aber prinzipiell auf andere Rechtsakte übertragbar.[9]

II. Voraussetzungen der Berichtigung

1. Zumutbarkeit?

Ein Erfordernis der **Zumutbarkeit**[10] ist nicht im Gesetzestext enthalten. Es ist auch entbehrlich, da die Zumutbarkeit der Berichtigung offenbarer Unrichtigkeiten in der Regel gegeben ist. Zudem ist sie bei der Ermessensbetätigung (vgl. Rn. 28) zu berücksichtigen.

2. Unrichtigkeit

Stimmt der im VA erklärte Wille der Behörde mit dem gewollten Erklärungsinhalt nicht überein, liegt eine **Unrichtigkeit** vor (Rn. 1).[11] Es kommt nicht darauf an, wer den **Irrtum**

---

[2] *Wolff/Bachof/Stober* 2, § 49 Rn. 1, 16, 70 ff.; *VG Braunschweig* NdsVBl 2001, 99, 100.
[3] *BVerwG* VerwRspr 1980, Nr. 58; *OVG Bremen* DÖV 1974, 353 LS 1a.
[4] Vgl. zur „Berichtigung" fehlerhafter Gebührenbescheide *VGH Mannheim* NVwZ-RR 1993, 329.
[5] *BVerwG* DÖV 1970, 747; für PlfBeschl *BVerwG* NVwZ 2000, 353, 354, 355 und *BVerwG* 11. 7. 2002, – 9 VR 6/02, juris, Rn. 11; *BSG* NVwZ-RR 1991, 1; SozR 3–2600 § 228a SGB VI Nr. 1; *BFH* BStBl II 1989, 531, 533; *BGH* NJW 1985, 742; *Schnapp/Cordewener* JuS 1999, 39, 40.
[6] *BVerwGE* 40, 212, 216; offen *BVerwG* DÖV 1970, 747; Rn. 16; gegen Vertrauensschutz gegenüber Berichtigungen nach § 129 AO *BFH* StRK AO 1977 § 129 Rn. 32.
[7] So Begründung zu § 38 Entwurf 73; *BVerwG* VerwRspr 1980, Nr. 58; *BSG* NJW 1966, 125 f.; NVwZ-RR 1991, 1.
[8] Dazu *BSG* NVwZ-RR 1991, 1. Zum Zusammenhang mit der früheren Judikatur des *BSG Wiesner* in Schroeder-Printzen, § 50 Rn. 24.
[9] So gegenüber *Schwarz* in Fehling u. a., § 42 VwVfG Rn. 4. Auf die Berichtigung einer Niederschrift nach §§ 68 Abs. 4, 93 ist § 42 nicht zugeschnitten; vgl. für Gerichtsverfahren *BAG* NJW 1965, 931.
[10] Dafür *Wolff/Bachof/Stober* 2, § 49 Rn. 16.
[11] *BVerwGE* 40, 212, 216; *Musil* DÖV 2001, 947, 948; *BFH* 15. 5. 2006, – VII B 70/06, juris (zu § 107 FGO).

verschuldet hat.[12] Der Irrtum kann auf jedem Versehen beruhen (Übersetzungen, telefonische Übertragungen etc.), er kann auch vom Bürger veranlasst sein, wenn er nur von der Behörde übernommen worden ist.[13]

8   Nicht erfasst von § 42 sind **Irrtümer**, die **bei der Willensbildung** aufgetreten sind,[14] seien sie **Irrtümer über den Sachverhalt**,[15] über die **Beweiswürdigung**[16] oder die **Rechtsanwendung**.[17] Die nicht nur ganz theoretische **Möglichkeit eines Rechtsirrtums** schließt eine Berichtigung aus.[18] Die Eindeutigkeit der gesetzlichen Regelung soll einen anders als mechanisch entstandenen Fehler ausschließen können.[19]

9   Werden lediglich rechtliche Ausführungen in der Begründung, die erst **nachträglich als unzutreffend angesehen** werden, „berichtigt", liegt weder die Rücknahme des VA vor[20] noch die Korrektur einer Unrichtigkeit i. S. d. § 42, da der erklärte Wille mit dem ursprünglichen tatsächlichen Willen identisch ist (s. § 35 Rn. 144). Vgl. zum Nachschieben von Gründen § 45 Rn. 33 ff.

10 Zu den Unrichtigkeiten können **versehentliche Auslassungen** gehören. Jedoch muss sich aus dem VA oder sonst (vgl. Rn. 23) klar ergeben, dass und wie über den ausgelassenen Gegenstand entschieden worden ist.[21]

3. In einem Verwaltungsakt

11 Die Unrichtigkeiten müssen „**in einem Verwaltungsakt**" enthalten sein (vgl. § 118 VwGO, § 107 Abs. 1 FGO: „im Urteil"; § 319 ZPO: „in dem Urteil"), also in dem VA[22] selbst; dabei ist es gleichgültig, in welchem Teil. Neben der Begründung kann namentlich auch der **verfügende Teil des Verwaltungsaktes** (§ 35 Rn. 143) von einer Unrichtigkeit betroffen sein und bei Vorliegen der weiteren Anforderungen berichtigt werden.[23]

12 Eine unterlassene **Rechtsbehelfsbelehrung** (§ 37 Rn. 116 ff.) kann – unabhängig von § 42 – nachgeholt werden,[24] wobei die Rechtsbehelfsfrist aber erst mit dem Zugang der nachgeholten Rechtsbehelfsbelehrung beim Adressaten läuft.[25] In der Nachholung der Belehrung liegt nicht der Erlass eines Zweitbescheides (dazu § 51 Rn. 38 ff.).[26]

13 Bewusst von dem allgemeinen Rechtsgedanken der Prozessordnungen, des § 42 und des § 38 SGB X (Rn. 4f., 11) abweichend gestaltet ist **§ 129 AO**, der sich auf Unrichtigkeiten bezieht, „die **beim Erlass eines Verwaltungsaktes** unterlaufen sind." § 129 AO soll im Anschluss an die Judikatur des *BFH* zu § 92 Abs. 2 RAO[27] klarstellen, dass alle offenbaren Unrichtigkeiten, „die von der Bildung des Entscheidungswillens bis zur Bekanntgabe des Verwaltungsaktes unterlaufen", berichtigt werden können.[28]

---

[12] *LG Frankfurt a. M.* MDR 1969, 580.
[13] Zur Übernahme fehlerhafter Angaben des Betroffenen *BFH/NV* 2004, 1505, 1506; *Gmach* NJW 1988, 2008, 2011 m. w. N.; für den Irrtum bei der Bezeichnung des Beteiligten *BGH* NJW 1989, 1281; *OLG Köln* NJW 1964, 2424.
[14] Vgl allg. näher *BGHZ* 127, 74, 78.
[15] *BVerwG* DÖV 1970, 747; *BFH* NJW 1977, 2183 (s. auch Rn. 13 f.); *BFHE* 165, 438, 444; *BFH/NV* 2006, 910 (für mangelnde Sachaufklärung); *BGH* NJW 1985, 742.
[16] *Musil* DÖV 2001, 947, 948.
[17] *BVerwG* DÖV 1970, 747; *BFH* NJW 1961, 95; NJW 1977, 2183; BStBl II 1987, 834; *VG Gera* VIZ 2002, 690 f.; *Liebetanz* in Obermayer, § 42 Rn. 6. Weit gehend zu § 38 SGB X *VG Berlin* ZMR 2003, 151 f.
[18] *BSG* NJW 1970, 2079; *BFH* NJW 1968, 1112; StRK AO 1977 § 129 Rn. 33; NVwZ 1984, 334; BB 1987, 53; *BFHE* 165, 438, 444; *BFH/NV* 2002, 467 f.; 894; 2003, 2 f.; 1139 f.; 2005, 1013 f.; StE 2005, 2158; *BFH/NV* 2006, 1506 f.; *OVG Bremen* DÖV 1974, 353; auch *OLG Köln* NJW 1960, 1471.
[19] So *BFH* StRK AO 1977 § 129 Rn. 34.
[20] *BVerwGE* 21, 316, 317.
[21] Vgl. *BGH* NJW 1964, 1858; *BAG* NJW 1960, 1635; *OLG Hamm* MDR 1970, 1018; *Rennert* in Eyermann, § 118 Rn. 3.
[22] *VG Köln*, 4. 7. 2006, – 7 K 804/05, juris, wendet ohne Weiteres § 42 auf einen „VA" der DDR an.
[23] Für Urteil: *BGH* NJW 1985, 742; für Berichtigung der Behördenbezeichnung *VG Meiningen* 4. 2. 2003, – 8 E 383/01.Me, juris; für die des Adressaten s. Rn. 27.
[24] *Stelkens* NuR 1982, 10, 14.
[25] *J. Schmidt* in Eyermann, § 58 Rn. 16; vgl. auch § 37 Rn. 77, 87 f.
[26] *Stelkens* NuR 1982, 10, 14; a. A. *Redeker/v. Oertzen*, § 58 Rn. 16 in der Vorauflage.
[27] Vgl. *BFH* NJW 1975, 2360; *BFH* NVwZ 1984, 334, 335; BStBl II 1987, 588.
[28] Begründung zu § 133 EAO 1974; *Bilsdorfer* NJW 1982, 2408, 2409; *Schnapp/Cordewener* JuS 1999, 39, 40 Fn. 7 m. w. N.; *Musil* DÖV 2001, 947, 948; *Heger* DStZ 2006, 393, 399; auch *BFH/NV* 2003, 1343 f.

Bei Verabschiedung von VwVfG und AO konnte keine einheitliche Lösung werden. Der BT-Innenausschuss konnte sich nicht entschließen, § 38 Entwurf 73 **an § 133 EAO 1974 anzupassen;** seine Empfehlung an den Finanzausschuss, umgekehrt § 133 EAO 1974 an § 38 Entwurf 73 anzupassen, blieb unberücksichtigt (Einl Rn. 50 ff., 59). 14

Zusätzlicher Gegenstand der Berichtigung nach § 129 AO sind vor allem **mechanische Versehen,** die sich bei der Willensbildung eingeschlichen haben (vgl. § 37 Rn. 130 f., 67 f.);[29] eine Wiederholung bei Überprüfung schließt mechanische Fehler nicht aus.[30] Weitergehende Berichtigungen sind auch nach § 129 AO nicht zulässig.[31] Namentlich sind fehlerhafte Eintragungen der Berichtigung entzogen, wenn sie nach den Gegebenheiten des Einzelfalls auf einem Tatsachen- oder Rechtsirrtum beruhen.[32] 15

Nach § 129 AO, nicht aber nach § 42, **können berichtigt werden:**[33] versehentlich falsche Ausfüllung eines Eingabewertbogens aufgrund eines Rechenfehlers oder anderen Irrtums in der Steuererklärung;[34] Eingabe vorangegangener fehlerhafter Berechnungen;[35] Übersehen von Unterlagen;[36] Unrichtigkeiten aufgrund fehlerhaften EDV-Programms.[37] 16

Überlegungen, der Sache nach die finanzgerichtliche Judikatur für § 42 zu übernehmen,[38] vernachlässigen die bewusst **unterschiedliche Fassung der Normen,**[39] verdienen deshalb keine Zustimmung. 17

Daher kann dem vom *BVerwG*[40] für Wohngeldbescheide formulierten Satz: „Einem Schreib- oder Rechenfehler steht es gleich, wenn bei computergefertigten Bescheiden ein **Fehler im Rechenzentrum** ursächlich für die Bewilligung war," nicht gefolgt werden.[41] 18

Solche Fehler machen den VA rechtswidrig, sind daher nach dem VwVfG durch **Rücknahme** des VA zu beheben (s. auch Rn. 1);[42] nach der AO besteht diese Möglichkeit für Steuerbescheide nach den abschließenden Aufhebungsgründen der §§ 172 ff. AO nicht.[43] Diese **Lücke schließt** der erweiterte Anwendungsbereich des **§ 129 AO.** 19

Stimmt die bekannt gemachte **Ausfertigung** (§ 37 Rn. 104 f.) nicht mit der bei der Behörde verbliebenen Urschrift überein, ist der VA nicht deswegen unrichtig i. S. d. § 42.[44] Vielmehr gilt der VA mit dem durch die unzutreffende Ausfertigung bekannt gegebenen Inhalt (§ 41 Rn. 65; § 43 Rn. 186). Für seine Aufhebung ist § 48 maßgeblich. 20

Bei **mehrstufigen Verwaltungsakten** (§ 35 Rn. 169 ff., 173) ist für das Vorliegen einer offenbaren Unrichtigkeit der an den Adressaten gerichtete VA, nicht die interne Mitwirkungserklärung der anderen Behörde maßgebend (s. Rn. 44). 21

4. Offenbare Unrichtigkeiten

Die Unrichtigkeiten müssen **offenbar** sein. Dies ist eine **zusätzliche Voraussetzung,** also nicht bei jeglicher Unrichtigkeit gegeben. Offenbar sind Unrichtigkeiten, wenn sie „ins Auge springen".[45] Wenn sie gleichwohl – etwa bei grober Fahrlässigkeit des Empfängers – unbemerkt bleiben, kann der Fehler dennoch offenbar sein.[46] Offenbar unrichtig kann auch ein Bescheid 22

---

[29] *BFH* NJW 1977, 2183; NVwZ 1984, 334; BB 1987, 53; BFHE 156, 59, 64 ff.; 165, 438, 443 f.
[30] *BFH/NV* 2004, 1217 f. m. w. N.
[31] *BFH* BStBl II 1987, 588.
[32] *BFH* NVwZ 1998, 1224.
[33] Überblick über die Judikatur in *BFH* StRK AO § 129 Rn. 36; *Goez/Weiner* INF 2004, 782, 783.
[34] *BFH* NJW 1980, 143; auf den Einzelfall abstellend *BFH/NV* 2002, 759 f. m. w. N.; 1316 f.; 2003, 1139 f.
[35] *BFH* BStBl II 1988, 164; *FG Kassel* EFG 1991, 363, wonach aber bei falscher Behandlung aus Rechtsirrtum eine Korrektur nach § 129 AO ausscheidet.
[36] *BFH* BB 1986, 1978; *BFH/NV* 2003, 1 f.; 2004, 605, 607; *BFH* NVwZ-RR 2004, 529, 530 f.
[37] *BFH* NVwZ 1985, 448; zu Irrtümern über Programmabläufe *BFH/NV* 2005, 1013 f.; StE 2005, 2158 f.
[38] So wohl *Martens,* Rn. 461 f.; *ders.* NVwZ 1990, 624, 628.
[39] Dazu *BFH* BStBl II 1988, 164, 165; *Brockmeyer* in Klein, § 129 Anm. 1.
[40] NJW 1976, 532, wo allerdings die Unrichtigkeit der Angaben aus dem Bescheid erkennbar war.
[41] Zustimmend *Musil* DÖV 2001, 947, 948.
[42] *BVerwGE* 40, 212, 216 ff.
[43] *BFH* BStBl II 1989, 531, 533 m. w. N. Anderes gilt für sonstige VAe gem. §§ 130 ff. AO.
[44] Wie hier *Kopp/Ramsauer,* § 42 Rn. 12; anders bei § 129 AO aus den zu Rn. 13 ff. genannten Gründen, s. § 43 Rn. 185 f.
[45] *BVerwGE* 40, 212, 216; 48, 336, 338; *OVG Bremen* DÖV 1974, 353; Begründung zu § 38 Entwurf 73.
[46] *BVerwG* BayVBl 1971, 21 f.

sein, dem umfangreiche Berechnungen beigelegt sind; der Fehler muss aber beim Lesen sofort erkennbar sein.[47]

23 Unrichtigkeiten sind offenbar, wenn sich der Irrtum aus dem Zusammenhang des **VA selbst**[48] oder den **Vorgängen bei seiner Bekanntgabe** ergibt.[49] Es genügt, wenn sich die Unrichtigkeit aus einer den Beteiligten wie der Behörde bekannten Urkunde ergibt,[50] nicht aber, wenn sie sich nur aus den Verwaltungsvorgängen ergibt, für den Betroffenen also nicht jederzeit erkennbar ist.[51]

24 Maßgeblich sind dabei die Erkenntnismöglichkeit eines **„Verständigen"**[52] in der Lage des Beteiligten.[53] Damit ist der erklärte Wille so maßgeblich, wie ihn der Empfänger bei objektiver Würdigung verstehen konnte.[54] Die Offenkundigkeit kann sich auch aus der Abweichung vom vorher abgesprochenen Inhalt des VA ergeben.[55]

5. Schreib- und Rechenfehler

25 Auch **Schreib- und Rechenfehler** müssen **im VA** zum Ausdruck kommen (Rn. 11 ff.), sollen sie berichtigt werden können. Obwohl die Formulierung „und ähnliche offenbare Unrichtigkeiten" sich in diesem Sinne verstehen lässt,[56] sind Schreib- und Rechenfehler **nicht zwangsläufig offenbar**,[57] werden aber in aller Regel offenbar sein, wenn sie sich „in einem VA" finden. Doch sollen nach dem Sinn des § 42 nicht (hinreichend) erkennbare Fehler gleich welcher Art nicht der Berichtigung unterliegen.

26 Probleme kann die **Abgrenzung berichtigungsfähiger Rechenfehler** von Rechtsverstößen bereiten. Fehler in Berechnungen, die nicht im VA erscheinen und auch für den Betroffenen nicht erkennbar sind, genügen jedenfalls nicht, insbes. wenn sie im maschinellen Verfahren entstanden sind (Rn. 13 ff.).[58] Ob Fehler, die nur durch Nachrechnen mit Hilfe von Schlüsselzeichen und beigefügten Erläuterungen zu erkennen sind (s. § 37 Rn. 137 f.), noch „offenbar" sind, hängt von den zu überwindenden Schwierigkeiten ab.

27 Auch bei **Schreibfehlern** ist die Grenze zu den Fehlern, die den VA rechtswidrig machen, im Einzelfall schwierig zu bestimmen. Die Fehlbezeichnung des Adressaten eines VA kann ein Schreibfehler i. S. d. § 42 sein, wenn der gemeinte Adressat aus dem VA selbst oder aus früherem Schriftwechsel, Adressatangabe usw. erkennbar ist (Rn. 7).[59] Die unrichtige Bezeichnung einer Person oder eines Gegenstandes kann berichtigt werden, wenn die gemeinte Person und der gemeinte Gegenstand zweifelsfrei feststehen.[60]

---

[47] BSG NVwZ-RR 1991, 1, 2.
[48] Vgl. für eine unvollständige Auflistung betroffener Grundstücke in einem Änderungsplanfeststellungsbeschluss mit Rücksicht auf dessen Inhalt im Übrigen BVerwG NVwZ 2000, 553, 554.
[49] BVerwG NVwZ 1986, 198; Wolff/Bachof/Stober 2, § 49 Rn. 70; für Urteil Rennert in Eyermann, § 118 Rn. 4. Für die Notwendigkeit eines äußerlichen Niederschlags von Fehlern BFH/NV 2003, 1139 f.
[50] Vgl. BVerwG NVwZ 1986, 198 (für verwechselten Studieneintrag); auch OLG Köln NJW 1964, 2424; Liebetanz in Obermayer, § 42 Rn. 9.
[51] Bull/Mehde, Rn. 846; a. A. Finanzrechtsprechung aufgrund § 129 AO, etwa BFHE 149, 413, 415; 168, 6, 9; BFH StRK AO 1977 § 129 Rn. 33 m. w. N.; OVG Bremen DÖV 1974, 353, 354; Brockmeyer in Klein, § 129 Rn. 13; s. auch Rn. 13 ff.; demgegenüber verlangt FG Hannover EFG 1992, 500, 501 m. w. N. zur gegenteiligen h. M., dass die Unrichtigkeit für den Steuerpflichtigen aus dem Bescheid selbst erkennbar sein muss.
[52] BSG NJW 1966, 126; NVwZ-RR 1991, 1 f.
[53] BVerwG NVwZ 1986, 198; auch FG Saarbrücken EFG 1994, 230; nun auch entgegen Vorauflage Liebetanz in Obermayer, § 42 Rn. 10, der auf den konkret Betroffenen abstellt.
[54] BVerwG NVwZ 2000, 553, 554; Reder, Auslegung von Verwaltungsakten, 2002, S. 38 f.
[55] VG Braunschweig NdsVBl 1998, 121 f.
[56] So zu § 129 AO BFH NVwZ 1984, 334, 335; BStBl II 1988, 164.
[57] Wie hier BSG NVwZ-RR 1991, 1; Kopp/Ramsauer, § 42 Rn. 10; Henneke in Knack, § 42 Rn. 5; Liebetanz in Obermayer, § 42 Rn. 15; Ule/Laubinger, § 59 Rn. 9; im Prozessrecht BGH NJW 1989, 1281; Hartmann in Baumbach u. a., § 319 Rn. 6, 10.
[58] Vgl. BVerwGE 40, 212, 216 f.; VGH München BayVBl 1997, 310, 311; wohl auch Wolff/Bachof/Stober 2, § 49 Rn. 72.
[59] VGH Mannheim NJW 1990, 2270; OVG Münster NVwZ-RR 2003, 327, 328; vgl. auch VG München 31. 1. 2006 – M 1 K 05.5344, juris.
[60] VGH München NVwZ-RR 1990, 393; VG München BayVBl 2007, 287; Wolff/Bachof/Stober 2, § 49 Rn. 71; § 37 Rn. 17.

III. Berichtigungsentscheidung

1. Ermessensentscheidung nach S. 1

Es steht – anders als nach den Berichtigungsbestimmungen für die Gerichte – **im Ermessen der Behörde**, ob sie die Berichtigung durchführt; § 42 mit seinem „kann" ist keine bloße Befugnis- oder Kompetenznorm.[61] Das Ermessen hat sich vor allem daran zu orientieren, ob für die Beteiligten oder die Behörde selbst ein Bedürfnis nach Klarstellung besteht. Dies kann fehlen, wenn sich der VA bereits erledigt hat (s. auch Rn. 30) oder wenn die Unrichtigkeit geringfügig ist und keine Auswirkungen zu erwarten sind. Wenn der Berichtigung die Vorlage des Schriftstückes vorausgehen soll (Rn. 38 f.), ist ggf. deren Zumutbarkeit zu berücksichtigen. Bei Nichtgebrauch des Ermessens ist die Berichtigung rechtswidrig.[62]

Die Berichtigung ist mangels Vertrauensschutzes (Rn. 2) bei **begünstigenden** ebenso wie bei **belastenden VAen** zulässig, und zwar zugunsten wie zu Lasten des Betroffenen.[63]

Die Berichtigung kann **jederzeit** erfolgen, also sowohl vor als auch nach der Unanfechtbarkeit des VA.[64] Bei einem nicht mehr wirksamen, also aufgehobenen oder erledigten VA (§ 43 Abs. 2) wird in aller Regel kein Anlass mehr für eine Berichtigung bestehen; diese könnte jedenfalls die Unwirksamkeit nicht mehr in Frage stellen. Jedoch soll das Berichtigungsrecht **verwirkt** (s. allg. § 53 Rn. 21 ff.) werden können,[65] obwohl der Betroffene nicht auf den Fortbestand der offenbaren Unrichtigkeit vertrauen kann.[66]

Da die Berichtigung den gewollten Erklärungsinhalt des VA nur klarstellt (Rn. 1 f.), ist sie mit Wirkung **ex tunc** formlos möglich.[67] Die Berichtigung führt **nicht zum Wiederaufgreifen** des durch VA geregelten Falles; berichtigt wird nur die Unrichtigkeit.[68]

2. Keine VA-Qualität der Berichtigung

Die Berichtigung ist **kein VA**.[69] Sie zielt nicht auf eine Regelung, soll insbes. den zu berichtigenden VA nicht in seinem Regelungsgehalt ändern, sondern nur den wahren Wille der Behörde, der auch – unvollkommen – seinen Ausdruck im VA gefunden hat, klarstellen (Rn. 2). Da eine Berichtigung den Inhalt des VA nicht verbindlich neu festlegt, ist sie unbeachtlich, wenn sie den wahren Willen der Behörde nicht trifft. Auch eine entgegen den Voraussetzungen des § 42 vorgenommene Berichtigung mutiert nicht zum VA.[70]

Da die Berichtigung kein VA ist, sind **§§ 28, 39 nicht anwendbar**. Das *BSG*[71] verlangt wohl eine Anhörung, weil es bei der Entscheidung über die Berichtigung von einem VA ausgeht; dies steht mit der Sonderregelung des § 50 Abs. 5 SGB X zur Erstattung von Leistungen (Rn. 3) in Zusammenhang, passt daher jedenfalls auf § 42 nicht.

3. Berichtigungspflicht bei berechtigtem Interesse (S. 2)

Bei **berechtigtem Interesse** (§ 29 Rn. 42) eines (auch von mehreren) Beteiligten besteht die **Verpflichtung** der Behörde zu berichten. § 42 verlangt nicht, dass das berechtigte Interes-

---

[61] *BSG* NVwZ-RR 1991, 1, 2; SozR 3–2600 § 228a SGB VI Nr. 1; § 40 Rn. 21.
[62] Vgl. *BVerwG* VerwRspr 1980, Nr. 58 (zum LAG); für Nachholbarkeit im Prozess wohl *SG Dortmund* 25. 7. 2002 – S 17 U 45/00, juris.
[63] *BFH* NJW 1968, 1112.
[64] *BFH* NJW 1968, 1112; NVwZ 1990, 702, 703; abweichend für Geltung der Festsetzungsfrist nach § 169 Abs. 1 S. 2 AO *FG Hamburg* EFG 1994, 642, 643 f.
[65] Zu den Anforderungen etwa *BVerwG* VerwRspr 1980, Nr. 58.
[66] *BSG* NJW 1966, 125 f.; *Nake* DStR 1973, 687, 688. Für die Berichtigung offenbarer Unrichtigkeiten präjudizieller VAe auch nach Festsetzungsverjährung in darauf aufbauenden Folgebescheiden *Goez/Weiner* INF 2004, 782 ff.
[67] *BVerwG* DVBl 1972, 955; Begründung zu § 38 Entwurf 73; *Wolff/Bachof/Stober* 2, § 49 Rn. 74.
[68] *Nake* DStR 1973, 687, 688.
[69] *VGH München* BayVBl 1997, 310, 311; *Wolff/Bachof/Stober* 2, § 49 Rn. 74; *Liebetanz* in Obermayer, § 42 Rn. 24; *Henneke* in Knack, § 42 Rn. 11; *Kopp/Ramsauer*, § 42 Rn. 14; *Musil* DÖV 2001, 947, 949 ff., auch zur (teilweise) gegenteiligen Bewertung bei § 129 AO; für einen VA ohne Einfluss auf den Regelungsgehalt des berichtigten VA *BFHE* 200, 363, 369.
[70] So aber wohl *Kopp/Ramsauer*, § 42 Rn. 18 m. w. N.; dem folgend *Schwarz* in Fehling u. a., § 42 VwVfG Rn. 21; nicht eindeutig *Ziekow*, § 42 Rn. 8; zu nur vermeintlichen Berichtigungen noch u. Rn. 42.
[71] NVwZ-RR 1991, 1, 2.

se Bezug zu dem abgeschlossenen VwVf hat (vgl. § 29 Rn. 44). Es muss nur ein Bezug zum VA bestehen. Ein derartiges Interesse liegt insbesondere vor, wenn der zu berichtigende VA Grundlage weiterer VAe sein kann, wenn der VA zur Vorlage bei anderen Behörden oder privaten Stellen dienen soll oder wenn der VA angefochten wird.

35 Die Träger des berechtigten Berichtigungsinteresses haben auch einen **Anspruch** auf Vornahme der Berichtigung,[72] da die Bestimmung ersichtlich ihren Interessen dienen und auch Durchsetzungsmöglichkeiten begründen soll.[73] Weil die Berichtigung kein VA ist, ist der Anspruch darauf im Wege der allgemeinen Leistungsklage durchzusetzen.[74]

IV. Verfahren

1. Zuständigkeit

36 Die **Befugnis zur Berichtigung** liegt bei der Behörde, die zum Berichtigungszeitpunkt „Herrin des Verfahrens" ist. Bewusst ist die in § 32 S. 1 Musterentwurf formulierte Fassung aufgegeben worden, wonach die Behörde berichtigen kann, die den VA erlassen hat. Auch Nachfolgebehörden der früher zuständigen Behörde oder Behörden, die nunmehr örtlich zuständig sind (beachte jedoch § 3 Abs. 3), haben die Möglichkeit, die Berichtigung durchzuführen. Ist der VA angefochten und der Vorgang noch nicht an die Widerspruchsbehörde weitergegeben, kann die Ausgangsbehörde die Berichtigung noch vornehmen.[75] Jedoch ist auch eine Berichtigung durch die Widerspruchsbehörde nicht ausgeschlossen,[76] die ggf. im Rahmen des Widerspruchsbescheides erfolgen kann.

2. Weitere Verfahrensfragen

37 a) **Antragsunabhängigkeit der Berichtigung.** Die Berichtigung kann auf Antrag erfolgen, setzt aber **keinen Antrag** voraus. Dies gilt auch in den Fällen des Satz 2 (Rn. 34).

38 b) **Vorlageverlangen nach S. 3.** Zum Zweck der Berichtigung kann die Behörde die **Vorlage** – nicht die Herausgabe – des zu berichtigenden Schriftstückes verlangen **(Satz 3)**. Der Anspruch richtet sich nicht nur gegen den Adressaten des VA, sondern – wie bei § 52 – im Interesse der Rechtsklarheit (§ 52 Rn. 2, 10, 39f.) gegen jeden Besitzer.

39 Satz 3 gibt (dem Rechtsträger) der Behörde nach seinem klaren Wortlaut einen **Anspruch** auf Vorlage des Schriftstückes. Die Vorlage kann jedenfalls gegenüber dem Adressaten des zu berichtigenden VA mittels VA erzwungen werden.[77]

40 c) **Sonstiges.** Die Berichtigung kann in der **Form** eines Vermerks auf der Urschrift und auf möglichen Ausfertigungen des VA vorgenommen werden (s. für Urteile: § 319 Abs. 2 ZPO, § 118 Abs. 2 VwGO), ist aber mangels diesbezüglicher Gesetzesbestimmung auch durch einfaches Schreiben möglich.[78]

41 Die Berichtigung ist **nicht** mit einer **Rechtsbehelfsbelehrung** zu versehen, da ein Rechtsbehelf gegen die Berichtigung nicht gegeben ist. Lässt erst die Berichtigung erkennen, dass der VA eine Beschwer begründet, beginnt erst mir ihr der Fristlauf.[79]

42 Ist die von der Behörde als Berichtigung bezeichnete Erklärung tatsächlich keine Berichtigung, sondern eine materielle Änderung des VA, insbesondere eine Rücknahme, kann der Empfänger gegen diesen Bescheid Widerspruch und Anfechtungsklage erheben (s. auch Rn. 32).

---

[72] Allg. M., vgl. etwa *Kopp/Ramsauer*, § 42 Rn. 16; *Ziekow*, § 42 Rn. 7; *Schwarz* in Fehling u. a., § 42 VwVfG Rn. 19.
[73] S. *Schwarz* in Fehling u. a., § 42 Rn. 19; *Kopp/Ramsauer*, § 42 Rn. 16; *Henneke* in Knack, § 42 Rn. 9.
[74] *Henneke* in Knack, § 42 Rn. 11; diff. *Ule/Laubinger*, § 59 Rn. 17; *Jachmann*, Die Berichtigung offenbar unrichtiger Verwaltungsakte gemäß § 42 Verwaltungsverfahrensgesetz, Diss. Regensburg 1993, S. 149; ganz gegen Rechtsbehelfe wohl *Himmelmann/Höcker* VR 2003, 79, 85.
[75] Vgl. für Urteil: *Rennert* in Eyermann, § 118 Rn. 5.
[76] Vgl. zum Einspruchsverfahren BFHE 211, 424, 431f.; für Urteil: BVerwGE 30, 146f.; BGH NJW 1964, 1858; 1989, 1281; BAG NJW 1964, 1874; *Clausing* in Schoch u. a., § 118 Rn. 6.
[77] *Liebetanz* in Obermayer, § 42 Rn. 29. Insoweit Unterschied zum Prozessrecht, vgl. *Hartmann* in Baumbach u. a., § 319 Rn. 31; zur Befugnis, durch VA zu handeln, s. allg. § 44 Rn. 55ff.
[78] Für Formfreiheit ausdrücklich BVerwG 11. 7. 2002 – 9 VR 6/02, juris, Rn. 11.
[79] BSG SozR 3–2600 § 228a SGB VI Nr. 1.

Die Rechtsbehelfsfrist beginnt mit dem **unzutreffend so bezeichneten Berichtigungsbescheid**, § 58 Abs. 2 VwGO. Für Anfechtbarkeit genügt es nicht, dass der Empfänger der Berichtigung irrig davon ausgeht, dass ein ÄnderungsVA ergangen sei; denn Voraussetzung der Anfechtung ist, dass ein VA tatsächlich vorliegt.[80]

Die **Ablehnung** eines Berichtigungsantrages ist ein **VA,** sei es, weil über den Anspruch nach S. 2, sei es, weil über den Anspruch auf fehlerfreien Ermessensgebrauch (S. 1) entschieden, damit eine Regelung i. S. d. § 35 getroffen wird.[81]   43

Waren an dem Erlass des VA **andere Behörden** beteiligt, so müssen sie an dem Berichtigungsverfahren nicht mitwirken. Es empfiehlt sich aber, ihnen eine Ausfertigung der Berichtigung zu übersenden, wenn sie eine Ausfertigung des VA erhalten haben.   44

V. Europarecht

Für den **direkten Vollzug** des Gemeinschaftsrechts bestehen keine allgemein gültigen Bestimmungen über die Berichtigung von Entscheidungen.[82] Die Rechtsprechung lässt Berichtigungen nur in vergleichbaren Fällen wie bei § 42 zu.[83]   45

Für den **indirekten Vollzug** des Gemeinschaftsrechts ist § 42 einschlägig, der weder eine Diskriminierung von VAen auf europarechtlicher Grundlage beinhaltet noch die Effektivität der Durchsetzung des Europarechts gefährdet (dazu Einl Rn. 72, 77).   46

VI. Landesrecht

Die Regelungen in den **Ländern** entsprechen substantiell voll dem § 42.   47

VII. Vorverfahren

§ 42 gilt auch für die Entscheidung der **Widerspruchsbehörde** (§ 79), und zwar auch noch nach Abschluss des Vorverfahrens.[84] S. ferner Rn. 36.   48

Abschnitt 2. Bestandskraft des Verwaltungsaktes

§ 43 Wirksamkeit des Verwaltungsaktes

(1) ¹**Ein Verwaltungsakt wird gegenüber demjenigen, für den er bestimmt ist oder der von ihm betroffen wird, in dem Zeitpunkt wirksam, in dem er ihm bekannt gegeben wird.** ²**Der Verwaltungsakt wird mit dem Inhalt wirksam, mit dem er bekannt gegeben wird.**

(2) **Ein Verwaltungsakt bleibt wirksam, solange und soweit er nicht zurückgenommen, widerrufen, anderweitig aufgehoben oder durch Zeitablauf oder auf andere Weise erledigt ist.**

(3) **Ein nichtiger Verwaltungsakt ist unwirksam.**

---

[80] Vgl. nur *Pietzcker* in Schoch u. a., § 42 Abs. 1 Rn. 19.
[81] § 35 Rn. 56 f.; zustimmend *Musil* DÖV 2001, 947, 951; *Schwarz* in Fehling u. a., § 42 VwVfG Rn. 5, 22; diff. *Ule/Laubinger*, § 59 Rn. 17.
[82] Immerhin deuten Art. 84 § 1 VerfO EuG, Art. 66 § 1 VerfO EuGH, dazu *EuGHE* 1961, 687, 690 f.; *Kinke*, Der Gerichtshof der Europäischen Gemeinschaften, 1989, Rn. 204 ff.; *Rengeling/Middeke/Gellermann*, Rn. 727 ff., auf einen parallelen allgemeinen Rechtsgrundsatz hin.
[83] Für Berichtigungen nur bloß orthographischer oder grammatikalischer Fehler, vgl. *EuGH*, Rs. 131/86, EuGHE 1988, 905, 935 Rn. 38; Rs. C-137/92 P, EuGHE 1994, I-2555, 2613 Rn. 68; zu Rechenfehlern *EuGH*, Rs. 15/85, EuGHE 1987, 1005, 1036 Rn. 11; s. auch *Bülow*, Die Relativierung von Verfahrensfehlern im Europäischen Verwaltungsverfahren und nach §§ 45, 46 VwVfG, Diss. Köln 2006, S. 20.
[84] Vgl. *VGH Mannheim* NuR 1995, 549, 550; *Pietzner/Ronellenfitsch*, § 27 Rn. 17; *Busch* in Knack, § 79 Rn. 113; *Allesch*, S. 166; *Busch* BayVBl 1981, 296; a. A. *Sahlmüller* BayVBl 1980, 650, 651.

§ 43

Vergleichbare Vorschriften: § 124 AO; § 39 SGB X; § 77 SGG.

Abweichendes Landesrecht: –

Entstehungsgeschichte: Bis zum Inkrafttreten des VwVfG vgl. § 43 der 6. Auflage. Kleine redaktionelle **Änderungen** sind mit der Bek. der Neufassung v. 21. 1. 2003, BGBl I 102, erfolgt. S. auch Rn. 178, 180, 182, 185, 186, 192, 222, 223, 226, 227.

Literatur: *Knöpfle,* „Tatbestands-" und „Feststellungswirkung" als Grundlage der Verbindlichkeit von gerichtlichen Entscheidungen und Verwaltungsakten, BayVBl 1982, 225; *Erichsen/Knoke,* Bestandskraft von Verwaltungsakten, NVwZ 1983, 185; *Kopp,* Die Bestandskraft von Verwaltungsakten, DVBl 1983, 392; *Merten,* Bestandskraft von Verwaltungsakten, NJW 1983, 1993; *J. Ipsen,* Verbindlichkeit, Bestandskraft und Bindungswirkung von Verwaltungsakten, Verwaltung 1984, 169; *Seibert,* Die Bindungswirkung von Verwaltungsakten, 1989; *Hilger,* Die Legalisierungswirkung von Genehmigungen, 1996; *Ammelburger,* Strukturprobleme der Bestandskraftlehre, 1997; *Becker,* Die Bindungswirkung von Verwaltungsakten im Schnittpunkt von Handlungsformenlehre und materiellem öffentlichen Recht, 1997; *Schmidt-de Caluwe,* Die Wirksamkeit des Verwaltungsakts, VerwArch 1999, 49; *Schnapp/Cordewener,* Welche Rechtsfolgen hat die Fehlerhaftigkeit eines Verwaltungsakts?, JuS 1999, 39; *Rühl,* Grundfragen der Verwaltungsakzessorietät, JuS 1999, 521; *Siegmund,* Handlungsformen und Entscheidungen im Verwaltungsverfahren, in Brandt/Sachs (Hrsg.), Handbuch Verwaltungsverfahren und Verwaltungsprozess, 2. Aufl. 2003, D I; *Rohlfing,* Die Nachprüfbarkeit bestandskräftiger Verwaltungsakte im Amtshaftungsprozeß, 2000; *Kracht,* Feststellender VA und konkretisierende Verfügung, 2002; *Brüning,* Einstweilige Verwaltungsführung, 2003, *Ruffert,* Die Erledigung von Verwaltungsakten „auf andere Weise", BayVBl 2003, 33; *Beaucamp,* Überprüfung bestandskräftiger Verwaltungsakte durch die Zivilgerichte, DVBl 2004, 352; *Ehlers,* Rechtsfragen der Existenz, der Wirksamkeit und der Bestandskraft von Verwaltungsakten, in FS Erichsen 2004, S. 1; *Schroeder,* Bindungswirkungen von Entscheidungen nach Art. 249 Abs. 4 EG im Vergleich zu denen von Verwaltungsakten nach deutschem Recht, 2006; *Steinweg,* Zeitlicher Regelungsgehalt des Verwaltungsaktes, 2006. – **Zur AO** s. *Richard Schmidt,* Korrekturen von Verwaltungsakten im Steuerprozeß, 1999, S. 56. Ausführlich zum Schrifttum vor 1996 s. § 43 der 6. Auflage.

Übersicht

	Rn.
I. Allgemeines	1
1. Inhalt des Abschnitts 2 des Teils III	1
2. Die materiellen Wirkungen des VA als Inhalt des § 43	2
3. Die grundlegenden Zusammenhänge des Abschnitts (Schaubild)	4
4. Europarecht	6
II. Bestandskraft und Bindungsproblematik	7
1. Die Bestandskraft als Bindungsproblem	7
2. Verfassungsrechtliche Grundlagen	9
3. Arten von Bindungswirkungen: Aufhebungs- und Abweichungsverbote	17
III. Aufhebungsverbote	19
1. Formelle Bestandskraft	20
2. Ausschluss amtswegiger Aufhebung	31
3. Aufhebbarkeit vorläufiger VAe	37
IV. Abweichungsverbote	41
1. Materielle Bestandskraft	45
a) Wirkungsweise	46
b) Die Voraussetzung formeller Bestandskraft	53
c) Umfang materieller Bestandskraft	55
aa) Sachliche Grenzen der Bestandskraft	56
bb) Persönliche Grenzen der Bestandskraft	90
cc) Zeitliche Grenzen der Bestandskraft	100
d) Adressaten der materiellen Bestandskraft	104
e) Reichweite der materiellen Bestandskraft	119
f) Unabhängigkeit materieller Bestandskraft von gerichtlicher Bestätigung	123
2. Bestandskraftunabhängige Abweichungsverbote	134
a) Selbstbindungswirkung	135
b) Beachtlichkeit	137
c) Tatbestandswirkung	154
d) Feststellungswirkung	160
V. Wirksamkeit des VA	163
1. Begriff der Wirksamkeit	163
a) Äußere Wirksamkeit	164
b) Innere Wirksamkeit	166
c) Verhältnis von äußerer und innerer Wirksamkeit	167
2. Beginn der Wirksamkeit (Abs. 1)	174
a) Voraussetzungen wirksamer Bekanntgabe	176
b) Eintritt der Rechtswirkungen	182

		Rn.
	c) Schwebende Unwirksamkeit	183
	d) Inhalt des bekannt gegebenen VA	185
3.	Dauer der Wirksamkeit (Abs. 2)	190
	a) Umfang des Wirksamkeitsverlustes	192
	b) Rücknahme, Widerruf	197
	c) Anderweitige Aufhebung	201
	d) Erledigung durch Zeitablauf oder auf andere Weise	204
VI.	Unwirksamkeit des nichtigen VA (Abs. 3)	222
VII.	Wirksamkeit und aufschiebende Wirkung	227
VIII.	Landesrecht	234
IX.	Fortgeltung von Einzelfallentscheidungen der DDR-Behörden	235
1.	Zur Wirksamkeit der Entscheidungen der DDR-Verwaltungsbehörden	235
	a) Nach dem Recht der DDR	235
	b) Wirksambleiben von DDR-Entscheidungen	236
	c) Verlust der Wirksamkeit	245
2.	Materielle Bestandskraft; sonstige Abweichungsverbote	284
X.	Vorverfahren	288

I. Allgemeines

1. Inhalt des Abschnitts 2 des Teils III

§ 43 eröffnet den zweiten Abschnitt des III. Teiles. Trotz der Überschrift „Bestandskraft des **1** Verwaltungsaktes" wird dieser Begriff in den einzelnen Vorschriften nicht wieder aufgegriffen. Vielmehr werden **lediglich Folgerungen aus der Bestandskraft** gezogen: z.B. für Widerruf, Rücknahme und Wiederaufgreifen des Verfahrens. Damit wird der in Rspr. und Lit. sehr uneinheitlich verwandte[1] Begriff der Bestandskraft nicht scharf umrissen, auch wenn prinzipiell an die bis zum Inkrafttreten des VwVfG maßgeblichen allgemeinen Verwaltungsrechtsgrundsätze[2] angeknüpft wird.

2. Die materiellen Wirkungen des VA als Inhalt des § 43

§ 43 regelt die **materiellen Wirkungen** des nach § 41 bekannt gegebenen VA (§ 41 **2** Rn. 1 ff.), und zwar in Abs. 1 das Existentwerden des VA mit Rechtswirkungen, in Abs. 2 sein Existentbleiben mit Grenzen und in Abs. 3 eine Ausnahme für den nichtigen VA.

Während sich prozessuale Konsequenzen daran knüpfen, dass der Form nach ein VA gegeben **3** ist (§ 35 Rn. 16 f.), sind die inhaltlichen Wirkungen des VA nach §§ 43 ff. daran gebunden, dass auch **materiell ein VA** vorliegt. Zumal Wirksamkeit (Rn. 178, § 44 Rn. 1) und Bestandskraft (Rn. 20 ff., 45 ff.) kommen dem VA auch bei Rechtswidrigkeit zu. Diese **Abweichung vom Vorrang des Gesetzes,** der grundsätzlich die Vollgültigkeit gesetzwidriger Staatsakte ausschließt (§ 44 Rn. 45), ist für den materiellen VA durch gleichrangige rechtsstaatliche Belange der Rechtssicherheit (Rn. 9 ff.) legitimiert, die untrennbar mit der **begrenzten Reichweite** der Entscheidung durch VA verknüpft sind. Dem nur formellen VA, namentlich normativen Inhalts, können solche fehlerunabhängigen Wirkungen ohne Verletzung des Vorrangs des Gesetzes kaum zugesprochen werden (s. auch § 35 Rn. 16 f.), jedenfalls nicht ohne gesetzliche Festlegung in diesem Sinne.[3]

3. Die grundlegenden Zusammenhänge des Abschnitts

Die grundlegenden Zusammenhänge innerhalb des Abschnitts unter Einbeziehung der Auf- **4** hebungsmöglichkeiten sind im nachstehenden Schaubild skizziert.

---

[1] *Forsthoff,* S. 253, spricht von einem „Labyrinth der Meinungen"; hierzu ferner *Seibert,* Die Bindungswirkung von Verwaltungsakten, 1989, S. 132 ff.; *Kollmann* DÖV 1990, 189 f.; *Randak* JuS 1992, 33, 34.
[2] Zu den geschichtlichen Hintergründen *Engert,* Die historische Entwicklung des Rechtsinstituts Verwaltungsakt, 2002, S. 80 ff., 143 ff., 221 ff.
[3] Vgl. *Sachs* K & R 2001, 13, 18 f.; offen lassend *Ehlers* K & R 2001, 1, 8.

§ 43 5–9 Teil III. Verwaltungsakt

5

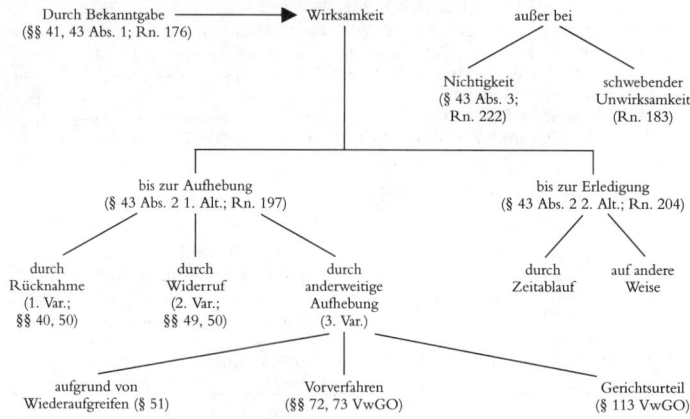

4. Europarecht

6 Für die in § 43 geregelten Fragen der Wirksamkeit von VAen und ihrer Bindungswirkung(en) greifen für den mittelbaren Vollzug weitgehend die Regeln des nationalen Rechts ein; für die Ebene des unmittelbaren Vollzuges ist das EU-Recht maßgeblich (Einl Rn. 72 ff.). Die einschlägigen Aspekte sind **im jeweiligen Zusammenhang** beim nationalen Recht mitbehandelt (s. Rn. 26 f., 36, 43, 44, 53, 89, 98 f., 189, 191, 222, 226, 238).

II. Bestandskraft und Bindungsproblematik

1. Die Bestandskraft als Bindungsproblem

7 Bei dem **Begriff der Bestandskraft** werden meist in Anlehnung an prozessrechtliche Vorbilder die formelle (Rn. 20 ff.) und die materielle Bestandskraft (Rn. 45 ff.) unterschieden.[4] Insbes. der Inhalt der letzteren ist Gegenstand der erwähnten Unsicherheiten (Rn. 1), die nicht zuletzt mit dem Grundverständnis des VA überhaupt zusammenhängen (§ 35 Rn. 30 ff.). Die **begrifflichen Probleme** werden dadurch verschärft, dass die Verschiedenartigkeit der VAe und die Besonderheiten des materiellen Rechtsstoffs auch in der Sache einheitliche Grundsätze weithin ausschließen (s. auch Rn. 57 ff.).[5]

8 Dennoch kann der Begriff der Bestandskraft nach seiner Aufnahme in das VwVfG (Rn. 1) nicht einfach aufgegeben werden.[6] Vielmehr bleibt es Aufgabe von Wissenschaft und Rechtsprechung, die mit dem Begriff der Bestandskraft in Verbindung gebrachten Formen von Wirksamkeit und Verbindlichkeit[7] des Verwaltungshandelns in der **notwendigen Differenziertheit** zu bestimmen, um so, wenn schon nicht in der Terminologie, so doch in der Sache zu allgemeingültigen Aussagen zu kommen.[8]

2. Verfassungsrechtliche Grundlagen

9 Wie die Rechtskraft von Urteilen findet die Bestandskraft ihre **verfassungsrechtliche Grundlage** in dem Bedürfnis nach **Rechtssicherheit,** die als Anliegen des Rechtsstaatsprin-

---

[4] Abl. aber *J. Ipsen* Verwaltung 1984, 169, 178 ff. m. w. N.; *Seibert*, Die Bindungswirkung von Verwaltungsakten, 1989, S. 132 ff., 188, für Verzicht auf materielle Bestandskraft; ebenso *Becker*, Die Bindungswirkung von Verwaltungsakten im Schnittpunkt von Handlungsformenlehre und materiellem öffentlichen Recht, 1997, S. 62 ff.; *Kracht*, Feststellender Verwaltungsakt und konkretisierende Verfügung, 2002, S. 160 ff., 188.
[5] BVerfGE 2, 380, 392 ff.; BVerwGE 48, 271, 279 m. w. N.
[6] S. *Merten* NJW 1983, 1993, 1995, der auf die Verwendung des Begriffs in § 48 Abs. 3 SGB X sowie die Formulierung vom Vertrauen „auf den Bestand des Verwaltungsaktes" in § 48 Abs. 2 S. 1, auch in Abs. 3 S. 1 sowie in § 49 Abs. 5 S. 1 VwVfG a. F., der § 49 Abs. 6 S. 1 n. F. entspricht, hinweist; anders *Wolff/Bachof/Stober* 2, § 50 Rn. 17 f.; *Krause*, S. 149 ff., 152; *Kopp* DVBl 1983, 392, 400.
[7] *J. Ipsen* Verwaltung 1984, 169 ff.
[8] *Erichsen/Knoke* NVwZ 1983, 185, 187.

§ 43 Wirksamkeit des Verwaltungsaktes

zips[9] der Gesetzmäßigkeit der Verwaltung prinzipiell gleichwertig ist, so dass der Gesetzgeber das Gewicht beider Prinzipien im jeweiligen Kontext abzuwägen hat.[10]

Hieraus rechtfertigt sich (auch gegenüber Art. 19 Abs. 4 GG)[11] die **grundsätzliche Rechtsbeständigkeit** der rechtsverbindlich regelnden Akte öffentlicher Gewalt. Nicht nur bei der Rechtskraft fähigen gerichtlichen Entscheidungen,[12] sondern auch bei VAen soll das Erfordernis der Rechtssicherheit geradezu gebieten, dass die Betroffenen möglichst schnell Gewissheit über das für sie Verbindliche erhalten.[13] 10

Das BVerfG misst der Bestandskraft des VA sogar **vergleichbare Bedeutung** für die Rechtssicherheit zu **wie der Rechtskraft** der gerichtlichen Entscheidung,[14] allerdings **auf einer anderen Ebene**.[15] Die verbleibenden Unterschiede von Rechtskraft und Bestandskraft[16] sind gleichwohl zu betonen.[17] 11

Nach Maßgabe von Art. 92, 97 GG unbeteiligte Gerichte entscheiden in förmlichen Verfahren endgültig über Streitigkeiten (in der Regel aus abgeschlossenen Lebenssachverhalten. Diesen Entscheidungen kommen allenfalls streitentscheidende VAe (§ 35 Rn. 221) annähernd gleich.[18] Regelmäßig aber werden VAe von einer „**Partei**" in einem grundsätzlich **nicht förmlichen Verfahren erlassen,** und ihr Ziel ist vornehmlich die in die Zukunft wirkende Gestaltung auch unter Zweckmäßigkeitsgesichtspunkten. 12

Wegen dieser **verschiedenen Ausgangssituation** kann ein **VA** keine so weitreichende Bindung bewirken wie ein **Urteil**,[19] weil ihm die spezifische, wenngleich natürlich auch nur relative Richtigkeitsgewähr fehlt, die Gerichtsentscheidungen auszeichnet.[20] 13

Welches **Maß an Verbindlichkeit** einem VA zukommt, hat innerhalb des von Gesetzmäßigkeit und Rechtssicherheit (Rn. 9f.) sowie ggf. einschlägigen anderen verfassungsrechtlichen Maßstäben (namentlich Grundrechten oder sog. Staatszielbestimmungen) abgesteckten Spielraums[21] das **Gesetz zu entscheiden.** Es hat dies für den Regelfall mit den Fristen für Widerspruch und Klage,[22] aber auch mit den §§ 43ff., insbes. §§ 48 bis 51 VwVfG in verfassungsrechtlich unbedenklicher Weise getan. 14

Andererseits sind im Rahmen der verfassungsrechtlichen Vorgaben auch bereichsspezifisch **differenzierende**, mehr[23] oder weniger an Verbindlichkeit begründende **Sondervorschriften** möglich. Letzteres bleibt im Rahmen der maßgeblichen Bewertungskategorien, wenn die Verbindlichkeit wegen verringerter Richtigkeitsgewähr der Entscheidung reduziert wird. Diese 15

---

[9] S. allg. etwa BVerfGE 74, 129, 152 m.w.N.; Stern Staatsrecht I, S. 781ff., 831ff. m.w.N.; Schmidt-Aßmann HStR II, § 26 Rn. 81ff.; Clausing in Schoch u.a., § 121 Rn. 28; Sachs in ders. GG, Art. 20 Rn. 75ff.; Schnapp/Cordewener JuS 1999, 39, 40; Siegmund in Brandt/Sachs, I D Rn. 124; wegen Relativierung der Gesetzesbindung Voßkuhle Verwaltung 1996, 511, 531ff.; skeptisch Schmidt-de Caluwe, S. 286ff., 299ff.
[10] BVerfGE 27, 297, 305; 59, 128, 164ff.; 60, 253, 266f.; 270; 80, 103, 108; BVerwGE 28, 122, 127; 44, 333, 336; BVerwG NVwZ-RR 1990, 251, 252; BSG NVwZ-RR 1994, 628f.; BFH NVwZ 1995, 416; Stern Staatsrecht I, S. 843ff. m.w.N.; Schmidt-Aßmann HStR II, § 26 Rn. 83; Sachs in ders. GG, Art. 20 Rn. 89 m.w.N.; krit. W. Schmidt JuS 1973, 529, 534.
[11] Vgl. BVerfGE 63, 343, 376f.
[12] Dazu BVerfGE 72, 302, 327f.
[13] S. ausdrücklich BVerfGE 60, 253, 269f.; dem folgend BSG NJW 1987, 2462.
[14] BVerfGE 60, 253, 270; grundsätzlich zustimmend Kopp DVBl 1983, 392ff.; Merten NJW 1983, 1993, 1995, 1997; für eine analoge Anwendung von Rechtskraftregeln auf die Bestandskraft VGH Mannheim NVwZ 1993, 72 (s. Rn. 21, 45ff.).
[15] BVerfGE 60, 253, 270.
[16] Dazu Schwab JuS 1976, 69, 73.
[17] BVerwGE 48, 271, 275f.; Erichsen/Knoke NVwZ 1983, 185, 187f.; Schenke DÖV 1983, 320, 321f.; Blanke, Vertrauensschutz im deutschen und europäischen Verwaltungsrecht, 2000, S. 154f.; auch BVerfGE 103, 111, 139.
[18] Vgl. für Entscheidungen der Haftentschädigungsbehörden im Wiedergutmachungsrecht BVerfGE 2, 380, 392ff.; generell BVerwGE 48, 271, 276f.; abl. Kopp DVBl 1983, 392, 397 m.w.N.
[19] Weyreuther DVBl 1965, 281, 283; Merten NJW 1983, 1993, 1995; Schenke DÖV 1983, 320, 321; anders wohl Kopp DVBl 1983, 392, 397f.; zweifelnd auch Clausing in Schoch u.a., § 121 Rn. 28.
[20] BVerwGE 48, 271, 276f.; Erichsen/Knoke NVwZ 1983, 185, 188 m.w.N.; J. Ipsen Verwaltung 1984, 169, 187; grundsätzlich, auch zu Differenzierungen im Bereich von Gerichtsentscheidungen, Sachs, Die Bindung des Bundesverfassungsgerichts an seine Entscheidungen, 1977, S. 17ff. m.w.N.
[21] Vgl. zur Grenzziehung mit dem Begriff der Willkür BVerfGE 19, 150, 166 m.w.N.; 29, 413, 432.
[22] Nur hierzu ausdrücklich BVerfGE 60, 253, 270.
[23] Vgl. etwa die Fälle hinter §§ 48, 49 zurückbleibender Aufhebungsmöglichkeiten, z.B. bei Beamtenernennungen, vgl. § 9 BRRG, oder Einbürgerungen.

kann aus der Entscheidungssituation resultieren[24] oder aus einem reduzierten Prüfungsaufwand.[25] Zur Verfassungsmäßigkeit von Tatbestandswirkungen s. Rn. 154; zum grundrechtlich vermittelten Bestandsschutz s. Rn. 102; zu den Konsequenzen der Nichtigerklärung von Gesetzen s. § 51 Rn. 101 f.

16   Die genannten Vorschriften schaffen entscheidende Voraussetzungen für eine „Bestandskraft" des VA, die die Erfüllung seiner entscheidenden Funktionen (s. § 35 Rn. 30 ff.) ermöglicht, indem sie der getroffenen Regelung grundsätzlich abschließende Bedeutung verschafft. **Zweifelsfragen** über die Reichweite der Verbindlichkeit von VAen sind **auf der Grundlage der gesetzlichen Regelungen** zu entscheiden.[26] Pauschale Postulate gesteigerter Verbindlichkeit im Falle gerichtlich überprüfter VAe kommen demgegenüber nicht in Betracht (dazu näher Rn. 123 ff.).

3. Arten von Bindungswirkungen: Aufhebungs- und Abweichungsverbote

17   Um trotz der bestehenden Begriffsverwirrung (Rn. 1, 7) die komplexe Bindungsproblematik klar zu erfassen, müssen wie im allgemeinen Prozessrecht[27] zwei grundsätzlich verschiedene Wirkungsweisen von Bindung unterschieden werden, nämlich **Aufhebungs- und Abweichungsverbote**.[28] „Bindung" meint nämlich zum einen Beschränkungen der Aufhebbarkeit oder Abänderbarkeit von Hoheitsakten, die dadurch in ihrem äußeren Bestand gesichert sind. Daneben bezeichnet der Begriff der Bindung Verbote, bei erneuter Befassung mit dem Gegenstand der getroffenen Regelung anders als zuvor zu entscheiden.

18   Beide Aspekte von „Bindung" sind ungeachtet sachlicher Zusammenhänge grundsätzlich voneinander unabhängig. Sie werden daher – soweit möglich im Rahmen der gebräuchlichsten Terminologie – getrennt behandelt. Die genannten Verbote bewirken in unterschiedlichem Umfang die für die Funktionen des VA essentielle „Bestandskraft." Sie werden zwar nur im untypischen Fall unmittelbar praktisch relevant, verschaffen aber durch die gegebene Möglichkeit ihrer Anwendung auch im alltäglichen Routinefall dem VA die **Basis seiner Beständigkeit und Verlässlichkeit**.

III. Aufhebungsverbote

19   Aufhebungsverbote, die verhindern, dass Entscheidungen als solche beseitigt werden, finden sich **gegenüber VAen nur in weitaus beschränkterem Ausmaß** als bei Gerichtsentscheidungen, sind aber doch strukturell vergleichbar. Zu unterscheiden ist zwischen formeller Bestandskraft (zu 1.) und dem Ausschluss amtswegiger Aufhebung (zu 2.).[29]

1. Formelle Bestandskraft

20   Formelle Bestandskraft bedeutet die **Unanfechtbarkeit** des VA mit den ordentlichen Rechtsbehelfen (insbes. Widerspruch, Anfechtungs- oder Verpflichtungsklage).[30]

---

[24] Vgl. allg. etwa im Hinblick auf in Situationen der Ungewissheit getroffene Entscheidungen *Wahl/Hermes/Sach* in Wahl, Prävention und Vorsorge, 1994, S. 217 ff.; *Di Fabio*, Risikoentscheidungen im Rechtsstaat, 1995, S. 304 ff., in Bezug auf die Legalisierungswirkung (dazu Rn. 149 ff.); s. auch *Hoffmann-Riem* AöR 1994, 590, 615 ff. m. w. N.; für eine Flexibilisierung der Bindungswirkung des VA insbes. in solchen Konstellationen auch *Ladeur* VerwArch 1995, 511, 526 ff.
[25] Vgl. etwa das auf einen Bestandsschutzverzicht abzielende Modell der *Schlichter*-Kommission, Bundesministerium für Wirtschaft (Hrsg.), Investitionsförderung durch flexible Genehmigungsverfahren: Bericht der Unabhängigen Expertenkommission zur Vereinfachung und Beschleunigung von Planungs- und Genehmigungsverfahren, 1994, Rn. 303, 549 ff., 554, 568, oder das eines gesetzlich in Orientierung an Risikosphären reduzierten Bestandsschutzes, dafür etwa *Koch* NVwZ 1996, 215, 221 m. w. N.
[26] Dies betont *Schmidt-de Caluwe*, S. 281 ff., dessen Postulat einer Rekonstruktion der Dogmatik des VA jedenfalls für die Bestandskraft der Zukunft vorbehalten bleibt.
[27] Vgl. *Sachs*, Die Bindung des Bundesverfassungsgerichts an seine Entscheidungen, 1977, S. 3 f. m. w. N.
[28] S. auch *Seibert*, Die Bindungswirkung von Verwaltungsakten, 1989, S. 63 f., 195 ff.; *Randak* JuS 1992, 33 ff.; *Becker*, Die Bindungswirkung von Verwaltungsakten im Schnittpunkt von Handlungsformenlehre und materiellem öffentlichen Recht, 1997, S. 52; *Brüning*, Einstweilige Verwaltungsführung, 2003, S. 126; *Schroeder*, Bindungswirkungen, S. 19 f.
[29] Wie hier etwa *Steinweg*, Zeitlicher Regelungsgehalt des Verwaltungsaktes, 2006, S. 136; abweichend *Schroeder*, Bindungswirkungen, S. 79 ff., in Bezug auf die formelle Bestandskraft.
[30] Vgl. BVerwG DVBl 1982, 1097; *Maurer*, § 11 Rn. 4; *Merten* NJW 1983, 1993, 1995; *Kopp* DVBl 1983, 392, 395; *Erichsen/Knoke* NVwZ 1983, 185, 186; *Schenke* DÖV 1983, 320, 321; weiter anscheinend BVerfGE 60, 253, 270 f.; abw. auch BGHSt 50, 105, 115 (i. S. v. Wirksamkeit).

Wie bei der **formellen Rechtskraft**[31] sollte der Begriff nicht zuletzt auch im Hinblick auf 21
§ 50 für die allseitige Unanfechtbarkeit reserviert bleiben.[32]

Was „formelle Bestandskraft" bedeutet, lässt die **„Unanfechtbarkeit"** (s. etwa §§ 48, 49 22
und 51) besser erkennen. Es geht weniger um eine „Kraft" des VA (s. aber Rn. 53 f.) als um die
Bezeichnung des **Resultats** der einschlägigen **Vorschriften über die Möglichkeit der Anfechtung des VA**. Daher könnte auf den Begriff der formellen Bestandskraft wohl verzichtet
werden,[33] doch spricht der Zusammenhang mit der materiellen Bestandskraft dafür, wie im Prozessrecht an ihrem eingebürgerten formellen Gegenstück festzuhalten. Begrifflich unscharf ist es
jedenfalls, eine Klage auf Folgenbeseitigung an der Unanfechtbarkeit des zugrunde liegenden
VA statt an seiner materiellen Bestandskraft (Rn. 105, 126 f.) scheitern zu lassen.[34]

Die **Voraussetzungen der Unanfechtbarkeit** hängen von den einschlägigen Vorschriften, 23
insbes. der VwGO, ab. Sie tritt vor allem ein durch Versäumung der Fristen nach §§ 70, 74
VwGO, ggf. mit Rücksicht auf die Jahresfrist des § 58 Abs. 2 VwGO, durch rechtskräftige gerichtliche Abweisung erhobener Klagen, durch Rechtsmittelverzicht (§ 53 Rn. 37) sowie Verwirkung von Rechtsmitteln (s. auch § 53 Rn. 23 f.).[35] Ein Wiedereintritt der Anfechtungsmöglichkeit nach einmal (kraft Verwirkung) eingetretener Unanfechtbarkeit ist ausgeschlossen.[36] Als
Verfahrenshandlungen nach § 44a VwGO nicht selbständig anfechtbare VAe (dazu auch § 35
Rn. 148 ff.) werden, wenn sie überhaupt der Bestandskraft fähig sind,[37] jedenfalls nicht vor Ablauf der Rechtsmittelfristen gegen die Entscheidung zur Sache bestandskräftig.[38] Ein VA kann
nur unanfechtbar werden, wenn er noch wirksam, insbes. nicht vor Fristablauf erledigt ist.[39]

Für die **Versäumung der Widerspruchsfrist** gilt dies nur bedingt, wenn man mit dem 24
BVerwG eine trotz Verfristung ergangene sachliche Verbescheidung des Widerspruchs als ausreichendes Vorverfahren anerkennt.[40]

Bei einem von der Behörde **irrtümlich für notwendig gehaltenen Vorverfahren** kann 25
Fristversäumnis mit der Folge der Unanfechtbarkeit nicht eintreten.[41] Die Unanfechtbarkeit
kann sich bei **teilbaren VAen** auf einen Teil der Regelung beschränken.[42] Prüfungsentscheidungen können begrenzt auf nicht angegriffene Bewertungen von Teilleistungen unanfechtbar
werden, die damit für die Gesamtbeurteilung maßgeblich bleiben.[43]

Für in Anwendung des **Rechts der EG** oder (möglicherweise sonst) unter Verletzung europa- 26
rechtlicher Normen von **deutschen Behörden erlassenen VAe** gelten die Anfechtungsmöglichkeiten des deutschen Rechts[44] mit den zugehörigen Fristen.[45] Diese sind als Ausdruck der
Rechtssicherheit vom *EuGH* grundsätzlich gebilligt, weil sie die Verfolgung von Rechtspositio-

---

[31] Vgl. § 173 VwGO i. V. m. § 705 ZPO; *Rennert* in Eyermann, § 121 Rn. 1 f.; *v. Nicolai* in Redeker/von Oertzen, § 121 Rn. 1 f.; *Kopp/Schenke*, § 121 Rn. 2; *Clausing* in Schoch u. a., § 121 Rn. 6.
[32] So *Achterberg*, § 23 Rn. 37; *Weides*, § 11 I; nicht eindeutig *Kopp/Ramsauer*, § 43 Rn. 29 f.; *Ammelburger*, Strukturprobleme der Bestandskraftlehre, 1997, S. 6; *Erichsen/Knoke* NVwZ 1983, 185, 186, nehmen auch eine relative formelle Bestandskraft an; wohl auch *Merten* NJW 1983, 1993, 1995; *Randak* JuS 1992, 33, 34, 38 f.; für relative Bedeutung von Bestandskraft überhaupt *J. Ipsen* Verwaltung 1984, 169, 183.
[33] Dafür *J. Ipsen* Verwaltung 1984, 169, 181 ff.; *Meyer/Borgs*, § 43 Rn. 12; anders jetzt *Ule/Laubinger*, § 56 Rn. 5 m. w. N.; auch *Wolff/Bachof/Stober* 2, § 50 Rn. 8.
[34] So *BVerwG* NVwZ 1987, 788.
[35] *Erichsen/Knoke* NVwZ 1983, 185, 186; *Merten* NJW 1983, 1993, 1995; *Postier* NVwZ 1985, 95, 96; *Maurer*, § 11 Rn. 4; *Achterberg*, § 23 Rn. 37.
[36] *VGH München* NVwZ-RR 1994, 241, 242.
[37] Dagegen *Eichberger*, Die Einschränkung des Rechtsschutzes gegen behördliche Verfahrenshandlungen, 1986, S. 91 ff.
[38] In diesem Sinne *P. Stelkens* in Schoch u. a., § 44a Rn. 23; offen lassend im Hinblick auf die Bestandskraft von VAen im Zusammenhang mit der Versteigerung der UMTS-Lizenzen *Ehlers* K & R 2001, 1, 8 ff., und *Sachs* ebda, S. 13, 19 ff. jeweils m. w. N.
[39] *VGH München* NVwZ 1992, 218 f.; eingetretene Unanfechtbarkeit soll bei Erledigung fortbestehen.
[40] Zur st. Rspr. und ihrer Kritik vgl. *Merten* NJW 1983, 1993, 1996; *Stern* Verwaltungsprozessuale Probleme, Rn. 484; *Pietzner/Ronellenfitsch*, § 17 Rn. 4 f., § 42 Rn. 3 ff.; *Kopp/Schenke*, § 70 Rn. 9 f.; *Rennert* in Eyermann, § 70 Rn. 7 ff.; *Kothe* in Redeker/von Oertzen, § 70 Rn. 7 ff.; *Dolde/Porsch* in Schoch u. a., § 70 Rn. 36 ff.; *Schroeder*, Bindungswirkungen, S. 111 ff., 327 f.; *VGH München* NVwZ-RR 1992, 218, 219, hält bei Widerspruchsbescheid nach Eintritt von Unanfechtbarkeit einen besonders schwerwiegenden Fehler für möglich.
[41] *BVerwG* NJW 1978, 717, 718.
[42] *BVerwGE* 40, 25, 32; *VGH Mannheim* VBlBW 1988, 254.
[43] *OVG Lüneburg* NVwZ 2000, 225 f.
[44] Vgl. allg. etwa *Hatje*, S. 247.
[45] *VGH Kassel* UPR 2000, 198, zur Widerspruchsfrist gem. § 70 VwGO.

nen des Gemeinschaftsrechts nicht praktisch unmöglich machen. Der *EuGH* verlangt zudem nur, dass die Fristenregelung nicht ungünstiger ist als in rein innerstaatlichen Fällen (§ 48 Rn. 236 f.).[46] Die Annahme, die Fristen des nationalen Rechts seien unbeachtlich, solange eine individualschützende Richtlinie (noch) nicht umgesetzt ist,[47] blieb auf einen Ausnahmefall beschränkt.[48]

27 Beim **unmittelbaren Vollzug** des Gemeinschaftsrechts greifen die nach EG-Recht, etwa nach Art. 230 Abs. 5 EG, Art. 146 Abs. 4, 5 EA, maßgeblichen Fristen ein.[49] Wird eine Entscheidung von Klageberechtigten nicht innerhalb dieser Fristen angefochten, wird sie ihnen gegenüber (formell) bestandskräftig.[50] Gleiches gilt im Falle der Rechtswegerschöpfung.[51]

28 Formeller Bestandskraft steht nicht entgegen die Möglichkeit **außerordentlicher Rechtsbehelfe**, wie des Antrags auf Wiedereinsetzung in den vorigen Stand nach § 60 VwGO[52] und der Wiederaufnahmeklage nach § 153 VwGO, die im Erfolgsfalle die Unanfechtbarkeit der Entscheidung beseitigen, auch nicht die des Antrags auf Aufhebung oder Änderung des unanfechtbaren VA nach §§ 48 ff., der zu einer neuen, wieder anfechtbaren Entscheidung der Behörde führt (näher § 51 Rn. 1 ff.).[53]

29 Unberührt von der formellen Bestandskraft bleibt die Möglichkeit, dass **gegen die Vollziehung und Vollstreckung** eines VA **Rechtsbehelfe** eingelegt werden, da diese rechtlich selbständig sind (s. noch Rn. 101). Hierzu kann wie gegenüber rechtskräftigen Gerichtsentscheidungen auch auf § 826 BGB zurückgegriffen werden.[54] Grundsätzlich ist allerdings die Vollstreckung eines wirksamen VA unabhängig von dessen Rechtmäßigkeit möglich (s. auch Rn. 172).[55]

30 **Schaubild: Unanfechtbarkeit des VA**

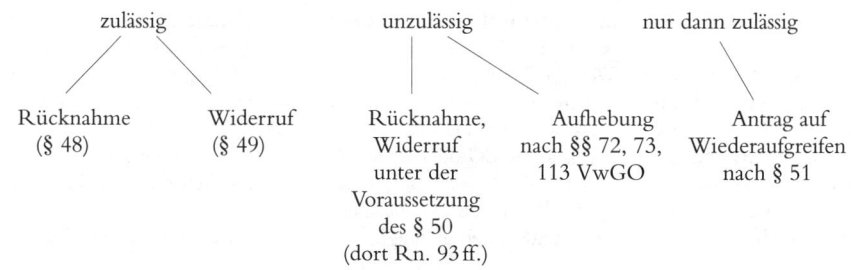

Bei Unanfechtbarkeit des Verwaltungsaktes

zulässig: Rücknahme (§ 48), Widerruf (§ 49)

unzulässig: Rücknahme, Widerruf unter der Voraussetzung des § 50 (dort Rn. 93 ff.), Aufhebung nach §§ 72, 73, 113 VwGO

nur dann zulässig: Antrag auf Wiederaufgreifen nach § 51

---

[46] S. schon *EuGH*, Rs. 33/76, EuGHE 1976, 1989 Rn. 5 = NJW 1977, 495; dem folgend *BVerwG* NJW 1978, 508; ferner etwa *Gundel* in FS Götz, 2005, S. 191, 205 m. w. N.; zuletzt für rechtskräftige Entscheidungen *EuGH*, Rs. C-234/04, EuGHE 2006, I-2585 Rn. 21 ff., klarstellend gegenüber *EuGH*, Rs. C-453/00, EuGHE 2004, I-837; dazu *Epiney* NVwZ 2007, 1012, 1016.
[47] *EuGH*, Rs. C-208/90, EuGHE 1991, I-4269 Rn. 17.
[48] S. etwa *EuGH*, Rs. C-188/95, EuGHE 1997, I-6783 Rn. 51 m. w. N. = NJW 1998, 833; daran anknüpfend *BVerwG* NVwZ 2000, 193; *OVG Koblenz* NVwZ 1999, 198, 199; rückblickend insges. *Schmidt-Aßmann* in FG 50 Jahre BVerwG, 2003, S. 487, 491 f.; *Gundel* in FS Götz, 2005, S. 191, 202 f.; *Ruffert* in FS Krause, 2006, S. 215, 229 ff. m. w. N.
[49] Dazu näher *Schwarze*, S. 1002 ff. m. w. N. Zur Aufhebbarkeit administrativer Entscheidungen von Gemeinschaftsorganen durch mitgliedstaatliche Stellen s. *Krämer* EuR 2007, 208 ff.
[50] Vgl. etwa *EuGH*, Rs. C-241/01, EuGHE 2002, I-9079 Rn. 34; Rs. C-58/02, EuGHE 2004, I-637 Rn. 23; *EuGH*, Rs. C-119/05, DVBl 2007, 1167, 1168; speziell gegenüber einem Nichtadressaten etwa *EuGH*, Rs. C-188/92, EuGHE 1994, Rn. 11 ff. m. w. N.; Rs. C-239/99, EuGHE 2001, I-1197 Rn. 37 = EuZW 2001, 181; auch dazu *EuGH*, Rs. C-119/05, DVBl 2007, 1167, 1168; *Vogt*, Die Entscheidung als Handlungsform des Europäischen Gemeinschaftsrechts, 2005, S. 235 ff.; *Röhl* in Schmidt-Aßmann/Schöndorf-Haubold (Hrsg.), Der Europäische Verwaltungsverbund, 2005, S. 319, 344; ausf. *Schroeder*, Bindungswirkungen, S. 41 ff., insbes. S. 43 ff.
[51] *EuGH*, Rs. C-453/00, EuGHE 2004, I-837 Rn. 24 = NJW 2005, 1439.
[52] *Erichsen/Knoke* NVwZ 1983, 185, 187.
[53] *Erichsen/Knoke* NVwZ 1983, 185, 187; *Merten* NJW 1983, 1993, 1996.
[54] So ausdrücklich etwa *VGH Mannheim* NVwZ 1993, 72. Die Durchsetzung eines bestandskräftigen VA trotz gerichtlich protokollierter Zusage, den VA unter bestimmten Voraussetzungen aufzuheben, vor Klärung dieser Voraussetzungen kann als ermessensfehlerhaft angefochten werden, *OVG Münster* NVwZ 1993, 74; auch NWVBl 2000, 466 f., für die Unzulässigkeit der Beitreibung einer bestandskräftig festgesetzten Geldforderung wegen Verstoßes gegen Treu und Glauben.
[55] Vgl. unter Billigung aus verfassungsrechtlicher Sicht *BVerfG (K)* NVwZ 1999, 290, 292 m. w. N.; ferner etwa *BVerwGE* 122, 293, 296 f.; *VGH München* BayVBl 2005, 536, 537.

2. Ausschluss amtswegiger Aufhebung

Die **formelle Bestandskraft** bezieht sich als Unanfechtbarkeit auf die Möglichkeiten der 31 Betroffenen; sie betrifft **nicht** die Möglichkeit der zuständigen Behörde, unabhängig von Rechtsbehelfen **von Amts wegen** einen VA **aufzuheben**.

Die verfahrensrechtliche Unanfechtbarkeit bedeutet keine sachliche Unabänderbarkeit.[56] Ebenso wie bei Urteilen ist der **Ausschluss amtswegiger Aufhebung** der eigenen Entscheidung auch bei VAen von der Unanfechtbarkeit zu trennen.[57] 32

Inhaltlich weichen die einschlägigen Regelungen von denen für **Urteile** deutlich ab: Wo 33 bei Urteilen die Bindung nach § 318 ZPO grundsätzlich jeder Aufhebung oder Änderung entgegensteht,[58] räumen die §§ 48, 49 den **Verwaltungsbehörden grundsätzlich** die lediglich durch Vertrauensschutzregelungen und zwingende Vorgaben des materiellen Rechts beschränkte Möglichkeit ein, ihre **VAe nach pflichtgemäßem Ermessen aufzuheben**. Daneben bestehen vielfältig ausgestaltete Möglichkeiten nachträglicher Änderung auf spezialgesetzlicher Grundlage.[59]

Terminologisch bestehen auch in diesem Bereich große **Unsicherheiten**. Neben der Einbeziehung in die Bestandskraft,[60] finden sich die Begriffe „Unabänderlichkeit",[61] „Bindungskraft"[62] sowie „Bindungswirkung".[63] 34

In der Sache aber besteht weitgehend Einigkeit darüber, dass der, wenn auch nur im vergleichsweise großzügigen Rahmen der §§ 48, 49 vorgeschriebene, Ausschluss amtswegiger Aufhebung nicht den Eintritt der Unanfechtbarkeit voraussetzt, sondern grundsätzlich bereits **mit der (äußeren) Wirksamkeit** (Rn. 164 f.) eintritt.[64] 35

Zu den Möglichkeiten der Aufhebung von VAen im Zusammenhang mit dem **Recht der** 36 **EU** s. § 48 Rn. 19 ff., 95 ff., 166 ff., 235 ff., 261; § 49 Rn. 133; § 51 Rn. 12.

3. Aufhebbarkeit vorläufiger VAe

Spezifische Probleme im Hinblick auf die Aufhebbarkeit werfen die sog. **vorläufigen VAe** 37 auf (dazu § 35 Rn. 243 ff.; auch hier Rn. 50 ff., 82 f.); zur Figur des „vorsorglichen VA" s. Rn. 208. Im Ergebnis verbleibt es allerdings für die Aufhebung von Amts wegen (s. noch Rn. 39) wie für die formelle Bestandskraft bei den **allgemeinen Regeln**.

Der vorläufige VA ist mit den üblichen Rechtsbehelfen anzugreifen, die sich bei Begünstigungen auch auf die Rechtswidrigkeit der unerwünschten Vorläufigkeit stützen können;[65] sind diese Möglichkeiten ausgeschöpft, ist Unanfechtbarkeit gegeben. Inwieweit bei **formeller Bestandskraft** des vorläufigen VA inhaltliche Beschränkungen der Anfechtungsmöglichkeiten gegenüber dem endgültigen VA eintreten, ist Frage der materiellen Bestandskraft des vorläufigen VA (Rn. 50 ff., 82 f.). 38

Eine **Aufhebung von Amts wegen** findet in Bezug auf den vorläufigen VA durch den end- 39 gültigen VA **nicht** statt,[66] solange dieser nicht die definitiven Elemente des Ersteren antastet.

---

[56] *BVerwGE* 23, 25, 28; *Zschacke* DVBl 1962, 322, 323.
[57] *Wolff/Bachof/Stober* 2, § 50 Rn. 4, 8 f.; *Maurer*, § 11 Rn. 4, 7; *Kopp/Ramsauer*, § 43 Rn. 14 f.; *Erichsen/Knoke* NVwZ 1983, 185, 187 f.; *Kopp* DVBl 1983, 392, 395 f.; *J. Ipsen* Verwaltung 1984, 169, 172 ff., 181 ff.; *Brüning*, Einstweilige Verwaltungsführung, 2003, S. 134.
[58] Vgl. etwa *Hartmann* in Baumbach u. a., § 318 Rn. 4; *Thomas/Putzo*, § 318 Rn. 3; für die VwGO *Rennert* in Eyermann, § 118 Rn. 1; *M. Redeker* in Redeker/von Oertzen, § 118 Rn. 1; *Kopp/Schenke*, § 118 Rn. 1; *Ule* Verwaltungsprozessrecht, § 58 I; *Clausing* in Schoch u. a., § 121 Rn. 34 f.
[59] Vgl. zu wegen § 13 IVU-RL im Rahmen des integrativen Umweltschutzes zu erwartenden Erweiterungen etwa *Volkmann* VerwArch 1998, 363, 396, der bereits einen Übergang von der Bestandssicherheit zur Gewährung eines Rechts auf Zeit konstatiert; dazu ferner *F. Schreiber*, Das Regelungsmodell der Genehmigung im integrierten Umweltschutz, 2000, S. 180 ff., 217 ff.; s. zu Genehmigungen unter Änderungsvorbehalt auch *Schmehl* DVBl 1999, 19 ff.; *Axer* DÖV 2003, 271, 277 f.
[60] So *Merten* NJW 1983, 1993, 1996.
[61] *Wolff/Bachof/Stober* 2, § 50 Rn. 4 ff.
[62] *Achterberg*, § 23 Rn. 40.
[63] *Erichsen/Knoke* NVwZ 1983, 185, 188; *H. Meyer* in Knack, vor § 43 Rn. 29, § 43 Rn. 9; *Meyer/Borgs*, § 43 Rn. 4–7; auch *Schäfer* in Obermayer, VwVfG, § 43 Rn. 110.
[64] So auch *Merten* NJW 1983, 1993, 1996; *Blanke*, Vertrauensschutz im deutschen und europäischen Verwaltungsrecht, 2000, S. 164 ff. m. w. N.
[65] *Peine* DÖV 1986, 849, 859.
[66] *BVerwGE* 67, 99, 103.

Der vorläufige VA wird vielmehr durch das Ergehen der endgültigen Regelung **erledigt**.[67] Weil der endgültige VA insoweit den vorläufigen VA nicht (auch nicht konkludent) aufhebt, muss er auch nicht den Anforderungen der §§ 48 ff. entsprechen.[68]

40 Im Übrigen gelten die **allgemeinen Regeln der §§ 48, 49,** sei es, dass die vorläufige Regelung durch eine abweichende vorläufige Regelung ersetzt oder ersatzlos gestrichen wird, sei es, dass die endgültige Entscheidung den vorläufigen VA in seinen endgültigen Elementen (näher Rn. 50 ff., 82 f.) ändert.[69] Dem entsprechend ist eine Rücknahme sowohl bei Vorabentscheidungen dem Grunde nach als auch bei Grundentscheidungen in Bewilligungsbescheiden (Rn. 83) möglich.[70]

IV. Abweichungsverbote

41 Abweichungsverbote hindern eine Behörde daran, bei einer Entscheidung vom Inhalt einer früheren Verwaltungsentscheidung,[71] die in ihrer Existenz nicht angetastet wird, abzuweichen. Durch Abweichungsverbote wird im Sinne der Rechtsklarheit **verhindert, dass widersprüchliche Entscheidungen** ergehen, zugleich wird im Sinne der **Verfahrensökonomie** bewirkt, dass die später entscheidende Behörde die bindend entschiedene Frage nicht erneut und selbständig prüfen muss.[72]

42 Dies bedeutet zugleich, dass die **Bindung der Verwaltung** an das **materielle Gesetz** zurücktritt, wenn die frühere Entscheidung fehlerhaft ergangen ist (s. auch § 35 Rn. 141 ff.).[73] Die Reichweite solcher Abweichungsverbote ist mangels ausdrücklicher gesetzlicher Regelungen[74] Gegenstand großer Meinungsunterschiede. Im Grundsatz kann freilich bei Verwaltungsbehörden wie bei Gerichten nicht darauf verzichtet werden, Widersprüche des Staatshandelns nach Möglichkeit auszuschließen,[75] zumal der Gesetzmäßigkeit der Verwaltung von Verfassungs wegen durch weitgehende Möglichkeiten der Aufhebung rechtswidriger Entscheidungen Rechnung zu tragen ist. Abweichungsverbote gelten bis zur wirksamen, auch nicht durch den Suspensiveffekt aufgeschobenen Aufhebung des VA[76] (zum Beginn vgl. Rn. 53 f. bzw. 134).

43 **Abweichungsverbote** sind daher **für VAe generell anzunehmen,** können nicht grundsätzlich von besonderen Regelungen, die für die einzelne Sachmaterie einschlägige Anordnungen treffen, abhängig gemacht werden.[77] Die Eigenart des jeweiligen Rechtsgebiets kann freilich für die nähere Bestimmung des Umfangs der Bindung bedeutsam werden (s. insbes. Rn. 57 ff.). Auch bei **Verstößen gegen Gemeinschaftsrecht** greifen die allgemeinen Abweichungsverbote des nationalen Rechts grundsätzlich durch.[78]

44 Entsprechend ist auch für den **unmittelbaren Vollzug des Rechts der EG** anerkannt, dass die Berufung auf die Rechtswidrigkeit einer unanfechtbar gewordenen Entscheidung im Inte-

---

[67] *Tiedemann* DÖV 1981, 786, 790 f.; *Götz* JuS 1983, 924, 927; *Kemper* DVBl 1989, 981, 985; *ders.,* Der vorläufige Verwaltungsakt, 1990, S. 204 f.; *Erfmeyer* DÖV 1998, 459, 460; von rückwirkender Erledigung spricht *Losch* NVwZ 1995, 235, 237; s. auch *F. J. Kopp* DVBl 1989, 238, 239: „gegenstandslos"; entsprechend *OVG Münster* NVwZ 1991, 588, 589: „Regelungswirkung ... erschöpft".
[68] *OVG Münster* NVwZ-RR 1998, 1010 (für Freistellung von der BaföG-Rückzahlung unter dem Vorbehalt der Glaubhaftmachung der Voraussetzungen).
[69] Generell gegen die Geltung der §§ 48, 49 etwa *Peine* in FS Thieme, 1993, S. 563, 584.
[70] BVerwGE 82, 235, 241 f. m. w. N.
[71] Bei bloßen Mitteilungen gelten solche Abweichungsverbote nicht, vgl. *BVerwG* NJW 2007, 1299 f., für die Unterrichtung nach § 4 Abs. 3 S. 1 Nr. 1 StVG.
[72] BVerfGE 60, 253, 270 f.; *Martens* JuS 1975, 69, 74 f.; *Merten* NJW 1983, 1993, 1996 f.; *Kopp* DVBl 1983, 392, 398 m. w. N.; grundsätzlich auch *Krebs* VerwArch 1976, 411, 416.
[73] Vgl. *BVerwG* NJW 1974, 1961, 1963; *Weyreuther* DVBl 1965, 281, 282.
[74] Dazu skeptisch *Krebs* VerwArch 1976, 411, 415 ff.; *Erichsen/Knoke* NVwZ 1983, 185, 190; dagegen *Kopp* DVBl 1983, 392, 398 m. w. N.; zust. *J. Ipsen* Verwaltung 1984, 169, 193 f. m. w. N.; zu § 77 SGG vgl. *Meyer-Ladewig,* § 77 Rn. 5.
[75] Vgl. nur *J. Ipsen* Verwaltung 1984, 169, 190; *Merten* NJW 1983, 1993, 1996 f.; *Seibert,* Die Bindungswirkung von Verwaltungsakten, 1989, S. 398; zurückhaltend *Erichsen/Knoke* NVwZ 1983, 185, 190 f.
[76] *BVerwG* BayVBl 1998, 346.
[77] Anders wohl die vieldiskutierte Entscheidung BVerwGE 48, 271, 279, dazu Rn. 60, 125; wie hier etwa *Merten* NJW 1983, 1993, 1997; *Kopp* DVBl 1983, 392, 397 f.
[78] S. aber etwa *Schmidt-Aßmann* in FG 50 Jahre BVerwG, 2003, S. 487, 492 f.; *Potacs* EuR 2004, 595 ff.; *ders.* in FS Ress, 2005, S. 729 ff.; *Ruffert* in FS Krause, 2006, S. 215, 231; *Gärditz* NWVBl 2006, 441, 443; *Kremer* EuR 2007, 470, 481 ff.

resse der Rechtssicherheit ausgeschlossen ist.[79] Dies gilt auch nach gerichtlicher Aufhebung von Parallelentscheidungen.[80] Allerdings werden Vorabentscheidungsverfahren gem. Art. 234 Abs. 1 lit. b EG zur Gültigkeit unanfechtbar gewordener Gemeinschaftsentscheidungen zugelassen, wenn für die Betroffenen keine evidente Anfechtungsmöglichkeit bestanden hat.[81] Zum „transnationalen VA" s. § 35 Rn. 358 ff.

1. Materielle Bestandskraft

Die materielle Bestandskraft steht als Gegenstück zur materiellen **Rechtskraft**[82] im Mittelpunkt der Frage nach Abweichungsverboten. Um ihre Konturen näher zu bestimmen, ist der Rückgriff auf das **prozessrechtliche Vorbild** unvermeidlich, kann jedoch nur ganz behutsam unter Berücksichtigung der verschiedenen Situation in VwVf erfolgen. 45

a) **Wirkungsweise.** Die Ausgangskonstellation, in der die materielle Bestandskraft ihre Wirkung entfaltet, ist – wie bei der Rechtskraft – dann gegeben, wenn die durch die erste Entscheidung, hier durch VA, geregelte Frage sich als Vorfrage einer in einem späteren Verfahren zu treffenden Regelung stellt.[83] Hier entfaltet die materielle Bestandskraft **präjudizielle Wirkung,** die durch den ersten VA geregelte Vorfrage kann (darf und muss) – vorbehaltlich der Aufhebung der ersten Entscheidung – nicht erneut anhand der gesetzlichen Voraussetzungen geprüft werden, vielmehr ist die dazu getroffene Regelung unabhängig von ihrer Rechtmäßigkeit beim zweiten VA zugrunde zu legen (näher Rn. 55 ff.).[84] 46

Bezogen auf den Fall, dass die vorentschiedene Frage selbst erneut Gegenstand einer zu treffenden Regelung wird, besteht im Rahmen der Rechtskraft Streit, ob dann jede erneute Entscheidung oder nur eine abweichende ausgeschlossen ist.[85] Für die materielle Bestandskraft wird an das zweite Modell anknüpfend die Bedeutung als **Wiederholungsverbot** geleugnet;[86] dabei wird aber auch die Möglichkeit einbezogen, im wiederholten Verfahren abweichend zu entscheiden.[87] Mit dieser Konsequenz wird aber nicht nur das Wiederholungsverbot, sondern auch das Abweichungsverbot in Frage gestellt, und zwar allgemein. Dessen Grundanliegen, sich widersprechende Entscheidungen auszuschließen, trifft gerade auf eine erneute Entscheidung über denselben Gegenstand im besonderen Maße zu. Wenn eine Bindung hier (bei „Voll-Präjudizialität") verneint wird, kann sie für die Fälle bloßer (Teil-)Präjudizialität nicht konsistent begründet werden. 47

Letztlich beruht die Zulassung abweichender Entscheidungen in derselben Sache darauf, dass **nicht klar genug zwischen Abweichungs- und Aufhebungsverbot unterschieden** wird.[88] Die Tatsache, dass es für eine abweichende Zweitentscheidung einer vorherigen formellen Be- 48

---

[79] Vgl. *EuGH*, Rs. 3/59, EuGHE 1960, 120, 139; Rs. 265/82, EuGHE 1983, 3105 Rn. 7; Rs. 270/82, EuGHE 1984, 1195 Rn. 11; Rs. 348/82, EuGHE 1984, 1409 Rn. 6; *Schwarze*, S. 1017 ff. m. w. N. Zu Schadensersatzklagen s. etwa *EuGH*, Rs. 59/69, EuGHE 1966, 816, 827; *EuG*, Rs. T-176/94, EuGHE 1995, II-621 Rn. 59 ff.; Rs. T-93/95, EuGHE 1998, II-195 Rn. 48, 50; *Röhl* in Schmidt-Aßmann/Schöndorf-Haubold (Hrsg.), Der Europäische Verwaltungsverbund, 2005, S. 319, 345. Ausf. zu dem bestandskraftabhängigen Abweichungsverbot *Schroeder*, Bindungswirkungen, S. 166 ff., 266 ff., rechtsvergleichend zum deutschen Recht S. 248 ff., 306 ff.
[80] *EuGH*, Rs. C-310/97 P, EuGHE 1999, I-5363 Rn. 56 ff. = NJW 2000, 1933.
[81] Vgl. insbes. *EuGH*, Rs. C-188/92, EuGHE 1994, I-833 Rn. 23; Rs. C-178/95, EuGHE 1997, I-585 Rn. 21; ferner etwa *Kamann/Selmayr* NVwZ 1999, 1041 ff.; *Vogt*, Die Entscheidung als Handlungsform des Europäischen Gemeinschaftsrechts, 2005, S. 234 ff.; *Pechstein/Kubicki* NJW 2005, 1825 f.; *Röhl* in Schmidt-Aßmann/Schöndorf-Haubold (Hrsg.), Der Europäische Verwaltungsverbund, 2005, S. 319, 345.
[82] Von Bestandskraft spricht für Gerichtsentscheidungen aber etwa *BVerfGE (Plenum)* 107, 395, 402 (parallel zur materiellen Rechtskraft, S. 412 f.).
[83] Zur Erweiterung der Bindung an Statusentscheidungen nach Schwerbehindertenrecht auf Regelungen mit inhaltsgleichen Tatbestandsvoraussetzungen *BVerwGE* 112, 93, 96 m. w. N.; s. auch Rn. 161.
[84] Anschaulich *BVerwG* BayVBl 1998, 346 LS 1; ausf. *Steinweg*, Zeitlicher Regelungsgehalt des Verwaltungsakts, 2006, S. 70 ff. Teils wird diese Bindung von der Bestandskraft abgelöst, s. Rn. 53. Terminologisch abweichend *Steiner* in FS Driehaus, 2005, S. 615 ff.; *ders.* VerwArch 83 (1992), 479 ff.
[85] Vgl. *Rennert* in Eyermann, § 121 Rn. 9; *Clausing* in Schoch u. a., § 121 Rn. 20 einerseits, *v. Nicolai* in Redeker/von Oertzen, § 121 Rn. 5; *Gotzen*, Das Verwaltungsakt-Wiederholungsverbot, Diss. Bonn 1997, S. 49 f. andererseits, jeweils m. w. N.
[86] *J. Ipsen* Verwaltung 1984, 169, 186 f. m. w. N. Von vornherein besteht kein Hindernis, dass zwei unter unterschiedlichen rechtlichen Aspekten zuständige Behörden bezogen auf denselben Lebenssachverhalt zwei je selbständige Entscheidungen treffen, vgl. *VGH Mannheim* NVwZ-RR 1998, 553, 554.
[87] So in der Vorauflage *Wolff/Bachof/Stober* I, § 50 Rn. 20.
[88] S. auch *Seibert*, Die Bindungswirkung von Verwaltungsakten, 1989, S. 195 ff.

seitigung gar nicht bedarf,[89] erklärt sich daraus, dass im weniger formalisierten VwVf Rücknahme und Widerruf von VAen konkludent möglich sind (§ 48 Rn. 244 ff.; § 49 Rn. 115). Die vermeintliche Abweichung bei erneuter Verbescheidung eines vorentschiedenen Punktes birgt daher die Aufhebung des ErstVA in sich, womit eine Abweichung von einer bestehenden Entscheidung nicht mehr in Betracht kommt.[90]

49 Nichts anderes gilt für eine gleich lautende Neuverbescheidung im späteren Verfahren durch sog. **Zweitbescheid,** der den Erstbescheid eben nicht wiederholt, sondern ersetzt (s. § 51 Rn. 29 ff.) und daher von einem Wiederholungsverbot nicht erfasst wird.

50 Gelegentlich wird auch von einer **Ersetzung** gesprochen, wenn die in einem sog. **vorläufigen VA** (Rn. 37 ff.) getroffene Regelung im endgültigen Bescheid **aufrechterhalten** wird.[91] Dabei ist allerdings zu differenzieren. Soweit die Erstregelung von der Vorläufigkeit geprägt ist, ist sie in der Tat darauf angelegt, sich **mit Ergehen einer endgültigen Regelung zu erledigen** (Rn. 39, auch Rn. 213). Ohne dass es einer Aufhebung bedarf, ist daher eine Konkurrenz zwischen vorläufiger und endgültiger Regelung (parallelen oder konträren Inhalts) ausgeschlossen.

51 Ein Wiederholungsverbot hat auch insoweit kein Anwendungsfeld, als **vorläufigen VAen endgültige Regelungsteilgehalte** zugeschrieben werden.[92] Nimmt der endgültige VA solche Teilgehalte in seine Regelung auf, wird die Annahme eines (ersetzenden) Zweitbescheides der nur bestätigenden Intention des endgültigen VA nicht gerecht. Vielmehr gelten die im vorläufigen VA getroffenen endgültigen Teilregelungen fort; der **endgültige VA** enthält insoweit keine erneute Regelung, sondern ist auf eine Bezugnahme im Sinne der **„wiederholenden Verfügung"** (§ 51 Rn. 57 ff.) beschränkt.[93]

52 Soweit man annimmt,[94] dass der vorläufige VA endgültige **Feststellungen** auch hinsichtlich der allgemeinen **tatsächlichen und rechtlichen Voraussetzungen** der getroffenen Regelung umfasst, bleibt dies für das nur auf den sachlichen Umfang der Bestandskraft zu beziehende Wiederholungsverbot ohne Bedeutung (s. aber Rn. 83).

53 **b) Die Voraussetzung formeller Bestandskraft.** Nicht ganz unproblematisch ist es auch, formelle Bestandskraft als Voraussetzung materieller Bestandskraft zu verlangen, wie dies dem Vorbild formeller und materieller Rechtskraft entspricht[95] (zum Europarecht s. Rn. 44). Denn der erlassenden Behörde muss zur Vermeidung widersprüchlicher Entscheidungen zugleich bereits die Abweichung untersagt sein, soweit sie schon vor Unanfechtbarkeit an der Aufhebung von Amts wegen (Rn. 31 ff.) gehindert ist.[96]

54 Das Abweichungsverbot für die Zeit **zwischen dem Eintritt der Wirksamkeit und dem der Unanfechtbarkeit** des VA muss indes nicht als Ausfluss materieller Bestandskraft erklärt werden, sondern lässt sich als besondere **Selbstbindung** rechtfertigen (Rn. 135 f.). Die Trennung dieser Selbstbindung von der materiellen Bestandskraft erlaubt es nicht nur, Letztere den terminologischen Gepflogenheiten gemäß an die formelle Bestandskraft zu knüpfen, sondern ist mit Rücksicht auf den erweiterten Kreis von Staatsorganen, die dem Abweichungsverbot kraft

---

[89] So *J. Ipsen* Verwaltung 1984, 169, 190.
[90] *Ruffert* in Erichsen/Ehlers, § 21 Rn. 24, insofern für nur erläuternde Natur der materiellen Bestandskraft.
[91] *Maurer*, § 9 Rn. 63 b; *Peine* DÖV 1986, 849, 859; auch *Schimmelpfennig,* Vorläufige Verwaltungsakte, 1989, S. 90; *Dickersbach* GewArch 1993, 177, 178, spricht von „ablösen".
[92] *Tiedemann* DÖV 1981, 786, 790; *Götz* JuS 1983, 924, 927; *Peine* DÖV 1986, 849, 859; *Martens* DÖV 1987, 992, 995 ff.; *Schimmelpfennig,* Vorläufige Verwaltungsakte, 1989, S. 133; s. auch *Schmidt-De Caluwe* NZS 2001, 240, 247 ff.
[93] So wohl *Götz* JuS 1983, 924, 927; *Kemper,* Der vorläufige Verwaltungsakt, 1990, S. 202 ff.
[94] So *Martens* DÖV 1987, 992, 998.
[95] Dafür *Kopp* DVBl 1983, 392, 395; *Kopp/Ramsauer*, § 43 Rn. 33; *Erichsen/Knoke* NVwZ 1983, 185, 188; schon bei Unanfechtbarkeit für einen Betroffenen wohl *OVG Lüneburg* DVBl 1986, 199; für materielle Rechtskraft (nur) gegenüber der Behörde ab Bekanntgabe *Francke,* in: Dannhauer/Dörr (Hrsg.), 5 Standpunkte im Verwaltungsrecht, 2003, S. 9, 19; für eine von Unanfechtbarkeit und materieller Bestandskraft gelöste Bindung *Seibert,* Die Bindungswirkung von Verwaltungsakten, 1989, S. 132 ff.; *Becker,* Die Bindungswirkung von Verwaltungsakten im Schnittpunkt von Handlungsformenlehre und materiellem öffentlichen Recht, 1997, S. 70 ff.; *Brüning,* Einstweilige Verwaltungsführung, 2003, S. 125 ff.; diff. *Randak* JuS 1992, 33, 34; offen *Siegmund* in Brandt/Sachs, I D Rn. 125; zu § 77 SGG s. *Meyer-Ladewig* SGG, § 77 Rn. 1 ff., 5 f.
[96] Hierzu insbes. *Merten* NJW 1983, 1993, 1996.

materieller Bestandskraft unterworfen werden, auch sachlich geboten (Rn. 104 ff.; zur Bindung an Teil- und Vorabentscheidungen sowie an die endgültigen Bestandteile vorläufiger VAe s. Rn. 75 ff. und Rn. 83).

c) Umfang materieller Bestandskraft. Der Umfang der materiellen Bestandskraft ist ähnlich wie der der materiellen Rechtskraft in sachlicher, persönlicher und zeitlicher Hinsicht begrenzt.[97] Diese Begrenzungen spiegeln den Umfang der für die Legitimation der Durchbrechung der Gesetzmäßigkeit der Verwaltung maßgeblichen Richtigkeitsgewähr wider, die der VA nach seinem Regelungsinhalt, den Anfechtungsmöglichkeiten der Betroffenen und dem Stand der Entwicklung im Entscheidungszeitpunkt bietet. 55

aa) Sachliche Grenzen der Bestandskraft. In sachlicher Hinsicht bestimmt der durch den bekannt gegebenen Inhalt des VA (§ 43 Abs. 1 S. 2, vgl. auch Rn. 185 ff.) bezeichnete, ggf. durch Auslegung näher festzulegende[98] **Entscheidungsgegenstand** (dazu auch § 35 Rn. 71 ff., 142 ff.) den Umfang der materiellen Bestandskraft,[99] also die im VA verbindlich mit Wirkung nach außen getroffene Regelung.[100] Zu diesem „Inhalt des VA" gehört ggf. auch die Regelung seines zeitlichen Geltungsbereichs, der vor oder nach seiner Bekanntgabe liegen kann (s. auch Rn. 182),[101] oder die Festlegung einer räumlichen Begrenzung seiner Geltung.[102] Auch über Nebenbestimmungen kann der maßgebliche Regelungsgehalt des VA näher präzisiert werden.[103] Zu berücksichtigen sind zudem die Gesamtverhältnisse im Zeitpunkt der behördlichen Entscheidung.[104] 56

Die Begrenzung auf den Entscheidungsgegenstand entspricht – bei gesetzmäßigen Entscheidungen – dem Umfang, in dem das Gesetz der Verwaltung die Befugnis zu verbindlicher Regelung einräumt. Hierfür setzt es die **Sachkompetenz** der entscheidenden Behörde voraus, die daher als Auslegungshilfe dienen kann (§ 9 Rn. 146 ff., 151), hierauf sind der Umfang der Sachprüfung und das einzuhaltende Verfahren bezogen.[105] Auch die Möglichkeit gerichtlicher Überprüfung eines VA, die selbst ohne effektive Wahrnehmung eine gewisse Richtigkeitsgewähr für den VA vermittelt (dazu noch Rn. 125 f.), ist auf den Entscheidungsgegenstand bezogen, eine Anfechtung wegen das Ergebnis nicht berührender Aussagen zu bloßen Vorfragen aber ausgeschlossen (vgl. auch § 35 Rn. 143 f.).[106] Umgekehrt wird der Entscheidungsgegenstand nicht dadurch eingeengt, dass für die Entscheidung maßgebliche Umstände unberücksichtigt bleiben.[107] 57

Die Aufgabe, den Entscheidungsgegenstand festzulegen, umfasst neben den vielfältigen Problemen der prozessualen Streitgegenstandslehre[108] zusätzliche **Schwierigkeiten, die sich aus der geringeren Förmlichkeit** der durch VA getroffenen Entscheidungen ergeben. Ausgangspunkt ist 58

---

[97] S. allg. *Merten* NJW 1983, 1993, 1996; *Kopp* DVBl 1983, 392, 399 f.; *Erichsen/Knoke* NVwZ 1983, 185, 190 f.; *Kutschera*, Bestandsschutz im öffentlichen Recht, 1990, S. 177 ff.; skeptisch zur Parallele bei ähnlichem Ergebnis *Seibert*, Die Bindungswirkung von Verwaltungsakten, 1989, S. 297 ff.; *Becker*, Die Bindungswirkung von Verwaltungsakten im Schnittpunkt von Handlungsformenlehre und materiellem öffentlichen Recht, 1997, S. 85 ff.; weniger überzeugend *Schoch* in Hoffmann-Riem/Schmidt-Aßmann, Innovation und Flexibilität des Verwaltungshandelns, 1994, S. 199, 232 ff.
[98] S. etwa *Ammelburger*, Strukturprobleme der Bestandskraftlehre, 1997, S. 38 ff.; *Brüning*, Einstweilige Verwaltungsführung, 2003, S. 164; s. aus der Judikatur etwa *BVerwGE* 84, 220, 229 ff.; *OVG Münster* NWVBl 1995, 316; *VGH München* BayVBl 2006, 47 f.; *OVG Münster* NVwZ-RR 2003, 327, 328 f.
[99] S. außer den Vorgenannten noch *J. Ipsen* Verwaltung 1984, 169, 194 f. m. w. N.
[100] *BVerwGE* 74, 315, 320. Ausf. zu den sachlichen Grenzen des Abweichungsverbotes *Schroeder*, Bindungswirkungen, S. 225 ff. Vgl. zu Tatbestandsmerkmal, Rechtsfolgen und Funktionen der „Regelung" bei VAen *Kracht*, Feststellender Verwaltungsakt und konkretisierende Verfügung, 2002, S. 38 ff.
[101] *BVerwGE* 88, 278, 281. Zur begrenzten zeitlichen Reichweite ablehnender Bescheide zum Kindergeld *BFHE* 196, 257, 258 f.; *ThürFinG* EFG 2006, 1000.
[102] Vgl. für in der DDR erteilte fortgeltende Fahrerlaubnisse *OVG Münster* NVwZ 1993, 597.
[103] Vgl. etwa *BVerwG* NVwZ-RR 1992, 345, 346, für die Verknüpfung der Verbindlichkeit einer Teilungsgenehmigung mit der Wirksamkeit des Bebauungsplans; *BVerwGE* 74, 315, 319 f., bestimmt den Regelungsumfang anhand der Nebenbestimmungen des VA und nach dem Inhalt der Beiakten.
[104] Vgl. etwa *OVG Hamburg* NVwZ-RR 1992, 540; *OVG Magdeburg* LKV 2001, 514, 515.
[105] Vgl. zur Bedeutung allgemeiner VV des Bundes im Rahmen der Bundesauftragsverwaltung für den Inhalt der von den ausführenden Landesbehörden zu treffenden Entscheidungen *BVerfGE* 100, 249, 258 f.
[106] S. *J. Schmidt* in Eyermann, § 113 Rn. 22.
[107] Zum Asylrecht bei umfassend verstandenem Entscheidungsgegenstand *Rennert* DVBl 2001, 161, 169 f.
[108] Vgl. etwa *Rennert* in Eyermann, § 121 Rn. 23 ff.; *v. Nicolai* in Redeker/von Oertzen, § 121 Rn. 7 ff.; *Kopp/Schenke*, § 121 Rn. 18 ff. m. w. N.; *Clausing* in Schoch u. a., § 121 Rn. 55 ff.

auch hier der **Entscheidungsausspruch** des bindenden Bescheides. Wo ein solcher als abgesonderter Entscheidungsbestandteil fehlt, ist der Gehalt der Regelung, der **verfügende Teil des VA,** aus dessen Gesamtzusammenhang zu ermitteln.[109] Bei ablehnenden Entscheidungen lässt sich ihre zunächst durch die gestellten Anträge bestimmte inhaltliche Tragweite[110] gegenüber Änderungen der Sach- und Rechtslage (dazu Rn. 100 ff.) regelmäßig nur anhand der jeweiligen Ablehnungsgründe feststellen.[111] Auch sonst bedarf es oft der Auslegung anhand der Begründung des VA (§ 35 Rn. 143).

59   Jedoch erlangen präjudizielle Tatsachenfeststellungen oder rechtliche Beurteilungen von Vorfragen **keine selbständige Verbindlichkeit,**[112] sofern sie nicht zu besonderen Entscheidungen verselbständigt sind (s. auch Rn. 79) oder eine Bindung in anderen Verfahren besonders angeordnet ist.[113] Dies schließt nicht aus, dass in bestimmten Fällen bei späteren VAen auf die Feststellungen früherer bestandskräftiger VAe zurückgegriffen wird, wenn keine gewichtigen Anhaltspunkte für ihre Unrichtigkeit vorliegen.[114]

60   Die **Abgrenzung im Einzelnen** kann freilich erhebliche Schwierigkeiten bereiten, deren dogmatische oder wenigstens kasuistische Strukturierung noch aussteht. Dies zeigt sich etwa bei der unterschiedlichen Beurteilung im Falle einer **abgelehnten Baugenehmigung**[115] (s. auch Rn. 125), bei der Frage, ob die Ablehnung eines Rentenantrags die Feststellung fehlender Berufsunfähigkeit umfasst[116] oder beim Problem der Reichweite einer erteilten Baugenehmigung.[117] Die Bestandskraft eines Erschließungsbeitragsbescheids soll die Beitragspflicht als solche erfassen und diesbezügliche Einwendungen gegenüber einem Nachforderungsbescheid (dazu § 48 Rn. 123, 132 f.) ausschließen.[118] Ein Restitutionsbescheid trifft keine Aussage zur Größe eines rückübertragenen Grundstücks.[119]

61   Problematisch kann auch der – bezogen auf eine unveränderte Sach- und Rechtslage (s. ansonsten Rn. 100 ff.) – mit einem VA erhobene **zeitliche Geltungsanspruch** sein. So muss sich ein Hilfesuchender die Bestandskraft eines Hilfe zum Lebensunterhalt ablehnenden Bescheides nicht zeitlich unbegrenzt entgegenhalten lassen.[120]

62   Wichtigstes Hilfsmittel zur Bestimmung des Entscheidungsgegenstandes außerhalb des VA selbst sind die ihm zugrunde liegenden Rechtsnormen,[121] denen der VA auf Grund der Gesetzesbindung (s. aber Rn. 74) entsprechen müsste. In diesem Sinne ist die sehr unterschiedlich gedeutete **Kongruenz von Sachentscheidungskompetenz, zulässigem Inhalt des VA**

---

[109] Vgl. zur diesbezüglichen Auslegung etwa *Sach,* Genehmigung als Schutzschild?, 1994, S. 71 ff. m. w. N.
[110] Vgl. *BVerwGE* 120, 292, 293, 297.
[111] Vgl. *OVG Hamburg* InfAuslR 1998, 471, 472.
[112] Vgl. *BVerwGE* 72, 300, 330; *BVerwG* Buchholz 412.3 § 6 BVFG Nr. 55 m. w. N.; *BVerwGE* 95, 311, 318 f.; *BVerwG* NVwZ-RR 1995, 540, 541; *BGHZ* 158, 19, 22; *BSGE* 75, 235, 236 ff. m. w. N.; *VGH Mannheim* DÖV 1995, 338; *OVG Weimar* LKV 2004, 333, 335; 2005, 326.
[113] Vgl. etwa § 30 Abs. 1 S. 3 WaffG, wonach bestimmte regelmäßige Anforderungen bei Inhabern von Jagdscheinen, die dieselben Voraussetzungen erfüllen müssen, nicht zu prüfen sind; zur Nichtgeltung dieser Regelung für die Erteilung der Waffenhandelserlaubnis nach §§ 7 ff. WaffG und zur Unerheblichkeit der Zuverlässigkeitsfeststellung im Rahmen der Jagdscheinerteilung im Übrigen *BVerwG* NVwZ-RR 1995, 143, 144; *OVG Hamburg* NVwZ-RR 1993, 27; zur Begrenzung der Freistellung der Jagdscheininhaber von der waffenrechtlichen Zuverlässigkeitsprüfung auch *BVerwG* DÖV 1995, 959, 960 f.
[114] Vgl. *BVerwG* NVwZ-RR 1995, 610 m. w. N.; *OVG Weimar* LKV 2005, 326; *OVG Münster* NWVBl 2006, 143, 145; (nur) bei diesem Verständnis unbedenklich *BVerwG* Buchholz 236.11 § 124 SLV Nr. 1, S. 2.
[115] *BVerwGE* 48, 271 ff. m. w. N.; dem folgend *BVerwGE* 84, 11, 14; *BGH* NJW 1984, 1169, 1170; *VGH München* BayVBl 1989, 312, 313; *VG Münster* NWVBl 1995, 34, 35 (Abgrabungsgenehmigung); ferner etwa *Braun,* Die präjudizielle Wirkung bestandskräftiger Verwaltungsakte, 1981, S. 61; *Erichsen/Knoke* NVwZ 1983, 185, 191; *Kopp* DVBl 1983, 392, 399; *J. Ipsen* Verwaltung 1984, 169, 195; *Gaentzsch* NJW 1986, 2787, 2792; *Ortloff* NJW 1987, 1665, 1670. Vgl. auch *OVG Bautzen* LKV 1997, 374.
[116] Dafür *VG Köln* DÖD 1990, 101 f.
[117] Im Anschluss an *BVerwGE* 72, 300, 330 zweifelnd *OVG Münster* NWVBL 1988, 105, 108 m. w. N.; auch *Braun,* Die präjudizielle Wirkung bestandskräftiger Verwaltungsakte, 1981, S. 48 f.; ausf. *Seibert,* Die Bindungswirkung von Verwaltungsakten, 1989, S. 333 ff., 335 ff.
[118] *OVG Münster* NVwZ-RR 2000, 820 f.
[119] *OVG Greifswald* NordÖR 2004, 201.
[120] *VGH München* BayVBl 1997, 695 f., mit einer Tendenz der Beschränkung auf den für eine Bewilligung maßgeblichen nächsten Zeitabschnitt.
[121] *BVerwGE* 84, 11, 14; *BVerwG* LKV 2004, 363; *VGH Mannheim* NVwZ 1995, 1006, 1008; generell zurückhaltend *Seibert,* Die Bindungswirkung von Verwaltungsakten, 1989, S. 315 ff., 318 f.

und Bindungswirkung (vgl. auch § 35 Rn. 141 ff.)[122] anzuerkennen. Zur Konzentrationswirkung von PlfBeschlüssen § 75 Rn. 10 ff.

Wird ein **neues Verbot mit Erlaubnisvorbehalt** aufgestellt, erstrecken sich zum bisherigen 63 Recht erfolgte Zulassungen, die auch die nunmehr verbotenen Verhaltensweisen einschlossen, ohne sie aber – mangels Notwendigkeit – spezifisch zu legitimieren, nicht auf die Freistellung von dem neu geschaffenen Verbot.[123]

Wird der Umfang der – etwa in **vereinfachten Genehmigungsverfahren** – zu prüfenden 64 Voraussetzungen verengt, **reduziert** sich die sachliche Reichweite der getroffenen Entscheidung entsprechend.[124] Doch geht es nicht an, ohne konkrete Hinweise für den einzelnen VA im Hinblick auf die ressourcenknappe Verwaltung grundsätzlich von einem defizitären behördlichen Prüfungsumfang auszugehen und den verbindlichen Regelungsgehalt dementsprechend einzuengen.[125]

Daher sind insbes. **Inhalt und Zusammenhang** der zugrunde liegenden **gesetzlichen Be-** 65 **stimmungen** von wesentlicher Bedeutung. Dies belegen etwa **Entscheidungen** zur Reichweite einer Linienverkehrsgenehmigung gem. § 13 PersBefG[126] oder einer Entlassungsverfügung nach § 55 Abs. 3 SoldG;[127] zur nicht erforderlichen Durchführung eines der Enteignung vorangehenden PlfV, wenn gegenüber den Trägern öffentlicher Belange das Vorhaben bereits bestandskräftig genehmigt und der Rechtsschutz betroffener Privater im Enteignungsverfahren gewährleistet ist;[128] zur Bindung der Enteignungsbehörde an die Entscheidung nach § 11 EnWG;[129] zur Abhängigkeit der Förderung durch den Träger der öffentlichen Jugendhilfe von weiteren Voraussetzungen auch bei nach § 9 JWG, Art. 1 § 75 KJHG anerkannten Trägern freier Jugendhilfe[130] sowie dazu, dass ein Plfbeschluss nach § 8a Abs. 4 FStrG mit der Entscheidung für eine Ersatzzufahrt zugleich die Ablehnung der nur alternativ vorgesehenen Geldentschädigung beinhaltet.[131]

Daneben können sich – im Zusammenhang mit der gesetzlichen Bestimmung der Sachent- 66 scheidungskompetenz (Rn. 62) – Hinweise aus dem Verhältnis der zugrunde liegenden Normen zu anderen gesetzlichen Bestimmungen ergeben, die im sachlichen Kontext des VA **zusätzliche behördliche Entscheidungen** vorsehen.

Dies gilt insbes. in Fällen **umweltrelevanter Vorhaben,** so z.B. für bauaufsichtliche ge- 67 genüber bergrechtlichen Genehmigungen;[132] für die bergrechtliche Betriebsplanzulassung im Verhältnis zur Grundabtretungsanordnung;[133] für die atomrechtliche Genehmigung gegenüber anderen Genehmigungen;[134] für immissionsschutzrechtliche Genehmigungen gegenüber wasserrechtlichen Gestattungen;[135] für das Verhältnis von Baugenehmigung und wasserrechtlicher Erlaubnis.[136]

---

[122] Vgl. *Ossenbühl* NJW 1980, 1353, 1354; *Breuer* VerwArch 1981, 261, 263; *Gaentzsch* NJW 1986, 2787 f.; *Ortloff* NJW 1987, 1665, 1666 m. w. N.; *Fluck* VerwArch 1988, 406, 423 m. w. N.; skeptisch *Sach,* Genehmigung als Schutzschild?, 1994, S. 75 f.
[123] So für die Aufnahme einer Klinik für Herzchirurgie in den Krankenhausbedarfsplan vor der neu begründeten Notwendigkeit einer besonderen Zulassung als Transplantationszentrum durch § 10 TPG.
[124] Vgl. für das vereinfachte Baugenehmigungsverfahren etwa *OVG Koblenz* NVwZ-RR 1992, 289, 290; s. auch *Jäde* UPR 1994, 201 ff.
[125] So aber für außenwirtschaftliche Genehmigungen *v. Bogdandy* VerwArch 1992, 53, 81.
[126] Vgl. *BVerwG* NJW 1990, 930.
[127] *VGH Mannheim* NVwZ 1987, 521.
[128] *VGH Mannheim* NVwZ 1997, 90 f.
[129] *BVerwGE* 116, 365, 375 f., ebda, S. 375, gegen eine solche Bindung an die Trassengenehmigung.
[130] *OVG Münster* NWVBL 1993, 233 f.
[131] *BGHZ* 95, 28, 33, 36; hierzu auch *Papier* JZ 1986, 183, 184; *Broß* VerwArch 1987, 91, 108 ff. m. w. N.
[132] *BVerwGE* 74, 315, 326; *BVerwG* NVwZ 1989, 1162 f.
[133] *BVerwGE* 85, 54, 58; *BVerwG* NVwZ 1991, 987, 990, 992 f.
[134] Allg. begrenzend *BVerwGE* 72, 300, 328 ff.; zur Reichweite der atomrechtlichen Genehmigung nach § 7 AtG in Bezug auf die Kühl- und Betriebswasserableitung im Verhältnis zur wasserbehördlichen Zuständigkeit nach § 6 WHG *BVerwG* NVwZ 1988, 535 f.; zum Verhältnis atomrechtlicher zu bauplanungsrechtlicher Genehmigung *BVerwG* NVwZ 1989, 1163, 1165 f.; *VGH München* NVwZ 1988, 546, 549 f.; *OVG Münster* NWVBL 1988, 106; *Schmidt-Preuß* DVBl 1991, 229 ff.; *Näser* DVBl 2002, 584, 587 ff.; für das Verhältnis der Baugenehmigung zur Aufbewahrungsgenehmigung nach § 6 Abs. 1 AtG einerseits *OVG Lüneburg* DVBl 1983, 184, 186, andererseits *OVG Münster* NWVBL 1988, 105, 108 f., oder zu sonstigen (atomrechtlichen) Gestattungen *OVG Greifswald* LKV 1998, 460 ff.
[135] *BVerwG* NVwZ-RR 1989, 621.
[136] Dazu am Beispiel von Kleinkläranlagen *Kaster/Reinhardt* NVwZ 1993, 1059 ff.; s. auch *VGH Mannheim* VBlBW 1996, 263.

68 Überschneidungen finden sich auch sonst, namentlich im Verhältnis der **Baugenehmigung zu anderen Genehmigungen,**[137] so im Verhältnis zur Gaststättenerlaubnis,[138] zur immissionsschutzrechtlichen Genehmigung,[139] zur fernstraßenrechtlichen Ausnahmegenehmigung,[140] zur Apothekenbetriebserlaubnis,[141] zur abfallrechtlichen Genehmigung,[142] zur landschaftsschutzrechtlichen Genehmigung,[143] zur gewerberechtlichen Spielhallenerlaubnis,[144] zur wasserrechtlichen Erlaubnis,[145] zur sanierungsrechtlichen Genehmigung,[146] zur Zweckentfremdungsgenehmigung.[147]

69 Ähnliche Fragen stellen sich ferner im Verhältnis zu nebeneinander erforderlichen Genehmigungen **in sonstigen Rechtsbereichen,** so zwischen Genehmigung nach § 7 Abs. 2 AbfG und anderen Genehmigungsverfahren;[148] zwischen straßenverkehrsrechtlicher Ausnahmegenehmigung und straßenrechtlicher Sondernutzungserlaubnis;[149] zwischen strom- und schifffahrtspolizeilicher Genehmigung und weiteren, insbes. mit Rücksicht auf wasserwirtschaftliche Belange vorgesehenen landesrechtlichen Genehmigungen[150] oder zwischen außenwirtschaftlicher Genehmigung und Genehmigung nach KrWaffG.[151] Die Reichweite negativer Feststellungen zu Abschiebungshindernissen hängt regelmäßig von gleichzeitigen ablehnenden Entscheidungen zu Art. 16a GG ab.[152]

70 Auch im **Schrifttum** werden die übergreifenden Probleme **konkurrierender und konzentrierter Genehmigungen** zumal mit Bezug zum Umwelt-, Gefahrenabwehr- und Wirtschaftsverwaltungsrecht kontrovers diskutiert.[153]

---

[137] Vgl. allg. etwa in Abkehr von der bislang – auch in der Judikatur dieses Gerichts – vorherrschenden „Schlusspunkttheorie" *VGH München* NVwZ 1994, 304 f. m. w. N., dem die bayerische Bauordnungsgesetzgebung inzwischen gefolgt ist; s. auch *VGH Mannheim* DVBl 1996, 686, 687; abl. *Ortloff* NVwZ 1995, 113; i. S. dieser Theorie etwa noch *OVG Münster* DÖV 2004, 302, 303 f. Zur Konzentrationswirkung der Baugenehmigung *Buchmann* VBlBW 2007, 201 ff.
[138] Vgl. *BVerwGE* 80, 259, 261 f.; 84, 11, 14; *BVerwG* NVwZ 1992, 569; *OVG Münster* NVwZ 1987, 150; *VGH Mannheim* NVwZ 1987, 338, 339; 1990, 1094, 1095; 1992, 434, 436; NVwZ-RR 1993, 140; 479, 480; GewArch 1994, 431; *VGH München* NVwZ 1987, 429; *OVG Bremen* NVwZ-RR 1994, 80; *VGH Kassel* NVwZ-RR 1996, 325, 326; *Gaentzsch* NJW 1986, 2787, 2791 f.; *Diefenbach* GewArch 1992, 249 ff.; *Winkler* Jura 2006, 260 ff.
[139] *BVerwGE* 98, 235, 242 ff.; *OVG Münster* NVwZ 1994, 184; zur Konzentrationswirkung von Genehmigungen nach BImschG BGHZ 122, 85, 90; *BVerwG* NVwZ 2003, 750, 751 (bezüglich § 29 BNatSchG a. F.); dazu *Koch/Kahle* NVwZ 2006, 1124, 1125.
[140] *OVG Münster* BauR 1992, 610, 611 f. Zum Verhältnis zwischen straßenrechtlicher Sondernutzungserlaubnis und einer wegen Konzentrationswirkung einer dritten Genehmigung entbehrlichen Baugenehmigung *VGH Mannheim* NVwZ 1989, 687.
[141] *VG Ansbach* NVwZ 1990, 593; *Grooterhorst* NVwZ 1990, 539 ff.
[142] *VGH Mannheim* NVwZ-RR 1991, 140.
[143] *VG Wiesbaden* NVwZ-RR 1991, 127 f.; zu forstrechtlicher Ausnahme *OVG Greifswald* LKV 2003, 475; 476, 477.
[144] *OVG Münster* GewArch 1995, 124, 125; *VGH München* GewArch 2002, 471.
[145] Dazu am Beispiel der Zulassung von Kleinkläranlagen *Kaster/Reinhardt* NVwZ 1993, 1059 ff. m. w. N.
[146] Vgl. mit grundsätzlichen Ausführungen *VGH München – GrS –* NVwZ 1994, 304, 305 f. m. w. N.; auch *OVG Bautzen* LKV 1995, 405 f.; *VGH Mannheim* DVBl 1996, 686 f. jeweils m. w. N.; als Frage des Landesrechts sieht den Prüfungsgegenstand *BVerwGE* 99, 351, 353 f. unter Aufgabe von *BVerwG* NVwZ-RR 1995, 66; ebenso *VGH Mannheim* DVBl 1996, 686, 687.
[147] *BVerwG* NJW 1997, 1085 f.
[148] Dazu etwa *Schäfer* NVwZ 1985, 383 ff.
[149] *VGH Kassel* NVwZ-RR 1992, 1, 2 f.; 3 f.
[150] *BVerwG* NVwZ-RR 1993, 290.
[151] *v. Bogdandy* VerwArch 1992, 53, 81.
[152] *BVerwGE* 116, 326, 332.
[153] S. vor allem *Jarass,* Konkurrenz, Konzentration und Bindungswirkung von Genehmigungen, 1984; *Gaentzsch* NJW 1986, 2787; *Beckmann* DÖV 1987, 944, 950 ff.; *Wagner,* Die Genehmigung umweltrelevanter Vorhaben in parallelen und konzentrierten Verfahren, 1987; *Seibert,* Die Bindungswirkung von Verwaltungsakten, 1989, S. 356 ff.; *Lämmle,* Konkurrenz paralleler Genehmigungen, 1991; *Breuer* in Verh. des 59. DJT, Bd. I, 1992, B 45 ff.; *Engel,* Planungssicherheit für Unternehmen durch Verwaltungsakt, 1992, S. 20 ff.; *Becker* VerwArch 1996, 581, 586 ff.; *Odendahl* VerwArch 2003, 222 ff.; zu Einzelbereichen etwa *Fluck* NVwZ 1992, 114 ff.; *ders.* DVBl 1999, 1551 ff.; *Seidl,* Parallele Genehmigungsverfahren im Wirtschaftsverwaltungsrecht mit besonderer Rücksicht auf die Betriebszeitregelung im Gaststättenrecht, 1994; *Büllesbach,* Die rechtliche Beurteilung von Abgrabungen nach Bundes- und Landesrecht, 1994, insbes. S. 302 ff.; *Krekeler,* Die Genehmigung gentechnischer Anlagen und Arbeiten nach dem GenTG unter Berücksichtigung europarechtlicher Vorgaben, 1994, S. 134 ff.; *Landel,* Die Umweltverträglichkeitsprüfung in parallelen Zulassungsverfahren, 1995; *Pauly/Lützeler* DÖV 1995, 545 ff.; *Ortloff* NVwZ 2003, 1219 f.; zur Judikatur im Überblick *Gerhardt* DVBl 1989, 125, 130 ff.

Hinweise zum Regelungsgegenstand enthalten u. U. auch Gesetze, die im Zusammenhang 71
mit einem VA **sonst einschlägige Regelungen** treffen.[154] So leitet das *BVerwG* aus dem Verhältnis zwischen straßenrechtlicher Widmung und Bauplanungsrecht im Hinblick auf die Eigentumsgarantie ab, dass die straßenrechtliche Widmung nicht das Verhältnis zwischen Grundeigentümer und planender Gemeinde regeln kann, so dass die Bestandskraft der Widmung die Erhebung von Folgenbeseitigungsansprüchen (dazu Rn. 126) gegenüber der vorangegangenen fehlerhaften Bauleitplanung nicht ausschließt.[155]

Um die sachliche Reichweite der materiellen Bestandskraft geht es ferner bei der zumal, aber 72
nicht nur[156] durch die **Altlastenproblematik** aufgeworfenen Frage des Verhältnisses von speziellen Genehmigungen **zur polizeilichen Generalklausel,** die unter dem Stichwort der **Legalisierungswirkung** diskutiert wird[157] (dazu im Übrigen s. Rn. 149 ff.). Gegen die Erstreckung einer immissionsschutzrechtlichen Regelung auf die Entwidmung öffentlicher Wege auf Betriebsgelände spricht sich der *VGH Mannheim*[158] aus.

Eine abschließende Eingrenzung der sachlichen Reichweite materieller Bestandskraft auf den 73
gesetzlich vorgesehenen Umfang eines VA scheidet indes aus. Weil der VA unabhängig von seiner Rechtmäßigkeit in Bestandskraft erwächst und diese gerade in diesem Falle materielle Bedeutung erlangt, kommt die präjudizielle Verbindlichkeit – vorbehaltlich der Nichtigkeit, § 44 Abs. 1, Abs. 2 Nr. 3 – auch Regelungen zu, mit deren Erlass die Behörde ihre **Sachentscheidungskompetenz überschreitet.**[159]

Doch kommt ein **vom gesetzlich vorgeschriebenen Inhalt abweichender Regelungs-** 74
gehalt eines VA nur in Betracht, wenn sich dieser Inhalt eindeutig aus dem VA ergibt.[160] Andernfalls spricht auf Grund des Verfassungsgrundsatzes der Gesetzmäßigkeit der Verwaltung die Vermutung für den rechtmäßigen Inhalt von VAen.

Besondere Fragen werfen **VAe** auf, die **im Rahmen gestufter Verwaltungsverfahren** teils 75
auf besonderer gesetzlicher Grundlage, teils unabhängig davon ergehen, insbes. bei Genehmigungen.[161] Insoweit finden sich unterschiedliche Strukturen abgeschichteter Entscheidungen mit spezifischen Bindungswirkungen, deren klare Trennung gegenüber gemischten Entscheidungsformen der fachgesetzlich geregelten Bereiche wichtig ist (Rn. 76 ff.). Bindungswirkungen finden sich bei aufeinander aufbauenden Entscheidungen auch sonst;[162] sie sind regelmäßig einfacher strukturiert und bereiten kaum grundsätzliche Probleme, etwa bei der Stufung von Prüfungsverfahren in Zulassung und Prüfung;[163] bei Wiederholungsprüfungen, die nur einen Teil der zuvor erbrachten Leistungen betreffen;[164] bei der Besetzung von Professorenstel-

---

[154] S. zum Verhältnis von Baugenehmigung zum Baumschutzrecht etwa *Engel* NVwZ 1985, 252 f.
[155] *BVerwGE* 94, 100, 108 ff.; dem folgend *VGH Mannheim* NVwZ-RR 1995, 185, 186.
[156] Vgl. etwa für Ausschluss der Generalklausel bei Erlaubnis nach § 7 WHG BGHZ 143, 362, 368; Baugenehmigung; *OVG Münster* NVwZ-RR 1992, 531 anders für bergrechtliche Genehmigungen *VGH Mannheim* NuR 2000, 511, 512 ff.
[157] Vgl. *BGH* NVwZ 2000, 1206, 1207 f. m. w. N.; *BVerwGE* 55, 118, 120 ff.; auch *OVG Münster* NVwZ 1985, 355; *VGH München* NVwZ 1992, 905 f.; NVwZ-RR 1994, 314, 315; *VGH Mannheim* NVwZ 1990, 781, 783; NVwZ-RR 1996, 387, 389; *OVG Koblenz* NVwZ 1992, 499, 500; *VG Freiburg (Brsg.)*, 16. 10. 2002, – 1 K 836/00, juris, Rn. 28 f.; aus dem Schrifttum etwa *Papier*, Altlasten und polizeiliche Störerhaftung, 1985, S. 23 ff.; *Fluck* VerwArch 1988, 406 ff.; *Mosler*, Öffentlich-rechtliche Probleme bei der Sanierung von Altlasten, 1989, S. 185 ff.; *Peine* JZ 1990, 201 ff.; *Oerder* NVwZ 1992, 1031, 1034 f.; *Seibert* DVBl 1992, 664, 670 f.; *Roesler*, Die Legalisierungswirkung gewerbe- und immissionsschutzrechtlicher Genehmigungen vor dem Hintergrund der Altlastenproblematik, 1993; *Breuer* DVBl 1994, 890, 894; *Sach*, Genehmigung als Schutzschild?, 1994, S. 167 ff.; *Hilger*, Die Legalisierungswirkung von Genehmigungen, 1996; *Frenz*, Unternehmerverantwortung im Bergbau, 2003, 104 ff.
[158] NVwZ-RR 1989, 129 f.
[159] So ausdrücklich *BVerwGE* 74, 315, 320.
[160] Für erkennbar vom Gesetz abweichende Regelungsgehalte *BVerwGE* 112, 123, 130 m. w. N.
[161] S. *Meiendresch* Das gestufte Baugenehmigungsverfahren, 1991; *Mann*, Das gestufte Verwaltungsverfahren im Baurecht, 1992; zum Atomrecht *Wieland* DVBl 1991, 616 ff.; *Janssen*, Über die Grenzen des legislativen Zugriffsrechts, 1990, S. 178 ff.; *Vogelsang/Zartmann* NVwZ 1993, 855 ff.; *Badura* DVBl 1998, 1197, 1999 f.; *Schmidt-Preuß* DVBl 2000, 767, 768 ff.; allgemeiner *Salis*, Gestufte Verwaltungsverfahren im Umweltrecht, 1991; *Schmidt-Preuß*, Kollidierende Privatinteressen im Verwaltungsrecht, 1992, S. 504 ff.; *Fluck* VerwArch 1995, 468, 468 ff.; zum Luftverkehrsrecht *Hartmann*, Genehmigung und Planfeststellung für Verkehrsflughäfen und Rechtsschutz Dritter, 1994, S. 177 ff.; s. im Übrigen § 35 Rn. 171 ff., 184 ff.
[162] Zu Vollstreckungsakten s. Rn. 29; auch *Heilemann*, Der Ausführungsbescheid als Verwaltungsakt im Sinne des Verwaltungsverfahrensgesetzes und des Sozialgesetzbuchs – Zehntes Buch –, 1998.
[163] Dazu *VGH Mannheim* NVwZ 1989, 382, 383 f.
[164] *OVG Lüneburg* NVwZ-RR 2000, 225, 226.

len;[165] bei Feststellung der Lehrbefähigung und Verleihung der Lehrbefugnis;[166] bei Musterungs- und Einberufungsbescheid.[167]

76 **Teilgenehmigungen,** die für einen Teil eines Vorhabens vorweg die endgültige Genehmigung erteilen, betreffen einen gegenständlich abgegrenzten Teil des Verfahrensgegenstandes; sie entsprechen den Teilurteilen nach § 110 VwGO. Sie stehen hinsichtlich ihrer Bestandskraft dem GesamtVA gleich, bleiben aber strikt auf den erfassten Teil des Vorhabens begrenzt. Auch wenn dieser unter einem das ganze Vorhaben betreffenden Aspekt genehmigt wird,[168] kann die diesbezügliche Entscheidung nach den allgemeinen Regeln in Bestandskraft erwachsen, die aber (vorbehaltlich abweichender gesetzlicher Regelung)[169] auf den von der Teilgenehmigung erfassten Teil des Vorhabens begrenzt und für die Genehmigung des Restes oder weiterer Teile des Vorhabens daher ohne Auswirkung bleibt; zu übergreifenden Inhalten atomrechtlicher Teilgenehmigungen s. Rn. 84 ff.

77 Für den auf das Gesamtvorhaben bezogenen **Vorbescheid**[170] wird gelegentlich die Parallele zu Zwischenurteilen, insbes. zu solchen über den Klagegrund (§§ 109, 111 VwGO),[171] gezogen.[172] Wie diese nur innerprozessuale Bindungswirkung entfalten, aber der verfahrensüberschreitend wirksamen materiellen Rechtskraft nicht fähig sind,[173] wird auch die **Verbindlichkeit der Vorbescheide** oft nur auf den **Kontext des jeweiligen VwVf** und die darin zu treffende abschließende Entscheidung bezogen.[174]

78 Eine Beschränkung auf eine verfahrensimmanente Verbindlichkeit nach dem Muster von Zwischenurteilen ist indes mit der Grundkonzeption des Vorbescheids als eines vorweggenommenen Ausschnitts der Gesamtentscheidung unvereinbar. Der Vorbescheid legt nicht weitere, im gestuften Verfahren noch zu treffende Entscheidungen in einer bestimmten Richtung kraft präjudizieller Bindung fest. Er trifft vielmehr **selbst eine** (vorbehaltlich einer zumal gesetzlichen Befristung, s. Rn. 207 f.) **endgültige außenwirksame Entscheidung,** die ein nachfolgender GesamtVA nur deklaratorisch wiederholen kann.[175] Daher werden bei Aufhebung eines Vorbescheides scheinbar umfassende GesamtVAe lückenhaft, soweit sie nur die Regelung des Vorbescheides aufgegriffen haben.[176]

---

[165] Vgl. zur Stufung von Ruferteilung und Ernennung *Epping* WissR 1995, 211 ff.
[166] *OVG Berlin* NVwZ-RR 2000, 357, 358.
[167] Für die Möglichkeit, der Einberufung auch Einwände gegen den Musterungsbescheid entgegenzusetzen, soweit dieser noch nicht bestandskräftig ist, *BVerwGE* 110, 277, 286 f., mit zu weit gefasstem LS 2.
[168] Zum Umfang, in dem die Zulässigkeit des gesamten Projekts mitgeprüft werden muß, s. *OVG Münster* NVwZ-RR 1997, 401, das auch insoweit von einem „positiven Gesamturteil" spricht (dazu Rn. 84 f.).
[169] Vgl. für Teilbaugenehmigungen nach Landesrecht *VGH Kassel* NVwZ-RR 1991, 174; mit übergreifendem Anspruch wohl *OVG Frankfurt (Oder)* NVwZ-RR 1998, 484, 486; zur Genehmigung der Erweiterung eines nicht genehmigten Gebäudes im Außenbereich, wenn dabei die bauplanungsrechtliche Lage insgesamt zu überprüfen war, *VGH München* BayVBl 1998, 440; allg. zu Teilbaugenehmigungen etwa *Meiendresch,* Das gestufte Baugenehmigungsverfahren, 1991, S. 152 ff.; *Krohn* in FS Boujong, 1996, S. 573, 574 f., 577 ff.
[170] S. allg. *Reichelt,* Der Vorbescheid im Verwaltungsverfahren, 1989; spezieller etwa *Meiendresch,* Das gestufte Baugenehmigungsverfahren, 1991, S. 33 ff.; *Drescher,* Rechtsprobleme des baurechtlichen Vorbescheids, 1993; *Dietlein/Thiel* Verwaltung 2005, 211 ff.
[171] Zu weiteren Fällen s. *Kopp/Schenke,* § 109 Rn. 2; *J. Schmidt* in Eyermann, § 109 Rn. 5, § 111 Rn. 3.
[172] S. noch *Kopp,* VwVfG, 6. Aufl. 1996, § 9 Rn. 40; auch *Merten* NJW 1983, 1993, 1997.
[173] *M. Redeker* in Redeker/von Oertzen, § 111 Rn. 7; *Rennert* in Eyermann, § 121 Rn. 5; *Kopp/Schenke* § 111 Rn. 7; *Clausing* in Schoch u. a., § 111 Rn. 10; gegenüber weitergehenden Thesen zu § 25 Abs. 3 BVerfGG *Sachs,* Die Bindung des Bundesverfassungsgerichts an seine Entscheidungen, 1977, S. 164 ff. m. w. N.; *Pestalozza,* Verfassungsprozessrecht, 3. Aufl. 1991, § 20 Rn. 2 zu bb.
[174] Vgl. *BVerwGE* 68, 241, 243, für den baurechtlichen Vorbescheid; *BVerwGE* 70, 365, 372 f., zum Konzeptvorbescheid; *OVG Lüneburg* NVwZ 1987, 342, 343, für einen immissionsschutzrechtlichen Vorbescheid; *Erichsen/Knoke* NVwZ 1983, 185, 190; *Merten* NJW 1983, 1993, 1997; *Gerhardt* DVBl 1989, 125, 132; a. A. aber *Seibert,* Die Bindungswirkung von Verwaltungsakten, 1989, S. 426 ff.; erneut *Maurer,* § 9 Rn. 63; zurückhaltend gegenüber der Möglichkeit von Vorbescheiden im Planfeststellungsrecht wegen des Grundsatzes der Problembewältigung *OVG Münster* UPR 1994, 105, 106 f.; zu den besonderen Regelungen des § 171 Abs. 10, § 175 Abs. 1 AO s. *BFH* NVwZ-RR 1989, 521, 522 m. w. N.; zu Vorab- und Förderungsentscheidungen dem Grunde nach gem. § 46 Abs. 5, § 50 Abs. 1 S. 3 BAföG s. *BVerwGE* 82, 235, 238 m. w. N.
[175] S. ausdrücklich *BVerwGE* 68, 241, 243; dem folgend *BVerwGE* 70, 365, 373; ebenso *BVerwG* NVwZ 1989, 863 f.; auch *OVG Lüneburg* NVwZ 1987, 342, 343; *OVG Münster* NVwZ 1997, 1006. Zur Möglichkeit bauplanungsrechtlicher Vorbescheide im Vorfeld einer wasserrechtlichen Erlaubnis *VGH München* BayVBl 2005, 80.
[176] Vgl. für den Fall der Aufhebung einer ersten Teilgenehmigung im Atomrecht *OVG Koblenz* DVBl 1992, 57, 61; im Übrigen s. Rn. 84 ff.

§ 43 Wirksamkeit des Verwaltungsaktes   79–82 § 43

Die im Vorbescheid enthaltene Entscheidung bezieht sich mithin **nicht auf bloße „Vor-** 79
fragen" des GesamtVA, vergleichbar den auf Zwischenfeststellungsklage durch Endurteil
rechtskräftig zu entscheidenden präjudiziellen Rechtsverhältnissen.[177] Ein solcher Entscheidungsinhalt würde eine Erweiterung der bestandskräftig zu entscheidenden Gegenstände bedeuten, die über die Abschichtungsfunktion des Vorbescheides weit hinausginge und auch hinsichtlich der Sachentscheidungskompetenz (Rn. 62, 64) besonderer gesetzlicher Legitimation[178]
bedürfte.[179]

Vielmehr **regelt der Vorbescheid** „weniger" als die Gesamtgenehmigung,[180] nämlich eben- 80
falls Teile des Entscheidungsgegenstandes der Gesamtgenehmigung, die aber anders als die Teilgenehmigungen (Rn. 76) von den Rechtsfolgen her abgegrenzt sind, namentlich **Ausschnitte
aus dem feststellenden Teil der Genehmigung.**[181]

Der Vorbescheid hat die **Genehmigungsvoraussetzungen** zum Gegenstand, die über den 81
Rang bloßer Vorfragen hinausragen und auch ohne Verselbständigung in einem besonderen
Bescheid vom sachlichen Umfang der Bestandskraft erfasst wären.[182] Er stellt wie die Teilgenehmigung einen **TeilVA** dar, wird als solcher **materiell bestandskräftig.**[183] Vor Unanfechtbarkeit schließt der Vorbescheid eine Überprüfung der in ihm geregelten Fragen bei Anfechtung
der Baugenehmigung auch dann nicht aus, wenn er für sofort vollziehbar erklärt worden ist;[184]
zudem entfällt die Bindungswirkung eines (nur) wirksamen Vorbescheides bei rechtserheblicher
Abweichung des Bau- gegenüber dem Vorbescheidsvorhaben.[185] Im Rahmen der AO sind als
vergleichbare Erscheinungsform von VAen die sog. **Grundlagenbescheide** nach § 171 Abs. 10,
§ 179 zu nennen.[186]

Beim **vorläufigen VA** (Rn. 37 ff., 50 ff.; § 35 Rn. 243 ff.) ist zwischen den Teilgehalten zu 82
differenzieren. Der noch abschließender Entscheidung bedürftige Teilgehalt bietet infolge seines
vorläufigen Charakters keine Grundlage, um die Gesetzmäßigkeit zugunsten der Rechtssicherheit durch materielle Bestandskraft zu durchbrechen.[187] Soweit der vorläufige VA bereits auf
endgültige Festlegung angelegt ist, ist weiter zu unterscheiden. Trifft er Regelungen, die sich
als Ausschnitte der sonst im endgültigen VA vorzunehmenden Gesamtregelung darstellen, handelt es sich um eine **Teilregelung** nach Art des Vorbescheides (Rn. 81), die als solche **materiell bestandskräftig** wird.

---

[177] § 173 VwGO i. V. m. § 256 Abs. 2 ZPO; *v. Nicolai* in Redeker/von Oertzen, § 43 Rn. 30; *Kopp/
Schenke,* § 43 Rn. 33 f.; *Pietzcker* in Schoch u. a., § 43 Rn. 55.
[178] *BVerwGE* 94, 195, 197, stellt auch für die Zulässigkeit von Teilentscheidungen, namentlich über den
Grund des Anspruchs, auf das Vorliegen einer gesetzlichen Ermächtigung (des § 30 Abs. 1 VermG) ab. Zur
Abhängigkeit der sog. Grundlagenbescheide nach der AO (Rn. 81) von gesetzlicher Anordnung *OVG Weimar* LKV 2005, 326; *Rüsken* in Klein, § 171 Rn. 102 m. w. N.
[179] Für eine allgemeine Verwaltungskompetenz zu ZwischenfeststellungsVAen offenbar *Huxholl,* Die Erledigung eines Verwaltungsakts im Widerspruchsverfahren, 1995, S. 52 m. w. N.
[180] Vgl. zur Begründung der Befugnis zu Teilentscheidungen *Kopp/Ramsauer,* § 9 Rn. 16 m. w. N.; dazu
auch § 35 Rn. 184 ff.
[181] Vgl. *BVerwGE* 69, 1, 2 f.; *BVerwG* NJW 1990, 1495; NVwZ-RR 1989, 621; *OVG Lüneburg*
NVwZ 1987, 342, 343; *OVG Berlin* LKV 1991, 243, 244 ff.; *VGH Mannheim* VBlBW 2001, 188, 190;
VGH München BayVBl 2005, 80; *Goerlich* NVwZ 1985, 90, 91; *Ortloff* NJW 1987, 1665, 1669;
Dietlein/Thiel Verwaltung 2005, 211, 218 ff.; entsprechend zu einem Teilbescheid über die Berechtigtenfeststellung im Rahmen eines Rückübertragungsverfahrens nach VermG *BVerwG* 111, 129 ff. Gegen
Konzentrationswirkung von bauplanungsrechtsbezogenen Bauvorbescheiden *VG Potsdam* LKV 2004, 236,
238.
[182] Vgl. zum feststellenden Teil einschlägiger Genehmigungen *OVG Lüneburg* NVwZ 1987, 342,
343.
[183] Zur Bebauungsgenehmigung ausdrücklich *Goerlich* NVwZ 1985, 90, 91; wohl auch *Ortloff* NVwZ
1983, 705, 706 f., bei abweichender Terminologie; *Mayer/Kopp,* § 11 IV 5: „vorweggenommene Teilentscheidungen".
[184] *BVerwGE* 68, 241, 244 f.; *VGH München* BayVBl 1993, 85 m. w. N.; allg. zur Notwendigkeit formeller
Bestandskraft *OVG Bautzen* SächsVBl 1998, 61, 62; krit. gegenüber der Judikatur *Fluck* VerwArch 1989,
223 ff.; *ders.* NVwZ 1990, 535 f.; *Laubinger,* S. 241 ff.; *Schenke* DÖV 1990, 489 ff.
[185] *OVG Münster* NWVBl 1996, 441, 442.
[186] *BFHE* 201, 6; 211, 277; *FG Nürnberg,* 31. 1. 2002, – IV 107/2001, juris; *Baum* DStZ 1992, 337; *Lück*
StW 1994, 359; *Gersch* AO-StB 2005, 138; zu einer entsprechenden Konstellation nach IHK-Recht *OVG
Münster* NVwZ-RR 2002, 574.
[187] Ausdrücklich *Martens* DÖV 1987, 992, 998. Zur Bedeutung für den Entreicherungseinwand bei durch
vorläufigen VA gewährten, nach dessen Erledigung zurückgeforderten Leistungen vgl. *Erfmeyer* DÖV 1998,
459 ff., der Vertrauensschutz in Anlehnung an § 49 a VwVfG einräumen will.

83 Bestandskräftige Feststellungen hinsichtlich der allgemeinen tatsächlichen und rechtlichen Voraussetzungen[188] sind nicht anzunehmen. Die **selbständige Bestandskraft** solcher **Entscheidungselemente** greift über das Ziel hinaus, die als endgültig intendierten Teilaspekte von den durch die Vorläufigkeit eröffneten Überprüfungsmöglichkeiten auszunehmen. Dazu genügt es, die Behörde bei Erlass des endgültigen VA an die frühere Beurteilung der präjudiziellen Fragen in demselben Verfahren zu binden (Rn. 135 f.).[189]

84 Die skizzierten Probleme, das Eingreifen und den Umfang der Bestandskraft bei Sonderformen des VA im Rahmen gestufter Verfahren zu klären, verschärfen sich, wenn es in der Praxis zu **Mischformen** der geschilderten Typen kommt. Wichtigstes Beispiel ist insoweit das **vorläufige positive Gesamturteil** über eine Atomanlage, das nicht nur Voraussetzung einer Teilgenehmigung sein, sondern zu deren feststellendem Teil gehören soll.[190]

85 Weitergehend nimmt das BVerwG an, dass das in einer atomrechtlichen Errichtungsgenehmigung enthaltene positive Gesamturteil **nur gegenüber weiteren Teilerrichtungsgenehmigungen vorläufig** sei; im Verhältnis zur späteren Betriebsgenehmigung soll die Feststellung, dass die gemäß der Genehmigung errichtete Anlage sicher betrieben werden kann, bereits mit der Errichtungsgenehmigung endgültig getroffen sein, so dass bei nachträglichen Zweifeln deren Aufhebung notwendig wäre.[191] Bei mehreren einander folgenden Teilerrichtungsgenehmigungen nimmt das BVerwG an, es komme auf Grund der jeweils vorgenommenen Überprüfungen anhand eines weiterentwickelten Standes von Wissenschaft und Technik zu einer zunehmenden **Verfestigung des jeweils aktualisierten vorläufigen positiven Gesamturteils.**[192] Bei späteren Zweifeln, die nicht durch Auflagen auszuräumen sind, bedarf es der Rücknahme oder des Widerrufs.[193]

86 Die Verfestigung soll nicht gegenüber Drittbetroffenen eintreten, die die erste Teilgenehmigung mit Einwendungen gegen das zugrunde liegende vorläufige positive Gesamturteil angegriffen haben.[194] Es bleibt ihnen aber wegen der **Trennung von Genehmigungs- und Aufsichtsverfahren** versagt, diese Widerrufs- und Rücknahmegründe einredeweise im Anfechtungsprozess gegen eine neue Teilgenehmigung anzuführen;[195] dieser Ausschluss soll freilich nicht im Rahmen einer Änderungsgenehmigung in Bezug auf Fragen greifen, die die Genehmigungsfrage neu aufwerfen.[196]

87 Die in derartigen Fällen heftig **umstrittene Bindungswirkung** (§ 35 Rn. 254 ff.) kann anhand der dargestellten Kriterien nur auf der Grundlage der nach den jeweiligen Fachgesetzen vorgesehenen Entscheidungsinhalte ermittelt werden. Danach wird z. B. der Charakter als Regelungsbestandteil bei der Zulassung vorzeitigen Beginns gem. § 7 a AbfG bzw. § 33 Abs. 1 KrW-/AbfG, § 9 a WHG für die Prognose einer günstigen Gesamtentscheidung verneint.[197] Für **bergrechtliche Rahmenbetriebspläne** wird nur eine eher der rahmensetzenden Wirkung eines Flächennutzungsplans vergleichbare Bindungsintensität angenommen.[198] Gegenüber den Not-

---

[188] Dafür *Martens* DÖV 1987, 992, 995 ff., auf der Grundlage eines breiter bestimmten Bestandskraftumfangs; weitere Beispiele in Form sog. GrundVAe nennt *ders.* NVwZ 1993, 27, 31 f.
[189] In diese Richtung auch BVerwGE 82, 235 ff., 241, wonach die Bewilligungsbehörde sich mit der in zeitlich begrenzten Bewilligungsbescheiden über Ausbildungsförderung enthaltenen, für den ganzen Ausbildungsabschnitt geltenden Förderungsentscheidung dem Grunde nach für die weiteren Bewilligungsentscheidungen für den Ausbildungsabschnitt selbst bindet.
[190] BVerwGE 72, 300, 308; dazu noch *Schimmelpfennig*, Vorläufige Verwaltungsakte, 1989, S. 77 ff.; *Gerhardt* DVBl 1989, 125, 132; *Kutscheidt* in FS Sendler, 1991, S. 303, 312 ff.; s. ferner etwa BVerwGE 80, 207, 221 ff.; 88, 286, 290; BVerwG NVwZ 1989, 1169, 1170; OVG Koblenz DVBl 1992, 57, 58; *Wieland* DVBl 1991, 616, 622; *Gaentzsch* in FS Redeker, 1993, S. 405, 415 ff.; *Roßnagel* DÖV 1995, 624 ff.; *Schmidt-Preuß* DVBl 2000, 767, 768; allg. auch *Janssen*, Über die Grenzen des legislativen Zugriffsrechts, 1990, S. 181 ff. Vgl. für das BImschG *Dietlein/Thiel* Verwaltung 2005, 211, 228 ff.; jedenfalls partiell für eine Teilbaugenehmigung VGH München BayVBl 2002, 765, 766.
[191] BVerwGE 88, 286, 290; BVerwG NVwZ-RR 1994, 16.
[192] BVerwGE 92, 185, 190; dem folgend BGH NVwZ 1997, 714, 717 f.
[193] BVerwGE 88, 286, 291.
[194] BVerwGE 92, 185, 189 ff.
[195] BVerwGE 104, 36, 40 ff.; dem folgend BVerwG NVwZ 1998, 631, 633.
[196] BVerwGE 101, 347, 355 ff.; dazu *v. Danwitz* RdE 1997, 55 ff.; *Kutscheidt* NVwZ 1997, 111, 113 ff. Allg. etwa *Raetzke*, Die Veränderungsgenehmigung für Kernkraftwerke nach § 7 Atomgesetz, 2001.
[197] BVerwG NVwZ 1991, 994, 995; s. auch *Stüer/Hermanns* DVBl 1999, 58, 62.
[198] BVerwGE 89, 246, 253 f.; abl. dazu *Kühne* UPR 1992, 218 ff.

§ 43 Wirksamkeit des Verwaltungsaktes 88–91 § 43

wendigkeiten je spezifischer Beurteilung wird mit Recht von der **Unmöglichkeit allgemeiner Lehren** für gestufte VwVf gesprochen.[199]

Den Umfang der Bestandskraft nicht gesetzlich vorgesehener oder **abweichend vom Gesetz erlassener VAe** bei Entscheidungen dieser Art festzustellen, dürfte auf noch größere Probleme stoßen, so dass hier Anlass zu besonderer Klarheit der Entscheidung besteht.[200] **Im Zweifel** ist ein nicht besonders gekennzeichneter Bescheid als **umfassende und endgültige Regelung** des betroffenen Rechtsverhältnisses zu verstehen.[201] 88

Für den **unmittelbaren Vollzug des EG-Rechts** durch Entscheidungen der Gemeinschaftsorgane ist (in Art. 249 Abs. 4 EG, Art. 161 Abs. 4 EA) vorgesehen, dass sie in **allen ihren Teilen verbindlich** werden. Ob damit wirklich alle Elemente einer Entscheidung, einschließlich der zur Begründung[202] ausgeführten Tatsachenfeststellungen und rechtlichen Beurteilungen, von der Verbindlichkeit in späteren Zusammenhängen erfasst werden, scheint trotz dieser Formulierung fraglich.[203] Schon die Differenzierung zwischen der eigentlichen, im verfügenden Teil enthaltenen „Entscheidung" und den zur Information und zur Ermöglichung der Kontrolle beigefügten Gründen als solche[204] spricht dafür, dass auch auf dieser Ebene **Bindungswirkungen grundsätzlich nur an den verfügenden Teil der Entscheidung** anknüpfen können.[205] Das *EuG* erkennt darüber hinaus auch eine Bindung an den die Entscheidung tragenden Grund an.[206] 89

bb) Persönliche Grenzen der Bestandskraft. Auch in persönlicher Hinsicht ergeben sich aus der fehlenden Formalisierung des VwVf größere Abgrenzungsprobleme, als sie das Prozessrecht mit der Erstreckung auf Parteien oder allenfalls Beteiligte nebst Rechtsnachfolgern (§§ 325 ZPO, 121 VwGO) kennt. Um wie im Prozessrecht diejenigen zu erfassen, für die der VA Gültigkeit beansprucht, sind alle einzubeziehen, **für die der VA bestimmt ist** oder die von ihm **betroffen** werden und denen er dementsprechend bekannt gegeben ist (§ 43 Abs. 1 S. 1).[207] Dies kann bei Allgemeinverfügungen nach § 35 S. 2 (dort Rn. 272 ff.), insbes. bei öffentlicher Bekanntgabe, ein mehr oder weniger weit reichender Personenkreis oder auch die Allgemeinheit sein.[208] Adressaten und Betroffene können an den sie belastenden Rechtsfolgen des rechtswidrigen VA festgehalten werden, weil sie grundsätzlich die Möglichkeit haben, ihn gerichtlich anzugreifen. 90

Die in den prozessrechtlichen Bestimmungen genannten **Rechtsnachfolger** sind nur einzubeziehen, soweit ein VA materiell ihnen gegenüber Geltung beansprucht (dazu § 35 Rn. 260 ff.).[209] Zugunsten des privaten Rechtsnachfolgers soll auch die einem privilegierten öffentlichen Bauträger gegenüber erfolgte Zustimmung zu einem Bauvorhaben verbindlich sein, allerdings nur, soweit der dem beschränkteren Prüfungsumfang entsprechende sachliche Regelungsumfang dieser Zustimmung reicht.[210] 91

---

[199] *Badura* in Erichsen, § 38 Rn. 28; s. für eine Teil-Bestandsaufnahme *Ochtendung*, Die Zulassung des vorzeitigen Beginns im Umweltrecht, 1998, insbes zur Bindungswirkung ebda, S. 137 ff.
[200] Dafür *OVG Lüneburg* NVwZ 1987, 342, 343.
[201] *VGH Mannheim* VBlBW 1988, 133, 139, für einen weder als Voraus- noch als Teilleistungsbescheid gekennzeichneten Beitragsbescheid.
[202] Zu deren Notwendigkeit näher § 39 Rn. 121 ff.
[203] Nach *Schweitzer/Hummer*, Europarecht, 5. Aufl. 1996, Rn. 377, wird nur klargestellt, dass anders als bei Richtlinien nicht nur die Zielbestimmung verbindlich ist; auch *Oppermann*, Europarecht, § 6 Rn. 98; *Schroeder*, Bindungswirkungen, S. 187 f.
[204] Vgl. für die st. Rspr. etwa *EuGH*, Rs. C-137/92 P, EuGHE 1994, I-2555 Rn. 46 ff.; s. auch *Müller-Ibold*, Die Begründungspflicht im europäischen Gemeinschaftsrecht und im deutschen Recht, 1990, S. 77 ff.
[205] Vgl. für Nichtigkeitsurteile eines Gemeinschaftsgerichts ausdrücklich *EuGH*, Rs. C-310/97 P, EuGHE 1999, I-5363 Rn. 54 f. = NJW 2000, 1933.
[206] Ausdrücklich – soweit erkennbar – erstmals Rs. T-209/01, EuGHE 2005, II-5527 Rn. 50. Ausf. zum sachlichen Umfang des Abweichungsverbotes *Schroeder*, Bindungswirkungen, S. 205 i.V.m. S. 187 ff., 276, rechtsvergleichend zum deutschen Recht S. 250 ff., 314, 329 ff.
[207] S. auch *Erichsen/Knoke* NVwZ 1983, 185, 191; *Kopp* DVBl 1983, 392, 400; *Seibert*, Die Bindungswirkung von Verwaltungsakten, 1989, S. 250 ff. Offenbar nur auf Adressaten der Freisetzungsgenehmigung nach § 14 GenTG bezieht der den Bindungswirkung *OVG Münster* NVwZ 2001, 109, 111; krit. zu dieser Entscheidung *Müller-Terpitz* NVwZ 2001, 46 ff.; auf Adressaten und Beigeladene beschränkt auch *OVG Saarlouis* NVwZ-RR 2003, 337, 338; *OVG Berlin* LKV 2005, 515.
[208] Vgl. zur Feststellung des Verbotenseins nach § 3 Abs. 1 VereinsG BVerwGE 55, 175, 177; für Verbindlichkeit von Prüfungsentscheidungen gegenüber jedermann (bedenklich) BVerwG LKV 2001, 559, 560.
[209] Vgl. etwa BVerwG BRS 42 Nr. 107, für die objektbezogene Wirkung der Teilungsgenehmigung.
[210] *VGH Kassel* NVwZ 1996, 924, 925, für Rechtsformwandlung bei der Telekom; dazu auch Rn. 211.

92 Eine **Verfahrensbeteiligung** i. S. d. § 13 ist für „Betroffenheit" **nicht erforderlich** (§ 41 Rn. 31 ff.).[211] Andererseits genügt nicht eine nur mittelbare Betroffenheit (§ 50 Rn. 16), auch nicht im Falle der Präjudizialität der Regelung für einen weiteren VA gegen den Dritten.[212] Aus der fehlenden Betroffenheit durch gegenüber dem Leistungsempfänger ergehende Ablehnungsbescheide dürfte zu erklären sein, dass vorleistende Sozialleistungsträger mit ihren Erstattungsbegehren nach § 102 SGB X nicht an der Bestandskraft scheitern;[213] in anderen Erstattungsfällen soll die Bestandskraft wegen des engen Zusammenhangs der Ansprüche allerdings relevant sein.[214] Die Ehefrau eines Ausländers, dem die Verlängerung der Aufenthaltserlaubnis unanfechtbar versagt wurde, soll trotz Betroffenheit nicht von der Bestandskraft erfasst werden, da über ihre Rechte nicht mit entschieden wurde.[215] Von Fernimmissionen betroffene Waldeigentümer sollen wohl nicht durch die Genehmigung emittierender Anlagen im Allgemeinen betroffen sein.[216]

93 Neben den Adressaten und Betroffenen wird oft auch der **Entscheidungsträger**, also die Behörde,[217] richtiger grundsätzlich ihr Rechtsträger,[218] in die persönlichen Grenzen der Bestandskraft **einbezogen.** Diese Annahme, für die es bei der Rechtskraft keine Parallele gibt, ist auf den ersten Blick frappierend, weil doch wie bei den Gerichten auch bei behördlichen Entscheidungsträgern eine von der Rechts- oder Bestandskraftbindung der Betroffenen verschiedene Art der Bindung[219] eingreift (Rn. 104 ff.), die jedenfalls bei den Gerichten eine Einbeziehung in die subjektiven Grenzen der Rechtskraft erübrigt.[220]

94 Jedoch bestehen **zwischen Verwaltungs- und Gerichtsentscheidungen gewichtige Unterschiede,** die nicht immer klar genug erkannt werden.[221] In seinen **Gerichten** tritt der Staat aus sich selbst heraus, konstituiert diese als allein der Rechtsordnung an sich verpflichtete Instanzen, die selbst dann **unbeteiligt** sind, wenn an dem zu entscheidenden Rechtsverhältnis ihr staatlicher Rechtsträger beteiligt ist. Nur so ist echte Rechtsprechung in Angelegenheiten des Staates überhaupt möglich. Umgekehrt wird der Staat allein durch die entscheidende Tätigkeit seiner Gerichte nicht zum Beteiligten des entschiedenen Rechtsverhältnisses. Eine von seinem Gericht zwischen A und B getroffene Entscheidung entfaltet in einem späteren Gerichtsverfahren zwischen A oder B und dem Staat für diesen mangels Beteiligung am Erstverfahren auch nach § 121 VwGO keine Rechtskraft. Ebenso wenig wird ein Land durch die Anfechtung einer landesgerichtlichen Entscheidung zum sachlich Beteiligten des bundesgerichtlichen Rechtsmittelverfahrens.[222]

---

[211] S. auch *Seibert,* Die Bindungswirkung von Verwaltungsakten, 1989, S. 247 f., 250 ff.; missverständlich insoweit *Schöndorf* BayVBl 1984, 492. Gegen Bindungswirkung von Rehabilitierungsbescheiden für nicht am Verfahren beteiligte Verfügungsberechtigte *BVerwG* LKV 2005, 554; gegen eine Bindung von Nichtadressaten bei Nichtbeteiligung am Rechtsstreit *OVG Saarlouis* NVwZ-RR 2003, 337, 338.
[212] Vgl. für das Verhältnis getrennter Bescheide nach §§ 120, 121 BSHG *Schöndorf* BayVBl 1984, 492, gegen *VG Würzburg* BayVBl 1984, 503.
[213] Vgl. hierzu *BVerwGE* 89, 39, 45 f., gegenüber Postulaten einer Tatbestandswirkung; umfassender gegenüber Bestandskraft, Tatbestands- und Bindungswirkung *BVerwGE* 91, 177, 185; auch 118, 52, 57 f.
[214] Vgl. für § 104 SGB X *OVG Münster* NWVBl 2006, 431 f. m. w. N. zur Rspr. des BSG.
[215] *BVerwGE* 102, 12, 16.
[216] Nicht ganz eindeutig *BVerfG (K)* NJW 1998, 3264, 3265.
[217] *Erichsen/Knoke* NVwZ 1983, 185, 191; für ihre „Feststellungswirkung" auch *Wolff/Bachof/Stober* 2, § 50 Rn. 20.
[218] So wohl *Kopp* DVBl 1983, 392, 400; auch *Kopp/Ramsauer,* § 43 Rn. 33 jeweils „bzw."; *Schwarz* in Fehling u. a., § 43 VwVfG Rn. 17; s. auch *BVerwGE* 94, 94, 97, allerdings bezogen auf die Rechtskraft von Gerichtsentscheidungen gegen Behörden als Prozessstandschafter ihrer Rechtsträger; *Clausing* in Schoch u. a., § 121 Rn. 96; Beschränkungen sind für Behörden denkbar, für die eine besondere Bekanntgabe vorgesehen ist, zumal wenn sie eigene Anfechtungsrechte besitzen, s. § 41 Rn. 28.
[219] Deutlich zu der Unterscheidung etwa *Achterberg,* § 23 Rn. 35 ff., 44.
[220] S. zum Verwaltungsprozess *v. Nicolai* in Redeker/von Oertzen, § 121 Rn. 6 ff., 19 ff.; *Ule,* Verwaltungsprozessrecht, S. 313 ff.; *Stern* Verwaltungsprozessuale Probleme, Rn. 445; *Kopp/Schenke,* § 121 Rn. 9 ff., 13; *Clausing* in Schoch u. a., § 121 Rn. 33 ff.; unklar *Rennert* in Eyermann, § 121 Rn. 18; für das Prozessrecht insgesamt *Sachs,* Die Bindung des Bundesverfassungsgerichts an seine Entscheidungen, 1977, S. 75 f. m. w. N.
[221] Zu sehr parallelisierend auch *Seibert,* Die Bindungswirkung von Verwaltungsakten, 1989, S. 253 ff.
[222] S. auch *Isensee* HStR IV, § 98 Rn. 34 Fn. 72, für einen verfahrensrechtlich gewährleisteten einheitlichen Funktionsraum der gesamten Gerichtsbarkeit. *BVerfGE* 99, 361, 365 f., schließt allerdings nicht aus, dass ein Urteil des BVerwG gegen ein Land (wegen eines Anspruchs nach Art. 104a Abs. 5 S. 2 GG) eine im Bund-Länder-Streit angreifbare Maßnahme des Bundes sein könnte.

In seinen Verwaltungsbehörden hingegen ist der Staat (oder der sonstige öffentliche Rechtsträger) als Rechtssubjekt, als Träger eigener Rechte und Pflichten präsent. Die öffentliche **Verwaltung entscheidet stets als sachlich Beteiligter.**[223] Dem steht weder entgegen, dass die Behörden bei ihren Entscheidungen dem Allgemeinwohl verpflichtet sind,[224] noch dass ihr Verhalten gesetzlich (mehr oder weniger weitgehend) determiniert ist.[225] Vielmehr stehen sie, genauer: ihre Rechtsträger, bei der Ausübung ihrer Kompetenzen in einem durch die einschlägigen Normen bestimmten Rechtsverhältnis zu den Betroffenen,[226] sind insoweit mit eigenen Rechten bzw. Pflichten ausgestattet.[227] S. auch Rn. 116; zur Verbandskompetenz s. im Übrigen § 44 Rn. 161 ff., § 46 Rn. 43. 95

Dementsprechend geht das Verwaltungsprozessrecht davon aus, dass über **echte Streitigkeiten zwischen den Entscheidungsträgern und den Betroffenen** zu entscheiden ist. Eine für die Bindungsfrage wesentliche Bestätigung bieten die subjektiven Rechtskraftgrenzen des § 121 VwGO. Danach werden öffentliche Rechtsträger wie Privatpersonen von der Rechtskraftbindung nur erfasst, wenn sie am zugrunde liegenden Verfahren beteiligt waren. Die in der prozessualen Beteiligtenstellung dokumentierte sachliche Beteiligung des somit grundsätzlich (zur Auftragsverwaltung s. Rn. 97, 114 f.) **stets auch „in eigener Sache"** (durch seine Behörden) **entscheidenden Verwaltungsträgers**[228] erklärt, warum er als Betroffener der eigenen Entscheidung auch in die subjektiven Grenzen der Bestandskraft einzubeziehen ist. 96

Der entscheidende Verwaltungsträger wird auf diese Weise ebenso wie die übrigen Betroffenen in einem späteren, von der Bestandskraft erfassten VwVf (Rn. 119 ff.) eines anderen Verwaltungsträgers (Rn. 104 ff.) gezwungen, die **präjudiziellen Auswirkungen** der eigenen Erstentscheidung **für die eigene Rechtsposition hinzunehmen.** Sachlich ist die Erstreckung angesichts der besonders intensiven Verfahrensbeteiligung des Entscheidungsträgers voll gerechtfertigt (zu den Konsequenzen für die Bindung der Bestandskraftadressaten s. Rn. 112 ff.). Einzubeziehen sind angesichts ihrer maßgeblichen Einflussmöglichkeiten auch andere Träger öffentlicher Verwaltung, deren Aufgaben der Entscheidungsträger in Auftragsverwaltung ausführt;[229] in diesen Fällen wird es aber regelmäßig an sachlicher Beteiligung des Entscheidungsträgers selbst fehlen. 97

Für die Bestandskraft von VAen der Gemeinschaftsorgane im **unmittelbaren Vollzug von EG-Recht** gelten grundsätzlich vergleichbare Grundsätze.[230] Allerdings hat der *EuGH* in seiner älteren Rechtsprechung den Eindruck erweckt, die subjektiven Grenzen **auf die Adressaten zu beschränken.**[231] Er schien die Überprüfung von gegenüber Mitgliedstaaten ergangenen Entscheidungen in späteren Verfahren, insbes. über VAe nationaler Behörden, für die die bestandskräftige Entscheidung der Gemeinschaftsorgane präjudiziell ist, wohl auch dann als zulässig anzusehen, wenn die Kläger als (bloße) Betroffene diese Entscheidung hätten anfechten können.[232] In der Tat ist in Art. 249 Abs. 4 EG, Art. 161 Abs. 4 EA die Verbindlichkeit der Ent- 98

---

[223] Vgl. *Wolff/Bachof/Stober* 1, § 2 Rn. 9, 12; auch *Maurer*, § 1 Rn. 11; *Badura* in Erichsen, § 38 Rn. 48.
[224] Gegen Wahrnehmung egoistischer Interessen *Broß* VerwArch 1987, 91, 111, für Planfeststellungs- und Baugenehmigungsverfahren, die deshalb wie Gerichtsentscheidungen binden sollen; s. noch Rn. 123 ff.
[225] Anders *Seibert*, Die Bindungswirkung von Verwaltungsakten, 1989, S. 253 ff.
[226] Vgl. *Henke* DÖV 1980, 621, 627 ff.
[227] Vgl. zur Vollzugshoheit als subjektivem Recht des vollziehenden Landes BVerwGE 92, 258, 260 f.; dazu krit. *Laubinger* VerwArch 1994, 291, 298 ff. m. w. N.; ausf. zum subjektiv-rechtlichen Charakter der Kompetenzen der Länder *Pauly*, Anfechtbarkeit und Verbindlichkeit von Weisungen in der Bundesauftragsverwaltung, 1989, S. 97 ff.; gegen eine Gleichsetzung von Kompetenzen mit eigenen Rechten *Johlen* DÖV 1989, 204, 208 f.; missverständlich BVerwGE 82, 266 ff.; dazu krit. *Schoenbroicher* DVBl 1990, 811 ff. Für Klagerechte von Landesmedienanstalten gegen bundesweit verbindliche Zulassungsentscheidungen der Landesmedienanstalt eines anderen Landes unabhängig von der Grundrechtsträgerschaft VGH *München* NVwZ-RR 1993, 552, 554. Für subjektive Rechte der Behörden innerhalb derselben Körperschaft *Kaup* BayVBl 1990, 193, 197 f.; abl. *Boettcher* BayVBl 1990, 202, 204.
[228] So nur ausnahmsweise *Seibert*, Die Bindungswirkung von Verwaltungsakten, 1989, S. 255 f.
[229] So für § 121 VwGO VGH *Kassel* NVwZ-RR 2005, 580, 581; *v. Nicolai* in Redeker/von Oertzen, § 121 Rn. 6a; *Clausing* in Schoch u. a., § 121 Rn. 96; noch weitergehend *Kopp/Schenke*, § 121 Rn. 24.
[230] Ausf. zum persönlichen Umfang des Abweichungsverbotes *Schroeder*, Bindungswirkungen, S. 205 i. V. m. S. 196 ff., 276, rechtsvergleichend zum indirekten Recht S. 249 f., 313.
[231] *EuGH*, Rs. 348/82, EuGHE 1983, 1409 Rn. 6.
[232] *EuGH*, Rs. 216/82, EuGHE 1983, 2771 Rn. 10; keine eindeutige Entscheidung sieht insoweit *Schwarze*, S. 1019 f.; für starke Relativierung der Bestandskraft *Ehlers* DVBl 1991, 605, 612 f.; zum Verhältnis von nationaler Bestandskraftlehre und Gemeinschaftsrecht *Huthmacher*, Der Vorrang des Gemeinschaftsrechts bei indirekten Kollisionen, 1985, S. 196 f.

scheidungen (nur) für diejenigen vorgesehen, die sie bezeichnet[233] und denen nach Art. 254 Abs. 2 EG, Art. 163 Abs. 2 EA trotz der etwas abweichenden Formulierung die Entscheidung bekannt zu geben ist.

99 Inzwischen hat der *EuGH* klargestellt, dass ein Unternehmen, das die Anfechtung einer Entscheidung von Gemeinschaftsorganen vor dem *EuGH* versäumt, im Interesse der Rechtssicherheit **nicht die Möglichkeit** hat, vor den nationalen Gerichten anlässlich einer Klage gegen die von den nationalen Behörden getroffenen Maßnahmen zur Durchführung dieser Entscheidung deren **Rechtmäßigkeit erneut in Frage zu stellen**.[234]

100 **cc) Zeitliche Grenzen der Bestandskraft.** Wie bei der Rechtskraft ergeben sich zeitliche Grenzen der Bestandskraft daraus, dass sich der VA grundsätzlich auf die **Sach- und Rechtslage im Entscheidungszeitpunkt** bezieht und daher mit seinem Regelungsgehalt spätere Veränderungen (näher § 51 Rn. 88 ff.) nicht erfasst,[235] auch wenn seine Regelung bis zu einem Widerruf, § 49 Abs. 2 Nr. 3, 4, fortgilt.[236] Inwieweit entsprechende Begrenzungen auch bei spezialgesetzlich angeordneter Verbindlichkeit des Regelungsgehalts von VAen durchgreifen, ist im jeweiligen Zusammenhang zu klären.[237]

101 Daher ist es insbes. möglich, dass sich der Bürger im Falle nachträglicher Rechtsänderung gegen die **Vollziehung** und **Vollstreckung** eines bestandskräftigen VA wendet (s. auch § 51 Rn. 88).[238] Entsprechend beschränkt kann auch die Löschung der Eintragung in die Handwerksrolle trotz bestandskräftiger Löschungsankündigung angefochten werden.[239] Auch Bindungen in gestuften Verfahren (Rn. 75 ff.) finden grundsätzlich hier ihre Grenze,[240] sofern nicht bereits eine abschließende Entscheidung in nicht mehr von Änderungen abhängigen Punkten vorliegt.[241] Der *VGH Mannheim* lässt gegenüber einem Verlängerungsbescheid nach § 18 Abs. 3 BImschG nur die Berufung auf nach der Unanfechtbarkeit der zu verlängernden Genehmigung eingetretene Umstände zu.[242]

102 Bei Änderung der maßgeblichen Verhältnisse kann sich mangels Bestandskraft des VA ein **Bestandsschutz** der Adressaten allenfalls aus Regelungen des vom jeweils zuständigen (Bundes- oder Landes-)Gesetzgeber[243] geschaffenen einschlägigen Sachrechts oder – soweit das seinerseits verfassungsgemäße Gesetzesrecht dafür Raum lässt – aus Art. 14 Abs. 1 GG ergeben.[244] Besondere Bedeutung hat diese Möglichkeit namentlich bei Genehmigungen im Baurecht[245] erlangt.

---

[233] Art. 15 Abs. 2 EGKSV spricht insoweit von Beteiligten; s. zum Ganzen *Nettesheim* in Grabitz/Hilf, Art. 249 Rn. 195; *G. Schmidt* in von der Groeben u. a., Art. 249 Rn. 45.
[234] *EuGH*, Rs. C-188/92, EuGHE 1994, I-833 Rn. 11 ff.; Rs. C-178/95, EuGHE 1997, I-585 Rn. 20 f.; Rs. C-239/99, EuGHE 2001, I-1197 Rn. 37; Rs. C-241/01, EuGHE 2002, I-9079 Rn. 35.
[235] *Erichsen/Knoke* NVwZ 1983, 185, 191 m. w. N.; *Sachs* JuS 1982, 264, 265 m. w. N.; *Seibert*, Die Bindungswirkung von Verwaltungsakten, 1989, S. 222 ff.; *Brüning*, Einstweilige Verwaltungsführung, 2003, S. 165 ff.; anders etwa *Ortloff* NVwZ 1983, 705, 706; auch Kopp GewArch 1986, 41, 43; diff. *Kopp/Ramsauer*, § 49 Rn. 41, 49; s. ferner *Fluck* VerwArch 1988, 406, 415 f. Vgl. auch BFH NJW 2006, 3806, 3807.
[236] Dies betont auch BGHZ 143, 362, 369; auch *Beaucamp* LKV 2006, 291, 294.
[237] Vgl. etwa für zeitliche Grenzen bei der Bindung nach § 42 S. 1 AuslG an die Entscheidung nach § 53 AuslG *VG Sigmaringen* NVwZ 1999, Beil. I, 6, 7; für den Verbrauch der Fiktion erlaubten Aufenthalts nach § 21 Abs. 3 AuslG 1965 durch bestandskräftige Ablehnung eines Antrags auch bei Begründung des erneuten Antrags mit neu eingetretenen Tatsachen *VG Freiburg* VBlBW 2002, 452.
[238] Zur Klageart *BVerwG* Buchholz 310 § 42 VwGO Nr. 27 sowie *OVG Münster* OVGE 20, 229; 23, 247; *OVG Koblenz* NJW 1982, 2276 f.
[239] *VGH Mannheim* NVwZ-RR 1992, 473, 474 m. w. N.
[240] S. etwa *VGH Mannheim* VBlBW 1989, 453; zum vorläufigen positiven Gesamturteil im Atomrecht s. Rn. 84 ff.
[241] S. *BVerwG* NJW 1990, 1495, 1497 m. w. N. zur Bebauungsgenehmigung, verneinend ebda, S. 1495 f., für die Teilungsgenehmigung wegen § 21 Abs. 2 S. 1 BauGB a. F.
[242] *VGH Mannheim* NVwZ-RR 1994, 571, 572, gegenüber einer Gemeinde, deren Klage gegenüber der Ausgangsgenehmigung rechtskräftig abgewiesen worden war.
[243] Vgl. *BVerwG* NVwZ 1998, 735, 736.
[244] Vgl. allg. etwa *Schulze-Fielitz* Verwaltung 1987, 307 ff.; *Kutschera*, Bestandsschutz im öffentlichen Recht, 1990; *Engel*, Planungssicherheit für Unternehmen durch Verwaltungsakt, 1992, S. 81 ff.; *Wickel*, Bestandsschutz im Umweltrecht, Diss. S. 30 ff.; *Uechtritz* DVBl 1997, 347 ff.; *Blanke*, Vertrauensschutz im deutschen und europäischen Verwaltungsrecht, 2000, S. 313 ff.; *Hösch* GewArch 2004, 305 ff.
[245] Vgl. für eine deutlichere Unterscheidung zwischen Bestandskraft und Bestandsschutz in diesem Bereich *BVerwG* NVwZ 1998, 735, 736; s. ferner *Weyreuther*, Bauen im Außenbereich, 1979, S. 101 ff. m. w. N.; *Uechtritz* in FS Gelzer, 1991, S. 259 ff.; *Ziegler* ZfBR 1982, 146 ff.; *Schenke* in Achterberg/Püttner/Würtenberger I, § 9 Rn. 124, 239, 241 m. w. N.; *Fickert* in FS Weyreuther, 1993, S. 319 ff.; *Gehrke/Brehsan* NVwZ 1999, 932 ff. Zum Bergrecht *Hoffmann* BB 1996, 1450, 1451 ff.

§ 43 Wirksamkeit des Verwaltungsaktes

Wesentlich restriktiver ist demgegenüber der Bestandsschutz bei immissionsschutzrechtlichen Regelungen ausgestaltet.[246] Anlass zu Diskussionen gab in neuerer Zeit namentlich der Bestandsschutz gegenüber dem Vorhaben des ausstiegs aus der Kernenergie.[247]

Für den **unmittelbaren Vollzug des EG-Rechts** durch Entscheidungen der Gemeinschaftsorgane gelten vergleichbare Grundsätze. Die zeitlichen Grenzen der materiellen Bestandskraft erfassen allein die im Zeitpunkt des Erlasses einer Entscheidung maßgebliche Sach- und Rechtslage.[248] Später eintretende Änderungen der Sach- oder Rechtslage sind damit insoweit unerheblich; sie können aber zum Anlass genommen werden, um die bestandkräftige Entscheidung von Amts wegen zu überprüfen und ggf. aufzuheben oder abzuändern.[249]

d) Adressaten der materiellen Bestandskraft. Ähnlich wie bei der materiellen Rechtskraft wird auch bei der Bestandskraft die Frage, wer ihr Adressat ist, **an wen sich also das Abweichungsverbot richtet,** unterschiedlich beantwortet. Gesichert ist nur der Ausgangspunkt, dass sich das Abweichungsverbot an rechtsanwendende Instanzen als solche, unabhängig von ihrer Betroffenheit durch die Entscheidung (Rn. 95 ff.), richtet. Während die Unterwerfung unter die Bestandskraft mit ihren persönlichen Grenzen diejenigen erfasst, die eine auf die Bestandskraft gestützte spätere Entscheidung als deren Betroffene hinnehmen müssen (Rn. 97), geht es hier um die Abgrenzung der Stellen, die durch die Bestandskraft in ihrer Entscheidungsfindung festgelegt werden.[250]

Einhellig angenommen wird dies nur **für die Behörde,** die den bestandskräftigen VA erlassen hat, **selbst.**[251] Entsprechendes wird für eine Funktionsnachfolgerin anzunehmen sein.[252] Soweit **andere Behörden bzw. Gerichte** dem Abweichungsverbot unterworfen werden, herrscht bunte terminologische Vielfalt vor. Die dabei bevorzugten Begriffe der **Feststellungs- und Tatbestandswirkung**[253] werden indes in unterschiedlicher Weise mit anderen Begriffsinhalten in Verbindung gebracht,[254] so dass sie in diesem Kontext zwangsläufig zu Verwirrungen Anlass geben (s. noch Rn. 140, 154f. und 160). Das *BSG*[255] hat gegenüber der terminologischen Vielfalt resignierend unter Verzicht auf weitere Differenzierungen nur noch den Oberbegriff der **„Drittbindungswirkung"** verwendet, deren nähere Bedeutung mit Rücksicht auf die Gestaltungsfreiheit des Gesetzes im Rahmen der jeweils maßgeblichen Regelungen bestimmt werden soll.

Der Vorschlag, nur von **Maßgeblichkeit** zu sprechen, weicht sachlich ab, weil sie vor Unanfechtbarkeit eintreten soll.[256] Einer **Entscheidung, die noch auf regelmäßigem Wege ange-**

---

[246] Vgl. *Lee,* Eigentumsgarantie und Bestandsschutz im Immissionsschutzrecht, 1994; *Wickel,* Bestandsschutz im Umweltrecht, 1996, S. 123 ff.; *Hansmann* in FG 50 Jahre BVerwG, 2003, S. 935 ff m. w. N. S. auch zur Diskussion zur Legalisierungswirkung im Zusammenhang mit der Altlastenproblematik Rn. 72.
[247] Vgl. dazu etwa *Roßnagel* in ders./Roller, Die Beendigung der Kernenergienutzung durch Gesetz, 1998, S. 9, 32 ff., 56 f.; *Roller* ebda, S. 81, 85 f., 105 f.; *Böhm* NuR 1999, 661 ff.; *Di Fabio,* Der Ausstieg aus der wirtschaftlichen Nutzung der Kernenergie, 1999, S. 119 ff.; *Schmidt-Preuß,* Rechtsfragen des Ausstiegs aus der Kernenergie, 2000, S. 25 ff.
[248] Vgl. *EuG,* verb. Rs. T-125 und 127/95, EuGHE 2000, II-1733 Rn. 85.
[249] Ausf. zum zeitlichen Umfang des Abweichungsverbotes *Schroeder,* Bindungswirkungen, S. 205 i. V. m. S. 204, 276, rechtsvergleichend zum deutschen Recht S. 249, 313 f.
[250] Nur dies behandelt *Seibert,* Die Bindungswirkung von Verwaltungsakten, 1989, S. 253 ff.; zur Doppelstellung der Behörde auch zutreffend ebda, S. 127.
[251] Hierauf beschränkt etwa *Erichsen/Knoke* NVwZ 1983, 185, 188 f., 191 m. N.; *Badura* in Erichsen, § 38 Rn. 47, 50; *Maurer,* § 11 Rn. 6; *Kopp/Ramsauer,* § 43 Rn. 14 f.
[252] So – allerdings ohne Anknüpfung an die Bestandskraft – BVerwGE 82, 235, 241; s. auch Rn. 135.
[253] Vgl. außer den Vorgenannten *Weides,* § 11 I; *Huxholl,* Die Erledigung eines Verwaltungsakts im Widerspruchsverfahren, 1995, S. 54, 56 m. w. N.; *Ruffert* in Erichsen/Ehlers § 21 Rn. 17; ausf. Nachw. bei *Schroeder,* Bindungswirkungen, S. 282 Fn. 110; s. auch *Achterberg,* § 23 Rn. 41–43, der zusätzlich eine Bindungswirkung annimmt; für Tatbestandswirkung z.B. BVerwGE 74, 315, 320; 117, 351, 354 f.; BVerwG NVwZ 2004, 1242, 1243; OVG Bautzen SächsVBl 2003, 90; *Isensee* HStR IV, § 98 Rn. 35; für Feststellungswirkung z.B. BVerwGE 58, 124, 127; 72, 226, 230 f.; auch BSGE 75, 241, 252 m. w. N., für die Bindung an den Einheitswertbescheid des FinA im Bereich des GAL; unter ausdrücklicher Beschränkung auf unanfechtbare VAe BVerwG NJW 1976, 1987, 1989; OVG Lüneburg DVBl 1986, 199; OVG Berlin NVwZ 2000, Beilage I, 19, das offenbar gleichwohl der inhaltlichen Unrichtigkeit auch des unanfechtbaren Bescheids Bedeutung beimisst; unmittelbar auf die Unanfechtbarkeit als solche stützt sich BVerwG NVwZ 1987, 788; Überblick zu Definitionsansätzen von Tatbestands- und Feststellungswirkung bei *Sehnert* NZS 2000, 437, 439.
[254] Eingehend *Knöpfle* BayVBl 1982, 225 ff.; auch *Gaentzsch* NJW 1986, 2787, 2790.
[255] NZA 1995, 320, 327, für die Feststellung der Neutralitätsausschusses nach § 116 Abs. 5 S. 1 AFG.
[256] *Knöpfle* BayVBl 1982, 225, 228; auch *VG Köln* DÖD 1990, 101, 102; entsprechend für seine „Bindungswirkung" *Seibert,* Die Bindungswirkung von Verwaltungsakten, 1989, S. 170 ff., 259 ff.; *Becker,* Die

fochten werden kann, kommt indes kein solches Gewicht für die Rechtssicherheit zu, dass ihr generell der Vorrang vor der Gesetzmäßigkeit eingeräumt werden dürfte. Solange eine Verwaltungsentscheidung noch durch das zuständige Gericht kassiert werden kann, bietet sie grundsätzlich keine geeignete Grundlage, um die Bindung anderer, mittelbar befasster Behörden und Gerichte an das Gesetz zu durchbrechen.[257]

107 Der **Vergleich mit der materiellen Rechtskraft** zeigt, dass hier ähnliche Begriffsprobleme zur rechtswegübergreifenden Verbindlichkeit von Entscheidungen bestehen;[258] doch scheint sich der Verzicht auf Sonderbezeichnungen zugunsten der materiellen Rechtskraft selbst durchzusetzen.[259] Bei der notwendigen Klarheit über die differenzierten Arten von Bindung für Betroffene und Rechtsanwender ist entsprechend der **Begriff der materiellen Bestandskraft am besten geeignet**, die mit dem Abweichungsverbot für die Ausgangsbehörde gleichartige Bindung aller rechtsanwendenden Staatsorgane an die für ihre Entscheidung präjudiziellen Regelungen eines VA zu bezeichnen.[260]

108 **Von der Sache her** ist freilich noch **vieles zweifelhaft.** Insbes. die Frage, welche späteren Verfahren von der Bestandskraft erfasst werden (s. Rn. 119 ff.), sowie die Bindung der Gerichte überhaupt (s. Rn. 123 ff.) sind noch genauer zu untersuchen. Im Grundsatz fordert das Gebot widerspruchsfreien staatlichen Handelns,[261] dass eine einmal bestandskräftig entschiedene Frage in den beschriebenen Grenzen der materiellen Bestandskraft stets einheitlich im Sinne der getroffenen Entscheidung behandelt wird.

109 Für eine vielfältig gegliederte, kompetenzverteilende Organisation der öffentlichen Gewalt, die dem Bürger doch als Einheit gegenübertreten muss,[262] kann diesem Gebot nur durch ein prinzipielles **Abweichungsverbot für alle später entscheidenden Stellen** genügt werden.[263] Der zugleich herangezogene Schutz des Kompetenzverteilungssystems als solcher kann ein Abweichungsverbot jedoch nicht begründen, da ja auch der rechtswidrige, insbes. der von einer unzuständigen Behörde erlassene VA das Abweichungsverbot ggf. zu Lasten der zuständigen Behörde auslöst.[264]

110 **Keine Zustimmung** verdient es, die bestandskräftige **Behördenentscheidung** nur dann für andere Behörden bindend sein zu lassen, wenn sie **besondere,** nicht grundsätzlich jedem VA zukommende **Eigenschaften** besitzt, etwa in gesetzlich geregelter förmlicher Weise ergangen

---

Bindungswirkung von Verwaltungsakten im Schnittpunkt von Handlungsformenlehre und materiellem öffentlichen Recht, 1997, S. 70 ff.; für den Begriff der Bindung *Ortloff* NJW 1987, 1665, 1669 ff.; wohl auch *Gaentzsch* NJW 1986, 2787, 2790; bezogen auf eine umfassend verstandene „Tatbestandswirkung" ebenso *Huxholl,* Die Erledigung eines Verwaltungsakts im Widerspruchsverfahren, 1995, S. 75 ff.; für Verbindlichkeit der Feststellungen nur wirksamer VAe *BVerwG* NJW 1980, 1406; dagegen spricht *BVerwGE* 94, 94, 96, ebenso *BVerwGE* 94, 98, 99 f., ausdrücklich von der „Maßgeblichkeit" bestandskräftiger VAe für andere Behörden; ohne Erwähnung der Bestandskraft wiederum für eine entsprechende Bindungswirkung *BVerwGE* 90, 65, 68 ff. m. w. N.

[257] A. A. ausf. *Seibert,* Die Bindungswirkung von Verwaltungsakten, 1989, S. 159 ff., 259 ff., der verkennt, dass nicht jede Bindung einem „Rückgriffsverbot auf das ... Gesetz" entspringen muss, s. auch Rn. 137 ff., 142; einem Zirkelschluss unterliegt *Huxholl,* Die Erledigung eines Verwaltungsakts im Widerspruchsverfahren, 1995, S. 75 ff., 77, der zunächst bestandskraftunabhängige „Tatbestandswirkungen" postuliert und dann keinen Grund sieht, Unbeteiligte stärkeren Bindungen zu unterwerfen als Beteiligte.

[258] S. *Sachs,* Die Bindung des Bundesverfassungsgerichts an seine Entscheidungen, 1977, S. 75 f. m. w. N., wo – für § 31 Abs. 1 BVerfGG – der Begriff Inter-Organ-Bindung vorgeschlagen wird.

[259] S. etwa *BGHZ* 95, 28, 35 f. m. w. N.; *Rennert* in Eyermann, § 121 Rn. 4, 8; *v. Nicolai* in Redeker/von Oertzen, § 121 Rn. 1, 4; *Zieglmeier,* Bindungsprobleme bei doppelgleisigen Rechtsschutzkonkurrenzen im Nachbarschaftsrecht, 2003, S. 51 ff.; zur Abgrenzung gegenüber diesen anderen Entscheidungswirkungen *Clausing* in Schoch u. a., § 121 Rn. 33 ff.

[260] In diesem Sinne offenbar *BVerwG* LKV 2001, 559, 560 (für Prüfungsentscheidungen); allg. *Merten* NJW 1983, 1993, 1996; *Berkemann* DVBl 1986, 183, 184; *Broß* VerwArch 1987, 91, 102 ff., 106; s. ferner *VGH Mannheim* NVwZ 1987, 521; – sachlich offen lassend – *BGHZ* 95, 28, 37 m. w. N.; dazu auch *Schmidt-Aßmann* DVBl 1987, 216, 218 mit Fn. 31; von einem Element der Bestandskraft spricht *Fluck* VerwArch 1988, 406, 410; auch *Kopp* DVBl 1983, 392, 400.

[261] *Knöpfle* BayVBl 1982, 225, 228, im Anschluss an *Stettner,* Grundfragen einer Kompetenzlehre, 1983, s. dort etwa S. 373 f.

[262] S. aus der Diskussion zur „Einheit der Verwaltung" *Bryde* VVDStRL 46, 1988, 181, 210 ff.; *Haverkate* ebda, S. 217, 244, sowie *Oebbecke* DVBl 1987, 866 ff.; *Oldiges* NVwZ 1987, 737, 738; *Sachs* NJW 1987, 2338, 2339; *Schuppert* DÖV 1987, 757, 761; *Wendt* NWVBl 1987, 33, 34 f.

[263] *Knöpfle* BayVBl 1982, 225, 228; ausf. jetzt *Seibert,* Die Bindungswirkung von Verwaltungsakten, 1989, S. 259 ff.

[264] Dazu näher *Seibert,* Die Bindungswirkung von Verwaltungsakten, 1989, S. 288 ff.

ist.²⁶⁵ Diese Voraussetzung hat das *BVerwG* im Anschluss an die vom *BGH* angenommene Verbindlichkeit der behördlichen Entscheidung über das Vorliegen eines Dienstunfalls im anschließenden Schadensersatzprozess,²⁶⁶ für die Bewilligung von Erziehungsgeld (maßgeblich für die Entscheidung über Erziehungsurlaub)²⁶⁷ und für die Bewilligung von Kindergeld (maßgeblich für die Zahlung des Ortszuschlages)²⁶⁸ angenommen. Der *BFH*²⁶⁹ misst der Bescheinigung der Denkmalschutzbehörde Bindungswirkung gegenüber dem Finanzamt zu hinsichtlich der Frage, ob die Aufwendungen nach Art und Umfang zur Erhaltung des Gebäudes als Baudenkmal erforderlich sind.

Eine **eindeutige gesetzliche Regelung** der Bindungswirkung für andere Behörden verlangt das *BVerwG* in einer anderen Entscheidung²⁷⁰ und bejaht – im Einklang mit der Judikatur von *BSG*²⁷¹ und *BFH*²⁷² – diese Voraussetzung für die Statusentscheidungen der Versorgungsämter (konkret: Feststellung der Blindheit),²⁷³ allerdings ohne Rückgriff auf die Bestandskraft. Dagegen begnügt sich das *BVerwG* an anderer Stelle²⁷⁴ für die Bindung der Ämter für Ausbildungsförderung an den Inhalt bestandskräftiger Steuerbescheide trotz fehlender ausdrücklicher Regelung damit, dass sonst die angestrebte Entlastung dieser Ämter gefährdet wäre, sowie mit **Gründen behördlicher Kompetenz,** wobei auf Sachkunde und verfahrensrechtliche Möglichkeiten der Finanzbehörden verwiesen wird. **111**

Für die Frage, welche Verwaltungsbehörde Adressat des Abweichungsverbotes ist, kommt den **subjektiven Grenzen** der Bestandskraft eine **besondere, beschränkende Bedeutung** zu, die bisher keine hinreichende Beachtung gefunden hat.²⁷⁵ Das Abweichungsverbot kann nur durchgreifen, wenn die zweite Entscheidung lediglich Personen betrifft, auf die sich die subjektiv begrenzte Bestandskraft der Erstentscheidung erstreckt. Dies gilt wegen der eigenen Sachbetroffenheit stets auch für die Behörde, die die erste Entscheidung getroffen hat, bzw. ihren Rechtsträger (Rn. 93 ff.). **112**

Andere Verwaltungsrechtsträger sind nur dann von den subjektiven Grenzen der Bestandskraft erfasst, wenn die Regelung des ersten VA gerade sie in ihren Rechten betrifft (s. auch Rn. 92; zur Auftragsverwaltung s. Rn. 97, 114 f.). Da sie als Entscheidungsträger zu den Betroffenen der anstehenden Zweitentscheidung zählen, greift diese regelmäßig über die subjektiven Grenzen der Bestandskraft der Vorentscheidung hinaus. **113**

Daraus ergibt sich, dass das Abweichungsverbot stets für den **Rechtsträger** und seine Behörden gilt, die selbst **die präjudizielle Entscheidung getroffen** haben;²⁷⁶ für den Bereich der Auftragsverwaltung tritt der Aufgabenträger an die Stelle des Entscheidungsträgers (s. Rn. 97). **114**

---

²⁶⁵ Für Letzteres möglicherweise *BVerwGE* 94, 94, 97; 99, 45, 50, wo die Begrenzung durch subjektive Grenzen nur hinsichtlich eines anschließend ergangenen Urteils, nicht aber auch für den bestandskräftigen VA näher behandelt wird; ganz ohne den Aspekt subjektiver Grenzen auch *BVerwGE* 94, 98, 99.
²⁶⁶ *BGHZ* 121, 131, 134 ff., allerdings wohl unabhängig von der Bestandskraft, da nur darauf abgehoben wird, dass der VA nicht nichtig sei (s. auch Rn. 141 f.); allerdings findet sich diese Formulierung auch in *BGHZ* 122, 1, 5, wo andererseits auch auf die Bestandskraft abgehoben wird (s. Rn. 137 f.).
²⁶⁷ *BVerwGE* 94, 94, 97.
²⁶⁸ *BVerwGE* 94, 98, 99 f.; *VGH Mannheim* DÖD 1993, 36, 37, wo wahlweise Tatbestands- und Feststellungswirkung erwogen werden.
²⁶⁹ *BFHE* 181, 482 f. zu § 82 i Abs. 2 EStDV.
²⁷⁰ *BVerwGE* 90, 65, 69.
²⁷¹ *BSGE* 52, 168, 174.
²⁷² NVwZ 1987, 175, 176; *BFHE* 152, 488, 490; 158, 375, 378; 164, 198, 200; s. auch *Melullis* MDR 1993, 297, 299.
²⁷³ Im Anschluss an *BVerwGE* 66, 315, 320 f.; 72, 8, 12 f., war die Frage in *BVerwGE* 80, 54, 56 f., offen geblieben; für Bindung auch an entsprechende materielle Feststellungen der Versorgungsämter *OVG Lüneburg* OVGE 41, 430, 431 f.; dagegen *OVG Berlin* OVG BlnE 21, 147, 150 ff.
²⁷⁴ *BVerwGE* 92, 272, 277 f.; s. auch *BFH* NVwZ 1997, 519, wo eine solche Bindungswirkung für in einem Steuerbescheid aufgeführte außergewöhnliche Belastungen abgelehnt wird.
²⁷⁵ Ausdrücklich für Unanwendbarkeit subjektiver Schranken der Rechtskraft für seine Maßgeblichkeitswirkung *Knöpfle* BayVBl 1982, 225, 229; gegenteilige Ansätze allerdings bei *Braun*, Die präjudizielle Wirkung bestandskräftiger Verwaltungsakte, 1981, S. 70 f.; *Erichsen/Knoke* NVwZ 1983, 185, 191.
²⁷⁶ Hierauf beschränkt *Braun*, Die präjudizielle Wirkung bestandskräftiger Verwaltungsakte, 1981, S. 69 f.; *Erichsen/Knoke* NVwZ 1983, 185, 188 f., 191; für einen so gelagerten Fall – bei Beteiligung unterschiedlicher Behörden desselben Landes (Landesversorgungsamt einerseits, Schulamt bzw. das für Schulen zuständige Landesministerium andererseits) – *BVerwGE* 94, 94, 96 f., wo aber die Frage der subjektiven Reichweite nur für das über den primär verbindlichen VA ergangene Urteil behandelt wird; für Beachtlichkeit der von einer Landesbehörde erteilten Freisetzungsgenehmigung nach § 14 GenTG für andere Landesbehörden *Müller-Terpitz* NVwZ 2001, 46, 48.

Andere Rechtsträger (und ihre Behörden) sind nur dann an einer abweichenden, eigenen Entscheidung gehindert, wenn alle von dieser Entscheidung Betroffenen, insbes. sie **selbst,** bereits von **der Erstentscheidung betroffen** waren.[277]

115 Die Frage nach der Geltung der Abweichungsverbote für andere Rechtsträger ist insbes. im **Verhältnis von Bund und Ländern** als Problem erkannt worden (s. auch Rn. 93 ff.),[278] sie stellt sich aber ebenso für die nicht unmittelbar staatlichen Rechtsträger.

116 Die sachlich ausschlaggebende, noch nicht abschließend geklärte Frage ist die nach der vom jeweiligen Sachrecht abhängigen **Reichweite der Betroffenheit anderer öffentlicher Rechtsträger** durch VAe in ihren eigenen Rechten, die zugleich die Möglichkeit der Anfechtung solcher VAe im Falle ihrer Rechtswidrigkeit beinhaltet;[279] s. auch im Zusammenhang mit der Bedeutung der Verbandskompetenz Rn. 95; § 44 Rn. 161 ff.

117 Die einem öffentlichen Rechtsträger zugewiesenen Kompetenzen sollten als seine Rechte jedenfalls genügen, wenn es sich um **Selbstverwaltungsangelegenheiten** handelt[280] oder – bei Bund und Ländern – um **Elemente ihrer Eigenstaatlichkeit.**[281] (Nur) in diesem Umfang kann ein Abweichungsverbot für die zweite Entscheidung eingreifen, das als Wirkung materieller Bestandskraft den Eintritt formeller Bestandskraft, also allseitige Unanfechtbarkeit, voraussetzt (Rn. 21) und daher grundsätzlich nur bei Bekanntgabe des ErstVA auch an die betroffene öffentliche Körperschaft in Betracht kommt.

118 Beim **unmittelbaren Vollzug von EG-Recht** durch Entscheidungen der Gemeinschaftsorgane erkennt die Judikatur ein bestandskraftabhängiges Abweichungsverbot gegenüber dem Entscheidungsträger, der die Entscheidung erlassen hat, sowie gegenüber dem EuGH, dem EuG sowie den mitgliedstaatlichen Gerichten[282] an.[283] Exekutive Aufgaben wahrnehmende Entscheidungsträger – abgesehen von dem erlassenden Entscheidungsträger – unterliegen demgegenüber einem bestandskraftunabhängigen Abweichungsverbot.[284]

119 **e) Reichweite der materiellen Bestandskraft.** Nicht abschließend geklärt ist bis heute die Reichweite der materiellen Bestandskraft, also die Frage, in **welchem späteren Verfahren** das Abweichungsverbot zur Geltung kommt. Der materiellen Rechtskraft entspräche die Lösung, die den Vorzug der größtmöglichen Klarheit aufweist, nämlich die umfassende Bindung in jedem Falle von Präjudizialität.[285] Die Reichweite der materiellen Bestandskraft hinge dann allein von den sachlichen, persönlichen und zeitlichen Grenzen der Bestandskraft (Rn. 56 ff., 90 ff., 100 ff.) ab.[286]

120 Demgegenüber wird verbreitet gefordert, die präjudizierende Wirkung der Bestandskraft dürfe spätere Entscheidungen nur dann erfassen, wenn bereits bei Erlass des ErstVA seine **Fol-**

---

[277] Ebenso *Randak* JuS 1992, 33, 35; anders *Seibert*, Die Bindungswirkung von Verwaltungsakten, 1989, S. 253 ff., der eine sachliche Beteiligung der Verwaltung grundsätzlich ausschließt, s. Rn. 95 f.
[278] S. hierzu allg. *Bleckmann* NVwZ 1986, 1 ff.; generell bejahend wegen „funktioneller Einheit des Bundesstaates" *Seibert*, Die Bindungswirkung von Verwaltungsakten, 1989, S. 271 ff., 285 ff.; differenzierend *Isensee* HStR IV, § 98 Rn. 35, 36; s. auch *Gaentzsch* NJW 1986, 2787, 2794 Fn. 48; *OVG Münster* NWVBl 1988, 105, 108; allg. zur Befugnis der Landesverwaltung, VAe gegenüber Bundesstellen zu erlassen, *Schoenenbroicher*, Bundesverwaltung unter Landesgewalt, 1995, insbes. S. 175 ff.; für bundesweite Zeugenpflichten bei landesparlamentarischen Untersuchungsausschüssen s. *BVerwG* NJW 1988, 1924 ff.; *VG Hannover* NJW 1988, 1928 ff.; dazu *Isensee* HStR IV, § 98 Rn. 37 ff. m. w. N., gegen Vollstreckbarkeit.
[279] S. zu Letzterem die Fälle der Klagebefugnis nach § 42 Abs. 2 VwGO bei *v. Nicolai* in Redeker/v. Oertzen, § 42 Rn. 103 ff., § 50 Rn. 2; *Happ* in Eyermann, § 42 Rn. 96, 113; *P. Schmidt* ebda, § 50 Rn. 4; *Kopp/Schenke*, § 42 Rn. 75, 110, 117, 137 ff.; *Wahl/Schütz* in Schoch u. a., § 42 Abs. 2 Rn. 103 ff.; *Sodan* in Sodan/Ziekow, § 42 Rn. 406 f.
[280] So für Landesmedienanstalten *VGH München* NVwZ-RR 1993, 552, 554; für Gemeinden gegenüber einer fernstraßenrechtlichen Planfeststellung *BVerwG* DVBl 1996, 914 f.
[281] Vgl. unter dem Aspekt der Klagebefugnis der Länder (gegenüber eisenbahnrechtlichen Planfeststellungsbeschlüssen von Bundesbehörden) – in concreto gegen *BVerwGE* 92, 258 ff., s. Rn. 95 – *Laubinger* VerwArch 1994, 85, 291, 304 ff. m. w. N., für die Gesetzgebungs- und Vollzugshoheit der Länder (im Bereich des Naturschutzes und der Landschaftspflege).
[282] *EuGH*, Rs. C-188/92, EuGHE 1994, I-833 Rn. 25; Rs. C-178/95, EuGHE 1997, I-585 Rn. 24, 31.
[283] Ausf. zum Ganzen *Schroeder*, Bindungswirkungen, S. 166 ff., 266 ff., rechtsvergleichend zum deutschen Recht S. 247 ff., 306 ff.
[284] Ausf. *Schroeder*, Bindungswirkungen, S. 255 ff., rechtsvergleichend zum deutschen Recht S. 306 ff.
[285] So wohl auch *OVG Berlin* OVG BlnE 19, 33 ff., das bereits aus den Vorschriften des VwVfG als solchen und dem Regelungscharakter des VA ableitet, dass die Angemessenheitsbescheinigungen der bezirklichen Wohnungsämter die Bewilligungsstelle bei Entscheidungen über Förderanträge binden.
[286] In diesem Sinne *Merten* NJW 1983, 1993, 1996.

gewirkungen eindeutig erkennbar gewesen seien.[287] Diese dem Recht der materiellen Rechtskraft fremde Einschränkung dürfte neben der dreifachen Begrenzung der materiellen Bestandskraft kaum zu weiteren Einschränkungen führen. Um nicht die Unsicherheiten über die Reichweite der Bestandskraft zu vergrößern, sollte auf ein so vages Zusatzkriterium verzichtet werden. Ebenso wenig muss eine Bindung mit einem Beurteilungsspielraum der (erst-)entscheidenden Behörde gerechtfertigt werden.[288]

Davon unberührt bleibt die Möglichkeit, dass eine vorgreifliche Bedeutung für das spätere VwVf **kraft besonderer gesetzlicher Regelung ausgeschlossen ist,** wie z. B. durch § 4 S. 2 AsylVfG.[289] Ferner werden etwa die Finanzbehörden bei Erlass eines Abrechnungsbescheides nach § 218 Abs. 2 AO (auf Grund der Zielsetzung dieser Vorschrift) nicht als an die Anrechnungsverfügungen gebunden angesehen.[290] **121**

Beim **unmittelbaren Vollzug des EG-Rechts** durch Entscheidungen der Gemeinschaftsorgane muss hinsichtlich der Geltung des Wiederholungs- und Abweichungsverbotes je nach Adressat differenziert werden.[291] **122**

f) Unabhängigkeit materieller Bestandskraft von gerichtlicher Bestätigung. Nicht eindeutig beantwortet wird nicht nur terminologisch (Rn. 105 ff.), sondern auch der Sache nach die Frage, ob die materielle Bestandskraft auch den **Gerichten verbietet,** von den Regelungen eines präjudiziellen VA **abzuweichen.** Zur Begründung eines solchen Verbotes wird die Gewaltenteilung angeführt.[292] In der Tat wird durch eine Bindung der Gerichte an VAe die Gleichwertigkeit der Exekutive als Staatsfunktion betont. Der entscheidende Grund für die Erstreckung der Bestandskraftwirkung ist aber auch hier das rechtsstaatliche Anliegen der Rechtssicherheit, das die Durchbrechung der Bindung an das Gesetz auch bei den Gerichten allein zu legitimieren vermag.[293] Die bloße Wirksamkeit eines noch nicht bestandskräftigen VA reicht für ein Abweichungsverbot nicht aus.[294] **123**

Mit Eintritt der formellen Bestandskraft hat der VA das Maß an Rechtsbeständigkeit erreicht, das ein Abweichungsverbot auch für die Gerichte im Sinne der **Rechtssicherheit** grundsätzlich rechtfertigt.[295] Die Bestandskraft kann ihre diesbezügliche Funktion nur voll erfüllen, wenn sie auch die Gerichte an abweichenden Beurteilungen hindert. Ohne Bindung der Gerichte kann namentlich die Verwaltung ihr Handeln nicht verlässlich auf die Bestandskraft stützen, weil sie mit einer Aufhebung ihrer an den Vorentscheidungen orientierten VAe wegen Gesetzwidrigkeit durch die Gerichte rechnen müsste. **124**

Das *BVerwG* hat allerdings in seiner viel kritisierten[296] Entscheidung zur Bedeutung der Baugenehmigungsversagung für eine nachfolgende Abrissverfügung[297] das Abweichungsverbot für **125**

---

[287] *Erichsen/Knoke* NVwZ 1983, 185, 191 f. m. w. N.; offen *VGH Mannheim* NVwZ 1987, 522.
[288] Dafür *VGH Mannheim* ZBR 1993, 187, 188, für die Bindung der für die Festsetzung des Besoldungsdienstalters zuständigen Behörde an die Entscheidung der Einstellungsbehörde, von einem zu ernennenden Professor nach fachfremden Habilitation weitere wissenschaftliche Leistungen zu fordern.
[289] Dazu BVerfGE 52, 391, 400, noch zu § 45 S. 2 AuslG a. F.; BVerfGE 60, 348, 358; 64, 46, 65, wobei die verfassungsrechtliche Beurteilung für den Fall einer rechtskräftigen Anerkennung als Asylberechtigter jeweils offenblieb.
[290] BFH NVwZ 1994, 831, 832; 1995, 206.
[291] Vgl. ausf. dazu *Schroeder*, Bindungswirkungen, S. 185 f., 272 ff., rechtsvergleichend zum deutschen Recht S. 249, 309 ff.
[292] *Erichsen* in ders., § 13 Rn. 5; ähnlich wohl *Knöpfles* Hinweis auf die gewalten- und funktionenteilende rechtsstaatliche Zuständigkeitsordnung, BayVBl 1982, 225, 228.
[293] BVerfGE 60, 253, 269 f.; auch 105, 48, 57 ff.
[294] So auch *Windthorst* in Detterbeck/Windthorst/Sproll, Staatshaftungsrecht, 2000, § 11 Rn. 26; anders insbes. *Knöpfle* BayVBl 1982, 225, 228 f.; *Ortloff* NJW 1987, 1665, 1670; wohl auch *Gaentzsch* NJW 1986, 2787, 2790; *Gerhardt* in Schoch u. a., Vorb § 113 Rn. 16; *Michalski* DZWir 1996, 353, 354; s. auch *OLG Düsseldorf* NJW 1996, 3020, für die Indizierung einer Schrift durch die Bundesprüfstelle gegenüber der Prüfung durch das Strafgericht, ob ihr Inhalt jugendgefährdend i. S. d. § 1 GjS ist; wie hier etwa BVerwGE 94, 16, 17 f., wonach eine noch nicht bestandskräftige Grundstücksverkehrsgenehmigung und die auf ihrer Grundlage erfolgte Grundbucheintragung einen Rückübertragungsanspruch nicht ausschließen; s. aber Rn. 137 ff.
[295] Vgl. *Merten* NJW 1983, 1993, 1996; *Berkemann* DVBl 1986, 183, 184; *Broß* VerwArch 1987, 91, 106; *Sachs* K & R 2001, 13, 22; unter dem Gesichtspunkt der persönlichen Bestandskraftgrenzen auch *Kopp* DVBl 1983, 392, 400; ohne abschließende Stellungnahme *Ehlers* K & R 2001, 1, 4 f.
[296] S. 2. Aufl. Rn. 7 m. w. N.; ferner *Rohlfing*, Die Nachprüfbarkeit bestandskräftiger Verwaltungsakte im Amtshaftungsprozess, 2000, S. 161 ff.; *Ehlers* in FS Erichsen, 2004, S. 1, 13; s. auch Rn. 60.
[297] BVerwGE 48, 271, 275 ff.; auch BGH NJW 1984, 1169, 1170; OVG Lüneburg DÖV 1978, 220 f.

die Gerichte mit Rücksicht auf den effektiven gerichtlichen Grundrechtsschutz des Eigentums **nur** den VAen zugesprochen, die ihre **Bestandskraft nach gerichtlicher Sachprüfung** erlangt haben. Die Gleichsetzung des effektiven mit einem tatsächlich effektuierten Rechtsschutz findet indes in der Verfassung **keine Basis**. Das *BVerwG* stützt sich denn auch nicht nur auf eine prinzipielle Verschiedenheit der Bindungskraft von VA und Urteil, sondern außerdem auf einen engeren sachlichen Umfang der Bestandskraft, die im Gegensatz zur Rechtskraft die Frage der materiellen Baurechtswidrigkeit nicht umfassen, sondern auf die Ablehnung des Antrags auf Aufhebung des formellen Bauverbots beschränkt sein soll (s. auch Rn. 60).

126 Auch das **Verhältnis von zweiter und dritter Gewalt** schließt wegen der eigenständigen verfassungsrechtlichen Legitimation der Bestandskraft[298] eine Bindung der Gerichte an eine ohne ihre vorherige Bestätigung bestandskräftig gewordene Verwaltungsentscheidung nicht aus, zumal der Eintritt der Bestandskraft vor dem Hintergrund der Möglichkeit der Betroffenen zu sehen ist, eine gerichtliche Überprüfung herbeizuführen. So wird in anderen Fällen eine Bindungswirkung behördlicher Entscheidungen für alle Behörden und Gerichte allein wegen der Bestandskraft als solcher angenommen.[299]

127 Umgekehrt muss die **gerichtliche Bestätigung** eines VA **keine weitergehende Festschreibung** der Rechtslage bewirken als dieser selbst. So ist die rechtskräftige Bestätigung eines VA kein Hindernis für ein Wiederaufgreifen nach § 51 (s. dort Rn. 76 ff.); nach Ansicht des *BVerwG*[300] vermittelt ein rechtskräftiges Verpflichtungsurteil wegen § 767 Abs. 2 ZPO nicht dieselbe Rechtssicherheit wie eine bereits erteilte Genehmigung.

128 In der Rechtsprechung des *BGH* wird freilich ein **Abweichungsverbot für die Zivilgerichte** durchweg nur bei (verwaltungs-)gerichtlich bestätigten VAen, also auf Grund materieller Rechtskraft, bejaht.[301] Dagegen hat sich der *BGH* durch die „schlichte" Bestandskraft regelmäßig jedenfalls weder an der Prüfung eines Sachmangels wegen fehlender Bebaubarkeit[302] noch vor allem an der Prüfung der Rechtmäßigkeit eines VA im Rahmen von Amtshaftungs- und Entschädigungsprozessen gehindert gesehen.[303]

129 Ein Abweichungsverbot würde hier freilich auf Grund der sachlichen Grenzen der Bestandskraft (Rn. 56 ff.) nur infrage kommen, wenn der Entscheidungsgegenstand des VA die **Feststellung seiner eigenen Rechtmäßigkeit** umfasste,[304] was **nicht anzunehmen** ist[305] (s. im Üb-

---

[298] Dies betont *BVerfGE* 60, 253, 270.
[299] *BVerwGE* 72, 8, 13, für Statusentscheidungen nach SchwbG; nicht eindeutig *BVerwGE* 66, 315, 322 f., zur Bindung der Rundfunkanstalten; *BSG* DÖV 1987, 973, für Bindung privater Arbeitgeber an die Feststellung des Schwerbehindertenstatus; auch *BSGE* 52, 168, 172, für versorgungsbehördliche Feststellungen; bei einem Folgenbeseitigungsanspruch gegenüber dem bestandskräftigen VA *BVerwG* NVwZ 1987, 788; *VGH München* BayVBl 1994, 52, 53; für Bindung der Zivilgerichte an bestandskräftige Baugenehmigung *BVerwGE* 50, 282, 289; für Bindung der Gerichte aller Gerichtszweige *BFHE* 197, 301, 303; für Bindung der Haftgerichte an die behördliche Feststellung der Abschiebungsvoraussetzungen und der Ausreisepflicht *BayObLG* NVwZ 1993, 102; BayVBl 1994, 604, 605; für Bindung der Verwaltungsgerichte an behördliche Feststellung der Genehmigungsfreiheit eines Bauvorhabens *OVG Bautzen* LKV 2007, 230.
[300] *BVerwGE* 70, 227 ff.
[301] Vgl. *BGHZ* 77, 338, 341 f.; 90, 4, 12; 95, 28, 35; 103, 242, 245; 117, 159, 166; *BGH* NJW 1994, 1950; auch NJW 1995, 2993, 2994; ferner etwa *OLG München* NVwZ 1995, 198, 199 jeweils m. w. N.
[302] Unabhängig von positiven oder negativen behördlichen Bescheiden *BGHZ* 117, 159, 166 m. w. N.
[303] *BGHZ* 86, 356, 359 m. w. N.; 90, 17, 23; 112, 363, 365 f.; 113, 17, 18 f.; 122, 1, 5; 127, 223, 225 m. w. N.; *BGH* NVwZ 2003, 1409; (insoweit) zust. *Papier* JZ 1986, 183, 194; *Schenke* JuS 1986, 694, 697; *Schröder* DVBl 1991, 751 ff.; *Nierhaus* JZ 1992, 209 ff.; *Lansnicker/Schwirtzek* NVwZ 1996, 745, 749; *Rinne* in FS Boujong, 1996, S. 633, 634 ff.; *Steinweg* NJW 2003, 3037 ff.; *Wissmann* NJW 2003, 3455, 3457; abl. *Berkemann* DVBl 1986, 183, 184; *Ortloff* NJW 1987, 1665, 1670; *Jeromin* NVwZ 1991, 543 ff.; *Schlichter* in FS Sendler, 1991, S. 241, 253 ff.; auch *Broß* VerwArch 1991, 593, 596 f.; *Gerhardt* in Schoch u. a., Vorb § 113 Rn. 16; *Döring* in FS Driehaus, 2005, S. 65, 85 ff.; ausf. zur Problematik *Windthorst* in Detterbeck/Windthorst/Sproll, Staatshaftungsrecht, 2000, § 11 Rn. 27 ff.; *Rohlfing*, Die Nachprüfbarkeit bestandskräftiger Verwaltungsakte im Amtshaftungsprozess, 2000, S. 182 ff.; für Ausschluss der Amtshaftung im Flurbereinigungsrecht *BGHZ* 98, 85, 88.
[304] Dafür wohl *Ehlers* K & R 2001, 1, 5, unter Berufung auf *O. Mayers* Formulierung, dass der VA bestimme, was im Einzelfall für den Betroffenen „rechtens sein soll".
[305] So jetzt auch *Ehlers* in FS Erichsen, 2004, S. 1, 16; sehr dezidiert *Steinweg*, Zeitlicher Regelungsgehalt des Verwaltungsaktes, 2006, S. 75 f. m. w. N. Zu der vergleichbaren Problematik bei einer Entscheidung nach Art. 249 Abs. 4 EG *Schroeder*, Bindungswirkungen, S. 173 f., 177 f., 275 und insbes. – rechtsvergleichend zum deutschen Recht – S. 311 ff.

rigen Rn. 60, 144). Auch der *BGH* hebt in einer neueren Entscheidung auf die fehlende Identität des Streitgegenstandes ab.[306] Zum Europarecht s. Rn. 43.

Der *BGH* hat andererseits, ohne sich von seiner diesbezüglichen Rechtsprechung zu distanzieren, die **Möglichkeit einer Bindung** durch die Bestandskraft nicht gerichtlich überprüfter VAe in anders gelagerten Fällen **offen gelassen**.[307] Diesen Ansätzen entsprechend sollte die Bindung an bestandskräftige VAe unabhängig von gerichtlicher Bestätigung von den Zivilgerichten allgemein anerkannt werden.[308] **130**

Dabei ist die **Bindungsfrage von der Amtshaftungsproblematik abzulösen**. Die Differenzierung nach gerichtlicher Bestätigung beruht ja nur darauf, dass die im Amtshaftungsprozess ggf. als Vorfrage relevante Rechtmäßigkeit des VA von der Rechtskraft des Anfechtungsurteils erfasst wird, nicht aber von der Bestandskraft des VA selbst (Rn. 128 f.). Die Zivilgerichte können diese daher im Rahmen ihrer sachlichen Grenzen (Rn. 56 ff.) respektieren, ohne Amtshaftungsansprüche zu präkludieren oder mit § 839 Abs. 3 BGB[309] in Konflikt zu geraten. Auch über gesetzlich vorgesehene Entschädigungen auf Grund salvatorischer Regelungen kann unabhängig von der etwaigen Bestandskraft des eingreifenden VA entschieden werden.[310] **131**

Auch gegenüber den Gerichten kann die **Bindung** an bestandskräftige Feststellungen eines VA **gesetzlich ausgeschlossen** sein. Dass das Zivilgericht im Rechtsstreit um die Mieterhöhung nicht an eine Mieterhöhungsgenehmigung der Behörde nach § 8a Abs. 4 S. 1 WoBindG 1974 gebunden ist,[311] folgt freilich schon aus den subjektiven Bestandskraftgrenzen, wenn der Mieter nicht von der Genehmigung betroffen ist. Entsprechendes gilt für die verneinte Bindung der zivilgerichtlichen Überprüfung an die Genehmigung eines Versicherungstarifs oder eines Tarifs für die Versorgung mit elektrischem Strom.[312] Ebenso wenig bindet die Zweckentfremdungsgenehmigung im Kündigungsrechtsstreit zwischen Vermieter und Mieter über die „Tatbestandswirkung" hinaus.[313] Die Bindungsfrage stellt sich erst gar nicht, soweit es um privatrechtliche Beziehungen geht, auf die sich ein VA kraft gesetzlicher Regelung nicht auswirkt.[314] **132**

Ebenso kann es **gesetzliche** Bestimmungen geben, die die Bindung von (Zivil-) Gerichten an bestimmte bestandskräftige VAe **ausdrücklich anordnen;** nach der hier vertretenen Auffassung haben sie lediglich deklaratorische Bedeutung. Derartige Regelungen entsprechen im Ergebnis weitgehend der Tatbestandswirkung i. e. S. (Rn. 154), die allerdings grundsätzlich schon an das Vorliegen eines nur wirksamen VA anknüpft. Eine Bindung unter den Voraussetzungen und in den – auch subjektiven – Grenzen der Bestandskraft wird etwa für § 638 RVO angenommen.[315] **133**

---

[306] *BGHZ* 113, 17, 21 f. (allerdings „zwischen der unterbliebenen Anfechtung des belastenden Verwaltungsaktes und der Amtshaftung"); i. E. für den enteignungsgleichen Eingriff ebenso *BGH* NJW 1999, 1247, 1251; i. E. zust. *Schröder* DVBl 1991, 751, 754; *Broß* VerwArch 1991, 593, 601 f.; abl. *Beaucamp* DVBl 2004, 352, 353 f. Der Nassauskiesungsbeschluss, *BVerfGE* 58, 300, 324, verknüpft nur scheinbar den Ausschluss der Entschädigungsklage mit der Bestandskraft des Eingriffsaktes; der „Sekundärrechtsschutz" scheitert allein am Fehlen einer gesetzlichen Entschädigungsregelung, während der „Primärrechtsschutz" mit Unanfechtbarkeit entfällt.

[307] S. ausdrücklich *BGHZ* 95, 28, 37; *BGH* NJW 1999, 1247, 1251 m. w. N.; im Ansatz auch *BGH* NJW 1986, 2309, 2310.

[308] Nur für Plfbeschlüsse mit Rücksicht auf ihre verfahrensmäßige Ausgestaltung und ihre umfassende rechtsgestaltende Wirkung aber *BGH* NJW 1999, 1247, 1251.

[309] Dem § 839 Abs. 3 BGB kommt für das Verhältnis von Primär- und Sekundärrechtsschutz und das damit verbundene Bindungsproblem heute maßgebliche Bedeutung zu; so ausdrücklich *Rinne* in FS Boujong, 1996, S. 633, 635 ff.; auch *Nierhaus* JZ 1992, 209 ff.; *Windthorst* JuS 1995, 992, 995; *Ehlers* in FS Erichsen, 2004, S 1, 17; vgl. auch BVerfG (K) NJW 2000, 1402, gegenüber *BGHZ* 110, 12, 14.

[310] S. insbes. für das Denkmalschutzrecht *Rüfner* in FS Boujong, 1996, S. 643, 651 ff. m. w. N.; zur Bedeutung des § 254 BGB beim enteignungsgleichen Eingriff vgl. nur *BGH* NJW 1999, 1247, 1251 m. w. N.

[311] *BVerwGE* 72, 226, 230.

[312] *BVerwGE* 75, 147, 154 f.; 95, 133, 138 m. w. N.; s. auch Rn. 137 f.; krit. zu derartigen Entscheidungen *Kopp/Ramsauer*, § 43 Rn. 22 m. w. N. Für die Kontrollmöglichkeit der Zivilgerichte *Michalski/Bauriedl* CR 1998, 657 ff. (für genehmigte Telefontarife).

[313] *BVerwGE* 95, 341, 361 f.; diese geht dahin, dass die dem Vermieter gestattete Zweckentfremdung nicht gegen das im öffentlichen Interesse erlassene Zweckentfremdungsverbot verstößt.

[314] Vgl. zu § 14 BImSchG *Sach*, Genehmigung als Schutzschild?, 1994, S. 67.

[315] *BGHZ* 129, 195, 198 ff. m. w. N.

2. Bestandskraftunabhängige Abweichungsverbote

134 VAe können auch vor Eintritt bzw. unabhängig von ihrer formellen Bestandskraft die erlassende Behörde, aber auch andere staatliche Stellen im Rahmen **unterschiedlicher Abweichungsverbote** binden, wenn ihnen nur innere Wirksamkeit zukommt (Rn. 166).

135 **a) Selbstbindungswirkung.** Die – von der durch den Gleichheitssatz begründeten Selbstbindung bei Ermessensentscheidungen (dazu § 40 Rn. 103 ff.) zu unterscheidende – Selbstbindungswirkung des VA verbietet der erlassenden Behörde, ggf. auch ihrer Funktionsnachfolgerin,[316] auch schon vor Eintritt der Bestandskraft,[317] eine von der getroffenen (und nicht – zugleich – aufgehobenen) Regelung abweichende zweite Regelung zu erlassen (Rn. 53 f.). Sie entspricht damit dem innerprozessualen Abweichungsverbot,[318] das für die Gerichte als zweite Wirkung aus § 318 ZPO hergeleitet wird.[319]

136 Angesichts der bestehenden Aufhebungsmöglichkeiten (Rn. 31 ff.) und der Bindung durch die materielle Bestandskraft ist die **Bedeutung** dieser zusätzlichen Selbstbindung **eher gering**,[320] zumal sie denselben (sachlichen, persönlichen und zeitlichen) Grenzen wie die materielle Bestandskraft zu unterwerfen ist.[321] Immerhin ist sie in diesem Rahmen geeignet, schon vor Eintritt der formellen Bestandskraft einzelner VAe die widerspruchsfreie Durchführung gestufter VwVf (Rn. 75 ff.) und die Beachtung endgültiger Bestandteile vorläufiger VAe (Rn. 82 f.) sicherzustellen.[322]

137 **b) Beachtlichkeit.** Als **Abweichungsverbot i. w. S.** erweist sich die aus der Gesetzmäßigkeit der Verwaltung und der Rechtsprechung folgende Pflicht aller rechtsanwendenden Instanzen, die durch einen VA **bewirkten Rechtsänderungen zu beachten.** Solche ergeben sich zumal bei **gestaltenden VAen**,[323] die ein Rechtsverhältnis begründen, beenden oder verändern.[324] Einzubeziehen sind aber auch die befehlenden, damit Verhaltenspflichten begründenden VAe;[325] der Bestand der durch den VA erzeugten Verpflichtung kann ebenso wenig ignoriert werden wie jede sonstige Änderung der Rechtslage.[326]

138 Dementsprechend hat der *BGH* unabhängig von der Frage der zivilgerichtlichen Überprüfung bestandskräftiger VAe auf ihre Rechtmäßigkeit im Amtshaftungs- und Entschädigungsprozess (Rn. 128 f.) angenommen, dass auf Grund einer (allerdings auch als bestandskräftig qualifizierten) Auflage zu einer Baugenehmigung das darin ausgesprochene Gebot (kraft seiner rechtsgestaltenden Wirkung) von den Zivilgerichten als verbindlich zu behandeln ist.[327] Die

---

[316] So *BVerwGE* 82, 235, 241.
[317] Zur Relevanz der Selbstbindungswirkung allein für einen VA, wenn und soweit er belastend wirkt, *Schroeder*, Bindungswirkungen, S. 239.
[318] So ausdrücklich *Kopp* DVBl 1983, 392, 395; *Kopp/Ramsauer*, § 43 Rn. 14 – vermengt mit der Aufhebbarkeit –; differenzierend *Merten* NJW 1983, 1993, 1996; für Bindungswirkung neben Bestandskraft auch *Erichsen/Knoke* NVwZ 1983, 185, 189; *Randak* JuS 1992, 33, 36 f.; *Rohlfing*, Die Nachprüfbarkeit bestandskräftiger Verwaltungsakte im Amtshaftungsprozess, 2000, S. 285; *Knöpfle* BayVBl 1982, 225, 226, sieht § 318 ZPO in Parallele zur Tatbestandswirkung.
[319] Vgl. nur *Thomas/Putzo*, § 318 Rn. 4; *Hartmann* in Baumbach u. a., § 318 Rn. 4., 11 f.
[320] A. A. *Wolff/Bachof/Stober* 2, § 50 Rn. 1 f., die das Abweichungsverbot schlechthin auf die Selbstbindung stützen; abweichend gegenüber der Vorauflage *Ule/Laubinger*, § 56 Rn. 5, wo § 318 ZPO nur noch ausdrücklich auf Urteile bezogen wird; s. auch Rn. 106.
[321] Anders wohl für Selbstbindung der Behörde auch gegenüber Personen, denen der VA nicht bekannt gegeben wurde, *BGH* NJW 1998, 3055, 3056.
[322] Dies betont etwa *Gaentzsch* in FS Redeker, 1993, S. 405, 415 ff., gegen *Wieland* DVBl 1991, 616, 621. Zur Selbstbindung an die Bestätigung nach § 18 WoBindG s. *VGH München* NJW 1989, 3235, 3236 m. w. N.
[323] I. e. S., *Wolff/Bachof/Stober* 1, § 20 Rn. 64, *Wolff/Bachof/Stober* 2, § 46 Rn. 5; skeptisch zu besonderer Bindung an diese VAe ausf. *Seibert*, Die Bindungswirkung von Verwaltungsakten, 1989, S. 87 ff.; krit. zu dieser Konzeption wiederum *Rohlfing*, Die Nachprüfbarkeit bestandskräftiger Verwaltungsakte im Amtshaftungsprozess, 2000, S. 287 ff. Für offenbar nebeneinander bestehende Tatbestands- und Gestaltungswirkung bei § 34 Abs. 1 S. 1 VermG BGH NJW 1998, 3055 f.; dazu *Wilhelms* NJ 2005, 337 ff.; nur die Gestaltungswirkung spricht *BGH* LKV 2003, 444, 45, an.
[324] Vgl. zur Feststellung der Einstellung des Asylverfahrens bei Rücknahme des Asylantrags nach § 32 AsylVfG als zugleich rechtsgestaltendem VA mit Tatbestandswirkung *VG Karlsruhe* VBlBW 1994, 289 f.
[325] *Wolff/Bachof/Stober* 2, § 46 Rn. 4; enger wohl *Wolff/Bachof/Stober* 1, § 20 Rn. 64.
[326] Allg. *Randak* JuS 1992, 33, 37 m. w. N.
[327] *BGHZ* 122, 1, 5 f.; dazu die Anm. von *Bauer/Bitzer* JR 1994, 103, 104; *Fritzsche* NJW 1995, 1121, 1124; ebenso für einen (noch nicht bestandskräftigen) Erschließungskostenbeitragsbescheid *BGH* NJW 1996, 2791, 2792. Allg. gegen eine für die Gerichte bindende Gestaltungswirkung von VAen *Rohlfing*, Die Nachprüfbarkeit bestandskräftiger Verwaltungsakte im Amtshaftungsprozess, 2000, S. 271 ff.

Beachtlichkeit bedeutet für ein Zivilgericht nur, dass es den **fraglichen VA als solchen hinnehmen** muss; weitergehende Bindungen an den Inhalt der Genehmigung würden einer besonderen Rechtsgrundlage bedürfen.[328]

Feststellende VAe (§ 35 Rn. 219 ff.) und feststellende Teilgehalte von **VAen** mit weitergehenden Wirkungen, etwa bei Genehmigungen (Rn. 60), **entfalten solche Wirkungen** – ungeachtet ihrer Ausrichtung auf Rechtsverbindlichkeit – vorbehaltlich besonderer gesetzlicher Regelungen[329] grundsätzlich (s. aber Rn. 45) **nicht.**[330] Da sie die für die Gesetzesbindung maßgebliche materielle Rechtslage unberührt lassen, können Feststellungen nur dadurch binden, dass die materielle Bestandskraft die Gesetzmäßigkeit der Verwaltung durchbricht (Rn. 42).[331] Problematisch ist es auch, wenn der Regelungsgehalt eines feststellenden DDR-VA allein deshalb als für die Gerichte beachtlich angesehen wird, weil er nicht aufgehoben worden ist[332] (zu Art. 19 EVertr aber Rn. 284 ff.). 139

Für die beschriebene Bindung findet sich in Schrifttum[333] und Judikatur[334] in den verschiedensten Zusammenhängen häufig der Begriff **Tatbestandswirkung.** Da dieser Begriff jedoch auch in einem spezifischeren Sinne gebraucht wird (Rn. 154 ff.), sollte er **in diesem Zusammenhang besser vermieden** werden. 140

Einer besonders zu bezeichnenden Wirkung bedarf es zur Erklärung der Bindung an die durch VA bewirkten Rechtsänderungen nicht, vielmehr geht es schlicht um die Frage seiner **Beachtlichkeit**[335] als wirksamer Rechtsakt.[336] 141

Die **neu geschaffene Rechtslage** ist von allen Behörden und Gerichten – unabhängig von der Rechtmäßigkeit des zugrunde liegenden VA, aber auch von seiner Unanfechtbarkeit – als wirksamer Bestandteil der Rechtsordnung gegenüber jedermann zu beachten und bei **eigenen einschlägigen Entscheidungen** als gegeben **zugrunde zu legen,**[337] solange der VA nicht 142

---

[328] Vgl. auch *BVerwGE* 95, 133, 138 m. w. N., für eine Tarifgenehmigung, deren Beachtlichkeit einer Prüfung des umgesetzten Tarifs nicht entgegensteht; entsprechend für die „Tatbestandswirkung" einer Zweckentfremdungsgenehmigung *BVerwGE* 95, 341, 361 f. m. w. N.; dazu auch Rn. 132; nicht ganz eindeutig *BGH* NJW 1996, 2791, 2792, wo auch von einer Bindung der Zivilgerichte an den Inhalt eines VA die Rede ist. Vgl. zur Problematik im Hinblick auf die Bindungswirkung behördlich genehmigter Telefontarife für die Zivilgerichte *Michalski/Bauriedl* CR 1998, 657 ff. m. w. N.

[329] S. etwa § 4 AsylVfG; dazu *BVerwGE* 105, 383, 386; *OVG Hamburg* NVwZ-RR 1998, 456 f.; *VGH Mannheim* NVwZ 2000, 589; tendenziell abw. *VG Sigmaringen* NVwZ 1999, Beil. I, 6, 7. Zu § 42 S. 1 AsylVfG *BVerwG* NVwZ 2006, 1418 (bei gegebener Bestandskraft).

[330] Anders *Knöpfle* BayVBl 1982, 225, 228 m. w. N.; *Steinweg*, Zeitlicher Regelungsgehalt des Verwaltungsaktes, 2006, S. 263; *Kopp/Ramsauer*, § 43 Rn. 18, unter irriger Berufung auf *BVerwG* NJW 1986, 1628, 1629.

[331] *BVerwG* NVwZ-RR 1991, 8 f., greift allerdings im Rahmen des luftverkehrsrechtlichen PlfV wohl auf die bloße Wirksamkeit einer luftverkehrsrechtlichen Genehmigung zurück.

[332] *BVerwGE* 105, 255, 258 f.

[333] *Maurer*, § 11 Rn. 8; *Achterberg*, § 23 Rn. 42; *Ule/Laubinger*, § 56 Rn. 4; *Faber*, § 20 III c (i.w.S.); *Martens*, S. 199; *Meyer/Borgs*, § 43 Rn. 8; auch *Wolff/Bachof/Stober* 1, § 20 Rn. 64; *Schäfer* in Obermayer, VwVfG, § 43 Rn. 12; sowie wohl *Erichsen/Knoke* NVwZ 1983, 185, 189 – Bindung an Existenz und Inhalt –; ebenso *P. Kirchhof* NJW 1985, 2977, 2982 ff.; *Schröder* VVDStRL 50, 1991, 196, 221 ff.; auch *Peine* JZ 1990, 201, 207 ff., bei Vermengung mit dem Änderungsverbot; *v. Bogdandy* VerwArch 1992, 53, 93 f.; *Huxholl*, Die Erledigung eines Verwaltungsakts im Widerspruchsverfahren, 1995, S. 53 f.; *Ammelburger*, Strukturprobleme der Bestandskraftlehre, 1997, S. 8 f.; *Berg* in FS Maurer, 2001, S. 529, 530 f.; nicht ganz eindeutig *H. Meyer* in Knack, § 43 Rn. 17, 20.

[334] Etwa *BVerwG* NJW 1983, 1387, 1388; *BVerwG* NVwZ 1987, 496 m. w. N.; *BVerwGE* 95, 341, 361 f.; *BGH* NJW 1998, 3055 f.; *BFHE* 175, 294; 197, 301, 303; *BAGE* 62, 280, 286, 298; *VGH Mannheim* NVwZ-RR 1990, 59, 60; *VGH München* NJW 1989, 3235, 3236; *OVG Weimar* LKV 2005, 326.

[335] Ebenso *Randak* JuS 1992, 33, 37 ff. „Beachtlichkeitswirkung" verwendet synonym zu seiner Maßgeblichkeit auch *Knöpfle* BayVBl 1982, 225, 229; *Wolff/Bachof/Stober* sprechen von „Verbindlichkeit"; ebenso *J. Ipsen* Verwaltung 1984, 169, 176 f.; ähnlich unter gleichzeitigem Hinweis auf die Bestandskraft *Fluck* VerwArch 1988, 406, 410 ff., die aber – wie die Maßgeblichkeit – eher an die Wirkung für die Betroffenen denken lässt, so etwa *Achterberg*, § 23 Rn. 44.

[336] Vgl. *BGHZ* 73, 114, 117, für die behördliche Festsetzung des Krankenhauspflegesatzes. *BGH* NJW 1988, 1026, 1027, spricht bei fehlerhafter Pfändung durch das Finanzamt von Hinnahme der Wirksamkeit eines VA; ähnlich *BGHZ* 121, 131, 134 f., zur Verbindlichkeit der behördlichen Entscheidung über das Vorliegen eines Dienstunfalls (s. auch Rn. 110).

[337] S. *BVerwG* NJW 1990, 930, für Bindung der Linienverkehrsgenehmigungsbehörde an eine Verkehrsbeschränkung der Straßenverkehrsbehörde; *OVG Münster* NVwZ-RR 2003, 327, 328, zur Unzulässigkeit des erneuten Erlasses eines durch Widerspruchsbescheid aufgehobenen VA.

wegen Nichtigkeit, § 43 Abs. 3,[338] oder aus anderen Gründen der Wirksamkeit entbehrt.[339] An dieser andersartigen Grundlage geht die Kritik[340] an der Verdopplung des Verbindlichkeitsbegriffs vorbei.

143 Unberührt bleibt die Befugnis der beachtungspflichtigen Behörden und Gerichte, den Inhalt der durch einen VA etwa bewirkten Rechtsänderungen eigenverantwortlich durch **Auslegung** festzustellen (s. auch § 35 Rn. 71 ff.; § 36 Rn. 87).[341]

144 Für die **Beurteilung der Rechtmäßigkeit** eines VA, die im Rahmen der Regelung jedenfalls nicht konstitutiv begründet wird (s. auch Rn. 129), ist die Beachtlichkeit des VA ohne Bedeutung. Die Prüfung der Rechtmäßigkeit der Amtshandlung nach § 113 StGB muss daher nicht durch besonderen Rechtssatz legitimiert werden.[342]

145 Dagegen folgt aus der Beachtlichkeit eines **Bewilligungsbescheides, dass Zahlungen nicht ohne Rechtsgrund geleistet** sind.[343] Durch die Begründung einer selbständigen, vom zugrunde liegenden Gesetz gelösten causa kann auch ein anspruchsfeststellender VA gewisse konstitutive Bedeutung besitzen.[344] Entsprechendes gilt wohl umgekehrt auch für **Leistungsbescheide,** die gesetzlich feststehende Ansprüche titulieren, für die als Grundlage des Zahlungsbefehls getroffene konstitutive Feststellung des Anspruchs.[345] Die Bedeutung des wirksamen VA als Rechtsgrund ist nicht auf Geldzahlungen beschränkt, sondern gilt für Leistungen jeder Art, etwa auch für erbrachte Arbeiten.[346]

146 Besondere Probleme bereitet die Beachtlichkeitswirkung von VAen **im Verhältnis zum Straf- und zum Ordnungswidrigkeitenrecht.**[347] Werden **Sanktionen** an die Verletzung von durch VA begründeten Verhaltenspflichten geknüpft,[348] ist nicht zuletzt unter verfassungsrechtlichem Blickwinkel jeweils fraglich, ob die bloße wirksame (und vollziehbare)[349] Existenz eines u. U. später aufgehobenen VA ausreicht oder ob es auf die durch den VA möglicherweise verfehlte materielle Rechtslage ankommen soll.

147 Diskutiert wird dies insbes. für den Bereich des Umweltrechts,[350] ferner etwa für das Steuerrecht,[351] für die Pflichten aus dem Volkszählungsgesetz[352] oder auch für die unabhängig vom Einberufungsbescheid zu beurteilende Verpflichtung zum Zivildienst.[353] In manchen Bereichen wird allerdings eher selbstverständlich vorausgesetzt, dass das Gesetz die **Zuwiderhandlung**

---

[338] *BGHZ* 74, 114, 117; *OLG Düsseldorf* NJW 1981, 2478; *OVG Lüneburg* NJW 1985, 1572; *Stelkens* NJW 1980, 2174.
[339] Vgl. zur Prüfung der Bekanntgabe etwa *BayObLG* BayVBl 1978, 770; *BAG* NJW 1981, 2023, 2024.
[340] *Seibert,* Die Bindungswirkung von Verwaltungsakten, 1989, S. 172 ff.
[341] Vgl. *BGH* NJW 1985, 1335, 1336 m. w. N.
[342] So aber *Knöpfle* BayVBl 1982, 225, 228; wie hier *Wolff/Bachof/Stober* 1, § 20 Rn. 64 m. w. N. Prüfungsbeschränkungen auf Grund eines besonderen strafrechtlichen Rechtmäßigkeitsbegriffs, dazu *Reinhart* NJW 1997, 911 ff., stehen auf einem anderen Blatt, s. § 44 Rn. 12.
[343] Vgl. etwa *BVerwGE* 8, 261, 264; 24, 92, 98 f.; *BVerwG* NJW 1993, 1610 f. m. w. N.; *VGH München* NVwZ 1985, 663; s. zuletzt *BVerwG* BayVBl 2000, 696 f., für den Fall, dass die Feststellung des Verlustes der Bezüge nach § 9 S. 3 BBesG ohne Rücksicht auf die normative Grundlage des geltend gemachten Anspruchs konstitutive Bedeutung für die Rückforderung hat.
[344] Vgl. *Maurer,* § 9 Rn. 46, § 29 Rn. 24; *Weber* JuS 1986, 29, 31; *Windthorst* JuS 1996, 894, 898.
[345] Vgl. *Randak* JuS 1992, 33, 38 m. w. N.
[346] Vgl. zu § 19 BSHG *BVerwG* 105, 370, 371; *VGH München* BayVBl 1999, 341, 342.
[347] S. dazu allg. – vor allem im Hinblick auf das Umweltstrafrecht – etwa *Breuer* DÖV 1987, 169, 176 ff.; *Rengier* ZStW 1989, 874 ff.; *Schröder* VVDStRL 50, 1991, 196, 198, 220 ff.; *Ossenbühl* DVBl 1990, 963, 969 ff. jeweils m. w. N. zur ausufernden Diskussion; *Gerhardt* BayVBl 1990, 549, 550 ff.; *Kuhlen* WiVerw 1992, 215, 217 ff.; *ders.* ZStW 1993, 697, 706 ff.; *Frisch,* Verwaltungsakzessorietät und Tatbestandsverständnis im Umweltstrafrecht, 1993; *Paeffgen* in FS Stree und Wessels, 1993, S. 587 ff.; *Schwarz* GA 1993, 318 ff.; *Rogall* GA 1995, 299 ff.; *Wohlers* ZStW 1996, 61 ff.; *Felix,* Einheit der Rechtsordnung, 1998, 16 ff., 294 ff.; *Fortun,* Die behördliche Genehmigung im strafrechtlichen Deliktsaufbau, 1998; *Rühl* JuS 1999, 521 ff.; *Heghmanns,* Grundzüge der Straftatbestände aus dem Schutz von Verwaltungsrecht oder Verwaltungshandeln, 2000; rechtsvergleichend *Faure/Oudijk* JZ 1994, 86 ff.
[348] Zu den Bestimmtheitsanforderungen s. *BVerfGE* 75, 329, 346 f.; 78, 374, 381 ff.; 80, 244, 256 f.
[349] S. *BVerfGE* 80, 244, 256; Rn. 172.
[350] *Heine/Meinberg* Gutachten zum 57. DJT, 1988, D 49 f., wo teils auf die Wirksamkeit, teils auf die Bestandskraft abgestellt wird; ferner die Referate in Verh. des 57. DJT, Bd. II, 1988, Teil L sowie etwa *Heine* NJW 1990, 2425 ff.; *Uechtritz* in FS Gelzer, 1991, S. 259 ff.; *Frisch,* Verwaltungsakzessorietät und Tatbestandsverständnis im Umweltstrafrecht, 1993.
[351] *P. Kirchhof* NJW 1985, 2977, 2982 ff., für eine weiter verstandene, s. Rn. 139 f., Tatbestandswirkung; auch *ders.* NJW 1986, 1315 f., gegen *Rößler* NJW 1986, 972 f.
[352] *Waniorek* JuS 1989, 24 ff.
[353] *BVerfGE* 105, 61, (68 f.) m. w. N.

gegen den VA als solche **mit Geldbuße bedroht,** wobei dann dessen Bestandskraft oder zumindest sofortige Vollziehbarkeit verlangt wird.[354]

Zur Verfassungsmäßigkeit einschlägiger Regelungen hat das *BVerfG* dem GG keine allgemeingültigen Anforderungen zu entnehmen vermocht. Es sieht daher in erster Linie das Gesetz dazu berufen zu entscheiden, ob die Strafbarkeit oder Anwendbarkeit einer Zuwiderhandlung gegen Verwaltungsanordnungen von deren Rechtmäßigkeit abhängen soll oder nicht. Allerdings muss das Gesetz die verfassungsrechtlichen Grenzen, zumal die **Anforderungen eingeschränkter Grundrechte,** beachten. Insbes. soll Art. 8 GG im Hinblick auf eine ggf. strafbarer Weise nicht beachtete Versammlungsauflösung, jedenfalls wenn ihre Rechtmäßigkeit verwaltungsgerichtlich noch nicht festgestellt ist, für das Strafgericht die Notwendigkeit zu eigener Prüfung dieser Frage begründen.[355]

Andererseits kann das Vorliegen einer behördlichen Entscheidung einen Verstoß gegen sonst eingreifende **Strafnormen** ausräumen. Diese sog. **Legalisierungswirkung** ist insbes. von Bedeutung bei befugnisbegründenden VAen im **Umweltrecht;**[356] für das Verhältnis zur polizeilichen Generalklausel s. Rn. 72. Die **Neuregelung** des § 330d Nr. 5 StGB hat die Diskussion dadurch auf eine neue, selbständige Grundlage im Sinne der sog. **Rechtsmissbrauchslehre** gestellt, dass er für die Straftaten gegen die Umwelt, §§ 324–330d, als ein Handeln ohne Zulassung auch ein Handeln auf Grund einer durch Drohung, Bestechung oder Kollusion erwirkten oder erschlichenen Zulassung genügen lässt.[357] Der *BGH* nimmt an, dass ohne eine derartige gesetzliche Regelung, wie namentlich im Ausländerrecht, allein die Wirksamkeit des VA entscheidend ist.[358]

Diskutiert wird ferner eine strafrechtlich relevante Legalisierungswirkung hinter der materiellen Steuerpflicht zurückbleibender **Steuerbescheide;**[359] das *BVerfG*[360] erklärt die Ablehnung einer solchen Bindung an bestandskräftige Steuerbescheide durch die Strafgerichte jedenfalls für verfassungsgemäß. Ähnliche Fragen stellen sich im Außenwirtschaftsrecht,[361] im Arbeitsförderungsrecht,[362] im Abfallrecht[363] oder auch im Wohnraum-Zweckentfremdungsrecht.[364] Auch ausländerrechtliche Strafbestimmungen knüpfen an das Fehlen bestimmter behördlicher Entscheidungen an.[365]

---

[354] Vgl. für das Auskunftsverlangen der Handwerkskammer nach § 17 Abs. 1 HandwO *OLG Hamm* NVwZ-RR 1993, 244, 245 m. w. N.; für die Anordnung der Duldung einer Nachschau nach § 9 Abs. 2 S. 1 HeimG *OLG Hamm* GewArch 1993, 68 f. m. w. N.

[355] *BVerfGE* 87, 399, 407 f. m. N.; s. auch *Bertuleit,* Sitzdemonstrationen zwischen prozedural geschützter Versammlungsfreiheit und verwaltungsakzessorischer Nötigung, 1993, S. 110 ff.; *Schieder* BayVBl 2004, 678 ff.; *Höfling* in Sachs GG, Art. 8 Rn. 64; umfassend *Werner,* Formelle und materielle Versammlungsrechtswidrigkeit, 2001.

[356] *Heine/Meinberg* Gutachten zum 57. DJT, 1988, D 49 ff. m. w. N.; ferner etwa die Referate in Verh. des 57. DJT, Bd. II, 1988, Teil L; *Winkelbauer* NStZ 1988, 201 ff.; *Kloepfer* ZfW 1989, 1, 9, 17 ff.; *Rademacher,* Die Strafbarkeit wegen Verunreinigung eines Gewässers (§ 324 StGB), 1989; *Heine* NJW 1990, 2425, 2430 ff.; *Englisch,* Zum begünstigenden Verwaltungshandeln auf der Rechtfertigungsebene im Umweltstrafrecht (§§ 324, 326 Abs. 1 StGB), Diss. Bonn 1993; insbes. zum Immissionsschutzrecht *Sach,* Genehmigung als Schutzschild?, 1994, S. 245 ff. Zu den möglichen Auswirkungen auf die Strafbarkeit beteiligter Amtsträger s. BGHSt 38, 325, 334 ff.; krit. dazu etwa *Schwarz* NStZ 1993, 285 f.; *Knopp* DÖV 1994, 676 ff.; *Michalke* NJW 1994, 1693, 1694 f.; *Hug,* Umweltstrafrechtliche Verantwortlichkeit in den Kommunen, 1996, S. 161 ff. jeweils m. w. N.; zum verfassungsrechtlichen Bedenken *BVerfG* NJW 1995, 186, 187; zur Problematik ferner *Rogall,* Die Strafbarkeit von Amtsträgern im Umweltbereich, 1991; *Wohlers* ZStW 1996, 61 ff.; *Gürbüz,* Zur Strafbarkeit von Amtsträgern im Umweltstrafrecht, 1997, S. 95 ff.; *Erdt,* Das verwaltungsakzessorische Merkmal der Unbefugtheit in § 324 StGB und seine Stellung im Deliktsaufbau, 1997, S. 51 ff.; *Schröder* DVBl 2002, 157, 161 ff.

[357] S. dazu etwa *Schmidt/Schöne* NJW 1994, 2514; *Otto* Jura 1995, 134, 138 f.; *Fortun,* Die behördliche Genehmigung im strafrechtlichen Deliktsaufbau, 1998, S. 147 ff.; *Wohlers* JZ 2001, 850 ff. jeweils m. w. N. zur älteren Diskussion; unter dem Aspekt ausreichender Bestimmtheit *Schenke/Roth* WiVerw 1997, 81, 84 ff.; in anderem Kontext auch *BVerfG* (K) NJW 2006, 3340, 3341.

[358] BGHSt 50, 105, 110 ff. m. w. N. zum Diskussionsstand.

[359] *P. Kirchhof* NJW 1986, 1315 f., und *Rößler* NJW 1986, 972 ff.

[360] NJW 1992, 35, 36.

[361] Dazu etwa *v. Bogdandy* VerwArch 1992, 53, 81, 94 f.

[362] Dazu *BayObLG* NStZ-RR 1996, 278, 279.

[363] Dazu etwa *Oebbecke* UPR 1995, 161, 162 ff.

[364] Offenbar für eine Legalisierungswirkung einer Zweckentfremdungsregelung, allerdings unmittelbar für das von den Zivilgerichten zu beurteilende „Verhältnis zwischen Vermieter und Mieter" BVerwGE 95, 341, 365.

[365] Vgl. *BVerfG* (K) NVwZ 2003, 1250 f., zur Unerheblichkeit des Fehlens einer rechtlich gebotenen Duldung; auch *Westphal/Stoppa* NJW 1999, 2137 ff. Weitergehend *BerlVerfGH* NStZ-RR 2003, 181 ff. Die

151 In den **verschiedenen Anwendungsbereichen** ist letztlich der mit Rücksicht auf die Zielsetzung der Personalisierung zu bestimmende Inhalt des Strafgesetzes entscheidend. Für Verstöße gegen repressive Verbote mit Befreiungsvorbehalt, namentlich das Verbot der Zweckentfremdung von Wohnraum, soll eine nachträglich **rückwirkend erteilte Genehmigung** die Möglichkeit der Ahndung der Ordnungswidrigkeit durch Bußgeld unberührt lässt.[366] Ob eine Legalisierungswirkung für eine Übergangszeit auch für die nicht zum VA formalisierte bloße behördliche **Duldung**[367] angenommen werden kann,[368] liegt außerhalb der hier zu behandelnden Frage nach Verboten der Abweichung von VAen.

152 **Im Verhältnis zum Zivilrecht** wird vor allem die Rechtfertigungswirkung öffentlichrechtlicher Genehmigungen mit der Folge des Ausschlusses von Abwehr- und Ersatzansprüchen diskutiert.[369] Ebenso wie im Strafrecht sind differenzierende Lösungen geboten, die den Regelungsgehalt der einschlägigen Vorschriften ebenso berücksichtigen wie den der vor dem Hintergrund der zugrunde liegenden Verwaltungsrechtsnormen zu bewertenden VAe und die subjektiven Grenzen ihres Geltungsanspruchs.[370]

153 Auch für den **unmittelbaren Vollzug von EG-Recht** durch Entscheidungen der Gemeinschaftsorgane ist ein der Selbstbindungswirkung vergleichbares bestandskraftunabhängiges Abweichungsverbot anerkannt.[371]

154 c) **Tatbestandswirkung.** Einen Sonderfall der Beachtlichkeit stellt die sog. Tatbestandswirkung **(im engeren Sinne)** dar, die im Anschluss an den überwiegenden Sprachgebrauch im Prozessrecht[372] dann anzunehmen ist, wenn nach materiellem Recht der Erlass eines wirksamen VA als solcher Voraussetzung (Tatbestandsmerkmal) für den Eintritt von Rechtsfolgen ist.[373] Ein solcher Fall wird nicht dadurch ausgeschlossen, dass es als ausreichend angesehen wird, dass der tatbestandlich vorausgesetzte VA zwar nicht ergangen ist, aber (ggf. rückwirkend) beansprucht werden kann.[374] Nur noch ein regelungstechnischer Unterschied besteht gegenüber der materiellen Bestandskraft, wenn als Tatbestandsvoraussetzung ein unanfechtbarer, d. h. formell be-

---

Berücksichtigung der materiellen Lage bei fehlendem VA einerseits und das Ausreichen des nur wirksamen VA andererseits (Rn. 149) haben die Meistbegünstigung der betroffenen Ausländer zur Folge.

[366] *BayObLG* NJW 1994, 2103, 2104 m. w. N.

[367] Zur Möglichkeit „aktiver" Duldung, der die Wirkungen eines VA zugemessen werden könnten, etwa *Pfohl* NJW 1994, 418, 421 f.; krit. gegenüber dieser Begrifflichkeit *Heider*, Die Bedeutung der behördlichen Duldung im Umweltstrafrecht, 1995, S. 30 f.

[368] Dafür *Rogall* NJW 1995, 922, 924 m. w. N., insbes. für die vorherrschende Gegenauffassung, unter Berufung darauf, dass auch eine rechtswidrige Duldung existent sei; s. auch *ders.* GA 1995, 299, 307 ff.; zum Meinungsstand *Heider*, Die Bedeutung der behördlichen Duldung im Umweltstrafrecht, 1995, S. 77 ff.; *Hüting*, Die Wirkung der behördlichen Duldung im Umweltstrafrecht, 1996, S. 33 ff.

[369] Vgl. *Jarass* VVDStRL 50, 1990, 238, 259 ff., dort auch zu weiteren Problemfeldern; *Ossenbühl* DVBl 1990, 963, 967 f.; *Peine* NJW 1990, 2442 ff.; *Wagner*, Öffentlich-rechtliche Genehmigung und zivilrechtliche Rechtswidrigkeit, 1989; s. ferner etwa *Krekeler*, Die Genehmigung gentechnischer Anlagen und Arbeiten nach dem GenTG unter Berücksichtigung europarechtlicher Vorgaben, 1994, S. 141; *Schoch* in Hoffmann-Riem/Schmidt-Aßmann, Innovation und Flexibilität des Verwaltungshandelns, 1994, S. 199, 238 f., sowie § 35 Rn. 26; s. insbes. zur Bedeutung der Baugenehmigung für den zivilrechtlichen Nachbarschutz *BVerwG* UPR 1994, 232, 233; *Preu*, Subjektivrechtliche Grundlagen des öffentlichrechtlichen Drittschutzes, 1992, S. 80 ff.; *Papier* in FS Weyreuther, 1993, S. 291, 301 ff.; zur privatrechtsgestaltenden Wirkung der immissionsschutzrechtlichen Genehmigung *Sach*, Genehmigung als Schutzschild?, 1994, S. 196 ff.; krit. *Wahl/Hermes/Sach* in Wahl, Prävention und Vorsorge, 1995, S. 249 ff.; zur Dogmatik des privatrechtsgestaltenden VA *Manssen*, Privatrechtsgestaltung durch Hoheitsakt, 1994, S. 274 ff., 284 ff.

[370] Dazu *Preu*, Subjektivrechtliche Grundlagen des öffentlichrechtlichen Drittschutzes, 1992, S. 99 ff.; *Randak* JuS 1992, 33, 38 f.

[371] Ausf. *Schroeder*, Bindungswirkungen, S. 205 ff., vergleichend zum deutschen Recht S. 247 f., 252 f.

[372] Vgl. *Stern* Verwaltungsprozessuale Probleme, Rn. 445; zu den begrifflichen Differenzen s. Rn. 107.

[373] In diesem Sinne *Knöpfle* BayVBl 1982, 225, 230; *J. Ipsen* Verwaltung 1984, 169, 177 f.; *Faber*, § 20 III c; *Kollmann* DÖV 1990, 189 ff.; *Randak* JuS 1992, 33, 35; vgl. auch eingehend *Seibert*, Die Bindungswirkung von Verwaltungsakten, 1989, S. 69 ff.; *Steinweg*, Zeitlicher Regelungsgehalt des Verwaltungsaktes, 2006, S. 79 ff.; abw. *Rohlfing*, Die Nachprüfbarkeit bestandskräftiger Verwaltungsakte im Amtshaftungsprozess, 2000, S. 254 ff.; aus der Judikatur s. etwa *BVerfGE* 83, 182, 197 f.; *BVerwGE* 60, 111; 72, 226 f.; *BGHZ* 158, 19, 22; bei gleichzeitiger Anwendung des Begriffs auf die Beachtlichkeit auch *BVerwG* NVwZ 1987, 496, 497; ebenso *Rinne* in FS Boujong, 1996, S. 633, 634; zur teilweise abweichenden Begriffsverwendung s. Rn. 140, im Verhältnis zur Beachtlichkeit, und generell Rn. 105. Gegen die Sperrwirkung nach § 8 Abs. 2 Satz 2 AuslG bei rechtswidriger Abschiebung *BVerwGE* 116, 378, 383 f. (wegen Art. 19 Abs. 4 GG).

[374] Vgl. *BVerwG* NVwZ 1999, 306 f., für Nachholung der Aufenthaltserlaubnis als reine Förmlichkeit.

standskräftiger VA verlangt wird.³⁷⁵ Gelegentlich wird Bestandskraft auch ohne ausdrückliche Festlegung im Gesetz für erforderlich gehalten,³⁷⁶ was allerdings begründungsbedürftig ist.

Von einem **umgekehrten** Fall der Tatbestandswirkung könnte man bei gesetzlichen Regelungen sprechen, die Rechtsfolgen vom Nichtvorliegen eines bestimmten VA abhängig machen, etwa Eingriffsermächtigungen bei sog. **formeller Illegalität.** Diese liegt nur vor, wenn die vorgesehene Genehmigung völlig fehlt, nicht schon, wenn einer erteilten Genehmigung nur die Vollziehbarkeit fehlt.³⁷⁷ Ebenso wenig soll es ausreichen, dass der Betreiber einer Anlage bei deren Errichtung von der erteilten Genehmigung abweicht.³⁷⁸

Unabhängig von der verwendeten Terminologie wird eine Bindung kraft Tatbestandswirkung z. B. in folgenden **Fällen** angenommen: hinsichtlich der für die Ausreisepflicht nach § 12 AuslG a. F. tatbestandlichen VAe;³⁷⁹ für die (seit fünf Jahren bestehende) Aufenthaltserlaubnis als Voraussetzung für ihre unbefristete Verlängerung gem. § 24 Abs. 1 Nr. 1 AuslG;³⁸⁰ hinsichtlich des Grundsatzes „ne bis in idem" für das die erneute Bestrafung ausschließende Vorliegen eines ersten Bußgeldbescheides;³⁸¹ hinsichtlich der Schutzbereichsanordnung nach §§ 2, 9 SchutzbereichsG für die Genehmigung baulicher Anlagen nach § 3 SchutzbereichsG;³⁸² hinsichtlich des Aufnahmebescheids nach §§ 26 ff. BVFG n. F.; für das Ausweiserteilungsverfahren nach § 15 Abs. 1 BVFG a. F., allerdings nur bezogen auf das Verlassen des Vertreibungsgebiets im Wege der Aufnahme, nicht auch auf die nur als Vorfrage (Rn. 59) geprüfte Frage der Volkszugehörigkeit.³⁸³

Weitere Beispiele für die Annahme von Tatbestandswirkung finden sich etwa hinsichtlich des Zustimmungsbescheides der Hauptfürsorgestelle für die Wirksamkeit der Kündigung eines Schwerbehinderten nach § 12 SchwbG a. F.;³⁸⁴ hinsichtlich der Genehmigung einer Mieterhöhung für deren Rechtswirksamkeit;³⁸⁵ hinsichtlich der Prüfungsentscheidung im Staatsexamen für die Beendigung des Beamtenverhältnisses;³⁸⁶ hinsichtlich der (vollziehbaren) Anordnung einer versäumten Nachschulung für die Entziehung der Fahrerlaubnis auf Probe gem. § 2 a Abs. 2, 3 StVG;³⁸⁷ hinsichtlich der Löschung in der Handwerksrolle bei vollziehbarer Untersagungsverfügung nach § 35 GewO;³⁸⁸ zur Bindung an die Feststellung der medizinischen Voraussetzungen einer Befreiung von der Rundfunkgebührenpflicht s. Rn. 126. Eine Art negativer Tatbestandswirkung nimmt für das Nicht-Bestehen vorgeschriebener Laufbahnprüfungen gem. § 66 BBesG das *BVerwG*³⁸⁹ an, wonach die Kürzung der Bezüge unabhängig von Rechtmäßigkeit, Bestands- oder Rechtskraft negativer Prüfungsentscheidungen zulässig ist; zur Indizierung wegen Inhaltsgleichheit nach § 18 a GjS s. *VG Köln* NJW 1989, 418. Zu einer hinsichtlich der Tatsachengrundlagen begrenzten Bindung nach § 68 a BSHG *BVerwGE* 116, 272, 274.

---

³⁷⁵ So in § 26 Abs. 1 Nr. 1 AsylVfG für die unanfechtbare Anerkennung des Ehegatten als asylberechtigt als Voraussetzung des Familienasyls; insoweit für analoge Anwendung auf Elternteile für Familienasyl von Kindern *BVerwGE* 107, 231, 233 f. S. auch die Bindung der über Ersatzansprüche entscheidenden Gerichte an „unanfechtbare" Entscheidungen von Unfallversicherungsträgern nach § 108 Abs. 1 SGB VII; ähnlich auch zum „rechtskräftige(n)" Bußgeldbescheid § 2 a Abs. 2 S. 2 StVG, vgl. dazu bei unterbliebenem Einspruch *OVG Hamburg* NJW 2007, 1225.
³⁷⁶ So (ohne Begründung) für die Feststellung des Verlustes der Bezüge nach § 9 S. 3 BBesG wohl *BVerwGE* 109, 357, 359 f., wo dies allerdings nicht entscheidungserheblich war, weil eine solche Feststellung teils gar nicht erfolgt, teils gerichtlich wieder aufgehoben worden war.
³⁷⁷ So unter Berufung auf die ratio legis für § 20 Abs. 2 S. 1 BImSchG *BVerwGE* 89, 357, 359 ff.
³⁷⁸ *VGH Mannheim* DVBl 2000, 203 ff., zu § 19 Abs. 3 Nr. 3 AtG.
³⁷⁹ Bei der Entscheidung über die Abschiebehaft *BGHZ* 78, 145, 147; *BayObLG* NJW 1983, 522.
³⁸⁰ *BVerwG* NVwZ 1999, 306 f.; vgl. auch für die Abhängigkeit einer Befreiung nach § 2 Abs. 2 DVAuslG bei Aufenthalt eines Elternteils mit gültiger Aufenthaltserlaubnis *VGH Kassel* NVwZ-RR 1997, 659, 661.
³⁸¹ *OLG Saarbrücken* NJW 1992, 3183, 3184.
³⁸² *BGHZ* 117, 159, 168.
³⁸³ *BVerwGE* 95, 311, 319; auch *OVG Lüneburg* NVwZ-RR 1994, 696 f.
³⁸⁴ *BAG* NJW 1981, 2023, 2024.
³⁸⁵ *BVerwG* NJW 1986, 1628, 1629, bei Ausschluss jeder Bindung hinsichtlich der Genehmigungsvoraussetzungen.
³⁸⁶ *VGH München* BayVBl 1972, 617 zum 2. jur. Staatsexamen; *Kopp/Ramsauer*, § 43 Rn. 24; a. A. *Knöpfle* BayVBl 1982, 225, 229 Fn. 49. Hierher dürfte auch die Berücksichtigung des Prüfungsergebnisses nach § 6 Abs. 1 S. 1 BNotO gehören, dazu *BGH* NJW 2001, 758.
³⁸⁷ *OVG Magdeburg* NJW 1999, 442.
³⁸⁸ *BVerwG* NVwZ-RR 1992, 547, wo trotz Hinweises auf die zwischenzeitlich eingetretene Bestandskraft maßgeblich auf den Zeitpunkt abgestellt wird, in dem der Handwerker nach der Verfügung den Gewerbebetrieb nicht fortführen darf; für bestandskräftige Untersagung ebenso *VG Schleswig* NVwZ-RR 2000, 19.
³⁸⁹ NVwZ 1989, 874 f.

158 Einen **gesetzlich geregelten Fall** von Tatbestandswirkung enthält § 4 S. 1 AsylVfG mit der Anordnung der Verbindlichkeit der Behördenentscheidung „in allen Angelegenheiten, ... in denen die Anerkennung ... rechtserheblich ist".[390] Die schon vor der **Anerkennung dem Asylbewerber** zustehende Aufenthaltsgestattung nach Gesetz besteht als solche auch nach der Anerkennung grundsätzlich fort;[391] es handelt sich also nicht um eine Wirkung der Anerkennungsentscheidung. § 25 Abs. 2 StrRehaG sieht die Gewährung von Leistungen nach den §§ 17 bis 19 des Gesetzes an Personen vor, die eine Bescheinigung nach § 10 Abs. 4 HHG erhalten haben.[392]

159 Um eine **gesetzlich angeordnete Tatbestandswirkung** handelt es sich auch bei der Voraussetzung der Genehmigung eines Bauvorhabens für das Verlangen von Vorausleistungen auf die Erschließungsbeitragspflicht nach § 133 Abs. 3 S. 1 BauGB.[393] Säumniszuschläge für festgesetzte und fällige Abgaben sollen verwirkt bleiben, selbst wenn der Abgabenbescheid als rechtswidrig aufgehoben wird (s. aber Rn. 231).[394] Der BGH[395] lässt offen, ob eine Falschbeurkundung im Amt auch bei Erteilung einer nichtigen Fahrerlaubnis vorliegen kann. Eine Tatbestandswirkung verneint mangels VA-Charakter das *OVG Berlin*[396] für die Auflösungsentscheidung bei einer DDR-Einrichtung. Ob § 35 Abs. 3 S. 2 TKG eine Tatbestandswirkung enthält, soweit es der Prüfung der Voraussetzungen für den besonderen Netzzugang nicht bedarf, wenn dem Nutzer eine Lizenz nach § 8 TKG erteilt wurde, hängt davon ab, ob die Bestimmung die erneute Prüfung zwingend ausschließt.

160 **d) Feststellungswirkung.** Der gleichfalls in unterschiedlicher Bedeutung (Rn. 105) verwendete Begriff der Feststellungswirkung[397] bezieht sich spezifisch auf die Bindung von Gerichten und Behörden an rechtliche Beurteilungen oder Sachverhaltsfeststellungen zur Begründung eines VA.[398] Diese Bindung an Entscheidungselemente geht über den objektiven Umfang der Bestandskraft hinaus, unterliegt aber denselben Grenzen in zeitlicher und grundsätzlich auch in subjektiver Hinsicht.[399] Da sie auch nicht an bewirkte Rechtsänderungen anknüpft, bedarf sie jeweils besonderer gesetzlicher Begründung.[400]

161 Während sich Regelungen derartiger Wirkungen von Gerichtsentscheidungen häufiger finden,[401] wird für VAe durchweg nur auf die Verbindlichkeit der für die Ausstellung des Ausweises der Vertriebenenbehörde präjudiziellen deutschen Volkszugehörigkeit bei Entscheidung der Einbürgerungsbehörde nach **§ 15 Abs. 5 BVFG a. F.** (ähnlich jetzt § 15 Abs. 1 S. 2–4 BVFG n. F. für die Bescheinigung über die Spätaussiedlereigenschaft) hingewiesen (s. auch Rn. 126).[402] Dabei

---

[390] Vgl. *Funke-Kaiser* in Gemeinschaftskommentar zum AsylVfG, Stand Juni 2006, II § 4 Rn. 4 f.; skeptisch zur vorgängigen Regelung in § 18 S. 1 AsylVfG a. F. *Seibert*, Die Bindungswirkung von Verwaltungsakten, 1989, S. 83 f. mit weiteren Beispielsvorschriften; die von *Marx*, Asylverfahrensgesetz, 6. Aufl. 2005, § 4 Rn. 3, generell geforderte Unanfechtbarkeit ist für die Bindung nur erforderlich, wenn die bezugnehmende Vorschrift dies besonders vorsieht.

[391] S. BVerwGE 81, 155, 158.

[392] Vgl. *BVerwG* LKV 2007, 30, 31, wonach nur die Entscheidung nach § 25 Abs. 2 StrRehaG als solche von der Tatbestandswirkung erfasst wird, während die Behörde frei sein soll, trotz Fortbestandes der Häftlingshilfebescheinigung die Rücknahme einer Versagung der Leistungen nach dem StrRehaG zu versagen.

[393] Zur Bedeutung dieses Tatbestandsmerkmals vgl. BVerwGE 89, 177, 179.

[394] So *VGH München* NVwZ-RR 1990, 107 f.

[395] NJW 1991, 576, 577.

[396] DVBl 1992, 288, 289.

[397] *Seibert*, Die Bindungswirkung von Verwaltungsakten, 1989, S. 127 ff.; *v. Bogdandy* VerwArch 1992, 53, 81; *Rohlfing*, Die Nachprüfbarkeit bestandskräftiger Verwaltungsakte im Amtshaftungsprozess, 2000, S. 269 ff.; *Steinweg*, Zeitlicher Regelungsgehalt des Verwaltungsaktes, 2006, S. 87 f.; *Schroeder*, Bindungswirkungen, S. 229 ff., 230, 299 ff.

[398] *Huxholl*, Die Erledigung eines Verwaltungsakts im Widerspruchsverfahren, 1995, S. 55 m. w. N.

[399] Wie hier *Schroeder*, Bindungswirkungen, S. 299; abw. für eine Erweiterung der subjektiven Grenzen der Bestandskraft *Randak* JuS 1992, 33, 35 f.

[400] Vgl. BGHZ 158, 19, 22 f.; *Knöpfle* BayVBl 1982, 225, 229 f.; *Maurer*, § 11 Rn. 9; *Ule/Laubinger*, § 56 Rn. 4; *Stern* Verwaltungsprozessuale Probleme, Rn. 445; *Huxholl*, Die Erledigung eines Verwaltungsakts im Widerspruchsverfahren, 1995, S. 55 m. w. N.

[401] Vgl. die bei *Wolff* I, § 20 V c, und *Stern* Verwaltungsprozessuale Probleme, Rn. 445, genannten Fälle: § 18 Abs. 1 BDO, § 4 Abs. 3 StVG, § 35 Abs. 3 GewO.

[402] BVerwGE 34, 90 ff.; 35, 316 ff.; 60, 316, 320 f.; 114, 332, 337 f.; zur Begrenzung der personellen Reichweite *BVerwG* NVwZ-RR 2001, 275; BVerwGE 123, 101, 103 ff.; zur Neuregelung *Peters* NVwZ 2007, 1028, 1029; für Bindung bei Entscheidungen nach § 1 StARegG gegen BVerwGE 66, 277, 281; *Kollmann* DÖV 1990, 189, 190, 192, 194 f., zählt § 21 Abs. 1 BauGB a. F. hierher, hält aber zugleich eine Feststellungswirkung von VAen für unmöglich; gegen diese Terminologie *Randak* JuS 1992, 33, 35; für § 88 Abs. 3

§ 43 Wirksamkeit des Verwaltungsaktes

dient die Vorschrift zugleich als Grundlage für den **Umkehrschluss** gegen die Annahme von Feststellungswirkungen in **anderen Fällen,** in denen es an einer entsprechenden gesetzlichen Grundlage fehlt.[403] VAe, die auf die Feststellung tatbestandlicher Voraussetzungen bestimmter Rechtsfolgen gerichtet sind, sind unabhängig von besonderen Feststellungswirkungen verbindlich.[404]

Dies ist weniger ein Anlass, den Begriff der Feststellungswirkung, sofern er im strikt begrenzten Sinne gebraucht wird, aus dem Verwaltungsverfahrensrecht zu verbannen,[405] als Ausdruck der **konsequenten Begrenzung** dieser weitreichenden Bindung durch das Gesetz; selbst der Wortlaut des § 15 Abs. 5 BVFG a. F., der „die Entscheidung über die Ausstellung des Ausweises" für verbindlich erklärt, gibt für eine Erstreckung wenig her.[406] Neuere Entscheidungen relativieren die Reichweite der Bindung[407] oder sprechen schon in Bezug auf die Vertriebeneneigenschaft selbst von Feststellungswirkung.[408]

V. Wirksamkeit des VA

1. Begriff der Wirksamkeit

Der in der Überschrift des § 43 enthaltene Begriff der Wirksamkeit des VA[409] wird in der Vorschrift nicht definiert, sondern vorausgesetzt. Daher bestehen manche **Unsicherheiten über seine Bedeutung,** die dadurch verstärkt werden, dass mit dem Begriff verschiedene Inhalte erfasst werden,[410] für die sich die Bezeichnungen der äußeren und der inneren Wirksamkeit[411] mangels überzeugender Alternativen durchgesetzt haben.[412]

a) Äußere Wirksamkeit. Die äußere Wirksamkeit meint die (nicht notwendig vollkommene) Rechtsbeständigkeit des VA[413] als Staatsakt, unabhängig von seinem Inhalt. Der dafür teils bevorzugte Begriff der **rechtlichen Existenz** des VA[414] würde der bei sonstigen Staatsakten, namentlich Gesetzen, üblichen Terminologie entsprechen.[415]

Doch bliebe dabei unberücksichtigt, dass der VA anders als das Gesetz schon in seiner äußeren **Rechtsbeständigkeit,** die namentlich für die Anfechtbarkeit ausschlaggebend ist (Rn. 53 f.),[416] nach § 43 Abs. 1 **relativ** ist (dazu auch Rn. 21 und ff.).[417] Die als solche nicht der

---

S. 1 SVG als Fall der Feststellungswirkung *Riecker,* Die Versorgungsverwaltung 1989, 90; ähnlich die erweiterte Bindungswirkung von Statusentscheidungen nach dem SchwbG, dazu *BVerwGE* 112, 92, 95; o. Rn. 46.
[403] Vgl. etwa *BVerwG* Buchholz 412.3 § 6 BVFG Nr. 55; *BVerwG* NVwZ-RR 2005, 739, 741.
[404] Vgl. zur Feststellung der Voraussetzungen nach § 60 Abs. 7 AufenthG (auf der Grundlage des § 42 S. 1 AsylVfG) *BVerwGE* 124, 326, 330 f.; für negative Feststellung *BVerwG* NVwZ 2006, 1418 f.; *VGH Mannheim* VBlBW 2005, 356, 357; NVwZ-RR 2006, 145, 146 (entspr. zu § 60 Abs. 1 AufenthG); zu § 51 Abs. 1 AuslG, § 4 AsylVfG *VG Ansbach* NVwZ-RR 2002, 604.
[405] Dafür *J. Ipsen* Verwaltung 1984, 169, 178.
[406] Skeptisch daher auch *Seibert,* Die Bindungswirkung von Verwaltungsakten, 1989, S. 131 f.; für eine Erweiterung des Entscheidungsgegenstandes *Randak* JuS 1992, 33, 35.
[407] S. *BVerwG* NVwZ-RR 1990, 658 f.
[408] *BVerwGE* 85, 79, 82; *BVerwG* NVwZ 1990, 1069, 1070; bei Erstreckung auf den Ehegatten *BVerwGE* 78, 139, 145; gegen Feststellungswirkung für deutsche Volkszugehörigkeit bei Vertriebenenausweisen gem. § 1 Abs. 3 BVFG *VGH Mannheim* DÖV 1990, 793 und die Rechtsanwendungspraxis.
[409] Zur Rechtsprechung hierzu seit 1993 *Berg/Dragunski* JZ 1998, 774, 777 f. Für Übernahme für die Aussetzung der Vollziehung statt fehlender VA-Qualität *OVG Münster* NVwZ-RR 2004, 725.
[410] Gegen die doppelte Bedeutung der Wirksamkeit *Schmidt-de Caluwe* VerwArch 1999, 49 ff.; auch *Francke,* in: Dannhauer/Dörr (Hrsg.), 5 Standpunkte im Verwaltungsrecht, 2003, S. 9 (11 ff.); abl. *B. Erbguth,* Der Rechtsschutz gegen die Aufhebung begünstigender Verwaltungsakte, 1999, S. 39 ff.
[411] *BVerwGE* 13, 1, 6 f.; 55, 212, 214 ff.; 57, 69, 70; *BVerwG* DVBl 1978, 628, 629; NVwZ 1983, 608; *BVerwGE* 88, 278, 281; *VGH Mannheim* NJW 1991, 1698; *OVG Magdeburg* NVwZ 2000, 208, 209.
[412] Ausf. Nachw. bei *Schroeder,* Bindungswirkungen, S. 86 Fn. 212.
[413] *Forsthoff,* S. 224 f.; zum früher verbreiteten, irreführenden Begriff der (Un-)Gültigkeit *Sachs* VerwArch 2006, 573, 580 Fn. 40. Von äußerer Bekanntgabe spricht *VG Schleswig* NordÖR 2002, 151.
[414] *Stober* in Wolff/Bachof u. a., I, § 48 Rn. 3; *Schäfer* in Obermayer, § 43 Rn. 7, 9, 28; gleichsetzend auch *BGHZ* 129, 112, 117; *OVG Münster* NVwZ 1992, 991; *OVG Hamburg* DVBl 1999, 410 Nr. 18; *Kopp/Ramsauer,* § 43 Rn. 4; *Meyer/Borgs,* § 43 Rn. 4; *Ruffert* in Erichsen/Ehlers § 21 Rn. 15; *Knöpfle* BayVBl 1982, 225, 229; insbes. auch für SteuerVAe *Höfling* JA 1999, 728 ff.; abl. *Schmidt-de Caluwe* VerwArch 1999, 49, 57 ff.
[415] *BVerfGE* 42, 263, 283; 72, 200, 241; *BFHE* 193, 301, 308; auch *Stern,* Staatsrecht II, S. 633 f., 637 f.
[416] Dasselbe gilt für schon vor ihrem Inkrafttreten der Normenkontrolle unterworfene Gesetze, *BVerfGE* 1, 396, 410; 34, 9, 23; 42, 263, 283; *Stern* in BK, Art. 93, 1982, Rn. 264 m. w. N., 287.
[417] *Schroeder,* Bindungswirkungen, S. 87 m. w. N.; ausf. *B. Erbguth,* Der Rechtsschutz gegen die Aufhebung begünstigender Verwaltungsakte, 1999, S. 62 ff.

Relativierung fähige Existenz des VA überhaupt tritt bereits ein, wenn der VA auch nur einem Betroffenen gegenüber äußere Wirksamkeit erlangt;[418] die äußere Wirksamkeit wiederum kann nach Maßgabe der jeweiligen Bekanntgabe für die verschiedenen Betroffenen zu unterschiedlichen Zeitpunkten eintreten (näher Rn. 179 f.).[419] Insoweit ist zwischen Existenz und äußerer Wirksamkeit des VA zu unterscheiden.[420] Soweit ein VA ausnahmsweise ohne Bekanntgabe ergehen kann (Rn. 175), wird er mit seiner (internen) Vornahme zugleich existent und erlangt äußere Wirksamkeit gegenüber Betroffenen.

166 **b) Innere Wirksamkeit.** Die innere Wirksamkeit des VA bedeutet wie das Inkrafttreten bei einem Gesetz (Rn. 164), dass sich die in der Regelung **vorgesehenen Rechtswirkungen entfalten.**[421] Auch der Eintritt sonstiger „Wirkungen" des VA (Rn. 134 ff.) setzt in unterschiedlicher Weise zumindest seine innere Wirksamkeit voraus.[422] Problematisch ist die Annahme, von einem rechtswidrigen Nachprüfungsvorbehalt, der nicht nichtig, somit wirksam ist (Rn. 222), dürfe kein Gebrauch gemacht werden, wenn die Rechtswidrigkeit daraus folgt, dass eine solche Regelung nicht gesetzlich vorgesehen ist.[423]

167 **c) Verhältnis von äußerer und innerer Wirksamkeit.** Innere und äußere Wirksamkeit **können auseinanderfallen.** In der Ausgangskonstellation, dass die im VA enthaltene Regelung zu einem früheren oder späteren Zeitpunkt als dem des Eintritts der äußeren Wirksamkeit „in Kraft gesetzt" wird,[424] ist diese Annahme allerdings entbehrlich. Im Falle einer im VA **angeordneten Rückwirkung** geht es wie beim rückwirkenden Gesetz nicht um das Inkrafttreten der Regelung, sondern um ihren Inhalt.[425] Anderenfalls müsste die innere der äußeren Wirksamkeit vorausgehen.

168 Ebenso muss die **Verschiebung** des Eintritts von Rechtswirkungen **in die Zukunft** nicht mit einer Verzögerung des Inkrafttretens erklärt werden, sondern ist als Nebenbestimmung (Bedingung, Befristung) spezifischer Bestandteil der von Anfang an so innerlich wirksamen Regelung[426] (s. § 36 Rn. 73, 75); dem entspricht auch die Behandlung auflösender Bedingung und Befristung als Fällen der Erledigung (s. Rn. 207 f.).

169 Die innere Wirksamkeit des VA ist Voraussetzung für den Eintritt der geregelten Rechtswirkungen, nicht mit diesen identisch.[427] Der wichtigste Fall eines VA, dem bei äußerer Wirksamkeit die innere fehlt, ist die in § 43 Abs. 3 geregelte Unwirksamkeit bei **Nichtigkeit** (Rn. 222 ff.). Neben diesem dauernden Ausschluss innerer Wirksamkeit ist an die umstrittene Möglichkeit **schwebender Unwirksamkeit** zu denken (Rn. 183); außerdem können die regelmäßig mit der inneren Wirksamkeit eintretenden Gestaltungswirkungen eines VA[428] kraft gesetzlicher Anordnung an die Unanfechtbarkeit geknüpft sein.[429]

---

[418] So ausdrücklich *BGH* NJW 1998, 3055, 3056; *OVG Münster* NVwZ 1992, 991; *OVG Magdeburg* NVwZ 2000, 208, 209; *Maurer*, § 9 Rn. 66; für rechtliche Existenz *Ehlers* in FS Erichsen, 2004, S 1, 2; *ders.* Verwaltung 2004, 255, 272; auch *Schwarz* in Fehling u. a., § 43 Rn. 25.
[419] Dazu auch *Gröpl* JA 1995, 904, 906.
[420] Ähnlich *Schmidt-de Caluwe* VerwArch 1999, 49, 57 ff.; *Brüning*, Einstweilige Verwaltungsführung, 2003, S. 130; anders etwa *Steinweg*, Zeitlicher Regelungsgehalt des Verwaltungsaktes, 2006, S. 52 m. w. N.; für nur terminologische Frage *Ehlers* in FS Erichsen, 2004, S. 1, 3.
[421] Ausdrücklich *BGH* NJW 1996, 2030; *OVG Magdeburg* NVwZ 2000, 208, 209; *Brüning*, Einstweilige Verwaltungsführung, 2003, S. 131; *Ehlers* in FS Erichsen, 2004, S. 1, 3; für „Verbindlichkeit" BVerwGE 123, 292, 297; *Wolff/Bachof/Stober* 2, § 48 Rn. 7; *Obermayer* Verwaltungsrecht, S. 96; *Schäfer* in Obermayer, VwVfG, § 43 Rn. 1; *Schroeder*, Bindungswirkungen, S. 94 f. m. w. N.; abl. *J. Ipsen* Verwaltung 1984, 169, 172; für „Geltung" *Meyer/Borgs*, § 43 Rn. 13; auch *H. Meyer* in Knack, § 43 Rn. 3, 6.
[422] Für Tatbestands- und Feststellungswirkungen als Teil der inneren Wirksamkeit aber *Kopp/Ramsauer*, § 43 Rn. 3; missverständlich auch *Wolff/Bachof/Stober* 2, § 48 Rn. 8; klar trennend *Schäfer* in Obermayer, VwVfG, § 43 Rn. 12.
[423] So *BVerwG* NVwZ 1998, 1061, 1063 m. w. N.
[424] BVerwGE 13, 1, 6 f.
[425] Vgl. ausf. hierzu *B. Erbguth*, Der Rechtsschutz gegen die Aufhebung begünstigender Verwaltungsakte, 1999; hier übereinstimmend auch *Schmidt-de Caluwe* VerwArch 1999, 49, 63.
[426] Insoweit zust. *Schmidt-de Caluwe* VerwArch 1999, 49, 63; *Ehlers* in FS Erichsen, 2004, S. 1, 11 f.
[427] Anders wohl BVerwGE 57, 69, 70; *Mayer/Kopp*, § 11 VI 1; *Stober* in Wolff/Bachof u. a., I, § 48 Rn. 8.
[428] Vgl ausdrücklich etwa *BGH* NJW 1996, 2030.
[429] S. § 34 Abs. 1 S. 1 HS 1 VermG für den Rückübertragungsbescheid; dazu *BGH* NJW 1996, 2030; DtZ 1997, 223, 224 m. N.; NJW 1998, 3055, 3056; s. auch *BayObLG* NJW-RR 2000, 92, für den das Vorkaufsrecht nach dem BayNatSchG ausübenden Bescheid.

Grundsätzlich tritt aber die **innere Wirksamkeit eines VA zugleich mit der äußeren** 170 ein. Dies bedeutet insbes., dass sie anders als die materielle Bestandskraft (Rn. 53 f.) nicht von der Unanfechtbarkeit abhängig ist.[430] Grundsätzlich darf die Wirksamkeit des (bereits rechtlich gebotenen, „fälligen") VA auch nicht durch einen entsprechenden Vorbehalt bis zur Unanfechtbarkeit hinausgeschoben werden;[431] die Wirksamkeit eines solchen Vorbehalts wird aber nicht infrage gestellt (s. auch Rn. 178). Ob und ggf. welche Auswirkungen sich für die Wirksamkeit eines VA im Falle seiner Anfechtung mit Rücksicht auf die aufschiebende Wirkung nach § 80 Abs. 1 VwGO ergeben, ist umstritten (Rn. 227 ff.).

Jedenfalls beim nicht angefochtenen VA ist mit der inneren Wirksamkeit des VA zugleich seine 171 **Vollziehbarkeit** gegeben, die einen Sonderfall der Beachtlichkeit (Rn. 137 ff.) darstellt. Sie bedeutet vor allem, dass ein im VA aufgegebenes Gebot oder Verbot vorbehaltlich weitergehender gesetzlicher Anforderungen (s. Rn. 172 a. E.) durchgesetzt werden darf.[432] In einem weiteren Sinne umfasst die Vollziehbarkeit auch alle sonstigen Möglichkeiten, die in einem VA geregelten Rechtsfolgen zu realisieren,[433] wobei dies von behördlicher Seite, aber auch durch das Handeln der Betroffenen, etwa durch Gebrauchmachen von einer Genehmigung, möglich sein soll (s. auch Rn. 227 ff.).

Die Vollziehbarkeit eines VA **kann vom Erlass eines weiteren VA abhängig** gemacht 172 werden; so erfordert ein Freigabevorbehalt im Atomrecht eine Bestätigung durch VA (§ 44 Rn. 68), dass die Vollziehbarkeit der atomrechtlichen Genehmigung nach Sicherheitsprüfung eingetreten ist.[434] Ohne Vollziehbarkeit kann eine **Strafe** oder **Geldbuße** wegen Verstoßes gegen das im VA ausgesprochene Ge- oder Verbot nicht verhängt werden;[435] nicht notwendig ist allerdings, dass der VA unanfechtbar geworden ist;[436] zur Frage der Beachtlichkeit von VAen im Strafrecht s. Rn. 146 ff. Nach § 6 VwVG und entsprechenden Vorschriften der Vollstreckungsgesetze der Länder kann ein VA grundsätzlich erst nach Unanfechtbarkeit oder Anordnung der sofortigen Vollziehung im Wege der **Vollstreckung** durchgesetzt werden.[437] Im Übrigen kommt es für die Vollstreckbarkeit allein auf die Wirksamkeit, nicht auf die Rechtmäßigkeit des VA an (Rn. 29).

Fehlt schon die **äußere Wirksamkeit** (zu den Anwendungsfällen s. Rn. 176), ist der VA 173 ebenso wie im Falle seiner Nichtigkeit (Rn. 222 ff.) der **inneren Wirksamkeit nicht fähig**.[438] Demgegenüber erscheint die Rückverweisung auf die Unwirksamkeit in § 43 Abs. 3 als konstruktiver Umweg und wegen der bei nichtigen VAen sonst anzunehmenden äußeren Wirksamkeit (Rn. 222) dogmatisch eher irreführend, wenngleich die Folgen für den Bürger in der Regel gleich sind. Fehlende äußere Wirksamkeit schließt jede Pflicht zur Beachtung aus; denkbar bleibt allerdings eine faktische Beachtung infolge eines auch hier häufig vorliegenden[439] Rechtsscheins.[440] S. zum Rechtsschutz ferner Rn. 226 sowie § 41 Rn. 226 f.; § 44 Rn. 199 ff.

2. Beginn der Wirksamkeit (Abs. 1)

Nach Abs. 1 ist für den Eintritt der äußeren Wirksamkeit (Rn. 164 f., 182) der Zeitpunkt der 174 Bekanntgabe (§ 41) maßgebend.[441] Unter Bekanntgabe ist die wirksame Bekanntgabe (Rn. 176)

---

[430] Missverständlich *BVerwG* BRS 35, Nr. 126, S. 243; *VGH München* BayVBl 2004, 564, 565.
[431] Vgl. für eine Namensänderung *BVerwGE* 67, 52, 57; auch *OVG Münster* NJW 1993, 345, 346; für eine zulässige Verschiebung des Wirksamwerdens *BVerwGE* 123, 292, 297 f.
[432] S. v. *Mutius* BauR 1975, 382, 386; dazu auch *Renck* DÖV 1972, 343, 344.
[433] *Wolff/Bachof/Stober* 2, § 48 Rn. 9; s. auch *Brüning*, Einstweilige Verwaltungsführung, 2003, S. 132.
[434] *Ossenbühl* DVBl 1980, 803, 805; s. auch *Rumpel* NVwZ 1989, 1132, 1138; zur Begrenzung dieser Möglichkeit auf attestierende Freigaben s. *BVerwGE* 80, 207, 214; *Wieland* DVBl 1991, 616, 619 f.
[435] *OLG Hamm* NJW 1980, 1476.
[436] *BVerfGE* 80, 244, 255 f.; *BVerfG (K)* NJW 1990, 3139 f.; *BGH* NJW 1969, 2023; *OLG Hamburg* NJW 1980, 1007, 1008; *AG Frankfurt a. M.* NVwZ 1983, 702 m. w. N.
[437] *Renck* BayVBl 1991, 743, 744 Fn. 7, identifiziert offenbar Vollziehung und Vollstreckung. Für analoge Anwendung dieser Bestimmung auf gestaltende VAe, deren Wirkung danach von der Vollziehbarkeit abhängig ist, *Beckmann* VR 1998, 123 f.
[438] So auch *Ehlers* in FS Erichsen, 2004, S. 1, 9 (krit. zu *BGH* NJW 1998, 3055 f.). Für Nichtigkeit *OVG Hamburg* DVBl 1982, 218; *Skouris* VerwArch 1974, 264, 275 f.; *Krebs* VerwArch 1977, 285, 288 f.; s. auch § 41 Rn. 28.
[439] *BVerwG* NVwZ 1987, 330.
[440] Missverständlich *VGH München* NJW 1984, 2845 f., nach Bekanntgabe an Geschäftsunfähigen.
[441] Gegenüber abweichenden Stimmen dies bestätigend *B. Erbguth*, Der Rechtsschutz gegen die Aufhebung begünstigender Verwaltungsakte, 1999, S. 50 ff. m. w. N.

zu verstehen.[442] S. auch § 69 Rn. 21 zum Wirksamkeitsbeginn durch Zustellungsfiktion. Die Abhängigkeit der Rechtswirkungen eines VA von seiner **Bekanntgabe gegenüber dem Betroffenen** entspricht rechtsstaatlichen Erfordernissen.[443] Auch in vereinfachten Verfahren ist die Bekanntgabe nicht entbehrlich.[444]

175 **Gesetzlich geregelte Abweichungen** sind zumal im Hinblick auf Art. 19 Abs. 4 GG nur in engen Grenzen möglich, wie etwa in den Fällen öffentlicher Bekanntgabe, die nicht jedem Betroffenen tatsächlich zur Kenntnis kommen muss (§ 41 Rn. 2, 148f.). Aus besonderen, verfassungsrechtlich legitimen Gründen kann gesetzlich vorgesehen werden, dass gegenüber einzelnen Betroffenen wirksame Anordnungen erfolgen, die ihnen nicht bekannt gegeben werden, wie Einschränkungen nach dem G 10[445] auf Grund von Art. 10 Abs. 2 S. 2 GG. Zumeist fehlt es in vergleichbaren Fällen zumal heimlich vorgenommener faktischer Einwirkungen[446] allerdings überhaupt an einem VA (vgl. § 35 Rn. 93ff., 165). Ein bekanntgabebedürftiger VA fehlt auch, wenn ein solcher gesetzlich fingiert wird (§ 35 Rn. 35, 66ff.); auch dies ist verfassungsrechtlich nicht uneingeschränkt zulässig.

176 **a) Voraussetzungen wirksamer Bekanntgabe.** Nicht wirksam wird ein VA bei unzulässiger Zustellung (vgl. § 41 Rn. 54, 61ff., 93),[447] die keine wirksame Bekanntgabe darstellt (§ 41 Rn. 204). Ebenso wenig wirksam wird ein ohne Bekanntgabewillen der Behörde bekannt gewordener VA,[448] ein schriftlicher VA, solange nicht ein entsprechendes Schriftstück ausgehändigt ist (s. auch § 41 Rn. 11, 55, 65ff., 213),[449] desgleichen der einem **Beteiligungsunfähigen** bekannt gegebene VA (dazu § 11 Rn. 9), sowie ein VA, dessen Regelungsadressat nicht zu identifizieren ist.[450] Für Bekanntgabe an einen **handlungsunfähigen Adressaten** s. § 41 Rn. 50, 52; an Personenmehrheiten s. § 41 Rn. 22, 75ff., 97. Voraussetzung ist ferner, dass der **Adressat** bei Bekanntgabe noch lebt oder als juristische Person **noch existiert**.[451] Ist ein Bescheid an mehrere Personen gerichtet (§ 41 Rn. 22, 75ff., 97), von denen nur noch eine lebt, ist er dieser gegenüber wirksam.[452] S. auch § 44 Rn. 111f., 143.

177 Eine **rückwirkende Heilung** einer unwirksamen Bekanntgabe ist **nicht möglich**;[453] der VA muss neu erlassen werden.[454] Eine **Heilung für die Zukunft** ist, auch bei Verletzung von

---

[442] Ebenso ausdrücklich *Allesch* BayVBl 2000, 361; vgl. auch *VG Stuttgart* VBlBW 1989, 272 m. w. N.
[443] Vgl. *BVerfGE* 84, 133, 159 m. w. N., wo eine Wiederholung dieser allgemeinen Verfahrensregel im Einigungsvertrag, bezogen auf die Abwicklung von Einrichtungen, für entbehrlich erklärt wird; s. auch zur Geltung für Zusicherungen *BVerwG* NVwZ-RR 2007, 456, 458.
[444] Vgl. für die im Verfahren nach § 1 PlVereinfG durchgeführte Planfeststellung nach § 7 TelwegG *OVG Münster* NVwZ-RR 1997, 471, 472.
[445] Für einen (wirksamen) VA ausdrücklich *BVerwGE* 87, 23, 25.
[446] Zur prinzipiellen Notwendigkeit einer Benachrichtigung vgl. *Sachs* GG, Art. 19 Rn. 140 m. w. N.
[447] *BVerwG* Buchholz 448.0 § 44 Nr. 3, für die Zustellung eines Einberufungsbescheides in West-Berlin; *VGH Mannheim* NVwZ 1991, 1195, 1196, für unzulässige öffentliche Zustellung; demgegenüber hat *VGH Mannheim* NVwZ-RR 1997, 582, 583 m. w. N., im Fall eines Verstoßes gegen die gesetzlich vorgeschriebene Zustellung für die Wirksamkeit des VA schon ausreichen lassen, dass die Behörde dem Adressaten von dessen Inhalt formlos Kenntnis gibt, vgl. dazu krit. *Spranger* BayVBl 2000, 359ff., und demgegenüber *Allesch* BayVBl 2000, 361f.
[448] *BFH* NVwZ 1987, 632; *BayObLG* BayVBl 1986, 186; *VG Bremen* NVwZ-RR 1996, 550, 551, bei von anderer Behörde auf Grund des nicht wirksamen Bescheids unternommenem Vollstreckungsversuch, der den Betroffenen Kenntnis verschafft, und anschließende Übermittlung einer Kopie des Bescheides durch die Ausgangsbehörde als unverbindliche Information.
[449] Vgl. *VGH München* BayVBl 1987, 693, 694.
[450] *FG Hamburg* NVwZ-RR 1990, 527.
[451] *Forsthoff,* S. 242; *Beger* DStR 1975, 175, 177, 179; für Bekanntgabe an Verstorbenen s. *BFHE* 169, 103, 107f.; *OVG Münster* KStZ 1978, 18; *VGH Mannheim* VBlBW 1983, 408; *OLG Karlsruhe* VBlBW 2000, 289f. (für Bekanntgabe einer Namensänderung gegenüber zwischenzeitlich von ihrem Vater getöteten Kindern, wobei die Möglichkeit einer wirksamkeitsbegründenden Bekanntgabe an die Mutter offenblieb); *Grave* KStZ 1978, 7ff.; zur Zustellung an eine inzwischen aufgelöste GmbH & Co KG s. *BFH* NJW 1977, 1936; *FG Nürnberg* EFG 1993, 760 f.; zur Zustellung an Konkursverwalter s. *BFHE* 174, 290, 293.
[452] *Herden* NJW 1984, 2796, 2797 m. w. N.
[453] Vgl. allerdings § 170a Abs. 9 2. ÄndG KV M-V, der die nachträglich wirksame Fiktion der Bekanntgabe anordnet bei VAen, die von zunächst nicht wirksam entstandenen Zweckverbänden erlassen worden waren.
[454] Vgl. *VGH München* NJW 1984, 2845; missverständlich *BVerwGE* 70, 171, 177; anders für Bekanntgabe schriftlicher VAe an Handlungsunfähige *Laubinger* in FS Ule, 1987, S. 161, 182f.; wohl auch *OVG Schleswig* NVwZ-RR 1994, 484, 485; s. auch § 41 Rn. 29.

Zustellungsvorschriften[455] oder Bekanntgabefehlern, denkbar,[456] wenn der Empfänger die Willenserklärung erhalten hat.[457] Voraussetzung ist, dass die Behörde dabei Bekanntgabewillen besitzt.[458] **§ 9 Abs. 2 VwZG a. F.** besagte lediglich, dass in den dort genannten Fällen keine Rechtsmittelfrist läuft (§ 41 Rn. 231 ff.). Vor oder gleichzeitig mit seinem Zugang kann der VA von der Behörde **„widerrufen"** (nicht i. S. d. § 49 VwVfG, sondern i. S. d. § 130 Abs. 1 S. 2 BGB) werden (s. auch § 41 Rn. 125). Dann wird er nicht wirksam.[459]

Bewusst hat das VwVfG[460] die schon früher ganz h. M.[461] übernommen, wonach **§ 134 BGB** **178** für den VA **nicht anwendbar** ist (s. auch § 44 Rn. 151; zum ör Vertr § 54 Rn. 101 ff., § 59 Rn. 49 ff.). Auch der **rechtswidrige VA** ist nach heute allgemeiner Auffassung zunächst wirksam (Rn. 222, § 44 Rn. 1), wenn er nicht nichtig ist (Abs. 3).[462] Irreführend bezeichnet sind so genannte **Wirksamkeitsbescheinigungen,** z. B. bei wasserrechtlichen Erlaubnissen, mit denen die Behörde nach Unanfechtbarkeit die Wirksamkeit des VA bescheinigt. Macht die Behörde entgegen der gesetzlichen Regelung die Wirksamkeit eines Bescheides von seiner Unanfechtbarkeit abhängig, erlangt der Adressat allerdings nur Rechte nach Maßgabe dieses Vorbehalts (s. auch Rn. 170).

Die **Wirksamkeit** tritt nur **demjenigen gegenüber** ein, für den der VA **bestimmt** ist oder **179** der von ihm **betroffen** wird **und** dem er **bekannt gegeben** worden ist (s. § 41 Rn. 5 a, 33 ff.). Werden durch einen VA **mehrere betroffen,** wird er aus rechtsstaatlichen Gründen jedem von ihnen gegenüber nur dann und erst zu dem Zeitpunkt wirksam, zu dem er ihm bekannt gegeben worden ist (§ 41 Rn. 43 ff.).[463] Das *BVerwG* nimmt allerdings an, dass eine Bekanntgabe bei mehreren Adressaten (namentlich Eheleuten) nicht notwendig voraussetzt, dass jeder eine eigene Ausfertigung erhalten hat; vielmehr soll es genügen, wenn er Kenntnis erlangt hat, sei es auch durch die Ausfertigung eines anderen Adressaten[464] (näher § 41 Rn. 43 b, aber auch dort Rn. 45 f.).

Die für die Praxis schwierige Konsequenz der Notwendigkeit je individueller Bekanntgabe **180** ist, dass ein VA den Betroffenen gegenüber **zu verschiedenen Zeitpunkten** oder u. U. einem Betroffenen gegenüber überhaupt nicht **wirksam** wird.[465] Daher ging früher ein Teil der Literatur[466] von der Ansicht aus, ein VA könne nur einheitlich gegenüber allen Betroffenen Wirksamkeit erlangen.[467] Dieser Auffassung ist das Gesetz aus rechtsstaatlichen Gründen nicht gefolgt.[468] Eine verkehrsrechtliche Anordnung wird erst wirksam, wenn sie nach außen durch Aufstellung der entsprechenden **Verkehrszeichen** sichtbar gemacht wird (näher § 35 Rn. 332 ff., 337).[469]

Eine andere Frage ist, ob bei Allgemeinverfügungen oder VAen mit Drittwirkung eine An- **181** ordnung der sofortigen Vollziehung (Rn. 233) personell unteilbar erfolgen kann.[470] Zur aufschiebenden Wirkung des Widerspruchs eines Dritten s. Rn. 231. Hiervon zu unterscheiden sind die Wirkungen einer formellen und materiellen **Präklusion von Dritten** (s. § 26 Rn. 54;

---

[455] Dazu *OVG Münster* NJW 1989, 120, 121; *VGH Mannheim* NVwZ-RR 1992, 396 f. m. w. N.
[456] Zur Heilung des fehlerhaft bekanntgegebenen Steuerbescheides durch fehlerfreie Zustellung des Einspruchsbescheides *BFH* StRK AO 1977 § 122 R. 73 m. w. N.; BFH/NV 1995, 1035 m. w. N.; zum dabei notwendigen Inhalt des Einspruchsbescheides *FG Köln* EFG 1994, 330.
[457] Arg. § 9 Abs. 1 VwZG; § 41 Rn. 30.
[458] *BVerwG* 104, 301, 312 ff., betr. die nachträgliche Übergabe einer Fotokopie des Bescheides an die noch nicht empfangsberechtigten Rechtsanwälte des Adressaten; dazu auch *Bitter* NVwZ 1999, 144 ff.
[459] *Skouris* VerwArch 1974, 264, 277.
[460] Vgl. die Begründung zu § 39 Abs. 1 Entwurf 73.
[461] Krit. dazu *Grimmer* BB 1973, 1589, 1590.
[462] Vgl. ausdrücklich noch einmal *BVerwGE* 105, 370, 372; auch *BVerwGE* 118, 84, 87.
[463] *BVerwG* NJW 1981, 1000; NVwZ-RR 1994, 305, 306; missverständlich *OVG Magdeburg* NVwZ 2000, 208, 209, wonach das Fehlen ordnungsgemäßer Bekanntgabe (nur?) zur Rechtswidrigkeit führt.
[464] *BVerwG* NVwZ 1992, 565; zustimmend *Allesch* BayVBl 2000, 361, 362 m. w. N.
[465] *BVerwG* NJW 1981, 1000; NVwZ-RR 1994, 305, 306.
[466] *Haueisen* NJW 1964, 2037, 2039; *Siegmund-Schultze* DVBl 1966, 247, 249; *Proksch* BayVBl 1970, 399.
[467] Auch *Schmidt-Preuß*, Kollidierende Privatinteressen im Verwaltungsrecht, 1992, S. 501 ff. Offen lassend für die Eintragung in die Denkmalliste als Allgemeinverfügung und dinglichen VA *OVG Münster* NVwZ 1992, 991, wonach die Bekanntgabe an einen Betroffenen jedenfalls diesem gegenüber zur Wirksamkeit führt.
[468] Begründung zu § 39 Abs. 1 Entwurf 73 gegen Stellungnahme des BDVR zu § 33 Entwurf 70; gleichwohl für die gegenteilige Interpretation *Ule/Laubinger*, § 56 Rn. 6.
[469] Vgl. *BVerwGE* 102, 316, 318 m. w. N.
[470] Dazu *VGH München* DVBl 1982, 210 mit krit. Anm. *Renck.*

§ 32 Rn. 10f.; § 73 Rn. 89f., 100ff.).[471] Werden bei einem VA mit Drittwirkung mehrere Dritte betroffen und ist der VA einem der Dritten nicht bekannt gegeben worden, kann sich ein anderer Dritter nicht auf diesen Verfahrensmangel berufen.[472] Dagegen ist es unschädlich, wenn einem belasteten Drittbetroffenen die Rücknahme des VA gegenüber dem begünstigten Adressaten nicht bekannt gemacht wird.[473] Bei einer Mehrheit von Antragsberechtigten, die nur einheitlich beschieden werden können, soll die Bekanntmachung des VA an einen anderen als den Antragsteller für die Wirksamkeit (und die Rechtmäßigkeit) des VA genügen.[474]

182 **b) Eintritt der Rechtswirkungen.** Die Begründung zu § 39 Abs. 1 Entwurf 73 stellt klar, dass mit dem Zeitpunkt der Bekanntgabe zwar in der Regel, aber nicht notwendigerweise **alle Rechtswirkungen** des VA **eintreten** müssen, s. z.B. § 48 Abs. 1 S. 1, § 49 Abs. 1 S. 1 und § 48 Rn. 104. Eine **Rückwirkung,** deren Anordnung durch VA ggf. zu dessen Inhalt gehört (s. auch Rn. 56),[475] setzt ebenso wie ein Hinausschieben von Wirkungen[476] eine gesetzliche Ermächtigung voraus.[477] Auch folgt aus der Rechtsnatur der Bedingung und der Befristung, dass bedingte und befristete Rechtswirkungen später eintreten können (s. § 36 Rn. 73, 75; und unten Rn. 207); ferner kann das Gesetz bestimmte Rechtswirkungen eines VA auf einen späteren Zeitpunkt, etwa den der Bestandskraft oder den der Vollziehbarkeit, verschieben.[478]

183 **c) Schwebende Unwirksamkeit.** Die umstrittene Frage, ob VAe, für deren Erlass eine Zustimmung des Betroffenen vorgesehen ist, bis zum Vorliegen dieser Voraussetzung **schwebend unwirksam** sind (s. auch § 35 Rn. 239),[479] ist nicht einheitlich zu lösen.

184 Vielmehr ist danach zu **differenzieren,** ob das jeweils **einschlägige Sachgesetz** die Zustimmung nur als **Voraussetzung der Rechtmäßigkeit oder** als eine **der Wirksamkeit** fordert. Zusätzliche Wirksamkeitsbedingungen schließt § 43 schon wegen § 1 Abs. 1 nicht aus. Sie werden auch nicht durch das Zusammenspiel von § 44 und § 45 Abs. 1 Nr. 1 sinnlos, da ein Gesetz (an klassischen Beispielsfällen werden genannt: „Einbürgerung, Beamtenernennung sowie Erlaubnisse, Verleihungen, Ausnahmebewilligungen und Dispense")[480] gute Gründe haben kann, bei Fehlen der Zustimmung die nicht zu heilende Nichtigkeit zu vermeiden, aber doch sicherzustellen, dass ein zustimmungslos erlassener VA nicht ohne deren Nachholung wirksam und mangels Anfechtung bestandskräftig wird.[481] Auch für die Beteiligung anderer öffentlicher Rechtsträger kann eine derartige Gestaltung nicht von vornherein ausgeschlossen werden. Der *VGH München*[482] nimmt an, dass bei Verleihung eines Grabnutzungsrechts die Rechtsübertragung erst mit der Bezahlung der Gebühr abgeschlossen ist.

185 **d) Inhalt des bekannt gegebenen VA. Abs. 1 S. 2,** der in Angleichung an § 130 EAO 1974 aufgenommen worden ist (Bericht BT-Innenausschuss zu § 43, Einl Rn. 35, 56), soll Zweifel vermeiden. Die Begründung zu § 130 S. 2 EAO 1974 lautete: „Damit wird die im Zivilrecht geltende **Erklärungstheorie** übernommen. Weicht der ausgefertigte und bekannt gegebene Verwaltungsakt von der getroffenen Aktenverfügung ab, so liegt eine offenbare Unrichtigkeit im Sinne des § 133 vor. Durch Satz 2 dürften auch die Fälle gelöst sein, in denen ein

---
[471] S. auch *Jarass* UPR 1983, 241, 242 m.w.N.
[472] BVerwGE 24, 23, 30.
[473] BVerwG NVwZ 1988, 151, für eine atomrechtliche Teilgenehmigung.
[474] So für bodenrechtliche Teilungsgenehmigung *VGH Kassel* NJW 1988, 1164.
[475] BVerwGE 88, 278, 281.
[476] BVerwGE 67, 52, 57.
[477] Eine Zulassung durch das materielle Recht verlangt für beides BVerwGE 88, 278, 281; s. aber BVerwGE 81, 84, 94, zum „vorsorglichen VA", und dazu Rn. 208.
[478] Vgl. etwa zu § 3a Abs. 2 VermG a.F., § 10 S. 2 InVorG BVerwGE 94, 195, 198; für ein Wiederaufleben eines Rückübertragungsanspruchs (erst) bei bestandskräftiger Aufhebung der dem Erwerb zugrunde liegenden Investitionsbescheinigung BVerwG ThürVBl 1999, 87; zur unanfechtbaren Ausreisepflicht nach § 30 Abs. 4 AuslG BVerwGE 114, 9, 13f.
[479] Dafür grundsätzlich BVerwGE 11, 195, 197f.; 20, 35, 37f.; *Wolff/Bachof/Stober* 2, § 46 Rn. 34; *Meyer/Borgs*, § 44 Rn. 12; *Ule/Laubinger*, § 48 Rn. 21, jedoch § 57 Rn. 13; dagegen *Bullinger* DÖV 1962, 378f.; *H. Meyer* in Knack, § 43 Rn. 7; *Kopp/Ramsauer*, § 43 Rn. 37 m.w.N.; allg. *Schwarz* in Fehling u.a., § 43 Rn. 28; *F. Kirchhof* DVBl 1985, 651, 655f., 659f., gleichwohl für nachträgliche Zustimmung mit nichtigkeitsausschließender Wirkung; offen BVerwGE 30, 185, 187; nicht eindeutig BVerwGE 65, 223, 225.
[480] S. *Wolff/Bachof/Stober* 2, § 46 Rn. 34.
[481] Näher *Sachs* VerwArch 1985, 398, 404ff. m.w.N.; auch *Faber*, § 20 II; abl. *Steinweg*, Zeitlicher Regelungsgehalt des Verwaltungsaktes, 2006, S. 284.
[482] *VGH München* BayVBl 1990, 152.

an sich nicht zeichnungsberechtigter Beamter den Verwaltungsakt erlassen hat, ohne dass es darüber hinaus einer besonderen gesetzlichen Regelung bedarf."

Der Hinweis dieser Begründung auf die zivilrechtliche Erklärungstheorie brachte für das Steuerrecht eine Wende, da dort früher die sog. Willenstheorie vorherrschte.[483] Die Erklärungstheorie besagt, das Recht führe die Wirkungen einer Erklärung ohne Rücksicht auf den Willen des Erklärenden **mit dem Inhalt** herbei, wie er verstanden wurde und den Umständen nach verstanden werden durfte.[484] Auf den Willen der Behörde oder des zuständigen Sachbearbeiters (Willenstheorie) kommt es nicht an, wenn er nicht in der Erklärung seinen Ausdruck gefunden hat. Dies gilt auch, wenn der nach außen zeichnungsbefugte Bedienstete seine interne Zuständigkeit überschritten hat (s. § 41 Rn. 8, 10). 186

Von der Bestimmung des **Inhalts des VA** (s. auch Rn. 56 ff.) ist jedoch der Wille der Behörde, die Erklärung überhaupt in den Verkehr zu bringen, zu unterscheiden, der Voraussetzung der **Bekanntgabe** des VA ist (§ 41 Rn. 4 c ff., 30 c).[485] Ob bei einer willentlich bekannt gemachten Erklärung, die äußerlich als VA erscheint, noch ein **Erklärungsbewusstsein** dahingehend, dass ein (bestimmter oder überhaupt ein) VA erlassen wird, erforderlich ist, scheint zweifelhaft (s. auch § 35 Rn. 70 ff., 147).[486] 187

Für das allgemeine Verwaltungsrecht bringt S. 2 keine Änderung. Insbes. werden auch die **für den VA geltenden Auslegungsgrundsätze** (s. dazu § 35 Rn. 71 ff.; s. auch § 44 Rn. 126 f.) durch S. 2 **nicht geändert**. Nicht nach außen tretende Abweichungen der dem VA zugrunde liegenden Sachverhaltsermittlungen vom insbes. mit Rücksicht auf die gesetzlichen Grundlagen ersichtlichen Entscheidungsumfang (s. Rn. 62 ff.) berühren den wirksam werdenden Inhalt der getroffenen Regelung nicht, sondern allenfalls die Rechtmäßigkeit.[487] § 44 Abs. 4 ist allerdings damit nur schwer in Einklang zu bringen, s. § 44 Rn. 190 ff. Zu den (Rn. 185) angesprochenen Fällen der Divergenz zwischen Ausfertigung und Aktenverfügung näher § 41 Rn. 16, § 42 Rn. 20.[488] 188

Entscheidungen von Gemeinschaftsorganen im **unmittelbaren Vollzug von EG-Recht** werden durch Bekanntgabe an diejenigen, für die sie bestimmt sind, wirksam, vgl. Art. 254 Abs. 3 EG, Art. 163 Abs. 2 EA;[489] zu den Anforderungen s. § 41 Rn. 111.[490] 189

3. Dauer der Wirksamkeit (Abs. 2)

Die Dauer der **Wirksamkeit** steckt **Abs. 2** („solange") ab; Spezialbestimmungen haben Vorrang, dürften sich aber meist im Rahmen der breit angelegten Kategorien der Vorschrift bewegen.[491] Nach der Formulierung des § 43 Abs. 2 („bleibt wirksam") wird die Wirksamkeit des VA durch Aufhebung (Rn. 197 ff., 201 ff.) oder Erledigung (Rn. 204 ff.) **ex nunc beendet;** der Wirksamkeitsverlust kann aber auch ex tunc eintreten.[492] Eine **Wiederherstellung** der Wirksamkeit kann nach Aufhebung durch die rückwirkende Beseitigung der maßgeblichen Entscheidung erfolgen, soweit diese möglich ist (s. für die Rücknahme § 48 Rn. 249 ff.);[493] ist Erledi- 190

---

[483] Vgl. *Cöster*, S. 44 ff.; *Rößler* NJW 1983, 661, 663.
[484] S. dazu und zu der Auseinandersetzung mit der Willenstheorie *Enneccerus/Nipperdey*, 2. Halbband, § 164; *Lange* AöR 1977, 337, 348 f. m. w. N.; BGHZ 91, 324 = NJW 1984, 2279 mit Anm. *Canaris*, dazu auch *Brehmer* JuS 1986, 440 ff.; ferner OVG Münster NVwBl 2000, 435, 436; *Eisenhardt* JZ 1986, 875 ff.; *Jachmann*, Die Berichtigung offenbar unrichtiger Verwaltungsakte gemäß § 42 Verwaltungsverfahrensgesetz, Diss. Regensburg 1993, S. 88 ff.; für EDV-Anlagen s. *Clemens* NJW 1985, 1998, 2000 und § 35 Rn. 43.
[485] Vgl. für computergestützte Bußgeldbescheide etwa OLG Hamm NJW 1995, 2937 f.
[486] Dagegen BGHZ 91, 324; anders wohl BFH NVwZ 1985, 519, 520; der sich in Bezug genommene BVerwG Buchholz 310 Vorbem. III zu § 42 VwGO Ziff. 1 Nr. 58, ist insoweit unergiebig.
[487] Vgl. *Papier* NVwZ 1986, 256, 259.
[488] Dazu auch *Wendt* JA 1980, 25, 32.
[489] Zu den Wirksamkeitsvoraussetzungen allg. etwa *Vogt*, Die Entscheidung als Handlungsform des Europäischen Gemeinschaftsrechts, 2005, S. 212 ff.
[490] Für (tatsächliche und rechtliche) Existenz von Entscheidungen *Schroeder*, Bindungswirkungen, S. 52 ff.
[491] Vgl. etwa OVG Weimar NVwZ-RR 2000, 578, 579, gegen die Geltung der Befristung von Baugenehmigungen für Nutzungsunterbrechungen, für die allein § 43 Abs. 2 maßgeblich sein soll (Rn. 209).
[492] S. für die Aufhebung nur § 48 Abs. 1, § 49 Abs. 2; zur Erledigung *Steinweg*, Zeitlicher Regelungsgehalt des Verwaltungsaktes, 2006, S. 159 f.; *Ehlers* in FS Erichsen, 2004, S. 1, 7.
[493] Zum Widerspruchsbescheid vgl. *Dolde* in Schoch u. a., § 73 Rn. 49, 51; *J. Schmidt* in Eyermann, § 113 Rn. 3 m. w. N.

gung eingetreten, kommt – mangels besonderer Regelungen – regelmäßig[494] nur der Neuerlass eines entsprechenden VA in Frage.[495]

191 Für die im **unmittelbaren Vollzug des Rechts der EG** von Gemeinschaftsorganen erlassenen Einzelentscheidungen fehlt es an einer ausdrücklichen Regelung. Doch wird auch ohne dies angenommen, dass dem § 43 Abs. 2 weitgehend entsprechende Regeln gelten; namentlich werden die Aufhebung durch die erlassenden Gemeinschaftsorgane oder den *EuGH* sowie die Befristung und der Eintritt einer auflösenden Bedingung genannt.[496] Auch im Übrigen bedarf es wohl keiner ausdrücklichen Regelung, um den mit einer Erledigung im Übrigen verbundenen Wirksamkeitsverlust herbeizuführen.

192 a) **Umfang des Wirksamkeitsverlustes.** Im Gegensatz zu § 33 Musterentwurf ist durch den Hinweis, dass ein VA wirksam bleibt, **soweit** er nicht aufgehoben usw. ist, dargetan, dass auch eine **teilweise Aufhebung** in Betracht kommen kann (vgl. § 48 Abs. 1 S. 1; ähnlich § 113 Abs. 1 S. 1 VwGO; s. auch § 44 Rn. 195 f.).[497] Der nicht aufgehobene Teil des VA bleibt wirksam.[498] Zulässig ist die teilweise Aufhebung jedoch nur, wenn der VA teilbar ist, sein abtrennbarer Teil als selbständiger VA bestehen bleiben kann, ohne dass er zum aliud wird.[499] Das Problem der Teilbarkeit bezieht sich vor allem auf die materielle Regelung, den Entscheidungsgegenstand (§ 35 Rn. 251; s. auch § 44 Rn. 36).

193 **Teilbarkeit** ist **insbes.** anzunehmen bei einem VA, der auf eine nach Menge, Größe, Zahl oder Zeitdauer bemessene Leistung, vor allem eine Geldleistung oder teilbare Sachleistung (s. § 48 Abs. 2 S. 1) gerichtet ist,[500] bei einer Zusammenfassung mehrerer selbständiger Regelungen in der äußeren Form eines VA (§ 35 Rn. 45) oder bei der Hinzufügung einer Auflage zu einem VA. Unteilbar ist dagegen der bedingte VA (§ 36 Rn. 19)[501] und ein VA mit modifizierender Auflage (§ 36 Rn. 95 f.).[502] Zur Aufhebung von Nebenbestimmungen s. § 36 Rn. 54 ff.

194 **Keine Teilbarkeit** gibt es z. B. bei Musterungsbescheiden (bezüglich Tauglichkeit und Zurückstellung);[503] bei Bodenverkehrsgenehmigung;[504] bei Festsetzung einer Weinlage;[505] bei Baugenehmigung;[506] bei Prüfungsentscheidungen, wenn nur einzelne Fragen beanstandet sind.[507] **Besondere Fragen** werfen Planungsentscheidungen auf;[508] so kann die Teilbarkeit einer fachplanerischen Entscheidung davon abhängen, dass der Rest-VA eine selbständige, rechtmäßige und auch so gewollte Planung beinhaltet.[509]

195 **Antragsbedürftige VAe** (§ 35 Rn. 229 ff.) dürfen nicht unabhängig vom Willen des Antragstellers geteilt werden (§ 22 Rn. 48).[510] Beantragte Baugenehmigungen können nur geteilt werden, wenn das Vorhaben (objektiv) in bautechnisch und baurechtlich selbständige Vorhaben

---

[494] Für rückwirkenden Wegfall der Erledigung allg. *Steinweg*, Zeitlicher Regelungsgehalt des Verwaltungsaktes, 2006, S. 206 f. (mit Beispiel für Aufhebung einer zur Erledigung führenden Entscheidung).
[495] Gegen die Möglichkeit, durch eine nachträglich verlängerte Fristbestimmung das Erlöschen einer Aufenthaltsgenehmigung rückgängig zu machen, *VGH Kassel* DÖV 1999, 968 Nr. 196. Gegen das „Wiederaufleben" eines erledigten Haftbefehls *BVerfG* (K) NJW 2005, 3131.
[496] So etwa *Weber* in Schweitzer, S. 63; zur Nichtigkeit infolge Aufhebung *EuGH*, Rs. 2/56, EuGHE 1957, 83, 126; *Schwarze*, S. 946.
[497] Dazu *M. Redeker* in Redeker/von Oertzen, § 113 Rn. 6; *Wolff* in Sodan/Ziekow, § 113 Rn. 144; *Gerhardt* in Schoch u. a., § 113 Rn. 31 ff.; *Josten*, Die Teilbarkeit der Regelung von Verwaltungsakten, Diss. Bonn 1998, S. 21 ff., 46 f.
[498] Vgl. *BVerwG* DVBl 1966, 691; *OVG Lüneburg* NJW 1968, 125, für teilweise Anfechtung.
[499] *BVerwG* DÖV 1974, 380; im Einzelnen *Cöster*, S. 29 ff.; *Josten*, Die Teilbarkeit der Regelung von Verwaltungsakten, Diss. Bonn 1998, S. 21 ff., 79 ff.
[500] *VGH München* NuR 1984, 56; eingehend *Söhn* VerwArch 1969, 64 ff.; *Remmert* VerwArch 1997, 112, 131; für Vollaufhebung eines VA bei der Höhe nach ermessensfehlerhaften Geldleistungsbescheides bei fehlender Spruchreife *OVG Münster* DVBl 1980, 964, zu § 25 Abs. 1 WoBindG, da eine Teilung des VA nach Grund und Höhe ausscheide.
[501] A. A. *Erichsen* in ders., § 15 Rn. 33 m. w. N.
[502] *VGH München* NuR 1984, 56.
[503] *BVerwG* NVwZ 1985, 902.
[504] *BVerwG* BauR 1977, 405, 406; *OVG Lüneburg* BRS 29 Nr. 72.
[505] *OVG Koblenz* VerwRspr 1976, Nr. 142.
[506] *BVerwG* BauR 1973, 238.
[507] *VGH München* DVBl 1986, 1110; s. aber auch Rn. 25.
[508] S. *Paetow* DVBl 1985, 369 ff.
[509] *BVerwG* NVwZ-RR 1989, 241 f.; *BVerwGE* 90, 42, 50 f. m. w. N.
[510] S. *BVerwG* BauR 1977, 405, 407; NJW 1981, 776; *OVG Münster* BRS 33 Nr. 134; zur Festsetzung als Volksfest s. *BVerwG* DÖV 1987, 539, 541.

teilbar ist und der Bauherr (subjektiv) damit einverstanden ist.⁵¹¹ Maßgebend ist der aus dem Antrag und den Umständen für den objektiven Betrachter erkennbare Wille, das Einverständnis muss nicht ausdrücklich erklärt werden;⁵¹² insbes. bei Geldleistungen wird es regelmäßig vorliegen.⁵¹³ Zur Konsequenz für die Rücknahme s. § 48 Rn. 102. Eine teilweise Aufhebung der Begründung ohne Auswirkungen auf den verfügenden Teil des VA ist weder gemeint, noch kann sie von dem Betroffenen verlangt werden (§ 35 Rn. 143; § 48 Rn. 118). Ein unteilbarer VA kann auch in seiner Rechtmäßigkeit nur einheitlich beurteilt werden (s. § 44 Rn. 196).

Auf Grund spezieller Gesetze kann sich die Aufhebung eines VA auch auf weitere, in einem entsprechenden **Zusammenhang stehende VAe** auswirken. So hat die Aufhebung der das Beamtenverhältnis begründenden Ernennung die Wirkungslosigkeit aller weiteren innerhalb dieses Beamtenverhältnisses vorgenommenen Ernennungen zur Folge.⁵¹⁴ **196**

b) Rücknahme, Widerruf. Unter „zurücknehmen" ist die Erklärung der Rücknahme nach § 48, unter „widerrufen" die Erklärung des Widerrufs nach § 49 zu verstehen, ferner entsprechende Erklärungen nach einschlägigen Spezialvorschriften (dazu § 48 Rn. 2ff.; s. aber auch Rn. 199);⁵¹⁵ auch die Ersetzung durch einen Zweitbescheid gehört hierher.⁵¹⁶ Anstelle von Rücknahme und Widerruf als VAen kann nach § 54 S. 2 ein **ör Vertr** treten. Für die Dauer der Wirksamkeit des aufgehobenen VA ist entscheidend, ob die Rücknahme nur mit Wirkung für die Zukunft oder auch für die Vergangenheit erklärt worden ist (§ 48 Rn. 104ff.). Entsprechendes gilt jetzt auch für den Widerruf nach § 49 Abs. 3, während er sonst nur mit Wirkung für die Zukunft ausgesprochen werden kann (§ 49 Rn. 16, 98, 109ff.). Die Legalisierungswirkung einer Baugenehmigung soll erst entfallen, wenn der Widerruf gegenüber allen Mitberechtigten wirksam ergangen ist.⁵¹⁷ **197**

Ist ein VA mangels Bekanntgabe **nicht wirksam** geworden oder wegen Fristablaufs, Eintritts einer auflösenden Bedingung oder aus anderen Gründen unwirksam (geworden), können die Wirkungen dieses VA nicht (mehr) durch Aufhebung beseitigt werden. Dennoch wäre der Aufhebungsbescheid nicht rechtswidrig (vgl. § 44 Rn. 146ff.), wenn er darauf angelegt ist, den Rechtsschein des früheren VA zu beseitigen (vgl. § 48 Rn. 57).⁵¹⁸ **198**

Rücknahme und **Widerruf** werden nach Abs. 1 **mit der Bekanntgabe wirksam**, durch eine Anfechtung kann aber aufschiebende Wirkung eintreten (näher Rn. 227f.). § 52 stellt daher für die Rückgabe von Urkunden auf die unanfechtbare Aufhebung ab, der die sofort vollziehbare Aufhebung gleichzustellen ist (§ 52 Rn. 15ff.). Wenn die Folgen des ursprünglichen VA zügig beseitigt werden sollen, muss daher die sofortige Vollziehung der Aufhebung nach § 80 Abs. 2 Nr. 4 VwGO angeordnet werden.⁵¹⁹ **199**

Aus dem **jeweiligen speziellen Recht** kann sich ergeben, dass trotz Anfechtung aus Rücknahme oder Widerruf auch vor Bestandskraft ohne Anordnung der sofortigen Vollziehung Folgerungen gezogen werden können, etwa für die Sicherstellung der Waffen nach Widerruf der Waffenbesitzkarte.⁵²⁰ Angesichts der Befugnis des § 80 Abs. 2 Nr. 4 VwGO wäre es bedenklich, dem Betroffenen unter Berufung auf Treu und Glauben die aufschiebende Wirkung des Widerspruchs gegen die Rücknahme zu versagen.⁵²¹ Das Verfahren, in dem es auf den Fortbestand des **200**

---

⁵¹¹ *OVG Münster* BRS 33 Nr. 134; *VG Köln* ZfBR 1985, 196.
⁵¹² *VGH München* NuR 1984, 56.
⁵¹³ S. insgesamt *Stelkens* NuR 1985, 213ff.
⁵¹⁴ So *OVG Bautzen* SächsVBl 1998, 35, 37f. m.w.N., auch für den Fall, dass durch eine spätere Ernennung das Beamtenverhältnis in eines anderer Art verwandelt und die das Beamtenverhältnis begründende Ernennung zurückgenommen wird. Die späteren Ernennungen sollen dadurch gegenstandslos werden.
⁵¹⁵ BVerwGE 84, 183, 188; *OVG Bautzen* SächsVBl 1998, 35, 36ff.
⁵¹⁶ *VGH Mannheim* VBlBW 1990, 252, 253; gesonderte Behandlung etwa bei *Huxholl*, Die Erledigung eines Verwaltungsakts im Widerspruchsverfahren, 1995, S. 99f. m.w.N.
⁵¹⁷ *VGH Mannheim* VBlBW 1994, 27, 28 m.w.N. = NVwZ 1994, 698 LS; zur Legalisierungswirkung der nach § 7 WHG erteilten wasserrechtlichen Erlaubnis *BGH* JZ 2000, 1004, 1005f., mit krit. Anm. *Ehlers* JZ 2000, 1007f.
⁵¹⁸ Zur konkludenten Aufhebung durch Neubescheidung s. *VGH Mannheim* VBlBW 1988, 475f.
⁵¹⁹ Vgl. etwa *VGH Mannheim* VBlBW 1983, 144; *VGH München* NVwZ 1985, 662; BayVBl 1988, 182; auch *Beckmann*, VR 2003, 217, 218.
⁵²⁰ BVerwG NJW 1984, 1192, 1193.
⁵²¹ So *OVG Saarlouis* NJW 1980, 2775f., dann aber NVwZ 1985, 430.

VA trotz Rücknahme ankommt, ist ggf. bis zur Entscheidung über deren Anfechtung auszusetzen.[522]

201 c) **Anderweitige Aufhebung.** Unter anderweitiger Aufhebung i. S. d. Abs. 3 ist in erster Linie die **Aufhebung im Rechtsbehelfsverfahren,** also die Aufhebung durch Abhilfe- oder Widerspruchsbescheid (§§ 72, 73 VwGO) oder durch gerichtliche Entscheidung (§ 113 VwGO), gemeint (s. auch § 44 Rn. 197; § 48 Rn. 13f.);[523] im Rahmen des § 124 Abs. 2 AO gehört hierher auch die Aufhebung oder Änderung nach den §§ 172–175 AO.[524] Wird der Widerspruchsbescheid seinerseits angefochten, gilt das zu Rn. 199 Gesagte entsprechend. Das *BVerwG*[525] schließt wegen § 80 Abs. 1 VwGO für die Dauer der aufschiebenden Wirkung Erstattungsansprüche auf Grund von wegen des ursprünglichen VA erbrachten Leistungen aus, ohne allerdings auf § 43 Abs. 2 einzugehen. Zu § 51 s. dort Rn. 39. Hierher gehören ferner **spezialgesetzlich vorgesehene Aufhebungsentscheidungen,** die nicht Rücknahme oder Widerruf sind;[526] die erneute Erteilung einer Genehmigung hebt die früher weitgehend übereinstimmend erteilte Genehmigung grundsätzlich nicht auf.[527] Zum aufhebenden Vertrag s. schon Rn. 197.

202 Die Feststellung der Rechtswidrigkeit eines VA durch ein **Fortsetzungsfeststellungsurteil** ist mit Rücksicht auf das Ziel des funktionsgleichen Rechtsschutzes einem Aufhebungsurteil gleichzustellen; maßgeblich ist danach die **Rechtslage,** die **ohne Geltung des VA** besteht, dessen Rechtswidrigkeit gerichtlich festgestellt ist.[528] Dies lässt sich als analoge Anwendung des § 43 Abs. 2 verstehen (s. aber auch Rn. 204).

203 Nur **ausnahmsweise** dürfte eine **Aufhebung von VAen durch Gesetz** in Betracht kommen.[529] Bloße Änderungen der einem VA zugrunde liegenden Rechtslage berühren die Wirksamkeit jedenfalls nicht;[530] s. auch Rn. 204.

204 d) **Erledigung durch Zeitablauf oder auf andere Weise.**[531] Durch Zeitablauf oder auf andere Weise erledigt ist ein VA, der seine regelnde Wirkung verliert;[532] s. näher Rn. 209 ff. Der Begriff „erledigt" ist mit dem gleichen Wort in § 113 Abs. 1 S. 4 VwGO identisch;[533] allerdings dürfte es bei § 113 Abs. 1 S. 4 VwGO trotz des missverständlichen Wortlauts primär um die Erledigung der (prozessualen) Hauptsache gehen, für die die Erledigung des angefochtenen VA nur ein besonders wichtiger Anwendungsfall ist.[534] Die Beseitigung der Wirksamkeit eines VA mit der Feststellung seiner Rechtswidrigkeit gem. § 113 Abs. 1 S. 4 VwGO mag sich – statt als analoge Anwendung des § 43 Abs. 2 (Rn. 202) – auch dadurch erklären lassen, dass die Rechtskraft des Fortsetzungsfeststellungsurteils auf die (wohl doch nur) präjudizielle Frage der Erledigung des VA erstreckt wird.[535] Die Erledigung kann durch VA bestandskräftig festgestellt werden.[536]

205 Vielfach wird die Erledigung des VA als **„erlöschen"** bezeichnet.[537] Dieser Begriff wird z.B. in **spezialgesetzlichen** Regelungen wie § 51 AufenthG,[538] § 72 AsylVfG,[539] § 18 BIm-

---

[522] *BVerwG* BauR 1986, 315.
[523] *BVerwG* NVwZ 1990, 774.
[524] *FG Karlsruhe (Außensenate Stuttgart)* EFG 1993, 541, 542 m. w. N.
[525] *BVerwG* BauR 1983, 251.
[526] Wie etwa die Entziehung der Fahrerlaubnis, § 3 StVG.
[527] *VGH München* BayVBl 2006, 47, 48.
[528] *BVerwGE* 105, 370, 372 f.; bestätigend *BVerwGE* 116, 1 ff.; zust. *Schenke* JZ 2003, 31 ff.; *Ehlers* in FS Erichsen, 2004, S. 1, 11; für einen Fall qualifizierter Rechtswidrigkeit *ders.* Verwaltung 2004, 255, 275.
[529] *Wolff/Bachof/Stober* 2, § 52 Rn. 9; gegen konkludente Aufhebung *Beaucamp* LKV 2006, 291, 294.
[530] Vgl. ausdrücklich *BVerwG* NVwZ-RR 1997, 321 f.; BAGE 62, 280, 282; *OVG Berlin* OVG BlnE 21, 184, 193; *OVG Bautzen* SächsVBl 1999, 275.
[531] Vgl. allg. *Lascho,* Die Erledigung des Verwaltungsaktes als materiellrechtliches und verwaltungsprozessuales Problem, Diss. Bonn 2000.
[532] *VGH Mannheim* NJW 1977, 861; *OVG Münster* UPR 1996, 458. Wie hier auch *Erfmeyer* VR 2002, 329, 331.
[533] Dazu *Bücking,* Rechtsschutz bei zurückgenommenen und erledigten Verwaltungsakten, 1976, S. 19 ff.; zweifelnd *OVG Münster* BauR 1997, 455, 456.
[534] *Huxholl,* Die Erledigung eines Verwaltungsakts im Widerspruchsverfahren, 1995, S. 89 m. w. N.
[535] So wohl *BVerwGE* 105, 370, 372 f.; skeptisch dazu *BVerwGE* 116, 1, 2 f.
[536] *OVG Saarlouis* NVwZ-RR 2003, 87.
[537] *Wolff/Bachof/Stober* 2, § 52 Rn. 1.
[538] Vgl. zu § 44 Abs. 1 AuslG etwa *OVG Münster* NVwZ-RR 1994, 151; zur Fristverlängerung nach Erlöschen *VGH Kassel* DÖV 1999, 968 Nr. 196 und Rn. 190.
[539] Dazu *VG Gießen* NVwZ 2002, Beil. I, 125, 126; restriktiv (noch im Hinblick auf § 15 Abs. 1 Nr. 1 AsylVfG a. F.) *BVerwGE* 89, 231, 235 ff.; s. schon zu § 67 AsylVfG a. F. *Bell/Henning* ZAR 1993, 37.

SchG[540] verwendet.[541] Ob für die Erledigung auch der (rückwirkende) Wegfall sämtlicher Wirkungen, die dem VA etwa für andere Zusammenhänge beizumessen sind, erforderlich ist,[542] ist eher von terminologischer Bedeutung. Die einmal eingetretene Bestandskraft eines VA soll von der Erledigung unberührt bleiben.[543]

Ob der **Zeitablauf zur Erledigung** führt, muss – vorbehaltlich spezialgesetzlicher Regelung[544] – dem **Regelungsgehalt des VA**[545] auf der Grundlage des jeweiligen **materiellen Rechts**[546] entnommen werden.[547] So führt der Ablauf der mit der Androhung eines Zwangsmittels bestimmten Frist auch dann nicht zur Erledigung der Androhung, wenn die Frist während der Dauer der aufschiebenden Wirkung der Rechtsbehelfe gegen die Androhung abläuft, obwohl dann keine nachteiligen Folgen an ihr Verstreichen geknüpft werden dürfen;[548] dies gilt insbes. für den Sonderfall, dass eine Ausreisefrist wegen § 10 Abs. 3 S. 7 AsylVfG a. F. nicht zu beachten war.[549] Erledigung eines Aufenthaltsverbots soll trotz Ablaufs einer ursprünglichen Befristung nicht eintreten bei einer zwischenzeitlichen Verlängerung wegen eines konkreten Verstoßes gegen das Verbot.[550] Problematisch kann sein, ob begünstigende VAe auch dann erlöschen, wenn der Zeitablauf auf Grund von hoheitlichen Eingriffen eingetreten ist.[551]

VAe mit Dauerwirkung (§ 35 Rn. 223 ff.) erledigen sich kontinuierlich mit dem Zeitablauf,[552] soweit keine Wirkungen für die Vergangenheit in Betracht kommen (s. Rn. 209 ff.); VAe mit Bezug auf einen bestimmten Termin erledigen sich mit dessen Verstreichen,[553] VAe, die – wie etwa ein Einberufungsbescheid – Pflichten für einen bestimmten Zeitraum begründen, mit dessen Ablauf.[554] Auch kraft Gesetzes[555] **auflösend befristete** und **bedingte VAe** (§ 36 Rn. 71, 75) verlieren ihre Rechtswirkung mit dem Ende der Frist (durch Zeitablauf, ggf. unter Berücksichtigung einer Hemmung, Unterbrechung[556] oder auch Verlängerung[557]) oder mit dem Eintritt der Bedingung. Zu den auflösend bedingten VAen gehören wohl auch für die Dauer des Asylverfahrens (gem. § 22 AsylVfG a. F.) getroffene Regelungen, die sich mit einer asylunabhängig erteilten Aufenthaltserlaubnis erledigen,[558] ferner Vorschussbewilligungen.[559]

---

[540] Näher *Scheidler* UPR 2005, 171 ff.; s. auch *BVerwGE* 124, 156, 159; auch *OVG Münster* NVwZ 1994, 184.
[541] S. auch § 7 Abs. 1a AtG, wonach eine Betriebsberechtigung, nicht die Genehmigung als solche erlischt; dazu etwa *Kühne* NJW 2002, 1458, 1460; auch *Wagner* NVwZ 2001, 1089; vgl. ferner *Rebentisch* in FS Baur, 2002, S. 623 ff.
[542] Dafür bezogen auf eine weit verstandene „Tatbestandswirkung" *Huxholl*, Die Erledigung eines Verwaltungsakts im Widerspruchsverfahren, 1995, S. 52; diff. zwischen Erledigungen ex tunc und ex nunc *Steinweg*, Zeitlicher Regelungsgehalt des Verwaltungsaktes, 2006, S. 159 ff.
[543] Vgl. *VGH München* NVwZ-RR 1992, 218 f., mit Rücksicht auf die verwaltungsprozessualen Konsequenzen; dazu auch die Anm. von *Funk* und *Frohn* BayVBl 1992, 472 f. bzw. 473 f.; *Kopp* DVBl 1992, 1493 ff.
[544] Vgl. z. B. § 6 Abs. 2 Geflügelhygienegesetz – GflHG – (BGBl I 1996 S. 991); Art. 1 Nr. 2 des Gesetzes zur Änderung des Zustimmungsgesetzes zum Wismut-Vertrag (BGBl I 1996 S. 1778).
[545] Vgl. für den genehmigten „Probebetrieb" einer kerntechnischen Anlage *BVerwGE* 89, 286, 295 ff.
[546] Vgl. für die probeweise Bestellung als Bezirksschornsteinfegermeister mit Ablauf der Jahresfrist nach § 7 Abs. 1 S. 1 SchfG *BVerwG* NVwZ-RR 1998, 232 f. (LS).
[547] S. auch *Steinweg*, Zeitlicher Regelungsgehalt des Verwaltungsaktes, 2006, S. 165.
[548] So gegen *OVG Koblenz* NVwZ 1986, 763 das *OVG Münster* ebda, jeweils m. w. N.
[549] Ebenso *BVerwG* NVwZ 1986, 1027, 1028 m. w. N., zur sonst gegenteiligen Rechtsprechung.
[550] So nicht nur bei Verlängerung der Frist, sondern auch bei Erlass einer neuen, längerfristig gültigen Verfügung *OVG Münster* NVwZ-RR 1999, 802, so dass die Durchsetzung mit Zwangsmitteln, auch Ersatzzwangshaft, als Regelfall möglich bleibt; zur Anwendung von Zwangsmitteln auch nach Erledigung des zu vollstreckenden VA s. etwa *OVG Münster* NVwZ 1997, 763 und 764; NWVBl 2000, 435.
[551] Hierzu für gewerberechtliche Erlaubnisse *Odenthal* GewArch 1994, 48 ff.; für Hemmung des Fristlaufs für eine Baugenehmigung, jedenfalls wenn der den Baubeginn verhindernde Hoheitsakt nicht der Risikosphäre des Bauherrn zuzuordnen ist, *VG Meiningen* LKV 1996, 139, 140.
[552] Vgl. für die Sonderschuleinweisung *VGH Mannheim* NVwZ-RR 1991, 479, 481 f. Abl. *Steinweg*, Zeitlicher Regelungsgehalt des Verwaltungsaktes, 2006, S. 170.
[553] *VGH Mannheim* NVwZ 1984, 251, für die Versagung einer Zulassung zu einem Prüfungstermin.
[554] *BVerwG* NVwZ-RR 1992, 250 m. w. N.; zuletzt NVwZ-RR 2000, 324.
[555] Vgl. etwa *VGH München* NVwZ-RR 1991, 117; *VGH Kassel* NVwZ-RR 1990, 4, 5; *OVG Berlin* LKV 1991, 243; vorsichtig auch *BSG* NVwZ-RR 2006, 703 f.
[556] *VGH Mannheim* NVwZ 2000, 485 f.; § 31 Rn. 12. Für baurechtlichen Vorbescheid *OVG Münster* NVwZ 2006, 597, 598.
[557] Vgl. *BVerwGE* 124, 156, 162 ff.
[558] *OVG Münster* NVwZ-RR 1990, 330 f.
[559] *BSG* DVBl 1990, 215 f. – Erledigung mit Anrechnung.

208 Über die auflösende Bedingung sind auch die Probleme zu lösen, für die das BVerwG[560] die Figur des **vorsorglichen VA** postuliert hat.[561] Umstritten ist, ob ein nach Erledigung des VA durch Zeitablauf, etwa bei befristeter Einweisungsverfügung eines Obdachlosen,[562] eingetretener rechtswidriger Zustand mit Rücksicht auf den Folgenbeseitigungsanspruch[563] beseitigt werden muss und – ohne besondere Ermächtigung, insbes. gegenüber Dritten – kann.[564] Ähnliche Probleme ergeben sich auch bei mangels wirksamer Bekanntgabe unwirksamem VA (s. § 41 Rn. 28 a f.).

209 **Auf andere Weise** erledigt sich der VA[565] z. B. durch **Verzicht** des Begünstigten (allg. § 53 Rn. 29 f.) auf Wahrnehmung seiner Rechte,[566] nicht aber durch Rücknahme des Antrags vor Erlass des VA,[567] auch nicht durch Nichtausübung baurechtlich genehmigter Nutzung.[568] Das BVerwG nimmt Erledigung an, wenn alle Beteiligten einen VA als obsolet ansehen und davon ausgehen, dass die Sach- und Rechtslage auf dem Boden einer neuen „Geschäftsgrundlage" zu beurteilen ist; dies setze keinen Verzichtswillen voraus, sondern nur **konsensuales Verhalten**.[569]

210 Zur Erledigung führt bei höchstpersönlichen Regelungen, für die eine Rechtsnachfolge ausscheidet, der **Wegfall des Regelungssubjekts**,[570] insbes. durch Tod des Betroffenen bei personengebundenen VAen (s. auch § 35 Rn. 259).[571] Stirbt der Vertriebene, wird mit dem Aufnahmebescheid auch die akzessorische Einbeziehung von Ehegatten und Abkömmlingen unwirksam.[572] Auch der **Wegfall des Hoheitsträgers** vor Verfahrensabschluss durch Widerspruchsbescheid soll zur Erledigung angefochtener VAe führen.[573]

211 Die (hier kraft Rechtsformwechsel – bei der Telekom – eingetretene) **Rechtsnachfolge** eines privaten Bauherrn bewirkt hinsichtlich eines bis dahin von dem (noch) öffentlichen Bauträger betriebenen Bauvorhabens keine Erledigung der bei öffentlicher Trägerschaft anstelle einer Baugenehmigung vorgesehenen Zustimmung der Baugenehmigungsbehörde, sofern es sich nicht um ein Vorhaben handelt, dass wegen seiner Besonderheiten an einen bestimmten öffentlichen Bauherrn gebunden ist; vielmehr soll die Zustimmung ihrem sachlichen Regelungsumfang entsprechend (nur) als Teilbaugenehmigung weiter gelten, bei betriebsbereiter Fertigstellung insoweit auch Bestandsschutz vermitteln.[574]

212 Erledigung tritt ferner ein bei **Wegfall des Regelungsobjektes**.[575] Dies ist etwa anzunehmen für das Gebot, Schlachtabfälle abzuliefern, bei Betriebseinstellung;[576] für die ärztliche Berechtigung zur Privatliquidation bei Klinikschließung;[577] für die Zustimmung zu Verteidi-

---

[560] BVerwGE 81, 84, 94. Dazu insgesamt § 35 Rn. 250.
[561] Dagegen treffend *Püttner* JZ 1989, 846 f.; skeptisch, auch gegenüber der Bedingungskonstruktion, *Maurer*, § 9 Rn. 63 c; keine besonderen Rechtsfolgen sieht *Peine* in FS Thieme, 1993, S. 563, 585; auch *Losch* NVwZ 1995, 235 ff.; positiver *Sanden* DÖV 2006, 811 ff.
[562] Dazu OVG Lüneburg OVGE 4, 235, 239; OVG Münster OVGE 8, 212, 216.
[563] Vgl. BVerwGE 69, 366, 370; VGH Mannheim VBlBW 1994, 147, 148; *Schneider*, Folgenbeseitigung im Verwaltungsrecht, 1994; *Fiedler* NVwZ 1986, 969 ff.; *Maaß* BayVBl 1987, 520 ff.; *Schoch* Jura 1993, 478 ff.; *Zöller* SächsVBl 1997, 197 ff.; *Stangl* JA 1997, 138 ff.; *v. und zu Franckenstein* NVwZ 1999, 158 ff.; *Brugger* JuS 1999, 625 ff.; *Bumke* JuS 2005, 22 ff.
[564] Vgl. etwa VGH Mannheim NVwZ 1987, 1011; *Ossenbühl*, S. 318 ff. m. w. N.
[565] S. etwa *Gröpl* JA 1995, 983, 987; *Huxholl*, Die Erledigung eines Verwaltungsakts im Widerspruchsverfahren, 1995, S. 97 ff.; *Erfmeyer* VR 2002, 329 ff.; *Ruffert* BayVBl 2003, 33 ff.
[566] BVerwGE 84, 209, 211 f.; OVG Münster NVwZ-RR 1992, 531; näher zu den Voraussetzungen BVerwGE 98, 235, 240 f.; restriktiv *Ruffert* BayVBl 2003, 33, 38 f.
[567] VGH München NVwZ-RR 1992, 328 (für einen Asylantrag); zum Widerspruchsbescheid bei Rücknahme des Widerspruchs *Bienert* SächsVBl 2003, 29, 31 ff. m. w. N.
[568] VGH Mannheim NVwZ-RR 1990, 171, 172; OVG Weimar NVwZ-RR 2000, 578, 579; VGH München NVwZ-RR 2003, 726, 727; vgl. aber OVG Bautzen LKV 2007, 85, 86 f. Zur „Verzichtslösung" in solchen Fällen *Uechtritz* in FS Gelzer, 1991, S. 259, 261 ff.
[569] BVerwG NVwZ 1998, 729, 730; auch VGH München BayVBl 2006, 47, 48.
[570] *Huxholl*, Die Erledigung eines Verwaltungsakts im Widerspruchsverfahren, 1995, S. 97; *Ehlers* in FS Erichsen, 2004, S. 1, 7.
[571] BVerwGE 84, 274, 277 f.; BVerwG NVwZ 2001, 209.
[572] BVerwG NVwZ 2005, 818, 819.
[573] VG Darmstadt NVwZ-RR 2001, 214, für die ehemalige Deutsche Bundespost.
[574] VGH Kassel NVwZ 1996, 924, 925; entsprechend OVG Lüneburg NdsVBl 1999, 42, 43 m. w. N.
[575] *Huxholl*, Die Erledigung eines Verwaltungsakts im Widerspruchsverfahren, 1995, S. 97 m. w. N.; *Ehlers* in FS Erichsen, 2004, S. 1, 7.
[576] BVerwG NVwZ 1991, 570, 571.
[577] BVerwGE 87, 319, 323.

gungsanlagen im Außenbereich bei Aufgabe der militärischen Nutzung;[578] allgemein für Genehmigungen, wenn das gesetzliche Verbot, von dem freigestellt wird, wegfällt (wenn keine sonstigen Rechtswirkungen verbleiben);[579] für Parkausweise für Anwohner, wenn die Kennzeichnung von Parksonderflächen insgesamt rückgängig gemacht wird;[580] für Hausverbot gegenüber Eltern nach Beendigung des Schulverhältnisses ihres Kindes,[581] nicht aber für die Erlaubnis zur Benutzung eines Radiorecorders bei Verlegung des Strafgefangenen in eine andere Vollzugsanstalt,[582] auch nicht stets bei Sachgenehmigungen, wenn die Anlage zerstört wird.[582a]

Erledigend wirkt ferner die **inhaltliche Überholung,**[583] etwa durch das Ergehen des endgültigen VA nach vorläufigem VA (Rn. 50 f.)[584] oder durch die Änderung eines Bescheides, durch den dieser mit dem Änderungsbescheid zu einer neuen einheitlichen Entscheidung verschmilzt.[585] Hierher gehören dürfte auch das Erlöschen eines Vorbescheides durch die Ablehnung einer Baugenehmigung aus anderen Gründen.[586] Ebenso wird eine widerruflich erteilte Baugenehmigung durch eine weniger weitgehende spätere Baugenehmigung, die keine ausdrückliche Aussage zur früheren Genehmigung enthält, zumindest erledigt.[587] Eine Abschiebungsandrohung erledigt sich, wenn eine (befristete) Aufenthaltsbefugnis erteilt wird, weil damit die ggf. zu vollstreckende Ausreisepflicht entfällt.[588]

Dagegen soll **keine Erledigung** des Einberufungsbescheides durch bestandskräftige Dienstantrittsanordnung eintreten,[589] wohl aber durch eine Überprüfung zwecks Neubescheidung für Tauglichkeitsüberprüfungsbescheid, sofern nicht innerhalb eines Widerspruchsverfahrens.[590] Der Bescheid über eine nicht bestandene Reifeprüfung erledigt sich nicht ganz durch positiven Bescheid bei Wiederholungsprüfung; bezüglich der Feststellung des Nichtbestehens wirkt der erste Bescheid auch nach der Erteilung des Reifezeugnisses im zweiten Versuch fort.[591] Die auf der Grundlage einer deutschen Fahrerlaubnis erfolgte Ausstellung eines ausländischen Führerscheins (Umtausch) führt nicht zum Erlöschen der deutschen Fahrerlaubnis.[592] Ebenso wenig soll ein Vorausleistungsbescheid mit Erlass des endgültigen Erschließungsbeitragsbescheides gegenstandslos werden.[593]

Problematisch ist, inwieweit Erledigung durch **Vollziehung des VA** eintritt.[594] Eine Erledigung kommt nur in Frage, wenn sich der VA auf Grund der Vollziehung in keiner Weise mehr rechtlich auswirkt.[595] Rechtliche Bedeutung behält er jedenfalls, solange der Vollzug rückgängig gemacht werden kann.[596] Dasselbe dürfte gelten, wenn wegen des Vollzuges des VA noch ein Kostenerstattungsanspruch erhoben werden kann.[597]

---

[578] *BVerwG*, NVwZ 2001, 557; ähnlich auch *OVG Lüneburg* NdsVBl 2000, 144, 145.
[579] So für Jagderlaubnisse der DDR auf Grund des Beitritts *OVG Bautzen* DÖV 1992, 1019; *VG Halle* LKV 1994, 192; zu den Konsequenzen des nach § 18 Abs. 2 BImschG ausdrücklich angeordneten Erlöschens der Genehmigung *BVerwGE* 117, 133, 136; dagegen *Scheidler* GewArch 2005, 142 ff.
[580] So jedenfalls *OVG Koblenz* NJW 1995, 1043.
[581] So *VG Braunschweig* NJOZ 2005, 5038, 5041.
[582] *OLG Karlsruhe* NStZ 1990, 408.
[582a] Dazu etwa *Fluck* DVBl 1999, 496, 499 ff. m. w. N.
[583] *Huxholl*, Die Erledigung eines Verwaltungsakts im Widerspruchsverfahren, 1995, S. 101 m. w. N.
[584] *BVerwG* NVwZ-RR 1998, 577, 578, für endgültigen Gebührenbescheid gegenüber vorläufigem Heranziehungsbescheid oder Vorausleistungsbescheid; *BFHE* 177, 8, 13, für Jahresumsatzsteuerbescheid nach nicht vollzogenem Umsatzsteuervorauszahlungsbescheid; *BFH – GrS – BFHE* 178, 11, 14 f., für Einkommensteuerbescheid nach Vorauszahlungsbescheid; *VGH Mannheim* NVwZ 1995, 280 f., für Baugenehmigung nach Vorbescheid; *Brüning* DVBl 2002, 1650.
[585] *VGH Mannheim* DVBl 1993, 734, für einen Plfbeschluss.
[586] *VGH München* NVwZ 1994, 307; für Erledigung durch Zeitablauf *Ruffert* BayVBl 2003, 33, 38.
[587] *BVerwG* NVwZ-RR 1999, 364, 365, wobei es keine Rolle spielte, dass die spätere Genehmigung wiederum widerruflich und zudem befristet erteilt war.
[588] *BVerwGE* 109, 305, 313 f.
[589] *BVerwGE* 85, 63, 65.
[590] *BVerwG* NVwZ-RR 1991, 307.
[591] *BVerwGE* 88, 111, 112 ff. m. w. N.
[592] *OVG Koblenz* NJW 1995, 2180, 2181.
[593] *OVG Münster* NVwZ-RR 1994, 423 f.
[594] Uneingeschränkt abl. etwa *VGH Mannheim* NVwZ-RR 1989, 515 f.
[595] *Huxholl*, Die Erledigung eines Verwaltungsakts im Widerspruchsverfahren, 1995, S. 82 ff., 90, 96.
[596] Vgl. etwa *OVG Koblenz* NVwZ 1997, 1009; *OVG Weimar* DVBl 2007, 1187 f. (LS); *Kopp/Schenke*, § 113 Rn. 104 m. w. N.; auch *Gerhardt* in Schoch u. a., § 113 Rn. 88, unter Berufung auf *BVerwGE* 91, 276, 278 (im Hinblick auf nach Vollzug weiterverfolgte personalvertretungsrechtliche Mitbestimmungsbefugnisse); weitergehend *VGH Mannheim* NVwZ-RR 1989, 515 f.; *Huxholl*, Die Erledigung eines Verwaltungsakts

216 Mit der **Erfüllung eines Gebotes** erlischt der VA zwar vielfach, wie etwa ein Einberufungsbescheid durch die Ableistung des darin vorgesehenen vollen Grundwehrdienstes,[598] aber durchaus nicht immer. Wird z. B. eine Abgabe festgesetzt und geleistet, bildet der VA noch den Rechtsgrund für das Behaltendürfen der Leistung.[599] Der wirksame VA schließt auch einen öffentlich-rechtlichen Erstattungsanspruch desjenigen aus, der Arbeiten geleistet hat, zu denen ihn der rechtswidrige VA verpflichtet hat.[600]

217 Für eine Erledigung wegen **Zweckerreichung** muss der Regelungszweck in vollem Umfang entfallen, anderenfalls ist eine Rücknahme oder ein Widerruf erforderlich, etwa für den Fall, dass eine Nutzungsänderungsgenehmigung ein früheres Nutzungsverbot bezüglich der Nutzung eines Raumes nicht beseitigt;[601] demgegenüber soll die Baugenehmigung eine frühere Nutzungsuntersagung unmittelbar gegenstandslos werden lassen.[602]

218 Eine **Erledigung** wurde **abgelehnt** bei Ausreiseverbot wegen bestehender Unterhaltspflichten gegenüber einem nichtehelichen Kind beim Eintritt der Volljährigkeit, solange Unterhaltsrückstände bestehen.[603] Ebenso wenig erlischt die Feststellung des Fehlens von Abschiebungshindernissen oder eine Abschiebungsandrohung durch eine zwischenzeitliche Rückkehr des Antragstellers in seine Heimat.[604] Der Zweck eines Plfbeschlusses ist auch erreicht, wenn das Vorhaben nach Betreiben eingestellt wird. Der Rückgriff auf den (bau-)planungsrechtlichen Begriff der Funktionslosigkeit[605] ist dazu nicht erforderlich. Weitergehend § 77 für Vorhaben, mit deren Durchführung nur begonnen worden ist. Die atomrechtliche Genehmigung für den „Probebetrieb" einer Anlage soll nach Ansicht des *BVerwG*[606] auch nach 20 Jahren nicht erlöschen, vielmehr wirksam bleiben, bis die Behörde über die Beendigung des Probebetriebs entscheidet. Der **Wegfall der Voraussetzungen** für den (rechtmäßigen) Erlass eines VA während seines vorgesehenen Geltungszeitraums führt ebenfalls nicht zur Erledigung des VA.[607]

219 **Akzessorische VAe** (§ 35 Rn. 226) erledigen sich wie Nebenbestimmungen[608] mit der Erledigung des HauptVA.[609] Auch der **Widerspruchsbescheid** erledigt sich mit der Aufhebung des Erstbescheides[610] oder seinem Vollzug.[611] Nach Erledigung des VA ist ein laufendes Widerspruchsverfahren einzustellen.[612] Zur Unwirksamkeit eines unbefugt beseitigten Verkehrszeichens vgl. § 35 Rn. 330 ff., 335 f.[613] Unwirksamkeit tritt ferner durch stattgebende Gerichtsent-

---

im Widerspruchsverfahren, 1995, S. 85 ff., der allerdings bei irreparablem Vollzug regelmäßig zur Erledigung durch Zeitablauf gelangt, ebda, S. 98 f.
[597] So *VGH Mannheim* NVwZ 1985, 202, 204 f. 1993, 1014; *OVG Münster* BauR 1997, 455, 456 f.; *Wolff* in Sodan/Ziekow, § 113 Rn. 258; *Steinweg*, Zeitlicher Regelungsgehalt des Verwaltungsaktes, 2006, S. 193 m. w. N.; anders *OVG Schleswig* NJW 1993, 2004, das diese Rechtswirkung für unbeachtlich erklärt, weil es nicht vom Regelungsgehalt erfasst sei; auch *VGH Mannheim* NVwZ 1994, 1130, 1131; im Ergebnis ebenso *VG Weimar* ThürVBl 2000, 21, 22; offenbar auch *Gerhardt* in Schoch u. a., § 113 Rn. 88; ferner *Enders* NVwZ 2000, 1232, 1235. Für Erledigung der Sicherstellung durch Freigabe und Abholung des Fahrzeugs bedenklich *OVG Koblenz* NVwZ-RR 2006, 252, 253.
[598] *BVerwG* NVwZ-RR 1996, 122.
[599] *BVerwG* DÖV 1983, 980; ebenso für eine erfüllte Ordnungsverfügung, die als Voraussetzung des Verwaltungszwangs fortwirken soll, *OVG Münster* 4. 11. 1996 – 10 A 3363/92; s. auch *Windthorst* JuS 1996, 894, 898; *Enders* NVwZ 2000, 1232, 1233 ff.
[600] *BVerwGE* 105, 370, 371; *VGH München* BayVBl 1999, 341, 342.
[601] *VGH München* BauR 1987, 303.
[602] *VGH München* BayVBl 1989, 534 f.
[603] *VGH Mannheim* NVwZ 1988, 185.
[604] *VG Berlin* NVwZ 1996 Beilage Nr. 9, 70 f.
[605] So *Brohm* NVwZ 1985, 1, 2.
[606] *BVerwGE* 89, 286, 296 ff.
[607] So für einen laufende Sozialhilfeleistungen zeitabschnittsweise bewilligenden VA *OVG Münster* NWVBL 1993, 393, 394 m. w. N.; daran anschließend *VGH Mannheim* VBlBW 1995, 287.
[608] Ausdrücklich etwa *OVG Schleswig* NuR 2003, 186, 187.
[609] Für Nachtragsbaugenehmigung *VGH Mannheim* NVwZ-RR 1996, 485; für Vollstreckungsakte *OVG Saarlouis* NVwZ-RR 2003, 87; für Androhung von Ersatzvornahme bei Befolgung des GrundVA *VG Dresden* LKV 1994, 373 m. w. N.; zum Zwangsgeld s. Rn. 232; *gegen* Erledigung der Aufenthaltsbeschränkung für Asylbewerber bei Erlöschen der Aufenthaltsgestattung *OVG Berlin* NVwZ-Beilage I/3/2001, 20, 21.
[610] *VG Oldenburg* NVwZ 1985, 68.
[611] *Götz* JuS 1985, 869. Für den Widerspruchsgebührenbescheid *Redeker* DVBl 1981, 56 f., gegen *OVG Münster* DVBl 1981, 55.
[612] *BVerwGE* 81, 226, 229; abw. *Huxholl*, Die Erledigung eines Verwaltungsakts im Widerspruchsverfahren, 1995, S. 243 f. m. w. N., für Feststellung der Erledigung des Widerspruchsverfahrens durch verfahrensregelnden VA.
[613] S. auch *Krebs* VerwArch 1977, 285 ff.; *OVG Münster* DVBl 1977, 257.

scheidung nach § 80 Abs. 5 VwGO auf Grund besonderer gesetzlicher Regelung in § 37 Abs. 1 S. 1 AsylVfG ein. Zur Erledigung einer Zusicherung § 38 Rn. 109.

Erledigung soll auch dadurch eintreten, dass die einen VA tragenden **gesetzlichen Bestimmungen aufgehoben** werden, so dass bislang vorgesehene konstitutive Feststellungen ins Leere gehen.[614] Zum Wegfall von Genehmigungserfordernissen bzw. Verboten s. Rn. 212. Zu den Folgen bei Nichtigerklärung von Normen s. § 51 Rn. 101. **220**

Verjährung und **Verwirkung** berühren die Wirksamkeit des VA nicht.[615] Zur Ausnahme bei abgabenrechtlicher Verjährung s. § 53 Rn. 3. Zur **Aufrechnung** s. § 44 Rn. 37 ff. Zur **Rückgabe** von Urkunden und Sachen bei Unwirksamkeit s. § 52. **221**

VI. Unwirksamkeit des nichtigen VA (Abs. 3)

Die Aufnahme von **Abs. 3** war während des Gesetzgebungsverfahrens umstritten. Allerdings sahen die Regierungsentwürfe 1970 und 1973 bereits eine solche Regelung für das VwVfG vor; § 130 EAO 1974 (§ 124 AO) verzichtete jedoch zunächst darauf (Begründung zu § 130 EAO 1974, Einl Rn. 35), der BT-Innenausschuss hielt die Regelung aber zur Klarstellung für sinnvoll. Sie bringt die materielle Ausnahme zu Abs. 1 und 2[616] und stellt klar, dass der **nichtige VA** von Anfang an keine materielle Rechtswirkung zeigt und deshalb allgemein unbeachtlich ist. Auch der nichtige VA ist existent, aber **ohne Rechtswirkungen**,[617] er hat äußere, aber keine innere Wirksamkeit.[618] Abs. 3 erlaubt den Umkehrschluss, dass nur rechtswidrige, aber nicht nichtige VAe trotz ihres Fehlers wirksam sind (Rn. 178, § 44 Rn. 1). Wohl nur terminologisch abweichend nimmt der *EuGH*[619] an, eine mit besonders schweren, nicht mehr zu tolerierenden Mängeln behaftete Entscheidung sei mangels jeder Rechtswirkung rechtlich inexistent (näher § 44 Rn. 9 f.). **222**

Ein **Vertrauensschutz** auf den Bestand nichtiger VAe kann grundsätzlich **nicht** entstehen.[620] Atomrechtliche Einwendungen gegen einen nichtigen Genehmigungsbescheid sind selbst dann nicht ausgeschlossen, wenn sie außerhalb der Präklusionsfrist erhoben werden.[621] Die Nichtigkeit des durchzusetzenden VA kann auch gegenüber Vollstreckungsmaßnahmen geltend gemacht werden.[622] Auf den angeregten Zusatz **„von Anfang an"** in Abs. 3 wurde trotz Einverständnisses in der Sache im Sinne der Koordinierung mit § 124 Abs. 3 AO verzichtet (Bericht des BT-Innenausschusses zu § 43, s. Einl Rn. 35). **223**

Da § 43 Abs. 3 nur die materiellen Auswirkungen eines nichtigen VA regelt (Rn. 226), bleibt die Frage, ob ein nichtiger VA das **VwVf i. S. d. § 9 beendet** (§ 9 Rn. 193 ff.), allgemein gesprochen: die Instanz beendet. Einem nichtigen Urteil wird die **Formalwirkung** der Instanzbeendigung zuerkannt.[623] Ebenso ist durch den äußerlich wirksamen, aber wegen materieller Fehler nichtigen VA das VwVf formal beendet.[624] Da aber dem nach § 44 nichtigen VA jegliche materielle Wirkung fehlt, kann der gleiche Verfahrensgegenstand sogleich wieder Gegenstand eines neuen VwVf werden, ohne dass auf die materiellen Regeln der §§ 48, 51 zurückgegriffen werden müsste.[625] **224**

---

[614] *OVG Frankfurt (Oder)* LKV 2006, 133 (134) zur ursprünglich konstitutiven Eintragung eines Denkmals bei Umstellung der gesetzlichen Regelung, bezogen nur auf nicht bestandskräftige VAe.
[615] *Wolff/Bachof/Stober* 2, § 52 Rn. 7.
[616] Dazu allgemein *Lindner* VerwArch 2007, 213 (232 f.).
[617] *Wolff/Bachof/Stober* 2, § 48 Rn. 3; *Bettermann* DVBl 1963, 826; *Krebs* VerwArch 1977, 285, 288; *Ziekow*, § 43 Rn. 2; anders *OLG Oldenburg* NVwZ 1992, 607, wonach ein nichtiger Bußgeldbescheid rechtlich als nicht existent gilt.
[618] *Huxholl*, Die Erledigung eines Verwaltungsakts im Widerspruchsverfahren, 1995, S. 47 m. N.; *B. Erbguth*, Der Rechtsschutz gegen die Aufhebung begünstigender Verwaltungsakte, 1999, S. 83 ff.; *Schnapp/Cordewener* JuS 1999, 39, 40 f.; *Schwarz* in Fehling u. a., § 43 VwVfG Rn. 10 (anders aber Rn. 38); *Steinweg*, Zeitlicher Regelungsgehalt des Verwaltungsaktes, 2006, S. 129 ff., 256.
[619] *EuGH*, Rs. 15/85, EuGHE 1987, 1005 Rn. 9 ff. = NJW 1987, 3074, 3075; *EuGH*, Rs. C-137/92 P, EuGHE 1994, I-2555 Rn. 49 f.; s. die Schlussanträge in EuGHE 1999, I-5363 Rn. 83 f. = NJW 2000, 1933.
[620] Uneingeschränkt *BVerwG* NJW 1981, 363; außerhalb des § 44 Abs. 1 aber wohl doch denkbar.
[621] *BVerwG* NJW 1981, 363.
[622] *FG Karlsruhe (Außensenate Stuttgart)* EFG 1993, 703, 704.
[623] Vgl. *BSG* NJW 1995, 3141, 3143 m. w. N.; auch *Lüke* JuS 1985, 767, 768.
[624] Ein mangels Bekanntgabe nicht wirksamer VA beendet das Verfahren nicht, s. § 41 Rn. 3.
[625] Zust. *Steinweg*, Zeitlicher Regelungsgehalt des Verwaltungsaktes, 2006, S. 133 f.

225 Der Ausschluss aller materiellen Rechtswirkungen des nichtigen VA, seine **allgemeine Unbeachtlichkeit** (Rn. 222), gilt für jedermann und für alle rechtsanwendenden Organe, und zwar unabhängig von einer vorherigen behördlichen (§ 44 Abs. 5) oder gerichtlichen (§ 43 Abs. 2 S. 2 VwGO) Feststellung der Nichtigkeit. Die allein entscheidende **materielle Rechtslage** kann aber in solchen behördlichen oder gerichtlichen Entscheidungen, selbst in den Fällen des § 44 Abs. 1 (§ 44 Rn. 97ff.), verkannt werden. Die die materielle Rechtslage überlagernden prozessualen bzw. verfahrensrechtlichen Wirkungen diesbezüglicher Fehlentscheidungen sind in personeller Hinsicht begrenzt durch die subjektiven Grenzen von Rechts- oder Bestandskraft (Rn. 90ff.) einerseits, durch eventuelle Begrenzungen der als Rechtsanwendungsorgane gebundenen Adressaten (Rn. 104ff.) andererseits. Außerhalb dieses Bereichs bleibt die wahre Rechtslage entscheidend, so dass sich ein VA insoweit als gültig und sogar als rechtmäßig erweisen kann und dementsprechend als wirksam zu behandeln ist, auch wenn anderwärts seine Nichtigkeit festgestellt worden ist (s. auch § 44 Rn. 201)[626] Umgekehrt wirkt auch die sachliche Abweisung der Klage auf Feststellung der Nichtigkeit nur in den Grenzen des § 121 VwGO; wenn ein nichtiger VA lediglich im Rahmen anderer Entscheidungszusammenhänge als gültig behandelt wird, betrifft dies nur eine Vorfrage der dort getroffenen Entscheidungen und erzeugt keinerlei über das Ausgangsverfahren hinausreichenden Bindungen (Rn. 59).

226 Unberührt durch Abs. 3 bleiben gesetzliche **Möglichkeiten**, nichtige VAe **rückwirkend zu bestätigen**, z.B. nach § 11 Abs. 1 S. 2 BBG, § 8 Abs. 1 S. 2 BRRG, und die der **Umdeutung** in einen anderen VA nach § 47 (Begründung zu § 43 Entwurf; § 47 Rn. 31) sowie die formalen Auswirkungen eines nichtigen VA, Gegenstand einer Rücknahme (§ 44 Rn. 199; § 46 Rn. 20; § 48 Rn. 57) oder einer verwaltungsgerichtlichen Feststellungs- oder Anfechtungsklage zu werden (Begründung zu § 39 Abs. 3 Entwurf 73).[627] Nichtigkeitsklagen gegen nichtige (nichtexistente) Entscheidungen von Gemeinschaftsorganen werden als unzulässig angesehen.[628]

VII. Wirksamkeit und aufschiebende Wirkung

227 § 43 nimmt nicht zu der Frage Stellung, ob sich die **aufschiebende Wirkung des § 80 Abs. 1 VwGO** schlechthin auf die Wirksamkeit des VA auswirkt,[629] ob durch sie die Vollziehung des VA gehemmt wird[630] oder ob ein vorübergehendes, ggf. rückwirkend wieder entfallendes Wirksamkeitshindernis anzunehmen ist.[631]

228 Die **bloße Vollziehungshemmung** ist besser **mit § 43 in Einklang** zu bringen. § 43 hat, wie insbes. Abs. 2 zeigt, den Beginn und die Dauer der Wirksamkeit eines VA umfassend geregelt. In dieses System passt die Auswirkung von Widerspruch und Anfechtungsklage auf die Wirksamkeit des VA nicht hinein. Diese Rechtsbehelfe stellen keine Erledigung des VA „auf andere Weise" dar. Eine Wirksamkeitshemmung des VA durch Rechtsbehelfe hätte in § 43 zu-

---

[626] Die in diesem Zusammenhang von *Schnapp* DVBl 2000, 247, gestellte Frage, ob die Nichtigkeit des VA Qualität oder Qualifikation ist, muss daher mit „sowohl – als auch" beantwortet werden, weil die materielle und die verfahrens- bzw. prozessrechtliche Lage nebeneinander einzubeziehen sind.
[627] Zur Feststellungsklage *BVerwG* NVwZ 1987, 330; im Übrigen s. *BGH* NJW 1979, 1710; *BFH* NVwZ 1987, 359; *OVG Münster* NVwZ 1989, 1087, 1088; *VGH Mannheim* NVwZ 1986, 315; sogar für Anfechtbarkeit eines Nicht-Aktes (§ 44 Rn. 4f.) *FG Saarbrücken* EFG 1995, 157, 158; s. ferner § 35 Rn. 144; § 41 Rn. 23; zum Widerspruch § 79 Rn. 53.
[628] S. z.B. *Booß* in Grabitz/Hilf, Art. 230 Rn. 13.
[629] So *J. Schmidt* in Eyermann, § 80 Rn. 6; *Wolff/Bachof/Stober* 2, § 48 Rn. 6 m.w.N.; *Ule/Laubinger*, § 56 Rn. 8; *Schoch*, Vorläufiger Rechtsschutz und Risikoverteilung im Verwaltungsrecht, 1988, S. 1169ff. m.w.N.; offenbar auch *BGH* NJW 2001, 2251, 2253, ohne nähere Begründung.
[630] So *BVerwGE* 13, 1, 6ff.; *BVerwG* VerwRspr 1974 Nr. 27; auch *BVerwGE* 66, 218, 220 m.w.N.; unentschieden *BVerwG* NJW 1977, 823; 1979, 1054; ferner *OVG Koblenz* NJW 1977, 595, 596; *VGH München* GewArch 1983, 232; *VGH München* BayVBl 1989, 534, 535; *OVG Bremen* BauR 1985, 300f.; *VGH Mannheim* VBlBW 1987, 141f.; *OVG Lüneburg* NVwZ 1987, 65; 1996, 605, 606; *Stern*, Verwaltungsprozessuale Probleme, Rn. 304; *Krause*, S. 161; *M. Redeker* in Redeker/v. Oertzen, § 80 Rn. 4.
[631] Vgl. in diesem Sinne etwa *Schmitt Glaeser/Horn*, Rn. 250 m.w.N.; *Pietzner/Ronellenfitsch*, § 53 Rn. 2ff.; *Kopp/Schenke*, § 80 Rn. 22 jeweils m.w.N.; nicht eindeutig *BFH* BStBl II 1986 S. 236, wonach durch die Aussetzung der Vollziehung die Verwirklichung des materiellen Regelungsgehalts unterbunden wird. Insgesamt *Pöcker*, Die Rechtsfolgen der Einlegung von Widerspruch und Anfechtungsklage, 2001, S. 59ff., kritisch hierzu dann S. 65ff.

sätzlich aufgenommen werden müssen. Die dahingehende Interpretation muss § 80 Abs. 1 VwGO als lex specialis zu § 43 oder als gleiches oder entgegenstehendes Recht i. S. d. § 1 ansehen.[632]

Besondere Probleme, auf die hier nur hingewiesen werden kann, stellen sich bei der Frage der aufschiebenden Wirkung **unzulässiger Rechtsbehelfe.**[633] 229

Die Konsequenz der als Vollziehungshemmung verstandenen aufschiebenden Wirkung besteht darin, dass nicht nur Vollstreckungsmaßnahmen i. e. S. ausgeschlossen sind, sondern dass es den Behörden und Gerichten auch **verboten ist, sonstige Folgerungen** aus dem Inhalt des betroffenen VA zu ziehen.[634] Allerdings billigt das *BVerfG* die Auslegung des § 70 Abs. 2 StPO dahin, dass es für die Beugehaftanordnung genügt, dass zuvor ein Ordnungsbeschluss ergangen ist, der äußere Wirksamkeit durch Bekanntgabe an den Betroffenen erlangt hat. Problematisch ist die Annahme, dass ein gegen die nach Herstellung der Erschließungsanlage erteilte Zustimmung gem. § 125 Abs. 2 BauGB gerichteter Widerspruch mit seiner aufschiebenden Wirkung die durch die Zustimmung bewirkte Rechtmäßigkeit der Herstellung als Voraussetzung für Erschließungsbeitragspflichten nicht tangiert.[635] Der *VGH Kassel*[636] lässt keine auf § 20 Abs. 2 BImSchG gestützte Stilllegungsverfügung zu, weil dem Gebrauchmachen von einer Genehmigung trotz des Suspensiveffektes nicht mit formeller Illegalität gleichzusetzen sei.[637] 230

Als Vollziehungshemmung hindert die aufschiebende Wirkung die **Fortentwicklung des zugrunde liegenden Rechtsverhältnisses** nicht; die Entstehung von Säumniszuschlägen soll indes ausgeschlossen sein[638] (s. aber Rn. 159). Bei **VAen mit Drittwirkung** schließt der Suspensiveffekt der Drittanfechtung es aus, aus dem VA für den Dritten belastenden Folgerungen zu ziehen; insbes. scheidet eine **Bindung innerhalb gestufter Verfahren** (Rn. 75 ff. und § 35 Rn. 169, 253 ff.) auf Grund des Suspensiveffektes aus.[639] 231

Auch nach **Aussetzung der Vollziehung** können verwirkte Zwangsgelder festgesetzt und beigetrieben werden.[640] Vor Anordnung der sofortigen Vollziehung eines Erstattungsverlangens ist die Rücknahmeentscheidung für sofort vollziehbar zu erklären.[641] Vgl. auch Rn. 199; § 49 Rn. 52. 232

Die **Anordnung der sofortigen Vollziehung** ist kein VA (§ 35 Rn. 164). Zur **öffentlichen Bekanntmachung** s. § 41 Rn. 86. Zur Rechtsbehelfsbelehrung s. § 37 Rn. 117 f. 233

VIII. Landesrecht

In den VwVfGen der Länder finden sich keine substantiellen Abweichungen (s. Rn. 1). 234

IX. Fortgeltung von Einzelentscheidungen der DDR-Behörden

1. Zur Wirksamkeit der Entscheidungen der DDR-Verwaltungsbehörden

a) Nach dem Recht der DDR folgte die Wirksamkeit der Einzel- oder später Verwaltungsentscheidungen ähnlichen Grundsätzen, wie sie § 43 für VAe aufstellt (näher 6. Aufl., Rn. 219–221; § 44 Rn. 205). 235

---

[632] S. *Erichsen/Klenke* DÖV 1976, 833, 836.
[633] Vgl. *Schoch* BayVBl 1983, 358; *ders.,* Vorläufiger Rechtsschutz und Risikoverteilung im Verwaltungsrecht, 1988, S. 1150 ff.; *J. Schmidt* in Eyermann, § 80 Rn. 12 f. m. w. N.; s. auch *OVG Münster* NVwZ 1987, 334, 335; *VGH Kassel* ESVGH 39, 81; zum vorläufigen Rechtsschutz gegen die Vollziehung verspätet angefochtener VAe *Postier* NVwZ 1985, 95 ff.
[634] S. *BVerwGE* 13, 1, 8 f.; wohl zustimmend *BVerfGE* 76, 363, 393 m. w. N.
[635] *BVerwG* NVwZ-RR 1989, 497 f.
[636] GewArch 1992, 113, 114 m. w. N.
[637] Ebenso jetzt *BVerwGE* 89, 357, 361 f.
[638] So jedenfalls *VGH München* BayVBl 1990, 757, 758; *OVG Lüneburg* NVwZ 1990, 270, 271 f., gegen *OVG Lüneburg* NVwZ 1987, 65.
[639] *Jarass* UPR 1983, 241, 244.
[640] *OVG Münster* 2. 3. 1990 – 7 B 537/90, wobei die Zulässigkeit sog. nachträglicher Zwangsgelder vorausgesetzt wird; krit. zur diesbezüglichen Judikatur etwa *Dünchheim* NVwZ 1996, 117 ff. m. w. N.
[641] S. *VGH München* BayVBl 1988, 658, 659 f.

236 b) **Wirksambleiben von DDR-Entscheidungen.** Art. 19 S. 1 EVertr trifft in Anknüpfung an verfassungsrechtliche Vorbilder wie Art. 178 Abs. 3 WRV, Art. 186 Abs. 3 BayVerf. klarstellend[642] eine Grundsatzentscheidung dahin, dass **vor** dem **Wirksamwerden des Beitritts ergangene,** nicht notwendig bereits unanfechtbare VAe der DDR (Rn. 238) **wirksam bleiben.**[643] Davon abweichende Regelungen, wie sie sich allgemein im VwRehaG (Rn. 244) und in Rechtsvorschriften für einzelne Bereiche finden,[644] gehen dem Grundsatz vor.[645] Eine weitergehende Bedeutung als **Statusgarantie** besitzt Art. 19 EVertr für die durch fortgeltende VAe begünstigten Personen **nicht.**[646]

237 Den **Bedenken**[647] gegen das im Interesse der Rechtssicherheit[648] wohl unvermeidliche **Festhalten an den Entscheidungen eines Unrechtsstaates** als wirksamen Bestandteilen der grundgesetzlichen verfassten Rechtsordnung sucht Art. 19 EVertr durch Möglichkeiten zur Aufhebung der übergeleiteten Entscheidungen Rechnung zu tragen (Rn. 247). Daher kann mit Rücksicht auf rechtsstaatliche Mängel[649] nicht schon die ursprüngliche Wirksamkeit der DDR-Staatsakte geleugnet werden;[650] vielmehr kommt es insoweit grundsätzlich[651] allein auf die Wirksamkeitsanforderungen des DDR-Rechts an[652] (näher Rn. 240 ff.).

238 Der in Art. 19 S. 1 EVertr verwendete **Begriff des VA** war dem DDR-Recht selbst fremd.[653] Gemeint sind die dem VA in wesentlichen Aspekten **ähnelnden Einzelentscheidungen** bzw. **Verwaltungsentscheidungen** i. S. d. GNV 1988 und 1990 und ggf. anders bezeichnete Rechtsakte mit vergleichbarer Wirkung, die trotz ihrer im Ausgangspunkt abweichenden Natur (näher § 35 Rn. 366 ff.) für die Zukunft einer Behandlung nach den Regeln für VAe unterworfen werden.

239 Von einem VA in diesem Sinne kann nur gesprochen werden, wenn eine Äußerung der DDR-Behörden[654] wie ein VA i. S. d. § 35 VwVfG **Regelungscharakter** besaß und auf **unmittelbare Rechtswirkung im Einzelfall** gerichtet war.[655] Die Zugehörigkeit einer Entscheidung zum **öffentlichen Recht** wird sich an Parallelen im Recht der Bundesrepublik orientieren müssen,[656] weil das DDR-System keine entsprechende Abgrenzung zum Zivilrecht kannte. Dagegen kann am Kriterium der **einseitig** getroffenen Regelung (§ 35 Rn. 68, 77)

---

[642] So die zugehörige Begründung, BT-Drs 11/7760, S. 355 ff.
[643] Zum Regel-Ausnahme-Verhältnis zwischen den Sätzen des Art. 19 EVertr *BSGE* 76, 124, 125.
[644] Vgl. etwa für Sonderregelungen im Bereich des Umweltrechts *Kloepfer,* Das Umweltrecht in der deutschen Einigung, 1991, S. 42 ff.; *Oebbecke LKV* 1995, 129, 130 m. w. N. s. ferner etwa § 57 a AtG, dazu *BVerwG* 90, 255, 258 ff.; auch *OVG Magdeburg NVwZ-RR* 1996, 75, 76 f.; ZUR 1996, 145, oder die Regeln zur Überleitung von Gewinnungsrechten an Bodenschätzen, dazu *BVerwGE* 94, 23 ff.
[645] Begr. zu Art. 19 EVertr. Vgl. allg. *BVerwG LKV* 1998, 487, 488; insbes. bezogen auf Enteignungen und das VermG *BVerwGE* 104, 186, 192.
[646] Vgl. für die Rechtsanwaltszulassung *BVerfGE* 93, 213, 239 f., allerdings mit Rücksicht auf bereits vor dem Beitritt bestehende gesetzliche Aufhebungsmöglichkeiten.
[647] Vgl. etwa *Gast DtZ* 1996, 102, 105 ff. m. w. N.
[648] Daher für Vereinbarkeit mit dem Grundgesetz grundsätzlich *BVerfG LKV* 2007, 366 f.
[649] Alternativ zum Rekurs auf den ordre public *Gast DtZ* 1996, 102, 106.
[650] Für den Umkehrschluss aus Art. 19 S. 2 EVertr auch *Haft DtZ* 1994, 258, 259 m. w. N.
[651] Eine Ausnahme dürfte bei dem Erwerb der deutschen Staatsangehörigkeit über die DDR-Staatsbürgerschaft eingreifen, die in Erweiterung der regelmäßigen Erwerbsgründe von vorherein nur in den Grenzen des ordre public anzunehmen ist, s. *BVerfGE* 77, 137, 149, 152 f.
[652] *BGHZ* 129, 112, 118 ff.; 145, 383, 385; *BVerwG* ZIP 1997, 861, 863; *VG Dresden LKV* 2000, 269, 270.
[653] Vgl. krit. *Stelkens* VwVf, Rn. 303 f., 479; *ders. DtZ* 1991, 264, 270; im Rückblick auch *Bernet LKV* 1992, 345, 346.
[654] Für einzelfallregelnde Kreistagsbeschlüsse (Umgemeindung von Flurstücken) als VAe i. S. d. Art. 19 S. 1 EVertr s. *VG Dresden LKV* 2000, 269, 270.
[655] So *BVerwG LKV* 1994, 219; *BVerwGE* 105, 255, 258; *BVerwG NVwZ* 2006, 1423, 1424; Buchholz 428.41 § 3 EntschG Nr. 1; *OVG Weimar* DÖV 1994, 964; *OVG Greifswald LKV* 1995, 252, 253; *KG DtZ* 1996, 151, 152; *OVG Berlin NVwZ* 1997, 396, 400; gegen Anwendung des Art. 19 S. 1 EVertr mangels Regelungswirkung für (inzidenter abgegebene) Ursprungserklärungen in die Bundesrepublik „eingeschleuster" Waren *OLG München* Wistra 1993, 276, 277; für VAe i. S. d. Art. 19 S. 1 EVertr bei Standortgenehmigungen nach § 9 der DDR-VO über die Standortverteilung der Investitionen *BezG Erfurt LKV* 1994, 31, 32.
[656] Vgl. *BVerwGE* 112, 274, 280 f. (für dem DDR-Recht fremde Widmung); *BSG* SozR 3–8570 § 17 Nr. 1; *OVG Münster DtZ* 1996, 157; unter Berücksichtigung der Zugehörigkeit zum DDR-Verwaltungsrecht *OVG Bautzen LKV* 1994, 149 f. Vgl. ferner *BVerwGE* 105, 255, 258 f., 262, zum Korporationsstatus von Kirchen im Beitrittsgebiet.

ohne Weiteres festgehalten werden, so dass Verträge von Art. 19 EVertr nicht erfasst werden.[657] Für Beispiele s. ausführlich § 35 Rn. 366.

Das Wirksam*bleiben* kann nur Entscheidungen betreffen, die nach Maßgabe des bisherigen **240** Rechts **wirksam ergangen** waren und ihre **Wirksamkeit nicht bereits wieder verloren** hatten.[658] Dabei werden alle DDR-VAe als fortgeltungsfähig angesehen, die nach der Staats- und Verwaltungspraxis der DDR ungeachtet etwaiger Rechtsmängel als wirksam angesehen und behandelt wurden.[659] Damit sind jedenfalls die zwar rechtswidrigen, aber nicht nichtigen DDR-VAe erfasst; weitergehend sollen wohl auch solche mit nach den Maßstäben des DDR-Rechts nichtigkeitsbegründenden Mängeln einbezogen sein, die gleichwohl de facto als gültig angesehen worden sind.

Soweit DDR-VAe (zumindest auch) von vornherein darauf gerichtet waren, (auch) **im Gel-** **241** **tungsbereich des Grundgesetzes Wirkung** zu entfalten, hängt ihre Wirksamkeit insoweit von den in diesem Bereich geltenden Rechtsregeln ab.[660]

Die Weitergeltung von DDR-VAen mit räumlich (auf das Gebiet der DDR) begrenztem **242** Geltungsanspruch führt (mangels Erstreckungsregelung, vgl. etwa Art. 37 Abs. 1 EVertr) nicht zu einer Erweiterung ihres Geltungsgebietes.[661] Grundsätzlich sind DDR-VAe aber – ebenso wie umgekehrt solche von Behörden der alten Länder – **im gesamten erweiterten Bundes-** **gebiet** gültig;[662] namentlich gilt dies für statusbildende VAe, die schon wegen ihres Inhalts in ihrer Geltung nicht auf Teile des Bundesgebietes beschränkt werden können.[663] Andererseits gelten DDR-VAe, deren Wirkungen bei Erlass durch Behörden der alten Länder auf das jeweilige Landesgebiet begrenzt wären, jedenfalls nicht über das Gebiet der DDR hinaus.[664]

Die Fortgeltung bleibt außerdem auf den **Regelungsgegenstand** des DDR-VA beschränkt, **243** wie er sich nach den allgemeinen Auslegungsregeln (§ 35 Rn. 43 ff., 78 ff.)[665] im Hinblick auf die maßgeblichen Bestimmungen des DDR-Rechts ergibt.[666] Eine Inhaltsänderung mit Rücksicht auf die strukturelle Übereinstimmung des DDR-VA mit den Grundsätzen der Rechtsordnung der Bundesrepublik scheidet aus.[667] Allerdings erstreckt sich die Fortgeltung nicht auf nach seinerzeitigem DDR-Recht mit dem fraglichen VA kraft Gesetzes verknüpfte zusätzliche Rechtsfolgen.[668]

Das **VwRehaG** setzt den in Art. 19 S. 1 EVertr für „VAe" (Rn. 238 f.) ausgesprochenen **244** Grundsatz voraus, dass die jetzt als **„Verwaltungsentscheidungen"** bezeichneten hoheitlichen Maßnahmen einer deutschen behördlichen Stelle zur Regelung eines Einzelfalls im Beitrittsge-

---

[657] Anders *OVG Münster* DtZ 1996, 157 f.
[658] S. ausdr. *BVerwG* LKV 2006, 273; (für Gerichtsentscheidungen) *BGHZ* 129, 112, 119; *BGH* NJW 1999, 493; *BFHE* 177, 317, 323; *VGH Mannheim* NVwZ-RR 1992, 380; vgl. auch *Wimmer*, Verwaltungsrechtliches Rehabilitierungsgesetz, 1995, § 15 Rn. 13; *M. Redeker* LKV 1997, 237, 238 f.; für die Fortgeltung des Art. 19 S. 1 EVertr für nichtige Akte der DDR *OVG Bautzen* LKV 1995, 404; *OVG Frankfurt (Oder)* LKV 1997, 459, 460; unter Berufung auf § 125 AO auch *OLG München* Wistra 1993, 276, 277; unhaltbar *BezG Dresden* DtZ 1992, 92, 94.
[659] *BVerwG* DtZ 1996, 155, 156; *BVerwGE* 104, 186, 192; 105, 255, 259; *BVerwG* LKV 1998, 487, 488; GewArch 2006, 149, 150 ; *BVerwG* NVwZ 2006, 1423, 1424; auch *BGH* NJW 2001, 680, 682.
[660] S. für die zum Beitrittszeitpunkt unbeachtliche Abfertigung von Waren zum freien Verkehr (auch) im Bundesgebiet durch DDR-Behörden *OLG München* Wistra 1993, 276; abl. dazu *Haft* DtZ 1994, 258, 261.
[661] So für DDR-Fahrerlaubnisse, deren vor dem Beitritt geregelte Geltungserstreckung auf das Alt-Bundesgebiet abgelaufen war, *OVG Münster* LKV 1993, 133 f.; s. auch für die Anerkennung einer Religionsgemeinschaft als Körperschaft des öffentlichen Rechts *OVG Berlin* NVwZ 1997, 396, 400 f.
[662] *BVerwGE* 105, 255, 260 f.; 126, 149, 163; *BVerwG* GewArch 2006, 149, 151; auch NVwZ 2006, 1423, 1424; *OVG Weimar* LKV 2000, 309, 310; *Rixen* NVwZ 2004, 1410, 1412 f.
[663] *BVerwGE* 105, 255, 260 f., für die Feststellung der Identität einer bestehenden Religionsgemeinschaft mit einer früheren Kirchenkörperschaft; vgl. dazu auch *H. Weber* NJW 1998, 197, 198 f.
[664] *BVerwGE* 126, 149, 163 f.; *OVG Lüneburg* NdsVBl 2003, 158, 160; *OVG Münster* NWVBl 2003, 220 f.; NVwZ-RR 2004, 653, 654; dem folgend *VG Köln*, 11. 8. 2006, – 6 L 736/06; *VGH München* BayVBl 2005, 241, 245; 5. 1. 2005, – 24 CS 04.2454; 11. 1. 2005, – 24 CS 04.1965; auch *OVG Magdeburg* GewArch 2005, 288, 289; ferner etwa *Dietlein* BayVBl 2002, 161, 167; *ders*. FS Kutscheidt, 2003, S. 119, 126 ff.; offen *BGH* NJW-RR 2002, 395, 397; anders etwa *Horn* NJW 2004, 2047, 2049 ff.; s. auch § 35 Rn. 368.
[665] *BVerwG* NVwZ 2006, 1423, 1425; 1175, 1179.
[666] S. etwa *OVG Weimar* LKV 2000, 309, 310; *VG Dessau* LKV 1999, 112; *VG Frankfurt (Oder)* LKV 2001, 472, 474 f.
[667] *BVerwG* NVwZ 2006, 1423, 1425.
[668] So soll die Aufnahme in das Forschungsstudium nicht die daran anknüpfenden Förderungsleistungen miterfassen, *OVG Berlin* OVG BlnE 21, 184, 190 f.; hierzu auch *OVG Berlin* LKV 1992, 299, 300.

biet aus der Zeit vom Kriegsende bis zum Wirksamwerden des Beitritts (so die Legaldefinition in § 1 Abs. 1 S. 1 VwRehaG)[669] auch nach diesem Zeitpunkt **wirksam bleiben**.[670] Soweit die erfassten „Verwaltungsentscheidungen" nicht solche der DDR sind, kann ihre vorausgesetzte Weitergeltung allerdings nicht auf den insoweit engeren Art. 19 S. 1 EVertr gestützt werden, folgt aber aus den allgemeinen Grundsätzen, die Art. 19 S. 1 EVertr nur verdeutlicht (Rn. 236).

245 c) **Verlust der Wirksamkeit.** Der Wirksamkeitsverlust der fortbestehenden DDR-VAe richtet sich, wie sich auch aus Art. 19 S. 3 EVertr ergibt, vorbehaltlich vorrangiger Sonderregelungen,[671] nach den allgemeinen Regeln des § 43 Abs. 2 (Rn. 190 ff.). Namentlich kann die Wirksamkeit entsprechend den allgemeinen Grundsätzen über die **Erledigung durch Zeitablauf oder auf andere Weise** wegfallen (Rn. 204 ff.).[672] Insoweit können im Zusammenhang mit der Einführung des altbundesrepublikanischen Rechts spezifische Erledigungsfälle auftreten, etwa bei gesetzlich eingeführten Befristungen der Geltungsdauer eines VA.[673] Die Feststellung des Rechtsstatus einer Religionsgesellschaft unter Hinweis auf die daraus nach der Rechtsordnung der DDR folgenden Rechte soll sich durch das Außerkrafttreten der diesbezüglichen Bestimmungen des DDR-Rechts nicht erledigt haben, weil sie einen darüber hinausgehenden Geltungsanspruch erhob.[674]

246 Entsprechend sind regelmäßig[675] Genehmigungen erloschen, wenn auf Grund der beitrittsbedingten Rechtsänderungen oder später die **Genehmigungsbedürftigkeit entfallen** ist. Dafür kommt es nicht auf den Wegfall der Genehmigungserfordernisse des DDR-Rechts an sich,[676] sondern darauf an, dass nach dem nach der Wiedervereinigung gültigen Recht insgesamt keine Genehmigung mehr notwendig ist.[677] Dem entspricht es, dass Baugenehmigungen[678] bzw. die Zustimmung des Rats des Stadtbezirks zur Errichtung des Bauwerks[679] weiter gelten.

247 Zum Wirksamkeitsverlust durch **Aufhebung,** deren Möglichkeit § 43 Abs. 2 voraussetzt (Rn. 197 ff.), enthält **Art. 19 S. 2 EVertr** eine **Sondervorschrift,** die sich einer eindeutigen Inhaltsbestimmung entzieht.[680] Die Begründung zum Einigungsvertrag enthält nur die knappe Aussage, die DDR-VAe könnten „unter den Voraussetzungen des Satzes 2 oder nach den verwaltungsverfahrensrechtlichen Vorschriften aufgehoben (zurückgenommen, widerrufen)" werden; danach erscheint Art. 19 S. 2 EVertr als ein **besonderer Tatbestand von Rücknahme oder Widerruf**.[681] Möglich bleibt auch die Ersetzung von DDR-VAen durch Erlass eines Zweitbescheides (allg. dazu § 51 Rn. 29 ff.), insbes. mit Rücksicht auf beitrittsbedingt veränderte Rechtsgrundlagen.[682]

248 **Nicht haltbar** ist nach Wortlaut und Entstehungsgeschichte des Art. 19 EVertr und nach dem systematischen Verhältnis zu Art. 17 EVertr die Annahme, Satz 2 der Bestimmung enthalte **nur** einen programmatischen **Gesetzgebungsauftrag**.[683] Nicht ausgeschlossen ist dagegen, dass

---

[669] Ausf. hierzu etwa *Wimmer* NJ 1994, 401, 402 f.; *ders.,* § 1 Rn. 10 ff.
[670] BT-Drs 12/4994, S. 2, 17, 41.
[671] Wie für Enteignungen nach Art. 41 EVertr und dem VermG, vgl. *BVerwG* DtZ 1994, 319, 320.
[672] Bsp. für eine Erledigung auf andere Weise in *OVG Bautzen*, 5. 4. 2006, – 1 B 18/05, juris, Rn. 22.
[673] Wie für Genehmigungen usw. gem. Art. 2 § 3 Abs. 1 S. 1 Umweltrahmengesetz der DDR v. 29. 6. 1990, GBl I S. 649; dazu *BezG Magdeburg* DÖV 1991, 465 f., und demgegenüber *Rengeling* DVBl 1992, 222 ff.; s. auch *Kloepfer,* Das Umweltrecht in der deutschen Einigung, 1991, S. 28 ff.
[674] *BVerwGE* 105, 255, 260, unter Hinweis auf den sonst vereitelten Wiedergutmachungszweck.
[675] Zu einem Sonderfall *KG* DtZ 1996, 151, 152.
[676] So sind Jagderlaubnisse der DDR trotz Wegfalls des DDR-rechtlichen Jagdverbotes nicht gegenstandslos geworden, so aber *OVG Bautzen* LKV 1993, 61; s. auch *VG Halle* LKV 1994, 192.
[677] Vgl. für die nach DDR-Gewerberecht notwendige Zulassung zum Beruf des Sachverständigen, der nach der GewO ohne Genehmigung ausgeübt werden kann, offenlassend *BbgVerfGH* LKV 1996, 65.
[678] *OVG Berlin* LKV 1994, 410; *OVG Weimar* LKV 1995, 294.
[679] *OVG Bautzen* LKV 1994, 411.
[680] Ohne Festlegung etwa *OVG Frankfurt (Oder)* LKV 1998, 272, 273.
[681] In diesem Sinne auch *Lippott* OstEurR 1993, 287, 290; *Pauly/Danker* VIZ 1995, 186; nicht eindeutig *BFHE* 177, 317, 320: selbständiger Aufhebungsgrund und eigenständige Korrekturvorschrift; offengelassen von *OVG Frankfurt (Oder)* LKV 1998, 272, 273. *BVerfG* LKV 2007, 366 f., hat es zuletzt vor Art. 3 Abs. 1 GG gebilligt, dass das *BSG* Art. 19 S. 2, 3 EVertr dahin auslegt, dass die Aufhebung davon nicht erfasster VAe nach § 44 SGB X ausgeschlossen ist (*BSGE* 76, 124 = NZS 1995, 518; 80, 119 = NZS 1998, 43; 84, 22 = NZS 1999, 407); auf das VwVfG lässt sich dies wegen des hier eröffneten Rücknahmeermessens jedenfalls nicht ohne Weiteres übertragen.
[682] *OVG Weimar* LKV 2000, 117 f.
[683] So aber *Tappert*, Die Wiedergutmachung von Staatsunrecht der SBZ/DDR durch die Bundesrepublik Deutschland nach der Wiedervereinigung, 1995, S. 145 f. m. w. N., der zugleich auf Spezialität des VwRe-

Art. 19 S. 2 EVertr **durch Spezialregelungen verdrängt** wird, wie dies namentlich für den Anwendungsbereich des VermG verbreitet angenommen wird.[684] Der Vertragstext lässt allerdings auch die Auslegung zu, dass Art. 19 S. 2 EVertr für jede nach allgemeinen Regeln grundsätzlich zur Aufhebung des VA berufene Instanz einen zusätzlichen materiellen Aufhebungsgrund schafft, der namentlich in gegen den VA gerichteten Rechtsmittelverfahren berücksichtigt werden könnte (Rn. 261).

Sachliche Voraussetzung einer Aufhebung nach Art. 19 S. 2 EVertr ist in jedem Falle die **Unvereinbarkeit mit rechtsstaatlichen Grundsätzen** oder mit den Regelungen des EVertr. Der auch in Art. 18 Abs. 1 S. 2 EVertr verwendete Begriff der „rechtsstaatlichen Grundsätze" lässt dem Wortsinn nach unterschiedliche Interpretationen zu. Die Begründung zu beiden Artikeln gibt keine näheren Hinweise. Zu weit ginge angesichts der Gegebenheiten des DDR-Unrechtsregimes sicherlich eine Auslegung, die die Entscheidungen ihrem Inhalt und ihrem Zustandekommen nach in vollem Umfang den Anforderungen des grundgesetzlichen Rechtsstaatsprinzips[685] unterwerfen würde. 249

Ausgangspunkt der Auslegung des Art. 19 EVertr hat vielmehr zu sein, dass gem. Art. 3 EVertr **das Grundgesetz erst mit Wirksamwerden des Beitritts** in den neuen Ländern in Kraft getreten ist. Erst mit diesem Zeitpunkt oder sogar nach Art. 143 GG noch später verliert dem Grundgesetz inhaltlich, nicht nur formell[686] widersprechendes DDR-Recht seine Gültigkeit, s. Art. 9 EVertr; dies entspricht der in Art. 123 Abs. 1 GG vorgesehenen Übergangsregelung. Bei staatlichen Hoheitsakten im Einzelfall, die vor dem Inkrafttreten des Grundgesetzes endgültig wirksam geworden waren, hat das BVerfG es aber abgelehnt, rückwirkend die Maßstäbe des Grundgesetzes anzulegen.[687] 250

Auch im Falle der DDR ist **nicht** ersichtlich, dass das **Grundgesetz** einen **rückwirkenden Geltungsanspruch** erheben würde.[688] Im Gegenteil zeigt der frühere Art. 23 GG, dass das Grundgesetz selbst davon ausging, nach einem Beitritt in den anderen Teilen Deutschlands erst in Kraft gesetzt zu werden; Art. 146 GG stellte sogar das Grundgesetz zur Disposition einer neuen Verfassunggebung.[689] Daher können neben der Unvereinbarkeit mit den rechtsstaatlichen Grundsätzen des Art. 19 S. 2 EVertr **sonstige Verstöße gegen grundlegende Wertungen der Rechtsordnung** der Bundesrepublik Deutschland nicht als mögliche Nichtigkeitsgründe anerkannt werden.[690] 251

Allerdings könnte der **EVertr** eine **solche Rückwirkung** durchaus auch ohne verfassungsrechtliche Notwendigkeit anordnen; vor dem Hintergrund der zeitweiligen partiellen Suspendierung des Grundgesetzes durch Art. 143 GG mit Rücksicht auf die unterschiedlichen Verhältnisse noch nach der Einigung[691] ist jedoch nicht plausibel, dass derselbe Einigungsvertrag das Rechtsstaatsprinzip in seiner ganzen Breite rückwirkend zum Maßstab für das viel unterschiedlichere alte DDR-System und seine Einzelakte erheben sollte. 252

Dies gilt umso mehr, als der in Art. 18, 19 EVertr verwendete Begriff der „rechtsstaatlichen Grundsätze" eine **spezifische Bedeutung** für das Verhältnis von DDR-Einzelakten zum Rechts- 253

---

haG abhebt und später (S. 164 ff.) sogar die Anwendbarkeit des Art. 19 S. 2 EVertr auf SteuerVAe annimmt; wie hier demgegenüber *Wimmer*, Verwaltungsrechtliches Rehabilitierungsgesetz, 1995, vor § 1 Rn. 15, für den den unmittelbare Anwendbarkeit „außer Zweifel" steht.
[684] S. etwa BVerwG DtZ 1996, 155, 156; BezG Potsdam ZOV 1992, 166 ff.; Knauthe/Heisterkamp ZOV 1992, 18 ff.; *Wimmer*, Verwaltungsrechtliches Rehabilitierungsgesetz, 1995, vor § 1 Rn. 19 ff.; a. A. *Märker* DtZ 1993, 41 ff.; offen gelassen von OVG Frankfurt (Oder) LKV 1998, 272, 273.
[685] Vgl. zu dessen vielfältigen Facetten nur *Stern*, Staatsrecht I, S. 787 ff.; *Sachs* in ders. GG, Art. 20 Rn. 49 ff.
[686] Näher *Schulze* in Sachs, GG, Art. 123 Rn. 10 f., 17.
[687] Vgl. etwa BVerfGE 19, 76, 86, für eine geschlechtsdiskriminierende Entlassungsverfügung von 1946; ferner BVerfGE 17, 38, 50 f.; 17, 99, 108; 29, 166, 176; auch BVerfGE 2, 181, 193; 27, 253, 287.
[688] Vgl. ausdrücklich (am Beispiel von Enteignungsmaßnahmen) BVerfGE 84, 90, 122 f.; s. auch LG Berlin DtZ 1994, 180, 182 f.; zur fehlenden Rückwirkung von Art. 14 GG auf Standortgenehmigungen nach § 9 der DDR-VO über die Standortverteilung der Investitionen BezG Erfurt LKV 1994, 31, 32; allg. BFHE 177, 317, 323 f. m. w. N.; KG DtZ 1996, 151, 152.
[689] Dazu und zur Bedeutung des neugefassten Art. 146 GG s. nur *Sachs* JuS 1991, 985 ff. m. w. N.; ferner *Huber* in Sachs GG, Art. 146 Rn. 2 ff.
[690] Vgl. BVerwG NVwZ 2006, 1423, 1425; dafür beiläufig aber BVerwGE 105, 255, 261.
[691] Vgl. zu Art. 143 Abs. 1 und 2 GG näher *Sachs* in FS Heymanns Verlag II, 1995, S. 193 ff.; ferner, auch zur besonders umstrittenen Spezialproblematik des Art. 143 Abs. 3 *Wendt* in Sachs GG, Art. 143 Rn. 1 ff., 18 ff.

system des Grundgesetzes mitbringt.[692] Er fand sich bereits im Gesetz über die innerdeutsche **Rechts- und Amtshilfe** in Strafsachen vom 2. 5. 1953;[693] dabei ging es u. a. wie jetzt in Art. 18 EVertr darum, Anforderungen an die Vollstreckung von DDR-Urteilen durch bundesdeutsche Behörden zu stellen.[694] Das Rechtshilfegesetz ging davon aus, dass die Urteile der DDR-Gerichte auch im Geltungsbereich des Grundgesetzes Wirkung haben könnten, die aber mit Rücksicht auf die der verfassungsmäßigen Ordnung entgegen gesetzten Grundlagen des DDR-Systems der Einschränkung bedürfe.[695]

254 Um eine vergleichbare Anknüpfung grundgesetzgebundenen Staatshandelns an außerhalb des Grundgesetzes gesetzte Staatsakte geht es – nunmehr intertemporal statt interlokal – auch bei den Art. 18, 19 EVertr.[696] Daher ist es gerechtfertigt, den Begriff der rechtsstaatlichen Grundsätze im Sinne des bisherigen Rechtshilferechts zu verstehen. Das *BVerfG* hat den Begriff der rechtsstaatlichen Grundsätze in diesem Zusammenhang von Anfang an mit dem **ordre public** gleich- oder zumindest in enge Beziehung dazu gesetzt.[697] Es ist nahe liegend, dass die für den internationalen Rechtsverkehr heute für den ordre public in Art. 6 S. 1 EGBGB genannten „wesentlichen Grundsätze des deutschen Rechts" den „rechtsstaatlichen Grundsätzen" in Art. 18, 19 EVertr entsprechen.[698]

255 Damit kann für die Bestimmung dieser Grundsätze auch **auf** die Erkenntnisse zum **Kollisionsrecht zurückgegriffen** werden, für das heute zumal die in Art. 6 S. 2 EGBGB besonders erwähnten Grundrechte von Bedeutung sind. Mit dieser Anknüpfung sind zwar die Auslegungsprobleme um die „rechtsstaatlichen Grundsätze" keineswegs gelöst, aber doch in bekannte Bahnen gelenkt. Aus der Judikatur des *BVerfG* kann festgehalten werden, dass die Vereinbarkeit bundesdeutscher Anknüpfung an DDR-Urteile mit rechtsstaatlichen Grundsätzen allein auf deren **Ergebnis bezogen,** also unabhängig vom vorausgehenden Verfahren beurteilt wurde.[699] Materiell wurden Verstöße gegen rechtsstaatliche Grundsätze insbes. dann bejaht, wenn die angewendeten Rechtsnormen spezifischer Ausdruck des in der DDR herrschenden politischen Systems waren.[700]

256 Dementsprechend ist auch Art. 19 EVertr in erster Linie als Mittel zur Herstellung materieller Gerechtigkeit zu verstehen;[701] die rechtsstaatlichen Grundsätze im Sinne der Bestimmung beziehen sich auf die **materiellrechtlichen** Aspekte des **Rechtsstaatsprinzips,** nicht auch auf die formellrechtlichen Ausprägungen des Grundsatzes.[702] Doch wird man auch formelle Anforderungen, etwa die prinzipielle Gesetzmäßigkeit des Verwaltungshandelns[703] sowie rudimentäre Verfahrensregeln, einbeziehen können,[704] soweit sie zugleich materiell bedeutsame Schutzwir-

---

[692] Dazu allg. für die Zeit vor der Wiedervereinigung *König,* Die Wirkung mitteldeutscher Hoheitsakte in der westdeutschen Rechtsordnung, Diss. Münster 1962.
[693] BGBl I S. 161, § 2 Abs. 1 Nr. 2, 3.
[694] S. auch schon *BVerfGE* 1, 332, 343 f. Die Unterschiede zwischen der grundrechtseingreifenden Rechtshilfe für die DDR durch bundesdeutsche Stellen und der Wiedergutmachung von DDR-Unrecht, für das die Bundesrepublik nicht verantwortlich ist, betont *BVerfGE* 101, 275, 294.
[695] *BVerfGE* 11, 150, 158 ff.
[696] S. zur Parallelität zum Rechtshilferecht ausdrücklich auch *Pieroth* VVDStRL 51, 1992, 91, 112; für die weitere Geltung des Art. 6 EGBGB im innerdeutschen Kollisionsrecht *OLG Dresden* DtZ 1993, 345, 347; offen lassend *KG* DtZ 1996, 151, 152; auch *BGHZ* 127, 297, 309, allerdings bei spürbarer Skepsis.
[697] *BVerfGE* 11, 150, 161; 36, 1, 30; 37, 57, 66; s. auch für die Wirkung einer DDR-Einbürgerung *BVerfGE* 77, 137, 149.
[698] Offen *OVG Frankfurt (Oder)* LKV 1998, 272, 274 (Betriebsgenehmigung Flughafen Schönefeld).
[699] *BVerfGE* 11, 150, 159 f.; die Verfahrensanforderungen, die *BVerfGE* 37, 57, 65 f., aufstellt, betrafen den Fall eines nach Zulieferung an die DDR-Behörden dort noch durchzuführenden Strafverfahrens.
[700] Vgl. *BVerfGE* 11, 150, 160, für politische Strafgesetze; *BVerfGE* 12, 99, 107, für die Sonderbesteuerung freier Unternehmer.
[701] In diesem Sinne für die Aufhebung von SteuerVAen der früheren DDR-Steuerbehörden vorsichtig *Dürr* DStZ 1991, 651, 652 f.; dafür – neben der Achtung der Menschenwürde – auch *KrG Erfurt* LKV 1992, 172, 174; ähnlich *BezG Erfurt* LKV 1993, 173, 174, für grundlegende Prinzipien des Rechts; für materielle Gerechtigkeit letztlich wohl auch *Tietje* DtZ 1994, 138, 141 f.; für geringere Anforderungen hinsichtlich der rechtsstaatlichen Rechtsklarheit *Oebbecke* LKV 1995, 129, 132.
[702] So etwa *Pieroth* VVDStRL 51, 1992, 91, 111 f.; auch *Leutheusser-Schnarrenberger* DtZ 1993, 162, 163; so auch *BFH* BFH/NV 1994, 602, 603.
[703] Vgl. insoweit etwa *BGH* BRAK-Mitt. 1993, 169; AnwBl 1994, 297, 298; DtZ 1995, 174; *BbgAGH* AnwBl 1996, 236; *OLG Düsseldorf* PharmaR 1992, 119, 125, allerdings für die Folge der Nichtigkeit eines insoweit defizitären Aktes; insoweit krit. *Haft* DtZ 1994, 258, 269 Fn. 7.
[704] Für beide Aspekte etwa *H. Breuer,* Die Bedeutung des Art. 19 Einigungsvertrag, 1999, S. 80 ff., 196 ff.

kungen entfalten, namentlich ein Mindestmaß an Fairness des Verfahrens.[705] Ob aus Art. 79 Abs. 3 GG in diesem Zusammenhang Aufschlüsse zu gewinnen sind,[706] ist zweifelhaft; recht unbestimmt bleibt auch die Formel, dass ein Bestehenbleiben des VA für eine freiheitliche, rechtsstaatliche Grundordnung unerträglich wäre.[707]

Zu den **inhaltlichen Anforderungen** rechtsstaatlicher Provenienz zählen neben den Grundrechten (in ihrer liberal-rechtsstaatlichen Grundbedeutung)[708] namentlich der Grundsatz der Verhältnismäßigkeit und das Willkürverbot,[709] aber auch Forderungen der Rechtssicherheit,[710] wie insbes. der Vertrauensschutz, soweit dieser im DDR-System eine Grundlage finden konnte. Eine unwiderlegliche Vermutung der Unvereinbarkeit mit rechtsstaatlichen Grundsätzen ist (auch) für entsprechende behördliche Verfolgungsakte dem unmittelbar auf strafgerichtliche Entscheidungen bezogenen § 1 Abs. 1 StrRehaG entnommen worden.[711]   257

Als in Frage kommende **Einzelfälle** sind für den Bereich der SteuerVAe genannt worden: Bekanntgabemängel, Verstöße gegen das rechtliche Gehör, Mängel bei der Sachverhaltsermittlung (Nichtbeachtung von Beweiserhebungsanforderungen), gezielte Steuerfahndungsmaßnahmen bei Republikflucht,[712] die Anwendung exzessiver Spitzensteuersätze, Nichtberücksichtigung von Betriebsausgaben bei unzumutbarer Mehrbelastung, politisch motivierte Steuerfestsetzungen, mangelhafter bzw. fehlender Gerichts- oder Beschwerderechtsschutz, prinzipiell rechtsstaatswidrige Einkommenbesteuerung.[713] Als Anwendungsgebiete einschlägiger Rechtsstaatsverletzungen werden exemplarisch konfiskatorische Steuerbescheide, Vermögenseinziehungen auf Grund rechtsstaatswidriger Zoll- und Devisenbestimmungen sowie Entscheidungen nach dem Kulturschutzgesetz genannt.[714] Eine wegen eines Ausreiseantrags erfolgte Kündigung durch den Rat des Stadtbezirks verstößt gegen elementare rechtsstaatliche Grundsätze.[715]   258

Kein Verstoß gegen rechtsstaatliche Grundsätze wurde darin gesehen, dass Baugenehmigungen (Zustimmungen des Rats des Stadtbezirks) – wie auch in den alten Ländern üblich – ohne Berücksichtigung privater Rechte Dritter erteilt wurden,[716] dass Verwaltungsentscheidungen nicht gerichtlich überprüft werden konnten,[717] dass der Erbschaftserwerb juristischer Personen nicht genehmigt wurde.[718] Die bloße Nichtbeachtung einschlägiger Rechtsnormen der DDR reicht jedenfalls nicht aus.[719]   259

In welchen Fällen eine **Unvereinbarkeit** von DDR-VAen **mit Regelungen des Einigungsvertrages** vorliegt, ist nicht abschließend zu entscheiden; am ehesten dürfte es sich um   260

---

[705] Vgl. zu den in Frage kommenden Elementen *Sachs* in ders. GG, Art. 20 Rn. 110; s. auch im strafprozessualen Zusammenhang für Art. 18 Abs. 1 S. 2 EVertr *BVerfG DtZ* 1995, 398, 399, allerdings wohl nur im Rahmen einer an der materiellen Gerechtigkeit orientierten Gesamtbewertung; auch *BGH NJW* 1992, 1637, 1638.

[706] Dafür etwa *OVG Weimar LKV* 1995, 294, 295, das allerdings zugleich das mit Art. 79 Abs. 3 GG kaum in Einklang zu bringende Fehlen jeden gerichtlichen Rechtsschutzes gegen die Exekutive (s. auch Rn. 258 f.) für unbeachtlich erklärt; abl. offenbar auch *BFHE* 177, 317, 324.

[707] So *FG Gotha EFG* 1994, 384 ff.

[708] Vgl. *Starck* VVDStRL 51, 1992, 9, 15, der zumal auf die völkerrechtlichen Menschenrechtskataloge abstellen will; Grundrechte Dritter nennt das *KrG Erfurt LKV* 1992, 172, 174; auch *BSG NZS* 1994, 226, 228, stellt vor allem auf die (Menschen-)Rechte ab.

[709] Diese beiden Elemente hebt *Pieroth* VVDStRL 51, 1992, 91, 111 f., hervor; so auch *BFHE* 177, 317, 323, mit dem Zusatz, dass deshalb kein Bezug zur alltäglichen sozialistischen „Gesetzlichkeit" mehr erkennbar sei; auch *BFH*, 21. 8. 2003, – XI B 194/02, juris, Rn. 3; u. a. zu den genannten Elementen auch *FG Cottbus EFG* 1996, 50, 51; zu objektiv willkürlichen Entscheidungen auch *BGH BRAK-Mitt.* 1993, 169; *AnwBl* 1994, 297, 298.

[710] Auch hierfür *FG Cottbus EFG* 1996, 50, 51.

[711] *FG Gotha ThürVBl* 1999, 217, 218, für ungesetzlichen Grenzübertritt nach Nr. 1 lit. e der Bestimmung.

[712] *FG Gotha ThürVBl* 1999, 217, 218 f.

[713] So bei *Dürr DStZ* 1991, 651, 653 ff.

[714] So *Rodenbach*, Rechtsangleichung im vereinigten Deutschland, 1991, S. 37, der vom Maßstab her zwischen dem unterscheiden will, „was als DDR-typisch und innerhalb eines völlig anderen Systems noch als hinnehmbar angesehen werden muss, und dem, was als schlechterdings inakzeptabel anzusehen ist".

[715] So *LAG Berlin NZA* 1992, 696, 699.

[716] *OVG Bautzen LKV* 1994, 411.

[717] *OVG Weimar LKV* 1995, 294, 295.

[718] *KG DtZ* 1996, 151, allerdings generell für die zugrunde liegende gesetzliche Regelung gemessen am Maßstab des Art. 6 EGBGB.

[719] Vgl. für das Naturschutzrecht *Natorp*, Die Rechtslage der DDR-Naturschutzgebiete in Mecklenburg-Vorpommern nach dem Einigungsvertrag, 1999, S. 219 ff.

Versuche handeln, vor dem Inkrafttreten des Einigungsvertrages die dort vorgesehenen Konsequenzen zu vereiteln. Das *OVG Berlin*[720] stützt sich für die Zulässigkeit von Aufhebungsbescheiden über in der DDR gewährte Förderleistungen, deren Rechtsgrundlagen nach dem Einigungsvertrag weggefallen sein sollen, (auch) auf Art. 19 S. 2 EVertr. Das *OVG Münster*[721] lässt den Widerspruch einer Regelung zu der in Ausfüllung des Art. 9 Abs. 3 EVertr geschlossenen zwischenstaatlichen Vereinbarung zwischen der Bundesrepublik und der DDR vom 18. 9. 1990[722] genügen.

261   Eine **Aufhebung im Rechtsmittelverfahren** (Rn. 201), deren Zulässigkeit sich nach § 96 Abs. 2 analog richtet, ist jedenfalls nach den allgemeinen Regeln für die Entscheidungen über solche Rechtsmittel möglich. Ob darüber hinaus die Aufhebung durch die Rechtsmittelinstanz auch nach **Art. 19 S. 2 EVertr** erfolgen kann, ist nach der Entstehungsgeschichte (Rn. 250 ff.) zweifelhaft. Die in der Begründung des Vertragsentwurfs vorgenommene ausschließliche Zuordnung zu Rücknahme und Widerruf ist aber nach dem Wortlaut nicht zwingend.

262   Bei der hier entwickelten Auslegung der rechtsstaatlichen Grundsätze (Rn. 249 ff.) erfordert es der Zweck der Vorschrift, den ordre public gegenüber außerhalb der Verfassungsordnung wurzelnden Ingerenzen zu bewahren, dass jedenfalls in einem anhängigen Rechtsmittelverfahren ein den rechtsstaatlichen Grundsätzen widersprechender DDR-VA nicht unangefochten Bestand behalten kann. Diese Lösung impliziert, dass (insoweit) die in Art. 19 S. 2 EVertr gewählte Formulierung („... können aufgehoben werden") **nicht als Ermessensbegründung** gelesen wird, sondern als Eröffnung einer im Entscheidungsfall zwingend wahrzunehmenden Kompetenz (vgl. allg. § 40 Rn. 23 f.).[723]

263   Die Tatsache, dass auch die Interpretation als Ermessensnorm prinzipiell zur Ermessensschrumpfung gelangen müsste,[724] belegt die größere Konsequenz der hier zugrunde gelegten Interpretation. Zudem behält das „können aufgehoben werden" in Art. 19 S. 2 EVertr auch bei dieser Auslegung eine Bedeutung, die sich von einem „müssen aufgehoben werden" deutlich unterscheidet. Denn letztere Formulierung hätte bedeutet, dass eine umfassende Überprüfung der DDR-VAe von Amts wegen hätte vorgenommen werden müssen, während jetzt die **Pflicht zur Aufhebung** wegen Art. 19 S. 2 EVertr erst entsteht, wenn ein auf die Aufhebung zielendes Rechtsmittel- oder Wiederaufgreifensverfahren anhängig ist. Unberührt bleibt das Ermessen im Rahmen der §§ 48, 49 (s. Rn. 247).

264   Um die in Art. 17 EVertr in Aussicht genommene **Rehabilitierung der Opfer des SED-Unrechtsregimes** zu realisieren,[725] wurde am 23. 6. 1994 nach langwierigen Vorbereitungen das Zweite Gesetz zur Bereinigung von SED-Unrecht (Zweites SED-Unrechtsbereinigungsgesetz – 2. SED-UnBerG)[726] ausgefertigt. Sein Art. 1 enthält das Gesetz über die Aufhebung rechtsstaatswidriger Verwaltungsentscheidungen im Beitrittsgebiet und die daran anknüpfenden Folgeansprüche (**Verwaltungsrechtliches Rehabilitierungsgesetz** – VwRehaG).[727]

265   Den Kern der Regelung des VwRehaG bildet die Regelung der **Aufhebung von Verwaltungsentscheidungen** nach § 1 Abs. 1 S. 1, die in mehrfacher Hinsicht von Art. 19 S. 2 EVertr (Rn. 247 ff.) abweicht. Gegenständlich geht die Aufhebungsregelung **weiter als Art. 19 S. 2 EVertr**, indem sie auch Verwaltungsentscheidungen, die nicht solche der DDR sind, erfasst.

---

[720] OVG BlnE 21, 184, 195 f.
[721] DtZ 1996, 157 f. hier zu Art. 3 Nr. 3 a, durch den ein Ministerratsbeschluss über die Höhe des Übergangsgeldes ehemaliger Mitglieder dieses Organs geändert wurde.
[722] BGBl II S. 1239.
[723] Vgl. zu Art. 19 S. 2 EVertr wie hier in der Tendenz, wenngleich letztlich offen lassend auch *BFHE* 177, 317, 328 f. m. w. N. zur bislang vorherrschenden gegenteiligen Auffassung; offen lassend *FG Cottbus* EFG 1996, 50, 51; gegen jedes Ermessen im Rahmen der Art. 18, 19 EVertr bei den Entscheidungen der Registergerichte auch *Tietje* DtZ 1994, 138, 142. Für eine Ermessensbestimmung etwa *Wimmer*, Verwaltungsrechtliches Rehabilitierungsgesetz, 1995, vor § 1 Rn. 16 ff.; für intendiertes Ermessen *H. Breuer*, Die Bedeutung des Art. 19 Einigungsvertrag, 1999, S. 119 ff.
[724] S. *Stelkens* VwVf, Rn. 561; in diesem Sinne für SteuerVAe im Ergebnis auch *Dürr* DStZ 1991, 651, 652 f.; im konkreten Fall auch *BFHE* 177, 317, 329.
[725] Vgl. im Überblick *Papier* HStR IX, § 213.
[726] BGBl I 1994 S. 1311.
[727] FNA 254-1; aus dem Schrifttum allg. etwa *Tappert*, Die Wiedergutmachung von Staatsunrecht der SBZ/DDR durch die Bundesrepublik Deutschland nach der Wiedervereinigung, 1995, S. 144 ff.; im Überblick *Papier* HStR IX, § 213 Rn. 18 ff.; im Einzelnen *Wimmer*, Verwaltungsrechtliches Rehabilitierungsgesetz, 1995; auch *Ladner* in Herzler, Rehabilitierung, 2. Aufl. 1997, S. 175 ff.

Enger als Art. 19 S. 2 EVertr ist sie zum einen durch die Anforderungen qualifizierter Folgen der Verwaltungsentscheidungen, die zu einer gesundheitlichen Schädigung, zu einem Eingriff in Vermögenswerte oder zu einer beruflichen Benachteiligung geführt haben müssen, § 1 Abs. 1 S. 1 VwRehaG;[728] zum anderen werden – neben sondergesetzlich geregelten Bereichen[729] – Verwaltungsentscheidungen in Steuersachen ausgeklammert, § 1 Abs. 1 S. 2 VwRehaG, die damit weiterhin (allein) nach Art. 19 EVertr[730] zu behandeln sind.[731] Seit 1997[732] ist für Fälle, in denen keine Beeinträchtigung der vorgenannten Rechtsgüter eingetreten ist, in § 1a Abs. 1 VwRehaG keine Aufhebung, aber doch die Feststellung der Rechtsstaatswidrigkeit vorgesehen.[733]

Anders als in Art. 19 S. 2 EVertr (dazu Rn. 262 f.) ist in § 1 Abs. 1 S. 1 VwRehaG die Aufhebung der einschlägigen Verwaltungsentscheidungen **zwingend vorgeschrieben;** sie erfolgt allerdings nur **auf Antrag.**[734] Den Antragsberechtigten steht auch ein **Aufhebungsanspruch** zu.[735] 266

Antragsberechtigt sind nach § 9 Abs. 1 VwRehaG primär die durch die aufzuhebende Entscheidung **unmittelbar in ihren Rechten betroffenen Personen.** Die vorgeschriebene „Unmittelbarkeit" dürfte nicht dahin zu verstehen sein, dass Anträge gegen Verwaltungsentscheidungen mit belastender Drittwirkung (s. § 50 Rn. 8 ff.) ausgeschlossen werden. Allerdings **beschränkt** § 9 Abs. 1 VwRehaG die Antragsberechtigung **auf natürliche Personen.**[736] Nach dem Tode der unmittelbar Betroffenen steht das Antragsrecht Personen zu, die ein rechtliches Interesse an deren Rehabilitierung haben; damit sollen nach der Begründung des RegE[737] nur **Personen** gemeint sein, bei denen **Folgeansprüche** im Sinne des § 2 VwRehaG in Betracht kommen.[738] 267

Für die Antragstellung sieht § 9 Abs. 3 VwRehaG eine **Ausschlussfrist** vor, die zunächst am 31. 12. 1995 ablaufen sollte. Nach der Begründung des RegE[739] dient die Befristung der Verwirklichung der rechtsstaatlichen Grundsätze des Rechtsfriedens und der Rechtssicherheit und verwirklicht in Übereinstimmung mit der Wertung des Art. 9 EVertr, die Vergangenheit soweit wie möglich auf sich beruhen zu lassen, ein unabdingbares Anliegen der Rechtsgemeinschaft, das Vorrang vor einer möglichen Einbuße an Chancen und der Herstellung der materiellen Ge- 268

---

[728] Bei fehlender Beeinträchtigung in diesen Rechtsgütern kann auf Antrag gem. § 1a Abs. 1 VwRehaG die Rechtsstaatswidrigkeit der Verwaltungsentscheidung festgestellt werden, wenn sie aus Gründen der politischen Verfolgung zu einer schweren Herabwürdigung des Betroffenen im persönlichen Lebensbereich geführt hat. Diese Regelung begründet einen eigenständigen, freilich gegenüber § 1 Abs. 1 VwRehaG subsidiären Rehabilitierungs(auffang)tatbestand, vgl. die Begr. zu Art. 1a Nr. 1 der Beschlussempfehlung des BT-Rechtsausschusses, BT-Drs 13/7491, S. 13.

[729] Neben Maßnahmen, die unter das EntschädigungsrentenG (vom 22. 4. 1992, BGBl I 906) fallen, sind namentlich Maßnahmen ausgenommen, die vom VermG erfasst sind, einschließlich der in § 1 Abs. 8 VermG erwähnten Fallgruppen, § 1 Abs. 1 S. 3 VermG; Reichweite und Bedeutung dieser Regelungen sowie ihre Verfassungsmäßigkeit sind ebenso umstritten wie bezüglich des ergänzenden EALG. Vgl. zu diesem Fragenkreis etwa *BVerwG* VIZ 1999, 470; Vorlage *VG Dresden* VIZ 2000, 476; *Papier* HStR IX, § 213 Rn. 26 ff., 46 ff.; *Depenheuer/Grzeszick* NJW 2000, 385 ff.; *Graf v. Schlieffen* NJW 2000, 2380 ff.; *Hirschinger* NJ 2000, 460, 464 f.; *Kühne* VIZ 2000, 446.

[730] S. auch die dazu ergangenen Verwaltungsvorschriften der Finanzverwaltung, BStBl I 1991 S. 793 f., auf die die Begründung des RegE, BT-Drs 12/4994, S. 22, hinweist.

[731] Dazu *Wimmer*, Verwaltungsrechtliches Rehabilitierungsgesetz, 1995, § 1 Rn. 85 ff.; s. auch *Ecker* ThürVBl 1996, 223.

[732] Durch Art. 2 Nr. 1 des Gesetzes zur Verbesserung rehabilitierungsrechtlicher Vorschriften für Opfer der politischen Verfolgung in der ehemaligen DDR vom 1. 7. 1997, BGBl I S. 1609, 1610.

[733] Ebenso von Anfang an § 1 Abs. 5 VwRehaG für „eine hoheitliche Maßnahme, die nicht auf die Herbeiführung einer Rechtsfolge gerichtet ist."

[734] Vielmehr ist die Aufhebung nach § 1 Abs. 1 VwRehaG gem. § 12 VwRehaG nur in einem besonders dazu angestrengten Verfahren möglich, *BVerwG* LKV 1998, 487, 488. Zu Art. 19 S. 2 EVertr als Sondertatbestand von Rücknahme und Widerruf s. Rn. 247.

[735] Vgl. die Begründung des RegE, BT-Drs 12/4994, S. 22; ebda, S. 17, wird allerdings nur ein Anspruch auf Wiederaufgreifen des VwVf, dazu § 51 Rn. 84 ff., angesprochen; für einen Anspruch auf Aufhebung auch *Wimmer* NJ 1994, 401, 402.

[736] Ebenso für den Feststellungsantrag nach § 1a Abs. 1 VwRehaG § 9 Abs. 2 VwRehaG.

[737] BT-Drs 12/4994, S. 38.

[738] Weiter geht für eine Rehabilitierung nach § 1a Abs. 1 VwRehaG § 9 Abs. 2 VwRehaG, der von einem „berechtigten Interesse" spricht, vgl. die Begr. zu Art. 1a Nr. 2a der Beschlussempfehlung des BT-Rechtsausschusses, BT-Drs 13/7491, S. 13. In diesen Fällen geht es vor allem um das ideelle Interesse an persönlicher Genugtuung bzw. Rehabilitierung des Verstorbenen.

[739] BT-Drs 12/4994, S. 38, zur ursprünglichen Regelung.

rechtigkeit im Einzelfall genießen soll. Das in Art. 17 EVertr (allerdings nicht für Verwaltungsmaßnahmen) umfassend formulierte Rehabilitierungsziel wird damit zurückgedrängt. Doch ist diese Wirkung dadurch relativiert, dass die Frist mehrfach, zuletzt bis zum 31. 12. 2011, verlängert wurde.[740]

269   **Restriktiver** als bei Art. 19 S. 2 EVertr sind auch die **materiellen Aufhebungsvoraussetzungen** gefasst. Während der Aufhebungsgrund der Unvereinbarkeit mit dem Einigungsvertrag (Rn. 260) nicht aufgegriffen wird, tritt an die Stelle der Unvereinbarkeit mit rechtsstaatlichen Grundsätzen (Rn. 249) in § 1 Abs. 1 S. 1 VwRehaG die Anforderung, dass die Verwaltungsentscheidung mit **tragenden Grundsätzen eines Rechtsstaates schlechthin unvereinbar** sein muss.[741]

270   Dieses Erfordernis beschränkt die Aufhebung nach der Legaldefinition des § 1 Abs. 2 VwRehaG auf Maßnahmen, die in schwerwiegender Weise gegen die Prinzipien der **Gerechtigkeit, der Rechtssicherheit oder der Verhältnismäßigkeit** verstoßen und (außerdem) der **politischen Verfolgung** gedient oder **Willkürakte im Einzelfall** dargestellt haben.[742] Damit soll nach dem RegE sicher gestellt werden, dass im Rahmen der verwaltungsrechtlichen Rehabilitierung nicht eine Gesamtrevision von 40 Jahren Verwaltung in der DDR erfolgt; erfasst sein sollen nicht die quasi systemimmanenten Einbußen, die mehr oder weniger alle Bewohner der DDR an Freiheit und Eigentum haben hinnehmen müssen, sondern nur davon deutlich abgehobene drastische Sonderopfer.[743] Unmittelbar durch § 1 Abs. 3 VwRehaG wird festgelegt, dass **Zwangsaussiedlungen** aus dem Grenzgebiet der früheren DDR und die damit zusammenhängenden Eingriffe in Vermögenswerte diese Anforderung für eine Aufhebung erfüllen.[744]

271   Außerdem müssen die **Folgen** der aufzuhebenden Entscheidung noch **unmittelbar schwer und unzumutbar fortwirken.**[745] Letzteres wird im RegE zusammen mit der Beschränkung der Rechtsgüter (Rn. 265) mit der starken Beanspruchung der Verwaltung in den neuen Ländern und der Knappheit materieller Ressourcen gerechtfertigt.[746] Während mit dem Schwerekriterium Bagatellfälle ausgeschieden werden, soll es die Unzumutbarkeit erlauben, individuelle Umstände beim jeweils Betroffenen zu berücksichtigen.[747]

272   Neben dem in § 1 Abs. 1 VwRehaG neu geschaffenen Aufhebungsanspruch finden nach § 15 S. 2 VwRehaG die **allgemeinen Aufhebungsvorschriften** Anwendung. Damit sind nach der Begründung des RegE die allgemeinen verwaltungsverfahrensrechtlichen Bestimmungen über Widerruf, Rücknahme und Wiederaufgreifen des Verfahrens gemeint,[748] die auch nach der wenig klaren Formulierung des Art. 19 S. 3 EVertr Anwendung finden. Damit soll bei aller Betonung der Rechtssicherheit vermieden werden, dass Verwaltungsentscheidungen von DDR-Behörden mit einer stärkeren Bestandskraft ausgestattet werden als die in einem rechtsstaatlichen VwVf ergangenen VAe.[749]

273   Die Beschränkung der Aufhebung nach § 15 S. 2 VwRehaG auf **noch wirksame Maßnahmen** ist vor diesem Hintergrund nicht als Ausschluss der sonst gültigen Rechtssituation zu verstehen, nach der ausnahmsweise, namentlich zur Beseitigung eines Rechtsscheins, auch die Aufhebung wegen Erledigung oder Nichtigkeit unwirksamer VAe zulässig sein kann (vgl. Rn. 198; § 48 Rn. 38, 57; § 49 Rn. 13); vielmehr dient die Regelung der Klarstellung, dass die allgemeinen Aufhebungsvorschriften nicht als Mittel zur praktisch irrelevanten Aufarbeitung bereits abgeschlossener Vorgänge dienen sollen.[750] Es ist kein Grund ersichtlich, den Behörden

---

[740] Art. 2 des Dritten Gesetzes zur Verbesserung rehabilitationsrechtlicher Vorschriften für Opfer der politischen Verfolgung in der ehemaligen DDR vom 21. 8. 2007, BGBl I S. 2118.
[741] Ebenso § 1a Abs. 1 VwRehaG.
[742] Dazu *BGHZ* 129, 112, 116; *OVG Frankfurt (Oder)* LKV 1998, 272, 273f.; ebenso zu § 1a Abs. 1 VwRehaG *BVerwG* LKV 1998, 487, 488.
[743] BT-Drs 12/4994, S. 23; vgl. auch *Wimmer* NJ 1994, 401, 403f.
[744] Entsprechendes gilt nach § 1a Abs. 2 VwRehaG für die Feststellung nach § 1a Abs. 1 VwRehaG.
[745] Dazu krit. *Roth/Saathoff* ZRP 1994, 135f.; für restriktive Auslegung auch *Wimmer*, Verwaltungsrechtliches Rehabilitierungsgesetz, 1995, § 1 Rn. 73ff., 84.
[746] BT-Drs 12/4994, S. 22.
[747] BT-Drs 12/4994, S. 22; s. auch *Wimmer*, Verwaltungsrechtliches Rehabilitierungsgesetz, 1995, § 1 Rn. 73ff., der diesem Kriterium allerdings nur geringe praktische Relevanz beimisst.
[748] BT-Drs 12/4994, S. 22, unter Berufung auf die Denkschrift zum EVertr, die allerdings das gleichwohl miterfasste Wiederaufgreifen nicht angesprochen hatte.
[749] So die Begründung des RegE, BT-Drs 12/4994, S. 22. S. auch *OVG Magdeburg* GewArch 2005, 288.
[750] Ausdrücklich anders allerdings die Begründung des RegE, BT-Drs 12/4994, S. 41.

anders als sonst in Fällen zweifelhafter Nichtigkeit oder bei Unklarheit über die Erledigung das Mittel der Aufhebung vorzuenthalten, zumal damit andernfalls oft unvermeidbare Feststellungsklagen entbehrlich werden.

Art. 15 S. 3 VwRehaG lässt die **Aufhebung** mit Wirkung für die Vergangenheit, die nach § 48 Abs. 1 S. 1 (§ 48 Rn. 104 ff.), jetzt auch nach § 49 Abs. 3 (§ 49 Rn. 96) sowie im Rahmen des § 51 (§ 51 Rn. 30, 32 ff.) grundsätzlich bis zum Erlasszeitpunkt reichen kann, **nicht für die Zeit vor dem 3. 10. 1990** zu. Vor diesem Termin sollen sich nach der Begründung des RegE[751] die Aufhebungsgründe ausschließlich nach dem VwRehaG bestimmen. Soweit diese Konsequenzen durchgreifen, werden „die Verwaltungsentscheidungen von DDR-Behörden mit einer stärkeren Bestandskraft ausgestaltet als die in einem rechtsstaatlichen Verfahren ergangenen Verwaltungsakte", was der grundsätzlicheren Zielsetzung des Gesetzes – so formuliert ebenfalls im RegE[752] – nicht gerecht wird. 274

Das **Verhältnis des VwRehaG zu Art. 19 EVertr** ist nicht ausdrücklich geregelt.[753] Während die Maßgeblichkeit der Fortgeltungsregelung des **Art. 19 S. 1 EVertr** vorausgesetzt wird (Rn. 244), weicht § 15 S. 3 VwRehaG mit der Beschränkung der Rückwirkung von nach allgemeinen Regeln getroffenen Aufhebungsentscheidungen für alle Verwaltungsentscheidungen i. S. d. § 1 Abs. 1 S. 1 VwRehaG von der insoweit dem **Art. 19 S. 3 EVertr** entnommenen weitergehenden Aufhebungsmöglichkeit für fortgeltende VAe der DDR (Rn. 269) ab.[754] Beide Regelungen stehen, soweit sie sich überschneiden (s. wegen der Verwaltungsentscheidungen in Steuersachen Rn. 265), miteinander in Widerspruch, können nicht gleichzeitig gelten. Daher geht insoweit § 15 S. 3 VwRehaG als lex posterior vor. Demgegenüber sieht die Bundesregierung[755] die Bestimmung jedenfalls auch als Sonderregelung (lex specialis). 275

Wichtiger, weil auch im Ergebnis bedeutsam, ist die Frage, ob auch die Aufhebungsmöglichkeiten des **Art. 19 Abs. 2 EVertr** – wie die Bundesregierung meint – „nach der lex-posterior- und lex-specialis-Regel" hinter das VwRehaG zurücktreten.[756] Dem dürfte es entsprechen, wenn die Voraussetzungen und das Verfahren für die Aufhebung nach Art. 19 S. 2 EVertr im VwRehaG geregelt gesehen werden.[757] 276

Richtig ist zwar, dass das VwRehaG – unbeschadet seines weitergehenden Anwendungsbereichs (Rn. 265) – hinsichtlich der Aufhebung von DDR-VAen für einen Ausschnitt der Anwendungsfälle des Art. 19 S. 2 EVertr besondere Regelungen trifft und insoweit in einem **Spezialitätsverhältnis** zu ihm steht. Dies bedeutet aber nur, dass insoweit das VwRehaG zur Anwendung kommt;[758] dagegen heißt es keineswegs, dass die vom VwRehaG nicht erfassten Fälle des Art. 19 S. 2 EVertr nunmehr nicht mehr nach dieser generelleren Norm zu beurteilen wären. Eine solche Konsequenz setzt vielmehr gerade umgekehrt voraus, dass das VwRehaG den Art. 19 S. 2 EVertr in vollem Umfang zu ersetzen bestimmt ist. 277

Unter dieser Voraussetzung würde das VwRehaG in der Tat als **lex posterior** die ältere Regelung des Art. 19 S. 2 EVertr abgelöst haben. Den Regelungen des VwRehaG ist jedoch – ungeachtet der gegenteiligen Äußerungen der BReg – **nicht** zu entnehmen, dass **Art. 19 S. 2** 278

---

[751] BT-Drs 12/4994, S. 41.
[752] BT-Drs 12/4994, S. 22.
[753] Demgegenüber stellte § 27 Nr. 1 StrRehaG ausdrücklich fest, dass Art. 18 Abs. 2 EVertr nicht mehr angewendet werde. Zu den Rehabilitierungsvoraussetzungen nach dem StrRehaG *Tappert*, Die Wiedergutmachung von Staatsunrecht der SBZ/DDR durch die Bundesrepublik Deutschland nach der Wiedervereinigung, 1995, S. 86 ff.
[754] Nicht eindeutig insoweit *BGHZ* 129, 112, 118, wonach durch die Neuregelung „klargestellt" ist, dass sich Verwaltungsentscheidungen der DDR erst ab dem Beitritt am Verwaltungsverfahrensrecht der Bundesrepublik messen lassen müssen.
[755] In ihrer Gegenäußerung zur Stellungnahme des BRates, BT-Drs 12/4994, S. 68 f., 69; dem folgend etwa *Wimmer*, Verwaltungsrechtliches Rehabilitierungsgesetz, 1995, vor § 1 Rn. 25 ff.
[756] So die Gegenäußerung zur Stellungnahme des BRates, BT-Drs 12/4994, S. 68 f.; offen lassend – für natürliche Personen – die Stellungnahme des BRates, ebda, S. 59; die Formulierung der BReg übernehmend *Wimmer* NJ 1994, 401, 402; s. auch *ders.*, Verwaltungsrechtliches Rehabilitierungsgesetz, 1995, vor § 1 Rn. 25 ff.; *Tappert*, Die Wiedergutmachung von Staatsunrecht der SBZ/DDR durch die Bundesrepublik Deutschland nach der Wiedervereinigung, 1995, S. 146 m. w. N.; *Lehmann/Tritt/Wimmer* NJ 1994, 350, 351; in diesem Sinne, allerdings letztlich offen lassend, auch *OVG Greifswald* LKV 1995, 252, 254.
[757] So *BVerwG* DtZ 1996, 155, 156; nicht eindeutig *BVerwG* LKV 1998, 487, 488, wonach das VwRehaG „in Ausführung" des Art. 19 S. 2 EVertr erlassen worden ist; allerdings zieht das BVerwG den Art. 19 S. 2 EVertr neben dem VwRehaG nicht selbständig heran.
[758] Nur dafür ausdrücklich *OVG Frankfurt (Oder)* LKV 1998, 272, 273.

EVertr **verdrängt** werden sollte. Jeder Anhaltspunkt in diese Richtung fehlt, soweit es um die 2. Alt. des Art. 19 S. 2 EVertr, die **Unvereinbarkeit mit** Regelungen des EVertr geht, mit denen sich das VwRehaG in keiner Weise befasst.[759] Ebenso wenig berührt das allein der Behandlung von Belastungen gewidmete VwRehaG den Fortbestand von **begünstigenden VAen** der DDR, die – etwa im Falle völlig ungesetzlicher und willkürlicher Vorzugsbehandlungen treuer Anhänger des Regimes – mit rechtsstaatlichen Grundsätzen unvereinbar sind. Auch für diese Fälle besteht daher die Aufhebungsmöglichkeit, die Art. 19 S. 2 EVertr schafft,[760] jedenfalls fort.

279 Die allenfalls anzunehmende Absicht, die verwaltungsrechtliche Rehabilitierung abschließend zu regeln,[761] kann von vornherein nur den Ausschnitt des Anwendungsbereichs des Art. 19 S. 2 1. Alt. EVertr berühren, der sich auf **belastende DDR-VAe** bezieht. Auch insoweit trifft § 1 Abs. 1 S. 1 VwRehaG indes keine Regelung, die darauf angelegt ist, die Regelung des Art. 19 S. 2 EVertr zu verdrängen, indem sie dieselben Rechtsfolgen wie diese an andere Voraussetzungen knüpft oder umgekehrt unter denselben Voraussetzungen andere Rechtsfolgen festlegt.

280 Vielmehr weicht § 1 Abs. 1 S. 1 VwRehaG – soweit die Regelung nicht ohnehin gegenständlich über Art. 19 S. 2 EVertr hinausgeht (Rn. 265) – in ganz unterschiedlichen Richtungen von den bis dahin bestehenden Möglichkeiten ab. Einerseits werden zwar in mehrfacher Hinsicht **engere Tatbestandsvoraussetzungen** für eine Aufhebung nach dem VwRehaG aufgestellt (Rn. 265), andererseits gelten diese aber auch für abweichende, nämlich zugunsten der Rehabilitanden **weitergehende Rechtsfolgen**. Während Art. 19 S. 2 EVertr (außerhalb etwaiger Rechtsmittelverfahren) nur ein Recht auf fehlerfreie Ausübung des Aufhebungsermessens zu begründen vermag (Rn. 261 ff.), gewährt das VwRehaG den Antragstellern einen strikten Aufhebungsanspruch und verknüpft damit spezifische Folgeansprüche; auch die nach § 1 a Abs. 1 vorgesehene Feststellung der Rechtsstaatswidrigkeit geht über die Möglichkeiten nach Art. 19 S. 2 EVertr hinaus. Schließlich kennt das VwRehaG, das die Aufhebung der rechtsstaatswidrigen Verwaltungsentscheidungen und die Feststellung ihrer Rechtsstaatswidrigkeit von einem Antrag der Betroffenen abhängig macht (Rn. 266 ff.), **nicht** die in Art. 19 S. 2 EVertr eröffnete Möglichkeit, **von Amts wegen** die Wiederherstellung rechtsstaatlicher Zustände zu betreiben.[762]

281 Angesichts der aufgezeigten Abweichungen **fehlt** es an hinreichend **klaren Anhaltspunkten** dafür, dass die Regelung des Art. 19 S. 2 EVertr durch die des VwRehaG gänzlich verdrängt wird. Ob entstehungsgeschichtliche Belege allein dafür ausreichen könnten, ist überhaupt zweifelhaft. Im Falle des VwRehaG fehlt es aber auch an hinreichend klaren Aussagen dazu.[763] Allgemein wird nur die mit personellen und finanziellen Gründen legitimierte restriktive Tendenz des VwRehaG betont,[764] die sich aber schon im Hinblick auf die nur hier bestehende Anspruchssituation Betroffener erklärt; insoweit findet sich auch eine abschließende Formulierung im Gesetz, § 2 Abs. 3 S. 1 VwRehaG.[765]

282 Näher angesprochen wird die Konkurrenzproblematik – auf wenig schlüssige Weise – nur in einem Disput zwischen BRat und BReg über die Begrenzung des Antragsrechts auf natürliche Personen;[766] dabei ist die Gesetz gewordene Lösung dieses Punktes für das VwRehaG schon

---

[759] Die BReg lässt diesen Punkt denn auch ungeachtet ihrer weitergehenden pauschalen Schlussfolgerung im Einzelnen offen, BT-Drs 12/4994, S. 69; zweifelnd hier auch *Wimmer*, Verwaltungsrechtliches Rehabilitierungsgesetz, 1995, vor § 1 Rn. 27.

[760] Für eine Geltung auch für begünstigende VAe etwa *BGH* DtZ 1995, 174; ausdrücklich *BezG Erfurt* LKV 1993, 173, 174; *KrG Erfurt* LKV 1992, 172, 173, sieht allerdings Art. 19 S. 2 EVertr nur auf belastete VAe bezogen; die Begründung, dass die Vorschrift dem Bürger, nicht aber dem Staat dienen solle, wird der Vielschichtigkeit der Problematik indes nicht gerecht; nicht recht eindeutig *Wimmer*, Verwaltungsrechtliches Rehabilitierungsgesetz, 1995, der einerseits (vor § 1 Rn. 25 ff.) Art. 19 S. 2 EVertr allg. als verdrängt ansieht, andererseits (§ 15 Rn. 3 ff.) – ohne Rückgriff auf Art. 19 S. 2 EVertr – die Aufhebung begünstigender VAe gestützt auf §§ 48, 49 VwVfG zulässt.

[761] So die die Anwendbarkeit des Art. 19 EVertr letztlich offen lassende Formulierung der Stellungnahme des BRates, BT-Drs 12/4994, S. 9.

[762] Auch dagegen wohl *KrG Erfurt* LKV 1992, 172, 173.

[763] Anders bei schärfer Kritik am Gesetz wohl *Haft* DtZ 1994, 258, 260, dessen auch hier verwendete Belegstellen allerdings über das Konkurrenzverhältnis eben keine klare Auskunft geben.

[764] Vgl. die Begründung des RegE, BT-Drs 12/4994, S. 1 f., 18.

[765] Vgl. auch *Wimmer* NJ 1994, 401, 402.

[766] Vgl. die erfolglosen Bemühungen des BRates um eine Erweiterung zugunsten aufgelöster Stiftungen, BT-Drs 12/4994, S. 59, und die Gegenäußerung der BReg, ebda, S. 68 ff.

vom Wortlaut her eindeutig und von dem Verhältnis zu Art. 19 S. 2 EVertr unabhängig. Die Aussagen von BRat und BReg zum Konkurrenzverhältnis der beiden Regelungen[767] betreffen nicht die Regelungsintentionen des neu erlassenen VwRehaG, sondern bringen divergierende Auffassungen zu einer Rechtsfrage zum Ausdruck, die nach dem Gesagten im Sinne einer **Weitergeltung des Art. 19 S. 2 EVertr neben dem VwRehaG** zu beantworten ist.[768] Damit wird die sonst aufzuwerfende Frage vermieden, ob die andernfalls anzunehmende einseitige Betonung der Rechtssicherheitsinteressen gegenüber denen der Gerechtigkeit den erheblichen Gestaltungsspielraum des Gesetzes bei der Auflösung dieses Zielkonflikts[769] hier nicht doch überschritten hätte.[770]

Mit Art. 6 Nr. 1 des 2. SED-UnBerG wird § 2 StrRehaG dahingehend erweitert, dass dieses Gesetz neben gerichtlichen Entscheidungen auch alle **behördlichen Entscheidungen** erfasst, die außerhalb eines Strafverfahrens eine **Freiheitsentziehung** und näher bezeichnete gleichgestellte Eingriffe anordnen. Das bedeutet insbes., dass solche Entscheidungen nach den Regelungen des StrRehaG auf Antrag gerichtlich für rechtsstaatswidrig zu erklären und aufzuheben sind, soweit sie mit wesentlichen Grundsätzen einer freiheitlichen rechtsstaatlichen Ordnung unvereinbar sind. **283**

2. Materielle Bestandskraft; sonstige Abweichungsverbote

Während zum DDR-Verwaltungsrecht Rechtsgrundsätze über die materielle Bestandskraft oder sonstige Abweichungsverbote (s. Rn. 41 ff.), soweit ersichtlich, nicht entwickelt worden sind, ist es eine schwierige Frage, ob die nach Art. 19 S. 1 EVertr fortgeltenden **„DDR-VAe"**, solange ihre Wirksamkeit besteht, **dieselbe Verbindlichkeit** wie nach dem Recht der Bundesrepublik erlassene VAe beanspruchen können. Obwohl Art. 19 S. 3 EVertr die Bestandskraft ausdrücklich anspricht, meint er ausweislich der Begründung (Rn. 247) zumindest in erster Linie die im Abschnitt 2 „Bestandskraft des VA" enthaltenen diesbezüglichen Vorschriften zur Aufhebung von VAen. Die in den §§ 43 ff. ja nicht ausdrücklich geregelten (Rn. 1) Fragen der materiellen Bestandskraft und der Abweichungsmöglichkeiten sind jedenfalls in der Begründung nicht ausdrücklich angesprochen. Im Einzelnen wird, soweit nicht spezielle Regelungen, wie etwa § 9 a AbfG[771] eingreifen, nach der Art der einzelnen Abweichungsverbote zu differenzieren sein. **284**

Die **materielle Bestandskraft** kann als wesentlich kennzeichnende Eigenschaft unanfechtbarer VAe für die als „DDR-VAe" aufrechterhaltenen Staatsakte grundsätzlich ebenso wenig ausgeschlossen sein wie für die nach Art. 18 EVertr fortgeltenden Gerichtsentscheidungen die materielle Rechtskraft.[772] Ob allerdings die vor oder nach dem Einigungsvertrag geschaffenen Überprüfungsmöglichkeiten ausreichen, um den weiter wirksamen DDR-Staatsakten das Maß an Richtigkeitsgewähr zu vermitteln, das gegenüber dem Ziel der Gesetzmäßigkeit des Staatshandelns den Vorrang der Rechtssicherheit im Allgemeinen rechtfertigt (Rn. 9 ff.), ist durchaus fraglich. Allerdings könnte sich für die Anerkennung materieller Rechtskraft durch das EVertrG zusätzliche Legitimation aus dem verfassungsrechtlichen Wiedervereinigungsziel und den besonderen Stabilisierungsanforderungen bei der Zusammenführung der beiden staatlichen Systeme herleiten lassen. **285**

Gleichwohl ist gegenüber verbindlichen Fernwirkungen von DDR-VAen für unübersehbare andere rechtliche Zusammenhänge **Zurückhaltung geboten** (s. auch § 35 Rn. 263). Namentlich ist daran zu denken, abweichend von den allgemeinen Regeln (Rn. 123 ff.) wenigstens eine Bindung der Gerichte zu verneinen, soweit nicht zumindest eine effektive gerichtliche Kontrolle **286**

---

[767] BT-Drs 12/4994, S. 59 und 68 f.
[768] Ohne Stellungnahme hierzu die Darstellungen des Gesetzes bei *Leutheusser-Schnarrenberger* DtZ 1993, 162 ff.; *Bürger* NJW 1994, 2674 f.; *v. Welck* DtZ 1994, 226.
[769] Dazu allg. *Sachs* in ders. GG, Art. 20 Rn. 89 m. w. N.
[770] Vgl. auch *Haft* DtZ 1994, 258, 260, der – ohne Rückgriff auf verfassungsrechtliche Maßstäbe – das nach überpositiven Maßstäben zu behandelnde Problem des gesetzlichen bzw. hier: gesetzlich perpetuierten Unrechts aufgeworfen sieht.
[771] Dazu *Oebbecke* LKV 1995, 129 ff.; *ders.* UPR 1995, 161 ff.
[772] Für den Zivilprozess *Vollkommer* in Zöller, 26. Aufl. 2007, vor § 322 Rn. 79; implizit für den Verwaltungsprozess vgl. *Banizza* in Schoch u. a., Sachverzeichnis, S. 21 – Stichwort „DDR" mit Unterstichwort „Anerkennung von Urteilen" unter Verweis auf die Kommentierung von *Clausing* ebda, § 121 Rn. 20.

vor Eintritt der formellen Bestandskraft möglich gewesen ist (s. auch Rn. 125 ff.). So ist etwa gegenüber einer Legalisierungswirkung von Gestattungsakten der DDR-Behörden für heutige Altlasten[773] (dazu allgemein Rn. 72 f.) grundsätzlich besondere Vorsicht am Platze.[774] Was den Umfang einer etwaigen materiellen Bestandskraft betrifft, könnte die Begrenzung im Einzelnen angesichts der gänzlich verschiedenen Rechtsgrundlagen noch nicht übersehbare Einzelprobleme erzeugen.[775]

287 Von den anderen **Abweichungsverboten** ist die **Beachtlichkeit** zumal gestaltender VAe als unmittelbare Konsequenz der Gesetzmäßigkeit des Staatshandelns (Rn. 137 f.) nicht in Frage zu stellen.[776] Die **Tatbestandswirkung** (Rn. 154) ist nur in Betracht zu ziehen, sofern geltendes Recht eine diesbezügliche Anordnung zumindest auch gerade für die fortgeltenden DDR-VAe enthält.[777] Dass sich für die ohnehin äußerst seltene **Feststellungswirkung** (Rn. 160 ff.) bei den DDR-VAen ein Anwendungsfall findet,[778] ist äußerst unwahrscheinlich. Zur Vollstreckbarkeit s. § 35 Rn. 265.

X. Vorverfahren

288 § 43 ist im **Vorverfahren** anwendbar (§ 79).[779]

§ 44 Nichtigkeit des Verwaltungsaktes

(1) **Ein Verwaltungsakt ist nichtig, soweit er an einem besonders schwerwiegenden Fehler leidet und dies bei verständiger Würdigung aller in Betracht kommenden Umstände offensichtlich ist.**

(2) **Ohne Rücksicht auf das Vorliegen der Voraussetzungen des Absatzes 1 ist ein Verwaltungsakt nichtig,**

1. **der schriftlich oder elektronisch erlassen worden ist, die erlassende Behörde aber nicht erkennen lässt;**
2. **der nach einer Rechtsvorschrift nur durch die Aushändigung einer Urkunde erlassen werden kann, aber dieser Form nicht genügt;**
3. **den eine Behörde außerhalb ihrer durch § 3 Abs. 1 Nr. 1 begründeten Zuständigkeit erlassen hat, ohne dazu ermächtigt zu sein;**
4. **den aus tatsächlichen Gründen niemand ausführen kann;**
5. **der die Begehung einer rechtswidrigen Tat verlangt, die einen Straf- oder Bußgeldtatbestand verwirklicht;**
6. **der gegen die guten Sitten verstößt.**

(3) **Ein Verwaltungsakt ist nicht schon deshalb nichtig, weil**
1. **Vorschriften über die örtliche Zuständigkeit nicht eingehalten worden sind, außer wenn ein Fall des Absatzes 2 Nr. 3 vorliegt;**
2. **eine nach § 20 Abs. 1 Satz 1 Nr. 2 bis 6 ausgeschlossene Person mitgewirkt hat;**

---

[773] Dafür grundsätzlich *Michael/Thull* BB 1990, Beilage 30, S. 1, 7; *Müggenborg* NVwZ 1992, 845, 849 f.
[774] Gegen jede Bindungswirkung von DDR-Genehmigungen *Hilger,* Die Legalisierungswirkung von Genehmigungen, 1996, S. 162 ff., 168 ff., mit Ausnahme lediglich der auf der Grundlage des URG (vom 29. 6. 1990, GBl I S. 649) ergangenen, bereits weitestgehend dem Bundesrecht angeglichenen Genehmigungen.
[775] *OVG Weimar* LKV 1995, 294, bejaht etwa ganz global den aus einer weitergeltenden Baugenehmigung abzuleitenden Bestandsschutz einer baulichen Anlage und deren genehmigten Nutzung.
[776] S. zur fortbestehenden Maßgeblichkeit von Grenzänderungsbeschlüssen *KrG Leipzig-Stadt* VBlBW 1991, 153, 155 auch *OVG Magdeburg* NVwZ-RR 2006, 470, 471, das von einer Tatbestands- und Regelungswirkung von nach Art. 19 EV weiterhin wirksamer Verwaltungsentscheidungen spricht; *OVG Lüneburg* GewArch 2003, 247, 248.
[777] Wohl nur terminologisch anders *OVG Berlin* LKV 1999, 196, 197, für Baugenehmigungen und Befreiungen der Staatlichen Bauaufsicht der DDR.
[778] Auch insoweit wohl nur terminologisch anders *OVG Berlin* LKV 1999, 196, 197, für Baugenehmigungen und Befreiungen der Staatlichen Bauaufsicht der DDR.
[779] So auch *Busch* in Knack, § 79 Rn. 114 f.; *Kopp/Ramsauer,* § 79 Rn. 48; *Ziekow,* § 79 Rn. 14; s. ferner *Allesch,* S. 168 ff.

§ 44 Nichtigkeit des Verwaltungsaktes **§ 44**

3. ein durch Rechtsvorschrift zur Mitwirkung berufener Ausschuss den für den Erlass des Verwaltungsaktes vorgeschriebenen Beschluss nicht gefasst hat oder nicht beschlussfähig war;
4. die nach einer Rechtsvorschrift erforderliche Mitwirkung einer anderen Behörde unterblieben ist.

(4) Betrifft die Nichtigkeit nur einen Teil des Verwaltungsaktes, so ist er im Ganzen nichtig, wenn der nichtige Teil so wesentlich ist, dass die Behörde den Verwaltungsakt ohne den nichtigen Teil nicht erlassen hätte.

(5) Die Behörde kann die Nichtigkeit jederzeit von Amts wegen feststellen; auf Antrag ist sie festzustellen, wenn der Antragsteller hieran ein berechtigtes Interesse hat.

Vergleichbare Vorschriften: § 125 AO; § 40 SGB X.

Abweichendes Landesrecht: BW: § 44 Abs. 1: statt „offensichtlich" „offenkundig".
Bay: Art. 44 Abs. 1: statt „offensichtlich" „offenkundig". Abs. 2 Nr. 3: „den die Behörde in bezug auf unbewegliches Vermögen außerhalb ihres Bezirks oder in bezug auf ein Recht oder Rechtsverhältnis, das an einen Ort außerhalb ihres Bezirks gebunden ist, erlassen hat, ohne dazu ermächtigt zu sein".
HH: § 44 Abs. 2 Nr. 3: „den eine Behörde außerhalb ihrer nach § 3 Absatz 2 Nummer 1 begründeten Zuständigkeit erlassen hat, ohne dazu ermächtigt zu sein".
Saarl: § 44 Abs. 1: statt „offensichtlich" „offenkundig".
SchlH: § 113 Abs. 2 Nr. 3: „den eine Behörde außerhalb ihrer durch § 31 Abs. 1 Nr. 1 begründeten Zuständigkeit erlassen hat, ohne dazu ermächtigt zu sein". Abs. 3 Nr. 2: „eine nach § 81 Abs. 1 Satz 1 Nr. 2 bis 6 ausgeschlossene Person mitgewirkt hat". Abs. 3 Nr. 5: „im Falle des § 165 Abs. 3 die Voraussetzungen für die sachliche Zuständigkeit der Ordnungsbehörde nicht vorliegen".
S. Rn. 204.

Entstehungsgeschichte: Bis zum Inkrafttreten des VwVfG vgl. § 44 der 6. Auflage. **Änderungen:** § 44 ist durch Art. 1 Nr. 4 des 2. VwVfGÄndG v. 6. 8. 1998, BGBl I S. 2022, geändert worden. Um eine einheitliche Begrifflichkeit zu erreichen, wurde das bereits bisher in § 25 S. 1 und in § 46 verwendete Wort „offensichtlich" an die Stelle der bisher gleichbedeutend in § 44 Abs. 1 verwendeten Formulierung „offenkundig" gesetzt, ohne dass mit dieser sprachlichen Bereinigung eine inhaltliche Änderung bezweckt worden wäre (Begründung des Gesetzentwurfs, BT-Drs 13/8884, Besonderer Teil zu Art. 1 zu Nr. 4, S. 5). Durch das 3. VwVfGÄndG v. 21. 8. 2002, BGBl I 3322, wurde Abs. 2 Nr. 1 als Konsequenz der Änderung von § 37 Abs. 2, Begr. RegE, BT-Drs 14/9000, S. 34, um die Worte „oder elektronisch" ergänzt. Kleine redaktionelle Änderungen sind mit der Bek. der Neufassung v. 21. 1. 2003, BGBl I 102, erfolgt. Vgl. ferner Rn. 5, 26, 97, 102, 110, 116, 122, 126, 138, 149, 169, 178, 179, 181, 190; Einl. Rn. 56, 58.

Literatur: *W. Jellinek,* Der fehlerhafte Staatsakt und seine Wirkungen, 1908; *Erbel,* Die Unmöglichkeit von Verwaltungsakten, 1972; *Papier,* Der verfahrensfehlerhafte Verwaltungsakt, 1973; *Hufen,* Zur Systematik von Verfahrensfehlern – eine Bestandsaufnahme nach zehn Jahren VwVfG, DVBl 1988, 69; *Schiedeck,* Die Nichtigkeit von Verwaltungsakten nach § 44 Abs. 1 VwVfG, Diss. Regensburg, 1993; *Mager,* Der maßgebliche Zeitpunkt für die Beurteilung der Rechtswidrigkeit von Verwaltungsakten, 1994; *v. Danwitz,* Verwaltungsrechtliches System und Europäische Integration, 1996; *Felix,* Zulässigkeit und Wirksamkeit der behördlichen Aufrechnung bei angefochtenem Forderungsbescheid, NVwZ 1996, 734; *Gaa,* Die Aufrechnung im öffentlichen Recht, 1996; *Hartmann,* Aufrechnung im Verwaltungsrecht, 1996; *Himmelmann,* Gemeinschaftsrechtliche Vorgaben für die Umsetzung von EG-Recht, DÖV 1996, 145; *Mager,* Der maßgebliche Zeitpunkt für die Beurteilung der Rechtswidrigkeit einer Gewerbeuntersagung, NVwZ 1996, 134; *Brede,* Der Verwaltungsakt mit Dauerwirkung, 1997; *Füßer,* Kupierter Rechtsschutz und Nichtigkeit als Folge doloser Rechtsschutzvereitelung, DÖV 1997, 816; *Gaa,* Die Aufrechnung mit einer rechtswegfremden Gegenforderung, NJW 1997, 3343; *Wehr,* Grundfälle zu Vorrang und Vorbehalt des Gesetzes, JuS 1997, 231; *Annacker,* Der fehlerhafte Verwaltungsakt im Gemeinschafts- und Unionsrecht, 1998; *Ennuschat,* Der Verwaltungsakt und seine Rechtsgrundlagen, JuS 1998, 905; *Schnapp/Henkenötter,* Wann ist ein Verwaltungsakt fehlerhaft?, JuS 1998, 524, 624; *Rogmann,* Die Bindungswirkung von Verwaltungsvorschriften, 1998; *Druschel,* Die Verwaltungsaktbefugnis, 1999; *Schnapp/Cordewener,* Welche Rechtsfolgen hat die Fehlerhaftigkeit eines Verwaltungsakts?, JuS 1999, 39; *Ehlers,* Die Lehre von der Teilrechtsfähigkeit juristischer Personen des öffentlichen Rechts und die Ultra-vires-Doktrin des öffentlichen Rechts, 2000; *C. Fischer,* Der Verwaltungsakt als staatsrechtlich determinierte Handlungsform, Diss. Bonn. 2000; *Franckenstein,* Die nichtige Baugenehmigung und ihr Schadensersatz, NWVBl 2000, 85; *Schnapp,* Die Nichtigkeit des Verwaltungsakts – Qualität oder Qualifikation?, DVBl 2000, 247; *Felix,* Der Verwaltungsakt mit Dauerwirkung – eine sinnvolle Kategorie des Allgemeinen Verwaltungsrechts?, NVwZ 2003, 385; *Gatawis,* Der maßgebliche Zeitpunkt für die Beurteilung der Sach- und Rechtslage im verwaltungsgerichtlichen Verfahren, JA 2003, 692; *v. Mutius,* Zur „Verwaltungsaktbefugnis", in FS Erichsen, 2004, S. 135; *Polzin,* Der maßgebliche Zeitpunkt im Verwaltungsprozess, JuS 2004, 211; *Schärf,* Zur Frage der Inexistenz von Rechtsakten im Gemeinschaftsrecht, EuZW 2004, 333; *Baumeister,* Der maßgebliche Zeitpunkt im Verwaltungsrecht und Verwaltungsprozessrecht, Jura 2005, 655; *Blunk/Schroeder,* Rechtsschutz gegen Scheinverwaltungsakte, JuS 2005, 602; *Stolterfoht,* Bedarf ein feststellender Verwaltungsakt einer speziellen Ermächtigungsgrundlage? in GS Trzaskalik, 2005, S. 69; *Hem-*

§ 44

ke, Methodik der Analogiebildung im öffentlichen Recht, 2006; *Sachs*, Zur formellen Rechtswidrigkeit von Verwaltungsakten, VerwArch 2006, 573; *Schmidt*, Die Analogie im Verwaltungsrecht, VerwArch 2006, 139. **Zur AO:** *Drüen*, Bestimmtheitserfordernis und Nichtigkeitsfolge bei Steuerbescheiden in GS Trzaskalik, 2005, S. 95. Ausführlich zum Schrifttum vor 1996 s. § 44 der 6. Auflage.

Übersicht

	Rn.
I. Allgemeines	1
1. Die Nichtigkeit als gesteigerte Fehlerfolge	1
2. Nicht(verwaltungs)akte	5
3. Regelung der Nichtigkeit in § 44	7
4. Europäisches Gemeinschaftsrecht	8
II. Rechtswidrigkeit oder Fehlerhaftigkeit des Verwaltungsaktes	12
1. Bezugspunkt des Rechtswidrigkeitsurteils	14
2. Der maßgebliche Zeitpunkt	16
a) Überkommener Meinungsstand	17
b) Prozessuale Situation oder materielle Rechtslage?	18
c) Regelzeitpunkt der letzten Behördenentscheidung/Durchbrechungen	20
d) Nicht relevante Änderungen	33
e) Die Anfechtungssituation	36
f) Probleme der Aufrechnung	37
g) Europäisches Gemeinschaftsrecht	42
3. Fehlerhaftigkeit von VAen und Gesetzmäßigkeit der Verwaltung	43
a) Vorrang des Gesetzes	45
b) Vorbehalt des Gesetzes	46
c) Die Bindungskraft des Gesetzes	84
d) Europäisches Gemeinschaftsrecht	94
III. Nichtigkeit nach der Generalklausel (Abs. 1)	97
1. Das Verhältnis von Abs. 1 zu Abs. 2, 3	99
2. Zur Grundlage der Generalklausel in der Evidenztheorie	102
3. Besonders schwerwiegende Fehler	103
a) Allgemeine Kriterien	103
b) Bedeutung der Abs. 2 und 3	110
c) Beispielsfälle zu besonders schweren Fällen	111
4. Offensichtlichkeit des schwerwiegenden Fehlers	122
a) Bezugspunkt der Offensichtlichkeit	123
b) Anforderungen an die Offensichtlichkeit	124
IV. Absolute Nichtigkeitsgründe (Abs. 2)	129
1. Allgemeines	129
2. Nichterkennbarkeit der erlassenden Behörde, Nr. 1	132
3. Unterbleiben vorgeschriebener Urkundenaushändigung, Nr. 2	133
4. Fehlen örtlicher Zuständigkeit nach § 3 Abs. 1 Nr. 1, Nr. 3	136
5. Tatsächliche objektive Unausführbarkeit, Nr. 4	143
6. Verlangen strafbarer Handlungen, Nr. 5	150
7. Sittenwidriger VA, Nr. 6	152
V. Negativkatalog (Abs. 3)	158
1. Allgemeines	158
2. Nichteinhaltung der örtlichen Zuständigkeit, Nr. 1	160
3. Mitwirkung ausgeschlossener Personen, Nr. 2	178
4. Nichtmitwirkung eines Ausschusses, Nr. 3	182
5. Nichtmitwirkung einer anderen Behörde, Nr. 5	188
VI. Teilnichtigkeit (Abs. 4)	190
1. Die Regel der Teilnichtigkeit	190
2. Der maßgebliche Behördenwille	191
3. Teilbarkeit des VA	195
4. Teilrechtswidrigkeit	196
VII. Feststellung der Nichtigkeit (Abs. 5)	199
1. Verhältnis zu Alternativen	199
2. Voraussetzungen der Nichtigkeitsfeststellung	200
3. Ähnliche Feststellungen	203
VIII. Landesrecht	204
IX. Vorverfahren	205

I. Allgemeines

1. Die Nichtigkeit als gesteigerte Fehlerfolge

Die in § 43 geregelte Wirksamkeit des VA ist grundsätzlich nicht unmittelbar an seine 1
Rechtmäßigkeit geknüpft (§ 43 Rn. 168). Welche **Folgen die Rechtswidrigkeit** (oder Fehlerhaftigkeit, Rn. 12) von VAen nach sich zieht, ist im VwVfG nicht abschließend geregelt.[1] Die bei rechtswidrigen VAen vom Verfassungsprinzip der Gesetzmäßigkeit der Verwaltung (näher Rn. 43 ff.) und den Grundrechten gebotene **regelmäßige Mindestkonsequenz** der **Anfechtbarkeit** durch den Verletzten wird in den §§ 68 ff., 42, 113 VwGO ausgesprochen; daneben stehen der Behörde nach § 48 grundsätzlich erweiterte Möglichkeiten der Aufhebung zu.

Von diesem Grundmodell weichen die Regelungen der §§ 44–47 in entgegengesetzten Richtungen ab. Während die §§ 45–47 die Aufhebung in unterschiedlicher Weise zurückdrängen **(eingeschränkte Fehlerfolgen)**, bedeutet die in § 44 geregelte **Nichtigkeit** des VA die gesteigerte Fehlerfolge, dass der nichtige VA unwirksam ist (§ 43 Abs. 3; § 43 Rn. 207 ff.). Praktische Bedeutung hat die seltene[2] Nichtigkeit angesichts der Möglichkeit, gegen nichtige VAe mit Widerspruch und Anfechtungsklage vorzugehen (s. Rn. 199; § 43 Rn. 210), nur ausnahmsweise, insbes. bei Ausschluss des Suspensiveffektes, bei VAen mit Drittwirkung und bei versäumter Anfechtungsfrist.[3] Die Forderung nach Streichung der Nichtigkeit als Kategorie[4] geht gleichwohl zu weit. 2

Eine **Verallgemeinerung** der Regelung des § 44 über ihren gesetzlich bestimmten Anwendungsbereich hinaus[5] ist mit Rücksicht auf den verfassungsrechtlichen Vorrang des Gesetzes (Rn. 45) **nicht unproblematisch.** Immerhin ist außerhalb des Geltungsbereichs der drei VwVfGe der Rückgriff auf allgemeine Grundsätze des Verwaltungsverfahrens möglich,[6] die in Anlehnung an die Regelung der Nichtigkeit in § 44 VwVfG, § 125 AO, § 40 SGB X (allgemein § 1 Rn. 284 ff.) zu bestimmen sind.[7] Vorrangige Sonderregeln, § 1 Abs. 1, finden sich etwa im Beamtenrecht;[8] s. auch Rn. 134. Auch für Bußgeldbescheide wird ein Rückgriff auf Rechtsgedanken des § 44 ausgeschlossen.[9] Für die zivilprozessuale Zwangsvollstreckung dürfte trotz gemeinsamer Hintergründe weder unmittelbare noch analoge Anwendung des § 44 VwVfG in Betracht kommen.[10] 3

Fingierte VAe (§ 35 Rn. 52 ff.) sind nichtig, wenn ein erlassener VA desselben Inhalts nichtig wäre; dies kommt namentlich in Betracht, wenn die Fiktionswirkung an die Tatsache gestellter Anträge, unabhängig von ihrem Inhalt, anknüpft.[11] Die Fiktionsregelung soll nicht die Wirksamkeit von Rechtsfolgen begründen, die durch Erlass des VAes nicht eintreten könnten. Dagegen tritt erst gar keine Fiktion eines VA ein, wenn es schon an den dafür vorgesehenen gesetzlichen Voraussetzungen fehlt.[12] 4

---

[1] Zu Rechtsfolgen bei Gesetzesverstößen der Verwaltung s. allg. *Maurer* in Hill, Zustand und Perspektiven der Gesetzgebung, 1989, S. 233 ff. Zu den offenbaren Unrichtigkeiten s. § 42, insbes. Rn. 1 f. Eine allgemeine Fehlerfolgenlehre findet sich bei *Schnelle,* Eine Fehlerfolgenlehre für Rechtsverordnungen, 2007, S. 157 ff.
[2] Vgl. *Meyer* NVwZ 1986, 513, 518; ebenso wieder *Neumann* NVwZ 2000, 1244, 1250.
[3] Zur Bedeutung der Nichtigkeit für Bußgeldverfahren s. *Stelkens* NJW 1980, 2174.
[4] *Saladin* in FS Häfelin, 1989, S. 539 ff.
[5] Dafür *BVerwG* NVwZ 1987, 230; abl. *VGH München* BayVBl 1987, 657, 659.
[6] Vgl. für einen VA von 1969 etwa bezogen auf die damals gültigen Rechtsgrundsätze *OVG Münster* NWVBl 2005, 140, 141; zu den zeitlichen Grenzen der Geltung des VwVfG s. allg. § 96.
[7] Zur Anwendung dieser Konstruktion auf in der DDR zwischen dem 1. 7. und dem 3. 10. 1990 erlassene Verwaltungsentscheidungen *OVG Bautzen* LKV 1993, 97, 98; zur Nichtigkeit nach DDR-Recht *BVerwG* LKV 2006, 273 m. w. N.
[8] S. insbes. zu Ernennungen *BVerwG* NVwZ 1989, 757, 758; für Versetzungen *BVerwG* NVwZ-RR 2003, 370, 371; *BVerwGE* 122, 58, 64.
[9] *OVG Hamburg* NJW 2007, 1225, 1226, mit Rücksicht auf die Regelung der Wiederaufnahme gem. § 85 OWiG.
[10] Vgl. *Pesch* JR 1993, 358, 362; ausf. *Strauß,* Nichtigkeit fehlerhafter Akte der Zwangsvollstreckung, Diss. Tübingen 1994, insbes. S. 121 ff.
[11] So *Caspar* AöR 2000, 131, 142.
[12] *Oldiges* JUTR 2000, 41, 54, 56.

2. Nicht(verwaltungs)akte

5 Vom VwVfG nicht behandelt und in der Verwaltungspraxis weitgehend ohne Bedeutung sind die sog. **Nicht(verwaltungs)akte** oder **ScheinVAe,** die dem scheinbar verantwortlichen Hoheitsträger von vornherein unter keinem Gesichtspunkt zugerechnet werden können.[13] Dies sind vor allem Handlungen von Unbefugten, die den äußeren Anschein eines VA setzen (Begründung zu § 39 Entwurf 73),[14] aber jeder materiellrechtlichen oder formellrechtlichen Wirkung entbehren.[15] Nur gelegentlich befasst sich die Rechtsordnung mit ihnen, z. B. in § 132 StGB (Amtsanmaßung); aus Gründen der Sicherheit legt sie in bestimmten Fällen den Akten nicht (oder nicht so) befugter Personen Gültigkeit bei, vgl. § 14 BBG, auch § 11 Abs. 2 EheG. Zur Aufstellung von Verkehrszeichen durch Bauunternehmer s. § 1 Rn. 257, 264; § 35 Rn. 243 ff. Akte **nicht wirksam begründeter Hoheitsträger,** die u. U. jahrelang gegenüber dem Bürger tätig geworden sind, sind weder Nichtakte noch stets nichtig.[16] Von den tatsächlich von Behörden ausgehenden Akten gehören hierher die erkennbare Scherzerklärung (vgl. § 118 BGB) und Erklärungen, die unter unmittelbarem Zwang oder unwiderstehlicher Nötigung abgegeben sind.[17]

6 Für eine weitere **Ausdehnung** dieser Kategorie besteht **keine Grundlage.** Daher geht es nicht um einen Nichtakt, wenn eine Verwaltungsbehörde durch Drohungen zum Erlass eines VA veranlasst wird[18] (Rn. 117). Auch die in der Judikatur gelegentlich[19] anzutreffende Qualifikation des mangels wirksamer Bekanntgabe unwirksamen VA als Nichtakt trifft jedenfalls nicht allgemein zu (s. auch § 43 Rn. 155, 160, 165; auch § 35 Rn. 55);[20] noch weniger gehört eine (in Folge Irrtums) inhaltlich vom gewollten Inhalt abweichende Entscheidung der Behörde in diesen Kontext.[21] Zur Frage der Nicht-Ernennung mangels Aushändigung einer fehlerfreien Ernennungsurkunde s. Rn. 133 f.

3. Regelung der Nichtigkeit in § 44

7 § 44 legt in seinen ersten drei Absätzen die **Nichtigkeitsfälle** fest (zu Abs. 4 und 5 s. Rn. 190 ff., 199 ff.), wobei er verschiedene Regelungstechniken kombiniert. Die **Generalklausel** des Abs. 1 (Rn. 97 ff.) wird ergänzt durch einen Positivkatalog absoluter Nichtigkeitsgründe nach Abs. 2 (Rn. 129 ff.) und einen Negativkatalog von Rechtsmängeln, die als solche den VA nicht nichtig machen, in Abs. 3 (Rn. 158 ff.).

4. Europäisches Gemeinschaftsrecht

8 Die Folgen der Rechtswidrigkeit des **Verwaltungshandelns** richten sich für den indirekten Vollzug von Gemeinschaftsrecht durch **deutsche Behörden** und für die Nichtbeachtung von Gemeinschaftsrecht im Rahmen ihrer verwaltenden Tätigkeit (Rn. 91, 94) überhaupt nach nationalem Recht (s. auch § 43 Rn. 5, 24). Die enge Begrenzung der Nichtigkeitsgründe des § 44[22] widerspricht der **Effektivität des Gemeinschaftsrechts** nicht, da im Falle sonstiger

---

[13] *Ehlers,* Die Lehre von der Teilrechtsfähigkeit juristischer Personen des öffentlichen Rechts und die Ultra-vires-Doktrin des öffentlichen Rechts, 2000, S. 13; s. auch *Blunk/Schroeder* JuS 2005, 62 ff.; *Schnelle,* Eine Fehlerfolgenlehre für Rechtsverordnungen, 2007, S. 157 f.
[14] S. auch *BFHE* 142, 204 mit Anm. *Martens* StRK AO 1977 § 118 Rn. 8, für Computerausdruck zum internen Gebrauch.
[15] Vgl. *Lüke* JuS 1985, 767, 768; *HessLSG* MDR 1986, 790, lässt allerdings eine Anfechtungsklage gegen den ScheinVA eines Privaten zu.
[16] Vgl. *BVerwG* NVwZ 2003, 995, 996 = LKV 2004, 27; *OVG Bautzen* SächsVBl 2002, 298; auch *Pencereci/Bluhm* LKV 1998, 172, 175; *Degenhart* SächsVBl 2001, 85, 93; *ders.* in FS Maurer, 2001, S. 595, 600.
[17] *Ehlers,* Die Lehre von der Teilrechtsfähigkeit juristischer Personen des öffentlichen Rechts und die Ultra-vires-Doktrin des öffentlichen Rechts, 2000, S. 14 m. w. N.
[18] So im Kontext von Aufruhr- oder Aufstandsbewegungen aber *Hoke* DÖV 1962, 281.
[19] *BVerwG* NVwZ 1987, 330; *VGH München* NVwZ 1984, 249; *FG Saarbrücken* EFG 1995, 157, 158, wobei allerdings im Hinblick auf den erzeugten Rechtsschein ein Antrag auf Aufhebung zugelassen wird.
[20] Abl. zutr. *H. Meyer* NVwZ 1986, 513, 518 Fn. 35; diff. *Ehlers,* Die Lehre von der Teilrechtsfähigkeit juristischer Personen des öffentlichen Rechts und die Ultra-vires-Doktrin des öffentlichen Rechts, 2000, S. 14.
[21] Ausdr. gegenüber der abweichenden Sicht der Vorinstanz BFH BFH/NV 1995, 178, 179.
[22] Vgl. ausdr. – im Anschluss an *EuGH,* Rs. 33/76, EuGHE 1976, 1989 = NJW 1977, 495, 496 – *BVerwG* NJW 1978, 508.

Fehler hinreichende Anfechtungsmöglichkeiten bestehen, um das Europarecht durchzusetzen; die **Nichtdiskriminierung** (oder Äquivalenz) ist dadurch sicherzustellen, dass Verstößen gegen gemeinschaftsrechtliche Normen als Nichtigkeitsgründen jedenfalls kein geringeres Gewicht beigemessen wird als Verletzungen des deutschen Rechts (s. noch Rn. 109).

Für die Entscheidungen im **direkten Vollzug** des EG-Rechts fehlt es an einer allgemeinen **9** Regelung der Nichtigkeit. Gleichwohl wird auch im Gemeinschaftsrecht unterschieden zwischen dem Regelfall schlichter Fehlerhaftigkeit (Rn. 98, 121), die nur zur Anfechtbarkeit des trotz des Mangels (zunächst) gültigen Aktes und ggf. zu seiner aufhebend wirkenden Nichtigerklärung nach Art. 231 EG[23] führt, und einer mit Rücksicht auf die gravierenden Konsequenzen für die Rechtssicherheit nur ausnahmsweise gegebenen **qualifizierten Fehlerhaftigkeit,** die ipso iure die Wirkungslosigkeit des VA zur Folge hat (vgl. § 43 Rn. 207 ff.).

Der *EuGH* spricht insoweit – in Abgrenzung zu der nach Art. 231 EG festzustellenden **10** „Nichtigkeit" – teils von **„absoluter Nichtigkeit",**[24] meist aber davon, dass der qualifiziert fehlerhafte VA **„(rechtlich) inexistent"** sei;[25] er nimmt dabei Bezug auf Parallelen in den Rechtsordnungen der Mitgliedstaaten, die offenbar – jedenfalls für das deutsche Recht – dem nichtigen VA (nicht: dem Nicht[verwaltungs]akt) entsprechen.[26] Zu den Voraussetzungen s. Rn. 98, 121, 128, 159; s. zur Bedeutung des Gemeinschaftsrechts ferner Rn. 42, 69, 74, 82, 91, 94 ff., 109.

Infolge europarechtlicher Bindungen können VAe eines anderen Mitgliedstaates im Inland **11** anzuerkennen sein. Derartige **sog. transnationale VAe**[27] sind jedenfalls bei Rechtmäßigkeit (nach dem Maßstab des Ursprungsstaates) auch in anderen Staaten als verbindlich anzuerkennen;[28] weitergehend wird die Beachtung trotz Rechtswidrigkeit gefordert, wobei die Rechtmäßigkeitskontrolle den Gerichten des Ursprungsstaates vorbehalten sein soll. Eine Ausnahme hiervon soll nur im Falle der Nichtigkeit des „transnationalen VA" gelten, für die wiederum das Recht des Ursprungsstaates maßgeblich sein soll.[29]

---

[23] S. etwa ausdrücklich *EuG*, Rs. T-174/95, EuGHE 1998, II-2289 Rn. 127 = NVwZ 1999, 59; implizit etwa EuGH, Rs. C-137/92 P, EuGHE 1994, I-2555 Rn. 48; Rs. C-344/98, EuGHE 2000, I-11369 Rn. 53 = NJW 2001, 1265; zur gestaltenden Wirkung der Nichtigerklärung auch *Geiger,* Art. 231 Rn. 1; *Cremer* in Calliess/Ruffert, Art. 230 Rn. 1 und Art. 231 Rn. 1; *Burgi* in Rengeling/Middeke/Gellermann, § 7 Rn. 107; *Annacker,* Der fehlerhafte Rechtsakt im Gemeinschafts- und Unionsrecht, 1998, S. 122 ff.; *Bockey,* Die Entscheidung der Europäischen Gemeinschaft, 1998, S. 159; von einer Anfechtungsklage sprechen *Oppermann,* § 9 Rn. 33; *Booß* in Grabitz/Hilf, Art. 230 Rn. 2; *Gaitanides* in von der Groeben u. a., Art. 230 Rn. 4; vgl. demgegenüber *Bleckmann,* Dogmatik, S. 206 f.
[24] S. etwa *EuGH,* verb. Rs. 7/56 und 3–7/57, EuGHE 1957, 83, 126; auch *GA Roemer,* verb. Rs. 19, 21/60 und 2, 3/61, EuGHE 1961, 611, 689 f., dem der *EuGH* insoweit nicht gefolgt ist; *Geiger,* Art. 230 Rn. 8.
[25] Vgl. *EuGH,* Rs. C-475/01, EuGHE 2004, I-8923 Rn. 19; Rs. C-137/92 P, EuGHE 1994, I-2555 Rn. 34 ff. = EuZW 1994, 436; dazu *Bergères,* RTDE 1989, 393 ff.; auch zur Terminologie *Schroeder,* Bindungswirkungen, S. 60 mit Fn. 77. Vgl. auch *GA Ruiz-Jarabo Colomer,* Rs. C-10 u. a. /97, EuGHE 1998, I-6307 Rn. 36 mit Fn. 15. Deutliches Beispiel für die auch hinsichtlich der Bezeichnung der Fehlerfolgen erfolgende Differenzierung *EuGH,* Rs. C-199/92 P, EuGHE 1999, I-4287 Rn. 87 ff.
[26] Vgl. *EuGH,* Rs. 15/85, EuGHE 1987, 1005 Rn. 10 = NJW 1987, 3074; auch *GA Ruiz-Jarabo Colomer,* Rs. C-10 u. a. /97, EuGHE 1998, I-6307 Rn. 36. *EuGH,* verb. Rs. 1 und 14/57, EuGHE 1957, 213, 233, spricht von „... die Existenz des Verwaltungsakts nicht in Frage zu stellen"; s. insgesamt etwa *H. P. Ipsen,* Europäisches Gemeinschaftsrecht, 1972, Anm. 24/8; *Schwarze,* S. 945 ff.; *Weber* in Schweitzer, Europäisches Gemeinschaftsrecht, 1991, S. 55, 62 mit Fn. 21, 65; auch *v. Danwitz,* Verwaltungsrechtliches System und Europäische Integration, 1996, S. 264 ff.; *Annacker,* Der fehlerhafte Rechtsakt im Gemeinschafts- und Unionsrecht, 1998, S. 81 ff.; *Schärf* EuZW 2004, 333; kurz auch *Schroeder,* Bindungswirkungen, S. 60 ff. m. w. N.
[27] Vgl. etwa *Neßler,* Europäisches Richtlinienrecht wandelt deutsches Verwaltungsrecht, 1994, S. 5 ff., 27 ff.; *ders.* NVwZ 1995, 863 ff. jeweils m. w. N.; *Schmidt-Aßmann* in FS Bernhardt, 1995, S. 1283, 1302 ff.; *Burgi,* Verwaltungsprozess und Europarecht, 1996, S. 55 f.; *Fastenrath* Verwaltung 1998, 277, 301 ff.; *Becker* DVBl 2001, 855 ff.; *Ruffert* Verwaltung 2001, 453 ff.; *Dünchheim* DVP 2004, 202 ff.
[28] *Neßler,* Europäisches Richtlinienrecht wandelt deutsches Verwaltungsrecht, 1994, S. 5 ff., 29 ff., 120 ff.; *Ruffert* Verwaltung 2001, 453, 474; zurückhaltender gegenüber dem Anerkennungsmodell *E. Klein* in Starck (Hrsg.), Rechtsvereinheitlichung durch Gesetze, 1992, S. 117, 140 f.; *Schmidt-Aßmann* DVBl 1993, 924, 935 f.
[29] *Neßler,* Europäisches Richtlinienrecht wandelt deutsches Verwaltungsrecht, 1994, S. 31 mit Fn. 120; *ders.* NVwZ 1995, 863, 865 mit Fn. 32; *Schmidt-Aßmann* DVBl 1993, 924, 936, verlangt hierfür die Entwicklung einer besonderen Bestandskraftlehre; anders für den Regelfall *Ruffert* Verwaltung 2001, 453, 475.

II. Rechtswidrigkeit oder Fehlerhaftigkeit des Verwaltungsaktes

12 Die für das Recht der Fehlerfolgen insgesamt **zentrale Kategorie der Rechtswidrigkeit des VA** wird in § 44 nicht definiert, sondern vorausgesetzt.[30] Rechtswidrig ist der VA, der gegen bestehende Rechtsnormen verstößt, der Rechtslage nicht entspricht.[31] Die damit bezeichnete Anwendungsbreite des Begriffs schließt eine umfassende normative Festlegung im Einzelnen aus. Die in Frage kommenden Fälle werden daher im VwVfG weder durch eine Generalklausel umschrieben noch in einem Katalog (nur Hinweise in § 44 Abs. 3, §§ 45, 46, § 59 Abs. 2 Nr. 2, 3) erfasst. Zu dieser Gruppe von VAen gehören die **„fehlerhaften"** (s. § 47 und dort Rn. 29) und die **„rechtswidrigen"** VAe (s. § 48 und dort Rn. 49 ff.). Die Begriffe „rechtswidrig" und „fehlerhaft" werden i. d. R. synonym gebraucht[32] und umfassen sowohl die Fehler, die zur Nichtigkeit führen, als auch die, die nur Anfechtbarkeit zur Folge haben.[33] Dieser umfassende Begriff von Rechtswidrigkeit (näher Rn. 14 ff., 43 ff.) wird für das Verwaltungsrecht einhellig anerkannt.

13 Abweichende Begriffsbildungen auf anderen Rechtsgebieten sind jedoch nicht ausgeschlossen. Bei der Anwendung des § 113 StGB soll ein besonderer **strafrechtlicher,** nicht der verwaltungsrechtliche **Rechtmäßigkeitsbegriff** gelten.[34] Zur Bedeutung rechtswidriger VAe für die Strafbarkeit s. § 43 Rn. 141.

1. Bezugspunkt des Rechtswidrigkeitsurteils

14 Der Bezugspunkt des Rechtswidrigkeitsurteils wird häufig **missverständlich** formuliert. So heißt es, rechtswidrig sei ein VA, wenn die gesetzlichen Voraussetzungen für seinen Erlass nicht vorgelegen hätten, weil die bestehenden Rechtssätze in materieller oder formeller Hinsicht (Rn. 92) unrichtig angewandt worden seien.[35]

15 Tatsächlich kommt es für die Rechtswidrigkeit des VA (jedenfalls unmittelbar) nicht darauf an, ob sich die Behörde (bzw. der Amtswalter) beim Erlass des VA rechtswidrig verhalten hat.[36] Vielmehr ist der erlassene **VA** selbst **als Rechtsakt** zu beurteilen.[37] Entscheidend kommt es dabei auf die **getroffene Regelung** i. S. d. § 35 an (s. § 35 Rn. 142 ff.). Eine fehlerhafte Begründung kann mittelbar bedeutsam sein, wenn sie zugleich einen Fehler der begründeten Regelung bedeutet (s. § 39 Rn. 26, 30), dessen Tragweite ggf. nach Maßgabe der §§ 45, 46 begrenzt ist (s. § 45 Rn. 33 ff.).

2. Der maßgebliche Zeitpunkt

16 Nicht abschließend gelöste Probleme wirft die Frage nach dem **für die (Beurteilung der) Rechtswidrigkeit maßgeblichen Zeitpunkt** auf, bei der materiell- und prozessrechtliche Probleme miteinander eng verknüpft sind[38] und die nicht ausschließlich aus der prozessrechtlichen ex-post-Perspektive der Gerichte beurteilt werden darf. Entscheidend für die rechtliche

---

[30] S. aber § 44 Abs. 1 S. 1 SGB X, zur Verallgemeinerungsfähigkeit *Wolff/Bachof/Stober* 2, § 51 Rn. 20.
[31] Allg. etwa *Bumke,* Relative Rechtswidrigkeit, 2004, insbes. S. 21; *Sachs* VerwArch 2006, 573, 578 ff.
[32] *Bachof* II, Anm. 346; *Kimminich* JuS 1965, 249, 251; *Maurer* § 10 Rn. 2.
[33] *Wolff/Bachof/Stober* 2, § 49 Rn. 46 f.
[34] Vgl. BGH NJW 1968, 710; KG NJW 1975, 887 mit Bespr. *Rostek* NJW 1975, 862; OLG Köln JuS 1975, 398 mit Bespr. *Hassemer;* abl. *Benfer* NStZ 1985, 255; KG StV 2001, 260; KG NStZ 2006, 414, 415 f.; *Rühl* JuS 1999, 521, 528 f.; *Gehm* Kriminalistik 2003, 379 ff.; w. N. bei *Eser* in Schönke/Schröder, § 113 Rn. 21 ff.; vgl. im Kontext des Vollstreckungsrechts *Poscher* VerwArch 1998, 111, 130 ff.
[35] BVerwGE 13, 28; dazu *Haueisen* NJW 1962, 335; BVerwGE 31, 222; *Bachof* II, Anm. 344.
[36] BGH NJW 1987, 1945 f. m. w. N.; auch *Martens,* Rn. 7.
[37] Zum unterschiedlichen Begriff der Rechtswidrigkeit von Verhalten und von Rechtsakten *Sachs* VerwArch 2006, 573, 578 ff. m. w. N. sowie noch u. Rn. 43 ff.
[38] S. etwa *Schenke* NVwZ 1986, 522 m. w. N.; *ders.,* Rn. 782 ff.; *Kleinlein* VerwArch 1990, 149 ff.; *Piendl,* Eine Studie zur maßgebenden Sach- und Rechtslage beim Rechtsschutz gegen Verwaltungsakte, 1992; *Mager,* Der maßgebliche Zeitpunkt für die Beurteilung der Rechtswidrigkeit von Verwaltungsakten, 1994; *Sieger,* Die maßgebende Sach- und Rechtslage für die Rechtswidrigkeit des Verwaltungsaktes im verwaltungsgerichtlichen Anfechtungsprozess, 1995; *Gatawis* JA 2003, 692 ff.; *Sauthoff* in FG 50 Jahre BVerwG, 2003, S. 299 ff.; *Polzin* Jura 2004, 211 ff.; *Baumeister* Jura 2005, 655 ff.; *Steinweg,* Zeitlicher Regelungsgehalt des Verwaltungsaktes, 2006, S. 290 ff.; *Wehr* BayVBl 2007, 385, 390; s. ferner insbes. zum SGB X kontrovers *Heilemann* SGb 1994, 15, 16 ff. und *Knipping* SGb 1994, 514 ff. m. w. N.

Beurteilung eines VA ist vielmehr aufgrund des jeweils maßgeblichen materiellen Rechts im **Grundsatz die objektive Sach- und Rechtslage zum Zeitpunkt des Erlasses** des VA,[39] unabhängig davon, ob die erlassende Behörde die maßgebliche Situation erkennen konnte.[40] S. dazu noch Rn. 34.

a) Überkommener Meinungsstand. Während die Rspr. **vor Erlass des VwVfG** annahm, dass der VA auch bei einer Änderung der Sach- und Rechtslage rechtmäßig blieb und deshalb seinen Widerruf prüfte,[41] gingen Meinungen in der Literatur davon aus, dass diese VAe nachträglich rechtswidrig werden,[42] zumindest in dem Sinn, dass die **Aufrechterhaltung** dieser VAe **rechtswidrig** ist.[43] Nach dieser Meinung konnten solche VAe zurückgenommen werden. Nach einer dritten Sichtweise sind die Konsequenzen von Änderungen der Sach- oder Rechtslage abhängig vom Zweck der maßgeblichen, ggf. geänderten Norm und vom Schutzbedürfnis des Betroffenen.[44] 17

b) Prozessuale Situation oder materielle Rechtslage? Die Auseinandersetzungen um den für die Rechtswidrigkeit maßgeblichen Zeitpunkt sind vor dem Hintergrund der **verwaltungsprozessualen Situation** zu sehen, in der die Gerichte zu entscheiden haben. Insoweit wurde früher überwiegend angenommen, bei der Anfechtungsklage sei grundsätzlich von dem Zeitpunkt der letzten Verwaltungsentscheidung auszugehen.[45] Später hat das *BVerwG* jedoch vielfach einem solchen prozessrechtlichen Grundsatz in aller Deutlichkeit eine Absage erteilt. Es betont nunmehr, prozessual sei stets, auch bei Anfechtungsklagen, der **Zeitpunkt der gerichtlichen Entscheidung,** namentlich der der letzten mündlichen Verhandlung entscheidend.[46] Andere Entscheidungen halten allerdings an der Existenz einer prozessrechtlichen Regel mit dem traditionellen Inhalt fest.[47] 18

Unabhängig von der Bewertung der Prozessrechtslage wird es indes heute **in erster Linie** (zur verbleibenden Bedeutung der prozessualen Situation s. Rn. 36) als eine **Frage des materiellen Rechts,** auch im Rahmen des VwVfG (s. etwa § 48 Rn. 53 ff.; § 49 Rn. 58 ff.; § 51 Rn. 88 ff.), angesehen, für welchen Zeitpunkt die Rechtmäßigkeit eines VA zu prüfen ist.[48] Diese Sichtweise war freilich schon früher praktiziert worden, insbes. im Erschließungsbeitragsrecht.[49] 19

c) Regelzeitpunkt der letzten Behördenentscheidung/Durchbrechungen. Mit dem Verweis auf das **materielle Recht** verbindet das *BVerwG* die Annahme, dass für die Beurteilung eines belastenden VA, namentlich bei Anfechtungsklagen, **grundsätzlich die Sachlage im** 20

---

[39] *BVerwGE* 13, 28, 31; 78, 243, 244 f.; 82, 260, 261; *BVerwG* NVwZ 1990, 653, 654; 1991, 372, 373; NVwZ-RR 1991, 236.
[40] Für Rechtswidrigkeit einer trotz verborgener Altlasten erteilten Baugenehmigung *BGHZ* 123, 191, 195.
[41] *BVerwGE* 18, 34; 29, 291; 36, 71; 45, 235; *BGH* VerwRspr. 6, 1954, Nr. 66; a. A. aber *OVG Münster* BRS 30 Nr. 177, für Ordnungsverfügung, mit der der Abbruch eines Bauwerks verlangt wird.
[42] *Haueisen* NJW 1960, 1881, 1884; DÖV 1961, 121, 125; wohl auch *Lange* WiVerw 1979, 15 f.
[43] *Wolff/Bachof/Stober* 2, § 49 Rn. 57; *Bachof* JZ 1966, 140 f.; *VGH Mannheim* NuR 1984, 102, 104.
[44] S. *v. Mutius* BauR 1975, 382, 383; *Maurer* JuS 1976, 485, 492.
[45] Vgl. *Kothe* in Redeker/v. Oertzen, § 108 Rn. 16 f. m. w. N.; in diesem Sinne etwa noch *Kloepfer* VerwArch 1985, 371, 388 ff. m. w. N.; auch *Gerhardt* in Schoch u. a., § 113 Rn. 21 m. Fn. 109.
[46] *BVerwGE* 78, 243, 244 f.; *BVerwG* NVwZ 1990, 654 und 654 f.; 1991, 360 f.; 372 f.; *BVerwG* 97, 79, 81 = NJW 1995, 3067; *BVerwG* NVwZ 1996, 66, 67; NVwZ 2003, 92; aus dem Schrifttum insbes. *Schenke* NVwZ 1986, 523 ff. m. w. N. Speziell für Verpflichtungsklagen *BVerwGE* 115, 352, 354 m. w. N.
[47] Vgl. in diesem Sinne etwa *BVerwGE* 105, 267, 269; auch *BVerwGE* 82, 260, 261 f.; *BVerwG* NVwZ-RR 1991, 236; s. auch *VGH Mannheim* NVwZ-RR 1993, 183.
[48] Vgl. *BVerwGE* 64, 218, 221 ff.; 65, 313, 315; 78, 243, 245; 82, 98, 99; 120, 246, 250; *BVerwG* NVwZ 1996, 66, 67; wohl auch *BVerwG* NVwZ-RR 1999, 387, 388; ferner etwa *VGH München* NVwZ-RR 1993, 100, 101; NVwZ 1995, 304, 307; *OVG Münster* NVwZ-RR 2005, 535; s. für sog. Drittklagen im Baurecht – diff. zwischen dem Bauherrn nachteiligen und ihm günstigen Änderungen – *BVerwG* NVwZ 1986, 205, 206; NVwZ-RR 1996, 628 jeweils m. w. N.; *VGH München* BayVBl 1992, 211; ebenso für die Anfechtung einer Ausnahmebewilligung nach § 8 HandwO durch die Handwerkskammer *BVerwG* NVwZ-RR 1995, 392; s. ferner *OVG Münster* NWVBl 1997, 229 f., zur Genehmigung einer Verzichtserklärung gem. § 26 Abs. 2 RuStAG. Ferner etwa *Wolff* in Sodan/Ziekow, § 113 Rn. 90 ff., 94; *Kopp/Schenke* § 113 Rn. 29 ff., 41.
[49] Bestätigend *BVerwG* NVwZ 1991, 360, 361; 1993, 979 f. Speziell zur Heilung durch den nachträglichen Erlass einer zunächst fehlenden Satzung auch ohne Rückwirkung *BVerwGE* 64, 218, 222 f.; dem folgend *VGH München* BayVBl 2000, 472 f. Zur Heilungsproblematik auch *Sellner* NJW 1986, 1073 m. w. N.; *Driehaus*, § 19 Rn. 19 ff., § 36 Rn. 72 ff.; krit. *Scherzberg* BayVBl 1992, 426 ff.

Zeitpunkt der letzten Behördenentscheidung maßgeblich sei.[50] Auf diese Weise gelingt es, die gegenwärtige Beurteilung mit der älteren Judikatur zu verknüpfen, den oben (Rn. 16) aufgestellten Grundsatz aufrechtzuerhalten und zugleich Raum für die **Kasuistik der** zugehörigen, in der Praxis nicht stets hinreichend begründeten **Durchbrechungen** zu schaffen. Diese kann sich allerdings nicht nur an den jeweiligen spezialgesetzlichen Vorschriften orientieren, sondern hat auch die Regelungen des VwVfG, insbes. der §§ 48, 49, 51, mit zu berücksichtigen.[51] Sie lässt aber auch Raum dafür, ggf. auf einen früheren Zeitpunkt abzustellen.[52]

21 Das BVerwG knüpft nach Erlass des VwVfG an seine frühere Rspr. an[53] und sieht **Ausnahmen** vom obigen Grundsatz (Rn. 16) vor, bei denen die Rechtswidrigkeit des VA noch von späteren Entwicklungen abhängt. Danach soll es vor allem dann nicht auf den Zeitpunkt der behördlichen, sondern auf den der gerichtlichen Entscheidung (Rn. 18) ankommen,

22 – wenn eine nachträglich ergangene **Rechtsvorschrift rückwirkend** in Kraft tritt[54] oder eine ursprünglich geltende Bestimmung rückwirkend entfällt;[55]

23 – wenn eine nachträglich ergangene **Rechtsvorschrift**, ohne rückwirkend in Kraft zu treten, auch bereits **vorher verwirklichte Sachverhalte erfasst**;[56]

24 – wenn eine nachträglich ergangene Rechtsvorschrift oder tatsächliche Entwicklung einen VA betrifft, der einen „Dauersachverhalt" regelt **(VA mit Dauerwirkung)**[57] (§ 35 Rn. 223 ff.). Dem ist der angefochtene und noch **nicht vollzogene** VA gleichzusetzen;[58] hierher gehört auch der (noch nicht bestandskräftige) Vorauszahlungsbescheid, der bei nachträglich eintretendem Eigentümerwechsel ex nunc rechtswidrig wird.[59] Gegen die Anknüpfung an den ausstehenden Vollzug sprechen sich Teile des Schrifttums aus.[60]

---

[50] BVerwGE 78, 243, 244; 82, 260, 261; BVerwG NVwZ 1990, 653, 654; NVwZ-RR 1991, 236; NVwZ 1992, 177; NVwZ-RR 1997, 284, insbes. für rechtsgestaltende VAe; BVerwGE 110, 140, 143 = NVwZ 2000, 688, 689; BVerwGE 116, 55, 65 f., jeweils für Ausweisungsverfügung (s. aber noch Rn. 24); BVerwG DVBl 2000, 1614; ferner etwa VGH Kassel GewArch 1990, 132 f.; OVG Koblenz NJW 1990, 1553 f.; VGH München NVwZ 2003, 1534, 1535 (für Enteignung, mit Differenzierungen); BayVBl 2005, 694, 695; OVG Lüneburg NVwZ 2005, 968 f.; DVBl 2006, 566, 567; OVG Münster NVwZ-RR 2005, 535; VGH Mannheim VBlBW 2006, 437 f.; auch Schenke NVwZ 1986, 522, 528, geht von der grundsätzlichen materiellrechtlichen Irrelevanz von Veränderungen aus; s. auch Czermak NVwZ 1987, 116 f.

[51] Vgl. ausdrücklich etwa BVerwG NVwZ 1991, 360 f.; 1996, 66, 67.

[52] S. für den Erlass des ursprünglichen VA zur Entziehung der Fahrerlaubnis mit Rücksicht auf den Punktestand VGH Mannheim DÖV 2005, 746, 747; für einen behördlich festgesetzten Zeitpunkt (Befristung einer Aufenthaltserlaubnis) OVG Münster NWVBl 2005, 109 m. w. N.

[53] BVerwGE 59, 148, 159 ff.; BVerwG NVwZ 1982, 503, 504; DVBl 1983, 137 ff.; daran anschließend auch VGH Mannheim NVwZ-RR 2003, 385 f.

[54] Vgl. für Gemeinschaftsrecht EuGH, Rs. 108/81, EuGHE 1982, 3107 = NJW 1983, 1962.

[55] BGH NJW 1983, 1795, 1796; zur verfassungsrechtlichen Zulässigkeit rückwirkender Gesetze in neuerer Zeit etwa BVerfGE 92, 277, 325; 94, 241, 258 f.; 95, 64, 86 f.; 97, 67, 78 ff.; 105, 17, 36 ff.; 109, 133, 180 ff.; 114, 258, 300 ff.; ferner etwa BVerwG NVwZ 1983, 612 und 741; NVwZ 1990, 168 f.; NVwZ-RR 1996, 232, 233; Stern, Staatsrecht I, S. 831 ff. m. w. N.; Bauer JuS 1984, 241; NVwZ 1984, 220; Pieroth JZ 1984, 972 f.; Fiedler NJW 1988, 1624; Muckel, Kriterien des verfassungsrechtlichen Vertrauensschutzes bei Gesetzesänderungen, 1989; Maurer HStR III[3], § 79 Rn. 17 ff.; Sachs in ders. GG, Art. 20 Rn. 132 ff. m. w. N.

[56] Seit BVerfGE 72, 200, 242 f., z. T. bezeichnet als tatbestandliche Rückanknüpfung, vgl. etwa BVerfGE 83, 89, 110; 92, 277, 325; 114, 258, 300; daneben findet sich ohne erkennbaren Bedeutungsunterschied die traditionelle „(un)echte Rückwirkung", s. etwa BVerfGE 101, 239, 263 f.; 103, 271, 287; 103, 392, 403; 105, 17, 36 f.; 109, 133, 180 ff.; ausdrücklich identifizierend etwa BVerfGE 97, 67, 78 f.; 105, 17, 36; 109, 133, 181; 114, 258, 300; BVerwGE 99, 133, 137 f.; BFH NJW 2001, 2494, 2496; BFHE 204, 228, 240 f.

[57] Vgl. etwa BVerwGE 92, 32, 35 = NJW 1993, 1729; BVerwGE 96, 372, 373 = NJW 1995, 800; BVerwGE 97, 214, 221 = NJW 1995, 1371; BGH NVwZ 2000, 833, 834; auch BVerfGE 102, 41, 63; ferner etwa VGH München NJW 1994, 604; OVG Münster DÖV 1995, 874; VGH Kassel NVwZ 2000, 828; VGH Mannheim NVwZ-RR 2002, 621, 622 f.; zusammenfassend Brede, Der Verwaltungsakt mit Dauerwirkung, 1997. Zum Begriff etwa Mager, Der maßgebliche Zeitpunkt für die Beurteilung der Rechtswidrigkeit von Verwaltungsakten, 1994, S. 79 ff.; Wehr BayVBl 2007, 385 ff.; abl. Felix NVwZ 2003, 385, 387 ff.; skeptisch auch Bumke, Relative Rechtswidrigkeit, 2004, S. 175 ff., 195 ff.

[58] OVG Münster NVwZ 1987, 727; auch Schenke NVwZ 1986, 531; auch OVG Münster NVwZ-RR 1994, 410, 411; OVG Lüneburg NdsVBl 1997, 113 f.; anders, wenn die mit der Anordnung begründeten Pflichten bereits in der Vergangenheit zu erfüllen gewesen sind, vgl. OVG Lüneburg NdsVBl 1997, 111. Zurückhaltend etwa Wolff in Sodan/Ziekow, § 113 Rn. 123 f. m. w. N.

[59] Vgl. VGH München NVwZ-RR 1995, 218, 220.

[60] S. Mager, Der maßgebliche Zeitpunkt für die Beurteilung der Rechtswidrigkeit von Verwaltungsakten, 1994, S. 83 ff., die zwischen befehlenden und gestaltenden VAen unterscheiden will.

Als weiterer Fall kann hinzugefügt werden, dass die Änderung der Sach- und Rechtslage zwischen dem Erlass des VA und dem **Eintritt einzelner Rechtsfolgen** eintritt.[61] Auch kann es das **Gemeinschaftsrecht** erfordern, auf einen späteren Zeitpunkt abzustellen.[62]   25

Die erstgenannten Fälle (Rn. 22, 23) hängen von dem jeweiligen materiellen Recht ab, werden folglich durch das VwVfG nicht berührt (vgl. Begründung zu § 44 Entwurf 73). Anders ist es bei der Beurteilung der Änderung der Sach- und Rechtslage bei einem **VA mit Dauerwirkung** (Rn. 23). Das VwVfG geht in solchen Fällen von dem Zeitpunkt des **Erlasses des VA** aus, s. § 51 Abs. 1 Nr. 1 und § 49 Abs. 2 Nr. 3 und 4 einerseits und § 48 andererseits (näher § 48 Rn. 49 ff.). § 49 lässt in diesen Fällen den Widerruf, nicht die Rücknahme, zu, vgl. auch § 38 Abs. 2 und 3.   26

Die Maßgeblichkeit des Zeitpunkts der Behördenentscheidung wird teilweise jedenfalls für **Ermessensentscheidungen** angenommen.[63] Das *BVerwG* sieht durch § 114 S. 2 VwGO seine bisherige Judikatur bestätigt, wonach eine Ergänzung der Ermessensbegründung noch im Verwaltungsstreitverfahren mit heilender Wirkung zulässig ist, sofern die angegebenen Gründe schon bei Erlass des VA oder des Widerspruchsbescheides vorlagen; allerdings darf dadurch keine Wesensänderung des angefochtenen VA bewirkt und der Betroffene nicht in seiner Rechtsverteidigung beeinträchtigt werden.[64] Zum Nachschieben von Gründen im Übrigen näher § 45 Rn. 45 ff.   27

Nicht ausgeschlossen ist, dass **Spezialgesetze**, insbes. wenn sie vor Erlass des VwVfG in Kraft getreten sind, eine **andere Lösung** vorsehen. So sieht das *BVerwG*[65] in den rückwirkenden Heilungsvorschriften der §§ 155 a, b, 183 BBauG, inzwischen §§ 214 ff. BauGB, eine gesetzliche Entscheidung, auch rückwirkend die Ermächtigungsgrundlage für baurechtliche Ordnungsbefugnisse zu schaffen. Die Wiedergestattungsregelung nach § 36 Abs. 6 GewO soll nur den Wegfall der Unzuverlässigkeit betreffen (dazu auch Rn. 29), nicht auch die umgekehrte Situation des nachträglichen Eintritts der Unzuverlässigkeit, durch den eine zunächst rechtswidrige Gewerbeuntersagung nachträglich rechtmäßig werden soll.[66]   28

Bei der Auslegung der einschlägigen Rechtsnormen kommt dem **Verfassungsrecht** große Bedeutung zu. Soweit es sich um belastende VAe handelt, die die **grundrechtlich geschützte Sphäre** des Bürgers, etwa durch Verbote, fortdauernd beeinträchtigen, begründen die Grundrechte als Abwehrrechte negatorische Beseitigungsansprüche,[67] die effektiv realisierbar sein müssen. In diesem Sinne ist eine „besondere Sensibilität gegenüber späteren Veränderungen der Sach- und Rechtslage" angezeigt, die im Zweifel den nachträglichen Eintritt der Rechtswidrigkeit nahe legen soll.[68] Zu weit dürfte es gehen, in diesem Zusammenhang einen zweigliedrigen Rechtswidrigkeitsbegriff (auf Grund nur objektiver Gesetzwidrigkeit einerseits, in Folge der Verletzung subjektiver Rechte andererseits) zu postulieren und die Relevanz von Änderungen überhaupt nur bei nachträglich eintretenden Verletzungen subjektiver Rechte anzunehmen.[69]   29

---

[61] Vgl. *BVerwG* DVBl 1978, 628 ff.
[62] *BVerwGE* 121, 297, 308 (für die Ausweisung freizügigkeitsberechtigter Unionsbürger); *BVerwGE* 121, 315, 319, 321 (für die Ausweisung aufenthaltsberechtigter Türken); dazu auch *EuGH* Rs. C-467/02, EuGHE 2004, I-895 Rn. 41 ff.
[63] Vgl. *BFH* NVwZ 1992, 1024, für Geltung des § 131 Abs. 1 AO auch für noch nicht vollzogene VAe; *VGH Mannheim* VBlBW 1994, 58, 59, wo (zu § 18 Abs. 1 GastG) für die Tatbestandsvoraussetzungen auf den Zeitpunkt der Gerichtsentscheidung abgestellt wird, für die Überprüfung des Ermessens aber auf die behördliche Entscheidung; *VGH Mannheim* VBlBW 1996, 34, differenziert zwischen der Kontrolle der Ermessenserwägungen und der Frage, ob überhaupt ein Ermessen eröffnet war.
[64] *BVerwGE* 105, 55, 59.
[65] *BVerwGE* 75, 262, 266 ff.
[66] So *OVG Lüneburg* NVwZ 1995, 185 f. m. w. N.; dazu krit. *Mager* NVwZ 1996, 134 f.; gegen die Möglichkeit nachträglich eintretender Rechtmäßigkeit grundsätzlich (mangels materiell-rechtlicher Besonderheiten) *BVerwG* GewArch 1996, 24; *OVG Münster* NVwZ-RR 1994, 410, 411.
[67] Dazu *Sachs* in Stern, Staatsrecht III/1, S. 558 ff., insbes. 569 und S. 671 ff.
[68] *Schenke* NVwZ 1986, 523, 530 f., mit Kritik am Ausschluss der Anfechtungsklage gegenüber der Gewerbeuntersagung bei Wiedereintritt von Zuverlässigkeit nach *BVerwGE* 65, 1, 2 ff.; s. auch *Ehlers* in Achterberg/Püttner/Würtenberger I, Kap. 2, Rn. 228 m. w. N.; *Frotscher* in R. Schmidt, Öffentliches Wirtschaftsrecht, Besonderer Teil 1, 1995, § 1 Rn. 83, 109, behandelt nur die Konkurrenz von § 36 Abs. 6 GewO zu § 49 VwVfG; s. auch Rn. 26.
[69] Dafür *Mager*, Der maßgebliche Zeitpunkt für die Beurteilung der Rechtswidrigkeit von Verwaltungsakten, 1994, S. 60 ff., zu den Konsequenzen für die Gewerbeuntersagung ebda. S. 105 ff.; ein nachträglicher Eintritt nur objektiver Rechtswidrigkeit soll mangels normhierarchischer Beziehung zwischen (von vornherein nicht auf veränderte Situationen bezogenem) VA und Gesetz ausgeschlossen sein, ebda. S. 134 f., im Anschluss an *Rupp*, Rechtsschutz im Sozialrecht, 1965, S. 173, 184 ff.

30 Diese Sichtweise ist allerdings **für die Verwaltungspraxis** wie für die Gerichte **nicht unproblematisch.** Zur Reaktion auf u. U. häufigere Änderungen des Streitstoffs sind die Behörden im Rahmen neu einzuleitender Verfahren besser ausgerüstet als die Gerichte. Zumindest wenn über anderweitige Rechtsschutzmöglichkeiten die Beseitigung nachträglicher Grundrechtsverletzungen gesichert ist, kann das jeweilige Gesetz nur eine auf den Erlasszeitpunkt fixierte Rechtmäßigkeit vorsehen, etwa zur Beschleunigung des Verfahrens[70] oder bei mehrpoligen Rechtsverhältnissen mit Rücksicht auf Vertrauensschutzpositionen Dritter.[71] Berührt die Entscheidung den verfassungsrechtlich geschützten Raum, z. B. Art. 6 GG, kann dadurch auch die Verpflichtung entstehen, die Verfügung nach Bestandskraft auf Veränderung maßgebender Umstände zu überwachen.[72] Zu Auswirkungen einer Änderung auf die **Vollstreckung** s. § 51 Rn. 88 ff.

31 In bestimmten Konstellationen kann die Durchsetzung der Grundrechte gerade umgekehrt erfordern, auf den **Zeitpunkt der behördlichen Entscheidung** abzustellen. Dies gilt etwa für die gesetzlich nicht gebundene Subventionsvergabe mit Rücksicht auf den **Gleichheitssatz,** der andernfalls unterlaufen würde, weil im Zeitpunkt der Gerichtsentscheidung regelmäßig die zunächst verfügbar gewesenen Haushaltsmittel in Folge der gleichheitswidrigen Vergabe an andere nicht mehr zur Verfügung stehen.[73] Ob eine angefochtene Baugenehmigung den Nachbarn in seinen Rechten verletzt, wird grundsätzlich nach dem Zeitpunkt ihrer Erteilung beurteilt; nachträgliche Änderungen zugunsten des Bauherrn werden aber mit Rücksicht auf seine **Baufreiheit** berücksichtigt, zumal die aufgehobene Genehmigung sofort wieder erteilt werden müsste.[74]

32 Der Erlass des VA ist auch in der letzten Gruppe von Ausnahmefällen (s. Rn. 25) der maßgebliche Ausgangspunkt, da die innere Wirksamkeit des VA ungeachtet der **Verschiebung** des Eintritts **einzelner Rechtsfolgen** grundsätzlich mit der äußeren Wirksamkeit eintritt (§ 43 Rn. 161). Die Rechtslage ist daher von der beim VA mit Dauerwirkung und beim noch zu vollziehenden VA nicht prinzipiell verschieden; in beiden Fällen geht es um von vornherein vorgesehene, aber erst später (entweder weiterhin oder erstmalig) zu realisierende Rechtsfolgen (s. für Nebenbestimmungen auch § 36 Rn. 73).

33 **d) Nicht relevante Änderungen. Keine Rechtsänderung** und daher für den hiesigen Kontext ohne Bedeutung **ist die rückwirkende Änderung der Rspr.,** die lediglich als bessere Erkenntnis der unveränderten Rechtslage zu behandeln ist.[75] Ein VA ist deshalb nach Maßgabe der aktuellsten Rechtserkenntnis als von Anfang an rechtswidrig anzusehen, auch wenn er auf der Grundlage einer im Erlasszeitpunkt feststehenden höchstrichterlichen Rspr. ergangen ist (zur Wirkung von Rechtsprechungsänderungen auf das Vorliegen von Nichtigkeit nach Abs. 1 s. Rn. 125).

34 Grundsätzlich **keine Änderung der Sachlage** bewirken gegenüber dem Zeitpunkt des Erlasses des VA **verbesserte Erkenntnismöglichkeiten** hinsichtlich der tatsächlichen Gegebenheiten. Ein VA ist daher auch dann rechtswidrig, wenn die maßgeblichen tatsächlichen Verhältnisse bei seinem Erlass nach dem damals optimalen Erkenntnisstand nur unzutreffend zu ermitteln waren.[76]

35 Nur scheinbar anderes gilt, wenn eine Norm nicht auf die objektive Sachlage, sondern auf einen bestimmten Erkenntnisstand (etwa: Stand von Wissenschaft und Technik, § 7 Abs. 2 Nr. 3 AtG; Stand der Technik, § 5 Abs. 1 Nr. 2 BImSchG[77]) der behördlichen Beurteilung abstellt. Denn dann ist dieser **Erkenntnisstand das Tatbestandsmerkmal,** dessen Beachtung für die Rechtmäßigkeit entscheidend ist.[78]

---

[70] So *BVerwGE* 78, 243, 244 f., für § 28 Abs. 1 AsylVfG a. F.; dazu auch *VGH Mannheim* VBlBW 1990, 156.
[71] *Schenke* NVwZ 1986, 531.
[72] *BVerfG* NJW 1980, 514, 515; s. auch *BVerwG* Buchholz 402.24 § 10 AuslG Nr. 35 m. w. N.; *OVG Hamburg* NJW 1980, 542.
[73] So *OVG Lüneburg* OVGE 40, 387, 390 f.
[74] *BVerwG* NVwZ 1998, 1179 m. w. N. (ohne Erwähnung des Art. 14 GG).
[75] Dazu und zur verfassungsrechtlichen Beurteilung s. *Maurer* HStR III³, § 60 Rn. 135 ff. m. w. N.; auch *Robbers* JZ 1988, 481 ff.; § 51 Rn. 100 ff., 104 ff.
[76] *BVerwG* VBlBW 1990, 223 = NVwZ 1990, 267 nur LS m. w. N.; s. auch *BGHZ* 123, 191, 199 f.
[77] Dazu *Asbeck-Schröder* DÖV 1992, 252 ff.; *Lamb* Kooperative Gesetzeskonkretisierung, 1995, S. 43 ff.
[78] S. zu diesem umstrittenen Fragenkomplex etwa *Lange* NJW 1986, 2459, 2462 f.; *Wagner* DÖV 1987, 524, 526 f.; auch *BVerwG* DVBl 1982, 1004, und § 49 Rn. 63.

e) **Die Anfechtungssituation.** Nicht allein nach materiellem Recht richtet sich die Frage, 36
von welcher **Rechtslage** die jeweils entscheidenden Stellen **bei Anfechtung des VA** auszugehen haben. Die **Widerspruchsbehörde** entscheidet grundsätzlich nach der Sach- und Rechtslage bei Erlass des Widerspruchsbescheids (§§ 79, 43 Abs. 1),[79] die nach den angeführten Grundsätzen (Rn. 20 ff.) ggf. auch für die Gerichtskontrolle maßgeblich wird. Soweit das **Gericht** entscheidet, werden die für das Gericht maßgebenden Rechtssätze (auch) von dem Klagebegehren und der Klageart bestimmt.[80] Dabei kommt es auf den durch den Klageantrag bestimmten Gehalt des materiellen Anspruchs an.[81]

f) **Probleme bei Aufrechnung.** Besondere Probleme wirft die Frage der Rechtmäßigkeit 37
von VAen auf, wenn **der Adressat nach ihrem Erlass** gegen die zugrunde liegende Forderung[82] **aufrechnet** (zur Aufrechnung durch die Behörde s. § 35 Rdn. 138 ff.).[83] Geht man von der Zulässigkeit solcher Aufrechnung aus,[84] bewirkt ihre wirksame Vornahme[85] nach § 389 BGB das Erlöschen beider sich gegenüberstehenden Forderungen. Ein Widerspruchsrecht der Behörde besteht nicht.[86]

Früher wurde in dem Wegfall des behördlichen Anspruchs vielfach nur ein Hindernis für die 38
Vollstreckung gesehen.[87] Demgegenüber nimmt das *BVerwG*[88] an, dass die **Rechtmäßigkeit von Leistungsbescheiden,** die dem Adressaten eine Zahlung gebieten, nicht nur vom Bestand einer Forderung bei ihrem Erlass abhängt, sondern grundsätzlich auch den **Fortbestand dieser Forderung** voraussetzt. Dagegen soll die bloße Feststellung einer Leistungspflicht ohne Zahlungsaufforderung trotz Aufrechnung rechtmäßig bleiben, da sie lediglich den Bestand einer Forderung in einem bestimmten Zeitpunkt konstatiert[89] und in dieser Bedeutung auch nach einer Erfüllung als deren rechtlicher Grund rechtmäßig bestehen bleibt.

Diese überzeugende Differenzierung ist folgerichtig auf den **feststellenden Teil von Leis-** 39
tungsbescheiden mit Gebotscharakter zu übertragen.[90] Zweifelhaft ist indes, ob eine wirksame Aufrechnung das Zahlungsgebot (nur) rechtswidrig werden lässt. Die **Erfüllung eines Gebots** hat regelmäßig die **Erledigung des VA** zur Folge, der dadurch gem. § 43 Abs. 2 unwirksam wird (§ 43 Rn. 201). Die dem Zahlungsgebot entsprechende Erfüllung führt mit dem Erlöschen des behördlichen Anspruchs mithin die Erledigung des Zahlungsgebots und die Unwirksamkeit (des gebietenden Teils) des Leistungsbescheides herbei; erlischt die Forderung wegen wirksamer Aufrechnung, besteht kein Anlass, hiervon abzuweichen.[91]

Dies gilt jedenfalls, wenn die Gegenforderung des Bürgers nach Erlass des Leistungsbescheides 40
entstanden ist.[92] Aber auch bei älteren Gegenforderungen führt die Rückwirkung der Aufrechnung auf den Zeitpunkt des **§ 389 BGB** zu keinem anderen Ergebnis.[93] Die in diesen Fällen eintretende Rechtswidrigkeit des VA ex tunc gibt keinen Anlass, die Wirksam-

---

[79] Gegen diese ganz vorherrschende Auffassung *Mager*, Der maßgebliche Zeitpunkt für die Beurteilung der Rechtswidrigkeit von Verwaltungsakten, 1994, S. 148 ff. m. w. N.
[80] Vgl. *Kothe*, in Redeker/v. Oertzen, § 108 Rn. 16 ff.; *J. Schmidt* in Eyermann, § 113 Rn. 45 ff.; *Kopp/Schenke*, § 113 Rn. 29 ff.; *Gerhardt* in Schoch u. a., § 113 Rn. 21 m. Fn. 109.
[81] Vgl. *BVerwG* NJW 1986, 862; zu den Grenzen der damit eröffneten Dispositionsmöglichkeiten des Klägers s. *Schenke* NVwZ 1986, 528. Zur prozessualen Stellung der Behörde bei Änderung der Rechtslage zu ihren Ungunsten s. *Köppl* BayVBl 1979, 460.
[82] Dazu Aufrechnung mit einem abgetretenen Steuererstattungsanspruch *BFH* BB 1990, 1404, 1405.
[83] Dazu *Grandtner*, Die Aufrechnung als Handlungsinstrument des öffentlichen Rechts, 1995, S. 55 ff.; *Detterbeck* DÖV 1996, 889 ff.; s. auch *Gaa*, Die Aufrechnung im öffentlichen Recht, 1996, S. 100 ff.; *Hartmann*, Aufrechnung im Verwaltungsrecht, 1996, S. 45 ff.
[84] Dazu auch im Fall der Illiquidität der Forderung des Adressaten grundsätzlich *BVerwGE* 77, 19, 24 m. w. N.; *Pietzner* VerwArch 1982, 453 ff. m. w. N.; 1983, 59 ff.
[85] Nach *BFH* NVwZ 1984, 468, grundsätzlich formlos möglich.
[86] *BFH* BB 1990, 1404, 1405 f.: Bei Aufrechnung des Zessionars keine Analogie zu § 396 Abs. 1 i. V. m. § 366 Abs. 2 BGB, um der Behörde die Aufrechnungsmöglichkeit gegen den Zedenten zu erhalten.
[87] *OVG Münster* NJW 1976, 2036 mit Bespr. *Neupert* JuS 1978, 825 ff. m. w. N.; ebenso wieder *Seibert* JuS 1985, 625, 626.
[88] DVBl 1960, 36; NVwZ 1984, 168; *BVerwGE* 77, 19, 21; ebenso im Grundsatz *BSG* DÖV 1989, 355, 356, insoweit nur LS; zust. *Ehlers* JuS 1990, 777, 781 m. w. N.
[89] *BVerwG* NVwZ 1984, 168, sogar für die Möglichkeit einer – dann freilich rückbezüglichen – Gebührenfestsetzung nach erfolgter Zahlung.
[90] Dies verkennt *Seibert* JuS 1985, 625, 626.
[91] So wohl auch *Veitenthal* BayVBl 1990, 615, 618.
[92] Insoweit zust. *Ehlers* JuS 1990, 777, 781 m. Fn. 57.
[93] Insoweit anders *Ehlers* JuS 1990, 777, 781 m. Fn. 57.

keit des VA nach Aufrechnungserklärung aufrechtzuerhalten und den VA gar bestandskräftig werden zu lassen – mit der Konsequenz auch des Verlusts der Gegenforderung[94] –, wenn ihn der Bürger nicht auch noch anficht. Es ist kein Grund ersichtlich, den von Anfang an aufrechnungsberechtigten Adressaten durch eine Anfechtungslast mit so schwerwiegenden Folgen gegenüber Adressaten, die dem Leistungsbefehl auf andere Weise nachkommen, zu benachteiligen. Weil der Zeitpunkt des Eintritts der Aufrechnungslage durchaus ungewiss sein kann, würde zudem ein hohes Maß an Rechtsunsicherheit erzeugt. Die **Erledigung** und damit die Unwirksamkeit tritt mit der Aufrechnungserklärung **ex nunc** ein, die Rückwirkung des § 389 BGB bleibt auf die zugrunde liegenden Forderungen beschränkt (s. auch § 767 Abs. 2 ZPO).

41   Neben diesen Fragen des materiellen Rechts hat sich eine Reihe von **prozessualen Problemen** bei Aufrechnung mit bestrittenen Forderungen, insbes. solchen, deren Bestand in anderen Gerichtsbarkeiten zu prüfen ist, ergeben. Dabei hat sich das *BVerwG*[95] für Aussetzung nach § 94 VwGO, ggf. nach § 173 VwGO, §§ 148, 151 ZPO, und Vorbehaltsurteil nach § 173 VwGO, § 302 ZPO, ausgesprochen. Daran hat auch die Neufassung des § 17 GVG von 1990 nichts geändert.[96] Für sofortige Abweisung der Klage gegen Erstattungsbescheid, wenn der zur Aufrechnung gestellte Amtshaftungsanspruch offensichtlich nicht besteht, ist ohne Begründung für die Vernachlässigung der Rechtswegabgrenzung der *VGH Mannheim* eingetreten.[97]

42   **g) Europäisches Gemeinschaftsrecht.** Für den bei der Beurteilung der Entscheidungen von Gemeinschaftsorganen maßgeblichen Zeitpunkt **fehlen** bislang **ausdrückliche Stellungnahmen** der Judikatur; jedenfalls im Rahmen der Nichtigkeitsklage gem. Art. 230 EG stellt der *EuGH*[98] auf die Sach- und Rechtslage bei Vornahme der Handlung des Gemeinschaftsorgans ab, die er einer ex tunc-Prüfung unterzieht.[99] Im Kontext der Aufhebung von Entscheidungen mittels actus contrarius soll für die Beurteilung der Rechtmäßigkeit die zum Zeitpunkt des Erlasses der Entscheidung maßgebliche Sach- und Rechtslage ausschlaggebend sein.[100] Für Verstöße nationaler Behörden gegen Gemeinschaftsrecht richtet sich der maßgebliche Zeitpunkt vorbehaltlich der Grundsätze der Äquivalenz und Effektivität nach **nationalem Recht**.[101]

3. Fehlerhaftigkeit von VAen und Gesetzmäßigkeit der Verwaltung

43   VAe sind fehlerhaft (rechtswidrig), wenn sie gegen gültige Rechtsnormen verstoßen (s. schon Rn. 15). Diese lapidare Aussage steht in mehrfacher Beziehung zu dem rechtsstaatlichen Verfassungsgrundsatz der **Gesetzmäßigkeit der Verwaltung**, Art. 20 Abs. 3 GG (Rn. 45ff.). Dieser umfasst neben dem Vorrang und dem Vorbehalt des Gesetzes[102] nach der zugrunde liegenden **Konzeption** *Otto Mayers* als heute meist vernachlässigtes drittes Element eine „rechtssatzschaf-

---

[94] Dazu *Ehlers* JuS 1990, 777, 782.
[95] BVerwGE 77, 19, 23 ff. m. w. N. bestätigend *BVerwG* NJW 1999, 160, 161 m. w. N.; ohne eigene Stellungnahme daran anknüpfend *BGH* NJW 2000, 2428 f.
[96] So auch BAGE 98, 384, 385 f. = NJW 2002, 317; BFHE 198, 55, 58 ff. = NJW 2002, 3126; OVG Lüneburg NVwZ 2004, 1514, 1515 m.w.N.; *VGH Mannheim* NJW 1997, 3394, 3395; *Rupp* NJW 1992, 3274 f.; *Detterbeck* DÖV 1996, 889, 898 f. m. w. N.; *Gaa* NJW 1997, 334; für Art. 14 Abs. 3 Satz 4, Art. 34 S. 3 GG, sonst offen *BVerwG* NJW 1993, 2255; nicht eindeutig *BVerwG* NJW 1999, 160, 161; offen lassend auch *BGH* NJW 2000, 2428, 2429; anders *VGH Kassel* NJW 1995, 1107 f.; ausf. *Schenke/Ruthig* NJW 1992, 2505, 2510 ff. m. w. N.; *dies.* NJW 1993, 1374 ff.; *Grandtner*, Die Aufrechnung als Handlungsinstrument im öffentlichen Recht, 1995, S. 281 ff.; ferner *Drygala* NJW 1993, 1374.
[97] NVwZ 1990, 684 f.; s. demgegenüber krit. und insgesamt *Ehlers* JuS 1990, 777, 782 f.; ferner *Herdegen* VBlBW 1984, 193; *Pietzner* VerwArch 1983, 59, 72 ff.; *Veitenthal* BayVBl 1990, 615, 616; für den Steuerprozess *Pietzner* VerwArch 1985, 87 ff.
[98] EuGH, verb. Rs. 15 und 16/76, EuGHE 1979, 321, 326 Rn. 7.
[99] S. auch *Geiger*, Art. 230 Rn. 29.
[100] *Lübbig* EuZW 2003, 233, 236, allerdings ohne Begründung.
[101] EuGH Rs. C-92/00, EuGHE 2002, I-5553 Rn. 67 f.
[102] So die heute gängige Einteilung, s. etwa *Pietzcker* JuS 1979, 710; *Stern*, Staatsrecht I, S. 801 f.; *Schmidt-Aßmann* HStR II, § 26 Rn. 61 f.; *Ossenbühl* HStR III[1], § 62; *Wolff/Bachof/Stober* 1, § 9 Rn. 3, auch § 30 Rn. 5, 15; *Achterberg*, § 18 Rn. 1; *Maurer*, § 6 Rn. 1; *Faber*, § 13 II–IV; auch *Schmidt-de Caluwe*, S. 121 ff., 122, spricht nur von diesen beiden Komponenten der „Herrschaft des Gesetzes," während er die Bindung der Exekutive an das Gesetz davon getrennt diskutiert, ebda. S. 145 ff.

fende" oder „bindende Kraft" (Rn. 84 ff.), die er sogar als die wichtigste Eigenschaft des verfassungsmäßigen Gesetzes bezeichnet hat.[103]

Als „Gesetz" ist für alle drei Elemente des Grundsatzes der Gesetzmäßigkeit nicht (nur) das formelle, sondern das **materielle Gesetz** maßgeblich, also jede gültige Rechtsnorm;[104] soweit – insbes. vorkonstitutionell entstandenes – Gewohnheitsrecht besteht, ist es gleichfalls eingeschlossen (Rn. 192).[105] Dasselbe gilt für unmittelbar anwendbare Bestimmungen des Europarechts (Rn. 94 ff.). 44

a) Vorrang des Gesetzes. Der heute oft mit der Bindungskraft identifizierte oder nicht von ihr getrennte Vorrang des Gesetzes[106] zielt schon nach seinem begrifflichen Aussagegehalt auf etwas anderes, nämlich die Derogationswirkung des Gesetzes gegenüber jedem anderen, ihm widersprechenden staatlichen Rechtsakt als einem von niedrigerem Rang.[107] Der Vorrang des Gesetzes ist mithin eine Kollisionsregel,[108] die die Gesetzwidrigkeit der Verwaltungsrechtshandlung,[109] ihren inhaltlichen Widerspruch zur Regelung des Gesetzes, voraussetzt; zur Bedeutung von Verfahrensfehlern für die Rechtswidrigkeit des VA s. § 45 Rn. 116 ff. Rechtsfolge dieser Kollision ist aber nicht ausnahmslos die Unwirksamkeit des rechtswidrigen VA, vielmehr ist von Verfassungs wegen **nur seine uneingeschränkte Wirksamkeit ausgeschlossen,**[110] während die Konsequenzen im Einzelnen (wie: Anfechtbarkeit, Aufhebbarkeit, Nichtigkeit) der gesetzlichen Detailausgestaltung zumal mit Rücksicht auf Erfordernisse der Rechtssicherheit fähig und bedürftig sind (s. Rn. 1, § 43 Rn. 2, 8 ff.).[111] 45

b) Vorbehalt des Gesetzes. Der im Grundgesetz nicht ausdrücklich erwähnte Vorbehalt des Gesetzes[112] verlangt von Verfassungs wegen ein **Gesetz als Voraussetzung des Verwaltungshandelns,** verbietet Verwaltungshandeln ohne gesetzliche Ermächtigung. Er wird vom *BVerfG*[113] als denknotwendige Voraussetzung der Gesetzesbindung mit dieser aus Art. 20 Abs. 3 GG abgeleitet. Diese Begründung überzeugt nicht, weil das Gesetz auch ohne verfassungsrechtlichen Vorbehalt jedenfalls bindet (Rn. 84 ff.) und allein durch seine Bindungskraft selbst den Vorbehalt des Gesetzes auslösen kann.[114] 46

Jedoch ist der Vorbehalt des Gesetzes unabhängig davon als **traditioneller Bestandteil** des in Art. 20 Abs. 3 GG nur unvollkommen ausgedrückten **Prinzips der Gesetzmäßigkeit der Verwaltung** anzuerkennen. Zugleich ergibt er sich mittelbar aus dem durch Art. 2 Abs. 1 GG und die Spezialgrundrechte gewährleisteten, nur für gesetzlich legitimierte Einschränkungen 47

---

[103] Deutsches Verwaltungsrecht, Bd. 1, 3. Aufl. 1924, S. 65; dazu auch *Sachs* in ders. GG, Art. 20 Rn. 110 m. w. N.; s. ferner *Schmidt-de Caluwe*, S. 124 f., der gleichwohl mit seiner eigenen Gliederung die Verkürzung der gängigen Sichtweise nachvollzieht.
[104] S. nur *Sachs* in ders. GG, Art. 20 Rn. 107, 118.
[105] Vgl. *Sachs* in ders. GG, Art. 20 Rn. 106, wobei es im Rahmen der Formulierung des Art. 20 Abs. 3 GG von „Gesetz und Recht" eher letzterem zuzuordnen ist; s. auch *Ennuschat* JuS 1998, 905, 908, mit dem Hinweis auf *BVerwGE* 96, 189, 199 f.
[106] In diesem Sinne etwa *BVerfGE* 40, 237, 248 f.; wohl auch *BVerfGE* 82, 6, 12; ferner etwa *Maurer*, § 6 Rn. 2; *Kracht*, Feststellender Verwaltungsakt und konkretisierende Verfügung, 2002, S. 208 ff.; *Gusy* JuS 1983, 188, 190 ff.; wohl auch *Achterberg*, § 18 Rn. 1, 2; partiell auch *Stern*, Staatsrecht I, S. 801 f.; *Ossenbühl* HStR III[1], § 62 Rn. 4, 5.
[107] So *Wolff/Bachof/Stober* 1, § 9 Rn. 3, § 26 Rn. 10; *Pietzcker* JuS 1979, 710 f.; *Schmidt-Aßmann* HStR II, § 26 Rn. 62; auch *Faber*, § 13 III; neben anderen Gehalten auch *Ossenbühl* HStR III[1], § 62 Rn. 3, 6; *Stern*, Staatsrecht I, S. 801 f.; *Wehr* JuS 1997, 231.
[108] *Sachs* in ders. GG, Art. 20 Rn. 112, im Anschluss an die ursprüngliche Begriffsbildung *Otto Mayers*; nicht eindeutig hierzu *Schmidt-de Caluwe*, S. 122 f.
[109] Erfasst ist nach der auf die Staatsfunktionen ausgerichteten Fassung des Art. 20 Abs. 3 GG dabei nur das materiell zur Verwaltung zählende Handeln. Dagegen ist die exekutive *Normsetzung* den formellen (zumal: Parlaments-)Gesetzen auch kollisionsrechtlich auf Grund der Verfassungsbindung jeder (materiellen) Gesetzgebung und der grundgesetzlich vorgegebenen Normenhierarchie untergeordnet, vgl. *Sachs* in ders. GG, Art. 20 Rn. 94, 101 f.
[110] Wenig glücklich der hierfür früher verbreitet verwendete Begriff der „Ungültigkeit", vgl. *Sachs* VerwArch 2006, 573, 580 Fn. 40 m. w. N., 583.
[111] Vgl. hierzu auch *H. Fischer*, Die Auswirkungen der Rechtsprechung des Bundesverfassungsgerichts auf die Dogmatik des Allgemeinen Verwaltungsrechts, 1997, S. 38 ff.
[112] Dazu allgemein noch *Krebs* Jura 1979, 304.
[113] *BVerfGE* 40, 237, 248 f., wenngleich ohne Zitat im Anschluss an *Hesse*, Grundzüge des Verfassungsrechts der Bundesrepublik Deutschland, jetzt 20. Aufl. 1995, Rn. 201.
[114] Vgl. für Sozialleistungen § 31 SGB AT; dazu *BSG* NVwZ 1984, 62; *Krause* NJW 1979, 1007, 1008.

begrenzten Grundrechtsschutz,[115] greift aber – bei fehlender Grundrechtsfähigkeit der Betroffenen – auch darüber hinaus. Dagegen sind die Gesetzesvorbehalte der Grundrechtsbestimmungen gerade entgegengesetzt, im Sinne einer Freistellung des Gesetzgebers vom abwehrrechtlichen Eingriffsverbot, wirksam.[116] Die gleichwohl weit verbreitete synonyme Verwendung[117] ist dazu angetan, unnötige Missverständnisse zu erzeugen.

48 Der Vorbehalt des Gesetzes hat seinen **klassischen Anwendungsbereich** bei den „Eingriffen in Freiheit und Eigentum",[118] wie der abwehrgrundrechtlich geschützte status negativus des Bürgers gegenüber der Verwaltung herkömmlich umschrieben wird.[119]

49 In Fortentwicklung dieser Rspr. verlangt das *BVerfG*,[120] dass im Rahmen einer demokratisch-parlamentarischen Staatsverfassung die Entscheidung aller **wesentlichen, insbes. der grundrechtsrelevanten Fragen,** die den Bürger unmittelbar betreffen, **durch Gesetz** erfolgen muss, losgelöst vom „Eingriff". Ausdrücklich bezieht das *BVerfG* auch staatliches Handeln ein, durch das dem Einzelnen Leistungen und Chancen gewährt werden, sofern diese für seine Existenz wesentlich sind.

50 Zugleich hat es mit der Formel von der **Wesentlichkeit** versucht, den Bereich abzugrenzen, in dem das (auch: Landes-)Parlament[121] (unabhängig von Art. 80 Abs. 1 S. 2 GG) an einer Delegation seiner Rechtsetzungsbefugnisse gehindert ist, vielmehr selbst unmittelbar die erforderlichen Regelungen treffen muss[122] (sog. **Parlamentsvorbehalt**).[123] Während Rechtsverordnungen, Satzungen und sonst zulässige Formen untergesetzlicher Normen (im Rahmen ordnungsgemäßer Ermächtigung) als Akte materieller Gesetzgebung dem Vorbehalt des Gesetzes als solchem genügen,[124] sollen sie in *diesem* Bereich als Rechtsgrundlagen nicht ausreichen.

51 Wie die anhaltende Diskussion zeigt, ist die Entwicklung nicht abgeschlossen, zumal das *BVerfG* etwa ausufernden Konsequenzen aus seiner Wesentlichkeitstheorie wiederholt unter Betonung der verfassungsrechtlichen **Eigenständigkeit der Exekutive** entgegengetreten ist[125] und auch im Übrigen die Anforderungen zurückhaltend interpretiert.[126]

52 Die Ermächtigung muss nach dem **Bestimmtheitsgrundsatz** das Handeln der Verwaltung für den Bürger vorhersehbar machen, wobei die Anforderungen an das Maß der Bestimmtheit von der Eigenart des jeweiligen Rechtsgebiets abhängen, insbes. bei Ermächtigungen

---

[115] *Stern* Staatsrecht I, S. 805; s. auch *Schmidt-de Caluwe*, S. 126 ff.
[116] *Sachs* in ders. GG, Art. 20 Rn. 113; näher *ders.* in Stern Staatsrecht III/2, S. 369 ff., insbes. S. 373 Fn. 9 m. w. N.; anders, weil in allen Fällen erst das Gesetz der Verwaltung Handlungsmöglichkeiten eröffnet, *Reimer* in GVwR I, § 9 Rn. 24 m. w. N.
[117] Vgl. statt vieler nur *BVerfGE* 49, 89, 126 f.; 95, 267, 307; auch *BVerfGE* 92, 1, 12, wo in Art. 103 Abs. 2 GG ein strenger Gesetzesvorbehalt gesehen wird.
[118] Zur Problematik dieser Formulierung s. *Sachs* VerwArch 1985, 398, 415 f. m. w. N.
[119] *BVerfGE* 8, 155, 166 f.; *BVerwG* NJW 1976, 1516, 1517; DÖV 1977, 746; irreführend demgegenüber *OVG Schleswig* NJW 1994, 1889, 1891, das hierin bereits eine Ausdehnung des Vorbehalts im Sinne der Wesentlichkeits-Rechtsprechung (Rn. 48 ff.) sieht. Für die Möglichkeit der Widmung ohne gesetzliche Grundlage, wenn nicht ins Eigentum eingegriffen wird, *Germann* AöR 2003, 458 ff.
[120] *BVerfGE* 49, 89, 126 m. w. N.; 61, 260, 275; 77, 170, 230 f.; 79, 174, 195 f.; 80, 124, 132; 83, 130, 141 f., 152; 84, 212, 226; 91, 148, 167 f.; 95, 267, 307 f.; 98, 218, 251; 108, 282, 311.
[121] Wohl nur terminologisch vernachlässigt werden dabei Sonderformen förmlicher Gesetzgebung, die der parlamentarischen gleichrangig sind, wie zumal die Volksgesetzgebung, vgl. näher *Sachs* in Stern, Staatsrecht III/2, S. 428 f.
[122] S. etwa *BVerfGE* 80, 1, 20 m. w. N.; auch *BVerfGE* 86, 90, 106; zu einem spezifisch wehrverfassungsrechtlichen Parlamentsvorbehalt *BVerfGE* 90, 286, 381 ff., wonach für den militärischen Einsatz von Streitkräften ein (nicht gesetzesförmlicher!) Bundestagsbeschluss erforderlich sein soll, dazu krit. wegen der Vernachlässigung des Bundesrates *Sachs* VVDStRL 58, 1999, S. 39, 71.
[123] S. hierzu *Stern* Staatsrecht I, S. 811 f.; *Schmidt-Aßmann* HStR II, § 26 Rn. 63 ff.; *Ossenbühl* HStR III¹, § 62 Rn. 35 ff.; *Sachs* in ders. GG, Art. 20 Rn. 35 m. Fn. 78, Rn. 85 m. Fn. 234, Rn. 88 mit Fn. 242, Rn. 118 jeweils m. w. N.; vgl. ferner etwa *BVerwG* NJW 1977, 915; *BVerfGE* 57, 130, 137 f.; *BVerwG* NJW 1985, 2774; 1986, 1629, 1630; aus dem Schrifttum s. etwa *Krebs*, Vorbehalt des Gesetzes und Grundrechte, 1975; *Ossenbühl* und *Papier* in Götz/Klein/Starck, Die öffentliche Gewalt zwischen Gesetzgebung und richterlicher Kontrolle, 1985, S. 9 ff., 36 ff.; *Staupe*, Parlamentsvorbehalt und Delegationsbefugnis, 1986; *v. Arnim* DVBl 1987, 1241; *Hermes*, Der Bereich des Parlamentsgesetzes, 1988; *v. Danwitz*, Die Gestaltungsfreiheit des Verordnungsgebers, 1989; *Kloepfer* in Hill, Zustand und Perspektiven der Gesetzgebung, 1989, S. 187 ff.
[124] Vgl. *Sachs* in ders. GG, Art. 20 Rn. 118 m. w. N.
[125] S. schon *BVerfGE* 49, 89, 124 ff.; 68, 1, 108 ff. mit abw. Sondervotum *Mahrenholz*, S. 111, 130; *BVerfGE* 77, 170, 231 f.; 90, 286, 357 ff.; die umgekehrte Suche nach einem Verwaltungsvorbehalt, vgl. *Maurer* und *Schnapp* VVDStRL 43, 1985, 135 ff., 172 ff. m. w. N., hat freilich nur in sehr begrenztem Maß Sperrzonen für den parlamentarischen Gesetzgeber ergeben; s. auch *BVerfGE* 67, 100, 139.
[126] S. *BVerfGE* 77, 381, 403 f.

zu begünstigenden VAen geringer sind als bei solchen zu belastenden VAen.[127] Bei **Verboten mit Erlaubnisvorbehalt** (§ 35 Rn. 142)[128] müssen sich die Tatbestandsvoraussetzungen aus dem Gesetz selbst ergeben.[129] Das *BVerfG*[130] nimmt zudem gesteigerte Anforderungen bei strafrechtlich sanktionierten Verwaltungsrechtsnormen an. Zur Unbestimmtheit der VAe selbst s. Rn. 113 ff.

Lücken im Gesetz verbieten auch im Vorbehaltsbereich nicht jedes Handeln der Verwaltung. Vielmehr ist sie wie die Gerichte[131] befugt, scheinbare Lücken mittels der herkömmlichen **Auslegung**smethoden[132] zu schließen (s. noch Rn. 86 f.). Dabei wirkt die Verwaltung, wegen der gerichtlichen Kontrolle stets nur mit vorläufigen Resultaten, an der jedenfalls für die Gerichte ausdrücklich anerkannten Rechtsfortbildung[133] mit.[134]   53

Für echte Regelungslücken[135] steht grundsätzlich auch im Verwaltungsrecht[136] das Instrument der **Analogie** zur Verfügung.[137] Ob es auch eine fehlende Eingriffsermächtigung zu ersetzen vermag,[138] ist besonders im Bereich des Steuerrechts umstritten, nachdem der *BFH* ausdrücklich die Befugnis zum **steuerverschärfenden Analogieschluss** für sich in Anspruch genommen hat.[139] Die Erstreckung eines etwaigen Analogieverbots im Steuerrecht,[140] für dessen Belastungen besondere Bestimmtheitsanforderungen aufgestellt werden,[141] auf die Eingriffsverwaltung schlechthin geht wohl doch zu weit;[142] doch kommt eine Analogie nur in Ausnahmefällen[143] in Betracht.[144] Für grundrechtsbeeinträchtigendes Vorgehen außerhalb ihrer Zuständigkeit können   54

---

[127] St. Rspr. seit *BVerfGE* 8, 274, 325; 9, 137, 147; ferner 63, 312, 323 f.; 65, 1, 44; 69, 1, 43; 76, 1, 74 f.; 87, 287, 317 f.; *BVerfG* NStZ 1996, 615, sowie *BVerwGE* 77, 214, 219; *Stern*, Staatsrecht I, S. 807 f. und S. 829 f. m. w. N.; *Schmidt-Aßmann* HStR II, § 26 Rn. 60 m. w. N.; *Papier* in Friauf, Steuerrecht und Verfassungsrecht, 1989, S. 61 ff.; s. auch § 40 Rn. 16 ff., 152 ff.
[128] Dazu *Gromitsaris* VerwArch 1997, 52, 53 ff.
[129] St. Rspr. seit *BVerfGE* 8, 71, 76; 49, 89, 145 f. m. w. N. bei Abweichung für den Sonderfall des § 7 Abs. 2 AtG; *BVerfGE* 80, 137, 161.
[130] *BVerfGE* 75, 329, 343 f.; 78, 374, 381 ff. m. w. N.; *BVerfG (K)* NJW 1992, 107.
[131] S. zuletzt *BVerfGE* 82, 6, 11 ff.; 90, 1, 16 ff.; 92, 262, 272 f.; 92, 365, 409 f.
[132] *BVerfG (K)* NJW 2006, 1116, 1120, fordert, notwendige gesetzliche Ermächtigungen durch verfassungskonforme Auslegung auch in unmittelbar einschlägigen Normen aufzufinden.
[133] S. nur *BVerfGE* 69, 188, 202 ff.; 71, 354, 362; 88, 145, 166 f.; 95, 48, 62; 96, 375, 394 f.; ferner die Beiträge in Richterliche Rechtsfortbildung, FS 600 Jahre Universität Heidelberg, 1986; *Ossenbühl* HStR III¹, § 61 Rn. 35 ff.
[134] Vgl. die grundsätzliche einheitliche Behandlung der Auslegungsmethodik für Verwaltung und Gerichte bei *Wolff/Bachof/Stober* 1, § 28 Rn. 52 ff.; *Achterberg*, § 17 Rn. 5.
[135] Vgl. grundsätzlich skeptisch *Hutter*, Die Gesetzeslücke im Verwaltungsrecht, 1989.
[136] Ausf. jetzt *T. S. Schmidt* VerwArch 2006, 139 ff.; *Hemke*, Methoden der Analogiebildung im öffentlichen Recht, 2006.
[137] Für grundsätzliche verfassungsrechtliche Zulässigkeit und zu den Grenzen verfassungsgerichtlicher Kontrolle *BVerfGE* 82, 6, 11 ff.
[138] Verneinend etwa *Zuleeg* JuS 1985, 106, 109 m. N.
[139] *BFH* NVwZ 1984, 823 f. m. w. N.; offen lassend daraufhin *BFH* NVwZ 1984, 822; hierzu *Selmer* JuS 1984, 970 m. w. N.; *Seuffert* DStR 1985, 5; grundsätzlich abl. *BVerfG (VPr)* NJW 1985, 1891, wobei die Übernahme von Rechtsvorschriften wegen wesentlich übereinstimmender Grundlagen zugelassen wurde.
[140] Dazu im Überblick *Tipke/Lang*, Steuerrecht, 18. Aufl. 2005, § 5 Rn. 58 ff. m. N.; *Tipke*, Die Steuerrechtsordnung, Band I, 2. Aufl. 2003, S. 177 m. w. N.; s. auch *Gern* NVwZ 1995, 1145, 1146 ff.
[141] S. *Stern* Staatsrecht I, S. 807 f.
[142] Für den Ausschluss jeder eingriffsermächtigenden Analogie im Verwaltungsrecht nach dem Vorbild des strafrechtlichen Analogieverbots früher ausdrücklich *Anschütz*, Die Verfassungs-Urkunde für den Preußischen Staat, 1. Bd., 1912, Art. 5 Anm. 10 m. w. N.; jetzt auch *BVerfG(K)* NJW 1996, 3146; dem verallgemeinernd zust. etwa *Konzak* NVwZ 1987, 872; *Felix*, Die Einheit der Rechtsordnung, 1998, 390; *Caspar* AöR 2000, 131, 148; auch *Ennuschat* JuS 1998, 905, 908; krit. etwa *Schwabe* DVBl 1997, 352 f.; *Ehlers* Verwaltung 1998, 53, 79 f.; *de Wall*, Die Anwendbarkeit privatrechtlicher Vorschriften im Verwaltungsrecht, 1999, S. 99 ff.; gegen ein Analogieverbot ausf. *Hemke* Methoden der Analogiebildung im öffentlichen Recht, 2006, insbes. S. 268 ff., 291 ff.; wohl auch *Laubinger*, in: König/Merten (Hrsg.), Verfahrensrecht in Verwaltung und Verwaltungsgerichtsbarkeit, 2000, S. 47, 57.
[143] Für eine Vermutung gegen eine Analogie mit ermächtigender Wirkung bereits *W. Jellinek* Gesetz, Gesetzesanwendung und Zweckmäßigkeitserwägung, 1913, S. 158 zu und in Fn. 3 m. w. N. Restriktiv diff. auch *Guckelberger*, Die Verjährung im Öffentlichen Recht, 2004, S. 318 ff.
[144] Ganz selbstverständlich für eine Rechtsanalogie zu einer Reihe ausländerrechtlicher Vorschriften als Grundlage einer (hier für den Betroffenen nachteiligen) Entscheidung des Bundesamtes für die Anerkennung ausländischer Flüchtlinge nach § 53 AuslG *BVerwG* NVwZ 1999, Beil. I 12, 113 f.; gegen eine Befugnis des Bundesamtes zum Erlass einer Abschiebungsandrohung nach einem Widerrufsverfahren nach § 73 Abs. 3 AsylVfG *VGH München* NVwZ 1999, Beil. I 12, 114 f.

sich Behörden allenfalls dann auf analoge Gesetzesanwendung berufen, wenn keine Möglichkeit besteht, die zuständige Stelle zur Wahrnehmung ihrer Aufgaben zu bewegen.[145]

55 Heftig umstritten ist, ob für den Einsatz des **VA als Handlungsform** eine gesetzliche Ermächtigung erforderlich ist[146] (s. auch § 35 Rn. 25 ff.). Vor allem die ältere Judikatur sah die Möglichkeit der Verwaltung, sich zur Realisierung der materiellen Rechtslage des VA zu bedienen, als deren „Hausgut" an.[147] Sie hielt die Verwaltung **grundsätzlich für befugt,** durch VA zu handeln, solange keine Rechtsnormen dem entgegenstehen.[148] Ausgenommen waren und sind insoweit allerdings **Beliehene.**[149]

56 Die spezifischen Wirkungen, die mit dem VA verbunden sind (s. § 43 Rn. 6 ff., 29 ff., 39 ff.), schließen es aus, ihm jedes selbständige Gewicht neben der zugrunde liegenden materiellen Ermächtigung abzusprechen. Das **Handeln durch VA** löst, auch wenn es wegen der bewirkten Rechtssicherheit dem Adressaten vielfach von Vorteil ist,[150] eigentümliche Belastungen aus, die gegenüber dem Vorbehalt des Gesetzes **grundsätzlich eine normative Rechtfertigung** erfordern.[151]

57 Dies wird auch in der ältesten Rspr. des *BVerwG* im Grundsatz anerkannt, wenn dort auf eine **gewohnheitsrechtliche Ermächtigung,** mittels VA zu handeln, abgestellt wird;[152] die Prämissen dieser Konstruktion sind allerdings kaum überzeugend.[153] Ähnliches gilt für die These, **§ 43 selbst** (wie auch §§ 39 SGB X, 124 AO) sei als „Speichernorm" die notwendige gesetzliche Grundlage für die Verwendung der Handlungsform VA;[154] dabei wird nicht hinreichend zwischen der in der Tat angesprochenen Fähigkeit zum Handeln durch VA einerseits und der rechtlichen Zulässigkeit dieses Vorgehens andererseits, also zwischen rechtlichem Können und rechtlichem Dürfen, unterschieden.

58 Später hat das *BVerwG* ein **an den Bürger adressiertes,** bußgeldbewehrtes **Verbot nicht** als **Rechtsgrundlage** für behördliche Maßnahmen zu dessen **Durchsetzung** ausreichen lassen, sondern eine besondere gesetzliche Ermächtigung verlangt,[155] wobei der regelmäßig denkbare Rückgriff auf die polizeiliche Generalklausel[156] aus formellen Gründen verschlossen war.[157]

---

[145] *BVerfG (K)* NJW 1999, 3404, 3405; BSGE 79, 41, 48, billigt solches Vorgehen bei der Veröffentlichung einer Präparatübersicht durch den Bundesminister der Gesundheit.

[146] Vgl. etwa *Osterloh* JuS 1983, 280; *Maurer,* § 10 Rn. 5 ff.; *Weides,* § 8 I jeweils m. w. N.; *Druschel,* Die Verwaltungsaktbefugnis, 1999; *C. Fischer,* Der Verwaltungsakt als staatsrechtlich determinierte Handlungsform, Diss. Bonn. 2000; zur einschlägigen Rspr. *Martens* NVwZ 1993, 27 ff.

[147] S. *OVG Münster* DVBl 1983, 187; *VG Frankfurt a. M.* NJW 1998, 1424.

[148] S. BVerwGE 18, 283, 285; 19, 243, 245 f. und st. Rspr., s. für grundsätzliche Zulässigkeit des Handelns durch VA etwa BVerwGE 21, 270, 272 ff.; 25, 72, 76 f.; 28, 1, 2; 34, 353, 354; 37, 314, 319; 40, 237, 239; 41, 277, 279; *BVerwG* NJW 1976, 1703; 1977, 772; 1977, 1838; BVerwGE 59, 13, 19 f.; 67, 66, 71; 71, 354, 357; s. auch unter Hinweis auf die Praktikabilität BVerwGE 67, 66, 71; ferner *VGH München* NJW 1981, 2076 f.; BayVBl 1987, 499; *OVG Münster* NJW 1987, 1964.

[149] Vgl. ausdrücklich etwa *VGH München* BayVBl 1989, 596, 597; für strenge Anforderungen an die gesetzlich zu begründende Befugnis zum Erlass von VAen bei Beliehenen auch BVerwGE 98, 280, 297 f.

[150] Zur Frage nach einem „Regelungsvorbehalt", der die Verwaltung zum formalen Handeln, insbes. mittels VA, zwingt, *Pauly* DVBl 1991, 521 ff.

[151] *OVG Lüneburg* NVwZ 1989, 880, 881; *OVG Münster* NVwZ-RR 1993, 263, 266; *OVG Lüneburg* NJW 1996, 2947; *VGH Mannheim* NJW 2001, 1810; wohl auch *BVerfG (K)* NJW 2006, 359; aus der Lit. etwa *Renck* BayVBl 1977, 76; *Osterloh* JuS 1983, 284; *Bauer* NVwZ 1987, 112 f.; *Obermayer* NJW 1987, 2642, 2646; *Dietlein* JuS 1994, 381, 382; *Windthorst* JuS 1996, 894, 900; *v. Mutius* in FS Erichsen, 2004, S. 135 ff. Bei Begründung aus der Kompetenzabgrenzung für das Verhältnis verselbständigter Verwaltungsträger *VGH München* BayVBl 2005, 183.

[152] In diesem Sinne BVerwGE 19, 243, 245 f.; zuletzt dafür *Weides* JuS 1987, 477, 480; ähnlich für einen allgemeinen Satz des ungeschriebenen Rechts *Kopp/Ramsauer,* § 35 Rn. 9 ff., bei Subordinationsverhältnissen.

[153] Vgl. nur *Wolff/Bachof/Stober* 2, § 55 Rn. 50.

[154] So *Druschel* Die Verwaltungsaktbefugnis, 1999, S. 257 ff., mit sorgfältiger Darstellung des gesamten Streitstandes, der durch die Anerkennung von Verwaltungsaktverboten für die Regelung privatrechtlicher Rechtsbeziehungen und im Rahmen vertraglicher Beziehungen letztlich doch zu ähnlichen Ergebnissen wie die neuere Judikatur kommt.

[155] *BVerwG* NJW 1981, 242; BVerwGE 94, 269, 277 f.

[156] Darauf gestützt für eine Durchsetzung satzungsmäßiger Straßenreinigungspflichten durch VA *OVG Schleswig* NVwZ-RR 1992, 338, 339.

[157] S. auch *OVG Lüneburg* NJW 1989, 1562; *OVG Münster* NJW 1990, 466 f.; NVwZ 1990, 181; DVBl 1993, 1321, 1322 f.; *Osterloh* JuS 1983, 281, 283 f.; s. für die Befugnis der Konkretisierung gesetzlicher Duldungspflichten durch VA *Stelkens* NuR 1983, 261; zur gesetzlichen Grundlage bei Nebenpflichten § 9 Rn. 31 f.

§ 44 Nichtigkeit des Verwaltungsaktes

Baumschutzsatzungen begründen mit einer Verpflichtung zur Ersatzpflanzung nicht auch die Befugnis zum Erlass dahingehender VAe; durch Satzungsbestimmung kann sich eine Gemeinde die entsprechende Befugnis nur verschaffen, wenn im zugrunde liegenden Gesetz auch dafür eine hinreichende Ermächtigung besteht.[158]

Diesen prinzipiellen Ausgangspunkt hat das *BVerwG* dadurch bekräftigt, dass es für den **Erlass feststellender VAe**, die nicht den Wünschen des Betroffenen entsprechen (s. auch § 35 Rn. 219 f.), eine besondere Ermächtigung neben den die festzustellende Rechtslage regelnden Normen verlangt, obwohl diese VAe nur die geltende Rechtslage konstatieren und die materielle Situation des Betroffenen nicht verschlechtern.[159] 59

Jedoch ist zu berücksichtigen, dass mit der jeweiligen materiell-rechtlichen Ermächtigung der Behörde die Befugnis, mittels des verwaltungstypischen **Handlungsmittels VA** vorzugehen, auch ohne ausdrückliche Hervorhebung **implizit mit eingeräumt** sein kann,[160] wenn die verfassungsrechtlichen Bestimmtheitsanforderungen gewahrt werden.[161] Dies wurde beispielsweise angenommen für die Geltendmachung von Abschiebekosten nach § 24 Abs. 6a AuslG a. F. gegen den Arbeitgeber[162] sowie für die Feststellung der Genehmigungsbedürftigkeit[163] oder Genehmigungsfreiheit;[164] eine sinngemäße Ermächtigung zum Handeln durch VA wird auch bejaht bei § 14 GewO[165] und für die Untersagung verbotener Tätigkeiten durch die für die Überwachung von Erlaubnisinhabern nach dem RBerG zuständige Aufsichtsbehörde.[166] § 18 Abs. 2 BImschG ermächtigt über seinen Wortlaut hinaus auch zu Anpassungsregelungen durch VA bei Erlöschen der Genehmigung.[167] Die gesetzliche Anordnung einer Vollstreckung nach Maßgabe des VwVfG setzt die im Gesetz nicht ausdrücklich angesprochene Befugnis zum Erlass des zu vollstreckenden VA voraus und begründet sie somit.[168] Auch bei genehmigungsfreiem Bauen wird z. T. die Möglichkeit zur Durchsetzung nachbarschützender Normen mittels VA angenommen.[169] 60

Gemeinden soll als **Annex zu** ihrer im Kommunalrecht begründeten **Kompetenz** zum Betrieb öffentlicher Einrichtungen auch die Befugnis zustehen, den ordnungsgemäßen Betrieb der Einrichtung mittels VA durchzusetzen.[170] Ein Versorgungswerk für Rechtsanwälte soll auch ohne ausdrücklich darauf gerichtete gesetzliche Ermächtigung befugt sein, die vorgesehenen Beiträge mit Heranziehungsbescheid von den Mitgliedern einzufordern;[171] gleiches soll für Trinkwasserzweckverbände in Bezug auf die Entgelte für die Belieferung mit Trinkwasser gelten.[172] Den gesetzlichen Prüfungsaufgaben der Rechnungshöfe wird zum Teil die Ermächtigung entnom- 61

---

[158] *OVG Lüneburg* NVwZ 1999, 84. Offen lassend für die Möglichkeit, Anschluss- und Benutzungszwangs im Abfallrecht durch Satzung zu begründen, *VGH Mannheim* NVwZ-RR 2007, 459, 460 f.
[159] *BVerwGE* 72, 265 ff.; *BVerwG* NJW 1991, 267; *BVerwGE* 114, 226, 227 f.; dem folgend *OVG Münster* NVwZ 1989, 1082; NWVBl 1991, 271, 272; *VGH Kassel* NVwZ 1993, 497; *OVG Münster* DÖV 1997, 428, 429; *VGH München* BayVBl 2000, 470 f.; *VG Dessau* LKV 2004, 523, 524; zust. *Bauer* NVwZ 1987, 112 f.; auch *Appel/Melchinger* VerwArch 1993, 349, 369 ff.; krit. *Martens* NVwZ 1987, 106; auch *Stoltefoht* GS Trszaskalik, 2005, S. 69 ff.; zur gegenteiligen älteren Judikatur s. *VGH München* NJW 1981, 2076; *Drescher* DVBl 1986, 272; anders auch *Kopp* GewArch 1986, 41; *König* BayVBl 1987, 261, 263 f.; sowie offenbar *OVG Münster* NJW 1987, 1964, für die Feststellung des Erlöschens der Fahrerlaubnis nach einem konstitutiven Verzicht. Das *OVG Saarlouis* NVwZ-RR 2003, 87, stellt die Befugnis der Widerspruchsbehörde, die Erledigung des angefochtenen Bescheides (nicht: des Widerspruchs) festzustellen, (nach eingetretener Bestandskraft) in Frage. (Nur) einen Anspruch auf einen feststellenden VA, dessen Erlass im Gesetz (§ 4 StVG, § 41 Abs. 1 FeV) nicht vorgesehen ist, verneint *VGH Mannheim* NJW 2007, 1706 f.
[160] S. *BVerwGE* 72, 265, 268, gegen „überhöhte Anforderungen" unter Verweis auf die alle sonst zugelassenen Ebenen einschließende Auslegung.
[161] Dies betont für (starke) Grundrechtseingriffe *VGH München* NVwZ-RR 2003, 274, 274.
[162] Schon *BVerwGE* 59, 13, 19 f.
[163] *BVerwG* NVwZ 1991, 267 f.; verallgemeinernd *BVerwGE* 114, 226, 227 f. m. w. N.
[164] *BVerwGE* 118, 319, 321 f. („‚Negativattest'").
[165] Deutlicher jetzt *BVerwG* NVwZ 1991, 267, 268, gegenüber *BVerwG* NJW 1977, 772; *BVerwGE* 78, 6, 7 f.; s. auch *Wolff/Bachof/Stober* 2, § 55 Rn. 13 f.; *Weides*, § 8 I.
[166] *BVerwG* NJW 1999, 440.
[167] *BVerwGE* 117, 133, 134 f.
[168] *BVerwGE* 108, 1, 4, für den Erstattungsanspruch nach § 84 Abs. 1, 2 AuslG.
[169] *Mampel* NVwZ 1999, 385, 387, der allerdings auch auf überholte Positionen (s. Rn. 54) zurückgreift.
[170] *OVG Münster* NVwZ 1995, 814 m. w. N.; s. aber gegen die Möglichkeit, VAe im Rahmen von Benutzungsverhältnissen, etwa aufgrund einer „Anstaltsgewalt", zu erlassen, *VGH Manheim* NVwZ-RR 2007, 459, 460 f.
[171] *OVG Schleswig* NJW 1994, 1889, 1891.
[172] *VG Dresden* SächsVBl 1996, 286, 287.

men, zu ihrer Wahrnehmung nötige Anordnungen als VAe zu erlassen.[173] Entsprechende Ableitungen im Rahmen einer Beleihung mit öffentlich-rechtlichen Befugnissen sind allenfalls in engen Grenzen möglich.[174] Von diesem Ausgangspunkt kann ebenso wie von dem der älteren Judikatur, aber auf dogmatisch befriedigendere Weise, eine Lösung nach Fallgruppen erreicht werden, die auch den strengeren Ansätzen in neueren Entscheidungen gerecht zu werden vermag.

62 Dies zeigt sich vor allem am Streitpunkt des **Leistungsbescheides**.[175] Die Judikatur des *BVerwG* hat hier von Anfang an ihren verallgemeinernden Ansatz nicht konsequent durchgeführt, sondern stets auf **besondere Anhaltspunkte für eine Befugnis zum Handeln durch VA** zurückgegriffen. Dabei spielt der Bestand eines **besonderen Subordinationsverhältnisses,** das auch im Übrigen durch die Handlungsform VA geprägt ist, eine entscheidende Rolle. Dies gilt sowohl für die im Rahmen öffentlich-rechtlicher Dienstverhältnisse durchzusetzenden Schadensersatz- oder Erstattungsansprüche[176] als auch bei Erstattungsansprüchen wegen der im Rahmen von durch VA gestalteten Subventionsverhältnissen durch VA gewährten Leistungen (s. jetzt § 49a Abs. 1 S. 2,[177] bisher § 48 Abs. 2 S. 8; zur Subventionsvergabe ohne besonderes Gesetz s. Rn. 70).[178] Auf denselben Gedanken stützt sich die Zulassung des VA zur Durchsetzung des Informationsanspruchs gem. § 510 Abs. 1 S. 1 BGB a. F. im Vorfeld der durch privatrechtsgestaltenden VA vorzunehmenden Ausübung eines behördlichen Vorkaufsrechts.[179] S. auch § 42 Rn. 39.

63 Die auf Grund solcher **Sonderbeziehungen** begründete Befugnis zum Einsatz der Handlungsform VA scheidet folgerichtig aus gegenüber Personen, die außerhalb der fraglichen Rechtsverhältnisse stehen. So wird trotz § 50 Abs. 2 SGB X wegen Unanwendbarkeit der Kehrseitentheorie mangels sozialrechtlichen Leistungsverhältnisses kein Erstattungsbescheid bei versehentlicher Überweisung von Sozialleistungen an Dritte zugelassen,[180] ebenso wenig ein Leistungsbescheid gegen Erben bei Fortzahlung von Bezügen auf Konto eines verstorbenen Versorgungsempfängers[181] oder gegen einen Dritten, der den Zahlungsanweisungsbetrag unberechtigt entgegengenommen hat;[182] ebenso wenig darf ein VA gegen Dritte auf Grund einer Haftungserklärung für eine Subvention ergehen,[183] auch nicht gegen Lehrer auf Schadensersatz durch Schulträger, der nicht zugleich Dienstherr des Lehrers ist.[184] Nicht unbedenklich ist es demgegenüber, wenn die Rückforderung einer fehlgeleiteten Steuererstattung durch VA zugelassen wird.[185]

64 Außerdem ist die **begrenzte sachliche Reichweite von Sonderbeziehungen** zu beachten. So ist eine Kammer (mangels besonderer gesetzlicher Ermächtigung) nicht befugt, das berufsordnungsmäßige Verhalten ihrer Mitglieder durch Untersagungsverfügungen zu erzwingen,

---

[173] *VGH Kassel* DÖV 2001, 873, 875 m. w. N.; zur Qualität als VA s. § 35 Rn. 188.
[174] Vgl. restriktiv, aber wohl ohne völlige Absage *BVerwGE* 98, 280, 297 f., gegenüber einem „Sonderbeitragsbescheid" des Pensions-Sicherungs-Vereins; gegen eine implizierte Befugnis des Bezirksschornsteinfegermeisters (selbst) zur Festsetzung der ihm zustehenden und von ihm zu erhebenden Gebühren durch VA *VGH Mannheim* NVwZ 1994, 1135 f. m. w. N., wo die fragliche Befugnis zugunsten der Behörde als impliziert angenommen wird; gegen eine aus § 18 Abs. 2 S. 1 BSHG abgeleitete Ermächtigung der Trägerin der Sozialhilfe, einem Hilfeempfänger (Hilfesuchenden) durch VA aufzugeben, einen von ihr benannten Arbeitgeber aufzusuchen, um mit ihm einen Arbeitsvertrag zu schließen, *OVG Lüneburg* NVwZ 1992, 594 f.
[175] S. dazu etwa *Wolff/Bachof/Stober* 2, § 55 Rn. 50; *Schenke* JuS 1979, 886, 887; *Rüfner* JuS 1981, 259, 260; *Osterloh* JuS 1983, 284 f.; *Weides* JuS 1987, 477, 480; *Windthorst* JuS 1996, 894, 900; zur umstrittenen Frage, ob bei Zulässigkeit des Leistungsbescheides noch ein Rechtsschutzinteresse für eine Leistungsklage besteht, vgl. *BSG* NJW 1987, 1846, 1847 m. N.; § 9 Rn. 170.
[176] Näher *Osterloh* JuS 1983, 281 f., 284 f.; auch *Maurer*, § 10 Rn. 7; *Weides* JuS 1987, 480 f.; gegen eine solche Befugnis im besonderen Gewaltverhältnis – hier Anstaltsverhältnis der Schule – *OVG Lüneburg* NJW 1996, 2947, unter Hinweis auf die Geltung des Vorbehalts des Gesetzes.
[177] Dazu *Windthorst* JuS 1996, 894, 900.
[178] Zur vor allem hier verwendeten Kehrseitentheorie vgl. *BVerwGE* 20, 295, 297; 28, 1, 5; 40, 85, 89; 40, 336, 343; *BVerwG* DVBl 1983, 810, 811; zust. insoweit *Osterloh* JuS 1983, 285; abl. auch hierzu *Wolff/Bachof/Stober* 2, § 55 Rn. 50.
[179] *VGH München* BayVBl 2000, 594, 595.
[180] *BSG* NVwZ 1988, 95.
[181] *OVG Münster* NJW 1985, 2438; ähnlich *VGH Mannheim* NVwZ 1989, 892, 893; diff. gegenüber ererbten Verbindlichkeiten, für die ein Leistungsbescheid zugelassen wird, *BVerwGE* 37, 314, 316.
[182] *OVG Münster* NJW 1990, 2901 f.
[183] *VGH München* NJW 1988, 2690.
[184] *OVG Lüneburg* NVwZ 1987, 522.
[185] Dafür *FG Karlsruhe (Außensenate Stuttgart)* NVwZ 1989, 191.

§ 44 Nichtigkeit des Verwaltungsaktes 65–69 § 44

wenn sie damit in deren berufsgrundrechtlich geschützte Sphäre eingreift.[186] Ihre Überordnung gegenüber den Gemeinden im Rahmen der inneren Verwaltung gibt den Landkreisen nicht die Befugnis, Ansprüche auf anteilige Erstattung von Umlagen, die sie für die Gemeinden gezahlt haben, mittels VA festzusetzen.[187]

Die Handlungsform des VA steht – ohne besondere Ermächtigung – auch nicht zur Verfügung, wenn eine **Rechtsbeziehung nicht durch VA gestaltet** ist. Dies ist etwa dann der Fall, wenn die Rechtsbeziehung auf einem öffentlich-rechtlichen Vertrag beruht.[188] Als Grundlage des Verwaltungshandelns lückenfüllend eingreifende privatrechtliche Regelungen bieten keine Grundlage für Regelungen durch VA.[189] Ebenso liegt es, wenn es sonst an einem besonderen Subordinationsverhältnis fehlt, wie für den Ersatzanspruch für Feuerwehrkosten (nach Fehlalarm[190] oder fahrlässig verursachten Bränden[191]), für Kostenerstattungsansprüche des Landkreises gegen Gemeinden,[192] für die Erstattung der Kosten von Organstreitigkeiten an kommunale Funktionsträger (Fraktion) durch den Oberstadtdirektor der Gemeinde,[193] für Aufwendungsersatz bei Amtshilfe nach § 8 VwVfG[194] oder für das organschaftliche Verhältnis zwischen Hochschule und studentischem Sprecherrat.[195] 65

Ebenso wenig besteht die Möglichkeit zum Handeln durch VA, wenn ein bestehendes Subordinationsverhältnis nach der **Begrenzung seiner Reichweite** für die spezielle Regelung nicht durchgreift, wie bei gemeindlichen Ersatzansprüchen aus öffentlichrechtlichem Benutzungsverhältnis, selbst bei Anschluss- und Benutzungszwang,[196] oder bei förmlichen Missbilligungen wegen Verstoßes gegen ärztliche Berufspflichten durch die (nur) zur Rücknahme der Approbation ermächtigte Behörde,[197] oder wenn die Rechtsbeziehung gar außerhalb des öffentlichen Rechts liegt.[198] 66

Zugelassen wird aber die Durchsetzung einer zugleich nach Zivil- und Steuerrecht bestehenden Duldungspflicht bei Geltendmachung eines Rückgewähranspruchs nach § 7 AnfG durch Duldungsbescheid.[199] Durch VA sollen Auskünfte von Unterhaltspflichtigen zwecks Überleitung gegen sie gerichteter Unterhaltsansprüche gem. § 60 SGB I, § 99 SGB X verlangt werden können.[200] Aus dem Zweck des RBerG gewinnt der *VGH Mannheim*[201] über die dort geregelten Befugnisse hinaus die Ermächtigung der Behörde zum Erlass eines VA, der feststellt, welchen Inhalt eine Teilerlaubnis hat. 67

Feststellungen zu Vorfragen eines VA sind unter dem Aspekt des Vorbehalts des Gesetzes als selbständige VAe unbedenklich, solange sie sich als Teilentscheidungen im Rahmen des für den GesamtVA vorgesehenen Regelungsumfangs halten. Für weitergehende verbindliche Feststellungen bietet die Ermächtigung für den GesamtVA keine Grundlage (s. § 43 Rn. 79; zur Vorabzustimmung s. § 35 Rn. 251 ff.; § 9 Rn. 177, 185).[202] 68

Zur Formenfreiheit s. § 10 Rn. 1 ff. Zum Vorbehalt des Gesetzes im sog. **besonderen Gewaltverhältnis** vgl. § 35 Rn. 25 ff., 198. Ob § 34 StGB eine Rechtsgrundlage für hoheitliche Eingriffe bietet, ist bestritten.[203] Der Ausschluss eines Helfers aus der Bundesanstalt des Techni- 69

---

[186] Für Rechtsanwaltskammer *BGHZ* 153, 61, 64 f.; für Ärztekammer *VGH Mannheim* NJW 2001, 1810.
[187] *VG Dessau* LKV 2000, 553, 554, für Zahlungen an die Feuerwehr-Unfallkasse.
[188] *BVerwGE* 50, 171, 175; 59, 60, 62 ff.; *Maurer*, § 10 Rn. 6; *Weides*, § 8 I; s. auch Rn. 71; anders bei besonderer gesetzlicher Ermächtigung, s. *BVerwGE* 82, 278, 283; 89, 345, 348 ff.
[189] *de Wall*, Die Anwendbarkeit privatrechtlicher Vorschriften im Verwaltungsrecht, 1999, S. 104 f.
[190] *VGH Mannheim* VBlBW 1986, 22, 23.
[191] *OVG Lüneburg* NVwZ-RR 1999, 741, 742 f. m. w. N., insbes. auch im Hinblick auf eine öffentlichrechtliche Geschäftsführung ohne Auftrag.
[192] *OVG Koblenz* NVwZ 1989, 894.
[193] *OVG Münster* NVwZ-RR 1993, 263, 266.
[194] *VGH München* BayVBl 2007, 274, 275.
[195] *VGH München* BayVBl 1990, 51 f.
[196] *VGH Mannheim* NVwZ 1990, 388 f.
[197] *OVG Münster* NJW 1992, 1580, 1581.
[198] *VG Frankfurt a. M.* NJW 1986, 1128.
[199] *BVerwG* NJW 1991, 242 f.
[200] *OVG Münster* NVwZ 1990, 1992 f.
[201] NJW 1993, 1219 f.
[202] S. zum Freigabevorbehalt nach § 10 S. 2 AtG *OVG Koblenz* NJW 1982, 197, 199 und § 43 Rn. 172.
[203] *Schwabe* NJW 1977, 1902; *Lange* NJW 1978, 784, gegen *Amelung* NJW 1977, 833; 1978, 623; *Sydow* JuS 1978, 222; s. ferner *Rebmann* NJW 1985, 1, 3 und *Riegel* NJW 1980, 1435, 1438 f., zur Rechtslage nach neuen Polizeigesetzen; vgl. auch *Lübbe-Wolff* ZParl 1980, 110 ff.; s. auch § 26 Rn. 22.

§ 44   70–74   Teil III. Verwaltungsakt

schen Hilfswerks ist nur auf Grund eines Gesetzes zulässig.[204] Die gesetzliche Generalermächtigung zum Erlass von **Satzungen** berechtigt nicht, eine Satzung als Ermächtigung zu Eingriffen in Freiheit und Eigentum zu erlassen.[205] Ob die **gemeinschaftsrechtliche Notwendigkeit** sofortiger und tatsächlicher Vollstreckung eines Erstattungsanspruchs es rechtfertigt, ohne die sonst notwendige Ermächtigung durch (nationales) Gesetz VAe zu erlassen,[206] ist fraglich.

70   **Außerhalb des Bereiches belastender Eingriffe** ist die am meisten umstrittene Frage die nach der Bedeutung des Vorbehalts des Gesetzes für die Vergabe von Subventionen. Nach der Rspr. genügt bei direkten **Subventionen,** die dann auf der Grundlage von Verwaltungsvorschriften gleichheitsgemäß vergeben werden können (Rn. 72, § 40 Rn. 105 ff.), i. d. R. ein entsprechender **Ansatz im Haushalt,** der als Haushaltsgesetz beschlossen wird.[207] Dies ist allerdings auch erforderlich.[208] Falls durch die Subvention Grundrechte beeinträchtigt werden, ist eine materielle gesetzliche Ermächtigung erforderlich.[209]

71   In den übrigen Fällen liegt nach der Rspr.[210] in der **Unterwerfung** (s. § 35 Rn. 229 ff.) die Berechtigung, die Subventionen ohne materielle gesetzliche Grundlage zu gewähren, selbst wenn belastende Nebenbestimmungen zur Sicherung des Subventionszweckes aufgenommen werden müssen (§ 36 Rn. 145). Die Rechtsfigur des VA auf Unterwerfung ist mit dem Vorbehalt des Gesetzes über die gemeinsame Basis in dem Satz „volenti non fit iniuria" verknüpft, bleibt aber in mancher Hinsicht problematisch.[211]

72   Zum Haushaltsansatz muss hinzukommen, dass die **leistungsbegründenden Tatbestände** durch **Verwaltungsvorschriften** so **ausgestaltet** sind, dass eine ausreichende Bindung der Behörde und damit eine gerichtliche Kontrolle gewährleistet ist (grundsätzlich § 40 Rn. 103 ff.).[212] Dadurch werden die Verwaltungsvorschriften nicht zu Rechtssätzen mit Außenwirkung.[213] Zur Forderung, Zuwendungen nur durch Vertrag zu gewähren, s. § 54 Rn. 47. Zur Rückforderung s. § 54 Rn. 50; § 49a Rn. 5 ff., 34 ff.

73   **Weitere Problemfälle** (ihre Adressaten) nicht belastender VAe ohne gesetzliche Grundlage betreffen etwa die Verleihung der Bezeichnung „Ingenieur (grad.)"[214] und die Erteilung von Verschlusssachenermächtigungen.[215]

74   Ein **ör Vertr** bietet keine Grundlage für den Erlass von VAen.[216] Vertraglich übernommene Pflichten können grundsätzlich nur im Wege der **Leistungsklage,** nicht durch VA durchgesetzt

---

[204] *OVG Hamburg* DVBl 1981, 48.
[205] Vgl. *v. Mutius* JuS 1977, 592, 595 m. w. N.
[206] So *OVG Berlin-Brandenburg* NVwZ 2006, 104, 105; dazu krit. *Herrmann/Kruis* EuR 2007, 141 ff.
[207] *BVerwGE* 6, 282, 287; 48, 305, 308; *BVerwG* NJW 1977, 1838; *BVerwGE* 58, 45, 48; *BVerwGE* 104, 220 ff. = NVwZ 1998, 273; *VGH München* NVwZ 2000, 829, 830; offen lassend *BVerfGE* 38, 121, 126; zur erheblichen Kritik in der Literatur s. etwa *Bleckmann,* Verh. des 55. DJT, Bd. I, 1984, D 71 ff.; *Friauf* ebda, Bd. II, M 13 ff.; s. ferner *Ossenbühl* HStR III¹, § 62 Rn. 20 f.; *Bauer* in R. Schmidt, Öffentliches Wirtschaftsrecht, Allgemeiner Teil, 1990, S. 440; *R. Schmidt* in Achterberg/Püttner/Würtenberger I, Kap. 1, 1, Rn. 166 ff.; *Haverkate* in R. Schmidt, Öffentliches Wirtschaftsrecht, Besonderer Teil 1, 1995, § 4 Rn. 29 ff. jeweils m. w. N.; *Sellnick* ThürVBl 2000, 173.
[208] *OVG Münster* NVwZ 1982, 381; *Krebs* ZRP 1984, 224.
[209] *Jarass* JuS 1980, 115, 117; NVwZ 1984, 473, 475 jeweils m. w. N.; umfassend *Lübbe-Wolff,* Die Grundrechte als Eingriffsabwehrrechte, 1988, S. 215 ff.; *P. M. Huber,* Konkurrenzschutz im Verwaltungsrecht, 1991, S. 497 ff. m. w. N.; insbes. für Pressesubventionen s. *OVG Berlin* NJW 1975, 1938 mit Anm. *Hoffmann-Riem* JZ 1976, 402, und *Krebs* DVBl 1977, 632; diff. zur Reichweite des Parlamentsvorbehalts *BVerfGE* 80, 124, 132 m. Anm. *Selmer* JuS 1990, 407; anders bei Benachteiligungen wegen des Geschlechts *BVerwG* NVwZ 2003, 92, 94 m. Anm. *Sachs* JuS 2003, 411 ff.
[210] S. nur *BVerwG* NVwZ 1984, 36; 1987, 315, 316.
[211] Vgl. dazu etwa *Sachs* VerwArch 1985, 398, 412 ff. m. w. N., zu den vielfältigen Bedenken gegen solche Unterwerfungen ebda, Fn. 59, 67; auch *Schmidt-de Caluwe,* S. 138 ff.
[212] *BVerwGE* 6, 282, 287; 58, 45, 48; *OVG Münster* NJW 1981, 2597; *OVG Berlin* NJW 1972, 1384, 1385; *VGH Mannheim* VBlBW 1987, 468; *Berg* JuS 1980, 418 f.; *Jarass* JuS 1980, 115, 117; *Krebs* ZRP 1984, 224; zur Selbstbindung zugunsten der Interessenten s. *OVG Münster* NJW 1980, 469; NVwZ 1982, 381 f.; zur Rechtswidrigkeit richtlinienwidriger Subventionsbewilligung *OVG Bremen* NVwZ 1988, 447.
[213] *BVerwG* NVwZ 2003, 1376 m. w. N.; zur Annahme von Außenwirkung in Sonderfällen des Sozialhilferechts *BVerwGE* 94, 335 ff.; 122, 264 ff.
[214] Für Entbehrlichkeit eines Gesetzes *BVerwGE* 48, 305, 308 ff.
[215] Für Entbehrlichkeit eines Gesetzes *BVerwG* NJW 1988, 1991, 1993.
[216] *BVerwGE* 50, 171, 175; 59, 60, 62 ff.; *OVG Münster* BauR 1985, 69; § 56 Rn. 25. Für die Möglichkeit, durch ör Vertr die Rechtsgrundlage für den Erlass von VAen zu schaffen, *Ennuschat* JuS 1998, 905, 910; abl. *VG Frankfurt a. M.* NVwZ-RR 2002, 69, 70.

werden. Dies gilt selbst dann, wenn die Pflichten auch auf einem Gesetz beruhen können, der Anspruchsberechtigte sich aber auf den Vertrag beruft.[217] Nicht ausgeschlossen ist die Rückforderung auf Grund eines Vertrages erbrachter Leistungen durch VA dann, wenn dafür eine besondere gesetzliche Ermächtigung besteht.[218] Für die Ablehnung auf Grund eines Vertrages verlangter Leistungen steht die Handlungsform des VA nicht zur Verfügung.[219] Zur Unterwerfung unter die sofortige Vollstreckung s. § 61 Rn. 5.

Auch **Verwaltungsvorschriften** sind, selbst im Rahmen eines sog. besonderen Gewaltverhältnisses, nicht imstande, eine notwendige gesetzliche Ermächtigung zu ersetzen.[220] Sie haben nach h.M. keine (nach außen wirkende) Rechtsnormqualität[221] (s. bereits Rn. 72; § 40 Rn. 106 ff., 156), erlangen sie auch nicht dadurch, dass in gesetzlichen Bestimmungen auf sie verwiesen wird.[222] Soweit eine Verwaltungsvorschrift nur ein Detail regelt, das sich ohnedies bereits dem Gesetz entnehmen lässt, ist der Vorbehalt des Gesetzes nicht berührt.[223] 75

Zur Aufrechterhaltung der Rechtssicherheit und Funktionsfähigkeit einer Einrichtung (z.B. Schule) können zur Vermeidung schwererer Verfassungsverstöße **Verwaltungsvorschriften als Übergangsregelung** hingenommen werden, um dem Gesetzgeber Gelegenheit zur rechtssatzmäßigen Regelung zu geben.[224] 76

Große Probleme wirft die **rechtliche Qualifikation technischer Regelwerke**[225] (näher § 26 Rn. 32 ff.) auf, die sich teils in Verwaltungsvorschriften,[226] teils in Regelungen privatrechtlicher Verbände finden.[227] Als solche vermögen sie dem Vorbehalt des Gesetzes nicht zu genügen;[228] auch das Gesetz kann ihnen nicht die Wirkung verfassungsrechtlich anerkannter Rechtsquellen verleihen.[229] 77

---

[217] *BVerwG* Buchholz 315.4 Nr. 3; *BVerwGE* 59, 60, 62 f.; *OVG Münster* DVBl 1977, 903, 905; offen *VGH Mannheim* VBlBW 1983, 272; s. auch § 61 Rn. 8 ff.; zum VA auf Unterwerfung s. Rn. 68 und § 35 Rn. 154 ff.
[218] *BVerwGE* 89, 345, 348 ff.; für Entbehrlichkeit eines Gesetzes bei gemeinschaftsrechtlicher Notwendigkeit sofortiger Rückforderung *OVG Berlin-Brandenburg* NVwZ 2006, 104, 105 Rn. 66; krit. *Hildebrandt/Castillon* NVwZ 2006, 298 ff.
[219] *OVG Münster* NJW 1995, 3003, 3004.
[220] *BVerfGE* 40, 237, 253 f.; 80, 257, 265 f.; *BVerwGE* 31, 222; *BVerwG* DÖV 1977, 746; *BVerfGE* 75, 109; *OVG Münster* NJW 1976, 725; *VGH Kassel* NJW 1977, 455, gegen Gebührenregelung durch innerorganisatorische Anordnung.
[221] *BVerfGE* 80, 257, 265; *BVerfGE* 58, 45, 50 f.; 75, 109, 116 f.; 121, 103, 109; *BGH* NJW 1985, 1623; *BayVerfGH* NJW 1988, 758; *OVG Münster* OVGE 30, 138, 140; *OVG Lüneburg* NdsVBl 1998, 265, 266 (zu § 47 VwGO); vgl. auch *Jarass* JuS 1999, 105 ff.; *Erichsen* in FS Kruse, 2001, 39, 61 f.; *ders./Klüsche* Jura 2000, 540, 541; *Saurer* VerwArch 2006, 249 ff.; *Bumke, Relative Rechtswidrigkeit*, 2004, S. 134 ff.; diff. *Hey, Steuerplanungssicherheit als Rechtsproblem*, 2002, S. 654 ff.; für selbständige Außenwirkung *Ossenbühl* HStR III[1], § 65 Rn. 44 ff., 48 ff. m.w.N.; ausf. *Rogmann, Die Bindungswirkung von Verwaltungsvorschriften*, 1998, insbes. S. 34 ff.; *A. Leisner* JZ 2002, 219 ff.; *Sauerland, Die Verwaltungsvorschrift im System der Rechtsquellen*, 2005, S. 191 ff.; im Ergebnis ähnlich auch *Müller-Franken, Maßvolles Verwalten*, 2004, S. 357 ff.; krit. zur h.M. auch *Schmidt-Aßmann* in FS Stern, 1997, 745, 753 f.; *ders.* in FS Vogel, 2000, 477 ff.; *Wahl* in FG 50 Jahre BVerwG, 2003, 571 ff.
[222] *BayVerfGH* NVwZ 1997, 56, 57.
[223] *BVerwGE* 52, 193, 198; im Einzelnen *Eiselt* DÖV 1980, 405; *Scheffer* DÖV 1980, 236; *Ossenbühl* in FG BVerwG, 1978, S. 433 ff.; zu den sog. normkonkretisierenden Richtlinien s. Rn. 77 sowie § 40 Rn. 216 ff.; zur schweizerischen Recht ähnlich gelagerten Problematik vollzugslenkender Verwaltungsverordnungen *Biaggini* ZBl 1997, 1 ff.
[224] *BVerfGE* 33, 1, 12 f. – Strafgefangene – und seither st. Rspr., s. etwa noch *BVerfGE* 73, 280, 297 – Notarstellenvergabe; ferner *BVerfG* DVBl 1978, 918; *NJW* 1984, 1636; *BayVerfGH* NJW 1986, 915, 916; *OLG Koblenz* NJW 1986, 3093, 3095; auch *OVG Schleswig* NVwZ 2002, 114 (unter der Bezeichnung: normkonkretisierende Verwaltungsvorschriften; s. Rn. 77 f.).
[225] Vgl. etwa *Kremser* DÖV 1995, 275 ff.; zur Verbreitung entsprechender Regelungen, auch in anderen naturwissenschaftlich oder medizinisch geprägten Rechtsbereichen, *Ossenbühl* in Hill, Zustand und Perspektiven der Gesetzgebung, 1989, S. 99, 109 ff.; zum von der Gemeinde aufgestellten und veröffentlichten Mietspiegel *BVerwGE* 100, 262, 267 ff.
[226] *Stern* Staatsrecht III/1, S. 1327 m.w.N.
[227] *Stern* Staatsrecht III/1, S. 1279 f. m.w.N. Dazu etwa auch *Reihlen* und *Schmidt-Preuß* in Kloepfer (Hrsg.), Selbst-Beherrschung im technischen und ökologischen Bereich, 1998, S. 75 bzw. 89 m.w.N.
[228] S. *BVerwG* NJW 1985, 3034, 3037, gegenüber ministeriellen Richtlinien zum Verkehrslärmschutz.
[229] Vgl. krit. gegenüber § 7a WHG *Lübbe-Wolff* DÖV 1987, 896; allgemeiner etwa *Bönker, Umweltstandards in Verwaltungsvorschriften*, 1992, S. 68 ff.; *ders.* DVBl 1992, 804, 809 ff.; anders etwa *Krebs* in Krebs/Oldiges/Papier, Aktuelle Probleme des Gewässerschutzes, 1990, S. 1, 9 ff. m.w.N.

78 Obwohl kein numerus clausus der **Rechtsetzungsformen** besteht, ist doch für die Rechtsetzung durch die staatliche Exekutive grundsätzlich allein Art. 80 Abs. 1 GG maßgeblich,[230] Rechtsetzung **Privater** allenfalls bei besonderer verfassungsrechtlicher Legitimation möglich.[231] Das *BVerfG* lässt private Regelungen jedenfalls als Grundlage grundrechtsbeschränkender staatlicher Maßnahmen nicht zu, wenn sie den rechtsstaatlichen Anforderungen nicht genügen, die (schon) an staatliche Regelungen zu stellen sind.[232]

79 Gleichwohl haben die technischen Regelwerke dadurch, dass Gesetze auf sie Bezug nehmen, in ihrem Anwendungsbereich überaus große praktische Bedeutung. Das *BVerwG* hat sie zunächst als **antizipierte Sachverständigengutachten** bewertet,[233] die die Gerichte nicht von der Pflicht zur Überprüfung im Einzelnen entbinden.

80 Im Wyhl-Urteil hat das *BVerwG* dann eine auf Grund einer Beurteilungsermächtigung erlassene **„normkonkretisierende Richtlinie"** angenommen,[234] die gleichfalls zunächst mit großer Zurückhaltung aufgenommen wurde.[235] In nachfolgenden Entscheidungen hat das *BVerwG* das Verhältnis der genannten Wirkungsweisen einschlägiger Regelwerke zueinander[236] zunächst nicht näher geklärt, vielmehr ausdrücklich offen gelassen, inwieweit mit einer Qualifikation in dem einen oder dem anderen Sinne unterschiedliche rechtliche Bewertungen verbunden sind und welche Folgerungen daraus ggf. zu ziehen wären.[237] Inzwischen scheint die Rechtsfigur der „normkonkretisierenden Richtlinie" größere Akzeptanz zu finden,[238] bleibt jedoch eine strengen Anforderungen unterworfene Ausnahmeerscheinung (§ 40 Rn. 216 ff.).

81 Die **Grundtendenz** gegenüber außenwirksamer Verbindlichkeit technischer Regelwerke[239] ist im Übrigen mit Recht von **deutlicher Zurückhaltung** geprägt: Die Richtlinien des Bundesverkehrsministers für den Verkehrslärmschutz an Bundesstraßen werden nicht einmal als antizipiertes Sachverständigengutachten akzeptiert;[240] gegenüber DIN-Normen (zum Schallschutz) wird zugleich trotz anerkannter Sachkunde kritische Distanz gefordert, da sie auf interessierte Kreise zurückgehen.[241] Die Wirkung von Regelwerken wie der TA Lärm, soweit sie nicht unmittelbar als normkonkretisierende VwV einschlägig ist,[242] und einschlägigen VDI-Richtlinien wird im Einklang mit der zivilrechtlichen Rspr. als (nur) indizielle Bedeutung gekennzeichnet.[243] Namentlich gegenüber Sportlärm sollen solche Regelwerke nur einen groben Anhalt

---

[230] *Fischer,* Umweltschutz durch technische Regelungen, 1989, S. 73 ff.; *Uerpmann* BayVBl 2000, 705; *Erichsen* in FS Kruse, 2001, S. 39, 53; *Saurer* VerwArch 2006, 249 ff.; grds. anders *Ossenbühl* DVBl 1999, 1 ff.
[231] Näher *Sachs* VerwArch 1983, 25, 32 ff. m. w. N.
[232] BVerfGE 88, 366, 379, zu Maßstäben für Zuchtbücher privater Pferdezüchtervereinigungen.
[233] BVerwGE 55, 250, 256; zu dieser Rechtsfigur vor allem *Breuer* AöR 1976, 46, 79 ff.; *Skouris* AöR 1982, 215, 233 ff.; auch *Gusy* NuR 1987, 156 ff.; krit. OVG Lüneburg OVGE 38, 407 ff.; dafür wieder OVG Koblenz DÖV 1990, 213; für Aufgabe dieser Variante *Nierhaus,* Beweismaß und Beweislast, 1989, S. 363, 390 f. m. w. N.
[234] BVerwGE 72, 300, 320 ff.
[235] Vom „Sonderfall der atomrechtlichen Genehmigung" spricht BVerfGE 78, 214, 227; generell zweifelnd BVerwGE 80, 257, 265; ferner etwa *Wittling,* Die Publikation der Rechtsnormen einschließlich der Verwaltungsvorschriften, 1991, S. 204 ff. m. w. N.; *J. Wolf* DÖV 1992, 849 ff.; *Sendler* UPR 1993, 321 ff.; *Vogel* in FS Thieme, 1993, S. 605, 615 ff.; *Jachmann,* Verwaltung 1995, 17 ff.; s. auch wieder *Hendler* DÖV 1998, 481, 488 f.; *Erichsen* in FS Kruse, 2001, S. 39, 53; s. im Übrigen § 40 Rn. 216 f.
[236] Krit. *Lübbe-Wolff* DÖV 1987, 896, 898 m. w. N.
[237] BVerwG NVwZ 1988, 824, 825.
[238] Vgl. für normkonkretisierende Wirkung von TA-Luft und TA Lärm sowie der Rahmen-Abwasser-VwV BVerwGE 107, 338, 341 m. w. N.; OVG Münster NVwZ 2004, 366 f.; DÖV 2006, 222 f.; offen gelassen NWVBl 2003, 176, 177; 343, 344; auch *Uerpmann* BayVBl 2000, 705 ff.; *Fassbender* UPR 2002, 15 ff.; von Förderrichtlinien OVG Schleswig NVwZ 2002, 114; des LiegVermErl LSA VG Dessau, 14. 7. 2006, – 1 A 349/04, juris, Rn. 15; des sog. „Zementpapiers" VG Karlsruhe, 2. 2. 2001, – 11 K 1246/00, juris, Rn. 40.
[239] Gegen eine Ausdehnung über diesen Bereich VGH Mannheim NVwZ-RR 2005, 334, 335, für Auslegungsbeschlüsse eines Kammervorstandes; anders OVG Schleswig NVwZ 2002, 114 (bei Versagen des Gesetzgebers zu Förderrichtlinien für Privatschulen).
[240] BVerwGE 77, 285, 290; ähnlich schon BVerwG NJW 1985, 3034, 3037.
[241] BVerwGE 77, 285, 290 ff.; BVerwG NVwZ-RR 1997, 214, 215 f; dazu auch BGH NJW 1987, 2222 ff.; BGHZ 139, 16, 19.
[242] Zu dieser Differenzierung s. *Hansmann* TA Lärm, 2000, Vorbem. Rn. 6, 7 m. N. Zur neuen TA Lärm s. im Übrigen § 40 Rn. 217.
[243] BVerwGE 79, 254, 264 m. w. N.; zu Hundegebell als nicht unerheblicher Belästigung i. S. d. § 12 ImSchG NRW VG Münster NVwZ 1993, 297; vgl. zu den für Funksendeanlagen wegen ihrer Hochfrequenzstrahlung bestehenden Richtlinien relativierend OVG Münster NVwZ 1993, 1116, 1117; auch OVG Lüneburg NVwZ 1993, 1117, 1118.

bieten und keinesfalls schematisch angewandt werden dürfen.[244] Ähnliches gilt für die Beurteilung von Geräuschen, die von Open-Air-Konzerten[245] oder Zirkusveranstaltungen[246] ausgehen.

Das *BVerwG* lässt zudem erkennen, dass es den Kreis der allenfalls der technischen Normierung zu überlassenden „außerrechtlichen Fachfragen" enger als früher bestimmen will. Immer wenn eine Bewertung entgegengesetzter Interessen notwendig wird, verlangt es eine demokratisch legitimierte politische Entscheidung in der Form der Rechtsetzung.[247] Damit zielt die noch keineswegs abgeschlossene Entwicklung doch wieder auf eine **bessere Beachtung des Vorbehalts** des Gesetzes auch in diesem Bereich ab.[248] Dazu könnte auch die Rspr. des *EuGH* maßgeblich beitragen, die Regelwerke mangels klar anerkannter Verbindlichkeit nicht als Durchführung von EG-Richtlinien genügen lässt (s. Einl Rn. 92). 82

Verfassungsrechtlich besonders problematische **dynamische Verweisungen auf Regelwerke** dieser Art[249] sind allenfalls dann in Betracht zu ziehen, wenn sie als widerlegbare Tatsachenvermutungen aufgefasst werden.[250] 83

c) Die Bindungskraft des Gesetzes. Der Vorbehalt des Gesetzes wirkt als verfassungsrechtliche Norm in der Weise bindend, dass er der Verwaltung verbietet, bei fehlenden gesetzlichen Grundlagen tätig zu werden (Rn. 46). Soweit gesetzliche Normen bestehen, bezieht sich die **Bindungskraft des Gesetzes** auf deren Inhalt; sie bezeichnet die Pflicht der Verwaltung, die normativen Anordnungen geltender Rechtsnormen, insbes. ihre Gebote und Verbote, zu beachten. Die normativ verbindlichen Gesetzesinhalte sind im Rahmen der Verfassung potentiell unbegrenzt, können daher in ihrer sachlichen Vielfalt nicht abschließend erfasst werden. Verstöße gegen die Bindungswirkung, die die Rechtswidrigkeit eines VA zur Folge haben, lösen den Vorrang des Gesetzes aus (Rn. 45). 84

Abgesehen von der völligen Nichtbeachtung einer der Behörde nicht bekannten Norm und der gezielten Missachtung geltender Gesetze sind Verstöße gegen die Bindungskraft des Gesetzes **Fehler der Rechtsanwendung,** die auf unrichtigen Vorstellungen vom Inhalt der maßgeblichen Vorschriften beruhen, der durch Auslegung zu ermitteln ist. 85

Maßgebend für die **Richtigkeit** der Auslegung der Rechtssätze ist nach Ansicht des *BVerwG*[251] die „geläuterte Rechtsanschauung", die insbes. in höchstrichterlichen Entscheidungen ihren Niederschlag gefunden hat.[252] Zur Änderung der Rspr. s. Rn. 33 und § 51 Rn. 100 ff., 104 ff. Hat ein **Beamter** Zweifel, ob die Verwaltungspraxis im Einklang mit der Rspr. steht, muss er gemäß § 56 BBG, § 38 BRRG verfahren. Rechtsstaatlich bedenklich sind Verwaltungsanweisungen, entgegen einer st. Rspr. zu entscheiden (sog. Nichtanwendungserlasse).[253] 86

Für den **erstinstanzlichen Richter** ist es nach Auffassung des *BVerfG*[254] grundsätzlich zu billigen, dass er der Auffassung der übergeordneten Gerichte Rechnung trägt, um den Parteien die Anrufung der Instanzgerichte und die damit verbundenen Kosten zu ersparen.[255] Bei Zweifeln an der Richtigkeit höchstrichterlicher Rspr. ist aber jedes Gericht selbst für die Feststellung der „richtigen" Bedeutung des Gesetzes verantwortlich. Insbes. kann es bei Verneinung der Verfas- 87

---

[244] *BVerwGE* 81, 197, 203 ff.; 88, 143, 148 f.; dazu *Spindler/Spindler* NVwZ 1993, 225, 227 f.; s. auch *OVG Münster* BauR 1990, 67, 70 ff.; *OLG Zweibrücken* NJW 1992, 1242, 1243 m. w. N.
[245] Vgl. dazu *OVG Lüneburg* NJW 1995, 900, 901.
[246] *VGH München* NVwZ 1997, 1181 f.
[247] *BVerwGE* 77, 285, 290 f.; grundsätzlich ähnlich *Gusy* VerwArch 1988, 68 ff.; diff. *P. M. Huber* AöR 1989, 252, 298 ff.; ferner *Wiegand* VR 1991, 110 ff.; unter Begründung einer Einordnung der TA in die normative Ermächtigungslehre *Uerpmann* DVBl 2000, 705, 708.
[248] Vgl. etwa die Ausfüllung des BBodSchG durch Sanierungsstandards und Grenzwerte in der BBodSchV; krit. zur erreichten Regelungsdichte *Sandner* NJW 2000, 2542, unter Vergleich mit der nach der TA Luft.
[249] Abl. *OVG Koblenz* DVBl 1983, 140; positiver etwa *Fröhler* WiVerw 1991, 2, 7 ff. m. w. N.
[250] S. *Stern* Staatsrecht III/1, S. 1281 ff. mit ausf. Nachw.
[251] *BVerwGE* 13, 28, 31.
[252] *Stelkens* NVwZ 1982, 492, 493; krit. *Martens* JuS 1979, 114, 115.
[253] *Felix* StuW 1979, 65; *v. Welck* BB 1978, 758; *Papier/Peine* NVwZ 1985, 164, 166; *Ossenbühl* HStR III[1], § 65 Rn. 56; *Krüger*, Die Bindung der Verwaltung an die höchstrichterliche Rechtsprechung, 1987; *Scholz* in FS Franz Klein, 1994, S. 1041 ff. m. w. N.; vgl. auch die Vertrauensschutzregelung im Fall höchstrichterlich verworfener Verwaltungsvorschriften in § 176 Abs. 2 AO; dazu etwa *BFH* NVwZ 1999, 455 f.
[254] *BVerfGE* 22, 373, 379.
[255] *VG Darmstadt* NJW 1981, 69; *VG Frankfurt a. M.* NVwZ 1982, 143; *VG Köln* InfAuslR 1985, 93.

sungsmäßigkeit eines Gesetzes in der nach höchstrichterlicher Rspr. anzunehmenden Bedeutung die Norm nicht nach Art. 100 Abs. 1 GG vorlegen, sondern muss eine eigene, verfassungskonforme Interpretation vorziehen und die Norm in dieser Bedeutung anwenden.[256]

88 Der durch den **Vorrang der Verfassung**[257] relativierte Geltungsanspruch selbst des formellen Gesetzes, aber auch die von der Übereinstimmung mit dem formellen Gesetz abhängige Gültigkeit untergesetzlicher Rechtsnormen, wirft zusätzliche Schwierigkeiten für die richtige Rechtsanwendung auf. Allerdings wird nicht in Frage gestellt, dass die **Gerichte** außerhalb des von Art. 100 Abs. 1 GG erfassten Bereichs der Vorlagepflicht an die Verfassungsgerichtsbarkeit auf Grund ihres richterlichen Prüfungsrechts die **Befugnis zur eigenständigen „Verwerfung"** der Norm besitzen.[258]

89 Heftig umstritten ist die Frage, wie die **Verwaltungsbehörden** bzw. die Verwaltungsbeamten zu reagieren haben, wenn sie eine Norm für ungültig halten.[259] In neuerer Zeit ist insbes. die Behandlung fehlerhafter **untergesetzlicher Normen** Gegenstand der Diskussion.[260] Eine verbindliche Feststellung der Nichtigkeit, wie sie in gerichtlichen Normenkontrollverfahren (vgl. § 31 Abs. 2 BVerfGG, § 47 Abs. 5 S. 2 VwGO) vorgesehen ist, scheidet jedenfalls aus.[261] Vielmehr ist die nichtige Norm vom zuständigen Normsetzer aus Gründen der Rechtsklarheit aufzuheben. Geschieht dies nicht, ist die rechtsanwendende Behörde allenfalls befugt, die Norm im Einzelfall nicht anzuwenden.[262] In der Anwendung trotz erkannter Nichtigkeit sieht der *BGH* jedenfalls eine Amtspflichtverletzung.[263]

90 Zusätzliche Komplikationen ergeben sich, wenn man mit dem *BVerfG* die Nichtigkeitsfolge von Normverstößen gegen höherrangiges Recht durchbricht.[264] Die regelmäßig angenommene Konsequenz ist, dass bei **„bloßer Unvereinbarkeit"** einer Norm alle einschlägigen Verfahren bis zu einer Bereinigung durch den zuständigen Normsetzer auszusetzen sind. Immer häufiger wird aber aus Gründen der Rechtssicherheit sogar eine zeitweilige Weiteranwendung der als fehlerhaft erkannten Norm angeordnet.[265]

91 Eine Variante der Problematik des Normprüfungsrechts der Verwaltung, die möglicherweise in Zukunft größere Bedeutung erlangt, ist die Frage der **Nichtanwendung europarechtswidriger nationaler Gesetze**.[266] Die Befugnis und Verpflichtung der nationalen Verwaltungsbehörden hierzu ist vom *EuGH* (wohl) bereits bejaht worden,[267] ist aber in Voraussetzungen und Konsequenzen noch in vielem umstritten.[268] Wenig befriedigend ist allerdings, dass der *EuGH*

---

[256] Vgl. BVerfGE 78, 20, 24; 80, 54, 58; 90, 145, 170; auch BVerfGE 85, 329, 333 f.; 86, 71, 77.
[257] Vgl. *Stern* Staatsrecht I, S. 788, Bd. II, S. 734; *Schmidt-Aßmann* HStR II, § 26 Rn. 28; *Ossenbühl* HStR III¹, § 61 Rn. 26, § 62 Rn. 2; *Sachs* in ders. GG, Art. 20 Rn. 94f., 99 m. w. N.
[258] *Stern* Staatsrecht II, S. 990 ff.; zu bedenklichen Relativierungen hinsichtlich von Grundrechtsverstößen gegenüber nicht am Verfahren Beteiligten in der bundesverfassungsgerichtlichen Judikatur BVerfGE 66, 100; 66, 266; 67, 26; 67, 239; dazu krit. *Sachs* DVBl 1985, 1106 m. w. N.; *E. Klein* in Benda/Klein, Rn. 858 f.
[259] S. *Pietzcker* AöR 1976, 374 ff.; *Maurer*, § 4 Rn. 55 ff. m. w. N.; *Wehr*, Inzidente Normverwerfung durch die Exekutive, 1998, S. 87 ff.; *Gril* JuS 2000, 1080; *Nonnenmacher/Feickert* VBlBW 2007, 328 ff.
[260] Vgl. *v. Mutius/Hill*, Die Behandlung fehlerhafter Bebauungspläne durch die Gemeinde, 1983; *Jung* NVwZ 1985, 790; *Gierke* ZfBR 1985, 14 ff., 62 ff.; *Volhard* NVwZ 1986, 105; *Pietzcker* DVBl 1986, 806; *Morlok*, Die Folgen von Verfahrensfehlern am Beispiel kommunaler Satzungen, 1988; *Becker* SächsVBl 1998, 276.
[261] Vgl. gegen die Feststellung der Nichtigkeit eines Bebauungsplans durch die Plangenehmigungsbehörde BVerwGE 75, 142; BVerwG NVwZ 1990, 57, 58; dazu noch § 10, 45.
[262] So etwa *OVG Lüneburg* NVwZ 2000, 1061, 1062; dazu krit. *Engel* NVwZ 2000, 1258 m. w. N.
[263] So im Übrigen offen lassend *BGH* NVwZ 1987, 168, 169; auch *OVG Münster* OVGE 41, 163, 166 f.
[264] Vgl. dazu krit. *J. Ipsen*, Rechtsfolgen der Verfassungswidrigkeit von Norm und Einzelakt, 1980; *Stern* in BK, Art. 93, 1982, Rn. 277 ff.; *Sachs* RdA 1989, 25, 27 ff.; zust. etwa *K. Klein* in Benda/Klein, Rn. 1158 ff.
[265] BVerfGE 92, 53, 73 f.; 93, 121, 148; 93, 165, 178 f.; 102, 68, 98; 102, 127, 145 f.; 103, 1, 9, 19 f.; 103, 242, 270; 107, 133, 134, 148 f.; 109, 64, 95 f.; 109, 190, 235 ff.; 111, 191, 224 f.; 111, 289, 306; BVerwG NJW 1988, 354, 355; BVerwG NJW 2000, 2, 103, 111; BayVBl NJW 2002, 296, 300; BFH NJW 2005, 93, 94 f.
[266] Dazu etwa schon *Scheuing* EuR 1985, 229, 251 ff. m. w. N.
[267] Vgl. *EuGH*, Rs. 106/77, EuGHE 1978, 629 Rn. 21 ff. = NJW 1978, 1741; im Zusammenhang mit der unmittelbaren Wirkung einer Richtlinie *EuGH*, Rs. 103/88, EuGHE 1989, 1839 Rn. 29 ff.
[268] Vgl. ausf. *Pietzcker* in FS Everling, Bd. II, 1995, S. 1095 ff. m. w. N.; auch *Jamrath*, Normenkontrolle der Verwaltung und europäisches Gemeinschaftsrecht, 1993, S. 77 ff., 120 ff.; ferner etwa *Streinz* HStR VII, § 182 Rn. 64; *Everling* NVwZ 1993, 209, 212; *Mögele* BayVBl 1993, 552, 554 f.; *Schmidt-Aßmann* in FS Lerche, 1993, S. 513, 526 f.; *ders.* DVBl 1993, 925, 932 f.; *Jarass*, Grundfragen der innerstaatlichen Bedeutung des EG-Rechts, 1994, S. 102 ff.; *Schoch* JZ 1995, 109, 111 m. Fn. 29; *Kahl* in Calliess/Ruffert, Art. 10 Rn. 60 m. w. N.; speziell im Kontext der DocMorris-Problematik *Streinz/Herrmann* EuZW 2006, 455, 458; *Semmroth* NVwZ 2006, 1378, 1380 f.

§ 44 Nichtigkeit des Verwaltungsaktes

im Gegensatz hierzu ein Verwerfungsrecht von Verwaltungsbehörden bei dem primären Gemeinschaftsrecht widersprechenden Normen des **EU-Sekundärrechts** verneint.[269]

Der VA ist rechtswidrig, wenn er **inhaltlich** mit dem Regelungsgehalt von Rechtsnormen **92 unvereinbar** ist (Rn. 15), was auf Rechtsirrtum oder Verkennung des Sachverhalts (bei Ermessensentscheidungen s. § 40 Rn. 99 ff., bei der gebundenen Verwaltung s. § 46 Rn. 66 f.) beruhen kann. Verfahrensfehler haben nicht notwendig, aber im Rahmen des VwVfG vielfach die Rechtswidrigkeit des VA zur Folge, s. § 45 Rn. 19, 24.

Der **Wille des Amtswalters** ist für die Frage der Rechtswidrigkeit des VA grundsätzlich **93** (s. aber § 40 Rn. 68 f.) nicht entscheidend[270] (§ 35 Rn. 71; § 43 Rn. 176). Die Folgen von Willensmängeln sind daher von untergeordneter Bedeutung.[271] Der nur unzweckmäßige VA ist rechtmäßig, s. § 40 Rn. 72. Gegen Rechtswidrigkeit eines VA wegen Vertragsverletzung sprechen sich Teile der Literatur aus.[272]

d) **Europäisches Gemeinschaftsrecht.** VAe **deutscher Verwaltungsbehörden,** die in- **94** haltlich gegen von ihnen (indirekt) zu vollziehende oder sonst zu beachtende Bestimmungen des Gemeinschaftsrechts als solche verstoßen, sind deswegen fehlerhaft; die einschlägigen **Regelungen des Gemeinschaftsrechts** werden als kraft übertragener Hoheitsrechte (Art. 24 Abs. 1, Art. 23 Abs. 1 S. 2 GG) im Inland gültige Normen[273] von der verfassungsrechtlich garantierten **Gesetzmäßigkeit der Verwaltung** eingeschlossen; dies gilt auch für EG-Richtlinien, soweit diese im innerstaatlichen Bereich (von den Verwaltungsbehörden) unmittelbar (d. h. ohne Umsetzungsakt des deutschen Gesetzgebers) anwendbar sind.[274] Die staatlichen Behörden sind an die maßgeblichen Gemeinschaftsnormen gebunden, ihnen widersprechende VAe deshalb rechtswidrig; auch genügt eine gültige europarechtliche Rechtsgrundlage dem Vorbehalt des Gesetzes, allerdings können Richtlinien selbst bei unmittelbarer Geltung keine Grundlage für belastende Einwirkungen sein (Einl Rn. 94).[275] S. noch Rn. 69.

Die im direkten Vollzug ergehenden **Entscheidungen von Gemeinschaftsorganen 95** (§ 35 Rn. 343 ff.) sind an die für die entscheidenden Organe verbindlichen Normen des **Gemeinschaftsrechts,** insbes. an das vertragliche Primärrecht und die vom *EuGH* entwickelten allgemeinen Rechtsgrundsätze, aber auch an Sekundärrecht **gebunden.** Entscheidungen, die den EG-Rechtsnormen inhaltlich widersprechen, sind fehlerhaft; zur Bedeutung von Verfahrensfehlern s. § 45 Rn. 164 ff.

Außerdem hat der *EuGH* als allgemeinen Grundsatz des Gemeinschaftsrechts die **Notwen- 96 digkeit einer gültigen Rechtsgrundlage für alle Eingriffe** der Gemeinschaftsorgane in den individuellen Rechtskreis anerkannt;[276] greifen Entscheidungen der Gemeinschaftsorgane ohne gültige Rechtsgrundlage in die Sphäre eines Einzelnen ein, sind sie fehlerhaft.

III. Nichtigkeit nach der Generalklausel (Abs. 1)

Gegen die Verwendung der Generalklausel zur Bestimmung der Nichtigkeitsfolge[277] ist viel- **97** fach **Kritik** geäußert worden[278] (s. auch die Aufzählung im Entwurf eines VwVfG für Würt-

---

[269] *EuGH*, Rs. 101/78, EuGHE 1979, 623 Rn. 4 ff.; dazu *Ehlers* in Erichsen/Ehlers, § 2 Rn. 122; krit. etwa *Rengeling,* Rechtsgrundsätze beim Verwaltungsvollzug des Europäischen Gemeinschaftsrechts, 1977, S. 21 ff.; *Streinz* in Schweitzer, Europäisches Verwaltungsrecht, 1991, S. 241, 285 f.; *Jarass,* Grundfragen der innerstaatlichen Bedeutung des EG-Rechts, 1994, S. 22, 102 f.; ausf. *Hufka,* Gemeinschaftsrechtsbezogene Prüfungs- und Verwerfungskompetenz der deutschen Verwaltung gegenüber Rechtsnormen nach europäischem Gemeinschaftsrecht und nach deutschem Recht, 1997, S. 318 ff. m. w. N.
[270] *Erichsen* VerwArch 1975, 308, 310.
[271] S. *Hoke* DÖV 1962, 281 ff.; *Gurlit* in Erichsen/Ehlers, § 27 Rn. 11.
[272] S. *Kreuzer,* Der vertragswidrige Verwaltungsakt, 1988, S. 140 ff., 155.
[273] Vgl. *BVerfGE* 37, 271, 280; 73, 339, 374 f. m. w. N.; *Streinz* in Sachs GG, Art. 23 Rn. 58 f.
[274] Vgl. *BVerfGE* 75, 223, 235 ff. m. w. N. zur Entwicklung; *EuGH,* Rs. C-54/96, EuGHE 1997, I-4961 Rn. 43 f. = NJW 1997, 3365; ferner *Schweitzer/Hummer,* Europarecht, 5. Aufl. 1996, Rn. 364 ff.; *Ruffert,* Subjektive Rechte im Umweltrecht der Europäischen Gemeinschaft, 1996, S. 74 ff.; ders. ZUR 1996, 235 ff.
[275] Vgl. zusammenfassend etwa *Ennuschat* JuS 1998, 905 f.
[276] *EuGH,* verb. Rs. 46/87 und 227/88, EuGHE 1989, 2859 Rn. 19 = NJW 1989, 3080; dazu die Anm. von *Sachs* WUR 1990, 50 f.
[277] Beweggründe für die Generalklausel s. bei *Rietdorf* DVBl 1964, 333.
[278] Vgl. unter Hinweis auf ausländische Beispiele einzeln aufgezählter Nichtigkeitsgründe *Ule/Becker,* S. 50 ff.; *Spanner* DVBl 1964, 845, 848; *ders.* JZ 1970, 671, 673; *Feneberg* DVBl 1965, 222, 224.

temberg, Einl Rn. 3).²⁷⁹ Gleichwohl wurde im Interesse einer elastischen Handhabung (Begründung zu § 40 Abs. 1 Entwurf 73) der Generalklausel der Vorzug gegeben, allerdings mit der Ergänzung der Positiv- und Negativkataloge der Abs. 2 und 3.

98   Weitgehend dem deutschen Recht entsprechend wird die Nichtigkeitsfolge für VAe im **europäischen Gemeinschaftsrecht** (Rn. 121) an besonders schwere und offensichtliche Fehler geknüpft;²⁸⁰ die Anknüpfung daran, dass die Gemeinschaftsordnung einen solchen Fehler nicht tolerieren kann, entspricht ebenfalls den auch zum deutschen Recht gebräuchlichen Formeln (Rn. 102 ff.).²⁸¹ Die praktische Bedeutung der Nichtigkeit ([rechtlichen] Nichtexistenz) von Entscheidungen im Gemeinschaftsrecht ist gering;²⁸² der *EuGH* sieht insoweit regelmäßig Fehler nicht als ausreichend an.²⁸³ Die (rechtliche) Inexistenz von Rechtsakten ist **ganz außergewöhnlichen Fällen** vorbehalten.²⁸⁴

1. Das Verhältnis von Abs. 1 zu Abs. 2, 3

99   Die Stellung des Abs. 1 im **System der Nichtigkeitsvoraussetzungen,** also ihr Verhältnis zu den Abs. 2 und 3, ist mit der Charakterisierung als Auffangnorm, die gegenüber den spezielleren Regelungen zurücktritt,²⁸⁵ nicht zutreffend zu erfassen.

100   Der Positivkatalog absoluter Nichtigkeitsgründe nach Abs. 2 stellt keine Spezialregelung dar, da er auch für Fälle gilt, die von Abs. 1 nicht erfasst werden; auch hat Abs. 2 keine Sperrwirkung für die Anwendung des Abs. 1 außerhalb der aufgezählten Konstellationen. **Abs. 1 und Abs. 2** enthalten mithin **voneinander unabhängig** durchgreifende Nichtigkeitsgründe. Soweit sie sich überschneiden, ist die Begründung der Nichtigkeit aus Abs. 2 i. d. R. der leichtere Weg; bei Zweifeln an seiner Verwirklichung steht aber einer Anwendung der Generalklausel des Abs. 1 nichts entgegen, wenn deren Voraussetzungen gegeben sind.²⁸⁶

101   **Abs. 3** ist eine **echte Ausnahmeregelung zu Abs. 1,** die die danach anzunehmende Nichtigkeitsfolge ausschließt (näher Rn. 158). Wenn kein Fall der Nichtigkeit nach Abs. 1 vorliegt, ist Abs. 3 gegenstandslos; allerdings kann in einschlägigen Fällen der Ausschluss der Nichtigkeit leichter über Abs. 3 zu begründen sein. Es besteht kein normlogischer, sondern allenfalls ein **anwendungspraktischer Nachrang des Abs. 1.**

2. Zur Grundlage der Generalklausel in der Evidenztheorie

102   **Abs. 1** beruht auf der vor Inkrafttreten der VwVfGe herrschenden **Evidenztheorie.**²⁸⁷ Nach der Evidenztheorie führt nur ein besonders schwerer Form- oder Inhaltsfehler, der mit der

---

²⁷⁹ Dazu *Ule* DVBl 1960, 609, 610.
²⁸⁰ Vgl. *EuGH,* Rs. 15/85, EuGHE 1987, 1005 Rn. 10 = NJW 1987, 3074; *EuGH,* Rs. 226/87, EuGHE 1988, 3611 Rn. 16; *EuGH,* Rs. C-74/91, EuGHE 1992, 5437 Rn. 11; *EuGH,* Rs. C-137/92 P, EuGHE 1994, I-2555 Rn. 48 f. = EuZW 1994, 436 unter Betonung des Ausnahmecharakters der Inexistenzfeststellung; *EuGH,* Rs. C-199/92 P, EuGHE 1999, 4287 Rn. 84 ff.; *Annacker,* Der fehlerhafte Rechtsakt im Gemeinschafts- und Unionsrecht, 1998, S. 92 ff.; kurz auch *Fengler,* Die Anhörung im europäischen Gemeinschaftsrecht und deutschen Verwaltungsverfahrensrecht, 2003, S. 109 ff.; zu den Unterschieden zum deutschen Recht *Kokott* DVBl 1993, 1235, 1237 f.; rechtsvergleichend bei z. T. problematischen Aussagen zum deutschen Recht *Koch,* Verwaltungsrechtsschutz in Frankreich, 1998, S. 238 ff.
²⁸¹ Zur Theorie der Inexistenz bei VAen der EU *Bergerès* RTDE 1989, 393; *GA van Gerven,* Rs. C-137/92 P, EuGHE 1994, I-2555 Rn. 71 ff.; *GA Ruiz-Jarabo Colomer,* Rs. C-310/97 P, EuGHE 1999, 5363 Rn. 82 ff. m. w. N.; s. auch *ders.,* verb. Rs. 10 bis 22/97, EuGHE 1998, 6307 Rn. 36.
²⁸² Vgl. *Schwarze,* S. 945 ff.; vgl. auch *Schroeder,* Bindungswirkungen, S. 62.
²⁸³ Vgl. *EuGH,* verb. Rs. 8–11/66, EuGHE 1967, 100, 125; *EuGH,* Rs. 15/85, EuGHE 1987, 1005 Rn. 11 ff. = NJW 1978, 3074; *EuGH,* Rs. 226/87, EuGHE 1988, 3611 Rn. 16; *EuGH,* Rs. C-137/92 P, EuGHE 1994, I-2555 Rn. 48 = EuZW 1994, 436; *EuGH,* Rs. C-199/92 P, EuGHE 1999, I-4287 Rn. 87; anders etwa *EuG,* Rs. T-37/92, EuGHE 1994, II-289 Rn. 58 ff.; s. auch *EuG,* Rs. T-465/93, EuGHE 1994, II-363 Rn. 41 ff., 56 ff.; *EuG,* Rs. T-156/89, EuGHE 1991, II-407 Rn. 83 ff.; *Schwarze,* S. 945 ff.; *Cremer* in Calliess/Ruffert, Art. 230 Rn. 9; s. auch Rn. 121.
²⁸⁴ *EuGH,* Rs. C-475/01, EuGHE 2004, I-8923 Rn. 20 m. w. N.
²⁸⁵ So aber *Meyer/Borgs,* § 44 Rn. 3; *Schäfer* in Obermayer, VwVfG, § 44 Rn. 2; *H. Meyer* in Knack, § 44 Rn. 10; *Kopp/Ramsauer,* § 44 Rn. 3, 7 m. w. N.
²⁸⁶ Vgl. etwa *OVG Münster* NVwZ-RR 1990, 341 und dazu Rn. 130; s. auch *VGH Mannheim* VBlBW 1992, 257 = NVwZ-RR 1992, 438 (LS).
²⁸⁷ BVerwGE 19, 284, 287; 23, 237, 238; 27, 295, 299; BVerwG NJW 1971, 578; 1974, 1961, 1963; 1985, 2658; *VGH Mannheim* VBlBW 1981, 291; *Heike* DÖV 1962, 416 ff.; *Quidde* DÖV 1963, 339; *Thieme* DÖV 1963, 341; zu älteren Gegenpositionen s. *Wolff/Bachof/Stober* I, 10. Aufl. 1994, § 49 Rn. 8 m. w. N. Auch rückblickend krit. *Leisner* DÖV 2007, 669, 670 f.

Rechtsordnung unter keinen Umständen vereinbar und für einen urteilsfähigen Bürger offensichtlich ist, zur Nichtigkeit des VA.[288] Daran knüpft die Generalklausel für die Nichtigkeit in Abs. 1 an.[289] Sie bestätigt die grundsätzliche Wirksamkeitsvermutung zugunsten auch des rechtswidrigen VA nach § 43 (s. dort Rn. 13, 154 ff.). Zur Nichtigkeit im europäischen Gemeinschaftsrecht s. Rn. 8 ff., 98, 121, 129.

3. Besonders schwerwiegende Fehler

a) Allgemeine Kriterien. Die Generalklausel umfasst **besonders schwere Fehler,** die mit der Rechtsordnung unter keinen Umständen vereinbar sind. Abgestellt wird auf das Gewicht und die Bedeutung des Fehlers, nicht auf Fehlerarten.[290] Der Verstoß gegen eine wichtige Rechtsbestimmung allein, selbst eine Verfassungsbestimmung wie Art. 20 Abs. 3 GG,[291] Grundrechte[292] oder Europarecht (Rn. 109) führt nicht zur Nichtigkeit.[293] Abs. 1 unterscheidet nicht zwischen formellen und materiellen Fehlern, Abs. 2, 3 zeigen aber, dass Verstöße gegen Verfahrensanforderungen zur Nichtigkeit des VA führen können. Ob Verfahrensfehler überhaupt zur Rechtswidrigkeit des VA führen, bestimmt sich nach den allgemeinen Regeln (§ 45 Rn. 19). 103

Der Verstoß muss **schlechthin unerträglich für die Rechtsordnung** sein,[294] die an eine ordnungsgemäße Verwaltung zu stellenden Anforderungen in einem so hohen Maße verletzen, dass von niemandem erwartet werden kann, den VA als verbindlich anzuerkennen.[295] Zu eng dürfte es sein, einen Widerspruch zu tragenden Verfassungsprinzipien oder immanenten Wertvorstellungen der Rechtsordnung zu verlangen.[296] 104

Ein sog. **gesetzloser VA,** bei dem unter keinen Umständen eine gesetzliche Ermächtigung vorgelegen hat, muss nicht nichtig sein.[297] VAe, die auf einem verfassungswidrigen Gesetz beruhen, sind grundsätzlich (allenfalls) anfechtbar.[298] Dasselbe gilt bei Normnichtigkeit aus anderen Gründen.[299] Ein VA, der rechtsirrtümlich vor Inkrafttreten einer bereits verkündeten Rechtsgrundlage ergeht, ist nicht nichtig.[300] 105

Nichtig sein dürften dagegen (bewusst) ohne Rücksicht auf die gesetzlichen Anforderungen getroffene **Willkürmaßnahmen,** und zwar sowohl solche zum Nachteil des Adressaten[301] als auch begünstigende Regelungen.[302] 106

Bei einem **mitwirkungsbedürftigen VA** kann, wenn es an der Mitwirkung des Betroffenen fehlt, abhängig vom Inhalt der jeweils maßgeblichen Sachnormen Nichtigkeit, schwebende Unwirksamkeit oder bloße, u.U. heilbare Anfechtbarkeit vorliegen (vgl. § 43 Rn. 183 f.; § 35 Rn. 239; § 45 Rn. 28 ff.). Wegen Folgen von Willensmängeln beim mitwirkungsbedürftigen 107

---

[288] *BVerwG* NJW 1971, 578; *BSG* NJW 1995, 3141 f., für die Ablehnung der Witwenversorgung, die allein ein militärgerichtliches Urteil gestützt war, das offensichtliches Unrecht darstellte.
[289] *BVerwG* NJW 1985, 2658, 2659; *OVG Münster* NVwZ-RR 1990, 90, 91.
[290] Gegen die Relevanz schuldhaften Verhaltens des Behördenvertreters *BVerwG* NJW 1985, 2658, 2659.
[291] *BVerwG* NJW 1984, 2113.
[292] Zur Verwirkung durch die Anfechtung der VAe *Sachs* in Stern, Staatsrecht III/1, S. 673 f.
[293] *BVerwG* MDR 1978, 79, 80.
[294] *BVerwG* NJW 1971, 578; *BFH* NVwZ 1987, 533, 534; *OVG Lüneburg* OVGE 39, 370, 371 f.; NdsVBl 1997, 111, 112; *OVG Münster* NVwZ-RR 2000, 462, 463.
[295] So etwa *BFH* NVwZ 1982, 216; 1990, 800; dem folgend *BVerwG* NVwZ 1998, 1061, 1062; auch *OVG Münster* NVwZ-RR 1990, 90, 91; *VGH Mannheim* ESVGH 42, 106, 109; *OVG Lüneburg* NJW 1998, 1168, 1169; *OVG Berlin* NVwZ-RR 2000, 649.
[296] So *BVerwG* NJW 1985, 2658, 2659; NVwZ 1992, 564, 565; *BFH* BStBl II 1988, 183, 185; *OVG Schleswig* NVwZ-RR 1994, 484, 485 f.; *OVG Lüneburg* NVwZ-RR 2001, 362, 363; NVwZ-RR 2005, 791, 793 („Faustformel"); *VGH Mannheim* NVwZ-RR 2005, 137, 138; *FG Hannover* NVwZ-RR 1991, 662; abl. *Maurer,* § 10 Rn. 32; bedenklich auch *VG Köln* NJW 1989, 418.
[297] *BVerwGE* 1, 67, 69 f.; 19, 284, 287 f.; 27, 141, 143; offen *VG Dresden* SächsVBl 1996, 286, 287. Nicht unbedenklich allerdings *BVerwG* NVwZ 1998, 1061, 1063 m.w. N., wo Nichtigkeit eines gesetzlich nicht vorgesehenen Nachprüfungsvorbehalts verneint wird, die Behörde aber dennoch gehindert sein soll, von ihm Gebrauch zu machen (s. auch § 43 Rn. 166).
[298] Vgl. zu § 79 Abs. 2 BVerfGG *E. Klein* in Benda/Klein, § 36 Rn. 1255 m.w. N.; ferner § 51 Rn. 100 ff.; unabhängig von vorhergehender Nichtigerklärung s. BVerfGE 58, 300, 324; *VG Hannover* NdsVBl 2006, 343, für Steuerbescheide aufgrund nichtiger Steuersatzung.
[299] Vgl. § 47 Abs. 5 S. 3 i. V. m. § 183 VwGO; *BVerwG* NJW 1978, 2522 f.; *VGH Kassel* NJW 1980, 2723; *OVG Münster* AgrarR 1994, 379 f.; *v. Oertzen* in Redeker/v. Oertzen, § 42 Rn. 101 f. m. w. N.
[300] BAGE 62, 280, 282 f.
[301] Vgl. für grobe Fehler bei der Schätzung der Besteuerungsgrundlagen im konkreten Fall verneinend *BFH* NVwZ 1993, 1231, 1232; bejahend („Strafschätzung") BFHE 194, 1, 5 f.
[302] *VGH München* GewArch 1996, 205 f., für eine erlassene Gestattung nach § 20 Abs. 2 a LSchlG.

VA s. § 35 Rn. 234, 237, 238. Das Fehlen eines notwendigen Antrags führt, wie der andernfalls gegenstandslose § 45 Abs. 1 Nr. 1 zeigt, nicht stets zur Nichtigkeit.[303]

108 Nichtigkeit wird z. B angenommen, wenn Genehmigungen bei gänzlich **fehlendem Antrag** erteilt sind[304] oder wenn ein Beamter auf Antrag entlassen wird, aber keinen (schriftformgerechten) Entlassungsantrag gestellt hat.[305] Entsprechende Folgen können auf Grund der nachträglichen Anfechtung eines zunächst gestellten Antrags durch den Adressaten des VA (s. § 35 Rn. 238) eintreten.[306] Als nichtig wurde ferner eine Prüfungsentscheidung (Nichtbestehen wegen Nichtteilnahme) angesehen, weil es an einer (eigenen) Anmeldung des Prüflings zur Prüfung fehlte.[307]

109 Ein **Verstoß gegen Recht der Europäischen Gemeinschaft** durch deutsche Behörden stellt nicht allein wegen des Ranges oder der Bedeutung des Gemeinschaftsrechts einen besonders schwerwiegenden Fehler dar.[308] Das *BVerwG* hat im Hinblick auf die Judikatur des *EuGH* offen gelassen, ob in der **Abweichung von** dessen st. Rspr. als solcher ein schwerer Fehler zu sehen wäre;[309] dies dürfte mit Rücksicht auf den Effektivitätsgrundsatz (Rn. 8) grundsätzlich anzunehmen sein. Zur Rücknahme s. § 48 Rn. 19 ff., insbes. 24; zum Wiederaufgreifen § 51 Rn. 20.

110 **b) Bedeutung der Abs. 2 und 3. Die Kataloge des Abs. 2 und des Abs. 3** waren ursprünglich (Begründung zu § 34 Abs. 2 und 3 Musterentwurf) **als Auslegungshilfe** für die Generalklausel des Abs. 1 konzipiert, zumal diese Regelungen die meisten praktisch vorkommenden Fälle erfassen sollten. Die spätere Fassung des Abs. 2 (seit § 34 Abs. 1 Entwurf 70), wonach die dortigen Fälle „ohne Rücksicht auf das Vorliegen der Voraussetzungen des Abs. 1" zur Nichtigkeit des VA führen, lässt diese Zielsetzung nicht so deutlich werden, schließt aber nicht aus, auch Abs. 2 zur Auslegung von Abs. 1 heran zu ziehen.[310] Vielmehr bringen Abs. 2 und 3 positive und negative Beispiele zur Schwere eines Fehlers; der Eingangssatz des Abs. 2 besagt nur, dass die Offensichtlichkeit des Fehlers für die Nichtigkeitsfolge nach Abs. 2 – im Gegensatz zu den Fällen des Abs. 1 – nicht Voraussetzung ist.

111 **c) Beispielsfälle zu besonders schweren Fehlern:** Ein schwerer Fehler liegt vor bei **absoluter sachlicher Unzuständigkeit** der erlassenden Behörde (vgl. Rn. 165, 170 sowie etwa § 11 BBG, § 8 BRRG). Ein VA, der an eine tatsächlich **nicht existente Person** gerichtet ist, ist schon wegen fehlender Bekanntgabe nicht wirksam.[311] Der *BFH*[312] hält daher einen an einen verstorbenen Steuerschuldner gerichteten Steuerbescheid für nichtig.[313] Als nichtig eingestuft wird bei ungeteilter Erbengemeinschaft die nur einem Miterben (als dem Eigentümer) bekannt gegebene Unterschutzstellung eines Denkmals.[314]

112 Ein VA, der vom Adressaten angegebene, falsche Personalien verwendet, ist deswegen nicht nichtig. Die Person ist existent, nur unter falschem Namen angesprochen.[315] Ein ohne Namen

---

[303] *VGH München* NVwZ-RR 1992, 328, für einen wirksam zurückgenommenen Asylantrag.
[304] S. für § 10 BImSchG *Storost* in Ule/Laubinger, BImSchG, § 10 Rn. C 2; für Baugenehmigung und abfallrechtliche Planfeststellung *v. Rosenberg*, Probleme drittbelastender Verfahrensfehler im Rahmen des Baugenehmigungs- und des abfallrechtlichen Planfeststellungsverfahrens, 1994, S. 72 ff. m. w. N.
[305] *OVG Lüneburg* OVGE 44, 492, 493.
[306] Vgl. im Ergebnis offen lassend *VGH Mannheim* ESVGH 42, 106, 109.
[307] *OVG Koblenz* GewArch 1992, 428, 430.
[308] *BVerwG* NJW 1978, 508; *BVerwGE* 104, 289, 295 f.; *BVerwG* NVwZ 2000, 1039 f.; Buchholz 316 § 44 VwVfG Nr. 11; Buchholz 316 § 44 VwVfG Nr. 12, verneint dies auch im Hinblick auf den Geltungsvorrang des Gemeinschaftsrechts; *VGH München* BayVBl 2003, 308; *OVG Magdeburg* LKV 2006, 413; *Kopp/Ramsauer*, § 44 Rn. 8.
[309] *BVerwG* NJW 1978, 508.
[310] *BVerwG* NJW 1985, 2658, 2659; *Häberle* in FS Boorberg-Verlag, 1977, S. 47, 84.
[311] *OVG Münster* NVwZ-RR 1990, 632, 633; NVwZ-RR 2003, 327, 328; s. ferner Rn. 130, 143; § 43 Rn. 176.
[312] *BFHE* 169, 103, 107 f. m. w. N.
[313] Problematisch ist die Nichtigkeit eines Steuerbescheids, der nach Gesellschafterwechsel an eine Gesellschaft in ihrer früheren Zusammensetzung ergeht; eine lassend gegenüber der Judikatur des *BFH*, die diese Adressierung zulässt, *FG Berlin* EFG 1994, 441, 443 f. m. w. N.; für VA, der an einen stillen Gesellschafter gerichtet wird, abl. mangels Offenkundigkeit *BFH* NVwZ 1995, 102, 103.
[314] *VG Potsdam* NVwZ 1999, 214, 216.
[315] *BVerwG* NJW 1977, 1603, für Einbürgerung; *VGH Mannheim* NVwZ-RR 2005, 137, 138, für Aufenthaltserlaubnis; Nichtigkeit eines an eine „GbR A und B" adressierten Steuerbescheides bei Bestehen einer Bruchteilsgemeinschaft verneint *FG Köln* EFG 1995, 53 m. w. N.

§ 44 Nichtigkeit des Verwaltungsaktes

und Adresse an den Halter eines Kfz gerichteter Polizeikostenbescheid soll nicht nichtig sein, wenn dieser bei Bekanntgabe identifiziert ist;[316] dasselbe gilt für einen an eine Gesellschaft nach Rechtsformwechsel noch unter dem alten Namen ergangenen Bescheid.[317] Der BFH[318] bejaht Nichtigkeit nur, wenn **Unbestimmtheit der Bezeichnung des Adressaten** die zweifelsfreie Bestimmung seiner Identität ausschließt. Nichtigkeit wurde angenommen bei einem an die Wohnungseigentümergemeinschaft gerichteten Gebührenbescheid, wenn die einzelnen Wohnungseigentümer Gebührenschuldner sind.[319]

Ein besonders schwerer Fehler wird angenommen bei **absoluter rechtlicher Unmöglichkeit** (s. Rn. 146 ff.) oder **völliger Unbestimmtheit,** etwa bei Bauvorbescheid, der die planungsrechtliche Zulässigkeit offen lässt,[320] bei einer Zustimmungsverfügung nach § 125 Abs. 2 BauGB a. F., die unter Bezugnahme auf einen Plan (zu) schlechter Qualität und (zu) kleinen Maßstabs erlassen wird,[321] oder bei Genehmigung einer irreführend unklar bezeichneten Nutzungsänderung;[322] wohl auch bei einem auf mehrere Grundstücke bezogenen Erschließungsbeitragsbescheid;[323] ferner bei einem zusammengefassten Steuerbescheid gegenüber Eheleuten, der auch unter Berücksichtigung aller den Betroffenen bekannten Umstände nicht erkennen lässt, ob die Adressaten als Gesamtschuldner oder etwa zu Bruchteilen herangezogen werden;[324] auch bei einem Einkommensteuerbescheid, der sein Verhältnis zu einem früher für denselben Zeitraum erlassenen VA nicht klarstellt.[325] Ob ein VA einen aussagefähigen Regelungsgehalt hat, hängt von seinem objektiven Erklärungswert, ggf. auch mit Rücksicht auf weitere Regelungen eines Gesamtzusammenhangs, ab.[326]

Entsprechendes gilt bei **Widersprüchlichkeit** oder **Unverständlichkeit** des VA[327] sowie bei **Ungeeignetheit**[328] oder bei Teilrücknahme trotz fehlender Teilbarkeit.[329] Jedoch ist auch insoweit Zurückhaltung geboten.

Als **nichtig** ist im Einzelnen z. B. die Versetzung eines Nichtbeamten in den Ruhestand angesehen worden,[330] die Bewertung einer Prüfungsleistung mit „gut", obwohl sie offensichtlich der angemessenen Form entbehrt,[331] die Zwangsmittelandrohung, die ohne die damit zu verbindende Fristsetzung ergangen ist.[332]

Ein VA, der lediglich gegen das **Bestimmtheitsgebot** des § 37 Abs. 1 verstößt (s. § 37 Rn. 1, 5 ff., 37 ff.), ohne in sich unverständlich zu werden,[333] ist nicht nichtig, sondern nur anfechtbar.[334] Keinesfalls genügt eine Unbestimmtheit, die durch Auslegung zu beheben

---

[316] NJW 1990, 2270.
[317] BFHE 145, 110, 115; OVG Münster NVwZ-RR 2003, 327, 328.
[318] NVwZ 1991, 660 f.
[319] VGH Kassel KStZ 1986, 196.
[320] OVG Münster NVwZ 1989, 1081.
[321] OVG Münster NVwZ-RR 1992, 209.
[322] OVG Münster NWVBl 1989, 93, 94.
[323] OVG Münster NVwZ 1989, 1087, 1088, im Anschluss an BFHE 154, 439; gegen Nichtigkeit in solchen Fällen OVG Münster NVwZ 1989, 1086, 1087; anders allerdings, wenn beide Grundstücke eine wirtschaftliche Einheit bilden, OVG Münster NVwZ 1993, 288 m. w. N.
[324] VGH München NVwZ-RR 1994, 690, 691; s. zuletzt auch BVerwG NVwZ-RR 1997, 248 f., das im entschiedenen Fall freilich eine nichtigkeitsbegründende Unbestimmtheit ablehnt, da diesbezügliche Zweifel durch Auslegung beseitigt werden konnten.
[325] BFHE 193, 19, 23.
[326] BVerwGE 102, 331, 335 f., für die inhaltliche Einheit von zwei PlfBeschlüssen.
[327] OVG Münster NVwZ 1986, 580 f.; NVwZ 1989, 379 f.; VGH Mannheim DVBl 1965, 776; VGH München NJW 1984, 626; OVG Berlin BRS 38 Nr. 210; VGH Kassel NVwZ 1987, 987, 990; 1991, 897; OVG Bautzen LKV 1993, 97, 98; OLG Oldenburg NVwZ 1992, 607.
[328] VGH Kassel NVwZ 1982, 514; auch OVG Münster NVwZ 1989, 1081.
[329] Dazu OVG Saarlouis BauR 1997, 283, 284.
[330] BVerwGE 19, 284, 287; BGHZ 2, 315, 317.
[331] So für einen offenbar besonders gelagerten Einzelfall OVG Berlin DVBl 1979, 355.
[332] VGH Kassel NVwZ 1982, 514, 515; s. auch VGH Mannheim NVwZ-RR 1992, 591.
[333] BVerwGE 124, 156, 164, für eine nicht kalendermäßig fixierte Fristverlängerung; für Nichtigkeit VGH München NVwZ-RR 1990, 407, 408, wenn sich der Adressat gar nicht auf die Regelung einstellen kann.
[334] OVG Lüneburg NVwZ-RR 2005, 791, 793 ff.; Martens NVwZ 1987, 464, 468 m. w. N.; a. A. anscheinend VGH Mannheim VBlBW 1986, 462; wohl auch Schiedeck JA 1994, 483, 487 f. m. w. N.; für Nichtigkeit einer Baugenehmigung wegen Unbestimmtheit der Art der genehmigten Nutzung OVG Münster NVwZ-RR 1993, 234. Zur Nichtigkeit von Steuerbescheiden wegen fehlender Bestimmtheit allgemein Drüen in GS Trzaskalik, 2005, S. 95 ff. S. auch § 37 Rn. 40.

ist,³³⁵ oder eine Unklarheit in einem Punkt von zweitrangiger Bedeutung.³³⁶ § 35 Nr. 3 Musterentwurf und § 35 Abs. 1 Nr. 4 Entwurf 70 sahen sogar eine Heilungsmöglichkeit mangelnder Bestimmtheit vor (s. § 37 Rn. 17; § 45 Rn. 150f.).

117   Ebenfalls nicht nichtig ist der **erschlichene** oder von einem **bestochenen** Beamten erlassene VA (arg. § 48 Abs. 2 S. 3 Nr. 1),³³⁷ ferner der ebenfalls in § 48 Abs. 2 S. 3 Nr. 1 erwähnte, durch eine **Drohung** erwirkte VA;³³⁸ dazu auch § 48 Rn. 150ff.

118   Fehlende **Anhörung** führt – wie § 45 Abs. 1 Nr. 3 zeigt – nicht zur Nichtigkeit.³³⁹ Fehlende **Begründung** soll zur Nichtigkeit führen können, wenn sie nach dem Gesetz für den Bestand des VA elementar ist;³⁴⁰ im Regelfall, den § 45 Abs. 1 Nr. 2 voraussetzt, führen Begründungsmängel nur zur Anfechtbarkeit des VA.³⁴¹ Ob mangelnde Beteiligung eines Nachbarn im Baugenehmigungsverfahren einen hinreichend schweren Fehler darstellt, lässt das *OVG Münster*³⁴² offen;³⁴³ s. auch § 9 Rn. 59.

119   **Keinen besonders schwerwiegenden Fehler** bedeuten z. B. die fehlende Festsetzung des Verwendungsgrades in einem Musterungsbescheid,³⁴⁴ auch nicht Entscheidung durch Ausnahmegenehmigung nach § 4 AbfG a. F. statt des erforderlichen PlfV³⁴⁵ und die versäumte mündliche Erörterung von Einwendungen im PlfV.³⁴⁶ Nicht als nichtig bewertet wurden Steuerbescheide nach Eintritt der Festsetzungsverjährung,³⁴⁷ Steuerbescheide bei groben Fehlern der Schätzung der Besteuerungsgrundlagen,³⁴⁸ eine nur konkludent statt ausdrücklich angegebene Erklärung des Dienstvorgesetzten zur Dienstunfähigkeit.³⁴⁹ Eine Widmung planüberschreitend ausgebauter Erschließungsanlagen ist kein schwerwiegender Fehler, wenn die gesetzlichen Toleranzgrenzen nicht überschritten sind,³⁵⁰ ebenso wenig eine unwesentliche Abweichung von Verkehrszeichen vom genehmigten Verkehrszeichenplan.³⁵¹

120   Ein **Verstoß gegen die st. Rspr.** eines höchsten Gerichts stellt einen besonders schweren Fehler dar,³⁵² wenn die fragliche Judikatur ohne Anhaltspunkte für eine mögliche Änderung bewusst außer Acht gelassen wird.

121   Zum **europäischen Gemeinschaftsrecht** hat der *EuGH* die (rechtliche) Inexistenz gemeinschaftsrechtlicher Entscheidungen mangels hinreichend schwerer Fehler abgelehnt bei fehlender Begründung,³⁵³ bei einem Verstoß gegen interne Vorschriften,³⁵⁴ bei Zuwiderhandlung gegen die Zuständigkeitsverteilung zwischen Gemeinschaft und Mitgliedstaaten,³⁵⁵ bei (sonstigen)

---

³³⁵ BVerwG DVBl 1994, 810, 811, im Anschluss an H. Meyer NVwZ 1986, 513, 516; auch OVG Berlin NuR 1986, 256; OVG Münster UPR 1992, 385, 386; OVG Lüneburg OVGE 43, 402, 404ff.
³³⁶ Vgl. OVG Münster NVwZ 1989, 1086, 1087; OVG Lüneburg NVwZ 1990, 590; OVG Koblenz NVwZ 1990, 399, für die Zusammenfassung von zwei Grundstücken zu einer Beitragsfestsetzung.
³³⁷ BVerwG NJW 1985, 2658.
³³⁸ Stelkens NJW 1980, 2174; Dolde NJW 1988, 2329, 2333f.; vor Inkrafttreten des VwVfG umstritten, vgl. Hoke DÖV 1962, 281, 291; Forsthoff, S. 242.
³³⁹ BVerwGE 27, 295, 297; Schilling VerwArch 1987, 45, 50 m. w. N.; s. auch § 67 Rn. 33.
³⁴⁰ Schick JuS 1971, 1, 7.
³⁴¹ BFH BFH/NV 1995, 576, 578.
³⁴² NVwZ 1988, 74.
³⁴³ Dafür wegen der Grundrechtsrelevanz des Verfahrensrechts Raeschke-Kessler/Eilers NVwZ 1988, 37.
³⁴⁴ BVerwG Buchholz 448.0 § 8a WPflG Nr. 30.
³⁴⁵ OVG Lüneburg NuR 1986, 302.
³⁴⁶ OVG Lüneburg NVwZ-RR 2001, 362, 363.
³⁴⁷ FG Hannover NVwZ-RR 1991, 662.
³⁴⁸ BFHE 194, 1, 5.
³⁴⁹ BVerwG NVwZ-RR 2005, 732.
³⁵⁰ OVG Münster NVwZ-RR 2000, 462, 463; zur Nichtigkeit straßenrechtlicher Widmung bei Mängeln der privatrechtlichen Verfügungsbefugnis s. VGH München DÖV 2001, 743f.
³⁵¹ OVG Münster NJW 2001, 1961f.
³⁵² Offen lassend BVerwG NJW 1978, 508.
³⁵³ EuGH, verb. Rs. 8–11/66, EuGHE 1967, 100, 125; anders noch EuGH, verb. Rs. 1 und 14/57, EuGHE 1957, 213, 232f. Vgl. auch EuGH, Rs. 117/81, EuGHE 1983, 2191 Rn. 7; EuGH, Rs. 89/79, EuGHE 1980, 553 Rn. 7f.; EuGH, Rs. 264/82, EuGHE 1985, 849 Rn. 31; EuGH, Rs. 248/84, EuGHE 1987, 4013 Rn. 22, mit z. T. uneinheitlicher Beurteilung, ob eine gegen die Begründungspflicht verstoßende Maßnahme aufzuheben ist oder bei materieller Richtigkeit trotz des formellen Fehlers Bestand haben darf.
³⁵⁴ EuGH, Rs. 15/85, EuGHE 1987, 1005 Rn. 11 = NJW 1987, 3074, 3075.
³⁵⁵ EuGH, Rs. 226/87, EuGHE 1988, 3611 Rn. 15f.; für bloße Fehlerhaftigkeit bei Verstoß gegen die Verbandszuständigkeit vgl. ferner EuGH, verb. Rs. 6 und 11/69, EuGHE 1969, 523, 529f.; EuGH, Rs. 294/83, EuGHE 1986, 1339 Rn. 54f.; EuGH, verb. Rs. 281 u.a./85, EuGHE 1987, 3203 Rn. 12ff.; EuGH, Rs. 242/87, EuGHE 1989, 1425 Rn. 8ff.; dieser Zuständigkeitsfehler wird meist als absolute Unzu-

Zuständigkeits- und Formfehlern.[356] Darüber hinaus sieht das *EuG* ein fehlerhaftes Auswahlverfahren und eine fehlerhafte Zusammensetzung des Prüfungsausschusses nicht als schweren, (rechtliche) Inexistenz begründenden Fehler an.[357] S. auch Rn. 98.

4. Offensichtlichkeit des schwerwiegenden Fehlers

Zur Schwere des Fehlers muss nach Abs. 1 hinzu kommen, dass die besondere Fehlerhaftigkeit **bei verständiger Würdigung aller in Betracht kommenden Umstände offensichtlich** ist.[358] Die geänderte Formulierung führt als rein redaktionelle Vereinheitlichung[359] nicht zu einer Bedeutungsänderung gegenüber dem bisherigen Normtext („offenkundig"). Zur Revisibilität noch nicht angepasster Landesgesetze (Rn. 204) s. § 1 Rn. 288. **122**

a) Bezugspunkt der Offensichtlichkeit. Offensichtlich muss nicht lediglich der Fehler sein,[360] sondern das Vorliegen des schwerwiegenden Mangels. Die Offensichtlichkeit bezieht sich somit auf die **tatsächlichen Umstände,** die zu dem Fehler führen, und auf die **rechtliche Würdigung** der gegebenen Sachlage; insoweit müssen der Fehler als solcher und sein besonders schweres Gewicht offensichtlich sein.[361] **123**

b) Anforderungen an die Offensichtlichkeit. Die Offensichtlichkeit folgt **nicht allein aus der Schwere des Fehlers,** wie dies z. T. in der Judikatur angenommen wird, etwa bei Ungeeignetheit der Maßnahme,[362] bei Prüfungsvorbehalt hinsichtlich wesentlicher Punkte der Entscheidung,[363] bei fehlerhafter Schuldnerbestimmung[364] oder bei Unbestimmtheit.[365] **124**

Offensichtlichkeit fehlt insbes., wenn die besondere Schwere des Fehlers (oder die Rechtswidrigkeit überhaupt) erst **später,** insbes. **nach Rechtsprechungsänderung** ersichtlich wird;[366] solange in der Judikatur unterschiedliche Auffassungen bestehen, scheidet Offensichtlichkeit in aller Regel aus.[367] Sie fehlt auch, wenn das entscheidende Gericht (ohne groben Irrtum) selbst über die Rechtslage im Zweifel ist.[368] Für die Offensichtlichkeit kommt es auf den **Einzelfall** an, sie kann auch gegeben sein, wenn der Fehler nur für „Insider" offensichtlich ist (s. aber Rn. 126), z. B. bei Eigenbegünstigung des Beamten.[369] Nicht ausreichend ist die Kenntnis des die Behörde arglistig täuschenden Adressaten; dies belegt § 48 Abs. 2 S. 3 Nr. 1.[370] **125**

Von diesem Fall abgesehen ist **nicht** das **Erkenntnisvermögen** des jeweils **Betroffenen** entscheidend,[371] aber auch **nicht** das einer **juristisch geschulten Person.**[372] Die Offensicht- **126**

---

ständigkeit bezeichnet, woraus aber wohl nicht auf das Vorliegen rechtlicher Inexistenz des mit diesem Fehler behafteten Gemeinschaftsrechtsakts zu schließen ist, s. *Cremer* in Calliess/Ruffert, Art. 230 Rn. 73.
[356] *EuGH*, Rs. 310/87, EuGHE 1990, 307 Rn. 31; *EuGH*, Rs. C-137/92 P, EuGHE 1994, I-2555 Rn. 52 = EuZW 1994, 436; anders *EuG*, Rs. T-37/92, EuGHE 1994, II-289 Rn. 64 ff.; *EuG*, Rs. T-465/93, EuGHE 1994, II-363 Rn. 56 ff.; *Borchardt* in Lenz/Borchardt, Art. 230 Rn. 7; *Cremer* in Calliess/Ruffert, Art. 230 Rn. 75 ff.; ferner *ders.* in Calliess/Ruffert, Art. 230 Rn. 75 ff. mit zahlreichen w. N.
[357] *EuG*, Rs. T-156/89, EuGHE 1991, II-407 Rn. 85.
[358] Vgl. nur *KG* NZV 1990, 441. Für Verfassungswidrigkeit des Kriteriums überhaupt wenig überzeugend *Leisner* DÖV 2007, 669, 674 ff.
[359] S. ausdrücklich Begründung des Gesetzentwurfs, BT-Drs 13/8884, Besonderer Teil zu Art. 1 zu Nr. 4, S. 5. Zur Bewertung der neuen Begrifflichkeit s. näher *Schmitz/Olbertz* NVwZ 1999, 126, 127.
[360] So aber die Formulierung bei *Ule/Laubinger,* § 57 Rn. 9; *Schwarz* in Fehling u. a., § 44 Rn. 9.
[361] *Stelkens* NJW 1980, 2174, 2175; *H. Meyer* in Knack, § 44 Rn. 28. Übereinstimmung wohl nur für den neuen Wortlaut *Schmitz/Olbertz* NVwZ 1999, 126, 127.
[362] *VGH Kassel* NVwZ 1982, 514, 515.
[363] *VGH Kassel* NVwZ 1986, 315.
[364] *VGH München* NJW 1984, 626.
[365] *OVG Münster* NVwZ 1986, 580, 581.
[366] Vgl. in diesem Sinne *OVG Münster* AgrarR 1994, 379, 380; *VG Frankfurt a. M.* NVwZ-RR 2002, 596; so wohl auch *VGH Mannheim* NVwZ-RR 1991, 490; *VG Köln* NJW 1989, 418; anders *BSG* NJW 1995, 3141, 3142, für die Entziehung einer Witwenrente auf Grund eines unter Berücksichtigung der Ergebnisse aktueller militär-historischer Forschung offensichtlich unrechtmäßigen Todesurteils; dazu auch *Neumann* NVwZ 2000, 1244, 1250 f.
[367] Vgl. den Hinweis auf zwischenzeitlich durch die Rspr. des *BVerwG* überholte Entscheidungen eines anderen OVG *VGH Mannheim* ESVGH 42, 106, 109.
[368] Vgl. etwa *VG Köln* NWVBl 2006, 468, mit ausf. Darlegung der unklaren Rechtslage.
[369] *Wolff/Bachof/Stober* 2, § 49 Rn. 13; zum Meinungsstand *Schiedeck,* Die Nichtigkeit von Verwaltungsakten nach § 44 Absatz 1 VwVfG, Diss. Regensburg 1993, S. 72 f.; s. auch Abs. 3 Nr. 2 und Rn. 178.
[370] *Rey* JuS 1993, 263 f., gegen *Montag* JuS 1992, 645, 646.
[371] Vgl. *Kienapfel* DÖV 1963, 96.
[372] *Stelkens* NJW 1980, 2174, 2175; vgl. auch *VGH München* BayVBl 1998, 367, 369. Dagegen stellt auf „einen qualifizierten Juristen" ab *Bleckmann* Dogmatik, S. 205, auch S. 207 f. für das Gemeinschaftsrecht.

keit eines Rechtsfehlers für das Gericht, die im Rahmen des einstweiligen Rechtsschutzes relevant sein kann,[373] muss nicht für § 44 Abs. 1 genügen. Mit der Formulierung, dass „dies bei verständiger Würdigung aller in Betracht kommenden Umstände offenkundig (bzw. jetzt: offensichtlich) ist", sollte bewusst (s. vor allem Begründung zu § 34 Musterentwurf) ein Mittelweg gegangen werden. Dem entspricht es, wenn auf den urteilsfähigen, unvoreingenommenen Bürger, den **aufmerksamen und verständigen** Staatsbürger als **Durchschnittsbetrachter,** der mit den in Betracht kommenden Umständen vertraut ist, abgestellt wird.[374]

127 Hieraus ergibt sich auch, dass **Objekt der Betrachtung allein der VA** mit dem Inhalt ist, wie er dem Betroffenen bekannt gegeben wurde[375] und wie er bei verständiger Würdigung auszulegen ist (§ 35 Rn. 71; § 43 Rn. 185 ff.). Im Gegensatz zu dem wegen des Normzwecks engeren Begriff der Offensichtlichkeit in § 155b Abs. 2 S. 2 BBauG[376] kommt es also nicht darauf an, ob sich nähere Erklärungen aus den Verwaltungsvorgängen ergeben.[377] Doch kann dies nicht dahingehend umgekehrt werden, dass jeder aus dem VA selbst erkennbare Fehler allein deswegen offensichtlich ist.[378]

128 Zum **europäischen Gemeinschaftsrecht** sind die Voraussetzungen für die (rechtliche) Inexistenz begründende Offensichtlichkeit von Mängeln nicht abschließend geklärt. So hat der *EuGH* nicht zu der (von der Kommission gegenüber einer Entscheidung des Gerichts erster Instanz geltend gemachten) Auffassung Stellung genommen, von Außenstehenden nicht nachzuvollziehende Mängel der internen Abläufe bei der Entstehung einer Entscheidung könnten nicht unmittelbar offensichtlich sein[379] (s. auch zu Rn. 126).

IV. Absolute Nichtigkeitsgründe (Abs. 2)

1. Allgemeines

129 Abs. 2 enthält einen **Positivkatalog** von VAen, die auch dann nichtig sind, wenn die **Fehler nicht offensichtlich** sind.[380] Nach Aufbau und Wortlaut des § 44 handelt es sich bei Abs. 2 um eine **abschließende Aufzählung evidenzunabhängiger Nichtigkeitsgründe**. Alle anderen Fehler führen vorbehaltlich spezialgesetzlicher Regelung (z.B. Rn. 133 ff.) nur über den daneben anwendbaren (Rn. 100) Abs. 1 zur Nichtigkeit. Für das europäische Gemeinschaftsrecht werden keine evidenzunabhängigen Gründe für die Annahme von (rechtlicher) Inexistenz anerkannt[381] (s. auch Rn. 98, 128).

130 Die Offensichtlichkeit des Fehlers ist insbes. für die Nichtigkeit des sog. **substratlosen VA** erforderlich, der freilich i.d.R. ohnehin keine Wirksamkeit erlangt: Beim **adressatlosen VA** tritt Wirksamkeit mangels Bekanntgabe nicht ein (Rn. 111, 143; § 43 Rn. 176); bei Fehlen des sachlichen Objekts (Bauwerk bei Abrissverfügung) greift Abs. 2 Nr. 4 ein (Rn. 143 ff.).[382]

---

[373] Vgl. etwa *J. Schmidt* in Eyermann, § 80 Rn. 72 ff. m.w.N.; *Kopp/Schenke*, § 123 Rn. 25 m.w.N.
[374] *BVerwG* NJW 1971, 578; 1978, 508; NVwZ 1987, 230; in diese Richtung auch *BFHE* 193, 19, 24; *OVG Koblenz* GewArch 1992, 428, 430; *OVG Bautzen* SächsVBl 2002, 298, 299; *OVG Lüneburg* NVwZ-RR 2005, 791, 794; *OVG Münster* NVwZ-RR 2004, 786, 787; *VGH München* BayVBl 2005, 536, 537; *FG Hannover* NVwZ-RR 1991, 662.
[375] Vgl. auch *OVG Lüneburg* NJW 1998, 1168, 1169, wo allein der Inhalt des Baulastenverzeichnisses zugrunde gelegt wird.
[376] *BVerwG* NJW 1982, 591, bei teleologischer Auslegung; dazu *Weyreuther* DÖV 1983, 575, 578; s. jetzt § 214 Abs. 3 S. 2 BauGB; auch § 17 Abs. 6 c S. 1 FStrG; dazu *VGH München* NVwZ 1994, 706.
[377] Für eine auf unrichtige Bauvorlagen gestützte Baugenehmigung *OVG Münster* NWVBl 2003, 111 f.
[378] S. aber *VGH Kassel* NVwZ 1986, 315. Fehlerhafte Auslegung einer nicht ganz eindeutigen Mitwirkungshandlung des Adressaten bedeutet keinen offensichtlichen Fehler, *OVG Münster* NVwZ 1990, 90, 91.
[379] Vgl. *EuGH*, Rs. C-137/92 P, EuGHE 1994, I-2555 Rdn. 49 = EuZW 1994, 436; auch *EuGH*, Rs. 15/85, EuGHE 1987, 1005 Rn. 14 = NJW 1987, 3074, wo auf Erkennbarkeit des Fehlers abgehoben wird.
[380] Auf die Evidenz des Fehlers kommt es hier nicht an, *BVerwG* NVwZ 1987, 411.
[381] S. *EuGH*, Rs. 15/85, EuGHE 1987, 1005 Rn. 10 = NJW 1987, 3074; *Schiedeck*, Die Nichtigkeit von Verwaltungsakten nach § 44 Absatz 1 VwVfG, Diss. Regensburg 1993, S. 136.
[382] S. aber *OVG Münster* NVwZ-RR 1990, 341, für Nichtigkeit nach Abs. 1 bei denkmalrechtlicher Unterschutzstellung eines nicht (mehr) existierenden Objekts; vgl. auch Rn. 100.

§ 44 Nichtigkeit des Verwaltungsaktes

Problematisch bleibt das **Fehlen des rechtlichen Substrats** (Genehmigung unwirksamer Verträge oder Satzungen)[383] oder auch die „Verlängerung" erledigter VAe, da Abs. 2 die rechtliche Unmöglichkeit gerade nicht erfasst (Rn. 146). Bei fehlender Evidenz ist an eine Analogie zu § 43 Abs. 2 a. E. zu denken. Neben den zu Rn. 111–118 aufgeführten Fällen sind die in Abs. 2 genannten die Fehler, die hauptsächlich zur Nichtigkeit führen. **131**

2. Nichterkennbarkeit der erlassenden Behörde, Nr. 1

Ist die **erlassende Behörde** aus einem schriftlich erlassenen VA entgegen § 37 Abs. 3 **nicht erkennbar** (s. § 37 Rn. 97), führt dies nach **Nr. 1** zur Nichtigkeit.[384] Es handelt sich um einen Fall absoluter Unbestimmtheit, da nicht feststeht, mit welcher Behörde für den Adressaten eine Rechtsbeziehung bestehen soll (§ 37 Rn. 1). Im Umkehrschluss folgt aus Nr. 1, dass bei Fehlen der übrigen Voraussetzungen des § 37 Abs. 3 nicht (notwendig) Nichtigkeit eintritt (s. Rn. 135). **132**

3. Unterbleiben vorgeschriebener Urkundenaushändigung, Nr. 2

Nach **Nr. 2** führt die Verletzung einer Rechtsvorschrift, die den Erlass eines VA nur durch **Aushändigung einer Urkunde** vorsieht, zur Nichtigkeit; eine entsprechende Vorschrift fehlt in § 125 Abs. 2 AO. Es muss sich nach h. M. um eine konstitutive Urkunde handeln.[385] Der gesetzlichen Form wird schon dann nicht genügt, wenn eine Urkunde zwar ausgehändigt wird, aber nicht den vorgeschriebenen Wortlaut enthält.[386] Anwendungsfälle von Abs. 2 Nr. 2 sind namentlich die §§ 16, 23, 26 Abs. 3 RuStAG.[387] **133**

Nach den **beamtenrechtlichen** Bestimmungen (§ 5 Abs. 3 S. 1 BRRG; § 6 Abs. 2 S. 3 BBG) liegt schon gar keine Ernennung vor, die nichtig sein könnte, sondern eine Nicht-Ernennung.[388] Im Übrigen gehen die Nichtigkeitsgründe des Beamtenrechts als abschließende Regelung dem § 44 VwVfG vor.[389] **134**

Die Verletzung der gesetzlich vorgesehenen **Schriftform** führt im Umkehrschluss aus Nr. 2 i. d. R. nicht zur Nichtigkeit, kann sie aber nach Abs. 1 zur Folge haben, wenn sie aus Schutzgründen zwingend vorgeschrieben ist oder sich die Nichtigkeit sonst aus ihrer Funktion zwingend ergibt (§ 37 Rn. 33).[390] Die Vernachlässigung einer nur durch Verwaltungsvorschrift vorgesehenen Schriftform begründet keine Nichtigkeit des VA;[391] s. auch § 38 Rn. 13. Der BGH[392] nimmt Nichtigkeit einer entgegen § 324 Abs. 2 AO mündlich erlassenen Arrestanordnung der Finanzverwaltung an. Das Fehlen der Unterschrift oder der Namenswiedergabe allein macht den VA jedenfalls nicht nichtig.[393] Zur Anfechtbarkeit wegen mangelnder Schriftform s. § 45 Rn. 148 f. **135**

4. Fehlen örtlicher Zuständigkeit nach § 3 Abs. 1 Nr. 1, Nr. 3

Die Verletzung der Vorschriften über die **örtliche Zuständigkeit** führt ebenso wie die Überschreitung der sachlichen Zuständigkeit i. d. R. nur zur Anfechtbarkeit (s. Rn. 111, 165, 169 ff.). **136**

---

[383] Vgl. *OVG Münster* OVGE 38, 259, 260.
[384] *VGH Mannheim* VBlBW 1992, 257 = NVwZ-RR 1992, 438 (LS), für die Ungültigstempelung einer Auflage in einem Pass, deren VA-Qualität unterstellt wurde; *OVG Schleswig* NordÖR 2002, 239, für Gebührenbescheid, der die erlassende Behörde nur in der Rechtsmittelbelehrung als Widerspruchsbehörde anspricht.
[385] *Kopp/Ramsauer*, § 44 Rn. 36 f. m. w. N.
[386] *Forsthoff*, S. 237.
[387] S. zu § 16 RuStAG *OVG Münster* NVwZ 1986, 936.
[388] S. etwa *Günther* DÖD 1990, 281, 286 m. w. N.; a. A. *H. Meyer* in Knack, § 44 Rn. 35; offenbar auch *Ziekow*, § 44 Rn. 12; offen *Kopp/Ramsauer*, § 44 Rn. 36.
[389] BVerwGE 81, 282, 284.
[390] Allgemein für Nichtigkeit auch *Schiedeck* JA 1994, 483, 487; s. ferner in Bezug auf Baugenehmigung und abfallrechtliche Planfeststellung *v. Rosenberg*, Probleme drittbelastender Verfahrensfehler im Rahmen des Baugenehmigungs- und des abfallrechtlichen Planfeststellungsverfahrens, 1994, S. 78 ff.; offen für § 20 Abs. 1 S. 1 OBG NRW *OVG Münster* NWVBl 1996, 222. Gegen Nichtigkeit der Eintragung als öffentliche Straße bei nachträglicher Änderung auf einem Karteiblatt des Bestandsverzeichnisses *VGH München* BayVBl 2007, 339 f.
[391] *OVG Münster* NVwZ 1993, 75, 76.
[392] ZIP 1991, 737, 741 m. w. N.
[393] *VGH München* NVwZ 1987, 729; für Steuerbescheid s. *Beger* DStR 1975, 175, 177; für Baugenehmigung *Stelkens* BauR 1978, 158, 161.

137 Lediglich für die Angelegenheiten, die sich auf **unbewegliches Vermögen** oder ein **ortsgebundenes Recht oder Rechtsverhältnis** beziehen (s. § 3 Rn. 18), ist in **Nr. 3** die Nichtigkeitsfolge vorgesehen, wenn der VA durch eine örtlich unzuständige Behörde erlassen wird.[394] Eine entsprechende Vorschrift fehlt in § 125 AO, § 40 SGB X.[395] Die Formulierung des **Art. 44 Abs. 2 Nr. 3 BayVwVfG** wiederholt den Text des § 3 Abs. 1 Nr. 1, um auch die Fälle zu erfassen, in denen sich die dem § 3 Abs. 1 Nr. 1 entsprechende Zuständigkeit aus Spezialvorschriften ergibt. Für die übrigen VwVfGe ergibt sich in diesen Fällen nach dem Grundsatz der teilweisen Subsidiarität (§ 1 Rn. 233 ff.) die Nichtigkeit ebenfalls aus Nr. 3.

138 Die Nichtigkeit nach Nr. 3 tritt nicht ein, wenn die nach § 3 Abs. 1 Nr. 1 unzuständige Behörde ermächtigt ist, außerhalb ihres normalen örtlichen Bezirks tätig zu werden. Damit ist nach Wortlaut und Entstehungsgeschichte[396] nur eine von der gesetzlichen Zuständigkeitsordnung im Einzelfall abweichende Ermächtigung gemeint, nicht eine sondergesetzliche Zuständigkeitsregelung (dazu Rn. 142). Besteht eine solche **wirksame Ermächtigung**,[397] tritt keine Nichtigkeit ein, der VA ist nicht einmal rechtswidrig.

139 Durch eine ohne wirksame gesetzliche Grundlage[398] oder sonst rechtswidrige und deshalb nicht wirksame **Delegation** wird der Eintritt der Nichtigkeit grundsätzlich nicht vermieden (anders ggf. bei Delegation durch trotz Rechtswidrigkeit wirksamen VA).

140 Gibt eine unzuständige Behörde auf Bitte der zuständigen Behörde dem Betroffenen den VA bekannt, handelt sie als deren **Bote** (§ 35 Rn. 55), so dass schon der Ausgangstatbestand von Nr. 3 nicht vorliegt.

141 Ist die handelnde Behörde von der zuständigen Behörde angewiesen, deren Zuständigkeit in deren Namen auszuüben,[399] bleibt ein auf Grund dieses **Mandats** erlassener VA einer der zuständigen Behörde,[400] so dass auch hier Nr. 3 von vornherein nicht einschlägig ist. Ist das Mandat rechtswidrig, kann dieser Fehler nur nach Abs. 1 zur Nichtigkeit des VA führen.[401]

142 Die nach § 3 Abs. 4 bei Gefahr im Verzug handelnde Behörde ist selbst ebenfalls örtlich zuständig (**Eilzuständigkeit**, § 3 Rn. 43 ff.). Auch wenn sie im Bezirk der nach § 3 Abs. 1 Nr. 1 zuständigen Behörde tätig werden muss, fallen die von ihr erlassenen VAe von vornherein nicht unter Nr. 3.[402] In der Praxis kann Nr. 3 Bedeutung gewinnen, da in örtlichen Grenzbereichen schon einmal Unklarheit über die Zuständigkeit besteht. In diesen Fällen ist der Zuständigkeitsfehler nicht offensichtlich. Dennoch ist der VA nichtig.

5. Tatsächliche objektive Unausführbarkeit, Nr. 4

143 Nach **Nr. 4** ist der VA nichtig, den aus **tatsächlichen Gründen niemand ausführen kann**, z.B. Abbruchanordnung für ein bereits abgebrochenes Haus; Genehmigung zur Bebauung eines nicht existierenden Grundstücks, nicht aber eine Baugenehmigung, die auf ein Baugesuch zurückgeht, in dem die Größe des Baugrundstücks unrichtig angegeben ist, auch wenn das Bauwerk auf dem Grundstück nach seiner wirklichen Größe nicht genehmigungsfähig ist;[403]

---

[394] So z.B. bei einer Abmarkung durch eine örtlich unzuständige Vermessungsbehörde, *Häde* BayVBl 1994, 423, 424.
[395] Für § 40 SGB X ging der Gesetzgeber davon aus, dass im Sozialrecht derartige Fallgestaltungen nicht vorkommen, BT-Drs 8/2034, S. 33.
[396] Vgl. den Hinweis auf § 3 Abs. 3 FlurbG in Begründung zu § 34 Musterentwurf.
[397] Ausdrücklich nur für Wirksamkeit der Ermächtigung auch *Kopp/Ramsauer*, § 44 Rn. 38 a; fehlerhaft wirksame Ermächtigungen dürften freilich kaum praktische Relevanz haben.
[398] S. zu den verfassungsrechtlichen Problemen von Delegationen *Obermayer*, Verwaltungsrecht, S. 68 mit Fn. 277; ausf. *Schenke* VerwArch 1977, 118 ff.; auch Rn. 174; zur Frage der Passivlegitimation im Prozess *Ehlers* in FS Menger, 1985, S. 379, 390.
[399] Vgl. § 4 Rn. 40, die zu Rn. 139 Genannten sowie *Schmidt-Jortzig/Wolffgang* VerwArch 1984, 107, 115 ff. m.w.N.; zur Notwendigkeit eines Gesetzes für ein generelles Mandat *BDiszG* DÖV 1985, 450.
[400] Vgl. § 89 Abs. 1 SGB X für den „Auftrag" nach § 88 SGB X; *OVG Münster* ZFW 1988, 300, 302 f.; § 4 Rn. 35.
[401] Weitergehend wohl *OVG Münster* NVwZ 1993, 75, 76, wonach der Zuständigkeitsmangel bei rechtswidriger Bevollmächtigung (des Dekans durch den Rektor) zur Ausübung des Hausrechts im Umkehrschluss aus § 3 Abs. 1 Nr. 1 wohl schlechthin ungeeignet sein soll, Nichtigkeit auszulösen (s. demgegenüber zum Verhältnis von Abs. 2 zu Abs. 1 Rn. 100, 129).
[402] Für eine Ermächtigung auch insoweit *H. Meyer* in Knack, § 44 Rn. 37; *Kopp/Ramsauer*, § 44 Rn. 38 a.
[403] *BVerwG* NVwZ 1992, 564 f.; zust. *Berg* JZ 1993, 77, 79, gegen *OVG Münster* DÖV 1989, 685; dagegen auch schon *Stüer* DÖV 1989, 671, 673; hier dürfte ein Fall (nur) rechtlicher Unmöglichkeit (s. Rn. 146) vorliegen.

nichtig ist dagegen ein Befehl, der sich in der zur Verfügung stehenden Zeit objektiv nicht ausführen lässt.[404] Zuweilen wird auch die Bekanntgabe an eine nicht existente Person als Fall der tatsächlichen Unmöglichkeit angesehen.[405] In Wahrheit fehlt es hier schon an wirksamer Bekanntgabe (Rn. 111; § 43 Rn. 176).

Nur die objektive tatsächliche **Unmöglichkeit** ist gemeint, **nicht** auch die **subjektive,** das **Unvermögen** des Adressaten, z. B. den Abbruch eines Hauses aus Geldmangel oder anderen persönlichen Gründen durchzuführen.[406] **144**

Da es in den Fällen des Abs. 2 nicht auf die Offensichtlichkeit des Fehlers ankommt, wird von Nr. 4 auch **technische Unausführbarkeit** erfasst, die sich erst nach Erlass des VA herausstellt.[407] Ist die Ausführung des VA zwar objektiv möglich, aber mit einem ganz **unverhältnismäßigen Aufwand** verbunden, liegt kein Fall der Nr. 4 vor.[408] Nichtigkeit ist nur nach Abs. 1 möglich. **145**

Die **rechtliche Unmöglichkeit** des VA führt abgesehen von Abs. 2 Nr. 5 (s. Rn. 150 f.) nur unter den Voraussetzungen des Abs. 1 zur Nichtigkeit.[409] Dieser Nichtigkeitsgrund kann durchgreifen, wenn ein VA die angestrebte Regelung schlechthin nicht erreichen kann, z. B. die Versetzung eines Nichtbeamten in den Ruhestand (Rn. 115), die Einsetzung eines Treuhänders bei Nichtvorhandensein des Gegenstands der angeordneten Verwaltung[410] oder die Einbürgerung eines deutschen Staatsangehörigen;[411] zu Genehmigungen ohnehin unwirksamer Rechtsakte s. Rn. 131. I. d. R. ist der VA, der einen rechtlich nicht möglichen Erfolg fordert, nur anfechtbar; dasselbe gilt für die Genehmigung eines genehmigungsunfähigen Verhaltens oder Vorhabens (s. Rn. 143). **146**

Liegt die Unmöglichkeit, einer Regelung nachzukommen, in der **mangelnden Alleinberechtigung des Adressaten,** nimmt die h. M. nur Unvermögen, nicht objektive Unmöglichkeit an,[412] z. B. bei Aufforderung zum Abbruch eines Gebäudes an nur einen Miteigentümer. Dieses Unvermögen ist behebbar. Erst für die Vollstreckung ist erforderlich, dass die anderen Miteigentümer mit dem Abbruch einverstanden sind oder ihnen gegenüber eine vollziehbare Duldungs- oder Abbruchsverfügung vorliegt.[413] **147**

Objektive Unmöglichkeit wurde für die Verpflichtung eines Ausländers, seine **Wiedereinbürgerung herbeizuführen,** angenommen, weil er über die Antragstellung hinaus keine Möglichkeit besitzt, die Wiedereinbürgerung zu erzwingen, und die Mitwirkung des fremden Staates auch von der Behörde nicht durchgesetzt werden kann;[414] warum die Möglichkeit der „freiwilligen" Wiedereinbürgerung durch den fremden Staat nicht genügt, um die objektive Unmöglichkeit auszuschließen, bleibt unklar. **148**

Anders als § 125 Abs. 2 Nr. 2 AO spricht § 44 Abs. 2 Nr. 4 von **„ausführen"** statt „befolgen". Mit dem Begriff „ausführen" sollen sowohl **VAe mit Geboten und Verboten** als auch **feststellende VAe** erfasst werden (Bericht BT-Innenausschuss zu § 44). Ein Gegensatz zu § 125 Abs. 2 Nr. 2 AO sollte mit der unterschiedlichen Formulierung aber nicht aufgetan werden. Nach dem umfassenden Zweck der Vorschrift ist jedenfalls Nr. 4 auch auf feststellende und ggf. auf gestaltende VAe anzuwenden.[415] Das *OVG Münster*[416] begründet allerdings die Nichtigkeit der denkmalrechtlichen Unterschutzstellung eines nicht existierenden Gebäudes über § 44 Abs. 1 (s. schon Rn. 100, 130). **149**

---

[404] *BVerwGE* 86, 18, 20.
[405] Vgl. *BVerwG* NJW 1977, 1603.
[406] Ausf. zur Unmöglichkeit von VAen *Erbel,* Die Unmöglichkeit von Verwaltungsakten, 1972.
[407] Krit. dazu *Wolff/Bachof/Stober* 2, § 49 Rn. 27. Für zukunftsbezogene Umrüstungsauflagen *Koehl* BayVBl 2005, 421, 427.
[408] Für in diesen Fällen zumindest analoge Anwendbarkeit *H. Meyer* in Knack, § 44 Rn. 38; *Kopp/Ramsauer,* § 44 Rn. 39.
[409] Anders – möglicherweise nur de lege ferenda – *Schiedeck,* Die Nichtigkeit von Verwaltungsakten nach § 44 Absatz 2 VwVfG, Diss. Regensburg 1993, S. 116, 145 f.; *ders.* JA 1994, 483, 488.
[410] *BGHZ* 125, 125, 132 .
[411] *VGH München* VerwRspr 1961 Nr. 83.
[412] Vgl. *Rabe* BauR 1978, 166, 176; *Därr* DÖV 1976, 111, 117; *Kühling* BauR 1972, 264. Vgl. auch *BVerwG* Buchholz 316 § 44 VwVfG Nr. 14.
[413] *OVG Münster* BRS 28 Nr. 151; *VGH München* BayVBl 1978, 54; *VGH Kassel* NJW 1983, 2282; a. A. *OVG Koblenz* BauR 1985, 182, für rechtliche Unmöglichkeit.
[414] *VGH Mannheim* NVwZ 1994, 1233.; wie hier auch *OVG Münster* NVwZ-RR 2004, 786.
[415] Ebenso *Kopp/Ramsauer,* § 44 Rn. 41 m. w. N.
[416] NVwZ-RR 1990, 341.

6. Verlangen strafbarer Handlungen, Nr. 5

150   Nach **Nr. 5** ist der VA nichtig, der die Begehung einer **rechtswidrigen Tat verlangt,** die einen **Straf- oder Bußgeldtatbestand** verwirklicht. Die Erlaubnis für ein Tun, das einen Straf- oder Bußgeldtatbestand erfüllt, wird vom Wortlaut der Bestimmung nicht erfasst.[417] Auch der besondere Schutzzweck der Norm zugunsten des Adressaten, der nicht wirksam zu strafbarem Tun verpflichtet werden können soll, lässt eine Ausdehnung nicht zu.[418] Allerdings liegt insoweit ein schwerer und regelmäßig auch offensichtlicher Fehler vor.[419] Bei Ordnungswidrigkeiten soll zudem wegen des Opportunitätsprinzips die Entscheidung der zuständigen Behörde, die Tat zu verfolgen, erforderlich sein.[420] Ausnahmsweise hält das *VG Berlin* eine zweite ausländerrechtliche Duldung aus Gründen des familiären Zusammenlebens mit dem in einem anderen Land geduldeten Ehepartner nicht für nichtig, obwohl eigentlich beide Duldungen bußgeldbewehrte Ausreisepflichten aus dem jeweils anderen Land begründen.[421] Abgestellt wird in Nr. 5 auf eine **rechtswidrige** Tat im Sinn des § 11 Abs. 1 Nr. 5 StGB und § 1 OWiG. Dass die Tat auch die subjektiven Tatbestandselemente erfüllt und **schuldhaft** begangen wird, ist **nicht** erforderlich.[422]

151   Nr. 5 bleibt hinter **§ 134 BGB** weit zurück. Der Begriff „**gesetzliches Verbot**" hatte sich vor dem VwVfG für die Abgrenzung von Nichtigkeit und bloßer Anfechtbarkeit als wenig ergiebig erwiesen, da er von der Rspr. so weit ausgedehnt worden war, dass letztlich jeder zwingende Rechtssatz auch als Verbot angesehen wurde, anders als vorgeschrieben zu verfahren.[423] VAe, die gegen ein gesetzliches Verbot i. S. d. § 134 BGB verstoßen (oder ein solches Verhalten gebieten), können im Einzelfall nach den Voraussetzungen des Abs. 1 nichtig sein. Wesentlich größere Bedeutung hat § 134 BGB i. V. m. § 59 (s. dort Rn. 49 ff.) beim ör. Vertr.

7. Sittenwidriger VA, Nr. 6

152   Nr. 6 greift den Rechtsgedanken des **§ 138 BGB** auf. Die Rspr. zu dieser Regelung kann herangezogen werden. Der Begriff der **guten Sitten** ist ein unbestimmter Rechtsbegriff, der sich nach sozialethischen Wertvorstellungen bestimmt, die in der Rechtsgemeinschaft, insbes. im Verfassungskonsens, als maßgebliche Ordnungsvoraussetzungen anerkannt sind.[424]

153   Hierzu gehören insbes. Achtung und Schutz der **Menschenwürde,** deren Auswirkungen auf das Verwaltungshandeln vor allem im Zusammenhang mit sog. Peep-Shows im Hinblick auf das Verhältnis zur Autonomie des Einzelnen diskutiert wurden.[425] Eine Polizeiverfügung zur Duldung von Foltermaßnahmen wäre jedenfalls nichtig.[426]

154   An einem **durchschnittlichen Maßstab** gemessen ist ein Verstoß gegen die guten Sitten anzunehmen, wenn eine erhebliche Abweichung von der herrschenden Moral festzustellen ist und diese Abweichung gegen das Anstandsgefühl aller billig und gerecht Denkenden verstößt.[427]

---

[417] Für eine Erlaubnis für strafbares Glückspiel noch zum alten Recht *OLG Celle* NJW 1969, 2250; für Genehmigung gegen TierSchG verstoßender Tierhaltung *Caspar/Cirsovius* NuR 2002, 22, 24; anders nicht überzeugend *von Loeper* DÖV 2001, 370, 371 f.
[418] *Schäfer* in Obermayer VwVfG, § 44 Rn. 61.
[419] *H. Meyer* in Knack, § 44 Rn. 40; „zumindest" hierfür auch *Kopp/Ramsauer,* § 44 Rn. 44.
[420] So *VG Potsdam* NVwZ 1994, 925, 926, wo offengelassen wird, ob eine bloße Erlaubnis zur Begehung eines Handelns, das den Tatbestand einer Ordnungswidrigkeit begründet, im Rahmen des § 44 Abs. 2 Nr. 5 ausreicht; dazu *Wolnicki* NVwZ 1994, 872, 873.
[421] *VG Berlin* NVwZ 2000 Beil. I, 11, 12, wo im Ergebnis schon die Rechtswidrigkeit der zweiten Duldung durch Verkürzung des Geltungsanspruchs der ersten vermieden wird.
[422] So auch *Kopp/Ramsauer,* § 44 Rn. 43; *Schäfer* in Obermayer, § 44 Rn. 61.
[423] *Bachof* I, Teil 2, C 31.
[424] BVerwGE 64, 274, 276 f.; ferner etwa 64, 280, 282; 71, 29, 30; 71, 34, 36; 84, 314, 317 f.
[425] Für Verstoß gegen die guten Sitten vor allem *BVerwGE* 64, 274 ff.; *BVerwGE* NVwZ 1987, 411; BVerwGE 84, 314; w. Nachw. bei *Stern* Staatsrecht III/1, S. 30 f.; ferner etwa *VGH Mannheim* NVwZ 1988, 640 m. w. N.; *VGH München* NVwZ 1992, 76; s. im ähnlichen Kontext – Striptease, Vorführung des Geschlechtsverkehrs, Prostitution – *BVerwG* NJW 1982, 665; *BVerwG* 71, 29; 71, 34; *OVG Münster* GewArch 1983, 58, sowie etwa *Würkner* NVwZ 1988, 600; *ders.* GewArch 1989, 13; *Martens* NVwZ 1990, 624, 627 f.
[426] Vgl. in diesem Kontext den „Fall Daschner", s. *LG Frankfurt a. M.* NJW 2005, 692 ff.; dazu etwa *Götz* NJW 2005, 953 ff.; *Jerouschek* JuS 2005, 296 ff.; *Ellbogen* Jura 2005, 339 ff.; auch *Hamm* NJW 2003, 946 f.; *Miehe* NJW 2003, 1219 f.; *Guckelberger* VBlBW 2004, 121 f.; *Herzberg* JZ 2005, 321 ff.; vgl. auch *Brugger* JZ 2000, 165 ff.
[427] Dazu im Einzelnen *Sack* NJW 1985, 761.

Dieser Verstoß ist i. d. R. evident i. S. d. Abs. 1, muss es aber, wie nicht zuletzt die Auseinandersetzung um die Peep-Shows zeigt, nicht sein.[428]

Der **Verstoß** gegen die guten Sitten muss nach dem Wortlaut **durch den VA selbst** gegeben sein; dazu müsste es aber genügen, wenn ein VA ein sittenwidriges Verhalten ermöglicht oder aufgibt[429] und so an dem **Sittenverstoß des Adressaten mitwirkt**.[430]

Nicht erforderlich ist wegen der für § 44 maßgeblichen objektiven Betrachtungsweise ein verwerfliches Handeln der Behörde im Sinne **subjektiver Vorwerfbarkeit**.[431] Der Sittenverstoß kann in der Missachtung elementarer rechtsstaatlicher Verfahrensgrundsätze liegen.[432] Auch die in § 138 Abs. 2 BGB für das Zivilrecht hervorgehobenen Beispielsfälle von Verstößen gegen die guten Sitten kommen in Betracht.

Sittenwidrigkeit wurde etwa in folgenden **Beispielsfällen** angenommen: baurechtlicher Vorbescheid, der von kostenloser Grundstücksabtretung abhängig gemacht wird;[433] Machtmissbrauch;[434] Erteilung einer Baugenehmigung im Zusammenhang mit einem als Koppelungsgeschäft sittenwidrigen Baulandsicherungsvertrag.[435] Zur Umdeutung eines sittenwidrigen VA s. § 47 Rn. 41. Das *VG Berlin*[436] spricht sich für analoge Anwendung des § 44 Abs. 2 Nr. 6 auf eine auf Bestechung beruhende dienstliche Anordnung aus.

V. Negativkatalog (Abs. 3)

1. Allgemeines

Abs. 3 ordnet an, dass die dort erwähnten Verfahrensverstöße **nicht schon für sich** – wie zuweilen früher in der Lit. angenommen – zur Nichtigkeit führen, selbst wenn diese Fehler schwerwiegend und offensichtlich i. S. d. Abs. 1 sind[437] (Rn. 101). Anderes hat zu gelten, wenn solche Fehler von den Verwaltungsbehörden bewusst begangen werden; das vorsätzliche Handeln contra legem tritt als eigenständiges Element zu dem jeweiligen Verfahrensfehler hinzu und öffnet damit den Rückgriff auf § 44 Abs. 1.[438] Wegen der Anfechtbarkeit aus diesen Gründen s. die Schranke des § 46. Treffen die Fehler des Abs. 3 mit (zusätzlichen) Fehlern des Abs. 1 oder 2 zusammen, bleibt die Nichtigkeit wegen dieser Fehler unberührt.

Vergleichbare Ausnahmen von der nach den allgemeinen Grundsätzen (Rn. 8 ff., 98, 121) eintretenden (rechtlichen) Inexistenz der Entscheidungen werden für das **europäische Gemeinschaftsrecht** nicht angenommen.

2. Nichteinhaltung der örtlichen Zuständigkeit, Nr. 1

Vor allem führt die Nichteinhaltung der **örtlichen Zuständigkeit**, § 3 Rn. 14 – von dem Sonderfall des Abs. 2 Nr. 3 abgesehen (s. Rn. 136 ff.) – nicht zur Nichtigkeit **(Nr. 1)**. Mit dieser Regelung einschließlich der des Abs. 2 Nr. 3 wird der früheren h. M. gefolgt, wonach die Verletzung der örtlichen Zuständigkeit i. d. R. nur zur Anfechtung des VA berechtigt. Das *BVerwG*[439] lässt sogar offen, ob die Verletzung der örtlichen Zuständigkeit stets zur Rechtswid-

---

[428] Ausdrücklich *BVerwG* NVwZ 1987, 411; *BVerwGE* 84, 314; a. A. *Meyer/Borgs*, § 44 Rn. 20.
[429] Für Anordnung und Erlaubnis sittenwidriger Handlungen *BVerwGE* 84, 314, 316; anders ohne Begründung *Caspar/Cirsovius* NuR 2002, 22, 24.
[430] S. auch *VG Düsseldorf* NVwZ 1983, 176; *Kopp/Ramsauer*, § 44 Rn. 47; anders *H. Meyer* in Knack, § 44 Rn. 44.
[431] *BVerwG* NVwZ 1987, 411; *VGH München* BayVBl 1986, 569 f.; NVwZ 1986, 1034.
[432] *OVG Lüneburg* NdsVBl 1997, 111, 112, im Anschluss an *Kopp/Ramsauer*, § 44 Rn. 50 m. w. N.
[433] *VGH München* BayVBl 1976, 237, 238.
[434] Vgl. *BVerwGE* 42, 331, 342 f., dort für Vertrag; dazu auch § 59 Rn. 29, 59.
[435] *VG München* NJW 1998, 2070, 2072; allg. zu zulässigen und unzulässigen Koppelungen im Baurecht *Dombrowski*, Missbrauch der Verwaltungsmacht. Zum Problem der Koppelung verschiedener Verwaltungszwecke, 1967, S. 98 ff.
[436] NVwZ 1988, 757 f.
[437] Wie hier *H. Meyer* in Knack, § 44 Rn. 10; *Kopp/Ramsauer*, § 44 Rn. 59; im Ergebnis auch *Meyer/Borgs*, § 44 Rn. 21; a. A. noch *Kopp* VwVfG, 6. Aufl., § 44 Rn. 57 zu Nr. 3.
[438] Vgl. (unabhängig von § 44) für Nichtigkeit eines bewusst unter Verletzung der örtlichen Zuständigkeit erlassenen Bußgeldbescheids *AG Magdeburg* NJW 2000, 374.
[439] *BVerwGE* 56, 230, 233.

rigkeit des VA führt. Besondere Fragen stellen sich im Hinblick auf die Rechtsfolgen bei Verlust der örtlichen Zuständigkeit während des VwVf.[440] Zur Heilung von Zuständigkeitsmängeln s. § 45 Rn. 146.

161 Nach der früher h. M.[441] sollte Nichtigkeit im Falle **fehlender Verbandszuständigkeit** eintreten. Anders als bei der (örtlichen oder sachlichen) Zuständigkeit von Behörden, die derselben juristischen Person des öffentlichen Rechts zugehören, geht es hier um Überschreitungen des Kompetenzbereichs selbständiger Träger öffentlicher Verwaltung.[442]

162 Die Verbandskompetenz kann fehlen, wenn Behörden einer Körperschaft **außerhalb des räumlich abgegrenzten Tätigkeitsbereichs** ihres Verbandes handeln, z. B. wenn Landesbehörden über Landesgrenzen hinweg agieren.[443] Sie kann aber (ähnlich der sachlichen Zuständigkeit) auch fehlen, wenn Behörden eines Verbandes innerhalb seines Hoheitsgebiets **Aufgaben** wahrnehmen, die **allein einem anderen Hoheitsträger** zustehen, wie bei Wahrnehmung von Bundesaufgaben durch Landesbehörden und umgekehrt.[444]

163 Die genannten Grundsätze wurden von der oben erwähnten älteren Auffassung auf das Verhältnis zwischen rechtlich verselbständigten Verbänden überhaupt bezogen.[445] Demgegenüber **schränken** neuere Überlegungen den **Anwendungsbereich** der Verbandszuständigkeit **ein**.[446]

164 Andere behandeln auch die **Ausführung von Bundesgesetzen durch die Länder** nach Art. 83ff. GG bei Tätigkeit von Behörden eines anderen Landes wie bzw. als einen Mangel der örtlichen Zuständigkeit.[447] In Kombination beider Ansätze dürften die Regeln der Verbandskompetenz auch bei einem Selbsteintritt des im Rahmen des Art. 85 GG allein sachkompetenten Bundes[448] nicht eingreifen (s. aber Rn. 166f., 170, 175ff.).

165 Von der Frage der Reichweite der **Verbandskompetenz** zu trennen ist die nach den **Folgen** etwaiger **Verstöße**. Ging vor dem VwVfG auch die Judikatur mit der h. M. (Rn. 161) davon aus, dass fehlende Verbandskompetenz stets zur Nichtigkeit führe,[449] setzte sich allmählich eine differenziertere Sichtweise durch.[450] Unter der Geltung des § 44 gibt es mangels Aufnahme in den Katalog des Abs. 2 **keinen absoluten Nichtigkeitsgrund** der fehlenden Verbandskompetenz.[451] Vielmehr sind entsprechende Fälle nach Abs. 1 zu behandeln, dessen Anforderungen der Feststellung im Einzelfall bedürfen; allerdings wird an der Schwere des Fehlers regelmäßig kein Zweifel bestehen.[452] Dem entspricht es, wenn in diesen Fällen absolute sachliche Unzuständigkeit (Rn. 170) angenommen wird.[453]

166 **Anwendungsfälle von Nichtigkeit** werden z. B. angenommen für den Fall einer gemeindlichen Erlaubnis zur Errichtung und zum Betrieb einer Spielbank wegen Überschreitung des gemeindlichen Wirkungskreises;[454] für den Erlass eines forstrechtlichen (Verkehrs-)Entmischungs-

---

[440] Dazu *J. Schmidt* DÖV 1977, 774f.
[441] *E. R. Huber*, Wirtschaftsverwaltungsrecht II, 2. Aufl. 1954, S. 716f.; *Forsthoff*, S. 230; *Wolff*, Verwaltungsrecht I, 8. Aufl. 1971, S. 372; im Ergebnis auch *W. Jellinek*, S. 277.
[442] Vgl. ausf. *Oldiges* DÖV 1989, 873 ff.
[443] Vgl. *VG Gelsenkirchen* NVwZ 1986, 861 f., für Forderungspfändung.
[444] Vgl. *Kirschenmann* JuS 1977, 565, 568.
[445] Ebenso für den Begriff der Verbandszuständigkeit *Wolff/Bachof/Stober* 2, § 49 Rn. 35.
[446] Namentlich will *Oldiges*, DÖV 1989, 873, 881, die Regeln über die Verbandszuständigkeit bei Wahrnehmung materiell-staatlicher Aufgaben durch Träger mittelbarer Staatsverwaltung durch die über bloße Behördenzuständigkeit ersetzen, und zwar auch, wenn es sich um Selbstverwaltungsträger handelt.
[447] Vgl. BVerwGE 90, 25, 35 m. w. N., für die Ausführung des BAföG; *OVG Lüneburg* DÖV 1973, 683; *OVG Münster* NJW 1989, 2906, 2907, zu § 3 Abs. 3 im Rahmen von Art. 83, 84 GG gegen *OVG Münster* NJW 1979, 1057f.; zust. *Isensee* HStR IV, § 98 Rn. 34 mit Fn. 79, anders für die Ausführung von Landesrecht ebda, Rn. 36 mit Fn. 79, Rn. 102f.; s. auch *H. Meyer* in Knack, vor § 3 Rn. 17 m. w. N.; a. A. auch für den Bereich der Bundesauftragsverwaltung nach Art. 85 GG *Oldiges* DÖV 1989, 873, 879f. m. w. N.
[448] Vgl. BVerfGE 81, 310, 331 ff.; 84, 25, 31 f.
[449] S. etwa BVerwG DÖV 1972, 173; BGHZ 54, 157, 162ff.; gegen die weitergehende Annahme von Nichtakten nach der ultra vires-Lehre eingehend *Ehlers* Die Lehre von der Teilrechtsfähigkeit juristischer Personen des öffentlichen Rechts und die Ultra-vires-Doktrin des öffentlichen Rechts, 2000.
[450] S. namentlich *Wolff/Bachof/Stober* 2, § 49 Rn. 35; auch *OVG Lüneburg* DÖV 1973, 683.
[451] *Oldiges* DÖV 1989, 873, 882 m. w. N.; *Isensee* HStR IV, § 98 Rn. 103 mit Fn. 246; anders (vielleicht nur de lege ferenda) *Schiedeck* JA 1994, 483, 485f.
[452] *Oldiges* DÖV 1989, 873, 882 m. w. N.
[453] Vgl. *VGH Mannheim* VBlBW 1981, 291 ff.; *VGH München* NVwZ 1988, 749; *OVG Weimar* LKV 2000, 309, 310.
[454] *OVG Münster* DVBl 1976, 395.

plans durch Gemeinde anstelle des Staatlichen Forstamtes;[455] für die Errichtung von Geschwindigkeitsmessanlagen durch die (kommunalen) örtlichen Ordnungsbehörden bei alleiniger Zuständigkeit der (staatlichen) Polizei;[456] für VA eines vom Bund im Bereich von Landesverwaltungskompetenzen Beliehenen.[457]

Verneint wird **Nichtigkeit** z. B., wenn eine Behörde eines Landes bundesgesetzliche Verwaltungsangelegenheiten nach Art. 83 GG anstelle der zuständigen Behörde eines anderen Landes wahrnimmt;[458] für die Erteilung eines Jagdscheins durch örtlich unzuständigen Kreis;[459] für Erteilung einer Baugenehmigung durch Gemeinde anstelle des Landratsamts;[460] für eine abfallrechtliche Beseitigungsverfügung gegen die Deutsche Bundesbahn wegen einer bahneigenen Müllkippe, selbst wenn dafür die Eigenzuständigkeit der Bahn eingreift.[461] Zum Geltungsbereich von VAen einer Landesbehörde bei der Ausführung von Bundesgesetzen vgl. § 43 Rn. 97, 113 ff. Zur Klagebefugnis der Länder bei der Anfechtung bundesbehördlicher VAe Laubinger VerwArch 1994, 291, 304 ff. 167

Die Regeln über Folgen örtlicher Unzuständigkeit für den Erlass von VAen lassen sich nicht auf die örtliche **Unzuständigkeit** von Behörden **für Prozesshandlungen** übertragen.[462] Desgleichen geben diese Regeln keine Auskunft über die richtigerweise zu verklagende Behörde, die sich nach § 78 VwGO bestimmt.[463] 168

§ 44 bringt bewusst keine Regelung der Folgen **sachlicher Unzuständigkeit,** da die Rechtsfolgen dieser Fehler je nach Lage des Einzelfalls zu unterschiedlich sind (Begründung zu § 40 Abs. 3 Nr. 1 Entwurf 73; § 3 Rn. 10). Eine Ausnahme bildet nur § 113 Abs. 3 Nr. 5 LVwGSchH für den überschaubaren Bereich der Zuständigkeit der Ordnungsbehörde nach § 165 Abs. 3 LVwGSchH. Unter sachliche Zuständigkeit sind auch die **Verbandszuständigkeit** (Rn. 161 ff.) und die Fälle zu zählen, dass ein gesetzlich unzuständiges Organ anstelle eines anderen derselben Körperschaft handelt. 169

Bei **absoluter sachlicher Unzuständigkeit,** d. h. wenn eine Behörde tätig wird, die unter keinem, wie immer gearteten Umstand mit der Sache befasst sein kann, wird allgemein[464] **Nichtigkeit** angenommen. Die Voraussetzungen des Abs. 1 liegen insoweit i. d. R. vor. **Beispielsfälle** sind etwa die Anordnung von Straßensperren durch Flurbereinigungsbehörden[465] oder Forstverwaltung[466] sowie die zu Rn. 166 genannten VAe ohne Verbandskompetenz. 170

Ist die Zuständigkeitsabgrenzung nicht so offensichtlich verfehlt, insbes. wenn die unzuständige Stelle **bei anderer Sach- und Verfahrenslage zuständig** wäre,[467] ist der VA nur anfechtbar (s. auch § 46 Rn. 38 ff.). Nichtigkeit verneint das *BVerwG* mangels Offensichtlichkeit des Fehlers[468] für Grundsteuerfestsetzung durch Gemeinden trotz Zuständigkeit der Landesfinanzbehörden entsprechend langjähriger Praxis. Die Abgrenzung ist jedoch im Einzelfall umstritten und wird nicht einheitlich behandelt. Ebenfalls nur zur Anfechtbarkeit führt i. d. R. eine Überschreitung der Sachkompetenz (s. dazu § 9 Rn. 146 ff.). 171

Nicht rechtswidrig ist der VA, der von einer **behördenintern unzuständigen** Stelle erlassen wird (z. B. VA des Kreisbauaufsichtsamtes anstelle des Kreises als unterer Naturschutzbehörde), 172

---

[455] *VGH Kassel* NVwZ-RR 1991, 226, 227; anders aber in Bezug auf Erteilung einer Baugenehmigung *OVG Bautzen* SächsVBl 1997, 59 f.; s. Rn. 167.
[456] *OLG Frankfurt a. M.* NJW 1992, 1400 f., bei weiteren, in eine Gesamtbewertung einbezogenen Mängeln.
[457] *VGH München* NVwZ 1988, 749, wegen absoluter sachlicher Unzuständigkeit (Rn. 170).
[458] *OVG Lüneburg* DÖV 1973, 683; vor allem für die Ausführung von Bundesgesetzen ohne Ermessensspielraum, *OVG Hamburg* NVwZ-RR 1999, 633, 634.
[459] *OVG Hamburg* NVwZ-RR 1993, 27, 28.
[460] *OVG Bautzen* SächsVBl 1997, 59 f.
[461] *VG Freiburg* NVwZ 1990, 594 f.
[462] *BayObLG* NJW 1966, 310, für Antrag in der freiwilligen Gerichtsbarkeit.
[463] Vgl. *Ehlers* in FS Menger, 1985, S. 379, 385.
[464] Vgl. *BVerwG* NJW 1974, 1961, 1963; *VGH Mannheim* DÖV 2006, 656; *Kopp/Ramsauer*, § 44 Rn. 14 m. w. N.; auch *Schiedeck*, Die Nichtigkeit von Verwaltungsakten nach § 44 Absatz 1 VwVfG, Diss. Regensburg 1993, S. 74 ff.; *ders.* JA 1994, 483, 486 jeweils m. w. N.
[465] *BayObLG* NJW 1965, 1973.
[466] *BayObLG* NVwZ 1984, 399.
[467] *BVerwG* DVBl 1983, 137, 138; ZFW 1986, 362, 365; *VGH Mannheim* DÖV 1978, 696; VBlBW 1981, 291 ff.; *VG Freiburg* NVwZ 1990, 594.
[468] *BVerwGE* 66, 178, 182 f.; entspr. *OVG Bautzen* SächsVBl 1997, 59 f.; *VGH Mannheim* NVwZ-RR 2005, 273, 274.

es sei denn, die behördeninterne Zuständigkeit ist durch Rechtsvorschrift begründet worden.[469] Ist der den VA erlassende Beamte nach seiner Stellung, seiner Rangstufe, nicht zur Abgabe derartiger VAe befugt, fehlt es an einer wirksamen Bekanntgabe (vgl. § 35 Rn. 56 und § 38 Rn. 63 ff., 79 f.). Zur Bedeutung der behördeninternen Aufgabenverteilung für die Kenntnis einer Stelle der Behörde vgl. für die Rücknahme § 48 Rn. 154 ff., 212 ff.

173 Wird der **Vorsitzende** eines Kollegialorgans anstelle des **Kollegiums** tätig, liegt schlichte sachliche Unzuständigkeit vor.[470] Entsprechendes gilt, wenn die (Präsidenten-)Beschlusskammer der RegTP anstelle des zuständigen Präsidenten entscheidet.[471]

174 Anfechtbarkeit ist i. d. R. auch bei fehlender **Delegation** (zum Begriff § 4 Rn. 41) anzunehmen. Die Delegation bedarf (auch rückwirkend zu schaffender) gesetzlicher Grundlage.[472] Zur Zulässigkeit eines Auftrags der zuständigen Behörde an eine andere, in ihrem Namen zu entscheiden (**Mandat**) (zum Begriff § 4 Rn. 40), ohne gesetzliche Ermächtigung s. *OVG Münster* ZfW 1988, 300, 302 f. Vgl. auch Rn. 139, 141. Das *OVG Münster* nimmt Wesensverschiedenheit von Delegations- und Mandatsermächtigung an.[473]

175 Nicht einheitlich wird die Frage eines Verstoßes gegen die sog. **funktionelle Zuständigkeit** (auch instanzielle Zuständigkeit genannt; s. aber § 3 Rn. 7, 11) behandelt. In diesen Fällen handelt die Aufsichtsbehörde anstelle der unteren Behörde und umgekehrt.[474] I. d. R. hat die Aufsichtsbehörde nur Aufsichtsfunktion, darf also nicht erstinstanzlich anstelle der Erstbehörde entscheiden.[475] Daher ist ihre Entscheidung grundsätzlich eine verwaltungsinterne Weisung, nicht VA (vgl. § 35 Rn. 177 ff.). Aus einem Weisungsrecht folgt nicht allgemein ein Recht zum Selbsteintritt.[476] Entscheidet die Aufsichtsbehörde selbst (**„Selbsteintritt"**), ohne dazu im Einzelfall befugt zu sein, ist dieser VA i. d. R. nicht nichtig, sondern **nur anfechtbar**.[477]

176 Einen VA unter Verletzung der funktionellen Zuständigkeit erlässt die übergeordnete **Widerspruchsbehörde,** wenn sie aus Anlass eines Widerspruchs über den durch das Vorverfahren gezogenen Rahmen hinaus tätig wird,[478] etwa aus Anlass des Widerspruchs gegen eine Aufenthaltserlaubnis eine Ausweisungsverfügung erlässt,[479] einer Ordnungsverfügung eine Zwangsmittelandrohung beifügt[480] oder bei Entscheidung über den Widerspruch gegen eine baurechtliche Beseitigungsverfügung zugleich die Rücknahme einer Baugenehmigung ausspricht.[481] Bedenklich scheint die Annahme, dass die Widerspruchsbehörde berechtigt ist, eine Abrissverfügung durch ein Nutzungsverbot zu ersetzen, zumal wenn es sich um eine Ermessensentscheidung handelt;[482] vgl. auch § 48 Rn. 263 ff. Zur funktionellen Zuständigkeit s. ferner § 51 Rn. 141, 146 ff.; § 45 Rn. 57 ff., 67. Zur reformatio in peius im Vorverfahren s. § 48 Rn. 68 ff.

177 Bei **Verstoß** gegen die **funktionelle Zuständigkeit** nimmt die h. M.[483] **Nichtigkeit** nur nach Abs. 1 an, dessen Voraussetzungen i. d. R. nicht gegeben sind. Insbes. wird es an der Offensichtlichkeit des Fehlers hinsichtlich der funktionellen Zuständigkeit fehlen, zumal wenn die Zuständigkeitsverletzung auf fehlerhafter Kompetenzübertragung beruht.[484]

---

[469] *OVG Münster* ZFW 1988, 300, 302 f.
[470] *Kopp/Ramsauer,* § 44 Rn. 16; s. aber für Minister anstelle der Regierung unten Rn. 175. Keine Offensichtlichkeit dieses Fehlers nimmt *BSG* MDR 1966, 540, an.
[471] *Ehlers* K & R 2001, 1, 7.
[472] *BVerwGE* 66, 178, 182 f. mit Anm. *Schneider* VBlBW 1983, 137.
[473] *OVG Münster* DÖV 1989, 550, 551.
[474] Vgl. in diesem Zusammenhang auch den Fall, dass ein Minister anstelle der Regierung tätig wird, *BVerwG* VerwRspr 1969 Nr. 199.
[475] *OVG Lüneburg* OVGE 3, 176, 179.
[476] *OVG Berlin* NJW 1977, 1116, 1117; *VGH München* MDR 1978, 80, 81 f.; NJW 1982, 460; *VGH Mannheim* NVwZ-RR 1992, 602, 603; s. ausf. *Guttenberg,* Weisungsbefugnisse und Selbsteintritt, 1992, S. 33 ff.; insbes. zum staatlichen Selbsteintritt in Selbstverwaltungsangelegenheiten s. *Engel* DVBl 1982, 757.
[477] S. auch *Guttenberg,* Weisungsbefugnisse und Selbsteintritt, 1992, S. 199 ff.
[478] *OVG Berlin* NJW 1977, 1116.
[479] *OVG Berlin* NJW 1977, 1116; *OVG Bremen* InfAuslR 1983, 143; *B. Huber* NJW 1978, 1710, 1714.
[480] *VGH München* NJW 1982, 460.
[481] *VGH Kassel* VerwRspr 1970 Nr. 205.
[482] *OVG Saarlouis* DÖV 1983, 821.
[483] Vgl. *BVerwGE* 30, 138, 145; 49, 365, 371; *Wolff/Bachof/Stober* 2, § 49 Rn. 40; *Kopp/Ramsauer,* § 44 Rn. 16 m. w. N.; a. A. *Forsthoff,* S. 231 f.; *Kimminich* JuS 1963, 268, 271; für das Steuerrecht *Beger* DStR 1975, 175, 176.
[484] *BVerwG* NJW 1974, 1961, 1963.

3. Mitwirkung ausgeschlossener Personen, Nr. 2

Entsprechend ähnlichen Regelungen (s. z.B. § 7 FGG) und der früheren Auffassung[485] schließt **Nr. 2** die Nichtigkeit allein aus dem Grund, dass eine der **in § 20 Abs. 1 S. 1 Nr. 2 bis 6 bezeichneten Personen** mitgewirkt hat,[486] aus. Nichtigkeit nach Abs. 1 wird gleichwohl bei offensichtlich parteilichen Entscheidungen aus diesem, zusätzlichen Grund (s. Rn. 158) vorliegen.[487] Da § 20 Abs. 1 S. 1 Nr. 1 ausgenommen ist, greift für den Fall, dass der mitwirkende Beamte selbst Beteiligter ist, Abs. 1 ohnehin ein.[488] Mangels entgegenstehender Umstände (Ablehnung eigener Anträge; unabweisbar allein zutreffende Entscheidung) wird in diesem Rahmen grundsätzlich Nichtigkeit vorliegen.[489]

Von den Umständen des Einzelfalles, insbes. einer offensichtlichen Parteilichkeit der getroffenen Entscheidung, hängt es auch ab, ob Nichtigkeit nach Abs. 1 anzunehmen ist, wenn ein nach **§ 21 befangener Beamter** mitgewirkt hat.[490] Bei der Anfechtung sind § 46 VwVfG[491] und § 44a VwGO zu beachten (Begründung zu § 17 Entwurf 73). Zur Heilung dieses Fehlers s. § 45 Rn. 147; zur Wesentlichkeit der Fehler § 45 Rn. 117.

Mitwirkung i.S.d. Nr. 2 ist als **„Tätigwerden"** i.S.d. § 20 Abs. 1 zu verstehen, somit ganz weit gefasst (vgl. § 20 Rn. 24ff.);[492] s. aber Rn. 187f.. Enger zu verstehen ist dagegen der Begriff der Mitwirkung i.S.d. Nr. 3 und 4, s. Rn. 183ff., 188; ferner § 58 Rn. 27. Gemeint ist in Nr. 2 nicht nur die Beteiligung an der endgültigen Entscheidung, sondern auch die Mitwirkung an entscheidungserheblichen Vorbereitungshandlungen, wie Abs. 3 Nr. 4 zeigt, der von Mitwirkung von Ausschüssen und anderen Behörden spricht. Erfasst ist auch der Einfluss von Aufsichtsbehörden durch Weisungen oder ähnliche Handlungen.[493] Zur Mitwirkung eines **befangenen Sachverständigen** s. § 26 Rn. 84.

Das Gesagte gilt entsprechend, wenn ein Mitglied eines **Kollegialorgans** nach § 20 von der Mitwirkung ausgeschlossen war.[494] Der Ausschluss nach § 20 Abs. 1 S. 1 Nr. 2 bis 6 führt als solcher nur zur Anfechtbarkeit, der nach § 20 Abs. 1 S. 1 Nr. 1 kann auch Nichtigkeit nach Abs. 1 auslösen. § 46 VwVfG, § 44a VwGO sind zu beachten (Begründung zu § 16 Entwurf 73).

4. Nichtmitwirkung eines Ausschusses, Nr. 3

Die früher herrschende Unsicherheit über die **Rechtsfolgen,** wenn die gesetzlich vorgeschriebene Mitwirkung eines Ausschusses unterblieben ist, weil er keinen Beschluss gefasst hat oder beschlussunfähig war, ist durch das VwVfG im Sinne des **Ausschlusses der** allein aus diesem Grunde eintretenden **Nichtigkeit** entschieden.[495] Von Bedeutung ist der Ausschluss der Nichtigkeit nur, wenn die fehlende Mitwirkung mindestens einen wesentlichen Verfahrensmangel darstellt, so dass der VA überhaupt rechtswidrig ist (s. § 45 Rn. 117). Dann besteht grundsätzlich die Möglichkeit der Heilung dieses Fehlers, vgl. § 45 Rn. 92ff. Bei Anfechtung sind § 46 VwVfG, § 44a VwGO zu beachten. Nichtigkeit ist auf Grund eines Spezialgesetzes sowie bei zusätzlichen Fehlern nach Abs. 1 möglich.

Nr. 3 geht von der durch Rechtsvorschriften vorgeschriebenen **Mitwirkung eines Ausschusses** aus. Gemeint ist ein Ausschuss, der nicht selbst Behörde ist (§ 1 Rn. 252), sei es als unselbständige Stelle innerhalb einer Behörde,[496] sei es als ein anderes Organ (§ 88 Rn. 6ff.).

---

[485] Vgl. *Forsthoff,* S. 233.
[486] Vgl. etwa zu Fällen der Nr. 5 BVerwGE 69, 256, 263ff.; BVerwG NVwZ 1988, 527, 530.
[487] *Kopp/Ramsauer,* § 44 Rn. 54.
[488] So auch *Bender* DÖV 1965, 446, 447f.; *Schiedeck,* Die Nichtigkeit von Verwaltungsakten nach § 44 Absatz 1 VwVfG, Diss. Regensburg 1993, S. 106ff., misst diese Fälle ebenfalls an der Generalklausel, spricht sich aber de lege ferenda für eine Eliminierung des § 44 Abs. 3 Nr. 2 aus.
[489] Vgl. *Kopp/Ramsauer,* § 44 Rn. 54. Die Begründung zu § 40 Abs. 3 Nr. 2 Entwurf 73 spricht den Fall an, dass sich ein Beteiligter selbst unter offensichtlichem Gesetzesverstoß eine Leistung bewilligt.
[490] Anders *H. Meyer* in Knack, § 44 Rdn. 2 (Abs. 3 Nr. 2 entsprechend); gegen Nichtigkeit wohl auch *Ziekow,* § 44 Rn. 18; *Kopp/Ramsauer,* § 44 Rn. 53.
[491] *Scheuing* NVwZ 1982, 487, 490; VGH München NVwZ 1982, 510ff.
[492] BVerwG VerwRspr 1978 Nr. 43; BVerwGE 69, 256, 267.
[493] BVerwGE 52, 47, 49; 69, 256, 267.
[494] *Alscher* NJW 1972, 800, 802.
[495] Nicht eindeutig zur Anwendbarkeit von Abs. 1 *Kopp/Ramsauer,* § 44 Rn. 57; s. dazu Rn. 101, 158.
[496] Z.B. Personalrat, dazu § 1 Rn. 245 sowie BVerwGE 21, 240; 66, 291; 68, 197; BVerwG NVwZ 1987, 230, zieht § 44 als Ausdruck eines allgemeinen Rechtsgedankens entsprechend heran; s. ferner *Laubinger*

Sofern der Ausschuss selbst Behörde ist und bei einer anderen Behörde mitwirken muss, trifft Nr. 4 zu.[497] Für die Mitwirkung anderer Personen gilt Abs. 1.

184 Erfasst ist jede Form **gesetzlich** vorgeschriebener **Mitwirkung**. Anders als in anderen Zusammenhängen des VwVfG, namentlich Nr. 2 (anders auch in § 58 Abs. 2, dort Rn. 27 f.), bezieht sich die Mitwirkung hier auf die Entscheidung einer anderen behördeninternen Stelle (Nr. 3) oder einer anderen Behörde (Nr. 4), nicht auf die Beteiligung an der Entscheidung selbst. Unter Mitwirkung sind **Anhörung, Einvernehmen, Benehmen, Beratung, Zustimmung** zu verstehen.[498]

185 Zur **Mitwirkung** berufen i. S. d. Nr. 3 ist ein **Ausschuss** nicht nur dann, wenn seine Mitwirkung zwingend vorgeschrieben ist,[499] sondern auch, wenn ihm (nur) ein Mitwirkungsrecht eingeräumt ist. In diesem Falle ist i. S. d. Nr. 3 ein Beschluss über die Nichtausübung des Mitwirkungsrechts für den Erlass des VA vorgeschrieben. Es besteht kein Grund, die nicht ordnungsgemäße Mitwirkung in solchen Fällen abweichend von Nr. 3 dem (allerdings praktisch kaum in Frage kommenden) § 44 Abs. 1 zu unterwerfen und damit strenger zu sanktionieren als die Verletzung zwingender Mitwirkungserfordernisse.

186 Das Gesetz unterscheidet in Nr. 3 zwei Fälle **fehlender ordnungsgemäßer Mitwirkung**, nämlich den, dass der vorgesehene Beschluss gar nicht gefasst wurde, und den, dass der Ausschuss nicht beschlussfähig war. Als Fall fehlender Beschlussfassung ist es auch anzusehen, wenn der Ausschuss nicht ordnungsgemäß besetzt war.[500]

187 Der Fall, dass ein **Ausschussmitglied** nach § 20 ausgeschlossen oder nach § 21 **befangen** ist (s. auch Rn. 178 f.), wird durch Abs. 3 Nr. 2 nicht erfasst, weil dort trotz der weiten Fassung (Rn. 180, 184) nur die Mitwirkung eines Bediensteten im Bereich der die Entscheidung erlassenden Behörde und nicht die Mitwirkung als Ausschussmitglied gemeint ist; ebenso wenig erfasst Nr. 3 diesen Fehler. Jedoch zeigen diese gesetzlichen Beispiele, dass ein derartiger Mangel nicht zur Nichtigkeit führen kann. Der Befangenheit eines Mitglieds eines anzuhörenden Ausschusses wird die Schwere und die Evidenz eines Fehlers i. S. d. Abs. 1 fehlen.

5. Nichtmitwirkung einer anderen Behörde, Nr. 4

188 Nr. 4 klärt die Rechtsfolgen des Fehlens einer **gesetzlich** vorgeschriebenen **Mitwirkung einer anderen Behörde** bei einem sog. mehrstufigen VA[501] (§ 35 Rn. 87 f.; 167 ff., insbes. 169); das zu Nr. 3 Gesagte (Rn. 183 ff.) gilt entsprechend. Der Fehler ist nach § 45 Abs. 1 Nr. 5 heilbar; er berechtigt wegen der unterlassenen Mitwirkung allein nur im Rahmen des § 46 zur Anfechtung.[502] Entsprechendes gilt auch bei Unterlassung der vorgeschriebenen Mitwirkung einer Körperschaft, da auch sie durch ihre Organe in einem VwVf als Stelle i. S. d. § 1 Abs. 4 tätig wird, z. B. Gemeinde nach § 36 BauGB.[503] Ist ein ausgeschlossener oder **befangener Beamter** bei der mitwirkungsberechtigten Behörde tätig geworden, gilt Rn. 187 entsprechend.

VerwArch 1985, 449, 455 ff. m. w. N.; im Beamtenrecht bestehen aber häufig Sonderregelungen mit der Rechtsfolge der Nichtigkeit, s. BVerwG Buchholz 237.6 § 18 Nr. 2; Polizeiausschuss, BGHZ 2, 315, 319.

[497] *Schiedeck*, Die Nichtigkeit von Verwaltungsakten nach § 44 Absatz 1 VwVfG, Diss. Regensburg 1993, S. 91.

[498] Bereits eine, allerdings die schwächste Form der Mitwirkung ist die Anhörung (offen BVerwGE 66, 291, 295); immerhin müssen nämlich die vorgebrachten Erwägungen bei der Entscheidung berücksichtigt werden (vgl. für die Anhörung Beteiligter § 28 Rn. 24 ff.; dazu auch § 45 Rn. 72 ff.). Ist Benehmen vorgeschrieben, können die eigenen Vorstellungen zu der in Aussicht gestellten Maßnahme vorgetragen werden, ohne dass eine Zustimmung (Einvernehmen) (BVerwG DVBl 1983, 1002, 1003), vorausgesetzt wäre *(OVG Münster* DÖV 1958, 716; *VGH München* BayVBl 1977, 731). Ein Einvernehmen ist nur bei völliger Willensübereinstimmung hergestellt (BVerwGE 57, 98, 101; *OVG Münster* NWVBL 1992, 58, 60 m. w. N.). Einvernehmen und Zustimmung sind inhaltsgleich, bei Mitwirkung gleichgestellter Körperschaften oder Organe wird der Begriff Einvernehmen verwendet, von Zustimmung spricht man im Rahmen eines Hierarchieverhältnisses.

[499] So aber *Meyer/Borgs,* § 44 Rn. 24.

[500] BVerwG NJW 1985, 1093, 1094.

[501] Vgl. schon *Kienapfel* DÖV 1963, 96. Nach der Qualität des Mitwirkungsaktes diff. *Schiedeck,* Die Nichtigkeit von Verwaltungsakten nach § 44 Absatz 1 VwVfG, Diss. Regensburg 1993, S. 88 ff.

[502] Vgl. auch BVerwG NJW 1974, 1961, 1964; zur Mitwirkung der Naturschutzbehörden nach §§ 3, 8 Abs. 5, 9 BNatSchG s. *Salzwedel* NuR 1984, 165, 175 f.

[503] S. BVerwG NVwZ 1986, 556, 557.

Abweichend von § 44 Abs. 3 Nr. 4 wird angenommen, dass ein vom Bundespräsidenten erlassener, nach Art. 58 GG gegenzeichnungspflichtiger VA nach endgültiger **Versagung der Gegenzeichnung** nichtig ist.[504] In der Tat ist nach dem insoweit klaren Verfassungswortlaut die „Gültigkeit", also Rechtswirksamkeit, der gegenzeichnungspflichtigen Anordnungen und Verfügungen des Bundespräsidenten von der erfolgten Mitwirkung der zuständigen Mitglieder der Bundesregierung abhängig. 189

VI. Teilnichtigkeit (Abs. 4)

1. Die Regel der Teilnichtigkeit

Wenn die Nichtigkeit nur einen Teil des VA betrifft, ist er nach Abs. 4 nur dann im Ganzen nichtig, wenn der nichtige Teil so wesentlich ist, dass die Behörde den VA ohne ihn nicht erlassen hätte. Die **Nichtigkeit des gesamten VA** ist die **Ausnahme**, im **Regelfall** ist der VA nur **teilweise nichtig**. Diese von § 139 BGB[505] abweichende Lösung wird begründet mit dem wesensmäßigen Unterschied zwischen einem privatrechtlichen Rechtsgeschäft (auch einem ör Vertr, s. § 59 Abs. 3 – dort Rn. 61 – und Begründung zu § 55 Abs. 3 Entwurf 73) und einem Hoheitsakt, der während seines Bestandes die Vermutung der Richtigkeit und Gültigkeit für sich hat (Begründung zu § 40 Abs. 3 Entwurf 73).[506] Die bloße Teilnichtigkeit nach Abs. 4 passt zu dem Grundsatz, dass auch rechtswidrige VAe grundsätzlich bis zu ihrer Aufhebung oder Erledigung (§ 43 Abs. 2) wirksam sind.[507] 190

2. Der maßgebliche Behördenwille

Die Regelung hat Kritik erfahren, weil sie auf den **mutmaßlichen Willen der Behörde** abstelle.[508] Für die Auswirkung der teilweisen Nichtigkeit auf den gesamten VA dürfe nicht der Behördenwille maßgebend sein, vielmehr müsse die Rechtswidrigkeit des VA nach objektiven Kriterien beurteilt werden. 191

Abs. 4 ist allerdings einer **objektiven Betrachtungsweise** zugänglich.[509] Denn er stellt nicht einfach auf den mutmaßlichen Willen der Behörde ab („wenn die Behörde ... erlassen hätte"). Vielmehr soll (nur) die behördliche Entscheidung maßgeblich sein, die auf Grund der objektiv festzustellenden Wesentlichkeit des nichtigen Teils getroffen worden wäre. Durch die Verknüpfung mit der objektiven Wesentlichkeit macht Abs. 4 deutlich, dass für den hypothetischen Behördenwillen die grundsätzlich objektivierbaren Konsequenzen aus dem objektiven Befund der Wesentlichkeit maßgeblich sind. Dementsprechend kommt es darauf an,[510] wie eine vernünftige Behörde bei Kenntnis der Sach- und Rechtslage entschieden hätte. 192

Die Differenzierung zwischen dem hypothetischen Willen der entscheidenden und dem einer objektiviert-vernünftigen Behörde wird kaum Bedeutung erlangen, weil auch bei der entscheidenden Behörde der aus dem bekannt gegebenen Inhalt des VA (s. § 43 Abs. 1 S. 2, § 43 Rn. 185 f.) erkennbare Wille maßgeblich wäre. Eine **Abweichung vom erklärten Willen** der entscheidenden Behörde ist allerdings geboten, wenn er auf ein rechtswidriges Ergebnis gerichtet ist; die auf § 113 Abs. 5 S. 1 VwGO gestützte gegenteilige Auffassung des *OVG Münster*[511] geht fehl, weil es bei § 44 Abs. 4 nicht um den Erlass, sondern um den partiellen Fortbestand eines erlassenen VA geht (vgl. dazu auch § 113 Abs. 1 S. 1 VwGO: „soweit"). 193

---

[504] *Nierhaus* in Sachs GG, Art. 58 Rn. 26 m. w. N.
[505] Diff. zu dem § 139 BGB zugrunde liegenden Rechtsgedanken *Erichsen* VerwArch 1975, 299, 303 f.
[506] Krit. dazu *Erichsen* VerwArch 1975, 299, 303 f.
[507] Für analoge Anwendung des § 44 Abs. 4 auf Rechtsnormen s. *Kintrup* Teilnichtigkeit von Rechtsnormen – dargestellt am Beispiel von Parlamentsgesetzen und Bebauungsplänen, 1999.
[508] Z. B. *Wolff/Bachof/Stober* 2, § 49 Rn. 69; *Erichsen* VerwArch 1975, 299, 305; s. auch *Bender* DÖV 1965, 446, 447; *Lange* AöR 1977, 337, 348 m. w. N.; anders demgegenüber OVG Münster GewArch 1994, 164 f.
[509] So auch *Erichsen* VerwArch 1975, 299, 305; *Laubinger* VerwArch 1982, 345, 367; *Kopp/Ramsauer*, § 44 Rn. 61 m. w. N.; vgl. (für den Gedanken des § 44 Abs. 4 VwVfG) auch OVG Berlin NVwZ 1997, 1005.
[510] BVerwG DÖV 1974, 563.
[511] NWVBl 1991, 424 f.; wie hier etwa OVG Berlin NVwZ 1997, 1005 m. w. N; auch *Josten* Die Teilbarkeit der Regelung von Verwaltungsakten, Diss. Bonn 1998, S. 52 ff.

194 Dies gilt auch, wenn es sich bei dem Rechtsverstoß um einen **Ermessensfehler** handelt. Im Übrigen ist im Bereich des Ermessens die Grenze der Objektivierbarkeit erreicht. Hier ist auf den Willen der entscheidenden Behörde abzustellen, soweit er im Bescheid seinen Ausdruck gefunden hat.[512] Fehlt es insoweit an Anhaltspunkten für einen Willen, den VA ohne den nichtigen Teil nicht zu erlassen, bleibt es bei der Regel der Teilnichtigkeit des VA (Rn. 190).

3. Teilbarkeit des VA

195 Teilnichtigkeit setzt **Teilbarkeit des VA** voraus, wie etwa bei einem VA, der auf eine Geldleistung gerichtet ist.[513] Vgl. auch § 43 Rn. 192 ff. Teilbarkeit besteht auch bei einem VA mit Auflage[514] (§ 36 Rn. 20, 54). I. d. R. bleibt bei Nichtigkeit der Auflage der zugrunde liegende VA wirksam. Ist dagegen der zugrunde liegende VA nichtig, folgt aus der Akzessorietät der Auflage, dass auch sie unwirksam ist.[515] **Teilnichtigkeit** kann sich nur auf den **regelnden Teil** des VA beziehen, **nicht** auf Teile der **Begründung** des VA.

4. Teilrechtswidrigkeit

196 Abs. 4 setzt voraus, dass die Nichtigkeit nur einen Teil des VA betrifft; er regelt nicht, wann dies der Fall ist. Daher kann diese Regelung auch **keinen Anhaltspunkt** dafür geben, ob ein VA **ganz oder teilweise rechtswidrig** ist.[516] Die Reichweite der Rechtswidrigkeit des (teilbaren, § 43 Rn. 192 ff.) VA bestimmt sich nach den verletzten Rechtsnormen. Ein unteilbarer VA kann nicht in einen rechtswidrigen und einen rechtmäßigen Teil aufgespalten werden.[517] Teilbar ist ein VA, wenn seine Teile nicht in untrennbarem inneren Zusammenhang stehen; ein solcher Zusammenhang besteht bei einer unzulässigen Regelung dann, wenn auch eine weniger weitgehende Regelung sonst gleichen Inhalts rechtswidrig ist.[518]

197 **Ob** die **Behörde** oder das **Gericht** auf Grund der Rechtswidrigkeit den ganzen VA oder einen Teil des VA **aufhebt**, entscheidet sich nach § 48 Abs. 1 S. 1 VwVfG, §§ 72, 73, 113 Abs. 1 S. 1 VwGO.[519] Auch dafür kann der Grundgedanke des § 44 Abs. 4 keine Anhaltspunkte bieten.[520] Das *BVerwG*[521] verneint jedenfalls eine analoge Anwendung auf zwei miteinander verbundene VAe (dazu noch § 48 Rn. 100). Ob eine partielle Aufhebung möglich ist, wenn der rechtswidrige Teil für den gesamten VA wesentlich ist, muss durch **Auslegung** ermittelt werden (s. § 48 Rn. 248). Der Umfang der Aufhebung wird bei §§ 72, 73, 113 VwGO durch den Widerspruch bzw. Klageantrag begrenzt.

198 Zur isolierten Aufhebung von Nebenbestimmungen s. § 36 Rn. 54 ff. Bei **Aufhebung des rechtswidrigen Teils** des VA greift § 44 Abs. 4 nicht ein.[522] Nichtig i. S. d. § 44 Abs. 4 ist nicht gleichbedeutend mit „vernichtet", also aufgehoben. Die Aufhebung wirkt nicht notwendig von Anfang an, ihr Umfang hängt vom Umfang der Anfechtung, bei § 48 Abs. 1 S. 1 zudem von Gesichtspunkten des Vertrauensschutzes (§ 48 Rn. 28 ff.) und anderen Ermessensüberlegungen (§ 48 Rn. 77 ff.) ab.

---

[512] So wohl auch *Josten* Die Teilbarkeit der Regelung von Verwaltungsakten, Diss. Bonn 1998, S. 58 f.
[513] Eine Baugenehmigung ist nach *OVG Saarlouis* BauR 1997, 283, 284 m. w. N., nur teilbar, wenn sie sich auf mehrere Bauvorhaben bezieht; nach *VGH München* NVwZ-RR 2004, 238, ist eine Beseitigungsanordnung teilbar, wenn dies bautechnisch und nach der Funktionsbestimmung des Bauherrn möglich ist.
[514] Vgl. *Martens* DVBl 1965, 428 f.; *Erichsen* VerwArch 1975, 299, 300.
[515] S. allgemein zur Teilbarkeit des VA mit Nebenbestimmungen *Laubinger* VerwArch 1982, 360 ff.; *Schenke* JuS 1983, 184.
[516] Anders wohl *Cöster*, S. 47; *Laubinger* VerwArch 1982, 365 f.; *Schenke* JuS 1983, 184; wie hier *Meyer/Borgs*, § 44 Rn. 28.
[517] *Jakobs* BayVBl 1984, 1, 4.
[518] *BVerwGE* 105, 354, 358 f., für einen ohne die vorgeschriebene Einwilligung des Verpächters erlassenen Bewilligungsbescheid über Milchaufgabevergütung.
[519] Vgl. für besondere Regeln bei Drittanfechtung etwa *OVG Berlin* NVwZ 1993, 593, 594.
[520] *Meyer/Borgs*, § 44 Rn. 28; *Josten* Die Teilbarkeit der Regelung von Verwaltungsakten, Diss. Bonn 1998, S. 72 f.; s. auch § 48 Rn. 248; a. A. *OVG Münster* NWVBl 1991, 424, für Maßgeblichkeit des erklärten Behördenwillens; *Kopp/Ramsauer*, § 44 Rn. 63; *Erichsen* in Erichsen, § 15 Rn. 30 ff.
[521] NJW 1992, 328 f.
[522] So aber *Cöster*, S. 54; für entspr. Anwendung von Abs. 4 *BVerwG* NVwZ 2001, 562, 564 (insoweit nicht abgedr. in *BVerwGE* 112, 214); abl. *Laubinger* VerwArch 1982, 363 f.; im Ergebnis ferner *Josten*, Die Teilbarkeit der Regelung von Verwaltungsakten, Diss. Bonn 1998, S. 68 ff.

VII. Feststellung der Nichtigkeit (Abs. 5)

1. Verhältnis zu Alternativen

Abs. 5 entspricht dem Bedürfnis nach Rechtsklarheit, das auch zur Zulässigkeit einer Anfechtungs- oder Feststellungsklage gegen nichtige VAe führt.[523] Der Antrag nach § 44 Abs. 5 S. 2 und die Anfechtungs- oder Feststellungsklage[524] stehen nebeneinander.[525] Zweckmäßig kann die Feststellung der Nichtigkeit insbes. sein, wenn über sie gestritten wird; allerdings tritt keine Gestaltungswirkung wie bei einer Aufhebung ein (Rn. 201). Statt der Feststellung kann die Behörde auch den sicheren Weg der **Rücknahme** wählen (s. § 48 Rn. 57; ferner § 43 Rn. 226). Ausgeschlossen ist die Nichtigkeitsfeststellung bei Genehmigungen im Rahmen von (jedenfalls abgeschlossenen) Normsetzungsverfahren.[526]

199

2. Voraussetzungen der Nichtigkeitsfeststellung

Auf Antrag ist die Nichtigkeit festzustellen, wenn der Antragsteller hieran ein **berechtigtes Interesse** hat.[527] **Antragsteller** kann jedermann sein, der an der Feststellung ein rechtliches oder wirtschaftliches Interesse hat (s. auch § 29 Rn. 42 ff.); er muss nicht Verfahrensbeteiligter sein. Insbes. der durch VA mit Drittwirkung Belastete hat ein berechtigtes Interesse. Die Weigerung der Behörde, den vom nichtigen VA erzeugten Rechtsschein zu beseitigen, erzeugt allein noch kein solches Interesse.[528] Es muss ein sachlicher Bezug zu dem VA, nicht aber zum vorausgegangenen VwVf bestehen (vgl. § 42 Rn. 34).

200

Die Feststellung der Nichtigkeit ist selbst **VA**;[529] zur Schaffung von Rechtsklarheit ist die Verbindlichkeit der Feststellung unerlässlich. Ob der Erlass dieses VA mit der Verpflichtungsklage durchgesetzt werden kann, ist im Hinblick auf die Möglichkeit der unmittelbar auf Nichtigkeitsfeststellung gerichteten Klage nach § 43 VwGO bestritten.[530] Die Nichtigkeitsfeststellung unterliegt als VA den Grenzen der Bestandskraft, insbes. in persönlicher Hinsicht; die Gestaltungswirkung einer Aufhebungsentscheidung entfaltet sie nicht[531] (§ 43 Rn. 137, 139). Die Nichtigkeitsfeststellung wirkt daher nicht inter omnes.

201

Der Antrag kann **ohne zeitliche Begrenzung** gestellt werden, solange ein berechtigtes Interesse an der Feststellung besteht, z. B. nicht mehr, wenn in einem Urteil bereits die Wirksamkeit oder Unwirksamkeit des VA gegenüber dem Betroffenen rechtskräftig festgestellt ist, oder auch, wenn der VA bereits erledigt ist.[532] Eine **Verwirkung** dieses Rechts verlangt besondere Umstände.[533] Die widerspruchslose Entgegennahme einer mangels (schriftlichen) Entlassungs-

202

---

[523] Vgl. *VGH München* NVwZ 1992, 76; NVwZ 1999, 198; s. auch § 43 Rn. 226; § 35 Rn. 34.
[524] Dazu *BVerwG* NJW 1982, 2205; *BFH* NJW 1987, 920; NVwZ 1987, 359, unter Ausschluss der Anfechtungsklage nach Unanfechtbarkeit; gegen Umdeutung einer Anfechtungsklage in eine ausdrücklich so erhobenen Feststellungsklage *BVerwG* NJW 1985, 2685; zur Feststellungsklage bei Unwirksamkeit mangels Bekanntgabe *BVerwG* NVwZ 1987, 330; *FG Saarbrücken* EFG 1995, 157, 158.
[525] A. A. *Weides*, § 3 III 1 e; *Meyer/Borgs*, § 44 Rn. 30; wie hier *Kopp/Ramsauer*, § 44 Rn. 69.
[526] *BVerwGE* 75, 142; s. auch Rn. 89.
[527] Vgl. *BVerwG* NJW 1982, 2205; *BVerwGE* 74, 1, 4; Betroffenheit in eigenen Rechten verlangt *VGH Mannheim* VBlBW 2006, 386, 387.
[528] *OVG Münster* BRS 40 Nr. 203; anders für die Feststellungsklage wohl *v. Oertzen* in Redeker/v. Oertzen, § 43 Rn. 20.
[529] Vgl. *BVerwG* Buchholz 442.16 § 18 StVZO Nr. 1, zur Feststellung der Nichtigkeit einer Beamtenernennung; *BSG* DVBl 1990, 210; *VGH Mannheim* VBlBW 2006, 386, 387; *Meyer/Borgs*, § 44 Rn. 29; auch *Kopp/Ramsauer*, § 44 Rn. 64 m. w. N., auch für die Ablehnung des Antrags auf Feststellung der Nichtigkeit; gegen VA-Qualität der Feststellung *Obermayer* VwVfG (Voraufl.), § 44 Rn. 122; wie hier indessen jetzt auch *Schäfer* in Obermayer VwVfG, § 44 Rn. 82.
[530] Dagegen *Meyer/Borgs*, § 44 Rn. 30; *Schmitt Glaeser*, Rn. 342; tendenziell *VGH Mannheim* VBlBW 2006, 386, 387 m.w.N.; dafür *Kopp/Ramsauer*, § 44 Rn. 69 m. w. N.; auch *OVG Münster* NVwZ-RR 1991, 331; für Zulässigkeit der Feststellungsklage trotz Subsidiarität *BSG* NVwZ 1989, 902 f.; *Pietzcker* in Schoch u. a., § 43 Rn. 27; einen erfolgreichen Antrag auf behördliche Nichtigkeitsfeststellung verlangen *Würtenberger* Rn. 420; *Hufen*, Verwaltungsprozessrecht § 18 Rn. 48; anders *Schenke* Rn. 576.
[531] Nicht recht eindeutig spricht *Schnapp* DVBl 2000, 247, 250, für die Nichtigkeitsfeststellung von einer „konstitutiv(en)" Qualifikation; demgegenüber richtig noch *ders./Cordewener* JuS 1999, 39, 41 („Nichtigkeitserklärung ist deklaratorischer Art").
[532] Für Erledigung durch Zeitablauf *BVerwG* NVwZ-RR 2000, 324.
[533] *BVerwG* NJW 1981, 363 f.; allgemein § 53 Rn. 21 ff.

antrags nichtigen Entlassungsverfügung durch einen Beamten reicht mangels Zeitablaufs nicht.[534]

3. Ähnliche Feststellungen

203   Eine Befugnis der Behörde, jederzeit durch VA die Feststellung der **Wirksamkeit,** der (nicht nichtigkeitsbedingten) **Unwirksamkeit,** der **Rechtmäßigkeit** oder **Rechtswidrigkeit** der von ihr erlassenen VAe zu treffen,[535] ist allenfalls im Rahmen der umstrittenen Befugnis, ohne besondere Ermächtigung VAe zu erlassen (s. Rn. 55 ff.), denkbar. Selbst wenn die Behörde auf einem Gebiet grundsätzlich mittels VA handeln darf, bestehen zumindest gegen die potentiell bestandskräftige Selbstbezeugung der Rechtmäßigkeit (gegenüber den für den ErstVA geltenden Bestandskraftregeln) und die ggf. zur Heilung der Nichtigkeit führende Wirksamkeitsfeststellung Bedenken, weil sie für den Bürger kaum einzugrenzende Anfechtungszwänge ohne gesetzliche Grundlage erzeugen, auch wenn solche Feststellungen gerade in seinem Interesse liegen können (s. auch § 35 Rn. 26 ff., 38 f.; § 79 Rn. 50, 53).

VIII. Landesrecht

204   Relevante Abweichungen in Einzelpunkten finden sich in **Bayern** (Rn. 137) und **Schleswig-Holstein** (Rn. 169). **Baden-Württemberg, Bayern** und das **Saarland** haben die Formulierung des Abs. 1 (statt „offenkundig" jetzt „offensichtlich", vor Rn. 1, Rn. 122) nicht angepasst. Die Ergänzung des Abs. 2 Nr. 1 um die elektronische Form ist demgegenüber überall erfolgt.

IX. Vorverfahren

205   § 44 ist im **Vorverfahren** anwendbar (§ 79).[536] Ist der **Widerspruchsbescheid nichtig,** treten seine materiellen Wirkungen nicht ein (§§ 43 Abs. 3, 79; § 43 Rn. 222 f.). Das bereits durchgeführte Vorverfahren nach §§ 68 ff. VwGO als Prozessvoraussetzung entfällt dadurch nicht,[537] so dass es nicht wiederholt werden muss.[538] Nach § 44 richtet sich auch die Bedeutung der Verletzung von Zuständigkeitsvorschriften (s. zu Abs. 2 Nr. 3, Abs. 3 Nr. 1 Rn. 136 ff., 160 ff.).[539] Ebenfalls anwendbar ist Abs. 3 im Übrigen.[540] Bei Abs. 4 ist zu beachten, dass der ursprüngliche VA und der Widerspruchsbescheid einen einheitlichen materiellen VA darstellen (§ 35 Rn. 45), so dass sich der insofern maßgebliche Wille der Behörde (Rn. 191 ff.) auf den ursprünglichen VA in Gestalt des Widerspruchsbescheides beziehen muss.

§ 45 Heilung von Verfahrens- und Formfehlern

(1) Eine Verletzung von Verfahrens- oder Formvorschriften, die nicht den Verwaltungsakt nach § 44 nichtig macht, ist unbeachtlich, wenn
1. der für den Erlass des Verwaltungsaktes erforderliche Antrag nachträglich gestellt wird;
2. die erforderliche Begründung nachträglich gegeben wird;
3. die erforderliche Anhörung eines Beteiligten nachgeholt wird;

---

[534] *OVG Lüneburg* OVGE 44, 492, 494.
[535] Dafür noch *Kopp* VwVfG, 6. Aufl. § 44 Rn. 70; a. A. jetzt *Kopp/Ramsauer,* § 44 Rn. 65; *Kracht,* Feststellender Verwaltungsakt und konkretisierende Verfügung, 2002, S. 583 f.; wohl auch *BVerwGE* 26, 161, 167; offen *VGH München* BayVBl 1981, 469, 470 m. w. N.
[536] Für § 40 SGB X ausdrücklich *BSGE* 75, 241, 244; s. insgesamt auch *Allesch,* S. 173 ff.
[537] Für Rechtswidrigkeit des Widerspruchsbescheides ausdrücklich *BVerwG* NVwZ 1987, 320 m. w. N., am Beispiel sachlicher Unzuständigkeit der Widerspruchsbehörde; s. auch § 48 Rn. 263 ff.
[538] A. A. *Busch* in Knack, § 79 Rn. 115.
[539] *Busch* in Knack, § 79 Rn. 116; zu ähnlichen Problemen der Zuständigkeitsabgrenzung z. B. Rn. 163 ff.
[540] Ebenso *Busch* in Knack, § 79 Rn. 116 m. w. N.

§ 45 Heilung von Verfahrens- und Formfehlern   § 45

4. der Beschluss eines Ausschusses, dessen Mitwirkung für den Erlass des Verwaltungsaktes erforderlich ist, nachträglich gefasst wird;
5. die erforderliche Mitwirkung einer anderen Behörde nachgeholt wird.

(2) Handlungen nach Absatz 1 können bis zum Abschluss der letzten Tatsacheninstanz eines verwaltungsgerichtlichen Verfahrens nachgeholt werden.

(3) ¹Fehlt einem Verwaltungsakt die erforderliche Begründung oder ist die erforderliche Anhörung eines Beteiligten vor Erlass des Verwaltungsaktes unterblieben und ist dadurch die rechtzeitige Anfechtung des Verwaltungsaktes versäumt worden, so gilt die Versäumung der Rechtsbehelfsfrist als nicht verschuldet. ²Das für die Wiedereinsetzungsfrist nach § 32 Abs. 2 maßgebende Ereignis tritt im Zeitpunkt der Nachholung der unterlassenen Verfahrenshandlung ein.

Vergleichbare Vorschriften: § 126 AO; § 41 SGB X.

Abweichendes Landesrecht: Bay: In Art. 45 Abs. 3 S. 3 fehlt der Hinweis auf § 32 Abs. 2. S. Rn. 154, 174.
NRW: Abs. 2: „Handlungen des Absatzes 1 Nr. 2 bis 5 dürfen nur bis zum Abschluss der ersten Instanz eines verwaltungsgerichtlichen Verfahrens nachgeholt werden". S. Rn. 112, 174.
SchlH: Abs. 1 Abs. 1 Nr. 4 leitet am Ende mit einem „oder" auf Nr. 5 über. Abs. 2 Satz 2: „Handlungen, deren Nichtvornahme bis zum Abschluss des Widerspruchsverfahrens von einer oder einem Beteiligten geltend gemacht wurden, können im verwaltungsgerichtlichen Verfahren nicht nachgeholt werden". Zudem fehlt Abs. 3. S. Rn. 153, 174.

Entstehungsgeschichte: Bis zum Inkrafttreten des VwVfG vgl. § 45 der 6. Auflage. **Änderungen:** Die erste Änderung des § 45 erfolgte durch Art. 1 Nr. 3 des GenBeschlG vom 12. 9. 1996, BGBl I S. 1354. Die Änderung des Abs. 2 war in dem ersten einschlägigen Gesetzentwurf, BR-Drs 422/94 vom 10. 5. 1994, noch nicht vorgesehen. Die Ergänzung des Entw. in diesem Punkt geht auf die Empfehlung der Ausschüsse, insbes. des federführenden Ausschusses für Innere Angelegenheiten zurück, die bereits auf die schließlich Gesetz gewordene Neufassung abzielte, BR-Drs 422/1/94, zu A Nr. 3; der Gesetzentwurf des BR vom 31. 3. 1995, BR-Drs 422/94 (Beschluß) = BT-Drs 13/1445, griff diese Empfehlung als Art. 1 Nr. 4 auf. Unmittelbare Grundlage des Änderungsgesetzes wurde allerdings der Gesetzentwurf der BReg für ein GenBeschlG, BT-Drs 13/3995, der an den am 29. 6. 1995 dem Kabinett vorgelegten Bericht einer Koalitions-/ Ressortarbeitsgruppe anknüpfte. Gegenüber dem hier übereinstimmend von der BReg wie vom BRatsentwurf formulierten Änderungsvorschlag zu Abs. 2 schlug die Stellungnahme des BRats später vor, die Heilungsmöglichkeit auf den Zeitraum bis zur Entscheidung in der letzten Tatsacheninstanz zu beschränken, BT-Drs 13/3995, Anlage 2, Nr. 2. Dies fand indes weder die Zustimmung der BReg, BT-Drs 13/3995, Anlage 3, Nr. 2, noch die des Innenausschusses des BTages, BT-Drs 13/5085. Auch ein zur zweiten Lesung gestellter Streichungsantrag der SPD-Fraktion blieb erfolglos. Abs. 2 wurde im Rahmen des 3. VwVfG-ÄndG im Sinne des zuvor erfolglosen Vorschlags des BRats erneut geändert, um die Unvereinbarkeit einer Berücksichtigung nachgeholter Verfahrenshandlungen noch im Revisionsverfahren mit Strukturen des Verwaltungsprozesses zu beheben, Begr. RegE BT-Drs 14/9000, S. 34. Kleine redaktionelle Änderungen sind mit der Bek. der Neufassung v. 21. 1. 2003, BGBl I 102, erfolgt. S. im Einzelnen noch Rn. 12, 21, 23, 26, 32, 38, 45, 97, 98, 101ff., 113, 149, 151, 153, 154, 178.

Literatur zu §§ 45, 46: *Eibert,* Die formelle Rechtswidrigkeit von Verwaltungsakten – Zur Dogmatik und Kritik der §§ 45 und 46 Verwaltungsverfahrensgesetz, Diss. Erlangen-Nürnberg 1978; *Laubinger,* Heilung und Folgen von Verfahrens- und Formfehlern, VerwArch 1981, 333; *Gellermann,* Auflösung von Normwidersprüchen zwischen europäischem und nationalem Recht, DÖV 1996, 433; *Kuhla/Hüttenbrink,* Endstation Einzelrichter – Kritische Betrachtung der Entwürfe von Bundesrat und Bundesregierung zur 6. VwGO-Novelle –, DVBl 1996, 717; *Schmitz/Wessendorf,* Das Genehmigungsverfahrensbeschleunigungsgesetz – Neue Regelungen im Verwaltungsverfahrensgesetz und der Wirtschaftsstandort Deutschland, NVwZ 1996, 955, 957f.; *Bracher,* Nachholung der Anhörung bis zum Abschluss des verwaltungsgerichtlichen Verfahrens? – Zur Verfassungsmäßigkeit von § 45 Abs. 2 VwVfG –, DVBl 1997, 534; *Diekötter,* Die Auswirkung von Verfahrensfehlern auf die Rechtsbeständigkeit von Ermessensentscheidungen, 1997; *Grigoleit,* Die Anordnung der sofortigen Vollziehbarkeit gemäß § 80 Abs. 2 Nr. 4 VwGO als Verfahrenshandlung, 1997; *Gromitsaris,* Fehlerfolgenregelungen im Genehmigungsverfahrensbeschleunigungsgesetz, SächsVBl 1997, 101; *Hatje,* Die Heilung formell rechtswidriger Verwaltungsakte im Prozess als Mittel der Verfahrensbeschleunigung, DÖV 1997, 477; *Knopp,* Novellierung der Verwaltungsgerichtsordnung: Verfahrensbeschleunigung durch Rechtsverkürzung?, BB 1997, 1001; *Lackner,* Die 6. VwGO-Novelle: Verfahrensbeschleunigung contra Rechtsschutzverkürzung, JA 1997, 526; *Millgramm,* Das 6. VwGO-Änderungsgesetz, SächsVBl 1997, 107; *Redeker,* Die „Heilungsvorschriften" der 6. VwGO-Novelle, NVwZ 1997, 625; *Bader,* Die Heilung von Verfahrens- und Formfehlern im verwaltungsgerichtlichen Verfahren, NVwZ 1998, 674; *Bergner,* Grundrechtsschutz durch Verfahren, 1998; *Berkemann,* Verwaltungsprozessrecht auf „neuen Wegen"?, DVBl 1998, 446; *Ewer,* Das sechste Gesetz zur Änderung der Verwaltungsgerichtsordnung – gesetzgeberischer Aktionismus mit kontraproduktiver Wirkung, ZG 1998, 47; *Kneubühler,* Die Begründungspflicht: eine Untersuchung über die Pflicht der Behörde zur Begründung ihrer Entscheide, 1998; *Schmitz,* 20 Jahre Verwaltungsverfahrensgesetz – Neue Tendenzen im Verfahrensrecht auf dem Weg zum schlanken Staat, NJW 1998, 2866; *Sodan,* Unbeachtlichkeit und Heilung von Verfahrens- und Formfehlern, in Ziekow, Beschleunigung von Planungs- und Genehmigungsverfahren, 1998, S. 107; *Steinbeiß-Winkelmann,* Verfassungsrechtliche Vorgaben und Grenzen der Verfahrensbeschleunigung, DVBl 1998, 809; *Storost,* Fachplanung und Wirtschaftsstandort Deutschland: Rechtsfolgen fehlerhafter Planung, NVwZ 1998, 797; *Tietje,* Die Heilung von Begründungsmängeln nach § 80 Abs. 3 Satz 1 VwGO im verwaltungsgerichtlichen Verfahren, DVBl. 1998, 124; *Wahrendorf,* Das 6. VwGO-Änderungsgesetz – Bemerkungen zum prozessrechtlichen Beratungsgegenstand des 12. Verwaltungsrichtertages, NWVBl. 1998, 177; *Bader,* Die Ergänzung von Ermessenserwägungen im verwaltungsgerichtlichen Verfahren, NVwZ 1999, 120; *Czajka,* Verfahrensfehler und Drittrechtsschutz im Anlagenrecht, in FS Feldhaus, 1999, S. 507; *Decker,* Die Nachbesserung von Ermessensentscheidungen im Verwaltungsprozess und ihre verfahrensrechtliche Behandlung gemäß § 114 S. 2 VwGO, JA 1999, 154; *Dolderer,* Die neu eingeführte „Ergänzung von Ermessenserwägungen" im Verwaltungsprozeß, DÖV 1999, 104; *Eisenberg,* Die Anhörung des Bürgers im Verwaltungsverfahren und die Begründungspflicht für Verwaltungsakte, 1999; *Häußler,* Heilung von Anhörungsfehlern im gerichtlichen Verfahren, BayVBl 1999, 616; *Heinrich,* Behördliche Nachbesserung von Verwaltungsakten im verwaltungsgerichtlichen Verfahren und Rechtsschutz der Betroffenen, 1999; *Hufen,* Heilung und Unbeachtlichkeit von Verfahrensfehlern, JuS 1999, 313; *Knemeyer,* Deregulierung, Verfahrensvereinfachung und Verfahrensbeschleunigung, in Festschrift Blümel, 1999, 259; *Ladenburger,* Verfahrensfehlerfolgen im französischen und im deutschen Verwaltungsrecht, 1999; *Ronellenfitsch,* Rechtsfolgen fehlerhafter Planung, NVwZ 1999, 583; *R. P. Schenke,* Das Nachschieben von Gründen nach dem 6. VwGO-Änderungsgesetz, VerwArch 1999, 232; *Schmitz/Olbertz,* Das zweite Gesetz zur Änderung verwaltungsverfahrensrechtlicher Vorschriften – Eine Zwischenbilanz, NVwZ 1999, 126; *Schnapp/Cordewener,* Welche Rechtsfolgen hat die Fehlerhaftigkeit eines Verwaltungsakts?, JuS 1999, 147; *Sodan,* Unbeachtlichkeit und Heilung von Verfahrens- und Formfehlern, DVBl 1999, 735; *Fendt,* Verpflichtungsklage und Nachschieben von Ermessenserwägungen, JA 2000, 883; *Niedobitek,* Rechtsbindung der Verwaltung und Effizienz des Verwaltungsverfahrens, DÖV 2000, 761; *R. P. Schenke,* Das Nachschieben von Ermessenserwägungen, JuS 2000, 230; *Brischke,* Heilung fehlerhafter Verwaltungsakte im verwaltungsgerichtlichen Verfahren, DVBl 2002, 429; *Pöcker/Barthelmann,* Der missglückte § 114 Satz 2 VwGO, DVBl 2002, 668; *Himmelmann/Höcker,* Formelle Rechtmäßigkeitsvoraussetzungen behördlicher Bescheide sowie Heilungsmöglichkeiten bei Verfahrensfehlern, VR 2003, 79; *Axmann,* Das Nachschieben von Gründen im Verwaltungsrechtsstreit, 2001; *Allesch,* Neue Chancen für die missglückte Vorschrift des § 45 III VwVfG, NVwZ 2003, 444; *Kischel,* Folgen von Begründungsfehlern, 2004; *Kraus,* Die Ergänzung der Ermessenserwägungen im verwaltungsgerichtlichen und finanzgerichtlichen Verfahren, ThürVBl 2004, 205; *Martin,* Heilung von Verfahrensfehlern im Verwaltungsverfahren, 2004; *Schmidt-Aßmann,* Grundrechtsschutz durch Verfahrensgestaltung – Perspektive oder nur Erinnerungsposten?, in FS Erichsen, 2004, S. 214; *Kment* Nationale Unbeachtlichkeits-, Heilungs- und Präklusionsvorschriften und Europäisches Recht, 2005; *Bader,* Ermessensergänzung im Verwaltungsprozess, JuS 2006, 199; *Bülow,* Die Relativierung von Verfahrensfehlern in Europäischen Verwaltungsverfahren und nach §§ 45, 46 VwVfG, 2007; *Durner,* Die behördliche Befugnis zur Nachbesserung fehlerhafter Verwaltungsakte, VerwArch 2006, 345; *Sachs,* § 31, Verfahrensfehler im Verwaltungsverfahren, in GVwR II; *ders.,* VerwArch 2006, 573; *W.-R. Schenke,* Die Heilung von Verfahrensfehlern gem. § 45 VwVfG, VerwArch 2006, 592; *Beaucamp,* Heilung und Unbeachtlichkeit von formellen Fehlern im Verwaltungsverfahren, JA 2007, 117; *Schoch,* Die Heilung von Anhörungsmängeln im Verwaltungsverfahren (§ 45 I Nr. 3 VwVfG), Jura 2007, 28. **Zu §§ 41, 42 SGB X** vgl. *Schnapp,* Die Folgen von Verfahrensfehlern im Sozialrecht, SGB 1988, 309; *Schur,* Die Beteiligungsrechte im sozialrechtlichen Verwaltungsverfahren, Diss. Hagen 1999. Ausführlich zum Schrifttum vor 1996 s. § 45 der 6. Auflage.

Übersicht

	Rn.
I. Allgemeines	1
1. Gegenstand der §§ 45, 46	1
2. Bedeutung von Verfahrens- und Formfehlern	5
a) Begriffliche Voraussetzungen	5
b) Zur Diskussion vor dem VwVfG	8
c) Dienende Funktion des Verfahrensrechts	10
d) Bedeutung des Verfassungsrechts	13
e) Verhältnis zwischen § 45 und § 46	18
II. Heilung einzelner Verfahrensfehler (Abs. 1)	19
1. Allgemeine Bedeutung	19
a) Verhältnis zu § 44	19
b) Anforderungen an die Nachholung von Verfahrenshandlungen	20
c) Rechtswirkungen der Nachholung von Verfahrenshandlungen	21
d) Keine Relativierung der primären verfahrensrechtlichen Pflichten	25
2. Nachträglich gestellter Antrag, Nr. 1	28
3. Nachträglich gegebene Begründung, Nr. 2	33
a) Die erforderliche Begründung	33
b) Verhältnis zu Sonderregelungen	36
c) Zeitliche Begrenzung	38
d) „Nachschieben von Gründen"	45
4. Nachgeholte Anhörung eines Beteiligten, Nr. 3	70
a) Allgemeines	70
b) Anforderungen an die Nachholung	74

	Rn.
c) Konsequenzen unterbliebener Nachholung	89
d) Verzicht auf Anhörung	91
5. Nachträgliche Beschlussfassung eines Ausschusses, Nr. 4	92
6. Nachgeholte Mitwirkung einer anderen Behörde, Nr. 5	96
III. Zeitliche Schranke der Heilungsmöglichkeit (Abs. 2)	101
1. Allgemeines	101
a) Zur Gesetzesentwicklung	101
b) Verfassungsrechtliche Fragwürdigkeit	103
2. Inhalt des geltenden Abs. 2	107
a) Die betroffenen Handlungen	107
b) Abschluss der letzten Tatsacheninstanz eines verwaltungsgerichtlichen Verfahrens	108
c) Heilungsmöglichkeiten selbst nach Abschluss des Gerichtsverfahrens	109
d) Abweichendes Landesrecht	112
e) Behandlung der Gerichtskosten	113
IV. Andere Form- und Verfahrensfehler	115
1. Wesentlichkeit der Fehler	116
a) Absolute Form- und Verfahrensfehler	119
b) Möglicher Einfluss auf den Entscheidungsinhalt	123
c) Schutzzweck zugunsten Betroffener?	125
d) Sonstige Fälle von Unbeachtlichkeit	134
2. Heilbarkeit der Fehler	135
a) Keine abschließende Bedeutung des § 45	135
b) Zeitliche Grenzen der Heilungsmöglichkeit	139
3. Beispiele zur Heilbarkeit weiterer formeller Mängel von VAen	144
4. Heilung materieller Fehler	150
V. Fiktion mangelnden Verschuldens (Abs. 3)	153
VI. Europäisches Gemeinschaftsrecht und §§ 45, 46	158
1. Direkter Vollzug	158
a) Einschränkungen des Aufhebungsanspruchs	159
b) Heilungsmöglichkeiten	163
2. Indirekter Vollzug	167
VII. Landesrecht	174
VIII. Vorverfahren	175

I. Allgemeines

1. Gegenstand der §§ 45, 46

§ 45 sieht nachträgliche **Heilungsmöglichkeiten** für fünf näher geregelte Fälle der Verletzung von Verfahrens- oder Formvorschriften beim Erlass von VAen vor,[1] während § 46 den **Anspruch auf Aufhebung eines VA einschränkt,** der unter Verletzung von Vorschriften über das Verfahren, die Form oder die örtliche Zuständigkeit überhaupt zustande gekommen ist.[2] Die betroffenen Rechtsverletzungen betreffen nicht den Inhalt der VAe, sondern deren **Zustandekommen,** sie sind nicht für die materielle, sondern für die formelle Rechtmäßigkeit des VA von Bedeutung (näher Rn. 8 ff., 116, 119). Die Anwendung von in §§ 45, 46 enthaltenen Rechtsgedanken auch auf andere Rechtsakte als VAe oder nicht unmittelbar dem VwVfG unterliegende VAe ist nicht ausgeschlossen.[3] Für **Rechtsnormen** kommt dies allerdings **nicht**

---
[1] Die Heilung materieller Mängel richtet sich nicht nach § 45, sondern nach dem jeweiligen materiellen Recht, vgl. *OVG Saarlouis* NVwZ 1982, 127; *Hill,* Das fehlerhafte Verfahren, S. 325. S. aber zu Überschneidungen Rn. 29, 45 ff., 150 ff.
[2] Zur Unanwendbarkeit bei fingierten VAen s. *Oldiges* JUTR 2000, 41, 56.
[3] Dafür etwa *OVG Koblenz* NVwZ-RR 1992, 370, für dienstliche Beurteilungen; vgl. auch *BVerwG* NVwZ-RR 1994, 118 f.; zur Anordnung der sofortigen Vollziehung s. *OVG Lüneburg* NVwZ-RR 1993, 585, 586 f.; Rn. 28; allgemein ferner *Kopp/Ramsauer,* § 45 Rn. 8; zu § 46 s. etwa zum Personalvertretungsrecht *BVerwG* NVwZ-RR 2000, 369, 371; zum Kartellverwaltungsverfahrensrecht *OLG Düsseldorf* WuW DE-R 953, 954 m. w. N.; zur Beitragserhebung im Wasserverbandsrecht *VGH München* BayVBl 2003, 399, 400; in concreto verneinend für das Vergaberecht *Pietzcker,* Die Zweiteilung des Vergaberechts, 2001,

§ 45   2–4   Teil III. Verwaltungsakt

in Betracht;[4] sie sind bei (auch nur formeller) Rechtswidrigkeit[5] grundsätzlich[6] nichtig, soweit nicht besondere Bestimmungen (wie §§ 214 ff. BauGB) eingreifen.[7]

2   **Vorschriften über das Verfahren** regeln das behördliche Verhalten, das zum **Erlass des VA** führt, also z. B. Einleitung des Verfahrens, Ermittlung des Sachverhaltes, Beteiligung der Betroffenen, Gewährung von Akteneinsicht und rechtlichem Gehör, Bekanntgabe.[8] Zu **Formvorschriften** s. § 37. Beispiele finden sich in § 44 Abs. 2 Nr. 1, 2, Abs. 3 Nr. 2 bis 4, § 45 Abs. 1. Zur nur in § 46 angesprochenen Verletzung von Zuständigkeitsvorschriften s. Rn. 146; § 46 Rn. 38 ff.

3   Trotz der besonderen Erwähnung der Formvorschriften dürfte auch die Verletzung von **Fristbestimmungen** für die behördliche Entscheidung zu den Verfahrensfehlern i. S. d. §§ 45, 46 zählen. Soweit es sich um Ausschlussfristen handelt, schließt allerdings deren zwingender Charakter (§ 31 Rn. 8 ff.) eine Heilung jedenfalls aus (s. Rn. 32; allg. Rn. 135 ff., 150 ff.; zum Aufhebungsanspruch s. § 46 Rn. 35 f.), andernfalls ist die Fristversäumnis nicht wesentlich, berührt die Rechtmäßigkeit des VA nicht (s. Rn. 8, 116 ff.).

4   Gesetzliche **Sonderregeln gehen** den §§ 45, 46 **vor** oder treten ergänzend neben sie (s. zu § 45 Rn. 135 ff., zu § 46 dort Rn. 3, 30 ff., 43, sowie allg. § 1 Rn. 208 ff.). Besonderen Regeln folgt etwa die Heilung von Verfahrensfehlern für beamtenrechtliche Versetzungen[9] und im behördlichen Disziplinarverfahren (§ 1 Rn. 234).[10] Im Soldatenrecht ging das BVerfG (vor Änderung des Abs. 2) ganz selbstverständlich davon aus, dass bei Zurruhesetzung eines Generals die etwa rechtsstaatlich gebotene Anhörung und Begründung im verwaltungsgerichtlichen Verfahren nachgeholt werden können.[11] Andererseits schließt die Judikatur bei der Ablösung von Soldaten von ihrem Dienstposten eine Heilung unterbliebener Anhörung aus.[12] Die §§ 24 Abs. 3 S. 2, 25 Abs. 2 S. 2 BauGB sollen keine sondergesetzliche Ausprägung eines allgemeinen, auf andere, etwa naturschutzrechtliche Vorkaufsrechte übertragbaren Rechtsgrundsatzes darstellen, der dem § 45 möglicherweise vorgehen könnte.[13] Zur Umweltinformationsrichtlinie und zum UIG s. Rn. 171 ff. Zu den weitgehend mit §§ 45, 46 vergleichbaren Regelungen der §§ 126, 127 AO, §§ 41, 42 SGB X s. Rn. 25, 90, 101, 102, 145.

S. 100 ff. Für Anwendung auf Realakte offenbar *Hochhuth* NVwZ 2003, 30, 31 f.; offen lassend für Datenweitergabe *BVerwG* NJW 2005, 2330, 2332 f.
[4] Vgl. für § 46 *VGH München* BayVBl 2000, 531 f.; *OVG Hamburg* NVwZ-RR 2007, 108, 109. S. für eine vergleichende Berücksichtigung etwa *Skouris*, Die Begründung von Rechtsnormen, 2002, S. 33 ff.; Zur Problematik der „Heilung" gescheiterter Zweckverbandsgründungen s. etwa *BVerwG* NVwZ 2003, 995, 996 = LKV 2004, 27; *OVG Bautzen* SächsVBl 2002, 298; *Pencereci/Bluhm* LKV 1998, 172, 175; *Degenhart* SächsVBl 2001, 85 ff.; *ders.* in FS Maurer, 2001, 594 ff.; *Grunert* Zweckverbände für Wasserversorgung und Abwasserbeseitigung in den neuen Bundesländern, 2001, S. 89 ff.; *Aschke* NVwZ 2003, 917 ff.
[5] Für diese durchweg vernachlässigte Prämisse der Nichtigkeit spricht bei Normen nicht zuletzt Art. 93 Abs. 1 Nr. 2 GG, der auch „die förmliche ... Vereinbarkeit" erwähnt, s. *Sachs*, in ders. GG, Art. 20 Rn. 95.
[6] Zur Beschränkung auf Evidenz bei formeller Gesetzgebung für einen bestimmten Verfahrensmangel *BVerfGE* 34, 9, 25 f.; unter Verzicht auf rückwirkende Behebung des Mangels zuletzt Art. 19 Abs. 1 Satz 2 GG *BVerfGE* 113, 348, 367; ebenso für VOen *BVerfGE* 91, 148, 175 f.; daran anschließend *OVG Münster* NVwZ-RR 1997, 172, 174. Das *BVerfG* geht damit noch über die in *BVerfGE* 103, 332, 390 f., für einen Spezialfall ausdrücklich gebilligte Entwertung verfahrensrechtlicher Bindungen der Normsetzung, vgl. §§ 214, 215 BauGB, § 7 VI GO NRW, hinaus; vgl. zur Problematik grundsätzlich *Morlok*, Die Folgen von Verfahrensfehlern am Beispiel von kommunalen Satzungen, 1988; ferner etwa *Otto*, Nichtigkeitsdogma und Fehlerbehebung im Städtebaurecht, 2000; *Steinwede*, Planerhaltung im Städtebaurecht durch Gesetz und richterliche Rechtsfortbildung, 2003; *Erbguth* DVBl 2004, 802 ff.; *Kupfer* Verwaltung 2005, 493 ff.; vergleichend zum VwVfG *Lorenz* Verfahrensvorschriften und Fehlerfolgen, 2002, insbes. S. 62 ff.; ferner *Kment* Nationale Unbeachtlichkeits-, Heilungs- und Präklusionsvorschriften und Europäisches Recht, 2005.
[7] Für Differenzierungen *Schnelle*, Eine Fehlerfolgenlehre für Rechtsverordnungen, 2007, insbes. S. 254 ff.; s. auch *Trips*, Das Verfahren der exekutiven Rechtsetzung, 2006, S. 243 ff.
[8] *Haueisen* DÖV 1973, 653; s. aber Rn. 19.
[9] *BVerwG* NVwZ-RR 2003, 370, 371; *BVerwGE* 122, 58, 64; anders zu § 35 SächsBG *OVG Bautzen* NVwZ-RR 2002, 53, zur Anhörung.
[10] Vgl. dazu *Bieler* DöD 1990, 201, 206 ff.; *BVerwGE* 113, 116, 120 f.; *BVerwG* NVwZ-RR 2001, 246, 248; *NVwZ* 2001, 1412, 1413, greifen recht selbstverständlich, allerdings ohne klare Abgrenzung zum Nachschieben von Gründen (Rn. 45 ff.), auf § 45 zurück.
[11] *BVerfG (K)* NVwZ 1994, 477, 478; im angefochtenen Beschluss, *BVerwG* NVwZ-RR 1993, 90, 91, war dagegen beides als entbehrlich angesehen worden.
[12] *BVerwGE* 76, 310, 311 f.; 113, 112, 113 f.
[13] *VGH München* NVwZ 1995, 304, 307.

2. Bedeutung von Verfahrens- und Formfehlern

a) Begriffliche Voraussetzungen. Jedes **Verhalten der Behörden**, das gegen Rechtsnormen verstößt, ist definitionsgemäß **rechtswidrig**. Dies gilt auch, wenn Rechtsnormen verletzt werden, die beim Erlass des VA zu beachten sind und nicht den Inhalt des VAs regeln; form- und verfahrensfehlerhaftes behördliches Verhalten ist rechtswidrig.

Rechtswidrig (oder synonym: fehlerhaft; s. § 44 Rn. 12) sind aber insbes. nach der Terminologie der VwVfG (etwa §§ 48, 49) zumal die durch das Behördenhandeln hervorgebrachten **VAe selbst als Rechtsakte**. Insoweit liegt ein **abweichender Gehalt von „Rechtswidrigkeit"** zugrunde, der nicht auf die Qualifikation von Verhaltensweisen bezogen ist, sondern die fehlende (volle) Anerkennung durch die Rechtsordnung kennzeichnet; der früher verbreitete,[14] aber missverständliche[15] Begriff der „Ungültigkeit" brachte dies insoweit treffend zum Ausdruck.[16] Die Rechtswidrigkeit in diesem Sinne ist bei VAen, deren **Regelungsgehalt mit Anordnungen des Gesetzes in Widerspruch** steht, eine Konsequenz des (verfassungsrechtlichen) **Vorrangs des Gesetzes** als negativer Rechtsanerkennungsnorm, die notwendig ist, um zu vermeiden, dass miteinander sachlich nicht zu vereinbarende Anordnungen gleichzeitig Beachtung verlangen. Der **Verstoß gegen Verfahrensvorschriften** führt als solcher nicht dazu, dass so erlassene Verwaltungs(rechts)akte ihrem Inhalt nach dem für die geregelte Frage einschlägigen Gesetz widersprechen;[17] daher greift der **Vorrang des Gesetzes** insoweit **nicht** durch. Auch die Logik der Rechtsordnung und die Rechtsbindung der Verwaltung können die Annahme der Rechtswidrigkeit von VAen wegen Verfahrensfehlern nicht rechtfertigen.[18] Die verbreitete Redeweise von Verfahrensfehlern eines VA, von solchen, mit denen der VA behaftet ist, sollte besser vermieden werden; denn die Qualifikation des im Verfahren gemachten Fehlers als Eigenschaft des anschließend erlassenen VA nimmt die Antwort auf die zu klärende Frage bereits (unbemerkt) vorweg.[19]

Die § 44 Abs. 1, § 47 Abs. 1 und 2, § 59 Abs. 2 Nr. 2 und 3 sowie die amtlichen Überschriften der §§ 45 bis 47 lassen aber in Übereinstimmung mit früheren allgemeinen Grundsätzen des Verwaltungsrechts unmissverständlich die **Möglichkeit** erkennen, dass VAe auch **wegen Verfahrensfehlern rechtswidrig** sind.[20] Die Aussagen des VwVfG erlauben jedoch nicht die Schlussfolgerung, dass Verstöße gegen Verfahrensvorschriften i. w. S. bei Erlass eines VA immer[21] oder doch in aller Regel zur (formellen) Rechtswidrigkeit des VA führen;[22] vielmehr hängt es von einzelnen Aussagen des VwVfG und von Regelungen über Verfahrensanforderungen selbst

---

[14] Vgl. schon *Mayer*, Deutsches Verwaltungsrecht, 1. Bd., 1895, S. 99 f., 3. Aufl. 1923, S. 95, wonach „Ungültigkeit" „nicht unbedingte Wirksamkeit" unter Einschluss von „Unwirksamkeit einerseits, Anfechtbarkeit, Widerrufbarkeit andererseits" bedeuten sollte; von *Jellinek*, S. 262, der dies bereits als einen „vielleicht bedauerlichen, aber in der Verwaltungsrechtswissenschaft nun einmal eingebürgerten Sprachgebrauch" bezeichnete; ausführlich *Andersen*, Ungültige Verwaltungsakte, 1927, S. 45 ff.; von „Ungültigkeit" ausgehend ferner etwa *Fleiner*, Institutionen des Deutschen Verwaltungsrechts, 8. Aufl., 1928, S. 208 ff.; auch noch *Jerusalem*, Grundriß des Verwaltungsrechts, 1947, S. 51 f.; *Peters*, Lehrbuch der Verwaltung, 1949, S. 165; *Turegg*, Lehrbuch des Verwaltungsrechts, 1950, S. 162 ff.

[15] *Forsthoff*, S. 225, vermeidet den Ausdruck als „nicht nur ungenau, sondern offenbar irreführend."

[16] Zum unterschiedlichen Begriff der Rechtswidrigkeit von Verhalten und von Rechtsakten *Sachs* VerwArch 2006, 573, 578 ff. m. w. N.; s. schon § 44 Rn. 16, auch 43 ff. Eingehend zur Gesamtproblematik auch *Baumeister*, S. 126 ff.; s. auch *Bumke*, Relative Rechtswidrigkeit, 2004, S. 17 ff. S. allgemein auch *Popp*, Verfahrenstheoretische Grundlagen der Fehlerkorrektur im Strafverfahren, 2005.

[17] Eine im Wortsinne „unmittelbare Verknüpfung von Rechtsfehler und Rechtswidrigkeit des Verwaltungsaktes" kann es entgegen *Kischel*, Folgen von Begründungsfehlern, 2004, S. 30, bei Verfahrensfehlern anders als bei inhaltlichen nicht geben.

[18] Näher insgesamt *Sachs* VerwArch 2006, 573, 578 ff. m. w. N.; auch *ders.* in GVwR II, § 31 Rn. 24 ff.

[19] Vgl. statt vieler etwa *Ziekow* in Erbguth (Hrsg.), Effektiver Rechtsschutz im Umweltrecht, 2005, S. 81, 89 f., für den die Rechtswidrigkeit des verfahrensfehlerhaften Verwaltungsakts nur „selbstverständlich" ist; *Wehr*, Rechtspflichten im Verfassungsstaat, 2005, S. 90 f., 99.

[20] Die Rechtswidrigkeit des VA ist dabei nicht Folge seiner eigenen Verfahrensfehlerhaftigkeit, was logisch bei Bedeutungsgleichheit von Rechtswidrigkeit und Fehlerhaftigkeit ausgeschlossen ist, sondern die Folge der Verfahrensrechtsverstöße als rechtswidrigen Verhaltensweisen; vgl. zu Unklarheiten der Bezugspunkte beim Gebrauch der Synonyme Rechtmäßigkeit und Fehlerhaftigkeit in diesem Kontext näher *Sachs* VerwArch 2006, 573, 578 f. m. N.

[21] Wie hier insoweit auch *Baumeister*, S. 133 ff.

[22] Dafür unter Berufung darauf, dass sonst § 46 keinen Anwendungsbereich habe, *Baumeister*, S. 141 ff., und demgegenüber näher *Sachs*, VerwArch 2006, 573, 588.

ab, ob und unter welchen Voraussetzungen die Rechtswidrigkeit des Verfahrenshandelns der Behörde die des resultierenden VA zur Folge hat.[23] Dazu allg. näher Rn. 116 ff.

8   b) Zur Diskussion vor dem VwVfG. Die Behandlung von Verfahrens- und Formfehlern von VAen war bei auch damals wenig klaren Vorstellungen zur Rechtswidrigkeit und ihren weiteren Folgen im Allgemeinen vor Inkrafttreten des VwVfG weitgehend umstritten. Einigkeit bestand nur darüber, dass sie in der Regel (s. aber § 44 Abs. 2) nicht zur Nichtigkeit führen, sondern allenfalls Anfechtbarkeit zur Folge haben,[24] teilweise aber auch unbeachtlich sind (s. § 24 Rn. 81; § 44 Rn. 1).[25] Im Schrifttum und in der Rspr.[26] wurde Verfahrensverstößen **nicht allgemein die gleiche Bedeutung** beigemessen wie der Verletzung von materiellem Recht.

9   Dieser Befund fand allerdings auch verbreitet **Kritik**, die zumindest im Grundsatz für die (Rechtswidrigkeit und) Aufhebbarkeit verfahrensfehlerhaft zustande gekommener VAe eintrat.[27] Gerügt wurde insbes., dass **das Fehlen von Sanktionen** bei Verletzung der Verfahrensvorschriften die Neigung fördere, sie aus vermeintlichen Gründen der Verwaltungseffizienz (§ 9 Rn. 76 ff.), wie der Praktikabilität, Flexibilität, Beschleunigung und Vereinfachung, nicht anzuwenden,[28] womit in der Tat die faktische Geltung des Verwaltungsverfahrensrechts gefährdet würde (s. aber noch Rn. 14 ff.). Gegenüber dem Effizienzargument wird daher mit Recht grundsätzliche Kritik vorgebracht;[29] auch ist nicht zu verkennen, dass es bei entsprechender Praxis zu einem Belastungseffekt für die Verwaltungsgerichte kommen kann,[30] die bei Verletzung von Verfahrensvorschriften nicht allein deshalb VAe aufheben und damit die weitere Erledigung der Verwaltung überlassen können, sondern gehalten sind, sich selbst trotzdem, je nach Situation aufwändig, mit der inhaltlichen Rechtmäßigkeit zu befassen (s. auch Rn. 47; § 46 Rn. 15).

10   c) Dienende Funktion des Verfahrensrechts. Zur Legitimation dafür, dass die §§ 45, 46 gleichwohl die Aufhebbarkeit verfahrensfehlerhaft erlassener VAe restriktiv gestalten, wird vor allem darauf verwiesen, dass das **Verfahrensrecht** gegenüber dem materiellen Recht **nur** eine **dienende Funktion** habe.[31] Auf der gleichen Linie liegt § 44a VwGO, der ebenfalls durch das VwVfG (§ 97) eingeführt wurde, um zu verhindern, dass die teilweise neu geschaffenen Verfahrensrechte zu zeitlichen Verzögerungen führen. Auch im Rahmen des § 839 BGB wird z. T. die eigenständige Bedeutung von Verfahrensrechtsverletzungen bezweifelt, weil diese keine weitergehenden Schutzzwecke gegenüber dem materiellen Recht verfolgen könnten.[32]

11   Die **instrumentelle Bedeutung** verfahrensrechtlicher Vorschriften für die rechtlich zutreffende Sachentscheidung ist in der Tat **hervorzuheben**, sie hat auch mit Recht für die Frage der Rechtswidrigkeit verfahrensfehlerhaft erlassener VAe maßgebliche Bedeutung (Rn. 116 ff., 123 f.), zumal durchaus andere Sanktionen des verfahrensfehlerhaften Verhaltens, die keinen Einfluss auf den Bestand des VA haben, in Betracht kommen.[33] Allerdings geht die alleinige Rückführung auf diesen Gesichtspunkt zu weit und **vernachlässigt andere Dimensionen** einschlägiger Regelungen, die namentlich Selbstzweckcharakter haben oder Zwecken außerhalb des

---

[23] *Sachs* VerwArch 2006, 573, 585 ff. m. w. N.; auch *ders.* in GVwR II, § 31 Rn. 27 ff.
[24] BVerwGE 24, 23, 32; 29, 282, 283 ff.
[25] Dazu etwa *Weyreuther* DVBl 1972, 93, 95.
[26] Nachw. bei *Haueisen* DÖV 1973, 653 ff.; *Laubinger* VerwArch 1981, 333 ff.; in der Tendenz entgegengesetzt die Gesamtbewertung bei *v. Danwitz* DVBl 1993, 422, 424.; zum aktuellen und früheren Meinungsstand wie hier etwa *Baumeister*, S. 127 ff.
[27] Z. B. *Ule* in FS Heymanns Verlag I, 1965, S. 71 ff.; *Bachof* I, Teil 2, C 28; *Ossenbühl* DÖV 1964, 511, 516; *Menger/Erichsen* VerwArch 1966, 277; *dies.* VerwArch 1970, 171; *Kopp* VerwArch 1970, 219 ff.; *Brohm* VVDStRL 30 (1972), S. 197, 245, 279 ff.; *Haueisen* DÖV 1973, 653, 656 f.; *Maurer* JuS 1976, 485, 492; *Wolff/Bachof/Stober* 2, § 49 Rn. 52 f.; s. auch BVerwGE 21, 240, 249.
[28] S. *VGH Kassel* NVwZ 1982, 136; *Stelkens* NVwZ 1982, 81 ff.; ferner Rn. 25 ff.
[29] S. etwa *Hufen*, Rn. 590 f.
[30] *Kopp* VwPO-E, B 83.
[31] Unbedenklich in Bezug genommen von BVerfGE 105, 48, 60; ferner etwa *v. Mutius* NJW 1982, 2150, 2156 ff.; *Ossenbühl* NVwZ 1982, 465 ff.; *Schwarz* in Fehling u. a., § 45 Rn. 1; *Wolff* in FS Scholz, 2007, S. 977 ff.; so etwa auch *VGH Mannheim* NVwZ 1986, 663, 664; NuR 1989, 388, 389; krit. *Hufen*, Rn. 586 ff.; *ders.* NJW 1982, 2160 ff. m. w. N.; ferner etwa *Roßnagel* JuS 1994, 627, 628 ff.; für eine differenzierende Betrachtungsweise *Schmidt-Aßmann*, HStR III¹, § 70 Rn. 34 m. w. N.
[32] So sehr dezidiert, wenn auch dann im Ergebnis offen lassend, OLG Köln NVwZ-RR 1996, 626, 627.
[33] Hinweise dazu bei *Sachs* in GVwR II, § 31 Rn. 38 m. w. N. S. auch Rn. 22, 26.

§ 45 Heilung von Verfahrens- und Formfehlern   12–15 § 45

Ziels des VwVf verpflichtet sein können.³⁴ In solchen Fällen kann Anlass bestehen, die Rechtswidrigkeit wegen des Verfahrensfehlers unabhängig von seiner Bedeutung für die Entscheidung in der Sache anzunehmen (Rn. 119 ff.).

Die durch das **GenBeschlG vom 12. 9. 1996** vorgenommenen Änderungen der §§ 45, 46 **12** gehen wie weitere Neuregelungen dieses Gesetzes **gleichfalls auf den Grundgedanken der dienenden Funktion** des VwVf zurück. Die aus dem Gesetzesantrag des Landes Baden-Württemberg³⁵ in den Gesetzentwurf des Bundesrats³⁶ übernommene Begründung betont in ihrem allgemeinen Teil ausdrücklich, dass „mit den vorgeschlagenen Beschleunigungsmaßnahmen die dienende Funktion der Zulassungsverfahren für die Sachentscheidung wieder stärker in den Vordergrund gerückt und die Verfahrenseffizienz im Rahmen der Verfahrenszwecke stärker zum Ausdruck gebracht werden" solle. Der schließlich verabschiedete, im Ergebnis insoweit übereinstimmende Gesetzentwurf der BReg³⁷ formuliert dieses Element der Begründung allerdings nicht mit derselben Deutlichkeit.³⁸

d) Bedeutung des Verfassungsrechts. Wesentliche Grundlage für die Gestaltung des Ver- **13** waltungsverfahrensrechts ist neben dem Ziel der (manchmal nur vermeintlichen) Verfahrenseffizienz auch das Grundgesetz, das in mehrfacher Weise Vorgaben bereithält. Im Mittelpunkt steht dabei das **Rechtsstaatsprinzip** mit seinen vielfältigen Anforderungen an die Ausgestaltung des Verfahrensrechts (auch) der Verwaltung (dazu § 1 Rn. 42 f.). Der Gesetzgeber hat insoweit allerdings erheblichen Spielraum bei der Ausgestaltung der einzelnen Verfahrensregelungen; doch kann die Effektivität der Regelungen durch unzulängliche Sanktionierung einschlägiger Verstöße nicht beliebig ausgehöhlt werden. Die §§ 45, 46 hielten sich ursprünglich im Rahmen des rechtsstaatlich Vertretbaren;³⁹ nach ihrer Änderung ist aber z. T. eine restriktive Anwendung unerlässlich, um die rechtsstaatlich gebotenen Verfahrensgarantien **nicht leerlaufen** zu lassen (s. speziell zu § 45 Abs. 2 n. F. Rn. 103 ff.; zu § 46 s. dort Rn. 5 ff.).

Weitergehende verfassungsrechtliche Maßstäbe sind zu beachten, soweit das Verfahrensrecht **14** auch dem Schutz von **Grundrechten** dient. Das *BVerfG* hat vielfach die Bindung auch des (Verwaltungs-)Verfahrensrechts an die (materiellen) Grundrechte betont.⁴⁰

Auch bei Verletzung grundrechtssichernder Verfahrensvorschriften sind indes Heilungsmög- **15** lichkeiten oder Abschwächungen der Fehlerfolgen nach Art der §§ 45, 46 (sowie des § 44 a VwGO) **nicht von vornherein verfassungswidrig**.⁴¹ Vielmehr gesteht das *BVerfG* selbst für Verfahren, die „mit gleichsam konstitutiver Wirkung die Geltendmachung einer grundgesetzlichen Gewährleistung regeln", dem Gesetzgeber eine **„weite Gestaltungsfreiheit"** zu, der die Grundrechte nur insoweit Grenzen setzen, als es um elementare, rechtsstaatlich unverzichtbare Verfahrensanforderungen geht.⁴² Zudem hat das *BVerfG* betont, dass Verfahrensvorschriften (für gerichtliche Verfahren) nur dann grundrechtlich relevant sind, wenn überhaupt Auswirkungen auf das materielle Schutzgut des betroffenen Grundrechts eintreten können.⁴³ Auch hebt es selbst Entscheidungen nach grundrechtsverletzenden Verfahrensfehlern vielfach nur auf, wenn sie auf dem Verfassungsverstoß beruhen, durch ihn verursacht worden sein können, was von den

---

³⁴ Vgl. hierzu die Typologie der Verwaltungsverfahrensbestimmungen mit unterschiedlicher Ausrichtung bei *Morlok,* Die Folgen von Verfahrensfehlern am Beispiel von kommunalen Satzungen, 1988, S. 118 ff.
³⁵ BR-Drs 422/94, S. 11; dort war allerdings eine Änderung des § 45 noch nicht vorgesehen.
³⁶ BR-Drs 422/94 (Beschluss), Anlage 1, S. 7 = BT-Drs 13/1445, S. 6.
³⁷ BT-Drs 13/3995.
³⁸ BT-Drs 13/3995, S. 8, bezogen auf § 46, zu Beschleunigung und Verfahrensökonomie.
³⁹ *Hufen* NJW 1982, 2160, 2165 ff.; *ders.,* Rn. 595 ff.; *H. Meyer* in Knack, § 46 Rn. 11; krit. insbes. bei Grundrechtsbezug *v. Mutius* NJW 1982, 2150, 2159 f.; *Grimm* NVwZ 1985, 865, 871 f.; s. auch *Messerschmidt* NVwZ 1985, 877, 879 f.; *Schoch* Verwaltung 1992, 21, 43 ff. Zu Bedenken bei Einzelelementen des § 45 s. zu Rn. 35.
⁴⁰ Vgl. *BVerfGE* 52, 380, 389 f. m. w. N. zur älteren Judikatur; *BVerfGE* 53, 30, 65 f.; 69, 315, 355 m. w. N.; 73, 280, 296; 77, 381, 405 f.; 84, 34, 45 f.; 84, 59, 72 f.; 89, 120, 129 ff.; 89, 340, 342 m. w. N.; 90, 60, 96 ff.; 94, 115, 132; 95, 193, 209; 111, 333, 353 ff.; 113, 29, 57; in Anwendung auf gerichtliche Verfahren in neuerer Zeit *BVerfGE* 97, 169, 179; 99, 145, 157 jeweils m. w. N.; auch *BVerwGE* 107, 363, 373 f.; s. auch Rn. 129 sowie *Stern* Staatsrecht III/1, S. 966, 976; *Sachs* in ders. GG, vor Art. 1 Rn. 34 jeweils m. w. N.
⁴¹ S. in dieser Richtung auch *Schmidt-Aßmann* in FS Erichsen, 2004, S. 214 ff.
⁴² S. *BVerfGE* 60, 253, 295 f.
⁴³ *BVerfGE* 83, 111, 118, zu Art. 6 Abs. 5 GG.

Gegebenheiten des Einzelfalls abhängen[44] oder von vornherein ausgeschlossen sein kann.[45] Gleichwohl muss sichergestellt sein, dass grundrechtsbeeinträchtigend wirksame, elementare Verfahrensfehler nicht als unbeachtlich behandelt werden.[46] Zu unmittelbar grundrechtsgebotenen Verfahrensgarantien s. Rn. 129 ff.

16 Im Übrigen unterstreicht das *BVerfG,* dass Regelungen des VwVf auch **anderen Zielen von verfassungsrechtlichem Rang** genügen müssen, wie der Rechtssicherheit,[47] aber auch der Wahrung der **Funktionsfähigkeit der Verwaltung,** die zumal bei Massenverfahren nur durch konzentrierte Prüfung gewährleistet ist.[48] (Nicht nur) bei mehrpoligen Verhältnissen wird Letzteres auch mit dem wohlverstandenen **Interesse der (verschiedenen) Beteiligten** begründet,[49] die sämtlich für ihre Anliegen gegenläufige Grundrechtsbestimmungen anführen können, die zum Ausgleich gebracht werden müssen.[50]

17 Gegenüber diesen nur **sehr begrenzt verbindlich determinierenden Verfassungsvorgaben** ist ein generelles Verdikt über die gesetzliche Regelung eingeschränkter Verfahrensfehlerfolgen auch für den Fall ihrer Grundrechtsrelevanz nicht möglich.[51] Dies schließt Bedenken gegenüber Einzelaspekten nicht aus, denen vorrangig durch verfassungskonforme Auslegung[52] Rechnung zu tragen ist (s. noch Rn. 129–131; § 46 Rn. 4 ff.). Zur Problematik der Änderung der nach dem ursprünglichen Abs. 2 bestehenden zeitlichen Begrenzung s. Rn. 103 ff.

18 e) **Verhältnis zwischen § 45 und § 46.** §§ 45 und 46 sind **grundsätzlich nebeneinander anwendbar.** Der umfassend auf alle Fehler hinsichtlich des Verfahrens, der Form und der örtlichen Zuständigkeit bezogene § 46 greift also auch ein, soweit es sich um einen der fünf nach § 45 heilungsfähigen Mängel handelt; § 45 ist insoweit keine den § 46 verdrängende lex specialis.[53] **Nach der Heilung** gem. § 45 ist allerdings für die Anwendung von § 46 kein Raum mehr. Immerhin kann das ursprüngliche Vorliegen der Voraussetzungen (auch) des § 46 noch insoweit eine Rolle spielen, als die bei Nachholung der versäumten Verfahrenshandlung sonst zugunsten des Betroffenen eintretenden Kostenfolgen (s. § 80 Abs. 1 S. 2; auch § 161 Abs. 2 VwGO; ferner Rn. 41, 69, 113 f.) ausgeschlossen sein können.

II. Heilung einzelner Verfahrensfehler (Abs. 1)

1. Allgemeine Bedeutung

19 a) **Verhältnis zu § 44.** § 45 **Abs. 1** betrifft **nicht Verfahrens- oder Formfehler,** die den VA nach § 44 Abs. 1 oder 2 **nichtig** machen oder ihn erst gar **nicht wirksam** entstehen lassen, wie z. B. eine fehlerhafte Bekanntgabe (s. § 43 Rn. 174 ff.). § 45 Abs. 1 setzt allerdings voraus, dass im Einzelfall auch die in Nr. 1 bis 3 genannten Verfahrensfehler einen VA nach § 44 Abs. 1 nichtig machen können; in solchen Fällen ist dann die Heilung nach § 45 ausgeschlossen (vgl. Rn. 28, 37, 72). Die in § 45 Abs. 1 Nr. 4 und 5 genannten Verfahrensfehler sollen trotz der

---

[44] Vgl. zu Art. 103 Abs. 1 GG *BVerfGE* 112, 185, 206; *Degenhart* in Sachs GG, Art. 103 Rn. 41 m. w. N.; . auch zu einer möglichen Pflicht nach Art. 4 Abs. 1, 2 GG zur Anhörung vor dem Verbot einer religiösen Vereinigung *BVerfG (K)* NJW 2004, 47, 48, wobei die Heilung durch Nachholung als möglicherweise ausgeschlossen behandelt wird.
[45] Bei Verstößen gegen Art. 104 Abs. 4 GG beschränkt sich *BVerfGE* 16, 119, 124; 38, 32, 34, darauf, die Grundrechtsverletzung durch die Unterlassung der Benachrichtigung festzustellen, und verzichtet auf eine entsprechende Qualifikation auch die Aufhebung der richterlichen Entscheidung über die Anordnung oder Fortdauer einer Freiheitsentziehung.
[46] S. auch *Bonk* NVwZ 2001, 636, 641.
[47] *BVerfGE* 60, 253, 295 f.; zuletzt wieder (für gerichtliche Verfahren) *BVerfGE* 93, 99, 107 f.; s. auch § 43 Rn. 9 ff., § 48 Rn. 28 ff.
[48] *BVerfGE* 61, 82, 112 ff., 116.
[49] *BVerfGE* 61, 82, 116; auch schon *BVerfGE* 56, 216, 236 f.; s. zum Anspruch auf Bescheidung in angemessener Zeit *BVerfGE* 60, 16, 41 f.; 69, 161, 170.
[50] *Stern* Staatsrecht III/1, S. 975 f.
[51] S. ausdrücklich *VGH München* NVwZ 1995, 304, 307, allerdings unter Hinweis darauf, dass wegen der inzwischen gestrichenen zeitlichen Grenze des § 45 Abs. 2 a. F. keine unverhältnismäßige Belastung eintrete.
[52] Vgl. in diesem Sinne etwa auch *Roßnagel* JuS 1994, 627, 628 ff.; *Schenke* VerwArch 2006, 592 ff., 610; *Baumeister,* S. 352 ff., der die entsprechende Interpretation aber auch dem VwVfG allein entnimmt.
[53] So auch *Schnapp/Cordewener* JuS 1999, 147, 151 m. w. N.

abweichenden Formulierung offenbar den im Negativkatalog des § 44 Abs. 3 Nr. 3 und 4 genannten Fällen entsprechen,[54] haben deshalb nie Nichtigkeit zur Folge.

b) Anforderungen an die Nachholung von Verfahrenshandlungen. Abgesehen von 20 der zeitlichen Grenze des Abs. 2 und dem Ausschluss nichtiger (oder sonst unwirksamer) VAe (s. Rn. 19, 111)[55] kennt § 45 keine Voraussetzungen für die Nachholung der versäumten Handlungen jenseits der für sie schon **ursprünglich geltenden Anforderungen.** Diese allerdings sind **uneingeschränkt** einzuhalten, damit das entstandene Defizit an Verfahrensrechtsschutz effektiv ausgeglichen wird. Insoweit spricht man auch von einem „Grundsatz realer Fehlerheilung,"[56] dem freilich nur bedingt genügt werden kann (s. auch Rn. 27, 40, 74 ff., 85).

c) Rechtswirkungen der Nachholung von Verfahrenshandlungen. Werden die in 21 Abs. 1 genannten Verfahrenshandlungen nachgeholt, ist die Verletzung der Verfahrensvorschrift **unbeachtlich** (zur variablen Bedeutung dieser Formulierung allg. § 24 Rn. 81), und zwar für die Frage der **Rechtswidrigkeit des VA**, der – anders als bei Ersetzung durch einen neuen VA (Rn. 48) – in seiner Identität erhalten bleibt.[57] Die Überschrift zu § 45 spricht gleichbedeutend von Heilung.[58] Eine Regelung der Frage, ob der VA damit **von Anfang an rechtmäßig** wird, unterblieb, da dies nicht von praktischem Interesse sei.[59] Der VA wird jedenfalls **in diesem VwVf** und dem anschließenden, ggf. nach Abs. 2 bereits laufenden VwVf behandelt, als wäre er von Anfang an rechtmäßig.[60]

Die Annahme einer ex-tunc-Wirkung schließt nicht aus, dass in anderen Verfahren **auf den** 22 **Rechtszustand vor der Heilung abgestellt wird,** z.B. bei einem Amtshaftungsanspruch.[61] Deshalb ist auch ein Interesse an der Feststellung, dass der VA vor der Heilung rechtswidrig war, nicht ausgeschlossen (§ 113 Abs. 1 S. 4 VwGO).[62]

Wegen des geheilten Fehlers allein kann der VA jedenfalls **nach der Heilung weder ange-** 23 **fochten noch nach § 48 zurückgenommen** werden.[63] Werden die unterlassenen Verfahrenshandlungen nachgeholt, tritt die heilende Wirkung des Abs. 1 (Rn. 21 ff.) ein, **ohne** dass sich die Behörden noch in einer Art **Nachverfahren**[64] Klarheit verschaffen müssten, ob sie den VA aufrechterhalten wollen. Die Nachholung führt vielmehr in den Fällen der Nr. 1, 4, 5 ohne eigenes Zutun der Behörde zur Heilung.

Wird der Mangel **nicht geheilt**, ist der **VA** zwar – wegen § 46 (s. dort Rn. 3, 15) – nicht 24 notwendig anfechtbar, aber doch unabhängig vom möglichen Einfluss des Fehlers auf den Entscheidungsinhalt (Rn. 123 f.) **rechtswidrig**.[65] Die in § 45 aufgezählten Fehler sind nach der Absicht des Gesetzes *nur* im Falle der Heilung unbeachtlich. Andernfalls hätte auch hier wie in § 46 eine Klausel für Fälle fehlender Ergebnisrelevanz eingefügt werden müssen.[66]

---

[54] *Kopp/Ramsauer*, § 45 Rn. 29; *Meyer/Borgs*, § 45 Rn. 19, 20; *H. Meyer* in Knack, § 45 Rn. 37, 39.
[55] Auch Plfbeschlüsse sind der Heilung zugänglich (§ 72 Rn. 112).
[56] S. *Hufen*, Rn. 616; *ders.* NJW 1982, 2160, 2165; auch *Hill*, Das fehlerhafte Verfahren, S. 99 f.; *Hatje* DÖV 1997, 483 f.; *Reinel* BayVBl 2004, 449, 457; *Schoch* Jura 2007, 28, 29; vgl. ferner *Kopp/Ramsauer*, § 45 Rn. 42; zu den Problemen etwa *Bumke*, Relative Rechtswidrigkeit, 2004, S. 206 f.
[57] *Baumeister*, S. 347 f.; relativierend offenbar *Durner* VerwArch 2006, 345, 366.
[58] Dies ist zu unterscheiden von der „Heilung" von Verfahrensfehlern durch Rügeverzicht oder -unterlassung. Zu dieser Möglichkeit und ihren Grenzen s. BVerwG NJW 1989, 412.
[59] Eingehend Begründung zu § 35 Musterentwurf; *Ossenbühl* DÖV 1964, 511, 515; krit. dazu *Spanner* JZ 1970, 671, 673; *Haueisen* DÖV 1973, 653, 654 Fn. 9.
[60] A. A. *Kopp/Ramsauer*, § 45 Rn. 14; *Hill*, Das fehlerhafte Verfahren, S. 98; *Meyer/Borgs*, § 45 Rn. 12: ex nunc; *Mager*, Der maßgebliche Zeitpunkt für die Beurteilung der Rechtmäßigkeit von Verwaltungsakten, 1994, S. 77; *W.-R. Schenke* VerwArch 2000, 587, 598 f.; *ders.* VerwArch 2006, 592, 602 ff.; *R. P. Schenke* JuS 2000, 230, 234; wohl auch *Hufen*, Rn. 613; ausf. *Kischel*, Folgen von Begründungsfehlern, 2004, S. 160 ff. m. w. N.; *Baumeister*, S. 374 ff.; für Heilung ex tunc *H. Meyer* in Knack, § 45 Rn. 15; *Ziekow*, § 45 Rn. 4; *Horn* Verwaltung 1992, 203, 206 mit Fn. 15; in diese Richtung auch *Maurer*, § 10 Rn. 39; offen gelassen bei BVerwG Buchholz 316 § 45 VwVfG Nr. 25; OLG Düsseldorf NJOZ 2003, 546, 550 f.; *Schäfer* in Obermayer, VwVfG, § 45 Rn. 76; *Schwab* DöD 1993, 249, 251; nach Fehlerarten diff. *Messerschmidt* NVwZ 1985, 877 f.
[61] Wie hier *Ziekow*, § 45 Rn. 4; offen insoweit wohl *H. Meyer* NVwZ 1986, 518 f. mit Fn. 41.
[62] S. aber *Kothe* in Redeker/v. Oertzen, § 108 Rn. 37.
[63] Begründung zu § 44 Abs. 1 Entwurf 73; OVG Münster NVwZ 1988, 740; *Sodan* in Ziekow, S. 107, 113; *ders.* DVBl 1999, 729, 732; § 48 Rn. 58.
[64] So *Kopp/Ramsauer*, § 45 Rn. 40.
[65] Auch für beim Heilungsversuch entstandene Änderung des VA OLG Düsseldorf NJOZ 2003, 546, 582.
[66] S. auch *Baumeister*, S. 135 f.

§ 45 25-29

25 **d) Keine Relativierung der primären verfahrensrechtlichen Pflichten.** Das Gesetz ist nicht darauf gerichtet, durch die Heilungsmöglichkeit die gesetzlichen Verpflichtungen zur sofortigen Vornahme der in § 45 Abs. 1 genannten Verfahrenshandlungen zu relativieren (s. auch Rn. 9, 20). Insbes. **befreit § 45** die Behörde **nicht von ihrer Anhörungs- und Begründungspflicht** nach §§ 28, 39. Welche Bedeutung dem Anhörungsrecht beizumessen ist, belegt (auch über den Anwendungsbereich dieser Vorschrift hinaus) § 42 S. 2 SGB X, wonach in Verfolgung der Rspr. des *BSG* die dem § 46 vergleichbare Vorschrift für die Verletzung des Anhörungsrechts im Sozialverfahren ausgeschlossen wurde (s. auch § 46 Rn. 32).[67]

26 Demgegenüber ist die **Gefahr einer gänzlichen Vernachlässigung** der verfahrensrechtlichen Bestimmungen des VwVfG vom Änderungsgesetzgeber zu wenig beachtet worden (allg. zur Eigenbedeutung eines rechtsstaatlichen VwVf § 9 Rn. 67); die Begründung des Gesetzentwurfs des BRats[68] wie die zum Entwurf der BReg[69] sehen die Belange des auf Grund der Heilung erfolglosen Klägers schon durch die Berücksichtigung bei der Kostenfolge hinreichend gewahrt. Immerhin bleiben trotz Unangreifbarkeit des VA neben Amtshaftungsansprüchen (s. schon Rn. 22) auch Dienstaufsichtsmaßnahmen möglich. Dies gilt insbes. dann, wenn § 45 zum Anlass genommen wird, **generell,** eventuell sogar auf Grund einer Verwaltungsanweisung (Nichtanwendungserlass), die Pflicht zur vorherigen Anhörung und die Begründungspflicht nach § 39 nicht mehr als zwingendes Recht zu handhaben und ihre Erfüllung in das Vorverfahren zu verlagern (s. Rn. 79) oder sie gar bis ins Gerichtsverfahren zu verschieben. In solchen Fällen ist nach wie vor daran zu denken, die Rechtsfolgen des § 45 nicht eintreten zu lassen, weil von der Heilungsmöglichkeit missbräuchlich Gebrauch gemacht wird (vgl. § 9 Rn. 50, 62).

27 Insbes. bei Anhörung und Begründung (s. aber auch zu Nr. 4 und 5 Rn. 95, 97) ist gerade der **Zeitpunkt** wichtig,[70] weil der **Zweck dieser Verfahrensanforderungen** nur noch bedingt zu erreichen ist, wenn der behördliche Entscheidungsprozess bereits abgeschlossen und die behördliche Entscheidung den Betroffenen bekannt gemacht ist oder wenn gar bereits Klage gegen den Bescheid erhoben wurde (vgl. zur Anhörung Rn. 74 ff.; zur Begründung Rn. 40, auch Rn. 51 f., zum Nachschieben von Gründen). Rspr. und Schrifttum müssen nach der Änderung des Abs. 2 darauf achten, dass von den Heilungsmöglichkeiten kein exzessiver Gebrauch gemacht wird.[71]

2. Nachträglich gestellter Antrag, Nr. 1

28 Setzt der Erlass des VA einen **Antrag** voraus (s. § 22 S. 2 Nr. 2; § 22 Rn. 15 ff.) und fehlt dieser Antrag bei Erlass, kann der VA nichtig,[72] anfechtbar oder schwebend unwirksam sein (§ 35 Rn. 239; § 43 Rn. 183 f.). Bei Nichtigkeit kommt eine Heilung nicht in Betracht. Ist der VA nur anfechtbar, ist der Mangel nach **Nr. 1 nachträglich,** d. h. nach Erlass des VA und gem. Abs. 2 bis zum Abschluss der letzten Tatsacheninstanz eines verwaltungsgerichtlichen Verfahrens, heilbar. Für die Nachholung des Antrages gelten die allgemeinen Grundsätze zur Antragstellung (s. § 22 Rn. 30 ff.). Auch ein nachträglicher Antrag kann konkludent gestellt werden. Insbes. kann dies durch Klageerhebung auf Erlass des VA geschehen, der ohne den auch dafür notwendigen Antrag abgelehnt wurde;[73] Klageerhebung *gegen* einen nicht begehrten Bescheid hat nicht die Bedeutung einer Antragstellung.[74] Für analoge Anwendung des § 45 auf einen gem. § 80 a Abs. 1 Nr. 1 VwGO erforderlichen Antrag des Begünstigten *OVG Hamburg* NVwZ 2002, 336, 337.

29 Der Antrag kann sowohl von verfahrensrechtlicher als auch von **materieller Bedeutung** sein (s. § 35 Rn. 233). Die Heilungsmöglichkeit des Abs. 1 Nr. 1 betrifft zwar nur den Verfahrensfehler; in der Nachholung des Antrages liegt aber in der Regel zugleich auch die Beseitigung

---

[67] Dazu *Wiesner* in Schroeder-Printzen, § 42 Rn. 10 m. w. N.; vgl. auch *OVG Münster* NWVBl 1990, 281; *Bielefeld,* Das soziale Verfahrensrecht des SGB X, 1997, S. 94 ff.; *Schur,* Die Beteiligungsrechte im sozialrechtlichen Verwaltungsverfahren, Diss. Hagen 1999, S. 185 ff.
[68] BR-Drs 422/94 (Beschluss), S. 9 zu 4.
[69] BT-Drs 13/3995, S. 8 zu Nr. 3.
[70] *Hufen,* Rn. 185; *Ehlers* Jura 1996, 617, 620; s. auch § 28 Rn. 41 ff., 68; § 39 Rn. 35.
[71] Vgl. zur ursprünglichen Fassung des § 45 *Glaeser* in FS Boorberg-Verlag, 1977, S. 43; *Hufen,* Rn. 595 f.
[72] Offenbar generell abl. *VGH Kassel* NVwZ 1985, 498, 499; *VGH München* BayVBl 1992, 21 f.
[73] *VG Berlin* NJW 1981, 540.
[74] So aber *VGH Kassel* NVwZ 1985, 498, 499; gegen einen aufgedrängten mitwirkungsbedürftigen VA mit Recht jetzt *VGH Kassel* NVwZ-RR 1994, 342, 343.

des materiellen Fehlers.[75] Ist die Mitwirkung des Betroffenen nur aus materiellen Gründen erforderlich, richtet sich die Möglichkeit einer Heilung ausschließlich nach dem im Einzelfall anzuwendenden materiellen Recht, s. Rn. 1, 32.

Entsprechend Nr. 1 ist die **nachträgliche** gesetzlich vorgeschriebene **Zustimmung einer** 30 **Privatperson** zu einem VA oder die **nachträgliche Genehmigung** der Handlung eines **Vertreters** zu behandeln, ebenso die Genehmigung eines vom Minderjährigen gestellten Antrags durch seinen gesetzlichen Vertreter oder durch ihn selbst nach Erreichen der Volljährigkeit.[76]

Ob der Betroffene den **Antrag nachträglich** stellt **oder** den ohne Antrag ergangenen VA 31 anficht, ist ihm überlassen. Zur modifizierenden Auflage s. § 36 Rn. 96, 98 ff. Im Falle der Anfechtung ist § 46 zu berücksichtigen. Eine Beschwer des Betroffenen ist gegeben,[77] da sich grundsätzlich niemand einen „begünstigenden" VA aufdrängen lassen muss.[78] Eine Anfechtung des VA wegen Fehlens eines materiell-rechtlich notwendigen Antrags ist durch § 46 nicht ausgeschlossen.[79]

Durch Nr. 1 werden Vorschriften, die besondere **Antragsfristen** als **Ausschlussfristen** vor- 32 sehen, nicht verdrängt. Die Versäumung einer derartigen Frist kann nach Nr. 1 nicht geheilt werden (Begründung zu § 41 Abs. 1 Entwurf 73; § 31 Rn. 10; zur Wiedereinsetzung oder zur Nachsicht bei derartigen Fristen s. § 32 Rn. 11). Bei Genehmigung von durch Vertreter gestellten Anträgen dürfte Rückwirkung entspr. § 184 BGB eintreten,[80] wenn der Sinn der Befristung nicht entgegensteht.

3. Nachträglich gegebene Begründung, Nr. 2

a) Die erforderliche Begründung. Die gem. § 39 (s. dort Rn. 2 ff.; sonst unten Rn. 36) 33 **erforderliche Begründung** kann nach **Nr. 2** nachträglich gegeben werden, insbes. im Widerspruchsbescheid.[81] Die Heilung setzt voraus, dass die nachträgliche Begründung zumindest den **Voraussetzungen des § 39 entspricht**.[82] Das Schriftformerfordernis gilt auch hier.[83]

Ob und in welchem **Umfang** die **Begründung** erforderlich ist, bestimmt sich nach § 39. 34 Danach ist eine Begründung vor allem nachzuholen, wenn sie gänzlich fehlt, aber auch, wenn eine Begründung gegeben wurde, die hinter den Erfordernissen des § 39 Abs. 1 S. 2 oder S. 3 zurückblieb.[84]

In **Ermessensangelegenheiten**[85] ist § 39 Abs. 1 S. 3 zu beachten. Wenn die Voraussetzun- 35 gen des § 39 erfüllt sind, sind spätere Klarstellungen unabhängig von § 45 gestattet, waren also auch nach der Erstfassung des Abs. 2 noch im Gerichtsverfahren möglich.[86]

---

[75] Skeptisch offenbar *Durner* VerwArch 2006, 345, 356 f.
[76] *BVerwG* InfAuslR 1984, 54; für Analogie bei Zustimmungserklärung der höheren Verwaltungsbehörde im Erschließungsbeitragsverfahren *Messerschmidt* NVwZ 1985, 877, 878; dazu auch Rn. 96.
[77] Abl. *Bettermann* in FS Ipsen, 1977, S. 271, 275.
[78] § 35 Rn. 231; *Sachs* VerwArch 1985, 398, 417 f. m. w. N., unter Hinweis auf die Möglichkeit gesetzlich legitimierter Zwangsbegünstigung; s. auch *VGH Kassel* NVwZ-RR 1994, 342, 343.
[79] *OVG Koblenz* NVwZ 1986, 576, 577 f.; *VGH Kassel* NVwZ-RR 1994, 342, 343 f. m. w. N.
[80] Unklar *Kopp/Ramsauer*, § 45 Rn. 16 f.
[81] *BVerwGE* 54, 276, 278; *VGH München* NVwZ 1985, 663 f.; *Schoch* DÖV 1984, 401, 406 f.; *Müller-Ibold*, Die Begründungspflicht im europäischen Gemeinschaftsrecht und im deutschen Recht, 1990, S. 230 ff., zum EG-Recht ebda, S. 116 ff.; *Schwab*, Die Begründungspflicht nach § 39 VwVfG, 1991, S. 118 ff.; *Eisenberg*, Die Anhörung des Bürgers im Verwaltungsverfahren und die Begründungspflicht für Verwaltungsakte, 1999, S. 211 ff. (rechtsvergleichend mit Frankreich); aus Schweizer Sicht diff. zwischen der Behebung der Gehörsverletzung durch die Ausgangsinstanz und der Heilung durch die Beschwerdeinstanz *Albertini* Der verfassungsmäßige Anspruch auf rechtliches Gehör im Verwaltungsverfahren des modernen Staates, 2000, S. 446 ff., 458 ff.; vgl. aber Rn. 26, 27. Abl., aber wohl ohne praktische Konsequenzen *Kischel*, Folgen von Begründungsfehlern, 2004, S. 177 ff., der die Widerspruchsbehörde darauf beschränkt sieht, den Widerspruchsbescheid zu begründen.
[82] Vgl. für einen Fall der Unzulänglichkeit einer nachgeholten Begründung *BVerwG* NVwZ-RR 1994, 594 f., allerdings bei unklarem Verhältnis zum Nachschieben von Ermessensgründen (dazu Rn. 45 ff.).
[83] *VGH Mannheim*, 14. 3. 1983, – 1 S 133/82, juris; anders *BFHE* 138, 407; dazu *Herden* NJW 1984, 1440, 1441 m. w. N. zum abweichenden § 121 AO.
[84] A. A. die frühere Rspr. vgl. *BVerwGE* 22, 215, 218; wie hier *OVG Lüneburg* NJW 1984, 1138, 1139; *VGH Mannheim* NuR 1985, 325, 329; *Schoch* DÖV 1984, 401, 405 f. m. w. N.; *Schwab* DöD 1993, 249, 251; nicht eindeutig *Messerschmidt* NVwZ 1985, 878.
[85] Vgl. z. B. *VGH Kassel* NJW 1989, 2767, 2768. *Bleckmann*, Dogmatik, S. 403 f., hält § 45 insoweit offenbar für verfassungswidrig.
[86] *VG Köln* NJW 1981, 780 f.; *OVG Lüneburg* NJW 1984, 1138, 1139; weitergehend wohl *OVG Lüneburg* DVBl 1980, 885; dazu *Laubinger* VerwArch 1981, 333, 336 ff.

36 **b) Verhältnis zu Sonderregelungen.** Soweit ein **anderes Gesetz eine Begründung verlangt** (s. § 39 Rn. 15 f., 23), ist § 45 nach § 1 anwendbar, wenn dem Gesetz keine eigenständige Aussage zur Heilung zu entnehmen ist. Im Übrigen richtet sich die Rechtsfolge eines Mangels der Begründung nach dem Sinn und Zweck, der ihr im Rahmen des einschlägigen Spezialgesetzes zukommt (Rn. 135 ff.).

37 Ob die **Begründung der Anordnung der sofortigen Vollziehung** nach § 80 Abs. 3 VwGO mit heilender Wirkung nachzuholen ist,[87] ist mit Rücksicht auf die Zielsetzung der Begründungspflicht fraglich.[88] Wegen der Anhörung s. Rn. 88. Zur möglichen **Nichtigkeit** wegen fehlender Begründung s. § 44 Rn. 118.

38 **c) Zeitliche Begrenzung.** § 35 Nr. 4 Musterentwurf und Entwurf 70 und die ältere Rspr.[89] ließen das Nachholen der Begründung ohne zeitliche Grenze, also auch im Gerichtsverfahren, zu, weil sie es mit der Möglichkeit gleichsetzten, eine Begründung in der Sache zu berichtigen. Nach entschiedener Kritik in der Literatur[90] ist dann die Möglichkeit des Nachholens der Begründung in der ursprünglichen Fassung des VwVfG **zeitlich beschränkt** worden (Abs. 2).

39 Durch die **Neufassungen des Abs. 2** (vor Rn. 1, 26, 101 ff.) ist die zeitliche Beschränkung für die (Nachholung der) Begründung des VA allerdings zurückgenommen worden (näher Rn. 101 ff.). Mangels Begründung im Verwaltungsverfahren, durch die der Bürger die Gründe des behördlichen VA erfährt, besteht die Gefahr ganz **überflüssiger Verwaltungsprozesse**, die dem Bürger nicht weiterhelfen und dem Vereinfachungs- und Beschleunigungsziel des Gesetzgebers insgesamt geradewegs entgegenlaufen.[91]

40 Bedenklich ist es auch, wenn Betroffene – mangels durch die Begründung vermittelter Erkenntnis ihrer Rechtslage – von vornherein auf **aussichtsreiche Klagen verzichten.** Die Kenntnis des Betroffenen von der behördlichen Begründung des VA ist wesentliche Voraussetzung für die tatsächliche Wahrnehmung des Grundrechts aus Art. 19 Abs. 4 GG; die Gefahr, als Kläger erst nachträglich mit Begründungen konfrontiert zu werden, deren vorherige Kenntnis die Klage erübrigt hätte, kann als unabsehbares Zusatzrisiko faktisch den Entschluss zur gerichtlichen Rechtsverteidigung auch bei in der Sache nach aussichtsreichen Fällen unzumutbar erschweren.[92]

41 Wegen der **Kostenbelastung bei Heilung** durch eine während des Gerichtsverfahrens nachgeholte Begründung s. Rn. 113 f. Wenn auch § 46 eingreift (s. Rn. 18), kann der Kläger, dem erst im Prozess die Gründe für den angefochtenen VA bekannt werden, durch sofortige Rücknahme der Klage regelmäßig eine Kostenpflicht vermeiden.[93] Wegen der Kosten des Vorverfahrens s. § 80 Rn. 72 ff.

42 **Ermessensentscheidungen** unterlagen bei nicht vorprozessual geheilten Begründungsmängeln früher trotz § 46 (s. dort Rn. 33) schon wegen des Verfahrensfehlers in jedem Falle der Aufhebung im Gerichtsverfahren. Dies ist auf Grund der Möglichkeit zur heilenden Nachholung der Begründung noch während der gerichtlichen Tatsacheninstanzen gem. § 45 Abs. 2 nicht mehr der Fall.

---

[87] Bejahend etwa *VGH Kassel* DÖV 1985, 75; für einen Schriftsatz zu den Gerichtsakten *OVG Münster* NJW 1986, 1894, 1895 m. w. N.; ebenso zur Neufassung des § 45 Abs. 2 bei besonderen Anforderungen an einen solchen Schriftsatz *OVG Greifswald* NVwZ-RR 1999, 409 f.; *Tietje* DVBl 1998, 124; restriktiv (zur ursprünglichen Gesetzesfassung) *VGH Mannheim* NJW 1977, 165; auch *OVG Koblenz* NVwZ 1985, 919 f.

[88] Abl. auch *VGH München* BayVBl 1989, 117, 118; *Kopp/Schenke*, § 80 Rn. 87; *Grigoleit*, Die Anordnung der sofortigen Vollziehbarkeit gemäß § 80 Abs. 2 Nr. 4 VwGO als Verwaltungshandlung, 1997, S. 161 ff.; *W.-R. Schenke* VerwArch 2000, 587, 597 ff.; *Ehlers* Verwaltung 2004, 255, 264 f.; diff. *Schoch*, Vorläufiger Rechtsschutz und Risikoverteilung im Verwaltungsrecht, 1988, S. 1284 ff. jeweils m. w. N.; bejahend *M. Redeker* in Redeker/v. Oertzen, § 80 Rn. 25, 27 a; vgl. auch § 9 Rn. 218.

[89] Vgl. z. B. *BVerwGE* 8, 46, 54; 22, 215, 218.

[90] Z. B. *Ule/Becker*, S. 53.

[91] In diesem Sinne etwa auch *Kuhla/Hüttenbrink* DVBl 1996, 717, 718; *Eckert*, Beschleunigung von Planungs- und Genehmigungsverfahren, 1997, S. 58.

[92] Gegen Bedenken aus Art. 19 Abs. 4 GG *Baumeister*, S. 356 ff., der aber Beeinträchtigungen im Vorfeld mit Blick auf gar nicht heilungsfähige Fehler nicht hinreichend beachtet; zurückhaltend jetzt mit Blick auf Abs. 3 *Kischel*, Folgen von Begründungsfehlern, 2004, S. 172 f.

[93] § 155 Abs. 5 VwGO; *OVG Münster* NJW 1986, 1894, 1895; *Schick* JuS 1971, 1, 8; *Kothe* in Redeker/v. Oertzen, § 108 Rn. 37. S. zur Kostenproblematik auch *Müller-Ibold*, Die Begründungspflicht im europäischen Gemeinschaftsrecht und im deutschen Recht, 1990, S. 239 ff.; *Schwab*, Die Begründungspflicht nach § 39 VwVfG, 1991, S. 126 f.

Darüber hinaus ermöglicht es **§ 114 Satz 2 VwGO** seit dem 6. VwGO-ÄndG, die Er- 43
messenserwägungen im Gerichtsverfahren zu ergänzen und damit einen neben dem verfahrensrechtlichen Begründungsmangel bestehenden **materiellen Ermessensfehler zu beheben**, der bei mangelhafter Begründung regelmäßig anzunehmen ist[94] (näher Rn. 62 ff., auch 45 ff., 50 ff.).

Bereits vorher gelangte die Rspr.[95] dadurch zu ähnlichen, allerdings in den Einzelauswirkungen durchaus unterschiedlichen Ergebnissen, dass im Gerichtsverfahren schriftsätzlich erstmals vorgebrachte Ermessenserwägungen als konkludenter Erlass eines **neuen, den ursprünglichen ersetzenden VA** gewertet wurden. Einem solchen VA stand auch die Ursprungsfassung des § 45 nicht entgegen.[96] Zur nicht unproblematischen materiellen Seite s. Rn. 50 ff. 44

d) „Nachschieben von Gründen". Eine Begründung, die den verfahrensrechtlichen Anforderungen des § 39 genügt, jedoch die Rechtsgründe, die die getroffene Entscheidung sachlich rechtfertigen, verfehlt (s. zu dieser Unterscheidung § 39 Rn. 26, 30), ist kein Anwendungsfall des § 45 Abs. 1 Nr. 2.[97] Die Behandlung dieser Fälle des „Nachschiebens von Gründen" ist auch nach Inkrafttreten des VwVfG strittig geblieben.[98] Im Hinblick auf die (erste) Änderung des Abs. 2 hat sich die Begründung des Gesetzentwurfs des BRats[99] ausdrücklich dafür ausgesprochen, dass sich die Heilungsmöglichkeit nur auf formelle Begründungsfehler beziehe, während das „Nachschieben von Gründen" von der Neufassung nicht berührt werde. Zu den Fehlerfolgen bei Begründungsmängeln auch § 39 Rn. 26 ff. 45

Die Bedeutung einer **sachlich unzutreffenden Begründung** für die Rechtmäßigkeit des 46
VA beschränkt sich auf ErmessensVAe, während im Rahmen gebundener Verwaltung ergehende VAe inhaltlich nur dem Gesetz entsprechen müssen; eine sachlich unzutreffende Begründung macht (vorbehaltlich sondergesetzlicher Abweichungen)[100] einen solchen **VA nicht materiell rechtswidrig**.[101] Eine behördliche Begründungsänderung ist in diesem Bereich ein nur auf die richtige Entscheidungsfindung des Gerichts abzielender, nicht selbst konstitutiv rechtswirksamer Vorgang und unterliegt grundsätzlich keinen rechtlichen Begrenzungen.

Dies gilt nicht nur in **rechtlicher Hinsicht**,[102] sondern wegen des verwaltungsprozessualen 47
Untersuchungsgrundsatzes, § 86 VwGO mit der trotz § 113 Abs. 3 VwGO[103] prinzipiellen Pflicht der Gerichte zur Herstellung der Spruchreife[104] auch in **tatsächlicher Beziehung.** Nicht zuletzt belegt § 46, dass es (jedenfalls) bei zwingenden gesetzlichen Vorgaben letztlich allein darauf ankommt, ob das vorgeschriebene Ergebnis erreicht worden ist oder nicht,[105] auch

---

[94] Vgl. zum früheren Recht *BVerwGE* 8, 234, 238; *Schick* JuS 1971, 1, 9; § 40 Rn. 80; § 39 Rn. 59 ff.
[95] Vgl. etwa *BVerwG* NJW 1987, 1564, 1565 f.; *BVerwGE* 85, 163, 165 f.
[96] S. auch *BVerwG* Buchholz 316 § 45 VwVfG Nr. 4; *Weyreuther* DÖV 1985, 126, 128 Fn. 12 m. w. N.
[97] Vgl. im Hinblick auf unterschiedliche Kostenfolgen *OVG Magdeburg* NVwZ 2003, 121. Zumindest missverständlich demgegenüber *BVerwG* Buchholz 316 § 45 VwVfG Nr. 25, 2 f.; auch die zu Rn. 4 zit. disziplinarrechtlichen Entscheidungen; *ThürEGHRA* ThürVBl 1994, 219, 221; auch *VG Meiningen* LKV 1995, 302, 303; offen lassend *VGH Kassel* NVwZ 1992, 393, 396.
[98] Vgl. *Schoch* DÖV 1984, 401; *Hill,* Das fehlerhafte Verfahren, S. 98 f., 327; *Hufen,* Rn. 604, 620; *Laubinger* VerwArch 1987, 207, 222 ff.; *J. Rupp,* Nachschieben von Gründen im verwaltungsgerichtlichen Verfahren, 1987; *Schenke* NVwZ 1988, 1 ff.; *Schwab,* Die Begründungspflicht nach § 39 VwVfG, 1991, S. 134 ff.; *Horn* Verwaltung 1992, 203 ff. jeweils m. w. N.; *Axmann,* Das Nachschieben von Gründen im Verwaltungsrechtsstreit, 2001; auch *OVG Berlin* NVwZ-RR 1988, 6, 8; *VGH Kassel* NVwZ 1992, 393, 396.
[99] BR-Drs 422/94 (Beschluss), Anlage 1, S. 9; ohne Stellungnahme insoweit die Gesetzesbegründung der BReg, BT-Drs 13/3995, S. 8.
[100] Vgl. zu § 96 StPO *BVerwG* NJW 1987, 202, 205.
[101] So im Ergebnis die st. Rspr. des *BVerwG* seit *BVerwGE* 1, 12, 13; 1, 311, 313; ferner etwa *BVerwG* DVBl 1982, 198, 199; *BVerwGE* 64, 356; 71, 363, 368; 75, 119, 121 ff.; *BVerwG* DVBl 1987, 366; *OVG Lüneburg* DVBl 1980, 885; *VGH München* NJW 1984, 2235; *VGH Kassel* NVwZ 1985, 365; aus dem Schrifttum s. etwa *H. Meyer* in Knack, § 45 Rn. 27; *Wolff/Bachof/Stober* 2, § 48 Rn. 39 ff.; *Schoch* DÖV 1984, 401, 403 ff.; *Messerschmidt* NVwZ 1985, 877, 878; *Hill,* Das fehlerhafte Verfahren, S. 98 f., 327; anders namentlich *Schenke* NVwZ 1988, 1 ff., 9 ff. m. w. N.; ausführlich wieder *Baumeister,* S. 160 ff. m. w. N.
[102] *BVerwGE* 10, 202, 204; „iura novit curia"; abw. Bewertung der Entscheidung bei *Baumeister,* S. 188.
[103] Vgl. für eine enge Auslegung etwa *BVerwGE* 117, 200, 206 ff.
[104] Vgl. *Höfling/Rixen* in Sodan/Ziekow, § 86 Rn. 24 ff. m. w. N.
[105] So im Ergebnis die st. Rspr. des *BVerwG* seit *BVerwGE* 1, 12, 13; 1, 311, 313; ferner etwa *BVerwG* DVBl 1982, 198, 199; *BVerwGE* 64, 356; 71, 363, 368; 75, 119, 121 ff.; *BVerwG* DVBl 1987, 366; *OVG Lüneburg* DVBl 1980, 885; *VGH München* NJW 1984, 2235; *VGH Kassel* NVwZ 1985, 365; aus dem Schrifttum s. etwa *H. Meyer* in Knack, § 45 Rn. 27; *Wolff/Bachof/Stober* 2, § 48 Rn. 39 ff.; *Schoch* DÖV 1984, 401, 403 ff.; *Messerschmidt* NVwZ 1985, 877, 878; *Hill,* Das fehlerhafte Verfahren, S. 98 f., 327.

wenn die Vorschrift selbst nur den Aufhebungsanspruch betrifft und die verfahrensfehlerbedingte Rechtswidrigkeit unberührt lässt (s. § 46 Rn. 1 f.).[106]

48 Anderes gilt, wenn der Sache nach nicht nur die Begründung des VA geändert, sondern dieser insgesamt durch einen **neuen VA ersetzt** wird,[107] der als neuer Entscheidungsgegenstand selbständig zu beurteilen ist.[108] Eine solche Ersetzung ist nicht nur bei förmlichem Neuerlass eines VA, sondern auch dann gegeben, wenn der VA durch Auswechseln des ihm zugrunde liegenden, den Entscheidungsgegenstand mitbestimmenden[109] Sachverhalts in seinem **Wesen geändert** wird.[110] Eine Wesensänderung kann mit einer Änderung des Tenors des VA verbunden sein, z. B. Änderung einer Frist in einer Ordnungsverfügung,[111] ist aber auch möglich, wenn der Wortlaut des verfügenden Teils des VA unverändert bleibt,[112] wenn z. B. der gleiche Geldbetrag als Erschließungsbeitrag und nicht mehr als Müllabfuhrgebühr gefordert wird.[113]

49 Im Einzelnen ist, insbes. beim Wechsel der Rechtsgrundlage, oft problematisch, ob eine **Wesensänderung** und damit einer neuer VA anzunehmen ist. Ein neuer VA wird etwa **abgelehnt**, wenn eine gegenüber einem Soldaten ausgesprochene erzieherische Maßnahme nachträglich rechtlich anders begründet wird,[114] bei Aufrechterhaltung eines Beitragsbescheids unter Wechsel zwischen Erschließungs- und Straßenbaubeitragsrecht,[115] bei Bestätigung einer Abschiebungsandrohung nach § 13 Abs. 2 AuslG a. F. auf Grund von §§ 10, 11 AsylVfG,[116] bei Ergänzung eines bergrechtlichen Grundabtretungsbeschlusses (im förmlichen Verfahren) um ursprünglich fehlende notwendige Regelungselemente (eine Frist für die Verwirklichung des Grundabtretungszwecks).[117]

50 In der **Ermessensverwaltung** können die Behörden VAe während des Gerichtsverfahrens **durch neue,** erstmals überhaupt oder erstmals fehlerfrei begründete **VAe** ersetzen; dies soll sogar konkludent mit schriftsätzlich mitgeteilten neuen Ermessenserwägungen möglich sein.[118] Der neue VA ist rechtlich selbständig zu bewerten[119] und somit rechtmäßig. An der Rechtswidrigkeit des aufgehobenen ursprünglichen, mit der Klage bekämpften VA ändert das nichts. Der Betroffene kann daher durch Erledigungserklärung (s. Rn. 114) die Kostenlast abwenden. Das BVerwG[120] stellt auf Grund des einschlägigen Fachrechts dem Betroffenen frei, den Prozess

---

[106] Dabei wird – entgegen *Baumeister*, S. 188 zu und in Fn. 187 – nicht das Rechtswidrigkeitsurteil mit dem Bestehen des Aufhebungsanspruchs verwechselt, sondern – unter Anerkennung des Fehlens unmittelbarer Aussagekraft des § 46 – auf das weitgehend parallele Endresultat für die Betroffenen verwiesen.

[107] *Schick* JuS 1971, 1, 8; *H. J. Müller* NJW 1978, 1354, 1355 f.; *Scheerbarth*, Die verwaltungsbehördliche reformatio in peius und ihre prozessuale Problematik, 1996, S. 52 ff. Allgemein zu den Möglichkeiten von Nachbesserungsbescheiden *Durner* VerwArch 2006, 345, 371 ff.

[108] Prozessual ist in solchen Fällen, wenn eine Klageänderung nicht zulässig ist, *BVerwG* DVBl 1983, 997, 998, wegen des ersten VA grundsätzlich (aber Rn. 50) die Hauptsache für erledigt zu erklären. Wegen des zweiten VA ist ein neues Vorverfahren durchzuführen, *BVerwG* NJW 1979, 885, 886.

[109] *Schenke* NVwZ 1988, 1, 4; s. auch Rn. 50 ff.

[110] *BVerwGE* 8, 46, 54; 8, 234, 238; 64, 356, 358; 71, 363, 368; *BVerwG* NVwZ 1993, 976, 977; *VGH Kassel* NVwZ 1985, 365; s. bei z. T. abweichendem Ansatz auch *Kopp* VerwArch 1970, 219, 250; *Schenke* NVwZ 1988, 1, 4 ff. (bei engerem Verständnis von Wesensänderung); *Horn* Verwaltung 1992, 203, 231 ff.

[111] *BVerwG* DVBl 1983, 997, 998 f.

[112] Allein auf den Regelungsausspruch stellt allerdings zumindest missverständlich *BVerwG* NVwZ 1993, 976, 977, ab.

[113] S. auch *VGH München* BayVBl 1999, 627 f., für den Fall, dass eine zunächst nur auf spezialpräventive Gründe gestützte Ausweisung mit generalpräventiven Erwägungen aufrechterhalten bleibt.

[114] *BVerwGE* 113, 204, 207 = NVwZ 1998, 739.

[115] Und zwar in beide Richtungen, vgl. einerseits *BVerwGE* 67, 216, 221 ff.; 89, 362, 367 m. w. N., andererseits *BVerwGE* 80, 96, 97 f. m. w. N.; *BVerwG* NVwZ 1991, 999; 1994, 297, 298; a. A. *OVG Lüneburg* NVwZ 1989, 582 f.; *OVG Münster* NVwZ-RR 1991, 265, 266; 1992, 209, 210. Großzügig auch *VGH München* KStZ 1986, 217, beim Austausch der mit Abgabenbescheid geltend gemachten Ansprüche.

[116] *VGH München* NVwZ 1990, 673; *VGH Mannheim* NVwZ 1990, 692.

[117] *BVerwG* 87, 241, 244 f.

[118] *BVerwG* NJW 1987, 1564, 1565 f.; auch *BVerwGE* 85, 163, 165 f., mit Anm. *Osterloh* JuS 1991, 427 Nr. 13; ebenso wohl *VGH Mannheim* NVwZ-RR 1990, 27, 28; nicht eindeutig *VGH München* NVwZ-RR 1991, 632, 633; gegen Nachschieben einer ganz fehlenden Begründung *VGH Mannheim* NVwZ 1991, 1205, 1207; gegen die Möglichkeit konkludenter Neuerlasse eines (unzulässig begründeten) VA zumal durch neues Vorbringen im Prozess *Preusche* DVBl 1992, 797, 799 f. Gegen das (nicht nur schriftsätzliche) Nachschieben vom Gründen im Organstreit über eine von der Regierung verweigerte Aktenvorlage an den Landtag ohne Begründung *BbgVerfG* NVwZ-RR 2005, 299, 302.

[119] Vgl. auch *BSG GrS* NZS 1995, 285, und dazu *Ebsen* JbSozRdG 1995, 367, 370 m. w. N.

[120] *BVerwGE* 85, 163, 166, zum WoBindG; für Klageänderung insoweit *Baumeister*, S. 349.

(ohne erneutes Vorverfahren) über den neuen VA weiterzuführen. An diese Judikatur anknüpfend lässt das *BVerwG* es bei atomrechtlichen Genehmigungen zur Vermeidung der Aufhebung ausreichen, wenn Ermittlungs- und Bewertungsdefizite noch während des gerichtlichen Verfahrens durch Nachholung entsprechender Ermittlungen bzw. Bewertungen und deren Verlautbarung durch einen Bescheid behoben werden, der wohl nicht auf die Ersetzung der Ausgangsgenehmigung gerichtet sein muss.[121]

Nachträgliche Ermessenserwägungen zur Rechtfertigung des **ursprünglichen VA** sind nach der überkommenen Rechtslage nur in engen Grenzen möglich, dürfen namentlich die allerdings im Einzelnen problematische **Grenze zur Wesensänderung** nicht überschreiten. Eine Wesensänderung durch spätere Erwägungen wurde angenommen, wenn sie keinen Aufschluss darüber geben, auf welcher Grundlage der VA zunächst ergangen ist.[122] Namentlich kann die Behörde bei Ausübung ihres Ermessens nur von Gesichtspunkten ausgehen (§ 39 Abs. 1 S. 3), die bereits bei Erlass des VA – spätestens vor Erlass des Widerspruchsbescheides – vorgelegen haben (§ 40 Rn. 6).[123] Könnte die Ausgangsbehörde Ermessenserwägungen beliebig nachschieben, würde zudem der Widerspruchsbehörde (zu deren Ermessensbetätigung s. Rn. 57f.) die auch im Interesse des Betroffenen bestehende Zweckmäßigkeitskontrolle genommen.[124] Im beamtenrechtlichen Konkurrentenstreit soll es trotz der dort bestehenden Beurteilungs- und Ermessensspielräume prinzipiell zulässig sein, fehlende oder unzureichende Auswahlerwägungen im gerichtlichen Verfahren nachzuholen.[125]

51

Wegen des **Wechsels der Ermessensgrundlage** kann es mit (rechtfertigender Wirkung für den ursprünglichen VA) **kein Nachschieben** von baurechtlichen Bestimmungen bei landschaftsschutzrechtlicher Verfügung geben und umgekehrt,[126] ebenso kein Nachschieben unterschiedlicher natur- und landschaftsschutzrechtlicher Ermächtigungen,[127] einer bauordnungsrechtlichen Begründung für eine Abrissverfügung aus Gründen des Bauplanungsrechts.[128] Ebenso verhält es sich bei nachträglicher Ermittlung zuvor unzureichenden Abwägungsmaterials für planerische Abwägung.[129]

52

Die nachträgliche materielle Rechtfertigung eines **ohne Ermessensbetätigung** erlassenen VA ist ausgeschlossen, weil durch die erstmals angestellten Ermessenserwägungen ein neuer VA erlassen wird.[130] Bei Austausch einer gebundenen Ermächtigung durch eine Ermessensermächtigung handelt es sich in Wahrheit um eine nachträgliche erstmalige Ermessensentscheidung (Rn. 44).[131] Das *BVerwG* hat es allerdings zugelassen, bei europarechtlich nicht mehr zulässigen Ist-/Regelausweisungen nach § 47 AuslG die notwendige einzelfallbezogene Ermessensausübung nachzuholen und neue erhebliche Umstände zu berücksichtigen.[132]

53

Der Austausch einer unzutreffend angegebenen Ermächtigung führt allerdings nicht zu einer Wesensänderung, wenn er in der Sache die **Ermessensgrundlage** oder den **Ermessensrah-**

54

---

[121] *BVerwGE* 101, 347, 363 (für einen während des Revisionsverfahrens bzgl. der Anfechtungsklage gegen die atomrechtliche Genehmigung erlassenen Bescheid über die Ablehnung eines Widerrufs und einer vorläufigen Betriebseinstellung); *BVerwG* 106, 115, 122 f.
[122] *BVerwG* NJW 1975, 2309; 1978, 507, 508; 1980, 2034; *BVerwGE* 52, 33 m. Bspr. *Nierhaus* JuS 1979, 596; *OVG Münster* NJW 1981, 936; InfAuslR 1982, 19; 4. 12. 1992 – 7 A 1914/91; *VGH München* NuR 1985, 27, 28; anders etwa *Horn* Verwaltung 1992, 203, 231 ff.
[123] *BVerwG* NJW 1981, 1917, 1918; *VG Köln* NJW 1981, 780 f.; anders jetzt auf der Grundlage des § 114 S. 2 VwGO im Rahmen einer Verpflichtungsklage auf Aufstellen eines Verkehrsschildes *VGH Mannheim* NVwZ-RR 1998, 682, 683; ohne Stellungnahme insoweit *BVerwG* NJW 2000, 2121, 2123.
[124] Vgl. *BVerwG* NJW 1982, 1413, mit Bespr. *H. J. Müller* NJW 1982, 1370, und *Seibert* BayVBl 1983, 174; erweiternd *Schoch* DÖV 1984, 401, 409; auf dieser Linie auch *BSG* MDR 1987, 700, mit der Beschränkung der Ermessenskontrolle auf die im Verwaltungsverfahren mitgeteilten Erwägungen.
[125] Nicht unproblematisch *VGH Kassel* NVwZ-RR 1994, 525, 526 m. w. N. Unzulässig ist es, wenn die Behörde ihre Entscheidung nachträglich um kritische Beurteilungen ergänzt, ohne dem Betroffenen zuvor Gelegenheit zur Stellungnahme gegeben zu haben, *VGH Kassel* NVwZ-RR 1996, 161, 162.
[126] *VGH Kassel*, 14. 7. 1978, – IV OE 63/77, juris.
[127] *VGH München* NuR 1985, 27, 28.
[128] *OVG Münster* BauR 1988, 575.
[129] *BVerwG* NVwZ 1989, 152 f. mit krit. Anm. *Heinze* NVwZ 1989, 121; gegen materielles Auswechseln der Gründe bei PlfBeschl *Maurer* in FS Sendler, 1991, S. 357, 376.
[130] *OVG Bautzen* SächsVBl 1998, 32, 33, auch im Hinblick auf § 114 S. 2 VwGO; s. auch *VG München* NVwZ 1998, 1325, 1326 f. m. w. N.; *Determann* Jura 1997, 350, 351 m. w. N.; *Oberrath/Hahn* VBlBW 1997, 241, 242; zu § 102 S. 2 FGO *BFHE* 205, 14, 20 f.
[131] Teilweise offen *BVerwG* NJW 1982, 1413 m. Anm. *H. J. Müller* NJW 1982, 1370.
[132] *BVerwGE* 121, 297, 300 ff.; 121, 315, 319 f.; krit. dazu etwa *Bader* JuS 2006, 199 ff.

men nicht verändert.[133] Das *BVerwG*[134] sieht es als zulässig an, von Seiten des Gerichts einen Widerruf als Rücknahme aufrechtzuerhalten, wenn im konkreten Fall die Ermessensausübung den Anforderungen des § 48 genügt; s. aber auch § 49 Rn. 6 f. Ferner hielt es eine nach § 12 Abs. 2 S. 2 AuslG unzulässige nachträgliche zeitliche Beschränkung der Aufenthaltserlaubnis – ohne richterliche Umdeutung (s. auch § 47 Rn. 20) – als deren Rücknahme nach § 48 aufrecht.[135] Eine auf § 48 gestützte Entziehung der Fahrerlaubnis soll auf Grund der strikten Vorschrift des § 4 StVG aufrechtzuerhalten sein.[136]

55   Auch sonst führen nicht alle **Ergänzungen der Ermessenserwägungen** zu Wesensänderungen des VA, insbes. nicht, wenn sie lediglich an die schon ursprünglich gegebene Begründung konkretisierend anknüpfen[137] oder bei an sich (etwa bei Sollvorschriften oder wegen intendierten Ermessens, s. § 40 Rn. 26 ff.) entbehrlicher Begründung nachträglich zu individuellen oder sonstigen Besonderheiten abwägend Stellung nehmen.[138]

56   Wenn bei **Prüfungsentscheidungen** Neubewertungen notwendig werden, darf die ursprüngliche Note von den Prüfern[139] trotz Rücknahme eines Korrekturfehlers nicht durch das Nachschieben „beliebiger Gründe" aufrechterhalten werden, die ersichtlich nur eine Verbesserung der Note verhindern sollen. Doch ist es geboten, die Prüfungsleistung im Rahmen derselben prüfungsspezifischen Wertungen auf der durch die Rücknahme des Korrekturfehlers bedingten veränderten Grundlage folgerichtig und sachgerecht neu zu beurteilen; dabei können naturgemäß neue Fehler festgestellt werden.[140]

57   Der **Widerspruchsbehörde** ist ein Nachschieben von Gründen nur im Rahmen ihrer durch den Devolutiveffekt des Widerspruchs begründeten **funktionellen Zuständigkeit** erlaubt (§ 44 Rn. 176; s. auch § 51 Rn. 148 f.). Sie kann keinen neuen VA erlassen. Außerdem ist jede Ergänzung durch die Widerspruchsbehörde ausgeschlossen, sobald die ihr infolge des Devolutiveffekts des Widerspruchs zustehende Sachherrschaft mit Abschluss des Widerspruchsverfahrens beendet ist[141] (s. auch Rn. 81 f.).

58   Bei Ermessensentscheidungen kann die Widerspruchsbehörde, soweit sie gem. § 68 VwGO zur Zweckmäßigkeitskontrolle berufen ist (§ 40 Rn. 231, 238), **neue Ermessensüberlegungen** anstellen, solange diese keine Wesensänderung des VA (s. Rn. 48 ff.) bewirken. Im Rahmen ihrer funktionellen Zuständigkeit kann die Widerspruchsbehörde allerdings auch eine unterbliebene Ermessensausübung der Erstbehörde nachholen;[142] in den genannten Grenzen (Rn. 54) kann die Widerspruchsbehörde einen Bescheid auch im Hinblick auf eine andere Rechtsgrundlage bestätigen.[143]

59   Die **Ausgangsbehörde** sollte ihrerseits jedenfalls dann keine Ermessenserwägungen im Prozess nachschieben können, wenn der VA als gebundener VA erlassen und als solcher von der zur Zweckmäßigkeitskontrolle befugten, nicht mit der Ausgangsbehörde identischen **Widerspruchsbehörde** bestätigt wurde.[144] Problematisch scheint es, diesen Ansatz auf den Fall einer Entscheidung der Ausgangsbehörde über einen veränderten, von der Widerspruchsbehörde nicht behandelten Streitgegenstand zu erweitern.[145]

60   Ob eine fehlende Begründung in einem **Verfahren nach § 80 Abs. 5 VwGO** (vgl. Nachw. § 9 Rn. 218) **oder § 123 VwGO** nachgeholt werden kann, ist nach den Grundsätzen zu Rn. 86 ff. zu beantworten.

---

[133] Vgl. *BVerwG* NVwZ 1990, 673, 674; *OVG Bremen* BauR 1986, 71; *OVG Münster* NVwZ-RR 2006, 86, 88 f.
[134] NVwZ-RR 1992, 68.
[135] *BVerwGE* 98, 298, 304.
[136] *VGH Mannheim* VBlBW 1992, 150 f.
[137] *OVG Münster* NVwZ-RR 1995, 247, 248; weit gehend *Horn* Verwaltung 1992, 203, 231 ff.
[138] *BVerwGE* 105, 55, 59; *OVG Lüneburg* NVwZ-RR 2007, 147, 151 f.
[139] Gegen *gerichtliche* Ersatzbegründung zur Rettung fehlerhafter Bewertungen *BVerwGE* 105, 328, 333.
[140] *BVerwGE* 109, 211, 218; vgl. allgemein auch *Müller-Franken* VerwArch 2001, 507, 527 f.
[141] Vgl. etwa *VGH Mannheim* NVwZ-RR 1995, 476 f. m. w. N.
[142] *BVerwG* NJW 1981, 1917, 1918; wohl auch *VGH Mannheim* NJW 1986, 395, 399.
[143] *BVerwG* NVwZ-RR 1992, 68, für Widerruf und § 48; bedenklich die Bestätigung nur landschaftsschutzrechtlich begründeter Abrissverfügung auf baurechtlicher Grundlage, dafür *OVG Koblenz* BRS 27 Nr. 194.
[144] *BVerwG* NJW 1982, 1413; zur Rechtsschutzverkürzung auch *Schenke* NVwZ 1988, 1, 6 m. w. N.
[145] *OVG Münster* NWVBL 1990, 66, 67.

§ 45 Heilung von Verfahrens- und Formfehlern

Nicht unter Nachschieben von Gründen fällt der VA im Fall der **Umdeutung** (§ 47), der 61 Gegenstand des Prozesses wird. S. auch § 47 Rn. 41 ff., 55 ff.

Die vorstehend (insbes. Rn. 50 ff.) skizzierte, der überkommenen Sichtweise entsprechende 62 Beurteilung des Nachschiebens von Gründen im Rahmen von Ermessensentscheidungen ist vor dem Hintergrund des mit dem 6. VwGO-ÄndG vom 1. 11. 1996 (BGBl I, S. 1626, Nr. 18) **eingefügten § 114 S. 2 VwGO**[146] in **wesentlichen Punkten** problematisch geworden.[147]

Der **Gesetzentwurf des BRats**[148] zielte mit der vorgeschlagenen Neuregelung[149] – in Er- 63 gänzung der vorgesehenen Möglichkeiten hinsichtlich formeller Begründungsmängel[150] – auf „die **gesetzliche Zulassung** auch des **Nachschiebens von Gründen für Ermessensentscheidungen** bei einer fehlerhaften Begründung". Der Vorschlag ging freilich über die vermeintliche Wirkung, dass „die bereits durch die Rechtsprechung zugelassenen Ergänzungsmöglichkeiten der Verwaltungsbehörde in das Gesetz aufgenommen" würden, hinaus. Denn damit waren die Fälle der „von der Rechtsprechung vorgenommenen Konstruktion über den Erlass eines neuen Verwaltungsaktes" (s. auch Rn. 50) gemeint, während nach § 114 S. 2 VwGO gerade eine nachträgliche Legitimation des AusgangsVA mit allen daran anknüpfenden Konsequenzen möglich sein sollte (s. aber Rn. 67).[151]

Der später eingebrachte **Gesetzentwurf der BReg**[152] sah in der Formulierung abweichend 64 vor, dass die Verwaltungsbehörde „die Begründung des angefochtenen Verwaltungsaktes" noch im Gerichtsverfahren ergänzen können sollte. Das war durch den Bezug auf die Anfechtungsklage enger, durch die fehlende Beziehung (nur) auf den Ermessensbereich weiter gefasst, ohne dass damit abweichende Zielvorstellungen verbunden waren.[153] Bemerkenswert ist vor allem, dass die Regelung nur Heilungsmöglichkeiten betreffen sollte, „die **ohne Änderung des Streitgegenstandes** möglich sind". Damit wurde ausdrücklich sichergestellt, dass insbes. „ein (völliges) Auswechseln der bisherigen Begründung oder eine erstmalige Begründung der Ermessensentscheidung ... nicht der neuen Regelung unterfällt".

Der BRat beharrte demgegenüber auf seinem Formulierungsvorschlag,[154] betonte aber, dass 65 auch seine Fassung der Vorschrift **keine „Änderung des Verwaltungsaktes in seinem Wesensgehalt"** gestatte. Dies unterstreicht die trotz der Rückanknüpfung im Übrigen vorgenommene Ergänzung der jetzt vorgesehenen Fassung um die Worte: „hinsichtlich des Verwaltungsaktes", die im Anschluss an den Text der BReg die unveränderte Identität des VA hervorheben. Nach zustimmender Gegenäußerung der BReg wurde diese Fassung, deren Ergänzung nochmals verdeutlicht, dass das Nachschieben von Ermessenserwägungen die **wesensmäßige Identität des streitgegenständlichen VA nicht berühren** darf, dann vom BTag verabschiedet.[155]

Vor diesem Hintergrund behalten die prozessuale Identität des Streitgegenstandes und die zu 66 vermeidende Wesensänderung des VA als ihr verfahrensrechtliches Pendant auch im Rahmen des § 114 S. 2 VwGO zentrale Bedeutung.[156] Schon auf Grund der **verfassungsrechtlichen**

---

[146] Die Bestimmung lautet: „Die Verwaltungsbehörde kann ihre Ermessenserwägungen hinsichtlich des Verwaltungsaktes auch noch im verwaltungsgerichtlichen Verfahren ergänzen".
[147] Vgl. dazu etwa *Berkemann* DVBl 1998, 446 ff.; *Löhnig* JA 1998, 700 f.; *K. Meier* NVwZ 1998, 688, 690 f.; *Wahrendorf* NWVBl 1998, 177, 179 f.; *Bader* NVwZ 1999, 120 ff.; *Decker* JA 1999, 154 ff.; *Dolderer* DÖV 1999, 104 ff.; ausführlich auch *Axmann*, Das Nachschieben von Gründen im Verwaltungsrechtsstreit, 2001, 143 ff.; *Baumeister*, S. 400 ff.; *Kischel*, Folgen von Begründungsfehlern, 2004, S. 180 ff.; ferner etwa *Pöcker/Barthelmann* DVBl 2002, 668 ff.; *Kraus* ThürVBl 2004, 205 ff.; *Durner* VerwArch 2006, 345, 354, 357 ff.; *Steinweg*, Zeitlicher Regelungsgehalt des Verwaltungsaktes, 2006, S. 362 ff.
[148] Zunächst BT-Drs 12/8553, erneut als BR-Drs 1084/94 (Beschluss) = BT-Drs 13/1433, S. 13.
[149] Der Text entsprach bis auf die Worte „hinsichtlich des Verwaltungsaktes" bereits der Gesetzesfassung.
[150] Nicht überzeugend dort die Abgrenzung von Fällen nicht vorhandener und fehlerhafter Begründung.
[151] Vgl. zum gegenüber dem Entwurf kritischen Referat von *Ewer* auf dem 11. Verwaltungsrichtertag (Dokumentation zum 11. Deutschen Verwaltungsrichtertag, 1995, S. 59 ff.) *Walther* NVwZ 1995, 772, 775.
[152] BR-Drs 30/96 = BT-Drs 13/3993, S. 13; gegenüber beiden Gesetzentwürfen krit. etwa *Kuhla/Hüttenbrink* DVBl 1996, 717, 718.
[153] Zu letzterem Aspekt der Behandlung gebundener Entscheidungen hatte die Begründung des BRats im Hinblick auf die Problemlösung nach unbestrittenen Rechtsprechungsgrundsätzen, dazu oben Rn. 46 ff., eine gesonderte Regelung nicht für erforderlich gehalten.
[154] Stellungnahme, BT-Drs 13/3993, S. 21.
[155] S. die Begr. der Beschlussempfehlung des Rechtsausschusses zu Art. 1 Nr. 14, BT-Drs 13/5098.
[156] Ganz anders *Baumeister*, S. 400 ff., der § 114 S. 2 VwGO wohl als ex lege eintretende Klageänderung versteht für den Fall, dass Ergänzungen unvollständiger Erwägungen zu neuen VAen führen.

Implikationen ist es geboten, bei der Interpretation der Neuregelung an die diesbezüglichen Aussagen der **Entstehungsgeschichte** anzuknüpfen.[157] Die sonst problematische Reichweite der neuen Bestimmung[158] ist danach dahin begrenzt, dass auch nur ergänzende Ermessenserwägungen ausgeschlossen sind, wenn sie eine Wesensänderung des VA zur Folge haben.[159] Damit bleiben die aufgezeigten **bisher gültigen Grundsätze** (Rn. 48 ff.) weiterhin maßgeblich. Mit dem so umschriebenen Regelungsgehalt ist die Bestimmung auch vom *BVerwG* verfassungsrechtlich nicht beanstandet worden.[160] Einwänden unter kompetenzrechtlichen Aspekten[161] wird durch eine ausschließlich prozessuale Deutung der Vorschrift begegnet, die das jeweils einschlägige, primär maßgebliche materielle Recht lediglich insoweit ergänzt.[162]

67 **Möglich,** aber – entgegen den ursprünglichen Absichten des BRats (Rn. 63) – bei Wesensveränderung unverändert auch erforderlich bleibt danach die **Ersetzung** eines nicht oder fehlerhaft begründeten VA **durch einen neuen VA** (Rn. 50). Bezogen auf den fortbestehenden ErstVA ist weiterhin der Austausch einer unzutreffend benannten Ermächtigung zulässig, wenn Ermessensgrundlage und Ermessensrahmen nicht verändert werden (Rn. 54). Ermessenserwägungen können auch im Übrigen **ergänzt** werden, dürfen aber keine wesens- und streitgegenstandsändernde Bedeutung haben (Rn. 51);[163] damit bleibt es insbes. ausgeschlossen, völlig fehlende Ermessenserwägungen nachzuholen.[164] Eine Ergänzung von bei der Auswahlentscheidung schriftlich niederzulegenden Auswahlerwägungen soll im Rahmen des § 114 S. 2 VwGO ausgeschlossen sein.[165] Trotz weitergehender Absichten des Gesetzgebers hat § 114 S. 2 VwGO auch insoweit keine größeren Veränderungen zur Folge.[166]

68 Nur im engen Rahmen der danach anzuerkennenden Bedeutung des neuen § 114 S. 2 VwGO kann die Vorschrift ihr zweites, von BRat und BReg mit ihren Entwürfen[167] einheitlich verfolgtes Ziel erreichen, zu klären, „ob ein **Nachschieben von Gründen durch die Ausgangsbehörde** auch dann möglich ist, wenn diese **mit der Widerspruchsbehörde nicht identisch** ist" (dazu Rn. 58 f.). Zweifelhaft bleibt schon nach der Textfassung, ob die Verwaltungsbehörde berechtigt ist, über „ihre" (eigenen) Ermessenserwägungen hinaus auch solche zu ergänzen, die die Widerspruchsbehörde dem VA beigefügt hat. Vor allem aber bleibt auch hier die Grenze des durch die wesensmäßige Identität des VA bestimmten Streitgegenstandes zu beachten, die ihre maßgebliche Gestalt nach § 79 Abs. 1 Nr. 1 VwGO jedenfalls durch den Widerspruchsbescheid gefunden hat,[168] der freilich seinerseits keine Wesensänderungen des Ausgangsbescheides bewirken darf (Rn. 57).

69 **Einigkeit** bestand in der Begründung beider Gesetzentwürfe auch darüber, dass im Rahmen der **Kostenentscheidung** berücksichtigt werden müsse, ob der Kläger ohne das Nachschieben der Ermessenserwägungen durch die Behörde obsiegt hätte.[169] Dies ist wegen der Rechtsweggarantie des Art. 19 Abs. 4 GG geboten; es hat mangels besonderer gesetzlicher Regelung im Rahmen der § 155 Abs. 5 oder § 161 Abs. 2 VwGO zu geschehen (s. auch Rn. 18, 41, 113 f.).

---

[157] So ausdrücklich etwa *OVG Bautzen* SächsVBl 1998, 32, 33; dazu Rn. 53.
[158] Krit. *Knopp* BB 1997, 1001, 1003 f.; *Millgramm* SächsVBl 1997, 107, 110; *Schenke* NJW 1997, 81, 88 ff.; *Berkemann* DVBl 1998, 446 ff.; demgegenüber ohne durchgreifende Bedenken *Fliegauf* NJW 1997, 1968 f.; *Redeker* NVwZ 1997, 625, 627 f.
[159] In diesem Sinne BVerwGE 105, 55, 59; 106, 351, 363, wo § 114 S. 2 VwGO nur als Bestätigung der bisherigen Rechtsprechungsgrundsätze bewertet wird; dazu etwa R. P. *Schenke* JuS 2000, 230. S. auch *Determann* Jura 1997, 350, 351; *Oberrath/Hahn* VBlBW 1997, 241, 242; *Bader* NVwZ 1999, 120, 122 f.; *Decker* JA 1999, 154; R. P. *Schenke* VerwArch 1999, 232 ff.
[160] BVerwGE 106, 351, 363 f.; s. auch *VGH München* BayVBl 1999, 627 f.
[161] *Berkemann* DVBl 1988, 446, 449; *W.-R. Schenke* NJW 1997, 81, 88 ff.
[162] BVerwGE 106, 351, 364 f.; *OVG Bautzen* SächsVBl 1998, 218, 219; *Wolff* in Sodan/Ziekow, § 114 Rn. 204 m. w. N.
[163] BVerwGE 106, 351, 363 ff.
[164] BVerwGE 107, 164, 169; BVerwG NVwZ 2007, 470, 471; *VGH Mannheim*, VBlBW 2007, 295, 301.
[165] *VGH München* NVwZ-RR 2006, 346, 347.
[166] S. auch *Gerhardt* in Schoch u. a., § 114 Rn. 12e; *Wolff* in Sodan/Ziekow, § 114 Rn. 114; *Bader* NVwZ 1999, 121, 122; für bloße Bestätigung der früheren Rechtsprechungsgrundsätze BVerwGE 105, 55, 59; abl. demgegenüber *Baumeister*, S. 406, der die frühere Rspr. verabschiedet will.
[167] BT-Drs 13/1433, S. 13, und BT-Drs 13/3993, S. 13.
[168] Vgl. den Hinweis der Begründung des Gesetzentwurfs der BReg auf den nach dem Zeitpunkt der letzten Verwaltungsentscheidung bestimmten Streitgegenstand; s. auch *Determann* Jura 1997, 350, 352.
[169] BT-Drs 13/3993, S. 13; auch BT-Drs 13/1433, S. 13. Dazu *VG Schleswig* MMR 2003, 811, 813.

4. Nachgeholte Anhörung eines Beteiligten, Nr. 3

a) Allgemeines. Nr. 3 stellt auf die der Sache und dem Umfang nach erforderliche Anhörung eines Beteiligten ab.[170] Es muss sich um die **nach § 28 gebotene Anhörung** eines Beteiligten i. S. d. § 13 handeln.[171] Auf nach materiellem Recht vorzunehmende Anhörungen findet § 45 keine Anwendung.[172] Die Nachholung sonst vorgesehener verfahrensrechtlicher Anhörungen richtet sich, soweit nicht die Nr. 4 oder 5 eingreifen (Rn. 92 ff.; auch Rn. 81), nach den zu Rn. 116 ff. angegebenen Grundsätzen. Kein Beteiligter i. S. d. Nr. 3 ist der Personalrat.[173]

Das *BVerwG*[174] wendet Nr. 3 aber auch auf **andere substantielle Anhörungen** wie das Erörterungsverfahren nach § 73 Abs. 6 an, ohne eine Wiederholung des gesamten Erörterungstermins zu verlangen; s. für eine versäumte mündliche Verhandlung nach § 67 Abs. 1 S. 1 § 67 Rn. 1, 33. Das *OVG Weimar*[175] wendet § 45 Abs. 1 Nr. 3 entsprechend auf eine unterbliebene Anhörung bei Umsetzung eines Beamten (kein VA) an (s. auch Rn. 137). Im Schrifttum erwogen wird auch eine Anwendung auf andere Regelungen zur Sicherung des Gehörs, wie § 16 oder § 29.[176]

Ausgeschlossen ist die Heilung durch nachgeholte Anhörung dann, wenn das **Fehlen der erforderlichen Anhörung** nach § 44 Abs. 1 die **Nichtigkeit des VA** zur Folge hat[177] (s. allg. zum Verhältnis zu § 44 o. Rn. 19). Dazu muss das Versäumnis der Anhörung, das als solches nicht notwendig einen besonders schwerwiegenden Fehler darstellt,[178] im konkreten Fall nach Maßgabe der einschlägigen Rechtsvorschriften und der jeweiligen Sachgegebenheiten ein besonders schwerwiegender Fehler (dazu allg. § 44 Rn. 103 ff.) und dies für die Betroffenen offensichtlich sein (s. § 44 Rn. 122 ff.). Die Offensichtlichkeit kann aus tatsächlichen Gründen fehlen, wenn etwa nicht eindeutig erkennbar unzureichende Anhörungsansätze gegeben sind, oder mangels Eindeutigkeit der rechtlichen Bewertung, sei es hinsichtlich der Notwendigkeit der Anhörung überhaupt, von der das Vorliegen eines Fehlers abhängt, sei es im Hinblick auf die für die Nichtigkeit erforderliche besondere Bedeutsamkeit der Anhörung im Kontext des fraglichen VA, die das besondere Gewicht des Fehlers im Falle der Versäumnis begründet.[179]

Die entgegen § 28 fehlende oder nicht ausreichende Anhörung konnte nach der ursprünglichen Fassung des Abs. 2 (nur) **bis zum Ende des Widerspruchsverfahrens** nachgeholt werden (vgl. aber Rn. 25 ff.). Diese zeitliche Begrenzung ist (und bleibt) nach Änderung des Abs. 2 entfallen, die Nachholung der Anhörung ist auch **noch nach Klageerhebung** zugelassen (s. näher Rn. 38 ff.).

b) Anforderungen an die Nachholung. Das Nachholen der Anhörung kann der Sache nach **nur dann Heilung** bewirken, wenn der **Sinn der Anhörung**, die Überprüfung der Entscheidung anhand der Stellungnahme des Beteiligten (s. § 28 Rn. 66 f.), **noch erreicht werden kann**. Ob dieser Zielsetzung noch durch eine Anhörung während des Gerichtsverfahrens genügt werden kann, ist zweifelhaft; denn in der prozessualen Situation ist die Unbefangenheit der behördlichen Würdigung des Vorbringens der Beteiligten durch die Rolle der Behörde als Partei des Streitverfahrens prinzipiell in Frage gestellt.[180] Die gesetzliche Zulassung erst

---

[170] Vgl. rechtsvergleichend mit Frankreich etwa *Eisenberg*, Die Anhörung des Bürgers im Verwaltungsverfahren und die Begründungspflicht für Verwaltungsakte, 1999, S. 211 ff.
[171] *BVerwG* NJW 1983, 2516.
[172] *OLG Frankfurt a. M.* NVwZ 1982, 580.
[173] *BVerwGE* 66, 291, 295; 68, 189, 193; *Laubinger* VerwArch 1985, 449; auch Rn. 94, § 44 Rn. 183.
[174] *BVerwGE* 75, 214, 224 ff. = NVwZ 1987, 578.
[175] ThürVBl 1997, 133, 134.
[176] Dafür etwa *Messerschmidt* NVwZ 1985, 877, 878. S. allgemein auch *Habersbrunner*, Rechtsfolgen fehlender und nachgeholter Mitwirkung von Antragsteller und Leistungsempfänger im Sozialverwaltungsverfahren, Diss. Passau 1990.
[177] Gegen diese Möglichkeit unter unzutreffender Schlussfolgerung aus § 45 Abs. 1 Nr. 3 *H. Meyer* in Knack, § 44 Rn. 17; nur in der Regel gegen Nichtigkeit *Clausen* ebda, § 28 Rn. 6 m. w. N.; s. auch *Schiedeck*, Die Nichtigkeit von Verwaltungsakten nach § 44 Absatz 1 VwVfG, Diss. Regensburg 1993, S. 100 m. w. N.
[178] Grundsätzlich abl. etwa noch *Kopp/Ramsauer*, 8. Aufl. 2003, § 44 Rn. 23 m. w. N.
[179] Für den Ausschluss der Nichtigkeitsfolge mangels Offensichtlichkeit regelmäßig *Grigoleit*, Die Anordnung der sofortigen Vollziehbarkeit gemäß § 80 Abs. 2 Nr. 4 VwGO als Verwaltungshandlung, 1997, S. 152.
[180] Vgl. etwa *Morlok*, Die Folgen von Verfahrensfehlern am Beispiel von kommunalen Satzungen, 1988, S. 153 ff. m. w. N.; ferner etwa *OVG Münster* NVwZ 1993, 95, 96; DVBl 1993, 509, 510; *OVG Lüneburg* NVwZ-RR 1993, 585, 587; *OLG Düsseldorf* NJOZ 2003, 546, 550 f.

während des Prozesses nachgeholter Anhörung stellt eine außerordentliche Herausforderung an die Fähigkeiten der Behörden zur Distanzierung von ihren bereits einmal getroffenen Entscheidungen dar.

75 Der Wegfall der zeitlichen Begrenzung durch Abs. 2 kann bei Fortbestand der gesetzlichen Anhörungspflicht **nicht als Fiktion faktischer Gleichwertigkeit** aller erst im Prozess nachgeholten Anhörungen aufgefasst werden, weil damit der Gesetzeszweck preisgegeben wäre. Vielmehr tritt ist bei substanzlosen pro forma-Anhörungen die Heilungswirkung nicht ein. Die Judikatur aus der Zeit vor dem VwVfG, die eine heilende Anhörung (durch das Gericht selbst) noch während des Gerichtsverfahrens kannte,[181] ist auf die Nachholung der Anhörung nach § 28 nicht zu übertragen.[182]

76 Eine Heilung kann nur durch eine auch in der Substanz **vollwertige Gelegenheit zur Stellungnahme** im Sinn des § 28 bewirkt werden,[183] die eine „offene", für die Berücksichtigung des Vorbringens der Beteiligten auch durch eine Änderung der zunächst verfahrensfehlerhaft getroffenen Entscheidung noch Raum lassende Entscheidungssituation voraussetzt.[184] Eine zunächst – etwa wegen fehlender Entscheidungsgrundlagen – defizitäre Anhörung kann durch entsprechende Nachholung den notwendigen „substantiellen" Charakter erhalten.[185] Die Beweislast für die Nachholung einer substanziellen Anhörung trägt die Behörde.

77 Zu unterscheiden hiervon ist die nach §§ 28, 79 VwVfG und § 71 VwGO[186] erforderliche (erstmalige) Anhörung, weil **im Vorverfahren neue Tatsachen entscheidungserheblich** werden, die neu auftreten oder erst auf Grund anderer Rechtsansicht der Widerspruchsbehörde für entscheidungserheblich gehalten werden.[187] S. noch Rn. 175 ff.

78 Nicht erforderlich ist, dass die Anhörung durch die Erstbehörde vorgenommen wird.[188] Bei **Ermessensentscheidungen genügt Anhörung durch Widerspruchsbehörde,** wenn sie zur vollen Überprüfung auch hinsichtlich der Zweckmäßigkeit befugt ist,[189] jedoch **nicht**, wenn sie nur die Befugnis zur Rechtskontrolle hat.[190] Uneingeschränkt für Anhörung vor der Abhilfeentscheidung nach § 72 VwGO im Ermessensbereich hat sich das *BVerwG*[191] (bei Identität von Ausgangs- und Widerspruchsbehörde) ausgesprochen, da auch bei Befugnis der Widerspruchsbehörde zur eigenen Ermessensentscheidung eine für den Betroffenen günstigere Entscheidung der Ausgangsbehörde möglich ist.[192]

79 Entgegen manchen Formulierungen des *BVerwG*[193] liegt in der bloßen **Einlegung des Widerspruchs** noch keine Heilung.[194] Läge in dem Widerspruch bereits die Heilung der von der Erstbehörde unterlassenen Anhörung, liefe § 45 Abs. 1 Nr. 3 weitgehend leer: Eine Überprüfung dieses Verfahrensfehlers erfolgt in aller Regel nur auf Grund eines Widerspruchs, der seinerseits grundsätzlich die Heilung bewirken würde.

---

[181] *BVerwGE* 27, 295, 299 ff.; 44, 17, 20 ff.; 45, 351, 357; 49, 307, 308 ff.; s. auch *BVerwGE* 37, 307, 311 ff., wonach bei einem Einberufungsbescheid die unterbliebene Anhörung im Widerspruchsverfahren und im verwaltungsgerichtlichen Verfahren bis zum Einberufungstermin (nur) durch Handlungen der Ausgangsbehörde geheilt werden kann; ebenso allg. bei Ermessensentscheidungen *BVerwG* DVBl 1965, 26, 28 f.
[182] *BVerwGE* 61, 45, 50 f., hat später ausdrücklich betont, dass jeder Zusammenhang zur allein verwaltungsbehördlichen Heilung nach § 45 fehle.
[183] So auch *OVG Münster* NJW 1978, 1764, 1765; DVBl 1981, 689 ff.; *VG Münster* GewArch 1980, 195 f., dazu *Laubinger* VerwArch 1981, 333, 340; *VG Berlin* NJW 2002, 1063, 1064; zur Heilung durch Befassung der Ausgangsbehörde im Nichtabhilfebeschluss *BVerwG* 66, 184, 188, 190.
[184] Vgl. z. B. *Roßnagel* JuS 1994, 927, 931; *Steinel* BayVBl 2004, 454, 457; *Schoch* Jura 2007, 28, 29.
[185] *BVerwGE* 75, 214, 227 = NVwZ 1987, 578.
[186] Dazu *OVG Bremen* NJW 1983, 1869; *Oerder*, Das Widerspruchsverfahren der Verwaltungsgerichtsordnung, 1989, S. 119 ff.; s. auch *OVG Koblenz* NVwZ 1992, 386 f. m. w. N.
[187] Nach *BVerwG* NJW 1983, 284, aber Fall des § 45 Abs. 1 Nr. 3; gegen die Anwendbarkeit von § 45 VwVfG *Oerder*, Das Widerspruchsverfahren der Verwaltungsgerichtsordnung, 1989, S. 124.
[188] *Laubinger* VerwArch 1981, 333, 341; anders *Schilling* VerwArch 1987, 45, 76 f. m. w. N.
[189] *BVerwG* NVwZ 1984, 578, 579; *OVG Koblenz* ZBR 1993, 95 LS; *VG Chemnitz* LKV 2007, 44, 45.
[190] *Schoch* Jura 2007, 28, 30; im Ergebnis auch *VGH München* GewArch 1983, 205, 206.
[191] *BVerwGE* 66, 184, 187 ff.
[192] Zustimmend *Messerschmidt* NVwZ 1985, 877, 878 f.; s. auch *Hufen*, Rn. 607.
[193] *BVerwGE* 54, 276, 280; ähnlich *BVerwG* NJW 1987, 143; 1989, 1873, 1874 m. w. N.; *OVG Münster* InfAuslR 1982, 19; nach *v. Mutius* NJW 1982, 2150, 2159; *Hufen* NJW 1982, 2160, 2166, verfassungswidrig; abl. auch *Mandelartz* DVBl 1983, 112, 115; *H. Meyer* NVwZ 1986, 519; *ders.* in FG 50 Jahre BVerwG, 2003, 551, 567 f.; *Hufen*, Rn. 606 ff., 611; diff. *Krasney* NVwZ 1986, 337, 342; *Hill*, Das fehlerhafte Verfahren, S. 99 f. m. w. N.
[194] Einschränkend auch *BVerwG* NVwZ 1983, 284; NJW 1983, 2044.

80 Der Widerspruch kann nur dann eine Heilung bewirken, wenn dadurch noch die **vollwertige Gewährung des Rechts aus § 28** sichergestellt wird.[195] Dies kann der Fall sein, wenn die Begründung des angefochtenen Bescheides so umfangreich ist, dass aus ihr alle für die Entscheidung erheblichen Tatsachen i.S.d. § 28 erkennbar sind, so dass der Betroffene dazu Stellung nehmen kann.[196] Die Heilung tritt nicht schon deshalb ein, weil der Widerspruchsführer die Möglichkeit der Heilung kannte oder hätte kennen müssen.[197]

81 **Welche Behörde** für die nach Abs. 2 mögliche Nachholung der Anhörung **während des Gerichtsverfahrens** (Rn. 101 ff.) zuständig ist, ist im Rahmen der Neuregelung nicht festgelegt. Da es sich um eine Handlung des VwVf handelt, die nur zeitlich mit dem Gerichtsverfahren zusammentrifft, ist dies nicht notwendig die als bzw. für den Klagegegner prozessbeteiligte Behörde. Vielmehr kommt es auf die Zuständigkeit im VwVf an, die nach dem Widerspruchsbescheid wieder allein der **Ausgangsbehörde** zukommt (s. auch Rn. 57).[198] Hat diese unter Mitwirkung weiterer Stellen zu entscheiden, müssen diese auch bei der Heilung mitwirken;[199] überhaupt muss die Nachholung ihrerseits verfahrensfehlerfrei erfolgen.[200]

82 Im Falle der nach Untätigkeit der Widerspruchsbehörde erhobenen Klage gem. § 75 VwGO ist demgegenüber die Zuständigkeit der Widerspruchsbehörde noch nicht entfallen, so dass hier die Anhörung auch im Rahmen des Widerspruchsverfahrens – nach Maßgabe der allgemeinen diesbezüglichen Begrenzungen (Rn. 78) – durch die **Widerspruchsbehörde** nachgeholt werden kann. Diese ist allein zuständig, die im Widerspruchsverfahren versäumte, speziell auf dieses Verfahren bezogene Anhörung nachzuholen (s. Rn. 77), wenn nur der Widerspruchsbescheid Gegenstand der Anfechtungsklage ist, vgl. § 79 Abs. 1 Nr. 2, Abs. 2 VwGO.

83 Die Heilung verlangt nur ein **Tätigwerden der Behörde,** auf die Kenntnis des Betroffenen kommt es nicht an. Unerheblich ist auch, ob der Betroffene – aus einer Sicht ex post – von der Möglichkeit der Stellungnahme Gebrauch gemacht hätte. § 28 und damit die Heilung verlangen ein Tätigwerden der Behörde aus einer Sicht ex ante (§ 28 Rn. 41 ff. und 47; s. auch § 46 Rn. 72). Wenn allerdings eine Behörde bei Planänderungen die Pläne ordnungsgemäß auslegt, sind für die Heilung keine weiteren Maßnahmen der Behörden erforderlich, wenn der nicht angehörte Betroffene diese ihm bekannte Gelegenheit zur Äußerung nicht nutzt.[201]

84 Heilung erfolgt im Übrigen nur, wenn die **vorgebrachten Tatsachen** von der Erstbehörde oder der Widerspruchsbehörde, soweit sie die gleiche Entscheidungskompetenz hat, **berücksichtigt** worden sind.[202] Unzureichend ist auch eine Anhörung, der nicht die für die getroffene Entscheidung ausschlaggebenden Tatsachen zugrunde liegen (s. § 28 Rn. 34 f.). Bei Änderungen der Sach- oder Rechtslage seit dem ursprünglichen Entscheidungszeitpunkt muss daher vor einer zur Heilung führenden erneuten Anhörung zunächst der Sachverhalt i.S.d. § 24 ermittelt werden.[203] Nach Ansicht des *BVerwG* ist nicht erforderlich, dass durch die verspätete Anhörung die **Sachverhaltsermittlung** noch entscheidend beeinflusst werden kann.[204]

85 Zur Nachholung der Anhörung muss nicht das gesamte VwVf wiederholt werden.[205] Doch muss **erkennbar** sein, dass auf Grund der nachträglichen Einwendungen eine **neue, unvorein-**

---

[195] *Müller* Verwaltung 1984, 248, 249; Rn. 85. Nichts anderes gilt, wenn der Betroffene sonst durch seine Initiative die Behörde zur nachträglichen Anhörung veranlasst, *OVG Erfurt* ThürVBl 2004, 241 f.
[196] Im Ergebnis *BVerwG* DVBl 1982, 1149; NJW 1983, 2044; *BSG* SozR 3–4100 § 117 Nr. 11; zu den Anforderungen an die Heilung im Rahmen des § 41 Abs. 1 Nr. 3 SGB X vgl. *Ehlers* VerwArch 1984, 295, 309 ff.; *Ebsen* JbSozRdG 1995, 367, 370 m.w.N.; weitergehend *OVG Münster* DVBl 1981, 689; vgl. ausführlich *Schur*, Die Beteiligungsrechte im sozialrechtlichen Verwaltungsverfahren, Diss. Hagen 1999, S. 209 ff.; zur Heilung im Widerspruchsverfahren auch *OVG Lüneburg* NVwZ 1987, 511; zum Ausschluss der Heilung, wenn ein Widerspruch als verspätet behandelt wird, *BSG* DVBl 1985, 637; s. insgesamt auch *Schoch* NVwZ 1983, 249.
[197] So aber *VG Berlin* NJW 1981, 451; s. auch Rn. 83.
[198] So auch für Analogie *VGH München* BayVBl 2004, 149, 150.
[199] *VG Chemnitz* LKV 2007, 44, 45.
[200] *OLG Düsseldorf* NJOZ 2003, 546, 550, 563 ff.
[201] Vgl. *BVerwG* NVwZ 1988, 527, 530; s. auch *Krasney* NVwZ 1985, 337, 342.
[202] *BVerwG* NVwZ 1983, 284; Buchholz 316 § 28 VwVfG Nr. 5; *VGH Kassel* NJW 2005, 2411, 2414; *VG Chemnitz* LKV 2007, 44, 45; *Schoch* Jura 2007, 28, 31.
[203] *OVG Münster* NVwZ 1983, 617 m.w.N.; zustimmend *Weides* JA 1984, 648, 658; zu den Grenzen der Informationspflicht gegenüber dem Betroffenen § 28 Rn. 66 ff.
[204] *BVerwG* NJW 1987, 143.
[205] *BVerwGE* 75, 214, 227 = NVwZ 1987, 578.

genommene Prüfung stattfindet.[206] Die dazu zu erfüllenden Voraussetzungen entsprechen denen für eine von vornherein gesetzmäßig durchgeführte Anhörung (s. § 28 Rn. 40). Ist nach § 28 ein Bevollmächtigter anzuhören (s. § 28 Rn. 33; § 14 Rn. 21 ff.), gilt dies auch für eine heilende Nachholung.[207]

86   Für eine Heilung genügt die Möglichkeit der **Äußerung** in einem gerichtlichen Verfahren **nach § 123 oder § 80 Abs. 5 VwGO** grundsätzlich nicht.[208] Nach Entstehungsgeschichte und Sinn der Vorschrift ist die Nachholung prinzipiell nur in einem VwVf unter Verwertung der vorgebrachten Tatsachen möglich.[209] Dies belegen nicht zuletzt die nach Änderung des § 45 Abs. 2 eingeführten (kurzlebigen) Regelungen der § 87 Abs. 1 S. 2 Nr. 7, § 94 S. 2 VwGO (dazu Rn. 106).

87   Entscheidend ist allerdings nicht die formelle Zugehörigkeit zum gerichtlichen (Eil-) Verfahren, sondern die **materielle Gleichwertigkeit** mit einer Anhörung im gesonderten VwVf. Daher ist Heilung ausnahmsweise durch Kommunikation im gerichtlichen Eilverfahren möglich, wenn der Betroffene weiß, dass es (auch) um die Anhörung zum Zwecke der endgültigen Entscheidung über den VA geht.[210] Der Austausch von Schriftsätzen im Eilverfahren genügt dem i. d. R. nicht,[211] insbes. wenn nur die einmal getroffene Verwaltungsentscheidung verteidigt wird;[212] er kann aber ausreichen, wenn die Behörde dem Betroffenen zu erkennen gibt, dass sie unter Berücksichtigung seines Vorbringens erneut prüft, ob sie an ihrer Verfügung festhält oder nicht, und ihm das Ergebnis dieser Prüfung mitteilt.[213] Notfalls muss eine angeordnete **sofortige Vollziehung ausgesetzt** werden, bis dem Betroffenen die Gelegenheit zur Anhörung gewährt worden ist.[214]

88   Hält man eine **Anhörung vor Anordnung der sofortigen Vollziehung** gem. § 80 Abs. 2 S. 1 Nr. 4 VwGO für geboten (dazu § 28 Rn. 11, 44; § 9 Rn. 218 f.), ist eine Heilung mit Rücksicht auf den Sinn des Anhörungserfordernisses insoweit möglich, wie dessen Zweck noch erreichbar scheint.[215]

89   **c) Konsequenzen unterbliebener Nachholung.** Wird die Anhörung **im Vorverfahren nicht nachgeholt,** besteht der ursprüngliche Verfahrensfehler fort; der Widerspruchsbescheid enthält keine „zusätzliche" selbständige Beschwer i. S. d. § 79 Abs. 2 VwGO.[216]

90   Bei der Anfechtung des Erstbescheides ist **§ 46 zu beachten** (Rn. 18). Trotz fehlender Anhörung kann zumal bei gebundener Verwaltung offensichtlich allein die getroffene Entscheidung möglich gewesen sein; ggf. muss der mangels Anhörung unvollständig ermittelte Sachverhalt im Prozess festgestellt werden (§ 46 Rn. 66). Bei der Verpflichtungsklage greift § 46 ohnehin nicht ein (s. § 46 Rn. 12). § 42 S. 2 SGB X schließt die dem § 46 entsprechende Regelung zur Anhörung ausdrücklich aus (Rn. 25).

91   **d) Verzicht auf Anhörung.** Anders als bei der Begründung (§ 39 Rn. 119 f.) ist ein **Verzicht auf die Anhörung** möglich (vgl. § 28 Abs. 2: „insbesondere"). Im Rahmen des § 45

---

[206] BVerwG NVwZ 1984, 446, 447, zur Anhörung bei kurzzeitiger Einberufung nach § 13 Abs. 3 S. 1 MusterungsVO; hierzu auch Horn NVwZ 1984, 700; recht großzügig OVG Münster NVwZ 1985, 132, 133.
[207] OVG Berlin NVwZ 1993, 198, 201.
[208] Schoch Jura 2007, 28, 32; offen VGH Kassel NJW 1979, 178, 180; NVwZ 1987, 510.
[209] OVG Koblenz DÖV 1979, 606; krit. Laubinger VerwArch 1981, 333, 342; zustimmend Hufen, Rn. 605 m. w. N.; für die Durchführung einer mündlichen Verhandlung im Eilverfahren bei Ermessenssachen auch BVerwG NVwZ 1984, 577, 578.
[210] VGH Kassel NVwZ-RR 1989, 11 ff. m. w. N.; OVG Bremen NVwZ-RR 1994, 189, 191; OVG Bautzen NVwZ-RR 1994, 551 f. m. w. N.; wohl noch weitergehend VGH München BayVBl 1983, 595; für eine im Eilverfahren vor Erlass des Widerspruchsbescheids nachgeholte Begründung eines Auswahlverfahrens OVG Lüneburg NVwZ-RR 2003, 878, 879.
[211] So wohl auch Schoch NVwZ 1983, 249, 257.
[212] S. etwa OVG Bautzen NVwZ-RR 1994, 551, 552 m. w. N.
[213] Vgl. OVG Lüneburg NVwZ-RR 2002, 822 m. w. N.
[214] OVG Münster NJW 1978, 1764, 1765; a. A. OVG Münster NVwZ 1985, 355, 356, wenn feststeht, dass eine Anhörung, die zur Heilung führen kann, nachgeholt wird; schon bei absehbarer Heilung OVG Hamburg NVwZ-RR 2007, 364; ausnahmslos für Aufhebung OVG Koblenz DÖV 1979, 606. OVG Erfurt ThürVBl 1995, 113, will Vollziehungsanordnungen aussetzen, solange es in einem Widerspruchsverfahren (noch) nicht zu einer Heilung des Anhörungsmangels gekommen ist.
[215] Vgl. dazu Grigoleit, Die Anordnung der sofortigen Vollziehbarkeit gemäß § 80 Abs. 2 Nr. 4 VwGO als Verwaltungshandlung, 1997, S. 153 ff.; für Unerreichbarkeit des Anhörungszwecks regelmäßig W.-R. Schenke VerwArch 2000, 587, 594.
[216] BVerwGE 49, 307.

§ 45 Heilung von Verfahrens- und Formfehlern 92–97 § 45

Abs. 2 a. F. war davon auszugehen, dass der Verzicht nur bis zur Klageerhebung erfolgen konnte (s. auch § 44 Rn. 16 ff.). Ein Verzicht erst im Gerichtsverfahren dürfte aber auch heute das Rechtsschutzbedürfnis der Klage im Hinblick auf den Anhörungsmangels entfallen lassen. Für weitergehende Verzichtsmöglichkeiten *BSG*[217] unter Berufung auf § 46 Nr. 1 a. E. SGB I.

5. Nachträgliche Beschlussfassung eines Ausschusses, Nr. 4

Das Fehlen der gesetzlich vorgeschriebenen **Mitwirkung eines Ausschusses** (vgl. insges. schon § 44 Rn. 184). macht den VA rechtswidrig. Dieser Fehler kann nach **Nr. 4** – nach Abs. 2 auch noch bis zum Abschluss der gerichtlichen Tatsacheninstanzen (Rn. 101 ff.) – geheilt werden. 92

Nach Sinn und Zweck der Regelung ist **über den Wortlaut hinaus** ein Ausschussbeschluss auch dann mit der Rechtsfolge der Heilung korrekt nachholbar, wenn der Ausschuss bei der ersten Beschlussfassung beschlussunfähig war (s. § 44 Abs. 3 Nr. 3; vgl. auch § 90; § 91 Rn. 7, 8).[218] Entsprechendes gilt für den Fall, dass bei dem ersten Beschluss ein befangenes Ausschussmitglied beteiligt war (s. § 44 Rn. 187 und unten Rn. 147; vgl. auch § 91 Rn. 8). 93

Auf die Beschlussfassung von **Personalvertretungen** ist das VwVfG hinsichtlich der Folgen von Verfahrensfehlern nicht unmittelbar anwendbar, kann aber mit seinen allgemeinen Rechtsgedanken berücksichtigt werden[219] (s. auch Rn. 70; § 44 Rn. 183; § 1 Rn. 245). Eine heilende Nachholung der Mitwirkung des Personalrats scheidet aber aus, wenn der Beamte nach vorheriger Unterrichtung den Antrag auf Mitwirkung erst nach Erlass der behördlichen Maßnahme stellt.[220] 94

Eine **Heilung** kommt **nicht** in Betracht, wenn nach spezialgesetzlicher Regelung der Zweck der Mitwirkung **nur durch vorherige Mitwirkung** erreicht wird.[221] 95

6. Nachgeholte Mitwirkung einer anderen Behörde, Nr. 5

Rn. 92 ff. gelten entsprechend für die Heilung der mangelnden **Mitwirkung einer anderen Behörde (Nr. 5)** (s. dazu § 44 Rn. 188 f.; s. auch Rn. 147; zur gesetzlich vorgeschriebenen Mitwirkung privater Stellen s. Rn. 133). Hat eine unzuständige Behörde einen VA erlassen, ist die Bestätigung der Entscheidung durch die zuständige Behörde keine „Mitwirkung einer anderen Behörde." Die Zustimmung zu einem Realakt, z. B. der Herstellung von Erschließungsanlagen, als Rechtmäßigkeitsvoraussetzung eines VA, z. B. Erschließungsbeitragsbescheid, ist nicht erfasst.[222] 96

Gemeint ist vielmehr lediglich die **Mitwirkung im Rahmen eines mehrstufigen VA.** Auch diese Mitwirkung war – im Gegensatz zu § 35 Nr. 6 Musterentwurf und § 35 Abs. 2 Entwurf 70 sowie den Bedenken des BRats (Stellungnahme zu § 41 Entwurf 73) – zunächst nur im zeitlichen Rahmen des Abs. 2 a. F. nachholbar.[223] Der dadurch hervorgerufene Zwang der Behörde, die Verfahrensvorschrift ernst zu nehmen, wurde dabei gezielt angestrebt (Bericht des BT-Innenausschusses zu § 45). Insbes. sollte vermieden werden, dass die zu beteiligende Behörde während eines gerichtlichen Verfahrens nur noch aus „Behördensolidarität" ihre Zustimmung erteilt.[224] Bei Nachholung während des Gerichtsverfahrens nach Abs. 2 n. F. wird heute darauf zu achten sein, missbräuchlichen Entwicklungen dieser Art durch strikte Beachtung der Anforderungen substantieller Mitwirkung entgegenzutreten. Die **nachträgliche Mitwirkung** bei Abwägungsentscheidungen **erfüllt ihren Zweck nicht,** wenn sie substantiell neue Umstände einbringt; eine Heilung ist dann ausgeschlossen (Rn. 95).[225] 97

---

[217] NVwZ 1983, 576.
[218] S. auch schon *Bender* DÖV 1965, 446, 448. Ähnlich *BVerwGE* 21, 240, 248, für den Fall, dass zunächst nur der Vorsitzende des Ausschusses mitgewirkt hat.
[219] *BVerwGE* 66, 291 ff.; 68, 189 ff.; *BVerwG* NVwZ 1987, 230.
[220] *BVerwGE* 81, 277, 281 f.; für Nachholbarkeit auch *BVerwGE* 86, 140, 143; s. ferner *VGH Mannheim* NVwZ-RR 1991, 494, 495; *VG Gera* ThürVBl 1996, 14, 15; *VG Weimar* ThürVBl 1996, 39, 40.
[221] *BVerwGE* 9, 69, 72; 11, 195, 204 f.; 17, 279; 21, 240, 248 f.; *BVerwG* DVBl 1982, 582; NJW 1983, 2156, 2157; *OVG Münster* NJW 1982, 1663; *Laubinger* VerwArch 1981, 333, 339 f.
[222] Vgl. *BVerwG* NVwZ 1984, 648; s. auch Rn. 30.
[223] Für unbeschränkte Nachholung vor dem VwVfG noch *BVerwGE* 21, 240, 250.
[224] Begründung zu § 41 Entwurf 73, unter Berufung auf *Bender* DÖV 1965, 446, 448.
[225] *Breuer* in FS Sendler, 1991, S. 357, 376 f.

98 Obgleich die **Mitwirkung einer Körperschaft,** z. B. einer Gemeinde nach § 36 BauGB,[226] in Nr. 5 nicht angesprochen wird, ist wegen gleicher Interessenlage eine Analogie angezeigt.[227] § 45 Abs. 1 Nr. 5 gilt entsprechend auch für die gesetzlich vorgesehene Mitwirkung einer anderen **behördeninternen Stelle** (§ 1 Rn. 248ff.), zumal Nr. 4 auf behördeninterne „Ausschüsse" anwendbar ist. Nach Nr. 5 kann auch die Gegenzeichnung eines **VA des Bundespräsidenten** nachgeholt werden.[228]

99 Wird der Mangel nicht geheilt, ist die **Anfechtung** vorbehaltlich des § 46 möglich; § 46 ist allerdings unanwendbar, wenn die Mitwirkung (auch) als materiell-rechtliche Anforderung zu verstehen ist.[229] Zur Anfechtung durch die ausgeschlossene mitwirkungsberechtigte Behörde s. § 35 Rn. 175.

100 Zur Frage, ob die Mitwirkungsregelung dazu bestimmt sein muss, dem Schutz des Betroffenen zu dienen, sagt Nr. 5 nichts.[230] Verbreitet wird für die Anfechtung des mitwirkungslos ergangenen VA verlangt, dass die **Mitwirkung auch im Interesse des Betroffenen** vorgesehen ist. Die Unbeachtlichkeit ihres Fehlens im Verhältnis zum Betroffenen, wenn sie allein im öffentlichen Interesse besteht,[231] ist bei belastenden VAen nicht unproblematisch, s. Rn. 125 ff., § 46 Rn. 21.

III. Zeitliche Schranke der Heilungsmöglichkeit (Abs. 2)

1. Allgemeines

101 a) **Zur Gesetzesentwicklung.** Nach der **ursprünglichen Fassung** des § 45[232] war die Heilungsmöglichkeit (für die Fehler des Abs. 1 Nr. 2 bis 5; zu Nr. 1 s. Rn. 28 ff.) auf den vorprozessualen Bereich beschränkt. Die erste Änderung des Abs. 2 durch das **GenBeschlG**[233] beseitigte diese Beschränkung, und zwar über den Bereich der als beschleunigungsbedürftig angesehenen (Genehmigungs-)Verfahren hinaus für den Anwendungsbereich des VwVfG allgemein.[234] Nach der danach maßgeblichen Fassung[235] konnten die versäumten Verfahrenshandlungen nach Abs. 1 insgesamt, einschließlich der Antragstellung nach Abs. 1 Nr. 1, auch später, insbes. **noch während des verwaltungsgerichtlichen Verfahrens nachgeholt** werden. Demgegenüber sind die ursprünglichen zeitlichen Beschränkungen der Heilung in § 126 Abs. 2 AO und § 41 Abs. 2 SGB X zunächst unverändert geblieben.[236]

102 Die erneute Änderung durch das 3. VwVfG-ÄndG bezieht i. S. d. zuvor erfolglos gebliebenen Vorschlags des BRats[237] wie 126 Abs. 2 AO und § 41 Abs. 2 SGB X (s. noch Rn. 107) die Beschränkung der Nachholung auf den **Abschluss der letzten Tatsacheninstanz.** Damit sind die schwierigen Detailfragen, die mit der zwischenzeitlichen Fassung des Abs. 2 aufgeworfen wurden (s. Rn. 116 ff. der Vorauf.), nicht mehr von Bedeutung.

---

[226] S. auch *BVerwG* DVBl 1969, 362.
[227] *BVerwG* DVBl 1969, 364, unter Berufung auf § 35 Musterentwurf, s. auch § 44 Rn. 188; § 46 Rn. 13; a. A. *v. Rosenberg*, Probleme drittbelastender Verfahrensfehler im Rahmen des Baugenehmigungs- und des abfallrechtlichen Planfeststellungsverfahrens, 1994, S. 89.
[228] *Nierhaus* in Sachs GG, Art. 58 Rn. 26.
[229] Dazu in diesem Zusammenhang *Günther* ZBR 1993, 353, 355; allgemein s. § 46 Rn. 34.
[230] Vgl. dazu *BVerwG* DVBl 1970, 60; *BVerwGE* 24, 23, 31; 41, 58, 65.
[231] *VGH Mannheim* ESVGH 31, 155 LS. Die Nichtanhörung einer Gemeinde soll auch bei Ermessensentscheidung den VA nicht anfechtbar machen, wenn die Anhörung nicht im Interesse des Betroffenen vorgeschrieben ist, *BVerwG* NJW 1974, 1961, 1964; *Stober* DVBl 1977, 909, 912.
[232] Die ursprüngliche Fassung des Abs. 2 lautete: „Handlungen des Absatzes 1 Nr. 2 bis 5 dürfen nur bis zum Abschluss eines Vorverfahrens oder, falls ein Vorverfahren nicht stattfindet, bis zur Erhebung der verwaltungsgerichtlichen Klage nachgeholt werden". Näher zu den Konsequenzen dieser z. T. noch länger bedeutsam gebliebenen Rechtslage 6. Aufl. Rn. 102 ff.
[233] Vom 12. 9. 1996, BGBl I S. 1354, Art. 1 Nr. 3.
[234] S. schon die Begründung des Gesetzentwurfs des BRats, BT-Drs 13/1445, S. 7 zu Nr. 4; auch die Begründung zum späteren Gesetzentwurf der BReg, BT-Drs 13/3995, S. 8 zu Nr. 3.
[235] Diese lautete: „Handlungen nach Absatz 1 können nur bis zum Abschluß eines verwaltungsgerichtlichen Verfahrens nachgeholt werden."
[236] Dazu krit. *Bielefeld*, Das soziale Verfahrensrecht des SGB X, 1997, S. 92ff. m. w. N.; *Beckmann* NVwZ 1998, 146, 147; zu den Konsequenzen *Bader* NVwZ 1999, 121, 122.
[237] BT-Drs 13/3995, S. 11.

b) Verfassungsrechtliche Fragwürdigkeit. Die verfassungsrechtlichen Bedenken sind jedoch nicht ausgeräumt;[238] sie richten sich gegen die Möglichkeit der Heilung insbes. bei fehlerhafter Begründung und Anhörung[239] noch während des Gerichtsverfahrens überhaupt. Im Gesetzgebungsverfahren wurden sie trotz nachdrücklicher Hinweise der angehörten Sachverständigen[240] kaum angemessen gewürdigt.[241] Gewiss wird durch die Berücksichtigung der Heilung bei der Kostenentscheidung des Gerichts (näher Rn. 113 f.) den **Belangen des Klägers** Rechnung getragen;[242] zweifelhaft bleibt aber, ob dies allein hierdurch in ausreichendem Maße geschieht. 103

Die Erweiterung der Heilungsmöglichkeiten bedeutet ungeachtet der fortbestehenden **verfahrensrechtlichen Verpflichtungen** der Behörden, dass sie diese mangels sachlicher Sanktion de facto weitgehend **risikolos vernachlässigen** können. Auch wenn die prinzipielle Rechtstreue der Verwaltungsbehörden nicht in Zweifel zu ziehen ist, bleibt dies doch angesichts politischer Handlungszwänge und praktischer Schwierigkeiten ein mit Rücksicht auf die berührten Positionen der betroffenen Bürger nicht zu bagatellisierender Befund.[243] Denn wird die grundrechtsschützenden Pflichten zur Anhörung und zur Begründung (s. § 1 Rn. 41f., 45ff.) nicht effektiv sanktioniert sind, läuft der betroffene Bürger Gefahr, jedenfalls im VwVf als solchem in seiner Subjektstellung nicht mehr ernst genommen zu werden.[244] 104

Die Nachholung des rechtlichen Gehörs und der Beteiligung während des Gerichtsverfahrens ist trotz der erheblichen Bedenken (s. auch Rn. 38 ff., 74 ff.) allerdings wohl nicht von vornherein ungeeignet, die zunächst gegebenen Grundrechtsbeeinträchtigungen eines Klägers auszuräumen; damit mag hier auch eine Grundrechtsverletzung in der Gesamtschau im Einzelfall letztlich auszuschließen sein.[245] Doch wird die **objektivrechtliche Bedeutung der Grundrechte,** ihre über die Vermeidung konkreter Rechtsverletzungen hinausgehende Breitenwirkung, nicht hinreichend berücksichtigt, die sich hier mit parallelen **Grundsatzgehalten des Rechtsstaatsprinzips** trifft. Denn in vielen Fällen wird der Bürger trotz fehlenden Kostenrisikos nicht geneigt sein, den gegen ihn ohne Anhörung ergangenen, nicht begründeten VA gerichtlich anzufechten, wenn er – zudem ohne rechte Einschätzungsmöglichkeiten seiner Rechtslage – damit rechnen muss, dass seine diesbezüglichen Bemühungen durch innerprozessuale Heilung nur allzu leicht fruchtlos bleiben können.[246] 105

Jedenfalls ist zu betonen, dass die als Teil des VwVf zu bewirkende Heilung, auch wenn sie während des Gerichtsverfahrens erfolgt, ein grundsätzlich **den Rahmen des Prozesses übersteigender** Vorgang von eigenständiger Bedeutung ist, der der jeweiligen Verfahrensanforderung auch substantiell voll gerecht werden muss (s. Rn. 76). § 45 Abs. 2 zielt nicht darauf ab, dass heilbare Verfahrensfehler am Rande des Gerichtsverfahrens beiläufig ausgeräumt werden.[247] 106

---

[238] Etwa *Meyer* in Knack, § 45 Rn. 45; *Ziekow,* § 45 Rn. 17; vgl. auch den kurzen Überblick über den Meinungsstand bei *Martin,* Heilung von Verfahrensfehlern im Verwaltungsverfahren, 2004, S. 34 ff.
[239] Etwa *Meyer* in Knack, § 45 Rn. 45; speziell zur fehlerhaften Anhörung *Bracher* DVBl 1997, 534 ff.
[240] Vgl. die Nachw. bei *Schmitz/Wessendorf* NVwZ 1996, 955, 957.
[241] Verfassungsrechtliche Bedenken auch bei *Redeker* NJW 1996, 521, 523 (insbes. zur Anhörungsregelung); *Ehlers* Jura 1996, 617, 622; *Bonk* NVwZ 1997, 320, 324 f.; *Gromitsaris* SächsVBl 1997, 101, 103; *Hatje* DÖV 1997, 477, 483 ff.; *Sodan* in Ziekow, S. 107, 122 ff.; *ders.* DVBl 1999, 729, 736 ff.; *Häußler* BayVBl 1999, 616 ff.; *Heinrich,* Behördliche Nachbesserung von Verwaltungsakten im verwaltungsgerichtlichen Verfahren und Rechtsschutz der Betroffenen, 1999; *Hufen* JuS 1999, 313 ff.; *Schnapp/Cordewener* JuS 1999, 147, 148 f.; *Erbguth* UPR 2000, 81, 85 ff.; *Niedobitek* DÖV 2000, 761 ff.; *Schwarz* in Fehling u. a., § 45 Rn. 36 f.; skeptisch auch *Hermanns* in Stüer, Verfahrensbeschleunigung, 1997, S. 144, 145 f.; keine durchgreifenden Bedenken etwa bei *Krumsiek/Frenzen* DÖV 1995, 1013, 1017 f., 1025 f.; *Ronellenfitsch* NVwZ 1999, 583, 586 f.; *Schmitz/Olbertz* NVwZ 1999, 126, 128 f.; ausführlich *Baumeister,* S. 350 ff.
[242] So die Begründung des Gesetzesentwurfs der BReg, BT-Drs 13/3995, S. 8 zu Nr. 3.
[243] *Schmitz/Wessendorf* NVwZ 1996, 955, 958, sehen (zu § 28) nur eine theoretische Gefahr; umgekehrt nennt etwa *Redeker* NVwZ 1996, 126, 131, eine erst während des Prozesses nachgeholte Anhörung „praktisch nutzlos"; s. auch *ders.* NVwZ 1996, 521, 523; für Verfassungswidrigkeit der Regelung *Eckert,* Beschleunigung von Planungs- und Genehmigungsverfahren, 1997, S. 59 f. Die Gefahren der Neuregelung betont auch *VGH München* NVwZ 2000, Beil. I, 130, 131 f.
[244] Vgl. für Extremfall zu Art. 16a GG *VG Darmstadt* NVwZ 2003, Beil. I, 110, 111.
[245] So im Ergebnis auch *VGH München* NVwZ 2000, Beil. I, 130, 132.
[246] Zur Unzumutbarkeit der Notwendigkeit, eine Klage ohne Kenntnis grundlegender sachlicher Details erheben zu müssen, *OVG Schleswig* NVwZ 1996, 408 (zu § 44 a VwGO).
[247] Problematisch daher gängige Formulierungen wie in *BVerwGE* 121, 72 LS 1 (Hervorhebung nicht im Original), wonach grundsätzlich sogar „nachträgliche Anhörung *im* verwaltungsgerichtlichen Verfahren"

Dies gilt auch, nachdem die prozessualen Begleitregelungen des 6. VwGOÄndG (§ 87 Abs. 1 S. 2 Nr. 7, § 94 S. 2 VwGO; dazu 6. Aufl., § 45 Rn. 128ff.) im Hinblick auf Bedenken wegen der richterlichen Neutralität nach wenigen Jahren wieder gestrichen wurden.[248]

2. Inhalt des geltenden Abs. 2

107 **a) Die betroffenen Handlungen.** Im Unterschied zur nur auf die Fälle des Abs. 1 Nr. 2 bis 5 bezogenen Ursprungsfassung, die insoweit in § 126 Abs. 2 AO und § 41 Abs. 2 SGB X[249] auch nach der Änderung fortbesteht (s. auch Rn. 112), unterwirft die in diesem Punkt unverändert gebliebene Neufassung des Abs. 2 die Nachholung **aller Handlungen nach Abs. 1** der zeitlichen Beschränkung, also **auch den nachträglich gestellten Antrag** nach Nr. 1. Auch dessen Nachholung ist damit für die Revisionsinstanz ausgeschlossen.[250]

108 **b) Abschluss der letzten Tatsacheninstanz eines verwaltungsgerichtlichen Verfahrens.** Abs. 2 bezieht sich – enger als es der neu gefasste Wortlaut erkennen lässt – nicht auf irgendein **verwaltungsgerichtliches Verfahren.** Vielmehr kommt nur das im ursprünglichen Normtext mit dem Begriff der „Klage" angesprochene Gerichtsverfahren in Betracht,[251] nicht aber ein Verfahren des einstweiligen Rechtsschutzes.[252] Die letzte **Tatsacheninstanz** ist die letzte im Rechtszug offen stehende Instanz, die nicht – wie bei der Revision, § 137 VwGO – auf eine Rechtskontrolle beschränkt ist;[253] bei Sprung- und Ersatzrevision, §§ 134, 135 VwGO, ist das Verwaltungsgericht letzte Tatsacheninstanz.[254] Der **Abschluss** der Instanz meint die die Instanz beendende gerichtliche Entscheidung, praktisch: den letzten Zeitpunkt, in dem in der Instanz noch Tatsachenvortrag erfolgen kann. Nach Abschluss der Tatsacheninstanz scheidet eine in der Revisionsinstanz noch zu beachtende Heilung aus, solange keine Zurückverweisung in die Tatsacheninstanz erfolgt.

109 **c) Heilungsmöglichkeiten selbst nach Abschluss des Gerichtsverfahrens** bleiben auch nach der erneuten Änderung des Abs. 2 bestehen. Solange trotz Abschlusses des gerichtlichen Verfahrens die erneute gerichtliche Überprüfung des fehlerhaften VA möglich ist, etwa nach einem Prozessurteil wegen eines behebbaren Defizits bei den Sachurteilsvoraussetzungen, bietet das so abgeschlossene Gerichtsverfahren keinen Anlass, der Behörde die Heilung ihrer Verfahrensfehler zu verwehren. Entsprechend sollte die Heilung von Mängeln möglich bleiben, die (nur) gegenüber einem Dritten von Bedeutung sind (s. hierzu Rn. 125ff.), der noch gegen den VA klagen kann.

110 Schließlich spricht nichts dagegen, dass die Behörde eine Verfahrenshandlung, deren Fehlen in einem zu ihren Gunsten ergangenen rechtskräftigen verwaltungsgerichtlichen Sachurteil übersehen wurde, auch noch **im Anschluss an den von ihr gewonnenen Prozess** nach-

---

heilende Wirkung haben soll; entspr. *BVerwG* Buchholz 316 § 45 VwVfG Nr. 25 LS 2, für Begründungsmängel.
[248] Durch Art. 1 RmBereinVpG vom 20. 12. 2001, BGBl I, 3987; dazu *Just* LKV 2002, 201, 203; *Kienemund* NJW 2002, 1231, 1237; *Steinel* BayVBl 2004, 454, 461ff.; *Schmid* in: Sodan/Ziekow, § 87 Rn. 1, § 94 Rn. 1 mit Fn. 1 jeweils m. w. N.
[249] Krit. dazu etwa *Plagemann* in FG 50 Jahre BVerwG, 2003, 59, 60f. m. w. N.
[250] Allgemein zur zeitlichen Grenze für die Antragsnachholung *Schwarz* in Fehling u. a., § 45 VwVfG Rn. 95; *Ehlers* Verwaltung 2004, 255, 264; *Maurer*, § 10 Rn. 39; vgl. auch *Hinterseh* JA 2004, 83, 85f.; zur früheren Rechtslage *Hufen* JuS 1999, 313, 317f. m. w. N.; widersprüchlich *Kopp/Ramsauer*, § 45 Rn. 37 einerseits, Rn. 15 andererseits; speziell zur Rechtslage in NRW kurz: *Hüttenbrink* in Kuhla/Hüttenbrink, E Rn. 178 und Rn. 185; auch *Martin*, Heilung von Verfahrensfehlern im Verwaltungsverfahren, 2004, S. 41.
[251] Dies betrifft insbes. die Anfechtungs- oder (nach Antragsablehnung) die Verpflichtungsklage, die freilich im Bereich strikter Rechtsbindung unabhängig von Verfahrensfehlern zum Erfolg führt. Ist § 45 in VwVf anzuwenden, die nicht der Gerichtskontrolle der (allgemeinen) Verwaltungsgerichtsbarkeit, s. § 40 VwGO, unterliegen (vgl. Einl. Rn. 51; § 2 Rn. 95f.), ist das entsprechende jeweils einschlägige Gerichtsverfahren als „verwaltungsgerichtliches Verfahren" i. S. d. Abs. 2 anzusehen, s. BGH NJW 1984, 2577.
[252] Wie hier *Ziekow*, § 45 Rn. 18; anders *Pünder* in Erichsen/Ehlers, § 13 Rn. 61.
[253] Vgl. *Ziekow*, § 45 Rn. 18; auch *Hüttenbrink* in Kuhla/Hüttenbrink, E Rn. 184; *Maurer*, § 10 Rn. 39.
[254] Vgl. *Neumann* in Sodan/Ziekow, § 134 Rn. 8; *ders.* ebda, § 135 Rn. 1; *v. Nicolai* in Redeker/von Oertzen, § 134 Rn. 1; *ders.* ebda, § 135 Rn. 1.

holt, wenn ihr dies zweckmäßig erscheint, zumal sie damit die (rechtskräftig festgestellte) Rechtmäßigkeit des VA auch der Sache nach herbeiführt.[255]

Endgültig ausgeschlossen ist die **Heilung** danach letztlich nur dann, wenn der **VA** durch die das Verfahren abschließende Gerichtsentscheidung (oder durch eine zum Abschluss des Gerichtsverfahrens durch Erledigung führende behördliche Beseitigungsentscheidung) **aufgehoben** wurde. Dies gilt aber unabhängig von § 45 Abs. 2, weil es dann überhaupt an einem der Heilung zugänglichen Gegenstand fehlt. Ohnehin nicht von der Frist des Abs. 2 berührt wird die behördliche **Befugnis, einen VA zu ändern** oder ganz durch einen neuen zu ersetzen.[256] **111**

d) **Abweichendes Landesrecht.** In **Nordrhein-Westfalen** ist die Nachholung versäumter Verfahrenshandlungen des Abs. 1 Nr. 2 bis 5 seit dem 12. 11. 1999 „bis zum Abschluss der ersten Instanz eines verwaltungsgerichtlichen Verfahrens" zugelassen;[257] für die Nachholung des Antrags nach Abs. 1 Nr. 1 gilt Abs. 2 hier nicht. Die Neufassung im Bund und den anderen Ländern hat sich dieser Lösung angenähert, ohne die wünschenswerte Einheitlichkeit herzustellen. **112**

e) **Behandlung der Gerichtskosten.** Dem von einer Heilung während des Gerichtsverfahrens betroffenen Kläger sollten nach dem Willen des Gesetzgebers zumindest **Kostennachteile erspart** werden.[258] Die insoweit vom BRat in seiner Stellungnahme zu den ergänzenden prozessualen Änderungen[259] für nötig gehaltene Regelung in der VwGO ist allerdings nicht erfolgt, obwohl die BReg in ihrer Gegenäußerung[260] **angekündigt** hatte, alsbald einen Vorschlag zur **Ergänzung des § 155 VwGO** vorzulegen. **113**

Auch ohne eine solche Regelung lässt sich die Kostenlast durch **Erledigungserklärung** auf Grund der eingetretenen Heilung über **§ 161 Abs. 2 VwGO** vermeiden.[261] Allerdings bleibt insoweit das Risiko, dass neben den Erfolgsaussichten der Klage im Rahmen der nach billigem Ermessen zu treffenden Kostenentscheidung andere Aspekte berücksichtigt werden,[262] die sich zum Nachteil des Klägers auswirken. Darüber hinaus ist auch an eine extensive Anwendung des **§ 155 Abs. 4 VwGO** zugunsten des betroffenen Bürgers zu denken, um dem Bürger auch bei **Klagerücknahme** die Kostenlast zu ersparen.[263] Dies setzt allerdings jedenfalls einen von der Behörde verschuldeten Verfahrensfehler voraus. **114**

IV. Andere Form- und Verfahrensfehler

Die Frage der **Heilbarkeit** auch in § 45 (Rn. 1, 18) nicht angesprochener Form- und Verfahrensfehler (dazu Rn. 135 ff.) stellt sich nur, soweit diese Fehler zur **Rechtswidrigkeit des VA** führen, weil nur insoweit eine Heilung überhaupt einen Gegenstand hat. Wann dies der Fall ist, wird traditionell unter dem Stichwort der **Wesentlichkeit** von Form- und Verfahrensfehlern diskutiert (dazu Rn. 116 ff.). Nach einem Blick auf Einzelfälle weiterer Form- und Verfah- **115**

---

[255] Vgl. zur Heilung trotz Unanfechtbarkeit (wegen Verfristung oder Rechtsmittelverzicht) zum ursprünglichen § 45 *Meyer/Borgs,* § 45 Rn. 27 zu d.
[256] BVerwGE 85, 163, 165 f.; 87, 241, 244; Rn. 48 ff.
[257] Die Begründung des Gesetzentwurfs, LT-Drs 12/3730, S. 120 f., nimmt zu den Motiven für die abweichende Textfassung, die dem grundsätzlichen Anliegen der Erhaltung eines einheitlichen Verfahrensrecht (so ebda. S. 4) nicht voll entspricht, nicht Stellung.
[258] Vgl. die Begründung des Gesetzentwurfs des BRats, BR-Drs 422/94 (Beschluss), S. 9 zu 4, sowie die Begründung zum späteren Gesetzentwurf der BReg, BT-Drs 13/3995, S. 8 zu Nr. 3.
[259] BT-Drs 13/3993, S. 23 f. in Nr. 21.
[260] BT-Drs 13/4069, S. 3 zu Nr. 21.
[261] Dafür *Schmitz/Wessendorf* NVwZ 1996, 955, 958; auch *Schäfer* in Obermayer, § 45 Rn. 79; *Ziekow,* § 45 Rn. 19; *Schwarz* in Fehling u. a., § 45 VwVfG Rn. 40; *Obertz* in Schoch/Schmidt-Aßmann/Pietzner, § 155 Rn. 26; *Kopp/Ramsauer,* § 45 Rn. 38, unter Einbeziehung des Rechtsgedankens des § 155 Abs. 4 VwGO; ebenso *Wolff* in Wolff/Decker, § 45 VwVfG Rn. 29; *Pünder* in Erichsen/Ehlers, § 13 Rn. 61 („iVm"); für § 161 VwGO wohl auch *Just* in Fehling u. a., § 161 VwGO Rn. 14 i. V. m. Rn. 30 ff., der jedenfalls bei Nachholung formeller Mängel als objektive Erledigung i. S. d. § 161 VwGO nennt; vgl. aus der Judikatur VG Schleswig MMR 2003, 811 f., mit Anm. Neumann/Kroeber Riel. Zur Kostenlast bei Rücknahme eines Widerspruchs nach Erlass des Widerspruchsbescheids *Schildheimer* NVwZ 1997, 637, 639 f.
[262] Dazu allg. nur *Clausing* in Schoch u. a., § 161 Rn. 22 ff.
[263] *Obertz* in Schoch/Schmidt-Aßmann/Pietzner, § 155 Rn. 26; *Kopp/Ramsauer,* § 45 Rn. 38; *Schwarz* in Fehling u. a., § 45 VwVfG Rn. 40; *Wolff* in Wolff/Decker, § 45 VwVfG Rn. 29; *Pünder* in Erichsen/Ehlers, § 13 Rn. 61; *Berkemann* DVBl 2000, 446, 448.

rensfehler (Rn. 144 ff.) wird auch kurz die Frage der Heilung materieller Fehler behandelt (Rn. 150 ff.).

1. Wesentlichkeit der Fehler

116 Form- und Verfahrensfehler der Behörden bei Erlass eines VA, selbst definitionsgemäß rechtswidrige Verhaltensweisen, können sich, wie neben § 44 Abs. 1, § 47 Abs. 1 und 2 sowie den amtlichen Überschriften der §§ 45 bis 47 namentlich § 59 Abs. 2 Nr. 2 und 3 zeigen, auch **auf die Beurteilung des VA auswirken,** der aus dem fehlerhaften Verfahren hervorgeht; ein solcher VA kann „wegen eines Verfahrens- oder Formfehlers ... rechtswidrig" sein.[264] Begriffsnotwendig ist die (formelle) Rechtswidrigkeit eines form- und verfahrensfehlerhaft erlassenen VA nicht allerdings nicht (s. schon Rn. 7).

117 In der Rspr. des BVerwG und zum Teil in der Literatur (s. Rn. 8 ff.) war schon vor Erlass des VwVfG anerkannt, dass nicht jede Verletzung einer Form- oder Verfahrensvorschrift die Rechtmäßigkeit des VA beeinträchtigt.[265] Auch nach Erlass des VwVfG gilt, dass nicht alle Form- und Verfahrensfehler zur **Rechtswidrigkeit des VA** führen, insoweit **wesentliche Fehler** sind.[266] Die Terminologie zu diesem Punkt ist recht uneinheitlich.[267] Teilweise wird abweichend vom hier verwendeten Sprachgebrauch die Wesentlichkeit eines Fehlers mit seiner möglichen Auswirkung auf den Entscheidungsinhalt (Rn. 123 f.) gleichgesetzt,[268] teilweise auch daneben als weitere Voraussetzung angesprochen[269] oder auch unspezifisch zur Kennzeichnung des Gewichts einer Verfahrensregelung bzw. ihrer Verletzung.[270] In der Sache bleibt dies allerdings ohne Konsequenzen.

118 Unabhängig von der verwendeten Begrifflichkeit kann die **Wesentlichkeit** von Form- oder Verfahrensfehlern, verstanden als deren maßgebliche Bedeutsamkeit für die Rechtswidrigkeit des VA, **nicht ohne nähere Begründung** angenommen werden, sondern ist aus den jeweils maßgeblichen Vorschriften und ihrer gesetzlichen Verknüpfung mit dem VA als **negativen Rechtsanerkennungsnormen** herzuleiten;[271] einer ausdrücklichen Regelung des Gesetzes bedarf es dafür jedoch nicht.[272] Insoweit sind absolute Form- und Verfahrensfehler, die unbedingt formelle Rechtswidrigkeit des VA zur Folge haben, und relative Form- und Verfahrensfehler, die (nur) kausalitätsbedingt formelle Rechtswidrigkeit auslösen, zu unterscheiden.

119 **a) Absolute Form- und Verfahrensfehler.** Für bestimmte Form- und Verfahrensfehler beim Erlass eines VA ergibt sich aus **Bestimmungen des VwVfG,** dass der so entstandene VA ausnahmslos, insbes. unabhängig von ihrer Erheblichkeit für die Sachentscheidung, rechtswidrig sein soll.[273] Fälle dieser am prozessrechtlichen Vorbild „absoluter Revisionsgründe" (vgl. § 138

---

[264] Einen Schluss auf die notwendige Rechtswidrigkeit eines solchen VA, wie ihn etwa *Laubinger* VerwArch 1981, 333, 335, zieht, tragen die Vorschriften freilich nicht; ausführlich demgegenüber *Sachs* VerwArch 2006, 573, 578 ff. m. w. N.; auch *ders.* in GVwR II, § 31 Rn. 24 ff.; s. auch Rn. 8; § 44 Rn. 14 f., 92.
[265] *BVerwGE* 29, 282, 283 f., unter Berufung auf *BVerwGE* 24, 23, 32; dort wird allerdings nur die Aufhebbarkeit angesprochen, so mit Recht *Baumeister,* S. 129 f. Fn. 14 m. w. N. für weitere Judikate.
[266] *BVerwG* Buchholz 316 § 46 Nr. 8; *VGH München* DVBl 1994, 1198, 1199; ohne ausdrückliche Verwendung des Wesentlichkeitsbegriffs *BVerwGE* 75, 214, 228 = NVwZ 1987, 578; nicht ganz eindeutig *BVerwGE* 56, 230, 233; 78, 280, 284 f.; das *OVG Lüneburg* DVBl 1977, 347, 349, lässt offen, ob die Erheblichkeit eines Verfahrensmangels in den möglichen Auswirkungen auf den materiellen Inhalt der Entscheidung oder in dem Gewicht der Verfahrensvorschrift und ihrer Verletzung zu erblicken ist; anders etwa *Ule/Laubinger,* § 58 Rn. 3 m. w. N.; *Morlok,* Die Folgen von Verfahrensfehlern am Beispiel von kommunalen Satzungen, 1988, S. 188 ff.; *Hill,* Das fehlerhafte Verfahren, S. 428, sieht bei abweichendem Begriffsverständnis alle objektiv geringfügigen Fehler als unwesentliche Verfahrensfehler an.
[267] Vgl. etwa *Morlok,* Die Folgen von Verfahrensfehlern am Beispiel von kommunalen Satzungen, 1988, S. 36, 143 mit Fn. 214, 188 m. w. N.
[268] Vgl. noch 4. Aufl. Rn. 63 m. w. N.
[269] So etwa *BVerwGE* 91, 262, 270.
[270] Vgl. etwa *VGH Kassel* NVwZ-RR 1996, 161, 162.
[271] Vgl. in der Sache sehr klar schon *BVerwG* Buchholz 11 Art. 14 GG Nr. 106; *Sachs* VerwArch 2006, 573, 589; *ders.* in GVwR II, § 31 Rn. 46 ff.
[272] Möglicherweise missverständlich insoweit *Morlok,* Die Folgen von Verfahrensfehlern am Beispiel von kommunalen Satzungen, 1988, S. 188 ff.
[273] Vgl. zu dieser Fehlerkategorie für das VwVf etwa *BVerwGE* 9, 69, 71 f.; 19, 216, 221; 29, 282, 284; 62, 108, 114; *VGH Mannheim* DÖV 1978, 696; zurückhaltend *Baumeister,* S. 314 f.; allgemeiner etwa *Morlok,* Die Folgen von Verfahrensfehlern am Beispiel von kommunalen Satzungen, 1988, S. 187 f. m. w. N.; s. auch *Kopp* VerwArch 1970, 219, 230 f.; *Bettermann* in FS Ipsen, 1977, S. 271, 283 ff.; *Hill,* Das fehlerhafte

§ 45 Heilung von Verfahrens- und Formfehlern   120–123 § 45

VwGO, § 547 ZPO, § 338 StPO) orientierten Fehlerkategorie[274] sind in § 44 Abs. 2 Nr. 1–3 enthalten, weil die dort vorgesehene Nichtigkeit als verschärfte Fehlerfolge die Rechtswidrigkeit impliziert (vgl. § 44 Rn. 132 ff.). Auch die in § 45 genannten Form- und Verfahrensfehler führen immer – allein unter dem Vorbehalt der Heilung – zur Rechtswidrigkeit des VA (Rn. 24), weil es andernfalls an einem Objekt der „Heilung" fehlen würde.

Darüber hinaus kann sich aus der Zielsetzung einschlägiger Anforderungen nach **anderen** **120** **Gesetzen** ergeben, dass ihre Verletzung stets für die Rechtswidrigkeit des VA „beachtlich" ist, den VA (zumindest) rechtswidrig macht.[275] Dabei kann insbes. der Zusammenhang mit **verfassungsrechtlichen Vorgaben** von Bedeutung sein. So führt der Verfahrensmangel nichtkollegialer Entscheidungsfindung im Indizierungsverfahren als solcher nicht zuletzt im Hinblick auf die Bedeutung der Kunstfreiheit nach Art. 5 Abs. 3 S. 1 GG ohne weiteres zur Rechtswidrigkeit der Entscheidung.[276] Zur Frage der Heilung dieses Fehlers s. Rn. 143.

Der **Verfassungsrang** einer Verfahrensanforderung muss **nicht stets** dazu führen, dass auch **121** die **Sachentscheidung**, auf die sie sich bezieht, **rechtswidrig** ist.[277] So beschränkt sich das *BVerfG* bei Verstößen gegen die Benachrichtigungspflicht nach Art. 104 Abs. 4 GG[278] darauf, die Grundrechtsverletzung durch die Unterlassung der Benachrichtigung festzustellen und verzichtet auf eine entsprechende Qualifikation und auf eine Aufhebung der richterlichen Entscheidung über die Anordnung oder Fortdauer einer Freiheitsentziehung.[279] Entscheidungen, die unter Verletzung rechtlichen Gehörs ergangen sind, hebt das *BVerfG* nur auf, wenn sie auf dem Verfassungsverstoß beruhen, durch ihn verursacht worden sein können.[280] S. auch § 46 Rn. 5, 31.

Zumindest gehören zu den absoluten Form- und Verfahrensfehlern solche, die gegenüber § 46, **122** also unabhängig von der Unausweichlichkeit der getroffenen Entscheidung, **absolute Aufhebungsgründe** darstellen (s. § 46 Rn. 30 ff.), weil der Aufhebungsanspruch jedenfalls Rechtswidrigkeit des VA voraussetzt (§ 46 Rn. 21).[281]

b) Möglicher Einfluss auf den Entscheidungsinhalt. Im Übrigen ist die Bedeutung von **123** Verstößen gegen Verfahrensvorschriften oft durch deren typische Zielsetzung bestimmt, dass durch ihre Einhaltung (Verfahrensrichtigkeit) die Entscheidungsrichtigkeit gewährleistet werden soll.[282] Es kommt mit Rücksicht auf die insoweit „dienende" Funktion des Verfahrensrechts (s. Rn. 10 ff.) für die Auswirkung auf die Rechtmäßigkeit des VA darauf an, ob die Entscheidung **in der Sache** auf dieser Verletzung **beruht**,[283] ob der Verfahrensfehler also den Inhalt des VA

Verfahren, S. 373; terminologisch abweichend werden z. T. auch absolute von relativen Fehlern unterschieden (so 4. Aufl. Rn. 69), um allgemein, d. h. für jedermann, relevante Fehler von nur gegenüber bestimmten Personen bedeutsamen Mängeln abzuheben (dazu Rn. 132); eher im hier verwendeten Sinne demgegenüber *Schmidt-Preuß*, Kollidierende Privatinteressen im Verwaltungsrecht, 1992, S. 521 m. w. N.
[274] Vgl. etwa zur Nachholbarkeit der fehlenden Vereidigung eines ehrenamtlichen Richters *BVerwG* NVwZ 2005, 231 f.
[275] *BVerwGE* 76, 310, 311 f.; 113, 112, 113 f., für unterbliebene Anhörung bei Versetzung von Soldaten; *Dolde* NVwZ 1991, 960, 962 f.; *Schmidt-Preuß*, Kollidierende Privatinteressen im Verwaltungsrecht, 1992, S. 521 m. Fn. 146; abl. *BVerwGE* 29, 282, 284, für § 18 Abs. 2 BFStrG; *OVG Münster* NVwZ-RR 1995, 314, für § 2 Abs. 1 Nr. 3 Denkmallisten-Verordnung NW; dies kommt insbes. bei nicht instrumentell auf die richtige Entscheidung abzielenden, selbstzweckhaften Verfahrensvorschriften in Betracht, vgl. zu dieser Kategorie *Morlok*, Die Folgen von Verfahrensfehlern am Beispiel von kommunalen Satzungen, 1988, S. 123 ff.
[276] *BVerwGE* 91, 217, 221 f., für Entscheidung im Umlaufverfahren ohne vorherige Verständigung über die Begründung.
[277] Allg. gegen Überbewertung der Grundrechtsrelevanz etwa *Schmidt-Aßmann*, HStR III[1], § 70 Rn. 35.
[278] Zum Charakter als bei Erlass der einschlägigen Gerichtsentscheidungen zu beachtender Verfahrensvorschrift *Degenhart* in Sachs GG, Art. 104 Rn. 25.
[279] *BVerfGE* 16, 119, 124; 38, 32, 34. *BVerfG (K)* NStZ-RR 2005, 92, 93, lässt trotz grundrechtsverletzender Missachtung von Verfahrensvorschriften einen Sicherungsverwahrten nicht frei.
[280] Vgl. nur *BVerfGE* 112, 185, 206; *Degenhart* in Sachs GG, Art. 103 Rn. 41 m. w. N.; o. Rn. 15.
[281] Ohne klare Unterscheidung zwischen absoluten Verfahrensfehlern und absoluten Aufhebungsgründen *BVerfG (K)* NVwZ-RR 2000, 487 f.
[282] *Ossenbühl* DÖV 1977, 801, 811.
[283] So wiederum im Anschluss an revisionsrechtliche Vorbilder wie § 137 Abs. 1 VwGO, § 545 Abs. 1 ZPO, § 337 Abs. 1 StPO die Formulierung des § 79 Abs. 2 Satz 2 VwGO; dazu etwa *BVerwGE* 70, 196, 200; *BVerwG* BayVBl 1985, 122, 123; NVwZ 1999, 641; 1218, 1219; *OVG Münster* NVwZ-RR 2003, 615 f.; für die Berufungszulassung s. terminologisch diff. § 124 Abs. 2 Nr. 4, 5 („beruht", „beruhen kann"); zu Nr. 5 etwa *OVG Münster* NVwZ-RR 2004, 701, 702.

beeinflusst haben kann.[284] Für prüfungsrechtliche Verfahrensfehler hat auch das *BVerfG*[285] die der Judikatur der Verwaltungsgerichte geläufige Vornahme einer solchen „Kausalitätsprüfung" ungeachtet der gerade in diesen Fällen starken grundrechtlichen Bezüge ausdrücklich gebilligt.[286] Andererseits wurden für die Behandlung der UVP im PlfV auch in der Judikatur Zweifel geäußert, ob an dem Erfordernis der Ergebnisrelevanz festzuhalten ist, die aber mangels erkennbaren gesetzgeberischen Willens zur Ablösung des Kriteriums offen blieben.[287]

124   Die Voraussetzungen dieser sog. Kausalitätsprüfung[288] liegen schon dann vor, wenn mindestens die Möglichkeit besteht, wenn es also **nicht auszuschließen** ist, dass die Stelle, die die Entscheidung getroffen hat, ohne den Verfahrensverstoß rechtmäßigerweise zu einem **anderen Ergebnis** gelangt wäre (s. auch § 46 Rn. 22 ff.). Dies gilt auch dann, wenn aus **tatsächlichen Gründen** nicht ausgeschlossen ist, dass der Verfahrensfehler Auswirkungen auf die materielle Entscheidung gehabt hat.[289] Dass der Gesetzgeber davon ausgeht, dass Verfahrensfehler i. S. d. § 46 den VA rechtswidrig machen, zeigt § 59 Abs. 2 Nr. 2, 3;[290] s. aber Rn. 132 ff. Das *BVerwG* formuliert missverständlich für ein atomrechtliches Genehmigungsverfahren sogar dahin, es könne bereits von einem Ermittlungs- und/oder Bewertungsdefizit keine Rede sein, wenn ohne weitere gerichtliche Aufklärung offensichtlich ist, dass das Fehlen bestimmter Ermittlungen und/ oder Bewertungen die Entscheidung zur Sache nicht beeinflusst hat.[291]

125   **c) Schutzzweck zugunsten Betroffener?** In diesem Zusammenhang wird verbreitet auch die dogmatisch nicht in den Zusammenhang der Rechtswidrigkeitsvoraussetzungen passende Forderung aufgestellt, dass die verletzte Verfahrensvorschrift wegen §§ 42 Abs. 2, 113 Abs. 1 S. 1 VwGO (auch) dem Schutz des Betroffenen dienen müsse, damit sie ihm gegenüber als wesentlicher Mangel erscheint. In Wahrheit geht es bei dieser Variante von „Wesentlichkeit" nur darum, ob der Betroffene durch den verfahrensfehlerhaften VA **in eigenen Rechten verletzt** ist bzw. dies doch geltend machen kann (Klage- oder auch Widerspruchsbefugnis, § 42 Abs. 2 VwGO). Für die Rechtswidrigkeit des VA ist das Fehlen rechtsverletzender Wirkungen auf den Betroffenen ohne Bedeutung.[292]

126   Auch von diesem Ausgangspunkt aus ist gegenüber diesbezüglichen Postulaten **Zurückhaltung geboten.** Namentlich ist bei belastenden VAen die Rechtsverletzung der durch einen rechtswidrigen VA in ihren materiellen Rechten, insbes. in ihrem Eigentum,[293] beeinträchtigten Betroffenen immer gegeben, ganz unabhängig vom Schutzzweck des etwa für die Rechtswidrigkeit des VA beachtlichen verletzten Verfahrensrechts.[294] Der Individualschutzzweck von Ver-

---

[284] *BVerwG* BayVBl 1981, 342, 344; *VGH Mannheim* NVwZ 1983, 565 ff., 567; *OVG Münster* NWVBl 1992, 66, 67 m. w. N.; NVwZ-RR 2001, 593, 594; *OVG Bautzen* SächsVBl 1995, 66, 69; *Bettermann* DVBl 1963, 826, 827; *ders.* in FS Ipsen, 1977, S. 271, 279, 293; *Weyreuther* DVBl 1972, 93, 95; DÖV 1980, 389, 392; grundsätzlich anders eindrucksvoll *Wolff/Bachof* I, § 51 IV e 3, S. 434 f., wobei allerdings im Blick auf die Rechtswidrigkeit angeführten Bereich der „Verletzung wichtiger rechtsstaatlicher Verfahrensgarantien" absolute Verfahrensfehler angenommen werden könnten; abweichend jetzt *Wolff/Bachof/Stober* 2, § 49 Rn. 54; krit. auch *Blümel* Planung und Verwaltungsgerichtsbarkeit, 1997, S. 30 f.
[285] *BVerfGE* 84, 34, 55, unter Hinweis auf *BVerwG* Buchholz 421.0 Nr. 45; s. auch *BVerwGE* 91, 262, 270; *OVG Münster* DVBl 1993, 509, 511; *VGH München* BayVBl 2000, 529, 530. Ferner § 40 Rn. 225.
[286] Ähnlich auch *BVerfG (K)* NJW 2004, 47, 48, für Irrelevanz einer etwa entgegen Art. 4 Abs. 1, 2 GG versäumten Anhörung vor dem Verbot einer religiösen Vereinigung mangels erkennbaren Vorbringens.
[287] *VGH München* DVBl 1994, 1198, 1199.
[288] Vgl. für einen weitergehenden Ansatz bei Verstößen gegen die Nichtöffentlichkeit bei Personalratssitzungen, die allenfalls dann zur Rechtswidrigkeit gefasster Beschlüsse führen sollen, wenn hinreichende Anhaltspunkte für die Einflussnahme unberechtigt Anwesender bestehen, *OVG Bautzen* NVwZ-RR 1999, 777.
[289] *Scheuing* NVwZ 1982, 487, 491: materielle Beweislast bei Behörde.
[290] S. auch *Bettermann* in FS Ipsen, 1977, S. 271, 289 f.
[291] *BVerwGE* 106, 115, 122, 128, wo wohl die verfahrensrechtliche Entbehrlichkeit bestimmter Ermittlungen bzw. Bewertungen gemeint ist (s. auch § 46 Rn. 71).
[292] *BVerwGE* 24, 23, 30 f.; *BVerwG* NJW 1974, 813, 814; NVwZ 1985, 745; *Bartlsperger* DVBl 1970, 30; *Ronellenfitsch/Wolf* NJW 1986, 1955 f.; *Hill*, Das fehlerhafte Verfahren, S. 403 ff.; *Hufen*, Rn. 537 ff. jeweils m. w. N.; zur maßgeblichen Schutznormlehre s. § 40 Rn. 131 ff.; eingehend *Geist-Schell*, Verfahrensfehler und Schutznormtheorie, 1988.
[293] Vgl. *BVerwGE* 67, 74, 76 f.; 77, 86, 91; 78, 347, 355; *BVerwG* NVwZ 1991, 161, 165; *Dolde* NVwZ 1991, 960, 963 m. Fn. 31; noch differenzierend nach der Unmittelbarkeit der Betroffenheit *Breuer* in FS Sendler, 1991, S. 357, 388 f. m. w. N.
[294] So mit Recht *Bettermann* in FS Ipsen, 1977, S. 271, 291; auch *Kopp* VerwArch 1970, 219, 229 Fn. 42; *Hufen*, Rn. 547, 558, 560 f.; *Bumke*, Relative Rechtswidrigkeit, 2004, S. 211; bezogen auf die Nichtbeteiligung einer Gleichstellungsbeauftragten an der dienstlichen Beurteilung eines männlichen Beamten *OVG*

fahrensnormen ist nur für diejenigen von Bedeutung, die keine materielle Beeinträchtigung ihrer Rechtsstellung dartun können.[295]

Nach feststehender Rspr. des *BVerwG*[296] muss sich der Schutzzweck einer Verfahrensregelung allein aus der Zielrichtung des Verfahrensrechts ergeben, um ein **selbständiges subjektives Verfahrensrecht** zu begründen,[297] wie es für § 29 Abs. 1 Nr. 4 BNatSchG a. F. vom *BVerwG*[298] zugunsten anerkannter Naturschutzvereine bejaht wurde; zugleich sieht das Gericht allerdings einen Ausschnitt der öffentlichen Interessen zugunsten dieser Vereine als materielle Rechtsposition subjektiviert.[299] Verselbständigte Verfahrensrechte in diesem Sinne sind namentlich für Gemeinden anerkannt worden,[300] ferner in gewissem Umfang für Drittbetroffene im Atomrecht.[301] 127

Besteht demgegenüber eine **drittschützende Verfahrensnorm** nur im Hinblick auf die bestmögliche **Verwirklichung materiell-rechtlicher Rechtspositionen,** muss die Verfahrensrechtsverletzung zugleich von Bedeutung für die geschützten materiellen Rechte gewesen sein.[302] Kann der Betroffene wegen des Verfahrensfehlers die Auswirkungen auf seinen Rechtskreis nicht ausreichend feststellen, reicht es, wenn nachteilige Auswirkungen auf seine Rechtsgüter nicht offensichtlich unmöglich sind.[303] Zum PlfV s. § 74 Rn. 269 ff. Zum Vorrang von Spezialgesetzen Rn. 137. 128

Nach der Rspr. des *BVerfG*[304] sind subjektive Rechte aus Verfahrensvorschriften grundsätzlich auch dann anzunehmen, wenn **verfahrensrechtliche Vorschriften** dem Grundrechtsschutz dienen und in ihrer Auslegung und Anwendung **durch die Grundrechte beeinflusst** sind[305] (s. auch § 1 Rn. 45 ff.) oder wenn **Grundrechte das Verfahren gestalten** (s. auch § 9 Rn. 21 ff., 46 ff.). Ob diese Voraussetzungen erfüllt sind, muss für jede Verfahrensvorschrift gesondert ermittelt werden.[306] Das *BVerfG*[307] verlangt bei Vorschriften, die nicht materielle Rechtspositionen betreffen, den Nachweis, dass sie überhaupt Auswirkungen auf die grundrechtlichen Schutzgegenstände haben können. 129

Es ist fraglich, ob sich diese Rspr. in die **tägliche Verwaltungspraxis** umsetzen lässt,[308] insbes. so in ein vom Verhältnismäßigkeitsgrundsatz bestimmtes VwVfG (§ 24 Rn. 30, 34, 36) 130

Münster NVwZ-RR 2001, 592, 594; bezogen auf die fehlende funktionelle Zuständigkeit im Falle einer Abbruchgenehmigung ausdrücklich *VGH Mannheim* NVwZ-RR 1992, 602; *OVG Bautzen* NVwZ-RR 1999, 487, 488, versagt Rechtsschutz gegen eine erst nach der gesetzlichen Zweiwochenfrist erfolgte Zustellung eines Besitzeinweisungsbeschlusses, weil die Frist nicht auch dem Interesse des Grundstückseigentümers diene; entspr. *VGH Mannheim* NVwZ-RR 1999, 487.

[295] *VGH Mannheim* NVwZ-RR 2007, 82, 83; NuR 1989, 388, 389.
[296] NJW 1981, 239, 240; BVerwGE 62, 243, 246 ff.; 64, 325, 331 f.; 85, 368, 376 ff. m. w. N.; *VGH Mannheim* NVwZ-RR 1992, 600; 1994, 7, 8; in der Literatur zunehmend umstritten, s. § 50 Rn. 21.
[297] Vgl. auch *BVerwG* NVwZ-RR 1997, 741 f., für die nur im öffentlichen Interesse bestehende Pflicht, den Widerruf einer Asylanerkennung *unverzüglich* auszusprechen.
[298] BVerwGE 87, 62, 69; 102, 358, 365; 105, 348, 353 f.; s. nun aber *BVerwG* NVwZ 2002, 1103, 1105; 2003, 485, 486; *VGH Kassel* NVwZ-RR 1999, 304 f. m. w. N.; dazu auch *Rudolph* JuS 2000, 478.
[299] Krit. *Dolde* NVwZ 1991, 960 ff.
[300] Vgl. für die Beteiligung im luftverkehrsrechtlichen Verfahren BVerwGE 81, 95, 106 ff.; für § 36 BauGB *BVerwG* NVwZ-RR 1989, 6 m. w. N.
[301] BVerwGE 85, 54, 55 f.; s. insgesamt *Dolde* NVwZ 1991, 960, 962 f. m. w. N.
[302] BVerwGE 61, 256, 275; 75, 285, 291; 85, 368, 376 ff.; 88, 286, 288 f.; *BVerwG* NJW 1992, 256, 257; NVwZ-RR 1994, 14 f.; *Schmidt-Preuß,* Kollidierende Privatinteressen im Verwaltungsrecht, 1992, S. 520 ff. m. w. N.; s. auch *v. Rosenberg,* Probleme drittbelastender Verfahrensfehler im Rahmen des Baugenehmigungs- und des abfallrechtlichen Planfeststellungsverfahrens, 1994, S. 150 ff.
[303] BVerwGE 75, 285, 291 m. w. N.
[304] Vgl. insbes. BVerfGE 52, 391, 407 f.; 53, 30 ff. – Mülheim-Kärlich –; aus dem Schrifttum s. etwa *Laubinger* VerwArch 1982, 60 ff.; *Ossenbühl* NJW 1981, 375 ff.; *ders.* NVwZ 1982, 465, 467; *v. Mutius* NJW 1982, 2150 ff.; *Hufen,* Rn. 21 ff., 554 ff.; *ders.* NJW 1982, 2160; *Goerlich,* Grundrechte als Verfahrensgarantien, 1981; *ders.* DÖV 1982, 631; *Steinberg* DÖV 1982, 619 ff.; *Wahl* und *Pietzcker* VVDStRL 41 (1983), S. 151, 166 f. bzw. 193, 207 f.; *Grimm* NVwZ 1985, 865 ff.; *Hill,* Das fehlerhafte Verfahren, S. 207 f., 240 ff.; *Stern,* Staatsrecht III/1, S. 953 ff. jeweils m. w. N., und eben Rn. 14 ff.
[305] Zur regelmäßigen Subjektivierung auf Grund der einschlägigen „objektiv-rechtlichen" Gehalte s. *Stern,* Staatsrecht III/1, S. 986 m. w. N.; zur prinzipiellen Subjektivität der Grundrechte *Sachs* ebda, S. 540 f.
[306] *BVerwG* NJW 1980, 759, 763; zu Art. 19 Abs. 4 GG *BVerwG* DVBl 1982, 940, 943; s. auch *BVerwG* NVwZ 1985, 745; zur Notwendigkeit der Abwägung mit Grundrechten anderer und Verfassungsgütern der Allgemeinheit dabei *BVerwG* NJW 1984, 188.
[307] BVerfGE 83, 111, 118; s. auch *BVerwG* NVwZ-RR 1998, 22, 23; *Ehlers* Verwaltung 2004, 255, 264.
[308] Vgl. schon *Bethge* NJW 1982, 1 ff.; *Dolde* NVwZ 1982, 65 ff.; ferner *v. Danwitz* DVBl 1993, 422, 427.

einordnen lässt, dass es für die Bediensteten handhabbar bleibt.[309] Die Rspr. des *BVerwG* macht nur **zurückhaltend** von dem aufgezeigten Ansatz der **Grundrechtsrelevanz** Gebrauch.[310]

131 Jedenfalls lässt sich nicht generell annehmen,[311] dass **Beteiligungsrechte** im VwVf wie Rechte nach §§ 28, 39 nach dieser Rspr. des *BVerfG* von Grundgesetzes wegen nicht in ihren Auswirkungen auf VAe durch andere Vorschriften wie §§ 45, 46 VwVfG oder § 44a VwGO tangiert werden könnten.[312] Hierbei wird verkannt, dass diese Rspr. vom einfachgesetzlichen Verfahrensrecht ausgeht,[313] zu dem aber sowohl die Beteiligungsrechte als auch die gleichzeitig gesetzten, jedenfalls auf derselben Regelungsebene anzusiedelnden Einschränkungen der Fehlerfolgen durch §§ 45, 46 VwVfG und § 44a VwGO gehören.[314] Über die Zusammenhänge dieser Regelungen wirkt sich das meist vernachlässigte Element der Schutznormlehre aus, dass die Norm auch intentional auf individuelle Durchsetzbarkeit angelegt sein muss, um subjektive Rechtspositionen zu begründen.[315]

132 Besondere Verwirrung entsteht im Rahmen dieser Diskussion dadurch, dass nicht immer klar genug zwischen **allgemein** und nur **gegenüber bestimmten Personen unerheblichen Fehlern** unterschieden wird. Bei Unerheblichkeit gegenüber jedermann – und nur hier – bleibt die Rechtmäßigkeit des VA unberührt (Rn. 123f.); bei allein durch den personell beschränkten Schutzzweck der Verfahrensnorm gegenüber bestimmten Betroffenen unerheblichen Fehlern (Rn. 125ff.) ist der VA rechtswidrig, doch soll den nicht vom Schutzzweck erfassten Betroffenen die **Berufung darauf verschlossen** sein.

133 Als die Rechtmäßigkeit als solche nicht berührende oder zumindest sonst **unbeachtliche Form- und Verfahrensfehler** sind **beispielsweise** angesehen worden: zu kurze Auslegung und unzutreffende Angabe über die Stelle, bei der Einwendungen nach § 18 BFStrG erhoben werden können;[316] Versäumung der Anhörung einer Gemeinde in einem luftrechtlichen PlfV bei Rüge anderer Beteiligter,[317] nicht aber bei Rüge der Gemeinde;[318] mangelnde Unterrichtung der Öffentlichkeit nach § 4 AtVfG, soweit Betroffener selbst nicht in Rechtsverfolgung beeinträchtigt ist;[319] unterlassene Anhörung von Personen, die nicht Beteiligte sind und deren Anhörung nur im öffentlichen Interesse vorgeschrieben ist; s. aber zum Klagerecht von Naturschutzverbänden bei Verletzung ihres Beteiligungsrechts Rn. 127; fehlende Unterschrift unter Niederschrift.[320]

134 **d) Sonstige Fälle von Unbeachtlichkeit.** Verfahrensfehler können, auch wenn sie grundsätzlich zur Rechtswidrigkeit des VA führen, unbeachtlich sein, soweit sie sich auf den (angefochtenen) **Teil eines teilbaren VA**, z.B. eine Auflage, nicht auswirken. Das OVG Koblenz nimmt die Unbeachtlichkeit von Mängeln des Planungsvorgangs bei der Zustimmung nach § 125 Abs. 2 BauGB a.F. an, indem es wegen ihrer Funktion als Planersatz § 214 Abs. 3 S. 2 BauGB sinngemäß heranzieht und danach einen Einfluss auf das Abwägungsergebnis verlangt.[321]

---

[309] Vgl. *Stelkens* NVwZ 1982, 81, 82.
[310] Nachweise bei *Goerlich* DÖV 1982, 631ff.; ferner *BVerwG* DVBl 1983, 183, 184, zur Öffentlichkeitsbeteiligung; *BVerwG* NVwZ 1983, 92f.; gegen Anspruch auf Planaufstellung, auch für naturschutzrechtlichen Verband, *VGH Kassel* NuR 1983, 22 mit Anm. *Sening* NuR 1983, 146; s. aber *BVerwGE* 87, 62ff., und dazu Rn. 127; s. auch zur pragmatisch begrenzten Subjektivierung durch die Rspr. zu den Auswirkungen grundrechtlicher Schutzpflichten auf das umweltrelevante Verwaltungsrecht *Stern*, Staatsrecht III/1, S. 993 m.w.N.; für einen grundrechtlich abgeleiteten Anspruch auf Einhaltung eines atomrechtlichen VwVf etwa *OVG Koblenz* UPR 1989, 118f.
[311] *Redeker*, NJW 1980, 1593, 1597; *Blümel*, Frühzeitige Bürgerbeteiligung bei Planungen, 1982, S. 23, 29ff.
[312] S. *Battis* DÖV 1981, 433, 437; *Ossenbühl* NVwZ 1982, 465, 467f.; *Schlichter* NVwZ 1983, 641, 648f.; *Ronellenfitsch/Wolf* NJW 1986, 1955, 1956; einschr. *Hufen*, Rn. 21ff.; *ders*. NJW 1982, 2160ff.
[313] Dazu vor allem *Dolde* NVwZ 1982, 65ff.
[314] S. *Stelkens* NJW 1982, 1137; *Ossenbühl* NVwZ 1982, 465, 470, 471; *v. Mutius* NJW 1982, 2150, 2157; wohl auch *J. Ipsen* AöR 1982, 259, 287.
[315] Dazu *Sachs* in Stern, Staatsrecht III/1, S. 535ff. m.w.N.; s. ferner § 40 Rn. 133; a.A. für § 46 *VG Arnsberg* DVBl 1981, 648 m. Anm. *de Witt*, dazu *Laubinger* VerwArch 1982, 60, 78.
[316] *BVerwG* NJW 1968, 1736, 1737.
[317] *BVerwG* DVBl 1974, 562.
[318] *BVerwG* NJW 1979, 64, 71; *BVerwGE* 81, 95, 106 m.w.N.; auch insoweit für Unbeachtlichkeit *BVerwG* NJW 1992, 256, 257, für wasserstraßenrechtliche PlfV.
[319] *BVerwG* NVwZ 1985, 745.
[320] *BVerwGE* 6, 33.
[321] ZMR 1991, 116, 117.

2. Heilbarkeit der Fehler

a) Keine abschließende Bedeutung des § 45. Die wesentlichen Form- und Verfahrensfehler, die den VA (nur) anfechtbar machen und in § 45 Abs. 1 nicht genannt werden, können im Einzelfall durch **Nachholung** des versäumten Verfahrenselements geheilt werden, wenn sich eine **Heilung nicht** aus der Natur der jeweiligen Verfahrensvorschrift **verbietet,**[322] insbes. der Betroffene nicht in der Wahrnehmung seiner Rechte beeinträchtigt[323] und der Zweck der Regelung nicht vereitelt wird.[324]   135

§ 45 Abs. 1 gilt nur für die dort genannten fünf Fälle von Verfahrensfehlern.[325] Die insoweit in ihrer tatbestandlichen Reichweite **abschließende Regelung** bedeutet aber **nicht,**[326] dass weitergehende, von § 45 unabhängige Heilungsmöglichkeiten bei Verstößen gegen andere Verfahrensvorschriften ausgeschlossen sind, wenn deren spezifischer Regelungszweck dies zulässt.[327] Das zeigt sich schon daran, dass bei abschließender Bedeutung des § 45 die Nachholung in dem mit Erlass des VA abgeschlossenen VwVf (§ 9) versäumter anderer Verfahrenshandlungen selbst im Vorverfahren ausgeschlossen sein müsste, während tatsächlich mit Recht grundsätzlich die Heilung von Verfahrensmängeln im Widerspruchsverfahren auch außerhalb des § 45 als zulässig angesehen wird.[328] § 45 verkürzt insbes. die Möglichkeiten zur Heilung sonstiger Verfahrensfehler, wie sie außerhalb des Anwendungsbereichs des VwVfG bestehen,[329] somit nicht; er kann im Gegenteil als Ausdruck eines weitergehenden Grundsatzes angesehen werden.[330]   136

Für sonstige, in § 45 insgesamt mit seinen drei Absätzen nicht angesprochene Fehler bleibt die Möglichkeit der Heilung (s. Rn. 145 f.) ebenso offen wie die etwaige zeitliche Begrenzung einer solchen Möglichkeit (s. Rn. 139). Beides bleibt damit für andere Verfahrensfehler einer Beurteilung nach Maßgabe der jeweiligen **Spezialvorschriften und ihrer Zielsetzung** zugänglich.[331] Mit diesem Ergebnis stimmen prinzipiell auch diejenigen überein, die dem § 45 Abs. 1 zwar abschließende Bedeutung zusprechen, diese aber durch (mehr oder weniger weitgehende) Möglichkeiten der Analogie[332] oder sonstige Ausnahmen durchbrechen.[333]   137

Selbst wenn eine Nachholung nach dem jeweiligen Recht nicht möglich ist, kann der Fehler, wird er **vor der Entscheidung** erkannt, dadurch geheilt werden, dass der Verfahrensabschnitt wiederholt wird (s. z. B. Rn. 147). Dadurch verliert der Fehler die (mögliche) Ursächlichkeit für die Entscheidung und ist nicht mehr wesentlich (s. Rn. 116 ff.). Eine solche Nachholung ist vor allem noch im Vorverfahren möglich, da der Gerichtskontrolle der VA in Gestalt des Widerspruchsbescheides unterliegt (§ 79 Abs. 1 Nr. 1 VwGO).[334]   138

---

[322] Abl. *Baumeister*, S. 374, der selbst für eine Analogie eintritt.
[323] BVerwGE 9, 69; 17, 279; BVerwGE 19, 216, 221 ff. mit Bespr. *Bachof* II, Anm. 347; *Bettermann* DVBl 1963, 826, 827; *Kopp* VerwArch 1970, 219 ff.; wohl auch *Hufen* NJW 1982, 2160, 2168; *Steinberg* DÖV 1982, 619, 628; zur Anhörung des Vertrauensmannes der Schwerbehinderten BVerwG DVBl 1983, 1104; zu Verfahrensfehlern im PlfV § 72 Rn. 112; § 73 Rn. 143 ff.
[324] BVerwGE 93, 222, 227, für die Möglichkeit, die Anhörung der Vertrauensperson im Wehrdisziplinarverfahren nachzuholen.
[325] *Sodan* in Ziekow; S. 107, 113; *ders.* DVBl 1999, 729, 732.
[326] Anders zumindest im Ausgangspunkt die überwiegende Lehrmeinung, vgl. etwa *Meyer/Borgs*, § 45 Rn. 6; *H. Meyer* NVwZ 1986, 513, 519; *Morlok*, Die Folgen von Verfahrensfehlern am Beispiel von kommunalen Satzungen, 1988, S. 151; *Hufen*, Rn. 597; *Kopp/Ramsauer*, § 45 Rn. 9; *Ule/Laubinger*, § 58 Rn. 14 m. w. N.; *Schnapp/Cordewener* JuS 1999, 147; (wohl nur) auf Grund verfassungskonformer Auslegung auch *Roßnagel* JuS 1994, 927, 930.
[327] Wie hier *OVG Münster* NVwZ-RR 1995, 314; *Bader* NVwZ 1998, 674, 676.
[328] Vgl. etwa BVerwGE 60, 316, 317 f.; *Durner* VerwArch 2006, 345, 352.
[329] Vgl. zur Anhörung der Vertrauensperson im Wehrdisziplinarverfahren BVerwGE 93, 222, 226 f.
[330] Vgl. zu § 45 Abs. 1 Nr. 2 für das Nachreichen einer hochschulrechtlich vorgeschriebenen schriftlichen Darlegung der Gründe bei Abweichen von der Berufungsvorschlagsliste einer Universität *VGH München* NVwZ-RR 1999, 119, 120 m. w. N.
[331] Vgl. zur Heilung von Mängeln *richterlicher* Durchsuchungsanordnungen diff. BVerfG (K) NJW 2003, 2669; NJW 2004, 3171 f. Zu Dokumentationspflichten mit Rücksicht auf Art. 19 Abs. 4 GG bei behördlichen Durchsuchungsanordnungen BVerfGE 103, 142, 159 f.; BVerfG (K) StV 2004, 633 f.
[332] Vgl. grundsätzlich *Baumeister*, S. 372 ff.; etwa für den Fall unvollständiger Unterlagen in PlfV für Heilung in entsprechender Anwendung des § 45 Abs. 1 Nr. 3 BVerwGE 75, 214, 227 = NVwZ 1987, 578; BVerwGE 102, 331, 339 f.; s. auch Rn. 71.
[333] S. etwa *Hill*, Das fehlerhafte Verfahren, S. 429 f.; *Reus* MDR 1992, 735; *v. Rosenberg*, Probleme drittbelastender Verfahrensfehler im Rahmen des Baugenehmigungs- und des abfallrechtlichen Planfeststellungsverfahrens, 1994, S. 93 ff. jeweils m. w. N.; *H. Meyer* in Knack, § 45 Rn. 21.
[334] BVerwGE 60, 316, 317; *Bettermann* in FS Ipsen, 1977, S. 271, 282.

139 **b) Zeitliche Grenzen der Heilungsmöglichkeit.** Ob und ggf. welche zeitlichen Grenzen gegenüber den Heilungsmöglichkeiten bestehen, muss gleichfalls aus dem Sinnzusammenhang der jeweiligen Verfahrensregelung hergeleitet werden (Rn. 137). Das *BVerwG* hat z. B. – unabhängig von dem (noch) nicht anwendbaren § 45 in seiner ursprünglichen Fassung – mit Rücksicht auf die Zusammenhänge im Rahmen des VwVf und auf die beschränkte Gerichtskontrolle der Verteidigungsplanung angenommen, dass die nach § 3 BLG vorgesehene Mitwirkung sachverständiger Stellen der gewerblichen Wirtschaft nach Abschluss des Widerspruchsverfahrens nicht mehr mit heilender Wirkung nachgeholt werden könne.[335]

140 Ob die vom *BVerfG*[336] verlangte Möglichkeit, **Einwände** gegen **Prüfungsentscheidungen** verwaltungsintern zu erheben, während des Prozesses gegeben werden kann, wurde zunächst unterschiedlich beurteilt.[337] Dem Sinn des grundrechtlich abgeleiteten Postulats entspricht jedenfalls **nur eine verwaltungsbehördliche Überprüfung,** die durch eine gerichtliche Kontrolle der Prüfungsentscheidungen nicht zu ersetzen ist, weil der Bewertungsvorgang von zahlreichen Unwägbarkeiten bestimmt ist, die sich in einem Verwaltungsgerichtsprozess nur sehr schwer oder teilweise gar nicht erfassen lassen.[338]

141 Ob die Überprüfung durch die Verwaltungsbehörde auch noch **während des Gerichtsverfahrens nachzuholen** ist, hängt davon ab, ob in diesem Falle noch gewährleistet ist, „dass der betroffene Bürger auf vermeintliche Irrtümer und Rechtsfehler rechtzeitig und wirkungsvoll hinweisen und damit ein Überdenken anstehender oder bereits getroffener Entscheidungen erreichen kann".[339] Hierzu hat das *BVerwG*[340] festgestellt, dass das verwaltungsinterne Kontrollverfahren seinen Zweck am besten dann erfüllen könne, „wenn es zeitlich *vor* einem möglichen verwaltungsgerichtlichen Verfahren oder sogar noch *vor* Erlass der förmlichen Prüfungsentscheidung stattfindet"; es hat aber zugleich ausgesprochen, dass es bei Verfehlung dieser optimalen Gestaltung auch genüge, wenn die verwaltungsinterne Kontrolle gleichzeitig mit einem bereits anhängigen Verwaltungsprozess erfolge, wobei letzterer ggf. auszusetzen sei.[341]

142 Zum Mangel der **fehlenden Begründung von Prüfungsentscheidungen,** für die nach § 2 Abs. 3 Nr. 2 § 39, daher insoweit auch § 45 Abs. 2 a. F. nicht einschlägig ist bzw. war, hat das *BVerwG* – ohne durchweg klar zwischen der verfahrensfehlerhaften Begründung und dem inhaltsbezogenen Nachschieben von Gründen zu trennen – angenommen, dass eine Behebung durch nachträgliche Bewertung der Arbeit und Ableitung einer Begründung aus dem Bewertungsvorgang möglich sei, und zwar sogar während des Revisionsverfahrens.[342]

143 Der mangels vorheriger Einigung über die Begründung einer im Umlaufverfahren getroffenen Indizierungsentscheidung anzunehmende Verfahrensmangel **fehlender Kollegialität der Entscheidung** (dazu auch Rn. 120) kann nicht dadurch geheilt werden, dass sich das Kollegium nach der Veröffentlichung der getroffenen Entscheidung im Bundesanzeiger auf die Begründung der Indizierung einigt, weil seine Mitglieder dann in ihrer Argumentation nicht mehr „ergebnisoffen" sind.[343]

3. Beispiele zur Heilbarkeit weiterer formeller Mängel von VAen

144 Rechtsverstöße, die innerhalb des auf den Erlass des VwVf gerichteten Verfahrens vorkommen und zur formellen Rechtswidrigkeit des VA führen,[344] sind zu vielgestalt, um sie hier im

---

[335] *BVerwGE* 62, 108, 111 ff.
[336] *BVerfGE* 84, 34, 45 ff.
[337] Dafür *OVG Koblenz* NVwZ 1992, 399; dagegen *OVG Münster* NVwZ 1992, 397 f.; auch *OVG Münster* NVwZ 1993, 95, 96, dessen Hinweis auf die Geltung des § 45 Abs. 2 für Prüfungsverfahren (vgl. § 2 Abs. 3, dazu § 2 Rn. 131 ff.) nach der Änderung der Bestimmung nicht mehr verfängt.
[338] *BVerfGE* 84, 34, 46.
[339] *BVerfGE* 84, 34, 48 f.
[340] *BVerwGE* 92, 132, 140.
[341] *BVerwGE* 92, 132, 143 f.; 98, 324, 332 m. w. N.; keine Bedenken gegen die erneute Bewertung einer Prüfungsleistung durch die Prüfer während des Gerichtsverfahrens auch in *BVerwGE* 109, 211; allg. gegen ein Erfordernis isolierter Neubewertung *BVerwG* NJW 2003, 1063, 1064; anders *OVG Münster* NVwZ 1993, 95, 96; DVBl 1993, 509, 510, im Hinblick auf den verallgemeinerungsfähigen Aspekt der Gefahr, dass die beteiligten Behörden ihre Entscheidung nicht mehr unbefangen und ohne Rücksicht auf prozesstaktische Überlegungen und auf die Autorität der Verwaltung treffen könnten; vgl. zur Heilung von Verfahrensfehlern im Prüfungsverfahren auch *Niehues,* Rn. 500 m. w. N.
[342] *BVerwGE* 91, 262, 270 ff.
[343] So *BVerwGE* 91, 217, 222.
[344] Zur Kategorie der Verfahrensfehler insgesamt näher *Sachs* in GVwR II, § 31 Rn. 4 ff.

§ 45 Heilung von Verfahrens- und Formfehlern   145–149 § 45

Einzelnen zu erfassen und hinsichtlich ihrer Heilbarkeit zu untersuchen; daher müssen **exemplarische Hinweise** genügen.

Heilende Wirkung haben z. B. nachträgliche Sachverhaltsaufklärung (§ 24 Rn. 58, 65),[345] 145
die Nachholung einer Beteiligung i. S. d. § 13 Abs. 2 (s. ausdrücklich § 41 Abs. 1 Nr. 6
SGB X),[346] einer Akteneinsicht (§ 29),[347] der nach dem SchwbG vorgeschriebenen Einholung
einer Stellungnahme des Arbeitsamtes.[348] Nach § 17 Abs. 6 c S. 2 FStrG konnte auch die Beteiligung eines anerkannten Naturschutzverbandes gem. § 29 Abs. 1 S. 1 Nr. 4 BNatSchG a. F. mit
heilender Wirkung nachgeholt werden.[349] Ein zunächst unterbliebenes Kooperationsgespräch
sollte jedenfalls vor der Versammlung mit heilender Wirkung nachgeholt werden können.[350] Ein
verfahrensfehlerhafter Verlust an Prüfungszeit soll nicht nur durch deren Verlängerung, sondern
auch dadurch geheilt werden können, dass der Prüfer die Zeitverkürzung bei der Bewertung
berücksichtigt.[351]

Nicht geheilt werden können Fehler der sachlichen **Zuständigkeit** im Vorverfahren, s. § 46 146
Rn. 43,[352] auch nicht durch Zustimmung der zuständigen Behörde,[353] es sei denn, es ist gesetzlich zugelassen (s. § 8 Abs. 1 S. 2 BRRG). Die Heilung eines Fehlers der örtlichen Zuständigkeit durch nachträgliche Zustimmung nach § 3 Abs. 3 nimmt das *BVerwG*[354] an (s. aber § 79
Rn. 6 sowie § 44 Rn. 169 ff.). Von den Fällen nachträglicher Heilung durch Behördenhandeln
zu unterscheiden ist die rückwirkende Begründung einer Zuständigkeit durch besonderes Gesetz.[355]

Bei Mitwirkung befangener Amtsträger ist eine nachträgliche Heilung regelmäßig ausge- 147
schlossen.[356] Im laufenden VwVf kann jedoch eine „Heilung" dadurch eintreten, dass der Verfahrensabschnitt, in dem der **befangene Amtsträger** mitgewirkt hat, ohne seine Mitwirkung
wiederholt wird, so dass die Ursächlichkeit seiner Mitwirkung entfällt; dasselbe gilt, wenn die
Widerspruchsbehörde im Rahmen ihrer funktionellen Zuständigkeit die Entscheidung des befangenen Amtsträgers bestätigt.[357] Zur Beteiligung befangener Amtsträger bei einem Ausschuss
i. S. d. § 45 Abs. 1 Nr. 4 oder bei einer Behörde i. S. d. § 45 Abs. 1 Nr. 5 s. Rn. 93. Zum Ausschluss der Anfechtungsmöglichkeit nach § 46 s. *VGH München* BayVBl 1981, 401, 404; auch
§ 46 Rn. 22 ff.

Soweit der VA wegen fehlender **Schriftform** nicht nichtig ist (vgl. § 44 Rn. 135), ist, so- 148
fern überhaupt ein wesentlicher Mangel vorliegt (Rn. 132 ff.), eine Heilung denkbar, z. B. bei
mündlicher Ordnungsverfügung.[358] In der Regel wird aber hierin der Erlass eines formgerechten neuen VA zu sehen sein. Die Heilung ist im Übrigen von einer Bestätigung nach § 37
Abs. 2 S. 2 (s. § 37 Rn. 80, 77, 82 ff., 88) zu unterscheiden.

Eine Heilung der fehlenden **Unterschrift** auf der Urschrift des VA wurde in § 45 nicht vor- 149
gesehen, weil die Unterschrift den Nachweis für die Bekanntgabe gibt (Begründung zu § 35
Musterentwurf). Wird die Unterschrift nachgeholt, wird der VA der Sache nach neu erlassen,
s. auch § 37 Rn. 106. Zum Erlass des VA trotz fehlender Unterschrift auf der Ausfertigung
s. § 44 Rn. 135. Zur fehlenden Bekanntgabe s. § 41 Rn. 229.

---

[345] *BVerwGE* 62, 108 ff. Gegen die Heilbarkeit verfahrensfehlerhafter Beweiserhebung (§ 24 Rn. 30 ff.)
Erfmeyer VR 2000, 325, 326 ff. m. w. N.
[346] Dazu etwa *Ule/Laubinger*, § 58 Rn. 13, die eine Heilung im Bereich des VwVfG aber ablehnen.
[347] Abl. für § 41 SGB X *Schur*, Die Beteiligungsrechte im sozialrechtlichen Verwaltungsverfahren, Diss.
Hagen 1999, S. 305 f. m. w. N.
[348] *BVerwGE* 110, 67, 68 f.
[349] *BVerwGE* 102, 358, 364 f.; 105, 348, 351 f.; 121, 72, 79, offen, ob nach § 45 Abs. 1 Nr. 3 oder Nr. 5,
aber mit *BVerwGE* 118, 15, 17 f., eher für Nr. 3; bei weitgehendem Ausfall der Beteiligung soll die „Anhörung im verwaltungsgerichtlichen Verfahren" keine adäquate Kompensation sein, daher nicht genügen.
[350] *VG Stuttgart* VBlBW 2007, 231, 232.
[351] *VGH Mannheim* VBlBW 2007, 218, 219.
[352] Unschädlich sind allerdings Verstöße gegen Zuständigkeitsverteilungsregelungen durch nur intern
wirksame Verwaltungsanordnung *OVG Schleswig* DÖV 1995, 91, 93 m. w. N.
[353] *Bettermann* in Festgabe BVerwG, 1978, S. 61, 69; dazu auch *VGH Mannheim* WissR 1992, 86, 89 f.
[354] NVwZ 1987, 224.
[355] Verwischend *BVerwGE* 66, 178, 182 f., mit Anm. *Schneider* VBlBW 1983, 137; s. insoweit zum maßgeblichen Zeitpunkt der Beurteilung der Rechtmäßigkeit § 44 Rn. 22, 170, 174; § 46 Rn. 40.
[356] *Kopp* VerwArch 1970, 219, 244; a. A. *VGH München* NVwZ 1982, 510, 514; dazu *Scheuing* NVwZ
1982, 487 ff.
[357] A. A. *Hufen* NJW 1982, 2160, 2168; *Steinberg* DÖV 1982, 619, 628; s. Rn. 116 ff., § 46 Rn. 17 ff.
[358] *Stelkens* BauR 1978, 158, 162.

4. Heilung materieller Fehler

150 Ob eine Heilung materieller Mängel möglich ist, richtet sich nach dem jeweiligen Fachrecht; ein praktisch wichtiger Fall von übergreifender Bedeutung ist etwa der **nachträgliche**, rückwirkende[359] **Erlass** der ursprünglich fehlenden bzw. wegen auch formeller Mängel[360] unwirksamen **Ermächtigung**.[361]

151 Die mangelnde **Bestimmtheit** des deswegen nicht nichtigen VA[362] kann als materieller Mangel (§ 37 Rn. 1 ff., 5 ff.) nicht nach § 45 geheilt werden.[363] Es ist aber möglich, dass die **Widerspruchsbehörde** im Rahmen ihrer funktionellen Zuständigkeit (s. § 44 Rn. 175 ff.) die mangelnde Bestimmtheit durch **genauere Angaben** hinsichtlich des Mittels (§ 37 Rn. 32, 34 f.) oder des Adressaten (§ 37 Rn. 10 ff.) behebt.[364] Wird die mangelnde Bestimmtheit im Widerspruchsbescheid behoben, ist § 80 Abs. 1 S. 2 nicht anwendbar (§ 80 Rn. 40). § 46 steht einer Anfechtung nicht entgegen, da es um einen materiellen Fehler geht.[365] Im Prozess kann fehlende inhaltliche Bestimmtheit nur durch Änderungsbescheid, also Erlass eines neuen VA, erreicht werden.[366] S. zur Heilungsmöglichkeit bei Unbestimmtheit auch § 37 Rn. 41 ff.

152 Die gerichtliche Nachholung der nach § 1 Abs. 2 Nr. 2 GjS gebotenen Abwägung zwischen Kunstfreiheit und Jugendschutz im Indizierungsverfahren bei Kunstwerken hat das *BVerwG* abgelehnt, weil der **Bundesprüfstelle** ein **Entscheidungsvorrang** zukomme.[367] Daher kann der Fehler nach gerichtlicher Aufhebung ihrer ersten Entscheidung nur von der Bundesprüfstelle selbst in einem zweiten Verfahren vermieden werden.

V. Fiktion mangelnden Verschuldens (Abs. 3)

153 Abs. 3 kam erst während der Beratung des Entwurfs 73 hinzu; eine entsprechende Vorschrift fehlt in § 114 LVwGSchH aus kompetenzrechtlichen Erwägungen.[368] Insoweit dürfte aber der Rechtsgedanke des Abs. 3 bei der Anwendung des Verschuldensbegriffs in §§ 60, 70 Abs. 2 VwGO herangezogen werden können.[369] Er belegt die Bedeutung, die der Gesetzgeber den §§ 28, 39, die dem Schutz des Betroffenen dienen, beimisst (s. Bericht des BT-Innenausschusses zu § 45).

154 Abs. 3 enthält eine **Fiktion mangelnden Verschuldens** für einen **Wiedereinsetzungsantrag**, wenn eine fristgerechte Anfechtung des VA, also der Widerspruch nach §§ 68, 70 Abs. 1 VwGO, die Anfechtungsklage nach § 74 Abs. 1 S. 2 VwGO oder – nach Antragsablehnung – die Verpflichtungsklage nach § 74 Abs. 2, Abs. 1 S. 2 VwGO,[370] unterblieben ist. Im Übrigen

---

[359] Zur Verfassungsmäßigkeit vgl. etwa *BVerfGE* 7, 89, 93 f.; 22, 330, 348; *BVerwGE* 67, 129, 131 ff.; *BVerwG* BRS 37 Nr. 127; NVwZ 1983, 741, 742; *BayVerfGH* NVwZ 1984, 644; nach *BVerwGE* 64, 218, 220 ff. m. w. N., soll abweichend von der vorangegangenen Rspr. sogar eine nicht rückwirkend erlassene Erschließungsbeitragssatzung einen VA „heilen" können, wenn auch nur ex nunc; damit ist allerdings nicht mehr der Erlasszeitpunkt für die Rechtmäßigkeit des Beitragsbescheides maßgeblich, vgl. hierzu § 44 Rn. 16 ff.

[360] Zu letzteren näher etwa *Morlok*, Die Folgen von Verfahrensfehlern am Beispiel von kommunalen Satzungen, 1988, insbes. S. 57 ff.

[361] Vgl. hierzu etwa *BVerwG* Buchholz 316 § 45 Nr. 16; *BVerwGE* 50, 2, 7 f; auch *VGH München* NVwZ-RR 1993, 100, 101 m. w. N.; *OVG Weimar* LKV 2004, 39, 42.

[362] S. § 44 Rn. 116; zum Ausschluss der Heilung bei Unbestimmtheit des Adressaten *VGH Mannheim* VBlBW 1987, 337; *Petersen* KStZ 1988, 41, 47 jeweils m. w. N.

[363] *Laubinger* VerwArch 1981, 344 m. w. N.; *Kamphausen/Kampmann* BauR 1986, 403, 407; anders noch § 35 Musterentwurf und § 35 Entwurf 70.

[364] *Stelkens* BauR 1978, 158, 162; *OVG Koblenz* NVwZ 1990, 399; *OVG Münster* NWVBl 1996, 69, 70.

[365] *OVG Münster* NWVBl 1996, 69, 70; *VGH Kassel* NVwZ-RR 1996, 287, 289; allg. § 46 Rn. 34.

[366] *BVerwGE* 87, 241, 244; *OVG Münster* NVwZ 1989, 1086, 1087; *OVG Lüneburg* NVwZ 1990, 590.

[367] Vgl. im Hinblick auf die zum Zwecke der institutionellen Grundrechtssicherung vorgeschriebene besonderen Zusammensetzung der Prüfstelle *BVerwGE* 91, 211, 217; 91, 223, 228.

[368] *H. Meyer* in Knack., § 45 Rn 5; deshalb schlägt *Kopp*, VwVfG, 6. Aufl. 1996, § 45 Rn. 49, eine verfassungskonforme restriktive Auslegung der übrigen VwVfGe der Länder vor, wonach darin enthaltene, § 45 Abs. 3 entsprechende Regelungen auf die Einlegung des Widerspruchs keine Anwendung finden. Kritisch auch *Allesch* NVwZ 2003, 444, 445.

[369] *Kopp/Ramsauer* § 45 Rn. 48; *Meyer* in Knack, § 45 Rn. 49; *Ziekow*, § 45 Rn. 20; *Schwarz* in Fehling u. a., § 45 Rn. 42; *Schäfer* in Obermayer, § 45 Rn. 85; zur Bedeutung behördlicher Verantwortlichkeit für die Fristversäumnis im Rahmen des § 60 VwGO allg. etwa *Czybulka* in Sodan/Ziekow, § 60 Rn. 75, 77 f.

[370] Wie hier etwa *Kopp/Ramsauer*, § 45 Rn. 48; *H. Meyer* in Knack, § 45 Rn. 49; *Schäfer* in Obermayer, VwVfG, § 45 Rn. 85; *Kothe* in Redeker/v. Oertzen, § 70 Rn. 5 b; auch *Kopp/Schenke*, § 60 Rn. 2; gegen

§ 45 Heilung von Verfahrens- und Formfehlern   155–158 § 45

hat das Wiedereinsetzungsverfahren nach § 60 VwGO bzw. § 70 Abs. 2 VwGO i. V. m. § 60 VwGO zu erfolgen.³⁷¹ Der Hinweis auf § 32 in S. 2 dürfte auf einem Versehen (richtig in Begründung zu § 75 Entwurf 73 und Art. 45 Abs. 3 S. 2 BayVwVfG) beruhen, da § 32 für das Vorverfahren nicht gilt.³⁷²

Gem. § 60 Abs. 2 S. 2 VwGO **glaubhaft gemacht** werden muss von dem Betroffenen, dass **155** die rechtzeitige Anfechtung **wegen des Fehlens der Begründung** i. S. d. § 39 (nicht wegen einer materiell unrichtigen Begründung)³⁷³ oder des Unterbleibens **der Anhörung** versäumt worden ist.³⁷⁴ Nicht erforderlich ist, dass sich der Betroffene um die Begründung für den VA bemüht hat.³⁷⁵ Die Fiktion gilt auch bei Vertretung im VwVf durch einen Rechtsanwalt.

Nur das mangelnde Verschulden, **nicht** die **Kausalität** („dadurch") zwischen dem Fehlen **156** der Verfahrenshandlung und dem Versäumen der rechtzeitigen Anfechtung wird **fingiert**.³⁷⁶ So trifft Abs. 3 nicht zu, wenn die Frist nicht wegen einer fehlenden Begründung, sondern wegen einer falschen Fristberechnung nicht eingehalten wurde.³⁷⁷ Eine Unterbrechung der Kausalität, wenn der Betroffene zwischenzeitlich umfassende Kenntnis von den Gegebenheiten erhält und Anlass sehen müsste, Rechtsmittel zu ergreifen, ist nicht anzunehmen.³⁷⁸ Der Nachweis der Kausalität darf nicht überspannt werden.³⁷⁹ Im Zweifel ist für den Antragsteller zu entscheiden.³⁸⁰ Erschwernis der Fristwahrung genügt.³⁸¹ Die Kausalität des Verfahrensmangels für die Fristversäumung kann (erst recht unter dem neuen Abs. 2) nicht ausgeschlossen werden, weil der Verfahrensfehler die Anrufung des Gerichts hätte nahe legen müssen.³⁸²

Die **Wiedereinsetzungsfrist** beginnt mit dem Nachholen der unterlassenen Verfahrenshandlung **157** (S. 2), etwa mit dem Abschluss der Anhörung.³⁸³ Verweigert die Behörde die Nachholung, schließt dies die Wiedereinsetzung nicht aus.³⁸⁴ Einer besonderen Entscheidung der Behörde darüber, ob sie den VA aufrechterhalten will,³⁸⁵ bedarf es dazu nicht (s. Rn. 23).

VI. Europäisches Gemeinschaftsrecht und §§ 45, 46

1. Direkter Vollzug

Für den direkten Vollzug des Gemeinschaftsrechts bestehen **keine** (allgemeinen) **ausdrücklichen Regelungen** über Heilungsmöglichkeiten oder den Ausschluss des Aufhebungsanspruchs **158**

---

eine Anwendung auf die versäumte Klagefrist bei irreführendem Hinweis auf eine dahingehende ganz überwiegende Meinung *VG Neustadt* NVwZ-RR 1998, 467, dessen Bedenken wegen der fehlenden Landesgesetzgebungskompetenz für das verwaltungsgerichtliche Verfahren konsequenterweise dazu führen, insoweit auch für die ansonsten den VwVfGen der Länder unterliegenden VAe den bundesrechtlichen § 45 Abs. 3 durchgreifen zu lassen oder darin eine Freigabe für entsprechende Landesgesetzgebung zu sehen.

³⁷¹ So auch *BGH* NVwZ 2000, 1326, 1327; *OLG Dresden* SächsVBl 1999, 212, 215.
³⁷² So auch *Kopp* NJW 1976, 1961, 1967; ebenso *Ziekow*, § 45 Rn. 20; *H. Meyer* in Knack, § 45 Rn. 49, 53; die Bereinigung des „Gesetzesschrott(s)" verlangt *Allesch* NVwZ 2003, 444.
³⁷³ Dazu Rn. 34, 39 ff.
³⁷⁴ Zur Glaubhaftmachung auch der Kausalität als Mindesterfordernis *BGH* NJW 2000, 1327, 1328; s. auch *FG Hannover* EFG 1987, 334.
³⁷⁵ So aber *Scheffler* DÖV 1977, 767, 772.
³⁷⁶ *Kopp/Ramsauer*, § 45 Rn. 50; weitergehend *H. Meyer* in Knack, § 45 Rn. 50.
³⁷⁷ So auch *VGH Mannheim*, 13. 2. 1980, – XI 1500/79, juris.
³⁷⁸ So *BVerfG (K)* NVwZ 2001, 1392 f.; dazu krit. *Allesch* NVwZ 2003, 444 ff.; *Rüsken* NVwZ 2002, 428 ff.; zust. *Ehlers* Verwaltung 2004, 255, 264; dem *BVerfG* wegen Bindung folgend *BGH* NVwZ 2002, 509, 510; anders noch *BGHZ* 144, 210, 219 ff.; *BGH* NJW 2000, 1327, 1328; auch 6. Aufl., Rn. 174.
³⁷⁹ So auch *OLG Dresden* SächsVBl 1999, 212, 215 f.; *Kopp/Ramsauer*, § 45 Rn. 50 f.; *Allesch* NVwZ 2003, 444, 445.
³⁸⁰ So *BFHE* 143, 106; *FG Saarbrücken* EFG 1989, 90 f., zu § 126 Abs. 3 AO.
³⁸¹ S. *FG Karlsruhe (Außensenate Stuttgart)* EFG 1987, 155 f.
³⁸² So aber *VGH Kassel* NVwZ 1994, 398, 400, für den Fall fehlender Begründung, allerdings (wohl im Rahmen einer Analogie) bezogen auf eine Verwirkung der prozessualen Rechte aus § 123 VwGO in einem beamtenrechtlichen Konkurrentenstreit.
³⁸³ So *BVerfG (K)* NVwZ 2001, 1391 f.; krit. zur Berücksichtigung einer Überlegungsfrist *Allesch* NVwZ 2003, 444, 446.
³⁸⁴ *OLG Dresden* SächsVBl 1999, 212, 216.
³⁸⁵ So *Kopp/Ramsauer*, § 45 Rn. 54.

bei Verfahrensfehlern.[386] Gleichwohl gibt es auch bei Verstößen gegen gemeinschaftsrechtliche Verfahrensvorschriften im Ansatz vergleichbare Möglichkeiten, die Konsequenz der Rechtswidrigkeit von Entscheidungen oder doch ihre verfahrensfehlerbedingte Aufhebung zu vermeiden.[387] Allerdings ist die europäische Gerichtsbarkeit eher als die auf Spruchreife verpflichteten deutschen Gerichte (Rn. 47) geneigt, im Sinne einer Trennung der Zuständigkeitsbereiche Verwaltungsentscheidungen nur aufzuheben und die endgültige Klärung in der Sache den Behörden zu überlassen.[388]

159 a) **Einschränkungen des Aufhebungsanspruchs.** Immerhin sieht Art. 230 Abs. 1 EG die Möglichkeit der **Nichtigkeitsklage nur bei Verletzung wesentlicher Formvorschriften** vor. Mit Formvorschriften sind dabei auch nicht auf die Form der Entscheidung i. e. S. bezogene Regelungen (oder allgemeine Rechtsgrundsätze) zum Verfahren gemeint,[389] namentlich solche über die Beteiligung anderer Gemeinschaftsorgane oder der Mitgliedstaaten, die Anhörung der Betroffenen (dazu § 28 Rn. 74 ff.) oder die Begründungspflicht (vgl. Art. 253 EG; dazu § 39 Rn. 121 ff.).

160 Das Kriterium der **Wesentlichkeit** ist nach dem Vertragstext in Art. 230 Abs. 1 EG nicht auf den Verfahrensfehler im Einzelfall bezogen (s. für das deutsche Recht Rn. 117 f., 123 f.), sondern auf die Bedeutung der verletzten Formvorschrift im Allgemeinen.[390] Immerhin bestehen Berührungspunkte, soweit die Wesentlichkeit einer Formvorschrift davon abhängig gemacht wird, ob ihre Verletzung überhaupt geeignet ist, den **Inhalt der Rechtshandlung zu beeinflussen**;[391] Verstöße gegen danach von vornherein „unwesentliche" Formvorschriften genügen jedenfalls für eine Nichtigkeitsklage nicht.[392]

161 Weitergehend wird gegen den Wortlaut der Vorschrift unmittelbar auf die **mögliche Kausalität** konkreter Verfahrensfehler für die Entscheidung **im einzelnen Fall** abgestellt,[393] so dass auch Verstöße gegen nicht generell „unwesentliche" Verfahrensbestimmungen mangels Relevanz für die getroffene Entscheidung im jeweiligen Fall nicht nach Art. 230 EG angegriffen werden können.[394] Ob dabei die Rechtswidrigkeit des Aktes ausgeschlossen oder (wie in § 46) (nur) der Aufhebungsanspruch verneint wird, ist nicht recht eindeutig. Jedenfalls finden sich auch Urteile,

---

[386] Zu den Folgen fehlender, unvollständiger oder falscher Begründung zollrechtlicher Entscheidungen *Alexander* in Witte, Art. 6 Rn. 76.

[387] Vgl. umfassend zuletzt *Bülow*, Die Relativierung von Verfahrensfehlern im Europäischen Verwaltungsverfahren und nach §§ 45, 46 VwVfG, 2007; für Entsprechung im Kern auch *Baumeister*, S. 283 f.; zu einseitig akzentuiert Strukturunterschiede *Classen*, S. 1992 ff.; ähnlich *ders.* Verwaltung 1998, 307, 323 ff.; auch *Kokott* Verwaltung 1998, 335, 365 ff.; *Wahl* DVBl 2003, 1285, 1290; *Schoch* VBlBW 2000, 41, 43, sieht grundsätzlich noch keine europarechtliche Dimension der Problematik. S. rechtsvergleichend *Ladenburger*, Verfahrensfehlerfolgen im französischen und im deutschen Verwaltungsrecht, 1999.

[388] S. etwa EuG Rs. T-346/94, EuGHE 1995, II-2841 Rn. 42; Rs. T-237/00, EuGHE 2002, II-163 Rn. 83; auf die begrenzte Kontrollbefugnis weist auch *Pietzcker* in FS Maurer, 2001, S. 695, 702, hin; *ders.*, in Schmidt-Aßmann/Hoffmann-Riem, Verwaltungskontrolle, 2001, S. 89, 111, will dabei die weitgehende inhaltliche Kontrolle nicht für eine intensivere Verfahrenskontrolle austauschen.

[389] Beispielhaft nennt *Rengeling*, S. 299, „die Regeln über die Willensbildung, Begründung, Veröffentlichung, Zustellung, Beteiligung oder Sprachenregelung"; vgl. ferner etwa *Geiger*, Art. 230 Rn. 31 m. w. N.

[390] Vgl. etwa für Wesentlichkeit der Beteiligungsvorschriften *Krück* in von der Groeben/Thiesing/Ehlermann, Kommentar zum EU-/EG-Vertrag, 5. Aufl. 1997, Art. 173 Rn. 80 m. w. N., allerdings in Widerspruch zur eigenen Grundsatzposition, s. unten Rn. 161.

[391] Vgl. in diesem Sinne allg. etwa EuGH, verb. Rs. 19 und 65/63, EuGHE 1965, 717, 739; Rs. 68/63, EuGHE 1965, 775, 793 f., 802; Rs. 111/63, EuGHE 1965, 893, 915; Rs. 41/69, EuGHE 1970, 661 Rn. 48 ff.; Rs. 76/69, EuGHE 1971, 297 Rn. 12 f.; Rs. 48/69, EuGHE 1972, 619 Rn. 36 ff.; Rs. 234/84, EuGHE 1986, 2263 Rn. 30; Rs. 259/85, EuGHE 1987, 4393 Rn. 11; Rs. C-301/87, EuGHE 1990, I-307 Rn. 31; *Daig*, S. 130 f.; *Booß* in Grabitz/Hilf, Art. 230 Rn. 103; *Streinz*, Rn. 596; *Pietzcker* in FS Maurer, 2001, S. 695, 702 ff.; *Wahl* DVBl 2003, 1285, 1293.

[392] Vgl. zur Bezugnahmepflicht nach Art. 253 EG in diesem Sinne EuGH, Rs. 68/86, EuGHE 1988, 855 Rn. 32; *G. Schmidt* in von der Groeben u. a., Art. 253 Rn. 18; s. aber EuGH, Rs. 131/86, EuGHE 1988, 905 Rn. 31 ff.

[393] Nach *Classen* Verwaltung 1998, 307, 327 ff., betrifft dies nur Fälle rechtlicher Alternativlosigkeit i. S. von § 46 a. F.

[394] Vgl. in diesem Sinne für Begründungsmängel EuGH, Rs. 30/78, EuGHE 1980, 2229 Rn. 26; Rs. 117/81, EuGHE 1983, 2191 Rn. 7; krit. dazu etwa *Sedemund* in Schwarze, Europäisches Verwaltungsrecht im Werden, 1982, S. 45, 53 f. (jedenfalls für Ermessensentscheidungen); für Maßgeblichkeit der möglichen Kausalität im Einzelfall auch *Constantinesco*, Das Recht der Europäischen Gemeinschaften, Bd. I, 1977, S. 865; *Daig*, S. 130 f.; *Schwarze*, S. 1372 ff.; *Junker*, Der Verwaltungsakt im deutschen und französischen Recht und die Entscheidung im Recht der Europäischen Gemeinschaften, Diss. Münster 1990, S. 232 f.; *Geiger*, Art. 230 Rn. 31.

§ 45 Heilung von Verfahrens- und Formfehlern   162–164 § 45

in denen (einzelfallbezogene) Rechtsakte, insbes. solche der Kommission, wegen fehlender oder mangelhafter Begründung aufgehoben wurden, ohne dass deren Kausalität für den Inhalt des Rechtsakts geprüft wurde.[395]

Unabhängig von der Relevanz für das Ergebnis sollen auch solche Formvorschriften wesentlich **162** sein, die **zum Schutze der Betroffenen** ergangen sind;[396] bei Verletzung einer hierher gehörenden Vorschrift ist die Nichtigkeitsklage ohne Rücksicht darauf möglich, ob die Vorschrift überhaupt (also erst recht auch: im konkreten Fall) dazu geeignet ist, für den Entscheidungsinhalt relevante Wirkungen zu entfalten. Damit handelt es sich insoweit um **absolute Verfahrensfehler** (Rn. 119 ff.). Allerdings sollen Verstöße gegen die Regeln über die zu verwendende **Amtssprache unbeachtlich** sein, wenn der Betroffene die Äußerung trotzdem verstanden hat[397] und daher nicht in seinen Verteidigungsrechten beeinträchtigt ist. Ob in (objektiven) Nichtigkeitsverfahren auf Klage von Mitgliedstaaten oder Gemeinschaftsorganen alle Verstöße gegen Verfahrensvorschriften, die dem Gemeinschaftsinteresse dienen, als wesentlich anzusehen sind,[398] ist nicht abschließend geklärt.

b) Heilungsmöglichkeiten. Inwieweit gegenüber (wesentlichen) verfahrensrechtlichen **163** Mängeln beim direkten Vollzug des Gemeinschaftsrechts eine Heilung zulässig ist, wird mangels ausdrücklicher Regelungen zu dieser Frage **nicht einheitlich** beurteilt.[399] Restriktionen finden sich insbes. für die Zeit nach Klageerhebung;[400] die Rechtsprechung ist allerdings überaus differenziert und keiner Einheitsformel zugänglich.[401]

Dies gilt insbes. für **Begründungsmängel**.[402] Während zum Teil eine Heilung hier in ausdrücklichem Gegensatz zu § 45 Abs. 1 Nr. 2 VwVfG als regelmäßig unzulässig angesehen wird,[403] sehen andere Stimmen eine Behebung des Mangels durch „Nachschieben von Gründen" grundsätzlich als möglich an.[404] Das völlige Fehlen einer Begründung soll nach Klageerhebung nicht mehr heilbar sein, weil sich der Zweck der Verfahrensanforderung nicht mehr erreichen lässt.[405] Der *EuGH* lässt (im Beamtenrecht) wegen fehlender oder fehlerhafter Begründung rechtswidrige Entscheidungen mit Rücksicht auf Interessen Dritter bestehen und gewährt dem Verletzten Ersatz seines immateriellen Schadens.[406] **164**

---

[395] *EuGH*, verb. Rs. 8–11/66, EuGHE 1967, 100, 124; Rs. 4/73, EuGHE 1974, 491 Rn. 7 ff.; *EuG*, Rs. T-14/91, EuGHE 1991, II-238 Rn. 48; auch *EuGH*, Rs. C-367/95 P, EuGHE 1998, I-1752 Rn. 74 ff. = EuZW 1998, 336, immerhin mit der Feststellung, dass die Begründungsmängel nicht nur einen nachrangigen Gesichtspunkt betrafen; dazu auch *Annacker*, Der fehlerhafte Rechtsakt im Gemeinschafts- und Unionsrecht, 1998, S. 120, wo darauf abgestellt wird, dass nicht geprüft wurde, ob der Rechtsakt auch (anders) begründbar gewesen wäre.
[396] Vgl. in diesem Sinne etwa *EuGH*, Rs. 41/69, EuGHE 1970, 661 Rn. 47 ff.; Rs. 84/82, EuGHE 1984, 1451 Rn. 17 ff.; Rs. 233/85, EuGHE 1987, 755 Rn. 11; *Scheffler*, Die Pflicht zur Begründung von Maßnahmen nach den europäischen Gemeinschaftsverträgen, 1974, S. 204 f.; *Nicolaysen*, Europarecht, 1990, S. 192; *Rengeling/Middeke/Gellermann*, § 7 Rn. 98; *Booß* in Grabitz/Hilf, Art. 230 Rn. 103; *Bleckmann*, Europarecht, Rn. 857.
[397] *EuGH*, Rs. 41/69, EuGHE 1970, 661 Rn. 48 ff.; *Geiger*, Art. 230 Rn. 32.
[398] *Bleckmann*, Europarecht, Rn. 857; dem folgend *Annacker*, Der fehlerhafte Rechtsakt im Gemeinschafts- und Unionsrecht, 1998, S. 120.
[399] Für eine allg. anerkannte Heilungsmöglichkeit bis zum Abschluss des VwVf für Verfahrensfehler überhaupt *Schwarze*, S. 1369 m. w. N in Fn. 10; wohl pauschal *Booß* in Grabitz/Hilf, Art. 230 Rn. 102, wonach allg. eine nachträgliche Mängelbeseitigung durch das Organ unbeachtlich sein soll.
[400] Vgl. etwa *Kahl* VerwArch 2004, 1, 20 f. m. w. N.; s. auch *Kment* Nationale Unbeachtlichkeits-, Heilungs- und Präklusionsvorschriften und Europäisches Recht, 2005, S. 82 ff.
[401] Ausf. zur Rspr. *Bülow*, Die Relativierung von Verfahrensfehlern im Europäischen Verwaltungsverfahren und nach §§ 45, 46 VwVfG, 2007; auch *Pietzcker* in FS Mauer, 2001, S 695, 702 ff.
[402] Zum Begründungsumfang bei Beförderungsverfügungen *EuGH*, Rs. 111/86, EuGHE 1987, 5345 Rn. 14; s. allg. schon *Demeter*, Die Begründungspflicht für Verwaltungsentscheidungen im deutschen, französischen und europäischen Recht, Diss. München 2001, S. 197 ff.
[403] So *Geiger*, Art. 253 Rn. 7; *Magiera* in Hailbronner u. a., Art. 190 Rn. 4; *Schwarz* in Fehling u. a., § 45 Rn. 10; s. auch *G. Schmidt* in von der Groeben u. a., Art. 253 Rn. 5, wo jede substanzielle nachträgliche Änderung der Begründung ausgeschlossen wird; s. auch *EuGH*, Rs. 18/57, EuGHE 1958/59, 89, 115; verb. Rs. 8–11/66, EuGHE 1967, 99, 125; zuletzt verb. Rs. C-329/93, C-62 und 63/95, EuGHE 1996, I-5202 Rn. 48 = NVwZ 1997, 475.
[404] *Hailbronner* in Hailbronner u. a., Art. 173 Rn. 44; diff. *Classen* Verwaltung 1998, 307, 324 ff.
[405] *EuG* Rs. T-586/93, Slg ÖD 1995, II-665 Rn. 105 m. w. N.
[406] *EuGH* Rs. 24/79, EuGHE 1980, 1743 Rn. 14; Rs. C-119/94, EuGHE 1995, I-1439 Rn. 24; auch *EuG* Rs. T-18/92 u. a., Slg. ÖD 1994, I-A 47, 52 f.; Rs. T-586/93, Slg ÖD 1995, II-665 Rn. 107 f.; Rs. T-386/94, Slg. ÖD 1996, I-A, 393, 400 ff.

165 Nicht endgültig geklärt ist auch die Behandlung von Verletzungen des Anspruchs auf **rechtliches Gehör**.[407] Während in solchen, dem § 45 Abs. 1 Nr. 3 vergleichbaren Fällen zum Teil ein absoluter Aufhebungsgrund angenommen wird,[408] hat der *EuGH* in seinem „Vitamin"-Urteil von 1979 die Möglichkeit der Heilung noch im Verfahren vor dem Gerichtshof angenommen, allerdings mit der – praktisch nicht weiter untersuchten – Einschränkung, dass das rechtliche Gehör nicht trotz der späteren Nachholung verletzt geblieben sein darf.[409] Bei einem bereits veröffentlichten Rechnungshofbericht soll eine nachgeholte Anhörung nicht mehr heilen können, weil das Organ nach einer solchen Festlegung weniger bereit ist, auf Stellungnahmen einzugehen.[410]

166 Für die Frage, ob auch für andere Mängel eine Heilung möglich ist,[411] fehlt es an klaren allgemeingültigen Kriterien. Letztlich dürfte es darauf ankommen, inwieweit die Möglichkeit einer Heilung mit der **Zielsetzung der** jeweils **verletzten Verfahrensvorschrift** in Einklang zu bringen ist. Der *EuGH* hat einerseits eine Nachholung in einzelnen Fällen der Verletzung des rechtlichen Gehörs zugelassen,[412] andererseits insbes. bei Mängeln der Nachweisförmlichkeiten in Beihilfeangelegenheiten eine nachträgliche Mängelbeseitigung unter Hinweis auf die bei Aufhebungsklagen nach Art. 230 EG allein maßgebliche Sach- und Rechtslage zurzeit des Erlasses der Maßnahme abgelehnt[413] (s. auch § 44 Rn. 42).

2. Indirekter Vollzug

167 Beim indirekten Vollzug gelten die **§§ 45, 46** als Bestandteile des für das mitgliedstaatliche Handeln maßgeblichen Rechts, wenn die Grundsätze der **Effektivität** und der **Nichtdiskriminierung** (dazu allg. Einl Rn. 76 m. w. N.) eingehalten sind.[414] Dies ist für die Einhaltung der im indirekten Vollzug regelmäßig anzuwendenden deutschen Verfahrensbestimmungen (Einl Rn. 70, 72) grundsätzlich anzunehmen:[415] Die Geltung der §§ 45, 46 für Verfahrensfehler beim Vollzug des Gemeinschaftsrechts stellt dieses in keiner Weise schlechter als das parallel zu behandelnde deutsche Recht,[416] die Durchsetzung des Gemeinschaftsrechts gegenüber etwaigen verfahrensrechtlichen Hindernissen des nationalen Rechts wird nur erleichtert.

168 Enthält das zu vollziehende **Gemeinschaftsrecht** selbst **Regeln über das einzuhaltende VwVf**, die dann dem nationalen Verfahrensrecht vorgehen, oder geht es um die Anwendung europarechtsumsetzender Regelungen des deutschen Rechts, die als Spezialvorschriften Vorrang vor den allgemeinen Regeln des VwVfG genießen (Einl Rn. 69 ff.), kommt es in erster Linie darauf an, ob diese Verfahrensvorschriften Raum für eine Heilung bzw. eine Negierung des Aufhebungsanspruchs lassen;[417] für die diesbezügliche Auslegung dürfte auf die beim direkten Vollzug geltenden Grundsätze (Rn. 158 ff.) zurückzugreifen sein.[418]

---

[407] Dazu näher *Fengler*, Die Anhörung im europäischen Gemeinschaftsrecht und deutschen Verwaltungsverfahrensrecht, 2003, S. 102 ff.; *Bülow*, Die Relativierung von Verfahrensfehlern im Europäischen Verwaltungsverfahren und nach §§ 45, 46 VwVfG, 2007.
[408] Vgl. in diesem Sinne etwa *EuGH*, verb. Rs. 15 und 16/76, EuGHE 1979, 321 Rn. 6 ff.; *G. A. Warner*, Rs. 30/78, EuGHE 1980, 2229, 2297 f.; *Sedemund* in Schwarze, Europäisches Verwaltungsrecht im Werden, 1982, S. 45, 52 ff.; einen Kausalzusammenhang verlangt (für Schadensersatzanspruch) *EuGH* Rs. C-315/99, EuGHE 2001, I-5281 Rn. 32 ff.
[409] *EuGH*, Rs. 85/76, EuGHE 1979, 461 Rn. 11, 15; krit. *Schwarze*, S. 1370 ff. m. w. N.
[410] *EuGH* Rs. C-315/99, EuGHE 2001, I-5281 Rn. 31.
[411] Vgl. hierzu allg. etwa *Schwarze*, S. 1367 ff., 1369 Fn. 10 f.; zu § 45 Abs. 1 Nr. 5 *v. Danwitz*, S. 264 ff.
[412] *EuGH*, Rs. 17/74, EuGHE 1974, 1063 Rn. 20.
[413] *EuGH*, verb. Rs. 15 und 16/76, EuGHE 1979, 321 Rn. 6; zustimmend *GA Warner*, Rs. 30/78, EuGHE 1980, 2229, 2297 f.; auch *EuGH*, Rs. C-354/90, EuGHE 1991, I-5505 Rn. 16; dazu *Kokott* DVBl 1993, 1235, 1238.
[414] Anders *Kahl* VerwArch 2004, 1, 21, der § 45 Abs. 1 Nr. 2, 3 VwVfG durch einen europarechtlichen „Grundsatz der prinzipiellen Nichtheilbarkeit nach Beendigung des Verwaltungsverfahrens" verdrängt sieht; wie hier *Kopp/Ramsauer*, § 45 Rn. 5 a; *Schwarz* in Fehling u. a., § 45 Rn. 11.
[415] Ausführlich zur Europarechtskonformität *Baumeister*, S. 275 ff. (zu § 46), S. 358 ff. (zu § 45).
[416] S. ausdrücklich auch *Gellermann* DÖV 1996, 433, 441.
[417] Der in BVerwGE 124, 243 LS, 249, festgestellte „unheilbare" Verfahrensfehler durch Verstoß gegen gemeinschaftsrechtliche Verfahrensanforderungen ist nicht aus gemeinschaftsrechtlichen Gründen unheilbar, sondern (allenfalls) weil das deutsche Recht die geforderte Beteiligung einer zweiten verwaltungsbehördlichen Stelle nach Abschaffung des Vorverfahrens nicht ermöglicht; wohl missverstanden in VGH Mannheim VBlBW 2007, 109, 114.
[418] Für uneingeschränkte Übernahme der Grundsätze des direkten Vollzugs *Kahl* VerwArch 2004, 1, 21.

169 Muss danach der Verstoß gegen die **gemeinschaftsrechtliche Verfahrensanforderung zwingend** (vor Erlass der Vollzugsentscheidung) **Beachtung** finden, sind §§ 45, 46 als verdrängt anzusehen; dementsprechend hat der *EuGH* angenommen, dass die Beteiligung der Kommission nach Art. 37 EuratomV zur Sicherung des Zwecks der Bestimmung vor der Entscheidung der nationalen Genehmigungsbehörden erfolgen muss, so dass eine spätere Nachholung ausgeschlossen ist.[419] Im Hinblick darauf, dass auch das Gemeinschaftsrecht für den unmittelbaren Vollzug ähnliche Heilungsmöglichkeiten kennt und dass Art. 230 Abs. 2 EG die Wesentlichkeit eines Verfahrensmangels ausdrücklich zum Anfechtungskriterium macht, dürfte nur **auf Grund besonderer Anhaltspunkte** im Einzelfall die Anwendung der insoweit einschlägigen Regelungen und Grundsätze des nationalen Rechts ausgeschlossen sein.[420]

170 Regelmäßig ist einer gemeinschaftsrechtlichen oder gemeinschaftsrechtlich determinierten Verfahrensregelung ein solcher **unbedingter Geltungsanspruch** (auch hinsichtlich des Zeitpunkts ihrer Beachtung) **nicht** zu entnehmen; in diesen Fällen sind §§ 45, 46 heranzuziehen, soweit ihre Voraussetzungen erfüllt sind.[421] § 4 Abs. 1 S. 2 Umwelt-Rechtsbehelfsgesetz lässt § 45 Abs. 2 VwVfG und entsprechende Rechtsvorschriften, sogar die Möglichkeit der Aussetzung gerichtlicher Verfahren zur Heilung eines Verfahrensfehlers,[422] ausdrücklich unberührt; s. aber zu § 46 s. dort Rn. 9.

171 **Nicht in diesen Zusammenhang** gehören Verstöße gegen die zwischen dem 1. 1. 1993 und dem Inkrafttreten des UIG am 16. 7. 1994 mangels fristgemäßer Umsetzung unmittelbar maßgebliche Richtlinie des Rates über den freien Zugang zu Informationen über die Umwelt vom 7. 6. 1990 (90/313/EWG).[423] Die in Art. 4 dieser **Umweltinformationsrichtlinie** vorgesehene Anfechtungsmöglichkeit betrifft den gegenüber dem Informationsersuchen erteilten Bescheid als selbständigen Gegenstand; der für dessen Anfechtung geltende Verweis auf die Regeln der innerstaatlichen Rechtsordnung schließt im Falle von Verstößen gegen die auch hier einschlägigen allgemeinen Vorschriften des deutschen VwVf die §§ 45, 46 ein.

172 Andererseits ist ein **Verstoß gegen die Informationspflicht** nach der Umweltinformationsrichtlinie wegen der Selbständigkeit dieser Verpflichtung nicht als Verfahrensverstoß in einem (zufällig) zugleich betriebenen VwVf zu erfassen, so dass insoweit von vornherein, also unabhängig von der Subsidiarität nach § 1 VwVfG,[424] für eine Anwendung der **§§ 45, 46 kein Raum** ist.[425] Die Vorschriften bleiben andererseits – wiederum wegen der Selbständigkeit des Informationsrechts –, soweit ihre Voraussetzungen erfüllt sind, maßgeblich für eine gleichzeitig in einem VwVf erfolgte Verletzung von Verfahrens-, insbes. von Anhörungsrechten Betroffener, die unabhängig von der UI-RL bestehen.[426]

173 Für das auf Grund der Richtlinie erlassene **UIG** als richtliniendeterminiertes Recht gelten wegen der Selbständigkeit auch des Informationsanspruchs nach § 4 UIG und seiner Unabhän-

---

[419] *EuGH*, Rs. 187/80, EuGHE 1981, 2063 Rn. 16 ff. = NVwZ 1988, 1117; wohl zu weit gehend verallgemeinernd hierzu *Classen* NJW 1995, 2457, 2459.
[420] So speziell für § 46 (gegenüber Verfahrensanforderungen des UVPG bzw. der UVP-Richtlinie) auch *Gellermann* DÖV 1996, 433, 441 ff. m. w. N.; dem folgend *Nitschke,* Harmonisierung des nationalen Verwaltungsvollzugs mit EG-Umweltrecht, 2000, S. 74 ff.; entspr. auch *Ronellenfitsch* in Rengeling, Beschleunigung von Planungs- und Genehmigungsverfahren, 1997, S. 51, 65 f.; tendenziell anders etwa *VGH Mannheim* VBlBW 2007, 109, 114; ferner *Kment* Nationale Unbeachtlichkeits-, Heilungs- und Präklusionsvorschriften und Europäisches Recht, 2005, S. 82 ff.; *ders.* AöR 2005, 571, 584 ff.; *Durner* VerwArch 2006, 345, 348.
[421] Dafür etwa bezogen auf die Begründungspflicht nach Art. 6 Abs. 3 S. 1 Zollkodex *Alexander* in Witte, Art. 6 Rn. 76, wo auch der Fall einer falschen Begründung einbezogen wird; s. allgemeiner etwa *Rengeling* DVBl 1995, 945, 953, für UVP-Richtlinie.
[422] Nach der Begründung der BReg, BT-Drs 16/2495, S. 13, wird damit klargestellt, dass die Aussetzung auch nach Streichung des § 94 S. 2 VwGO (dazu 6. Aufl., § 45 Rn. 128 ff.) durch die RmBereinVpG (dazu Rn. 106) weiterhin möglich ist; gegen diese Möglichkeit etwa *Kienemund* NJW 2002, 1231, 1237.
[423] Dazu *Erichsen* NVwZ 1992, 409 ff.; *ders.* Jura 1993, 180, 182 ff.
[424] Dafür aber *Engel* NVwZ 1992, 111, 113; wohl auch *v. Schwanenflügel* DVBl 1991, 93, 101.
[425] Vgl. auch zur Nichtgeltung des § 44a VwGO für die Durchsetzung des selbständigen Informationsanspruchs *OVG Schleswig* NVwZ 1996, 408.
[426] Für eine Heilung der Verletzung der Begründungspflicht nach Art. 3 Abs. 4 S. 2 UIRL gemäß § 45 Abs. 1 Nr. 2, *Schomerus/Schrader/Wegener* Umweltinformationsgesetz, 1995, § 5 Rn. 23; gegen eine Anhörungspflicht gem. § 28 vor Ablehnung eines Antrags nach § 5 UIG *Fluck/Theurer,* Umweltinformationsgesetz UIG, 1996, § 5 UIG Rn. 56; allg. zum UIG *Arzt* ZRP 1993, 18; *Kremer* LKV 1994, 349; *Turiaux* NJW 1994, 2319; *Kollmer* NVwZ 1995, 858; Einl. Rn. 91.

§ 46 Teil III. Verwaltungsakt

gigkeit von anderen VwVf **übereinstimmende Grundsätze.** Da Verstöße gegen Bestimmungen des UIG sich auf die Rechtmäßigkeit von VAen, die in parallel betriebenen VwVf ergehen, nicht auswirken, können die §§ 45, 46 keine Bedeutung gewinnen.

VII. Landesrecht

174 Die Änderung des § 45 Abs. 2 ist inzwischen – abgesehen von der abweichenden Lösung in **Nordrhein-Westfalen** (Rn. 112) – in alle LVwVfGe wortgleich übernommen, in SchlH allerdings durch S. 2 dahin eingeschränkt, dass bis zum Abschluss des Vorverfahrens gerügte Verfahrensfehler von der Nachholung ausgeschlossen sind. Zu den Abweichungen von Abs. 3 s. für **Schleswig-Holstein** Rn. 153 und für **Bayern** Rn. 154.

VIII. Vorverfahren

175 § 45 gilt auch für das Vorverfahren (§ 79), wobei nach der ursprünglichen Fassung die zeitliche Schranke des Abs. 2 eine größere Bedeutung ausschloss. Die in Abs. 1 Nr. 2 bis 5 genannten Verfahrensvoraussetzungen konnten, sofern sie sich nur auf den Widerspruchsbescheid bezogen, (immerhin, nur) bis zur Erhebung der Klage nachgeholt werden.[427] Inzwischen ist auch in diesem Bereich die **Heilung noch nach Klageerhebung** nach Maßgabe des zweifach geänderten Abs. 2 möglich. Problematisch bleiben auf Grund der Konkurrenz zu Regelungen der VwGO (dazu allg. § 79 Rn. 2 ff., 28 ff.), namentlich §§ 71, 73 Abs. 3 S. 1, die Fälle des Abs. 1 Nr. 2 und 3.[428]

176 Hinsichtlich der **Anhörung** betrifft § 71 VwGO seit der Änderung durch das 6. VwGO ÄndG schon nach seiner offenen Formulierung („Betroffener") nicht mehr nur den Dritten, sondern auch den erstmalig beschwerten Widerspruchsführer. In beiden Fällen findet § 45 Abs. 1 Nr. 3 Anwendung.[429] Die Anforderungen an eine echte Anhörung sind auch während des Prozesses zu beachten (Rn. 106).[430]

177 **Mangels Heilung** kommt bei unterbliebener Anhörung die Aufhebung des Widerspruchsbescheides auf Grund der Klage des Widerspruchsführers in Betracht.[431] Wurde die Anhörung des Dritten versäumt, kann nur dieser den Widerspruchsbescheid mit Aussicht auf Aufhebung wegen des Verfahrensmangels anfechten.[432]

178 Fehlt dem Widerspruchsbescheid eine den Anforderungen des § 73 Abs. 3 S. 1 VwGO, § 39 VwVfG[433] entsprechende **Begründung,** konnte sie früher (nur) vor Klageerhebung mit heilender Wirkung nachgeholt werden.[434] Nach Änderung des Abs. 2 ist auch dies jetzt noch während des Gerichtsverfahrens möglich (Rn. 38 ff., 101 ff.).

§ 46 Folgen von Verfahrens- und Formfehlern

Die Aufhebung eines Verwaltungsaktes, der nicht nach § 44 nichtig ist, kann nicht allein deshalb beansprucht werden, weil er unter Verletzung von Vorschriften über das Verfahren, die Form oder die örtliche Zuständigkeit zustande gekommen ist,

---

[427] Ebenso *Busch* in Knack, 7. Aufl., 2004, § 79 Rn. 117 (enger noch 5. Aufl.).
[428] Näher hierzu bei grundsätzlich abweichendem Ansatz eines kompetenzbedingten Nebeneinander verwaltungsverfahrensrechtlicher und prozessrechtlicher Anforderungen *Oerder,* Das Widerspruchsverfahren der Verwaltungsgerichtsordnung, 1989, S. 87 ff., 112 ff. m. w N. zum Streitstand.
[429] Für umfassende Anwendbarkeit des § 45 Abs. 1 Nr. 3 ganz unproblematisch *Geis* in Sodan/Ziekow, § 71 Rn. 14; nur für Analogie *Rennert* in Eyermann, § 71 Rn. 5; zurückhaltend *Kopp/Schenke,* § 71 Rn. 7. Vgl. zur Konkurrenzproblematik und zu den Konsequenzen auf der Grundlage des früheren Rechts näher *Oerder,* Das Widerspruchsverfahren der Verwaltungsgerichtsordnung, 1989, S. 119 ff. m. w. N.
[430] Zu großzügig (für § 71 VwGO) *VGH München* BayVBl 2004, 149, 150.
[431] Vgl. schon *BVerwGE* 13, 195, 198; 49, 307; *VGH Kassel* MDR 1967, 245; *OVG Bremen* NJW 1983, 1869; s. aber zu den Auswirkungen des § 46 dort Rn. 81 f.; auch *v. Mutius,* S. 204.
[432] Vgl. *v. Mutius,* S. 203 f.; *v. Nicolai* in Redeker/v. Oertzen, § 71 Rn. 1 a f.
[433] Zur Konkurrenz s. § 39 Rn. 15, 23, 73, 108, sowie *Oerder,* Das Widerspruchsverfahren der Verwaltungsgerichtsordnung, 1989, S. 113 ff. m. w. N.
[434] So von anderen Ausgangspunkten auch *v. Mutius,* S. 209 f.; *Oerder,* Das Widerspruchsverfahren der Verwaltungsgerichtsordnung, 1989, S. 115 ff., 118; s. ferner Rn. 33 ff. sowie *Allesch,* S. 185 ff.

§ 46 Folgen von Verfahrens- und Formfehlern | **1 § 46**

wenn offensichtlich ist, dass die Verletzung die Entscheidung in der Sache nicht beeinflusst hat.

Vergleichbare Vorschriften: § 127 AO; § 42 SGB X.

Abweichendes Landesrecht: –

Entstehungsgeschichte: Bis zum Inkrafttreten des VwVfG s. § 46 der 6. Auflage. Die bisher einzige **Änderung** des § 46 erfolgte durch Art. 1 Nr. 4 des GenBeschlG vom 12. 9. 1996, BGBl I 1354; zu dessen Entstehung allgemein vgl. Einl Rn. 43. Den Ausgangspunkt der Änderung bildete der Gesetzesantrag des Landes Baden-Württemberg für ein Gesetz zur Sicherung des Wirtschaftsstandorts Deutschland durch Beschleunigung und Vereinfachung der Anlagenzulassungsverfahren (BR-Drs 422/94), der in Art. 1 Nr. 4 vorsah, dass dem letzten Halbsatz des § 46 (s. Rn. 51) abschließend die Worte „oder wenn anzunehmen ist, daß die Verletzung die Entscheidung in der Sache nicht beeinflußt hat", angefügt werden. Damit wurde auf die im Musterentwurf vorgesehene, schon seinerzeit im Gesetzgebungsverfahren vom BRat befürwortete (BT-Drs 7/910, S. 103, Nr. 17 [§ 42]) Fassung zurückgegriffen. Im Gesetzentwurf des BRats (BR-Drs 422/94 [Beschluß]), der später für erledigt erklärt wurde (BT-Drs 13/5085, S. 7), war als Art. 1 Nr. 5 eine Fassung des § 46 vorgesehen, die gegenüber dem Ausgangsantrag nur dadurch geändert war, dass in dem zusätzlichen Satzteil das Wort „anzunehmen" durch das Wort „offensichtlich" ersetzt war; die abweichende Formulierung geht auf eine Empfehlung des (BRats-)Ausschusses für Innere Angelegenheiten zurück (BT-Drs 422/1/94, S. 5 f.). Die Begründung des Gesetzentwurfs des BRats übernahm ungeachtet dieser Textänderung vollständig die Begründung des Gesetzesantrags Baden-Württembergs (BR-Drs 422/94 [Beschluß], S. 9). Der letztlich zum Gesetzesbeschluss führende Gesetzentwurf der BReg für ein GenBeschlG (BT-Drs 13/3995), insgesamt in Anknüpfung an die Ergebnisse der Koalitions-/Ressortarbeitsgruppe zur Umsetzung der Vorschläge der Schlichter-Kommission abgefasst, übernahm nicht den von der Arbeitsgruppe zur positiven Prüfung vorgemerkten Vorschlag der Expertenkommission, der mit der ursprünglichen Fassung des Gesetzesantrags Baden-Württemberg übereinstimmte (*Schlichter*-Kommission, S. 172 ff.), sondern enthielt bereits den schließlich beschlossenen Wortlaut, der den im BRatsentwurf als Zusatz zum alten Text des § 46 vorgesehenen Konditionalsatz anstelle des bisherigen letzten Halbsatzes vorsieht. Dem Vorschlag in der Stellungnahme des BRats, die Fassung seines Gesetzentwurfs wiederherzustellen (BT-Drs 13/3995, Anlage 2 zu Nr. 3), stimmte die BReg in ihrer Gegenäußerung nicht zu, da die Version des Regierungsentwurfs sprachlich kürzer und klarer sei, ohne sich in der Sache zu unterscheiden (BT-Drs 13/3995, Anlage 3 zu Nr. 3). Kleine redaktionelle Änderungen sind mit der Bek. der Neufassung v. 21. 1. 2003, BGBl I 102, erfolgt. S. im Einzelnen noch Rn. 2, 6 ff., 12, 44 ff., 52, 57, 60, 73 ff., 78, 81.

Literatur: s. § 45 vor Rn. 1.

Übersicht

	Rn.
I. Allgemeines	1
1. Bedeutung der Vorschrift	1
2. Verfassungsmäßigkeit	5
3. Europäisches Gemeinschaftsrecht	9
II. Voraussetzungen des § 46	10
1. Beanspruchte Aufhebung	10
2. Erlassener VA	17
3. Relevante Fehler	19
a) Form- und Verfahrensfehler	19
b) Nicht: Materielle Fehler	36
c) Fehlende örtliche Zuständigkeit	38
4. Offenkundig fehlender Einfluss auf die Sachentscheidung	44
a) Das Verhältnis zwischen alter und neuer Fassung	44
b) Die Entscheidung in der Sache	50
c) Der überkommene Anwendungsbereich	51
d) Der weitergehende Anwendungsbereich	73
III. Landesrecht	86
IV. Vorverfahren	87

I. Allgemeines

1. Bedeutung der Vorschrift

Zu § 46 allg. schon § 45 Rn. 1 ff.; zum Verhältnis zu § 45 s. § 45 Rn. 18. § 46 zielt aus **1** verfahrensökonomischen Gründen darauf ab, dass vermeidbarer Verfahrensleerlauf unterbleibt.[1]

---

[1] *BVerwGE* 90, 25, 33.

Er regelt nicht die Frage, inwieweit ein Verfahrensfehler den VA rechtswidrig macht (dazu § 44 Rn. 14f., 92, § 45 Rn. 8ff., 116ff.),[2] schließt die Rechtswidrigkeit des VA nicht aus.[3] Jeder zur Rechtswidrigkeit des VA führende Verfahrensfehler gibt der Behörde nach Maßgabe des § 48 (näher Rn. 25ff.) das Recht zur Aufhebung des VA; § 46 ändert hieran nichts, er **schließt** vielmehr nur den **Anspruch des Betroffenen auf Aufhebung des VA aus** (Rn. 10).

2   § 46 ist ein **Verteidigungsmittel** in der Hand **der Behörde**.[4] Sie trägt mithin für seine Voraussetzungen die materielle Beweislast (§ 24 Rn. 55).[5] Der Gesetzgeber ging davon aus, dass der sachlich richtige VA, auch wenn er unter Verstoß gegen Verfahrensvorschriften zustande gekommen ist, den Bürger nicht in seinen Rechten i.S.d. § 113 VwGO verletzt.[6] Auch wenn genau besehen nicht die Verletzung der rechtswidrig (Rn. 1) beeinträchtigten subjektiven Rechte, sondern nur der Aufhebungsanspruch ausgeschlossen ist,[7] ändert das in diesem Zusammenhang nichts.

3   Die Funktion des § 46 entspricht der der § 144 Abs. 4 VwGO, § 561 ZPO im Prozess.[8] Liegen die Voraussetzungen des § 46 vor, ist ein **Rechtsbehelf** jedenfalls **unbegründet;**[9] wenn die Voraussetzungen des § 46 offensichtlich gegeben sind, fehlt bereits die Klagebefugnis.[10] Probleme wirft eine Übertragung des Rechtsgedankens des § 46 auf die vollstreckungsrechtliche Kostenerstattung auf.[11] Zur Anwendung auf materielle Mängel Rn. 37. Zur Anwendung des Rechtsgedankens des § 46 außerhalb des Anwendungsbereichs des VwVfG s. § 45 Rn. 1. Spezialgesetzliche Regelungen zur weitergehenden Unbeachtlichkeit von Verfahrensfehlern sind nicht ausgeschlossen (Rn. 43). Das *OVG Lüneburg* nimmt an, unter den Voraussetzungen des § 46 VwVfG komme das nach § 17 Abs. 6c S. 2 FStrG zur Behebung der Fehler vorgesehene ergänzende Verfahren nicht in Frage.[12]

4   § 46 will den Streit darüber beenden, ob Verfahrensfehler allein, selbst wenn ihretwegen der VA fehlerhaft ist, zur Anfechtung der Sachentscheidung berechtigen[13] (dazu auch § 45 Rn. 116ff.). Weil § 46 zumal in Verbindung mit dem Ausschluss isolierter Anfechtung der Verfahrensverstöße durch § 44a eine **erhebliche Entwertung der Verfahrensgarantien** bedeutet, ist die Vereinbarkeit der – auch im Rechtsvergleich[14] doch recht weitgehenden – Vorschrift mit der Verfassung von Anfang an sehr umstritten gewesen (vgl. § 45 Rn. 9f.; auch Rn. 5).[15]

---

[2] Unscharf etwa *BVerwG* DVBl 1990, 1232, 1233f.; *VGH München* BayVBl 1991, 502; auch *Sodan* in Ziekow, S. 107, 119; *ders.* DVBl 1999, 729, 735.
[3] So etwa *Schnapp/Henkenötter* JuS 1998, 624, 627 m. w. N.; *Ehlers* Verwaltung 2004, 255, 265.
[4] *Rößler* NJW 1981, 436.
[5] *VGH München* NVwZ-RR 2003, 771, 772, spricht zu § 46 n. F. von einer widerlegbaren Kausalitätsvermutung zu Lasten der Behörde; anders zur Bewertung der Praxis *Alleweldt* DÖV 2006, 621, 627.
[6] Begründung zu § 36 Musterentwurf; *Bettermann* in FS Ipsen, 1977, S. 271, 275, aber S. 289; *Krebs* DVBl 1984, 109, 111; *Hill,* Das fehlerhafte Verfahren, S. 408; *Bumke,* Relative Rechtswidrigkeit, 2004, S. 208ff.; *Steinweg,* Zeitlicher Regelungsgehalt des Verwaltungsaktes, 2006, S. 218.
[7] So *Schenke* DÖV 1986, 305, 307ff.; *ders.* WiVerw 1988, 145, 191 m. w. N.; *Baumeister,* S. 212ff.; *Schöbener* Verwaltung 2000, 447, 479ff.; *Ehlers* Verwaltung 2004, 255, 265; nicht eindeutig *Hufen,* Rn. 630ff.; *ders.* DVBl 1988, 69, 75; offen lassend *Breuer* in FS Sendler, 1991, S. 357, 373f.; vgl. auch *M. Rupp,* Die auf Art. 2 Abs. 1 GG gestützte Klagebefugnis gegen verfahrensfehlerhafte Verwaltungsakte, Diss. Saarbrücken 1990, S. 236ff. m. w. N.
[8] *Bettermann* in FS Ipsen, 1977, S. 271, 285; von Fehlerkompensation durch gerichtliches Verfahren geht *Krebs* DVBl 1984, 109, 113, aus. Für Geltung eines entsprechenden Rechtsgedankens allgemein für Verfahrensfehler im gerichtlichen Instanzenzug *OVG Berlin* NVwZ 1993, 198.
[9] *Stelkens* NJW 1982, 1137; *Hufen* JuS 1999, 313, 319.
[10] Zwar schließt § 46 nicht die Rechtsverletzung, die gem. § 42 Abs. 2 VwGO geltend zu machen ist, sondern nur den Aufhebungsanspruch aus (Rn. 2); doch ist gerade dieser der Gegenstand der Anfechtungsklage nach § 42 Abs. 1 VwGO wie auch ggf. einer Verpflichtungsklage mit dem Ziel einer behördlichen Aufhebung (Rn. 10). Vgl. für Prüfung im Rahmen der Klagebefugnis etwa *VGH Kassel* NVwZ-RR 1999, 304, 305. Wegen der Möglichkeit einer Feststellungsklage s. Rn. 11.
[11] Dazu *Schoch* JuS 1995, 504, 507 m. w. N.
[12] *OVG Lüneburg* UPR 1999, 80 LS.
[13] Dazu *BVerwGE* 41, 58, 65; *Groschupf* DVBl 1962, 627ff.; *Bartlsperger* DVBl 1970, 30 m. w. N.
[14] Vgl. ausf. *Ladenburger,* Verfahrensfehlerfolgen im französischen und im deutschen Verwaltungsrecht, 1999, insbes. S. 153ff.; diff. *Pietzcker* in FS Maurer, 2001, S. 695, 698ff., 707; *Baumeister,* S. 281ff.
[15] *Bender* DÖV 1965, 446, 449; *Ossenbühl* DÖV 1964, 511, 516; *ders.* NJW 1981, 378; *Götz* NJW 1976, 1425, 1429; *Martens* NVwZ 1982, 13, 14 m. w. N.; diff. *Weyreuther* DVBl 1972, 93, 95.

2. Verfassungsmäßigkeit

Da ein nicht allein verfahrensbezogener Grundrechtsverstoß nur durch eine materiell unrichtige Entscheidung eintreten kann (s. auch § 45 Rn. 14ff., 66ff., 121),[16] war **§ 46 in seiner ursprünglichen Fassung** trotz erheblicher Bedenken **verfassungsgemäß**.[17] In der Rspr. des BVerwG ist die Verfassungsmäßigkeit des § 46 auch im grundrechtsrelevanten Bereich vor seiner Änderung nicht bezweifelt worden.[18] Verstöße gegen selbständige Verfahrensgrundrechte oder spezifische verfahrensbezogene Bedeutungsgehalte materieller Grundrechte, die nach § 46 für die Sachentscheidung bedeutungslos sind, können unabhängig von der ausgeschlossenen Aufhebung des VA zum Gegenstand gerichtlicher Feststellung gemacht werden.[19]

Die verfassungsrechtlichen **Bedenken** (Rn. 4f.) gelten **vermehrt**, wenn nach der gesetzgeberischen Intention der Neuregelung der Ausschluss des Aufhebungsanspruchs auf **Ermessensentscheidungen ausgedehnt** und auch da angenommen wird, wo keine Ermessensreduzierung auf Null (dazu Rn. 61) vorliegt.[20] Im Gesetzgebungsverfahren hat der Umweltausschuss des BRats diese Bedenken[21] in seiner abweichenden Beschlussempfehlung[22] ebenso nachdrücklich wie letztlich erfolglos artikuliert: Die Regelung widerspreche einer ordnungsgemäßen Ermessensausübung, da es in der Natur des Ermessens liege, dass auch Verfahrens- oder Formfehler zu anderen Entscheidungen führen könnten. Die Neuregelung eröffne vielmehr die Möglichkeit, bestimmte Verfahrensschritte im Einzelfall bewusst zu unterlassen, um das Verfahren zu beschleunigen. Die Regelung beschneide Rechte Dritter, auch könne sich die Qualität der Verwaltungsentscheidungen verschlechtern. Insgesamt werde das **gesamte allgemeine Verfahrensrecht ausgehöhlt**.

Die Gefahr der Entwertung und Aushöhlung aller Verfahrensgarantien bleibt auch bestehen, nachdem gegenüber der ursprünglich noch weitergehenden Fassung des Gesetzesantrags Baden-Württembergs (s. vor Rn. 1) immerhin verlangt wird, dass ein Fehler „**offensichtlich**" die Sachentscheidung nicht beeinflusst haben darf. Diese Formulierung geht – bei ausschließlichem Bezug auf Ermessensentscheidungen – auf eine Empfehlung des (BRats-)Ausschusses für Innere Angelegenheiten zurück, der die **gravierenden Folgen des § 46 für den Bürger** anerkannt und die Ausdehnung auf Ermessensentscheidungen nur für vertretbar gehalten hat, wenn kein Zweifel darüber besteht, dass ein Verfahrensfehler auf den Inhalt der Sachentscheidung keinen Einfluss gehabt hat.[23]

Demgegenüber sieht die Begründung des Regierungsentwurfs[24] in dem Erfordernis der Offensichtlichkeit der Kausalität (nur noch) eine Garantie für einen angemessenen Ausgleich zwischen Verfahrensökonomie und den Form- und Verfahrenserfordernissen, die sowohl den

---

[16] S. unter Betonung des Instrumentalcharakters des Verfahrensrechts *Seibert* in FS Zeidler, Bd. 1, 1987, S. 469, 470ff.; auch *OVG Lüneburg* NVwZ 1985, 506, 508, jedenfalls soweit der Grundrechtsverstoß von vornherein sicher auszuschließen ist; krit. gegenüber Abweichungen hiervon durch Verselbständigung von Verfahrensanforderungen zu Grundrechten materiell Nichtberechtigter *Sachs* NVwZ 1991, 637ff.; ferner *OVG Münster* NVwZ-RR 1989, 614, 617; Rn. 66ff.

[17] *Ossenbühl* NJW 1981, 377f.; *ders.* NVwZ 1982, 465, 471; *v. Mutius* NJW 1982, 2150, 2159; auch *Krebs* DVBl 1984, 109, 114ff. m. w. N.; *Grimm* NVwZ 1985, 865, 870ff.; bei verfassungskonformer Auslegung *Denninger*, HStR V, § 113 Rn. 39; *Roßnagel* JuS 1994, 927, 931; str., s. im Einzelnen § 45 Rn. 116ff.; a. A. *VG Arnsberg* DVBl 1981, 648 m. Anm. *de Witt*; dazu *Laubinger* VerwArch 1982, 60, 78; *Kopp/Ramsauer*, § 46 Rn. 4f.; auch *Ule* VerwArch 1985, 140f.; *Eberle* in Gedächtnisschrift Martens, 1987, S. 351, 366 Fn. 54 m. w. N.; *Schwarz* in Fehling u. a., § 46 Rn. 9f.

[18] Vgl. *BVerwG* NJW 1983, 1507, 1508; *BVerwGE* 70, 143, 147; 71, 63, 65; 78, 93, 95; s. auch *OVG Münster* NVwZ 1987, 983; *VGH Mannheim* NVwZ-RR 1999, 298, 299.

[19] S. auch *Martensen* DÖV 1995, 538, 544 m. w. N.

[20] Dafür ausdrücklich die Begründung des Regierungsentwurfs, BT-Drs 13/3995, S. 8; insoweit übereinstimmend auch die Begründung des Parallelentwurfs des BRats, BR-Drs 422/94 (Beschluss), S. 9; krit. etwa *Blümel* Planung und Verwaltungsgerichtsbarkeit, 1997, S. 32; *Eckert*, Beschleunigung von Planungs- und Genehmigungsverfahren, 1997, S. 64; *Jochum*, Verwaltungsverfahrensrecht und Verwaltungsprozeßrecht, 2004, S. 148; *Sodan* in Ziekow, S. 107, 126f.; *ders.* DVBl 1999, 729, 738; *Hufen* JuS 1999, 313, 318f.; *Schnapp/Cordewener* JuS 1999, 147, 149ff.; positiv demgegenüber *Hermanns* in Stüer, Verfahrensbeschleunigung, 1997, S. 144, 148ff.; auch *Bonk*, NVwZ 2001, 636, 641; keine Bedenken bei *Ronellenfitsch* in Rengeling, Beschleunigung von Planungs- und Genehmigungsverfahren, 1997, S. 51, 63ff.

[21] Vgl. insoweit auch *Redeker* NVwZ 1996, 126, 131; *Schliesky* DVP 1996, 47, 49.

[22] BR-Drs 422/1/94, S. 4 und S. 26f.

[23] BR-Drs 422/1/94, S. 5.

[24] BT-Drs 13/3995, S. 8.

Schutz betroffener Dritter als auch eine effektive „geordnete" Verwaltung bezwecken. Trotz der eher vagen Qualität dieser Ausgleichsformel der BReg ist die mit dem unveränderten Merkmal „offensichtlich" begründete Notwendigkeit **zweifelsfreier Bedeutungslosigkeit eines Verfahrensfehlers nicht** zugunsten des konkurrierenden Ziels (echter oder vermeintlicher) Steigerung der Verfahrensökonomie (s. noch Rn. 44 ff.) **abgeschwächt.** Dann hält die Regelung auch den Anforderungen des Grundgesetzes stand.[25]

3. Europäisches Gemeinschaftsrecht

9   Zur Bedeutung des § 46 oder entsprechender Grundsätze für den Vollzug des Gemeinschaftsrechts s. **ausführlich bei § 45 Rn. 158 ff.;** ferner Rn. 71, 84.[26] Das zur Ausführung der EG-Richtlinie 2003/35/EG[27] ergangene Umwelt-Rechtsbehelfsgesetz[28] durchbricht in seinem § 4 Abs. 1 S. 1 bei besonders schwerwiegenden Verstößen gegen UVP-Pflichten ausnahmsweise[29] den Ausschluss des Aufhebungsanspruchs nach § 46 (§ 73 Rn. 151).[30]

II. Voraussetzungen des § 46

1. Beanspruchte Aufhebung

10   **§ 46 versagt einen Anspruch auf Aufhebung** wegen Verfahrens- oder Formfehlern. Aus der Wortfassung, dass die „Aufhebung ... nicht ... beansprucht werden" kann, ergibt sich, dass § 46 nur von Bedeutung ist, wenn der Betroffene einen **Anspruch auf Rücknahme** geltend macht oder einen belastenden VA mit dem Ziel seiner Aufhebung im Widerspruchs- oder Gerichtsverfahren anficht.

11   Für eine Verpflichtungsklage auf Erlass eines form- oder verfahrensfehlerhaft abgelehnten VA greift § 46 nicht ein.[31] Zur damit eng verknüpften Frage der Zulässigkeit einer isolierten Anfechtungsklage s. Rn. 18. Dagegen ist § 46 auf die Anfechtungsklage eines Dritten beim VA mit Drittwirkung anwendbar.[32] Von § 46 **unberührt** bleibt die Möglichkeit, (jedenfalls analog § 113 Abs. 1 S. 4 VwGO) Klage auf **Feststellung der Rechtswidrigkeit** des verfahrensfehlerhaften VA zu erheben.[33]

12   Anders als nach § 36 Musterentwurf und Entwurf 70[34] bleibt nach § 46 das **Ermessen der Behörde,** einen VA nach § 48 zurückzunehmen (zur Möglichkeit des Widerrufs s. § 49 Rn. 6 f.), **unberührt.**[35] Die Neuregelung durch das GenBeschlG (dazu Rn. 6 ff.) hat daran

---

[25] Ausführlich noch einmal *Baumeister,* S. 257 ff., 266 ff. m. w. N.
[26] Zur Anwendbarkeit des § 46 a. F. auf ohne Beteiligung der EG-Kommission ergangene Subventionsentscheidungen *Kokott* DVBl 1993, 1235, 1237 f.
[27] Richtlinie 2003/35/EG vom 26. 5. 2003, ABl. EU Nr. L 156, S. 17. Diese Richtlinie knüpft an die sog. Aarhus-Konvention an.
[28] Gesetz über ergänzende Vorschriften zu Rechtsbehelfen in Umweltangelegenheiten nach der EG-Richtlinie 2003/35/EG (Umwelt-Rechtsbehelfsgesetz) vom 9. 12. 2006, BGBl I 2816 (FNA 2129-46); dazu Gesetzesbeschluss Plen-Prot. 16/63, S. 6247; zuvor RegEntw., BT-Drs 16/2495; abl. Stellungnahme des BR, BT-Drs 16/2931, mit konträrer Gegenäußerung der BReg, Ausschussbericht, BT-Drs 16/3312.
[29] Als eine „Opferung des § 46", die *Ziekow* NVwZ 2005, 263, 266, für kaum abwendbar erklärt, lässt sich dies noch nicht bezeichnen.
[30] Dazu etwa *Ziekow* NVwZ 2007, 259, 264 ff.; *Kment* NVwZ 2007, 274, 277; auch schon *Blümel* in FS Püttner, 2006, S. 17, 34 f.
[31] S. aber § 125 Abs. 2 VwPO-E; *Stelkens* NVwZ 1982, 81, 83 f.; *Kopp* VwPO-E, B 83 f.; s. auch Rn. 16; zur Frage der Spruchreife s. Rn. 66 ff.
[32] *BVerwG* NJW 1983, 1507, 1508; *OVG Lüneburg* OVGE 38, 419, 425.
[33] *Schenke* DÖV 1986, 305 ff.; *Baumeister,* S. 268; gegen Feststellungsinteresse *Ziekow,* § 46 Rn. 13.
[34] Die Bestimmung lautete: „Ein Verwaltungsakt, der nicht nach § 34 nichtig ist, darf nicht allein deshalb aufgehoben werden, weil er unter Verletzung von Vorschriften über das Verfahren, die Form oder die örtliche Zuständigkeit zustandegekommen ist, wenn keine andere Entscheidung in der Sache hätte getroffen werden können oder wenn anzunehmen ist, dass die Verletzung die Entscheidung in der Sache nicht beeinflusst hat."
[35] *Meyer/Borgs,* § 46 Rn. 12; *H. Meyer* in Knack, § 46 Rn. 40; *Ziekow,* § 46 Rn. 14; *Schwarz* in Fehling u. a., § 46 Rn. 35; *Schäfer* in Obermayer, § 46 Rn. 37; *Pünder* in Erichsen/Ehlers, § 13 Rn. 66; *Maurer,* § 11 Rn. 18; *Weides,* § 29 V; *Schnapp/Cordewener* JuS 1999, 147, 151.

nichts geändert. Die Gegenmeinung[36] vernachlässigt neben dem Wortlaut auch die Entstehungsgeschichte der Norm, die vom Verbot der Aufhebung zum bloßen Anspruchsausschluss überging (vor Rn. 1). Allerdings ist bei der Ermessensausübung nach § 48 Abs. 1 S. 1 der Rechtsgedanke des § 46 zu berücksichtigen, der der Aufrechterhaltung des materiell rechtmäßigen VA den Vorrang gibt, was jedoch weder zur Ermessensschrumpfung führt, noch zu einem intendierten Ermessen übersteigert werden darf (§ 40 Rn 28 ff., § 48 Rn. 79).

Eine **Rücknahme aus Verfahrensgründen** wird nur erfolgen, wenn überwiegende **Gründe des öffentlichen Interesses** die Einhaltung der Verfahrensvorschrift verlangen. Dieser Fall kann z. B. gegeben sein, wenn eine Behörde in ständiger Praxis oder in einem bedeutenden Fall die vorgeschriebene Zustimmung der Aufsichtsbehörde übergeht. Insbes. wenn die materielle Rechtmäßigkeit des VA unklar ist, kann die Weisung erteilt werden, den VA wegen des Verfahrensfehlers aufzuheben (s. § 48 Rn. 64). 13

Die Rücknahme im **besonderen privaten Interesse** kann erforderlich sein, wenn eine Verfahrensvorschrift verletzt wurde, deren Beachtung die **Grundrechte** des Betroffenen gewährleisten soll (§ 45 Rn. 129 ff.). Eine Rücknahme kann auch wegen **mangelnder Mitwirkung einer anderen Behörde** oder Körperschaft sinnvoll sein, insbes. wenn die Mitwirkung zugleich zur Absicherung eigener materieller Rechte erforderlich ist.[37] 14

Dem **Gericht** steht auf Grund des § 46 **kein Ermessen** bei der Entscheidung über die Aufhebung des angefochtenen VA zu.[38] Das Gericht kann nur prüfen, ob der Kläger einen Anspruch hat, dass der VA (hier: wegen Verfahrensmängeln) aufgehoben wird. Die Möglichkeit, unabhängig von einem Aufhebungsanspruch allein wegen eines Verfahrensfehlers den VA aufzuheben und dann die Sache „an die Behörde zurückzuverweisen", ist dem Gericht nicht eingeräumt (s. auch Rn. 16, 66). 15

Bei der **Verpflichtungsklage** auf **Rücknahme** des VA ist das Gericht darauf beschränkt, eventuelle Ermessensfehler der Behörde (dazu Rn. 12 ff.) festzustellen; auch dabei besitzt es keinen eigenen Ermessensspielraum (s. § 40 Rn. 5 f., 53 ff.). Nichts anderes gilt, wenn die Gerichte im **Rahmen anderweitiger Entscheidungen** die Erfolgsaussichten einer Anfechtungsklage zu berücksichtigen haben; auch insoweit haben sie ohne diesbezüglichen Entscheidungsspielraum die anspruchsausschließende Wirkung des § 46 zugrundezulegen, etwa bei Entscheidungen nach § 80 Abs. 5 VwGO[39] oder Kostenentscheidungen nach Erledigungserklärung gem. § 161 Abs. 2 VwGO (s. hierzu auch § 45 Rn. 18, 41, 69). 16

2. Erlassener VA

§ 46 setzt, wie der Gesetzestext zeigt, den Erlass eines **VA** voraus. Eine analoge Anwendung auf ähnliche behördliche Regelungen ist nicht ausgeschlossen.[40] 17

Der VA, um den es geht, muss bereits **erlassen sein**. Aus der Möglichkeit, dass die Behörde bei richtigem Verfahren einen VA hätte erlassen müssen, folgt nicht, dass § 46 Grundlage für eine Überprüfung des rechtswidrigen sonstigen Verwaltungshandelns sein könnte.[41] Insoweit muss Rechtsschutz nach allgemeinen Grundsätzen gesucht werden. Ist die Ablehnung, ein bestimmtes VwVf, auch ein förmliches oder PlfV, durchzuführen, allerdings durch VA erfolgt und 18

---

[36] *Kopp/Ramsauer*, § 46 Rn. 45 f.; *Bettermann* in FS Ipsen, 1977, S. 271, 277; *Skouris* NJW 1980, 1721 ff.; *H. J. Müller* Verwaltung 1977, 513, 517 Fn. 13; *Ule/Laubinger*, § 58 Rn. 25 f., § 61 Rn. 19; BVerwG Buchholz 315. 326 Nr. 10; im Ergebnis auch *Schenke* DÖV 1986, 305, 311; *Hufen*, Rn. 632: stets Ermessensfehler; nach *Papier* in FS Friauf, 1996, S. 105, 132, kann ein unbeachtlicher Verfahrensfehler nicht Anlass und Grund für eine Rücknahme nach § 48 sein.
[37] Anders *Skouris* NJW 1980, 1721, 1722.
[38] Dafür aber *Götz* NJW 1976, 1425, 1429; *Degenhart* DVBl 1981, 201, 206 ff.; wie hier VGH München NVwZ 1982, 510, 513; *Meyer/Borgs*, § 46 Rn. 5; *Bettermann* in FS Ipsen, 1977, S. 271, 288; *Laubinger* VerwArch 1981, 348 ff.; *Schenke* DÖV 1986, 305, 311; *Hufen* DVBl 1988, 69, 77 m. w. N.; offen *Ossenbühl* NVwZ 1982, 465, 471 f. Fn. 76.
[39] Vgl. VGH Kassel NVwZ 1987, 510.
[40] Vgl. für Genehmigungsakte im Rechtsetzungsverfahren, soweit sie nicht als VA zu qualifizieren sind, OVG Münster DVBl 1994, 416, 417.
[41] So aber *Goerlich* DÖV 1982, 631, 635, 639; gegen einen Anspruch des Eigentümers auf Durchführung eines denkmalschutzrechtlichen Unterschutzstellungsverfahrens unter Rückgriff auf den Widerspruch zum Gedanken des § 46 OVG Münster BauR 1995, 685, 687.

wird dieser VA angefochten, ist insoweit § 46 anwendbar.[42] Die Vorschrift ist auch auf VAe, die nur aus verfahrensrechtlichen Gründen Anträge ablehnen,[43] anzuwenden, weil auch damit „Entscheidung(en) in der Sache" (Rn. 50) getroffen werden.[44]

3. Relevante Fehler

19 **a) Form- und Verfahrensfehler.** Als verletzte **Vorschriften über das Verfahren und die Form** kommen anders als bei § 45 grundsätzlich alle Form- und Verfahrensvorschriften in Betracht, auch soweit sie in anderen (Fach-)Gesetzen verankert sind; daher werden grundsätzlich **alle Verletzungen** solcher Vorschriften von § 46 erfasst.[45]

20 Ausdrücklich **ausgenommen** sind Fehler, die den VA **gemäß § 44 nichtig** machen; diese sind, ohne dass es einer Aufhebung des VA bedarf, ohnehin stets beachtlich[46] (§ 44 Rn. 1 f.). Zugleich zeigt die Anordnung des § 46, dass bei Nichtigkeit des VA der Ausschluss des Aufhebungsanspruchs (Rn. 10) nicht gelten soll, dass der Gesetzgeber diesen Anspruch, mithin auch die Aufhebbarkeit nichtiger VAe, voraussetzt (s. dazu § 43 Rn. 226; § 44 Rn. 199; § 48 Rn. 57).[47]

21 § 46 ist **unanwendbar, wenn** es an der **Rechtswidrigkeit des VA fehlt,** insbes. weil der Mangel nach § 45 oder sonst durch Nachholung (§ 45 Rn. 135 ff.) **geheilt** ist.[48] Entsprechendes gilt, wenn ein Verfahrens- oder Formfehler von vornherein nicht die Rechtswidrigkeit des VA auslöst, insoweit als **„unwesentlich"** erscheint (s. § 45 Rn. 116 ff.).[49]

22 In der diesbezüglichen Diskussion wird der Begriff der „Kausalität" zum Teil in missverständlicher Weise, vor allem aber nicht mit einem einheitlichen Bedeutungsgehalt verwendet, wobei zugleich die **fehlende „Kausalität" des Verfahrensmangels** von der gesetzlichen Anforderung der Alternativlosigkeit der getroffenen Entscheidung (Rn. 51 ff.) nicht hinreichend klar unterschieden wird. So konnte aus einschlägigen Entscheidungen des BVerwG[50] der Schluss gezogen werden, der Verfahrensfehler müsse kausal für die konkrete Sachentscheidung sein, was von anderen verneint wird.[51]

23 Tatsächlich liegt diesem Streit vor allem die Unklarheit des Begriffs der „Kausalität" zugrunde. Der Verfahrensfehler muss nämlich für die mit dem VA getroffene Entscheidung nicht conditio sine qua non gewesen *sein*, sondern nur **ursächlich gewesen sein *können*.** Andernfalls handelt es sich grundsätzlich nicht um einen wesentlichen Verfahrensfehler (§ 45 Rn. 116 ff.), der die Rechtmäßigkeit des VA berührt,[52] so dass schon deswegen für § 46 kein Raum bleibt.[53]

24 Insbes. muss sich bei einem **teilbaren VA** der Verfahrensfehler auf den angefochtenen Teil beziehen (§ 45 Rn. 134); inwieweit § 46 partielle Unanfechtbarkeit bewirken kann, ist problematisch; für das Revisionsrecht scheint das BVerwG[54] zur Vollaufhebung zu neigen. Desgleichen ist ein Fehler nicht kausal, wenn er durch Wiederholung des entsprechenden Verfahrensab-

---

[42] VGH Kassel NuR 1984, 66; s. auch Goerlich DÖV 1982, 631, 632; ähnlich ferner VGH München BayVBl 1984, 246, für die Behandlung von Asylfolgeanträgen nach § 14 AsylVfG.
[43] Anders VG Freiburg NVwZ 1994, 404, 405 m.w.N., das deshalb gegen BVerwGE 78, 95, 98 (dort zur Kriegsdienstverweigerung) die isolierte Anfechtungsklage zulassen will.
[44] Vgl. zur Möglichkeit einer isolierten Anfechtungsklage näher Pietzcker in Schoch u.a., § 42 Abs. 1 Rn. 107 ff. m.w.N.; Gerhardt ebda, § 113 Rn. 69; Sodan, in Sodan/Ziekow § 42 Rn. 337 ff.; s. im Übrigen Rn. 11 und zur gerichtlichen Verpflichtung, die Spruchreife herzustellen, Rn. 66 ff.
[45] S. auch § 37 Rn. 106, bzgl. fehlender Unterschrift bzw. Namenswiedergabe. Zur Anwendbarkeit auch auf Verfahrensartfehler H. Müller Verfahrensartfehler, 2004, S. 247 f.
[46] S. etwa Breuer in FS Sendler, 1991, S. 357, 378.
[47] Abl. B. Erbguth, Der Rechtsschutz gegen die Aufhebung begünstigender Verwaltungsakte, 1999, S. 115.
[48] Vgl. für eine nachgeholte Anhörung OVG Münster NVwZ-RR 1995, 314.
[49] Vgl. für eine selbständige Beachtung der Unwesentlichkeit von Verfahrensmängeln neben § 46 auch Gerhardt in Schoch u.a., § 113 Rn. 27 m.w.N. Krit. etwa Meyer in FG 50 Jahre BVerwG, 2003, S. 551, 568 ff.
[50] BVerwGE 61, 45, 49 f.; nicht eindeutig wieder BVerwGE 87, 62, 71.
[51] Meyer/Borgs, § 46 Rn. 21; Bettermann in FS Ipsen, 1977, S. 271, 279; Kazele, Interessenkollisionen und Befangenheit im Verwaltungsrecht, 1990, S. 383, 387 ff. m.w.N.; VG Köln NJW 1981, 780 f.; krit. gegenüber dem in diesem (engen) Sinne verstandenen Kausalitätsprüfung Eckert, Beschleunigung von Planungs- und Genehmigungsverfahren, 1997, S. 63.
[52] Wie hier BVerwGE 69, 256, 269 f.; 75, 214, 228; BVerwG NVwZ 1988, 527, 530; InfAuslR 1990, 300 f.; OVG Münster NWVBl 1992, 66, 67 m.w.N.; Kopp/Ramsauer, § 46 Rn. 16; Dolde NVwZ 1991, 960, 962; Schoch Verwaltung 1992, 21, 45 ff.; im Ergebnis jedenfalls für drittwirksame VAe Schmidt-Preuß, Kollidierende Privatinteressen im Verwaltungsrecht, 1992, S. 527 ff. m.w.N.
[53] Abl. H. Meyer NVwZ 1986, 517, 520; Hufen, Rn. 628 f.; Breuer in FS Sendler, 1991, S. 357, 381 ff.; zweifelnd für die UVP im PflV VGH München DVBl 1994, 1198, 1199.
[54] BVerwGE 69, 256, 269 f.

schnitts „**überholt**" worden ist⁵⁵ (§ 45 Rn. 138, 147), wenn die Weisung eines befangenen Beamten nicht beachtet worden ist⁵⁶ oder wenn Fehler im **Prüfungsverfahren** das Ergebnis nicht beeinflusst haben können.⁵⁷

Eine Anfechtung des verfahrensfehlerhaften VA bleibt danach schon unabhängig von § 46 **25** erfolglos, wenn der Verfahrensfehler aus **tatsächlichen** Gründen keinen Einfluss auf den Inhalt der Entscheidung gehabt haben kann (§ 45 Rn. 116 ff.); es muss ausgeschlossen sein, dass ohne den Verfahrensfehler eine andere als die getroffene Entscheidung ergangen wäre. Dies steht in Übereinstimmung mit rechtsähnlichen Fällen der §§ 132 Abs. 2 Nr. 2 und 3, 79 Abs. 2 VwGO.⁵⁸ Das *BVerwG*⁵⁹ hat auch für den insoweit ähnlichen Fall des § 155 b Abs. 2 S. 2 BBauG die konkrete Möglichkeit eines Einflusses des Fehlers auf die Entscheidung verlangt. Im Sinne dieser Rspr. hat das *BVerwG* wiederholt auch für § 46 in seiner ursprünglichen Fassung formuliert.⁶⁰

Wenn auch nur die **Möglichkeit** besteht, dass ohne Verfahrensverstoß eine für den Betroffe- **26** nen günstigere Regelung getroffen worden wäre,⁶¹ ist der Fehler wesentlich, die Rechtswidrigkeit des VA nicht ausgeschlossen.⁶² Das *OVG Münster*⁶³ verlangt für die Unerheblichkeit der Überschreitung der Prüfungsdauer, dass bei Ablauf der regulären Prüfungszeit das Ergebnis schon feststand. Wohl zu weit gehend stellt das *BVerwG*⁶⁴ für die Unerheblichkeit eines Anhörungsmangels bei einer Ermessensentscheidung darauf ab, dass keine von der Behörde nicht ohnehin zugrunde gelegten Gesichtspunkte vorgebracht worden wären.⁶⁵

Die Voraussetzung der Möglichkeit, dass anders entschieden worden wäre, kann von den **27 Auswirkungen** des Fehlers **auf den Betroffenen,** der die Aufhebung des VA beanspruchen will, abhängen.⁶⁶ Insbesondere nimmt das *BVerwG* an, dass eine unvollständige Auslegung von Unterlagen im förmlichen VwVf nicht wesentlich ist, wenn der Betroffene auch bei Vermeidung des Fehlers keine weitergehenden Erkenntnisse gewonnen hätte.⁶⁷

Ohne praktische Bedeutung bleibt § 46 auch, wenn ein Betroffener ungeachtet der durch **28** den Verfahrensfehler bewirkten Rechtswidrigkeit des VA **ohnehin** mit seinem **Aufhebungsverlangen scheitern** müsste, weil der Rechtsgrundsatz „dolo agit, qui petit, quod statim redditurus est," einer Beseitigung entgegensteht⁶⁸ oder er **nicht in eigenen subjektiven Rechten** verletzt ist.⁶⁹ Dies gilt für alle diejenigen, die nicht entweder zugleich in materiellen Rechten verletzt⁷⁰ oder Träger der materiellen Rechtspositionen sind, auf deren Verwirklichung die verletzten Verfahrensrechtsnormen abzielen, oder aber ein gegenüber dem materiellen Recht ganz verselbständigtes subjektives Verfahrensrecht besitzen (s. insgesamt näher § 45 Rn. 125 ff. m. w. N.; insbes. zur Stellung Dritter s. auch § 50 Rn. 21 f., 75 m. w. N.).

---

⁵⁵ Vgl. *BVerwGE* 75, 214, 228.
⁵⁶ *BVerwGE* 69, 256, 270.
⁵⁷ *BVerwGE* 70, 143, 147; 78, 280, 284; *BVerwG* DÖV 1991, 808 LS; *VGH Mannheim* VBlBW 1992, 149 f.; zust. *Rozek* NVwZ 1992, 33, 35 m. w. N.; ebenso sogar für Bewertungsfehler *BVerfGE* 84, 34, 55; *BVerwG* 91, 262, 270; *VGH Mannheim* NVwZ 1990, 27, 28; *VGH München* NVwZ 1991, 499.
⁵⁸ A. A. *Breuer* in FS Sendler, 1991, S. 357, 382, unter Berufung auf § 563 ZPO, § 144 Abs. 4 VwGO.
⁵⁹ *BVerwGE* 64, 33, 39; dazu *Ossenbühl* NVwZ 1982, 465, 472. Vgl. zu § 214 Abs. 1 Nr. 1 BauGB etwa *BVerwG* BRS 54 Nr. 15; Nr. 18; ZfBR 1988, 88, 89.
⁶⁰ Vgl. *BVerwGE* 69, 256, 269 f.; 75, 214, 228; *BVerwG* NVwZ 1988, 527, 530; Buchholz 442.40 § 32 LuftVG Nr. 6, dazu *Gielen* JR 1997, 272, 275; zust. *Gerhardt* DVBl 1989, 125, 137; krit. *H. Meyer* NVwZ 1986, 513, 520.
⁶¹ Vgl. auch *BVerwGE* 4, 342, 346; *Ule* in FS Heymanns Verlag I, 1965, S. 75; *Bender* DÖV 1965, 446, 449; *Kopp/Ramsauer,* § 46 Rn. 27; *Niehues,* Rn. 492 ff., 688 f.
⁶² Ähnlich auch *Bettermann* in FS Ipsen, 1977, S. 271, 277.
⁶³ NVwZ-RR 1992, 246, 247.
⁶⁴ InfAuslR 1990, 300, 301.
⁶⁵ Vgl. *Sendler* AöR 1969, 130, 150 f., für abweigiges Vorbringen Nichtangehörter; s. auch Rn. 66 f.
⁶⁶ Vgl. allgemein *Schmidt-Preuß,* Kollidierende Privatinteressen im Verwaltungsrecht, 1992, S. 527 ff.; insoweit mit *Breuer* in FS Sendler, 1991, S. 357, 383 ff., zwischen relativen und absoluten Aufhebungsgründen unterscheiden; dies scheint terminologisch bedenklich, s. Rn. 30 f. und § 45 Rn. 119 ff.
⁶⁷ *BVerwG* NJW 1983, 1507, 1508; *BVerwGE* 71, 150, 152; im Ergebnis zust. *Breuer* in FS Sendler, 1991, S. 357, 384 m. Fn. 141 m. w. N.; s. auch § 49 Rn. 22; § 48 Rn. 80.
⁶⁸ *Schenke* DVBl 1996, 388, 389; abw. für Begründungsfehler *Kischel,* Folgen von Begründungsfehlern, 2004, S. 82 f., 103 f., 113; allg. gegen Tragfähigkeit des Arglisteinwands *Baumeister,* S. 249 ff.
⁶⁹ Vgl. *VGH Mannheim* NVwZ-RR 2007, 82, 83; *Breuer* in FS Sendler, 1991, S. 357, 387 ff.; *Schmidt-Preuß,* Kollidierende Privatinteressen im Verwaltungsrecht, 1992, S. 527 ff.
⁷⁰ S. etwa *VGH Kassel* ESVGH 42, 81, 85 f.; *OVG Lüneburg* NJW 1995, 2053.

29 **Selbständige subjektive Rechte aus Verfahrensvorschriften** (s. auch § 45 Rn. 125 ff.) nimmt das BVerwG[71] an, wenn sich aus ihrer Zielrichtung und ihrem Schutzzweck ergibt, dass die Regel nicht allein der Ordnung des Verfahrensablaufs dient, sondern dazu bestimmt ist, dem Betroffenen, insbesondere dem Dritten, in spezifischer Weise und unabhängig vom materiellen Recht eine selbständig durchsetzbare verfahrensrechtliche Rechtsposition zu gewähren, die ausreicht, ohne Rücksicht auf das materielle Ergebnis die Aufhebung einer Entscheidung zu erzwingen.[72]

30 Aus spezialgesetzlichen Regelungen kann sich ergeben, dass die Verfahrensvorschrift so gewichtig ist, dass ihre Verletzung nicht nur einen absoluten Form- oder Verfahrensfehler (§ 45 Rn. 119 ff.) darstellt, sondern sogar einen **absoluten Aufhebungsgrund**.[73] Im Interesse terminologischer Klarheit sollte dieser Begriff auf Fehler beschränkt bleiben, die wie die absoluten Revisionsgründe des Prozessrechts stets die Aufhebbarkeit der Entscheidung zur Folge haben, also auch dann, wenn die Entscheidung aus Rechtsgründen gar nicht anders ausfallen konnte.

31 Für VAe ist dies – abgesehen von den Fällen der Nichtigkeit, s. Rn. 20 – der Fall, soweit nach § 1 Abs. 1 die Vorschrift des § 46 verdrängt wird.[74] Dazu muss die spezielle Vorschrift ihrerseits eine **abschließende Regelung der Fehlerfolgen** beinhalten.[75] Die Grundrechtsrelevanz einer Verfahrensvorschrift allein bedingt nicht zwingend, dass ihre Verletzung einen absoluten Aufhebungsgrund darstellt.[76]

32 Im Einzelnen wird **Unanwendbarkeit des § 46 beispielsweise** angenommen bei Verletzung des § 36 BauGB a. F. für Klage der Gemeinde,[77] des § 29 BNatSchG a. F. für den Aufhebungsanspruch des anerkannten Naturschutzverbandes[78] und des § 14 Abs. 3 S. 1 WStrG.[79] Ferner soll § 46 durch die Regeln über das Ermittlungs- und Erörterungsverfahren beim beamtenrechtlichen Zurruhesetzungsverfahrens nach § 1 Abs. 1 verdrängt sein.[80] Hinzuweisen ist vor allem auch auf § 42 S. 2 SGB X, der für die Anhörung die dem § 46 entsprechende Vorschrift ausdrücklich ausschließt (s. auch § 45 Rn. 25).[81]

---

[71] BVerwGE 41, 58, 64; 44, 235, 239; BVerwG NJW 1982, 1546, 1548; auch VGH Mannheim ZFW 1986, 362.
[72] Gegen ein solches Recht auf Durchführung eines PlfV BVerwG NJW 1977, 2367, 2368; BVerwGE 61, 256, 262; VGH Mannheim ZFW 1986, 362, 364; weitergehend für § 29 Abs. 1 Nr. 4 BNatSchG a. F. BVerwGE 87, 62, 71; 105, 348, 353 f.; grundsätzlich auch BVerwGE 102, 358, 365; dem folgend für paralleles Landesrecht OVG Greifswald LKV 2002, 194, 196; krit. Dolde NVwZ 1991, 960, 962 m. w. N.; Zum neuen § 61 BNatSchG BVerwG NVwZ 2003, 1120; Walter EuR 2005, 302, 336; s. auch bei Rn. 32. BVerfG NVwZ 1988, 1017, erklärt die Position des „Jedermann-Einwenders" im atomrechtlichen Genehmigungsverfahren für im Rahmen des Art. 19 Abs. 4 GG irrelevant; hierzu wieder BVerwG NVwZ-RR 1994, 14, 15.
[73] Vgl. bei im Einzelnen unterschiedlichen Konsequenzen Bettermann in FS Ipsen, 1977, S. 271, 283; Breuer in FS Sendler, 1991, S. 357, 381 ff.; Dolde NVwZ 1991, 960, 962.
[74] Stelkens NJW 1982, 1137; Kopp/Ramsauer, § 46 Rn. 8 m. w. N.; Dolde NVwZ 1991, 960, 962; abweichend Breuer in FS Sendler, 1991, S. 357, 386, der eine Verdrängung des § 46 bei „absoluten" Aufhebungsgründen nur de lege ferenda in Erwägung zieht.
[75] Vgl. BVerwG Buchholz 451.20 § 35 GewO Nr. 34.
[76] BVerfG (K) NVwZ-RR 2000, 487, 488, im Hinblick auf Verletzungen zum Schutz der in Art. 2 Abs. 2 S. 1 GG genannten Rechtsgüter bestehender atomrechtlicher Verfahrensvorschriften über die Öffentlichkeitsbeteiligung; anders etwa VG Weimar ThürVBl 2001, 233, 235 f., für grundrechtsschützende Bestimmungen des BImSchG.
[77] VGH München GewArch 1991, 238, 239 m. w. N.; Dolde NVwZ 1991, 960, 962 f. m. w. N.; BVerwG NVwZ 1986, 556, 557; dem folgend VGH München UPR 1999, 648, 649, verneinen wohl eher die gesetzliche Voraussetzung der Alternativlosigkeit der gemeindlichen Entscheidung mit Rücksicht auf deren planerische Gestaltungsmöglichkeiten; entsprechend Jäde JuS 1998, 503, 505; zum neuen Recht auch VG Neustadt a. d. W. NVwZ-RR 2007, 338, 340. Zur Wandlung des gemeindlichen Einvernehmens zu einem nur relativen Verfahrensrecht nach der Einfügung von Abs. 2 Satz 3 Horn NVwZ 2002, 406 f.; auch Möstl BayVBl 2007, 129 ff., sowie BVerwGE 121, 339 ff.
[78] So ausdrücklich BVerwGE 105, 348, 354 = NVwZ 1998, 395; auch schon BVerwGE 87, 62, 71 f.; s. auch zu Rn. 29; nur für den Regelfall VGH Kassel NVwZ-RR 1999, 304, 305; abw. auch BVerwG NVwZ 2002, 1103, 1105, bei landesrechtlich eröffneter echter, auch auf materielle Prüfung gerichteter Verbandsklage; BVerwG NVwZ 2003, 485, 486, insoweit nicht abgedr. in BVerwGE 117, 149, bei gleichzeitiger Betroffenheit als Grundstückseigentümer mit Anspruch auf umfassende Gerichtskontrolle.
[79] BVerwGE 116, 175, 185 f.
[80] VGH Mannheim DÖD 1994, 208, 209 m. w. N.; anders BVerwG DVBl 1990, 1232, 1233 f.
[81] Nehls NVwZ 1982, 494, 495; krit. zu der Unterscheidung Bielefeld, Das soziale Verfahrensrecht des SGB X, 1997, S. 94 ff.; zu den Konsequenzen in sozialgerichtlichen Verfahren s. BSG GrS NJW 1992, 2444 f.; eine ähnliche Lösung strebt über den Gleichheitssatz Schilling VerwArch 1987, 45, 64 ff. m. w. N., auch für das VwVfG an; rechtsvergleichend mit Frankreich etwa Eisenberg, Die Anhörung des Bürgers im Verwaltungsverfahren und die Begründungspflicht für Verwaltungsakte, 1999, S. 211 ff.

Kein absoluter Aufhebungsgrund ist gegeben, wenn ein VA ohne die vorgeschriebene 33
Begründung erlassen wird. Vielmehr greift § 46 auch bei Verletzung des § 39 ein.[82] Der Hinweis auf § 214 BauGB[83] geht in diesem Zusammenhang fehl, weil es sich insoweit um Heilungsvorschriften für ein Satzungsverfahren handelt; dies schließt die Annahme einer sachlichen Parallele freilich nicht aus.[84] Problematisch scheint es auch, die Verletzung des Untersuchungsgrundsatzes allgemein als absoluten Aufhebungsgrund zu qualifizieren.[85] Zu verfahrensrechtlichen Nebenpflichten s. § 9 Rn. 34. Zur Unanwendbarkeit von § 46 auf Verstöße gegen Art. 19 Abs. 4 GG s. *OVG Münster* InfAuslR 1982, 279, 280.

Mangelt es dem VA an einer **wirksamen Bekanntgabe,** wird er nicht wirksam, so dass für 34
§ 46 mangels aufhebungsbedürftigen VA kein Raum ist. Dagegen greift § 46 ein, wenn verfahrensrechtliche Bekanntgaberegelungen, die die Wirksamkeit der Bekanntgabe unberührt lassen, verletzt werden.[86]

Auf die Verletzung von **Fristbestimmungen** für behördliche Entscheidungen, die trotz der 35
besonderen Erwähnung der Form Verfahrensfehler darstellen dürften (§ 45 Rn. 3), findet § 46 keine Anwendung. Bei Versäumung von Ausschlussfristen kann unabhängig vom Inhalt des VA stets die Aufhebung verlangt werden (s. § 31 Rn. 8). Bei Fristen ohne zwingenden Charakter ist die Versäumnis kein wesentlicher Fehler, der VA nicht rechtswidrig (s. Rn. 1 f., 21).

b) Nicht: Materielle Fehler. Keine Anwendung findet § 46 auf **Verstöße gegen materielles Recht,** und zwar auch dann nicht, wenn diese mit Verfahrensrechtsverletzungen zusammentreffen,[87] wie etwa bei einem fehlenden Antrag von auch materiell-rechtlicher Relevanz[88] (s. auch § 45 Rn. 29), oder bei einer unterbliebenen Anhörung, wenn aus den Reaktionen des Betroffenen materielle Konsequenzen gezogen werden.[89] Problematisch ist daher die Anwendung des § 46 auf Fehler eines Abwägungsvorgangs[90] oder die Übernahme seines Rechtsgedankens für Ermessensfehler.[91] Zur materiellen Qualität der Bestimmtheitsanforderungen s. § 45 Rn. 150 f. 36

Ob ein dem § 46 **entsprechender Rechtsgedanke** auch gegenüber materiell-rechtlichen 37
Mängeln wirksam sein kann, richtet sich angesichts der Beschränkung des § 46 auf Verfahrensfehler allein nach dem **einschlägigen materiellen Recht.**[92]

c) Fehlende örtliche Zuständigkeit. In § 46 werden Vorschriften über die **örtliche Zuständigkeit** aufgeführt, obgleich Zuständigkeitsregelungen schon von dem Begriff Verfahrensvorschriften erfasst werden.[93] Gemeint ist eine Verletzung von Vorschriften i. S. d. § 44 Abs. 3 Nr. 1 (s. § 44 Rn. 160 und Rn. 46 ff.); der Fall des § 44 Abs. 2 Nr. 3 wird wegen der zwingend eintretenden Nichtigkeitsfolge nicht von § 46 erfasst (Rn. 20). 38

Die allgemeine Formulierung: „unter Verletzung von Vorschriften über … die örtliche Zuständigkeit zustande gekommen" i. S. d. § 46 umfasst nicht nur den Fall, dass eine örtlich unzuständige Behörde den VA erlassen hat, sondern **auch** jede Form der **Mitwirkung** örtlich unzuständiger Behörden, wie etwa bei der Zustellung.[94] 39

---

[82] *BVerwGE* 78, 101, 113 f., zu § 42 SGB X; *BSG* NZA 1991, 860, 861; *OVG Münster* NWVBl 1996, 69, 70; *OVG Bautzen* NVwZ 2007, 847; *Determann* Jura 1997, 350, 352; rechtsvergleichend mit Frankreich etwa *Eisenberg*, Die Anhörung des Bürgers im Verwaltungsverfahren und die Begründungspflicht für Verwaltungsakte, 1999, S. 211 ff.; anders ausführlich wieder für Begründungsfehler *Kischel*, Folgen von Begründungsfehlern, 2004, S. 98 ff.; daran anknüpfend *Scheffer* NVwZ 2007, 779, 781.
[83] Vgl. *H. Meyer* in Knack, § 46 Rn. 5.
[84] Vgl. in diesem Sinn *Hill*, Das fehlerhafte Verfahren, S. 408.
[85] Dafür *Pestalozza* in FS Boorberg Verlag, 1977, S. 200; wohl auch *Roßnagel* JuS 1994, 931, der bei mangelhafter Sachaufklärung den Verfahrensfehler stets für beachtlich hält.
[86] Vgl. zu § 12 AsylVfG *BVerwG* NVwZ 1984, 521.
[87] *Martens* NVwZ 1988, 684, 689; *Kopp/Ramsauer*, § 46 Rn. 15 m. w. N.
[88] *OVG Koblenz* NVwZ 1986, 576, 578.
[89] *OVG Koblenz* NJW 1990, 653, 654, zu § 15 b Abs. 2 StVZO; *VG Meiningen* ThürVBl 1994, 116, 117, zu § 5 InVorG.
[90] Dafür *BVerwGE* 74, 109, 113 f.
[91] *BVerwGE* 86, 244, 252 f. m. w. N.
[92] Vgl. etwa zum Prüfungsrecht für Bewertungsfehler *BVerfGE* 84, 34, 55; *BVerwGE* 105, 328, 332 (dazu schon § 45 Rn. 123, 140 ff.); für Sachverhaltsermittlung ohne bundesrechtliche Bedenken *BVerwGE* 70, 143, 147; unklar dagegen *VGH München* NVwZ 1991, 499, für Sachverhaltsirrtum in Prüfungsverfahren; krit. zur Anwendung von § 46 *Rozek* NVwZ 1992, 33 ff.; s. auch Rn. 63, 66 f.
[93] *Bettermann* in FS Ipsen, 1977, S. 271, 273.
[94] *BVerwG* NVwZ 1984, 521.

40 Obwohl nach rückschauender Beurteilung des *BVerwG*[95] die Grundsätze des § 46 schon vor Erlass des VwVfG galten, hat das *BVerwG* früher[96] **allein** aus Gründen fehlender **örtlicher Zuständigkeit** auf eine Anfechtungsklage den VA **aufgehoben**. Nach Erlass des § 46 (und des § 44 Abs. 3 Nr. 1) ist dies überholt.[97] Vielmehr scheidet der Aufhebungsanspruch in der Regel aus.[98] Aus den zu Rn. 12 ff. genannten Gründen verbietet § 46 auch keine Rücknahme wegen örtlicher Unzuständigkeit. Zur Heilung mangelnder örtlicher Zuständigkeit s. § 45 Rn. 146. Gegebenenfalls kann § 46 auch Konsequenzen für die Anordnung der sofortigen Vollziehung des von der unzuständigen Behörde erlassenen VA haben.[99]

41 Aus der möglichen Unbeachtlichkeit der örtlichen Unzuständigkeit folgt allerdings nicht, dass die **örtlich unzuständige Behörde** auch **richtiger Beklagter** oder richtiges Organ des Beklagten im Prozess wäre. Die Frage richtet sich allein nach **Prozessrecht**.[100] Nach Auffassung des *BVerwG*[101] bleibt die unzuständige Behörde Prozesspartei. Die Zuständigkeit des Gerichts richtet sich nach dem Sitz der Behörde, die den VA tatsächlich erlassen hat, soweit nach § 52 VwGO der Sitz der Behörde Anknüpfungsmerkmal für die örtliche Zuständigkeit des Gerichts ist.

42 Die Verletzung der **Verbandskompetenz** (dazu § 44 Rn. 161 ff.) wird nicht von § 46 erfasst, weil sie über bloße örtliche Unzuständigkeit hinausgeht,[102] auch nicht ein Mangel der **funktionellen Zuständigkeit**.[103] Hierzu zählt der *VGH München*[104] auch den Fall, dass die Rechtsaufsichtsbehörde in Verkennung der nach der Gemeindeordnung gegebenen Ersatzvornahmemöglichkeit handelt. Ein von § 46 nicht erfasster materieller Rechtsfehler liegt vor, wenn mit der örtlichen Zuständigkeit auch die Sachbefugnis (Aktivlegitimation) für den mit dem VA geltend gemachten Anspruch fehlt.[105]

43 Aus der Erwähnung nur der örtlichen Zuständigkeit ist zu schließen, dass eine Verletzung der Vorschriften über die sachliche Zuständigkeit nicht unter § 46 fällt,[106] somit zur unbeschränkten Anfechtbarkeit führt (vgl. § 44 Rn. 169 ff.). Die Erwähnung der örtlichen Zuständigkeit in § 46 hat nur Sinn, wenn für den Aufhebungsanspruch **zwischen örtlicher und sachlicher Zuständigkeit unterschieden** wird. Dies folgt der früheren Praxis, die die Folgen der Fehler der örtlichen und sachlichen Zuständigkeit auch durchaus unterschiedlich behandelte.[107,108] Eine Verletzung der sachlichen Zuständigkeit ist immer ein wesentlicher Verfahrensmangel[109] (s. auch

---

[95] *BVerwGE* 61, 45, 49.
[96] *BVerwGE* 13, 54; dazu krit. *Bettermann* in Festgabe BVerwG, 1978, S. 61, 63 f.; anders noch nach allgemeinen Grundsätzen des Verwaltungsrechts *BVerwGE* 56, 230, 233 f.
[97] S. *BVerwG* Buchholz 442.10 § 4 StVG Nr. 58; *BVerwGE* 71, 63, 65 m. w. N.; *BVerwG* NJW 1995, 346; ferner etwa *VG Frankfurt a. M.* LKV 1992, 27, 28.
[98] Vgl. *BVerwG* DVBl 1981, 683, 685; 1982, 1145, 1146; ferner *BVerwG* Buchholz 448.0 § 25 WPflG Nr. 123, allerdings aus den zu § 35 Rn. 372 genannten Gründen; anders *BVerwG* NVwZ-RR 1997, 751, 752.
[99] S. *VG Minden* NZV 1991, 366, für die Entziehung einer in der DDR erworbenen Fahrerlaubnis.
[100] *Groschupf* DVBl 1962, 627, 631.
[101] *BVerwGE* 65, 287, 291.
[102] *OVG Münster* NJW 1979, 1057 f.; *VG Chemnitz* LKV 2007, 186, 187; *Laubinger* VerwArch 1981, 343; *Oldiges* DÖV 1989, 873, 882; im Ergebnis auch *BVerwG* Buchholz 402.240 § 5 AuslG 1990 Nr. 1 S. 3 = NVwZ-RR 1997, 388 LS; offen *OVG Münster* ZfW 1988, 300, 302 f.; anders für § 3 Abs. 3 *OVG Münster* NJW 1989, 2906, 2907; daran anschließend auch für 46 *Isensee*, HStR IV, § 98 Rn. 34 Fn. 72; ohne nähere Begründung offenbar auch *VGH Mannheim* NVwZ 1991, 1195, 1196, für Entziehung der Fahrerlaubnis nach Wohnsitzwechsel; vor allem für die (landeseigene) Ausführung von Bundesgesetzen ohne Ermessensspielraum *OVG Hamburg* NVwZ-RR 1999, 633, 634 f.; zur Begründung s. Rn. 43.
[103] *Bettermann* in FS Ipsen, 1977, S. 271, 273.
[104] BayVBl 1983, 212.
[105] *BVerwGE* 90, 25, 32 (zu § 42 SGB X); *BVerwG* Buchholz 402.240 § 5 AuslG 1990 Nr. 1 S. 3 = NVwZ-RR 1997, 388 LS; *OVG Hamburg* NVwZ-RR 1999, 633, 634 f.
[106] *BVerwGE* 66, 178, 182 f., zu § 127 AO; so auch *VGH Mannheim* NVwZ-RR 2005, 273, 274; ferner *VGH München* NVwZ-RR 1997, 399; *VGH Kassel* NVwZ 1992, 393, 396; *OVG Magdeburg* LKV 2004, 37, 38; *VGH Mannheim* NVwZ-RR 2007, 82, 83; *Kopp/Ramsauer*, § 46 Rn. 23.
[107] S. *Wolff/Bachof/Stober* 2, § 49 Rn. 48, 51 m. w. N.; im Ergebnis auch *Laubinger* VerwArch 1981, 343; *Ule/Laubinger*, § 58 Rn. 21.
[108] Gegen eine Heilung dadurch, dass die zuständige Behörde als Widerspruchsbehörde den Widerspruchsbescheid erlassen hat, *BVerwGE* 30, 138, 145; *Menger/Erichsen* VerwArch 1970, 178 ff.; *Wolff/Bachof/Stober* 2, § 49 Rn. 50; a. A. *Bettermann* in Festgabe BVerwG, 1978, S. 61, 70: „Heilung durch Bestätigung"; s. auch *VGH Mannheim* WissR 1992, 86, 89 f.
[109] *VGH Mannheim* DÖV 1978, 696.

§ 45 Rn. 146); allerdings kann nach besonderer gesetzlicher Vorschrift eine Heilung möglich sein.[110] Ebenso kann durch besondere gesetzliche Bestimmung ein Verstoß gegen die sachliche Zuständigkeit auch als Grundlage eines Aufhebungsanspruchs ausgeschlossen werden,[111] wie etwa in §§ 36, 37 VermG.[112] Die Voraussetzung der Beeinträchtigung in eigenen subjektiven Rechten wird durch die Nichtgeltung des § 46 nicht ersetzt.[113]

4. Offenkundig fehlender Einfluss auf die Sachentscheidung

a) Das Verhältnis zwischen alter und neuer Fassung. Der letzte Halbsatz des § 46 ist mit der im GenBeschlG vorgenommenen Gesetzesänderung vollständig durch einen neugefassten Halbsatz ersetzt worden (s. dazu schon vor Rn. 1, Rn. 6 ff.), der mit Inkrafttreten des Gesetzes **sofort wirksam** geworden ist. Die Übergangsregelung des Art. 6 GenBeschlG, die die Weiterführung begonnener Genehmigungsverfahren nach dem neuen Recht vorsieht, erfasst den Bestand des Aufhebungsanspruchs (selbst in Genehmigungsverfahren) nicht. Die Neuregelung dürfte jedenfalls für VAe, die nach Inkrafttreten des Gesetzes erlassen sind, eingreifen, auch wenn das VwVf vorher begonnen hatte;[114] ob auch die vor Inkrafttreten des Gesetzes bereits bestehenden VAe der Neuregelung unterliegen, ist fraglich (dagegen wohl § 96 Rn. 1 f.). Zu den Änderungen der LVwVfGe s. Rn. 86. 44

Nach den ersten Entwürfen hatte der **ursprüngliche letzte Halbsatz** (s. Rn. 51) **weiterbestehen** und nur um einen Zusatz im Sinne der jetzt Gesetz gewordenen Lösung ergänzt werden sollen (näher vor Rn. 1). Dies beruhte nicht nur auf dem übereinstimmenden Vorbild älterer Entwürfe, sondern sollte die historisch gewachsene Struktur des § 46 erhalten und damit die Weiterverwendung der zugehörigen Materialien sowie der älteren Rspr. und Literatur erleichtern. 45

Außerdem wäre durch die **zwei Anwendungsfälle** des um die Neuerung ergänzten letzten Halbsatzes klar gewesen, dass sich der fortbestehende (erste) Konditionalsatz – wie bisher der gesamte § 46 – nur auf die Fälle gebundener Verwaltung einschließlich der Fälle der Ermessensreduzierung auf Null bezogen hätte (Rn. 61), während der hinzugefügte neue Konditionalsatz allein den dadurch erstmalig einbezogenen Ermessensentscheidungen im Übrigen gegolten hätte.[115] 46

Die Entscheidung zugunsten der **Neufassung durch eine einheitliche Formulierung** des gesamten Anwendungsbereichs des § 46 im Gesetzentwurf der BReg wurde in dessen Begründung nicht ausdrücklich angesprochen. Doch zeigen die Erwägungen deutlich, dass im Ergebnis auch die BReg darauf abzielte, einerseits den bisherigen Anwendungsbereich der Vorschrift abzudecken, andererseits zugleich die bisher nicht erfassten Ermessensfälle einzubeziehen. Die Neuformulierung sollte **lediglich eine Erweiterung der bisherigen Rechtslage** bringen, so dass hierzu ergangene Rspr. und Literatur auch zukünftig zur Interpretation und Handhabung der neugefassten Vorschrift herangezogen werden könne.[116] Die Übereinstimmung wird zusätzlich dadurch bekräftigt, dass die BReg ihre Fassung gegenüber der des BRats lediglich als sprachlich kürzer und klarer empfand, sachlich aber keinen Unterschied sah.[117] 47

Nach diesem entstehungsgeschichtlichen Befund bleiben die nach der **bisherigen Fassung maßgeblichen Grundsätze** der Alternativlosigkeit der rechtlich gebundenen Entscheidung für diesen Bereich jedenfalls **grundsätzlich weiterhin von Bedeutung**.[118] Doch ist die Möglichkeit, dass bisher erfasste Fälle gebundener Verwaltung (s. Rn. 52 ff.) zum Teil nicht vom neu formulierten Gesetzestext erfasst werden, nicht schlechthin auszuschließen (vgl. Rn. 57 ff.). 48

Jedenfalls ist es gerechtfertigt, **dogmatisch** im Rahmen des einheitlich neu gefassten letzten Halbsatzes des § 46 zwischen dem **überkommenen Anwendungsbereich** im Rahmen recht- 49

---

[110] S. BVerwGE 66, 178, 183.
[111] Vgl. für eine landesrechtliche Regelung des Altlastenrechts VGH Kassel NVwZ-RR 1998, 747, 748.
[112] Vgl. Liedtke ZOV 1995, 349 f.; M. Redeker/Hirtschulz in Fieberg u. a., VermG, § 36 Rn. 25 a.
[113] VGH Mannheim NVwZ-RR 1992, 600, 601 m. w. N.
[114] Vgl. VGH Mannheim NVwZ-RR 1999, 298, 299, das auf die im Zeitpunkt des Widerspruchsbescheides geltende Fassung des § 46 abstellt.
[115] So ausdrücklich die Begründung des Ausschusses für Innere Angelegenheiten des BRats zur Begründung seiner Empfehlung, BR-Drs 422/1/94, S. 5.
[116] BT-Drs 13/3995, S. 8.
[117] BT-Drs 13/3995, Anlage 3, S. 16.
[118] Vgl. in diesem Sinne gegenüber abweichenden Stimmen im Rahmen der Sachverständigenanhörung Schmitz/Wessendorf NVwZ 1996, 955, 958; aus der Rspr. etwa OVG Münster NuR 2006, 320, 321, für die bergrechtliche Betriebsplanzulassung als gebundene Entscheidung.

lich abschließend gebundener Verwaltung (Rn. 52 ff.) und dem **weitergehenden** Anwendungsbereich im Rahmen behördlicher Entscheidungsspielräume (Rn. 73 ff.) zu **differenzieren**.

50 b) **Die Entscheidung in der Sache.** Unter der in der früheren wie in der neuen Fassung des § 46 gleichermaßen angesprochenen Entscheidung in der Sache ist die Entscheidung über den sachlichen Gegenstand des jeweiligen VwVf zu verstehen, also die Regelung i. S. d. § 35 (§ 35 Rn. 142 ff.),[119] die als Entscheidungsgegenstand auch für den Umfang der materiellen Bestandskraft (§ 43 Rn. 56) bestimmend ist.

51 c) **Der überkommene Anwendungsbereich.** Der Ausschluss des Aufhebungsanspruchs griff nach dem letzten Halbsatz des § 46 in seiner ursprünglichen Fassung nur durch, „wenn keine andere Entscheidung in der Sache hätte getroffen werden können".

52 Die Interpretation dieser Formulierung hat von Anfang an Probleme bereitet. § 46 war in bewusster Reaktion auf die erhebliche Kritik (Rn. 4 f.) auf die **gebundene Verwaltung** beschränkt worden (s. auch Stellungnahme des BRats zu § 42 Entwurf 73 und Gegenäußerung der BReg dazu).[120] Für diesen Bereich begnügte sich das *BVerwG* in Übereinstimmung mit im Gesetzgebungsverfahren bestimmenden Vorstellungen mit der schlichten Feststellung, dass bei einer gesetzlich zwingenden Verpflichtung zum Erlass eines bestimmten VA für eine andere Entscheidung (jedenfalls regelmäßig)[121] kein Raum ist.[122]

53 Maßgeblich war damit im Rahmen des § 46 allein die **rechtliche Alternativlosigkeit der getroffenen Entscheidung;** dem Gesetzesinhalt hätte noch klarer die Formulierung: „wenn keine andere Entscheidung in der Sache hätte getroffen werden *dürfen*" (statt: „können") entsprochen.[123] Nach diesem Verständnis betraf der Ausschluss des Aufhebungsanspruchs nach § 46 nur die für den Bereich der gebundenen Verwaltung vorausgesetzte (s. dazu noch Rn. 63, 66 ff.) Entscheidungssituation, dass rechtlich nur eine einzige, allein richtige Entscheidung möglich ist.

54 Es ging nicht um die faktische Möglichkeit, dass die (zuständige) Behörde eventuell eine andere (zwangsläufig rechtswidrige) Entscheidung getroffen hätte,[124] also **nicht um hypothetische Kausalität;** selbst wenn im Einzelfall (etwa auf Grund der Behandlung von Parallelfällen durch die [zuständige] Behörde) mit Sicherheit festgestanden hätte, dass ohne den Verfahrensfehler anders entschieden worden wäre, blieb dies ohne Bedeutung.[125]

55 Dass der Gesetzgeber unter dem Blickwinkel des Art. 20 Abs. 3 GG nur die Möglichkeit **rechtlich zulässiger Entscheidungsalternativen** ansprechen konnte, versteht sich im Rahmen des Konzepts der Alternativlosigkeit von selbst.[126] Ob Entscheidungen rechtlich zulässig sind, entscheidet sich nicht nach dem Willen der Behörde, sondern nach der **objektiven Sach- und Rechtslage** (s. auch § 44 Rn. 191 ff.). Deshalb kann aus dem Abstimmungsergebnis einer Ausschussentscheidung nicht auf die Richtigkeit der Entscheidung geschlossen werden.[127]

---

[119] S. auch *Bettermann* in FS Wacke, 1972, S. 243, zu dem ähnlichen Begriff in § 100 Abs. 2 FGO.
[120] *BVerwGE* 61, 45, 50; *OVG Münster* NJW 1981, 936; *VG Köln* NJW 1981, 780 f.; *Gromitsaris* SächsVBl 1997, 101, 103; *Redeker* NVwZ 1997, 625, 626.
[121] Mit dieser Einschränkung *BVerwG* BayVBl 1999, 55, bezogen auf die Möglichkeit, dass die Vermeidung des Verfahrensfehlers die Betroffenen zu Verfahrenshandlungen veranlasst hätte, die die Entscheidungssituation der Behörde geändert hätten (für einen ohne vorherige Anhörung im Rahmen abschließend gebundener Verwaltung ergangenen verbösernden Widerspruchsbescheid, dessen Erlass die Betroffenen andernfalls durch Rücknahme ihres Widerspruchs noch hätten abwenden können).
[122] S. *BVerwG* NVwZ 1983, 742, 743 m. w. N., für ausländerrechtliche Ausreiseaufforderung; zur entsprechenden Spruchpraxis zum Kriegsdienstverweigerungsrecht s. *Bräutigam* NVwZ 1985, 461, 469; zur z. T. abweichenden Judikatur s. etwa *J. Ipsen* AöR 1982, 259, 286 f.; vgl. grundsätzlich skeptisch zudem *Krebs* DVBl 1984, 109, 111 f. m. w. N. und im einzelnen Rn. 53 ff.
[123] Vgl. dafür etwa auch *Bettermann* in FS Ipsen, 1977, S. 271, 275; *Meyer/Borgs*, § 46 Rn. 19 ff.; *Kazele*, Interessenkollisionen und Befangenheit im Verwaltungsrecht, 1990, S. 379 ff., 384; *Hufen*, Rn. 628 f.; *Ule/Laubinger*, § 58 Rn. 23.
[124] Anders ohne weitere Begründung *VG Potsdam* NVwZ 1999, 215, 216.
[125] Problematisch daher im Rückgriff von *OVG Lüneburg* NVwZ-RR 1993, 585, 586 f., auf einen in § 46 zum Ausdruck kommenden Grundsatz, um die Notwendigkeit konkreter Angaben des nicht angehörten Beteiligten über den näheren Inhalt seines verfahrensfehlerhaft nicht berücksichtigten Vortrags zu begründen; vgl. auch die hypothetische Einschätzung der Entscheidung der zuständigen Behörde des *OVG Lüneburg* OVGE 44, 328, 330, allerdings im Rahmen des einstweiligen Rechtsschutzes.
[126] S. aber *Meyer/Borgs*, § 46 Rn. 20.
[127] A. A. *VG Hamburg* DVBl 1980, 971; wie hier *Laubinger* VerwArch 1981, 347.

Für die Sachentscheidung ist es im Rahmen gebundener Verwaltung grundsätzlich (s. aber **56** Rn. 68) **ohne Belang**, ob sie in dem gleichen oder einem aufwändigen, z. B. förmlichen **Verfahren** ergehen muss.

Ob im Rahmen der **neuen Fassung** des den § 46 abschließenden Konditionalsatzes für den **57** überkommenen Anwendungsbereich der Vorschrift an der Konzeption der Alternativlosigkeit festgehalten werden kann, ist trotz der dahin gehenden entstehungsgeschichtlichen Hinweise (s. Rn. 45 ff.) nicht unproblematisch. Denn ihrem **Wortlaut** nach stellt die Vorschrift nunmehr allein darauf ab, dass der Form- oder Verfahrensfehler offensichtlich keinen Einfluss auf die Sachentscheidung hatte, also auf das offensichtliche **Fehlen eines wirklichen Kausalzusammenhangs** zwischen Verfahrensfehler und Entscheidung in der Sache (vgl. demgegenüber zur Unwesentlichkeit von Verfahrensfehlern, die nur bei fehlender *Möglichkeit* ihrer Kausalität für die Sachentscheidung vorliegen soll, Rn. 23 ff.).

Würde man dies zugrunde legen, müssten VAe anders als bisher (Rn. 54) auch dann aufgehoben **58** ben werden, wenn sie die nach zwingendem Recht einzige zulässige Entscheidungsalternative darstellen, und zwar immer dann, wenn nicht offensichtlich ist, dass die Behörde auch ohne die im konkreten Fall gemachten Verfahrensfehler in dem VwVf faktisch zu dem allein zutreffenden Ergebnis gekommen wäre. Die in der Sache **allein richtige Entscheidung** müsste **aufgehoben** werden, **soweit nicht offensichtlich ausgeschlossen** wäre, dass die Behörde bei Vermeidung des Verfahrensfehlers beim ersten VwVf **eine andere und daher rechtswidrige Entscheidung** getroffen hätte, die daher auch bei einem Neuregelungsversuch der Verwaltung unzulässig wäre.

Ungeachtet der begrüßenswerten Sanktionierung des Verfahrensrechts, die dadurch einträte, wäre dieses Ergebnis so wenig sinnvoll, dass **nach Sinn und Zweck der Neuregelung** **59** die Fortgeltung der **bisherigen Grundsätze** für den Bereich der **gebundenen Verwaltung** den Vorzug verdient.[128] Die neue Textfassung des § 46 muss insoweit als missglückt beiseite gelassen werden. Die Neufassung bietet damit keine Grundlage, die bisherigen Rechtsprechungsgrundsätze etwa im Bereich der unbestimmten Rechtsbegriffe (Rn. 63 ff.) aufzuweichen.

Aufgrund von Vorschriften mit **Ermessensspielräumen** sind nach dem Wesen solcher Bestimmungen (s. § 40 Rn. 13, 21 ff.) grundsätzlich verschiedene behördliche Entscheidungen **60** rechtlich möglich, d. h. zulässig, soweit die tatbestandlichen Voraussetzungen der Ermessensnorm im Übrigen gegeben sind.[129] Das nach der ursprünglichen Fassung des § 46 erforderliche Fehlen rechtlich zulässiger Entscheidungsalternativen kommt insoweit grundsätzlich nicht in Betracht, so dass im Ermessensbereich Ansprüche auf Aufhebung rechtswidriger VAe regelmäßig auch auf (wesentliche, s. Rn. 21) Form- oder Verfahrensfehler gestützt werden konnten,[130] und zwar für alle Formen des Ermessens.[131]

Eine Ausnahme konnte nur für den Fall angenommen werden, dass im konkreten Fall – bei **61** einer Sicht ex ante (s. Rn. 72) – eine **Ermessensschrumpfung auf Null** stattfindet,[132] die die durch die Ermessensnorm im Regelfall eröffnete Mehrheit von Entscheidungsoptionen auf eine einzig zulässige, alternativlose Möglichkeit einengt (§ 40 Rn. 56). Eine derartige Schrumpfung ist auch durch früher ergangene bindende Entscheidungen (z. B. durch Zusagen oder Teilgenehmigungen) möglich, für die Selbstbindung insbes. bei der Anwendung von Verwaltungsvorschriften aus den zu § 40 Rn. 125 ff. angegebenen Gründen aber nicht notwendig anzunehmen.

---

[128] So im Ergebnis etwa *VGH Mannheim* NVwZ-RR 1999, 298, 299.
[129] Vgl. zur Anwendung des § 46 auf den Normalfall, wenn das Ermessen nur für den nicht vorliegenden atypischen Sonderfall eröffnet ist, *OVG Lüneburg* OVGE 44, 328, 330, zu § 47 Abs. 2 AuslG.
[130] Stellungnahme des BRats zu § 42 Entwurf 73; s. auch *OVG Münster* NJW 1978, 1764, 1765; *OVG Lüneburg* NJW 1984, 1138, 1139.
[131] BVerwGE 61, 45, 49 f.; *Bettermann* in FS Ipsen, 1977, S. 271, 276; a. A. *VGH München* NVwZ 1982, 510, 513 mit Bespr. *Osterloh* JuS 1983, 314, 315 m. w. N.
[132] BVerwGE 62, 108, 116; *BVerwG* NVwZ 1988, 525, 526 m. w. N. und Bespr. *Osterloh* JuS 1988, 995; s. ferner etwa *OVG Koblenz* DÖV 1979, 606; DVBl 1986, 1076; *OVG Münster* DVBl 1981, 689; NVwZ 1985, 661, 662; NWVBl 1999, 312, 313; *OVG Greifswald* LKV 1995, 254, 255; *VG Berlin* NJW 2002, 1063, 1064; *Ossenbühl* NJW 1981, 375, 376; *Krebs* DVBl 1984, 109, 112 f.; *Redeker* NVwZ 1997, 625, 626; zurückhaltend *Meyer/Borgs*, § 46 Rn. 27; *Gerhardt* DVBl 1989, 125, 137; auch *Breuer* in FS Sendler, 1991, S. 357, 379; grundsätzlich ablehnend *VG Chemnitz* LKV 1996, 168, 171 m. w. N.

62 Wie eine Ermessensentscheidung war im Ergebnis der Fall zu behandeln, dass der Verwaltung bei ihrer Entscheidung eine **Beurteilungsermächtigung** (§ 40 Rn. 220 f.) zusteht.[133] Selbst wenn die Reduktion der verwaltungsgerichtlichen Kontrolldichte in bestimmten Fällen die rechtliche Bindung an ein richtiges Ergebnis materiell nicht ausschließen mag (s. § 40 Rn. 173 f.), bleiben doch mehrere Alternativen der Entscheidung offen, die von den Gerichten gleichermaßen als rechtmäßig anerkannt werden müssen. Auch in diesen Fällen soll in der Regel die Verfahrensrichtigkeit die Entscheidungsrichtigkeit gewährleisten;[134] dies gilt auch für Entscheidungen, für die den Behörden ein Planungsermessen (§ 40 Rn. 42 ff.) zusteht.[135]

63 Bei der Anwendung **unbestimmter Rechtsbegriffe** (§ 40 Rn. 147 ff.) war § 46 dagegen ohne Einschränkung anzuwenden.[136] Die grundsätzlichen Bedenken gegen die These, dass auch in diesen Fällen nur eine Auslegung als die allein richtige anzuerkennen ist, greifen nicht durch (s. auch § 40 Rn. 150). Zwar ist es aus methodischer Sicht verständlich und zumal aus der Perspektive ex ante durchaus plausibel, dass die allein richtige Entscheidung nicht (von vornherein) feststeht. Selbst wenn eine Interpretation durch eine st. Rspr. als allein richtig festgeschrieben ist, kann sich ein Wandel dieser Judikatur ergeben, der nunmehr eine andere Auslegung als die (von Anfang an) allein richtige erweist.

64 Die **Relativität jedes absoluten Richtigkeitsanspruchs** bei der Gesetzesauslegung[137] wird damit weder naiv verkannt noch als „fromme Lebenslüge der Verwaltungsgerichtsbarkeit"[138] geleugnet, sondern ist in diesem Zusammenhang **irrelevant.** Es kommt nämlich allein darauf an, dass gerade wegen der materiellen Uneinlösbarkeit von Eindeutigkeitsansprüchen nur eine, nämlich die von den zur letztverbindlichen Entscheidung berufenen **Gerichten** (jeweils!) **verantwortete Auslegung** von Rechtsnormen **als die allein richtige** *anerkannt* wird. Nachdem der gegen diese Anerkennung gerichtete fragwürdige Vorschlag eines § 114 a VwGO,[139] der die verwaltungsgerichtliche Kontrolldichte im Bereich unbestimmter Rechtsbegriffe weit gehend reduziert hätte, gescheitert ist (s. § 40 Rn. 148), besteht kein Grund, von der überkommenen Sichtweise abzurücken.

65 Dies gilt **auch für den Bereich des § 46,** auch wenn sich das Postulat der einen, von den Gerichten zu bestimmenden richtigen Auslegung jedenfalls im Rahmen der ursprünglichen Fassung der Vorschrift – entgegen seiner Grundtendenz – hier kontrollverkürzend auswirkt. „Die Einsicht in das Prozeßhafte ... der Inhaltsbestimmung auch solcher Begriffe" zwingt keineswegs dazu, für die Bewertung der Bedeutung von Verfahrensfehlern (s. im Übrigen zum maßgeblichen Zeitpunkt Rn. 72) einen Standpunkt ex ante einzunehmen;[140] vielmehr erweist sich dies als petitio principii, weil es eben gegenüber der Alternativlosigkeit der einen, allein von den Gerichten verbindlich zu formulierenden „richtigen" Auslegung gar nicht darauf ankommt, welche Auslegung des unbestimmten Rechtsbegriffs im Verwaltungsverfahren bei Vermeidung

---

[133] Vgl. *BVerwGE* 65, 287, 289; *BVerwG* DVBl 1988, 402; auch NVwZ-RR 1994, 14, 15; *OVG Münster* NVwZ-RR 1989, 614, 616; *VGH München* NVwZ 1991, 499; so auch *Groschupf* DVBl 1962, 627, 632, Fn. 53; *Ossenbühl* DÖV 1964, 511, 516; *Ule* in FS Heymanns Verlag I, 1965, S. 71, 76; *Götz* NJW 1976, 1425, 1428; s. aber *VGH Mannheim* DVBl 1977, 461, 462.
[134] *Ossenbühl* DÖV 1977, 801, 811.
[135] *BVerwGE* 87, 62, 72; *OVG Koblenz* NuR 1985, 30, 31; *VG Arnsberg* NJW 1981, 1572; s. auch *BVerwGE* 78, 93, 98; *Breuer* in FS Sendler, 1991, S. 357, 379.
[136] So *BVerwGE* 65, 287, 289; 69, 90, 91 f.; 78, 93, 95 f.; auch *BVerwG* NVwZ 1988, 346, 347; DVBl 1990, 1232, 1234; so für die Substitution von Besteuerungsgrundlagen nach § 162 AO als Fall der von den Gerichten voll zu überprüfenden Beweiswürdigung *FinG Hamburg* EFG 1997, 1418 m. w. N.; anders *Hufen* NJW 1982, 2160, 2166; *Ortloff* NJW 1983, 961, 966; *Grimm* NVwZ 1985, 865, 871 f.; *Seibert* in FS Zeidler, Bd. 1, 1987, S. 469, 474; *Hufen* DVBl 1988, 69, 76; *ders.,* Rn. 622 f. m. w. N.; zweifelnd *Messerschmidt* NVwZ 1985, 877, 879 f.; auch *H. Meyer* NVwZ 1986, 513, 521; *Schenke* DÖV 1986, 305, 315 ff. m. w. N.; *ders.* WiVerw 1988, 145, 191; enger im Ergebnis auch *Schilling* VerwArch 1987, 45, 71 f., der bei fehlerhafter Anhörung für die Anwendung des § 46 eine eindeutige Rechts- und Tatsachenlage verlangt.
[137] Vgl. in diesem Zusammenhang ganz selbstverständlich etwa (im Anschluss an *Koch) Morlok,* Die Folgen von Verfahrensfehlern am Beispiel von kommunalen Satzungen, 1988, S. 182 m. w. N.: „gewiss nicht haltbar"; zurückhaltender *v. Rosenberg,* Probleme drittbelastender Verfahrensfehler im Rahmen des Baugenehmigungs- und des abfallrechtlichen Planfeststellungsverfahrens, 1994, S. 129 ff.
[138] *H. Meyer* NVwZ 1986, 513, 521.
[139] Dazu mit Recht krit. *Ewer* NVwZ 1994, 140 ff.
[140] Dafür *Morlok,* Die Folgen von Verfahrensfehlern am Beispiel von kommunalen Satzungen, 1988, S. 183, im Anschluss an *Hufen* NJW 1982, 2160, 2167.

von Verfahrensfehlern und anderem „prozesshaftem" Ablauf der Entscheidungsfindung entwickelt worden wäre oder hätte entwickelt werden können. Unabhängig hiervon schloss § 46 a. F. den Aufhebungsanspruch des Betroffenen – vorbehaltlich anderer Fehler der Sachentscheidung (s. noch Rn. 66) – immer aus, wenn die Behörde zu der vom Gericht für richtig gehaltenen Auslegung eines unbestimmten Rechtsbegriffs gelangt war.[141]

Grundlage der zu treffenden Sachentscheidung ist neben den maßgeblichen Rechtsnormen **der Sachverhalt,** auf den diese Normen anzuwenden sind. Nur wenn der Sachverhalt feststeht, lässt sich die für diesen Sachverhalt alternativlos zu treffende Entscheidung ermitteln. Daher können Verfahrensfehler, die die **Sachverhaltsermittlung** betreffen (zum Verbot der Verwertung rechtswidrig erlangter Beweismittel s. § 24 Rn. 32), durchaus dazu führen, dass trotz fehlender Entscheidungsspielräume auf der normativen Seite die auf den fehlerhaft festgestellten Sachverhalt bezogene Entscheidung anders ausfällt, als es der wahren Sach- und Rechtslage entspricht.[142] Insoweit ist jedoch zu berücksichtigen, dass die Ermittlungspflicht der entscheidenden Behörde oder des Verwaltungsgerichts (s. Rn. 67 ff.; § 45 Rn. 90) durch § 46 nicht verdrängt wird, so dass die Behörde oder grundsätzlich das Gericht bei gebundenen Entscheidungen die „Spruchreife" herstellen müssen.[143] Anderes gilt für die Gerichte bei Ermessensentscheidungen und Planungsabwägung[144] sowie bei Beurteilungsermächtigungen.[145] 66

Nur und erst wenn **Spruchreife hergestellt** ist,[146] lässt sich die Frage nach einer **anderen Entscheidungsmöglichkeit** beantworten.[147] Ggf. muss der Zeitpunkt der Herstellung der Spruchreife für die Beurteilung der materiellen Rechtslage zugrunde gelegt werden.[148] Hat die Behörde die danach maßgebliche alternativlose Entscheidung trotz zunächst unzutreffender Vorstellungen vom zu regelnden Sachverhalt (also: nur zufällig richtig) getroffen, blieb es nach dem alten § 46 gleichwohl beim Ausschluss des Aufhebungsanspruchs. 67

Anderes konnte allerdings gelten, wenn besondere Verfahrensvorschriften sicherstellen sollen, dass die **Sachverhaltsermittlung gerade im VwVf** in umfassender Weise erfolgt.[149] Dies kann etwa auf Grund einer vorrangigen **behördlichen Sonderverantwortung** für ein bestimmtes Sachgebiet oder für besondere Ermittlungsprobleme[150] anzunehmen sein sowie namentlich dann, wenn Verfahrensvorschriften die verantwortliche Sachverhaltsermittlung gerade durch die Behörden im Interesse der Betroffenen, insbesondere zum Schutz ihrer **grundrechtlichen Belange,** vorsehen, wie dies bei Indizierungsverfahren nach dem GjS auf 68

---

[141] Vgl. auch *Gerhardt* in Schoch u. a., § 113 Rn. 28 mit Fn. 165, der gleichfalls auf den Aspekt der Kompetenzverteilung abstellt.

[142] S. auch *v. Rosenberg,* Probleme drittbelastender Verfahrensfehler im Rahmen des Baugenehmigungs- und des abfallrechtlichen Planfeststellungsverfahrens, 1994, S. 129 ff., der auf die ursprüngliche Alternativlosigkeit abstellt.

[143] *BVerwG* DVBl 1983, 33; *BVerwGE* 85, 368, 378; ferner etwa *BFHE* 131, 180; *Groschupf* DVBl 1962, 627, 628 f.; *Berg* Verwaltung 1976, 161, 187; *Bettermann* in FS Ipsen, 1977, S. 271, 279, 281; *ders.* in Festgabe BVerwG, 1978, S. 63 f.; *Held,* Der Grundrechtsbezug des Verwaltungsverfahrens, 1984, S. 243 ff.; *Janssen,* Über die Grenzen des legislativen Zugriffsrechts, 1990, S. 220 f. m. w. N.; § 24 Rn. 20 f., 24; demgegenüber sehr restriktiv *Seibert* in FS Zeidler, Bd. 1, 1987, S. 469, 480 ff.; *Hufen* DVBl 1988, 69, 74 f.; *Martens* DÖV 1988, 949, 955 ff. m. w. N.; s. auch § 24 Rn. 58 f.

[144] *BVerwGE* 62, 108 ff.; *BVerwG* NVwZ 1989, 152 f.

[145] *VGH Mannheim* NVwZ 1983, 565, 567.

[146] Vgl. für diese Möglichkeit *OVG Hamburg* NVwZ-RR 1990, 442, für Eilverfahren gegen eine ohne – ausreichende – Anhörung auf offensichtliche Unbegründetheit des Asylbegehrens gestützte Verfügung; anders *VG Meiningen* NVwZ 1993, Beilage 3, S. 20 f.

[147] *Bettermann* in FS Ipsen, 1977, S. 271, 279, 281, zugleich zu dem insoweit bestehenden Unterschied zum Revisionsrecht.

[148] Im Ergebnis so *BVerwGE* 65, 287, 290 f.; s. aber Rn. 72.

[149] Vgl. in diesem Sinne auch *Meyer/Borgs,* § 46 Rn. 31; zur Wirkung von § 46 im Falle rechtswidriger Informationsverarbeitung stark einschränkend *Eberle* in Gedächtnisschrift Martens, 1987, S. 351, 365; anders *Hüsch,* Verwertungsverbote im Verwaltungsverfahren, 1991, S. 118 ff., 218 ff., für den § 46 sowohl bei zu weitgehender als auch bei unzureichender Ermittlungstätigkeit weitgehend leerläuft.

[150] Vgl. insoweit zum Atomrecht *BVerwGE* 78, 177, 180 f.; 80, 207, 217, 221 f.; dazu auch *BVerwGE* 106, 115, 122, 127; vgl. für die Notwendigkeit aufwändiger technischer Sachaufklärung *OVG Münster* NVwZ 1983, 746 f.; recht weitgehend zum Denkmalschutzrecht *OVG Münster* NVwZ-RR 1989, 614 f., wo es als Usurpation von Verwaltungsfunktionen gesehen wurde, wenn das Gericht ein von der Behörde versäumtes „sorgfältiges Abwägen und Bewerten von Sachverhalten und Fakten" übernimmt; ähnlich zum Naturschutzrecht *OVG Koblenz* NVwZ 1986, 321, 322; insoweit bietet jetzt § 113 Abs. 3 VwGO (Rn. 70) eine weniger problematische prozessrechtliche Grundlage.

Grund der spezifischen Schutzwirkungen des staatsfern ausgestalteten VwVf angenommen wurde.[151]

69 Soweit den Gerichten hiernach die Herstellung der Spruchreife versagt ist, konnte die zu treffende alternativlose Entscheidung im Gerichtsverfahren nicht festgestellt werden; § 46 stand daher insoweit der **Aufhebung** der verfahrensfehlerhaften Entscheidung im Verwaltungsprozess nicht entgegen,[152] die **zur erneuten behördlichen Sachverhaltsermittlung** und anschließenden Entscheidung durch die Behörde führte. Auch ein Anspruch auf ermessensfehlerfreie Rücknahmeentscheidung kann in solchen Fällen nicht an der Alternativlosigkeit der getroffenen Entscheidung scheitern, weil mangels Kenntnis des maßgeblichen Sachverhalts die allein richtige Verwaltungsentscheidung noch nicht feststeht; auch die fehlerfreie Ermessensentscheidung über die Rücknahme ist nicht ohne vorherige Nachholung der ordnungsgemäßen Ermittlung des Sachverhalts möglich (gewesen).

70 § 46 a. F. stand der Aufhebung der angefochtenen Behördenentscheidung auch in den Fällen nicht entgegen, in denen das Verwaltungsgericht nach **§ 113 Abs. 3 VwGO** davon absehen kann, zur Spruchreife nötige weitere Sachaufklärung vorzunehmen. Die Regelung des § 113 Abs. 3 VwGO[153] setzt – anders als § 100 Abs. 2 FGO[154] – zwar keinen Ermittlungsfehler der Behörden im VwVf voraus,[155] ist aber auch in den Fällen einschlägig, in denen das Aufklärungsdefizit auf Verfahrensfehlern beruht, die nicht schon als solche unabhängig von § 46 die Aufhebung gebieten[156] (absolute Aufhebungsgründe, s. Rn. 30 ff.).

71 Im direkten Vollzug von **europäischem Gemeinschaftsrecht** schließt der *EuGH* bei unzureichender Sachaufklärung durch die europäischen Behörden grds. nicht selbst das Ermittlungsdefizit, sondern hebt die getroffene Entscheidung auf.[157]

72 Die Möglichkeit alternativer Entscheidungen war i. d. R. aus der **Sicht ex ante** zu prüfen,[158] so dass auf die im Zeitpunkt der letzten Verwaltungsentscheidung maßgebliche Lage abgestellt wird.[159] Dass § 46 von dieser Betrachtungsweise ausging, zeigt auch ein Vergleich mit dem ausdrücklich auf den späteren Zeitpunkt abstellenden Wortlaut des § 49 Abs. 1 („außer wenn ein Verwaltungsakt gleichen Inhalts erneut erlassen werden müsste"). Ein nach allgemeinen Grundsätzen (s. § 44 Rn. 20 ff.) abweichend zu bestimmender Zeitpunkt für die Beurteilung der Sach- und Rechtslage blieb aber auch in diesem Zusammenhang maßgeblich.

73 **d) Der weitergehende Anwendungsbereich.** Über die bisherige Rechtslage soll die Neufassung des § 46 (nur) insoweit hinaus führen, als auch die bisher von der Regelung nicht betroffenen Verwaltungsentscheidungen erfasst werden sollen, die keinen rechtlich alternativlos festliegenden Inhalt haben, also alle Entscheidungen, bei denen die Behörden über **Entscheidungsspielräume** verfügen, namentlich über Ermessen,[160] auch Planungsermessen, und Beurteilungsspielräume. Auch Planfeststellungsbeschlüsse fallen in den Anwendungsbereich der Vorschrift[161] (§ 72 Rn. 112).

74 In dieser Erweiterung sieht der Gesetzesantrag Baden-Württembergs ebenso wie die Begründung des Gesetzentwurfs des BRats nur die Beseitigung einer von vornherein der Sache nach

---

[151] BVerwGE 91, 211, 216 f.; 91, 217, 222; für das Verfahren zur Anerkennung von Kriegsdienstverweigerern wird zum Teil ähnliches postuliert, vgl. etwa *v. Danwitz* Jura 1994, 281, 286, gegen die Judikatur, BVerwGE 78, 93, 95.
[152] Vgl. *OVG Münster* NVwZ 1983, 746 f.; NVwZ-RR 1989, 614 ff.; auch *OVG Koblenz* NVwZ 1986, 321, 322.
[153] Für enge Auslegung etwa BVerwGE 117, 200, 206 ff.
[154] S. dazu *Bettermann* in FS Wacke, 1972, S. 243 ff.
[155] *Gerhardt* in Schoch u. a., § 113 Rn. 47.
[156] *Gerhardt* in Schoch u. a., § 113 Rn. 47.
[157] Vgl. etwa *Classen* NJW 1995, 2457, 2459; *ders.* Verwaltung 1998, 307, 329 f. m. w. N.; § 45 Rn. 158. Allgemein zur Unbeachtlichkeit von Verfahrensfehlern etwa *Bülow*, Die Relativierung von Verfahrensfehlern im Europäischen Verwaltungsverfahren und nach §§ 45, 46 VwVfG, 2007, insbes. S. 304 ff.
[158] Dazu ausführlich *OVG Münster* NVwZ-RR 1989, 614, 616 f.
[159] Vgl. ausdrücklich *BVerwG* NVwZ-RR 1997, 751, 752 (noch zu § 46 a. F.).
[160] Nur dieses erwähnt die Begründung des Gesetzesantrags des Landes Baden-Württemberg, BR-Drs 422/94, S. 13; ebenso die Begründung der Empfehlungen der beteiligten BRatsausschüsse, BR-Drs 422/1/94, S. 5, 26 f., die Begründung zum Gesetzentwurf des BRats, BR-Drs 422/94 (Beschluss), und die zum Entwurf der BReg, BT-Drs 13/3995, S. 8; s. auch *Gromitsaris* SächsVBl 1997, 101, 103.
[161] Vgl. im Überblick dazu *Bartunek*, Probleme des Drittschutzes bei der Planfeststellung, 2000, S. 206 ff.; zum regelmäßigen Fehlen der Voraussetzungen *v. Komorowski* NVwZ 2002, 1455, 1458.

nicht gebotenen Beschränkung des § 46. Dieser sei Ausdruck des allgemeinen Grundsatzes der Unzulässigkeit **rechtsmissbräuchlicher Geltendmachung von Rechten** (§ 242 BGB), der auch für Ermessensentscheidungen Geltung beanspruche.[162] Auch wenn dies im Regierungsentwurf nicht ausdrücklich aufgegriffen wurde, dürfte damit der letztlich hinter der Neuregelung stehende rechtliche Grundgedanke zutreffend bezeichnet sein.

Die Problematik dieser Erweiterung liegt – wie schon bei Entstehung des VwVfG – darin, dass auf Grund der rechtlich eröffneten Entscheidungsalternativen anhand **faktischer Gesichtspunkte** entschieden werden muss, dass die getroffene Entscheidung die **allein beachtliche Lösung** darstellt. Abstrakt lässt sich eine Verengung auf eine allein maßgebliche Entscheidungsvariante jedoch mit der Natur des Ermessens[163] bzw. mit der Anerkennung von Entscheidungsspielräumen nicht vereinbaren; soweit sie anzunehmen ist, bedeutet dies die Negation der Spielräume für den konkreten Fall und damit die bereits nach der alten Regelung erfasste Situation der Reduzierung der Spielräume (Rn. 61 f.).

Die weitergehende Intention der Neuregelung zielt danach nicht auf eine abstrakt für jeden gleich gelagerten Fall feststellbare faktische Variante der rechtlichen Alternativlosigkeit,[164] sondern auf die **fehlende Kausalität** des Form- oder Verfahrensfehlers **für die im Einzelfall getroffene Entscheidung** in der Sache. Dies bedeutet die Erstreckung des § 46 auf die Fälle von Ermessensentscheidungen, „in denen die Behörde … bei Vermeidung des Verfahrens- oder Formfehlers dieselbe … Entscheidung getroffen hätte".[165]

Das Kriterium der fehlenden Kausalität des Verfahrensfehlers für die konkret getroffene behördliche Entscheidung erfordert daher eine **hypothetische Beurteilung des behördlichen Verhaltens** für den Fall der fehlerfreien Abwicklung des VwVf. Eine solche hypothetische Betrachtungsweise ist stets problematisch (vgl. auch § 44 Rn. 191 ff. m. w. N., § 47 Rn. 46 f., § 49 Rn. 66), weil sie mit kaum aufzulösenden Ungewissheiten behaftet ist und weil sie die Gerichte dazu nötigt, im Bereich behördlicher Entscheidungsspielräume über die Grenzen der Gewaltenteilung hinweg Bewertungen vorzunehmen, die ihnen grundsätzlich nicht zustehen sollen. Für atomrechtliche Genehmigungen, bei denen ein behördlicher Funktionsvorbehalt für die Risikoermittlung und -bewertung angenommen wird, lehnt das *BVerwG* eine Prognose der Behördenentscheidung, die zum Ausschluss der gerichtlichen Aufhebung führen würde, ab, ohne allerdings § 46 anzusprechen.[166] Für den Erweiterungsbereich des neuen § 46 scheidet auch die in anderen Fällen (§ 44 Rn. 192 ff.) bestehende Möglichkeit aus, einen anhand rechtlicher Maßstäbe objektivierten Behördenwillen zugrunde zulegen.

Der Notwendigkeit, bei hypothetischen Beurteilungen des rechtlich nicht abschließend determinierten behördlichen Entscheidungsverhaltens größte Zurückhaltung zu üben, trägt die Formulierung des neuen § 46 durch das Erfordernis der **Offensichtlichkeit** Rechnung. Hiermit sollte ausweislich der Entstehungsgeschichte (vor Rn. 1) jede „Vorläufigkeit, Subjektivität und fehlende Gewissheit" ausgeschlossen sein, die nach der ursprünglich vorgeschlagenen Version („…, wenn *anzunehmen* ist, …") eingetreten wäre. Der Ausschluss des Aufhebungsanspruchs soll sich nicht auf „eine bloß vorläufige, subjektive und auf Mutmaßungen gestützte Wertung" gründen.[167]

Für die Präzisierung der Offensichtlichkeitsanforderung kann nur bedingt auf andere Verwendungen des Begriffs oder vergleichbarer Begriffe, etwa in § 42 S. 1, § 44 Abs. 1 VwVfG oder auch in § 214 Abs. 3 BauGB, zurückgegriffen werden,[168] weil diese einen andersartigen Bezugspunkt, nämlich: das Vorliegen von (besonders schwerwiegenden) Fehlern oder Unrichtigkeiten, wählen. Während hier maßgeblich auf den Standpunkt eines objektivierten Betrachters (§ 44

---

[162] BR-Drs 422/94, S. 13 bzw. BR-Drs 422/94 (Beschluss), S. 9, jeweils in Rückanknüpfung an die Stellungnahme zum Entwurf des VwVfG (BT-Drs 7/910, S. 103 zu § 42).
[163] Vgl. auch den diesbezüglichen Hinweis der Empfehlung des Ausschusses für Umwelt, Naturschutz und Reaktorsicherheit, BR-Drs 422/1/94, S. 4, 26.
[164] Von „der tatsächlichen Alternativlosigkeit" sprechen etwa *Schmitz/Wessendorf* NVwZ 1996, 955, 958; wieder anders *Jäde* UPR 1996, 361, 362, der „konkrete Alternativlosigkeit" gefordert sieht.
[165] In der Formulierung der Begründung des Regierungsentwurfs, BT-Drs 13/3995, S. 8.
[166] *BVerwGE* 106, 115, 122, 128, wo allerdings bei Fehlen offensichtlich ergebnisirrelevanter Ermittlungen/Bewertungen schon ein Verfahrensfehler verneint wurde; dazu auch § 45 Rn. 124.
[167] Vgl. die Empfehlung des (BRats-)Ausschusses für Innere Angelegenheiten, BR-Drs 422/1/94, S. 5 f.
[168] Dafür wohl *Schmitz/Wessendorf* NVwZ 1996, 955, 958; anders in Bezug auf § 44 Abs. 1 *Oberrath/Hahn* VBlBW 1997, 241, 242; ähnlich zu § 75 Abs. 1a *Gromitsaris* SächsVBl 1997, 101, 104.

Rn. 122 ff.; auch § 42 Rn. 22 ff.) abgestellt werden kann,[169] weil es um die Bewertung eines objektiv vorgegebenen rechtlichen Befundes geht, muss im Rahmen des § 46 die **fehlende Kausalität** des Fehlers für die getroffene Entscheidung **offensichtlich** sein,[170] d. h. aber, dass offensichtlich sein muss, dass die Behörde für den Fall der Vermeidung des Verfahrensfehlers genau dieselbe Entscheidung getroffen hätte.

80 Bezogen auf den hypothetischen Behördenwillen als eine feststellungsbedürftige „Tatsache" bedeutet das Offensichtlichkeitskriterium, dass die Gerichte nicht in Spekulationen über Entscheidungsabsichten von mehr oder weniger großer Wahrscheinlichkeit eintreten sollen, sondern nur dann die Kausalität des Verfahrensfehlers verneinen dürfen, wenn der hypothetische **Behördenwille ohne Zweifel feststeht.** Andernfalls würde das Gericht in Wahrheit seine Bewertung an die Stelle des ungewiss bleibenden behördlichen Willens setzen. Auch lässt sich bei verbleibenden Zweifeln, ob nicht doch eine günstigere Entscheidung getroffen worden wäre, das Aufhebungsbegehren eines Betroffenen kaum als rechtsmissbräuchlich (s. Rn. 74) einstufen. Wie bereits die Gegenäußerung der BReg zur Stellungnahme des BRats bei Erlass des VwVfG zutreffend ausführt, wird die zuverlässige Feststellung des hypothetischen behördlichen Willens nachträglich regelmäßig nicht möglich sein.[171]

81 Für die zweifelsfreie Feststellung des hypothetischen behördlichen Willens sind insbesondere **nachträgliche Bekundungen der Behörde,** dass sie ohne Rücksicht auf die Vermeidung des Verfahrensfehlers genauso entschieden hätte, **ohne ausschlaggebende Bedeutung.**[172] Schon zum früheren Recht hatte die Rspr. entsprechende Erklärungen der entscheidenden Behörden als unbeachtlich (für die Wesentlichkeit des Mangels) qualifiziert.[173]

82 Dagegen kann etwa die behördliche Praxis in verfahrensfehlerfrei abgewickelten **Parallelfällen aussagekräftig** sein,[174] die allerdings auf Grund eintretender Selbstbindungen (vgl. § 40 Rn. 117, 122, 125) u. U. bereits wieder durch rechtliche Alternativlosigkeit gekennzeichnet sind und dann schon in den bisherigen Anwendungsbereich der Vorschrift fallen (Rn. 51 ff.). Ist die Mitwirkung **anderer Stellen** unterblieben, kann u. U. deren (vorliegende) **nachträgliche Erklärung** zum Inhalt, den ihre Mitwirkungshandlung gehabt hätte, jeden Zweifel an ihrem fehlenden Einfluss auf die Entscheidung ausräumen.[175]

83 Die notwendige Offensichtlichkeit setzt ferner voraus, dass die zweifelsfreie **Feststellung** des hypothetischen behördlichen Willens dem Gericht **problemlos möglich** ist.[176] Erfordert die Ermittlung des Behördenwillens „tiefgründige und u. U. zeitaufwändige Forschungen", ist er nicht als „offensichtlich" zu bezeichnen,[177] selbst wenn er schließlich auf Grund der eingehenden Erforschung zweifelsfrei erkennbar sein sollte. Steht der Behördenwille für das Gericht nicht ohne weiteres zweifelsfrei fest, ist nicht offensichtlich, dass der Verfahrensfehler keinen Einfluss auf die Entscheidung gehabt hat.

84 Angesichts der **strengen Anforderungen** an die Offensichtlichkeit sollte die Bedeutung des erweiterten Anwendungsbereichs des § 46 sehr begrenzt bleiben.[178] Dies gilt zumal dann, wenn – wie hier vertreten (§ 45 Rn. 116 ff.; Rn. 23 ff.) – die Rechtswidrigkeit eines VA i. d. R. ohnehin nur bei möglichem Einfluss eines Verfahrensfehlers auf den Entscheidungsinhalt ein-

---

[169] Vgl. zu § 214 BauGB *Battis* in Battis/Krautzberger/Löhr, 10. Aufl., 2007, § 214 Rn. 19 ff., im Anschluss an *BVerwGE* 64, 33, 40.
[170] *Schmitz/Wessendorf* NVwZ 1996, 955, 958; *Oberrath/Hahn* VBlBW 1997, 241, 242.
[171] BT-Drs 7/910, S. 110, Nr. 17 (§ 42).
[172] Insoweit zutreffend *Schmitz/Wessendorf* NVwZ 1996, 955, 958; auch die BReg hatte seinerzeit, BT-Drs 7/910, S. 110, Nr. 17 (§ 42), ausdrücklich festgestellt, die fehlende Kausalität des Verfahrensfehlers dürfe „nicht der nachträglichen Wertung der Behörde überlassen bleiben".
[173] *BVerwGE* 86, 244, 252 f., nach unberücksichtigten Überlegungen der Schwerbehindertenvertretung; *OVG Münster* DVBl 1993, 509, 511, nach nicht rechtzeitig entgegengenommenen Einwänden des Prüflings.
[174] Ähnlich wohl für den Fall des *OVG Lüneburg* NVwZ-RR 2006, 177, 179.
[175] *BVerwGE* 86, 244, 253, nach nachträglich gegenüber dem entscheidenden Vorgesetzten erklärte Billigung seiner Entscheidung durch die Schwerbehindertenvertretung.
[176] *Schmitz/Wessendorf* NVwZ 1996, 955, 958, halten es (nur) für nötig, dass „die fehlende Kausalität klar erkennbar ist, gleichsam ,ins Auge springt'"; dem folgend *Schmidt-Preuß* NVwZ 2005, 489, 492; *OVG Bautzen* NVwZ 2007, 847 f., lässt es genügen, wenn der Behördenwille nach den anhand der Verwaltungsvorgänge gerichtlich zu ermittelnden behördlichen Erwägungen feststeht.
[177] *Schmitz/Wessendorf* NVwZ 1996, 955, 958.
[178] So auch *Hufen* JuS 1999, 313, 318; weitestgehend Leerlauf sieht *Diekötter*, Die Auswirkung von Verfahrensfehlern auf die Rechtsbeständigkeit von Ermessensentscheidungen, 1997, S. 154 f.; keine Erweiterung gegenüber dem bisherigen Recht nimmt *Erbguth* UPR 2000, 81, 87 f., an.

§ 46 Folgen von Verfahrens- und Formfehlern   85–87   § 46

tritt.[179] Im erweiterten Anwendungsbereich des § 46 muss das Gericht problemlos zweifelsfrei feststellen, dass im Einzelfall die Behörde ihre Entscheidung ohne den Form- oder Verfahrensfehler ebenso getroffen hätte, obwohl dieser Fehler grundsätzlich geeignet war, die getroffene Entscheidung zu beeinflussen. Dementsprechend besteht auch kein Anlass, allzu große Differenzen mit dem Europarecht zu befürchten.[180]

Danach dürften bei Entscheidungen, für die Ermessens- oder Beurteilungsspielräume bestehen, die Voraussetzungen des § 46 auch in seiner neuen Fassung regelmäßig nicht erfüllt sein.[181] In der **Judikatur** finden sich allerdings durchaus **Beispiele** für die Anwendung von § 46 im Bereich von Entscheidungsspielräumen der Behörden (s. auch Rn. 82). Dabei geht es sehr weit, wenn Verfahrensfehler allein deshalb für offensichtlich ohne Einfluss erklärt werden, weil für das Gericht keine etwa noch aufzuzeigenden relevanten Gesichtspunkte ersichtlich sind.[182] Wenn verlangt wird, dass die konkrete Möglichkeit einer Auswirkung auf die Sachentscheidung in einem PlfV offensichtlich vorgelegen haben muss,[183] wird die Zielrichtung des Erfordernisses umgekehrt.[184] Zur Anordnung des Rücktransports zurückgewiesener Ausländer an ihren Abflugort nach § 73 Abs. 1, 3 AuslG s. *BVerwG* NVwZ 2000, Beil. I, 65, 66.   85

III. Landesrecht

§ 46 gilt mit seiner Änderung **einheitlich in allen Ländern**.   86

IV. Vorverfahren

§ 46 ist auf den **Widerspruchsbescheid** anwendbar (§ 79) und ergänzt § 79 Abs. 2 S. 2   87
VwGO.[185] Die prozessrechtliche Möglichkeit, allein den (nur) – nach Maßgabe des § 79 Abs. 2 S. 2 VwGO qualifiziert – verfahrensfehlerhaften Widerspruchsbescheid zum Gegenstand einer Anfechtungsklage machen zu können, lässt einen etwa aus § 46 folgenden Ausschluss des mit dieser Klage zu verfolgenden materiellen Aufhebungsanspruchs unberührt; umgekehrt bleiben – etwa hinsichtlich fehlender sachlicher Zuständigkeit der Widerspruchsbehörde – die Grenzen der prozessualen Möglichkeit des § 79 Abs. 2 S. 2 VwGO auch dann maßgeblich, wenn der Aufhebungsanspruch nicht zugleich an § 46 scheitert[186] (s. noch § 35 Rn. 375). Das *BVerwG*

---

[179] Für eine Interpretation des neuen § 46 dahingehend, dass es für seine Anwendbarkeit „auf die *Möglichkeit* der Abhängigkeit der Sachentscheidung von dem Verfahrensmangel in der jeweils konkreten Situation ankommt", *Jäde*, UPR 1996, 361, 362 (Hervorhebung nicht im Original); danach wäre die Neufassung des § 46 (nur) als Anerkennung des Kausalitätserfordernisses zu lesen.
[180] Vgl. etwa *Kahl* VerwArch 2004, 1, 22 ff., dessen Forderung einer strengen Auslegung der Offensichtlichkeit allerdings zuzustimmen ist. Gegen die Unbeachtlichkeit eines Verstoßes gegen eine europarechtliche Verfahrensanforderung nach § 46 im Einzelfall etwa *VGH Mannheim* VBlBW 2007, 272, 277.
[181] S. etwa für Besitzeinweisungsbeschluss *OVG Weimar* ThürVBl 1999, 215, 217; *VGH Mannheim* NVwZ-RR 2001, 562, 563 f.; für den Widerruf einer Baugenehmigung bei Mitwirkung des zu schützenden Nachbarn an der Sachverhaltsfeststellung *OVG Münster* NVwZ-RR 2004, 721, 722.
[182] So für das luftrechtliche PlfV nach langen Diskussionen der Standortfrage *BVerwGE* 125, 116, 130; für ein fernstraßenrechtliches PlfV bei fehlender Planzeichenerläuterung für eine Lichtsignalanlage *BVerwG* NVwZ 2006, 1170.
[183] So *OVG Lüneburg* NVwZ-RR 2001, 362, 364.
[184] Bedenklich auch *Pöcker* JZ 2006, 1108, 1110, wonach bei Ermessensakten Verfahrensverstöße nur beachtlich sind, wenn erkennbar ist, dass die Entscheidung ohne Fehler anders getroffen worden wäre.
[185] Für Anwendung beider Normen bei verbösendem Widerspruchsbescheid ohne vorherige Anhörung *VGH Mannheim* NVwZ 1995, 1220, 1222; ohne bundesrechtliche Bedenken insoweit auch *BVerwG* NVwZ 1987, 215; nicht recht eindeutig *BVerwG* BayVBl 2000, 55 f., wo § 46 wohl nur vergleichend herangezogen wird; *Busch* in Knack, § 79 Rn. 118; s. auch *Pietzcker* in Schoch u. a., § 79 Rn. 15; *Kothe* in Redeker/ v. Oertzen, § 79 Rn. 8; ferner *Allesch*, S. 200 f.; offen lassend zum Verhältnis zwischen § 79 Abs. 2 S. 2 VwGO und § 42 SGB X *BVerwG* NVwZ 1985, 901, 902; für Anwendbarkeit des § 42 S. 2 SGB X auch im Widerspruchsverfahren *Schur*, Die Beteiligungsrechte im sozialrechtlichen Verwaltungsverfahren, Diss. Hagen 1999, S. 185 ff.; differenzierend zwischen verwaltungsverfahrensrechtlichen und verwaltungsprozessrechtlichen Anforderungen *Oerder*, Das Widerspruchsverfahren der Verwaltungsgerichtsordnung, 1989, S. 115 ff.
[186] Der insoweit von *Pietzcker* in Schoch u. a., § 79 Rn. 15, angenommene Widerspruch der Vorschriften besteht deshalb nicht, weil § 46 nicht etwa einen Aufhebungsanspruch begründet, den § 79 Abs. 2 S. 2 VwGO vereiteln würde, sondern nur als weiteres mögliches Hindernis für eine durchschlagende Anfechtungsmöglichkeit nicht einschlägig ist.

§ 47   Teil III. Verwaltungsakt

schließt die isolierte Aufhebung des verbösernden Widerspruchsbescheides trotz eines für ihn kausalen Verfahrensfehlers dann aus, wenn die Behörden ausnahmsweise zwingend darauf festgelegt sind, das mit der Verböserung angeordnete Ergebnis im Wege der Rücknahme nach § 48 herbeizuführen.[187]

88   Die Möglichkeit der Anfechtung muss für das Rechtsschutzinteresse an einer **isolierten Anfechtung eines Widerspruchsbescheides** wegen eines Verfahrensmangels genügen.[188] Ob die Voraussetzungen vorliegen, unter denen die Aufhebung erfolgen kann, ist jedenfalls grundsätzlich eine Frage der Begründetheit der Klage (Rn. 3). Das gegenteilige Ergebnis des BVerwG[189] (dazu § 35 Rn. 375) kann für Anfechtungsklagen jedoch aus den Gründen der Rn. 21 ff., 73 ff. zutreffen. S. auch § 45 Rn. 175 ff. Bei Verpflichtungsbegehren ist eine isolierte Aufhebung des Versagungsbescheides grundsätzlich nicht möglich.[190] Für die Anfechtung eines entgegen § 71 VwGO nicht angehörten Dritten s. OVG Bremen NJW 1983, 1869. Zur Nachholung des Vorverfahrens selbst Kopp/Schenke, § 68 Rn. 4.

§ 47 Umdeutung eines fehlerhaften Verwaltungsaktes

(1) **Ein fehlerhafter Verwaltungsakt kann in einen anderen Verwaltungsakt umgedeutet werden, wenn er auf das gleiche Ziel gerichtet ist, von der erlassenden Behörde in der geschehenen Verfahrensweise und Form rechtmäßig hätte erlassen werden können und wenn die Voraussetzungen für dessen Erlass erfüllt sind.**

(2) ¹**Absatz 1 gilt nicht, wenn der Verwaltungsakt, in den der fehlerhafte Verwaltungsakt umzudeuten wäre, der erkennbaren Absicht der erlassenden Behörde widerspräche oder seine Rechtsfolgen für den Betroffenen ungünstiger wären als die des fehlerhaften Verwaltungsaktes.** ²**Eine Umdeutung ist ferner unzulässig, wenn der fehlerhafte Verwaltungsakt nicht zurückgenommen werden dürfte.**

(3) **Eine Entscheidung, die nur als gesetzlich gebundene Entscheidung ergehen kann, kann nicht in eine Ermessensentscheidung umgedeutet werden.**

(4) **§ 28 ist entsprechend anzuwenden.**

Vergleichbare Vorschriften: § 128 AO; § 43 SGB X.

Abweichendes Landesrecht: –

Entstehungsgeschichte: Bis zum Inkrafttreten des VwVfG vgl. § 43 der 6. Auflage. Eine kleine redaktionelle **Änderung** ist mit der Bek. der Neufassung v. 21. 1. 2003, BGBl I 102, erfolgt. Vgl. ferner Rn. 2, 6, 31, 34, 57.

Literatur: Weyreuther, Zur richterlichen Umdeutung von Verwaltungsakten, DÖV 1985, 126; Laubinger, Die Umdeutung von Verwaltungsakten, VerwArch 1987, 207, 345; Schenke, Die Umdeutung von Verwaltungsakten, DVBl 1987, 641; Wirth, Umdeutung fehlerhafter Verwaltungsakte, 1991; Samalee, Die Umdeutung fehlerhafter Verwaltungsakte, Diss. Göttingen 1999; Schnapp/Cordewener, Welche Rechtsfolgen hat die Fehlerhaftigkeit eines Verwaltungsakts?, JuS 1999, 147; Leopold, Die Umdeutung fehlerhafter Verwaltungsakte, Jura 2006, 895. Ausführlich zum Schrifttum vor 1996 s. § 47 der 6. Auflage.

Übersicht

	Rn.
I. Allgemeines und Begriff der Umdeutung	1
1. Die Umdeutung als überkommenes materielles Rechtsinstitut	1
a) Erkenntnisvorgang nach dem Rechtsgedanken des § 140 BGB	1
b) Abgrenzung der Umdeutung	8
2. Berechtigung zur Umdeutung	10
3. Formale Anforderungen	15
4. Praktische Bedeutung	18
a) Fälle abgelehnter Umdeutung	19
b) Fälle angenommener Umdeutung	21
5. Europäisches Gemeinschaftsrecht	22

---

[187] BVerwG BayVBl 2000, 55 f.
[188] Anders für den Fall eines Verpflichtungsbegehrens, vgl. BVerwG NVwZ 1987, 320; NVwZ 1988, 346, 347 f.; allgemein zur Frage einer isolierten Anfechtungsklage Rn. 11, 18.
[189] S. ferner Bettermann in FS Ipsen, 1977, S. 271, 292 ff.
[190] BVerwG NVwZ 1987, 320.

	Rn.
II. Voraussetzungen der Umdeutung (Abs. 1)	24
1. VA als Gegenstand der Umdeutung	25
a) Begrenzung des § 47 auf VAe	25
b) Kein Ausschluss eines weitergehenden Rechtsgrundsatzes	28
2. Fehlerhaftigkeit des VA	29
a) Rechtswidrigkeit des umzudeutenden VA	29
b) Umdeutung auch bei nichtigen VAen	31
c) Ex tunc-Wirksamkeit des umgedeuteten VA	32
3. Anforderungen an das Umdeutungsergebnis	33
a) Zielgleichheit des Umdeutungsergebnisses	34
b) Zuständigkeit der erlassenden Behörde	37
c) Keine nicht eingehaltenen Form- und Verfahrensvorschriften	39
d) Erfüllung der inhaltlichen Voraussetzungen	41
III. Ausschluss der Umdeutung (Abs. 2)	45
1. Keine Absichtswidrigkeit (Abs. 2 S. 1 1. Alt.)	46
2. Keine ungünstigeren Rechtsfolgen (Abs. 2 S. 1 2. Alt.)	48
3. Kein Rücknahmeausschluss (Abs. 2 S. 2)	53
IV. Umdeutung in Ermessensentscheidung (Abs. 3)	55
1. Grundsätzliche Klarstellung	55
2. Ermessensschrumpfung	57
V. Anhörung (Abs. 4)	58
VI. Landesrecht	61
VII. Vorverfahren	62

I. Allgemeines und Begriff der Umdeutung

1. Die Umdeutung als überkommenes materielles Rechtsinstitut

a) Erkenntnisvorgang nach dem Rechtsgedanken des § 140 BGB. Mehr der systematischen Geschlossenheit wegen als aus praktischer Notwendigkeit ist § 47 geschaffen worden. Unbestritten war auch vor dem VwVfG, dass das materiell-rechtliche Institut der **Umdeutung** oder **Konversion** auch bei VAen angewandt werden kann.[1]

Dieses Institut beruht auf dem auch dem **§ 140 BGB zugrunde liegenden Rechtsgedanken,** dass eine einmal mit Willen der Beteiligten getroffene rechtliche Regelung nicht unnötig rückgängig gemacht werden soll, wenn sie sich auf eine andere als die ursprünglich gedachte Grundlage stützen lässt (Begründung zu § 43 Entwurf 73).[2] S. auch Rn. 24 ff.; auf § 140 BGB und § 47 zugleich rekurriert auch der *BGH.*[3]

Die Möglichkeit der Umdeutung besteht **über den allein in § 47 geregelten Bereich der VAe** hinaus grundsätzlich auch im öffentlichen Vertragsrecht (vgl. § 54 Rn. 34). Das *OVG Münster* hat ferner eine Umdeutung von Anträgen des Bürgers im VwVf vorgenommen.[4] Das *BVerfG*[5] hat (ersichtlich zweifelnd wegen der strengen Förmlichkeit des Rechtsgebietes) offen gelassen, inwieweit der allgemeine Rechtsgrundsatz der Umdeutung auf Wahlvorschläge angewandt werden kann; vgl. entsprechend für das VwVf Rn. 37 hinsichtlich der entscheidenden Behörde.

Bei der Umdeutung nach § 47 geht es darum, eine durch VA begründete Rechtsfolge durch eine **andere,** mit Hilfe der Fiktion einer Erklärung nachträglich geschaffene **Rechtsfolge** zu ersetzen,[6] **ohne** einen **neuen VA** in einem neuen Verfahren zu erlassen.[7]

---

[1] *BVerwGE* 12, 9; 15, 196, 199; 17, 363, 365; 25, 194; 35, 334, 342; 48, 81, 83; 62, 300, 306; *BVerwG* NVwZ 1984, 645; *Schack* DVBl 1952, 318; *Massoth,* Die Konversion von Verwaltungsakten, Diss. Mainz 1954; *Schütz* MDR 1954, 459, 461 f.

[2] *Schütz* MDR 1954, 459, 461; kritisch gegenüber der zivilistisch geprägten Denkweise des Entwurfes *Schenke* DVBl 1987, 641, 641 m. w. N.; dem folgend auch *Windthorst/Lüdemann* NVwZ 1994, 244, 245; *Lüdemann/Windthorst* BayVBl 1995, 357, 359; allgemein zur historischen Entwicklung des Rechtsinstituts *Wirth,* Umdeutung fehlerhafter Verwaltungsakte, 1991, S. 27 ff.

[3] *BGHZ* 125, 125, 131 ff.

[4] NVwZ 1984, 655; weitere Fälle bei *Weyreuther* DÖV 1985, 126, 132 Fn. 41.

[5] *BVerfGE* 89, 266, 272 m. w. N., wobei die Umdeutung ausgeschlossen wurde, weil sie zu einer Auswechslung des Wahlvorschlagträgers geführt hätte.

[6] Vgl. *BVerwGE* 48, 81, 83; 62, 300, 306; *BVerwG* NVwZ 1990, 673 f.

[7] Str., a. A. *VGH München* NVwZ 1984, 184; NVwZ-RR 1992, 507, 508 (für § 128 AO) m. w. N.; wohl auch *BSGE* 75, 241, 245 (Umdeutung als Aufhebung und Ersetzung eines Widerspruchsbescheides durch

5   Dies ist für alle Befürworter einer Umdeutung gem. § 47 durch die Gerichte (Rn. 10 f.) zwingend,[8] doch kann der **VA-Charakter** auch bei Ausschluss gerichtlicher Umdeutung abgelehnt werden.[9] Für Umdeutung durch VA bei gleichzeitiger Zulassung gerichtlicher Umdeutung hatten sich *Ule/Laubinger* ausgesprochen;[10] später hat *Laubinger*[11] klarstellend eine ex lege eintretende Umdeutung angenommen und sieht § 47 als Ermächtigung, dies durch VA festzustellen.[12]

6   Hätte das VwVfG auch die Umdeutung selbst als VA gewollt, hätte es angesichts der bis zu seinem Inkrafttreten ganz gegenteiligen h. M. einer eindeutigen Regelung bedurft. Diese ist nicht erfolgt. Vielmehr zeigt die Begründung zu § 43 Entwurf 73, dass der **frühere Rechtszustand**[13] **kodifiziert** werden sollte und dass § 47 wie § 46 (§ 42 Entwurf 73) lediglich der weitgehenden Aufrechterhaltung des ursprünglichen VA dienen soll. Im Übrigen stellt sich die Frage der Behandlung der gegen die Anforderungen des § 47 verstoßenden Umdeutung, für die teilweise nicht nur Anfechtbarkeit (dazu Rn. 13), sondern Unwirksamkeit unmittelbar aus § 47 abgeleitet wird;[14] eine solche Besonderheit hätte eine explizite gesetzliche Festlegung um so dringender gemacht.

7   Weil der Fehler des ursprünglichen VA durch die **Erkenntnis einer neuen Rechtsfolge** beseitigt wird, kann der VA aufrechterhalten bleiben. Entsprechend der früheren Lehre[15] ist auch Abs. 4 geschaffen worden, der durch die „entsprechende" Anwendung des § 28 zeigt, dass der Umdeutungsvorgang selbst kein VA ist.[16] Die Umdeutungserklärung (Rn. 15) ist vielmehr als Realakt zu bewerten.[17] Daher kann sie auch nicht als VA mit anderem Inhalt ausgelegt oder umgedeutet werden.[18]

8   **b) Abgrenzung der Umdeutung.** Umdeutung ist **nicht Auslegung** der ursprünglichen Erklärung.[19] Bevor eine Umdeutung in Betracht kommt, muss der ursprüngliche Inhalt des VA nach den maßgeblichen Auslegungsregeln (§ 35 Rn. 71 ff.) festgestellt werden.[20] Die Grenzen der Auslegung dürften überschritten sein, wenn eine so erlassene Rücknahmeentscheidung im Falle ihrer Rechtswidrigkeit als Feststellungsbescheid über die Unrichtigkeit des Erstbescheides „ausgelegt" wird.[21]

9   Von der Umdeutung als Ersetzung der Rechtsfolgen eines VA ist das **Nachschieben von Gründen** (s. § 45 Rn. 45 ff.) zu unterscheiden.[22] Nicht immer unproblematisch ist auch die Abgrenzung der Umdeutung zu anderen Rechtsinstituten.[23]

---

einen anderen); ferner *Meyer/Borgs*, § 47 Rn. 6, 17; *Schäfer* in Obermayer VwVfG, § 47 Rn. 5; *Kopp/Ramsauer*, § 47 Rn. 10 Schenke DVBl 1987, 647 m. w. N.; jetzt auch *Meyer* in Knack, § 47 Rn. 27; wie hier *Ziekow*, § 47 Rn. 1; *Maurer*, § 10 Rn. 44; *Achterberg*, § 21 Rn. 209; *Badura* in Erichsen, § 38 Rn. 44; *Hufen*, Rn. 523; *Schwab* DÖD 1994, 173, 174; *Samalee*, Die Umdeutung fehlerhafter Verwaltungsakte, Diss. Göttingen 1999, S. 155 ff.

[8] So unter unmittelbarer Legitimation der – richterlichen – Umdeutung aus dem Rechtsgedanken des § 140 BGB auch *Weyreuther* DÖV 1985, 126 ff.; gegen diese Konstruktion *Schenke* DVBl 1987, 641, 653 f.

[9] So *Kothe* in Redeker/v. Oertzen, § 108 Rn. 38.

[10] 3. Aufl. 1986, § 60 IV.

[11] VerwArch 1987, 207, 345, 348.

[12] So jetzt auch *Ule/Laubinger*, § 60 Rn. 20; in der Sache übereinstimmend *Ebsen* JbSozRdG 1995, 367.

[13] Hinweis auf *Wolff*, Verwaltungsrecht I, 8. Aufl., 1971, S. 379 f.

[14] *Windthorst/Lüdemann* NVwZ 1994, 244, 245.

[15] S. *Wolff*, Verwaltungsrecht I, 8. Aufl., 1971, S. 379 f.

[16] Abw. hierzu *Schenke* DVBl 1987, 641, 651; *ders.* NVwZ 1988, 1, 5, der die Anhörungsregelung als Argument gegen den VA-Charakter verwendet; gesetzgeberische Verlegenheit konstatiert *Laubinger* VerwArch 1987, 207, 345, 348.

[17] *Ehlers* Verwaltung 2004, 255, 277.

[18] OVG Koblenz NVwZ-RR 2004, 373, 374 gegen VGH München NVwZ-RR 1992, 507.

[19] Vgl. *Weyreuther* DÖV 1985, 126, 130 f.; *Laubinger* VerwArch 1987, 207, 218 ff.; *Schenke* DVBl 1987, 641, 642; vgl. auch § 54 Rn. 34; a. A. *H. J. Müller* NJW 1978, 1354, 1357 Fn. 27, der allerdings einen von § 133 BGB losgelösten Auslegungsbegriff verwendet.

[20] Ausdrücklich BSG NZS 2004, 334, 336 m. w. N.

[21] BSG LKV 2000, 126, 128.

[22] BVerwG NVwZ 1990, 673 f.; OVG Münster NVwZ-RR 1991, 265, 266 f.; *Weyreuther* DÖV 1985, 126, 128 f.; *Laubinger* VerwArch 1987, 207, 222 ff.; *Horn* Verwaltung 1992, 203, 233 ff.; *Schwab* DÖD 1994, 173 f.; unklar BVerfGE 73, 280, 300 f.

[23] Dazu allgemein *Wirth*, Umdeutung fehlerhafter Verwaltungsakte, 1991, S. 53 ff.

2. Berechtigung zur Umdeutung

Nicht im Gesetz geregelt ist, **wer** die Umdeutung vornehmen kann. In erster Linie ist, wie der Hinweis auf § 28 in Absatz 4 zeigt, die den VA **erlassende Behörde zuständig**, im Vorverfahren zudem die **Widerspruchsbehörde** (Rn. 62).[24] Doch kann auch **das Gericht** die Umdeutung vornehmen, wenn ein fehlerhafter VA angefochten wird,[25] und zwar selbst im Revisionsverfahren.[26] 10

Die Umdeutungsmöglichkeit durch das Gericht ist durch § 47 nicht ausgeschlossen worden: Insbes. ist die „**kann**"-Regelung in § 47 zumindest nicht nur als Ermächtigung zu einer behördlichen Ermessensentscheidung zu verstehen,[27] sondern **bestätigt** vor allem die **materielle Umdeutungsfähigkeit des VA**.[28] Hätte das VwVfG die Umdeutung anders als § 140 BGB nicht als Erkenntnisakt, sondern als – nur der Behörde vorbehaltenen – Entscheidungsakt regeln wollen,[29] hätte es dies ausdrücklich klarstellen müssen.[30] 11

Durch eine (auch behördliche) **Umdeutung im Prozess** wird der Streitgegenstand nicht berührt, da es sich weiterhin um ein und denselben VA handelt.[31] Wird die Umdeutung als unzutreffend angesehen, muss in dem jeweiligen Verfahren, in dem der fragliche VA überprüft wird (Vorverfahren, Gerichtsverfahren), über ihre Richtigkeit befunden werden. Die Anfechtung einer Umdeutung auch außerhalb von VwVf und Prozess ist ausgeschlossen, da sie kein VA ist (Rn. 4ff.) Insoweit ist die **Feststellungsklage** mit dem Ziel möglich, den fraglich gewordenen Inhalt des (ursprünglichen) VA – mit oder ohne Umdeutung – verbindlich zu klären. 12

Ein (entsprechend der Konzeption *Laubingers*)[32] die eingetretene **Umdeutung feststellender VA** ist mangels dafür einschlägiger Ermächtigung in § 47 stets rechtswidrig, bleibt aber seiner durch den Regelungswillen der Behörde bestimmten Rechtsnatur nach VA. Gegen ihn stehen die allgemeinen Rechtsbehelfe zur Verfügung. Ob einem als Umdeutungsbescheid gescheiterten (substratlosen) VA (§ 44 Rn. 130) weitere Regelungsgehalte zukommen können, ist fraglich.[33] 13

Eine Umdeutung ist als Erkenntnisakt sogar **dem Betroffenen** selbst möglich,[34] der für die Richtigkeit seiner Einschätzung natürlich wie auch sonst das Risiko trägt.[35] Die Anhörungsregel des Abs. 4 steht dem nicht entgegen, da sie ihren guten Sinn für die Fälle der von Staatsorganen ausgehenden Umdeutung behält (s. dazu Rn. 15 und Rn. 58ff.). 14

---

[24] *Wolff/Bachof/Stober* 2, § 49 Rn. 67; *Martens* JuS 1978, 764.
[25] *BVerwGE* 48, 81, 83; 62, 300, 306 = NVwZ 1982, 244; *BVerwGE* 1984, 645 mit Bespr. *Osterloh* JuS 1986, 73; *BVerwGE* 80, 96, 97 = NVwZ 1989, 471; *BVerwGE* 108, 30, 35 = NVwZ 1999, 302; wohl ebenso *BVerwG* NJW 1988, 2551, 2552; NVwZ 1990, 673f.; *BVerwGE* 97, 245, 255; auch *BVerfGE* 73, 280, 300f.; *BGH* NVwZ 2000, 1206, 1208 m.w.N.; BGHZ 143, 362, 370; 154, 21, 25f.; *VGH München* NVwZ-RR 1991, 117; 2005, 787, 791; *VGH Mannheim* NVwZ 1985, 349; NVwZ-RR 1991, 493, 495; *OVG Berlin* NVwZ-RR 1988, 6, 7; *OVG Münster* NVwZ-RR 1991, 265, 267; *OVG Greifswald* NVwZ 1996, 488, 489; *BSG* DVBl 1994, 432; s. etwa auch *BFH* NVwZ-RR 1995, 181, 182f.
[26] So mit Benennung der weiteren Voraussetzungen *BVerwGE* 110, 111, 114 = NVwZ 2000, 575; *BVerwGE* 115, 111, 114 = NVwZ 2002, 343, 344.
[27] Die nach *Laubinger* VerwArch 1987, 207, 345, 348, in § 47 enthaltene Ermächtigung zur Umdeutungsfeststellung durch VA beruht freilich auf einer Ermessensnorm, ebda, S. 349.
[28] *Kopp/Ramsauer*, § 47 Rn. 10; *Ziekow*, § 47 Rn. 10; *Badura* in Erichsen, § 38 Rn. 44; *Maurer*, § 10 Rn. 44; *Faber*, § 21 Ia; *J. Schmidt* in Eyermann § 113 Rn. 23; *Wolff* in Sodan/Ziekow, § 113 Rn. 52; *Hufen*, Rn. 523; für den Erkenntnischarakter von Umdeutung auch *Schäfer* in Obermayer VwVfG § 47 Rn. 10; *Laubinger* VerwArch 1987, 207, 345, 349; *Ule/Laubinger*, § 60 Rn. 20; a. A. *Meyer/Borgs*, § 47 Rn. 5; *Meyer* in Knack, § 47 Rn. 30; ferner *H.J. Müller* NJW 1978, 1354, 1357; *Martens* JuS 1978, 764; *Weides*, § 11 V; *v. Oertzen* in Redeker/v. Oertzen, § 108 Rn. 38; ausführlich *Schenke* DVBl 1987, 641, 649f.; dem folgend *Windthorst/Lüdemann* NVwZ 1994, 244, 245; s. auch *Wirth*, Umdeutung fehlerhafter Verwaltungsakte, 1991, S. 75ff.; für eine neben § 47 stehende gerichtliche Umdeutung nach dem Rechtsgedanken des § 140 BGB *Weyreuther* DÖV 1985, 126ff.
[29] So *Meyer/Borgs*, § 47 Rn. 6; *Schenke* DVBl 1987, 645ff., 647ff.; *Gerhardt* in Schoch u.a., § 113 Rn. 22; für Ermessensentscheidungen gerichtliche Umdeutung stark einschränkend *Wolff* in Sodan/Ziekow, § 113 Rn. 52.
[30] So ausdrücklich auch *BVerwG* NVwZ 1984, 645.
[31] S. *Laubinger* VerwArch 1987, 207, 345, 352 m.w.N.; auch *Schnapp/Cordewener* JuS 1999, 147; anders bei Ersetzen des VA, zu den prozessualen Konsequenzen *Preusche* DVBl 1992, 797, 801f.
[32] VerwArch 1987, 207, 345ff.; s. auch *Ule/Laubinger*, § 60 Rn. 20.
[33] Dafür *VGH München* NVwZ-RR 1994, 113. Vgl. zum doppelten Regelungsgehalt von Umdeutungs-VAen auch schon *VGH München* NVwZ-RR 1992, 507, 508; zustimmend *Windthorst/Lüdemann* NVwZ 1994, 244, 245. Generell für Umdeutung bei ins Leere gehendem VA *BVerwG* NVwZ 2004, 1242, 1243.
[34] Zustimmend auch *Ule/Laubinger*, § 60 Rn. 20 Fn. 38 m.w.N.
[35] So auch *Maurer*, § 10 Rn. 44.

3. Formale Anforderungen

15 Dem Erkenntnischarakter der Umdeutung entsprechend schreibt § 47 **keine besondere Umdeutungserklärung vor.** Sie ist allerdings aus Gründen der Rechtsklarheit und Rechtssicherheit bei Umdeutung durch Staatsorgane erforderlich, bevor aus dem umgedeuteten VA rechtliche Konsequenzen gezogen werden. Dem entspricht auch das Anhörungserfordernis nach Abs. 4 und die mittelbar aus Abs. 2 S. 2 folgende Befristung der Umdeutungsmöglichkeit (Rn. 17). Zur Umdeutung insbes. beim nichtigen VA s. Rn. 31 f.

16 Eine besondere **Form** ist für diese Erklärung nicht vorgeschrieben. Zumindest die Umdeutung schriftlicher VAe sollte aber zur Klarstellung auch schriftlich erfolgen. S. im Übrigen Rn. 39.

17 § 47 sieht (selbst) keine **zeitliche Grenze** für die Vornahme der Umdeutung vor. Da § 47 Abs. 2 S. 2 jedoch die Umdeutung an die Rücknahmemöglichkeit koppelt, ist die Grenze des § 48 Abs. 4 zu beachten.

4. Praktische Bedeutung

18 **Praktische Bedeutung** hat die Umdeutung[36] bisher kaum erlangt,[37] wie eine Durchsicht der eher selten hierzu ergehenden Entscheidungen[38] zeigt. Insbes. ist eine Umdeutung entbehrlich, wenn sich ein VA im Wege schlichter Rechtsanwendung durch Berücksichtigung anderer Rechtsgrundlagen als rechtmäßig qualifizieren lässt (s. Rn. 29 f.).

19 a) **Fälle abgelehnter Umdeutung.** Soweit sich die Rspr. bisher mit diesem Institut befassen musste, hat sie im Ergebnis meist eine **Umdeutung abgelehnt:** z. B. für Rücknahme nur des Widerspruchsbescheids in Rücknahme des Ausgangsbescheids in der Gestalt des Widerspruchsbescheids;[39] Untersagungsverfügung in Widerruf einer wasserrechtlichen Erlaubnis;[40] Ablehnung einer Bodenverkehrsgenehmigung in Rücknahme;[41] Ablehnung eines Wiederaufgreifens in Widerruf;[42] Erschließungsbeitragsbescheid in einen Duldungsbescheid bezüglich der Zwangsvollstreckung wegen der auf dem Grundstück ruhenden öffentlichen Last (§ 134 Abs. 2 BBauG);[43] Erschließungsbeitragsbescheid in Straßenbaubeitragsbescheid[44] oder in Vorausleistungsbescheid;[45] Vorausleistungsbescheid in Beitragsbescheid;[46] Beitragsbescheid für Erschließungseinheit in solchen für einzelne Straße;[47] Straßenbaubeitragsbescheid in Erschließungsbeitragsbescheid.[48]

20 **Ferner** wurde **keine Umdeutung** angenommen bei: Einstellung der Zahlung in eine Rücknahme der Bewilligung;[49] Sperrverfügung in Rücknahme;[50] Bescheid, mit dem Ersatzanspruch nach § 92 Abs. 3 BSHG a. F. geltend gemacht wird, in einen VA, mit dem Ersatzanspruch nach § 92 Abs. 2 BSHG a. F. festgesetzt wird;[51] Haftungsbescheid für Vergnügungssteuer in Vergnügungssteuerbescheid;[52] Vereinbarung über Gewerbesteuerbescheid in Steuererlass oder Zusage des Steuererlasses;[53] Vorausleistungsbescheid für Fußweg in Vorauszahlungsbescheid für

---

[36] Abgesehen von einer wachsenden Tendenz bei GeldleistungsVAen, insbes. im Erschließungsbeitragsrecht, dazu *Prutsch* DÖV 1981, 941; s. auch *Arndt* KStZ 1984, 107, 121 ff., 125.
[37] So auch *Schenke* DVBl 1987, 641; *Gerhardt* in Schoch u. a., § 113 Rn. 22; *Ruffert* in Erichsen/Ehlers, § 21 Rn. 12; *Schnapp/Cordewener* JuS 1999, 147, 149; *Ehlers* Verwaltung 2004, 255, 277; *Durner* VerwArch 2006, 345, 353.
[38] S. die Zusammenstellung bei *Laubinger* VerwArch 1987, 207, 208 ff., und Rn. 19 ff.
[39] BVerwG NVwZ 2002, 1252, 1254, wegen Rechtswidrigkeit des Umdeutungsergebnisses (Rn. 41 ff.).
[40] BGHZ 142, 362, 370.
[41] BVerwGE 48, 81, 82.
[42] BVerwGE 15, 196, 199.
[43] BVerwG VerwRspr 1975, Nr. 130.
[44] BVerwGE 89, 362, 367.
[45] OVG Münster StGRat 1993, 250 f.; VGH München NVwZ-RR 1994, 175 f.
[46] VGH München NVwZ-RR 1992, 507; OVG Münster DVBl 1997, 505, 506.
[47] VG München BayVBl 1982, 153.
[48] BVerwGE 80, 96, 97; BVerwG NVwZ 1991, 999; KStZ 1994, 110; VGH München BayVBl 1987, 276; VGH Kassel NVwZ-RR 1994, 231; a. A. jedenfalls für das nw Landesrecht OVG Münster NVwZ-RR 1991, 265, 266 f.; 1992, 209; auch OVG Lüneburg NVwZ 1989, 582, 583; *Erbguth* NVwZ 1989, 531, 533 f.
[49] BVerwGE 12, 9 LS.
[50] BVerwGE 17, 363, 365.
[51] BVerwGE 27, 319, 321.
[52] OVG Münster OVGE 17, 115; NVwZ-RR 1998, 467 f.
[53] BVerwGE 48, 166, 168 f.

eine Anbaustraße;[54] förmliche Zustellung in schlichte Bekanntgabe (zu § 128 AO);[55] bundesrechtlich begründetes Einschreiten gegen Zweckentfremdung von Wohnraum in ordnungsbehördliche Verfügung nach landesrechtlicher Generalklausel;[56] Vollstreckungsakt (Zwangsmittelfestsetzung) in ordnungsrechtliche Standardmaßnahme (Sicherstellung);[57] fälschlich auf Bauordnungsrecht gestützte Nutzungsuntersagung und Abbruchsanordnung, die auf abfallrechtlicher Grundlage hätten erlassen werden können;[58] stoffbezogene in anlagebezogene Anordnung;[59] Entziehung einer Fahrerlaubnis in eine Rücknahme mit Jetztwirkung;[60] Aufforderung zur Satzungsänderung an einen Landesinnungsverband in Aufhebung der Genehmigung der Satzung;[61] nachträgliche zeitliche Beschränkung einer Aufenthaltsgenehmigung nach § 12 Abs. 2 S. 2 AuslG in deren Rücknahme;[62] Aufenthaltsbeendigung nach § 10 AsylVfG in Maßnahme nach § 21 AsylVfG;[63] fristlose Entlassung eines Beamten in eine fristgerechte.[64]

b) Fälle angenommener Umdeutung. Eine **Umdeutung** wurde **angenommen:** bei 21 fehlerhaftem Teil-Beitragsbescheid in Voll-Beitragsbescheid (über gleichen Betrag);[65] Vorausleistungsbescheid in Erschließungsbeitragsbescheid;[66] Erschließungsbeitragsbescheid in Straßenbaubeitragsbescheid;[67] Genehmigung nach § 11 BBauG/BauGB a. F. in Zustimmung nach § 125 Abs. 2 BBauG/BauGB a. F. (dazu noch Rn. 26, 35);[68] Rücknahme/Widerruf einer erloschenen Baugenehmigung in Feststellungsbescheid hinsichtlich des Erlöschens;[69] im Wohnungsgemeinnützigkeitsgesetz nicht vorgesehene Genehmigung in eine Unbedenklichkeitsbescheinigung;[70] Unterschutzstellung als Naturdenkmal in Unterschutzstellung als geschützter Landschaftsbestandteil;[71] Waffenbesitzverbot in Widerruf oder Rücknahme einer Waffenbesitzberechtigung;[72] Rücknahme nach § 45 SGB X in eine nach § 48 Abs. 1 S. 2 SGB X;[73] kartellrechtliche Untersagungsverfügung nach § 103 Abs. 5, 6 GWB a. F. in Regelung zur Konkretisierung des gesetzlichen Kartellverbots nach § 1 GWB n. F.;[74] Widerruf der Feststellung eines Abschiebungshindernisses in neuerliche Entscheidung nach § 53 AuslG;[75] Feststellungsbescheid bei § 64e KWG in Aufhebung einer fiktiven Erlaubnis;[76] Nachforderungsbescheid in eine Beitragsänderung i. S. d. § 749 Nr. 3 RVO;[77] Vermögenszuordnungsbescheid hinsichtlich Gebäudeeigentum in einen hinsichtlich der Nutzerposition des Gebäudeerrichters;[78] Widerruf früherer gesetzlicher Regulierungsverpflichtungen in die Feststellung des Erlöschens dieser altrechtlichen Verpflichtungen.[79]

5. Europäisches Gemeinschaftsrecht

Im Zusammenhang mit der Vollziehung europäischen Gemeinschaftsrechts hat, soweit ersicht- 22 lich, die Möglichkeit einer Umdeutung bislang keine Rolle gespielt. Für den Bereich des **direkten**

---

[54] *VGH München* BayVBl 1994, 472, 473.
[55] *BFH* NVwZ-RR 1995, 181, 182 f. m. w. N., vor allem wegen abschließender Bedeutung des VwZG.
[56] Billigend *BVerwG* NJW 1981, 242.
[57] *OVG Greifswald* NVwZ 1996, 488, 489 f.
[58] *VGH Mannheim* NVwZ 1995, 397, 398 f.
[59] *VGH Kassel* NVwZ-RR 2002, 340, 341 f.
[60] *OVG Hamburg* NordÖR 2003, 305, 307.
[61] *VG Potsdam* GewArch 2002, 204, 205.
[62] *BVerwGE* 98, 298, 304.
[63] *OVG Saarlouis* ASRP-S L 18, 348, 351; vgl. Rn. 40.
[64] *VGH Mannheim* NVwZ 1990, 789, 790, bei grundsätzlicher Billigung solcher Umdeutung.
[65] *OVG Münster* KStZ 1975, 217.
[66] *OVG Münster* OVGE 28, 84, 89; s. auch *VGH München* BayVBl 1984, 20 und Rn. 19.
[67] *VGH München* BayVBl 1987, 278; *OVG Münster* NVwZ-RR 1992, 209, 210; s. aber Rn. 19.
[68] *BVerwGE* 62, 300, 306; zweifelnd *OVG Münster* NVwZ-RR 1991, 395, 397 m. w. N.
[69] *VGH München* NVwZ-RR 1991, 117.
[70] *BVerwGE* 57, 158 LS 1.
[71] *VG München* NuR 1983, 70.
[72] *VGH München* BayVBl 1984, 304.
[73] *VGH Mannheim* ESVGH 46, 60, 62.
[74] *BGH* NVwZ 2000, 833, 834.
[75] *BVerwGE* 110, 111, 114 f. = NVwZ 2000, 575; 115, 111, 114 = NVwZ 2002, 343, 344.; *VGH Mannheim* VBlBW 2003, 362 f.
[76] *VG Köln* WM 2004, 1718, 1719.
[77] *SG Dortmund*, 25. 7. 2002, – S 17 U 45/00, juris.
[78] *OLG Naumburg* NJ 2005, 239 LS.
[79] *BVerwG* BeckRS 2007, 22 914 = NVwZ 2007, 845 (nur LS).

Vollzuges scheinen einschlägige (Spezial-)Regelungen nicht zu bestehen; ebenso wenig ist anders als in Bezug auf Klagen ein entsprechender allgemeiner Rechtsgrundsatz anerkannt.

23 Für den **indirekten Vollzug** bestehen gegen die Anwendung des § 47 keine Bedenken (zu den Anforderungen s. allg. Einl Rn. 74 ff.). Die Vorschrift sieht keinerlei diskriminierende Sonderbehandlung gemeinschaftsrechtlicher Fälle vor. Die Effektivität des Europarechts wird bei Aufrechterhaltung eines in Durchführung von Europarecht ergangenen VA gerade gestärkt; wird ein zunächst gegen Europarecht verstoßender VA durch Umdeutung aufrechterhalten, ist dadurch die Verletzung des Gemeinschaftsrechts ebenso vermieden wie durch eine Aufhebung.[80]

II. Voraussetzungen der Umdeutung (Abs. 1)

24 Zu den Voraussetzungen der Umdeutung nach § 47 und ihrer Behandlung in der Judikatur s. im Überblick *Laubinger* VerwArch 1987, 207, 345, 353 ff.

1. VA als Gegenstand der Umdeutung

25 a) **Begrenzung des § 47 auf VAe.** Nach **Abs. 1** kann ein fehlerhafter **VA** in einen **anderen VA** umgedeutet werden. Ist ein VA bereits (bestandskräftig) aufgehoben, geht ein Umdeutungsversuch ins Leere.[81] Auf die Form des VA kommt es nicht an (s. Rn. 16). Ein fingierter VA dürfte nicht für eine Umdeutung in Betracht kommen.[82] Eine andere hoheitliche Handlung als ein VA fällt nicht unter § 47. Daher gibt es nach § 47 keine Umdeutung eines ör Vertr in einen VA[83] oder einer durch VA verfügten Aufrechnung in eine rechtsgeschäftliche Aufrechnung,[84] außerdem auch keine Umdeutung einer verwaltungsinternen Mitwirkung (§ 35 Rn. 167) in einen VA und umgekehrt (s. auch Rn. 28).[85] Problematisch ist die Umdeutung des Schweigens der höheren Verwaltungsbehörde auf eine Bebauungsplananzeige in die Genehmigung eines Bebauungsplans, s. § 11 BauGB a. F.[86] Zur Umdeutung im Zusammenhang mit Zusicherungen nach § 38 s. dort Rn. 89.

26 Nach § 47 ist ferner **keine Umdeutung einer Satzung** oder einer Rechtsverordnung in eine Allgemeinverfügung und umgekehrt möglich.[87] Problematisch ist auch die Umdeutung der Genehmigung eines Bebauungsplanes nach § 11 BBauG in die Zustimmung zur Herstellung von Erschließungsanlagen nach § 125 Abs. 2 BBauG,[88] bei der die Qualität der Genehmigung als Akt der Mitwirkung an der Rechtsetzung unberücksichtigt bleibt.[89]

27 § 47 gilt ferner **nicht für** (Mitwirkungs-)**Handlungen des Betroffenen**, z. B. gibt es keine Umdeutung einer Gegenvorstellung gegen eine erst angekündigte Auflage in einen Widerspruch gegen die später erlassene Auflage,[90] eines wiederholten Antrags in einen Widerspruch gegen Ablehnungsbescheid[91] oder eines Antrages auf Erteilung eines Negativattestes in einen Antrag auf Erteilung einer Bodenverkehrsgenehmigung.[92]

28 b) **Kein Ausschluss eines weitergehenden Rechtsgrundsatzes.** § 47 schließt allerdings den **allgemeinen,** auch im öffentlichen Recht geltenden **Rechtsgrundsatz** der **Umdeutung** (Rn. 2 f.) nicht aus, sondern fasst seine Voraussetzungen nur für die Umdeutung eines VA in einen anderen VA zusammen.[93] Nach diesem allgemeinen Rechtsgrundsatz kann auch eine

---

[80] Zustimmend *Schwarz* in Fehling u. a., § 47 VwVfG Rn. 10.
[81] *VGH München* NVwZ-RR 1994, 113.
[82] So *Oldiges* JUTR 2000, 41, 56.
[83] *VGH Mannheim* NVwZ-RR 1990, 225, 226; s. auch Rn. 41.
[84] *VGH München* BayVBl 1995, 565, 566 (für § 43 SGB X), wobei hilfsweise dargelegt wird, dass eine stets nur nach Maßgabe des Gesetzes wirksame rechtsgeschäftliche Aufrechnung nicht auf das gleiche Ziel gerichtet wäre wie ein potentiell von den gesetzlichen Grundlagen gelöster VA.
[85] A. A. wohl *BVerwGE* 62, 300, 306, nach allgemeinen Grundsätzen.
[86] Dafür aber *Jäde* BauR 1988, 163, 188.
[87] *BVerwGE* 18, 1, 5. Unklar *BVerwG* VBlBW 1986, 337, 340, für Umdeutung einer Ermäßigungsregelung in einer Erschließungsbeitragssatzung in einen Erlass nach § 135 Abs. 5 BauGB.
[88] *BVerwGE* 62, 300, 306.
[89] Zweifelnd *OVG Münster* NVwZ-RR 1991, 395, 397 m. w. N.
[90] *BayObLG* NJW 1971, 1815.
[91] *OVG Münster* NVwZ 1990, 676.
[92] *VGH München* 11. 11. 1974 – 172 II 72.
[93] Ebenso etwa *Ule/Laubinger*, § 60 Rn. 2; a. A. *Kopp/Ramsauer*, § 47 Rn. 6.

Umdeutung über den Rahmen des § 47 hinaus, z. B. die einer fehlerhaften Beamtenernennung in einen Vertrag, möglich sein.[94] Ebenso kann die interne Versagung des Einvernehmens einer Gemeinde nach § 36 BauGB in einen Antrag auf Zurückstellung nach § 15 BauGB umgedeutet werden.[95] S. auch § 54 Rn. 34 für die Umdeutung eines **Vertrages**.[96] Die Umdeutung eines Bebauungsplans sollte ausscheiden.[97] Zur Umdeutung eines VA in einen **Hinweis** s. Rn. 49.

2. Fehlerhaftigkeit des VA

a) Rechtswidrigkeit des umzudeutenden VA. Der **ursprüngliche VA** muss **fehlerhaft** 29 sein. Ist ein VA bei Berücksichtigung aller einschlägigen, auch der von der Behörde nicht berücksichtigten Rechtsgrundlagen nicht rechtswidrig, stellt sich die Frage der Umdeutung nicht.[98] Ob die Rechtswidrigkeit auf **Verfahrensverstößen oder materiellen Fehlern** beruht, ist gleichgültig.

Verfahrensverstöße müssen wesentlich (§ 45 Rn. 116 ff.) und dürfen **noch nicht geheilt** 30 sein, weil damit die Fehlerhaftigkeit des VA entfallen ist (s. § 45 Rn. 21); ggf. besteht in den verwaltungsgerichtlichen Tatsacheninstanzen (§ 45 Abs. 2) die Möglichkeit, nach § 45 zu heilen. Der **Ausschluss des Aufhebungsanspruchs nach § 46** berührt die Rechtswidrigkeit des VA nicht (§ 46 Rn. 1 ff.), so dass eine Umdeutung möglich bleibt.[99] Eine andere Frage ist, ob eine insoweit nicht eindeutige behördliche Äußerung als Umdeutung zu interpretieren ist, weil die Behörde möglicherweise in diesem Falle eine Umdeutung nicht will.[100]

b) Umdeutung auch bei nichtigen VAen. Als fehlerhafter VA fällt sowohl der **nichtige** 31 als auch der nur **anfechtbare** VA unter § 47 (Begründung zu § 43 Entwurf 73); die frühere, vereinzelt gebliebene Rspr. des *OVG Münster*, wonach nur der nichtige VA umdeutbar war,[101] ist nicht übernommen worden. Andererseits ist aber die Umdeutung auch bei nichtigen VAen nicht ausgeschlossen, da § 47 den vor Erlass des VwVfG herrschenden Begriffsinhalt der Umdeutung übernommen hat (Rn. 2 ff.).[102] § 47 Abs. 2 S. 2 macht hierzu keine Aussage (Rn. 54), selbst wenn man keine Rücknahme eines nichtigen VA zuließe (dazu § 48 Rn. 57). Allerdings soll ein VA mit sittenwidrigem Inhalt (s. § 44 Abs. 2 Nr. 6) in der Regel nicht umgedeutet werden können, weil dies dem Rechtsgedanken des § 138 BGB widerspräche.[103]

c) Ex tunc-Wirksamkeit des umgedeuteten VA. Die Umdeutung insbes. des nichtigen, 32 ex tunc unwirksamen (§ 43 Abs. 3) VA muss zur Ungewissheit des Betroffenen führen, so dass ein Umdeutungsfeststellungsakt der Behörde geboten ist.[104] Ohne diesbezügliche Mitteilung darf die für die Umdeutung zuständige Behörde gegenüber dem Bürger keine Konsequenzen aus dem durch Umdeutung wirksamen VA ziehen (s. allgemein Rn. 15). Die **fingierten Rechtsfolgen** treten aber **ex tunc** ein – auch beim umgedeuteten nichtigen VA. Rechtsstaatliche Bedenken greifen wegen der zahlreichen Begrenzungen des § 47 nicht durch.

---

[94] *Wolff/Bachof* I, S. 439 m. w. N.
[95] Im Ergebnis so *BVerwGE* 72, 172, insoweit nicht abgedruckt.
[96] Für Umdeutung in einen mitwirkungsbedürftigen VA *VGH Mannheim* NVwZ-RR 1990, 225 f.
[97] Ausdrücklich abl. wegen fehlender Normenklarheit *VGH München* NVwZ-RR 2006, 381, 384.
[98] So *BayVBl* 1988, 759; *BVerwGE* 80, 96, 98; *BVerwG* NVwZ 1990, 673 f.; 1991, 999; auch NVwZ-RR 1989, 497; *BVerwG* NVwZ 1990, 673 f.; *BVerwGE* 98, 298, 304; 108, 30, 35 f. = NVwZ 1999, 302 für die Möglichkeit (im Rahmen gebundener Verwaltung nach § 73 AsylVfG), einen Rücknahmebescheid (nach Änderung der Sachlage) als Widerruf aufrechtzuerhalten (§ 48 Rn. 59); *VGH Mannheim* NVwZ 1999, 692; *OVG Weimar* LKV 1999, 194 (für einen auf § 48 gestützten Widerspruchsbescheid); *Schnapp/Henkenötter* JuS 1998, 624, 626; zu den Grenzen dieser Umstellungsmöglichkeit, insbes. bei verschiedenen Abgabearten, s. Rn. 19 ff. und § 45 Rn. 48 ff.
[99] Anders wohl *Hill*, S. 433 Fn. 45; *Lüdemann/Windthorst* BayVBl 1995, 357, 358.
[100] So *BSGE* 75, 241, 245, auf den fehlenden Willen zur Aufhebung und Ersetzung des VA abstellend.
[101] *OVG Münster* VerwRspr. 1953, Nr. 29; so auch *Schack* DVBl 1952, 318 f.
[102] *BVerwG* NVwZ 1982, 245; *BVerwGE* 110, 111, 114; *VGH Mannheim* NVwZ 1985, 349; *Schäfer* in Obermayer VwVfG, § 47 Rn. 6; *Kopp/Ramsauer*, § 47 Rn. 3; *Ziekow*, § 47 Rn. 4; *Ule/Laubinger*, § 60 Rn. 11; *Ruffert* in Erichsen/Ehlers, § 21 Rn. 12; eingehend *Schenke* DVBl 1987, 641, 644 f.; *Wirth*, Umdeutung fehlerhafter Verwaltungsakte, 1991, S. 167 ff.; *Laubinger* VerwArch 1987, 207, 345, 356 ff.; *Lüdemann/Windthorst* BayVBl 1995, 357, 358; *Ehlers* Verwaltung 2004, 255, 277. A. A. *Meyer/Borgs*, § 47 Rn. 8; *Meyer* in Knack, § 47 Rn. 8; zu § 128 AO, § 43 SGB X s. *Klein*, § 128 Rn. 2; *Wiesner* in Schroeder-Printzen, § 43 Rn. 3.
[103] Vgl. zu § 140 BGB *BGH* NJW 1977, 1233, 1234.
[104] *Redeker* DVBl 1973, 744, 746.

3. Anforderungen an das Umdeutungsergebnis

33 Der VA, in den umgedeutet wird, muss in dem fehlerhaften VA „**enthalten**", „eingeschlossen sein". Dies bedeutet keineswegs, dass der Regelungsausspruch unverändert bleiben müsste; dies ist vielmehr gerade zumindest typischerweise bei Umdeutungen der Fall.[105] Es dürfen lediglich zwischen der umzudeutenden und der durch die Umdeutung erzeugten Regelung keine wesentlichen rechtlichen Unterschiede bestehen.[106] Für die Wesentlichkeit der Unterschiede sind heute die **Anforderungen der Abs. 1 bis 3** maßgeblich.

34 a) **Zielgleichheit des Umdeutungsergebnisses.** Der andere VA muss **auf das gleiche Ziel gerichtet** sein, d. h. er muss die gleiche materiell-rechtliche Tragweite haben, wie sie dem fehlerhaften VA zukommen sollte;[107] ein Rückgriff auf den Regelungszweck, die Behördenabsicht,[108] dürfte im Ergebnis keinen Unterschied bedeuten. Die gleiche Zielrichtung liegt beispielsweise bei einem den Ausgangsbescheid bestätigenden Widerspruchsbescheid vor;[109] das gleiche Ziel strebt auch die Feststellung des Erlöschens eines VA im Verhältnis zu Rücknahme und Widerruf an,[110] ebenso im Verhältnis zur Rücknahme die Feststellung der Fehlerhaftigkeit des AusgangsVA.[111] Der nicht mehr mögliche Verlängerung der Geltungsdauer eines bereits durch Zeitablauf erloschenen VA kann der Neuerlass des VA entsprechen, der in solchen Fällen erforderlich ist (§ 43 Rn. 190). Für Zielgleichheit von Erschließungs- und Straßenbaubeitragsbescheiden hat sich das *OVG Münster* ausgesprochen;[112] dagegen soll Zielgleichheit zwischen Vorauszahlungsbescheid und Beitragsbescheid im Kommunalabgabenrecht fehlen,[113] ebenso im umgekehrten Fall im Erschließungsbeitragsrecht.[114] Angenommen wird Zielgleichheit zwischen Vorschussbescheid und endgültigem Beitragsbescheid.[115]

35 Am Erfordernis der gleichen Zielrichtung scheitern vielfach die Umdeutungsversuche in den zu Rn. 19 f. genannten Beispielsfällen. So fehlt es an dieser Voraussetzung etwa, wenn der geregelte **Lebenssachverhalt nicht identisch** ist. Keine Deckungsgleichheit bestünde etwa zwischen dem Ausschluss aus einer Handwerksinnung wegen gröblichen Verstoßes gegen die Innungsziele und der Feststellung, dass der Betroffene durch Aufgabe seines Handwerksbetriebes nicht mehr Mitglied der Innung ist. Das *BSG* lehnt die Umdeutung eines verschuldensunabhängigen Aufhebungsbescheides nach § 48 Abs. 1 S. 2 Nr. 3 SGB X in einen verschuldensabhängigen Bescheid nach § 45 SGB X ab.[116]

36 Die Ausrichtung auf das gleiche Ziel kann auch wegen der **Verschiedenheit der Rechtsfolgen** oder der zu berücksichtigenden **Voraussetzungen** fehlen. Zweifelhaft ist etwa, ob die Genehmigung eines Bebauungsplanes als aufsichtliche Rechtskontrollentscheidung auf das gleiche Ziel gerichtet ist wie eine von eigenen planerischen Erwägungen abhängige Zustimmung nach § 125 BauGB a. F.[117] Das gleiche Ziel ist nicht gegeben bei dem Gebot, ein Haus abzubrechen, und der Rücknahme der Baugenehmigung, wohl aber bei Umdeutung eines Befreiungsbescheids in Bauvorbescheid.[118] Zielgleichheit fehlt ferner bei Umdeutung der Rücknahme eines vorläufigen Bewilligungsbescheids in die Ablehnung der endgültigen Bewilligung,[119] eines Haftungsbeschei-

---

[105] Vgl. unter Hinweis auf *BVerwGE* 62, 300, 306 = *NVwZ* 1982, 244, definitorisch *BVerwG NJW* 1990, 673, 674; auch *BGH NVwZ* 2000, 833, 834; *NVwZ* 2000, 1206, 1208 m. w. N.
[106] Vgl. allgemein schon *BVerwGE* 48, 81, 85.
[107] Begründung zu § 43 Entwurf 73; *BVerwGE* 12, 9, 10 f. m. w. N.
[108] So *Wirth*, Umdeutung fehlerhafter Verwaltungsakte, 1991, S. 179 ff., mit Kritik an der hier zugrunde gelegten Formel, ebda. S. 174 ff.
[109] *VGH Mannheim NVwZ-RR* 1991, 493, 495, für Umdeutung des letzteren in neuen Ausgangsbescheid.
[110] *BVerwG BeckRS* 2007, 22 914 = *NVwZ* 2007, 845 LS; *VGH München NVwZ-RR* 1991, 117.
[111] Hier für Auslegung *BSG LKV* 2000, 126, 128; dazu Rn. 8.
[112] *OVG Münster NVwZ-RR* 1991, 265, 267; *DÖV* 2003, 592.
[113] *VGH München NVwZ-RR* 1992, 507, 508; 1994, 113; anders *OVG Münster DÖV* 2003, 592; offen *OVG Koblenz NVwZ-RR* 2004, 373, allerdings für ungünstigere Rechtsfolgen beim endgültigen Bescheid.
[114] *VGH München NVwZ-RR* 1994, 175 f.
[115] *VG Gera ThürVBl* 1999, 90, 91.
[116] *BSG NVwZ-RR* 1989, 1, 2.
[117] Für Umdeutung *BVerwGE* 62, 300, 306 = *NVwZ* 244; *Schäfer* in Obermayer, VwVfG, § 47 Rn. 14; *Kopp/Ramsauer*, § 47 Rn. 15.
[118] *BVerwG DVBl* 1970, 57, 59; auch *OVG Bremen NVwZ-RR* 1988, 6, 7.
[119] *BVerwG DVBl* 1986, 1204, 1207.

§ 47 Umdeutung eines fehlerhaften Verwaltungsaktes

des in einen Steuerbescheid[120] oder eines Steuer- oder sonstigen Leistungsbescheides in einen Haftungsbescheid.[121] Das gleiche Ziel wird insbes. dann nicht verfolgt, wenn es an der **Personengleichheit der Adressaten fehlt,** etwa bei der Umstellung eines Steuerbescheids auf Rechtsnachfolger[122] oder bei der Aufspaltung eines Bescheides in zwei an unterschiedliche Rechtssubjekte gerichtete VAe.[123]

b) Zuständigkeit der erlassenden Behörde. Ferner ist erforderlich, dass die den ursprünglichen VA erlassende Behörde auch für den aus der Umdeutung hervorgehenden VA zuständig wäre.[124] Daher gibt es z.B. keine Umdeutung eines VA der ersten Behörde in einen VA, für dessen Erlass die Widerspruchsbehörde als Erstbehörde zuständig wäre. Die hypothetische Zuständigkeit zum Erlass des VA i.S.d. Umdeutungsergebnisses ist von der Frage, wer die Umdeutung vornehmen kann (s. dazu Rn. 10 ff.), zu trennen.

Zulässig ist hiernach eine Umdeutung einer Rücknahmeentscheidung in eine Abhilfeentscheidung nach § 72 VwGO,[125] eines Widerspruchsbescheids in eine rechtsaufsichtliche Verfügung (nur) **bei Identität** von Widerspruchs- und Aufsichtsbehörde,[126] eines Widerspruchsbescheids in den Ausgangsbescheid (nur) bei Identität von Ausgangs- und Widerspruchsbehörde.[127] Keine Behördenidentität besteht zwischen der Gemeinde und ihrem Bürgermeister bei der Wahrnehmung staatlicher Aufgaben.[128]

c) Keine nicht eingehaltenen Form- und Verfahrensvorschriften. Für den durch Umdeutung gewonnenen VA dürfen keine Form- und Verfahrensvorschriften gelten, die bei dem ursprünglichen VA nicht eingehalten sind.[129] So kann ein mündlicher VA nicht in einen VA umgedeutet werden, der nur schriftlich erlassen werden darf. Ebenfalls unzulässig wäre die Umdeutung eines schriftlichen, nach § 41 bekannt gegebenen VA in einen VA, für den Zustellung vorgeschrieben ist. Ferner kann es wegen unterschiedlicher Zustimmungsvoraussetzungen keine Umdeutung des Negativattests nach § 23 BBauG in eine Bodenverkehrsgenehmigung nach § 19 BBauG[130] geben.

Ausgeschlossen ist auch eine **Umdeutung** einer Aufenthaltsbeendigung nach § 10 AsylVfG a. F. in eine solche nach § 21 AsylVfG a. F. wegen unterschiedlicher Verfahren und unterschiedlicher Rechtsmittel,[131] ferner die Umdeutung einer fristlosen in eine fristgerechte Entlassung eines Beamten wegen Nichteinhaltung personalvertretungsrechtlicher Verfahrensregelungen.[132] Als unzulässig angesehen wird die Umdeutung eines Widerspruchsbescheids in eine Ersatzvornahme der Rechtsaufsicht ohne vorherige Beanstandung und Fristsetzung.[133] Das Erfordernis formeller Rechtmäßigkeit schließt die Umdeutung auch dann aus, wenn dem Umdeutungsergebnis nur Fehler anhaften, die gem. § 46 keinen Aufhebungsanspruch auslösen könnten;[134] unschädlich sind aber unwesentliche Fehler (§ 45 Rn. 116 ff.).

d) Erfüllung der inhaltlichen Voraussetzungen. Schließlich müssen die gesetzlichen Voraussetzungen für den VA, in den umgedeutet wird, wirklich[135] vorliegen, und zwar im Hinblick

---

[120] *OVG Münster* NVwZ-RR 1999, 467 ff.; auch *BFHE* 120, 329, 332; 182, 480, 483; *BFH* BStBl II 1979, 347, 349; 1983, 517, 518; 1985, 170, 172; *Klein*, § 128 Anm. 2.
[121] *OVG Frankfurt (Oder)* NJW 1998, 3513, 3514; *BFHE* 82, 484, 487; 127, 243, 248; 120, 329, 332; 182, 480, 483.
[122] *BFH* NVwZ 1987, 534, 535.
[123] *OVG Münster* NWVBl 1997, 311 f., für Abgabenbescheid.
[124] Vgl. *VGH München* BayVBl 1984, 304; *Lüdemann/Windthorst* BayVBl 1995, 357, 358.
[125] *VGH München* BayVBl 1983, 212, 214.
[126] *VGH München* NVwZ 1983, 161 f.
[127] *VGH Mannheim* NVwZ-RR 1991, 493, 495.
[128] *VGH Mannheim* NVwZ 1990, 388, 390, gegen Umdeutung eines Leistungsbescheides wegen Ersatzanspruchs aus Benutzungsverhältnis in einen polizeirechtlichen Kostenerstattungsbescheid.
[129] *BVerwG* NJW 1981, 242.
[130] *OVG Münster* 21. 6. 1978 – VII A 1068/76.
[131] *OVG Saarlouis* ASRP-SL 18, 348, 352.
[132] *VGH Mannheim* NVwZ 1990, 789, 790. Dagegen lässt *BVerwG* NVwZ 1993, 698 f., die Umdeutung einer fristlosen Entlassung eines Beamten auf Probe in die fristgebundene Entlassung zu, weil die zu ersterer erklärte Zustimmung des Personalrats auch zur fristgebundenen Entlassung umfasse.
[133] *VGH München* NVwZ 1983, 161, 162.
[134] A. A. *Kopp/Ramsauer*, 7. Aufl. 2000, § 47 Rn. 17, für die als VA verstandene Umdeutung; jetzt *Kopp/Ramsauer* anders; offenbar auch *VG Frankfurt a. M.* LKV 1992, 27, 28.
[135] Zur Maßgeblichkeit der wahren Rechtslage, also der gerichtlichen Sicht, ausdrücklich *BVerwG* NVwZ 2004, 1242, 1243.

auf die ex tunc-Wirksamkeit (Rn. 32) von Anfang an,[136] d. h. der **VA** in der durch Umdeutung **gewonnenen Gestalt muss auch materiell rechtmäßig sein.**[137] Daher scheidet etwa die Umdeutung einer Polizeiverfügung in einen zur Durchsetzung vertraglich übernommener Pflichten unzulässigen VA aus,[138] ebenso eine Umdeutung in eine Regelung, für die die erforderliche Rechtsgrundlage noch nicht erlassen ist.[139]

42 Die Umdeutung einer **gebundenen Entscheidung in eine Ermessensentscheidung** ist ausgeschlossen, da die Behörde bei Erlass des VA ihr Ermessen nicht ausgeübt hat[140] (§ 40 Rn. 77 ff.; § 45 Rn. 43 f., 51 ff.). Abs. 3 hat nur klarstellende Bedeutung (s. Rn. 55). Daher und aus den zu § 45 Rn. 51 ff. genannten Gründen liegt auch in dem erstmaligen **Nachschieben von Ermessensgründen** im Prozess keine Umdeutung einer gebundenen Entscheidung in eine Ermessensentscheidung.[141]

43 Bei Umdeutung einer **Ermessensentscheidung** in eine **andere Ermessensentscheidung** ist zu beachten, dass eine Umdeutung in eine nicht getroffene Ermessensentscheidung ausgeschlossen ist, was Abs. 3 (Rn. 55 ff.) verdeutlicht.[142] Dementsprechend ist zu prüfen, ob die Behörde bei Erlass des fehlerhaften VA gleichzeitig ihr Ermessen entsprechend der gesetzlichen Ermächtigung, die zum Erlass des anderen VA berechtigt, ausgeübt und die für diesen VA gezogenen gesetzlichen Grenzen des Ermessens eingehalten hat.[143] Häufig wird eine Umdeutung hieran scheitern, s. auch § 45 Rn. 51 ff., z. B. wenn der **Ermessensrahmen** unterschiedlicher Rücknahmeermächtigungen **differiert.**[144] Eine gerichtliche Umdeutung setzt die vorherige fehlerfreie Betätigung des der Behörde vorbehaltenen Ermessens hinsichtlich des Umdeutungsergebnisses voraus.[145]

44 Zugelassen wurde insoweit **beispielsweise** die Umdeutung der Unterschutzstellung als Naturdenkmal in eine Unterschutzstellung als geschützter Landschaftsbestandteil,[146] der Rücknahme in Widerruf,[147] nicht aber von Widerruf in Rücknahme, auch nicht bei ex nunc-Wirkung;[148] ferner die des Widerrufs einer Ausflugserlaubnis in Untersagungsverfügung nach § 22 LuftVG.[149]

III. Ausschluss der Umdeutung (Abs. 2)

45 **Abs. 2** schließt – wie es bereits nach der vor Erlass des VwVfG h. M. angenommen wurde – die Umdeutung für drei Fälle aus:

1. Keine Absichtswidrigkeit (Abs. 2 S. 1 1. Alt.)

46 Der durch Umdeutung gewonnene VA darf nicht der **erkennbaren Absicht** der erlassenden Behörde **widersprechen.**[150] Zur erkennbaren Absicht kann an die zu § 44 Abs. 4 entwickelten Regeln angeknüpft werden (dazu § 44 Rn. 191 ff.).[151] Deshalb ist keine Umdeutung einer fehlerhaften Dienstantrittsanordnung in einen neuen Einberufungsbescheid möglich, wenn der

---

[136] *OVG Münster* NWVBL 1992, 142, 144 f. m. w. N.; a. A. *Meyer* in Knack, § 47 Rn. 12.
[137] *BVerwGE* 48, 166, 168 f.; *OVG Lüneburg* NJW 1984, 2652, 2653; *OVG Münster* DVBl 1997, 505, 506; *Meyer* in Knack, § 47 Rn. 12; *Kopp/Ramsauer,* § 47 Rn. 19.
[138] *VGH Mannheim* VBlBW 2005, 478, 480.
[139] Ohne abschließende Stellungnahme *BVerfGE* 105, 48, 60.
[140] *BVerwGE* 15, 196, 199; 48, 81, 84; *BVerwG* NJW 1986, 1770, 1772; auch *VGH München* NVwZ-RR 1994, 175 f.
[141] Im Ergebnis auch *BVerwG* NJW 1982, 304 f.; 1982, 1413 m. Anm. *H. J. Müller* NJW 1982, 1370.
[142] *BVerwG* NVwZ 2000, 195, 196.
[143] *VGH München* NuR 1983, 70.
[144] *BVerwG* NVwZ 2000, 195, 196; *P. Stelkens* BauR 1978, 164; 1980, 8.
[145] *BGHZ* 154, 21, 25 f., nachdem das *KG* es unter Vertagung dem BKartA überlassen hatte, die Umdeutung auszusprechen.
[146] *VGH München* NuR 1983, 70.
[147] *BVerwGE* 97, 245, 254 f., zum Waffenrecht.
[148] *OVG Münster* NVwZ 1988, 942, 943.
[149] *VG Köln* ZLW 1982, 176, 182 ff.
[150] Ähnlich schon vor Erlass des VwVfG bei Konversion fehlerhafter Staatsakte *Pappenheim* Fischer's Zeitschrift für Verwaltungsrecht 60, 1, 27 ff.
[151] *OVG Münster* DVBl 1991, 1366, 1367.

frühere Einberufungsbescheid ausdrücklich aufrechterhalten bleibt.[152] Die Umdeutung einer nachträglichen Anordnung nach § 5 WHG in einen Teilwiderruf wird abgelehnt, weil mit der gewählten Entscheidung erkennbar jede Entschädigungszahlung vermieden werden soll.[153]

Die bewusst gewählte **negative Formulierung** des Abs. 2 verlangt abweichend von § 140 BGB nicht, dass die Behörde oder gar der Beteiligte bei Kenntnis der Fehlerhaftigkeit den durch Umdeutung gewonnenen VA erkennbar gewollt hätte. Nach Auffassung des *BVerwG*[154] scheint es für die entgegenstehende Absicht u. U. schon zu genügen, dass die Behörde erkennbar die Absicht gehabt hat, mit dem ursprünglichen VA auf Grund einer anderen Ermächtigungsnorm tätig zu werden (für § 43 SGB X); danach soll die Kostenerstattung nach § 92 c BSHG anstelle von Erstattung nach § 50 SGB X ausgeschlossen sein. Unter diesem Gesichtspunkt wurde auch die Umdeutung eines Aktenvorlagebefehls in die Verpflichtung, der Vorlage durch einen Dritten zuzustimmen, abgelehnt,[155] ferner die Umdeutung einer Untersagungsverfügung in den Widerruf einer Erlaubnis.[156] 47

2. Keine ungünstigeren Rechtsfolgen (Abs. 2 S. 1 2. Alt.)

Die **Rechtsfolgen** dürfen für den Betroffenen **nicht ungünstiger sein** als die des fehlerhaften VA. Ungünstiger sind die Rechtsfolgen, wenn die **Rechtsstellung** des Betroffenen **nach der Umdeutung** des VA weniger vorteilhaft oder stärker belastend ist, als nach der Ausgangsfassung. In diesem Fall kommt nur Rücknahme des ursprünglichen VA und Neuerlass des ungünstigeren VA in Betracht. 48

Ausgeschlossen ist daher **beispielsweise** die Umdeutung einer sog. Sperrverfügung (Aussetzung einer Lastenausgleichszahlung) in eine Rücknahme der Feststellung,[157] eines Leistungsbescheides bei beschränkter Haftung in einen Bescheid bei unbeschränkter Haftung,[158] der Entlassung eines Beamten in die Rücknahme seiner Ernennung,[159] einer fristgebundenen in eine fristlose Entlassung,[160] des Widerrufs in die Rücknahme eines Zuwendungsbescheids.[161] Trotz der allgemeinen Grundsätze (Rn. 28) hat das *BVerwG* aber eine Umdeutung eines VA in einen Hinweis auf eine künftige Entscheidung abgelehnt.[162] 49

Es genügt für diese Voraussetzung des Abs. 2 aber auch, dass sich die Rechtsfolgen des VA, in den umgedeutet werden soll, für den Betroffenen tatsächlich, insbes. **wirtschaftlich ungünstiger** auswirken als die des fehlerhaften VA.[163] Andererseits sollen nur abstrakt ungünstigere Rechtsfolgen ohne praktische Auswirkungen außer Betracht bleiben.[164] 50

Ungünstiger wirken sich die Rechtsfolgen auch aus, wenn durch die gefundene Regelung eine **zusätzliche belastende Funktion** des VA (§ 35 Rn. 30 ff.) geschaffen wird. Deshalb bestehen Bedenken gegen die Umdeutung einer nur kassatorischen Aufhebung eines VA in eine vollstreckbare Untersagungsverfügung.[165] Auch eine Umdeutung eines an den Rechtsvorgänger gerichteten Bescheides in einen an den Rechtsnachfolger gerichteten ist nicht möglich.[166] Der (ex nunc wirksame) Widerruf eines VA kann nicht in eine Rücknahme ex tunc umgedeutet werden, die den Bestandsschutz beseitigen würde.[167] 51

---

[152] *BVerwG* DÖV 1985, 986.
[153] S. *Salzwedel* in Festschrift Sendler, 1991, S. 321, 330.
[154] Jedenfalls in *BVerwGE* 78, 165, 171.
[155] *OVG Lüneburg* NJW 1984, 2652, 2653.
[156] So zum Wasserrecht BGHZ 143, 362, 370.
[157] *BVerwGE* 17, 363, 365.
[158] *BVerwGE* 78, 165, 171.
[159] *BVerwGE* 109, 68, 73 f. = LKV 2000, 112, mit Rücksicht auf die ex tunc-Wirkung (nur) der Rücknahme; dazu auch *Ehlers* Verwaltung 2004, 255, 278.
[160] *OVG Greifswald* LKV 1998, 110, 111.
[161] Auch wegen der ungünstigeren Rechtsfolgen für die Vergangenheit *VG Frankfurt*, 28. 5. 2002, – 1 E 5202/01, juris; anders *VG Potsdam* NVwZ-RR 2003, 329, 330.
[162] *BVerwGE* 60, 269, 275.
[163] Vgl. *VGH München* BayVBl 1987, 276; offen lassend BayVBl 1988, 755, 756.
[164] So *VG Berlin*, 20. 9. 2005, – 2 A 84.04, juris.
[165] Daher bedenklich *VG Köln* ZLW 1982, 176, 182 ff.; s. Rn. 44.
[166] *BFH* NVwZ 1987, 534.
[167] Für Baugenehmigung *OVG Münster* NVwZ 1988, 942, 943; für die Möglichkeit der Umdeutung in eine ex nunc wirksame Rücknahme bei Vorbescheid *VGH München* NVwZ-RR 2005, 787, 791; ähnlich bei Beurlaubung eines Beamten *VG Gelsenkirchen*, 23. 8. 2006, – 1 K 2718/05, juris, Rn. 41.

52 Andererseits kann die Umdeutung einer Rücknahmeentscheidung in eine Abhilfeentscheidung nach § 72 VwGO zulässig sein, sofern die Voraussetzungen nach Rn. 53 noch gegeben sind.[168] Abs. 3 steht dem nicht entgegen. Der Wegfall der Anfechtbarkeit durch die Umdeutung in einen rechtmäßigen VA ist gerade das Ziel der Umdeutung, stellt also **keine Schlechterstellung** im Sinne der Vorschrift dar.[169] Die Umdeutung einer Abhilfeentscheidung in eine Rücknahmeentscheidung kann am unterschiedlichen Ermessensrahmen (Rn. 43) scheitern.[170]

3. Kein Rücknahmeausschluss (Abs. 2 S. 2)

53 Schließlich ist eine **Umdeutung unzulässig,** wenn eine **Rücknahme** des fehlerhaften VA **nicht mehr möglich** wäre (s. auch Rn. 17). Durch diese Regelung wird verhindert, dass der Bestandsschutz begünstigender VAe durch Umdeutung unterlaufen wird. Deshalb ist eine Umdeutung ausgeschlossen, wenn eine Rücknahme aus Gründen des Vertrauensschutzes des § 48 Abs. 2 S. 2 oder auch wegen Versäumung der Jahresfrist nach § 48 Abs. 4[171] ausgeschlossen wäre. Die Umdeutung einer wegen Vertrauensschutzes nach § 48 Abs. 3 ausgleichspflichtigen Rücknahme in eine Aufhebung ohne Ausgleichsanspruch ist wegen der ungünstigeren Rechtsfolgen (Rn. 48 ff.) ausgeschlossen.

54 Für die **Umdeutung nichtiger VAe** (s. Rn. 31) greift § 47 Abs. 2 S. 2 nicht ein, da der Rücknahmeausschluss bei Nichtigkeit des VA keinen Bestandsschutz bewirken kann, s. § 43 Abs. 3.

IV. Umdeutung in Ermessensentscheidung (Abs. 3)

1. Grundsätzliche Klarstellung

55 Abs. 3 stellt für den Fall der Umdeutung eines **gebundenen VA** in eine **Ermessensentscheidung** klar, dass die Voraussetzungen des Abs. 1 nicht vorliegen.[172] Auch vor Inkrafttreten des VwVfG wurde eine Umdeutung einer gebundenen Entscheidung in eine Ermessensentscheidung in aller Regel als unzulässig angesehen.[173] Daher kommt die Umdeutung einer Genehmigungsversagung in die Rücknahme der Genehmigung nicht in Betracht.[174] Ausgeschlossen ist die Umdeutung auch, wenn die Regelung, in die umgedeutet wird, ihrerseits eine Ermessensentscheidung voraussetzt, z. B. Leistungsbescheid in Erstattungsbescheid, der die Rücknahme eines Bewilligungsbescheides voraussetzt.[175] Für eine Beschränkung des Abs. 3 auf Wirkung nur für die Gerichte[176] ist beim hier vertretenen Verständnis der Umdeutung kein Raum.

56 Zur **Umdeutung einer Ermessensentscheidung** in andere Ermessensentscheidung s. Rn. 43 f. Die Umdeutung einer **Ermessensentscheidung** in eine gebundene Entscheidung[177] richtet sich nach den allgemeinen Voraussetzungen (s. insbes. Rn. 48 ff.).

2. Ermessensschrumpfung

57 Schon von der früheren Rspr.[178] wurde eine Umdeutung zugelassen, wenn der Behörde für den VA, in den umgedeutet wird, wegen **Ermessensreduzierung auf Null** kein Ermessen

---

[168] *VGH München* BayVBl 1983, 212, 214; § 48 Rn. 64 f.
[169] *VGH Mannheim* NVwZ 1985, 349; *VGH München* NVwZ-RR 1991, 117; zustimmend *Schenke* DVBl 1987, 641, 645 m. w. N.; anders wohl – gegen die Umdeutung bei verfahrensrechtlicher Schlechterstellung – *Hufen*, Rn. 523 f.; wohl auch *Badura* in Erichsen, § 38 Rn. 44.
[170] *BVerwG* NVwZ 2000, 195, 196.
[171] So auch *Schnapp/Cordewener* JuS 1999, 147, 149 m. w. N.
[172] Ausdrücklich *BVerwGE* 65, 313, 322; *OVG Lüneburg* NVwZ 1989, 582, 583; unscharf insoweit *OVG Münster* StGRat 1993, 250 f.; Rn. 42.
[173] *BVerwGE* 15, 196, 199; *BVerwG* NJW 1975, 2309; offen in *BVerwG* NJW 1982, 1413.
[174] *BVerwGE* 48, 81, 82.
[175] *BVerwGE* 78, 165, 171.
[176] Vgl. in diesem Sinne *Horn* Verwaltung 1992, 203, 234 f. m. w. N.
[177] Vgl. *BVerwG* DVBl 1986, 1204, 1207; *VG Frankfurt a. M.* LKV 1992, 27, 28.
[178] *BVerwGE* 48, 81, 84; *VGH München* BayVBl 1983, 467, 469; *OVG Lüneburg* NVwZ 1989, 582, 583.

§ 47 Umdeutung eines fehlerhaften Verwaltungsaktes

zustehen würde (s. § 40 Rn. 56 ff.). Diesen Ausnahmefall soll Abs. 3 nach der Begründung zu § 43 Abs. 3 Entwurf 73 weiterhin ermöglichen, ohne dass er eigens im Gesetz erwähnt wird.[179] Das *BVerfG*[180] sieht jedenfalls keine Grundrechte verletzt, wenn eine gebundene Entscheidung in eine einem Beurteilungsspielraum unterliegende umgedeutet wird, solange diese nur ebenso hätte ausfallen müssen.

V. Anhörung (Abs. 4)

Abs. 4 stellt entsprechend früherem Recht (s. Rn. 7) sicher, dass auch bei der Konversion dem Betroffenen das **rechtliche Gehör** gewährt wird. Bevor umgedeutet wird, muss der Betroffene **entsprechend § 28** gehört werden. Durch die (nur) entsprechende Anwendung des § 28 ist sichergestellt, dass § 28 Abs. 1 immer eingreift, auch wenn der VA, der umgedeutet wird, und der, in den umgedeutet wird, begünstigende VAe sind.[181] Das rechtliche Gehör soll gewährt werden, auch wenn nicht in die Rechte eines Beteiligten i. S. d. § 28 Abs. 1 eingegriffen wird. Entsprechend eng sind die Ausnahmen des § 28 Abs. 2 auszulegen. Von der Anhörung kann daher nicht schon dann nach § 28 Abs. 2 Nr. 3 abgesehen werden, wenn der VA, in den umgedeutet wird, weniger von den tatsächlichen Angaben des Betroffenen zu seinen Ungunsten abweicht als der AusgangsVA. 58

Ohne Gewährung des rechtlichen Gehörs ist die Umdeutung unzulässig. Entsprechend § 45 Abs. 1 Nr. 3 ist die **Anhörung** jedoch **nachholbar**. Obgleich durch die Umdeutung kein VA erlassen wird, ist der Sinngehalt des § 45 auf sie anwendbar.[182] Erfolgt die Umdeutung im verwaltungsgerichtlichen Verfahren gegen den ursprünglichen VA (Rn. 10 ff.), ist rechtliches Gehör nach den prozessualen Grundsätzen zu gewähren.[183] Dies ist auch noch im Revisionsverfahren möglich.[184] 59

Bei einer Verletzung des rechtlichen Gehörs nach Abs. 4 i. V. m. § 28 ist **§ 46 entsprechend** heranzuziehen, da der Sinn dieser Vorschrift auch Verletzungen von Verfahrensfehlern bei der Umdeutung erfasst. Dies bedeutet, dass noch das Gericht die Umdeutung vornehmen muss, wenn die Anforderungen des § 47 erfüllt sind. 60

VI. Landesrecht

Die LVwVfGe enthalten – abgesehen von der geschlechtsverdoppelten Fassung des Abs. 2 in SchlH (auch: „die Betroffene) – **keine abweichenden Regelungen.** 61

VII. Vorverfahren

§ 47 ist auch auf den **Widerspruchsbescheid** anwendbar.[185] Aus dem Bestimmtheitserfordernis folgt nichts anderes, da die Anforderungen an die betroffene materielle Seite des Widerspruchsbescheides (§ 35 Rn. 372) nicht größer sind als für den erstinstanzlichen VA. In der Regel stellt sich aber die Frage nach der Umdeutung des **ursprünglichen VA**. Diese kann auch die Widerspruchsbehörde im Widerspruchsbescheid vornehmen (Rn. 10). 62

---

[179] *BVerwG* NVwZ 2000, 195, 196; *BVerwG* BeckRS 2007, 22 914 = NVwZ 2007, 845 LS; *VG Köln* WM 2004, 1718, 1719; *Ehlers* Verwaltung 2004, 255, 278.
[180] *BVerfGE* 73, 280, 300 f.
[181] Ebenso *Ziekow*, § 47 Rn. 15; *Ule/Laubinger*, § 60 Rn. 21.
[182] Nach der Ursprungsfassung des § 45 Abs. 2 konnte das rechtliche Gehör im Prozess nicht mehr nachgeholt werden, *OVG Münster* DVBl 1991, 1312 f.; StGRat 1993, 250 f.
[183] So im Ergebnis auch *VGH München* BayVBl 1983, 212, 214.
[184] *BVerwGE* 110, 111, 114 = NVwZ 2000, 575; *BVerwGE* 115, 111, 114 = NVwZ 2002, 343, 344.
[185] § 79; a. A. *Busch* in Knack, § 79 Rn. 120; wie hier *VGH Mannheim* NVwZ-RR 1991, 493, 495; *Allesch*, S. 205; wohl auch *VGH München* NVwZ 1983, 161 f.

§ 48 Rücknahme eines rechtswidrigen Verwaltungsaktes

(1) ¹Ein rechtswidriger Verwaltungsakt kann, auch nachdem er unanfechtbar geworden ist, ganz oder teilweise mit Wirkung für die Zukunft oder für die Vergangenheit zurückgenommen werden. ²Ein Verwaltungsakt, der ein Recht oder einen rechtlich erheblichen Vorteil begründet oder bestätigt hat (begünstigender Verwaltungsakt), darf nur unter den Einschränkungen der Absätze 2 bis 4 zurückgenommen werden.

(2) ¹Ein rechtswidriger Verwaltungsakt, der eine einmalige oder laufende Geldleistung oder teilbare Sachleistung gewährt oder hierfür Voraussetzung ist, darf nicht zurückgenommen werden, soweit der Begünstigte auf den Bestand des Verwaltungsaktes vertraut hat und sein Vertrauen unter Abwägung mit dem öffentlichen Interesse an einer Rücknahme schutzwürdig ist. ²Das Vertrauen ist in der Regel schutzwürdig, wenn der Begünstigte gewährte Leistungen verbraucht oder eine Vermögensdisposition getroffen hat, die er nicht mehr oder nur unter unzumutbaren Nachteilen rückgängig machen kann. ³Auf Vertrauen kann sich der Begünstigte nicht berufen, wenn er

1. den Verwaltungsakt durch arglistige Täuschung, Drohung oder Bestechung erwirkt hat;
2. den Verwaltungsakt durch Angaben erwirkt hat, die in wesentlicher Beziehung unrichtig oder unvollständig waren;
3. die Rechtswidrigkeit des Verwaltungsaktes kannte oder infolge grober Fahrlässigkeit nicht kannte.

⁴In den Fällen des Satzes 3 wird der Verwaltungsakt in der Regel mit Wirkung für die Vergangenheit zurückgenommen.

(3) ¹Wird ein rechtswidriger Verwaltungsakt, der nicht unter Absatz 2 fällt, zurückgenommen, so hat die Behörde dem Betroffenen auf Antrag den Vermögensnachteil auszugleichen, den dieser dadurch erleidet, dass er auf den Bestand des Verwaltungsaktes vertraut hat, soweit sein Vertrauen unter Abwägung mit dem öffentlichen Interesse schutzwürdig ist. ²Absatz 2 Satz 3 ist anzuwenden. ³Der Vermögensnachteil ist jedoch nicht über den Betrag des Interesses hinaus zu ersetzen, das der Betroffene an dem Bestand des Verwaltungsaktes hat. ⁴Der auszugleichende Vermögensnachteil wird durch die Behörde festgesetzt. ⁵Der Anspruch kann nur innerhalb eines Jahres geltend gemacht werden; die Frist beginnt, sobald die Behörde den Betroffenen auf sie hingewiesen hat.

(4) ¹Erhält die Behörde von Tatsachen Kenntnis, welche die Rücknahme eines rechtswidrigen Verwaltungsaktes rechtfertigen, so ist die Rücknahme nur innerhalb eines Jahres seit dem Zeitpunkt der Kenntnisnahme zulässig. ²Dies gilt nicht im Falle des Absatzes 2 Satz 3 Nr. 1.

(5) Über die Rücknahme entscheidet nach Unanfechtbarkeit des Verwaltungsaktes die nach § 3 zuständige Behörde; dies gilt auch dann, wenn der zurückzunehmende Verwaltungsakt von einer anderen Behörde erlassen worden ist.

Vergleichbare Vorschriften: § 130 AO, für die der Anzahl nach weit bedeutsameren Steuerbescheide aber die Sondervorschriften in §§ 172 ff. AO; §§ 44, 45 SGB X.

Abweichendes Landesrecht: –

Entstehungsgeschichte: Bis zum Inkrafttreten des VwVfG vgl. § 48 der 6. Auflage. Die bislang einzigen **Änderungen** des § 48 sind nach langwierigen Bemühungen (dazu näher § 49 Rn. 88 ff.) mit dem Gesetz zur Änderung verwaltungsverfahrensrechtlicher Vorschriften vom 2. 5. 1996, BGBl I 656, Art. 1 Nr. 2, erfolgt. Die in Abs. 2 gestrichenen Sätze 5–8 wurden durch die hinsichtlich der Rücknahme weitgehend inhaltsgleichen Abs. 1 und 2 des übergreifenden neuen § 49 a ersetzt und durch die Verzinsungsregelung des § 49 a Abs. 3 ergänzt. Abs. 6 war angesichts anderweitiger Rechtswegregelungen entbehrlich und wurde auch aus Gründen der Rechtsklarheit gestrichen. Ferner ist eine kleine redaktionelle Änderung mit der Bek. der Neufassung v. 21. 1. 2003, BGBl I 102, erfolgt.
S. ferner Rn. 6, 14, 18, 45–47, 61, 68, 81, 90, 106, 112–114, 116, 117, 120, 121, 127, 130, 139, 144, 148, 156, 165, 179, 185, 193, 194, 197, 198, 203, 221, 222, 256, 260.

§ 48 Rücknahme eines rechtswidrigen Verwaltungsaktes § 48

Literatur: *Ossenbühl,* Die Rücknahme fehlerhafter begünstigender Verwaltungsakte, 2. Aufl. 1965; *Knoke,* Rechtsfragen der Rücknahme von Verwaltungsakten, 1989; *Steiner,* Zum Anwendungsbereich verwaltungsverfahrensrechtlicher Regelungen über die materielle Bestandskraft von Verwaltungsakten (§§ 48, 49 VwVfG), VerwArch 1992, 479; *Ammelburger,* Strukturprobleme der Bestandskraftlehre, 1997; *Brede,* Der Verwaltungsakt mit Dauerwirkung, 1997; *Erfmeyer,* Die Befugnis der Behörde zum Erlaß von Folgebescheiden nach rechtskräftigem Urteil über den Erstbescheid, DVBl 1997, 27; *ders.,* Der Vertrauensausschluß bei „Erwirkung" eines rechtswidrigen Verwaltungsakts durch den Begünstigten (§ 48 Abs. 2 Satz 3 Nrn. 1 und 2 VwVfG), DÖV 1997, 629; *Gotzen,* Das Verwaltungsakt-Wiederholungsverbot. Zu Umfang und Grenzen der Bindung der Verwaltung an rechtskräftige klagestattgebende Anfechtungsurteile, Diss. Bonn 1997; *Stelzer,* Was leistet das Prinzip der Rechtssicherheit?, Verwaltung 1997, 139; *M. Arndt,* Rücknahme und Widerruf von Verwaltungsakten – Aufhebung und Änderung von Steuerbescheiden, 1998; *Berg/Dragunski,* Die Rechtsprechung zum Verwaltungsverfahrensrecht seit 1993, JZ 1998, 774; *Ehlers,* Das Verwaltungsverfahrensgesetz im Spiegel der Rechtsprechung, Verwaltung 1998, 53; *ders.,* Die Vereinbarkeit der „Alcan"-Rechtsprechung des EuGH mit dem deutschen Verfassungsrecht, DZWir 1998, 491; *Günther,* Korrektur rechtswidriger Währungsumstellung, GewArch 1998, 323; *Stern,* Die Einwirkung des europäischen Gemeinschaftsrechts auf die Verwaltungsgerichtsbarkeit, JuS 1998, 769; *Bamberger,* Rücknahme und Widerruf begünstigender Allgemeinverfügungen, DVBl 1999, 1632; *Ehlers,* Rechtsprobleme der Rückforderung von Subventionen, GewArch 1999, 305; *Bullinger,* Vertrauensschutz im deutschen Verwaltungsrecht in historisch-kritischer Sicht, JZ 1999, 905; *B. Erbguth,* Der Rechtsschutz gegen die Aufhebung begünstigender Verwaltungsakte, 1999; *Erichsen/Brügge,* Die Rücknahme von Verwaltungsakten nach § 48 VwVfG, Jura 1999, 155; *Schmehl,* Die verfassungsrechtlichen Rahmenbedingungen des Bestands- und Vertrauensschutzes bei Genehmigungen unter Änderungsvorbehalt, DVBl 1999, 19; *Schnapp/Cordewener,* Welche Rechtsfolgen hat die Fehlerhaftigkeit eines Verwaltungsakts?, JuS 1999, 39, 42 f.; *Neumann,* Die Entwicklung des Verwaltungsverfahrensrechts, NVwZ 2000, 1244, 1251; *Schenke,* Der Anspruch des Verletzten auf Rücknahme des Verwaltungsakts vor Ablauf der Anfechtungsfristen, in FS Maurer, 2001, S. 723; *Zacharias,* Rücknahme und Widerruf von Vertragsgenehmigungen, NVwZ 2002, 1306; *Felix,* Der Verwaltungsakt mit Dauerwirkung, NVwZ 2003, 385; *Uhle,* Die Bindungswirkung des Widerspruchsbescheids, NVwZ 2003, 811; *Erbguth,* Rücknahmefrist und „intendiertes" Ermessen: Vertrauensschutz im bayerischen Abwind, JuS 2002, 333; *Schmieszek* in Brandt/Sachs (Hrsg.), Handbuch Verwaltungsverfahren und Verwaltungsprozess, 2. Aufl. 2003, I. **Zur Jahresfrist (Abs. 4)** s. Rn. 199. **Zum EG-Recht:** *Borchardt,* Der Grundsatz des Vertrauensschutzes im Europäischen Gemeinschaftsrecht, 1988; *Streinz,* Vertrauensschutz und Gemeinschaftsinteresse beim Vollzug des europäischen Gemeinschaftsrechts durch deutsche Behörden, Verwaltung 1990, 153; *Barth,* Mitgeschriebene Kompetenzen der Kommission im Beihilfenrecht des EGV: das Dilemma bei der Rückforderung gemeinschaftsrechtswidriger Subventionen, 1996; *Beckmann,* Die Rückforderung gemeinschaftsrechtswidriger staatlicher Beihilfen, 1996; *Hakenberg,* Die Rechtsprechung des EuGH auf dem Gebiet der staatlichen Beihilfen im Jahre 1996, EWS 1997, 217, 221; *Hoenike,* Vertrauensschutz bei der Rückforderung zu Unrecht gewährter Beihilfen, EuZW 1997, 279; *Lübbig,* EuGH – Rückforderung unzulässiger Beihilfen, WiB 1997, 941; *Michels,* Vertrauensschutz beim Vollzug von Gemeinschaftsrecht und bei der Rückforderung rechtswidriger Beihilfen, 1997; *Sinnaeve,* Die Rückforderung gemeinschaftsrechtswidriger nationaler Beihilfen, 1997; *Zivier,* Grundzüge und aktuelle Probleme des EU-Beihilferechts unter Berücksichtigung der Bezüge zum deutschen Verwaltungsrecht, Jura 1997, 116; *Berninghausen,* Die Europäisierung des Vertrauensschutzes, 1998; *Detterbeck,* Rücknahme und Widerruf von Verwaltungsakten in LdR 9/1475; *Happe,* Rückforderung von Zuwendungen nach negativer Kommissionsentscheidung im Beihilfeverfahren, NVwZ 1998, 26; *Haratsch,* Zur Dogmatik von Rücknahme und Widerruf von Rechtsakten der Europäischen Gemeinschaft, EuR 1998, 387; *Meesenburg,* Das Vertrauensschutzprinzip im europäischen Finanzverwaltungsrecht, 1998; *Scholz,* Zum Verhältnis von europäischem Gemeinschaftsrecht und nationalem Verwaltungsverfahrensrecht, DÖV 1998, 261; *Hanf,* Der Vertrauensschutz bei der Rücknahme rechtswidriger Verwaltungsakte als neuer Prüfstein für das „Kooperationsverhältnis" zwischen EuGH und BVerfG, ZaöRV 1999, 51; *Nickel,* Das Spannungsverhältnis zwischen Europäischem Gemeinschaftsrecht und den §§ 48–49a VwVfG, 1999; *Winkler,* Das „Alcan"-Urteil des EuGH – eine Katastrophe für den Rechtsstaat?, DÖV 1999, 148; *Gromitsaris,* Neue Entwicklungen des Vertrauensschutzes bei Rücknahme und Rückforderung europarechtsrelevanter Beihilfen, ThürVBl 2000, 7; *Gündisch,* Rückforderung von nationalen Beihilfen – Kein Konflikt zwischen europäischem Gemeinschaftsrecht und deutschem Verfassungsrecht, NVwZ 2000, 1125; *Koenig/Kühling,* Grundfragen des EG-Beihilfenrechts, NJW 2000, 1065; *H. Müller,* Die Aufhebung von Verwaltungsakten unter dem Einfluss des Europarechts, 2000; *Suerbaum,* Die Europäisierung des nationalen Verwaltungsverfahrensrechts am Beispiel der Rückabwicklung gemeinschaftsrechtswidriger staatlicher Beihilfen, VerwArch 2000, 169; *Vogt,* Rechtsprobleme der europäischen Beihilfenaufsicht, 2000; *Kuntze,* Europarecht im deutschen Verwaltungsprozeß (4): Allgemeines Verwaltungsrecht, VBlBW 2001, 5; *Scheuing,* Europäisierung des Verwaltungsrechts, Verwaltung 2001, 107; *Schwarz,* Vertrauensschutz im Spannungsfeld von Europäischem Gerichtshof und Bundesverfassungsgericht, Verwaltung 2001, 297; *Koenig/Pickartz,* Die aufschiebend bedingte staatliche Beihilfekontrolle, BayVBl 2002, 193; *Nehl,* Europäisches Verwaltungsverfahren und Gemeinschaftsverfassung, 2002; *Schoch,* Europäisierung des Verwaltungsrechts und des Verwaltungsprozessrechts, NordÖR 2002, 1; *Frenz,* Rücknahme eines gemeinschaftswidrigen belastenden Verwaltungsaktes, DVBl. 2005, 375; *Gündisch,* Die Erstattung gemeinschaftsrechtlicher Gebühren nach nationalem Verfahrensrecht – Ein Dauerthema für den EuGH, in FS Götz, 2005, S. 191; *Potacs,* Gemeinschaftsrecht und Bestandskraft staatlicher Verwaltungsakte, in FS Ress, 2005, S. 729; *Lenze,* Die Bestandskraft von Verwaltungsakten nach der Rechtsprechung des EuGH, VerwArch 97 (2006), 49; *Gärditz,* Die Bestandskraft gemeinschaftswidriger Verwaltungsakte zwischen Kasuistik und Systembildung, NWVBl 2006, 441. **Zur AO** *M. Arndt,* Rücknahme und Widerruf von Verwaltungsakten – Aufhebung und Änderung von Steuerbescheiden, 1998; *Höfling/Breitkreuz,* Die Aufhebung von Steuerverwaltungsakten – zugleich ein Vergleich von Steuerverwaltungsrecht und allgemeinem Verwaltungsverfahrensrecht –, JA 1999, 728; *Hufeld/Abeln,* Die Korrektur von

§ 48
Teil III. Verwaltungsakt

Steuerbescheiden nach der Abgabenordnung, JuS 1999, 684; *Schmidt,* Korrekturen von Verwaltungsakten im Steuerprozeß, 1999; *Hey,* Steuerplanungssicherheit als Rechtsproblem, 2002; *Heger,* Berichtigung und Änderung von Steuerbescheiden nach der AO anhand von Fällen aus der Rechtsprechung, DStZ 2006, 393; für die Zeit vor der AO 1977 grundsätzlich *Söhn,* Steuerrechtliche Folgenbeseitigung durch Erstattung, 1973; **zum SGB X** *Brede,* Der Verwaltungsakt mit Dauerwirkung, 1997; *Meyer,* Vertrauens-, Sozial- und Betrügerschutz, in FS Krasney, 1997, S. 319; *Rüfner,* Zur Bedeutung des § 48 Abs. 2 SGB X, in FS Krasney, 1997, S. 401; *Schallenberg/Milke,* § 45 SGB X oder: Das Obsiegen des sozialrechtlichen allgemeinen Verfahrensrechts über das materielle Recht, NJ 1999, 399; *Steinwedel,* Der Anspruch auf Rücknahme rechtswidriger nicht begünstigender Verwaltungsakte: § 44 SGB X, FS 50 Jahre BSG, 2004, S. 783. Ausführlich zum Schrifttum vor 1996 s. § 48 der 6. Aufl.

Übersicht

	Rn.
I. Allgemeines	1
1. §§ 48, 49 im VwVfG und ihr Verhältnis zu spezialgesetzlichen Vorschriften	1
2. Zur Terminologie	12
3. Fortentwicklung des früheren Rechts	16
4. Recht der EG und sein Verhältnis zu §§ 48, 49	19
a) Indirekter Vollzug des Gemeinschaftsrechts	19
b) Verstoß gegen Gemeinschaftsrecht bei Verwaltungshandeln auf Grund deutschen Rechts, insbes.: Verstöße gegen das Beihilfenverbot	20
c) Direkter Vollzug des Gemeinschaftsrechts	25
II. Grundsatz der Rücknehmbarkeit nach Ermessen (Abs. 1 S. 1)	28
1. Rücknahme zwischen Gesetzesbindung und Vertrauensschutz	28
2. Geltungsbereich von Abs. 1 Satz 1 insgesamt	37
3. Rücknahme belastender VAe	42
4. Rechtswidrigkeit des VA	49
5. Verhältnis zu Rechtsmittelverfahren	61
a) Anfechtbarkeit	61
b) Verhältnis zum Widerspruchsverfahren	63
c) Reformatio in peius	68
6. Ermessensentscheidung über die Rücknahme	77
7. Umfang der Rücknahme	100
8. Zeitliche Wirkung	104
III. Sonderregeln für die Rücknahme begünstigender VAe (Abs. 1 S. 2)	110
1. Gesetzliche Grenzen des Ermessens	110
2. Legaldefinition des begünstigenden VA	115
IV. Rücknahme von Geld- und SachleistungsVAen (Abs. 2)	127
1. Gewährung von Geld- und teilbaren Sachleistungen	127
a) Tatbestandliche Voraussetzungen des Rücknahmeausschlusses	127
b) Abgrenzung und erweiterte Anwendung	132
2. Vertrauensschutz	135
a) Der Grundtatbestand (S. 1)	135
b) Regelbeispiel der Schutzwürdigkeit (S. 2)	141
c) Ausschlusstatbestände für Vertrauensschutz (S. 3)	148
d) Rücknahme ex-tunc als Regelrechtsfolge (S. 4)	165
e) EG-Recht	166
3. Ausgleichsansprüche	174
V. Rücknahme anderer begünstigender VAe (Abs. 3)	175
1. Anwendungsbereich	175
2. Vermögensausgleich	187
a) Begriff des Vermögensausgleichs	187
b) Inhalt des Anspruchs	191
c) Festsetzung nach S. 4	197
d) Frist des S. 5	198
VI. Jahresfrist (Abs. 4)	199
1. Anwendungsbereich	199
2. Kenntnis der Behörde	211
a) Begriff der Kenntnis	211
b) Begriff der Behörde	212
3. Rücknahmerechtfertigende Tatsachen	218
a) Begriff der Tatsache	221
b) Umfang der Kenntnisnahme	228
4. EG-Recht	235
VII. Die Rücknahmeentscheidung (zugleich Abs. 5)	242
1. VA-Charakter	242
2. Zuständigkeit	254

	Rn.
VIII. Europarecht	261
IX. Landesrecht	262
X. Vorverfahren	263

I. Allgemeines

1. §§ 48, 49 im VwVfG und ihr Verhältnis zu spezialgesetzlichen Vorschriften

Rücknahme und Widerruf sind Formen der Aufhebung eines VA (Rn. 14), sie beseitigen 1 dessen Wirksamkeit (§ 43 Rn. 33, 197 ff.), sind deshalb **im VwVfG** dem Abschnitt über die Bestandskraft zugeordnet. Sie ergehen als VAe (s. Rn. 242, § 49 Rn. 115), in einem neuen VwVf i. S. d. § 9 (s. Rn. 253). Eng im Zusammenhang damit steht das Wiederaufgreifen nach § 51. § 50 trifft Sonderregelungen für VAe mit Drittwirkung.

§§ 48, 49 enthalten (materiellrechtliche) **Ermächtigungen** (§ 35 Rn. 28),[1] die als Annexma- 2 terie ihre Stellung im VwVfG gefunden haben (§ 1 Rn. 34 ff.). Entsprechende Bestimmungen gab es – sieht man von §§ 116, 117 LVwVGSchH a. F. ab – vor Erlass des VwVfG nur als spezialgesetzliche Vorschriften.

Soweit die **Geltung** des VwVfG **nach § 2 ausgeschlossen** ist, gelten die §§ 48, 49 nicht 3 (s. aber § 2 Abs. 3 Nr. 2). Dann können anderweitige Vorschriften eingreifen, insbes. nach § 2 Abs. 2 Nr. 1 die §§ 130, 172 ff. AO[2] oder nach § 2 Abs. 2 Nr. 4 die §§ 44 ff. SGB X.[3] Im Übrigen kann der Rückgriff auf allgemeine Grundsätze des Verwaltungsrechts geboten sein.[4]

Spezialität im Sinne des § 1 ist gegenüber den §§ 48 ff. grundsätzlich (nur) bei Normen 4 anzunehmen, die eine umfassende Entscheidung zwischen der Rechtssicherheit und der materiellen Gerechtigkeit (dazu noch Rn. 28 ff.) beinhalten.[5] Im Falle einer solchen Verdrängung können die Bestimmungen der §§ 48, 49 nicht einfach als Ausdruck allgemeiner Rechtsgedanken ergänzend herangezogen werden.[6] Doch sind die **allgemeinen Grundsätze** des grundgesetzlich gebotenen Vertrauensschutzes, die ihren Niederschlag in den §§ 48, 49 VwVfG gefunden haben, bei der **Auslegung der spezialgesetzlichen Regelungen** zu berücksichtigen.[7]

Neben **Spezialvorschriften**, die die Aufhebungsproblematik **nicht insgesamt regeln**, blei- 5 ben §§ 48 ff. (partiell) anwendbar.[8] Besondere Bedeutung hat dies im Hinblick auf die **Frist** nach § 48 Abs. 4, § 49 Abs. 2 S. 2 (näher Rn. 200). Die **ergänzende Geltung** des VwVfG kann ausdrücklich angesprochen werden, z. B. in § 47 Abs. 2 S. 2 WaffG a. F., § 34 Abs. 2 S. 2 SprengG, § 38 Abs. 2 BörsenG, § 35 Abs. 2 KWG, § 17 Abs. 3 UAG; s. auch die modifizierende Regelung in § 4 GVO.

Ansonsten bleibt das Verhältnis zwischen besonderen Aufhebungsregeln und den §§ 48, 49 6 problematisch.[9] Nach der Entstehungsgeschichte kann allein die Zweckbestimmung einer Spezialregelung, auch wenn sie dies nicht ausdrücklich ausspricht, für die Verdrängung der §§ 48, 49

---

[1] Vgl. *BVerwG* NVwZ 1984, 36; NJW 1988, 2552 f.; 1991, 766, 767.
[2] Eine weitgehend *BVerfGE* 79, 163; s. auch *Richter* JuS 1991, 481 ff.; für Geltung der §§ 48, 49 im Gebührenrecht *VGH Mannheim* NVwZ-RR 1993, 329; s. für Kindergeldfestsetzungen § 70 Abs. 4 EStG und dazu ThürFinG EFG 2006, 1000 ff.
[3] Vgl. *BSG* DVBl 1985, 628, 629; 630, 633; *BVerwGE* 91, 13, 16; zur Geltung für Leistungen nach dem BAföG vgl. diff. zum früheren Rechtszustand *BVerwGE* 71, 220 ff.; 78, 101, 109 = NVwZ 1988, 829, 87, 103 ff.; zum neu gefassten § 53 BAföG *BVerwG* NVwZ-RR 1999, 249, 250; zur Geltung für Sozialhilfeleistungen (bei Rücknahme für die Vergangenheit) s. *VGH Mannheim* ESVGH 46 (1996), 60 ff.; offen lassend für Leistungsbescheide nach Landespflegegesetz *OVG Lüneburg* NVwZ-RR 2003, 125, 126; vergleichend *Bielefeld*, Das soziale Verfahrensrecht des SGB X, 1997, 113 ff.; für einen wichtigen Teilbereich auch *Brede*, Der Verwaltungsakt mit Dauerwirkung, 1997.
[4] Vgl. zum Lastenausgleich nur *BVerwGE* 71, 261, 263; *Stelkens* NVwZ 1986, 541, 543; allg. § 2 Rn. 6.
[5] S. *BVerwG* Buchholz 451.55 Nr. 48.
[6] Anders wohl *BVerwGE* 66, 65, 68; 78, 139, 142; *BSG* DVBl 1985, 626, 627; für § 48 Abs. 4 *VGH Mannheim* NVwZ 1984, 382; für Widmung s. § 35 Rn. 232 ff.; für Analogie bei Rücknahme der Gestattung, eine Fachanwaltsbezeichnung zu führen, *Zuck*, Verh. des 58. DJT, Bd. II, 1990, M 24.
[7] So *BVerfGE* 59, 128, 166 f.
[8] Für die ausdrücklich nur *neben* § 48 tretende Rücknahmeregelung für Promotionen nach Art. 89 BayHochschG *VGH München* BayVBl 2007, 281.
[9] Vgl. dazu etwa *Becker* DÖV 1973, 379, 382; *Lange* WiVerw 1979, 15, 23 ff.; *Wendt* JA 1980, 85 ff.; *Steiner* VerwArch 1992, 479 ff.; *Berg* JZ 1993, 77 f.

genügen.[10] **Verallgemeinerungsfähige Aussagen** sind darüber hinaus **nur sehr begrenzt möglich**,[11] da die Lösung weit gehend von den vorrangigen Spezialnormen mit ihren ganz unterschiedlichen Zusammenhängen determiniert wird.[12] Immerhin wird man bei Bestimmungen, die lediglich eine Aufhebung mit Zustimmung der Betroffenen vorsehen, regelmäßig auf die §§ 48, 49 ergänzend zurückgreifen können.[13]

7   Die Konzeption einer Bestimmung als **abschließende Regelung** genügt für die Nichtgeltung der §§ 48, 49 (nur), wenn dies gerade (auch) gegenüber den §§ 48, 49 gelten sollte (s. auch § 1 Rn. 234f.).[14] Eine nur generell abschließend intendierte Regelung kann auch **nicht** als **Verweisung** auf ungeschriebene **allgemeine Grundsätze des Verwaltungsrechts** aus der Zeit vor dem VwVfG gelesen werden.

8   Nicht unproblematisch ist die etwa im Beamtenversorgungsrecht verwendete Konstruktion eines ungeschriebenen **gesetzesimmanenten Rückforderungsvorbehaltes,** der die Anwendung von § 48 VwVfG ausschließen soll.[15] Gegen einen solchen Vorbehalt im Zusammenhang des Versorgungsausgleichs hat sich das *BVerwG* ausgesprochen.[16] Dagegen kann der **Zusammenhang mit Grundgesetzbestimmungen** von Bedeutung sein, namentlich für die abschließende Bedeutung besonderer Aufhebungsregelungen sprechen.[17] Hingegen macht die Berührung grundrechtlicher Positionen durch die Aufhebung eines VA grundsätzlich keine spezifischere Regelung als die der §§ 48, 49 erforderlich.[18]

9   Eine Verdrängung der allgemeinen Regeln ist bei Vorliegen der genannten Voraussetzungen grundsätzlich **bei jeder Art von VA** denkbar. Einschränkungen der Anwendbarkeit der §§ 48, 49 werden denn auch für ganz verschiedene Bereiche angenommen.[19] Zu PlfBeschl s. § 72 Rn. 113 ff.

10 Soweit eine **Genehmigung** zu einem **Rechtsetzungsakt** erforderlich ist, z. B. § 10 BauGB, § 56 HandwO, ergibt sich aus der Verselbständigung der breitenwirksamen Rechtsetzung, z. B. einer Satzung, dass diese Wirkung nur noch durch Aufhebung des Rechtssatzes und nicht durch einfache Rücknahmeverfügung beseitigt werden kann.[20] Dagegen bleibt eine Rücknahme der Genehmigung zulässig, solange der Rechtssatz selbst mangels Bekanntmachung noch nicht wirksam ist.[21] Der trotz Rechtswidrigkeit bestandskräftige Widerruf einer solchen Genehmigung wirkt nur gegenüber der Gemeinde, nicht gegenüber dem normunterworfenen Bürger.[22] Zur Aufhebung einer **Rechtsbehelfsentscheidung** s. Rn. 248 ff.

---

[10] S. Begründung zu § 45 Entwurf 73; a. A. *Meyer/Borgs,* § 48 Rn. 42.

[11] Grundsätzlich gegen eine Verdrängung der §§ 48, 49 noch *Wolff/Bachof,* Verwaltungsrecht I, 9. Auflage 1974, § 53 IV d unter Berufung auf *BVerwGE* 40, 65, und § 53 V d; jetzt aber vorsichtiger *Wolff/Bachof/Stober* 2, § 51 Rn. 41 und 64.

[12] Vgl. zur daraus resultierenden umfangreichen Kasuistik die Hinweise in der 6. Aufl., § 48 Rdn. 7ff. Seither etwa gegen die Anwendbarkeit von § 48 *BVerwGE* 122, 58, 64 (bei Beamtenversetzung); für die ergänzende Anwendbarkeit *BVerwGE* 112, 80, 89f. (neben § 73 Abs. 2 AsylVfG); *VGH München* BayVBl 2006, 149 (für Genehmigung einer BGB-Stiftung, jedenfalls bei Erwirkung durch arglistige Täuschung) mit krit. Anm. *Andrick;* offen *OVG Hamburg* NordÖR 2002, 374, 376 (neben § 46 FeV, unabhängig von § 3 StVG); allg. auch *Ehlers* Verwaltung 2004, 255, 278.

[13] Vgl. § 7 Abs. 4 S. 2 VZOG und dazu etwa *Nolte/Fehr* VIZ 1998, 233f.

[14] Allgemeiner, daher nicht unbedenklich *BVerwG* NVwZ 1987, 488; ähnlich auch *BVerwGE* 79, 163, 164ff. zu §§ 172ff. AO; s. ferner *OVG Lüneburg* OVGE 41, 482, 483f.; 42, 353, 356f.

[15] *OVG Münster* DÖD 1983, 43.

[16] *BVerwG* NJW 1993, 1282; allgemeiner dazu etwa *Jedamzik* DÖD 1996, 84, 85 m. w. N.

[17] Vgl. im Zusammenhang mit Art. 33 Abs. 5 GG für Ernennungen unter Ausdehnung auf ähnliche Akte *BVerwGE* 81, 282, 284f.

[18] So zu Art. 16 Abs. 1 GG für erschlichene Einbürgerungen *BVerfGE* 116, 24, 51 ff. = *BVerfG* NVwZ 2006, 807, 811 f. m. w. N. für die dahingehende ganz h. M., allerdings bei gegenteiliger Auffassung von vier Richtern des *BVerfG* und unter dem Vorbehalt der Notwendigkeit weiter gehender gesetzlicher Ausgestaltung in anderen Fällen. Zur Rückgängigmachung allgemein noch *Engst* JuS 2007, 225 ff.

[19] Vgl. für baurechtliche Teilungsgenehmigung *BVerwGE* BauR 1975, 399, BauR 1977, 405, 408, dazu *Stelkens* BauR 1978, 164; für Umlegungsplan *BGH* NVwZ 1987, 532. m. w. N.; *BGHZ* 111, 52, 57 ff.; für Entschädigungsfestsetzung nach § 30 StBauFG *BGH* NVwZ-RR 1989, 454f.; für Widerruf der Bewilligung einer Privatdozentenvergütung *BVerwGE* 25, 91 ff.; für Widerruf eines Verkehrsschildes *OVG Münster* NJW 1977, 597; offen *BVerwG* VRS 1977, 316, für § 49 Abs. 2, s. ferner § 35 Rn. 243 ff.

[20] *BVerwGE* 90, 88, 90; ebenso *OVG Münster* OVGE 43, 47, 51; NVwZ-RR 1996, 169, 170; *Pagenkopf* BauR 1979, 1, 14 m. w. N.; i. E. auch *BVerwGE* 75, 142 ff. mit Anm. *Steiner* DVBl 1987, 481.

[21] Insoweit offen *BVerwGE* 75, 142, 143 f.; *BVerwGE* 90, 88, 90, schließt die Rücknahme jedenfalls mit Abschluss des Rechtsetzungsverfahrens und Entstehung des Rechtssatzes aus; ähnlich *OVG Münster* OVGE 43, 47, 51; NVwZ 1996, 169, 170; wie hier auch *VGH Mannheim* BRS 40 Nr. 21.

[22] Vgl. auch *BVerwG* NJW 1987, 1348.

Eine analoge Anwendung der Rücknahmeregeln auf den Fall, dass ein **rechtskräftig aufge-** 11
hobener VA bei unveränderter Sach- und Rechtslage erneut gegen denselben Adressaten erlassen werden soll,[23] ist gegenüber der Rechtskraftbindung nach § 121 VwGO[24] ausgeschlossen.[25] Die Möglichkeit des Wiederaufgreifens des VwVf auch nach rechtskräftiger Abweisung der Klage des Bürgers (dazu § 51 Rn. 76ff. m.w.N.) rechtfertigt es nicht, die zugunsten des Bürgers eintretende Rechtskraft mit der Anfechtungsklage erstrittener Urteile zu beseitigen. Die Tauglichkeit des VA als Gestaltungsmittel der Verwaltung wird nicht in Frage gestellt, denn die zeitlichen Grenzen der Rechtskraft stellen von vornherein sicher, dass Veränderungen der Sach- und Rechtslage Rechnung getragen werden kann.

2. Zur Terminologie

In den Gesetzen sowie in Rspr. und Lit. wurden **vor Erlass des VwVfG** Voraussetzungen 12
und Bezeichnungen für die Aufhebung eines VA unterschiedlich bestimmt. Immerhin hatte sich in der **Terminologie** bereits eine vorherrschende Auffassung herausgebildet.[26] Auch hatte insbes. die Rspr. die Voraussetzungen für Rücknahme und Widerruf bereits zunehmend fester umrissen.

Das VwVfG geht vom früher **vorherrschenden Sprachgebrauch** aus. Als **Rücknahme** 13
wird die Aufhebung eines rechtswidrigen VA bezeichnet (§ 48), als **Widerruf** grundsätzlich die Aufhebung eines rechtmäßigen VA (§ 49). Zum Widerruf eines rechtswidrigen VA s. § 49 Rn. 6f.; zur Änderung der Sach- und Rechtslage s. Rn. 53.

Aufhebung ist Oberbegriff für Rücknahme und Widerruf (Begründung zu §§ 44, 45; s. 14
auch § 43 Abs. 2, dort Rn. 197ff.) sowie für die Beseitigung des VA im Vor- oder Klageverfahren (s. §§ 43 Abs. 2, 46, 50 und §§ 72, 73, 113 Abs. 1 Satz 1 VwGO), ferner von dem aufhebenden Zweitbescheid (s. § 51 Rn. 30ff., 39); Art. 19 S. 2 EVertr und das VwRehaG sprechen bezogen auf die rechtsstaatswidrigen DDR-VAe gleichfalls von Aufhebung.[27] Die Terminologie ist unabhängig davon, ob ein belastender oder ein begünstigender VA aufgehoben wird[28] oder ob die Aufhebung mit Wirkung ex tunc oder ex nunc ausgesprochen wird.[29]

In **neueren Gesetzen** wird i.d.R. die **aufgezeigte Terminologie** gebraucht. Bei noch 15
nicht an den neueren Sprachgebrauch angepassten Spezialgesetzen aus der Zeit vor dem VwVfG sind hingegen die Bezeichnungen Rücknahme oder Widerruf nicht notwendig im Sinne der §§ 48, 49 zu verstehen.[30]

3. Fortentwicklung des früheren Rechts

§§ 48, 49 greifen grundsätzlich die **Voraussetzungen** für die Rücknahme und den Widerruf 16
auf, **wie sie vor Erlass des VwVfG** insbes. von der Rspr. aufgestellt worden sind,[31] und sehen in dem Vertrauen des Bürgers auf den Fortbestand der einmal getroffenen behördlichen Regelung eine Schranke für die freie Aufhebungsmöglichkeit. Die insbes. von *Forsthoff*[32] vertretene Ansicht der freien Rücknehmbarkeit von VAen hat das VwVfG nicht übernommen.

Das VwVfG vermeidet jedoch in **Fortentwicklung des Rechts**, beeinflusst u.a. von *Ba-* 17
chof,[33] *Becker/Luhmann*[34] und *Ossenbühl*[35] und von der Kritik weitgehend begrüßt,[36] die frühere

---

[23] Dafür *Maurer* JZ 1993, 574f.; ähnlich *Kopp/Kopp* NVwZ 1994, 1, 3ff.
[24] Dazu nur *BVerwGE* 91, 256ff.; s. auch Rn. 51.
[25] So auch *Clausing* in Schoch u.a., § 121 Rn. 81f.
[26] Zurückgehend auf *Haueisen* NJW 1958, 642. S. aber etwa noch die abw. Diktion in § 70 Abs. 3 StVollzG, dazu etwa *BVerfG (K)* NJW 2004, 2960.
[27] Dazu näher 6. Aufl. Rn. 269ff.; allgemein auch Einl Rn. 5.
[28] So z.B. *Schütz* DÖV 1958, 449 m.w.N.
[29] So *Wolff* I, § 53, bis einschließlich der letzten selbst bearbeiteten, 8. Aufl. 1971.
[30] Vgl. für Beispiele aus dem Wirtschaftsverwaltungsrecht *Henke* DVBl 1983, 982, 985. Für Beispiele der anfangs uneinheitlichen Judikatur s. etwa *OVG Lüneburg* NJW 1982, 1246; *VGH Kassel* NJW 1981, 596, 597, dazu *Stelkens* JuS 1984, 930; *OVG Koblenz* DVBl 1985, 1076f.
[31] Zusammenfassend in *BVerwGE* 19, 188, 189; 38, 290.
[32] S. 262.
[33] JZ 1962, 745, 750; auch *Baur* JZ 1963, 41, 46.
[34] Verwaltungsfehler und Vertrauensschutz, 1963.
[35] Die Rücknahme fehlerhafter begünstigender Verwaltungsakte, 2. Aufl. 1965, S. 164.
[36] U.a. *Grimmer* BB 1973, 1589, 1593; *Spanner* JZ 1970, 671, 674; *Ule/Becker*, S. 56; s. aber auch Gegenstimmen wie *Häberle* in FS Boorberg Verlag, 1977, S. 47, 86ff.; zur Verteidigung *Maurer* ebda, S. 223, 237.

Konsequenz des „alles oder nichts" und lässt die Aufhebung des VA gegen **Ausgleich des Vermögensnachteils** zu (§ 48 Abs. 3, § 49 Abs. 5) – allerdings im Fall einer Rücknahme nicht für die der Zahl nach überwiegenden VAe des § 48 Abs. 2 (Rn. 112). Das VwVfG gewährt bei der Rücknahme Bestandsschutz bei den VAen des § 48 Abs. 2, Vermögensschutz bei den VAen des § 48 Abs. 3 (s. auch Rn. 111 ff., 175 ff.).[37] Als weitere Neuerung schränken §§ 48 Abs. 4, 49 Abs. 2 S. 2 i. V. m. § 48 Abs. 4 die Aufhebungsmöglichkeit durch eine **Jahresfrist** ein (s. Rn. 199 ff.).

18 Soweit das VwVfG vom früheren Recht abweicht, können seine Voraussetzungen nicht auf die **Aufhebung** eines VA **außerhalb des Bereichs des VwVfG** angewandt werden (Begründung zu § 45 Entwurf 73). Die §§ 48–50 insgesamt können (noch) nicht als Verkörperung eines allgemeinen Rechtsgrundsatzes gesehen werden.[38] Auch §§ 44 ff. SGB X weichen erheblich von § 48 ab.[39]

4. Recht der EG und sein Verhältnis zu §§ 48, 49

19 **a) Indirekter Vollzug des Gemeinschaftsrechts.** Das EG-Recht kennt für den (indirekten) Vollzug des Gemeinschaftsrechts durch nationale Behörden (Einl Rn. 73) keine allgemeine Regelung zu Rücknahme und Widerruf von VAen;[40] daher ist, sofern auch keine speziellen Vorschriften des Gemeinschaftsrechts bestehen,[41] insoweit **grundsätzlich nationales Recht** anwendbar.[42] Dies gilt insbes. für die Rückforderung auf Grund von Gemeinschaftsrecht gewährter Prämien und Beihilfen und für die **Aufhebung** der zugrunde liegenden, **auf Gemeinschaftsrecht beruhenden VAe**, für die es nach dem gegenwärtigen Stand des EG-Rechts an einer umfassenden gemeinschaftsrechtlichen Regelung fehlt,[43] kann aber auch in anderen Bereichen eine Rolle spielen,[44] etwa für nach gemeinschaftsrechtlichen Maßstäben erteilte Aufenthaltsgenehmigungen.[45] Zur gemeinschaftsrechtlichen Pflicht der nationalen Behörden, bestandskräftige VAe zu überprüfen, s. § 51 Rn. 12.

20 **b) Verstoß gegen Gemeinschaftsrecht bei Verwaltungshandeln auf Grund deutschen Rechts, insbes.: Verstöße gegen das Beihilfenverbot.** Nach Art. 87 Abs. 1 EG sind (auch: mittelbar) staatliche Beihilfen nach nationalem Recht, die den Wettbewerb (zu) verfälschen (drohen), mit dem Gemeinsamen Markt unvereinbar, soweit sie den Handel zwischen den Mitgliedstaaten beeinträchtigen. Entscheidet die Kommission in einem solchen Fall nach Art. 88 Abs. 2 EG,[46] dass der (deutsche) Staat die Beihilfe aufzuheben oder umzugestalten hat, sind nach Unanfechtbarkeit dieser Entscheidung[47] die gewährten Beihilfen wegen Verstoßes gegen das **Beihilfenverbot** als gemeinschaftsrechtswidrig anzusehen. Die (bestandskräftige) Kommissionsentschei-

---

[37] *BVerwG* DÖV 1987, 926 f.; *Frotscher* DVBl 1976, 281; *Merten* NJW 1983, 1993, 1994 m. w. N.
[38] *Stelkens* NVwZ 1986, 541, 543; § 1 Rn. 136 f.
[39] S. für die §§ 44, 45 SGB X im Überblick *Siebert* SGb 1990, 245 ff.
[40] Vgl. *Schwarze*, S. 950 ff.
[41] Vgl. etwa Art. 8, 9 des seit 1. 1. 1994 geltenden Zollkodex und dazu *Alexander* in Witte, Art. 8, 9; auch *Schulze* EuZW 1993, 279, 281; *Scheuing* in Hoffmann-Riem/Schmidt-Aßmann, Innovation, S. 289, 321 ff.; *Meesenburg*, Das Vertrauensschutzprinzip im europäischen Finanzverwaltungsrecht, 1998, S. 78 ff.; zur Anwendung auf Ausfuhrerstattungen *Duri/Senn* ZfZ 1996, 98, 99; abl. hinsichtlich der Zuwendungen bei Flächenstilllegung *VGH Mannheim* ESVGH 42 (1992), 114 ff.
[42] Vgl. allgemein *H. Müller*, Die Aufhebung von Verwaltungsakten unter dem Einfluss des Europarechts, 2000, S. 160 ff.
[43] *EuGH*, Rs. 205–215/82, EuGHE 1983, 2633 = NJW 1984, 2024 f. m. w. N. zur älteren Judikatur; dazu etwa die Anm. von *Rengeling* DVBl 1984, 33 ff.; *BVerwGE* 74, 357, 360; 88, 278, 282; 95, 213, 222; *Weber* BayVBl 1984, 321 ff.; ders., Rechtsfragen der Durchführung des Gemeinschaftsrechts in der Bundesrepublik, 1987, S. 60 ff.; s. auch *EuGH*, Rs. 210/87, EuGHE 1988, 6177 = NJW 1990, 969, 970; *Scheuing* in Hoffmann-Riem/Schmidt-Aßmann, Innovation, S. 289, 305 ff., für die Nacherhebung von Abschöpfungsabgaben; dazu auch *Schulze* EuZW 1993, 279, 281 f.
[44] Übergreifend etwa *Hatje*, S. 246 ff.; *Kadelbach*, S. 457 ff.
[45] Für Geltung des § 48 vgl. *VGH Mannheim* NVwZ 1995, 720, 721.
[46] Dazu allgemein *Klingbeil*, Das Beihilfeverfahren nach Art. 93 EG-Vertrag, 1998; auch *Wieberneit*, Europarechtlicher Ordnungsrahmen für Umweltsubventionen, 1997, S. 355 ff.; *Koenig/Kühling* NJW 2000, 1065; *Sellnick* ThürVBl 2000, 173, 177 ff.; *Vogt*, Rechtsprobleme der europäischen Beihilfenaufsicht, 2000; *Oldiges* NVwZ 2001, 280 ff.; *Kruse* NVwZ 2001, 612; *Mähing* JuS 2003, 448; für Kooperationsformen mit Hilfe sog. Gemeinschaftsrahmen s. *Uerpmann* EuZW 1998, 331 ff.
[47] BVerwGE 92, 81, 83.

dung ist insoweit konstitutiv bedeutsam;[48] (erst) sie eröffnet den deutschen Behörden die Möglichkeit, die Bewilligungsbescheide zurückzunehmen und die gewährte Beihilfe zurückzufordern.

Bei der danach durch Gemeinschaftsrecht prinzipiell gebotenen Rückabwicklung ist mangels **21** gemeinschaftsrechtlicher Regelungen **nationales Recht** anzuwenden. Dieser inzwischen in st. Rspr. der beteiligten Gerichte anerkannte Grundsatz[49] hat im Schrifttum ausführliche, jedenfalls im Kern durchweg zustimmende Würdigung erfahren.[50]

Ob die grundsätzliche Rückabwicklungspflicht auch schon bei einem **Verstoß gegen das** **22** **Durchführungsverbot** nach Art. 88 Abs. 3 S. 3 EG gilt, ist umstritten.[51] Jedenfalls dann, wenn die Kommission einen materiellen Gemeinschaftsrechtsverstoß verneint, ist eine Rückabwicklung der inhaltlich unbedenklichen Beihilfe kaum sachgerecht.

In Deutschland sind danach in einschlägigen Fällen (nicht nur von Beihilfen) im Regelfall **23** §§ 48, 49 des jeweils einschlägigen VwVfG maßgeblich, nach § 1 allerdings nur, soweit keine **speziellere Regelung** eingreift.[52] Zur Nacherhebung zu niedrig festgesetzter Abgaben s. allg. Rn. 123, 132, 133. Auch die Rückforderung gemeinschaftsrechtswidrig erhobener Abgaben durch die betroffenen Bürger richtet sich grundsätzlich nach dem mitgliedstaatlichen Recht.[53] Zur Situation im Falle von Konkurrentenklagen s. § 50 Rn. 39.

Die Anwendung des nationalen Rechts unterliegt allerdings besonderen gemeinschaftsrechtli- **24** chen Bindungen, die gegebenenfalls zu Modifikationen gegenüber der Rechtslage bei staatsinternen Fällen führen (s. auch Einl. Rn. 76). Namentlich darf die Anwendung des nationalen Rechts die **Tragweite und die Wirksamkeit des Gemeinschaftsrechts nicht beeinträchtigen** (Effektivitätsprinzip); im Übrigen muss das nationale Recht im Vergleich zu den Verfahren, in denen über gleichartige, rein nationale Streitigkeiten entschieden wird, **ohne Diskriminierung** (auch: Äquivalenzprinzip) angewendet werden.[54] Vgl. im Übrigen zur Ermessensausübung Rn. 99, zum Vertrauensschutz Rn. 168ff., zur Frist Rn. 236ff.

---

[48] Vgl. *Magiera* in FS Börner, 1992, S. 213, 215 m.N.; zu Konkurrentenklagen gegenüber der Kommission s. etwa *J.-P. Schneider* DVBl 1996, 1301ff. m. w. N.

[49] *EuGH*, Rs. C-142/87, EuGHE 1990, I-959 = EuZW 1990, 224, 226; *EuGH*, Rs. 94/87, EuGHE 1989, 175 = EuZW 1990, 387; *EuGH*, Rs. C-5/89, EuGHE 1990, I-3437 = NVwZ 1990, 1161; *BVerwGE* 92, 81, 82 mit Anm. *Hartmann* WiB 1994, 91; *BVerwG* NVwZ 1995, 703, 704; *OVG Koblenz* NVwZ 1993, 82 mit Anm. *Stober* JZ 1992, 1087f.; *OVG Münster* NVwZ 1993, 79, 80 mit Anm. *Fastenrath* JZ 1992, 1082ff.

[50] Vgl. zur Gesamtproblematik aus neuerer Zeit etwa *Richter*, Rückforderung staatlicher Beihilfen nach §§ 48, 49 VwVfG bei Verstoß gegen Art. 92ff. EGV, 1995; *Beckmann*, Die Rückforderung gemeinschaftsrechtswidriger staatlicher Beihilfen, 1996; *Burgi*, S. 49ff.; *Dickersbach* NVwZ 1996, 962, 963ff.; *Michels*, Vertrauensschutz beim Vollzug des Gemeinschaftsrechts bei der Rückforderung rechtswidriger Beihilfen, 1997; *Sinnaeve*, Die Rückforderung gemeinschaftsrechtswidriger nationaler Beihilfen, 1997; *Berninghausen*, Die Europäisierung des Vertrauensschutzes, 1998; *Blanke*, Vertrauensschutz im deutschen und europäischen Verwaltungsrecht, 2000, S. 450; *H. Müller*, Die Aufhebung von Verwaltungsakten unter dem Einfluss des Europarechts, 2000; S. 180ff.; *Nickel*, Das Spannungsverhältnis zwischen Europäischem Gemeinschaftsrecht und den §§ 48–49a VwVfG, 1999; *Stolba*, Europäisierung staatlicher Beihilfen, 1999; *Gündisch* NVwZ 2000, 1125; *Suerbaum* VerwArch 2000, 169ff.; *Vogt*, Rechtsprobleme der europäischen Beihilfenaufsicht, 2000; *Scheuing* Verwaltung 2001, 107ff.; *Schwarz*, Verwaltung 2001, 397, 405ff.; *ders.*, Vertrauensschutz als Verfassungsprinzip, 2002, S. 457ff.; *Müller* GemH 2004, 275ff.; *Potacs* EuR 2004, 595ff.; *ders.* in FS Ress, 2005, 729ff.; *Ruffert* in FS Krause, 2006, S. 215, 228ff.

[51] Dafür *Götz* in Dauses, H III Rn. 89, im Anschluss an *Pernice* EuZW 1992, 66; tendenziell auch *Jestaedt* EuZW 1993, 49ff.; *Richter* DÖV 1995, 846, 848f., *ders.*, Rückforderung staatlicher Beihilfen nach §§ 48, 49 VwVfG bei Verstoß gegen Art. 92ff. EGV, 1995, S. 102ff.; dagegen *v. Wallenberg* in Grabitz/Hilf, Art. 88 Rn. 85; *Kokott* DVBl 1993, 1235, 1236ff.; *Dickersbach* NVwZ 1996, 962, 967f.; wohl auch *Magiera* in Hailbronner u. a., Art. 93 Rn. 32.

[52] Vgl. zur Rückforderung von Subventionen *BVerwGE* 74, 357, 361; *BVerwG* NVwZ 1988, 349f.; *BVerwGE* 88, 278, 282f.; *BVerwG* NJW 1992, 328, 329; 703, 704; *BVerwGE* 95, 213, 222ff.; für Vorrang des § 10 MOG *VGH München* BayVBl 1995, 212, 213; *OVG Weimar* ThürVBl 1995, 157, 158; s. auch *Ehlers* DVBl 1991, 605, 611f.; zum MOG vgl. BRat-Drs 589/95 zu § 7c; ferner hierzu etwa *Mögele* NJW 1987, 1118, 1122f.; *Baden* ZfZ 1991, 310ff. Zur Rückforderung bei privatvertraglich gewährten Beihilfen *BGHZ* 159, 153 = NVwZ 2004, 636.

[53] Vgl. *EuGH*, verb. Rs. C-279/96, C-280/96 u. C-281/96, EuGHE 1998, I-5039 Rn. 16ff., 18 = EWS 1998, 462; vgl. näher etwa *Ladeur* EuR 1995, 227, 231ff.; *Lindner* NVwZ 1999, 1079.

[54] *EuGH*, Rs. 205–215/82, EuGHE 1983, 2633 = NJW 1984, 2024, 2025 m. N. zur älteren Judikatur; *EuGH*, Rs. 210/87, EuGHE 1988, 6177 = NJW 1990, 969, 970; auch *EuGH*, Rs. C-5/89, EuGHE 1990, I-3437 = NVwZ 1990, 1161; *EuGH*, verb. Rs. C-392/04 u. C-422/04, EuGHE 2006, I-8559 = NVwZ 2006, 1277 Rn. 57ff.; *EuGH*, Rs. C-78/98, EuGHE 2000, I-3201 = EuZW 2000, 565 Rn. 31; *EuGH*, Rs. C-201/02, EuGHE 2004, I-723 = NVwZ 2004, 593 Rn. 67; *EuGH*, Rs. 368/04, EuGHE 2006,

25 **c) Direkter Vollzug des Gemeinschaftsrechts.** Für die Aufhebung von Entscheidungen der EG-Organe[55] gibt es im geschriebenen Gemeinschaftsrecht keine allgemeine Regelung, sondern nur vereinzelte Spezialbestimmungen (wie etwa Art. 8 Abs. 3 EG-VO Nr. 17, verschiedene beamtenrechtliche Vorschriften[56] sowie Art. 8 Abs. 6 FusionskontrollVO).[57] Im Übrigen finden allgemeine (Verwaltungs-)Rechtsgrundsätze (Einl. Rn. 81) Anwendung;[58] s. zu Einzelfragen näher Rn. 95, 166f., 235.

26 Bei **begünstigenden Entscheidungen** wird namentlich **Vertrauensschutz** anerkannt, der bei rechtmäßigen Entscheidungen weiter reicht als bei rechtswidrigen, bei rechtsbegründenden Entscheidungen weiter als bei solchen sonstigen Inhalts.[59]

27 **Belastende Entscheidungen** sind grundsätzlich zumindest ex nunc aufhebbar, wenn ihr Erlass nicht zwingend vorgeschrieben ist; im Falle der Rechtswidrigkeit wird die **Aufhebung regelmäßig** von der Gesetzmäßigkeit der Verwaltung zum Schutz individueller Rechte gefordert,[60] zumal Erwägungen des Vertrauensschutzes und wohlerworbene Rechte der Adressaten nicht entgegenstehen können.[61] Im Falle der Aufhebung rechtswidrigerweise verhängter Geldbußen sind die Gemeinschaftsorgane vielmehr befugt und mit Rücksicht auf die Grundsätze der Gesetzmäßigkeit der Verwaltung und der ordnungsgemäßen Verwaltung gehalten, diese Geldbußen zu erstatten.[62]

II. Grundsatz der Rücknehmbarkeit nach Ermessen (Abs. 1 S. 1)

1. Rücknahme zwischen Gesetzesbindung und Vertrauensschutz

28 § 48 Abs. 1 S. 1 stellt dem früheren Recht entsprechend den Grundsatz auf, dass jeder rechtswidrige VA voraussetzungslos zurückgenommen werden darf. Der Grundsatz der freien Rücknehmbarkeit beruht auf der **Bindung der Verwaltung an Recht und Gesetz** (Art. 20 Abs. 3 GG). Dieser Bindung steht aber das Prinzip der **Rechtssicherheit ebenbürtig** gegenüber (vgl. § 43 Rn. 8).[63] Mit Rücksicht auf den Konflikt dieser Elemente des Rechtsstaatsprinzips besteht für das Gesetz ein nicht unerheblicher Gestaltungsspielraum.[64] Die Regelungen in VwVfG, SGB X und AO[65] sind denn auch in dieser Hinsicht nicht durchweg einheitlich gestaltet; eine Übertragung der diesbezüglich für den VA getroffenen Regelungen auf andere Bereiche, namentlich den ör Vertr (§ 62 Rn. 16), ist grundsätzlich ausgeschlossen.[66]

I-9957 = NVwZ 2007, 64 Rn. 45; *Streinz* Verwaltung 1990, 153, 167ff.; *E. Klein* Staat 1994, 39, 44ff. m.w.N.; *Rengeling* VVDStRL 53, 1994, 202, 225ff. Zu den Konsequenzen für verschiedene Aspekte des § 48 s.Rn. 97ff., 171ff., 236ff.; vgl. zum Gesamtkomplex ferner etwa *Grabitz* NJW 1989, 1776, 1779ff.; *Ehlers* DVBl 1991, 605, 611f.; *Weber* in Schweitzer, S. 55, 70ff.; *Streinz* ebda, S. 241, 262ff.; *Schoch* JZ 1995, 109, 111, 117; *Sommermann* DVBl 1996, 889, 892ff. m.w.N.; *Giegerich* JuS 1997, 714, 715ff.; *Gärditz* NWVBl 2006, 441ff.; *Ruffert* in FS Krause, 2006, S. 215, 231f.; für die Abgabenerstattung s. *Lindner* NVwZ 1999, 1079, 1080 m.w.N.; *Gundel* in FS Götz, 2005, S. 191ff.

[55] S. allgemein dazu *Haratsch* EuR 1998, 387ff.; *H. Müller*, Die Aufhebung von Verwaltungsakten unter dem Einfluss des Europarechts, 2000, S. 135ff.

[56] Zu den genannten Regelungen *Schwarze*, S. 949ff.

[57] Dazu *Fuchs* EuZW 1996, 263ff.

[58] Dazu insges. jetzt eingehend *Schroeder* Bindungswirkungen, S. 72ff., 118ff. m.w.N.

[59] Vgl. aus der Judikatur grundlegend *EuGH*, verb. Rs. 7/56, 3/57 bis 7/57, *EuGHE* 1957, 83, 117ff.; *EuGH*, verb. Rs. 42 u. 49/59, EuGHE 1961, 109, 172ff.; *EuGH*, Rs. 14/61, EuGHE 1962, 511, 549f.; *EuGH*, Rs. 111/63, EuGHE 1965, 894, 910ff.; ferner etwa *EuGH*, Rs. 14/81, *EuGHE* 1982, 749, 764; *EuGH*, Rs. 159/82, EuGHE 1983, 2711, 2718; allgemein *Borchardt*, Der Grundsatz des Vertrauensschutzes im Europäischen Gemeinschaftsrecht, 1988.

[60] Vgl. hierzu und zu weiteren Einzelheiten etwa *Schwarze*, S. 956ff.; *Weber* in Schweitzer, S. 55, 68ff.; *Triantafyllou* NVwZ 1992, 436, 437; *Gornig/Trüe* JZ 1993, 884, 891f.; *Schweitzer/Hummer*, Rn. 407ff.; *Erichsen/Buchwald* Jura 1995, 84, 85ff.; *P. M. Huber*, § 23 Rn. 18.

[61] *EuG*, Rs. T/227/95, EuGHE II-1185 = EuZW 1997, 696, Rn. 90f.

[62] *EuG* Rs. T/227/95, EuGHE II-1185 = EuZW 1997, 696, Rn. 92f.

[63] Kritisch *Schmidt* JuS 1973, 529, 534.

[64] S. etwa für die Möglichkeit restriktiven Vertrauensschutzes BVerwG NVwZ-RR 1990, 251, 252, allerdings bei Wahrung des verfassungsrechtlich unverzichtbaren Minimums, BVerwG NVwZ 1994, 75, 76.

[65] Für einen Vergleich der §§ 172ff. AO mit dem VwVfG s. etwa *M. Arndt*, Rücknahme und Widerruf von Verwaltungsakten – Aufhebung und Änderung von Steuerbescheiden, 1998.

[66] BVerwGE 89, 345, 352; VGH München BayVBl 2000, 595, 596.

Schon vor dem VwVfG machte die Rspr. von dem Grundsatz der freien Rücknehmbarkeit **29** erhebliche **Ausnahmen** im Sinne des rechtsstaatlich gebotenen[67] **Vertrauensschutzes,** der für vermögenswerte Güter in Art. 14 GG zusätzlich abgesichert ist.[68] Die hierzu entwickelten Grundsätze sind außerhalb des Geltungsbereichs des VwVfG nach wie vor anwendbar und auch für die Anwendung der Bestimmungen des VwVfG beachtlich (Rn. 139).[69]

Nach den genannten Grundsätzen[70] konnte ein rechtswidriger VA nur zurückgenommen **30** werden, wenn und soweit das öffentliche Interesse an der Wiederherstellung des gesetzmäßigen Zustandes durch Rücknahme das schutzwürdige Interesse des Betroffenen an der Aufrechterhaltung des VA überwog. Eine derartige **Abwägung** (Rn. 135ff.) wurde im Hinblick auf die grundsätzliche **Gleichwertigkeit des Gesetzmäßigkeitsprinzips und des Rechtssicherheitsprinzips** nur zugelassen, wo das Gesetz für eine solche Abwägung Raum ließ.[71] Bei regelmäßigem Bezug von Leistungen aus öffentlichen Mitteln hatte nach st. Rspr. (s. auch Rn. 140)[72] das Interesse des Betroffenen i.d.R. hinter das öffentliche Interesse an der Herstellung gesetzmäßiger Zustände zurückzutreten (s. auch Rn. 107).

Im Rahmen der Abwägung war das **Vertrauen des Begünstigten** auf den Bestand des VA **31** (nur) zu berücksichtigen, wenn und soweit der Begünstigte sich mit guten Gründen auf die Rechtmäßigkeit des VA verlassen durfte und er sich im Vertrauen hierauf in seinen persönlichen Verhältnissen eingerichtet hatte (s. jetzt Rn. 135ff.).

Der Betroffene durfte auf den Bestand vertrauen, wenn die Fehlerhaftigkeit des VA nicht in **32** seinem Verantwortungsbereich lag und er die Rechtswidrigkeit nicht kannte oder kennen musste. Die Schutzwürdigkeit des Vertrauens auf den Bestand des VA konnte ihre Ursache in **Umständen bei Erlass** des VA[73] haben oder in einer **Anordnung der sofortigen Vollziehung** oder auch in der **Bedeutung des VA für die Lebensführung** des Betroffenen, etwa wenn durch die Rücknahme die Lebensführung des Betroffenen hätte einschneidend geändert werden müssen, z.B. weil ein Wohnsitzwechsel die Folge gewesen wäre,[74] oder wenn größere Vermögensdispositionen hätten geändert werden müssen (ferner Rn. 141).[75]

Ein **längerer Zeitraum** zwischen dem Erlass eines VA und dem Erkennen seiner Rechts- **33** widrigkeit hinderte für sich genommen die Rücknahme nicht,[76] konnte aber ebenfalls die Schutzwürdigkeit des Vertrauens begründen (Rn. 203f.). Auch wirkte sich bei wiederkehren-

---

[67] St. Rspr. seit *BVerfGE* 13, 261, 271; dazu *Stern* Staatsrecht I, S. 833 ff.; *Maurer* in HStR IV³, § 79, insbes. Rn. 8; *Sachs* in ders. GG, Art. 14 Rn. 131 ff. jeweils m.w.N.; kritisch *Achterberg* § 22 Rn. 55 f.
[68] *BVerfGE* 36, 281, 293 und st. Rspr.; s. auch *Maurer* HStR IV³, § 79 Rn. 64 f., 67 ff. m.w.N., zurückhaltend aber Rn. 97 für Rücknahme von VAen; ferner etwa *Kutschera,* Bestandsschutz im öffentlichen Recht, 1990; zu den Auswirkungen im Baurecht s. etwa *BVerwGE* 72, 362 m.w.N.; skeptisch *Dolde* in FS Bachof, 1984, S. 191, 197 m.w.N.; zur Verankerung des Vertrauensschutzes als selbständiges grundrechtliches Persönlichkeitsrecht vgl. *Sachs* in Stern Staatsrecht III/1, S. 652 m.w.N.
[69] Zu § 45 Abs. 2 SGB X *BVerwG* NVwZ-RR 1990, 249, 250.
[70] Allg. zu einschlägigen Fragen des Vertrauensschutzes etwa *BVerfGE* 27, 297, 305 f.; 60, 253, 267 ff.; auch 105, 48, 57 f. (zum SGB X); *BVerwGE* 11, 136; 13, 28; 19, 188; 21, 119; 31, 222; 38, 290; 40, 212; *BVerwG* NVwZ-RR 1990, 251, 252; *BSGE* 72, 139, 141 f. = *BSG* NVwZ-RR 1994, 628 f.; *Menger* VerwArch 1958, 81 ff.; *Bachof* JZ 1962, 745, 750 f.; *Haueisen* NJW 1962, 335; *Ule/Becker,* S. 55 f.; *Ossenbühl* DÖV 1964, 511 ff.; DÖV 1967, 246, 249 f.; DÖV 1972, 25, 29; *Kimminich* JuS 1965, 249 ff.; *Schmidt* JuS 1973, 529; *Püttner/Kisker* VVDStRL 1974, 149 ff., 200 ff.; *Huber* in FG BVerwG, 1978, S. 313 ff.; *Maurer* in FS Boorberg Verlag, 1977, S. 223 ff.; *Lotz* WiVerw 1979, 1 ff.; *Lange* WiVerw 1979, 15 ff.; ders. Jura 1980, 456; *Kopp* BayVBl 1980, 38 ff.; *Weber-Dürler* Vertrauensschutz im öffentlichen Recht, 1983; *Dolde* in FS Bachof, 1984, S. 191; *Pieroth* JZ 1984, 971; *Kopp* GewArch 1986, 177; *Feldhaus* WiVerw 1986, 7; *Friauf* ebda, 87; *Maurer* HStR IV³, § 79, insbes. Rn. 86 ff. zum Vertrauensschutz im Bereich der Verwaltung; *Schenke* NuR 1989, 8; umf. *Blanke,* Vertrauensschutz im deutschen und europäischen Verwaltungsrecht, 2000, insbes. zur Rücknahme S. 174 ff. m.w.N.; *Schwarz,* Vertrauensschutz als Verfassungsprinzip, 2002, S. 321 ff.; rechtsvergleichend *Lee,* Vertrauensschutzprinzip bei Rücknahme und Widerruf von Verwaltungsakten, 1991; *Geurts,* Der Grundsatz des Vertrauensschutzes bei der Aufhebung von Verwaltungakten im deutschen, französischen und europäischen Recht – Wechselwirkung zwischen europäischem und nationalem Recht, Diss. Bonn 1997; *Bullinger* JZ 1999, 905; für das österreichische VwVf *Berka* in FS Adamovic, 1992, S. 22 ff.
[71] *BVerwGE* 50, 265, 268 f.
[72] *BVerwGE* 8, 296, 304 m.w.N.
[73] Z.B. Erlass durch oberste Behörde oder in einem förmlichen Verfahren, *BVerwGE* 13, 28, 32.
[74] Vgl. zum Vertrauensschutz für eine Beamtenwitwe, die nach Pensionsbewilligung aus der DDR übergesiedelt war, *BVerwGE* 9, 251 ff.
[75] *BVerwGE* 13, 28, 33; 17, 335, 338; 24, 294, 296; *BVerwG* NJW 1964, 563.
[76] Vgl. *Schröder* JuS 1970, 615, 617.

den Leistungen oder VAen mit Dauerwirkung die **lange Dauer der Begünstigung** auf den Vertrauensschutz aus.[77] Hohes Alter allein wurde allerdings als Grund für Vertrauensschutz bei einmaliger Leistung abgelehnt (s. aber Rn. 145).[78]

34 Auf der anderen Seite war ein **Vertrauensschutz ausgeschlossen,** wenn der Begünstigte kein Vertrauen gebildet (Rn. 31), z.B. wegen Ortsabwesenheit keine Kenntnis von dem VA erhalten hatte oder etwa bei einem fingierten VA (s. Rn. 49; § 35 Rn. 66f.) noch nicht von dem Bestand der Genehmigung ausgegangen war.[79]

35 War der VA **einer Behörde gegenüber** erlassen worden, schied i.d.R. ebenfalls ein Vertrauensschutz aus (s. jetzt Rn. 137, 202).[80] Auch gegenüber dem Bürger konnte im Einzelfall der Sinn einer Vorschrift die Berufung auf den Vertrauensschutz ausschließen.[81] Allerdings war und ist ein völliger Verzicht des Gesetzes auf Vertrauensschutz verfassungsrechtlich nicht statthaft.[82]

36 Die spezialgesetzliche Entwicklung führt namentlich im Umweltrecht zunehmend dazu, dass die Stabilität von Genehmigungen durch zeitliche Begrenzungen und weit reichende nachträgliche Korrekturmöglichkeiten (vgl. auch § 36 Rn. 89ff.) schon im Ausgangspunkt nicht mehr im früher üblichen Umfang gewährleistet ist. In diesem Zusammenhang ist zumal im Hinblick auf die IVU-Richtlinie davon die Rede, dass Genehmigungen nur noch **Rechte auf Zeit** darstellen (§ 43 Rn. 33); Vertrauensschutz findet in diesem Bereich keine zuverlässige Basis mehr.

2. Geltungsbereich von Abs. 1 Satz 1 insgesamt

37 Der Grundsatz des Abs. 1 S. 1 gilt im Anwendungsbereich des § 48 (Rn. 3ff.) **für begünstigende** (zum Begriff Rn. 115ff.) und für **belastende** (zum Begriff § 49 Rn. 17ff.) VAe i.S.d. § 35.[83] Für begünstigende VAe greifen aber über S. 2 die einschränkenden Regeln der Abs. 2 bis 4 ein (s. Rn. 110ff.). Zur Rücknahme belastender VAe s. Rn. 42ff.

38 Maßgebend ist, ob ein **VA erlassen** ist, nicht, ob er erlassen werden durfte.[84] Ist ein VA wegen Ablaufs seiner Geltungsdauer **erloschen** (s. § 43 Rn. 206f.), ist grundsätzlich kein Raum mehr für eine Rücknahme;[85] daher können Leistungen, die auch bei längerfristiger Gewährung regelmäßig nur für die nächstliegende Zeit bewilligt werden, grundsätzlich ohne Aufhebung eines Bewilligungsbescheides schlicht für die Zukunft versagt werden.[86] Eine Rücknahme scheidet auch aus, soweit ein vorläufiger VA durch den Erlass des endgültigen VA erledigt ist[87] (s. auch Rn. 201, § 43 Rn. 37ff.). Überhaupt kommt eine Rücknahme unwirksamer VAe regelmäßig nicht in Betracht;[88] s. aber wegen nichtiger VAe Rn. 57, zum Widerruf auch bei Unwirksamkeit s. § 49 Rn. 13.

39 Anwendbar ist § 48 grundsätzlich auch auf **fingierte VAe** (s. allg. § 35 Rn. 66)[89] und **Rechtsfolgesituationen, die einem VA gleichkommen** (s. auch § 49 Rn. 3), wie beim Schweigen auf eine Bauanzeige.[90] S. auch Rn. 3, 34, 135, 228 sowie § 35 Rn. 67f.

---

[77] BVerwGE 13, 28, 33; 29, 291; VGH Kassel NJW 1968, 2122.
[78] BVerwGE 24, 294, 297f.
[79] BVerwG NJW 1975, 1240f., für fingierte Bodenverkehrsgenehmigung.
[80] BVerwGE 23, 25, 30; 27, 215; BVerwG DÖV 1971, 348; Becker DÖV 1973, 379, 381; gegen die Möglichkeit einer Gemeinde, sich auf Entreicherung zu berufen, BVerwGE 36, 108, 114; dazu auch § 49a Rn. 46.
[81] BVerwG VerwRspr 1977 Nr. 63.
[82] BVerfGE 59, 128, 152.
[83] Daher etwa keine Rücknahme des Einverständnisses mit einer Versetzung, BVerwGE 122, 58, 60; für analoge Anwendung des § 48 Abs. 2 auf die Aufhebung von Registrierungen nach TKG, die keine VAe darstellen, OVG Münster NJW 2006, 106, 108; gegen eine Erweiterung des Rechtsgedankens auf die nachrichtliche Bekanntgabe von Gebührensätzen VGH Kassel ZLW 2007, 324ff. = NVwZ-RR 2007, 437 (nur LS).
[84] BVerwG NJW 1988, 1991; § 35 Rn. 14.
[85] VGH München NVwZ-RR 1991, 117.
[86] Zum BSHG BVerwGE 89, 81, 85 zu einem Ausnahmefall längerfristiger Regelung; s. auch VGH Mannheim VBlBW 1995, 287; zur Unanwendbarkeit von § 44 SGB X auf das Leistungsrecht des BSHG BVerwG NVwZ 2004, 1002.
[87] OVG Münster NJW 1998, 1010 m.w.N.; Kemper DVBl 1989, 981, 986; krit. di Fabio DÖV 1991, 629, 639; Axer DÖV 2003, 271ff. gegenüber BSGE 89, 62ff. auch Brüning DVBl 2002, 1650ff.
[88] Maurer § 11 Rn. 16 m.w.N. Für Rücknehmbarkeit von ScheinVAen analog § 48 Blunk/Schroeder JuS 2005, 602, 605.
[89] BVerwG NJW 1980, 1120; VGH Kassel NVwZ 1993, 908f.; OVG Schleswig NordÖR 2005, 65f.; OVG Bautzen SächsVBl 2006, 140, 142 (für Analogie); VGH München NVwZ-RR 2006, 678, 679; für Ausnahme bei entbehrlichem Einvernehmen VGH Mannheim VBlBW 1996, 28, 29; vgl. auch Caspar AöR

Nicht anwendbar sind die **Rücknahmeregeln** aber für die Rückabwicklung eines Zustan- 40 des, der durch Schaffung vollendeter Tatsachen[91] oder durch Vertrauen auf eine nichtige Rechtsnorm[92] eingetreten ist. Ausgeschlossen ist auch die Rücknahme einer auf Grund gesetzeskräftiger Entscheidung des *BVerfG*[93] fingierten Anerkennung als Kriegsdienstverweigerer.[94]

Die Behörde trägt i. d. R. die materielle **Beweislast** (§ 24 Rn. 55 ff.) für die Voraussetzungen 41 der Rücknahme.[95] S. aber auch Rn. 59 f., 112, 164, zur Jahresfrist Rn. 233. Besondere Beweislastregeln können sich aus Fachgesetzen ergeben, z. B. § 11 MOG.

3. Rücknahme belastender VAe

Für die Rücknahme belastender VAe (s. § 49 Rn. 17 ff.) sind Einschränkungen wie die der 42 Abs. 2 bis 4 nicht erforderlich. Die **Beseitigung einer Belastung** des Betroffenen ist unter dem Gesichtspunkt des Vertrauensschutzes des Betroffenen **als solche problemlos**.[96]

Wird ein belastender VA durch einen **stärker belastenden VA** ersetzt (s. auch Rn. 101, 43 244), etwa nach einem Leistungsbescheid eine Nachforderung erhoben[97] oder ein neuer Gesamtbescheid über eine höhere Summe erlassen oder nach Anordnung, ein baufälliges Haus abzustützen, der Abriss verfügt, ist nur die Aufhebung des ursprünglichen belastenden VA nach Rücknahmeregeln zu behandeln,[98] nicht der Erlass der weiter gehenden Neuregelung als solcher. Ein Vertrauensschutz darauf, dass nach einer Belastung keine weiteren belastenden VAe erlassen werden, ist zwar nicht von vornherein ausgeschlossen.[99] Doch ist nicht jeder belastende VA tragfähig für den Gegenschluss, dass von dem Betroffenen **nichts Weitergehendes** verlangt werden wird (s. auch Rn. 121); dazu müssen vielmehr **besondere Umstände** hinzutreten.[100] In solchen Fällen gelten die Rücknahmeregeln entsprechend.[101]

Zu erwartende **übermäßige Belastungen** des Betroffenen durch die Rücknahme des 44 „nicht so" belastenden VA zum Zweck des Erlasses eines stärker belastenden VA sind jedenfalls im Rahmen der Ermessensentscheidung unter Beachtung des Verhältnismäßigkeitsgrundsatzes (Rn. 88) zu berücksichtigen. S. ferner Rn. 124, 132 und § 49 Rn. 20. §§ 172, 173 AO sind auch nicht analog anwendbar (s. § 51 Rn. 2). Durch § 48 und § 130 AO wird allerdings nicht die materiell-rechtliche Frage beantwortet, ob eine abgabenrechtliche Nachveranlagung auf Grund des abgabenrechtlichen Grundsatzes der Einmaligkeit der Abgabenerhebung untersagt ist.[102] Eine andere Frage ist auch, ob ein **Rücknahmebescheid** umgekehrt als **Verzicht auf einen erneuten belastenden Bescheid** verstanden werden kann (s. ferner Rn. 249 ff.).[103]

Der **Zweck der Rücknahme eines belastenden VA**, nämlich die Wiederherstellung des 45 der Rechtslage entsprechenden Zustandes, wird nicht mehr erreicht, wenn die Rechtswirkung des VA nicht mehr beseitigen kann, z. B. bei **belastenden privatrechtsgestal-**

2000, 131, 142 f.; *Oldiges* JUTR 2000, 41, 56 f.; *Saurer* DVBl 2006, 605, 610. Soweit tatsächlich erlassene VAe nicht aufhebbar wären, gilt dies auch für entsprechende Fiktionen, vgl. zum Einvernehmen nach § 36 BauGB *BVerwG* NVwZ 1997, 900, 901; dazu *Jäde* ThürVBl 1997, 217 ff.; für ein nach Naturschutzrecht fingiertes Einvernehmen *OVG Greifswald* NuR 2000, 519.
[90] Dazu *Stelkens* BauR 1980, 7; im Hinblick auf die neuere Rechtslage im Baurecht s. § 50 Rn. 31; zu den „fiktiven VAen" im Rahmen des § 50 Abs. 2 S. 2 SGB X s. *Frohn* BayVBl 1992, 7, 10 m. w. N., der diese Regelung entgegen *BVerwGE* 84, 274 ff. auf Dritten nach dem Tode des Berechtigten zugeflossene Leistungen erstrecken will.
[91] *Degenhart* AöR 1978, 163, 178 ff.
[92] BGH NJW 1983, 215; zum nichtigen VA s. Rn. 57.
[93] BVerfGE 48, 127 ff.
[94] BVerwG 24. 10. 1984 – 6 C 19.83, LS NVwZ 1985, 495.
[95] Vgl. *BVerwGE* 18, 168; *OVG Münster* NJW 1982, 1661, 1662.
[96] *Frotscher* DVBl 1976, 281.
[97] Vgl. etwa *BVerwG* NVwZ-RR 1996, 465; *VGH Mannheim* NVwZ-RR 1993, 329; VBlBW 1996, 147.
[98] S. näher *Stelkens* JuS 1984, 930, 932, 936 ff.
[99] S. generell *Henke* DÖV 1983, 320, 328 f.
[100] Vgl. *BVerwGE* 30, 132 mit krit. Bespr. *Schröder* JuS 1970, 615, 617, 619; *BVerwGE* 67, 129, 134; *BVerwG* NVwZ 1988, 938, 940 m. w. N. und dazu *Uechtritz* VBlBW 1989, 81 ff.; *Erbguth* NVwZ 1989, 531 ff.; *VGH Kassel* NJW 1981, 596 und dazu *P. Stelkens* JuS 1984, 930; *OVG Lüneburg* NVwZ 1986, 780, 781; *OVG Münster* KStZ 1988, 15; a. A. *Lange* WiVerw 1979, 15, 18; *Ule/Laubinger*, § 62 Rn. 28.
[101] S. ferner *OVG Münster* OVGE 41, 144, 151, das im Rahmen der Verwirkung des Rechts zur Nacherhebung von Gebühren auf Rechtsgedanken des § 48 Abs. 2 zurückgreift; s. auch Rn. 123.
[102] Dazu *VGH Mannheim* VBlBW 1988, 68.
[103] Vgl. dazu *BVerwG* NVwZ-RR 1990, 323, 324; *BFH* NVwZ 1987, 533, 534; BStBl II 1986, 779.

tenden VAen, wenn durch die Versagung einer Genehmigung das zunächst schwebend unwirksame Privatrechtsgeschäft nicht zustande kam.[104] In diesem Fall kann das Ermessen zur Rücknahme eingeschränkt sein (Rn. 92), wenn nicht aus der Zweckbestimmung des jeweiligen Sonderrechts folgt, dass § 48 ausgeschlossen ist (Rn. 6f.). Die Rücknahme muss aber möglich sein, wenn Zweifel an der Wirksamkeit des Privatrechtsgeschäfts bestehen und deren Gründe zugleich die Rechtswidrigkeit des VA ausmachen.[105] Zum Ausschluss der Rücknahme einer Bebauungsplangenehmigung s. BVerwGE 75, 142, 146; Rn. 10, 93; § 44 Rn. 89, 199.

46 **Vertrauen auf den Bestand des belastenden VA** gebietet es auch nicht, einen etwa dem Abs. 3 entsprechenden **Ausgleichsanspruch** eigener Art zu gewähren, weil z. B. der Betroffene im Vertrauen auf den Bestand des VA Aufwendungen gemacht hat, etwa Verträge zum verlangten Abriss des Hauses eingegangen ist. Hier ist der Betroffene hinreichend durch die Amtshaftung geschützt (Begründung zu § 37 Abs. 3 Musterentwurf); zur Geltung des Haftungsrechts neben § 48 s. auch Rn. 188 f.

47 Bei belastenden VAen ist weniger die Berechtigung der Behörde zur Rücknahme kritisch als ihre **Verpflichtung** dazu.[106] Da die Rücknahme belastender VAe (anders als nach § 44 SGB X)[107] im Ermessen der Behörde steht (s. § 51 Abs. 5 und im Einzelnen § 51 Rn. 13ff.; auch unten Rn. 77ff., 89), kann eine Rücknahmepflicht nur bei Ermessensreduzierung sowie im Rahmen einer Selbstbindung des Ermessens (vgl. § 40 Rn. 55ff.) bestehen.

48 Eine gegenüber dem klaren Wortlaut („auch") kaum mögliche[108] verfassungskonforme Auslegung von Abs. 1 Satz 1 dahin, dass **vor Unanfechtbarkeit** eine strikte **Pflicht zur Rücknahme** anzunehmen wäre,[109] ist zur Vermeidung eines Verfassungsverstoßes nicht geboten. Das Gesetz kann das Anliegen der Rechtssicherheit gegenüber dem Gebot der Gesetzmäßigkeit auch zum Nachteil betroffener Bürger berücksichtigen, solange ihnen effektiver Rechtsschutz zur Verfügung steht, um Verletzungen ihrer Rechte abzuwehren.[110] S. ferner Rn. 61, 89f.

4. Rechtswidrigkeit des VA

49 Der nach Abs. 1 S. 1 zurückzunehmende **VA** muss **rechtswidrig** sein, und zwar grundsätzlich von Anfang an,[111] also zum Zeitpunkt der letzten Verwaltungsentscheidung.[112] Zum Widerruf bei rechtwidrigen VAen s. § 49 Rn. 6. Ein Rücknahmebescheid kann im Rahmen gebundener Verwaltung bei Änderung der Sachlage als Widerruf aufrechterhalten bleiben;[113] stehen die Entscheidungen im Ermessen, wird dies – anders als im umgekehrten Fall der Rechtfertigung einer Widerrufsentscheidung über § 48 (§ 49 Rn. 7) – regelmäßig wegen des unterschiedlichen Ermessensrahmens (Rn. 84) nicht in Betracht kommen.

50 Ein Rücknahmebescheid kann nur in einen Widerruf **umgedeutet** werden – und umgekehrt (§ 47 Rn. 51f.)[114] –, wenn sich die Behörde bei der Entscheidung der unterschiedlichen Ermessensrahmen bewusst war (§ 47 Rn. 43f.; s. auch Rn. 84). Steht nach dem Fachrecht der Widerruf nicht im Ermessen, ist seine Umdeutung ausgeschlossen (s. auch § 47 Rn. 41ff.),[115] wenn nicht auch die Rücknahme zwingend vorgeschrieben ist.[116] Zur Umdeutung eines Rück-

---

[104] *Wolff/Bachof/Stober* 2, § 51 Rn. 63, 82; *Frotscher* DVBl 1976, 281, 283, 286; Begründung S. 181 zu § 38 Musterentwurf.
[105] *OVG Münster* NVwZ 1987, 155f. für Aufsichtsmaßnahme; s. auch § 44 Rn. 141 f.
[106] *Maurer* DÖV 1966, 477, 478.
[107] Dazu *BSG* DVBl 1981, 1007 m. Anm. *Ule; Steinwedel* in FS 50 Jahre BSG, 2004, S. 783 ff.
[108] Vgl. zu den Grenzen verfassungskonformer Auslegung nur *Sachs*, in: ders. GG, Einl Rn. 55 m. w. N.
[109] Dafür namentlich *Ule/Laubinger* § 62 Rn. 2 m. w. N.; ausf. *Schenke* in FS Maurer, 2001, S. 723 ff. m. w. N.; auch *Baumeister*, Der Beseitigungsanspruch als Fehlerfolge des rechtswidrigen Verwaltungsakts, 2006, S. 226 ff.; offenbar verallgemeinernd *Hößlein* Verwaltung 2007, 281, 289.
[110] Vgl. *Steinweg*, Zeitlicher Regelungsgehalt des Verwaltungsaktes, 2006, S. 310 ff.; vgl. auch *BVerwGE* 115, 302, 310, wonach ein Antrag auf Rücknahme eines noch nicht bestandskräftigen VA auch als Widerspruch gegen diesen auszulegen ist.
[111] Vgl. *OVG Münster* NVwZ-RR 1988, 1, 2 m. w. N.; *VG Weimar* ThürVBl 1995, 162, 164 m. w. N.
[112] *BVerwG* NJW 1984, 2842; *Ehlers* Verwaltung 2004, 255, 278 f.; abw. ohne nähere Begründung *VGH München* NVwZ 1989, 378 f.: Anwendung nur auf VAe, die durch eine Änderung der Rechtslage rechtswidrig geworden sind.
[113] *BVerwGE* 108, 30, 35 f. = NVwZ 1999, 302 zu § 73 AsylVfG; s. auch § 47 Rn. 29.
[114] S. hierzu restriktiv *OVG Münster* NVwZ 1988, 942, 943.
[115] *BVerwG* NJW 1986, 1770, 1772; *VGH Kassel* BBauBl 1987, 710.
[116] *BVerwGE* 97, 245, 254.

nahmebescheids in einen Änderungsbescheid nach dem SGB X *BSG* DVBl 1994, 432 LS. Nicht unproblematisch ist die Anerkennung eines Nachschiebens von Rücknahmegründen zur Rechtfertigung eines Widerrufs.[117]

Gegenstand des Rechtswidrigkeitsurteils ist die **Regelung i. S. d. § 35, nicht die Begründung** des VA. Deshalb kommt es bei GeldleistungsVAen nur auf die Rechtmäßigkeit des Saldos, nicht auf die einzelner Rechnungsposten an (s. Rn. 76, 120).[118] Unerheblich sind die Gründe der Rechtswidrigkeit, insbes. ob ein Tatsachen- oder ein Rechtsirrtum der Behörde zugrunde liegt.[119] Ist die Klage des Betroffenen gegen den VA, auch mangels Rechtswidrigkeit, abgewiesen worden, schließt die Bindungswirkung des § 121 VwGO nicht aus, dass die Behörde später den VA zurücknimmt.[120] Ein vom Adressaten erstrittener VA kann von der Behörde wegen der materiellen Rechtskraft des Verpflichtungsurteils in deren (insbes. zeitlichen) Grenzen nicht zurückgenommen werden;[121] eine Rücknahme bleibt allerdings möglich, wenn die Verurteilung unabhängig von der Rechtswidrigkeit des VA erfolgt ist.[122] **51**

Rechtswidrigkeit setzt einen Verstoß gegen gültige Rechtsnormen voraus (§ 44 Rn. 12).[123] Ein **Verstoß gegen Verwaltungsvorschriften** als solcher reicht nicht (§ 44 Rn. 75), kann sich aber bei entsprechender Verwaltungspraxis als Verstoß gegen Art. 3 Abs. 1 GG darstellen (§ 40 Rn. 123 ff.).[124] Ist ein VA rechtswidrig, weil eine zugrunde liegende Rechtsnorm nichtig ist, stehen die mit deren Nichtigerklärung Regelungen wie insbes. § 79 Abs. 2 Satz 1 BVerfGG der Rücknahme nach § 48 nicht entgegen.[125] **52**

Die **Maßgeblichkeit der ursprünglichen Rechtswidrigkeit** des VA ist in Fällen nachträglicher **Änderung der Sach- und Rechtslage** sowohl für die Behandlung im Prozess (§ 113 Abs. 1 S. 1 VwGO) wie auch für die Aufhebung außerhalb des Rechtsmittelverfahrens (§§ 48 ff.) nicht mehr unumstritten.[126] Die weiterhin verbreitete, am Wortlaut des Gesetzes orientierte Auffassung lässt bei nachträglichen Veränderungen der tatsächlichen oder rechtlichen Voraussetzungen eines VA nur den hierfür gem. § 49 Abs. 2 Nr. 3, 4 vorgesehenen Widerruf oder aber ein Wiederaufgreifen des VwVf gem. § 51 zu (vgl. § 44 Rn. 16 ff., § 49 Rn. 58 ff.; § 51 Rn. 88 ff.).[127] **53**

In der **Judikatur** ist § 48 insbes. auf den nachträglich **rückwirkend rechtswidrig** gewordenen (insbes. Dauer)VA angewendet worden.[128] Soweit nach der maßgeblichen materiellen Rechtslage ausnahmsweise rückwirkende Rechtswidrigkeit mit der Folge der Aufhebbarkeit im Prozess anzunehmen ist, wird so ein unterschiedlicher Begriff von Rechtswidrigkeit in § 113 **54**

---

[117] *BVerwG* NVwZ-RR 1992, 68; ähnlich *VG Köln* NVwZ 1984, 537.
[118] Zur Saldierung unterschiedlicher Rechtsfehler nach § 177 Abs. 1, 2 AO *BFH* NVwZ 1994, 416.
[119] Vgl. *BVerwG* NJW 1986, 2066 für den Sonderfall des § 47 Abs. 1 S. 1 WaffG a. F.
[120] *Kopp/Schenke*, § 121 Rn. 3 m. w. N.; s. auch *Erfmeyer* DVBl 1997, 27, 29 ff.; ferner *Gotzen*, Das Verwaltungsakt-Wiederholungsverbot, Diss. Bonn 1997. Zu § 44 SGB X *Steinwedel* in FS 50 Jahre BSG, 2004, S. 783, 785 ff.
[121] *BVerwGE* 108, 30, 33 f., zur Möglichkeit des Widerrufs nach § 73 AsylVfG bei veränderter Sachlage; vgl. zu Rücknahmebeschränkungen auf Grund rechtskräftiger Gerichtsentscheidungen ferner etwa *VG Freiburg* NVwZ-RR 1999, 683 f.; *VG Gießen* NVwZ 1998, Beil. 101.
[122] *VG Gera* ThürVBl 1998, 259, 260 m. w. N. für eine Verurteilung auf Grund der Fiktionswirkung des § 5 Abs. 4 BauGB-MaßnG.
[123] Zur Rücknahmemöglichkeit bei Verstoß gegen die EMRK *BVerfGE* 111, 307, 325 und ff., auch zur Beachtung der Rspr. des EGMR.
[124] *BVerwG* NVwZ 2003, 1384; *OVG Münster* NJW 1981, 2597; NVwZ-RR 1997, 585, 587 f. m. w. N.; *VGH Mannheim* NVwZ 1999, 547.
[125] Vgl. etwa *Bethge* in Maunz u. a., BVerfGG, Loseblatt, § 79 (2001) Rn. 56; auch § 51 Rn. 104.
[126] Für Anwendung des § 48 bei nachträglich eingetretener Rechtswidrigkeit *BVerwG* NVwZ-RR 2005, 341, 342 m. w. N.; *VGH Mannheim* NVwZ-RR 2002, 621, 623; *Lange* WiVerw 1979, 15, 16; ders. Jura 1980, 456, 459; *Schenke* DVBl 1989, 433, 434 ff.; ders. BayVBl 1990, 107 ff.; ders. JuS 1991, 547 ff.; *Kleinlein* VerwArch 1990, 149 ff.; *Wehr* BayVBl 2007, 385, 390; diff. *Brede*, Der Verwaltungsakt mit Dauerwirkung, 1997, S. 133 ff.
[127] Vgl. aus der Rspr. etwa *OVG Bautzen* LKV 2002, 417, sowie etwa *Kopp* BayVBl 1989, 652 ff.; ders./ *Ramsauer*, § 48 Rn. 34 f., 57 ff.; *Richter* JuS 1990, 719, 720; *Scherzberg* BayVBl 1992, 426, 429; *Dickersbach* GewArch 1993, 177, 179; *Lehner* Verwaltung 1993, 183 ff.; *Felix* NVwZ 2003, 385 ff.; *Bumke*, Relative Rechtswidrigkeit, 2004, S. 193 ff.; *Ehlers* Verwaltung 2004, 255, 279; *Steinweg*, Zeitlicher Regelungsgehalt des Verwaltungsaktes, 2006, S. 318 f.; nicht recht eindeutig *Frohn* Jura 1993, 393 ff.; *Gerhold/Figgen* UPR 1994, 420, 422.
[128] Vgl. *BVerwGE* 82, 98, 99; 84, 111, 113 f. m. w. N.; *BVerwG* NVwZ-RR 1994, 369; wohl auch – in concreto abl. – *BVerwG* NVwZ 1991, 169, 170; ferner *OVG Münster* NVwZ-RR 1988, 1 f.; NWVBl 1993, 270, 271 (jedenfalls ex nunc); für analoge Anwendung des § 45 SGB X *OVG Lüneburg* OVGE 42, 389, 390; nicht eindeutig *BVerwG* NVwZ-RR 1990, 582 zu § 21 ZDG; anders *OVG Münster* NWVBl 1991, 249.

und § 48 vermieden; die Annahme rückwirkender Rechtswidrigkeit wird allerdings unter Berücksichtigung auch der Vorgaben zumal des § 49 Abs. 2 Nr. 3, 4 nur ausnahmsweise gerechtfertigt sein (s. § 44 Rn. 21 ff.).

55 War ein VA rechtswidrig, wäre die Regelung durch Änderung der Sach- oder Rechtslage später aber rechtmäßig, wäre eine Rücknahme eines begünstigenden VA i.d.R. ermessensfehlerhaft, weil unverhältnismäßig (Rn. 88). Aus § 49 Abs. 1 lässt sich ferner der Gedanke ableiten, dass ein belastender VA in diesem Fall nur zurückgenommen werden darf, wenn er **nicht mit gleichem Inhalt erneut erlassen werden muss** (s. § 49 Rn. 22 f.). Ebenso ist die Rücknahme einer Baugenehmigung vom Gericht aufzuheben, wenn diese auf Grund einer Rechtsänderung zugunsten des Bauherrn sofort wieder erteilt werden muss.[129] Zur Rechtsprechungsänderung s. § 51 Rn. 104 ff.

56 Zur **Teilbarkeit** der Rechtswidrigkeit s. § 44 Rn. 196 ff.; bei Verbindung mehrerer Regelungsinhalte in einem Bescheid muss gerade der zurückgenommene Teil des Bescheides rechtswidrig sein. Deshalb kann die Rücknahme einer Rücknahme (Rn. 249 ff.) nicht allein darauf gestützt werden, dass eine mit ihr verbundene Rückzahlungsaufforderung rechtswidrig sei.[130] Zu den Konsequenzen für den Umfang der Rücknahme s. Rn. 101. Ist ein **Form- oder Verfahrensfehler** nach **§ 45 geheilt** worden, ist der VA nicht rücknehmbar.[131] Hier findet § 49 Anwendung. Form- und Verfahrensfehler **nach § 46** schränken das Rücknahmeermessen nicht ein (str., s. § 46 Rn. 12; ferner unten Rn. 79 und § 49 Rn. 7).

57 Auch der **nichtige** VA ist als rechtswidriger VA rücknehmbar. Die Behörde ist nicht auf die Feststellung nach § 44 Abs. 5 beschränkt, insbes. nicht, wenn zwischen den Beteiligten streitig ist, ob Nichtigkeit oder „nur" Anfechtbarkeit vorliegt (§ 44 Rn. 199; auch § 46 Rn. 19 ff.);[132] zumindest ist analoge Anwendung des § 48 anzunehmen.[133] Die Wertung einer Rücknahme als Feststellung nach § 44 Abs. 5[134] vernachlässigt, dass die Rücknahme auch auf der Annahme schlichter Rechtswidrigkeit beruhen kann. Wählt die Behörde den Weg der Rücknahme, sind auch die Vertrauensschutzregeln, insbes. Abs. 3, anzuwenden.[135] In der Praxis werden derartige Fälle kaum eintreten (zur Rücknehmbarkeit unwirksamer VAe s. im Übrigen Rn. 38).

58 Kann ein rechtswidrig erlassener VA gemäß § 47 in einen rechtmäßigen umgedeutet werden, schließt dies die Rücknahme nicht aus.[136] Da nach dem hier zugrunde gelegten Verständnis die **Umdeutung** ipso iure wirksam ist (s. § 47 Rn. 32), kann zwar von einem Wahlrecht der Behörde zwischen den Befugnissen nach § 47 und § 48 nur bedingt (bezogen auf die Möglichkeit behördlichen Ausspruchs der Umdeutung) die Rede sein. Doch beseitigt die auf die Rechtsfolgenseite gerichtete Fiktion des § 47 nicht die Rechtswidrigkeit des VA in seiner ursprünglichen Gestalt, die als Anknüpfungspunkt für die Rücknahme ausreicht. Ist der VA wirksam zurückgenommen, kann er nicht mehr umgedeutet werden; andererseits wird ein behördlicher Umdeutungsausspruch regelmäßig einer nachfolgenden Rücknahme entgegenstehen. Für einen in Erfüllung eines rechtswidrigen **Vertrages** erlassenen VA s. § 59 Rn. 9.

59 Die **materielle Beweislast** für die Voraussetzungen der Rechtswidrigkeit (im Übrigen s. Rn. 41) trägt i.d.R. die Behörde.[137]

---

[129] *OVG Münster* NWVBl 1996, 479, 480 m. w. N.; NWVBl 1999, 90, 91.
[130] *BVerwG* NJW 1992, 328 f.
[131] *OVG Münster* NWVBL 1988, 48; § 45 Rn. 22.
[132] Wie hier *BSG* NVwZ 1989, 902, 903; *Ule/Laubinger*, § 61 Rn. 11. S. auch *Huxoll*, Die Erledigung eines Verwaltungsaktes im Widerspruchsverfahren, 1995, S. 48 f.; *Steinweg*, Zeitlicher Regelungsgehalt des Verwaltungsaktes, 2006, S. 133 f.
[133] *Kopp/Ramsauer*, § 48 Rn. 18 m. w. N.; ebenso *VGH München* NVwZ 1994, 716, 717; a. A. *VGH Mannheim* NVwZ 1985, 349; *Meyer/Borgs*, § 48 Rn. 13; *Klein* Verwaltung 1993, 123, 124 f.; *Gröpl* JA 1995, 904; abl. auch *B. Erbguth*, Der Rechtsschutz gegen die Aufhebung begünstigender Verwaltungsakte, 1999, S. 110 ff. m. w. N.
[134] So *Meyer* in Knack, § 48 Rn. 30 m. w. N.
[135] A. A. *BGH* NJW 1983, 215, 216 unter Hinweis auf *Meyer/Borgs* und *Klappstein* in Knack, § 48 Rn. 2.1.; dem folgend *Meyer* in Knack, § 48 Rn. 30; wohl auch *VGH München* NVwZ 1992, 76; jedenfalls für die Fälle des § 44 Abs. 1 *VGH München* BayVBl 1996, 374, 375, hilfsweise für Anspruchsausschluss über § 254 BGB (Rn. 196).
[136] Anders noch *Kopp*, VwVfG, 6. Aufl., § 48 Rn. 28.
[137] *BVerfGE* 59, 128, 169 f.; *BVerwGE* 18, 168; 24, 294; *BVerwG* Buchholz 316 § 48 VwVfG Nr. 7; NVwZ 1985, 488 f.; *OVG Münster* NJW 1982, 1661, 1662; *Becker* DÖV 1967, 729, 733; 1973, 379, 383; *Ossenbühl* DÖV 1967, 247.

Die Behörde genügt[138] ihrer **Beweislast** bei der Rücknahme eines begünstigenden VA, des- 60
sen Voraussetzungen der Antragsteller zu beweisen hatte, schon dadurch, dass sie nachweist, dass
bei Erlass des VA dessen Voraussetzungen nicht nachgewiesen waren; insbes. wenn unzutreffende Angaben des Begünstigten zugrundelagen, ist er beweispflichtig.[139] War der aufzuhebende
VA von einem Dritten oder einer anfechtungsbefugten Behörde angefochten worden und muss
der Begünstigte die Voraussetzungen des angefochtenen VA nachweisen, dann ändert sich an
dieser Konstellation nichts dadurch, dass die Behörde parallel zur Anfechtung (s. Rn. 61) den
VA zurücknimmt; der Begünstigte muss auch im Prozess gegen die Rücknahme nachweisen,
dass die Voraussetzungen des begünstigenden VA vorlagen.[140] Ist allerdings strittig, ob der Dritte
durch den begünstigenden VA in seinen Rechten verletzt wird, trägt insoweit er die materielle
Beweislast.[141]

5. Verhältnis zu Rechtsmittelverfahren

a) **Anfechtbarkeit.** Der **Grundsatz der Rücknehmbarkeit** besteht **unabhängig von** 61
einer noch möglichen Anfechtung des VA (s. auch Rn. 48). § 48 geht davon aus, dass die Anfechtungsmöglichkeit aus Rechtsschutzgründen im Interesse der Betroffenen eingeräumt ist, die
Rücknahmemöglichkeit aber aus Gründen des öffentlichen Interesses besteht (Begründung zu
§ 44 Abs. 1 Entwurf 73). Die Behörde kann bei der Ermessensüberlegung über die Rücknahme
eines belastenden VA berücksichtigen, dass der Betroffene noch die Möglichkeit der Anfechtung
hat. S. auch § 51 Rn. 131 und unten Rn. 90.

Ist der VA **unanfechtbar,** hindert die formelle Bestandskraft nicht die Rücknahme (§ 43 62
Rn. 31 f.; Rn. 89 f.). Der Rücknahme steht auch nicht entgegen, dass der VA bereits vollzogen
ist.[142] Für die Rücknahme von **VAen mit Drittwirkung** bei Anfechtung durch den belasteten
Dritten s. § 50 Rn. 64 ff.

b) **Verhältnis zum Widerspruchsverfahren.** Ein Widerspruch (z. B. eines Dritten) kann, 63
soweit er noch gesetzlich vorgesehen ist, **Anlass** sein, außerhalb des Vorverfahrens eine Rücknahmeentscheidung zu treffen. In diesem Fall hat sich das **Vorverfahren erledigt** (§ 79
Rn. 48).[143] Die Erledigung des Widerspruchs eines Dritten tritt allerdings erst ein, wenn die
Rücknahmeentscheidung für deren Adressaten unanfechtbar geworden ist (vgl. auch § 50
Rn. 89). Selbst wenn der Widerspruch unzulässig oder, wichtig bei VAen mit Drittwirkung, im
Verhältnis zum Widerspruchsführer unbegründet ist, kann, auch nach Vorlage des Widerspruchs
an die Widerspruchsbehörde, eine Rücknahme erfolgen (§ 50 Rn. 90 ff.),[144] auch **auf Grund
einer Weisung,** Anregung oder Bitte der Widerspruchsbehörde (§ 50 Rn. 5 f., 72).[145]

Allerdings hat grundsätzlich die Behörde, die die Rücknahme verfügt, das **Rücknahmeer-** 64
messen (Rn. 67 ff.) **auszuüben.** Die Widerspruchsbehörde kann es nur ausüben, wenn
sie zugleich Aufsichtsbehörde ist und als solche ein Weisungsrecht im Zweckmäßigkeitsbereich
wahrnimmt.[146] Mit der Ausübung des Weisungsrechts übernimmt sie auch die Verantwortlichkeit i. S. des Art. 34 GG.[147] In der Weisung an die nachgeordnete Behörde sollten die Zweckmäßigkeitsüberlegungen mitgeteilt werden, da sie von der nachgeordneten Behörde nach § 39
Abs. 1 S. 3 in die Begründung der Rücknahmeverfügung (Rn. 253) aufzunehmen sind. Entsprechendes gilt, wenn die **Aufsichtsbehörde** unabhängig von einem Widerspruch die **Weisung zur Rücknahme** gibt.[148] Üben weder die Aufsichtsbehörde noch die angewiesene
Behörde das Rücknahmeermessen aus, liegt Ermessensmangel vor (§ 40 Rn. 77 ff.).[149] Zur selb-

---

[138] Nach *Wolff/Bachof/Stober* 2, § 51 Rn. 85.
[139] *BVerwGE* 24, 294, 299; *BVerwG* DÖV 1970, 424 und 783; *OVG Münster* NJW 1982, 1661, 1662.
[140] *BVerwG* Buchholz 427.3 § 335 a) LAG Nr. 80.
[141] S. im Einzelnen *Sonntag*, Die Beweislast bei Drittbetroffenenklagen, 1986.
[142] *OVG Münster* NVwZ 1985, 155 f.
[143] *VGH München* NVwZ 1983, 615, 616; BayVBl 1983, 246 f.; vgl. auch *Kraft* BayVBl 1995, 519; zur Kostentragung s. § 80 Rn. 55; s. auch zur positiven Bescheidung nach Widerspruch gegen ursprünglichen Ablehnungsbescheid *BSG* DVBl 1993, 261.
[144] *Kopp/Schenke*, § 72 Rn. 3 m. w. N.; *Dolde/Porsch* in Schoch u. a., § 72 Rn. 7 m. w. N.
[145] S. *OVG Münster* 15. 12. 1988 – 11 A 2125/87; *Bull* DVBl 1970, 243 ff.
[146] *OVG Münster* NVwZ-RR 1993, 289 f.; *OVG Münster* 29. 7. 1994 – 10 A 2459/89.
[147] *BGH* NVwZ 1985, 682 f.; *Ossenbühl*, S. 114; kritisch aber ebda, S. 56 f.
[148] *VGH Kassel* UPR 1988, 455.
[149] S. auch *BGH* NVwZ 1985, 682 f.

ständigen Aufhebung eines VA auf Grund des § 48 ist die Widerspruchs- oder Aufsichtsbehörde jedoch nicht befugt (Rn. 255, 264).

65 Zur **Vermeidung von Unklarheiten** sollte in dem Bescheid klargestellt werden, ob er als Rücknahmeentscheidung, als Abhilfebescheid nach § 72 VwGO[150] oder als Widerspruchsbescheid (§ 73 VwGO) ergangen ist. Im Zweifel stellt die Aufhebung eines angefochtenen VA einen Abhilfebescheid dar.[151] Ein Widerspruchsbescheid behält diesen Charakter, auch wenn er fälschlich auf § 48 gestützt ist.[152] Sind die Auswirkungen eines Abhilfebescheides für den Betroffenen nicht ungünstiger als eine Rücknahmeverfügung (z. B. wegen § 50 hinsichtlich Entschädigung und Jahresfrist), lässt der *VGH München*[153] eine Umdeutung zu. Das *BVerwG*[154] lehnt hingegen eine solche Umdeutung mit Rücksicht auf das bei der Abhilfe nicht betätigte Rücknahmeermessen ab (s. auch § 47 Rn. 51 f. sowie Rn. 34 f., 45), und das *OVG Münster* hält die alternative Rechtfertigung eines nicht eindeutig gefassten Bescheides über §§ 48, 50 oder über § 72 VwGO für möglich.[155]

66 Vermieden werden sollte es, bei der **Anfechtung eines VA mit Drittwirkung durch den Dritten** diesem einen Widerspruchsbescheid des Inhalts zu geben, seinem Widerspruch sei stattgegeben, die Widerspruchsbehörde habe Weisung erteilt, die angefochtene Genehmigung zurückzunehmen, oder einen Abhilfebescheid nach § 72 VwGO des Inhalts zu erteilen, die angefochtene Genehmigung sei gem. § 48 VwVfG zurückgenommen worden. Solche Verfahrensweisen vermengen unzulässig das Widerspruchsverfahren mit dem Rücknahmeverfahren (§ 50 Rn. 71 f., 102).[156]

67 Aus der **unterschiedlichen** materiellen **Rechtslage** ergeben sich unterschiedliche Verfahrensrechte, s. § 13 Abs. 2. Überdies bleibt bei solchem Verfahren die funktionelle Zuständigkeit (§ 44 Rn. 175 ff.) für die Rücknahmeentscheidung einerseits (Rn. 254 ff.) und die Widerspruchsentscheidung andererseits (§ 73 VwGO) unklar.[157] Aus diesem Grund trennt auch der *VGH München*[158] die Befugnisse der Widerspruchsbehörde im Vorverfahren von denen als Rechtsaufsichtsbehörde im Ersatzvornahmeverfahren (vgl. Rn. 263 ff.). Schließlich kann der Dritte nur bei einer echten Entscheidung nach §§ 72, 73 VwGO, nicht aber bei einer Rücknahmeentscheidung nach § 48 Ersatz seiner Kosten nach § 80 erlangen (§ 80 Rn. 55); doch ist eine Entscheidung für die Rücknahme bei zulässigem und begründetem Widerspruch treuwidrig, wenn sie nur erfolgt, um die Kostenlast des § 80 VwGO zu vermeiden.[159] Zur Bescheidungsform bei Identität von Ausgangs- und Widerspruchsbehörde s. *Skouris* DÖV 1982, 133.

68 **c) Reformatio in peius.** Zu der umstrittenen Frage, ob **im Vorverfahren** eine reformatio in peius (auch: Verböserung) möglich ist,[160] nehmen bewusst weder § 48 noch § 50 Stellung (anders § 367 Abs. 2 S. 2 AO). Die Verfasser des Musterentwurfs erwarteten eine Lösung dieser Frage durch eine Änderung der VwGO, die sie, weil nicht dringend erforderlich, nicht im Zusammenhang mit dem VwVfG vorschlagen wollten (Begründung zu § 39 Musterentwurf, S. 183).

---

[150] Zu dessen Rechtsnatur s. *Renck* DÖV 1973, 264, 265 ff.
[151] *OVG Münster* NVwZ-RR 1992, 450; s. aber auch zur Auslegung als Rücknahme auf Grund entsprechender Überschrift und Begründung mit §§ 48, 50 *OVG Münster* 27. 10. 1998 – 10 A 4818/98.
[152] *OVG Weimar* LKV 1999, 194; s. auch *VGH München* NVwZ-RR 2006, 678, 679.
[153] BayVBl 1983, 212, 214.
[154] *BVerwG* NVwZ 2000, 195, 196.
[155] *OVG Münster* 16. 11. 1998 – 7 A 1371/98.
[156] Für die gleichzeitige Aufhebung im Widerspruchsverfahren und nach § 48 aber offenbar *OVG Lüneburg* NVwZ 1993, 1214, 1215, im Hinblick auf den Wirkungsverlust des Widerspruchsbescheids bei Rücknahme des (Dritt-)Widerspruchs, dazu auch *Arzt* NVwZ 1995, 666 ff.; *Huxholl*, Die Erledigung eines Verwaltungsaktes im Widerspruchsverfahren, 1995, S. 153 f. m. w. N.
[157] Wie hier wohl *VGH München* NVwZ 1983, 615, 616; a. A. *BGH* NJW 1982, 2251, 2253; s. ferner § 50 Rn. 3 ff., 77.
[158] BayVBl 1983, 212.
[159] So *BVerwGE* 101, 64, 71 ff. m. w. N.; anders bei Vorliegen guter Gründe, vgl. *BVerwGE* 118, 84, 89 f. = NVwZ-RR 2003, 871; s. für Einberufungsbescheid *BVerwG* NVwZ-RR 2007, 617 nur LS.
[160] S. dazu *BVerwGE* 51, 310 ff. m. Anm. *Renck* JuS 1980, 28 ff.; *OVG Berlin* NJW 1977, 1166, 1167; *OVG Bautzen* SächsVBl 1996, 42, 43; *von Mutius*, Widerspruchsverfahren, S. 220 ff.; *Menger* VerwArch 1963, 199 ff.; *Weides* JuS 1987, 477 ff.; *Pietzner* VerwArch 1989, 501 ff.; *ders.*, VerwArch 1990, 261 ff.; *Hess*, Reformatio in peius. Die Verschlechterung im Widerspruchsverfahren, 1990; *Scheerbarth*, Die verwaltungsbehördliche *reformatio in peius* und ihre prozessuale Problematik, 1996; *Meister* JA 2002, 567 ff.

Die §§ 68 ff. VwGO sagen allerdings nach der zwischenzeitlichen, auch mit Zweifeln an der 69
Bundesgesetzgebungskompetenz begründeten Judikatur[161] **zu dieser Frage nichts** aus.[162] Für
das bundesgesetzliche Einspruchsverfahren der AO war dagegen eine Regelung möglich, ohne
dass hieraus ein allgemeiner Rechtsgedanke hergeleitet werden könnte. In § 357 Abs. 2 AO ist
die Verböserung im Einspruchsverfahren gestattet, im Beschwerdeverfahren nach § 368 AO
dagegen nicht. Für das SBG X wird angenommen, dass die Behörde auch im Widerspruchsverfahren einen VA nur nach Maßgabe der §§ 44 ff. verbösern darf.[163]

Für das allgemeine Verwaltungsrecht ist danach die **reformatio in peius als materielles** 70
verwaltungsrechtliches Problem zu sehen. Allerdings kann hieraus weder eine Zulässigkeit
der reformatio in peius in allen Fällen[164] noch ein Verbot der reformatio in peius bis zu einer
spezialgesetzlichen Regelung in Bundes- oder Landesgesetzen[165] hergeleitet werden. Entgegen
einer älteren Entscheidung des *VGH München*[166] verbietet § 79 ergänzende landesrechtliche Regeln nicht, wenn man mit *BVerwGE* 51, 310 ff. annimmt, dass der Bundesgesetzgeber insoweit
keine Gesetzgebungskompetenz hat oder zumindest nicht (abschließend) davon Gebrauch gemacht hat (s. § 79 Rn. 34).

Soweit keine Spezialgesetze ergangen sind, sind für die reformatio in peius die **Grundsätze** 71
der §§ 48, 49, 50 heranzuziehen,[167] ohne dass damit das Verfahren zu einem Rücknahme-
oder Widerrufsverfahren würde. Nur die Gesichtspunkte des Vertrauensschutzes, wie sie in
§§ 48, 49 niedergelegt sind, werden in die Entscheidung einbezogen. Wie sich dies im konkreten Fall auswirkt, ist nicht abschließend geklärt.

Insbes. ist **offen,** ob die Unterscheidung zwischen den VAen wie in § 48 Abs. 2 und 3 vor- 72
genommen werden soll. Für Geldentzugsakte ist der Gedanke aus § 48 Abs. 2 problemlos anwendbar. Bei § 48 Abs. 3 wird man hingegen auf die außerhalb des VwVfG liegenden Vertrauensschutzregeln (Rn. 28 ff.) zurückgreifen müssen, da es kaum dem Sinn einer reformatio in
peius entsprechen kann, die Widerspruchsbehörde gegen Ausgleichszahlung zur Verböserung zu
berechtigen.

Soweit Spezialgesetze §§ 48, 49 verdrängen, sind sie auch für die reformatio in peius maßgeb- 73
lich. Eine ausdrückliche Ermächtigung hierzu ist wohl nicht erforderlich.[168] Liegen die Voraussetzungen der §§ 48, 49 vor, ist auch den bundesrechtlichen Grundsätzen des Vertrauensschutzes
und von Treu und Glauben[169] Genüge getan. Hierbei ist zu beachten, dass – wie auch § 50 zeigt
– der Vertrauensschutz gering ist, solange der VA noch angefochten wird (s. Rn. 149). Hieraus
folgt auch, dass eine Verböserung allein aus **Zweckmäßigkeitsgründen** möglich ist.[170] Korrektiv ist die entsprechende Anwendung des § 49, dessen Voraussetzungen allerdings nicht häufig vorliegen werden.

Ferner bedeuten die Regeln der §§ 68 ff. VwGO, dass bei Rechtsverletzung des Wider- 74
spruchsführers der **Widerspruchsbehörde kein Entschließungsermessen** (§ 40 Rn. 46) zur
Rücknahme zusteht (anders bei Aufhebung wegen Unzweckmäßigkeit); sie muss den VA bei
zulässigem und begründetem Widerspruch aufheben. Nach § 79 gehen diese Regeln auch in-

---

[161] Skeptisch zur neuen Sichtweise *Pietzner* VerwArch 1990, 261, 271 ff. m. w. N.
[162] *BVerwGE* 51, 310 ff.; 65, 313, 319; *BVerwG* NVwZ 1987, 215; ferner *OVG Saarlouis* KStZ 1986, 79 f. m. w. N. anders noch *BVerwGE* 14, 178 ff.
[163] Vgl. *BSGE* 55, 287, 290 f.; *Wiesner* in v. Wulffen, vor § 44 Rn. 6; s. auch *Leitherer* in Meyer-Ladewig, § 85 Rn. 5.
[164] So möglicherweise *Bettermann* in FS Ipsen, 1977, S. 282; vgl. grundsätzlich für die Möglichkeit der Verböserung von Abgabenbescheiden *BVerwG* DÖV 1966, 857, 859; *BVerwGE* 67, 129, 134; *OVG Münster* 20. 9. 1984 – 3 A 2828/83.
[165] So *VGH München* MDR 1978, 80, 81, dazu *Renck-Laufke* BayVBl 1978, 247; *Theuersbacher* BayVBl 1978, 18; *Greifeld* NVwZ 1983, 725; restriktiv zum Prüfungsrecht *Schlette* DÖV 2002, 816 ff.
[166] MDR 1978, 80, 81.
[167] § 1; so ausdrücklich *BVerwGE* 65, 313, 319 m. w. N.; *BVerwG* NVwZ 1983, 285; NVwZ-RR 1997, 26; zu § 45 SGB X *BSG* DÖV 1993, 1014, 1015 f. m. w. N.; *Pietzner/Ronellenfitsch,* § 40 Rn. 16 m. w. N., auch Nachtrag 1997, S. 23, zu § 40; *Weides,* § 23 II 3; *ders.* JuS 1987, 477, 481 f. m. w. N.; einschränkend *Busch* in Knack, § 79 Rn. 198; abl. *OVG Koblenz* NVwZ 1992, 386, 387.
[168] So wohl *BVerwG* NVwZ 1987, 215 f.; NJW 1988, 276, 277; auch *BVerwG* NVwZ-RR 1997, 26; a. A. *VGH München* MDR 1978, 80, 81; *Greifeld* NVwZ 1983, 725; wie hier *Osterloh* JuS 1987, 833.
[169] Deren Einhaltung fordert *BVerwGE* 51, 310 ff.; s. etwa auch *VG Neustadt* NVwZ-RR 2003, 205, 206; für § 173 Abs. 1 Nr. 1 AO *BFHE* 196, 317 = NVwZ 2002, 1404 (st. Rspr.). Allgemein dazu *Müller-Grune,* Der Grundsatz von Treu und Glauben im Allgemeinen Verwaltungsrecht, 2006, S. 89 ff.
[170] A. A. *Busch* in Knack, § 79 Rn. 203; *Wolff/Bachof* III, § 161 Rn. 26 m. w. N.

soweit dem § 48 Abs. 1 S. 1 vor (§ 50 Rn. 3 ff.).[171] Beruht die Verböserung auf neuen Tatsachen,[172] ist der Betroffene vorher **anzuhören** (§§ 28, 79 VwVfG, ggf. § 71 VwGO, s. § 45 Rn. 77, generelle Anhörungspflicht nach § 367 Abs. 2 S. 2 AO).

75 Zu beachten ist, dass sich das Problem der reformatio in peius nur für den Verfahrensgegenstand stellt, für den die Widerspruchsbehörde **funktionell zuständig** ist, der also durch den Devolutiveffekt des Widerspruchs an sie herangetragen wurde (s. Rn. 263 ff.; § 44 Rn. 176 f.).[173] Der Devolutiveffekt als solcher steht einer reformatio in peius in diesem Rahmen nicht entgegen. Von der funktionellen Zuständigkeit der Widerspruchsbehörde für den „Streitgegenstand" des Widerspruchsverfahrens ist die Frage zu trennen, inwieweit im Rahmen der funktionellen Zuständigkeit und auf der Grundlage des Streitgegenstandes eine Verböserung nach den Regeln des Vertrauensschutzes ausgeschlossen ist (s. Rn. 71 ff.). Eine unzulässige Vermengung ist dies nicht;[174] s. z. B. für reformatio in peius durch nachträgliche Auflagen und Auflagenvorbehalt § 36 Rn. 155.

76 Keine Verböserung stellt es nach der herrschenden **Saldierungstheorie** (Rn. 51, 120) dar, wenn einzelne angegriffene Rechnungsposten in einem Bescheid ungünstiger gestaltet werden, sich aber durch Neufestsetzung anderer Posten ein insgesamt günstigeres Resultat ergibt. Kein Problem einer reformatio in peius ist es ferner, wenn die Widerspruchsbehörde in Überschreitung ihrer durch den Devolutiveffekt begründeten Zuständigkeit des § 73 VwGO **aus Anlass des Widerspruchs** einen weiteren VA erlässt; insoweit ist allenfalls ein Verstoß gegen die funktionale Zuständigkeit gegeben (§ 44 Rn. 176 f.). Eine reformatio in peius liegt auch dann nicht vor, wenn die Widerspruchsbehörde nicht den Regelungsgehalt des VA verbösert, sondern nur zur Aufklärung des Sachverhaltes zusätzliche Anforderungen an den Widerspruchsführer stellt, z. B. zusätzliche Begutachtung bei Entziehung der Fahrerlaubnis.[175] Im allgemeinen Verwaltungsrecht ist die Befugnis der Behörde zu einer Rücknahme nach § 48 nach Zurücknahme des Widerspruchs unproblematisch.[176]

6. Ermessensentscheidung über die Rücknahme

77 Die Rücknahme[177] steht – im bewussten Gegensatz zur differenzierenden Regelung in § 44, 45 SGB X,[178] übereinstimmend aber mit § 45 Abs. 1 Satz 1 SBG X – allgemein im **Ermessen** der Behörde (§ 48 Abs. 1 S. 1). Ausnahmen ergeben sich vielfach aus Spezialgesetzen (zum EG-Recht allgemein Rn. 19 ff. und insbes. Rn. 95 ff.).

78 Nach allgemeinen Grundsätzen (s. § 40 Rn. 135) hat der (belastete) Betroffene, dessen Interessen § 48 neben der objektiven Gesetzmäßigkeit jedenfalls auch zu dienen bestimmt ist, einen entsprechenden **Anspruch auf fehlerfreie Ausübung des Ermessens**.[179] Bei Rücknahme wegen Verstoßes gegen drittschützende Bestimmungen (dazu § 50 Rn. 12 ff.) steht **dem Dritten** ein Anspruch auf fehlerfreie Ermessensausübung zu.[180]

---

[171] Wie hier *Meyer/Borgs*, § 48 Rn. 28.
[172] Und nur dann, vgl. *OVG Koblenz* NVwZ 1992, 386 m. w. N.
[173] *Weides*, § 23 II 3 b. Dem *BVerwG* genügt das Weisungsrecht, ein Recht zum Selbsteintritt ist nicht erforderlich, vgl. *BVerwG* NVwZ 1987, 215 f.; ohne Bedenken aus bundesrechtlicher Sicht gegen entsprechende Auslegung des Landesrechts *BVerwG* NVwZ-RR 1997, 26.
[174] So aber *Müller* Verwaltung 1984, 248, 249.
[175] Vgl. *BVerwG* NJW 1986, 270.
[176] Anders nach AO; s. *BFH* NJW 1987, 2400; zur Rücknahme des Widerspruchs nach Erlass des Widerspruchsbescheides, insbes. im Falle reformatio in peius, *Schildheuer* NVwZ 1997, 637, 640 ff.
[177] Zur Frage eines besonderen Ermessens hinsichtlich der Einleitung eines Rücknahmeverfahrens vgl. die Diskussion um die Struktur dieses Verfahrens, Rn. 89, 253 sowie § 51 Rn. 13 ff.
[178] Vgl. *BSG* NVwZ 1984, 336; zur Möglichkeit der Analogie zur teilweise vorgesehenen strikten Rücknahmepflicht in anderer Bescheide s. bejahend *BVerwGE* 87, 103, 107 (Aufhebung eines Bewilligungsbescheides nach BAföG und der entsprechenden Rückforderung), verneinend *BVerwGE* 109, 346, 349 (Kostenersatz nach § 92 a BSHG).
[179] *OVG Hamburg* NVwZ-RR 1993, 320, 323; *VGH Kassel* NVwZ 1995, 394, 395; *OVG Saarlouis* ZBR 1995, 205; *Kopp/Ramsauer*, § 48 Rn. 51, 55; anders anscheinend *VGH München* NVwZ 1989, 378 f.
[180] Vgl. etwa für § 31 GastG, § 15 Abs. 2 S. 1 GewO *VGH Kassel* NVwZ-RR 1993, 407; für den Konkurrenten um eine nur begrenzt verfügbare Genehmigung nach dem GüKG *BVerwGE* 80, 270, 272 f.; *Schenke* DVBl 1996, 388. Bei Rücknahme während eines Verfahrens über den zulässigen und begründeten Widerspruch des Dritten nimmt *BVerwG* NVwZ 2002, 730, 732 f. m. w. N., Ermessensschrumpfung an.

Das Ermessen zur Rücknahme begünstigender VAe ist bei fehlendem Vertrauensschutz nicht 79 allgemein auf Null reduziert (s. auch Rn. 85, 88);[181] denn auch für diesen Fall ist nach § 48 Abs. 1 S. 1 Ermessen eingeräumt (vgl. § 40 Rn. 56).[182] Bedenken bestehen auch gegenüber der Annahme sog. intendierten Ermessens (vgl. § 40 Rn. 28 ff. und unten Rn. 85 ff.). **Form- und Verfahrensfehler** i. S. d. § 46 führen nur ausnahmsweise nicht zur Rechtswidrigkeit des VA, auch das **Rücknahmeermessen** wird **nicht eingeschränkt** (§ 46 Rn. 12, 21).

Aus § 49 Abs. 1, der nur für belastende VAe gilt, zieht aber das *BVerwG*[183] auch für begünsti- 80 gende VAe den Schluss, dass eine Rücknahme nicht erfolgen darf, wenn ein (jetzt rechtmäßiger) **VA gleichen Inhalts alsbald erneut erlassen** werden müsste. Eine Rücknahme für die Vergangenheit bleibt unabhängig davon möglich, weil insoweit der Inhalt von dem des neu zu erlassenden VA abweicht. Zur Ausübung des Ermessens durch Aufsichts- und Widerspruchsbehörde s. Rn. 64 ff.

Die einschränkenden Regeln der **Abs. 2 bis 4** bilden für begünstigende VAe den **Ermes-** 81 **sensrahmen**.[184] Sie bedeuten nicht, dass bei Vorliegen dieser Voraussetzungen ein begünstigender VA zurückgenommen werden *muss*.[185] Stets besteht ein Ermessen bei Rücknahmeentscheidungen nach § 45 Abs. 1, 4 SGB X.[186] S. auch Rn. 7, 88 ff., 177 ff.

Bei Rückforderung von Leistungen vom betrügerischen Empfänger ist das **Ermessen** i. d. R. 82 reduziert;[187] s. allgemeiner unten Rn. 86 f. sowie Rn. 30, 107, 140. Die Versagung der Rücknahme ist i. d. R. nicht ermessensfehlerhaft, wenn die vorgebrachten Gründe schon im fristgerechten Rechtsbehelfsverfahren vorgebracht werden konnten.[188] Im Übrigen ist das Ermessen an den Zielen der einschlägigen (Fach-)Gesetze zu orientieren.[189]

Das Ermessen nach S. 1 ist **gemäß § 40** auszuüben, ggf. für jeden von mehreren, zusammen 83 erlassenen VAen,[190] die Entscheidung gem. **§ 39 zu begründen** (Rn. 253). Alle wesentlichen Gesichtspunkte sind zu berücksichtigen.[191] Welche dies sind, kann auch von den Zwecken der Rechtsgrundlage des zurückzunehmenden VA abhängen.[192] In Fällen regelmäßig gerechtfertigter Rücknahme (s. Rn. 86 f., 90) kann der Begründungsaufwand reduziert sein.[193] Unzulässig sind Erwägungen, die vom Zweck der einschlägigen Bestimmungen nicht gedeckt sind (allgemein § 40 Rn. 62 ff.).[194]

Geht die Behörde bei ihrer Ermessensentscheidung von einem **unzutreffenden Ermessens-** 84 **rahmen** aus,[195] kann Ermessensmangel oder Ermessensüberschreitung vorliegen. Keinen Wech-

---

[181] So aber etwa *OVG Münster* 13. 1. 1986 – 11 A 377/84; anders *VGH München* BayVBl 1984, 213; *OVG Lüneburg* NVwZ 1986, 780 f.; auch *BVerwGE* 57, 1, 2.
[182] S. auch *Schenke* DÖV 1983, 320, 329; *Stelkens* NuR 1986, 329, 331.
[183] *BVerwGE* 68, 151, 153.
[184] A. A. i. S. einer Verzahnung von Tatbestands- und Rechtsfolgenseite, dazu § 40 Rn. 38 ff., wohl *Meyer* in Knack, § 48 Rn. 47.
[185] Begründung zu § 44 Abs. 2 Entwurf 73; *Maurer* JuS 1976, 485, 493; für Rücknahme im Regelfall *OVG Berlin* OVG BlNE 18, 178, 180. Für Rücknahmepflicht in den Fällen des Abs. 3 offenbar *Frotscher* DVBl 1976, 281, 284; vgl. auch *BSG* DVBl 1987, 245 f., dagegen *Schleicher* DÖV 1976, 550, 554, sowie *Maurer* in FS Boorberg Verlag, 1977, S. 223, 243.
[186] Vgl. *BVerwGE* 78, 101, 105; *BVerwG* NVwZ-RR 1990, 249, 251 m. w. N. (für BAföG-Leistungen); *BVerwGE* 91, 82, 90 f.; *VGH München* BayVBl 1988, 658, 660 (für Sozialhilfeleistungen); *VGH Mannheim* VBlBW 1990 Heft 10, VGH Rechtsprechungsdienst, S. B 5; *LSG NRW* NVwZ-RR 1989, 2, 3.
[187] *BSG* NVwZ 1991, 407 m. w. N., auch zum Fehlen ermessensrelevanter Gesichtspunkte.
[188] *BFH* NVwZ 1991, 1214 f.; ähnlich *BFH* NVwZ 1990, 700, 701. Eingrenzend zur Bedeutung der „Rechtssicherheit" für Ermessensentscheidungen gegen Rücknahme *Stelzer* Verwaltung 1997, 139, 155 ff.
[189] *VGH Kassel* NJW 1987, 393; *OVG Bautzen* LKV 1995, 250, 251 f.; s. etwa auch *OVG Münster* NWVBl 2006, 233 f.
[190] Vgl. *BVerwGE* 119, 17, 24 f., bei (Mit-)Einbürgerung eines minderjährigen Kindes.
[191] Zur Fehleinschätzung von Folgewirkungen der Rücknahme eines Umlagefestsetzungsbescheides *OVG Münster* StGRat 1993, 131 f.; zur Nichtberücksichtigung der beamtenrechtlichen Fürsorgepflicht *VG Weimar* ThürVBl 1995, 162, 165.
[192] Vgl. zur Rücknahme von Baugenehmigungen unter Berücksichtigung von Erwägungen ohne baurechtlichen Bezug *VG Karlsruhe* NJW 1994, 1977, 1979.
[193] *BVerwGE* 105, 55, 57; *VGH München* ZBR 1992, 23, 24; *OVG Bautzen* SächsVBl 1998, 263, 266; s. aber allgemein § 39 Rn. 35.
[194] Als sachfremd wurde etwa angesehen die Rücknahme einer Grundstücksverkehrsgenehmigung nach § 5 Abs. 1 GVO wegen des spekulativen Charakters des Grundstückserwerbs vom *OVG Weimar* ThürVBl 2000, 250, 253.
[195] Namentlich weil sie die (Nicht-)Anwendbarkeit einer Spezialvorschrift mit einem unterschiedlichen Ermessensrahmen verkennt. S. zum Baurecht *Stelkens* BauR 1978, 158, 164; BauR 1980, 7, 8; zum BAföG

sel im Ermessensrahmen muss es bedeuten, wenn statt § 48 eine haushaltsrechtliche Regelung wie der frühere § 44a BHO herangezogen wird.[196] Bei einer Mehrheit von Rechtsfehlern, für die der Vertrauensschutz unterschiedlich zu beurteilen ist, muss sich die Ermessensausübung auf den Mangel beziehen, bei dem der Vertrauensschutz der Rücknahme nicht entgegensteht.[197] Wechseln im Laufe des Rücknahmeverfahrens die Gründe für die Annahme der Rechtswidrigkeit des VA (s. dazu auch § 45 Rn. 45 ff.), sind insoweit neue Ermessensüberlegungen nötig.[198] Zur Jahresfrist s. Rn. 233.

85 Schrumpft das **Ermessen auf Null,** ist keine weitere Ermessensüberlegung nötig (§ 40 Rn. 56). Eine Ermessensschrumpfung ergibt sich nicht schon aus den Voraussetzungen, die zur Rücknahme berechtigen; selbst bei missbräuchlich erlangten VAen ist das Rücknahmeermessen nicht auf Null reduziert.[199] Die Aufhebung des VA, nicht nur das Wiederaufgreifen des VwVf (s. § 51 Rn. 19), ist allerdings geboten, soweit die Aufrechterhaltung eines VA schlechthin unerträglich wäre;[200] wann diese Voraussetzung erfüllt ist, lässt die Formel freilich offen (s. auch Rn. 90). **Intendiertes Ermessen** (§ 40 Rn. 28 ff.) besteht bei § 48 jedenfalls nicht generell. Die Rechtswidrigkeit des VA kann als Voraussetzung für die Anwendung des § 48 das darin begründete Ermessen nicht allgemein verengen und damit die Bestandskraft des VA praktisch entwerten. Vielmehr sind im Rahmen des § 48 die Prinzipien der materiellen Gerechtigkeit einerseits, der Rechtssicherheit andererseits grundsätzlich gleichgewichtige Leitpunkte des Ermessens;[201] s. auch Rn. 28, 77 ff.

86 In bestimmten Fällen soll das **einschlägige Fachrecht** allerdings dem Rücknahmeermessen eine **bestimmte Richtung vorgeben** können, so dass das Ermessen im Regelfall fehlerfrei nur durch eine bestimmte Entscheidung, namentlich die *für* die Rücknahme des VA, ausgeübt werden kann.[202] Dies wird etwa für Bewilligungsbescheide bei missbräuchlicher Inanspruchnahme von Wohngeld[203] und für sozialversicherungsrechtliche Bescheide zugunsten bösgläubiger Versicherter angenommen.[204] Erfüllt ein Ausländer alle Voraussetzungen für eine Aufenthaltserlaubnis als EU-Bürger, kann es zwingend geboten sein, eine Ausweisungsverfügung ex tunc zurückzunehmen.[205] Bei zulässiger und begründeter Anfechtung eines VA mit Drittwirkung durch den Belasteten wird eine Reduzierung des Ermessens auf Null angenommen.[206] Für Ermessensschrumpfung bei rechtswidrig gewordenem DauerVA hat sich das *BVerwG* ausgesprochen,[207] der *VGH München* für grundsätzliche Pflicht zur Rücknahme von VAen, die die Grundlage für die Gewährung zukünftiger Leistungen bilden.[208] Die Grundsätze der Sparsamkeit und Wirtschaftlichkeit der Haushaltsführung zeichnen im Regelfall die Rücknahme von Geldleistungsbescheiden als nicht weiter begründungsbedürftige Konsequenz vor,[209] machen aber nicht von vornherein jede Ermessensausübung mit Rücksicht auf die Verhältnisse des Einzelfalls entbehr-

---

BVerwG NVwZ-RR 1992, 306, 307; für irrtümliche Annahme einer Ermessenseinschränkung allgemein *OVG Schleswig* NVwZ 1993, 911; zur Möglichkeit der Umdeutung in einen Widerruf s. Rn. 50.
[196] *VG Köln* NVwZ 1984, 537, 538, insoweit nicht vollständig abgedruckt.
[197] *OVG Münster* NVwZ-RR 1997, 585, 586 ff.
[198] *VGH München* BayVBl 1982, 212, 213.
[199] Ausdrücklich *BVerwGE* 119, 17, 22 f. für Rücknahme einer Einbürgerung aufgrund einer sog. Scheinehe, während das zur Einbürgerung inzident auszuübende Ermessen qua Sollvorschrift gebunden war; auch *VGH München* BayVBl 2007, 117, 118; für eine ebenso erschlichene Aufenthaltserlaubnis auch *BVerwGE* 123, 190, 202 f. = NVwZ 2005, 1329.
[200] Vgl. in diesem Sinne *BVerwGE* 28, 122, 127; 44, 333, 336; 95, 86, 92; *BVerwG* LKV 2007, 30; aufgegriffen für Verstöße gegen Gemeinschaftsrecht in *EuGH*, verb. Rs. C-392/04 u. C-422/04, EuGHE 2006, I-8559 = NVwZ 2006, 1277 Rn. 63 ff.; dazu etwa *Gärditz* NVwZ 2006, 441, 445 f.; *Ludwigs* NVwZ 2007, 549 ff.; *Ruffert* JZ 2007, 407 ff.; *auch* für das Europarecht jetzt *BVerwG* NVwZ 2007, 709, 710 f.
[201] Vgl. *BVerwGE* 44, 333, 336 m. w. N.; *BVerwG* NVwZ 1985, 265; *VGH Kassel* NVwZ 1995, 394, 395; ZBR 1995, 278, 279; *OVG Saarlouis* ZBR 1995, 205, 206; *VGH Mannheim* VBlBW 2006, 354, 356 f.; *OVG Münster* NVwZ-RR 2005, 568 m. w. N.
[202] Mit Rücksicht auf die Sicherung effektiver Gefahrenabwehr *BVerwG* LKV 2006, 558, 560; abl. für § 5 S. 1 GVO *OVG Weimar* ThürVBl 2000, 250, 251 f.
[203] *BVerwGE* 91, 82, 90 f.
[204] *BSG* DVBl 1994, 1246, 1247.
[205] So *BGH* NVwZ 2003, 1409.
[206] *BVerwG* NVwZ 2002, 730, 732 f.; *OVG Münster* BRS 39 Nr. 157; § 50 Rn. 77.
[207] *BVerwGE* 59, 148, 161.
[208] NVwZ-RR 1993, 5.
[209] *BVerwGE* 105, 55, 57 f. = NJW 1998, 2233; *OVG Magdeburg* LKV 2000, 545, 546; *OVG Weimar* NVwZ-RR 1999, 435, 436 f.; s. auch schon *OVG Münster* NVwZ 1996, 610, 613.

lich²¹⁰ (s. auch Rn. 140 und allgemeiner § 40 Rn. 28 f.). Umgekehrt soll ein intendiertes Ermessen durch die Pflicht zur Ausschöpfung gesetzlicher Gebührenansprüche begründet sein.²¹¹ Für die Rückforderung von Parteienfinanzierungsmitteln bei Vorlage unzureichender Rechenschaftsberichte hat das *BVerfG* keine spezifischen Maßstäbe für die Ermessensausübung angesprochen.²¹²

Eine **Ermessensschrumpfung** *gegen* die Rücknahme einer Umbettungsentscheidung ist zum Schutz der Totenruhe wegen Art. 1 Abs. 1 GG angenommen worden.²¹³ Vgl. ferner allgemein zu den Voraussetzungen der Ermessensschrumpfung bei fehlerhaften Prüfungsentscheidungen *BVerwG* NVwZ-RR 1990, 26 f.; bei andernfalls widersprüchlichem Verhalten *VG Gera* LKV 1997, 297, 299; bezogen auf Teilzeitbeschäftigung neu eingestellter Beamter *VGH Mannheim* NVwZ-RR 1991, 490, 491; ESVGH 42, 106, 108 f.; dazu auch *VGH Kassel* ZBR 1995, 278, 279; *OVG Saarlouis* ZBR 1995, 205, 206; bei Rücknahme eines ohne Schießprüfung erlangten Jagdscheins *OVG Greifswald* LKV 1995, 254 f. = NVwZ 1995, 926 LS; bei Rücknahme einer deutschen Fahrerlaubnis, die auf Grund der Vorlage eines gefälschten ausländischen Führerscheins erteilt wurde, *VGH Mannheim* NVwZ-RR 1995, 170; bei Gleichheitsverstoß *OVG Münster* NVwZ 1986, 135; *VGH Kassel* NVwZ 1995, 394, 399; s. schon Rn. 79; ferner § 51 Rn. 142 f. In der auch in solchen Fällen nötigen **Begründung** ist auf die Ermessensschrumpfung hinzuweisen (§ 39 Rn. 58). **87**

Bei der Ermessensausübung ist auch bei fehlendem Vertrauensschutz (Abs. 2, 3) der **Verhältnismäßigkeitsgrundsatz** zu berücksichtigen.²¹⁴ Unverhältnismäßig ist etwa die Rücknahme einer Baugenehmigung auf Grund eines Gesetzes, das voraussichtlich in nächster Zeit abgeändert wird, ferner bei Unerreichbarkeit des Zwecks der Rücknahme.²¹⁵ S. auch Rn. 103. Im Einzelfall kann es auch geboten sein, Vertrauensschutzbelange unterhalb der Schwelle des gesetzlichen Rücknahmeausschlusses bei der Ermessensentscheidung zu berücksichtigen (s. noch Rn. 148, § 50 Rn. 73);²¹⁶ zum Verhältnis zum **Vertrauensschutz** s. auch Rn. 177 ff. Im Rahmen der Ermessensausübung ist auch darauf Rücksicht zu nehmen, eine Rücknahme zu vermeiden, die ein widersprüchliches Verhalten der Behörde darstellen würde.²¹⁷ **88**

In der Diskussion um das VwVfG hatten u. a. *Ule/Becker*²¹⁸ auf der Grundlage des Art. 20 Abs. 3 GG **gefordert**, die Behörde müsse grundsätzlich bei Verletzung zwingenden Rechts **zur Rücknahme verpflichtet** sein. Mit der älteren Judikatur²¹⁹ hat § 48 Abs. 1 S. 1 sich für Ermessen entschieden, schon weil andernfalls die Rechtsbehelfsfristen bedeutungslos würden und die Sache ständig im Streit bliebe.²²⁰ Damit wird dem Prinzip der Rechtssicherheit (s. Rn. 28 ff.) Rechnung getragen. Ein vorgeschaltetes besonderes Wiederaufgreifensermessen²²¹ ist daneben entbehrlich.²²² **89**

Zu Recht weist die Begründung zu § 44 Abs. 1 Entwurf 73 darauf hin, dass eine Entscheidung der Behörde für eine Aufrechterhaltung des VA nicht ermessensmissbräuchlich ist, wenn **90**

---

²¹⁰ *OVG Münster* NVwZ-RR 1997, 585, 589 f.; für intendiertes Ermessen bei Regelungen kommunaler Umlagen *OVG Bautzen* SächsVBl 1998, 263, 266; für Rücknahme der Anerkennung ruhegehaltsfähiger Dienstzeiten *VG Düsseldorf* DÖD 2000, 68, 69.
²¹¹ *OVG Magdeburg* LKV 2005, 456, 458 f.; s. auch *VGH München* BayVBl 2003, 530, 531, bei Befreiung von Rundfunkgebühr.
²¹² BVerfGE 111, 54, 81 ff.; das Sondervotum, S. 114 ff., fordert allerdings klarere Rechtsgrundlagen; für besondere Maßstäbe etwa *Morlok* NJW 2000, 761, 768 f.
²¹³ So *OVG Münster* NWVBl 1992, 261 f.
²¹⁴ Für die Rücknahme der Zulassung eines Rechtsanwalts wegen Art. 12 Abs. 1 GG BVerfGE 72, 26, 33.
²¹⁵ *OVG Münster* NVwZ 1987, 155 f.
²¹⁶ *OVG Lüneburg* NdsVBl 1996, 210 f.; in der Formulierung noch weitergehend *BVerwG* NVwZ 1994, 896, 897.
²¹⁷ *OVG Lüneburg* NVwZ-RR 1997, 572, 573 f.
²¹⁸ S. 57 m. w. N.; ebenso vor allem *Forsthoff*, S. 261.
²¹⁹ BVerwGE 11, 124; 15, 155; 28, 122, 125.
²²⁰ Abweichend für existenzsichernde Leistungen *Steinwedel* in FS 50 Jahre BSG, 2004, S. 783, 788 ff.
²²¹ Dafür *Schwabe* JZ 1985, 545 ff.
²²² S. demgegenüber die auch gegen weitergehende Vorstellungen eines mehrteiligen Verfahrens gerichteten Überlegungen von *Korber*, Einteiliges Aufhebungs- und zweiteiliges Wiederaufgreifensverfahren, 1983; *ders.* DVBl 1984, 405, 407 ff.; *ders.* DÖV 1985, 309; ferner zum Verhältnis von Wiederaufgreifen und Rücknahme- bzw. Widerrufsverfahren noch *Selmer* JuS 1987, 363; *Frohn* Verwaltung 1987, 337, sowie § 51 Rn. 13 ff.

der VA **unanfechtbar** geworden ist und kein Grund zum Wiederaufgreifen des Verfahrens besteht (vgl. Rn. 77 ff. sowie § 51 Rn. 13 ff.). Insoweit kann allein die Berufung auf die Unanfechtbarkeit genügen, wenn sich nicht die Rechtswidrigkeit des VA geradezu aufdrängt.[223]

91 Demgegenüber nimmt der *BGH*[224] allgemein eine **Amtspflicht zur Rücknahme** rechtswidriger VAe an. Dies kann aus Rechtssicherheitsgründen jedenfalls nicht für unanfechtbare VAe, deren Rechtsfolgen in der Vergangenheit abgeschlossen sind, gelten. Eine Amtspflicht kann sich vielmehr grundsätzlich nur auf die **ermessensfehlerfreie Entscheidung über die Rücknahme** nach Maßgabe der dargelegten Kriterien richten.

92 Bei der Ermessensentscheidung ist zu prüfen, ob **rechtsgestaltende VAe** (§ 35 Rn. 216 f.) ihrem Wesen nach endgültigen Charakter haben sollen und ob sich hieraus ein Hindernis für die Rücknahme ergibt (s. § 49 Rn. 36 und oben Rn. 45),[225] sofern sie überhaupt dem § 48 unterliegen (s. Rn. 6 ff.). Mit dem *BVerwG*[226] ist davon auszugehen, dass bei privatrechtsgestaltenden VAen eine Rücknahme nicht schlechthin ausgeschlossen ist.[227] Vielmehr hängt die Antwort von der Frage ab, in welchem Umfang sich die privatrechtsgestaltende Wirkung im Einzelfall auf den Rechtskreis des Adressaten oder Dritter auswirkt. Hierbei ist auch zu überprüfen, ob eine Rücknahme ex tunc oder ex nunc den Interessen der Betroffenen gerecht wird (Rn. 104 ff.).

93 Probleme bereitet hat insbes. die Rücknehmbarkeit von **Bodenverkehrsgenehmigungen**.[228] Das *BVerwG*[229] sah bei der Rücknahme einer fingierten Teilungsgenehmigung nach § 19 Abs. 3 S. 6 BBauG keine grundsätzlichen Schwierigkeiten,[230] so auch für Fiktion der Genehmigung eines Bebauungsplanes nach § 11 i.V. m. § 6 Abs. 4 BBauG der *VGH Mannheim*.[231] Zu fingierten VAen s. allgemein Rn. 39.

94 Bei der Ermessensentscheidung ist schließlich zu berücksichtigen, ob die Behörde auf ihr Rücknahmerecht **verzichtet** oder es **verwirkt** hat.[232] Eine Verwirkung (s. § 53 Rn. 21 ff.; auch Rn. 110) kommt jedoch nur unter besonderen Umständen in Frage.[233]

95 Im Recht der **Europäischen Gemeinschaft** besteht mangels einer übergreifenden Regelung der Problematik (Rn. 19) kein allgemein eingeräumtes Ermessen für die **Aufhebung von Entscheidungen der EG-Organe**. Ein Ermessensspielraum besteht jedenfalls, wenn die jeweils maßgebliche Einzelvorschrift ihn vorsieht, wie dies etwa für einschlägige Entscheidungen im Beamtenrecht angenommen wird.[234] In den Fällen, in denen keine spezielle Regelung existiert, steht die Entscheidung über die Aufhebung grundsätzlich im Ermessen des zuständigen[235] Entscheidungsträgers.[236] Allerdings besteht keine Verpflichtung, unanfechtbar gewordene Ent-

---

[223] *VGH Mannheim* VBlBW 2001, 23 f. m. w. N., auch für die Berechtigung der Behörde, offenkundige Ermessensfehler des aufzuhebenden VA unberücksichtigt zu lassen, solange es sich nicht aufdrängt, dass er wegen Ermessensschrumpfung auf keinen Fall hätte erlassen werden dürfen.

[224] VersR 1986, 289, wenn die Behörde einen VA als rechtswidrig erkannt hat oder seine Rechtswidrigkeit hätte erkennen müssen.

[225] *Wolff/Bachof/Stober* 2, § 51 Rn. 83.

[226] Für die Zeit vor Erlass des VwVfG *BVerwGE* 54, 257 ff.; *Schulze-Osterloh* JuS 1978, 137 f., für die Zeit nach Erlass des VwVfG *Stelkens* BauR 1978, 164; zu den Auswirkungen auf genehmigte Verträge *Zacharias* NVwZ 2002, 1306 ff.

[227] Vgl. für die entsprechende Problematik des SGB X in Bezug auf Zustimmungsbescheide nach §§ 12 ff. SchwbG *Zanker* NVwZ 1984, 85 f.; für die Möglichkeit der Unanwendbarkeit des § 49 *OVG Bautzen* NVwZ-RR 1999, 442 f., wobei Auswirkungen einer Bestellung zum Schulleiter auf das Arbeitsverhältnis des angestellten Lehrers verneint werden.

[228] BVerwGE 48, 81 ff., 87 ff., dazu *von Mutius* VerwArch 1976, 317 ff.; *Frotscher* DVBl 1976, 281, 283; *Dolde* NJW 1976, 1056, 1062; ferner *VGH München* BauR 1976, 409; BayVBl 1992, 341 f.; für fingierte Bodenverkehrsgenehmigungen s. § 35 Rn. 52 f.

[229] NJW 1988, 275, 276.

[230] S. auch *VGH München* NVwZ 1992, 992 f.

[231] BRS 40 Nr. 21; s. aber gegen die Anwendbarkeit des § 48 auf die Genehmigung überhaupt Rn. 10, 45.

[232] *BVerwG* NVwZ 1983, 157, 159; NVwZ 1984, 518, 520; *BVerwG* NVwZ-RR 1994, 388; NVwZ 1995, 703, 706; BVerwGE 110, 226, 236 = NJW 2000, 1512; *OVG Münster* OVGE 41, 144, 148; NVwZ-RR 2006, 182, 183; *VG Freiburg* NVwZ-RR 2006, 464, 465.

[233] *VGH München* BayVBl 1983, 120.

[234] *Schwarze*, S. 955.

[235] Zur regelmäßigen Zuständigkeit des Entscheidungsträgers, der die aufzuhebende Entscheidung erlassen hat, *EuG*, Rs. T-251/00, EuGHE 2002, II-4825 Rn. 130; auch *Nettesheim* in Grabitz/Hilf, Art. 249 Rn. 226; *Schroeder*, Bindungswirkungen, S. 36, 118.

[236] Vgl. ausf. dazu *Schroeder*, Bindungswirkungen, S. 121 f., 123 ff. m. w. N. auch aus der Judikatur, rechtsvergleichend zum deutschen Recht S. 157 f.

scheidungen mit Rücksicht auf nichtigerklärende Urteile in Parallelsachen zu überprüfen und ggf. aufzuheben (s. auch § 43 Rn. 44).[237]

Beim **indirekten Vollzug von EG-Recht** greifen zwar grundsätzlich die Regeln der §§ 48 f. ein (Rn. 19 ff.). Ein Ermessen scheidet aber jedenfalls dann aus, wenn **gemeinschaftsrechtlich die Rücknahme bzw. Rückforderung zwingend** vorgeschrieben ist.[238] Ob dies unabhängig von einschlägigen speziellen Bestimmungen des EG-Rechts[239] generell anzunehmen ist, ist gemessen an den generellen Maßstäben der Judikatur des *EuGH* (s. Rn. 19) fraglich; eine fehlerfreie Ermessensausübung ist nicht von vornherein unvereinbar mit der Effektivität des Gemeinschaftsrechts und führt auch nicht notwendig zu unzulässigen Diskriminierungen, müsste vielmehr (nur) den genannten Anforderungen Rechnung tragen.[240] S. noch § 51 Rn. 12. **96**

Für den Fall (materiell) **gemeinschaftsrechtswidriger staatlicher Beihilfen** hat der *EuGH* allerdings angenommen, dass die Aufhebung einer (wegen Verstoßes gegen das Beihilfeverbot nach Art. 87, 88 EG) gemeinschaftsrechtswidrigen Beihilfe durch **Rückforderung die logische Folge** der Feststellung ihrer Rechtswidrigkeit (durch eine bestandskräftige Kommissionsentscheidung) ist.[241] Doch hat der *EuGH* zugleich **nur grundsätzlich** verneint, dass diese Rechtsfolge zum Zweck der Beihilfevorschriften des EG-Vertrages außer Verhältnis steht; damit bleibt eine abweichende Beurteilung im Einzelfall möglich. **97**

Doch sieht der *EuGH*[242] gegenüber der Pflicht zur Rücknahme nur noch den Einwand als zulässig an, dass es **absolut oder völlig unmöglich** gewesen sei, die Entscheidung richtig durchzuführen; dafür genügen Schwierigkeiten der verwaltungstechnischen Abwicklung jedenfalls nicht,[243] auch müssen Schritte zur Wiedereinziehung der Beihilfe bei den Unternehmen (erfolglos) unternommen worden sein.[244] Daneben soll für die nationale Regierung die Möglichkeit bestehen, der Kommission im Hinblick auf sonstige Schwierigkeiten Änderungen vorzuschlagen, wobei die Beteiligten im Sinne **loyaler Zusammenarbeit** (Art. 10 EG) redlich zusammenzuwirken haben (dazu allgemein Einl Rn. 77);[245] werden diese Möglichkeiten nicht genutzt, fehlt es ebenfalls an der völligen Unmöglichkeit.[246] **98**

Das *BVerwG*[247] schließt unter den vom *EuGH* genannten Voraussetzungen einen Ermessensspielraum aus,[248] sofern die **Rücknahme im Übrigen nach deutschem Recht zulässig** **99**

---

[237] *EuGH*, Rs. C-310/97 P, EuGHE 1999, I-5398 Rn. 63 = NJW 2000, 1922. Zu weiteren Ausnahmen *Schroeder*, Bindungswirkungen, S. 122.
[238] Vgl. *EuGH*, Rs. 205–215/82, NJW 1984, 2024, 2025 zu Art. 8 Abs. 1 der VO Nr. 729/70; verallgemeinernd *BVerwGE* 74, 357, 360 f.; wie dort für eine Rücknahmepflicht auf der Grundlage einer dem Gemeinschaftsrecht entsprechenden deutschen Rechtsverordnung *BVerwGE* 67, 305, 311; 88, 278, 282 f.; *BVerwG* NVwZ 1988, 349 f. (zu § 49); NJW 1992, 328, 329; 703, 704; *BVerwGE* 95, 213, 222 f.; *VGH Kassel* NVwZ 1993, 910; *VGH München* BayVBl 1995, 212, 213; s. auch *Schwarze*, S. 459 ff.; *Grabitz* NJW 1989, 1776, 1780; eingehend *Blanke*, Vertrauensschutz im deutschen und europäischen Verwaltungsrecht, 2000, S. 469 ff.; wohl nur für ein viel größeres Gewicht des Rücknahmeinteresses bei der Ermessensausübung *Ehlers* in Erichsen/Ehlers, § 4 Rn. 67; ähnlich („Ermessen schrumpft ... gleichsam gegen Null") *Lenze* VerwA 2006, 49, 55 m. w. N.
[239] Vgl. etwa zu Art. 11 Lizensierungsrichtlinie *EuGH*, verb. Rs. C-392/04 u. C-422/04, EuGHE 2006, I-8559 = NVwZ 2006, 1277 ff., auf Vorlage von *BVerwGE* 121, 226, 239, 244; dazu allgemeiner schon zu Rn. 85.
[240] Wohl für ein zumindest auf Aufhebung intendiertes Ermessen bei VAen, die eine schon bestehende Judikatur des *EuGH* nicht beachten, *OVG Lüneburg* NVwZ-RR 2007, 201.
[241] *EuGH*, Rs. C-142/87, EuGHE 1990, I-959 = EuZW 1990, 224, 226; *EuGH*, Rs. C-404/97, EuGHE 2000, I-4897 = NVwZ 2001, 310 Rn. 39 m. w. N.; *EuGH*, Rs. C-261/99, EuGHE 2000, I-2537 Rn. 22; *EuGH*, verb. Rs. C-328/99 und C-399/00, EuGHE 2003, I-4035 = NVwZ 2003, 839 Rn. 66.
[242] *EuGHE*, Rs. 52/84, EuGHE 1986, 89, 104 f.; *EuGH*, Rs. 94/87, EuGHE 1989, 175 = EuZW 1990, 387; NVwZ 2001, 310 Rn. 48; *EuGH*, Rs. C-261/99, EuGHE 2000, I-2537 Rn. 23; *EuGH*, Rs. C-378/98, EuGHE I-2001, 5107 = NVwZ 2002, 195 Rn. 31.
[243] *EuGH*, Rs. C-280/95, EuGHE 1998, I-259, 271 Rn. 23 ff.; dies gilt sogar für unüberwindliche interne Schwierigkeiten *EuGH* NVwZ 2001, 310 Rn. 52 m. w. N.
[244] *EuGH*, Rs. C-378/98, EuGHE 2001, I-5107 = NVwZ 2002, 195 Rn. 32; *EuGH*, Rs. 183/91, EuGHE 1993, I-3131 Rn. 20 = EuZW 1993, 705; *EuGH*, Rs. C-280/95, EuGHE 1998, I-259 Rn. 14.
[245] S. ferner *EuGH*, Rs. C-5/89, EuGHE 1990, I-3437 = NVwZ 1990, 1161; *EuGH*, Rs. C-183/91, EuGHE 1993, I-3131 = EuZW 1993, 705, 706; *EuGH*, Rs. 404/97, EuHGE 2000, I-4897 = NVwZ 2001, 310 Rn. 40; *EuGH*, Rs. C-261/99, EuGHE 2000, I-2537 Rn. 40; s. auch *EuGH*, Rs. 94/87, EuGHE 1989, 175 Rn. 9; *EuGH*, Rs. C-378/98, EuGHE 2001, I-5107 = NVwZ 2002, 195 Rn. 31.
[246] *EuGH*, Rs. C-378/98, EuGHE 2001, I-5107 = NVwZ 2002, 195 Rn. 32; *EuGH*, Rs. 183/95, EuGHE I-3131 Rn. 20 = EuZW 1993, 705; *EuGH*, Rs. C-280/95, EuGHE 1998, I-259 Rn. 14.
[247] *BVerwGE* 92, 81, 87; *BVerwG* NVwZ 1995, 703, 706.
[248] Gegen Ermessensschrumpfung bei Rücknahme der partiellen *Ablehnung* einer Subvention richtig *VG Neustadt* NVwZ-RR 2003, 205, 206.

ist. Zu den berücksichtigungsfähigen Gesichtspunkten s. Rn. 20 ff. Damit bestünde die gemeinschaftsrechtliche Rückforderungspflicht nur unter dem Vorbehalt der Zulässigkeit der Rückforderung nach deutschem Recht. Ein solcher Vorbehalt kann angesichts des Vorrangs des Gemeinschaftsrechts nur für solche deutschen Rechtsnormen anerkannt werden, die den Grundsätzen der Effektivität des EG-Rechts und der Nichtdiskriminierung (Äquivalenz) entsprechen.[249]

7. Umfang der Rücknahme

100 Die Rücknahme kann sich in ihrem **Umfang** auf den **ganzen VA** oder nur auf **einen Teil** erstrecken, wenn der VA teilbar ist (§ 43 Rn. 192 ff., § 44 Rn. 195).[250] In diesem Fall muss sich die Aufhebung auf die rechtswidrigen Teile (zur Teilbarkeit der Rechtswidrigkeit s. § 44 Rn. 196 ff.) beschränken.[251] Ausgeschlossen ist eine Erstreckung der Rücknahme auf einen zweiten, selbst nicht rechtswidrigen VA.[252] Auch hinsichtlich des Umfangs der Rücknahme ist Ermessen unter Berücksichtigung des Verhältnismäßigkeitsgrundsatzes auszuüben. So fordert das BVerwG (außerhalb des VwVfG) die Beschränkung der Entziehung eines Vertriebenenausweises auf nicht vom Vertrauensschutz erfasste Berechtigungen.[253] Zur Rücknahme bei teils begünstigendem, teils belastendem VA s. Rn. 120 ff. Zur Auswirkung einer Teilaufhebung auf den nicht aufgehobenen Teil s. Rn. 248; § 44 Rn. 196 ff.

101 Keinen Unterschied macht es für den zulässigen Umfang der Rücknahme, ob ein VA zunächst **ausdrücklich** ganz oder teilweise aufgehoben wird oder ob sich die Behörde auf den Erlass eines neuen VA beschränkt, der den ursprünglichen VA **in der Sache ändert**.[254] Eine Ersetzung des VA durch einen inhaltlich wesensverschiedenen VA ist allerdings allein auf Grund der Rücknahmevorschriften nicht möglich;[255] für jede nicht vom ursprünglichen Inhalt umfasste Neuregelung bedarf es einer zusätzlichen materiellrechtlichen und verfahrensmäßigen Grundlage.[256]

102 Wird ein **mitwirkungsbedürftiger VA** (§ 35 Rn. 129 f.) teilweise zurückgenommen, muss die **Teilbarkeit des Antrages** berücksichtigt werden. Über die Rücknahme darf dem Antragsteller nicht gegen seinen Willen ein Teil-VA aufgedrängt werden, den er so nicht beantragt hat.[257] Zur Teilbarkeit ferner § 43 Rn. 192 ff.; zur Teilbarkeit der Rechtswidrigkeit s. § 44 Rn. 196 ff. Wird die Rücknahme nur ex nunc (Rn. 104 ff.) ausgesprochen, ist dies keine „teilweise" Rücknahme i. S. d. § 48 Abs. 1 S. 1, vielmehr die Rücknahme des ganzen VA mit Wirkung für die Zukunft (s. auch Rn. 147).[258]

103 Ist der Rechtsverstoß durch Beifügung von **Nebenbestimmungen** auszuräumen, kann dies auf Grund des Verhältnismäßigkeitsprinzips gegenüber einer Vollaufhebung vorrangig sein.[259] **Nebenbestimmungen** können ihrerseits jedenfalls insoweit zurückgenommen werden, als sie isoliert anfechtbar sind; zum diesbezüglichen Streit s. § 36 Rn. 54 ff. m. w. N.

---

[249] Vgl. zu diesen allgemeinen Maßstäben etwa *EuGH*, Rs. C-312/93, EuGHE 1995, I-4599 = EuZW 1996, 636, 637 m. w. N.; ferner Rn. 170 f. sowie Einl Rn. 133 a.
[250] *OVG Berlin* NVwZ 1993, 593; NVwZ-RR 1999, 9.
[251] *BVerwGE* 87, 288, 296 für die Aufhebung nach § 113 Abs. 1 S. 1 VwGO; daran anknüpfend beschränkt *BVerwGE* 105, 354, 358, die Rücknahme in nicht recht klarer Weise auf die Teile des VA, welche die *Rechtsverletzung* beinhalten, wobei es vom Kläger, dort: den vom zurückgenommenen VA begünstigten Adressaten, abgestellt wird.
[252] *BVerwG* NJW 1992, 328 f. für die gerichtliche Aufhebung.
[253] *BVerwGE* 68, 159, 167; s. auch zur Teilrücknahme einer Rente *Becker* DÖV 1973, 379, 380 m. w. N.
[254] *Schröder* JuS 1970, 615, 616; *BVerwGE* 71, 261, 262; *BFH* NJW 1982, 1416; Rn. 42 f., 244 ff.
[255] S. zu § 130 Abs. 1 AO *FG Düsseldorf* NVwZ 1989, 904 LS.
[256] S. auch *Durner* VerwArch 2006, 345, 370 f.
[257] So auch *BVerwG* NJW 1978, 340; *OVG Münster* 28. 5. 1982 – 7 B 1736/81; a. A. über Verhältnismäßigkeitsgrundsatz für teilweise Rücknahme einer Baugenehmigung betreffend Höhe des Bauwerkes *OVG Münster* 24. 11. 1983 – 11 A 1953/82; wie hier auch für Rücknahme bezüglich eines Geschosses *OVG Münster* 23. 6. 1987 – 7 A 2536/85.
[258] *BVerwG* NJW 1978, 340.
[259] *OVG Münster* 22. 12. 1988 – 11 B 1571/88. S. zur vorrangigen Ergänzung des VA für Planergänzung *BVerwGE* 71, 150, 160; s. auch *OVG Münster* OVGE 28, 149 ff. Nicht gedeckt ist es, statt Rücknahme des VA darauf beruhende Leistungen entsprechend § 273 BGB zurückzubehalten, *VGH Kassel* NJW 1996, 2746, 2747 f.

8. Zeitliche Wirkung

Im Gegensatz zum Widerruf (s. § 49 Abs. 1 und 2, aber auch § 49 Abs. 3, dazu § 49 **104** Rn. 88 ff.) ist die Rücknahme generell für die **Vergangenheit** oder für die **Zukunft** möglich; vgl. für die **Rechtswirkungen** § 43 Rn. 182, für den Subventionsbereich auch § 49 Rn. 88 ff.; wegen der Auswirkungen der Rücknahme ex tunc auf eine Verjährungsunterbrechung s. 6. Aufl. § 53 Rn. 33 ff.; zum neuen Recht s. § 53 Rn. 49. Dabei ist die Behörde nicht auf die starre Alternative der Rücknahme ex tunc, d. h. von Anfang an, oder ex nunc, d. h. nur für die Zukunft ab Wirksamkeit der Rücknahme, beschränkt, sondern kann jeden Zeitpunkt zwischen den genannten Möglichkeiten des Erlasses und der Rücknahme festlegen[260] oder auch einen späteren Termin bestimmen (Rn. 147). Welcher Zeitpunkt bestimmt wird, ist eine **Ermessensentscheidung, die begründet** werden muss (§ 39 Abs. 1 S. 3), es sei denn, die Rechtswirkungen ergeben sich aus einem Spezialgesetz.[261] Bei dieser Ermessensentscheidung kann der Umstand, dass Vertrauensschutz nicht gegeben ist (Abs. 2 S. 3), i. d. R. eine Rücknahme für die Vergangenheit rechtfertigen (s. auch § 48 Abs. 1 S. 2 Nr. 3 SGB X).[262] § 44 Abs. 1 und 2 SGB X enthalten zum Zeitpunkt der Wirksamkeit eine mehrfach differenzierende Regelung.[263]

Bei der Rücknahme eines **belastenden VA** ist sowohl die Rücknahme ex tunc als auch, z. B. **105** bei VAen mit Dauerwirkung, die ex nunc prinzipiell möglich. Einschränkungen können sich bei Selbstbindung des Ermessens aus Art. 3 GG (§ 40 Rn. 103 ff.) ergeben.[264] Ermessensfehlerfrei kann es sein, die rückwirkende Korrektur eines Versorgungsbescheides zugunsten des Empfängers auf die noch nicht verjährten weitergehenden Ansprüche auf Versorgung zu beschränken.[265]

Bei **begünstigenden VAen i. S. d. Abs. 2** ist zu beachten, dass sich der Vertrauensschutz **106** auch auf den Zeitpunkt, zu dem die Rücknahme wirken soll, erstreckt (Abs. 2 Satz 1: „soweit …"; s. Rn. 135, 147). Hiernach ist die **Regel** eine **ex-nunc-Rücknahme**,[266] die **Ausnahme** ist die **Rücknahme ex tunc.**

Nach Ansicht des *BVerwG*[267] kommt eine Rücknahme ex nunc in Betracht, wenn der Fehler **107** des VA im **Verantwortungsbereich der Behörde** liegt, eine Rücknahme ex tunc, wenn der Fehler auf einem Verschulden **des Begünstigten** beruht oder jedenfalls in seinem Verantwortungsbereich liegt. Außer in den Fällen des Abs. 2 S. 3 (s. auch S. 4) ist eine Rücknahme ex tunc möglich, wenn eine Berufung auf die Wirksamkeit des VA auch unter Berücksichtigung des schutzwürdigen Interesses des Begünstigten treuwidrig wäre. Der Vertrauensschutz steht einer Rücknahme ex nunc bei dauerndem regelmäßigen Bezug von Leistungen aus öffentlichen Mitteln i. d. R. nicht entgegen.[268] S. auch Rn. 30, 140, 147.

Für **begünstigende VAe i. S. d. Abs. 3** bleibt es bei dem Grundsatz des Abs. 1 S. 1. Im Ge- **108** gensatz zu den Fällen des Abs. 2 hat der Vertrauensschutz für den Zeitpunkt der Wirkung der Rücknahme keine Bedeutung. Je nach dem festgesetzten Zeitpunkt ist der Vermögensnachteil zu ersetzen. Zur Berücksichtigung fiskalischer Interessen s. Rn. 185. S. ferner für rechtsgestaltende VAe Rn. 92 f.

Der maßgebliche **Zeitpunkt** muss in der Rücknahmeverfügung **bestimmt werden;** man- **109** gels erkennbarer gegenteiliger Festlegung wirkt die Rücknahme ex nunc (Rn. 106).[269] Je nach Bestimmung des Zeitpunktes enden oder entfallen die Wirkungen des zurückgenommenen VA (§ 43 Rn. 197 ff.); dort auch zur Anordnung der sofortigen Vollziehung. Eine dem § 49 Abs. 4 entsprechende Regelung fehlt in § 48 (§ 49 Rn. 109).

---

[260] *VGH München* ZBR 1991, 380, 381 m. w. N.
[261] *VGH Mannheim* NVwZ 1986, 394.
[262] Dazu *BSG* NVwZ 1987, 631. Zum Vorrang einer inzwischen geänderten Sonderregelung nach WoGG *BVerwGE* 116, 161, 164 ff.
[263] Dazu etwa *BVerwGE* 109, 346.
[264] *OVG Münster* NVwZ-RR 2005, 568.
[265] *VGH München* ZBR 1991, 380, 381.
[266] Begründung zu § 44 Abs. 2 Entwurf; *Becker* DÖV 1973, 379, 385 m. w. N.; *Ule/Laubinger* § 62 Rn. 18; s. auch *BVerwG* NVwZ 1983, 157, 158.
[267] *BVerwGE* 8, 261, 269; 13, 28, 33; 40, 212, 217.
[268] *Becker* DÖV 1973, 379 m. w. N.
[269] Ausdrücklich etwa *OVG Bautzen* LKV 2002, 417.

III. Sonderregeln für die Rücknahme begünstigender VAe (Abs. 1 S. 2)

1. Gesetzliche Grenzen des Ermessens

110 Gemäß **Abs. 1 S. 2** schränken die Abs. 2 bis 4 die Regel des Abs. 1 S. 1 für begünstigende VAe in dem Sinne ein, dass das Ermessen des Abs. 1 S. 1 nur unter Beachtung der in Abs. 2 bis 4 gezogenen Grenzen des Ermessens (s. § 40 Rn. 74 ff.) ausgeübt werden darf (Rn. 81). Als weitere Grenze können nach der neueren Judikatur, die das BVerwG im europarechtlichen Zusammenhang entfaltet (Rn. 160), die **Grundsätze des § 242 BGB** eingreifen. So soll bei einer Mitverantwortung der Behörde für die Rechtswidrigkeit des zurückzunehmenden VA die Rücknahme als unzulässige Rechtsausübung (Arglist) bewertet werden können;[270] auch eine Verwirkung des Rücknahmerechts (s. auch Rn. 94) wird in Betracht gezogen.[271] Dabei soll – anders als für den Lauf der Frist nach § 48 Abs. 4 (Rn. 217) – auch das Verhalten der für die Rücknahme unzuständigen Erlassbehörde (Rn. 259) zu berücksichtigen sein.

111 § 48 unterteilt in Fortentwicklung des früheren Rechts – anders als § 130 AO und § 45 SGB X – die begünstigenden VAe in solche, die eine **einmalige oder laufende Geldleistung** oder **teilbare Sachleistung** gewähren oder **hierfür Voraussetzung sind (Abs. 2)**, und in **andere begünstigende VAe (Abs. 3)** und legt für beide Gruppen unterschiedliche Rechtsfolgen fest.[272]

112 Die Fallgruppe des **Abs. 2** dürfte die Mehrzahl der Anwendungsfälle bilden (Begründung zu § 44 Entwurf 73); für sie wurde die Rspr. des BVerwG zum **Vertrauensschutz** festgeschrieben. Nach dieser Judikatur[273] ist im Einzelfall abzuwägen, ob das schutzwürdige Interesse des Begünstigten an der Aufrechterhaltung oder das öffentliche Interesse an der Beseitigung des VA überwiegt. S. im Einzelnen Rn. 28 ff. Die gesamte Anlage des § 48 (s. insbes. Abs. 2 S. 3 „auf Vertrauen kann sich der Begünstigte nicht berufen") zeigt, dass der Begünstigte für die das Vertrauen begründenden Tatsachen unbeschadet der Sachverhaltsermittlungspflicht der Behörde eine Mitwirkungslast hat (§ 26 Rn. 44 ff.) und insoweit die **materielle Beweislast** trägt[274] (s. grundsätzlich Rn. 41).

113 Bei der Gruppe des **Abs. 3,** bei der weder Geld- noch teilbare Sachleistungen gewährt werden, betont das Gesetz stärker das **Prinzip der Rechtmäßigkeit.** Diese nach der Begründung zu § 44 Abs. 3 Entwurf 73 mehr staatsbezogenen VAe können in ihrem rechtswidrigen Bestand nicht nur aus Vertrauensschutzgründen aufrechterhalten bleiben; der Interessenausgleich erfolgt durch **Ausgleich des Vermögensnachteils** für den Betroffenen.

114 Die **Unterscheidung der beiden Fallgruppen** wird dadurch gerechtfertigt, dass bei der Gruppe des Abs. 2 im Gegensatz zu der des Abs. 3 (Rn. 175 ff.) bereits bei der Rücknahme ein Ausgleich, ein „Aufrechnen" der finanziellen Auswirkungen, berücksichtigt werden kann.[275] So wird ein bloßes Hin und Her von Vermögensverschiebungen durch Rückforderung und Ausgleich des dadurch erwachsenden Vermögensnachteils vermieden.

2. Legaldefinition des begünstigenden VA

115 Abs. 1 S. 2 definiert den begünstigenden VA legal als VA, der ein **Recht oder einen rechtlich erheblichen Vorteil begründet oder bestätigt hat.** Sowohl die konstitutive Begründung als auch die deklaratorische Bestätigung[276] eines Rechts oder eines rechtlich erheblichen Vorteils sind begünstigende VAe.

116 Im Interesse des Bürgers ist in der Definition nicht nur von einem Recht, sondern auch von einem **rechtlich erheblichen Vorteil** die Rede. Zur Auslegung dieses Begriffes verweisen die

---

[270] BVerwGE 74, 357, 364; BVerwG NVwZ 1995, 703, 706 f.
[271] BVerwG NVwZ 1995, 703, 706; BVerwGE 110, 226, 236 = NJW 2000, 1512.
[272] Kritik hieran von Ule/Becker, S. 58 f.; Spanner DVBl 1964, 845, 848; JZ 1970, 671, 674; Kisker und Püttner VVDStRL 32, 1974, S. 161 bzw. 201 f.; Weyreuther, Verbandsklage, S. 49; Frotscher DVBl 1976, 281 ff.; Häberle in FS Boorberg Verlag, 1977, S. 88; zustimmend hingegen etwa Schleicher DÖV 1976, 550, 554; Götz NJW 1976, 1425, 1428.
[273] BVerwGE 11, 136; 13, 28; 19, 188; 21, 119; Bezugnahme in Begründung zu § 44 Entwurf 73.
[274] A. A. noch Kopp VwVfG, 6. Aufl., § 48 Rn. 56, 105 m. N. zur gegenteiligen Judikatur; auch Meyer in Knack, § 48 Rn. 55; wie hier Ule/Laubinger, § 62 Rn. 8 sowie Kopp/Ramsauer, § 48 Rn. 170.
[275] Begründung zu § 37 Abs. 2 Musterentwurf; Maurer in FS Boorberg Verlag, 1977, S. 238 ff.; krit. Lange WiVerw 1979, 15, 16.
[276] Vgl. BFH BStBl 1987 II 405, 406; s. zur belastenden Wirkung feststellender VAe entsprechend § 44 Rn. 58.

Begründungen auf § 42 Abs. 2 VwGO, wo als „**Recht**" jedes **von der Rechtsordnung als schutzwürdig anerkannte Individualinteresse** verstanden wird. Die für die Annahme eines Vorteils primär maßgeblichen Wertungen der Rechtsordnung[277] können im Zweifelsfall anhand der **Einschätzung** der Interessenlage durch den **einzelnen Betroffenen** zu ergänzen sein.[278]

Die Begründungen zu den einzelnen Entwürfen gehen davon aus, dass unter diese weite Fassung auch **Vorteile wirtschaftlicher Natur** fallen.[279] **Nicht** erfasst sind aber **rein tatsächliche Vorteile,** die die Rechtssphäre unberührt lassen.[280] **117**

Die Vorteile müssen die unmittelbare Folge des VA sein (vgl. § 50 Rn. 16 ff.). § 48 Abs. 1 S. 2 versteht folglich unter **Begünstigung** jede Rechtswirkung, an deren Aufrechterhaltung der vom VA Betroffene ein schutzwürdiges Interesse hat.[281] Da auf die Rechtswirkung abgestellt ist, sind positive oder negative Erklärungen innerhalb der **Begründung** des VA für diese Beurteilung unerheblich (§ 35 Rn. 142). **118**

Auch die **Beseitigung einer Belastung** ist ein begünstigender VA,[282] die **Ablehnung einer Begünstigung** ein belastender VA.[283] Die Ablehnung einer weiteren Begünstigung bei einem sog. **KettenVA** ist keine Rücknahme einer Begünstigung, sondern die Ablehnung einer (weiteren) Begünstigung und damit eine eigenständige Belastung. Hierauf finden Abs. 2, 3 keine Anwendung (s. im Einzelnen § 36 Rn. 74).[284] **119**

Enthält ein VA für denselben Betroffenen – abgesehen von Nebenbestimmungen – **sowohl Elemente begünstigender als auch belastender Natur** und ist eine Trennung nicht möglich **(MischVAe)**, soll er nach der Begründung zu § 44 Abs. 1 Entwurf 73 **als begünstigender VA** zu behandeln sein. Dies entspricht dem Grundsatz des früheren Rechts, dass bei teils belastenden, teils begünstigenden VAen den jeweils strengeren Anforderungen zu genügen ist.[285] Ein Kanalanschlussbeitragsbescheid soll mit Rücksicht auf das Verbot der Doppelveranlagung einen solchen MischVA darstellen.[286] Eine Baugenehmigung ist (jedenfalls auch) ein begünstigender VA, auch wenn sie nicht in vollem Umfang entsprechend dem Antrag erteilt wird.[287] Der *VGH München*[288] sieht in der rückwirkenden Rücknahme einer Obdachloseneinweisung auch eine Belastung, weil damit der Anspruch auf Nutzungsentgelt für die Vergangenheit verloren gehe. Für den Sonderfall, dass durch Neufestsetzung einzelne Rechnungsposten in einem Bescheid teils herab-, teils heraufgesetzt werden und sich dadurch ein **Saldo** zugunsten des Betroffenen ergibt, gilt Entsprechendes.[289] Auch der an sich begünstigende Widerruf eines Einberufungsbescheids soll mit belastenden Wirkungen verknüpft sein.[290] **120**

---

[277] Die Unterschutzstellung nach Denkmalschutzrecht wird als nachteilig eingestuft, auch wenn sie vom Eigentümer mit der Verpflichtungsklage angestrebt wird, *BVerwG* NVwZ 1992, 1197; *OVG Münster* NVwZ-RR 1989, 64f. Ob ein Beamter eine Umzugskostenzusage als nachteilig ansieht, ist nach *BVerwG* NVwZ 1989, 1172, 1174, unerheblich.

[278] S. auch *Kopp/Ramsauer*, § 48 Rn. 68; zu den diesbezüglichen Schwierigkeiten im Sozialrecht vgl. *Krause* NJW 1979, 1007, 1013; zur Problematik des „Interesses" als Kriterium zur Abgrenzung subjektiver Rechte s. *Sachs* in Stern Staatsrecht III/1, S. 548 m. w. N. Für die Möglichkeit eines begünstigenden Charakters der Einberufung zum Wehrdienst je nach Sicht der Betroffenen *Hummel* NVwZ 2001, 1137, 1138.

[279] Vgl. für die steuerstundungsähnliche Wirkung einer Bescheinigung nach § 4 AuslInvG *VG Köln* 28. 5. 1985 – 1 K 6483/83.

[280] Vgl. etwa zu Vorteilen studentischer Vereinigungen bei der Mitgliederwerbung *OVG Münster* NVwZ-RR 1989, 558; gegen Begünstigung durch Änderung eines Straßennamens *VGH Mannheim* NJW 1979, 1670; *OVG Münster* NJW 1987, 2695; *VGH Mannheim* NVwZ 1992, 196, 197; *Bamberger* DVBl 1999, 1632, 1635 m. w. N.; anders jetzt *VGH München* BayVGHE 41 I 26, 27 f.; wohl auch *VGH Mannheim* NJW 1981, 1749 f.; s. auch § 35 Rn. 232 ff., 238.

[281] *Wolff/Bachof/Stober* 2, § 51 Rn 28.

[282] *Wolff/Bachof/Stober* 2, § 46 Rn 23; anders anscheinend *OVG Münster* BRS 47 Nr. 194, für eine Abhilfeentscheidung nach belastendem VA, die nur im Verhältnis zu dem belastenden VA begünstigen, jedoch keine echte Verbesserung bedeuten soll.

[283] *Maurer*, § 9 Rn. 48; so auch § 44 SGB X *Wiesner* in v. Wulffen, § 44 Rn. 5.

[284] Jetzt aber a. A. *Kopp/Ramsauer*, § 48 Rn. 18.

[285] S. *Becker* DÖV 1973, 379, 380; *Kimminich* JuS 1965, 249, 251 jeweils m. w. N; jetzt etwa *VG Minden* NVwZ 2003, 370, 371.

[286] *OVG Münster* NVwZ-RR 1999, 786, 787 f.

[287] *VGH Kassel* NJW 1976, 1910.

[288] NVwZ 1994, 716, 717.

[289] Vgl. zu diesen Fällen etwa *BVerwG* MDR 1966, 950; *Schröcker* JuS 1968, 2025, 2036 f.; *Schröder* JuS 1970, 615, 618; *Bettermann* in FS Wacke, 1972, S. 223, 251 ff.; *Cöster*, S. 20 ff., und Rn. 51, 76, 143.

[290] *VG Gießen* NVwZ-RR 2000, 362, 363.

121 Solche VAe werden auch als VAe mit Doppelwirkung bezeichnet.[291] Zur Vermeidung von Missverständnissen gegenüber dem in Rspr., Lehre sowie in der Gesetzgebungspraxis (s. § 80 Abs. 1 S. 2 VwGO; auch Begründung zu § 46 Entwurf 73) verbreiteten Gebrauch dieses Begriffs im Sinne des **VA mit Drittwirkung,** der begünstigende und belastende Wirkung für verschiedene Personen zeitigt, sollte auf den mehrdeutigen Terminus der „Doppelwirkung" in diesem Zusammenhang zugunsten der „Mischwirkung"[292] verzichtet werden (s. § 50 Rn. 8ff.). Wie § 50 zeigt, wird auch der VA mit Drittwirkung übereinstimmend mit obigen Grundsätzen als begünstigend eingestuft;[293] er ist nur nach § 48 Abs. 1 S. 2, modifiziert um die Voraussetzungen des § 50, rücknehmbar.

122 **Begünstigte** i. S. d. § 48 Abs. 2 sind auch dabei **nur die Adressaten des VA,** nicht aber Dritte, die lediglich von begünstigenden Wirkungen eines belastenden VA mit Drittwirkung betroffen werden, ohne zugleich Adressaten zu sein.[294] Bei sachbezogenen Allgemeinverfügungen (§ 35 Rn. 308ff.) dürfte es an begünstigten Adressaten fehlen, die Vertrauensschutz beanspruchen könnten.[295]

123 Keinen begünstigenden VA stellt die **irrtümlich zu niedrige Festsetzung** vom Bürger zu zahlender Geldbeträge dar, z. B. zu geringer Nutzungsentgelte[296] oder Gebühren. Insoweit enthält der VA grundsätzlich nicht die (begünstigende) Aussage, dass ein höherer Geldbetrag nicht gefordert werden wird.[297] Hinsichtlich des „überschießenden" Gebührenbetrages, der nicht festgesetzt worden ist, ist kein (Teil-)VA ergangen (s. § 35 Rn. 81), der vor einer Nachforderung (Rn. 42f.) aufzuheben wäre.[298] Die Festsetzung eines zu niedrigen Gebührensatzes kann nach Abs. 1 S. 1 zurückgenommen werden. Zur Zusicherung, den überschießenden Gebührenbetrag nicht zu fordern, s. Rn. 132f.

124 Dementsprechend ist auch von einer grundsätzlich (nur) belastenden Natur von Erschließungsbeitragsbescheiden auszugehen.[299] Das *BVerwG* betont aber, dass auch ein seinem Tenor nach nur belastender Erschließungsbeitragsbescheid ein tauglicher Anknüpfungspunkt für ein **verfassungsrechtlich geschütztes Vertrauen** sein kann.[300] Allerdings soll die Interessenabwägung selbst bei betätigtem und schutzwürdigem Vertrauen wegen des eigenen Vorteils des Adressaten und der Beitragsgerechtigkeit zum Nachteil des Betroffenen ausfallen.[301] Anderes kann für eine nochmalige Nacherhebung gelten, wenn auf Widerspruch des Abgabepflichtigen ein erster Nacherhebungsbescheid durch bestandskräftigen Widerspruchsbescheid aufgehoben worden ist.[302]

125 Ein VA wird nicht dadurch zum begünstigenden VA, dass er **begünstigende Elemente** enthält, die **nur Nebenwirkungen,** wie Übernahme- und Entschädigungsansprüche bei Unterschutzstellung nach Denkmalrecht,[303] oder Wirkungen geringfügigen Ausmaßes ohne besondere Bedeutung für den Betroffenen sind. Umgekehrt machen **belastende Nebenwirkungen** einen begünstigenden VA nicht zu einem (partiell) belastenden VA.[304] Die Zusage der Umzugskosten-

---

[291] *Wolff/Bachof/Stober* 2, § 46 Rn. 24.
[292] Vgl. *Erichsen* in ders., 11. Aufl. 1998, § 16 Rn. 9 m. w. N.
[293] *Lange* WiVerw 1979, 15, 19; für die Abmarkung *Häde* BayVBl 1994, 423, 425.
[294] Ausdrücklich für adressatenbezogene Allgemeinverfügungen *Bamberger* DVBl 1999, 1632, 1635.
[295] So *Bamberger* DVBl 1999, 1632, 1635.
[296] Dazu *BVerwGE* 109, 283, 285 f. = NVwZ-RR 2000, 233; auch *BVerwG* NVwZ-RR 2000, 367, 368.
[297] *BVerwGE* 67, 129, 134 = NVwZ 1993, 612; *BVerwGE* 79, 163, 166 ff. = NVwZ 1989, 159; *OVG Münster* NVwZ-RR 2000, 820 f.; *VGH München* KStZ 1986, 198; *VGH Mannheim* NVwZ-RR 1997, 120, 121; *OVG Magdeburg* LKV 2005, 456, 457; *Stelkens* JuS 1984, 930 ff., 932.
[298] Anders für den Sonderfall, dass in einem Erschließungsbeitragsbescheid auch die Erstattung vermeintlich zu viel gezahlter Vorausleistungen festgesetzt worden war, *VGH Mannheim* NVwZ-RR 1999, 679, 680.
[299] Vgl. hierzu *BVerwG* BayVBl 1984, 408; *VGH München* KStZ 1986, 198; BayVBl 1999, 150, 151; auch *BVerwGE* 79, 163, 169; *BVerwG* NVwZ-RR 1996, 465, 466; *OVG Lüneburg* NVwZ 1989, 1192, 1193; *OVG Münster* 8. 3. 1990 – 3 A 34/87; s. aber auch Rn. 133. Anders für in einem Steuerbescheid zugunsten des Steuerpflichtigen unrichtig vorgenommene Abrechnung von Vorauszahlungen *BFH* BStBl 1987 II 405.
[300] *BVerwG* NVwZ 1988, 938, 940; daran anknüpfend *OVG Münster* OVGE 41, 144, 148 ff.
[301] *BVerwG* NVwZ-RR 1996, 465, 466, in Anschluss an *BVerwGE* 79, 163, 170.
[302] *VGH München* BayVBl 1999, 150, 151.
[303] *OVG Münster* NVwZ 1989, 64, 65 f., wegen ihrer Akzessorietät zur primären Belastungswirkung der Maßnahme.
[304] *Frotscher* DVBl 1976, 281, 283; *Wolff/Bachof/Stober* 2, § 46 Rn. 23. Zu den Konsequenzen im Subventionsrecht s. *Menger* VerwArch 1978, 93, 94, und § 44 Rn. 67 ff.

vergütung wird als ausschließlich begünstigender VA gesehen, weil der Einfluss auf die Gewährung von Trennungsgeld allenfalls rein tatsächlich sei.[305]

Begehrt der Betroffene eine Geldleistung oder eine teilbare Sachleistung und ist seinem Begehren nur zum Teil entsprochen worden, richtet sich die Rücknahme des insoweit **teilbaren VA** (Rn. 100 ff.) bezüglich des ablehnenden Teils nach Abs. 1 S. 1,[306] die des gewährenden Teils nach Abs. 2, 4.

IV. Rücknahme von Geld- und SachleistungsVAen (Abs. 2)

1. Gewährung von Geld- und teilbaren Sachleistungen

a) Tatbestandliche Voraussetzungen des Rücknahmeausschlusses. Ausgehend von den allgemeinen Regeln des Abs. 1 S. 1 (Rn. 28 ff.) und S. 2 (Rn. 110 ff.), deren Voraussetzungen für eine Rücknahme erfüllt sein müssen, umfasst **Abs. 2 S. 1** den rechtswidrigen VA, der eine einmalige oder laufende **Geldleistung** oder eine **teilbare Sachleistung** gewährt oder **hierfür,** wie z. B. ein Feststellungsbescheid, **Voraussetzung** ist. Gedacht ist an Geld- oder teilbare Sachleistungen, wie z. B. an Subventionen und an die zahlreichen Fälle der Sozialleistungen im weitesten Sinne (Begründung zu § 44 Abs. 2 Entwurf 73), auch an die Bewilligung einer Ausbildungsförderung.[307]

Mit **Sachen** sind die körperlichen Gegenstände i. S. d. § 90 BGB gemeint; auf die aus dem zivilrechtlichen Sachenbegriff ausgegrenzten Tiere findet die Vorschrift mindestens entsprechend Anwendung, s. § 90 a S. 3 BGB. Die **Gewährung** der Sachen muss nicht ihre Übereignung sein, kann insbes. auch in der Überlassung zum Gebrauch bestehen (Rn. 130).[308] Dienstleistungen sind hingegen nicht erfasst, wie die Trennung von Sach- und Dienstleistungen in § 11 SGB-AT zeigt. **Voraussetzung für** eine Geldleistung ist z. B. auch die Zuerkennung einer Rechtsstellung nach dem Gesetz zu Art. 131 GG.[309]

Erfasst werden alle VAe, die Geld- oder teilbare Sachleistungen **dem Grunde und/oder der Höhe** nach festsetzen[310] oder sich sonst darin erschöpfen, die Grundlage für solche Leistungen zu schaffen.[311] Bezieht sich der Regelungsgehalt des VA auf eine andere Leistung oder Feststellung und ist die Geldleistung nur mittelbare, nicht vom Regelungsgehalt umfasste Folge, ist der VA nach Abs. 3 zurückzunehmen.[312] Auch die Einziehung eines Vertriebenenausweises erfolgt nach Abs. 2, soweit der statusfeststellende VA infolge der Bindungswirkung des § 15 BVFG a. F. (s. § 43 Rn. 160 f.) Voraussetzung für die Gewährung von Geld- oder teilbaren Sachleistungen ist.[313]

Gewährt der VA eine **unteilbare Sachleistung,** ist nur Rücknahme nach Abs. 3 möglich. Seit § 37 Abs. 2 Entwurf 70 wurde bewusst zwischen teilbaren und unteilbaren Sachleistungen unterschieden. Die teilbare Sache braucht nicht immer eine vertretbare i. S. d. § 91 BGB zu sein; **Teilbarkeit der Sachleistungen** ist in tatsächlicher oder zeitlicher Hinsicht denkbar, z. B. bei Überlassung von Wohnraum (s. Rn. 128).

Die Leistung des Geldes oder der Sachen (z. B. Heizmaterial, Bekleidung) kann auch von einer anderen Stelle als der Behörde erbracht werden, wenn nur die Behörde die Gewährung dieser Mittel durch VA regelt. Die **Gewährung von Rechten** genügt nur, wenn diese unmittelbar Geld- oder teilbare Sachleistungen zum Inhalt haben.[314]

---

[305] *BVerwG* NVwZ 1989, 1172, 1173 f.
[306] Vgl. zu einer rechtswidrig verkürzten Subventionsgewährung *VG Neustadt* NVwZ-RR 2003, 205, 206.
[307] Dazu aber Sonderregeln *BVerwG* FamRZ 1982, 97, 98; § 2 Rn. 90 f.
[308] *Kopp/Ramsauer,* § 48 Rn. 88 m. w. N.; *Meyer* in Knack, § 48 Rn. 86; *Ziekow,* § 48, Rn. 16.
[309] *Frotscher* DVBl 1976, 281, 283.
[310] Vgl. hierzu *Söhn* VerwArch 1969, 64, 66.
[311] Vgl. *Kopp/Ramsauer,* § 48 Rn. 91 m. w. N.; s. für die Bescheinigung nach § 4 AuslInvG wegen der alleinigen Folge bestimmter steuerlicher Vorteile *VG Köln* 28. 5. 1985 – 1 K 6483/83.
[312] *BVerwGE* 110, 226, 234 = NJW 2000, 1512; *OVG Münster* DVBl 1980, 885 f.; a. A. *Meyer/Borgs* § 48 Rn. 55 – zur Gewährung von Sonderurlaub unter Fortzahlung der Dienstbezüge eines Beamten.
[313] *BVerwGE* 85, 79, 85 f.; *BVerwG* NJW 1992, 128, 131; *OVG Berlin* OVG BlnE 20, 1, 7.
[314] *OVG BlnE* 18, 178, 179 f., bezieht die Festlegung einer Stichtagsmiete als privatrechtsgestaltenden VA zugunsten des Vermieters in Hinblick auf die vom Mieter zu erbringenden Geldleistungen ein.

132 **b) Abgrenzung und erweiterte Anwendung.** Unter Abs. 2 S. 1 fällt nur die **Gewährung** der Geld- oder Sachleistung. Aus der Anlage des Abs. 2 einschließlich der Regeln über die Rückerstattung folgt, dass die **zu geringe Festsetzung** einer Geldschuld **nicht** gemeint ist. Regelmäßig liegt insoweit nur ein belastender VA vor, der nach Abs. 1 S. 1 zurückgenommen werden kann (Rn. 42 f., 123).

133 Die **Zusicherung,** eine Geldleistung nicht über einen bestimmten Betrag hinaus zu fordern, geht auf die Unterlassung eines VA in der „überschießenden" Höhe. Ihre Rücknahme müsste nach § 38 Abs. 2, § 48 Abs. 3 erfolgen, ggf. müsste ein dem Betroffenen entstehender Vermögensnachteil im Rahmen des Abs. 3 ersetzt werden. Es käme insoweit zu einer gegenseitigen Verrechnung, die Anlass war, bei GeldleistungsVAen den Abs. 2 zu schaffen (Rn. 114). Nichts anderes gilt bei **Verzicht der Behörde** auf Geldleistungen und in ähnlichen Fällen. Die Rücknehmbarkeit einer Erstattungsverfügung kann als Folge einer verrechneten Vorausleistung beschränkt sein.[315]

134 Für die vorgenannten Fälle ist der **Grundgedanke** des Abs. 2 maßgeblich, eine Rücknahme dann auszuschließen, wenn den finanziellen Interessen der Beteiligten durch den gegebenenfalls partiellen Fortbestand des VA einfacher Rechnung getragen werden kann als durch die sonst nötigen Rück- und Nachteilsausgleichszahlungen. Er verlangt **erweiternde Anwendung** auf andere Fälle, die sich wie GeldleistungsVAe letztlich **auch auf Geld beziehen.** Diese Sichtweise hat sich das *BVerwG* für einen VA zu eigen gemacht, der Voraussetzung für eine europarechtliche Abgabenverschonung war; die Argumentation greift aber über diesen Spezialfall hinaus und beansprucht **allgemeine Gültigkeit.**[316]

2. Vertrauensschutz

135 **a) Der Grundtatbestand (S. 1).** Durch das „soweit" in Abs. 2 **S. 1** ist das **Ermessen** des Abs. 1 S. 1 (Rn. 77 ff.) für die Frage, **ob und in welchem Umfang** (Rn. 100 ff.) zurückgenommen werden und **zu welchem Zeitpunkt** die Rücknahme wirken soll (Rn. 104, 106 f., 147), eingeschränkt durch den Vertrauensschutz als Ermessensrahmen.[317] Zu seiner Feststellung sind das **Vertrauen** des Begünstigten auf den Bestand des VA **und das öffentliche Interesse** an der Rücknahme gegeneinander **abzuwägen.** Die **Abwägung** ist eine gesetzlich vorgegebene Gewichtung, die weder Ermessen noch Beurteilungsermächtigung darstellt und somit gerichtlich voll überprüfbar ist.[318] Beim fingierten VA (Rn. 39) fehlt der VA als Bezugspunkt des Vertrauens auf seinen Bestand, Abs. 2 S. 1, und des vertrauensschutzausschließenden Mangels, Abs. 2 S. 3 Nr. 1–3, daher ist insoweit nur eine Analogie möglich, die für nötige Differenzierungen Raum lässt.

136 **Subjektiv** muss der Betroffene auf den Bestand des VA **vertraut** und dieses Vertrauen auch ins Werk gesetzt haben (**Vertrauensbetätigung,** Rn. 141 ff.);[319] **objektiv** muss das **Vertrauen schutzwürdig** sein. Hierzu gehört auch, dass die Interessen des Begünstigten nur durch den Bestand des VA gewahrt werden können.

137 **Vertrauensschutz für Behörden** und Körperschaften des öffentlichen Rechts ist grundsätzlich gegenüber der Gesetzmäßigkeit der Verwaltung nicht angezeigt (s. schon Rn. 35);[320] für besondere Konstellationen kann Abweichendes gelten.[321] Zudem kann die Rechtssicherheit als Element des öffentlichen Interesses zu berücksichtigen sein.[322] Auch die Pflicht zur Beachtung

---

[315] *OVG Lüneburg* NVwZ 1989, 1193 f.
[316] *BVerwGE* 104, 289, 300; so auch *Kopp/Ramsauer,* § 48 Rn. 88.
[317] *BVerfGE* 59, 128, 164 ff.
[318] *BVerwGE* 69, 159, 162 f.
[319] *BVerwGE* 48, 87, 93; 67, 129, 133 f.; 68, 159, 164.
[320] *BVerwGE* 60, 208, 211; *BVerwG* LKV 2006, 558, 560; ferner *OVG Koblenz* NVwZ 1988, 448; *VGH München* NVwZ 2000, 829, 830; BayVBl 2006, 283, 284; *BSG* SGb 1989, 214, 216; auch *BSG* NVwZ-RR 1990, 338, 339, unter Hinweis auf die Beachtung aller Gesichtspunkte bei der Ermessensentscheidung; ferner etwa *VG Minden* NVwZ-RR 2000, 269; wie hier auch *Meyer* in Knack, § 48 Rn. 90; *Schäfer* in Obermayer, VwVfG, § 48 Rn. 48; *Ziekow,* § 48 Rn. 18; *Ehlers* Verwaltung 2004, 255, 280; anders *Kopp/Ramsauer,* § 48 Rn. 101.
[321] So etwa bei Zusicherung *VGH Mannheim* NVwZ 1991, 79, 80; auf Grund der besonderen Gestaltung eines Subventionsverhältnisses zwischen Staat und Gemeinde (Gewährung einer an die Bediensteten weiterzuleitenden Aufwandsentschädigung) *OVG Münster* DVBl 1997, 1286, 1287.
[322] *BVerwG* LKV 2006, 558, 560.

von Treu und Glauben (allgemein Rn. 73) kann die Rücknahmemöglichkeiten beschränken.[323] S. zur Verwirkung schon Rn. 94, 110, § 53 Rn. 21ff.; auch unten Rn. 173; ferner § 49a Rn. 46 zum Wegfall der Bereicherung. Andererseits können besondere öffentliche Belange, u. U. entscheidend, für die Rücknahme streiten.[324]

Ob das öffentliche Interesse an der Herstellung eines rechtmäßigen Zustandes das Vertrauen des Betroffenen auf den Bestand des VA **überwiegt,** bestimmt sich nach den Gegebenheiten des Einzelfalles. Weder hat grundsätzlich das öffentliche noch i. d. R. das private Interesse Vorrang.[325] Nur als Anhaltspunkt lässt sich feststellen, dass für die Vergangenheit das Vertrauen des Betroffenen häufig schutzwürdiger ist als das öffentliche Interesse, während ein Vertrauensschutz auf **Fortbestand** einer Rechtslage in der **Zukunft** nur unter besonderen Voraussetzungen anzuerkennen ist.[326] S. ferner Rn. 141 ff. **138**

In den Fällen des **Abs. 2** kann auf die **frühere Rspr. zum Vertrauensschutz** zurückgegriffen werden (s. Rn. 28, 136, 143). Fraglich ist, ob ein „Widerrufsvorbehalt", wonach zu Unrecht gewährte Subventionen zurückgefordert werden können, einen Verlust des Vertrauensschutzes bewirkt.[327] Das öffentliche Interesse ist in den Fällen des Abs. 2 i. d. R. von **fiskalischen Gesichtspunkten** geprägt (Begründung zu § 44 Abs. 3 Entwurf 73). **139**

Bei **regelmäßigem Bezug von Leistungen** aus öffentlichen Mitteln geht das öffentliche Interesse an der Herstellung gesetzmäßiger Zustände für die Zukunft in der Regel dem privaten Interesse vor (s. Rn. 30).[328] Bei der Prüfung des Vertrauensschutzes können diese öffentlichen Interessen berücksichtigt werden, so dass es keiner Einschränkung der Ermessensregel des Abs. 1 S. 1 zu einer „muss"-Regel bedarf[329] (s. auch Rn. 86, § 40 Rn. 18f.). Das Interesse des Betroffenen an der Aufrechterhaltung des VA kann ein finanzielles sein, aber auch weitergehen, z. B. den Wohnsitz betreffen (s. Rn. 32). **140**

b) Regelbeispiel der Schutzwürdigkeit (S. 2). Aus der Fülle der bisherigen Rspr. greift S. 2 einen Fall heraus, der besonders häufig Vertrauensschutz zur Folge hat. Sind die gewährten **Leistungen verbraucht** oder ist eine **Vermögensdisposition** getroffen worden, die nur unter unzumutbaren Nachteilen rückgängig gemacht werden kann, wurde auch nach dem früheren Recht Vertrauensschutz angenommen (Rn. 32).[330] Erforderlich ist, dass der Verbrauch der Leistungen und die Vermögensdisposition in **ursächlichem Zusammenhang** mit dem Vertrauen auf den Bestand des VA stehen. **141**

Verbrauch liegt vor, wenn die gewährte Leistung ausgegeben wurde, ohne dass das Vermögen des Leistungsempfängers dadurch in anderer Weise vermehrt worden ist. Das *BVerwG*[331] orientiert sich dabei wegen § 48 Abs. 2 S. 5 a. F. (= § 49a Abs. 2) an den Kriterien für die Entreicherung nach § 818 Abs. 3 BGB, wie sie in der Judikatur des *BGH* ausgeformt sind und vom *BVerwG* in Fällen überzahlter Dienstbezüge übernommen wurden (s. auch § 49a Rn. 47). Danach ist die Frage des „Verbrauchs" nicht nach rechtlichen, sondern nach wirtschaftlichen Gesichtspunkten durch einen saldenmäßigen Vergleich des Aktiv- und Passivvermögens zu beurteilen. Ein Verbrauch scheidet also aus, wenn mit dem Erlangten Anschaffungen noch vorhandener Güter getätigt oder Schulden getilgt wurden. Dagegen stellt es Verbrauch dar, wenn das Geld für eine Verbesserung der Lebensführung ausgegeben wurde. Hiervon kann bei geringfügigen Leistungen grundsätzlich ausgegangen werden.[332] Besondere Fragen wirft ein Verbrauch im Vorgriff auf die behördliche Leistung auf.[333] **142**

---

[323] *OVG Münster* NVwZ 1985, 118.
[324] *BVerwG* LKV 2006, 558, 560, für Sicherstellung wirksamer Gefahrenabwehr.
[325] B*VerwG* VerwRspr 1974, Nr. 34.
[326] So in *BVerwG* NVwZ-RR 1992, 485, 486, für die Weitergewähr von Eingliederungshilfe nach dem BSHG für zwei Rest-Semester nach einer mit großem eigenen Einsatz betriebenen Ausbildung einer Blinden.
[327] *OVG Münster* NJW 1981, 2597, 2598; anders dann *OVG Münster* NJW 1985, 1042f. Für einen Rücknahmevorbehalt jetzt *Axer* DÖV 2003, 271, 276.
[328] St. Rspr.; aus der neueren Judikatur s. etwa *VGH München* ZBR 1991, 381, 382; 1992, 23, 24; abweichend *VGH München* BayVBl 1990, 630, 631, wegen der durch Anerkennung als Vertriebener bereits eingetretenen Rechtsmehrung.
[329] So *Neumann-Duesberg*, Wege zur Sozialversicherung 1981, 130, 136 zu § 45 SGB X.
[330] S. auch *BVerwG* Buchholz 316 § 48 VwVfG Nr. 11.
[331] NVwZ-RR 1994, 32, 33 m. w. N.; *VGH München* BayVBl 2003, 152
[332] *OVG Münster* NWVBL 1988, 147.
[333] Vgl. *OVG Hamburg* NVwZ 1988, 73 f.

143 Als **Vermögensdisposition** zählt jedes Verhalten, das Auswirkungen auf den Vermögensstand hat. Das *BVerwG*[334] lässt aber offen, ob die Fortführung der Ausbildung nach dem Erlass einer Grundentscheidung i. S. d. § 50 Abs. 1 S. 3 BAföG eine Vermögensdisposition darstellt. Nicht in seiner Vermögensdisposition berührt wird der Betroffene bei Neufestsetzung der Ausbildungshilfe, wenn in dem einheitlichen Bescheid Ausbildungshilfe teils herab-, teils heraufgesetzt wird mit der Folge, dass eine Nachzahlung zugunsten des Betroffenen verbleibt (Rn. 120).[335] Vertrauensschutzbegründende Dispositionen können z. B. im Abschluss eines Exportvertrages im Hinblick auf eine Subvention liegen oder in der Übernahme von Abzahlungsverpflichtungen.

144 Dem unbestimmten Rechtsbegriff „**Schutzwürdigkeit**" in S. 2 ist die **Abwägung mit den öffentlichen Interessen immanent**.[336] Aus dem erst im Entwurf 70 aufgenommenen klarstellenden Einschub in Abs. 2 S. 1 („unter Abwägung mit den öffentlichen Interessen") ist also nicht zu folgern, dass in S. 2 die öffentlichen Interessen nicht in den Abwägungsvorgang einbezogen werden sollen, s. auch § 49 Rn. 122 ff.

145 S. 2 schließt einen **Vertrauensschutz in anderen** als den in ihm genannten **Fällen** nicht aus.[337] Er setzt aber einen Maßstab, an dem andere Fälle gemessen werden können. Ebenso schutzwürdig wie in den Fällen des S. 2 ist der Bürger bei Dispositionen, die seine Lebensführung gleich einschneidend berühren (s. Beispiele Rn. 32, 138 f.). Möglich ist auch die Berücksichtigung sonstiger Umstände, etwa der seit Erlass des VA verstrichenen Zeit (Rn. 33, 203) oder auch des hohen Lebensalters des Betroffenen (s. auch Rn. 33);[338] ferner kann die Verschlechterung der Beweislage eine Rolle spielen.[339]

146 Durch den Zusatz „**in der Regel**" ist auch für die Fälle des S. 2 klar, dass es Ausnahmen geben kann. So kann im Einzelfall das öffentliche Interesse das private überwiegen, wenn die Leistungen verbraucht worden sind, obgleich der Betroffene die Rechtswidrigkeit des VA hätte kennen müssen, ohne grob fahrlässig zu handeln, S. 3 Nr. 3.[340]

147 Durch die „soweit"-Regelung in S. 1 ist sichergestellt, dass auch im Fall des S. 2 – wie in sonstigen Fällen, in denen Vertrauensschutz zu gewähren ist – eine **Rücknahme mit Wirkung für die Zukunft** möglich ist (Rn. 104, 106).[341] Gerade wegen getroffener Vermögensdispositionen kann auch eine Rücknahme mit Wirkung **für die spätere Zukunft** in Betracht kommen (z. B. bei Kündigungsfristen bei längerfristigen Verträgen oder der Förderung einer beinahe abgeschlossenen Schulausbildung).[342]

148 **c) Ausschlusstatbestände für Vertrauensschutz (S. 3).** S. 3 gibt in einer Aufzählung von drei Nummern negative Beispiele, unter welchen Voraussetzungen sich der Begünstigte nicht auf das Vertrauen berufen kann. Liegt einer der Ausschlusstatbestände vor, schließt das die Notwendigkeit einer Abwägung nach S. 1 (Rn. 135 ff.) definitiv aus;[343] allerdings bleibt das Ermessen unberührt, das auch in besonderen Fällen dieser Art Raum dafür lassen kann, von der Rücknahme abzusehen[344] (Rn. 88).

149 Die in S. 3 genannten **Ausschlusstatbestände** sind **keine abschließende Aufzählung** der Fälle, in denen Vertrauensschutz nicht gewährt wird.[345] Im Rahmen des Abs. 2 S. 1 kann Vertrauensschutz auch für **weitere Fallgestaltungen** zu verneinen sein. Der Vertrauensschutz kann

---

[334] NVwZ-RR 1990, 249, 250 f.
[335] *BVerwGE* 24, 264, 271; auch *BVerwGE* 21, 119, 123.
[336] Begründung zu § 44 Abs. 2 Entwurf 73; *Ossenbühl* DÖV 1964, 511, 518; enger allerdings der Begriff der Schutzwürdigkeit nach früherer Rspr. (s. Rn. 30 ff.).
[337] *Ule/Sellmann* DVBl 1967, 834, 839; s. für § 45 Abs. 2 S. 2 SGB X *BSG* NVwZ 1985, 943 f.; *BVerwG* NVwZ-RR 1990, 249, 250 jeweils m. w. N.
[338] *BVerfGE* 59, 128, 169; *VGH München* BayVBl 1990, 630, 631 m. w. N.
[339] *BVerfGE* 59, 128, 169; *VGH München* BayVBl 1990, 630, 631.
[340] S. ferner *OVG Münster* NJW 1981, 2598; anders *OVG Münster* NJW 1985, 1042 f., für Anerkenntnis bei Erhalt, dass zu Unrecht erhaltene Subvention zurückgefordert werden kann (Rn. 139). Nach *VG Köln* FamRZ 1977, 496, soll bei rückwirkender Ersetzung eines Zuschusses durch ein Darlehen ohne besondere Belastungen für den Betroffenen Vertrauensschutz nicht durchgreifen.
[341] *OVG Münster* 15. 6. 1982 – 12 A 2009/80.
[342] *BVerwGE* 36, 252, 255.
[343] *Erichsen/Brügge* Jura 1999, 155, 159 m. w. N.; anders für Nr. 1 und 2 *Erfmeyer* DÖV 1997, 629 ff.
[344] Auch insoweit wie hier *Erichsen/Brügge* Jura 1999, 155, 159 Fn. 57.
[345] Anders noch *Ule/Becker*, S. 58 für die anders lautende Formulierung des § 37 Abs. 2 S. 2 Musterentwurf.

etwa entfallen, wenn der Bürger es unterlässt, einen VA entgegengesetzten Inhalts anzufechten.[346] Nach Auffassung des *BVerwG*[347] besteht auch dann kein Vertrauensschutz während eines Rechtsbehelfsverfahrens, wenn es nicht von einem Dritten i. S. d. § 50 eingeleitet worden ist, s. Rn. 63, § 50 Rn. 68 ff., im Übrigen Rn. 28 ff. Das *OVG Münster*[348] gewährt keinen Vertrauensschutz, wenn der Begünstigte den VA mit dem Ziel angefochten hat, eine größere Begünstigung zu erhalten. Das *OVG Lüneburg*[349] hält (allerdings bei Nichtgeltung der §§ 48, 49) im Sonderfall einer rechtswidrigen Doppelzahlung einen Ausschluss von Vertrauensschutz für gerechtfertigt. S. dagegen zur beschränkten Reichweite eines Rückforderungsvorbehalts im BAföG-Recht *BVerwGE* 88, 342, 345 f. Zur Bedeutung eines Rücknahmevorbehalts für den Vertrauensschutz s. *Kopp* DVBl 1989, 238, 241.

Nr. 1 (arglistige Täuschung, Drohung oder Bestechung) gibt den früheren, verfassungsrechtlich unbedenklichen[350] Stand der Meinungen wieder.[351] Durch den Begriff „erwirken" wird nicht lediglich klargestellt, dass Täuschung, Drohung oder Bestechung kausal für den Erlass des VA sein müssen (s. auch Rn. 154).[352] „**Erwirken**" setzt vielmehr ein **zweck- und zielgerichtetes Handeln** voraus, das auf eine bestimmte (Rechts-)Folge gerichtet ist.[353] Dass die getäuschte Behörde den wahren Sachverhalt hätte kennen können, steht der Rücknahme nicht entgegen.[354] **150**

Beschränkt ist Nr. 1 auf den Fall, dass sich der Begünstigte an der Handlung **beteiligt** hat, sei es auch nur durch Anstiftung oder Beihilfe. Hat (nur) ein **Dritter** eine Handlung nach Nr. 1 begangen, ist nach S. 1 und 2 zu entscheiden. Bei Kenntnis oder grob fahrlässiger Unkenntnis des Begünstigten von der Handlung des Dritten kann aber Nr. 3 eingreifen. Ist die Handlung vom **Vertreter** des Begünstigten begangen worden, ist sie diesem zuzurechnen,[355] desgleichen, wenn sich der Begünstigte zur Antragstellung eines anderen bedient (Rechtsgedanken aus §§ 123 Abs. 2, 178, 831 BGB).[356] **151**

Arglist liegt vor, wenn die vorsätzliche Irreführung darauf gerichtet ist, auf den Erklärungswillen der Behörde einzuwirken.[357] Gegenstand der Täuschung können auch innere Tatsachen, wie die Absichten eines zu ernennenden Beamten, sein.[358] Beschränkungen, die nach der Rspr. des *BVerfG*[359] gegenüber arbeitsrechtlichen Kündigungen im Hinblick auf lang zurückliegende Vorgänge eingreifen, sollen nicht auf die Rücknahme durch arglistige Täuschung herbeigeführter Beamtenernennungen übertragbar sein.[360] Eine Täuschung kann sich auch auf Tatsachen beziehen, nach denen die Behörde nicht gefragt hat.[361] **152**

Die Anwendung des § 48 setzt auch in den Fällen der Nr. 1 voraus, dass der VA rechtswidrig ist,[362] was nicht notwendig der Fall sein muss.[363] Hat die Täuschung, Drohung oder Bestechung keine unmittelbare Auswirkung auf den Inhalt des **aus anderen Gründen rechtswidrigen VA** gehabt, fehlt doch das subjektive Moment des Vertrauensschutzes (s. Rn. 136).[364] Auf die **153**

---

[346] *BVerwG* NJW 1987, 1348, 1349: „Feststellungswirkung"; s. dazu § 43 Rn. 99, 151.
[347] *BVerwGE* 14, 175, 179; 31, 67, 69.
[348] DVBl 1976, 46, 47: Mit einer reformatio in peius (s. Rn. 68 ff.) habe der Begünstigte rechnen müssen.
[349] OVGE 41, 482, 485.
[350] *BVerfGE* 59, 128, 171 m. w. N.
[351] Einschränkend *Scheerbarth* DVBl 1966, 780, 782.
[352] Zur Kausalität im Falle der Täuschung im beamtenrechtlichen Kontext *BVerwG* LKV 1999, 116; 229, 230 m. w. N.; *OVG Bautzen* SächsVBl 1994, 269; abweichend *VG Potsdam* ZBR 2000, 282, 284.
[353] *VGH München* BayVBl 1987, 696; s. auch *Ehlers* GewArch 1999, 305, 313; für eine Relativierung der Ausschlusstatbestände *Erfmeyer* DÖV 1997, 629 ff.
[354] So *OVG Bautzen* SächsVBl 1994, 269, 270 für arglistige Täuschung bei Beamtenernennung.
[355] *OVG Münster* NWVBl 2005, 71, 74; *Ule/Laubinger*, § 62 Rn. 12; *Ehlers* GewArch 1999, 305, 313.
[356] *VGH Mannheim* NJW 1986, 272, 273.
[357] Vgl. schon *Hoke* DÖV 1962, 281, 286. *BVerwGE* 119, 17, 22, spricht gleichbedeutend von bewusster Täuschung. Bedingter Vorsatz genügt nach *OVG Bautzen* SächsVBl 1994, 269, 270; 1996, 216, 218 m. w. N.; nicht eindeutig *OVG Greifswald* DÖD 1999, 43, 44.
[358] So im Anschluss an die zivilrechtliche Judikatur zu § 123 BGB *OVG Lüneburg* OVGE 40, 451 f.
[359] *BVerfGE* 96, 171, 187 f. = NJW 1997, 2307.
[360] *OVG Weimar* LKV 1998, 285; ZBR 2000, 98.
[361] *OVG Greifswald* DÖD 1999, 43.
[362] *Scheerbarth* DVBl 1966, 780, 782; im Einzelnen bestritten, s. *Hoke* DÖV 1962, 281, 286.
[363] Für Drohung als selbständigen Fehlertatbestand *Hoke* DÖV 1962, 281, 290; s. auch § 44 Rn. 113.
[364] *Ossenbühl* DÖV 1964, 511, 518.

Rechtmäßigkeit von Ermessensentscheidungen werden sich Täuschung, Drohung oder Bestechung in aller Regel auswirken (§ 40 Rn. 68).

154 Nr. 2 entspricht ebenfalls dem früheren Recht.[365] Der Inhalt der Angaben ist durch Auslegung, im Zweifel zu Gunsten des Antragstellers, zu ermitteln.[366] Die **Unrichtigkeit oder Unvollständigkeit der Angaben** muss für den Erlass des auch hier „erwirkten" VA (Rn. 150) **kausal** sein.[367] Hat der Betroffene auf Grund unrichtiger Angaben die Geldleistung erhalten, ist er dafür beweispflichtig, dass die Leistung aus anderen Gründen gerechtfertigt ist.[368] Die Fehlerhaftigkeit der Angaben muss **„in wesentlicher Beziehung"** gegeben sein; dies muss nicht bei jeder kausalen Angabe der Fall sein.[369] Wesentlichkeit wird für die Angaben vorliegen, die für die gesetzlichen Tatbestandsmerkmale und die gebotenen Ermessenserwägungen von Bedeutung sind. Geringfügige Unstimmigkeiten sind unbeachtlich (s. auch § 24 Rn. 88), etwa lediglich unklare oder widersprüchliche Angaben.[370]

155 Ob die Unrichtigkeit erst nach eingehender Prüfung erkannt werden kann, ist unerheblich.[371] Für die Möglichkeit der Rücknahme eines Subventionsbescheides ist nicht erforderlich, dass die Angaben vorweg von der Behörde gemäß § 2 SubventionsG als subventionserheblich i. S. d. § 264 StGB bezeichnet worden sind.[372] Die Angaben müssen von dem Begünstigten selbst gemacht worden sein. Für Angaben eines Vertreters oder **Dritten** gilt das zu Rn. 151 Gesagte entsprechend.[373]

156 Nicht entscheidend ist, ob die fehlerhaften Angaben **schuldhaft** gemacht worden sind.[374] Andernfalls wäre S. 7 a. F. (s. jetzt § 49a Abs. 2 S. 2) überflüssig (gewesen). Ausreichend ist zunächst, dass die Ursache für die fehlerhafte Angabe in der Sphäre des Begünstigten lag (Begründung zu § 44 Abs. 2 Entwurf 73).

157 Die Voraussetzung des „Erwirkens" (Rn. 150) verlangt aber zielgerichtetes Handeln des Begünstigten. Daran fehlt es, wenn der Antragsteller alles ihm Zumutbare getan hat, insbes. wenn er die falsche oder fehlende Angabe auf Grund **unrichtiger Beratung durch die Behörde** gemacht bzw. nicht gemacht hat[375] oder wenn sogar das Antragsformular von dem Beamten für den Betroffenen ausgefüllt worden ist.[376] Soweit es auf das Verhalten der befassten Behörden ankommt, muss sich eine Staatsbehörde zurechnen lassen, was eine andere juristische Person, deren sie sich zur Entgegennahme von Anträgen bedient, erklärt.[377] Wenn die Behörde für die Rechtswidrigkeit ihres Bescheides in hohem Maße mitverantwortlich ist, kann der Rücknahme nach den Grundsätzen des § 242 BGB der Einwand unzulässiger Rechtsausübung entgegenstehen.[378]

158 Nicht erforderlich ist, dass der Begünstigte zur Abgabe der Angaben durch Rechtsvorschrift verpflichtet war. Es genügt, dass die Behörde ihn **zu diesen Angaben aufgefordert** hat, weil sie sie für wesentlich hielt. Zu fehlenden Angaben in einem Antragsformular § 24 Rn. 90. Zu Angaben vor einer anderen Stelle der Behörde s. § 44 Rn. 172.

---

[365] *BVerwGE* 48, 87, 93.
[366] *OVG Greifswald* NVwZ-RR 2003, 5, 6.
[367] *BVerwGE* 68, 159, 162; das Kausalitätserfordernis kann spezialgesetzlich ausgeschlossen sein, *OVG Münster* NJW 1982, 1661, 1662; *VGH München* NVwZ 2001, 931, 932, will die Kausalität auf die Fehlerhaftigkeit, nicht auf den Erlass des VA als solchen beziehen; so auch *OVG Weimar* ThürVBl 2004, 241, 243.
[368] *OVG Münster* NJW 1982, 1661, 1662.
[369] Vgl. *BVerwG* FamRZ 1982, 97.
[370] *OVG Münster* NVwZ-RR 1997, 585, 587.
[371] BGHZ 93, 372, 380.
[372] Dazu *Ranft* NJW 1986, 3163.
[373] Für die Zurechnung von Vertreterhandeln *OVG Lüneburg* NVwZ-RR 2003, 125, 127.
[374] *BVerwG* DVBl 1962, 562; *BVerwGE* 74, 357, 364; 78, 139, 142 f., unter Hinweis auf die Bedeutung der Bösgläubigkeit im Rahmen von Abs. 2 S. 7 a. F. i. V. mit §§ 818 Abs. 4, 819 Abs. 1 BGB; außerhalb des VwVfG ebenso *BVerwG* NVwZ 1989, 143, 144, zum LAG; ferner BSG DVBl 1963, 249; s. auch BGH NJW 1985, 1893, 1894; *OVG Koblenz* NJW 1992, 1781, 1782; *OVG Berlin* OVG BlnE 20, 1, 7 f.; für zumindest leichtes Verschulden *VGH München* BayVBl 1987, 696; für eine Berücksichtigung im Rahmen einer Abwägung nach S. 1 *Erfmeyer* DÖV 1997, 629 ff.
[375] Vgl. für den Fall erklärten Desinteresses der Behörde *BVerwGE* 88, 278, 285. Nach *BVerwGE* 89, 345, 353, reicht es nicht, wenn die unrichtigen Angaben durch Bestätigungen von sachkundigen Bediensteten der Behörde (nur) unterstützt worden sind.
[376] *OVG Münster* NWVBl 1991, 193, 194; auch *VGH München* BayVBl 1987, 696.
[377] *BVerwGE* 88, 278, 284 f., für eine Landwirtschaftskammer.
[378] So, im konkreten Fall verneinend, *BVerwGE* 74, 357, 364 f.; (restriktiv) *OVG Weimar* ThürVBl 2004, 241, 243; offen lassend *VGH München* NVwZ 2001, 931, 932 m. w. N.

Nr. 3 stellt auf die **Kenntnis oder grob fahrlässige Unkenntnis** der Rechtswidrigkeit des 159
VA ab; die nach früherer Rspr.[379] für den Ausschluss von Vertrauensschutz genügende einfache
Fahrlässigkeit reicht im Rahmen des § 48 nicht mehr. Nach dem Kontext von S. 3 und 4 betrifft
Nr. 3 primär Kenntnis oder grob fahrlässige Unkenntnis **zum Zeitpunkt des Erlasses** des VA.
Das vertrauensstörende Element kann bei VAen mit Dauerwirkung aber **auch zu einem späteren Zeitpunkt** eintreten.[380] Auf diesen Zeitpunkt ist dann die Regelung des S. 4 abzustellen
(Rn. 165). Das *BVerwG* lässt bei rückwirkend eingetretener Rechtswidrigkeit die Kenntnis von
dieser möglichen Entwicklung genügen, wobei freilich die Anwendung von Abs. 2 S. 3 Nr. 3
offen bleibt.[381]

Abweichend von der gesetzlichen Regelung lässt nach Auffassung des *BVerwG*[382] im Rahmen 160
des verfassungsunmittelbar begründeten Vertrauensschutzes gegenüber § 53 BAföG bereits
leichte Fahrlässigkeit die Bedeutung des Vertrauensschutzinteresses erheblich an Gewicht verlieren; die Anwendung von § 50 Abs. 2 i. V. mit § 45 Abs. 2 S. 3 Nr. 3 SGB X auf Ausbildungsförderungsleistungen nach Aufhebung der ihnen zugrunde liegenden einstweiligen Anordnung
gem. § 123 VwGO lehnt das *OVG Hamburg*[383] ab.

Der Begriff „**grobe Fahrlässigkeit**" setzt nach der in § 45 Abs. 2 S. 3 Nr. 3 SGB X im An- 161
schluss an zivilrechtliche Grundsätze formulierten Legaldefinition voraus, dass die erforderliche
Sorgfalt (s. auch § 276 Abs. 2 BGB) in besonders schwerem Maße verletzt wird (s. auch § 51
Rn. 127).[384] Grobe Fahrlässigkeit kann vorliegen, wenn der Adressat einfachste, ganz nahe liegende Überlegungen nicht anstellt,[385] erkannten Unklarheiten oder bestehenden Zweifeln an
der Richtigkeit eines VA nicht nachgeht, aber auch, wenn er grob pflichtwidrig keine kritische
Prüfung des Bescheides vorgenommen hat.[386] Grobe Fahrlässigkeit kann auch bei Vernachlässigung als Voraussetzung für die Gewährung einer Leistung eingegangener Verpflichtungen vorliegen.[387]

Gegenstand der (Un-)Kenntnis ist die **Rechtswidrigkeit des VA als solche** sein; die 162
(Un-)Kenntnis der Umstände, die zur Rechtswidrigkeit des VA geführt haben, genügt insoweit nicht. Die Rechtswidrigkeit muss sich kraft **Parallelwertung in der Laiensphäre** aufdrängen, z. B. bei Gewährung eines deutlich übersetzten Geldbetrages. Die Anforderungen
an einen Rechtskundigen oder z. B. an einen Kaufmann, in dessen Geschäftsbereich das Bewilligungsverfahren fällt,[388] sind größer als die an einen Laien.[389] Ob grobe Fahrlässigkeit vorliegt, beantwortet sich nach den individuellen Eigenschaften des Betroffenen, wobei mangels
besonderer Anhaltspunkte von der Einsichtsfähigkeit eines Durchschnittsbürgers auszugehen
ist.[390]

Bei einem **Beamten** ist zu berücksichtigen, dass ihm auf Grund der Treuepflicht zuzumuten 163
ist, Geldleistungsbescheide des Dienstherrn zu überprüfen und bei Unklarheit rückzufragen
(s. auch zu Rn. 161).[391] Hängt das Erkennen der Unklarheit aber von detaillierten Rechtskenntnissen ab, so ist keine grobe Fahrlässigkeit gegeben.[392] Für VAe, die mit Hilfe automatischer Einrichtungen erlassen worden sind, vgl. § 37 Rn. 137 ff. I. d. R. wird bei der Verkennung
des Inhaltes eines VA, der durch **Schlüsselzeichen** bestimmt wird, keine grobe Fahrlässigkeit

---

[379] *BVerwGE* 8, 261, 271; 17, 335, 337; anders aber schon *BVerwGE* 48, 87, 92 f.
[380] Ganz selbstverständlich *Kopp/Ramsauer* § 48 Rn. 121.
[381] *BVerwGE* 84, 111, 114; wieder *BVerwG* NVwZ-RR 1994, 369 f.
[382] NVwZ 1994, 75, 76.
[383] NVwZ 1990, 686 f. m. w. N.
[384] *BVerwGE* 92, 81, 84 = NJW 1993, 2764; *VGH Mannheim* DVBl 1977, 652.
[385] *OVG Münster* NVwZ-RR 1997, 585, 587; *VG Oldenburg* NVwZ 2002, 119, 121.
[386] So für eine Besoldungsmitteilung *VGH Kassel* ZBR 1993, 218, 219; s. im Übrigen zum Sonderfall der Beamten Rn. 163.
[387] *OVG Bautzen* SächsVBl 1998, 288, 291.
[388] *OVG Koblenz* DVBl 1982, 219, 221.
[389] Vgl. zu 48 Abs. 1 S. 2 Nr. 2 SGB X *LSG Niedersachsen* NJW 1989, 1109, zur „Vorbildung als promovierter Diplom-Volkswirt"; dort auch zur Auswirkung rechtlicher Fehlvorstellungen auf den Grad der Fahrlässigkeit.
[390] Vgl. BGHZ 10, 16; 89, 161; BGH NJW 1992, 3236; BGH NJW-RR 2002, 1108; *Ossenbühl* DÖV 1964, 511, 518.
[391] Zu den besonderen Anforderungen an Beamte vgl. *BVerwGE* 40, 212, 218; *BVerwG* NVwZ 1987, 500.
[392] *OVG Münster* NVwZ 1988, 1037.

vorliegen.[393] Schutzwürdigkeit des Vertrauens wird regelmäßig fehlen, wenn sich ein **VA an der Grenze der Nichtigkeit** bewegt.[394]

164 Die Kenntnis oder grob fahrlässige Unkenntnis seines **Vertreters, nicht** aber eines **Dritten**, muss sich der Begünstigte zurechnen lassen.[395] Bei juristischen Personen kommt es auf die (Un-)Kenntnis des vertretungsberechtigten Organs an;[396] dabei ist es ohne Bedeutung, wenn der Organwalter gewechselt hat.[397] S. aber auch Rn. 214 f. Die **Beweislast** für die Voraussetzungen der Nr. 3 trägt die Behörde.[398]

165 d) **Rücknahme ex tunc als Regelrechtsfolge (S. 4).** In den Fällen des S. 3 wird der VA „in der Regel" mit **Wirkung für die Vergangenheit** zurückgenommen (**S. 4**). Auch insoweit besteht aber das Abwägungsgebot nach S. 1 (Rn. 106 f.). Im Fall des S. 3 Nr. 3 kann z. B. auch ein Zeitpunkt festgesetzt werden, der zwar in der Vergangenheit liegt, aber erst durch die nach Erlass des VA erworbene Kenntnis der Rechtswidrigkeit des VA bestimmt wird (Rn. 159). In **nicht von S. 3 erfassten Fällen** fehlenden Vertrauensschutzes greift die regelmäßige Festlegung des Ermessens der Behörde auf die Rücknahme ex tunc nicht durch; daher gilt insoweit der allgemeine Grundsatz der Rücknahme ex nunc (Rn. 106), der aber für Ausnahmen offen ist, wenn – ähnlich wie in den Fällen des S. 3 – auch für die Vergangenheit kein Anlass besteht, Vertrauensschutz zu gewähren.

166 e) **EG-Recht.**[399] Im Rahmen des **direkten Vollzugs** des EG-Rechts ist bei der Aufhebung rechtswidriger Entscheidungen – mangels spezieller Regelungen (s. Rn. 25) – nach allgemeinen (Verwaltungs-) Rechtsgrundsätzen des Gemeinschaftsrechts die Rechtssicherheit zu berücksichtigen, namentlich ist den durch die Entscheidung Begünstigten Vertrauensschutz zu gewähren (Rn. 25, Einl 134 e). Dazu hat **im Einzelfall eine Abwägung** zwischen den Interessen des Begünstigten, insbes. seinem in gutem Glauben begründeten Vertrauen in die Beständigkeit der durch die Entscheidung geschaffenen Lage, und dem Interesse der Gemeinschaft an der Durchsetzung des Gemeinschaftsrechts und dem Erreichen der dadurch angestrebten Ziele stattzufinden; bei Entscheidungen mit Wirkungen auch für Dritte sind auch deren Belange in die Abwägung einzustellen.

167 Zu den berücksichtigungsfähigen Gesichtspunkten zählt auch die seit der Entscheidung **verstrichene Zeit.** Dies gilt namentlich bei sog. deklaratorischen, auf Grund strikter Rechtssätze erlassenen Entscheidungen, während bei sog. rechtsbegründenden Entscheidungen[400] eine selbständig zu beachtende Bindung der Aufhebung an eine angemessene Frist angenommen wird (dazu Rn. 235).[401]

168 Beim **indirekten Vollzug des Gemeinschaftsrechts** können im Rahmen des anwendbaren nationalen Rechts berechtigtes Vertrauen und Rechtssicherheit ohne Widerspruch zum Gemeinschaftsrecht geschützt werden, weil die Grundsätze des **Vertrauensschutzes** und der Rechtssicherheit auch Bestandteil der Rechtsordnung der Gemeinschaft selbst sind.[402] Daher bestehen grundsätzlich[403] keine Bedenken gegen die Anwendung des § 48 Abs. 2 S. 1, die in

---

[393] Anders für den Versorgungsfestsetzungsbescheid eines Ruhestandsbeamten *BVerwG* Buchholz 232.5 § 52 BeamtVG Nr. 3.
[394] Vgl. *VGH München* GewArch 1996, 205 f.
[395] *BVerwGE* 32, 328, 332; so nunmehr auch *Ule/Laubinger*, § 62 Rn. 14 mit Fn. 39, unter ausdrücklicher Aufgabe der bisher gegenteiligen Auffassung.
[396] Vgl. etwa für Großbanken *BGH* NJW 1989, 2879 ff.; NJW 1989, 2881 f.; für eine Gemeinde *BGHZ* 109, 327, 329 ff. m. w. N.
[397] *VGH Kassel* NVwZ 1993, 910 f.
[398] *OVG Münster* NVwZ 1988, 1037; für ähnlichen Fall *BVerwGE* 48, 336, 342 f.
[399] Vgl. übergreifend *Meesenburg*, Das Vertrauensschutzprinzip im europäischen Finanzverwaltungsrecht, 1998.
[400] Zu dieser dem französischen Recht nachempfundenen Differenzierung *Schwarze*, S. 851 f.
[401] Vgl. insgesamt (bei Unterschieden im Einzelnen) *Schwarze*, S. 963 ff.; *Triantafyllou* NVwZ 1992, 436, 437; *Schulze* EuZW 1993, 279, 280; *Erichsen/Buchwald* Jura 1995, 84, 86; *H. Müller*, Die Aufhebung von Verwaltungsakten unter dem Einfluss des Europarechts, 2000, S. 145 ff.; *Schroeder* Bindungswirkungen, S. 118 ff., insbes. S. 123 ff., rechtsvergleichend zum deutschen Recht S. 160 ff.; jeweils m. w. N. Rechtsvergleichend zum französischen Recht *Guian* GewArch 1993, 361 ff.
[402] S. auch *EuGH*, Rs. C-5/89, EuGHE 1990, I-3453 = NVwZ 1990, 1161; vgl. grundlegend zum Gesamtproblem *Blanke*, Vertrauensschutz im deutschen und europäischen Verwaltungsrecht, 2000, S. 461 ff.; *H. Müller*, Die Aufhebung von Verwaltungsakten unter dem Einfluss des Europarechts, 2000, 273 ff.; *Middendorf*, Amtshaftung und Gemeinschaftsrecht, 2001, S. 5 ff.; *Schwarze*, Vertrauensschutz als Verfassungsprinzip, 2002, S. 376 ff.; *ders.* Verwaltung 2001, 397 ff.
[403] Zum Fall einer vorrangigen gemeinschaftsrechtlichen Regelung *BVerwG* NJOZ 2006, 4034.

§ 10 MOG auch ausdrücklich angeordnet ist;[404] allerdings muss bei seiner Anwendung im Rahmen der **Abwägung auch dem Interesse der Gemeinschaft** in vollem Umfang Rechnung getragen werden. Das Gemeinschaftsrecht steht auch der Berücksichtigung des Wegfalls der Bereicherung (§ 49a Rn. 70 f.), des Fristablaufs und der Kenntnis oder grob fahrlässigen Unkenntnis der Behörde von der Unrechtmäßigkeit der behördlichen Entscheidung nicht zwangsläufig entgegen.[405] Allerdings ist Vertrauensschutz ausgeschlossen, wenn sich die Adressaten einer offensichtlichen Verletzung der geltenden Bestimmungen schuldig gemacht haben.[406]

Die Anwendbarkeit des § 48 Abs. 2 erstreckt sich grundsätzlich auf **sämtliche Einzelaussagen** dieser Vorschrift. In der Judikatur ist namentlich Abs. 2 Satz 3 Nr. 2 berücksichtigt worden.[407] **169**

Wie weit die grundsätzliche Anwendbarkeit des § 48 in den Fällen der unter Verstoß gegen das Beihilfenverbot nach **Art. 87, 88 EG** gewährten staatlichen **Beihilfen** Raum für die Berücksichtigung von Vertrauensschutzbelangen der Beihilfeempfänger lässt, war lange nicht abschließend geklärt. Der *EuGH* verlangt insoweit, dass die Anwendung der nationalen Vorschriften die vom Gemeinschaftsrecht verlangte **Rückforderung nicht praktisch unmöglich** machen darf.[408] Dies soll offenbar eine Berücksichtigung von Vertrauensschutzinteressen nicht schlechthin ausschließen; vielmehr fordert der *EuGH* auch hier nur, dass im Rahmen einer nach nationalem Recht vorgesehenen Abwägung das Interesse der Gemeinschaft in vollem Umfang berücksichtigt wird.[409] Andererseits beschränkt er die möglichen Einwände des Mitgliedstaates gegen die Rückforderungspflicht auf die absolute Unmöglichkeit der Durchführung der Kommissionsentscheidung (s. schon Rn. 97); eine Bindung an § 48 als Bestandteil der internen Rechtsordnung soll nicht ausreichen, um sich gemeinschaftsrechtlichen Verpflichtungen zu entziehen. Ein Mitgliedstaat soll sich nicht unter Berufung auf das Vertrauen der Begünstigten seiner Verpflichtung entziehen können, die Folgen seines Verstoßes gegen das Gemeinschaftsrecht rückgängig zu machen.[410] **170**

Vor dem Hintergrund dieser gemeinschaftsrechtlichen Vorgaben hält das *BVerwG*[411] § 48 Abs. 2 S. 1 für anwendbar, will aber bei der Feststellung der Schutzwürdigkeit des (betätigten) Vertrauens **von der Regel des § 48 Abs. 2 S. 2 abweichen**. Diese Regel sieht das *BVerwG* als typische Konsequenz der bei einem Verstoß allein gegen deutsches Recht gegebenen Interessenlage, bei der nur das fiskalische Interesse und die Gesetzmäßigkeit der Verwaltung für die Rücknahme anzuführen sind. Demgegenüber tritt bei Verstößen gegen das Beihilfenverbot nach Art. 87, 88 EG das Ziel der Durchsetzung der gemeinschaftsrechtlichen Wettbewerbsordnung hinzu. **171**

Das dadurch gesteigerte öffentliche Rücknahmeinteresse soll gegenüber dem gegenteiligen Interesse des Begünstigten **nicht nur** in den eng begrenzten, aber nicht abschließenden (Rn. 148 ff.) Fällen der **Bösgläubigkeit** nach § 48 Abs. 2 S. 3 den Vorrang haben; denn eine solche Handhabung würde die europarechtlich gebotene Rückforderung in zu weitgehendem Umfang unmöglich machen. Vielmehr soll die Schutzwürdigkeit grundsätzlich immer schon dann zurücktreten, wenn die fragliche Beihilfe ohne die vorgeschriebene Kontrolle der Kommission der EG nach Art. 88 EG gewährt worden ist. Anderes soll nur bei außergewöhnlichen Umständen gelten. **172**

---

[404] Dazu etwa *VGH München* BayVBl 1998, 21, 22 f. m. w. N.
[405] *EuGH*, Rs. 205–215/82, EuGHE 1983, 2633 Rn. 33 = NJW 1984, 2024, 2025; bestätigt durch *EuGH*, Rs. C-366/95, EuGHE, I-1998, 2674 Rn. 33 ff. = EuZW 1998, 499 m. Anm. *Gündisch*; *EuGH*, Rs. C-298/96, EuGHE, I-1998, 4782 Rn. 25 ff. = EuZW 1998, 603; s. auch *Fastenrath* Verwaltung 1998, 277, 279 ff.; *Ehlers* GewArch 1999, 305, 309; *Montag* NJW 2000, 32, 39 f.
[406] So im Hinblick auf noch ausstehende gewährte Zahlungen *EuG*, Rs. C-249/96, EuGHE 1998, II-381 = NVwZ 1998, 491 Rn. 27 ff.
[407] Vgl. *BVerwGE* 74, 357, 363; 88, 278, 283 ff.; s. auch *A. Weber*, Rechtsfragen der Durchführung des Gemeinschaftsrechts in der Bundesrepublik, 1987, S. 60 ff.
[408] *EuGH*, Rs. 142/87, EuGHE 1990, I-959 = EuZW 1990, 224, 226; *EuGH*, Rs. 94/87, EuGHE 1989, 175 = EuZW 1990, 387; *EuGH*, Rs. C-5/89, EuGHE 1990, I-3437 = NVwZ 1990, 1161; s. auch *EuGH*, Rs. C-119/05, DVBl 2007, 1167, 1169; um Präzisierung bemüht *Nettesheim* GS Grabitz, 1995, S. 447, 459 f.
[409] *EuGH*, Rs. C-5/89, EuGHE 1990, I-3453 = NVwZ 1990, 1161.
[410] *EuGH*, Rs. C-5/89, EuGHE 1990, I-3453 = NVwZ 1990, 1161.
[411] *BVerwGE* 92, 81, 83 ff.; dem folgend *BVerwG* NVwZ 1995, 705, 706; *VGH München* BayVBl 2003, 152; entsprechend bereits *OVG Münster* NVwZ 1993, 79, 80 f.

173 Der *EuGH* hat in seinem Alcan II-Urteil (s. auch Rn. 239, § 49 a Rn. 71) ferner angenommen, dass ein Verstoß gegen **Treu und Glauben** (s. allgemein zu dieser Möglichkeit Rn. 94, 110, auch 137) bei Nichteinhaltung des Verfahrens nach Art. 88 EG regelmäßig mangels schutzwürdigen Vertrauens unbeachtlich ist.[412] Zum Meinungsstand im Schrifttum vgl. Rn. 19 ff.

3. Ausgleichsansprüche

174 Die mit dem Änderungsgesetz vom 2. 5. 1996 (BGBl I 656) **aufgehobenen Sätze 5–8** regelten Ausgleichsansprüche, die sich heute in ähnlicher Form in der allgemeineren Bestimmung des **neuen § 49 a** finden.

V. Rücknahme anderer begünstigender VAe (Abs. 3)

1. Anwendungsbereich

175 Auch für die Fälle des Abs. 3 gelten die **allgemeinen Regeln des Abs. 1 S. 1** (Rn. 28 ff.) **und S. 2** (Rn. 110 ff.). Dabei sind in Abs. 1 S. 1 die Voraussetzungen der Rücknahme abschließend normiert; Abs. 3 fügt keine zusätzlichen Anforderungen hinzu, sondern ist lediglich Voraussetzung für den öffentlich-rechtlichen Ausgleichsanspruch.[413] **Abs. 3** löst sich damit von der früheren Auffassung.[414]

176 Abs. 3 gilt für **alle begünstigenden VAe, die nicht unter Abs. 2** (zu Abs. 2 s. Rn. 127 ff.) **fallen,** z. B. für Sondernutzungserlaubnis;[415] Genehmigung der Straßenbaubehörde;[416] Einbürgerung (trotz Art. 16 Abs. 1 GG);[417] Mitteilung, dass die Probezeit nach § 11 S. 4 BLVO als geleistet gilt;[418] Einberufungsbescheid; Zurückstellung vom Wehrdienst; Zulassung eines Schülers zu einer Ausbildungsstufe;[419] Asylanerkennung; Bodenverkehrsgenehmigung (Rn. 9, 93); Baugenehmigung;[420] Freigabeerklärung für der Treuhandverwaltung unterliegende Konten;[421] Verfügung der Rückgabe von Grundstücken und Feststellung der Berechtigtenstellung nach VermG;[422] auch für VAe, die eine **unteilbare Sachleistung** gewähren (Rn. 130). Zum nichtigen VA s. Rn. 57. Zur Möglichkeit einer analogen Anwendung im Rahmen des § 60 Abs. 1 S. 2 *Kokott* VerwArch 1992, 503, 511 ff. m. w. N.; § 60 Rn. 30.

177 Die VAe nach Abs. 3 sind nach Abs. 1 S. 1 ganz oder teilweise (Rn. 100 ff.) rücknehmbar **ohne Abwägung des Vertrauens mit dem öffentlichen Interesse** an der Rücknahme.[423] Dies bedeutet nicht, dass bei der Ermessensentscheidung nach Abs. 1 S. 1 – wie bei jeder Ermessensentscheidung – nicht alle wesentlichen Gesichtspunkte, also u. U. auch solche des Vertrauensschutzes, eingebracht werden müssten.[424] Das Ermessen nach Abs. 1 S. 1 (dazu Rn. 77 ff.)

---

[412] *EuGH*, Rs. C-24/95, EuGHE 1997, I-1607, 39 ff., 43 = NJW 1998, 47 Rn. 21 ff., auf Vorlage des *BVerwG* NVwZ 1995, 703, 706 f.; *EuG*, Rs. C-249/96, EuGHE 1997, II-381 = NVwZ 1998, 491 Rn. 27 ff.
[413] *OVG Münster* 1. 8. 1985 – 7 A 2694/84.
[414] S. z. B. *BVerwG* VerwRspr 1974 Nr. 34, für Feststellung der Staatsangehörigkeit; zur Kritik s. Rn. 111 ff., allgemeiner auch Rn. 17.
[415] *VG Weimar* ThürVBl 1994, 240, 241.
[416] *VGH Kassel* ESVGH 42, 235 LS.
[417] Jedenfalls für Fälle der Erschleichung, s. *BVerfGE* 116, 24, 51 ff. = *BVerfG* NVwZ 2006, 807 ff. m. w. N.; *BVerwGE* 118, 216, 222; 119, 17, 22 f.; lapidar *OVG Lüneburg* NJW 2005, 524; s. auch *Mehde* Jura 2007, 440 ff.; zum Wegfall der durch Geburt erworbenen deutschen Staatsangehörigkeit des Kindes nach Rücknahme der dafür maßgeblichen Aufenthaltsberechtigung von Eltern *BVerwG* NVwZ 2007, 470 f.; *Becker* NVwZ 2006, 304 ff.; zuletzt *BVerfG (K)* NJW 2007, 425 ff., zu den Konsequenzen der gerichtlichen Feststellung des Nichtbestehens der Vaterschaft.
[418] *OVG Bremen* NVwZ-RR 1995, 457 LS.
[419] *VGH Mannheim* NJW 1980, 1597, 1598; *VG Meiningen* ThürVBl 1994, 162, 163.
[420] *OVG Bautzen* LKV 2002, 417; *OVG Bremen* NordÖR 2004, 160; *OVG Münster* NWVBl 2005, 71, 73; *Lieder* ThürVBl 2004, 53, 59.
[421] *BVerwGE* 92, 196, 202.
[422] *BVerwGE* 110, 226, 234 = NJW 2000, 1512; *BVerwG* NVwZ-RR 1001, 198, 199.
[423] *BVerwGE* 91, 57, 58 = NVwZ 1993, 1107 LS; *OVG Münster* DVBl 1980, 885, 887; *VGH München* NVwZ 1992, 992, 993; *OVG Greifswald* LKV 1995, 254, 255 = NVwZ 1995, 926 LS; *OVG Berlin* LKV 2000, 458, 459; anders *VGH Mannheim* VBlBW 1985, 425; *VG Karlsruhe* NJW 1994, 1977, 1979; *Kopp/Ramsauer*, § 48 Rn. 133, 136.
[424] *BVerwG* NVwZ-RR 2001, 198, 199; *OVG Bremen* NordÖR 2004, 160; *OVG Münster* NWVBl 2005, 71, 73; *VG München* BayVBl 2001, 249, 250; ausf. *Blanke*, Vertrauensschutz im deutschen und europäischen

wird lediglich nicht durch einen Vertrauensschutz, etwa nach Abs. 2 S. 1, von vornherein eingeschränkt.[425]

Aufbau und Entstehungsgeschichte der Norm zeigen, dass zwischen Abs. 2 und Abs. 3 hin- **178** sichtlich des Bestandsschutzes unterschieden werden sollte, dass vor allem in den Fällen des Abs. 3 der **Vertrauensschutz** (Rn. 28ff.) **nicht mehr als Hinderungsgrund** für eine Rücknahme gelten sollte (Rn. 17),[426] ja dass dies in den Fällen des Abs. 2 nur deshalb anders geregelt worden ist, weil es zu einer unnötigen mehrmaligen Geldverschiebung anstelle einer „Aufrechnung" geführt hätte (Rn. 114).

Nicht nur in den veröffentlichten Entwürfen, sondern auch in den Stellungnahmen der ange- **179** hörten Stellen wurde das Problem **Vertrauensschutz durch Bestandsschutz**[427] **oder durch Vermögensschutz** als zentrale Frage des § 48 behandelt. Die Gesetzeslösung entspricht vielfachen Überlegungen in der Literatur, die die frühere Lösung des „alles oder nichts" für unbefriedigend hielt.[428] Diesem Willen des Gesetzgebers, der seinen Niederschlag auch im Gesetzesaufbau gefunden hat, kann nicht mit allgemeinen Ausführungen über den mangelnden Bindungswert der Entstehungsgeschichte von Gesetzen begegnet werden[429] (s. ferner § 46 Rn. 12).

An eine Korrektur der Gesetzesentscheidung gegen die Entstehungsgeschichte wäre nur zu **180** denken, wenn der Vorwurf, der bloße Vermögensschutz werde dem **Vertrauensschutz in seinem verfassungsrechtlichen Kern** (Rn. 28ff.) nicht gerecht, **für den Regelfall** nachgewiesen wäre. Dieser Nachweis fehlt nicht nur bisher,[430] sondern das *BVerfG*[431] erkennt §§ 48, 49 als verfassungsgemäße Konkretisierung des grundgesetzlichen Vertrauensschutzes an (s. noch Rn. 183).

Daher ist der Vertrauensschutz **nicht** allgemein oder regelmäßig über den **Verhältnismäßig-** **181** **keitsgrundsatz als Hinderungsgrund** für die Rücknahme in die Ermessensüberlegungen nach Abs. 1 S. 1 hineinzulesen (s. aber Rn. 182f.).[432]

Die vorstehenden Erwägungen können aber nur so weit gelten, wie die Tatbestandsmerkmale **182** des Abs. 3 das allgemeine Gebot der Verhältnismäßigkeit verdrängen können. Dies ist im Grundsatz anzunehmen. Die **Grenze verfassungsrechtlicher Zulässigkeit** einer Rücknahme kann allerdings **im Ausnahmefall** dann überschritten sein, wenn dem Betroffenen durch die Rücknahme zwar kein materieller Schaden erwüchse, er aber dadurch einen **immateriellen Schaden** erlitte, vor dem ihn der Bestand des VA geschützt hätte (s. auch Rn. 88). Dieser Schaden könnte ihm über Abs. 3 nicht ersetzt werden, so dass er keinen Vertrauensschutz erhielte.

Eine Rücknahme würde in diesem Fall die **Grenzen des Ermessens überschreiten**.[433] **183** Dem entspricht die Aussage des *BVerfG*, dass nach dem Grundsatz des Vertrauensschutzes „*in jedem Fall* das Vertrauen des Begünstigten auf den Bestand des Verwaltungsakts gegenüber dem

---

Verwaltungsrecht, 2000, S. 178 ff., 188 ff.; ferner etwa *Rothfuchs* LKV 2006, 454, 456; abl. *Bullinger* JZ 1999, 905, 906 f.

[425] Ebenso OVG Berlin LKV 2000, 458, 459 m. w. N.; OVG Hamburg NordÖR 2002, 165, 167.
[426] *BVerwG* GewArch 1987, 274; OVG Münster DVBl 1980, 885, 887; VGH Kassel NVwZ-RR 1993, 348, 350.
[427] Terminologisch problematisch *BVerfGE* 101, 1, 45 = NJW 1999, 3253, wonach trotz der Nichtigerklärung der HennenhaltungsVO im Rahmen des § 79 Abs. 2 BVerfGG (§ 51 Rn. 102 f.) unanfechtbar genehmigte Käfiganlagen „in ihrem Bestand geschützt" werden; den dort gemachten Vorbehalt zugunsten „den Bestandsschutz begrenzender gesetzlicher Vorschriften" füllt insbes. § 48 Abs. 3 aus.
[428] S. Zusammenstellung bei *Ossenbühl*, Die Rücknahme fehlerhafter begünstigender Verwaltungsakte, 2. Aufl. 1965, S. 164.
[429] Vgl. *Göldner* DÖV 1979, 809.
[430] Zustimmend *Göldner* DÖV 1979, 810; *Merten* NJW 1983, 1993, 1998; s. auch *Lange* WiVerw 1979, 15, 26 zu § 49 Abs. 5; *Maurer* in FS Boorberg Verlag, 1977, S. 223, 249 ff.; keine durchgreifenden Bedenken auch bei *Blanke*, Vertrauensschutz im deutschen und europäischen Verwaltungsrecht, 2000, S. 181 ff. m. w. N.
[431] *BVerfGE* 59, 128, 166 f.; *BVerfGE* 105, 48, 58, lässt erkennen, dass die Regelungen des SGB X über das grundgesetzlich gebotene Maß hinausgehen.
[432] Wie hier *BVerwG* GewArch 1987, 274; VGH Mannheim NJW 1980, 2597, 2598; OVG Münster DVBl 1980, 885 ff.; *Meyer* in Knack, § 48 Rn. 48; *Ruffert* in Erichsen/Ehlers, § 23 Rn. 32 f. m. w. N.; a. A. *Scheerbarth* DVBl 1966, 780 gegen Musterentwurf; *Häberle* in FS Boorberg Verlag, 1977, S. 88; *Lange* WiVerw. 1979, 15, 17 f.; *Meyer/Borgs*, § 48 Rn. 50, 63; *Kopp/Ramsauer*, § 48 Rn. 136; offen *BVerwG* NJW 1981, 67.
[433] Ähnlich *Maurer* in FS Boorberg Verlag, 1977, S. 223, 236 ff.; 249 ff.; *Wendt* JA 1980, 90; *Pietzcker* NJW 1981, 2087, 2092; *Schenke* DÖV 1983, 322 f.; *v. Danwitz* Jura 1994, 281, 285 f.; kritisch *Göldner* DÖV 1979, 805, 809 ff., der im Verfassungsprinzip des Vertrauensschutzes nur eine „Ermessensrichtlinie" sieht, so auch *Meyer/Borgs*, § 48 Rn. 50; s. demgegenüber § 40 Rn. 83.

öffentlichen Interesse an der Rücknahme abzuwägen" sei.[434] Denn wenn es an ausgleichsfähigen Vermögensnachteilen fehlt, so dass die im Rahmen des § 48 Abs. 3 VwVfG vorgesehene Abwägung ausfällt, bleibt als Ort der notwendigen Abwägung nur die Ermessensentscheidung nach Abs. 1 Satz 1.

184 Nimmt die Behörde an, dass sie im Falle des Abs. 3 (gegen Vermögensausgleich) wegen Vertrauensschutzes grundsätzlich nicht zurücknehmen **kann**, verkennt sie den Ermessensrahmen; die Entscheidung gegen eine Rücknahme ist daher ermessensfehlerhaft.[435] Da die Behörde jedoch **nicht** zurücknehmen **muss** (Rn. 77 ff.), ist es nicht fehlerhaft, wenn sie die persönlichen Belastungen des Betroffenen in die Ermessensentscheidung einbezieht[436] und zum Anlass nimmt, in Ausübung des Ermessens von der Rücknahme ganz oder teilweise abzusehen. Für privatrechtsgestaltende VAe s. Rn. 92.

185 Bei der **Ermessensentscheidung** nach Abs. 1 S. 1 (Rn. 77 ff.) muss **maßgeblich vom öffentlichen Interesse** an der Wiederherstellung des rechtmäßigen Zustandes ausgegangen werden; dagegen dürfen grundsätzlich **keine fiskalischen Überlegungen** angestellt werden, inwieweit nach Abs. 3 auszugleichen ist. Ihre Berücksichtigung würde dem Sinn der Unterteilung der Rücknahmevoraussetzungen für begünstigende VAe nach Abs. 2 und Abs. 3 widersprechen. Sie geht gerade davon aus, dass fiskalische Interessen im Wesentlichen nur in den Fällen des Abs. 2 beachtlich sein sollen. Nach der Begründung zu § 44 Abs. 3 Entwurf 73 wird es sich in Abs. 3 „dagegen in viel größerem Umfang um Verwaltungsakte handeln, die stärker staatsbezogen sind, bei denen es also schwerer als in den Fällen des Absatzes 2 erträglich wäre, den rechtswidrigen Zustand aufrechtzuerhalten" (Rn. 112 f.).

186 Die Berücksichtigung fiskalischer Interessen wäre somit ein **Ermessensfehlgebrauch** (§ 40 Rn. 66). Haushaltsrechtliche Grundsätze der Sparsamkeit und Wirtschaftlichkeit können nicht den weiteren Bestand eines VA rechtfertigen, der aus Gründen der Gesetzmäßigkeit der Verwaltung (Rn. 28 ff.) aufgehoben werden sollte.[437]

2. Vermögensausgleich

187 **a) Begriff des Vermögensausgleichs.** Als Ausgleich für den hier nicht gewährten Bestandsschutz ist auf Antrag des durch die Rücknahme Betroffenen der **Vermögensnachteil**, den er dadurch erlitten hat, dass er auf den Bestand des VA vertraut hat, **auszugleichen**. Für den **Antrag** ist keine Form vorgeschrieben (s. Rn. 197 f.).

188 Der Anspruch des Abs. 3 ist ein verwaltungsrechtlicher, vom Verschulden der Behörde unabhängiger **Anspruch sui generis**.[438] Amtspflichtverletzungsansprüche werden grundsätzlich nicht ausgeschlossen;[439] damit ergibt sich das Problem, Voraussetzungen und Umfang des haftungsrechtlich gewährten Vertrauensschutzes mit dem nach dem VwVfG zu harmonisieren.[440] Ferner ist ein Anspruch wegen enteignungsgleichen Eingriffs, soweit noch anwendbar (Abs. 6 a. F.), nicht ausgeschlossen.

189 Ist die Rücknahme rechtmäßig, kann in ihr im Ausnahmefall eine **Enteignung** zu sehen sein; in diesem Fall kann aus der Rechtswegregelung des früheren Abs. 6 geschlossen werden, dass der Anspruch aus Enteignung und der aus Abs. 3 identisch sind.[441] **Folgenbeseitigungsansprüche** bleiben unberührt.

190 **Anspruchsberechtigt** nach Abs. 3 ist der Betroffene, also – wie beim Begünstigten des Abs. 2 (Rn. 122) – der begünstigte Adressat des zurückgenommenen VA.[442] **Anspruchsgegner**

---

[434] BVerfGE 59, 59, 128, 169 (Hervorhebung nicht im Original); BVerwGE 98, 298, 304, 313, prüft – unabhängig von Abs. 3 – den (in concreto nicht einschlägigen) Vertrauensschutz auch bei der fehlerfreien Ermessensausübung über die Rücknahme der Aufenthaltserlaubnis überhaupt; s. auch BVerfGE 116, 24, 54.
[435] S. *Stelkens* BauR 1978, 158, 164; BauR 1980, 7, 8.
[436] *VGH München* BayVBl 1980, 501, 502; *OVG Münster* 10. 9. 1992 – 10 A 294/90.
[437] So auch *Scheerbarth* DVBl 1966, 780, 782; anders *Schleicher* DÖV 1976, 550, 554; *Meyer* in Knack, § 48 Rn. 50; s. auch *Häberle* DVBl 1967, 220 ff.
[438] Allgemein dazu *Maurer* in FS Boorberg Verlag, 1977, S. 223, 247 ff.
[439] Zu Art. 34 GG, § 839 BGB *Johlen* NJW 1976, 2155; vgl. etwa BGH NJW 1988, 2884, 2885, für amtspflichtwidrig erteilten Bauvorbescheid hinsichtlich der Aufwendungen für den Erwerb von Baugelände; zur amtspflichtwidrigen Rücknahme s. BGH NVwZ 1985, 682; s. auch Rn. 46.
[440] Dazu etwa BGH NVwZ 2003, 501 m. w. N.; *Krohn* in FS Boujong, 1996, S. 573 ff., insbes. im Hinblick auf baurechtliche Genehmigungen; zum Atomrecht BGH NVwZ 1997, 714, 718 f.
[441] *Maurer* in FS Boorberg Verlag, 1977, S. 248.
[442] Entsprechend *Schäfer* in Obermayer VwVfG, § 48 Rn. 74.

ist die Körperschaft, für die die rücknehmende Behörde handelt. Die Verfassungsmäßigkeit spezieller Rücknahmevorschriften, die keinen Entschädigungsanspruch vorsehen, kann im Verhältnis zu § 48 Abs. 3 auch im Hinblick auf den Gleichheitssatz problematisch sein.[443]

b) Inhalt des Anspruchs. Der Anspruch des Abs. 3 ist auf **Geldersatz** gerichtet; eine Naturalrestitution scheidet naturgemäß aus. Zu ersetzen ist nur das dem negativen Interesse des Zivilrechts entsprechende **Vertrauensinteresse,** d. h. der Schaden, der dem Begünstigten dadurch entstanden ist, dass die Behörde falsch entschieden hat und der Begünstigte sich auf den Bestand des VA eingerichtet hat.[444] Zum entgangenen Gewinn s. § 49 Rn. 130. Nicht eingeschlossen ist der Ersatz des positiven Erfüllungs- oder Bestandsinteresses, d. h. des Vermögensnachteils gegenüber den Verhältnissen bei Fortbestand des VA (dazu noch Rn. 195). 191

Voraussetzung des Anspruchs ist weiter, dass das **Vertrauen** des Begünstigten **schutzwürdig** ist (zu Fällen nichtiger VAe s. Rn. 57). Die Abwägungsüberlegungen zu Abs. 2 S. 1 bis 3 sind auch hier anzustellen (Rn. 135 ff.), wobei zu berücksichtigen ist, dass das öffentliche Interesse nicht wie im Fall des Abs. 2 (s. Rn. 139) durch fiskalische Überlegungen geprägt wird (Rn. 185). 192

Im Rahmen des Abs. 3 S. 1 sind **keine geringeren Anforderungen an die Schutzwürdigkeit** zu stellen als z. B. nach Abs. 2 S. 2;[445] auch hier genügt es nicht schon, wenn lediglich Vermögensdispositionen getroffen worden sind, die ohne unzumutbare Nachteile rückgängig gemacht werden können. Obwohl Abs. 2 S. 2 nicht in die Verweisungsnorm des Abs. 3 S. 2 aufgenommen worden ist, liegt keine Lücke vor; wie die Entstehungsgeschichte zeigt, kam Abs. 2 S. 2 erst im Entwurf 70 hinzu, um ein Beispiel und einen Maßstab für schutzwürdiges Vertrauen zu geben. 193

Daher bestand keine Notwendigkeit, nun in jedem Fall, in dem in § 48 von Vertrauensschutz die Rede ist, den Beispielfall des Abs. 2 S. 2 zu wiederholen. Dies zeigt auch das Gesamtkonzept des § 48. Sowohl in Abs. 2 als auch in Abs. 3 geht es um die Beseitigung der Rechtswirkungen eines VA (vgl. Rn. 111 ff.). In den Fällen des Abs. 2 kann „ein vereinfachtes Aufrechnungsverfahren" stattfinden (Begründung zu § 37 Musterentwurf), in den Fällen des Abs. 3 ist wegen der Natur des angesprochenen VAe nicht möglich. Unterschiedliche Anforderungen an die Schutzwürdigkeit des Vertrauens des Betroffenen folgen daraus nicht. Durch die **„soweit"**-Regelung ist sichergestellt, dass der Vermögensnachteil nur in dem Umfang und für den zeitlichen Bereich auszugleichen ist, auf den sich die Rücknahme bezieht. 194

Begrenzt ist das Vertrauensinteresse durch das dem positiven (oder Erfüllungs-) Interesse des Zivilrechts entsprechende **Bestandsinteresse (S. 3),** das im Einzelfall geringer als das Vertrauensinteresse (Rn. 191) sein kann, s. ähnlich § 122 Abs. 1, § 179 Abs. 2 BGB. Hat der durch eine Genehmigung Begünstigte im Vertrauen hierauf weitere Vermögensdispositionen getroffen, ist bei der Rücknahme der Genehmigung der Schaden, der durch die Rückabwicklung dieser Vermögensdispositionen entsteht, nicht zu ersetzen. Amtspflichtverletzungsansprüche sind aber möglich. 195

Der *VGH München*[446] schließt auch bei schutzwürdigem Vertrauen den Ausgleichsanspruch auf Grund des in **§ 254 BGB** enthaltenen allgemeinen **Rechtsgedankens** aus, wenn in hohem Maße schuldhaft unterlassen wurde, den drohenden Schaden durch Rechtsbehelfe abzuwenden. 196

c) Festsetzung nach S. 4. Durch **Festsetzungsbescheid** wird der Anspruch dem Grund und der Höhe nach festgesetzt (S. 4). Dieser Bescheid ist seinerseits nach Abs. 2 rücknehmbar. Die Festsetzung ist – anders als im Fall der Soll-Vorschrift des Abs. 2 S. 8 a. F., vergleichbar dem neuen § 49 a Abs. 1 S. 2 (§ 49 a Rn. 35) – nicht mit der Rücknahme gekoppelt. Obgleich der Festsetzungsbescheid für den Anspruch nicht konstitutiv ist, geht Abs. 3 nicht davon aus, dass der Anspruch auch unmittelbar durch Leistungsklage geltend gemacht werden kann. Die Notwendigkeit des Antrags zeigt, dass vor Klageerhebung zunächst das **Festsetzungsverfahren** vor der Behörde durchgeführt werden soll. 197

---

[443] S. *VGH Kassel* NVwZ 1986, 57, 58.
[444] *VGH Mannheim* NVwZ-RR 1997, 582, 584; zur Berücksichtigung wirtschaftlicher Gesichtspunkte – bei einer Entschädigung nach § 21 BImSchG – OLG *Hamm* NVwZ 1990, 693, 695 f.
[445] *Johlen* NJW 1976, 2155; auch *Kopp/Ramsauer,* § 48 Rn. 139, unter Berufung auf die zu Rn. 129 geschilderte, aber nicht verallgemeinerungsfähige Judikatur; wie hier jetzt auch *Meyer* in Knack, § 48 Rn. 113.
[446] BayVBl 1996, 374, 375.

198 **d) Frist des S. 5.** S. 5 begrenzt die **Möglichkeit, den Anspruch geltend zu machen**, auf **ein Jahr**, beginnend mit dem Zeitpunkt, in dem die Mitteilung der Behörde über diese Jahresfrist dem Betroffenen zugegangen ist. Unterlässt die Behörde diese Mitteilung, kann der Anspruch unbefristet geltend gemacht werden.[447] **Schriftform** der Mitteilung ist anders als im neuen § 49a Abs. 1 S. 2 (§ 49a Rn. 39) **nicht vorgeschrieben**. Sie wird allerdings die zweckmäßige Form sein, da andernfalls der Nachweis der Mitteilung schwierig wird. Geltend gemacht wird der Anspruch durch den Antrag nach S. 1.

VI. Jahresfrist (Abs. 4)

1. Anwendungsbereich

199 Abs. 4 bestimmt für die **Rücknahme der begünstigenden VAe nach Abs. 2 – und nach Abs. 3** (s. Abs. 1 S. 2)[448] – eine Jahresfrist, deren Bedeutung lange Zeit heftig umstritten war.[449] Zur Überleitung dieser Vorschrift s. § 96 Rn. 7. Die Jahresfrist beschränkt sich auf den Regelungsbereich des § 48 Abs. 1 S. 2 und des § 49 Abs. 2 S. 2; demgegenüber sieht das *BSG* in § 45 SGB X eine grundsätzlich andersartige, gesetzlich vorgeformte Abwägung mit einem Fristensystem für alle Fallgruppen.[450] Eine Übertragung auf andere Institute wie Folgenbeseitigungsansprüche ist dogmatisch nicht zu rechtfertigen.[451] Das *BVerwG*[452] lehnt bei Unanwendbarkeit des § 48 Abs. 4 sowohl die Ableitung eines inhaltlich parallelen allgemeinen Rechtsgedankens als auch eine Analogie ab. Eine absolute, von der Kenntnis unabhängige zeitliche Schranke besteht für die Rücknahme nicht.[453]

200 Soweit **Sonderregeln** für die Rücknahme bestehen (Rn. 2 ff.), ist zu prüfen, ob sie eine **Ergänzung** durch die Jahresfrist zulassen.[454] Vielfach schließen Sonderregeln die Geltung des Abs. 4 aus, wie etwa landesstraßenrechtliche Regelungen zur Straßenqualifikation,[455] § 35 Abs. 3 KWG, § 4 Abs. 2 S. 1 ZDG,[456] Art. 2 § 1 Abs. 5 VerkehrsfinanzG 1991 i. V. mit § 11 Gasöl-BetriebsbeihilfeVO-Straßenverkehr,[457] § 1 Abs. 2 ReNotPrüfG (mit eigener Befristung);[458] § 73 AsylVfG a. F.[459] Für § 73 AsylVfG n. F. ist die Anwendbarkeit von Abs. 4 noch nicht abschließend geklärt.[460] Offengelassen wurde die Geltung der Frist auch für § 4 Akad-GradG.[461] Die lange offen gelassene Anwendbarkeit des Abs. 4 für § 47 Abs. 2 S. 1 WaffG a. F.[462] ist mit Rücksicht auf den Schutzzweck der zwingenden Widerrufsregelung abzuleh-

---

[447] Für eine Verjährung nach drei Jahren analog § 195 BGB n. F. *Kopp/Ramsauer*, § 48 Rn. 145; ebenso *Ziekow*, § 48 Rn. 42; allgemein zur Verjährung § 53 Rn. 5.
[448] Für belastende VAe gilt Abs. 4 wegen Abs. 1 S. 2 nicht, so auch *Kopp/Ramsauer*, § 48 Rn. 150.
[449] Dazu etwa *Krützmann* VBlBW 1983, 362; *Allesch* BayVBl 1984, 519; *Pieroth* NVwZ 1984, 681; *Burianek* Jura 1985, 518; *Hendler* JuS 1985, 947; *Schoch* NVwZ 1985, 880; *Weides* DÖV 1985, 91, 431; *P. Stelkens* NuR 1986, 329; *Kellermann* VBlBW 1988, 46; *Kopp* DVBl 1990, 663; *Stadie* DÖV 1992, 247.
[450] BSG NVwZ-RR 1994, 628, 629. Zur Jahresfrist des § 45 Abs. 4 S. 2 SGB X s. auch *BVerwG* DVBl 1996, 867 f. mit Anm. *Gielen* JR 1996, 317, 319 f.; auch ders. JR 1997, 9 (zu *BVerwG* ZFSH/SGB 1997, 162 ff.); kritisch zu den Auswirkungen der Sonderregelung *Schallenberg/Milke* NJ 1999, 399 ff.
[451] Vgl. *Schoch* VerwArch 1988, 1, 64 m. w. N. zu § 44 Abs. 3 SGB X.
[452] NVwZ-RR 1994, 388.
[453] Kritik daran von *Ule/Becker*, S. 59.
[454] Vgl. dazu allgemein *Steiner* VerwArch 1992, 479, 496 ff.; zum EG-Recht s. Rn. 235 ff.; für Geltung des Abs. 4 beim aufgehobenen § 18 BVFG *OVG Münster* DÖV 1992, 122; anders dann *OVG Münster* NVwZ-RR 1995, 607 f. m. w. N. und schon *VG Würzburg* NVwZ 1991, 402 f.; für Geltung der Frist für § 7 Abs. 4 S. 2 VZOG *Nolte/Fehr* VIZ 1998, 233, 234 f. *VG Berlin* DtZ 1994, 255, 256, zieht die Geltung des § 48 Abs. 4 neben § 2 Abs. 4 S. 2 WUFG jedenfalls in Betracht.
[455] *BVerwG* NVwZ 1987, 488.
[456] *BVerwG* NVwZ 1993, 693, 696.
[457] *BVerwG* NVwZ-RR 1994, 205 LS = DVBl 1994, 409, 410.
[458] *ThürEGHRA* ThürVBl 1994, 219, 220.
[459] *OVG Bautzen* SächsVBl 2003, 246 f.
[460] Dafür wohl *BVerwGE* 112, 80, 91; offen lassend *BVerwGE* 118, 174, 179; *BVerwG* NVwZ 2006, 707, 711; 1420; NVwZ 2007, 1088, 1091; abl. *OVG Bautzen* SächsVBl 2003, 246 f.; für Unanwendbarkeit bei Widerruf der Anerkennung innerhalb der Drei-Jahres-Frist *BVerwG* NVwZ 2007, 1330 f.
[461] *BVerwG* NJW 1988, 2911, 2912; *BVerwG* DVBl 1993, 67 LS (für eine Frage des nicht revisiblen Landesrechts).
[462] *BVerwGE* 84, 17, 21 f.; *BVerwG* NVwZ-RR 1990, 604, 605; *BVerwGE* 98, 245, 254.

nen.⁴⁶³ Ob § 15 Abs. 2 GastG die Frist des § 48 Abs. 4 ausschließt, ist fraglich.⁴⁶⁴ Die Geltung für das Sicherheits- und Ordnungsrecht wird zum Teil allgemein angezweifelt;⁴⁶⁵ s. auch Rn. 203 f.

Zeitlich unbeschränkt rücknehmbar sind begünstigende VAe, die unter den Voraussetzungen des Abs. 2 S. 3 Nr. 1 (s. Abs. 4 S. 2) zustande gekommen sind (s. Rn. 209). S. auch BVerwG DVBl 1981, 639, für VAe, die keine endgültige Grundlage für das Behaltendürfen bewilligter Beträge bieten. Soweit diese Frage durch einen **Vorbehalt endgültiger Überprüfung** in dem VA geregelt ist, scheidet mit der Rücknahme eines solchen vorläufigen VA (Rn. 38, § 43 Rn. 37 ff.) auch die Anwendung des Abs. 4 aus.⁴⁶⁶ Doch bleibt Abs. 4 anwendbar, soweit der Vorbehalt nicht eingreift oder der VA durch eine endgültige Regelung ersetzt worden ist.⁴⁶⁷ 201

Rechtssicherheit und Rechtsklarheit als rechtsstaatliche Anliegen objektiver Natur sind nur bedingt Grund für diese Regelung.⁴⁶⁸ Sie ist in erster Linie – genauso wie Abs. 2 und 3 und über sie in gleicher Richtung hinausgehend – im **Vertrauensschutzinteresse des Betroffenen** geschaffen worden,⁴⁶⁹ der (unter den zu Rn. 218 ff. genannten Bedingungen) zeitlich unbeschränkt mit einer Rücknahme rechnen müssen soll. Die Behörde soll sich nach Bekanntwerden relevanter, auf den Einzelfall bezogener Tatsachen in angemessener Frist entscheiden müssen, ob sie den VA aufheben will. Zugunsten öffentlicher Rechtsträger ist die Jahresfrist wegen dieser Zielsetzung (allg. Rn. 137) nicht anwendbar.⁴⁷⁰ 202

Das **zeitlich unbeschränkte Rücknahmerecht** bleibt aber – wie vor dem Erlass des VwVfG⁴⁷¹ – **die Regel**.⁴⁷² Abs. 4 ist die **Ausnahme**. Für den Regelfall wird das Vertrauen des Bürgers (nur) durch Abs. 2 und 3 geschützt. Die verstrichene Zeit allein ist dann nur ein Beurteilungsfaktor unter anderen (Begründung zu § 44 Abs. 4 Entwurf 73), der allerdings vor allem bei längeren Zeiträumen im Hinblick zumal auf Verschlechterungen der Beweissituation besonderes Gewicht erlangen kann.⁴⁷³ Für das SGB X wird die Rücknehmbarkeit ex tunc spätestens nach 30 Jahren als ausgeschlossen angesehen.⁴⁷⁴ 203

Im Einzelfall ist auch die Verwirkung des Rücknahmerechts möglich (Rn. 94); nach Auffassung des BVerwG⁴⁷⁵ ist damit rechtsstaatlichen Anforderungen hinreichend Rechnung getragen. Daneben besteht die Möglichkeit eines verfassungsunmittelbar begründeten Vertrauensschutzes.⁴⁷⁶ Ob die Jahresfrist bei **spezialgesetzlichen Rücknahmeregeln** anwendbar ist, bestimmt sich danach, ob diese Regeln abschließend sind (Rn. 200). Ein unabweisbares Bedürfnis für die Frist des Abs. 4 besteht bei einem Vertrauensschutz im früheren Umfang (Rn. 28 ff.) grundsätzlich nicht. 204

Die Jahresfrist ist eine **Ausschlussfrist** (§ 31 Rn. 8 f.), die von der Behörde **nicht verlängert** werden darf (s. aber Rn. 229 ff.). **Wiedereinsetzung** in den vorigen Stand ist nicht möglich (§ 32 Rn. 9). Hat die Behörde innerhalb der Jahresfrist die Rücknahme ausgesprochen, unterliegt dieser VA der **Anfechtung**. Wird er angefochten und möchte die Behörde **Gründe nachschieben**, ist dies (nur) unter den allgemeinen Voraussetzungen (s. § 45 Rn. 45 ff.) möglich. Die Jahresfrist hindert das Nachschieben nicht. 205

Wird der Rücknahmebescheid im Zuge der Anfechtung u. U. aus formellen Gründen aufgehoben, kann innerhalb der (ursprünglichen) **Jahresfrist** eine erneute Rücknahme erfolgen. Die 206

---

⁴⁶³ BVerwGE 101, 24, 34 m. w. N. Zur Neuregelung des § 45 Abs. 2 Satz 1 WaffG entsprechend VGH Mannheim NJOZ 2006, 52, 56.
⁴⁶⁴ Dafür VGH Mannheim, GewArch 1987, 132; Michel/Kienzle/Pauly, GastG, § 15 Rn. 18 m. w. N.
⁴⁶⁵ VGH München BayVBl 1992, 83, 85.
⁴⁶⁶ S. BVerwGE 67, 99, 104 = NJW 1983, 2043, mit Anm. Osterloh JuS 1984, 307.
⁴⁶⁷ VG Köln NVwZ 1984, 537, 538.
⁴⁶⁸ So aber BVerwG Buchholz 316 § 48 VwVfG Nr. 38; zu den Fristen der § 45 Abs. 4 S. 2, § 48 Abs. 4 S. 1 SGB X BSGE 65, 221, 223 ff.; 66, 204, 209; BSG DVBl 1994, 1247, 1248.
⁴⁶⁹ So BVerwG DÖV 1985, 737; tendenziell auch BVerwG LKV 2006, 558, 560; VGH Mannheim NVwZ 1984, 382; Bieback SGB 1995, 141.
⁴⁷⁰ So vorsichtig BVerwG LKV 2006, 558, 560; anders VG Köln NVwZ 1984, 537, 538 und 6. Aufl.
⁴⁷¹ Dazu Schröder JuS 1970, 615, 617.
⁴⁷² BVerwG NVwZ 1987, 488; VG Köln NVwZ 1984, 537, 538; Busch DVBl 1982, 1002 f.; Stelkens NuR 1986, 329 f.
⁴⁷³ S. Rn. 33, 145; auch BVerwG Buchholz 427.3 § 335 a LAG Nr. 57.
⁴⁷⁴ So BSG NVwZ-RR 1994, 628, 630.
⁴⁷⁵ NVwZ-RR 1994, 388.
⁴⁷⁶ BVerwG Buchholz 451.55 Subventionsrecht Nr. 80 S. 37; BVerwG DVBl 1994, 409, 410.

Frist wird durch die **Anfechtung gehemmt;** erst mit der Aufhebung des Rücknahmebescheides läuft die Frist weiter.[477] Wie § 50 zeigt, greifen nach der Anfechtung Vertrauenstatbestände, insbes. auch Abs. 4, nicht durch. Nach Auffassung des *BVerwG*[478] soll nach Beseitigung eines ersten Rücknahmebescheides sogar eine neue Jahresfrist laufen, wobei die Begründung offen bleibt.[479] Der fristgerechte **Erlass** eines sonst **fehlerhaften Rücknahmebescheides** als solcher führt **weder zur Hemmung** des Fristablaufs noch zum Neubeginn der Frist.[480]

207 Die Rücknahme ist nur innerhalb eines Jahres seit der Kenntnisnahme der Behörde von Tatsachen, die die Rücknahme rechtfertigen (Rn. 221 ff.), zulässig. Die Frist berechnet sich also **nicht vom Erlass des VA** an; anders ausdrücklich für VAe mit Dauerwirkung bei einer Zweijahresfrist § 45 Abs. 3 SGB X.[481] S. noch Rn. 231.

208 Waren der Behörde schon vor Erlass des VA die entsprechenden Tatsachen bekannt, beginnt die Frist gleichwohl **nicht vor dem Erlass.**[482] Dies gilt auch für den Neuerlass eines weiteren KettenVA. Diese sind vollwertige VAe, die einen selbständigen Anknüpfungspunkt für den Vertrauensschutz bilden. Anders ist es, wenn im neuen Verfahren keine selbständige Überprüfung des Sachverhaltes stattfindet, sondern sich die Entscheidung in einer Änderung der zeitlichen Rechtswirkungen des VA erschöpft. Hier bleibt der erste VA (in Gestalt der Änderung) bestehen, ist damit auch für die Jahresfrist maßgebend.

209 Abs. 4 S. 2 erweckt den Eindruck, nur im Fall des **Abs. 2 S. 3 Nr. 1,** also nur bei einem GeldleistungsVA, sei eine zeitlich unbeschränkte Rücknahme bei **arglistiger Täuschung, Drohung** oder **Bestechung** möglich; dennoch gilt dies **auch für** die VAe des **Abs. 3.**[483] Wie Abs. 3 S. 2 zeigt, soll nämlich bei beiden Fallgruppen unter den Voraussetzungen des Abs. 2 S. 3 Nr. 1 der Vertrauensschutz gleichermaßen entfallen. Nach der abweichenden Regelung des § 45 Abs. 4 S. 2 SGB X[484] ist allerdings die Frist sogar bei arglistiger Täuschung zu beachten. Auch für diesen Fall lässt das *BSG*[485] den Ausschluss jeder Rücknahme ex tunc nach 30 Jahren durchgreifen, schließt aber die Weitergewähr von Leistungen für die Zukunft analog § 853 BGB aus.

210 Bestehen mehrere Gründe für je teilweise Rücknahmeentscheidungen, läuft für jeden Rücknahmegrund eine **gesonderte Jahresfrist.**[486]

2. Kenntnis der Behörde

211 **a) Begriff der Kenntnis.** Abs. 4 verlangt Kenntnis der Behörde. Die Begriffe „Kenntnis" und „Kenntnisnahme" stehen im auffälligen Kontrast zur Formulierung des Abs. 2 S. 3 Nr. 3. Das dort (zum Teil) einbezogene **Kennenmüssen** genügt daher im Rahmen des Abs. 4 nicht.[487] **Für Kenntnis** fordert das *BSG*[488] (im Anschluss an die Judikatur von *RG* und *BGH* zu § 407 BGB) **hinreichend sichere Information;** diese soll vorliegen, wenn die Behörde von der Richtigkeit und Vollständigkeit der Information (subjektiv) überzeugt ist oder wenn

---

[477] *OVG Lüneburg* NVwZ 1985, 120, 122; *OVG Münster* NWVBl 1994, 390 gegen *BSGE* 65, 221.
[478] NVwZ 1988, 822; ebenso bei Aufhebung wegen Ermessensfehlers *VGH Mannheim* NVwZ-RR 2001, 6 ff. m. w. N. zur unterschiedlichen Behandlung bei § 45 Abs. 4 S. 2 SGB X.
[479] Für Unterbrechung nach § 53 a. F. i. V. m. § 212 BGB a. F. *OVG Lüneburg* als Vorinstanz; alternativ möglich: fehlende „Kenntnis" aller Rücknahmevoraussetzungen (Rn. 221 ff.).
[480] So im Anschluss an *BSGE* 65, 221; 66, 204 *BVerwGE* 100, 199, 204 ff. = NVwZ 1996, 1217 mit Anm. *Osterloh* JuS 1997, 379 f.; ebenso *BVerwG* NWVBl 1997, 295; die unmittelbar auf § 45 Abs. 4 S. 2 SGB X bezogenen Erwägungen treffen auch auf § 48 Abs. 4 zu; vgl. auch *Neumann* NVwZ 2000, 1244, 1252 f.; gegen die Übertragbarkeit *VGH Mannheim* NVwZ 2001, 6, 7 f.
[481] Krit. zur Unterschiedlichkeit *Merten* NJW 1983, 1993, 1997. *BVerwGE* 66, 61, ist überholt.
[482] *VGH Mannheim* VBlBW 1981, 293; *VG Köln* NVwZ 1984, 537, 539; s. auch *OVG Schleswig* NordÖR 2005, 65, 66; *VG Gera* ThürVBl 1998, 259, 260.
[483] Vgl. *BVerwGE* 98, 298, 312 = NJW 1995, 1119; ganz selbstverständlich auch *BVerwGE* 118, 216, 222; 119, 17, 22 f.; 123, 190, 202 f.; *OVG Münster* NWVBl 2005, 71, 75; von Analogie zu Abs. 2 spricht *BVerfGE* 116, 24, 54 = NVwZ 2006, 807, 811 f., im Rahmen von Abs. 1 S.; s. auch Rn. 183.
[484] S. *BSG* DVBl 1990, 217, 218.
[485] NVwZ-RR 1994, 628, 630 f.
[486] *VGH München* NVwZ-RR 1992, 452, 453; *OVG Frankfurt/Oder* NVwZ-RR 2002, 479, 483.
[487] *BVerwGE* 70, 356, 362, 364 = NJW 1985, 819; *OVG Koblenz* DVBl 1982, 219, 222; *VGH Mannheim* NVwZ 1998, 87, 90; *VG Köln* NVwZ 1984, 537, 538; im Rahmen des § 173 Abs. 1 AO entsprechend *BFHE* 182, 2, 4 f. = NJW 1997, 3046; a. A. *Meyer* in Knack, § 48 Rn. 83; *Dommach* DÖV 1981, 125; *Stadie* DÖV 1992, 247, 251 f. m. w. N.
[488] *BSG* DVBl 1994, 1247, 1248 m. w. N.

(objektiv) ein Sicherheitsgrad erreicht ist, der vernünftige, nach den Erfahrungen des Lebens objektiv gerechtfertigte Zweifel schweigen lässt. Das *BVerwG*[489] nimmt Kenntniserlangung mit der Feststellung der die Rücknahme rechtfertigenden Tatsachen an; diese soll erst erfolgen, wenn die Tatsachen vollständig, uneingeschränkt und zweifelsfrei ermittelt sind.

b) Begriff der Behörde. Mindestforderins ist die Kenntnis der jeweiligen Verwaltungsbehörde (§ 1 Rn. 240 ff.) als solcher; die Kenntnis anderer in einen Vorgang involvierter Behörden kommt als solche **nicht** in Betracht.[490] Macht sich die zuständige Behörde die Ergebnisse einer mit Nachprüfungen betrauten **anderen Behörde** zu eigen, erlangt sie selbst spätestens in diesem Zeitpunkt Kenntnis von den der prüfenden Behörde bekannt gewordenen Tatsachen.[491] Hat eine andere Behörde maßgeblich an der Aufhebung des VA mitzuwirken, muss (auch) diese Kenntnis haben.[492] 212

Einschränkend ist Kenntnis der Behörde im Sinn der Regelung des § 48 Abs. 4 mit der inzwischen gefestigten Rspr. nur dann anzunehmen, wenn die **Stelle innerhalb einer Behörde** die Kenntnis erlangt, die über die Rücknahme des VA zu entscheiden hat.[493] Dabei ist auf die maßgebliche Organisationseinheit (s. auch Rn. 215), nicht auf den befassten Sachbearbeiter abzustellen.[494] Dementsprechend ist unabhängig von der Kenntnis des jeweiligen Bearbeiters der Inhalt der präsenten Akten der berufenen innerbehördlichen Stelle als der Behörde bekannt anzusehen.[495] 213

Der auf den Wortlaut abstellenden **Kritik** ist **entgegenzuhalten,** dass eine „Behörde" i. S. d. § 1 Abs. 4 als solche zu keiner „Kenntnis" fähig ist, sondern diese nur durch menschliche Kenntnis vermittelt erhalten kann. Insoweit lässt sich das hiesige Ergebnis auf der Grundlage der Rspr. des *BGH* zu § 852 Abs. 1 BGB[496] zum sog. **Wissensvertreter** einer Körperschaft in Anlehnung an den Rechtsgedanken des § 166 BGB rechtfertigen. Hiernach kann das Wissen eines „Wissensvertreters" dem Rechtsträger nur zugerechnet werden, wenn der Rechtsträger den Wissensvertreter mit der Erledigung bestimmter Angelegenheiten in eigener Verantwortung betraut hat, d. h., wenn diesem in der konkreten Angelegenheit **Sachzuständigkeit und Eigenverantwortlichkeit** übertragen sind. Nur wenn diese Stelle Kenntnis hat, kann der Betroffene darauf vertrauen, dass nach Ablauf der Frist der VA Bestand haben wird. 214

Es genügt also nicht, dass ein **behördenintern unzuständiger Beamter** Kenntnis erlangt hat, auch wenn er nach Stellung und Rangstufe zu einer Entscheidung wie der der Rücknahme befugt wäre. Ähnlich stellt der *BFH*[497] (zu § 173 Abs. 1 AO) auf den verwaltungsinternen Organisationsplan ab. Nicht ausreichend für den Lauf der Frist ist etwa die Kenntnis von Beamten des Ordnungsamtes einer Behörde, wenn nur das Bauaufsichtsamt behördenintern zur Rücknahme zuständig wäre. Entsprechendes gilt für das Wissen eines Sachbearbeiters des nicht mit dem Verkauf befassten Bauaufsichtsamtes von einem Mangel des Grundstücks.[498] Die Zurechnung muss allerdings nicht an behördeninternen Abteilungsgrenzen Halt machen, wenn die 215

---

[489] *BVerwGE* 70, 356, 364 f. = NJW 1985, 819; dem folgend *VGH München* NVwZ-RR 1992, 451, 452.
[490] So für § 852 BGB (Rn. 214) *BGHZ* 134, 343, 347 = NJW 1997, 1584.
[491] *VGH München* BayVBl 2000, 248.
[492] *VGH München* BayVBl 2003, 153, 154.
[493] *Großer Senat des BVerwG* BVerwGE 70, 356, 364 = NJW 1985, 819; auch *BSGE* 63, 224, 228 f. m. w. N.; *BSG* DVBl 1994, 1247, 1248; *VGH Kassel* NVwZ-RR 1994, 483, 484; *VG Köln* NVwZ 1984, 537, 538; *Allesch* BayVBl 1984, 519, 522; *Buñanek* Jura 1985, 518 f.; *Hendler* JuS 1985, 947, 949; a. A. *OVG Berlin* DVBl 1983, 354, 355; *Pieroth* NVwZ 1984, 684; *Schoch* NVwZ 1985, 880, 884 f.; diff. *Stadie* DÖV 1992, 247, 251 f.; nicht eindeutig *BSG* DÖV 1989, 355, 356.
[494] Vgl. etwa *OVG Berlin* NVwZ-RR 1999, 9, 11, für das zuständige Bauaufsichtsamt; auf Amtswalter abstellend aber *BVerwGE* 112, 360, 363 f. = NJW 2001, 1440 m. Anm. *Brodersen* JuS 2001, 825; wohl auch *VGH Mannheim* NVwZ 1998, 87, 89; *OVG Magdeburg* LKV 2000, 545, 546; *OVG Münster* NVwZ-RR 2001, 568, 569; *OVG Frankfurt/Oder* NVwZ-RR 2002, 479, 483.
[495] *BFHE* 185, 568, 570 = NJW 1998, 3295 f. m. w. N.
[496] NJW 1986, 2315, 2316 m. w. N.; *BGHZ* 134, 343, 347 = NJW 1997, 1584 m. w. N.; dazu auch *Schultz* NJW 1990, 477 ff.; zur weitergehenden Zurechnung von (Organ-)Vertreterwissen im Bereich rechtsgeschäftlicher Kontakte s. etwa *BGHZ* 117, 104, 106 ff. (zum arglistigen Verschweigen nach § 463 BGB); dazu wieder *BGH* NJW 1995, 2159, 2160 f.; NJW 1996, 1205 f.; sowie die zu Rn. 164 zitierte Judikatur. Zur Problematik allgemein etwa *Beuthien* NJW 1999, 3585 ff.; *Baum*, Die Wissenszurechnung, 1999; für die Gemeinden *Kohler-Gehrig* VBlBW 1998, 212.
[497] *BFHE* 143, 520 = NVwZ 1986, 597; *BFH* NVwZ 1998, 1335; NVwZ 1999, 333, 334 m. w. N.
[498] *BGHZ* 117, 104, 107.

Mitarbeiter mehrerer Bereiche auf eng zusammenhängenden Arbeitsgebieten tätig sind.[499] Die weitergehende Gegenmeinung ist in einer großen Behörde nicht mehr praktikabel, zum Teil auch nicht rechtmäßig durchführbar, soweit Tatsachen behördenintern nicht weitergereicht werden dürfen (z. B. wegen § 5 BDSG, § 30 VwVfG, § 30 AO, § 35 SGB-AT). Anders zu beurteilen ist das Handeln einer intern unzuständigen Stelle für die Frage der Anfechtbarkeit, s. § 44 Rn. 172 f.

216 Aus denselben Gründen ist die Kenntnis der **Aufsichtsbehörde** nicht ausreichend. Intern unzuständigen Stellen gleichzustellen sind an sich zuständige Beamte, die aber, insbes. wegen Mitwirkung an dem rechtswidrigen VA, nach § 21 **befangen** oder nach § 20 ausgeschlossen sind. Zu erwägen ist, ob die Grundsätze des *BFH*[500] zu § 173 Abs. 1 Nr. 1 AO übertragen werden können. Danach ist der mangelnde Kenntnisstand des zuständigen Bearbeiters der Kenntnis gleichzusetzen, wenn er auf einen Organisationsmangel oder auf tatsächliche Fehler im Verwaltungsablauf zurückzuführen ist. Die Interessenlage beider Vorschriften ist insoweit gleich.[501]

217 Entscheidend ist die Kenntnis der Behörde, die **für die Rücknahme zuständig** ist. Kenntnis der (von dieser verschiedenen) Behörde, die außerhalb ihrer sachlichen Zuständigkeit den VA erlassen hat (Rn. 259), genügt für den Lauf der Frist nicht;[502] s. aber zur Verwirkung Rn. 110. Andererseits ist die Kenntnis der zuständigen Behörde ausreichend; der Lauf der Jahresfrist wird **nicht** dadurch gehemmt, dass sie interne **Weisungen** ihrer vorgesetzten Behörden **abwartet**.[503]

3. Rücknahmerechtfertigende Tatsachen

218 Besondere Schwierigkeiten sind mit der Auslegung des Merkmals „**Tatsachen …, welche die Rücknahme eines rechtswidrigen Verwaltungsaktes rechtfertigen**", verbunden. Die früheren Auseinandersetzungen um diese Frage (vgl. 2. Aufl. Rn. 50, 52 a) haben zu Vorlagen des *2.* und des *6. Senats des Bundesverwaltungsgerichts* geführt, die von der Rechtsauffassung des *8. Senats*[504] abweichen wollten.

219 Die daraufhin ergangene **Entscheidung des Großen Senats** des *BVerwG*[505] ist auf verbreitete, z. T. harsche Kritik gestoßen.[506]

220 Gleichwohl ist sie **für die praktische Anwendung** des § 48 Abs. 4 seither von **ausschlaggebender** Bedeutung.[507] Dabei sind wie schon in der vorherigen Diskussion zwei Aspekte zu trennen, nämlich einmal die Bestimmung des Kreises der für § 48 Abs. 4 überhaupt einschlägigen „Tatsachen" (a), zum anderen die Frage, in welchem Umfang die für den Fristablauf maßgebliche Kenntnisnahme gegeben sein muss (b).

---

[499] Zu § 852 BGB *BGH* NJW 1994, 1150, 1151, für die Abteilungen Rückstände und Betriebsprüfungen einer Innungskrankenkasse.
[500] *BFHE* 143, 52.
[501] Ähnlich auch *Kopp* GewArch 1986, 177, 185.
[502] *BVerwGE* 110, 226, 234 = NJW 2000, 1512.
[503] *VGH München* NVwZ 1991, 169.
[504] *BVerwGE* 66, 61 mit krit. Anm. *Busch* DVBl 1982, 1002 f. und Besprechung *Osterloh* JuS 1983, 560 f.; *Stelkens* NuR 1986, 329; auch *BVerwG* NVwZ 1984, 717; mit krit. Distanz dem folgend *VG Köln* NVwZ 1984, 537, 539 m. w. N.; ferner zu seinerzeitigen Diskussion *Götz* JuS 1983, 925, 926; *Krützmann* VBlBW 1983, 362; *Allesch* BayVBl 1984, 519; *Pieroth* NVwZ 1984, 681; *Steenblock* DÖV 1984, 218 und noch *Weides* DÖV 1985, 91; rückschauende Überblicke bei *Burianek* Jura 1985, 518 f.; *Hendler* JuS 1985, 947 ff.; *Schoch* NVwZ 1985, 880, 881 f.
[505] *BVerwGE* 70, 356 mit Besprechung *Osterloh* JuS 1985, 561.
[506] S. insbes. *Kopp* DVBl 1985, 525 ff.; *Schoch* NVwZ 1985, 880, 882 ff.; *Knoke*, Rechtsfragen der Rücknahme von Verwaltungsakten, 1989, S. 249 ff.; differenzierend *Burianek* Jura 1985, 518, 519; *Hendler* JuS 1985, 947, 949 ff.; *Weides* DÖV 1985, 431 ff.; *Stadie* DÖV 1992, 247 ff.; *Dickersbach* NVwZ 1993, 846, 853 f.; *Bieback* SGb 1995, 141, 142.
[507] Vgl. *BVerwGE* 84, 17, 21 f.; 92, 81, 87; 100, 199, 201 f. (zu § 45 SGB X); *BVerwG* NVwZ 1986, 119; NVwZ 1987, 500; NJW 1988, 2911, 2912; NVwZ-RR 1990, 604, 605; NWVBl 1997, 293, 294; NVwZ-RR 1997, 570; 2001, 198; NJW 2001, 1440; NVwZ-RR 2005, 341, 342; LKV 2006, 560, 562; *BSG* NVwZ 1996, 1248; *VGH Mannheim* NVwZ-RR 1992, 126, 127; 1993, 58; 2007, 347, *VGH München* NVwZ 1992, 451, 452; NVwZ 2001, 931, 932; *VGH Kassel* ESVGH 42, 236; *OVG Münster* NVwZ 1988, 71, 72; NVwZ-RR 1993, 289; NVwZ-RR 2000, 268; *OVG Frankfurt/Oder* NVwZ-RR 2002, 479, 483; *OVG Berlin-Brandenburg* LKV 2007, 478, 479; *VG Freiburg* NVwZ-RR 2006, 464, 465; skeptisch noch *Kopp* DVBl 1985, 525; *Weides* DÖV 1985, 431, 436; *Schoch* NVwZ 1985, 880, 885; auch *VG Frankfurt a. M.* NVwZ-RR 1998, 166, 167; zum Teil differenzierend die Judikatur des *BSG*, vgl. etwa *BSG* DÖV 1994, 1247, 1248 m. w. N.; dazu *Bieback* SGb 1995, 141 ff.

a) Begriff der Tatsache. Nach der Entstehungsgeschichte soll der Begriff der „Tatsachen" 221
in Abs. 4 die tatsächlichen Ereignisse ansprechen, die die Behörde auf die Rechtswidrigkeit des
konkreten VA hinweisen (Begründung zu § 44 Abs. 4 Entwurf 73), also Umstände, deren Vorliegen bei Erlass des **VA** seine ursprüngliche (s. aber Rn. 232 f.) **Rechtswidrigkeit begründet
haben.** Dementsprechend sah BVerwGE 66, 61, 64 als Tatsache den „Teil des (rechtserheblichen) Sachverhalts, den der Verwaltungsakt (rechtsfehlerhaft) regelt."[508]

Werden die die Rechtswidrigkeit des VA begründenden Tatsachen der Behörde z.B. durch 222
Vorlage eines Sachverständigengutachtens erst nach Erlass des VA bekannt, ist eine Anknüpfung
des **Fristbeginns** leicht möglich. Entsprechendes gilt etwa für den Fall, dass eine strafrechtliche
Verurteilung den Rücknahmegrund bildet.[509] Im Interesse klarer Abgrenzung sind auch nur
diese Fälle von Abs. 4 erfasst. Die Entstehungsgeschichte (vgl. § 37 Abs. 4 Musterentwurf) und
anders lautende Formulierungen[510] zeigen, dass die Jahresfrist bewusst an die Kenntnis von Tatsachen, nicht an die weitergehenden Begriffe wie „Gründe" oder „Umstände, die die Rücknahme rechtfertigen" anknüpfen sollte.

Das Bekanntwerden **rechtlicher Überlegungen allein,** z.B. durch Hinweis der Aufsichts- 223
behörde oder eine geänderte Rspr. oberster Gerichte, genügt diesen Anforderungen nicht, selbst
wenn die Behörde diese Kenntnis auf den konkreten Fall bezieht.[511] Hiervon nicht zu trennen
sind die Fälle, in denen die Behörde bereits bei Erlass des VA bekannte Tatsachen irrtümlich
unzutreffend subsumiert hat,[512] z.B. ein Bauwerk unzutreffend als privilegiert im Sinn des
§ 35 Abs. 1 BauGB eingestuft hat. Die Subsumtion gehört zur Rechtsanwendung, die ersichtlich nicht von der Jahresfrist erfasst werden sollte.

Demgegenüber geht der *Große Senat* davon aus, dass § 48 Abs. 4 S. 1 **auch die Fälle** regelt, 224
in denen die Behörden **bei voller Sachkenntnis unrichtig entschieden** haben, namentlich
auch bei unzureichender Berücksichtigung oder unrichtiger Würdigung des vollständig bekannten entscheidungserheblichen Sachverhalts.[513] Diese Auffassung stützt sich vor allem auf den
Wortlaut, der die gemeinten Tatsachen nicht durch Bezug auf den erlassenen VA bestimmt,
sondern anhand ihrer Rechtfertigungswirkung für die noch zu treffende Rücknahmeentscheidung.[514] Diese rechtfertigende Bedeutung kommt in der Tat in erster Linie dem Tatbestandsmerkmal der Rechtswidrigkeit des VA in § 48 Abs. 4 zu.

Begründungsbedürftig bleibt freilich die Einstufung der „Rechtswidrigkeit" als „Tatsa- 225
che". Hierfür stützt sich der *Große Senat* auf die Regelung des § 48 Abs. 4 S. 2, der als Ausnahme von S. 1 nur bei einer solchen Auslegung Bedeutung erlange.[515] Sinn und Zweck der
Rücknahmefrist seien gelöst von der Art des Rechtsanwendungsfehlers, der den VA rechtswidrig
gemacht hat.[516] Das mit der Befristung verfolgte Ziel der Rechtssicherheit besitze gegenüber
dem Grundsatz der Gesetzmäßigkeit der Verwaltung unabhängig von der Art des zu korrigierenden Rechtsanwendungsfehlers dasselbe Gewicht.

Die bei **voller Tatsachenkenntnis falsch entschiedenen Fälle** seien daher so zu behan- 226
deln wie alle anderen: Weder dürften sie – vom in S. 2 ausgenommenen Fall des Abs. 2 S. 3
Nr. 1 abgesehen – unbefristet offen gehalten werden, noch könne die Rücknahme auf den Zeitraum eines Jahres seit Erlass des VA beschränkt sein. Schließlich versucht der *Große Senat*, die
Entstehungsgeschichte mit ausgewählten Aussagen im Gegensatz zu dem in Rn. 221 f. Gesagten
für seine Position heranzuziehen.[517]

---

[508] Zur diesbezüglichen Diskussion vor der Entscheidung des *Großen Senats* s. nur *Pieroth* NVwZ 1984,
681, 685; *Hendler* JuS 1985, 947, 948 m.w.N.
[509] Vgl. *BVerwG* GewArch 1992, 314, 315.
[510] Wie in § 116 Abs. 4 a.F. LVwGSchH, dazu *Busch* DVBl 1982, 1003, oder § 24 Abs. 2 a.F. OBG
NRW *OVG Münster* BRS 33 Nr. 154; *Stelkens* BauR 1978, 164.
[511] *VG Köln* NVwZ 1984, 537, 539 m.w.N.
[512] A.A. *BVerwGE* 66, 61 m. abl. Anm. *Busch* DVBl 1982, 1001; *VGH Mannheim* VBlBW 1981, 293.
[513] S. auch *BVerwGE* 84, 17, 22, für einen unterbliebenen Widerruf nach § 47 Abs. 2 S. 1 WaffG a.F.
trotz Kenntnis von Verurteilungen; *VGH Kassel* ESVGH 42, 235, 236 LS.
[514] Kritisch hierzu *Kopp* DVBl 1985, 525 f.; *Schoch* NVwZ 1985, 880, 882 f.; zustimmend *Weides* DÖV
1985, 431, 432 f.; auch *Stadie* DÖV 1992, 247 f.
[515] Zustimmend *Weides* DÖV 1985, 431, 433; abl. *Schoch* NVwZ 1985, 880, 883 m.w.N.; insoweit auch
Stadie DÖV 1992, 247, 248.
[516] Grundsätzlich gegen die teleologische Auslegung in diesem Kontext *Schoch* NVwZ 1985, 880, 883 f.
[517] Dies kann *Schoch* NVwZ 1985, 880, 883 m.w.N. nur schwer nachvollziehen; offen *Weides* DÖV
1985, 431, 433; wie der *Große Senat* aber *Stadie* DÖV 1992, 247, 248, der im Hinblick auf die Konsequen-

227 In der Judikatur des *BVerwG*[518] ist inzwischen deutlich geworden, dass der Begriff der „Tatsache" auch auf der Grundlage der Auffassung des *Großen Senats* einen **abgrenzenden Gehalt** gegenüber bloßen Rechtsauffassungen **behält**. Insbes. steht dem Ablauf der Jahresfrist ein Rechtsirrtum nicht entgegen, der sich auf aus § 48 Abs. 4 zu ziehende Schlussfolgerungen (hier: hinsichtlich des Umfangs der Aufhebungsmöglichkeit) bezieht.[519] Dasselbe haben *BSG* und *BVerwG* inzwischen für alle Rechtsfehler angenommen, die die Ermächtigung zur Rücknahme betreffen;[520] damit ist die Ersetzung eines ersten Rücknahmebescheides durch einen neuen nach Ablauf der ursprünglichen Frist ausgeschlossen.

228 **b) Umfang der Kenntnisnahme.** Die praktische Bedeutung der Entscheidung des *Großen Senats* wird erst unter Berücksichtigung des für den Fristablauf als **notwendig** geforderten **Umfangs der Kenntnisnahme** von rücknahmerechtfertigenden Tatsachen ersichtlich. Insofern verlangt der *Große Senat* im Anschluss an entsprechende Ansätze in der vorherigen Rspr. und Literatur,[521] dass die Behörde nicht nur die Rechtswidrigkeit des VA erkannt hat, sondern dass ihr die für die Rücknahme außerdem erheblichen Tatsachen vollständig bekannt sind. Erst die vollständige Kenntnis des für die Rücknahmeentscheidung erheblichen Sachverhalts soll geeignet sein, die Rücknahme zu „rechtfertigen".[522] Erforderlich ist ganz selbstverständlich die Kenntnis von der Existenz des VA überhaupt, ggf. die Kenntnis, dass ein VA fingiert wird.[523]

229 Als Voraussetzung der Rücknahme gehören nach der neuen Linie der Judikatur zum notwendigen Kenntnisstand der Behörde zum einen die Voraussetzungen, die im Rahmen des § 48 Abs. 2 den **Vertrauensschutz** begründen oder ausschließen (s. Rn. 135 ff.), zum anderen auch die für **die Ermessensausübung wesentlichen Umstände**.[524] Dies kann sich auch auf die Voraussetzungen einer nachträglich zur Vermeidung der Rücknahme geprüften Regelungsalternative erstrecken.[525] Jedenfalls muss eine notwendige Anhörung (mit angemessener Frist zur Stellungnahme) bereits erfolgt sein.[526] Nicht zu diesen Tatsachen gehört der Umstand, dass in einem vergleichbaren Fall ein Petitionsverfahren durchgeführt wird, weil dies die Entscheidungsreife unberührt lässt.[527] Auch fehlende Kenntnis der richtigen Adressaten soll es ausschließen, dass die Frist in Lauf gesetzt wird; bei zunächst fehladressierten Rücknahmebescheiden bleiben spätere richtig adressierte Bescheide möglich.[528]

230 Der *Große Senat* weist die auch in der 2. Aufl. (Rn. 50a) vertretene Auffassung zurück, dass die Jahresfrist den Ermittlungen der Ermessensgrundlage eine zeitliche Grenze ziehen soll. Die Frist sei **keine Bearbeitungs-, sondern eine Entscheidungsfrist;** die Behörde dürfe nicht im Hinblick auf einen Fristablauf zur Entscheidung über die Rücknahme vor Eintritt der Entscheidungsreife gezwungen werden.[529]

---

zen für gut- und bösgläubige Adressaten wegen Art. 3 Abs. 1 GG ergänzend eine verfassungskonforme Auslegung befürwortet.
[518] NVwZ 1988, 349, 350.
[519] Nicht eindeutig aber *BVerwGE* 84, 17, 22.
[520] *BSGE* 65, 221, 227 f.; *BVerwGE* 100, 199, 203 m. w. N.; dazu *Osterloh* JuS 1997, 379 f.; *BVerwG* NWVBl 1997, 293, 294; die unmittelbar auf § 45 Abs. 4 S. 2 SGB X bezogenen Erwägungen gelten ebenso für § 48 Abs. 4.
[521] *VGH München* BayVBl 1980, 501, 502; BayVBl 1983, 120; DVBl 1983, 946, 947 f.; *Meyer/Borgs*, § 48 Rn. 70.
[522] Zu Problemen des Umfangs der Kenntnis bei Rücknahme nach § 48 Abs. 3 s. *Stelkens* NuR 1986, 331; BauR 1986, 402.
[523] *OVG Münster* 12. 4. 1985 – 10 B 528/85.
[524] Dazu auch *VGH Kassel* NVwZ-RR 1994, 483, 484; wie schon früher – s. zu Rn. 228 – *VGH München* NVwZ-RR 1992, 451, 452. *OVG Bautzen* SächsVBl 1999, 84 f., meint wohl über diese Judikatur hinauszugehen, wenn es auch die Kenntnis der für eine beamtenrechtliche Rücknahmeentscheidung relevanten Abgrenzung ihres Beurteilungsspielraums verlangt.
[525] *OVG Magdeburg* NVwZ 1999, 1120, für Nachbewilligung oder Ausnahmegenehmigung mit dem Ziel, die Voraussetzungen der Rücknahme eines Zuwendungsbescheides entfallen zu lassen.
[526] *BVerwG* NVwZ 2002, 485; *BVerwGE* 118, 174, 179 m. w. N.; *VG Freiburg* NVwZ-RR 2006, 464, 465.
[527] *VGH Mannheim* NVwZ-RR 1993, 58, der allerdings für den Fall einer Aussetzung des VwVf dazu neigt, eine Unterbrechung der Jahresfrist anzunehmen.
[528] *BVerwG* NVwZ-RR 1997, 570, 571, jedenfalls wenn diese Unkenntnis auf verständlichen Gründen beruht und die richtigen Adressaten die ihnen zumutbare Aufklärung versäumt haben.
[529] Zustimmend *VGH Mannheim* NVwZ-RR 1993, 58; *Hendler* JuS 1985, 947, 951; abl. *Kopp* DVBl 1985, 525, 526 f.; *Weides* DÖV 1985, 431, 434 ff.; *Stadie* DÖV 1992, 247, 250 f.; abl. für § 45 Abs. 4 S. 2 SGB X *BSG* NVwZ 1990, 697, 698 ff. m. w. N.; skeptisch auch *BSG* DÖV 1989, 355, 356; gegen einen Zwang zu verfrühter Entscheidung aber *BSG* DVBl 1994, 1247, 1248.

Demgegenüber ist trotz des vorsorglichen Hinweises des *Großen Senats*,[530] dass vielfach von vornherein Entscheidungsreife bestehen werde, da nur eine Entscheidung rechtmäßig sein könne (s. zum Ausnahmecharakter der Ermessensschrumpfung bei der Rücknahme Rn. 85 ff. und allgemein § 40 Rn. 55 f., 137), an dem Einwand festzuhalten, dass die Jahresfrist bei dieser Auslegung **kaum noch praktische Bedeutung** besitzt.[531] Immerhin werden doch gelegentlich noch Fälle von Fristversäumnis bekannt.[532] Einschränkungsmöglichkeiten bestehen zumal auch gegenüber manipulativer Hinauszögerung.[533] Doch verbietet es sich im Rahmen des Grundansatzes des *Großen Senats,* den Fristablauf mit Rücksicht auf ein anderes VwVf als das der Rücknahme einsetzen zu lassen.[534] 231

Wegen des umfassenden Charakters des für den Fristablauf notwendigen objektiven Kenntnisstandes[535] wird man bei **nachträglichem Bekanntwerden zusätzlicher** für die Rücknahmeentscheidung relevanter **Gesichtspunkte** konsequenterweise annehmen müssen, dass eine vermeintlich früher an- oder gar abgelaufene Frist tatsächlich noch nicht eingesetzt hatte,[536] wodurch die doch angestrebte Rechtssicherheit weiter in Frage gestellt ist. Das *BVerwG*[537] nimmt an, dass bei Aufhebung eines Widerrufsbescheides wegen ungenügender Ermessensausübung mit dem Urteil die Jahresfrist erneut zu laufen beginnt, wobei es dazu tendiert, den Fristbeginn erst mit Kenntnis der Entscheidungsgründe anzunehmen. 232

Treten nachträglich neue Tatsachen ein, ist ein **Widerruf** unter den Voraussetzungen des § 49 Abs. 2 Nr. 3 möglich. Der Ablauf der Jahresfrist nach § 48 Abs. 4 hindert den Widerruf nicht.[538] Die Jahresfrist des § 49 Abs. 2 S. 2 ist von dieser unabhängig. Entsprechendes gilt für den Fall, dass nachträglich Gründe für die Rechtswidrigkeit eines VA entstehen.[539] Soweit diese für seine Beurteilung relevant sind (s. zur Frage des Beurteilungszeitpunkts Rn. 49 ff.), begründet ihre Entstehung eine neue, selbständig befristete Rücknahmemöglichkeit,[540] für die es nicht darauf ankommt, ob der VA zuvor rechtmäßig oder aus anderen Gründen rücknehmbar war oder ob im letzteren Fall bereits die Jahresfrist abgelaufen war. 233

Zum Nachweis des Zeitpunktes sollte die Behörde den Termin der Kenntniserlangung in den Akten vermerken. Behauptet der Betroffene einen früheren Zeitpunkt der Kenntniserlangung, trägt er hierfür die **Beweislast**.[541] Im Übrigen hat die Behörde die tatbestandlichen Voraussetzungen für die Rücknahme zu beweisen (Rn. 41), der Betroffene die Ausnahmeumstände, nach denen im konkreten Fall der Eingriff rechtswidrig sein soll (§ 24 Rn. 55). Die Jahresfrist ist eine Ausnahmeregelung zu dem im Rahmen der Abs. 2, 3 bestehenden Rücknahmerecht (Rn. 203). 234

---

[530] *BVerwGE* 70, 356, 364; kritisch hierzu *Hendler* JuS 1985, 947, 951.
[531] S. schon *VG Köln* NVwZ 1984, 537, 539; 2. Aufl. Rn. 50a; gegenüber dem *Großen Senat* in diesem Sinne kritisch auch *Kopp* DVBl 1985, 525, 526 f.; *ders.* GewArch 1986, 177, 185; *ders.,* VwVfG, § 48 Rn. 98 m. w. N.; dem folgend *Kopp/Ramsauer,* § 48 Rn. 153; *Burianek* Jura 1985, 518, 520; *Schoch* NVwZ 1985, 880, 884; *Weides* DÖV 1985, 431, 435; *Stelkens* NuR 1986, 329, 331; *Kellermann* VBlBW 1988, 46, 49 ff.; *Kuntze* VBlBW 2001, 5, 13.
[532] Vgl. *BVerwG* NVwZ 1988, 349, 350; *OVG Lüneburg* NVwZ 1986, 780; *VGH München* NVwZ-RR 1991, 169; BayVBl 2000, 248; *VGH Kassel* NVwZ 1999, 1021, 1023.
[533] S. *Hendler* JuS 1985, 947, 951 f.; für relativierende Ansätze s. auch *Dickersbach* NVwZ 1993, 846, 853 f. m. w. N. Vgl. auch *BVerwG* NVwZ-RR 1997, 570, wonach die Behörde grundsätzlich der Jahresfrist nicht dadurch ausweichen kann, dass sie ihren Rücknahmebescheid zunächst an einen falschen Adressaten richtet. Offen lassend *OVG Greifswald* NordÖR 2002, 138 (nur LS).
[534] *OVG Münster* NVwZ-RR 2000, 268, bezogen auf die Bedeutung eines durchgeführten bauordnungsrechtlichen Verfahrens für die Rücknahme einer Baugenehmigung.
[535] Vgl. *BVerwGE* 70, 356, 363; *Stelkens* NuR 1986, 329, 332; dagegen will *Weides* DÖV 1985, 431, 436 wie bei § 28 Abs. 1, auf die Einschätzung der Behörde zurückgreifen; ebenso zuletzt im Hinblick auf den Charakter als Entscheidungsfrist *VGH Mannheim* VBlBW 2007, 347, 349.
[536] So auch *Stelkens* NuR 1986, 329, 332; *Kellermann* VBlBW 1988, 46, 51 f.; ohne Bedenken gegen das Ergebnis auch *Stadie* DÖV 1992, 247, 251.
[537] NVwZ 1988, 822. Ob dasselbe Ergebnis auch über § 53 i. V. mit den Verjährungsregeln des BGB zu erzielen ist, blieb offen (s. auch Rn. 206).
[538] *VGH Kassel* NVwZ 1984, 382 f.
[539] S. etwa *BVerwG* NVwZ 1983, 157, 158.
[540] S. *OVG Münster* NVwZ-RR 1988, 1, 2 m. w. N.
[541] Anders *VGH München* BayVBl 1983, 629. Zur Beweislast bei § 173 Abs. 1 Nr. 1 AO s. *BFH* NVwZ 1998, 1335.

4. EG-Recht

235 Beim **unmittelbaren Vollzug** von Gemeinschaftsrecht besteht keine allgemeingültige Fristbestimmung für die Aufhebung von Entscheidungen. Doch wird für rechtsbegründende rechtswidrige Entscheidungen in Anlehnung an Vorbilder im französischen Recht auch ohne ausdrückliche Regelung angenommen, dass die Aufhebung nur innerhalb einer angemessenen Frist[542] erfolgen kann (s. schon Rn. 167). Dabei sind Zeiträume von gut zwei[543] bis zu sieben[544] Monaten im Einzelfall als angemessen angesehen worden; eine erst nach Ablauf von zwei Jahren erfolgte Aufhebung einer von vornherein erkennbar rechtswidrigen Entscheidung wurde hingegen als verfristet behandelt.[545, 546]

236 Für den **indirekten Vollzug,** der nach den nationalen Rechtsregeln unter Beachtung des Effektivitätsgebots und des Diskriminierungsverbots erfolgt (Rn. 19 ff.), hat der *EuGH* es ausdrücklich für mit Gemeinschaftsrecht vereinbar erklärt, dass auf den Ablauf einer Frist abgestellt wird.[547] Damit steht der Anwendung des § 48 Abs. 4, die in § 10 MOG auch ausdrücklich vorgesehen ist, grundsätzlich nichts entgegen.[548]

237 Nicht abschließend geklärt war lange, ob § 48 Abs. 4 auch auf die **Rücknahme der gemeinschaftsrechtswidrigen Gewährung einer staatlichen Beihilfe** nach Art. 87, 88 EG Anwendung finden kann. Der *EuGH* hat bereits allerdings vor einiger Zeit[549] die Verpflichtungen aus § 48 auch hinsichtlich der Frist für ungeeignet erklärt, die verlangte absolute Unmöglichkeit der Durchführung des Gemeinschaftsrechts zu begründen (Nr. 18); zugleich hat er nur eine gemeinschaftsgerechte Anwendung der Fristvorschriften verlangt. Die wenig eindeutigen Rechtsprechungsgrundsätze für die Behandlung dieser Fälle (s. Rn. 20 ff., 97 f., 170) hatten gerade hier zu unterschiedlichen Einschätzungen geführt.[550]

238 Das *BVerwG* ließ den Fristlauf frühestens mit der Zustellung der Kommissionsentscheidung beginnen, womit die Jahresfrist gewahrt und auch sonst das Problem vielfach entschärft wurde.[551] Wegen **verbliebener Unklarheiten** darüber, ob die Formel von der praktischen Unmöglichkeit der Durchsetzung des gemeinschaftsrechtlichen Rückforderungsanliegens auf jeden Einzelfall zu beziehen sei oder ob es auf die typischerweise eintretenden Konsequenzen ankomme, hat das *BVerwG*[552] die Frage der Anwendbarkeit des § 48 Abs. 4 dem *EuGH* zur Entscheidung **vorgelegt.**

239 Mit dem **Alcan II-Urteil** (s. auch Rn. 173, § 49a Rn. 71) hat der *EuGH* klargestellt, dass in Fällen staatlicher Beihilfen auf Grund der Nichtbeachtung der Art. 87, 88 EG **regelmäßig keine Grundlage für einen Vertrauensschutz** des Empfängers besteht. Demnach muss die gemeinschaftsrechtlich begründete Verpflichtung, den Bewilligungsbescheid gemäß einer be-

---

[542] Vgl. *EuGH*, Rs. C-248/89, EuGHE 1991, I-3008 Rn. 20; *EuGH*, Rs. C-365/89, EuGHE 1991, I-3060 Rn. 18.
[543] *EuGH*, Rs. 14/81, EuGHE 1982, 749, 764.
[544] *EuGH*, Rs. 3/57 bis 7/57, EuGHE 1957, 83, 116.
[545] *EuGH*, Rs. 15/85, EuGHE 1987, 1005 = NJW 1987, 3074.
[546] S. insges. dazu *Schroeder* Bindungswirkungen, S. 126 ff., 130.
[547] *EuGH*, Rs. 205–215/82, EuGHE 1983, 2633 = NJW 1984, 2024, 2025 f. Rn. 33; bestätigt wieder durch *EuGH*, Rs. 366/95, EuGHE 1998, I-2674 Rn. 33 ff. = EuZW 1998, 499.
[548] Vgl. *BVerwG* NVwZ 1988, 349, 350, im Rahmen des § 49 Abs. 2.
[549] *EuGH*, Rs. C-5/89, EuGHE 1990, I-3453 = NVwZ 1990, 1161.
[550] Vgl. für die Anwendung des § 48 Abs. 4, zum Teil mit im Einzelnen unterschiedlichen Restriktionen *OVG Koblenz* NVwZ 1993, 82, 83; *OVG Münster* NVwZ 1993, 79, 81; *Fischer* DVBl 1990, 1089, 1095; *Schmidt-Räntsch* EuZW 1990, 376, 379; *Knösels* VR 1992, 159, 161; *Stober* JZ 1992, 1087 f.; *Thiantafyllou* NVwZ 1992, 436, 440; *Fischer*, Europarecht in der öffentlichen Verwaltung, 1994, S. 312 f.; *Pache* NVwZ 1994, 318, 325 f.; *Richter* DÖV 1995, 846, 852 ff.; *Erichsen/Buchwald* Jura 1995, 84, 89, aber zugleich eine Vertragsverletzung der Bundesrepublik annehmen; gegen die Geltung der Fristbestimmung *Ule/Laubinger* § 62 Rdn. 39 m. w. N.; differenzierend nach dem Verschulden der Behörde *Magiera* in FS Börner, 1992, S. 213, 229 f.; so im Ergebnis wohl auch *Blanke*, Vertrauensschutz im deutschen und europäischen Verwaltungsrecht, 2000, S. 472 ff.; offen *E. Klein* Staat 1994, 39, 45 f.; *Schwarze* in ders., Das Verwaltungsrecht unter europäischem Einfluss, 1996, S. 123, 162 f.; etwa *Ehlers* in Erichsen (10. Aufl.), § 3 Rn. 53, und nun *Ehlers* in Erichsen/Ehlers, § 4 Rn. 67.
[551] *BVerwGE* 92, 81, 87 f.; *Dickersbach* NVwZ 1996, 962, 948 ff. Erst ab Bestandskraft: *Erichsen/Buchwald* Jura 1995, 84, 89 m. w. N.; ähnlich auch *Happe* NVwZ 1993, 32, 35 f.; s. auch *VGH Mannheim* NVwZ 1998, 87, 89.
[552] NVwZ 1995, 703, 705.

standskräftigen Entscheidung der Kommission zurückzunehmen, auch erfüllt werden, wenn die Behörde die Frist des § 48 Abs. 4 hat verstreichen lassen.⁵⁵³

Das *BVerwG* hat die Judikatur des *EuGH* zum Ausschluss des Vertrauensschutzes in seinen unterschiedlichen Teilaspekten (Rn. 173, § 49a Rn. 71) als verbindlich anerkannt. Es hat einen **Verstoß gegen unverzichtbare Gewährleistungen des Grundgesetzes verneint,** weil der Grundsatz des Vertrauensschutzes gar nicht eingreife, wenn der Betroffene von vornherein nicht schutzwürdig sei. Etwa verbleibende Bedenken sieht es dadurch ausgeräumt, dass u. U. doch erforderlicher Vertrauensschutz im Rahmen des Rechtsschutzes gegen die Kommissionsentscheidung auf europarechtlicher Grundlage sichergestellt werden könne.⁵⁵⁴

Die gegen dieses Urteil eingelegte Verfassungsbeschwerde hat das *BVerfG* nicht zur Entscheidung angenommen. Es hat dabei nicht nur ausgeschlossen, dass die das angefochtene Urteil maßgeblich vorprägende Entscheidung des *EuGH* den vom Grundgesetz unabdingbar gebotenen Grundrechtsschutz generell in Frage stellt. In einem obiter dictum stellt es zudem ausdrücklich fest, dass auch die **Maßstäbe des deutschen Verfassungsrechts nicht verletzt** seien. Im Übrigen sieht die *Kammer* auch keinen ausbrechenden Rechtsakt des *EuGH*, dessen Entscheidung auf die Durchsetzung der ausdrücklichen Bestimmung des Art. 88 EG im Einzelfall gerichtet sei und nicht etwa allgemeines gemeinschaftsunmittelbares Verwaltungsverfahrensrecht schaffe.⁵⁵⁵ Die Problematik des Vertrauensschutzes bei unzulässigen staatlichen Beihilfen ist damit zurzeit für alle praktischen Zwecke bewältigt.

VII. Die Rücknahmeentscheidung (zugleich Abs. 5)

1. VA-Charakter

Die **Rücknahme** eines VA ist **selbst VA.**⁵⁵⁶ Seine **Zuständigkeits-** und **Formerfordernisse** richten sich grundsätzlich nach den im Zeitpunkt der Rücknahme bestehenden Vorschriften über die Zuständigkeit (s. Rn. 254 ff.) für den und die Form des zurückzunehmenden VA.⁵⁵⁷ Insoweit sind die Anforderungen strenger als die Voraussetzungen bei der Aufhebung eines ör Vertr (§ 57 Rn. 11). Die Verletzung von Zustellungsanforderungen berührt die Wirksamkeit der Rücknahme nicht (s. grundsätzlich § 43 Rn. 174 ff.).⁵⁵⁸ Zu Folgen der Anfechtung der Rücknahme s. § 43 Rn. 199.

Nicht geregelt ist, wer **Adressat der Rücknahmeverfügung** sein soll. Bei einem begünstigenden VA ist es nach allgemeinen Grundsätzen der (noch) Begünstigte.⁵⁵⁹ Wer Begünstigter ist, entscheidet sich nach dem jeweiligen materiellen Recht.⁵⁶⁰ Ein „gestreckter" Zuwendungsbescheid kann etwa einen Dritten bereits in einer Weise einbeziehen, dass er neben dem Adressaten als Begünstigter erscheint.⁵⁶¹ Bei objektgebundenen VAen ist es der zur Zeit der Rücknah-

---

⁵⁵³ *EuGH,* Rs. 24/95, EuGHE 1997, I-1591 = NJW 1998, 47 Rn. 21 ff., 27 ff. Für Reaktionen vgl. etwa *Classen* JZ 1997, 724f.; *Ehlers* DZWir 1998, 491; *Happe* NVwZ 1998, 26; *Scholz* DÖV 1998, 261; *Stern* JuS 1998, 769, 774f.; *Brenner/Huber* DVBl 1999, 764, 772f.; *Winkler* DÖV 1999, 148; *Gromitsaris* ThürVBl 2000, 97; *Koenig/Kühling* NJW 2000, 1065, 1074; *Potacs* in FS Ress, 2005, 729, 738f.; *Ruffert* in FS Krause, 2006, S. 215, 232f. m. w. N.; vgl. ferner etwa *H. Müller,* Die Aufhebung von Verwaltungsakten unter dem Einfluss des Europarechts, 2000, S. 284 ff. m. w. N.; *Kuntze* VBlBW 2001, 5, 13; *Kremer* EuR 2007, 470, 481 ff.
⁵⁵⁴ *BVerwGE* 106, 328, 332 ff. = NJW 1998, 3278.
⁵⁵⁵ *BVerfG (K)* NJW 2000, 2015 f. m. Anm. *Lindner* und *Bausback* BayVBl 2000, 656 bzw. 658; dazu auch *Gündisch* NVwZ 2000, 125 und *Kuntze* VBlBW 2001, 5, 13.
⁵⁵⁶ *BVerwGE* 122, 58, 59.
⁵⁵⁷ *Wolff/Bachof/Stober* 2, § 51 Rn. 91; für Schriftform der Rücknahme einer Baugenehmigung *OVG Bremen* NVwZ 1986, 59, 60.
⁵⁵⁸ *VGH Mannheim* VBlBW 1997, 18 m. w. N.
⁵⁵⁹ *BVerwG* NJW 1987, 2598. Z. B. scheidet die Rücknahme einer auf den Geschäftsführer einer GmbH ausgestellten Waffenbesitzkarte gegenüber der Gesellschaft aus, *BVerwGE* 110, 1, 5 = NVwZ 2000, 442.
⁵⁶⁰ *VGH Mannheim* NVwZ 1998, 87, 88. Zur Rücknahme eines Sozialhilfebewilligungsbescheides bei Leistung an eine Bedarfsgemeinschaft s. *OVG NW* NWVBl 1998, 356, 358.
⁵⁶¹ Dies nimmt *BVerwG* NVwZ-RR 2000, 197f., an, wenn der unmittelbare Zuwendungsempfänger durch den Bescheid verpflichtet wird, die Zuwendung an einen Dritten weiterzugeben, von dessen Unterwerfung unter die Bedingungen des Bescheids die Gewährung von vornherein abhängig gemacht ist.

me dinglich Berechtigte.[562] Bei belastenden VAen ist es der zur Zeit der Rücknahme materiell Betroffene (s. auch § 51 Rn. 17). Bei VA mit Drittwirkung wird die Rücknahme mit Bekanntgabe gegenüber dem Adressaten des begünstigenden VA wirksam, und zwar auch mit Wirkung gegenüber dem ursprünglich belasteten Dritten.[563]

244 Die Rücknahme kann auch **konkludent** (§ 35 Rn. 81; zur Begründung Rn. 253.) erfolgen, insbes. indem der ursprüngliche VA **teilweise geändert** (Rn. 42 f., 100 ff.) oder durch einen neuen VA – auch ohne ausdrückliche Aufhebung – **ganz ersetzt** wird.[564] Die einzelnen Entscheidungselemente, z. B. ob Vertrauensschutz angenommen werden kann, sind Teile der Begründung.[565] S. zu § 68 FGO, §§ 86, 96 SGG *Tipke-Kruse,* AO, FGO, 16. Aufl., § 68 FGO Anm. 3 f.; *Meyer-Ladewig,* § 96 Rn. 4.

245 So liegt in der Neufestsetzung einer Subvention oder der Geltendmachung der Rückforderung (durch VA) in aller Regel zugleich die Rücknahme der früheren Festsetzung.[566] Anderes gilt insbes. bei einem sog. **KettenVA** (§ 36 Rn. 74; ferner oben Rn. 119). Die **nachträgliche Hinzufügung einer Nebenbestimmung** lässt sich als Teil-Aufhebung des (jedenfalls insoweit zunächst nebenbestimmungsfreien) VA bei partiellem Neuerlass dieses VA verstehen. Erfolgt sie auf Grund eines entsprechenden Vorbehalts im ursprünglichen VA oder einer gesetzlichen Ermächtigung, greifen keine Beschränkungen durch Vertrauensschutz ein. Fehlt es einer solchen Grundlage, darf die Nebenbestimmung nur unter den Voraussetzungen der §§ 48, 49 beigefügt werden (s. § 36 Rn. 84 ff.).

246 Nicht jeder Erlass einer widersprechenden Entscheidung beinhaltet eine Rücknahme der ersten. Vielmehr muss der **Wille**, die erste Entscheidung **aufzuheben, erkennbar sein**.[567] Erstattungsbescheide beim BAföG können zugleich als Aufhebung des Bewilligungsbescheides ausgelegt werden.[568] Die Befristung einer Aufenthaltserlaubnis, die die Geltung der Aufenthaltserlaubnis beendet, ist als Rücknahme der Aufenthaltserlaubnis aufgefasst worden, weil kein Ausgleichsanspruch nach Abs. 3 in Betracht kam;[569] s. auch § 45 Rdn. 55.

247 Da die Begriffe **Ersetzung** oder **Abänderung** durch das VwVfG nicht umschrieben werden (nur §§ 51, 76 enthalten den Begriff der Änderung), muss bei ihrer Verwendung geprüft werden, was der Sache nach gewollt ist.[570] So kann der neue Bescheid als bloße wiederholende Verfügung den ursprünglichen unberührt lassen (§ 51 Rn. 57 ff.).[571] Die „Rücknahme" eines nicht bekanntgegebenen Bescheides ist als Ablehnung des ursprünglichen Antrags aufzufassen.[572]

248 Bei einer Abänderung ist durch **Auslegung** zu ermitteln, ob und welcher **Teil des ursprünglichen VA** erhalten bleiben soll (vgl. Rn. 100 ff.). § 44 Abs. 4 (dort Rn. 196 ff.) gibt dazu keinen Hinweis, da er nicht die Abstimmung zweier VAe aufeinander durch behördliche Entscheidung betrifft.[573]

249 Ob die **Rücknahme selbst Gegenstand einer Rücknahme oder eines Widerrufs** sein kann, ist mit Rücksicht auf die angestrebte Folge, den ursprünglich beseitigten VA wieder in

---

[562] BVerwG NJW 1987, 2598, für Rücknahme einer Baugenehmigung gegenüber dem derzeitigen Eigentümer eines Grundstücks, nicht dem früheren Bauherrn; für Rücknahme eines Kanalanschlussbeitragsbescheids (auch) gegenüber dem neuen Grundstückseigentümer *OVG Münster* NVwZ-RR 1999, 786, 788.
[563] *BVerwG* NVwZ 1988, 151.
[564] *BVerwGE* 62, 1, 5; 67, 305, 313; *BVerwG* NVwZ 1985, 488, 489; *BFH* NJW 1982, 1416; *OVG Münster* OVGE 31, 126, 130; NWVBl 2003, 62, 64.
[565] *BVerwG* Buchholz 427.3 § 335 a LAG Nr. 81; § 35 Rn. 79.
[566] *OVG Koblenz* DVBl 1982, 219, 221; *OVG Münster* NWVBL 1993, 393, 394 m. w. N. Anders, wenn der Rückforderungsbescheid eine solche Auslegung nicht zulässt, *OVG Münster* NVwZ 1991, 588 f. m. w. N.
[567] Daran kann es etwa bei einer Ausweisung fehlen, die trotz sachlicher Unvereinbarkeit keine konkludente Aufhebung eines bestehenden Ausreiseverbotes enthalten muss, s. *VGH Mannheim* NVwZ 1988, 184 f. Die teilweise Herabsetzung einer Haftungssumme ist allerdings eine Rücknahme, s. *BFH* NJW 1982, 1416.
[568] *BVerwG* NVwZ-RR 1992, 423 m. w. N.
[569] *BVerwGE* 98, 298, 304 = NVwZ 1995, 1119.
[570] Zum Begriff der Abänderung i. S. nachträglicher Anordnungen nach § 17 BImSchG s. *Sach,* Genehmigung als Schutzschild. Die Rechtsstellung des Inhabers einer immissionsschutzrechtlichen Genehmigung, 1994.
[571] S. *VGH Mannheim* VBlBW 1988, 475 f. Unklar allerdings *VGH Mannheim* VBlBW 1987, 141 f., wonach der Änderungsbescheid den ursprünglichen Bescheid in sich aufnehme und suspendiere.
[572] S. im Anschluss an *BVerwG* NJW 1968, 1538 f. *VGH Mannheim* 9. 9. 1981 – 3 S 2388/80.
[573] So auch *OVG Koblenz* 11. 7. 1980 – 7 D 1/80, insoweit nicht abgedruckt in NJW 1981, 364; ähnlich *Laubinger* VerwArch 1982, 345, 366.

Geltung zu setzen, problematisch. Gelegentlich wurde angenommen, dass aus dem mit der Aufhebung des ersten VA geschaffenen rechtlichen Vakuum die ursprüngliche Regelung nicht wieder ins Leben gerufen werden könne.[574]

Der rückwirkende Eintritt der durch Aufhebung entfallenen Wirkungen eines VA ist indes **250** weder rechtlich unmöglich (dazu § 44 Rn. 146) noch an sich rechtswidrig. Dennoch wird verbreitet der ohnehin grundsätzlich ex nunc wirkende **Widerruf** als durch die vorrangige Möglichkeit, den VA neu zu erlassen, **verdrängt** angesehen.[575] Demgegenüber tritt *Ibler*[576] mit beachtlichen Argumenten dafür ein, dass ein begünstigender Widerruf nur unter Beachtung des § 49 Abs. 2 beseitigt werden dürfe, dass also ein schlichter Neuerlass ausscheide, während der Widerruf eines belastenden Widerrufs wahlweise neben dem Neuerlass möglich sein soll.

Ein Anlass, die im Sinne der Gesetzmäßigkeit der Verwaltung wirkende **Rücknahme** hier **251** **auszuschließen**, besteht **jedenfalls nicht**.[577] Dementsprechend wird etwa die Rücknahme einer rückwirkenden Aufhebung einer Urlaubsbewilligung zugelassen;[578] ein PlfBeschl, der durch einen späteren PlfBeschl aufgehoben worden war, soll nach dessen Aufhebung wiederaufleben;[579] ein Richterverhältnis auf Probe soll nach der Rücknahme einer Ernennung zum Staatsanwalt unberührt fortbestehen.[580] Bejaht wird ferner die analoge Anwendung des § 44 Abs. 1 SGB X auf die Rücknahme der Aufhebung früherer Bewilligungsbescheide im BAföG-Bereich;[581] das *OVG Lüneburg*[582] beschränkt die Rücknahme von Aufhebungsbescheiden im Bereich des SGB X auf die Fälle des § 45 Abs. 2 S. 3, Abs. 3 S. 2 SGB X. Der *BFH*[583] sieht umgekehrt im Neuerlass eines zunächst zurückgenommenen Haftungsbescheides eine Rücknahme nach § 130 Abs. 2 AO.

Die allseits eingeräumte **Gefahr drohender Verwirrung** ist auch für die Ermessensaus- **252** übung hinsichtlich der neuerlichen Rücknahme beachtlich (s. auch für gestaltende VA überhaupt Rn. 92 f.). Zumindest sollte eine mehrfache Rücknahme schon aus praktischen Gründen vermieden werden, da bei einer Kette von Rücknahmen jedenfalls nicht mehr ohne weiteres sicher feststellbar ist, welcher VA letztlich wirksam ist.

Das **Verfahren über die Rücknahme** ist ein **selbständiges VwVf i. S. d.** § 9,[584] keine **253** Fortsetzung des Verfahrens, das zum Erlass des rechtswidrigen VA geführt hat.[585] Auf das neue Verfahren sind die Vorschriften des VwVfG anzuwenden, insbes. § 28 (**Anhörung**[586]) und § 39 (**Begründung**, dort Abs. 1 S. 3; Rn. 83 f.). Die **Pflicht zur Begründung** entfällt nicht, wenn die Rücknahme zwar schriftlich, aber konkludent, z. B. durch Änderungs- oder Ersetzungsbescheid (Rn. 244), erfolgt. Bei Pflicht zur Rücknahme kann der Mangel der Begründung gem. § 46 unbeachtlich sein.[587] Zur Rücknahme im Rahmen eines Wiederaufgreifens s. § 51 Rn. 22, 28 ff., 142 ff.

---

[574] Vgl. im Anschluss an ältere Rechtsprechung und Literatur *OVG Münster* VerwRspr 1961 Nr. 7 zugleich für „Unzulässigkeit" eines solchen Widerrufs; ferner *Forsthoff*, S. 271; a. A. ohne nähere Begründung *OVG Münster* 8. 6. 1976 – VII A 786/73; offen lassend für die Möglichkeit des Wiederaufgreifens eines Widerrufsverfahrens im Hinblick auf die gestaltende Wirkung des Widerrufs *OVG Münster* NVwZ 1986, 51, 52 m. w. N. Zum Wiederaufleben infolge Einbürgerung erloschener Aufenthaltserlaubnisse nach deren Rücknahme *OVG Hamburg* NordÖR 2002, 165, 168.
[575] S. schon *W. Jellinek*, Verwaltungsrecht 1931, S. 281 f.; dem folgend *Maurer*, § 11 Rn. 20; auch *Wolff/Bachof* I, § 53 IV g 3; 4. Aufl. Rn. 173; anders *Meyer/Borgs*, § 48 Rn. 34.
[576] NVwZ 1993, 451 ff.
[577] S. *Wolff/Bachof/Stober* 2, § 51 Rn. 58, 106; *Maurer*, § 11 Rn. 20; für die Rücknahmemöglichkeit auch *VGH Mannheim* NVwZ 1992, 184 f.; *Meyer/Borgs*, § 48 Rn. 34; *Meyer* in Knack, § 48 Rn. 35; ausführlich *B. Erbguth*, Der Rechtsschutz gegen die Aufhebung begünstigender Verwaltungsakte, 1999, die der Aufhebung die relative Novation vergleichbare Wirkung zumisst, dem ursprünglichen VA neue Geltung zu verschaffen.
[578] *OVG Saarlouis* ZBR 1995, 150 ff.
[579] *VGH Mannheim* UPR 1993, 30.
[580] *VGH Kassel* NVwZ-RR 1996, 340, 341.
[581] BVerwGE 87, 103, 106; gegen die analoge Anwendung der strikten Rücknahmepflicht aus dieser Vorschrift auf die Heranziehung zum Kostenersatz nach § 92 a BSHG BVerwGE 109, 346, 349 f.
[582] NVwZ 1990, 675.
[583] BStBl 1985 II, S. 562.
[584] Zur Struktur dieses Verfahrens s. ausführlich *Korber*, Einteiliges Aufhebungs- und zweiteiliges Wiederaufgreifensverfahren, 1983; *ders.* DVBl 1984, 405, 407 ff.; *ders.* DÖV 1985, 309; *Schwabe* JZ 1985, 545; auch *Selmer* JuS 1987, 363; *Frohn* Verwaltung 1987, 337, sowie § 51 Rn. 13 ff.
[585] *OVG Koblenz* DVBl 1985, 1076 f.
[586] S. z. B. *OVG Münster* NVwZ-RR 1990, 566 f. zu § 24 Abs. 1 SGB X.
[587] *VGH Mannheim* NVwZ 1986, 394.

2. Zuständigkeit

254 Die Zuständigkeit für die Rücknahme richtet sich prinzipiell nach den für den Erlass des zurückzunehmenden VA im Rücknahmezeitpunkt bestehenden Bestimmungen (Rn. 242).[588] **Abs. 5** ist eine Regelung der **örtlichen Zuständigkeit** (anders § 44 Abs. 3 SGB X).[589]

255 Die Grundsätze des Abs. 5 gelten also **nicht** für die **sachliche Zuständigkeit,** für die in erster Linie das jeweils anwendbare Fachrecht maßgeblich ist[590] (s. auch § 46 Rn. 43 ff.). Zur Zuständigkeit der Widerspruchs- oder Aufsichtsbehörde s. Rn. 61 ff., 264 ff. Für die sachliche Zuständigkeit der Ausschüsse bzw. Kammern für Kriegsdienstverweigerung für den Widerruf der bestandskräftigen Anerkennung als Kriegsdienstverweigerer und gegen die des Bundesamtes für Zivildienst hat sich das *BVerwG* ausgesprochen.[591]

256 Weil das Rücknahmeverfahren nicht identisch ist mit dem Ausgangsverfahren (Rn. 253), ist § 3 Abs. 3 nicht unmittelbar anwendbar. Diese Vorschrift geht von der **Zuständigkeitsverlagerung** während desselben Verfahrens aus. Daher erschien zur Klarstellung **Abs. 5** notwendig (Stellungnahme des BR zu § 44 Entwurf 73); § 3 Abs. 3 ist demnach auf die Gesamtheit von Ausgangs- und Rücknahmeverfahren anzuwenden.[592]

257 Der Wortlaut des **Abs. 5** ist über diesen Anlass hinaus **umfassend formuliert.** Die zum Zeitpunkt der Rücknahme zuständige Behörde entscheidet daher auch dann, wenn der ursprüngliche VA von einer **unzuständigen Behörde** erlassen wurde.[593] Da Abs. 5 keine Ausnahme für diesen Fall vorsieht, ist die früher z. T. vertretene Auffassung, dass die unzuständige erlassende Behörde auch für die Rücknahme zuständig ist, jedenfalls auf die örtliche Zuständigkeit (s. noch Rn. 259) nicht mehr anzuwenden.[594]

258 Eine **Differenzierung** nach dem Aufhebungsgrund wegen örtlicher Unzuständigkeit (Zuständigkeit der bei Erlass unzuständigen Behörde) bzw. aus anderen Rechtswidrigkeitsgründen (Zuständigkeit der sachzuständigen Behörde) hat im Gesetz **keine Grundlage**.[595] Abs. 5 und auch § 46 zeigen, dass die Sachherrschaft über den VA bei der nun zuständigen Behörde liegen soll. Im Einzelfall kann es erforderlich sein, eine Rücknahme als unaufschiebbare Maßnahme bei **Gefahr im Verzug** gem. § 3 Abs. 4 zu erlassen.

259 Das *BVerwG* hat den Grundsatz, dass es für die Zuständigkeit für die **Rücknahmeentscheidung** auf deren **Zeitpunkt** ankommt, unter Berufung auf allerdings unterschiedlich beurteilte allgemeine verwaltungsverfahrensrechtliche Grundsätze auch auf die **sachliche Zuständigkeit** ausgedehnt. Es sieht gerade im Falle der Rücknahme keinen Grund, den Prüf- und Entscheidungsvorgang bezüglich der Rücknahme einer für die Sachaufgabe nicht kompetenten Behörde zu überlassen.[596]

260 Im Gegensatz zu § 51 Abs. 4 enthält Abs. 5 den Zusatz „**nach Unanfechtbarkeit des Verwaltungsaktes**". Ein sachlicher Unterschied soll dadurch nicht ausgedrückt werden.[597] Vielmehr bedeutet der Zusatz klarstellend **auch** nach Unanfechtbarkeit. Der Vorschlag des BR auf Aufnahme des Abs. 5 beruht auf der von ihm angenommenen gleichen Interessenlage wie in

---

[588] Vgl. zum entsprechenden § 44 Abs. 3 SGB X *OVG Münster* NWVBl 1998, 356, 357 m. w. N.; zweifelnd *OVG Bautzen* LKV 1999, 509 f. m. w. N. Wie im Text offenbar *VGH Kassel* NVwZ-RR 2000, 681, das die Zuständigkeit des Fachbereichs für die Entziehung des Doktorgrades entgegen einschlägigem Verordnungsrecht aus dessen gesetzlicher Zuständigkeit ableitet, über Promotionen zu beschließen und akademische Grade zu verleihen; entsprechend auch *Linke* WissR 1999, 146, 162.
[589] Für Sonderregelungen s. etwa Art. 2 Abs. 3 des Abkommens zwischen den Ländern in der Bundesrepublik Deutschland über die Genehmigung zur Führung akademischer Grade ausländischer Hochschulen und entsprechender ausländischer Grade vom 29. 10. 1992, abgedr. in NVwZ 1994, 464, oder § 15 Abs. 3 BVFG.
[590] *BVerwGE* 110, 226, 230 m. w. N. = NJW 2000, 1512; *Ehlers* Verwaltung 2004, 255, 279.
[591] *BVerwGE* 88, 130, 132 ff.
[592] Anders aber *OVG Koblenz* DVBl 1985, 1077, 1078.
[593] So jetzt für den inhaltsgleichen § 44 Abs. 3 SGB X ausdrücklich *BVerwG* NVwZ-RR 1996, 538 m. w. N.
[594] Dem folgend jetzt *Gröpl* VerwArch 1997, 23, 43; a. A. *Bettermann* in FG BVerwG, 1978, S. 61, 62 mit Kritik an § 48.
[595] Für einheitliche Anwendung in allen Fällen ausdrücklich jetzt (für § 44 Abs. 3 SGB X) auch *BVerwG* NVwZ-RR 1996, 538 m. w. N; anders insbes. *Meyer/Borgs,* § 48 Rn. 77.
[596] *BVerwGE* 110, 226, 232 m. w. N. = NJW 2000, 1512; gegen diese h. M. jetzt *Hößlein* Verwaltung 2007, 281 ff.
[597] Dem folgend jetzt *Gröpel* VerwArch 1997, 23, 43; a. A. *Ule/Laubinger,* § 61 Rn. 32.

§ 47 Abs. 4 des Entwurfs 73 (§ 51 Abs. 4 geltende Fassung). § 47 Abs. 4 des Entwurfs 73 enthielt diesen Zusatz nicht. Der BT-Innenausschuss bestand für § 48 (auch § 49 Abs. 4) auf Aufnahme der Ergänzung (s. Bericht des BT-Innenausschusses zu § 48), ohne die gleiche Sachlage bei § 51 zu berücksichtigen. Besondere Fragen können sich beim Wechsel der Zuständigkeit während des Vor- und Gerichtsverfahrens ergeben.[598]

VIII. Europarecht

Vgl. zu **wichtigen Besonderheiten** im Hinblick auf das europäische Gemeinschaftsrecht Rn. 19 ff. (EG-Recht und sein Verhältnis zu §§ 48, 49), Rn. 95 ff. (Ermessen), Rn. 166 ff. (Vertrauensschutz), Rn. 235 ff. (Frist); s. ferner Rn. 134. **261**

IX. Landesrecht

Das Landesrecht **stimmt** mit dem Bundesrecht nach zwischenzeitlichen Diskrepanzen[599] wieder überall **überein**. **262**

X. Vorverfahren

§ 48 ist auch auf den **Widerspruchsbescheid** anwendbar.[600] § 79 oder §§ 68 ff. VwGO schließen dies nicht aus (s. § 50 Rn. 3 ff.; § 79 Rn. 6 f.).[601] Anderes kann sich aus speziellen Gesetzen ergeben.[602] **263**

Ist der Widerspruchsbescheid noch **nicht unanfechtbar,** kommt eine isolierte Rücknahme (durch die Widerspruchsbehörde)[603] i. d. R. nur in den Fällen des § 79 Abs. 1 Nr. 2, Abs. 2 VwGO in Betracht. Falls der Widerspruchsbescheid und damit der ursprüngliche VA (in der Gestalt, die er durch den Widerspruchsbescheid gefunden hat, § 79 Abs. 1 Nr. 1 VwGO) **unanfechtbar** geworden sind, ist nur noch die Ausgangsbehörde zur Rücknahme befugt;[604] die Rücknahmebefugnis der Widerspruchsbehörde endet mit Zustellung des Widerspruchsbescheids.[605] **264**

Nach der Rspr. des *BVerwG*[606] steht der Rücknahme einer in einem Rechtsbehelfsverfahren ergangenen Entscheidung ein **erhöhter Vertrauensschutz** entgegen. Dies gilt vor allem für den unanfechtbaren Widerspruchsbescheid.[607] Vertrauensschutz besteht aber nur zugunsten der betroffenen Bürger, nicht der erstinstanzlichen Behörde. Deshalb hindern die Anfechtung des erstinstanzlichen VA in der Gestalt des Widerspruchsbescheides (§ 79 Abs. 1 Nr. 1 VwGO) und die Zuständigkeitsregel des § 78 Abs. 1 VwGO nicht die Aufhebung des Widerspruchsbescheides.[608] **265**

Ändert sich hierdurch ausnahmsweise, nämlich wenn der Widerspruchsbescheid den VA nicht nur bestätigt hat, **der Streitgegenstand** zwischen den Prozessparteien, stellt sich die Frage **266**

---

[598] Dazu etwa *Schmidt* DÖV 1977, 774, 775; *VGH München* DÖV 1978, 847; *Bettermann* in FG BVerwG, 1978, S. 61.
[599] Aufgrund des Gesetzes vom 2. 5. 1996, BGBl I S. 656.
[600] § 79; a. A. *Allesch,* S. 206 ff. m. w. N.
[601] Wie hier *VG Oldenburg* NVwZ 1985, 68; wohl auch *OVG Münster* NVwZ 1985, 661; *Göldner* DÖV 1979; 808; a. A. *VGH München* BayVBl 1983, 212, 216; *Sahlmüller* BayVBl 1980, 250, jew. m. w. N.
[602] *BVerwGE* 58, 100, 105, für Entscheidung von Musterungsgremien.
[603] Gegen eine Befugnis der Ausgangsbehörde zur isolierten Rücknahme des Widerspruchsbescheids *BVerwG* NVwZ 2002, 1252, 1253 f.
[604] *BVerwG* NVwZ 2002, 1252, 1254; *Dolde* in Schoch u. a., § 73 Rn. 49; *Kopp/Ramsauer,* § 48 Rn. 165; *Uhle* NVwZ 2003, 811, 812; *Ehlers* Verwaltung 2004, 255, 280, auch zu Grenzen ihres Ermessens.
[605] *VG Stuttgart* VBlBW 1992, 355 f. mit zustimmend. Anm. *Gardemann* ebda, S. 356 m. w. N.
[606] *BVerwGE* 15, 259, 263; 39, 128, 132, die im Schrifttum überwiegend akzeptiert wird; *Wolff/Bachof/Stober*, § 51 Rn. 81; *Kothe* in Redeker/von Oertzen, § 73 Rn. 39; modifizierend *Busch* BayVBl 1981, 298, im Anschluss daran Busch in Knack, § 79 Rn. 206, insbes. 214 ff.
[607] Vgl. auch *VGH München* BayVBl 1999, 150, 151.
[608] A. A. *Busch* in Knack, § 79 Rn. 211; *Busch* BayVBl 1981, 298.

§ 49 Teil III. Verwaltungsakt

nach der Erledigung der Hauptsache oder einer zulässigen Klageänderung. Wird der Widerspruchsbescheid von der Behörde isoliert aufgehoben, entfällt dadurch nicht das bereits durchgeführte Vorverfahren nach §§ 68ff. VwGO als Klagevoraussetzung, da nur die materiellen Wirkungen des Widerspruchsbescheides beseitigt werden. Wird auf eine Klage hin durch das Gericht die Widerspruchsentscheidung aufgehoben,[609] muss die Widerspruchsbehörde erneut entscheiden.

267 **Außerhalb der Widerspruchsentscheidung** kann die Widerspruchsbehörde einen VA der untergeordneten Behörde nicht aufheben. Zur Rücknahme des erstinstanzlichen VA aus Anlass des Widerspruchs s. Rn. 63ff. Der **Rücknahme des ursprünglichen VA** durch die Widerspruchsbehörde **nach Abschluss des Widerspruchsverfahrens** oder **außerhalb** des durch den **Devolutiveffekt** an sie herangetragenen Verfahrensgegenstandes steht die mangelnde funktionelle Zuständigkeit der Widerspruchsbehörde, sofern sie nicht mit der erstinstanzlichen Behörde identisch ist, entgegen (§ 44 Rn. 175ff.; § 51 Rn. 147ff.).[610]

268 Dies gilt auch für den Fall, dass der rechtswidrige Ausgangsbescheid **auf Weisung der Aufsichtsbehörde** erlassen wurde (Rn. 63ff).[611] Die Weisung durchbricht nicht die gesetzlichen Regeln der funktionellen Zuständigkeit. Gleiches gilt, wenn der Rechtsaufsichtsbehörde nur für den Erlass des ersten VA ein Recht zur Ersatzvornahme zusteht. Allerdings kann sie im Rahmen des § 72 VwGO zur Aufhebung befugt sein.[612]

269 Eine andere Frage ist, ob im Vorverfahren eine **Aufhebung auf Grund des Widerspruchs** erfolgt. Die Vorschriften der VwGO und des AGVwGO gehen nach § 79 den §§ 48, 49, 50 vor (s. Rn. 74 und § 50 Rn. 3ff.). Zur Frage, ob die Widerspruchsbehörde auf verspäteten Widerspruch zur Sache entscheiden darf, s. § 51 Rn. 148f., bei VAen mit Drittwirkung § 50 Rn. 105f. Zur reformatio in peius Rn. 68ff. Wird der ursprüngliche VA durch die erstinstanzliche Behörde aufgehoben, ist damit auch ein Widerspruchsbescheid aufgehoben, da beide einen einzigen, materiellen VA darstellen (§ 35 Rn. 45).[613] Der *BFH*[614] nimmt an, dass der vor Klageerhebung erlassene Änderungsbescheid auf Antrag des Klägers Gegenstand des Verfahrens gegen den ursprünglichen Bescheid in Gestalt der Einspruchsentscheidung wird.

§ 49 Widerruf eines rechtmäßigen Verwaltungsaktes

(1) **Ein rechtmäßiger nicht begünstigender Verwaltungsakt kann, auch nachdem er unanfechtbar geworden ist, ganz oder teilweise mit Wirkung für die Zukunft widerrufen werden, außer wenn ein Verwaltungsakt gleichen Inhalts erneut erlassen werden müsste oder aus anderen Gründen ein Widerruf unzulässig ist.**

(2) ¹**Ein rechtmäßiger begünstigender Verwaltungsakt darf, auch nachdem er unanfechtbar geworden ist, ganz oder teilweise mit Wirkung für die Zukunft nur widerrufen werden,**
1. **wenn der Widerruf durch Rechtsvorschrift zugelassen oder im Verwaltungsakt vorbehalten ist;**
2. **wenn mit dem Verwaltungsakt eine Auflage verbunden ist und der Begünstigte diese nicht oder nicht innerhalb einer ihm gesetzten Frist erfüllt hat;**
3. **wenn die Behörde auf Grund nachträglich eingetretener Tatsachen berechtigt wäre, den Verwaltungsakt nicht zu erlassen, und wenn ohne den Widerruf das öffentliche Interesse gefährdet würde;**
4. **wenn die Behörde auf Grund einer geänderten Rechtsvorschrift berechtigt wäre, den Verwaltungsakt nicht zu erlassen, soweit der Begünstigte von der Vergünstigung noch keinen Gebrauch gemacht oder auf Grund des Verwaltungsaktes noch**

---

[609] *BVerwGE* 13, 195, 197.
[610] *VGH Mannheim* NuR 1995, 549, 550; *VG Regensburg* BayVBl 1981, 313, 314; *Theuersbacher* BayVBl 1978, 18, 19; a. A. für den Fall, dass der Widerspruchsbescheid den ursprünglichen Bescheid modifiziert hat, *Bettermann* in FG BVerwG, 1978, S. 61, 74; *Busch* BayVBl 1981, 296, 297.
[611] A. A. *Busch* in Knack, § 79 Rn. 216.
[612] *VGH München* BayVBl 1983, 212.
[613] *Kopp/Ramsauer*, § 48 Rn. 166.
[614] BB 1987, 258.

keine Leistungen empfangen hat, und wenn ohne den Widerruf das öffentliche Interesse gefährdet würde;
5. um schwere Nachteile für das Gemeinwohl zu verhüten oder zu beseitigen.
²§ 48 Abs. 4 gilt entsprechend.

(3) ¹Ein rechtmäßiger Verwaltungsakt, der eine einmalige oder laufende Geldleistung oder teilbare Sachleistung zur Erfüllung eines bestimmten Zwecks gewährt oder hierfür Voraussetzung ist, kann, auch nachdem er unanfechtbar geworden ist, ganz oder teilweise auch mit Wirkung für die Vergangenheit widerrufen werden,
1. wenn die Leistung nicht, nicht alsbald nach der Erbringung oder nicht mehr für den in dem Verwaltungsakt bestimmten Zweck verwendet wird;
2. wenn mit dem Verwaltungsakt eine Auflage verbunden ist und der Begünstigte diese nicht oder nicht innerhalb einer ihm gesetzten Frist erfüllt hat.
²§ 48 Abs. 4 gilt entsprechend.

(4) Der widerrufene Verwaltungsakt wird mit dem Wirksamwerden des Widerrufs unwirksam, wenn die Behörde keinen anderen Zeitpunkt bestimmt.

(5) Über den Widerruf entscheidet nach Unanfechtbarkeit des Verwaltungsaktes die nach § 3 zuständige Behörde; dies gilt auch dann, wenn der zu widerrufende Verwaltungsakt von einer anderen Behörde erlassen worden ist.

(6) ¹Wird ein begünstigender Verwaltungsakt in den Fällen des Absatzes 2 Nr. 3 bis 5 widerrufen, so hat die Behörde den Betroffenen auf Antrag für den Vermögensnachteil zu entschädigen, den dieser dadurch erleidet, dass er auf den Bestand des Verwaltungsaktes vertraut hat, soweit sein Vertrauen schutzwürdig ist. ²§ 48 Abs. 3 Satz 3 bis 5 gilt entsprechend. ³Für Streitigkeiten über die Entschädigung ist der ordentliche Rechtsweg gegeben.

Vergleichbare Vorschriften: § 131 AO 1977; §§ 46 bis 48, 50 SGB X.

Abweichendes Landesrecht: Kleinere sprachliche Abweichungen in einigen Ländern.

Entstehungsgeschichte: Bis zum Inkrafttreten des VwVfG vgl. § 43 der 6. Auflage. **Änderungen:** § 49 ist nach langwierigen, in die 8. Wahlperiode des BT zurück reichenden Bemühungen, in deren Rahmen schließlich eine Reihe von Ländern dem Bund vorausging, mit dem Gesetz zur Änderung verwaltungsverfahrensrechtlicher Vorschriften vom 2. 5. 1996, BGBl I 656, Art. 1 Nr. 3, geändert worden, nachdem der Bundesrat trotz weit gehender Nichtberücksichtigung seiner Änderungsvorschläge zugestimmt hatte. Dazu im Einzelnen 6. Aufl., Rn. 85 ff. Kleine redaktionelle Änderungen sind mit der Bek. der Neufassung v. 21. 1. 2003, BGBl I 102, erfolgt.
S. ferner Rn. 4, 13, 17, 18, 24 f., 29, 36, 39, 53, 73, 82, 88 ff., 94, 112, 119, 121, 123, 130, 132.

Literatur: Zur übergreifenden Aufhebungsproblematik s. § 48 vor Rn. 1; speziell zu § 49 s. noch *Ipsen,* Widerruf gültiger Verwaltungsakte, 1932; *Bronnenmeyer,* Der Widerruf rechtmäßiger begünstigender Verwaltungsakte nach § 49 VwVfG, 1994; *Dickersbach,* Die Entwicklung des Subventionsrechts seit 1993, NVwZ 1996, 962, 965; *Dommach,* Die Neuregelung des Rückforderungsrechts für Zuwendungen des Bundes im Verwaltungsverfahrensgesetz (§§ 48, 49, 49 a VwVfG), Finanzwirtschaft 1996, 176; *Heße,* Die Rückforderung von Zuwendungen und vergleichbaren staatlichen Leistungen nach dem Gesetz zur Änderung verwaltungsverfahrensrechtlicher Vorschriften, NJW 1996, 2779; *Sachs/Wermeckes,* Die Neuregelung verwaltungsverfahrensrechtlicher Vorschriften zur Rückabwicklung fehlgeschlagener Subventionsverhältnisse (§§ 48, 49 a VwVfG), NVwZ 1996, 1185; *Ammelburger,* Strukturprobleme der Bestandskraftlehre, 1997; *Baumeister,* Die Novellierung der §§ 48, 49, 49 a VwVfG, NVwZ 1997, 19; *Gröpl,* Das Gesetz zur Änderung verwaltungsverfahrensrechtlicher Vorschriften vom 2. Mai 1996 – Abschied vom Grundsatz des Verbots der rückwirkenden Aufhebung rechtmäßiger Verwaltungsakte –, VerwArch 1997, 23; *Erfmeyer,* Der Entreicherungseinwand bei vorläufigen Verwaltungsakten, DÖV 1998, 459; *Schröder,* Rücknahme, Widerruf und die Erstattung von Leistungen nach der VwVfG-Novelle vom 2. 5. 1996, JuS 1998, L 49; *Suerbaum,* Der praktische Fall – Öffentliches Recht: Die Subventionsrückforderung, JuS 1998, 635; *Bamberger,* Rücknahme und Widerruf begünstigender Allgemeinverfügungen, DVBl 1999, 1632; *Berg,* Subventionsvergabe zwischen Effizienz und Formalismus, GewArch 1999, 1, 8; *Dommach,* Die Rückforderung von staatlichen Zuwendungen im Freistaat Sachsen nach dem Verwaltungsverfahrensgesetz – §§ 48, 49, 49 a VwVfG, Finanzwirtschaft 1999, 150; *Ehlers,* Rechtsprobleme bei der Rückforderung von Subventionen, GewArch 1999, 305; *Erichsen/Brügge,* Der Widerruf von Verwaltungsakten nach § 49 VwVfG und der öffentlich-rechtliche Erstattungsanspruch nach § 49 a VwVfG, Jura 1999, 115; *Pauly/Pudelka,* Verwaltungsprozessuale Folgeprobleme des § 49 a VwVfG, DVBl 1999, 1609; *Schmieszek* in Brandt/Sachs, Handbuch Verwaltungsverfahren und Verwaltungsprozess, 2. Aufl. 2003, I Rdn. 41 ff.; *Suerbaum,* Der Beginn der Zinspflicht nach der Aufhebung des Bewilligungsbescheids, NdsVBl 1999, 155; *ders.,* Widerruf und Erstattung bei Geld- und Sachleistungsverwaltungen nach der Novellierung des Verwaltungsverfahrensrechts, VerwArch 1999, 361; *Oldiges,* Die Entwicklung des Subventionsrechts seit 1996, NVwZ 2001, 626; *Wendt/Jochum,* Vertrauensschutz und Entschädigungsansprüche in der staatlichen Krankenhausbauförderung,

§ 49

BayVBl 2005, 741; *Attendorn,* Der Widerruf von Zuwendungsbescheiden wegen Verstoßes gegen Vergaberecht, NVwZ 2006, 991; *Martin-Ehlers,* Die Rückforderung von Zuwendungen wegen der Nichteinhaltung von vergaberechtlichen Auflagen, NVwZ 2007, 289.

Übersicht

	Rn.
I. Allgemeines	1
II. Gemeinsamkeiten des Widerrufs belastender und begünstigender VAe	5
1. Die Rechtmäßigkeit des zu widerrufenden VA	5
2. Das Widerrufsermessen	8
3. Die Unanfechtbarkeit des VA	13
4. Der Umfang des Widerrufs	15
5. Die Zukunftswirksamkeit des Widerrufs nach Abs. 1 und 2	16
III. Widerruf eines nicht begünstigenden VA (Abs. 1)	17
1. Der nicht begünstigende VA	17
2. Ausschluss des Widerrufs	22
a) Notwendigkeit des Neuerlasses eines inhaltsgleichen VA	22
b) Unzulässigkeit aus anderen Gründen	24
3. Subjektives Recht auf Widerruf	26
a) Anspruch des Adressaten	26
b) Ansprüche Dritter	27
IV. Widerruf eines begünstigenden VA (Abs. 2)	28
1. Allgemeines	28
2. Widerruf nach Nr. 1	38
a) Wirksamer Vorbehalt	39
b) Weitere Voraussetzungen	42
c) Widerrufsmöglichkeit auf Grund einer Rechtsvorschrift	43
3. Widerruf nach Nr. 2	46
a) Wirksame Auflage	48
b) Nichterfüllung der Auflage	50
c) Frist	53
d) Weitere Voraussetzungen	55
4. Widerruf nach Nr. 3	58
a) Tatsachen	59
b) Nachträgliches Eintreten der Veränderung	62
c) Berechtigung zum Nichterlass des VA auf Grund der neuen Tatsachen	65
d) Gefährdung des öffentlichen Interesses ohne den Widerruf	69
e) Gebrauchmachen von der Begünstigung	73
5. Widerruf nach Nr. 4	74
6. Widerruf nach Nr. 5	82
7. Jahresfrist (Abs. 2 S. 2)	84
V. Widerruf von Subventionsbescheiden (Abs. 3)	88
1. Ersetzung des § 44 a BHO	88
2. Anwendungsbereich	91
a) Geld- und SachleistungsVAe	91
b) Zweckbindung	92
c) Zweckfestlegung	94
3. Rechtsfolge	96
a) ex-tunc-Wirkung	96
b) Teilwiderruf	97
4. Widerrufstatbestände (Abs. 3 S. 1)	98
a) Nr. 1	99
b) Nr. 2	105
5. Jahresfrist (Abs. 3 S. 2)	106
6. Verhältnis zu Abs. 2	107
7. Zeitlicher Geltungsbereich	108
VI. Unwirksamwerden des widerrufenen VA (Abs. 4)	109
VII. Widerrufsentscheidung (zugleich Abs. 5)	115
VIII. Ersatz des Vermögensnachteils (Abs. 6)	118
1. Anwendungsbereich	119
2. Schutzwürdiges Vertrauen	122
3. Enteignende Wirkung des Widerrufs	124
4. Rechtswegzuweisung	131
5. Erstattung	132
IX. Europarecht	133
X. Landesrecht	134
XI. Vorverfahren	135

I. Allgemeines

Zu **Rücknahme und Widerruf** betreffenden **übergreifenden Fragen** sowie zum Verhältnis **zu spezialgesetzlichen Regelungen** s. § 48 Rn. 2 ff., ferner Rn. 10, 16, 67, 84 ff., 91. Sonderregelungen für den Widerruf[1] finden sich etwa in § 52 AufenthG;[2] §§ 12, 15 Abs. 4 WHG, § 17 Abs. 3–5 AtG,[3] § 7 KrWaffG,[4] § 5 Abs. 2 BÄO,[5] § 11 Abs. 2 und 3 SchfG,[6] auch § 5 Abs. 1 S. 2 SchfG,[7] § 7 Abs. 1 1. DVOHeilpG,[8] § 6 Abs. 2 S. 3 LuftVG,[9] § 15 Abs. 1 InVorG,[10] § 6 Abs. 1 AMbG, Bestimmungen des BBergG,[11] § 2 Abs. 3 S. 6 schlhGO.[12] Eine differenzierende Regelung mit Muss- und Sollvorschrift trifft für VAe mit Dauerwirkung § 48 Abs. 1 S. 1 und 2 SGB X,[13] dem allerdings Spezialvorschriften des Sozialverfahrenrechts vorgehen.[14] Zum Widerruf im Zusammenhang mit **EG-Recht** s. § 48 Rn. 19 ff.

Der **Widerruf zielt** anders als die Rücknahme nicht darauf ab, Verletzungen der Rechtsordnung zu beseitigen, sondern dient im Wesentlichen der **Anpassung** der durch den VA geregelten Lage **an veränderte Umstände**.[15] Der die Rücknahme dominierende Zielkonflikt zwischen den rechtsstaatlichen Grundsätzen der Gesetzmäßigkeit einerseits, der Rechtssicherheit andererseits, spielt daher für den Widerruf keine Rolle. Insbes. steht dem Schutz des Vertrauens des durch einen rechtmäßigen VA Begünstigten (§ 48 Rn. 122) nicht die Gesetzmäßigkeit der Verwaltung entgegen. Der **Widerruf** ist dementsprechend – anders als die allg., wenn auch bei Begünstigungen nur unter Einschränkungen bzw. Bedingungen, vorgesehene Rücknahme, § 48 Abs. 1 – selbst bei belastenden VAen nicht uneingeschränkt ins Ermessen der Behörde gestellt (§ 49 Abs. 1; Rn. 22 ff.) und bei begünstigenden VAen **nur für besondere Fälle** gestattet (§ 49 Abs. 2; Rn. 28 ff.).[16] Besondere Regeln gelten bei Anfechtung durch Dritte, s. § 50 Rn. 79 ff.

Wie die Rücknahme (§ 48 Rn. 39) ist der Widerruf nach § 49 nicht nur auf VAe **anwendbar**, sondern auch auf Rechtsfolgesituationen, die einem VA gleichkommen.[17] Die Widerrufsregeln gelten namentlich auch für **fingierte VAe** (§ 48 Rn. 39),[18] allerdings nicht für Gerichtsentscheidungen.[19] Ein Widerruf kann als VA (Rn. 115, § 48 Rn. 242) nicht unmittelbar privatrechtliche Rechtsfolgen (§ 35 Rn. 210) auslösen.[20] Zu privatrechtsgestaltenden VAen s. § 48 Rn. 92. Die Grundsätze des § 49 Abs. 3 werden auch bei Rückforderung privatrechtsförmlich gewährter Subvention herangezogen.[21]

---

[1] Eine Zusammenstellung einschlägiger Regelungen des Bundesrechts auch bei *Meyer* in Knack, § 49 Rn. 8 ff.; näher zu ausgewählten Bereichen des Fachrechts *Kopp/Ramsauer*, § 49 Rn. 18 b ff.
[2] *VGH Mannheim* VBlBW 2006, 282 ff.
[3] *Schoch* DVBl 1990, 549 m. w. N.; ferner etwa *VGH München* NVwZ 2000, 1192 f.; zur Nichtgeltung für PflBeschlüsse nach § 9 b AtG *BVerwGE* 105, 6, 8 ff. = NVwZ 1998, 281.
[4] Zum „Widerruf" der durch VO erteilten Allgemeinen Genehmigung durch VO s. § 8 KrWaffG.
[5] S. *VGH Mannheim* NVwZ-RR 1995, 203, 204 f.; zum Widerruf der Approbation bei altersbedingter Unfähigkeit zur Berufsausübung *OVG Lüneburg* NdsVBl 2007, 131, 132.
[6] S. *VG Schleswig* NVwZ-RR 1996, 437.
[7] *BVerwG* DVBl 1998, 139, 141.
[8] S. *VGH Kassel* NVwZ-RR 1993, 183.
[9] Ohne ausdrücklichen Rückgriff auf § 9 *BVerwG* NVwZ-RR 1998, 22 f.
[10] *Bugge*, Der Widerruf eines Investitionsvorrangbescheides nach § 15 I Investitionsvorranggesetz, 1998.
[11] Vgl. *Fischer-Hüftle* NuR 1989, 106 ff.
[12] Zum Widerruf der Bestellung einer Gleichstellungsbeauftragten s. etwa *OVG Schleswig* NVwZ-RR 2007, 408.
[13] Nach *BSG* NVwZ 2000, 718 f., soll im Rahmen des zur Aufhebung verpflichtenden § 48 Abs. 1 S. 1 SGB X eine Ermessensausübung notwendig sein, wenn die fragliche Leistung nur nach Maßgabe interner Richtlinien vergeben wird.
[14] Vgl. etwa *BSG* NJW 1985, 697 f.
[15] Zum Zusammenhang mit der clausula rebus sic stantibus *Stern* in FS Mikat, 1989, S. 775, 788.
[16] *BVerwGE* 32, 12, 14; s. auch *Maurer* HStR IV[3], § 79 Rn. 100 ff., insbes. Rn. 105 f. zu den verfassungsrechtlichen Grundlagen; grundsätzlich *Blanke*, Vertrauensschutz im deutschen und europäischen Verwaltungsrecht, 2000, S. 206 f.; ferner Rn. 8 f., 28 ff.
[17] Vgl. etwa *VGH Mannheim* NVwZ-RR 1995, 229, 230, zu § 73 Abs. 1 S. 1 AsylVfG i. V. mit § 51 Abs. 1, 2 Nr. 1 AuslG.
[18] Vgl. zu § 57a AtG *BVerwGE* 105, 6, 8 ff. = NVwZ 1998, 281; dem folgend für die Fiktion der Planfeststellung der von den Alliierten angelegten Berliner Flughäfen *BVerwG* LKV 1998, 148, 149; vgl. auch *Caspar* AöR 2000, 131, 142 f.; *Oldiges* JUTR 2000, 41, 56 f.
[19] Vgl. zu § 73 Abs. 3 AsylVfG ausdrücklich *BVerwGE* 110, 111, 113 = NVwZ 2000, 575.
[20] *BAG* NVwZ-RR 1999, 662, 663 f.
[21] *BGH* NVwZ 2007, 247, 248.

4 Im **Gesamtaufbau des § 49** ist anders als bei § 48 der Widerruf nicht begünstigender (Abs. 1) und begünstigender VAe (Abs. 2, 3) von vornherein getrennt geregelt. Die Voraussetzungen des § 49 Abs. 1 und 2 entsprechen weit gehend den vor dem VwVfG maßgeblichen allgemeinen Grundsätzen. Der 1996 an Stelle des zugleich aufgehobenen § 44a BHO eingefügte Abs. 3 trifft eine neben Abs. 2 anwendbare Sonderregelung für Subventionsbescheide (Rn. 88 ff., 107). Ergänzende Regelungen finden sich in Abs. 4 bis 6 (Rn. 109 ff.).

II. Gemeinsamkeiten des Widerrufs belastender und begünstigender VAe

1. Die Rechtmäßigkeit des zu widerrufenden VA

5 § 49 bezieht – im Kontrast zur Rücknahmeregelung des § 48 – den Widerruf auf den **rechtmäßigen VA** (s. § 48 Rn. 13, 49 ff.). Rechtmäßig ist auch die nur unzweckmäßige Ermessensentscheidung (§ 40 Rn. 72). Rechtmäßig sind ferner VAe mit nicht wesentlichen oder nach § 45 geheilten Verfahrens- oder Formfehlern (§ 45 Rn. 21, 132 ff.) oder mit Unrichtigkeiten i. S. d. § 42 (§ 42 Rn. 1 ff.) sowie umgedeutete VAe (§ 47 Rn. 37 ff.; s. auch § 48 Rn. 58). Zum für die Rechtmäßigkeit des aufzuhebenden VA **maßgeblichen Zeitpunkt** s. § 48 Rn. 49, allgemeiner § 44 Rn. 16 ff. Für die Rechtmäßigkeit des Widerrufs ist, vorbehaltlich abweichender Gestaltung des materiellen Rechts, der Zeitpunkt der letzten Behördenentscheidung maßgeblich,[22] für Asylanerkennungen aufgrund rechtskräftiger Verpflichtungsurteile der Urteilszeitpunkt.[23] S. ferner Rn. 58 ff.

6 Die Möglichkeit des **Widerrufs** besteht über den Wortlaut des § 49 Abs. 1, 2 hinaus aber auch bei **rechtswidrigen VAen**. Die Formulierung des § 49 lässt sich als klarstellende Betonung des gegenüber der Rücknahme weitergehenden Anwendungsbereichs verstehen.[24] § 48 steht nicht entgegen, da er keinen Zwang gerade zur Rücknahme begründet (s. § 48 Rn. 81). Ein Grund, der Behörde den Weg des Widerrufs statt der Rücknahme zu versperren, besteht im Übrigen nicht. Wo der rechtmäßige VA widerrufen werden kann, verdient der rechtswidrige keinen Schutz vor Aufhebung.[25] In der Sache macht es keinen Unterschied, wenn statt des Widerrufs des rechtswidrigen VA dessen Rücknahme unter Widerrufsvoraussetzungen zugelassen wird.[26] Sachgerechter ist es, die Terminologie nicht an Rechtmäßigkeit oder Rechtswidrigkeit des VA, sondern an der die Aufhebung rechtfertigenden Rechtsgrundlage zu orientieren; der Widerruf ist die Aufhebung des VA nach § 49 und sonstigen Vorschriften, die zur Aufhebung rechtmäßiger VAe berechtigen.

7 Zulässig ist auch die nachträgliche Berufung auf § 48 bei einer zunächst auf § 49 gestützten Verfügung[27] (zum umgekehrten Fall s. § 48 Rn. 49). Daher kann die Behörde die **Rechtswidrigkeit** eines VA **dahingestellt** sein lassen, wenn der Begünstigte eine mit dem VA verbundene Auflage nicht erfüllt hat (Abs. 2 Nr. 2). Ebenso kann offen bleiben, ob die tatsächlichen Voraussetzungen für die Erteilung einer Genehmigung von vornherein gefehlt haben oder später weggefallen sind.[28] Die Behörde kann auch einen rechtswidrigen VA, dessen Aufhebung nach § 46 nicht verlangt werden kann (s. § 46 Rn. 12, § 48 Rn. 56, 79), widerrufen, wenn die Voraussetzungen des § 49 vorliegen.

---

[22] *BVerwGE* 124, 110, 113 m. w. N.; *OVG Lüneburg* NdsVBl 2006, 172.
[23] *BVerwGE* 118, 174, 177 f.
[24] Insoweit zust. auch *Meyer* in Knack, § 49 Rn. 18.
[25] *BVerwG* NVwZ 1987, 498; *BVerwGE* 112, 80, 85 f.; *VGH Mannheim* NVwZ-RR 1992, 126, 127 m. w. N. für Widerrufsvorbehalt; *OVG Münster* NVwZ-RR 2003, 803, 804; *VGH Mannheim* NVwZ-RR 1993, 410; *VGH München* NVwZ-RR 2005, 787, 791; *VGH Kassel* NVwZ 1999, 798, 799; *Wolff/Bachof/Stober* I, § 51 Rn. 34, 35; *Lange* WiVerw 1979, 15, 16; *Suerbaum* VerwArch 1999, 361, 365 f. m. w. N.; *Oldiges* NVwZ 2001, 626, 628; *Ziekow*, § 49 Rn. 4; offen *OVG Koblenz* DVBl 1982, 219, 221; *OVG Münster* NVwZ 1988, 942, 943 bei deutlichen Vorbehalten. Anders insbes. *Meyer* in Knack, § 49 Rn. 14 m.w.N.; *Schäfer* in Obermayer, § 49 Rn. 7.
[26] So *Meyer* in Knack, § 49 Rn. 18.
[27] NVwZ-RR 1992, 68.
[28] *VGH Mannheim* NVwZ-RR 1993, 410, 411; *VGH München* NVwZ-RR 1999, 575, 576.

2. Das Widerrufsermessen

Die Entscheidung über den **Widerruf** steht nach § 49 Abs. 1 bis 3 im **Ermessen** der Behörde, muss also **begründet** werden (§ 39, s. auch § 48 Rn. 83).[29]

Bei der Ermessensentscheidung sind die Grenzen des § 40 einzuhalten. Der Widerruf ist insbes. nur zulässig, wenn er **aus sachgemäßen Gründen** erfolgt, also im Hinblick auf Zwecke, die in den dem aufzuhebenden VA zugrunde liegenden Rechtsvorschriften vorgezeichnet sind (s. § 40 Rn. 62 ff.).[30] Ermessensmangel kann wegen vermeintlich zwingender Bindung[31] oder deswegen bestehen, weil der Ermessensspielraum nicht erkannt wurde.[32]

Aus dem besonderen Verwaltungsrecht kann sich abweichend von § 49 die **Verpflichtung zum Widerruf** ergeben, wie z. B. bei § 73 Abs. 1 S. 1 und 2 AsylVfG,[33] § 52 Abs. 2 AufenthG; § 7 MOG-VO,[34] § 15 Abs. 2 GaststG,[35] § 25 PBefG,[36] § 45 Abs. 2 S. 1 WaffG,[37] § 18 BJagdG;[38] § 7 Abs. 2 KrWaffG; § 5 Abs. 2 BÄO;[39] § 2 Abs. 1 Nr. 2 ZHG,[40] § 6 Abs. 2 BTÄO,[41] § 4 Abs. 2 ApG,[42] § 19 Abs. 2 BayKRG;[43] § 14 Abs. 1, 2 1. AVO RBerG,[44] § 20 Abs. 2 Nr. 5 WPO;[45] § 11 Abs. 2 SchfG,[46] § 13 Abs. 3 IuKDG, oder bei § 17 Abs. 4, 5 AtG,[47] § 6 Abs. 1 AMbG (Rn. 1), § 10 Abs. 3 S. 3 SchKG;[48] §§ 14 f. VO-SF NRW;[49] s. allg. § 48 Rn. 2 ff. Die zwingende Regelung des § 48 LuftVZO kann mangels dafür hinreichender Ermächtigung gegenüber der spezialgesetzlichen Ermessensnorm des § 6 Abs. 2 S. 3 LuftVG nicht durchgreifen.[50]

Im Rahmen des § 49 ist das Widerrufsermessen **für alle Widerrufsmöglichkeiten** vorgesehen, namentlich auch für den Widerruf begünstigender VAe mit Rücksicht auf das öffentliche Interesse oder das Gemeinwohl, Abs. 2 Nr. 3 bis 5 (Rn. 58 ff.). Die Bedeutung dieser Belange bzw. der für sie bestehenden Gefahren kann daher nicht generell ein Ermessen ausschließen,[51]

---

[29] Zum Umfang der Begründung je nach Einzelfall *BVerwG* NVwZ-RR 1991, 63 f. Soweit ein Widerruf ausnahmsweise nicht an sachliche Voraussetzungen gebunden ist (Rn. 2), bedarf es keiner Begründung, *OVG Schleswig* NVwZ-RR 1998, 187, 188.

[30] *BVerwG* NVwZ-RR 1991, 63; *VGH Mannheim* NuR 1987, 322; NVwZ 1990, 482; *OVG Schleswig* NVwZ-RR 1994, 553; *Kopp/Ramsauer*, § 49 Rn. 28; in diesem Sinne zu einer Anwendung der Grundsätze des § 49 Abs. 3 auf eine zivilrechtsförmlich gewährte Subvention im Ergebnis wohl *BGH* NVwZ 2007, 247, 248.

[31] *VGH Kassel* NVwZ 1989, 165, 167 m. w. N.; *OVG Bautzen* SächsVBl 2004, 157, 159.

[32] S. etwa *OVG Weimar* ThürVBl 1997, 184, 186; allg. s. § 40 Rn. 77 ff.

[33] *BVerwG* NVwZ-RR 1997, 741; *BVerwGE* 112, 80; 118, 174; 124, 276 = NVwZ 2006, 707, und dazu *Löhr* NVwZ 2006, 1021 ff.; *BVerwGE* 126, 243 ff. = NVwZ 2006, 1420; *OVG Münster* NWVBl 2004, 231; *OVG Lüneburg* NVwZ-RR 2005, 570.

[34] *BVerwG* NVwZ 1988, 349, 1996, 327, 328.

[35] *BVerwGE* 81, 74 ff.; *VGH Mannheim* NVwZ-RR 1990, 167; 1996, 327, 328.

[36] S. etwa *VG Hannover* GewArch 1999, 198, 199. Zu Problemen im Zusammenhang mit § 13 a PBefG bei Betriebskostenzuschüssen für nicht ausgeschriebene Verkehrsleistungen *OVG Magdeburg* LKV 1999, 31; *Meyer* DVBl 1999, 1409 ff.

[37] *OVG Lüneburg* NdsVBl 2006, 172; *OVG Münster* 24. 5. 2006, Az. 20 A 2531/04, juris, Rn. 20; zum entsprechenden § 47 WaffG a. F. *BVerwGE* 84, 17 ff.; 101, 24, 33; *BVerwG* NVwZ-RR 1990, 604 ff.; *OVG Hamburg* NVwZ-RR 1993, 27 f., zu der Notwendigkeit vorheriger Ungültigerklärung und Einziehung eines Jagdscheins; vgl. zum Verhältnis von Jagd- und Waffenrecht für Obsoletwerden des § 30 Abs. 1 S. 3 WaffG *BVerwG* NVwZ-RR 1995, 525, 526 f.; krit. *Schenke* GewArch 2000, 136 ff.

[38] *OVG Hamburg* NVwZ-RR 1993, 27 f.; *OVG Greifswald* LKV 2003, 431.

[39] *BVerwG* NJW 1991, 1557; *BVerwGE* 105, 214, 222 = NJW 1998, 2756; *OVG Koblenz* NJW 1990, 1553; *VGH München* BayVBl 1992, 403, 404; *VGH Mannheim* NJW 1995, 804; NVwZ-RR 1995, 203.

[40] *OVG Münster* NJW 2003, 1887 f.

[41] *VG Regensburg* BayVBl 1990, 122.

[42] *BVerwG* NJW 2003, 913; *VGH Mannheim* NVwZ-RR 1993, 19 f.

[43] *Wendt/Jochum* BayVBl 2005, 741, 742 ff.

[44] *VGH Mannheim* VBlBW 1995, 137.

[45] *BVerwGE* 124, 110, 115 ff.

[46] *OVG Saarlouis* GewArch 1990, 285.

[47] *BVerwG* NVwZ 1989, 1170 f., auch zu den Anforderungen an subjektive Rechte auf Widerruf.

[48] *OVG Lüneburg* NdsVBl 2002, 1000; *OVG Frankfurt/Oder* NVwZ 2005, 842 f.

[49] *OVG Münster* NWVBl 2004, 74, 75.

[50] So ausdrücklich auch *Lau*, in: Giemulla/Schmid, Luftverkehrsordnungen, Stand Juni 2000, § 48 LuftVZO Rn. 1; offen lassend *OVG Lüneburg* 9. 6. 1997, — 12 K 325/96, S. 34, 76 (Juris Doknr.: 526 800); etwa *Hofmann/Grabherr*, Luftverkehrsgesetz, 10. Aufl., Stand Mai 2006, § 6 Rn. 127; auch *Wysk* ZLW 1998, 18, 31 f. – unter Hinweis auf *OVG Münster* 20. 2. 1997 – 20 A 2748/94, S. 25; ohne klare Aussage *Giemulla*, in: ders./Schmid, Luftverkehrsgesetz, Stand Dezember 2000, § 6 LuftVG Rn. 90.

[51] Bedenklich daher im verallgemeinernden Begründungsansatz z.B. *VG Gießen* GewArch 2000, 153 f., und die dort in Bezug genommenen *Ule/Laubinger* VerwArch 1998, 337, 353.

sondern allenfalls für außergewöhnliche Problemlagen. Auch die **allgemeine** Annahme einer **Intendierung** des Ermessens (allgemein § 40 Rn. 28 ff.; zur Rücknahme § 48 Rn. 79, 85 ff.) auf den Widerruf im Rahmen dieser Regelungen ist **nicht gerechtfertigt** (dazu noch Rn. 33),[52] zumal nicht nur die in Abs. 6 berücksichtigten finanziell ausgleichsfähigen Vertrauensschutzbelange beachtlich sei können (s. auch Rn 34). Doch kann es typische Konstellationen geben, in denen mangels schutzwürdiger Interessen des Betroffenen und sonst entgegenstehender Belange der Widerruf im öffentlichen Interesse regelmäßig zu erfolgen hat.[53]

12 Für den Widerruf von Zuwendungsbescheiden wird mit Rücksicht auf die haushaltsrechtlichen Grundsätze der **Wirtschaftlichkeit und Sparsamkeit** „intendiertes" Ermessen angenommen (§ 40 Rn. 28); s. im Übrigen Rn. 88 ff. Zu ermessensbindenden Verwaltungsvorschriften s. § 40 Rn. 104 f. Wegen Ermessensschranken beim Widerrufsvorbehalt s. Rn. 41 ff. Wegen des Widerrufs gestaltender VAe s. Rn. 36. Bewirkt der Widerruf eine Enteignung, s. Rn. 124 ff.

3. Die Unanfechtbarkeit des VA

13 Der Widerruf ist schon vor, aber auch nach **Unanfechtbarkeit** des VA möglich. Bei begünstigenden VAen scheidet die Anfechtung durch den Adressaten grundsätzlich aus. Zur Anfechtung durch belasteten Dritten bei VA mit Drittwirkung s. § 50 Rn. 64 ff., 79 ff. Der Zessionar eines Auszahlungsanspruchs soll den Widerruf des Bewilligungsbescheides nicht anfechten können;[54] dazu auch § 49 a Rn. 30. Möglich sind auch spezialgesetzlich zugelassene Rechtsbehelfe, wie z. B. Anfechtungsrechte der Aufsichtsbehörde (Begründung zu § 38 Abs. 2 S. 1 Musterentwurf). Vgl. im Übrigen dazu § 48 Rn. 61 ff.

14 Der Widerruf wird nicht dadurch gehindert, dass der VA **bereits vollzogen** worden ist.[55] Nach Erledigung und sonst bei **Unwirksamkeit** eines VA können zwar die bereits entfallenen Wirkungen des VA nicht mehr beseitigt werden, aber doch der mit dem VA verbundene Rechtsschein (§ 43 Rn. 198; § 48 Rn. 57).

4. Der Umfang des Widerrufs

15 Wie die Rücknahme (s. § 48 Rn. 100 ff.) ist auch der Widerruf auf den **ganzen VA** oder nur auf einen **Teil desselben** zu erstrecken. Bei Vorliegen eines Anspruchs auf Erteilung einer befristeten Aufenthaltserlaubnis soll es ausgeschlossen sein, den Widerruf einer unbefristeten Aufenthaltserlaubnis auf einen die Befristung übersteigenden Teil zu beschränken.[56] Durch Widerruf einer Befristung kann die Geltung eines VA verlängert werden.[57]

5. Die Zukunftswirksamkeit des Widerrufs nach Abs. 1 und 2

16 Der Widerruf nach Abs. 1 und 2 erfolgt **mit Wirkung nur für die Zukunft** (s. § 48 Rn. 104 f., 109). Zur Konsequenz einer Befristung begünstigender VAe, deren Widerruf für einen zukünftigen Zeitpunkt von vornherein geboten ist, s. BVerwGE 85, 200, 207. Ein **rückwirkender Widerruf** ist **nur nach Abs. 3** (s. Rn. 88 ff.) **möglich** (s. Rn. 109). Auch spezialgesetzlich kann Rückwirkung vorgesehen sein.[58] Zur rückwirkenden Kostenregelung nach § 77 s. dort Rn. 14.

---

[52] So auch *Kopp/Ramsauer*, § 49 Rn. 28 m. w. N.; anders BVerwG NVwZ 1992, 565, 566; *Schäfer* in Obermayer, VwVfG, § 49 Rn. 61; nur bei Widerruf von Subventionsbewilligungen wegen Zweckverfehlung für intendiertes Ermessen BVerwGE 105, 55, 58 = NJW 1998, 2233; daran anschließend OVG Münster NVwZ-RR 2003, 803, 805; OVG Bautzen SächsVBl 2004, 156, 158 f.
[53] Ob dies ganz allg. bei nachträglich eintretender Unzuverlässigkeit angenommen werden kann, dafür *Ule/Laubinger* VerwArch 1998, 337, 353; dem folgend VG Gießen GewArch 2000, 153 f., scheint allerdings fraglich.
[54] BVerwG NJW 1993, 1610, 1611.
[55] OVG Münster NVwZ 1987, 155 f.
[56] VGH Mannheim DVBl 1997, 917 Nr. 22 LS.
[57] Zu den dabei möglichen Konstruktionen *Schröder* NVwZ 2007, 532 ff.
[58] Vgl. etwa zu § 83 Abs. 5 II. WoBauG BVerwGE 85, 200, 207.

III. Widerruf eines nicht begünstigenden VA (Abs. 1)

1. Der nicht begünstigende VA

Abs. 1 regelt mit seiner etwas umständlichen, negativen Formulierung „nicht begünstigender Verwaltungsakt" den Widerruf des belastenden VA (zu den allgemeinen Anforderungen s. Rn. 5 ff.). Während es eine Legaldefinition des begünstigenden VA in § 48 Abs. 1 gibt (s. dort Rn. 115 ff.), fehlt eine **Definition des belastenden VA**. Maßgebend war dafür die Schwierigkeit der Abgrenzung zwischen begünstigendem und belastendem VA,[59] vor allem bei der Neufestsetzung eines Geldbetrages, s. § 48 Rn. 12 ff., 123, 132. 17

Mit dieser Fassung soll sichergestellt sein, dass nicht nur VAe, die dem Betroffenen ein **Tun, Dulden oder Unterlassen** (s. § 36 Rn. 83) oder eine **Geldleistung** auferlegen, sondern auch diejenigen VAe erfasst werden, deren Gegenstand die **Ablehnung eines Anspruches** oder eine **negative Feststellung** ist (Begründung zu § 38 Abs. 1 Musterentwurf). In der Tat wirkt sich eine für den Betroffenen ungünstige Feststellung der Sache nach auf ihn belastend aus.[60] 18

Auch die h.M. zur **Rechtslage vor dem VwVfG** ging für den belastenden VA von diesem weiten Anwendungsbereich aus;[61] die Worte „nicht begünstigender VA" haben daher in erster Linie denselben Begriffsinhalt wie der herkömmliche belastende VA.[62] 19

Ein von Abs. 1 vor allem gemeinter **belastender VA** ist der VA, der eine Rechtsverletzung i.S.d. § 42 Abs. 2 VwGO bewirken kann. Auf § 42 Abs. 2 VwGO stellen auch die Definitionen zum begünstigenden VA (§ 48 Rn. 115 ff.) und zum VA mit Drittwirkung ab (§ 50 Rn. 10 ff.). Im Einzelfall kann auch ein VA, der dem Antrag des Betroffenen entspricht, belastend sein;[63] andererseits kann für die begünstigende Natur eines VA die Sicht des Betroffenen entscheidend sein.[64] Gerade bei der Neufestsetzung eines Geldbetrages bleiben Schwierigkeiten (s. Rn. 17); daher will *Krause*[65] entgegen der gesetzlichen Anknüpfung nicht auf den begünstigenden oder belastenden Charakter des VA, sondern auf die günstige oder lästige Wirkung seiner Beseitigung abstellen.[66] Zu VAen mit **teils begünstigenden, teils belastenden Regelungen** s. § 48 Rn. 120 ff., 132, sowie etwa *VGH Kassel* NVwZ 1990, 383, 384. 20

Auf dem Gebiet der **adressatlosen VAe** im Sinne des § 35 Satz 2, wie z.B. einer Widmung (vgl. § 35 Rn. 320 ff.), passt der Begriff des belastenden VA grundsätzlich nicht, da hiermit Rechte oder rechtlich erhebliche Vorteile weder zugesprochen noch abgesprochen werden.[67] Sie sind insoweit neutral.[68] Auch auf sie trifft aber die Bezeichnung „nicht begünstigender VA" zu. Sie sind nach § 48 Abs. 1 S. 1 oder § 49 Abs. 1 aufhebbar.[69] 21

2. Ausschluss des Widerrufs

a) Notwendigkeit des Neuerlasses eines inhaltsgleichen VA. Der Widerruf ist nach Abs. 1 insbes. ausgeschlossen, wenn ein VA gleichen Inhalts erneut erlassen werden müsste. Durch den Widerruf würde sich die Behörde im Rahmen der gebundenen Verwaltung ihrer Verpflichtung zum Erlass (und zur Aufrechterhaltung) des VA entziehen.[70] S. auch Rn. 28. Maßgeblich ist die Regelung des VA, sein verfügender Teil (§ 35 Rn. 141). 22

---

[59] Dazu *Krause* NJW 1979, 1007, 1013.
[60] *BVerwGE* 72, 265, 267.
[61] Vgl. *Wolff/Bachof/Stober* 2, § 46 Rn. 21, § 51 Rn. 28; *Laubinger*, S. 13 ff.
[62] *Stelkens* JuS 1984, 930, 931 f.
[63] So für die Bewilligung der Hauptentschädigung im Lastenausgleichsrecht, die die Möglichkeit beeinträchtigt, Kriegsschadensrente zu erhalten, *BVerwGE* 25, 191, 194.
[64] *BVerwG* ZBR 1994, 246, für die Versetzung eines Soldaten.
[65] NJW 1979, 1007, 1013.
[66] Nicht aufgegriffen von *BVerwG* NVwZ-RR 2004, 269 f., für die Beurteilung des vom Betroffenen angegriffenen – dann nur am Willkürverbot gemessenen – Widerrufs der (wohl als belastend eingestuften) Einberufung eines Reserveoffiziers zur Alarmreserve anhand von § 49 Abs. 2.
[67] *VGH Mannheim* NJW 1979, 1670.
[68] *Meyer/Borgs*, § 48 Rn. 45, 49.
[69] S. *Stelkens* JuS 1984, 930, 933 ff.
[70] Auf einen Verstoß gegen Treu und Glauben beruft sich – außerhalb des Anwendungsbereiches von § 49 – *BFH* NJW 1996, 2598 m.w.N., für den Widerruf der Bestellung als Steuerberater.

23 Diese Regelung gilt auch, soweit die Behörde zum Erlass des VA auf Grund von **Ermessensschrumpfung** (§ 40 Rn. 56 ff.) oder **Selbstbindung** (§ 40 Rn. 103 ff.) verpflichtet ist. Verbleibt auch nur ein enger Entscheidungsspielraum, ist der Widerruf nach Abs. 1 möglich.[71]

24 **b) Unzulässigkeit aus anderen Gründen.** Der Widerruf nach Abs. 1 kann ferner aus anderen Gründen unzulässig sein. Die Unzulässigkeit kann sich aus ausdrücklichen **gesetzlichen Bestimmungen**, aus **Sinn und Zweck** gesetzlicher Regelungen oder aus **allgemeinen Rechtsgrundsätzen** ergeben.[72]

25 Da das Widerrufsrecht in diesen Fällen im öffentlichen Interesse ausgeschlossen ist, genügen auch **verwaltungsinterne** Weisungen und Verwaltungsvorschriften,[73] auch wenn sie nicht über Art. 3 GG zu einer Selbstbindung der Behörde mit unmittelbarer Wirkung für den Betroffenen führen (s. dazu § 40 Rn. 103 ff., auch Rn. 113 zur Selbstbindung kraft Vertrauensschutzes und Rn. 92 ff. zur Geltung des Willkürverbots zwischen staatlichen Stellen).

3. Subjektives Recht auf Widerruf

26 **a) Anspruch des Adressaten.** Beim Widerruf belastender VAe besteht nach allgemeinen Grundsätzen ein Anspruch des Adressaten auf **ermessensfehlerfreie Entscheidung**,[74] der sich im Falle einer **Ermessenschrumpfung** zu einem strikten Anspruch auf Widerruf verdichten kann (allg. § 40 Rn. 134 ff.). Dies wird regelmäßig der Fall sein, wenn die gesetzlichen Grundlagen für grundrechtsbeschränkende DauerVAe oder die tatsächlichen Voraussetzungen entfallen sind, so dass der VA nicht mehr erlassen werden dürfte;[75] s. zur Frage der Rücknahme des „rechtswidrig gewordenen" VA § 48 Rn. 53 ff.

27 **b) Ansprüche Dritter.** Auch ein von einem VA belasteter Dritter kann (nur) bei Betroffenheit in eigenen subjektiven Rechten eine **Bescheidung ohne Ermessensfehler** verlangen;[76] ein strikter Anspruch auf Erlass des Widerrufs setzt auch hier eine **Ermessensschrumpfung** auf Null (s. § 40 Rn. 56 ff., 137) voraus.[77] S. ferner § 50 Rn. 81; zur Ermessenschrumpfung für den Widerruf eines vertragswidrigen VA s. *Kreuzer*, Der vertragswidrige Verwaltungsakt, 1988, S. 157 ff.

IV. Widerruf eines begünstigenden VA (Abs. 2)

1. Allgemeines

28 Nur (Rn. 1)[78] unter den in **Abs. 2** genannten Voraussetzungen steht es im behördlichen Ermessen (s. Rn. 8 ff.), einen **begünstigenden VA** (s. dazu § 48 Rn. 115 ff.)[79] ganz oder teilweise mit Wirkung für die Zukunft (s. dazu Rn. 16) zu widerrufen. Wegen des mangels Konkurrenz zum nicht beeinträchtigten Gesetzmäßigkeitsprinzip grundsätzlich zu schützenden **Vertrauens** des Begünstigten in den Bestand des rechtmäßig erlassenen VA (Rn. 2) kommt es für den Widerruf nicht darauf an, ob auf den Erlass des zu widerrufenden VA ein Rechtsanspruch bestand oder ob er im Ermessen der Behörde lag.[80] Ist die Behörde verpflichtet, einen **VA glei-**

---

[71] Vgl. *BVerwGE* 68, 151, 153.
[72] Begründung zu § 45 Abs. 1 Entwurf 73.
[73] So auch *Ule/Laubinger*, § 63 Rn. 2; *Weides*, § 30 I; *Bronnenmeyer*, S. 185 ff.; anders *Meyer* in Knack, § 49 Rn. 35; *Kopp/Ramsauer*, § 49 Rn. 22; *Meyer/Borgs*, § 49 Rn. 15; *Erichsen/Brügge* Jura 1999, 496, 497 f. m. w. N. In Betracht kommen auch Weisungen oberster Bundesbehörden (Art. 85 Abs. 3 GG) und allgemeine VV nach Art. 84 Abs. 2, 85 Abs. 2 S. 1 GG (Begründung zu § 45 Abs. 1 Entwurf 73).
[74] Missverständlich *OVG Münster* NVwZ-RR 1999, 166 LS 2; das dort verneinte subjektive öffentliche Recht auf fehlerfreie Ausübung des Ermessens hinsichtlich des Widerrufs der Übertragung der Abwasserbeseitigungspflicht zielt nur auf die vom Verpflichteten begehrte Aufhebung des erfolgten Widerrufs, für die es in der Tat schon an der günstigen Wirkung fehlt.
[75] *Maurer*, § 11 Rn. 52; *Meyer* in Knack, § 49 Rn. 32; *Erichsen/Brügge* Jura 1999, 496, 498.
[76] *OVG Münster* DVBl 1977, 930; zu dieser Möglichkeit im Rahmen von Abs. 2 Nr. 5 *VGH Kassel* NVwZ-RR 2003, 729, 734.
[77] Für diese Möglichkeit zugunsten des Nachbarn bei § 21 BImSchG *Zitzelsberger* GewArch 1990, 271, 272.
[78] Vgl. die Formulierung „darf"; *Lotz* WiVerw 1979, 1, 6.
[79] Zur Einbeziehung der Ersetzung eines belastenden durch einen stärker belastenden VA für § 49 Abs. 2 ausdrücklich *Schenke* DÖV 1983, 320, 325 f.
[80] S. zur Rechtslage vor dem VwVfG *BVerwG* VerwRspr 1954, Nr. 66; a. A. *BVerwGE* 1, 99, 101 f.

chen Inhalts erneut zu erlassen, scheidet wie nach Abs. 1 (Rn. 22f.) wegen der Gesetzmäßigkeit der Verwaltung der Widerruf aus (s. Rn. 83; auch § 48 Rn. 80).

Im Rahmen des Widerrufsermessens (s. allg. Rn. 11ff.) ergeben sich typischerweise bei 29 begünstigenden VAen **besonders bedeutsame** Aspekte. Insbes. gewinnt das **Übermaßverbot** (s. § 40 Rn. 83) in den Fällen des Absatzes 2 Nr. 1 (etwa für den Widerruf einer Gaststättenerlaubnis,[81] einer Baugenehmigung[82] oder einer Transportgenehmigung nach § 12 Abs. 1 AbfG[83]) und Nr. 2 Bedeutung (Begründung zu § 38 Abs. 2 Nr. 2 Musterentwurf).[84] Namentlich ist zu prüfen, ob weniger einschneidende Mittel, wie eine Abmahnung (s. Rn. 56), Erfolg versprechen.[85]

Bei gesetzlich zwingend vorgeschriebenem Widerruf ist die Anwendung des Verhält- 30 nismäßigkeitsgrundsatzes[86] **problematisch,** soweit sie sich nicht bei der Auslegung und Anwendung der gesetzlichen Tatbestandsmerkmale[87] berücksichtigen lässt. Die gesetzliche Entscheidung des zwischen den Zielen des Widerrufs und dem Vertrauensschutz ist, soweit sie nicht die Verfassung verletzt, von der Verwaltung zu respektieren.[88]

Der Verhältnismäßigkeitsgrundsatz wird auch verletzt, wenn der **Zweck des Widerrufs** 31 **nicht erreichbar ist**[89] (s. auch Rn. 69). Im Einzelfall kann es der Verhältnismäßigkeitsgrundsatz erfordern, von einem Widerruf des gesamten VA abzusehen, wenn die Widerrufsgründe über nachträgliche Auflagen auszuräumen sind.[90]

Zu berücksichtigen sind ferner die **Grundrechte** der Beteiligten (s. allg. § 40 Rn. 85ff.), 32 etwa Art. 14 GG beim Widerruf einer ins Werk gesetzten Erlaubnis.[91]

Da der **Vertrauensschutz** in § 49 Abs. 2 Nr. 3 bis 5 i.V.m. Abs. 6 eingearbeitet wurde (zu 33 Nr. 1 und 2 s. Rn. 35), ist er in der Regel nicht mehr in die Ermessenserwägungen einzubeziehen.[92] Anderes gilt insbes., wenn es um nicht materielle Nachteile geht (§ 48 Rn. 187ff., 182; ferner Rn. 73, 77). Schon daher ist nicht allgemein „intendiertes" Ermessen gegeben,[93] zumal auch vom Vertrauensschutz unabhängige Gesichtspunkte relevant sein können (Rn. 11). Zum Vertrauensschutz bei Aufhebung belastender VAe s. § 48 Rn. 42ff.

Abs. 2 ist eine **abschließende Regelung.**[94] Daneben ist aber wohl der Widerruf im Einver- 34 ständnis mit dem Begünstigten möglich.[95] Eine allgemeine Widerrufsmöglichkeit allein aus öffentlichem Interesse besteht nicht, wie die Bestimmungen der Nr. 3 bis 5 zeigen. Abs. 2 zieht daher dem **Ermessen zum Widerruf eine Grenze,** wenn die in Nr. 1 bis 5 genannten Gründe nicht das Motiv des Widerrufs sind. Es muss jeweils ein Bezug zwischen Widerrufsvorbehalt, nicht erfüllter Auflage, geänderter Sach- oder Rechtslage und Nachteilen für das Gemeinwohl einerseits und dem öffentlichen Interesse an der Aufhebung des VA andererseits bestehen (s. auch Rn. 69). Im Übrigen können für die Fälle der Nr. 1–5 jeweils unterschiedliche Ermessensgesichtspunkte Bedeutung erlangen (s. Rn. 40, 45, 50, 59, 71, 77; s. allg. auch Rn. 36).

Einen Widerruf unter Berücksichtigung **anderer Nebenbestimmungen** als Widerrufsvor- 35 behalt (Nr. 1) und Auflage (Nr. 2) zu ermöglichen, war nicht nötig, da Bedingung und Befris-

---

[81] *BVerwGE* 49, 160, 168f.
[82] *VGH Mannheim* BauR 1985, 551.
[83] *VGH Mannheim* NVwZ 1990, 482, 483f.
[84] S. auch *Ruffert* in Erichsen/Ehlers, § 24 Rn. 8 m.w.N.
[85] *OVG Münster* NVwZ-RR 1989, 558.
[86] Dafür etwa *BVerwGE* 49, 160, 168f., zum Widerruf der Gaststättenerlaubnis; *BVerwG* NJW 1991, 1557 zu § 5 Abs. 2 BÄO; *VG Regensburg* BayVBl 1990, 122 zu § 6 BTÄO.
[87] Vgl. in diesem Sinne zu § 4 Abs. 2 ApG *VGH Mannheim* NVwZ-RR 1993, 19, 20.
[88] Vgl. in diesem Sinne für § 5 Abs. 2 BÄO *VGH Mannheim* NVwZ-RR 1995, 203, 205; vgl. auch *BVerwGE* 105, 214, 222 = NJW 1998, 2756, wonach dem Grundsatz der Verhältnismäßigkeit allg. durch die Möglichkeit der Wiedererteilung der Approbation nach § 8 Abs. 1 BÄO genügt ist; für § 15 Abs. 2 GastG *VGH Mannheim* NVwZ-RR 1996, 327, 328.
[89] *OVG Münster* NVwZ 1987, 155f.
[90] *VGH München* NVwZ 1990, 995, 996f.
[91] S. etwa für das Wasserrecht *VGH Mannheim* UPR 1992, 384, 385.
[92] *BVerwG* NVwZ 1992, 565, 566; offen *VGH München* NJW 1986, 1564, 1567; a.A. *OVG Lüneburg* NJW 1982, 1246, 1248; *Kopp/Ramsauer,* § 49 Rn. 30; *Lange* WiVerw 1979, 15, 17f.
[93] *BVerwG* NVwZ 1992, 565, 566.
[94] *Häberle* in FS Boorberg Verlag, 1977, S. 47, 88; *Schwarz,* Vertrauensschutz als Verfassungsprinzip, 2002, S. 329.
[95] *Kopp/Ramsauer* § 49 Rn. 26 m.w.N.; ferner etwa *Baumann* GewArch 2004, 448, 452.

tung von Gesetzes wegen zur Erledigung und damit zur Unwirksamkeit des VA führen (vgl. § 43 Rn. 204 ff.). In den **Fällen der Nr. 1 und 2** muss der Betroffene entweder mit der Möglichkeit des Widerrufs rechnen, oder die Tatsachen, die den Widerruf auslösen, liegen in seiner Sphäre. Damit fehlt die Grundlage für **Vertrauensschutz**.[96] Der Verlust des Vertrauensschutzes geht jedoch nur soweit, wie die Gründe des Widerrufsvorbehaltes (Rn. 42 f.) reichen.

36 Bewusst ist **Abs. 2** auf **alle begünstigenden VAe** erstreckt worden. **Gestaltende VAe** (s. § 35 Rn. 214 f.) sind nicht ausgeschlossen worden. Ob es sinnvoll ist, einen gestaltenden VA zu widerrufen, ist bei der Ermessensentscheidung zu überprüfen.[97] Hierbei ist zu prüfen, inwieweit die rechtsgestaltenden VAe endgültigen Charakter haben sollen[98] (s. auch Rn. 3). Zur Rücknahme gestaltender VAe s. § 48 Rn. 45, 92. Zu diesen Grundsätzen bei Widerruf eines Verkehrszeichens *BVerwG* VRS 1977, 316; s. auch § 35 Rn. 332 ff.; zur Wirksamkeit s. Rn. 109 ff.

37 Für die analoge Anwendung des § 49 auf den Neuerlass **verwaltungsgerichtlich aufgehobener VAe** (s. auch § 48 Rn. 11)[99] ist kein Raum, zumal die Rechtskraft bei Änderungen der Sach- oder Rechtslage (s. Abs. 2 Nr. 3 und 4) einem neuen VA nicht entgegensteht. Eine Ausdehnung des § 49 Abs. 2 Nr. 5 auf den Erlass originär belastender VAe würde diese Norm zu einer universellen Eingriffsermächtigung machen.

2. Widerruf nach Nr. 1

38 Nach **Abs. 2 S. 1 Nr. 1** ist der **Widerruf** im Rahmen der allgemeinen Ermessensgrundsätze (Rn. 8 ff., 34) zulässig, wenn er **durch Rechtsvorschrift zugelassen** (Rn. 43; ferner Rn. 1, zu zwingend vorgeschriebenen Widerrufsfällen s. Rn. 10[100]) oder gemäß § 36 Abs. 2 Nr. 3 im VA **vorbehalten** (§ 36 Rn. 78 ff.) ist.[101]

39 a) **Wirksamer Vorbehalt.** Rechtmäßig sollte nach den Vorstellungen des Gesetzgebers ein Widerruf auf Grund eines Widerrufsvorbehaltes nur sein, wenn die **Beifügung des Widerrufsvorbehaltes rechtmäßig** war (Begründung zu § 45 Abs. 2 Entwurf 73).[102]

40 Dieser Grundsatz kann bei **Unanfechtbarkeit** des mit dem nicht nichtigen Widerrufsvorbehalt versehenen VA nicht durchgreifen, da dessen materielle Bestandskraft (§ 43 Rn. 45 ff.) auch den Widerrufsvorbehalt erfasst.[103] Das Erfordernis, den Widerruf ohne Ermessensfehler auszusprechen, verhindert im Ergebnis gleichwohl, dass sich die Behörde über einen rechtswidrigen Widerrufsvorbehalt eine weitergehende Eingriffsmöglichkeit in die Bestandskraft eines VA eröffnet.[104]

41 Namentlich ist die **Vornahme des Widerrufs** auf Grund des Widerrufsvorbehaltes ermessensfehlerhaft und daher **rechtswidrig**, wenn der Vorbehalt aufgenommen worden war, obwohl die gesetzlich abschließend festgelegten Rücknahme- und Widerrufsgründe nicht vorlagen (§ 36 Rn. 10),[105] wenn ein Rechtsanspruch auf den VA ohne Widerrufsvorbehalt bestand (s. § 36 Rn. 116), wenn der VA sogleich wieder erlassen werden müsste[106] oder wenn zur Umgehung der

---

[96] Krit. *von Münch* JZ 1964, 121, 124; zust. *Lehner* Verwaltung 1993, 183, 203.
[97] Begründung S. 181 zu § 38 Musterentwurf.
[98] *BVerwGE* 29, 314, zur Stiftungsgenehmigung, modifiziert durch *BVerwG* BauR 1977, 408 ff., für Bodenverkehrsgenehmigung; *Steiner* DVBl 1970, 34; *Wolff/Bachof/Stober* 2, § 51 Rn. 56.
[99] Dafür *Kopp/Kopp* NVwZ 1994, 1, 5.
[100] Zu gesetzlich zwingend vorgesehenen Widerrufsvorbehalten s. *BVerwG* NVwZ 1991, 994, 995 für § 7 a Abs. 1 AbfG, § 9 a WHG.
[101] Übergreifend zu unterschiedlichen Gestaltungen im Umweltrecht *Schmehl*, Genehmigungen unter Änderungsvorbehalt zwischen Stabilität und Flexibilität, 1998; vgl. auch *ders*. DVBl 1999, 19 ff.
[102] So auch *Menger/Erichsen* VerwArch 1970, 389; *Meyer* in Knack, § 49 Rn. 43; *Maurer*, § 11 Rn. 41; *Ruffert* in Erichsen/Ehlers, § 24 Rn. 7 m. w. N.; *Erichsen/Brügge* Jura 1999, 496, 498; offen *VGH München* NJW 1986, 1564, 1565 m. w. N.; nicht eindeutig *VGH Kassel* NVwZ 1989, 165, 166; stark differenzierend *Sarnighausen* NVwZ 1995, 563 ff.
[103] *BVerwG* NVwZ 1987, 498, 499; auch *BFH* NVwZ 1983, 640; *VGH Mannheim* NVwZ-RR 1992, 543; VBlBW 1994, 27, 28 m. w. N.; *Meyer/Borgs*, § 49 Rn. 23; *Kopp/Ramsauer*, § 49 Rn. 37; jetzt auch *Ule/Laubinger*, § 63 Rn. 6; ferner *Eichberger* GewArch 1983, 105, 111 ff. m. w. N.; beschränkt auf Fälle offensichtlicher Rechtswidrigkeit *BVerwG* NVwZ-RR 1994, 580; *OVG Berlin-Brandenburg* LKV 2007, 370, 371.
[104] So auch *Ehlers* GewArch 1999, 305, 314.
[105] *Wendt* JA 1980, 92; *Sarnighausen* NVwZ 1995, 563, 565; vgl. auch *BVerwGE* 45, 235, 242; a. A. wohl *BFH* NVwZ 1983, 640, der nur auf Bestandskraft abhebt.
[106] *VGH Mannheim* BauR 1985, 551.

Vertrauensschutzregelungen des § 48 Abs. 2 ein Widerruf für den Fall der Rechtswidrigkeit des VA vorbehalten wird.[107] Dagegen ist es bei allgemeinem Widerrufsvorbehalt sachgerecht zu widerrufen, wenn zum Zeitpunkt des Widerrufs kein Anspruch auf den VA mehr besteht und deshalb die Zielsetzung des Gesetzes nicht mehr eingehalten werden kann.[108] Ermessensfehlerhaft wird es regelmäßig sein,[109] eine Gaststättenerlaubnis nach § 15 Abs. 3 Nr. 1 GastG zu widerrufen, wenn gegen eine zwar bestandskräftige, aber rechtswidrige inhaltliche Beschränkung der Erlaubnis verstoßen wurde.

b) Weitere Voraussetzungen. Ein Widerrufsvorbehalt bedeutet nicht, dass jederzeit ohne weitere Voraussetzungen widerrufen werden kann. Sind im Widerrufsvorbehalt **besondere Gründe** genannt, müssen diese vorliegen.[110] Ihre Bedeutung im Einzelnen ist ggf. durch Auslegung festzustellen.[111] Enthält der Widerrufsvorbehalt keine Voraussetzungen (§ 36 Rn. 79),[112] müssen besondere Gründe des öffentlichen Interesses,[113] insbes. des dem jeweiligen Gesetz zugrunde liegenden Interesses,[114] den Widerruf erfordern.[115] S. allg. zur **Ausübung des Widerrufsvorbehalts** im Wirtschaftsverwaltungsrecht *Eichberger* GewArch 1983, 105 ff.; ferner auch § 48 Rn. 149 zur begrenzten Reichweite von Rückforderungsvorbehalten im BAföG-Recht.

c) Widerrufsmöglichkeit auf Grund einer Rechtsvorschrift. Sieht ein Gesetz (z. B. § 12 WHG, § 15 LWG NW,[116] § 22 BGB,[117] § 102b GüKG,[118] § 15 Abs. 3 GastG,[119] zu Fällen zwingend vorgeschriebenen Widerrufs s. Rn. 10) oder eine sonstige Rechtsvorschrift (§ 36 Rn. 115), insbes. Rechtsverordnung oder Satzung,[120] eine Widerrufsmöglichkeit vor, sind die nach dieser Rechtsvorschrift ausdrücklich geregelten oder zumal aus der Systematik abzuleitenden Voraussetzungen[121] für den Widerruf zu beachten. Der Widerruf ist auch möglich, wenn dem Betroffenen die Widerrufsmöglichkeit bei Erlass des VA nicht bekannt war. Die Widerrufsmöglichkeit muss im Gesetz nicht ausdrücklich zugelassen sein, kann sich etwa auch aus der Zweckbestimmung des Gesetzes ergeben,[122] s. § 48 Rn. 6.

Der durch Rechtsvorschrift zugelassene Widerruf, dessen Zulässigkeit § 49 (jedenfalls für später erlassene Gesetze nur deklaratorisch) bestätigt,[123] unterliegt grundsätzlich nicht den Anforderungen dieser Bestimmung im Übrigen.[124] Zur Geltung der Frist des Abs. 2 S. 2 s. Rn. 84 ff. Der Widerruf ist nur im Rahmen der Zweckbestimmung des Gesetzes zulässig;[125] diese muss nicht auf den engsten Sachzusammenhang beschränkt sein. So kann eine Güternahverkehrserlaubnis wegen Nichterfüllung steuerrechtlicher Pflichten widerrufen werden, auch wenn diese nichts mit dem Verkehrsbetrieb zu tun haben;[126] bei wasserrechtlichen Erlaubnissen soll jeder sachliche Grund genügen können.[127] Das Ermessen ist auch in diesen Fällen nicht auf regelmä-

---

[107] *OVG Münster* NVwZ 1993, 76, 79.
[108] *VGH Kassel* UPR 1986, 439.
[109] *BVerwG* GewArch 1994, 341, 342.
[110] Vgl. etwa *OVG Münster* NWVBl 1993, 270, 271; *OVG Lüneburg* DÖV 1999, 564, 565; *VGH München* NVwZ-RR 2007, 607, 608.
[111] *OVG Bautzen* NJW 2000, 1057, 1058 f.
[112] Zur Zulässigkeit vgl. *Eichberger* GewArch 1983, 105 ff. m. w. N.
[113] *Scheerbarth* DVBl 1966, 780, 783.
[114] *BVerwGE* 32, 12, 14; *VGH Mannheim* NVwZ 1990, 482; NVwZ-RR 1992, 543; *VGH München* NVwZ-RR 2007, 607, 608; *VGH Kassel* NJW 1987, 393; *KrG Erfurt* ThürVBl 1993, 92, 94; auch schon *PrOVGE* 50, 361, 363; *von Münch* JZ 1964, 121, 122.
[115] *Lange* WiVerw 1979, 15, 27; weitergehend *Meyer/Borgs*, § 49 Rn. 21; wohl auch *OVG Münster* NJW 1966, 2079; *VGH Mannheim* NVwZ-RR 1992, 543, der den Widerruf einer Baugenehmigung für gerechtfertigt hält, wenn kein Anspruch auf die Genehmigung (mehr) bestand.
[116] Dazu *OVG Münster* DVBl 1977, 930.
[117] Dazu *OVG Münster* MDR 1979, 963.
[118] S. *BVerwG* NVwZ-RR 1991, 63 f.
[119] S. *BVerwGE* 81, 74.
[120] *VGH München* NVwZ-RR 2000, 815.
[121] Vgl. zu § 5 Abs. 1 S. 2 SchfG *BVerwG* DVBl 1998, 139, 141.
[122] Für die Möglichkeit, eine Freistellungserklärung nach § 7 Abs. 1 WoBindG zu widerrufen, auch wenn die Erklärung nicht mit einer ausdrücklichen Bedingung verknüpft war, *VGH München* NZM 1999, 718 = NVwZ 1999, 1016 (LS).
[123] Allg. gegen jede rechtliche Bedeutung *Erichsen/Brügge* Jura 1999, 496, 498 m. w. N.
[124] *OVG Berlin* OVG BlnE 21, 184, 196.
[125] *VGH Mannheim* BauR 1985, 551; *VGH München* NVwZ 1990, 995, 996.
[126] *BVerwG* NVwZ-RR 1991, 64.
[127] *VGH Mannheim* ESVGH 41, 1991, 203, 205.

ßige Vornahme des Widerrufs bei Vorliegen der gesetzlichen Voraussetzungen „intendiert" (§ 40 Rn. 28 ff.).[128]

45 Sieht das Gesetz **jederzeitige Widerrufbarkeit** vor (so etwa in § 7 Abs. 1 KrWaffG), kann dies bei Verbot mit Erlaubnisvorbehalt im Grundrechtsbereich verfassungskonform dahin zu interpretieren sein,[129] dass sonstige Voraussetzungen des § 49 Abs. 2 erfüllt sein müssen.

3. Widerruf nach Nr. 2

46 Ist mit einem VA nach § 36 Abs. 2 Nr. 4 oder 5 oder auf Grund eines Spezialgesetzes eine **Auflage im Sinne des § 36** verbunden und wird sie nicht oder nicht fristgerecht erfüllt, besteht ein berechtigtes Interesse an dem Widerruf **(Nr. 2)**.[130]

47 Enthält der VA selbst **inhaltliche Beschränkungen** und werden diese nicht erfüllt, greift Nr. 2 nicht ein. Für derartige Fälle sind Spezialvorschriften erforderlich, z. B. § 15 Abs. 3 Nr. 1 GastG, § 34 Abs. 2 SprengG, aber auch § 49 Abs. 3 (s. Rn. 88 ff.). Sofern Spezialvorschriften fehlen, kann allenfalls Nr. 3 eingreifen (Rn. 58 ff.).

48 **a) Wirksame Auflage.** Die Vorschrift geht davon aus, dass die Auflage ein eigener materieller VA ist (§ 36 Rn. 83), und verbindet die Nichterfüllung der Auflage mit der Widerrufsmöglichkeit des HauptVA, von dem er abhängig ist.

49 Die **Bestandskraft** der Auflage hindert in der Regel eine Überprüfung der Rechtmäßigkeit der Auflage im Widerrufsverfahren;[131] wie beim Widerrufsvorbehalt (s. Rn. 39 ff.) kann ein Widerruf wegen Nichterfüllung rechtswidriger Auflagen aber ermessensfehlerhaft sein.[132]

50 **b) Nichterfüllung der Auflage.** Entscheidend ist allein, dass das mit der Auflage vorgeschriebene Verhalten nicht erfolgt. **Verschulden** für die Nichterfüllung der Auflage ist **nicht erforderlich,**[133] kann aber bei der Ermessensentscheidung von Bedeutung sein. Maßgebend bleibt jedoch das öffentliche Interesse an der Durchsetzung des mit der Auflage verbundenen Zwecks. Verlangt die Auflage ein Unterlassen, spricht sie also ein Verbot aus, berechtigt der Verstoß gegen das Verbot zum Widerruf.[134] Zu der besonderen Regel des Abs. 3 S. 1 Nr. 2 s. Rn. 105. Das *BVerwG*[135] lässt offen, ob § 102b Abs. 2 Nr. 6 GüKG die Nr. 2 als lex specialis verdrängt.

51 Ein Widerruf nach Nr. 2 soll auch möglich sein, wenn die **Auflage** selbständig **angefochten** wird (§ 36 Rn. 56).[136] Die Bedenken[137] überzeugen nicht voll, weil es an einem Vertrauenstatbestand dafür fehlt, dass die Behörde an dem VA auch unabhängig vom Bestand der Auflage festhalten wird. Andererseits ist es nicht unbedenklich, dem Adressaten die behördliche Widerrufsmöglichkeit als Preis für die Anfechtung einer rechtswidrigen Auflage zuzumuten, weil dies den Behörden weitgehende Möglichkeiten einer gerichtskontrollfreien Auflagenpraxis eröffnen würde.[138]

52 Der **Suspensiveffekt** der Anfechtung wirkt zugunsten des Betroffenen, dem die Nichterfüllung der von der aufschiebenden Wirkung betroffenen Auflage auch im Rahmen von § 49 Abs. 2 Nr. 2 nicht zum Nachteil gereichen kann. Gegen die Widerrufsmöglichkeit bei Anordnung der sofortigen Vollziehung hilft § 80 Abs. 5 VwGO. Erweist sich die Auflage im Prozess als rechtswidrig und wird aufgehoben, kommt ein Widerruf nach Nr. 2 nicht mehr in Betracht. Ist die Auflage rechtmäßig, kann der Adressat einem Widerruf wegen Nichterfüllung der Auflage noch zuvorkommen, muss aber mit Aufhebung wegen Fristversäumnis rechnen (s. Rn. 54).

---

[128] S. aber *BVerwG* NVwZ-RR 1991, 63 f., auch zu den Konsequenzen für die Begründungspflicht.
[129] *VGH München* BayVBl 1987, 18 ff.
[130] *Menger* VerwArch 1958, 73, 81; BGHZ 24, 100; ferner allg. *Elster*, Begünstigende Verwaltungsakte mit Bedingungen, Einschränkungen und Auflagen, 1979, S. 80 ff.
[131] *VGH Mannheim* NVwZ 1987, 520; *Suerbaum* VerwArch 1999, 361, 371 m. w. N.; anders etwa *Erichsen*/Jura 1999, 496, 498 m. w. N.
[132] S. jedoch *VGH Mannheim* NVwZ 1987, 520, bei abweichender Sicht des Ermessens, s. Rn. 8; wie hier auch *Berg* GewArch 1999, 1, 8; *Suerbaum* VerwArch 1999, 361, 373 f. m. w. N.
[133] Vgl. ausdrücklich für § 15 Abs. 4 S. 2 Nr. 4 WHG *BVerwG* NVwZ-RR 1996, 193 m. w. N.
[134] Im Ergebnis BVerwGE 66, 172, 175.
[135] BVerwGE 78, 114, 120.
[136] BVerwGE 65, 139, 141.
[137] *Schenke* JuS 1983, 185; *ders.* DÖV 1983, 320, 326; *Fehn* DÖV 1988, 202, 207.
[138] Zurückhaltender *Stelkens* NVwZ 1985, 469, 471.

c) **Frist.** Nr. 2 verlangt für die Vornahme des Widerrufs **nicht,** dass zur Erfüllung der Aufla- 53
ge eine **erneute Frist** gesetzt und dabei der Widerruf angedroht wird.[139] Vielmehr genügt die
Nichteinhaltung der Frist, die – wie regelmäßig – bereits in der Auflage enthalten ist. Wenn für
die (noch mögliche) Erfüllung der Auflage keine bestimmte Frist gesetzt ist, muss sie von der
Behörde, sofern noch zulässig, nachträglich bestimmt werden, um einen Widerruf zu ermöglichen. S. auch Rn. 56 zur Abmahnung.

Die Anfechtung der Auflage (Rn. 48) entfaltet auch hinsichtlich der Frist **aufschiebende** 54
Wirkung, die durch Anordnung der sofortigen Vollziehung ausgeräumt werden kann. Erweist
sich die Auflage im Prozess als rechtmäßig, ist unabhängig von der zwischenzeitlichen Vollziehungshemmung eine abgelaufene Frist versäumt, so dass eine nachträgliche Erfüllung der Auflage den Widerruf nicht ausschließen kann (s. zur Bedeutung der aufschiebenden Wirkung § 43
Rn. 227 ff., 215). Sie kann aber für die Ermessensausübung von Bedeutung sein.

d) **Weitere Voraussetzungen.** Zur Wahrung der Verhältnismäßigkeit (s. Rn. 8) kann es im 55
Einzelfall geboten sein, vor dem Widerruf die **Vollstreckung der Auflage** zu versuchen (§ 36
Rn. 8).[140] **Nicht** erforderlich ist es, vor dem Widerruf ein **Bußgeldverfahren** durchzuführen.[141]

Ob ausnahmslos eine **Abmahnung** erforderlich ist,[142] ist gleichfalls fraglich.[143] Vielmehr 56
hängt es von den Umständen des Einzelfalls ab, ob es wegen der Verhältnismäßigkeit oder für
das Tatbestandsmerkmal der Unzuverlässigkeit nötig ist, vor (gewerberechtlichem) Widerruf ab-
zumahnen; entbehrlich ist dies, wenn von der Abmahnung kein Erfolg zu erwarten ist (zu § 49
Abs. 2 S. 1 Nr. 3).[144] Jedenfalls ist die Abmahnung entbehrlich, wenn die Nichterfüllung der
Auflage (in der Frist) feststeht.

Das Übermaßverbot hindert einen Widerruf auch, wenn eine **unwesentliche Auflage** nicht 57
erfüllt worden ist. Dass die Nichterfüllung einer Verwendungsnachweisauflage selbst dann den
Widerruf rechtfertigt, wenn die Mittel tatsächlich zweckentsprechend verwendet wurden,[145] ist
fraglich. Entsprechendes gilt für einen Widerruf wegen Verstoßes gegen eine Auflage zur Beachtung des Vergaberechts unabhängig vom Eintritt unwirtschaftlicher Folgen.[146] S. auch Rn. 102.

4. Widerruf nach Nr. 3

Nr. 3 regelt den schon nach früherem Recht anerkannten Fall,[147] dass durch **nachträgliche** 58
Änderung tatsächlicher Verhältnisse (so die gleichbedeutende Formulierung in § 48 Abs. 1
S. 1 SGB X), die den Erlass des VA getragen haben (s. dazu § 51 Rn. 88 ff., § 44 Rn. 6, unten
Rn. 83), die Aufrechterhaltung des VA zu einer Gefährdung des öffentlichen Interesses wird.[148]

a) **Tatsachen.** Bei den Tatsachen kann es namentlich um das **Verhalten des Betroffenen** 59
gehen. Dies wurde etwa angenommen für die Zustimmung zur Dienstverpflichtung nach § 8
KatSG bei mangelnder Mitwirkung eines Katastrophenschutzhelfers, unabhängig vom Vertretenmüssen;[149] für eine Gewissensentscheidung nach Art. 4 Abs. 3 GG ausschließende Äußerungen von Kriegsdienstverweigerern;[150] für gewerberechtliche Erlaubnisse auf Grund Unzuverlässigkeit begründenden Verhaltens des Gewerbetreibenden;[151] bei Vertrauensbruch eines Geheim-

---

[139] Wie hier *Schneider*, Nebenbestimmung und Verwaltungsprozess, 1981, S. 31, 63 ff.; *Ule/Laubinger*, § 63 Rn 7; *Meyer* in Knack, § 49 Rn. 45; *Kopp/Ramsauer*, § 49 Rn. 38 b; a. A.; *Weides*, § 30 II 2 c; *Erichsen/Brügge* Jura 1999, 496, 498 m. w. N.
[140] *Wolff/Bachof/Stober* 2, § 51 Rn. 42, 43; *Lange* WiVerw 1979, 15, 28.
[141] *BVerwGE* 59, 124, 129 f.
[142] Dafür *BVerwGE* 49, 160, 168; *Kopp/Ramsauer*, § 49 Rn. 39; *Meyer/Borgs*, § 49 Rn. 25.
[143] Vgl. die Streichung des allg. Abmahnungserfordernisses nach § 32 Abs. 3 Nr. 1 BWasserStrG durch das 1. Gesetz zur Bereinigung des Verwaltungsverfahrensrechts; dazu *Stelkens* NVwZ 1986, 543.
[144] *BVerwG* NVwZ 1992, 167 f.
[145] So *VGH Mannheim* NVwZ 1987, 520; auch *OVG Greifswald* NordÖR 2002, 382.
[146] Für zulässigen Widerruf etwa *OVG Münster* NWVBl 2005, 344 ff.; *Attendorn* NVwZ 2006, 991 ff.; auch *ders.* NWVBl 2007, 293 ff.; dagegen *Martin-Ehlers* NVwZ 2007, 289 ff. m. w. N.
[147] *BVerwGE* 40, 65, 68; *OVG Lüneburg* OVGE 3, 176, 178; *OVG Münster* OVGE 9, 38.
[148] *BVerwG* NVwZ 1987, 324, z. B. bei Widerruf der Ausmusterungsentscheidung, wenn der Wehrpflichtige bei erneuter Untersuchung verwendungsfähig ist.
[149] *BVerwGE* 18, 34, 36; 59, 124, 127 f.; *OVG Münster* NVwZ 1985, 132, 133; entsprechend für den Ausschluss eines Helfers aus seiner Organisation *VGH Kassel* DÖV 1992, 271.
[150] *BVerwGE* 88, 130, 135 f.; *BVerwG* NVwZ-RR 1995, 43, 44, jeweils auch zu Fragen der Ermessens-
schrumpfung bzw. des intendierten Ermessens.
[151] *VGH Kassel* NVwZ-RR 1993, 139.

nisträgers in Bezug auf dessen „Verschlußsachenermächtigung";[152] bei strafgerichtlichen Verurteilungen[153] und bei Strafbefehl.[154] Nr. 3 kann im Einzelfall auch in Betracht kommen, wenn inhaltliche Beschränkungen des VA (Rn. 47) oder Anpassungsverpflichtungen an eine sich ändernde Rechtslage (Rn. 79) vom Begünstigten nicht erfüllt werden.

60 Daneben kommen aber auch **äußere Umstände** in Betracht, die außerhalb der Verantwortungssphäre des Begünstigten liegen,[155] z. B. die hohe Zahl von Kriegsdienstverweigerern,[156] die Nähe einer Wohnhausbebauung am Gewerbebetrieb oder der Betrieb einer zentralen Kläranlage.[157] Zum baurechtlichen Vorbescheid s. § 38 Rn. 20. Eine Anwendung des allgemeinen Rechtsgrundsatzes des Wegfalls der Geschäftsgrundlage unabhängig von § 49 kommt nicht in Betracht.[158] Um Tatsachen geht es auch, wenn die Fakten einer **rechtlichen Bewertung** im Rahmen eines gesetzlichen Tatbestandsmerkmals bedürfen, wie beim Bestehen eines Bedürfnisses[159] (s. auch Rn. 66).

61 Von der **Behörde selbst geschaffene Bedingungen** genügen allerdings **nicht**. Daher kann die Zusage der Umzugskostenvergütung einen Widerruf der unbefristeten Bewilligung von Trennungsgeld nicht ermöglichen.[160]

62 **b) Nachträgliches Eintreten der Veränderung.** Nach dem Gesetzeswortlaut und vor dem Hintergrund der Differenzierung in § 51 Abs. 1 Nr. 1 und 2 (s. § 51 Rn. 90, 112) müssen die Tatsachen **nachträglich eingetreten** sein. Dabei genügt es, wenn die neuen Tatsachen (nur) im Zusammenhang mit bereits bestehenden Umständen relevant sind.[161] Hingegen genügt das bloße Bekanntwerden unverändert gebliebener Umstände für einen Widerruf nicht,[162] kann vielmehr Anlass für eine Rücknahme sein, wenn sich der auf der irrtümlich zugrunde gelegten Tatsachenbasis erlassene VA als rechtswidrig erweist (s. auch Rn. 83).

63 Nichts anderes gilt, wenn insbes. im naturwissenschaftlich-technischen Bereich die **gesetzlichen Voraussetzungen** der Behördenentscheidung als solche nicht auf eine objektive Sachlage abstellen, sondern auf einen **bestimmten Erkenntnisstand** (etwa: den Stand von Wissenschaft und Technik, § 7 Abs. 2 Nr. 3 AtG). Dadurch wird dieser Erkenntnisstand zur für den Erlass des VA maßgeblichen „Tatsache", so dass hier neue Erkenntnisse den Eintritt neuer Tatsachen i. S. d. § 49 Abs. 2 Nr. 3 bedeuten. Entsprechendes kann sich für objektiv formulierte Voraussetzungen im Wege der Auslegung ergeben.[163]

64 Eine **Verallgemeinerung** dahin, dass jede durch neue wissenschaftliche Erkenntnisse bedingte Neubewertung alter Tatsachen für einen Widerruf ausreicht,[164] geht indes **zu weit**.[165] Umge-

---

[152] *BVerwG* NJW 1988, 1991.
[153] *BVerwG* DÖV 1991, 76; *VGH München* GewArch 1998, 379 f. zum Eignungswegfall eines öffentlich bestellten Sachverständigen.
[154] *BVerwG* NVwZ 1995, 1101 f.
[155] S. zusammenfassend *BVerwG* NVwZ 1991, 577, 578 m. w. N.
[156] S. schon für die Zeit vor dem VwVfG *BayObLG* VerwRspr 1974, Nr. 100.
[157] *BVerwG* NVwZ 1992, 565.
[158] Offengelassen von *OVG Bautzen* NJW 2000, 1058, 1059; anders vor dem VwVfG für ein durch eine Zusage begründetes Subventionsverhältnis *OVG Lüneburg* NJW 1977, 773, 774.
[159] *OVG Berlin* NVwZ-RR 2000, 431, 432 zu § 47 Abs. 2 WaffG.
[160] *BVerwG* NVwZ 1991, 577, 578 f.
[161] *Laubinger/Repkewitz* VerwArch 1998, 609, 613 f.
[162] Vgl. *BVerwG* NVwZ 1991, 577, 578; *VGH Mannheim* NVwZ-RR 1992, 602, 604; *Wolff/Bachof/Stober* 2, § 51 Rn. 45; *Ule/Laubinger* § 63 Rn. 10; *Meyer/Borgs*, § 49 Rn. 27; *Weides*, § 30 II 2 d; *Drews/Wacke/Vogel/Martens*, § 26 Anm. 6 c; unscharf *Meyer* in Knack, § 49 Rn. 49, zu unberücksichtigten bekannten Tatsachen.
[163] Vgl. für § 21 Abs. 1 Nr. 3 i. V. m. § 6 Nr. 1, § 5 Abs. 1 Nr. 1 BImSchG *OVG Münster* NVwZ 1988, 173; *Zitzelsberger* GewArch 1990, 271 m. w. N.; s. auch tendenziell weitergehend *Roßnagel* JZ 1986, 715, 720; *Lange* NJW 1986, 2459, 2462 f.; *Schoch* DVBl 1990, 549, 554 w. w. N. zur atomrechtlichen Genehmigung; ferner § 44 Rn. 32 f.; *Seibert*, Die Bindungswirkung von Verwaltungsakten, 1989, S. 231 f., 410 ff., 447, 451, differenziert zutreffend danach, ob eine Genehmigung alle oder nur objektiv erkennbare Gefahren abdeckt; für den Widerruf einer Schulbuchzulassung auf Grund von in neuen Rahmenrichtlinien erfassten neuen wissenschaftlichen Erkenntnissen und Bewertungen *BVerwG* NVwZ 1984, 102 f.; s. aber *BVerwGE* 65, 313, 317.
[164] So wohl *BVerwG* NVwZ 1984, 102, 103; *Kopp/Ramsauer*, § 49 Rn. 46; *Ruffert* in Erichsen/Ehlers, § 24 Rn. 10; noch weitergehend für Gleichstellung von Tatsachenänderung und Bekanntwerden alter Tatsachen *VGH Mannheim* NVwZ 1986, 394, 395 f.; zu § 51 Abs. 1 Nr. 1 *Schäfer* in Obermayer, VwVfG, § 51 Rn. 47.
[165] Offenlassend *VGH München* NVwZ 1993, 1121, 1122.

kehrt ist der Bezug auf einen subjektiven Erkenntnisstand nicht auf wissenschaftlich-technische Bereiche beschränkt, sondern kann auch zumal gewerberechtliche Zuverlässigkeitsprognosen betreffen, die anhand des jeweils bekannten Tatsachenmaterials (etwa: über Straftaten) erfolgen.[166]

c) Berechtigung zum Nichterlass des VA auf Grund der neuen Tatsachen. Maßgebend ist, dass Behörde berechtigt gewesen wäre, den VA nicht zu erlassen, wenn die nachträglich eingetretenen Tatsachen bei Erlass des VA vorgelegen hätten. Nach der weiten Formulierung „berechtigt" können auch Tatsachen, die wesentlich für Zweckmäßigkeitsüberlegungen gewesen wären, bei Ermessensentscheidungen zum Widerruf berechtigen. 65

Die Formulierung, dass die Behörde „**auf Grund**" der neuen Tatsachen zur Versagung des VA berechtigt gewesen wäre, verlangt eine **hypothetische Kausalität** der Veränderung für die Behördenentscheidung.[167] Veränderte Tatsachen sind nur dann für Nr. 3 ausreichend, wenn sie Elemente des ursprünglich vollständig gegebenen gesetzlichen Tatbestandes[168] entfallen lassen;[169] fehlten schon anfänglich andere Tatbestandsvoraussetzungen, ist § 48 einschlägig. Bei Tatbestandsmerkmalen mit **Beurteilungsspielraum** ist dem Kausalitätserfordernis (nur) genügt, wenn bei der neuerlichen Entscheidung die diesbezüglich für die Ausgangsentscheidung maßgeblichen kontrollfähigen Anforderungen (§ 40 Rn. 220) unter Berücksichtigung der veränderten Tatsachen eingehalten sind.[170] Auch bei **Ermessensentscheidungen** (Rn. 65) sind die neuen Tatsachen lediglich als Elemente einer Gesamtwürdigung zu berücksichtigen, die alle für das Ermessen relevanten Aspekte einschließt. Wenn schon nach der ursprünglichen Sachlage die Versagung des VA ohne Ermessensfehler möglich gewesen wäre, kann die Feststellung Probleme bereiten, ob die negative Entscheidung gerade durch die veränderten Umstände ermöglicht wird und nicht maßgeblich auf den ursprünglichen, jetzt nur anders bewerteten Umständen beruht. Vgl. zu den Problemen hypothetischer Kausalität auch § 44 Rn. 191 ff. m. w. N., § 46 Rn. 77, § 47 Rn. 46 f. Ferner Rn. 71. 66

Ein Widerruf nach Nr. 3 und Nr. 4 ist allerdings nicht zulässig, wenn die **Bindungswirkung des VA** gerade darauf gerichtet ist, bei nachträglichen Änderungen der Sach- und Rechtslage zu schützen, z. B. bei Baugenehmigungen, wenn später eine Veränderungssperre eintritt. Sonderregeln wie § 14 Abs. 3 BauGB gehen Nr. 3 und 4 vor.[171] 67

Nr. 3 setzt voraus, dass sich die **Rechtslage nicht geändert** hat. Ist inzwischen auch insoweit eine Änderung eingetreten, kann ein Widerruf nur nach den Voraussetzungen der Nr. 4 unter Berücksichtigung der geänderten Tatsachen ausgesprochen werden.[172] 68

d) Gefährdung des öffentlichen Interesses ohne den Widerruf. Die Gefährdung des öffentlichen Interesses ist gegeben, wenn ein Schaden für wichtige Gemeinschaftsgüter droht;[173] der Schaden muss nicht so gewichtig sein wie die *schweren* Nachteile für das Gemeinwohl i. S. d. Rn. 83. 69

Die durch den Bestand des VA bedingte Gefährdung muss **ohne den Widerruf** bestehen; der Widerruf muss zu ihrer Beseitigung geeignet[174] und erforderlich sein.[175] Dafür genügt es 70

---

[166] Vgl. in anderem Zusammenhang BVerwG DÖV 1991, 76; problematisch aber OVG Münster NVwZ-RR 2006, 527, 528, das neue Erkenntnisse zur Denkmalsqualität eines Gebäudes nach Abrissverfügung als neue Tatsachen einstuft.
[167] In diese Richtung auch Kopp/Ramsauer, § 49 Rn. 47; BSG SGb 1987, 122.
[168] Vgl. gegen die Möglichkeit zum Widerruf der Erlaubnis zur Versicherungsberatung bei Zulassung zur Rechtsanwaltschaft, die von vornherein nebeneinander möglich seien, VG Regensburg NJW 2000, 1665, zu § 14 1. AVO RBerG.
[169] Schäfer in Obermayer, VwVfG, § 49 Rn. 40.
[170] Vgl. OVG Bautzen NVwZ-RR 1999, 442, 443, für die durch nachträgliches Fehlverhalten nicht notwendig entfallene Eignung für die Bestellung zum Schulleiter.
[171] OVG Berlin LKV 2004, 33; Stelkens ZfBR 1980, 119, 123; Schmid JuS 1994, 865, 867 m. w. N.; auch Rn. 79; nicht eindeutig BVerwGE 69, 1, 3; a. A. Weidemann BauR 1987, 9 ff. m. w. N.; anders etwa bei immissionsschutzrechtlichen Genehmigungen, vgl. BVerwGE 65, 313, 321 f. S. generell auch Classen DÖV 1989, 156, 159 ff.
[172] So auch OVG Berlin LKV 2004, 33.
[173] BVerwG NVwZ 1992, 565 f. m. w. N.; VGH Mannheim NVwZ-RR 1994, 20, 21; VGH Kassel NVwZ-RR 1999, 798, 800; ähnlich auch VGH München NVwZ-RR 2007, 465, 466 f., wo ein unmittelbar drohender Schaden verlangt wird.
[174] Der Widerruf einer Baugenehmigung kann zur Beseitigung der Gefährdung des öffentlichen Interesses durch ein Bauwerk ungeeignet sein, wenn wegen seiner ex nunc-Wirkung eine Beseitigungsverfügung am Bestandsschutz scheitert, s. OVG Münster NVwZ 1988, 942, 943.
[175] VGH Mannheim NVwZ-RR 1989, 540 f., für Widerruf einer Reisegewerbekarte nach Straftat; VGH Mannheim GewArch 1989, 166 f., verlangt eine konkrete Gefährdung wichtiger Rechtsgüter.

namentlich, wenn ohne den Widerruf damit zu rechnen ist, dass ungeeignete Personen weiterhin eine Tätigkeit mit gewissem Gefahrenpotential ausüben. Dies hat das *BVerwG* etwa bei auf Grund einer durch Strafurteile **eingetretenen Unzuverlässigkeit** eines Helfers für den Widerruf einer Zustimmung zur Verpflichtung zum ehrenamtlichen Dienst im Zivilschutz im Hinblick auf Sicherheitsrisiken angenommen.[176] Ähnliches kommt für den Widerruf einer Bestellung zum öffentlich bestellten Sachverständigen in Betracht.[177] Angenommen wird ferner etwa ein öffentliches Interesse am **Jugendschutz** gegenüber Geldspielgeräten.[178] Typische Nachbarkonflikte genügen als solche jedenfalls nicht.[179] Zur nach materiellem Recht möglichen Notwendigkeit einer Abmahnung als milderes Mittel s. Rn. 56.

71 Die Gefährdung öffentlicher Interessen muss im **Zusammenhang mit der Änderung der Tatsachen** stehen; eine etwa schon bei Erlass des VA vorliegende Gefährdung ohne Zusammenhang mit der eingetretenen Änderung reicht nicht.[180] Der Zusammenhang kann allerdings schon bei einer Verstärkung einer früheren Gefährdung durch den Eintritt neuer Tatsachen gewahrt sein.

72 Nur *das* öffentliche Interesse kann berücksichtigt werden, dessen Wahrung zum **Aufgabenbereich** der den Widerruf aussprechenden Behörde gehört. Die Befugnis der **Behörde** kann beim Widerruf nicht weiter gehen als beim Erlass des VA. Zu dem öffentlichen Interesse, das jeder Ermessensentscheidung zugrunde liegen (§ 40 Rn. 13, 62f.) und damit auch Motiv der Entscheidung zu § 49 Abs. 2 sein muss, s. Rn. 34.

73 **e) Gebrauchmachen von der Begünstigung.** Anders als in den Fällen der Nr. 4 ist nicht erforderlich, dass der Begünstigte von der Begünstigung noch keinen Gebrauch gemacht hat. Dieser Umstand ist aber bei der Ermessensausübung zu berücksichtigen. Für gestaltende VAe s. Rn. 36. Anders als § 38 Abs. 2 S. 2 Musterentwurf sieht Nr. 3 – wie Nr. 4 – keinen besonderen Vertrauensschutz auf den Bestand eines VA, der auf eine Geld- oder Sachleistung gerichtet ist, vor. Der Ausgleich für enttäuschtes Vertrauen erfolgt nach Abs. 6 (Rn. 118 ff.).

5. Widerruf nach Nr. 4

74 Nr. 4 ermöglicht den Widerruf, wenn die Behörde auf Grund einer **geänderten Rechtsvorschrift** (Rn. 79) berechtigt wäre, den VA nicht zu erlassen. Die Rechtsänderung muss so geartet sein, dass die Behörde den widerrufenden VA hätte ablehnen können, erforderlich ist wie bei Nr. 3 **hypothetische Kausalität** (dazu Rn. 65f.). Auch dann ist der Widerruf nur möglich, soweit der Begünstigte von der Begünstigung (s. § 36 Rn. 70) noch keinen Gebrauch gemacht (Rn. 76f.) oder auf Grund des VA noch keine Leistung empfangen hat (Rn. 75); außerdem muss der Widerruf auch hier die Gefährdung des öffentlichen Interesses beseitigen[181] (Rn. 81).

75 Der Widerruf ist durch **Empfang von Leistungen** (ggf. teilweise) ausgeschlossen, „soweit" der Begünstigte überhaupt Leistungen, insbes. Geld- und teilbare Sachleistungen, erhalten hat. Bei wiederkehrenden Leistungen ist der Widerruf mit Wirkung für die Zukunft möglich.[182] Anders als bei § 48 Abs. 2 S. 2 ist nicht erforderlich, dass die gewährten Leistungen verbraucht sind oder ihretwegen eine Vermögensdisposition getroffen worden ist.[183]

76 Ausgeschlossen ist der Widerruf ferner, wenn der Begünstigte von einer durch den VA begründeten **Vergünstigung Gebrauch gemacht** hat. Damit wird der schon vor dem VwVfG anerkannte Faktor des Vertrauensschutzes, das sog. Inswerksetzen, aufgegriffen,[184] der aus dem

---

[176] *BVerwG* DÖV 1991, 76.
[177] *OVG Lüneburg* NJW 1992, 591, 592.
[178] *VGH Mannheim* NVwZ-RR 1993, 410, 411.
[179] *BVerwG* NVwZ 1999, 417, 419, für Gastwirtschaft mit Kegelbahn im allgemeinen Wohngebiet.
[180] *OVG Münster* GemHZ 1987, 17; *Meyer/Borgs*, § 49 Rn. 29.
[181] Vgl. zum Nichtgebrauch dieser Möglichkeit in der Praxis des Außenwirtschaftsrechts krit. *Epping*, Die Außenwirtschaftsfreiheit, 1998, S. 266 ff.
[182] *BVerwGE* 36, 71, 75; s. auch *VGH Kassel* NVwZ-RR 1999, 798, 800.
[183] So auch *Erichsen/Brügge* Jura 1999, 496, 500.
[184] *Haueisen* NJW 1955, 1457, 1459; *Kimminich* JuS 1965, 249, 257.

Baurecht entwickelt wurde.[185] Von einer Befreiung, die für eine bereits vorhandene Kläranlage erteilt wurde, kann nicht mehr Gebrauch gemacht werden.[186]

Weitergehend kann **Vertrauensschutz** notwendig und deshalb in die Ermessensentscheidung einzubeziehen sein, wenn zwar das Vorhaben selbst noch nicht ins Werk gesetzt worden ist, aber bereits erhebliche Investitionen erbracht worden sind. Entsprechendes soll für die im Hinblick auf die erwartete Erstattung von Schülerbeförderungskosten getroffene Wahl einer Schule gelten.[187] Das *OVG Berlin*[188] schließt ein „Gebrauchmachen" bei einem feststellenden VA aus; bei entsprechender Fallgestaltung, also z. B. bei Aufnahme einer (nur) auf Grund der Feststellung möglichen Tätigkeit, wird man dies indes abweichend würdigen können. 77

In der Rspr.[189] wird die Anwendung der Nr. 4 ausgeschlossen, wenn der Begünstigte verpflichtet war, die Gesetzesänderungen hinzunehmen oder sich ihnen sogar anzupassen, weil der **Schutzzweck** der Regelung auf diese Fälle **nicht zutreffe**; eine solche Verpflichtung soll sich aus dem VA oder aus den zugrunde liegenden Rechtsnormen, im konkreten Fall: einer als dynamisch verstandenen Verweisung auf eine EG-Richtlinie, ergeben können. Für den Widerruf kommt dann Nr. 3 in Betracht. 78

Mit der **geänderten Rechtsvorschrift** (vgl. § 36 Rn. 151) formuliert das Gesetz enger als in § 51 Abs. 1 Nr. 1 mit der Änderung der Rechtslage (§ 51 Rn. 96 ff.)[190] und in § 48 SGB X, der an eine wesentliche Änderung in den rechtlichen Verhältnissen anknüpft.[191] Gleichwohl ist die Änderung der die Rechtslage bestimmenden Vorschriften insgesamt maßgebend, so dass auch eine neu erlassene Bestimmung eine „geänderte" Rechtsvorschrift darstellt.[192] Soweit Normen ohne Rechtsänderungsakt ungültig oder unanwendbar werden,[193] kommt eine Analogie in Betracht.[194] 79

Keine Rechtsänderung ist die bloße **Rechtsprechungsänderung** (§ 51 Rn. 104 ff.). Änderungen von **Verwaltungsvorschriften** sind nicht erfasst (s. auch § 51 Rn. 97), weil diese keine Rechtsvorschriften sind (§ 48 Rn. 52).[195] Zur nachträglichen Änderung der Rechtslage s. noch § 51 Rn. 88 ff., 96 ff.; § 44 Rn. 16 ff., 33 und unten Rn. 83. 80

Für die **Gefährdung des öffentlichen Interesses** gilt das bei Nr. 3 (dort Rn. 69) Gesagte entsprechend. Den danach maßgeblichen Anforderungen dürfte es nicht genügen, dass für den Widerruf ein fiskalisches Interesse an der sparsamen Mittelverwendung besteht.[196] Der Ausgleich des Vertrauensschadens erfolgt nach Abs. 6 (Rn. 118 ff.). 81

6. Widerruf nach Nr. 5

Der Widerruf nach **Nr. 5** ist zulässig, um **schwere Nachteile für das Gemeinwohl** (dazu § 60 Rn. 28) zu verhüten oder zu beseitigen.[197] Eine bloße Beeinträchtigung oder Gefährdung des öffentlichen Interesses (Rn. 69, 80) genügt dazu nicht (s. auch Rn. 71).[198] Ausreichen können aber gewichtige Grundrechtsbeeinträchtigungen.[199] 82

---

[185] Nachweise bei *Ruffert* in Erichsen/Ehlers, § 24 Rn. 13. § 77 spricht vergleichbar von einem Vorhaben, mit dessen Durchführung begonnen worden ist, dazu § 77 Rn. 6.
[186] *BVerwG* NVwZ 1992, 565, 566; entsprechend für den DuldungsVA *Sellmann* in FS Gelzer, 1991, S. 249, 252 f.
[187] *VGH Kassel* NVwZ-RR 1999, 798, 801.
[188] NVwZ-RR 1988, 6, 9.
[189] *OVG Münster* DVBl 1997, 670 ff.; entsprechend *VGH Mannheim* ZLR 1991, 513 mit abl. Anm. *Loschelder*, S. 523.
[190] S. *Stelkens* NVwZ 1982, 492, 493; *Kopp/Ramsauer*, § 49 Rn. 50 m.w.N., bezieht aber neues Gewohnheitsrecht und neue allgemeine Rechtsgrundsätze ein.
[191] Zu dessen Abs. 2 s. *Bogs* in GS Martens, 1987, S. 297 ff.
[192] Gegen Veränderungssperren im Baurecht als Rechtsvorschriften i. S. d. § 49 Abs. 2 Nr. 4 *VG Arnsberg* NVwZ 1990, 592 f.; *Gailus* NVwZ 1990, 536, 537 f.; s. auch Rn. 67.
[193] Zu dieser Möglichkeit *Baumeister*, Das Rechtswidrigwerden von Normen, 1996.
[194] Gegen jede Analogie im Rahmen der Widerrufsgründe des § 49 *Erichsen/Brügge* Jura 1999, 496, 498 m.w.N.
[195] *VGH Mannheim* RiA 1999, 204, will bestimmte Verwaltungsvorschriften über die Arbeitszeit der Lehrer ausnahmsweise als Rechtsvorschriften anerkennen.
[196] Dafür *VGH Mannheim* RiA 1999, 204, 206; *BVerwG* Buchholz 1 1 Art. 106 GG Nr. 3.
[197] So Begründung zu Entwurf 73, S. 73, unter nicht ganz zutreffendem Hinweis auf *PrOVGE* 2, 415, 422; 29, 340; 50, 351; krit. dazu *Scheerbarth* DVBl 1966, 780, 783. Nicht nachvollziehbare Bedenken gegen Nr. 5 überhaupt bei *Schachtschneider* in FS Bartlsperger, 2006, S. 133, 145.
[198] *Meyer* in Knack, § 49 Rn. 61; *Häberle* in FS Boorberg Verlag, 1977, S. 89; für Beschränkung auf besondere Ausnahmefälle *OVG Berlin* NVwZ-RR 1988, 6, 9; LKV 2004, 33.
[199] *BVerwGE* 105, 6, 14 f.; dem folgend *VGH Kassel* NVwZ-RR 2003, 729, 733.

83 Für den Widerruf nach Nr. 5 bestehen **keine weiteren Voraussetzungen.** So kann ein Widerruf nach Nr. 5 im Einzelfall auch bei unveränderter Sach- und Rechtslage zulässig sein, namentlich bei erst nachträglich bekannt gewordenen Tatsachen (s. Rn. 62, § 51 Rn. 90). Das Ausmaß des in den Bestand des VA gesetzten Vertrauens kann allenfalls bei der Ermessensausübung berücksichtigt werden. Allerdings scheidet der Widerruf aus, wenn trotz der schweren Nachteile ein VA gleichen Inhalts erneut erlassen werden müsste.[200] Der Ausgleich des Vertrauensschadens erfolgt nach Abs. 6 (Rn. 118 ff.).

7. Jahresfrist (Abs. 2 S. 2)

84 Abs. 2 S. 2 verweist für den Widerruf des begünstigenden VA gem. § 49 auf § 48 Abs. 4 **(Jahresfrist)**[201] (näher § 48 Rn. 199 ff.). Diese Verweisung erfasst dem Wortlaut und der systematischen Stellung nach unterschiedslos alle in S. 1 genannten Fälle, also **auch die der Nr. 1.** Das *BVerwG* (s. auch § 48 Rn. 200)[202] hatte zunächst ohne nähere Erläuterung offen gelassen, ob die Frist auf den Widerrufstatbestand des **§ 47 Abs. 2 S. 1 WaffG** a. F. überhaupt Anwendung findet, obschon es sich um eine vor dem VwVfG erlassene Regelung handelte. Inzwischen sieht es die Anwendung der Frist mit Rücksicht auf den Schutzzweck der Norm als ausgeschlossen an.[203]

85 In der Tat erscheint es **fraglich,** ob die Befristung des § 49 Abs. 2 S. 2 mit Sinn und Zweck **zwingender Widerrufstatbestände** (Rn. 10) in Einklang zu bringen ist. Bei später erlassenen speziellen Widerrufsbestimmungen kommt es darauf an, ob das jeweils maßgebliche Gesetz eine das VwVfG verdrängende Regelung beabsichtigt (s. allg. § 1 Rn. 288 f.). Abgelehnt wird die Geltung der Frist etwa auch bei § 15 Abs. 2 GastG,[204] bei § 5 Abs. 2 S. 1 BÄO[205] oder bei § 4 Abs. 2 ApG;[206] zur Anwendbarkeit der Frist auf § 4 GFaG, § 73 Abs. 1 AsylVfG s. § 48 Rn. 200. Die Frist greift auch nicht ein für die Durchsetzung einer in Nebenbestimmungen des Bewilligungsbescheids (als auflösende Bedingung) zwingend vorgeschriebenen Rückzahlungspflicht.[207]

86 Die **Kenntnis von den Tatsachen,** die den Widerruf rechtfertigen, muss sich auf alle Tatsachen beziehen, die unter die Nr. 1 bis 5 zu subsumieren sind, also in den Fällen der Nr. 3 und 4 auch auf die Tatsachen, die die Gefährdung des öffentlichen Interesses, im Fall der Nr. 5 auf die Tatsachen, die die Nachteile für das Gemeinwohl begründen. Die entsprechende Anwendung des § 48 Abs. 4 bedeutet für die Nr. 4, dass sich die Kenntnis auf die Änderung der Rechtsvorschrift beziehen muss (weitergehend als § 48 Rn. 222 f.), dabei ist Voraussetzung, dass die Kenntnis auf den konkreten Fall bezogen wird. Dies kann bei einer großen Zahl von Betroffenen Verzögerungen zur Folge haben.[208]

87 Das *BVerwG*[209] übernimmt die umstrittene **Gleichstellung des Rechtsirrtums** mit dem über Tatsachen (§ 48 Rn. 224 ff.), wie sie der *Große Senat* des *BVerwG*[210] entwickelt hat, jedenfalls für zwingende Widerrufstatbestände, die an die Unzulässigkeit des VA im Lichte späterer Entwicklungen anknüpfen; überträgt man dies auf § 49 Abs. 2 Nr. 3, 4, kann die Jahresfrist erst anlaufen, wenn die Behörde ihre nachträglich eingetretene Berechtigung, den VA nicht zu erlassen, erkennt.[211] Für Unanwendbarkeit von Abs. 2 S. 2 auf Dauerprobleme, die ständiger Kontrolle bedürfen, hat sich der *VGH München* ausgesprochen.[212] Zur Jahresfrist bei Abs. 3 S. 2 s. Rn. 106.

---

[200] Kopp/Ramsauer, 49 Rn. 55.
[201] S. dazu *BVerwG* NVwZ 1988, 349, 350; NJW 1988, 2911 f.; NVwZ 1988, 822; 1992, 565, 566; DVBl 1995, 358, 360; *VGH Kassel* NVwZ 1990, 383, 384.
[202] *BVerwGE* 84, 17, 22; *BVerwG* NVwZ-RR 1995, 525, 527.
[203] *BVerwGE* 101, 24, 34 m. w. N.; auch *VGH Mannheim* DÖV 1997, 257 f.; auch schon *VGH München* BayVBl 1987, 727.
[204] *VGH Mannheim* GewArch 1987, 132; *Michel/Kienzle,* Gaststättengesetz, Kommentar, 13. Aufl. 1999, § 15 Rn. 18.
[205] *BVerwGE* 105, 214, 216 ff. = NJW 1998, 2756, auch mit Rücksicht auf die fehlende Schutzwürdigkeit des Vertrauens; *VGH Mannheim* NVwZ-RR 1995, 203, 204 f.
[206] *VGH Mannheim* NVwZ-RR 1993, 19, 20.
[207] *BVerwG* NJW 1999, 160.
[208] *VGH Kassel* NVwZ-RR 1999, 798, 800.
[209] *BVerwGE* 84, 17, 22.
[210] *BVerwGE* 70, 356, 362 ff.
[211] S. auch *VGH Kassel* ESVGH 41, 1991, 203, 205.
[212] BayVBl 1984, 46, 49.

V. Widerruf von Subventionsbescheiden (Abs. 3)

1. Ersetzung des § 44a BHO

Abs. 3 ist das Kernstück der durch das Änderungsgesetz vom 2. 5. 1996[213] vorgenommenen Neuregelungen im Bereich der §§ 48ff. und verwandter Regelungen, die die **Rückabwicklung fehlgeschlagener Subventionsverhältnisse** erleichtern sollen. Damit wird zugleich die Zweckbindung solcher Leistungen (Rn. 92f.) effektiver ausgestaltet. Dasselbe Ziel hatten früher in beschränkterem Umfang § 44a BHO und seine landesrechtlichen Entsprechungen, die zum Teil in den Haushaltsordnungen, zum Teil in den jährlichen Haushaltsgesetzen verankert wurden, zu erreichen gesucht. Dazu und zur Entstehung der aktuellen Fassung näher 6. Aufl. Rn. 85ff.

88

Abs. 3 schafft für die von ihm erfassten VAe (Rn. 91ff.) die Möglichkeit, einen Widerruf auch mit **Wirkung für die Vergangenheit** vorzunehmen, auch wenn sie vor Inkrafttreten des Gesetzes erlassen sind.[214] Mit dieser Rechtswirkung knüpft die Vorschrift an **Abs. 1** der zunächst[215] nur für Zuwendungsbescheide geschaffenen Regelung des § 44a BHO an, die nicht nur wegen dieser Beschränkung, sondern vor allem auch wegen ihres nicht sachgemäßen Regelungsstandorts im Haushaltsrecht wenig zufrieden stellen konnte.[216]

89

Im Rahmen der **Neuregelung** ist § 44a BHO aufgehoben worden. Sein Abs. 1 wird durch den in § 49 eingefügten neuen Abs. 3 ersetzt; die in seinen Abs. 2 und 3 geregelten Fragen der Erstattung und Verzinsung sind in der besonderen Bestimmung des § 49a neu geregelt worden.[217] Angesichts der ausgeprägten Ähnlichkeiten kann für die Auslegung der neuen Bestimmungen bei Beachtung ihrer Verschiedenheiten an die **für die frühere Regelung** entwickelten **Grundsätze** (dazu 4. Aufl. § 49 Rn. 64ff.) **angeknüpft** werden.[218]

90

2. Anwendungsbereich

a) Geld- und SachleistungsVAe. Abs. 3 ist in seinem Anwendungsbereich gegenüber dem begünstigende VAe schlechthin umfassenden Abs. 2 enger gefasst, geht aber weiter als der jetzt aufgehobene § 44a BHO.[219] Abs. 3 bezieht sich wie § 48 Abs. 2 S. 1, dem er insoweit nachgebildet ist, nur auf Geld- und SachleistungsVAe in dem dazu näher beschriebenen Sinne[220] (vgl. zu diesbezüglichen Einzelheiten der Auslegung § 48 Rn. 127ff.). Spezialgesetzliche Regelungen eines rückwirkenden Widerrufs sind allerdings auch für sonstige VAe möglich.[221] Die Grundsätze des § 49 Abs. 3 können auch für die Rückabwicklung vertragsrechtlich durchgeführter Subventionen herangezogen werden.[222]

91

b) Zweckbindung. Die bezeichneten VAe werden nicht alle erfasst; vielmehr betrifft die Neuregelung nur VAe über Leistungen, die zur Erfüllung eines bestimmten Zweckes gewährt werden oder Voraussetzung für die Gewähr einer zweckbestimmten Leistung sind. Die Zweckbindung der Leistung **unterscheidet** die von Abs. 3 erfassten VAe **von sonstigen GeldleistungsVAen**, bei denen die Zahlung als solche bereits den gesetzlichen Zweck unmittelbar verwirklicht, wie bei einem Großteil der Sozialleistungen oder den Bezügen aus einem öffentlich-rechtlichen Dienstverhältnis.[223]

92

---

[213] BGBl I 656.
[214] *OVG Münster* NVwZ-RR 2003, 473, 474; § 96 Rn. 5.
[215] Durch Gesetz vom 14. 7. 1980, BGBl I 955.
[216] Vgl. hierzu etwa *v. Mutius* VVDStRL 42, 1984, S. 147, 150, 202f., und die Diskussionsbeiträge von *Schmidt, Mußgnug* und *Oldiges*, ebda, S. 272, 284, 295. Bei Regelung in den Landeshaushaltsgesetzen konnte auch das Bepackungsverbot von Bedeutung sein, *OVG Lüneburg* NVwZ-RR 1989, 542; ferner *Weides* NJW 1981, 841ff.
[217] S. auch die diesbezügliche Änderung der VV-BHO, GMBl 2001, 307.
[218] *OVG Lüneburg* NdsVBl 1998, 113, 114, hat mangels feststellbarer Unterschiede im Übergangszeitraum seiner Prüfung noch das bisherige Recht zugrunde gelegt.
[219] Vgl. auch *Gröpl* VerwArch 1997, 23, 36f.; *Erichsen/Brügge* Jura 1999, 496, 500; *Suerbaum* VerwArch 1999, 361, 366f.
[220] Ebenso *Suerbaum* VerwArch 1999, 361, 366 m. w. N.
[221] *VGH Mannheim* VBlBW 1998, 434 m. w. N. für § 43 Abs. 1 Nr. 4 AuslG.
[222] So *BGH* NVwZ 2007, 246, 248.
[223] BT-Drs 13/1534, S. 5; *Suerbaum* VerwArch 1999, 361, 367 m. w. N.

93 Abs. 3 erfasst namentlich von den bisherigen Bestimmungen nicht betroffene **Zuwendungen der Kommunen,**[224] ferner Fälle zweckbestimmter Leistungen, die von dem haushaltsrechtlichen Zuwendungsbegriff nicht erfasst sind, wie vor allem Geldleistungen, auf die der Empfänger einen dem Grund und der Höhe nach unmittelbar **durch Rechtsvorschriften begründeten Anspruch** hat, ferner Aufwendungsersatz, vertragliche Entgelte und satzungsmäßige Mitgliedsbeiträge einschließlich Pflichtumlagen, sowie **Sachleistungen.**

94 c) **Zweckfestlegung.** Abs. 3 enthält – anders als der frühere § 44a Abs. 1 BHO – eine allgemeine Regelung, nach der die Zweckfestlegung **in dem VA selbst** vorgenommen sein muss, nicht ausdrücklich. Schon die Entstehungsgeschichte spricht indes dafür, dass dies gesetzlich gewollt ist.[225]

95 Vor allem spricht **Abs. 3 S. 1 Nr. 1** bei der **Formulierung** des ersten Widerrufstatbestands ausdrücklich von dem „in dem Verwaltungsakt bestimmten Zweck". Nimmt man diese Formulierung ernst, bliebe für eine nicht in den VA aufgenommene Zweckbestimmung allein der Widerrufstatbestand der Nr. 2. Eine solche Differenzierung würde indes der einheitlichen Formulierung des Anwendungsbereichs des Abs. 3 widersprechen und wäre auch kaum sinnvoll. Vielmehr ist davon auszugehen, dass Nr. 1 die Zweckbestimmung im VA selbst mit Wirkung für die gesamte Vorschrift verbindlich vorschreibt (s. auch Rn. 99 ff.).[226]

3. Rechtsfolge

96 a) **ex-tunc-Wirkung.** Die Rechtsfolge, auf die Abs. 3 zur Wahrung haushaltspolitischer Belange als sein rechtspolitisches Ziel gerichtet ist, ist die auch hier in das Ermessen der Behörde[227] gestellte Möglichkeit des Widerrufs „auch mit Wirkung für die Vergangenheit".[228] Mit dem **Widerruf ex tunc** soll jetzt umfassend die in § 49a näher geregelte Rückforderung rechtmäßig gewährter Subventionen ermöglicht bzw. gegenüber entsprechenden Fortentwicklungen der Judikatur auch für den Widerruf ex nunc auf eine unangreifbare rechtliche Grundlage gestellt werden (näher Rn. 112 ff.). Die Behörde ist allerdings nicht auf den Widerruf ex tunc festgelegt, sie kann vielmehr den Widerruf nach ihrem Ermessen auch für einen späteren Zeitpunkt aussprechen (s. § 48 Rn. 104; auch unten Rn. 112 ff.).

97 b) **Teilwiderruf.** Die Möglichkeit des Teilwiderrufs (Rn. 15) setzt die **Teilbarkeit des VA** voraus (§ 48 Rn. 100), die gerade bei Geld- und teilbaren Sachleistungen jedenfalls regelmäßig gegeben ist (§ 43 Rn. 193); ob der Widerruf umfassend oder nur teilweise ausgesprochen wird, liegt im maßgeblich durch die Zweckbestimmung der Leistung determinierten, dabei zumal durch den Grundsatz der Verhältnismäßigkeit begrenzten **Ermessen der Behörde** (s. allg. § 48 Rn. 100). Für den Fall, dass die Teilbarkeit ausnahmsweise fehlt und eine nur partielle Zweckverfehlung eintritt, trifft das Gesetz keine besondere Regelung; daher wird hier im Rahmen des Ermessens zwischen dem Widerruf des gesamten VA und dem Verzicht auf den Widerruf zu wählen sein; ggf. kann die Aufnahme von Nebenbestimmungen den Verzicht auf den Widerruf ermöglichen.

4. Die Widerrufstatbestände (Abs. 3 S. 1)

98 Die Widerrufsgründe des Abs. 3 knüpfen an die des früheren § 44a Abs. 1 BHO an, der in seinem S. 1 die Verwendung „entgegen" dem bestimmten Zweck und die Nichterfüllung von Auflagen zusammenfasste und in Satz 2 drei Unterfälle nicht zweckentsprechender Ver-

---

[224] BT-Drs 13/1534, S. 5; *Weides* NJW 1981, 841, 844; *Dickersbach* GewArch 1993, 177, 186; offen lassend *OVG Münster* Gemeindehaushalt 1995, 184, 185 m. w. N.
[225] Eine frühere Fassung der Entwurfsbegründung, BT-Drs 11/3920, S. 6, hatte insbes. bei Leistungen, die nicht Zuwendungen sind, einen Hinweis auf eine eindeutige Zweckbestimmung in der gesetzlichen Grundlage ausreichen lassen wollen. Diese Erwägung wurde in den späteren Entwurfsbegründungen weggelassen. Abw. für Zuwendungen *Dickersbach*, GewArch 1993, 177, 185 f.
[226] Übereinstimmend *Gröpl* VerwArch 1997, 23, 35; *Baumeister* NVwZ 1997, 19, 20; *Ehlers* GewArch 1999, 305, 315; *Erichsen/Brügge* Jura 1999, 496, 500; *Suerbaum* VerwArch 1999, 361, 367 f.; auch *OVG Münster* NVwZ 2001, 693, 694.
[227] Zur Ermessenshandhabung für § 44a BHO a. F. *Dickersbach* GewArch 1993, 177, 186.
[228] Zur Zulässigkeit der Ermessensbindung durch Verwaltungsvorschriften *OVG Münster* NVwZ 1996, 610, 613.

wendung ergänzte. Diese drei Fälle sind nun in Nr. 1 zusammengestellt, der Verstoß gegen Auflagen bildet die Nr. 2. Im Ergebnis dürfte sich durch die Neufassung **nichts verändert** haben.[229]

a) Nr. 1. Die nicht zweckgerechte Verwendung einer Leistung[230] konnte im Rahmen des § 49 Abs. 2 Nr. 3 nur als in dem Verhalten des Empfängers liegende nachträglich eingetretene Tatsache erfasst werden (s. allg. Rn. 59).[231] Demgegenüber ist die **Zweckverfehlung** im neuen Abs. 3 als Tatbestandsmerkmal verselbständigt. Grundsätzlich genügt die **objektive** Verfehlung des Zwecks ohne Rücksicht auf ein Verschulden des Empfängers; allerdings kann die **subjektive Seite** im Rahmen der **Ermessensausübung** zu berücksichtigen sein.[232] Soweit das Vertretenmüssen relevant wird, sind die §§ 276, 278 BGB entsprechend anwendbar.[233] Das OVG *Münster*[234] lässt in Anlehnung an § 48 Abs. 2 S. 3 Nr. 3 einen Rechtsirrtum über die zwecksprechende Verwendung nur bei grober Fahrlässigkeit unbeachtlich sein.

Für alle Fälle der Nr. 1 genügt es, wenn die Zweckverfehlung für einen **Teil der Leistung** gegeben ist. Dann kann Anlass zur Beschränkung auf einen Teilwiderruf (Rn. 97) bestehen, ohne dass dies stets geboten wäre; vielmehr kommt ein Gesamtwiderruf in den Grenzen der Verhältnismäßigkeit für die partielle Zweckverfehlung ebenso in Betracht wie nach Abs. 2 für die Nichterfüllung der Auflage (Rn. 46 ff.).

Von der Mehrheit der mit der Subventionsvergabe verfolgten Zwecke[235] ist der **nächstliegende,** mit der Zuwendung **im Verhalten des Empfängers angestrebte Zweck** angesprochen, der sich allein als Verwendungsrichtmaß eignet.[236] Allerdings ist die Bestimmung dieses Primärzwecks vielfach problematisch;[237] schon deshalb ist bei der in den Subventionsbescheid aufzunehmenden Zweckbestimmung (Rn. 94) auf größtmögliche Bestimmtheit zu achten.[238]

Die **1. Alt. der Nr. 1 („nicht ... verwendet")** betrifft den weitestgehenden Fall der Zweckverfehlung. Erfasst ist zumal die Situation, dass die Leistung (ganz oder teilweise, s. Rn. 100) **endgültig nicht für den bestimmten Zweck verwendet** wird, namentlich wenn eine anderweitige Verwendung durch den Empfänger erfolgt ist oder wenn die Leistung vor der zweckgerechten Verwendung untergegangen oder dem Empfänger abhanden gekommen ist. Hierher gehört auch die als Zweckverfehlung eingestufte Veräußerung des bezuschussten Wirtschaftsgutes im Konkurs des Empfängers.[239] Eine bloße Gefährdung der Zweckerreichung genügt nicht,[240] ebenso wenig die Nichterfüllung von zur Sicherung der Zweckerreichung bestehenden Verpflichtungen, wenn gleichwohl der Zweck nicht verfehlt wird.[241]

Die **2. Alt. („nicht alsbald nach der Erbringung ... verwendet")** sichert die Realisierung des Leistungszwecks gegen Verzögerungen, wobei hier nach dem Grundsatz der Verhältnismäßigkeit regelmäßig nur eine gemessen an der Dringlichkeit des verfolgten Zwecks nicht ganz unerhebliche Verzögerung ausreichen wird;[242] auch kann es geboten sein, dass die Behörde vor dem Widerruf die Zweckverwirklichung anmahnt. Ein Verschulden, das der Gesetzgeber mit dem Begriff „unverzüglich" (vgl. § 121 Abs. 1 S. 1 BGB) problemlos und unmissverständ-

---

[229] BT-Drs 13/1534, S. 6.
[230] Allg. zur Zweckverfehlung im Subventionsrecht *Berg* GewArch 1987, 1 ff. m. w. N.
[231] Vgl. *Jarass* DVBl 1984, 856.
[232] Vgl. in diesem Sinne etwa *VGH München* GewArch 1994, 328, 329 (noch zu Art. 44 a BayHO).
[233] Vgl. *OVG Münster* NVwZ 1996, 610, 612 (bei Beweislast).
[234] Gemeindehaushalt 1995, 184, 185.
[235] Vgl. noch zu § 44 a BHO dazu *Vogel* in FS Ipsen, 1977, S. 539 ff.; *Haverkate,* Rechtsfragen des Leistungsstaats, 1983, S. 176 ff.; *ders.* NVwZ 1988, 769, 773 f.; *Bleckmann,* Gutachten 55. DJT 1984, S. D 99 f.; *Ehlers* DVBl 1986, 912, 919.
[236] So *OVG Koblenz* NJW 1981, 881, 882 m. w. N.; *Berg* GewArch 1999, 1, 8, 9; *Suerbaum* VerwArch 1999, 361, 369; offen lassend zum neuen § 49 Abs. 3 VwVfG NW *OVG Münster* Gemeindehaushalt 1995, 184, 185.
[237] Vgl. etwa *OVG Koblenz* NJW 1981, 882, gegenüber *VG Schleswig* NJW 1982, 348 und dazu *Götz* NJW 1984, 480, 483 f.; *Friauf* Referat 55. DJT 1984, S. M 28 f.
[238] S. noch zu Art. 44 a BayHO *VGH München* LKV 1998, 67.
[239] *OVG Koblenz* NJW 1986, 2129; zur Ermessensausübung im Konkurs des Empfängers vgl. *OVG Lüneburg* NdsVBl 1998, 113, 115.
[240] *OVG Greifswald* NVwZ-RR 2002, 805, 806, bei Eröffnung des Gesamtvollstreckungsverfahrens.
[241] *BGH* NVwZ 2007, 246, 248, für vertraglich übernommene Verpflichtungen; s. auch Rn. 57.
[242] Im Anschluss an die Verwaltungsvorschriften zum alten Recht für einen Zeitraum von zwei Monaten *OVG Münster* NVwZ-RR 1993, 16, 17.

lich hätte ansprechen können,²⁴³ ist hier ebenso wenig erforderlich wie in den sonstigen Fällen der Zweckverfehlung;²⁴⁴ es besteht kein Grund, das Zufallsrisiko bei der Verzögerung anders zuzuordnen (s. auch § 49 a Rn. 83). Außerdem kann die Frage des Verschuldens hier wie sonst im Rahmen des Widerrufsermessens berücksichtigt werden (Rn. 99). Die nach § 49 a Abs. 4 bestehende Möglichkeit, Verzögerungszinsen zu verlangen, lässt nach HS 2 dieser Vorschrift den Widerruf unberührt; gleichwohl ist im Rahmen des Widerrufsermessens in geeigneten Fällen die Möglichkeit der Zinserhebung als milderes Mittel zu berücksichtigen.²⁴⁵

104   Die 3. Alt. („nicht mehr ... verwendet") sucht die Realisierung des Verwendungszwecks auch für die Dauer sicherzustellen. Ist die gewährte Leistung über längere Zeit, die ggf. im Bewilligungsbescheid festzulegen ist,²⁴⁶ für einen bestimmten Zweck zu verwenden, kann eine ursprünglich zweckgerechte Verwendung den Widerruf nicht ausschließen. Ist der Zweck bereits durch eine zeitweise bestimmungsgemäße Verwendung zum Teil erreicht, gelten die für eine teilweise Zweckverfehlung eingreifenden Grundsätze (Rn. 100).

105   **b) Nr. 2** entspricht wörtlich dem Widerrufstatbestand des Abs. 2 Nr. 2; das dort Gesagte (Rn. 46 ff.) gilt hier entsprechend.²⁴⁷ Die Bedeutung der erneuten Regelung liegt allein darin, auch für den Fall der Nichterfüllung von Auflagen²⁴⁸ den Widerruf mit **Wirkung für die Vergangenheit** vornehmen zu können.²⁴⁹

5. Jahresfrist (Abs. 3 S. 2)

106   S. 2 unterwirft den Widerruf nach Abs. 3 ausdrücklich der Jahresfrist des § 48 Abs. 4; die diesbezüglichen Grundsätze gelten entsprechend (vgl. Rn. 84 ff.; § 48 Rn. 199 ff.). Die **Kenntnis von Tatsachen** betrifft namentlich die Voraussetzungen der Zweckverfehlung nach S. 1 Nr. 1 und der Nichterfüllung der Auflagen nach S. 1 Nr. 2, ferner die Voraussetzungen für die Ermessensbetätigung im Übrigen.²⁵⁰ Bei mehreren, voneinander unabhängigen Widerrufsgründen soll die Widerrufsfrist je gesondert laufen.²⁵¹

6. Verhältnis zu Abs. 2

107   Abs. 3 ist gegenüber Abs. 2 eine **Spezialregelung,** weil sie einen Ausschnitt seines Anwendungsbereichs betrifft, nämlich besondere Fälle begünstigender rechtmäßiger VAe. Nach der Absicht der Regelung soll sie aber den Abs. 2 nicht verdrängen, sondern zusätzlich weitergehende Widerrufsmöglichkeiten begründen. **Abs. 2** bleibt daher **neben Abs. 3** auf die dort genannten VAe anwendbar.²⁵² Ob ein Widerruf ex nunc bei nicht erfüllter Auflage auf Abs. 2 S. 1 Nr. 2²⁵³ oder Abs. 3 S. 1 Nr. 2 gestützt wird, dürfte praktisch bedeutungslos sein. Für die **Rücknahme** bleibt auch für VAe nach Abs. 3 § 48 maßgeblich.²⁵⁴ Zu § 2 Abs. 4 **InvZulG** s. BVerwG NVwZ-RR 1990, 178 ff. Zum Verhältnis des § 44a BHO a. F. zu § 49 a. F. vgl. 4. Aufl. Rn. 75.

---

²⁴³ Gegen ein Verständnis im Sinne von „unverzüglich" auch *Meyer* in Knack, § 49 Rn. 74; anders wohl *Schäfer* in Obermayer, VwVfG, § 49 Rn. 83, der im Anschluss an frühere Verwaltungsvorschriften von einem Zweimonatszeitraum ausgeht, den er mit fehlendem Vertretenmüssen begründet.
²⁴⁴ Vgl. zu § 49a Abs. 4 *BVerwGE* 116, 332, 335 ff. = NVwZ 2003, 221, 222; allg. *Suerbaum* VerwArch 1999, 361, 373; auch *Kopp/Ramsauer,* § 49 Rn. 68 m. w. N. zum früheren Recht.
²⁴⁵ So auch *Suerbaum* VerwArch 1999, 361, 371.
²⁴⁶ Vgl. *OVG Münster* Gemeindehaushalt 1995, 184 f.
²⁴⁷ Speziell zu Abs. 3 Nr. 2 s. für Auflagen zum Vergaberecht *Attendorn* NVwZ 2006, 991 ff.; *Martin-Ehlers* NVwZ 2007, 289 ff.; auch *OVG Münster* NWVBl 2005, 344 ff.
²⁴⁸ S. zu der Parallelvorschrift des Art. 44 a BayHO *VGH München* GewArch 1994, 328, 329; NJW 1997 2255, 2256.
²⁴⁹ So auch *Erichsen/Brügge* Jura 1999, 496, 500.
²⁵⁰ Vgl. für Rücknahme von Zuwendungsbescheiden nach dem bisherigen Recht *VGH Kassel* NVwZ-RR 1994, 483, 484.
²⁵¹ *VGH München* NVwZ-RR 1992, 451, 453 zu § 44 a BayHO; auch *Dickersbach* GewArch 1993, 177, 186.
²⁵² So auch *Suerbaum* VerwArch 1999, 361, 374 f. m. w. N.
²⁵³ Für dessen Unanwendbarkeit *Suerbaum* VerwArch 1999, 361, 375.
²⁵⁴ Vgl. für Zuwendungen nach bisherigem Recht *OVG Münster* NJW 1981, 2597; *VG Köln* NVwZ 1984, 537, 538 m. w. N.; *VGH Kassel* NVwZ-RR 1994, 483, 484; dazu näher *Dickersbach* GewArch 1993, 177, 179 ff.

7. Zeitlicher Geltungsbereich

Nach Art. 6 Abs. 2 des ÄndG v. 2. 5. 1996[255] findet Abs. 3 auch auf VAe Anwendung, die **vor dem Inkrafttreten** der Neuregelung am 21. 5. 1996 (Art. 6 Abs. 1 ÄndG) erlassen sind. Dies bleibt im Rahmen der durch § 96 (dort Rn. 2) aufgezeigten Möglichkeiten. Verfassungsrechtliche Unbedenklichkeit der Rückwirkung hat mangels nachteiliger Auswirkungen der Neuregelung auf die Empfänger das *OVG Münster* angenommen.[256] Wegen der Zinserhebung auf Erstattungsleistungen s. § 49a Rn. 2, 72 ff. **108**

VI. Unwirksamwerden des widerrufenen VA (Abs. 4)

Abs. 4 HS 1 trifft eine im Grunde entbehrliche, auch in § 48 nicht vorgesehene Regelung. Indem er das Unwirksamwerden des widerrufenen VA als die maßgebliche Rechtswirkung des Widerrufs, also dessen **innere Wirksamkeit** (§ 43 Rn. 166), mit dessen äußerer Wirksamkeit (§ 43 Rn. 164 f.) eintreten lässt, spricht die Vorschrift nur die ohnehin regelmäßig anzunehmende Rechtslage (§ 43 Rn. 170) ausdrücklich und **klarstellend** aus, die (aus Sicht des widerrufenen VA) auch in § 43 Abs. 2 und zudem in § 49 Abs. 1 und 2 („mit **Wirkung für die Zukunft**", Rn. 16) angesprochen wird (s. § 43 Rn. 197, 199, dort auch zur Anordnung der sofortigen Vollziehung; für die Rücknahme s. § 48 Rn. 104 ff.). **109**

HS 2 begründete demgegenüber in seiner **ursprünglichen Fassung** nur die Möglichkeit, den Zeitpunkt der inneren Wirksamkeit des Widerrufs, also das Unwirksamwerden des widerrufenen VA, auf einen **späteren Zeitpunkt** zu verschieben. Damit hatte das VwVfG den nach früherem Recht im Ausnahmefall möglichen rückwirkenden Widerruf[257] nicht übernommen. Für einen rückwirkenden Widerruf nach Sachverhaltsänderungen[258] besteht keine Notwendigkeit, da § 48 auf den rechtswidrig gewordenen VA anzuwenden ist (§ 48 Rn. 53 ff.). Sondergesetzliche Abweichungen waren allerdings stets möglich.[259] S. auch § 50 Rn. 62. **110**

Gegenüber den sich aus der fehlenden Rückwirkung(smöglichkeit) ergebenden **Unzuträglichkeiten** zumal im Bereich der **Subventionsvergabe** bemühte sich auch die Judikatur (noch auf der Grundlage des alten Rechts) um Lösungen: War der VA zunächst nur Rechtsgrundlage für die Gewährung der Subvention, während das endgültige Behalten zusätzlich das Wirksambleiben des Zuwendungsbescheides innerhalb des Zweckbindungszeitraums voraussetzte, sollte nun auch der Widerruf ex nunc die Möglichkeit der Rückforderung eröffnen.[260] **111**

Die **Neuregelung in Abs. 3** macht diese nicht ganz unproblematische Judikatur durch Einführung eines rückwirkenden Widerrufs nach dem Vorbild des § 44a BHO a. F. (Rn. 96) entbehrlich.[261] Im Zusammenhang hiermit ist Abs. 4 dahingehend **abgeändert** worden, dass die Behörde für das Unwirksamwerden des widerrufenen VA nicht mehr nur einen „späteren", sondern einen **„anderen" Zeitpunkt bestimmen** kann; bezweckt war, dass „auch ein früherer Zeitpunkt für das Wirksamwerden des Widerrufs bestimmt werden" kann.[262] Diese Formulierung ist wenig glücklich, aber im Ergebnis wohl doch klar: Gegenstand der behördlichen Bestimmung ist nicht der Zeitpunkt für das (äußere) Wirksamwerden des Widerrufs, den Abs. 4 ja nicht regelt, sondern gerade tatbestandlich voraussetzt, sondern ein hiervon abweichender, insbes. auch früherer Zeitpunkt **für das Unwirksamwerden des widerrufenen VA.** **112**

---

[255] BGBl I 656.
[256] Gemeindehaushalt 1995, 184 f., zumindest für den konkreten Fall; zust. mangels (mit Rücksicht auf die Judikatur zur Bedeutung des ex nunc –Widerrufs, Rn. 112 ff., § 49a Rn. 9, verneinter) Rückwirkung *Suerbaum* VerwArch 1999, 361, 387 f.; gegen die hier erfolgte Anwendung der Neuregelung auf einen bereits widerrufenen VA *Baumeister* NVwZ 1997, 19, 26, der im Übrigen aber verfassungsrechtliche Bedenken zurückstellt.
[257] Wolff/Bachof/Stober 2, § 51 Rn. 57.
[258] Dafür in begrenzten Fällen fehlenden Bestandsvertrauens *Lehner* Verwaltung 1993, 183, 204 ff.
[259] Vgl. zu § 83 Abs. 5 II. WoBauG *BVerwGE* 85, 200, 207.
[260] *BVerwG* NVwZ 1985, 364, 370 f. m. w. N; wie das *BVerwG* etwa auch *VGH Mannheim* ESVGH 42, 1992, 114, 115 m. w. N.; *OVG Münster* Gemeindehaushalt 1995, 184, 185; abl. etwa *Dickersbach* GewArch 1993, 177, 184; zum Erstattungsanspruch auch Rn. 132. S. ferner zum vorläufigen Bewilligungsbescheid § 43 Rn. 35 f.
[261] Umgekehrt hatte die Änderung der Rspr. im Grunde die gesetzliche Einführung des Widerrufs ex tunc entbehrlich gemacht, vgl. *Suerbaum* VerwArch 1999, 361, 363 f. m. w. N.
[262] So die Begründung des Entwurfs der BReg, zuletzt BT-Drs 13/1534, S. 6.

113 Gegenüber der aus der Rückwirkung des Widerrufs folgenden Konsequenz der Unwirksamkeit des widerrufenen VA von Anfang an ermöglicht Abs. 3 eine **flexible Festlegung des Zeitpunkts** der Unwirksamkeit zwischen ex tunc und ex nunc sowie wie bisher eine Verschiebung in die Zukunft, wie dies ohne gesetzliche Regelung auch bei § 48 als zulässig anzusehen ist (§ 48 Rn. 104). Die Bestimmung des Zeitpunkts liegt im **Ermessen** der Behörde. Ohne behördliche Bestimmung bleibt es für den Widerruf ex nunc bei dem Regelzeitpunkt des HS 1, für einen rückwirkend ausgesprochenen Widerruf bei der anfänglichen Unwirksamkeit des widerrufenen VA. Bei einem **nach Abs. 1 und 2** nur für die Zukunft möglichen Widerruf bleibt die Bestimmung eines **früheren Zeitpunkts** für das Unwirksamwerden des widerrufenen VA nach dem systematischen Zusammenhang des Abs. 4 mit dem neuen Abs. 3 und seiner entstehungsgeschichtlich belegten Zielsetzung **ausgeschlossen**.[263]

114 Die Einschränkung „**in der Regel**" des § 48 Abs. 2 S. 4 enthält § 49 Abs. 1, 4 für die Zeitpunktbestimmung **nicht**. Ist ein späterer Zeitpunkt bestimmt, handelt es sich um eine Befristung (s. § 36 Rn. 71; § 43 Rn. 182). Beim Widerruf eines Vorausverzichts (s. § 38 Rn. 17 ff.) wirkt sich der Verzicht auf später entstehende Forderungen (z. B. Zinsforderungen) nicht mehr aus.[264]

VII. Widerrufsentscheidung (zugleich Abs. 5)

115 Für die in einem neuen VwVf ergehende **Widerrufsentscheidung** gilt Entsprechendes wie für die Rücknahmeentscheidung (s. § 48 Rn. 242 ff.). Ein auf Drittwiderspruch durch Abhilfebescheid aufgehobener VA kann hilfsweise widerrufen werden.[265] Zum Adressaten des Widerrufs s. entsprechend § 48 Rn. 243; nach Eröffnung des Insolvenzverfahrens ist der Widerruf gegenüber dem Insolvenzverwalter auszusprechen.[266] Die nachträgliche Hinzufügung einer Nebenbestimmung auf Grund gesetzlicher Ermächtigung[267] ist kein konkludenter Widerruf (§ 36 Rn. 89; § 48 Rn. 244 ff.).[268] Das *BVerwG*[269] hat ohne Stellungnahme zum Streitstand nachträgliche Auflagen für zulässig erklärt, wenn zugleich die Voraussetzungen des § 49 Abs. 2 Nr. 3 vorliegen. Das *OVG Schleswig*[270] sieht in der Beifügung zusätzlicher Auflagen einen durch Widerrufsvorbehalt gedeckten Teilwiderruf; das *VG Hannover*[271] nimmt einen konkludenten Widerruf bei nachträglicher Anordnung verschärfter Auflagen zu einer straßenverkehrsbehördlichen Genehmigung an; umgekehrt würdigt das *OVG Koblenz*[272] den Widerruf der Ablagerungszulassung für bestimmten Sonderabfall als durch § 8 Abs. 1 S. 1 AbfG zugelassene nachträgliche Auflage zur Betriebsgenehmigung.

116 Die **Begründung** des Widerrufsbescheides (§ 39 Abs. 1) muss Ausführungen über die Voraussetzungen des § 49, insbes. auch über die Gefährdung öffentlicher Interessen in Abs. 2 Nr. 3 und 4 und die schweren Nachteile für das Gemeinwohl in Nr. 5 sowie zum Ermessen (Rn. 8 ff.) enthalten. Der Umfang der notwendigen Begründung kann abhängig von den Besonderheiten des Rechtsgebiets und den Umständen des Einzelfalls reduziert sein.[273] Insbes. gilt dies in Fällen des sog. intendierten Ermessens (§ 40 Rn. 28 ff.), etwa im Hinblick auf die Grundsätze der Wirtschaftlichkeit und Sparsamkeit beim Widerruf einer Subventionsbewilligung wegen Zweckverfehlung (auch § 48 Rn. 86).[274]

117 Der klarstellende **Abs. 5** entspricht § 48 Abs. 5 (s. dort Rn. 254 ff.); zur sachlichen **Zuständigkeit** für Widerrufsentscheidungen in Kriegsdienstverweigerungssachen s. BVerwGE 88, 130,

---

[263] So auch *Kopp/Ramsauer* § 49 Rn. 75
[264] *OVG Münster* GemHZ 1987, 17.
[265] NVwZ-RR 2005, 787, 790; s. auch § 36 Rn. 75.
[266] So noch zum Konkurs *OVG Münster* NWVBl 1997, 30 m. w. N. (für Zuwendungsbescheid).
[267] Zu § 17 Abs. 1 S. 3 AtG als sondergesetzliche Verbindung von Elementen der §§ 49 und 36 s. *Leiner* NVwZ 1991, 844 ff. m. w. N.
[268] *OVG Münster* NJW 1980, 854.
[269] NVwZ 1990, 855 f.
[270] NVwZ-RR 1994, 553.
[271] NdsVBl 1996, 113, 114.
[272] UPR 1994, 198.
[273] *BVerwG* NVwZ-RR 1991, 63 f.
[274] *BVerwGE* 105, 55, 59 f. = NJW 1998, 2233.

132 ff. Gegen ein Selbsteintrittsrecht der Fachaufsichtsbehörde für den Widerruf einer Abbruchgenehmigung s. *VGH Mannheim*;[275] dazu allg. § 44 Rn. 175 f.

VIII. Ersatz des Vermögensnachteils (Abs. 6)

Abs. 6 gewährt dem Betroffenen (vgl. § 48 Rn. 190) Entschädigung für den Vertrauensschaden in den Fällen des **Abs. 2 Nr. 3 bis 5** unabhängig davon, ob ein Opfer für das allgemeine Wohl vorliegt und deshalb ein Aufopferungsanspruch gegeben wäre (s. auch § 48 Rn. 187 f.).[276] Für besondere Entschädigungsregelungen im Widerrufsfall vgl. etwa § 15 Abs. 4 WHG,[277] § 9 KrWaffG, § 18 AtG.

1. Anwendungsbereich

Die Fälle des **Abs. 2 Nr. 1 und 2** sind nicht in Abs. 6 aufgenommen worden, da der durch den widerrufenen VA Begünstigte mit der Aufhebung rechnen muss (Nr. 1)[278] oder der Widerruf durch sein Verhalten bedingt ist (Nr. 2). Dies gilt auch, wenn eine Leistung über längere Zeit gewährt worden ist.[279] Im Übrigen hätte der Betroffene die in Nr. 1 und 2 genannten Nebenbestimmungen anfechten können.[280] Entsprechendes gilt für die Fälle des Abs. 3.[281]

Hätte die Behörde **auch nach Nr. 2** widerrufen können, bleibt die Entschädigungspflicht auf Grund des auf Nr. 3 bis 5 gestützten Widerrufs unberührt;[282] *Kopp*[283] will auf den Widerruf nach Nr. 1 oder 2 aus Gründen der in Nr. 3–5 genannten Art Abs. 6 analog anwenden. Kein Raum für Abs. 6 ist gegeben, wenn ein VA auf Grund Eintritts einer **auflösenden Bedingung** erlischt.[284]

Wie bei der Rücknahme (s. § 48 Rn. 46) ist auch für den Widerruf eines **belastenden VA** ein Ersatz des Vertrauensschadens **nicht** vorgesehen.[285] Die Aufhebung eines rechtmäßigen belastenden VA begünstigt den Betroffenen stets. Wird nach Aufhebung ein neuer belastender VA erlassen, stehen dem Betroffenen hiergegen Rechtsmittel zu.[286]

2. Schutzwürdiges Vertrauen

Entgegen verbreiteter Auffassung[287] bedeutet das **schutzwürdige Vertrauen** i. S. d. § 49 Abs. 6 das Gleiche wie das unter Abwägung mit dem öffentlichen Interesse schutzwürdige Vertrauen i. S. d. § 48 Abs. 3 (s. dort Rn. 144). Aus der nur teilweisen Verweisung in § 49 Abs. 6 auf § 48 Abs. 3 S. 3 bis 5 ist kein Gegenschluss zu ziehen. Dadurch, dass § 49 Abs. 6 nicht auf § 48 Abs. 3 S. 1 (dort letzter HS) verweist, wird nicht ausgedrückt, dass das öffentliche Interesse auf die Schutzwürdigkeit des Vertrauens keinen Einfluss habe.

Die nur **teilweise Verweisung** erklärt sich aus dem Aufbau des § 48 Abs. 3 einerseits und des § 49 Abs. 6 andererseits. In beiden Fällen war jeweils in S. 1 aus **terminologischen Gründen**[288] zunächst die Rechtspflicht zum Ausgleich (in § 48 Abs. 3) bzw. zur Entschädigung

---

[275] NVwZ-RR 1992, 602, 603.
[276] S. dazu *Johlen* NJW 1976, 2155, 2156; wegen der Eigentumsproblematik s. Rn. 124 ff.; zur Entschädigung nach dem Widerruf atomrechtlicher Genehmigungen s. *Schoch* DVBl 1990, 549 ff., 552 ff. m. w. N.; für den Widerruf nach § 21 BImSchG *Zitzelsberger* GewArch 1990, 153 ff. m. w. N.
[277] Dazu *BVerwG* NVwZ 1994, 783, 784.
[278] S. auch *BGH* NJW 1970, 1178 mit Bespr. *Menger/Erichsen* VerwArch 1970, 384 ff.
[279] Krit. insoweit *Ule/Becker*, S. 62.
[280] Begründung zu § 45 Abs. 4 Entwurf 73.
[281] Vgl. dazu im Hinblick auf den speziellen § 19 BayKRG *Wendt/Jochum* BayVBl 2005, 741, 74 f.
[282] *OLG Hamm* NVwZ 1990, 693, 694 für § 21 BImSchG; *LG Detmold* NVwZ 1991, 508, 509, wohl auch für den Fall eines Widerrufs nach Nr. 2, sofern die Auflage nur gesetzlich begründete dynamische Betreiberpflichten beinhaltet.
[283] VwVfG, § 49 Rn. 58; dem folgend für § 49 Abs. 6 n. F. *Kopp/Ramsauer*, § 49 Rn. 82.
[284] Vgl. für Negativbescheinigungen im Außenwirtschaftsrecht *Häde* BayVBl 1991, 485, 490 f.
[285] Für Aufwendungsersatz in entsprechender Anwendung von Abs. 6 aber *Kopp/Ramsauer*, § 49 Rn. 24; wie hier *Meyer* in Knack, § 49 Rn. 85.
[286] Begründung S. 181 zu § 38 Musterentwurf.
[287] *Johlen* NJW 1976, 2155, 2156; *Ule/Laubinger*, § 63 Rn. 27; *Maurer* in FS Boorberg Verlag, 1977, S. 223, 246; wie hier *Meyer* in Knack, § 49 Rn. 90; *Kopp/Ramsauer*, § 49 Rn. 81.
[288] Vgl. *Schmidt* JuS 1973, 529, 534.

(in § 49 Abs. 6) zu regeln. Erst anschließend konnte wegen des Umfangs des Ersatzes in § 49 Abs. 6 auf § 48 Abs. 3 S. 3 bis 5 verwiesen werden. Da der Begriff der Schutzwürdigkeit des Vertrauens in §§ 48, 49 gleich verstanden wird (§ 48 Rn. 144), konnte in der Begründung zu § 45 Abs. 4 Entwurf 73 gesagt werden, dass § 49 Abs. 5 a. F., also jetzt Abs. 6, und § 48 Abs. 3 „korrespondieren". Wegen des Anspruchs im Übrigen und seiner Festsetzung s. § 48 Rn. 187 ff.

3. Enteignende Wirkung des Widerrufs

124 Abs. 6 geht davon aus, dass es sich jedenfalls bei einem Teil seines Anwendungsbereichs um **Fälle des Art. 14 Abs. 3 S. 4 GG** handelt; darauf beruht die fortbestehende Rechtswegregelung des S. 3[289] (auch die Rechtswegregelung für Aufopferungsansprüche nach § 40 Abs. 2 VwGO blieb unberührt). Dabei ist zu berücksichtigen, dass diese Regelung nach dem Stand der seinerzeitigen Judikatur auch auf Fälle sog. enteignungsgleicher oder enteignender Eingriffe erstreckt wurde (s. auch den früheren § 48 Abs. 6 HS 2; dazu 4. Aufl. § 48 Rn. 176 f.) und nicht auf Enteignungen im technischen Sinne beschränkt blieb.[290] Diese Sichtweise ist seit dem Nassauskiesungsbeschluss des *BVerfG*[291] hinfällig geworden,[292] was die Streichung des anhand des „enteignungsgleichen Eingriffs" differenzierenden § 48 Abs. 6 zur Folge hatte.

125 Der Widerruf eines VA berührt den Schutzgegenstand des Art. 14 GG, wenn der aufgehobene VA für den Adressaten eine **als Eigentum geschützte öffentlich-rechtliche Rechtsposition begründet** hatte;[293] dies ist in den Fällen des § 49 Abs. 2 Nr. 1 und 2 nicht der Fall, weil die Widerruflichkeit des VA hier von vornherein besteht, was eine verfestigte Rechtsposition, wie sie das Eigentum voraussetzt, ausschließt. Inwieweit im übrigen VAe, wie namentlich Genehmigungen, eigentumsrechtlich geschützte Positionen begründen, ist im Einzelnen oft zweifelhaft.[294]

126 Soweit in den Fällen des § 49 Abs. 2 Nr. 3–5 Eigentumspositionen betroffen sind, kann es sich um die **Aktualisierung einer gesetzlichen Schrankenbestimmung** des Eigentums nach Art. 14 Abs. 1 S. 2 GG handeln,[295] die von Verfassungs wegen keine Entschädigungspflicht auslösen muss.[296] Der Ersatz des Vertrauensschadens nach § 49 Abs. 6 S. 1 trägt Verpflichtungen, die sich aus dem rechtsstaatlichen Grundsatz des Vertrauensschutzes ergeben, grundsätzlich auch bei Berührung von Eigentumspositionen hinreichend Rechnung.[297]

127 Soweit sich der **Widerruf eines VA als Enteignung** darstellt,[298] muss die durch die Junktimklausel des Art. 14 Abs. 3 S. 2 GG gebotene Entschädigungsregelung[299] eine Entschädigung vorsehen, die unter gerechter Abwägung der Interessen der Allgemeinheit und der Beteiligten

---

[289] Dazu *Johlen* NJW 1976, 2155, 2156; *Maurer* in FS Boorberg Verlag, 1977, S. 225, 253 ff.
[290] S. demgegenüber dann BGHZ 90, 17, 31; 91, 20, 26 ff.
[291] BVerfGE 58, 300, 322 ff., 324; erneut BVerfGE 83, 201, 211 f.
[292] Vgl. zur Konzeption des *BVerfG* etwa *Lege* NJW 1995, 2745; *Rüfner* in FS Boujong, 1996, S. 643 ff.; *Maurer*, § 27 Rn. 87 ff. m. w. N.; *Leisner* HStR VI, § 149 Rn. 176 ff.; *Pieroth/Schlink* Grundrechte, Staatsrecht II, 22. Aufl. 2006, Rn. 946 ff.; *Wendt* in Sachs GG, Art. 14 Rn. 181 ff.
[293] Zu den Voraussetzungen *Wendt* in Sachs GG, Art. 14 Rn. 28 ff. m. w. N.
[294] Vgl. allg. etwa zu § 21 BImschG *Schenke* DVBl 1976, 740, 741 ff.; abl. *Zitzelsberger* Gew-Arch 1990, 153, 158; für §§ 17, 18 AtG abl. *Schoch* DVBl 1990, 549, 552 m. w. N.; für ein durch § 15 WHG mit dem bisherigen Inhalt aufrecht erhaltenes altes Benutzungsrecht abl. BVerwG GewArch 1994, 59; generell, auch zum Zusammenhang mit dem privatrechtlichen Substrat solcher VAe *Wendt* in Sachs GG, Art. 14 Rn. 36 m. w. N.
[295] Auch für diese Variante BVerwG GewArch 1994, 59 m. w. N.
[296] Zur Möglichkeit entschädigungspflichtiger Schrankenbestimmung vgl. etwa BVerfGE 58, 137, 147 ff.; 79, 174, 192; 83, 201, 211 ff.; BVerfGE 84, 361, 370 ff.; 94, 1, 5 f. m. w. N.; BGHZ 133, 271 ff. m. Anm. *Sachs* JR 1997, 240 ff.; dazu ferner etwa *[Schulze-]Osterloh* NJW 1981, 2537 ff.; *Rüfner* in FS Boujong, 1996, S. 643, 644 ff.
[297] In diesem Sinne schon *Lange* WiVerw 1979, 15, 16; *Schoch* DVBl 1990, 549, 552 nimmt zulässige Schrankenbestimmung an, soweit der Widerrufsgrund in der Sphäre des Betroffenen liegt; verallgemeinernd *Kopp/Ramsauer*, § 49 Rn. 78; s. auch § 48 Rn. 183; *Sachs* in ders. GG, Art. 20 Rn. 140 m. w. N.
[298] Dies ausschließend *Kopp/Ramsauer*, § 49 Rn. 80. Zur bislang nicht abschließend gelungenen Abgrenzung der Enteignung allgemein vgl. *Sachs* in Stern, Staatsrecht III/2, S. 404 ff., 482; auch *ders.* Verfassungsrecht II. Grundrechte, 2. Aufl. 2003, B 14 Rn. 24 ff.; *Wendt* in Sachs GG, Art. 14 Rn. 148 ff. jeweils m. w. N.; ferner *Rüfner* in FS Boujong, 1996, S. 643, 648 ff. m. w. N.
[299] Dafür etwa *Schwarz*, Vertrauensschutz als Verfassungsprinzip, 2002, S. 329.

bestimmt ist. Die Beschränkung des § 49 Abs. 6 S. 1 auf den Vertrauensschaden dürfte, auch wenn man für öffentlich-rechtlich begründete Eigentumspositionen möglicherweise besondere Maßstäbe entwickeln mag, die hinter dem regelmäßigen Gebot des äquivalenten Ausgleichs[300] zurückbleiben, diesem verfassungsrechtlichen Gebot nicht in jedem Falle entsprechen.[301] Wegen des **Rechtsbehelfs gegen die Entschädigungsfestsetzung** s. § 79 Rn. 30.

Soweit danach § 49 Abs. 6 S. 1, der für eine verfassungskonforme Auslegung im Sinne eines weitergehenden Entschädigungsanspruchs angesichts des klaren Wortlauts und der eindeutigen Zielrichtung des Gesetzes[302] keinen Raum lassen dürfte, **keine ausreichende Entschädigungsregelung** darstellt, ist die Zulassung des Widerrufs durch § 49 Abs. 2 Nr. 3–5 verfassungswidrig, ein entsprechender **Widerruf** ist mangels gültiger gesetzlicher Ermächtigung (§ 44 Rn. 46ff.) **rechtswidrig.**[303] Der Betroffene muss den Widerruf daher anfechten; er hat nicht die Wahlmöglichkeit, statt dessen den rechtswidrigen Widerruf hinzunehmen und die gesetzlich (so) nicht vorgesehene Entschädigung nach den Maßstäben des Art. 14 Abs. 3 S. 3 GG zu verlangen.[304]

Soll die Möglichkeit des Widerrufs auch für den Fall enteignender Wirkung aufrechterhalten bleiben, ist daher eine **gesetzliche Ergänzung der Entschädigungsregelung** erforderlich. Dabei ist zu beachten, dass auch eine pauschale Erweiterung der Entschädigung für den Fall enteignender Wirkung eines Widerrufs als sog. **salvatorische Klausel problematisch** erscheinen würde.[305]

Ein Ersatz des **entgangenen Gewinns** ist ebenso wenig vorgesehen wie bei einem Entschädigungsanspruch wegen Aufopferung.[306] Demgegenüber hält *Ule*[307] entgangenen Gewinn für entschädigungsfähig, wenn er aus vorhandenen konkreten Werten gezogen wird, z. B. aus eingerichtetem und ausgeübtem Gewerbebetrieb im Gegensatz zu erwartetem Gewinn aus einem noch zu errichtenden Gewerbebetrieb.

4. Rechtswegzuweisung

Für Anwendung der **Rechtswegzuweisung** gem. S. 3 auf einen entsprechend § 49 Abs. 5 a. F. begründeten Entschädigungsanspruch spricht sich das *OVG Münster*[308] aus; das *BVerwG* verneint in derselben Sache schon die (auch analoge) Anwendung des Abs. 5 a. F., da der Widerruf nur die Bestellung zum Chefarzt, nicht die Einräumung der Privatliquidationsberechtigung betraf.[309]

5. Erstattung

Die **Erstattung erbrachter Leistungen**, die nach dem bisherigen Recht für § 49 nicht allg. geregelt war und deswegen unter Rückgriff auf die Rechtsgedanken des Bereicherungsrechts gelöst werden musste (vgl. 4. Aufl. § 49 Rn. 57),[310] ist für VAe, die mit Wirkung für die Vergangenheit widerrufen worden sind, im **neuen § 49 a Abs. 1 S. 1** ausdrücklich vorgeschrieben (dazu § 49 a Rn. 5 ff.).

---

[300] Dazu *Wendt* in Sachs GG, Art. 14 Rn. 169 ff. m. w. N.
[301] Vgl. *Johlen* NJW 1976, 2155, 2156; s. auch *Kokott* VerwArch 1992, 503, 514 f.
[302] Zu den wechselhaften Maßstäben des *BVerfG Sachs* in ders. GG, Einf. Rn. 54.
[303] In diesem Sinne etwa *Schenke* DVBl 1976, 740, 746; auch später *ders.* DÖV 1983, 327; wohl auch *BGH* NJW 1986, 2499, 2500 für § 15 BRAO a. F., wo allerdings enteignende Wirkung verneint wird.
[304] *BVerfGE* 58, 300, 324; der *BGH* trägt dem Gedanken der Priorität des primären Rechtsschutzes durch eine entsprechende Anwendung des § 254 BGB (Mitverschulden) Rechnung, s. *BGHZ* 90, 17, 31 f.; 110, 12, 14 f.; auch schon *BGHZ* 56, 57, 65 f.; ferner *Grzeszick* in Erichsen/Ehlers, § 44 Rn. 84 m. w. N.; *Wendt* in Sachs GG, Art. 14 Rn. 168.
[305] Für einen Verstoß gegen die Junktimklausel insbes. *BVerfGE* 84, 361, 364 f.; anders allerdings *BGHZ* 99, 24, 28; 105, 15, 16 f.; 121, 73, 78; 123, 242, 244; 126, 379, 381 ff.; dazu ferner etwa *Schink* DVBl 1990, 1375 ff.; *Ossenbühl* JZ 1991, 89 ff.; *Pietzcker* JuS 1991, 369 ff.; *Detterbeck* DÖV 1994, 273 ff.; *Götz* DVBl 1993, 1356 f.; *Rüfner* in FS Boujong, 1996, S. 643, 644 ff.
[306] Begründung zu § 38 Abs. 3 Musterentwurf. Vgl. auch *Schäfer/Bonk*, § 15 Rn. 96.
[307] BImSchG, § 21 Rn. 11.
[308] 27. 1. 1988 – 12 A 1435/85 (bei Fortfall von Nebentätigkeitseinnahmen nach Klinikschließung)
[309] *BVerwGE* 87, 319, 322.
[310] Für analoge Anwendung des § 48 Abs. 2 S. 5–8 *Kopp/Ramsauer*, VwVfG, § 49 Rn. 59 a m. w. N.

IX. Europarecht

133 Zu den **Besonderheiten**, die sich aus dem europäischen Gemeinschaftsrecht ergeben, s. Rn. 78 sowie § 48 Rn. 261, allgemeiner auch § 48 Rn. 19 ff.[311]

X. Landesrecht

134 **Besonderheiten** bestehen abgesehen von der Absatzzählung in Bayern[312] **nicht.**

XI. Vorverfahren

135 § 49 ist auch für den Widerspruchsbescheid grundsätzlich anwendbar (§ 79).[313] In der Regel wird jedoch ein **isolierter Widerruf** des Widerspruchsbescheides nicht in Betracht kommen. Denkbar ist er **im Ausnahmefall** bei wechselnder Wertung der Zweckmäßigkeit, sofern die übrigen Voraussetzungen des § 49 – bezogen auf den Widerspruchsbescheid – vorliegen, z. B. wenn dadurch eine gegenüber dem ursprünglichen VA größere Belastung aufgehoben wird. Grundsätzlich stellen sich aber die gleichen Fragen der funktionellen Zuständigkeit und des Vertrauensschutzes wie bei einer isolierten Rücknahme des Widerspruchsbescheides (s. § 48 Rn. 263 ff.).[314]

§ 49a Erstattung, Verzinsung

(1) ¹Soweit ein Verwaltungsakt mit Wirkung für die Vergangenheit zurückgenommen oder widerrufen worden oder infolge Eintritts einer auflösenden Bedingung unwirksam geworden ist, sind bereits erbrachte Leistungen zu erstatten. ²Die zu erstattende Leistung ist durch schriftlichen Verwaltungsakt festzusetzen.

(2) ¹Für den Umfang der Erstattung mit Ausnahme der Verzinsung gelten die Vorschriften des Bürgerlichen Gesetzbuchs über die Herausgabe einer ungerechtfertigten Bereicherung entsprechend. ²Auf den Wegfall der Bereicherung kann sich der Begünstigte nicht berufen, soweit er die Umstände kannte oder infolge grober Fahrlässigkeit nicht kannte, die zur Rücknahme, zum Widerruf oder zur Unwirksamkeit des Verwaltungsaktes geführt haben.

(3) ¹Der zu erstattende Betrag ist vom Eintritt der Unwirksamkeit des Verwaltungsaktes an mit fünf Prozentpunkten über dem Basiszinssatz jährlich zu verzinsen. ²Von der Geltendmachung des Zinsanspruchs kann insbesondere dann abgesehen werden, wenn der Begünstigte die Umstände, die zur Rücknahme, zum Widerruf oder zur Unwirksamkeit des Verwaltungsaktes geführt haben, nicht zu vertreten hat und den zu erstattenden Betrag innerhalb der von der Behörde festgesetzten Frist leistet.

(4) Wird eine Leistung nicht alsbald nach der Auszahlung für den bestimmten Zweck verwendet, so können für die Zeit bis zur zweckentsprechenden Verwendung Zinsen nach Absatz 3 Satz 1 verlangt werden. Entsprechendes gilt, soweit eine Leistung in Anspruch genommen wird, obwohl andere Mittel anteilig oder vorrangig einzusetzen sind. § 49 Abs. 3 Satz 1 Nr. 1 bleibt unberührt.

Vergleichbare Vorschriften: § 50 SGB X; § 37 Abs. 2 AO 1977.

Abweichendes Landesrecht: In Bayern und Thüringen ist eine Verzinsung von sechs Prozentpunkten vorgesehen. In Mecklenburg-Vorpommern, Schleswig-Holstein und im Saarland wird für den Basiszinssatz auf § 247 BGB hingewiesen. In Mecklenburg-Vorpommern heißt es in § 49a Abs. 2 Satz 2: „Von der Geltendmachung des Zinsanspruchs nach Satz 1 ist abzusehen, ..." S. auch Rn. 2, 77, 80, 91.

---

[311] Speziell zum Widerruf von Entscheidungen s. *Schroeder*, Bindungswirkungen, S. 132 ff.
[312] Dort wird der eingefügte Absatz als Absatz 2a gezählt.
[313] A. A. *Busch* in Knack, § 79 Rn. 218; *Allesch*, S. 206 f. m. w. N.
[314] S. *Busch* BayVBl 1981, 296, 297.

§ 49a Erstattung, Verzinsung   **1 § 49a**

Entstehungsgeschichte: § 49a gehört zu den Vorschriften, die durch das ÄndG vom 2. 5. 1996, BGBl I 656, den aufgehobenen § 44a BHO ersetzt haben (vgl. dazu schon § 49 Rn. 88 ff.); zugleich wurden die in § 48 Abs. 2 gestrichenen Sätze 5 bis 8 ersetzt. Zu dem für den neuen § 49a maßgeblichen Art. 1 Nr. 3 des Gesetzes hatte der BRat noch im letzten Gesetzgebungsdurchgang (BT-Drs 13/1534) verschiedene Änderungsvorschläge unterbreitet, denen die BReg ausnahmslos nicht zustimmte, insbes. mit Rücksicht auf die Revisibilität der bereits zuvor erlassenen landesrechtlichen Parallelvorschriften, s. § 137 Abs. 1 Nr. 2 VwGO. Das Gesetz ist dann insoweit ohne Berücksichtigung der Vorschläge des BRats vom BTag beschlossen worden und hat auch die Zustimmung des BRats gefunden; s. aber wegen der Rückwirkungsregelung des Art. 6 Rn. 2.

Die **Änderung** durch Art. 13 Nr. 2 HZvNG v. 21. 6. 2002, BGBl I 2167, zielte mit Abs. 3 nach der Begr. des RegE, BT-Drs 14/9007, S. 41, auf die Vereinheitlichung des Zinssatzes mit dem BGB; Abs. 4 S. 2 wurde aufgrund der Stellungnahme des BRats, BT-Drs 14/9007, Anl. 2, Nr. 10b, der die BReg unter Erstreckung auf § 50 Abs. 2a SGB X zustimmte, BT-Drs 14/9007, Anl. 3, zu Nr. 10, eingefügt.

S. im Einzelnen ferner Rn. 2, 6, 7, 12, 14, 15, 34, 36, 41, 42, 48, 54, 56, 62, 64, 66, 69, 74, 81, 82, 86.

Literatur: S. bei §§ 48, 49. Zum früheren § 44a BHO s. 6. Aufl. Ferner speziell *Hüttenbrink/Windmöller,* Erstattungsansprüche nach § 49a Abs. 1 VwVfG, SächsVBl 2001, 181; *Schmitz/Schlatmann,* Digitale Verwaltung? – Das dritte Gesetz zur Änderung verwaltungsverfahrensrechtlicher Vorschriften, NVwZ 2002, 1281, 1293 f.; *Martini,* Der praktische Fall – Öffentliches Recht: „Wer zu spät kommt, den bestraft das Leben", JuS 2003, 266.

Übersicht

	Rn.
I. Allgemeines	1
II. Erstattungspflicht (Abs. 1 und 2)	5
1. Die grundsätzliche Erstattungspflicht (Abs. 1 S. 1)	5
a) Anwendungsbereich	5
b) Rücknahme mit Wirkung für die Vergangenheit (1. Var.)	16
c) Widerruf mit Wirkung für die Vergangenheit (2. Var.)	19
d) Unwirksamkeit infolge Eintritts einer auflösenden Bedingung (3. Var.)	21
e) Umfang der Unwirksamkeit	25
f) Die Rechtsfolge der Erstattungspflicht	26
2. Festsetzung der Erstattung durch VA (Abs. 1 S. 2)	34
3. Umfang der Erstattung (Abs. 2)	41
a) Entsprechende Geltung der §§ 818 ff. BGB (S. 1)	41
b) Der Ausschluss der Entreicherungseinrede nach S. 2	61
c) Gemeinschaftsrechtliche Bedeutung der Entreicherung	70
III. Verzinsung des Erstattungsbetrags (Abs. 3)	72
1. Grundsätzliche Pflicht zur Verzinsung (S. 1)	72
2. Absehen von der Geltendmachung des Zinsanspruchs (S. 2)	78
IV. Zwischenzinsen bei verzögerter Zweckerfüllung (Abs. 4)	82
1. Nicht alsbaldige zweckgerechte Verwendung (S. 1)	83
2. Unterbliebener Einsatz anderer Mittel (S. 2)	87
3. Unberührte Widerrufsmöglichkeit (S. 3)	89
V. Europarecht	90
VI. Landesrecht	91

I. Allgemeines

§ 49a regelt als Ausprägung des allgemeinen ör **Erstattungsanspruchs**[1] (näher auch **1** Rn. 5 ff.) die Erstattung auf Grund eines VA erbrachter Leistungen dem Grunde (Abs. 1) und dem Umfang nach (Abs. 2) zusammenfassend für die Fälle der Rücknahme (vorher § 48 Abs. 2 S. 5 bis 8), des Widerrufs mit Wirkung für die Vergangenheit (§ 49 Abs. 3 n. F.) und der Unwirksamkeit des VA infolge Eintritts einer auflösenden Bedingung. Mit der Erstattungspflicht ist eine Pflicht zur **Verzinsung** verbunden (Abs. 3), ferner ist eine Verpflichtung zu Zwischenzinsen bei verzögerter Zweckverwirklichung vorgesehen (Abs. 4). Nach Art. 5 des Änderungsgesetzes vom 2. 5. 1996[2] wurde die Verweisung des **§ 10 MOG** auf die früher in § 48 Abs. 2 enthaltene Regelung auf den neuen § 49a umgestellt, soweit dessen Regelungen nicht selbständig im MOG berücksichtigt sind; Art. 16 HZvNG hat § 14 Abs. 1 MOG entsprechend fortgeschrieben.

---

[1] Dazu etwa *Maurer,* § 29 Rn. 20 ff.; *Ossenbühl,* S. 414 ff.; *Morlok* Verwaltung 1992, 371, 386 ff.; *Schoch* Jura 1994, 82 ff.; *Windthorst* JuS 1996, 894 ff.
[2] BGBl I 656.

§ 49a 2–5 Teil III. Verwaltungsakt

2   Nach Art. 6 Abs. 2 HS 1 des ÄndG vom 2. 5. 1996[3] findet dessen Art. 1, der in Nr. 4 den § 49a beinhaltet, bereits auf vor Inkrafttreten des Gesetzes erlassene VAe Anwendung (§ 49 Rn. 109).[4] Die **Rückwirkung** erstreckt sich nach HS 2 nicht auf die Zinsen wegen des Erstattungsanspruchs nach § 49a Abs. 3 (Rn. 72 ff.). Hinsichtlich der dort geregelten Erhebung von Zinsen findet auf Grund des von der BReg akzeptierten Vorschlages des BRats für alle vor Inkrafttreten des ÄndG erbrachten Leistungen das alte Recht Anwendung, um die Verfassungsmäßigkeit sicherzustellen.[5] Für den Zinsanspruch nach § 49a Abs. 4 dürfte nach Sinn und Zweck der Regelung Entsprechendes gelten. In den Ländern, die keine **Übergangsregelung** nach dem Muster des Bundes getroffen haben,[6] ist problematisch, ob die Verzinsungsregelung auch schon auf Leistungen aus der Zeit vor Inkrafttreten der Neuregelung angewendet werden kann.[7]

3   § 49a steht in Parallele zu **anderen gesetzlich geregelten Erstattungsansprüchen.** Zu diesen gehört insbes. der zugleich ergänzte **§ 50 SGB X,** der schon vorher umfassend die Erstattung von Leistungen nach Aufhebung des zugrunde liegenden VA (Abs. 1) und bei Erbringung ohne VA (Abs. 2) geregelt hatte;[8] der neue Abs. 2a SGB X fasst die Regelungen des § 49 Abs. 3 und 4 zusammen. Ferner sind zu erwähnen **§ 37 Abs. 2 AO** und **Erstattungsansprüche gegen Beamte** nach § 12 Abs. 2 BBesG,[9] § 52 Abs. 2 BeamtVG, § 87 Abs. 2 BBG,[10] § 53 Abs. 2 BRRG.[11]

4   Mangels besonderer Vorschriften können die **Grundsätze** der Abs. 1 und 2 im Bereich des öffentlichen Rechts[12] auch Anwendung finden, **wo das VwVfG nicht anzuwenden** ist.[13] Der (ungeschriebene) Ausgleichsanspruch war schon **vor Erlass des VwVfG** nach h. M. bei unterschiedlicher dogmatischer Ableitung[14] anerkannt.

II. Erstattungspflicht (Abs. 1 und 2)

1. Die grundsätzliche Erstattungspflicht (Abs. 1 S. 1)

5   a) **Anwendungsbereich.** § 49a Abs. 1 S. 1 begründet eine Pflicht zur Erstattung von **Leistungen,** die, was der Gesetzestext voraussetzt (weiter § 50 Abs. 2 SGB X), **auf der Grundlage eines VA** erbracht worden sind, der ihren Rechtsgrund darstellt. Dieser VA muss aus einem der drei im ersten Halbsatz genannten Gründen (Rn. 16 ff.) **unwirksam geworden** sein (nur zur Auf-

---

[3] BGBl I 656.
[4] Keine verfassungsrechtlichen Bedenken bei *OVG Münster* GemH 1995, 184, 185.
[5] BT-Drs 13/1534, S. 12 bzw. 14.
[6] Namentlich Brandenburg, Niedersachsen und Schleswig-Holstein; vgl. die Zusammenstellung einschlägiger Gesetze bei *Suerbaum* NdsVBl 1999, 155, 156; soweit die Neufassung der §§ 48 ff. von 1996 auf Grund dynamischer Verweisung gilt (§ 48 Rn. 261), wird man nach Sinn und Zweck dieser Regelungstechnik annehmen können, dass auch die Bestimmung über das Inkrafttreten, obwohl nicht Inhalt des VwVfG selbst, für die Landesebene maßgeblich sein soll.
[7] So für Brandenburg *VG Potsdam* LKV 1999, 219; anders für Niedersachsen insbes. aus verfassungsrechtlichen Gründen *OVG Lüneburg* NdsVBl 1998, 113, 115; insoweit ebenso *Suerbaum* NdsVBl 1999, 155, 157 ff.
[8] Vgl. hierzu etwa *BVerwG* NJW 1993, 215 f.; NVwZ 1993, 481, 483; *BVerwGE* 105, 374 = NVwZ-RR 1998, 379.
[9] Vgl. dazu etwa *BVerwG* ZBR 1998, 281, 282; *BVerwGE* 116, 74 ff.
[10] Dazu etwa *BVerwG* ZBR 1983, 206; *BVerwGE* 84, 111 ff.; 91, 66 ff. *BVerwG* NVwZ 2000, 443; *OVG Greifswald* NordÖR 2003, 256 f.
[11] Allg. *Grundmann* ZBR 1999, 154 ff. Zur Geltung auch für den Fall, dass die Ernennung mit rückwirkender Beseitigung des Beamtenverhältnisses zurückgenommen ist, *BVerwGE* 109, 365, 367 f. = NJW 2000, 443.
[12] S. demgegenüber für die nach Privatrecht zu beurteilende Rückforderung von Zahlungen, die irrtümlich nach dem Tod des Berechtigten an die Erben gezahlt worden sind, *BVerwGE* 84, 274, 275 f. (für Wohngeld); dazu *Frohn* BayVBl 1992, 7 ff. m. w. N.; *OLG Karlsruhe* NJW 1988, 1920 f. (für Altersrenten) im Anschluss an *BSG* NVwZ 1988, 95, zu § 50 II SGB X; zur früheren Rechtslage s. *BGHZ* 71, 180, 181 ff.; 73, 202, 203 ff.; anders für die Rückforderung einer den Erben rechtsgrundlos zugeflossenen beamtenrechtlichen Beihilfe *BVerwG* NVwZ 1991, 169 f. mit Anm. *Osterloh* JuS 1991, 610 f. Zur Inanspruchnahme der Erben s. auch Rn. 31.
[13] Vgl. noch zu § 48 Abs. 2 S. 5–8 a. F. *BVerwG* NJW 1977, 1838, 1839, dazu *Menger* VerwArch 1978, 93.
[14] Nachweise bei *Becker* DÖV 1973, 379, 386; *Wallerath* DÖV 1972, 221 ff.

hebung von VAen § 50 Abs. 1 SGB X). Damit dürfte im Umkehrschluss klar sein, dass die Zweckverfehlung allein keine Rückforderung ermöglicht, solange der Bewilligungsbescheid wirksam ist.[15] Näher Rn. 16 ff.

Hinter dem im Regierungsentwurf[16] formulierten Ziel, generell die Erstattung gewährter **6** Leistungen für die Vergangenheit zu regeln,[17] bleibt dies jedenfalls hinsichtlich solcher Leistungen zurück, die aus einem **anderen Rechtsgrund** erfolgt sind, namentlich Leistungen auf Grund eines ör Vertr (insoweit verbleibt es bei der bisherigen Rechtslage, s. dazu § 59 Rn. 12, § 62 Rn. 16, 33)[18] oder sonstiger (gesetzlicher) Rechtsverhältnisse, für die der allgemeine ör Erstattungsanspruch maßgeblich bleibt.[19] Dasselbe gilt für Vermögensverschiebungen, die **nicht auf einer „Leistung"** beruhen.[20] Das *BVerwG* hält § 49 a auch für unanwendbar, wenn in einem klassischen Fall der Zwei-Stufen-Theorie durch VA bewilligte Leistungen durch **privatrechtlichen Darlehensvertrag** abgewickelt werden, da dieser unmittelbarer Rechtsgrund der Leistung sei und auch bei (späterer) Unwirksamkeit des VA fortbestehe.[21]

Nicht betroffen sind auch **andere Gründe für die Unwirksamkeit des VA,** der einer **7** Leistung zugrunde liegt.[22] Neben der Aufhebung im Verwaltungsprozess[23] kommen namentlich in Betracht die **Aufhebung im Vorverfahren** durch Abhilfe- oder Widerspruchsbescheid[24] und **ursprüngliche Unwirksamkeit** wegen Nichtigkeit[25] oder (endgültigen) Nichteintritts einer aufschiebenden Bedingung.[26] Auch insoweit verbleibt es bei dem allgemeinen ör Erstattungsanspruch.[27]

Nicht von § 49 a erfasst werden ferner sog. **vorläufige VAe,**[28] die von vornherein keinen **8** definitiven Rechtsgrund für das dauerhafte Behalten der Leistung abgeben;[29] daher bewirkt auch ihr Unwirksamwerden durch Erledigung bei Erlass des endgültigen VA (vgl. § 43 Rn. 41) keinen Wegfall eines definitiven Rechtsgrundes. Diese Regelungsform kann aber namentlich bei Bewilligungsbescheiden regelmäßig nicht angenommen werden, weil andernfalls selbst bei bestimmungsgemäßem Gebrauch der Leistungen gleich nach der Auszahlung die endgültige Entscheidung[30] und damit die Rückforderung möglich wäre.[31]

Vom Wortlaut nicht erfasst sind ferner **Rücknahme und Widerruf mit Wirkung für die** **9** **Zukunft.** Auf der Grundlage der Judikatur des *BVerwG*, die Rückforderungen auch nach einem Widerruf ex nunc zuließ,[32] wenn der Fortbestand des VA Bedingung für das Behalten der Leistung war, wäre in entsprechenden Fällen danach auf den allgemeinen Erstattungsanspruch

---

[15] Vgl. gegenüber der zum Teil abweichender älterer Judikatur *Windhorst* JuS 1996, 894, 898; *Suerbaum* VerwArch 1999, 361, 368 f. m. w. N.
[16] BT-Drs 13/1534, S. 6.
[17] Gegen abschließende Bedeutung auch *Ehlers* GewArch 1999, 305, 316.
[18] S. auch *Vögler* NVwZ 2007, 294, 298; anders *v. Brevern* EWS 2006, 150 ff.
[19] Vgl. *Ossenbühl*, S. 419 f., zur Fallgruppe der schlichten Verwaltungsleistungen; *Suerbaum* VerwArch 1999, 361, 376; s. auch § 50 Abs. 2 SGB X.
[20] Vgl. *Ossenbühl*, S. 428 f. m. w. N.
[21] *BVerwG* NJW 2006, 536, 537; anders für die öffentlich-rechtliche Geltendmachung der Zinsforderungen *OVG Magdeburg* NVwZ 2002, 108, noch zu § 94 SachsAnhVwVfG a. F.
[22] Das hebt der Regierungsentwurf selbst ausdrücklich hervor, BT-Drs 13/1534, S. 6.
[23] Vgl. § 113 Abs. 1 S. 2, 3 VwGO zur prozessualen Möglichkeit, den Erstattungsanspruch mit der Anfechtungsklage zu verbinden, dazu etwa *Gerhardt* in Schoch u. a., § 113 Rn. 59; *Wolff* in Sodan/Ziekow, § 113 Rn. 192.
[24] So auch *Meyer* in Knack, § 49 a Rn. 11; *Suerbaum* VerwArch 1999, 361, 381.
[25] So auch *Meyer* in Knack, § 49 a Rn. 11; *Suerbaum* VerwArch 1999, 361, 383; anders *Kopp/Ramsauer*, § 49 a Rn. 4.
[26] So auch *Suerbaum* VerwArch 1999, 361, 378.
[27] So auch *Gröpl* VerwArch 1997, 23, 44 ff.; *Suerbaum* VerwArch 1999, 361, 378, 385; eine analoge Anwendung des § 49 a Abs. 3 zugunsten des Bürgers befürwortet *Baumeister* NVwZ 1997, 19, 25.
[28] So auch *Suerbaum* VerwArch 1999, 361, 379 f. m. w. N.; anders *Erfmeyer* DÖV 1998, 459, 463 f., der die Vorläufigkeitsklausel als auflösende Bedingung bezogen auf das für den Antragsteller negative Ergebnis der Nachprüfung interpretieren will.
[29] Vgl. *BVerwG* DVBl 1981, 639 ff.; *BVerwGE* 67, 99, 103; ähnlich für Leistungen unter dem Vorbehalt endgültiger Festsetzung *VGH Kassel* 7. 5. 1986 – 5 OE 27/83; *OVG Koblenz* NJW 1986, 2129; aus dem Schrifttum etwa *Peine* DÖV 1986, 849 ff.; *Suerbaum* VerwArch 1999, 361, 384 f. m. w. N.
[30] Diese Voraussetzung der Rückforderung bei Leistungen auf Grund vorläufiger VAe betont *Suerbaum* VerwArch 1999, 361, 385 Fn. 118 m. w. N., in vermeintlichem Gegensatz zur 5. Auflage.
[31] Abl. daher etwa *Jarass* DVBl 1984, 855, 856; gegen einen gesetzesimmanenten Vorbehalt richtiger Rechtsanwendung *BVerwG* NVwZ 1986, 745, zum Soldaten-Versorgungsrecht.
[32] S. *BVerwG* NVwZ 1984, 36, 37 f.; auch NJW 1993, 1610 f. m. w. N.

zurückzugreifen; ein Ausschluss jeder Rückforderung ist mit der gesetzlichen Neuregelung jedenfalls ersichtlich nicht bezweckt.[33]

10 Im Hinblick auf die eintretenden **rechtlichen Konsequenzen** sind die **Unterschiede** trotz weitgehender Parallelen nicht völlig unerheblich. Für den nach Aufhebung ex nunc ggf. eröffneten **allgemeinen ör Erstattungsanspruch** gelten zum Umfang allerdings dieselben Grundsätze, die in Abs. 2 (dazu Rn. 41 ff.) niedergelegt sind.[34] Die Rückforderung mittels VA ist auch ohne ausdrückliche gesetzliche Grundlage zulässig (s. § 44 Rn. 62), ist aber anders als nach Abs. 1 S. 2 (s. Rn. 36) nicht zwingend vorgeschrieben und auch nicht auf die Schriftform festgelegt. Ein Zinsanspruch soll außerhalb gesetzlicher Regelungen gar nicht bestehen.[35]

11 Diese **Abweichungen** scheinen jedenfalls in den Fällen **zweckwidrig,** in denen die Rücknahme (regelmäßig nach § 48 Abs. 2 S. 4) und der Widerruf (nach § 49 Abs. 3 oder speziellen Vorschriften) mit Wirkung **für die Vergangenheit** zulässig sind. Wenn die Behörde hier zugunsten des Adressaten einen späteren Zeitpunkt für das Außerkrafttreten des VA wählt, ist kein Anlass für eine von den Rechtsfolgen des § 49a Abs. 1–3 abweichende Behandlung ersichtlich. Diese Vorschriften sollten daher hier **analog angewendet** werden,[36] zumal schon der für § 49 Abs. 3 vorbildliche § 44a Abs. 2 BHO a. F. jeden, also auch den nur zukunftswirksamen, Widerruf nach Abs. 1 dieser Vorschrift für den Erstattungsanspruch ausreichen ließ. Im Anschluss hieran und an die dem Änderungsgesetzgeber noch unbekannte Fortentwicklung der Rspr. (Rn. 10) sollte Entsprechendes dann auch gelten, wenn ein Widerruf sonst mit der Wirkung erfolgen kann, den **Rechtsgrund für das Behaltendürfen der Leistung entfallen** zu lassen. Zur gleichfalls nicht auf rückwirkende Unwirksamkeit beschränkten Anwendbarkeit der 3. Var. s. Rn. 21 ff.

12 **Zu weit geht** die Formulierung des Abs. 1 S. 1, da sie nicht ausdrücklich auf begünstigende VAe beschränkt ist. Vielmehr passt der Wortlaut ebenso auf **belastende VAe,** bei denen die Erstattungspflicht ggf. die Behörde treffen würde.[37] Nach der Begründung des Regierungsentwurfs war bei Rücknahme und Widerruf nur an Fälle begünstigender VAe nach § 48 Abs. 2, § 49 Abs. 3 gedacht,[38] mit deren Neugestaltung die Einfügung des § 49a ja verbunden war.

13 Zumindest für § 49a Abs. 2 bis 4 tritt die Verknüpfung mit begünstigenden VAen auch im Text der neuen Vorschriften hervor, indem der Begünstigte angesprochen (Abs. 2 S. 2, Abs. 3 S. 2) und der Behörde gegenübergestellt (Abs. 3 S. 2) oder Bezug auf § 49 Abs. 3 genommen wird (Abs. 4 HS 2). Sachlich würde die Möglichkeit des Entreicherungseinwandes nach Abs. 2 S. 1, § 818 Abs. 3 BGB (Rn. 46 ff.) auf öffentliche Rechtsträger kaum passen (Rn. 46),[39] ebenso wenig in Abs. 3 die behördliche Ermessensentscheidung über das Absehen von der Geltendmachung des Zinsanspruchs und die Fristsetzung für die Erstattung durch die Behörde. Untypisch für den Bereich behördlicher Erstattungspflichten, für deren Durchsetzung der Berechtigte regelmäßig auf die Leistungsklage angewiesen ist,[40] wäre auch die Festsetzung durch VA. Danach ist es trotz des weitergehenden Wortlauts des Abs. 1 S. 1 gerechtfertigt, den § 49a als insoweit genetisch und systematisch einheitlichen Regelungskomplex insges. **nur auf begünstigende VAe anzuwenden.**[41]

14 Dagegen sind Einschränkungen des Anwendungsbereichs hinsichtlich des Leistungsinhalts, die durch die Beziehung zu § 48 Abs. 2, § 49 Abs. 3 nahe gelegt werden könnten, nicht angezeigt. Allerdings spricht § 49a Abs. 3 S. 1, auf den Abs. 4 HS 2 Bezug nimmt, von einem zu erstatten-

---

[33] So auch *Suerbaum* VerwArch 1999, 361, 386 f. m. w. N.
[34] Vgl. nur *Ossenbühl,* S. 431 ff.
[35] Vgl. Rn. 70 f. sowie nur *Ossenbühl,* S. 432 m. w. N.
[36] Abl. *Ehlers* GewArch 1999, 305, 316; *Suerbaum* VerwArch 1999, 361, 386 f. m. w. N.; *Ziekow* § 48 Rn. 3; *BVerwG* NVwZ 1984, 36; hierzu Anm. *Thoenes,* DVBl 1983, 812 ff., und *Meinecke,* DVBl 1984, 725 f.
[37] Vgl. zu dieser Konstellation als Anwendungsfall des allgemeinen öffentlich-rechtlichen Erstattungsanspruchs nur *Ossenbühl,* S. 417 f. m. w. N.
[38] BT-Drs 13/1534, S. 6.
[39] Dies allein müsste die Anwendung von § 49a insges. nicht ausschließen, insoweit richtig *Meyer* in Knack, § 49a Rn. 10, bestätigt aber durchaus die systematische Gesamtanlage der Vorschrift.
[40] Vgl. *Ossenbühl,* S. 435.
[41] So auch *Meyer* in Knack, § 49a Rn. 11, der sich mit Recht gegen eine Begrenzung auf „Bürger" (so [nur] die missverständliche Formulierung der 6. Aufl.) wendet; *Suerbaum* VerwArch 1999, 361, 381 m. w. N.; *Hüttenbrink/Windmöller* SächsVBl 2001, 181, 184. Zur Geltung auch gegenüber begünstigten Hoheitsträgern ausdrücklich *OVG Münster* NVwZ-RR 2004, 317.

den Betrag; doch ist dies als Besonderheit der Verzinsungspflichten, die als Bezugsgröße einen Geldbetrag voraussetzen, auf die genannten Vorschriften einzugehen. Abs. 1 ist demgegenüber durchaus sinnvoll auf **jede überhaupt einer Erstattung fähige Leistung** zu beziehen;[42] auch der allgemeine Erstattungsanspruch kann ja andersartige Gegenstände als Geld, etwa Grundstückseigentum, betreffen.[43] Auch die in Abs. 2 in Bezug genommenen Vorschriften des BGB, wie namentlich der im Regierungsentwurf[44] ausdrücklich angesprochene § 818 Abs. 2 BGB, passen jedenfalls nicht nur auf Geldleistungen. § 50 Abs. 1 S. 2 SGB X schließt ausdrücklich Sach- und Dienstleistungen als (allerdings in Geld) zu erstattende Leistungen ein.

15 Die Begründung des Regierungsentwurfs[45] betont, dass der in Abs. 1 begründete Erstattungsanspruch – wie auch der allgemeine Erstattungsanspruch oder sein zivilrechtliches Vorbild der Bereicherungshaftung – **vom Verschulden** des Erstattungspflichtigen dem Grunde nach **unabhängig** ist. Doch kann das Verschulden eine Rolle für Beschränkungen des Umfangs der Erstattungspflicht nach Abs. 2 spielen. Außerdem wird die Frage des (fehlenden) Verschuldens des Leistungsempfängers für den Grund der Aufhebung in geeigneten Fällen schon bei der diesbezüglichen Ermessensausübung zu berücksichtigen sein und ist maßgebliche Voraussetzung für die Möglichkeit, nach Abs. 3 S. 2 von der Geltendmachung des Zinsanspruchs abzusehen.

16 **b) Rücknahme mit Wirkung für die Vergangenheit (1. Var.).** Voraussetzung des Erstattungsanspruchs nach der 1. Var. ist die Rücknahme des die Leistung gewährenden VA. Die primär mit Rücksicht auf den Widerruf (Rn. 19 f.) beigefügte Klausel zur Wirkung **für die Vergangenheit** fehlte in der früheren Regelung des § 48 Abs. 2 S. 5 a. F., ohne dass damit abweichende Konsequenzen verbunden gewesen wären. Entscheidend für das Entstehen des Rückforderungsanspruchs ist allein, dass die Rücknahme den aufgehobenen VA unwirksam macht (§ 43 Abs. 2; dort Rn. 197 ff.) und damit als Rechtsgrund für das Behalten der empfangenen Leistung beseitigt. Unter dieser Bedingung greift die Bestimmung **analog** auch für eine Rücknahme ein, die (im Übrigen) mit Wirkung **für die Zukunft** erfolgt (s. schon Rn. 9 ff.).

17 Die Rücknahme muss **nicht rechtmäßig, aber wirksam** sein, eine nichtige oder noch aufschiebend bedingte Rücknahme genügt nicht. Wird die Rücknahme angefochten, ist auf Grund des Suspensiveffekts bis zur Entscheidung über das Rechtsmittel der zurückgenommene VA als wirksam zu behandeln (s. § 43 Rn. 227 ff.); zur Festsetzung nach S. 2 s. Rn. 34 ff. Wird die Rücknahme ihrerseits später aufgehoben (zu dieser Möglichkeit s. § 48 Rn. 249), greift der UrsprungsVA – ggf. auch rückwirkend – wieder als Rechtsgrund ein, eine bereits erfolgte Erstattung wäre ihrerseits rechtsgrundlos erfolgt und rückabzuwickeln.

18 Wird ein **nichtiger VA zurückgenommen** (s. § 48 Rn. 57), können sich – namentlich beim Zinsanspruch nach Abs. 3 – für die Behörde weitergehende Möglichkeiten als auf Grund der Nichtigkeit ergeben; dies ist nicht unbillig, da die Rücknahmemöglichkeit (jedenfalls in den praktisch zentralen Fällen des § 48 Abs. 2) an Anforderungen des Vertrauensschutzes geknüpft ist, die bei nichtigen VAen nur ausnahmsweise gegeben sind.

19 **c) Widerruf mit Wirkung für die Vergangenheit (2. Var.).** Trotz des nicht eindeutigen Wortlauts ist nach Entstehungsgeschichte und systematischem Zusammenhang mit § 49 Abs. 3 auch in der 2. Var. für den Widerruf – wie textlich eindeutig bei der Rücknahme – nur der mit Wirkung für die Vergangenheit angesprochen. Soweit ein Widerruf nach § 49 Abs. 3 auf die **Wirkung für die Zukunft** beschränkt erfolgt ist (dazu § 49 Rn. 112 f.), kommt aber auch hier eine **analoge Anwendung** des § 49 a in Betracht, sofern der Widerruf den VA als Rechtsgrund für das Behalten der Leistung beseitigt (Rn. 16). Auch der Widerruf muss wirksam, aber nicht notwendig rechtmäßig sein;[46] wie bei der Rücknahme (Rn. 17) sind im Falle späterer Aufhebung des Widerrufs bereits erfolgte Erstattungen ggf. rückabzuwickeln.

20 Erfasst wird von der 2. Var. auch ein Widerruf, der auf Grund eines entsprechend (Rn. 16, 19) ausgerichteten **Widerrufsvorbehalts** erfolgt. § 49 Abs. 2 Nr. 1, der für den vorbehaltenen

---

[42] So auch *Kopp/Ramsauer*, § 49a Rn. 3; Sachleistungen einschließend *Meyer* in Knack, § 49a Rn. 8; unklar *Ziekow*, § 49a Rn. 3 („nicht nur leistungsgewährende VAe").
[43] Vgl. nur *Maurer*, § 29 Rn. 20.
[44] BT-Drs 13/1534, S. 7.
[45] BT-Drs 13/1534, S. 6.
[46] Vgl. ausdrücklich *BVerwG* NJW 1993, 1610 f.

Widerruf nur die Wirkung für die Zukunft vorsieht, steht dem nicht entgegen, weil es hierzu einer Wirkung des Widerrufs für die Vergangenheit nicht bedarf (Rn. 11).

21   d) **Unwirksamkeit infolge Eintritts einer auflösenden Bedingung (3. Var.).** Die letzte Variante des Erstattungsanspruchs knüpft wie die beiden ersten an den Eintritt der **Unwirksamkeit des VA** an, der sich hier **ipso iure** aus dem Eintritt einer auflösenden Bedingung ergibt. Zur Behandlung des Widerrufsvorbehalts s. Rn. 20.

22   Als **Bedingung** ist die nach § 36 Abs. 2 Nr. 2 dem begünstigenden VA beigefügte angesprochen. Eine **auflösende** Bedingung[47] ist gegeben, wenn der Wegfall des die erbrachte Leistung rechtfertigenden VA (als der „Vergünstigung") von dem ungewissen Eintritt eines zukünftigen Ereignisses abhängt. Das bedingende Ereignis kann namentlich auch in einem (Fehl-) Verhalten des Leistungsempfängers bestehen.

23   Auf gesetzliche Gründe für das Unwirksamwerden des VA, sog. (auflösende) **Rechtsbedingungen** (s. § 36 Rn. 75), ist § 49a wegen der parallelen Interessenlage entsprechend anzuwenden,[48] soweit sich die bei Verwirklichung des dafür gesetzlich vorgesehenen Ereignisses eintretende Unwirksamkeit dahin auswirkt, dass der Rechtsgrund für das Behalten der empfangenen Leistung wegfällt.

24   Dem Wortlaut nach lässt es S. 1 zu, die „**Wirkung für die Vergangenheit**" auch auf die Unwirksamkeit infolge Eintritts einer auflösenden Bedingung zu beziehen (auch schon § 44a Abs. 2 S. 1 BHO). Dann wäre eine auf Grund der Bedingung rückwirkend eintretende Unwirksamkeit des VA notwendig. Auch wenn eine mit Wirkung für die Vergangenheit ausgestattete rückwirkende auflösende Bedingung zulässig sein mag,[49] tritt die Wirkung der auflösenden Bedingung nach § 36 Abs. 2 Nr. 2 zumindest im Regelfall – wie nach § 158 Abs. 2 BGB – mit dem Eintritt des bedingenden Ereignisses **ex nunc** ein. Es ist aber nichts dafür ersichtlich, dass der Regelfall auflösender Bedingungen von § 49a nicht erfasst sein sollte.[50]

25   e) **Umfang der Unwirksamkeit.** S. 1 löst die Erstattungspflicht nur aus, „**soweit**" der VA zurückgenommen oder widerrufen worden oder unwirksam geworden ist. Dies knüpft die bei Rücknahme (§ 48 Rn. 100ff.) und Widerruf (§ 49 Rn. 15, 96) vorgesehene teilweise Aufhebung an. Entsprechendes ist bei einer auf partielle Unwirksamkeit ausgerichteten Bedingung möglich. Gemeint ist vor allem eine den **Umfang der erbrachten Leistungen** nur zum Teil abdeckende Unwirksamkeit; doch kann auch die **zeitlich** partielle, später eintretende Unwirksamkeit eine Rolle spielen, namentlich für den Umfang der Erstattung nach Abs. 2 (Rn. 43; zur Verzinsungspflicht ab Unwirksamkeit s. Rn. 74 ff.).

26   f) **Die Rechtsfolge der Erstattungspflicht.** Soweit der Tatbestand des HS 1 verwirklicht ist, entsteht **kraft Gesetzes** – unabhängig von der Festsetzung des Satzes 2 – die Erstattungspflicht und der ihr korrespondierende Erstattungsanspruch.[51]

27   **Gegenstand** der Erstattung sind nach dem Gesetzeswortlaut „bereits erbrachte Leistungen". Dies umfasst jedenfalls (Teil-)**Leistungen,** die bei Eintritt der Unwirksamkeit bereits erfolgt waren, darüber hinaus aber auch solche, die später noch bewirkt werden.[52]

28   Erforderlich ist ferner, dass die Leistungen bei dem vorgesehenen Empfänger angekommen sind; fehlgeleitete Leistungen sind nicht an ihn im Sinne des Gesetzes „erbracht". Gegenstand der Erstattung ist – wie bei § 812 Abs. 1 S. 1 1. Alt. BGB – nur das vom Leistungsadressaten auch **erlangte etwas**.[53]

29   **Schuldner** des Erstattungsanspruchs ist der derjenige, der auf Grund des unwirksam gewordenen Bescheides **die Leistung erhalten** hat. Jedenfalls regelmäßig ist dies der Adressat des die

---

[47] Die analoge Anwendbarkeit auf den Nichteintritt einer aufschiebenden Bedingung lässt BVerwG NJW 2006, 536, 538, offen.
[48] Anders wohl *Meyer* in Knack, § 49a Rn. 8; *Kopp/Ramsauer*, § 49a Rn. 8a.
[49] Dafür *Kopp/Ramsauer*, § 36 Rn. 19.
[50] So auch *Kopp/Ramsauer*, § 49a Rn. 8a.
[51] So auch *Kopp/Ramsauer*, § 49a Rn. 9; *Meyer* in Knack, § 49a Rn. 7; *Ziekow*, § 49a Rn. 4; vorausgesetzt auch bei *Ossenbühl*, S. 435; anders wohl *Wolff/Bachof/Stober* 2, § 55 Rn. 20 für § 49a und für § 44a Abs. 2.
[52] Dies gilt jedenfalls bei irrtümlicher Leistung; Fälle der Leistung in Kenntnis der Nichtschuld, vgl. § 814 BGB, dürften praktisch kaum Bedeutung haben; s. aber (gegen die Geltung des § 814 BGB im Rahmen von § 12 Abs. 2 BBesG) BVerwGE 116, 74, 77; s. a. BVerwG NVwZ-RR 2003, 874, 875.
[53] Vgl. für den allgemeinen ör Erstattungsanspruch nur *Ossenbühl*, S. 431.

Leistung gewährenden VA, also der durch diesen VA **Begünstigte**.[54] Zwar spricht Abs. 1 dies nicht ausdrücklich aus, doch stellt § 49a Abs. 2 S. 2, Abs. 3 S. 2 ebenso auf den „Begünstigten" ab wie § 49 Abs. 3 S. 1 Nr. 2.[55]

Erstattungsschuldner muss allerdings nicht ausnahmslos der Begünstigte sein, zumal auch **30** im Zivilrecht für bestimmte Fallgestaltungen **andere Personen** als der ursprünglich vorgesehene Leistungsempfänger einer Bereicherungshaftung ausgesetzt werden.[56] Doch ist gegenüber abweichenden Schuldnerbestimmungen im Interesse der Rechtsklarheit Zurückhaltung geboten. Insbes. ist es problematisch, im Falle einer Abtretung des Anspruchs bei Auszahlung an den **Zessionar** diesen der Erstattungspflicht zu unterwerfen,[57] während bei Zahlung an einen Dritten **auf Anweisung** des Begünstigten nur Letzterer in Anspruch genommen werden kann.[58]

Auch wenn der **Begünstigte die Leistung selbst erhält**,[59] können andere Personen erstat- **31** tungspflichtig sein. Namentlich gilt dies für die Rechtsnachfolger, so wenn eine bereits entstandene Erstattungspflicht auf die **Erben** übergeht.[60] Grundsätzlich sind die Erben auch erstattungspflichtig, wenn sich der begünstigende VA durch den Tod des Leistungsempfängers nicht erledigt hat (zu dieser Möglichkeit s. § 43 Rn. 210), sondern den Erben gegenüber zunächst wirksam bleibt und dann der Tatbestand des § 49a Abs. 1 S. 1 verwirklicht wird. Bei der Erbenhaftung können der Erstattungspflicht die Haftungsbeschränkungen des Erben,[61] insbes. die Dürftigkeit des Nachlasses gem. § 1990 BGB entgegengehalten werden.[62] Ggf. können Regelungen über eine **Sonderrechtsnachfolge** (wie in §§ 56, 57 SGB I) vorgehen. War eine Beihilfe noch gegenüber dem Berechtigten zu dessen Lebzeiten festgesetzt und zur Auszahlung angewiesen, fällt der damit konkretisierte Beihilfeanspruch in den Nachlass; hier scheidet schon die Rücknahme und somit auch eine Rückforderung von Erben aus.[63] Ausgeschlossen ist ein Erstattungsanspruch auch gegenüber den Eltern eines Minderjährigen, die diesem auf Grund eines dann aufgehobenen Bescheides gewährte Beträge auf Grund ihres elterlichen Sorgerechts vereinnahmt haben, selbst wenn sie die Überzahlung pflichtwidrig verursacht haben.[64]

Auch im Übrigen richtet sich die Möglichkeit, andere Personen als Erstattungsschuldner in **32** Anspruch zu nehmen, nicht nach § 49a, sondern nach den jeweils für den Eintritt des Dritten maßgebenden Regeln. Möglich ist ein Eintritt Dritter auch über Verträge nach **§§ 414, 415 BGB** (s. § 62 Rn. 40b).[65] Ferner kann eine Erstattungspflicht Dritter in entsprechender Anwendung des **§ 419 BGB**[66] oder bei Firmenübernahme nach **§ 25 HGB**[67] vorkommen. Auch **§ 822 BGB** dürfte (nur) als Teil des allgemeinen Erstattungsrechts **entsprechend** anzuwenden sein.[68] Zu beachten sind auch Vorschriften wie **§ 128 HGB**.[69] In **Missbrauchsfällen**

---

[54] So auch *OVG Frankfurt (Oder)* NJW 1998, 3513, 3514; NVwZ-RR 2002, 479, 483; *Erichsen/Brügge* Jura 1999, 496, 502.
[55] § 44a BHO hatte spezifischer vom „Zuwendungsempfänger" gesprochen. Eine Differenzierung zwischen dem Begünstigten und dem in § 48 Abs. 2 S. 7 so bezeichneten Erstattungspflichtigen, dazu eingehend *BFH* NJW 1993, 2263 f., kennt das Gesetz nicht mehr.
[56] Vgl. ausführlich *Siebelt/Eckert* DVBl 1995, 1114 ff. m. w. N.
[57] Verneinend nach Sicherungszession an die Bank und Überweisung auf das dortige Konto des Begünstigten vor Eintritt des Sicherungsfalls *BFH* NJW 1993, 2263, 2264; s. auch *BFHE* 169, 570, 572 ff. mit Anm. *Voß* ZfZ 1993, 111 f.; *Mankowski* ZIP 1993, 1214, 1221 ff.; *OVG Magdeburg* NVwZ 2001, 214 f., noch zu § 94 SachsAnhVwVfG a. F.; für Wegfall des abgetretenen Anspruchs auf Auszahlung nach Widerruf des Bewilligungsbescheides *BVerwG* NJW 1993, 1610, 1611.
[58] Insoweit anders *VG Frankfurt a. M.* NVwZ-RR 2004, 306 LS 1, allerdings nur für den Fall des (nachweislichen) Zugangs eines Zuwendungsbescheides an den, der begünstigt werden sollte, LS 2.
[59] Dies ist auch der Fall, wenn nach Abtretung der Forderung an die Bank noch auf das Konto des durch den VA begünstigten Zedenten bei dieser Bank überwiesen und damit an diesen geleistet wird, *OVG Magdeburg* NVwZ 2001, 214, 215.
[60] S. allgemein etwa *Detterbeck*, Rn. 417 ff.; für Sozialhilfe *VGH Mannheim* VBlBW 1990, 467 f.
[61] *BVerwG* BayVBl 2002, 607, 608 zum SGB X.
[62] *VGH Mannheim* NVwZ 1986, 272.
[63] *BVerwG* NVwZ 1991, 169, 170 mit Anm. *Osterloh* JuS 1991, 610 f.
[64] *BVerwG* NJW 1993, 215, 216 zu § 50 SGB X.
[65] *VG Weimar* ThürVBl 2001, 91, 92.
[66] *BSG* NJW 1987, 1846; auch *VG Berlin* NVwZ 1990, 692 f.
[67] *Siebelt/Eckert* DVBl 1995, 1116 f.
[68] Im Rahmen des § 48 Abs. 2 S. 5–8 a. F. *Ule/Laubinger*, § 62 Rn. 23 m. w. N.; auch *Maurer*, § 11 Rn. 36.
[69] Dazu *OVG Koblenz* NJW 1986, 2129.

§ 49a 33–36   Teil III. Verwaltungsakt

kann ein Durchgriff auf bösgläubige Vereinsmitglieder bzw. Gesellschafter, denen die Leistung weitergegeben wurde, auch ohne ausdrückliche gesetzliche Regelung in Betracht kommen.[70]

33   **Gläubiger des Erstattungsanspruchs** ist der Hoheitsträger, der die **Leistung auf eigene Rechnung erbracht** hat; dies ist auch ein Hoheitsträger, der Dritte, z. B. Banken, zu einer Auszahlung angewiesen hat. Die leistenden Hoheitsträger sind auch dann erstattungsberechtigt, wenn ein anderer Hoheitsträger ihnen gegenüber verpflichtet ist, die erbrachten Leistungen zu tragen – wie der Bund gegenüber den Ländern nach Art. 104a Abs. 2 und insbes. Abs. 3 GG. Die den Ländern im Rahmen der Auftragsverwaltung verbleibende Wahrnehmungskompetenz[71] umfasst die Verantwortlichkeit im Verhältnis zu Dritten auch im Hinblick auf Zahlungen, die letztlich aus Bundesmitteln aufgebracht sind.[72] Erbringt auf Grund des Bewilligungsbescheids der letztlich zur Tragung der Ausgaben verpflichtete Hoheitsträger selbst die Leistung, steht ihm auch der Erstattungsanspruch zu.

2. Festsetzung der Erstattung durch VA (Abs. 1 S. 2)

34   S. 2 sieht die Festsetzung der zu erstattenden Leistung durch schriftlichen VA vor. Zuständig ist – wie nach der früheren Verbindungsregelung des § 48 Abs. 2 S. 8 (Rn. 35) zwingend – die für die Aufhebung **zuständige Behörde**,[73] bei Bedingungseintritt mangels abweichender Sonderregelung die Behörde, die den Leistungsbescheid erlassen hat.[74] Damit begründet S. 2 – nach dem Regierungsentwurf[75] nur klarstellend[76] – für die Behörde die **Möglichkeit, die Rückforderung durch VA** selbst zu betreiben, ohne auf eine gerichtliche Klage angewiesen zu sein. Für den Fall, dass ein Hoheitsträger als Begünstigter erstattungspflichtig ist, gilt nichts anderes.[77]

35   Die Neuregelung schreibt **keine Verbindung** des Festsetzungs- **mit dem Rücknahmebescheid** mehr vor, wie sie in § 48 Abs. 2 S. 8 als Soll-Vorschrift vorgesehen war[78] und in § 50 Abs. 3 S. 2 SGB X unverändert vorgesehen ist.[79] Zur Begründung wird darauf verwiesen, dass es im Einzelfall zweckmäßig sein könne, von einer solchen Verbindung abzusehen;[80] dies gilt etwa, wenn Rücknahme oder Widerruf vor Ablauf der Jahresfrist erfolgen sollen, bevor der Erstattungsbetrag abschließend berechnet ist. Die Möglichkeit, beide VAe, die ggf. ihre rechtliche Selbständigkeit behalten,[81] zu verbinden, bleibt unberührt.

36   In der Begründung des Entwurfs nicht angesprochen ist der Umstand, dass die Festsetzung der Erstattung durch Bescheid nunmehr **zwingend vorgeschrieben** ist. Die so begründete Rechtspflicht bezieht sich primär auf die Verwendung des **VA als Handlungsinstrument**. Damit dürfte die jedenfalls in absehbar streitigen Fällen früher von der Rspr. als Alternative zugelassene behördliche Leistungsklage[82] jetzt ausgeschlossen sein.[83]

---

[70] *Siebelt/Eckert* DVBl 1995, 1118 f.; insoweit offen lassend *VGH München* NJW 1988, 2690.
[71] *BVerfGE* 81, 310, 332; *Dittmann* in Sachs GG, Art. 85 Rn. 5 m. w. N.
[72] Vgl. in diese Richtung *BVerwG* NVwZ 1996, 595, 596.
[73] So auch *Meyer* in Knack, § 49a Rn. 21, unter Hinweis auf §§ 48 Abs. 5, 49 Abs. 5; *Gröpl*, VerwArch 1997, 23, 43; *Martini*, JuS 2003, 266, 269.
[74] Vgl. *Gröpl*, VerwArch 1997, 23, 43 f., für Rückgriff auf die Grundregel des § 3, sonst Analogie zu § 48 Abs. 5, 49 Abs. 5; wohl auch *Decker* in: Wolff/Decker, § 49a Rn. 5; *Kastner* in: Fehling u.a, § 49a Rn. 8 (jeweils: „Die Behörde ...").
[75] BT-Drs 13/1534, S. 6.
[76] Zur Möglichkeit, die Erstattung durch VA gewährter Leistungen durch Leistungsbescheid geltend zu machen, § 44 Rn. 61.
[77] Vgl. *OVG Münster* NWVBl 2004, 314, 315, unter Hinweis auf die Praxis zum früheren § 44a BHO.
[78] Zur Möglichkeit getrennten Erlasses im Versorgungs-(und Besoldungs-)recht auf Grund der spezielleren Regelung des § 49 Abs. 2 SVG (bzw. § 12 Abs. 2 BBesG) *BVerwG* NVwZ 1993, 1107 LS = ZBR 1992, 311, 312 m. w. N.
[79] Vgl. dazu *BVerwG* NVwZ 1993, 481, 483, wonach die Aufhebung des Erstattungsbescheides nicht umgekehrt auch die Aufhebung des Aufhebungsbescheides erforderlich macht.
[80] BT-Drs 13/1534, S. 6 f.
[81] *BVerwG* Buchholz 316 § 48 Nr. 67, S. 22; *Ule/Laubinger*, § 62 Rn. 24.
[82] Dazu etwa *Pietzcker* in Schoch u. a., § 42 Abs. 1 Rn. 171; *Sodan* in Sodan/Ziekow, § 42 Rn. 52, jeweils m. w. N. auch zur Kritik.
[83] Für Unzulässigkeit der Leistungsklage bei vorgeschriebenem VA ausdrücklich etwa *BVerwGE* 25, 280, 281 ff.; auch *BVerwGE* 58, 316, 318 m. w. N.; *Sodan* in Sodan/Ziekow, § 42 Rn. 52; s. aber noch Rn. 55.

Darüber hinaus kann man die **Verpflichtung, den Erstattungsanspruch überhaupt geltend zu machen**,[84] durch S. 2 ausdrücklich klargestellt sehen. Haushaltsrechtliche Möglichkeiten der Stundung, der Niederschlagung oder des Erlasses (vgl. § 31 Abs. 2 HGrG, § 59 BHO) sind damit nicht ausgeschlossen. Doch muss bei Erlass des zwingend vorgeschriebenen Festsetzungsbescheides **kein Ermessen** ausgeübt werden.[85] Bei § 50 Abs. 2 i.V. m. § 45 SGB X wird allerdings überwiegend eine Ermessensentscheidung angenommen, obwohl hier nach § 50 Abs. 3 S. 1 SGB X stets die Festsetzung durch VA vorgeschrieben war.[86] Ferner können in Spezialvorschriften Ermessensentscheidungen vorgesehen sein, etwa für die Rückforderung beamtenrechtlicher Bezüge.[87]

Unverändert besteht die Möglichkeit, dass **Rücknahme oder Widerruf konkludent** (dazu allgemein § 48 Rn. 244) in der Festsetzung der Erstattung bzw. in einem Rückforderungsbescheid enthalten sein können.[88] Ein dahingehender Erklärungsinhalt wird regelmäßig anzunehmen sein,[89] kann aber, da Rückforderungen nicht notwendigerweise eine Aufhebungsentscheidung voraussetzen, fehlen, etwa wenn die Behörde erkennbar davon ausgeht, dass der VA bereits entfallen ist.[90] Ist ein solcher Erklärungsinhalt gegeben, müssen das für Rücknahme und Widerruf – anders als für die Festsetzung der Erstattungsleistung (Rn. 37) – vorgesehene Ermessen (fehlerfrei) betätigt und die Entscheidung auch insoweit hinreichend begründet sein. 38

Eine Verletzung der vorgeschriebenen **Schriftform** des die Leistung festsetzenden VA (näher § 37 Abs. 3 und dazu § 37 Rn. 94 ff.) dürfte kein wesentlicher Fehler sein, die Rechtmäßigkeit des VA unberührt lassen (§ 45 Rn. 116 ff., ggf. zur Heilung Rn. 148). 39

Die Anordnung der sofortigen Vollziehung des Erstattungsverlangens setzt voraus, dass auch die (noch nicht bestandskräftige) Aufhebung für **sofort vollziehbar** erklärt wird.[91] 40

3. Umfang der Erstattung (Abs. 2)

a) Entsprechende Geltung der §§ 818 ff. BGB (S. 1). Für den **Umfang der Erstattung** gelten – mit Ausnahme der Verzinsung, dazu Abs. 3 u. Rn. 72 ff. – die Vorschriften des BGB über die Herausgabe einer **ungerechtfertigten Bereicherung** entsprechend. Bedenken des BRats, der hierin eine einseitige Risikoverteilung zu Lasten des Subventionsgebers sah,[92] folgte die BReg nicht, weil bei Zweckentfremdung der Wegfall der Bereicherung nie geltend gemacht werden könne (Rn. 61 ff.).[93] 41

§ 49a Abs. 2 S. 1 ist keine Tatbestands-, sondern eine **Rechtsfolgenverweisung**.[94] Die anspruchsbegründenden Merkmale sind schon in Abs. 1 S. 1 abschließend erfasst (Rn. 5 ff.). Da auch die der Herausgabepflicht des § 812 Abs. 1 S. 1 BGB entsprechende Erstattungspflicht als solche bereits in Abs. 1 festgelegt ist,[95] sind von den §§ 812 ff. BGB namentlich die **§§ 818–820 BGB** angesprochen (näher Rn. 41 ff., 53 ff.), allerdings ergänzt um die besondere Regelung des Abs. 2 S. 2 (Rn. 61 ff.). 42

---

[84] Zu dieser Verpflichtung vgl. schon für § 48 Abs. 2 S. 5 a. F. 4. Aufl. § 48 Rn. 121.
[85] Für einen gebundenen VA auch *OVG Frankfurt (Oder)* NJW 1998, 3513, 3514.
[86] *BSG* NVwZ 1984, 607, 608; *OVG Hamburg* NVwZ 1990, 686, 687; *Wiesner* in von Wulffen, § 50 Rn. 13 m. w. N.; a. A. *VGH Mannheim* VBlBW 1991, 31; für grundsätzliche Rechtmäßigkeit einer Rückforderung nach §§ 50 Abs. 1, 48 Abs. 1 SGB X *BSG* NVwZ 1988, 1071.
[87] Vgl. für § 14 S. 2 BBG *BVerwGE* 109, 365, 367 = NJW 2000, 443, 444, wonach die Belassung der Bezüge für den Zeitraum erbrachter Dienstleistungen sachgerecht ist.
[88] So zur bisherigen Rechtslage *BVerwGE* 67, 305, 313; *BVerwG* NVwZ 1985, 488, 489, bei Bezugnahme auf den Bewilligungsbescheid; begrenzt auf Fälle, in denen die Rückforderung die Aufhebung der Bewilligung voraussetzt, grundsätzlich auch *BSG* NVwZ 1984, 62 m. w. N.; ferner etwa *Suerbaum* VerwArch 1999, 361, 374 m. w. N.; *Vitzthum/Kämmerer* Jura 1999, 312, 315.
[89] *Ehlers* Verwaltung 2004, 255, 283.
[90] Vgl. zu einer solchen Fallgestaltung *OVG Münster* NWVBl 1993, 393, 394.
[91] Vgl. für die Rücknahme *VGH München* NVwZ 1985, 663; BayVBl 1988, 658
[92] BT-Drs 13/1434, S. 10 f.
[93] BT-Drs 13/1434, S. 13
[94] So auch *Gröpl* VerwArch 1997, 23, 40; *Suerbaum* VerwArch 1999, 361, 388 m. w. N. Zum früheren § 48 Abs. 2 S. 6 s. ebenso 4. Aufl., § 48 Rn. 125.
[95] Anders anscheinend die Begründung des Regierungsentwurfs, BT-Drs 13/1534, S. 7; wie hier etwa *Ule/Laubinger*, § 62 Rn. 20; *Maurer*, § 11 Rn. 36, jeweils unter Einschluss des § 822 BGB; dazu Rn. 32.

43 Zum Umfang der Erstattung gehören neben den erbrachten Leistungen selbst nach § 818 **Abs. 1 BGB** (1. Var.) tatsächlich gezogene **Nutzungen**, z. B. Sparzinsen.[96] Dabei beginnt die Herausgabepflicht erst mit Unwirksamkeit des VA, also bei einer nicht ex tunc, sondern erst später eintretenden Unwirksamkeit zu diesem Zeitpunkt.

44 Hinsichtlich der **Surrogate** (2. Var.) lehnt das *BVerwG*[97] eine Erstreckung des § 818 Abs. 1 BGB auf die Herausgabe von Gewinnen, die mit Hilfe rechtsgrundlos erlangter Gegenstände erzielt worden sind, jedenfalls dann ab, wenn derselbe Gewinn auch sonst erzielt worden wäre, lässt die Frage im Übrigen offen; auch eine Erstreckung auf rechtsgeschäftliche Surrogate wird verneint.[98]

45 Entsprechend anwendbar, allerdings für den wichtigen Teilbereich der GeldleistungsVAe meist ohne praktische Bedeutung ist **§ 818 Abs. 2 BGB**; der hiernach bei Unmöglichkeit der Herausgabe wegen Beschaffenheit des Erlangten oder bei Unvermögen des Begünstigten zur Herausgabe aus einem anderen Grunde vorgesehene **Wertersatz** kann aber bei andersartigen Leistungen, auf die sich § 49a Abs. 1 ja umfassend erstreckt (Rn. 14), durchaus in Frage kommen, insbes. auch bei teilbaren Sachleistungen (§ 48 Abs. 2, § 49 Abs. 3). Für den Fall, dass der Empfänger eine erlangte Geldleistung weitergeleitet und dafür einen liquiden Anspruch erworben hat, nimmt das *BVerwG*[99] im Anschluss an die zivilrechtliche Judikatur[100] eine Verpflichtung zum Wertersatz in voller Höhe des Anspruchs an, während bei nicht sicher feststellbarer Einbringlichkeit nur die Abtretung des Anspruchs geschuldet sein soll.

46 Entsprechende Anwendung findet schließlich – ausweislich der darauf bezüglichen Ausnahmeregelung des § 49a Abs. 2 S. 2 – **§ 818 Abs. 3 BGB**, der den Erstattungsanspruch grundsätzlich, d. h. vorbehaltlich entgegenstehender Sonderregelungen (dazu Rn. 49ff.), ausschließt, soweit der Begünstigte **nicht mehr bereichert** ist. Ein Wegfall der Bereicherung ist damit jedenfalls bei **Privatpersonen** prinzipiell beachtlich;[101] dagegen soll er im Falle begünstigter Hoheitsträger nach der Judikatur zum allgemeinen ör Erstattungsanspruch und zu § 48 Abs. 2 a. F. den Anspruch nicht ausschließen können (§ 48 Rn. 35, 137).[102] Ob letzteres auch für Ansprüche nach § 49a VwVfG gilt, ist nicht abschließend geklärt.[103] Anderes kann sich aus unmittelbar maßgeblichen Bestimmungen des Gemeinschaftsrechts ergeben.[104]

47 Die Frage, **ob die Bereicherung weggefallen** ist, beantwortet sich nach wirtschaftlichen Überlegungen durch einen Vergleich des Vermögensstandes bei Empfang der Leistung mit dem im Zeitpunkt der Rückforderung (sog. **Saldotheorie**).[105] Hiernach ist die Bereicherung weggefallen, wenn im Hinblick auf den vermeintlichen Vermögenszuwachs Aufwendungen, etwa Verwendungen auf den erlangten Gegenstand oder sonst beliebige Ausgaben, gemacht worden sind, die nicht zu einer Vermehrung des Vermögens des Begünstigten oder zu einer Verminderung der Verbindlichkeiten geführt haben. Dies kann nicht nur bei sog. **Luxusausgaben** der Fall sein, sondern auch bei einer verhältnismäßig geringfügigen **Verbesserung der allgemeinen Lebenshaltung**.[106] Der Grund für den Wegfall der Bereicherung, der auch vom Begünstigten verschuldet sein kann, ist grundsätzlich ohne Bedeutung.

48 Während § 818 Abs. 3 BGB bei Wegfall der Bereicherung die Verpflichtung zur Herausgabe ausschließt, spricht § 49a Abs. 2 S. 2 davon, dass sich der Begünstigte in bestimmten Fällen auf den Wegfall der Bereicherung nicht berufen kann. Aus einer entsprechenden Formulierung und

---

[96] Grundsätzlich aber keine Verzugszinsen, vgl. *BVerwG* DVBl 1978, 608, 609; abl. auch für den Fall verschärfter Haftung (Rn. 49 f.) bei Rückforderung überzahlter Dienstbezüge *BVerwG* NVwZ 1991, 168, 169.
[97] *BVerwG* NJW 1992, 328, 329; 703, 705.
[98] *BVerwG* NJW 1992, 328, 329, unter Hinweis auf den Streitstand im Zivilrecht.
[99] *BVerwGE* 91, 66, 72.
[100] BGHZ 72, 9, 13.
[101] Anders vor dem VwVfG *BVerwGE* 25, 72, 50; 265, 274; *BVerwG* DVBl 1974, 96 f.
[102] *BVerwGE* 36, 108, 113; 60, 208, 211; 71, 85, 89; *OVG Koblenz* NVwZ 1988, 448; 945, 946; 947, 948; *OVG Lüneburg* NdsVBl 2000, 165, 171; zust. *Ossenbühl*, S. 435 m. w. N.; Bedenken bei *Ule/Laubinger*, § 62 Rn. 22, auch § 70 Rn. 53.
[103] *VGH München* BayVBl 2002, 80, 82; 2006, 283, 284; offen lassend *OVG Münster* NVwZ-RR 2004, 317 m. w. N. Für den Sonderfall, dass ein Hoheitsträger vom Subventionsgeber bei der Subventionierung eines Dritten eingeschaltet wird, anders *OVG Münster* NWVBl 2007, 310 f.
[104] *VGH München* BayBl 2006, 283, 284.
[105] S. – auch wegen der Modifikationen – BGHZ 53, 144; 78, 216; auch *BVerwG* NJW 1992, 328, 330.
[106] *BVerwGE* 13, 107, 109; *BVerwG* NVwZ 1986, 745; s. auch § 48 Rn. 142.

der seinerzeitigen Entstehungsgeschichte[107] war für § 48 Abs. 2 S. 7 a. F. geschlossen worden, der Wegfall der Bereicherung müsse **als Einrede geltend gemacht** werden.[108] Demgegenüber nimmt der Regierungsentwurf zu § 49a an, der Begünstigte könne von seiner Leistungspflicht „freikommen", wenn und soweit sich der Wegfall seiner Bereicherung „ergibt".[109] Im Übrigen verlangt die neue Vorschrift schon dem Wortlaut nach **keineswegs** positiv, dass der Wegfall der Bereicherung einredeweise geltend gemacht werden muss; vielmehr wird nur in den Fällen des S. 2 eine diesbezüglich erhobene Einrede, mit der ggf. ja praktisch zu rechnen wäre, für unbeachtlich erklärt. Diese Wirkung (der **Unbeachtlichkeit der Entreicherung**) lässt sich zwanglos (erst recht) auf die Fälle erweitern, in denen der Begünstigte den Wegfall seiner Bereicherung schon selbst nicht anführt. Wenn trotzdem an einer Umgestaltung des § 818 Abs. 3 BGB zu einer Einrede festgehalten würde, wäre doch der Wegfall der Bereicherung auch noch mit Rechtsmitteln gegen den Festsetzungsbescheid geltend zu machen.[110]

Durch die Verweisung auf den Umfang der Bereicherungshaftung sind grundsätzlich auch die **49** Fälle der sog. **verschärften Haftung** nach §§ 818 Abs. 4, 819 und 820 BGB in Bezug genommen. In den dort geregelten Fällen (Rn. 53 ff.) gilt grundsätzlich die in § 818 Abs. 4 BGB angesprochene Rechtsfolge der Haftung des Empfängers **nach den allgemeinen Vorschriften.** Diese Verweisung zielt auf eine Reihe von Bestimmungen des allgemeinen Schuldrechts des BGB, die insbes. von § 818 Abs. 3 BGB (Rn. 50), aber auch von § 818 Abs. 1 BGB (Rn. 51) zum Nachteil des Schuldners abweichen. Die Regelung des § 291 BGB über die Prozesszinsen ist nach § 49a Abs. 2 **nicht** zu berücksichtigen, weil die **Verzinsung** mit Rücksicht auf die eigenständige Regelung in Abs. 3 (Rn. 72 ff.) von der Verweisung ausdrücklich ausgenommen ist; dasselbe gilt für Verzugszinsen nach § 288 Abs. 1 BGB. Dagegen sind §§ 280 Abs. 2, 286 BGB bei Verzug anwendbar.

Verschärfungen gegenüber § 818 Abs. 3 BGB ergeben sich insbes. aus § 292 BGB, der **50** die Vorschriften des Eigentümer-Besitzer-Verhältnisses für maßgeblich erklärt. Namentlich hat der Gläubiger nach § 292 Abs. 1, § 989 BGB einen Anspruch **auf Schadensersatz** bei Verschlechterung, Untergang oder **Unmöglichkeit der Herausgabe** aus anderen Gründen, wenn der Begünstigte dies **verschuldet** hat, während § 818 Abs. 3 BGB sonst auch bei Verschulden des Begünstigten durchgreift (Rn. 47); im nach § 286 Abs. 4 BGB vom Verschulden abhängigen Verzug ist der Begünstigte darüber hinaus nach § 287 S. 2 BGB für zufällige Unmöglichkeit der Herausgabe verantwortlich. Ein Anspruch des Schuldners auf Verwendungsersatz besteht **nur für notwendige Verwendungen** nach den Vorschriften der Geschäftsführung ohne Auftrag, § 292 Abs. 2, § 994 Abs. 2, § 683 BGB, während im Rahmen des § 818 Abs. 3 BGB auch sonstige Verwendungen die Bereicherung mindern oder entfallen lassen (Rn. 47). Der *BGH* lässt ferner den verschärft Haftenden uneingeschränkt für seine **finanzielle Leistungsfähigkeit einstehen,** so dass er auch dann zur Rückzahlung eines erlangten Geldbetrages verpflichtet ist, wenn dieser wieder ersatzlos aus seinem Vermögen ausgeschieden ist.[111]

Über § 818 Abs. 1 BGB hinaus sind nach § 292 Abs. 2, § 987 Abs. 2 BGB nicht nur tat- **51** sächlich gezogene Nutzungen herauszugeben (Rn. 43), sondern auch im Rahmen einer ordnungsgemäßen Wirtschaft mögliche, aber **schuldhaft nicht gezogene Nutzungen** zu ersetzen. Außerdem zieht der *BGH*[112] als allgemeine Vorschrift den § 281 BGB a. F. (ähnlich jetzt § 285 BGB) heran mit der Wirkung, dass bei Unmöglichkeit der Herausgabe abweichend von § 818 Abs. 1 BGB (Rn. 44) nach Veräußerung der erzielte Erlös **als rechtsgeschäftliches Surrogat** herausverlangt werden kann.

Erleichternde Modifikationen der verschärften Haftung sind für die Fälle des § 820 Abs. 1 **52** BGB (Rn. 59 ff.) in dessen Abs. 2 vorgesehen hinsichtlich der für § 49a Abs. 2 nicht bedeutsamen Zinsen (HS 1) und wegen der Herausgabe von **Nutzungen,** für die bis zum maßgeblichen Zeitpunkt ein Wegfall der Bereicherung beachtlich bleibt (HS 2).

---

[107] S. die Stellungnahme des BRats zu § 44 Abs. 2 S. 7 Entwurf 73.
[108] 4. Aufl. § 48 Rn. 127 a. E.; a. A. wohl *Ule/Laubinger,* § 62 Rn. 22. Für eine Einrede bei § 12 Abs. 2 S. 1 BBesG *OVG Greifswald* NordÖR 2003, 256, 257 m. w. N.
[109] BT-Drs 13/1534, S. 7, allerdings wohl ohne ausdrücklich zu der Frage Stellung nehmen zu wollen.
[110] *Kopp/Ramsauer,* § 49a Rn. 14, aber schon gegen Notwendigkeit der Einrede.
[111] S. zu § 279 BGB *BGHZ* 83, 293, 300 f. Entsprechendes hat wohl nach § 275 Abs. 1 BGB n. F. zu gelten, vgl. *Heinrichs* in Palandt, 66. Aufl. 2007, § 275 Rn. 3.
[112] *BGHZ* 75, 203, 207 f.

53 Inwieweit die verschiedenen **Tatbestände der verschärften Haftung** nach § 818 Abs. 4, § 819 und § 820 Abs. 1 BGB auf Grund der Verweisung auf das Bereicherungsrecht auf den Erstattungsanspruch **anwendbar** sind, wurde für den früheren § 48 Abs. 2 S. 6, 7 im Schrifttum unterschiedlich beurteilt[113] und in der Judikatur nicht abschließend geklärt.[114] § 49a Abs. 2 S. 1 ordnet für den Umfang der Erstattung die entsprechende Anwendung der Regeln des Bereicherungsrechts ganz allgemein an; die ausdrückliche Ausnahme für die Verzinsung ist als Präzisierung der Reichweite der Analogie zu verstehen. Es besteht daher **kein** Anlass, von vornherein **weitergehende Ausnahmen** anzunehmen, zumal die nur „entsprechende" Geltung für die Berücksichtigung andersartiger Verhältnisse beim Erstattungsanspruch Raum lässt.[115]

54 Insbes. kann **Satz 2 nicht** als eine die Bestimmungen über die verschärfte Haftung **insgesamt verdrängende Regelung** verstanden werden,[116] und zwar aus zwei Gründen: Einerseits betrifft S. 2 überhaupt nur einen einzelnen, wenn auch wichtigen Aspekt der bei verschärfter Haftung eintretenden Rechtsfolgen[117] und lässt selbst insoweit die Konsequenzen, die bei Ausschluss der Entreicherungseinrede gelten sollen, offen; andererseits würde ein Wegfall aller im BGB vorgesehenen Tatbestände verschärfter Haftung nicht der Absicht des Gesetzgebers gerecht, eine zugunsten des Anspruchsberechtigten vom BGB abweichende Regelung im Hinblick auf die Bösgläubigkeit des Empfängers zu schaffen.[118]

55 Der Ausgangstatbestand der verschärften Haftung ist im Rahmen des BGB die **Rechtshängigkeit** nach **§ 818 Abs. 4 BGB**, dort bezogen auf die Klage auf Herausgabe des Erlangten bzw. auf Wertersatz.[119] Nach § 49a Abs. 1 S. 2 ist die zu erstattende Leistung aber durch VA festzusetzen, eine Leistungsklage auf Erstattung der erbrachten Leistungen wird deshalb als unzulässig angesehen (Rn. 36). Hielte man am Wortlaut des BGB fest, blieben als Anwendungsbereich nur die Fälle übrig, in denen die Rechtshängigkeit durch eine unzulässigerweise erhobene Klage begründet wurde.[120] Damit könnte ein unerwünschter wirtschaftlicher Anreiz zu gesetzwidriger Klageerhebung geschaffen sein. Demgegenüber trifft der Sinn der Haftungsverschärfung bei Rechtshängigkeit, dass nämlich der Schuldner mit der Möglichkeit einer Herausgabepflicht ernstlich rechnen muss, schon auf die Bekanntgabe des die Erstattung festsetzenden VA zu, spätestens aber dann, wenn die Behörde diesen Bescheid im verwaltungsgerichtlichen Verfahren gegen eine Anfechtungsklage verteidigt. Diese Fälle dürften daher noch im Rahmen entsprechender Anwendung des § 818 Abs. 4 BGB liegen.

56 Die nach **§ 819 Abs. 1 BGB** eintretende Haftungsverschärfung bei **Bösgläubigkeit** wird tatbestandlich von § 49a Abs. 2 S. 2 überlagert, reicht aber hinsichtlich der Rechtsfolgen der Haftungsverschärfung, die nichts mit dem Wegfall der Bereicherung, § 818 Abs. 3 BGB, zu tun haben (Rn. 49, 51 f.), weiter als die neue Bestimmung. Angesichts der auf den Entreicherungsaspekt beschränkten Regelungsabsicht des Gesetzgebers[121] kann der Ausschluss der Entreicherungseinrede nach § 49a Abs. 2 S. 2 nicht dahin verstanden werden, dass damit die Geltung auch der übrigen Rechtsfolgen verschärfter Haftung angeordnet sein soll; andererseits schließt es die auf eine Haftungsverschärfung gerichtete Intention des Gesetzes aus, den Ausschluss der Entreicherungseinrede über den Wortlaut hinaus als abschließende Regelung der schärferen Haftungsfolgen überhaupt zu lesen.

57 Vielmehr bleibt § 819 Abs. 1 BGB zumindest hinsichtlich aller weitergehenden Rechtsfolgen auch **neben § 49a Abs. 2 S. 2** anwendbar.[122] Im Übrigen kann **nicht zwingend** angenommen werden, dass unter den tatbestandlichen Voraussetzungen des § 49a Abs. 2 S. **2 stets auch**

---

[113] Pauschal für Ersetzung der §§ 819, 820 BGB durch S. 7 a. F. etwa *Kopp,* VwVfG, 6. Aufl., § 48 Rn. 81, aber abweichend Rn. 80 § 820 Abs. 1 BGB; für nur partielle Verdrängung des § 819 Abs. 1 BGB *Ule/Laubinger,* § 62 Rn. 22; auch *Maurer,* 11. Aufl., § 11 Rn. 36.
[114] Offen lassend für § 820 Abs. 1 S. 2 BGB *BVerwGE* 74, 357, 366 f.; BVerwG NJW 1992, 328, 329; 703, 705 m. w. N.; dafür wohl *Dickersbach* GewArch 1993, 177, 181.
[115] Für Geltung der verschärften Haftung allg. *Ziekow,* § 49a Rn. 8.
[116] So wohl auch *Kopp/Ramsauer,* § 49a Rn. 15 („insoweit an die Stelle von § 819 BGB"); ebenso *Ziekow,* § 49a Rn. 11.
[117] Allein dies erwähnt auch die Begründung des Regierungsentwurfs, BT-Drs 13/1534, S. 7.
[118] Wiederum nur hierzu die Begründung des Regierungsentwurfs, BT-Drs 13/1534, S. 7.
[119] Vgl. BGH NJW 1992, 2415, 2417 m. w. N.
[120] Zu dieser Möglichkeit *Kothe* in Redeker/v. Oertzen, § 90 Rn. 2; *Kopp/Schenke,* VwGO, § 90 Rn. 3.
[121] Vgl. die Begründung des Regierungsentwurfs, BT-Drs 13/1534, S. 7.
[122] So auch *Erichsen/Brügge* Jura 1999, 496, 502.

Bösgläubigkeit i. S. d. § 819 Abs. 1 BGB gegeben sein muss. Denn die Bezugspunkte der hier geforderten Kenntnis und der nach § 49 a Abs. 2 S. 2 ausreichenden Kenntnis oder grob fahrlässigen Unkenntnis sind nicht notwendig identisch (s. auch Rn. 64 f.). Denn als Mangel des rechtlichen Grundes im Sinne des § 819 BGB sind im Falle des Erstattungsanspruchs nach § 49 a Abs. 1 S. 1 neben dem Eintritt der auflösenden Bedingung die wirksam erfolgte Rücknahme oder der wirksam erfolgte Widerruf, die die Unwirksamkeit des den Rechtsgrund für die Leistung bildenden VA herbeiführen, anzusehen.[123] Diese zu kennen, setzt aber nicht voraus, dass auch die für die Aufhebungsakte ursächlichen Umstände bekannt oder auch nur erkennbar für den Begünstigten waren. § 49 a Abs. 2 S. 2 ist damit nicht Spezialvorschrift zu § 819 Abs. 1 BGB, sondern steht teilweise überschneidend daneben; beide Bestimmungen sind daher auch im Hinblick auf den Wegfall der Bereicherung unabhängig voneinander, ggf. auch kumulativ anwendbar.[124]

§ 819 Abs. 2 BGB setzt bezogen auf den Erstattungsanspruch voraus, dass der Begünstigte **58** durch die Annahme der Leistung, die an ihn auf Grund des unwirksam gewordenen VA erbracht worden war, gegen ein gesetzliches Verbot oder gegen die guten Sitten verstößt. Ein solcher **verwerflicher Empfang** kann im Zusammenhang mit entsprechenden Mängeln des VA vorkommen,[125] die, selbst wenn sie zugleich zur Nichtigkeit führen, vgl. § 44 Abs. 2 Nr. 6, den Grund für die Aufhebung darstellen können; er ist aber auch unabhängig von Mängeln des ggf. aus anderen Gründen aufgehobenen VA vorstellbar.

§ 820 Abs. 1 S. 1 BGB lässt sich für den Erstattungsanspruch auf den Fall beziehen, dass **59** dem Begünstigten die Leistung durch den unwirksam gewordenen VA gewährt worden ist, wenn zugleich die Behörde und der Begünstigte einig darüber waren, dass die Leistung vom in dem VA als **ungewiss angesehenen Eintritt eines bezweckten Erfolgs** abhängig sein sollte, wobei dieser Zweck selbst aber nicht zum Inhalt des VA gehören darf. Vorstellbar ist etwa, dass bei einem VA, mit dem nach § 49 Abs. 3 zur Erfüllung eines bestimmten Primärzwecks Leistungen gewährt werden, eine entsprechende Einigkeit im Hinblick auf einen erhofften Sekundärerfolg besteht. Im Interesse von Rechtssicherheit und Rechtsklarheit wird man gegenüber solchen zusätzlichen Zweckbindungen aber sehr restriktiv sein müssen; hinreichend klare Zweckfestlegungen dürften regelmäßig zu integralen Bestandteilen des jeweiligen VA werden. Vgl. zu der Problematik der Zweckbestimmung § 49 Rn. 44 m. w. N.

§ 820 Abs. 1 S. 2 BGB hat im Gegensatz zu S. 1 der Bestimmung bereits wiederholt aus- **60** drückliche Aufmerksamkeit des Rspr. erlangt. So hat das *BVerwG,* das die Anwendbarkeit im Rahmen des § 48 Abs. 2 a. F. wiederholt offen gelassen hatte (Rn. 53), im Zusammenhang mit gewährten Beihilfen nach umgesetztem EG-Recht (s. noch Rn. 70 f.) mehrfach verneint, dass im jeweiligen Einzelfall die Beteiligten nach dem Inhalt des Rechtsgeschäfts übereinstimmend von der Möglichkeit ausgegangen seien, dass der **Bewilligungsbescheid später in Wegfall** geraten könne.[126] Einmal wurden Zweifel angemeldet, ob der Hinweis auf die Möglichkeit der Rücknahme einen dahingehenden Schluss erlaube.[127] Keinesfalls genügt es, dass ganz abstrakt die gesetzlichen Aufhebungsmöglichkeiten, ein Widerrufsvorbehalt oder eine auflösende Bedingung als solche bekannt waren. Herangezogen wurde § 820 Abs. 1 S. 2 BGB im Rahmen spezieller Rechtsgrundlagen insbes. im Falle von Leistungen unter **gesetzlichem Vorbehalt**,[128] für Fortzahlung von Bezügen nach Entlassung auf Grund der durch die aufschiebende Wirkung der

---

[123] Dem folgend *Erichsen/Brügge* Jura 1999, 496, 503.
[124] Sonderregeln im Rahmen von Spezialvorschriften, wie etwa § 12 Abs. 2 BBesG und entsprechende Vorschriften, vgl. insoweit zur Bösgläubigkeit etwa *BVerwG* NVwZ 1984, 311, 312; *VGH Kassel* ZBR 1994, 62, 63, können nicht auf den Erstattungsanspruch nach § 49 a erstreckt werden.
[125] Zu denken wäre etwa an eine Subvention, die unter allen Beteiligten bewusstem Verstoß gegen entgegenstehende Vorschriften gewährt wird.
[126] *BVerwG* NJW 1992, 328, 329; 703, 705 m. w. N.
[127] *BVerwGE* 74, 357, 366 f.
[128] *BVerwG* ZBR 1983, 206 m. w. N., wobei im Rahmen der beamtenrechtlichen Spezialvorschrift des § 87 Abs. 2 BBG die verschärfte Haftung des § 820 BGB nicht davon abhängig gemacht wurde, dass der Empfänger der Leistung einen *gesetzlichen Vorbehalt* kannte oder hätte kennen müssen; zu § 52 Abs. 2 BeamtVG s. *BVerwG* NVwZ-RR 1999, 387 f.; vgl. ferner *BVerfGE* 46, 97, 114; einschränkend *BVerwG* NVwZ 1986, 745, wenn der Fehler der Festsetzung in der rechtsfehlerhaften Gesetzesanwendung durch die Behörde liegt; gegen einen allgemein im Besoldungs- und Versorgungsrecht durchgreifenden gesetzesimmanenten Rückforderungsvorbehalt im Sinne einer verschärften Haftung *BVerwGE* 91, 66, 69 f. m. w. N.

Rechtsbehelfe bedingten verfahrensrechtlichen Fiktion eines fortdauernden Beamtenverhältnisses,[129] ferner für Vorbehaltsvermerke bei Besoldungsmitteilungen.[130]

61 **b) Der Ausschluss der Entreicherungseinrede nach S. 2.** Wie das frühere Recht schließt Satz 2 die durch die entsprechende Geltung des Bereicherungsrechts grundsätzlich bestehende Bedeutung eines Wegfalls der Bereicherung nach § 818 Abs. 3 BGB (Rn. 46 f.) aus, indem er die Möglichkeit des Begünstigten negiert, sich hierauf zu berufen (dazu schon Rn. 48).

62 Damit treten von den **Rechtsfolgen** der verschärften Haftung nach den allgemeinen Vorschriften i. S. d. § 818 Abs. 4 BGB (Rn. 49 ff.) diejenigen ein, die eine **Abweichung von § 818 Abs. 3 BGB** bedeuten (Rn. 50). Eine umfassende Geltung der verschärften Haftung auch im Übrigen (insbes.: Schadensersatz wegen Verzuges, Rn. 49; Ersatz schuldhaft nicht gezogener Nutzungen, Herausgabe rechtsgeschäftlicher Surrogate, Rn. 51) ist vom Wortlaut der Bestimmung nicht gedeckt; auch die Entstehungsgeschichte zeigt, dass es nur darum gehen sollte, ein Freikommen des Begünstigten von seiner Leistungspflicht nach § 818 Abs. 3 BGB zu erschweren.[131]

63 Bei den **Voraussetzungen** knüpft S. 2 insoweit an die Vorbilder in § 48 Abs. 2 S. 7 a. F., § 44 a Abs. 2 S. 3 BHO a. F. an, als er auf die **Kenntnis oder grob fahrlässige Unkenntnis des Begünstigten** von bestimmten Umständen (Rn. 64) abstellt. Diese subjektiven Voraussetzungen finden sich (zur Rechtswidrigkeit des VA) auch im Rahmen der Vertrauensschutzregelungen des § 48 Abs. 2 S. 3 in der dortigen Nr. 3 und sind wie dort im Sinne der zivilrechtlichen Parallelen zu verstehen (s. § 48 Rn. 159 ff.).[132] Zur Zurechnung des Kenntnisstandes von Vertretern und sonstigen Dritten s. § 48 Rn. 164.

64 Den **Bezugspunkt der Bösgläubigkeit** bilden in S. 2 die **Umstände**, die zur Rücknahme, zum Widerruf oder (sonst)[133] zur Unwirksamkeit des VA geführt haben. Trotz etwas unterschiedlicher Formulierung wird damit in der Sache an § 44a Abs. 2 S. 3 BHO a. F. angeknüpft. Im Einzelnen wird für die drei Unwirksamkeitsgründe auf die **je unterschiedlichen Voraussetzungen** Rücksicht zu nehmen sein.

65 § 48 Abs. 2 S. 7 a. F. hatte für die Bösgläubigkeit **bei der Rücknahme** auf die Umstände abgestellt, die die Rechtswidrigkeit des VA begründet haben, war damit von § 48 Abs. 2 S. 3 Nr. 3 abgewichen, wo auf die Rechtswidrigkeit des VA selbst abgestellt ist (§ 48 Rn. 162). Danach konnte der Begünstigte namentlich in den Fällen des § 48 Abs. 2 S. 3 Nr. 2 bei unverschuldeten Falschangaben als gutgläubig anzusehen sein. Die Formulierung des § 49 a Abs. 2 S. 2 eröffnet demgegenüber unterschiedlich weit reichende Interpretationsmöglichkeiten. Bei einer eng am Wortlaut orientierten Auslegung wären „die Umstände" umfassend auf „alle Umstände" zu beziehen, die zur Rücknahme geführt haben; dann wären die die Rechtswidrigkeit des VA begründenden tatsächlichen Umstände, ihre rechtliche Bewertung und die für die Betätigung des Rücknahmeermessens maßgeblichen Umstände erfasst. Unkenntnis und Fehlen grober Fahrlässigkeit in auch nur einem Teilaspekt würde schon zur Gutgläubigkeit führen. Sinn und Zweck der Haftungsverschärfung sprechen demgegenüber dafür, Bösgläubigkeit schon dann anzunehmen, wenn der Begünstigte ohne weiteres mit der Erstattungspflicht rechnen musste; dem entspricht es, wenn (nur) auf die tatsächlichen Voraussetzungen der Rechtswidrigkeit abgestellt wird, die die Möglichkeit der Ermessensentscheidung über die Rücknahme überhaupt eröffnen.[134]

66 Entsprechend ist für **den rückwirkenden Widerruf** (nur) auf die das Widerrufsermessen eröffnenden Gründe, also die den Widerrufsgrund konstituierenden tatsächlichen Umstände

---

[129] *BVerwG* ZBR 1998, 181, 282 m. w. N.
[130] *OVG Münster* RiA 1977, 200; NVwZ 1983, 108.
[131] Vgl. die Begründung des Regierungsentwurfs, BT-Drs 13/1534, S. 7. Nur hierauf bezogen auch *Gröpl* VerwArch 1997, 23, 40.
[132] Speziell zur Bösgläubigkeit im Rahmen des Abs. 2 S. 7 a. F. s. *BVerwG* NJW 1992, 703, 704 f.; auch *BVerwG* NJW 1992, 705, 707.
[133] Für die Einfügung eines präzisierenden „sonst" die Stellungnahme des BRats, BT-Drs 13/1534, S. 10, für S. 2 und Abs. 3 S. 2 zumal mit Rücksicht auf Abs. 3 S. 1; dazu noch Rn. 72; die BReg lehnte dies mit Rücksicht auf die Erhaltung der Wortgleichheit mit den bereits erlassenen parallelen Neuregelungen des Landesrechts (zu diesem Zeitpunkt mit Recht) ab, BT-Drs 13/1534, S. 13.
[134] So auch *BVerwGE* 105, 354, 362; recht pauschal in diesem Sinne auch *Kopp/Ramsauer*, § 49 a Rn. 15; *Ziekow*, § 49 a Rn. 11; *Meyer* in Knack, § 49 a Rn. 15.

abzustellen. Im Rahmen des § 49 Abs. 3 liegen diese Umstände in der zweckfremden Verwendung (S. 1 Nr. 1) bzw. in der Nichterfüllung von Auflagen (S. 1 Nr. 2), also grundsätzlich im Verhalten des Begünstigten selbst, so dass er bei Erfüllung dieser Tatbestände **regelmäßig bösgläubig** im Sinne des § 49a Abs. 2 S. 2 ist. Die Annahme der BReg, dass dies stets der Fall sein werde,[135] dürfte allerdings schon mit Rücksicht auf die begrenzte Zurechnung von Drittwissen (Rn. 63) zu weit gehen. Zum Eintritt des Widerrufsgrundes nach Entreicherung s. Rn. 68.

Mit den **Umständen, die zur Unwirksamkeit des VA geführt** haben, ist nach dem Zusammenhang mit Abs. 1 auf den Eintritt der auflösenden Bedingung Bezug genommen. Bezugspunkt der Bösgläubigkeit ist der Eintritt des ungewissen Ereignisses selbst; für einen Rückgriff auf weiter zurückliegende Entwicklungen, die mittelbar zur Unwirksamkeit geführt haben, besteht kein hinreichend sicherer Anknüpfungspunkt. **67**

Der **Zeitpunkt** der Bösgläubigkeit ist in S. 2 nicht ausdrücklich bestimmt; anders als in § 819 Abs. 1 BGB wird namentlich nicht zwischen ursprünglicher und nachträglicher Bösgläubigkeit differenziert. Doch ermöglicht es die „soweit"-Klausel des HS 2, auf jeden denkbaren Zeitpunkt des **Eintritts der Bösgläubigkeit** abzustellen. **Ursprüngliche Bösgläubigkeit** kommt allerdings wohl nur hinsichtlich der Rücknahmevoraussetzungen in Betracht. Die Widerrufsgründe können jedenfalls bei § 49 Abs. 3 frühestens ab Erhalt der Leistung verwirklicht werden. Bei der auflösenden Bedingung ist Bösgläubigkeit vor deren Eintritt ausgeschlossen. Dagegen kann sich der Zeitpunkt der Bösgläubigkeit nach hinten verschieben, wenn Kenntnis bzw. grobe Fahrlässigkeit **erst später** eintreten. Bei Rücknahme und Widerruf wird dies meist vor Erlass des aufhebenden, Bösgläubigkeit begründenden Bescheides geschehen, möglicherweise, etwa bei (zunächst) unvollständiger oder falscher Begründung, aber auch erst noch später. **68**

Der erst später bösgläubig gewordene Begünstigte kann sich noch auf eine **vor dem Eintritt der Bösgläubigkeit erfolgte Entreicherung** berufen.[136] Der Vorschlag des BRats, dieser Konsequenz dadurch zu entgehen, dass für die Bereicherungshaftung überhaupt an dem Erfordernis des § 44a Abs. 1 BHO a. F. festgehalten würde, dass der Begünstigte die den Widerruf begründenden Umstände nicht zu vertreten hat, blieb insoweit unbeachtet.[137] Die verschärfte Haftung bleibt daher insbes. dem Subventionsempfänger erspart, der sich nach eingetretener Entreicherung auflagewidrig verhält, etwa vorgeschriebene Verwendungsnachweise nicht vorlegt;[138] allerdings liegt der Sinn verschärfter Haftung auch nicht darin, eine zusätzliche Sanktion für die Nichterfüllung von Auflagen an sich zu begründen.[139] **69**

c) Gemeinschaftsrechtliche Bedeutung der Entreicherung. Als Ausdruck des Grundsatzes des Vertrauensschutzes erkennt der *EuGH* unter mit Rücksicht auf die volle Wahrung der Gemeinschaftsinteressen einschränkenden Bedingungen (s. allgemein § 48 Rn. 168) grundsätzlich Regelungen des nationalen Rechts an, die den Wegfall einer ungerechtfertigten Bereicherung berücksichtigen, die unter Verletzung von Gemeinschaftsrecht begründet worden ist. Namentlich hat der *EuGH* für **zu Unrecht gewährte Gemeinschaftsbeihilfen**[140] klargestellt, dass die für staatliche Beihilfen geltenden Grundsätze (Rn. 71) mangels Wettbewerbsverzerrung nicht durchgreifen.[141] **70**

In seinem noch auf Grund einer Vorlage zu § 48 Abs. 2 Satz 6 und 7 a. F.[142] ergangenen Alcan II-Urteil (s. auch § 48 Rn. 223, 239) hat der *EuGH* demgegenüber sehr grundsätzlich festgestellt, dass die Behörde auch dann gemäß einer bestandskräftigen Entscheidung der Kommission, mit der die Rückforderung der **gemeinschaftsrechtswidrigen staatlichen Beihilfe** verlangt wird, zur Rücknahme des Bewilligungsbescheides über eine Beihilfe verpflichtet sei, **71**

---

[135] So die Gegenäußerung zur Stellungnahme des BRats, BT-Drs 13/1534, S. 12.
[136] *OVG Lüneburg* NdsVBl 1998, 113, 116.
[137] BT-Drs 13/1534, S. 10 f.; die Gegenäußerung der BReg, ebda, S. 13, beschränkte sich auf die Behauptung, es bestehe im Ergebnis kein Unterschied.
[138] So das Beispiel des BRats, BT-Drs 13/1534, S. 11.
[139] Vgl. für eine Beschränkung auf vor der Entreicherung eingetretene Bösgläubigkeit wegen Sinn und Zweck der Regelung auch im Rahmen des § 44a BHO a. F. *Dickersbach* GewArch 1993, 177, 186.
[140] Im Anschluss an die in *EuGH*, Rs. 205–215/82, EuGHE 1983, 2633, 2642 f. = NJW 1984, 2024, 2025 aufgestellten Grundsätze wieder *EuGH*, Rs. C-298/96, EuGHE I 1998, 4767, 4782 Rn. 25 ff. = EuZW 1998, 603.
[141] *EuGH*, Rs. C-298/96, EuGHE I 1998, 4767, 4782 Rn. 25 ff. = EuZW 1998, 603; dazu etwa *Scheuing* Verwaltung 2001, 107, 123 ff.
[142] *BVerwG* NVwZ 1995, 703 ff.

wenn dies nach nationalem Recht wegen Wegfalls der Bereicherung mangels Bösgläubigkeit des Beihilfeempfängers ausgeschlossen sei.[143] Diese Aussage entspricht zwar dem dogmatischen Standort der Bereicherungseinrede nicht, die erst gegenüber der an die Rücknahme anschließenden Rückforderung zu erheben war. Doch besteht nach dem Gesamtbezug der Entscheidung auf die von der Kommission verlangte Rückforderung der Beihilfe kein Zweifel, dass der **Entreicherungseinwand** gegenüber dem nach der Rücknahme erhobenen Erstattungsverlangen der Behörde **ausgeschlossen** sein soll. Die Umstellung der maßgeblichen Bestimmungen von § 48 Abs. 2 a. F. in den neuen § 49 a Abs. 2 bietet für eine abweichende Beurteilung wohl keinen Anlass.

III. Verzinsung des Erstattungsbetrags (Abs. 3)

1. Grundsätzliche Pflicht zur Verzinsung (S. 1)

72 Die insoweit nur für Leistungen nach ihrem Inkrafttreten wirksame Regelung (Rn. 2) führt für den gesamten Anwendungsbereich des in Abs. 1 geregelten Erstattungsanspruchs, allerdings wohl nur, soweit er auf **Zahlung eines Geldbetrages** gerichtet ist, eine auch im neuen § 50 Abs. 2 a SGB X vorgesehene grundsätzliche Verzinsungspflicht ein,[144] die vorher nur im früheren § 44 a Abs. 3 S. 1 BHO in ähnlicher Form vorgesehen war. Insbes. im Rahmen des § 48 Abs. 2 a. F. hatte es eine solche Pflicht nicht gegeben, sondern nur die zur Herausgabe von Guthabenzinsen als Nutzungen i. S. d. § 818 Abs. 1 BGB (Rn. 43; 4. Aufl., § 48 Rn. 125) sowie in den Fällen verschärfter Haftung auf Grund der nach § 818 Abs. 4 BGB als „allgemeine Vorschriften" einschlägigen §§ 291, 288 BGB.[145]

73 Auch **Verzugszinsen** konnten mangels (analoger) allgemeiner Anwendbarkeit der §§ 284 ff. BGB a. F. nicht durchweg verlangt werden; eine diesbezügliche Pflicht wird bisher für die Rückforderung überzahlter Dienstbezüge sogar bei Bösgläubigkeit verneint.[146] Möglicherweise hat die Neuregelung hier den Weg auch für eine allgemeine Anerkennung des Verzugszinsanspruchs im öffentlichen Recht geebnet.[147]

74 Die Verzinsungspflicht **beginnt** wie nach altem Recht[148] mit dem **Eintritt der Unwirksamkeit des VA**. Der Vorschlag des BRats, durch eine abweichende Fassung klarzustellen, dass die Zinspflicht frühestens mit dem Erhalt der Leistung beginnt, wurde wegen der Akzessorietät der Zinspflicht als Nebenpflicht der Erstattungsschuld von der BReg als sachlich nicht geboten erachtet.[149]

75 Für den Fall der **Rücknahme und des Widerrufs** für die Vergangenheit ist der im jeweiligen Bescheid **bestimmte Zeitpunkt** seiner inneren Wirksamkeit (dazu § 49 Rn. 109 ff.; § 48 Rn. 104) maßgeblich;[150] auf die Bösgläubigkeit des Begünstigten bzw. den Zeitpunkt ihres Eintritts kommt es – anders als nach § 819 Abs. 1 BGB i. V. m. §§ 291, 288 BGB – nicht an. Die **aufschiebende Wirkung** von Rechtsbehelfen gegen den aufhebenden VA kann die Unwirksamkeit des aufgehobenen VA nur vorübergehend ausschließen. Mit Wegfall des Suspensiveffektes tritt Fälligkeit seit dem vorgesehenen Wirksamwerden von Rücknahme bzw. Widerruf ein (s. § 43 Rn. 163 ff.).[151] Für eine alsbaldige Durchsetzung des Zinsanspruchs müsste die sofortige Vollziehung der Aufhebung angeordnet werden (s. allgemein § 43 Rn. 199).

---

[143] *EuGH*, Rs. C-24/95, EuGHE I 1997, 1591, 1621 ff. = NJW 1998, 47.
[144] Das Fehlen einer entspr. Regelung in der AO und damit im Kommunalabgabenrecht kann nicht durch Rückgriff auf § 49 a Abs. 3 VwVfG überwunden werden, s. *OVG Frankfurt (Oder)* NVwZ-RR 2005, 564.
[145] Vgl. zur Verzinsungspflicht bei Rechtshängigkeit *BVerwG* NJW 1985, 2436, 2437 m. w. N.; zur mit Kenntnis vom Fehlen bzw. Wegfall des rechtlichen Grundes einsetzenden Verzinsungspflicht s. *BVerwGE* 71, 48, 55 f.; *VGH Mannheim* NVwZ 1983, 916; *Hermsdörfer* ZLA 1986, 45 f.; *Weber* JuS 1986, 2931 ff.; gegen einen allgemeinen Verzinsungsanspruch über das Maß des in § 236 AO Geregelten hinaus für Gebührenforderungen *OVG Münster* NWVBl 1989, 284, 285 m. w. N.
[146] *BVerwG* NVwZ 1991, 168, 169 m. w. N.
[147] Zur möglichen Auswirkung eines Wandels der Gesetzgebungspraxis bereits *BVerwGE* 48, 133, 136 f.
[148] Dazu 6. Aufl. Rn. 72.
[149] BT-Drs 13/1534, S. 11 bzw. 13.
[150] *OVG Lüneburg* NdsVBl 1998, 113, 116; *VGH München* BayVBl 1999, 153, 154; *OVG Erfurt* ThürVBl 2003, 56, 60.
[151] *Ehlers* GewArch 1999, 305, 317.

Soweit die Unwirksamkeit durch den Eintritt einer **auflösenden Bedingung** herbeigeführt 76
wird, ergibt sich der Zeitpunkt aus der Ausgestaltung der Bedingung.[152]

Für die **Höhe der Verzinsung** war ursprünglich ein flexibler Zinssatz in Höhe von 3 v. H. 77
über dem jeweiligen Diskontsatz der Deutschen Bundesbank vorgesehen. In Anpassung an die
Höhe der Verzugszinsen nach § 288 Abs. 1 S. 2 BGB gilt seit dem HZvNG von 2002 (wie auch
nach § 50 Abs. 2a SGB X)[153] eine Verzinsung von fünf Prozentpunkten über dem Basiszinssatz
(des § 247 BGB; dessen Erwähnung in einigen LVwVfGen, s. vor Rn. 1, schließt in der Übergangsphase insoweit entstandene Unklarheiten[154] aus). Der **variable Zinssatz** trägt den
Schwankungen der Zinssätze Rechnung, die auf dem Kapitalmarkt für die Wiederbeschaffung
von Finanzmitteln durch die öffentliche Hand gelten. Der an die Bedingungen des Kapitalmarktes angepasste Zinssatz soll auch der (insbes. bei Zuwendungen problematischen) Möglichkeit
entgegen wirken, dass Leistungsempfänger die erhaltenen Beträge vor ihrer oder anstelle ihrer
sofortigen Verwendung zinsbringend anlegen. Bayern und Thüringen schreiben allerdings wie
§ 44a Abs. 3 S. 1 BHO a. F. den fixen Satz von 6% jährlich vor.

2. Absehen von der Geltendmachung des Zinsanspruchs (S. 2)

Gegenüber dem allgemein vorgesehenen Zinsanspruch sieht S. 2 als Korrektiv vor, dass von 78
der Geltendmachung des Zinsanspruchs abgesehen werden kann. Die **Voraussetzungen** dafür
sind in Anlehnung an die Anforderungen des § 44a Abs. 3 S. 2 BHO a. F. formuliert, aber anders als dort **nur beispielhaft** („insbesondere") angesprochen. An welche weiteren Fälle gedacht ist, gibt die Gesetzesbegründung[155] nicht zu erkennen. In Orientierung an dem gesetzlichen Beispiel dürfte vor allem das zurechenbare **Verhalten des Betroffenen** eine Rolle
spielen.[156]

Nach der **kumulativen** Fassung des Gesetzes reicht es regelmäßig nicht aus, wenn nur eine 79
der Bedingungen, nämlich entweder das fehlende Vertretenmüssen hinsichtlich des jeweiligen
Erstattungstatbestandes oder die fristgerechte Leistung des Erstattungsbetrages, erfüllt sind. Vielmehr muss jeweils zu dem einen Teilelement des Tatbestandes ein zusätzlicher rechtfertigender
Umstand hinzutreten. Fehlt es an beiden Elementen des Doppeltatbestandes, müssen besonders
überzeugende andere Gründe vorliegen.

Aufgrund der Möglichkeit, von der Geltendmachung des Zinsanspruchs abzusehen, kann von 80
der haushaltsrechtlichen Pflicht zur vollständigen Erhebung der Einnahmen, s. § 19 Abs. 1, § 31
Abs. 2 HGrG, abgewichen werden; zudem besteht im Verhältnis zum Adressaten ein pflichtgemäß auszuübendes **Ermessen,**[157] dem ein subjektives Recht des Erstattungsschuldners auf
fehlerfreie Ermessensausübung entspricht. In Mecklenburg-Vorpommern (vor Rn. 1) ist unter
denselben, allerdings abschließenden Voraussetzungen wie im VwVfG zwingend von der Geltendmachung des Zinsanspruchs abzusehen.

Der **Verzicht** darauf, den Zinsanspruch geltend zu machen, wird in der Entwurfsbegrün- 81
dung[158] als Erlass der Zinsforderung bezeichnet. Auch der Gesetzeswortlaut sowie Interessen der
Rechtssicherheit, zumal auf Seiten des Betroffenen, sprechen dafür, dass endgültig über den
Zinsanspruch befunden wird. Mit dem „Absehen von der Geltendmachung" ist daher eine verbindliche Entscheidung, die den **Zinsanspruch erlöschen** lässt, gemeint,[159] nicht eine bloße
Stundung. Diese Entscheidung ist in Parallele zur Situation beim Hauptanspruch (s. Abs. 1 S. 2,
dazu Rn. 34ff.) **durch VA** zu treffen; Nebenbestimmungen sind nach den allgemeinen Regeln
des § 36 Abs. 2, 3 zulässig und können geradezu geboten sein, um die Legitimation des Erlasses
sicherzustellen.

---

[152] S. *VGH München* BayVBl 2006, 731, 732.
[153] *Petershagen* NJW 2002, 1455, 1456; dagegen *Schmitz/Schlatmann* NVwZ 2002, 1281, 1293.
[154] S. näher *Schmitz/Schlatmann* NVwZ 2002, 1281, 1292 f.; *Meyer* in Knack, § 49 Rn. 3, 26; auch *Schnekenburger* NVwZ 2003, 36 ff., der annimmt, für die Zeit vom 1. 1. 1999 bis 3. 4. 2002 habe es an einer Zinsanspruchsregelung gefehlt; dabei ohne nähere Begründung vorausgesetzt, die Aufhebung des für diese Zeit maßgeblichen Diskont-Überleitungs-Gesetzes sei ex tunc erfolgt.
[155] Vgl. die Formulierung „vor allem dann", BT-Drs 13/1534, S. 7.
[156] *Gröpl* VerwArch 1997, 23, 41 ff., stellt darauf ab, ob tatsächlich Vermögensvorteile erzielt wurden.
[157] Für Ermessensschrumpfung bei Erfüllung des Tatbestandes offenbar *Baumeister* NVwZ 1997, 19, 25.
[158] BT-Drs 13/1534, S. 7.
[159] So auch *Kopp/Ramsauer*, § 49a Rn. 21.

IV. Zwischenzinsen bei verzögerter Zweckerfüllung (Abs. 4)

82 Abs. 4 ist eine **Sondervorschrift** für zur Erfüllung eines bestimmten Zweckes durch VA gewährte Geldleistungen im Sinne des § 49 **Abs. 3**. Dass es sich um Geldleistungen handeln muss, folgt aus der nur für diese passenden Rechtsfolge der Verzinsung; die Beschränkung auf durch VA gewährte Leistungen kommt im Gesetzeswortlaut nicht zum Ausdruck, ergibt sich aber aus dem systematischen Kontext (s. auch Rn. 6).[160] Sie ist durch das HZvNG um einen zumindest klarstellenden S. 2 ergänzt worden.

1. Nicht alsbaldige zweckgerechte Verwendung (S. 1)

83 Tatbestandliche Voraussetzung ist nach S. 1, dass die zweckentsprechende Verwendung **nicht alsbald** nach der Auszahlung erfolgt. Wie in § 49 Abs. 3 (§ 49 Rn. 103) ist das Kriterium, anders als „unverzüglich" (§ 121 Abs. 1 S. 1 BGB), vom Verschulden unabhängig[161] und meint jede gemessen an den Gegebenheiten nicht ganz unerhebliche Verzögerung.[162] In der Rspr. wird wie schon zum alten Recht in Anlehnung an die Verwaltungspraxis ein Spielraum von zwei Monaten anerkannt.[163]

84 Anders als bei Abs. 3 ist schon das **positive Zinsverlangen** in das **Ermessen** der Behörde gestellt.[164] Das BVerwG lässt gleichwohl den Anspruch bei Erfüllung der tatbestandlichen Voraussetzungen, also alsbald nach Bewilligung der Mittel, existent werden, verschiebt allerdings mit Rücksicht auf das Ermessen der Behörde, ob sie den Anspruch überhaupt geltend macht, die Fälligkeit auf die Bekanntgabe des – wie beim Erlass nach Abs. 3 S. 2 erforderlichen – Zahlungsbescheides bzw. einen darin genannten Zahlungszeitpunkt.[165] Für diesen Bescheid gilt die Frist des § 48 Abs. 4 nicht.[166] Für die Verjährung des Anspruchs bestehen keine revisiblen Regelungen.[167]

85 Gründe, im Rahmen des eröffneten **Ermessens** von dem Zinsverlangen abzusehen, dürften in Anlehnung an die Wertung des Abs. 3 S. 2 insbes. in Fällen fehlenden Vertretenmüssens[168] und alsbaldiger Nachholung der zweckentsprechenden Verwendung gegeben sein. Diese greifen als besondere Gründe auch gegenüber dem zum Teil mit Rücksicht auf die Grundsätze der Wirtschaftlichkeit und Sparsamkeit postulierten intendierten Ermessen[169] (allg. § 40 Rn. 28 ff.) durch.[170] Nicht ermessensfehlerhaft soll es sein, wenn die Zinsforderung erhoben wird, obwohl die Behörde von vornherein mit der verzögerten Verwendung rechnen musste, ebenso wenig die Zinsforderung seit Auszahlung, obwohl nur eine nicht alsbaldige Verwendung (Rn. 82) die Zinsforderung ermöglicht.[171]

86 Der Begründung des Gesetzentwurfs[172] nach liegt der **Sinn der Bestimmung** vor allem darin, den Handlungsspielraum der Behörde zu erweitern, die mit dem Zinsverlangen anstelle des nicht immer sachgerechten Widerrufs nach § 49 Abs. 3 Nr. 1 2. Var. flexibler reagieren kann; zugleich geht es darum zu verhindern, dass der Leistungsempfänger bei Zweckverzögerung auch

---

[160] Ähnlich schon § 44a Abs. 3 S. 4 BHO a. F., dazu etwa OVG Münster NVwZ-RR 1993, 16 ff.
[161] BVerwGE 116, 332, 335 ff.; BVerwG NVwZ 2005, 1085, 1086; Meyer in Knack, § 49a Rn. 28; Ziekow, § 49a Rn. 16; nur referierend Kopp/Ramsauer, § 49a Rn. 25; anders VG Dresden NVwZ 1999, 1137 f., dazu krit. Schnekenburger NVwZ 2001, 648 ff.
[162] BVerwGE 116, 332, 335; NVwZ 2005, 1085, 1086: kurz danach.
[163] BVerwGE 116, 332, 334 ff.; 123, 303, 304; BVerwG NVwZ 2005, 1085, 1086 (bei entsprechender Festlegung in bestandskräftiger Auflage); OVG Münster NVwZ-RR 1993, 16, 17; s. auch Graupeter LKV 2006, 202, 203.
[164] So ausdrücklich auch OVG Weimar NVwZ-RR 1999, 435, 436 m. w. N.
[165] BVerwGE 123, 303, 304 f.; anders zu § 44a Abs. 3 S. 4 BHO a. F. OVG Münster NVwZ-RR 1993, 16, 17, bei Zulassung rückwirkender Geltendmachung; so auch. 6. Aufl. Rn. 81; offen bei übereinstimmendem Ergebnis noch BVerwGE 116, 332, 338.
[166] So zu § 44a Abs. 3 S. 4 BHO a. F. OVG Münster NVwZ-RR 1993, 16, 17.
[167] BVerwGE 123, 303, 306 ff.; BVerwG NVwZ 2005, 1085, 1087; zu Verjährungsfragen in diesem Kontext auch Graupeter, LKV 2006, 202 ff.
[168] Dafür auch Kopp/Ramsauer, § 49a Rn. 26; Meyer in Knack, § 49a Rn. 28 (bei strengerem Maßstab).
[169] Dafür OVG Weimar NVwZ-RR 1999, 435, 437 im Anschluss an BVerwGE 105, 55 = NJW 1998, 2233; auch Ziekow, § 49a Rn. 15.
[170] BVerwGE 116, 332, 3387 f.; anders Schnekenburger NVwZ 2001, 648, 651.
[171] So zu § 44a Abs. 3 S. 4 BHO a. F. OVG Münster NVwZ-RR 1993, 16, 17.
[172] BT-Drs 13/1534, S. 7.

noch wirtschaftliche Vorteile hat (Abschöpfung). Der Vorschlag des BRats, auch bei Verstößen gegen Auflagen die Zinserhebung als milderes Mittel zuzulassen, wurde von der BReg abgelehnt, weil es bei dieser Verzinsungspflicht **allein um die zeitliche Dimension** gehe, die auch ohne Ergänzung der Bestimmung etwa bei einem auflagewidrig verfrühten Abruf von Teilzahlungen gesichert werden könne.[173]

2. Unterbliebener Einsatz anderer Mittel (S. 2)

Zwei Entscheidungen des *VGH München*, der eine Zinspflicht nach der Ursprungsfassung des Abs. 4 nur annehmen wollte, wenn eine Leistung tatsächlich zeitweise nicht für die vorgesehenen Zwecke verwendet wurde, und diese Voraussetzung nicht gegeben sah, solange die abgerufene Leistung die Summe der für das geförderte Vorhaben getätigten Ausgaben nicht überstieg,[174] haben den BRat veranlasst, die Einfügung von S. 2 vorzuschlagen, um (zumindest klarstellend)[175] die Grundlage dafür zu schaffen, die **Einhaltung des verhältnisgerechten Einsatzes öffentlicher Mittel** einerseits, eigener und sonstiger Mittel andererseits mit einer Zinspflicht sanktionieren zu können, und so wirtschaftliche Nachteile der jeweiligen Leistungsgeber zu vermeiden.[176] 87

Grundlage der **Verpflichtung zum Einsatz** anderer Mittel werden in erster Linie Nebenbestimmungen des zugrunde liegenden Bescheides sein, denkbar sind aber auch einschlägige gesetzliche Bestimmungen. **Andere Mittel** sind nach der Entstehungsgeschichte (Rn. 88) eigene Mittel des Empfängers und sonstige Mittel; letztere können solche privater Dritter, aber auch anderer öffentlicher Rechtsträger sein. Die **entsprechende Geltung von Satz 1** betrifft jedenfalls die dort als Rechtsfolge vorgesehene **Ermessensentscheidung,** Zinsen zu verlangen; der zu verzinsende Betrag ergibt sich aus dem Umfang der pflichtwidrig nicht eingesetzten anderen Mittel. Werden die anderen Mittel nur verspätet eingesetzt, kann nur eine zeitlich entsprechend begrenzte Zinsforderung erhoben werden; insoweit gilt auch hier das Merkmal „alsbald" aus dem Tatbestand von S. 1. 88

3. Unberührte Widerrufsmöglichkeit (S. 3)

Die Funktion der Zinsforderung als zusätzliches Druckmittel auf säumige Subventionsempfänger wird durch die **Klarstellung S. 3** (ursprünglich HS 2 des einzigen Satzes) unterstrichen, nach der ein behördliches Zinsverlangen nicht ausschließt, dass **später** doch noch von der **Widerrufsmöglichkeit** Gebrauch gemacht wird. Soll der Widerruf auf Grund der Verzögerung sofort erfolgen, besteht wegen der rückwirkend eintretenden Verzinsungspflicht des Abs. 3 S. 1 kein Bedarf für eine zusätzliche Regelung. 89

V. Europarecht

Zu den Problemen mit der **Rückforderung von Beihilfen** s. Rn. 70; im Übrigen s. Rn. 46, 60 und § 48 Rn. 261. Zur Erstattungspflicht nach Rücknahme belastender Entscheidungen s. § 48 Rn. 27. 90

VI. Landesrecht

Dem § 49a **entsprechende Regelungen** sind inzwischen in allen Ländern realisiert oder durch dynamische Verweisung auf das Bundesrecht übernommen (s. näher § 48 Rn. 262). Substanzielle Abweichungen finden sich in Mecklenburg-Vorpommern (Rn. 80)[177] sowie in Bayern 91

---

[173] BT-Drs 13/1534, S. 11 bzw. 13 f.
[174] *VGH München* ZKF 2000, 39.
[175] So *Schmitz/Schlatmann* NVwZ 2002, 1281, 1293.
[176] Stellungnahme des BRats, BT-Drs. 14/9007, Anl. 2, Nr. 10 b.
[177] Das 1. VwVfG M-V ÄndG vom 16. 6. 1998, GVBl. 565, hat in Art. 1 Nr. 11 den ursprünglichen S. 3 als widersprüchlich und überflüssig aufgehoben, vgl. den Regierungsentwurf, LT-Drs 2/3617, S. 19. Die in der Tat dunkle Bestimmung lautete: „Insbesondere in diesen Fällen kann von einer Geltendmachung des Zinsanspruchs insgesamt abgesehen werden."

§ 50

Teil III. Verwaltungsakt

und Thüringen (Rn. 77). S. auch im Übrigen vor Rn. 1. Zur Frage des zeitlichen Geltungsumfangs s. Rn. 2.

§ 50 Rücknahme und Widerruf im Rechtsbehelfsverfahren

§ 48 Abs. 1 Satz 2 und Abs. 2 bis 4 sowie § 49 Abs. 2 bis 4 und 6 gelten nicht, wenn ein begünstigender Verwaltungsakt, der von einem Dritten angefochten worden ist, während des Vorverfahrens oder während des verwaltungsgerichtlichen Verfahrens aufgehoben wird, soweit dadurch dem Widerspruch oder der Klage abgeholfen wird.

Vergleichbare Vorschriften: § 132 AO; § 49 SGB X.

Abweichendes Landesrecht: In Hamburg besteht die irrtümliche Bezugnahme auf § 48 Abs. 6. In Bayern weicht die Bezugnahme auf § 49 wegen dessen abweichender Absatzzählung (2a statt 3) ab. § 118 LVwG SchlH spricht statt von Vorverfahren von Widerspruchsverfahren.

Entstehungsgeschichte: Bis zum Inkrafttreten des VwVfG vgl. § 43 der 6. Auflage. **Änderungen:** Aufgrund der Änderungen im Zusammenhang mit der Übernahme der verwaltungsverfahrensrechtlichen Sondervorschrift des § 44a BHO a. F. in das VwVfG durch das Gesetz zur Änderung verwaltungsverfahrensrechtlicher Vorschriften vom 2. 5. 1996 (BGBl I 656) (allg. insbes. § 49 Rn. 88) musste die Einfügung des neuen § 49 Abs. 3 zu redaktionellen Anpassungen des § 50 hinsichtlich der in § 49 geänderten Absatzzählung führen (4 und 6 statt 3 und 5). Neben diesen eigentlichen Folgeänderungen (so insges. BT-Drs 13/1534, S. 7) wurde die Freistellung von den regelmäßigen Widerrufsvoraussetzungen auf die durch § 49 Abs. 3 neu geschaffene Möglichkeit des Widerrufs ex tunc erstreckt (dazu Rn. 79ff.). Dagegen wurde vergessen, auch die Streichung des § 48 Abs. 6 zu berücksichtigen (Rn. 71). Dieses Versäumnis ist mit der redaktionellen Anpassung (BT-Drs 13/8884, S. 5) durch das 2. VwVfÄndG vom 6. 8. 1998 (BGBl I 2022) behoben worden.

S. ferner Rn. 3, 4, 8, 10, 65, 78, 79, 84, 91.

Literatur: s. zunächst § 48, 49 jeweils vor Rn. 1; *Laubinger,* Der Verwaltungsakt mit Doppelwirkung, 1967; *Klostermann,* Die Aufhebung des Verwaltungsaktes mit Doppelwirkung im Verwaltungsverfahren, 1992; *Schmidt-Preuß,* Kollidierende Privatinteressen im Verwaltungsrecht, 1992, 2. unv. Auflage, 2005; *Gassner,* Rücknahme drittbelastender Verwaltungsakte im Rechtsbehelfsverfahren – VGH München, NVwZ 1997, 701, JuS 1997, 794; *Ehlers,* Das Verwaltungsverfahrensgesetz im Spiegel der Rechtsprechung, Verwaltung 1998, 53, 72; *Remmert,* Die behördliche Aufhebung von Verwaltungsakten mit Doppelwirkung, VerwArch 2000, 209; *Cornils,* Zur Anwendbarkeit des § 50 VwVfG: Wahlfreiheit der Verwaltung oder Vorrang des Widerspruchsverfahrens?, Verwaltung 2000, 485; *Kleutges-Hahlen,* Der Anwendungsbereich des § 50 VwVfG, Diss. Köln 2002; *Lege,* Die behördliche Aufhebung von Verwaltungsakten nach Drittanfechtung – Auslegung, Änderung oder Streichung des § 50 VwVfG? –, in: FS 100 Jahre SächsOVG, 2002, S. 359. Literatur zum **subjektiven öffentlichen Recht des Dritten** Rn. 23.

Übersicht

	Rn.
I. Allgemeines	1
1. Stellung und Bedeutung der Vorschrift	1
a) Verwaltungsverfahrensrecht	1
b) Verhältnis zu Vorverfahren und Prozess	3
2. Keine umfassende Regelung der Probleme des VA mit Drittwirkung	7
II. VA mit Drittwirkung	8
1. Begriffsbildung	8
2. Subjektive Drittrechte	12
a) Grundlagen subjektiver Drittrechte – Schutznormlehre	14
b) Grundrechte, Verfahrensvorschriften, Meinungsstand	19
c) Anwendungsgebiete des VA mit Drittwirkung	24
d) Fälle verneinter Drittwirkung	44
3. Nicht von § 50 erfasste Erscheinungsformen mehrfach wirksamer VAe	55
III. Voraussetzungen des § 50	56
1. Der Dritte	56
2. Die Anfechtung	64
IV. Aufhebungsvoraussetzungen im Falle des § 50	71
1. Voraussetzungen der Rücknahme	71
a) Verbleibende Anforderungen	71
b) Ausgeschlossene Anforderungen	76

§ 50 Rücknahme und Widerruf im Rechtsbehelfsverfahren 1–4 § 50

	Rn.
2. Voraussetzungen des Widerrufs	79
a) Verbleibende Anforderungen	79
b) Ausgeschlossene Anforderungen	82
3. Zeitpunkt der Aufhebung	89
4. Abhilfewirkung	90
V. Verfahren	100
VI. Europarecht	103
VII. Landesrecht	104
VIII. Vorverfahren	105

I. Allgemeines

1. Stellung und Bedeutung der Vorschrift

a) Verwaltungsverfahrensrecht. § 50 **modifiziert** die Regeln der §§ 48, 49 über Rücknahme und Widerruf bei **Anfechtung begünstigender VAe durch belastete Dritte** (§ 48 Rn. 121). In diesem Fall kann sich der Begünstigte grundsätzlich nicht auf den Vertrauensschutz berufen,[1] denn er muss aufgrund der Anfechtung mit der Aufhebung des VA rechnen (s. § 48 Rn. 136, 149; für begünstigten Dritten s. Rn. 57 ff.). Insoweit muss der Rechtsschutzanspruch des Dritten durchgreifen können. Der Grundgedanke des § 50 ist auch anzuwenden, soweit **Sonderregeln** für die Rücknahme oder den Widerruf bestehen, die VAe mit Drittwirkung nicht berücksichtigen.[2]

Der Ausschluss des Vertrauensschutzes bei Drittanfechtung kann **für den Begünstigten erhebliche Härten** bedeuten,[3] insbes. wenn er in seinem Vertrauen auf die Rechtmäßigkeit der Verwaltungsentscheidung noch durch das Verhalten der Behörde in einem länger andauernden Gerichtsverfahren bestärkt wird. Dies kann im Rahmen der Ermessensbetätigung berücksichtigt werden (s. Rn. 73). Eine besondere Regelung zum **Schadensausgleich** für den Begünstigten kennt das Gesetz nicht, Schadensersatz über die allgemeinen Regeln der Amtshaftung ist aber nicht ausgeschlossen.[4] Den berechtigten Belangen des Begünstigten wird auch dadurch Rechnung getragen, dass die Frist für die Geltung einer Baugenehmigung bei Widerspruch und Anfechtungsklage des Nachbarn als unterbrochen angesehen wird.[5]

b) Verhältnis zu Vorverfahren und Prozess. Durch § 50 sollte trotz der Formulierung in seiner Überschrift nicht Stellung zu dem **Verhältnis** der §§ 48, 49 **zu den Rechtsbehelfsregeln** der §§ 68 ff. VwGO[6] oder zu der Frage genommen werden, ob nicht schon § 68 VwGO eine Aufhebung zu Lasten des Begünstigten ohne Einschränkung durch §§ 48, 49 ermöglichen würde. Aus einem Streit darüber, ob § **68 VwGO** nur verfahrensrechtlicher Natur ist oder auch materielle Aufhebungsvoraussetzungen als **Sonderregelungen zu §§ 48, 49** enthält (vgl. § 79), wollte sich das VwVfG heraushalten (Begründung zu § 46 Entwurf 73).

Jedenfalls ist § 50 im Hinblick auf das **Vorverfahren als Klarstellung zweckmäßig.** Im Hinblick auf das **Klageverfahren** ist er, wie die Begründung zu § 46 Entwurf 73 zu Recht hervorhebt, überdies **notwendig**; da für eine behördliche Aufhebung während des Klageverfahrens in der VwGO keine Sonderregelung zu §§ 48, 49 besteht, die den Vertrauensschutz für diesen Fall beseitigen würde, müsste ohne § 50 die beklagte Behörde auf Grund ihrer Bindung durch den Vertrauensschutz des Begünstigten während des Prozesses trotz besserer Einsicht

---

[1] Stark einschränkend *Simon*, Rücknahme und Widerruf von Verwaltungsakten in bzw. während des Rechtsbehelfsverfahrens – Zur Problematik von § 50 VwVfG –, Diss. Augsburg 1987, S. 86 ff.
[2] So auch *Ule/Laubinger*, § 64 Rn. 5; *Kopp/Ramsauer*, § 50 Rn. 5. Gegen Analogie zu § 50 VwVfG im Rahmen von § 111 BNotO *OLG Köln* ZBR 1984, 319 (nur LS); ablehnend zu der atomrechtlichen Anlagengenehmigung *BGH* NVwZ 1997, 714, 718 f. m. w. N. Für Verdrängung der §§ 48, 50 VwVfG durch die abschließende Spezialregelung im SchfG *BVerwG* DVBl 1998, 139, 140 f.; für weitgehende Entbehrlichkeit des § 50 *Lege* in FS 100 Jahre SächsOVG, 2002, S. 359, 383 f.
[3] S. schon *Ule/Becker*, S. 63 f.; auch *Simon*, Rücknahme und Widerruf von Verwaltungsakten in bzw. während des Rechtsbehelfsverfahrens – Zur Problematik von § 50 VwVfG –, Diss. Augsburg 1987, S. 107 ff.; *Knoke*, Rechtsfragen der Rücknahme von Verwaltungsakten, 1989, S. 287 ff.
[4] S. *BGHZ* 149, 50, 55 f.; auch *Johlen* BauR 1977, 91; *de Witt/Burmeister* NVwZ 1992, 1039, 1041; § 48 Rn. 191 f.
[5] So mit Rücksicht auf das erhöhte Risiko der Aufhebung *VGH Mannheim* NVwZ-RR 2000, 485 f. m. w. N.
[6] § 48 Rn. 71 ff., 274 ff.; *Knoke*, Rechtsfragen der Rücknahme von Verwaltungsakten, 1989, S. 291 ff.

§ 50 5–8   Teil III. Verwaltungsakt

tatenlos zusehen, bis das Gericht den angefochtenen VA aufgehoben hätte. Diese erzwungene Untätigkeit wollte § 50 verhindern.[7]

5 § 50 ersetzt nicht die Abhilfemöglichkeit nach § 72 VwGO oder die Entscheidungsbefugnis nach § 73 VwGO. Vielmehr hat die Behörde im Rahmen ihrer Zuständigkeit ein Wahlrecht zwischen beiden Möglichkeiten,[8] das ohne Ermessensfehler auszuüben ist; das Ziel, die Kostenlast des § 80 zu vermeiden, ist keine zulässige Ermessenserwägung (§ 40 Rn. 65).[9] Die Aufhebung unter Rückgriff auf § 50 bleibt ein **Verfahren** der Rücknahme oder des Widerrufs, **nicht aber des Rechtsbehelfs** (s. Rn. 100, 105). Daher bleibt das Rücknahme- und Widerrufsermessen nach § 48 Abs. 1 S. 1, § 49 Abs. 1 erhalten (Rn. 71 ff., 81). Dies wäre für eine Aufhebung „im" Klageverfahren nicht möglich.

6 Ist der **Widerspruch des Dritten zulässig und begründet,** muss ihm stattgegeben werden (s. auch § 48 Rn. 63 ff.). Ein Rücknahme- oder Widerrufsermessen steht der Behörde bei der Entscheidung im Rechtsbehelfsverfahren bei zulässigem und begründetem Widerspruch nicht zu. Das BVerwG[10] zieht § 50 VwGO heran, um der Widerspruchsbehörde erst recht die Befugnis zur verbindlichen Festlegung des durch Auslegung ermittelten Inhalts eines vom Dritten angefochtenen VA zuzusprechen.

2. Keine umfassende Regelung der Probleme des VA mit Drittwirkung

7 § 50 nimmt zu den vielschichtigen Problemen des VA mit Drittwirkung nicht umfassend Stellung,[11] insbes. behandelt er nicht die umstrittene Frage des **vorläufigen Rechtsschutzes des Dritten.**[12] Insoweit hat § 80a VwGO, auch wenn er keine abschließende Klärung der Gesamtproblematik bedeuten mag,[13] doch die Frage nach der richtigen **Form des einstweiligen Rechtsschutzes** zwischen § 80 und § 123 VwGO gelöst.[14] Zur Frage des Schadensersatzes ist die **Anwendbarkeit des § 945 ZPO** im Verhältnis zwischen Begünstigtem und Belastetem ausgeschlossen.[15] Zur **Verwirkung** des Anfechtungsrechts des Belasteten s. § 41 Rn. 230; zum **Verzicht** auf Rechte des Belasteten s. § 53 Rn. 29 ff.

II. VA mit Drittwirkung

1. Begriffsbildung

8 Der **VA mit Drittwirkung** wird in Rechtsprechung,[16] Schrifttum[17] und in der Gesetzgebungspraxis[18] vielfach als **VA mit Doppelwirkung** bezeichnet. Trotz der weiten Verbreitung

---

[7] Begründung zu § 46 Entwurf 73.
[8] *BVerwGE* 101, 64, 69 f. = *NVwZ* 1997, 272; *OVG Lüneburg NVwZ-RR* 2003, 326, 327; gegen ein Wahlrecht etwa *Knoke,* Rechtsfragen der Rücknahme von Verwaltungsakten, 1989, S. 297 ff., 299; auch *Cornils* Verwaltung 2000, 485, 503 ff.; grundsätzlich auch *Kleutges-Hahlen,* Der Anwendungsbereich des § 50 VwVfG, Diss. Köln 2002, 143 ff., für Verschmelzung bei Aufhebung aus widerspruchsbezogenen Gründen *Huxholl,* Die Erledigung eines Verwaltungsakts im Widerspruchsverfahren, 1995, S. 152 ff.
[9] Vgl. *BVerwGE* 101, 64, 69 f. = *NVwZ* 1997, 272; ähnlich *OVG Hamburg NVwZ-RR* 1999, 706 f.
[10] *BVerwGE* 84, 220, 231.
[11] S. dazu allgemein *Laubinger,* Der Verwaltungsakt mit Doppelwirkung, 1967.
[12] S. dazu *BVerfGE* 35, 263 m. Bespr. *Erichsen* VerwArch 1974, 99 ff.; *BVerwG* NJW 1969, 202 m. Anm. *Schenke* NJW 1970, 270; *VGH München* NJW 1983, 835; *OVG Münster* NJW 1984, 1577; *Finkelnburg/Jank,* Vorläufiger Rechtsschutz im Verwaltungsstreitverfahren, Rn. 806 f.; *Schoch,* Vorläufiger Rechtsschutz und Risikoverteilung im Verwaltungsrecht, 1988, S. 318–448; *Stern,* Verwaltungsprozessuale Probleme, Rn. 300 f.; *Kopp/Schenke,* § 80 Rn. 43 ff.
[13] Vgl. *M. Redeker* in Redeker/v. Oertzen, § 80a Rn. 1; *Stelkens* NVwZ 1991, 209, 218; *Schoch* in Schoch u. a., § 80a Rn. 80; positiver *Puttler* in Sodan/Ziekow, § 80a Rn. 1.
[14] *M. Redeker* in Redeker/v. Oertzen, § 80a Rn. 1; skeptisch *Stelkens* NVwZ 1991, 209, 218.
[15] So schon *BGH* DVBl 1962, 218; NJW 1981, 349, 350 f.; dazu *Grunsky* JuS 1982, 177; *Happ* in Eyermann, § 123 Rn. 85; zum neuen Recht vgl. *M. Redeker* in Redeker/v. Oertzen, § 80 Rn. 71; *Schoch* in Schoch u. a., § 80 Rn. 410; *Kopp/Schenke,* § 80 Rn. 208; *Puttler* in Sodan/Ziekow, § 80a Rn. 37 f. jeweils m. w. N. Zum Amtshaftungsanspruch gegen die Behörde s. *BGH* NJW 1987, 446.
[16] Z. B. *BVerfGE* 35, 263, 276; 69, 315, 370; *OVG Lüneburg* NVwZ 1993, 1214 f.
[17] S. *Laubinger* Der Verwaltungsakt mit Doppelwirkung, 1967, sowie *Ule/Laubinger,* § 64; *Ule,* Verwaltungsprozessrecht, § 32 II 1; *Kopp/Schenke,* § 80 Rn. 43; *Obermayer,* VwVfG, § 50 Rn. 7; *Meyer/Borgs,* § 50 Rn. 8; *Puttler* in Sodan/Ziekow, § 80a; *Simon* Rücknahme und Widerruf von Verwaltungsakten in bzw. während des Rechtsbehelfsverfahrens – zur Problematik von § 50 VwVfG – Diss. Augsburg 1987, S. 4.
[18] S. § 80 Abs. 1 S. 2 VwGO für § 80a VwGO; ferner § 46 Entwurf 73/§ 136 Abs. 1 VwPO-E.

dieser Begrifflichkeit begegnet sie Bedenken, weil mit dem Terminus **„Doppelwirkung"** das Spezifikum der VAe mit **Drittwirkung nicht zureichend erfasst** wird.[19] Vielmehr lässt er sich (auch) auf die Verdopplung der Wirkungen des VA bei ein und derselben Person, also die sog. MischVAe (s. § 48 Rn. 120), beziehen.[20]

Der unspezifisch auf Wirkungsmehrheit hinweisende **VA mit Doppelwirkung** ist eher **als Oberbegriff**[21] für die besonderen Formen des MischVA einerseits, des **VA mit Drittwirkung** andererseits[22] geeignet. Doch ist auch der Begriff des VA mit Doppelwirkung angesichts der Verwendung in **§ 80 Abs. 1 S. 2 VwGO** in diesem Sinne unbedenklich verwendbar, wenn nur die spezifische Art der Mehrfachwirkung nach dem Kontext feststeht.[23] 9

Der „VA mit Drittwirkung", um den es bei § 50 geht, ist in der Vorschrift nicht definiert. Das Gesetz spricht nur von einem begünstigenden VA, der von einem Dritten angefochten worden ist (zum weitergehenden Inhalt des § 80a Abs. 2 VwGO s. Rn. 59). Lediglich die Begründungen zu dieser Vorschrift enthalten sämtlich den Satzteil „wenn ein VA einen Bürger begünstigt und einen anderen belastet (sog. Verwaltungsakt mit Doppelwirkung) …". Die in der Begründung enthaltene **Definition** entspricht der der vor Inkrafttreten des VwVfG h. M.[24] 10

Das *BVerfG* sieht zutreffend die **Besonderheit dieser VAe** darin, dass sich die Begünstigung der einen mit der Beeinträchtigung der anderen Person wechselseitig bedingt, so dass der eine Betroffene ein positives, der andere ein negatives Interesse an Entstehung, Fortbestand und Beseitigung des VA hat.[25] Dies bedeutet, dass der VA im Rahmen eines mehrpoligen Rechtsverhältnisses (§ 9 Rn. 25 ff.) durch seinen Regelungsgehalt (§ 35 Rn. 141; § 43 Rn. 56 ff.) zugleich unmittelbar den Rechtskreis des Adressaten wie des Dritten gestaltet. **„Begünstigend"** ist i. S. v. § 48 Rn. 115 ff., **„belastend"** i. S. v. § 49 Rn. 17 ff. zu verstehen. 11

2. Subjektive Drittrechte

Die für die Praxis bedeutsame Frage ist vor allem, ob im Einzelfall ein begünstigender VA **die rechtlich geschützten Interessen** (diese entsprechen dem rechtlichen Interesse, s. dazu § 29 Rn. 41, nicht dem berechtigten Interesse, s. § 29 Rn. 42) **eines Dritten** verletzen kann. Die Antwort hierauf hat nicht nur **Konsequenzen** für die **Bestandskraft,** sondern ist auch maßgeblich dafür, ob eine **Beteiligung** des Dritten i. S. d. § 13 angezeigt ist,[26] ob ihm der VA **bekanntzugeben** ist (s. § 41 Rn. 33; § 43 Rn. 179) und ob der Dritte **anfechtungsbefugt** ist. Verschärft treten diese Probleme in den sog. Massenverfahren auf (s. dazu § 17 Rn. 2 ff.). 12

Generell lässt sich die Frage nach dem beeinträchtigten rechtlich geschützten Interesse nicht beantworten; sie richtet sich nach dem jeweiligen Rechtsgebiet.[27] Auch bei einer auf die Besonderheiten eines „multipolaren Verwaltungsrechtsverhältnisses" zugeschnittenen Konzeption des 13

---

[19] Wie hier *Schmitt Glaeser/Horn*, Rn. 253; *Schoch* in Schoch u. a., § 80a Rn. 12; *Schmidt-Preuß*, Kollidierende Privatinteressen im Verwaltungsrecht, 2. unv. Aufl. 2005, S. 13 f. m. w. N., der allerdings selbst den „streitschlichtenden VA" als besseren Ausdruck der „Multipolarität" bevorzugt.

[20] Nur in diesem Sinne findet sich der „VA mit Doppelwirkung" z. B. bei *Pietzner/Ronellenfitsch,* § 52 Rn. 3; *Stern* Verwaltungsprozessuale Probleme, Rn. 296 Fn. 6; *Weides,* § 14 III 2 f.; auch *Maurer,* § 9 Rn. 49 i. V. m. Sachverzeichnis.

[21] *Wolff/Bachof/Stober* I, § 46 Rn. 22; z. T. umgekehrt *Ronellenfitsch* VerwArch 1991, 121, 127 m. Fn. 25.

[22] Diesen Begriff verwenden ferner *Kopp/Ramsauer,* § 50 Rn. 13; *Stern,* Verwaltungsprozessuale Probleme, Rn. 4f, 95, 301; *Pietzner/Ronellenfitsch,* § 52 Rn. 3; *Maurer,* § 9 Rn. 50; *Weides,* § 14 III 2 f; siehe ferner etwa *Hufen*, Verwaltungsprozessrecht, § 14, Rn. 15 f; *Horn*, Die Aufhebung des der Drittanfechtung unterliegenden Verwaltungsakts, 1989; *ders.* DÖV 1990, 864; *Schenke* DVBl 1990, 328; *Schoch* NVwZ 1991, 1121 Fn. 7; bevorzugt *Schmitt Glaeser/Horn*, Rn. 252, 253; auch *Stelkens* VwVf, Rn. 330, 595; *Achterberg,* § 21 Rn. 90, 173; unentschieden *Meyer* in Knack, § 50 Rn. 7; bei Differenzierung nach der Intentionalität der Drittwirkung; ähnlich *Ronellenfitsch* VerwArch 1991, 121, 127 m. Fn. 25.

[23] Zur synonymen Verwendung s. etwa *M. Redeker* in Redeker/v. Oertzen, § 80a Rn. 1; beide Begriffe verwendet *Kopp/Ramsauer,* § 48 Rn. 73 f.

[24] Vgl. *Laubinger*, Der Verwaltungsakt mit Doppelwirkung, 1967, S. 28 ff. m. w. N.

[25] *BVerfGE* 69, 315, 370, wobei das Versammlungsverbot nach § 15 VersG insoweit disqualifiziert wird.

[26] Dazu und zur Beiladung im Prozess *BVerwGE* 47, 19 mit Bespr. *Buhren* JuS 1976, 512; *BVerwGE* 45, 309; *BVerwG* DÖV 1975, 99; NJW 1984, 2174; *VGH Mannheim,* NJW 1970, 2228; NJW 1977, 1308; *Mußgnug* NVwZ 1988, 33. Zum Anhörungsrecht des Drittbetroffenen s. *Horn* DÖV 1987, 20.

[27] *BVerwG* DÖV 1978, 619 f.

subjektiven öffentlichen Rechts[28] ändert sich an diesem Befund nichts. Hieraus erklärt sich die kaum noch zu überschauende **Kasuistik** (s. Rn. 24 ff.).

14 **a) Grundlagen subjektiver Drittrechte – Schutznormlehre.** Im Einzelfall muss jeweils überprüft werden, ob der „Dritte" sich auf eine Norm berufen kann, die nach ihrer durch auch an der Verfassung und ihren Grundrechten orientierte Auslegung zu ermittelnden objektiven Bedeutung[29] nicht nur im **Interesse der Allgemeinheit** (insoweit dann für ihn nur **Rechtsreflex**), sondern (auch) im **individuellen Interesse** der Mitglieder der Gruppe, der der Dritte angehört, und mit dem Ziel besteht, ihnen die Möglichkeit der Berufung auf die Begünstigung zu verschaffen.

15 Diese für zwingende Regelungen und Ermessensbestimmungen gleichermaßen maßgebliche **Schutznormtheorie** (dazu grundsätzlich bereits § 40 Rn. 132 ff. m. w. N.) gilt trotz mancher Anfeindungen im Schrifttum[30] in der Rechtsprechung von *BVerfG*, *BVerwG*[31] sowie *BGH*[32] und *BFinH*[33] unangefochten.[34]

16 Die bloß **tatsächliche**[35] oder nur **mittelbare Betroffenheit**, z. B. eines Bauunternehmers durch atomrechtlichen Versagungsbescheid,[36] reicht zur Begründung subjektiver öffentlicher Rechte nicht;[37] zu für § 50 einschlägigen Fällen s. Rn. 44 ff.

17 Einschränkend kommt hinzu, dass der **Kreis der Berechtigten** abgrenzbar in dem Sinne ist, dass er sich durch **individualisierende Tatbestandsmerkmale** von der Allgemeinheit unterscheidet,[38] was keine räumliche Erkennbarkeit des abgegrenzten Personenkreises bedeuten muss. So lässt es das *BVerfG*[39] für die Verfassungsbeschwerde gegen die Stationierung chemischer Waffen ausreichen, dass ein Beschwerdeführer möglicherweise in der Nähe geheim gehaltener Waffendepots wohnt. Umgekehrt genügt die normative Abgrenzung eines Personenkreises nicht zur Begründung subjektiver Rechte.[40]

18 Bei **übergreifenden Gefahren kann auch jeder Bürger individuell betroffen** sein. Die personelle Unbegrenztheit eines staatlichen Eingriffs schließt die rechtsverletzende Wirkung auf jeden Einzelnen ebenso wenig aus, wie umgekehrt ein Recht auf Schutz daran scheitert, dass alle dieses Schutzes bedürfen.[41] Die allseitige Wirkung **rechtsgestaltender VAe** steht als solche einem Gegenrecht der Dritten nicht entgegen, kann aber als Indiz gegen die Zielrichtung des Gesetzes auf Begründung subjektiver Rechte der anderen (s. Rn. 14) gewertet werden.[42]

---

[28] Vgl. ausführlich *Schmidt-Preuß*, Kollidierende Privatinteressen im Verwaltungsrecht, 2. unv. Aufl. 2005; auch *ders*. FS Isensee, 2007, S. 597 ff.

[29] Vgl. etwa *Breuer* DVBl 1983, 437; *Sellner* in Verh. des 56. DJT. Bd. 2, 1986, S. L 10 f.; *Sachs* in Stern, Staatsrecht III/1, S. 534 ff. m. w. N.; auch *Marburger* in Verh. des 56. DJT, Bd. 1, 1986, S. C 20 f. m. w. N.

[30] Vgl. besonders *Bauer* AöR 1988, 582 m. w. N.; zum Streitstand und seiner Entwicklung ausführlich auch *Sachs* in Stern Staatsrecht III/1, S. 534 ff., 3; *P.-M. Huber*, Konkurrenzschutz im Verwaltungsrecht, 1991, S. 100 ff. jeweils m. w. N.; auch *Schmidt-Preuß*, Kollidierende Privatinteressen im Verwaltungsrecht, 2. unv. Aufl. 2005, S. 186 ff. m. w. N., die für den im Ermessensbereich S. 218 ff., die für eine sich fortentwickelnde Anpassung der Schutznormlehre mit Rücksicht auf die Besonderheiten „multipolarer Verwaltungsrechtsverhältnisse" eintritt, S. 205 ff.; *Wahl* in Schoch u. a., vor § 42 Abs. 2 Rn. 94 ff.

[31] S. die Nachweise zu § 40 Rn. 133 f.; ferner speziell zum Drittschutz etwa *BVerwG* NWVBl 1995, 331, 332 m. w. N.; *BVerwGE* 107, 215, 220; 111, 276, 280; 117, 93, 99.

[32] Vgl. etwa NJW 1983, 1795.

[33] BFHE 184, 212, 216 ff. m. w. N. = NVwZ 1999, 107, bei allerdings recht restriktiven Anforderungen.

[34] Zustimmend für den besonders kontroversen Bereich des Umweltrechts der Beschluss des 56. DJT in Verh. des 56. DJT, Bd. 2, 1986, S. L 279 zu B I 4, im Anschluss an das Gutachten von *Marburger*, ebda, Bd. I, S. C 18 ff., und das Referat von *Sellner*, ebda, Bd. 2, S. L 10 ff. jeweils m. w. N.

[35] *OVG Lüneburg* NuR 1986, 209, 210; *Marburger*, a. a. O., S. C 19; zum diesbezüglichen Streit im Baurecht vgl. *Jacob* BauR 1984, 1 ff.

[36] *OVG Münster* DÖV 1981, 385; *VG Freiburg* NJW 1976, 1765.

[37] *Stüer* NuR 1981, 149, 151; *Kopp* DÖV 1980, 504, jeweils m. w. N.

[38] BVerwGE 78, 40; 80, 259, 260; 94, 151, 158; 117, 93, 99.

[39] BVerfGE 77, 170, 213. S. jetzt auch zur Beschwerdebefugnis von Personen, die häufiger Flugzeuge benutzen, gegen die Änderung des Luftsicherheitsgesetz BVerfGE 115, 118, 137.

[40] So *Schmidt-Preuß*, Kollidierende Privatinteressen im Verwaltungsrecht, 2. unv. Aufl. 2005, S. 100 f., auch generell gegenüber der Aussagekraft des Kriteriums der Abgrenzbarkeit skeptisch, S. 84 ff. m. w. N.

[41] Vgl. *Alexy*, Theorie der Grundrechte, 1985, S. 453; *Sachs* in Stern, Staatsrecht III/1, S. 712 f.; a. A. *Ossenbühl* DÖV 1981, 1, 7; ähnlich *Bettermann* DVBl 1975, 548, 549 f.

[42] Vgl. nicht recht eindeutig BSG NJW 1987, 2462 f.

b) Grundrechte, Verfahrensvorschriften, Meinungsstand. Schutznormen für den Einzelnen sind auch und gerade seine **Grundrechte**,[43] etwa die Grundrechte auf Leben und körperliche Unversehrtheit aus **Art. 2 Abs. 2 S. 1 GG**[44] sowie die Eigentumsgarantie des **Art. 14 Abs. 1 S. 1 GG**,[45] insbes. beim sog. Nachbarschutz (s. Rn. 25 ff.) oder bei enteignungsrechtlichen Vorwirkungen.[46] Daneben kommen eine ganze Reihe **anderer Grundrechte** als einschlägig in Betracht, die auch über die Auslegung von Gesetzesbestimmungen subjektive Rechte begründen können.[47] 19

Art. 2 Abs. 1 GG in seiner über den umfassenden Schutz der Verhaltensfreiheit[48] hinausgehenden Bedeutung als allgemeine Eingriffsfreiheit[49] setzt voraus, dass die betroffenen Positionen **anderweitig** als **subjektive Rechte seiner Rechtssphäre zugeordnet** sind.[50] Die Grundrechtsbestimmung selbst verleiht nicht beliebigen Interessen des Bürgers subjektiv-rechtliche Qualität (s. zum Umweltrechts s. Rn. 50).[51] 20

Verfahrensvorschriften gewähren für sich **allein in der Regel keinen Drittschutz;**[52] sind sie aber zum Schutz grundrechtlicher Rechtsgüter, insbes. der Art. 2 Abs. 2 S. 1 GG, erlassen, kann sich der insoweit betroffene Dritte hierauf berufen.[53] Soweit Rechte erst durch das VwVfG geschaffen worden sind, gelten sie nur in dem durch §§ 45, 46 und § 44a VwGO (§ 97) gezogenen Rahmen (§ 45 Rn. 15, 131). Im Übrigen entscheidet das jeweilige Sonderrecht auch über die Frage einer Nachholung (s. § 45 Rn. 135 ff.; zum Planfeststellungsrecht s. § 73 Rn. 210 f.), etwa das Baurecht über den verfahrensrechtlichen Schutz der Nachbarn im Baugenehmigungsverfahren.[54] 21

Auch bei **Zuständigkeitsnormen** hängt der Drittschutz davon ab, ob sie dem Drittschutz dienen sollen.[55] Entscheidet die unzuständige Behörde auf Grund drittschützender materieller Vorschriften, folgt der Drittschutz aus diesen Normen.[56] Verfahrensrechte können auch zugunsten Dritter im Ausland eingreifen, namentlich im Umweltrecht.[57] 22

Zum Stand der Überlegungen zum **subjektiven öffentlichen Recht** auch des Dritten und zum diesbezüglichen Rechtsschutz vgl. etwa *Lübbe-Wolff*, Die Grundrechte als Eingriffsabwehrrechte, 1988, S. 178 ff.; *Horn*, Die Aufhebung des der Drittanfechtung unterliegenden Verwaltungsakts, 1989; *P.-M. Huber*, Konkurrenzschutz im Verwaltungsrecht, 1991, S. 298 ff. (für Konkurrenten); *Preu*, Subjektivrechtliche Grundlagen des öffentlichrechtlichen Drittschutzes, 1992; *Schmidt-Preuß*, Kollidierende Privatinteressen im Verwaltungsrecht, 2., unv. Aufl. 2005; *S. König*, Drittschutz. Der Rechtsschutz Drittbetroffener gegen Bau- und Anlagengenehmigungen im 23

---

[43] S. ausführlich *Sachs* in Stern, Staatsrecht III/1, S. 541 ff. m. w. N.; *P.-M. Huber*, Konkurrenzschutz im Verwaltungsrecht, 1991, S. 174 ff.
[44] *BVerwGE* 54, 211, 222 f.
[45] Vgl. nur *Schmidt-Preuß*, Kollidierende Privatinteressen im Verwaltungsrecht, 1992, S. 54 ff. m. w. N.; zur Enteignungsproblematik bei Investitionsvorrangbescheiden etwa *Bugge*, Der Widerruf eines Investitionsvorrangbescheides nach § 15 I Investitionsvorranggesetz, 1998.
[46] Vgl. für fernstraßenrechtlichen Planfeststellungsbeschluss gegenüber dem Pächter (s. auch Rn. 26 zum Mietbesitz) eines in Anspruch genommenen landwirtschaftlichen Grundstücks *BVerwGE* 104, 178, 180 f. = NVwZ 1998, 504.
[47] S. etwa *BVerfG* DVBl 2007, 119; *BVerwGE* 114, 356, 363 (für Art. 4 Abs. 1, 2 GG); *BVerwG* NVwZ 2004, 240 f.; *Schmidt-Preuß*, Kollidierende Privatinteressen im Verwaltungsrecht, 2. unv. Aufl. 2005, S. 41 ff.; *Wiegand* BayVBl 1994, 609 ff. s. allgemeiner auch § 40 Rn. 134, 139.
[48] Bekräftigt ohne Rücksicht auf das Gewicht der jeweiligen Betätigung in *BVerfGE* 80, 137, 152 f. m. abw. M. *Grimm*, S. 164 ff.
[49] Seit *BVerfGE* 9, 83, 88.
[50] *Sachs* in Stern, Staatsrecht III/1, S. 653; speziell im hiesigen Kontext auch *Schmidt-Preuß*, Kollidierende Privatinteressen im Verwaltungsrecht, 2. unv. Aufl. 2005, S. 61 f.
[51] Vgl. gegen ein Abwehrrecht des Fahrgastes gegen eine dem Verkehrsunternehmen erteilte Genehmigung zum Betrieb von Radios in Linienbussen *VG Arnsberg* NJW 2001, 1664.
[52] S. *Schmidt-Preuß*, Kollidierende Privatinteressen im Verwaltungsrecht, 2. unv. Aufl. 2005, S. 520 ff.; § 46 Rn. 29. Insbes. Beteiligungsrechte sind nicht schlechthin drittschützend, vgl. *BVerwG* NVwZ 1985, 745; *BVerwGE* 85, 368, 373 f. m. w. N. Regelmäßig gegen Drittschutz bei UVP-Vorschriften *VG Leipzig* DVBl 2007, 1188 (LS).
[53] S. § 45 Rn. 145 ff., § 9 Rn. 21 ff., 28 f., auch 46 ff. sowie *VGH Mannheim* NVwZ 1984, 525.
[54] S. *Schlichter* NVwZ 1983, 641, 648; *Ortloff* NJW 1983, 961.
[55] *VGH Mannheim* VBlBW 1985, 102.
[56] Zum Recht auf Einhaltung eines Planerfordernisses s. *BVerwGE* 85, 368, 375 m. w. N.; 88, 286, 288 f. m. w. N. sowie § 9 Rn. 28; § 35 Rn. 197 ff.; § 74 Rn. 169 ff. zum PlfV.
[57] Vgl. dazu etwa *BVerwGE* 75, 285; *Beyerlin* NuR 1985, 173 ff.; *Ress* (Hrsg.), Grenzüberschreitende Verfahrensbeteiligung im Umweltrecht der Mitgliedstaaten der EG, 1985; *Grof* NuR 1987, 262.

öffentlichen Baurecht, Immissionsschutzrecht und Atomrecht, 1993; *Frenz,* Verwaltungsgerichtlicher Rechtsschutz in Konkurrenzsituationen, 1999; *Czajka,* Verfahrensfehler und Drittschutzrecht im Anlagenrecht, in FS Feldhaus, 1999, S. 507; *Wieland* Verwaltung 1999, 217 ff.; *Enders* in FS 100 Jahre SächsOVG, 2002, S. 176 ff.; *Wernsmann* Verwaltung 2003, 67 ff., auch zum EG-Recht, S. 96 ff.; dazu allg. § 40 Rn. 144 ff. sowie etwa *Nowak,* Konkurrentenschutz in der EG, 1997; s. auch *Ekardt* ThürVBl 2001, 223 ff.; *Classen* in Schulze/Zuleeg (Hrsg.), Europarecht, 2006, § 4 Rn. 120; zu vom subjektiven Recht gelöste Klagemöglichkeiten aufgrund der Aarhus-Konvention und des Umwelt-Rechtsbehelfsgesetzes s. Einl Rn. 44, 103.

24 c) **Anwendungsgebiete des VA mit Drittwirkung.** Der VA mit Drittwirkung hat sein wichtigstes Anwendungsgebiet bei den Genehmigungen von Vorhaben mit nachteiligen Auswirkungen auf die Umgebung, namentlich im **Bau-, Wasser-, Gewerbe-, Atom-, Immissionsschutz- und Abfallrecht.**[58] Ferner können grundsätzlich **Planfeststellungsbeschlüsse** hierher gezählt werden, die aber auf Grund ihrer besonderen Rechtswirkungen gegenüber regelmäßig zahlreichen unterschiedlich Betroffenen besondere Probleme aufwerfen (vgl. zu den in eigenen Rechten Verletzten § 74 Rn. 269 ff., zur Geltung der §§ 48–50 s. § 72 Rn. 112 ff.). Die Fülle der Kasuistik zu den genannten Rechtsgebieten kann hier nur exemplarisch dargestellt werden.

25 **Baurecht:** Vgl. zu den Rechten Dritter *S. König,* Drittschutz, 1993, S. 53 ff.; *Deppert* in FS Boujong, 1996, S. 533 ff.; *Pecher* JuS 1996, 887 ff.; gegen ausdehnende Tendenzen des OVG Münster (NVwZ 1983, 414) BVerwG NVwZ 1984, 38. Zur drittschützenden Wirkung bauplanerischer Festsetzungen etwa *BVerwGE* 101, 364, 369 ff. m. w. N.; *VGH München* BayVBl 2003, 307 f.; *OVG Lüneburg* NJW 2004, 382, 383; *Schmaltz* in FS Schlichter, 1995, S. 583 ff.; *Schlichter* in FS Hoppe, 2000, S. 1031 ff. Zur Schutzwirkung des Planabstimmungsgebots nach § 2 Abs. 2 BauGB für Nachbargemeinden *OVG Bautzen* LKV 1993, 97 f.

26 Zum Begriff Nachbar *BVerwG* NJW 1983, 1507 f. S. zum **(baurechtlichen) Nachbarschutz** ferner *Muckel* JuS 2000, 132 ff.; *Ortloff* NVwZ 2000, 750, 754 ff.; zum geschichtlichen Hintergrund s. *Preu,* Die historische Genese der öffentlichrechtlichen Bau- und Gewerbenachbarklagen (ca. 1800–1970), 1990; zu Einzelfragen s. etwa *OVG Münster* UPR 1996, 276, 277; NVwZ-RR 2005, 608, 610; *VGH Mannheim* VBlBW 1992, 148, 149; DÖV 1995, 828, 829; *VGH Kassel* NVwZ 1995, 1010 f.; *OVG Bremen* NordÖR 2001, 354 f.; *Wittinger* DVBl 2006, 17 ff. Zum **Zusammenhang mit Art. 14 GG** (Rn. 19) s. etwa *Wahl/Schütz* in Schoch u. a., § 42 Abs. 2 Rn. 143 ff.; ebda, Rn. 144 m. w. N. auch zur Erweiterung des Eigentumsbegriffs auf den Mieterbesitz durch *BVerfGE* 89, 1, 5 ff.; dazu etwa *Determann* UPR 1995, 215; *Thews* NVwZ 1995, 224; *Schmidt-Preuß* NJW 1995, 27; zur Geltung des Art. 14 GG zugunsten des Pächters s. *BVerwGE* 104, 178, 180; gegen baurechtlichen Nachbarschutz für nur obligatorisch Nutzungsberechtigte gleichwohl *VGH Mannheim* DÖV 2007, 568 f.; ebenso für als Empfänger eines Schenkungsversprechens nur obligatorisch Berechtigte *OVG Lüneburg* NVwZ 1996, 918, 919; zu den Konsequenzen der Baugenehmigungsfreistellung *Blümel* in FS Boujong, 1996, S. 521, 526 ff.; *Uechtritz* NVwZ 1996, 640 ff.; *Löffelbein,* Genehmigungsfreies Bauen und Nachbarschutz, 2000. Zu einer Baugenehmigung zu Lasten des Anliegergebrauchs an einer Straße *BVerwGE* 54, 1 ff. Zur Möglichkeit, gegenüber der Baugenehmigung das Unterbleiben eines PlfV geltend zu machen, *BVerwGE* 115, 158, 163 f. Zur Drittwirksamkeit eines Zurückstellungsbescheids nach § 15 Abs. 1 Satz 1 BauGB *VGH Mannheim* DÖV 2003, 555 f.

27 Zum **Gebot der Rücksichtnahme** im Baurecht *BVerwGE* 52, 122; *BVerwG* DVBl 1981, 928; NJW 1981, 1973; 1983, 2460; *BVerwGE* 67, 334, 338; *BVerwG* JZ 1990, 291, 292; *BVerwGE* 82, 343, 345; *OVG Schleswig* NuR 1999, 536; dezidiert abl. *Schmidt-Preuß,* Kollidierende Privatinteressen im Verwaltungsrecht, 2., unv. Aufl. 2005, S. 46 ff. m. w. N.; diff. *Krebs* in FS Hoppe, 2000, S. 1055 ff.; s. auch *Mampel* BVBl 2000, 1830 m. w. N. Das baurechtliche Gebot

---

[58] Nachweise bei *v. Nicolai* in Redeker/v. Oertzen, § 42 Rn. 132 ff.; *Breuer* NJW 1977, 1025, 1030; DVBl 1986, 849; *Marburger* in Verh. des 56. DJT, Bd. 1, 1986, Gutachten C; *Sellner,* ebda, Bd. 2, Referat L; *Gaentzsch* NVwZ 1986, 601; *Ronellenfitsch/Wahl* NJW 1986, 1955 ff.; *Kunig* in GS Martens, 1987, S. 599 ff.; *Giehl* Jura 1989, 628 ff.; *Schmidt-Preuß* Kollidierende Privatinteressen im Verwaltungsrecht, 2. unv. Aufl. 2005, S. 252 ff. S. ferner zur Genehmigung gentechnischer Anlagen *Ladeur* NVwZ 1992, 948 ff.; zur vorläufigen Besitzeinweisung nach §§ 97 ff. BBergG etwa *VG Weimar* ThürVBl 1997, 284.

der Rücksichtnahme ist **auf andere Bereiche nicht übertragbar.**[59] Jedenfalls findet es seine Grenze an der Zumutbarkeitsschwelle des BImSchG.[60]

Wasserrecht: *BVerwG* NVwZ 1984, 374; *BVerwGE* 78, 40; *BVerwG* ZfW 1988, 339; NVwZ 1993, 63f.; 2005, 84, 85; *BGH* NJW 1977, 1770, 1773; *OVG Greifswald* NVwZ-RR 1996, 197; *VGH Mannheim* VBlBW 1996, 263ff.; *VGH München* BayVBl 1997, 340f.; *OVG Münster* NVwZ-RR 1994, 203f.; *Bauer* JuS 1990, 24ff.; *Burgi* ZfW 1990, 245ff.   28

Gewerberecht: *BVerwGE* 28, 131, 133ff.; 32, 41ff. jetzt nach BImSchG; zur Festsetzung eines Volksfestes nach §§ 60b, 69 GewO s. *BVerwGE* 77, 70, 73f.; gegen nachbarschützende Wirkung des § 4 Abs. 1 Nr. 1 GastG hinsichtlich der Zuverlässigkeit *BVerwGE* 80, 259, 260; für nachbarschützende Wirkung des § 15 Abs. 2 S. 1 GewO *VGH Kassel* NVwZ-RR 1993, 407 m. w. N.; zum Hinausschieben der Sperrstunde für Schankwirtschaft zu Lasten des Nachbarn *BVerwGE* 11, 331, 333; zum Anspruch des Nachbarn auf Verlängerung der Sperrzeit wegen Lärmbelästigungen *BVerwGE* 101, 157; ferner allgemein *Frers*, Die Klagebefugnis des Dritten im Gewerberecht, 1988; *ders.* DÖV 1988, 670ff.; s. auch Rn. 24.   29

Atomrecht: *BVerwGE* 60, 297, 301ff.; 61, 256, 262ff.; 72, 300, 308ff.; *BVerwG* NVwZ 1997, 161, 162; DVBl 1997, 719ff.; *S. König*, Drittschutz, 1993, S. 93ff. Zu Drittschutz tendierend auch hinsichtlich der persönlichen Anforderungen in § 7 Abs. 1 Nr. 2 AtG *BVerwG* NVwZ 1990, 858, 859; zum Rechtsschutz des im (benachbarten) Ausland lebenden Ausländers *BVerwGE* 75, 285. Gegen die Verletzung eigener Rechte des Betriebsrats eines Atomkraftwerks durch behördliche Anordnungen zur Ausrüstung des Wachdienstes mit Gaspistolen *BVerwGE* 90, 304ff.   30

Immissionsschutzrecht: *BVerwGE* 65, 313; *BVerwG* NJW 1983, 1507; NJW 1984, 250; *BVerwGE* 80, 184, 188; 84, 220, 231; 85, 368, 373f. (zum Verfahrensrechtsschutz); *OVG Münster* NWVBl 2003, 54ff.; allg. *Berger*, Grundfragen umweltrechtlicher Nachbarklagen, 1982; *S. König*, Drittschutz, 1993, S. 83ff.; *Rinke* NVwZ 2002, 1180; *Spiegels* NVwZ 2003, 1091ff.; zum Schutz der Planungshoheit von Nachbargemeinden s. *BVerwGE* 84, 209, 214ff. m.w.N. Zur Drittwirkung raumordnerischer Genehmigungen von Hochspannungsleitungen *VGH Mannheim* NVwZ 1998, 416ff.   31

Abfallrecht: *Versteyl* NVwZ 1987, 296 m. w. N.; zur abfallrechtlichen Beförderungsgenehmigung im grenznahen Bereich *OVG Lüneburg* NuR 1986, 209; zur Beseitigung von Abfällen auf See *OVG Hamburg* NVwZ 1982, 198; *Gründling* NuR 1982, 41, 52.   32

VAe mit Drittwirkung finden sich aber auch in **sonstigen Bereichen:** z.B. luftverkehrsrechtliche Genehmigung *BVerwG* NVwZ 1988, 1122, 1124 m. w. N. gegenüber Kommunen; *OVG Münster* DVBl 1977, 291; *VGH München* BayVBl 1984, 46ff.; s. allg. *Hartmann* Genehmigung und Planfeststellung für Verkehrsflughäfen und Rechtsschutz Dritter, 1994, S. 208ff.; s. auch *BVerwGE* 82, 246, 249 für Flugschulen und Flugcharterunternehmen bei Änderung der Flughafengenehmigung; zur Änderung von Flughafenkapazitäten *Sellner/Reidt* NVwZ 2004, 1168ff.; Vermögenszuordnungsbescheid zugunsten einer Kommune gegenüber Privatem, der den Vermögensgegenstand von der Treuhandanstalt erworben hat, *BVerwGE* 95, 295, 296; 100, 318, 319ff.; Grundstückszuordnungsbescheid nach MauerG an Dritte statt an den Bund, *BVerwG* LKV 2007, 271; die Herabsetzung festgesetzter Baugebühren durch die Widerspruchsbehörde gegenüber dem kommunalen Träger der Bauaufsichtsbehörde.[61]   33

Weitere Fälle: Zu § 48 Abs. 2 BBergG gegenüber der Zulassung von Betriebsplänen *BVerwGE* 81, 329, 331f.; für Überleitungsentscheidung nach § 90 Abs. 1 S. 1 BSHG gegenüber Drittschuldner *BVerwGE* 92, 281, 285ff.; zur Festsetzung des Abschussplanes nach § 21 BJagdG zugunsten der Waldbesitzer-Jagdgenossen *BVerwGE* 98, 118, 120ff.; dazu *Dietlein* JuS 1996, 593f.; *ders.* AgrarR 1996, 241ff.; für eine straßenverkehrsrechtliche Ausnahmegenehmigung für Sportwagenveranstaltung zugunsten der Anwohner *OVG Münster* NVwZ 1989, 72; für eine Schulerrichtungsgenehmigung gegenüber einer Nachbargemeinde *VG Potsdam* NVwZ-RR 1996, 332, 333; für die Ausgabe von Mehrstimmrechtsaktien unter den Voraussetzungen des § 12 Abs. 2 S. 2 AktG gegenüber den Stammaktionären *OVG Münster* ZIP 1996, 131, 132; s.   34

---

[59] *BVerwG* NuR 1983, 157, 158; *BVerwGE* 81, 329, 338 m. w. N.; insoweit zustimmend *Schmidt-Preuß*, Kollidierende Privatinteressen im Verwaltungsrecht, 2. unv. Aufl. 2005, S. 48f. m. w. N. insbes. zur abweichenden Judikatur.
[60] *BVerwGE* 68, 58, 60; NVwZ 1986, 469; zur Beweislast s. § 24 Rn. 55; *VG Köln* NVwZ 1985, 858, 859.
[61] *OVG Münster* NWVBl 2005, 36.

§ 50   35–37   Teil III. Verwaltungsakt

auch *Zeuner,* Rechtsschutz des Arbeitgebers gegenüber einer Kurbewilligung i. S. d. § 7 LohnFG in GS Martens, S. 529; Befreiung vom Notfalldienst zu Lasten anderer Ärzte *BVerwGE* 65, 362.

35   Zum Drittschutz gegen **Wettbewerbsbeschränkungen** auf Grund des GWB s. *Kremer* Die kartellverwaltungsrechtliche Beschwerde, 1988. Zur Möglichkeit von Konkurrentenklagen in der europäischen Fusionskontrolle etwa *Körber* EuZW 1996, 267 ff.

36   Eine weitere wichtige Kategorie von VAen mit Drittwirkung sind die Fälle begünstigender VAe mit nachteiligen Wirkungen für **Konkurrenten**,[62] die verbreitet unter dem prozessualen Stichwort der **(negativen) Konkurrentenklage** behandelt werden. Die Diskussion wird zumal im Bereich des **Wirtschaftsverwaltungsrechts** allgemein[63] in verschiedenen Teilbereichen[64] geführt. Angesichts generell bestehender Wettbewerbsfreiheit wird allerdings bei VAen, die den Konkurrenten zur Wirtschaftstätigkeit zulassen, **nur in Sonderbereichen Drittwirkung** angenommen (zu den Fällen abgelehnter Drittwirkung s. Rn. 45).

37   Ein wichtiger Bereich dieser Art ist die Vergabe kontingentierter Erlaubnisse.[65] Dies gilt namentlich **im Verkehrsgewerbe** für die Erteilung von Genehmigungen nach § 13 PBefG gegenüber vorhandenen Unternehmern,[66] aber auch gegenüber Mitbewerbern um die Konzessionen;[67] für Genehmigungen nach GüKG gegenüber Mitbewerbern;[68] für Genehmigungen für den Taxenverkehr gegenüber auf der Vormerkliste nach § 13 Abs. 5 PBefG Plazierten;[69] im Recht des **privaten Rundfunks** (s. auch Rn. 58) für die Zulassung als Hörfunkveranstalter gegenüber anderen Bewerbern,[70] für die Festlegung der Rangfolge herangeführter Fernsehprogramme in den Kabelnetzen[71] und für die Durchführung eines Ausschreibungsverfahrens bezüglich Übertragungskapazitäten;[72] ähnlich im **Apothekenrecht** für die Erlaubnis zum Betrieb einer Rezeptsammelstelle gegenüber anderen interessierten Apothekern,[73] im Recht des **Rettungsdienstes** für die Beauftragung eines Konkurrenten mit einer bestimmten Aufgabe.[74] Der gesetzlich angeordnete Vorrang niedergelassener **Vertragsärzte** vor Krankenhausärzten hat gegenüber die Letzteren begünstigenden VAen drittschützende Wirkung.[75] Ein nicht in den **Krankenhausplan** aufgenommenes Krankenhaus kann die Aufnahme eines konkurrierenden Krankenhauses in diesen Plan anfechten.[76]

---

[62] Vgl. umfassend *P.-M. Huber,* Konkurrenzschutz im Verwaltungsrecht, 1991; auch *Schmidt-Preuß,* Kollidierende Privatinteressen im Verwaltungsrecht, 2. unv. Aufl. 2005, S. 392 ff.; s. im Überblick ferner *Erichsen* Jura 1994, 385 ff.

[63] Allg. etwa *Miebach* JuS 1987, 956 ff.; *Bauer* in R. Schmidt, Öffentliches Wirtschaftsrecht, Allgemeiner Teil, 1990, S. 449 ff.; *Schenke* NVwZ 1993, 718 ff.; *Hösch* Die Verwaltung 1997, 211 ff.

[64] Vgl. zum Gesundheitsdienstleistungsrecht *Baumeister/Budroweit* WiVerw 2006, 1 ff.; zu Ladenschluss und Konkurrentenschutz OVG Lüneburg NVwZ-RR 2001, 584; OVG Bremen NVwZ 2002, 873; *Wallerath* NJW 2001, 783 ff.; *Schmitz* NVwZ 2002, 822 ff.; zu Marktzugangskonflikten im Telekommunikationsrecht *Wegmann* DVBl 2002, 1446 ff.; zu Preisregulierungen in diesem Bereich VG Köln NVwZ 2002, 367, 368; zum WpÜG *Hoffmann-Becking* in FS Erichsen, 2004, S. 47 ff.

[65] Allg. etwa *Frenz,* Verwaltungsgerichtlicher Rechtsschutz in Konkurrenzsituationen, 1999, S. 51 ff.

[66] *BVerwG* 9, 340, 341; 30, 347, 348; gegen die Möglichkeit der Anfechtung einer dem Mitbewerber erteilten einstweiligen Erlaubnis nach § 20 PBefG auch OVG Greifswald NVwZ-RR 1997, 139 f.; krit. etwa *Wieland* Verwaltung 1999, 217, 222.

[67] *BVerwG* NVwZ 2001, 322; zur auch europarechtlichen Problematik im ÖPNV vgl. etwa *Ronellenfitsch* VerwArch 2001, 131, 143 ff.

[68] *BVerwG* NVwZ 1984, 507 f.; *BVerwGE* 80, 270, 273 (allerdings für Entbehrlichkeit der Anfechtungsklage); s. auch OVG Magdeburg NVwZ 1996, 815 f. mit Anm. *Schenke* DVBl 1996, 388 ff.

[69] OVG Münster NVwZ-RR 1991, 147 unter Berufung auf BVerwGE 82, 295; gegen Konkurrentenschutz bei den Vorschriften über die Genehmigung der Übertragung einer personenbeförderungsrechtlichen Genehmigung und über den Widerruf einer Genehmigung VGH Mannheim NVwZ-RR 1993, 445 f.; s. insgesamt *Fromm* WiVerw 1989, 26 ff.; *Ehlers* in Achterberg/Püttner, Verw. Recht, Kap. 1 Rn. 661, 689 m. w. N.

[70] VGH Mannheim NJW 1990, 340, 341; OVG Berlin OVG BlnE 21, 134 f. m. w. N.; OVG Bautzen LKV 1997, 466 LS; eingehend zur Gesamtproblematik *Fehling* Die Konkurrentenklage bei der Zulassung privater Rundfunkveranstalter, 1994.

[71] OVG Schleswig NVwZ-RR 1997, 626; VGH Mannheim NVwZ-RR 1998, 651 ff.

[72] OVG Bautzen SächsVBl 2007, 107, 108.

[73] VGH München NJW 1982, 2134; NJW 1984, 680 f.

[74] OVG Lüneburg NdsVBl 1999, 285 für Flüge mit Rettungshubschraubern.

[75] *BVerfG* (K) NJW 2005, 273; s. auch *Kingreen* Verwaltung 2003, 33 ff.; *Schnapp* NZS 2004, 449 ff.; anders für die Ermächtigung medizinischer Einrichtungen zur Teilnahme an der kassenärztlichen Versorgung gegenüber niedergelassenen Kassenärzten noch BSG DVBl 1991, 1315 f.

[76] *BVerfG* (K) NVwZ 2004, 718, 719 mit Anm. *Vollmöller* DVBl 2004, 433; auch OVG Münster NVwZ 2006, 481, 482; *Seiler/Vollmöller* DVBl 2003, 235 ff.; *Stollmann* NVwZ 2006, 425 ff.; *ders./Hermanns* DVBl 2007, 475, 479 f., 482 f.

Für die **Vergabe von Subventionen** ist grundsätzlich anerkannt, dass die Bewilligungsbe- 38
scheide (zur Vergabe durch Vertrag s. § 54 Rn. 47) Drittwirkung entfalten können, die allerdings nur im Ausnahmefall im Ergebnis relevant wird.[77]

Auch auf der Ebene des **EG-Rechts** hat die Möglichkeit der **Konkurrentenklage** erhebli- 39
che Bedeutung, insbes. im Hinblick auf Subventionierungen.[78] Für den Bereich des mittelbaren Vollzugs des Gemeinschaftsrechts durch nationale Behörden ergeben sich dabei wesentliche Auswirkungen auf das nationale Prozessrecht.[79]

Der zweite Hauptanwendungsfall, für den die negative Konkurrentenklage diskutiert wird,[80] 40
ist das **Beamtenrecht**. Im Vordergrund stehen dabei mit Besonderheiten des Rechtsgebiets (namentlich: dem Grundsatz der Ämterstabilität) zusammenhängende Fragen der **Rechtsschutzgewährleistung,** deren Verlagerung in den einstweiligen Rechtsschutz[81] auch verfassungsgerichtlich gebilligt worden ist.[82] Inzwischen hat das *BVerwG* aber im Hinblick auf Art. 19 Abs. 4 weiter gehende Rechtsschutzmöglichkeiten auch nach Besetzung einer Stelle anerkannt.[83]

Das *BVerwG* hat die Möglichkeit einer Anfechtung der Ernennung des vorgezogenen Beam- 41
ten durch den Konkurrenten offen gelassen, zugleich aber bemerkt, dass die Ernennung durch einen den Konkurrenten nicht betreffenden VA ausgesprochen werde.[84] Da mangels jeglicher Betroffenheit für eine Anfechtungsklage kein Raum wäre, soll offenbar eine Drittwirksamkeit i. S. d. § 50 nicht ausgeschlossen sein, die sich aus dem Wegfall der Zugangsmöglichkeit zum angestrebten Amt ergibt.[85] Drittwirkung einer militärischen Verwendungsentscheidung gegenüber anderen interessierten **Soldaten** nimmt das *BVerwG* an,[86] Drittwirkung der Besetzung einer **Notarstelle** gegenüber Mitbewerbern das *OLG Köln*.[87]

Hervorzuheben sind ferner **Hochschulzulassungsentscheidungen** in Fächern mit unzurei- 42
chenden Kapazitäten und entsprechenden Zulassungsbeschränkungen.[88]

---

[77] Vgl. *BVerwGE* 30, 191, 198 m. Bespr. *Mössner* JuS 1971, 131 ff.; *OVG Berlin* NJW 1975, 1938 für Pressesubventionen. S. auch *OLG Frankfurt a. M.* NVwZ 1993, 706 f. mit Anmerkungsaufsatz *Püttner* JuS 1995, 1069 ff. Aus dem Schrifttum mit z. T. weitergehenden Folgerungen etwa *Friehe* JuS 1981, 867 ff.; *Gündisch* NVwZ 1984, 489, 493 ff.; *Rittner/Stephan* GewArch 1985, 177 ff.; *R. Schmidt* in Achterberg/Püttner I, Kap. 1 Rn. 162 f.
[78] Vgl. zu den Anforderungen an die individuelle Betroffenheit von Konkurrenten s. etwa *EuGH*, Rs. C-106/98 P, EuGHE 2000, I-3559, Rn. 40 f.
[79] Vgl. zum Gesamtkomplex etwa *Zuleeg*, Subventionskontrolle durch Konkurrentenklage, 1974, S. 40 ff.; *Nicolaysen* EuR 1986, 261 ff.; *Schwarze* in GS Martens, 1987, S. 819 ff.; *Papier* ZHR 1988, 493 ff.; *Weinhardt* ZHR 1988, 493, 499 ff.; *v. Burchard* EuR 1991, 140 ff.; *Huber* EuR 1991, 31 ff.; *Scherer/Zuleeg* in Schweitzer, S. 214 ff.; *Schmidt-Preuß*, Kollidierende Privatinteressen im Verwaltungsrecht, 2. unv. Aufl. 2005, S. 240 ff.; *Dickersbach* NVwZ 1996, 962, 964 f.; *Papier* in FS Friauf, 1996, S. 105, 126 ff.; *Polley*, Die Konkurrentenklage im Europäischen Beihilferecht, 1996, S. 300 ff.; *J.-P. Schneider*, Konkurrentenklagen als Instrumente der europäischen Beihilfeaufsicht, DVBl 1996, 1301 ff.; *Frenz*, Verwaltungsgerichtlicher Rechtsschutz in Konkurrenzsituationen, 1999, S. 23 ff.; *Götz* in Liber amicorum Oppermann, 2001, S. 593 ff.; *Soltész* EuZW 2001, 202 ff.
[80] Vgl. aus dem Schrifttum etwa *Schmitt-Kammler* DÖV 1980, 285 ff.; *Solte* NJW 1980, 1207 ff.; *Remmel*, Die Konkurrentenklage im Beamtenrecht, 1982; *Siegmund-Schultze* VerwArch 1982, 137 ff.; *Günther* ZBR 1983, 45 ff.; *Lecheler* DÖV 1983, 953 ff.; *Salfer*, Die Konkurrentenklage im Beamtenrecht, Diss. Münster 1984; *Müller* JuS 1985, 275 ff.; *Seiler* JuS 1986, 424 ff.; *Weiß* ZBR 1989, 273 ff.; *Günther* ZBR 1990, 284 ff.; *Schnellenbach* DÖD 1990, 153 ff.; *Ronellenfitsch* VerwArch 1991, 121 ff. m. w. N. zur Judikatur, S. 134 ff.; *Laubinger* VerwArch 1992, 246, 279 f.; *Peter* JuS 1992, 1042 ff.; *Wittkowski* NJW 1993, 817 ff.; *Kernbach*, Die Rechtsschutzmöglichkeiten des unterlegenen Konkurrenten im beamtenrechtlichen Ernennungsverfahren, Diss. Tübingen 1994; *Wieland* in FS Blümel, 1998, S. 647 ff.; *Frenz*, Verwaltungsgerichtlicher Rechtsschutz in Konkurrenzsituationen, 1999, insbes. im Zusammenhang mit der Frauenförderung (dazu allgemein § 40 Rn. 110) *Deinert* RiA 1996, 5 ff.
[81] S. etwa *Günther* NVwZ 1986, 697 ff.; *Battis* in Achterberg/Püttner I, Kap. 4 Rn. 177; *Ronellenfitsch* VerwArch 1991, 121 ff.; *Schmidt-Preuß*, Kollidierende Privatinteressen im Verwaltungsrecht, 2. unv. Aufl. 2005, S. 473 ff.
[82] *BVerfG* (K) NJW 1990, 501 f. mit Anm. *Busch* DVBl 1990, 107 f.; dazu auch *Schnellenbach* NVwZ 1990, 637 f.; s. ferner *VG Frankfurt* NVwZ 1991, 1210 f.
[83] *BVerwGE* 115, 89, 91 ff.; dazu *Grundmann* NordÖR 2002, 106 ff.; *Hermanns* NordÖR 2002, 108 ff.
[84] *BVerwGE* 80, 127, 130; *BVerwG* DÖD 1990, 31, 32.
[85] *Günther* ZBR 1990, 284, 290; *Ronellenfitsch* VerwArch 1991, 121, 141; *Schmidt-Preuß*, Kollidierende Privatinteressen im Verwaltungsrecht, 2. unv. Aufl. 2005, S. 111 ff. m. w. N.
[86] *BVerwGE* 76, 336, 338.
[87] ZBR 1984, 319, bei Ausschluss der Klagemöglichkeit.
[88] Dazu etwa *Frenz*, Verwaltungsgerichtlicher Rechtsschutz in Konkurrenzsituationen, 1999, S. 69 ff.

43 Als VA mit Drittwirkung erweist sich schließlich die Festsetzung der staatlichen Mittel zur **Parteienfinanzierung**, soweit die Festsetzung zugunsten einer Partei mit Rücksicht auf die absolute Obergrenze nach § 18 Abs. 2 PartG zu einer Verminderung der einer anderen Partei zustehenden Beträge führt. Dagegen wird eine Rechtsverletzung einer anderen Partei als ausgeschlossen angesehen, soweit eine Festsetzung nur wegen Fehlens eines fristgerecht gestellten Antrags rechtswidrig ist.[89]

44 **d) Fälle verneinter Drittwirkung.** In zahlreichen Fällen wird im Ergebnis ein **VA mit Drittwirkung verneint.** Sofern es nicht von vornherein an einem in § 50 vorausgesetzten begünstigenden VA fehlt (Rn. 59),[90] scheitert die Drittwirkung regelmäßig daran, dass die berührten Belange Dritter nicht als subjektiv-rechtlich geschützte rechtliche Interessen (Rn. 12 ff.) anzuerkennen sind.

45 Namentlich gilt dies für **nur wirtschaftliche Konkurrenteninteressen** (s. aber Rn. 36 ff.), etwa für die Genehmigung nach § 3 PBefG gegenüber den Konzessionsinhabern;[91] für eine Mietwagengenehmigung gegenüber Taxiunternehmern;[92] für eine einstweilige Erlaubnis nach § 20 PBefG, soweit der Mitbewerber nicht bereits auf Grund unanfechtbarer Zulassung den fraglichen Verkehr bedient;[93] für die Ausnahmebewilligung nach § 8 Abs. 1 HandwO für andere Handwerker;[94] für die Gestattung nach § 12 GastG (Feuerwehrzelt) gegenüber den örtlichen Gastwirten;[95] für die Zulassung von Schaustellern zu Volksfesten gegenüber abgewiesenen Konkurrenten,[96] für Anpassungsanordnungen nach § 30 Abs. 4, § 24 Abs. 2 Nr. 1 TKG a. F. zugunsten der Nutzer.[97]

46 **Verneint** wird Drittwirkung **ferner** für straßenrechtliche Sondernutzungserlaubnisse;[98] Erteilung einer Rechtsberatungserlaubnis gegenüber (konkurrierenden) Rechtsanwälten;[99] für Abstimmungsentscheidungen im Rahmen des § 10 KHG 1984 jedenfalls gegenüber Dritten, die selbst keinen Abstimmungsantrag gestellt haben und kein früher abgestimmtes Gerät besitzen;[100] für den Widerruf der Zulassung eines Arzneimittels gegenüber einem Patienten;[101] für die Betriebserlaubnis an den Pächter einer Apotheke im Verhältnis zum Verpächter;[102] für die Zulassung von Privatschulen gegenüber anderen Schulbetreibern;[103] für Ausnahmegenehmigung nach § 23 LSchlG gegenüber anderen Ladengeschäftsinhabern,[104] für Ausnahmegenehmigungen nach § 28 AZO, § 105b GewO zugunsten konkurrierender Unternehmen;[105] für Genehmigungen zum Betrieb von Krankentransporten durch Private außerhalb des öffentlichen Rettungsdienstes nach Art. 7 Abs. 2 BayRDG gegenüber den Rettungsdienst durchführenden Hilfsorganisationen;[106] die Genehmigungsversagung gem. § 9 Abs. 1 Nr. 1 GrdStVG im landwirtschaftlichen Grundstücksverkehr gegenüber privaten Erwerbsinteressenten;[107] die Gestattung des Fällens von Bäumen.[108]

47 **Problematisch** sind die Fälle, in denen die Behörde rechtliche Befugnisse begründet, die **gegenüber Dritten wirksame Rechtsfolgen** auslösen; es bedarf jeweils sorgfältiger Prüfung,

---

[89] *BVerwG* NJW 2003, 1135, 1136 f.; hierzu *BVerfGE* 111, 54, 106 f.; zum Ausgangsverfahren *Geerlings*, Verfassungs- und verwaltungsrechtliche Probleme bei der staatlichen Finanzierung parteinaher Stiftungen, 2003, S. 95 ff.; *OVG Münster* NVwZ 2000, 336 f.
[90] Wie bei den Versammlungsverboten; insoweit gegen VA mit Dritt- bzw. Doppelwirkung ausdrücklich *BVerfGE* 69, 315, 370 f.; zur fehlenden Wirkung von gegen einen Mitberechtigten ergangenen ordnungsbehördlichen Beseitigungs- oder Untersagungsverfügungen gegenüber anderen Mitberechtigten s. *BVerwGE* 40, 101, 102 ff.; *VGH Kassel* NVwZ-RR 1996, 330 f.
[91] *BVerwGE* 16, 187, 189; *OVG Münster* NJW 1980, 2323 f.
[92] *VGH München* NJW 1985, 758.
[93] *OVG Greifswald* NVwZ-RR 1997, 139 f.
[94] *BVerwG* NVwZ 1984, 306, 307.
[95] *OVG Koblenz* NJW 1982, 1301, 1302; GewArch 1994, 256.
[96] *VGH Mannheim* NVwZ 1984, 254 f.; a. A. *Ehlers* in Achterberg/Püttner I, Kap. 1, Rn. 249 m. w. N.
[97] *BVerwGE* 117, 93, 99 ff.
[98] *VGH München* NVwZ-RR 2004, 308; 886, 887.
[99] *BVerwG* NJW 1989, 1175.
[100] *BVerwGE* 92, 313, 315 ff.
[101] *BVerwG* NJW 1993, 3002, 3003.
[102] *BVerwG* NJW 1994, 2430.
[103] *VGH Mannheim* NVwZ 1984, 124.
[104] *BVerwGE* 65, 167, 171 ff.; *VGH München* NJW 1985, 1180.
[105] *OVG Koblenz* DÖV 1993, 625 f.; *VG Mainz* GewArch 1993, 69 f.
[106] *BayVGHE* 48, 95.
[107] *BVerwG* NVwZ-RR 1996, 369 f.
[108] *OVG Lüneburg* NdsVBl 2007, 136.

ob unter Berücksichtigung der einschlägigen Gesetze und der Grundrechte wirklich nur „mittelbare" Betroffenheit (Rn. 16) vorliegt. Wegen der aus dem Begriff der Unmittelbarkeit nicht lösbaren Abgrenzungsprobleme wird diese Voraussetzung trotz vielfacher Verwendung in der Rspr. im Schrifttum teilweise nicht zu Unrecht als unhaltbar qualifiziert.[109] Ähnliches gilt auch für das in der Rechtsprechung verwendete Argument, der Streit sei zwischen den beteiligten Privatpersonen im Zivilrechtsweg zu klären.[110]

In diesem Zusammenhang sind aus der Judikatur zu nennen: Genehmigung höherer Lande- und Abstellgebühren für Flughafenunternehmen;[111] Festsetzung von Krankenhauspflegesätzen[112] oder deren Genehmigung;[113] Feststellungsbescheide zur Aufnahme von **Krankenhäusern** in den Krankenhausplan eines Landes gegenüber Krankenkassenverband;[114] **Genehmigung von Tarifen** gem. § 8 PflVG im Verhältnis zum Vertragspartner des Versicherungsunternehmens;[115] Tarifgenehmigungen bei Elektrizitätsversorgungsunternehmen gegenüber dem Kunden;[116] Anpassungsanordnung bei Einspeiseentgelten nach § 30 Abs. 4 TGK a. F.;[117] Freistellung von Beschränkungen nach § 7 **WoBindG** zu Lasten des Mieters;[118] eine an den Vermieter gerichtete Kündigungsanordnung nach § 4 Abs. 8 S. 1 WoBindG;[119] Genehmigung von Mieterhöhungen nach § 8a Abs. 4 WoBindG;[120] eine Nichtbeanstandungserklärung gem. § 4 Abs. 2 **EnWG;** Genehmigung des Eingehens einer Geldschuld in Fremdwährung nach § 3 **WährG.**[121]

Verneint wird die Klagebefugnis eines Arbeitgebers gegen die versorgungsamtliche Feststellung des **Schwerbehindertenstatus** des Arbeitnehmers mit Rücksicht auf die im vorrangigen Interesse des Schwerbehinderten vorgesehene allseitige Wirkung;[122] keine relevante Wirkung soll darin liegen, dass dem vom **Pensionistenprivileg** begünstigten Ausgleichspflichtigen auf Grund eines gegenüber dem ausgleichsberechtigten früheren Ehegatten ergangenen Rentenbescheids das Ruhegehalt zu kürzen ist.[123] Nicht beeinträchtigt sein soll die Rechtsstellung des Erwerbers eines vermögensrechtlichen Rückübertragungsanspruchs, der kein Angehöriger des Anmelders ist, durch einen den restitutionsbelasteten Vermögenswert betreffenden Investitionsvorrangbescheid.[124]

Auch gegenüber **umweltwirksamen VAen** werden auf Grund der Kriterien der Schutznormlehre (Rn. 14 f.) und der trotz Art. 2 Abs. 1 GG begrenzten Reichweite grundrechtlicher Schutzgegenstände (Rn. 19 f.) relevante **Drittwirkungen** (Rn. 24 ff.) **nur begrenzt** anerkannt. So wird die Drittwirkung einer Erlaubnis zur Einleitung von Dünnsäure in die Nordsee gegenüber einem Berufsfischer verneint, sofern nicht die Schädigung der Fische für ihn existenzgefährdend ist.[125] Der Vorsorgepflicht nach § 5 Abs. 1 Nr. 2 BImschG wird keine drittschützende Wirkung beigemessen.[126] Der Zustimmung der Flurbereinigungsbehörde nach § 34 Abs. 1 Nr. 2 FlurbG wird grundsätzlich keine Drittwirkung für Nachbarn beigemessen.[127] Entsprechendes gilt für eine Waldumwandlungserklärung gegenüber den Eigentümern dem Wald benachbarter Grundstücke.[128] Abgelehnt wird auch eine Drittwirkung bei abfallrechtlicher Transportgenehmigung gegenüber betroffener Kommune;[129] Genehmigungen eines Deponiebetriebs

---

[109] So *Schmidt-Preuß*, Kollidierende Privatinteressen im Verwaltungsrecht, 2. Aufl. 2005, S. 101 ff., 104 ff.
[110] *Schmidt-Preuß*, Kollidierende Privatinteressen im Verwaltungsrecht, 2. Aufl. 2005, S. 120 ff., 361 f.
[111] *BVerwG* DÖV 1978, 619.
[112] *BVerwGE* 60, 154; *Redeker* NJW 1988, 1481, 1485 f.
[113] *BVerwGE* 100, 230, 233 ff.; 111, 354, 357 ff.
[114] *BVerwG* NWVBl 1995, 331, 332 f.
[115] *BVerwGE* 75, 147, 149; 79, 147; verfassungsrechtlich gebilligt von *BVerfG (K)* NJW 1990, 2249 f.
[116] *BVerwGE* 95, 133, 135 ff.; dazu kritisch *Groß* DÖV 1996, 52 ff.
[117] *BVerwGE* 117, 93, 99 ff.
[118] *BVerwG* NJW 1987, 2829.
[119] *BVerwG* NJW 1995, 2866 f. m. w. N.
[120] *BVerwGE* 72, 226 ff.
[121] *BVerwG* NJW 1996, 3223; *OVG Weimar* LKV 1994, 25, 26.
[122] *BSG* NJW 1987, 2462 f.
[123] *BVerfGE* 83, 182, 195 ff.; dazu auch § 43 Rn. 145 f.
[124] *BVerwGE* 98, 147, 153.
[125] *BVerwGE* 66, 307, 308 f.
[126] *BVerwGE* 119, 329, 332 = NVwZ 2004, 610; s. auch *Kutscheidt* in FS Redeker, 1993, S. 439 ff.
[127] *BVerwG* NVwZ 1990, 366, 367.
[128] *VGH Mannheim* NVwZ-RR 1996, 495, 496.
[129] *VGH Mannheim* NVwZ 1990, 484.

berühren nicht die Rechte von Abfallerzeugern oder Abfallbesitzern.[130] Ebenso soll Drittwirkung der Zulassung von Ausnahmen von Verboten einer (Wasser-)Schutzgebietsverordnung gegenüber den durch die Wasserschutzgebietsfestsetzungen begünstigten Trägern öffentlicher Wasserversorgung fehlen;[131] keine Drittwirkung hat die einem Nachbarn auf Grund einer Baumschutzsatzung erteilte Genehmigung, überhängende Äste zurückzuschneiden, gegenüber dem Baumeigentümer.[132] Die naturschutzrechtliche Genehmigung von Eingriffen in Natur und Landschaft soll (noch) keine Rechtswirkungen gegenüber den Eigentümern von Grundstücken eines betroffenen Gebiets auslösen.[133] Den Vorschriften über die Verpackung radioaktiver Stoffe (abgebrannter Brennelemente) bei der Beförderung auf öffentlichen Verkehrswegen wurde drittschützende Bedeutung insbes. gegenüber Nachbarn abgesprochen.[134] Keinen Drittschutz für Fahrgäste vermittelt das an die Fahrzeugführer gerichtete Verbot, Tonrundfunkempfänger zu benutzen, nach § 8 Abs. 3 Nr. 4 BOKraft.[135]

51 Unbeschadet der Möglichkeit von Abwehransprüchen wegen Beeinträchtigung grundrechtlicher Schutzgegenstände besteht im Übrigen kein allgemeiner verfassungsrechtlicher Anspruch auf **Umweltschutz**.[136]

52 Die Beeinträchtigung von Individualrechten durch die Zulassung der **Beseitigung** im öffentlichen Interesse **geschützter Baudenkmäler** wird verneint.[137] Der Eigentümer hat aus Brandschutzvorschriften keine Rechte gegen eine dem Mieter erteilte Baugenehmigung.[138] Keine drittschützende Wirkung sollen Bestimmungen über die standesrechtliche Aufsicht der Rechtsanwaltskammer haben,[139] ebenso wenig Vorschriften über die Straßenbaulast und die straßenrechtlich geregelte Verkehrssicherungspflicht zugunsten der Straßenbenutzer,[140] oder solche über die Genehmigungspflichtigkeit der Errichtung von Friedhöfen zugunsten der Nachbarn.[141]

53 § 36 Abs. 1 S. 1 BauGB ist keine Schutznorm für die Bürger der **Gemeinde**, sondern nur für die Gemeinde; auch der sanierungsrechtliche Vorbehalt der Genehmigung durch die Gemeinde begründet keine Nachbarrechte.[142] Umgekehrt wird das Selbstverwaltungsrecht einer Gemeinde nicht dadurch berührt, dass ein VA Rechte von **Gemeindebürgern** verletzt.[143] Verneint wird auch die Drittwirkung eines Widerspruchsbescheids gegenüber der Gemeinde im übertragenen Wirkungskreis bei Aufhebung der Ermessensentscheidung der Gemeinde.[144] Zur Betroffenheit von Gemeinden s. ferner Rn. 25, 30, 31, 34, 55.

54 Im **Steuerrecht** wird ein VA mit Drittwirkung weitgehend abgelehnt. Ob hierfür die Berufung auf das Steuergeheimnis (§ 30 AO) als Begründung ausreichend sein kann,[145] ist angesichts der für andere Lebensbereiche gleichwertigen Geheimhaltungsregel des § 30 zu bezweifeln. Vielmehr scheidet die Drittwirkung nach den Grundsätzen der Schutznormlehre (Rn. 15) aus, weil die Steuergesetze regelmäßig nur dem öffentlichen Interesse an der gesetzmäßigen Steuererhebung und der Sicherung des Steueraufkommens zu dienen bestimmt sind und daher grundsätzlich Rechte Dritter nicht berühren.[146] Eine Konkurrentenklage gegen das Vorgehen in der Zollabfertigung wird dementsprechend auf Grund der Schutznormlehre zutreffend abgelehnt.[147]

---

[130] *OVG Koblenz* UPR 1994, 198.
[131] *VGH München* BayVBl 1990, 472 f.
[132] *VGH Mannheim* NVwZ-RR 1996, 382 f.; *OVG Lüneburg* NJW 1996, 3225.
[133] *OVG Schleswig* NVwZ-RR 2000, 148 f.; erweiternd im Hinblick auf das baurechtliche Gebot der Rücksichtnahme (Rn. 27) allerdings *OVG Schleswig* NuR 1999, 536.
[134] *VGH München* NVwZ 2000, 1192.
[135] *VG Arnsberg* NJW 2001, 1664.
[136] *BVerwGE* 54, 211 ff., dazu *Birk* JuS 1979, 412; *Thiele* GewArch 1979, 313; *Stüer* NuR 1981, 149, 155; *Schmidt/Müller* JuS 1985, 776; s. auch *Murswiek* in Sachs, GG, Art. 20a Rn. 73 ff.; a. A. für die besondere Situation Berlins *OVG Berlin* NJW 1977, 2283, dazu *Sening* BayVBl 1978, 205, *Birk* JuS 1979, 412.
[137] *OVG Berlin* DVBl 1992, 40, 41 m.w.N.
[138] *VGH München* NVwZ-RR 2006, 303, 304.
[139] *BVerwG* NJW 1993, 2066, 2067 m.w.N.
[140] *OVG Münster* NVwZ-RR 1995, 482 f. m.w.N.
[141] Bezogen auf verfahrensrechtliche Rechte *OVG Münster* NWVBl 2004, 382, 383.
[142] *BVerwG* NVwZ 1997, 991, 992 m.w.N.
[143] *VGH Mannheim* NVwZ-RR 1999, 631.
[144] *VGH München* NVwZ-RR 1990, 601 f.
[145] Vgl. Nachweise bei *Martens* JuS 1977, 809, 812.
[146] *BFHE* 184, 212, 216 ff. m.w.N. = NVwZ 1999, 107. Zur Konkurrentenklage von Lohnsteuerhilfevereinen s. aber *BFH* BB 1988, 621.
[147] *BFH* NVwZ 1985, 375 f.

Schlechthin ausgeschlossen ist es auch bei Steuergesetzen nicht, dass sie subjektive Rechte Dritter begründen, insbes. wenn sie darauf angelegt sind, Konkurrenten vor der Teilnahme an einem steuerrechtlich zu ihrem Nachteil verfälschten Wettbewerb zu schützen.[148] Auch sonst wird es bei **GeldleistungsVAen** selten VAe mit Drittwirkung geben. Dementsprechend gibt es im Abgabenrecht wie im Sozialrecht nur relativ wenige derartige VAe,[149] für die die mit § 50 sachlich übereinstimmenden Regelungen der § 132 AO bzw. § 49 SGB X[150] eingreifen.

3. Nicht von § 50 erfasste Erscheinungsformen mehrfach wirksamer VAe

Nicht von § 50 erfasst werden weitere Formen mehrfach wirksamer VAe, wie namentlich der **MischVA**, der rechtlich relevante begünstigende und belastende Wirkungen für ein und denselben einzelnen Betroffenen besitzt (s. § 48 Rn. 120; zur Terminologie bereits Rn. 8), sowie ein VA, der **für mehrere Personen nur belastende Wirkungen** enthält, z.B. Ausweisung eines Ausländers, die zugleich Ehegatten und Kinder belastet,[151] die Verweigerung der Einreise für das ausländische Oberhaupt einer Religionsgesellschaft,[152] eine auch für den Wirt eines Lokals belastende Razzia der Polizei,[153] die in einer Gemeinde erlassene Verkehrsbeschränkung mit Auswirkungen auf eine andere Gemeinde,[154] verbandsrechtliche Heranziehung zu Leistungen, die andernfalls nach §§ 97 ff. GWB hätten vergeben werden müssen.[155] Rücknahme und Widerruf richten sich in diesem Fall ohne Einschränkung nach §§ 48, 49, s. aber § 16 AsylVfG. Zu einem VA, der den **Adressaten belastet,** den **Dritten begünstigt,** s. Rn. 57 ff. Ganz außerhalb des § 50 liegen VAe, die abgesehen von ihrer Wirkung auf den Adressaten Belange Dritter nur faktisch berühren, wie etwa Handlungsverbote die der Geschäftspartner der dadurch an der Vertragserfüllung gehinderten Adressaten.[156]

III. Voraussetzungen des § 50

1. Der Dritte

55

56

§ 50 verlangt die Anfechtung durch einen **Dritten.** „Dritter" meint den Betroffenen des VA (s. § 41 Rn. 33; § 58 Rn. 12 ff.), der nicht Adressat des VA ist, sich aber auf eine ihn schützende Norm (Rn. 12 ff.) berufen kann (s. aber Rn. 57). Die Bestimmung des Kreises der Dritten ist anhand der für den jeweiligen Lebensbereich einschlägigen Verwaltungsrechtsnormen sowie der Grundrechtsbestimmungen einerseits, der Wirkungsbreite des fraglichen VA andererseits vorzunehmen (vgl. Rn. 12 ff.). Der Ausdruck „Dritter" hat sich eingebürgert,[157] obgleich er nach der Zählweise des VwVfG nur „Zweiter" ist, da die den VA erlassende Behörde nicht Beteiligte des Verfahrens ist (s. § 13 Rn. 18).

Um VAe mit Drittwirkung (oder Doppelwirkung, s. Rn. 8) handelt es sich auch bei den die Adressaten **belastenden VAe mit drittbegünstigender Wirkung,**[158] die spiegelbildlich dem begünstigenden VA mit belastender Drittwirkung entsprechen. Die Dritten werden durch einen solchen VA in ihren rechtlich geschützten Interessen (Rn. 12) vorteilhaft berührt, haben dementsprechend die Möglichkeit, den Erlass des VA zu verlangen und gegebenenfalls mit der Verpflichtungsklage durchzusetzen, wie etwa eine Abrissverfügung auf Grund nachbarschützender Baurechtsnormen.

57

---

[148] *BFHE* 184, 212, 218 ff. m.w.N. = NVwZ 1999, 107.
[149] Zur AO vgl. nur *Klein*, § 132 Rn. 5; zum SGB X *Wiesner* in v. Wulffen, § 49 Rn. 3 m.w.N. zu Anwendungsfällen; insgesamt auch *Cornils* Verwaltung 2000, 485 m.w.N.; s. etwa für Drittwirkung der Zuordnung einer Person zu einer Pflegestufe gegenüber der Pflegeeinrichtung *Klie/Meysen* NZS 2000, 222 ff.
[150] Vgl. *Bielefeld*, Das soziale Verfahrensrecht des SGB X, 1997, S. 177.
[151] *BVerwG* NJW 1973, 2077; NJW 1977, 1603; NJW 1978, 1762; *BVerwGE* 102, 12, 15; s. auch im Asylrecht *BVerwGE* 65, 244; *VG München* NJW 1978, 509.
[152] *BVerfG* (K) BeckRS 2007, 20639 mit Anm. *Sachs* JuS 2007, 373; *BVerwGE* 114, 356, 363; *BVerwG* NVwZ 2004, 240 f.
[153] S. *OVG Berlin* NJW 1986, 3223.
[154] *BVerwG* NVwZ 1983, 610, 611 f.
[155] *OVG Münster* NWVBl 2007, 348 ff.
[156] Vgl. gegenüber einer auf Art. 59 EGV = Art. 49 EG gestützten Klage eines franchise-gebenden Unternehmens gegen das Verbot eines „Laserdromes" *OVG Münster* NVwZ 2000, 1069 f.
[157] Dazu *Weyreuther*, Verwaltungskontrolle durch Verbände, 1975, S. 43.
[158] S. § 80a Abs. 2 VwGO.

58 Insoweit entstehen bei der Abgrenzung der subjektiv-rechtlich geschützten Positionen **dieselben Abgrenzungsprobleme** wie bei den belastenden Drittwirkungen (Rn. 12ff.). Begünstigende Drittwirkung kommt etwa bei Maßnahmen der Straßenverkehrsbehörden nach § 45 Abs. 1 StVO in Betracht;[159] verneint wird sie etwa bei Zweckentfremdungsverbot gegenüber dem Mieter[160] sowie vor allem bei Belastungen, die den Adressaten nur im öffentlichen Interesse auferlegt werden können, wie bei Durchsetzung feiertagsrechtlicher Arbeitsverbote,[161] bei Untersagung der Teilnahme an politischen Veranstaltungen für Soldaten[162] oder bei Einschreiten der Rechtsaufsicht gegenüber einer öffentlich-rechtlichen Rundfunkanstalt bei Verletzungen eines Rundfunkstaatsvertrages, sofern diese keine einschlägigen drittschützenden Regelungen betreffen.[163]

59 **§ 50** betrifft nach seinem expliziten Wortlaut belastende VAe mit begünstigender Drittwirkung **nicht;** er hätte insoweit auch keine Wirkungsmöglichkeit, da die in § 50 ausgeschlossenen Beschränkungen für Rücknahme und Widerruf belastender VAe ohnehin nicht eingreifen. Denkbar wäre allenfalls, auch den für die Adressaten belastenden VA mit Rücksicht auf die günstigen Drittwirkungen als begünstigenden VA i. S. d. § 50 aufzufassen.[164] Damit würde indes die gesetzliche Differenzierung zwischen dem Adressaten und dem Dritten, die auch § 80a VwGO in Abs. 1 und 2 weiterführt,[165] vernachlässigt. Eine analoge Anwendung der Regeln über die Aufhebung begünstigender VAe nach §§ 48, 49, die dann folgerichtig auch § 50 einschließen müsste, kommt nicht in Betracht, weil für den begünstigten Dritten trotz der Berührung seines Rechtskreises nicht generell dieselbe Interessenlage hinsichtlich des Vertrauensschutzes vorausgesetzt werden kann wie bei dem Adressaten eines begünstigenden VA.[166]

60 Rücknahme und Widerruf des belastenden VA mit begünstigender Drittwirkung richten sich also auch im Falle einer Anfechtung durch den Adressaten **allein nach §§ 48 Abs. 1 S. 1, 49 Abs. 1.**[167] Die Belange des begünstigten Dritten können im Rahmen des Rücknahme- bzw. Widerrufsermessens (§ 48 Rn. 77ff., § 49 Rn. 8ff.) hinreichend berücksichtigt werden; bei § 49 Abs. 1 ist bei Anspruch des Dritten auf erneuten Erlass des fraglichen VA der Widerruf ohnehin ausgeschlossen (§ 49 Rn. 22ff.).

61 Hat allerdings ein **VA zugleich einen belasteten und einen begünstigten Adressaten** (nach *Ronellenfitsch:*[168] janusköpfiger VA mit Doppelwirkung als Sonderform des VA mit Drittwirkung), greifen zugunsten des letzteren grundsätzlich die Schutzbestimmungen der § 48 Abs. 1 S. 2, Abs. 2–4 sowie § 49 Abs. 2 bis 4 und 6 ein; auf diese Fälle ist § 50 zu erstrecken, auch wenn die Anfechtung durch den belasteten Mit-Adressaten erfolgt, der im strengen Wortsinne nicht „Dritter" (s. Rn. 56) ist.[169] Ob ein durch einen belastenden VA Begünstigter Adressat oder Dritter ist, richtet sich danach, ob der VA materiell auch für ihn (i. S. d. § 41 Abs. 1 S. 1, § 43 Abs. 1) bestimmt ist (materieller Adressat, s. § 41 Rn. 21, 26ff., 38).[170]

62 Der Stellung des Dritten vergleichbar ist das Recht einer **staatlichen Stelle,** im öffentlichen Interesse den einen Bürger begünstigenden **VA anzufechten,** s. z. B. § 6 Abs. 2 S. 3 AsylVfG für den Bundesbeauftragten für Asylangelegenheiten; § 18 Abs. 2 KDVNG für das Kreiswehrersatzamt und die Wehrbereichsverwaltung, früher auch § 33 Abs. 2 S. 2, 35 Abs. 2 WPflG a. F. für Kreiswehrersatzamt bzw. Wehrbereichsverwaltung bei Musterungsbescheiden. Die Grundsätze des § 50 gelten hier zumindest entsprechend.[171]

---

[159] *BVerwGE* 74, 234, 235f.; *BVerwG* NJW 1987, 1096; *OVG Bremen* UPR 1990, 353, 354 m. w. N.; *VG München* NVwZ 2005, 1215f.
[160] *OVG Münster* OVGE 33, 194ff.
[161] *OVG Münster* OVGE 39, 112, 113.
[162] *VG Köln* NVwZ 1982, 90f.
[163] *VGH Mannheim* NVwZ-RR 1999, 580, 581.
[164] So *Meyer/Borgs,* § 50 Rn. 8; *Ule/Laubinger,* § 64 Rn. 2; i. E. auch *Horn* DÖV 1990, 864f., 871f.
[165] Vgl. *M. Redeker* in Redeker/v. Oertzen, § 80a Rn. 2; *Schoch* in Schoch u. a., § 80a Rn. 12, 14ff.
[166] Offenlassend *BVerwG* DVBl 1992, 280, 285.
[167] Wie hier *Knoke,* Rechtsfragen der Rücknahme von Verwaltungsakten, 1989, S. 68f., 303f.; § 19 Rn. 4; *Meyer* in Knack, § 50 Rn. 10.
[168] VerwArch 1991, 121, 127.
[169] Hierauf beschränkt wohl auch *Meyer* in Knack, § 50 Rn. 23.
[170] Anders wohl *M. Redeker* in Redeker/v. Oertzen, § 80a Rn. 2, für Trennung der Abs. 1 und 2 des § 80a.
[171] Vgl. auch für den Vertreter der Interessen des Lastenausgleichsfonds *BVerwG* Buchholz 427.3 § 335a LAG Nr. 80, S. 24f., s. aber § 2 Rn. 93f.

Materiell hiermit vergleichbar, allerdings verfahrensmäßig in Art. 88 EG abweichend gestaltet, **63** ist der Fall, dass die **Kommission gegen** die Gewährung einer gemeinschaftsrechtswidrig **gewährten Beihilfe** vorgeht; verfahrenstechnisch tritt die Vergleichbarkeit (erst) dann hervor, wenn die Kommission wegen Untätigkeit der staatlichen Behörde ihrerseits den Gerichtshof anruft. Ob § 50 zur Anwendung kommen kann, wird mit Rücksicht auf die fehlende Verzahnung mit dem Rechtsbehelfsverfahren der VwGO bezweifelt.[172]

2. Die Anfechtung

Wird der VA mit Drittwirkung **vom belasteten Dritten angefochten,** kann die Behörde **64** diese Anfechtung zum Anlass nehmen, anstelle der Durchführung des Rechtsbehelfsverfahrens den VA zurückzunehmen oder zu widerrufen (Rn. 3 ff.; § 48 Rn. 63 ff.).

Erforderlich ist die **Anfechtung** des begünstigenden VA mittels Widerspruch oder Anfech- **65** tungsklage; formlose Rechtsbehelfe wie Dienstaufsichtsbeschwerden genügen nicht. Insoweit richtet sich der Vertrauensschutz nach allgemeinen Regeln (s. ähnlich Rn. 68 ff.). Das Gleiche gilt für einen Antrag auf Wiederaufgreifen nach § 51.[173] Die Anfechtung muss **tatsächlich erfolgt** sein. Die bloße Möglichkeit der Anfechtung berechtigt die Behörde nicht zur Aufhebung nach § 50 unter Berufung auf die Beschwer des Dritten.[174] Der Zeitpunkt der Anfechtung bestimmt sich nach §§ 69, 81 VwGO. Unerheblich ist, ob der Begünstigte von der Anfechtung Kenntnis erlangt (aber § 28!).

Wird ein **Drittwiderspruch wirksam zurückgenommen,** was auch noch nach Erlass **66** eines dem Dritten günstigen Widerspruchsbescheides während eines dagegen vom Adressaten angestrengten Verwaltungsprozesses möglich sein soll,[175] tritt der Vertrauensschutz des begünstigten Adressaten wieder ein (s. auch Rn. 89). Will die Behörde sich der erweiterten Aufhebungsmöglichkeiten des § 50 dauerhaft versichern, muss sie einer Zurücknahme des Rechtsbehelfs durch eine auch während des Widerspruchs- oder Klageverfahrens mögliche Aufhebung des VA (s. allgemein § 48 Rn. 28) zuvorkommen.

In § 50 ist nicht ausdrücklich gesagt, ob die Anfechtung als solche genügt oder ob der **67** **Rechtsbehelf** auch **zulässig und begründet** sein muss. Durch das Wort „dadurch" im letzten HS wird aber jedenfalls eine Beziehung zwischen der Anfechtung und der Aufhebung nach § 50 hergestellt. S. im Einzelnen Rn. 93 ff.

Solange der **Dritte noch nicht angefochten** hat, gelten die **allgemeinen Regeln der 68 §§ 48, 49**.[176] Für den Vertrauensschutz des Begünstigten ist im Einzelfall zu berücksichtigen, dass ihm nicht bekannt zu sein braucht, inwieweit der ihn begünstigende VA andere belastet.[177] Ist ihm bekannt, dass die Behörde den VA **auch belasteten Dritten bekannt gegeben** hat, muss er mit einer Aufhebung des VA rechnen, sofern dieser den Dritten in eigenen Rechten verletzt;[178] darüber hinaus ist aber das Vertrauen in einen bekanntermaßen noch nicht bestandskräftigen VA generell nicht in derselben Weise schutzwürdig wie bei einem auch nur vermeintlich allseitig unanfechtbaren VA (vgl. § 48 Rn. 135 ff., 148 f.; auch u. Rn. 93 ff.).

Auch wenn die Rechtsbehelfsfrist für den **Dritten** nicht läuft, weil ihm der **VA nicht be- 69 kannt gegeben** worden ist (§ 41 Rn. 229), ist das Vertrauen des Begünstigten nicht umfassend geschützt, wenn ihm die Betroffenheit des Dritten bekannt ist und er mit einer Anfechtung

---

[172] *H. Müller,* Die Aufhebung von Verwaltungsakten unter dem Einfluss des Europarechts, 2000, S. 262 ff.; gegen die (analoge) Anwendung des § 50 *Kleutges-Hahlen,* Der Anwendungsbereich des § 50 VwVfG, Diss. Köln 2002, S. 159 ff.
[173] Anders *Meyer* in Knack, § 50 Rn. 25: § 50 analog.
[174] Begründung zu § 39 Musterentwurf; Rn. 73 ff.; *Knoke,* Rechtsfragen der Rücknahme von Verwaltungsakten, 1989, S. 304 f.; *Bronnenmeyer,* Der Widerruf rechtmäßiger begünstigender Verwaltungsakte nach § 49 VwVfG, 1994, S. 292 f.; *Remmert* VerwArch 2000, 209, 219 ff.; *Enders* in FS 100 Jahre SächsOVG, 2002, S. 359, 364; a. A. noch *BVerwGE* 31, 67, 69; *Horn* DÖV 1990, 864 ff.
[175] OVG Lüneburg NVwZ 1993, 1214 f.
[176] Wie hier *Meyer* in Knack, § 50 Rn. 19 m. w. N.; a. A. *Horn* DÖV 1990, 864 ff.; dazu noch Rn. 99; wohl auch *Weides,* § 29 IV, s. auch Rn. 64; für die Zeit nach dem Widerspruchsverfahren s. Rn. 99. Für Geltung der allgemeinen Regeln, aber einen Rücknahmeanspruch annehmend *Schenke* in FS Maurer, 2001, S. 723, 735 ff., dazu § 48 Rn. 58.
[177] *Wolff/Bachof* I, § 51, Rn. 60.
[178] Für analoge Anwendung von § 50 insoweit *Horn,* Die Aufhebung des der Drittanfechtung unterliegenden Verwaltungsakts, 1989, S. 114 ff.

rechnen muss. Die zeitliche Grenze liegt in der Verwirkung des Anfechtungsrechts durch den Dritten (s. § 41 Rn. 230). § 50 wird hier für anwendbar gehalten unter Hinweis auf die Möglichkeit, Vertrauensschutzbelange des Adressaten des VA im Rahmen der Ermessensausübung mit Rücksicht auf die Gegebenheiten des jeweiligen Einzelfalles zu berücksichtigen.[179]

70 In diesen Fällen ist immer auf die **Verhältnisse des Einzelfalles** abzustellen; der Vertrauensschutz des Begünstigten kann – solange nicht auf Grund tatsächlich erfolgter Anfechtung § 50 eingreift – nicht ausnahmslos mit Rücksicht auf die noch mögliche Anfechtung eines Dritten versagt werden.[180] Ein Vertrauen in die Rechtmäßigkeit und den Bestand des VA ist besonders gerechtfertigt, wenn die Behörde die **sofortige Vollziehung** angeordnet hat (§ 48 Rn. 32).

IV. Aufhebungsvoraussetzungen im Falle des § 50

1. Voraussetzungen der Rücknahme

71 **a) Verbleibende Anforderungen.** Aus der Bezugnahme auf § 48 Abs. 1 S. 2, Abs. 2 bis 4 ergibt sich, dass es im Fall des § 50 auch für den begünstigenden VA bei dem **Grundsatz der Rücknehmbarkeit** und des in § 48 Abs. 1 S. 1 niedergelegten **Ermessens** bleibt (s. insoweit § 48 Rn. 28 ff., 61 ff.; Rn. 3 ff.). Einschränkend wirken sich nur die allgemeinen Grenzen des Ermessens aus (s. § 48 Rn. 77 ff.). Zur inzwischen korrigierten Bezugnahme auf den gestrichenen § 48 Abs. 6 s. vor Rn. 1.

72 Das *BVerwG* ist der Auffassung, das **Entschließungsermessen** nach § 48 Abs. 1 S. 1 sei **auf Null** reduziert, wenn ein VA während eines Vorverfahrens bei zulässigem und begründetem Widerspruch des Dritten zurückgenommen wird.[181] Diese Auffassung übersieht, dass § 50 gerade bei Verletzung drittschützender Normen gilt, dass er für diesen Fall ausdrücklich § 48 Abs. 1 S. 1 unberührt lässt, dass die Entscheidung nach § 48 Abs. 1 S. 1 nicht die Widerspruchsentscheidung nach §§ 72, 73 VwGO darstellt[182] und dass Widerspruch und Anfechtungsklage den Drittschutz in ausreichendem Umfang sicherstellen, so dass eine Ermessensschrumpfung im eigenständigen Rücknahmeverfahren entbehrlich ist. Andernfalls müsste bei jedem belastenden VA im Falle der begründeten Anfechtung eine Rücknahmepflicht kraft Ermessensschrumpfung eintreten.[183]

73 Im Verhältnis zum Begünstigten ist allerdings eine **Abwägung seiner schützenswerten Interessen** mit denen des belastend Betroffenen nicht ausdrücklich gesetzlich vorgesehen. Gleichwohl wird man die Möglichkeit der Behörde nicht ausschließen können, im Rahmen der für ihre Ermessensausübung verpflichtend bleibenden Berücksichtigung **aller Umstände des Einzelfalles** mit dem Ziel eines Interessenausgleichs **auch das** (durch Übernahme von Belastungen betätigte) **Vertrauen des Begünstigten** einzubeziehen (s. § 48 Rn. 88, 177 ff.).[184]

74 Den belasteten Dritten kann die Behörde grundsätzlich auf den Weg des Rechtsbehelfs verweisen. Zwar muss die Behörde ihre von den außerhalb des § 50 bestehenden Bindungen freie **Ermessensentscheidung** über die Rücknahme im Übrigen **fehlerfrei** treffen, also insbes.

---

[179] In diesem Sinne ausdrücklich *BVerwG* NVwZ 1994, 896 f.; s. auch Rn. 71. An den Gesetzgeber gerichtete Bedenken zu dieser Lösung bei *Weyreuther*, Verwaltungskontrolle durch Verbände, 1975, S. 50 ff.
[180] So aber wohl *BVerwGE* 31, 67, 69 und *BVerwG* DVBl 1976, 220, 222 mit Anm. *Schwabe* DVBl 1976, 715; s. Rn. 1, 71.
[181] *BVerwG* NVwZ 2002, 730, 732 f.; zust. *Ehlers* Verwaltung 2004, 255, 282; bei Verletzung nachbarschützender Vorschriften auch schon *OVG Münster* BRS 39, Nr. 157; ebenso auch *OVG Lüneburg* NVwZ-RR 2003, 326.
[182] Dazu § 48 Rn. 71 ff.; oben Rn. 5. Für Verschmelzung bei Aufhebung aus widerspruchsbezogenen Gründen *Huxholl,* Die Erledigung eines Verwaltungsakts im Widerspruchsverfahren, 1995, S. 152 ff. Unklar *OVG Lüneburg* DVBl 1986, 695, 697.
[183] So wohl in der Tat *BVerwG* NVwZ 2002, 730, 732 f. Abl. auch *Knoke*, Rechtsfragen der Rücknahme von Verwaltungsakten, 1989, S. 313 f. m. w. N.
[184] *BVerwG* NVwZ 2002, 730, 732 f.; recht weitgehend *BVerwG* NVwZ 1994, 896 f.; ferner etwa *Kopp/Ramsauer,* § 50 Rn. 8; gegen die Möglichkeit, Vertrauensschutz zu berücksichtigen, etwa *Schmidt-Preuß*, Kollidierende Privatinteressen im Verwaltungsrecht, 2. unv. Aufl. 2005, S. 542; *Remmert* VerwArch 2000, 209, 221 f.; grundsätzlich auch *VGH München* NVwZ 1997, 701, 703; zust. *Gassner* JuS 1997, 794 ff., 799; dazu auch *Neumann* NVwZ 2000, 1244, 1253; *BVerwG* DVBl 1998, 139, 141, nimmt für die vorrangige Spezialregelung im SchfG unter Einbeziehung von Vertrauensschutz einen mit dem nach §§ 48, 50 identischen Ermessensrahmen an.

neben den (objektiven) Belangen der Rechtssicherheit auch die Verwirklichung der Gesetzmäßigkeit der Verwaltung und die berechtigten Interessen des Dritten berücksichtigen. Doch kann die fortbestehende Möglichkeit der Anfechtung des Dritten (wie gegenüber dem Adressaten, vgl. § 48 Rn. 61) hinreichender Anlass sein, **von einer Rücknahme abzusehen**. Entsprechendes gilt bei Unanfechtbarkeit des VA wegen Fristablaufs für den Dritten (vgl. für das Verhältnis zum Adressaten § 48 Rn. 90), sofern § 50 dann überhaupt noch für anwendbar gehalten wird (s. Rn. 93 ff.). Nach Maßgabe der zugrunde liegenden Sachnormen kann auch eine **Ermessensschrumpfung zugunsten des Dritten** in Betracht kommen.[185]

Beruft der Dritte sich auf die Verletzung drittschützender **Verfahrensvorschriften,** ist bei der Abwägung § 46 zu berücksichtigen (s. auch Rn. 21). Zur Situation bei unzulässigem oder unbegründetem Rechtsbehelf s. Rn. 93 ff. **75**

b) Ausgeschlossene Anforderungen. Wird die Rücknahme erwogen, sieht § 50 weder einen **Bestandsschutz** nach § 48 Abs. 2 noch einen **Vermögensschutz** nach § 48 Abs. 3[186] vor. Hat die Behörde im Rahmen ihres Ermessens von einer Rücknahme abgesehen, enthält § 50 keine eigenständige Grundlage für einen **Schadensausgleich** zugunsten der betroffenen Dritten (s. für den umgekehrten Fall Rn. 2). Die allgemeinen Amtspflichtverletzungsansprüche bleiben unberührt.[187] Zu berücksichtigen ist ferner die Möglichkeit eines Folgenbeseitigungsanspruchs für den Dritten. **76**

Auch die Einschränkung des § 48 Abs. 4 ist ausgeräumt, so dass eine **Rücknahme** noch **später als nach einem Jahr**, z. B. im Klageverfahren, möglich ist, selbst wenn der Behörde schon bei Einlegung des Widerspruchs die Tatsachen i. S. d. § 48 Abs. 4 bekannt geworden sein sollten. Lediglich die Zuständigkeitsnorm des § 48 Abs. 5 gilt auch im Anwendungsbereich des § 50. **77**

Dadurch, dass § 48 Abs. 2 insgesamt für nicht anwendbar erklärt ist, konnten nach dem Wortlaut der Ursprungsfassung des Gesetzes auch S. 5 bis 8 a. F. nicht durchgreifen. Die dem Gesetzeszweck zuwiderlaufende Konsequenz der Nichtgeltung des Ausgleichsanspruchs musste durch Rückgriff auf den allgemeinen **Erstattungsanspruch** ausgeglichen werden (s. 4. Aufl. § 48 Rn. 47). Der im Rahmen des **§ 49 a** neu geregelte Anspruch greift **auch im Falle des § 50** durch. **78**

2. Voraussetzungen des Widerrufs

a) Verbleibende Anforderungen. Die missverständliche Formulierung des § 50 bedeutet **nicht**, dass die **Widerrufsmöglichkeiten nach § 49 Abs. 2 und 3 beseitigt** sind; sie zielt vielmehr darauf ab, dass im Fall des § 50 auch dem **Widerruf** eines begünstigenden VA keine Schranken auferlegt sind.[188] Dies ergibt sich aus der Begründung zu § 46 Entwurf 73 und aus dem Verhältnis des § 50 zu § 48 einerseits und zu § 49 andererseits. **79**

Danach werden durch die Anfechtung des Dritten nur die **Hemmungen des Widerrufs** beseitigt, die durch den Vertrauensschutz[189] einem Widerruf nach § 49 Abs. 2 bis 4 und 6 entgegenstehen; insoweit hat § 50 die gleiche Intention wie im Fall des § 48 (Rn. 1 f.; 71 f.). § 50 i. V. m. § 49 erleichtert also bei Anfechtung eines begünstigenden VA durch einen Dritten der Behörde auch den außerhalb des Rechtsbehelfsverfahrens vorzunehmenden Widerrufs.[190] **80**

Im Rahmen der durch das Anfechtungsbegehren bestimmten Widerrufsmöglichkeit ohne die sonst gültigen Begrenzungen (Rn. 82 ff., 90 ff.) besteht **Ermessen** der Behörde zum Widerruf; eine Reduzierung auf Null ist bei dem Widerruf eines rechtmäßigen VA noch weniger ange- **81**

---

[185] So *Schmidt-Preuß,* Kollidierende Privatinteressen im Verwaltungsrecht, 2. unv. Aufl. 2005, S. 544 f. m. w. N. („Konfliktschlichtungsprogramm"); s. ferner *Lange* WiVerw 1979, 15, 23.
[186] Hierzu ausdrücklich OVG *Münster* NVwZ 1989, 72; *Kopp/Ramsauer,* § 50 Rn. 6; *Meyer* in Knack, § 50 Rn. 18; trotz Bedenken wohl auch *Erichsen* in ders., 12. unv. Aufl., § 19 Rn. 6 m. w. N.
[187] Wie hier *Johlen* NJW 1976, 2155, 2156; auch *Kopp/Ramsauer,* § 50 Rn. 9; *Meyer* in Knack, § 50 Rn. 18.
[188] Zu den mit § 50 verknüpften Fragen speziell für den Widerruf von VAen *Bronnenmeyer,* Der Widerruf rechtmäßiger begünstigender Verwaltungsakte nach § 49 VwVfG, 1994, S. 286 ff.
[189] S. auch BVerwG NVwZ 1983, 32, 34.
[190] *Meyer/Borgs,* § 50 Rn. 4 f.; *Kopp/Ramsauer,* § 50 Rn. 1 ff.; *Meyer* in Knack, § 50 Rn. 12; *Lege* in FS 100 Jahre SächsOVG, 2002, S. 359, 364 f.; s. auch *Schenke* DÖV 1983, 320, 326 f.; *Horn* DÖV 1990, 864, 865 m. w. N.; anders früher *Erichsen* VerwArch 1978, 303, 311; gegen eine Bedeutung des § 50 für die Widerrufsmöglichkeiten wieder *Cornils* Verwaltung 2000, 485, 518 f.; *Remmert* VerwArch 2000, 209, 22 ff.

bracht als bei der Rücknahme, weil eher Anlass bestehen kann, doch das Vertrauen des begünstigten Adressaten zu schützen (s. Rn. 71 ff.).[191]

82 b) **Ausgeschlossene Anforderungen. Nicht beachtet** werden müssen bei einem Widerruf im Falle des § 50 die folgenden beschränkenden Regelungen:

83 Der Widerruf ist **nicht nur für die Zukunft,** sondern – auch abgesehen vom neuen Abs. 3 – auch für die **Vergangenheit** möglich,[192] jedoch nicht weiter rückwirkend als bis zum Zeitpunkt der Anfechtung, da erst dann die Widerrufsbegrenzungen entfallen.[193]

84 Auch der **numerus clausus** der Widerrufsgründe des § 49 Abs. 2, 3 (§ 49 Rn. 19 ff.) wird für **Ermessensentscheidungen** im Interesse des Dritten aufgehoben. Gedacht ist an die Aufhebung eines rechtmäßigen, aber unzweckmäßigen VA.[194] Wenn z. B. eine Befreiung von nachbarschützenden Vorschriften unter den Voraussetzungen des § 31 Abs. 2 BauGB erteilt worden ist, können durch den Rechtsbehelf des Nachbarn der Behörde Konsequenzen ihrer Entscheidung bewusst werden, die das Festhalten an der Befreiung im Interesse des Dritten nicht mehr zweckmäßig erscheinen lassen.

85 Dies bedeutet, dass es auf die Verwirklichung der **Tatbestände der Nr. 1–5** des § 49 Abs. 2 bzw. der Voraussetzungen des neuen Abs. 3, deren Vorliegen natürlich als selbständige Grundlage eines Widerrufs beachtlich bleibt,[195] für den Widerruf im Rahmen des § 50 **nicht ankommt,** soweit sie nicht die Ermessensausübung (Rn. 81) beeinflusst. Allerdings gilt dies nur, soweit der Widerruf sich als Abhilfe i. S. des letzten HS (Rn. 90 ff.) darstellt.

86 Die **Jahresfrist** des § 49 Abs. 2 S. 2 und des § 49 Abs. 3 S. 2 i. V. m. § 48 Abs. 4 greift gleichfalls nicht durch.

87 Schließlich ist auch die **Entschädigungsregelung** nach § 49 Abs. 6 im Rahmen des § 50 **ausgeschlossen.** Man wird diesen Ausschluss allerdings auf die im Rahmen eines etwaigen Vertrauensschutzes erlittenen Vermögensnachteile beschränken können, die der Betroffene nach der Anfechtung veranlasst hat.[196]

88 Auch im **Landesrecht** gelten die Änderungen im Zusammenhang mit der **Ablösung des § 44 a BHO a. F.** und der entsprechenden landesrechtlichen Regelungen inzwischen überall (näher § 48 Rn. 262, § 49 Rn. 134).[197] Die im Bund 1998 beseitigte **redaktionelle Ungenauigkeit** des Verweises auf den aufgehobenen § 48 Abs. 6 besteht nur in Hamburg noch fort.

3. Zeitpunkt der Aufhebung

89 Die Aufhebung muss **während des Vorverfahrens** oder **während des verwaltungsgerichtlichen Verfahrens** erfolgen. Der Vertrauensschutz setzt erst wieder ein, wenn der Rechtsbehelf des Dritten unanfechtbar abgelehnt worden ist oder sich z. B. durch Zurücknahme erledigt hat (Rn. 66). Für die Zeit vor der Anfechtung s. Rn. 68 ff.; das dort Gesagte gilt entsprechend, wenn eine Aufhebung nach einem ablehnenden Widerspruchsbescheid, bevor Klage erhoben worden ist, erfolgen sollte.[198]

4. Abhilfewirkung

90 Durch die „**soweit**"-Regelung soll die Behörde von den Schranken der §§ 48, 49 nur insoweit befreit sein, wie dem Widerspruch oder der Klage abgeholfen wird.[199] „Soweit" bezieht

---

[191] Anders *Erichsen* VerwArch 1978, 311 Anm. 53; wie hier *Lange* WiVerw 1979, 15, 21; auch *Bronnenmeyer,* Der Widerruf rechtmäßiger begünstigender Verwaltungsakte nach § 49 VwVfG, 1994, S. 300 f., ausdrücklich auch für die Berücksichtigung von Vertrauensschutz zugunsten des Adressaten nach Maßgabe der Umstände des Einzelfalles.
[192] § 49 Abs. 2; a. A. zur Erstfassung des § 49 *Ule/Laubinger,* § 64 Rn. 22; wohl auch *Schenke* DÖV 1983, 320, 326 f., der § 49 Abs. 1 anwendet.
[193] Rn. 64 f.; wie hier *Meyer/Borgs,* § 50 Rn. 5; weitergehend *Weides,* § 30 IV; a. A. *Kopp/Ramsauer,* § 50 Rn. 7.
[194] Begründung zu § 39 Musterentwurf.
[195] Wohl ebenso zur Erstfassung des § 49 *Meyer/Borgs,* § 50 Rn. 6.
[196] S. entsprechend für den ex tunc-Widerruf Rn. 83; vorsichtig wie hier *Ule/Laubinger,* § 64 Rn. 23.
[197] In Schleswig-Holstein wurde die frühere Unstimmigkeit (s. 3. Aufl. Rn. 55, 65) durch Gesetz vom 13. 12. 1991, GVOBl S. 659, beseitigt.
[198] Wie hier speziell für den Widerruf *Bronnenmeyer,* Der Widerruf rechtmäßiger begünstigender Verwaltungsakte nach § 49 VwVfG, 1994, S. 296 f.
[199] S. zur Funktion der Regelung *Knoke,* Rechtsfragen der Rücknahme von Verwaltungsakten, 1989, S. 310 f.

sich sowohl auf die zeitliche Geltung des VA als auch vor allem auf den sachlichen Umfang der von der Anfechtung betroffenen Regelung (s. ähnlich § 48 Rn. 135).

Danach kann eine Aufhebung ohne Rücksicht auf die sonst gültigen Beschränkungen der §§ 48, 49 nicht erfolgen, soweit die mit dem Rechtsbehelf geltend gemachten **Rechte des Dritten dadurch** nicht **betroffen** werden.[200] Erfordert der Rechtsschutz des Dritten im Hinblick auf Rechtmäßigkeit und Zweckmäßigkeit nicht die Aufhebung des gesamten VA, ist die Entscheidungsfreiheit der Behörde entsprechend eingeschränkt.[201]

Sind z. B. für ein Bauvorhaben Befreiungen sowohl von nachbarschützenden als auch von nicht nachbarschützenden Vorschriften erteilt worden, ist bei Anfechtung des Dritten nur eine Aufhebung der Befreiungen von den nachbarschützenden Vorschriften unter den Bedingungen des § 50 möglich. Insoweit knüpft § 50 an den **Prüfungsumfang** der Widerspruchsbehörde und des Gerichts bei VAen mit Drittwirkung an.[202]

Durch diese Regelung wird die schon vor Erlass des VwVfG[203] diskutierte Frage aufgeworfen, ob der **Widerspruch** oder die **Klage zulässig** und **begründet** sein müssen, um § 50 anwenden zu können.[204] Zugleich stellt sich die Frage nach dem **Zeitpunkt** dieser Beurteilung. Da § 50 eine Vorschrift ist, die grundsätzlich den Vertrauensschutz beseitigt (Rn. 1 f.), dieser Vertrauensschutz auch von der subjektiven Einschätzungsmöglichkeit des Begünstigten abhängig ist (§ 48 Rn. 31 ff., 136), ferner der Schutz nur insoweit beseitigt wird, wie die Rechte des Dritten gehen, müssen der Widerspruch oder die Klage zulässig und im Prinzip auch begründet sein.

Die Beurteilung hängt jedoch vom Zeitpunkt der Rücknahme oder des Widerrufs, bei einer Anfechtung dieser Maßnahmen vom Zeitpunkt der letzten Verwaltungsentscheidung (i. d. R. des Widerspruchsbescheids) ab. Betreibt der Dritte trotz der Aufhebung seinen Widerspruch oder seine Klage weiter, ggf. in der Form des § 113 Abs. 1 S. 4 VwGO, oder ficht der Begünstigte die Aufhebung an, kann sich in diesen Verfahren später herausstellen, dass der Rechtsbehelf entgegen früherer Annahme unzulässig oder unbegründet war. Dies ist für den Wegfall der Schutzwürdigkeit des Vertrauens, den § 50 voraussetzt, unschädlich, da dieser (auch) von der **subjektiven Bewertung durch den Begünstigten**[205] abhängt. Deshalb muss darauf abgestellt werden, wie dem Begünstigten bei der Aufhebung die Rechtslage erscheinen musste.[206]

§ 50 ist deshalb nicht anzuwenden, wenn im maßgeblichen Zeitpunkt der Widerspruch oder die Klage **offensichtlich unzulässig** oder **offensichtlich unbegründet** sind. Der Vertrauensschutz ist namentlich zu beachten, wenn der Widerspruch offensichtlich **verfristet** ist, die Widerspruchsbehörde aber trotzdem zur Sache entscheidet.[207] Stellt der Dritte erst später mit Erfolg einen Wiedereinsetzungsantrag, beseitigt dies nicht rückwirkend den Vertrauensschutz. Offensichtlich unzulässig ist ein Drittwiderspruch auch, wenn er einem den Beteiligten bekannten gerichtlichen Vergleich widerspricht.[208]

Hat sich der Dritte zunächst ausdrücklich nur auf Normen berufen, die eindeutig nicht drittschützend sind (z. B. im Baurecht auf Verunstaltungsvorschriften bezüglich der Fassade eines Gebäudes), im späteren Verfahren nach Rücknahme oder Widerruf aber den Rechtsbehelf auf die Verletzung drittschützender Vorschriften (z. B. bestimmter Abstandsregelungen) erweitert, ist ebenfalls § 50 **nicht (rückwirkend)** anwendbar.

Der **Zeitpunkt der Aufhebungsentscheidung** ist auch maßgeblich, wenn sich die **Sach- oder Rechtslage** während des Anfechtungsverfahrens vor der Aufhebungsentscheidung **ändert,** so dass sich die Erfolgsaussichten des Rechtsbehelfs wandeln. Entfällt bei einer Änderung

---

[200] *VG Freiburg* NVwZ-RR 2006, 464, 465; anders wohl *VGH München* NVwZ 1997, 701 ff.; dazu krit. *Lege* in FS 100 Jahre SächsOVG, 2002, S. 359, 375 ff.
[201] Begründung zu § 46 Entwurf 73.
[202] S. *BVerwG* DÖV 1969, 142; *BVerwGE* 47, 19 ff.; 49, 244 ff. m. Anm. *Schwabe* DVBl 1976, 715; *BVerwG* NJW 1981, 67 für Berufung; *BGH* NVwZ 1987, 446 f.; *OVG Münster* BauR 1977, 335; DÖV 1978, 147; für Immissionsschutz *BVerwGE* 65, 313, 316; *BVerwG* UPR 1983, 66.
[203] S. *Simon* BayVBl 1968, 193 ff.
[204] S. insbes. zur tatsächlichen Beeinträchtigung des Nachbarn *Jacob* BauR 1984, 1 ff.
[205] Nur auf die Erkenntnismöglichkeit der Behörde stellt wohl *OVG Münster* BRS 39, 157, ab.
[206] Für eine Objektivierung der behördlichen Sicht weniger weitgehend auch *Knoke,* Rechtsfragen der Rücknahme von Verwaltungsakten, 1989, S. 309 f.
[207] *Niethammer* NJW 1981, 1544 f., nimmt dann Ermessensschrumpfung auf Null an.
[208] S. *VGH Mannheim* VBlBW 1988, 20.

zugunsten des Begünstigten des VA (vgl. § 48 Rn. 55, 88) das Anfechtungsrecht des Dritten, wird § 50 unanwendbar. Umgekehrt kann eine ursprünglich unzulässige oder unbegründete Anfechtung des Dritten für § 50 genügen, wenn sie durch entsprechende Veränderung später als zulässig und begründet erscheint. Änderungen der Sach- und Rechtslage, die auf die Erfolgsaussichten der Anfechtung keinen Einfluss haben, bleiben auch für die Anwendbarkeit des § 50 ohne Bedeutung. Insoweit hat es sein Bewenden mit den Widerrufsmöglichkeiten nach § 49 Abs. 2 Nr. 3 und 4.

98 Lässt sich die Frage der Zulässigkeit oder Begründetheit zum Zeitpunkt der Aufhebung nicht eindeutig beantworten, trägt dieses **Risiko der Begünstigte**.[209] § 50 beseitigt insoweit den Vertrauensschutz. Dies zeigt einmal die Geltung auch für den Widerruf gem. § 49, der einen rechtmäßigen VA voraussetzt, der auf den Widerspruch des Dritten nur aus – nicht immer vorhersehbaren – Zweckmäßigkeitsgründen im Vorverfahren aufgehoben werden könnte, zum anderen ist der Vertrauensschutz davon abhängig, dass der Begünstigte nicht mit der Aufhebung rechnen musste (§ 48 Rn. 31; s. aber Rn. 1 f., 71 ff.).

99 § 50 ist also anzuwenden, wenn **der Rechtsbehelf zum Zeitpunkt der Aufhebung weder offensichtlich unzulässig noch offensichtlich unbegründet** ist.[210] Im **Einzelnen** ist allerdings vieles **streitig:**[211] Manche fordern einen zulässigen und begründeten Rechtsbehelf.[212] Andere begnügen sich mit einem zulässigen Rechtsbehelf bei Einschränkung des Widerrufsermessens durch Vertrauensschutz, Nichtanwendbarkeit bei Rücknahme (obwohl sich dabei die gleichen Probleme stellen);[213] wieder andere treten ein für zulässigen und nicht offensichtlich unbegründeten Rechtsbehelf[214] oder zumindest für verständigerweise anzunehmende Erfolgsaussichten,[215] verlangen jedenfalls Zulässigkeit[216] oder auch ausdrücklich nur Zulässigkeit.[217]

V. Verfahren

100 Da § 50 die §§ 48, 49 nur teilweise abändert (Rn. 1), bleibt er eine Regelung über das Rücknahme- oder Widerrufsverfahren, das zugleich (Rn. 64, 68 ff.) **neben dem Rechtsbehelfsverfahren** verläuft. Dies bringt der Normtext „während des Vorverfahrens ... aufgehoben wird" klar zum Ausdruck; missverständlich ist allerdings die Überschrift „im Rechtsbehelfsverfahren".[218]

---

[209] Ausdrücklich anders insoweit *Huxholl*, Die Erledigung eines Verwaltungsakts im Widerspruchsverfahren, 1995, S. 165.
[210] Wie hier *Kopp/Ramsauer*, § 50 Rn. 23 f.; *de Witt/Burmeister* NVwZ 1992, 1039, 1041.
[211] Zum Meinungsstreit im Überblick *Lege* in FS 100 Jahre SächsOVG, 2002, S. 359, 365 ff., der für Differenzierung nach Fallgruppen eintritt, S. 374.
[212] *Lange* WiVerw 1979, 15, 20 f.; *ders.* Jura 1980, 456, 465 f.; *Ule/Laubinger*, § 64 Rn. 9 m. w. N.; *Kleutges-Hahlen*, Der Anwendungsbereich des § 50 VwVfG, Diss. Köln 2002, S. 95 ff.; *Schmidt-Preuß*, Kollidierende Privatinteressen im Verwaltungsrecht, 2. unv. Aufl. 2005, S. 543 m. w. N., wobei allerdings das dort genannte *BVerwG* NVwZ 1990, 857 f., lediglich von Zulässigkeit und – partiell unterstellter – Begründetheit des Drittwiderspruchs ausging; *Remmert* VerwArch 2000, 209 ff., 221 ff.; für Anwendung des § 50 bei zulässigem und begründetem Widerspruch auch *OVG Bautzen* SächsVBl 1995, 286; speziell für den Widerruf *Bronnenmeyer*, Der Widerruf rechtmäßiger begünstigender Verwaltungsakte nach § 49 VwVfG, 1994, S. 294 ff.; im Ansatz auch *Horn* DÖV 1990, 864, 870 f., der aber die Möglichkeit eines zulässigen und begründeten Rechtsbehelfs gleichstellt, s. Rn. 68; auf eine begründete Anfechtungsklage beschränkt *Cornils* Verwaltung 2000, 485, 518 f.
[213] *Meyer/Borgs*, § 50 Rn. 11 ff.
[214] *Meyer* in Knack, § 50 Rn. 13 (vorher strikter: begründet); dasselbe genügt auch *OVG Bautzen* LKV 1993, 97; *VGH Mannheim* NVwZ-RR 1997, 401, 402; wohl auch *Gassner* JuS 1997, 794, 799, mit dem Postulat vertrauensschutzabhängig gradueller Anforderungen an die Substantiierung des Begründetheitsurteils.
[215] *BVerwG* NVwZ 1983, 32, 34; ähnlich *Huxholl*, Die Erledigung eines Verwaltungsakts im Widerspruchsverfahren, 1995, S. 164 f., allerdings unter dem Vorbehalt einer ablehnenden Gerichtsentscheidung.
[216] *BVerwG* NVwZ 1983, 285; *BVerwGE* 105, 354, 360 f. = NVwZ 1998, 1300 L; *Lege* in FS 100 Jahre SächsOVG, 2002, S. 359, 365; *Ehlers* Verwaltung 2004, 255, 282, sieht insoweit Übereinstimmung; für Zulässigkeit und Erfolgsaussichten *Knoke*, Rechtsfragen der Rücknahme von Verwaltungsakten, 1989, S. 306; s. auch *OVG Lüneburg* DVBl 1986, 695, 697.
[217] *OVG Münster* NVwZ 1989, 72 f. m. w. N., weil offensichtliche Unbegründetheit auch den Suspensiveffekt nach § 80 Abs. 1 VwGO nicht ausschließe; dahin tendierend, wenn auch letztlich offen lassend, *VGH München* NVwZ 1997, 701, 702 f.
[218] A. A. früher wohl *Erichsen* VerwArch 1978, 303, 309 ff.; *Ule/Laubinger*, § 64 Rn. 6, § 61 Rn. 4 ff.; wohl auch *Meyer/Borgs*, § 50 Rn. 15, trotz Rn. 16. Für eine Beschränkung des Anwendungsbereichs des

§ 51 Wiederaufgreifen des Verfahrens

Für die **Zuständigkeit** von Ausgangs- bzw. Widerspruchsbehörde[219] (als Aufsichtsbehörde; 101 zur Aufhebung des Widerspruchsbescheids s. Rn. 105) und das **Verfahren** sind danach die allgemeinen Regeln (s. § 48 Rn. 61 ff., 242 ff.; § 49 Rn. 115 ff. dargestellt) zu beachten. Dies wird auch dadurch deutlich, dass § 50 in § 48 den Abs. 5 und in § 49 den Abs. 4 unberührt lässt. Das Rechtsbehelfsverfahren und die dafür geltenden Zuständigkeitsregeln bleiben hiervon unberührt.[220]

Wird auf Grund des § 50 der VA aufgehoben, **erledigt** sich mit Unanfechtbarkeit dieser Entscheidung das Vorverfahren[221] oder die Klage (s. Rn. 94; § 48 Rn. 63). 102

VI. Europarecht

Zu den Besonderheiten, die sich aus dem europäischen Gemeinschaftsrecht ergeben, 103 s. Rn. 23, 39, 63.

VII. Landesrecht

Zum Landesrecht s. vor Rn. 1 und Rn. 88. 104

VIII. Vorverfahren

Für die Anwendbarkeit auf den **Widerspruchsbescheid** (§ 79) gelten § 48 Rn. 263 ff., § 49 105 Rn. 135, da sich an der Zuständigkeit und dem Verfahren durch § 50 nichts gegenüber §§ 48, 49 ändert (Rn. 101). Insbes. bedeutet der Begriff „abgeholfen wird" im letzten HS nicht, dass dadurch die Entscheidung nach §§ 50, 48, 49 über den ursprünglichen VA zu einer Entscheidung nach § 72 VwGO würde.[222]

§ 51 Wiederaufgreifen des Verfahrens

(1) **Die Behörde hat auf Antrag des Betroffenen über die Aufhebung oder Änderung eines unanfechtbaren Verwaltungsaktes zu entscheiden, wenn**
1. **sich die dem Verwaltungsakt zugrunde liegende Sach- oder Rechtslage nachträglich zugunsten des Betroffenen geändert hat;**
2. **neue Beweismittel vorliegen, die eine dem Betroffenen günstigere Entscheidung herbeigeführt haben würden;**
3. **Wiederaufnahmegründe entsprechend § 580 der Zivilprozessordnung gegeben sind.**

(2) **Der Antrag ist nur zulässig, wenn der Betroffene ohne grobes Verschulden außerstande war, den Grund für das Wiederaufgreifen in dem früheren Verfahren, insbesondere durch Rechtsbehelf, geltend zu machen.**

(3) ¹**Der Antrag muss binnen drei Monaten gestellt werden.** ²**Die Frist beginnt mit dem Tage, an dem der Betroffene von dem Grund für das Wiederaufgreifen Kenntnis erhalten hat.**

---

§ 50 auf die Rücknahme während des Verwaltungsprozesses (bei Ausschluss des Vorverfahrens) *Cornils* Verwaltung 2000, 485 f., 518 f., wobei die Aufhebung nur insoweit möglich sein soll, als auch die anhängige Anfechtungsklage begründet wäre.
[219] Zu den diesbezüglichen Meinungsverschiedenheiten näher *Lege* in FS 100 Jahre SächsOVG, 2002, S. 359, 362 f.); *Kleutges-Hahlen*, Der Anwendungsbereich des § 50 VwVfG, Diss. Köln 2002, S. 120 ff.
[220] Rn. 3 ff.; § 48 Rn. 71 ff.; *Knoke*, Rechtsfragen der Rücknahme von Verwaltungsakten, 1989, S. 301; a. A. *Erichsen* VerwArch 1978, 310 f.
[221] Insoweit für gleichzeitige Bedeutung als Abhilfe *Huxholl*, Die Erledigung eines Verwaltungsakts im Widerspruchsverfahren, 1995, S. 153 f.
[222] *Allesch*, S. 215 ff.; *Knoke*, Rechtsfragen der Rücknahme von Verwaltungsakten, 1989, S. 291 ff.; § 48 Rn. 71 ff.; Rn. 72; anders bei Aufhebung aus widerspruchsbezogenen Gründen *Huxholl*, Die Erledigung eines Verwaltungsakts im Widerspruchsverfahren, 1995, S. 152 ff.

§ 51

(4) Über den Antrag entscheidet die nach § 3 zuständige Behörde; dies gilt auch dann, wenn der Verwaltungsakt, dessen Aufhebung oder Änderung begehrt wird, von einer anderen Behörde erlassen worden ist.

(5) Die Vorschriften des § 48 Abs. 1 Satz 1 und des § 49 Abs. 1 bleiben unberührt.

Vergleichbare Vorschriften: §§ 173–175 AO 1977; § 48 Abs. 2 SGB X; § 153 VwGO; § 134 FGO; § 179 SGG.

Abweichendes Landesrecht: SH: Auch in § 118a LVwVGSchlH hat sich die geschlechtsverdoppelnde sprachliche Fassung niedergeschlagen; zudem formuliert Abs. 1 Nr. 2 eleganter „hätten" statt „haben würden."

Entstehungsgeschichte: Bis zum Inkrafttreten des VwVfG vgl. § 51 der 6. Auflage. Kleine redaktionelle **Änderungen** sind mit der Bek. der Neufassung v. 21. 1. 2003, BGBl I 102, erfolgt. S. ferner Rn. 1, 21, 31, 63, 104, 105, 111, 126, 147.

Literatur: *Bettermann,* Über die Wiederaufnahme abgeschlossener Verwaltungsverfahren, in Wolff, 1973, S. 465; *Erichsen/Ebber,* Das Wiederaufgreifen unanfechtbar abgeschlossener Verwaltungsverfahren gemäß § 51 VwVfG, Jura 1997, 424; *Gotzen,* Einige Überlegungen zum Wiederaufgreifen von Verwaltungsverfahren nach rechtskräftiger Klageabweisung, VR 1998, 361. S. ferner die bei § 48 vor Rn. 1 angegebene Literatur. Ausführlich zum Schrifttum vor 1996, auch zu § 173 AO, § 48 SGB X, s. § 51 der 6. Auflage.

Übersicht

	Rn.
I. Allgemeines	1
1. Grundgedanken des § 51	1
2. Verhältnis zu anderen Durchbrechungen der Bestandskraft	4
3. Ausschluss durch Rechtsvorschriften	5
4. Begriff des Wiederaufgreifens überhaupt	8
5. Entscheidungsmöglichkeiten	10
6. Recht der EG	12
II. Das Wiederaufgreifen i. w. S. als Ermessensentscheidung	13
1. Grundsätzlicher Ausschluss eines strikten Anspruchs auf Wiederaufgreifen	13
2. Anspruch bei Ermessensschrumpfung und -bindung	19
3. Die Rechtswidrigkeit des Erstbescheides	20
4. Begründung der Entscheidung über das Wiederaufgreifen i. w. S.	21
III. Das Wiederaufgreifen i. e. S. nach § 51	22
1. Verfahrensstufen	22
a) Zulässigkeit des Antrags	23
b) Begründetheit des Antrags	27
c) Neue Sachentscheidung	28
2. Rechtsgrundlagen des Zweitbescheids	29
a) Keine Entscheidung nach §§ 48, 49	30
b) Entscheidung nach den sachlichen Rechtsgrundlagen	32
c) Sachliche Reichweite der Zweitentscheidungsbefugnis	34
3. Inhalt des Zweitbescheids	38
a) Der positive Zweitbescheid	39
b) Der negative Zweitbescheid	40
c) Zulässigkeit einer Verböserung	42
4. Abgrenzungen des Zweitbescheids	46
a) Formen wiederholter Verfahren	46
b) Verfahren mit zeitlich abweichendem Inhalt	56
c) Die wiederholende Verfügung	57
5. Vertrauensentschädigung bei VA mit Drittwirkung	64
6. Rechtsschutzmöglichkeiten	68
a) Rechtsschutz bei abgelehntem Wiederaufgreifen	69
b) Rechtsschutz bei negativem Zweitbescheid	74
c) Drittrechtsschutz bei positiver Sachentscheidung	75
7. Bedeutung rechtskräftiger Klageabweisung bezüglich Erstbescheid	76
a) Zur früheren Judikatur	77
b) Die neuere Rspr.: Kein Rechtskrafthindernis für Klagen auf Wiederaufgreifen	79
c) Rechtskraft und erneute Klage zur Sachentscheidung	80
d) Rechtskraft und Neuentscheidungsmöglichkeit der Behörde	83
IV. Verpflichtung zum Wiederaufgreifen des Verfahrens i. e. S. (Abs. 1)	84
1. Anspruch auf das Wiederaufgreifen	84

	Rn.
2. Änderung der Sach- oder Rechtslage	88
a) Allgemeines	88
b) Änderung der Sachlage	94
c) Änderung der Rechtslage	96
3. Neue Beweismittel	111
a) Die relevanten Beweismittel	112
b) Günstige Auswirkung für Betroffenen	115
c) Neuheit der Beweismittel	119
4. Restitutionsgründe	122
V. Präklusion von Wiederaufgreifensgründen (Abs. 2)	127
VI. Antragsfrist (Abs. 3)	132
1. Bedeutung der Regelung insgesamt	132
2. Fristbeginn mit Tatsachenkenntnis	133
3. Mehrheit von Gründen für das Wiederaufgreifen	139
VII. Zuständigkeit (Abs. 4)	141
VIII. Verhältnis zu Rücknahme und Widerruf (Abs. 5)	142
IX. Landesrecht	145
X. Vorverfahren	146

I. Allgemeines

1. Grundgedanken des § 51

§ 51 trägt neben §§ 48, 50 zur Lösung des **Konflikts zwischen Gerechtigkeit und** 1
Rechtssicherheit bei. § 51 wurde in Anlehnung an eine Grundsatzentscheidung des *BVerwG*[1]
geschaffen, ohne dass eine wesentliche Änderung gegenüber den vor Erlass des VwVfG gültigen
Rechtsgrundsätzen beabsichtigt war.[2] Er beruht auf von der verwaltungsgerichtlichen Rspr.
entwickelten Grundsätzen sowie auf der Regelung der Wiederaufnahme des Verfahrens in der
ZPO, auf die für den Verwaltungsprozess § 153 VwGO verweist.[3] Die **Parallele zur Wiederaufnahme** zeigt sich vor allem bei § 51 Abs. 1 Nr. 3, aber auch in der Gesamtstruktur des Verfahrens (Rn. 22 ff.).

Dabei ist seine Ausgestaltung im Einzelnen **nicht Ausdruck** eines **allgemeinen Rechtsgedankens**, der z. B. auch im Abgabenrecht[4] oder im Personalvertretungsrecht[5] anwendbar wäre. 2
Maßgebend für die Frage, ob und inwieweit ein Wiederaufgreifen als Durchbrechung formeller
und materieller Bestandskraft ermöglicht oder vorgeschrieben wird, ist das jeweilige Verfahrensrecht,[6] das hierzu durchaus unterschiedliche Lösungen bereithält, s. §§ 173 f. AO, § 48 SGB X;[7]
zum AsylVfG s. Rn. 50 ff.

Damit ist die Annahme einer **Regelungslücke ausgeschlossen**; ein Rückgriff auf die vor 3
Inkrafttreten des § 51 und seiner Entsprechungen geltenden Grundsätze ist daher nicht möglich.[8] Selbst zur Ergänzung lückenhafter Verfahrensregelungen kann nicht ohne weiteres auf
einen hinter § 51 stehenden Rechtsgrundsatz zurückgegriffen werden, wenn die auf das Verhältnis zwischen Bürger und Behörde zugeschnittene Regelung in § 51 für das lückenhaft geregelte Verfahren nicht passt, weil es eine **andere Ausgangssituation** betrifft.[9] Allerdings ist die
Bedeutung der zugrunde liegenden Umstände für das Ermessen nicht auszuschließen. Zur Anwendung des § 51 bei Prozesskostenhilfe s. § 1 Rn. 203.

---

[1] *BVerwGE* 39, 197, 202.
[2] *VGH München* DVBl 1978, 114.
[3] Begründung zu § 47 Entwurf 73.
[4] So aber *OVG Münster* KStZ 1979, 151; 1980, 239; DÖV 1982, 33; KStZ 1984, 79; GemH 1989, 37, 39; dies verkennt, dass die Nichtübernahme der §§ 172, 173 AO für die Kommunalabgaben als Absage an die diesbezüglichen Regelungen zu verstehen ist; s. auch § 2 Rn. 61.
[5] Insoweit ausdrücklich gegen übergreifenden Rechtsgrundsatz des § 51 *BVerwG* NVwZ-RR 1992, 645.
[6] Eingehend *VGH Mannheim* VBlBW 1981, 402 ff., unter Hinweis auf *Bettermann* in FS Wolff, 1973, S. 465, 469, 486 ff.
[7] Vgl. zu den Unterschieden *Bielefeld*, Das soziale Verfahrensrecht des SGB X, 1997, S. 169 ff.
[8] S. auch *Erichsen* VerwArch 1979, 349, 358.
[9] Vgl. für das personalvertretungsrechtliche Mitbestimmungsverfahren *BVerwG* NVwZ-RR 1992, 645.

2. Verhältnis zu anderen Durchbrechungen der Bestandskraft

4 § 51 regelt lediglich einen Teil der Möglichkeiten, die Bestandskraft eines unanfechtbaren VA zu durchbrechen (vgl. auch § 43 Rn. 28). Unter Voraussetzungen des Abs. 1 gibt er dem Betroffenen einen Anspruch auf Wiederaufgreifen. Der **Hinweis in Abs. 5** auf § 48 Abs. 1 S. 1 und § 49 Abs. 1 versucht, das nicht abschließend geklärte Verhältnis zu den Rücknahme- und Widerrufsvorschriften (näher Rn. 142) zu lösen.

3. Ausschluss durch Rechtsvorschriften

5 Ein Anspruch auf Wiederaufgreifen kann durch **Rechtsvorschriften ausgeschlossen** sein, wie namentlich für das PlfV mit § 72 Abs. 1, § 75 Abs. 2 S. 2.[10] Der *VGH München*[11] sieht die Anwendbarkeit des § 51 gegenüber einer Entziehung der Fahrerlaubnis durch die Möglichkeit der Neuerteilung nach § 15c StVZO ausgeschlossen; der *VGH Kassel*[12] sieht in § 17 Abs. 2–5 AtG eine auch gegenüber § 51 abschließende Regelung für den Fall veränderter Verhältnisse. Eine zeitlich **eingeschränkte Anwendbarkeit** des § 51 (Abs. 1 Nr. 1 und 2) sieht § 2 Abs. 5 S. 1 VZOG vor. S. auch Rn. 99. Dagegen steht der Anwendung des § 51 auf Entscheidungen nach § 9 BBesG, § 121 BDO nichts entgegen,[13] ebenso wenig auf solche nach dem BBergG und darauf gestützten Rechtsverordnungen;[14] auch im Bereich des VermG wird § 51 für anwendbar gehalten.[15] Offen geblieben ist, ob § 5 Abs. 1 BJagdG als lex specialis dem § 51 vorgeht;[16] als ungeklärt wurde das Verhältnis zum Wohnortzuweisungsgesetz bezeichnet.[17]

6 Denkbar ist ferner ein konkludenter **Ausschluss** des § 51 nach der **Zweckbestimmung des VA**,[18] etwa wenn ein Widerruf oder eine Rücknahme nicht beseitigungsfähig sind (s. § 48 Rn. 249 ff.).[19] Möglich ist auch, dass spezielle Regelungen § 51 mehr oder weniger weitgehend unanwendbar machen.[20] Regelungen über die (partielle) Wiederholung von Prüfungen zielen nicht auf ein Wiederaufgreifen des Prüfungsverfahrens, ermöglichen insbes. keine Neubewertung der früheren Prüfungsleistungen, deren bestandskräftige Beurteilung unberührt bleibt.[21]

7 Die Möglichkeit zum Wiederaufgreifen i. w. S. (Rn. 13 ff.) bleibt von solchen Regelungen grundsätzlich unberührt; so lässt namentlich § 72 Raum für die Anwendung von § 49 (§ 72 Rn. 109 f., 112 ff.).[22] Dagegen wird die Anwendbarkeit der §§ 48–51 insgesamt auf die Änderung eines unanfechtbaren Umlegungsplans nach § 73 BauGB unter Hinweis auf dessen komplexe Struktur und privatrechtsgestaltende Wirkung ausgeschlossen.[23] Die **Anwendbarkeit des § 51** wurde auch im Bereich des GjS ungeachtet einer fehlenden Normierung in diesem Gesetz angenommen.[24] Als vergleichbare Vorschrift sieht das *OVG Münster*[25] § 5 Abs. 2 S. 2 AFWoG. Zum Ausschluss nur des Wiederaufgreifens i. w. S. durch § 71 Abs. 1 S. 1 AsylVfG s. Rn. 52 f.

---

[10] Auch für den Fall, dass ein Bescheid möglicherweise als Planungsentscheidung angesehen werden muss, ist ein im Hinblick darauf zu erwägender Ausschluss von § 51 gem. § 72 Abs. 1 HS 2 nach *VGH München* NVwZ-RR 1994, 241, 242, nur dann gerechtfertigt, wenn ein Anhörungsverfahren stattgefunden hat. Zu § 17 Abs. 6 S. 2 ff. und Abs. 7 BFStrG a. F. und zum früheren Fernstraßenrecht *BVerwG* NJW 1981, 835 ff.; jetzt BVerwGE 84, 31, 33; § 72 Rn. 133; zu § 79 Abs. 2 BVerfGG s. Rn. 101 f.
[11] BayVBl 1995, 23, mit nicht recht eindeutiger Begründung, s. auch Rn. 23.
[12] NVwZ-RR 1998, 361, 363.
[13] BVerwGE 113, 322, 325.
[14] OVG Lüneburg NdsVBl 2000, 215, 218.
[15] VG Berlin NVwZ 2000, 1075 f. Zur Geltung des § 51 im Zusammenhang des § 2 Abs. 5 S. 1 VZOG *Nolte/Fehr* VIZ 1998, 233, 235 f.
[16] *VGH München* BayVBl 2001, 112, 114.
[17] BVerfGE 110, 177, 189 f.
[18] S. unter Berufung auf die Natur der Sache, *Kopp/Ramsauer*, § 51 Rn. 4 m. w. N.
[19] Die Anwendbarkeit von § 51 offen lassend *OVG Münster* NVwZ 1986, 51 f.
[20] So ist nach BVerwGE 110, 140, 147 f., § 51 Abs. 1 Nr. 1 im Hinblick auf die Regelung über die Befristung der Ausweisungswirkungen nach § 8 Abs. 2 S. 3 AuslG jedenfalls insoweit unanwendbar, als es um die Berücksichtigung von Sachverhaltsänderungen geht, die für den Fortbestand des Ausweisungszwecks erheblich sind.
[21] OVG Lüneburg NVwZ-RR 2000, 225, 226.
[22] *VGH Mannheim* UPR 1988, 77; auch *OVG Münster* NJW 1986, 2279; anders *VGH Kassel* NVwZ-RR 1993, 588, 589 f. m. w. N.
[23] BGH NVwZ 1987, 532.
[24] *VG Köln* NJW 1989, 418, auch zum Verhältnis zur Entscheidung nach § 18a GjS.
[25] NVwZ-RR 1989, 500.

4. Begriff des Wiederaufgreifens überhaupt

Das Wiederaufgreifen des Verfahrens bedeutet, dass die Behörde ein VwVf nach unanfechtbarem Abschluss erneut eröffnet, um die entschiedene Frage nochmals zu prüfen und sie ggf. unter Aufhebung oder Änderung des bestandskräftigen VA abweichend zu entscheiden.[26] Man kann deshalb einen **Antrag** auf **Wiederaufgreifen** als **außerordentlichen Rechtsbehelf** (s. allg. § 79 Rn. 22) bezeichnen (s. auch § 43 Rn. 28).[27] Im Einzelnen ist vieles str., s. Rn. 22 ff., 142 ff. 8

Dementsprechend ist der **Antrag** (Rn. 17, 22 ff., 85) des durch einen unanfechtbaren belastenden VA betroffenen Bürgers auf Neuentscheidung zu werten: Er zielt auf das Wiederaufgreifen des Verfahrens sowie die Aufhebung des ersten Bescheides und (bei Verpflichtungsbegehren) seine Ersetzung durch einen neuen Bescheid, also auf eine erneute Sachentscheidung. Ein solcher Antrag leitet ein selbständiges VwVf im Sinne des § 9 ein,[28] für das ebenfalls der Begriff des „Wiederaufgreifens" Verwendung findet.[29] 9

5. Entscheidungsmöglichkeiten

Die Entscheidung der Behörde (s. näher Rn. 22 ff.) betrifft beide Aspekte: Sie kann nach der Prüfung, ob die Voraussetzungen des Wiederaufgreifens vorliegen, 10
- 1) das **Wiederaufgreifen** des Verfahrens **ablehnen,**
- 2) nach dem Wiederaufgreifen das Begehren des Bürgers **in der Sache ablehnen** oder
- 3) nach dem Wiederaufgreifen **in der Sache entsprechend dem Antrag** des Bürgers **entscheiden** (sog. Zweitbescheid, näher Rn. 28 ff.).

Alle drei Entscheidungen werden als VAe qualifiziert.[30]

Das auf den Antrag (Rn. 9) eröffnete VwVf endet jedoch nur mit **einem VA,** der entweder die Ablehnung des Wiederaufgreifens oder die Ablehnung der Aufhebung des Erstbescheides oder die Aufhebung des Erstbescheides, ggf. mit einer Gewährung der beantragten Leistung, zum Inhalt hat. Eine rechtlich gebundene Aufhebung des Ausgangsbescheides bei Wiederaufgreifen kann **nicht** in einen Widerruf oder eine Rücknahme des Erstbescheides, die im Ermessen der Behörde stehen, **umgedeutet** werden (§ 47 Rn. 25).[31] 11

6. Recht der EG

Für den **unmittelbaren Vollzug** des EG-Rechts kennt das Gemeinschaftsrecht ein Wiederaufgreifensverfahrens bei Vorliegen wesentlicher neuer Tatsachen.[32] Für den **mittelbaren Vollzug** des EG-Rechts durch deutsche Behörden gilt § 51,[33] ebenso, wenn im Rahmen des im Übrigen durch das nationale Recht bestimmten Verwaltungshandelns auch gemeinschaftsrechtliche Vorschriften zu beachten sind.[34] Gefährdungen der Durchsetzung des Gemeinschaftsrechts sind im Rahmen des § 51 ebenso wenig zu besorgen wie eine diskriminierende Anwendungspraxis (§ 48 Rn. 24). S. im Einzelnen ferner Rn. 20, 57. 12

---

[26] Ähnlich *Ule/Laubinger,* § 65 Rn. 7 m. w. N.; *Schwabe* JZ 1985, 545, 546 f.
[27] *Bettermann* in FS Wolff, 1973, S. 465, 487; *VGH Mannheim* VBlBW 1981, 402 ff.
[28] Vgl. *Weides,* § 27 II.
[29] S. *Maurer* JuS 1976, 25; 3. Aufl. Rn. 5; w. N. bei *Ule/Laubinger,* § 65 Rn. 7.
[30] *BVerfGE* 27, 297 ff. mit Bespr. *Schwabe* JuS 1970, 382; *Siegmund-Schultze* DVBl 1970, 256; *Menger/Erichsen* VerwArch 1970, 285 f.; *Arndt* DVBl 1971, 252; *BVerwGE* 44, 333, 335 mit Bespr. *Maurer* JuS 1976, 25; § 35 Rn. 151.
[31] *BVerwGE* 15, 196, 199.
[32] Dazu näher *Schroeder,* Bindungswirkungen, S. 72 ff., 175, 181 f., rechtsvergleichend zum deutschen Recht kurz S. 17.
[33] A. A. *Ehle* DVBl 1974, 731, 733, der aus Art. 5 EGV = Art. 10 EG eine Aufhebungspflicht bei gemeinschaftsrechtswidrigen Maßnahmen ableitet, die nach nationalem Recht Bestandskraft erlangt haben; s. dazu *Gornig/Trüe* JZ 1993, 884, 934, 941.
[34] Ganz selbstverständlich *BVerwGE* 121, 226, 228 f.; s. auch § 48 Rn. 106. *Huthmacher,* Der Vorrang des Gemeinschaftsrechts bei indirekten Kollisionen, 1995, S. 275, gelangt über § 48 i. V. m. einer wohl aus Art. 5 EGV = Art. 10 EG abgeleiteten Ermessensreduzierung auf Null zu einem Wiederaufgreifen des Verfahrens, weil nationale Behörden bei Verstoß gegen unmittelbar anwendbares Gemeinschaftsrecht auch nach Bestandskraft verpflichtet seien, den VA aufzuheben; a. A. *E. Klein* Staat 1994, 39, 45.

II. Das Wiederaufgreifen i. w. S. als Ermessensentscheidung

1. Grundsätzlicher Ausschluss eines strikten Anspruchs auf Wiederaufgreifen

13 Nach der gefestigten Rspr.[35] hat der Betroffene **keinen allgemeinen strikten Anspruch auf ein Wiederaufgreifen** des Verfahrens und den Erlass eines Zweitbescheides, selbst wenn der VA rechtswidrig ist (§ 48 Rn. 47 f.). Bei rechtswidrigen (§ 48 Rn. 28 ff.) und unter erheblichen Einschränkungen bei rechtmäßigen (§ 49 Rn. 28 ff.) VAen bleibt die Behörde allerdings befugt, über einen durch unanfechtbar gewordenen VA beschiedenen Anspruch erneut in der Sache zu entscheiden (s. auch § 43 Rn. 33) und dadurch grundsätzlich den Verwaltungsrechtsweg wieder zu eröffnen. Dies stellt der **Hinweis in Abs. 5** klar (Rn. 142 ff.).

14 Nur in **Ausnahmefällen** bestand vor Inkrafttreten des VwVfG nach allgemeinen Grundsätzen ein **strikter Anspruch** des Betroffenen **auf Wiederaufgreifen**. Dies greifen § 51 und einige Spezialgesetze auf, z. B. § 342 LAG;[36] § 71 AsylVfG (Rn 50 f.); § 22 OBG NRW und andere Sondervorschriften.[37] Die Besonderheit des Sozialhilferechts verpflichtet nicht zum Wiederaufgreifen,[38] doch gilt eine Verschärfung der Rücknahmepflichten.[39] Die Sonderregelung des § 44 Abs. 1 SGB X ist auf Sozialleistungen i. S. d. § 11 SGB I beschränkt.[40] Die allgemeinen Regeln gelten auch für das Kriegsdienstverweigerungsverfahren;[41] dabei sollen die VGe auch dann selbst über das Anerkennungsbegehren befinden, wenn sie meinen, die Prüfungsgremien hätten ihre Befugnis verkannt, ein bestandskräftig abgeschlossenes Anerkennungsverfahren wieder aufzunehmen.[42] Anwendbar ist § 51 auch für das Indizierungsverfahren nach dem (früheren) GjS.[43] Der *VGH München*[44] lässt das Verhältnis des § 51 zum Atomrecht offen.

15 **Im Regelfall** entscheidet die Behörde über einen Antrag auf Wiederaufgreifen nach pflichtgemäßem **Ermessen**,[45] dem grundsätzlich ein **Anspruch** des Betroffenen auf **ermessensfehlerfreie Entscheidung** entspricht (s. allg. § 40 Rn. 134 ff.); abweichend vom allgemeinen Verwaltungsverfahrensrecht schließt § 71 Abs. 1 AsylVfG den Anspruch auf ermessensfehlerfreie Entscheidung über das Wiederaufgreifen i. w. S. aus[46] (Rn. 50 ff., 142). Zu einem Anspruchsausschluss kann es durch eine für die Antragsteller nachteilige Selbstbindung des Ermessens kommen.[47]

16 Auch diese Verfahren werden als Wiederaufgreifen bezeichnet, obwohl es insoweit nur um die ermessensgerechte Ausübung der Aufhebungsermächtigung aus § 48 Abs. 1 S. 1, § 49 Abs. 1 oder etwa vorrangigen parallelen Spezialvorschriften[48] geht **(Wiederaufgreifen i. w. S.);**[49] andere treten für die Loslösung des Wiederaufgreifens i. w. S. von §§ 48, 49 ein (s. auch Rn. 22 ff., 142 ff.).[50]

17 Erforderlich für einen Anspruch ist ein **Antrag** und die **Beschwer** des Betroffenen durch den unanfechtbaren VA.[51] **Antragsbefugt** ist deshalb nur der durch den VA belastete Betroffene, sei es der Adressat oder ein Dritter i. S. d. § 50, ggf. auch ein Rechtsnachfolger.[52] Der Adressat

---

[35] *BVerfGE* 27, 297; *BVerwGE* 28, 125; 39, 231; 44, 333, 334; 48, 271, 278 f.; 60, 316 ff.; *BVerwG* NJW 1981, 2595; NVwZ 1985, 265; NVwZ-RR 1990, 26 f.; *VGH Mannheim* NVwZ 1989, 882, 884; NVwZ-RR 1991, 490, 491; ausführlich *BFH* NVwZ 1990, 700 f. m. w. N.; in der Literatur differenzierter: s. Nachweise bei *Schwabe* JuS 1970, 382 ff.; *Maurer* JuS 1976, 25, 27.
[36] S. dazu *Bachof* II, Anm. 373; *Schäfer* DVBl 1976, 14 zum KOVwVfG.
[37] Vgl. die Zusammenstellung bei *Bettermann* in FS Wolff, 1973, S. 465, 471 ff.
[38] *OVG Bremen* VerwRspr 1976 Nr. 196.
[39] Zu § 44 SGB X *BSG* DVBl 1981, 1007 m. Anm. *Ule*.
[40] *BVerwG* NVwZ-RR 1991, 31 f. m. w. N.
[41] *BVerwGE* 69, 90 ff.
[42] *BVerwG* NVwZ 1991, 272, 273.
[43] S. *BVerwG* NJW 1987, 1435, ohne Erwähnung des § 51; *VG Köln* NVwZ 1989, 418.
[44] NVwZ 1991, 903, 904.
[45] So auch *Baumeister* VerwArch 1992, 374, 376 ff. m. w. N.
[46] So zu § 14 AsylVfG a. F. *BVerwGE* 71, 332, 334 f.
[47] *BVerwG* NVwZ-RR 1991, 31, 32, im Anschluss an *BVerfGE* 68, 155 ff., Beschränkung auf Härtefälle.
[48] Vgl. für § 17 Abs. 2, 3 AtG *VGH Kassel* NVwZ-RR 1998, 361, 364.
[49] S. *BVerwG* Buchholz 316 § 36 VwVfG Nr. 1; NJW 1981, 2595; *BVerwGE* 78, 332, 338; *Sachs* JuS 1982, 264; terminologisch abw. sprechen *Ule/Laubinger*, § 65 Rn. 7 f., von Wiederaufgreifen i. w. S., wenn auch die neue Sachentscheidung miterfasst sein soll.
[50] *Selmer* JuS 1987, 363, 365.
[51] *BVerwGE* 60, 316, 326; *Selmer* JuS 1987, 363, 366.
[52] Vgl. bei Drittbetroffenen *OVG Münster* ZIP 1996, 131, 132; s. auch § 48 Rn. 242.

kann auch bei einem **begünstigenden VA** antragsbefugt sein, wenn dieser im Umfang hinter den angestrebten Vorteilen zurückbleibt.[53] Wie die **Befugnis** der Behörde, ein Verfahren wiederaufzugreifen, **verwirkt** werden kann,[54] kann auch der **Anspruch,** der sich auf das Wiederaufgreifen bezieht, **verwirkt** werden. Der *VGH Mannheim*[55] erwägt einen Ausschluss der Rücknahmemöglichkeit bei VA mit Drittwirkung (Rn. 64 ff.) nach Versäumnis der Frist nach § 51 Abs. 3 (auch Rn. 132).

Die Ablehnung des Wiederaufgreifens ist als VA auf **Ermessensfehler** (§ 40 Rn. 53 ff.) **18** überprüfbar. Bei der Ermessensentscheidung sind Rechtssicherheit und Gerechtigkeit gegeneinander abzuwägen. Hierbei sind die **Umstände des Einzelfalles,** wie Besonderheiten des Rechtsgebietes, die Bedeutung der Belastung für den Betroffenen, besondere Zweifel an der Rechtmäßigkeit des VA, die verstrichene Zeit, das Verhältnis des Erstbescheides zu anderen gleichgelagerten VAen,[56] die Anzahl gleichgelagerter anderer VAe[57] oder etwa die Verantwortlichkeit der Behörde für das Unanfechtbarwerden des VA[58] zu berücksichtigen. Die Begrenzung des Wiederaufgreifens einer bestandskräftigen Ablehnung laufender Versorgungsbezüge auf den Zeitraum der Verjährungsfrist analog § 197 BGB ist als ermessensfehlerfrei angesehen worden.[59] Der BMVg kann ohne Ermessensfehler das Wiederaufgreifen eines Sicherheitsüberprüfungsverfahrens allein auf Grund von Erklärungen des betroffenen Soldaten ablehnen.[60]

2. Anspruch bei Ermessensschrumpfung und -bindung

Ist die **Aufrechterhaltung** des Erstbescheides schlechthin **unerträglich** oder das Wieder- **19** aufgreifen **verfassungsrechtlich geboten**[61] oder sind Umstände ersichtlich, die die Berufung der Behörde auf die Unanfechtbarkeit des Erstbescheides als einen Verstoß gegen die **guten Sitten** oder **Treu und Glauben** erscheinen lassen, kann sich das **Ermessen** der Behörde **zur strikten Rechtsbindung** verdichten. Daraus kann – über den Anwendungsbereich des § 51 hinaus – ein Anspruch auf Wiederaufgreifen erwachsen.[62] Kein Verstoß gegen die guten Sitten liegt in der Berufung auf Unanfechtbarkeit an sich.[63] Ein Anspruch kann sich ferner aus Art. 3 GG ergeben, wenn sich die Behörde durch das Wiederaufgreifen vergleichbarer Fälle zugunsten der Antragsteller **selbst gebunden** hat (§ 40 Rn. 103 ff.).[64] Jedenfalls hat der Antragsteller die zu einer Bindung des Ermessens führenden Gründe darzutun.[65] Zum Anspruchsausschluss bei Ermessensbindung s. Rn. 15. Eine Verpflichtung zum Wiederaufgreifen kann u. U. auch durch Vergleichsvertrag entstehen.[66]

3. Die Rechtswidrigkeit des Erstbescheides

Die **Behauptung der Rechtswidrigkeit** (§ 44 Rn. 12 ff.) des Erstbescheides **allein** ver- **20** pflichtet die Behörde noch nicht zu einem Wiederaufgreifen,[67] grundsätzlich[68] auch nicht,

---

[53] S. *VGH Mannheim* NVwZ 1986, 225; *Kopp/Ramsauer*, § 51 Rn. 14; a. A. wohl *Meyer/Borgs*, § 51 Rn. 21; allg. zum belastenden Charakter des „nicht so" begünstigenden VA § 48 Rn. 52 ff.
[54] Vgl. *BVerwGE* 44, 339.
[55] NVwZ 1990, 985, 988.
[56] *Bachof* II, Anm. 372.
[57] S. *Maurer* JuS 1976, 25, 27 f. m. w. N.; für die AO grundsätzlich *BFH* NVwZ 1990, 700 f. m. w. N.
[58] *OVG Berlin* OVG BlnE 19, 1 ff.
[59] S. *BVerwG* NVwZ 1985, 181 f.
[60] *BVerwG* NVwZ 2000, 447, 448, bezogen auf den Austritt aus einer politischen Partei.
[61] *BVerfG(K)* NVwZ 2000, 907, 908 f. nach Fristversäumnis im Asylverfahren infolge anwaltlichen Verschuldens; *BVerwG* NJW 1977, 262, 265; s. auch § 35 Rn. 221.
[62] *BVerwGE* 28, 122, 127 f.; 44, 333, 336; krit. *Schwabe* JuS 1970, 382, 387; *BVerwG* NJW 1981, 2595; NVwZ-RR 1990, 26, 27; *BVerwGE* 95, 86, 92 f.; 113, 322, 328 = NVwZ 2000, 202 für die Entscheidung über den Verlust der Dienstbezüge im Hinblick auf die Entscheidung im Disziplinarverfahren; *OVG Münster* NVwZ 1986, 135 und zust. *Selmer* JuS 1987, 363, 367; *OVG Berlin* OVG BlnE 19, 1 ff.; *VG Gera* LKV 1997, 297, 298 f.; *VG Stuttgart* InfAuslR 1998, 54, 55; *Baumeister* VerwArch 1992, 374, 378 f. m. w. N.
[63] *OVG Bremen* VerwRspr 1976 Nr. 196.
[64] *BVerwG* DÖV 1966, 866; *BVerwGE* 26, 153, 155; *Baumeister* VerwArch 1992, 374, 379 m. w. N.
[65] *BVerwG* NJW 1977, 262, 263.
[66] *BSG* DVBl 1990, 214 f.
[67] *BVerwG* NJW 1981, 2595: „ausnahmsweise"; *OVG Münster* OVGE 28, 84, 86 m. w. N.; *OVG Bremen* VerwRspr 1976 Nr. 196; *Maurer* JuS 1976, 25, 29; A. *Heimerl* BayVBl 1971, 366, 367.
[68] Für eng begrenzte Sonderfälle (bei EuGH-Entscheidungen) anders *EuGH* Rs. C 453/00, EuGHE 2004, I-837 Rn. 24 = NVwZ 2004, 459 f.; dazu etwa mit Recht restriktiv *BVerwG* DÖV 2005, 651 f.;

wenn die Verletzung von Gemeinschaftsrecht gerügt wird.[69] Ein Antrag auf Wiederaufgreifen kann vielmehr ermessensfehlerfrei mit der Begründung abgelehnt werden, es bestehe kein Grund für eine neue Sachentscheidung, wenn sich nicht die Annahme aufdrängt, dass der rechtsbeständig gewordene Erstbescheid rechtswidrig zustande gekommen ist.[70] S. auch Rn. 132. Die Berufung auf die Bestandskraft der Erstentscheidung wird nicht dadurch abgeschnitten, dass die Behörde bei der Prüfung eines Antrags auf Wiederaufgreifen des Verfahrens auf die geltend gemachten Gründe eingeht.[71] Es ist grundsätzlich **Aufgabe des Antragstellers**, tatsächliche Umstände **darzulegen,** die – ihre Richtigkeit unterstellt – die Rechtswidrigkeit des Erstbescheides ergeben.[72] Im Schrifttum wird zum Teil immer dann ein Anspruch auf Wiederaufgreifen (nicht: auf die erwünschte Rücknahmeentscheidung) bejaht, wenn der Betroffene bislang nicht berücksichtigte Anhaltspunkte für die Rechtswidrigkeit des VA dartut.[73]

4. Begründung der Entscheidung über das Wiederaufgreifen i. w. S.

21 Der Umfang der notwendigen **Begründung** der Ermessensentscheidung über das Wiederaufgreifen i. w. S. war vor Inkrafttreten des VwVfG nicht abschließend geklärt.[74] Die Begründung muss nunmehr den Anforderungen des § 39 genügen.[75]

III. Das Wiederaufgreifen i. e. S. nach § 51

1. Verfahrensstufen

22 Das Verfahren auf Grund eines Antrags auf Wiederaufgreifen nach § 51 (s. Rn. 17, 84 ff., 142 ff.) betrifft das sog. **Wiederaufgreifen i. e. S.**[76] Die in diesem Verfahren vorzunehmende Prüfung gliedert sich wie beim gerichtlichen Wiederaufnahmeverfahren in die **drei Stufen** der Prüfung der Zulässigkeit (a) und Begründetheit des Antrags (b) sowie der Voraussetzungen der erneut zu treffenden Sachentscheidung (c).[77] Vielfach werden allerdings – ebenfalls nach an prozessrechtlichen Vorbildern – die ersten beiden Stufen zusammengezogen.[78] Zweifel an der Differenzierung von Zulässigkeit und Begründetheit[79] überzeugen gegenüber der ausdrücklichen Regelung der Zulässigkeit in Abs. 2 nicht.

23 a) Für die **Zulässigkeit des Antrags** gelten die **allgemeinen Erfordernisse** für die Durchführung eines VwVf, etwa die für die Beteiligten gem. §§ 11, 12, 14, die Zuständigkeit der Behörde (s. Rn. 141) oder auch die **Beschwer** des Betroffenen (Rn. 17). Der *VGH München*[80] nimmt wohl – unabhängig von Abs. 2 (dazu Rn. 127 ff.) – eine allgemeine Subsidiarität

---

OVG Lüneburg NVwZ 2006, 1302, 1303; VG Darmstadt NVwZ 2007, 360, 361; Britz/Richter JuS 2003, 198 ff.; Gundel in FS Götz, 2005, S. 191, 204 f.; auch Potacs EuR 2004, 595 ff.; ders. in FS Ress, 2005, S. 729, 732 ff.; Kremer EuR 2007, 470, 484 ff. zu weit gehend demgegenüber etwa Lindner BayVBl 2004, 589, 590 ff.; Lenze VerwArch 2006, 49, 56 ff., 60 f.; Ruffert JZ 2004, 620, 621; Streinz JuS 2004, 516, 517.
[69] S. auf Vorlage mit BVerwGE 121, 226, EuGH verb. Rs. C-392/04 u. C-422/04, EuGHE 2006, I-8559 = NVwZ 2006, 1277; dazu etwa Gärditz NWVBl 2006, 441 ff.; ferner schon BVerwG NJW 1978, 508; VG Saarlouis DVBl 1974, 728 m. Anm. Ehle. Restriktiv auch wieder EuGH, Rs. C-234/04, EuGHE 2006, I-2585 Rn. 21 ff. = NJW 2006, 1577; dazu Epiney NVwZ 2007, 1012, 1016.
[70] BVerwGE 39, 231, 233; 44, 333, 338.
[71] OVG Münster NVwZ 1995, 1138, 1139.
[72] BVerwGE 39, 231, 234; für Schlüssigkeit des Vorbringens auch BFH NVwZ 1990, 700 f. m. w. N.
[73] S. ausführlich in diesem Sinne Baumeister VerwArch 1992, 374, 376 f. m. w. N.
[74] Vgl. ausdrücklich offen lassend BVerwGE 39, 231, 234; 44, 333, 338; dazu Maurer JuS 1976, 25, 32.
[75] So die Begründung zu § 47 Abs. 5 Entwurf 73.
[76] BVerwGE 78, 332, 338; Sachs JuS 1982, 264; terminologisch abw. Ule/Laubinger, § 65 Rn. 7, 8, die nur die ersten beiden der nachfolgend genannten Stufen so bezeichnen.
[77] BVerwG NJW 1982, 2204 f.; OVG Hamburg NVwZ 1985, 512 f.; Wolff/Bachof/Stober I, § 51 Rn. 111; Ule/Laubinger, § 65 Rn. 7; Sachs JuS 1982, 264; Selmer JuS 1987, 363, 366; auch Maurer, § 11 Rn. 57 ff.; Baumeister VerwArch 1992, 374, 377 m. w. N.; Detterbeck, Streitgegenstand und Entscheidungswirkungen im Öffentlichen Recht, 1995, S. 193 f.; Erichsen/Ebber Jura 1997, 424, 425.
[78] Vgl. insbes. Korber, S. 16 ff. – actum rescindens, actum rescissorium; ebenso ders. DVBl 1984, 405, 406 f. und nochmals DÖV 1985, 309, 313; Faber, § 21 III c; auch Kopp/Ramsauer, § 51 Rn. 12a; gegen jede Verfahrensstufung Wilke in FS Juristische Gesellschaft Berlin, 1984, S. 847 ff.
[79] Vgl. Martens, Rn. 491, 496 ff.; skeptisch auch Ule/Laubinger, § 65 Rn. 7 a. E.
[80] BayVBl 1995, 23, unter Berufung auf Obermayer (Vorauflage), VwVfG, § 51 Rn. 45; s. auch Rn. 5.

des § 51 an, wenn der Betroffene seine ihm nach Änderung der Sach- und Rechtslage zustehenden Rechte anderweitig geltend machen kann (vgl. auch Rn. 70f.).

Zu den **besonderen Zulässigkeitsvoraussetzungen im Rahmen des § 51** gehört nach Abs. 1 die Unanfechtbarkeit des VA (s. Rn. 87). Ferner muss der Antrag fristgerecht gestellt sein (Abs. 3; Rn. 132ff.), und der Betroffene muss ohne grobes Verschulden außerstande gewesen sein, den Grund für das Wiederaufgreifen (Rn. 84ff.) im Erstverfahren geltend zu machen (Abs. 2, Rn. 127ff.). **24**

Das *BVerwG* fordert darüber hinaus schon **für die Zulässigkeit** des Antrags nach Abs. 1 Nr. 2, dass **neue Beweismittel, tatsächlich vorliegen** und dass sie im Sinne einer **Schlüssigkeitsprüfung** geeignet erscheinen, dem Antrag zum Erfolg zu verhelfen.[81] Das *OVG Münster*[82] übernimmt diese Anforderungen auch für § 51 Abs. 1 Nr. 1.[83] Entsprechendes wäre konsequenterweise für § 51 Abs. 1 Nr. 3 i.V. mit § 580 Nr. 7b ZPO anzunehmen, zumal sich das *BVerwG*[84] gerade auf dieses Vorbild stützt. **25**

Diese **Erweiterung der Zulässigkeitsvoraussetzungen** lässt für die Begründetheitsprüfung in weiten Bereichen kaum etwas übrig, wenn man diese nicht ihrerseits auf die Beurteilung der zu treffenden Sachentscheidung erstreckt. Sie entspricht auch nicht dem prozessualen Vorbild; denn § 589 Abs. 1 ZPO bezieht die Zulässigkeit der Wiederaufnahmeklage lediglich auf die Statthaftigkeit sowie die gesetzlichen Form- und Fristerfordernisse.[85] Daher wird verbreitet an der **engeren Bestimmung der Zulässigkeitsvoraussetzungen** (Rn. 24) festgehalten.[86] Im praktischen Ergebnis ist die Zuordnung zu Zulässigkeit oder Begründetheit des Antrags allerdings ohne entscheidende Bedeutung. **26**

b) Begründetheit des Antrags. Der Antrag ist begründet, wenn einer der **Gründe für das Wiederaufgreifen** nach § 51 Abs. 1 **gegeben ist**[87] und der Antrag auf diesen Grund gestützt wird.[88] Inwieweit es hierfür auf die Auswirkungen in der Sache ankommt, hängt vom Inhalt der einzelnen Wiederaufnahmegründe ab (s. Rn. 92, 115ff.). Allgemein kann nur festgestellt werden, dass bei einer weiten Ausdehnung der Begründetheitsprüfung auf den Bereich der Voraussetzungen der sachlichen Entscheidung diese vielfach im Kern vorweggenommen wird.[89] **27**

c) Neue Sachentscheidung. Ist der Antrag auf Wiederaufgreifen des Verfahrens zulässig und begründet, ist der Weg zur **erneuten Prüfung** mit dem Ziel einer neuen Sachentscheidung frei; das Verfahren ist ungeachtet der somit durchbrochenen Bestandskraft der Erstentscheidung wieder aufzurollen (zum Umfang des neu eröffneten Verfahrens s. Rn. 34ff.). In diesem Verfahren, das nicht mit dem durch den Erstbescheid abgeschlossenen Verfahren identisch ist (arg. § 51 Abs. 4, vgl. § 48 Rn. 256ff.),[90] kann eine weitere Sachverhaltsaufklärung nach §§ 24, 26 geboten sein; allerdings ist die Mitwirkungspflicht des Betroffenen (§ 26 Rn. 43ff.) besonders zu berücksichtigen.[91] **28**

2. Rechtsgrundlagen des Zweitbescheids

Auf Grund der neuen Sachverhaltsermittlung, insbes. auf Grund der dargelegten neuen Tatsachen und Beweismittel, entscheidet die Behörde (Rn. 10) durch Zweitbescheid (zum Begriff **29**

---

[81] *BVerwGE* 78, 332, 336f.; *BVerwG* NJW 1982, 2204; dem folgend *VGH München* NVwZ 1990, 269; nur auf das Geltendmachen von Wiederaufnahmegrund und Gründen für einen Erfolg in der Sache stellt *OVG Hamburg* NVwZ 1985, 512f. ab.
[82] NVwZ 1986, 51, 52.
[83] In diesem Sinne allg. für § 51 Abs. 1 *Schäfer* in Obermayer, VwVfG, § 51 Rn. 31; das Vorliegen der Gründe nach § 51 Abs. 1 fordert auch *Meyer/Borgs*, § 51 Rn. 20.
[84] NJW 1984, 2204f.
[85] S. zu den diesbezüglichen Unsicherheiten im Prozessrecht aber *Greger* in Zöller, § 589 Rn. 2 m.w.N.; auch *Thomas/Putzo*, Vorb § 578 Rn. 6ff.; *Rosenberg/Schwab/Gottwald*, § 160 IV 1.
[86] S. *Ule/Laubinger*, § 65 Rn. 10; *Achterberg*, § 23 Rn. 96; *Kopp/Ramsauer*, § 51 Rn. 13; auch *Meyer* in Knack, § 51 Rn. 11; anscheinend nur auf § 51 Abs. 3 bezieht die Zulässigkeit *BVerwGE* 77, 323, 326; s. auch noch in 6. Aufl. *Kopp* VwVfG, § 51 Rn. 8, 22.
[87] *Ule/Laubinger*, § 65 Rn. 15; *Meyer* in Knack, § 51 Rn. 11.
[88] Vgl. *BVerwG* NVwZ 1989, 161, 162; ferner Rn. 139f.
[89] S. für § 51 Abs. 1 Nr. 2 *BVerwG* NJW 1982, 2204, 2205, und dazu noch Rn. 116f.
[90] Zu den Konsequenzen für die Öffentlichkeitsbeteiligung s. *VGH München* NVwZ 1991, 903, 904.
[91] Wie hier eingehend *VGH Mannheim* VBlBW 1981, 402ff.; *VG Köln* Inf AuslR 1982, 313 zu § 14 AsylVfG a. F., im Einzelnen bestr., s. Rn. 142ff.

s. Rn. 38 ff.) **in der Sache** selbst. Auf welcher Rechtsgrundlage diese neue Sachentscheidung zu ergehen hat, ist in mehrfacher Hinsicht **umstritten.**

30 a) **Keine Entscheidung nach §§ 48, 49.** Im Gegensatz zu einer verbreiteten Auffassung[92] ergeht der Zweitbescheid beim Wiederaufgreifen nach § 51 nicht auf Grund der §§ 48, 49 (bestr., s. auch Rn. 142 ff.). Namentlich die Begriffe **Aufhebung oder Änderung** in § 51 Abs. 1 erfordern diese Annahme nicht (zu § 51 Abs. 5 s. Rn. 142).[93] Es ist keineswegs zwingend, §§ 48, 49 als einzige Vorschriften des VwVfG für die Aufhebung und die Änderung eines VA anzusehen, zumal es dann nahe gelegen hätte, in § 51 Abs. 1 Rücknahme und Widerruf explizit anzusprechen. Vielmehr zeigt § 43 Abs. 2, dass das VwVfG einen weiten Begriff der Aufhebung benutzt. Daher ist es zumindest möglich, dass § 51 von einem Begriff der Aufhebung ausgeht, der nicht die Fälle des §§ 48 bis 50 meint.[94] §§ 48, 49 treffen auch inhaltlich nicht zu. Zum einen erlauben sie – im Gegensatz zu § 51 Abs. 1 – auch die Aufhebung eines noch anfechtbaren VA (Rn. 87). Zum anderen stellen sie für die Beurteilung der Rechtmäßigkeit oder Rechtswidrigkeit des aufzuhebenden VA auf den Zeitpunkt seines Erlasses ab (§ 44 Rn. 16 ff.). Jedenfalls § 51 Abs. 1 Nr. 1 soll jedoch die Möglichkeit eröffnen, eine Neuentscheidung unter Aufhebung des alten VA im Hinblick auf die geänderte Sach- oder Rechtslage zu ermöglichen.

31 Auch die **Entstehungsgeschichte** kann die Gegenauffassung nicht überzeugend begründen. Allerdings stellt der Regierungsentwurf die Aufhebung ausdrücklich in das behördliche Ermessen.[95] Dieses Ermessen könnte aber auch außerhalb der §§ 48, 49 begründet sein.[96] Vor allem aber ging es dem Gesetzgeber darum, die (insoweit offenbar verkannte) vorangegangene **Judikatur des BVerwG zu übernehmen,** die gerade in den durch § 51 aufgegriffenen Fällen stets eine **strikte Pflicht zu neuer sachlicher Prüfung** und Entscheidung angenommen hatte.[97] Im Übrigen wäre es mit der ersichtlichen Zielsetzung der gesetzlichen Verpflichtung zum Wiederaufgreifen ebenso unvereinbar wie mit der engen Anlehnung an die gerichtliche Wiederaufnahme, wenn die erneute Entscheidung schließlich doch allgemein dem behördlichen Ermessen überlassen bliebe.[98]

32 b) **Entscheidung nach den sachlichen Rechtsgrundlagen.** Daher gehen Rspr.[99] und die jetzt überwiegende Auffassung im Schrifttum[100] mit Recht davon aus, dass allein die für die erneut zu treffende Regelung in der Sache maßgebliche Rechtslage zugrunde zu legen ist. Nur aus den somit maßgeblichen materiellen Rechtsnormen kann sich ggf. ein Ermessensspielraum für die entscheidende Behörde ergeben; sehen diese kein Ermessen vor, ist der **Zweitbescheid als gebundene Entscheidung** nach zwingendem Rechts zu erlassen.[101] Zur Bedeutung der Interessen Drittbetroffener für den Zweitbescheid s. Rn. 64 ff.

33 **Zeitlich** kommt es nicht auf die für die überholte Erstentscheidung maßgebliche Rechtslage an,[102] sondern auf die nach allgemeinen Grundsätzen **für die** zu treffende **Zweitentscheidung gültige Rechtssituation,** bei Streitigkeiten über den Inhalt des Zweitbescheids also ggf. auch

---

[92] *Meyer/Borgs,* § 51 Rn. 3 ff.; *Maurer,* § 11 Rn. 61; *Weides,* § 28 VI vor 1; *Wendt* JA 1980, 85, 87; *Richter* JuS 1990, 719, 723; s. auch *Wilke* in FS Juristische Gesellschaft Berlin, 1984, S. 847, 863 ff., sowie wohl zum Teil *Schwabe* JZ 1985, 545, 551 ff.
[93] So aber *Meyer/Borgs,* § 51 Rn. 5.
[94] S. auch *Müller* Verwaltung 1977, 520 zu Fußn. 33; *Sachs* JuS 1982, 264, 267 m. w. N.
[95] BT-Drs 7/910, zu § 47 Abs. 1, S. 75.
[96] S. *Ule/Laubinger,* § 65 Rn. 30.
[97] S. *Sachs* JuS 1982, 264, 267 m. w. N.
[98] *Sachs* JuS 1982, 264, 267 m. w. N.
[99] *BVerwG* NJW 1982, 2204, 2205; NJW 1985, 280 f.; *OVG Bremen* DÖD 1985, 41; anders offenbar *VGH Mannheim* VBlBW 2004, 148, 149, der das Vorliegen von § 51 Abs. 1 VwVfG offen lässt, da das Wiederaufgreifen ermessensfehlerfrei abgelehnt worden sei.
[100] *Ule/Laubinger,* § 65 Rn. 30 m. w. N.; *Meyer* in Knack, § 51 Rn. 19; *Kopp/Ramsauer,* § 51 Rn. 18; *Ruffert* in Erichsen/Ehlers, § 25 Rn. 6; *Schäfer* in Obermayer, VwVfG, § 51 Rn. 69, 71; *Sachs* JuS 1982, 264, 267; *ders.* JuS 1985, 447, 448; *J. Martens* NVwZ 1983, 131; *Schenke* DÖV 1983, 320, 330 f.; *Korber* DÖV 1985, 309, 313 m. N.; *Kühne* JA 1985, 326 ff., 329; *Selmer* JuS 1987, 363, 367; *Frohn* Verwaltung 1987, 337 ff.; *Baumeister* VerwArch 1992, 374, 376; *Erichsen/Ebber* Jura 1997, 424, 429; *Ehlers* Verwltung 2004, 255, 284.
[101] S. *BVerwG* NJW 1982, 2204, 2205 m. w. N.; *VGH Mannheim* NVwZ-RR 1991, 55; *OVG Münster* NVwZ 2000, 89, 91.
[102] Anders für § 51 Abs. 1 Nr. 2 und 3 *Ule/Laubinger,* § 65 Rn. 31.

§ 51 Wiederaufgreifen des Verfahrens   34–38 § 51

auf den Zeitpunkt der letzten mündlichen Verhandlung im verwaltungsgerichtlichen Verfahren (s. dazu § 44 Rn. 16 ff.). In den Fällen des Abs. 1 Nr. 2 und 3 kann dies durchaus die ursprünglich maßgebliche Rechtslage sein, ebenso im Falle der Nr. 1, wenn sich nur die Sachlage verändert hat.

c) Problematisch ist auch die **sachliche Reichweite der Zweitentscheidungsbefugnis**, 34 der Umfang, in dem die Bestandskraft durch das Wiederaufgreifen ausgeräumt und dadurch die Zweitentscheidung möglich ist. Die prozessrechtlichen Vorbilder der Wiederaufnahmeverfahren sind uneinheitlich. Während im Strafprozess und im förmlichen Disziplinarverfahren das gesamte Verfahren erneut durchzuführen ist,[103] wird nach § 590 Abs. 1 ZPO, der über § 153 VwGO auch im Verwaltungsprozess gilt, die Hauptsache **nur insoweit von neuem verhandelt,** als sie **von dem Anfechtungsgrunde betroffen** ist.[104] Allerdings ist die Abgrenzung des so „betroffenen" Teils der Hauptsache problematisch und äußerst differenziert.

Neben **materiellen Teilen** (des streitgegenständlichen Anspruchs) werden vor allem **zeitliche** 35 **Abgrenzungen des Verfahrens** (etwa im Hinblick auf präkludiertes Vorbringen der Beteiligten) genannt.[105] Weitergehend wird zum Teil auch eine Beschränkung auf einzelne selbständige Angriffs- oder Verteidigungsmittel angenommen.[106]

Eine **Bindung an den Grund des Wiederaufgreifens** entspricht Sinn und Zweck des 36 § 51. Dies gilt insbes. für „quantitativ" beschränkte Wiederaufnahmegründe oder -anträge.[107] Im Hinblick auf Abs. 2 und 3 (Rn. 127 ff.) ist es aber auch geboten, „qualitativ" solche Umstände für das neue Verfahren auszugrenzen, die als Wiederaufgreifensgründe präkludiert oder verfristet sind. Die gesetzliche Regelung lässt erkennen, dass in diesen Bereichen die Bestandskraft den Vorrang haben soll. Deren Durchbrechung ist so eng auf den jeweiligen Wiederaufnahmegrund bezogen, dass kein Anlass für eine darüber hinausgehende, insbes. eine völlige Beseitigung der Bestandskraft besteht.[108] Allerdings soll im Rahmen des jeweils maßgeblichen Wiederaufgreifensgrundes der gesamte bis dahin entstandene Verfahrensstoff zu berücksichtigen sein.[109]

Die nach § 51 schutzwürdigen Interessen der Betroffenen werden bei der Begrenzung auf den 37 Grund des Wiederaufgreifens voll gewahrt. Die Betroffenen bestimmen durch ihre (zulässigen) Anträge auf Wiederaufgreifen des Verfahrens selbst, wie weit die Bestandskraft des Ausgangsbescheides in Frage gestellt wird.[110] Zur Frage der reformatio in peius s. Rn. 42 ff. Andererseits ist der Behörde der Weg zu einer **weiterreichenden Aufhebung oder Änderung** ihrer Entscheidung **über ihre Befugnisse nach §§ 48 ff.** nicht versperrt (s. § 51 Abs. 5; Rn. 13 ff., 142 ff.); sie kann vielmehr den Anlass einer Zweitentscheidungspflicht nach § 51 zu einer weiterreichenden Umgestaltung ihrer Erstregelung nutzen. In der Konsequenz ist dann auch die gerichtliche Kontrolle nicht mehr auf den geltend gemachten Grund für das Wiederaufgreifen beschränkt.[111]

3. Inhalt des Zweitbescheids

In mehrfacher Hinsicht klärungsbedürftig ist der Inhalt des Zweitbescheids, der im wieder- 38 aufgegriffenen Verfahren auf den beschriebenen Rechtsgrundlagen (Rn. 29 ff.) zur erneuten Regelung des betroffenen Rechtsverhältnisses zu ergehen hat.

---

[103] Hieran will *Korber*, S. 23 f., als allgemeinen Grundsatz des Wiederaufnahmerechts anknüpfen.
[104] Vgl. entsprechend für § 153 VwGO *Rennert* in Eyermann, § 153 Rn. 17; auch *von Oertzen* in Redeker/v. Oertzen, § 153 Rn. 11; anders – ohne Begründung – wohl *Kopp/Schenke*, § 153 Rn. 13.
[105] *Rosenberg/Schwab/Gottwald*, § 160 IV 3; *Greger* in Zöller, § 590 Rn. 4, 5, 9, 14; *Thomas/Putzo*, § 590 Rn. 4; *Hartmann* in Baumbach u. a., § 590 Rn. 4; *Bettermann* in FS Wolff, 1973, S. 465, 487 f., 497.
[106] Vgl. in diesem Sinne *Grunsky* in Stein/Jonas, § 590 Rn. 4 m. w. N.
[107] S. *Bettermann* in FS Wolff, 1973, S. 465, 486 ff.
[108] So OVG Koblenz DVBl 2007, 519 (nur LS) m. w. N. im Anschluss an BVerwG NVwZ 1990, 359, 360; grundsätzlich wohl auch BVerwG NJW 1982, 2204 f.; *Martens*, Rn. 499 ff.; a. A. *Korber* DÖV 1982, 858, 860, und wohl *Bettermann* in FS Wolff, 1973, S. 487 ff.; für eine Beschränkung der Wirkung des Wiederaufgreifens in Anlehnung an §§ 323, 767 ZPO *Classen* DÖV 1989, 156 f.
[109] BVerwG NVwZ-RR 1993, 667.
[110] S. *Ule/Laubinger*, § 65 Rn. 9; *Kopp/Ramsauer*, § 51 Rn. 11; wohl auch *Meyer* in Knack, § 51 Rn. 24; für eine Beschränkung der Überprüfung auf die vom Antragsteller geltend gemachten Gründe im Verfahren nach § 14 AsylVfG a. F. BVerwG NVwZ 1989, 161 f.
[111] BVerwG NVwZ-RR 1993, 667; vgl. auch *Kopp/Ramsauer*, § 51 Rn. 6, 50.

39   **a) Der positive Zweitbescheid** ergeht, wenn sich das sachliche Begehren des Antragstellers im wiederaufgegriffenen Verfahren als berechtigt erweist. Im Bereich der gebundenen Verwaltung ist dies der Regelfall, soweit man bereits bei der Begründetheit des Wiederaufgreifensantrags prüft, ob der Wiederaufgreifensgrund eine für den Antragsteller günstigere Entscheidung bewirkt hätte.[112] Der positive Zweitbescheid trifft auf der Grundlage des maßgeblichen Rechts (Rn. 32 f.), begrenzt durch den relevanten Grund für das Wiederaufgreifen (Rn. 34 ff.), eine zugunsten des Antragstellers vom ErstVA abweichende Regelung, indem er im Erstbescheid angeordnete Belastungen aufhebt oder abgelehnte Begünstigungen gewährt.[113] Die Veränderung kann sich auf die Beseitigung einer Nebenbestimmung beschränken.[114]

40   **b) Der negative Zweitbescheid** hat zu ergehen, wenn die Behörde im Rahmen des Zweitverfahrens zu demselben Ergebnis wie beim erstmaligen Erlass des VA gelangt. Dies ist in erster Linie bei Ermessensentscheidungen denkbar. Ein solcher Bescheid beinhaltet trotz der Identität im Ergebnis eine erneute, im Rahmen des Wiederaufgreifensgrundes **selbständige Regelung des zugrunde liegenden Sachverhaltes**. Dies gilt nicht nur, wenn der negative Zweitbescheid als inhaltsgleiche Neuregelung formuliert ist, sondern **auch, wenn er die Aufhebung des Erstbescheides ablehnt**.[115] Diese Formulierung trifft allerdings den Gegenstand des mit dem begründeten Antrag auf Wiederaufgreifen eröffneten Zweitverfahrens nicht richtig.[116]

41   Es steht aber der Annahme einer **sachlich selbständigen**, (möglicherweise nur im zentralen Regelungsgehalt) identischen **Entscheidung** nicht entgegen, wenn äußerlich die Erstentscheidung aufrechterhalten wird. Entsprechend ist ja auch nach § 373 Abs. 1 StPO in der erneuten Hauptverhandlung nach der Wiederaufnahme ggf. „das frühere Urteil aufrechtzuerhalten", ohne dass deshalb die völlige Selbständigkeit der erneuten Verurteilung bezweifelt wird.[117] Belässt die Behörde es in der Tat trotz des begründeten Antrags auf Wiederaufgreifen bei der Erstentscheidung, ist diese Ablehnung der vorgesehenen erneuten Entscheidung schon deshalb (trotz inhaltlicher Übereinstimmung) rechtswidrig.

42   **c) Zulässigkeit einer Verböserung.** Besonders problematisch ist schließlich, ob der Zweitbescheid zu einer Verböserung führen darf. Meist wird dies vor allem mit Rücksicht auf die Antragsabhängigkeit des Verfahrens verneint,[118] wobei allerdings die Möglichkeit anerkannt wird, nach §§ 48, 49 zu Entscheidungen zu gelangen, die für den Antragsteller ungünstiger sind als der erste Bescheid. Andere[119] lassen zwar eine reformatio in peius als Entscheidung im Verfahren nach § 51 zu, wenden auf diese Entscheidung aber die §§ 48, 49 an (s. Rn. 30 f., 142 ff.). Insoweit ist der Streit um die reformatio in peius im Rahmen des § 51 im Ergebnis gegenstandslos.[120]

43   Praktische Bedeutung bekommt die Zulassung einer Verböserung im Rahmen des § 51, soweit zugleich **die §§ 48, 49**, insbes. **zum Vertrauensschutz, außer Betracht** bleiben sollen.[121] Diese Auffassung stützt sich im Kern auf eine andere Sicht des Wiederaufgreifensantrags. Dieser wird nicht auf das materielle Endziel einer Besserstellung durch die neue Sachentscheidung bezogen, sondern allein auf die Durchführung des neuen Verfahrens an sich, umfasst also jeden möglichen Inhalt eines Zweitbescheids, also auch eine etwaige Verböserung. Zugleich impliziert ein so verstandener Antrag auf Wiederaufgreifen die Preisgabe jeden Vertrauenschut-

---

[112] So ausdrücklich *BVerwG* NJW 1982, 2204, 2205; dazu oben Rn. 25, 27.
[113] *Ule/Laubinger*, § 65 Rn. 33.
[114] S. *BVerwGE* 78, 114, 120, zur Anwendung von § 51 Abs. 1 Nr. 1 auf die Aufhebung einer Bedingung.
[115] Für ein Wahlrecht der Behörde *Ule/Laubinger*, § 65 Rn. 33.
[116] Anders bei abweichender Sicht des Inhalts der Zweitentscheidung *Meyer/Borgs*, § 51 Rn. 22.
[117] Vgl. *Schmidt* in Karlsruher Kommentar zur Strafprozessordnung, 5. Aufl. 2003, § 373 Rn. 1; *Meyer-Goßner*, StPO, 49. Aufl. 2006, § 373 Rn. 2, 6 je m. w. N.
[118] S. *Schäfer* in Obermayer, VwVfG, § 51 Rn. 71; *Meyer* in Knack, § 51 Rn. 22; *Kopp/Ramsauer*, § 51 Rn. 20 a; *Ule/Laubinger*, § 65 Rn. 9 m. w. N.; wegen der Parallele zur Wiederaufnahme *W. Schmidt*, Das Wiederaufgreifen des Verwaltungsverfahrens – Zur Dogmatik des § 51 VwVfG, Diss. Erlangen 1982, S. 101; *Kühne* JA 1985, 326, 329 f.; auch *Meyer/Borgs*, § 51 Rn. 22, sehen einen solchen Inhalt der negativen Sachentscheidung nicht vor.
[119] Wie namentlich *Weides*, § 28 VI; *Geuder*, Wiederaufgreifen des Verfahrens und neue Sachentscheidung, Diss. Würzburg 1981/83, S. 196.
[120] *Sachs* JuS 1982, 264, 267.
[121] So die 2. Auflage Rn. 19; wohl auch *Bettermann* in FS Wolff, 1973, S. 489.

zes im Hinblick auf den Erstbescheid, der ja – soweit der Wiederaufgreifensgrund reicht – in vollem Umfang zur Disposition gestellt wird.

Im Ergebnis kann diese Bewertung des Antrags bei § 51 nicht überzeugen. Die Annahme, **44** dem Antragsteller **im Wiederaufgreifensverfahren** gehe es nicht um eine **Besserstellung im sachlichen Endergebnis,** wird der tatsächlichen Interessenlage jedenfalls nicht gerecht. Das Gesetz bietet keinerlei Anlass, von einem fiktiven ergebnisneutralen Antragsziel auszugehen. Im Gegenteil sprechen Nr. 1 und Nr. 2 ausdrücklich die günstige Wirkung der mit den Wiederaufnahmegründen anerkannten Änderungen für den Antragsteller an; dasselbe gilt für Nr. 3 i.V. mit § 580 Nr. 7b ZPO. In diesem Kontext kann aber auch für die weiteren Fälle des § 580 ZPO nicht angenommen werden, dass sie anders als bei der Wiederaufnahme im Falle des Wiederaufgreifens Ausgangspunkt einer Verböserung zu Lasten des Antragstellers sein sollen. **§ 51 steht ganz im Zeichen der Interessen des Antragstellers,** dem ja deshalb auch ein Anspruch eingeräumt ist (Rn. 84). Die Voraussetzungen des § 51 liefern keine Legitimation, die Interessen des Begünstigten der Vorschrift gegenüber den allgemeinen Regeln zurückzustellen.[122]

Die Belange der Allgemeinheit werden bei diesem Ansatz nicht ungerechtfertigt verkürzt, da **45** die ggf. im Sinne der **Gesetzmäßigkeit der Verwaltung oder sonstiger öffentlicher Interessen notwendigen Korrekturen** durch die Ausgrenzung aus § 51 ja nicht unmöglich gemacht werden. Für sie steht – wie erwähnt (Rn. 43) – der Weg über §§ 48, 49 offen. Außerdem können sich weitergehende Entscheidungsmöglichkeiten zum Nachteil eines Antragstellers bei Änderung der Sach- oder Rechtslage (Rn. 94ff.) ergeben, weil in diesen Fällen oft schon die zeitlichen Grenzen der Bestandskraft (§ 43 Rn. 100ff.) eine Beurteilung allein am Maßstab der neuen Situation ermöglichen (Rn. 46ff.).

4. Abgrenzungen des Zweitbescheids

a) Formen wiederholter Verfahren. Nicht jede behördliche Entscheidung in einem bereits einmal geregelten Kontext stellt einen Zweitbescheid im erwähnten Sinne (Rn. 30ff.) dar. **46** Die **Terminologie** ist freilich uneinheitlich. So wird in der Praxis eine in Unkenntnis der Erstentscheidung ergangene Regelung desselben Gegenstandes ebenso als Zweitbescheid bezeichnet wie die Entscheidung über einen bereits einmal abgelehnten Antrag, der infolge der Begrenzungen der Bestandskraft (§ 43 Rn. 55ff.), insbes. in zeitlicher Hinsicht (§ 43 Rn. 100ff.), ohne Rücksicht auf den Erstbescheid ergehen kann.

Ein solchermaßen selbständiges **Neuverfahren**[123] kommt insbes. in Betracht, wenn der **An- 47 trag auf Erlass eines VA zunächst abgelehnt** worden ist. Treten danach entscheidungsrelevante Änderungen der Sach- oder Rechtslage ein, muss die Behörde erneut in der Sache entscheiden, da die Ablehnung des ersten Antrags nur für die Sach- und Rechtslage im Zeitpunkt der ersten Entscheidung wirkt.[124]

Zum **wiederholten Bauantrag** s. etwa *Martens* JuS 1975, 74; *BVerwGE* 48, 271 ff. m.w.N. **48** und § 43 Rn. 60. Nach Auffassung des *OVG Münster*[125] kann ein unanfechtbar abgelehnter Bauantrag jederzeit wiederholt werden und muss beschieden werden. Liegt der vorausgegangene abgelehnte Bescheid so kurz zurück, dass sich keine rechtliche oder tatsächliche Änderung der Voraussetzungen ergeben haben kann, ist der wiederholte Antrag missbräuchlich.[126] Der *VGH München*[127] verneint mangels Änderung der Sach- oder Rechtslage eine Pflicht zur erneuten Sachprüfung und -entscheidung bei Bauanträgen für Vorhaben, deren Unzulässigkeit auch nur inzidenter in einer rechtskräftigen Entscheidung festgestellt ist.

Zu **wiederholten Anträgen auf Einstellung als Beamter** s. *BVerwG* Buchholz 316 § 51 **49** Nr. 12; *Kemper* NVwZ 1985, 873, 874 m.w.N. Zum Wiederholungsantrag zur medizinischen Vorprüfung *BVerwG* NJW 1982, 1339. Zum **wiederholten Antrag eines Kriegsdienstver-**

---

[122] S. auch *Kühne* JA 1985, 326, 329f.
[123] *Maurer* JuS 1976, 26; *Selmer* JuS 1987, 363, 366.
[124] *BVerwGE* 69, 90, 93; *BVerwG* NVwZ 1985, 899; *BVerwGE* 75, 201, 203; 79, 33, 36; *Kopp/Ramsauer*, § 51 Rn. 27 m.w.N.; *Ule/Laubinger*, § 65 Rn. 17 m.w.N.; *Weides*, § 28 VI 1a bb; *Sachs* JuS 1982, 264, 265 m.w.N.; *Kemper* NVwZ 1985, 872, 873; *Selmer* JuS 1987, 363, 366f.
[125] BRS 30 Nr. 172; ähnlich *OVG Lüneburg* DVBl 1978, 179, 181.
[126] *OVG Münster* NuR 1998, 329, 330; enger *VG Münster* NWVBl 1995, 34, 35.
[127] BayVBl 1989, 312, 313.

§ 51   50–52   Teil III. Verwaltungsakt

weigerers s. *BVerwGE* 69, 90 ff.; 75, 201 f.; *BVerwG* NVwZ 1991, 272 f.; auch *BVerwGE* 79, 33 ff. sowie § 4 Abs. 2 KDVNG. Eine Sonderregelung für zunächst unterlassene Anträge trifft § 28 SGB X.

50   Im Anschluss an § 14 AsylVfG a. F.[128] sieht **§ 71 AsylVfG**[129] vor, dass bei einem nach Rücknahme oder unanfechtbarer Ablehnung eines früheren Asylantrags erneut gestellten Asylantrag (sog. **Folgeantrag**) nur unter den Voraussetzungen des § 51 Abs. 1–3 ein weiteres Asylverfahren[130] durchzuführen ist.[131] Diese Regelung hat das *BVerfG* gleichfalls gebilligt,[132] dazu allerdings festgestellt,[133] dass es unangemessen und mit dem Willkürverbot nicht vereinbar ist, das auf Vorgänge nach rechtskräftigem Abschluss des Erstverfahrens gestützte Vorbringen eines Asylbewerbers nur deshalb als nicht neu zurückzuweisen, weil er es bereits zum Gegenstand eines erfolglos gebliebenen Antrags auf Wiedereinsetzung in den vorigen Stand und einer wegen Versäumung der Klagefrist als unzulässig abgewiesenen Klage gemacht hat (s. allg. zum maßgeblichen Zeitpunkt für die Änderungen Rn. 91).

51   Auf der Grundlage des § 71 AsylVfG geht es im Rahmen eines auch hier trotz Wegfalls der früheren Aufteilung der Behördenkompetenz[134] hinsichtlich der sachlichen Voraussetzungen gestuften Verfahrens (s. allg. Rn. 22 ff.) auf einer **ersten Prüfungsebene** darum festzustellen, ob die Voraussetzungen für eine Durchbrechung der Bestandskraft des Erstbescheides erfüllt sind;[135] hierfür genügt bereits ein schlüssiger, nicht von vornherein untauglicher Sachvortrag.[136] Bei der daran **anschließenden Asylerfolgsprüfung** besteht dann die verfassungsrechtliche Pflicht, den Sachverhalt umfassend aufzuklären und die erforderlichen Beweise zu erheben.[137] Diese soll nach der Judikatur des *BVerwG*[138] – wie allg. im Rahmen des § 51 – unmittelbar das Gericht treffen, das zur Herstellung der Spruchreife und zum Durchentscheiden verpflichtet sein soll (dazu generell noch Rn. 70 ff.). Das Gericht soll die Voraussetzungen des § 51 auch dann zu überprüfen haben, wenn das Bundesamt irrig einen Asylfolgeantrag als Erstantrag beschieden hat.[139]

52   Von dieser Regelung sollen nach der Rspr. auch echte Neuanträge auf Grund eines noch nicht beschiedenen Sachverhalts erfasst sein.[140] Die Konsequenz, dass **auch Neuanträge,** deren Gegenstand von der Erstentscheidung nicht betroffen ist, den **Beschränkungen des § 51 Abs. 2 und 3** VwVfG unterliegen, soll verfassungsrechtlich hinnehmbar sein.[141] Der Ausschluss des Wiederaufgreifens i. w. S. nach § 51 Abs. 5 wird sogar für den Fall akzeptiert, dass die Ablehnung des Asylantrags wegen Anwaltsverschuldens bestandskräftig geworden ist, allerdings (wohl nur) mit Rücksicht darauf, dass diese Möglichkeit hinsichtlich der verbundenen Entschei-

---

[128] Vgl. dazu *BVerwGE* 77, 323 ff.; 78, 332 ff.; *VGH Mannheim* NVwZ 1985, 931; *OVG Münster* NVwZ 1984, 32; zur Verfassungsmäßigkeit *BVerfG (K)* NVwZ 1986, 821 f.; 1987, 487 f.; *BVerwGE* 78, 332 ff.; zur vorherigen Rspr. s. 6. Aufl., § 51 Rn. 50.
[129] Zur Bedeutung des § 51 im Rahmen des § 71 AsylVfG s. *BVerwGE* 106, 171, 172 ff.; 111, 77, 79 ff.; 114, 122, 125 f.; 122, 103, 105 ff.; *Bell* NVwZ 1995, 24 ff.; *ders./von Nieding* ZAR 1995, 119 ff.; *Roeser* EuGRZ 1994, 85, 93 f.; *ders.* EuGRZ 1995, 101, 103 f. Zu Streitgegenstand und Klageart im Klageverfahren bei einem Folgeantrag *Scherer* VBlBW 1995, 175 ff. Zur Dreimonatsfrist für den Folgeantrag nach § 71 Abs. 1 AsylVfG i. V. m. § 51 Abs. 3 *OVG Lüneburg* NVwZ-Beilage 8/1996, 59 ff.; s. auch Rn. 52.
[130] Für die Möglichkeit, nach § 51 Abs. 5 eine erneute Feststellung von Abschiebungshindernissen zu beantragen, *BVerwGE* 111, 77, 82; *BVerwGE* 122, 103, 107 ff. (für regelmäßige Ermessensschrumpfung bei extremer individueller Gefahr); zu § 60 Abs. 7 AufenthG entspr. *BVerwG* NVwZ 2007, 712, 714.
[131] S. hierzu *BVerwGE* 77, 323 ff.; 78, 332 ff.; *VGH Mannheim* NVwZ 1985, 931; *OVG Münster* NVwZ 1984, 329.
[132] *BVerfG (K)* NVwZ 2000, Beil. I, 78, 79 m. w. N.
[133] *BVerfG (K)* NVwZ 1994, Beil. S. 49, 50.
[134] Vgl. dazu *BVerwGE* 106, 171, 174; 111, 77, 79 ff.
[135] *BVerfG (K)* NVwZ 1997, Beil. I, 78, 79.
[136] *BVerfG (K)* NVwZ 1997, Beil. I, 78, 79.
[137] *BVerfG (K)* NVwZ 1997, Beil. I, 78, 79 m. w. N.
[138] *BVerwGE* 106, 171, 172 ff.; dazu *Neumann* NVwZ 2000, 1244, 1254; teilweise krit. *Clausing* JuS 1999, 474, 475 f.; zur gestuften Prüfung im behördlichen Verfahren über eine erneute Entscheidung nach § 53 AuslG *BVerwGE* 111, 77, 82; gegen gerichtliches Durchentscheiden im Asylfolgeantragsverfahren noch *OVG Münster* NVwZ 1997, Beil. S. 68, 69 m. w. N.
[139] *OVG Münster* NVwZ 1998, Beil. S. 73 L.
[140] *BVerwG* NVwZ 1985, 899; *BVerwGE* 77, 323, 326; *Kemper* NVwZ 1985, 872, 876 f. m. w. N.
[141] Vgl. zur Legitimität gegenüber Neuanträgen auf Asyl noch zu § 14 AsylVfG a. F. *Kemper* NVwZ 1985, 872, 876; s. ferner *Hailbronner*, Ausländerrecht, 2. Aufl. 1989, Rn. 1432 ff.; *Rothkegel* in GK-AsylVfG, II § 14 Rn. 3 ff.; generell für die Unterwerfung von Anträgen auf Wiederaufgreifen wegen neuen Sachverhalts unter die Frist des § 51 Abs. 3 s. *Sachs* JuS 1982, 262, 265 m. w. N.

dung nach § 53 AuslG nicht ausgeschlossen ist[142] und ggf. nicht ohne Ermessensfehler ungenutzt bleiben kann.[143]

Im Zusammenhang mit der Internationalisierung der Asylgewährleistung durch Art. 16a Abs. 2 GG[144] ist eine entsprechende Regelung auch für Asylanträge eingeführt worden, die ein Ausländer nach erfolglosem Abschluss eines Asylverfahrens in einem sicheren Drittstaat im Bundesgebiet stellt, § 71 a AsylVfG (sog. **Zweitanträge**[145]). **53**

Den erneuten Antrag auf **Aufenthaltserlaubnis** will der *VGH München*[146] nur unabhängig von § 51 bescheiden, wenn der Neuantrag auf Gründe gestützt ist, die bei der bestandskräftigen Ablehnung nicht zur Beurteilung standen; dabei knüpft der *VGH* an die Kriterien an, die das *BVerwG*[147] für den § 36 AuslG a. F. entwickelt hat. **54**

Eine **Überholung der Erstentscheidung** durch Änderungen der Sach- oder Rechtslage, die ohne Beseitigung des Erstbescheides und ohne Wiederaufgreifen beachtlich ist, kann sich auch nach Erlass positiv regelnder Erstbescheide ergeben, und zwar dann, wenn der VA ausschließlich **auf die im Entscheidungszeitpunkt bestehende Sach- und Rechtslage bezogen ist.** In diesem Fall beansprucht er nach seinem Regelungsgehalt für veränderte Bedingungen von vornherein keine Geltung; eine (nicht zurückwirkende) Neuregelung ist daher bei Fortbestand der Erstentscheidung möglich.[148] Zur Frage der Rechtsschutzmittel gegenüber einem so überholten ErstVA s. Rn. 88. Weitergehend hält der *VGH München*[149] die Anwendung des § 51 auf nachträgliche Betriebsbeschränkungen eines genehmigten Flughafens für bedenklich, weil sie die Lösung der dauernden Sicherheits- und Lärmschutzprobleme erschweren würde. **55**

b) Verfahren mit zeitlich abweichendem Inhalt. Von diesen Formen wiederholter Verfahren sind die Verfahren zu unterscheiden, die in ihrem **zeitlichen Entscheidungsinhalt** voneinander abweichen, z. B. im Erlaubnisrecht die Entziehung und die Wiedererteilung der Erlaubnis.[150] Für den Vorrang der Möglichkeit der Neuerteilung nach § 15 c StVZO gegenüber § 51 *VGH München* BayVBl 1995, 23. **56**

c) Unter einer **wiederholenden Verfügung**[151] wird überwiegend die Wiederholung eines oder der Hinweis auf einen unanfechtbaren VA verstanden, ohne dass eine erneute Sachentscheidung ergeht.[152] Die wiederholende „Verfügung" ist insoweit **kein VA**, weil sie keine (neue) Regelung i. S. d. § 35 in der ursprünglichen Angelegenheit enthält; soweit sie allerdings (konkludent) ein Wiederaufgreifen des Verfahrens ablehnt, ist sie mit diesem verfahrensbezogenen Regelungsgehalt VA.[153] Die wiederholende Verfügung eröffnet nicht die Möglichkeit eines Rechtsbehelfs gegen den unanfechtbaren VA. Sie unterscheidet sich insbes. dadurch vom Zweitbescheid, der nach Wiederaufgreifen eine erneute Sachentscheidung trifft (vgl. Rn. 22 ff., 38 ff.). Für den bestätigenden Rechtsakt des EG-Recht ist die dogmatische Bewältigung in der Judikatur noch unvollkommen.[154] **57**

Ob eine **wiederholende Verfügung oder ein Zweitbescheid** vorliegt, hängt davon ab, ob sich die tragenden Gedanken der behördlichen Aussage gegenüber dem Erstbescheid geändert **58**

---

[142] Dazu auch – für den Fall, dass die Frist des § 51 Abs. 3 nicht eingehalten wird – *OVG Koblenz* NVwZ 1999, Beil. I 45, 46; ferner etwa *VGH Kassel* DÖV 2000, 610 L.
[143] *BVerfG (K)* NVwZ 2000, 907, 908 f.; s. auch schon *VG Berlin* NVwZ-Beilage 9/1996, 70, sowie jetzt *BVerwG* NVwZ 2000, 204, 205; *BVerwGE* 111, 77, 82; *VGH Mannheim* NVwZ-RR 2000, 261, 262.
[144] Zur Verfassungsmäßigkeit der Drittstaatenregelung *BVerfGE* 94, 49, 104; allg. ferner *Pagenkopf* in Sachs GG, Art. 16a Rn. 55 ff.
[145] Dazu s. *VG Arnsberg* NVwZ 1996, Beilage 1, 3 ff.
[146] NVwZ 1988, 660, 661.
[147] NVwZ 1985, 899.
[148] *Sachs* JuS 1982, 264, 265 m. w. N.
[149] BayVBl 1984, 46, 49.
[150] *BVerwGE* 60, 133, 136 ff. Zum Unterschied zwischen Aufhebung einer Gewerbeuntersagung und Wiedergestattung nach § 35 Abs. 6 GewO *VGH Kassel* NJW 1986, 83.
[151] Für in diesem Kontext wegen *BVerwGE* 27, 297 ff.; *BVerwGE* 28, 122, 125; 44, 333, überholt halten den Begriff *BSG* NJW 1973, 1952; *Martens*, Rn. 504, bei Gleichsetzung mit negativem Zweitbescheid; auch Rn. 63.
[152] *BVerwGE* 13, 99, 101; 17, 256, 257 f.; 24, 115; *BGH* NJW 1971, 1694, 1695; *BFH* NVwZ 2002, 636, 637 f. (wiederholender Grundlagenbescheid).
[153] *BVerwG* NVwZ 2002, 482, 483 m.w.N.; *Maurer*, § 11 Rn. 56.
[154] Dazu zuletzt ausf. *Schroeder* EuZW 2007, 467 ff.

haben, insbes. weil eine entscheidende Akzentverschiebung in tatsächlicher und rechtlicher Hinsicht in der neuen Begründung enthalten ist.[155] **Maßgebend** hierfür ist die **Erklärung,** nicht der innere Wille der Behörde (§ 43 Rn. 185 ff.);[156] unklar scheint demgegenüber die Auffassung, dass die irrige Annahme einer Behörde, zu einer erneuten Überprüfung verpflichtet zu sein, einen gerichtlich kontrollierbaren Zweitbescheid ausschließen soll.[157] Nach Auffassung des BVerwG[158] nehmen selbst beigefügte **Rechtsausführungen** der behördlichen Äußerung nicht die Eigenschaft einer wiederholenden Verfügung, wenn es sich um Erwägungen handelt, die schon in der ursprünglichen Begründung enthalten waren. Eine erneute Sachentscheidung ist nicht schon deshalb gegeben, weil die Behörde das Vorbringen des Antragstellers rechtlich würdigt.[159]

59 Eine **Rechtsbehelfsbelehrung** spricht für eine neue Sachentscheidung der Behörde,[160] desgleichen die Verwendung eines nur für Entscheidungen vorgesehenen Formblatts[161] – allgemein gesagt, **wenn die Behörde Form und Inhalt eines VA wählt** (§ 35 Rn. 71 ff.).[162] Ein Zweitbescheid liegt auch vor bei erneuter Bekanntgabe eines (Leistungs-)Bescheides bei Zweifeln über die Wirksamkeit der Erstbekanntgabe.[163]

60 Ist eine erneute Sachentscheidung ergangen, kann sich die Behörde gegenüber einem dagegen erhobenen Rechtsbehelf nicht auf die frühere Unanfechtbarkeit des Erstbescheides berufen,[164] selbst wenn die Sachentscheidung in Unkenntnis der früheren Entscheidung ergangen ist. Die Behörde kann den ursprünglichen, **unanfechtbaren Zustand** auch **nicht** dadurch **wiederherstellen,** dass sie die zweite Sachentscheidung aufhebt.[165]

61 Lehnt die **Widerspruchsbehörde** auf Anfechtung des Zweitbescheids die begehrte Sachentscheidung ab, wird nach Auffassung des BVerwG[166] keine gerichtliche Überprüfung eröffnet. Mit der Zweitentscheidung hat sich die erste Behörde jedoch der Möglichkeit begeben, sich auf die Unanfechtbarkeit zu berufen. Sie, nicht die Widerspruchsbehörde, ist insoweit die Herrin des Verfahrens (s. ähnlich § 48 Rn. 63 ff., 278). Wie die erste Behörde nicht ihren Zweitbescheid rückgängig machen kann, um den unanfechtbaren Zustand wiederherzustellen, kann es auch nicht die Widerspruchsbehörde. Devolutiveffekt und funktionelle Zuständigkeit der Widerspruchsbehörde können keine Ausdehnung der Entscheidungskompetenz über die Kompetenz der Erstbehörde hinaus bewirken.

62 Möglich ist, bezüglich eines unanfechtbar gewordenen VA **teilweise** eine **wiederholende Verfügung,** teilweise einen **Zweitbescheid** zu erlassen, also den umstrittenen Erstbescheid teilweise aufrecht zu erhalten und teilweise durch eine – wieder anfechtbare – Neuregelung zu ersetzen.[167] Denkbar ist auch die Verbindung einer wiederholenden Verfügung mit ergänzenden Neuregelungen.[168]

63 Trotz der Kritik an dem Begriff der **wiederholenden Verfügung** (Rn. 57) kann der Sache nach auf ihn und seine Abgrenzung zu einer erneuten Sachentscheidung **nicht verzichtet** werden.[169] Außerhalb des Bereichs des Wiederaufgreifens des Verfahrens auf Antrag des Betroffenen sind wiederholende Verfügungen nach wie vor gebräuchlich, z. B. als Hinweis einer Ordnungsbehörde auf eine unanfechtbare Ordnungsverfügung mit der Aufforderung, nunmehr der Verfügung nachzukommen. Da die Behörde auch von Amts wegen[170] ein Verfahren wiederaufgreifen

---

[155] BVerwGE 13, 99, 101 ff.
[156] BGH NJW 1971, 1694, 1695.
[157] BVerwGE 78, 332, 338.
[158] BVerwGE 13, 99, 101 ff.
[159] BVerwGE 13, 99, 101 ff.
[160] Vgl. aber BVerwGE 13, 99, 103.
[161] BVerwGE 17, 256, 258.
[162] Schenke VerwArch 1981, 185, 194.
[163] Gleichbedeutend für die „Ersetzung" eines VA durch einen anderen in einem solchen Fall BFH NVwZ-RR 2000, 8, 9.
[164] BVerwGE 15, 306, 311.
[165] Anderes gilt, wenn die Aufhebung des Zweitbescheids bestandskräftig wird.
[166] Buchholz 315.328 Wiederaufgreifen Nr 1.
[167] BVerwGE 12, 257; BVerwG DVBl 1966, 691; für den steuerrechtlichen Berichtigungsbescheid BVerwGE 45, 106, 108.
[168] VGH Kassel NVwZ 1985, 281 f.
[169] Wie hier etwa Ule/Laubinger, § 48 Rn. 7; Kopp/Ramsauer, § 35 Rn. 55 m. w. N.
[170] Oder auf formlose Anregung, s. die Begründung zu § 47 Abs. 5 Entwurf 73.

kann, kann sie sich auch insoweit bezüglich der Sachentscheidung mit einem Hinweis auf die unanfechtbare Entscheidung (also mit einer wiederholenden Verfügung) begnügen oder einen Zweitbescheid erlassen.

5. Vertrauensentschädigung bei VA mit Drittwirkung

Beim belastenden VA mit Drittwirkung (Doppelwirkung) (dazu § 50 Rn. 57 ff.) ergeben sich **64** bei einem auf Antrag des Adressaten ergangenen Zweitbescheid im Rahmen des § 51 Probleme für die Rechtsstellung des **Dritten, der seine Begünstigung aus dem Erstbescheid verliert.** Da der Zweitbescheid allein auf der Grundlage des jetzt maßgeblichen Rechts ergeht (Rn. 32 f.), unterliegt er auch zugunsten des Dritten nicht den Vertrauensschutzregelungen der §§ 48, 49.[171] Soweit Ermessensnormen zur Anwendung gelangen, kann freilich im Rahmen der Gesamtabwägung der Interessen auch dem Vertrauensschutz Dritter Rechnung getragen werden.[172]

Ist das einschlägige materielle Recht zwingender Natur, besteht kein Ermessensspielraum, in **65** dessen Rahmen die schutzwürdigen Rechtssicherheitsinteressen des Dritten mitberücksichtigt werden könnten. Der Dritte steht damit ebenso wie der Adressat des VA im Falle des § 50. Dabei unterliegt das Wiederaufgreifen nach § 51 anders als die in § 50 behandelte Anfechtung eines VA keinen von vornherein absehbaren Fristen. Während § 50 den Vertrauensschutz grundsätzlich nur für nicht bestandskräftige VAe ausschließt, kann im Rahmen des § 51 auch eine **seit vielen Jahren bestandskräftige Begünstigung des Dritten** beseitigt werden.

Da ein **Antrag** nach § 51 andererseits (in der in § 50 angesprochenen Fallgestaltung) auch **66** von durch den ursprünglichen VA als **Dritten Belasteten** gestellt werden kann (Rn. 86), ist auch der Adressat eines begünstigenden VA einer entsprechenden Dauergefährdung ausgesetzt, ungeachtet der Vertrauensschutzgarantien der §§ 48, 49 die ihm durch den VA gewährten Vorteile zu verlieren.

Das VwVfG hat – anders als im Rahmen der allgemeinen Beseitigungsregeln – die **Drei- 67 eckskonstellation für den Fall des Wiederaufgreifens nicht besonders berücksichtigt.**[173] § 50 ist wegen der dort fehlenden Bestandskraft nicht geeignet, diese Regelungslücke zu füllen. Zudem ist die Vernachlässigung der bestandskräftig geregelten Rechtspositionen des ja grundsätzlich für die Wiederaufgreifensgründe nicht verantwortlichen Dritten (bzw. bei Drittantrag: des Adressaten) verfassungsrechtlich bedenklich. Diesen Bedenken kann gegenüber der Pflicht der Behörde zur abweichenden Neuentscheidung nur dadurch Rechnung getragen werden, dass dem Dritten (bzw. bei Drittantrag: dem Adressaten) im Rahmen seines **schutzwürdigen Vertrauens** eine **Entschädigung** in analoger Anwendung des § 48 Abs. 3, § 49 Abs. 6 gewährt werden wird.[174] Zu weit geht es, die Anwendbarkeit des § 51 in Fällen der „Drittbetroffenheit" ganz auszuschließen, weil es an einer ausschließlich für den Antragsteller günstigen Änderung fehle.[175]

6. Rechtsschutzmöglichkeiten

Die Rechtsschutzmöglichkeiten gegenüber den behördlichen Entscheidungen über Anträge **68** nach § 51 müssen im Hinblick auf die Stufe des Wiederaufgreifens des Verfahrens, auf der sie ergehen, **differenziert behandelt** werden.

---

[171] Für eine unbefriedigende Gesetzeslage Kopp/Ramsauer, § 51 Rn. 21; auch Meyer in Knack, § 51 Rn. 23. Anderes gilt für die Gegenauffassung, die im Rahmen des § 51 auf die §§ 48, 49 abstellt, s. Rn. 30 f., 142 ff.; zum Drittschutz ausdrücklich Bastian, Das verwaltungsbehördliche Ermessen zum Wiederaufgreifen des Verwaltungsverfahrens, Diss. Hamburg 1985, S. 211 ff. Zur Bedeutung des § 51 in „multipolaren" Konfliktlagen s. Schmidt-Preuß, Kollidierende Privatinteressen im Verwaltungsrecht, S. 545 ff.
[172] Vgl. VGH Mannheim NVwZ 1990, 985, 988.
[173] Für eine Ergänzung des Gesetzes zuletzt Sanden DVBl 2007, 665 ff., 669 f.
[174] Vgl. Sachs JuS 1982, 264, 267; Meyer in Knack, VwVfG, § 51 Rn. 23; Kopp/Ramsauer, § 51 Rn. 21; so noch in der Vorauflage Obermayer, VwVfG, § 51 Rn. 113 f.; jetzt einschränkend Schäfer in Obermayer, VwVfG, § 51 Rn. 72; für unmittelbare Anwendung W. Schmidt, Das Wiederaufgreifen des Verwaltungsverfahrens – Zur Dogmatik im Einzelnen, Diss. Erlangen 1982, S. 33.
[175] So für § 51 Abs. 1 Nr. 1 unter Berufung auf den Wortlaut („zugunsten des Betroffenen") Siekmann EWiR § 12 AktG 1/96, 435, 436, allerdings möglicherweise nur für die dort behandelte spezielle Fallkonstellation im Rahmen des § 12 Abs. 2 AktG; ebenso Groeschke WuB II A. § 12 AktG 1.96 Pkt. 4; OVG Münster ZIP 1996, 131, geht in demselben Fall unter Berufung auf Obermayer (2. Auflage), VwVfG, § 51 Rn. 25 von der Anwendbarkeit des § 51 aus; bestätigend BVerwGE 104, 115, 121 f.; dazu auch Gielen JR 1997, 272, 273 ff.; Ehlers Verwaltung 1998, 53, 69; Terbrack/Wermeckes DZWiR 1998, 186 ff.

69 **a) Rechtsschutz bei abgelehntem Wiederaufgreifen.** Lehnt die Behörde einen Antrag auf Wiederaufgreifen des Verfahrens als unzulässig oder als unbegründet **ab,** ist eine **Verpflichtungsklage mit dem Ziel,** die Behörde **zum Wiederaufgreifen** als solchem zu verpflichten, zu erheben.[176]

70 Demgegenüber geht das *BVerwG* heute[177] wohl grundsätzlich davon aus, dass jedenfalls bei Bezug auf gebundene Verwaltungsakte eine **unmittelbar auf den** erstrebten materiellen **Zweitbescheid gerichtete Klage** zu erheben ist.[178] Abweichend lässt allerdings *BVerwG* NVwZ 1986, 293, nur die Klage auf ein Wiederaufgreifen als solches zu, wenn der Erstbescheid durch rechtskräftige Gerichtsentscheidung bestätigt ist (dazu Rn. 76 ff.); in *BVerwG* NJW 1985, 280, war bei gleicher Konstellation von vornherein nur die Verpflichtung zum Wiederaufgreifen als solche Gegenstand der Klage.

71 Der unmittelbare Bezug der Klage auf die Sachentscheidung kann aber nicht von deren Charakter als gebundenem oder ins Ermessen gestelltem Bescheid abhängen. Der Unterschied ist nicht für die Klageart, sondern erst für den Urteilsausspruch von Bedeutung, der bei fehlender Spruchreife gem. § 113 Abs. 5 S. 2 VwGO statt einer definitiv bestimmten Entscheidung eine Bescheidung beinhalten muss. Daher müsste folgerichtiger Weise die Klage stets auf den letztlich angestrebten Zweitbescheid gerichtet sein. In der Tat erscheint diese Lösung **prozessökonomisch** besonders dann **sinnvoll,** wenn man mit dem *BVerwG* die Begründetheit des Antrags auf Wiederaufgreifen weitgehend von den Erfolgsaussichten in der Sache abhängig macht (Rn. 27).

72 Gleichwohl kann ihr **im Ergebnis nicht gefolgt** werden. Die fehlende Spruchreife als solche[179] bietet freilich keine hinreichende Begründung, da sie nach dem System des § 113 Abs. 5 VwGO nicht den Gegenstand der Klage, sondern nur den Inhalt der Entscheidung beeinflusst. Die Unzulässigkeit einer direkt auf den Zweitbescheid bezogenen Klage folgt vielmehr daraus, dass die nach § 51 bei begründetem Antrag auf Wiederaufgreifen zu treffende **Sachentscheidung** nach dem Gesetz **von der Behörde zu treffen** ist. Die Kontrolltätigkeit der Gerichte setzt erst ein, wenn die behördliche Entscheidung (zum Nachteil des Antragstellers) getroffen ist oder wenn sie nicht innerhalb angemessener Frist erfolgt, § 75 VwGO. Wegen der Bestandskraft des Erstbescheids kann die Frist aber erst zu laufen beginnen, wenn diese durch ein Wiederaufgreifen des Verfahrens (allenfalls schon durch eine rechtskräftige Verurteilung hierzu) hinfällig geworden ist.

73 Prozessökonomische Zweckmäßigkeit genügt nicht, um die Grundstrukturen des Verhältnisses zwischen Verwaltung und Verwaltungsgerichtsbarkeit nach der VwGO zu überspielen. Die **Verurteilung** im Falle eines zulässigen und begründeten Antrags nach § 51 hat sich somit auf die **Verpflichtung, das Verfahren wiederaufzugreifen,** zu beschränken.[180] Sie kommt einem auf die Zweitentscheidungspflicht schlechthin beschränkten Bescheidungsurteil gleich. Zum Nachschieben von Gründen für das Wiederaufgreifen durch den Antragsteller im gerichtlichen Verfahren s. Rn. 139 f.

74 **b) Rechtsschutz bei negativem Zweitbescheid.** Erlässt die Behörde einen negativen Zweitbescheid, ist hinsichtlich der Klageart zu differenzieren: Der erneut erlassene **belastende Bescheid** ist mit der **Anfechtungsklage** zu bekämpfen; wird wiederum die erstrebte **Begünstigung verweigert,** ist die **Verpflichtungsklage** angezeigt. Nichts anderes gilt, wenn die

---

[176] So auch schon *VGH München* BayVGH 21, 19 ff.; ferner noch in der 6. Aufl. *Kopp,* VwVfG, § 51 Rn. 40 m. w. N.; demgegenüber sollen nach *Kopp/Ramsauer,* § 51 Rn. 54, auch Klagen unmittelbar auf die erstrebte Sachentscheidung zumindest bei streng gebundener Verwaltung zulässig sein; *Körber,* Einteiliges Aufhebungs- und zweiteiliges Wiederaufgreifensverfahren, 1982, S. 22 ff.; *W. Schmidt,* Das Wiederaufgreifen des Verwaltungsverfahrens – Zur Dogmatik des § 51 VwVfG, Diss. Erlangen 1982, S. 104 f.
[177] Zur älteren uneinheitlichen Judikatur vgl. *Schwabe* JuS 1970, 382, 385.
[178] S. *BVerwG* NJW 1982, 2204 f., wonach sogar bei beantragter Verpflichtung, das Verfahren wiederaufzugreifen, die Klage zur abschließenden Entscheidung im gerichtlichen Verfahren führen soll; entsprechend auch *BVerwGE* 26, 153, 158; *BVerwG* Buchholz 402.22 Nr. 14; ferner *BVerwGE* 95, 86; 106, 171, 172 ff. (o. Rn. 51); *VGH München* NVwZ 1999, 903, 904; in diesem Sinne wohl auch *Schwabe* JuS 1970, 382, 385; *Geuder,* Wiederaufgreifen des Verwaltungsverfahrens und neue Sachentscheidung, Diss. Würzburg 1981/83, S. 176 ff.; ausdrücklich *Kopp/Ramsauer,* § 51 Rn. 54; *Laubinger,* § 65 Rn. 14 m. w. N.; für Wahlmöglichkeit des Betroffenen (bei Asylfolgeanträgen) *Scherer* VBlBW 1995, 175.
[179] Darauf abstellend *Maurer* JuS 1976, 25, 31; *Meyer/Borgs,* § 51 Rn. 24.
[180] Zust. *Erichsen/Ebber* Jura 1997, 424, 431 m. w. N.; auch *Clausing* JuS 1999, 474, 476. A. A. aus Gründen der Prozessökonomie bei streng gebundenen Entscheidungen *Kopp/Ramsauer,* § 51 Rn. 54.

Behörde ihren negativen Zweitbescheid dahingehend formuliert, dass die **Aufhebung des Erstbescheides abgelehnt** werde, da dies dem Neuerlass eines inhaltlich dem Erstbescheid entsprechenden VA gleichkommt. Ein in diesem Sinne bestätigter belastender Erstbescheid ist in Wahrheit durch einen inhaltsgleichen neuen VA ersetzt und muss nicht mehr durch die Behörde aufgehoben werden; es bedarf daher keiner hierauf gerichteten Verpflichtungsklage,[181] vielmehr ist unmittelbar und nur Anfechtungsklage gegen den „bestätigenden" Zweitbescheid zu erheben.

c) Drittrechtsschutz bei positiver Sachentscheidung. Gegen die für den Antragsteller 75 positive Entscheidung kann ein nachteilig betroffener Dritter (s. Rn. 64 ff.) jeweils mit der Anfechtungsklage vorgehen, die die Neuregelung auch insoweit erfasst, als sie die dem Dritten günstige Regelung im Erstbescheid beseitigt.

7. Bedeutung rechtskräftiger Klageabweisung bezüglich Erstbescheid

Über die Bedeutung einer rechtskräftigen Klageabweisung hinsichtlich des Erstbescheides für 76 das Wiederaufgreifen des VwVf haben lange Zeit größte **Unsicherheiten** bestanden, die durch die Judikatur des *BVerwG* im Kern zutreffend **bereinigt** sind.

a) Zur früheren Judikatur. Anerkannt war schon vor Inkrafttreten des VwVfG im Bereich 77 der Verwaltungsgerichtsbarkeit[182] der Grundsatz, dass eine Behörde durch ein rechtskräftiges Urteil zu ihren Gunsten nicht gehindert ist, das Verfahren wiederaufzugreifen und eine neue Entscheidung zu treffen.[183] Die damals vieldiskutierte **Leitentscheidung des *BVerwG*[184]** hatte für die erneute Ablehnung des beantragten VA zwar noch die Verpflichtungsklage auf Erlass dieses VA wegen der Rechtskraft der Erstentscheidung ausgeschlossen.[185] Doch wurde die Anfechtungsklage gegen einen solchen Zweitbescheid zugelassen, bei deren Erfolg die Behörde dann einen Drittbescheid erlassen müsste. Neben dieser Inkonsequenz litt die Lösung daran, dass sie **keine Klage zur Durchsetzung des Wiederaufgreifens** bei Untätigkeit der Behörde kannte.[186]

Vor diesem Hintergrund bestand auch nach Inkrafttreten des VwVfG **allgemeine Unsi-** 78 **cherheit über die Klagemöglichkeiten** bei Wiederaufgreifen von VwVf im Falle rechtskräftiger Vorentscheidung.[187]

b) Die neuere Rspr.: Kein Rechtskrafthindernis für Klagen auf Wiederaufgreifen. 79 In neueren Entscheidungen hat das *BVerwG*[188] Klagen auf Wiederaufgreifen ungeachtet rechtskräftiger Vorentscheidung für zulässig erklärt, und zwar aus drei Gründen: Erstens ermögliche § 51 die Wiederaufnahme unanfechtbar abgeschlossener VwVf, ohne nach dem Grund der Un-

---

[181] Insofern anders *Ule/Laubinger*, § 65 Rn. 34, die allerdings einen wohl auch materiellen Unterschied zwischen Bestätigungsbescheid und erneutem inhaltsgleichem Bescheid annehmen.
[182] Vgl. anders noch später *BGH* NJW 1988, 1792 f. bei rechtskräftig bestätigte Rücknahme der Zulassung eines Rechtsanwalts.
[183] Vgl. *Sachs* JuS 1982, 264, 266 m. w. N.; in diesem Sinne noch *BSG* NJW 1987, 2038, 2039, mit Ausnahme bei sittenwidrig herbeigeführter Rechtskraft.
[184] *BVerwGE* 35, 234 ff.; ferner *BVerwGE* 42, 353; *DÖV* 1974, 353; *DÖV* 1974, 357; *OVG Hamburg* NVwZ 1984, 259, 261; *Wolff/Bachof/Stober* 2, § 50 Rn. 13; *Ule* DVBl 1971, 593; *Sachs* JuS 1982, 264, 266 m. w. N.; *ders.* JuS 1985, 447 m. w. N.
[185] Begrenzend auf den Anspruch in der Sache verneinende Urteile, *BVerwG* Buchholz 402.25 § 14 Nr. 3.
[186] Das aus Art. 19 Abs. 4 GG abgeleitete Postulat einer solchen Klagemöglichkeit hatte das *BVerfG* ausdrücklich auf das Wiedergutmachungsrecht beschränkt, *BVerfGE* 27, 297, 305; dementsprechend dann *BGH* DÖV 1973, 92, 93 mit Anm. *Maetzel;* weitergehend später *BVerfG* (K) NVwZ 1989, 141 f., mit dem Rückschluss auf die Unzulässigkeit einer erneuten behördlichen Sachentscheidung mangels Wiederaufgreifensgrundes.
[187] *VGH Mannheim* VBlBW 1981, 402, ließ die gerichtliche Durchsetzung des Wiederaufgreifens trotzdem ohne weiteres zu. Das *OVG Münster* 18. 1. 1983 – 12 A 325/81, sah ebenso selbstverständlich die erneute Klage durch Rechtskraft ausgeschlossen und ließ nicht einmal die dann letztlich erfolgreiche Revision (dazu Rn. 79 ff.) Revision, *BVerwG* NVwZ 1986, 293 f., zu. Der *VGH Kassel* 23. 2. 1983 – I OE 82/79, sah sich ebenfalls durch die rechtskräftige Vorentscheidung an einer Entscheidung über die Klage auf Wiederaufgreifen gehindert, ließ aber wegen Abweichung von *BVerwGE* 35, 234 ff. die gleichfalls erfolgreiche Revision, *BVerwG* NJW 1985, 280, zu.
[188] *BVerwGE* 70, 110 ff.; *BVerwG* NVwZ 1986, 293 f.; *BVerwGE* 82, 272, 274 ff.; *BVerwGE* 113, 322, 324; *BVerwG* NVwZ 2000, 204, 205 f.; grundsätzlich auch *BVerwG* NJW 1985, 899; für die Möglichkeit des Wiederaufgreifens i. w. S. *BVerwGE* 95, 86, 92.

anfechtbarkeit zu differenzieren; zweitens greife die Rechtskraft nicht ein, weil es an der Identität der Streitgegenstände fehle, und schließlich sei ergänzend der verfassungsrechtlich gewährleistete Anspruch auf effektiven Rechtsschutz zu sichern. Diese Judikatur ist **im Ergebnis zutreffend**,[189] schöpft aber die Problematik nicht aus.

80   **c) Rechtskraft und erneute Klage zur Sachentscheidung.** Die **eigentlichen Schwierigkeiten** bereitet die Rechtskraft des ersten Urteils nämlich nicht beim Streit um das Wiederaufgreifen als solches, das in der Tat einen anderen Streitgegenstand darstellt,[190] sondern bei erneuten Klagen mit dem Ziel der erwünschten Entscheidung zur Sache. Dies betrifft namentlich nach negativem Zweitbescheid erhobene Anfechtungsklagen gegen den erneut erlassenen belastenden VA und Verpflichtungsklagen bei erneuter Ablehnung des Sachentscheidungsantrags. Entsprechendes gilt, wenn man mit der Rspr. schon vor bzw. auch ohne behördlichen Zweitbescheid entsprechende Klagen zulassen will (s. Rn. 69ff.). Denn jede solche Klage hat der Sache nach (zumindest auch) genau den Anspruch zum Gegenstand, dessen Bestand im Ersturteil rechtskräftig verneint worden ist.

81   Die **Zulässigkeit derartiger Klagen** wäre am einfachsten durch ein Verständnis des § 51 als Ausnahmetatbestand zu § 121 VwGO zu erklären,[191] das jedoch im Anwendungsbereich der VwVfGe der Länder wegen des Vorrangs der bundesrechtlichen Rechtskraftregelung auf Probleme stößt[192] und zudem nicht erklärt, wieso unabhängig von § 51 auch ein Wiederaufgreifen i. w. S. trotz Rechtskraft zugelassen wird.[193] Die Annahme, nach dem Wiederaufgreifen sei der ablehnende Erstbescheid beseitigt und damit das auf ihn bezogene Ersturteil gegenstandslos,[194] orientiert den Rechtskraftumfang zu stark am ablehnenden ErstVA.

82   Vielmehr ist bei der zweiten Klage ein durch die Regelungen des Wiederaufgreifens **abweichend bestimmter Streitgegenstand** anzunehmen, der den durch § 51 i. V. mit den Sachrechtsnormen begründeten Anspruch auf den begehrten VA beinhaltet, so wie er sich mit Rücksicht auf die zu ergänzenden Entscheidungsgrundlagen darstellt.[195] Diese Auslegung ist nicht zuletzt eine Konsequenz aus Art. 19 Abs. 4 GG, da der effektive Rechtsschutz des in § 51 begründeten strikten Anspruchs auf eine zutreffende Sachentscheidung nur auf diese Weise sichergestellt ist.[196]

83   **d) Rechtskraft und Neuentscheidungsmöglichkeit der Behörde.** Nicht von § 51 erfasst ist die umgekehrte Fragestellung der Rechtskraftbindung der Behörde an ein für sie nachteiliges Urteil bei Vorliegen von Gründen für ein Wiederaufgreifen.[197] Diese Problematik betrifft nicht

---

[189] Vgl. ausführlich *Sachs* JuS 1985, 447 ff.; zust. ferner *Kemper* NVwZ 1985, 872, 875; *Giegerich* JuS 1985, 923 f.; *Selmer* JuS 1987, 363, 367; *Seibert*, Die Bindungswirkung von Verwaltungsakten, 1989, S. 585 ff.; *Erichsen* in ders. (10. Auflage 1995), § 20 Rn. 12; *Ule/Laubinger*, § 65 Rn. 34 m. w. N.; *Kopp/Ramsauer*, § 51 Rn. 15; *Kopp/Schenke*, § 121 Rn. 28; *Kothe* in Redeker/v. Oertzen, § 121 Rn. 17 a; *Detterbeck*, Streitgegenstand und Entscheidungswirkungen im Öffentlichen Recht, 1995, S. 192 ff. m. w. N.; *Clausing* in Schoch u. a., § 121 Rn. 77 f.; *Gotzen* VR 1998, 361 ff.; offenbar auch BVerfG (K) NVwZ 1989, 141 f., wonach die Rechtskraft nur dann einen Zweitbescheid hindern soll, wenn keine Wiederaufgreifensgründe gegeben sind; offen *Martens* NVwZ 1985, 158, 159; a. A. *Schickedanz* JuS 1985, 924.
[190] *Erichsen/Ebber* Jura 1997, 424, 428.
[191] So *Detterbeck*, Streitgegenstand und Entscheidungswirkungen im Öffentlichen Recht, 1995, S. 195 ff., 199 ff., unter Berufung auf BVerwGE 82, 272, 274; vgl. auch *Maurer* JZ 1993, 574 f.; *Erichsen/Ebber* Jura 1997, 424, 432.
[192] Unter Berufung auf Art. 19 Abs. 4 GG gegen die vorrangige Bedeutung des § 121 VwGO *Erichsen/Ebber* Jura 1997, 424, 432.
[193] Dafür BVerwGE 95, 86, 92; hierzu kritisch *Stelzer* Verwaltung 1997, 139, 158 ff.; weitgehend gegen jede Rechtskraftwirkung auf Entscheidungen nach §§ 48, 49 *Erfmeyer* DVBl 1997, 27, 30 f.
[194] So *Kemper* NVwZ 1985, 873, 875.
[195] Übereinstimmend nur für Nr. 1 *Clausing* in Schoch u. a., § 121 Rn. 78; zweifelnd an einem verschiedenen Streitgegenstand *Maurer* JZ 1993, 574; anders auch *Erichsen/Ebber* Jura 1997, 424, 432.
[196] Näher *Sachs* JuS 1985, 447, 448 f.; für Art. 19 Abs. 4 GG als tragenden Aspekt für die Zulässigkeit einer Klage trotz Rechtskraft in den Fällen des § 51 Abs. 1 Nr. 2, 3 *Clausing* in Schoch u. a., § 121 Rn. 78.
[197] Vgl. zur Möglichkeit der Rücknahme eines auf Grund rechtskräftigen Verpflichtungsurteils erlassenen VAes abl. VG Gießen NVwZ 1998, Beil. S. 101 f.; s. auch VG Freiburg NVwZ-RR 1999, 683 f., wo die Möglichkeit eines rechtskraftdurchbrechenden Wiederaufgreifens durch die Behörde offen bleibt; zur Wirkung eines Aufhebungsurteils gegenüber nachfolgenden inhaltsgleichen VAen BVerwGE 91, 256, 261, mit nur z. T. zust. Anm. *Maurer* JZ 1993, 574 f.; skeptisch auch *Ehlers* Verwaltung 1998, 53, 75; s. hierzu ferner *Gotzen*, Das Verwaltungsakt-Wiederholungsverbot, Diss. Bonn 1997, S. 107 ff., der eine Abänderungsklage nach § 173 VwGO i. V. m. § 323 ZPO befürwortet; auch *ders.* VR 1998, 109 ff.

§ 51 Wiederaufgreifen des Verfahrens

Abs. 1 Nr. 1, da bei Änderungen der Sach- und Rechtslage eine Rechtskraftbindung der Behörden ohnehin nicht mehr besteht.

IV. Verpflichtung zum Wiederaufgreifen des Verfahrens i. e. S. (Abs. 1)

1. Anspruch auf das Wiederaufgreifen

Abs. 1 gibt dem Betroffenen auf seinen Antrag einen **Anspruch auf Wiederaufgreifen** 84 unter den in Nrn. 1 bis 3 genannten Voraussetzungen (dazu Rn. 88 ff.), die dem bisherigen Recht entsprechen[198] und auch einzelnen besonderen Gesetzen (vgl. zu § 71 AsylVfG Rn. 50 ff.) nicht fremd sind.

Für den **Antrag** (s. auch Rn. 9, 27) als Verfahrensvoraussetzung (s. auch Rn. 23 f.) ist keine 85 Form vorgeschrieben. Ob der Antrag im Rahmen des § 51 auch **materielle Anspruchsvoraussetzung** ist, wird mit Rücksicht darauf bezweifelt, dass dadurch anderweitig, insbes. grundrechtlich begründete Beseitigungsansprüche entgegen der Absicht des Gesetzes verkürzt werden würden.[199] Eine Verpflichtung zum Wiederaufgreifen auch ohne Antrag des Betroffenen, die dem Wortlaut des § 51 widerspricht, ist entbehrlich; etwaigen diesbezüglichen Notwendigkeiten genügt die durch Abs. 5 bestätigte Möglichkeit der Rücknahme nach § 48,[200] deren Ermessensfreiheit notfalls auf Null schrumpfen kann.[201]

Antragsberechtigt ist der **Betroffene** (dazu Rn. 17; § 41 Rn. 21, 26, 31 f., 38; § 48 Rn. 243), 86 also bei belastenden VAen der Adressat, bei begünstigenden VAen der belastend betroffene Dritte i. S. d. § 50.[202] In zeitlicher Hinsicht kommt es – insbes. bei Rechtsnachfolge – auf die Betroffenheit bei Vorliegen des Wiederaufnahmegrundes an.[203]

Der Anspruch des Betroffenen geht auf eine Entscheidung über die Aufhebung oder Änderung 87 (Rn. 22 ff., 69 ff.) eines für ihn[204] **unanfechtbaren VA**. Ein Wiederaufgreifen bei einem noch anfechtbaren VA ist – anders als Rücknahme (§ 48 Abs. 1 S. 1) und Widerruf (§ 49) – unzulässig. Insoweit sind die förmlichen Rechtsbehelfe anzuwenden;[205] möglich ist die Umdeutung eines Antrags auf Wiederaufgreifen in die Einlegung des noch zulässigen Rechtsbehelfs.[206] Zum **Verfahren** nach § 51 vgl. Rn. 22 ff. Die Gründe des Wiederaufgreifens sind im Einzelnen in Nrn. 1 bis 3 geregelt.

2. Änderung der Sach- oder Rechtslage

a) **Allgemeines.** Nach Nr. 1 ist die nachträgliche Änderung der Sach- oder Rechtslage zu- 88 gunsten des Betroffenen ein Grund, das Verfahren wiederaufzugreifen. Die Bestimmung greift über den Rahmen dessen hinaus, was dem prozessualen Vorbild der Wiederaufnahme in den verschiedenen Prozessordnungen an Gründen bekannt ist. Als Parallele ist eher § 323 ZPO heranzuziehen.[207] Aus der Eigenart der Nr. 1 ergibt sich die nicht abschließend bewältigte Frage, inwieweit nachträglich entstandene Einwendungen gegen den VA – ohne durch Wiederaufgreifen den alten VA als Titel (§ 35 Rn. 38 f.) zu beseitigen – analog § 767 Abs. 2 ZPO, ggf. im Rahmen der Klagearten der VwGO,[208] der **Vollstreckung** aus dem ursprünglichen VA entgegengehalten werden können (s. ferner Rn. 132).[209] Gegen eine Zwangsgeldandrohung zu einem

---

[198] Vgl. *BVerwGE* 15, 155; 17, 256; 19, 183; 44, 335.
[199] *Baumeister* VerwArch 1992, 374, 390 ff. m. w. N.
[200] So nach *Schenke* DÖV 1983, 320, 331 f.
[201] Zu einem Beispielsfall *VG Berlin* NVwZ 2004, 371, 372.
[202] Vgl. ausdrücklich *OVG Münster* ZIP 1996, 131, 132 mit Anm. *Siekmann* EWiR § 12 AktG 1/96, 435; nicht eindeutig *Meyer* in Knack, § 51 Rn. 24, 25.
[203] *OVG Münster* ZIP 1996, 131, 132; *BVerwG* ZIP 1997, 982, 984; dazu auch den Bericht bei *Gielen* JR 1997, 272, 273 f.
[204] *Ule/Laubinger,* § 65 Rn. 11 m. w. N.; zur Unanfechtbarkeit s. § 43 Rn. 18 ff.
[205] *Sachs* JuS 1982, 264, 265.
[206] S. *BVerwGE* 25, 191; *OVG Münster* NVwZ 1984, 655.
[207] Vgl. *Bettermann* in FS Wolff, 1973, S. 465, 476; *Sachs* JuS 1982, 264, 265. S. in diesem Rahmen für die Berücksichtigung einer verfassungsrechtlich gebotenen Änderung der Auslegung *OLG Köln* NJW 2002, 3640, 3641.
[208] S. *Sachs* JuS 1982, 264, 265 m. w. N.
[209] Vgl. *BVerwGE* 6, 321; *BVerwG* NJW 1977, 1893; InfAuslR 1983, 271; DÖV 1983, 772; NVwZ 1984, 42; *BVerwGE* 80, 178, 180 f. m. w. N.; s. auch *BVerfG (K)* NVwZ-RR 1996, 373; *OVG Münster* BRS

Beförderungsverbot (nach § 74 Abs. 1 AuslG) soll allerdings nur nach vorheriger Aufhebung der Verbotsverfügung, regelmäßig nach § 51 Abs. 1 VwVfG, vorgegangen werden können.[210]

89 Im Fall der Nr. 1 ist der betroffene VA ursprünglich rechtmäßig, so dass eine Rücknahme grundsätzlich ausscheidet. Ein Wiederaufgreifen nach Nr. 1 kommt aber regelmäßig nur bei **VAen mit Dauerwirkung** in Betracht;[211] stimmen deren Wirkungen nicht mehr mit der geänderten Sach- oder Rechtslage überein, ist es – unabhängig von der Frage, ob der VA durch die Veränderung rechtswidrig wird oder nicht (vgl. § 44 Rn. 20 ff.) – gerechtfertigt, dies als Wiederaufgreifensgrund anzunehmen.[212] Die vielfach abgelehnte Anwendung des § 51 in diesem Bereich behält ihren guten Sinn darin, dass eine ausdrückliche Entscheidung im wiederaufgegriffenen Verfahren Rechtsklarheit schafft.[213] Zur Befristung s. Rn. 132 ff. Die Notwendigkeit, eingetretene Änderungen (der Rechtslage) ggf. im Verfahren des § 51 Abs. 1 Nr. 1 geltend zu machen, verstößt auch bei grundrechtsbeschränkenden VAen nicht gegen die Verfassung.[214]

90 Die **Änderung** muss die tatsächlichen oder rechtlichen Gegebenheiten **wirklich** erfassen. Es reicht nicht aus, dass dem Betroffenen oder der Behörde eine bereits vor Erlass des VA gegebene Sach- oder Rechtslage nachträglich bekannt wird[215] oder die Behörde unveränderte tatsächliche Verhältnisse anders beurteilt.[216] Eine nur in Aussicht stehende Änderung genügt ebenfalls nicht;[217] bei Prognoseentscheidungen muss eine Änderung der für die Einschätzung der Entwicklung maßgeblichen Grundlagen vorliegen. Im Verwaltungsrechtsstreit über die Pflicht zum Wiederaufgreifen genügt es grundsätzlich, wenn im Zeitpunkt der **letzten mündlichen Verhandlung des Gerichts** die Änderung eingetreten ist (zum maßgeblichen Zeitpunkt allg. § 44 Rn. 16 ff.;[218] s. aber Rn. 139 f.). Es genügt ferner nicht, wenn eine beachtliche Veränderung lediglich behauptet wird,[219] vielmehr ist ein substantiierter Vortrag der Veränderungen erforderlich.[220]

91 Die Änderung der Sach- oder Rechtslage muss **nachträglich,** d. h. **nach Erlass des VA,** eingetreten sein.[221] Änderungen, die **zwischen Erlass des VA und Eintritt der Unanfechtbarkeit** erfolgen, sind damit grundsätzlich als „nachträglich" von Nr. 1 erfasst,[222] andernfalls liefe Abs. 2, der grob schuldhaft versäumtes Vorbringen präkludiert, zumindest im Regelfall leer.[223] Sind allerdings solche zwischenzeitlichen Änderungen bereits in einem Prozess gegen den ursprünglichen VA berücksichtigt worden, gehören sie damit zu den schon für die Beurteilung des ErstVA maßgeblichen Umständen und verlieren den nachträglichen Charakter. S. auch Rn. 50, 100.

92 Die Änderung der Sach- oder Rechtslage muss **zugunsten des Betroffenen** erfolgt sein, d. h. sie muss für den fraglichen VA **entscheidungserhebliche Voraussetzungen** betreffen, so dass die Änderung eine dem Betroffenen **günstigere Entscheidung erfordert oder doch**

Bd. 16, Nr. 68; DÖV 1983, 685, 686; NVwZ 1984, 329; *OVG Koblenz* DÖV 1982, 414, NJW 1982, 2276 f.; *VGH Mannheim* BauR 1980, 346; *OLG Frankfurt* NVwZ 1985, 221; s. auch *OVG Lüneburg* OVGE 31, 155 ff.; *Schenke* VerwArch 1970, 260 ff., 342 ff.; *Gaul* JZ 1979, 496, 499; zu den prozessualen Gestaltungsmöglichkeiten vgl. etwa *Classen* DÖV 1989, 156, 161; zur Vollstreckungsgegenklage gegen Verpflichtungsurteil *OVG Münster* NJW 1980, 2427 f.

[210] *BVerwGE* 122, 293, 296 ff.
[211] *BVerwGE* 104, 115, 120 f. zu § 12 Abs. 2 S. 2 AktG; zust. *Notthoff* DZWiR 1997, 459; allg. auch *Brede* Der Verwaltungsakt mit Dauerwirkung, 1997, S. 158 f.; abl. *Bumke*, Relative Rechtswidrigkeit, 2004, S. 196 f., der aber die Einschränkung „regelmäßig" vernachlässigt. Im Kontext des VermG *Vogelsberg* ZOV 2002, 266 ff.
[212] *BVerwGE* 11, 106, 107; 19, 153, 155; 24, 115, 117; 26, 153, 155; 28, 122, 125; 31, 112 f.; 32, 124, 128; 35, 234; 44, 333, 335; *BVerwG* Buchholz 316 § 36 VwVfG Nr. 1; *Bettermann* in FS Wolff, 1973, S. 465, 475 ff.; *Maurer* JuS 1976, 25, 28; a. A. *Redeker* DVBl 1973, 744, 746.
[213] *Sachs* JuS 1982, 264, 265 m. w. N.
[214] *BVerwG* NVwZ 1993, 476, 477. Zur Anwendung auf personale Allgemeinverfügungen s. § 35 Rn. 213.
[215] Vgl. *OVG Münster* GemH 1989, 37, 40; anders in § 173 Abs. 1 Nr. 1 AO, dazu *BFH* 149, 141.
[216] *BVerwGE* 45, 235; *Heimerl* BayVBl 1971, 411, 413.
[217] *BVerwG* NJW 1986, 1186, 1187.
[218] Für den Sonderfall der §§ 10, 14 AsylVfG a. F. *OVG Münster* NVwZ 1984, 330.
[219] *OVG Hamburg* DÖV 1983, 683 f.
[220] *BVerwGE* 77, 323, 325 f.
[221] *OVG Münster* DVBl 1988, 912.
[222] *Ule/Laubinger*, § 65 Rn. 18 m. w. N.
[223] Im diesem Sinn zu Nr. 2 *BVerwGE* 70, 110, 113 f.; dem für Nr. 1 folgend *Kopp/Ramsauer*, § 51 Rn. 25; wohl auch *Meyer* in Knack, § 51 Rn. 48; anders *Bettermann* in FS Wolff, 1973, S. 465, 480 f.; *Meyer/Borgs*, § 51 Rn. 7, 11; *Schäfer* in Obermayer, VwVfG, § 51 Rn. 90, aber Rn. 45, 47.

ermöglicht.[224] Letzteres ist insbes. für Ermessensentscheidungen relevant. Hier genügt die Möglichkeit, dass die Entscheidung nunmehr anders ausfallen könnte; es ist nicht erforderlich, dass das Ergebnis der Erstentscheidung auf Grund der Änderung als ermessensfehlerhaft erscheint.[225]

Im Rahmen des § 14 AsylVfG a. F. lässt es das *BVerfG* umgekehrt für die **Beachtlichkeit des** 93 **Folgeantrags** ausreichen, dass das (glaubhafte und substantiierte) Vorbringen neuer Tatsachen nicht von vornherein nach jeder vertretbaren Betrachtungsweise ungeeignet ist, zur Asylberechtigung zu verhelfen.[226]

b) Änderung der Sachlage. Als Änderung der Sachlage (s. auch § 49 Rn. 58 ff.) wer- 94 den alle **tatsächlichen Vorgänge** angesehen, die eine Änderung des entscheidungserheblichen Sachverhalts zur Folge haben; nach Auffassung des *BFH*[227] ist unter einer neuen Tatsache i. S. des § 173 AO 1977 das zu verstehen, was Merkmal oder Teilstück eines gesetzlichen Steuertatbestandes sein kann, also Zustände, Vorgänge, Beziehungen und Eigenschaften materieller oder immaterieller Art. Hierunter fallen auch **rechtliche Änderungen mit tatsächlichem Bezug** wie Änderungen von Strafvorschriften oder der politischen Verhältnisse im Heimatland eines Asylbewerbers[228] oder der tatsächlichen Grundlagen eines **Erfahrungssatzes** (§ 26 Rn. 28 ff.).[229] Zu neuen Beweismitteln s. Rn. 112 f. Gegenüber einer bestandskräftigen Ausweisungsverfügung kann kein Wiederaufgreifen beantragt werden mit der Begründung, der Ausländer habe auf Grund früherer Tatsachen (s. Rn. 90) erstmalig einen Asylantrag gestellt,[230] wohl aber, wenn der Asylgrund, insbes. als Nachfluchtgrund, später entstanden ist.

Eine neue Tatsache kann auch eine **innere Einstellung** sein, z. B. eine neue Gewissensent- 95 scheidung bei einem Kriegsdienstverweigerer.[231] Die Änderung der Maßstäbe, auf denen eine Indizierung als jugendgefährdende Schrift beruht, kann eine Änderung der Sachlage bedeuten;[232] das *BVerwG*[233] lässt offen, ob veränderte Einstellungen zur Kunst und zur Jugendgefährdung eine neue Sachlage begründen können. Ferner kommt in Betracht die **Änderung wissenschaftlicher Erkenntnisse**,[234] auch wenn sie in Richtlinien und Verwaltungsvorschriften niedergelegt sind.[235] Eine Änderung der Sachlage kann das Ergebnis eines erfolgreich durchgeführten strafgerichtlichen Wiederaufnahmeverfahrens bewirken.[236] Auch rechtskräftige, für die Beteiligten verbindliche Gerichtsentscheidungen zu für den Erlass des VA präjudiziellen Gegebenheiten[237] können neue Tatsachen darstellen.[238] Doch hindert die Existenz sich widersprechender rechtskräftiger Gerichtsentscheidungen zu derselben Sachfrage als solche die Behörde nicht, unter Berufung auf eines der Urteile an ihrem Bescheid festzuhalten.[239]

---

[224] *Ule/Laubinger*, § 65 Rn. 20 m. w. N. Gegenüber einer Rechtsänderung vorgesehener Bestandsschutz früherer Genehmigungen schließt es nicht aus, dass diesen beigefügte Nebenbestimmungen unter dem Blickwinkel des neuen Rechts nach § 51 aufgehoben werden müssen, vgl. *OVG Münster* NVwZ 2000, 89, 90, gegenüber *VG Köln* NVwZ 1997, 820, 821 f.
[225] Zum Erfordernis eines schlüssigen Sachvortrags hinsichtlich der günstigen Auswirkungen *OVG Münster* NVwZ 1986, 51 f.; *Selmer* JuS 1987, 363, 367. Das *OVG Hamburg* NVwZ 1985, 512, 513 m. w. N., hält es für ausreichend, wenn auf Grund der geänderten Sachlage eine positive Sachentscheidung objektiv ernsthaft in Betracht kommt.
[226] *BVerfG* DVBl 1993, 601; DVBl 1994, 38; *Ziekow*, § 51 Rn. 9.
[227] NVwZ-RR 1990, 119 m. w. N.
[228] Dazu im Einzelnen *Mezger* VBlBW 1995, 308 f.; insofern hält *OVG Magdeburg* DVBl 2000, 1549 Nr. 33 L, auch eine Änderung der Sachlage durch Zeitablauf für möglich.
[229] *VGH Mannheim* VBlBW 1981, 402 ff.
[230] Bestr.: *BGH* NJW 1981, 527, 528.
[231] *BVerwG* Buchholz 448.0 § 25 WpflG Nr. 61; auch *BVerwG* NVwZ 1991, 272 f.; *Becker* DVBl 1981, 106, 112 (s. Rn. 49).
[232] *BVerfGE* 39, 197, 202.
[233] NJW 1987, 1435.
[234] *BVerwGE* 115, 274, 281 (für Reservenneuberechnung im Bergrecht).
[235] *BVerwG* NVwZ 1984, 102, 103; *OVG Lüneburg* NdsVBl 2000, 215, 217; dagegen gehören neue Sachverständigengutachten nicht hierher, sondern (allenfalls) zu Nr. 2, s. ausdrücklich *BVerwGE* 113, 322, 326, dazu Rn. 113.
[236] *BVerwGE* 32, 124.
[237] *Thietz-Bartram* LKV 2006, 545, 548, bezieht dies irrtümlich auf Klärung allgemeiner Rechtsfragen.
[238] So zur Bedeutung verwaltungsgerichtlicher Urteile gegenüber der Rechtskraft zivilgerichtlicher Urteile *BGH* NJW 1995, 2993 f.
[239] So zum Wiederaufgreifen i. w. S. *BVerwGE* 95, 86, 92, selbst gegenüber einem mit besonderer Bindungskraft ausgestatteten Disziplinarurteil.

96 c) **Änderung der Rechtslage** ist eine entscheidungserhebliche Veränderung der rechtlichen Voraussetzungen, die dem VA bei Erlass zugrunde gelegen haben (§ 44 Rn. 17 ff.).[240] Die Formulierung weicht von § 49 Abs. 2 S. 1 Nr. 4 ab, wo von einer „geänderten Rechtsvorschrift" die Rede ist. Sie umfasst damit ohne Weiteres auch Änderungen ungeschriebener Rechtsquellen, insbes. des Gewohnheitsrechts, und Fälle, in denen Normen ohne Rechtsänderungsakt ungültig oder unanwendbar werden.[241] Darüber hinaus bleibt vom Wortlaut her Raum für eine Auslegung, die auch Ergebnisse der (höchstrichterlichen) Judikatur einbezieht (dazu Rn. 104 ff.). Maßgebend ist immer, dass die geänderten Elemente der Rechtslage **allgemeinverbindliche Außenwirkung** haben.[242]

97 Eine Änderung der **Verwaltungspraxis** ist keine Änderung der Rechtslage;[243] sie bleibt Rechtsanwendung ohne allgemeinverbindliche Außenwirkung. Dies gilt auch im **Ermessensbereich,** wenn durch **Verwaltungsvorschriften** eine **Selbstbindung** eingetreten ist (s. § 40 Rn. 103 ff.). Die rechtliche Grundlage für die Entscheidung in diesen Fällen ist Art. 3 Abs. 1 GG, der durch eine Änderung der Voraussetzungen der Selbstbindung nicht berührt wird. Verwaltungsvorschriften selbst besitzen nicht die erforderliche Rechtsnormqualität (§ 48 Rn. 52), so dass ihre Änderung als solche die Rechtslage unberührt lässt (§ 49 Rn. 80). Daher fällt es auch nicht unter Nr. 1, wenn sich **außerhalb** des dem **Vorbehalt des Gesetzes** unterworfenen Bereiches (s. § 44 Rn. 46 ff.) die verwaltungsinternen Entscheidungsgrundlagen ändern (s. aber Rn. 95).

98 Grundsätzlich ist notwendig, dass es sich um eine **Änderung des materiellen Rechts** im Hinblick auf die für den Erlass des VA erheblichen Voraussetzungen handelt.[244] Änderungen des **Verfahrensrechts** berühren in der Regel abgeschlossene Verfahren nicht (s. § 96 Rn. 2).[245] Nicht ausgeschlossen ist, dass mit einer Änderung speziellen Verfahrensrechts ein erneutes Verfahren (s. Rn. 46 ff.), z. B. durch Streichung von Antragsfristen (§ 31 Rn. 9), ermöglicht wird.

99 Entscheidungserheblich sind vor allem Änderungen, die **rückwirkend** bereits abgeschlossene Verfahren ergreifen. Änderungen, die **nur in die Zukunft** wirken und daher ohne weiteres in Neuverfahren beachtlich sind, können gleichfalls relevant sein,[246] wobei allerdings das Wiederaufgreifen nur zum Zwecke der Klarstellung erfolgt (s. Rn. 89). Dagegen bleiben Änderungen außer Betracht, wenn sie für den einschlägigen Fall (auf Grund von Übergangsvorschriften) noch nicht eingreifen.[247] Lassen Rechtsänderungen abschließend getroffene Verwaltungsentscheidungen gezielt unberührt, ist – abgesehen von der Unbeachtlichkeit der Rechtsänderungen für laufende Gerichtsverfahren – auch für die Anwendung des § 51 Abs. 1 Nr. 1 kein Raum.[248]

100 **Keine Änderung der Rechtslage** bewirken **gerichtliche Entscheidungen über die Gültigkeit von Rechtsvorschriften,** auch wenn sie Gesetzeskraft, § 31 Abs. 2 BVerfGG und Parallelvorschriften der Landesverfassungsgerichtsbarkeit, oder sonst Allgemeinverbindlichkeit, s. § 47 Abs. 6 S. 2 HS 2 VwGO, entfalten.[249] Denn diese Entscheidungen wirken nicht konstitutiv auf das materielle Recht ein. Das gilt für die Bestätigung der Normgeltung ebenso wie bei Feststellung von Verstößen gegen die Maßstabsnormen des höherrangigen Rechts mit der ipso iure eingetretenen Rechtsfolge der Normnichtigkeit.[250] Nichtigerklärungen bestätigen eine

---

[240] Für veränderte Voraussetzungen im Kriegsdienstverweigerungsrecht s. *BVerwG* NVwZ 1988, 627.
[241] Zu dieser Möglichkeit *Baumeister*, Das Rechtswidrigwerden von Normen, 1996.
[242] So ausdrücklich auch *BVerwGE* 95, 86, 89.
[243] *BVerwG* NVwZ-RR 1994, 119; *Stelkens* NVwZ 1982, 492; *VG Berlin* NJW 1981, 2595, 2596.
[244] Zur Entscheidungserheblichkeit *BVerwG* NVwZ-RR 2002, 548, 550; *OVG Münster* NVwZ 2000, 89.
[245] Wie hier wohl auch *BVerwGE* 60, 316 ff.
[246] Vgl. *BVerwG* LKV 2000, 537, 538 unter Hinweis auf § 51 Abs. 1 Nr. 1, zur Möglichkeit, eine Befreiung vom Wehrdienst trotz rechtskräftiger Ablehnung im Hinblick auf eine zwischenzeitlich erfolgte Änderung der Wehrdienstdauer erneut zu beantragen; für einen VA mit Dauerwirkung s. *OVG Münster* NVwZ 2000, 889.
[247] *OVG Münster* NWVBl 1996, 106, 107 f.
[248] *BVerwGE* 94, 279, 280 ff., zu Art. 14 Abs. 4 S. 1 des 2. VermRÄndG.
[249] *BVerfGE* 20, 230, 235; *BVerwG* NJW 1981, 2595; *Sachs* JuS 1982, 264, 266; *Kopp/Ramsauer*, § 51 Rn. 30 m. w. N.; *Schäfer* in Obermayer, VwVfG, § 51 Rn. 52 ff.; wohl auch *Ule/Laubinger*, § 65 Rn. 19 m. w. N. zum Streitstand; s. zu § 21 Abs. 2 BauGB etwa *OVG Münster* NVwZ 1990, 578, 579 m. w. N.; *Frohn* Verwaltung 1987, 337, 346 ff. will offenbar zwischen ex nunc und ex tunc-Wirkung differenzieren; a. A. noch in der Vorauflage *Obermayer*, VwVfG, § 51 Rn. 55.
[250] S. ausf. *Stern* in Bonner Kommentar, Art. 93 (1982), Rn. 271 ff., 276 m. w. N.; *Schlaich/Korioth*, BVerfGG, 6. Aufl. 2004, Rn. 379 ff.; *Löwer* HStR III³, § 70 Rn. 114 ff.; zur sog. bloßen Unvereinbarkeit mit (Regel-)Folge der Aussetzung laufender Verfahren *Sachs*, in: ders. GG, Art. 20 Rn. 98; *Schlaich/Korioth*,

§ 51 Wiederaufgreifen des Verfahrens

schon gegenüber dem UrsprungsVA jedenfalls von den Gerichten auf Grund des richterlichen Prüfungsrechts durch eigene Verwerfung oder ggf. Vorlage nach Art. 100 Abs. 1 GG zu beachtende, unverändert gebliebene Rechtslage.[251]

Welche **Konsequenzen** sich aus der festgestellten Normnichtigkeit für die auf die vermeintlich gültige Norm gestützten VAe ergeben, unterliegt gesetzlicher Ausgestaltung. In diesem Rahmen sind die maßgeblichen Entscheidungen durch **Sondervorschriften** getroffen (s. namentlich § 79 Abs. 2 BVerfGG, § 183 VwGO, auch i. V. mit § 47 Abs. 6 S. 3 VwGO), die den Konflikt zwischen Rechtsrichtigkeit und Rechtssicherheit spezifisch regeln.[252] Gegenüber diesen Regelungen, die den Grundsatz der Fortgeltung der Einzelfallentscheidungen ohne Rücksicht auf etwaige Nichtigerklärungen der zugrunde liegenden Rechtsnormen unmissverständlich zum Ausdruck bringen, bietet die Formulierung des § 51 Abs. 1 Nr. 1 keine Handhabe für eine Abweichung im Bereich des Wiederaufgreifens. 101

Nicht ausgeschlossen wird dadurch, dass eine Nichtigerklärung maßgeblicher Normen im Rahmen des **Wiederaufgreifens im weiteren Sinne** (Rn. 13 ff.) Beachtung findet.[253] 102

Gerichtsentscheidungen, die lediglich inter partes wirken (§ 121 VwGO), treffen nur eine zwischen den Beteiligten bindende Entscheidung, die sich schon deshalb nicht auf die Rechtslage i. S. d. Nr. 1 auswirkt.[254] Dies gilt auch, wenn die Unvereinbarkeit untergesetzlicher Bestimmungen mit höherrangigem nationalen Recht festgestellt wird.[255] Zur Bedeutung präjudizieller Gerichtsentscheidungen als neuer Tatsachen s. schon Rn. 94 f. 103

Die schon vor Erlass des VwVfG bestehende Streitfrage, ob ein **Wandel in der Rechtsauffassung** auf Grund **höchstrichterlicher Rspr.** eine Änderung der Sach- oder Rechtslage darstellt,[256] wurde von § 51 nicht entschieden. Bewusst[257] wurde auf einen klarstellenden Zusatz wie in § 40 Abs. 2 KOVwVfG oder in § 48 Abs. 2 SGB X,[258] § 176 AO 1977[259] verzichtet, um die Klärung dieser Frage der Rspr. zu überlassen. 104

Die Judikatur seit Inkrafttreten des VwVfG[260] hat für den Geltungsbereich des § 51 diese Fragen verneint.[261] Im Ergebnis ist dieser Auffassung zuzustimmen,[262] da eine Änderung der 105

Rn. 413 ff. Zur entsprechenden Anwendung des § 79 Abs. 2 S. 3 BVerfGG bei Verwerfung einer (nicht verfassungskonformen) Auslegungsmöglichkeit *BVerfGE* 115, 51, 62 ff.

[251] Eingehend *BSG* NVwZ 1989, 998, 999.

[252] *BVerfGE* 91, 83, 91, schließt die Berufung auf die Unanfechtbarkeit von Bescheiden nach Nichtigerklärung der sie tragenden Normen aus; dem folgend *VG Schwerin* NuR 2001, 115, 116; für fortbestehende Bindungswirkung einer Genehmigung, wenn der zugrunde liegende Bebauungsplan für nichtig erklärt wird, *OVG Münster* OVGE 41, 163, 165 f. Zur Möglichkeit, nachträglich abweichende gesetzliche Regelungen zu erlassen, die die Bestandskraft durchbrechen, *BVerfGE* 99, 165, 184 f. Zu Erstattungsansprüchen bei Zahlungen auf Grund zugrunde liegenden Gebührenbescheid *BVerfGE* 108, 1, 33.

[253] *BSG* NVwZ 1989, 998, 999 f.; Kopp/Ramsauer, § 51 Rn. 30; *Baumeister* VerwArch 1992, 374, 376 f. m. w. N.; *OVG Koblenz* BauR 1983, 435; in diese Richtung auch *VGH Mannheim* NVwZ 1990, 985, 986; für § 79 Abs. 2 BVerfGG s. *BVerwG* NVwZ-RR 1991, 31, 32; ausführlich zu § 44 SGB X, § 152 AFG *BSG* NVwZ 1989, 998, 999 f.; auch *BVerfGE* 102, 41, 63; *E. Klein* in Benda/Klein, Rn. 1169; zum Verhältnis zu § 44 Abs. 1 SGB X auch *Spellbrink/Hellmich* SGb 2001, 605 ff.

[254] *BVerwG* NJW 1980, 135, 136.

[255] *BVerwGE* 121, 226, 228 f., wegen der Irrelevanz von Rechtsprechungsänderungen (Rn. 104 ff.).

[256] Bejahend *BVerwGE* 17, 256, 261 mit Anm. *Bullinger* DÖV 1964, 380 und *Franz* DVBl 1964, 755; *Redeker* DVBl 1973, 744, 746; *Kimminich* JuS 1965, 249, 253; verneinend *BVerfGE* 2, 380, 395; *BVerwG* DÖV 1966, 866; *BVerwGE* 28, 112, 126; 35, 234, 236; *BVerwG* NJW 1978, 508 – auch nicht bei einer Änderung der Rechtsprechung des *EuGH* –; *Martens* NJW 1963, 1856, 1858; *Bettermann* in FS Wolff, 1973, S. 465, 485.

[257] Vgl. Begründung zu § 47 Abs. 1 Entwurf 73.

[258] Dazu *Bogs* in GS Martens, 1987, S. 297 ff.; *Frohn* Jura 1993, 393, 394 f.; *Rüfner* in FS Krasney, 1997, S. 401 ff.; s. auch die st. Rspr. des *BSG* zum besonderen Kontext der §§ 44 Abs. 1, 48 Abs. 2 SGB X, *BSGE* 57, 209, 210; 58, 27 ff.; zum Unterschied dazu *Stelkens* NVwZ 1982, 493.

[259] Dazu etwa *BFH* NVwZ-RR 1992, 433 ff. mit Anm. *Osterloh* JuS 1993, 82.

[260] *BVerwG* NJW 1981, 2595 NVwZ-RR 1994, 119; *BVerwG* NVwZ 95, 86, 89; *BVerwG* NVwZ 1995, 1097 m. w. N.; NVwZ-RR 1996, 122; *BVerwGE* 121, 226, 228 f., sowie etwa *VGH Kassel* NVwZ 1995, 394, 395 m. N.; *OVG Saarlouis* ZBR 1995, 205, 206; *VGH Mannheim* NVwZ 1985, 931; NVwZ-RR 1991, 490, 491; *OVG Münster* NVwZ 1986, 134; *VGH München* NVwZ 1989, 378 f.; *OVG Lüneburg* NVwZ 2006, 1302, 1303; *OVG Hamburg* NVwZ 2006, 576 LS.

[261] Offenlassend aber *BVerwG* NVwZ 1986, 293, 294; NVwZ 1988, 143, 144; auch *VGH Mannheim* VBlBW 2004, 148, 140; *VGH München* BayVBl 2006, 408 f.

[262] So auch *Meyer* in Knack, § 51 Rn. 37; *Ziekow* § 51 Rn 11; *Ehlers* Verwaltung 2004, 255, 284; grundsätzlich auch *Kopp/Ramsauer*, § 51 Rn. 30, allerdings bei Einbeziehung von Änderungen der allgemeinen Rechtsauffassung, die wohl mit Richterrecht (Rn. 109) gleichgesetzt werden; so etwa auch *Thietz-Bartram* LKV 2006, 545, 547.

höchstrichterlichen Rspr. in der Regel nur bedeutet, dass das Recht bisher nicht richtig erkannt worden ist.[263] Erst recht bedeutet eine Änderung der **Rspr. der Instanzgerichte** durch sie selbst keine Änderung der Rechtslage,[264] auch nicht die spätere Missbilligung der in einer fachgerichtlichen Entscheidung zugrunde gelegten Rechtsauffassung durch das *BVerfG*.[265]

106 Anderes gilt schließlich auch nicht für Entscheidungen von besonders herausragender Bedeutung, wie die **Entscheidungen der Großen Senate der Obersten Gerichtshöfe des Bundes** oder des Gemeinsamen Senats dieser Gerichtshöfe und die nach § 31 Abs. 1 BVerfGG alle Verfassungsorgane, Behörden und Gerichte des Bundes und der Länder **bindenden Entscheidungen des *BVerfG*,**[266] sofern man diese Bindung mit dem *BVerfG* auf die tragenden Gründe seiner Entscheidungen erstreckt.[267] Denn ungeachtet ihrer praktischen Relevanz sind doch auch diese gerichtlichen Entscheidungen ihrer Natur entsprechend auf die Erkenntnis der geltenden Rechtslage und nicht auf ihre konstitutive Änderung ausgerichtet. Mag dies auch aus methodisch-rechtstheoretischer Sicht gelegentlich einer Fiktion nahe kommen, liegt diese Sichtweise doch der verfassungsrechtlichen Grundkonzeption von der Rolle der Gerichtsbarkeit verpflichtend zugrunde.[268]

107 Für die für Deutschland völkerrechtlich verbindlichen **Entscheidungen des *EGMR***[269] hat das *BVerfG* angenommen, dass auch sie die Rechtskraft von Entscheidungen nicht beseitigen, aber – abgesehen von der generellen Pflicht zu konventionsgemäßer Auslegung – deutsche Gerichte und Verwaltungsbehörden als nach Art. 20 Abs. 3 GG verpflichtet angesehen, im Rahmen ihrer Entscheidungsmöglichkeiten jedenfalls im betroffenen Einzelfall das einschlägige Urteil des *EGMR* zu berücksichtigen.[270] Inzwischen ist mit § 580 Nr. 8 ZPO ein neuer Grund auch für das Wiederaufgreifen geschaffen (s. Rn. 123, 125a). Die Konsequenzen für nur ähnlich gelagerte Fälle sind nicht abschließend geklärt, doch müsste es genügen, im Rahmen des Ermessens beim Wiederaufgreifen i.w.S. (Rn. 102) die Konventionsverletzung einzubeziehen. Zu Entscheidungen des *EuGH* s. Rn. 20.

108 Das *BVerfG*[271] hat es mit Rücksicht auf den Meinungsstand zumal zu **§ 14 AsylVfG** a. F. (jetzt § 71 AsylVfG) für unzulässig erklärt, Asylfolgeanträge, die sich auf eine geänderte Spruchpraxis des *BVerfG* als Änderung der Rechtslage berufen, als offensichtlich unbegründet zurückzuweisen; doch ist diese aus den Besonderheiten des Asylverfahrensrechts abgeleitete Schlussfolgerung keiner Verallgemeinerung fähig.[272]

109 Selbst in Bereichen, in denen wegen der Untätigkeit des Gesetzgebers von **Richterrecht** gesprochen wird,[273] bleibt seine Bindungswirkung, solange es nicht zu Gewohnheitsrecht er-

---

[263] So früher schon *BVerwGE* 28, 122, 126; Begründung zu § 44 Abs. 1 Entwurf 73; außerhalb des Kontextes des § 51 etwa *OVG Weimar* ThürVBl 1998, 106, 107; im Ergebnis ebenso die überwiegende Auffassung im Schrifttum, *Sachs* JuS 1982, 264, 266; *Stelkens* NVwZ 1982, 492; *Schenke* DÖV 1983, 320, 332; *Erichsen/Ebber* Jura 1997, 424, 427; *Rüfner* in FS Krasney, 1997, S. 401, 405; *Ehlers* Verwaltung 1998, 53, 74f.; *Ule/Laubinger*, § 65 Rn. 19; *Meyer* in Knack, § 51 Rn. 37; *Schäfer* in Obermayer, VwVfG, § 51 Rn. 52 jeweils m. w. N.; *a. A. Kopp/Ramsauer*, § 51 Rn. 30; *Martens* JuS 1979, 114, 119; *von Oertzen* in Redeker/von Oertzen, § 42 Rn. 129; *Meyer/Borgs*, § 51 Rn. 15; ausführlich *Scheffelt*, Die Rechtsprechungsänderung, 2001, 246 ff.

[264] Für revisionsgerichtlich überprüfbare Entscheidungen zum Bundesrecht ausdrücklich *BVerwG* NVwZ 1988, 143; NVwZ 1989, 161, 162; *BVerwG* NVwZ 1995, 1097, 1098, lehnt jeden Unterschied zwischen Gerichten aller Instanzen ab; ferner *Stelkens* NVwZ 1982, 492.

[265] *BVerfG (K)* NJW 2007, 1802, 1803.

[266] Ausdrücklich etwa *BVerwG* NVwZ 1995, 1097, 1098; *VGH München* BayVBl 1996, 147, 148.

[267] So die st. Rspr. seit *BVerfGE* 1, 14, 37; s. z. B. *BVerfGE* 40, 88, 93; dem folgend etwa *BVerwG* DÖV 1987, 969, 970; Nachw. zum Streitstand bei *Sachs*, Die Bindung des Bundesverfassungsgerichts an seine Entscheidungen, 1977, S. 66ff.; für die seitherige Entwicklung *ders.* JuS 1988, 565, 566 m. w. N.; auch *ders.* in FS Kriele, 1997, S. 431, 430ff.; ferner *Löwer* HStR III[3], § 70 Rn. 104ff.; *E. Klein* in Benda/Klein, Rn. 1318.; *Pestalozza*, Verfassungsprozessrecht, 3. Aufl. 1991, § 20 Rn. 82ff.; *Detterbeck*, Streitgegenstand und Entscheidungswirkungen im Öffentlichen Recht, 1995, 350ff. jeweils m. w. N.

[268] S. *Ule/Laubinger*, § 65 Rn. 19.

[269] Vgl. gegen die Notwendigkeit des Wiederaufgreifens *BVerwG* NVwZ 1995, 1097, 1098; *BVerwG* NJW 1999, 1649 für rechtskräftig abgeschlossene Disziplinarverfahren, insbes. in nur ähnlich gelagerten Fällen.

[270] *BVerfGE* 111, 307, 323, 325 ff.; s. auch den Hinweis dort auf den 1998 eingefügten Wiederaufnahmegrund des § 359 Nr. 6 StPO für den Sonderbereich strafgerichtlicher Verurteilungen.

[271] NVwZ 1991, 258, 259; mit Recht grundsätzlich abl. *Ehlers* Verwaltung 1998, 53, 74f.; ferner *Ziekow*, § 51 Rn. 9.

[272] *BVerwG* NVwZ 1995, 1097, 1098.

[273] Vgl. *Stern* Staatsrecht II, S. 581 m. w. N.; *Ossenbühl* HStR III[1], § 61 Rn. 35 ff., sowie *Maurer* HStR IV[3], § 79 Rn. 135 ff., unter dem Aspekt des Vertrauensschutzes.

starkt,[274] stets dem Vorbehalt besserer Rechtserkenntnis unterworfen,[275] der jederzeit, also auch gegenüber dem UrsprungsVA, wirksam werden könnte, so dass auch hier keine konstitutiv wirkenden Änderungen i. S. d. Abs. 1 Nr. 1 stattfinden.[276]

Unberührt bleibt wiederum (s. schon Rn. 102) die Möglichkeit, der Bedeutung von Rechtsprechungsänderungen dieser Art im Rahmen des **Wiederaufgreifens i. w. S.** angemessen Rechnung zu tragen.[277] 110

3. Neue Beweismittel

Wiederaufgegriffen werden muss ferner bei Vorliegen neuer, für den Betroffenen günstiger **Beweismittel (Nr. 2).** Durch Nr. 2 wird die frühere Rspr.[278] aufgefangen,[279] die aber zum Teil das Auftreten neuer Beweismittel als Änderung der Sachlage ansah.[280] 111

a) Die relevanten Beweismittel. Beweismittel i. S. der Nr. 2 sind alle nach § 26 zulässigen Beweismittel.[281] Sie unterscheiden sich von den Tatsachen, die eine Änderung der Sachlage i. S. d. Nr. 1 herbeiführen können.[282] 112

In der Rspr. werden dagegen vielfach die Beweismittel auf **Schriftstücke,**[283] **Zeugen** und **sachverständige Zeugen** beschränkt, auf Beweismittel also, die Tatsachen bekunden.[284] Ausgenommen sein soll hingegen das **Sachverständigengutachten,** das lediglich eine fachliche Beurteilung enthält.[285] Als beachtlich werden Sachverständigengutachten nur eingestuft, wenn sie nach Abschluss des Verwaltungs(streit)verfahrens erstellt sind und neue, seinerzeit nicht bekannte Tatsachen verwerten, wenn sie also selbst auf neuen Beweismitteln beruhen.[286] 113

Diese Ansicht überträgt frühere Gleichsetzung von Tatsachen und Beweismitteln auf § 51, obgleich Abs. 1 beide Voraussetzungen in Nr. 1 und Nr. 2 ausdrücklich trennt. Sie setzt ferner voraus, dass das VwVfG in § 26 einen anderen Begriff des Beweismittels benutzt als in § 51. Es ist auch nicht erforderlich, Sachverständigengutachten in Nr. 2 auszuklammern. Ihre Berücksichtigung führt nicht zu einer unkontrollierten Ausdehnung der Wiederaufgreifensmöglichkeit. Durch die Voraussetzung, dass das Beweismittel „neu" ist (Rn. 119 ff.)[287] und nicht früher vorgelegt werden konnte (Abs. 2, Rn. 127 ff.), ist eine **sachgerechte Eingrenzung** möglich.[288] S. auch Rn. 124 f. 114

b) Günstige Auswirkung für Betroffenen. Auch die neuen Beweismittel müssen sich zugunsten des Betroffenen auswirken. Dabei knüpft das Gesetz an die **hypothetische Auswirkung auf den Erstbescheid** an.[289] Dies entspricht dem Grundanliegen dieses Wiederaufnah- 115

---

[274] S. *Stern* Staatsrecht II, S. 579; *Maurer* HStR IV³, § 79 Rn. 135 ff.; zu den Konsequenzen s. Rn. 72.
[275] *Stern* Staatsrecht II, S. 580; missverständlich die Zuordnung rechtsfortbildender Rspr. zur verfassungsmäßigen Ordnung in *BVerfGE* 111, 54, 81 f.
[276] Anders für Fälle der Rechtsfortbildung etwa *Maurer* JuS 1976, 25, 29; wie hier jetzt wohl *Ule/Laubinger,* § 65 Rn. 19 m. w. N. zum Meinungsstand.
[277] S. *BVerwGE* 28, 122, 124; *BVerwG* NJW 1981, 2595; NVwZ-RR 1991, 26 f.; zur Problematik rückwirkender Rechtsprechungsänderung s. etwa *Robbers* JZ 1988, 483.
[278] *BVerwG* DVBl 1960, 856; *BVerwGE* 19, 153, 155 f.; 25, 241, 242 f.; 35, 234.
[279] Begründung zu § 47 Entwurf 73.
[280] *BVerwGE* 25, 241, 242; wohl auch *BVerwG* NJW 1981, 2595; *VGH München* DVBl 1978, 114, 115.
[281] *VGH Mannheim* VBlBW 1981, 402; *Erichsen/Ebber* Jura 1997, 424, 427.
[282] S. nur *BVerwG* NJW 1982, 2204; *Maurer* JuS 1976, 25, 28; *Sachs* JuS 1982, 264, 266 f.; *Ziekow,* § 48 Rn. 12.
[283] Vgl. für ein Strafurteil *BVerfG (K)* NVwZ 1997, Beil. I, 78, 79 f.
[284] So unter Berufung auf *BVerwGE* 11, 124, 127, namentlich bereits *VGH München* DVBl 1978, 114; ebenso wohl *BVerwG* NJW 1981, 2595.
[285] Zweifelnd auch *BVerwG* NVwZ 1989, 161, 162.
[286] So etwa *BVerwGE* 95, 86, 90; ähnlich schon *BVerwGE* 82, 272, 276 f.; daran anschließend *BVerwGE* 113, 322, 326; *VGH Mannheim* VBlBW 1991, 472 (nur LS); *OVG Lüneburg* NVwZ-RR 2005, 744 (nur LS); offen lassend *BVerwG* NVwZ 1990, 359, 360; *Kopp/Ramsauer,* § 51 Rn. 34; *Ziekow,* § 51 Rn. 13; wie hier dagegen *VGH Mannheim* NVwZ 1985, 931, 932; *Sachs* JuS 1982, 264, 266 f.; *Meyer* in Knack, § 51 Rn. 42; *Ule/Laubinger,* § 65 Rn. 22 m. w. N.
[287] Sowie insbes. *VG Köln* InfAuslR 1982, 313.
[288] S. *Sachs* JuS 1982, 264, 266 f.
[289] So auch für die abweichende Formulierung des § 173 Abs. 1 Nr. 2 AO der *Große Senat des BFH* NVwZ 1989, 293 f., unter Rückgriff auf die im Zeitpunkt des ersten VA maßgebliche Judikatur und die damaligen Verwaltungsvorschriften.

megrundes, einen durch die ursprünglich lückenhafte Tatsachenbasis bedingten Fehler zu beseitigen. Hieraus ergibt sich, dass die Beweismittel stets auf Umstände, die schon im ersten Verfahren berücksichtigt worden sind, bezogen sein müssen.[290] Ein neues Beweismittel für eine neue Tatsache ist daher nicht nach Nr. 2 beachtlich, sondern kann nach Nr. 1 wegen einer veränderten Sachlage relevant werden.[291] Dies schließt nicht aus, dass die neuen Beweismittel im Rahmen der Nr. 1 in ihrer eigenständigen Funktion als Beweismittel (für die neuen Tatsachen) ernst genommen werden müssen.[292]

116 Das *BVerwG*[293] verlangt für die Begründetheit eines Antrags nach Abs. 1 Nr. 2, dass das neue Beweismittel **tatsächlich** eine für den Betroffenen **günstigere Entscheidung** herbeigeführt hätte (oben Rn. 27).[294] Dies kann im strengen Sinne allenfalls für den Bereich **strikt gebundener Verwaltung** gelten. Doch ergeben sich schon hier Unsicherheiten, wenn die frühere Entscheidung auf der Grundlage einer unzutreffenden Rechtsauffassung der Behörde getroffen wurde. Namentlich wird der hypothetische Behördenwille dann kaum ausschlaggebend sein können, wenn er mit der seinerzeitigen Judikatur nicht in Einklang stand; denn in diesem Falle kann die fehlende Verfügbarkeit des Beweismittels dem Betroffenen Anlass zum Verzicht auf eine nur deshalb aussichtslos erscheinende Anfechtung des VA gegeben haben. Mit dem *Großen Senat des BFH* ist die (hypothetische) Annahme einer rechtsfehlerhaften Behördenentscheidung nur dann als berechtigt anzusehen, wenn sie mit an Sicherheit grenzender Wahrscheinlichkeit auf der Grundlage des zum Entscheidungszeitpunkt maßgeblichen Standes der Judikatur so erfolgt wäre.[295]

117 Bei **Ermessensentscheidungen** muss es genügen, dass ein für die fehlerfreie Ermessensbetätigung relevanter Umstand anhand neuer Beweismittel bewiesen werden kann, auch wenn nicht feststeht, wie die Entscheidung auf der erweiterten Grundlage ausgefallen wäre[296] oder ob die Behörde dem Umstand die gebotene Beachtung geschenkt hätte. Eine praktisch wohl kaum bedeutsame Grenze mag allenfalls in entsprechender Anwendung des neu gefassten letzten Halbsatzes von § 46 (dort Rn. 73 ff.) zu ziehen sein.

118 Die **Überprüfung der Erstentscheidung** bleibt auf die Auswirkungen des **neuen Beweismittels** beschränkt;[297] dabei ist allein die Darstellung des Betroffenen über das, was das Beweismittel dokumentieren soll, zugrunde zulegen.[298] Zu einer weitergehenden umfassenden Neubeurteilung des Falls ist die Behörde im Rahmen des § 51 weder berechtigt noch verpflichtet;[299] diese Begrenzung ist verfassungsrechtlich aus dem Gesichtspunkt der Rechtssicherheit und aus der Verfahrensökonomie gerechtfertigt.[300] Die Möglichkeiten weitergehender Prüfung und Entscheidung auf Grund der §§ 48, 49, 51 Abs. 5 bleiben auch in diesem Zusammenhang bestehen.[301] Der *VGH München* erklärt ein Attest über die Prüfungsunfähigkeit für ungeeignet, eine günstigere Entscheidung herbeigeführt zu haben, weil es nicht zu einer Beurteilung der Prüfung als bestanden habe führen können;[302] gegenüber dem Prüfungsergebnis des Nichtbestehens ist aber auch eine Nichtbewertung des Prüfungsversuchs wegen Prüfungsunfähigkeit günstiger, jedenfalls wenn sie die (zusätzliche) Chance eines Wiederholungsversuchs eröffnet.

---

[290] Ausdrücklich etwa *VGH München* BayVBl 2007, 48, 49.
[291] *BVerwG* NVwZ 1985, 899; s. auch Rn. 120 a. E.
[292] S. *BVerfG (K)* NVwZ 1997, Beil. I, 78, 79 f.; offen *VG München* NVwZ-RR 2002, 230 f.
[293] NJW 1982, 2204 f.; auch *BVerwG* VIZ 1998, 86, 87; *BVerwG* DVBl 2001, 305.
[294] Abl. *Korber* DÖV 1982, 858 ff.; *Kopp/Ramsauer*, § 51 Rn. 36 a; anders auch *VG Lüneburg* NVwZ-RR 2004, 217 m.w. N.; grundsätzlich zust. *Ule/Laubinger*, § 65 Rn. 25; ähnlich *BFH – GrS – NVwZ* 1989, 293 f. zu § 173 Abs. 1 Nr. 2 AO.
[295] BFH – GrS – NVwZ 1989, 293, 294, legt dabei für den mutmaßlichen Behördenwillen die zum Entscheidungszeitpunkt maßgebliche höchstrichterliche Judikatur (sowie die bindenden Verwaltungsanweisungen) zugrunde, die dann auch eine an erst später maßgeblich geänderter Judikatur orientierte irrige Rechtsauffassung einer Behörde ähnlich *VG Berlin* NVwZ 2000, 1075, 1076 f.
[296] S. *Ule/Laubinger*, § 65 Rn. 25; *Erichsen/Ebber* Jura 1997, 424, 427; *Ziekow*, § 51 Rn. 14; *Kopp/Ramsauer*, § 51 Rn. 36 a; auch *BVerwG* NJW 1982, 2204 f., will den Ermessensbereich nicht unterschiedslos einbeziehen.
[297] *BVerwG* NJW 1982, 2204, 2205.
[298] *OVG Bremen* NVwZ 1984, 58.
[299] So *BVerfG (K)* NVwZ 1987, 487 für das kontrollierende Verwaltungsgericht.
[300] *BVerfG (K)* NVwZ 1987, 487.
[301] S. gerade für den Fall neuer Beweismittel *BVerwG* NVwZ-RR 1993, 667; dazu schon Rn. 37.
[302] BayVBl 1987, 371; zust. *Kopp/Ramsauer*, § 51 Rn. 36.

c) **Neuheit der Beweismittel.** „Neu" sind die Beweismittel, wenn sie als solche z. Zt. der 119
Erstentscheidung **nicht existent** waren, aber auch dann, wenn sie bereits vor Erlass des VA bestanden, aber nicht mehr in das Vorverfahren eingeführt werden konnten[303] oder von der Behörde tatsächlich **nicht verwertet worden** sind.[304] Neu ist das Beweismittel eines Zeugen, der erstmals persönlich vernommen werden kann, auch dann, wenn bereits im früheren Verfahren schriftliche Einlassungen dieses Zeugen vorgelegen haben.[305] Die **Fehlbewertung** berücksichtigter Beweismittel ist **kein Fall der Nr. 2**.[306]

Vielfach wird mit dem Erfordernis der „Neuheit" die Formulierung verknüpft, dass das schon 120
vorhandene Beweismittel „ohne Verschulden des Betroffenen" nicht oder nicht rechtzeitig beigebracht werden konnte.[307] Das Element des **Verschuldens** ist jedoch in § 51 Abs. 2 in spezifischer Weise berücksichtigt, so dass es für die vorgelagerte Qualifikation eines Beweismittel als „neu" **außer Betracht** zu bleiben hat.[308] Der *VGH Mannheim*[309] verneint Neuheit des Beweismittels, wenn der nachzuweisende Sachverhalt im ersten Verfahren bekannt war, aber nicht vorgetragen wurde (s. Rn. 115).

Inwieweit Beweismittel zu berücksichtigen sind, die aus **Verschulden** des Betroffenen nicht 121
vorgelegt werden konnten, entscheidet sich nur nach Abs. 2,[310] der auf grobes Verschulden (Rn. 127) abstellt. Daher schadet **leichte Fahrlässigkeit** nicht.[311] Nur diese kann vorliegen bei unklarer Rechtslage oder Unklarheit, ob ein Zeuge aus dem Ausland vor einer deutschen Behörde erscheinen werde.[312] Deswegen ist es dem Betroffenen nicht anzulasten, wenn er ihre Nennung außer acht gelassen hat, weil sie nach der damaligen Rspr. unerheblich waren. Schon gar nicht ist Nr. 2 auf Beweismittel beschränkt, die infolge eines **Beweisnotstandes** nicht vorgelegt werden konnten.[313]

4. Restitutionsgründe

Nach **Nr. 3** ist erneut zu entscheiden, wenn Wiederaufnahmegründe entsprechend § 580 122
ZPO gegeben sind.[314]

§ 580 ZPO lautet: 123
Die Restitutionsklage findet statt:
1. wenn der Gegner durch Beeidigung einer Aussage, auf die das Urteil gegründet ist, sich einer vorsätzlichen oder fahrlässigen Verletzung der Eidespflicht schuldig gemacht hat;
2. wenn eine Urkunde, auf die das Urteil gegründet ist, fälschlich angefertigt oder verfälscht war;
3. wenn bei einem Zeugnis oder Gutachten, auf welches das Urteil gegründet ist, der Zeuge oder Sachverständige sich einer strafbaren Verletzung der Wahrheitspflicht schuldig gemacht hat;
4. wenn das Urteil von dem Vertreter der Partei oder von dem Gegner oder dessen Vertreter durch eine in Beziehung auf den Rechtsstreit verübte Straftat erwirkt ist;
5. wenn ein Richter bei dem Urteil mitgewirkt hat, der sich in Beziehung auf den Rechtsstreit einer strafbaren Verletzung seiner Amtspflichten gegen die Partei schuldig gemacht hat;
6. wenn das Urteil eines ordentlichen Gerichts, eines früheren Sondergerichts oder eines Verwaltungsgerichts, auf welches das Urteil gegründet ist, durch ein anderes rechtskräftiges Urteil aufgehoben ist;
7. wenn die Partei
   a) ein in derselben Sache erlassenes, früher rechtskräftig gewordenes Urteil oder
   b) eine andere Urkunde auffindet oder zu benutzen in den Stand gesetzt wird, die eine ihr günstigere Entscheidung herbeigeführt haben würde;

---

[303] *OVG Koblenz* NVwZ 2000, Beil. I, 84, 85.
[304] Wie hier *BVerwG* NJW 1982, 2204; *VGH Mannheim* NVwZ 1986, 225; auch *BVerwG* 95, 86, 90 = NVwZ 1985, 388; *VG Berlin* NVwZ 2000, 1075, 1076.
[305] *VGH Mannheim* NVwZ-RR 1991, 55 f., offen bezüglich früherer schriftlicher Zeugenaussagen.
[306] Schon zur früheren Rechtslage *VGH München* DVBl 1978, 114.
[307] So etwa *BVerwG* NJW 1982, 2204; *BVerwGE* 70, 110, 113; *BVerwG* 95, 86, 90; *VGH Mannheim* NVwZ 1985, 931, 932; *Erichsen/Ebber* Jura 1997, 424, 427; auch *Kopp/Ramsauer*, § 51 Rn. 33; a. A. *Ule/Laubinger*, § 65 Rn. 23 m. w. N.; nicht eindeutig *BVerwG* NVwZ 1993, 788.
[308] Anders für die nachteilige Änderung eines Steuerbescheids nach § 173 Abs. 1 Nr. 1 AO *BFH* NJW 1989, 1949, hinsichtlich der behördlichen Ermittlungspflicht.
[309] 22. 3. 1991 – 6 S 733/89.
[310] *VGH Mannheim* 16. 12. 1980 – 9 S 105/80.
[311] *BVerwG* NJW 1982, 2204; *VGH Mannheim* NVwZ 1986, 225.
[312] *BVerwG* NJW 1982, 2204.
[313] So noch *BVerwGE* 19, 153, 156; 24, 115, 117.
[314] Dafür schon vor dem VwVfG *BVerwGE* 19, 153, 155; 24, 115, 117; 39, 231; *Martens* NJW 1963, 1856, 1857; *Maurer* DÖV 1966, 487; *ders.* JuS 1976, 25, 28; a. A. *OVG Münster* NJW 1963, 732; *Wolff/Bachof/Stober* 2, § 51 Rn. 117; *Schwabe* DÖV 1967, 340.

8. wenn der Europäische Gerichtshof für Menschenrechte eine Verletzung der Europäischen Konvention zum Schutz der Menschenrechte und Grundfreiheiten oder ihrer Protokolle festgestellt hat und das Urteil auf dieser Verletzung beruht.

124 Besondere praktische Bedeutung hat die entsprechende Anwendung des § 580 ZPO in der Vergangenheit nicht gehabt. Bei Auffinden von **Urkunden** kann § 580 Nr. 7 b ZPO Bedeutung gewinnen.[315] Auch ein Disziplinarurteil wird als Urkunde im Sinne des § 580 Nr. 7 b ZPO anerkannt, ist aber auf Grund der allgemeinen Voraussetzungen im Rahmen der Vorschrift nur relevant, wenn die Urteilsurkunde spätestens in dem Zeitpunkt errichtet worden ist, in dem sie im Vorprozess noch hätte benutzt werden können.[316] Ein nachträglich erstattetes ärztliches Gutachten ist keine Urkunde i. S. d. § 580 ZPO,[317] ebenso nicht die Photographie eines Augenscheinsobjekts.[318] **Aufgefunden** ist eine Urkunde nur dann, wenn ihre Existenz oder ihr Verbleib dem Betroffenen bisher unbekannt waren.[319]

125 Wenn ein **präjudizielles Urteil** oder ein **präjudizieller VA**[320] aufgehoben wird, ist § 580 Nr. 6 ZPO heranzuziehen.[321] Zum Ursachenzusammenhang zwischen dem Aufhebungsgrund und der Vorentscheidung *BGH* NJW 1988, 1914. Vgl. auch *Maurer* JuS 1976, 25, 28, und weitere denkbare Anwendungsfälle bei *Martens* NJW 1963, 1857.

125 a § 580 Nr. 8 ZPO hat im Anschluss an § 359 Nr. 6 StPO durch das 2. Justizmodernisierungsgesetz[322] einen **neuen Wiederaufnahmegrund** geschaffen, um trotz Rechtskraft einer vom *EGMR* beanstandeten Entscheidung deren Korrektur zu ermöglichen. Diese nach dem Willen des Gesetzgebers[323] ausdrücklich auch auf andere Prozessordnungen gemünzte Erweiterung der Wiederaufnahmemöglichkeiten ist auch für das VwVf maßgeblich, da die Verweisung des § 51 auf die ZPO erkennbar auf dauernde Parallelität und nicht darauf zielt, den Rechtszustand bei Entstehung des VwVfG zu perpetuieren. Allerdings schloss die (auch nach verwaltungsgerichtlicher Bestätigung eingetretene) Bestandskraft vom *EGMR* später als konventionswidrig erkannter VAe schon bisher ihre Rücknahme nach § 48 nicht aus (s. Rn. 107).

126 § 581 ZPO wurde nicht in Nr. 3 aufgenommen.[324] Der sich aus § 581 ZPO für § 580 Nr. 1 bis 5 ZPO ergebende **Nachweis durch Urteil** ist also **nicht erforderlich**.[325] Schon wegen der geringen praktischen Bedeutung wurde auf die Aufnahme der entsprechenden Anwendung des **§ 579 ZPO** in Nr. 3 verzichtet, so dass insoweit auch keine analoge Anwendung möglich ist. Unberührt bleibt allerdings die Berücksichtigung im Rahmen des Wiederaufgreifens i. w. S.; insoweit nehmen *Kopp/Ramsauer*[326] in der Regel einen Anspruch auf erneute Entscheidung an.

V. Präklusion von Wiederaufgreifensgründen (Abs. 2)

127 Abs. 2 ist § 582 ZPO nachgebildet, wobei aber nur **grobes Verschulden** (Vorsatz oder grobe Fahrlässigkeit, dazu § 48 Rn. 159 ff.) den **Antrag unzulässig** macht (Rn. 24). Grobes Verschulden liegt vor, wenn dem Betroffenen das Bestehen des Wiederaufnahmegrundes, z. B. das Vorhandensein einer Urkunde, bekannt war oder sich den ihm bekannten Umständen nach aufdrängen musste und er sich trotzdem unter Verletzung jeglicher einem ordentlichen Verfahrensbeteiligten zumutbaren Sorgfaltspflicht, insbes. unter Verletzung seiner Mitwirkungslast nach § 26 Abs. 2, nicht weiter darum kümmerte.[327]

---

[315] Vgl. *BSG* NJW 1975, 752; *BVerwG* VerwRspr 1977 Nr. 63 für Hypothekenbrief. Nach *BAG* NZA 1985, 100, soll unter Nr. 7 b auch der nachträgliche Erlass eines VA, der eine Eigenschaft feststellt, fallen.
[316] *BVerwGE* 95, 86, 91 m. w. N.
[317] *BVerwGE* 15, 196, 199; *BVerwGE* 95, 86, 90 m. w. N.; s. Rn. 113.
[318] *BGH* NJW 1976, 294.
[319] *OVG Saarlouis* 16. 12. 1985–3 W 1512/85.
[320] *Bettermann* in FS Wolff, 1973, S. 465, 482; *Haueisen* NJW 1965, 1214 ff. und NJW 1965, 561, 564; *Meyer* in Knack, § 51 Rn. 47.
[321] *BVerwGE* 95, 86, 91.
[322] Vom 22. 12. 2006, BGBl. I, S. 3416, Art. 10 Nr. 6; dazu etwa *von Preuschen* NJW 2007, 321, 323; krit. *Braun* NJW 2007, 1620.
[323] BT-Drs. 16/3038, S. 39.
[324] Anders Anregung des BRates in seiner Stellungnahme zu § 47 Entwurf 73.
[325] Zust. *Ziekow*, § 51 Rn. 17; wohl auch *BVerwGE* 57, 342, 345; a. A. *Kopp/Ramsauer*, § 51 Rn. 43; *Meyer* in Knack, § 51 Rn. 45.
[326] *Kopp/Ramsauer*, § 51 Rn. 7.
[327] *VGH München* DVBl 1978, 114, 155; *VGH Mannheim* NVwZ 1986, 225 f.

§ 51 Wiederaufgreifen des Verfahrens

Das Abstellen auf grobes Verschulden lässt eine **rechtsstaatliche Handhabung** unter Berücksichtigung der Umstände des Einzelfalles zu.[328] Das *BVerwG*[329] hält wohl den Einwand für erheblich, dass auch die Behörde trotz Amtsermittlungspflicht Beweismittel nicht herangezogen habe. Strenge Anforderungen an den Vortrag des Verfolgungsschicksals gelten wegen weitgehender Mitwirkungspflichten im Asylverfahren.[330]   128

Wiederaufgreifensgründe nach Abs. 1 Nr. 1, die **noch nicht eingetreten** sind, müssen grundsätzlich noch nicht geltend gemacht werden, selbst wenn sie bereits vorhersehbar sind.[331] Anders ist es bei sicherer Kenntnis eines Sach- oder Rechtslagenwechsels,[332] z. B. vom Auslaufen einer befristeten Norm oder vom Erlass einer Satzung, die schon genehmigt, aber noch nicht bekannt gemacht ist. Zum groben Verschulden nach dem vergleichbaren § 173 AO s. BFH 141, 232, für Nichtbeantwortung einer im Formular ausdrücklich gestellten Frage.[333]   129

Das grobe **Verschulden des Vertreters** wird dem Verschulden des Betroffenen gleich gesetzt (s. § 32 Rn. 16).[334] Zur leichten Fahrlässigkeit s. Rn. 121.   130

Unter **Verfahren** i. S. d. Abs. 2 ist im Gegensatz zu dem Verfahrensbegriff in § 9 (vgl. § 9 Rn. 83) das **gesamte Verfahren bis zur Unanfechtbarkeit des VA** zu verstehen.[335] Hieraus folgt auch die Verpflichtung, neue Tatsachen und Beweismittel mit noch möglichen Rechtsbehelfen geltend zu machen;[336] auch die Chance einer Wiedereinsetzung in den vorigen Stand nach § 60 Abs. 1 VwGO muss genutzt werden.[337] Eine Ausnahme gilt nur für das Revisionsverfahren und das Verfahren der Nichtzulassungsbeschwerde, weil hier tatsächliches Vorbringen mit Ausnahme besonderer atypischer Fälle unbeachtlich ist.[338] Soweit allerdings neue Tatsachen ausnahmsweise in dieses Verfahren eingeführt werden können,[339] muss auch von dieser Möglichkeit Gebrauch gemacht werden.[340] Nicht geltend gemacht worden sein müssen auch bekannte Wiederaufgreifensgründe, wenn sie nach der damaligen Sach- und Rechtslage unbeachtlich waren.[341] Durch den Hinweis auf die Möglichkeit des Rechtsbehelfs wird deutlich, dass das Wiederaufgreifen gegenüber dem Widerspruch und der Klage nur Hilfscharakter haben soll (§ 48 Rn. 61).[342]   131

VI. Antragsfrist (Abs. 3)

1. Bedeutung der Regelung insgesamt

Abs. 3, zurückgehend auf § 586 ZPO, gibt nur eine **Frist** von drei Monaten, in der der Antrag nach Abs. 1 gestellt werden kann; in der Rspr. wird verlangt, dass innerhalb der Frist das Vorbringen substantiiert werden muss.[343] Ein Antrag auf Wiedereinsetzung nach § 32 ist zulässig.[344] Gegen die Befristung insbes. im Fall des Abs. 1 Nr. 1 sind **rechtsstaatliche Be-**   132

---

[328] *BVerfG (K)* NVwZ 1987, 487 f.; *Wolff* NVwZ 1996, 559.
[329] *BVerwGE* 82, 272, 277.
[330] *VGH Kassel* InfAuslR 1990, 133, 134 f.
[331] *Sachs* JuS 1982, 264, 265; für § 323 ZPO vgl. *Thomas/Putzo*, § 323 Rn. 24 m. w. N.; nicht eindeutig *Wassermann* in AK-ZPO, 1987, § 323 Rn. 6; a. A. *Hartmann* in Baumbach u. a., § 323 Rn. 37 m. w. N.
[332] *Meyer/Borgs* § 51 Rn. 11.
[333] S. ferner *FG Düsseldorf* EFG 1987, 538; weitere Einzelfälle bei *Huxol* DStR 1982, 220; *Schuhmann* BB 1983, 438; *Mittelbach* DStR 1984, 319; *Martens* NVwZ 1985, 158 f.; 1987, 464 f.
[334] *BVerfG (K)* NVwZ 1987, 487; *Ule/Laubinger*, § 65 Rn. 12 m. w. N.; für das Steuerrecht vgl. BFHE 137, 547; auch für den Steuerberater BFHE 139, 8; dazu kritisch *Martens* NVwZ 1985, 158.
[335] *VGH Mannheim* VBlBW 1981, 402 ff. zu § 36 AuslG a. F.; *VG Köln* InfAuslR 1982, 313 zu § 14 AsylVfG a. F.
[336] Vgl. *OVG Lüneburg* NVwZ-RR 1989, 276, 277.
[337] *Wolff* NVwZ 1996, 559; für „vorfristig" erhobene Widersprüche *Schmidt* DÖV 2001, 857, 861.
[338] *BVerwG* DVBl 1984, 780 f.; Buchholz 402. 25 § 14 Nr. 2; a. A. *VGH Mannheim* VBlBW 1981, 402 ff.
[339] S. z. B. *BVerwG* NJW 1977, 1978 f.
[340] Das *OVG Münster* NVwZ-RR 1990, 518, verlangt Zeugenbenennung gegenüber der Behörde zwecks Klaglosstellung, auch wenn die Einführung in das Revisionsverfahren ausscheidet und eine Folgeantragstellung nach § 14 Abs. 1 AsylVfG a. F. noch nicht möglich ist, s. Rn. 136 ff.
[341] *BFH* BStBl 1986 II, S. 707.
[342] Vgl. *Bettermann* in FS Wolff, 1973, S. 465, 479 ff. Anders im Hinblick auf Klagen gegen VAe mit Dauerwirkung bei Änderungen der Sach- und Rechtslage *Felix* NVwZ 2003, 385, 389, die die Bedeutung der Änderungen für den Prozess ablehnt; s. dazu § 44 Rn. 25.
[343] *VGH Kassel* NVwZ 2000, Beil. I, S. 93 L.
[344] *VGH Mannheim* NVwZ-RR 1991, 55, 56; *Kopp/Ramsauer*, § 51 Rn. 46; *Meyer* in Knack, § 51 Rn. 53.

denken geäußert worden.[345] Unabhängig von Abs. 3 ist die Berücksichtigung der neuen Sach- oder Rechtslage in der Vollstreckung möglich (Rn. 88). Nach Ablauf der Frist kann auch noch ein Antrag auf Wiederaufgreifen als Ermessensentscheidung (Rn. 13 ff.) gestellt werden.[346] Allerdings kann dann die Behörde bei ihrer Entscheidung berücksichtigen, dass der Betroffene die Möglichkeit des § 51 nicht genutzt hat.[347] Ferner bleibt bei ablehnenden VAen regelmäßig die Möglichkeit, einen neuen Antrag zu stellen (Rn. 46 ff.). Diese Möglichkeiten erlauben eine rechtsstaatliche Anwendung der Befristung.[348] Weitergehend wird zum Teil befürwortet, dass bei VAen mit Dauerwirkung der Anspruch auf das Wiederaufgreifen mit Fristablauf nur für die Vergangenheit entfallen soll;[349] doch sollte auch insoweit die Berücksichtigung im Rahmen der Ermessensentscheidung über ein Wiederaufgreifen i. w. S. genügen. Entsprechendes gilt gegenüber der Annahme, dass die Frist bei Anträgen, die sich auf gerichtsbekannte Veränderungen der allgemeinen Verhältnisse im Herkunftsland stützen, nicht eingreifen soll.[350]

2. Fristbeginn mit Tatsachenkenntnis

133 Die Frist beginnt mit dem Tag der **Kenntnisnahme** von den Gründen des Wiederaufgreifens. Kennenmüssen, auch grob fahrlässige Unkenntnis (anders Abs. 2), reichen nicht aus. Damit ist es kaum vereinbar, wenn aus dem bloßen Bekanntwerden von Umständen in der Öffentlichkeit auf die Kenntnis eines Antragstellers geschlossen wird.[351] Problematisch ist auch der Rückgriff auf den Rechtsgedanken des § 15 Abs. 2 HGB im Zusammenhang mit einer Genehmigung nach § 12 Abs. 2 AktG.[352]

134 Zur Kenntnis der Gründe des Wiederaufgreifens gehört, dass dem Betroffenen die **Tatsachen,** die den Wiederaufgreifensgrund ausfüllen, bekannt sind.[353] Dabei genügt die Kenntnis eines Wiederaufgreifensgrundes überhaupt, nicht erst die Kenntnis aller Details.[354] Nicht erforderlich ist, dass der Antragsteller diese Tatsachen rechtlich zutreffend als Gründe für ein Wiederaufgreifen erfasst; eine solche Subjektivierung des Fristbeginns würde Unsicherheiten bedingen, die dem Zweck der Frist zuwiderlaufen.[355]

135 Zieht sich der relevante Sachverhalt über einen **längeren Zeitraum** hin, stellt sich die Frage, ob der Beginn oder das Ende dieses Zeitraums maßgebend ist.[356] Nach dem Sinn der Antragsfrist wird davon auszugehen sein, dass die erstmalige Kenntnisnahme von dem „Dauersachverhalt" für den Fristbeginn ausschlaggebend ist.[357] Ob der fragliche Zustand schon vorher eingetreten war, ist demgegenüber ohne Bedeutung.

136 In der Rspr. unterschiedlich beurteilt wird die Frage, ob eine **Hemmung** der Antragsfrist bis zum Eintritt von Rechtskraft oder Bestandskraft der Entscheidung über den Erstantrag für Asylfolgeanträge anzunehmen ist. Die dahingehende Auffassung stützt sich darauf, dass ein Folgeantrag erst nach Abschluss des vorausgehenden Verfahrens eingebracht werden kann,[358] während die Gegenansicht es für möglich und ausreichend hält, dass bereits während eines

---

[345] *Wolff/Bachof* Verwaltungsrecht I, 9. Auflage 1974, § 53 VI c.
[346] Zweifelnd *VGH Mannheim* NVwZ 1990, 985, 988; gegen eine Bedeutung der Frist im Falle des vorrangigen § 17 AtG *VGH Kassel* NVwZ-RR 1998, 361, 364.
[347] S. unter dem Aspekt der Verwirkung *VGH Kassel* NVwZ-RR 1998, 361, 364.
[348] *Sachs* JuS 1982, 264, 265; s. auch *BVerfG (K)* NVwZ 1987, 487, für Asylverfahren im Einzelfall.
[349] *Baumeister* VerwArch 1992, 374, 376 f. m. w. N.
[350] So *VG Gießen* NVwZ 1997, Beil. S. 69, 70; dagegen wie *Meyer* in Knack, § 51 Rn. 52.
[351] So *VGH München* BayVBl 1996, 147, 148.
[352] Dafür *OVG Münster* ZIP 1996, 131, 132 f.; vgl. auch BVerwGE 104, 115, 121 f.; dazu auch den Bericht von *Gielen* JR 1997, 272, 273 ff.; dagegen *Siekmann* EWiR § 12 AktG 1/96, 435, 436.
[353] *Schäfer* in Obermayer, VwVfG, § 51 Rn. 96.
[354] BVerwGE 104, 115, 121 f., wo im Zusammenhang des § 12 Abs. 2 AktG insbes. mit Rücksicht auf die Sicherheit des Rechtsverkehrs namentlich im Bereich gesellschaftsrechtlicher Verbundenheit nur auf die Umstände abgestellt wird, die allen Betroffenen klar vor Augen stehen; zust. *Notthoff* DZWiR 1997, 459, 460.
[355] Anders *OVG Münster* NVwZ 2000, 89, 90 f.; wie hier *Kopp/Ramsauer*, § 51 Rn. 47; *Ziekow*, § 51 Rn. 20; zu § 586 ZPO vgl. nur *Rosenberg/Schwab/Gottwald*, § 160 I 3 a.
[356] Offen für Asylverfahren *BVerfG (K)* NVwZ 1987, 487; dazu auch *Mezger* VBlBW 1995, 308 f.
[357] *OVG Weimar* NVwZ-Beilage I 3/2003, 19, 20; *Meyer* in Knack, § 51 Rn. 52; *Ziekow*, § 51 Rn. 21.
[358] *OVG Koblenz* NVwZ 2000, Beil. I 84, 85 m. w. N.; *VG Gießen* NVwZ 1998, Beil. S. 62, 64, unter Hinweis darauf, dass die Rücknahme anhängiger Rechtsmittel mit dem Ziel, innerhalb der Frist einen Folgeantrag stellen zu können, mit Rücksicht auf Art. 19 Abs. 4 GG unzumutbar sei.

Revisionsverfahrens neue Entwicklungen gegenüber der Behörde (mit dem Ziel der Klaglosstellung) geltend gemacht werden können[359] (s. auch Rn. 131). Im Schrifttum wird eine Hemmung befürwortet, solange ein Verfahren auf Wiedereinsetzung betrieben wird, in dem auch für das Wiederaufgreifen taugliche Gründe geltend gemacht werden.[360]

Zur Sicherung des Grundrechtsschutzes aus Art. 16a GG wird jedenfalls für Asylfolgeanträge **137** (auch abgesehen von den zu Rn. 136 behandelten Konstellationen) die Auffassung vertreten, dass die Frist des Abs. 3 erst zu dem Zeitpunkt in Gang gesetzt wird, zu dem es dem Betroffenen (rechtlich) **möglich** ist, den **Antrag zu stellen,** d. h. erst bei (erneutem) Aufenthalt im Bundesgebiet.[361] Doch ist fraglich, ob dafür neben der Möglichkeit der Wiedereinsetzung nach § 32[362] Raum ist, die ja mit den Fällen der Verhinderung infolge höherer Gewalt ausdrücklich auch Tatbestände der Unmöglichkeit erfasst und ggf. zur Grundrechtssicherung analog angewendet werden könnte.

Die Kenntnis des Rechtsvorgängers setzt die Drei-Monats-Frist des Abs. 3 auch gegenüber **138** dem das Wiederaufgreifen begehrenden **Rechtsnachfolger** in Lauf.[363]

3. Mehrheit von Gründen für das Wiederaufgreifen

Bei einer Mehrheit von Gründen für das Wiederaufgreifen läuft für jeden der Gründe die **139** Frist selbständig.[364] Ein einmal verfristeter Grund ist bei Zulässigkeit des Antrags wegen eines anderen Grundes nicht mehr zu berücksichtigen.[365] Ob auch die im Zivilprozess anerkannte Möglichkeit[366] besteht, **nachträglich weitere** (hier) **Wiederaufgreifensgründe in das VwVf** nach § 51 einzuführen, wenn sie nur bei Antragstellung noch nicht verfristet waren, ist zweifelhaft.[367] Dagegen bestehen keine Bedenken dagegen, einzelne neue Tatsachen zu berücksichtigen, die nach Fristablauf zur Begründung nachgeschoben werden, wenn sie nur einen bereits vorgebrachten Wiederaufgreifensgrund bestätigen, wiederholen oder erläutern, aber keinen neuen, eigenständigen Grund für ein Wiederaufgreifen darstellen.[368]

Im **verwaltungsgerichtlichen Verfahren** ist für ein **Nachschieben von Wiederaufgrei- 140 fensgründen kein Raum,** weil nach § 51 Abs. 1 zunächst ein (an die Frist des § 51 Abs. 3 gebundener) Antrag an die Behörde erforderlich ist,[369] deren Entscheidung zunächst herbeizuführen und ggf. in einem besonderen Gerichtsverfahren zu überprüfen ist. Dagegen nimmt das *BVerwG* im Rahmen seiner Vorstellung vom Gegenstand einschlägiger Klagen (dazu Rn. 68 ff.) an, dass im Gerichtsverfahren grundsätzlich auch Umstände geltend gemacht werden können, die im vorangegangenen VwVf noch nicht vorgebracht worden sind;[370] anderes soll nach dem Sinn des gemäß § 126 Abs. 3 BRRG bestehenden Vorverfahrenserfordernisses in beamtenrechtlichen Verfahren gelten.[371]

---

[359] *OVG Münster* NVwZ-RR 1990, 518.
[360] Dafür *Wolff* NVwZ 1996, 559, 560.
[361] So *OVG Greifswald* NVwZ-RR 1998, 140, 141 m. w. N.
[362] Hierauf verweist alternativ auch *OVG Greifswald* NVwZ-RR 1998, 140, 141, ohne den etwaigen Vorrang dieser Regelung zu untersuchen.
[363] *OVG Münster* ZIP 1996, 131, 132 f.; ebenso *BVerwGE* 104, 115, 121 f. bzgl. der Ausgabe von Mehrstimmrechtsaktien nach § 12 Abs. 2 S. 2 AktG; insoweit zust.zust. *Siekmann* EWiR § 12 AktG 1/96, 435, 436; *Notthoff* DZWiR 1997, 459, 460; a. A. *Groeschke* WuB II A. § 12 AktG 1.96 Pkt. 4.
[364] *BVerwG* NVwZ 1990, 359, 360; NVwZ 1993, 788; *BVerwGE* 95, 86, 88; *Ule/Laubinger,* § 65 Rn. 13.
[365] Vgl. zur Klagefrist des § 586 Abs. 1 ZPO *Grunsky* in Stein/Jonas, § 586 Rn. 4; *Hartmann* in Baumbach u. a., § 586 Rn. 4; *Greger* in Zöller, § 586 Rn. 6.
[366] S. RGZ 168, 225, 230.
[367] Abl. *OVG Münster* NVwZ 1986, 51, 52, zumindest bei Unzulässigkeit des ursprünglichen Antrags; generell für die Anwendung von Abs. 3 auf nachgeschobene Wiederaufgreifensgründe *OVG Münster* NWVBl 1990, 170 f.
[368] So (für das gerichtliche Verfahren in Asylangelegenheiten) *BVerwGE* 106, 171, 176 f. m. w. N.
[369] *OVG Münster* NVwZ 1986, 51, 52; *VGH München* NVwZ 1990, 269 f.; anders für das Asylfolgeantragsverfahren *OVG Münster* NVwZ 1997, Beil. S. 68 f.
[370] *BVerwG* NJW 1982, 2204; *BVerwGE* 106, 171, 176 f. m. w. N.; auch *BVerwGE* 95, 86, 88 m. w. N., wonach jedenfalls in den Fällen des § 51 Abs. 1 Nr. 1 das einschlägige Prozessrecht maßgeblich sein soll.
[371] So *VGH Mannheim* NVwZ-RR 1991, 55, 56.

VII. Zuständigkeit (Abs. 4)

141 Abs. 4 dient der Klarstellung der örtlichen Zuständigkeit, regelt nicht die sachliche Zuständigkeit.[372] Namentlich kann sich durch Wechsel des gewöhnlichen Aufenthaltsorts die Zuständigkeit ändern. Zur funktionellen Zuständigkeit der Ausgangsbehörde s. *Allesch*, S. 226 f. m. w. N.; Rn. 61, 146 ff.

VIII. Verhältnis zu Rücknahme und Widerruf (Abs. 5)

142 Der Grundsatz der Rücknehmbarkeit nach § 48 Abs. 1 S. 1 (§ 48 Rn. 28 ff.) und der Widerruflichkeit eines belastenden VA nach § 49 Abs. 1 (§ 49 Rn. 8 ff., 17 ff.) wird, soweit er nicht durch anderweitige Spezialvorschriften (wie § 71 Abs. 1 S. 1 AsylVfG) ausgeschlossen ist (Rn. 15, 52), nach Abs. 5 durch § 51 nicht berührt. Man kann darüber streiten, ob diese klarstellende Regelung nötig war.[373] Jedenfalls verdeutlicht sie, dass die Verfahren der **Rücknahme**, des **Widerrufs** und des **Wiederaufgreifens** i. S. d. § 51 **nicht identisch** sein sollen. Rücknahme- und Widerrufsverfahren, die auf eine Ermessensentscheidung über die Beseitigung des ursprünglichen VA abzielen,[374] sind von dem Wiederaufgreifen i. e. S. nach § 51 zu trennen. Zugleich stellt Abs. 5 klar, dass mit der Schaffung des § 51 nichts an der Rspr. des BVerwG geändert wird, die eine Ermessensentscheidung auf der Grundlage der §§ 48, 49 auf Antrag des Betroffenen beim sog. Wiederaufgreifen i. w. S. fordert.[375]

143 Für die vom *OVG Hamburg*[376] offen gelassene Möglichkeit, dass **Ansprüche Dritter** auf ermessensfehlerfreie Entscheidung über Rücknahme oder Widerruf (für die Adressaten) begünstigender VAe ausgeschlossen sein könnten, bietet § 51 Abs. 5 keine Handhabe; die alleinige Bezugnahme dieser Bestimmung auf § 48 Abs. 1 S. 1 erklärt sich bereits daraus, dass allenfalls hinsichtlich der in dieser Bestimmung verankerten Aufhebungsmöglichkeit Anlass für eine Klarstellung bestehen konnte, nicht aber hinsichtlich ihrer in § 48 im Übrigen festgelegten Beschränkungen. Bei § 49 lässt die Textfassung zwar eine Verselbständigung des § 49 Abs. 2 zur eigenständigen Rechtsgrundlage des Widerrufs neben § 49 Abs. 1 zu; doch rechtfertigt diese Zufälligkeit – wie zumal § 50 (dazu dort Rn. 76 f.) belegt – keine gegenüber § 48 abweichende Behandlung. Im Übrigen ist der ersichtlich nur klarstellende § 51 Abs. 5 keine taugliche Grundlage, um die subjektiv-rechtliche Reichweite der §§ 48, 49 einzuengen (dazu § 48 Rn. 78; § 49 Rn. 26 f.).

144 Im Einzelnen ist das **Verhältnis von § 51 zu §§ 48, 49** einerseits und zum Anspruch auf ermessensfehlerfreie Entscheidung (**Wiederaufgreifen i. w. S.,** Rn. 13 ff.) andererseits allerdings **umstritten** (s. schon Rn. 30 ff.). Als Ziel des § 51 wird vielfach eine Rücknahme oder ein Widerruf angesehen;[377] andere Stimmen nehmen – wie hier Rn. 30 ff. – eine eigenständige Neubescheidung ohne Bezug zu §§ 48, 49 an.[378]

IX. Landesrecht

145 Die Regelungen der LandesVwVfGe enthalten **keine substantiellen Abweichungen.**

---

[372] *VGH Mannheim* NVwZ 1990, 985; vgl. näher § 48 Rn. 253 ff., auch zur sachlichen Zuständigkeit.
[373] Krit. *Müller* Verwaltung 1977, 513, 521; gegen ihn *Meyer/Borgs*, § 51 Rn. 5 ff.
[374] Kontrastierend BVerwGE 121, 226, 228 ff.; ferner etwa *VGH Mannheim* ESVGH 42, 106, 111 f.; zum Ausnahmefall einer Ermessensreduzierung auf Null s. *VGH Mannheim* NVwZ 1989, 882, 885, sowie § 48 Rn. 94 ff.
[375] Rn. 13 ff.; so auch BVerwGE 60, 316 ff.; 78, 332, 339.
[376] NVwZ-RR 1993, 320, 323.
[377] S. etwa *Weides*, § 28 VI; *Meyer/Borgs*, § 51 Rn. 3 ff., 21; *Wendt* JA 1980, 85, 87; *Wallerath* § 7 VI 5.
[378] *Kopp/Ramsauer*, § 51 Rn. 9; *Meyer* in Knack, § 51 Rn. 20; *Ule/Laubinger*, § 65 Rn. 30; *Ruffert* in Erichsen/Ehlers, § 25 Rn. 3; *Müller* Verwaltung 1977, 513, 519 ff.; *R. Schmidt*, Wiederaufgreifen unanfechtbar abgeschlossener Verwaltungsverfahren auf Grund einer Änderung höchstrichterlicher Rechtsprechung, 1980, S. 181; *Ammelburger*, Strukturprobleme der Bestandskraftslehre, 1997, 96 ff.; eingehend *VGH Mannheim* VBlBW 1981, 402 ff.; *Sachs* JuS 1982, 264, 267 jeweils m. w. N.

X. Vorverfahren

§ 51 Abs. 1 Nr. 1 und 2 können sich der Sache nach **nur auf den VA in seiner ursprüng- 146 lichen Gestalt** beziehen, so dass § 79 nicht passt. Abs. 1 Nr. 3 wäre zwar auch auf den isolierten Widerspruchsbescheid anwendbar,[379] für ein Wiederaufgreifen i. e. S. nach § 51 – bezogen nur auf das Vorverfahren – besteht aber kein Bedürfnis. Wirken sich die Gründe des § 580 ZPO nicht auf den erstinstanzlichen VA in Gestalt des Widerspruchsbescheides aus, besteht insoweit keine Beschwer (Rn. 17).

Entgegen der Auffassung des *BGH*[380] ist es der **Ausgangsbehörde** nicht verwehrt, während 147 des Vorverfahrens **vor der Entscheidung der Widerspruchsbehörde** einen Zweitbescheid zu erlassen (vgl. § 48 Rn. 63 ff.). Wie § 50 zeigt, geht auch das VwVfG in diese Richtung (§ 50 Rn. 3 ff.). Das Vorverfahren und das Verfahren des Wiederaufgreifens i. w. S. oder das sog. Neuverfahren (Rn. 46 ff.) sind getrennte VwVf. Auch nach einer Anfechtung soll die Behörde nicht untätig die Entscheidung der Widerspruchsbehörde oder des Gerichts abwarten müssen, sondern kann neben diesen Verfahren selbst entscheiden;[381] s. § 24 Rn. 65.[382]

Hat die Widerspruchsbehörde trotz verspäteten Widerspruchs zur Sache entschieden, ist dies 148 kein Zweitbescheid.[383] Die Widerspruchsbehörde ist im Bereich der Fachaufsicht, nicht in Selbstverwaltungsangelegenheiten, ebenso nicht bei verspätetem Nachbarwiderspruch (s. § 50 Rn. 92),[384] ermächtigt, auch über einen **verspäteten Widerspruch** sachlich zu entscheiden.[385] Hieraus folgt der *VGH Mannheim*, dass es ermessensfehlerhaft ist, wenn ihr diese Möglichkeit nicht bewusst ist;[386] entsprechend löst das *OVG Münster*[387] bei Entscheidung über einen nach Verzicht eingelegten Widerspruch. Die Widerspruchsbehörde ist nach Auffassung des *OVG Bremen*[388] nicht befugt, sich über eine durch die Erstbehörde erfolgte Wiedereinsetzung hinwegzusetzen.[389]

Mit der Entscheidung über den Widerspruch hat die Widerspruchsbehörde ihre **funktionelle** 149 **Zuständigkeit** verloren, so dass ihr selbst die zweite Bekanntgabe eines Widerspruchsbescheides (mit der Folge erneuter Klagefrist) verwehrt ist.[390] Daher ist auch bei Wiederaufgreifensgründen gegenüber dem Widerspruchsbescheid nur die Erstbehörde zur Entscheidung berufen.[391] § 51 Abs. 4 gibt für diese Frage schon deshalb nichts her,[392] weil er sich ausschließlich mit der örtlichen Zuständigkeit befasst (s. auch § 46 Rn. 43 ff.). Allerdings gestatten §§ 79, 48 die isolierte Rücknahme eines Widerspruchsbescheides (§ 48 Rn. 263).

§ 52 Rückgabe von Urkunden und Sachen

¹Ist ein Verwaltungsakt unanfechtbar widerrufen oder zurückgenommen oder ist seine Wirksamkeit aus einem anderen Grund nicht oder nicht mehr gegeben, so kann die Behörde die auf Grund dieses Verwaltungsaktes erteilten Urkunden oder Sachen, die zum Nachweis der Rechte aus dem Verwaltungsakt oder zu deren Aus-

---

[379] So *Bettermann* in FG BVerwG, 1978, S. 61, 73; s. auch *Allesch*, S. 227.
[380] NJW 1971, 1694, 1695; wohl auch *Bettermann* in FG BVerwG, 1978, S. 61, 73; *Schütz* NJW 1981, 2785, 2786.
[381] Vgl. Begründung zu § 46 Entwurf 73.
[382] Zu einem ähnlichen Fall s. *BGH* NJW 1984, 54.
[383] BVerwGE 57, 342, 344; *Wallerath* DÖV 1970, 653, 659.
[384] *BVerwG* NVwZ 1983, 285.
[385] S. *VGH Mannheim* NJW 1980, 2270; NVwZ 1982, 316 m. w. N.; krit. *Schütz* NJW 1981, 2785; *Kurz* BayVBl 1980, 714; *Judick* NVwZ 1984, 356; *Fehn* VR 1986, 376.
[386] Dazu *Reifarth* NVwZ 1982, 361.
[387] NVwZ 1983, 681.
[388] NVwZ 1982, 455.
[389] Dazu krit. *Sachs* NVwZ 1982, 421; *Trzaskalik* JZ 1983, 415, 419.
[390] BVerwGE 85, 100, 105 f.; *Sahlmüller* BayVBl 1980, 650 ff.; allg. *Ziekow*, § 51 Rn. 23; offen *VGH München* BayVBl 1980, 298, solange Widerspruchsbescheid noch nicht unanfechtbar ist.
[391] S. *Kopp/Ramsauer*, § 51 Rn. 49; *Allesch*, S. 226 f.; a. A. noch *Kopp* VwVfG (6. Aufl.), § 51 Rn. 35.
[392] Anders *VG Regensburg* BayVBl 1981, 313, 314; *Busch* BayVBl 1981, 296, 298; *ders* in Knack, § 79 Rn. 221, 222.

übung bestimmt sind, zurückfordern. ²Der Inhaber und, sofern er nicht der Besitzer ist, auch der Besitzer dieser Urkunden oder Sachen sind zu ihrer Herausgabe verpflichtet. ³Der Inhaber oder der Besitzer kann jedoch verlangen, dass ihm die Urkunden oder Sachen wieder ausgehändigt werden, nachdem sie von der Behörde als ungültig gekennzeichnet sind; dies gilt nicht bei Sachen, bei denen eine solche Kennzeichnung nicht oder nicht mit der erforderlichen Offensichtlichkeit oder Dauerhaftigkeit möglich ist.

Vergleichbare Vorschriften: § 133 AO; § 51 SGB X.

Abweichendes Landesrecht: SchlH: Nach Satz 2 findet sich zusätzlich § 118 b S. 3: „Wenn die bisherige Inhaberin oder Besitzerin oder der bisherige Inhaber oder Besitzer erklärt, nicht mehr im Besitz der Urkunde oder der Sache zu sein, kann zur Glaubhaftmachung dieser Erklärung eine eidesstattliche Versicherung entgegengenommen werden." S. 3 wird S. 4. Auch im Übrigen ist die geschlechtsverdoppelnde Sprachfassung hier besonders umständlich.

Entstehungsgeschichte: Bis zum Inkrafttreten des VwVfG vgl. § 52 der 6. Auflage. Eine kleine redaktionelle **Änderung** ist mit der Bek. der Neufassung v. 21. 1. 2003, BGBl I 102, erfolgt. S. ferner Rn. 2, 25, 35 f., 41.

Übersicht

	Rn.
I. Allgemeines	1
1. Grundgedanke der Regelung	1
2. Sonderregelungen	3
a) Beispiele für Sonderregelungen	4
b) Ergänzende Anwendung des § 52	8
c) Allgemeiner Rechtsgrundsatz?	10
II. Die Rückforderung nach S. 1	12
1. Voraussetzungen der Rückforderung (HS 1)	12
a) Unanfechtbarer Widerruf oder unanfechtbare Rücknahme	13
b) Unwirksamkeit aus einem anderen Grunde	18
c) Teilweise Unwirksamkeit	22
2. Die Rückforderungsermächtigung (HS 2)	24
a) Normative Wirkungsrichtung	24
b) Die Rückforderung als VA	26
c) Die Gegenstände der Rückforderung	31
III. Die Herausgabepflichtigen (S. 2)	36
IV. Der Anspruch auf Wiederaushändigung (S. 3)	40
1. Allgemeines	40
2. Anspruchsberechtigter und Anspruchsinhalt	42
3. Anspruchsvoraussetzung	44
a) Kennzeichnung als ungültig (HS 1)	44
b) Keine Unmöglichkeit der Kennzeichnung (HS 2)	45
4. Durchsetzung des Anspruchs	49
V. Landesrecht	50
VI. Vorverfahren	51

I. Allgemeines

1. Grundgedanke der Regelung

1 Die in § 52 geregelte Situation findet sich in ähnlicher Form in verschiedensten Rechtsbereichen.[1] Mit oder ohne besondere rechtliche Grundlage werden auf Grund eines VA, insbes. um seinen Erlass zu dokumentieren, Urkunden erteilt, oder es gibt sonst bestimmte Sachen, die dem Bürger den Nachweis seiner Rechte aus dem VA oder deren unangefochtene Ausübung ermöglichen sollen. Besteht der auf diese Weise für den Rechtsverkehr dokumentierte VA in Wahrheit nicht (mehr), begründen solche Urkunden oder Sachen die **Gefahr von Täuschungen über die wirkliche Rechtslage.**

2 Anliegen des § 52 und vielfältiger Spezialregelungen (Rn. 4 ff.) ist es, dieser Täuschungsgefahr **entgegenzutreten,** indem die irreführenden Objekte aus dem Verkehr gezogen werden. Zu diesem Zweck verpflichtet § 52 die Inhaber oder Besitzer der entsprechenden Urkunden oder

---

[1] Zum entsprechenden § 51 SGB X vgl. *Pickel* WzS 1985, 353, 359 ff.

§ 52 Rückgabe von Urkunden und Sachen 3–7 § 52

Sachen dazu, sie im Falle ihrer Unrichtigkeit auf Verlangen der Behörde (S. 1; Rn. 12 ff.) herauszugeben (S. 2; Rn. 36 ff.), damit der **unzutreffende Rechtsschein ausgeräumt** wird (S. 3; Rn. 40 ff.). § 52 verallgemeinert die vorher nur in einzelnen Sachgesetzen enthaltenen Sonderregelungen.[2]

2. Sonderregelungen

Sonderregelungen, die nach § 1 Abs. 1, letzter HS, dem § 52 vorgehen (s. noch Rn. 8 f.; allgemein § 1 Rn. 1 ff., 206 ff.), sind in ihren **Voraussetzungen und Rechtsfolgen** durchaus **unterschiedlicher** Natur (Rn. 4 ff.), so dass kaum Raum für die Anerkennung eines allgemeinen Rechtsgedankens ist (Rn. 10 f.). 3

a) Beispiele für Sonderregelungen. So verpflichtet § 3 Abs. 2 S. 3 StVG dazu, nach der Entziehung der Fahrerlaubnis den Führerschein der Behörde abzuliefern;[3] soll ein zugelassenes Fahrzeug außer Betrieb gesetzt werden, hat der Halter nach § 14 FZV unverzüglich das zugeteilte amtliche Kennzeichen von der Behörde entstempeln und die Außerbetriebsetzung in der Zulassungsbescheinigung vermerken zu lassen.[4] § 46 Abs. 1 **WaffG** verpflichtet Inhaber aufgehobener und erloschener Erlaubnisse nach diesem Gesetz zur unverzüglichen Rückgabe aller Ausfertigungen der Erlaubnisurkunde; Abs. 2 ermächtigt die Behörde, in diesen Fällen anzuordnen, dass der frühere Inhaber noch bei ihm vorhandene Waffen und Munition unbrauchbar macht oder einem Berechtigten überlässt und dies nachweist.[5] Entsprechendes gilt für Bescheinigungen über Erlaubnisse und Anerkennungen nach § 8 Abs. 3, § 21 Abs. 7, § 29 Abs. 4 **FahrLG**. § 22 Abs. 2 **PflanzkartoffelVO** verpflichtet den Antragsteller, bei Rücknahme einer Pflanzgutanerkennung nach Anweisung der Anerkennungsstelle Etiketten usw. abzuliefern oder unbrauchbar zu machen. 4

§ 4 S. 1 **OrdenG** sieht vor, dass bei Entziehung eines Titels oder einer Auszeichnung auch die Einziehung der Verleihungsurkunde angeordnet werden kann (s. auch § 2 Rn. 20). Gem. § 63 Abs. 4 **AsylVfG** soll eine Bescheinigung über die Aufenthaltsgestattung eingezogen werden, wenn diese erloschen ist. § 17 Abs. 5 S. 1 **PBefG** verpflichtet dazu, bei einer anders als durch Fristablauf ungültig gewordenen Genehmigung die Genehmigungsurkunde unverzüglich einzuziehen. 5

Ohne begriffliche Differenzierung zwischen VA und bescheinigender Urkunde sieht § 16 **Abs. 3 FlugfunkV** die Pflicht zur unverzüglichen Rückgabe eines entzogenen Flugfunkzeugnisses vor. In ähnlicher Weise sieht § 18 S. 1 **BJagdG** für den Fall nachträglich eintretender oder bekannt werdender Versagungsgründe vor, dass der Jagdschein für ungültig erklärt und eingezogen werden kann bzw. muss.[6] Nach § 12 Abs. 1 **PassG** kann ein ungültiger Pass eingezogen werden; entsprechende Regelungen geltend nach Landesrecht (z. B. § 8 PAuswG NW) für Personalausweise.[7] 6

§ 18 S. 1 **BVFG a. F.**[8] sah im Rahmen einer andersartigen Konzeption, die nicht zwischen der Beseitigung des VA und der seiner Beurkundung trennte,[9] vor, dass ein zu Unrecht ausge- 7

---

[2] Begründung des Entwurfs 73 zu § 48.
[3] Im Hinblick auf die Fortgeltung von DDR-Fahrerlaubnissen s. auch *VG Frankfurt* LKV 1992, 27 f. Zur Anwendung des § 4 Abs. 2 S. 2 StVG bei Verzicht auf die Fahrerlaubnis *OVG Münster* NJW 1987, 1964, 1965. Allgemein näher etwa *Pongratz* Der Verkehrsdienst 1976, 177 ff.
[4] § 11 Abs. 6, § 12 Abs. 4 FZV sehen ferner vor, dass bei Neuausstellung verlorener Zulassungsbescheinigung die wieder aufgefundene ursprüngliche Bescheinigung unverzüglich abzuliefern ist; nach § 12 Abs. 5 FZV ist bei Neuausstellung einer Zulassungsbescheinigung die alte zu entwerten und dem Antragsteller zurückzugeben. Zu § 17 Abs. 2 S. 1 StVZO a. F. s. Vorauf.
[5] Zu Abs. 2 s. *BVerwG* NJW 1990, 724; *VGH Mannheim* VBlBW 1990, 435.
[6] Vgl. hierzu etwa *OVG Lüneburg* NVwZ-RR 2005, 110 f.; *VG Kassel* 5. 11. 1984 – II/V E 1276/84, Jagdrechtliche Entscheidungen V Nr. 103; *VG Oldenburg* NVwZ-RR 2005, 112.
[7] *Meyer* in Knack, § 52 Rn. 3, nennt hier die Passentziehung nach § 8 PassG; hinzuweisen ist auch auf die Pflicht des § 15 Nr. 2 PassG, auf Verlangen den alten Pass beim Empfang eines neuen Passes abzugeben, ferner auf die Möglichkeiten der Sicherstellung von Pässen, insbesondere bei unberechtigtem Besitz, § 13 Abs. 1 Nr. 1 PassG. Zur Einziehung eines Reisepasses und Personalausweises eines Bewerbers um den Vertriebenenausweis s. *VGH Mannheim* NVwZ-RR 1992, 554; zur Einziehung bei zu Unrecht erfolgter Eintragung eines Ordensnamens *VGH Mannheim* VBlBW 2000, 122 f.; *VGH Kassel* InfAuslR 1989, 86, 87, wendet § 52 analog an auf einen internationalen Reiseausweis, der einem Asylbewerber zu Unrecht erteilt worden war.
[8] Dazu etwa *BVerwGE* 85, 79 ff.
[9] Vgl. *BVerwG* NJW 1960, 592; DVBl 1963, 405.

stellter Vertriebenenausweis „einzuziehen" sei. Der Schwerbehindertenausweis ist nach **§ 4 Abs. 5 S. 4 HS 1 SchwerbG** einzuziehen, sobald der gesetzliche Schutz Schwerbehinderter nach § 38 Abs. 1 Hs. 1 SchwerbG erloschen ist. Die Eigenschaft als Schwerbehinderter endet kraft Gesetzes mit dem Wegfall der sie nach § 1 SchwerbG begründenden Voraussetzungen. Nach **§ 35 Abs. 2 S. 1 SprengG** sollen in Verlust geratene Erlaubnisbescheide, Befähigungsscheine oder Ausfertigungen für ungültig erklärt werden.

8   b) **Ergänzende Anwendung des § 52.** Raum für ergänzende Anwendung des § 52 bleibt, soweit Spezialbestimmungen in Voraussetzungen oder Rechtsfolgen enger gefasst sind und keinen abschließenden Charakter haben. Namentlich können dem S. 2 vergleichbare Ablieferungspflichten um die Ermächtigung des S. 1 zu einer **behördlichen Rückforderung** (Rn. 24 ff.) zu ergänzen sein, wenn sich dies nicht schon aus dem Kontext des Spezialgesetzes ergibt. Ferner können Regelungen, die nur einzelne **Gründe der Ungültigkeit des VA**, etwa Fristablauf oder bestimmte Fälle behördlicher Aufhebung, ansprechen, um die weiteren Fälle des S. 1 erweitert werden. Sind die **Herausgabepflichtigen** nicht näher geregelt, können sie unter Rückgriff auf S. 2 zu bestimmen sein.

9   Ob mangels ausdrücklicher Regelungen allgemein eine **Anwendung des S. 3** (Rn. 40 ff.) in Betracht kommt,[10] ist fraglich. Zumindest ist **sorgfältig zu prüfen,** ob der Zielsetzung einer uneingeschränkt vorgesehenen speziellen Ablieferungspflicht schon dann genügt ist, wenn die als ungültig gekennzeichnete Urkunde oder Sache beim Adressaten verbleibt. Auch mögen besondere Sicherheitserfordernisse – dem Rechtsgedanken des S. 3 HS 2 (Rn. 45 ff.) entsprechend – es, etwa mit Rücksicht auf mögliche Verwendungen zu Fälschungszwecken, nicht ausreichend erscheinen lassen, wenn Urkunden als ungültig gekennzeichnet worden sind.[11] Zu beachten sind auch Regelungen der Eigentumsverhältnisse an den Urkunden oder Sachen; bleibt etwa, wie bei § 1 Abs. 3 HS 2 PassG eine Urkunde staatliches Eigentum, kann dies einen Verbleib beim Adressaten des nicht (mehr) wirksamen VA ausschließen.

10   c) **Allgemeiner Rechtsgrundsatz?** Angesichts der Unterschiedlichkeit der Ausgestaltung kann der Inhalt des **§ 52 als solcher nicht** als allgemeiner, auch jenseits des VwVfG gültiger Rechtsgrundsatz anerkannt werden.[12] Immerhin mag man der Gesamtheit der einschlägigen Regelungen den verallgemeinerungsfähigen Rechtsgedanken entnehmen, dass der Adressat eines nicht (mehr) wirksamen VA – mangels entgegenstehender Besonderheiten des speziellen Kontexts – auf Verlangen der zuständigen Behörde verpflichtet ist, in seinem Besitz befindliche Urkunden oder sonstige zum Nachweis des gültigen VA bestimmte Sachen, die irreführender Weise auf dessen (Fort-) Bestand hinweisen, der Behörde zum Zwecke ihrer Kennzeichnung als ungültig zu überlassen.

11   **Nicht vom Rechtsgedanken** des § 52 oder der anderen genannten Bestimmungen **gedeckt** ist eine **allgemeine Herausgabepflicht** in Bezug auf Sachen, die der Adressat des VA im Hinblick auf dessen Existenz erhalten hat, etwa solche, die er in Ausübung einer ihm erteilten Genehmigung erworben hat; denn diese Sachen sind nicht zum Nachweis der Rechte aus dem VA oder zu deren Ausübung bestimmt (Rn. 32 ff.). Spezialregelungen wie die des § 40 Abs. 2 S. 1 WaffG zur Sicherstellung und Einziehung von Schusswaffen und Munition, wenn die Ausübung der tatsächlichen Gewalt über diese Sachen untersagt ist,[13] bieten keine verallgemeinerungsfähige Basis für einen allgemeinen Rechtsgrundsatz.

II. Die Rückforderung nach S. 1

1. Voraussetzungen der Rückforderung (HS 1)

12   Als Voraussetzung der Rückforderung nach S. 1 sieht HS 1 die **ursprüngliche oder nachträgliche Unwirksamkeit** des durch die Urkunden oder Sachen zu dokumentierenden VA

---

[10] Dafür *Meyer* in Knack, § 52 Rn. 4; dem folgend *Kopp/Ramsauer,* § 52 Rn. 3.
[11] Die Kenntlichmachung der Ungültigkeit eines Passes und der Verzicht auf dessen Einziehung erfolgten regelmäßig nur, wenn der Inhaber glaubhaft macht, den Pass z. B. wegen der eingetragenen Sichtvermerke als Andenken behalten zu wollen; vgl. Nr. 12.1 PassVwV.
[12] Weitergehend wohl *Kopp/Ramsauer,* § 52 Rn. 4.
[13] Dazu BVerwG NJW 1984, 1192.

vor, wobei er zwischen unanfechtbarem Widerruf oder unanfechtbarer Rücknahme einerseits (Rn. 13 ff.) und aus anderen Gründen entfallener oder von vornherein fehlender Wirksamkeit (Rn. 18) unterscheidet. Damit sind Mängel äußerer und innerer Wirksamkeit erfasst (s. dazu § 43 Rn. 163 ff.).

a) Unanfechtbarer Widerruf oder unanfechtbare Rücknahme. In den Fällen von Widerruf und Rücknahme begnügt sich das Gesetz nicht mit dem Wirksamkeitsverlust der aufgehobenen VAe, sondern verlangt zusätzlich die **Unanfechtbarkeit der AufhebungsVAe**, fordert damit in diesen Fällen prinzipiell die endgültige Klärung der Wirksamkeit des zugrunde liegenden VA. Die Voraussetzungen der Unanfechtbarkeit richten sich nach den einschlägigen Vorschriften (s. näher § 43 Rn. 20 ff.). 13

Eine **frühere Rückforderung** dürfte möglich sein, wenn sie durch eine **aufschiebende Bedingung** auf den Zeitpunkt des Eintritts der Unanfechtbarkeit bezogen wird; damit kann sie insbes. mit dem AufhebungsVA zugleich erfolgen, was vielfach zweckmäßig sein wird (dazu noch Rn. 26). 14

Über den Wortlaut des Gesetzes hinaus genügt es für eine Rückforderung nach § 52, wenn den gegenüber Rücknahme oder Widerruf des VA noch möglichen Rechtsbehelfen keine aufschiebende Wirkung zukommt, wie namentlich bei Anordnung der **sofortigen Vollziehung** gem. § 80 Abs. 2 Nr. 4 VwGO.[14] 15

Der Gesetzeszweck, Täuschungen des Rechtsverkehrs über einen (noch) wirksamen VA auszuschließen (Rn. 1 f.), greift an sich schon dann ein, wenn Rücknahme oder Widerruf überhaupt erfolgen, weil sie die Unwirksamkeit des aufgehobenen VA zur Folge haben. Das Gesetz schiebt die Rückforderung gleichwohl bis zur Unanfechtbarkeit hinaus, weil in strittigen Fällen regelmäßig eine Anfechtung erfolgt, deren **Suspensiveffekt** den bereits **aufgehobenen VA** jedenfalls im praktischen Ergebnis **einstweilen weitergelten** lässt (zur Konstruktion s. § 43 Rn. 227 ff.). Es entspricht dieser einstweilen anzuerkennenden Rechtslage, dass der Adressat auch die Urkunden oder Sachen zunächst behalten soll. Damit fehlt in diesen Fällen auch jede Grundlage für eine vorläufige Sicherstellung der Urkunden oder Sachen i.S.d. § 52 S. 1.[15] 16

In den Fällen des § 80 Abs. 2 Nr. 4 VwGO ist jedoch der VA **sofort als unwirksam zu behandeln**. Die Urkunde oder Sache, die auf einen aktuell beachtlichen VA hinweist, erweckt somit genau den unzutreffenden Eindruck, dessen Vermeidung § 52 bezweckt. Der sofort vollziehbare VA ist hinsichtlich seiner Wirkungen für die Zeit bis zur endgültigen Klärung einem unanfechtbaren VA weithin gleichgestellt;[16] es besteht kein Anlass, dies im Rahmen des § 52 zu durchbrechen. Soweit ausnahmsweise trotz einer Anordnung nach § 80 Abs. 2 Nr. 4 VwGO kein Anlass zur Rückforderung besteht, ist dies bei der Ermessensentscheidung der Behörde (Rn. 27 f.) zu berücksichtigen. 17

b) Unwirksamkeit aus einem anderen Grunde. Umfassend formuliert § 52 S. 1 zu Mängeln der Wirksamkeit des VA im Übrigen; es genügt, wenn die Wirksamkeit des VA aus (irgend)einem anderen Grunde nicht oder nicht mehr gegeben ist. 18

Ursprüngliche Unwirksamkeit kann (als **äußere** Unwirksamkeit) insbes. mangels (wirksamer) Bekanntgabe (dazu § 43 Rn. 174 ff.) gegeben sein, auch bei schwebender Unwirksamkeit (§ 43 Rn. 183 f.). Die **innere** Wirksamkeit kann fehlen bei Nichtigkeit des VA (§ 43 Rn. 222 ff.), bei Nichteintritt einer aufschiebenden Bedingung und bis zum Ablauf einer aufschiebenden Befristung. Nicht endgültiger Charakter der Unwirksamkeit ist im Rahmen der Rückforderungsentscheidung zu berücksichtigen (Rn. 29). 19

Die Fälle **nachträglicher Unwirksamkeit** des VA sind in § 43 Abs. 3 zusammengefasst (s. dort Rn. 222 ff.). Neben Rücknahme und Widerruf ist die **anderweitige** behördliche oder gerichtliche **Aufhebung** im Rechtsbehelfsverfahren zu nennen. Daneben kann die Wirksamkeit 20

---

[14] *OVG Münster* NVwZ 1990, 1183 (für einen anderen zur Unwirksamkeit des GrundVA führenden Bescheid – Anordnung des Ruhens einer Approbation); *VG Hannover* GewArch 1999, 198, 199; jetzt auch *Schäfer* in Obermayer VwVfG, § 52 Rn. 13; für zumindest analoge Anwendung des § 52 *Ule/Laubinger,* § 66 Rn. 3 m.w.N.
[15] Wie hier *Meyer* in Knack, § 52 Rn. 24; jetzt auch *Schäfer* in Obermayer VwVfG, § 52 Rn. 13; a.A. *Kopp/Ramsauer,* § 52 Rn. 6.
[16] Vgl. zur „Rechtsdurchsetzungsfunktion" der Vollziehbarkeitsanordnung *Schoch* in Schoch u.a., § 80 Rn. 141.

infolge **Erledigung** nicht mehr gegeben sein, die durch **Zeitablauf** eintreten kann, namentlich durch Fristablauf bei auflösend befristetem VA, oder **auf sonstige Weise,** etwa infolge Eintritts einer auflösenden Bedingung, durch Verzicht des Berechtigten, durch Tod des Betroffenen bei personengebundenen VAen.

21 Zu erwähnen ist ferner das **Erlöschen auf Grund besonderer gesetzlicher Bestimmungen** (vgl. zu den möglichen Voraussetzungen § 43 Rn. 205). Ist der Wirkungsverlust an den Erlass eines anderen VA geknüpft, ist nach dem Sinn der ersten Alternative (Rn. 13 ff.) auch für diesen zumindest sofortige Vollziehbarkeit (Rn. 15 ff.) erforderlich.

22 c) **Teilweise Unwirksamkeit.** Die Wirksamkeit eines VA kann auch nur teilweise nicht oder nicht mehr gegeben sein, wenn nur ein Teil der Rechtswirkungen nicht eintritt oder wegfällt. So hat etwa die Anordnung des Ruhens einer Approbation nur zur Folge, dass der Arzt während der Geltung der Anordnung seinen Beruf nicht ausüben darf.[17] **Soweit der Wirksamkeitsmangel reicht,** greift der Zweck des § 52 durch.

23 Behält die Urkunde oder Sache i.S.d. § 52 im Übrigen ihre **Nachweisfunktion für den wirksamen Rest des VA,** geht allerdings der vollständige Entzug zu weit. Dies ist bei der Rückforderungsentscheidung zu berücksichtigen (Rn. 29).

2. Die Rückforderungsermächtigung (HS 2)

24 a) **Normative Wirkungsrichtung.** Die Formulierung des S. 1, dass die Behörde zurückfordern kann, schließt jedenfalls die **Begründung eines Herausgabeanspruchs** des Behördenträgers ein, der der Herausgabepflicht des S. 2 als materielle Berechtigung gegenübersteht.[18] Dieser Anspruch besteht ohne Rücksicht darauf, ob auch die Voraussetzungen anderer Ansprüche, etwa eines allgemeinen ör Erstattungsanspruchs, erfüllt sind; ggf. können solche Ansprüche neben § 52 bestehen (s. noch Rn. 27). Als ör Anspruch ist er auch von der zivilrechtlichen Rechtslage unabhängig (s. aber Rn. 27). Der Anspruch richtet sich auf die „Herausgabe", also die Übertragung des Gewahrsams an der Urkunde oder Sache; bloße Vorlage reicht grundsätzlich nicht (s. aber Rn. 35, 9).

25 Nicht eindeutig geklärt ist durch den Wortlaut des Gesetzes die Frage, wie der Anspruch geltend zu machen ist. Namentlich wird nicht ausdrücklich die Befugnis angesprochen, die Herausgabe durch VA zu verlangen (dazu allgemein § 44 Rn. 55 ff.), wie dies etwa in § 49 a Abs. 1 S. 2 der Fall ist. Gleichwohl wird die Möglichkeit, die **Rückforderung** nach § 52 S. 1 **durch VA** vorzunehmen, vor dem Hintergrund entsprechender Absichten des Gesetzgebers[19] wohl allgemein akzeptiert[20] und ist durch den engen Zusammenhang mit dem zugrunde liegenden unwirksamen VA gerechtfertigt.

26 b) **Die Rückforderung als VA.** Die Rückforderung knüpft an die („unanfechtbare") Widerrufs- oder Rücknahmeentscheidung, die die Wirksamkeit des zugrunde liegenden VA beseitigt, tatbestandlich an, ist aber (anders als eine Berichtigung, s. § 42 Rn. 32 f.) ein in jeder Beziehung **selbständiger VA.** Dies gilt auch, wenn sie mit der Aufhebungsentscheidung zugleich ergeht, was deren sofortige Vollziehbarkeit (Rn. 15) oder einen Bezug der Rückforderung auf den Eintritt der Unanfechtbarkeit erfordert (s. schon Rn. 14).

27 Als selbständiger VA ist die Rückforderung Gegenstand eines **eigenen VwVf,** in dem insbes. eine Anhörung durchzuführen und eine Begründung zu erteilen ist. Ferner ist die Rückforderung namentlich auch **gesonderter Anfechtung** fähig und ggf. auch bedürftig. Schließlich kann die Herausgabepflicht auf Grund des RückforderungsVA im Wege der **Verwaltungsvollstreckung** durchgesetzt werden.

28 Die Rückforderung steht als VA **im Ermessen** der Behörde („kann"). Für die Frage, **ob** die Rückforderung **überhaupt** erfolgt, kommt es vor allem darauf an, ob Gefahren der Täuschung im Rechtsverkehr bestehen und welches Gewicht ihnen zukommt. Dabei kann auch eine Ermessensreduzierung auf Null eintreten, wenn etwa ein Ausländer zu Unrecht einen Personal-

---

[17] Zur Rückforderung der Approbationsurkunde in diesem Fall *OVG Münster* NVwZ 1990, 11.
[18] Von einem Herausgabeanspruch spricht ausdrücklich auch *Meyer* in Knack, § 52 Rn. 15.
[19] Vgl. Begründung zu § 48 Entwurf 73.
[20] Vgl. ausdrücklich etwa *Ule/Laubinger,* § 66 Rn. 3; *Meyer* in Knack, § 52 Rn. 16; *Kopp/Ramsauer,* § 52 Rn. 12 m. w. N.; *Ziekow,* § 52 Rn. 5; *Kracht,* Feststellender Verwaltungsakt und konkretisierende Verfügung, 2002, S. 582.

§ 52 Rückgabe von Urkunden und Sachen

ausweis erhalten hat.[21] Zugunsten des Herausgabepflichtigen können zivilrechtliche Verpflichtungen zu berücksichtigen sein, auch wenn sie den öffentlich-rechtlichen Herausgabeanspruch als solchen unberührt lassen (Rn. 24).

Zum näheren **Inhalt der Rückforderung** ist im Rahmen des **Ermessens** vor allem darauf 29 Rücksicht zu nehmen, dass die Irreführungsgefahr, die von der Urkunde oder Sache i. S. d. § 52 S. 1 ausgeht, begrenzt sein kann. Bei vorübergehender Unwirksamkeit des VA (s. Rn. 19) wird eine vorübergehende Rückforderung genügen. Hier wie auch in den Fällen teilweiser Unwirksamkeit (Rn. 22 f.) kommt im Übrigen vor allem eine entsprechende Begrenzung der Kennzeichnung als ungültig nach S. 3 in Frage (dazu noch Rn. 40). Zum Auswahlermessen hinsichtlich der Herausgabepflichtigen (s. Rn. 38).

Die **Zuständigkeit** für die Rückforderung ist nicht ausdrücklich geregelt; doch lässt die 30 Formulierung „*zurück*fordern" erkennen, dass dies grundsätzlich durch die Behörde zu geschehen hat, die die fragliche Urkunde erteilt oder die Sache i. S. d. § 52 S. 1 dem Adressaten verschafft oder ihm maßgeblich gemacht hat. Nach einem Wechsel der örtlichen Zuständigkeit dafür geht auch die Zuständigkeit für die Rückforderung analog § 48 Abs. 5, § 49 Abs. 5, § 51 Abs. 4 auf die Behörde über, die nunmehr nach § 3 „Herrin des Verfahrens" ist (s. auch § 42 Rn. 36). Die Widerspruchsbehörde hat, auch wenn sie die Aufhebung des zugrunde liegenden VA bestätigt oder ihn erst selbst aufhebt, dadurch nichts mit der Ausgabe der Urkunde oder Sache und folglich auch nichts mit ihrer Rückforderung zu tun.

c) Die Gegenstände der Rückforderung. Zurückzugeben sind zum einen **Urkunden,** 31 die auf Grund des nicht (mehr) wirksamen VA erteilt worden sind. Mit Urkunden sind **schriftliche Erklärungen** der Behörden (s. auch § 26 Rn. 88) gemeint.

Die Urkunden müssen in einem **Nachweiszusammenhang** zu dem zugrunde liegenden 32 VA für die sich aus ihm ergebenden Rechte und ihre Ausübung stehen. Dies ist nicht nur bei speziell für Nachweiszwecke vorgesehenen Urkunden, wie Ausweisen und Bescheinigungen[22] (vgl. etwa für die Reisegewerbekarte § 60c Abs. 1 S. 1 GewO,[23] zu Führerschein oder Kraftfahrzeugschein s. Rn. 4), der Fall, sondern wird mit Rücksicht auf ihren Beweiswert auch für die Urkunden angenommen, die den schriftlich erlassenen VA als solchen verkörpert.[24]

Beispielsweise gehören zu den nach § 52 zurückzufordernden Urkunden Einbürgerungs- 33 urkunden, § 16 Abs. 1 StAG, Entlassungsurkunden, § 23 StAngG, Ernennungsurkunden, § 6 Abs. 2 BBG, Approbationsurkunden, Baugenehmigungen, Prüfungszeugnisse oder eine Handwerkskarte nach § 10 Abs. 2 HandwO.

Die der Rückforderung unterliegenden **Sachen** (vgl. § 48 Rn. 128) müssen zum Nachweis 34 der Rechte aus dem VA oder zu deren Ausübung bestimmt sein, also eine den **Urkunden vergleichbare Funktion** im Rechtsverkehr erfüllen, die zumindest regelmäßig auf entsprechenden Rechts- oder Verwaltungsvorschriften beruhen wird.[25]

Diese Nachweisfunktion können nur **von der Behörde** entsprechend gestaltete Sachen er- 35 füllen, wie etwa die im Entwurf 1973 beispielhaft genannten Siegel und Plaketten oder auch Polizeimarken.[26] Gegenüber dem Wortlaut („*zurück*fordern") nicht ganz unproblematisch, aber mit Rücksicht auf S. 3 wohl zutreffend ist es, auch von vornherein beim Adressaten vorhandene oder von ihm anderwärts beschaffte Sachen, die von der Behörde durch Kennzeichnung mit Nachweisfunktion versehen sind, als solche einzubeziehen; immerhin lässt die Spezialregelung für Fahrzeugkennzeichen (Rn. 4), die nur „entstempeln zu lassen", nicht aber abzuliefern sind, erkennen, dass keine über den Zweck der Vorschrift hinausgehenden Sachherausgabepflichten begründet sein sollen.[27]

---

[21] Vgl. *OVG Münster* NVwZ 1986, 936.
[22] Nur diese nennen beispielhaft *Ule/Laubinger,* § 66 Rn. 3.
[23] Zur irreführenden Fassung des § 55 Abs. 2 GewO *Ule/Laubinger,* § 66 Rn. 3.
[24] *Meyer* in Knack, § 52 Rn. 11; *Kopp/Ramsauer,* § 52 Rn. 8a; zweifelnd allerdings für eine schriftliche Erlaubnis nach § 34c GewO *VGH München* GewArch 1987, 296, 297.
[25] Nur hierfür *Meyer* in Knack, § 52 Rn. 12; großzügiger *Kopp/Ramsauer,* § 52 Rn. 9, der auch die Verkehrsauffassung als solche genügen lässt.
[26] *Kopp/Ramsauer,* § 52 Rn. 9; *Meyer* in Knack, § 52 Rn. 12, nennt ferner „Schilder" und „Markierungen", die natürlich die genannten Voraussetzungen erfüllen müssen.
[27] Für eine entsprechende Auslegung des Begriffs der Zurückforderung *Kopp/Ramsauer,* § 52 Rn. 12, der allerdings die in S. 2 ausdrücklich angesprochene „Herausgabe" vernachlässigt.

III. Die Herausgabepflichtigen (S. 2)

36 Verpflichtet zur Herausgabe ist in erster Linie der **Inhaber** der Urkunde oder Sache. § 52 stellt auf die **tatsächlichen Verhältnisse** ab, um schwierige Ermittlungen über die zivilrechtlichen Eigentums- oder Besitzverhältnisse zu ersparen. Es kommt darauf an, im Interesse des Rechtsverkehrs die missbräuchliche Benutzung der Urkunden und Sachen zu verhindern. **Inhaber** einer Urkunde ist der in ihr Genannte.[28]

37 Wenn der Inhaber nicht Besitzer ist, wird auch der Besitzer zur Herausgabe verpflichtet. **Besitzer** ist jeder, der die tatsächliche Gewalt über die Urkunde oder die Sache ausübt, § 854 Abs. 1 BGB. Der Besitz kann berechtigt oder unberechtigt, unmittelbar oder mittelbar sein. Der bloße Besitzdiener des § 855 BGB ist nicht erfasst.

38 Sind Besitzer und Inhaber nebeneinander herausgabepflichtig, hat die Behörde ihr **Auswahlermessen** auszuüben, und zwar prinzipiell nach Effektivitätsgesichtspunkten.

39 Wenn der bisherige Besitzer oder Inhaber erklärt, nicht mehr im Besitz der Urkunde oder Sache zu sein, besteht (nur) in Schleswig-Holstein nach § 118b Satz 3 LVwGSchlH i. V. m. § 86 LVwGSchlH (§ 27 VwVfG) die Möglichkeit, eine **eidesstattliche Versicherung** zur Glaubhaftmachung zu verlangen (Rn. 50). Im Übrigen besteht dazu keine gesetzliche Verpflichtung; auch sind diese Personen nicht über die Herausgabepflicht hinaus zu einer **Auskunft** oder **Mitwirkung** an der Beschaffung verpflichtet. Hier gelten die allgemeinen Regeln (§ 26 Rn. 44 ff.).

IV. Der Anspruch auf Wiederaushändigung (S. 3)

1. Allgemeines

40 Mit Rücksicht auf die Zielrichtung des Herausgabeanspruchs ist es grundsätzlich nicht erforderlich, die zurückgeforderte Urkunde oder Sache dauernd zu entziehen. Daher begründet S. 3 einen **Wiederaushändigungsanspruch,** der eingreift, wenn der Zweck der Rückforderung, Täuschungen des Rechtsverkehrs zu verhindern, durch Kennzeichnung der herausgegebenen Urkunden oder Sachen als ungültig erfüllt ist.

41 Als Grund für diese Regelung wurde im Gesetzgebungsverfahren[29] auch das erhebliche **Interesse** genannt, das für Inhaber oder Besitzer an der Wiederaushändigung bestehen kann, damit sie ihre **bisherige Berechtigung nachweisen** können. Dieses Motiv ist aber **nicht als Voraussetzung des Anspruchs** in das Gesetz aufgenommen worden.[30]

2. Anspruchsberechtigter und Anspruchsinhalt

42 Als **Anspruchsberechtigter** ist in S. 3 in auffälligem Unterschied zur kumulativen Verpflichtungsregelung in S. 2 „der Inhaber oder der Besitzer" genannt, denen die Anspruchsberechtigung darum **alternativ** zusteht. Der Behörde steht immer nur ein Gläubiger des Wiederaushändigungsanspruchs gegenüber, Inhaber und Besitzer sind **nicht Gesamtgläubiger** i. S. d. § 428 S. 1 BGB.[31]

43 Der richtige Anspruchsberechtigte ergibt sich aus der gesetzlichen Kennzeichnung des **Anspruchsinhalts,** der darauf gerichtet ist, dass die Urkunden oder Sachen „*wieder* ausgehändigt werden". Danach kann derjenige die „Wiederaushändigung" verlangen, der Urkunde oder Sache zuvor der Behörde herausgegeben hat.[32] Allerdings wird man eine Ausnahme machen müssen, wenn die Behörde die Urkunde oder Sache von einem offensichtlich nichtberechtigten

---

[28] Begründung zu § 48 Entwurf 73.
[29] Begründung zu § 48 Entwurf 73.
[30] Wie hier *Meyer/Borgs,* § 52 Rn. 5; *Schäfer* in Obermayer VwVfG, § 52 Rn. 22; *Ule/Laubinger,* § 66 Rn. 5; jetzt auch *Kopp/Ramsauer,* VwVfG, § 52 Rn. 15.
[31] Wie hier *Ule/Laubinger,* § 66 Rn. 5, die „Inhaber bzw. Besitzer" nennen.
[32] Nicht eindeutig spricht *Meyer* in Knack, § 52 Rn. 14 von „dem Herausgabepflichtigen"; dies lässt die entscheidende Frage indes offen, da Inhaber und Besitzer jeweils nebeneinander insoweit verpflichtet wären.

Besitzer erlangt hat;[33] dann kann der Berechtigte von der Behörde die Aushändigung an sich verlangen.

3. Anspruchsvoraussetzung

a) Kennzeichnung als ungültig (HS 1). Der Wiederaushändigungsanspruch setzt voraus, 44 dass die Urkunden oder Sachen von der Behörde **als ungültig gekennzeichnet** worden sind. Wie die Kennzeichnung im Einzelnen durchgeführt wird, ist der Behörde überlassen. Doch steht es ihr nicht frei, ganz von einer Kennzeichnung abzusehen, um so den Wiederaushändigungsanspruch auszuschalten; sie ist vielmehr auf Verlangen des Betroffenen[34] verpflichtet, die Kennzeichnung **unverzüglich** vorzunehmen. Bei teilweiser Ungültigkeit ist die Kennzeichnung entsprechend zu beschränken (Rn. 29). Dies gilt auch, wenn eine Urkunde zugleich den Nachweis für weitere Regelungen enthält, wie etwa bei einem in einem Pass eingetragenen zeitlich unbefristeten Sichtvermerk.

b) Keine Unmöglichkeit der Kennzeichnung (HS 2). Wenn für **Sachen** nach dem 45 sprachlich nicht ganz geglückten HS 2 der HS 1 nicht gelten soll, ist damit der **Ausschluss des** dort vorgesehenen **Anspruchs auf Wiederaushändigung** gemeint. Dabei wird allerdings die Abhängigkeit dieses Anspruchs von einer Kennzeichnung der fraglichen Sache als ungültig lediglich bestätigt; denn in den Fällen des HS 2 kann die für den Anspruch nach HS 1 tatbestandlich vorausgesetzte Kennzeichnung als ungültig nicht herbeigeführt werden, so dass der Anspruch ohnehin nicht durchgreifen würde.

Der erste Anwendungsfall des Anspruchsausschlusses, dass die **Kennzeichnung** der Sache als 46 ungültig völlig **ausgeschlossen** ist, ist kaum vorstellbar. Praktisch entscheidend sind die weiteren Varianten, die darauf abstellen, dass eine Kennzeichnung als ungültig nicht in einer Weise möglich ist, die auch ihren Zweck, Täuschungen des Rechtsverkehrs auszuschließen, erfüllt. Dazu muss die Ungültigkeit hinreichend deutlich hervortreten, so dass sie in den jeweils maßgeblichen Zusammenhängen nicht etwa (allzu leicht) übersehen werden kann; das Merkmal der **erforderlichen Offensichtlichkeit** ist im Hinblick auf die jeweiligen Gegebenheiten zu verstehen. Außerdem muss wiederum bereichsspezifisch hinreichend sichergestellt sein, dass die Kennzeichnung **auf Dauer** erhalten bleibt, insbes. nicht (allzu leicht) beseitigt oder verdeckt werden kann.

Auf **Urkunden** bezieht sich HS 2 ausdrücklich nicht. Damit ist allerdings keineswegs ge- 47 meint, dass Urkunden, die nicht hinreichend offensichtlich und dauerhaft als ungültig gekennzeichnet werden können, anders als Sachen doch herauszugeben wären.[35] Vielmehr beruht die Nichterwähnung der Urkunden auf der Annahme, dass die notwendige **Kennzeichnung von Urkunden als ungültig stets möglich** sein wird.[36] Sollte dies ausnahmsweise anders sein, würde die Kennzeichnung der Urkunden unterbleiben, womit schon die Voraussetzungen für den Anspruch nach HS 1 nicht gegeben wären.

Ist der Wiederaushändigungsanspruch wegen Unmöglichkeit ausreichender Kennzeichnung 48 als ungültig ausgeschlossen, kann der sonst Anspruchsberechtigte bei berechtigtem Interesse (z. B. aus zivilrechtlichen Gründen) von der Behörde eine seinen Bedürfnissen entsprechende **Bescheinigung über die Herausgabe** verlangen, die die relevanten Qualitäten der einbehaltenen Sache (oder Urkunde) erkennen lässt, vgl. § 368 S. 2 BGB.

4. Durchsetzung des Anspruchs

Die Wiederaushändigung ist als Realakt ohne vorhergehenden VA ggf. mit der **allgemeinen** 49 **Leistungsklage** durchzusetzen.[37] Lässt sich eine nur partielle Ungültigkeit nicht adäquat kennzeichnen, besteht ein Anspruch auf eine dem wirksamen Rest des VA entsprechend ausgestellte neue Teilbescheinigung.

---

[33] *Meyer* in Knack, § 52 Rn. 14: auch der unrechtmäßige „Besitzer".
[34] Vgl. *OVG Münster* NVwZ-RR 1997, 152.
[35] Missverständlich insoweit *Ule/Laubinger*, § 66 Rn. 5, wenn sie bei Urkunden den Anspruch stets annehmen und nur für Sachen an die Bedingungen des HS 2 binden.
[36] Offen lassend für eine Approbationsurkunde im Hinblick auf einen möglichen Vermerk des Ruhens der Approbation *OVG Münster* NVwZ-RR 1997, 152.
[37] *Meyer* in Knack, § 52 Rn. 23 m. w. N.; *Kopp/Ramsauer*, § 52 Rn. 16; *Schäfer* in Obermayer, VwVfG, § 52 Rn. 22.

V. Landesrecht

50 Die Regelungen der Länder entsprechen § 52. Zu § 118b LVwGSchlH s. vor Rn. 1, 39.

VI. Vorverfahren

51 § 52 gilt auch für das **Vorverfahren**,[38] hat aber für den Widerspruchsbescheid nur selbständige Bedeutung, wenn der Widerspruchsbescheid isoliert aufgehoben worden oder seine Wirksamkeit auf sonstige Weise entfallen ist. Hat die Widerspruchsbehörde in Abänderung eines versagenden Bescheides eine Genehmigung erteilt, auf die § 52 zutreffen kann, ist die Erstbehörde für das Rückgabeverlangen zuständig.

Abschnitt 3. Verjährungsrechtliche Wirkungen des Verwaltungsaktes

§ 53 Hemmung der Verjährung durch Verwaltungsakt

(1) ¹Ein Verwaltungsakt, der zur Feststellung oder Durchsetzung des Anspruchs eines öffentlich-rechtlichen Rechtsträgers erlassen wird, hemmt die Verjährung dieses Anspruchs. ²Die Hemmung endet mit Eintritt der Unanfechtbarkeit des Verwaltungsaktes oder sechs Monate nach seiner anderweitigen Erledigung.

(2) ¹Ist ein Verwaltungsakt im Sinne des Absatzes 1 unanfechtbar geworden, beträgt die Verjährungsfrist 30 Jahre. ²Soweit der Verwaltungsakt einen Anspruch auf künftig fällig werdende regelmäßig wiederkehrende Leistungen zum Inhalt hat, bleibt es bei der für diesen Anspruch geltenden Verjährungsfrist.

Die in Bezug genommenen Verjährungsvorschriften haben folgenden Wortlaut:
§ 194 BGB Gegenstand der Verjährung
(1) Das Recht, von einem anderen ein Tun oder Unterlassen zu verlangen (Anspruch), unterliegt der Verjährung.
(2) Ansprüche aus einem familienrechtlichen Verhältnis unterliegen der Verjährung nicht, soweit sie auf die Herstellung des dem Verhältnis entsprechenden Zustands für die Zukunft gerichtet sind.
§ 195 BGB Regelmäßige Verjährungsfrist
Die regelmäßige Verjährungsfrist beträgt drei Jahre.
§ 196 BGB Verjährungsfrist bei Rechten an einem Grundstück
Ansprüche auf Übertragung des Eigentums an einem Grundstück sowie auf Begründung, Übertragung oder Aufhebung eines Rechts an einem Grundstück oder auf Änderung des Inhalts eines solchen Rechts sowie die Ansprüche auf die Gegenleistung verjähren in zehn Jahren.
§ 197 BGB Dreißigjährige Verjährungsfrist
(1) In 30 Jahren verjähren, soweit nicht ein anderes bestimmt ist,
1. Herausgabeansprüche aus Eigentum und anderen dinglichen Rechten,
2. familien- und erbrechtliche Ansprüche,
3. rechtskräftig festgestellte Ansprüche,
4. Ansprüche aus vollstreckbaren Vergleichen oder vollstreckbaren Urkunden,
5. Ansprüche, die durch die im Insolvenzverfahren erfolgte Feststellung vollstreckbar geworden sind, und
6. Ansprüche auf Erstattung der Kosten der Zwangsvollstreckung.
(2) Soweit Ansprüche nach Absatz 1 Nr. 2 regelmäßig wiederkehrende Leistungen oder Unterhaltsleistungen und Ansprüche nach Absatz 1 Nr. 3 bis 5 künftig fällig werdende regelmäßig wiederkehrende Leistungen zum Inhalt haben, tritt an die Stelle der Verjährungsfrist von 30 Jahren die regelmäßige Verjährungsfrist.
§ 198 BGB Verjährung bei Rechtsnachfolge
Gelangt eine Sache, hinsichtlich derer ein dinglicher Anspruch besteht, durch Rechtsnachfolge in den Besitz eines Dritten, so kommt die während des Besitzes des Rechtsvorgängers verstrichene Verjährungszeit dem Rechtsnachfolger zugute.

---

[38] § 79; a. A. *Busch* in Knack, § 79 Rn. 223.

§ 53 Hemmung der Verjährung durch Verwaltungsakt § 53

§ 199 BGB Beginn der regelmäßigen Verjährungsfrist und Höchstfristen

(1) Die regelmäßige Verjährungsfrist beginnt mit dem Schluss des Jahres, in dem
1. der Anspruch entstanden ist und
2. der Gläubiger von den den Anspruch begründenden Umständen und der Person des Schuldners Kenntnis erlangt oder ohne grobe Fahrlässigkeit erlangen müsste.

(2) Schadensersatzansprüche, die auf der Verletzung des Lebens, des Körpers, der Gesundheit oder der Freiheit beruhen, verjähren ohne Rücksicht auf ihre Entstehung und die Kenntnis oder grob fahrlässige Unkenntnis in 30 Jahren von der Begehung der Handlung, der Pflichtverletzung oder dem sonstigen, den Schaden auslösenden Ereignis an.

(3) Sonstige Schadensersatzansprüche verjähren
1. ohne Rücksicht auf die Kenntnis oder grob fahrlässige Unkenntnis in zehn Jahren von ihrer Entstehung an und
2. ohne Rücksicht auf ihre Entstehung und die Kenntnis oder grob fahrlässige Unkenntnis in 30 Jahren von der Begehung der Handlung, der Pflichtverletzung oder dem sonstigen, den Schaden auslösenden Ereignis an.
Maßgeblich ist die früher endende Frist.

(4) Andere Ansprüche als Schadensersatzansprüche verjähren ohne Rücksicht auf die Kenntnis oder grob fahrlässige Unkenntnis in zehn Jahren von ihrer Entstehung an.

(5) Geht der Anspruch auf ein Unterlassen, so tritt an die Stelle der Entstehung die Zuwiderhandlung.

§ 200 BGB Beginn anderer Verjährungsfristen

Die Verjährungsfrist von Ansprüchen, die nicht der regelmäßigen Verjährungsfrist unterliegen, beginnt mit der Entstehung des Anspruchs, soweit nicht ein anderer Verjährungsbeginn bestimmt ist. § 199 Abs. 5 findet entsprechende Anwendung.

§ 201 Beginn der Verjährungsfrist von festgestellten Ansprüchen

Die Verjährung von Ansprüchen der in § 197 Abs. 1 Nr. 3 bis 6 bezeichneten Art beginnt mit der Rechtskraft der Entscheidung, der Errichtung des vollstreckbaren Titels oder der Feststellung im Insolvenzverfahren, nicht jedoch vor der Entstehung des Anspruchs. § 199 Abs. 5 findet entsprechende Anwendung.

§ 202 BGB Unzulässigkeit von Vereinbarungen über die Verjährung

(1) Die Verjährung kann bei Haftung wegen Vorsatzes nicht im Voraus durch Rechtsgeschäft erleichtert werden.

(2) Die Verjährung kann durch Rechtsgeschäft nicht über eine Verjährungsfrist von 30 Jahren ab dem gesetzlichen Verjährungsbeginn hinaus erschwert werden.

§ 203 BGB Hemmung der Verjährung bei Verhandlungen

Schweben zwischen dem Schuldner und dem Gläubiger Verhandlungen über den Anspruch oder die den Anspruch begründenden Umstände, so ist die Verjährung gehemmt, bis der eine oder der andere Teil die Fortsetzung der Verhandlungen verweigert. Die Verjährung tritt frühestens drei Monate nach dem Ende der Hemmung ein.

§ 204 BGB Hemmung der Verjährung durch Rechtsverfolgung

(1) Die Verjährung wird gehemmt durch
1. die Erhebung der Klage auf Leistung oder auf Feststellung des Anspruchs, auf Erteilung der Vollstreckungsklausel oder auf Erlass des Vollstreckungsurteils,
2. die Zustellung des Antrags im vereinfachten Verfahren über den Unterhalt Minderjähriger,
3. die Zustellung des Mahnbescheids im Mahnverfahren,
4. die Veranlassung der Bekanntgabe des Güteantrags, der bei einer durch die Landesjustizverwaltung eingerichteten oder anerkannten Gütestelle oder, wenn die Parteien den Einigungsversuch einvernehmlich unternehmen, bei einer sonstigen Gütestelle, die Streitbeilegungen betreibt, eingereicht ist; wird die Bekanntgabe demnächst nach der Einreichung des Antrags veranlasst, so tritt die Hemmung der Verjährung bereits mit der Einreichung ein,
5. die Geltendmachung der Aufrechnung des Anspruchs im Prozess,
6. die Zustellung der Streitverkündung,
7. die Zustellung des Antrags auf Durchführung eines selbständigen Beweisverfahrens,
8. den Beginn eines vereinbarten Begutachtungsverfahrens oder die Beauftragung des Gutachters in dem Verfahren nach § 641 a,
9. die Zustellung des Antrags auf Erlass eines Arrests, einer einstweiligen Verfügung oder einer einstweiligen Anordnung, oder, wenn der Antrag nicht zugestellt wird, dessen Einreichung, wenn der Arrestbefehl, die einstweilige Verfügung oder die einstweilige Anordnung innerhalb eines Monats seit Verkündung oder Zustellung an den Gläubiger dem Schuldner zugestellt wird,
10. die Anmeldung des Anspruchs im Insolvenzverfahren oder im Schifffahrtsrechtlichen Verteilungsverfahren,
11. den Beginn des schiedsrichterlichen Verfahrens,
12. die Einreichung des Antrags bei einer Behörde, wenn die Zulässigkeit der Klage von der Vorentscheidung dieser Behörde abhängt und innerhalb von drei Monaten nach Erledigung des Gesuchs die Klage erhoben wird; dies gilt entsprechend für bei einem Gericht oder bei einer in Nummer 4 bezeichneten Gütestelle zu stellende Anträge, deren Zulässigkeit von der Vorentscheidung einer Behörde abhängt,

§ 53   Teil III. Verwaltungsakt

13. die Einreichung des Antrags bei dem höheren Gericht, wenn dieses das zuständige Gericht zu bestimmen hat und innerhalb von drei Monaten nach Erledigung des Gesuchs die Klage erhoben oder der Antrag, für den die Gerichtsstandsbestimmung zu erfolgen hat, gestellt wird, und
14. die Veranlassung der Bekanntgabe des erstmaligen Antrags auf Gewährung von Prozesskostenhilfe; wird die Bekanntgabe demnächst nach der Einreichung des Antrags veranlasst, so tritt die Hemmung der Verjährung bereits mit der Einreichung ein.

(2) Die Hemmung nach Absatz 1 endet sechs Monate nach der rechtskräftigen Entscheidung oder anderweitigen Beendigung des eingeleiteten Verfahrens. Gerät das Verfahren dadurch in Stillstand, dass die Parteien es nicht betreiben, so tritt an die Stelle der Beendigung des Verfahrens die letzte Verfahrenshandlung der Parteien, des Gerichts oder der sonst mit dem Verfahren befassten Stelle. Die Hemmung beginnt erneut, wenn eine der Parteien das Verfahren weiter betreibt.

(3) Auf die Frist nach Absatz 1 Nr. 9, 12 und 13 finden die §§ 206, 210 und 211 entsprechende Anwendung.

§ 205 BGB Hemmung der Verjährung bei Leistungsverweigerungsrecht

Die Verjährung ist gehemmt, solange der Schuldner auf Grund einer Vereinbarung mit dem Gläubiger vorübergehend zur Verweigerung der Leistung berechtigt ist.

§ 206 BGB Hemmung der Verjährung bei höherer Gewalt

Die Verjährung ist gehemmt, solange der Gläubiger innerhalb der letzten sechs Monate der Verjährungsfrist durch höhere Gewalt an der Rechtsverfolgung gehindert ist.

§ 207 BGB Hemmung der Verjährung aus familiären und ähnlichen Gründen

(1) Die Verjährung von Ansprüchen zwischen Ehegatten ist gehemmt, solange die Ehe besteht. Das Gleiche gilt für Ansprüche zwischen
1. Lebenspartnern, solange die Lebenspartnerschaft besteht,
2. Eltern und Kindern und dem Ehegatten eines Elternteils und dessen Kindern während der Minderjährigkeit der Kinder,
3. dem Vormund und dem Mündel während der Dauer des Vormundschaftsverhältnisses,
4. dem Betreuten und dem Betreuer während der Dauer des Betreuungsverhältnisses und
5. dem Pflegling und dem Pfleger während der Dauer der Pflegschaft.

Die Verjährung von Ansprüchen des Kindes gegen den Beistand ist während der Dauer der Beistandschaft gehemmt.

(2) § 208 bleibt unberührt.

§ 208 BGB Hemmung der Verjährung bei Ansprüchen wegen Verletzung der sexuellen Selbstbestimmung

Die Verjährung von Ansprüchen wegen Verletzung der sexuellen Selbstbestimmung ist bis zur Vollendung des 21. Lebensjahrs des Gläubigers gehemmt. Lebt der Gläubiger von Ansprüchen wegen Verletzung der sexuellen Selbstbestimmung bei Beginn der Verjährung mit dem Schuldner in häuslicher Gemeinschaft, so ist die Verjährung auch bis zur Beendigung der häuslichen Gemeinschaft gehemmt.

§ 209 BGB Wirkung der Hemmung

Der Zeitraum, während dessen die Verjährung gehemmt ist, wird in die Verjährungsfrist nicht eingerechnet.

§ 210 BGB Ablaufhemmung bei nicht voll Geschäftsfähigen

(1) Ist eine geschäftsunfähige oder in der Geschäftsfähigkeit beschränkte Person ohne gesetzlichen Vertreter, so tritt eine für oder gegen sie laufende Verjährung nicht vor dem Ablauf von sechs Monaten nach dem Zeitpunkt ein, in dem die Person unbeschränkt geschäftsfähig oder der Mangel der Vertretung behoben wird. Ist die Verjährungsfrist kürzer als sechs Monate, so tritt der für die Verjährung bestimmte Zeitraum an die Stelle der sechs Monate.

(2) Absatz 1 findet keine Anwendung, soweit eine in der Geschäftsfähigkeit beschränkte Person prozessfähig ist.

§ 211 BGB Ablaufhemmung in Nachlassfällen

Die Verjährung eines Anspruchs, der zu einem Nachlass gehört oder sich gegen einen Nachlass richtet, tritt nicht vor dem Ablauf von sechs Monaten nach dem Zeitpunkt ein, in dem die Erbschaft von dem Erben angenommen oder das Insolvenzverfahren über den Nachlass eröffnet wird oder von dem an der Anspruch von einem oder gegen einen Vertreter geltend gemacht werden kann. Ist die Verjährungsfrist kürzer als sechs Monate, so tritt der für die Verjährung bestimmte Zeitraum an die Stelle der sechs Monate.

§ 212 BGB Neubeginn der Verjährung

(1) Die Verjährung beginnt erneut, wenn
1. der Schuldner dem Gläubiger gegenüber den Anspruch durch Abschlagszahlung, Zinszahlung, Sicherheitsleistung oder in anderer Weise anerkennt oder
2. eine gerichtliche oder behördliche Vollstreckungshandlung vorgenommen oder beantragt wird.

(2) Der erneute Beginn der Verjährung infolge einer Vollstreckungshandlung gilt als nicht eingetreten, wenn die Vollstreckungshandlung auf Antrag des Gläubigers oder wegen Mangels der gesetzlichen Voraussetzungen aufgehoben wird.

(3) Der erneute Beginn der Verjährung durch den Antrag auf Vornahme einer Vollstreckungshandlung gilt als nicht eingetreten, wenn dem Antrag nicht stattgegeben oder der Antrag vor der Vollstreckungshandlung zurückgenommen oder die erwirkte Vollstreckungshandlung nach Absatz 2 aufgehoben wird.

§ 213 BGB Hemmung, Ablaufhemmung und erneuter Beginn der Verjährung bei anderen Ansprüchen

Die Hemmung, die Ablaufhemmung und der erneute Beginn der Verjährung gelten auch für Ansprüche, die aus demselben Grunde wahlweise neben dem Anspruch oder an seiner Stelle gegeben sind.

§ 214 BGB Wirkung der Verjährung

(1) Nach Eintritt der Verjährung ist der Schuldner berechtigt, die Leistung zu verweigern.

(2) Das zur Befriedigung eines verjährten Anspruchs Geleistete kann nicht zurückgefordert werden, auch wenn in Unkenntnis der Verjährung geleistet worden ist. Das Gleiche gilt von einem vertragsmäßigen Anerkenntnis sowie einer Sicherheitsleistung des Schuldners.

§ 215 BGB Aufrechnung und Zurückbehaltungsrecht nach Eintritt der Verjährung

Die Verjährung schließt die Aufrechnung und die Geltendmachung eines Zurückbehaltungsrechts nicht aus, wenn der Anspruch in dem Zeitpunkt noch nicht verjährt war, in dem erstmals aufgerechnet oder die Leistung verweigert werden konnte.

§ 216 BGB Wirkung der Verjährung bei gesicherten Ansprüchen

(1) Die Verjährung eines Anspruchs, für den eine Hypothek, eine Schiffshypothek oder ein Pfandrecht besteht, hindert den Gläubiger nicht, seine Befriedigung aus dem belasteten Gegenstand zu suchen.

(2) Ist zur Sicherung eines Anspruchs ein Recht verschafft worden, so kann die Rückübertragung nicht auf Grund der Verjährung des Anspruchs gefordert werden. Ist das Eigentum vorbehalten, so kann der Rücktritt vom Vertrag auch erfolgen, wenn der gesicherte Anspruch verjährt ist.

(3) Die Absätze 1 und 2 finden keine Anwendung auf die Verjährung von Ansprüchen auf Zinsen und andere wiederkehrende Leistungen.

§ 217 BGB Verjährung von Nebenleistungen

Mit dem Hauptanspruch verjährt der Anspruch auf die von ihm abhängenden Nebenleistungen, auch wenn die für diesen Anspruch geltende besondere Verjährung noch nicht eingetreten ist.

§ 218 BGB Unwirksamkeit des Rücktritts

(1) Der Rücktritt wegen nicht oder nicht vertragsgemäß erbrachter Leistung ist unwirksam, wenn der Anspruch auf die Leistung oder der Nacherfüllungsanspruch verjährt ist und der Schuldner sich hierauf beruft. Dies gilt auch, wenn der Schuldner nach § 275 Abs. 1 bis 3, § 439 Abs. 3 oder 635 Abs. 3 nicht zu leisten braucht und der Anspruch auf die Leistung oder der Nacherfüllungsanspruch verjährt wäre. § 216 Abs. 2 Satz 2 bleibt unberührt.

(2) § 214 Abs. 2 findet entsprechende Anwendung.

Vergleichbare Vorschriften: §§ 169 ff., 228 ff. AO (Rn. 3 f.); § 52, ferner §§ 113, 50 Abs. 4. 4 SGB X, § 45 SGB AT (Rn. 5).

Abweichendes Landesrecht: Bay: Art. 53 Abs. 1 S. 1: „Ein Verwaltungsakt, …, hemmt die Verjährung und das Erlöschen dieses Anspruchs." Abs. 2 S. 1: „Wird ein Verwaltungsakt im Sinne des Absatzes 1 unanfechtbar, beginnt eine Verjährungs- und Erlöschensfrist von 30 Jahren." S. 2: „Soweit der Verwaltungsakt …, bleibt es bei der für diesen Anspruch geltenden Verjährungs- und Erlöschensfrist."

MV: § 53 Abs. 2 S. 1: „Wird ein Verwaltungsakt im Sinne des Absatzes 1 unanfechtbar, beginnt eine Verjährungsfrist von 30 Jahren."

S. Rn. 9, 41, 54.

Entstehungsgeschichte: Bis zum Inkrafttreten des VwVfG vgl. § 44 der 6. Auflage. **Änderung:** Die Neufassung durch das HzVNG v. 21. 6. 2002, BGBl I 2167, Art. 13 Nr. 3, reagiert auf die Neufassung der Verjährungsregelungen des BGB, Begr. RegE, BT-Drs 14/9007, S. 40 f. Umstritten blieb die Formulierung von Abs. 2 S. 1; der BRat schlug wegen größerer Klarheit die dann in Mecklenburg-Vorpommern verwirklichte Formulierung vor, die BReg stimmte dem insbes. im Hinblick auf die Übereinstimmung mit § 52 Abs. 2 SGB X nicht zu. S. Rn. 2, 48, 50, 54.

Literatur: *Lange*, Verwaltungsrechtliche Verjährung. Begriff und Zweck, Wirkung sowie prozessuale Behandlung, 1984; *Martensen*, Die Verjährung als Grenze polizeilicher Verantwortlichkeit, NVwZ 1997, 442; *de Wall*, Die Anwendbarkeit privatrechtlicher Vorschriften im Verwaltungsrecht, 1999, S. 471; *Erfmeyer*, Die späte Geltendmachung von behördlichen Eingriffsrechten – Verjährung und Verwirkung durch Zeitablauf, VR 1999, 48; *Kellner*, Auswirkungen der Schuldrechtsreform auf die Verjährung im Staatshaftungsrecht, NVwZ 2002, 395; *Stumpf*, Die Verjährung öffentlich-rechtlicher Ansprüche nach der Schuldrechtsreform, NVwZ 2003, 1198; *Dötsch*, Verjährung vermögensrechtlicher Ansprüche im öffentlichen Recht, DÖV 2004, 277; *Guckelberger*, Die Verjährung im Öffentlichen Recht, 2004; *Linhart*, Fristen und Termine im Verwaltungsrecht, 4. Aufl., 2007. Zur Verwirkung s. Rn. 21 ff., zum Verzicht s. Rn. 29 ff. Ausführlich zum Schrifttum vor 1996 s. § 53 der 6. Auflage.

Übersicht

	Rn.
I. Allgemeines	1
1. § 53 und die Verjährung im öffentlichen Recht	1
a) Regelungsgehalt des § 53	1
b) Abgabenrechtliche Verjährung	3
c) Verjährung im sonstigen öffentlichen Recht	5
d) Weitere Wirkungen des Zeitablaufs	9
2. Entsprechende Anwendung der §§ 195 ff. BGB im Einzelnen	10
a) Anwendungsbereich der Verjährung	10
b) Umfang der Analogie	13
c) Insbesondere Verjährung bei ör Ansprüchen des Bürgers	18
3. Verwirkung	21
a) Rechtsfolgen	21
b) Rechtsgrundlagen	22
c) Tatbestandsvoraussetzungen	23
d) Verwirkbare Rechtspositionen	26
4. Verzicht	29
a) Rechtsfolgen und Rechtsgrundlagen	29
b) Verzichtbare Rechtspositionen	31
c) Verzicht des Bürgers	32
d) Verzicht der Behörde	38
II. Die Regelungen des § 53	41
1. Allgemeines	41
2. Hemmung der Verjährung durch VA (Abs. 1 S. 1)	43
a) Ansprüche eines ör Rechtsträgers	43
b) Erlass eines VA	44
c) VA zur Feststellung oder Durchsetzung des Anspruchs	47
3. Ende der Hemmung (Abs. 1 S. 2)	49
4. Verjährungsfrist nach Unanfechtbarkeit (Abs. 2)	50
III. Europarecht	52
IV. Landesrecht	54
V. Vorverfahren	55

I. Allgemeines

1. § 53 und die Verjährung im öffentlichen Recht

1   a) **Regelungsgehalt des § 53.** § 53 als einzige Vorschrift des Abschnitts 3 regelt nicht etwa umfassend die in der unverändert gebliebenen Abschnittsüberschrift angesprochenen verjährungsrechtlichen Wirkungen des VA; vielmehr beschränkt sich die Vorschrift auf Regelungen zur Hemmung der Verjährung nach Unanfechtbarkeit von VAen (Abs. 2), die zur Feststellung oder Durchsetzung von Ansprüchen eines ör Rechtsträgers erlassen sind. Die Bestimmung regelt – im Gegensatz zur ausführlicheren Ausgestaltung im Abgabenrecht (Rn. 3 f.) – nur einen **kleinen Teil des Rechts der Verjährung.** Das Institut der Verjährung im öffentlichen Recht (Rn. 5 ff., 10 ff.)[1] wird in § 53 vorausgesetzt.[2]

2   § 53 ist in das VwVfG aufgenommen worden, weil die als notwendig angesehene Unterbrechung der Verjährung durch den Erlass eines VA problematisch geblieben war.[3] Der **Anwendungsbereich** des § 53 wird durch §§ 1, 2 bestimmt (zum Abgabenrecht Rn. 3 f.); eine analoge Anwendung auf andere Fälle ist grundsätzlich ausgeschlossen.[4] Zum Europarecht s. Rn. 52. Zur Verjährung privatrechtlicher Ansprüche s. Rn. 43.

3   b) **Abgabenrechtliche Verjährung.** Eine ausführliche und differenzierte Regelung enthalten die Vorschriften der AO über die Festsetzungsverjährung, §§ 169–171 AO, und die Zahlungsverjährung, §§ 228–232 AO,[5] die weitgehend auch im Kommunalabgabenrecht der Länder

---

[1] Dazu jetzt umfassend *Guckelberger,* Die Verjährung im Öffentlichen Recht, 2004.
[2] *BVerwGE* 99, 109, 111.
[3] *BVerwGE* 34, 97, 99 f.; Begr Entwurf 73 zu § 49.
[4] Anders etwa *Lappe* DNotZ 1992, 116 für § 53 i. V. m. § 218 BGB für Kostenrechnung des Notars.
[5] Im Überblick *Guckelberger,* Die Verjährung im Öffentlichen Recht, 2004, S. 48 ff.; auch *Hey,* Steuerplanungssicherheit als Rechtsproblem, 2002, S. 785 ff.

§ 53 Hemmung der Verjährung durch Verwaltungsakt 4–6 § 53

(mit Modifikationen) Anwendung finden. Die Verjährung im Abgabenrecht führt in ihren beiden Formen – anders als sonst (vgl. § 214 BGB und zur ör Verjährung im Übrigen Rn. 6ff.) – zum **Erlöschen** der Ansprüche (§ 47, § 232 AO, auch § 20 Abs. 1 S. 3 VwKostG des Bundes).[6] Eine Festsetzung der Abgabe trotz Verjährung ist daher rechtswidrig.[7] Der Erstattungsanspruch nach § 37 Abs. 2 AO erfasst auch das in Unkenntnis der Verjährung noch Gezahlte.[8]

Die detaillierten **Verjährungsvorschriften der AO** können als für den Sonderbereich der Abgabenerhebung erlassene Regelungen **nicht** als für das Verwaltungsrecht im Übrigen maßgebliche **allgemeine Rechtsgrundsätze** herangezogen werden.[9] Dies gilt jedenfalls, seitdem das VwVfG diese Bestimmungen nicht aufgegriffen hat; gegenteilige Rspr. aus der Zeit vor Erlass des VwVfG kann für die Gegenmeinung nicht mehr herangezogen werden.[10] Im durch die KAG eröffneten Anwendungsbereich der AO[11] sind Lückenschließungen durch entsprechende Anwendung weiterer Bestimmungen der AO nicht ausgeschlossen. Für Sachbereiche, die hinreichend ähnliche Strukturen aufweisen wie die der AO unterworfenen Gebiete, können generell Vorschriften der AO entsprechend herangezogen sein, wie für Beiträge oder Erstattungsansprüche wegen Insolvenzsicherung[12] oder Sonderabgaben nach dem VerstromG 3.[13] Ob die abgabenrechtliche Verjährung dem **Bundes- oder Landesrecht** angehört, hängt davon ab, ob es sich um bundesrechtliche oder landesrechtliche Abgaben handelt,[14] ferner ob die Verjährungsvorschriften der AO unmittelbar oder über die KAG der Länder anzuwenden sind[15] (§ 2 Rn. 55f.; s. auch Rn. 22). 4

c) Verjährung im sonstigen öffentlichen Recht. Ob Ansprüche verjähren (Rn. 10ff.), in welchen Fristen (Rn. 13) und mit welchen Rechtswirkungen (Rn. 6ff.), ist eine Frage des jeweils einschlägigen **materiellen Rechts**.[16] Dabei ordnet **§ 45 Abs. 2 SGB AT** – begrenzt auf seinen Anwendungsbereich[17] – die sinngemäße Geltung der Vorschriften des BGB (jetzt) über Hemmung, Ablaufhemmung, Neubeginn und Wirkung der Verjährung an. Doch kommt auch unabhängig hiervon die **entsprechende Anwendung der §§ 195ff. BGB** in Betracht, ist aber behutsam zu handhaben (Rn. 10ff.). Dabei sind angesichts der hinter § 53 stehenden Absicht der Anpassung an das geänderte BGB, vorbehaltlich übergangsrechtlicher Fortgeltung des Altrechts (s. Art. 229 § 6 EGBGB; für örVertr s. § 62 Rn. 32; allg. § 102 Rn. 3), grundsätzlich dessen Neuregelungen maßgeblich.[18] Bei analoger Anwendung auf Ansprüche des Landesrechts sind auch die Bestimmungen des BGB dieser Rechtsebene zuzuordnen.[19] Die Verjährung ör Ansprüche wird als Ausdruck der Rechtssicherheit und des Vertrauensschutzes grundsätzlich auch bei Fehlen ausdrücklicher Bestimmungen als vereinbar mit der Gesetzmäßigkeit der Verwaltung angesehen.[20] 5

Danach besteht die **Rechtsfolge der Verjährung** in der Regel nicht darin, dass ein Anspruch erlischt, auch wird ein VA mit der Verjährung nicht unwirksam (§ 43 Rn. 221).[21] Vielmehr ist die Verjährung regelmäßig wie unverändert auch im bürgerlichen Recht (§ 214 Abs. 1 6

---

[6] *Wolff/Bachof/Stober* 1, § 37 Rn. 14.
[7] *BFHE* 153, 490; *FG Niedersachsen* NVwZ-RR 1991, 662 m. w. N.
[8] *de Wall*, Die Anwendbarkeit privatrechtlicher Vorschriften im Verwaltungsrecht, 1999, S. 488 m. w. N.
[9] So auch *de Wall*, Die Anwendbarkeit privatrechtlicher Vorschriften im Verwaltungsrecht, 1999, S. 473; allgemein abl. *Guckelberger*, Die Verjährung im Öffentlichen Recht, 2004, S. 268ff.
[10] So auch *Dörr* DÖV 1984, 12, 15; *Henneke* in Knack, vor § 53 Rn. 3.
[11] Vgl. zur Verjährung des Beitrags nach § 8 KAG NRW *Dietzel* in FS Driehaus, 2005, S. 49ff.
[12] *BVerwGE* 97, 1, 7; *BVerwG* NJW 1996, 1073, 1074.
[13] *VG Frankfurt/M* RdE 1993, 150.
[14] Vgl. *BVerwG* NJW 1977, 1740; NVwZ 1982, 377.
[15] *BVerwG* NJW 1982, 2392; § 2 Rn. 53f.
[16] Zur Gesetzgebungskompetenz *Guckelberger*, Die Verjährung im Öffentlichen Recht, 2004, S. 480ff.
[17] *BVerwG* Buchholz 436.0 § 11 BSHG Nr. 10.
[18] Dafür *Guckelberger*, Die Verjährung im Öffentlichen Recht, 2004, S. 652ff.
[19] *BVerwGE* 123, 303, 307f.; *BVerwG* NVwZ 2005, 1085, 1087; s. auch *Guckelberger*, Die Verjährung im Öffentlichen Recht, 2004, S. 480ff.
[20] *BVerwGE* 69, 227, 232; *BSG* NJW 1992, 1588, 1589; gegen den Zusammenhang mit Vertrauensschutz *Hey*, Steuerplanungssicherheit als Rechtsproblem, 2002, S. 785f. Zum allenfalls für die Verjährung von Ansprüchen des Bürgers ernstlich in Betracht kommenden Vorbehalt des Gesetzes s. *de Wall*, Die Anwendbarkeit privatrechtlicher Vorschriften im Verwaltungsrecht, 1999, S. 479f.; auch *Guckelberger*, Die Verjährung im Öffentlichen Recht, 2004, S. 318ff.; zum Vorbehalt des Gesetzes allgemeiner § 44 Rn. 52f.
[21] Für differenzierte Verjährungsfolgen je nach Rechtsgebiet und gesetzgeberischer Zielsetzung *Guckelberger*, Die Verjährung im Öffentlichen Recht, 2004, S. 422ff., 432f.

BGB) als **Einrede** geltend zu machen und hindert (nur) dann, wenn dies geschieht, die Durchsetzung des verjährten Anspruchs.[22] Bei Erfüllung des Anspruchs ist auch bei Unkenntnis der Verjährung die Rückforderung ausgeschlossen (s. § 214 Abs. 2 BGB).[23] Doch kann der Gedanke des § 216 BGB auf eine öffentliche Last nicht übertragen werden.[24]

7   Eine rechtsstaatliche Pflicht der Behörden, bei der Durchsetzung ihrer Ansprüche deren Verjährung von Amts wegen zu beachten,[25] besteht danach nicht. Vielmehr kann die Erhebung der **Verjährungseinrede** durchaus **dem Verpflichteten überlassen** bleiben, wobei die Behörde allerdings gehalten sein kann, insbes. wenig geschäftskundige Personen über diese Möglichkeit zu informieren.[26]

8   Umgekehrt steht es auch im **Ermessen der Behörde,** ob sie die zu ihren Gunsten eingreifende **Einrede der Verjährung** erhebt.[27] Sie ist dabei an die Grenzen des § 40, insbesondere den Gleichheitssatz, gebunden, kann sich aber am Grundsatz der Wirtschaftlichkeit orientieren (§ 40 Rn. 28a, 91ff.).[28] Auch dann dient die Verjährung der Rechtssicherheit und lässt Raum dafür, den Besonderheiten des Einzelfalles gerecht zu werden.

9   **d) Weitere Wirkungen des Zeitablaufs.** Neben den Verjährungsfragen wirft der Zeitablauf weitere Probleme auf,[29] die nur zum Teil im VwVfG geregelt sind. So gelten für den Ablauf anderer **Fristen** ggf. §§ 31, 32 (s. insbesondere zu den Ausschlussfristen § 31 Rn. 8ff.). Zur Vermutung eines Zustandes seit **unvordenklichen Zeiten** s. Rn. 12. Zur **Verwirkung** s. Rn. 21ff. Das **Landesrecht** kann weitere Tatbestände des Erlöschens (vgl. auch Rn. 3) vorsehen, z.B. Art. 71 Abs. 1 bayAGBGB (Rn. 54); zu Art. 53 Abs. 1 S. 1 BayVwVfG s. Rn. 41, 54. Für die zeitliche Begrenzung **rückwirkender Normsetzung** gibt der Gedanke der Verjährung nichts her.[30]

2. Entsprechende Anwendung der §§ 195ff. BGB im Einzelnen

10   **a) Anwendungsbereich der Verjährung.** Soweit gesetzliche Regelungen über die Verjährung (Rn. 3f.) fehlen und auch keine sachnäheren ör Vorschriften für eine Analogie in Frage kommen (Rn. 4), finden nach insoweit weitgehend einhelliger Meinung die **§§ 195ff. BGB** auf **ör Vermögensansprüche** entsprechende Anwendung.[31] Dies betrifft zumal den Bereich, für den das VwVfG die entsprechende Anwendung der Regelungen des BGB vorschreibt, wie

---

[22] *BVerwGE* 48, 279, 288; *BVerwG* NVwZ 1983, 740; Buchholz 237.0 § 87 BW LBG Nr. 1; *VG Stuttgart* NVwZ 1982, 578; *BFHE* 153, 490; s. auch *Lange*, Verwaltungsrechtliche Verjährung, 1984, S. 37; ferner *Wolff/Bachof/Stober* 1, § 37 Rn. 20; *Henneke* in Knack, vor § 53 Rn. 2; *Dörr* DÖV 1984, 12, 16; *de Wall*, Die Anwendbarkeit privatrechtlicher Vorschriften im Verwaltungsrecht, 1999, S. 486ff. m.w.N.; s. für den ör Vertr § 62 Rn. 32; für Erlöschen auch hier *Schack* BB 1954, 1037.
[23] *de Wall*, Die Anwendbarkeit privatrechtlicher Vorschriften im Verwaltungsrecht, 1999, S. 486ff. m.w.N.
[24] Vgl. *Driehaus*, Kommunalabgabenrecht, Losebl., § 8 Rn. 196.
[25] So *Dörr* DÖV 1984, 12, 16f.; offen *BSG* NJW 1992, 1588, 1589.
[26] Im Ergebnis wie hier *Lange*, Verwaltungsrechtliche Verjährung, 1984, S. 67f.; *Kopp/Ramsauer*, § 53 Rn. 10f.; *de Wall*, Die Anwendbarkeit privatrechtlicher Vorschriften im Verwaltungsrecht, 1999, S. 487; soweit die ör Verjährung eine Forderung eine beinhaltet, auch *Guckelberger*, Die Verjährung im Öffentlichen Recht, 2004, S. 423ff.; wohl auch *BVerwG* NVwZ 1983, 740, 741, und *BVerwG* Buchholz 237.0 § 87 BW LBG Nr. 1, das der Verjährungseinrede des Bürgers sogar den Einwand der unzulässigen Rechtsausübung entgegenhält, wenn er durch eigenes pflichtwidriges Verhalten bewirkt hat, dass die Behörde ihren Anspruch nicht geltend macht.
[27] Die prinzipielle Möglichkeit von Ermessensfehlern voraussetzend *BVerwGE* 66, 256, 260f. m.w.N.; wie hier *Guckelberger*, Die Verjährung im Öffentlichen Recht, 2004, 436ff.; offen lassend im Hinblick auf die Gerichtskontrolle nach § 114 VwGO *BVerwGE* 42, 353, 357; zweifelnd auch *de Wall*, Die Anwendbarkeit privatrechtlicher Vorschriften im Verwaltungsrecht, 1999, S. 487f. m.w.N.
[28] *de Wall*, Die Anwendbarkeit privatrechtlicher Vorschriften im Verwaltungsrecht, 1999, S. 486ff. m.w.N.; *Guckelberger*, Die Verjährung im Öffentlichen Recht, 2004, 438ff.
[29] Vgl. *v. Köhler* VerwArch 1959, 213; *Wolff/Bachof/Stober* 1, § 37 Rn. 11ff.
[30] *BVerwGE* 50, 2, 9; *BVerwG* NJW 1977, 1740; *OVGE Münster* 25, 145.
[31] *BVerwGE* 23, 166, 167; 28, 336, 338; *BVerwG* BayVBl 1974, 20, 21f.; DÖV 1977, 62; *OVG Münster* NJW 1986, 1511; *OVG Lüneburg* KStZ 1988, 172; *BSG* NJW 1991, 1588, 1589; *Ule/Laubinger* § 54 Rn. 1; *Linhart*, S. 98; zusammenfassend *Dörr* DÖV 1984, 12; *de Wall*, Die Anwendbarkeit privatrechtlicher Vorschriften im Verwaltungsrecht, 1999, S. 473f.; zurückhaltend *VGH München* BayVBl 1989, 596, 597; für die Neuregelung des BGB ganz selbstverständlich *BVerwG* BayVBl 2007, 219, 220; ferner etwa *Grothe* in Münchener Kommentar zum BGB, 5. Aufl. 2006, § 195 Rn. 14ff.; *Gurlit* in Erichsen/Ehlers, § 34 Rn. 3; *Guckelberger*, Die Verjährung im Öffentlichen Recht, 2004, S. 652ff.; *Ziekow*, § 53 Rn. 3.

namentlich in § 62 S. 2 (§ 62 Rn. 32),[32] gilt aber auch sonst. Die Verjährung nach den Bestimmungen des BGB greift auch dann ein, wenn sowohl **Gläubiger** als auch **Schuldner Körperschaften des öffentlichen Rechts** sind,[33] also auch im Bund-Länder-Verhältnis.

Verneint wird die analoge Anwendung der §§ 195 ff. BGB verbreitet bei ör Ansprüchen, die **11 keine Vermögensansprüche** sind. Sie sollen keiner Verjährung unterliegen.[34] Das erscheint in dieser Allgemeinheit fraglich, weil sich für eine solche Differenzierung weder im BGB noch bei der Bezugnahme für den ör Vertrag in § 62 S. 2 ein Anhaltspunkt findet;[35] auch ist nicht recht klar, welche Ansprüche als vermögensrechtlich zu qualifizieren sind.[36] Diese Begrenzung der Anspruchsverjährung ist insgesamt nicht begründet, zumal Besonderheiten einzelner Fallgestaltungen auch ohne dies Rechnung getragen werden kann. Ein Ausschluss der Verjährung unmittelbar gesetzlicher begründeter Ansprüche[37] geht in jedem Falle zu weit. Für Ansprüche des Bürgers noch Rn. 18 ff.

Unabhängig hiervon ist der h. M. zuzustimmen, dass **ör Eingriffsbefugnisse** als solche – **12** auch bei Konkretisierung im Einzelfall[38] – noch keine Ansprüche darstellen,[39] daher auch durch jahrzehntelanges Nichtstun der Behörde **nicht verjähren** können.[40] Dies folgt aber schon daraus, dass die §§ 195 ff. BGB auch unmittelbar nur Ansprüche, nicht aber auf sonstige Rechte anwendbar sind.[41] Insoweit kann allerdings **Verwirkung** vorliegen (Rn. 21 ff., 26 ff.);[42] auch können Überlegungen aus dem Straßenrecht nutzbar gemacht werden, wonach bei Rechten, die seit **unvordenklichen Zeiten** nicht mehr geltend gemacht werden, eine **Vermutung** dafür spricht, dass in der Vergangenheit ein Erlöschenstatbestand eingetreten ist.[43]

b) Umfang der Analogie. Sind §§ 195 ff. BGB im Grundsatz anwendbar, muss von Fall zu **13** Fall geprüft werden, ob und inwieweit sich die einzelnen zivilrechtlichen Verjährungsvorschriften für eine Analogie eignen.[44] Zur **Wirkung** der Verjährung s. bereits Rn. 6. Für die **Verjährungsfrist** war die grundsätzliche Geltung der regelmäßigen Dauer von 30 Jahren gem. § 195 BGB a. F. anerkannt,[45] während für die kürzeren Verjährungsfristen nach §§ 196, 197 a. F. oder

---

[32] *VGH Kassel* ESVGH 43, 41 für Zinsansprüche aus ör Vertr entsprechend § 197 BGB; im Ergebnis auch *BVerwG* NJW 1995, 2303, 2309 für Schadensersatz aus positiver Vertragsverletzung.
[33] *BVerwG* BayVBl 1987, 23, 26.
[34] Schon *Jellinek*, § 10 I 4 b; *Lange*, Verwaltungsrechtliche Verjährung, 1984, S. 21; *Kopp/Ramsauer*, § 53 Rn. 5; *Schäfer* in Obermayer, VwVfG, § 53 Rn. 3, 6, 16; 6. Aufl. Rn. 6; a. A. *Ule/Laubinger* § 54 I; *Schack* BB 1954, 1037.
[35] Abl. überzeugend *de Wall*, Die Anwendbarkeit privatrechtlicher Vorschriften im Verwaltungsrecht, 1999, S. 474 f. m. w. N.; auch *Guckelberger*, Die Verjährung im Öffentlichen Recht, 2004, S. 137 ff., bei sehr differenzierter Bestimmung der Gegenstände der Verjährung.
[36] Dazu näher *Guckelberger*, Die Verjährung im Öffentlichen Recht, 2004, S. 139 ff. m. w. N.
[37] Dafür *Geis* NVwZ 2002, 385, 389, wohl beschränkt auf die gebundene Verwaltung.
[38] Insoweit anders *Ossenbühl* NVwZ 1995, 547, 548, der der materiellen Polizeipflicht eine (schon vor einer Polizeiverfügung bestehende) Gefahrenbeseitigungspflicht und einen dieser korrespondierenden Gefahrenbeseitigungsanspruch der Behörde entnehmen will; im Ansatz zustimmend *de Wall*, Die Anwendbarkeit privatrechtlicher Vorschriften im Verwaltungsrecht, 1999, S. 475 ff.
[39] *de Wall*, Die Anwendbarkeit privatrechtlicher Vorschriften im Verwaltungsrecht, 1999, S. 475 f. m. w. N.; *Erfmeyer* VR 1999, 48, 49 ff.
[40] *VGH Mannheim* NVwZ-RR 1996, 387, 390; *Martensen* NVwZ 1997, 442, 443, bei Ausgleich auf der Ebene der Kostenerstattung; für die polizeirechtliche Eingriffsbefugnis auch *de Wall*, Die Anwendbarkeit privatrechtlicher Vorschriften im Verwaltungsrecht, 1999, S. 476 f.; offen lassend *VG Köln* NVwZ 1994, 927, 930; weitergehend *Ossenbühl* NVwZ 1995, 547, 549, und *Kothe* VerwArch 1977, 456, 484, 486 f., die § 195 BGB analog anwenden möchten; offen, wenn auch restriktiv *Guckelberger*, Die Verjährung im Öffentlichen Recht, 2004, 229 f., zu polizeirechtlichen Befugnissen (die auch generell die Verjährung nicht auf Ansprüche beschränkt, S. 213 ff.); zur Verjährung der Sanierungsverantwortlichkeit nach BBodSchG *Trurnit* NVwZ 2001, 1126 ff.
[41] S. schon *Enneccerus/Nipperdey* Band I, 2. Halbbd., § 231.
[42] Auch wenn diese kein „vollumfängliches Äquivalent der Verjährung" darstellt, wie *Guckelberger*, Die Verjährung im Öffentlichen Recht, 2004, S. 148, rügt, macht sie doch das Fehlen der Verjährung akzeptabler.
[43] Schon *Jellinek*, § 10 I 4 b; *Wolff/Bachof/Stober 1*, § 25 Rn. 19, § 37 Rn. 12.
[44] BVerwGE 28, 336, 338; OVG Münster NJW 1971, 1330; VGH München BayVBl 1989, 596, 597; *Dörr* DÖV 1984, 12, 15; *Lange*, Verwaltungsrechtliche Verjährung, 1984, S. 62; vgl. allgemein § 1 Rn. 86 zur Anwendung allgemeiner Vorschriften des BGB im öffentlichen Recht.
[45] So etwa für den Anspruch auf Aufwendungsersatz nach § 11 Abs. 2 BSHG BVerwGE 75, 173, 179; für Renten nach dem BVG BSG DVBl 1963, 409; für Beihilfeansprüche BAG NVwZ 1999, 1260 L.; für Schadensersatzansprüche des Beamten bei rechtswidriger Nichtbeförderung BVerwG DÖV 1997, 168; BGH NJW-RR 1989, 215.

anderen Bestimmungen des BGB, etwa § 852 BGB a. F.,[46] verlangt wurde, dass der ör Anspruch eine hinreichend große Ähnlichkeit zu dem jeweiligen zivilrechtlichen Pendant aufweist.[47] Danach verjährten Ansprüche auf Beamtenbezüge oder auf Nutzungsentgelt im Zusammenhang mit Nebentätigkeiten – unmittelbar – nach § 197 BGB in vier Jahren,[48] Ansprüche auf Rückzahlung zu viel gezahlter Dienstbezüge in dreißig Jahren.[49] Umstritten war die unmittelbare oder analoge Anwendung des § 196 Abs. 1 Nr. 15 BGB auf den Vergütungsanspruch der Prüfingenieure für Baustatik.[50] Entgeltforderungen für die ohne Gewinnerzielungsabsicht betriebene Straßenreinigung durch eine rechtsfähige Anstalt des öffentlichen Rechts verjährten nicht nach § 196 Abs. 1 Nr. 7 BGB a. F., sondern nach § 197 BGB a. F.[51]

14 Über die Auswirkungen der **neuen Verjährungsfristen des BGB** auf Ansprüche des öffentlichen Rechts besteht noch keine Klarheit.[52] Mangels abweichender Anhaltspunkte in ör Regelungen wird aber für Ansprüche, die sich nicht analog den Fällen der Verjährung in zehn Jahren, § 196 BGB, oder in 30 Jahren, § 197 BGB, oder sonstigen Sonderregelungen, wie § 852 BGB, zuordnen lassen, die **regelmäßige Verjährungsfrist von drei Jahren nach § 195 BGB** eingreifen müssen;[53] anderes mag gelten können, wenn das jeweils maßgebliche öffentliche Recht nicht an die zivilrechtliche Verjährungsregelung im Allgemeinen, sondern an eine bestimmte, inzwischen entfallene Bestimmung wie eine statische Verweisung anschließt.[54]

15 Bedenken gegen die kurze Regelverjährung sind dadurch gemildert, dass sie auf Grund der **Regelung über den Fristbeginn** in § 199 BGB (daneben zum Fristbeginn §§ 200ff.) nur bei Kenntnis oder grob fahrlässiger Unkenntnis durchgreift,[55] während andernfalls zehn- oder dreißigjährige Verjährung gilt, § 199 Abs. 2 bis 4 BGB.[56] Auch die Beschränkungen für vertragliche Vereinbarungen über die Verjährung, § 202 BGB, können für das öffentliche Recht übernommen werden,[57] greifen allerdings nur ein, soweit Vereinbarungen überhaupt zulässig sind.[58]

16 Eine **Hemmung** der Verjährung wurde in entsprechender Anwendung der §§ 203ff. BGB a. F. zugelassen.[59] Sie ist auch nach der Neufassung des BGB, die frühere Unterbrechungsgründe weitgehend der Hemmung zuordnet, §§ 203ff. BGB, im öffentlichen Recht grundsätzlich analog anwendbar, wobei allerdings im einzelnen auf Besonderheiten des öffentlichen Rechts Rücksicht zu nehmen ist.[60] Entsprechend § 209 BGB bewirkt die Hemmung, dass der von ihr betroffene Zeitraum nicht in die Verjährungsfrist eingerechnet wird.[61] Wichtig war im öffentlichen Recht insbes., dass das Leistungsverweigerungsrecht nach § 202 Abs. 1 2. Alt. BGB a. F. auch auf Grund des mit Widerspruch und Anfechtungsklage verbundenen **Suspensiveffekts** entstand;[62] nachdem § 205 BGB nunmehr auf vereinbarte Leistungsverweigerungsrechte be-

---

[46] Erwogen für § 17 G 131 in BVerwGE 28, 336, 340.
[47] Vgl. *de Wall*, Die Anwendbarkeit privatrechtlicher Vorschriften im Verwaltungsrecht, 1999, S. 480f. m. w. N.
[48] BVerwGE 23, 166, 167; BVerwG VerwRspr 1974 Nr. 161; Buchholz 237.0 § 87 BW LBG Nr. 1; *Dörr* DÖV 1984, 12, 15, 16. Vgl. auch für eine Sonderabgabe mit Bußgeldcharakter nach § 17 G 131 BVerwGE 28, 336, 340f.; für Ansprüche auf Zahlung von Zinsen BVerwG BayVBl 1974, 20, 21f.; BayVBl 1996, 183, 184.
[49] BVerwGE 66, 251, 252f.
[50] Für Anwendung *VG* Gelsenkirchen DB 1992, 2184 mit krit. Bespr. *Haesler* DB 1994, 1606; s. ferner Rn. 37.
[51] KG NVwZ-RR 2000, 636f.
[52] Vgl. die diff. Überlegungen bei *Guckelberger*, Die Verjährung im Öffentlichen Recht, 2004, S. 590ff.; ferner etwa *Stumpf* NVwZ 2003, 1198ff.; *Dötsch* NWVBl 2002, 140ff.; DÖV 2004, 277ff.; für das Staatshaftungsrecht *Kellner* NVwZ 2002, 395ff.; primär dazu auch *Gündling* Modernisiertes Privatrecht und öffentliches Recht, 2006, S. 95ff.
[53] Dafür ganz selbstverständlich BVerwG BayVBl 2007, 219, 220; ferner etwa *Dötsch* DÖV 2004, 277, 280; *Stumpf* NVwZ 2003, 1198, 1201; für den örVertr s. § 62 Rn. 32. Zur Übergangsproblematik s. 102.
[54] Zu dieser Möglichkeit *Guckelberger*, Die Verjährung im Öffentlichen Recht, 2004, S. 605ff.
[55] Vgl. zum Fristbeginn bezogen auf Ansprüche nach § 49a *Graupeter* LKV 2006, 202ff.
[56] Dazu *Guckelberger*, Die Verjährung im Öffentlichen Recht, 2004, S. 590ff., mit Bedenken dagegen, dass der Verjährungsbeginn nur in Abs. 1 zum Jahresschluss vorgesehen ist.
[57] *Grothe* in Münchener Kommentar zum BGB, 5. Aufl. 2006, § 195 Rn. 17.
[58] Restriktiv *Guckelberger*, Die Verjährung im Öffentlichen Recht, 2004, S. 598f.; s. auch § 62 Rn. 32.
[59] BVerwG NJW 1977, 823, 824; BayVBl 1996, 163; BVerwGE 99, 109, 111; BGH VerwRspr 1959 Nr. 6; *Wolff/Bachof/Stober* 1, § 37 Rn. 21; ausdrücklich § 45 Abs. 2 BGB AT.
[60] *Guckelberger*, Die Verjährung im Öffentlichen Recht, 2004, S. 599ff.
[61] Zu § 205 BGB a. F. *de Wall*, Die Anwendbarkeit privatrechtlicher Vorschriften im Verwaltungsrecht, 1999, S. 481f. m. N.
[62] BVerwGE 99, 109, 111f. m. w. N.; gegenüber einem von der Behörde nachträglich geltend gemachten Zinsanspruch soll die Anfechtung des über die Hauptforderung erlassenen Leistungsbescheids trotz der auf-

schränkt ist, dürfte auf § 214 Abs. 1 Nr. 12 BGB analog (s. auch Rn. 19) zurückzugreifen sein.[63]

Die in § 53 a. F. ausdrücklich in Bezug genommene Unterbrechung der Verjährung[64] ist im BGB begrifflich durch den treffenderen Ausdruck **„Neubeginn der Verjährung"**, § 212 BGB, ersetzt und in ihrem Anwendungsbereich auf Anerkenntnis des Anspruchs[65] und Vollstreckungshandlungen begrenzt worden, bleibt insoweit auch für das öffentliche Recht bedeutsam. Im Übrigen greift jetzt durchweg die Hemmung nach §§ 204 ff. BGB ein. Dieser Umstellung, der auch die Änderung des § 53 Rechnung trägt, ist für das öffentliche Recht grundsätzlich zu folgen (s. Rn. 16). Auch der (soweit keine Durchsetzung durch VA erfolgt) wichtige Fall der Klageerhebung, § 209 BGB a. F.,[66] führt nach § 204 Abs. 1 Nr. 1 BGB zur Hemmung und ist in dieser Form weiterhin entsprechend gültig.[67] Ergänzend zu den Möglichkeiten des BGB gibt § 53, insoweit die frühere Rspr. des *BVerwG*[68] verallgemeinernd (Rn. 2), der Behörde die Möglichkeit, durch Erlass eines VA eine Hemmung der Verjährung herbeizuführen.[69] 17

c) Insbesondere Verjährung bei ör Ansprüchen des Bürgers. Der Verjährung entsprechend §§ 194 ff. BGB können nicht nur Ansprüche von Hoheitsträgern, sondern auch solche des Bürgers unterliegen; der Kreis der einzubeziehenden Ansprüche ist auch hier nicht abschließend geklärt.[70] Neben Geldleistungsansprüchen wird namentlich der Folgenbeseitigungsanspruch einbezogen.[71] § 53 bezieht sich allerdings nur auf Ansprüche ör Rechtsträger; auch eine **analoge Anwendung** auf Ansprüche des Bürgers **scheidet** jedenfalls für Abs. 1 **aus**.[72] Denn die Bestimmung knüpft an die nur für die Behörde bestehende Möglichkeit an, sich durch Erlass eines VA selbst einen Vollstreckungstitel zu verschaffen. Denkbar ist aber wohl eine Analogie zu Abs. 2 bei durch VA festgesetztem Anspruch des Bürgers.[73] 18

Die **Hemmung** der Verjährung **nach § 53 Abs. 1** greift für Ansprüche des Bürgers nicht ein; insoweit gelten die **§§ 203 ff. BGB** entsprechend. Daher ist in der Regel analog § 204 Abs. 1 S. 1 BGB erforderlich, dass **Klage erhoben** wird. Dabei kommt neben der allgemeinen Leistungsklage bzw. der Verpflichtungsklage auf Bewilligung der Leistung wie im unmittelbaren Anwendungsbereich des § 204 Abs. 1 S. 1 BGB auch eine Feststellungsklage in Betracht.[74] Der Klage steht in entsprechender Anwendung des § 204 Abs. 1 Nr. 12 BGB der **Widerspruch** gegen die Ablehnung eines beantragten Leistungsbescheides gleich (s. Rn. 16); dagegen genügt der bloße Antrag auf einen solchen Bescheid nicht.[75] Die Verjährung des **Amtshaftungsanspruchs** wird schon durch die Anfechtung des haftungsbegründenden VA (mit Widerspruch oder Klage) gehemmt, weil andernfalls schon parallel zu diesem Primärrechtsschutz die Schadensersatzklage erhoben werden müsste.[76] 19

---

schiebenden Wirkung keine Hemmung der Verjährung bewirken. S. auch § 171 Abs. 3 AO. Insgesamt auch *Guckelberger*, Die Verjährung im Öffentlichen Recht, 2004, S. 389 f.
[63] Vgl. *Guckelberger*, Die Verjährung im Öffentlichen Recht, 2004, S. 601, auch zu den Unebenheiten der Anknüpfung.
[64] Zur Behandlung nach altem Recht näher *Guckelberger*, Die Verjährung im Öffentlichen Recht, 2004, S. 392 ff.
[65] Für Anwendbarkeit des § 208 BGB a. F. wie die Voraufl. *Kopp/Ramsauer*, § 53 Rn. 23; *Ule/Laubinger*, § 54 Rn. 2; *Wolff/Bachof/Stober* 1, § 37 Rn. 22.
[66] *BVerwGE* 28, 336, 341 f.
[67] Zu notwendigen Modifikationen *Guckelberger*, Die Verjährung im Öffentlichen Recht, 2004, S. 600 f.,
[68] Damals zur Unterbrechung *BVerwGE* 34, 97; *BVerwG* DÖV 1971, 749.
[69] S. zur früheren Rechtslage *Dietlein* DÖV 1967, 804.
[70] S. allgemein *Guckelberger*, Die Verjährung im Öffentlichen Recht, 2004, S. 137 ff.
[71] Vgl. zur Neuherstellung einer beseitigten Einfriedungsmauer *VGH München* NJW 1999, 666 m. w. N.; gegen die „Verjährbarkeit konkreter grundrechtlicher Abwehransprüche" recht unbestimmt *de Wall*, Die Anwendbarkeit privatrechtlicher Vorschriften im Verwaltungsrecht, 1999, S. 478; nicht recht eindeutig *Guckelberger*, Die Verjährung im Öffentlichen Recht, 2004, S. 140 f., 264, 342 f., 362, 590 m. w. N.
[72] Wie hier *Schäfer* in Obermayer, VwVfG, § 53 Rn. 13; *Henneke* in Knack, § 53 Rn. 5; *de Wall*, Die Anwendbarkeit privatrechtlicher Vorschriften im Verwaltungsrecht, 1999, S. 484; insoweit auch *Kopp/Ramsauer*, § 53 Rn. 8; *Guckelberger*, Die Verjährung im Öffentlichen Recht, 2004, S. 413.
[73] So *Kopp/Ramsauer*, § 53 Rn. 8; *Guckelberger*, Die Verjährung im Öffentlichen Recht, 2004, S. 416.
[74] *de Wall*, Die Anwendbarkeit privatrechtlicher Vorschriften im Verwaltungsrecht, 1999, S. 481 m. w. N.
[75] *BVerwGE* 57, 306, 307 ff.; dem folgend *de Wall*, Die Anwendbarkeit privatrechtlicher Vorschriften im Verwaltungsrecht, 1999, S. 484 f. m. w. N.; a. A. bei Analogie zu § 231 AO, § 45 Abs. 3 SGB I *Guckelberger*, Die Verjährung im Öffentlichen Recht, 2004, S. 601
[76] *BGH* NJW 1995, 2778, 2779; *BGHZ* 95, 238, dazu *Peters* NJW 1986, 1087; *Berkemann* DVBl 1986, 183; *BGH* UPR 1986, 306; *BGHZ* 122, 312, 323 f.; erweiternd für jeden Fall des Nebeneinanders von

20 Von besonderer Bedeutung im öffentlichen Recht ist, dass bei **Ansprüchen** des Bürgers **gegen den Staat** die Erhebung der Verjährungseinrede durch die Behörde als **unzulässige Rechtsausübung** unwirksam sein kann,[77] z. B. weil die frühere Festsetzung des Anspruchs unvertretbar war[78] oder die Behörde den Gläubiger von der Erhebung einer Klage abgehalten hat. Hierzu reicht das Unterlassen einer Rechtsbehelfsbelehrung allerdings nicht aus,[79] gefordert wird ein grobes,[80] zumindest qualifiziertes Fehlverhalten.[81] Nach *BSG*[82] wird durch die Erteilung einer **Zusicherung** die Berufung auf die Verjährung eines Leistungsanspruchs nicht schlechthin ausgeschlossen.

3. Verwirkung

21 **a) Rechtsfolgen.** Rechtshindernde Wirkungen hat auch die im öffentlichen wie im privaten Recht nicht ausdrücklich gesetzlich geregelte **Verwirkung**.[83] Ihre **Rechtsfolge** besteht darin, dass das verwirkte **Recht** (Rn. 26 ff.) **nicht mehr wirksam ausgeübt** werden kann. Sie tritt – im Unterschied zur nur auf Einrede beachtlichen Verjährung (Rn. 6 ff.) – bei Vorliegen ihrer tatbestandlichen Voraussetzungen (Rn. 23 ff.) von allein ein, ist also unabhängig davon zu beachten, ob sich der von der Rechtsausübung Betroffene auf die Verwirkung beruft.[84] Daher ist sie gleichbedeutend mit dem Untergang, dem Erlöschen des verwirkten Rechts.[85] Die Entstehung eines Rechts kann nicht verwirkt werden,[86] mag aber bei Vorliegen ungewöhnlicher Umstände unter einem anderen Aspekt des Grundsatzes von Treu und Glauben ausscheiden können.[87]

22 **b)** Als **Rechtsgrundlage** der Verwirkung wird vor allem das Verbot des **venire contra factum proprium,** also eines treuwidrigen widersprüchlichen Verhaltens,[88] als allgemeiner Rechtsgedanke des § 242 BGB[89] genannt; für die Verwaltung kommt auch das Rechtsstaatsprinzip in Betracht.[90] Die Zuordnung der Verwirkungsnorm zum **Bundes- oder Landesrecht** richtet sich danach, welchem Rechtskreis das verwirkte Recht zugeordnet ist.[91]

Primär- und Sekundärrechtsschutz überzeugend *de Wall,* Die Anwendbarkeit privatrechtlicher Vorschriften im Verwaltungsrecht, 1999, S. 484 f. m. w. N.; zweifelnd *Guckelberger,* Die Verjährung im Öffentlichen Recht, 2004, S. 412.

[77] *Dörr* DÖV 1984, 12, 17.
[78] *BVerwG* VerwRspr 1974 Nr. 161.
[79] *BVerwGE* 23, 166, 169.
[80] *VG Stuttgart* NVwZ 1982, 578.
[81] *BVerwGE* 66, 256, 259.
[82] BSG NVwZ 1994, 830, 831, wo die Verjährungseinrede allerdings unter dem Aspekt eines konkludenten Verzichts als rechtsmissbräuchlich und damit unzulässig qualifiziert wurde.
[83] Die langjährige Rspr. zusammenfassend *BVerwG* NVwZ-RR 2004, 314 f. m. w. N.; ausf. auch im Verhältnis zur Verjährung allg. *Guckelberger,* Die Verjährung im Öffentlichen Recht, 2004, S. 498 ff.; für Gewohnheitsrecht (beim Besteuerungsanspruch) *Hey,* Steuerplanungssicherheit als Rechtsproblem, 2002, S. 791; ferner etwa *Knödler,* Missbrauch von Rechten, selbstwidersprüchliches Verhalten und Verwirkung im öffentlichen Recht, 2000; *Dette* in FS Driehaus, 2005, S. 231 ff.; aus Schweizer Sicht *Gadola* AJP/PJA 1995, 47 ff.
[84] Zum Diskussionsstand dazu *Guckelberger,* Die Verjährung im Öffentlichen Recht, 2004, S. 513.
[85] Vgl. *de Wall,* Die Anwendbarkeit privatrechtlicher Vorschriften im Verwaltungsrecht, 1999, S. 259.
[86] Anders *VGH München* BayVBl 1979, 435, 436, unter irreführender Berufung auf *BVerwGE* 48, 247; dazu kritisch *de Wall,* Die Anwendbarkeit privatrechtlicher Vorschriften im Verwaltungsrecht, 1999, S. 249 f.
[87] *BVerwGE* 48, 247, 250; 113, 105, 107; eingehend *OVG Münster* NVwZ-RR 1990, 435; *de Wall,* Die Anwendbarkeit privatrechtlicher Vorschriften im Verwaltungsrecht, 1999, S. 249 f.
[88] St. Rspr., vgl. *BVerwGE* 44, 294, 298 ff.; 44, 339, 343 f.; 48, 247, 251; *BVerwG* NVwZ-RR 1999, 454; 2004, 314 f.; *BGH* NVwZ-RR 1999, 521; *BSGE* 47, 194; *OVG Münster* NVwZ-RR 1999, 540 f.; *VGH München* NVwZ-RR 2002, 426, 427. Auch zum Verhältnis zum Rechtsmissbrauch *de Wall,* Die Anwendbarkeit privatrechtlicher Vorschriften im Verwaltungsrecht, 1999, S. 247 f. m. w. N
[89] *Palandt/Heinrichs,* § 242 Rn. 88 und Rn. 105 f. zur Anwendung im öffentlichen Recht; *Wolff/Bachof/Stober* 1, § 37 Rn. 16 f.; s. ferner *Stich* DVBl 1959, 234; *Schmid* KStZ 1980, 42; *Blümel* VerwArch 1983, 153; *Ossenbühl* NVwZ 1995, 547, 549 f.; *Menzel,* Grundfragen der Verwirkung, dargestellt insbesondere anhand des öffentlichen Rechts, 1987; *Bauer* Verwaltung 1990, 211; *Barsuhn* BauR 1995, 492; *Erfmeyer* VR 1999, 48; *de Wall,* Die Anwendbarkeit privatrechtlicher Vorschriften im Verwaltungsrecht, 1999, S. 246 ff. m. w. N.
[90] *Stern* Staatsrecht I, S. 804 m. w. N.; ausführlich *Guckelberger,* Die Verjährung im Öffentlichen Recht, 2004, S. 501 ff., unter problematischer Erstreckung auch auf den Bürger.
[91] *BVerwG* BRS 25 Nr. 176; NVwZ 1991, 1182; NVwZ-RR 1998, 513 f. m. w. N.; s. aber BRS 37 Nr. 166, wonach die Verwirkung eines bundesrechtlichen Vorausleistungsanspruchs dem Landesrecht zuzuordnen sein soll.

c) Tatbestandsvoraussetzungen. Die Verwirkung hat zwei tatbestandliche Voraussetzungen, die kumulativ gegeben sein müssen.[92] Zum einen muss das Recht über **längere Zeit nicht geltend gemacht** worden sein, nachdem dies dem Rechtsinhaber möglich war (Zeitmoment).[93] Zum andern müssen **besondere Umstände** hinzutreten, die die verspätete Geltendmachung als Verstoß gegen Treu und Glauben erscheinen lassen (Umstandsmoment). Die **Treuwidrigkeit** der Rechtsausübung ergibt sich vor allem aus einer Verletzung des Vertrauensschutzes; sie ist gegeben, wenn der von der Rechtsausübung Betroffene infolge eines Verhaltens des Berechtigten darauf vertrauen durfte, dass dieser das Recht nach so langer Zeit nicht mehr geltend machen würde (**Vertrauensgrundlage,** Rn. 24 f.), der Betroffene tatsächlich darauf vertraut hat, dass das Recht nicht mehr ausgeübt würde (**Vertrauenstatbestand**), und sich infolgedessen[94] so eingerichtet hat, dass ihm durch die verspätete Durchsetzung des Rechts ein unzumutbarer Nachteil entstehen würde (**Vertrauensbetätigung**).[95]

Als **Vertrauensgrundlage** (Rn. 23) reicht das reine **Schweigen** oder **Nichtstun,** also der bloße Zeitablauf, in der Regel nicht aus; anderes kann ausnahmsweise gelten, wenn auf Grund des besonderen Rechtsverhältnisses (z. B. im Nachbarschaftsverhältnis) eine **Rechtspflicht zum Handeln** besteht oder der Berechtigte unter Verhältnissen untätig bleibt, unter denen der Betroffene erwarten kann, dass Schritte zur Rechtswahrung unternommen werden.[96] Dies ist z. B. nicht der Fall, wenn der Dritte in einem „mehrpoligen" Rechtsverhältnis[97] von der Behörde im Ungewissen über die tatsächlichen oder rechtlichen Verhältnisse gelassen wird.[98] Eine Verwirkung nach einem Zeitraum, der kürzer ist als die regelmäßige **Rechtsbehelfsfrist,** kommt schon unter dem Aspekt des Zeitmoments (Rn. 23) nicht in Betracht; bei den insoweit fraglichen Fällen der dem Nachbarn bekannt gewordenen Baugenehmigungen (Rn. 26; § 41 Rn. 230) hat es die Behörde, ggf. auf Veranlassung der Begünstigten, ja auch in der Hand, durch ordnungsgemäße Bekanntgabe des VA an alle Betroffenen den ungewissen Zustand zu beenden[99] (§ 41 Rn. 33, 230). Auch eine **lange Dauer** oder der **verzögerte Beginn eines VwVf** zu Lasten eines Bürgers lösen allein keine Verwirkung der Befugnis der Behörde aus.[100] Gleiches gilt für bloßes längeres Zuwarten des Bürgers bei Handlungspflicht der Behörde.[101]

Die Mitteilung von **Rechtsansichten,** etwa in einem Gerichtsverfahren oder in der Begründung eines VA, reicht grundsätzlich als (Vertrauens-)Grundlage einer Verwirkung nicht aus[102] (§ 38 Rn. 21 ff.). Das **missbräuchliche Verhalten eines Dritten** braucht sich der Berechtigte grundsätzlich nicht anrechnen zu lassen.[103] Ob der Berechtigte **Kenntnis** von seinem Recht (und der Möglichkeit seiner Ausübung) haben musste oder zumindest hätte haben müssen **(sub-**

---

[92] Vgl. dazu insgesamt *BVerwGE* 44, 339, 343; *NVwZ* 1991, 1182; *NVwZ-RR* 1999, 454; *OVG Münster* OVGE 30, 133, 136; *NVwZ-RR* 1990, 435; *NVwZ-RR* 1999, 540, 541 m.w.N.; *VGH Mannheim* VBlBW 1988, 143, 145; *NJW* 1991, 2786; *VGH München* NVwZ-RR 1994, 241, 242; *BGH* NVwZ-RR 1990, 521; *BFH* NVwZ 1987, 631; *Stich* DVBl 1959, 234, 237. Den Charakter als Sonderfall des Vertrauensschutzgrundsatzes betont *de Wall,* Die Anwendbarkeit privatrechtlicher Vorschriften im Verwaltungsrecht, 1999, S. 249, dort, S. 248 ff. auch näher zu den im Einzelnen umstrittenen Voraussetzungen der Verwirkung.
[93] Deswegen dürfte der Verlust eines Ablehnungsrechts, wie in § 71 Abs. 3 S. 3, dort Rn. 31 ff., ein eigenständiger Rechtsgrundsatz neben der Verwirkung sein; anders § 21 Rn. 6.
[94] Zur Notwendigkeit des Kausalzusammenhangs *OVG Münster* NVwZ-RR 1999, 540, 541; *OVG Schleswig* NordÖR 2004, 244, 245.
[95] Zum diesbezüglichen Streit vgl. *de Wall,* Die Anwendbarkeit privatrechtlicher Vorschriften im Verwaltungsrecht, 1999, S. 250 m.w.N.
[96] *BVerwGE* 44, 294, 300 f.; 78, 85, 88 f.; *BVerwG* Buchholz 406.19 Nachbarschutz Nr 164; *OVG Lüneburg* NJW 1998, 1168, 1170; *OVG Münster* NVwZ-RR 2006, 236; offen *BVerwG* Buchholz 442.09 § 18 AEG Nr. 18, für Planungsrecht; *OVG Münster* NWVBl 2000, 128, für die Verwirkung eines nachbarlichen Abwehrrechts; ferner *VGH München* NVwZ-RR 1994, 241, 242.
[97] Zur Verwirkung im multipolaren Rechtsverhältnis s. allgemeiner *de Wall,* Die Anwendbarkeit privatrechtlicher Vorschriften im Verwaltungsrecht, 1999, S. 256 f.
[98] *BVerwG* Buchholz 442.09 § 18 AEG Nr. 18.
[99] *BVerwG* NVwZ 1991, 1182; *OVG Münster* NVwZ-RR 1993, 397.
[100] Vgl. *OVG Münster* NVwZ-RR 1990, 435; *BFH* NVwZ-RR 1988, 58; *Klein* § 4 Rn. 21, jew. m.w.N.; s. ferner § 10 Rn 4 ff.; a.A. *VGH Mannheim* NVwZ-RR 1996, 387, 389 ff.; *Kothe* VerwArch 1977, 456, 487 f.
[101] Vgl. *BGH* NVwZ-RR 1990, 521.
[102] *OVG Münster* NVwZ-RR 1990, 435.
[103] *OVG Münster* NWVBl 1990, 417.

§ 53 26–28

jektive Zurechenbarkeit), ist umstritten.[104] Im Baunachbarrecht (s. auch Rn. 26) lässt die Rspr. ein **Kennenmüssen** der Abwehrrechte ausreichen (§ 41 Rn. 230),[105] selbst die Kenntnis des Ehepartners wird nach der Lebenserfahrung zugerechnet.[106] Als Grundlage von Vertrauensschutz für den Bürger wird grundsätzlich nur das Handeln im konkreten Zusammenhang **verantwortlicher Vertreter der Behörde** genügen.[107]

26   d) **Verwirkbare Rechtspositionen.** Verwirkbar sind **auf der Seite des Bürgers** sowohl **Verfahrensrechte**,[108] insbesondere Klagerechte,[109] wie Anfechtungsrechte bei VAen mit Drittwirkung,[110] oder Antragsrechte,[111] als auch **materielle Rechte,** insbesondere Nachbarrechte, zumal im Baurecht.[112] Aus der Verwirkung des Abwehrrechts gegen einen illegalen Zustand folgt keine umfassende **Legalisierung;** vielmehr kann sich der Bürger, obwohl er seine Abwehrrechte verwirkt hat, auf die Illegalität des Zustandes berufen, wenn die Behörde gegen ihn als Störer vorgeht.[113] Ist das Recht verwirkt, gilt die Verwirkung auch gegenüber dem **Rechtsnachfolger** (zum Verzicht Rn. 29). Wird ein Anfechtungsrecht verwirkt, tritt Unanfechtbarkeit ein (§ 43 Rn. 23). Ob für die **Verwirkbarkeit** des Rechts wie beim Verzicht (Rn. 37) die Dispositionsbefugnis der Rechtsinhabers verlangt werden kann, ist zweifelhaft[114] (s. auch Rn. 27).

27   Für die Verwirkung von **Rechten der Behörde** wird verbreitet ihre Verzichtbarkeit, also die Dispositionsbefugnis der Behörde (Rn. 31, 40), gefordert;[115] damit wird die **Verwirkbarkeit** von im Interesse der Allgemeinheit begründeten Befugnissen (s. auch Rn. 12, 31) oder von Mitwirkungsrechten ausgeschlossen.[116] Diese Sichtweise legt nicht nur eine zu weit reichende Vorstellung zur Unverzichtbarkeit behördlicher Befugnisse (dazu Rn. 40) zugrunde; sie beachtet vor allem nicht hinreichend, dass rechtsstaatlicher Vertrauensschutz als Grundlage der Verwirkung durchaus die Fähigkeit hat, das behördliche Ermessen entscheidend zu beeinflussen (§ 40 Rn. 83) und sogar Durchbrechungen der Gesetzmäßigkeit der Verwaltung zu rechtfertigen (§ 43 Rn. 9 ff.).

28   Daher kann die Behörde durch **Verwirkung** gehindert sein, ihr gesetzlich eröffnete, ja sogar zwingend **vorgeschriebene Eingriffe**[117] im Einzelfall vorzunehmen, wenn sie damit (nach den

---

[104] Vgl. schon *Stich* DVBl 1959, 234, 237; *BVerwGE* 6, 204, 206, ferner *BVerwGE* 44, 339, 344; *OVG Münster* MDR 1979, 608, 609; *BSG,* SGb 1973, 406, 408 mit Anm. *Menger;* BFHE 121, 251, 260; *de Wall,* Die Anwendbarkeit privatrechtlicher Vorschriften im Verwaltungsrecht, 1999, S. 249, auch zur Frage des Verschuldens hinsichtlich der Verzögerung.
[105] *BVerwGE* 44, 294, 300 f.; 78, 85, 88 f.
[106] *BVerwG* NJW 1988, 1228; *OVG Lüneburg* NVwZ-RR 1996, 378.
[107] *BVerwGE* 110, 226, 237 hat aufgrund besonderer Rechtsunsicherheit nach der Wiedervereinigung aber sogar das Verhalten einer unzuständigen Behörde, die der Bürger als zuständig ansehen durfte, als Grundlage der Verwirkung (der Rücknahmebefugnis, Rn. 28) ausreichen lassen.
[108] Zusammenfassend *Blümel* VerwArch 1983, 153.
[109] *BVerwG* Buchholz 442.09 § 18 AEG Nr. 18; *BVerwG* NVwZ 2001, 206; *VGH München* NVwZ-RR 1994, 241, 242; 2002, 426, 427 ff.
[110] *BVerwGE* 44, 294, 298; *OVG Frankfurt (Oder)* LKV 2001, 466; *OVG Greifswald* NVwZ-RR 2001, 210.
[111] Gegen die Verwirkung der Möglichkeit, bestimmte Prüfungsmängel zu rügen, im Einzelfall abl. *OVG Münster* NVwZ-RR 2002, 193, 194.
[112] *BVerwGE* 78, 85, 88 ff.; *BVerwG* NVwZ-RR 1991, 111; *BVerwGE* 88, 210; *BVerwG* NVwZ 1991, 1182; *BVerwG* Buchholz 406.19 Nachbarschutz Nr 164; *VGH Mannheim* VBlBW 1988, 145; *OVG Münster* OVGE 30, 133, 136; NJW 1992, 2245; NVwZ-RR 1993, 397; NVwZ-RR 1999, 540, 541; NVwZ-RR 2006, 236; *OVG Lüneburg* NVwZ-RR 1996, 378; *Barsuhn* BauR 1995, 492; zu Treu und Glauben bei fehlender Bekanntgabe s. § 41 Rn. 42.
[113] *BVerwGE* 91, 92, 97 f., für den Fall der fortdauernden Duldung illegaler Wohnbebauung in der Nachbarschaft eines emittierenden Betriebs durch dessen Inhaber.
[114] Dafür mit der überwiegenden Auffassung im Verwaltungsrecht die Voraufl. Rn. 16, auch wieder *Erfmeyer* VR 1999, 48, 53; ablehnend *Ossenbühl,* NVwZ 1995, 547, 549 f.; *de Wall,* Die Anwendbarkeit privatrechtlicher Vorschriften im Verwaltungsrecht, 1999, S. 254 m. w. N. zum Meinungsstand, auch im Privatrecht.
[115] Abl. gerade insoweit *Ossenbühl* NVwZ 1995, 547, 549 f.; *de Wall,* Die Anwendbarkeit privatrechtlicher Vorschriften im Verwaltungsrecht, 1999, S. 254 ff. m. w. N.; s. auch ohne Begründung *VGH Mannheim* BRS 40 Nr. 228; *Kothe* VerwArch 1977, 456, 485.
[116] *VGH München* BRS 22 Nr. 210; NVwZ-RR 1996, 387, 389; *OVG Münster* 10. 3. 1982–11 A 2134/80; *BFH* NVwZ-RR 1992, 653; *Wolff/Bachof/Stober* 1 § 37 Rn. 17; Voraufl. Rn. 16.; der Ausschluss der Verwirkung von Disziplinarbefugnissen, vgl. *BVerwGE* 76, 176, 177 f., stützt sich im Kern auf deren notwendigen Bezug auf eine umfassende Würdigung der Gesamtpersönlichkeit.
[117] *de Wall,* Die Anwendbarkeit privatrechtlicher Vorschriften im Verwaltungsrecht, 1999, S. 256, nimmt an, dass nur hier Raum für Verwirkung sein kann, weil im Übrigen die Problematik über die fehlerfreie Ermessensausübung bewältigt werde.

§ 53 Hemmung der Verjährung durch Verwaltungsakt   29–31 § 53

zu Rn. 23 ff. dargelegten strengen Anforderungen)[118] treuwidrig das schutzwürdige Vertrauen des Bürgers verletzen müsste.[119] Die Rspr. des *BVerwG*[120] geht von der Verwirkbarkeit von Erschließungsbeitragsforderungen aus, ohne auf die Frage der Dispositionsbefugnis einzugehen.[121] Auch die Rücknahmebefugnis wird unabhängig von der Frist des § 48 Abs. 4 der Verwirkung unterworfen (§ 48 Rn. 94, 110; auch Rn. 25).[122]

4. Verzicht

a) Rechtsfolgen und Rechtsgrundlagen. Eine ör Rechtsposition kann durch Verzicht des Rechtsinhabers entfallen.[123] Der Verzicht bewirkt das **Erlöschen** des betroffenen Rechts als solchen,[124] er wirkt daher auch gegenüber dem **Rechtsnachfolger**.[125] Ein als solcher nicht wirksamer Verzicht kann die Basis für eine Verwirkung bilden. 29

Eine ausdrückliche allgemeine Rechtsgrundlage für den Verzicht kennt das öffentliche Recht ebenso wenig wie das Privatrecht (s. dort z.B. § 928 Abs. 1, aber auch § 397 BGB); er ist gleichwohl als eigenständiges, **verwaltungsrechtliches Institut** anerkannt.[126] Gesetzliche Bestimmungen, die die Möglichkeit des Verzichts ausschließen,[127] machen deutlich, dass der Verzicht grundsätzlich im gesamten Verwaltungsrecht in Betracht kommt. Wenn der Verzicht **gesetzlich ausdrücklich zugelassen** wird, hat dies daher regelmäßig keine konstitutive Bedeutung; zugleich können aber die Anforderungen näher festgelegt werden. Entsprechende Bestimmungen finden sich in ganz unterschiedlichen Zusammenhängen sowohl für **Rechte des Bürgers** (Rn. 32 ff.) als auch für **Rechte der Behörde** (Rn. 38 ff.) Zum Verzicht auf Forderungen s. Rn. 33. 30

b) Verzichtbare Rechtspositionen. Dem Verzicht unterliegen nur konkrete Rechtspositionen, z.B. im Baurecht mit Bezug auf ein konkretes Vorhaben,[128] nicht hingegen Rechte ganz allgemeiner Art. So kann auf Grund- und Menschenrechte als solche nicht verzichtet werden,[129] wohl aber auf einzelne aus ihnen fließende Befugnisse;[130] in ähnlicher Weise kann eine Behörde auf ihr gesetzlich eingeräumte Eingriffsbefugnisse nicht generell verzichten, sondern nur für den Einzelfall.[131] Der Verzicht kann **materiellrechtliche Rechte** der verschiedensten Art (vgl. die Beispiele zu Rn. 30, 32, 38) betreffen, auch solche, die durch einen **VA vermittelt** sind 31

---

[118] Die Ablehnung einer Verwirkung durch bloßen Zeitablauf, so *Erfmeyer* VR 1999, 48, 52 f., trifft daher zwar zu, geht aber angesichts der weitergehenden Voraussetzungen jeder Verwirkung ins Leere.
[119] Tatsächlich wird im Abgabenrecht eine Verwirkung der Festsetzungs- und Erhebungsbefugnis der Behörde im Einzelfall als möglich angesehen, s. *OVG Münster* OVGE 41, 144; *BFH* NVwZ-RR 1988, 58.
[120] *BVerwGE* 26, 247; 29, 90; BRS 37 Nr. 166.
[121] Offen bei *OVG Münster* NVwZ-RR 1990, 435. Zur Verzichtbarkeit Rn. 22.
[122] *BVerwGE* 110, 226, 236.
[123] Vgl. hierzu etwa *Illian,* Der Verzicht Privater im Verwaltungsrecht, Bonn, Diss. 1993; *Quaritsch,* Der Verzicht im Verwaltungsrecht und auf Grundrechte, in GS Martens, 1987, S. 407.
[124] *VGH Kassel* NVwZ-RR 1995, 495; *OVG Saarlouis* NVwZ 1984, 657; vgl. § 46 SGB AT.
[125] *VGH Kassel* NVwZ-RR 1995, 495; *Schlemminger/Fuder* NVwZ 2004, 129, 133.
[126] *de Wall,* Die Anwendbarkeit privatrechtlicher Vorschriften im Verwaltungsrecht, 1999, S. 491 f. m. w. N. Ein Verzicht tritt praktisch vor allem in der Nachbarrecht (durch Unterzeichnen der Bauplanseitens des Nachbarn) auf, vgl. dazu *OVG Münster* NJW 1985, 644; *VGH Mannheim* NVwZ 1995, 280; *Hartmann* DÖV 1990, 8. Zum Verzicht auf Nachbarrechte und Einzelrechtsnachfolge *OVG Münster* BRS 42 Nr. 195; NWVBl 1990, 417; *Schröter* BauR 1977, 235; zum Verzicht auf Genehmigungen *Baumann* GewArch 2004, 448 ff.
[127] Vgl. ausdrücklich gegen den Verzicht auf die Besoldung § 2 Abs. 3 BBesG; gegen jeden Ausschluss und jede Beschränkung bestimmter Rechte durch Rechtsgeschäft § 6 Abs. 1 BDSG.
[128] *VGH Kassel* NVwZ-RR 1995, 495; *OVG Münster* 10. 3. 1983 – 11 A 2212/81; 3. 12. 1987 – 11 B 2582/87; NWVBl 1990, 417; 20. 2. 1992 – 11 B 327/92; *OVG Saarlouis* NVwZ 1984, 657, 658.
[129] Die Möglichkeit des Verzichts auf die deutsche Staatsangehörigkeit nach § 26 StAG widerspricht dem nicht, weil der Grundrechtsschutz nur gegenüber dem staatlichen Eingriff in ihren Bestand besteht und als solcher keinem allgemeinen Verzicht unterliegt.
[130] *Robbers* JuS 1985, 925; *Bleckmann* JZ 1988, 57; *Sachs* in ders. GG, vor Art. 1 Rn. 52 f., dort Rn. 52 ff. auch allgemein zum sog. Grundrechtsverzicht; ausführlich *Stern* Staatsrecht III/2, S. 887 ff. m. w. N.; ferner noch *Heydemann,* Die Durchsetzbarkeit von Verhaltensbindungen im Recht der begünstigenden Verwaltung, 1995, S. 103 ff.; *Spieß,* Der Grundrechtsverzicht, 1997; zum Verzicht auf Verfahrensrechte nach der EMRK *EGMR* NJW 1992, 1873.
[131] *Ossenbühl* NVwZ 1995, 547 f.; *de Wall,* Die Anwendbarkeit privatrechtlicher Vorschriften im Verwaltungsrecht, 1999, S. 254 ff. m. w. N.

(Rn. 36),[132] sowie Rechtspositionen des **Verfahrensrechts** (vgl. § 295 ZPO).[133] Bei Verzicht auf Rechtsbehelfe[134] (dazu § 79 Rn. 44 ff.) gegen einen VA tritt Unanfechtbarkeit ein (§ 43 Rn. 20 ff.). Zum Verzicht auf die Verjährungseinrede s. BSG NVwZ 1994, 830, 831.

32   c) Für den **Verzicht des Bürgers**[135] und den der Behörde (dazu Rn. 38 ff.) gelten bezüglich der Erklärung des Verzichts und der Berechtigung zum Verzicht zum Teil unterschiedliche Voraussetzungen. Ausdrückliche Bestimmungen über den Verzicht bestehen gem. § 46 SGB I für Sozialleistungen (mit der Möglichkeit des jederzeitigen Widerrufs für die Zukunft), ferner etwa für die deutsche Staatsangehörigkeit gem. § 26 StAG oder für ein Kommunalmandat nach § 38 KWahlG NW.

33   Der Verzicht des Bürgers erfolgt durch **Verzichtserklärung**, die darauf gerichtet ist, das Erlöschen des Rechts herbeizuführen; sie ist grundsätzlich eine **einseitige Willenserklärung**. Dies gilt trotz § 62 S. 2 i. V. m. § 397 BGB auch für Forderungen, für deren Aufhebung allerdings die Alternative des Erlassvertrages zur Verfügung steht. Eine überzeugende Grundlage, bei *vertraglich begründeten* Forderungen den einseitig erklärten Verzicht auszuschließen,[136] bietet die Bezugnahme auf § 397 BGB mangels diesbezüglicher Differenzierung nicht. Der Verzicht muss **eindeutig** und **unmissverständlich**, allerdings nicht ausdrücklich erklärt werden.[137] So kann in dem Antrag auf Erlass eines VA ein (bedingter, Rn. 35) Verzicht auf früher erhaltene Rechtspositionen enthalten sein.[138] Bloßes **Schweigen** oder **Untätigkeit** reichen zum Verzicht nicht[139] (vgl. zur Verwirkung Rn. 24).

34   Die Verzichtserklärung ist gegenüber der Behörde abzugeben, die für die jeweilige Rechtsposition im Verhältnis zum erklärenden Bürger sachlich und örtlich zuständig ist.[140] Als danach **empfangsbedürftige Willenserklärung** wird sie entsprechend § 130 Abs. 1 S. 1 BGB[141] in dem Zeitpunkt **wirksam**, in dem sie der **Behörde zugeht**.[142] Die Verzichtserklärung kann auch durch einen Vertreter abgegeben oder durch einen Boten übermittelt werden. Ein nur einem Privaten gegenüber erklärter Verzicht genügt nicht.[143]

35   Umstritten ist, ob und inwieweit der Verzicht **angefochten**[144] oder **widerrufen** werden kann.[145] Diese Frage ist entsprechend zu beantworten wie beim verfahrensrechtlichen Antrag

---

[132] Verzichtet der Bürger auf die Rechte aus einem VA, erledigt sich der VA i. S. d. § 43 Abs. 2 (s. dort Rn. 196). Allerdings wird in solchen Fällen zu prüfen sein, ob die Erklärung nicht nur als Antrag auf Aufhebung eines VA zu verstehen ist, nur dafür *Forsthoff*, S. 288, wegen fehlender Dispositionsbefugnis des Rechtsinhabers über den Bestand des VA; dagegen ohne rechte Begründung *de Wall*, Die Anwendbarkeit privatrechtlicher Vorschriften im Verwaltungsrecht, 1999, S. 181.
[133] *VGH Mannheim* NVwZ 1983, 229; *BSG* NVwZ 1983, 576.
[134] *BVerwGE* 55, 355, 357; *BGH* NJW 1985, 2334 m. w. N.; *OVG Bautzen* LKV 1995, 84; *Hartmann* DÖV 1990, 8, 11.
[135] *Illian*, Der Verzicht Privater im Verwaltungsrecht, Bonn, Diss. 1993.
[136] *de Wall*, Die Anwendbarkeit privatrechtlicher Vorschriften im Verwaltungsrecht, 1999, S. 492 m. w. N., dessen notwendige Zuordnung von Verzicht und einseitig begründeten Forderungen sowie von Erlassvertrag und vertraglich begründeten Forderungen so nicht überzeugen kann.
[137] *OVG Koblenz* DÖV 1981, 879; *OVG Münster* 20. 2. 1992 – 11 B 327/92; *VGH Mannheim* NVwZ 1995, 280; *OVG Lüneburg* NVwZ 1998, 427 m. w. N.
[138] *OVG Münster* NJW 1987, 1964, 1965; NJW 1988, 1043, für Verzicht auf Baulast; zum Verzicht in Form einer Baulast *Boecker* s. BauR 1985, 149.
[139] Vgl. etwa *BVerwG* NVwZ-RR 1999, 454, wonach Kenntnis und Duldung des Personaleinsatzes für Nebentätigkeiten ohne Erhebung des Anspruchs auf das dafür vorgesehene Entgelt keinen Verzicht des Dienstherrn bedeutet. Allgemein zur Frage stillschweigender Erklärungen im öffentlichen Recht *de Wall*, Die Anwendbarkeit privatrechtlicher Vorschriften im Verwaltungsrecht, 1999, S. 121 ff. m. w. N.
[140] Für einen allgemeinen Rechtsgrundsatz der prinzipiellen Empfangsbedürftigkeit von Willenserklärungen im öffentlichen Recht, der insbesondere für Verzichtserklärungen anerkannt ist, ohne nähere Begründung *Krause* VerwArch 1970, 297, 319 f. m. w. N.; daran anknüpfend (nur für die meisten Erklärungen) *de Wall*, Die Anwendbarkeit privatrechtlicher Vorschriften im Verwaltungsrecht, 1999, S. 124 f.; s. auch *Schlemminger/Fuder* NVwZ 2004, 129, 133.
[141] Dafür auch *de Wall*, Die Anwendbarkeit privatrechtlicher Vorschriften im Verwaltungsrecht, 1999, S. 182, dort, S. 125 ff., näher zum Zugang empfangsbedürftiger ör Willenserklärungen.
[142] *VGH München* BRS 25 Nr. 167; *VGH Kassel* NVwZ-RR 1995, 495; für die Zustimmung des Angrenzers zu Bauplänen *VG Weimar* ThürVBl 2007, 95, 96.
[143] In einem solchen Fall kann allerdings Verwirkung vorliegen, *OVG Münster* 17. 7. 1995 – 7 B 3068/94.
[144] Dazu etwa *VGH München* NJW 1987, 1364, 1365; *VG Weimar* ThürVBl 2007, 95, 96.
[145] Gegen die Möglichkeit des Widerrufs (nach Zugang, § 130 Abs. 1 S. 2 BGB) *OVG Saarlouis* BauR 1979, 135; *VGH Mannheim* NVwZ 1995, 280; *VG Weimar* ThürVBl 2007, 95, 96; auch *de Wall*, Die Anwendbarkeit privatrechtlicher Vorschriften im Verwaltungsrecht, 1999, S. 181 f. m. w. N.; a. A. wohl *VGH*

(§ 22 Rn. 66 ff.) und der materiellrechtlichen Mitwirkung. Auch ein **bedingter Verzicht** kann zulässig sein[146] (vgl. § 35 Rn. 234). Zum Schutz der Grundrechte des Bürgers und zur Sicherung der Gesetzmäßigkeit der Verwaltung ist jenseits der Gültigkeitsanforderungen des BGB die substantielle **Freiwilligkeit** des Verzichts erforderlich.[147] Insbesondere ist bei einem Verzicht in einer (ausgehandelten) Auflage oder in einem Vertrag das Kopplungsverbot zu beachten (§ 36 Rn. 147 f.; § 56 Rn. 49). Der Verzicht ist unwirksam, wenn er auf Grund einer unzulässigen Nebenbestimmung durch die Behörde erzwungen wird.[148]

Die **Berechtigung zum Verzicht** steht nur dem Rechtsinhaber zu (Rn. 29). Bei einer durch einen **VA vermittelten Rechtsposition** (Rn. 31) setzt der Verzicht voraus, dass der Verzichtende **Inhaber des materiellen Rechts** aus dem VA (geworden) ist,[149] z.B. Rechtsnachfolger des Adressaten einer Genehmigung (vgl. auch § 48 Rn. 243). Der Besitz der Genehmigungsurkunde vermittelt diese Befugnis nicht (arg. § 52). **36**

Außerdem muss der Berechtigte über den Bestand des Rechts **verfügen** können **(Verzichts- oder Dispositionsbefugnis).**[150] Die Verzichtsbefugnis kann auf Grund besonderer gesetzlicher Bestimmungen[151] eingeschränkt sein, ist aber auch ohne ausdrückliche Regelung ausgeschlossen, soweit der Bestand der betroffenen Rechtsposition auch **öffentlichen** oder anderweitigen **privaten Interessen** verpflichtet ist.[152] Ob allein Belange des voll verantwortungsfähigen Rechtsinhabers als (zugleich) öffentlichen Interessen einen Verzicht ausschließen können, ist gegenüber dem verfassungsrechtlichen Prinzip der Selbstbestimmung des Individuums zweifelhaft,[153] wird aber etwa bei der Menschenwürde z. T. abweichend bewertet.[154] **37**

d) Auch **Behörden** können auf ör Rechtspositionen mit der Wirkung **verzichten**, dass diese erlöschen; durch seine rechtsgestaltende Wirkung unterscheidet sich der Verzicht von der verpflichtenden Zusicherung und gar der Auskunft (§ 38 Rn. 16–19, 85).[155] Ausdrücklich geregelt ist der sog. **Abgabenverzicht (Erlass)** (§ 227 AO). Spezielle Verzichtsregelungen enthalten etwa § 51 Abs. 5 S. 1, § 57 Abs. 2 S. 1 BauO NRW. **38**

Auch der behördliche Verzicht kann nicht durch bloßes Schweigen oder Nichtstun (Rn. 33) erfolgen (§ 35 Rn. 92), sondern muss von der **Behörde verbindlich erklärt** werden. Dies kann einseitig geschehen, namentlich in **Form eines VA**; in diesem Fall ist auch ein (etwa wegen Unverzichtbarkeit, Rn. 40) rechtswidriger Verzicht vorbehaltlich des § 44 wirksam; um seine Wirksamkeit zu verlieren, müsste er angefochten oder zurückgenommen werden.[156] Ein behördlicher Verzicht kann auch durch ör Erlassvertrag (§ 62 S. 2, § 397 BGB) erfolgen (§ 54 Rn. 113 m. w. N.).[157] Denkbar ist schließlich ein Verzicht durch ör Willenserklärung ohne hoheitlichen Regelungsgehalt,[158] ähnlich wie bei der Aufrechnung (dazu § 35 Rn. 138 ff.); dies ist insbes. dann wichtig, wenn die Handlungsform VA nicht zur Verfügung steht (dazu allg. § 44 Rn. 55 ff.). **39**

Die Rechtsposition muss der verzichtenden Behörde zustehen und für sie **verzichtbar** sein; insoweit besteht in Bereichen ohne gesetzliche Regelung noch einige Unsicherheit. Jedenfalls **40**

München BRS 25 Nr. 167. § 46 Abs. 1 SGB AT sieht nur die Möglichkeit eines jederzeitigen Widerrufs des Verzichts für die Zukunft vor.
[146] *OVG Münster* 8. 12. 1987 – 7 A 2433/85; 17. 7. 1995 – 7 B 3068/94.
[147] Dazu im Hinblick auf den sog. Grundrechtsverzicht *Sachs* in ders. GG, vor Art. 1 Rn. 56.
[148] *OVG Lüneburg* DÖV 1978, 220, 221.
[149] *BVerwG* NVwZ 1990, 464.
[150] *BVerwG* NJW 1982, 840; *Maurer*, § 14 Rn. 34; vgl. auch § 46 Abs. 2 SGB AT.
[151] Wie § 2 Abs. 3 BBesG, § 6 BDSG
[152] Zum Verzicht auf Doktorgrad *Nebendahl/Rönnau* NVwZ 1988, 873, 875 ff.; zum Verzicht auf mit Betriebspflichten verbundene Genehmigungen *Baumann* GewArch 2004, 448, 449 ff.
[153] Vgl. zur Problematik eines oktroyierten Grundrechtsschutzes gegen sich selbst nur *Sachs* in ders. GG, vor Art. 1 Rn. 57 m. w. N.
[154] S. etwa *BVerwGE* 64, 274, 279 (Peep-Show); *VG Neustadt* NVwZ 1993, 98 (sog. Zwergenweitwurf); *Höfling* NJW 1983, 1582 ff.; *Gronimus* JuS 1985, 174; *Discher* JuS 1991, 642. Bedenklich auch *BVerfG (K)* NJW 1999, 3399, 3400 ff., wo das allein mit den Interessen der Spender begründete gesetzliche Verbot der altruistischen Organspende Nichtverwandter gebilligt wurde.
[155] Vgl. für auf Verzicht bezogene Zusagen und Verpflichtungsverträge *BVerwG* NJW 1984, 2113; zur Abgrenzung von Zusicherung der (rechtswidrigen) Nichterhebung von Abgaben und Vorausverzicht *OVG Lüneburg* NVwZ-RR 2001, 599.
[156] Vgl. *BVerwG* NJW 1984, 2113; im Abgabenrecht ist ggf. § 130 Abs. 2 AO zu beachten.
[157] *BVerwG* NJW 1984, 2113.
[158] So offenbar *de Wall*, Die Anwendbarkeit privatrechtlicher Vorschriften im Verwaltungsrecht, 1999, S. 181.

fehlt den Behörden die Dispositionsbefugnis, um generell auf Befugnisse auf Grund gesetzlicher Ermächtigungsnormen zu verzichten (s. auch zur Verwirkung Rn. 27 f.). Einzelne Befugnisse, deren Einsatz die Behörde im Rahmen ihres Ermessens im Einzelfall zulässigerweise ausschließt, können aber wohl auch Gegenstand eines Verzichts sein;[159] im Ergebnis dürfte sich gegenüber entsprechenden Zusagen kaum ein praktischer Unterschied ergeben. Ein Verzicht, mit dem sich die Behörde von gesetzlichen Handlungspflichten befreit, die für sie im Einzelfall bindend sind, ist unzulässig.

II. Die Regelungen des § 53

1. Allgemeines

41 § 53 regelt in Reaktion auf das geänderte Verjährungsrecht des BGB nunmehr die **Hemmung der Verjährung** der bezeichneten Ansprüche und die weitere Verjährung nach Ende der Hemmung (Rn. 1 ff.) Die Ansprüche und ihre Verjährung müssen anderweitig begründet sein. § 53 ist auch keine Ermächtigungsnorm für die VAe nach Abs. 1, diese muss sich vielmehr aus dem materiellen Recht ergeben.[160] Art. 53 BayVwVfG bezieht in die sonst entsprechenden Regelungen das **Erlöschen** eines Anspruchs ein. Ein Erlöschenstatbestand ist dabei als Folge des materiellen Rechts, wie insbes. Art. 71 Abs. 1 bayAGBGB, vorausgesetzt (s. Rn. 9, 54).

42 § 53 enthält **im Überblick** folgende **Elemente**: Abs. 1 S. 1 sieht die Hemmung der Verjährung des Anspruchs eines ör Rechtsträgers durch einen zu seiner Feststellung oder Durchsetzung erlassenen VA vor (Rn. 43 ff.); Abs. 1 S. 2 regelt das Ende der Hemmung (Rn. 49). Abs. 2 regelt für zwei Fallgruppen die nach Unanfechtbarkeit des VA geltende, neu anlaufende Verjährungsfrist (Rn. 50 f.).

2. Hemmung der Verjährung durch VA (Abs. 1 S. 1)

43 a) **Ansprüche eines ör Rechtsträgers.** § 53 bezieht sich auf Ansprüche eines ör Rechtsträgers. Dies können auch Beliehene sein (§ 1 Rn. 256 ff.).[161] Trotz der insoweit nicht eingeschränkten Formulierung gilt § 53 grundsätzlich **nur für ör Ansprüche**. Das folgt schon daraus, dass der VA prinzipiell nur zur Durchsetzung ör Ansprüche erlassen werden kann; zudem ist der Geltungsbereich des VwVfG nach § 1 Abs. 1 auf „ör Verwaltungstätigkeit" begrenzt (Rn. 2; § 1 Rn. 112 f., 116 ff.). § 53 greift auch dann nicht, wenn kraft besonderer Bestimmung eine privatrechtliche Forderung des Staates von der Behörde selbst vollstreckt werden kann.[162] Darf allerdings der privatrechtliche Anspruch selbst durch VA festgesetzt werden, liegt ör Verwaltungstätigkeit vor, und § 53 kann Anwendung finden;[163] die unbefugte Durchsetzung privatrechtlicher Ansprüche mittels (rein formellen) VA, der die Voraussetzungen des § 35 nicht erfüllt (§ 35 Rn. 16 f., 104 ff., 212 f.), genügt jedoch nicht.[164]

44 b) **Erlass eines VA.** Voraussetzung der Unterbrechung ist vielmehr, dass ein **VA i. S. d. § 35** erlassen wird; dies kann auch ein Widerspruchsbescheid sein, wenn er erstmalig zur Feststellung oder Durchsetzung des Anspruchs eines ör Rechtsträgers ergeht (Rn. 55). **Zahlungsaufforderungen, Mahnungen, Rechnungen** ohne VA-Charakter (§ 35 Rn. 72) genügen nicht; § 231 AO ist nicht entsprechend anwendbar.[165]

---

[159] Dafür namentlich *Ossenbühl* NVwZ 1995, 547, 548 m. w. N.
[160] Anders *Götz*, Das Verwaltungshandeln, 1976, S. 104 f.; wie hier *Schäfer* in Obermayer, VwVfG, § 53 Rn. 20; *Kopp/Ramsauer*,, § 53 Rn. 1.
[161] Wie z. B. ein Prüfingenieur für Baustatik, dazu Rn. 7; Pensions-Sicherungs-Verein BVerwGE 97, 1, 7 ff.
[162] Wie hier *Blanke* NVwZ 1991, 245; *Henneke* in Knack, § 53 Rn. 6; *Schäfer* in Obermayer, VwVfG, § 53 Rn. 15; a. A. *Kopp/Ramsauer*, § 53 Rn. 20.
[163] VG Koblenz RiA 1980, 177; *Schäfer* in Obermayer, VwVfG, § 53 Rn. 15; zu § 5 ErstattungsG s. Rn. 27; *Kopp/Ramsauer*, § 53 Rn. 22; *Henneke* in Knack, § 53 Rn. 4; s aber auch Rn. 27 a. E.
[164] So jetzt wohl auch *Henneke* in Knack, § 53 Rn. 4.
[165] Wie hier *Kopp/Ramsauer*, § 53 Rn. 22. Die vor Erlass des VwVfG ergangene Entscheidung BVerwGE 34, 97, 99 f., dazu Rn. 29, spricht schon deshalb nicht gegen die hier vertretene Ansicht, weil die dort erwähnten Zahlungsaufforderungen von Finanzbehörden gemeinhin als VAe angesehen werden (*Klein*, § 219 AO Rn. 2). Zu § 231 AO s. ferner BVerwG NVwZ 1991, 580.

Der VA muss **erlassen** sein; Vorbereitungshandlungen zum Erlass eines VA (§ 35 Rn. 148 ff.) **45** reichen nicht aus. Erlassen ist der VA, wenn er dem Anspruchsverpflichteten ordnungsgemäß bekanntgegeben ist. § 9 zeigt deutlich, dass die Bekanntgabe in den Begriff des Erlasses eingeschlossen ist, auch wenn § 37 Abs. 2 Satz 1, Abs. 4 Satz 1 und § 39 Abs. 2 Nr. 3 den gegenteiligen Eindruck erwecken könnten (§ 9 Rn. 194 ff.). Erst mit der **wirksamen Bekanntgabe** tritt also die Hemmung ein.[166] Im Abgabenbereich wurde teilweise mit Rücksicht auf die Berechenbarkeit von Fristen nur auf das Handeln der Behörde überhaupt abgestellt;[167] inzwischen gilt auch hier, dass der VA **wirksam erlassen** sein muss.[168]

Um die Rechtswirkungen des § 53 auslösen zu können, muss der VA auch im Übrigen wirk- **46** sam, darf also nicht **nichtig** sein.[169] Die **Rechtmäßigkeit** des Bescheides ist für die Hemmung nach § 53 nicht Voraussetzung.[170] Dementsprechend genügt auch ein VA, der von einer sachlich **unzuständigen Behörde** erlassen ist,[171] solange er deshalb nicht nichtig ist.[172] Nichts anderes gilt, wenn die Handlungsform des VA zur Durchsetzung des Anspruchs nicht eingesetzt werden darf.[173]

c) VA zur Feststellung oder Durchsetzung des Anspruchs. Der (damals unterbrechende) **47** VA musste nach der früheren Fassung **zur Durchsetzung des Anspruchs** erlassen sein. Diese Voraussetzung erfüllen sowohl VAe, die den Anspruchsgegner zu einem Tun oder Unterlassen verpflichten (insbesondere Leistungsbescheide), als auch später erlassene VAe im **Vollstreckungsverfahren;** daher können auch VollstreckungsVAe zur Durchsetzung eines **ör Vertr** die Unterbrechung herbeiführen (§ 61 Rn. 26 ff.).[174]

Umstritten war für die frühere Fassung, ob über den Wortlaut hinaus auch ein **feststellender** **48** **VA** über den Bestand des Anspruchs genügte.[175] Dies war anzunehmen, weil bei der Klageerhebung nach § 209 Abs. 1 BGB a. F. die Klage auf Feststellung des Anspruchs der auf Befriedigung gleichgestellt war, § 53 aber die Verfolgung des Anspruchs durch VA der durch Klage annähern sollte.[176] Dies hat die Neufassung nunmehr unmissverständlich klar gestellt.

3. Ende der Hemmung (Abs. 1 S. 2)

Abs. 1 S. 2 sieht das Ende der Hemmung für zwei Fälle vor. Zum einen endet die Hemmung **49** zugleich mit **Eintritt der Unanfechtbarkeit** (dazu § 43 Rn. 25 ff.), zum anderen sechs Monate nach seiner **anderweitigen Erledigung**. Diese in der Neufassung richtigerweise auf den VA (und nicht mehr auf das zugrunde liegende VwVf; dazu 6. Aufl. Rn. 31) bezogene Formulierung betraf in der früheren Fassung alle Fälle der **Erledigung i. S. des § 43 Abs. 2** (dort Rn. 219 ff.), die jedenfalls nach wie vor gemeint sind, nicht aber die in § 43 Abs. 2 dem gegenübergestellte **Aufhebung,** die nach Abs. 1 S. 3 a. F. in entsprechender Anwendung des § 212 BGB a. F. zu behandeln war (6. Aufl. Rn. 31). Trotz der auch insoweit verunglückten Formulierung, als die Unanfechtbarkeit als erste Form der Erledigung angesprochen scheint, wird man

---

[166] So auch *Skouris* VerwArch 1974, 264, 282 f.
[167] *Offerhaus* NJW 1977, 930, 931 m. w. N. aus der Rspr des *BFH* zur RAO; wohl auch *BVerwG* KStZ 1986, 151; für § 171 AO *FG Hamburg* EFG 1987, 390.
[168] *BFH* NVwZ 1982, 703; BStBl II 1990, 942; *FG Münster* EFG 1996, 730, 731; *FG Stuttgart* EFG 1990, 556; *VGH München* BayVBl 1991, 724; *Klein*, AO, § 171 Rn. 27.
[169] Wie hier *VGH München* NVwZ 2000, 83, 84; *OVG Berlin* BRS 63 Nr. 231; *Kopp/Ramsauer*, § 53 Rn. 21; *Schäfer* in Obermayer, VwVfG, § 53 Rn. 21; *Meyer/Borgs*, § 53 Rn. 2; *Henneke* in Knack, § 53 Rn. 8; *Ehlers* Verwaltung 2004, 255, 275.
[170] *VGH München* BayVBl 1981, 239, 241; für die unbefugte Durchsetzung privatrechtlicher Ansprüche s. aber Rn. 24; *LAG Hamm* NVwZ-RR 1990, 155 (L) sieht für § 5 ErstG anscheinend aber bereits die Rechtswidrigkeit des VA als ausreichenden Tatbestand für § 53 Abs. 1 S. 3 i. V. m. § 212 BGB.
[171] Anders *BVerwG* NVwZ 1991, 580, aufgrund von Besonderheiten der abgabenrechtlichen Verjährung.
[172] Wie hier *Kopp/Ramsauer*, § 53 Rn. 21.
[173] Anders *VGH München* NVwZ 2000, 83, 84 f.; dem folgend *Ziekow*, § 53 Rn. 12; wie hier wohl *Guckelberger*, Die Verjährung im Öffentlichen Recht, 2004, S. 404 f. ff. zur Durchsetzung privatrechtlicher Ansprüche Rn. 25.
[174] Wie hier *Kopp/Ramsauer*, § 53 Rn. 20.
[175] Ebenso *de Wall*, Die Anwendbarkeit privatrechtlicher Vorschriften im Verwaltungsrecht, 1999, S. 482 f.; *Kopp/Ramsauer*, § 53 Rn. 22; abweichend *Meyer/Borgs*, § 53 Rn. 2; *Henneke* in Knack, § 53 Rn. 7; *Ule/Laubinger*, § 54 Rn. 3; *Schäfer* in Obermayer, VwVfG, § 53 Rn. 19.
[176] Begründung zu § 49 Entwurf 73; näher 6. Aufl., § 53 Rn. 29, sowie *Kracht*, Feststellender Verwaltungsakt und konkretisierende Verfügung, 2002, S. 349; *Guckelberger*, Die Verjährung im Öffentlichen Recht, 2004, S. 401 ff.

nach Wegfall des Abs. 1 S. 3 davon ausgehen müssen, dass die 2. Alt. **jede Art der Beendigung der Wirksamkeit des VA,** also sowohl die Aufhebung als auch die Erledigung i. S. d. § 43 Abs. 2, ansprechen will.[177] Während der Frist von **sechs Monaten** kann die Behörde den unwirksam gewordenen VA ggf. durch einen neuen VA ersetzen und erneut die Hemmung der Verjährung herbeiführen.

4. Verjährungsfrist nach Unanfechtbarkeit (Abs. 2)

50 Die Neufassung des Abs. 2 soll gegenüber der Änderung der Systematik der Verjährungsregeln des BGB **in der Sache** an der **Lösung der bisherigen Fassung** festhalten,[178] die bei unanfechtbar gewordenen VAen die entsprechende Anwendung von § 218 BGB a. F. vorsah, der in Abs. 1 S. 1 wie der neue § 53 Abs. 2 S. 1 die dreißigjährige Verjährung des (rechtskräftig festgestellten) Anspruchs anordnete und in Abs. 2 die heute in § 53 Abs. 2 S. 2 vorgesehene Regelung enthielt.[179] Schon entstehungsgeschichtlich belegt ist auch, dass entsprechend diesem Vorbild für den **Beginn der Verjährung** der unanfechtbar festgestellten Ansprüche § 201 BGB, hier i. V. mit § 197 Abs. 1 Nr. 3 BGB, maßgeblich ist.[180]

51 Auch bei unanfechtbarer Festsetzung des Anspruchs kann auf Grund des maßgeblichen materiellen Rechts eine **kürzere Verjährungsfrist** eingreifen. Diese Frist geht wegen der Subsidiarität des VwVfG nach § 1 dem § 53 vor.

III. Europarecht

52 Dem Europarecht ist das **Institut der Verjährung** als Ausprägung des Grundsatzes der Rechtssicherheit (Einl Rn. 89) bekannt, seine genaue Reichweite ist allerdings außerhalb ausdrücklicher Regelungen[181] eher ungewiss.[182] Bei der **Umsetzung** des Europarechts durch nationale Behörden ist **deutsches Recht** anzuwenden, wenn das jeweils anzuwendende materielle europäische Recht keine Verjährungsregeln vorgibt (Einl Rn. 72); dabei kann auch § 53 Bedeutung gewinnen. Angemessene Verjährungsfristen sind im Interesse der Rechtssicherheit legitim.[183] Die Durchsetzung des Gemeinschaftsrechts wird daher durch solche Regelungen des nationalen Rechts weder verhindert noch übermäßig erschwert; nationale Verjährungsregelungen dürfen allerdings bei gemeinschaftsrechtlichen Ansprüchen nicht weiter gehen als gegenüber solchen des nationalen Rechts[184] (vgl. allgemein Einl Rn. 77). Verjährungsregelungen können grundsätzlich unabhängig davon angewendet werden, ob für das jeweilige Gebiet einschlägige Richtlinien ordnungsgemäß umgesetzt worden sind oder nicht[185] (dazu auch § 43 Rn. 26).

53 Eine ausdrückliche Regelung des **Verzichts** findet sich im Gemeinschaftsrecht bezogen auf den Erlass einer Zollschuld oder die Ungültigerklärung der buchmäßigen Erfassung eines noch nicht entrichteten Einfuhr- oder Ausfuhrabgabenbetrages im Zollkodex, Art. 235 lit. b (Legaldefinition), Art. 236 ff.[186]

---

[177] So auch *Kopp/Ramsauer,* § 53 Rn. 38; *Henneke* in Knack, § 53 Rn. 13; *Ziekow,* § 53 Rn. 13.
[178] Hierüber bestand trotz der Meinungsverschiedenheiten über die richtige Formulierung zwischen BRat und BReg (vor Rn. 1), die zu Textabweichungen in zwei Landesgesetzen geführt hat, Einigkeit.
[179] Zur abw. Lösung in § 52 Abs. 2 SGB X *Schmitz/Schlarmann* NVwZ 2002, 1281, 1293.
[180] S. vor Rn. 1; auch *Henneke* in Knack, § 53 Rn. 10 f.; *Schmitz/Schlarmann* NVwZ 2002, 1281, 1293.
[181] Art. 43 der auf Grund Art. 188 EGV = 245 EG erlassenen Satzung des EuGH; hierzu ausf. *Guckelberger,* Die Verjährung im Öffentlichen Recht, 2004, S. 662, 666 ff.; weitere Fälle bei *Oppermann* Europarecht, Rn. 707; s. zum Abgabenrecht ferner § 221 Abs. 3 Zollkodex und zur diesbezüglichen Verjährungsproblematik *Alexander* in Witte, vor Art. 220 Rn. 6.
[182] *Oppermann,* Europarecht, Rn. 707 f.; *Guckelberger,* Die Verjährung im Öffentlichen Recht, 2004, S. 681 ff., insbes. zu Angelegenheiten von Gemeinschaftsbediensteten; s. zur Verjährung von Staatshaftungsansprüchen auf der Grundlage von *EuGH,* Rs. C-90 u. 9/90, EuGHE 1991, I-5357 = NJW 1992, 165, etwa *Prieß* NVwZ 1993, 118, 119, 121, 124; *Hailbronner* JZ 1992, 284.
[183] Für die Zulässigkeit nationaler Verjährungsvorschriften auch *EuGH,* Rs. C-90/94, EuGHE 1997, I-4085 Rn. 45 ff.; *Kopp/Ramsauer,* § 53 Rn. 13.
[184] Vgl. insges. *EuGH,* Rs. C-188/95, EuGHE 1997, I-6783 Rn. 47 ff. = NVwZ 1998, 833; s. auch *EuGH,* Rs. C-231/96, EuGHE 1998, I-4951, 4979 = *EuGHE* I 1998, 4951, 4979 = NJW 1999, 129 Rn. 36 ff.
[185] Vgl. unter Absage an die sog. Emmott'sche Fristenhemmung EuGH, Rs. C-188/95, EuGHE 1997, I-6783 = NVwZ 1998, 833 Rn. 50 ff.; zustimmend *Gundel* NVwZ 1998, 910 ff.
[186] Dazu und zum Verhältnis zum deutschen Recht s. die Kommentierung von *Huchatz* in Witte, vor Art. 235, Art. 235 ff.

IV. Landesrecht

Die VwVfGe der **Länder** stimmen in fast allen Ländern mit § 53 überein. **Bayern** bezieht in 54 Art. 53 Abs. 1 auch die Hemmung des **Erlöschens** eines Anspruchs (Rn. 41) ein. Art. 53 BayVwVfG steht in engem Zusammenhang mit Art. 71 bay AGBGB; nach Abs. 1 dieser auch an die Neuregelung des BGB angepassten Bestimmung erlöschen ör Erstattungsansprüche des Freistaates gegenüber Gemeinden nach drei Jahren,[187] während ihr Abs. 2 die Vorschriften des BGB über die Hemmung und die Ablaufhemmung (Rn. 16 f.) für entsprechend anwendbar erklärt[188] und § 53 VwVfG unberührt lässt. Art. 53 Abs. 2 S. 1 BayVwVfG formuliert ebenso wie § 53 Abs. 2 S. 1 MVwVfG im Sinne des BRatsvorschlags (vor Rn. 1) ohne inhaltlichen Unterschied dahin, dass mit der Unanfechtbarkeit des VA nach Abs. 1 eine Verjährungsfrist von 30 Jahren beginnt (s. Rn. 50).

V. Vorverfahren

Der **ablehnende Widerspruchsbescheid** berührt als solcher die Hemmung nach Abs. 1 55 S. 1 nicht; der **stattgebende** Widerspruchsbescheid begründet als behördliche Aufhebung des VA die Fiktion, dass die Hemmung nicht erfolgt ist. Der Widerspruchsbescheid, der **erstmalig eine Regelung i. S. d. Abs. 1** trifft, hemmt als VA nach dessen S. 1 die Verjährung (Rn. 44). Zur Verwirkung und zum Verzicht auf Rechtsbehelfe s. Rn. 26, 37; § 79 Rn. 44 ff.

---

[187] Zu Einzelheiten s. etwa *VGH München* BayVBl 1993, 374; NVwZ 2000, 83, 84 m.w.N.; BayVBl 2007, 403, 405 f.; zur Unterbrechung des Erlöschens von Kostenansprüchen *VGH München* NVwZ-RR 2000, 343, 344.

[188] Dazu (zur alten Fassung) *Linhart*, 3. Aufl. 1997, S. 101 f.; auch *Guckelberger*, Die Verjährung im Öffentlichen Recht, 2004, S. 68 f.

Teil IV.
Öffentlich-rechtlicher Vertrag

§ 54 Zulässigkeit des öffentlich-rechtlichen Vertrags

¹Ein Rechtsverhältnis auf dem Gebiet des öffentlichen Rechts kann durch Vertrag begründet, geändert oder aufgehoben werden (öffentlich-rechtlicher Vertrag), soweit Rechtsvorschriften nicht entgegenstehen. ²Insbesondere kann die Behörde, anstatt einen Verwaltungsakt zu erlassen, einen öffentlich-rechtlichen Vertrag mit demjenigen schließen, an den sie sonst den Verwaltungsakt richten würde.

Vergleichbare Vorschrift: § 53 SGB X; in der AO fehlt eine Parallelregelung, hierzu Rn. 124 ff.

Abweichendes Landesrecht: § 54 wurde von allen Ländern wortgleich übernommen und blieb seitdem unverändert. Nur in SH lautet der dem § 54 entsprechende, bereits auf der Grundlage des MustE 1963 mit Gesetz vom 18. 4. 1967 (GVOBl s. 131) erlassene § 121 LVwG in Satz 1 letzter Halbsatz „soweit Rechtsvorschriften *dieser Handlungsform* nicht entgegenstehen".

Entstehungsgeschichte: Bis zum Inkrafttreten des VwVfG vgl. § 54 der 6. Auflage. Änderungen: zum Bund/Länder-Musterentwurf vgl. Rn. 13 ff.

Literatur: 1. Allgemeines (zum VwVfG): *Erichsen*, Rechtsfragen des verwaltungsrechtlichen Vertrages, VerwArch 1977, 65; *Scholler/Broß*, Verfahrensrechtliche Prinzipien und öffentlich-rechtlicher Vertrag nach dem VwVfG, BayVBl 1977, 225; *Meyer*, Das neue öffentliche Vertragsrecht und die Leistungsstörungen, NJW 1977, 1705; *Obermayer*, Leistungsstörungen im ör Vertrag, BayVBl 1977, 546; *Fiedler*, Die materiellrechtlichen Bestimmungen des VwVfG und die Systematik der verwaltungsrechtlichen Handlungsformen, AöR 1980, 79 (98); *Heberlein*, Auswirkungen der Verwaltungsverfahrensgesetze auf die Dogmatik des Verwaltungsrechts, 1981; *Bleckmann*, Verfassungsrechtliche Probleme des Verwaltungsvertrags, NVwZ 1990, 601; *Scherzberg*, Grundfragen des verwaltungsrechtlichen Vertrages, JuS 1992, 205; *Burmeister/Krebs/Auxetier/Hengstschläger/Schweizer*, Verträge und Absprachen zwischen Verwaltung und Privaten, VVDStRL 1993, 190; *Hoffmann-Riem/Schmidt-Aßmann* (Hrsg.), Innovation und Flexibilität des Verwaltungshandelns, 1994; *Pitschas*, Entwicklung der Handlungsformen im Verwaltungsrecht – Vom Formendualismus des Verwaltungsverfahrens zur Ausdifferenzierung der Handlungsformen, in: *Blümel/Pitschas* (Hrsg.), Reform des Verwaltungsverfahrens, Bd. 114 der Schriftenreihe der Hochschule Speyer, 1994, 229 **(weitere Literatur bis 1995 vgl. § 54 der 6. Auflage). Seit 1996:** *Hoffmann-Riem/Schmidt-Aßmann (Hrsg.)*, Öffentliches Recht und Privatrecht als wechselseitige Auffangordnungen, 1996; *Schneider*, Kooperative Verwaltungsverfahren, VerwArch 1996, 38; *Bartscher*, Der Verwaltungsvertrag in der Behördenpraxis, 1997; *Dose*, Die verhandelnde Verwaltung, 1997; *Maurer/Bartscher*, Die Praxis des Verwaltungsvertrags im Spiegel der Rechtsprechung, 1997; *Bauer*, Verwaltungsrechtliche und verwaltungswissenschaftliche Aspekte der Gestaltung von Kooperationsverträgen bei Public Private Partnership, DÖV 1998, 89; *Ehlers*, Das VwVfG im Spiegel der Rechtsprechung, Die Verwaltung 1998, 54; *Brohm*, Städtebauliche Verträge zwischen Privat- und Öffentlichem Recht, JZ 2000, 321; *Gurlit*, Verwaltungsvertrag und Gesetz, 2000; *Pakeerut*, Die Entwicklung der Dogmatik des verwaltungsrechtlichen Vertrags, 2000; *Schlette*, Die Verwaltung als Vertragspartner, 2000; *Bonk*, 25 Jahre Verwaltungsverfahrensgesetz, NVwZ 2001, 636; *Röhl*, Verwaltung durch Vertrag, 2001; *Schuppert*, Grundzüge eines zu entwickelnden Verwaltungskooperationsrechts, Regelungsbedarf und Handlungsoptionen für Public Private Partnerships, Gutachten, erstellt im Auftrag des Bundesministeriums des Innern, 2001; *Ziekow*, Verankerung verwaltungsrechtlicher Kooperationsverhältnisse (Public Private Partnerships) im VwVfG, Gutachten, erstellt im Auftrag des Bundesinnenministeriums, 2001; *Beirat Verwaltungsverfahrensrecht beim Bundesministerium des Innern*, Bericht und Beschlussempfehlungen zur Fortentwicklung der Vorschriften über den öffentlich-rechtlichen Vertrag, NVwZ 2002, 834; *Geis*, Die Schuldrechtsreform und das Verwaltungsrecht, NVwZ 2002, 385; *Klindt*, Ör Verträge zwischen Unternehmen und Behörden als Instrument der Marktüberwachung, NVwZ 2003,307; *Ziekow-Siegel*, Entwicklung und Perspektiven des Rechts des öffentlich-rechtlichen Vertrags, VerwArch 2003, 593 und 2004, 281; *Bonk,* Fortentwicklung des öffentlich-rechtlichen Vertrags unter besonderer Berücksichtigung der Public Private Partnerships, DVBl 2004, 141; *Reicherzer,* Reform des öffentlich-rechtlichen Vertrags, ZRP 2004,112; *Hase,* Das Verwaltungsrechtsverhältnis – Überlegungen zu einem Grundbegriff des Öffentlichen Rechts, Die Verwaltung, 2005, 453; *Schmitz,* „Die Verträge sollen sicherer werden" – Zur Reform der Vorschriften über den öffentlich-rechtlichen Vertrag, DVBl 2005, 1; *Ziekow,* Von der Reanimation des Verfahrensrechts, NVwZ 2005, 263; *Dolde,* Verwaltungsverfahren und Deregulierung, NVwZ 2006,857; *Gündling,* Modernisierung Privatrecht und Öffentliches Recht, 2006; *Hillermeier/Bloeck,* Kommunales Vertragsrecht – Handbuch, 2006; *Leisner,* Unterschiede zwischen privatem und öffentlichem Recht, JZ 2006, 869; *U. Stelkens,* „Kooperationsvertrag" und Vertragsanpassungsansprüche: Zur beabsichtigten Reform der §§ 54 ff. VwVfG, NWVBl 2006, 1; *Waechter,* Der ör Vertrag – Zur aktuellen Entwicklung der Handlungsformenlehre, JZ 2006, 166; *Schmidt-Aßmann,* Verwaltungsverfahren und Verwaltungskultur, NVwZ 2007, 40. **2. *Öffentlich-Private Partnerschaften(ÖPP)/Public***

§ 54 Zulässigkeit des öffentlich-rechtlichen Vertrages § 54

Private Partnerships (PPP): Tettinger, Die Ausgestaltung von Public Private Partnership, DÖV 1996, 764; *Budäus/Eichhorn (Hrsg.),* Public Private Partnership – Neue Formen öffentlicher Auftragserfüllung; 1997; *Di Fabio,* Das Kooperationsprinzip – ein allgemeiner Rechtsgrundsatz des Umweltrechts, NVwZ 1999, 1153; *Huber* (Hrsg.), Das Kooperationsprinzip im Umweltrecht, 1999 *Franckenstein,* Public Private Partnership in der Bauleitplanaung, UPR 2000, 288; *Kahl,* Das Kooperationsprinzip im Städtebaurecht, DÖV 2000, 793; *Stober,* Police-Private-Partnership aus juristischer Sicht, DÖV 2000, 261; *Westphal,* Das Kooperationsprinzip als Rechtsprinzip, DÖV 2000, 996; *Becker,* Rahmenbedingungwen für Public Private Partnership, ZRP 2002, 303; *Budäus (Hrsg.),* Kooperationsformen zwischen Staat und Markt, 2005; *Grabow,* Public Private Partnership – Eine aktuelle Bestandsaufnahme in Bund, Ländern und Kommunen, *Hrsg.* Deutsches Institut für Urbanistik, 2005; *Häfner,* Aspekte einer Normierung von Public Private Partnerships (PPP), LKV 2005, 340; *Horn/Peters,* Vertragsgestaltung bei Public Private Partnerships, BB 2005, 2421; *Meyer-Hofmann/Riemenschneider/ Weihrauch (Hrsg.),* Public Private Partnership – Gestaltung von Leistungsbeschreibungen, Finanzierung, Ausschreibung und Verträgen in der Praxis, 2005; *Tettinger,* Public Private Partnership, Möglichkeiten und Grenzen – ein Sachstandsbericht, NWVBl 2005, 1 und DÖV 2006, 764; *Uechtritz/Otting,* Das „ÖPP-Beschleunigungsgesetz", NVwZ 2005, 1105; *Bürsch/Funken,* Komm. zum ÖPPBeschlG, 2006; *Bausback,* PPP im öffentlichen Recht und im Europarecht, DÖV 2006, 901; *Weber/Schäfer/Hausmann,* Praxishandbuch PPP, 2006; *Weitemeyer,* Die Änderungen im Steuerrecht nach dem ÖPP-Beschleunigungsgesetz, NVwZ 2006, 1376; *Ziekow,* Private Partnership als zukünftige Form der Finanzierung und Erfüllung öffentlicher Aufgaben?, in: *Hill (Hrsg.)* Die Zukunft den öffentlichen Sektors, 2006, 49 ff.; *Findeisen/Backhaus,* Vertragliche Vergütungsmechanismen bei PPP-Projekten, NWVBl 2007, 93; *Kunkel/Weigelt,* Anwendbarkeit des Rechts der AGB auf ÖPP, NJW 2007, 2433; *Lämmerzahl,* Die Beteiligung Privater an der Erledigung öffentlicher Aufgaben, jur. Diss. Potsdam, 2007; Schriften zum öffentlichen Recht Bd. 1080; *Müller/Brauser-Jung,* ÖPP und Vergaberecht, NVwZ 2007, 884. **3. Zu städtebaulichen Verträgen** vgl. vor Rn. 134.

Übersicht

	Rn.
I. Allgemeines	1
1. Historische Entwicklung des ör Vertrags	2
2. Grundstrukturen der §§ 54 ff.	4
a) Nur Rahmenreglungen	4
b) Sog. sub- und koordinationsrechtliche Verträge	5
c) Zuordnung in das zivile oder öffentliche Recht	8
3. Funktion und Bedeutung des ör Vertrags	9
4. Grenzen der Zulässigkeit	11
5. Fortentwicklung der §§ 54 ff. (Bund/Länder-Musterentwurf, 2004)	13
a) Kooperationsvertrag (§§ 54, 56 a)	14
aa) Signal- und Symbolwirkung	15
bb) Begrenzter Anwendungsbereich	16
b) Schriftform (§ 57)	18
c) Nichtigkeits- und Anpassungsregelungen (§ 59)	18
6. Auswirkungen der Schuldrechtsreform	20
7. Doppelnatur des ör Vertrags	22
8. Eingeschränkter Anwendungsbereich	24
II. Vertrag	28
1. Rechtsnatur	28
a) Konsens, Bindungswille, Erklärungsbewusstsein	28
b) Rechtsstellung Dritter	30
2. Zustandekommen	31
a) Angebot und Annahme, Vertragsverhandlungen	31
b) Faktisches Vertragsverhältnis	33
c) Bestimmtheitserfordernisse, Auslegung	34
d) Rechtsnatur der Willenserklärungen	35
3. Abgrenzung von anderen Kooperationsformen	39
a) Mitwirkungsbedürftiger VA	39
b) Informelles/schlichtes Verwaltungshandeln	40
4. Konfliktmittlung/Mediation	42
5. Öffentlich-Private Partnerschaften (ÖPP)/Public Private Partnerships (PPP)	43
a) Begriff und rechtssystematische Einordnung	43 a
b) Regelungsgegenstände in Bund, Ländern und Kommunen	43 d
c) Vertragsmodelle	43 f
d) Zuordnung in das öffentliche oder private Recht	43 l
e) Gesetzliche ÖPP/PPP-Regelungen	43 m
6. Sonstige verwaltungsrechtliche Schuldverhältnisse	44
a) Anstaltsbenutzungsverhältnisse	45
b) Zuwendung öffentlicher Mittel	47
c) Vergabe öffentlicher Aufträge	51
d) Öffentlich-rechtliche Verwahrung	52
e) Verwaltungsrechtliche Geschäftsführung ohne Auftrag	53

§ 54   1   Teil IV. Öffentlich-rechtlicher Vertrag

	Rn.
7. Vertragspartner, Berechtigte/Verpflichtete, Rechtsnachfolge	56
a) Ör Verträge zwischen Behörden	58
b) Verträge zwischen Staat und Privaten	59
c) Verträge zwischen Privatrechtssubjekten	65
III. „auf dem Gebiet des öffentlichen Rechts"	68
1. Nur verwaltungsrechtliche Verträge	68
2. Abgrenzung von zivilrechtlichen Verträgen	73
a) Rechtliche Bedeutung	73
b) Abgrenzungsmerkmale	74
3. Gemischte/zusammengesetzte Verträge	77
4. Einzelfälle	80
a) Öffentlich-rechtliche Verträge	80
b) Zivilrechtliche Verträge	81
IV. Begründung, Änderung oder Aufhebung eines Rechtsverhältnisses	82
1. Begründung, Änderung, Aufhebung	82
2. Konkretes Rechtsverhältnis	84
V. Zulässigkeit vorbehaltlich entgegen stehender Rechtsvorschriften	90
1. Grundsätzliche Zulässigkeit	90
2. Entgegenstehende Rechtsvorschriften	94
3. Zulässigkeit von Vertragsform und Vertragsinhalt	101
a) Vertragsformverbote	102
b) Vertragsinhaltsverbote	108
VI. Allgemeine Vertragsarten und -inhalte	110
1. Eigenständige ör Vertragssystematik	110
2. Benannte und unbenannte Verträge	112
3. Ein-/zwei- und gegenseitige Verträge; Verträge mit kausaler/konditioneller Verknüpfung	113
4. Verpflichtungs- und Verfügungsverträge, einseitige Erfüllungsakte	115
5. Abstrakte und kausale Verträge	119
VII. Besondere Vertragsarten und -inhalte des Fachrechts	123
1. Abgabenrechtliche Verträge	124
2. Verträge im öffentlichen Dienst- und Hochschulrecht	129
3. Städtebauliche Verträge i. w. S	134
a) Grundsätzliche Zulässigkeit städtebaulicher Verträge	134
b) Zuordnung in das private oder öffentliche Recht	140
4. Bauleitplanungsverpflichtungsverträge	141
5. Erschließungsverträge	143
6. Ablösungsverträge	145
7. Folgekostenverträge	147
8. Durchführungsverträge zum Vorhaben- und Erschließungsplan	148
9. Stellplatzersatzverträge	150
10. Umweltrechtliche Verträge i. w. S.	152
11. Naturschutzrechtliche Verträge	158
12. Subventionsverträge	159
13. Ör Verträge in sonstigen Rechtsgebieten	161
VIII. Europarecht	163
IX. Rechtswegfragen	164
X. Landesrecht	167
XI. Vorverfahren	168

I. Allgemeines

1. Historische Entwicklung des ör Vertrags

1   Mit den §§ 54ff. ist der öffentlich-rechtliche (ör) Vertrag seit Inkrafttreten der VvVfG von Bund und Ländern **neben dem Verwaltungsakt als zweite Handlungsform** der Behörden in Bund und Ländern bei der Ausübung ör Verwaltungstätigkeit anerkannt, sofern nicht spezielle Rechtsvorschriften entgegenstehen. Damit ist auch **einvernehmliches Verwaltungshandeln** durch Vertrag neben einseitigem Behördenhandeln in Bund und Ländern jedenfalls im Anwendungsbereich des VwVfG nach Maßgabe seiner §§ 1, 2 anerkannt. Diese Regelungen sind in Bund und Länder **seit mehr als 30 Jahren,** sieht man von marginalen Änderungen ab, praktisch **unverändert** geblieben. Es ist deshalb nicht überraschend, wenn wegen der zwischen-

§ 54 Zulässigkeit des öffentlich-rechtlichen Vertrages   2–4 § 54

zeitlich gewonnenen praktischen Erfahrungen mit den §§ 54 ff., aber auch wegen eines gegenüber den 60–70er Jahren vielfach gewandelten Verständnisses zum Staat-Bürger-Verhältnis, die Frage einer **Fortentwicklung** der §§ 54 ff. diskutiert wird (hierzu Rn. 13 ff.).

Mit den §§ 54 ff. ist der seit dem Ende des 19. Jahrhunderts bestehende **Streit beendet** worden, **ob der Staat mit dem Bürger „paktieren"** darf. Die Verneinung dieser Frage durch *Otto Mayer,* den damaligen Papst des Verwaltungsrechts,[1] wurde vor allem damit begründet, ein Vertrag setze „gleichberechtigte Kontrahenten, koordinierte Subjekte" voraus, woran es im Staat-Bürger-Verhältnis fehle. Dies entsprach dem damaligen obrigkeitlichem Staatsverständnis im Verhältnis zum Untertan, weil davon ausgegangen wurde, bei Ausübung öffentlich-rechtlicher Verwaltungstätigkeit und der Umsetzung von abstrakten Gesetzen in konkrete Einzelfälle dürfe sich der Staat keinesfalls mit dem Bürger und anderen Privatrechtssubjekten wegen der zwischen ihnen bestehenden Subordination auf eine Stufe stellen und daher auch keine Verträge schließen. Diese ziemlich rigorose Grundeinstellung wurde **nach dem 1. Weltkrieg,** auch in der Rechtsprechung des PrOVG. in Frage gestellt.[2] Die nachfolgende Diskussion führte 1931 immerhin zu Vorschriften über die grundsätzliche Zulässigkeit des öffentlich-rechtlichen Vertrags im Entwurf der Württembergischen Verwaltungsrechtsordnung, der freilich nie Gesetz wurde.[3] 2

Die Grundsatzdiskussion wurde **nach dem 2. Weltkrieg** vor allem in der Wissenschaft seit 1958 in mehreren Veröffentlichungen mit überwiegend positiver Tendenz fortgeführt.[4] In den von Bund und Ländern erarbeiteten **MustE VwVfG 1963** wurden erst im Verlauf der Diskussion auf Vorschlag der Professoren Bachof, Fröhler und Ule neue Vorschriften über die Zulässigkeit öffentlich-rechtlicher Verträge aufgenommen und sodann in den RegE 1970 und 1973 im weiteren Gesetzgebungsverfahren dem Grunde nach nicht mehr in Frage gestellt (vgl. die Nachweise zur Entstehungsgeschichte bis zum Inkrafttreten der §§ 54 ff. § 54 vor Rn. 1). Das BVerwG hat, nachdem es 1956[5] und 1959[6] für ör Verträge zwischen Staat und Bürgern noch ausdrückliche Ermächtigungsnormen verlangt hatte, sodann in seiner Grundsatzentscheidung vom 4. 2. 1966 – in Kenntnis des MustE 1963 – unter Hinweis auf die Literatur ausgeführt, dass „das moderne Verwaltungshandeln bei seiner Vielgestaltigkeit nicht mehr auf die einseitige Erledigung staatlicher Obliegenheiten durch Normsetzung und Vollziehung in Form eines Verwaltungsakts beschränkt bleiben und deshalb auf eine Ergänzung durch ‚einvernehmliche Rechtsakte' nicht verzichten" könne.[7] Die Antwort der Gesetzgeber von Bund und Ländern auf diesen Streit lautete spätestens im Jahr 1976 – entgegen der These von Otto Mayer im Jahr 1889 – bei pauschaler Vereinfachung: Der Staat darf im öffentlichen Recht grundsätzlich mit dem Bürger „paktieren", soweit nicht Rechtsvorschriften entgegenstehen. Das heißt: Aus dem Verbot mit Erlaubnisvorbehalt wurde damit im Anwendungsbereich des VwVfG bei ör Verwaltungstätigkeit eine **Erlaubnis mit Verbotsvorbehalt.** Das ist heute selbstverständlich. Bezogen auf die Verhältnisse bei Inkrafttreten des VwVfG war und bleibt dies ein rechtsstaatlicher, zugleich tendenziell auf **Akzeptanz, Rechtsfrieden und Rechtssicherheit** abzielender Fortschritt (dazu noch Rn. 8 ff.). 3

2. Grundstrukturen der §§ 54 ff.

a) Nur Rahmenregelungen: Mit den §§ 54–62 ist die bis dahin umstritten gewesene Frage nach der Zulässigkeit und den Grenzen öffentlich-rechtlicher (ör) Verträge auf der Grundlage des damaligen Erkenntnisstandes dahingehend entschieden worden, dass in Ausübung ör Verwal- 4

---

[1] Grundsätzlich verneinend *Otto Mayer* AöR 1889, 3 ff.
[2] Vgl. *Apelt,* Der verwaltungsrechtliche Vertrag, Habilitationsschrift 1920, vgl. *BVerwGE* 23, 213 (215) mit Hinweisen auf die Rechtsprechung des Preußischen OVG.
[3] Zur geschichtlichen Entwicklung des ör Vertrags vgl. etwa *Bullinger,* Vertrag und Verwaltungsakt, 1962, 237 ff.; *Maurer* DVBl 1989, 799.
[4] Tendenziell positiv: *Stern,* Zur Grundlegung einer Lehre des öffentlich-rechtlichen Vertrags, VerwArch 1958, 106; *Imboden,* Der verwaltungsrechtliche Vertrag, 1958; *Salzwedel,* Die Grenzen der Zulässigkeit des öffentlich-rechtlichen Vertrags, 1958; kritisch: *Bullinger,* Vertrag und Verwaltungsakt, 1962; zuletzt *Püttner,* Wider den ör Vertrag zwischen Staat und Bürger, DVBl 1982, 122.
[5] Vgl. *BVerwGE* 4, 111 zum Wohnungsbaurecht.
[6] Vgl. *BVerwGE* 8, 329 zu Vereinbarungen im Steuerrecht.
[7] Vgl. *BVerwGE* 23, 213 (216) unter Hinweis auf *Laband* AöR Bd. 26, 365. In der ersten Entscheidung des BVerwG vom 5. 10. 1965 zum ör (Ablösungs-)Vertrag betr. Geldzahlung zwecks Anlegung eines öffentlichen Parkplatzes ist der ör Vertrag nicht grundsätzlich thematisiert.

§ 54   5, 6   Teil IV. Öffentlich-rechtlicher Vertrag

tungstätigkeit im Anwendungsbereich des VwVfG gemäß §§ 1, 2 auch Verträge geschlossen werden können, soweit nicht Rechtsvorschriften entgegenstehen. Diese normative Erlaubnis mit Verbotsvorbehalt wird in der Grundsatznorm des § 54 zum Ausdruck gebracht. Die nachfolgenden Vorschriften sind **kein ausformuliertes „öffentliches Vertragsgesetzbuch"** analog zum Bürgerlichen Gesetzbuch, sondern enthalten – entsprechend der Grundstruktur des VwVfG als „Grundgesetz der Verwaltung" – neben den Vorschriften für Vergleichs- und Austauschverträge in §§ 55, 56 nur allgemeine Rahmenregelungen unter Verzicht auf Detailvorschriften. Sie sind auf eine Ergänzung durch allgemeine Vertragsregeln angelegt, weil der ör Vertrag **kein öffentlich-rechtliches aliud, sondern normaler Vertrag** mit den allgemeinen Vertragsmerkmalen ist. §§ 54–62 werden doppelt ergänzt: Einerseits durch das jeweilige **Fachrecht des Besonderen Verwaltungsrechts,** das bei Schweigen im Zweifel durch die §§ 54 ff. lückenschließend ergänzt wird (hierzu Rn. 82 ff., 93 ff.). Ferner nach § 62 Satz 2 durch eine ergänzende und entsprechende Anwendung des **BGB,** soweit das Fachrecht und das VwVfG keine entgegenstehenden Rechtsvorschriften enthält (Näheres bei §§ 59, 62). Daraus entsteht die **Normentrias Fachrecht/VwVfG/BGB.** Das öffentlich-rechtliche Vertragsrecht ist wegen dieses Zusammenspiels von Normen aus heterogenen Rechtsgebieten mit unterschiedlichen Strukturen – überwölbt durch gewichtige Einwirkungen des nationalen Verfassungsrechts und nunmehr auch des Gemeinschaftsrechts (hierzu Rn. 94 ff.) – ein compositum mixtum sich wechselseitig nicht ausschließender, sondern einander **ergänzender Teilrechtsordnungen** (hierzu noch Rn. 8 ff., 68 ff., 82 ff., 93 ff., § 62 Rn. 1 ff.).

5   b) Sog. **sub- und koordinationsrechtliche Verträge:** Die seit ihrem Inkrafttreten praktisch unverändert gebliebenen Rahmenregelungen bringen den im Jahr 1976 vorhandenen rechtlichen Erkenntnisstand mit der damals geläufigen **strengen Alternative** zwischen sog. „subordinationsrechtlichen" Verträgen (also zwischen Staat und Bürger) einerseits und sog. „koordinationsrechtlichen" Verträgen (also zwischen Behörden bzw. ihren Rechtsträgern) zum Ausdruck. Im Vordergrund der damaligen Diskussion stand die durch § 54 positiv entschiedene Frage, ob der Staat mit dem Bürger „paktieren" dürfe (vgl. Rn. 2). Dies kommt in § 54 Satz 2 in der „Insbesondere"-Klausel und einer nach dem (zu) engen Wortlaut bestehenden Begrenzung auf **VA-Surrogat-Verträge** zum Ausdruck, obwohl diese bei strikter Betrachtung bereits vom weiten Wortlaut des § 54 Satz 1 mit umfasst waren. Dieser an sich nur deklaratorische Satz 2 sollte **Signalwirkung** haben: Er ist die eigentliche Botschaft der §§ 54 ff. und enthält die zentrale Antwort des Gesetzgebers auf das Kernproblem der damaligen Diskussion. Zu den sog. „subordinationsrechtlichen" Verträgen[8] wurden und werden alle ör Verträge zwischen Staat und Bürger gezählt, obwohl nach heutiger Erkenntnis von einer „Unterordnung" bei einem ör Vertrags im Staat-Bürger-Verhältnis kaum geredet werden kann, auch wenn der Bürger aussserhalb des Vertrags potentieller Normadressat sein könnte.[9] Inzwischen ist es h. M., dass trotz des engen Wortlauts des § 54 Satz 2 unter diese Vorschrift **nicht nur VA-Surrogat-Verträge,** sondern alle ör Verträge im Anwendungsbereich der §§ 1, 2 VwVfG im Bürger-Staat-Verhältnis unter § 54 fallen, durch die ein Rechtsverhältnis auf dem Gebiet des öffentlichen Rechts begründet, geändert oder aufgehoben wird (hierzu Rn. 68 ff., 82 ff.).[10]

6   Auch die sog. **koordinationsrechtlichen Verträge** zwischen Behörden bzw. ihren Rechtsträgern, bei denen sich die Vertragspartner außerhalb des konkreten Vertragsverhältnisses vielfach – wenn auch nicht notwendig – gleichgeordnet gegenüberstehen, fallen nach h. M. unter die Generalklausel des § 54 Satz 1,[11] so dass auch zwischen Hoheitsträgern bzw. ihren Rechtsträgern „Subordinations"verhältnisse denkbar sind (hierzu noch Rn. 56 ff.). Insofern dienen die Begriffe „sub- und koordinationsrechtlich" nur plakativ zur Abgrenzung die verschiedenen Vertragspartner, ferner der Klärung, ob in §§ 54 ff. Sondervorschriften für Verträge nach § 54 Satz 2 bestehen (vgl. §§ 55, 56, 59, 61). Die praktischen Erfahrungen zeigen, dass die sog. koordinationsrechtlichen Verträge im Hintergrund standen und nach wie vor stehen, weil Rechtsverhält-

---

[8] So noch ohne jeden Zusatz *BVerwGE* 111, 162 (166) = NVwZ 2000, 1285.
[9] Kritisch ebenso *Schette,* Die Verwaltung als Vertragspartner, 2000, S. 381 ff.; *Ziekow,* VwVfG, 2006, § 54 Rn. 26.
[10] Vgl. *BVerwGE* 111, 162 (165), wo traditionell von „subordinationsrechtlichen Verträgen" die Rede ist; *VGH Mannheim* VBlBW 2004, 52; *Kopp/Ramsauer,* VwVfG § 54 Rn 48; *Ziekow,* VwVfG, § 54 Rn. 26.
[11] Begr. des RegE 1973, BT-Drs. 7/910, S. 79; hierauf Bezug nehmend *BVerwGE* 111, 162 (166).

nisse auf dem Gebiet des öffentlichen Rechts nur selten durch (verwaltungsrechtlichen) Vertrag begründet, geändert oder aufgehoben werden. Insoweit gibt es in der **Verwaltungspraxis nur wenige Anwendungsfälle** (hierzu noch Rn. 58). Das Schwergewicht der Probleme in der Praxis liegt eindeutig bei den Staat-Bürger-Verträgen.[12]

Der derzeit aktuelle Grundgedanke einer **Kooperation zwischen Staat und Bürger** ist in dem bereits im Behördenverfahren zugelassenen Vergleichsvertrag (**§ 55**), insbesondere in der komplexen Figur des Austauschvertrags in **§ 56** angelegt. Der Austauschvertrag ist mit zahlreichen unbestimmten Rechtsbegriffen verknüpft, die in der Verwaltungspraxis vielfach zur Nichtigkeit führen und dann vielfach erst nach Jahren nach einem Prozess zur Rückabwicklung führen, die dann erneut Probleme aufwirft (zu den Änderungsbestrebungen vgl. Rn. 22). Insofern ist es nach mehr als 30–40 Jahren wegen des in der Zwischenzeit **veränderten Grundverständnisses** im Staat-Bürger-Verhältnis nur folgerichtig, wenn über eine Fortentwicklung und Modernisierung des öffentlichen Vertragsrechts nachgedacht wird. Die Zeit für ein allgemeines und umfassendes **Verwaltungskooperationsgesetz** ist derzeit aber noch nicht reif (zur Fortentwicklung der §§ 54 ff. Rn. 13 ff.; zu den sog. **Öffentlich-Privaten-Partnerschaften** Rn 43 ff.).

c) **Zuordnung in das zivile oder öffentliche Recht:** Ein weiteres Grundsatzproblem bei der Frage nach dem Anwendungsbereich der §§ 54–62 bestand bisher und besteht nach wie vor in der schwierigen[13] Zuordnung eines Vertrags in das die deutsche Rechtsordnung durchziehende Unterscheidung von Zivilrecht und Verwaltungsrecht mit den dafür maßgeblichen, an vielen Punkten unterschiedlichen Vorschriften. Diese Frage ist von Bedeutung vor allem für die Frage a) nach dem zulässigen **Zivil- oder Verwaltungsrechtsweg** mit einigen bedeutsamen unterschiedlichen Prozessmaximen, b) nach dem anwendbaren **Verfahrensrecht,** vor allem dem zivilrechtlichen Beibringungsgrundsatz oder dem ör Amtsermittlungsprinzip sowie vor allem c) nach den **materiellrechtlichen Gestaltungsspielräumen** mit größeren oder geringeren Bindungen durch das öffentliche oder zivile Recht. Sinnfälligen Ausdruck der Ungewissheiten über die Abgrenzung öffentlich-rechtlicher von zivilrechtlichen Verträgen (Einzelheiten hierzu Rn. 68 ff. m. w. N.) findet bzw. fand dies in letzter Zeit in dem aktuellen Streit über die Zuordnung von Streit bei der **Vergabe öffentlicher Aufträge** unterhalb der Schwellenwerte des GWB.[14] Die Zweifelsfragen bestehen generell wegen des zwischenzeitlichen **Zurücktretens der Eingriffsverwaltung** vor allem im Bereich des immer stärker in den Vordergrund tretenden sog. **Verwaltungsprivatrechts,** bei dem sich der Staat zur Erfüllung seiner Aufgaben privater Gestaltungsformen bedient und auch bedienen darf, soweit keine öffentlich-rechtlichen Normen und Rechtsgrundsätze entgegenstehen.[15] In diesen Fällen handelt es sich nach inzwischen gefestigter Rechtsprechung von BGH und BVerwG im Kern um **Privatrecht,** das nur in einzelnen – allerdings noch nicht abschließend geklärten – Punkten **durch öffentlich-rechtliche Bindungen ergänzt, modifiziert und überlagert** wird, ohne dass darum das Verwaltungshandeln selbst dem öffentlichen Recht zuordnen wäre. Dieser Grundsatz ist insoweit in der Rechtsprechung weitgehend durch sog. Obersätze geklärt. Ungeklärt und offen ist aber noch, wie weit die öffentlich-rechtlichen Bindungen, Ergänzungen, Modifizierungen und Überlagerungen reichen und auf welche Weise sie in die Ausgestaltung und (gerichtliche) Überprüfung der Verträge einwirken und zur Fehlerhaftigkeit bzw. Nichtigkeit eines Vertrags nach §§ 134, 138 BGB bzw. § 59 VwVfG führen können. Dies gilt etwa für den **Gleichheitssatz,** die **Verhältnismäßigkeit** und **Angemessenheit** sowie den ebenfalls für alle öffentlichen Hände geltenden haushaltsrechtlichen Grundsatz der **Wirtschaftlichkeit und Sparsamkeit** (hierzu im einzelnen Rn. 94 ff.; § 59 Rn. 54, 57; § 62 Rn. 22 ff.). Alle diese nach wie vor nicht abschlie-

---

[12] Hierzu etwa *Bulling* DÖV 1989, 277; *Bartscher,* Der Verwaltungsvertrag in der Behördenpraxis, 1997.
[13] Hierzu aus der Literatur etwa *Brohm,* Städtebauliche Verträge zwischen Privat- und Öffentlichem Recht, JZ 2000, 321; *Gündling,* Modernisiertes Privatrecht und Öffentliches Recht, 2006; *Leisner,* Unterschiede zwischen privatem und öffentlichem Recht, JZ 2006, 869.
[14] Hierzu nunmehr generell und zusammenfassend mit zahlreichen Nachweisen zu den Abgrenzungsmerkmalen und für Zulässigkeit (allein) des Zivilrechtswegs *BVerwG* vom 2. 5. 2007 – 6 B 10.07 – NVwZ 2007, 820; hierzu mit Recht zustimmend *Siegel* DVBl 2007, 942; kritisch *Burgi* NVwZ 2007, 737.
[15] Vgl. grundsätzlich *BVerwGE* 92, 56 (64); *BVerwG* NVwZ 2007, 820; *BGHZ* 91, 84 (95 ff.); 155, 166 (173 ff.); *BGH* NVwZ 2007, 246; dazu zustimmend *Siegel* DVBl 2007, 942; teilweise kritisch *Burgi* NVwZ 2007, 737.

ßend geklärten Fragen im Zusammenhang mit der Zuordnung eines Vertrags in das zivile oder öffentliche Recht bestehen auch bei den sog. **ÖPP/PPP-Verträgen,** die weitgehend zum Bereich des Verwaltungsprivatrechts gehören (hierzu Rn. 43 a ff.). Rechtssystematisch verstehen die neuere Literatur und Rechtsprechung Zivil- und Verwaltungsrecht – mit Recht – nicht als strikte Alternativen mit strikter gegenseitiger Ausschlusswirkung, sondern als **wechselseitige Auffangordnungen,** so dass auf den ör Vertrag über § 62 Satz 2 VwVfG das BGB einschließlich der §§ 134, 138 BGB entsprechend und ergänzend zur Anwendung kommt. Umgekehrt wird ein zivilrechtlicher Vertrag jedenfalls im Bereich des Verwaltungsprivatrechts durch die vorgenannten Grundsätze ergänzt, modifiziert und überlagert.[16] Besonders die Nichtigkeitsfolge bei qualifizierten Rechtsverstößen gegen ein gesetzliches Verbot nach § 134 BGB sichert für zivil- und verwaltungsrechtliche Verträge einen einheitlichen rechtsstaatlichen Standard. Von Bedeutung ist ferner das in der Verwaltungspraxis ebenfalls wichtige Leistungsstörungsrecht des BGB, das über § 62 Satz 2 auch für ör Verträge ergänzend und entsprechend zu Anwendung kommt. Die Bedeutung der Zuordnung eines Vertrags in das zivile oder öffentliche Recht verliert durch diese gemeinsamen Eckpunkte an Schärfe (Einzelheiten Rn. 43 ff., 68 ff., § 59 Rn. 1 ff., § 62 Rn. 2 ff., 22 ff.). Damit nähern sich zivil- und verwaltungsrechtliche Verträge zwar in den Gestaltungsspielräumen und der Rechtsbeständigkeit zwar an, es wäre aber falsch, daraus auf die Unerheblichkeit der Zuordnung in den einen oder anderen Bereich zu schließen. Dies ist eine Konsequenz aus der traditionellen Zweiteilung der deutschen Rechtsordnung in Zivilrecht und Öffentliches Recht mit seinen immer noch unterschiedlichen Freiheiten und Gestaltungsspielräumen.

3. Funktion und Bedeutung des ör Vertrags

9 Der ör Vertrag nach §§ 54 ff. ist Bestandteil und einfachgesetzliche Konkretisierung des rechtsstaatlichen, bürgerfreundlichen Verwaltungsverfahrens. Die grundsätzliche Zulassung von Verträgen zwischen Staat und Bürger in Ausübung ör Verwaltungstätigkeit dient **Rechtsfrieden, Rechtssicherheit** und **Akzeptanz,** ist zugleich Ausdruck eines **veränderten Staat-Bürger-Verhältnisses,** indem neben einseitig imperativen Entscheidungen durch VA zweiseitig kooperatives Verwaltungshandeln als Handlungsform ör Verwaltungstätigkeit zugelassen ist.[17] Tendenziell soll der Bürger nicht mehr nur **Objekt** staatlichen Handelns, sondern mitgestaltender **Partner** sein. In der Grundsatzentscheidung des § 54 kann man auch den Abschied von der Vorstellung sehen, der Staat und die Behörden könnte allein und einseitig besser öffentliche Interessen wahren und durchsetzen. Er erkennt vielmehr durch §§ 54 ff. **Kooperation und Konsens** als „vor die Klammer" gezogenen allgemeinen Rechtsgrundsatz ör Verwaltungstätigkeit im Anwendungsbereich des VwVfG (§§ 1, 2) an. Der Begriff Konsens enger ist als Kooperation: Konsens bedeutet eine (volle) Willensübereinstimmung mit Bindungswirkung durch Vertrag (Rn. 28 ff.) und begrenzt zugleich die Freiheiten der Verwaltung nach Vertragsschlusss (zu Kündigung, Rücktritt vgl. § 62 Rn. 33 ff.; zur Anpassung vgl. § 60).

10 Das Verwaltungshandeln durch ör Vertrag nach §§ 54 ff. ist inhaltlich Ausübung, zugleich aber auch Begrenzung öffentlicher Gewalt i. S. von Art. 19 Abs. 4 GG, denn auch der verwaltungsrechtliche Vertrag ist Handlungsform der gesetzes- und kompetenzgebundenen Staatsgewalt und unterliegt dem **Grundsatz der Gesetzmäßigkeit der Verwaltung** als Ausformung des Rechtsstaatsprinzip (Art. 20 Abs. 1 und 3 GG).

Durch § 54 kommt eine **vierfache Grundsatzentscheidung** zum Ausdruck: 1. die **grundsätzliche Zulässigkeit** von sog. sub- und koordinationsrechtlichen Verträgen in Ausübung ör Verwaltungstätigkeit der Behörden von Bund, Ländern und Kommunen im Rahmen von §§ 1, 2, sodann ist 2. ist § 54 Erlaubnisnorm für Vertragshandeln der Behörden auch **ohne zusätzli-**

---

[16] Vgl. etwa *BGHZ* 91, 84 (97); 93, 372 (381); *BGH* NVwZ 2007, 246 (248), wonach bei einem verwaltungsprivatrechtlichen Subventionsvertrag im Falle der Zweckverfehlung § 49 Abs. 3 VwVfG für anwendbar erklärt wird; zustimmend im Ergebnis *Stober* JZ 2007, 415; *BVerwGE* 92, 56 (64 ff.); zusammenfassend *BVerwG* NVwZ 2007, 820 = DVBl 2007, 969; *Hoffmann-Riem/Schmidt-Aßmann,* Öffentliches Recht und Privatrecht als wechselseitige Auffangordnungen, 1996; *de Wall,* Die Anwendbarkeit privatrechtlicher Vorschriften im Verwaltungsrecht, 1999, 52 ff.; *Gründling,* Modernisiertes Privatrecht und öffentliches Recht, 2006; *Wolff/Bachof* u. a. I, § 23 Rn. 6 ff.; *U. Stelkens,* Verwaltungsprivatrecht, 2005.

[17] Zu pauschal *Waechter* JZ 2006, 166 (170), der dem ör Vertrag undifferenziert „das Stigma der Ungleichheit" beimisst.

che spezialgesetzliche Ermächtigung (sog. Ermächtigungstheorie), 3. enthält § 54 eine **Ermessensermächtigung** i. S. eines fehlerfrei auszuübenden Entschließungs- und Auswahlermessens für den Einzelfall, einen ör Vertrag abzuschließen oder zu unterlassen, 4. die Begrenzung ihrer Zulässigkeit durch **entgegenstehende Rechtsvorschriften,** die sich auf die Handlungsform (= 1. Stufe) und/oder den konkreten Vertragsinhalt (= 2. Stufe) beziehen können (hierzu Rn. 12, 90). Damit sind aber nicht alle Zweifelsfragen entschieden. Dies gilt insbesondere für die nach wie vor noch nicht abgeschlossene Herausbildung einer eigenständigen Systematik des öffentlichen Vertragsrechts,[18] die durch das Zusammentreffen von VwVfG, BGB und Fachrecht erschwert wird.

4. Grenzen der Zulässigkeit

Die grundsätzliche Zulässigkeit ör Verträge findet ihre Schranke an **entgegenstehenden** 11 **Rechtsvorschriften** (zum Begriff Rn. 90 ff.; § 1 Rn. 206 ff.). Mit dieser Formel ist der Grundsatz der **Gesetzmäßigkeit der Verwaltung** i. S. von Art. 20 Abs. 1 und 3 GG zum Ausdruck gebracht. Das bedeutet: Auch Vertragshandeln in Ausübung ör Verwaltungstätigkeit ist an Gesetz und Recht gebunden. Durch die Handlungsform des ör Vertrags ist eine „Flucht in das Vertragsrecht" nicht zugelassen, um gesetzlichen Bindungen zu entgehen. Vertragshandeln ist nur insoweit zulässig und rechtsbeständig, als **gesetzliche Spielräume** auf der Tatbestands- und/oder Rechtsfolgenseite bestehen. Sie werden durch Vertragshandeln gegenüber einseitigem Behördenhandeln durch §§ 54 ff. nicht prinzipiell erweitert. Das bedeutet zugleich auch, dass es im Verwaltungsrecht keine zivilrechtliche Abschluss und Gestaltungsfreiheit mit Dispositionsbefugnissen bis zur Grenze von Gesetzes- und Sittenwidrigkeit (§§ 134, 138 BGB) geben kann, denn die Bindungen durch §§ 54 ff., die sich auf Vertragsform und -inhalt beziehen (Rn. 44 f.), gehen teilweise über das Zivilrecht hinaus.[19]

Entgegenstehende Rechtsvorschriften sind innerstaatlich wirksame Regelungen des Ge- 12 meinschaftsrechts, ausdrückliche Regelungen und allgemeine Rechtsprinzipien des nationalen **Verfassungsrechts** einschließlich der Grundsätze des Vorrangs und des Vorbehalts des Gesetzes sowie des Gleichbehandlungsgebots und des Verhältnismäßigkeitsprinzips, ferner das nationalem Recht vorgehende **Gemeinschaftsrecht** sowie die vielen einfachgesetzlichen (zwingenden) Regelungen in Gesetzen und Rechtsverordnungen des **Bundes- und Landesrechts** (Näheres Rn. 90 ff.). Dazu gehören **auch die §§ 54 ff. selbst** mit den daraus sich ergebenden Begrenzungen der Zulässigkeit ör Verträge hinsichtlich Vertragsform und Vertragsinhalt, konkretisiert vor allem durch die Mitwirkungsbefugnisse für Dritte und andere Behörden (§ 58) und durch die Nichtigkeitsvorschriften des § 59, aus dem sich zugleich ergibt, dass es die Rechtsfigur des „nur" rechtswidrigen ör Vertrags – analog dem rechtswidrigen VA (§§ 44 ff.) – auf der Grundlage der derzeit geltenden Vorschriften nicht gibt (Näheres bei § 59). Ob und inwieweit Rechtsvorschriften einem ör Vertrag entgegenstehen, hängt von den Gestaltungsspielräumen des jeweiligen **Fachrechts** ab. Im Allgemeinen gilt: Je strikter die Bindung, desto geringer die Spielräume für den Abschluss eines ör Vertrags und die bestandskräftige Ausgestaltung seines Inhalts; je größer die Freiheit nach Maßgabe des einschlägigen Rechts, desto mehr Gestaltungsmöglichkeiten bestehen (hierzu noch Rn. 90 ff.).

5. Fortentwicklung der §§ 54 ff. (Bund/Länder-Musterentwurf, 2004)

Die §§ 54 ff. gelten seit **mehr als 30 Jahren unverändert**. Es überrascht deshalb nicht, 13 wenn angesichts der zwischenzeitlich gewonnen Erfahrungen mit den §§ 54 ff. und veränderten Rahmenbedingungen die Frage der Fortentwicklung der Vorschriften zum ör Vertrag diskutiert wird. Der seit 1997 beim Bundesministerium des Innern bestehende, aus Wissenschaftlern und Praktikern bestehende **Beirat Verwaltungsverfahrensrecht**[20] hat sich (auch) dieser Frage angenommen und im Jahr 2000 dem BMI die Einholung wissenschaftlicher Gutachten empfohlen, um auf dieser vertieften wissenschaftlichen Grundlage konkrete Empfehlungen zur Fortentwick-

---

[18] Hierzu etwa *Schmitz,* in: *Hoffmann-Riem/Schmidt-Aßmann,* Verwaltungsverfahren und VwVfG, 2002, 135 ff.; *Ziekow,* Entwicklung und Perspektiven des öffentlich-rechtlichen Vertrags, VerwArch 2003, 593; *Schmidt-Aßmann,* Verwaltungsverfahren und Verwaltungskultur, NVwZ 2007, 40 (41).
[19] *Maurer* DVBl 1989, 798 (802 ff.); *Scherzberg* JuS 1992, 205; ferner § 59 Rn. 1 ff.
[20] Hierzu noch § 1 Rn. 206 ff.

lung der §§ 54 ff. aussprechen zu können. Die vom BMI daraufhin eingeholten **Rechtsgutachten** von *Schuppert*[21] und *Ziekow*[22] haben die Frage nach einer Modernisierung der §§ 54 ff. mit Recht in breit angelegten und umfangreichen Analysen untersucht und umfangreiche Vorschläge für gesetzliche Regelungen vorgelegt. *Schuppert* schlägt darin ein umfassendes und eigenständiges Verwaltungskooperationsgesetz vor, das für zivil- und öffentlich-rechtliches Handeln gleichermaßen gelten soll, *Ziekow* empfiehlt die Einfügung zahlreicher neuer Vorschriften in das VwVfG, mit denen gleichfalls den Belangen der Verwaltungskooperation Rechnung getragen werden soll. Der Beirat Verwaltungsverfahrensrecht ist diesen rechtssystematisch anspruchsvollen, praktisch aber schwer durchsetzbaren Vorschlägen zur Schaffung einer „großen" Lösung für ein neues Verwaltungskooperationsrechts nicht gefolgt, sondern hat in seinem Bericht mit Beschlussvorschlägen[23] in einem ersten, praktisch machbaren Schritt eine **„kleine" Lösung** vorgeschlagen, mit der (zunächst) die vorhandenen Regelungen der §§ 54 ff. in einigen, praktisch derzeit bedeutsamen Problembereichen ergänzt bzw. geändert werden sollen.

Die Konferenz der Verfahrensrechtsreferenten des Bundes und der Länder haben am 21./22. 4. 2004 in München einen **Bund-Länder-Musterentwurf** beraten und beschlossen.[24] Bis zum Redaktionsschluss (31. 8. 2007) war dieser Entwurf aber noch nicht zu einem Regierungsentwurf erstarkt. Damit sollen zwischenzeitliche Erfahrungen mit den §§ 54 ff. berücksichtigt und auch der neueren Entwicklung der Kooperation zwischen Privaten und Behörden Rechnung getragen werden. Die beiden wichtigsten Ergänzungsvorschläge beziehen sich – neben einer Änderung des § 57 zur Schriftform auch bei Briefaustausch (hierzu in § 57) – auf 2 Bereiche, nämlich auf die Einführung einer neuen allgemeinen Vertragsart des Kooperationsvertrags sowie auf Modifikationen der bisherigen Nichtigkeitsregelungen in § 59. Dazu im einzelnen:

14 **a) Kooperationsvertrag (§§ 54, 56 a):** Als dritte neue allgemeine Vertragsart im VwVfG soll neben dem Vergleichsvertrag (§ 55) und dem Austauschvertrag (§ 56) die Rechtsfigur eines sog. Kooperationsvertrags (**§ 54 III, § 56 a n. F.**) in das VwVfG aufgenommen werden. Der Musterentwurf sieht dazu neue Vorschriften vor, die die Modalitäten des Kooperationsvertrags regeln sollen; zugleich soll für diese neue Vertragsart in § 59 Abs. 2 eine neue Nichtigkeitsvorschrift geschaffen werden (hierzu nachfolgend): § 54 Satz 1 und 2 sollen redaktionell bei gleichem Wortlaut in einen Absatz 1 und 2 umbenannt werden. Ein neuer § 54 Abs. 3 soll lauten: *„Die Behörde kann einen öffentlich-rechtlichen Vertrag auch schließen, um Private an der Erfüllung ihrer öffentlichen Aufgaben zu beteiligen; hoheitliche Befugnisse können nur übertragen werden, soweit dies durch Rechtsvorschrift vorgesehen ist."* Zusätzlich soll in einen neuen § 56 a folgende neue Regelung aufgenommen werden: *„Ein öffentlich-rechtlicher Vertrag im Sinne des § 54 Abs. 3 kann geschlossen werden, wenn die Behörde sicherstellt, dass ihr ein hinreichender Einfluss auf die ordnungsgemäße Erfüllung der öffentlichen Aufgabe verbleibt. Die Behörde darf nur einen Vertragspartner auswählen, der fachkundig, leistungsfähig und zuverlässig ist."*[25] Beide neuen Vorschriften gehören zusammen und könnten gesetzestechnisch bei einem unveränderten Wortlaut des § 54 in einem neuen § 56 a zusammengefasst werden.

15 **aa) Signal- und Symbolwirkung:** Einerseits handelt es sich der geplanten neuen Regelung zum Kooperationsvertrag bei strikter Betrachtung an sich nur um eine **Verdeutlichung und Klarstellung** ohne echte konstitutive Bedeutung, denn diese Form der vertraglichen Zusammenarbeit ist schon bisher in der weiten Grundsatzentscheidung des § 54 Satz 1 mit enthalten und von ihr gedeckt. Andererseits hat die Regelung durch die Konkretisierung der Modalitäten konstitutive Bedeutung, zugleich aber auch Symbol- und Signalwirkung, ähnlich wie dies bei Inkrafttreten des VwVfG mit dem sog. subordinationsrechtlichen Vertrags in § 54 Satz 2 der Fall war (Rn. 5).

---

[21] Vgl. *Schuppert,* Grundzüge eines zu entwickelnden Verwaltungskooperationsrechts – Regelungsbedarf und Handlungsoptionen für Public Private Partnerships, veröffentlicht vom BMI in „Verwaltungskooperationsrecht", 2002.
[22] Vgl. *Ziekow,* Verankerung verwaltungsrechtlicher Kooperationsverhältnisse (Public Private Partnerships) im VwVfG, veröffentlicht vom BMI in „Verwaltungskooperationsrecht", 2002.
[23] Text in NVwZ 2002, 834.
[24] Vgl. hierzu Texte bei *Schmitz* DVBl 2005, 1 ff.
[25] *Schmitz* DVBl 2005, 1 (5).

Mit der Anerkennung des neuen Vertragstyps soll der aktuellen Entwicklung mit der zunehmenden Kooperation zwischen Staat und Privatrechtssubjekten und den vielfältigen Formen der Beteiligung Privater an der Erfüllung öffentlicher Aufgaben (zu **ÖPP/PPP-Verträgen** vgl. Rn. 43 ff. und die Literaturnachweise vor Rn. 1) Rechnung getragen. Zugleich soll die vertragliche Kooperation mit Privaten bei der Erfüllung öffentlicher Aufgaben − unterhalb der Ebene der förmlichen Beleihung − „anerkannt" und gleichzeitig etwas kanalisiert werden. Dabei kann über die richtige Fassung der neuen Norm trefflich gestritten werden. Mit der Rechtsfigur eines neuen Kooperationsrechts würde − wie in der Literatur teilweise gefordert (Rn. 13) − nicht schon ein neues Verwaltungskooperationsrecht geschaffen, aber ein **erster Schritt** in die richtige Richtung getan, mit der das geltende Verwaltungsvertragsrecht der §§ 54 ff. nach 30 Jahren den teilweise veränderten Rahmenbedingungen und Erkenntnissen jedenfalls in einigen aktuellen Punkten fortentwickelt wird (zu §§ 57, 59 vgl. nachfolgend).

bb) Begrenzter Anwendungsbereich: Eine neue Regelung zu einem „Kooperationsvertrag" kommt ebenso wie die §§ 54 ff. insgesamt **nach Maßgabe des § 1** zur Anwendung, soweit nicht Rechtsvorschriften inhaltsgleiche oder entgegenstehende Bestimmungen enthalten, und soweit keine Ausnahme vom Anwendungsbereich i.S. von § 2 vorliegt. In § 54 wird − anknüpfend an den allgemeinen Anwendungsbereich des VwVfG nach § 1 − vorausgesetzt, dass es sich um einen Vertrag in Ausübung **öffentlich-rechtlicher Verwaltungstätigkeit** von Behörden auf Bundes-, Landes- oder Kommunalebene handelt. Die auch sonst schwierigen **Abgrenzungsmerkmale** zwischen zivil- und verwaltungsrechtlicher Tätigkeit gelten damit auch für den Anwendungsbereich eines neuen Kooperationsvertrags (Näheres hierzu § 1 Rn. 63 f.; nachfolgend Rn. 68 ff.). Damit fällt der Bereich des sog. **Verwaltungsprivatrechts**[26] grundsätzlich nicht in den unmittelbaren Anwendungsbereich des VwVfG (hierzu Näheres in § 1 Rn. 92 ff. m.w.N. zum Sach- und Streitstand und der Forderung nach Anwendbarkeit zumindest bestimmter ör Rechtsgrundsätze des VwVfG). Denn nach gefestigter höchstrichterlicher Rechtsprechung von BGH und BVerwG − zuletzt bestätigt zum Vergaberecht öffentlicher Aufträge − kann die öffentliche Verwaltung die ihr anvertrauten öffentlichen Aufgaben auch in der Form und den Mitteln des Privatrechts erfüllen, wenn und soweit dem keine öffentlich-rechtlichen Normen oder Rechtsgrundsätze entgegenstehen. Dieses Handeln wird dem Privatrecht zugeordnet, das nur in einzelnen Punkten durch **öffentlichrechtliche Bindungen ergänzt, modifiziert und überlagert** wird.[27] Da das VwVfG aber nach § 1 Abs. 1, § 54 in seinem Anwendungsbereich auf öffentlich-rechtliches Handeln in Ausübung öffentlich-rechtlicher Verwaltungstätigkeit beschränkt ist, würden Vorschriften für einen Kooperationsvertrag zumindest nicht unmittelbar gelten, soweit sie zum Verwaltungsprivatrecht gehören. Jedenfalls dieser praktisch wichtige Teil der Kooperation zwischen Privaten und dem Staat, auch im Bereich der sog. ÖPP/PPP-Verträge (hierzu Rn. 43 ff.), würde nur als allgemeiner Rechtsgrundsatz oder analog zur Anwendung kommen können.[28] Ob und welche seiner verfahrensrechtlichen oder „materiellrechtlichen" Vorschriften der §§ 54 ff. analog oder als Ausdruck allgemeiner Rechtsgrundsätze herangezogen werden können (hierzu § 1 Rn. 96 ff., 277 ff.), ferner was zu den entgegenstehenden, modifizierenden oder überlagernden öffentlich-rechtlichen Bindungen gehört, ist bisher nicht abschließend geklärt.[29]

Auch die im MustE 2004 postulierten strengen Anforderungen, dass in einem Kooperationsvertrag zwischen Staat und Privaten die Behörde einen **hinreichenden Einfluss** auf die ordnungsgemäße Erfüllung der öffentlichen Aufgabe haben muss, ferner dass die Behörde vor Vertragsabschluss die **Fachkunde, Leistungsfähigkeit und Zuverlässigkeit** des Vertragspartners

---

[26] Dazu umfassend *U. Stelkens*, Verwaltungsprivatrecht, 2005.
[27] Vgl. hierzu *BGHZ* 91, 84 (97); 93, 372 (381); *BGH NJW* 1994, 586 (589); *NVwZ* 2007, 246 (248); *BVerwGE* 92, 56 (64 f.); 123, 159 (161); zuletzt *BVerwG* 2. 5. 2007 betr. Vergabe öffentlicher Aufträge, *DVBl* 2007, 969, mit Recht zustimmend *Siegel DVBl* 2007, 942; kritisch *Burgi NVwZ* 2007, 737.
[28] Dazu zuletzt etwa *Stober* JZ 2007, 415 (418); *Siegel DVBl* 2007, 942 (946) plädiert für eine Anreicherung des VwVfG um einen dritten Grundtypus des Verwaltungsverfahrens. Generell: *U. Stelkens*, Verwaltungsprivatrecht, 2005.
[29] Von den Verfahrensregelungen dürften jedenfalls §§ 14, 20, 21, 25, 28, 29, 30, 31 anwendbar sein. Von den materiellrechtlichen Regelungen gilt das Gleichbehandlungsgebot auch im Verwaltungsprivatrecht, vgl. *BVerwG DVBl* 2007, 969 (971) m.w.N.; für Angemessenheit von Leistung und Gegenleistung § 11 Abs. 2 BauGB, ferner als Ausdruck des Verhältnismäßigkeitsprinzips, vgl. *BVerwGE* 123, 159 (165). Es bedarf deshalb jeweils einer Prüfung des Einzelfalls, ob die Voraussetzungen erfüllt sind.

der Behörde zu prüfen hat, deuten auf intensive öffentlich-rechtliche Einwirkungen in „Kooperationsverträge" zwischen Behörden und Privaten hin, die der Sicherstellung des öffentlichen Interesses dienen und möglicherweise für Private hohe Hürden darstellen.[30] Bis zum Redaktionsschluss (31. 8. 2007) lag ein Beschluss der Bundesregierung zur Fortentwicklung der §§ 54 ff. noch nicht vor.

18 **b) Schriftform (§ 57):** Der Bund/Länder-Musterentwurf sieht ferner eine Ergänzung des § 57 um folgenden Satz 2 vor: „*Der Schriftform genügt der Austausch übereinstimmender Erklärungen.*"[31] Damit wird an die neuere Rechtsprechung angeknüpft, die teilweise von § 126 II BGB abweicht (hierzu Näheres bei § 57).

19 **c) Nichtigkeits- und Anpassungsregelungen (§ 59):** Ferner sieht der Musterentwurf eine neue Nichtigkeitsregelung für den Kooperationsvertrag vor. In § 59 soll ein neuer Absatz 2a mit folgendem Wortlaut eingefügt werden: „*Ein Vertrag im Sinne des § 54 Abs. 3 (= Kooperationsvertrag) ist ferner nichtig, wenn die Behörde bei dessen Abschluss nicht sichergestellt hat, dass ihr ein hinreichender Einfluss auf die ordnungsgemäße Erfüllung der öffentlichen Aufgabe verbleibt*".[32] Dies ist einerseits konsequent, wenn Kooperationsverträge bei Ausübung öffentlich-rechtlicher Verwaltungstätigkeit außerhalb des Bereichs des Verwaltungsprivatrechts nicht aus der Verantwortung der öffentlichen Hand geraten sollen. Andererseits kann das die Bereitschaft Privater zum Abschluss von Kooperationsverträgen minimieren, wenn die öffentliche Hand tendenziell das letzte Wort und gewisse Vorrechte behalten will, damit die Nichtigkeit eines Kooperationsvertrags vermieden wird. Mit der in § 59 Abs. 4 des Musterentwurfs enthaltenen **Anpassungsklausel bei nichtigen Austausch- und Kooperationsverträgen** zur Vermeidung der Rückabwicklung (Text in § 59 Rn. 66) soll die bisherige, teilweise problematische Verwaltungspraxis minimiert werden, dass bei einem – vielfach erst nach Jahren in einem Verwaltungsprozess – für nichtig erklärten ör Vertrag notwendigerweise eine Rückabwicklung stattzufinden hat (hierzu § 59 Rn. 9 ff., 65 ff.). Die Anpassung nichtiger Verträge ist rechtssystematisch **auch im Zivilrecht bekannt**, insbesondere in den Rechtsinstituten der Neubestätigung eines nichtigen Vertrags (§ 141 BGB) und der Novation (Schuldersetzung, Schuldumschaffung, § 311 BGB), bei der ein altes Schuldverhältnis mit der Begründung eines neuen Schuldverhältnisses verbunden wird.[33] Auch hierzu lag bei Redaktionsschluss (31. 8. 2007) noch kein Gesetzentwurf der Bundesregierung vor (vgl. ferner § 59 Rn. 65).

6. Auswirkungen der Schuldrechtsreform

20 Das am 1. 1. 2002 in Kraft getretene Schuldrechtsmodernisierungsgesetz vom 29. 11. 2001[34] hat auch auf das öffentliche Vertragsrecht Auswirkungen, denn aufgrund der Verweisung in § 62 Satz 2 finden die Vorschriften des BGB auf den ör Vertrag ergänzende und entsprechende Anwendung.[35] Nach den Übergangsregelungen in Art. 229 EGBGB gilt der Grundsatz: **Alte Verträge – altes Recht, neue Verträge – neues Recht.** Das heißt: Nach Art. 229 § 5 Satz 1 EGBGB gelten die neuen Vorschriften erst für die ab **1. 1. 2002** entstandenen Schuldverhältnisse, bei Dauerschuldverhältnissen gemäß Art. 229 § 5 Satz 2 EGBGB erst mit Wirkung vom **1. 1. 2003**. Für sog. ör Verträge, die vor dem 1. 1. 2002 geschlossen wurden, gilt mithin das alte BGB-Recht weiter (Näheres zu § 62, dort auch zur Normierung von culpa in contrahendo und positiver Vertragsverletzung sowie zur Integration des AGBGB in das BGBen AGBG).

---

[30] Ein „hinreichender Einfluss" kann – je nach dem Vertragsgegenstand – durch gesellschaftsrechtliche Beteiligungen, Einwirkungs-, Kontroll-, Selbsteintritts-, Übernahme- und Vetorechte, ferner durch Genehmigungs- und Abstimmungspflichten des Betreibers, auch bezüglich der Preisgestaltung sowie durch Übernahme- und vorzeitige Kündigungsrechte sichergestellt werden, vgl. hierzu *BVerwGE* 123, 159 (165) zu Verträgen betr. Fernwärmeversorgung. Das vorgesehene weitere Merkmal der Fachkunde, Leistungsfähigkeit und Zuverlässigkeit ist ersichtlich dem Gewerbe- und Vergaberecht entnommen.
[31] Text bei *Schmitz* DVBl 2005, 1 (6).
[32] Text bei *Schmitz* DVBl 2005, 1 (7).
[33] Hierzu statt aller *Palandt/Heinrichs*, BGB, 66. Aufl., 2007, § 141 Rn. 1 ff.; § 311 Rn. 8 ff. jeweils m. w. N.
[34] BGBl I S. 3138; Überblicke hierzu bei *Däubler* NJW 2001, 3729; *Mattheus* JuS 2002, 209.
[35] Hierzu zusammenfassend *Geis* NVwZ 2002, 385; *Gündling*, Modernisiertes Privatrecht und öffentliches Recht, 2006.

§ 54 Zulässigkeit des öffentlich-rechtlichen Vertrages

In rechtssystematischer Sicht bleibt es bei der **Trennung von zivilrechtlichen und öffentlich-rechtlichen Verträgen,** denn daran ist durch die Schuldrechtsreform im Ergebnis nichts geändert worden. Erstere unterlagen und unterliegen nach wie vor der Privatautonomie, deren Grenzen erst bei einer Verletzung der Sittenwidrigkeit und den Verbotsgesetzen i.S. von §§ 134, 138 BGB überschritten sind. Der ör Vertrag ist einer freien Disposition der Vertragspartner nicht zugänglich, daher an die vom Zivilrecht abweichenden Grundsätze der Gesetzmäßigkeit der Verwaltung gebunden (hierzu Rn. 82 ff.). Da in einem ör Vertrag vielfach Regelungsgegenstände auch des Zivilrechts enthalten sind, besteht die schwierige Frage der ganzen oder teilweisen Zuordnung eines solchen Vertrags mit Mischelementen in den einen oder Bereich (hierzu 77 ff.). Durch die Schuldrechtsreform wurden die **Verjährungsvorschriften** (§§ 194 ff. BGB) geändert, das – über § 62 Satz 2 auch auf ör Verträge entsprechend und ergänzend anwendbare – **Leistungsstörungsrecht** (§§ 275 ff. BGB) teilweise erheblich geändert sowie die bisher nur richterrechtlich entwickelten Institute der **culpa in contrahendo** und der positiven **Vertragsverletzung** nunmehr kodifiziert, schließlich die Verbraucherschutzgesetze (u. a. das **AGBG**) in das BGB integriert (zu alledem § 62 Rn. 22 ff. m.w.N.).

7. Doppelnatur des ör Vertrags

Der ör Vertrag hat wie der Verwaltungsakt doppelte Bedeutung und Funktion:

a) Er ist zunächst **Bestandteil und Ergebnis eines VwVf** im Sinne des § 9. Die auf den Abschluss eines Vertrages nach außen wirkende Tätigkeit der Behörden einschließlich des Vertragsabschlusses gehört zu dem Verfahrensinstrumentarium der Behörden. Durch diese Einordnung erklärt und rechtfertigt sich die in § 62 Satz 1 angeordnete Geltung der übrigen Vorschriften des VwVfG, soweit sich aus §§ 55 bis 61 nichts Abweichendes ergibt. Das Handeln der Behörde muss nicht von Anfang an auf den Abschluss eines ör Vertrags „gerichtet" sein, sondern kann sich erst im Verlauf und als Ergebnis des VwVf ergeben, wenn sich die Vorteile einer Vertragslösung gegenüber einseitigem Verwaltungshandeln ergeben. Zu Einzelheiten der Anwendung von Vorschriften des VwVfG auf ör Verträge vgl. § 62 Rn. 6 ff. Verfahrensfehler sind für den Bestand des ör Vertrags nur dann relevant, wenn dadurch seine Nichtigkeit und Unwirksamkeit nach § 59 entsteht.

b) Der ör Vertrag ist zugleich **materiellrechtliches Rechtsgeschäft,** weil er auf die Begründung, Änderung oder Aufhebung eines ör Rechtsverhältnisses abzielt und zwischen den Vertragsparteien bindende Wirkung hat (hierzu Rn. 84 ff.). Materiellrechtliche Fehler des Vertrags sind nur im Rahmen von § 59 in Verbindung mit dem jeweils einschlägigen Fachrecht rechtserheblich (Näheres bei § 59).

8. Eingeschränkter Anwendungsbereich

§§ 54 bis 62 kommen nur im Rahmen von §§ 1, 2 VwVfG zur Anwendung; das VwVfG enthält daher **keine allgemeine Regelung für die gesamte ör Rechtsordnung.** §§ 54 ff. sind daher nur anwendbar, wenn es sich i.S. von § 1 Abs. 1 um ör Verwaltungstätigkeit handelt, keine entgegenstehenden Rechtsvorschriften bestehen und keine Ausnahmen vom Anwendungsbereich gemäß § 2 vorliegen. Zur Geltung des VwVfG im Verwaltungsprivatrecht vgl. Rn. 16; § 1 Rn. 92 ff. Zur Subsidiarität § 1 Rn. 206 ff.

§§ 54 ff. gelten daher nach § 2 Abs. 2 Nr. 1 und Nr. 4 **nicht** im Bereich des **Abgaben- und Sozialbereichs,**[36] weil in §§ 53 ff. SGB X eine eigenständige Regelung vorhanden ist. In der AO fehlen Parallelregelungen zu §§ 54 ff. (vgl. hierzu Rn. 124 ff.)

Unanwendbar sind §§ 54 ff. im **Prüfungs- und Leistungsbewertungsrecht,** weil § 2 Abs. 3 Nr. 2 diese Vorschriften ausdrücklich ausklammert. Das Vertragsverbot bezieht sich aber nur auf die sog. inneren Prüfungsangelegenheiten, insbesondere die Notenfestsetzung, nicht zugleich auch auf die sog. äußeren Angelegenheiten, die der Leistungsbewertung vorangehen oder mit ihr in keinem Zusammenhang stehen.[37]

---

[36] Hierzu etwa *Kretschmer,* „Sozialhilfe" durch Vertrag, DÖV 2006, 893 m.w.N. aus der sog. „Hartz"-Gesetzgebung.
[37] Vgl. *VG Berlin* NJW 2000, 2040; ferner *VG Braunschweig* NJW 2005, 696 betr. Klassenfahrten. Näheres auch § 2 Rn. 127 ff.

27 §§ 54 ff. kommen hingegen – auch bei Gesetzen, die vor Inkrafttreten des VwVfG vorhanden waren – **ergänzend und lückenschließend** überall dort zur Anwendung kommen, wo keine entgegenstehenden Rechtsvorschriften vorhanden sind. Damit erfüllen die §§ 54 ff. – entsprechend der Grundkonzeption des VwVfG – ihre „vor die Klammer gezogene" Harmonisierungs- und Ergänzungsfunktion in allen Rechtsgebieten im Anwendungsbereich des VwVfG. Auch **normative Teilregelungen** werden daher im Zweifel durch §§ 54 ff. ergänzt, sofern nicht das Spezialrecht inhaltsgleiche oder entgegenstehende Rechtsvorschriften enthält (hierzu § 1 Rn. 186 ff.).

II. Vertrag

1. Rechtsnatur

28 **a) Konsens, Bindungswille, Erklärungsbewusstsein:** Der ör Vertrag ist wie der Vertrag in der übrigen Rechtsordnung die von zwei oder mehreren beteiligungs- und handlungsfähigen (§§ 11, 12) Rechtssubjekten erklärte **Willensübereinstimmung** über die Herbeiführung einer von den Vertragspartnern (zur Rechtsstellung begünstigter oder belasteter Dritter vgl. Rn. 30, 47) beabsichtigten (finalen) bestimmten rechtlichen Wirkung. Jeder Vertragsteil kann dabei von einem eigenständigen Interesse ausgehen. Der ör Vertrag hat die gleiche Grundstruktur wie jeder Vertrag in allen anderen Rechtsgebieten. Sein Wesen besteht in der auf Grund der Willenseinigung herbeigeführten Rechtswirkung mit **Bindung** zwischen den Beteiligten, der die Rechtsordnung Anerkennung zollt (zur Rechtsnatur die Behördenentscheidung vgl. Rn. 38). Der Vertrag (ebenso auch ein Vorvertrag[38]) nach § 54 setzt also mindestens zwei übereinstimmende (schriftliche, § 57) Willenserklärungen verschiedener Rechtssubjekte voraus, die allein oder in Verbindung mit anderen Tatbestandsmerkmalen eine Rechtsfolge herbeiführen, weil diese **beiderseitig gewollt ist** (zum Erfordernis von Vertragsverhandlungen vgl. Rn. 31; zur Frage der Urkundeneinheit § 57 Rn. 19 ff.). Durch diese erst und nur auf Grund der Willensübereinstimmung erzielte Einigung erhält der Vertrag als mehrseitiges Rechtsgeschäft sein finales Gepräge. In ihm legen die Vertragspartner gemeinsam fest, was zwischen ihnen verbindlich sein soll.

29 Erforderlich ist daher ein von einem Erklärungsbewusstsein getragener beiderseitiger rechtlicher Bindungswille.[39] Die ausdrückliche Bezeichnung als „Vertrag" oder „Vereinbarung" ist nicht entscheidend: Ob eine rechtliche Bindung durch Konsensualakt mit Begründung, Änderung oder Aufhebung eines Rechtsverhältnisses vorliegt, ist Auslegungsfrage im Einzelfall.[40] Die allgemeinen Grundsätze über die (ggfls. auch ergänzende) **Auslegung** von Willenserklärungen am Maßstabe der §§ 133, 157 BGB gelten auch für ör Verträge entsprechend (hierzu Rn. 33 ff.).[41]

30 **b) Rechtsstellung Dritter:** Nicht erforderlich ist, dass der mit dem Vertrag beabsichtigte rechtliche Erfolg allein auf Grund der beiderseitigen Willenserklärungen der Vertragspartner eintritt. Unter Umständen müssen außer ihrer Willenseinigung noch weitere Bedingungen eintreten, von deren Vorhandensein die Rechtswirksamkeit des ör Vertrags abhängt, z.B. die für die Beendigung einer schwebenden Unwirksamkeit notwendige **Zustimmung eines Dritten** oder einer andern an der vertraglichen Regelung **mitbeteiligten Behörde** (§ 58). Nicht notwendig ist, dass allein die Vertragspartner die Berechtigten und Verpflichteten eines ör Vertrags sind. Zulässig sind auch verwaltungsrechtliche Verträge **zugunsten Dritter** (§ 62 S. 2 i.V.m. §§ 328 ff. BGB, vgl. noch Rn. 57); grundsätzlich unzulässig hingegen Verträge **zu Lasten Dritter** (vgl. § 58 Rn. 8). Auch ein ör Vertrag mit **Schutzwirkung** für Dritte ist denkbar, sofern bestimmte oder bestimmbare Personen erkennbar in den Schutzbereich des Vertrags einbezogen

---

[38] Vgl. *BGH* NJW 1984, 479 und NJW 1986, 2822.
[39] Vgl. *Maurer*, Allgemeines Verwaltungsrecht, § 14 Rn. 18 ff.; *Wolff/Bachof* u. a. I, § 53 Rn. 5; zum zivilrechtlichen Vertrag vgl. BGHZ 21, 101 (106); 56, 204 (208).
[40] Vgl. BVerwGE 25, 72 (78); 84, 257 (264); BGHZ 121, 14 (16); *BGH* NJW 2001, 2535; JZ 2007, 415 (416).
[41] Vgl. etwa BVerwGE 84, 257 (264); BGHZ 84, 257; 90, 310; *BGH* NVwZ-RR 2003, 874.

sind und dies (ausnahmsweise) nach den Erklärungen der Vertragsparteien oder ihrem objektiven Verhalten anzunehmen ist (§ 58 Rn. 24).[42]

2. Zustandekommen

a) Angebot, Annahme, Vertragsverhandlungen: Der verwaltungsrechtliche Vertrag 31 (ebenso ein schriftlicher Vorvertrag[43]) kommt durch stets schriftliches **(§ 57),** von einem entsprechenden Erklärungsbewusstsein getragenes **Angebot** und einer entsprechenden **Annahmeerklärung** zustande (zur Frage der Urkundeneinheit vgl. § 57). §§ 145 ff. BGB finden ergänzende Anwendung (§ 62 Satz 2), soweit die Grenzen der entsprechenden Anwendung zivilrechtlicher Vorschriften im öffentlichen Recht reichen und soweit sich nicht aus dem VwVfG etwas anderes ergibt (§ 57 Rn. 19 ff.; § 62 Rn. 11 ff.).[44] Da der Vertragsabschluss selbst ein VwVf beendet (§ 9), muss im Einzelfall am Maßstab insbesondere der §§ 145 ff. BGB festgestellt werden, von welchem Zeitpunkt und durch welches Verhalten das Verwaltungshandeln als auf den Abschluss eines ör Vertrags gerichtet zu betrachten ist, weil – wie nunmehr der über § 62 Satz 2 anwendbare § 311 Abs. 2 BGB klarstellt – mit der Anbahnung eines Vertrags bzw. der Aufnahme von Vertragsverhandlungen ein ör **Schuldverhältnis** entsteht.[45] Das VwVfG kann also aus unterschiedlich zu behandelnden Abschnitten bestehen. Auch aus ör (Neben-) Pflichten können sich nach den Umständen des Einzelfalls Auskunftsgebote für die Behörde ergeben, dass und warum kein ör Vertrag geschlossen wird (vgl. § 62 Satz 1 i.V.m. den übrigen Vorschriften des VwVfG).[46] Wegen des Erfordernisses der Schriftform für Angebot und Annahme (§ 57 Rn. 7 ff.) kommt eine **konkludente Willenseinigung nicht** in Betracht (zu sog. faktischen Vertragsverhältnissen Rn. 33, zu Anstaltsnutzungsverhältnissen Rn. 45 ff.).

Normalerweise werden die beiderseitigen Willenserklärungen freiwillig abgegeben. Einen 32 **Kontrahierungszwang** kann es nur dann geben, wenn dies normativ – etwa für Teilbereiche der Daseinsvorsorge, z.B. für die Versorgung mit Strom und Gas – angeordnet ist.[47] Die in der Literatur teilweise thematisierte Figur des **„unfreiwilligen" ör Vertrags** mit der öffentlichen Hand[48] versteht darunter solche Verträge, bei denen „Angebotsdruck" der öffentlichen Hand so groß ist, dass dem Begünstigten faktisch keine reale Alternative als der Abschluss des Vertrags bleibt. Das gilt vor allem bei sog. **standardisierten** (Formular-)**Verträgen,** bei denen sich die Behörde im Interesse der **Gleichbehandlung** gleichgelagerter Fälle – etwa im Städtebau-, Bauplanungs- und -erschließungsrecht – auf Sonderregelungen nicht einlassen darf.[49] Auch in solchen Fällen liegt kein einseitiges Rechtsgeschäft vor, das nur „in der Form eines Vertrags" geschlossen wird.[50] Wenn sich eine Vertragspartei – wie etwa bei Allgemeinen Geschäftsbedingungen (hierzu noch zu § 62) – mit den vorformulierten Vertragsinhalt einverstanden erklärt, kommt ein Vertrag zustande. „Unterwirft" sie sich den standardisierten Bedingungen, kann der Vertrag nichtig sein, sofern unverhältnismäßiger Druck der öffentlichen Hand ausgeübt worden ist. Es bleiben dann die normalen Anfechtungsmöglichkeiten nach § 62 Satz 2 i.V.m. §§ 116 ff. BGB (Näheres bei § 62 Rn. 26 ff.) und die Nichtigkeitsgründe des § 59 Abs. 1 i.V.m. §§ 134, 138 BGB (Näheres bei § 59 Rn. 49 ff.), mit denen angemessene Lösungen erreicht werden können, ohne dass die Strukturen des ör Vertrags aufgelöst werden.

Vertragsverhandlungen sollten, müssen einem Vertragsschluss als Wirksamkeitsvoraus- 32 a setzung nicht vorausgegangen sein. Auch die Unterzeichnung von – vielfach im Interesse der Gleichbehandlung gleichgelagerter Fälle entworfener – Muster- oder Formularverträgen, bei denen faktisch keine Möglichkeit zur freien Vereinbarung eines speziellen Vertragsinhalts be-

---

[42] *BGHZ* 51, 91 (96); *BGH NJW* 1964, 33 (34) und *MDR* 1984, 296.
[43] Vgl. *Ritzinger* NJW 1990, 1201; *Schmidt* DNotZ 1990, 708.
[44] *Wolff/Bachof* u.a. I, § 53 Rn. 5, § 54.
[45] Hierzu *Keller,* Vorvertragliche Schuldverhältnisse im Verwaltungsrecht, 1997; zur culpa incontrahendo vgl. § 62 Rn. 45 ff.
[46] Vgl. § 9 Rn. 21 ff.; *BGH NJW* 1992, 1159 zu Beratungspflichten eines beteiligten Rechtsanwaltes bei nicht zulässiger Vertragsgestaltung, insbesondere zur Vermeidung eines gesetzlichen Verbots nach § 134 BGB, hierzu § 59 Rn. 28 ff.
[47] Einzelnachweise insoweit bei *Palandt/Heinrichs,* Rn. 8 vor § 145 m.w.N.
[48] Vgl. *Schilling* VerwArch 1996, 191.
[49] So ausdrücklich *BGH* NVwZ 2003, 371 (373) zum Verbot, bei gleicher Sachlage unterschiedliche Vertragsbedingungen auszuhandeln.
[50] *Schilling* VerwArch 1996, 191 (199).

steht, ändert an der Vertragsqualität nichts.[51] Die Freiheit beim Vertragsschluss besteht dann darin, den (möglicherweise in Parallelverfahren ausgehandelten) einzelnen Vertragsbedingungen sich „zu unterwerfen", Sonderklauseln auszuhandeln oder auf den Vertragsabschluss zu verzichten. In ersterem Fall ist aber zu prüfen, ob ein solcher Vertrag etwa wegen Missbrauchs von Hoheitsgewalt rechtsbeständig ist (vgl. zu § 59).

33   b) **Faktisches Vertragsverhältnis:** Ein faktisches Vertragsverhältnis bzw. ein Vertrag durch konkludentes Tun im Bereich sozialtypischen Verhaltens, deren Anerkennung auch im öffentlichen Recht teilweise für notwendig gehalten wird,[52] ist denkbar insbesondere bei der rein tatsächlichen Inanspruchnahme von öffentlichen Versorgungseinrichtungen, etwa bei Verkehrs- und Versorgungsbetrieben, Museen, Schwimmbädern, Parkplätzen usw. Im Zivilrecht ist auf der Grundlage der Lehre vom sog. faktischen Vertrag[53] streitig, ob es auf einen Rechtserfolg gerichteter Willenserklärungen bedarf, ob sie ausdrücklich erklärt sein müssen oder konkludent abgegeben werden können oder ob die rein tatsächliche Inanspruchnahme Erklärungscharakter hat.[54] Regelmäßig werden (Be-)Nutzungsverhältnisse jedenfalls wegen der fehlenden Schriftform (§ 57) aus dem Anwendungsbereich der §§ 54 ff. ausscheiden, sofern es sich um ör Verträge handelt (Rn. 45 ff.). Abweichende Regelungen insbesondere im Landesrecht, sofern vorhanden, haben Vorrang.

34   c) **Bestimmtheitserfordernisse, Auslegung:** Der Gegenstand des Vertrages und die vereinbarten Regelungen müssen bestimmt oder genügend bestimmbar sein. Die Auslegung von Verträgen hat vom **Wortlaut** der Vereinbarungen und dem diesem zu entnehmenden objektiv erklärten **Parteiwillen** auszugehen.[55] Unklare oder mehrdeutige Formulierungen des Vertragstextes schaden nicht, wenn die sich daraus ergebenden Zweifel im Wege der Auslegung, zu der auch außerhalb der Vertragsurkunde liegende Umstände herangezogen werden dürfen, behoben werden können. Aus dem Inhalt der Vertragserklärungen selbst müssen sich aber zureichende **Anhaltspunkte** für die Auslegung ergeben, dass ein Vertrag gewollt war und welchen konkreten Inhalt er haben soll (sog. Andeutungstheorie). Gegenstand und Zweck von vertraglichen Rechten und Pflichten dürfen nicht ausschließlich anhand von Umständen ermittelt werden, die außerhalb der Vertragsurkunden liegen.[56] Ob die Willenserklärungen übereinstimmen und welcher Inhalt vereinbar war, ist eine Frage der **Auslegung** im Einzelfall. **§§ 133, 157 BGB** als Ausdruck allgemeine Rechtsgrundsätze sind entsprechend anwendbar und stellen revisibles Recht dar.[57] Vertragszweck und -inhalt müssen unter Berücksichtigung des erklärten Parteiwillens und unter Berücksichtigung von Treu und Glauben ermittelt werden (zum Erklärungsbewusstsein vgl. Rn. 28, 29). Bei mehreren Auslegungsmöglichkeiten eines Vertrages ist diejenige Auslegung zu wählen, die nicht zur Nichtigkeit führt, wenn sie dem objektiven Willen der Parteien nicht ausdrücklich zuwider läuft und sich innerhalb der Auslegungsschranken der §§ 133, 157 BGB hält.[58] Auch eine **ergänzende Vertragsauslegung** ist zulässig, wenn eine Vereinbarung der Parteien in einem regelungsbedürftigen Punkt fehlt, wobei der Grund für die „Lücke" unerheblich ist.[59] Abzustellen ist bei einer solchen Ergänzung darauf, was die Parteien bei einer angemessenen Abwägung ihrer Interessen nach Treu und Glauben als **redliche Vertragspartner** vereinbart haben würden, wie sie den von ihnen nicht geregelten Fall bedacht hätten.[60] Der wirkliche Parteiwille steht der Annahme eines nur hypothetischen Parteiwillens entgegen, so dass die Umstände des Einzelfalls maßgebend sind. Ob es schlechthin unzulässig ist, eine unangemessene Gegenleistung nicht in eine angemessene zu ändern,[61] ist angesichts der Bemü-

---

[51] *OVG Münster,* Urt. vom 12. 7. 1983 – 7 A 738/82 –; *BGHZ* 29, 76 (80); 33, 230 (233); *BGH* NVwZ 2003, 371.
[52] Vgl. *Degenhart,* Faktische Vertragsverhältnisse im Verwaltungsrecht, AöR Bd. 103 (1978), S. 163 ff.
[53] Grundlegend *Haupt,* Über faktische Vertragsverhältnisse, 1941.
[54] Vgl. *BGHZ* 21, 319 (333 f.); 23, 175: faktische Inanspruchnahme reicht aus; ebenso *BVerwGE* 51, 92 zum Postbenutzungsverhältnis; *Brox,* Allgemeines Schuldrecht, 19. Aufl., 34 ff. m. w. N.
[55] *BGHZ* 121, 14 (16); 124, 39 (44); *BGH* NJW 2001, 2535; NVwZ 2007, 246 (247).
[56] *BVerwGE* 84, 236 (242); *BGH* NJW 1989, 1484.
[57] Vgl. *BVerwGE* 84, 257 (264); *BVerwG* NVwZ 2003, 874.
[58] *BVerwGE* 84, 257; *OVG Münster* NVwZ 1992, 989; *VGH München* BayVBl 1977, 246.
[59] *BGH* DVBl 1982, 1089.
[60] *BVerwGE* 60, 162 (175 ff.); *BVerwG* NVwZ-RR 1998, 302 (304); *BGHZ* 9, 273 (277); *BGH* NJW 1981, 219 und DVBl 1982, 1090.
[61] So *BVerwG* NVwZ-RR 1998, 302 (304); zustimmend *Ziekow,* VwVfG, § 54 Rn. 19.

hungen des Gesetzgebers um eine Abmilderung der Nichtigkeitsfolgen bei einer nur leicht ungleichgewichtigen (Gegen-)Leistung fraglich, denn auch im Zivilrecht ist eine Umdeutung und die Bestätigung eines nichtigen Vertrags (§§ 140, 141 BGB) grundsätzlich zulässig.[62] Ein nach § 58 unwirksamer oder nach § 59 nichtiger ör Vertrag kann, soweit es sich um die Verpflichtungen der Behörde handelt, in der Regel nicht in eine (rechtswidrige) einseitige Zusicherung i. S. des § 38 umgedeutet werden, aus der die Herstellung eines rechtswidrigen Zustandes verlangt werden könnte.[63]

35 d) **Rechtsnatur der Willenserklärungen:** Die auf den Abschluss eines ör Vertrags gerichteten Willenserklärungen von **Behörden** sind hoheitliche Handlungen, die auf Grund von öffentlich-rechtlichen Rechtssätzen einem Subjekt hoheitlicher Gewalt zugerechnet werden, ör Inhalt und ör Folgen haben.[64]

36 Die Entscheidung der Behörde über den Abschluss oder Nichtabschluss eines Vertrages ist eine **ör Willenserklärung ohne VA-Charakter**,[65] denn ein VA und eine Vertragserklärung haben unterschiedliche Rechtsqualität und sind auf unterschiedliche Ziele gerichtet (Rn. 28). Ferner regelt die Entscheidung als solche nichts, einen ör Vertrag schließen zu wollen oder nicht. Ihr fehlt zudem das Merkmal der Unmittelbarkeit der Rechtswirkung. Auch aus der Beteiligtenstellung kann für die VA-Qualität nichts abgeleitet werden. Die am Vertragsschluss nicht beteiligten Dritten oder Behörden sind durch § 58 hinreichend geschützt. Der VA-Konstruktion bedarf es daher mit der vorgenannten h. M. nicht. Die Zustimmung zu einem Vertragsschluss kann ausnahmsweise allenfalls dann erzwungen werden, wenn ein Fall der Ermessensreduzierung auf Null vorliegt. Nichtabschluss begründet in der Regel keinen Schadensersatzanspruch, sofern nicht schutzwürdiges Vertrauen besteht.[66]

37 Die Willenserklärungen **privater Rechtssubjekte** sind zwar Zivilhandlungen, haben aber öffentlich-rechtliche Rechtswirkungen und werden ihnen auf Grund öffentlich-rechtlicher Rechtssätze zugerechnet.[67]

38 Die Voraussetzungen über die **Wirksamkeit und Gültigkeit** der Willenserklärungen von privaten und öffentlich-rechtlichen Rechtssubjekten beim Vertrag nach §§ 54 ff. richten sich gemäß § 62 Satz 1 nach den Regeln des öffentlichen Rechts (z. B. §§ 11, 12 VwVfG), wobei Vorschriften und Rechtsinstitute des Bürgerlichen Rechts ergänzende Anwendung finden (§ 62 S. 2). §§ 104 ff., 116 ff., 164 ff., 177 ff. BGB sind daher grundsätzlich entsprechend heranzuziehen, soweit nicht die VwVfGe von Bund und Ländern entgegenstehende Vorschriften enthalten,[68] z. B. § 12 im Verhältnis zu §§ 104 ff. BGB (Näheres bei § 62).

3. Abgrenzung von anderen Kooperationsformen

39 a) **Mitwirkungsbedürftiger VA.** Der Vertrag nach §§ 54 ff. unterscheidet sich vom **VA** wesensmäßig dadurch, dass auch der mitwirkungsbedürftige **VA** kraft behördlicher Entscheidung auf die einseitige Herbeiführung von Rechtswirkungen gerichtet ist. Der Vertrag hingegen ist ein zwei- oder mehrseitiger Akt, der erst und nur durch übereinstimmende, von einem entsprechenden Erklärungsbewusstsein getragene und auf einen Rechtserfolg gerichtete Willenser-

---

[62] Vgl. *BVerwGE* 48, 166 – Umdeutung einer nichtigen Steuerbefreiung in einen Steuererlass –; *BVerwG* NJW 1980, 2538 – keine Umdeutung einer nichtigen Bebauungsplanverpflichtung in eine Befreiungsverpflichtung nach § 31 Abs. 2 BBauG –; ferner auch *OVG Münster* NJW 1981, 1328 (1329); BGHZ 76, 16 (22).
[63] *BVerwG* NJW 1988, 663.
[64] Zu Auslegung, Bindung, Widerruf und Anfechtung verwaltungsrechtlicher Willenserklärungen zusammenfassend *Kluth* NVwZ 1990, 608 m. w. N.; zu Willensmängeln vgl. Rn. 38 ff.
[65] Ebenso *VGH München* NJW 1978, 2410, 2411; *OVG Münster* NVwZ 1984, 522; *Friehe* JZ 1980, 516, 519 und DÖV 1980, 673, 675; *Ehlers* VerwArch 1983, 119; *Henneke* in Knack, § 54 Rn. 9; *Obermayer*, VwVfG, § 54 Rn. 12; *Knuth* JuS 1986, 523; nunmehr auch *Kopp/Ramsauer*, § 54 Rn. 20 unter Aufgabe der früheren Auffassung; a. A. noch *Kopp* BayVBl 1980, 609; ähnlich *Bleckmann*, Subventionsrecht, 1978, S. 148 für staatliche Zuwendungen.
[66] Vgl. zur c. i. c. § 62 Rn. 45 ff. m. w. N.; BGHZ 76, 343 (349); BGH BB 1996, 1238.
[67] Vgl. hierzu *G. Küchenhoff*, in Festschrift für Laufke, 1971, S. 271 ff.; *Wolff/Bachof/Stober* I, § 36 II c 2; *Middel*, Öffentlich-rechtliche Willenserklärungen von Privatpersonen, 1971, S. 22 ff.; *Krause*, VerwArch 1970, S. 297 ff.; *ders.* NJW 1979, 1077; *Heiß/Hablitzel* DVBl 1976, 93.
[68] *OVG Koblenz* DVBl 1984, 281 – zu § 124 BGB –; *Krause* VerwArch 1970, 297 ff.

§ 54 40, 41   Teil IV. Öffentlich-rechtlicher Vertrag

klärungen – also stets durch Konsens – zustande kommt, und auch seinen Inhalt durch diesen finalen Konsens erhält. Die Mitwirkung des Betroffenen bei der Verwaltungstätigkeit ist anders als im Zivilrecht nicht stets ein untrügliches Zeichen für ein Rechtsgeschäft.[69] Ein **VA**, der auf Antrag oder sonstige Mitwirkung ergeht, bleibt ein **einseitiger Akt** und bringt noch keinen Vertrag hervor, auch wenn er dem Willen des Betroffenen oder des Adressaten ganz oder teilweise entspricht. Die Zustimmung des Adressaten ist mithin nur Voraussetzung für die Wirksamkeit, nicht aber für das Zustandekommen des VA.[70] Fehlt die Mitwirkung des Adressaten, kann die Rechtsfolge Nichtigkeit des VA sein (vgl. §§ 35, 44 ff.). In einem Antrag auf Erlass eines VA liegt in aller Regel auch nicht sinngemäß zugleich oder hilfsweise das Angebot auf Abschluss eines ör Vertrags; er kann dahin grundsätzlich nicht aus- oder umgedeutet werden. Zu prüfen ist stets, ob sich die Beteiligten durch übereinstimmende Willenserklärung rechtsgeschäftlich binden wollen bzw. können, und ob der Inhalt auf ihrem übereinstimmenden Willen beruht. In Zweifelsfällen ist auf den **actus contrarius** abzuheben: Ein **VA** kann von der Behörde einseitig aufgehoben werden, sofern dem nicht ein Vertrauenstatbestand entgegensteht (§§ 48, 49); ein ör Vertrag bedarf gemäß § 54 Satz 1 hingegen grundsätzlich einvernehmlicher Änderung oder Aufhebung.[71]

40   **b) Informelles/schlichtes Verwaltungshandeln:** Neben einseitig erlassenen VA, ör Verträgen und verwaltungsrechtlichen (ein- oder mehrseitigen) Schuldverhältnissen (hierzu Rn. 44 ff.) spielen in der Verwaltungspraxis zunehmend – vor oder nach Beginn eines VwVf – formlose und „informelle" **Verständigungen, Agreements** oder sonstige **faktische Absprachen unterhalb der** förmlichen **Vertragsebene** eine Rolle. Bei ihnen werden oftmals in Vorverhandlungen und Kooperationen zwischen Behörde und Beteiligten wesentliche Fragen des Sachverhalts und/oder der Auslegung und Anwendung der materiellen Rechtslage eines Vorhabens und die dazu notwendigen tatsächlichen bzw. rechtlichen Erfordernisse abgeklärt und abgestimmt. Ob derartige **Vorklärungen** auf den Erlass eines VA, den Abschluss eines förmlichen schriftlichen (§ 57) ör Vertrags i. S. der §§ 54 ff., ein nur vertragsähnliches einvernehmliches Verwaltungshandeln ohne vertragliche Bindung oder ein sonstiges Verwaltungshandeln gerichtet sind, ist unter Berücksichtigung des Gesamtverhaltens beider Seiten für den Einzelfall zu prüfen.[72] Zu solchen faktischen Verhaltensweisen (sog. schlichtes Verwaltungshandeln) gehören auch **öffentliche Hinweise, Informationen, Warnungen, Empfehlungen oder Duldungen** (vgl. § 1 Rn. 274 ff.).[73]

41   Die vorgenannten Handlungsarten werden terminologisch uneinheitlich und unterschiedlich teils **informelles**[74] bzw. **informales,** teils **kooperatives,**[75] teils **schlichtes**[76] **Verwaltungshandeln** genannt oder zu den **Realakten**[77] gerechnet. Eine begriffliche und inhaltliche Trennung, Zuordnung und Abgrenzung einschließlich der Rechtswirkungen der unterschiedlichen Verhaltensweisen ist derzeit nicht erkennbar. Kontakte, Gespräche, Informationen oder Auskunftbegehren gehören zum normalen Instrumentarium vor, im, nach oder unabhängig von einem VwVf und sind **nicht** von vornherein oder schlechthin rechtlich **unzulässig** oder sys-

---
[69] *BVerwGE* 25, 72 (78); *BVerwG* NJW 1984, 2113.
[70] *Ule/Laubinger* § 48 Rn. 21.
[71] Vgl. zur Abgrenzung zwischen Vertrag und Verwaltungsakt *BVerwGE* 25, 72; *BVerwG* NJW 1984, 2113; *Wolff/Bachof* u. a. I, § 44 II a 2.
[72] *Bulling,* Kooperatives Verwaltungshandeln (Vorverhandlungen, Arrangements, Agreements und Verträge), DÖV 1989, 277; *Hill* (Hrsg.), Verwaltungshandeln durch Verträge und Absprachen, 1990 (mit zahlreichen Einzelbeiträgen); *Hoffmann-Riem/Schmidt-Aßmann* (Hrsg.), Konfliktbewältigungen - Informelle und mittlerunterstützte Verhandlungen im Verwaltungsverfahren, Bd. 1, 1990; *Holznagel,* Konfliktlösung durch Verhandlungen, 1990; *Kloepfer,* Zu den neuen umweltrechtlichen Handlungsformen des Staates, JZ 1991, 737; *Kasper,* Informales Verwaltungshandeln in den neuen Bundesländern Deutschlands, LKV 1991, 33; *Kunig,* Verträge zwischen Verwaltung und Privaten, DVBl 1992, 1193; hierzu auch *Lecheler* Bay-VBl 1992, 545; *Burmeister/Krebs* u. a., Verträge und Absprachen zwischen Verwaltung und Privaten, VVDSt-RL 1993, 190 ff.; *Schneider,* Kooperative Verwaltungsverfahren, VerwArch 1996, 38; ferner § 9 Rn. 162 ff.
[73] Vgl. hierzu *Körner,* Informelles Verwaltungshandeln im Umweltrecht – Eine Untersuchung seiner Zulässigkeit, Grenzen und Rechtsfolgen, Diss. Potsdam, 1999.
[74] Vgl. *Maurer,* § 15 Rn. 14 ff.; *Kloepfer* JZ 1991, 737, 739; *Kasper* LKV 1991, 33.
[75] So *Hill* NJW 1986, 2602, 2609; *ders.,* in Verwaltungshandeln durch Verträge und Absprachen, 1990, S. 166; *Bulling* DÖV 1989, 277; *Schneider* VerwArch 1996, 38.
[76] Vgl. *Schulte,* Schlichtes Verwaltungshandeln, 1995 (Tübinger Habilitationsschrift).
[77] Vgl. *Maurer,* § 15 Rn. 14 ff.

temfremd,[78] sondern grundsätzlich unbedenklich, wenn sie sich innerhalb der gesetzlichen Grenzen halten.

Eine so verstandene Kooperation i. w. S. führt regelmäßig nicht zu einem förmlichen schriftlichen Vertrag (§ 57), zumal mündlichen Absprachen regelmäßig auch das Erklärungsbewusstsein und der auf einen Vertrag abzielende Bindungswille fehlen wird. Ob informellen Absprachen unterhalb der schriftlichen Vertragsebene schlechthin jede Rechtswirkung fehlt, hängt von den Umständen des Einzelfalls ab.[79]

4. Konfliktmittlung/Mediation

a) Begriff, Inhalt, Anwendungsbereiche: In den letzten Jahren ist in Deutschland das vor allem in den USA, Japan und der Schweiz – auf anderen Rechtsgrundsätzen – praktizierte Institut der Konfliktmittlung bzw. Mediation in einigen Bereichen der Verwaltung aktuell geworden,[80] hat aber bisher nur geringen ausdrücklichen Eingang in die ör Rechtsordnung gefunden.[81] Im **Zivilrecht** ist die Konfliktmittlung – neben dem Schiedsverfahren nach § 1025 ff. ZPO – vor allem im Familienrecht und das Einigungsverfahren vor einer Gütestelle bei bestimmten nichtvermögensrechtlichen Streitigkeiten sowie bei vermögensrechtlichen Streitigkeiten bis 750 € nach § 15a EGZPO zu nennen, im **Strafrecht** der Täter-Opfer-Ausgleich nach § 46a Nr. 1 StGB. 42

Bei der (vor)behördlichen und gerichtlichen Konfliktmittlung/Mediation im **Verwaltungsrecht**[82] handelt es sich funktionell um die Bemühungen um eine interessengerechte kooperative Konfliktlösung zwischen Beteiligten mit unterschiedlichen Interessen oder Aufgaben mit Hilfe eines **neutralen Dritten,** der aber im Zweifel **weder Entscheidungsbefugnis noch Zwangsmittel** hat. Insofern unterscheidet sich dieses neue Institut auch von dem Schiedsverfahren nach §§ 1025 ff. ZPO. Soweit gesetzlich nichts anderes bestimmt ist, soll die Mediation/Konfliktmittlung schon vorhandene oder zukünftig drohende Konfliktpotentiale entschärfen oder lösen und solche Verfahren **flexibler, kooperativer und weniger konfrontativ** oder gar konsensual zu gestalten. Mediation kann auch die Aufgabe haben, entscheidungserhebliche Sachverhalte oder Umstände zu ermitteln und/oder zu präzisieren sowie zur Herausarbeitung von Problempunkten und Alternativlösungen beizutragen. Die Konfliktmittlung hat tendenziell **nur Komplementär-, aber keine Surrogatfunktion,** ergänzt also gesetzlich vorgeschriebene Verfahrensabläufe und Verfahrensabschnitte (etwa förmliche Anhörungs- bzw. Widerspruchsverfahren), ersetzt sie aber nicht, sofern der **Wegfall** solcher gesetzlich angeordneten Verfahren oder Verfahrensabschnitte zur Beschleunigung des Verfahrensabschlusses nicht ausdrücklich **gesetzlich angeordnet** ist[83] (hierzu noch § 79 Rn. 10 ff.). 42a

Eine Konfliktmittlung ist auch in verwaltungsgerichtlichen Verfahren denkbar (sog. **Gerichtsmediation).** Es handelt um den Versuch einer Streitschlichtung nicht durch das Gericht selbst, wozu es durchaus befugt ist, sondern durch einen unabhängigen sog. Gerichtsmediator, der (teilweise als aktiver oder pensionierter Richter) von dem für die Entscheidung und den Verfahrensablauf zuständigen Gericht im Falle der Zustimmung der Beteiligten angerufen wird, 42b

---

[78] Ebenso *Maurer,* § 15 Rn. 19 ff.; *Bull,* Rn. 486 ff.; *Schulte* (Rn. 75); *Körner* (Rn. 74), 36 ff., 75 ff.

[79] Vgl. dazu etwa *BGH* NJW 1992, 1230; 1993, 3204; DVBl 1994, 1134; NVwZ 1996, 512; NVwZ 2006, 634; *Bonk* in: Sachs (Hrsg.), GG, Art. 34 Rn. 66 ff.

[80] Zu Mediation/Konfliktmittlung in Flughafenverfahren (Frankfurt) vgl. etwa *Pünder,* Kooperation statt Konfrontation – Möglichkeiten und Grenzen der Kooperation bei PlfV, Die Verwaltung 2005, 1; generell *Härte,* Mediation im Verwaltungsrecht, JZ 2005, 753.

[81] Zur Herkunft und Ausgestaltung vgl. die Nachweise in BT-Drs. 13/6392, S. 47 betr. § 4b BauGB; *Hoffmann-Riem/Schmidt-Aßmann,* Konfliktbewältigung durch Verhandlungen, 2 Bände, 1990; *Holznagel,* Konfliktlösung durch Verhandlungen, 1990; *Breidenbach,* Mediation, 1995, jeweils m. w. N.

[82] Hierzu etwa *Hoffmann-Riem,* Konfliktmittler in Verwaltungsverfahren, 1990, *Gottwald/Strempel/Beckedorff/Linke,* Außergerichtliche Konfliktregelung, 1997; *Strempel,* Außergerichtliche Konfliktlösung (Mediation), ZRP 1998, 319; *Meuer/Troja,* Mediation im öffentlichen Recht 1996–2002, 2004; *Rüssel,* Mediation in komplexen Verwaltungsverfahren, 2004; *Kanngiesser,* Mediation zu Konfliktlösung bei Planfeststellungsverfahren, 2004; *Härtel,* Mediation im Verwaltungsrecht, JZ 2005, 753; *Englert/Franke/Grieger,* Streitlösung ohne Gericht – Schlichtung, Schiedsverfahren und Mediation in Bausachen, 2006; *Schäfer,* Mediation im öffentlichen Recht braucht gesetzliche Regelungen, NVwZ 2006, 39, jeweils m. w. N.

[83] Übersicht zum Stand der Überlegungen in den Ländern bei *Rüssel* NVwZ 2006, 523; für Bayern: vgl. *BayVerfGH* BayVBl 2007, 79 zur zeitlich begrenzten (zulässigen) Abschaffung des Widerspruchsverfahrens; ferner *Müller-Grune/Grune* BayVBl 2007, 65.

um einen Streit ganz oder teilweise gütlich zu beenden oder dazu beizutragen. Das Gerichtsverfahren wird dann für die Dauer der Konfliktmittlung für ruhend erklärt. Das Ergebnis der Bemühungen des Mediatiors um eine einvernehmliche Lösung kann insbesondere ein Vorschlag zum weiteren Verfahren sein, aber auch mit einer vertraglichen Vereinbarung der Beteiligten oder ihrer Verpflichtung hierzu enden. Scheitert die Konfliktmittlung, dann wird der Prozess in der Regel fortgeführt.[84]

42 c Zur Konfliktmittlung vor, während oder nach einem Verwaltungsverfahren sowie unabhängig davon bei einer „drohenden" Konfliktlage (sog. **Verwaltungsmediation**) gehören alle Schlichtungs- und Verständigungsbemühungen durch einen – von Behörden oder potentiell betroffenen Privatpersonen beauftragten – neutralen und unabhängigen **Dritten ohne eigene Entscheidungsbefugnis,** bei denen sich die von einer künftigen Verwaltungsentscheidung möglicherweise Betroffenen mit Behördenvertretern **vor, während oder nach einem anhängigen Verwaltungsverfahren** zusammenfinden, um eine möglichst gütliche Lösung der Probleme oder bestimmter Streitfragen zu erreichen. Die Entscheidungsvorschläge des Konfliktmittlers/Mediators (zur Ausbildung vgl. § 5a Abs. 3 DRiG) können auch über den ursprünglichen und vorrangigen Beratungs- und Entscheidungsgegenstand hinausgehen und auch zukünftige Fragestellungen einbeziehen, um für die Zukunft größtmögliche Klarheit zu bestimmten Punkten zu schaffen und künftige Prozesse zu vermeiden. Insoweit sind auch **vorbeugende und prophylaktische Konfliktmittlungen unabhängig von einem Verwaltungsverfahren** zulässig, insbesondere wenn sich Vor-(Überlegungen) der Behörde noch nicht zur förmlichen Einleitung eines bestimmten Verwaltungs- oder Planungsverfahrens verdichtet haben. Gesetzliche Regelungen hierzu finden sich etwa bei der Bauleitplanung in § 4b BauGB hinsichtlich der Vorbereitung und Durchführung von Verfahrensschritten nach §§ 3–4a BauGB sowie und im Umweltrecht hinsichtlich der Feststellung bestimmten Umweltdaten, sog. Data-Mediation (§ 5 S. 2ff. UVPG), ferner im Personalvertretungsrecht (§§ 77ff. BPersVG).

42 d b) **Rechtsgrundlagen, Bindungswirkungen:** Auch ohne spezialgesetzliche Regelungen ist die Tätigkeit von Konfliktmittlern und Mediatoren vor einem oder in einem Verwaltungsverfahren grundsätzlich zulässig, sofern nichts anderes bestimmt ist. Die **Initiative** zur Konfliktmittlung kann **von der Behörde** ausgehen, wenn sie Konfliktpotential befürchtet und ihm rechtzeitig begegnen bzw. es kanalisieren möchte. Aber auch potentiell betroffene **Bürger** können aus konkretem Anlass, insbesondere bei Planungs- und Investitionsentscheidungen mit Auswirkungen an viele andere, eine Konfliktbewältigung initiieren und dazu die zuständigen Behörden einladen. Tendenziell ist die Einschaltung unabhängiger dritter Personen in einen Entscheidungsprozess ein Mittel zur möglichst frühzeitigen Unterrichtung und Partizipation der von einer Verwaltungsentscheidung potentiell Betroffenen. Die Mediation/Konfliktmittlung ist rechtssystematisch, soweit eine Behörde an ihr beteiligt ist, ein sog. **informelles Verfahren** (Rn. 40). Sie gehört inhaltlich zur frühzeitigen Beteiligung von Behörden und Privatpersonen an laufenden oder bevorstehenden Verfahren (§ 13), durchweg zur Sachverhaltsfeststellung (§§ 24ff.) und enthält Elemente von Beratung und Auskunft (§ 25) sowie zur Anhörung über Sach- oder Rechtsfragen (§§ 28,66,73). Ergänzt werden diese Regelungen durch die mit dem GenBeschlG von 1996 eingefügten Vorschriften über das Vor-Antrag-Verfahren (§ 71c Abs. 2), das schriftliche Sternverfahren (§ 71e) und die mündliche Antragskonferenz (§ 71e) bei Genehmigungsverfahren für wirtschaftlichen Unternehmungen, die effektive und kooperative Behördenverfahren und -entscheidungen erleichtern sollen.

42 e Aus der Zusammenschau dieser Vorschriften, die Konkretisierungen des Rechtsstaatsprinzips und der Verhältnismäßigkeit sind, ergibt sich das Gebot zu bürgerfreundlichem, effektivem, neutralem und rechtsstaatlichem Verwaltungshandeln. Die Konfliktmittlung/Mediation ist insofern rechtlich grundsätzlich unbedenklich, denn sie trägt zur Vermeidung oder Minimierung von Konflikten bei und hat für die zur Entscheidung befugten Behörden **Entlastungs- und Unterstützungsfunktion.** Weil der Mediator bzw. Konfliktmittler aber, sofern nichts anderes geregelt ist, keine eigenen Entscheidungsbefugnisse hat, sind seine Vorschläge auf der Grundlage der derzeitigen Regelungen der §§ 9ff. VwVfG mit der dort festgeschriebenen Verfahrensherrschaft und Entscheidungsbefugnis für die zuständigen Behörden **grundsätzlich rechtlich**

---

[84] Zur Gerichtsmediation im Verwaltungsprozess etwa *von Bargen* DVBl 2004, 468; *Ortloff* NVwZ 2003, 1357; 2006, 148 und 1143; *Knorr* NVwZ 2006, 914.

nicht bindend, soweit die zuständige Behörde bei der Mediation nicht mit Dritten rechtsverbindliche zivil- oder öffentlich-rechtliche **Verträge** schließt oder zulässige einseitige **Zusicherungen** abgibt. Deren Rechtsbeständigkeit richtet sich nach allgemeinen Grundsätzen. Faktisch kann das im Mediationsverfahren aufgearbeitete Material zur zumindest tatsächlichen Grundlage der Behördenentscheidung gemacht werden und diese durch **Stoff- und Tatsachensammlung** sowie Beratung auf relevante Fragestellungen jedenfalls erleichtern und beschleunigen. Sie kann **gesetzliche Verfahrenabschnitte** (etwa ein Anhörungs- und/oder Widerspruchsverfahren) aber **nicht ersetzen,** sofern nichts anderes geregelt ist. In welchem **Rechtsstatus** der Mediator steht, hängt vom Bestellungsakt und den tatsächlichen Umständen seiner Berufung in sein Amt ab. Daher kann er sog. Verwaltungshelfer oder Beliehener der Behörde sein, sofern er von der Behörde den entsprechenden Auftrag zur Ausübung ör Verwaltungstätigkeit erhalten hat (hierzu § 1 Rn. 261).

5. Öffentlich-Private Partnerschaften (ÖPP)/Public Private Partnerships (PPP)

In den letzten Jahren spielen die sog. Public Private Partnerships (PPP) – deutsch: die Öffentlich-Privaten-Partnerschaften (ÖPP, teils auch Öffentlich-Private-Projekte genannt) – in der Verwaltungspraxis eine wichtige Rolle mit einer Fülle von Literatur und Praxishandbüchern (vgl. die Auswahl vor Rn. 1). Der Begriff PPP stammt ursprünglich aus dem angelsächsischen Recht und wurde in den 40er Jahren vor allem in den **USA und England** entwickelt, weil dort diese Staaten im Krieg, auch aus finanziellen Gründen, viel mit Privaten zur Erreichung gemeinsamer, auch unterschiedlicher Ziele zusammenarbeiteten. Inzwischen ist das zwischen Staat und Privaten in Europa aus dem Grundsatz der Gemeinschaftstreue (Art. 10 EGV) abgeleitete Kooperations„prinzip" auch Hausgut der **Europäischen Gemeinschaft,** von der Impulse auch auf die deutsche Rechtsordnung ausgehen.[85] Auch deshalb wird in Deutschland das Phänomen der Kooperation zwischen Staat und Privaten i.w.S. auf den Ebenen von Bund, Ländern und Kommunen insbesondere im Zusammenhang der Beteiligung Privater an der Erfüllung und Vor-, Mit- oder Voll-Finanzierung öffentlicher Aufgaben diskutiert.[86] Teilaspekte dieses Komplexes haben inzwischen auch in der Gesetzgebung des Bundes einen ersten Niederschlag im Gesetz zur Beschleunigung der Umsetzung von Öffentlich-Privaten Partnerschaften und zur Verbesserung gesetzlicher Rahmenbedingungen für Öffentlich-Private Partnerschaften vom 1. 9. 2005 **(ÖPP-Beschleunigungsgesetz)**[87] gefunden, mit dem einige bundesrechtliche Regelungen im Interesse der Erleichterung der Zusammenarbeit zwischen Privaten und Behörden geändert wurden (hierzu nachfolgend).

a) Begriffe und rechtssystematische Einordnung. Weitgehend werden die Bezeichnungen **ÖPP/PPP** als **Oberbegriffe** für unterschiedliche Formen und Inhalte der vertraglichen und außervertraglichen Kooperation bzw. Zusammenarbeit zwischen dem Staat und Privaten verstanden. Für die Frage nach der Einordnung und den Folgen von sog. ÖPP/PPP-Projekten ist hier nur diejenige „Partnerschaft" relevant, bei der sich die Zusammenarbeit zwischen Staat und Privaten zu einer *vertraglichen* **Kooperation** verdichtet hat (sog. **Vertrags-ÖPP/PPP).** Dabei ist es gleichgültig, ob es sich um eine **kurz-, mittel- oder langfristige Zusammenarbeit** handelt, diese sich auf ein oder mehrere Bereiche erstreckt und der wesentliche, prägende Gegenstand der Kooperation ohne den Vertrag dem Zivil- und/oder Verwaltungsrecht zugehört und einen oder mehrere dazu gehörende Sachverhalte bzw. Gegenstände betrifft (hierzu nachfolgend). Insofern ist die Figur von ÖPP/PPP nicht auf das öffentliche Recht beschränkt.

ÖPP/PPP-Verträge enthalten in aller Regel Elemente **verschiedener Vertraginhalte und -arten,** weil sie vielfach Planungs-, Bau- und sonstige Investitionsleistungen zum Gegenstand haben, die zugleich Vereinbarungen über die Finanzierung des Projekts enthalten. Denn vielfach – wenn auch nicht notwendig – besteht der eigentliche und neue Kern solcher Vereinbarungen

---

[85] Vgl. das sog. Grünbuch der EU-Kommission zu öffentlich-privaten Partnerschaften und den gemschaftlichen Rechtsvorschriften für öffentliche Aufträge und Konzessionen vom 30. 4. 2004 – KOM (2004) Nr. 327; hierzu und den Auswirkungen auf Deutschland vgl. *Tettinger,* LKV 2005, 1 (3 f.); zur PPP unter dem Blickwinkel des EG-Beihilfenrechts vgl. *Gas/Rücker* DÖV 2004, 56; *König/Pfromm* NZBau 2004, 375; Überblick bei *Bausback,* PPP im deutschen Verwaltungsrecht und im Europarecht, DÖV 2006, 901.
[86] Zusammenfassend etwa *Wolff/Bachof/Stober* 3, § 92 m.w.N.
[87] BGBl I S. 2676; hierzu *Uechtritz/Otting,* NVwZ 2005, 1105; *Fleckenstein* DVBl 2006, 75; *Bürsch/Funken,* Komm. zum ÖPP-BeschlG, 2006.

zwischen Staat und Privaten in der **Mit- bzw. Vorfinanzierung** durch Private. Deshalb enthalten die Verträge durchweg dann auch Vereinbarungen über die beiderseitige **Verantwortungs- und Risikoverteilung.** Je nach dem konkreten Regelungsgegenstand haben die vielfach zum Bereich des sog. Verwaltungsprivatrechts (hierzu § 1 Rn. 92 ff.) gehörenden PP/PPP-Verträge **zivilrechtliche** Regelungsgegenstände mit Vereinbarungen etwa aus dem Kauf-, Dienst-, Miet-, Leih-, Werkvertrags-, Bürgschafts-, Gesellschafts- Dienstleistungs- und/oder Darlehensrecht. Solche Vereinbarungen sind dann vielfach mit **öffentlich-rechtlichen** Regelungen verknüpft und verzahnt, etwa mit dem Bauentwicklungs-, Bauplanungs-, Investitions-, Wirtschafts-, Subventions-, Gebühren-, Beitrags-, Steuer- und/oder Haushaltsrecht. Bei solchen Verzahnungen wird es sich im Zweifel um einen sog. **gemischten Vertrag** handeln, dessen Zuordnung in das Zivil- oder Verwaltungsrecht nach den allgemeinen Abgrenzungsmerkmalen richtet (hierzu Rn. 68 ff.) und vom Einzelfall abhängt. Vielfach, wenn auch nicht notwendig, wird es sich um Verträge im Bereich des sog. **Verwaltungsprivatrechts** handeln, bei dem eine öffentliche Aufgabe auch in der Form und mit den Mitteln des Privatrechts erfüllt wird, wobei die Privatrechtsordnung durch öffentlich-rechtliche Bindungen ergänzt, modifiziert und überlagert wird, ohne dass darum das Verwaltungshandeln selbst dem öffentlichen Recht zuzuordnen ist.[88] Die Rechtsbeständigkeit von ÖPP/PPP-Verträgen richtet sich nach allgemeinen Rechtsgrundsätzen, so dass sich eine Nichtigkeit insbesondere aus §§ 134, 138 BGB ergibt, soweit ein zivilrechtlicher Vertrag vorliegt, bzw. aus § 59 VwVfG (Näheres § 59 Rn. 41 ff., auch zu verwaltungsprivatrechtlichen Verträgen).

43 c   Die die in einem ÖPP-/PPP-Vertrag vereinbarte Vor- oder Mit-Finanzierung öffentlicher Aufgaben durch Private, etwa nach dem (mehrfach geänderten) Fernstraßenbauprivatfinanzierungsgesetz vom 30. 8. 1994 mit diversen nachfolgenden Änderungen[89] führt in der Praxis zu dem von der PPP zu unterscheidenden Begriff der **PFI (= Public Finance Initiatives)** verwendet, denn private Vor- und Mitfinanzierung für öffentliche Projekte von heute können öffentliche Lasten von morgen sein, so dass sich bei ÖPP/PPP-Projekten auch finanzverfassungsrechtliche Probleme, etwa aus **Art. 115 GG,** ergeben können.[90] Auch die haushaltsrechtlichen Gebote der Wirtschaftlichkeit und Sparsamkeit (§ 7 BHO mit Parallelregelungen der Länder) gelten für ÖPP/PPP-Verträge (zu den Rechtsfolgen bei einem Verstoß vgl. § 59 Rn. 49 ff.).

43 d   **b) Regelungsgegenstände in Bund, Ländern und Kommunen.** In der Verwaltungspraxis von Bund, Ländern und Kommunen werden ÖPP-/PPP-Verträge in einer Vielzahl von Verwaltungsbereichen geschlossen, weil sich das veränderte Grundverständnis im Staat-Bürger-Verhältnis sowie die Geldnöte des Staates auf allen Ebenen in der zunehmenden Einschaltung und Mitbeteiligung Privater an der Erfüllung öffentlicher Aufgaben auswirken.[91]

43 e   Beim **Bund** finden sich solche Kooperationen etwa bei Bau, Betrieb und Unterhaltung von Fernstraßen, in diversen Bereichen der Bundeswehr, bei der Entwicklungshilfe, der Kernenergie und im Bereich von E-Government. Bei den **Ländern** gibt es vertragliche Kooperationen mit Privaten vor allem bei Investitionsvorhaben im Straßen- und Hochbau, bei Errichtung, Betrieb und Unterhaltung von Gebäuden für Schule, Hochschule, Kunst und Kultur, bei der Justiz und im Strafvollzug,[92] ferner in diversen Ausgestaltungen beim Gesundheitswesen und im Krankenhausbereich, im Vermessungswesen, teilweise auch im Bereich der inneren Sicherheit (sog. Poli-

---

[88] Vgl. *BGHZ* 91.84 (97); 93, 372 (381); *BGH NJW* 1994, 586 (589); NVwZ 2007, 246 (248); ebenso BVerwGE 92, 56 (64 f.); BVerwG NVwZ 2007, 820 = DVBl 2007, 969 (971) zum Vergaberecht; hierzu *Burgi* NVwZ 2007, 737; *Siegel* DVBl 2007, 942.
[89] BGBl I S. 2243; ferner die zahlreichen Änderungen, zuletzt durch das am 16. 12. 2006 in Kraft getretene Infrastrukturplanungsbeschleunigungsgesetz (BGBl I S. 2833), hierzu *Otto* NVwZ 2007, 379.
[90] Vgl. zur Begrenzung von Staatsdefiziten und Schuldendienst vgl. die Eurostat-Entscheidung Nr. 18/2004 vom 11. 2. 2004, hierzu *Roth* NZBau 2006, 84 (86); NVwZ 2007, 301 (303). Zu sittenwidrigen PPP-Verträgen vgl. *BGH* NVwZ 2007, 47.
[91] Vgl. zusammenfassend etwa *Grabow,* Public Private Partnership – Eine aktuelle Bestandsaufnahme in Bund, Ländern und Kommunen, 2005, Hrsg. Deutsches Institut für Urbanistik Berlin; *Budäus (Hrsg.),* Kooperationsformen zwischen Staat und Markt – Theoretische Grundlagen und praktische Ausprägungen von Public Private Partnership, 2006 (mit zahlreichen Einzelbeiträgen); *Meyer-Hofmann/Riemenschneider/Weihrauch (Hrsg.),* Public Private Partnership – Gestaltung von Leistungsbeschreibungen, Finanzierung, Ausschreibung und Verträgen in der Praxis, 2005; *Weber/Schäfer/Hausmann (Hrsg.),* Praxishandbuch Public Private Partnership, 2006; *Ziekow,* Public Private Partnership als zukünftige Form der Finanzierung und Erfüllung öffentlicher Aufgaben?, in *Hill (Hrsg.),* Die Zukunft des öffentlichen Sektors, 2006, S. 49 ff.
[92] Vgl. *Bonk,* Rechtliche Rahmenbedingungen einer (Teil-)Privatisierung im Strafvollzug, JZ 2000, 435.

ce Private Partnership). **Kommunen** schließen vielfach – begünstigt durch geändertes Kommunalrecht – Verträge mit Privaten bei früher „klassisch" hoheitlichen Aufgaben wie der Abfallbeseitigung, der Wasserversorgung und Abwasserentsorgung, der Energieversorgung, aber auch im Bildungsbereich, bei der Kultur-, Freizeit- und Sportförderung sowie vor allem auf der Grundlage der §§ 11, 12. BauGB bei der Stadtentwicklung und Bauplanung durch städtebauliche Verträge.[93]

c) **Vertragsmodelle.** ÖPP/PPP-Verträge können Kooperationsverträge (hierzu Rn. 13ff.) sein, wenn und soweit in ihnen inhaltlich eine Beteiligung Privater an der Erfüllung öffentlicher Aufgaben vereinbart ist und sie zugleich Regelungsgegenstände haben, die dem öffentlichen Recht zuzuordnen sind (Näheres bei § 68ff.). Zugleich können solche Verträge (auch) Elemente eines Vergleichs- und/oder Austauschvertrags (§§ 55, 56) haben. Für die Zuordnung eines ÖPP/PPP-Vertrags ist der bloße Parteiwille allein nicht maßgebend, sondern der aus der Sicht eines verständigen Betrachters zu ermittelnde objektive Gesamtinhalt oder Schwerpunkt des Vertrags. Im Zweifel wird es sich wegen des Zusammentreffens verschiedener Regelungsinhalte um einen gemischten Vertrag handeln. Wegen dieser Abhängigkeit von den Umständen des Inhalts des Einzelvertrags gibt es auch **keine allgemeine ÖPP/PPP-Vertragstypologie.** Unterschieden werden können ÖPP/PPP-Verträge allerdings danach, ob sie unmittelbare Außenwirkungen auf den Bürger haben, einerlei ob die Befugnisse im Außenverhältnis vom Staat, von Privaten oder von einem neu geschaffenen gemischten Gremium ausgeübt werden.[94] Von praktischer Bedeutung ist ferner vor allem die **Risikoverteilung** und die **Vor-, Mit- bzw. Re-Finanzierung des Projekts** im Innen- und Außenverhältnis. Die Rechtsbeständigkeit eines ÖPP/PPP-Vertrag muss im Einzelfall geprüft werden (hierzu § 59).

43 f

In der Literatur werden (uneinheitlich) unterschiedliche **Vertragsmodelle – mit oder ohne Außenwirkungen** – unterschieden, von denen jedenfalls einige genannt seien (vgl. hierzu die Literaturnachweise vor Rn. 1): Beim sog. **Konzessionsmodell** (teils auch **Betreibermodell** genannt) – mit Außenbefugnissen – verpflichtet sich der Private gegenüber der öffentlichen Hand, die Erfüllung einer öffentlichen Aufgabe in eigener Verantwortung und auf eigenes wirtschaftliches Risiko wahrzunehmen und im Außenverhältnis in eigenem oder fremdem Namen zu handeln. Hierzu gehören das sog. A- und F-Modell im Fernstraßenbau mit Mauterhebung nach dem FStrBPrivFinG i.d.F. des ÖPP-Beschleunigungsgesetzes vom 1. 9. 2005.[95]

43 g

Beim sog. **Beteiligungsmodell** finden sich Private und öffentliche Rechtsträger in einer neu gegründeten zivilrechtlichen Gesellschaft, einem sog. gemischt-wirtschaftlichen Unternehmen, zusammen und erfüllen dadurch nach außen die übernommenen Aufgaben. Hierfür gibt es vor allem im Kommunalrecht der Länder eine Reihe von – teils unterschiedlichen – Regelungen über die Ausgestaltung und die Kautelen zur Sicherung des Einflusses der öffentlichen Hand. Vor allem die öffentlich-rechtlichen Bindungen in diesem sog. Verwaltungsgesellschaftsrecht sind bisher nicht abschließend geklärt.[96]

43 h

Neben den Vertragsmodellen mit unmittelbaren Außenwirkungen gibt es zahlreiche **Vertragsmodelle ohne Außenwirkungen.** Hierbei können unterschiedliche Betreiber-, Betriebsführungs-, Betriebsüberlassungs- und Finanzierungsmodelle unterschieden werden: Beim **(unselbständigen) Betreibermodell** verwirklicht ein Privater bestimmte Teilaufgaben in bezug auf Planung, Entwicklung, Bau, Betrieb und/oder Finanzierung gegen das vereinbarte Entgelt. Dies betrifft nur das Innenverhältnis zum Verwaltungsträger, erstreckt sich aber nicht auf Außenbefugnisse zum Bürger. Hier wird deshalb auch von technischer Erfüllungshilfe durch Verwaltungshelfer gesprochen.[97]

43 i

---

[93] Einzelnachweise bei *Budäus* (Hrsg.), Kooperationsformen zwischen Staat und Markt, 2005; *Grabow,* Public Private Partnership – Eine aktuelle Bestandsaufnahme in Bund, Ländern und Kommunen, 2005; *Wolff/Bachof* III, § 92 Rn. 24ff.; *Tettinger* LKV 2005, 1ff.; *Findeisen/Backhaus* NWVBl 2007, 93, jeweils m.w.N.
[94] Vgl. zur unterschiedlichen Systematisierung vgl. etwa *Wolff/Bachof/Stober* 3, 2004, § 92 Rn 24ff.; *Tettinger* LKV 2005, 1 = DÖV 2006, 764; *Lämmerzahl,* Diss. Potsdam, 2007, S. 175ff.
[95] Hierzu *Uechtritz/Otting* NVwZ 2005, 1105; *Fleckenstein* DVBl 2006, 75.
[96] Zu gemischtwirtschaftlichen Unternehmen vgl. etwa *Becker,* Die Erfüllung öffentlicher Aufgaben durch gemischtwirtschaftliche Unternehmen, 1997; *Storr,* Der Staat als Unternehmer, 2001, 349ff.; *Wolff/Bachof/Stober* 3, § 91 Rn. 12, 26, *U. Stelkens,* Verwaltungsprivatrecht, 2005, 37, 940, jeweils m.w.N.
[97] *Schoch* DVBl 1994, 962ff.; *Becker* ZRP 2002, 303; *Wolff/Bachof/Stober* 3, § 92 Rn. 26

43 j Beim sog. **Betriebsführungsmodell** betreibt ein Privater eine öffentliche Einrichtung namens und im Auftrag eines Verwaltungsträgers in dessen Namen sowie auf dessen Rechnung und Risiko. Er handelt im Außenverhältnis also stets in fremden Namen. Der Verwaltungsträger trägt auch das wirtschaftliche Risiko während der gesamten Laufzeit des Vertrags.

43 k Beim **Leasingmodell** beauftragt ein öffentlich-rechtlicher Verwaltungsträger eine Privatperson oder eine Leasinggesellschaft mit Planung, Bau und Finanzierung eines Vorhabens gegen Zahlung der vereinbarten Leasingrate. Die Privatperson wird Eigentümer des Objekts, gewährt der öffentlichen Hand aber das Nutzungsrecht während der vereinbarten Leasingsdauer.[98] Für die Nutzung eines geleasten Objekts sind hier ggfls. zusätzliche Widmungsakte erforderlich, damit eine öffentliche Sache entsteht und die hoheitlichen Aufgaben rechtmäßig erfüllt werden können.[99]

43 l **d) Zuordnung in das zivile oder öffentliche Recht.** Ob ÖPP/PPP-Verträge in das zivile oder öffentliche Recht gehören, hängt nach der Rechtsprechung von BGH und BVerwG im wesentlichen vom **Gegenstand und Zweck** in Verbindung mit den dafür streitentscheidenden Normen ab (zu den Abgrenzungsmerkmalen im einzelnen Rn. 68ff.). Treffen – wie in solchen vielfach komplexen Verträgen – unterschiedliche Normen aus unterschiedlichen Regelungsbereichen zusammen, so sind die den Vertrag **prägenden wesentlichen Regelungsgegenstände** mit den dafür maßgeblichen Normen des zivilen oder öffentlichen Rechts maßgebend (hierzu im einzelnen Rn. 68ff. m.w.N.). Daraus folgt, dass es **keine einheitliche Antwort** auf die Frage gibt, ob ÖPP/PPP-Verträge solche des zivilen oder öffentlichen Rechts sind. Es kommt vielmehr auf den einzelnen Vertragsinhalt und die für den Vertrag im Kern wichtigsten Normen im **Einzelfall** an. Da die für einen ÖPP/PPP-Vertrag zuständigen Behörden vielfach einen Gestaltungsspielraum und eine sog. Wahlfreiheit haben, eine öffentliche Aufgabe mit zivilen oder ör Gestaltungsmitteln zu erledigen, können sie Aufgaben der öffentlichen Verwaltung bei Fehlen entgegenstehender Normen auch in den Formen und mit Mitteln des Privatrechts erledigen. In diesem sog. Verwaltungsprivatrecht wird das grundsätzlich anwendbare Zivilrecht nach h.M. aber durch Bestimmungen und Prinzipien des öffentlichen Rechts – insbesondere durch das Verhältnismäßigkeits- und Angemessenheitsprinzip sowie das Gleichbehandlungsgebot – ergänzt, überlagert und modifiziert.[100] Handelt es sich um einen ör Vertrag, so gelten die ör Vorschriften der §§ 54ff. in Verbindung mit dem einschlägigen Spezialrecht, werden aber gemäß § 62 Satz 2 durch Vorschriften des BGB ergänzt. Insofern verringern sich die Unterschiede der Einordnung des Vertrags in das zivile oder öffentliche wegen der gegenseitigen Auffangwirkungen beider Rechtsordnungen (hierzu Rn. 4, 68ff.). Gleichwohl bleiben aber Unterschiede vor allem bei der Nichtigkeit von Verträgen (hierzu § 59).

43 m **e) Gesetzliche ÖPP/PPP-Regelungen.** Ein einheitliches und umfassendes, fachgebietsübergreifendes Gesetz über öffentlich-rechtliche Kooperationen gibt es bisher nicht.[101] Der **Bund** hat im Gesetz zur **ÖPP-Beschleunigungsgesetz** vom 1.9.2005[102] eine Reihe bundesrechtlicher Regelungen geändert, um die Realisierung von ÖPP/PPP-Projekten zu erleichtern. Dieses Gesetz stützt sich weitgehend auf das sog. **Grünbuch der Kommission der EG** zu öffentlich-privaten Partnerschaften und den gemeinschaftsrechtlichen Rechtsvorschriften für öffentliche Aufträge und Konzessionen vom 30.4.2004.[103] Das ÖPP-Gesetz enthält Änderungen des GWB, der VergabeVO, des FStrPrivFinG, der BHO, des GrStErwG, des GrStG und InvestmentG.[104] Hervorzuheben sind hier die Änderungen im FStrPrivFinG, mit dem bei Stra-

---

[98] Hierzu *Wolff/Bachof/Stober* 3, § 92 Rn. 29; Zu Leasing-Finanzierungen vgl. *RPVerfGH* NVwZ-RR 1998, 145; *Jahndorf* NVwZ 2001, 620; *Smeets/Schwarz/Sander* NVwZ 2003, 1061.
[99] Dieses Modell ist auch im Strafvollzug bei Bau und Unterhaltung von Justizvollzugsanstalten zulässig, vgl. *Bonk*, Rechtliche Rahmenbedingungen einer (Teil-)Privatisierung im Strafvollzug, JZ 2000, 435.
[100] Vgl. *BGHZ* 91, 84 (97); 93, 372 (381); *BGH* NVwZ 2007, 246 (248); *BVerwGE* 92, 56 (64f.); zusammenfassend zum Verwaltungsprivatrecht *BVerwG* NVwZ 2007, 820 m. Anm. *Siegel* DVBl 2007, 942.
[101] Vgl. die Vorschläge in den Gutachten von *Schuppert* (zur Schaffung eines umfangreichen Verwaltungskooperationsgesetzes für zivil- und öffentlich-rechtliches Handeln) und von *Ziekow* (zur umfassenden Ergänzung/Änderung des VwVfG um zahlreiche neue PPP-Regelungen)m, beide veröffentlicht in der Schrift des BMI „Verwaltungskooperationsrecht", 2002.
[102] BGBl I S. 2676; hierzu BR-Drs. 544/05 und BT-Drs. 15/5668.
[103] KOM 2004, 327 endg., hierzu *Tettinger* LKV 2005, 1ff.
[104] Dazu *Uechtritz/Otting* NVwZ 2005, 1105; *Fleckenstein* DVBl 2006, 75; *Müller-Wrede (Hrsg.)*, ÖPP-BeschleunigungsG, 2006. Zu den Steuervorschriften des ÖPP-Gesetzes vgl. *Weitemeyer* NVwZ 2006, 1376, zum Steuerrecht bei ÖPP-Projekten generell *Ax/Reichert* LKV 2007, 265.

ßenbauvorhaben durch sog. Betreiber-/Konzessionsmodelle eine Mauterhebung im Interesse größerer Flexibilität nicht nur in Form öffentlich-rechtlicher Gebühren, sondern auch durch private Entgelte ermöglicht werden soll. Ferner ist von Bedeutung die Änderung von § 7 II 2 BHO, mit der in Wirtschaftlichkeitsuntersuchungen in den Kostenvergleich auch die Risikoverteilung einbezogen werden kann. Damit sollen die wirtschaftlichen Risiken besser berücksichtigt werden. Insgesamt gesehen stellt das ÖPP-Beschleunigungsgesetz einen ersten **Schritt in die richtige Richtung** dar, mit der die aktuellen Probleme einer Öffentlich-rechtlichen Partnerschaft einer Teil-Lösung nähergebracht werden soll. Das ÖPPBeschlG ist nur eine (erste) punktuelle Regelung für wichtige Aspekte bei ÖPP/PPP-Projekten, aber noch kein rechtssystematischer Ansatz für ein Verwaltungskooperationsgesetz.

Die **Länder** haben – teilweise auch für die **Kommunen** – eine Vielzahl gesetzlicher, teils unterschiedliche Regelungen insbesondere in den Vorschriften zum Gemeindewirtschaftsrecht erlassen, mit denen die Zusammenarbeit zwischen Privaten und Kommunen erleichtert werden soll.[105] Eine einheitliche rechtssystematische Zuordnung lässt sich derzeit daraus nicht ableiten. Für die Zuordnung in das zivile oder öffentliche Recht gelten die allgemeinen Grundsätze (vgl. hier Rn. 68 ff.; § 1 Rn. 121 ff., 278 ff.). **43 n**

6. Sonstige verwaltungsrechtliche Schuldverhältnisse

Der ör Vertrag ist von **verwaltungsrechtlichen Schuldverhältnissen i. w. S.** zu unterscheiden. Der ör Vertrag ist – neben seiner Bedeutung als Bestandteil des VwVf (siehe § 9) – regelmäßig zugleich auch verwaltungsrechtliches Schuldverhältnis mit einseitigen oder mehrseitigen Rechten und Pflichten (hierzu noch Rn. 113 ff.). Umgekehrt ist nicht jedes öffentlich-rechtliche Schuldverhältnis zugleich auch ein ör Vertrag.[106] Das Institut des sog. verwaltungsrechtlichen Schuldverhältnisses ist eine Zweckschöpfung der Rechtsprechung[107] und für **„besondere, enge Verhältnisse zwischen Verwaltung und Bürger" quer durch die Rechtsordnung** entwickelt worden, bei denen wegen dieser konkreten Beziehungen – mit einem regelmäßigen Leistungsaustausch – ein Bedürfnis gesehen wurde, neben den allgemeinen, oft unzureichenden ör Vorschriften zusätzlich die besonderen Haftungsvorschriften des BGB ganz oder zumindest teilweise anwendbar zu machen, und zwar unabhängig davon, ob die Rechtsbeziehungen ör oder zivilrechtlich, einseitig oder zweiseitig sowie durch Vertrag oder außerhalb davon begründet worden sind (zum sog. Verwaltungsprivatrecht vgl. Rn. 8 ff.; § 1 Rn. 116 ff.). In allen Fällen geht es darum, die in der Rechtsprechung zugunsten der Bürger teilweise modifizierten **Haftungsvorschriften des BGB** (hierzu § 62 Rn. 22 ff.), insbesondere §§ 276, 278, 280 ff. bzw. §§ 677 ff. BGB i. d. F. der Änderungen durch die Schuldrechtsreform entsprechend und ergänzend zur Anwendung zu bringen, um dadurch den Privaten angemessen zu schützen.[108] Umgekehrt sind aber auch Ansprüche des Staates gegen den Bürger aus verwaltungsrechtlichen Schuldverhältnissen denkbar.[109] **44**

---

[105] Hierzu etwa *Wolff/Bachof/Stober* 3, vor § 90, §§ 91–93 mit einer Vielzahl von Nachweisen. Mit PPP-Projekten auf Kommunalebene hat sich der BGH auch im Zusammenhang mit Amtshaftungsklagen wegen rechtswidrig erteilter Genehmigung seitens einer Kommunalaufsichtsbehörde, vgl. NVwZ 2003, 634 – Oderwitz – mit krit. Anm. *Pegatzky* LKV 2003, 451, auch NVwZ 2005, 61; ferner *BGH* vom 25. 1. 2006, NVwZ-RR 2007, 47 mit krit. Anm. *Roth* NVwZ 2007, 301 zu sog. Investorenmodellen/Projektverträgen.
[106] Zur Abgrenzung vgl. *Willebrand/Gries* JuS 1990, 100; *Scherzberg* JuS 1992, 205; *Wolff/Bachof/Stober* I, § 55; grundlegend *Papier*, Die Forderungsverletzung im öffentlichen Recht, 1970, S. 58 ff.
[107] *Maurer*, § 28 Rn. 2; *Willebrand/Gries* JuS 1990, 100.
[108] Vgl. grundlegend *BVerwGE* 13, 17 ff.; 52, 247 (254); 80, 123 ff.; ferner *BGHZ* 59, 303; *BGH* UPR 2007, 302 – zur Haftung bei Trink- und Brauchwasserver- und -entsorgung –; *BGHZ* 54, 299; *BGH* UPR 2007, 145 – zur Haftung bei Abwasserkanalisation –; 61, 7 – Schlachthof, mit Verbot eines Haftungsausschlusses für grobe Fahrlässigkeit –; *BGH* UPR 2007, 145 und 300 – zur Haftung bei Eisenbahnkreuzungen –; zur Anwendbarkeit von § 278 BGB vgl. *BGHZ* 114, 380; *BGH* NJW 1990, 1230; *OLG Düsseldorf* NVwZ-RR 1996, 305 und *OVG Münster* NVwZ-RR 1997, 207 – fehlerhafte Herstellung eines Anschlusskanals –; *Maurer*, Allgemeines Verwaltungsrecht, § 28 Rn. 2 ff.
[109] Vgl. *BVerwG* NJW 1995, 2303 (Abwasserkanalbenutzungsverhältnis); *VGH Mannheim* VBlBW 1982, 369 (Wasserbenutzungsverhältnis).

45 **a) Anstaltsnutzungsverhältnisse.** Die Nutzung einer jedermann zugänglichen Anstalt oder einer **anderen öffentlichen Einrichtung**[110] kann bei Fehlen ausdrücklicher normativer Regelungen wegen der **Gestaltungsspielräume** für die Verwaltung durch einseitig begründetes Nutzungsverhältnis, durch privatrechtlichen bzw. ör Vertrag erfolgen oder durch eine Mischung der Rechtsformen erfolgen (zur Gestaltungsfreiheit und Rechtsanwendung im Verwaltungsprivatrecht vgl. § 1 Rn. 92 ff.). Welches Rechtsverhältnis besteht, ist im Einzelfall zu prüfen. Insbesondere kann nach herrschender Meinung vor allem bei anstaltlich organisierten öffentlichen Einrichtungen nach dem **Ermessen des Anstaltsträgers** entschieden werden, ob die Aufgaben durch einseitige oder zweiseitige, privatrechtliche oder öffentlich-rechtliche Nutzungsbeziehungen begründet und abgewickelt werden.[111] Einer einseitigen (öffentlich-rechtlichen oder privatrechtlichen) Zulassung kann eine vertragliche Benutzungsregelung nachfolgen und umgekehrt.[112] Denkbar ist auch die Umstellung von einem ör auf ein privatrechtliches Benutzungsverhältnis und umgekehrt.[113] Ein öffentlich-rechtlicher Anschluss- und Benutzungszwang schließt eine privatrechtliche Regelung des Entgelts nicht aus.[114] Zu Einzelheiten § 35 Rn. 201 ff.

46 Die öffentlich-rechtlichen Bindungen, insbesondere das **Verhältnismäßigkeitsprinzip** und das **Gleichbehandlungsgebot,** bleiben aber auch bei einer privatrechtlichen Regelung grundsätzlich bestehen, setzen der öffentlichen Hand aber strengere Grenzen bei der Haftungsfreizeichnung (hierzu noch § 62 Rn. 22 ff.).[115] Insbesondere Satzungen und Anstaltsordnungen mit ör Vollstreckung deuten auf ör Nutzungsverhältnisse hin.[116] Das **Postbenutzungsverhältnis** ist grundsätzlich einseitiges Benutzungsverhältnis, das durch tatsächliche Inanspruchnahme, nicht aber durch beiderseitig zum Vertrag führende Willenserklärungen begründet wird.[117] Zur Poststruktur vgl. § 2 Rn. 135 ff.

47 **b) Zuwendung öffentlicher Mittel.** Nach § 54 ist die Vergabe öffentlicher Mittel (vgl. hierzu §§ 23, 44 BHO und die Parallelregelungen der Landeshaushausordnungen) einschließlich der Ausgestaltung der vertraglichen Konditionen, der Rückabwicklung und Vollstreckung durch **ör Vertrag zulässig.**[118] Auch in der Literatur finden sich entsprechende Forderungen, von dieser gesetzlichen Möglichkeit mehr als bisher Gebrauch zu machen (zu sog. Subventionsverträgen noch Rn. 159).[119]

48 Nach der rechtlichen Regelung des § 54 hat die Behörde im Grundsatz ein Wahlrecht bei der Vergabe von Subventionen zwischen den Handlungsformen des **Bewilligungsbescheids oder des Subventionsvertrags.**[120] Nach Nr. 4.1 der VV zu § 44 BHO[121] sollen öffentliche Mittel

---

[110] Vgl. *BVerwGE* 123, 159 und 125, 68 zum – mit EG-Recht vereinbaren – Anschluss- und Benutzungszwang an die Fernwärmeversorgung. Generell *Bull/Mehde*, Allgemeines Verwaltungsrecht, 7. Aufl. 2005, Rn. 944 ff.; *Maurer*, Verwaltungsrecht, § 28 Rn. 2 ff., jeweils m. w. N.
[111] Vgl. *BGH* NJW 1975, 106; 1976, 424; 1980, 2705; DÖV 1980, 171; DVBl 1984, 1118; *BVerwG* NJW 1986, 2387; NVwZ 1987, 46; NVwZ 1991, 59 mit Bespr. *Osterloh* JuS 1991, 338; *OVG Münster* NVwZ-RR 1997, 207; *Rogosch* NVwZ 1988, 903; *Reiter* BayVBl 1990, 711.
[112] Vgl etwa *BVerwG* NVwZ 1987, 46; *BVerwGE* 123, 159 (161).; *BGH* DVBl 1992, 369 (370)..
[113] *BGH* NVwZ 1983, 58.
[114] Vgl. *BVerwGE* 123, 159 ff.; *OVG Bautzen* DVBl 1997, 507; *BGH* BayVBl 1985, 27; NVwZ 1986, 963; DVBl 1992, 369 (370).
[115] *BGH* DVBl 1984, 1118; *Ehlers*, DVBl 1983, 422; *Stober* NJW 1984, 449; *Haverkate* NVwZ 1988, 769; *Palandt/Grüneberg*, BGB, 66. Aufl. 2007, Rn. 40, 41 vor § 311.
[116] *BVerwG* NJW 1980, 1863 (1864); *VGH Mannheim* NJW 1979, 1900.
[117] *BVerwGE* 30, 211 ff; *BVerwG* DVBl 1973, 416; ähnlich *BGHZ* 52, 155, 160; *BGH* DVBl 1975, 903, 904; WM 1985, 530; 1999, 150. Nach *OLG Naumburg* NVwZ 2001, 355 spricht bei Vergabe öffentlicher Mittel eine tatsächliche Vermutung für ör Vertragshandeln. Zur Vergabe von Zuwendungen aufgrund ör Zusicherungen vgl. *Kloepfer/Lensky*NVwZ 2006, 501.
[119] Vgl. *Henke,* Das Recht der Wirtschaftssubventionen als öffentliches Vertragsrecht, 1979, *ders.,* DVBl 1984, 846; *ders.* in Hill (Hrsg.), Verwaltungshandeln durch Verträge und Absprachen, 1990, 115 ff.; dort hierzu auch *Wegner,* a. a. O., S. 132 ff. zur Wirtschaftsförderung; hierzu ferner *BVerwGE* 84, 236 zu Verträgen über Immissionsschutz und Investitionsförderung; *Menger* VerwArch 1978, 93 ff.; *ders.* Zum öffentlich-rechtlichen Vertrag im Subventionsbereich, Festschrift für Ernst, 1980, 301, *ders.* Zu den Handlungsformen bei der Vergabe von Subventionen, VerwArch 1979, 93; *Friehe* DÖV 1980, 673; *Ehlers* VerwArch 1983, 112, (132); *Henke* JZ 1984, 441; *Knack,* § 54 Rn. 6.2. Zur Konkurrentenklage gegen einen ör Subventionsvertrag *OVG Münster* NVwZ 1984, 522 (mit Bespr. *Knuth* JuS 1986, 523).
[120] Vgl. *VGH Kassel* NVwZ 1990, 879; *Piduch,* Bundeshaushaltsrecht, 2. Aufl., § 44 Rn. 4.
[121] Vom 10. 11. 1992, GMBl S. 1103; zuletzt geändert durch VV vom 14. 3. 2006, GMBl 2006, 444, dazu *Domnach.*NVwZ 2007, 53.

grundsätzlich durch Bewilligungsbescheid, nach Nr. 4.3 a. a. O. nur ausnahmsweise durch Vertrag vergeben werden. Dadurch soll dem Eindruck entgegengewirkt werden, die Auflagen und Bedingungen der Zuwendungsgewährung ließen Spielraum für Verhandlungen. Wird ausnahmsweise die Vertragsform gewählt, so sind nach den VV aaO. die für einen Zuwendungsbescheid geltenden Bestimmungen sinngemäß zugrunde zu legen.[122] Die Vergabe öffentlicher Mittel erfolgt in letzter Zeit vielfach auf der Grundlage von § 44 Abs. 2 und 3 BHO **durch Private** (vor allem durch beauftragte Banken), die durchweg auf der Grundlage eines privaten Geschäftsbesorgungsvertrags mit der treuhänderischen Vergabe und Verwaltung von Bundes- und Landesmitteln beauftragt sind (sog. **Subventionsmittler**).[123]

Als weitere Variante ist die Anwendung der **Zweistufentheorie** (Rn. 51; § 35 Rn. 72 ff.) denkbar, wonach eine Zuwendung durch einseitigen Bewilligungsbescheid vergeben, die Abwicklung der Bewilligung selbst durch zivil- oder ör Vertrag geregelt wird.[124] Soweit nicht schon spezielle Rechtsvorschriften den Erlass von Zuwendungsbescheiden anordnen, steht einer vertraglichen Regelung ferner oftmals vor allem auf Seiten der Behörde die Erwägung entgegen, dass wegen der vertraglichen Bindungswirkungen die §§ 48, 49 unanwendbar werden könnten und einseitige Aufhebungsentscheidungen der Behörde mehr möglich sind. Die Praxis folgt daher weitgehend den vorgenannten VV zur BHO und den Parallelregelungen der LHO der Länder, dass Zuwendungen auf Grund eines bewilligenden **Zuwendungsbescheides** vergeben und grundsätzlich bei Zweckverfehlung oder wegen sonstigen Fehlens oder späteren Wegfalls der Bewilligungsvoraussetzungen nach §§ 48, 49 durch VA zurückgefordert werden.[125] Die bloße Tatsache einer jahrelang gewährten Subvention aus einem öffentlichen Haushalt begründet – sofern gesetzlich oder vertraglich nichts anderes bestimmt ist – grundsätzlich kein schutzwürdiges Vertrauen in den Fortbestand entsprechender Verwaltungsvorschriften und die **Weitergewährung**, sofern nicht besondere Umstände hinzutreten.[126] Ein rückwirkender Eingriff in abgewickelte Zuwendungsverhältnisse ist bei Fehlen spezieller Regelungen nur unter den Voraussetzungen der §§ 48–49 a zulässig.[127]

Subventionsverträge sind grundsätzlich auch in Ansehung des **Gemeinschaftsrechts** zulässig, **49** weil die Handlungsform der Vergabe öffentlicher Mittel nicht festgelegt ist. Allerdings ist hier u. a. das Notierungsverfahren der **Art. 92, 93 EGV** a. F. = **Art. 87, 88 EUV n. F.** zu beachten, wonach vor einer Bewilligung und Auszahlung öffentlicher Mittel zur Vermeidung von Wettbewerbsverzerrungen die Zustimmung der Kommission einzuholen ist. Eine unter Verstoß gegen die Notifizierungspflicht gewährte Subvention ist nach BGH im Falle eines zivilrechtlichen Bewilligungsvertrags nichtig i. S. von § 134 BGB, weil er die Nichtbeachtung des Notifizierungsverfahrens ohne Beteiligung der EU-Kommission als Verstoß gegen ein gesetzliches (Wettbewerbs-)Verbot ansieht.[128] Für einen ör Subventionsvertrag wird nach § 59 I i. V. m. **§ 134 BGB** nichts anderes gelten können. Die über die Gewährung einer Subvention entscheidende Behörde kann auch dann nicht die Voraussetzungen frei gestalten, wenn sie die Beihilfe nicht durch einen VA, sondern durch zivilrechtlichen Vertrag gewährt hat; auch dann ist § 49 III analog anzuwenden.[129]

Der Grundsatz des **(Parlaments-)Vorbehaltes des Gesetzes** gilt nach der Rechtsprechung **50** des BVerwG für die Gewährung öffentlicher Mittel **nur begrenzt**. Ihre Bereitstellung im Haushaltsplan als formelles Gesetz reicht hiernach in Verbindung mit den darin enthaltenen

---

[122] Vgl. *Piduch*, Bundeshaushaltsrecht, § 44 Rn. 4.
[123] Hierzu *U. Stelkens* NVwZ 2004, 304; *Burgi* NVwZ 2007, 383. Zum Entreicherungseinwand bei Widerruf eines Subventionsbescheids vgl. *OVG Münster* NWVBl 2007, 310.
[124] *BVerwGE* 123, 159 (161); *BGH* DVBl 1992, 369 (370); ferner *BGH* NJW 2006, 536 zur Bewilligung durch VA und nachfolgenden zivilrechtlichen Vertrag mit Rückforderung nicht nach § 49a, sondern gemäß §§ 812ff. BGB. Gegen die Zweistufentheorie bei der Vergabe öffentlicher Aufträge vgl. *BVerwG* NVwZ 2007, 820, zustimmend *Siegel* DVBl. 2007, 942; kritisch *Burgi* NVwZ 2007, 737.
[125] *BVerwGE* 6, 282, 287; *BVerwG* NJW 1977, 1838; DVBl 1983, 810, mit Anm. *Meineke* DVBl 1984, 725; *OVG Lüneburg* NVwZ 1985, 120; *OVG Münster* DVBl 1985, 532; *VGH Mannheim* NVwZ 1985, 916; *VGH Kassel* NVwZ 1990, 879; *VGH München* NVwZ 1990, 882. Zum Abbau der Fehlsubventionierung im Wohnungswesen *BVerwG* NJW 1991, 2851.
[126] *VGH Mannheim* NVwZ 1991, 1199 m. w. N.
[127] Vgl. *BVerwGE* 46, 89 (90); *BVerwG* vom 24. 11. 1995 – 11 B 98.95 –.
[128] Vgl. *BGH EuZW 2003,* 444; NVwZ 2004, 636; zuletzt *BGH* NVwZ 2007, 973 (974) zur Rückforderung einer gemeinschaftsrechtlich unzulässigen Stahlbeihilfe; *OVG Berlin/Brandenburg* NVwZ 2006, 104.
[129] Vgl. *BGH* NVwZ 2007, 246 mit zust. Anm. *Stober* JZ 2007, 417.

allgemeinen Zweckbestimmungen und ermessenslenkenden Verwaltungsvorschriften als Ermächtigungsgrundlage regelmäßig aus, sofern die Mittelbewilligung nicht mit gezielten Eingriffen in Rechtspositionen Dritter verbunden ist.[130] **Ermessenslenkende Verwaltungsvorschriften,** in denen im Interesse gleichmäßiger Behördenpraxis Einzelheiten der Mittelvergabe geregelt sind, können bei Vorliegen rechtfertigender sachlicher Gründe für die Zukunft grundsätzlich ohne Vertrauensschutz **geändert**[131] und von den Verwaltungsgerichten nur auf die Beachtung der Grundsätze der Gleichbehandlung geprüft werden. In ihnen enthaltene unbestimmte Gesetzesbegriffe dürfen nicht wie Rechtsnormen nach Art einer vollen und eigenständigen „abstrakten" Nachprüfung der Gerichte ausgelegt werden; maßgebend für die Selbstbindung ist vor allem bei einem unklaren Wortlaut vielmehr allein die ständige Verwaltungspraxis zur maßgeblichen Zeit.[132]

51   b) **Vergabe öffentlicher Aufträge.** Die öffentlichen Aufträge, denen ein Vergabeverfahren nach den §§ 97 ff. GWB vorausgeht und die mit Zuschlagserteilung enden, unterfallen dem Zivilrecht, weil ein öffentlicher Auftraggeber mit einem Privaten grundsätzlich einen **zivilrechtlichen Vertrag** über bestimmte Leistungen abschließt, auch wenn die zu vergebenden Arbeiten im öffentlichen Interesse erbracht werden. Denn bei einer solchen Vergabe wird der Staat auf allen Ebenen von Bund, Ländern und Kommunen wie andere als Nachfrager auf dem Markt tätig, um einen Bedarf an bestimmten Gütern und Dienstleistungen zu decken.[133] Die von der öffentlichen Hand abgeschlossenen Verträge, weitgehend Werk- und Dienstverträge, gehören daher – wie inzwischen in der Rechtsprechung von BGH und BVerwG entschieden ist – ausschließlich dem Privatrecht an; für Streitigkeiten über die Vergabe öffentlicher Aufträge ist daher nicht der Verwaltungsrechtsweg, sondern der Rechtsweg zu den **Zivilgerichten** eröffnet, und zwar auch bei einem Auftragswert unterhalb der in der Vergabeverordnung genannten **Schwellenwerte.** Eine öffentlich-rechtliche Einordnung der Beziehungen zwischen dem öffentlichen Auftraggeber und den Bietern lässt sich auch nicht mit Hilfe der sog. Zwei-Stufen-Theorie erreichen, weil das Vergabeverfahren nicht gesplittet werden darf. Allerdings wird in einem solchen Bereich des sog. Verwaltungsprivatrechts die **Privatrechtsordnung** durch öffentlich-rechtliche Bindungen – etwa durch das Gleichbehandlungsgebot – **ergänzt, modifiziert und überlagert,** ohne dass deshalb das Verwaltungshandeln selbst dem öffentlichen Recht zuzuordnen wäre.[134]

52   d) **Öffentlich-rechtliche Verwahrung:** Derartige Verwahrungsverhältnisse[135] an beweglichen oder unbeweglichen Sachen zum Gebrauch oder zu anderer Nutzung, die auf Grund einseitiger Leistungsanforderung (z.B. nach dem Bundesleistungsgesetz) überlassen werden oder im Wege z.B. von Ersatzvornahmen (etwa Abschleppen eines Kfz)[136] in Verwahrung von Behörden kommen, bringen in der Regel keinen förmlichen (schriftlichen) – einseitig verpflichtenden – Vertrag i.S. der §§ 54, 57 zur Entstehung, aber ein einseitiges Schuldverhältnis.[137] Entsprechendes gilt für die Fälle der **Beschlagnahme, Verwahrung** und **Sicherstellung**[138] beweglicher Sachen von Privatpersonen durch staatliche Stellen.[139] In derartigen ör Verwahrungsverhältnissen sind **§§ 688 f. BGB analog** anwendbar.[140] Auch bei Abschleppmaßnahmen von Kraftfahrzeugen ist dies der Fall; die im Zusammenhang mit der Aufbewahrung eines im Wege der Ersatzvornahme abgeschleppten Kraftfahrzeugs angefallenen Stand- und Verwahrkosten können von der

---

[130] Vgl. *BVerwG* NJW 1977, 1838; *BVerwGE* 90, 112 (126).
[131] Vgl. *BVerwGE* 104, 220 = NVwZ 1998, 273, wonach die Änderung einer ermessenslenkenden Verwaltungsvorschrift grundsätzlich in der Form zu erfolgen hat, in der die abzuändernde Vorschrift ergehen müsste.
[132] Vgl. *BVerwGE* 34, 278 (281); 44, 136 (138); 58, 45 (51); BVerwG NVwZ-RR 1996, 47; *BVerwG* NJW 1996, 1766.
[133] *BVerfG* NJW 2006, 3701.
[134] Zu alledem vgl. *BVerwG* NVwZ 2007, 820 = DVBl 2007, 969 mit zahlreichen Nachweisen zur bisherigen Streitfrage; mit Recht zustimmend *Ennuschat/Ulrich* NJW 2007, 2224; *Siegel* DVBl 2007, 942 (946), der das VwVfG um einen dritten Grundtypus des Verwaltungsverfahrens für das Verwaltungsprivatrecht ergänzen will; kritisch *Burgi* NVwZ 2007, 737.
[135] Hierzu allgemein *Büllesbach,* Die ör Verwahrung, 1994.
[136] Hierzu *BVerwG* DÖV 1990, 482; *VGH Mannheim* DÖV 1990, 482; 2007, 62.
[137] *BGH* JuS 1974, 192 und NJW 1990, 1230.
[138] *OVG Schleswig* NVwZ 2000, 234.
[139] Vgl. *BGHZ* 1, 369; 4, 192; 34, 349; *BGH* MDR 1975, 213 und NJW 1990, 1230.
[140] *BGH* NJW 1990, 1230; *VGH Kassel* NVwZ 1987, 910 und 1988, 655; *Maurer,* § 28 Rn. 3.

§ 54 Zulässigkeit des öffentlich-rechtlichen Vertrages   53–56 § 54

Behörde als Aufwendungsersatz analog § 693 BGB mittels Leistungsbescheids[141] geltend gemacht werden.[142] Verwahrt die Bundeswehr Geld eines Soldaten, so haftet sie bei Unmöglichkeit der Rückgabe auf Schadensersatz aus Fürsorgepflichtverletzung analog § 690 BGB, also wenn sie die **eigenübliche Sorgfalt** außer Acht gelassen hat.[143] Haftung besteht in der Regel nur für notwendige und im üblichen Rahmen eingebrachte und im Dienst belassene Sachen.[144]

e) Verwaltungsrechtliche Geschäftsführung ohne Auftrag. Die h. M. nimmt die Zuläs- 53 sigkeit einer ör GoA für die auftragslose Wahrnehmung eines fremden ör „Geschäfts", also einer Wahrnehmung einer ör Angelegenheit für einen anderen, an, auf die grundsätzlich §§ 677 ff. BGB – einschließlich § 683 BGB mit dem dort vorgesehenen Aufwendungsersatz – entsprechend anwendbar sind.[145] Hierbei sind **4 Konstellationen** denkbar: Das Handeln einer Behörde für eine andere Behörde, das Handeln einer Behörde für einen Bürger, dasjenige eines Bürgers für die Behörde und mehrerer Bürger untereinander.[146] Ör ist das GoA nur dann, wenn das „fremde (Haupt-)Geschäft" eines anderen, das mit der Geschäftsführung besorgt wird, inhaltlich eine Tätigkeit auf dem Gebiet des ör Rechts ist. Es kann sich dabei um eine Pflicht der Behörde oder eine solche des Bürgers handeln.[147]

Die Wahrnehmung einer ör Aufgabe obliegt grundsätzlich nach der gesetzlichen **Kompe-** 54 **tenzordnung** der jeweils zuständigen Behörde. Nur wenn und soweit die öffentliche Aufgabe nicht oder trotz evidenter Dringlichkeit nicht hinreichend wahrgenommen wird, kommt unter den Voraussetzungen der §§ 677 ff. BGB ein Handeln in fremdem Interesse in voraus zwar auch in Eilfällen, so dass insoweit kein fremdes Geschäft wahrgenommen wird,[148] kommt unter den Voraussetzungen der §§ 677 ff. BGB ein Handeln in fremdem Interesse als fremdes Geschäft mit einem Anspruch auf **Aufwendungsersatz** nach § 683 BGB. Das wird unter Umständen in Fällen einer **Gefahr im Verzug** oder bei einer sonst dringlichen Notzuständigkeit zu bejahen sein.[149] Bei einem Erstattungsanspruch **zwischen Behörden** ist aber zu prüfen, ob sich trotz der Dringlichkeit einer Notmaßnahme aus der Verwaltungskompetenz dafür nicht zugleich auch die Finanzierungskompetenz ergibt, so dass dann ein Ausgleichsanspruch entfällt.[150]

Die ör GoA im Verhältnis Staat-Bürger kann auch bei der Beauftragung eines privaten **Ab-** 55 **schleppunternehmens** im Rahmen einer ordnungsbehördlichen Ersatzvornahme vorliegen.[151]

7. Vertragspartner, Berechtigte/Verpflichtete, Rechtsnachfolge

§§ 54 ff. regeln nicht ausdrücklich, zwischen wem ör Verträge geschlossen werden können. 56 Nach den möglichen **Vertragspartnern** eines ör Vertrags kommen in Betracht Verträge zwischen Rechtssubjekten (Behörden) des öffentlichen Rechts, Verträge zwischen Rechtssubjekten

---

[141] *BVerwGE* 21, 271; 28, 1.
[142] Zu Art und Umfang des Erstattungsanspruchs bei verwahrten Kfz. vgl. etwa *VGH Kassel* DÖV 1991, 699; VGH Mannheim VBlBW 2007, 62.
[143] Vgl. *BVerwGE* 52, 247 = NJW 1978, 717; *OVG Münster* DÖV 1977, 907 Nr. 175 – zum Schadensersatz bei unüblicher Aufbewahrung persönlicher Gegenstände in einem Schrank –; vgl. auch *BVerwGE* 13, 17; 15, 3; *BGHZ* 3, 162 (174); 4, 192 (195): Keine Anwendung des § 690 BGB für die Verwaltung. Ferner *BGH* NJW 1990, 1230 zur Anwendbarkeit der §§ 254, 282 BGB bei ör Verwahrung.
[144] Vgl. *BVerwG* NJW 1995, 271.
[145] *BVerfGE* 18, 429; *BVerwGE* 80, 170; *BVerwG* DÖV 1986, 285; DVBl 1991, 1156; *VGH Mannheim* NVwZ-RR 2004, 241; *VGH Mannheim* NVwZ-RR 2004, 473 betr. Fällen von Bäumen durch die Gemeinde für den Grundstückseigentümer; auch *BSG* NJW 1991, 2373 zum Sozialrecht. Weitere Beispiele vgl. *Linke* DVBl 2006, 148.
[146] Hierzu *Wollschläger*, Geschäftsführung ohne Auftrag im öffentlichen Recht und Erstattungsanspruch, 1977; *Nedden*, Die GoA im öffentlichen Recht, 1994; grundsätzlich kritisch *Kischel*, Handle und liquidiere? – Keine Geschäftsführung ohne Auftrag im öffentlichen Recht, VerwArch 1999, 391; *Schoch*, GoA im öffentlichen Recht, Die Verwaltung, 2005, 19, jeweils m. w. N.
[147] Vgl. *OVG Münster* KStZ 1989, 195 bei Erschließungsmaßnahmen Privater; *OVG Lüneburg* NVwZ 1990, 81: GoA eines Bürgers für die Behörde.
[148] *BVerwG* NJW 1989, 922; *OVG Lüneburg* NVwZ 1991, 81.
[149] Hierzu *Schenke*, GoA zum Zwecke der Gefahrenabwehr, FS Bartlsberger, 2006, 529.
[150] *BVerwGE* 80, 170 (173); *BVerwG* DVBl 1991, 1156.
[151] Vgl. etwa *VGH München* NVwZ 1989, 245 und DÖV 1990, 483; *OVG Koblenz* NVwZ 2005, 577 – Behindertenparkplatz –; *VGH Mannheim* DÖV 1990, 482 – absolutes Halteverbot –; *VGH Kassel* DÖV 1997, 466 – bei nach Abstellen des Pkw errichtetem Halteverbot; dazu *BVerwG* NVwZ 1997, 1021: 4 Tage später nicht unverhältnismäßig. Zur Amtshaftung für Abschleppunternehmer bei schuldhaften Pflichtverletzungen vgl. *BGHZ* 120, 176; 121, 161; ferner *VGH Kassel* DÖV 2007, 57; *VGH Mannheim* DÖV 2007, 661.

des öffentlichen und des privateren Rechts sowie Verträge zwischen Privatrechtssubjekten über ör Gegenstände. Die Vertragspartner sind in der Regel allein die Berechtigten und Verpflichteten des ör Vertrags. Zulässig sind auch ör Verträge **zugunsten Dritter**; unzulässig Verträge **zu Lasten Dritter** (vgl. § 58 Rn. 10 ff., zugleich zu Verträgen mit **Schutzwirkung für Dritte**).

57 Keine allgemeine Regelung gibt es zur Frage, ob ein ör Vertrag Rechtswirkungen auch für und gegen den **Rechtsnachfolger** entfaltet. Insoweit kommt es zunächst darauf an, ob der Vertrag selbst dazu Regelungen enthält. Fehlen sie, so kommen die allgemeinen Rechtsgrundsätze zur Anwendung. Ob und in welchem Umfange (vertragliche) Rechte und Pflichten aus einem ör Vertrag übertragbar und vererblich sind, beurteilt sich in erster Linie nach dem jeweils zur Anwendung kommenden ör **Fachrecht,** nicht nach dem Zivilrecht. Soweit dort ausdrückliche Regelungen vorhanden sind, muss die Rechtslage nach ihnen beurteilt werden. Fehlen dort Vorschriften, kann der Rechtsgedanke de § 1922 BGB auf ör Ansprüche entsprechend angewendet werden.[152] Sach- und erfolgsbezogene Berechtigungen und Verpflichtungen ohne höchstpersönlichen Charakter können daher bei der **Einzelrechtsnachfolge** grundsätzlich auf den Rechtsnachfolger übergehen. Für eine Gesamtrechtsnachfolge bedarf es einer speziellen Rechtsgrundlage. Bei einer **Funktionsnachfolge** zwischen ör Rechtsträgern gilt der Grundsatz der Rechtsnachfolge in sämtliche nicht höchstpersönliche Rechte und Pflichten, zugleich auch von Wahrnehmungszuständigkeiten und Handlungsbefugnissen, sofern gesetzlich nichts anderes bestimmt ist.[153]

58 a) **Ör Verträge zwischen Behörden:** Als koordinationsrechtlich werden diejenigen Verträge bezeichnet, bei denen sich die Partner außerhalb des konkreten Vertrags gleichgeordnet gegenüberstehen. Ein solches Gleichordnungsverhältnis wird nach der bisherigen Rechtssystematik der §§ 54 ff. (nur) zwischen Hoheitsträgern bzw. ihren Behörden bejaht.[154] Solche Verträge werden von der Generalklausel des § 54 Satz 1 erfasst, auch wenn dies nicht ausdrücklich so formuliert ist, sofern dadurch ein **konkretes Rechtsverhältnis** auf dem Gebiet des öffentlichen Rechts begründet, geändert oder aufgehoben wird (hierzu Rn. 82 ff.). Für solche ör Verträge zwischen Hoheitsträgern gibt es vielfach spezialgesetzliche Regelungen.[155] Auch ohne sie bestätigt § 54 Satz 1 VwVfG die auch außerhalb des VwVfG bestehende, aus dem Organisationsrecht folgende Befugnis zum Abschluss solcher Verträge im vorbezeichneten Rahmen. Solche Verträge kommen auch ohne spezialgesetzliche Ermächtigung zwischen juristischen Personen des öffentlichen Rechts auf Bundes-, Landes- und Kommunalebene.[156] Sie haben in der **Verwaltungspraxis geringe Bedeutung,** weil die vertragliche Begründung, Änderung oder Aufhebung eines Rechtsverhältnisses in Ausübung ör Verwaltungstätigkeit zwischen Behörden faktisch ziemlich selten ist; dementsprechend beschäftigen diese Verträge die Literatur und Rechtsprechung nur selten (vgl. die Beispielsfälle Rn. 60). In der Regel werden die vertragsschließenden Behörden **verschiedenen Rechtsträgern** angehören, also Bund, Ländern und Kommunen mit ihren rechtlich selbstständigen juristischen Personen des öffentlichen Rechts. Denkbar sind aber auch sog. **In-Sich-Verträge (Organverträge),** also innerhalb einer juristischen Person des Öffentlichen Rechts auf Bundes-, Landes- und Kommunalebene, sofern und soweit die Organe und Organteile nach den jeweiligen Organisationsnormen mit wehr- und klagefähigen fähigen eigenen Rechten und Pflichten – nicht nur mit ör Wahrnehmungszuständigkeiten – ausgestattet sind, die sie gegenüber anderen Organen oder Organteilen als eigene Rechte geltend machen können (sog. Teil-Rechtsfähigkeit).[157]

---

[152] Vgl. *BVerwGE* 16, 68 (69); 21, 302 (303). Allgemein zur Rechtsnachfolge im öffentlichen Recht: *Knöpfle,* FS Maunz, 1971, 244; *Rumpf* VerwArch 1987, 269; *Stadie* DVBl 1990, 384; *Schink* VerwArch 1991, 384; *Wolff/Bachof/Stober* 1, § 42 Rn. 53 ff.; *Peine* JuS 1997, 984. Zur Rechtsnachfolge speziell im Bauordnungsrecht *VGH Mannheim* NVwZ 1998, 975; *Guckelberger* VerwArch 1999, 499.

[153] *Wolff/Bachof/Stober* 1, § 42 Rn. 53 ff.; Zur Rechts- und Funktionsnachfolge der DDR und Verträgen vgl. § 54 Rn. 167 ff. der Vorauflage.

[154] Vgl. Begr. RegE 1973, BT-Drs. 7/910, S. 79 ff.; *Wolff/Bachof/Stober* 1, § 54 Rn. 1 ff.

[155] Vgl. die Nachweise bei *Wolff/Bachof/Stober* 1, § 54 Rn. 19.

[156] Vgl. den Vertrag zwischen zwei Bundesländern über die Erstattung von Kosten für eine Unterbringung im Maßregelvollzug für einen bestimmten Einzelfall, hierzu *BVerwG* NVwZ 2005, 1083 – dort „Verwaltungsvereinbarung" genannt, zugleich zur Wahrung der Schriftform nach § 57 auch bei blossem Briefwechsel ohne Unterschrift auf derselben Urkunde, hierzu noch § 57 Rn. 19.

[157] Hierzu und zur Beteiligtenfähigkeit vgl. *Kopp/Schenke,* VwGO, § 42 Rn. 80, 126; *Eyermann,* VwGO, § 61 Rn. 10, jeweils m. w. N.

§ 54 Zulässigkeit des öffentlich-rechtlichen Vertrages

Es gibt für koordinationsrechtliche Verträge **keinen numerus clausus** von Vertragsarten 59 und -inhalten. Sie sind in allen Bereichen öffentlicher Verwaltung zulässiges Verwaltungshandeln bei Ausübung ör Verwaltungstätigkeit denkbar. Ebenso hängt von dem Regelungsgegenstand ab, ob der Vertragsform oder dem Vertragsinhalt Rechtsvorschriften entgegenstehen (hierzu Rn. 90 ff.). Im Zweifel kann aus dem Schweigen der Gesetze jedenfalls auf die grundsätzliche Zulässigkeit der Vertragsform geschlossen werden. Da die sog. koordinationsrechtlichen Verträge zwischen Hoheitsträgern keine Verträge i. S. von § 54 Satz 2 sind, ist ihre Rechtsbeständigkeit grundsätzlich allein am **Maßstab von § 59 Abs. 1** zu messen, sofern nichts anderes geregelt ist. Insbesondere bei einem Verstoß gegen **§ 134 BGB** in seiner öffentlich-rechtlichen Ausgestaltung wird bei einem qualifizierten Rechtsverstoß eine Nichtigkeit bzw. Ungültigkeit in Betracht kommen, so dass den Geboten der Gesetzmäßigkeit der Verwaltung bei sachgerechter Auslegung und Anwendung hinreichend Rechnung getragen werden kann (Näheres bei § 59).

Zu den sog. koordinationsrechtlichen Verträgen gehören im **Bund-Länder-Verhältnis** z. B. 60 Garnisonsverträge zwischen der Wehrmacht und Gemeinden;[158] im **Land-Land-Verhältnis** Vereinbarungen über Kostenerstattungen im Maßregelvollzug,[159] auf **kommunaler Ebene** etwa ör Verträge über die Übertragung von Aufgaben zwischen Städten, Kreisen und Ämtern nach §§ 25 a, 121 ff. LVwG SH,[160] ferner Eingemeindungsvereinbarungen,[161] Grenzänderungsverträge,[162] Verträge zwischen Gemeinden über die Gründung von Zweckverbänden,[163] Vereinbarungen über die Bildung von Verwaltungs- und Arbeitsgemeinschaften und eine sonstige interkommunale Zusammenarbeit,[164] ferner Verträge zwischen Gemeinden über den Bau einer Verbindungsstraße zwischen ihnen.[165] Grenzänderungs- und Auseinandersetzungsverträge zwischen Gemeinden haben nach teilweise vertretener Auffassung normative Wirkung und unterfallen als Quelle objektiven Recht nicht den §§ 54 ff.;[166] die Gegenauffassung rechnet sie zutreffend zu den koordinationsrechtlichen Verträgen und wendet die dafür maßgeblichen Vorschriften der §§ 54 ff. analog an, weil für diese Vertragsform ein weiterer Anwendungsbereich eröffnet ist.[167] Entsprechendes gilt für Eingemeindungsverträge.[168]

b) Verträge zwischen Staat und Privaten: Die Bezeichnung der ör Verträge im Staat- 61 Bürger-Verhältnis als „subordinations"rechtliche Verträge ist tradiert, dennoch problematisch, weil eine „Subordination" als Ausdruck einseitiger Anordnungsbefugnis der Behörde infolge des Vertragsschlusses als Willenskonsens gerade nicht stattfindet.[169] Der Begriff wird aber als (ungenaue) Abkürzung für ör Verträge zwischen Behörden bzw. Hoheitsträgern und Privatrechtssubjekten i. S. von § 54 Satz 2 verwendet. Diese Regelung betrifft nach dem Wortlaut (nur) den Fall, dass der Vertrag einen VA ersetzen soll **(VA-Surrogat-Vertrag)**, den sonst die vertragsschließende Behörde selbst erlassen würde. Satz 2 gilt trotz des engen Wortlauts nach nunmehr h. M. für **alle Verträge zwischen einer Privatperson und einer Behörde** bzw. einem Träger öffentlicher Verwaltung in Ausübung ör Verwaltungstätigkeit (Rn. 3 ff.; zur Nichtigkeit von Verträgen nach § 59 Abs. 2 Näheres dort). Unerheblich ist, ob der konkrete Gegenstand der vertraglichen Vereinbarung „sonst" durch VA hätte geregelt werden können.[170]

Der sog. subordinationsrechtliche Vertrag kann nicht nur VA-Surrogat-Vertrag sein, sondern 62 sich auch auf **sonstige ör Handlungen, Duldungen und Unterlassungen** einschließlich

---

[158] Vgl. *BVerwGE* 25, 300.
[159] Vgl. *BVerwG* NVwZ 2005, 1083.
[160] Vgl. Amtsbl SH 1999, 620 ff.
[161] Vgl. *OVG Bautzen* LKV 1998, 237.
[162] Vgl. *OVG Münster* DÖV 1986, 980.
[163] Vgl. *OVG Koblenz* NVwZ-RR 2005, 499 betr. sog. „Zweckvereinbarungen".
[164] Vgl. *Knack/Henneke*, VwVfG § 54 Rn. 6.
[165] VGl. *VGH München* NVwZ-RR 2006, 632.
[166] So *Altenmüller* DÖV 1977, 37; *VGH Kassel*, Beschl. vom 20. 11. 1979 – V N 12/76.
[167] So *Knack/Henneke*, VwVfG, § 54 Rn. 8
[168] Vgl. *OVG Weimar* DÖV 1998, 348 Nr. 64; *OVG Bautzen* LKV 1999, 2371: Anwendbarkeit zumindest von § 59 I i. V. m. § 134 BGB.
[169] Ebenso *Ziekow*, VwVfG, § 54 Rn. 26; *Schlette*, Die Verwaltung als Vertragspartner, 2000, 364 m. w. N.
[170] *BVerwGE* 111, 162, 165 = NVwZ 2000, 1285 m. w. N.

Realakten und Willenserklärungen beziehen, sofern es sich dabei um die Begründung, Änderung oder Aufhebung eines materiellrechtlichen oder verfahrensrechtlichen Rechtsverhältnisses bei ör Verwaltungstätigkeit handelt (hierzu Rn. 82 ff.).

63 **Andere** als die für den Erlass des VA örtlich und sachlich zuständige **Behörden** werden von der Berechtigung zum Vertragsschluss **nicht** grundsätzlich **ausgeschlossen.** Es reicht aus, dass die vertragsschließende Behörde am Zustandekommen und Inhalt einer Einzelfallmaßnahme beteiligt wäre, also etwa einen Antrag auf Erlass eines VA stellen darf[171] oder sonst mitzuwirken hat. Ob in einem solchen Fall ein Vertragsabschluss für eine ör Einzelfallmaßnahme durch nur mitbeteiligte oder gar unbeteiligte Behörde rechtmäßig ist, hängt von Inhalt und Umfang der für den Vertragsinhalt bestehenden örtlichen und/oder sachlichen Zuständigkeit der Behörde in bezug auf den Vertragsgegenstand ab. Überschreitet eine Behörde beim Vertrag ihre Zuständigkeit, kommen § 58 Abs. 2 und die Nichtigkeitsgründe nach Maßgabe des § 59 zur Anwendung (vgl. näheres dort). Beide Vorschriften dienen dazu, auch bei verwaltungsrechtlichen Verträgen die **Kompetenzordnung** in sachlicher und örtlicher Hinsicht zu wahren.

64 Auch der diskutierte **Kooperationsvertrag** (hierzu Rn. 14 ff.) gehört nach der bisherigen Systematik zu den sog. subordinationsrechtlichen Verträgen, weil er – vielfach auf der Grundlage der neuen Öffentlich-Privaten- Partnerschaften **(ÖPP)/PPP** – zwischen Behörden bzw. ihren Rechtsträgern geschlossen wird. Hier zeigt sich die Problematik der tradierten Auffassung: **Kooperation und Subordination** schließen sich gegenseitig aus: Wer als Privatrechtssubjekt freiwillig mit der Behörde vertraglich kooperiert, ist normaler Vertragspartner „auf gleicher Augenhöhe", nicht aber subordinierter Untertan der Behörde. Das rechtfertigt gleichwohl ör Begrenzungen der Zulässigkeit eines Kooperationsvertrags.

65 c) **Verträge zwischen Privatrechtssubjekten:** Zulässig sind ör Verträge nur bei einer **spezialgesetzlichen Ermächtigung.** Ohne sie können Privatpersonen über gesetzlich begründete ör Rechte und Pflichten nicht frei disponieren und daher grundsätzlich keinen ör Vertrag schließen.[172] Solche Verträge zwischen Privatrechtssubjekten sind in der Rechtsordnung vereinzelt vorgesehen im Straßen- und Wegerecht etwa bei der Übernahme der Straßenreinigungs- und Sicherungslast (etwa Art. 54 bay. StrWG), im Wasserrecht bei der Übernahme von Unterhaltungspflichten an einem Gewässer, ferner im Bau-, Berg-, Jagd-, Polizei-, Ordnungs-, Sozial- und Kommunalrecht.[173] § 54 stellt schon deshalb keine Ermächtigungsgrundlage für Verträge zwischen Privaten dar, weil der ör Vertrag Bestandteil und Abschluss eines VwVfG i. S. von § 9 ist und daher das ör Verwaltungstätigkeit einer Behörde voraussetzt.[174] Verträge nur zwischen Privatrechtssubjekten unterfallen daher nicht dem VwVfG und werden von seinem Anwendungsbereich nicht erfasst.[175]

66 Die generelle Zulässigkeit von Verträgen über ör Vertragsgegenstände (Rn. 68 ff.) zwischen Privatrechtssubjekten „soweit Rechtsvorschriften nicht entgegenstehen" widerspräche im Übrigen dem Grundsatz, dass Privatrechtssubjekte mit unmittelbarer und rechtsverändernder Wirkung gegenüber der Behörde über öffentlich-rechtliche Ansprüche und Pflichten aus Rechtsnormen nicht frei, sondern nur aufgrund gesetzlicher Ermächtigung disponieren dürfen.[176] **Schweigen des Spezialrechts** wird in der Regel als **Ausschluss** der Zulässigkeit vertraglicher Regelungen zwischen Privaten über öffentlich-rechtliche Rechte und Pflichten mit der Folge der Nichtigkeit eines solchen Vertrags nach § 134 BGB (hierzu § 59 Rn. 49 ff.) zu verstehen sein.

67 Nicht zu den ör Verträgen zählen solche Vereinbarungen zwischen Privatpersonen, die erst **im Vorfeld** die zivilrechtlichen Voraussetzungen für die Wahrnehmung öffentlich-rechtlicher Rechte und Pflichten schaffen, diese selbst aber nicht verändern und verschieben. Hierzu zählt

---

[171] Vgl. BVerwG NJW 1975, 1751.
[172] Vgl BVerwG NVwZ 1992, 1186; OVG Lüneburg OVGE 27, 343; BGHZ 32, 214; 35, 177; 56, 368; Ule/Laubinger, § 67 Rn. 2; Henneke in Knack, § 54 Rn. 8; a. A. Kasten/Rapsch NVwZ 1986, 708.
[173] Vgl. hierzu Gern NJW 1979, 694 m. w. N.
[174] BVerwG NVwZ 1992, 1186; BVerwG Rd L 1992, 167.
[175] BVerwG NJW 1992, 2908; unklar Begr. Entwurf 73, S. 79; vgl. ferner BGHZ 35, 175 (177); zutreffend OVG Lüneburg DVBl 1972, 154, wo mit Recht eine Ermächtigung für solche vertragliche Vereinbarungen gefordert wird.
[176] Ebenso nunmehr ausdrücklich BVerwG RdL 1992, 167; Lange JuS 1982, 504; Obermayer, § 54 Rn. 30; ders. BayVBl 1977, 546 (548); unklar Meyer/Borgs, § 54 Rn. 43, 64.

etwa der Tausch von Studienplätzen zwischen 2 Studenten,[177] vgl. ferner die Vereinbarung zwischen Privatrechtssubjekten über die Rücknahme eines Widerspruchs.[178]

III. „auf dem Gebiet des öffentlichen Rechts"

1. Nur verwaltungsrechtliche Verträge

Nach dem Wortlaut gelten §§ 54 bis 62 für Verträge „auf dem Gebiet des öffentlichen Rechts" (§ 54 Satz 1). Dieser weite Begriff wird auch in § 35 Satz 1 für den VA, also für beide im VwVfG geregelten Handlungsformen, verwendet. Der Begriff des „öffentlichen Rechts wird aber durch den gesamten Anwendungsbereichs des VwVfG begrenzt, nämlich auf **„öffentlich-rechtliche Verwaltungstätigkeit"** der Behörden von Bund, Ländern und Kommunen (hierzu § 1 Rn. 63 ff.). Deshalb sind die im VwVfG geregelten Verträge zutreffender als Verwaltungsverträge, **„verwaltungsrechtliche Verträge"** bzw. Verträge in Ausübung ör Verwaltungstätigkeit zu bezeichnen. Für die Abgrenzung zwischen Zivil- und Verwaltungsrecht gelten die allgemeinen Grundsätze, die zugleich auch für die Abgrenzung zwischen dem Zivil- und Verwaltungsrechtsweg nach § 13 GVG, § 40 Abs. 1 VwGO gelten (hierzu Rn. 74 ff.; § 1 Rn. 86 ff.). Da die von Behörden abgeschlossenen Verträge nur dann in Ausübung ör Verwaltungstätigkeit als ör Verträge bezeichnet werden, wenn die Behörden von einem ihnen allein zugeordneten ör **Sonderrecht** Gebrauch machen, die also nicht für jedermann, sondern für sie gelten, würden Verträge aus dem Anwendungsbereich des VwvfG herausfallen, wenn sie zwar von Verwaltungsbehörden abgeschlossen werden, ihrem Inhalt und Gegenstand nach aber von jedermann abgeschlossen werden könnten, also zivilrechtliche Verträge sind. Auf ein derartiges „verwaltungsprivatrechtliches" Verwaltungshandeln von Verwaltungsbehörden sollte sich VwVfG nach den Vorstellungen des Gesetzgebers bei Schaffung des VwVfG eigentlich nicht erstrecken, obwohl auch diese Tätigkeit zur „Verwaltungstätigkeit" von Behörden gehört. Daher ist diese Annahme heute nicht mehr unzweifelhaft (hierzu § 1 Rn. 112 ff. und Rn. 283 ff. m. w. N.). **68**

Inzwischen ist in Literatur und Rechtsprechung anerkannt, dass sich die Behörden in Ausübung ihrer Verwaltungstätigkeit insbesondere im weiten Bereich der Planungs- und Leistungsverwaltung nicht notwendig von dem ihnen eingeräumten ör Sonderrecht Gebrauch machen müssen, sondern sich zur Erfüllung ihrer öffentliche Aufgaben auch privatrechtlicher Handlungsformen und Gestaltungsmittel bedienen dürfen, wenn diese ihr am geeignetsten erscheinen und keine ör Normen oder Rechtsgrundsätze entgegenstehen (sog. **Verwaltungsprivatrecht**).[179] Einzelheiten dazu sind aber noch nicht abschließend geklärt. Einerseits wird angenommen, dass es eine Vermutung dafür gibt, dass sich ein Träger öffentlicher Verwaltung zur Erfüllung seiner öffentlichen Aufgaben in der Regel ör Gestaltungsmittel bedient.[180] Andererseits darf aus der ör Zielsetzung und ör Trägerschaft nicht ohne weiteres auf eine Aufgabenwahrnehmung in ör Erledigung mit ör Mitteln geschlossen werden.[181] Die Wahrnehmung von öffentlichen Aufgaben in den Formen des Privatrechts hat nach inzwischen gefestigter Auffassung zur Folge, dass es sich im „Basisrecht" um Zivilrecht handelt, das aber durch Normen und Rechtsgrundsätze des **öffentlichen Rechts ergänzt, überlagert und modifiziert** wird,[182] insbesondere durch das Verhältnismäßigkeits- und Angemessenheitsprinzip sowie das Gleichbehandlungsgebot gleichgelagerter Fälle.[183] Umgekehrt finden auf die ör Verträge nach §§ 54 ff. **68 a**

---

[177] Vgl. *OLG München* NJW 1978, 701 – zulässiger zivilrechtlicher Vertrag –; zum Verzicht auf Grenzabstände in einem zivilrechtlichen Vertrag zweier Nachbarn vgl. *BGH* NJW 1978, 695.
[178] Vgl. *BGH* DÖV 1981, 380 = *BGHZ* 79, 131 mit krit. Bespr. *Knothe* JuS 1983, 18. Zu Vereinbarungen über Rechtsmittelverzichte und sonstiges prozessuales Verhalten vgl. *BGHZ* 28, 45; *BGH* JZ 1985, 1064; *Teubner/Künzel* MDR 1988, 720.
[179] Zusammenfassend hierzu etwa *U. Stelkens*, Verwaltungsprivatrecht, 2005; *Wolff/Bachof/Stober* u. a. I, § 23 Rn. 6 ff.; *Maurer*, Allg. Verwaltungsrecht, 15. Aufl., 2007, § 17, jeweils m. w. N.; aus der Rechtsprechung etwa *BVerwGE* 92, 56 (64); 97, 56 (64 f.); zuletzt *BVerwG* DVBl 2007, 942 zur Vergabe öffentlicher Aufträge; *BGHZ* 91, 84 (97); 93, 372 (381); *BGH* NVwZ 2007, 246.
[180] Vgl. etwa *BGH* NJW 1972, 210; *VGH Manheim* DÖV 1978, 563; ferner Rn. 45 m. w. N.
[181] So etwa *BGH* NJW 1999, 2378; *VGH München* BayVBl 2004, 82.
[182] Vgl. *BVerwGE* 92, 56 (64); *BVerwG* NVwZ 1990, 754; 1991, 59; zuletzt *BVerwG* DVBl 2007, 942 zur Vergabe öffentlicher Aufträge; *BGHZ* 91, 84 (95); 93, 372 (381); 155, 166 (173); *BGH* NVwZ 2007, 246.
[183] Vgl. *BGHZ* 91, 84 (97); 93, 372 (381); *BGH* NVwZ 2007, 246 (248).

gemäß § 62 Satz 2 BGB ergänzend und entsprechend die **Vorschriften des BGB** Anwendung. Insofern wird der früher strikte **Gegensatz** und Unterschied zwischen Zivil- und Verwaltungsrecht **abgemildert,** so dass beide Rechtsbereiche heute, wie § 62 Satz 2 zeigt, jedenfalls im Vertragsrecht als **wechselseitige Auffangordnungen** aufgefasst werden.[184] Das macht die Zuordnung in das zivile oder öffentliche Recht nicht entbehrlich.

69 a) **Völkerrechtliche** und **kirchenrechtliche** (§ 2 Abs. 1, Rn. 26 ff.) **Verträge** scheiden aus dem Anwendungsbereich dieses Gesetzes aus, weil bei ihnen im Zweifel keine ör *Verwaltung*tätigkeit vorliegt und auch keine konkreten Rechtsverhältnisse begründet, geändert oder aufgehoben werden. Der **Einigungsvertrag** ist völkerrechtlicher Vertrag sui generis. Soweit Vollzugsakte auf der Grundlage und in Ausübung ör Verwaltungstätigkeit auf seiner Grundlage insbesondere zur Regelung von Einzelfällen ergehen, ist dieses engere Rechtsverhältnis und seine Rechtsnatur für die rechtliche Qualifizierung maßgebend.

70 b) **Verfassungsrechtliche** und **staatsrechtliche Verträge** insbesondere im Bund-Länder-Verhältnis fallen nicht unter §§ 54–62. Sie liegen vor, wenn es sich um Rechtsbeziehungen zwischen Verfassungsorganen bzw. am Verfassungsleben beteiligter Organe des Bundes und/oder der Länder handelt oder aber an ihnen Verfassungsorgane beteiligt sind und der prägende Vertragsinhalt im Zweifel verfassungsrechtliche, nicht aber *verwaltungsrechtliche* Rechte und Pflichten begründet, ändert oder aufhebt.[185] Nicht alle Vereinbarungen zwischen ihnen gründen notwendig in einem verfassungsrechtlichen Verhältnis. Ansprüche aus einem Staatsvertrag oder auf Grund einer darin enthaltenen Vereinbarungen können mit ihrem **prägenden Inhalt** auch in einem engeren Rechtsverhältnis wurzeln, und dann ist dieses engere Rechtsverhältnis und seine Rechtsnatur maßgebend für die Rechtsnatur des betreffenden Vertrags.[186] Nach *BVerwGE* 50, 137 = NJW 1977, 66; *BVerfGE* 42, 103 ff. ist der Staatsvertrag über die Vergabe von Studienplätzen hinsichtlich des Rechtswegs kein verfassungsrechtlicher, sondern ein „verwaltungsrechtlicher Vertrag". Wegen der Zugehörigkeit zur Regierungstätigkeit und der abstrakten, nicht konkreten Regelung (Rn. 84) mit normativem Gehalt fällt er aber nicht unter §§ 54 ff., so dass weder die Zulässigkeitsvoraussetzungen noch die übrigen materiellen und formellen Vorschriften des VwVfG (entsprechend) anwendbar sind.[187] Entsprechendes gilt nach *BVerfGE* 22, 221 (230) und 42, 345 für Staatsverträge (Coburg/Bayern bzw. Pyrmont/Preußen), die wegen des Quasi-Normcharakters als verfassungs-rechtliche Verträge zu qualifizieren sind. Zum Staatsvertrag über die Errichtung des ZDF vgl. *BVerfGE* 12, 205; *BVerwGE* 22, 299; zur Kündigung des Staatsvertrages über den Norddeutschen Rundfunk und zur ergänzenden Vertragsauslegung bei unvollständigen Regelungen vgl. *BVerwGE* 60, 162 = NJW 1980, 2826. Der sog. **„Atomkonsens"** zwischen der Bundesregierung und Energieversorgungsunternehmen vom 14. 6. 2000[188] ist seinem rechtlichen Inhalt eine sog. gesetzesvorbereitende Absprache auf Regierungsebene, geht über ör *Verwaltung*tätigkeit hinaus und fällt – unabhängig davon, ob von ihm ein- oder zweiseitige Bindungswirkungen ausgehen – schon deshalb nicht unter §§ 1, 54.

71 c) **Verwaltungsabkommen** und **Verwaltungsvereinbarungen** zwischen mehreren Ländern oder Behörden mit verschiedenen Rechtsträgern beziehen sich auf materielle oder verfahrensrechtliche Fragen der Regierungs- bzw. Verwaltungstätigkeit und enthalten regelmäßig **nicht nur Einzelfallregelungen,** sondern gelten für eine unbestimmte Anzahl von Fällen,

---

[184] Vgl. *Hoffmann-Riem/Schmidt-Aßmann* (Hrsg.), Öffentliches Recht und Privatrecht als wechselseitige Auffangordnungen, 1996, *De Wall,* Die Anwendung privatrechtlicher Vorschriften im Verwaltungsrecht, 1999, 52 ff.; *Wolff/Bachof* u. a. I, § 23 Rn. 6 ff.; *Leisner,* Unterschiede zwischen privatem und öffentlichem Recht, JZ 2006, 869; *Spannowsky* (Hrsg.), Erscheinungsbilder eines sich wandelnden Verwaltungsrechts, FS Püttner, 2007.
[185] Etwa *BVerfGE* 22, 221 und 42, 345 betr. die Eingliederungsverträge Coburg/Bayern bzw. Pyrmont/Preußen; *BVerfGE* 90, 43 zum Staatsvertrag über den Mitteldeutschen Rundfunk – zugleich zu Rechtswegfragen zwischen BVerfG/LVerfGen –; ferner zu den Rundfunkstaatsverträgen von 1987 und 1991 vgl. § 2 Rn. 15 ff. mit Nachweisen zu den Rundfunkentscheidungen des BVerfG; ferner *BVerwGE* 36, 218 (227, 228); *BVerwG* NJW 1976, 637; NJW 1985, 2344; *BVerwG* DokBer. 1989, 49 (50); zum Bonn/Berlin-Vertrag vgl. *BVerfG* DVBl 1992, 1289.
[186] Vgl. *BVerfGE* 42, 103 (113) mit Anm. *Schneider* DÖV 1976, 416; zur Abgrenzung verfassungs- und verwaltungsrechtlicher Streitigkeiten vgl. *Kopp/Schenke,* § 40 Rn. 31 ff.; *Zuck,* BVerfGG, 4. Aufl., Einl. 20, § 13 Rn. 2 m. w. N.
[187] Ebenso *Maurer* § 14 Rn. 7.
[188] Text veröffentlicht in der Beilage Nr. IV/2000 zu Heft 10/2000 der NVwZ.

§ 54 Zulässigkeit des öffentlich-rechtlichen Vertrages 73–75 § 54

Personen und Behörden.[189] Sie fallen nur dann unter § 54, soweit sie sich auf ör **Verwaltungstätigkeit,** nicht aber auf Regierungstätigkeit beziehen (zur Abgrenzung vgl. § 1 Rn. 186 ff.), ein konkretes Rechtsverhältnis (Rn. 82 ff) begründet wird und Bindungswirkungen nach außen mit Rechten und Pflichten für Dritte entstehen.[190] Der Sache nach sind Verwaltungsvereinbarungen und Verwaltungsabkommen den **ör Verträgen ähnlich,** obwohl sie grundsätzlich nur im Innenverhältnis wirken, zwischen den Beteiligten aber grundsätzlich – bis zur Änderung oder Aufhebung – „verbindlich" sind, auch wenn sie unmittelbare Rechte und Pflichten im **Außenverhältnis** für Dritte regelmäßig nicht begründen. Sie werden auch wegen ihres quasi-Normcharakters und ihrer fehlenden Rechtsverbindlichkeit nach außen für und gegen Dritte vom Regelungsbereich des VwVfG nicht mehr erfasst (vgl. Rn. 59, 60, 83 ff.). Deshalb finden auf sie §§ 54–62 grundsätzlich **keine Anwendung.** Die Rechtsfolgen von Rechtsfehlern richten sich bei ihnen insbesondere nicht nach § 59. Wird ein solcher Fehler bekannt oder entsteht er später, ist neu zu verhandeln und eine Vereinbarung ggfls. mit Wirkung für die Vergangenheit zu treffen. Insofern ist der Rechtsgedanke des § 60 entsprechend heranzuziehen. Verwaltungsvereinbarungen nach Art. 104a Abs. 4 GG über Investitionsförderungen fallen gleichfalls nicht unter §§ 54 ff.;[191] ebenfalls nicht Vereinbarungen nach § 15 Abs. 3 StabG. Zu **Tarifverträgen** und ihren Allgemeinverbindlicherklärungen vgl. § 5 TVG, zu städtebaulichen Verträgen und Bauleitplanverträgen vgl. Rn. 134 ff. Zu **kooperationsrechtlichen Verträgen** auf Bundes-, Landes- und Kommunalebene Rn. 58 ff.

2. Abgrenzung von zivilrechtlichen Verträgen

a) **Rechtliche Bedeutung:** Ob ein Vertrag i. S. des § 54 „auf dem Gebiete des öffentlichen 73 Rechts" oder dem des Zivilrechts liegt, hat nicht nur abstrakte und theoretische, sondern erhebliche praktische Bedeutung. Denn von der Einordnung in den einen oder anderen Bereich hängen **unterschiedliche materielle Gestaltungsspielräume,** unterschiedliche Formvorschriften (vgl. § 57), die Zulässigkeit des **Zivil- oder Verwaltungsrechtswegs**[192] und der unterschiedlichen **Prozessmaximen** von ZPO und VwGO ab (hierzu Rn. 177 ff.). Die Zuordnung in das zivile oder öffentliche Recht ist gerade in letzter Zeit **zunehmend schwierig** geworden, weil Vertragsrecht auch im Bereich der **Eingriffsverwaltung** denkbar ist (vgl. Rn. 106), in der Verwaltungspraxis aber weitgehend in der planenden, rechtsgestaltenden, vorsorgenden Verwaltung eingesetzt wird, in denen vielfach öffentliche Ziele und Zwecke im sog. **Verwaltungsprivatrecht** mit zivilrechtlichen Handlungsformen und Gestaltungsmitteln wahrgenommen werden.

b) **Abgrenzungsmerkmale (Grundsatz der einheitlichen Betrachtung und des prä-** 74 **genden Teils):** Da §§ 54 ff. keine eigenen Abgrenzungsmerkmale für die Zuordnung eines Vertrags in das zivile oder öffentliche Recht enthalten und der **Anwendungsbereich** der §§ 54 ff. gemäß § 1 Abs. 1 – wie bei § 35 – **Ausübung ör Verwaltungstätigkeit** voraussetzt, können für die Zuordnung eines Vertrags zwischen Staat und Privatpersonen die von Rechtsprechung und Literatur entwickelten allgemeinen Abgrenzungskriterien i. S. des § 1 Abs. 1 sowie von § 40 Abs. 1 VwGO, § 13 GVG maßgebend. Die in Rechtsprechung und Literatur maßgeblichen Abgrenzungstheorien **(Subjektions-, Interessen- und Sonderrechtstheorie**[193]**)** sind daher im Grundsatz auch bei der Zuordnung eines Vertrags in das zivile oder öffentliche Recht bedeutsam (hierzu § 1 Rn. 83 ff. m. w. N.).

Für die Zuordnung in den einen oder anderen Bereich ist der rein subjektive Wille der Ver- 75 tragspartner (Rn. 59 ff.) nicht zugelassen. Der Vertrag muss vielmehr objektiv „auf dem Ge-

---

[189] Zur begrifflichen Vieldeutigkeit vgl. *Maunz/Dürig*, Art. 83 Rn. 49 ff.; vgl. ferner *Grawert*, Verwaltungsabkommen zwischen Bund und Ländern in der Bundesrepublik Deutschland, 1967; *Schneider* DÖV 1957, 644; *Kölble* DÖV 1960, 650; *Roellenbleg* DÖV 1968, 225; *Bartsch,* Das Verwaltungsabkommen – Versuch einer Abgrenzung unter besonderer Berücksichtigung der Verwaltungsabkommen des Bundes mit den Ländern, Diss. 1968; *Grassl*, Staatsverträge und Verwaltungsabkommen zwischen den Ländern und der Bundesrepublik Deutschland, Diss. 1969; *Starck* (Hrsg.), Zusammenarbeit der Gliedstaaten im Bundesstaat, 1988; *Warmke*, Verwaltungsabkommen in der Bundesrepublik Deutschland, Die Verwaltung 1991, 455; *Vedder*, Intraföderale Staatsverträge – Instrumente der Rechtsetzung im Bundesstaat – Habilitationsschrift 1996.
[190] *Maurer* JuS 1976, 485 (494); *Meyer/Borgs*, § 54 Rn. 16.
[191] Vgl. auch BVerfG DÖV 1976, 524.
[192] Zur Gleichwertigkeit der Gerichtszweige vgl. BVerfGE 31, 364 (368); BVerwG NVwZ 1991, 59.
[193] Hierzu zusammenfassend etwa *Leisner* JZ 2006, 869; ferner die Nachweise in § 1 Rn. 63 ff.

biet des öffentlichen Rechts" liegen. Daher besteht im Grundsatz **keine Dispositionsbefugnis** für die Vertragsparteien, die Zuordnung eines Vertrags in das zivile oder öffentliche Recht frei auszuwählen und zu vereinbaren. Eine Ausnahme gilt dort, wo die Behörde nach der bestehenden Gesetzeslage des Bundes- oder Landesrechts – insbesondere bei öffentlichen Einrichtungen und bei der Vergabe öffentlicher Mittel – ein **Wahlrecht** hat, ein Rechtsverhältnis öffentlich-rechtlich oder zivilrechtlich auszugestalten, sofern dem nicht öffentlich-rechtliche Normen oder Rechtsgrundsätze entgegenstehen (hierzu Rn. 44 ff.).

76 Nach ständiger Rechtsprechung kommt es für die Zuweisung eines Vertrags zum öffentlichen oder privaten Recht und im Streitfall auf den **objektiven Gegenstand** und die **Rechtsnatur des konkreten Rechtsverhältnisses** an, der durch den Vertrag begründet, geändert oder aufgehoben wird.[194] Ausschlaggebend für die Zuordnung ist daher nicht schon allein – auf der ersten Stufe – das Rechtsgebiet (etwa Baurecht, Beamten- oder Hochschulrecht, Umweltrecht), in dem ein bestimmter Vertrag geschlossen wird. Es reicht auch nicht aus, dass mit dem Vertrag **öffentliche Aufgaben** wahrgenommen werden sollen, denn die öffentliche Verwaltung kann die ihr anvertrauten Aufgaben auch in der Form und mit den Mitteln des Privatrechts erfüllen, sofern keine öffentlich-rechtlichen Normen oder Rechtsgrundsätze entgegenstehen.[195] Es kommt vielmehr – gewissermaßen auf der zweiten Stufe – darauf an, ob sich der (wesentliche, prägende) Regelungsgegenstand des Vertrags auf von der gesetzlichen Ordnung **öffentlich-rechtlich geregelte Sachverhalte** bezieht. Es ist danach zu fragen, ob der Vertrag einen Gegenstand betrifft, der auf Seiten der Behörde – bezogen auf den konkreten Vertragsinhalt und die darin versprochene (Haupt-)Leistung – im öffentlichen Recht oder im Privatrecht geregelt ist (sog. Vorordnungstheorie). Es kommt mithin darauf an, ob die das vereinbarte Rechtsverhältnis beherrschenden (wesentlichen) Rechtsnormen für **jedermann** gelten oder **Sonderrecht** des Staates oder sonstiger Träger sind, das sich zumindest auf einer Seite nur an Hoheitsträger wendet.[196] Maßgebend für die Zuordnung als ör oder zivilrechtlicher Vertrags ist, ob der **wesentliche und prägende Vertragsgegenstand** vom öffentlichen oder zivilen Recht (vor)geordnet ist und mit ihm in einem engen Zusammenhang steht.[197] Einzubeziehen ist ferner auch der mit dem Vertrag verfolgte **Zweck**,[198] insbesondere ob mit ihm (überwiegend) öffentliche oder private **Interessen** verfolgt werden,[199] ebenso der **Gesamtcharakter** des Vertrags[200] und sein **Schwerpunkt**.[201] Es kann im Zweifelsfall hypothetisch gefragt werden, ob die den Vertrag prägenden Punkte im Fall einer normativen Regelung zum öffentlichen Recht gehören würden.[202] Unerheblich für die Zuordnung ist es, ob der Vertrag eine von der gesetzlichen Ordnung abweichende Verschiebung öffentlich-rechtlicher Lasten und Pflichten vorsieht.[203] Für die Zuordnung in das öffentliche oder private Recht kommt es maßgeblich darauf an, welcher Teil dem Vertrag schwerpunktmäßig das entscheidende **Gepräge** gibt, m. a. W., welcher Teil der vertraglich vereinbarten Rechte und Pflichten aus der Sicht eines verständigen Betrachters die **inhaltlich wichtigsten Vereinbarungen** betrifft, also gewissermaßen den wesentlichen **Kern** des Vertrags.[204] Aus der vertraglichen **Leistung einer Privatperson** zu einer typischen Geldzahlung allein folgt nicht die Zuordnung des Vertrags in das Privatrecht, denn für die Zuord-

---

[194] H. M., vgl. etwa *GemSenOGB* vom 10. 4. 1986, *BGHZ* 97, 312 (313 f.) = *BVerwGE* 74, 368 (370) und vom 29. 10. 1987 = *BGHZ* 102, 280 (283); *BVerwGE* 22, 138 (140); 30, 65 (67); 42, 331 (332); 92, 56 (58); 96, 326 (329 f.); 97, 331; 111, 162 (164); *BVerwG NVwZ-RR* 2003, 874; *OVG Münster NVwZ-RR* 2004, 776; *BGHZ* 32, 214 (216); 35, 69 (71); 54, 287 (291); 56, 365 (368); 108, 284 (286); *BGH NVwZ* 2003, 371 zu privaten Grundstückskaufverträgen im sog. Einheimischenmodell.
[195] *BVerwGE* 92, 56 (64 f.); *BVerwG DVBl* 2007, 969 (971); *BGHZ* 91, 84 (95).
[196] Vgl. *GemSenOGB* vom 10. 7. 1989, *BGHZ* 108, 284 (286); *BVerwG NJW* 2006, 2658; *DVBl* 2007, 969; *BGH NJW* 2000, 1042.
[197] *BVerwGE* 42, 331 (332); 92, 56 (58); 96, 326 (329); *BVerwG NVwZ* 2002, 486 (487); *OVG Münster BauR* 2004, 1759; *BGHZ* 35, 69 (71); 56, 365 (368); 76, 16 (20); 116, 339 (342); *BGH BauR* 2005, 993.
[198] *GemSenOGB BVerwGE* 74, 368 (370).
[199] Vgl. *GemSenOGB NJW* 1986, 2359 = *BVerwGE* 74, 368 (370); *BVerwGE* 25, 72; 30, 65 (67); *BVerwG DVBl* 1961, 208 und NJW 1962, 170; *BGH NJW* 1972, 585 und NJW 1983, 2311.
[200] *BGHZ* 56, 372 und *BGH NJW* 1983, 2311.
[201] *BVerwGE* 22, 138 (140); 92, 56 (59); *BGHZ* 56, 365 (373); 76, 10 (20); *BGHZ NVwZ* 2003, 371.
[202] *VGH München BayVBl* 2005, 143 (144); *Ziekow*, VwVfG, § 54 Rn. 21.
[203] So aber *BGHZ* 32, 214 und 56, 365 (368).
[204] Vgl. *BVerwGE* 42, 331 (333); 92, 56 (59) = *DVBl* 1993, 654 (655); *BGHZ* 67, 81 (88); *BGH DVBl* 1992, 615 (616); NVwZ 2003, 371 (372), jeweils m. w. N.

nung ist in erster Linie entscheidend, ob die von der Behörde im Vertrag selbst vereinbarte oder aber zugrundegelegte bzw. vorausgesetzte **Leistung der Behörde** zum öffentlichen Recht gehört und mit der Leistung des Privaten in untrennbarem Zusammenhang steht. Die Enge des Zusammenhangs verlangt, dass die sich gegenüber stehenden beiderseitigen Leistungen nach **übereinstimmenden Regeln** beurteilt werden und deshalb, wenn die eine von ihnen den Regeln des öffentlichen Rechts unterstehen, auch die andere diesen Regeln unterstehen muss, damit nicht **eng miteinander zusammenhängende, sich gegenseitig bedingende Leistungen** im Streitfall getrennt und ihre Beurteilung nach unterschiedlichen Rechtsordnungen und auf verschiedene Rechtswege verteilt werden. Betrifft mithin die von der Behörde zu erbringende Leistung einen von der gesetzlichen Ordnung öffentlich-rechtlich geregelten Sachverhalt und folgt daraus, dass sie sich nach öffentlichem Recht richtet, dann ist der Vertrag in der Regel insgesamt als ör Vertrag zu qualifizieren. Die Erfüllung öffentlicher Aufgaben durch einen Vertrag reicht daher nicht aus, ihn als ör Vertrag i. S. der §§ 54 ff. zu qualifizieren. Sind an einem Vertrag ausschließlich Privatrechtssubjekte beteiligt, von denen keines als mit ör Befugnissen Beliehener gehandelt hat, scheidet eine Zuordnung zum öffentlichen Recht auch dann aus, wenn das Handeln eines der Beteiligten der Erfüllung öffentlicher Aufgaben gedient hat und der Vertrag im öffentlichen Interesse liegt.[205] Zu Einzelfällen Rn. 80, 81.

3. Gemischte/zusammengesetzte Verträge

77 Ein Vertrag kann aus einem Hauptregelungsgegenstand mit einer konkreten Leistung und einer konkreten Gegenleistung beziehen **(sog. einpoliger Vertrag)**. Ein ör Vertrag kann aber auch mehrere Vereinbarungen aus mehreren Rechtsgebieten enthalten, die nach dem Willen der Vertragspartner zusammengehören und in einem engen inneren Zusammenhang stehen, ein einheitliches Ganzes bilden und daher grundsätzlich nicht aufgespalten werden sollen **(sog. mehrpoliger Vertrag)**. Hiervon sind Vereinbarungen zu unterscheiden, die zwar in einer Urkunde zusammengefasst sind, aber ein von einander unabhängiges Schicksal haben und inhaltlich nicht aufeinander bezogen sind, daher **teilbar** sind **(sog. zusammengesetzter Vertrag)**. Die Terminologie und Abgrenzung zwischen diesen Vertragsinhalten ist – auch im Zivilrecht – uneinheitlich.[206] In allen Fällen können die Vereinbarungen, bezogen auf den vereinbarten Inhalt, bei isolierter Betrachtung für sich genommen zum Zivilrecht oder Öffentlichen Recht gehören, was aber wegen des Grundsatzes der einheitlichen Betrachtung tendenziell unzulässig ist.

78 Auch bei mehrpoligen Verträgen mit verschiedenen Vereinbarungen aus vielen Rechtsgebieten kommt es für die Zuordnung in das öffentliche oder private Recht darauf, ob die Vertragsabmachungen mit ihrem **Schwerpunkt bzw. wesentlichen Inhalt** dem öffentlichen oder privaten Recht zuzuordnen sind und welcher Teil dem Gesamtinhalt des Vertrags das entscheidende **Gepräge** gibt.[207] Der Vertrag ist jedenfalls für die sich gegenüberstehenden maßgeblichen Leistungen und Gegenleistungen insgesamt dem einen oder anderen Bereich zuzuordnen. Insoweit gibt es innerhalb eines Vertrags jedenfalls insoweit **keine gemischten zivil-öffentlichen Rechtsverhältnisse** in der Weise, dass einzelnen Rechte und Pflichten aus dem einheitlichen Vertrag dem Zivilrecht, andere bei isolierter Betrachtung dem Verwaltungsrecht zugeordnet werden.[208] Eine zivilrechtliche Vereinbarung kann deshalb nicht schon dann angenommen werden, wenn einer zweifelsfrei ör Leistung der Behörde (z.B. Baugenehmigung) eine Gegenleistung gegenübersteht, die sich typischerweise im Privatrecht findet, z.B. eine Geldzahlung. Umgekehrt zieht eine ör Leistung nicht zwangsläufig und automatisch den gesamten Vertrag in das öffentliche Recht mit seiner im Vergleich zur Dispositionsfreiheit des Zivilrechts strengeren Bindung an Gesetz und Recht.[209] Dies ist erst dann der Fall, wenn die wesentlichen/wichtigsten

---

[205] Vgl. *BGH* NJW 2000, 1042; *BVerwG* NVwZ 1990, 754; zum Verwaltungsprivatrecht vgl. § 1 Rn. 96 ff.
[206] Vgl. *Palandt/Grüneberg*, Einf. vor § 311 Rn. 19 ff. m. w. N.; *BVerwG* NJW 1980, 2538 und DÖV 1981, 878 zu Kaufverträgen für Grundstücke mit (nichtigen) Vereinbarungen über Erlass und Änderung von Bebauungsplänen; *BVerwG* NJW 1990, 1679 zu Grundstückskauf- und Ablösungsvertrag; *BVerwG* BBauBl 1994, 40 zu baulichen Entwicklungsplanungen; *Kopp/Ramsauer*, § 54 Rn. 30.
[207] *BVerwGE* 42, 331 (333); 92, 56 (59); *BGHZ* 67, 81 (88); *BGH* DVBl 1992, 616.
[208] Ebenso *Kopp/Ramsauer*, § 54 Rn. 29; *Maurer*, § 14 Rn. 11.
[209] *BVerwG* NJW 1990, 1679; BauBl 1994, 440.

Verpflichtungen der Behörde von Rechtsnormen geprägt sind, die nicht für jedermann gelten, sondern **Sonderrecht** des Staates oder sonstiger Träger öffentlicher Aufgaben sind, das sich zumindest auf einer Seite nur an Hoheitsträger wendet.[210] In einem solchen Fall können auch bei einem mehrpoligen Vertrag die unterschiedlichen Verpflichtungen aus unterschiedlichen Rechtsbereichen nicht in einen ör und einen zivilrechtlichen Teil und einen ör Teil aufgespalten werden.[211] Das gilt auch bei sog. **ÖPP/PPP-Verträgen**, wenn ein oder mehrere Vorhaben mit einer Vielzahl von rechtlichen Aspekten realisiert werden soll. Hier können etwa (zivilrechtliche) Elemente aus den unterschiedlichsten Bereichen, etwa des Kauf-, Dienst-, Werkvertrags-, Darlehens-, Gesellschafts-, Wirtschafts- und/oder Haftungs- und des Wettbewerbsrechts zusammentreffen mit (öffentlich-rechtlichen) Elementen etwa des Städtebau-, Fernstraßen- oder sonstigen Investitions-, des Subventions-, Gebühren-, Steuer- und/oder Haushaltsrechts. Leidet ein solcher in der Regel umfangreicher Vertrags nur in bestimmten Teilen an rechtlichen Mängeln, kann das auch zur Teilnichtigkeit führen.

79 Im Fall einer **Teilnichtigkeit** (§ 59 III) kommt es für den Fortbestand des Vertrags entsprechend § 139 BGB auf den mutmaßlichen Willen der Vertragsparteien an. Dafür ist nicht entscheidend, ob sie den Vertrag ohne den nichtigen Teil tatsächlich gewollt haben, sondern darauf, ob eine objektive Bewertung ergibt, dass sie den Vertrag **auch ohne den nichtigen Teil** vernünftigerweise abgeschlossen hätten.[212] Das erfordert eine hypothetische Einzelfallprüfung aus der Sicht redlich handelnder Vertragspartner (hierzu Rn. 28 ff.) und entzieht sich einer pauschalen Antwort. Die Rechtsfolgen im Falle der Teilnichtigkeit richten sich nach § 59 Abs. 3.[213] Eine Vertragspartei kann sich nach Treu und Glauben nicht unter Berufung auf eine Teilnichtigkeit von ihren Vertragspflichten befreien, wenn lediglich einzelne abtrennbare Teile unwirksam sind, die andere Partei am Vertrag aber festhalten will.[214] Im Zweifel werden Verhandlungen über eine Anpassung des Vertrags an die veränderten Verhältnisse zu führen sein (vgl. zu den Möglichkeiten einer Anpassung oder Neubestätigung eines teilnichtigen Vertrags vgl. § 59 Rn. 61 ff.).

4. Einzelfälle

80 **a) Öffentlich-rechtliche Verträge:** Garagen- und Stellplatzersatzverträge nach der Reichsgaragenordnung[215] und nach Landesbaurecht;[216] Baudispensverträge;[217] Erschließungs- und Unternehmerverträge nach §§ 123 Abs. 3, 127 ff. BauGB;[218] Ablösungsverträge über Erschließungsbeiträge nach § 133 Abs. 3 S. 2 BauGB;[219] Folgelastenverträge bei Ausweisung neuer Baugebiete;[220] Bauleitplanverpflichtungsverträge;[221] Flächennutzungsplanverpflichtungsverträge zu städtebaulichen Verträgen nach §§ 11, 12 BauGB;[222] Vertrag zwischen Gemeinden über Teilung des Steueraufkommens;[223] Vertrag zur Sicherung von Gewerbesteueraufkommen zwischen Gemeinde und Baustofffirma;[224] sonstige Vereinbarungen in Abgabenangelegenheiten;[225] Ver-

---

[210] *GemSenOGB* BGHZ 108, 284 (286); *BVerwG* NJW 2006, 2568; DVBl 2007, 969.
[211] So bereits *BVerwG* NJW 1980, 2538; *Papier* JuS 1981, 499; *Lange* NVwZ 1983, 313 (319); ebenso *Kopp/Ramsauer*, § 54 Rn. 29.
[212] Vgl. *BVerwGE* 124, 385 (395).
[213] Vgl. *BVerwGE* 124, 385 (395); *BGH* NJW 1980, 826 und MDR 1983, 827 zu Grundstückstausch und (nichtiger) Bauplanungsverpflichtung; *OLG München* BayVBl 1980, 504 (506); § 59 Rn. 61.
[214] Vgl. *BVerwGE* 124, 385 (395); *BGH* MDR 1997, 466 (467) zu § 139 BGB.
[215] *BVerwGE* 23, 213.
[216] *BVerwG* DÖV 1979, 756; *BGH* NJW 1979, 642; *OVG Münster* DVBl 1977, 903; ferner Rn. 160.
[217] *BGHZ* 26, 84 und 56, 365; *BayVGH* BayVBl 1976, 237 zum Vorbescheid.
[218] *BVerwGE* 32, 37; DÖV 1976, 349; *OVG Koblenz* DÖV 1978, 444; *OVG Saarlouis* NVwZ 1982, 127; hierzu noch Rn. 146.
[219] *BVerwGE* 22, 138; *BVerwG* DÖV 1982, 641; *BVerwG*, Urt. vom 25. 11. 1988 – 8 C 58/87 – DokBer. 1989, 62; *VGH München* DÖV 1987, 644; *OVG Koblenz* DÖV 1975, 718 und KStZ 1977, 38; *VG Sigmaringen* DVBl 1978, 823; ferner Rn. 152.
[220] *BVerwGE* 42, 331; *BVerwG*, Urt. vom 14. 8. 1992, *BVerwGE* 90, 310; *VGH München* BayVBl 1980, 719 und 722 sowie BayVBl 1982, 177; *OVG Münster* NJW 1978, 1542, hierzu noch Rn. 154.
[221] *BVerwG* NJW 1980, 2538 und DÖV 1981, 878; *BGHZ* 76, 16 = NJW 1980, 826; *VGH Kassel* NVwZ 1985, 839, hierzu noch Rn. 141.
[222] *OLG München* BayVBl 1980, 504, hierzu noch Rn. 141.
[223] Von *BGHZ* 66, 199 jedoch als privatrechtlicher Vertrag angesehen.
[224] Nach *BGH* DÖV 1976, 854 zivilrechtlicher Vertrag.
[225] Hierzu im Einzelnen Rn. 124.

trag zwischen Dienstherrn und Beamten über Studienförderung;[226] Vertrag betr. die Verpflichtung zum späteren Eintritt in den öffentlichen Dienst;[227] Rückzahlungsvereinbarungen betr. Ausbildungskosten im öffentlichen Dienstrecht,[228] Ausbildungsfinanzierungsverträgen der katholischen Kirche mit Priesteramtskandidaten;[229] Vertrag zwischen Gemeinde und Bundesbahn über die Umbenennung eines Bahnhofs;[230] Grundstücksaustauschvertrag mit (unzulässiger) Verpflichtung zum Erlass des Bebauungsplans,[231] im verwaltungsgerichtlichen Prozessvergleich;[232] Vertrag über den Besuch einer städtischen Kindertagesstätte;[233] Vertrag über Tierkörper- und Schlachtabfallbeseitigung;[234] (zwangsweiser) Abschluss einer Schulvereinbarung;[235] Versicherungsverträge bei der öffentlichen Gebäudebrandversicherung;[236] Vertrag über die Leistung eines Zuschusses zum Bau eines Abwasserkanals;[237] ör Bürgschaftsverträge;[238] Garantieversprechen mit befreiender oder kumulativer Schuldübernahme;[239] Mitbestimmungsvereinbarung zwischen Stadtverwaltung und künstlerischen Mitarbeitern;[240] ör Subventionsvertrag für öffentliche Mittel;[241] freiwillige Baulandumlegung zwischen Gemeinde und Grundstückseigentümern zur Erschließung und Bebauung eines Gebiets;[242] Rückzahlungsverpflichtung eines aus deutschen öffentlichen Mitteln gewährten Stipendiums als Voraussetzung für die Einbürgerung eines in Deutschland ausgebildeten Ausländers;[243] Kooperationsvertrag zwischen Bundespost (noch mit Hoheitsträger) und Privaten im Bereich der Breitbandverkabelung;[244] Vereinbarung zwischen Gemeinde und Deutscher Bundesbahn (vor der Privatisierung) über die Kostenerstattung für den Einsatz von Schülerzügen;[245] Vertrag zwischen Privatperson und Kommune über vorbeugenden Immissionsschutz und Wirtschaftsförderung;[246] Rückzahlungsvereinbarung bei Ausbildung für den Justizvollzugsdienst, wenn die Ausbildung als Voraussetzung für die Begründung eines Beamtenverhältnisses durchgeführt ist, auch wenn die Beteiligten formal einen Arbeitsvertrag geschlossen haben;[247] Pflegesatzvereinbarungen nach § 93 Abs. 2 BSHG zwischen Sozialhilfeträger und Träger der freien Wohlfahrtspflege,[248] Schuldanerkenntnis eines Beamten über Rückzahlung zu viel gezahlter Dienstbezüge,[249] Schuldanerkenntnis eines Ausländers zur Rückzahlung von Stipendien gegen Einbürgerung,[250] Rückzahlungsvereinbarung von Kosten einer laufbahnrechtlich vorgeschriebenen Aufstiegsausbildung,[251] Sonder(Werbe-)nutzungsvertrag über die werbemäßige Nutzung öffentlicher Straßen, Wege und

---

[226] *BVerwGE* 30, 65; 40, 237 (239); *BVerwG* NJW 1982, 1412 = ZBR 1982, 148; *BAG* NJW 1991, 943.
[227] *BVerwGE* 74, 78 = DVBl 1986, 945 – nebst Zulässigkeit einer Vertragsstrafenvereinbarung –; *VGH München* BayVBl 1983, 430; *VGH Mannheim* DÖV 1985, 930; § 62 Rn. 18.
[228] *BVerwG* ZBR 1981, 126; *BAG* NJW 1991, 943 – im Justizvollzugsdienst –, *BGH* DVBl 1988, 684 – für Schuldanerkenntnis über zu viel gezahlte Dienstbezüge –; *OVG Bremen* ZBR 1980, 357, hierzu noch Rn. 129 ff.
[229] *LG Hanau* DÖV 1981, 427 mit Anm. *Tiedemann*.
[230] *BGH* DVBl 1976, 77.
[231] *BGH* MDR 1983, 827.
[232] *BVerwG* NJW 1976, 2360.
[233] *OVG Berlin* JR 1976, 216; *BVerwG* NVwZ 1995, 790; *OVG Münster* NVwZ 1995, 191 – zur gestaffelten Gebühr –.
[234] *BVerwG*, Urt. vom 26. 6. 1979, Buchholz 418.61 TierKBG Nr. 1; *BVerwGE* 97, 331 = NVwZ 1996, 171 und 174.
[235] *BVerwG* DÖV 1977, 754.
[236] *VGH München* NJW 1978, 2410 mit krit. Anm. *Badura*, a. a. O.
[237] *VGH München* BayVBl 1982, 177.
[238] *BGH* NJW 1984, 1622; *OVG Berlin* NJW 1984, 2593; *LG Frankfurt* NVwZ 1984, 267.
[239] *OVG Berlin* NJW 1984, 2593.
[240] *VGH Kassel* NJW 1984, 1139 – allerdings wegen fehlender Einzelfallregelung keine Anwendung der §§ 54 ff., Rn. 40.
[241] *OVG Münster* NVwZ 1984, 522 mit Bespr. *Knuth* JuS 1986, 523.
[242] *BVerwG* NJW 1985, 986.
[243] *BVerwGE* 67, 177; 96, 326 betr. Schuldanerkenntnis; *BVerwG,* Beschl. vom 22. 12. 1987 – 1 B 147.87 – Buchholz 130 § 8 Nr. 31.
[244] *VGH Mannheim* DÖV 1988, 931; hierzu ferner *Eidenmüller* DVBl 1984, 1193; § 2 Rn. 135 ff.
[245] *BVerwG* DÖV 1989, 640; vgl. § 2 Rn. 141 ff.
[246] *BVerwGE* 84, 236.
[247] *BAG* NJW 1991, 943.
[248] *BVerwGE* 94, 202 = NJW 1993, 789; *BGHZ* 116, 339 – DVBl 1991, 615.
[249] *BGHZ* 102, 343.
[250] *BVerwGE* 96, 326.
[251] *BVerwGE* 91, 200 = NVwZ 1993, 1193.

Plätze,²⁵² naturschutzrechtlicher Vertrag zwischen Gemeinde und staatlicher Naturschutzbehörde betr. die Sicherung von Ausgleichsmaßnahmen von planbedingten Eingriffen,²⁵³ Sanierungsvertrag zur Altlastenbeseitigung nach BBodSchG,²⁵⁴ vertragliche Zusicherung zur Übernahme in das Beamtenverhältnis²⁵⁵ Zu einzelnen Vertragsarten und -inhalten ferner Rn. 123 ff. m. w. N.).

81 **b) Zivilrechtliche Verträge:** Vertrag zwischen Käufer und Verkäufer über öffentlich-rechtliche Folgelasten;²⁵⁶ Vertrag über die Suche nach Bodenschätzen;²⁵⁷ Vertrag zwischen Gemeinde und Versorgungsunternehmen über Leitungsverlegung in öffentlichen Straßen,²⁵⁸ auch zwischen Behörden²⁵⁹ sowie zwischen Grundstückseigentümer und Gemeinde;²⁶⁰ Vertrag zur Zusatzversorgung durch die Versorgungsanstalt des Bundes und der Länder;²⁶¹ Vertrag über die Ausstellung eines Kunstgegenstandes in einer öffentlichen Kunstausstellung;²⁶² Stromversorgungsvertrag mit Gemeinde einschließlich Gestattung der Verlegung von Versorgungsleitungen;²⁶³ Vertrag zwischen Hochschulinstitut und Hersteller zur Begutachtung der Frage, ob Geräte den Erfordernissen an technische Arbeitsmittel entsprechen;²⁶⁴ Studienplatztauschvertrag zwischen zwei Studenten;²⁶⁵ Bauwichvertrag in Kaufvertrag von zwei Nachbarn;²⁶⁶ Vertrag mit Blutentnahmearzt bei Polizeikontrollen;²⁶⁷ Wärmelieferungsvertrag mit gemeindlichem Fernheizungswerk;²⁶⁸ Beauftragung eines Zweckverbandes durch einen Landkreis mit der Abfallbeseitigung;²⁶⁹ Vertrag zwischen Gemeinde und Bahngesellschaft über kostenlose Wasserlieferung;²⁷⁰ Verkäufe von Interventionsware durch die Bundesanstalt für Landwirtschaftliche Marktordnung als Interventionsstelle;²⁷¹ Anspruch eines Sozialversicherungsträgers aus einer Bürgschaft einer GmbH für rückständige Sozialversicherungsbeiträge;²⁷² Vertrag über die Zulassung zur Belieferung von Versicherten mit Heil- und Hilfsmitteln zwischen Trägern der gesetzlichen Krankenversicherung oder ihren Verbänden mit Leistungserbringern;²⁷³ Unterbringung und Behandlung in einem psychiatrischen Landeskrankenhaus;²⁷⁴ Vertrag zwischen Privatperson und Kommune über die Errichtung und den Betrieb eines Krankenhauses, Schwestern- und Altenheimes;²⁷⁵ Kostenübernahmeerklärung einer Privatperson gegenüber der Ausländerbehörde für den Aufenthalt eines Ausländers/Asylbewerbers;²⁷⁶ Verträge über neue Wohnbauflächen zwischen Gemeinde und Einheimischen im Vorfeld der Bauleitplanung (sog. Einheimischen-Modell),²⁷⁷ Vertrag zwischen Polizei und Abschleppunternehmer über Bergungsmaßnahmen;²⁷⁸ Verpflichtungserklärung des Sozialhilfeträgers betr. Mietzinszahlung;²⁷⁹ Vertrag zwischen Gemeinde und Bürgerverein über die Nichterhebung von Einwendungen

---

²⁵² Vgl. *BVerwG* vom 6. 8. 1993, Buchholz 316 § 59 VwVG Nr. 10; *BVerwG* VBlBW 1994, 96; *VGH Mannheim* NJW 1994, 340 und vom 1. 10. 2004 – 5 S 1012/03; *OVG Lüneburg* OVGE 44, 500.
²⁵³ *BVerwGE* 104, 353 = NVwZ 1997, 1216.
²⁵⁴ *Frenz/Heßler* NVwZ 2001, 13.
²⁵⁵ *BVerwG* DVBl 2003, 1550.
²⁵⁶ *OVG Lüneburg* DVBl 1972, 154.
²⁵⁷ *BVerwG* DVBl 1970, 735.
²⁵⁸ *BVerwGE* 29, 251; *BGHZ* 15, 114; 114, 30; 122, 166; 123, 256.
²⁵⁹ *BGH* NVwZ 1983, 632.
²⁶⁰ *VGH München* NVwZ-RR 1996, 343.
²⁶¹ *BSozG* NJW 1972, 2151.
²⁶² *BVerwG* MDR 1976, 874.
²⁶³ *BGH* NJW 1976, 424.
²⁶⁴ *BGH* NJW 1978, 2548.
²⁶⁵ *OLG München* NJW 1978, 701 mit krit. Anm. *Gern* NJW 1979, 694.
²⁶⁶ *BGH* NJW 1978, 695 mit krit. Anm. *Gern* NJW 1979, 694.
²⁶⁷ *OLG München* NJW 1979, 608.
²⁶⁸ *BGH* NJW 1980, 2705, zur Gestaltungsfreiheit bei der Wasserversorgung und Anwendbarkeit des AGBG vgl. ferner Rn. 46.
²⁶⁹ *OLG München* BayVBl 1980, 695 – zweifelhaft –.
²⁷⁰ *BGH* DÖV 1980, 171 mit abl. Anm. *Bickel*.
²⁷¹ *VGH Kassel* DÖV 1985, 1025.
²⁷² *BGH* NJW 1984, 1622 mit Bespr. *Zuleeg* JuS 1985, 106.
²⁷³ *GemSenOGB* NJW 1986, 2359 = BVerwGE 74, 368 = BGHZ 97, 312.
²⁷⁴ *VGH Mannheim* NJW 1991, 2985.
²⁷⁵ *OVG Münster* NWVBl 1991, 14.
²⁷⁶ *OLG Hamm* NVwZ 1992, 205.
²⁷⁷ *BVerwGE* 92, 56 = NJW 1993, 2695.
²⁷⁸ *BGH* DVBl 1993, 605.
²⁷⁹ *BVerwGE* 94, 226.

gegen Bauvorhaben;²⁸⁰ Jagdpachtvertrag zwischen Behörde als Verpächter und privatem Pächter,²⁸¹ Vereinbarung einer Gemeinde mit Privatperson über die Verlegung eines Gemeindekanals,²⁸² Grundstückskaufvertrag in städtebaulichem Vertrag mit Einheimischenmodell,²⁸³ Vertrag zwischen Gemeinde und Wohnungsbauunternehmen über Gemeindegründstücke im Zusammenhang mit einem ör Durchführungsvertrag,²⁸⁴ Dienst- und Werkvertrag bei Vergabe öffentlicher Aufträge unterhalb der Schwellenwerte.²⁸⁵

IV. Begründung, Änderung oder Aufhebung eines Rechtsverhältnisses

1. Begründung, Änderung, Aufhebung

§ 54 Satz 1 ermächtigt zu ör Verträgen, soweit mit ihnen ein Rechtsverhältnis auf dem Gebiet des öffentlichen Rechts begründet, geändert oder aufgehoben wird. Die Begründung bezieht sich auf das erstmalige **Zustandekommen,** die Änderung auf die inhaltliche **Umgestaltung,** die Aufhebung auf die **Beseitigung** („Aufhebung") eines Rechtsverhältnisses. Alle Begriffe sind weit auszulegen. Auch Bestätigung, Verzicht und Novation (Schuldumschaffung) gehören dazu. Den Vertragspartnern steht es im Rahmen eines verwaltungsrechtlichen Vertrages grundsätzlich frei, gesetzlich bestehende Schuldverhältnisse zu ändern, sofern nicht gesetzliche Vorschriften entgegenstehen.²⁸⁶ Dies gilt jedenfalls bei Rechtsverhältnissen, an denen juristische Personen des öffentlichen Rechts gleichgeordnet beteiligt sind.

82

Die vertragliche Änderung kann sich auf den Schuldgrund selbst, aber auch nur auf Umfang und Modalitäten der Leistungspflicht und ihrer Durchsetzung beziehen (hierzu noch 58 ff.; § 62 Rn. 11 ff.). Aus dem Vertragsschluss folgt zugleich, dass die Änderung oder Aufhebung eines Vertrages grundsätzlich nicht mehr durch einseitigen Akt erfolgen kann, sofern nicht im Vertrag selbst Rücktritts- und Kündigungsrechte vereinbart wurden oder gesetzliche Kündigungsrechte – etwa nach § 60 Abs. 1 – bestehen.²⁸⁷ Dies ist eine der wesentlichen Folgen der Bindungswirkung eines Vertrages und unterscheidet ihn von einseitigen Akten, insbesondere dem VA (Rn. 18 ff.).

83

2. Konkretes Rechtsverhältnis

Der Begriff Rechtsverhältnis im Sinne des § 54 Satz 1 ist – ähnlich wie in § 43 VwGO. § 55 Abs. 1 Nr. 1 SGG, § 779 BGB, §§ 256, 280, 506 ZPO – die sich aus einem **konkreten Sachverhalt** auf Grund einer Rechtsnorm (des öffentlichen Rechts) sich ergebenden rechtlichen Beziehungen eines **Rechtssubjekts** zu einem anderen oder zu einer **Sache,** durch die ein- oder mehrseitige Rechte und Pflichten zwischen ihnen und/oder einem Dritten begründet, geändert oder aufgehoben werden.²⁸⁸ Der Begriff Rechtsverhältnis muss sich auf die Regelung konkreter Einzelfälle beziehen, darf also nicht nur abstrakte Rechtsfragen behandeln. Er darf aber, weil ör Verträge tendenziell auch der Verwaltungskooperation dienen, **weit ausgelegt** werden. Daher fallen nicht nur einmalige Rechte und Pflichten darunter, sondern die auf eine gewisse Dauer angelegte Verträge einer mehrschichtigen Zusammenarbeit darunter, soweit das Bündel von Maßnahmen noch **bestimmbar** ist. Die Grenze ist erst überschritten bei abstraktem Verwaltungshandeln für eine unbestimmte und nicht bestimmbare Vielzahl von Personen mit einer unbestimmten Art und Anzahl von Rechten und Pflichten.²⁸⁹ Auf Seiten des Bürgers gehört zur

84

---

[280] *VGH Mannheim* NJW 1994, 211.
[281] *VGH Kassel* NJW 1996, 474.
[282] *VGH München* BayVBl 1996, 730.
[283] *BGH* NVwZ 2003, 371.
[284] *OVG Münster* NVwZ-RR 2004, 776.
[285] *BVerwG* DVBl 2007, 969.
[286] *BVerwGE* 84, 257.
[287] Vgl. *OVG Münster* NWVBl 1995, 391.
[288] Vgl. *BVerwGE* 14, 236; 89, 329; 95, 100, 264 = NJW 1996, 2046; *BGHZ* 22, 47 = NJW 1957, 22; 37, 331; zum Verwaltungsrechtsverhältnis zusammenfassend *Hase* Die Verwaltung 2005, 453; ferner § 9 Rn. 16 ff. m. w. N.
[289] Ebenso *Maurer* DVBl 1989, 798, 802 ff.; *ders.* Allgemeines Verwaltungsrecht, § 14 Rn. 1; *Kopp/Schenke,* § 43 Rn. 9; *Eyermann/Happ,* § 43 Rn. 13.

Begründung eines Rechtsverhältnisses auch die Übernahme aller vertretbaren und unvertretbaren Handlungen, Duldungen und Unterlassungen einschließlich der Verpflichtung zu Geldzahlungen. Das gleiche gilt für die am Vertrag beteiligten Behörden, so dass sie sich auch zu sonstigem schlichten ör Verwaltungshandeln verpflichten darf, auch wenn dies nicht VA-Surrogat ist.

85 Die an sich denkbare Ausdehnung der Anwendung der §§ 54 ff. auch auf allgemeines und **abstraktes Verwaltungsvertragshandeln** erschien dem Gesetzgeber verfrüht und hätte den Geltungs- und Anwendungsbereich des VwVfG erheblich ausgedehnt und seine Verabschiedung im Gesetzgebungsverfahren in Frage gestellt (vgl. Einl. 36 ff.). Quasinormatives Handeln durch **Verwaltungsabkommen** und **Verwaltungsvereinbarungen** fällt daher grundsätzlich nicht unter §§ 54 ff., weil die Nichtigkeitsfolgen des § 59 auf konkrete Rechtsverhältnisse zugeschnitten und deshalb auf abstraktes, fehlerhaftes Verwaltungshandeln nicht übertragbar sind.

86 Nicht erfasst werden von §§ 54 ff. abstrakte Vereinbarungen für eine Vielzahl von Fällen, die erst noch eines Vollzuges bedürfen, etwa rechtsnormersetzende Vereinbarungen wie **Tarifverträge** und ihre **Allgemeinverbindlichkeitserklärung** (§ 5 TVG). Erstere sind Akte der Normsetzung und gehören zur Gesetzgebung im materiellen Sinne.[290] Die Allgemeinverbindlichkeitserklärung ist im Verhältnis zu den ohne sie nicht tarifgebundenen Arbeitgebern und -nehmern ein Rechtsetzungsakt eigener Art zwischen autonomer Regelung und staatlicher Rechtsetzung und findet seine eigenständige Rechtsgrundlage in Art. 9 Abs. 3 GG.[291] Keine Geltung der §§ 54 ff. auch für **Mitbestimmungsvereinbarungen** zwischen Stadtverwaltung und künstlerischen Mitarbeitern eines Städtischen Schauspiels,[292] ebenfalls nicht für „abstrakte" **Dienstvereinbarungen,** etwa über die Regelung allgemeiner Zulagen.[293] Die öffentlich-rechtliche Vereinbarung zwischen BMWirtschaft und Privatfirma, auf deren Grundlage nach dem **Geheimschutzhandbuch** zur Wahrung staatlicher Sicherheitsbelange Verschlusssachen-Ermächtigungen durch VA erteilt werden, ist als Rahmenvereinbarung ein ör Vertrag i. S. der §§ 54 ff.[294]

87 Das Rechtsverhältnis kann sich nicht nur auf die Gestaltung **materieller Rechte und Pflichten** erstrecken. Auch **Verfahrensabreden** können ein Rechtsverhältnis begründen, ändern oder aufheben, ebenso Verträge über prozessuale Beziehungen.[295] Hierzu gehört etwa die Vereinbarung, durch die sich ein Kläger zur Zurücknahme einer Klage verpflichtet.[296] Ebenso ist ein Vertrag über die Rücknahme eines Widerspruchs gegen Zahlung eines Entgelts denkbar, er kann jedoch im Einzelfall nach § 59 Abs. 1 i. V. m. §§ 134, 138 BGB nichtig sein.[297] Auch die Nichterhebung von Einwendungen gegen Bauvorhaben kann vertraglich vereinbart werden.[298]

88 Möglich ist auch eine Vereinbarung von Beteiligten, einen zunächst rechtshängig gemachten Klageanspruch gerichtlich nicht weiter zu verfolgen oder ein anhängiges gerichtliches Verfahren ohne gerichtliche Sachentscheidung zum Abschluss zu bringen.[299] Rechtswegausschließende Schiedsvereinbarungen in ör Verträgen sind grundsätzlich unzulässig (Rn. 178 m. w. N.). Das gilt ebenfalls für Schiedsgutachterabreden nach § 319 BGB i. V. m. § 62 Satz 2 mit der grundsätzlichen Bindung des Gerichts an tatsächliche Feststellungen, sofern sie nicht offenkundig unrichtig sind.[300] Zum Prozessvergleich vgl. § 55 Rn. 7 ff.

89 Regelmäßig werden **gegenwärtige** Rechtsbeziehungen zum Gegenstand vertraglicher Vereinbarungen gemacht, also solche mit aktueller Bedeutung in der Gegenwart oder überschaubaren Zukunft. Das schließt die Einbeziehung **vergangener** Tatbestände nicht aus, sofern

---

[290] *BVerfGE* 44, 322 (341).
[291] *BVerfGE* 44, 322 (340); 55, 7 (24); 64, 208 (215); *BVerwG NJW* 1985, 2344; *BVerwGE* 80, 355; *VGH Mannheim DÖV* 1986, 1066.
[292] *VGH Kassel NJW* 1984, 1139.
[293] Zur Unzulässigkeit *BVerwG NJW* 1984, 1980.
[294] Hierzu und zum zulässigen Widerruf von VS-Ermächtigungen vgl. *BVerwG NJW* 1988, 1991, vgl. hierzu SÜG vom 20. 4. 1994 (BGBl I S. 867).
[295] Vgl. *Meyer-Hesemann* DVBl 1980, 869; *Baumbach/Lauterbach,* Grunds. vor § 128 Anm. 5 C: *Teubner/Künzel* MDR 1988, 720; zum Prozessvergleich § 55 Rn. 8 ff.
[296] *OVG Hamburg NJW* 1989, 604; *Stein/Jonas,* § 271 Anm. I 3.
[297] Vgl. *BGHZ* 79, 131 = *DÖV* 1981, 380 mit Bespr. *Knothe* JuS 1983, 18; *BGH JZ* 1985, 1064.
[298] *VGH Mannheim NJW* 1994, 211.
[299] Vgl. *BAG NJW* 1973, 918; *BGH JZ* 1985, 1064 zum Verzicht auf die Berufung.
[300] *BVerwGE* 84, 257 = *NJW* 1990, 1926; zu Schiedsstellenvereinbarungen nach dem KrankenhausfinanzierungsG vgl. *Wagner* NJW 1991, 737; Rn. 178.

§ 54 Zulässigkeit des öffentlich-rechtlichen Vertrages   90–94 § 54

aus ihnen nach wie vor noch Rechte und Pflichten herrühren können. Auch **zukünftige,** nur möglicherweise eintretende **Sachverhalte oder Rechtsbeziehungen** können bereits ein konkretes gegenwärtiges Rechtsverhältnis darstellen. Die vertraglich geregelten Rechte und Pflichten müssen jedoch aus einem greifbaren Tatbestand entstehen und dürfen nicht nur rein theoretische, abstrakt gedachte Rechtsfragen oder reine Hypothesen enthalten. Zu Fehlen/Wegfall der Geschäftsgrundlage vgl. § 60 Rn. 1 ff.

V. Zulässigkeit vorbehaltlich entgegenstehender Rechtsvorschriften

1. Grundsätzliche Zulässigkeit

§ 54 mit seinen Regelungen in Satz 1 und 2 erklärt ör Verträge für grundsätzlich zulässig, sofern nicht Rechtsvorschriften entgegenstehen. Diese lückenschließende, vor die „Klammer" gezogene, das Fachrecht ergänzende grundsätzliche **Erlaubnis mit Verbotsvorbehalt** gilt im **gesamten Anwendungsbereich der §§ 1, 2 VwVfG** für alle darunter fallenden ör Verträge. Damit wird das Prinzip der Gesetzmäßigkeit der Verwaltung einfachgesetzlich konkretisiert, unter Beachtung des Gleichbehandlungsgebots und der Verhältnismäßigkeit vor allem in atypischen oder sonst geeigneten Fällen, auch bei komplexen und schwierigen Sachverhalten und/oder Rechtslagen ör Verträge zu schließen, soweit sie **normative Spielräume** hat. 90

Die „kann"-Regelung des § 54 Satz 1 enthält eine grundsätzliche gesetzliche Zulässigkeitserklärung des ör Vertrags, zugleich eine Ermächtigung zur Ausübung pflichtgemäßen **Ermessens,** in dafür geeigneten Fällen statt einseitigen Verwaltungshandelns einen vom Konsens der Vertragspartner abhängigen ör Vertrag abzuschließen.[301] Insoweit enthält § 54, wie sein Satz 2 klarstellt, zugleich ein **Handlungsformenwahlrecht.** 91

§ 54 verzichtet für die Zulässigkeit des ör Vertrages auf eine rechtsnormative Ermächtigung im jeweiligen Spezialgesetz, sondern erklärt im gesamten Anwendungsbereich des VwVfG (§§ 1, 2) ein solches konsensuales Vertragshandeln in Ausübung ör Verwaltungstätigkeit der Behörden von Bund, Ländern und Kommunen für grundsätzlich zulässig, soweit Rechtsvorschriften nicht entgegenstehen (sog. **Ermächtigungs- und Zulassungstheorie**).[302] §§ 54 ff. ergänzen demnach im Anwendungsbereich der §§ 1, 2 VwVfG alle Fachgesetze, sofern nicht Rechtsvorschriften entgegenstehen. Sie haben eine – entsprechend der Funktion des VwVfG – „vor die Klammer" aller Fachgesetze gezogene **Ergänzungs- und Lückenschließungsfunktion.** 92

Die Zulässigkeitserklärung erstreckt sich auf grundsätzlich **alle Arten ör Verwaltungstätigkeit** im Sinne des § 1 (hierzu noch Rn. 68 ff.; § 1 Rn. 63 ff.), gilt im Grundsatz auch im Bereich der sog. Eingriffsverwaltung und ist nicht auf den Bereich der Leistungsverwaltung, bei Ermessensentscheidungen oder den sog. gesetzesfreien Raum beschränkt.[303] Damit weicht § 54 von § 53 SGB X ab, wonach über Sozialleistungen Verträge nur bei einer Leistung nach dem Ermessen der Behörde geschlossen werden dürfen. 93

2. Entgegenstehende Rechtsvorschriften

Zu den **Rechtsvorschriften** gehören – wie in § 1 (hierzu dort Rn. 208 ff.) gehören das **GG,** das **Gemeinschaftsrecht,** die formellen und materiellen **Gesetze** von Bund und Ländern incl. der Vorschriften im VwVfG selbst, ferner die **Rechtsverordnungen** sowie die allgemeinen **verfassungsrechtlichen Rechtsgrundsätze.**[304] Dazu gehört das Rechtsstaatsprinzip (Art. 20 94

---

[301] Ebenso *Maurer* DVBl 1989, 798 f.; *ders.* in Allgemeines Verwaltungsrecht, § 14 Rn. 1; *Bull,* Allgemeines Verwaltungsrecht, 7. Aufl., 2005, § 21 Rn. 840 ff.
[302] Vgl. Begr. RegE 1973, BT-Drs. 7/910, S. 78; *BVerwGE* 22, 138; 23, 213; 42, 331 ff.; 84, 236 (240); *Wolff/Bachof/Stober* 1, § 54; *Erichsen/Martens,* S. 323; *Ule/Laubinger,* § 67; *Maurer* DVBl 1989, 798 (802); *ders.* Allgemeines Verwaltungsrecht, § 14 Rn. 26 ff.
[303] So ausdrücklich Begr. RegE 1973, BT-Drs. 7/910, S. 78; *OVG Münster* OVGE 16, 12 (14) in bezug auf das Polizeirecht.
[304] Ebenso *Maurer,* § 14 Rn. 26 ff; *Kopp/Ramsauer,* § 54 Rn. 26; *Ule/Laubinger,* § 67; *Henneke* in Knack, § 54 Rn. 18.

Abs. 3 GG) mit den Ausprägungen von Vorbehalt und Vorrang des Gesetzes,[305] das Verhältnismäßigkeitsprinzip und Übermaßverbot (hierzu § 56)[306] sowie das Gleichbehandlungsgebot mit dem darin enthaltenen Willkürverbot.[307]

Unterhalb von Parlamentsgesetzen und Rechtsverordnungen stehende Bestimmungen, etwa **Verwaltungsvorschriften** oder **Satzungen** bundes- oder landesunmittelbarer Körperschaften, Anstalten oder Stiftungen (mit Ausnahme von Satzungen von Gemeinden in Selbstverwaltungsangelegenheiten) kommen wegen des Prinzips des Vorrangs des Gesetzes[308] als entgegenstehende Rechtsvorschriften nicht in Betracht, denn was durch Gesetz zugelassen worden ist, kann nach dem Vorrang des Gesetzes durch eine nachgeordnete Vorschrift nicht grundsätzlich verboten werden.[309] Soweit solche Bestimmungen vorschreiben, dass Verträge in bestimmten Fällen nicht abgeschlossen werden dürfen oder sollen, kann die Nichtbeachtung hierdurch entstehender Selbstbindungen der Verwaltung allerdings zu einem Verstoß gegen die Gleichbehandlungspflicht führen, einen Ermessensfehler darstellen und die Rechtmäßigkeit eines derartigen ör Vertrages berühren.

99   b) Ob Rechtsvorschriften **„entgegenstehen"**, ist aus dem Gesamtinhalt des jeweiligen Gesetzes oder einer zusammenhängenden gesetzlichen Regelung zu schließen.[310] Nicht erforderlich sind ausdrückliche Verbote, die sich gegen die Vertragsform oder einen bestimmten Vertragsinhalt richten (zum gesetzlichen Verbot i.S. des § 134 BGB i.V.m. § 59 Abs. 1 vgl. dort Rn. 49ff.). Es reichen Unzulässigkeitserklärungen, die sich aus Sinn, Zweck oder Systematik des Gesetzes durch **Auslegung** oder **Umkehrschluss** ergeben, desgleichen solche aus allgemeinen Rechtsgrundsätzen.[311] Auch Vorschriften (einschließlich derjenigen im VwVfG), die die Rechtmäßigkeit vertraglichen Handelns an bestimmte tatbestandliche Voraussetzungen (etwa in §§ 55, 56) oder die Mitwirkung Dritter oder von anderen Behörden (etwa in § 58) knüpfen, begrenzen die Abschluss- und Gestaltungsfreiheit beim ör Vertrag und gehören zu den „entgegenstehenden" Rechtsvorschriften i.S. des § 54 Satz 1. Ob solche Vertragsform- und/oder -inhaltsverbote bestehen, ist anhand der jeweils einschlägigen Rechtsvorschriften durch Auslegung im **Einzelfall** zu ermitteln. **Schweigen** des Gesetzes ist i.d.R. **kein Verbotstatbestand** (Rn. 104).

100   Zu den Rechtsfolgen eines Verstoßes gegen Rechtsvorschriften vgl. § 59.

3. Zulässigkeit von Vertragsform und Vertragsinhalt

101   Entgegenstehende Rechtsvorschriften können sich auf die **Handlungsform** und/oder auf den **Vertragsinhalt** beziehen.[312]

102   a) **Vertragsformverbote:** Bei der Zulässigkeit der Handlungsform (so ausdrücklich § 121 Satz 1 LVwGSH) geht es darum, ob Verwaltungshandeln im fraglichen Bereich des Fachrechts überhaupt zulässig oder verboten ist. Diese Frage ist – gewissermaßen auf der **ersten Stufe** – **abstrakt-generell** für den Regelungsgegenstand des Vertrags (z.B. Einbürgerung, Beamtenernennung, Bauplanung) zu beantworten, ohne dass es noch auf den konkreten Inhalt des Vertrags selbst ankäme. Hier wird nicht gefragt, welcher Vertragsinhalt wirksam ist, sondern in einer davor liegenden Stufe, ob ein Vertrag in dem Regelungsbereich überhaupt geschlossen werden darf. Liegt ein Vertragsformverbot vor, so ist der Vertrag unabhängig von seinem Inhalt nach § 59 Abs. 1 i.V.m. § 134 BGB nichtig (vgl. § 59 Rn. 49ff.).

103   Das bisherige Recht enthält kein generelles Vertragsformverbot. Insoweit enthält § 54 nur eine gesetzliche Klarstellung mit konstitutiver Wirkung im Sinne einer generellen Erlaubnis mit

---

[305] *Maurer* DVBl 1989, 798, 805; *Obermayer* BayVBl 1977, 546/549; nur Vorrang des Gesetzes: *Ule/ Laubinger*, § 67; *Kopp/Ramsauer*, § 54 Rn. 24; vgl. hierzu allgemein BVerfGE 40, 237.
[306] BVerfGE 6, 439; 16, 201; 17, 117 und 314; 35, 400.
[307] Ebenso VGH Mannheim NJW 1989, 603; *Kopp/Ramsauer*, § 54 Rn. 29; *Wolff/Bachof/Stober* 1, § 54 Rn. 22ff.; ferner vgl. BVerfGE 1, 52; 23, 60; 36, 187.
[308] BVerfGE 40, 237; *Leibholz/Rinck*, vor Art. 70 Anm. 2.
[309] Missverständlich daher *Ule/Laubinger*, § 70 Rn. 3 Fn. 4.
[310] Begründung des Reg-E- BTDrs. 7/910, S. 79.
[311] Vgl. auch BVerwGE 42, 338; 52, 187; *Kopp/Ramsauer*, § 54 Rn. 41ff.
[312] Vgl. auch BVerwGE 23, 213 (215); 42, 331 (334, 335); *Maurer* DVBl 1989, 789, 791; *ders.* Allgemeines Verwaltungsrecht, § 14 Rn. 26ff.; *Kopp/Ramsauer*, § 54 Rn. 42, 44; *Meyer/Borgs*, § 54 Rn. 66ff.; *Bull/ Mehde*, Allgemeines Verwaltungsrecht, 7. Aufl., 2005, § 13; kritisch zur Unterscheidung *Obermayer*, Verwaltungsrecht, S. 139 mit Anm. 11.

§ 54 Zulässigkeit des öffentlich-rechtlichen Vertrages

Verbotsvorbehalt. Ein Vertragsverbot ergibt sich nicht aus Verfassungsgrundsätzen, insbesondere nicht aus dem Rechtsstaatsprinzip, dem Prinzip des Vorbehalts bzw. Vorrangs des Gesetzes oder dem Demokratieprinzip.[313]

104 Für Vertragsformverbote innerhalb oder außerhalb des VwVfG sind hinreichende Anhaltspunkte im Fachrecht erforderlich. Dafür reicht es nicht aus, dass Gesetze nur das Verwaltungshandeln in einseitiger Form, insbesondere durch VA, regeln.[314] Hier setzen gerade die Zulässigkeitsregelungen der §§ 54 ff. ergänzend ein. **Im Zweifel** bedeutet **Schweigen** des Gesetzes **eine Vertragsformerlaubnis.** Die Unzulässigkeit ergibt sich bezüglich dieser ersten Stufe des Vertragshandelns abstrakt nicht nur bei einem ausdrücklichen Verbot, sondern kann auch aus Sinn, Zweck oder Systematik eines Gesetzes, etwa durch eine ausdrückliche oder sonst bewusste Ausklammerung der §§ 54 ff. zu folgern sein.

105 Das ist etwa der Fall bei **Leistungs-, Eignungs- und ähnlichen Prüfungen** (§ 2 Abs. 3 Nr. 2). Aus der ausdrücklichen Nichterwähnung der §§ 54 bis 62 folgt, dass ör Verträge als Form des Verwaltungshandelns prinzipiell ausgeschlossen sein sollen. Die Unzulässigkeit beschränkt sich allerdings auf das Verwaltungshandeln unmittelbar „bei" Prüfungen, so dass nur Prüfungsverfahren, -inhalt und -ergebnis nicht vertraglich ausgehandelt werden dürfen (sog. **innere Prüfungsangelegenheiten**). Das gilt nicht bei den sog. äußeren Angelegenheiten ohne unmittelbaren Bezug auf die Leistungsbewertung.[315] Zu Verträgen im Beamtenrecht vgl. Rn. 130 ff., in Abgabenangelegenheiten vgl. Rn. 124 ff.

106 Auch im Rahmen der **Eingriffsverwaltung** sind ör Verträge nicht von vornherein grundsätzlich unzulässig, denn auch sie ist ör Verwaltungstätigkeit, die unter den Anwendungsbereich des VwVfG und die Regelungen der §§ 1, 54 fällt. Polizei- und Ordnungsbehörden können daher insbesondere unter Beachtung der Grenzen ihres Ermessens Verwaltungsverträge schließen (vgl. Rn. 93), wenn dies im Einzelfall das geeignete Handlungsmittel ist.[316] Dasselbe gilt auch für Verträge im **Umwelt- und Naturschutzrecht,** bei denen die Elemente der Gefahrenabwehr (etwa bei der Altlastenermittlung und -beseitigung) nach wie vor im Vordergrund stehen. Hier hat der Gesetzgeber ör Verträge gerade in neuerer Zeit teilweise ausdrücklich genannt und besonders hervorgehoben.[317] Aktuelle Beispiele sind ör Sanierungsverträge (§§ 4, 13 Abs. 4 BodSchG)[318] und der sog. Vertragsnaturschutz zur Sicherung und Durchführung von Eingriffs- und Ausgleichsmaßnahmen nach §§ 8, 8a BNatSchG a. F., § 9 a. a. O. n. F.[319]

108 **b) Vertragsinhaltsverbote:** Sofern keine Vertragsformverbote im Fachrecht bestehen und ör Verträge grundsätzlich zulässig sind, können ihrem vereinbarten Inhalt – gewissermaßen auf der **zweiten Stufe** – Rechtsvorschriften entgegenstehen, mit denen die Rechtsordnung dem Vertragsinhalt die Anerkennung versagt. Hier wird nicht gefragt, *ob* ein ör Vertrag im einem bestimmten Bereich geschlossen werden darf, sondern *welchen Inhalt* er haben muss. Eine **Vertragsgestaltungsfreiheit** wie im Zivilrecht auf der Grundlage der dort bestehenden Privatautonomie besteht im öffentlichen Recht nicht, da die Verwaltung an die zwingenden Normen der öffentlich-rechtlichen Rechtsordnung gebunden ist und hiervon grundsätzlich auch durch die Wahl („Flucht") in die Vertragsform nicht abweichen darf. Der **Grundsatz der Gesetzmäßigkeit der Verwaltung** gilt auch für verwaltungsrechtliche Verträge und wird nach Maßgabe der §§ 54 bis 62 konkretisiert (Rn. 90 ff.). Zur Nichtigkeit eines ör Vertrags vgl. § 59.

109 Ob ein ör Vertrag von der Rechtsordnung anerkannt wird, hängt davon ab, a) ob die **subjektiven Anforderungen** an die Vertragsbeteiligten (z. B. Beteiligten- und Handlungsfähigkeit, §§ 11, 12 i. V. m. § § 62 Satz 1; Vertretungsmacht, §§ 164 ff. BGB i. V. m. § 62 Satz 2)

---

[313] Vgl. *BVerwGE* 23, 213 (216); 42, 331 (335); *BGH* DVBl 1967, 36.
[314] *Götz* NJW 1976, 1429; *Martens* AöR Bd. 89, S. 429; *Henneke* in Knack, § 54 Rn. 6.
[315] Vgl. *VG Berlin* NJW 2000, 2040; *VG Braunschweig* NJW 2005, 698 betr. Klassenfahrten.
[316] *OVG Münster* OVGE 16, 12; *Götz* JuS 1970, 1 (6); *Rupp* JuS 1961, 59; *OVG Lüneburg* OVGE 16, 471 – keine vertraglichen Vereinbarungen über die Frage, ob eine bauliche Anlage die öffentliche Sicherheit und Ordnung stört –; *Frenz/Heßler* NVwZ 2001, 13 zur Altlastensanierung durch ör Vertrag.
[317] Vgl. *BVerwG* DVBl 1990, 376 – Immissionsschutz/Investitionsförderung –; *Bulling* DÖV 1989, 277; *ders.* in Hill (Hrsg.), Verwaltungshandeln durch Verträge und Absprachen, 1990, 147 ff.; *Arnold* VerwArch 1989, 125; *Kloepfer* JZ 1991, 737 – zu neuen Handlungsformen im Umweltrecht –; *Scherer* DÖV 1991, 1. Zum Vertragsnaturschutz *BVerwG* UPR 1997, 411; zuletzt *BVerwG* NVwZ 2007, 1187.
[318] Hierzu *Frenz/Heßler* NVwZ 2000, 13.
[319] Hierzu *BVerwGE* 104, 353; *BVerwG* NVwZ-RR 1999, 426; NVwZ 2007, 1187.

erfüllt sind und b) ob die **objektiven Voraussetzungen** für die Rechtsgültigkeit vorliegen (§§ 55–59).

VI. Allgemeine Vertragsarten und -inhalte

1. Eigenständige ör Vertragssystematik

110 Es gibt keine geschlossene Verwaltungsvertragssystematik wie im Zivilrecht mit dem BGB. In das Verwaltungsvertragsrecht wirken nämlich drei herogene Vorschriftenblöcke ein, nämlich 1. das **(vorrangige) Fachrecht**, 2. das **VwVfG** mit seinen Rahmenbestimmungen in §§ 54 ff. und 3. das für ör Verträge über § 62 Satz 2 entsprechend und ergänzend anwendbare **BGB**, soweit nicht Besonderheiten des Öffentlichen Rechts etwas anderes gebieten (hierzu § 62 Rn. 22 f.). Insofern ist das Verwaltungsvertragsrecht ein **compositum mixtum von 3 unterschiedlichen Rechtsordnungen**, aus denen sich nur schwer eine einheitliche ör Vertragsstruktur herausbilden lässt. Da öffentliches und privates Recht, wie § 62 S. 2 beweist, bei ör Verträgen nicht als strikt unterschiedliche Rechtssysteme, sondern mehr als gegenseitige Auffangrechtsordnungen zu verstehen sind, gibt es auch im Verwaltungsvertragsrecht keinen abschließenden Katalog der möglichen Vertragsarten und -inhalte, weil diese weitgehend vom Fachrecht bestimmt werden. Immerhin gibt es aber entsprechend der Funktion des VwVfG als fachgebietsübergreifendes „Grundgesetz der Verwaltung"[320] einen allgemeinen subsidiären und lückenschließenden Rahmen für alle ör Verträge im Anwendungsbereich des VwVfG.

111 Es ist daher zwischen den **Allgemeinen Vertragsarten des VwVfG** und den **Besonderen Vertragsinhalten des Fachrechts** zu unterscheiden. Auch insofern und durch die ergänzende Anwendung des BGB ist ein Mindestmass an ör Vertragssystematik erreicht.

2. Benannte und unbenannte Verträge

112 Als allgemeine **benannte Vertragsarten** sind im VwVfG nur der **Vergleichsvertrag** (§ 55) und der **Austauschvertrag** (§ 56) wegen ihrer besonderen Bedeutung und ihres Regelungsbedürfnisses ausdrücklich normiert. Diese beiden zugleich bisher einzigen allgemeinen **Ver**tragsarten sind das Ergebnis der bis zum Erlass des VwVfG geführten Diskussion in Wissenschaft und Praxis und gelten seit 1976 als „vor die Klammer" gezogene Regelungen im gesamten Anwendungsbereich der §§ 1, 2 VwVfG. Zur neuen Rechtsfigur des **Kooperationsvertrags** vgl. Rn. 13 ff.

Zu diesen Vertragsarten kommen noch die besonderen sog. **unbenannten Verträge** mit den vom **Fachrecht** geprägten unterschiedlichen Inhalten hinzu. In der Praxis hat sich in der Vergangenheit gezeigt, dass diesen unbenannten, besonderen Vertragsarten und -inhalten eine große Bedeutung zukommt. Sie erhalten durch die ergänzend und lückenschließend anwendbaren §§ 54 ff. eine gewisse Homogentität. Das öffentliche Vertragsrecht folgt nicht primär der Vertragstypologie des BGB, sondern entwickelt zusätzliche und **eigenständige ör Vertragsarten und -inhalte,** die sich an dem Fachrecht und seinen Besonderheiten orientieren (hierzu noch Rn. 123 ff.).

3. Ein-/zwei- und gegenseitige Verträge; Verträge mit kausaler/konditioneller Verknüpfung

113 Nach dem Verhältnis der Vertragsverpflichtungen kommen über das BGB (§ 62 Satz 2) in Betracht **einseitig** verpflichtende Verträge; dazu gehören etwa der **Erlassvertrag**,[321] das **Schuldversprechen** oder **Schuldanerkenntnis** nach §§ 780, 781 BGB,[322] der ör **Bürgschaftsvertrag**, der **Subventionsvertrag**,[323] der **Verzichtsvertrag**.[324] Auch eine (einseitige) Zusicherung

---
[320] Vgl. *Häberle* in Boorberg-Festschrift, 1977, 49; *Otto Schily* NVwZ 2000, 883 (887).
[321] Vgl. BVerwGE 48, 166 zur Umdeutung einer nichtigen Steuervereinbarung in einen einseitigen Erlass.
[322] BVerwGE 96, 326; BGH DVBl 1988, 684 für zu viel gezahlte Dienstbezüge; zur Wirkung solcher Verträge im Falle einer nicht bestehenden Schuld BVerwG NJW 1975, 1751; OVG Lüneburg DÖV 1977, 208.
[323] OVG Münster, NVwZ 1984, 522 – mit Konkurrentenklage –; hierzu *Knuth* JuS 1986, 523.
[324] Etwa im Abgabenrecht, hierzu Rn. 125 ff.; zum Verzicht auf Rechtsbehelfe und Rechtsmittel BGHZ 79, 191 = DÖV 1981, 380; BGH JZ 1985, 1064; VGH Mannheim NJW 1994, 211.

(§ 38) kann in einem ör Vertrag gegeben werden, sofern nicht das Spezialrecht entgegensteht.[325] **Zweiseitig** verpflichtende Verträge ohne synallagmatische Elemente sind etwa die ör **Leihe** oder **Verwahrung**. In allen Fällen wird vorausgesetzt, dass es sich um formgültige (§ 57) Verträge handelt, die erst und nur durch Willenskonsens zustandegekommen sind, so dass nicht nur rein einseitige Erklärungen außerhalb oder unterhalb der förmlichen Vertragsebene vorliegen (zu sog. faktischen Verträgen und verwaltungsrechtlichen Schuldverhältnissen vgl. Rn. 31 ff.).

Gegenseitige Verträge, bei denen die Leistung um der Gegenleistung willen (do-ut-des-Prinzip, Synallagma) vereinbart wird, sind z. B. Kauf- oder Tauschverträge;[326] Erschließungsverträge, Folgelastenverträge, Ausbildungsförderungsverträge (hierzu Rn. 123 f.). Auch der Vergleichsvertrag, der Austauschvertrag (§§ 55, 56) und der neue Kooperationsvertrag sind gegenseitige Verträge. 114

Kausal bzw. konditionell verknüpfte Verträge spielen in der Verwaltungspraxis eine wichtige praktische Rolle. Bei ihnen wird die (Gegen-)Leistung vor allem des Trägers öffentlicher Verwaltung im Vertrag oft nicht ausdrücklich als Vertragspflicht genannt, sondern außerhalb des Vertrags von den Vertragspartnern zur **„Voraussetzung", „Bedingung"** oder **„Grundlage"** gemacht.[327] Sie ähneln gegenseitigen Verträgen, bei denen Leistung und Gegenleistung in einem Abhängigkeitsverhältnis von einander stehen, so dass die Erbringung der (Haupt-)Leistung der einen Seite von der Erbringung der Leistung der anderen Seite abhängt (Beispiel: Städtebaulicher Vertrag bei „zugrunde gelegtem" künftigem B-Plan, hierzu noch Rn. 134 ff.). Bleibt die wesentliche Leistung der einen Seite aus, so braucht idR auch die Leistung der anderen Seite nicht erbracht zu werden. Solche Verträge sind – sofern nichts anderes vertraglich geregelt ist – **wie zwei- oder gegenseitige Verträge** zu behandeln,[328] so dass die BGB-Schuldrechtsvorschriften zu Leistungsstörungen ergänzend über § 62 Satz 2 zur Anwendung kommen werden. Zum sog. **hinkenden Austauschvertrag** vgl. § 56 Rn. 16 ff. 114 a

4. Verpflichtungs- und Verfügungsverträge, einseitige Erfüllungsakte

Nach den Vertragswirkungen sind Verpflichtungsverträge und Verfügungsverträge zu unterscheiden.[329] Die Unterscheidung ist deshalb von Bedeutung, weil auch die verwaltungsrechtlichen Verträge regelmäßig kausale Verträge sind. Das Bestehen eines gültigen Verpflichtungsvertrags ist daher grundsätzlich gleichzeitig der **Rechtsgrund für Erfüllungshandlungen** (zur Anwendung der §§ 812 ff. BGB bzw. dem ör Erstattungsanspruch bei Wegfall des Rechtsgrundes vgl. § 62 Rn. 33). 115

Ein **Verpflichtungsvertrag** ist ein Vertrag, durch den sich ein Vertragspartner zu einer noch zu erbringenden Leistung verpflichtet und der andere einen entsprechenden Anspruch auf Erfüllung erhält.[330] Auf Seiten der Behörde kann eine solche Verpflichtung in dem Erlass eines vertragserfüllenden VA, einer Geldzahlung oder einem sonstigen Verwaltungshandeln für einen konkreten Fall (also nicht nur in einem VA-Surrogat, Rn. 84 ff.) bestehen.[331] Aufseiten des Bürgers kommt jede im Zivilrecht oder in der öffentlich-rechtlichen Rechtsordnung mögliche Leistung in Betracht. Der Verpflichtungsvertrag ist eine **selbständige vertragliche Grundlage** für die Vertragsleistung selbst, kann freilich mit der Erfüllung unmittelbar zusammenfallen. Für ihn gelten dabei die materiellen (insbesondere §§ 54–56, 58, 59) und formellen (insbesondere §§ 57, 62 S. 2) Vorschriften des VwVfG. Nicht einheitlich zu beantworten ist die Frage, welche Rechtsfolgen sich bei einem rechtswidrigen (nichtigen) Verpflichtungsvertrag für die Erfüllungshandlung ergeben, insbesondere ob sich das rechtliche Schicksal des 116

---

[325] Vgl. *VGH Mannheim* NVwZ 2000, 1304 zur Zusage einer staatlichen Behörde gegenüber einer Gemeinde betr. Bau und Unterhaltung einer Lärmschutzanlage. Vgl. *BVerwG* DVBl 2003, 1550 zur Unzulässigkeit einer Gegenleistung für das Versprechen einer Übernahme in das Beamtenverhältnis.
[326] Vgl. *BVerwG* NJW 1976, 2360 zum öffentlich-rechtlichen Grundstückstauschvertrag in einem Prozessvergleich; *BVerwG* NJW 1980, 2538 und DÖV 1981, 878; *BGHZ* 76, 116.
[327] Vgl. *BVerwG* NJW 1973, 1895, 1896; *BVerwGE* 111, 162 = NVwZ 2000, 1286, 1287 zur „kausalen Verknüpfung" zwischen Planändeung, Bauvorhaben und unter Zuwendung an die Gemeinde, zugleich zum Koppelungsverbot; *KG Berlin* NVwZ-RR 2000, 765 zu Folgekostenvertrag; ferner § 56 Rn. 35 ff.
[328] Vgl. *Palandt/Heinrichs*, Rn. 7 vor § 320; ebenso wohl auch *BVerwG* NVwZ 2000, 1285.
[329] Vgl. *Maurer*, § 14 Rn. 14; *Kopp/Ramsauer*, § 54 Rn. 50; *Punke*, Verwaltungshandeln durch Vertrag, 1988, S. 42 ff.; *Redeker* DÖV 1966, 543; *Erichsen/Martens*, S. 323.
[330] Vgl. *BVerwG* NVwZ 1986, 559; *Kopp/Ramsauer*, § 54 Rn. 50; *Maurer*, a. a. O.
[331] Vgl. *BVerwG* NVwZ 1986, 554; NJW 1988, 662; NVwZ-RR 2004, 413 (414).

Verpflichtungsvertrags auf die Erfüllungshandlung erstreckt (hierzu nachfolgend und § 59 Rn. 6 ff.).

117 **Verfügungs(Erfüllungs-)verträge** sind diejenigen einvernehmlichen Rechtshandlungen, die eine unmittelbare Rechtsänderung bewirken, also unmittelbar die Begründung, Änderung oder Aufhebung eines Rechtsverhältnisses herbeiführen und damit nicht nur eine Verpflichtung zu künftiger Leistung beinhalten, sondern zugleich die Erfüllung der Verpflichtung bewirken (vgl. etwa Erlass des VA im Vertrag, die Einigung über den Übergang von Grundeigentum nach § 110 BauGB). Sie setzen einen wirksamen Verpflichtungsvertrag voraus, sofern sie nicht abstrakte Verträge sind. Allerdings können Verpflichtungs- und Verfügungsvertrag bzw. die (einseitige) Erfüllungshandlung rechtlich und faktisch **zusammenfallen,** wenn die Vertragsleistung keines weiteren Vollzugs mehr bedarf, etwa bei der Abgabe einer Willenserklärung oder beim Erlass eines VA, sofern der Vollzugsakt schon im Zugang des Vertrags beim Vertragspartner selbst liegt.[332]

118 Ob Verpflichtung und Erfüllung zusammenfallen oder getrennt zu sehen sind, ist im Einzelfall nach Maßgabe des konkret vereinbarten Vertragsinhalts zu prüfen. Durchweg handelt es sich bei Erfüllungsgeschäften um **einseitige Akte** des einen oder anderen Vertragspartners. Erlässt die Behörde in Vollzug eines nach §§ 57–59 wirksamen Verpflichtungsvertrages einen VA, so bestimmt sich das rechtliche Schicksal des VA im Zweifel nicht nach Vertragsrecht, sondern nach den für den VA geltenden §§ 48,49 (Näheres dort), wobei die Frage des Vertrauensschutzes in die Gültigkeit des ör Vertrags von Bedeutung sein kann.[333] Ist ein städtebaulicher Vertrag nichtig, so kann unter Berücksichtigung von § 214 III 2 BauGB auch ein B-Plan nichtig sein.[334]

5. Abstrakte und kausale Verträge

119 Auch die zivilrechtliche Unterscheidung zwischen abstrakten und kausalen Verträgen[335] ist im öffentlichen Vertragsrecht grundsätzlich anwendbar.[336] Regelmäßig sind auch ör Verträge **kausale Rechtsgeschäfte,** welche die Rechtswirksamkeit der Vereinbarung über den Rechtsgrund als Bestandteil in sich schließen. Ist das Verpflichtungsgeschäft unwirksam, so fehlt es am hinreichenden **Rechtsgrund** für eine auf Grund des Vertrages erbrachte Leistung, sofern nicht für eine Leistung im Rahmen einer ör Rechtsbeziehung eine einseitig begründete Rechtsgrundlage – etwa eine Zusicherung, ein Garantie- oder Schuldversprechen – vorliegt.[337] Der Vermögensausgleich ist dann bei Fehlen spezieller Vertragsklauseln grundsätzlich nach §§ 812 ff. BGB i. V. m. § 62 Satz 2 durchzuführen.[338] Er ist **ör Erstattungsanspruch,** der dem Anspruch aus ungerechtfertigter Bereicherung im Zivilrecht entspricht, die Kehrseite des öffentlich-rechtlichen Leistungsanspruchs darstellt und einen Anspruch auf Rückgewähr von ohne rechtfertigendem Grund erbrachten Leistungen beinhaltet.[339] Die öffentliche Hand kann sich auf eine Entreicherung gem. § 818 Abs. 3 BGB nicht berufen.[340,·341] Ist auf Grund nichtigen ör Vertrags ein **VA** erlassen worden, ist er unter den Voraussetzungen der §§ 48, 49 zurückzunehmen (hierzu noch § 59 Rn. 12; § 62 Rn. 16, 33).

---

[332] Ebenso *Ule/Laubinger,* § 68 Rn. 15; *Kopp/Ramsauer,* § 54 Rn. 50.
[333] Vgl. Rn. 119 m. w. N. Zur Begrenzung von Erfüllungsansprüchen beim verfassungswidrigen ör Vertrag vgl. *BVerwG* NJW 1974, 2250; *Thieme* NJW 1974, 2204. Zur rechtsmissbräuchlichen Geltendmachung eines Anspruchs § 62 Rn. 16.
[334] *VGH München* NVwZ-RR 2005, 781. Zu den geänderten Planerhaltvorschriften der §§ 214, 215 BauGB durch das BauGB 2007 vom 21. 12. 2006, BGBl I S. 3316, vgl. *Battis/Krautzberger/Löhr* NVwZ 2007, 121 (127 ff.).
[335] Hierzu etwa *Palandt/Heinrichs,* Rn. 19 ff. vor § 104.
[336] *BVerwG* NJW 1975, 1751; ferner hierzu § 59 Rn. 4 ff.
[337] Vgl. *VGH Mannheim* NVwZ 1991, 79; *Weber* JuS 1986, 29; ferner § 62 Rn. 19 ff.
[338] *BVerwG* NJW 1980, 2538; *BVerwGE* 89, 7, 8 ff.; *Papier* JuS 1981, 498, 1502; § 62 Rn. 19.
[339] *BVerwGE* 20, 295 (297); 40, 85 (89); 89, 7 ff.; *BVerwG* NJW 1980, 2538 zur bereicherungsrechtlichen Abwicklung eines nichtigen Grundstückstauschvertrages nach §§ 812, 818 Abs. 3 BGB; ferner *BVerwGE* 111, 161 ff = NVwZ 2000, 1285 ff. zur Rückabwicklung eines nichtigen Folgekostenvertrags. *OLG München* BayVBl 1980, 504 zur Vormerkung von Rückübereignungsansprüchen; vgl. auch *Ule/Laubinger,* § 70 Rn. 50.
[340] *BVerwGE* 36, 108.
[341] Zur Begrenzung des ör Erstattungsanspruchs durch Treu und Glauben vgl. etwa *BVerwG* NJW 1974, 2247; *BVerwGE* 111, 165 (173 f.); *VGH Mannheim* NVwZ 1991, 583 (587).

§ 54 Zulässigkeit des öffentlich-rechtlichen Vertrages   120–125 § 54

Ausnahmsweise sind im öffentlichen Recht auch vom Rechtsgrund unabhängige **abstrakte** 120
Verträge möglich. Dazu gehören etwa das Schuldversprechen und -anerkenntnis (§§ 780, 781
BGB).[342] Garantieversprechen und Risikoübernahmen[343] können ebenfalls nach Maßgabe des
Einzelfalls als abstrakte Verträge und daher schuldgrundunabhängig ausgestaltet sein (hierzu
noch bei § 62).

Ist ein ör Vertrag mit **gesetzwidrigem Leistungsversprechen** der Behörde abgeschlossen 121
worden, so bleibt er rechtsbeständig, sofern er nicht nach §§ 55–59 unwirksam oder nichtig ist
(§ 58 Rn. 1 ff.; § 59 Rn. 1 ff.).[344]

Auf Verträge nach §§ 54 ff. sind über § 62 S. 2 die zivilrechtlichen Regeln insbesondere zu 122
Willensmängeln, Leistungsstörungen, insbesondere **Verschulden bei Vertragsverhandlungen** und **positiver Forderungsverletzung** sowie **Rückabwicklung** von Leistungen auf
Grund nichtiger Verträge nach §§ 812 ff. BGB entsprechend anzuwenden (zur Schuldrechtsreform und ihren Auswirkungen auf ör Verträge vgl. Rn. 20 ff. und § 62 Rn. 5 ff. m.w.N.).

VII. Besondere Vertragsarten und -inhalte des Fachrechts

In der Gesetzgebung von Bund und Ländern sind in einzelnen Rechtsgebieten ör Verträge 123
mit unterschiedlichem Inhalt vorgesehen, weil das jeweilige **Fachrecht** den prägenden Inhalt
bestimmt. Für sie gelten im Anwendungsbereich des VwVfG die §§ 54 ff. ergänzend und lückenschließend, soweit nach dem Fachrecht keine Rechtsvorschriften entgegenstehen (hierzu
Rn. 90 ff.). Aus der Vielzahl der Rechtsgebiete des Besonderen Verwaltungsrechts wird – ohne
Anspruch auf Vollständigkeit – auf folgende Besonderen Vertragsarten und -inhalte kursorisch
hingewiesen:

1. Abgabenrechtliche Verträge

Materiellrechtliche Vereinbarungen in Steuer- und Abgabenangelegenheiten (d.h. über Steu- 124
ern, Gebühren und Beiträge, zum Begriff vgl. § 347 Abs. 2 AO 1977), durch die ohne spezialgesetzliche Ermächtigung eine von der jeweiligen materiellrechtlichen Regelung abweichende
Abgabenerhebung vereinbart werden soll, sind im Hinblick auf den Grundsatz der Gesetzmäßigkeit und Gleichmäßigkeit der Abgabenerhebung **grundsätzlich unzulässig.**[345] Etwas anderes gilt dann, wenn für die Abgabenerhebung das Abgabenrecht gilt, §§ 54 ff. zur Anwendung
kommen und eine Auslegung des in Betracht kommenden Abgabenrechts ergibt, dass gesetzesinkongruente Abgabenvereinbarungen – etwa bei landesrechtlichen Gebühren und/oder Beiträgen – zulässig sind.[346] Insoweit bedarf es schon wegen des Vorrangs spezialgesetzlicher Regelungen vor dem VwVfG (§ 1 Rn. 186 ff.) einer Prüfung im Einzelfall, ob und inwieweit
inhaltsgleiche oder entgegenstehende Rechtsvorschriften vorhanden sind. Nicht § 54 entscheidet über die Zulässigkeit von Verträgen und Vereinbarungen in Abgabenangelegenheiten, sondern das Abgabenrecht von Bund und Ländern und die dafür geltenden Regelungen.

§ 2 Abs. 2 Nr. 1 VwVfG ist in den **einzelnen Ländern** unterschiedlich gefasst und insbe- 125
sondere hinsichtlich von **Kommunalabgaben** teilweise modifiziert (Näheres § 2 Rn. 47 ff.

---

[342] Hierzu *BVerwGE* 96, 326; zu den Rechtsfolgen bei Nichtbestehen einer Schuld vgl. *BVerwG* NJW 1975, 1751; ferner *BGH* MDR 1988, 385 und *OVG Lüneburg* DÖV 1977, 208 mit Anm. *Zimmermann*.
[343] *OVG Berlin* NJW 1984, 2593.
[344] Zur Auswirkung der Nichtigkeitserklärung einer gesetzlichen Vorschrift auf ör Verträge, die auf dieser Vorschrift beruhen, vgl. *BVerwG* NJW 1974, 2250; hierzu *Thieme* NJW 1974, 2201.
[345] Vgl. *BFHE* 60, 235; 61, 137; 74, 312; 78, 225; 142, 549 = *BFH* NVwZ 1985, 863; *FG Kassel* BStBl. II 1991, 45; *BVerwGE* 8, 330; 48, 128; 61, 363; 64, 361; 90, 310; einschränkend *VGH Mannheim* NVwZ-RR 1999, 194 zum Austauschvertrag im Abgabenrecht, *Allesch*, Zur Zulässigkeit ör Verträge im Kommunalabgabenrecht, DÖV 1988, 103 ff.; *ders.* DÖV 1990, 270; ablehnend *BVerwGE* 8, 329; 48, 166 – zugleich mit der Möglichkeit der Umdeutung in einen Steuererlass –; *BVerwG* DVBl 1984, 192 – zugleich zum Unterschied zwischen der Zusage eines künftigen Abgabenverzichts und einem bereits erfolgten Abgabenvorausverzicht –; *BGH* DÖV 1976, 854.
[346] Vgl. hierzu etwa *OVG Koblenz* NVwZ 1986, 68; *VGH München* BayVBl 1987, 335; *VGH Mannheim* VBlBW 1987, 141; *OVG Lüneburg* KStZ 1988, 146; *VGH Mannheim* NVwZ 1999, 194 zum Austauschvertrag im Abgabenrecht; *Allesch* DÖV 1988, 103; *ders.* DÖV 1990, 270; *Heun* DÖV 1989, 1053; vgl. hierzu noch § 2 Rn. 47 ff.

m.w.N.). Es bedarf daher einer Prüfung im Einzelfall, ob sich aus der Fassung des VwVfG des jeweiligen Landes zugleich auch ergibt, dass und in welchen Abgabenangelegenheiten vor allem über (kommunale) Steuern, Gebühren und/oder Beiträgen vertraglich disponiert werden darf.[347] Sofern die AO anwendbar ist und eine spezialgesetzliche Ermächtigung zu gesetzesinkongruenten Abgabenvereinbarungen nicht besteht, bleibt es beim Grundsatz der Unzulässigkeit eines ör Vertrags. Auch ein **gesetzwidriger Abgabenverzicht** verstößt gegen das in Art. 20 Abs. 3 GG enthaltene Verbot, Abgaben anders als nach Maßgabe der gesetzlichen Regelung zu erheben.[348]

Diese grundsätzliche Unzulässigkeit förmlicher abgabenrechtlicher Verträge ergibt sich auch daraus, dass die den **§§ 54 ff.** entsprechenden Vorschriften **nicht in die AO 1977 übernommen** worden sind. Dies ist eine bewusste Entscheidung, die der Gesetzgeber bei der fast parallelen Beratung im parlamentarischen Gesetzgebungsverfahren von AO 1977 und VwVfG durch bewusste, nicht etwa versehentliche Ausklammerung der §§ 54ff. in der AO getroffen hat.[349] Dementsprechend kommt auch eine entsprechende Anwendung der §§ 54ff. auf Abgabenangelegenheiten nicht in Betracht.[350]

126 Die aus der Erwähnung des ör Vertrages in § 78 Nr. 3 AO teilweise in der Literatur gezogenen weitreichenden Folgerungen über die behauptete generelle Zulässigkeit von Verträgen in Abgabenangelegenheiten[351] gehen deshalb fehl, weil sie das Nichtvorhandensein einer den §§ 54ff. entsprechenden Regelung in der AO falsch interpretieren: Es handelt sich bei Erwähnung des ör Vertrags in der Regelung des § 78 Nr. 3 AO über die Beteiligten eines Abgabenverfahrens um ein redaktionelles Versehen, das bei der Übernahme anderer Vorschriften des VwVfG in die AO 1977 entstanden ist; hierdurch sollte die in der AO bewusst weggelassene Parallelregelung zu den §§ 54ff. nicht durch die „Hintertür" in die AO eingeführt und ersetzt werden. § 78 Nr. 3 AO enthält eine bloße Regelung über Beteiligte, kann daher entgegen seinem Wortlaut nicht darüber hinaus zugleich auch als grundsätzliche Zulässigkeitserklärung ör Verträge in Abgabenangelegenheiten aufgefasst werden, denn den §§ 54ff. VwVfG entsprechende sonstige Regelungen fehlen in der AO.

127 Damit bleibt es bei der bisherigen Rechtslage, dass im Hinblick auf das Legalitätsprinzip und die Verpflichtung der Steuer- und Abgabenbehörden zur gleichmäßigen Abgabenfestsetzung nur eine **spezialgesetzliche Ermächtigung** vertragliche Modifizierungs- oder Verkürzungsmöglichkeiten bestehen, sie sonst wegen eines entsprechenden gesetzlichen Verbots unzulässig sind.[352] Entsprechendes gilt auch für kommunale Abgabenangelegenheiten, soweit nicht eine Auslegung des jeweiligen Spezialgesetzes ergibt, dass §§ 54ff. anwendbar und gesetzesinkongruente materiellrechtliche Abgabenvereinbarungen einschließlich -verzichten zulässig sind.[353]

128 Von gesetzeswidrigen Abgabenvereinbarungen zu unterscheiden sind **sog. tatsächliche Verständigungen,** d.h. quasi-Vereinbarungen über eine bestimmte Sachbehandlung und eine Verständigung über tatsächliche Grundlagen einer Abgabenerhebung, etwa im Anschluss an Betriebsprüfungen sowie in einem Steuerstrafverfahren, die dann Auswirkungen auf den rechtlichen Inhalt der Besteuerung bzw. des weiteren Verfahrens hat. Derartige „Verständigungen", die faktisch in die **Nähe von Vergleichsverträgen**[354] kommen, weil sie einvernehmliche Bewertungen ungewisser Sach- und Faktenlagen enthalten, sind in der Rechtsprechung des BFH als grundsätzlich zulässig anerkannt, vor allem um in der Abgabenerhebung voranzukom-

---

[347] Hierzu *Allesch* DÖV 1988, 103 und DÖV 1990, 279; *Heun* DÖV 1989, 1053; *Tiedemann* DÖV 1996, 594 zum Vergleichsvertrag im kommunalen Abgabenrecht.
[348] *BVerwG* NJW 1984, 2113 = DÖV 1984, 589 zugleich zum Unterschied zwischen der Zusage eines künftigen Abgabenverzichts und einem erfolgenden Abgaben(voraus)verzicht; *OVG Lüneburg* NVwZ 1986, 780. Zu Verzichtsabreden nach § 133 Abs. 5 BBauG vgl. *BVerwGE* 49, 125 (128); *BVerwG*, Urt. vom 25.11.1988 – 8 C 58.87 – Dok.Ber. 1989, 62.
[349] Vgl. Bericht des Finanzausschusses-BT, BT-Drs. VII/4292.
[350] Str., ebenso *Erichsen* VerwArch 1979, 356; *Martens* JuS 1978, 610; a.A. *Meyer/Borgs,* § 54 Rn. 11; *Henneke* in Knack, § 54 Rn. 8; *Heun* DÖV 1989, 1053.
[351] So insbesondere von *Mohr* NJW 1978, 790; *Allesch* DÖV 1988, 103; ausdrücklich offen gelassen von *BFH* NVwZ 1985, 863.
[352] Vgl. neben der vorgenannten Rechtsprechung ebenso *Klein,* AO, § 78 Rn. 4; *Tipke/Kruse,* AO, § 78 Rn. 8.
[353] Hierzu *Allesch* DÖV 1988, 103 und DÖV 1990, 270; *Heun* DÖV 1989, 1053; § 2 Rn. 46ff.
[354] Vgl. *BVerwG* DÖV 1978, 611 und 1980, 48; *OVG Lüneburg* KStZ 1976, 71; *VGH München* NVwZ 1989, 167; *Tiedemann,* Der Vergleichsvertrag im kommunalen Abgabenrecht, DÖV 1996, 594

men.³⁵⁵ Voraussetzung für die Verbindlichkeit einer Steuervereinbarung ist die Beteiligung eines dafür kompetenten Amtsträgers auf Seiten der Finanzbehörde.³⁵⁶ Vereinbarungen über tatsächliche Grundlagen ergeben sich z. B. im Zusammenhang mit Betriebsprüfungen und Abschlussbesprechungen (§ 201 AO).³⁵⁷ Denkbar ist § 227 AO als Dispositionsermächtigung.³⁵⁸ Zum Einvernehmen bei umstrittenen Schätzungen von Besteuerungsgrundlagen nach § 162 AO vgl. *Klein*, § 162 Rn. 2 ff. Zur vergleichsweisen Regelung außerhalb der Außenprüfung vgl. *Martens* JuS 1978, 610 Anm. 45; *Schick* StuW 1977, 167. Förmliche Vergleiche in Verwaltungs- und Finanzgerichtsprozessen sind in Steuerangelegenheiten grundsätzlich unzulässig.³⁵⁹

2. Verträge im öffentlichen Dienst- und Hochschulrecht

Nach der Rechtsprechung des BVerwG entspricht es Wesen und Eigenart des Beamtenrechts (Art. 33 Abs. 5 GG), dass der Gesetzgeber für die Regelung des Beamtenverhältnisses und die Verteilung der Rechte und Pflichten allein zuständig und verantwortlich ist; Dienstherr und Beamter haben grundsätzlich keine eigene Möglichkeit, abweichend von der gesetzlichen Ordnung auf die nähere Ausgestaltung eines normativ vorbestimmten Rechtsverhältnisses abweichend hiervon einzuwirken. Daher können grundsätzlich weder durch Vereinbarung noch durch einseitige Verpflichtung oder Bereitschaftserklärung die gesetzlichen Pflichten abbedungen, inhaltlich verändert oder gesetzlich nicht vorgesehene Pflichten begründet werden.³⁶⁰ Das **Beamten- Soldaten- oder Richterverhältnis** ist einer Gestaltung durch Vereinbarung nur insoweit zugänglich, als dafür eine **normative Ermächtigung** durch oder auf Grund Gesetzes besteht; dies gilt insbesondere für die Regelung finanzieller Rechte und Pflichten sowie statusmäßiger Entscheidungen.³⁶¹ Es besteht – ähnlich wie im Abgabenrecht – insoweit ein grundsätzliches Verbot mit Erlaubnisvorbehalt, sofern nicht gegenteilige Rechtsvorschriften bestehen. Beamtenernennungen und -beförderungen durch Vertrag sowie Zusicherungen, Vereinbarungen und Vergleiche über eine höhere als nach dem Besoldungsrecht zulässige Besoldung oder Versorgung sind unzulässig;³⁶² das Gleiche gilt für Versicherungsverträge, die zu diesem Zweck abgeschlossen werden sollen (vgl. § 183 Abs. 1 BBG, § 50 Abs. 2 BRRG, § 3 Abs. 2 BeamtVG). Entsprechendes gilt für einen (vertraglichen oder einseitigen) Verzicht auf Versorgung (§ 2 Abs. 2 BBesG, § 3 Abs. 2 BeamtVG).³⁶³ Unzulässig sind Dienstvereinbarungen über gesetzlich nicht vorgesehene allgemeine Zulagen,³⁶⁴ ebenso Mitbestimmungsvereinbarungen zwischen einer Stadt und dem künstlerischen Personal bei Fehlen einer gesetzlichen oder tariflichen Ermächtigung.³⁶⁵

Im **Hochschulrecht der Länder** bestehen teilweise Sonderregelungen für die Berufung von Hochschullehrern, mit denen individuellen Verhältnissen besser Rechnung getragen werden

---

³⁵⁵ Vgl. *BFHE* 63, 379; 76, 489; zusammenfassend *BFH* NVwZ 1985, 863; *BFH* NVwZ 2000, 598 zu den Bindungswirkungen und seinen Grenzen an die Zusage der Klagerücknahme für den Fall des Fallenlassens von Feststellungen in der Betriebsprüfung und im Steuerfahndungsverfahren. Vgl. ferner *FG Kassel* BStBl II 1991, 45; *Maassen*, Regelungen mit dem Finanzamt, 1959, 64 ff.; *Schick*, Vergleiche und sonstige Vereinbarungen zwischen Staat und Bürger im Steuerrecht, 1967; *Martens*, Vergleichsvertrag im Steuerrecht?, StW 1986, 97; *Sontheimer*, Der verwaltungsrechtliche Vertrag im Steuerrecht, 1987; *Sangmeister* BB 1988, 609, 612; *Tipke/Kruse*, AO, § 85 AO Rn. 11.
³⁵⁶ *FG Kassel* BStBl II 1991, 45; *Offerhaus* StBp 1985, 170.
³⁵⁷ Die Bindung an dort erzielte Übereinkünfte bejahend *BFHE* 76, 293 betr. Tatsachenwürdigungen, verneint in *BFHE* 76, 580 und 122, 236. Keine Bindungswirkungen nach *BFH* NVwZ 2000, 598, wenn an der tatsächlichen Verständigung mitwirkende und entscheidungsbefugte Finanzbeamte i. V. m. Staatsanwälten unter unzulässiger Ausübung von Druck zusammenwirken, um unhaltbare Steueransprüche durchzusetzen.
³⁵⁸ Vgl. *BVerwGE* 48, 166, wonach ein nichtiger vertraglicher Verzicht auf Gewerbesteuern bei Übernahme von Infrastrukturmaßnahmen in einen Steuererlass umgedeutet werden kann.
³⁵⁹ Vgl. *BVerwG* BStBl. 1963 I, S. 794; *BFH* BStBl. III 1955, 251; ferner *Ziemer/Birkholtz*, FGO, 2. Aufl., § 95 Rn. 2. Zu Zusagen im Steuerrecht *Fischer* DÖV 1979, 773. Zu beitragsähnlichen Abgaben nach dem früheren StBFG vgl. *Mertes* DVBl 1976, 153.
³⁶⁰ Vgl. *BVerwGE* 52, 183 (189); 91, 200 (203) = NVwZ 1993, 1193; *BVerwG* DVBl 1991, 646.
³⁶¹ Vgl. *BVerwGE* 91, 200 (203) = NVwZ 1993, 1193.
³⁶² Vgl. *BVerwG* DVBl 2003, 1550 zur Unzulässigkeit einer vertraglichen Zusage der späteren Ernennung zum Beamten gegen Zahlung einer Vorausentgelts. Ähnlich *BVerfG* – K – vom 28. 3. 2007 – 2 BvR 1304/05 – zur Unzulässigkeit der vertraglichen Versorgung eines Beamten nach Entlassung aus dem Dienst auf eigenen Antrag.
³⁶³ Vgl. hierzu *BVerwGE* 26, 277; fraglich ist dies jedenfalls in den Fällen, wo ein Beamter offensichtlich eines solchen Schutzes nicht bedarf.
³⁶⁴ Vgl. *BVerwG* NJW 1984, 1980.
³⁶⁵ Vgl. *VGH Kassel* NJW 1984, 1139.

kann. Insoweit sind dort im jeweiligen gesetzlichen Rahmen vom normalen Beamtenrecht abweichende **Berufungsvereinbarungen bzw. -zusagen** grundsätzlich zulässig, soweit nicht Rechtsvorschriften entgegenstehen.[366] Im Zweifel stehen einmal gegebene Zusagen – einerlei ob sie einseitig oder durch Vertrag begründet wurden – unter dem Vorbehalt von § 38 Abs. 3 bzw. von § 60.[367] Sie sind je nach Sachlage unter Umständen nicht mehr bindend, können aber Anpassungs- und/oder Kündigungsrechte begründen.[368]

131 In allen Fällen bedarf es einer Einzelfallprüfung, ob für Vereinbarungen eine gesetzliche Ermächtigung gegeben ist. Auch **Rückzahlungsvereinbarungen** oder **einseitige Verpflichtungserklärungen** sind nur dann zulässig und wirksam, wenn dafür eine gesetzliche Grundlage besteht (vgl. § 59 Abs. 5, 63 Abs. 2 BBesG, § 46 Abs. 4 SoldatenG[369]) und die Gebote der Angemessenheit bzw. Verhältnismäßigkeit gewahrt sind. Der Dienstherr kann Kosten einer laufbahnrechtlich vorgesehenen Aufstiegsausbildung bei Fehlen einer Rechtsgrundlage durch Vereinbarung weder von vornherein noch bedingt für den Fall „vorzeitigen" Ausscheidens auf den Beamten abwälzen,[370] ebenfalls nicht Kosten einer Schulung für besondere dienstliche Aufgaben (EDV-Programmiererausbildung) für den Fall „vorzeitigen" Ausscheidens.[371] Zu Vertragsstrafen § 62 Rn. 37.

132 Eine gesetzliche Grundlage für Rückzahlungsverpflichtungserklärungen wird auch verlangt, wenn innerhalb eines bestehenden Beamtenverhältnisses bzw. sonstiger Dienst- und Treueverhältnisse öffentliche Mittel dem Beamten (Soldaten, Anwärter) nach Ermessen und außerhalb einer gesetzlichen Verpflichtung zugebilligt werden, etwa bei Studienförderungsmitteln der Bundespost (sog. Fernmeldeaspirantenvertrag) oder von während eines Ausbildungsurlaubs ohne Rechtsanspruch weitergezahlten Dienstbezügen.[372] Solche Rückzahlungsvereinbarungen verstoßen auch nicht gegen höherrangiges Recht, wenn der Beamte (Soldat) aus von ihm zu vertretenden Gründen vor Ablauf einer zumutbaren Betriebstreuepflicht aus dem Dienst ausscheidet.[373]

133 Zulässig ist hingegen vor Begründung eines Beamtenverhältnisses[374] ein **Studienförderungsvertrag** (nebst Vertragsstrafenvereinbarung), in dem sich ein Student der Zahnmedizin zum späteren Eintritt in den öffentlichen Gesundheitsdienst verpflichtet,[375] ebenfalls ein **Schuldanerkenntnis** für überbezahlte Bezüge.[376] Zulässig ist auch eine Rückzahlungsvereinbarung für den Fall des vorzeitigen **Abbruchs eines Studiums** aus dem Geförderten zurechenbaren Gründen.[377]

3. Städtebauliche Verträge i. w. S.

Literaturnachweise: *Erbguth,* Bauleitplanung und private Investionen – Städtebauliche Verträge, Vorhaben- und Erschließungsplan, Bau-ROG 1998, VerwArch 1998, 189; *Oerder,* Städtebauliche Verträge nach dem BauROG 1998, NVwZ 1998, 1190; *Bauer (Hrsg.),* Entwicklungstendenzen des allgemeinen Verwaltungsrechts und des Städtebaurechts, 1999; *Bunzel/Coulmas/Schmidt-Eichstädt,* Städtebauliche Verträge – Ein Handbuch, 1999; *Turiaux,* Der vorhabenbezogene Bebauungsplan gemäß § 12 BauGB: Beschleuni-

---

[366] Vgl. BVerfGE 43, 242 (287) unter Offenlassung der Rechtsnatur von Berufungsvereinbarungen. Zu sog. Zielvereinbarungen im Hochschulrecht als ör Verträge vgl. *Battis/Kersten* DVBl 2003, 349.
[367] Vgl. OVG Berlin DÖV 1997, 879 zur Reichweite des § 60 VwVfG bei verschlechterter Haushaltslage; hierzu auch VGH Mannheim NVwZ-RR 1999, 636; VGH Kassel DÖV 2007, 359 Nr. 72 (Leitsatz).
[368] Zum Wegfall der Bindungswirkungen einer Zusicherung nach § 38 Abs. 3 vgl. BVerwGE 97, 323.
[369] Vgl. BVerwGE 91, 200 ff.; ferner BVerfG, Beschl. vom 19. 2. 1986 – 2 BvR 1514/85 –; ferner *Becker,* RiA 1978, 61; *Stelzer* VersV 1976, 169; *Krebs* VerwArch 1978, 81.
[370] Vgl. BVerwGE 91, 200 = NVwZ 1993, 1193.
[371] Vgl. BVerwG NVwZ 1994, 1194; kritisch hierzu *Lecheler* JZ 1993, 1000, der darauf hinweist, damit die Immobilität im öffentlichen Dienst ohne hinreichenden Grund gefördert wird.
[372] Vgl. BVerwGE 30, 65 und 40, 237; BVerwGE ZBR 1974, 267 und Urt. vom 7. 5. 1981, NJW 1982, 1412 = ZBR 1982, 148; vgl. BAG JZ 1991, 563 zur Zulässigkeit einer Rückzahlungsvereinbarung von Bezügeteilen im Zusammenhang mit einer Ausbildung für den Justizvollzugsdienst bei Bruch einer vereinbarten Bleibepflicht.
[373] Hierzu im Einzelnen BVerwG ZBR 1981, 126; BVerwGE 74, 81; BAG JZ 1991, 563; OVG Bremen ZBR 1980, 357 zur Rückforderung von Mitteln für eine Ausbildung im öffentlichen Dienst, zugleich zur Dauer der Betriebstreuepflicht und zu Zinsansprüchen wegen Verzugsschäden.
[374] Vgl. BVerwGE 91, 200.
[375] BVerwGE 74, 81 = DÖV 1987, 72.
[376] BVerwG NJW 1975, 1751 – zugleich zur Wirkung eines solchen einseitigen Vertrags für den Fall des Nichtbestehens der Schuld –; BGH MDR 1988, 385.
[377] BVerwG NJW 1982, 1412.

gungspotential, Durchführungsverpflichtung und praktische Probleme, NJW 1999,391; *Oehmen/Busch*, Städtebauliche Verträge und die Grenze des Zulässigen, BauR 1999, 1402; *Reidt*, Rechtsfolgen bei nichtigen städtebaulichen Verträgen, 1999, 149; *Stich*, Die Rechtsentwicklung von der imperativen zur kooperativen Städtebaupolitik, ZfBR 1999, 304; *Walker*, Handbuch städtebaulicher Verträge, 1999 (Bd. I: Materielle Darstellungen; Bd. II: Vertragsmuster); *Wirth*, Der Bauherr als Baubehörde – Chancen des Vorhaben- und Erschließungsplans, BauR 1999, 130; *Brohm*, Städtebauliche Verträge zwischen Privat- und Öffentlichem Recht, JZ 2000,321; *Kahl*, Das Kooperationsprinzip im Städtebaurecht, DÖV 2000, 793; *Ohms*, Städtebaulicher Vertrag statt planerischer Festsetzung – Vorrang konsensualer Instrumente in der Bauleitplanung, BauR 2000, 983; *Spannovsky*, Vertragliche Regelungen als Instrumente der nachhaltigen städtebaulichen Entwicklung, DÖV 2000, 569; *Bick*, Städtebauliche Verträge, DVBl 2001, 154; *Birk*, Städtebauliche Verträge – Inhalte und Leistungsstörungen, 4. Aufl. 2002; *Grziwotz*, Städtebauliche Verträge und AGB-Recht, NVwZ 2002, 393; *Würfel/Butt*, Ausschreibungspflicht für städtebauliche Verträge?, NVwZ 2003, 153.

a) Grundsätzliche Zulässigkeit städtebaulicher Verträge: Das Städtebau- und Bauplanungsrecht ist derzeit ein rechtlich und **praktisch wichtiger Bereich** kooperativen/konsensualen Verwaltungshandelns im öffentlichen Recht. In diesem Rechtsgebiet hat sich der städtebauliche Vertrag als ein geeignetes und effektives Instrument der Zusammenarbeit zwischen (insbesondere kommunalen) Trägern öffentlicher Verwaltung und Privaten entwickelt.[378] Das Städtebau- und Bauplanungsrecht ist zugleich ein in der Praxis wichtiges Anwendungsfeld des derzeit lebhaft diskutierten Kooperationsprinzips im Bürger-Staat-Verhältnis und zugleich des ör Vertragsrechts.[379] 134

Der derzeitige Rechtszustand hat sich **in 3 normativen Etappen** entwickelt: Nach **§ 124 II BauGB 1986** blieb die Zulässigkeit anderer Verträge als Erschließungsverträge, insbesondere zur Durchführung von städtebaulichen Planungen und Maßnahmen, nur „unberührt". Mit dieser erst im Gesetzgebungsverfahren auf Anregung des Deutschen Städte- und Gemeindebundes in das BauGB eingefügten Klausel war eine grundsätzliche Klärung der Frage der Zulässigkeit städtebaulicher Verträge noch nicht erfolgt, mir ihr sollte eine grundsätzlich positive Grundhaltung zum Ausdruck gebracht werden.[380] Der Begriff des städtebaulichen Vertrages kann seitdem gewissermaßen als Oberbegriff für eine Reihe von ör (teils auch zivilrechtlichen) Verträgen der städtebaulichen Praxis angesehen werden.[381] Durch **§ 6 BauGB-MaßnG 1993** wurde der städtebauliche Vertrag für die neuen Länder (befristet bis 31. 12. 1997) gesetzlich weiter ausgebaut und zugleich stärker differenziert. 135

Durch **§ 11 BauGB 98** des am 1. 1. 1998 in Kraft getretenen Bau- und Raumordnungsgesetzes 1998 (BauROG) vom 18. 8. 1997,[382] das u. a. auf Vorschläge der sog. Schlichter II-Kommission zurückgeht,[383] ist der städtebauliche Vertrag unter weitgehender Übernahme von Regelungen des BauGBMaßnG für die gesamte Bundesrepublik nunmehr als **Dauerrecht** anerkannt und stärker ausgeformt worden. Im **EAGBau 2004** ist § 11 BauGB noch um eine neue Nr. 4 a. a. O. ergänzt (vgl. nachfolgend). Das **BauGB 2007** vom 16. 12. 2006[384] enthält in seinem § 12 Abs. 3a Satz 1 BauGB modifizierte Regelungen zum Durchführungsvertrag (hierzu nachfolgend). 136

Für die Gegenstände städtebaulicher Verträge besteht in § 11 Abs. 1 BauGB 98 **kein numerus clausus.** Es werden dort nur die bisher praktisch wichtigsten Vertragsinhalte und -arten genannt. Auch andere Vertragsarten und -inhalte sind durch die **insbesondere-Klausel** zugelassen. Mit dieser Regelung wurde davon ausgegangen, dass es eine legitime Aufgabe der Ge- 137

---

[378] Vgl. etwa *Stich*, Die Rechtsentwicklung von der imperativen zur kooperativen Städtebaupolitik, ZfBR 1999, 304.
[379] Zusammenfassend *Kahl*, Das Kooperationsprinzip im Städtebaurecht, DÖV 2000, 793; *Brohm*, Städtebauliche Verträge zwischen Privat- und Öffentlichem Recht, JZ 2000, 321; *Birk*, Städtebauliche Verträge – Inhalte und Leistungsstörungen, 4. Aufl. 2002. Vgl. auch die Literaturnachweise vor Rn. 134. Zum Kooperationsprinzip und PPP vgl. ferner Rn. 40 ff.
[380] Beschlussempfehlung und Bericht des BT-Ausschusses für Raumordnung und Städtebau, BT-Drs. 10/6166, S. 148 ff.
[381] Vgl. hierzu *Schmidt-Aßmann/Krebs*, Rechtsfragen städtebaulicher Verträge – Vertragstypen und Vertragslehren –, 2. Aufl. 1991; *ders.* in Gelzer-Festschrift, 1991, 117 ff.; *Jäde* BayVBl 1992, 549; *Krebs*, Konsensuales Verwaltungshandeln im Städtebaurecht, DÖV 1989, 969; ferner *Arnold* VerwArch 1989, 125; *Bulling* DÖV 1989, 277.
[382] BGBl I S. 2081; hierzu *Battis/Krautzberger/Löhr* NVwZ 1997, 1145; *Oerder* NVwZ 1997, 1190.
[383] Vgl. Bericht der Expertenkommission zur Novellierung des BauGB vom 28. 10. 1995, hierzu *Stüer* DVBl 1996, 177.
[384] Allgemein hierzu *Battis/Krautzberger/Löhr* NVwZ 2007, 121.

setzgebung ist, die durch Rechtsprechung und Literatur bisher erarbeitenden Maßstäbe für Art und Zulässigkeit städtebaulicher Verträge zu kodifizieren, dabei das durch § 6 BauGBMaßnG erreichte „mittlere Konkretisierungsniveau" festzuschreiben und die Frage, wie weit vorhandene gesetzliche Regelungen einer ergänzenden oder abweichenden vertraglichen Übereinkunft entgegenstehen und/oder welche andere Verträge zulässig sind, durch eine bereichsspezifische, über § 54 VwVfG hinausgehende Konkretisierung normativ offen zu halten.[385] Deshalb sieht § 11 Abs. 4 BauGB ausdrücklich vor, dass die Zulässigkeit **anderer städtebaulicher Verträge unberührt** bleibt.

138 Nach **§ 11 Abs. 1 Nr. 1 BauGB** werden verschiedene **Vorbereitungs- und Durchführungsverträge** zugelassen, die aber keine Bauleitplanverpflichtungsverträge i. S. von § 1 Abs. 3 BauGB sein dürfen. Danach können durch städtebaulichen Vertrag insbesondere vereinbart werden die Vorbereitung oder Durchführung städtebaulicher Maßnahmen durch den Vertragspartner auf eigene Kosten; dazu gehören auch die Neuordnung der Grundstücksverhältnisse, die Bodensanierung und sonstige vorbereitende Maßnahmen sowie die Ausarbeitung städtebaulicher Planungen; die Verantwortung der Gemeinde für das gesetzlich vorgesehene Planaufstellungsverfahren bleibt unberührt. Dies führt zu einer teilweisen sog. Verfahrensprivatisierung (hierzu § 1 Rn. 101 ff.), bei der bestimmte Maßnahmen nicht mehr von der Kommune selbst erledigt werden müssen, sondern an externe Private vergeben dürfen. Nach **§ 11 Abs. 1 Nr. 2 BauGB** n. F. werden **Baureifmachungs- und -realisierungsverträge** (sog. Planverwirklichungsverträge) einer teilweisen Regelung zugeführt. Danach kann ferner u. a. (ohne numerus-clausus) die Förderung und Sicherung der mit der Bauleitplanung verfolgten Ziele Gegenstand eines städtebaulichen Vertrags sein, insbesondere die Grundstücksnutzung, die Durchführung des Ausgleichs im Sinne des § 1 a Abs. 1 BauGB, die Deckung des Wohnbedarfs von Bevölkerungsgruppen mit besonderen Wohnraumversorgungsproblemen sowie des Wohnbedarfs der ortsansässigen Bevölkerung. **§ 11 Abs. 1 Nr. 3 BauGB** n. F. lässt nunmehr ausdrücklich auch sog. **Folgekostenverträge** zu (hierzu nachfolgend): Darunter sind nunmehr solche zu verstehen, die die Übernahme von Kosten oder sonstigen Aufwendungen betreffen, der Gemeinde für städtebauliche Maßnahmen entstehen oder entstanden sind und die „Voraussetzung oder Folge" des geplanten Vorhabens sind; dazu gehört auch die Bereitstellung von Grundstücken. Durch das **EAGBau 2004** ist an § 11 Abs. 1 eine **neue Nr. 4** angefügt worden, mit der Verträge über die Nutzung von Netzen und Anlagen der **Kraft-Wärme-Koppelung** sowie von **Solaranlagen** für die Energieversorgung ausdrücklich zugelassen sind.

139 Ferner ordnet **§ 11 Abs. 2 BauGB** n. F. – für alle städtebaulichen Verträge des Abs. 1 in Form einer gemeinsamen Klammer, teilweise in Wiederholung und Abweichung von § 56 Abs. 2 hinsichtlich des Koppelungsverbots, an, dass die vereinbarten Leistungen in einem städtebaulichen Vertrag den gesamten Umständen nach **angemessen** sein müssen (Satz 1; zur Angemessenheit vgl. § 56 Rn. 54 ff.). Die Vereinbarung einer vom Vertragspartner zu erbringenden Leistung ist – in Anknüpfung an § 56 Abs. 1 – unzulässig, wenn er auch ohne sie einen Anspruch auf die Gegenleistung hätte (Satz 2). Ob dies der Fall ist, hängt von den jeweiligen maßgeblichen bundes- und landesrechtlichen Regelungen ab. § 11 Abs. 3 BauGB n. F. wiederholt § 57 VwVfG, wonach ein städtebaulicher Vertrag der **Schriftform** bedarf, soweit nicht durch Rechtsvorschriften – etwa nach § 313 BGB – eine andere (qualifizierte) Form vorgeschrieben ist. § 11 Abs. 1–3 BauGB sind im Verhältnis zu §§ 54 ff. Sonderregelungen und gehen ihnen, soweit sie inhaltsgleiche oder entgegenstehende Rechtsvorschriften enthalten, vor; im Übrigen gelten die §§ 54 ff. grundsätzlich ergänzend und lückenschließend.[386]

140 **b) Zuordnung in das private oder öffentliche Recht:** §§ 11, 12 BauGB enthalten keine ausdrückliche Regelung, ob städtebauliche Verträge und Durchführungspläne solche des zivilen oder/und öffentlichen Rechts sind. Es gelten daher für die Abgrenzung die auch sonst geltenden Kriterien (hierzu Rn. 68 ff.). Daher kommt es vor allem auf den objektiven **Gegenstand und Inhalt des konkretes Vertrags** an. Diese städtebaulichen Verträge können danach privatrechtliche oder ör Verträge sein; auch gemischte oder zusammengesetzte Verträge (hierzu

---

[385] Vgl. Begründung des RegE, BT-Drs. 13/6392, S. 50 zu § 11; ferner hierzu noch Beschlussempfehlung des 18. Ausschusses, BT-Drs. 13/7585.
[386] Zum Verhältnis von § 11 Abs. 2 BauGB zu §§ 54 ff. VwVfG vgl. *Brohm* JZ 2000, 321 (322). Zur gerichtlichen Prüfung vgl. *Battis/Krautzberger/Löhr*, § 11 Rn. 21 ff.; ferner § 56 Rn. 55 ff.

Rn. 77 ff.) sind nicht ausgeschlossen (hierzu Rn. 68 ff. m. w. N.). Zulässig und in der Praxis wichtig ist auch die Verknüpfung mehrerer städtebaulicher Verträge i. w. S. mit jeweils unterschiedlichem Inhalt. So können in einer Vertragsurkunde als Gesamtvertrag gesonderte Bauplanungs-, Erschließungs- und Folgekostenvereinbarungen enthalten sein.[387] Ob diese Verträge selbständig und unabhängig voneinander sind oder sog. vernetzte Verträge im Sinne einer kausalen oder konditionellen Verknüpfung sind, muss im **Einzelfall durch** Auslegung nach dem Wort sowie Sinn und Zweck entschieden werden. Die städtebaulichen Verträge enthalten vielfach Vertragselemente aus dem Zivil- und Verwaltungsrecht und entziehen sich daher einer einheitlichen und grundsätzlichen Zuordnung in den einen oder anderen Rechtskreis.[388] Dem öffentlichen Recht werden sie insbesondere zuzurechnen sein, soweit sie die bisher für ausschließlich hoheitlich erachteten prägenden Elemente der Bauplanung, Erschließung und den Folgewirkungen betreffen und diese Bereiche dem Vertrag den **Schwerpunkt** und das **Gepräge** geben. Anders können die diejenigen Verträge bzw. Vertragsteile beurteilt werden, bei denen die Leistung des Privaten im Vordergrund steht, etwa die „jedermann" mögliche Einbringung von Grundstücken bei der Bodenordnung oder der Deckung des Wohnbedarfs für Ortsansässige (sog. **Einheimischenmodell**). Hier nehmen *BVerwG* und *BGH* einen privatrechtlichen städtebaulichen Vertrag an.[389] Gleiches gilt für die Erbringung von Planvorbereitungs- und Herstellungsleistungen im Rahmen von städtebaulichen Verträgen i. S. von § 11 Abs. 1 Nr. 1 BauGB, ebenso bei Sanierungs- und Entwicklungsträgerverträgen i. S. von §§ 157 ff., 167 BauGB. Eine **pauschalierende Zuordnung** in das zivile oder öffentliche Recht im Sinne eines entweder/oder ist demnach nicht möglich (hierzu Rn. 68 ff.).

4. Bauleitplanungsverpflichtungsverträge

Vereinbarungen über den Erlass, die Änderung, die Beibehaltung oder Aufhebung von vorbereitenden oder verbindlichen Bauleitplänen gehören zu den sog. **Normsetzungsverträgen,** deren grundsätzliche Zulässigkeit am Maßstab des BauGB unter Ergänzung durch §§ 54 ff. zu messen ist. Sie wurden schon von der früheren Rechtsprechung von *BVerwG* und *BGH* in aller Regel für **unzulässig** erachtet; dies ist nunmehr in **§ 1 Abs. 3 Satz 2 BauGB** klargestellt.[390] Begründet wird dies zu Recht mit dem Fehlen subjektiver Ansprüche auf die Aufstellung, Änderung, Ergänzung oder Aufhebung von Bauleitplänen, einer unzulässigen Einschränkung der Planungshoheit und Gestaltungsfreiheit durch vorzeitige Vertragsbindungen sowie mit einer Umgehung des sonst notwendigen Auslegungs- und Anhörungsverfahrens und dem daraus resultierenden Abwägungsdefizit (hierzu § 74 Rn. 26 ff.). Dies läuft im Ergebnis auf eine Anwendung des § 134 BGB (gesetzliches Verbot) i. V. m. § 59 Abs. 1 VwVfG hinaus.[391]

Solche nichtigen Vereinbarungen können auch nicht im Wege der Umdeutung etwa in einen Anspruch auf Befreiung nach § 31 Abs. 1 und 2 BBauG n. F. verwandelt werden.[392] Auch die Verpflichtung einer Gemeinde zur **Nichtplanung** ist unwirksam.[393] Aus der Nichtigkeit einer Bauplanungsvereinbarung im Vertrag folgt im Zweifel nach § 59 Abs. 3 (Näheres dort; vgl. auch

---

[387] Vgl. *Birk,* Die städtebaulichen Verträge nach BauGB 98, 4. Aufl., 2002, Rn. 86 ff.; *Bunzel/Coulmas/Schmidt-Eichstädt,* Städtebauliche Verträge – Ein Handbuch, 1999.
[388] Ebenso *Brohm,* Städtebauliche Verträge zwischen Privat- und Öffentlichem Recht, JZ 2000, 321. *Birk,* städtebauliche Verträge, 2002, Rn. 6 ff.
[389] Vgl. *BVerwGE* 92, 56; *BGH* NVwZ 2003, 371, wonach ein solcher privatrechtlicher Vertrag bei der Inhaltskontrolle nicht an §§ 9–11 AGBG zu messen ist, sondern an dem Gebot der Angemessenheit i. S. von § 11 II BauGB.
[390] *BVerwG* DVBl 1977, 529; NJW 1980, 2538 mit Besprechung *Papier* JuS 1981, 498; NVwZ 1982, 249 = BauR 1982, 30; ferner *OVG Lüneburg* DVBl 1978, 178; *VGH Mannheim* BWVPr 1978, 223; *VGH München* DVBl 1980, 296; *VGH Kassel* NVwZ 1985, 839 (keine verwaltbare Verpflichtung zur Nichtplanung); *Krebs* VerwArch 1981, 49; *Gusy* BauR 1981, 164; *Battis/Krautzberger/Löhr,* BauGB, § 2 Rn. 10; *Ernst/Zinkahn/Bielenberg,* BauGB, § 2 Rn. 76 ff.; ebenso *BGHZ* 71, 386 = NJW 1978, 1802; *BGHZ* 76, 16 (22) = NJW 1980, 826; *BGH* MDR 1983, 827.
[391] So ausdrücklich *OVG Lüneburg,* a. a. O.; *Papier* JuS 1981, 498/500, 501; *Runkel* GuG 1994, 137 (139); *BGHZ* 76, 16 hält schon die Zusage, die Aufstellung eines Bebauungsplanes nur zu fördern, für unwirksam. Auch ein Anspruch auf Erlass eines Bauleitplanes mit einem bestimmten Inhalt kann nach *BVerwG* DÖV 1981, 878 (ebenso *OLG München* BayVBl 1980, 504 für Flächennutzungspläne) nicht durch Vertrag begründet werden.
[392] *BVerwG* NJW 1980, 2539; *BGHZ* 76, 16 (22).
[393] *VGH Kassel* NVwZ 1985, 839.

§ 139 BGB) die Gesamtnichtigkeit des Vertrages, sofern nicht Einzelteile noch aufrechterhalten werden können.[394] Bei Nichtigkeit einer Bauplanungsabrede erfolgt die **Rückabwicklung** gem. § 62 S. 2 nach §§ 812 ff. BGB, insbesondere in Form ör Ausgleichs- und Erstattungsansprüche.[395]

5. Erschließungsverträge

143 Regelungsgegenstand von Erschließungsverträgen ist die Vornahme von Erschließungstätigkeiten, die an sich gemäß § 123 Abs. 1 BauGB der Gemeinde obliegen.[396] Nach § 124 Abs. 1 BauGB kann die Gemeinde diese Aufgabe durch Vertrag auf einen Dritten übertragen. Dieser Vertrag ist ein **ör Vertrag**, weil er die hoheitliche Aufgabe der Herstellung von Erschließungsanlagen mit den dafür notwendigen Arbeiten und der Kostentragung auf Dritte verlagert.[397] Er ist ein spezieller, auf die Erschließung von Baugebieten ausgerichteter städtebaulicher Vertrag i. S. von § 11 BauGB. Für ihn gelten primär die speziellen Regelungen der §§ 124 ff. BauGB. Ergänzend kommen §§ 54 ff. zur Anwendung, so dass Verstöße gegen Rechtsvorschriften nur unter den Voraussetzungen des § 59 zur Nichtigkeit führen.[398] Der Erschließungsvertrag kann auch **mit anderen städtebaulichen Verträgen** i. e. S. **kombiniert** werden. Dann kann je nach Vertragsinhalt die Zuordnung des Vertrags in den öffentlichen oder zivilen Bereich fraglich sein.[399] Erschließungsverträge beziehen sich nur auf die technische Durchführung und kostenmäßige Abwicklung der Erschließung durch den Erschließungsunternehmer, lassen aber die Erschließungslast des § 123 Abs. 1 BauGB der Gemeinde unberührt. Der Erschließungsvertrag ist auch dann ein ör Vertrag, wenn in den Vertrag privatrechtliche Sicherungsklauseln für den Fall der Nichterfüllung des Vertrags oder des Scheitern der B-Planung aufgenommen werden oder die Gemeinde die Erschließung nur zum Teil überträgt.[400]

144 Da ein Rechtsanspruch auf Aufstellung, Änderung oder Aufhebung eines Bebauungsplans nicht besteht (§ 1 Abs. 3 BauGB) und auch vertraglich nicht wirksam vereinbart werden kann (Rn. 141), soll ein Erschließungsvertrag zur Sicherung seiner Rechtsbeständigkeit erst **nach Inkrafttreten eines rechtskräftigen Bebauungsplans** abgeschlossen werden.[401] Hat die Gemeinde einen qualifizierten Bebauungsplan erlassen, darf sie das Angebot eines Dritten, die im Plan vorgesehene Erschließung vorzunehmen, nur ablehnen, wenn ihr die Annahme aus tatsächlichen oder rechtlichen Gründen nicht zugemutet werden kann.[402] Enthält der Erschließungsvertrag (wie regelmäßig) auch die Verpflichtung zur Übertragung von Grundeigentum an Flächen der Erschließungsanlage, bedarf es nicht nur der Schriftform, sondern gem. § 311b BGB der notariellen Beurkundung.[403] Sonstige Einzelheiten Rn. 148–151 der Voraufl.

6. Ablösungsverträge

145 Ablösungsverträge über Erschließungsbeiträge vor Entstehung der Beitragspflicht nach § 133 Abs. 3 S. 5 BauGB sind **ör Verträge**.[404] Sie sind zulässig, wenn im Zeitpunkt des Vertragsabschlusses eine ausreichende Bestimmung im Sinne dieser Vorschrift geschaffen wurde, durch die den dem Abgabenrecht immanenten Grundsätzen der Abgabengerechtigkeit und -gleichheit Rechnung getragen worden ist.[405] Der Ablösungsbetrag ist seinem Wesen nach ein **vorgezoge-**

---

[394] *BVerwG, BGH,* jeweils a. a. O.
[395] *BVerwG* NJW 1980, 2538 zu Rückübereignungs- und Wertersatzansprüchen; *BVerwG* 111, 162 = NJW 2000, 1285 zu Gelderstattungsansprüchen; ferner *Papier* JuS 1981, 498 (502).
[396] Hierzu *Driehaus,* Erschließungs- und Ausbaubeiträge, 7. Aufl. 2004 m. w. N.
[397] *BVerwGE* 32, 37; 55, 337 (340); 89, 7 (9); *BVerwG* NVwZ 1996, 796; *BayObLG* NVwZ-RR 2005, 135.
[398] Hierzu und sonstigen Leistungsstörungen *Birk,* Städtebauliche Verträge, Rn. 132 ff.
[399] Vgl. *Birk,* Städtebauliche Verträge, Rn. 128 ff.
[400] Vgl. *Battis/Krautzberger/Löhr,* BauGB, § 124 Rn. 3; *Birk* (a. a. O.), Rn. 132 ff.
[401] *BVerwG* vom 22. 3. 1996, DokBer 1996, 220; *Driehaus,* a. a. O., § 124 Rn. 7; zu vertraglichen Sicherungsklauseln gegen Leistungsstörungen des Erschließungsträgers und der Gemeinde vgl. *Birk* (a. a. O.), Rn. 196 ff.
[402] *BVerwG* NJW 1977, 405 = DÖV 1977, 607.
[403] *BVerwGE* 70, 247 = DVBl 1985, 297; *BGHZ* 58, 386.
[404] Vgl. *OVG Lüneburg* KStZ 1988, 146, *OVG Weimar* NVwZ-RR 2001, 623; *VG Braunschweig* NVwZ 2001, 626; *Battis/Krautzberger/Löhr,* § 133 Rn. 42 und 52.
[405] *BVerwGE* 64, 362; 84, 183 = VfW 1990, 1679.

§ 54 Zulässigkeit des öffentlich-rechtlichen Vertrages

ner Erschließungsbeitrag.[406] Die vertragliche Ablösung setzt voraus, dass sich Ablösungsverträge im Rahmen wirksamer Ablösebestimmungen halten und die Beträge offen gelegt sind.[407] Dazu ist kraft Bundesrechts das Vorliegen einer Erschließungsbeitragssatzung nicht vorausgesetzt; nur die Festlegung von Art, Ermittlung und Verteilung des mutmaßlichen Erschließungsaufwandes gehört zum Mindestinhalt von Ablösungsbestimmungen. Verträge können auch auf bestimmte Gebietsteile der Gemeinde beschränkt werden.[408]

Ablösungsverträge nach § 133 Abs. 3 Satz 5 BauGB können durch eine nach Vertragsschluss 146 eingetretene Entwicklung in ihrer Verbindlichkeit nur dann berührt werden, wenn diese Entwicklung, weil jenseits der ablösungstypischen Risiken liegend, die Vertragsgrundlage erschüttert hat. Dann ist ein entsprechender vorteilsgerechter angemessener, an § 60 orientierter Ausgleich zu schaffen.[409]

7. Folgekostenverträge

Folgekosten(lasten)verträge (§ 11 I 2 Nr. 3 BauGB) sind **ör Verträge,** durch die sich Bauwillige gegenüber der Gemeinde vertraglich verpflichten, Kosten und sonstige Aufwendungen zu übernehmen, die für städtebauliche Maßnahmen entstanden sind oder entstehen, und die **Voraussetzung oder Folge** des geplanten Vorhabens sind. Auf solche Verträge sind neben den Bindungen durch § 11 Abs. 2 und 3 BauGB ergänzend und lückenschließend die §§ 54 ff. anwendbar.[410] Hierzu sind viele Einzelheiten strittig.

Der Folgekostenvertrag muss sich auf das beschränken, was von einem bestimmten Bauvorhaben an Folgen effektiv ausgelöst wird oder Voraussetzung für seine Verwirklichung ist. Dazu gehören in erster Linie Einrichtungen der Infrastruktur, auch Erschließungsmaßnahmen i. S. der §§ 127 ff. BauGB.[411] Eine Ausnahme ist dann möglich, wenn mit Hilfe des Folgekostenvertrags ausschließlich eine Entlastung von den Aufwendungen stattfindet, zu denen der Erlass des B-Plans bzw. die Mitwirkung am Baugenehmigungsverfahren geführt hat oder führen wird. Im Vertrag muss ferner hinreichend bestimmt zum Ausdruck gebracht werden, dass und welche vereinbarten Zahlungen für welche hinreichend genau beschriebenen **konkreten Folgemaßnahmen** (z.B. Kindergarten, Schulen, Spielplätze, naturschutzrechtliche Ausgleichs- oder Ersatzmaßnahmen o. ä.) verwendet werden sollen. Die Annahmen zu Quantitäten und Qualitäten müssen **plausibel, nachvollziehbar und realitätsnah** sein; unwahrscheinliche Sprünge oder Steigerungsraten ohne konkrete Anhaltspunkte für eine solche Entwicklung reichen regelmäßig nicht aus. Unzulässig sind Verträge, die eine Gemeinde unterschiedslos bei jeder Schaffung neuen Baurechts zur Voraussetzung macht und die letztlich eine unzulässige **Zuzugs- oder allgemeine Infrastrukturabgabe** zur Kostenentlastung der öffentlichen Hand ist.[412] Umgekehrt dürfen die Anforderungen an die Merkmale „Voraussetzung und Folge" nicht überspannt werden, weil sonst die gesetzlichen Planungs- und Gestaltungsspielräume unverhältnismäßig und unzulässig eingeengt werden.

8. Durchführungsverträge zum Vorhaben- und Erschließungsplan

Der in **§ 12 BauGB** (§ 7 Abs. 1 Satz 1 Nr. 2 BauGB-MaßnG) zugelassene Durchführungs- 148 vertrag zum Vorhaben- und Entschließungsplan in Verbindung mit einer Satzung für einen sog. vorhabenbezogenen Baubauungsplan ist eine **Kombination von Vertrag und Satzung.** Der zuvor abzuschließende Vertrag enthält regelmäßig verschiedene Vertragsarten, nämlich Elemente des Vertrags zur Sicherung städtebaulicher Planung, des Erschließungs- und des Folgekostenvertrags, dessen Wirksamkeit aufschiebend bedingt ist bis zum Zustandekommen einer Satzung. Mit der Zulassung dieses neuen ör Vertrags soll der beschleunigten Investition der privaten

---

[406] *BVerwG* DÖV 1991, 462 (464) *VGH Mannheim* NVwZ-RR 2007, 809.
[407] *BVerwG* NJW 1990, 1679 *VGH Mannheim* NVwZ-RR 2007, 809.
[408] *BVerwG* DÖV 1982, 641.
[409] *BVerwGE* 87, 77 = NVwZ 1991, 1096, zugleich zum Ausmaß der Anpassung von Differenzbeträgen; hierzu auch *OVG Münster* NVwZ 1991, 1106.
[410] Vgl. zuletzt etwa *BVerwGE* 124, 385; *VGH München* NVwZ-RR 2006, 90 – zugleich zur Trennung zwischen grösseren und kleineren Vorhaben und Kausalitätsfragen –; Birk, Städtebauliche Verträge, 4. Aufl. 2002, Rn. 96 ff.
[411] *Battis/Krautzberger/Löhr*, § 11 Rn. 16 ff.
[412] Vgl. *BVerwGE* 42, 331; enger 90, 310; *Runkel* GuG 1994, 142.

Wirtschaft in den neuen und alten Ländern gedient werden. Er ist auch rechtssystematisch von besonderer Bedeutung, weil er ör und zivilrechtliche Elemente miteinander verknüpft und in eine gegenseitige Abhängigkeit bringt.[413]

149 Voraussetzung für die Wirksamkeit des Durchführungsvertrags ist eine **zeitlich, räumlich und inhaltlich hinreichend bestimmte Verpflichtung** des Vorhabenträgers auf Grund eines von ihm vorgelegten und mit der Gemeinde abgestimmten Plans zur Durchführung genau bezeichneter Vorhaben und Erschließungsanlagen, in dem er sich zugleich zur Durchführung eines Vorhabens innerhalb einer bestimmten Frist und zur Tragung von Planungs- und Erschließungskosten verpflichtet. Der Vorhaben- und Erschließungsplan, der B-Plan und der Durchführungsvertrag müssen **aufeinander abgestimmt** sein und dürfen sich nicht widersprechen.[414] Der Vorhaben- und Entschließungsplan wird Bestandteil der Satzung (§ 12 Abs. 3 Satz 1 BauGB).[415] Auf ihren Erlass besteht kein Anspruch (§ 1 Abs. 3 BauGB). Der Satzungsbeschluss ist nichtig, wenn nicht zuvor der Durchführungsvertrag abgeschlossen worden ist.[416] Enthält dieser Vertrag keine hinreichenden zeitlich und inhaltlich bestimmten Verpflichtungen, so ist auch der Vorhaben- und Erschließungsplan bzw. die Satzung nichtig.[417] Vorhaben, die von einem vorhabenbezogenen B-Plan, nicht aber von einem Durchführungsvertrag erfasst werden, sind unzulässig. Sie können aber nach **§ 12 a Abs. 3 2 BauGB 2007** durch eine **Änderung des Durchführungsvertrags** zulässig werden, ohne dass es hierfür einer Änderung des vorhabenbezogenen B-Plans bedarf; ist der Durchführungsvertrag bereits erfüllt, kann ein neuer Durchführungsvertrag geschlossen werden.[418]

9. Stellplatzersatzverträge

150 Im Bauordnungsrecht der Länder ist durchweg eine Stellplatzpflicht im Falle der Errichtung neuer (Wohn-)Gebäude vorgesehen. Die Ablösung einer solchen dem Bauherrn grundsätzlich obliegenden ör Verpflichtung zur Schaffung von Stellplätzen oder Garagen durch eine Geldleistung wird inzwischen für grundsätzlich zulässig erachtet. Sie kann auch bei Fehlen ausdrücklicher Regelungen Gegenstand eines **ör Vertrags** sein.[419] Etwas anderes gilt allerdings dann, wenn sich durch Interpretation des Landesrechts ergibt, dass eine gesetzliche Regelung ein Geldsurrogat nicht vorsieht. Der Geldbetrag als Surrogat für einen nicht geschaffenen Stellplatz ist **keine unzulässige Sonderabgabe** und auch sonst verfassungsrechtlich unbedenklich.[420]

151 Besonderer Prüfung bedarf die Prüfung eines Verstoßes gegen das **Koppelungsverbot** i. S. von § 56 (Näheres dort). Ein Verstoß gegen das Koppelungsverbot liegt nach BVerwG DÖV 1979, 756 auch dann nicht vor, wenn die Stellplätze nicht in unmittelbarer Nähe des genehmigten Baus errichtet werden.[421] Unzulässige Verknüpfung hingegen bei einer Baugebietsausweisung gegen Pflicht zur Sanierung und Teilenteignung eines Schlosses.[422] Ein solcher Vertrag unterliegt nur den sich aus dem Wortlaut des Baurechts unmittelbar ergebenden Beschränkungen; er setzt nicht voraus, dass im Zeitpunkt des Vertragsschlusses die voraussichtlichen Herstel-

---

[413] Vgl. *Degenhart* SächsVerwBl 1995, 1; *Maslaton*, Privatisierungstendenzen im Baurecht unter besonderer Berücksichtigung des Vorhaben- und Erschließungsplans, in: *Hoffmann-Riem/Schneider* (Hrsg.), Verfahrensprivatisierung im Umweltrecht, Heft 17 Forum Umweltrecht der Universität Hamburg, 1996, 115; *Runkel* GuG 1994, 137; hierzu die Begründung des RegE-BT/Drs. 13/6392, S. 51 mit der dort betonten Wahrung der gesetzgeberischen Kontinuität des § 12 BauGB n. F. gegenüber § 7 BauGB-MaßnG a. F.; zu § 12 BauGB vgl. *Erbguth* VerwArch 1998, 189; *Turiaux* NJW 1999, 391; *Wirth* BauR 1999, 130; *Spannovsky* DVBl 2000, 569. Zum Abwägungsgebot vgl. *BVerwG* NVwZ 1999, 987. Zur Rechtsnatur der Entscheidung der Gemeinde über den Antrag eines Vorhabenträgers auf Einleitung eines B-Plan-Verfahrens vgl. *VGH Mannheim* NVwZ 2000, 1060 (kein VA).
[414] Vgl. *BVerwG* DVBl 2004, 247 (249).
[415] Zum Abwägungsgebot vgl. *BVerwG* NVwZ 1999, 987.
[416] Vgl. *OVG Bautzen* DVBl 1995, 113; *Battis/Krautzberger/Löhr*, § 12 Rn. 16.
[417] Zum Verhältnis von Vertrag und Satzung und näheren Einzelheiten vgl. *VGH Mannheim* DVBl 1997, 841; *Jäde*, Vorhaben- und Erschließungsplan, 1993, 59 ff.; *Hamberger*, Vorhaben- und Erschließungsplan, 1995; *Birk*, Die neuen städtebaulichen Verträge, 4. Aufl., 2002, Rn. 38 ff.
[418] *Battis/Krautzberger/Löhr* NVwZ 2007, 121 (125).
[419] Zuletzt etwa *BVerwGE* 122, 1 und *OVG Hamburg* NVwZ-RR 2004, 402 (zur BauO HH); *BayVerfGH* NVwZ 1992, 160 und *VGH München* NVwZ-RR 2002, 718 (für Bayern); *OVG Koblenz* NVwZ-RR 2004, 243 (für RhPf).
[420] Vgl. *BVerwGE* 122, 1 (zur BauO HH)
[421] Vgl. auch *BVerwG* NVwZ 1987, 410.
[422] Vgl. *VGH München* NVwZ-RR 2005, 781.

lungskosten verlässlich geschätzt werden können und die den v. H.-Satz festlegende Satzung der Gemeinde erlassen ist.[423] Die **nicht zweckentsprechende Verwendung** kann nach BGH unter dem Gesichtspunkt der Amtspflichtverletzung Erstattungsansprüche auslösen.[424] Die der Gemeinde auf Grund des Ablösungsvertrages zustehenden Zahlungsansprüche können ohne Unterwerfungsklausel i. S. des § 61 nicht im Wege des Erlasses eines Leistungsbescheides durchgesetzt werden.[425] Eine gewisse **Verzögerung** der Herstellung der Parkeinrichtung, für die der vertragliche Ablösungsbetrag bestimmt ist, begründet für den Zahlungsverpflichteten kein Leistungsverweigerungsrecht.

10. Umweltrechtliche Verträge i. w. S.

152 Ein relativ neuer Anwendungsbereich des ör Vertrags (neben informellen Absprachen) hat sich in letzter Zeit im – anfänglich aus dem Polizeirecht entwickelten – Umweltrecht entwickelt.[426] Hier zeigt sich in verwaltungsverfahrensrechtlicher Hinsicht das bunteste, aber für die Handlungsformenlehre zugleich auch ein uneinheitliches Bild: Im Umweltrecht treten – nur ansatzweise in speziellen normativen Regelungen ausdrücklich vorgesehen, vielfach aber in der Verwaltungspraxis gehandhabt – neben das „klassische" einseitige Handlungsinstrumentarium des Ordnungsrechts mit gebietenden, verbietenden oder rechtsgestaltenden VAen zunehmend Verhaltensweisen, mit denen nicht mehr primär auf Befehl und Zwang, sondern tendenziell auf **Kooperation, Partizipation und Akzeptanz** der Beteiligten gesetzt wird: Der Staat befiehlt möglichst nicht mehr, sondern warnt, empfiehlt, berät, verhandelt, bietet Anreize zu selbstverantwortlichem Tun oder stellt unmittelbare oder mittelbare Nachteile bei Unterlassen in Aussicht. Insofern ist es konsequent, wenn in § 7 UGB-KommE das **„Kooperationsprinzip"** als das das Umweltrecht prägendes Prinzip genannt wird.

153 Die Diskussion um den konkreten Inhalt eines solchen „Prinzips" wurde intensiviert durch die beiden Entscheidungen des **BVerfG** vom 7. 5. 1998[427] zu landesrechtlichen Umweltlenkungsabgaben, in denen ein solches Prinzip genannt wird, dessen Rechtsnatur bisher aber ebenso offen ist wie seine Einordnung in die Normenhierarchie und verwaltungs(verfahrens)rechtliche Handlungsformenlehre.[428] Aus dem derzeitigen Diskussionsstand lassen sich dazu nach wie vor keine zuverlässigen Aussagen treffen.[429] Daher ist es umso wichtiger, im konkreten Fall jeweils die **verschiedenartigen Kooperationsformen und -inhalte** genau zu prüfen, ob ein verfahrens- oder/und materiellrechtliches Rechtsverhältnis durch (zivilen oder ör) Vertrag begründet, geändert oder aufgehoben worden ist,

154 Keinen Vertragscharakter haben **freiwillige Selbstverpflichtungen,** die unmittelbare Verbindlichkeit nur haben, wenn sie als VA, Zusicherung oder ör Vertrag ausgestaltet sind.[430] Entsprechendes gilt für **„Abstimmungen"** zwischen ör Entsorgungsträgern und privaten sog. dualen Systemen nach § 6 Abs. 3 VerpackV und § 4 Abs. 2 BattV.[431]

155 Neben förmlichen einseitigen Zusicherungen und VAen und zweiseitigen ör Verträgen i. S. von §§ 54 ff. gibt es zahlreiche **„informelle" Absprachen,** Agreements und tatsächliche Verständigungen unterhalb der förmlichen Vertragsebene, deren Rechtswirkungen ebenfalls (auch

---

[423] Vgl. hierzu *VGH Mannheim,* a. a. O. Zur (verneinten) Rechtsnachfolge in Stellplatzausgleichsverpflichtungen vgl. *OVG Hamburg* DVBl 1991, 220 m. w. N. auch zu gegenteiligen Auffassungen. Zu Treu und Glauben vgl. *BVerwG* NJW 1998, 3135.

[424] *BGH* NJW 1979, 642; WM 1981, 179 und 1983, 713; BayVBl 1984, 91; abl. *Ziegler* DÖV 1984, 831.

[425] *OVG Münster* DVBl 1977, 903; § 61 Rn. 8 ff.

[426] Vgl. hierzu *Rengeling,* Das Kooperationsprinzip im Umweltrecht, 1988; *Arnold* VerwArch 1989, 125; *Bulling* DÖV 1989, 277; *Kloepfer,* Zur Rechtsumbildung durch Umweltschutz, 1990, 1; *ders.,* Zu den neuen umweltrechtlichen Handlungsformen des Staates, JZ 1991, 737; *Tomerius,* Informelle Projektabsprachen im Umweltrecht, 1995; *Di Fabio,* Das Kooperationsprinzip – ein allgemeiner Rechtsgrundsatz des Umweltrechts, NVwZ 1999, 1153, jeweils m. w. N.

[427] Vgl. *BVerfGE* 98, 83 ff. und 98, 106 ff.

[428] Zutreffend *Huber,* Das Kooperationsprinzip im Umweltrecht, 1999, S. 13.

[429] Vgl. hierzu zuletzt etwa *Di Fabio,* Das Kooperationsprinzip – ein allgemeiner Rechtsgrundsatz des Umweltrechts, NVwZ 1999, 1153; *Huber* (Hrsg.), Das Kooperationsprinzip im Umweltrecht, 1999 (mit Beiträgen von *Depenheuer, Di Fabio, Rengeling, Fluck* und *Sanden*); *Westphal,* Das Kooperationsprinzip als Rechtsprinzip, DÖV 2000, 996; generell hierzu *Ortloff* NVwZ 2007, 33.

[430] Hierzu § 38 Rn. 18 f; *Fluck* VerwArch 1998, 220; *ders.* in: *Huber,* a. a. O., S. 85 ff.

[431] Hierzu *Baars* NVwZ 2000, 42.

außerhalb des Umweltrechts) nicht geklärt sind (hierzu Rn. 40 f).[432] Bei solchen faktischen oder förmlichen Kooperationen sind vielfach noch **Konfliktmittler (Mediatoren)** beteiligt, die auf einvernehmliche Lösungen zwischen den unmittelbar berechtigten und verpflichteten Beteiligten hinwirken sollen (hierzu noch Rn. 42).[433]

156 Wenn und soweit ör förmliche Verträge im Umweltrecht geschlossen werden, gelten für sie die allgemeinen Vorschriften der §§ 54 ff., soweit nicht inhaltsgleiche oder entgegenstehende Rechtsvorschriften vorhanden sind. Ein weiteres Problem tritt durch die zunehmende Verzahnung zwischen öffentlichem und zivilem Recht hinzu (zum Verwaltungsprivatrecht und zur Verfahrensprivatisierung vgl. § 1 Rn. 96 ff.). Eine Gemeinde darf nach der Rechtsprechung des BVerwG **vorbeugenden Immissionsschutz** außer durch Bauleitplanung auch mit den Mitteln kommunaler Wirtschaftsförderung betreiben, sofern sie die Grenzen des § 56 beachtet.[434] Sie darf die Erfüllung eines rechtmäßigen öffentlichen Interesses **auch mit Mitteln des Privatrechts** wahrnehmen, wenn ihr diese dafür am besten geeignet erscheinen und keine ör Normen oder Rechtsgrundsätze entgegenstehen.[435] Daher sind nicht nur ör Verträge zulässig, sondern auch solche auf dem Gebiet des zivilen Rechts (zur Abgrenzung vgl. Rn. 68 ff.).

157 Zu den umweltrechtlichen Verträgen gehören auch die **ör Altlasten-Sanierungsverträge** nach dem Bundes-Bodenschutzgesetz. Zwar werden die zur Sanierung verpflichteten Eigentümer, Verursacher und Gesamtrechtsnachfolger regelmäßig durch einseitige VA zur Erfüllung ihrer Pflichten aufgefordert werden. Nach § 13 Abs. 4 BBodSchG kann mit dem Sanierungsplan zugleich der Entwurf eines Sanierungsvertrags über die Ausführung des Plans vorgelegt werden, der auch die Einbeziehung Dritter vorsehen kann. Das kann auf einen dreiseitigen Vertrag hindeuten, bei dem den Anforderungen des § 58 VwVfG Rechnung getragen werden muss; ggfls. können auch Vergleichsverträge (§ 55) geschlossen werden, da auch im Bereich der Gefahrenabwehr und Eingriffsverwaltung solche Verträge nicht ausgeschlossen sind.[436]

11. Naturschutzrechtliche Verträge

158 In der Rechtsprechung wurde zu §§ 8, 8a BNatSchG a. F. entschieden, dass erforderliche Ausgleichs- und Ersatzmaßnahmen bei planbedingten Eingriffen nicht notwendig nur durch einseitige Handlungsmittel der Behörden geboten sind; vielmehr durften zur Sicherung dieser Maßnahmen auch ör Verträge geschlossen werden.[437] In den Ländern war der sog. **Vertragsnaturschutz** teilweise in Landesnaturschutzgesetzen vorgesehen, teilweise nur durch Verwaltungsvorschriften o. ä. anerkannt.[438] Durch § 8 BNatSchG i. d. F. d. G vom 25. 3. 2002[439] ist er bundesrechtlich abgesichert.[440] Unberührt hiervon bleibt das behördliche Handlungsinstrumentarium gegenüber den Verantwortlichen für schädliche Bodenveränderungen oder Altlasten.[441]

12. Subventionsverträge

159 Für die Vergabe öffentlicher Mittel (Zuwendungen i. S. von §§ 23, 44 BHO) ist eine bestimmte Handlungsform nicht vorgeschrieben. Sie können – auch durch einen Beliehenen auf der Grundlage von § 44 III BHO – aufgrund der Handlungsformenfreiheit der Verwaltung

---

[432] Vgl. hierzu die Beispiele bei *Arnold* VerwArch 1989, 125; *Bulling* DÖV 1989, 277; *ders.* in *Hill* (Hrsg.), Verwaltungshandeln durch Verträge und Absprachen, 1990, 147.
[433] Vgl. *Hoffmann-Riem,* Konfliktmittler in Verwaltungsverhandlungen, 1989; *Holznagel,* Die Verwaltung 1989, 421; *ders.,* Konfliktlösung durch Verhandlungen, 1990; *Hoffmann-Riem,* Tendenzen in der Verwaltungsrechtsentwicklung, DÖV 1997, 433; *Ortloff,* Europäische Streitkultur und Mediation im deutschen Verwaltungsrecht, NVwZ 2007, 33, jeweils m. w. N.
[434] *BVerwGE* 84, 236 = JZ 1990, 591 mit Anm. *Ehlers.*
[435] *BVerwGE* 84, 236; 92, 56; *VGH Mannheim* NVwZ 2000, 1304 (1305).
[436] Vgl. *Schapmann,* Der Sanierungsvertrag, 1998; *Vierhaus* NJW 1998, 1262; *Sahm* UPR 1999, 374; *Sanden,* in: *Huber* (Hrsg.), Das Kooperationsprinzip im Bodenschutzrecht, a. a. O., S. 115 ff.; *Frenz/Heßler* NVwZ 2001, 13.
[437] Hierzu und den Vor- und Nachteilen vgl. *BVerwGE* 104, 353 = NVwZ 1997, 1216; *BVerwG* NVwZ-RR 1999, 426; *Fritz* UPR 1997, 49.
[438] Vgl. *Rehbinder* DVBl 2000, 859 m. w. N.
[439] BGBl I S. 1193; hierzu *Gellermann* NVwZ 2002, 1025.
[440] Vgl. *BVerwG* NVwZ 2007, 1187 betr. Bewirtschaftungsvereinbarungen.
[441] Hierzu *BVerwGE* 126, 1. Zu den geänderten Kompetenzregelungen für Naturschutz und Landschaftspflege nach Art. 74 I Nr. 29 GG n. F. vgl. *Schulze-Fielitz* NVwZ 2007, 249 (256).

durch begünstigenden Verwaltungsakt, aber auch durch Vertrag vergeben werden (Nr. 4.1–4.3 VV BHO zu § 44 BHO). Da öffentliche Aufgaben im Bereich der Leistungsverwaltung bei Fehlen entgegenstehender Rechtsvorschriften oder allgemeiner Rechtsgrundsätze nicht nur mit öffentlichen Handlungsformen, sondern auch in privatrechtlicher Form wahrgenommen werden dürfen,[442] kommt für die Vergabe öffentlicher Gelder (auch) der zivil- oder öffentlich-rechtliche Vertrag in Betracht. In der Verwaltungspraxis hat sich die Mittelvergabe durch einheitliche ör Subventionsverträge, die dann auch noch in ör Formen und Mitteln abgewickelt werden, bisher nicht durchgesetzt. In der Regel wird auf der Grundlage der sog. **Zwei-Stufen-Lehre**[443] ein Bewilligungsbescheid mit einem anschließenden Vertrag verknüpft. Das Bewilligungsverfahren richtet sich im **Bund** nach den für die Stellen des Bundes verbindlichen Allgemeinen Verwaltungsvorschriften zu §§ 23, 44 BHO.[444] In den **Ländern** gibt es teilweise hiervon abweichende Regelungen, die der Tätigkeit beliehener Subventionsmittler und dem (auch zivilrechtlichen) Vertrag bei der Vergabe öffentlicher Mittel größeres Gewicht gegenüber dem einseitigen Bewilligungsbescheid einräumen.[445] Hat sich ein Schuldner in der Form des § 794 I Nr. 5 ZPO der sofortigen Zwangsvollstreckung unterworfen, richtet sich die Vollstreckung aus dem Titel auch dann nach den Vorschriften der ZPO, wenn die Unterwerfung einen Anspruch betrifft, der ör Natur ist.[446]

Das nationale Subventionsrecht wird zunehmend durch das **Europäische Beihilfenrecht** überlagert, weil die zuständigen EG-Organe bei der Entscheidung über die Vergabe öffentlicher Mittel, auch wenn sie aus nationalen Haushalten bewilligt werden, im Interesse europäischer Wettbewerbsgleichheit mitzuentscheiden haben. Ihre Befugnisse und das Notifizierungsverfahren sind im Einzelnen in Art. 92, 93 EGV = Art. 88, 89 EUV geregelt.[447] Das Gemeinschaftsrecht enthält allerdings keine Regelung, in welcher Handlungsform (VA oder Vertrag) Beihilfen bzw. Subventionen vergeben werden, sofern nur den Geboten der Wahrung des Gemeinschaftsinteresses Rechnung getragen ist. Insofern kann durch nationales Verfahrensrecht auch die Vertragsform gewählt werden. Bei einseitiger Mittelvergabe durch VA wird das nationale Verfahrensrecht zu §§ 48, 49 nach der Rechtsprechung des **EuGH** (vgl. insbesondere das Alcan-Urteil vom 24. 3. 1997)[448] durch gemeinschaftsrechtliche Rechtsgrundsätze, insbesondere beim Vertrauensschutz und zur zeitlichen Rückforderbarkeit, weitgehend überlagert.[449] Die nationale Rechtsprechung sieht in Ansehung der strengen Rechtsprechung des EuGH zu den Folgen einer unterbliebenen Anmeldung einer Beihilfe[450] in einem Verstoß gegen Art. 88 III 3 EG (früher Art. 93 III 3 EWG) einen Verstoß gegen **§ 134 BGB**.[451] Ein Rückforderungsanspruch wegen Zweckverfehlung analog § 49 Abs. 3 besteht auch dann, wenn nicht durch VA entschieden wurde, sondern durch zivilrechtlichen Vertrag.[452]

13. Ör Verträge in sonstigen Rechtsgebieten

Ör Verträge gibt es auch in sonstigen Rechtsgebieten. Das jeweils einschlägige Besondere Verwaltungsrecht enthält im Hinblick auf die lückenschließende Ergänzungswirkung der §§ 54 ff. tendenziell nur **punktuelle Regelungen** aus Anlass bestimmter Konstellationen. Die grundsätzliche Zulässigkeit ör Verträge ergibt sich dann aus dem Zusammenspiel des Fachrechts mit der vor die Klammer gezogenen Zulässigkeitsregelung des § 54 Satz 1 im Anwendungsbereich des VwVfG nach Maßgabe von §§ 1, 2 VwVfG, wonach ein ör Vertrag dann zulässig ist, wenn Rechtsvorschriften nicht entgegenstehen.

---

[442] *BVerwGE* 92, 56 (64).
[443] Vgl. etwa *BGH* NJW 2006, 536.
[444] Zuletzt geändert am 14. 3. 2006, GMBl 2006, 444; hierzu *Dommach* NVwZ 2007, 53.
[445] Vgl. etwa Nr. 4.3 der VV zur LHO NW vom 26. 4. 1999, geändert durch VV vom 25. 10. 2004 – I C 2–0073/2.
[446] *BGH* NJW-RR 2006, 645.
[447] Vgl. *v. Danwitz*, Grundfragen der Europäischen Beihilfenaufsicht, JZ 2000, 429; ferner § 35 Rn. 115 ff.
[448] Vgl. *EuGH* EuZW 1997, 276; vorgehend der Vorlagebeschluss des *BVerwG* NVwZ 1995, 703.
[449] Vgl. hierzu *BVerwG* NJW 1998, 3728; *BVerfG* NJW 2000, 2015.
[450] Vgl. zuletzt etwa *EuGH* vom 5. 10. 2006, NVwZ 2007, 64.
[451] Vgl. *BGH* NVwZ 2004, 636; *BGH* EuZW 2003, 444 und 2004, 254.
[452] Vgl. *BGH* NVwZ 2007, 246; ferner § 35 Rn. 115 ff.

162 Verwaltungsvertragliches Verwaltungshandeln von Behörden gibt es etwa im **Flurbereinigungsrecht** bei Planvereinbarungen,[453] im **Forstrecht**,[454] im **Fischereirecht**,[455] im **Ausländerrecht**,[456] im **Straßenrecht**,[457] im **Telekommunikationsrecht**,[458] im **Denkmalschutzrecht**,[459] im **Wasserrecht** sowie in anderen Rechtsgebieten. Insofern ist der nach § 54 zugelassene ör Vertrag ein fachgebietsübergreifendes Handlungsinstrument, mit dem im gesetzlichen Rahmen in geeigneten Fällen durch vertraglichen Konsens Akzeptanz und Rechtsfrieden hergestellt werden kann.

VIII. Europarecht

163 Für Vertragshandeln von Behörden in Ausübung ör Verwaltungstätigkeit enthält das Gemeinschaftsrecht keine allgemeinen Regelungen. Aus dem Grundsatz der Gemeinschaftstreue (Art. 10 EGV) wird immerhin das **Kooperationsprinzip** aller Organe abgeleitet.[460] Art. 249 EG nennt den ör Vertrag als Handlungsform der Kommission nicht ausdrücklich. Allerdings steht es den Gemeinschaftsorganen im Falle einer Handlungskompetenz zur Vornahme nicht spezifizierter Handlungen frei, die Handlungsart gemäß dem Katalog des Art. 249 EG frei zu bezeichnen und „**unbenannte Rechtsakte**" zu erlassen, zu denen „vertragsabrundende" Mischfiguren gehören. Dabei ist nicht die Bezeichnung, sondern die materielle Natur des Rechtsaktes maßgebend.[461] Das deutet darauf hin, dass das Gemeinschaftsrecht ör Vertragshandeln zwischen Hoheitsträgern nicht entgegensteht. Dafür spricht auch das **Effektivitätsgebot** (effet-utile-Gedanke bzw. Implied-Power-Lehre),[462] wenn das Gemeinschaftsrecht nach Maßgabe des nationalen Verfahrensrecht durch Vertragshandeln besser angewendet und durchgesetzt werden kann.[463] Aus den **allgemeinen Prinzipien der Gemeinschaftstreue und Rechtsstaatlichkeit** – zu denen insbesondere die Bindung an das primäre und sekundäre Gemeinschaftsrecht, die Gesetzmäßigkeit der Verwaltung, der Gleichheitsgrundsatz, das Verhältnismäßigkeitsprinzip, das Fairness-Gebot und der Grundsatz der Waffengleichheit gehören – und dem vorgenannten Effektivitätsgebot wird geschlossen werden können, dass Vertragshandeln zwischen Staat und Gemeinschaftsbürgern Grundprinzipien des Gemeinschaftsrechts nicht widerspricht, soweit dadurch die Prinzipien der Gesetzmäßigkeit gewahrt werden und der Vertrag nicht als Mittel benutzt wird, geltendes Gemeinschaftsrecht zu umgehen. Gemeinschaftsrecht gebietet die Zulässigkeit solcher Verträge im Staat-Bürger-Verhältnis zwar nicht, steht ihnen aber auch nicht entgegen. Ör Verträge müssen sich, ebenso wie zivilrechtliche Verträge, im Rahmen des Gemeinschaftsrecht halten und sind bei einem Verstoss gegen zwingende gemeinschaftsrechtliche Normen nach § 59 Abs. 1 i. V. m. **§ 134 BGB** nichtig.[464] Grundsätzlich zulässig sind ebenfalls **Vergleichsverträge** bei Ungewissheiten über Sach- und Rechtslagen können bei gegenseitigen Nachgaben grundsätzlich als allgemeiner Rechtsgrundsatz des (effektiven) Gemeinschaftsrechts betrachtet werden.

---

[453] Vgl. *BVerwGE* 106, 345 = NVwZ 1998, 1178; *VGH Kassel* UPR 2001, 236.
[454] Vgl. *VGH Kassel* NuR 1995, 292.
[455] Vgl. *BVerwG* NVwZ-RR 1998, 225.
[456] Vgl. *OLG Düsseldorf* NVwZ 1993, 405; *VG Kassel* NVwZ-RR 1996, 58; *VG Sigmaringen* InfAusR 1995, 211 zu Bürgschafts- und Verpflichtungserklärungen.
[457] *BGH* NVwZ 2001, 1323 zu Gestattungsverträgen zwischen Straßenbaulastträger und Versorgungsunternehmen; *VGH Mannheim* NVwZ 1993, 903; *OVG Lüneburg* NdsVBl 1994, 38 zu Sondernutzungsverträgen.
[458] Vgl. *VG Köln* CR 2000, 747.
[459] Vgl. *OVG Koblenz* NVwZ-RR 2003, 825 zu sog. Investorenverträgen.
[460] Vgl. *Callies/Ruffert*, EUV/EGV, 3. Aufl. 2007, Art. 10 Rn. 12; *Sydow*,Verwaltungskooperation in der EU, 2004, 33 ff. Zu PPP-Projekten vgl. das Grünbuch der EU-Kommission vom 30. 4. 2004 – KOM 204, 327; hierzu *Tettinger* LKV 2005, 1 ff. = DÖV 2006, 764.
[461] Vgl. *Geiger*, EUV/EGV, Kommentar, 4. Aufl., 2004, Art. 249 Rn. 24 ff.; *Oppermann*, Europarecht, 3. Aufl., 2005, Rn. 577 ff.
[462] Hierzu *Oppermann*, a. a. O., Rn. 527 ff.
[463] Vgl. etwa das Alcan-Urteil des *EuGH* vom 20. 3. 1997, EuZW 1997, 276.
[464] Hierzu etwa *BGH* VIZ 2003, 340 (341); NVwZ 2004, 636 und 2007, 973 (974); ferner § 59 Rn. 49, 67 m. w. N.

IX. Rechtswegfragen

Streitigkeiten, die aus der Verletzung von Pflichten aus einem ör Vertrag herrühren, werden **164** gemäß § 40 Abs. 2 VwGO von den **Verwaltungsgerichten** entschieden; dazu gehören Erfüllungs-, Anpassungs-, Ausgleichs- und Schadensersatzansprüche einschließlich solcher zur Vollstreckung ör Vertragspflichten.[465] Streitig ist, ob in den Verwaltungsrechtsweg auch Ansprüche aus der Anbahnung von Vertragsverhandlungen **(culpa in contrahendo)** sowie Ansprüche aus ör Vertrag gehören, die im Sachzusammenhang mit einer **Amtspflichtverletzung** erhoben werden.[466] Da eine Schadensersatzklage aus § 839 BGB i. V. m. Art. 34 GG unmittelbar an die Zivilgerichte herangetragen werden kann, haben die Zivilgerichte eine Vorfragenkompetenz aus Sachzusammenhang auch hinsichtlich eines rechts- bzw. pflichtwidrigen und schadensersatzbegründenden Verhaltens von Behörden vor, bei und nach Abschluss bzw. Durchführung von ör Verträgen, so dass wegen dieses **Sachzusammenhangs** die Zuständigkeit der Zivilgerichte auch für das Vorbringen zur cic besteht, um Prozesse mit dem im wesentlichen gleichen Streitgegenstand in zwei Gerichtszweigen zu vermeiden.[467] Ohne einen solchen Zusammenhang ist die Zuständigkeit der Verwaltungsgerichte auch für cic gegeben.[468]

Zulässig sind nach § 62 Satz 2 i. V. m. §§ 317 ff. BGB vertraglich vereinbarte **Schieds(gut-** **165** **achter)vereinbarungen,** wonach bei Streitigkeiten aus dem ör Vertrag vor Beschreiten des Verwaltungsrechtswegs bestimmte tatbestandliche Feststellungen und Entscheidungen Schiedsgutachter als Dritten übertragen werden, die für die Vertragsbeteiligten mehr oder weniger verbindlich sein sollen.[469] Verweigern oder verzögern Schiedsgutachter ihre Vertragspflicht zur Tätigkeit ungebührlich, so ist der Rechtsweg unabhängig von Verschulden zu den Gerichten eröffnet.[470] Die Übertragung einer abschließenden Prüfungskompetenz unter Ausschluss des Verwaltungsrechtswegs ist allenfalls auf echte Schiedsgerichte (§ 173 VwGO i. V. m. §§ 1025 ff. ZPO) zulässig, die die Anforderungen an ein Gericht erfüllen; eine solche Vereinbarung begründet ein Prozesshindernis.[471] Im Übrigen kann die Zuständigkeit der Verwaltungsgerichte zur Streitentscheidung aus ör Verträgen aus § 40 Abs. 1 VwGO i. V. m. Art. 19 Abs. 4 GG nicht vertraglich wegbedungen werden.[472]

Welche **Klageart** in Betracht kommt, hängt vom Klageziel im konkreten Einzelfall ab. Im **166** Allgemeinen wird eine Leistungs- oder Feststellungsklage zu erheben sein, für die nach VwGO ein Vorverfahren nicht vorgeschrieben ist. Soweit aus einem ör Vertrag auf Erlass eines VA geklagt wird, gelten §§ 68 ff. VwGO, auch wenn es sich um einen Anspruch aus Vertrag handelt, weil die Rechtsnatur als VA davon unberührt bleibt. Zur **Vollstreckung** aus einem ör Vertrag vgl. § 61, Näheres dort.

X. Landesrecht

Die VwVfGe der Länder stimmen – mit einer minimalen Abweichung von § 121 LVwG SH **167** (hierzu vor Rn. 1) – mit § 54 wörtlich überein. Insofern ergeben sich zwischen Bundes- und Landesrecht keine Diskrepanzen, so dass auch die Revisibilität der wortgleichen Vorschriften des Landesrechts gemäß § 137 Abs. 1 Nr. 2 VwGO sichergestellt ist. Im Bereich des Kommuanlab-

---

[465] Vgl. auch *BGHZ* 87, 16 = NJW 1983, 2111; *Kopp/Schenke,* VwGO, § 40 Rn. 71.
[466] Für Verwaltungsrechtsweg: *BVerwG* NJW 1973, 2172; *Redeker/von Oertzen,* § 40 Rn. 15a; *Kopp/Schenke,* § 40 Rn. 71; *Ehlers* in Schoch u. a., § 40 Rn. 539; für Zivilrechtsweg bei cic in Verbindung mit einer Amtshaftungsklage: *BGH* NJW 1978, 1802; NVwZ 1986, 1109; ebenso nunmehr *BVerwG* NJW 2002, 2894. Für Zivilrechtsweg bei cic im Zusammenhang mit einem vorhabenbezogenen B-Plan nach § 121 BauGB vgl. *BGH* BayVbl 2007, 155.
[467] Vgl. etwa *BGHZ* 43, 34; 90, 17; 113, 17; *BVerwGE* 37, 231 und *BVerwG* NJW 2002, 2894.
[468] Vgl. *OVG Koblenz* NVwZ-RR 2004, 241 und NJW 2002, 3724.
[469] Vgl. *BVerwGE* 84, 257 (266).
[470] Vgl. *BVerwGE* 84, 257 (267); *BGHZ* 54, 47 (52).
[471] Vgl. *BVerwG* NVwZ 1993, 534: prozesshindernde Einrede, a. A. *Redeker/von Oertzen,* § 40 Rn. 79: von Amts wegen zu berücksichtigen.
[472] Vgl. *Eyermann/Rennert,* § 40 Rn. 3, 161, 162; *Kopp/Schenke,* § 40 Rn. 2, 56, zugleich zu den Grenzen eines Verzichts auf die Rechte aus Art. 19 Abs. 4 GG.

§ 55

gabenrechts ergeben sich wegen der teilweise unterschiedlichen Fassungen des § 2 Abs. 2 Nr. 1 VwVfG Unterschiede bei der Frage, ob das VwVfG oder die AO anwendbar ist (hierzu Näheres bei § 2 Rn. 53 ff.).

XI. Vorverfahren

168 Normalerweise werden Streitigkeiten aus ör Verträgen gemäß § 40 Abs. 2 Satz 1 VwGO primär durch Leistungs- und Feststellungsklagen im Verwaltungsrechtsweg entschieden werden, so dass Widerspruchsverfahren in der Regel nicht stattfinden (Rn. 164). Soweit ein solches Verfahren ausnahmsweise in Betracht kommt, etwa bei einem aufgrund ör Vertrags erlassenen VA, gilt § 54 über § 79 entsprechend. Ör Verträge sind daher nach Maßgabe und in den Grenzen der §§ 54 ff. auch in einem Widerspruchsverfahren grundsätzlich zulässig. Allerdings wird im Einzelfall zu prüfen sein, ob die Widerspruchsbehörde andere Behörden oder Dritte nach § 58 beteiligen muss und ob sie auch die örtliche, sachliche und instanzielle Zuständigkeit für den Abschluss ör Verträge einschließlich von Vergleichsverträgen besitzt.

§ 55 Vergleichsvertrag

Ein öffentlich-rechtlicher Vertrag im Sinne des § 54 Satz 2, durch den eine bei verständiger Würdigung des Sachverhalts oder der Rechtslage bestehende Ungewißheit durch gegenseitiges Nachgeben beseitigt wird (Vergleich), kann geschlossen werden, wenn die Behörde den Abschluß des Vergleichs zur Beseitigung der Ungewißheit nach pflichtgemäßem Ermessen für zweckmäßig hält.

Vergleichbare Vorschriften: § 54 SGB X; § 779 BGB; § 106 VwGO, § 101 SGG.

Abweichendes Landesrecht: –

Entstehungsgeschichte: Bis zum Inkrafttreten des VwVfG vgl. 6. Aufl., vor Rn. 1; seitdem unverändert.

Literatur: *Meyer-Hesemann*, Die Zulässigkeit gesetzesinkongruenter verwaltungsrechtlicher Vergleichsverträge und Prozeßvergleiche DVBl 1980, 869; *Kroker*, Der Verwaltungsvergleich als Instrument der Effizienzsteigerung der öffentlichen Verwaltung, 1981; *Degenhart*, Der ör Abfindungsvergleich, NVwZ 1982, 71; *Martens*, Vergleichsvertrag im Steuerrecht?, StuW 1986, 97; *Knepper*, Der Vergleich im Steuerrecht, BB 1986, 168; *Michel*, Der Prozeßvergleich in der Praxis, JuS 1986, 41; *Franke*, Der gerichtliche Vergleich im Verwaltungsprozeß – Auch ein Beitrag zum verwaltungsrechtlichen Vertrag, 1996; *Erfmeyer*, Die Beseitigung einer Ungewißheit über den Sachverhalt durch Abschluss eines Vergleichsvertrags, DVBl 1998, 753; *Eisenlohr*, Der Prozeßvergleich in der Praxis der Verwaltungsgerichtsbarkeit, 1999. Weiteres Schrifttum **vor 1996** vgl. § 55 der 6. Auflage. Ferner die Literaturnachweise zu §§ 54, 56 ff. sowie die Kommentare zu § 54 SGB X, § 106 VwGO, § 101 SGG.

Übersicht

	Rn.
I. Allgemeines	1
1. Vergleichsvertrag im Verwaltungsverfahren	1
2. Vergleichsvertrag als rechtsstaatliches und effektives Verfahrensinstrument	2
3. Gerichtlicher Vergleich	7
II. Anwendungsbereich	12
III. Vergleich als ör Vertrag	18
IV. Voraussetzungen für den Vergleichsvertrag	28
1. Ungewissheit über Sachverhalt oder Rechtslage	29
2. Beseitigung der Ungewissheit durch gegenseitiges Nachgeben	40
3. Ermessen beim Abschluss eines Vergleichsvertrags	46
4. Einzelfälle	51
V. Fehlerhafter Vergleichsvertrag	52
1. Anwendbarkeit des § 779 BGB	53
2. Nichtigkeit nach § 59 Abs. 1, Abs. 2 Nr. 3	56
3. Anfechtung wegen Willensmängeln	59
4. Anpassung wegen veränderter Umstände	60
5. Treu und Glauben	61

	Rn.
VI. Europarecht	62
VII. Landesrecht	63
VIII. Vorverfahren	64

I. Allgemeines

1. Vergleichsvertrag im Verwaltungsverfahren

Der Vergleichsvertrag ist die erste allgemeine und benannte Vertragsart des VwVG. Die Zulassung bereits im VwVf – schon vor einem Prozess – beruht auf der Erwägung, dass auch bei der ör Verwaltungstätigkeit der Behörden (§ 1 Rn. 63 ff.) manchmal eine Ungewissheit über den Sachverhalt oder die Rechtslage nur mit einem **unangemessenen Aufwand** an Mitteln und Zeit geklärt werden könnte, der außer Verhältnis stehen würde zu den Fragen, über die zwischen den Beteiligten Meinungsverschiedenheiten bestehen. Es wurde deshalb für sinnvoll und rechtens erachtet, dass sie sich unter Umständen **nicht erst in und nach einem Prozess,** sondern **bereits im Behördenverfahren** im Wege gegenseitigen Nachgebens durch einen förmlichen schriftlichen, ggfls auch sofort vollstreckbaren Vertrag (§§ 54, 61) einigen, ohne es auf einen möglicherweise kostspieligen Prozess mit ungewissem Ausgang ankommen zu lassen.[1] Vergleichsverträge bereits im Behördenverfahren waren daher **schon vor Inkrafttreten des VwVfG** grundsätzlich zulässig.[2] Insofern bedeutet § 55 im Grundsatz die Bestätigung der bisherigen Rechtslage. Der im Behördenverfahren geschlossene Vergleichsvertrag ist **Vollstreckungstitel,** wenn die Voraussetzungen des § 61 erfüllt sind (Näheres dort). Zum gerichtlichen Vergleichsvertrag vgl. Rn. 7 ff.

2. Vergleichsvertrag als rechtsstaatliches und effektives Verfahrensinstrument

Der Vergleichsvertrag bereits im Verwaltungsverfahren ist ein sachgerechtes, zugleich praktisch wichtiges Verfahrensinstrument: Er dient der **Verfahrensökonomie** bei der Erledigung von VwVf,[3] dem **Verhältnismäßigkeitsprinzip,** zugleich aber auch dem **Beschleunigungsgebot** zur möglichst raschen Durchführung von Verwaltungsverfahren (§§ 10, 71a). § 55 ist damit Bestandteil und Ausdruck des rechtsstaatlichen, zugleich effektiven Verwaltungsverfahrens (hierzu § 1 Rn. 23 ff.; § 9 Rn. 32 ff.; § 10 Rn. 1 ff.). Er lehnt sich eng an **§ 106 VwGO** und **§ 779 BGB** an, unterscheidet sich von ihnen aber in einigen Punkten, so dass eine pauschale Übertragung der dort entwickelten Grundsätze nicht ohne weiteres in Betracht kommt.

Im Verwaltungsrecht setzen insbesondere das **Prinzip der Gesetzmäßigkeit der Verwaltung** mit seinen Ausformungen vom Vorrang und Vorbehalt des Gesetzes, das Gleichbehandlungsgebot und das Verhältnismäßigkeitsprinzip (vgl. § 54 Rn. 1 ff., 90 ff.) der freien Disposition über ein Rechtsverhältnis – wie auch § 106 UwGO zeigt – Grenzen. Sie werden durch die relativ strikten Voraussetzungen für die Rechtmäßigkeit und Wirksamkeit eines Vergleichsvertrags nach § 55 hinreichend konkretisiert. § 55 ist daher bei Beachtung der nach § 62 Satz 1 auch für ihn geltenden sonstigen zwingenden Vorschriften des VwVfG, insbesondere zur grundsätzlich vollständigen Aufklärung des Sachverhalts nach §§ 24 ff., verfassungsrechtlich unbedenklich, wenn die besonderen Voraussetzungen dafür vorliegen.[4]

Die besondere Bedeutung des § 55 besteht darin, dass er eine konsensuale **Kompromisslösung** im Staat-Bürger-Verhältnis durch gegenseitiges Nachgeben bereits im Behördenverfahren (auch in einem Widerspruchsverfahren, vgl. § 79) zulässt, also ohne dass ein gerichtliches Verfahren vorangegangen ist und ein Gericht den Verfahrensgegenstand zuvor geprüft hat.

---

[1] Vgl. Begründung des Entwurfs 73, S. 80; Begründung des Musterentwurfs 63, S. 196, in der eine gewohnheitsrechtliche Anerkennung dieser Auffassung angenommen wird; *BVerwG* DVBl 1981, 255; *Franke,* Der gerichtliche Vergleich im Verwaltungsprozess – Auch ein Beitrag zum verwaltungsrechtlichen Vertrag, 1996.
[2] *BVerwGE* 84, 257 (262).
[3] Ebenso *Kopp/Ramsauer,* § 55 Rn. 2; *Degenhart* NVwZ 1982, 73.
[4] Hierzu etwa *BVerwGE* 14, 105; 49, 364; 84, 157 (162); *Degenhart* NVwZ 1982, 73; *Kopp/Ramsauer,* § 55 Rn. 2.

§ 55 enthält insofern auch eine – an relativ enge Grenzen geknüpfte – begrenzte Verfügungsbefugnis über ör Gegenstände des Verwaltungsverfahrens.

5   Allgemein gilt der Grundsatz, dass auch durch einen Vergleichsvertrag nicht gegen zwingende gesetzliche Bestimmungen oder überwiegende öffentliche Interessen verstoßen werden darf. Durch einen Vergleichsvertrag werden die Befugnisse der Behörde ohne eine Vergleichssituation nicht erweitert, umgekehrt die rechtlichen Bindungen für die sachgerechte Ermessensausübung nicht reduziert.[5]

6   Nur in Ansehung der **besonderen Vergleichsvoraussetzungen** (vgl. nachfolgend) ist es in einem rechtsstaatlichen Verfahren vertretbar, dass Vergleichsverträge unter bestimmten Voraussetzungen Leistungspflichten wirksam auch dann begründen können, wenn der Vergleichsinhalt mit der objektiven Gesetzeslage möglicherweise nicht (voll) übereinstimmt und damit **potentiell gesetzesinkongruent** ist. Diese Wirksamkeitsvorzüge und das Privileg gesteigerter Unempfindlichkeit gegenüber Gesetzesverletzungen[6] unter den speziellen und atypischen Vergleichsvoraussetzungen machen die praktische und rechtssystematische Bedeutung des Vergleichsvertrages aus.[7] Diese Zulässigkeit einer mit der objektiven Gesetzeslage nicht (voll) übereinstimmenden Begründung von Rechten und Pflichten durch Vergleichsvertrag erstreckt sich daher nicht auf Leistungsversprechen, deren Gesetzwidrigkeit mit der durch den Vergleich beizulegenden Ungewissheit nichts zu tun hat.[8]

Die Beteiligten an einem Vergleichsvertrag sind im Rahmen der Vergleichsvoraussetzungen des § 55 frei, gesetzlich oder vertraglich bestehende **Schuldverhältnisse** zu **ändern**; diese Änderung kann sich auf den **Schuldgrund** selbst, aber auch nur auf **Umfang** und **Modalitäten** der Leistungspflichten und ihrer Durchsetzung beziehen.[9] Für Vergleichsverträge im Staat-Bürger-Verhältnis wird – wie sich aus der Anknüpfung des § 55 an § 54 Satz 2 zeigt – nichts anderes zu gelten haben, denn auch dann ist das Vorliegen der besonderen Ungewissheiten über die Sach- oder Rechtslage Zulässigkeits- und Wirksamkeitsvoraussetzung für einen möglicherweise gesetzesinkongruenten Vergleichsinhalt.

3. Gerichtlicher Vergleich

7   Anders als beim Verwaltungsvergleich nach § 55, den Behörden und Bürger auch ohne ein vorangegangenes Gerichtsverfahren bereits im VwVf schließen können, ist der **Prozessvergleich** an bestimmte (andere) Zulässigkeitsvoraussetzungen geknüpft. Die Befugnis zum Abschluss eines solchen Prozessvergleichs ist in den ör Prozessordnungen von FGO, VwGO und SGG unterschiedlich ausgestaltet: Im Verwaltungs- und Sozialgerichtsprozess besteht eine Vergleichsbefugnis, soweit die Beteiligten über den Gegenstand der Klage verfügen können (§ 106 VwGO, § 101 SGG).[10] In der FGO fehlt eine ausdrückliche Regelung. Zur begrenzten Vergleichsbefugnis im Abgabenrecht vgl. § 54 Rn. 124 ff.

8   Der Prozessvergleich nach § 106 VwGO hat eine **Doppelnatur:** Er ist Prozesshandlung und zugleich materiellrechtlicher ör Vertrag.[11] Er muss daher als Prozesshandlung die Voraussetzungen der VwGO erfüllen, als materiellrechtlicher Vergleich die Anforderungen des VwVfG. Für die Frage, ob die in dem Prozessvergleich nach § 106 VwGO getroffenen materiellrechtlichen Vereinbarungen wirksam sind, gelten daher im Anwendungsbereich der §§ 1, 2 die §§ 54 ff. der VwVfGe von Bund bzw. Ländern.[12] Damit besteht zwischen dem behördlichen Vergleichsver-

---

[5] *BSG* NJW 1989, 2565 (2566).
[6] Vgl. *BVerwGE* 49, 359 (364) = NJW 1976, 86; 84, 157 (165); 98, 58 (63); *BVerwG* DÖV 1990, 929, 930; *BSG* NJW 1989, 2565.
[7] Vgl. *BVerwGE* 14, 103; 84, 157 (165).; 98, 58 (63); *OVG Münster* DVBl 1980, 767; *OVG Hamburg* NJW 1989, 604; *VGH Mannheim* NJW 1989, 603; *Ule/Laubinger*, § 68 Rn. 19; *Kopp/Ramsauer*, § 55 Rn. 1.
[8] Vgl. *BVerwGE* 49, 359.
[9] Vgl. *BVerwGE* 84, 257.
[10] Vgl. *BVerwGE* 14, 103 (105); 17, 87 (93 ff.); *Eyermann/Geiger*, § 106 Rn. 3, 4; *Redeker/von Oertzen*, § 106 Rn. 1–3; zu § 101 SGG vgl. BSGE 4, 31 (34); 16, 61 (62); 26, 210 (211); *BSG* NJW 1968, 176 und NJW 1989, 2565.
[11] *BVerwGE* 14, 103 (104); 84, 157 (162); *BVerwG* NJW 1994, 2306; *VGH Mannheim* VBlBW 1997, 301.
[12] *BVerwG* NJW 1988, 663; *OVG Münster* NVwZ 1988, 370, jeweils zur Unwirksamkeit eines Prozessvergleichs bei unterlassener Beteiligung eines Dritten bzw. mitwirkungsberechtigter Behörden gem. § 58; *VGH Mannheim* NJW 1989, 603 zur Ermessensbindung durch Vergleich; *OVG Hamburg* NJW 1989, 604 zur Verpflichtung zur Klagerücknahme durch außergerichtlichen Vergleich.

trag nach § 55 und dem Prozessvergleich eine **Wechselwirkung**. Der gerichtliche Vergleich ist zugleich **Vollstreckungstitel** (§ 168 Abs. 1 Nr. 3 VwGO), gegen den über § 167 VwGO die Einwendungen nach Maßgabe der ZPO, insbesondere nach §§ 767, 769, 795 ZPO) geltend gemacht werden können.[13]

Kommt ein wirksamer **Prozessvergleich** wegen eines Verfahrensmangels nicht zustande, so zieht das nicht ohne weiteres die Ungültigkeit des materiellrechtlichen Vergleichs nach sich. Ein als Prozesshandlung unwirksamer gerichtlicher Vergleich kann **als außergerichtlicher Vergleich gültig** sein, denn auch ein prozessual unwirksamer Vergleich kann als materiellrechtliche Vereinbarung eine von der Rechtsordnung anerkannte Funktion erfüllen. Eine Regel mit dem Inhalt, dass die Vertragsbeteiligten die Bereitschaft, für ihre Rechtsbeziehungen eine neue materiellrechtliche Grundlage zu schaffen, kumulativ auch an die Wirksamkeit der Prozesshandlung anknüpfen, besteht nicht.[14] 9

Kommt ein gerichtlicher Vergleich aus prozessualen Gründen nicht wirksam zustande, ist das Verfahren im allgemeinen bei Gericht **fortzusetzen** ist.[15] Macht der Kläger geltend, die Geschäftsgrundlage des Vergleichs sei entfallen, so ist ein sich daran entzündender Streit gleichfalls in einem neuen Verfahren fortzusetzen.[16] Der **Widerruf eines Prozessvergleichs** muss bei Fehlen einer abweichenden Vereinbarung innerhalb der vorbehaltenen Frist gegenüber dem Gericht erklärt werden.[17] Soll ein außergerichtlich vereinbarter Vergleich noch gerichtlich protokolliert werden, ist in der Regel anzunehmen, dass er erst mit dieser Protokollierung (vgl. § 154 Abs. 2 BGB) abgeschlossen ist.[18] 10

Auch der Prozessvergleich muss den Anforderungen des § 55 genügen, allerdings geht die Verfügungsbefugnis der Parteien im Prozess darüber hinaus und findet ihre Schranke in der prozessualen Ausgestaltung der Vergleichsbefugnis.[19] 11

II. Anwendungsbereich

a) Der Vergleichsvertrag ist neben dem Austauschvertrag (§ 56) der zweite benannte ör Vertrag im Sinne des § 54 Satz 2. § 55 gilt nach dem Wortlaut des § 55 im Anwendungsbereich von §§ 1, 2 VwVfG (zu Ausnahmen etwa im Abgaben- und Prüfungsrecht vgl. § 54 Rn. 1244 ff.) – zunächst für alle unter § 54 **Satz 2** fallenden **sog. subordinationsrechtlichen Verträge** zwischen Staat und Privatrechtssubjekten, soweit also nicht nur für VA-Surrogat-Verträge. Der Vertrag wird, wenn er inhaltlich Kompromiss sein soll, tunlichst als Vergleichsvertrag zu bezeichnen sein, allerdings kann sich dies auch im Wege der **Auslegung** ergeben (hierzu § 54 Rn. 31 ff.). § 55 ist **Spezialvorschrift** im Verhältnis zu § 54 Satz 2 und zu § 56 (dazu noch Rn. 23). 12

§ 55 gilt in allen VwVf des § 9 unabhängig davon, ob der Vergleichsvertrag von vornherein erstrebt wird oder letztlich als Kompromiss des nicht eindeutigen Ergebnisses eines Behördenverfahrens zustande kommt (zum Unterschied zwischen tatsächlichen Verständigungen, Absprachen, Arrangements und einem ör Vertrag vgl. § 54 Rn. 28, 40 ff.). 13

Anwendbar sind auf den Vergleichsvertrag über § 62 Satz 1, da er wegen seiner **Doppelnatur** zugleich Verfahrenshandlung und materielles Rechtsgeschäft ist, grundsätzlich auch die allgemeinen **Verfahrensregeln des VwVfG**, etwa §§ 11 ff., 20 ff., 24 ff., 29 ff. Allerdings können sich die Sachverhaltsermittlungspflichten der Behörde nach §§ 24 ff. je nach der Einzelfallgestaltung minimieren, weil gerade Zweifel über den maßgeblichen Sachverhalt zum Vergleichsver- 14

---

[13] Vgl. *BVerwG* NVwZ 2007, 845; zur vorläufigen Einstellung der Zwangsvollstreckung vgl. *VGH München* BayVBl 2007, 343.
[14] *BVerwG* DVBl 1994, 211; *BGHZ* 79, 71; *BAGE* 8, 228; 9, 172.
[15] Hierzu *Kopp/Schenke*, VwGO, § 106 Rn. 18 ff.; *Eyermann/Geiger*, VwGO, § 106 Rn. 29 ff.
[16] Vgl. *BVerwG* DVBl 1994, 211; *Kopp/Schenke*, VwGO § 106 Rn. 20 ff; *OVG Hamburg* NJW 1989, 604; *OVG Münster* NVwZ-RR 1992, 277; zur Vollstreckung aus Prozessvergleich *OVG Münster* NVwZ 1992, 897.
[17] Vgl. *BVerwG* NJW 1993, 2193; *OVG Lüneburg* NVwZ 1993, 72. Zur Wiedereinsetzung bei Versäumung der vereinbarten Widerrufsfrist vgl. *BVerwG* NVwZ-RR 2000, 255; *OVG Lüneburg* NVwZ-RR 2000, 61.
[18] *BAG* NJW 1997, 1597.
[19] Vgl. hierzu *BVerwGE* 14, 103 (105); 17, 87 (93 f.); *BVerwG* NJW 1988, 663; *BSG* NJW 1989, 2565; *Kopp/Schenke*, § 106 Rn. 12 ff.; *Eyermann*, § 106 Rn. 24 ff.

§ 55 15–17   Teil IV. Öffentlich-rechtlicher Vertrag

trag berechtigen (hierzu Rn. 37 ff.). Auf den Vergleichsvertrag sind ferner auch §§ 58, 59, 62 anwendbar, so dass sich hieraus auch eine schwebende Unwirksamkeit bei Nichtbeteiligung Dritter oder von Behörden oder eine Nichtigkeit (§ 59 Abs. 1 und 2 Nr. 3) ergeben kann.[20] Verpflichtet sich ein Miteigentümer in einem (gerichtlichen) Vergleich zur Beseitigung eines baurechtswidrigen Gebäudes, bedarf es zur Wirksamkeit des Vergleichs nicht der Zustimmung des anderen Miteigentümers, wenn dessen Mitwirkung durch Duldungsverfügung der Behörde ersetzt werden kann.[21] Zur Anwendbarkeit des § 779 BGB vgl. Rn. 53 ff.

15   b) Obwohl der Vergleichsvertrag nach seinem Wortlaut nur für Verträge i. S. von § 54 Satz 2, wird man den Rechtsgedanken analog oder als Ausdruck eines allgemeinen Rechtsgrundsatzes auch für die sog. **koordinationsrechtlichen Verträge** zwischen Behörden bzw. ihren Rechtsträgern (hierzu § 54 Rn. 58) anwenden können, sofern nicht spezielle Rechtsvorschriften entgegenstehen. Denn es bestehen keine Anhaltspunkte für die Annahme, dass es Behörden aus rechtsstaatlichen Gründen (vgl. Rn. 2) verboten sein sollte, sich bei einem Streit über die Begründung, Änderung oder Aufhebung eines ör Rechtsverhältnisses bei Zweifeln über die Sach- oder Rechtslage ebenfalls im Wege des gegenseitigen Nachgebens vertraglich zu einigen. Ob dies durch einen förmlichen schriftlichen **Vertrag** (§ 57) geschieht oder durch eine **tatsächliche Verständigung,** hängt von den Umständen des Einzelfalls ab und bedarf der **Auslegung.** Für fehlerhafte Vergleichsverträge zwischen Behörden wird man nicht nur die Nichtigkeitsvorschrift § 59 Abs. 2 Nr. 3, sondern auch § 59 Abs. 1 anwenden können, so dass auch ein qualifizierter Rechtsverstoß als Verstoß gegen eine gesetzliches Verbot zur Nichtigkeit führen wird. Zu Vergleichsverträgen und tatsächlichen im Abgabenrecht vgl. § 54 Rn. 128.

16   c) Darüber hinaus wird § 55 bzw. der ihm zugrunde liegende Rechtsgedanke auch **außerhalb des Anwendungsbereichs** des VvVfG § 55 bei ör Verwaltungstätigkeit von Behörden sowie bei **verwaltungsprivatrechtlicher Tätigkeit** von Behörden (hierzu § 1 Rn. 83 ff.) grundsätzlich analog oder als allgemeiner Rechtsgrundsatz herangezogen werden können (vgl. § 1 Rn. 277 ff.). Dies gilt im Zweifel deshalb, wenn man als Kerngehalt des § 55 die Befugnis der zuständigen Behörden versteht, es aus verfahrensökonomischen Gründen bei vernünftigen und nachvollziehbaren rechterheblichen Zweifeln über die konkrete und im Einzelfall entscheidungserhebliche Sach- und Rechtslage im Wege des gegenseitigen Nachgebens nicht notwendig auf einen Prozess ankommen lassen zu müssen, sondern sich auch außergerichtlich über eine von beiden Seiten akzeptierte Kompromisslösung zu verständigen.[22] Eine solche aus Gründen der Verfahrensökonomie und Verwaltungseffektivität abzuleitende Verständigungsbefugnis durch gegenseitiges Nachgeben ohne Prozess wird nur dann ausgeschlossen sein, wenn ausdrückliche **entgegenstehende Rechtsvorschriften** vorhanden sind. Ob sich solche Kompromisslösungen in verbindlichen Verträgen – mit oder ohne Vollstreckungsklausel i. S. von § 61 – niederschlagen oder nur in sonstigen Agreements, Verständigungen oder Stillhalteabkommen, bedarf der **Auslegung** im Einzelfall.

17   d) Vergleichsverträge sind nicht nur im allgemeinen VwVf nach §§ 9 ff. zulässig, sondern (modifiziert) auch, sofern nicht entgegenstehende Rechtsvorschriften dies ausschließen, **in Besonderen Verfahrensarten (§§ 63 ff. und §§ 72 ff.)** Ein PlfV kann wegen der zwingend vorgeschriebenen Öffentlichkeitsbeteiligung (§ 73) und seiner Struktur als dem Abwägungsgebot unterliegende Planungsentscheidung und seiner subjektiv-relativen Wirkungen (§§ 74, 75) i. d. R. für eine Vielzahl von Betroffenen **nicht insgesamt** und solches durch einen ör Vertrag, auch nicht durch Vergleichsvertrag oder nach § 54 in einem Meditationsverfahren (hierzu § 54 Rn. 43), insgesamt **für entbehrlich erklärt** werden. Insoweit wird bereits ein Handlungsverbot (§ 54 Rn. 101 ff.) anzunehmen sein.[23] Zulässig sind aber *innerhalb* eines solchen Verfahrens Absprachen und Vereinbarungen **mit einzelnen Einwendern bzw. Betroffenen,** etwa über bestimmte Schutzvorkehrungen oder einen an deren Stelle tretenden Geldersatz (§ 74 Abs. 2 Satz 2 und 3). Ob es sich in einem solchen Falle um vertragliche Abmachungen i. S. von §§ 54, 55 – etwa eine einseitig verpflichtende Vertragserklärung – oder um eine behördliche

---

[20] *BVerwG* NJW 1988, 663; *OVG Münster,* NVwZ 1988, 370. Zur Beteiligung Dritter bei der Zusage bauaufsichtlichen Einschreitens in einem Prozessvergleich vgl. *OVG Lüneburg* NVwZ 2000, 1309.
[21] *OVG Münster,* Urt. vom 26. 2. 1991 – 11 A 1052/89 –, vgl. auch § 58 Rn. 11, 12.
[22] Ebenso *Kopp/Ramsauer,* § 55 Rn. 5; *Achterberg* JA 1985, 510.
[23] Ebenso *Obermayer,* § 54 Rn. 103.

Zusicherung handelt, hängt von den Umständen des Einzelfalls ab. Entsprechendes gilt für ein **Plangenehmigungsverfahren** nach § 74 Abs. 6. Durch schriftliches Einverständnis der Betroffenen können daher Zulässigkeitssperren für die Erteilung einer Plangenehmigung aus dem Wege geräumt werden (Näheres bei § 74 Rn. 31ff.). § 74 Abs. 6 gebietet zwar nicht notwendig den Abschluss eines ör (Vergleichs-)Vertrags für das Einverständnis, schließt solche Verträge aber – anders als beim PlfV – wegen der mit ihr beabsichtigten Beschleunigungswirkung auch nicht von vornherein aus. Ob einseitige Einverständniserklärungen ohne Vertragscharakter oder einseitig verpflichtende Verträge vorliegen, hängt auch hier von den Umständen des Einzelfalls ab. Ein einseitig verpflichtender Vertrag bedarf für die Formwirksamkeit keiner Urkundeneinheit; schriftliches Einverständnis mit gesonderter unmissverständlicher Annahmeerklärung reicht – wie bei § 57 – aus.[24]

III. Vergleich als ör Vertrag

18 Der Vergleichsvertrag nach § 55 hat – vergleichbar dem Prozessvergleich (hierzu Rn. 8) – eine **Doppelnatur:** Er ist **Verwaltungsverfahrenshandlung** (§ 9) und zugleich **materiellrechtlicher ör Vertrag**[25] über materielle Rechtsverhältnisse, Verfahrensabsprachen oder über prozessuale Beziehungen (vgl. § 54 Rn. 87). Für das **Zustandekommen** gelten die allgemeinen Regelungen, über § 62 S. 1 daher auch die übrigen Vorschriften des VwVfG, so insbesondere §§ 11, 12, 13, 14, 20, 21, §§ 24ff., §§ 57 sowie § 58, 59 Abs. 2 Nr. 3 sowie hierzu ergänzend und entsprechend das BGB (§ 62 Rn. 22ff.).

19 **Vertragspartner** des Vergleichsvertrags sind die Beteiligten, d. h. diejenigen, mit denen die (verfahrensführende) Behörde einen ör Vertrag schließen will oder geschlossen hat (§ 13 Abs. 1 Nr. 3). Die Beteiligtenstellung beginnt in dem Zeitpunkt, zu dem nach außen erkennbar wird, mit dem sich die Behörde vertraglich verständigen möchte (§ 13 Rn. 24). Dazu gehören ferner die im PlfV beteiligten **Einwender** hinsichtlich ihrer eigenen Rechtssphäre (§ 73 Abs. 4), sofern sie mit Einwendungen nicht offensichtlich präkludiert (§ 73 Abs. 4 Satz 3) sind. Auch andere **Behörden** und Träger öffentlicher Belange, soweit sie nach § 73 Abs. 2 Stellungnahmen abgegeben haben, gehören nach § 58 Abs. 2 dazu. Private **Dritte** können zwar begünstigt, ohne ihre Mitwirkung aber nicht verpflichtet werden; wird durch den Vergleichsvertrag in Rechte Dritter eingegriffen, so ist der Vertrag nach § 58 Abs. 1 schwebend unwirksam.[26]

20 Ein aus verfahrensrechtlichen Gründen unwirksamer behördlicher Vergleich kann eine materiellrechtlich gültige Vereinbarung nach § 55 sein; umgekehrt hat ein außergerichtlicher Vergleich als materiellrechtlicher Vertrag keine unmittelbaren Auswirkungen auf einen Prozess, der diesen Streitgegenstand betrifft; die Beendigung ist vielmehr durch gesonderte Erklärung geltend zu machen.[27] Eine Vollstreckung aus einem unwirksamen Vergleich wegen Nichtbeteiligung Dritter oder von Behörden gem. § 58 bzw. nach §§ 116ff., 164ff. BGB ist unzulässig;[28] dies kann mit den zur Verfügung stehenden Rechtsbehelfen im Vollstreckungsverfahren geltend gemacht werden. Zum Teilvergleich Rn. 39.

21 Bei einem Vergleichsvertrag können eine **Widerrufsfrist** und/oder ein **Rücktrittsvorbehalt** vereinbart werden. Sie stellen in der Regel (wie im Zivilrecht) eine aufschiebende bzw. auflösende Bedingung für die Wirksamkeit des Vergleichs dar.[29] Der Widerruf bzw. Rücktritt ist **gegenüber dem Vertragspartner** zu erklären und muss ihm zugehen (§ 130 BGB i.V.m. § 62 Satz 2). Er ist **schriftlich** (§ 57) zu erklären,[30] weil er ein ör Rechtsverhältnis ändert bzw. aufhebt; Fax reicht aus. Die behördliche Widerrufserklärung muss von der für den Vergleichs-

---

[24] Vgl. BVerwGE 96, 326; § 57 Rn. 12ff.
[25] BVerwGE 10, 110; 14, 103, 104; 28, 332 (334); OVG Hamburg NJW 1989, 604; BSG NJW 1989, 2565.
[26] Vgl. OVG Lüneburg NVwZ 2000, 1309, wonach die Zusage bauaufsichtlichen Einschreitens gegen einen Dritten in einem Prozessvergleich zu ihrer Wirksamkeit nicht der Zustimmung des Dritten bedarf.
[27] Vgl. BVerwG NJW 1994, 2306 = DVBl 1994, 212; OVG Münster DÖV 1977, 790; OVG Hamburg NJW 1989, 604; BSG NJW 1989, 2565; Meyer-Hesemann DVBl 1980, 869; Dawin NVwZ 1983, 143; Michel JuS 1986, 41; Rn. 8ff.
[28] Anders für den gerichtlichen Vergleich OVG Münster NJW 1978, 1173; NVwZ 1992, 897.
[29] BVerwG DVBl 1993, 883; GewArch 1962, 69; BFHZ 46, 272; BGH NJW 1984, 312.
[30] OLG München NJW 1992, 3042.

schluss zuständigen Stelle abgegeben werden.[31] Bei einem Widerruf ist das Verwaltungsverfahren nicht beendet und deshalb von der federführenden Behörde **fortzusetzen**.[32] Auch die einseitige oder einvernehmliche **Aufhebung** eines Vergleichsvertrags unter bestimmten Voraussetzungen ist möglich.

22 Strittig ist, ob gegen die nicht verschuldete Versäumung einer Widerrufs- oder Rücktrittsfrist **Wiedereinsetzung** nach § 32 möglich ist. Zwar gilt diese Vorschrift nur für die Versäumung gesetzlicher, nicht auch vertraglicher Fristen; bei einer unverschuldeten Säumnis eines vertraglich vereinbarten Widerrufs kann aber die Berufung auf den Fristablauf je nach den Einzelumständen nach **Treu und Glauben** unzulässig sein.[33] Auch die Rücknahme eines Widerrufs ist anders als bei einem Prozessvergleich[34] zulässig.

23 Der Vergleich kann **Verpflichtungsvertrag** mit künftigen Verpflichtungen oder (und) **Verfügungsvertrag** mit unmittelbaren Erfüllungshandlungen und Rechtsakten (etwa Zusicherungen, § 38) sein (§ 54 Rn. 115 ff.). Die Beteiligten können ein zwischen ihnen bestehendes „Schuldverhältnis" erstmals begründen, ändern oder aufheben, aber auch bereits vorhandene Verwaltungsentscheidungen und VA ändern und durch neue ersetzen.[35] Der Vergleichsvertrag kann je nach dem konkreten Inhalt auch zugleich **Austauschvertrag** i. S. von § 56 sein und/oder Elemente eines **Kooperationsvertrags** haben. Dann sollte im Vertrag aber dies sowie ferner klargestellt werden, ob und inwieweit durch solche (fehlerhaften) Elemente der Bestand des Vergleichs berührt wird. Soweit die vertragliche Leistung der Behörde sich im Nachhinein als rechtswidrig, aber nicht nichtig (hierzu § 59 Abs. 1 und Abs. 2 Nr. 3) erweist, bleibt bei Vorliegen der Vergleichsvoraussetzungen dieser Vertrag wirksam und ist Rechtsgrund für die vereinbarte Leistung gemäß § 55; gerade hierin liegen seine Wirksamkeitsvorzüge.[36] **Erfüllungsansprüche** können nur wegen Vorliegens besonderer Umstände ausnahmsweise nach Treu und Glauben entfallen, etwa bei Wegfall der Vergleichsgrundlage infolge rückwirkender Änderung der Rechtslage bzw. Verfassungswidrigkeit des maßgeblichen Gesetzes.[37]

24 Zulässig ist nach Maßgabe des § 60 auch eine **Anpassung** des Vergleichs im Falle des Wegfalls der Geschäftsgrundlage[38] (zum Verhältnis von § 779 BGB und § 60 VwVfG vgl. Rn. 52 ff.).

25 Das durch den Vergleichsvertrag begründete, geänderte oder aufgehobene Rechtsverhältnis muss zwischen den **Beteiligten** (Rn. 16, 19) und der **Behörde** bestehen. Soweit er in Rechte **Dritter** eingreift oder der Zustimmung oder des Einvernehmens **anderer Behörden** bedarf, gilt § 58 mit der Folge der schwebenden Unwirksamkeit im Falle unterbliebener Beteiligung (Näheres dort, vgl. auch Rn. 16).

26 Wie im Zivilrecht ist der Vergleich regelmäßig als **gegenseitiger Vertrag** (§ 54 Rn. 113 ff.) anzusehen, weil in ihm ein beiderseitiges Nachgeben vorliegen muss, das als Leistung und Gegenleistung aufzufassen ist.[39] Ein Vergleichsvertrag kann aber nach seiner Ausgangslage in einem streitigen Rechtsverhältnis auch (nur) **einseitige Leistungen**, z. B. materiellrechtliche oder verfahrensrechtliche Verzichte enthalten. Die Rechtsbeständigkeit des Vergleichsvertrages hängt allein von der Erfüllung der gesetzlichen Voraussetzungen der §§ 55, 59 ab. Der Vergleich wirkt nur zwischen den Beteiligten. Dritte können bis zur Zustimmung nicht belastet werden, da es zwar einen Vergleich zu Gunsten, aber keinen Vergleich **zu Lasten Dritter** gibt (§ 58 Rn. 10).[40]

27 Für die Vertretungserfordernisse gelten § 14 bzw. § 62 Satz 2 i. V. m. §§ 164 ff. BGB. Für die **Form** gilt § 57,[41] also die Schriftform, sofern nicht eine qualifiziertere Form – insbesondere

---

[31] *Kopp/Ramsauer*, § 55 Rn. 18.
[32] Zur Fortsetzung des gerichtlichen Verfahrens bei Widerruf eines Prozessvergleichs bei dem bisher mit der Sache befassten Gericht vgl. *BVerwGE* 14, 103 f.; *BVerwG* NJW 1994, 2306; *BGHZ* 28, 171 f.
[33] Ebenso *Kopp/Ramsauer*, § 55 Rn. 12; ferner für den Prozessvergleich *BVerwG* NVwZ-RR 2000, 255 (256); *OVG Münster* NJW 1978, 181.
[34] *BGH* NJW 1982, 2073.
[35] *BVerwGE* 84, 257 (262); 98, 58 (64).
[36] *BVerwGE* 49, 359, 364; *BVerwG* NJW 1975, 1751; *BSG* NJW 1989, 2565; *Henneke* in Knack, § 55 Rn. 3; *Meyer/Borgs*, § 55 Rn. 8.
[37] *BVerwG* NJW 1974, 2250; kritisch hierzu *Thieme* NJW 1974, 2201.
[38] *BVerwG* NJW 1994, 2306 = DVBl 1994, 212; *VGH Mannheim* VBlBW 1997, 301.
[39] Vgl. *BVerwGE* 84, 257 (261) = NJW 1990, 1926; auch *BGHZ* 16, 390; *Palandt/Thomas*, § 779 Anm. 1 a; RGRK-*Steffen*, § 779 Rn. 20; einschränkend *Esser*, Schuldrecht II, § 91 III 3, wonach es darauf ankommt, ob im Einzelfall gegenseitige Leistungen vereinbart werden.
[40] *BGH* NJW 1992, 967.
[41] Vgl. *VGH München* NVwZ 1985, 430.

eine Beurkundung – vorgeschrieben ist (Näheres bei § 57). Ein **außergerichtlicher** Vergleich, der noch **gerichtlich protokolliert** werden soll, kommt (entsprechend § 154 Abs. 2 BGB) erst mit dieser Protokollierung zustande.[42] In einem gerichtlichen Vergleich ist auch die (dingliche) Übertragung eines Grundstücks rechtswirksam.[43] Zur **Auslegung** von Vertragsinhalt und -zweck gelten die allgemeinen Auslegungsgrundsätze nach Maßgabe von §§ 133, 157, 242 BGB i. V. m. § 62 Satz 2, vgl. § 54 Rn. 25.

IV. Voraussetzungen für den Vergleichsvertrag

Der Vergleichsvertrag setzt – auf der Tatbestandsebene – nach § 55 eine bei verständiger Würdigung des Sachverhalts oder der Rechtslage bestehende Ungewissheit voraus (Rn. 37 ff.), die durch gegenseitiges Nachgeben beseitigt wird (Rn. 47 ff.). Zum Vergleichsabschluss nach pflichtgemäßer Ermessensausübung (Rn. 46 ff.). **28**

1. Ungewissheit über Sachverhalt oder Rechtslage

Es muss in der Vorstellung der Beteiligten eine **(wirkliche, subjektive) Ungewissheit** über Sachverhalt oder Rechtslage bestehen. An sich gebietet der Untersuchungsgrundsatz der §§ 24 ff. eine nach den Umständen gebotene zureichende Klärung des maßgeblichen Sachverhalts oder der Rechtslage, um zu einer aus der Sicht der Behörde notwendigen und rechtmäßigen Entscheidung zu kommen. Die Anforderungen an die **Behörde** zur Bejahung einer Ungewissheit sind vielfach, aber nicht notwendig strenger als diejenigen an Privatpersonen, denn es kommt vornehmlich auf den vorhandenen Sachverstand an, der bei rechtlich qualifiziert beratenen Privatpersonen größer sein kann als derjenige von Behörden. Maßgebend sind die konkreten Verhältnisse. § 55 erlaubt es der Behörde jedoch unter bestimmten Umständen (zur **verständigen Würdigung** Rn. 33 ff.) des Falles auf eine solche möglicherweise aufwändige, vielleicht unsichere Klärung zu verzichten und von zusätzlichen Maßnahmen abzusehen, so dass Zweifel am objektiven Sachverhalt und/oder an der zutreffenden Rechtslage bzw. Rechtsprechung bestehen bleiben. **29**

Wann ein solcher Verzicht auf weitere Klärung zugelassen ist und eine verständige Würdigung vorliegt, hängt von den Umständen des **Einzelfalls** ab. Maßgebend ist das objektive Gewicht der **berührten Interessen** und der zur Klärung sonst notwendige finanzielle und/oder zeitliche **Aufwand** unter Berücksichtigung eines hypothetischen Ergebnisses. Auszuüben ist das pflichtgemäße Ermessen unter Berücksichtigung des **Verhältnismäßigkeitsprinzips,** wenn auf eine weitere Klärung verzichtet wird.[44] Daher reicht eine nur fingierte Ungewissheit, um damit insbesondere vertragliche Umgehungen oder Durchbrechungen öffentlich-rechtlicher Rechtsnormen zu erreichen, nicht aus.[45] Vergleichsverträge dürfen insbesondere nicht der Umgehung von Nichtigkeitsbestimmungen dienen.[46] Eine rechtlich relevante Ungewissheit darf auch nicht deshalb bewusst herbeigeführt oder aufrechterhalten werden, um Beteiligten die aus einem objektiv nichtigen oder rechtswidrigen Rechtsgeschäft erlangten Vorteile zu erhalten.[47] Zum **Irrtum** über die Geschäftsgrundlage Rn. 60 ff.; § 60 Rn. 1 ff. **30**

Für § 55 genügen allein **einseitige Zweifel** nicht. Die Vertragsparteien müssen sich der Zweifel und der daraus folgenden Ungewissheit vielmehr **gemeinsam** bewusst sein und eben diese Ungewissheit durch gegenseitiges Nachgeben im Vergleichsvertrag überwinden wollen.[48] Die Ungewissheit muss sich ferner **auf ein- und denselben Punkt** beziehen.[49] Daher liegt ein gemeinsamer Zweifel nicht vor, wenn aus Anlass einer Rechtsungewissheit und zu deren Überbrückung die Beteiligten oder auch nur einer von ihnen Leistungen versprechen, deren – den **31**

---

[42] BAG NJW 1997, 1597.
[43] *BVerwG* BayVBl 1995, 504.
[44] Vgl. *Wolff/Bachof/Stober I*, § 54 Rn. 32; *Kopp/Ramsauer*, § 55 Rn. 14.
[45] *Götz* JuS 1970, 1 (6).
[46] *Soergel/Siebert/Moormann* § 779 Rn. 7 und 22.
[47] *RGRK-Steffen*, § 779 Rn. 48.
[48] *BVerwGE* 49, 359 = NJW 1975, 1751 und DÖV 1990, 929, 930; *VGH München* BayVBl 1988, 721; *Obermayer*, VwVfG, § 55 Rn. 7; nunmehr auch *Kopp/Ramsauer*, § 55 Rn. 15.
[49] *BVerwG* 49, 359 (364) = NJW 1975, 1751.

Beteiligten bekannte oder unbekannte – Gesetzwidrigkeit mit der durch den Vergleich beizulegenden Ungewissheit nichts zu tun hat. Es gilt also der Grundsatz der **Konnexität zwischen Ungewissheit und Nachgeben.**[50]

32 Auch **Teilvergleiche** sind zulässig, wenn hierdurch nur ein Teil der Streitfragen des Regelungsgegenstandes des anhängigen Verwaltungsverfahrens durch Vergleich beseitigt wird. Allerdings darf ein einheitliches Rechtsverhältnis nicht willkürlich in einzelne Elemente zerlegt werden, um in den Genuss der Wirksamkeitsvorzüge des § 55 zu gelangen. Maßgebend ist stets, ob ein objektiver Beobachter bei verständiger Würdigung des Falles eine – teilweise – Ungewissheit annehmen würde.[51]

33 Die Ungewissheit nach § 55 hat in erster Linie vom **subjektiven Kenntnisstand** der Beteiligten auszugehen. Der Zweifel bemisst sich aber nicht nach allein individuellen Kenntnissen und Fähigkeiten; vielmehr muss die Ungewissheit nach § 55 **„bei verständiger Würdigung"** des Sachverhalts oder der Rechtslage bejaht werden können. Dies beinhaltet eine objektive Betrachtung der Ungewissheit.[52] Auf Seiten eines rechtlich nicht beratenen **Bürgers** reicht es für den subjektiven Kenntnisstand – etwa wie in § 119 Abs. 1 BGB – regelmäßig aus, dass die verständige Würdigung frei von Eigensinn, subjektiven Launen und törichten Anschauungen war, sofern in seinem Rechtskreis und nach seinen Interessen und Fähigkeiten keine bessere Erkenntnis erwartet werden kann.[53]

34 Auf Seiten der **Behörde** wird eine für § 55 relevante Ungewissheit in der Regel nur angenommen werden können, wenn sie sich nach einem objektiven Maßstab auch bei Beachtung der durchschnittlich erwarteten Sach- und Fachkenntnis unter Berücksichtigung der zur Verfügung stehenden oder in zumutbarer Weise erreichbaren Rechtsberatung besteht.[54] Andernfalls würde eine besonders gravierende schuldhafte Außerachtlassung der gebotenen Sorgfalt bei der Feststellung von Sach- und Rechtslage die Möglichkeiten zum Abschluss von Vergleichsverträgen mit den darin enthaltenen **„Wirksamkeitsvorzügen"**[55] ohne hinreichenden Grund erweitern.[56] Auf Seiten der Behörde kommt es dabei nicht auf den konkret zuständigen Sachbearbeiter an, sondern auf das Wissen der zuständigen Organisationseinheit, also einschließlich der Vorgesetzten und anderer Fachabteilungen einschließlich externer Rechtsberatung, wo die notwendige Sachverhalts- oder Rechtskenntnis eingeholt werden konnte.[57]

35 a) Ein Vergleich wegen **Ungewissheit des Sachverhalts** entbindet die Behörde grundsätzlich nicht von ihrer Verpflichtung, zuvor die Tatsachen von Amts wegen zu ermitteln (§ 24 Abs. 1 Satz 1 und Abs. 2, § 26). Sie darf in der Regel Art und Umfang der notwendigen **Ermittlungen** im Hinblick auf einen möglichen oder beabsichtigten Vertragsschluss **nicht von vornherein unterlassen oder verkürzen,** sondern muss vielmehr grundsätzlich die normalerweise gebotene Sachverhaltsfeststellung betreiben[58] (vgl. § 24). Auch die Mitwirkung der Beteiligten bei der Ermittlung des Sachverhalts (§ 26 Abs. 2) bleibt von § 55 unberührt und wird im Hinblick auf einen Tatsachenvergleich nicht grundsätzlich verändert.

36 Zum Sachverhalt im Sinne des § 55 gehören – wie bei § 779 BGB – nicht nur reine **Tatsachen,** sondern alles, was die Parteien gemeinsam als geschehen oder bestehend angenommen haben;[59] auch der **Rechtsirrtum,** soweit er Tatsachen umschließt, kann dazu gehören.[60] Der reine Rechtsirrtum bezüglich einer streitigen Rechtslage scheidet als Tatsachenvergleich aus.[61]

---

[50] Vgl. *BVerwG* a. a. O., für das Verhältnis von Rücknahme einer Nachbarklage (Leistung) zur Verpflichtung zur Genehmigung eines Wohnhauses auf dem Klägergrundstück (Gegenleistung).
[51] *BVerwG* DÖV 1980, 48; *VGH München* NVwZ 1989, 167.
[52] *BVerwG*, Urt. vom 18. 11. 1977, Buchholz 406.11 § 135 Nr. 10; *VGH München* NVwZ 1989, 167; *Ule/Laubinger,* § 68 Rn. 21; *Meyer/Borgs,* § 55 Rn. 9.
[53] Vgl. *Palandt/Heinrichs,* § 119 Anm. 5.
[54] Ebenso *Knack/Henneke,* § 55 Rn. 4; *Meyer-Hesemann* DVBl 1980, 869 (871).
[55] Vgl. *BVerwG* NJW 1976, 686 (687) und DÖV 1990, 929, 930.
[56] Ähnlich *VGH Kassel,* Urt. vom 23. 3. 1983 – I OE 76/79 –, wonach von einer Überschreitung des Ermessens- und Beurteilungsspielraums jedenfalls dann die Rede sein kann, wenn die bestehende Ungewissheit im konkreten Fall unschwer zu beseitigen gewesen wäre; *Ule/Laubinger,* § 68 Rn. 21; *Meyer/Borgs,* § 55 Rn. 20.
[57] Vgl. *VGH München* NVwZ 1989, 167; *BGH* DÖV 1992, 498; *Kopp/Ramsauer,* § 55 Rn. 15.
[58] Vgl. *Erfmeyer* DVBl 1998, 753, 754.
[59] Vgl. *BGH* JZ 1963, 129; *WM* 1985, 32; *Palandt/Thomas,* § 779 Rn. 15.
[60] *BGH* WPM 1963, 597.
[61] Vgl. *BVerwG* DVBl 1974, 353 mit Anm. *Bettermann; BGH* LM § 779 BGB Nr. 3, 14, 17, 24.

Eine für § 55 erhebliche Ungewissheit über den Sachverhalt liegt daher erst vor, wenn ein **37** **unverhältnismäßiger Aufklärungsaufwand** zu betreiben wäre und es im Hinblick auf die objektiv geringere oder fehlende **Bedeutung der Sache** für die Beteiligten zweckmäßig ist, hierauf zu verzichten. Insofern ergibt sich hierdurch wegen der Funktion des Vergleichsvertrags als Mittel der Verfahrensökonomie (Rn. 4) eine gewisse Reduzierung der Aufklärungspflichten für die Behörde.[62] Den Maßstab bildet wie bei § 24 generell das Verhältnismäßigkeitsprinzip (zum Ermessen vgl. Rn. 55 ff).

b) Ein Vergleich bei **Ungewissheit der Rechtslage** setzt voraus, dass die Vertragsparteien **38** gemeinsam von einem als feststehend und unstreitig angesehenen Sachverhalt ausgehen, aber über die daraus entstehenden Rechtsfolgen im Ungewissen sind.[63] Eine relevante Ungewissheit über die Rechtslage liegt nicht nur dann vor, wenn objektiv die Rechtslage gesetzlich oder durch die **Rechtsprechung** nicht oder nicht hinreichend geklärt ist, weil etwa höchstrichterliche Entscheidungen fehlen oder divergierende Urteile vorliegen. Sie ist auch dann anzunehmen, wenn nach dem von den Parteien erwarteten Maß verständiger Würdigung der Rechtslage der Verwaltungsaufwand einschließlich damit verbundenen Kosten und des Zeitaufwandes, der zur Klärung der Rechtsfrage erforderlich wäre, zu ihrer (objektiven) Bedeutung außer Verhältnis stünde.[64] Zulässig sind daher auch Vergleichsverträge zur Bereinigung einer Ungewissheit über die Verfassungsmäßigkeit einer Ermächtigungsnorm.[65] Unzulässig sind aber sog. **salvatorische Klauseln** über die Fortgeltung eines Vertrags trotz Nichtigkeit, weil eine solche Verfügungsbefugnis der Beteiligten nicht besteht (Rn. 64). Haben die Parteien nicht gezweifelt, sondern sind sie übereinstimmend von einer bestehenden oder nicht bestehenden Rechtslage ausgegangen, fehlt es an der notwendigen Ungewissheit.[66]

Ein **gemeinsamer Rechtsirrtum** ohne gemeinsame Zweifel an der Rechtslage ist also **39** grundsätzlich unbeachtlich.[67] Er kann allerdings über § 779 BGB zur Nichtigkeit des Vergleichs führen (Rn. 60 ff.). Hiervon zu unterscheiden ist die Anpassung eines Vergleichs an nachträglich veränderte Verhältnisse und Maßgabe des § 60.[68] Auch die **Scheu vor einem Prozess** und dem damit verbundenen Zeitverlust und – auch finanziellem – Risiko kann den Vergleich rechtfertigen, wenn er sich im Rahmen des Ermessens und der Verhältnismäßigkeit hält.

2. Beseitigung der Ungewissheit durch gegenseitiges Nachgeben

Der Vergleichsvertrag erfordert notwendig ein gegenseitiges Nachgeben; er ist also im Ergeb- **40** nis ein **Kompromiss** zwischen unterschiedlichen Standpunkten. Das Nachgeben nur eines Beteiligten genügt nicht. Wird allein einer Seite ein Vorteil eingeräumt oder unterwirft sie sich völlig den Ansprüchen der anderen, so fehlt es an der Gegenseitigkeit. Der Vertrag kann freilich als sonstiger einseitig verpflichtender Vertrag, nicht notwendig als Vergleichsvertrag rechtmäßig sein. Besteht das Nachgeben in einer (objektiven) Gegenleistung, kann ein Vergleich zugleich auch Austauschcharakter i. S. des § 56 haben.

Im Zivilrecht wird der Begriff des „gegenseitigen" Nachgebens nicht im juristisch-techni- **41** schen Sinne, sondern nach dem Sprachgebrauch des täglichen Lebens verstanden und weit ausgelegt. Dafür genügt **jedes Opfer**, das eine Partei auf sich nimmt, auch wenn es geringfügig ist. Ob der Einzelne ein Opfer bringt, beurteilt sich hiernach nach seinem persönlichen Standpunkt, so dass auch in einem objektiv nicht gegebenen Opfer ein Nachgeben liegen kann, z. B. in einem Verzicht auf vermeintliche Ansprüche.[69]

Für § 55 ist eine rein subjektive Betrachtung des gegenseitigen Nachgebens nicht ausrei- **42** chend, da insoweit ein entsprechender Anhaltspunkt im Gesetzestext fehlt. Vielmehr wird es im VwVf darauf ankommen, ob im konkreten Fall **bei verständiger Würdigung** des Sachverhalts

---

[62] Vgl. *BVerwG* DÖV 1980, 48; *Kopp/Ramsauer*, § 55 Rn. 16; *Meyer/Borgs*, § 55 Rn. 9, 10; *Erfmeyer* DVBl 1998, 753.
[63] *BVerwG* DÖV 1990, 929, 930.
[64] Vgl. Begründung des Entwurfs 73, S. 80.
[65] *OVG Münster* BB 1972, 1297; *Thieme* NJW 1974, 2201, 2203.
[66] *VGH München* BayVBl 1980, 722, 723.
[67] *BVerwG* DVBl 1974, 353; NJW 1975, 1751.
[68] Hierzu *VGH München* NVwZ 1989, 167.
[69] Hierzu *BGHZ* 39, 60 (63); *BGH* LM § 781 BGB Nr. 2 und § 779 BGB Nr. 10a; *BSG* NJW 1989, 2565; *OVG Hamburg* NJW 1989, 604.

oder der Rechtslage, also unter Berücksichtigung der Sicht eines **objektiven Betrachters** im Vergleich zu dem objektiv optimal erreichbaren Ergebnis des Verfahrens von einem gegenseitigen Nachgeben gesprochen werden kann. Der Verzicht etwa auf einen von der höchstrichterlichen Rechtsprechung bereits **klar und endgültig verneinten Anspruch** wird in der Regel hierfür nicht ausreichen, wenn dies den Beteiligten bekannt ist; auch Abstriche von eindeutig unbegründeten oder überhöhten Forderungen müssen nicht notwendig ein gegenseitiges Nachgeben bedeuten.

43 Im Vergleichsvertrag können zunächst **materiellrechtliche Regelungen** enthalten sein. Die Beteiligten können einseitig oder einvernehmliche festgelegte Rechte und Pflichten im Wege gegenseitigen Nachgebens verändern und neugestalten. Die vertragliche Änderung kann sich auf den Schuldgrund selbst und seinen Umfang nebst Modalitäten der Leistungspflicht und ihrer Durchsetzung beziehen.[70] Aber auch **Verfahrens- und Prozesspositionen,** etwa eine Klagerücknahme oder der Verzicht auf die Einlegung eines Rechtsbehelfs oder Rechtsmittels (hierzu § 54 Rn. 42), können zum Inhalt des Vergleichsvertrags gemacht werden.[71]

44 Auch Rechte und Pflichten, die **nicht Gegenstand des konkreten VwVf** sind, können einbezogen werden, sofern die Rechtsbeziehung nur in der Sphäre der Beteiligten hineinragt und ihr Verhältnis unmittelbar oder mittelbar berührt. Soweit die **Rechte Dritter** oder **Kompetenzen anderer Behörden** berührt sind, müssen diese zur Vermeidung der Unwirksamkeit des Vergleichsvertrags nach Maßgabe des § 58 beteiligt werden.[72]

45 Durch den Vergleich muss ein ungewisser Zustand durch gegenseitiges Nachgeben **„beseitigt"** werden. Diese Formel ist missverständlich, weil die Ungewissheit durch den Vertrag nicht beseitigt ist, sondern **eigentlich fortbesteht** und nur einvernehmlich im Wege des Kompromisses als beigelegt betrachtet wird. Die Wirkung des Vergleichs besteht darin, dass der Vertrag **konstitutiv** wirkt und neue Rechte und Pflichten nach Maßgabe seines Inhalts begründet. Dabei ist den Beteiligten ein Zurückgreifen auf die früheren Streitpunkte versagt (negative Wirkung); sie werden durch die Vergleichsregelung ersetzt (positive Wirkung). Keine der Vertragsparteien kann deshalb etwa Verzichte oder Anerkenntnisse annullieren, die Bestandteil gerade der Ungewissheit waren und zum Gegenstand des Vergleichs gemacht worden sind.[73] Zur Frage des Fehlens oder Wegfalls der Geschäftsgrundlage vgl. Rn. 53 ff.; zur Anfechtbarkeit eines Vergleichsvertrags vgl. Rn. 59.

3. Ermessen beim Abschluss eines Vergleichsvertrags

46 Ob und mit welchem Inhalt die Behörde einen Vergleichsvertrag abschließt, steht – wenn die tatbestandlichen Voraussetzungen erfüllt sind – auf der **Rechtsfolgenseite** in ihrem pflichtgemäßen **Ermessen**. Maßgebend sind die dafür nach § 40 geltenden Maßstäbe. Die Behörde muss also insbesondere die inneren und äußeren Schranken einer rechtmäßigen Ermessensausübung einhalten, insbesondere das Gebot der **Gleichbehandlung** gleichgelagerter Fälle beachten. Welche Rechtsfolgen **Ermessensfehler** für den Bestand des Vergleichsvertrags haben, ist umstritten (Näheres § 59 Rn. 35 ff.). Für die Verwaltungspraxis wird es sich deshalb empfehlen, vorsorglich auch die Gründe für den Vergleichsabschluss **schriftlich** im Vertrag selbst oder außerhalb davon festzuhalten, damit ggfls. ein Nachweis für die wesentlichen Gründe des Vergleichsabschlusses geführt werden kann.

47 Der im letzten Halbsatz zusätzlich verwendete Begriff der **Zweckmäßigkeit** eines Vergleichsabschlusses ist Bestandteil der letztlich getroffenen Ermessensentscheidung und fließt in die Abwägung der Gründe für und wider den Vergleichsvertrag ein. Die Zweckmäßigkeit ist deshalb kein selbständiges und zusätzliches Tatbestandsmerkmal *neben* dem Ermessen, sondern ein wichtiger Bestandteil und in die Ermessensabwägung mit einzustellen, auch wenn der Begriff „Zweckmäßigkeit" für sich genommen ein unbestimmter Rechtsbegriff sein mag und sich insoweit vom Ermessen unterscheidet (hierzu noch § 40 Rn. 147 ff.).

---

[70] Vgl. *BVerwGE* 84, 257.
[71] *BSG* NJW 1989, 2565; *OVG Hamburg* NJW 1989, 604.
[72] *BVerwG*, Beschl. vom 4. 11. 1987, NJW 1988, 633 = BayVBl 1988, 121; *OVG Münster* NVwZ 1988, 370.
[73] *VGH Mannheim*, Urt. vom 19. 5. 1981 – 9 S 642/80 –; *BSG* NJW 1989, 2565; RGRK-*Steffen*, § 779 Rn. 35.

Auch die geringe **wirtschaftliche oder öffentliche Bedeutung** einer Regelung für die 48
Beteiligten oder das Bedürfnis nach **rascher Entscheidung** unter Berücksichtigung etwa der
Kosten und des Zeitaufwandes für eine einwandfreie Klärung können zu einem Verzicht auf die
gerichtliche Klärung einer zweifelhaften Sach- oder Rechtslage berechtigen und sich im Rahmen pflichtgemäßen Ermessens halten, da § 55 gerade der Verfahrensökonomie und Verhältnismäßigkeit dient (Rn. 1 ff.). Als Formel kann gelten: Je gebundener die Verwaltung in der Setzung von Rechtsfolgen ist, umso größere Vorsicht wird jedenfalls für Rechtsvergleiche geboten sein; je freier die Verwaltung sich einseitig entscheiden kann, desto eher wird sie sich vergleichen können.

Ein von der Unzweckmäßigkeit zu unterscheidender **qualifizierter Ermessensfehler** kann 49
auch in Form von **Unverhältnismäßigkeit** und bei **Machtmissbrauch** in Betracht kommen.
Der **Gleichheitssatz** verbietet es der Behörde, auch bei Vergleichsverträgen, wesentlich Gleiches willkürlich ungleich oder Ungleiches willkürlich gleich zu behandeln.[74] Die Behörde muss daher stets prüfen, inwieweit ein Sachverhalt dem anderen gleich. Vorangegangene Entscheidungen gleichgelagerter Fälle durch VA können bei Fehler rechtfertigender Gründe zu einem qualifizierten Ermessensfehler führen, der auch die Gültigkeit des Vergleichs berührt (hierzu § 59 Rn. 35 ff.).

Unzulässig ist demnach allein ein **willkürliches Abweichen** von einer bisherigen **(recht-** 50
mäßigen) Verwaltungsübung ohne rechtfertigenden Grund, denn durch eine bisherige Praxis kann die Verwaltung einen Vergleichsmaßstab gesetzt haben, von dem sie nur bei sachlichen Differenzierungsgründen abweichen darf.[75] Dies schließt eine **neue Verwaltungspraxis** nicht aus, wenn für eine Umorientierung der Verwaltung sachliche Gründe bestehen; ein Anspruch auf Fehlerwiederholung besteht nicht (§ 40 Rn. 55 ff.). Entsprechendes gilt für gleichgelagerte Fälle.[76] Zur Nichtigkeitsvoraussetzung eines **materiellrechtlichen Fehlers bei einem VA** i. S. von § 59 Abs. 2 Nr. 3 vgl. dort Rn. 35 ff.

4. Einzelfälle

Das Anerkenntnis einer nicht bestehenden Schuld (§§ 780, 781 BGB) kann unter dem Ge- 51
sichtspunkt eines Vergleichsvertrags wirksam sein;[77] ferner ein Vergleich über Grundstückstausch zur Beilegung eines Streits über Straßenbeitrag.[78] Ein Folgekostenvertrag ist kein Vergleichsvertrag, wenn die Parteien (zu Unrecht) keine Zweifel an der Zulässigkeit eines solchen Vertrages hatten.[79] Abfindungsvereinbarungen über die ör Entschädigung als Vergleichs- und Austauschvertrag (in Grenzbereichen) denkbar.[80] Verzicht eines Bauherrn auf künftige gesetzmäßige Bebauung nicht als Vergleichsvertrag denkbar, wenn dieser Anspruch auf Genehmigung ohne Gegenleistung hat.[81] Ein Beitragsverzicht ist nach § 135 Abs. 5 BBauG nur in atypischen Fällen als Vergleichsvertrag zulässig.[82] Zur Zurückstellung einer Beitragsforderung *BVerwG* DÖV 1980, 48. Zum Gebührenverzicht als Bestandteil eines ör Vergleichs vgl. *VGH Kassel* DÖV 1980, 63 – nur Leitsatz –. Vergleichsverträge sind auch im Arbeitsförderungsrecht zulässig.[83] Zum Vergleichsvertrag im Erschließungsbeitragsrecht vgl. *OVG Münster* KStZ 1988, 15; zur Verpflichtung betr. Klagerücknahme durch außergerichtlichen Vergleich *OVG Hamburg* NJW 1989, 604; zur Ermessensbindung durch Vergleich in Parallelverfahren vgl. *VGH Mannheim* NJW 1989, 603, *BSG* NJW 1989, 2565; Vergleichsvertrag zwischen Behörden über was-

---

[74] Std. Rspr. vgl. etwa *BVerfGE* 4, 144 (155); *VGH Mannheim* NJW 1989, 603; *BGH* NVwZ 2003, 371 zu (privatrechtlichen) städtebaulichen Verträgen.
[75] Vgl. *VGH Mannheim* NJW 1989, 603: Bei der Duldung einer baulichen Anlage in einem Vergleich kann das Festhalten an einer Beseitigungsanordnung bezüglich einer anderen vergleichbaren Anlage willkürlich und ermessensfehlerhaft sein.
[76] Vgl. *BSG* NJW 1989, 2565 zur Zulässigkeit eines Vergleichs abhängig von einem bestimmten Ausgang eines Parallelverfahrens.
[77] *BVerwG* NJW 1975, 1751.
[78] *BVerwG* NJW 1976, 2360; *Ule/Laubinger*, § 68 Rn. 26; *Meyer-Hesemann* DVBl 1980, 869.
[79] *VGH München* BayVBl 1980, 722.
[80] Vgl. *Degenhart* NVwZ 1982, 71.
[81] *OVG Lüneburg* NJW 1978, 2260, 2261.
[82] *BVerwG* DÖV 1978, 611; Städtetag 1980, 260; *VGH Kassel* DÖV 1980; 63; *OVG Lüneburg* NVwZ 1989, 780.
[83] *LSG Essen*, Urt. vom 29. 11. 1978 – L 12 Ar 100/77 –.

§ 55   52–55   Teil IV. Öffentlich-rechtlicher Vertrag

serrechtliche Rechte und Pflichten mit Schiedsgutachtenvereinbarungen zulässig.[84] Zum Vergleichsvertrag im Steuer- und Abgabenrecht vgl. § 54 Rn. 124ff. m. w. N. Durch § 31 Abs. 1a VermG i. d. F. d. B. vom 3. 8. 1992[85] sind Vergleichsverträge ausdrücklich für zulässig erklärt. Vergleichsvertrag auch bei Ungewissheit über die Bebaubarkeit eines Grundstücks;[86] Verteilung der Gewinnausschüttung eines Zweckverbands durch Vertrag nach § 55 mit dem Landkreis zulässig.[87]

V. Fehlerhafter Vergleichsvertrag

52   Ein Vergleich dient tendenziell dazu, bei rechterheblichen Zweifeln über eine bestimmte Sach- oder Rechtslage Streit durch gegenseitiges Nachgeben im Wege des Kompromisses für beendet zu erklären. Gleichwohl kann unter Umständen auch ein Vergleichsvertrag noch zu Streit führen. Die Rechtsfolgen eines fehlerhaften Vergleichsvertrages ergeben sich einerseits aus § 59 Abs. 1 und 2 Nr. 3 (Näheres dort Rn. 20), zusätzlich aber auch aus § 62 Satz 2 i. V. mit der ergänzenden Anwendung von Vorschriften des BGB. Es kommen dabei unterschiedliche Konstellationen in Betracht.

1. Anwendbarkeit des § 779 BGB

53   § 779 BGB ist über § 62 Satz 2 auf den Vergleichsvertrag beschränkt ergänzend entsprechend anwendbar.[88] Dieser enthält eine besondere Vorschrift über die Unwirksamkeit des Vergleichs in Form eines **neben § 60** besonders geregelten Fall des Fehlens der subjektiven Geschäftsgrundlage.[89] Hiernach ist der Vergleichsvertrag des § 55 unwirksam, d. h. von vornherein nichtig und nicht nur anfechtbar,[90] wenn der nach dem Inhalt des Vertrages als stillschweigend zugrunde gelegte Sachverhalt der Wirklichkeit nicht entspricht und der Streit oder die Ungewissheit bei Kenntnis der Sachlage nicht entstanden sein würde.

54   Der **Sachverhaltsbegriff** i. S. des § 779 BGB ist weit auszulegen; er schließt auch die **Rechtslage** mit ein.[91] Der als feststehend zugrunde gelegte Sachverhalt muss der Wirklichkeit zuwiderlaufen. Er ist derjenige, der sich außerhalb des Streits oder der Ungewissheit befand und den beide Teile als **feste Grundlage** des Vergleichs betrachtet haben; er muss sich auf **gegenwärtige Umstände** beziehen und als anders herausstellen, als beide Parteien bei Vertragsabschluss annahmen. Irrige Erwartungen über die Zukunft, etwa ein Irrtum über die künftige Rechtslage oder Rechtsprechung führen hingegen nicht zur Unwirksamkeit.[92] Keine Unwirksamkeit liegt ferner vor, wenn sich der Irrtum der Parteien auf Umstände bezieht, die zwischen ihnen bei Vertragsschluss als **streitig oder ungewiss** angesehen wurden und durch den Vergleich gerade beseitigt werden sollten.[93] Hierbei bleibt eine **spätere Erkenntnis** des wahren Sachverhalts auf den Vergleich ohne Bedeutung, weil gerade dies – unter den gesetzlichen Voraussetzungen des § 55 – den Wirksamkeitsvorzug des Vergleichs ausmacht. Der gemeinsame Irrtum über die Zuständigkeit einer Behörde ist nach *BVerwG* DVBl 1974, 353 unbeachtlicher Rechtsirrtum.

55   Dem wahren Sachverhalt und dem gemeinsamen Irrtum über ihn muss **streitausschließende Bedeutung** zukommen. Entscheidend ist dafür, ob gerade dieser Streit oder diese Ungewiss-

---

[84] *BVerwGE* 84, 257 = NJW 1990, 1926.
[85] BGBl I S. 1446.
[86] *OLG München* NVwZ 1993, 100.
[87] *VGH Mannheim* DÖV 1997, 85.
[88] Ebenso *OVG Lüneburg* NVwZ 2000, 1309; *VGH München* NVwZ 2000, 1310; *VGH Kassel*, Urt. vom 23. 3. 1983 – I OE 76/79 –; *VGH Mannheim*, Urt. vom 9. 3. 1983 – 6 S 2490/82 –; *Hennecke* in Knack, § 62 Rn. 3; *Kopp/Ramsauer*, § 59 Rn. 12; *Ule/Laubinger*, § 68 Rn. 26; a. A. *Meyer/Borgs*, § 55 Rn. 7, die § 55 – zu Unrecht – als abschließende Regelung ansehen.
[89] Hierzu *BGH* WPM 1971, 1121.
[90] *OVG Lüneburg* NVwZ 2000, 1309; *VGH München* NVwZ 2000, 1310; *Erman/Seiler*, § 779 Rn. 23ff.; RGRK-*Steffen*, § 779 Rn. 39; *Soergel/Siebert/Moormann*, § 779 Rn. 18.
[91] *Palandt/Thomas*, § 779 Anm. 5; *Ule/Laubinger*, § 68 Rn. 26 Fn. 85.
[92] *BGH* JZ 1963, 129 und WPM 1964, 543 (545).
[93] *BGH* LM § 779 BGB Nr. 10 a; 14; *BVerwG* NJW 1975, 1751 und NJW 1976, 686.

heit, die Anlass zum Abschluss des Vergleichs waren, nicht entstanden sein würden,⁹⁴ so dass die Parteien zu dem Abschluss gerade des geschlossenen Vergleichs keinen Anlass gehabt hätten. Nicht erforderlich ist, dass überhaupt kein bedeutsamer Streit entstanden wäre. Der Irrtum ist unerheblich, wenn die Ungewissheit auch bei richtigem Ausgangspunkt entstanden wäre.⁹⁵ Es reicht für die streitausschließende Wirkung ebenfalls nicht aus, wenn nur eine der beiden Parteien bei Kenntnis des wahren Sachverhalts den Vergleich nicht abgeschlossen hätte; die Grenze liegt hierfür bei der unzulässigen Rechtsausübung.⁹⁶

2. Nichtigkeit nach § 59 Abs. 1, Abs. 2 Nr. 3

Die **Nichtigkeit** des Vergleichsvertrages ergibt sich gemäß **§ 59 Abs. 1** nach Maßgabe einer entsprechenden Anwendung von Vorschriften des BGB sowie dem zusätzlichen Nichtigkeitsgrund des § 59 Abs. 2 Nr. 3 (hierzu dort Rn. 35 ff.). Die Nichtigkeit von Vergleichsverträgen kann sich aus § 59 Abs. 1 vor allem i. V. m. **§§ 134, 138 BGB** ergeben (näheres bei § 59), insbesondere bei **Missbrauch** einer wirtschaftlichen Machtstellung oder einer sonstigen **Überlegenheit** des einen oder anderen Vertragsteils.⁹⁷

Ob ein **auffälliges Missverhältnis** zwischen Leistung und Gegenleistung besteht (§ 138 Abs. 2 BGB), richtet sich zwar in erster Linie nach der Einschätzung der Parteien, inwieweit sie gegenseitig nachgegeben und zur Bereinigung der Ungewissheit beigetragen haben, doch ist die subjektive Einschätzung durch eine verständige Würdigung aus der Sicht eines objektiven Betrachters zu ergänzen, so dass subjektive Einschätzungen der Vertragsparteien allein nicht ausreichen. Ein auffälliges Missverhältnis kann auch in einem willkürlichen Hochschrauben von Ansprüchen liegen, um unverhältnismäßige Zugeständnisse der Gegenseite zu erreichen, so dass dem Vertrag der **„Stempel der Verwerflichkeit"** aufgedrückt ist.⁹⁸ Die im Zivilrecht vertretene Auffassung, dass die Parteien sich grundsätzlich auch über einen Streit oder eine Ungewissheit vergleichen können, ob ein Vertrag nichtig sei **(sog. salvatorische Klausel)**,⁹⁹ wird für ör Vergleichsverträge in der Regel nicht angenommen werden können, weil sonst auch ein rechtlich missbilligter Vertragsinhalt der freien Disposition der Vertragsparteien unterläge. Davon zu unterscheiden sind vorsorgliche bzw. alternative Vertragsklauseln, die die Vertragsparteien für den Fall vereinbaren, dass in einem gerichtlichen Verfahren eine bestimmte Regelung – etwa zur Angemessenheit von Leistung und Gegenleistung – beanstandet werden sollte; in solchen Fällen liegt keine Umgehung des Gesetzes vor, sondern eine Anpassung an eine vorher nicht erkannte oder erkennbare Rechtslage, also eine „Rückkehr" zu einem rechtmäßigen ör Vertrag (hierzu noch § 59 Rn. 12 ff.).

Zur Nichtigkeit wegen des Verstoßes gegen ein gesetzliches Verbot i. S. von **§ 134 BGB** vgl. § 59 Rn. 49 ff. Zur Nichtigkeit eines **Vergleichsvertrags** vgl. § 59 Rn. 35 ff. m. w. N.

3. Anfechtung wegen Willensmängeln

Der Vergleichsvertrag unterliegt grundsätzlich auch der Anfechtung wegen Willensmängeln nach **§§ 116 ff. BGB** i. V. m. § 62 Satz 2. Von der Anfechtung ist allerdings ein Irrtum über die ungewissen oder bestrittenen Punkte ausgeschlossen, die durch den Vergleich beseitigt werden sollten. **Arglistige Täuschung** (§ 123 BGB) berechtigt zur Anfechtung innerhalb der Anfechtungsfrist des § 124 BGB, wenn sie den Getäuschten zu dem Vergleich bestimmt hat, den er ohne Täuschung nicht geschlossen hätte.¹⁰⁰ Darüber ist ggfls. im gerichtlichen Verfahren zu entscheiden.

---

⁹⁴ *BGH* LM § 779 BGB Nr. 2.
⁹⁵ *BGH* LM § 779 BGB Nr. 24.
⁹⁶ RGRK-*Steffen,* § 779 Rn. 45.
⁹⁷ *BVerwGE* 42, 331 (342); *BSG* NJW 1989, 2565; *BGHZ* 68, 4; 80, 158.
⁹⁸ *BGHZ* 51, 142 (144).
⁹⁹ *BGH* NJW 1963, 1197; NJW 1964, 1787; NJW 1974, 900; vgl. ferner *Breetzke* NJW 1969, 1408 (1411).
¹⁰⁰ *BVerwGE* 14, 103; *VGH München* NVwZ 2000, 1310; *OVG Hamburg* NJW 2004, 2111; *BGH* NJW 1999, 2804; *BSG* NJW 1989, 2565.

4. Anpassung wegen veränderter Umstände

60 § 60 gilt auch für (gerichtliche) Vergleichsverträge,[101] findet aber auf sie dann keine Anwendung, wenn durch ihn gerade Zweifel hinsichtlich der Sach- und Rechtslage durch gegenseitiges Nachgeben gerade beseitigt werden sollten. Eine nachträgliche Klärung der Fragen – etwa durch Auffinden von Urkunden oder sonstigen Beweismitteln – kann daher in der Regel nicht über § 60 zu einer nachträglichen Anpassung oder Kündigung führen.[102] Umgekehrt kann die Anpassung an geänderte Verhältnisse nach Maßgabe des § 60 auch durch Vergleichsvertrag erfolgen, wenn die nach § 55 notwendigen Voraussetzungen gegeben sind.[103]

5. Treu und Glauben

61 Die Berufung auf einen Vergleichsvertrag kann einen Verstoß gegen die Grundsätze von Treu und Glauben, insbesondere in Form einer unzulässigen Rechtsausübung darstellen und den Grundsatz der Vertragstreue nur dann durchbrechen, wenn **ganz besondere Umstände** vorliegen und das Festhalten am Vertrag zu einem mit der Gerechtigkeit schlechthin unvereinbaren Ergebnis führen würde, ferner auch dann, wenn eine Rechtsverfolgung aus dem Vergleich mit einer früheren Handlungsweise eines Vertragsbeteiligten unvereinbar wäre.[104]

VI. Europarecht

62 Das Gemeinschaftsrecht enthält keine ausdrückliche Regelungen über Vergleichsverträge. Die Beseitigung von Ungewissheiten über eine Sach- oder Rechtslage durch gegenseitiges Nachgeben als Kerninhalt eines Vergleichs ist aber ungeschriebener allgemeiner Rechtsgrundsatz eines (effektiven) Gemeinschaftsrechts (hierzu § 54 Rn. 163). Insofern drückt § 55 diesen Grundsatz explizit aus. Die Nichtigkeitsregelungen des § 59 Abs. 2 Nr. 3 sind spezielle nationale Regelungen und nicht Bestandteil des Gemeinschaftsrechts.

VII. Landesrecht

63 Von § 55 abweichendes Landesrecht gibt es nicht. Daher ist durch § 137 Abs. 1 Nr. 2 VwGO die Revisibilität von landesrechtlichen Parallelregelungen zu § 55 sichergestellt. Zu beachten sind aber speziellen landesrechtliche Vorschriften insbesondere im Abgabenrecht, mit denen die Befugnis zum Abschluss von Vergleichsverträgen modifiziert ist. Daneben bzw. anstatt sind aber tatsächliche Verständigungen über die Erhebungsgrundlagen grundsätzlich zulässig; sie kommen in der Wirkung Vergleichsverträgen nahe (hierzu § 54 Rn. 124 ff.).

VIII. Vorverfahren

64 § 55 gilt gemäß § 79 für Vorverfahren, so dass Vergleichsverträge grundsätzlich auch im Rechtsbehelfsverfahren nach Maßgabe der allgemeinen Vergleichsvoraussetzungen möglich sind, sofern es – etwa nach dem Erlass eines VA aus Anlass eines Vergleichsvertrags – überhaupt zu einem Widerspruchsverfahren kommt, in dem (erstmals) an einen Vergleich gedacht wird. Die örtliche, sachliche und instanzielle Zuständigkeit der Widerspruchsbehörde für einen Vergleichsvertrag ist besonders zu prüfen. Zu Prozessvergleichen Rn. 8 ff.

---

[101] Vgl. *BVerwG* NJW 1994, 2306 = DVBl 1994, 211; *VGH Mannheim* VBlBW 1997, 301.
[102] *VGH Kassel*, Urt. vom 23. 3. 1983 – I OE 76/79 –.
[103] *BVerwG* BayVBl 1995, 600; *VGH München* NVwZ 1989, 167.
[104] *BVerwGE* 55, 337 (339); 111, 1162 (172); *BVerwG* NJW 1998, 3135; *Palandt/Sprau*, BGB, 66. Aufl., 2007, § 779 Rn. 23, 24.

§ 56 Austauschvertrag

(1) ¹Ein öffentlich-rechtlicher Vertrag im Sinne des § 54 Satz 2, in dem sich der Vertragspartner der Behörde zu einer Gegenleistung verpflichtet, kann geschlossen werden, wenn die Gegenleistung für einen bestimmten Zweck im Vertrag vereinbart wird und der Behörde zur Erfüllung ihrer öffentlichen Aufgaben dient. ²Die Gegenleistung muß den gesamten Umständen nach angemessen sein und im sachlichen Zusammenhang mit der vertraglichen Leistung der Behörde stehen.

(2) Besteht auf die Leistung der Behörde ein Anspruch, so kann nur eine solche Gegenleistung vereinbart werden, die bei Erlaß eines Verwaltungsaktes Inhalt einer Nebenbestimmung nach § 36 sein könnte.

Vergleichbare Vorschrift: § 55 SGB X

Abweichendes Landesrecht: –

Entstehungsgeschichte: Bis zum Inkrafttreten des VwVfG vgl. § 56 der 6. Auflage. Änderungen: Zum Bund/Länder-Musterentwurf vgl. § 54 Rn. 13 ff.

Literatur: *Menger*, Zum Koppelungsverbot bei öffentlich-rechtlichen Verträgen, VerwArch 1973, 203; *Mohr*, Austauschverträge mit Steuerbehörden, NJW 1978, 790; *Weyreuther*, Ablösungsverträge, entgegenstehende Rechtsvorschriften und gesetzliche Verbote, in: Festschrift für Reimers, Berlin 1979, S. 379 ff.; *Looman*, „Ausverkauf von Hoheitsrechten" in Verträgen zwischen Bauherren und Gebietskörperschaften, NJW 1996, 1439; *Herms*, Koppelung der Einbürgerung an die Rückzahlung von Ausbildungsbeihilfen, BayVBl 1997, 74; *Lischke*, Tauschgerechtigkeit und ör Vertrag, 2000; *Preuß*, Zu den Rechtmäßigkeitsvoraussetzungen subordinationsrechtlicher Verwaltungsverträge unter besonderer Berücksichtigung des Koppelungsverbots, 2000; *Butzer*, Brauchen wir das Koppelungsverbot nach § 56 VwVfG?, DÖV 2002, 881; *Krebs*, Höchstrichterliche Rechtsprechung zum Verwaltungsrecht – Zum Koppelungsverbot in der Vertragrechtsdogmatik, in *Krebs* (Hrsg.), Liber amoricum Hans-Uwe Erichsen, 2004, 63 ff. Weiteres Schrifttum **vor 1996** vgl. § 56 der 6. Aufl.

Übersicht

	Rn.
I. Allgemeines	1
1. Austauschvertrag als zweite allgemeine Vertragsart	1
2. Unterschiedliche Normzwecke des § 56	3
II. Anwendungsbereich	8
III. Begriff und Inhalt des Austauschvertrags	15
1. Austauschvertrag i. e. S.	16
2. Sog. hinkender Austauschvertrag/kausale Verknüpfung	20
3. Leistungen der Vertragspartner	22
IV. Zulässigkeit der Leistung der Behörde	25
V. Gegenleistung bei Rechtsanspruch auf die Leistung der Behörde (Abs. 2)	31
1. Rechtsanspruch (Abs. 2)	34
2. Herstellung der gesetzlichen Voraussetzungen	40
VI. Gegenleistung bei Fehlen eines Anspruchs auf die Leistung der Behörde (Abs. 1)	44
1. Sachlicher Zusammenhang von Leistung und Gegenleistung/ Koppelungsverbot	49
2. Konkrete Zweckbestimmung	51
3. Erfüllung öffentlicher Aufgaben	53
4. Angemessenheit der Gegenleistung	54
VII. Rechtsfolgen fehlerhafter Austauschverträge	57
VIII. Landesrecht	59
IX. Vorverfahren	60

I. Allgemeines

1. Austauschvertrag als zweite allgemeine Vertragsart

§ 56 ist neben dem Vergleichsvertrag (§ 55) der zweite im VwVfG ausdrücklich geregelte ör Vertrag. Der Austauschvertrag gehört deshalb zu den sog. benannten allgemeinen Vertragsarten und -inhalten. § 56 gilt subsidiär und lückenschließend für die ör Verträge in allen Verwaltungszweigen im Anwendungsbereich der §§ 1, 2 VwVfG, sofern nicht Rechtsvorschriften entgegenstehen (Rn. 5 ff.). Insoweit enthält auch § 56 wie § 55 „vor die Klammer" gezogene allgemeine Regelungen des öffentlichen Vertragsrechts. § 56 gehört zu den sog. subordinationsrechtlichen Verträgen i. S. der herkömmlichen Terminologie **im Staat-Bürger-Verhältnis**. Der Austauschvertrag des § 56 ist nach nunmehr h. M. **nicht nur VA-Surrogat- Vertrag,** weil es auch bei ihm als Sonderform des sog. subordinationsrechtlichen Vertrags nicht darauf ankommt, ob der konkrete Gegenstand der vertraglichen Vereinbarung „sonst" durch VA geregelt werden könnte.[1] Er ermöglicht im Staat-Bürger-Verhältnis unter engen Voraussetzungen einen Austausch von Leistungen i. w. S., deren Arten, Inhalte und Gegenstände in § 56 selbst weder bezeichnet noch begrenzt sind. Der Austausch von Leistungen kann im Rahmen einer Zusammenarbeit zwischen Staat und Privaten erfolgen, bei der Private bei der Erfüllung einer öffentlichen Aufgabe mitwirken. Soweit dies durch förmlichen schriftlichen Vertrag erfolgt, kann (auch) ein **Kooperationsvertrag** (hierzu § 54 Rn. 14 ff.) bestehen. Je nach dem konkreten Vertragsgegenstand und seinen einzelnen Regelungen können ein Kooperations- und ein Austauschvertrag nebeneinander bestehen und miteinander verzahnt sein. Für die Zuordnung des Austauschvertrags in das **zivile oder öffentliche Recht** kommt es darauf an, welche Vertragsgegenstände bei objektiver Betrachtung den **Schwerpunkt** bilden und ihm das **Gepräge** geben (hierzu § 54 Rn. 77 ff.). Es besteht bei der Festlegung der Vertragsart kein **freies Dispositionsrecht** der Vertragsparteien, denn im VwVfG sind die verschiedenen Vertragsarten an unterschiedliche Zulässigkeitsvoraussetzungen und Grenzen für die Rechtmäßigkeit von Vertragsvereinbarungen geknüpft, über die die Vertragsparteien nicht frei verfügen können. (zu sog. gemischten Verträgen vgl. § 54 Rn. 74 ff., zu verwaltungsprivatrechtlichen Austauschverträgen Rn. 10).

2. Unterschiedliche Normzwecke des § 56

2   § 56 befasst sich als einzige Vorschrift der bisherigen §§ 54 ff. mit einem **Leistungsaustausch** i. w. S. zwischen Staat und Bürger. Insofern ist er eine spezielle Form kooperativen (konsensualen) Verwaltungshandelns. Auch der Austauschvertrag ist nach der derzeit geltenden Konstruktion eine Sonderform des sog. subordinationsrechtlichen Vertrags im Staat-Bürger-Verhältnis, daher nach den damaligen Grundvorstellungen mit **zahlreichen Bindungen** für beide Seiten versehen, um befürchtetem Missbrauch möglichst weitgehend entgegenzuwirken. Die strengen und kumulativ zu erfüllenden Anforderungen an die Zulässigkeit und Rechtmäßigkeit von Austauschverträgen mit vielen unbestimmten Rechtsbegriffen und unterschiedlichen, **teils gegenläufigen Normzwecken** im öffentlichen und privaten Interesse führt – wie die Praxis zeigt – zu einer potentiell gesteigerten **Fehleranfälligkeit** in Form der Nichtigkeit nach Maßgabe der §§ 56, 59 und der daraus folgenden Notwendigkeit der Rückabwicklung von Austauschverträgen. Dies ist vornehmlich aus dem bis in Inkrafttreten des VwVfG vorherrschenden Verständnis für die erstmalige Zulassung von ör Verträgen zwischen Staat und Bürger zu erklären (zur historischen Entwicklung § 54 Rn. 1 ff.). Immerhin wird durch § 56 ein begrenzter Austausch von Leistungen und Gegenleistungen zwischen Staat und Bürger grundsätzlich zugelassen. Nicht zuletzt die damit verbundenen Probleme haben die Diskussion über eine **Änderung und Fortentwicklung** der §§ 54 ff. ausgelöst[2] (hierzu Rn. 57).

3   Nach den Motiven des Gesetzgebers verfolgt § 56 mehrere, zugleich **unterschiedliche, teils gegenläufige öffentliche und private Zwecke:** Er soll einerseits verhüten, dass die im Interesse sinnvollen Verwaltungsvollzuges vorgesehene Zulassung von Austauschverträgen zu dem mitunter befürchteten **„Ausverkauf von Hoheitsrechten"** führt. Er soll zudem vornehmlich angesichts der außerhalb des Vertrags geltenden Rechtslage auch dem **Bürgerschutz** dienen, indem ihm keine Leistungen abverlangt werden dürfen, die im Hinblick auf die Gesetzeslage nicht gerechtfertigt oder nicht angemessen sind.[3]

---

[1] Vgl. *BVerwGE* 111, 162 (165); *VGH München* NVwZ 1990, 979; *VGH Mannheim* NVwZ 1991, 583 (584); ebenso *Butzer* DÖV 2002, 881 (883).
[2] Vgl. hierzu etwa *Ziekow* VerwArch 2003, 593; *Bonk* DVBl 2004, 141; *Reicherzer* ZRP 2004, 112; *Schmitz* DVBl 2005, 1; *U. Stelkens* NWVBl 2006, 1.
[3] Begründung des Entwurfs 73, S. 80; ebenso schon Begründung des Musterentwurfs 63, S. 196; *BVerwGE* 42, 331 (336 f.); 111, 162 (168 ff.); *VGH München* NVwZ-RR 1998, 194; *BGHZ* 26, 84; *Kopp/Ramsauer*, § 56 Rn. 1; *Looman* NJW 1996, 1439.

§ 56 schreibt ferner das schon vor Inkrafttreten des VwVfG existente sog. **Koppelungsver- 4 bot** fest.⁴ Dieses besagt nach der Rechtsprechung des BVerwG, dass – erstens – durch verwaltungsrechtlichen Vertrag nichts miteinander verknüpft werden darf, was nicht ohnehin schon in einem **inneren Zusammenhang** steht, dass – zweitens – hoheitliche Entscheidungen ohne entsprechende gesetzliche Ermächtigung nicht von **wirtschaftlichen Gegenleistungen** abhängig gemacht werden dürfen, es sei denn, dass erst die Gegenleistung ein der Entscheidung entgegenstehendes rechtliches Hindernis beseitigt.⁵ Das Koppelungsverbot soll insoweit einem „Verkauf von Hoheitsrechten", zugleich einer ungerechtfertigten wirtschaftlichen „**Bereicherung**" von Trägern öffentlicher Verwaltung **entgegenwirken.** Dies wird damit begründet, es gehöre zum Wesen rechtsstaatlicher Verwaltung, dass die ihr zukommenden hoheitlichen Befugnisse nicht dazu ausgenutzt werden dürfen, durch Verknüpfung hoheitlicher Maßnahmen mit bestimmten Gegenleistungen seitens privater Rechtssubjekte das allgemeine Wohl oder Einzelinteressen in unzulässiger Weise zu beeinträchtigen. Zugleich ist anerkannt, dass das Koppelungsverbot – drittens – nur eine **sachwidrige Motivation** und einen **Machtmissbrauch** der Behörden, insbesondere die Ausnutzung einer Überlegenheit des Staates verhindern soll.⁶ Schließlich – viertens – besagt es, dass die Behörde ihre Leistungen nicht von Gegenleistungen abhängig machen darf, auf die der Bürger ohnehin einen vorbehaltlos zu erfüllenden Anspruch hat.⁷ Es ist durch das Koppelungsverbot mithin nicht schlechthin unzulässig, dass ein im Interesse des Einzelnen und der Allgemeinheit liegender Interessenausgleich dadurch herbeigeführt wird, daß der Bürger unter bestimmten Umständen bestimmte Leistungsverpflichtungen für bestimmte Zwecke übernimmt und die Behörde die sonst vor allem aus finanziellen Gründen gegen die erstrebte Maßnahme bestehenden Bedenken zurückstellt⁸ (hierzu Rn. 25 ff.).

Dieses Koppelungsverbot wird aus dem **Rechtsstaatsprinzip** mit den Teilaspekten der Ver- 5 hältnismäßigkeit und des Rechtsmissbrauchs-, Übermaß- und Willkürverbots abgeleitet.⁹ Ob den Anforderungen des § 56 Rechnung getragen ist, hängt nicht allein von den subjektiven Vorstellungen der Vertragsbeteiligten und ihrer positiven Kenntnis oder ihrem Kennenmüssen ab. Austauschverträge unterliegen nach bisheriger Rechtspraxis einer (sehr strengen) **vollen gerichtlichen Überprüfung** ohne Beurteilungsspielräume (hierzu noch Rn. 44 ff.).¹⁰ Zu den Reformbestrebungen vgl. § 54 Rn. 13 ff.; § 59 Rn. 1 ff., 65 ff.

Austauschverträge zwischen Behörden und Privatrechtssubjekten spielen in der **Verwal- 6 tungspraxis** vor allem im Städtebau-, Bauplanungs-, und Erschließungsrecht (jetzt § 11 Abs. 1 und 2, §§ 124 ff. BauGB) eine nicht unerhebliche Rolle,¹¹ in geringem Umfang auch bei der Ausbildungsförderung im öffentlichen Dienst (§ 54 Rn. 129 ff.), in letzter Zeit tendenziell auch im Umwelt- und Wirtschaftsförderungsrecht (vgl. § 54 Rn. 162 ff. m. w. N.). Anwendungsfelder bestehen ferner bei Stellplatzersatzverträgen nach Landesrecht; Baudispensverträgen, Verträgen

---

⁴ Hierzu zuletzt *Butzer* DÖV 2002, 881; *Lischke,* Tauschgerechtigkeit und ör Vertrag, 2000; *Krebs,* in FS Erichsen, 2004, 63 ff., jeweils m. w. N.
⁵ *BVerwGE* 42, 331 (338 f.); 111, 162 = NVwZ 2000, 1285.
⁶ *BVerwG* DÖV 1979, 757; *BGH* DVBl 1981, 380 (382); *KG Berlin* NVwZ-RR 2000, 765.
⁷ *BVerwG* 96, 326 (335); 111, 162 (168 ff.); *BVerwG* NVwZ 1991, 574.
⁸ Vgl. zum Grundsatz und umstrittenen Einzelheiten *BVerwGE* 42, 331 (338 ff.); 67, 177 (182); 111, 162 (168 ff.); *OVG Lüneburg* NJW 1978, 2260; *OVG Münster* DÖV 1972, 687; *VGH München* BayVBl 1976, 237 (238) und 1982, 177 (178); *Maunz/Dürig,* Art. 20 Rn. 138; *Menger/Erichsen* VerwArch 1967, 171; *Dombrowski,* Missbrauch der Verwaltungsmacht, 1967; *von Campenhausen* DÖV 1967, 662; *Menger* VerwArch 1973, 203 (205 f.); *von Mutius* VerwArch 1974, 201 f.; *Göldner* JZ 1976, 352 (356); *Bötsch,* BayVBl 1981, 11 ff.; *Butzer* DÖV2002, 881. Zu Koppelungsverboten im Zivilrecht vgl. BGHZ 26, 84 (87); *BGH* DVBl 1967, 37; zuletzt *BGH* NVwZ 2005, 848 betr. Koppelung von Stromlieferung und Telefon m. w. N.
⁹ Zur Herleitung des Instituts vgl. *BVerwG* DÖV 1979, 757; *Menger* VerwArch 1973, 201 (205 f.); *von Mutius* VerwArch 1974, 201 (212); kritisch zu Einzelheiten der verfassungsrechtlichen Argumentation vgl. *Butzer* DÖV 2002, 881 (882 ff.).
¹⁰ Aus der Rechtsprechung des BVerfG ergibt sich, dass nach Art. 19 Abs. 4 GG zwar grundsätzlich eine volle Überprüfung unbestimmter Gesetzesbegriffe geboten ist; zugleich wird aber darauf hingewiesen, dass es von der Ausgestaltung des einfachen Rechts abhängt, ob eine Ausnahme von dem Grundsatz anerkannt werden kann und den Beteiligten ein nur beschränkt gerichtlich überprüfbarer Beurteilungsspielraum eingeräumt wird, vgl. *BVerfGE* 54, 173 (197); 61, 82 (110); 83, 130 (148); 84, 34 (49); 88, 40 (45); 103, 142 (157), jeweils m. w. N. Zu den Tatbestandsmerkmalen des § 56 vgl. Rn. 44 ff.
¹¹ Hierzu die Nachweise § 54 Rn. 134 ff.

über die freiwillige Baulandumlegung,[12] Bauleitplanungsverträgen und Folgelastenverträgen (hierzu § 54 Rn. 141 ff.).

7 Die Grundsätze des Koppelungsverbots sind inzwischen in einigen wichtigen Bereichen ganz oder teilweise **spezialgesetzlich** modifiziert und vereinfacht (vgl. § 11 Abs. 2 BauGB beim städtebaulichen Vertrag, der abweichend von § 56 I 2 nur noch auf Angemessenheit von Leistung und Gegenleistung abhebt, bei dem aber mittelbar aus dem Zusammenhang der Vorschriften das Koppelungsverbot ebenfalls zu beachten ist.[13]

II. Anwendungsbereich

8 § 56 gilt nur im sachlichen Anwendungsbereich dieses Gesetzes nach Maßgabe der §§ 1, 2, soweit nicht inhaltsgleiche oder entgegenstehende Rechtsvorschriften etwas anderes bestimmen. Grundsätzlich unzulässig sind Austauschverträge im Abgabenbereich sind im Hinblick auf § 2 Abs. 2 Nr. 1 (vgl. hierzu und teilweise anderweitigen Regelungen im Kommunalabgabenrecht der Länder § 54 Rn. 124 ff.; § 2 Rn. 44 ff.), ebenso im Prüfungs- und Leistungsbewertungsrecht gemäß § 2 Abs. 3 Nr. 2. Zum Austauschvertrag im Sozialbereich vgl. § 55 SGB X.

9 § 56 gilt mit seinen beiden Absätzen **nur für sog. subordinationsrechtliche Verträge** im Sinne des § 54 Satz 2 zwischen Staat und Privatrechtssubjekten (hierzu § 54 Rn. 3 ff., 55 ff.). Die durch § 56 für die Gegenleistung bewirkten Bindungen gelten **nicht auch** für die sog. **koordinationsrechtlichen Verträge** zwischen Hoheitsträgern. Soweit bei ihnen Austauschlagen in Betracht kommen, ist eine unmittelbare Anwendung des Koppelungsverbots (Rn. 2) des § 56 nicht angezeigt, da eine Schutzbedürftigkeit von Behörden und ihrer Rechtsträger regelmäßig nicht besteht und durch das VwVfG keine Grundsätze über den Inhalt einer Zusammenarbeit zwischen Behörden und ihren Rechtsträgern aufgestellt werden sollen, weil damit in ihr Finanzverfassungs- und Verwaltungsorganisationsrecht eingewirkt werden könnte.[14] Austauschleistungen sind zwischen Behörden und ihren Rechtsträgern sind grundsätzlich unabhängig von den Bindungen des § 56 nach den einschlägigen Rechtsvorschriften zulässig, sofern nichts anderes geregelt ist.[15]

10 Die Anwendung des § 56 setzt voraus, dass im Sinne des § 54 Satz 1 ein **Rechtsverhältnis** auf dem Gebiet des öffentlichen Rechts begründet, geändert oder aufgehoben wird (vgl. § 54 Rn. 82 ff.). § 56 erfasst **alle Arten** ör Verwaltungstätigkeit (hierzu § 1 Rn. 63 ff.). Der eigentliche Anwendungsbereich des § 56 liegt dabei nicht im Bereich der gebundenen Verwaltung (Abs. 2, hierzu Rn. 29 ff.), sondern dort, wo die Verwaltung **Gestaltungsspielräume** hat (Rn. 46 ff.). Auch der städtebauliche Vertrag i. S. der §§ 11, 12 BauGB (hierzu § 54 Rn. 134 ff.) fällt, soweit er ör Vertrag ist, unter §§ 54 ff., und wird, soweit in §§ 11, 12 BauGB keine entgegenstehenden Rechtsvorschriften bestehen, durch das VwVfG – etwa zum Koppelungsverbot (hierzu Rn. 49 ff.) – ergänzt.[16] Austauschlagen sind auch in einem sog. **gemischten Vertrag** denkbar (hierzu § 54 Rn. 77 ff.). Auch im **Verwaltungsprivatrecht** sind Austauschverträge zulässig, wenn öffentliche Aufgaben mit privaten Gestaltungsmitteln wahrgenommen werden (§ 1 Rn. 83 ff.). Auf sie ist § 56 analog oder als allgemeiner Rechtsgrundsatz anwendbar (§ 54 Rn. 8, 16).

11 Für das **Zustandekommen** gelten die Verfahrensvorschriften des VwVfG (§ 62 S. 1), etwa §§ 11–14, aber auch die Vorschriften der §§ 57–59, im übrigen alle anwendbaren (§ 62 S. 2) BGB-Vorschriften (hierzu § 62 Rn. 10 ff.). Es ist daher im Einzelfall zu prüfen, ob der Vertrag wirksam, schwebend unwirksam oder nichtig ist. Zur Auslegung, ergänzenden Auslegung, Umdeutung und zu Willensmängeln vgl. § 54 Rn. 34 ff.

---

[12] Hierzu *VGH Mannheim* NVwZ 2001, 694.
[13] Vgl. hierzu etwa *BGH* NVwZ 2003, 371; *Battis/Krautzberger/Löhr*, BauGB, § 11 Rn. 21 ff. m. w. N.
[14] Vgl. *BVerwGE* 26, 338 (390); *BVerwG* DÖV 1977, 206 (207); DÖV 1989, 640; *OVG Lüneburg* DÖV 1978, 220 (222); ebenso *Kopp/Ramsauer*, § 56 Rn. 3; *Ule/Laubinger*, § 68 Rn. 27; *Meyer/Borgs*, § 56 Rn. 4.
[15] Von *BVerwG* DÖV 1989, 640 für Art. 104a Abs. 1 GG verneint bei Vereinbarungen zwischen Bundesbahn und einer Gemeinde über die Kostenerstattung für den Einsatz von Schülerzügen, zugleich zur Zulässigkeit von Verzugszinsen nach § 288 Abs. 2 BGB analog.
[16] *Battis/Krautzberger/Löhr*, BauGB, § 11 Rn. 21; *Bunzel/Coulmas/Metscher/Schmidt-Eichstädt*, Städtebauliche Verträge, S. 44 ff.; *Birk*, Städtebauliche Verträge, 4. Aufl., Rn. 457.

Wie § 54 enthält auch § 56 mit den in Absatz 1 und 2 enthaltenen Einschränkungen eine **12** doppelte gesetzliche Entscheidung:
Er enthält vorbehaltlich entsprechender spezieller Rechtsvorschriften die normative Zulassung von Austauschverträgen im Anwendungsbereich des Gesetzes im Sinne einer gesetzlichen Ermächtigung („darf") mit der Folge, dass die zwingenden Wirksamkeitsvoraussetzungen in den Absätzen 1 und 2 nicht zur vertraglichen Disposition der Vertragspartner stehen. § 56 enthält **bindendes Recht** und kann **vertraglich nicht abbedungen** werden, soweit Rechtsvorschriften nichts anderes bestimmen.[17] Allerdings haben die Vertragsparteien bei der Frage der Festlegung der Zweckbestimmung, der Erfüllung öffentlicher Aufgaben und bei der Angemessenheit von Leistung und Gegenleistung die begrenzte Befugnis, nach **eigener Einschätzung** Vertragsinhalte vereinbaren zu können, die auch in Ansehung von Art. 19 IV GG nicht unbegrenzt durch eine davon unabhängige andere ex-post-Betrachtung ersetzt werden kann, wenn hinreichende und tragfähige Gründe für den Konsens vorhanden sind (hierzu Rn. 49 ff., 54 ff.).

Daneben bedeutet das Wort „kann" in Abs. 1 Satz 1 die Einräumung einer **Ermessenser-** **13** **mächtigung** an die Behörde im Einzelfall zu entscheiden, ob, wann und mit welchem Inhalt sie einen Austauschvertrag abschließt und für ihre Leistung eine (rechtmäßige) Gegenleistung vereinbart (hierzu Rn. 31 ff.; zu den Rechtsfolgen bei Nichtbeachtung § 59 Rn. 21).

Zeitlich gilt § 56 erst ab 1. 1. 1977 und die seitdem begonnenen Verfahren (§§ 103, 97). **14** Die darin enthaltenen Grundsätze waren aber als ungeschriebenes Recht schon bisher anwendbar.[18] § 56 ist daher entsprechend auch auf **vor dem 1. 1. 1977** abgeschlossene Verträge in sog. Altverfahren anwendbar.[19]

III. Begriff und Inhalt des Austauschvertrags

§ 56 Abs. 1 Satz 1 definiert den Austauschvertrag als einen ör Vertrag i. S. von § 54 Satz 2, in **15** dem sich der Vertragspartner der Behörde zu einer Gegenleistung verpflichtet. Abs. 1 befasst sich also nur mit den Voraussetzungen und den Grenzen für **„Gegen"leistungen von Privatrechtssubjekten** als Partner von Austauschverträgen mit Behörden bei ör Verwaltungstätigkeit. Abs. 1 knüpft in den Sätzen 1 und 2 die (Gegen-)Leistung des Bürgers an bestimmte Voraussetzungen; insofern dient die Vorschrift vornehmlich dem **Schutz der Rechte Privater**, nur mittelbar auch dem öffentlichen Interesse. Abs. 2 steckt den Zulässigkeitsrahmen für Gegenleistungen ab, auf die ein Rechtsanspruch besteht (hierzu Rn. 31 ff.).

1. Austauschvertrag i. e. S.

Der Begriff des „Austauschvertrages" ist eine Zweckschöpfung des Verwaltungs(verfahrens)- **16** rechts. Er darf deshalb **nicht** einengend i. S. der §§ 320 ff. BGB **nur** als besonderer Fall der **gegenseitigen Verträge** und des damit verbundenen Synallagmas von Leistung und Gegenleistung verstanden werden. Sein Anwendungsbereich geht vielmehr darüber hinaus und ist in einem **besonderen öffentlich-rechtlichen Sinne** zu verstehen, mit dem spezielle ör Austauschlagen durch Vertrag geregelt und die Rechtsbeständigkeit solcher Verträge an bestimmte Zulässigkeitsvoraussetzungen geknüpft werden sollten.[20] Der Begriff geht – wie die Entstehungsgeschichte zeigt – auf *Salzwedel*[21] zurück. Dieser versteht ihn neben dem Vergleichsvertrag (Beseitigung einer Ungewissheit über Rechtslage oder Sachverhalt durch gegenseitiges Nachgeben) und dem „Gesamtvertrag" (Schaffung einer gemeinsamen öffentlichen Einrichtung) als dritte Vertragsart, zu der er alle diejenigen Verträge rechnet, in denen zumindest ein Vertragspartner eine Leistung ör Inhalts erbringt, um von dem anderen Vertragspartner eine bestimmte Gegenleistung zu erhalten, an der ein irgendwie geartetes Verwaltungsinteresse besteht. Zu sog. hinkenden/kausal-konditionell verknüpften Verträgen Rn. 20.

---

[17] *BVerwG* vom 27. 6. 2006 – 5 B 108/05.
[18] Vgl. *BVerwGE* 42, 333.
[19] Vgl. *BVerwGE* 111, 162 = NVwZ 2000, 1285; VGH *München* BayVBl 1980, 719, 720.
[20] Vgl. *BVerwG* NJW 1975, 1751 und DÖV 1978, 220; *BVerwGE* 42, 331 (343); *Meyer/Borgs*, § 56 Rn. 3; *Ule/Laubinger*, § 68 Rn. 27 ff.
[21] Zulässigkeit des verwaltungsrechtlichen Vertrages, 1958, S. 20; 123 ff., 225 ff.

17 Der Austauschvertrag kann – abhängig von seinem Inhalt und Zustandekommen – auch als Vergleichsvertrag i. S. von § 55, als Kooperationsvertrag (§ 54 Rn. 14 ff.) oder als sonstiger Vertrag i. S. des § 54 S. 1 ausgestaltet sein, zumindest **Teilelemente** davon enthalten. Die Zuordnung kann wichtig sein, weil davon die Anwendung unterschiedlicher Vorschriften abhängt. Denkbar ist er ferner als **gemischter/zusammengesetzer/kombinierter Vertrag** mit ör und zivilrechtlichen Elementen (hierzu noch § 54 Rn. 68 ff.). Für die Zuordnung zum öffentlichen oder privaten Recht kommt es maßgeblich auf den wesentlichen Regelungsgegenstand an, der dem Vertrag das wesentliche **Gepräge** gibt. § 56 ist analog oder als allgemeiner Rechtsgrundsatz auch auf Austauschverträge im **Verwaltungsprivatrecht** anzuwenden, wenn Private an der Erfüllung einer öffentlichen Aufgabe beteiligt werden, die Behörde aufgrund ihres Formenwahlrechts aber von privatrechtlichen Gestaltungsmitteln Gebrauch macht (vgl. auch Rn. 10; § 54 Rn. 16; § 1 Rn. 92 ff.).

18 § 56 gilt zunächst für Fälle, in denen die gegenseitigen Leistungspflichten **im Vertrag selbst** für die Vertragspartner verbindlich vereinbart werden und ein **echtes Synallagma** im Sinne des do-ut-des wie bei einem privatrechtlichen gegenseitigen Vertrag besteht.

19 Insbesondere im Ermessensbereich ist die Leistung des Vertragspartners der Behörde oft nicht eigentlich Gegenleistung für die behördliche Leistung, sondern schafft erst die Voraussetzungen für die Rechtmäßigkeit des Verwaltungshandelns, auch für eine pflichtgemäße Ermessensausübung. Dies ist vor allem der Fall, wenn durch die Leistung des Bürgers Umstände beseitigt werden, die sonst die Verwaltung an einer positiven Ermessensbildung gehindert hätten. Der Vertrag nach § 56 hat daher oft, wenn auch nicht notwendig, eine **wirtschaftliche Dimension**.[22] Er ermöglicht Gegenleistungen, für die keine ausdrückliche gesetzliche Grundlage vorhanden ist.[23] Von § 56 erfasst werden demnach auch Verträge, in denen kein Leistungsaustausch im engeren Sinne des Wortes stattfindet, sondern eine **Art Aufwendungsersatz** vereinbart wird.[24] Kein Vertrag mit Austauschcharakter hingegen ist die Rückzahlungsvereinbarung für die vor Übernahme in das Beamtenverhältnis erklärte Verpflichtung zur Erstattung der gesetzlichen Ausbildungsvergütung im Vorbereitungsdienst bei vorzeitigem Ausscheiden[25] (hierzu ferner m. w. N. § 54 Rn. 129); ebenfalls nicht eine Vertragsstrafenvereinbarung.[26]

2. Sog. hinkender Austauschvertrag/kausale Verknüpfung

20 § 56 findet ferner zumindest entsprechende[27] Anwendung, wenn nur die von einer Seite zu erbringende Leistung in dem Vertrag vereinbart wird, die von der anderen Seite zu erbringende Leistung **außerhalb des Vertrags** in sonstiger Weise, etwa im Sinne einer Bedingung oder als Geschäftsgrundlage erkennbar so vorausgesetzt wird, dass zwischen Leistung und Gegenleistung ein untrennbarer Zusammenhang besteht, so dass die eine Leistung nicht erbracht zu werden braucht, wenn die andere ausfällt (sog. **unvollständiger (hinkender) Austauschvertrag**).[28] Eine solche außerhalb des Vertragstextes vorausgesetzte, zugrundegelegte bzw. zur Bedingung gemachte (Gegen-)Leistung der anderen Seite ist der Sache ein Vertrag mit **kausaler bzw. konditioneller Verknüpfung**.[29] In formaler Hinsicht muss aus dem Text der Vertragsurkunde ein erkennbarer Anhaltspunkt dafür vorhanden sein, auf Grund dessen im Zusammenhang mit den Umständen des Vertragsschlusses die Gegenleistung und ihr Zweck durch **Auslegung** er-

---

[22] *OVG Lüneburg* DÖV 1978, 220/222; *BVerwG* DÖV 1977, 206 (207); zum Verhältnis Einbürgerung/Rückzahlung von Stipendien vgl. *BVerwGE* 96, 326; dazu *Herms* BayVBl 1997, 74.
[23] Vgl. *BGHZ* 56, 365 (369); *BGH* NJW 1975, 1019 (1020); JuS 1970, 1 (5); *Kopp/Ramsauer*, § 56 Rn. 5; *Redeker* DÖV 1966, 543.
[24] *BVerwGE* 42, 331 (343) zu Folgekostenverträgen; *OVG Münster*, Urt. vom 12. 7. 1983 – 7 A 738/82 – für Stellplatzersatzverträge (Ablösungsverträge), hierzu ferner § 54 Rn. 75 ff.; *BVerwG* BauR 1985, 71 für Verträge über die freiwillige Baulandumlegung; zu Erschließungsverträgen § 54 Rn. 73; zum (zulässigen) ör Vertrag über Wirtschaftsförderung mit gekoppelten Immissionsschutzmaßnahmen *BVerwGE* 84, 236 = DVBl 1990, 376.
[25] Vgl. *BVerwG* DÖV 1978, 103 (104).
[26] *OVG Münster* vom 26. 11. 1996 – 14 A 1205/94 –.
[27] Vgl. etwa *BVerwGE* 96, 326 (332); 111, 162 (167); *OVG Koblenz* DVBl 1992, 785 (786); *VGH Kassel* NVwZ-RR 2005, 681.
[28] *BVerwGE* 42, 331 (333); 96, 326 (332); 111, 162 (164); 124 (385 (390); *BVerwG* NVwZ-RR 2003, 874; *OVG Münster* NVwZ-RR 2004, 776 (777); *OVG Kassel* NVwZ-RR 2005, 680.
[29] So nunmehr ausdrücklich mit Recht *BVerwGE* 111, 162 (168).

§ 56 Austauschvertrag

mittelt werden können (sog. **Andeutungstheorie**).[30] Ob eine solche Verknüpfung besteht, hängt von den Umständen des Einzelfalles ab. Kann sie bejaht werden, folgt daraus, dass Leistung und Gegenleistung in einem inneren Zusammenhang und einer gegenseitigen Abhängigkeit von einander stehen: Bleibt die Leistung der einen Seite ganz oder teilweise aus, dann wirkt sich dies grundsätzlich auf die Gegenleistung der anderen Seite aus, sofern nicht der Fall einer einseitigen und unbedingten **Risikoübernahme** oder einer sonstigen vorbehaltlos erklärten Einstandspflicht besteht (hierzu § 60 Rn. 17 ff.). Auf solche Verträge sind daher über § 62 Satz 2 die schuldrechtlichen Vorschriften des **BGB** entsprechend anwendbar, etwa das zivilrechtliche Zurückbehaltungsrecht und die Einrede des nicht oder nur teilweise erfüllten Vertrags. Von solchen „hinkenden" (genauer: kausal/konditionell verknüpften) Austauschverträgen sind **einseitige Leistungen** auf selbstständiger, gesonderter Rechtsgrundlage zu unterscheiden, bei denen die Verknüpfung von Leistung und „Gegen"leistung nicht besteht, etwa bei einseitig verpflichtenden abstrakten oder kausalen Schuldversprechen oder -anerkenntnissen[31] oder bei einer Schenkung. Ob eine unbedingt einseitige oder eine kausal/konditionelle verknüpfte Leistung besteht, hängt von den Umständen des Einzelfalls ab (vgl. hierzu § 62 Rn. 11 ff.).

21 Es ist nicht erforderlich, dass der Austausch gerade zwischen den Vertragsschließenden stattfindet. Auch **Leistungen an Dritte** durch einen ör Vertrag zugunsten Dritter können durch Austauschvertrag übernommen werden (§ 62 Satz 2 i. V. m. §§ 328 ff. BGB).[32] Unzulässig sind Verträge zu Lasten Dritter (Näheres bei § 58 Rn. 10).

3. Leistungen der Vertragspartner

22 **a)** Als **Leistung eines Trägers öffentlicher Verwaltung** in einem Austauschvertrag kommen alle Arten von Rechts- und Realakten, Erklärungen oder sonstige Verhaltensweisen mit rechtlichen oder tatsächlichen Auswirkungen – auch als Aufwendungsersatz[33] – in Betracht, zu denen der Träger außerhalb des Vertrags an sich befugt und zuständig ist (Rn. 25) und die nach der Einschätzung des privaten Vertragspartners für ihn oder Dritte von materiellem oder immateriellem Wert oder Vorteil sind. Eine Begrenzung ergibt sich aus dem Koppelungsverbot, speziell den Erfordernissen der Angemessenheit der Gegenleistung (Abs. 1 Satz 2, Rn. 54).

23 In Betracht kommen als Leistung i. S. des § 56 auf Seiten der Behörde vor allem der Erlass eines **VA oder jede sonstige Verwaltungshandlung** mit unmittelbaren oder mittelbaren Auswirkungen für einen konkreten Einzelfall, also auch z. B. die Bereitstellung von Grundstücken und/oder die Investitionsförderung,[34] die Instandsetzung von Wohnraum,[35] die Aufforstung von Waldgebieten,[36] Verpflichtungserklärungen über ein Bleiberecht.[37] Auch eine **Unterlassung** kann als Leistung gewertet werden,[38] selbst wenn sie unter Bedingungen und Auflagen erbracht wird. Auch der erwartete Erlass, die Änderung oder Beibehaltung einer **Rechtsnorm** für konkrete Fälle, z. B. ein Bebauungsplan, kommt grundsätzlich als „Leistung" der Behörde bzw. ihres Rechtsträgers in Frage; allerdings sind solche Normsetzungszusagen, wenn sie zur unmittelbaren und unbedingten Vertragspflicht gemacht werden, also nicht nur zur Bedingung, Voraussetzung oder Geschäftsgrundlage des Vertrags, regelmäßig nichtig und fallen insoweit als nicht erhebliche Leistung aus.[39] Sind auf dieser Grundlage von der privaten Gegenseite schon Vorleistungen im Hinblick auf den erwarteten bzw. dem Vertrag zugrundegelegten B-Plan erbracht worden, ist dies für eine Vertragsanpassung nach § 60 bzw. im Rahmen des Rückabwicklungsverhältnisses nach § 62 Satz 2 i. V. m. §§ 812 ff. BGB zu berücksichtigen (hierzu § 60 Rn. 19 ff.; § 62

---

[30] Vgl. *BVerwGE* 84, 236 (244) = NVwZ 1990, 665; *BVerwGE* 111, 162 (168) = NVwZ 2000, 1285 (1287); *OVG Münster* NVwZ-RR 2004, 776.
[31] Vgl. *BVerwG* NJW 1975, 1751; *BGH* MDR 1988, 385; *VG Oldenburg* DVBl 1976, 404; *OVG Lüneburg* DÖV 1977, 208.
[32] Ebenso *OVG Münster*, Urt. vom 12. 7. 1983 – 7 A 738/82 –; *VGH München* DÖV 1987, 644 (645); vgl. auch § 54 Rn. 55.
[33] *BVerwGE* 42, 331; 90, 310.
[34] Vgl. *BVerwG* DVBl 1990, 376.
[35] Vgl. *OVG Münster* vom 26. 11. 1996 – 14 A 1205/94 –.
[36] *VGH Kassel* NuR 1995, 292.
[37] *VG München* NVwZ-RR 1995, 608.
[38] *Ule/Laubinger*, § 68 Rn. 34.
[39] Ebenso *Kopp/Ramsauer*, § 56 Rn. 6; hierzu und zur regelmäßigen Nichtigkeit eines (Nicht-)Planungsvertrages noch § 54 Rn. 134 ff.

Rn. 33ff.). Die bloße Bereitschaft, vom Erlass eines VA abzusehen und einen Vertrag abzuschließen, ist regelmäßig für sich allein noch keine Leistung.[40]

24   b) Auf Seiten des **privaten Vertragspartners** der Behörde kommen als Gegenleistung ebenfalls alle Rechts- und Realakte in Betracht, die ein Privatrechtssubjekt erbringen kann, vor allem die Zahlung eines Geldbetrags, daneben alle sonstigen Handlungen, Duldungen oder Unterlassungen, etwa die Verpflichtung zur Grundstücksübertragung, Erschließungsleistungen, Baulastübernahmen und/oder die Abgabe sonstiger relevanter Zustimmungserklärungen mit einem Vermögenswert.

IV. Zulässigkeit der Leistung der Behörde

25   § 56 befasst sich mit der von der Behörde auf Grund Austauschvertrages zu erbringenden Leistung nur mittelbar im Zusammenhang mit den Voraussetzungen der Gegenleistung des Vertragspartners der Behörde. § 56 schafft oder ersetzt keine für behördliche Leistungen sonst notwendige Rechtsgrundlage, sondern setzt eine grundsätzliche **Befugnis und Zuständigkeit zur Erbringung** einer solchen Leistung voraus. Der Austauschvertrag ist kein Mittel für die Behörde, sich ihrer Bindung an das Gesetz dadurch zu entziehen, dass sie eine vertragliche Leistung vereinbart, die sie auch durch einseitiges Verwaltungshandeln rechtmäßig nicht hätte gewähren dürfen oder für die sie örtlich oder sachlich nicht zuständig ist. Allerdings kann bei **gesetzlichen Spielräumen,** im sog. gesetzesfreien Raum, im Bereich unbestimmter Gesetzesbegriffe, bei der planerischen Gestaltungsfreiheit (§ 74 Rn. 19ff.) und beim Ermessen (hierzu § 40 Rn. 1ff.) die Leistung der Behörde insbesondere in **Gemengelagen** von zivilem und öffentlichem Recht – etwa im Städtebaurecht (hierzu § 54 Rn. 134ff.) – gerade und erst durch die Gegenleistung gerechtfertigt sein (Rn. 27ff.).

26   Die Behörde kann sich **nur zu rechtmäßigen Leistungen** verpflichten, die sich innerhalb der gesetzlichen Ermächtigungen halten. Ungesetzliche Leistungen der Behörde werden auch durch die Einwilligung des Vertragspartners nicht gerechtfertigt; insoweit ist der Konsens der Vertragspartner keine ausreichende Legitimation dafür, den objektiv wirkenden Grundsatz der Gesetzmäßigkeit der Verwaltung zu durchbrechen. Allerdings gibt es keine strikten Handlungs- oder Leistungsverbote für die Behörde, wenn erst und gerade durch die (Vor-)Leistung des Privaten **ör Hindernisse für die Leistung der Behörde beseitigt** werden. Je größer die **Gestaltungsspielräume** der Behörden bzw. ihrer Rechtsträger sind, desto eher wird sie befugt sein, einen do-ut-des-Leistungsaustausch zu vereinbaren, der aus der Sicht eines verständigen Betrachters beiden Seiten Vorteile bringt. Wann Leistungen der Behörde unzulässig sind, bedarf der Auslegung des einschlägigen Bundes- und Landesrechts im Einzelfall.[41]

27   Hat der Vertragspartner der Behörde einen **Rechtsanspruch** auf die Leistung, so kann die Behörde sie nach Abs. 1 grundsätzlich in ungeschmälerter Form auch vertraglich vereinbaren, allerdings grundsätzlich **ohne Gegenleistung** (wegen einer Gegenleistung vgl. Rn. 31f.). Fehlen im Bereich gebundener Verwaltung Tatbestandsvoraussetzungen und werden sie auch durch den Vertrag nach § 56 nicht hergestellt, so darf sich die Verwaltung zu Leistungen nicht verpflichten, auch wenn sie Interesse an der Gegenleistung hat. Allerdings können die Voraussetzungen eines gebundenen Verwaltungshandelns gerade durch die Leistung des Vertragspartners der Behörde geschaffen werden (Rn. 31ff.).

28   Liegt eine Leistung im **Ermessen** der Verwaltung, so kann die Rechtmäßigkeit der im Ermessen stehenden Leistung von der Gegenleistung abhängen. Dies ist der eigentliche und wesentliche Anwendungsbereich des § 56 Abs. 1. Eine Ermessensentscheidung ist nicht ohne weiteres schon deshalb fehlerhaft, weil ihr ein Vertrag vorausgegangen ist und sich auf die Entscheidung ausgewirkt hat. Ob ein zu missbilligender Einfluss vorliegt, hängt von dem Inhalt

---

[40] *BVerwG* NJW 1975, 1751.
[41] Vgl. *BVerwG* DVBl 1973, 800 für Unzulässigkeit bei eindeutigen Verboten; *BVerwGE* 48, 166 zur Umdeutung einer unzulässigen Gewerbesteuerbefreiung in einem rechtswirksamen Steuererlass; *BVerwGE* 44, 202 und *BVerfG* NJW 1979, 859 zur Folgekostenregelung des § 9 KAG SH; ferner die Nachweise § 54 Rn. 58ff.

des Vertrages und seiner konkreten Bedeutung für den Abwägungsvorgang und daher wesentlich von den Umständen des Einzelfalls ab.[42]

In **gesetzlich nicht** oder nur durch unbestimmte Rechtsbegriffe mit weitem Beurteilungsspielraum **vorgeregelten Bereichen** ist die Eingehung von Verpflichtungen zu nicht ausgabewirksamen Leistungen an die Währung des Grundsatzes der Gesetzmäßigkeit der Verwaltung im negativen Sinne[43] gebunden. Das bedeutet insbesondere die Pflicht, die **Grundrechte**, vor allem das Willkür- und Übermaßverbot zu beachten und hoheitliche Maßnahmen als Ausdruck des allgemeinen **Koppelungsverbots** nicht von Gegenleistungen abhängig zu machen, die nicht im sachlichen Zusammenhang mit der Maßnahme stehen. Diese Merkmal darf aber nicht zu eng ausgelegt werden (vgl. Rn. 49 ff.).

Soweit sich die Behörde zu ausgabewirksamen Maßnahmen im Bereich der **leistungsgewährenden Verwaltung** bereiterklären will, wird durchweg, wenn auch nicht notwendig, die Bereitstellung von Mitteln im Haushaltsplan eine entsprechende vertragliche Verpflichtung legitimieren können, sofern darin nicht zugleich ein Eingriff in Rechte Dritter liegt.[44] Auch Bauplanungen der Behörde können von den (Gegen-)Leistungen Privater abhängen.

V. Gegenleistung bei Rechtsanspruch auf die Leistung der Behörde (Abs. 2)

§ 56 Abs. 1 und 2 schränken die auf dem Gebiet des Zivilrechts bestehende, bis zu den Schranken der §§ 134, 138 BGB gehende Vertragsfreiheit des privaten Vertragspartners der Behörde bei ör Austauschverträgen **im öffentlichen und privaten Interesse,** insbesondere zum Schutz der privaten Vertragspartei (Rn. 2) in mehrfacher Hinsicht ein. § 56 hat zugleich Bindungswirkung für und gegen die vertragsschließende Behörde bei Austauschverträgen. § 56 Abs. 1 und 2 sind **zwingendes Recht** und können vertraglich nicht abbedungen werden (Rn. 2, 12). Sie enthalten Zulässigkeitsvoraussetzungen und -grenzen, zugleich Ermessensermächtigungen mit den daraus folgenden Grenzen (zur Nichtigkeit vgl. § 59 Abs. 2 Nr. 4, dort Rn. 39 ff.

§ 56 kommt **subsidiär** zur Anwendung, soweit spezielle Rechtsvorschriften keine inhaltsgleichen oder entgegenstehenden Rechtsvorschriften enthalten. Die Subsidiaritätsklauseln in § 1 Abs. 1, § 54 Satz 1 lassen auch eine **teilweise Ergänzung** von Spezialregelungen zu, soweit dort keine abschließenden Regelungen enthalten sind, die einer Ergänzung und Lückenschließung durch § 56 nach Wortlaut, Sinn und Zweck entgegenstehen (hierzu § 1 Rn. 207 ff.). Eine solche lückenschließende ergänzende Anwendung des § 56 etwa zum Koppelungsverbot gilt etwa für § 11 Abs. 2 BauGB bei städtebaulichen Verträgen und für § 124 Abs. 3 BauGB bei Erschließungsverträgen.[45] Folgekostenvereinbarungen können daher unzulässig sein, wenn die Kosten und ihre Abwägung durch Gesetz abschließend geregelt sind.[46] Andererseits ist ein Vertrag über die freiwillige Baulandumlegung nicht deshalb nichtig, weil die Beteiligten neben einem Flächenabzug eine Geldleistung der Eigentümer zur Deckung von Umlegungskosten vereinbart haben.[47]

Mit den in § 56 enthaltenen Regelungen wird eine vertraglich erklärte Bereitschaft des (privaten) Vertragspartners der Behörde zu **Gegenleistungen nur beschränkt** zugelassen.

1. Rechtsanspruch (Abs. 2)

Besteht auf die Leistung der Behörde ein Rechtsanspruch (Rn. 36), so kann nur eine solche Gegenleistung vereinbart werden, die bei Erlass eines VA **Inhalt einer Nebenbestimmung** nach § 36 sein könnte (Absatz 2). Nach § 36 Abs. 1 darf ein VA, auf den ein Anspruch besteht, mit einer Nebenbestimmung nur versehen werden, wenn sie durch Rechtsvorschriften des

---

[42] BVerwGE 42, 331 (338) und 90, 310 zu Folgekostenverträgen; BGH NJW 1975, 1019.
[43] Dazu *Wolff/Bachof/Stober* 1, § 30 II.
[44] Vgl. BVerwGE 6, 282 (287 f.); 58, 45; 90, 112 ff.
[45] *Battis/Krautzberger/Löhr,* BauGB, § 11 Rn. 22 m. w. N.
[46] Vgl. BVerwGE 90, 310, nunmehr § 124 BauGB n. F.; zur grundsätzlichen Unzulässigkeit von gesetzesinkongruenten Verträgen in Abgabenangelegenheiten § 54 Rn. 124.
[47] BVerwG NJW 1985, 989 = BauR 1985, 71.

Bundes oder der Länder **zugelassen** ist (etwa bei Stellplatzersatzverträgen, Rn. 160) oder wenn sie sicherstellen soll, dass die **gesetzlichen Voraussetzungen** des VA erfüllt werden (hierzu § 36 Abs. 1, dort Rn. 56ff.).

Abs. 2 folgt dem Gedanken, dass der Anspruch auf eine vorbehaltlos zu gewährende Leistung auch im ör Vertragsrecht nicht dadurch relativiert bzw. minimiert werden darf, dass die Behörde die von ihr zu erbringende Leistung von einer (vertraglichen) Gegenleistung abhängig macht. Mit anderen Worten: Für die Behörde besteht ein grundsätzliches Verbot, sich etwas bezahlen zu lassen, was der Private sonst ohne Entgelt erhalten müsste.[48] Diese Vorschrift dient dem **Bürgerschutz** und schränkt die Zulässigkeit des Austauschvertrages über die Grenzen des Abs. 1 hinaus weitergehend ein.[49] Umgekehrt gilt Abs. 1 auch im Falle des Abs. 2, so dass die dortigen allgemeinen Sicherungen des Bürgers bei Abs. 2 nicht entfallen.

35   Soweit eine Gegenleistung zulässig ist, weil sie auch eine zulässige Nebenbestimmung eines VA sein könnte (hierzu § 36 Rn. 28ff.), muss sie Umstände schaffen oder beseitigen, deren Fehlen oder Vorhandensein auch bei einer Entscheidung durch VA berücksichtigt werden müsste und die die Behörde nicht zur Ablehnung der vom privaten Vertragspartner erstrebten Leistung berechtigen würde.[50] Sofern diese Voraussetzungen nicht vorliegen, ist der Anspruch vorbehaltlos zu erfüllen und dementsprechend eine Vereinbarung einer Gegenleistung unzulässig.

36   Ein **Rechtsanspruch** liegt i.S. eines subjektiv-öffentlichen Rechts (§ 36 Rn. 67ff.) vor, wenn durch Gesetz (von Bund oder Länder), Rechtsverordnung oder Satzung eine zwingende Rechtsnorm besteht, die auch dem Einzelnen zu dienen bestimmt ist. Gleichgestellt ist der Fall, dass ein Fall der sog. **Ermessensreduzierung auf Null** vorliegt, weil dann nur noch eine einzige Entscheidung rechtmäßig ist. Dass dann für die Anwendung von Abs. 1 weniger Raum bleibt, ist unerheblich.[51]

37   **Unzulässig** ist daher z.B. die Koppelung einer Baugenehmigung mit dem Verzicht auf weitere (rechtmäßige) Baumaßnahmen,[52] die Erteilung des Einvernehmens zur Grundstücksteilung nur gegen Entgelt,[53] die Koppelung einer Stellplatzverpflichtung mit der Verpflichtung zur Vermietung von Wohnungen nach den Grundsätzen des sozialen Wohnungsbaus,[54] die Zahlung, von „Kulturbeiträgen für erhöhte Schul- und Wegebaukosten" oder pauschale Baukostenzuschüsse,[55] ebenso „Spenden" und „Kulturbeiträge" für die Wohnberechtigung in einer Gemeinde,[56] die Zahlung eines Kindergartenbeitrags für einen nicht mehr festsetzbaren Erschließungsbeitrag.[57] **Zulässig** ist hingegen ein ör Vertrag, in dem eine Gemeinde eine kommunale Wirtschaftsförderung an vorbeugende Immissionsschutzmaßnahmen knüpft.[58] Zu den Begrenzungen von Leistungen des Bürgers durch andere Verträge vgl. § 54 Rn. 71ff.; ferner Rn. 35ff.

38   Dieses grundsätzliche Gegenleistungsverbot im Bereich gebundener Verwaltung im Rahmen von Austauschverträgen schließt freilich **Leistungen** des Vertragspartners der Behörde **auf anderer Rechtsgrundlage** als durch Austauschvertrag nicht aus, sofern nur kein Zusammenhang mit der ör Leistung der Behörde besteht. Ob sich eine solche einseitige oder zweiseitige Verpflichtung ergibt, muss aus dem Gesamtinhalt der bestehenden Vereinbarung durch Auslegung ermittelt werden.

39   Eine Gegenleistung darf bei einem sonst zu erlassenden gebundenen VA nur auf Grund besonderer **Zulassung durch Rechtsvorschrift** verlangt werden. Ob eine solche Zulassung im Sinne von Absatz 2 i.V.m. § 36 Abs. 1 1. Alternative vorliegt, ist durch **Auslegung** der betreffenden Rechtsnormen zu ermitteln. Im Allgemeinen wird eine Zulassung nicht schon dann angenommen werden können, wenn aus der Norm kein ausdrückliches oder sinngemäßes Leis-

---

[48] Begr. RegE 73, BT-Drs. 7/910, S. 81.
[49] Begr. RegE 73, BT-Drs. 7/910, S. 80; *Kopp/Ramsauer*, § 56 Rn. 20, 21; *Meyer/Borgs*, § 56 Rn. 23.
[50] *BVerwGE* 42, 331 (342); *BVerwG* NJW 1981, 1747; *Wolff/Bachof/Stober* 1, § 54 Rn. 30; *Kopp/Ramsauer*, § 56 Rn. 21.
[51] Str., ebenso *Kopp/Ramsauer*, § 56 Rn. 20a; *Ziekow*, VwVfG, § 56 Rn. 14; klarstellend hier zur Vorauflage Rn. 36; a. A. Begr. Des RegE, BT-Drs. 7/910, S. 81.
[52] *OVG Lüneburg* DVBl 1978, 179; DVBl 1979, 751.
[53] *OVG Koblenz* NVwZ 1992, 796.
[54] *OVG Schleswig*, Die Gemeinde 1993, 191.
[55] Vgl. *Henneke* in Knack, § 56 Rn. 42.
[56] *Tittel* DVBl 1976, 39.
[57] *BVerwGE* 111, 162 = NVwZ 2000, 1285.
[58] *BVerwGE* 84, 236 = DVBl 1990, 376.

tungsverbot hervorgeht, sondern nur dann, wenn eine besondere gesetzliche Ermächtigung besteht, aus der sich die Zulassung der Gegenleistung ergibt. Zulässig sind z. B. Ablösungsverträge, durch die sich der Bauherr gegen Befreiung von seiner (landesrechtlichen) Stellplatzpflicht zur Zahlung eines Ablösungsbetrages für Parkplatzerstellung verpflichtet.[59]

2. Herstellung der gesetzlichen Voraussetzungen

Die Behörde kann ferner dann für eine Leistung, auf deren Gewähr ihr Vertragspartner einen Anspruch hat, eine Gegenleistung vereinbaren, wenn die Nebenbestimmung sicherstellen soll, dass die gesetzlichen Voraussetzungen des VA erfüllt werden (§ 56 Abs. 2 i. V. m. § 36 Abs. 1 2. Alternative).

Mit dieser Regelung wird die Auffassung bestätigt, dass sich die Behörde eine Gegenleistung dann versprechen lassen darf, wenn damit die gesetzlichen Voraussetzungen der von der Verwaltung zu erbringenden hergestellt werden. Art und Umfang der Leistung dürfen aber nicht anders beschaffen sein, als es zur Erfüllung des gesetzlichen Tatbestandes notwendig ist. Die Leistung darf aber **nicht dem Zweck des VA zuwiderlaufen** (§ 36 Abs. 3). Diese Regelung folgt einmal aus dem Verhältnismäßigkeitsprinzip und soll verhindern, dass insbesondere unwesentliche, geringfügige fehlende gesetzliche Voraussetzungen als Ablehnungsgrund benutzt werden, wenn sie durch Nebenbestimmungen (Befristung, Bedingung, Widerrufsvorbehalt oder Auflage, vgl. hierzu § 36) gesichert werden könnten. Da Nebenbestimmungen ferner sachgerecht und sachbezogen sein müssen (§ 36 Rn. 51 ff.), sind solche Nebenbestimmungen (und damit vertragliche Gegenleistungen) unzulässig, die die Voraussetzungen des Absatzes 1 nicht erfüllen, insbesondere in keinem Zusammenhang mit der Regelung stehen oder eine sachwidrige Koppelung mehrerer Interessen beinhalten (§ 36 Rn. 55; ferner auch Rn. 2).

Bei Austauschverträgen, die **teilweise** unter Absatz 2, teilweise unter Absatz 1 fallen, teilbare Leistungen enthalten und zu uneinheitlichen Ergebnissen hinsichtlich der Wirksamkeit von Leistung und (oder) Gegenleistung führen, sind die Rechtsfolgen für den Gesamtvertrag auf der Basis der (begrenzten) Einheitsbetrachtung (§ 54 Rn. 77) zu untersuchen. Wegen einer Teilnichtigkeit vgl. § 59 Abs. 3.

Wegen der **Nichtigkeitsfolgen** bei Vereinbarungen einer unzulässigen Gegenleistung vgl. § 59 Rn. 39.

VI. Gegenleistung bei Fehlen eines Anspruchs auf die Leistung der Behörde (Abs. 1)

Absatz 1 lässt unter den dort geregelten Voraussetzungen die Vereinbarung einer Gegenleistung durch Austauschvertrag nicht in allen nicht unter Absatz 2 geregelten Fällen zu, sondern nur unter bestimmten Voraussetzungen. Die Vorschrift kommt vor allem bei **Planungs-, Gestaltungs- und sonstigen Entscheidungsspielräumen** der Behörde zur Anwendung. Ob die Behörde einen Austauschvertrag schließt, steht regelmäßig in ihrem pflichtgemäßen **Ermessen** (§ 40). Entscheidet sie sich dafür, ist sie an die **vertraglich nicht disponiblen vier kumulativ zu erfüllenden Rechtmäßigkeitsvoraussetzungen** gebunden. Jede von ihnen ist eine Zulässigkeitsvoraussetzung i. S. von § 59 Abs. Nr. 4. Aus dem Fehlen auch nur einer dieser Voraussetzungen folgt in der Regel die Nichtigkeit des Austauschvertrags (Näheres § 59 Rn. 39 ff.). Die dadurch entstehende Fehleranfälligkeit führt in der Verwaltungspraxis etwa dann zu Problemen, wenn Austauschverträge vielfach erst nach Jahren in einem Verwaltungsprozesse für nichtig erklärt werden. Insbesondere deshalb wird über eine Änderung bzw. Ergänzung der §§ 54 ff. diskutiert (hierzu § 54 Rn. 13 ff.). Der Vorschlag, Austauschverträge von jeder Bindung freizustellen, wurde schon im MustE 1963 verworfen,[60] § 56 ist im Ergebnis ein **Kompromiss zwischen zivilen und öffentlichen Interessen,** der einerseits dem Bürgerschutz dienen, zugleich einen „Ausverkauf von Hoheitsrechten" verhindern, gleichwohl flexibles und effektives

---

[59] Hierzu *BVerwG* DÖV 1979, 756; NVwZ-RR 1996, 249; *VGH Mannheim*, Urt. vom 13. 2. 1980 – III 1696/79 – und v. 25. 3. 1980 – III 4067/78 – *BayVerfGH* NVwZ 1992, 160; zusammenfassend hierzu *Gloria* NVwZ 1990, 305; ferner § 54 Rn. 160.
[60] Dort S. 198.

Verwaltungshandeln ermöglichen sollte. Dieser Zweck ist nicht immer erreicht worden (hierzu Rn. 54 ff.).

45 Die Anwendung des Abs. 1 mit seinen vier unterschiedlichen Tatbestandsmerkmalen steht unter dem Vorbehalt des Fehlens entgegenstehender Rechtsvorschriften des Bundes und der Länder (hierzu und zur Teilergänzung Rn. 8 ff.; § 1 Rn. 186 ff.). Es ist wegen dieser **Subsidiarität** vor seiner Anwendung daher stets zu prüfen, ob der in Abs. 1 enthaltenen Regelung nicht spezialgesetzliche Rechtsvorschriften entgegenstehen und die Anwendbarkeit des Abs. 1 ausschließen oder modifizieren, z. B. im Erschließungsbeitragsrecht nach §§ 124 ff. BauGB.

46 Abs. 1 enthält zwingendes Recht, kann daher vertraglich nicht abbedungen werden; es gibt aber **Spielräume bei der Auslegung und Anwendung** der wesentlichen Tatbestandsmerkmal vgl. Rn. 2, 12). Ob sich Austauschverträge im gesetzlichen Rahmen halten, wird nach einer **ex-post-Betrachtung** beurteilt. Unerheblich für die Frage der Rechtsbeständigkeit eines Austauschvertrages ist danach, ob die Vertragsbeteiligten die Unzulässigkeit einer Leistung bzw. Gegenleistung erkannt haben oder auch nur erkennen konnten.[61] Es ist fraglich, ob man die bei Vertragsschluss wesentlichen Gesichtspunkte der Vertragsparteien insgesamt außer acht lassen und durch eine reine ex-post-Betrachtung ersetzen kann (vgl. nachfragend).

47 Die Gegenleistung muss **objektiv geeignet** sein, einen ohne sie sonst bestehenden **Ablehnungsgrund auszuräumen.** Kommt die Behörde bei Vorliegen überwiegend positiver Umstände zu dem Ergebnis, dass eine bestimmte Leistung auch unabhängig von der Gegenleistung gewährt werden kann, bedarf es sorgfältiger Prüfung, ob sie sich außerdem noch eine Gegenleistung gewähren lassen darf. Überwiegen umgekehrt unabhängig von der Gegenleistung die negativen Umstände, so ist die Tatsache, dass der Behörde eine Gegenleistung geboten wird, für sich allein noch kein zwingend ausreichender Grund für die Vereinbarung einer Gegenleistung. Sinn und Zweck des Hinweises in Abs. 1 Satz 2 auf die „**gesamten Umstände**" ist es, der Behörde eine **umfassende Berücksichtigung** der jeweiligen Besonderheiten der Materie und des Einzelfalls zu ermöglichen. Die Formel vom sog. Verbot eines „Tauschhandels"[62] zwischen Staat und Privaten kann nicht allein aus den Vorstellungen über die Verhältnisse in den 60er Jahren interpretiert werden, sondern bedarf in Ansehung der vielfach veränderten Umstände einer Fortentwicklung (vgl. Rn. vgl. nachfolgend).

48 Um die vielfach bestehende Unsicherheit über die Rechtsbeständigkeit eines Austauschvertrags, die in der Regel erst mit rechtskräftigem Abschluss eines jahrelangen Verwaltungsprozesses beendet wird zu vermeiden, wird man den Vertragsparteien nicht von vornherein das Recht vorenthalten können, durch vertragliche **(salvatorische) Vertragsklauseln** Vorsorge zu treffen, um eine innerhalb der gesetzlichen Grenzen zulässige Anpassung des ör Vertrags zu erreichen und dadurch eine (vielfach nicht mehr mögliche oder sinnvolle Rückabwicklung[63] zu vermeiden. Allerdings dürfen solche Anpassungsklauseln nicht dazu führen, im Ergebnis einen nichtigen Vertrag auf dem Umweg letztlich doch ohne Änderungen aufrechtzuerhalten. Zur Anpassung eines für nichtig erklärten Austauschvertrags vgl. § 59 Rn. 65 ff.

1. Sachlicher Zusammenhang von Leistung und Gegenleistung/Koppelungsverbot

49 Die Gegenleistung muss „im sachlichen Zusammenhang" mit der vertraglichen Leistung der Behörde stehen (Satz 2). Das Bestehen eines solchen Zusammenhangs beurteilt sich nach **materiellem Recht** und steht nicht in der privatautonomen Gestaltungsmacht der Beteiligten eines ör Vertrags.[64] Damit soll vor allem ein „**Verkauf von Hoheitsrechten**" vermieden werden.[65] An diesem Tatbestandsmerkmal soll auch im Rahmen der Überlegungen zur Fortentwicklung der §§ 54 ff. festgehalten werden.[66] Unter welchen Voraussetzungen ein solcher Zusammenhang

---

[61] *BVerwG* NVwZ 1991, 574; *BVerwGE* 111, 162 (168) = NVwZ 2000, 1285 (1287).
[62] *Stein* AöR 86 (1961), 326; vgl. aber *VGH München* NVwZ 1999, 1008 zu vertraglichen Regelungen zum Schutz des Einheimischenmodells und gewissen Spielräumen für die Gemeinde bei der Festlegung von Grundstückspreisen mit bestimmten Bindungen zur Verhinderung von Planungsgewinnen; hierzu BVerwGE 92, 56; *BGH* NVwZ 2003, 371; ferner Rn. 54 ff. m. w. N.
[63] Hierzu *BVerwG* 111, 162 = NVwZ 2000, 1285.
[64] *BVerwG* vom 27. 6. 2006 – 5 B 108/05 –.
[65] Begr. des RegE 73, BT-Drs. 7/910, S. 83; zu Grundsatzüberlegungen vgl. ferner *v. Campenhausen* DÖV 1967, 662; *Menger* VerwArch 1973, 203.
[66] Hierzu *Schmitz* DVBl 2005, 1 (6); ferner § 59 Rn. 66.

zu bejahen ist, lässt sich **nicht abstrakt-generell** abschließend beurteilen; entscheidend sind Inhalt und Begleitumstände des konkreten Vertrags.[67] Das schon vor Inkrafttreten der VwVfG von Bund und Ländern entwickelte und dann dorthin übernommene **Koppelungsverbot** besagt, dass zum einen durch Austauschvertrag nichts miteinander verknüpft werden, was nicht ohnehin schon in innerem Zusammenhang zueinander steht, zum andern hoheitliche Entscheidungen ohne entsprechende gesetzliche Ermächtigung nicht von **wirtschaftlichen Gegenleistungen** abhängig gemacht werden dürfen, sofern nicht erst die Gegenleistung ein der Entscheidung entgegenstehendes rechtliches Hindernis beseitigt.[68] Das Merkmal des „inneren Zusammenhangs" ist kein statischer Begriff, seine Auslegung ist vielmehr wertausfüllungsbedürftig und hat sich an den Ist-, nicht an den Soll-Verhältnissen zu orientieren. Deshalb darf das materielle Recht **nicht zu eng** ausgelegt und angewendet werden, weil sich innere und sachliche unmittelbare oder mittelbare Zusammenhänge durchaus auch in **heterogenen Bereichen** durch die Verknüpfung von Leistungen und Gegenleistungen herstellen lassen, die nicht auf den ersten Blick zusammengehören, die Gegenleistung bei einer **Gesamtbetrachtung** aber insgesamt dem von der juristischen Person des öffentlichen Rechts zu wahrenden öffentlichen Interesse im weiteren Sinne dient, m. a. W.: nicht schadet.[69]

Ob das Koppelungsverbot in diesem Sinne nur eine Frage des einfachen Rechts ist oder auch Verfassungsqualität hat und – unabhängig von der Angemessenheit von Leistung und Gegenleistung (hierzu Rn. 54 ff.) – ausschließlich oder vornehmlich aus dem Rechtsstaatsprinzip abzuleiten ist, wird in letzter Zeit mit nicht unbeachtlichen Argumenten hinterfragt.[70] Wenn das Koppelungsverbot im Kern „den Ausverkauf von Hoheitsrechten verhindern" soll, ist es problematisch anzunehmen, dass bei abstrakt-genereller Betrachtung „Hoheitsrechte" auch dann beim Hoheitsträger bleiben und den Vorrang vor einer vernünftigen vertraglichen Verständigung haben müssen, obwohl es sachliche Gründe auch für einen Austausch disparater Leistungen gibt. Die Koppelungs-Verbotsgrenze ist erst erreicht und überschritten, wenn es **keinerlei sachlich vertretbaren Gründe für die Verknüpfung** der öffentlichen mit der privaten Leistung gibt. Im Zweifelsfalle ist darauf abzustellen, ob für die jeweiligen Regelungsgegenstände ein **gesetzliches Verbot** im Bundes- oder Landesrecht besteht. Eine unzulässige Gegenleistung wird deshalb in Zweifel erst dann anzunehmen sein, wenn im konkreten Fall in Ansehung der konkreten Umstände der Private nach der Gesetzeslage auch ohne Gegenleistung einen Anspruch auf die Gegenleistung hat.[71] Dient die vom Privaten zu erbringende Leistung einem **anerkannten öffentlichen** (auch finanziellen) **Interesse** des ör Vertragspartners und hat die Behörde für die Gegenleistung (ohne den Vertrag) **gesetzliche Entscheidungsspielräume,** wird der innere Zusammenhang zwischen beiden in der Regel nicht verneint werden, sofern nicht konkrete und triftige Gegengründe vorliegen und überwiegen.[72] Maßgebend ist die Gesamtumstände des **Einzelfalls** nach den aktuellen Verhältnissen.[73]

Sind **mehrere Auslegungsmöglichkeiten** der Umstände vor und beim Vertragsschluss vorhanden, ist im Zweifel diejenige zu zu wählen, die nicht zur Nichtigkeit führt, sofern sie dem Willen der Vertragsparteien nicht ausdrücklich zuwiderläuft und sich innerhalb der Auslegungsschranken der §§ 133, 157 BG hält.[74]

---

[67] BVerwGE 111, 162 (169) = NVwZ 2000, 1285 (1287); VGH München NVwZ-RR 2005, 781; zum Koppelungsverbot und § 138 BGB im Zivilrecht BGH NJW 1999, 208.
[68] So die gängige Formel des BVerwG, vgl. BVerwGE 42, 331 (338, 339); 111, 162 (169). und dort unter Berufung auf BGHZ 26, 84 (87) und 36 (37). Zum Koppelungsverbot im Zivilrecht vgl. etwa BGHZ 26, 84 (87); BGH DVBl 1972, 824 (826); BGH NJW 2002, 3405 – unzulässige Koppelung Stromlieferungsvertrag mit Billigstkauf eines Fernsehgeräts –; BGH GRUR 2003, 77 – zulässige Koppelung Verkauf von Grundstücken/Anschluss an Blockheizkraftwerk –; BGH NVwZ 2005, 848 – unzulässige Koppelung Stromlieferung/Telefon –.
[69] VGH Mannheim vom 1. 10. 2004 – 5 S 1012/03 – Juris.
[70] Vgl. hierzu Butzer, Brauchen wir das Koppelungsverbot nach § 56 VwVfG?, DÖV 2002, 881; vgl. auch Krebs, in: Krebs (Hrsg.), Liber amicorum Hans-Uwe Erichsen, 2004, 63 ff.
[71] BVerwGE 96, 326 (335); 111, 162 (169); VGH Mannheim VBlBW 2004, 52 (53).
[72] So wohl auch BVerwGE 111, 162 (169); ähnlich VGH München NVwZ 1999, 1008 (1011); VGH Mannheim VBlBW 2004, 52 (53).
[73] So zutreffend Butzer DÖV 2002, 881 (888). Auch nach den allgemeinen Beweislastverteilungsgrundsätzen trägt derjenige die Folgen der Unerweislichkeit, der sich auf ihn begünstigende Umstände und Tatbestandsvoraussetzungen beruft.
[74] Vgl. BVerwGE 84, 257 (264); VGH München BaVBl 1977, 246; OVG Münster NVwZ 1989, 989.

49c Hat die vertragschließende Behörde Gestaltungsspielräume, so hat sie nicht nur ihre **begrenzten Ressortinteressen** wahrzunehmen, sondern zugleich auch solche des **gesamten Rechtsträgers,** denn jede Behörde ist Teil der juristischen Personen des öffentlichen Rechts, für und gegen die der Vertrag geschlossen wird. Eine zu strenge Betrachtung ist auch hierzu nicht angezeigt, wenn es **sachlich vertretbare,** mit der Rechtsordnung nicht in Widerspruch stehende **Gründe** einer Verknüpfung bestimmter öffentlicher und privater Leistungen gibt.[75] Ein unmittelbarer, evidenter und enger sachlicher Zweckzusammenhang[76] ist nicht erforderlich; es reicht mittelbare Förderung öffentlicher Interesse, sofern sie nur hinreichend konkret benannt werden können. Eine Garantie für den Eintritt vertraglich zugrunde gelegter Verhältnisse ist für die Rechtsgültigkeit eines Austauschvertrags unerheblich; anwendbar ist ggfls. § 60.

50 Ein solcher sachlicher Zusammenhang wurde z. B. **verneint** bei der Verknüpfung eines Baudispenses gegen Entrichtung der Einkommensteuer,[77] bei der Erteilung des Einvernehmens nach § 36 BauGB für ein Wohnungsbauvorhaben im Außenbereich gegen einen Vertrag zur Sicherung von Bauland für den einheimischen Bedarf,[78] bei Erteilung des Einvernehmens nach § 36 BauGB gegen eine bestimmte bauliche Nutzung,[79] bei der Koppelung einer Stellplatzverpflichtung mit einer Verpflichtung zur Vermietung einer Wohnung nach den Grundsätzen des sozialen Wohnungsbaus,[80] bei der Vereinbarung einer Geldzahlung für die Unterhaltung eines städtischen Kinderspielplatzes an Stelle eines nicht mehr festsetzbaren Erschließungsbeitrags,[81] bei einer Baugebietsausweisung gegen Sanierung und Teilübereignung eines Schlosses an die Gemeinde.[82] Der sachliche Zusammenhang wurde **bejaht** z. B. bei einem Baugesuch und der Koppelung einer zustimmenden Stellungnahme der Verträge zwischen der Zahlung eines Ablösungsbetrages der Gemeinde an die Abtretung von Straßenflächen,[83] bei Stellplatzablösungsverträgen zwischen der Zahlung eines Ablösungsbetrags für Parkraumbeschaffung und der Baugenehmigung, auch wenn der Parkraum sich nicht in unmittelbarer Nähe des Baugrundstücks befindet,[84] ferner bei Folgekostenverträgen (§ 54 Rn. 154) zwischen Aufwand der Gemeinde bei Bauvorhaben und den dadurch unmittelbar verursachten Infrastrukturmaßnahmen,[85] ebenfalls bei einer Einbürgerung, die von der Rückzahlung eines Studiendarlehens abhängig gemacht wird.[86]

2. Konkrete Zweckbestimmung

51 Die Gegenleistung muss nach Satz 1 ferner für einen bestimmten Zweck im Vertrag vereinbart sein. Sie muss in der Regel also so **zweckgebunden** werden, dass der mit der Gegenleistung erstrebte konkrete Zweck wie eine an sich bestehende gesetzliche Verpflichtung demjenigen Erfolg dienen soll, die durch den Vertrag erreicht werden soll.[87] Da bei einem Austauschvertrag nicht nur Ressortinteressen, sondern das Gesamtinteresse des vertragsschließenden Rechtsträgers zu berücksichtigen sind, zudem die **Zukunft** schwer prognostizierbar ist, dürfen die Anforderungen an die Zweckbestimmung **nicht überdehnt** werden. Zu beachten ist ferner, dass die von § 56 verlangte vertragliche Festlegung eines bestimmten Zweckes in **Kollision** geraten kann mit sonstigen Rechten und Pflichten, etwa im Bauplanungsrecht. Hier kann im Hinblick auf die Planungshoheit der Gemeinde (§ 1 Abs. 3 BauGB) nicht immer im Vertrag auf Jahre in die Zukunft strikt festgelegt werden, wann welche Ziele wie zu erreichen sind, weil dann ein Konflikt zwischen Vertrag und Planungshoheit entstehen kann (hierzu

---

[75] *VGH München* NVwZ 1999, 1008 zu vertraglichen Regelungen zum Schutz des sog. Einheimischenmodells mit Sicherungsklauseln vor Planungsgewinnen; vgl. auch *BVerwGE* 92, 56 = NJW 1993, 2695.
[76] So *Willigmann* DVBl 1963, 229 (230).
[77] *BVerwG* NJW 1980, 1294.
[78] *VG München* NJW 1998, 2070; dazu *Reidt* NVwZ 1999, 149.
[79] *VG Darmstadt* NJW 1998, 2073; dazu *Reidt* NVwZ 1999, 149.
[80] *OVG Schleswig* Die Gemeinde 1993, 191.
[81] *BVerwGE* 111, 162 = NVwZ 2000, 1285.
[82] *VGH München* DVBl 2004, 975 – nur Leitsatz –.
[83] *BVerwG* NVwZ 1994, 485.
[84] *BVerwG* DÖV 1979, 756; vgl. auch *BVerwG* NVwZ 1987, 410; NVwZ-RR 1996, 249; *BayVerfG* NVwZ 1992, 160; ferner *Ehlers* DVBl 1986, 529; *Gloria* NVwZ 1990, 305; § 54 Rn. 160.
[85] *BVerwGE* 90, 310; nunmehr § 11 Abs. 1 Nr. 3 BauGB; § 54 Rn. 154.
[86] *BVerwG* InfAuslR 1988, 109; *BVerwGE* 96, 326.
[87] Begründung des Musterentwurfs 63, S. 197; *BVerwGE* 84, 236 (242).

noch § 54 Rn. 141 ff.). Denkbar ist, dass **mehrere Zwecke und Ziele** in Betracht kommen; dann müssen sie so konkret wie möglich bezeichnet werden.[88] Erforderlich ist, sofern es darauf ankommt, eine Konkretisierung der Ursächlichkeit von Leistung und Gegenleistung,[89] ebenso eine hinreichend konkrete Bezeichnung von **Art, Zahl und Zeitpunkt** der aufgrund des Vertrags zu realisierenden Investitionsvorhaben. Auch alternative oder sukzessive zu verwirklichende Vorhaben sind nicht von vornherein unzulässig, sofern die Umstände im Vertrag bezeichnet sind, unter denen sie zum Zuge kommen. Nur in jeder Hinsicht völlig pauschale und undifferenzierte Bezeichnungen reichen nicht aus, etwa allgemeine Hinweis auf die „Verbesserung der Infrastruktur" oder auf „Folgelasten" irgendeines nur abstrakt denkbaren möglichen Bevölkerungszuzugs.[90] Notwendig sind **hinreichend konkret benannte** (schriftliche) Zweckbestimmungen, die regelmäßig im Wortlaut der Vertragsurkunde zum Ausdruck kommen müssen; zumindest müssen sich aus dem Vertragstext oder den Umständen Anhaltspunkte dafür bieten, sofern der Zweck nicht offensichtlich ist. Die Anforderungen an die Bestimmtheit des Zwecks dürfen **nicht überspannt** werden.[91] Die vertragliche Einräumung eines globalen, nicht konkretisierten Einvernehmensvorbehalts reicht regelmäßig nicht aus, sofern sich nicht aus dem Inhalt der Vertragsurkunde zureichende Anhaltspunkte für die Wahrung des Bestimmtheitserfordernisses ergeben.[92] Insgesamt gesehen dürfen die Anforderungen an vertragliche Festlegungen für die Zukunft **nicht überspannt** werden.[93] Denn die verlangten Festlegungen und Bindung schon im Vertrag müssen auch mit sonstigen schutzwürdigen Interessen der Vertragspartner abgewogen werden, die bei Vertragsschluss möglicherweise noch gar nicht absehbar waren.

Der Sinn dieser Bestimmtheitserfordernisse besteht in der unmissverständlichen (schriftlichen 52 und damit nachprüfbaren) **Festlegung und Nachprüfbarkeit,** welche (Gegen-)Leistungen zu erbringen sind, ob diese der Erfüllung öffentlicher Aufgaben dienen, angemessen sind und in sachlichem Zusammenhang mit der vertraglichen Leistung der Behörde stehen.[94] **Schätzungen** über die Teilkosten etwa für Kindergärten, Schulraum, Parkplatzangebotserweiterungen, öffentliche Erholungsflächen, Verschönerung des Ortsbildes usw., die ungefähre Art und Zahl der Investitionsvorhaben ohne weitergehende quantitative oder qualitative Substantiierungen können je nach Einzelfall ausreichen.[95] Eine **nachträgliche** zeitliche oder sachliche **Änderung** der ursprünglichen Zwecksetzung des Vertrages ist zulässig und steht der konkreten Zweckbestimmung nicht entgegen, wenn die Voraussetzungen dafür im Vertrag selbst bezeichnet sind, etwa Veränderungen der kommunalpolitischen Planungen oder Veränderungen infolge nachträglich eintretender tatsächlicher oder rechtlicher Verhältnisse; dafür bedarf es dann ggfls. eines Änderungs- bzw. Ergänzungsvertrags nach § 60.[96] Wer sich auf mangelhafte Zweckbestimmung beruft, trägt dafür nach allgemeinen Grundsätzen die **Darlegungs- und Beweislast.**

3. Erfüllung öffentlicher Aufgaben

Die Gegenleistung muss ferner der Behörde zur Erfüllung ihrer öffentlichen Aufgaben dienen 53 (Satz 1). Dieser Begriff ist nicht auf **ör Verwaltungstätigkeit** i.S. von § 1 beschränkt (dort Rn. 64 ff.), auch nicht identisch mit staatlicher Pflicht- und Kernaufgabenwahrnehmung, sondern geht darüber hinaus. Er umfasst auch Aufgaben im Bereich der sog. **Daseinsvorsorge**[97] (vgl. hierzu § 54 Rn. 68 ff.). Der Begriff der öffentlichen Aufgabe umfasst alle Aufgaben, für die die vertragsschließende Behörde bzw. ihr Rechtsträger[98] örtlich und sachlich zuständig ist und

---

[88] *BVerwGE* 42, 332 (344); *Kopp/Ramsauer,* § 56 Rn. 9.
[89] *BVerwGE* 42, 331 (343); 90, 310: unmittelbare Kausalität.
[90] *BVerwGE* 42, 331 (344 f).
[91] Vgl. *BVerwGE* 84, 236 (244); 111, 162 (168).
[92] Vgl. *BVerwGE* 42, 343; *BVerwG* DVBl 1990, 376, 377.
[93] Sehr weitgehend insoweit *Ziekow,* VwVfG, § 56 Rn. 7.
[94] *BVerwGE* 90, 310.
[95] Vgl. *BVerwG* DVBl 1990, 376 zum Verhältnis kommunale Wirtschaftsförderung/Immissionsschutzmaßnahmen; ferner *VGH München* BayVBl 1980, 719, 721; ähnlich *Kopp/Ramsauer,* § 56 Rn. 9, 10; *Meyer/Borgs,* § 56 Rn. 13, 14; *Hennecke* in Knack, § 56 Rn. 13.
[96] Ebenso *Kopp/Ramsauer,* § 56 Rn. 10.
[97] So auch *Kopp/Ramsauer,* § 56 Rn. 11; *Meyer/Borgs,* § 56 Rn. 16; *Obermayer,* § 56 Rn. 14.
[98] Enger *Hennecke* in Knack, § 56 Rn. 13; *Ziekow,* VwVfG, § 56 Rn. 9, die allein auf die Zuständigkeit der vertragsschließenden Behörde und ihre Aufgaben abstellen.

an deren Erledigung ein **öffentliches Interesse** besteht,[99] also auch solche, die **nicht nur Ressortinteressen** der vertragsschließenden Behörde betreffen. Ferner gehören solche öffentliche Aufgaben dazu, die zum **Verwaltungsprivatrecht** gehören und mit privatrechtlichen Formen und Handlungsmitteln im öffentlichen Interesse wahrgenommen werden (z. B. von und für kommunale Ver- und Entsorgungsbetriebe unabhängig von der Rechtsform). Wenn im Musterentwurf 63 gesagt wird, dass „privatwirtschaftliche Verwaltungsinteressen" für den Begriff „öffentliche Aufgabe" nicht ausreichen, aber eine „mittelbare öffentliche Aufgabenstellung" genügt,[100] so ist das nach heutigem Verständnis kein Widerspruch mehr.[101] Ausreichend ist die **sachliche und örtliche Zuständigkeit** der vertragschließenden Behörde bzw. ihres Rechtsträgers jedenfalls für den Haupt-Regelungsgegenstand des ör Vertrags. Die Grenze bilden Aufgaben eines **anderen Rechtsträgers,** weil mit einem Austauschvertrag nicht in fremde Kompetenzbereiche eingegriffen werden darf (vgl. § 58 Abs. 2). Auch **fiskalische Interessen** der vertragschließenden Behörde und ihres Rechtsträgers genügen in der Regel auch dann der Erfüllung öffentlicher Aufgaben, wenn die mit einem Austauschvertrag verbundenen Vorteile ihnen **mittelbar** zugute kommen und dies dem Wohl der Allgemeinheit dient.

4. Angemessenheit der Gegenleistung

54 Die Gegenleistung muss den gesamten Umständen nach angemessen sein (Satz 2). Der Begriff der Angemessenheit (vgl. auch § 11 Abs. 2 und § 124 Abs. 3 BauGB) bedeutet nicht Gleichwertigkeit oder Gleichartigkeit, sondern ist im Sinne von **Ausgewogenheit zwischen Leistung und Gegenleistung** zu verstehen.[102] Das Angemessenheitsprinzip ist Bestandteil und Konkretisierung des **Verhältnismäßigkeitsprinzips** und Übermaßverbots, soll zugleich aber auch dem **Gleichheitsgebot** Rechnung tragen.[103]

Angemessenheit bedeutet nach der – auch zu § 11 II BauGB entwickelten – Rechtsprechung, dass bei wirtschaftlicher Betrachtung des Gesamtvorganges die Gegenleistung des Vertagspartners der Behörde **nicht außer Verhältnis** zu der **Bedeutung** und dem wirtschaftlichen **Wert** der von der Behörde erbrachten oder zu erbringenden Leistungen stehen darf und auch sonst keine Anhaltspunkte dafür gegeben sind, dass die Gegenleistung eine unzumutbare Belastung für den Vertragspartner darstellt[104] Notwendig ist ein bestimmtes Maß an **wirtschaftlicher Ausgewogenheit** der Höhe von Leistung und Gegenleistung, wobei die Behördenleistung bei wirtschaftlicher Betrachtung der **Gesamtumstände** des Vertrags, aber auch unter Berücksichtigung der möglicherweise unterschiedlichen Interessen und Bewertungen der Vertragspartner, nicht unverhältnismäßig geringer sein darf als die vom Bürger erstrebte (Geld-)Leistung.[105] Die Behörde darf weder **wuchern noch verschleudern,** auch nicht ihre **Macht missbrauchen.**[106] Das gleiche gilt für den privaten Vertragspartner. Beide dürfen legale öffentliche Ziele mit nicht unverhältnismäßigen Mitteln innerhalb der ihnen zustehenden gesetzlichen Spielräume verfolgen, insbesondere dann nicht, wenn ihre eigene Leistung unangemessen niedrig ist.[107]

---

[99] Ebenso *Kopp/Ramsauer,* § 56 Rn. 11.
[100] Begründung des Musterentwurfs, S. 197; vgl. auch *OVG Münster,* Urt. vom 12. 7. 1983 – 7 A 738/82.
[101] Begründung des Musterentwurfs, S. 197; vgl. auch *BVerwG* 84, 236 (238 ff.); enger *Henneke* in Knack, § 56 Rn. 5.
[102] So auch *VGH München* BayVBl 1978, 147; *Kopp/Ramsauer,* § 56 Rn. 15. Eingehend *Lischke,* Tauschgerechtigkeit und ör Vertrag – Zur Auslegung der Angemessenheit in § 56 I VwVfG, Schriften zum Öffentlichen Recht Bd. 833, 2000.
[103] Vgl. *BGHZ* 29, 76 (80); 33, 230 (233): *BGH* NJW 2003, 371 (373).
[104] *BVerwGE* 42, 331 (345); 124, 385 (391) = NVwZ 2006, 336; *BGHZ* 26, 88; *VGH Mannheim* NVwZ 1997, 1071; *VGH München* NVwZ 1999, 1008 (1010); *Kopp/Ramsauer,* § 56 Rn. 13.
[105] *BVerwGE* 42, 331 (345); *BVerwG* NJW 1975, 1751; *BVerwG* BauR 1985, 71 = NJW 1985, 989; *BVerwGE* 84, 236 = DVBl 1990, 376 – zum Verhältnis kommunale Wirtschaftsförderung/vorbeugender Immissionsschutz und zu Bestimmungsrechten nach § 315 BGB –; *VGH München* BayVBl 1982, 177 (178) und NVwZ 1999, 1008; *OVG Münster,* Urt. vom 12. 7. 1983 – 7 A 738/82 und vom 6. 2. 1990 – 11 A 926/88 –; *BGHZ* 26, 84 (88).
[106] *Ule/Laubinger,* § 68 Rn. 42; *Scharmer* NVwZ 1995, 221; *Henneke* in Knack, § 56 Rn. 5.
[107] *VGH München* NVwZ 1999, 1008 zu vertraglichen Regelungen zur Sicherung des Einheimischenmodells u. a. durch Sicherungsklauseln vor Planungsgewinnen. Zu Einheimischenmodellen vgl. *BVerwGE* 92, 56 – sog. Weilheimer Modell –; *BGH* NVwZ 2003, 371; ferner *OLG München* NVwZ 1999, 1025; *LG Traunstein* NVwZ 1999, 1026.

Bei der Frage der Angemessenheit ist – wie in § 11 Abs. 2 und § 124 Abs. 3 BauGB – zwischen einer objektiven und einer subjektiven Komponente zu unterscheiden[108] Die **objektive Angemessenheit** einer (wirtschaftlich bewertbaren) Leistung hat im Ansatz – unabhängig vom Parteiwillen – von den **quantifizierbaren Kostenfaktoren** auszugehen, die für eine bestimmte Maßnahme voraussichtlich anfallen werden und daher zu decken sind. Das sind die gewissermaßen notwendigen und unvermeidlichen Kosten. Maßgebend dafür sind sachgerecht erstellte Kalkulationen für die beabsichtigte Maßnahme, bei denen die jeweiligen Verhältnisse vollständig berücksichtigt worden sind. Hier besteht für die Vertragsparteien – abhängig vom Einzelfall – ein **Einschätzungsspielraum**, ob die „notwendigen" Kosten zugleich auch „angemessene" sind, weil Leistungen mit größerem oder kleinerem Wert, mit besserem oder schlechterem Standard und kürzerer oder längerer Lebensdauer in Betracht kommen können, die sich einer rein summenmäßigen Betrachtung entziehen. Zweifelhaft kann im Einzelfall auch sein, welche Kostenfaktoren in die Berechnung eingestellt werden dürfen. Für die (objektive) Angemessenheit von (Gegen-)Leistungen können ggfls. auch gesetzliche Regelungen über Steuern, Gebühren und/oder Beiträge, auch durch kommunale Abgabensatzungen, von Bedeutung sein, weil erst durch sie die Art und Höhe von Belastungen festgestellt werden können.[109] Zur Feststellung der Angelegenheit gehören auch **prognostische Entwicklungen,** etwa künftige Grundstückspreise auf Grund einer kommunalen Planungsmaßnahme.[110] 55

Die **subjektive Angemessenheit** geht nicht primär von rein wirtschaftlichen und quantifizierenden Faktoren aus, sondern berücksichtigt den individuellen, nicht in Geld quantifizierbaren subjektiven **Wert** einer Leistung für eine bestimmte Person oder für bestimmte Gesamtumstände. Ein solches individuelles Affektionsinteresse kann ebenfalls, wenn auch nur unterstützend zu der objektiven Angemessenheit nach den **„gesamten Umständen"** berücksichtigt werden. Durch diesen ausdrücklichen Hinweis in Abs. 1 Satz 2 sind auch subjektive Elemente bedeutsam und bei einer Gesamtbetrachtung der Rechtsbeziehungen der Vertragspartner, ggfls. auch außerhalb des konkreten Austauschvertrages, zu berücksichtigen.[111] „Subjektive" Aspekte, die sich nicht sofort in Zahlen ausdrücken und messen lassen, können **auch von Trägern öffentlicher Verwaltung** geltend gemacht werden, etwa im Bereich kommunaler Planungen. Auch Leistungen an Dritte, die dem Vertragspartner keinen unmittelbaren Vorteil bieten, können berücksichtigt werden.[112] 55a

Im Zweifel besteht eine **widerlegliche tatsächliche Vermutung** dafür, dass beide Vertragsseiten ihre Angelegenheiten und Interessen sachgerecht wahrgenommen haben und die schließlich erreichte Lösung nach den gesamten Umständen als angemessen betrachten.[113] Den Vertragsparteien steht im Zweifel eine **Einschätzungsprärogative** zu den beiderseiten Leistungen zu. Für die Annahme einer Unangemessenheit oder unverhältnismäßige Ungleichgewichtigkeit müssen hinreichend konkrete Fakten dargelegt werden, dass eine Angemessenheit offensichtlich nicht besteht und nicht bestehen kann, denn auch im öffentlichen Vertragsrecht gibt es grundsätzlich keinen nachträglichen „Schutz vor sich selbst". Die **Darlegungs- und Beweislast** für eine Unangemessenheit oder sonstige Fehlerhaftigkeit trägt nach allgemeinen Grundsätzen diejenige Vertragpartei, die sich darauf beruft. Vereinbart eine Vertragspartei eine bestimmte (Gegen-)Leistung und beruft sie sich später auf Unangemessenheit, so ist ein solches Verhalten auch unter den Gesichtspunkten von **Treu und Glauben** bzw. des venire contra factum proprium zu prüfen.[114] Unberührt davon bleibt das Recht auf Vertragsanpassung oder Kündigung, wenn die Voraussetzungen des § 60 gegeben sind (Näheres dort). 55b

---

[108] Hierzu etwa *Battis/Krautzberger/Löhr*, § 11 Rn. 21 und § 124 Rn. 7 ff.; *Birk,* Städtebauliche Verträge nach BauGB, 4. Aufl., Rn. 243 ff., 301 ff.
[109] *VGH München* BayVBl 1998, 566.
[110] Hierzu etwa *VGH München* NVwZ 1999, 1008 zu Grundstückspreisfestsetzungen und Sicherungsklauseln vor Planungsgewinnen in einem städtebaulichen Vertrag.
[111] Begründung, S. 80; vgl. auch *BVerwGE* 42, 345.
[112] Vgl. *OVG Münster,* Urt. vom 12. 7. 1983 – 7 A 738/82 –.
[113] Vgl. *Hien,* in: Schlichter-Festschrift, 1995, 129, 137, wonach eine erste Vermutung regelmäßig dafür spricht, dass beide Seiten eines Vertrags ihre Interessen sachgerecht wahrgenommen haben und das Leistungsverhältnis deshalb im Zweifel „angemessen" ist; ebenso *Ziekow/Siegel* VerArch 2004, 133 (148); *Ziekow,* VwVfG, § 56 Rn. 12, 13; ähnlich *Birk,* Städtebauliche Verträge nach BauGB, 4. Aufl., Rn. 37, 388, 393, 608; skeptisch *Oerder* BauR 1998, 28.
[114] Hierzu *BVerwGE* 55, 337 (339); 111, 162 (172 ff.).

55c Für den Fall des Streits zur Angemessenheit von Leistung und Gegenleistung können die Vertragsparteien **Anpassungs- oder Schiedsklauseln** vereinbaren, damit ein endgültiges Scheitern der Vertragsbeziehungen und ein aus der Nichtigkeit folgendes Rückabwicklungs- und Erstattungsverhältnis vermieden werden können (hierzu § 59 Rn 65).

56 Die Angemessenheitsklausel bezieht sich dem Wortlaut nach nur auf die Gegenleistung, also die vom Vertragspartner der Behörde zu erbringende Leistung. Aus allgemeinen Gründen des Verbots der „Verschenkung" von öffentlichem Vermögen ergibt sich aber, dass die **Angemessenheitsklausel auch für die Behörde** gilt.[115] Da das Übermaßverbot nach § 56 primär dem Schutz des Vertragspartners dient, kann zugunsten des Bürgers, wenn er sich darauf einlässt und kein Machtmissbrauch oder kein Fall des Schenkungsverbots vorliegt, auch eine geringere Gegenleistung unterhalb der Vollkosten vereinbart werden.[116]

VII. Rechtsfolgen fehlerhafter Austauschverträge

57 Die Rechtsfolgen eines fehlerhaften Austauschvertrags ergeben sich aus § 59. Nach dessen **Abs. 1** kann ein Austauschvertrag insbesondere bei einem Verstoß gegen §§ 104 ff., 134, 138 **BGB** nichtig sein (Näheres bei § 59). Unberührt bleiben Vorschriften über eine schwebende Unwirksamkeit, etwa bei Vertretungsmängeln oder einer ausstehenden Zustimmung privater Dritte oder von Behörden nach Maßgabe von § 58 (Näheres dort und bei § 59 Rn. 9).

58 Ergänzend hierzu unterliegen Austauschverträge der speziellen Nichtigkeitsvorschrift des § 59 **Abs. 2 Nr. 4.** Danach führen wegen der weiten Fassung dieser Vorschrift und der fehlenden Differenzierung bei den Rechtsfehlern alle Verstöße gegen Abs. 1 und 2 zur Nichtigkeit, also insbesondere dann, wenn **auch nur eine der vier Voraussetzungen** des § 56 Abs. 2 fehlt, d. h. bei fehlendem oder unzureichendem Zusammenhang von Leistung und Gegenleistung, bei einem Verstoß gegen das Koppelungsverbot, bei einem Verstoß gegen die Konkretisierungspflicht der Zweckbestimmung und/oder gegen die Angemessenheit der Gegenleistung[117] (Näheres bei § 59 Rn. 39). Damit diese strengen und für die Vertragsbeteiligten oft unerwünschten Rückabwicklungs- und Erstattungsansprüche vermieden werden können, sind grundsätzlich bereits im Vertrag selbst alternative oder kumulative **(salvatorische) Vertragsklauseln** zulässig, mit denen diese Nichtigkeitsfolge vermieden werden kann. Nicht ausgeschlossen ist ferner eine **Umdeutung** oder **Neubestätigung** des Vertrags (§§ 140, 141 BGB) in den dafür zulässigen Grenzen (§ 54 Rn. 31 ff.). Zur geplanten Umwandlung eines Rückgewähranspruchs in einen Vertragsersetzungs- und -anpassungsanspruchs vgl. § 59 Rn. 65.

VIII. Landesrecht

59 Von § 56 des Bundes-VwVfG abweichendes Landesverwaltungsverfahrensrecht gibt es nicht. Insofern gibt es keine normativen Diskrepanzen. Allerdings führen die vier kumlativ zu erfüllenden Voraussetzungen für die Zulässigkeit von Austauschverträgen (hierzu Rn. 44 ff.) in der Verwaltungspraxis teilweise zu Anwendungsproblemen, weil bei Nichterfüllung auch nur einer – vielfach erst in einem Gerichtsverfahren festgestellten – Voraussetzung durchweg der gesamte Austauschvertrag nichtig ist und zum Entstehen eines gesetzlichen Rückabwicklungsverhältnisses nach §§ 812 ff. BGB führt (hierzu § 62 Rn. 22 ff.). Diese in der Praxis vielfach faktisch schwierig zu korrigierenden Folgen sollen durch die geplante Ergänzung des § 59 möglichst vermieden bzw. gemindert werden (hierzu § 59 Rn. 65).

---

[115] Vgl. *VGH München* BayVBl 1977, 247 und 406.
[116] Vgl. *BVerwGE* 84, 236 (243 f.); *VGH München* BayVBl 1980, 719, 721/722: Abwälzung nur der Hälfte der Kosten eines Neubaugebietes; *Henneke* in Knack, § 56 Rn. 5.3; *Kopp/Ramsauer*, § 56 Rn. 13; *Meyer/Borgs*, § 56 Rn. 22.
[117] Zuletzt etwa *BVerwGE* 111, 162 = NVwZ 2000, 1285 betr. die für unzulässig gehaltenen Koppelung eines Kinderspielplatzbeitrags mit einem nicht mehr festsetzbaren Erschließungsbeitrag.

IX. Vorverfahren

§ 56 gilt auch im Vorverfahren (§ 79). Austauschverträge sind daher nach Maßgabe der allgemeinen Voraussetzungen auch im Rechtsbehelfsverfahren zulässig, sofern es dazu nach einem Vertragsschluss kommen kann und die Widerspruchsbehörde eine Sachentscheidungsbefugnis hat. **60**

§ 57 Schriftform

Ein öffentlich-rechtlicher Vertrag ist schriftlich zu schließen, soweit nicht durch Rechtsvorschrift eine andere Form vorgeschrieben ist.

Vergleichbare Vorschrift: § 56 SGB X.

Abweichendes Landesrecht: –

Entstehungsgeschichte: Bis zum Inkrafttreten des VwVfG vgl. § 57 vor Rn. 1. Änderungen: Der Bund/Länder-Musterentwurf (hierzu § 54 Rn. 13 ff.) sieht folgenden Satz 2 vor: „Der Schriftform genügt der Austausch schriftlicher Erklärungen", hierzu Rn. 21.

Literatur: *Weihrauch,* Verwaltungsrechtlicher Vertrag und Urkundeneinheit – Zur Anwendbarkeit des § 126 Abs. 2 Satz 1 BGB auf den verwaltungsrechtlichen Vertrag, VerwArch 1991, 543; *de Wall,* Die Anwendbarkeit privatrechtlicher Vorschriften im Verwaltungsrecht, 1999; *Schmitz,* „Die Verträge sollen sicherer werden" – zur Novellierung der Vorschriften über den öffentlich-rechtlichen Vertrag, DVBl 2005, 1. Weitere Literatur **vor 1996** vgl. § 57 der 6. Auflage.

Übersicht

	Rn.
I. Allgemeines	1
1. § 57 als Ausnahme von der Formfreiheit des § 10	1
2. Zwecke der Schriftform	4
II. Anwendungsbereich	5
III. Schriftform	12
1. Formerfordernisse	13
a) Urkundenerfordernis	13
b) Vollständigkeitsgebot	15
c) Unterzeichnung	17
d) Elektronische Form	17 a
e) Vertretungserfordernisse	18
2. Frage der Urkundeneinheit	19
IV. Weitere Formvorschriften	22
1. Schriftform als Mindestform	22
2. Vertretungs- und sonstige Formvorschriften	23
V. Rechtsfolgen formnichtiger ör Verträge	25
VI. Landesrecht	30
VII. Vorverfahren	31

I. Allgemeines

1. § 57 als Ausnahmeregelung von der Formfreiheit des § 10

Die in § 57 vorgesehene Schriftform für den ör Vertrag ist eine gesetzliche Ausnahme von dem in § 10 Satz 1 enthaltenen Grundsatz der Nichtförmlichkeit des VwVf, zu dem nach § 9 auch die auf den Abschluss eines ör Vertrages gerichtete Tätigkeit der Verwaltungsbehörde einschließlich des Vertragsabschlusses selbst zählt. **1**

Mit der durch § 57 nunmehr angeordneten **Schriftform** wurde eine **früher streitig** gewesene Frage entschieden. Die überwiegende Auffassung ging vor Inkrafttreten des VwVfG dahin, auch mündlich geschlossene ör Verträge mangels entgegenstehender Formvorschriften als wirk- **2** sam anzusehen.[1] Die Folge davon war, dass vielfach Streit darüber entstand, wer wann mit wem was abgesprochen hatte, ob auf Seiten der Behörde die zuständigen Amtswalter gehandelt hatten, ob dritte Behörden zu beteiligen gewesen waren und wie verbindlich was in Aussicht gestellt wurde. All dies soll mit dem Schriftformgebot vermieden werden. Die Schriftform des § 57 ist **vertraglich nicht abdingbar.** Nichtbeachtung der Schriftform führt zur **Formnichtigkeit** (§ 62 S. 2 i. V. m. § 125 BGB).

3   Im **Zivilrecht** gilt der Grundsatz der Formfreiheit. Ein schriftlicher oder notarieller Vertragsabschluss ist aber bei besonders wichtigen Verträgen gesetzlich angeordnet (z. B. §§ 311b, 416, 492, 550, 585a, 623, 655b BGB, § 1027 ZPO, § 2 GmbHG, § 293 Abs. 3 AktG, § 34 GWB).

2. Zwecke der Schriftform

4   Der in § 57 vorgesehene Formzwang[2] dient mehreren Zwecken: Erstens der **Abschlussklarheit** und **-wahrheit,** um Vertragsverhandlungen von dem Vertragsabschluss abzugrenzen und damit feststellen zu können, ob und dass eine auf einen ör Vertrag abzielende, vom erforderlichen Erklärungsbewusstsein mit Rechtsbindungswillen getragene Willensübereinstimmung mit Vertragsangebot bzw. -annahme vorliegt und daher ein Vertrag als Konsensualakt zustande gekommen ist (zu Vorverträgen vgl. Rn. 9). Die Schriftform dient – zweitens – der **Inhaltsklarheit,** um die einzelnen Rechte und Pflichten der Vertragspartner festzuhalten (zur Frage der Richtigkeit und Vollständigkeit der Vertragsurkunde(n) vgl. Rn. 16), drittens dem Schutz beider Vertragsparteien vor der Übereilung, also der **Warnfunktion,** viertens der **Beweissicherung** für den Fall des Streits und der Ungewissheit über die Existenz eines erst und nur durch übereinstimmende rechtsgeschäftliche Willenserklärungen mit Bindungswirkung (§ 54 Rn. 10 ff.) zustande gekommenen ör Vertrags mit dem Nachweis zum vereinbarten gesamten Vertragsinhalt **(Beweis- und Kontrollfunktion).**[3] Vgl. ferner Rn. 15 ff. zur Vermutung der Richtigkeit und Vollständigkeit der Vertragsurkunden.

II. Anwendungsbereich

5   § 57 fordert für ör Verträge die Schriftform, soweit nicht durch Rechtsvorschrift eine andere (strengere, hierzu Rn. 22 ff.) Form vorgeschrieben ist. Daraus folgt für die seit Inkrafttreten des VwVfG (vgl. Rn. 2) geschlossenen Verträge:

6   **Alle ör Verträge** im Sinne der §§ 54 ff. des Gesetzes unterliegen der Schriftform (ebenso §§ 11 Abs. 3, 124 Abs. 4 BauGB), soweit nicht spezielle Rechtsvorschriften etwa anderes vorschreiben (Rn. 12 ff.). Unerheblich ist, ob es sich um sog. sub- oder koordinationsrechtliche Verträge (hierzu § 54 Rn. 56 ff.) handelt. § 57 gilt allerdings **nur im Anwendungsbereich der §§ 1, 2.** Daher fallen Verträge zwischen Privatrechtssubjekten über ör Regelungsgegenstände nicht unter das Schriftformgebot des § 57 (§ 54 Rn. 65 ff.). Soweit eine Rechtsmaterie nach § 2 ausgenommen ist, gilt das jeweilige Spezialrecht (z. B. § 56 SGB X). Ihm ist zu entnehmen, ob das Schriftformerfordernis für eine ör Vereinbarung, für die §§ 54 ff. nicht gelten, besteht.[4] Nicht von § 57 erfasst werden privatrechtliche Verträge. Verwaltungsprivatrechtliche Verträge bei Wahrnehmung öffentlicher Aufgaben mit privatrechtlichen Mitteln sollten tunlichst ebenfalls schriftlich erfolgen, weil dies zumindest aus Beweisgründen angezeigt ist.

---

[1] Vgl. *OVG Münster* DÖV 1961, 555 (557); *Forsthoff,* Verwaltungsrecht, S. 280; *Merk,* Deutsches Verwaltungsrecht, 1. Band 1962, S. 911; *Landmann/Giers/Proksch,* Allgemeines Verwaltungsrecht, 2. Auflage 1960, S. 115; *Beinhardt* VerwArch 1964, S. 254; *Kniesch,* Staatsbürger und Staatsgewalt II, 1963, S. 503. Für grundsätzlich schriftlichen Vertragsschluss: *Apelt,* Der verwaltungsrechtliche Vertrag, 1920, S. 185 ff.

[2] Zu den verschiedenen Funktionen der Schriftform im öffentlichen Recht vgl. *BVerwGE* 2, 190 (191); 36, 296 (298); 45, 189 (192); 96, 326 (333); beim Verwaltungsakt § 37 Rn. 24 ff. Die Schriftform im Zivilrecht hat Warn-, Klarstellungs-, Beweis, Identitäts-, Echtheits-, Verifikations-, Informations- und Beratungsfunktion, vgl. *Palandt/Heinrichs,* § 125 Rn. 1–2 d.

[3] Zur Warn- und Beweisfunktion des § 57 ausdrücklich *BVerwGE* 96, 326 (333); *Ziekow/Siegel* VerwAch 2004, 133 (134); *Weihrauch* VerwArch 1991, 543, 557; für „Kontrollfunktion" *Henneke* in Knack, § 57 Rn. 3.

[4] Verneint von *BVerwG* DVBl 1992, 1295 für Verträge zwischen Privaten; *OVG Münster* NVwZ 1986, 779 betr. Verträge, für die über § 2 Abs. 2 Nr. 1 das VwVfG nicht gilt; *OVG Münster,* Urt. vom 18. 5. 1987 – 3 A 804/84 – für Erschließungsbeitragsverträge.

Soweit in sog. **gemischten/zusammengesetzten Verträgen** (§ 54 Rn. 77 ff.) ör und ande- 7
re, bei isolierter Betrachtung der einzelnen Vertragsgegenstände etwa zivilrechtliche Vertragsabmachungen in einem Vertrag enthalten sind, gilt das Formerfordernis des § 57 an sich nur
hinsichtlich des öffentlich-rechtlichen Gegenstandes, sofern nicht auch für den sonstigen Vertragsinhalt Formvorschriften bestehen. Wegen der **Einheitlichkeit des Vertrags** in Verbindung
mit der Warn- und Beweisfunktion der Schriftform (Rn. 4) wird man aber davon auszugehen haben, dass sich das für einen Teil des Vertrags vorgeschriebene Formerfordernis im Zweifel auf
den ganzen Vertrag erstreckt. Auch im Rahmen eines städtebaulichen Vertrags nach § 11 Abs. 3
BauGB n. F. oder eines Vertrages nach § 124 BBauG bedürfen daher Vereinbarungen, welche
die Übertragung oder den Erwerb des Eigentums betreffen, nach § 311b BGB der notariellen
Beurkundung (hiernach noch Rn. 22).[5] Wegen der möglichen Teilnichtigkeit gemäß § 59
Abs. 3, § 139 BGB vgl. § 59 Rn. 76, 77.

Soweit private **Dritte** oder noch andere Behörden als die vertragsschließende Behörde (sog. 8
dritte Behörde) am Vertrag nach Maßgabe des § 58 zu beteiligen sind, weil in deren Rechte
bzw. Kompetenzen eingegriffen wird, tatsächlich aber nicht beteiligt wurden, ist der Vertrag
nicht nach § 125 II BGB i. V. m. § 62 Satz 2 nichtig, sondern **schwebend unwirksam**.[6] Für
ihre notwendige Mitwirkung gelten die Formerfordernisse des § 57.[7] Haben mehrere Dritte
und/oder Behörden nach Maßgabe des § 58 zuzustimmen, aber nur einige (formgültig) zugestimmt, so kann der ör Vertrag insoweit (relativ) schwebend unwirksam sein (§ 58 Rn. 8 ff.).
Ihre Zustimmung nach Maßgabe des § 58 braucht **nicht auf derselben Urkunde** zu erfolgen,
sondern kann gesondert schriftlich erklärt werden (§ 58 Rn. 12). Sie bedarf aber der Bekanntgabe (des Zugangs) an alle Beteiligten des ör Vertrags.

Auch ör **Vorverträge** unterliegen wie die Hauptverträge dem Formzwang.[8] Andernfalls 9
würden die Zwecke der Form (Rn. 4) auf dem Umweg über eine formlose Bindung bereits an
mündliche Erklärungen vereitelt werden. Dieser aus dem Zivilrecht stammende Grundsatz[9] gilt
auch für § 57. Der Mangel der Form kann jedoch geheilt werden. Im Rahmen des § 311b
BGB tritt bei einem Grundstückskaufvertrag die Heilung bereits mit dem notariell beurkundeten Abschluss des Kaufvertrages ein; Auflassung und Eintragung brauchen daher nicht erfolgt zu
sein.[10] Zur (zulässigen) dinglichen Übertragung eines Grundstücks in einem **gerichtlichen
Vergleich** vor dem Verwaltungsgericht vgl. *BVerwG* BayVBl 1995, 504.

Der Formzwang bezieht sich auf den Vertragsschluss, also die erstmalige **Begründung** einer 10
vertraglichen Beziehung. Da auch bei einer **Änderung** des Vertragsinhalts Verpflichtungen
bestehen bleiben, aber inhaltlich anders als vorher geregelt werden, bleiben die Schutzzwecke
des Formzwanges erhalten, so dass auch für Abänderungsverträge die Schriftform gilt.[11]

Die **Aufhebung** eines formbedürftigen Rechtsgeschäfts erfordert als actus contrarius einen 11
Vertragsschluss. Von den für die Form maßgeblichen Rechtsgründen (vgl. Rn. 4) bleiben
auch für die Aufhebung einer vertraglichen Beziehung die Funktionen zumindest der Ab-
schluss(Aufhebungs)klarheit und der Beweisfunktion bestehen. Dies rechtfertigt und erfordert
Schriftform auch für die einvernehmliche Aufhebung des Vertrags.[12] Schriftform gilt auch für
Kündigung, Rücktritt oder Anfechtung des Vertrages. Auch ein Aufhebungsvertrag für
einen Grundstückskaufvertrag bedarf gem. § 311b BGB der notariellen Beurkundung.[13] Die
Berufung auf die Formnichtigkeit eines Aufhebungsvertrages mit der Fortgeltung von Vertrags-

---

[5] *BGHZ* 58, 386 und 70, 247 = DVBl 1985, 297; ferner *BGH* NJW 1984, 1551 zu Vereinbarungen in förmlichen Enteignungsverfahren; *OVG Koblenz* DÖV 1978, 444 – zugleich zur Fortgeltung des Vertrags im Übrigen –; *BVerwG* DÖV 1976, 349; *BVerwG* NJW 1980, 2538 und DÖV 1981, 757; *BGHZ* 76, 16 = NJW 1980, 826 – jeweils zu sog. gemischten Verträgen mit Kauf- und Tauschpflichten für Grundstücke und Bauleitplanungsvereinbarungen, hierzu noch § 54 Rn. 36, 71 ff.
[6] Ebenso *Kopp/Ramsauer,* § 57 Rn. 1, 12 a.
[7] Ebenso *Obermayer,* § 58 Rn. 26; *Weihrauch,* VerwArch 1991, 543, 560 Anm. 117; a. A. *Meyer/Borgs,* § 58 Rn. 25.
[8] Ebenso *Kopp/Ramsauer,* § 57 Rn. 2; vgl. auch *BGH* NJW 1986, 2822.
[9] Hierzu *BGHZ* 64, 48; *Palandt/Heinrichs,* § 125 Rn. 9.
[10] *BGH* NJW 1982, 759.
[11] Ebenso *Kopp/Ramsauer,* § 57 Rn. 2; *Meyer/Borgs,* § 57 Rn. 1, 6; für das Zivilrecht auch *Soergel/Siebert/Hefermehl,* § 125 Rn. 7; *Erman/Westermann,* vor § 12 Rn. 8; zur Frage der Verlängerung eines Mietvertrages vgl. *BGHZ* 42, 333; 50, 39; *BGH* NJW 1975, 1653; 1992, 2283.
[12] Ebenso *Kopp/Ramsauer,* § 57 Rn. 2; *Meyer/Borgs,* § 57 Rn. 1, 6.
[13] Vgl. *BGH* NJW 1982, 1639.

rechten und -pflichten ist zulässig, kann nach Maßgabe der Umstände des Einzelfalls aber treuwidrig sein (Rn. 26).

III. Schriftform

12 Aus der von § 57 zwingend angeordneten – einseitig oder einvernehmlich daher nicht abdingbaren – Schriftform folgt, dass nur **mündlich** abgeschlossene Verträge formwidrig und deshalb **nichtig** sind (§ 125 BGB i. V. m. § 62 Satz 2; zur früheren Rechtslage Rn. 1). Das gesetzliche Erfordernis der Schriftform bezieht sich auf das Vertragsangebot und die -annahme, also auf erstmalige **Begründung** eines Vertragsverhältnisses, ebenso auf die **Änderung und Aufhebung** eines Rechtsverhältnisses durch ör Vertrag (Rn. 10). Da die übrigen Vorschriften des VwVfG zur Schriftform keine weiteren geltenden Regelungen enthalten, gelten über § 62 Satz 2 die Vorschriften des BGB ergänzend und entsprechend, soweit nicht öffentlich-rechtliche Besonderheiten zu berücksichtigen sind (hierzu § 62 Rn. 22 ff.). Zur Urkundeneinheit vgl. Rn. 19, 20.

1. Formerfordernisse

13 a) **Urkundenerfordernis:** Die gesetzliche Schriftform erfordert die Unterzeichnung einer Urkunde, d. h. einer schriftlichen verkörperten, daher nachlesbaren Willenserklärung (zum Urkundenbegriff § 33 Rn. 13). Auch ein Vertragsangebot (§§ 145 ff. BGB i. V. m. § 62 Satz 2) bedarf daher der Schriftform (hierzu noch Rn. 19, 20). Ob das Schriftstück von den Parteien oder einem Dritten hand- oder maschinengeschrieben, gedruckt, fotokopiert oder sonstwie hergestellt wurde, ist gleichgültig.[14] Auch eine Aufnahme des Vertrags **zur Niederschrift** einer (vertragschließenden) Behörde reicht aus.[15] Die Urkunde muss denjenigen bezeichnen, der ein Angebot abgibt oder es annimmt bzw. die Vertragspartner bezeichnen. Auf Seiten der Behörde muss die juristische Person des öffentlichen Rechts und die sie vertretende Behörde bezeichnet sein (zur Nichtigkeit bei Unklarheit der vertragschließenden Behörde vgl. § 59 Rn. 19, 44).

14 Angezeigt ist es, auch **Ort und Zeit** von Angebot und Annahme (§ 54 Rn. 28) bzw. des Vertragsschlusses ausdrücklich zu bezeichnen, weil damit Fristen und Termine klarer berechnet werden können; Nichtbeachtung führt aber nicht zur automatischen Nichtigkeit (ferner Rn. 22 ff.).

15 b) **Vollständigkeitsgebot:** Die Schriftform bezieht sich nach Umfang und Inhalt auf alle Vertragserklärungen aller Vertragspartner. Sie erstreckt sich nicht nur auf die für das Zustandekommen aller wesentlichen Punkte, sondern gilt auch für die sonstigen Abreden.[16] Das bedeutet, dass sich Leistungen und Gegenleistungen nach Gegenstand, Umfang, Dauer und Zweck eindeutig und zweifelsfrei **aus den Vertragsurkunden** selbst ergeben müssen; außerhalb davon liegende Umstände dürfen erst und nur dann herangezogen werden, wenn sich zureichende Anhaltspunkte dafür aus den Vertragsurkunden ergeben.[17] Es reicht aus, wenn sich im übrigen Vertragstext **Anhaltspunkte** finden, auf Grund deren im Zusammenhang mit den Umständen des Vertragsabschlusses die beiderseitigen Leistungen und ihr Zweck durch (auch ergänzende) **Auslegung** ermittelt werden können (sog. Andeutungstheorie).[18] Die sich aus § 242 BGB ergebenden Nebenpflichten brauchen urkundlich allerdings nicht festgehalten zu werden.[19]

16 Von Absprachen, die nicht in die Urkunde aufgenommen worden sind, kann grundsätzlich angenommen werden, dass die Vertragsparteien sie nicht zum Vertragsbestandteil machen woll-

---

[14] Vgl. *Palandt/Heinrichs,* § 126 Anm. 2 a m. w. N.
[15] Begründung des Musterentwurfs 63, S. 199; ebenso *Kopp/Ramsauer,* Rn. 11: vgl. auch § 106 Satz 1 VwGO.
[16] Ebenso *BVerwGE* 84, 236 (244) = DVBl 1990, 376 (378); *Henneke* in Knack, § 57 Rn. 2; *Kopp/Ramsauer,* § 57 Rn. 4; *Meyer/Borgs,* § 57 Rn. 3.
[17] *BVerwGE* 84, 236, 244; BGH NJW 1989, 1484.
[18] *BVerwGE* 84, 236 (244); 111, 162 (168).
[19] BGHZ 53, 308.

ten; insofern hat die Urkunde die widerlegliche **Vermutung der Richtigkeit und Vollständigkeit** des Vertragsinhalts.[20] Die Partei, die einen weiteren oder anderen Vertragsinhalt behauptet, trägt dafür die **Beweislast**. Eine nichtbeurkundete Abrede ist grundsätzlich formnichtig und daher unbeachtlich. Dies kann den ganzen Vertrag nach Maßgabe des § 59 Abs. 3, § 139 BGB nichtig machen.[21]

c) **Unterzeichnung:** Die Unterschrift muss nach § 126 I BGB von dem Aussteller eigenhändig durch **Namensunterschrift** oder durch notariell beglaubigtes **Handzeichen** am Ende der Urkunde erfolgen, weil die Unterschrift den Sinn hat, einen Text räumlich abzuschließen und aus Gründen der Rechtssicherheit die Übernahme der Verantwortung für den Inhalt des davorstehenden Textes zu dokumentieren.[22] Faksimilisierte Unterschrift, Maschinenschrift, Stempel oder sonstige mechanische Vervielfältigung reicht nicht aus. Ist die Urkunde handschriftlich unterzeichnet, so kommt es auf die Art der Übermittlung des Schriftstücks nicht an; sie kann daher auch durch Fernschreiber, Telekopie oder sonstige moderne Übermittlungsformen erfolgen.[23] Auch maschinenschriftliche Namenswiedergabe auf der Behördenseite mit Beglaubigungsvermerk reicht aus.[24] Zur Unterschrift ferner Rn. 18.

d) **Elektronische Form:** Nach § 3a II VwVfG ist im Hinblick auf die technische Entwicklung – auch für den Anwendungsbereich der §§ 54 ff. – der Ersatz einer durch Rechtsvorschrift (hier: § 57) angeordneten Schriftform durch die elektronische Form zugelassen. Voraussetzung dafür ist, dass der Empfänger für die Übermittlung elektronsicher Dokumente einen Zugang eröffnet hat (§ 3 I) und dass das elektronische Dokument mit einer qualifizierten Signatur nach dem Signaturgesetz versehen ist (§ 3 III; nähere Einzelheiten dort). Wenn für den ör Vertrag das Gebot der Urkundeneinheit nicht (mehr) gilt (hierzu Rn. 19 ff.) und die vorgenannten technischen Voraussetzungen bestehen, sind **grundsätzlich** auch ör Verträge in elektronischer Form **zulässig**.[25] Allerdings enthält § 3a eine Ermessensermächtigung für die Beteiligten, so dass von der elektronischen Form bei ör Verträgen allenfalls dann Gebrauch gemacht werden sollte, in denen beide Seiten technisch entsprechend ausgestattet und eine Vielzahl standardisierter Verträge abzuwickeln sind, bei denen die elektronische Form echte Erleichterung bringt, zugleich aber auch den Beweisanforderungen für den Inhalt der Verträge Rechnung getragen werden kann. Ansonsten bringt die elektronische Form kaum Erleichterungen.

e) **Vertretungserfordernisse:** Auf Seiten einer Behörde oder einer juristischen Person des Privatrechts als Vertragspartner muss nach Maßgabe der jeweiligen Organisationsnorm zumindest eine **vertretungsbefugte Person** unterschreiben.[26] Fehlt eine zweite erforderliche Unterschrift, tritt nach Maßgabe der §§ 164 ff., 177 ff. BGB **schwebende Unwirksamkeit** ein. Diese (zweite) Unterschrift kann nachgeholt werden; die Erklärung wird aber erst durch die Genehmigung des anderen Vertreters wirksam.[27] **Leserlichkeit** der Unterschrift, etwa von einzelnen Buchstaben, ist nicht erforderlich. Individueller Schriftzug, der die Identität des Unterzeichnenden hinreichend kennzeichnet, reicht aus.[28] **Protokollierung** einer Vertragserklärung genügt[29] bei einem Vergleich im gerichtlichen Verfahren nach § 106 VwGO.[30]

---

[20] *Henneke* in Knack, § 57 Rn. 2; *Meyer/Borgs*, § 57 Rn. 3; für das Zivilrecht vgl. *BGHZ* 42, 333 (338); 50, 39 (41); 87, 150; *Soergel/Siebert/Hefermehl*, § 126 Rn. 11; *Erman/Westermann*, § 125 Rn. 9; *Palandt*, § 125 Anm. 5.
[21] *Soergel/Siebert/Hefermehl*, § 125 Rn. 11.
[22] Vgl. *BVerwGE* 10, 1 (2); 13, 141 (143); mit Ausnahmen für Klageschriften: 81, 32 (33).
[23] Ebenso *Kopp/Ramsauer*, § 57 Rn. 9, 10; enger *Ule/Laubinger*, § 69 Rn. 9; *Meyer/Borgs*, § 57 Rn. 3; *Henneke* in Knack, § 57 Rn. 1; ferner vgl. *Palandt/Heinrichs*, § 126 Anm. 4 m. w. N. aus der Zivilrechtsprechung.
[24] *BVerwGE* 58, 359; *Henneke* in Knack, § 57 Rn. 1.
[25] Ebenso *Kopp/Ramsauer*, § 57 Rn. 11 a.
[26] Vgl. *VGH Mannheim* VBlBW 1990, 140; *Kopp/Ramsauer*, § 57 Rn. 12; *Habermehl* DÖV 1987, 144; *Kohler-Gehrig* VBlBW 1996, 441.
[27] *Kopp/Ramsauer*, § 57 Rn. 12, 12 a; *Ziekow/Siegel* VerwArch 2004, 133 (135) *BGH* DÖV 1982, 417 – Nr. 62; hierzu noch § 62 Rn. 17.
[28] *BVerwGE* 43, 114; *BSG* MDR 1975, 964; *BFH* NJW 1987, 343.
[29] Vgl. *BVerwGE* 97, 323 für Zusicherungen zur Niederschrift des Gerichts.
[30] Vgl. *VGH München* NVwZ 1985, 430; offengelassen von *OVG Münster*, Urt. vom 3. 8. 1989 – 7 A 615/87 –; vgl. § 106 VwGO (mit der Anfügung eines Satzes 2: Annahme eines gerichtlichen Vergleichsvorschlages durch jeweils gesonderte schriftliche Erklärung der Vertragsparteien).

2. Frage der Urkundeneinheit

19 Ob die Unterschriften auf derselben Urkunde geleistet werden müssen (§ 126 Abs. 2 S. 1 BGB, Grundsatz der Urkundeneinheit), ist bzw. war streitig.[31] Das BVerwG hat mit seiner Grundsatzentscheidung vom 28. 9. 1994[32] bereits einen Teil der Streitfragen entschieden: Es hat offen gelassen, ob die Schriftform nach § 57 gemäß § 62 Satz 2 VwVfG i. V. m. § 126 Abs. 2 Satz 1 BGB im Grundsatz immer Urkundeneinheit verlangt oder ob von einem entsprechenden Erklärungsbewusstsein getragene, mit Bindungswillen abgegebene schriftliche Vertragserklärungen durch **Schriftwechsel** einen formgültigen ör Vertrag zustande bringen können, aber – ausgehend von der für § 57 maßgeblichen Warn- und Beweisfunktion der Schriftform – mit Recht entschieden, dass *jedenfalls* bei einseitig verpflichtenden ör Verträgen auf die Urkundeneinheit verzichtet werden kann, wenn dem schriftlichen Vertragsangebot eine unmissverständliche schriftliche Annahmeerklärung der Behörde gegenübersteht.[33] Das BVerwG hat am 19. 5. 2005 sodann unter Bezugnahme auf die vorgenannte Entscheidung entschieden, dass auch bei einem zwischen 2 Bundesländern geschlossenen sog. **koordinationsrechtlichen Vertrag** (zur Kostenerstattung im Maßregelvollzug) für die Schriftform nach § 57 Urkundeneinheit nicht erforderlich ist; es reicht **Briefwechsel** aus, wenn die Zusammengehörigkeit der beiden Erklärungen nach den Umständen zweifelsfrei ist.[34]

20 Wenn die Schriftform des § 57 auch nach BVerwG vornehmlich eine Warn- und Beweisfunktion hat, ist es – auch im Hinblick auf § 62 Satz 2 i. V. m. §§ 145 ff. BGB[35] – naheliegend, das Gleiche **auch für zwei- und gegenseitige ör Verträge** anzunehmen, denn gesichert bleiben muss vor allem der Nachweis über das Zustandekommen und den Inhalt eines ör Vertrags. Maßgebend für das Zustandekommen eines formgültigen ör Vertrags ist daher nicht so sehr die körperliche Einheit der Urkunde mit notwendigerweise nebeneinander stehenden Unterschriften, sondern die **unzweideutige willensmäßige Übereinstimmung,** die durch beieinanderstehende Unterschriften in einer Urkunde nur leichter beweisbar ist. Ein ör Vertrag genügt daher der Schriftform des § 57 auch dann, wenn sowohl ein schriftliches Vertragsangebot und eine inhaltlich übereinstimmende schriftliche Annahmeerklärung vorliegen und jeweils der Gegenseite zugegangen sind.

21 Auch im **Bundesländer-Musterentwurf 2004** ist eine Änderung des § 57 durch Anfügung eines zweiten Satzes mit folgendem Wortlaut vorgesehen: *„Der Schriftform genügt der Austausch schriftlicher Erklärungen".*[36] Dies entspricht dem Trend der Rechtsprechung (Rn. 19). Der Abschluss eines ör Vertrags unter Wahrung der Urkundeneinheit durch Unterschriften auf ein und demselben Blatt bleibt dadurch selbstverständlich zulässig und ist zur Vermeidung von Streitfragen im Einzelfall sogar zweckmäßig.

IV. Weitere Formvorschriften

1. Schriftform als Mindestform

22 Die in § 57 geforderte Schriftform reicht zur Wahrung der Form nicht aus, soweit durch Rechtsvorschrift eine **„andere Form"** vorgesehen ist. Hierunter ist nur eine **weitergehende, qualifiziertere Form** zu verstehen.[37] Die Schriftform ist Mindestform.[38] Sie wird durch **notarielle Beurkundung** oder Protokollierung bei einem gerichtlichen Vergleich ersetzt, (§ 106 VwGO, §§ 126 Abs. 3, 127 a BGB), soweit für das Rechtsgeschäft nicht in anderen Rechts-

---

[31] Dafür: *Meyer/Borgs,* § 57 Rn. 2; *Ule/Laubinger,* § 69 Rn. 9; *OVG Lüneburg* NJW 1992, 1404 = KStZ 1992, 93; *Ziekow,* VwVfG, § 57 Rn. 4. Wie hier: *Kopp/Ramsauer,* § 57 Rn. 9, 9a; *Weihrauch* VerwArch 1991, 543, 550 ff.; *Henneke* in Knack, VwVfG, § 57 Rn. 1, 2; offengelassen von *VGH München* NVwZ 1987, 814; *OVG Münster* vom 5. 10. 1989 – 7 A 1084/87 –.
[32] *BVerwGE* 96, 326 (332 ff.).
[33] Zustimmend *Herms* BayVBl 1997, 74 (76).
[34] Vgl. *BVerwG* NVwZ 2005, 1083.
[35] Vgl. hierzu *OVG Saarlouis* NVwZ 1993, 699.
[36] Vgl. Bericht und Beschlussempfehlungen des Beirats Verwaltungsverfahrensrecht beim BMI, NVwZ 2002, 835; nunmehr übernommen auch in den Muster-Entwurf 2004 (Rn. 21).
[37] Begründung des Entwurfs 73, S. 81, h. M.
[38] Begründung des Musterentwurfs 63, S. 199; *OVG Magdeburg* JMBl 2001, 66; *Ule/Laubinger,* § 69 Rn. 10; *Ziekow,* VwVfG, § 57 Rn. 5; offen *Kopp/Ramsauer,* § 57 Rn. 3.

vorschriften vorgesehene andere Formvorschriften bestehen, z. B. für die Übertragung von Grundstücken, Vermögen oder Nachlass nach **§ 311 b BGB n. F.**, ebenso für Einigungen im Enteignungsverfahren nach § 110 II BauGB sowie im Falle von § 18 III SchutzBerG. Die dingliche Übertragung eines Grundstückes ist nach § 925 Abs. 1 Satz 3, § 127 a BGB auch in einem gerichtlichen Vergleich vor den Verwaltungsgerichten rechtswirksam.[39] Im Rahmen eines Erschließungsvertrages nach § 124 BauGB bedürfen nach dem Grundsatz der Einheitlichkeit der Form eines Vertrags daher Vereinbarungen über Grundstückskauf und -übertragung der notariellen Beurkundung.[40] Eine wegen Formmangels insoweit nichtige Vereinbarung lässt nach § 59 Abs. 3 die Gültigkeit des Erschließungsvertrages im Übrigen im Zweifel unberührt.[41]

Eine **weitergehende oder mindere Form** (etwa Zulässigkeit nur mündlich geschlossener ör Verträge) als „andere" Form kann nach dem derzeitigen Rechtszustand nur durch **Gesetz** oder **Rechtsverordnung** als Rechtsvorschrift i. S. des § 57 begründet werden. **Kommunale Satzungen** ohne gesetzliche Ermächtigung reichen – auch wenn dies im Kommunalbereich wünschenswert sein mag[42] – de lege lata nicht aus, weil dies dem Vorrang des Gesetzes widerspräche und der Begriff „Rechtsvorschriften" i. S. von § 57 und in § 1 nicht unterschiedlich interpretiert werden kann.[43] Etwas anderes wird nur dann angenommen werden können, wenn aus jeweiligen VwVfG eines Landes entnommen werden kann, dass Landesverwaltungsverfahrensrecht (jedenfalls bei § 57) durch kommunales Satzungsrecht verdrängt werden kann und soll.

2. Vertretungs- und sonstige Formvorschriften

In Ergänzung zu den entsprechend anwendbaren Vorschriften des BGB bestehen bei Behörden und ihren Rechtsträgern zahlreiche sonstige Vertretungs- und Formvorschriften, etwa die Mitwirkung von zwei Organwaltern, die Beifügung des Dienstsiegels oder der Amtsbezeichnung. Ob derartige Formvorschriften (insbesondere im Kommunalrecht) nur das Innenverhältnis berühren oder auch für das Außenverhältnis von Bedeutung sind und die Wirksamkeit von Vertragserklärungen tangieren, muss im **Einzelfall** geprüft werden.[44]

Die Rspr. behandelt Vorschriften über Formzwänge bei Verpflichtungserklärungen i. d. R. als Wirksamkeitsvoraussetzung für die **Vertretungsmacht**, nicht jedoch als Formvorschriften im Sinne des § 126 BGB. Ihre Nichtbeachtung führt daher nicht zur Nichtigkeit nach § 125 BGB, sondern etwa bei Unterzeichnung nur durch einen von zwei Gesamtvertretern in der Regel[45] zur **schwebenden Unwirksamkeit** gemäß den auch im öffentlichen Recht über § 62 S. 2 anwendbaren §§ 177 ff. BGB bis zur Nachholung oder Genehmigung der **zweiten Unterschrift**.[46] Unterlassung der Beifügung von **Dienstsiegel** und (oder) **Amtsbezeichnung** ist in aller Regel unschädlich. Das Recht zur Genehmigung oder ihrer Ablehnung ist zeitlich grundsätzlich unbefristet;[47] Grenzen ergeben sich aber aus allgemeinen Instituten, etwa **Treu und Glauben** (Rn. 26), Verjährung oder Verwirkung. Anwendbar sind auch die zivilrechtlichen Grundsätze der **Duldungs- und Anscheinsvollmacht**,[48] ebenso die Grundsätze über den

---

[39] *BVerwG* BayVBl 1995, 504.
[40] *BGHZ* 58, 386 und 70, 247 = DVBl 1985, 297, ferner *BGH* NJW 1984, 1551 zu Vereinbarungen im förmlichen Enteignungsverfahren.
[41] *OVG Koblenz* DÖV 1978, 444.
[42] So *Kopp/Ramsauer*, § 57 Rn. 4 und 6 unter Hinweis auf kommunales „Gewohnheitsrecht" bei formlosen Verträgen in Anstaltsnutzungsverhältnissen; ebenso wohl *Ziekow/Siegel* VerwArch 2004, 133 (136).
[43] So aber *Ziekow*, VwVfG, § 57 Rn. 3; unklar *Kopp/Ramsauer*, § 57 3, 4; offen gelassen von *BVerwG* DVBl 1992, 1295 für Verträge zwischen Privatpersonen. Wie hier *Obermayer*, VwVfG, § 57 Rn. 18.
[44] Vgl. *OVG Saarlouis* NJW 1993, 1612 zu einem nicht unterzeichneten „Vertragsangebot" und zur Rechtzeitigkeit einer Annahmeerklärung; zu Vertretungsregelungen und -verboten *Habermehl* DÖV 1987, 144; *Kluth* NVwZ 1990, 608; *Kohler-Gehrig* VBlBW 1996, 441; *Schmidt-Aßmann*, in Besonderes Verwaltungsrecht (Hrsg. *v. Münch*), S. 143. Weitere Nachweise zu Vertretungsregelungen § 37 Rn. 37.
[45] *BGH* NJW 1984, 606.
[46] Vgl. *OVG Lüneburg* NJW 1977, 773; *VGH Mannheim* VBlBW 1990, 140; *VGH Kassel*, Urt. v. 6. 12. 1979 – V OE 111/76 –; für das Zivilrecht vgl. *BGHZ* 32, 375; *BGH* NJW 1980, 117; 1982, 1036; 1984, 606; OLG *München* NVwZ 1985, 293; *Habermehl*, DÖV 1987, 144; *Kluth* NVwZ 1990, 608; *Kohler-Gehrig* VBlBW 1996, 441; m. w. N.
[47] Vgl. *VGH Kassel*, a. a. O.
[48] *BVerwG* NVwZ-RR 1995, 73; *BSG* NVwZ 1983, 768; *BGHZ* 40, 1972 (204); *BGH* NJW 1984, 607 und 1985, 1890, 1991, 1225; *Palandt/Heinrichs*, BGB, § 173 Rn. 9, 14; *Erlenkämper*, NVwZ 1985, 803; hierzu auch § 14 Rn. 14.

Missbrauch der Vertretungsmacht.[49] Eine Haftung eines Vertreters ohne Vertretungsmacht nach § 179 BGB scheidet aus, wenn der Vertretene auf Grund Anscheinsvollmacht in Anspruch genommen werden kann.[50] Zur Haftung aus culpa in contrahendo vgl. § 62 Rn. 21 m. w. N. Zum Erfordernis der Zustimmung privater **Dritter** und („dritten") **Behörden** vgl. Rn. 8.

V. Rechtsfolgen formnichtiger ör Verträge

25   Nach § 125 Satz 1 BGB in Verbindung mit §§ 59 Abs. 1, 62 Satz 2 ist ein der gehörigen Form entbehrender ör Vertrag **nichtig,** also unwirksam (vgl. auch § 43 Abs. 3 und § 44 für VA). Die Nichtigkeit ist **von Amts wegen** ohne Kenntnis oder Kennenmüssen der Unwirksamkeit in jeder Lage des Verfahrens zu beachten; sie gilt für und gegen jedermann und erfasst nach Maßgabe des § 59 Abs. 3 im Zweifel den ganzen Vertrag.

26   Die Berufung auf die Formnichtigkeit ist **grundsätzlich beachtlich.** Sie kann ausnahmsweise nach allgemeinen Rechtsgrundsätzen, insbesondere dem auch im Verwaltungsrecht geltenden Grundsatz von **Treu und Glauben** und der daraus folgenden unzulässigen Rechtsausübung ausgeschlossen sein.[51] Grundsätzlich sind gesetzliche Formvorschriften im Interesse der Rechtssicherheit erlassen und dürfen daher nicht aus allgemeinen Billigkeitsgesichtspunkten außer Betracht bleiben.[52]

27   Im Gegensatz zu einer auf inhaltlicher Fehlerhaftigkeit beruhenden Nichtigkeit wegen Unzulässigkeit der Vertragsform oder Rechtswidrigkeit des Vertragsinhalts nach §§ 54, 59 (hierzu § 54 Rn. 51 ff.) kann nach der Rechtsprechung des BGH bei einer allein aus der Nichtbeachtung der gehörigen Form folgenden Nichtigkeit (§ 57) im Einzelfall das Rechtsgeschäft trotz des Formmangels **als gültig behandelt** werden bzw. ein Erfüllungs- oder ein Schadensersatzanspruch in Betracht kommen, etwa wenn das Ergebnis für den Vertragspartner zu **schlechthin untragbaren** Ergebnissen führen würde und eine Existenzgefährdung besteht oder bei Fällen einer besonders schweren **Treuepflichtverletzung** des anderen Teils.[53] Grundsätzlich gilt jedoch, dass eine mündliche Vereinbarung oder ein sonst formwidriger Vertrag zu keiner vertraglichen Haftung wegen Nichterfüllung des Vertrags führt,[54] sofern nicht eine Vertragspartei arglistig die Wahrung der Schriftform verhindert hat,[55] ein Vertragspartner bei dem anderen den Anschein erweckt, der Vertrag sei nicht formbedürftig[56] oder – bei extremen Ausnahmefällen – wenn eine bestehende besondere Fürsorgepflicht verletzt wurde und die Rückgängigmachung eines vollzogenen Vertrages existenzgefährdend wäre.[57] Ob bei sonst schuldhafter Verursachung des Formverstoßes der Formmangel beachtlich und ein **Schadensersatzanspruch** gegeben sein kann, hängt von den Umständen des Einzelfalls ab. Es kann auch eine Haftung aus culpa in contrahendo in Betracht kommen.[58]

28   Eine **Heilung** des Formmangels kommt nur nach Maßgabe ausdrücklicher Vorschriften in Betracht, z. B. für VA vgl. § 45, für das Zivilrecht § 311b I 2 BGB,[59] § 1027 ZPO. Ein formnichtiger ör Vertrag kann nicht als formfreier privatrechtlicher Vertrag fortbestehen.[60] Zu prüfen

---

[49] *BGHZ* 50, 112; *BGH NJW* 1980, 118 und *DÖV* 1986, 749; *Reinicke,* Die Rechtsfolgen formwidrig abgeschlossener Verträge, 1969, S. 147.
[50] *BGHZ* 61, 59/68 f.; *BGH NJW* 1983, 1308.
[51] *BVerwGE* 55, 337 (339); *BVerwG NJW* 1998, 3135; *BVerwGE* 111, 162 (172 ff.).
[52] *BGHZ* 45, 182; 121, 224; *BGH NJW* 1996, 2504; *OVG Lüneburg* SchlHAnz 1983, 171.
[53] *BGHZ* 16, 338; 23, 255; 26, 142; 29, 6; 45, 179; 48, 396; 85, 315; 92, 164; 138, 339 (348); *OVG Lüneburg* KStZ 1992, 93.
[54] *OVG Lüneburg* SchlHAnz 1983, 171 und NST-N 1991, 284, 286; *BGH DVBl* 1984, 335; zuletzt hierzu zum Abbruch von Verhandlungen bei formbedürftigen Verträgen vgl. *BGH NJW* 1996, 2504 = *JZ* 1997, 448 mit Bespr. *Kaiser.*
[55] *BGH NJW* 1959, 626.
[56] *OVG Lüneburg* SchlHAnz 1983, 172.
[57] *BGHZ* 16, 336; 20, 178; 45, 185; *BGH NJW* 1996, 2504.
[58] Hierzu *BVerwG DÖV* 1974, 134; *OVG Lüneburg* SchlHAnz 1983, 171 zur Erstattung von Planentwurfskosten bei später eingestelltem Planverfahren; *BGH NJW* 1996, 2504 (bei Abbruch von Verhandlungen, hierzu *Kaiser JZ* 1997, 448); ferner die Nachweise bei § 62 Rn. 21.
[59] Hierzu *BGH NJW* 1982, 759; *Reinicke/Tiedtke,* NJW 1982, 1430 zur Heilung formnichtiger Vorverträge.
[60] Ebenso *Kopp/Ramsauer,* § 57 Rn. 14.

§ 58 Zustimmung von Dritten und Behörden

ist aber, ob ein Anspruch auf **Neuvornahme bzw. Bestätigung** (§ 141 BGB) oder eine **Umdeutung** in ein anderes Rechtsgeschäft (§ 140 BGB)[61] in Betracht kommt, etwa wenn die vertragliche Pflicht materiell einer gesetzlich begründeten Pflicht entspricht.[62] Denkbar ist auch ein Anspruch auf Herstellung des vertragsgemäßen Zustandes, wenn der übereinstimmende Wille der Vertragspartner dahin ging, den Vertrag nicht an Formmängeln scheitern zu lassen (§ 141 BGB).

Ist auf Grund eines formnichtigen ör Vertrages geleistet worden, so entstehen im Hinblick auf die nur entsprechende Anwendung der Vorschriften des BGB (§ 62 Satz 2) **ör Rückgewähr- und Erstattungsansprüche**, auf die die §§ 812 ff. BGB entsprechende ergänzende Anwendung finden (vgl. § 54 Rn. 154; § 62 Rn. 19 ff.). 29

VII. Landesrecht

Abweichendes Landesrecht zu § 57 gibt es bisher nicht. Sofern für einzelne Rechtsgebiete eine Abweichung von der Schriftform als Mindestform notwendig ist, bedarf es dazu einer Ermächtigung in einer speziellen Norm des Landesrechts. Kommunales Satzungsrecht ohne landesrechtliche Ermächtigung allein reicht dafür nicht aus (vgl. Rn. 22 a). 30

VII. Vorverfahren

Ör Verträge können auch (erst) in einem Widerspruchsverfahren zustandekommen. Dann gelten auch für sie die Anforderungen des § 57 (zu gerichtlichen Vergleichen vgl. § 55 Rn. 8 ff.; § 106 VwGO). 31

§ 58 Zustimmung von Dritten und Behörden

(1) **Ein öffentlich-rechtlicher Vertrag, der in Rechte eines Dritten eingreift, wird erst wirksam, wenn der Dritte schriftlich zustimmt.**

(2) **Wird anstatt eines Verwaltungsaktes, bei dessen Erlaß nach einer Rechtsvorschrift die Genehmigung, die Zustimmung oder das Einvernehmen einer anderen Behörde erforderlich ist, ein Vertrag geschlossen, so wird dieser erst wirksam, nachdem die andere Behörde in der vorgeschriebenen Form mitgewirkt hat.**

Vergleichbare Vorschrift: § 57 SGB X.

Abweichendes Landesrecht: –

Entstehungsgeschichte: Bis zum Inkrafttreten des VwVfG vgl. § 58 der 6. Auflage vor Rn. 1.

Literatur: *Kopp*, Mittelbare Betroffenheit in Verwaltungsverfahren und Verwaltungsprozess, 1980; *Redeker*, Grundgesetzliche Rechte auf Verfahrensteilhabe, NJW 1980, 1593; *Horn*, Das Anhörungsrecht des mit Drittwirkung Betroffenen nach § 28 VwVfG, DÖV 1987, 20; *Dimaras*, Anspruch „Dritter" auf Verfahrensteilhabe, 1987; *Kopp*, Beteiligung, Rechts- und Rechtsschutzpositionen im Verwaltungsverfahren, in: FS BVerwG 1987, 387; *Raeschke-Kessler/Eilers*, Die grundrechtliche Dimension des Beteiligungsgebots in § 13 Abs. 2 VwVfG – Zur Verfahrensbeteiligung als Grundrechtssicherung, NVwZ 1988, 37; *Habersack*, Vertragsfreiheit und Drittinteressen, 1992; *Herbert*, § 29 Abs. 1 BNatSchG, Verfahrensbeteiligung als „formelles" oder „materielles" Recht, NuR 1994, 218; *Grziwotz*, Städtebauliche Verträge zu Lasten Dritter?, NJW 1995, 1927; *Benkel*, Die Verfahrensbeteiligung Dritter, 1996; *Zacharias*, Rücknahme und Widerruf von Vertragsgenehmigungen, NVwZ 2002, 1306. Weiteres Schrifttum **vor 1996** vgl. § 58 der 6. Auflage.

Übersicht

	Rn.
I. Allgemeines	1
1. Schutz privater Dritter und „dritter" Behörden	1
2. Anwendungsbereich	8

---

[61] Hierzu *BVerwGE* 49, 166 bei einer nichtigen Steuervereinbarung; ferner § 54 Rn. 16; § 62 Rn. 21.
[62] Vgl. hierzu *BVerwG* DÖV 1976, 353 (355).

	Rn.
II. Zustimmung (privater) Dritter (Abs. 1)	10
1. Kein ör Vertrag zu Lasten Dritter	10
2. Zustimmungserfordernis bei Eingriffen in Rechte Dritter	12
a) Dritter	12
b) Eingriff, Eingriffsakt	13
c) Zustimmung	19
d) Rechtswirkungen	22
3. Vertrag zugunsten und mit Schutzwirkung Dritter	24
III. Mitwirkung „dritter" Behörden (Abs. 2)	25
1. Wahrung der Kompetenzordnung	25
2. Voraussetzungen der Mitwirkung	27
3. Rechtsfolgen der Mitwirkung	33
IV. Landesrecht	35
V. Vorverfahren	36

I. Allgemeines

1. Schutz privater Dritter und „dritter" Behörden

1 § 58 befasst sich mit den Rechten **(privater) Dritter** (Abs. 1) sowie den Befugnissen und Kompetenzen mitwirkungsverpflichteter (dritter) **Behörden** (Abs. 2), die von einem ör Vertrag in negativer Weise betroffen sind, möglicherweise aber beim Vertragsschluss nicht beteiligt waren. § 58 gehört damit zu den Vorschriften, mit denen der **Rechtsschutz Dritter i. w. S.** sichergestellt werden soll (ebenso §§ 50, 38 Abs. 1 Satz 2). Es besteht ein **Beteiligungsgebot** zugunsten Dritter und mitwirkungsberechtigter bzw. -verpflichteter „dritter" Behörden und schafft zu ihrem Schutz eine spezielle **Wirksamkeitsvoraussetzung des Vertrags** (hierzu Rn. 7), soweit in den Rechtskreis „Dritter" eingegriffen wird.

2 § 58 bringt zum Ausdruck, dass Verträge zu Lasten Dritter (zugunsten und mit Schutzwirkung Dritter Rn. 24) auch im Verwaltungsrecht grundsätzlich unzulässig und schwebend unwirksam sind.[1] Denn zu den **„Rechten anderer"** i. S. von Art. 2 Abs. 1 GG, an denen die Vertragsfreiheit ihr Ende findet, sind auch die absoluten und relativen Rechte der am Vertrag unbeteiligten Dritten zu verstehen.[2]

3 § 58 betrifft zwei unterschiedliche Adressatenkreise, nämlich in **Abs. 1 dem Schutz** der **Rechte privater Dritter** (zur Anwendung auf Behörden als Träger subjektiver Rechte vgl. Rn. 11 ff.), mit der Regelung in **Abs. 2 der Wahrung der öffentlichen Kompetenzordnung** (Rn. 20). § 58 verhindert mit seiner generellen Rechtsfolge der (schwebenden) Unwirksamkeit in beiden Fällen bei notwendiger, aber unterlassener Beteiligung oder einer Verweigerung der Zustimmung, Genehmigung pp. vollendete Tatsachen und Rechtswirkungen.

4 § 58 geht von dem Grundsatz aus, dass (auch) der ör Vertrag nachteilige Rechtswirkungen erst dann äußern soll, wenn die betroffenen Personen oder zuständigen Behörden dazu ihre Zustimmung usw. in der dafür vorgeschriebenen Form erteilt haben. Die Notwendigkeit einer Beteiligung Dritter im Falle einer belastenden Drittwirkung sowie von anderen Behörden gemäß § 13 (bzw. § 65 VwGO im Verwaltungsprozess) bewirkt aber **kein Verbot eines Vertragsschlusses** gemäß § 54 Satz 1, sondern ist eine **Wirksamkeitsvoraussetzung** für die Rechtsbeständigkeit des vereinbarten Vertragsinhalts gegenüber den vom Vertrag betroffenen Dritten. Ein ohne die Drittbeteiligung geschlossener Vertrag ist nicht schon allein deshalb auch zwischen den Hauptvertragsparteien unwirksam oder nichtig, sondern nur **subjektiv-relativ** gegenüber den betroffenen Dritten bzw. nicht beteiligten Behörden **schwebend unwirksam**.[3] Dementsprechend sind die Parteien eines Verwaltungsprozesses auch nicht allein deswegen an einer vergleichsweisen Beendigung des Rechtsstreits gehindert, weil an dem Vergleich ein Dritter nicht mitwirkt, der notwendig beizuladen war, aber nicht beigeladen worden ist.[4] Umgekehrt bleibt ein gerichtlicher Vergleich, dem ein notwendig Beigeladener nicht zugestimmt hat,

---

[1] *BVerwG* DVBl 1993, 434; *Kopp/Ramsauer*, § 58 Rn. 1.
[2] *Maunz/Dürig*, Art. 2 Rn. 55; *Grziwotz* NJW 1995, 1927.
[3] *VGH Mannheim* NuR 1997, 245; *Kopp/Ramsauer*, § 58 Rn. 19.
[4] *BVerwG* NJW 1988, 663 = BayVBl 1988, 121.

§ 58 Zustimmung von Dritten und Behörden   5–8 § 58

als außergerichtlicher Vergleich unberührt, wenn die Mitwirkung des notwendig Beigeladenen im Außenverhältnis nicht erforderlich ist.[5]

Die **Bindungen der Vertragsparteien** an den zwischen ihnen zustande gekommenen ör 5 Vertrag bleiben **in ihrem Verhältnis zueinander** nach Massgabe des Vertragsinhalts bestehen, weil zwischen ihnen ein Schuldverhältnis (§ 311 Abs. 1 und 2 BGB i. V. m. § 62 Satz 2) entstanden ist.[6] Es bedarf einer (ggfls. ergänzenden) Auslegung, ob der Vertrag mit der Genehmigung des Dritten „stehen und fallen" oder davon unabhängig Bestand haben soll (hierzu noch Rn. 22). Je nach den Umständen des **Einzelfalls** kommen auch Schadensersatzansprüche gegen den Vertragspartner aus den Gesichtspunkten der culpa in contrahendo oder der Amtshaftung in Betracht, wenn für die betroffene Vertragspartei schutzwürdiges Vertrauen in das Zukommen und den Bestand des Vertrags sowie die Zustimmung des Dritten bestand.[7] Ein Vertragsangebot kann daher auch dann wirksam bleiben, wenn der Dritte oder die dritte Behörde nicht zugestimmt hat. Macht ein Dritter oder eine drittbeteiligte Behörde **Alternativvorschläge** zu dem Vertrag, kann dadurch der Vertragsinhalt entsprechend modifiziert werden.

Soweit ein Vertrag mit belastender Drittwirkung den Dritten bzw. die unbeteiligte Behörde 6 nur **teilweise** negativ berührt, d. h. in Rechte Dritter oder in Kompetenzen von Behörden eingreift, entsteht nur insoweit eine **partielle** (schwebende) **Unwirksamkeit**, sofern der Vertragsinhalt teilbare Leistungen enthält. Es bedarf daher einer Prüfung im Einzelfall, ob sich die Nichtbeteiligung Dritter auf den ör Vertrag insgesamt oder nur teilweise auswirkt.[8] § 59 Abs. 3 ist auch auf § 58 anwendbar.

Das Wirksamkeitshindernis besteht darin, dass der unter § 58 fallende Vertrag nach Beendi- 7 gung des Schwebezustandes mit **ex-tunc-Wirkung** wirksam wird, soweit (wenn) der Dritte oder die andere Behörde zugestimmt oder in der vorgeschriebenen Form mitgewirkt haben.[9] Zur Frage der Rückwirkung vgl. auch Rn. 19.

2. Anwendungsbereich

Abs. 1 bezieht sich unmittelbar auf **alle Arten** ör Verträge nach diesem Gesetz, d. h. solche 8 i. S. des § 54 S. 1 und 2, also sowohl auf ör Verträge zwischen Staat und Bürger als auch solche zwischen Trägern öffentlicher Verwaltung (hierzu § 54 Rn. 1). Abs. 2 bezieht sich nach seinem Wortlaut zwar nur auf die sog. VA-ersetzenden ör Verträge im Staat-Bürger-Verhältnis. Unter diese Regelung fallen nach Sinn und Zweck dieser Regelung auch alle anderen ör Verträge des § 54 einschließlich der Verträge zwischen Trägern öffentlicher Verwaltung, weil mit Abs. 2 generell bei ör Verträgen die **ör Kompetenzordnung** geschützt werden soll.[10] Darüber hinaus bringt § 58 auch einen **allgemeinen Rechtsgrundsatz** zum Ausdruck, dass Vereinbarungen – sofern nicht spezielle Rechtsvorschriften dies zulassen – nicht zu Lasten Dritter bzw. von zuständigen Behörden rechts-wirksam geschlossen dürfen, sofern und solange sie daran nicht beteiligt waren. § 58 kann bei Fehlen von speziellen Rechtsvorschriften lückenschließend daher über den Bereich ör Verträge hinaus auch auf sonstiges **schlichtes ör Verwaltungshandeln** – etwa eine Zusicherung nach § 38 – angewendet werden, das einzelfallbezogene Tätigkeit mit belastender Außenwirkung auf Dritte zum Inhalt hat (§ 54 Rn. 84). Das Gleiche gilt für § 58 Abs. 2.[11] Dieser ist zumindest entsprechend anwendbar dann, wenn ein Hoheitsträger eine vertragliche Verpflichtung zur **Normsetzung** übernimmt (zur grundsätzlichen Unzulässigkeit vgl. § 54 Rn. 115, zu städtebaulichen Verträgen vgl. § 54 Rn. 134 ff., jeweils m. w. N.). Für **Vertragsangebote** (hierzu § 57 Rn. 19 ff.) gilt § 58 nicht,[12] so dass sie von den Hauptbeteiligten auch ohne oder gegen den Willen von Dritten oder drittbeteiligten Behörden rechtswirksam abgege-

---

[5] *OVG Lüneburg* DVBl 1985, 1325; zu § 106 VwGO und dem förmlich erleichterten Vergleichsschluss vgl. *Kopp/Schenke*, VwGO, § 106 Rn. 5 ff.
[6] Ebenso *Kopp/Ramsauer*, § 58 Rn. 20; *Obermayer*, VvVfG, § 58 Rn. 16; *Schlette*, Verwaltung als Vertragspartner, 2000, 433; *Henneke* in Knack, § 58 Rn. 5; *Palandt/Grüneberg*, § 311 Rn. 22 ff.
[7] Ebenso *Kopp/Ramsauer*, § 58 Rn. 19; *Palandt/Grüneberg*, aaO., § 311 Rn. 38 ff.
[8] Ebenso *Kopp/Ramsauer*, § 58 Rn. 4; *Meyer/Borgs*, § 58 Rn. 14.
[9] Begr. RegE 1973 S. 81; *BVerwG* NJW 1988, 663 = BayVBl 1988, 121; *Ule/Laubinger*, § 69 Rn. 14, sog. schwebende Unwirksamkeit; zum Zivilrecht vgl. *Palandt/Heinrichs*, Überbl. 4 c vor § 104.
[10] *BVerwG* NJW 1988, 663 betr. die Zustimmung des Bundes zu einer Einbürgerung; *Kopp/Ramsauer*, § 58 Rn. 3; *Ule/Laubinger*, § 69 Rn. 20.
[11] Vgl. *BVerwG* NJW 1988, 663 = BayVBl 1988, 121.
[12] Ebenso *Kopp/Ramsauer*, § 58 Rn. 3 c.

ben werden können. Allerdings kann sich ihre frühzeitige Beteiligung vor Vertragsabschluss empfehlen, um eine spätere Unwirksamkeit wegen verweigerter Zustimmung zu vermeiden.

9 § 58 gilt – wie §§ 54 ff. insgesamt – vornehmlich im **Anwendungsbereich der §§ 1, 2 VwVfG**, mithin **subsidiär** mit Vorrang abweichender Spezialvorschriften. In dem Wirksamkeitshindernis bei Vereinbarungen zu Lasten rechtlich Betroffener ohne deren Zustimmung liegt aber zugleich ein **allgemeiner Rechtsgrundsatz**, mit dem betroffene, aber nicht beteiligte „dritte" Rechtssubjekte und Rechtsträger geschützt werden sollen. Im Sozialbereich gilt § 57 SGB X. Soweit Vereinbarungen nach VwVfG auch in Abgabenangelegenheiten zulässig sind, gilt auch § 58 entsprechend.

II. Zustimmung (privater) Dritter (Abs. 1)

1. Kein ör Vertrag zu Lasten Dritter

10 Auch ör Verträge im Sinne der §§ 54 ff. äußern **Rechtswirkungen** i. d. R. **nur zwischen den Vertragsparteien,** nicht zugleich auch gegenüber nicht am Vertragsschluss beteiligten Rechtssubjekten. Soweit solche Verträge Vereinbarungen zu Lasten Dritter enthalten, sind bereits Verpflichtungsverträge, nicht erst die Erfüllungshandlungen (Rn. 15), unzulässig, weil Verträge auch im öffentlichen Recht **zu Lasten Dritter** ohne gesetzliche Zulassung **unzulässig** sind,[13] sofern nicht der beeinträchtigte Dritte dem Vertrag vorher zugestimmt hat. Ein Anspruch auf Zustimmung ist **idR im Verwaltungsrechtsweg** mit der allgemeinen Leistungsklage zu verfolgen (Rn. 16). Vertragliche Ansprüche des Trägers der Straßenbaulast auf Beteiligung Dritter an den Kosten einer Straßen(Kreuzungs)änderung dürfen ohne besondere gesetzliche Grundlage – die in § 58 selbst nicht liegt – nicht dadurch begründet und durchgesetzt werden, dass in einen (fernstraßen-rechtlichen) Planfeststellungsbeschluss unter Berufung auf den Vertrag eine einseitige Kostenregelung zu Lasten eines Dritten aufgenommen wird.[14] Die Rechtswirkung der Abs. 1 greift insoweit ein, als der Vertrag in Rechte eines Dritten eingreift. Soweit ein einheitlicher Vertrag **teilbar** ist und bei Wegfall eines Teils der Rest unverändert bestehen kann (vgl. § 59 Rn. 36), bleiben sonstige Bestandteile eines Vertrages in ihrer Wirksamkeit unberührt **(teilweise Unwirksamkeit);** sonst ergreift die Unwirksamkeit im Zweifel den gesamten Vertrag (vgl. Rn. 6).

11 Zulässig sind ör Verträge **zugunsten Dritter** nach Maßgabe des §§ 328 ff. BGB i. V. m. § 62 Satz 2 (ferner Rn. 24; § 62 Rn. 36). Zu Verträgen mit **Schutzwirkung zugunsten Dritter** vgl. Rn. 24.

2. Zustimmungserfordernis bei Eingriffen in Rechte Dritter

12 **a) Dritter:** „Dritter" im Sinne des Absatzes 1 ist jedes beteiligungsfähige **Privatrechtssubjekt,** das nicht zugleich Vertragspartei ist (zu Verbänden vgl. Rn. 14). Die Genehmigung eines von einem vollmachtlosen Vertreter geschlossenen Vertrags fällt nicht unter § 58, weil er nicht „Dritter" ist; sie kann aber über § 62 S. 2 i. V. m. § 184 BGB Rückwirkung haben. Die Mitwirkung von beteiligten **Behörden** in Ausübung ör Verwaltungstätigkeit richtet sich grundsätzlich allein nach Absatz 2, soweit öffentlich-rechtliche Wahrnehmungszuständigkeiten bzw. Kompetenzen betroffen sind, weil solche ör Befugnisse keine „Rechte" i. S. des Abs. 1 sind.[15] Etwas anderes gilt nur dann, wenn eine juristische Person des öffentlichen Rechts in ihrer Eigenschaft als **Träger subjektiver privater Rechte,** etwa als zivilrechtlicher Eigentümer oder Besitzer betroffen ist[16] oder wenn ein Träger öffentlicher Verwaltung in **privater Rechtsform** (etwa als AG, GmbH usw.) handelt. Sind **mehrere Dritte** betroffen, müssen alle (schriftlich) zustimmen, um die Rechtswirkungen des Abs. 1 herbeizuführen (Rn. 19 ff.).

---

[13] Vgl. *OVG Koblenz* NVwZ 2005, 499 (500), wonach ein Vertrag zu Lasten Dritter ein Verstoß gegen § 134 BGB i. V. m. § 62 Satz darstellt, zugleich unter Hinweis auf *BGHZ* 86, 82 und 110, 114; *Palandt/Grüneberg,* Einf. Vor § 328 Rn. 10 m.w. N. .
[14] *BVerwGE* 58, 281/285 f.; *BVerwG* vom 4. 6. 1982, *Buchholz* 407.2 EKrG Nr. 9.
[15] *BVerwG* NJW 1988, 663 = BayVBl 1988, 121; *Ule/Sellmann,* DVBl 1967, 837 (839).
[16] A. A. *Meyer/Borgs,* § 58 Rn. 12, die pauschal „die öffentliche Hand" als Dritten ansehen und damit die Abgrenzung zu Abs. 2 aufgeben.

b) Eingriff, Eingriffsakt: Ein „Eingriff" setzt keinen bewussten oder gewollten Akt voraus, **13** sondern liegt dann vor, wenn objektiv – auch unbeabsichtigt – der **Rechtsstatus** des Dritten durch den Vertragsabschluss verschlechtert, vermindert oder sonst negativ beeinträchtigt ist wenn also der **rechtliche status quo** des Dritten in einen **status quo minus** verwandelt wird.[17] Es ist daher ein Vergleich der Verhältnisse vor und nach dem ör Vertrag notwendig. Eine solche Minderung wird bei jeder Rechtsbeeinträchtigung in Betracht kommen, durch die jemand von der Staatsgewalt mit einem **Nachteil** belastet wird, der nicht in der verfassungsmäßigen Ordnung begründet ist.[18] In der Regel erfordert der Eingriff positives Tun; eine Verpflichtung zum Unterlassen eines an sich gebotenen Handelns ist ihm gleichzustellen.[19]

Unter den Begriff **„Rechte"** eines Dritten fallen alle durch Gesetz oder sonstige Verwaltungsmaßnahmen eingeräumten Rechtspositionen, die für ihn ein subjektiv-öffentliches materielles Recht oder Recht auf Beteiligung einschließlich des formellen Anspruchs bei einer Ermessensschrumpfung auf Null begründen.[20] Dazu gehören auch die im öffentlichen Nachbarrecht durch drittschützende Normen eingeräumten Rechtspositionen. Erfasst werden von Abs. 1 daher etwa Maßnahmen mit Doppel- und Drittwirkung (§ 50 Rn. 5), z.B. die (Verpflichtung zur) Baugenehmigung durch Vertrag sowie die Erteilung von Dispensen von nachbarschützenden Baurechtsvorschriften.[21] Hat sich die Behörde vertraglich ohne eine erforderliche Zustimmung des Dritten z.B. zu einer Baugenehmigung verpflichtet, kann der ör Vertrag unwirksam sein. Anerkannte **Verbände** gehören dann zu den potentiell betroffenen Dritten, wenn ihnen durch oder aufgrund Gesetzes ein Recht auf Beteiligung im Verfahren (vgl. etwa § 29 Abs. 1 Nr. 4 BNatSchG, zur Verbandsklage § 61 BNatSchG) und/oder auf Kontrolle der getroffenen Verwaltungsentscheidung eingeräumt ist.[22] Zu subjektiven Drittrechten in Konkurrenzstreitverfahren vgl. § 50 Rn. 14 ff. **14**

Eine Rechtsbeeinträchtigung liegt in aller Regel schon in dem zu einem zukünftigen Tun **15** oder Unterlassen veranlassenden **Verpflichtungsvertrag,** weil dadurch ein rechtsgeschäftliches Schuldverhältnis mit den daraus folgenden regelmäßig beiderseitigen Rechtswirkungen i. S. von § 311 BGB i. V. m. § 62 Satz 2 entsteht.[23] Der Gegenauffassung,[24] nicht der Verpflichtungsvertrag – etwa die Verpflichtung der Verwaltung, einen Baudispens von nachbarschützenden Vorschriften zu bewilligen –, sondern erst der auf Grund des Vertrages erlassene Verfügungsvertrag (§ 54 Rn. 117) oder der einseitige Erfüllungsakt bewirke einen Eingriff, wird nicht gefolgt:

Müsste für Verpflichtungsverträge generell eine Eingriffswirkung im Sinne des Absatzes 1 **16** verneint werden, würde daraus die Möglichkeit ör Verpflichtungsverträge zu Lasten Dritter folgen, die es sonst nicht gibt (vgl. Rn. 10). Verpflichtet sich ein (privater) Miteigentümer ohne Zustimmung des anderen in einem ör Vertrag zu einer bestimmten ör gebotenen Handlung, Duldung oder Unterlassung, so liegt darin – wenn überhaupt – jedenfalls dann kein Eingriff i. S. von Abs. 1 (vgl. Rn. 11), wenn die fehlende Zustimmung des anderen Miteigentümers durch eine Duldungsverfügung gegen ihn ersetzt werden kann.[25]

Soweit zur **Erfüllung** eines unwirksamen ör Vertrages **einseitige Handlungen** – etwa der **17** Erlass eines VA – notwendig sind, und der Verpflichtungsvertrag der Zustimmung des Dritten ermangelt, entbehrt auch der einseitige Erfüllungsakt der (vertraglichen) Rechtsgrundlage. Es besteht dann jedenfalls kein vertraglich begründeter Rechtsanspruch auf seinen Erlass mit dem im Vertrag ggfls. vereinbarten Inhalt. Ob ein Anspruch auf Erlass eines VA auch ohne wirksamen Verpflichtungsvertrag besteht, muss im Einzelfall unter Berücksichtigung der konkreten

---

[17] So ausdrücklich *BVerwG* NJW 1983, 2044; *OVG Münster,* Urt. vom 26. 2. 1991 – 11 A 1052/89 –; ferner § 28 Rn. 26.
[18] Vgl. *BVerfGE* 40, 237; 248 ff.; *BVerwG* NJW 1976, 1703; vgl. ferner § 28 Rn. 32.
[19] *OVG Münster* NVwZ 1988, 370 (371).
[20] *Kopp/Ramsauer,* § 58 Rn. 5, 6.
[21] *Kopp/Ramsauer,* § 58 Rn. 6.
[22] Zum Umwelt-Rechtsbehelfsgesetz, insbesondere zur Verbandsklage vgl. zusammenfassend und kritisch *Koch* NVwZ 2007, 369 m. w. N.
[23] Ebenso *BVerwG* NJW 1988, 662, 663; *OVG Münster* NVwZ 1988, 370 (371); *Kopp/Ramsauer,* § 58 Rn. 7; *Henneke* in *Knack,* § 58 Rn. 4; *Meyer/Borgs,* § 58 Rn. 10; *Erichsen* Jura 1994, 48.
[24] Vgl. *Redeker,* DÖV 1966, 543 (545); *Bullinger* DÖV 1977, 816; *Ule/Laubinger,* § 69 Rn. 15; *Ziekow/Siegel* VerwArch 2004, 133, 281.
[25] Vgl. *OVG Münster* vom 26. 2. 1991 – 11 A 1052/89 – zu einem Vergleichsvertrag, bei dem nur einer von 2 Eheleuten einer Abrissverfügung zugestimmt hatte; vgl. auch *BVerwG* vom 28. 4. 1972, BRS 25 Nr. 205; *VGH Kassel* BRS 39, Nr. 221; *OVG Münster* BRS 47 Nr. 193.

Rechtslage nach Maßgabe des Fachrechts entschieden werden. In einer vertraglichen Verpflichtung einer Behörde kann (nur dann) eine wirksame **Zusicherung i. S. des § 38** liegen, wenn nach den Umständen des Einzelfalls anzunehmen ist, dass sich die Behörde unbeschadet der Wirksamkeit des ör Vertrags zu einer einseitigen Leistung unbedingt verpflichten wollte und konnte.[26] Auch hierzu ist das Beteiligungserfordernis Dritter und „dritter" Behörden erforderlich (§ 38 Abs. 1 Satz 2).

19 c) **Zustimmung:** Ein ohne Zustimmung eines Dritten geschlossener ör Vertrag ist nicht nichtig, sondern nur **schwebend unwirksam.**[27] Die Zustimmung des Dritten kann vor oder nach Abschluss des Vertrags erklärt werden. Die vorherige Zustimmung (**Einwilligung, § 183 BGB**) oder die nachträgliche Zustimmung (**Genehmigung, § 184 BGB**) kann **gegenüber dem einen oder anderen Vertragspartner** erklärt werden (§ 182 I BGB i. V. m. § 62 Satz 2). Entsprechendes gilt für die gänzliche oder teilweise Verweigerung der Zustimmung. Die Beteiligten werden sich als vertragliche Nebenpflicht tunlichst gegenseitig zu informieren haben, damit sie weiter disponieren können. Die Einwilligung und Genehmigung haben trotz des missverständlichen Wortlauts „wird *erst* wirksam" **ex-tunc-Wirkung** und wirken deshalb auf den Zeitpunkt des Vertragsschlusses zurück und machen ihn unter Beendigung des Schwebezustandes entsprechend § 184 BGB (i. V. m. § 62 Satz 2) von Anfang wirksam,[28] so dass der rechtliche Schwebezustand dann insgesamt beseitigt ist.

20 Erforderlich ist nach der ausdrücklichen Regelung in Abs. 1 – abweichend von § 182 II BGB – die **schriftliche Zustimmung**, weil nur dadurch der Nachweis des Einverständnisses erbracht werden kann.[29] Die Erklärung muss von dem Dritten selbst oder einem Vertreter grundsätzlich **eigenhändig** (vgl. § 126 Abs. 1 BGB) durch Namensunterschrift oder mittels notariell beglaubigten Handzeichens unterzeichnet werden (zu den modernen Kommunikationsformen vgl. § 57 Rn. 17a; § 3a Rn. 1 ff.). **Niederschrift** einer Behörde oder gerichtliche Protokollierung (vgl. § 106 VwGO) reichen aus. Die Zustimmungserklärung braucht nicht auf derselben Vertragsurkunde der Vertragsparteien zu erfolgen, sondern kann schriftlich **gesondert** gegenüber einer oder allen Vertragsparteien erfolgen (Rn. 19). Ist durch Rechtsvorschrift eine weitergehende **strengere Form**, etwa eine gerichtliche oder notarielle Beurkundung vorgeschrieben (etwa nach § 311b BGB), genügt die bloße Schriftform nicht (vgl. § 57).

21 Eine bestimmte **Frist** für die Erklärung der Zustimmung oder Ablehnung ist in § 58 nicht vorgeschrieben. Sie muß den Umständen entsprechend stets **angemessen** sein, kann also unterschiedlich lang sein. Die Angemessenheit hängt insbesondere von der Dringlichkeit und dem Umfang bzw. der Bedeutung des Vertrags gerade für den betroffenen Dritten ab. §§ 147, 148 BGB sind i. V. m. § 62 Satz 2 entsprechend anwendbar. Eine konkludente Zustimmung scheidet mangels des Formerfordernisses aus. **Schweigen** auf eine Anfrage innerhalb der üblichen Zeit oder gesetzlich angemessenen Frist wird in der Regel als Verweigerung der Zustimmung anzusehen sein.[30] Den Maßstab wird im Einzelfall letztlich **Treu und Glauben** bilden. Eine Verpflichtung zur Zustimmung kann durch spezialgesetzliche Regelung oder auf Grund allgemeiner Rechtsgrundsätze, etwa bei rechtsmissbräuchlicher Verweigerung, in Betracht kommen. Ein Anspruch auf Abgabe einer Erklärung ist ggfls. durch Leistungsklage (entsprechend § 894 ZPO) durchzusetzen.

22 d) **Rechtswirkungen:** Welche Rechtswirkungen die Zustimmung bzw. Ablehnung auf den Vertrag der Hauptbeteiligten hat, hängt vom Inhalt des einzelnen Vertrags und den Absprachen der Hauptbeteiligten ab. Insofern wird zunächst zu unterscheiden sein, ob die Zustimmung zum Vertrag insgesamt oder nur in bezug auf bestimmte Rechte und Pflichten zu erteilen ist. Im ersten Fall, wird die **Verweigerung** der Zustimmung zur Unwirksamkeit (Nichtigkeit) des gesamten Vertrags führen, wenn der Vertrag nach dem übereinstimmenden, ggfls. durch (ergänzende) Auslegung zu ermittelnden Willen der Vertragsparteien mit der Zustimmung oder Ablehnung „stehen und fallen" soll. Der Vertrag kann je nach Willenslage aber auch ganz der teil-

---

[26] Offen gelassen von *BVerwG* BayVBl 1988, 121. Zur (bejahten) Zulässigkeit und Formwirksamkeit von Zusicherungen zu Protokoll des Gerichts vgl. *BVerwGE* 97, 323.
[27] *VGH Mannheim* NuR 1997, 245; *Kopp/Ramsauer*, § 58 Rn. 19.
[28] Ebenso *Obermayer*, § 58 Rn. 13; *Kopp/Ramsauer*, § 58 Rn. 13; a. A. *Henneke* in Knack, § 58 Rn. 3; offen gelassen von *BVerwG* NJW 1988, 663.
[29] *OVG Münster* vom 26. 2. 1991 – 11 A 1052/89 –; Rn. 21.
[30] Ebenso *Schlette*, Die Verwaltung als Vertragspartner, 2000, S .434; a. A. *Ziekow*, VwVfG, § 58 Rn. 7.

weise unabhängig von der Entscheidung des Dritten fortgelten. Auch das ist durch **Auslegung** im Einzelfall zu ermitteln. Eine Zustimmung des Dritten zum Vertrag hat **ex-tunc-Wirkung** (hierzu Rn. 19).

3. Vertrag zugunsten und mit Schutzwirkung Dritter

a) **Ör Verträge zugunsten Dritter** sind nach § 62 Satz 2 i. V. m. §§ 328 ff. BGB grundsätzlich zulässig (§ 62 Rn. 36). Zu beachten sind bei solchen Verträgen die sich für die vertragsschließende Behörde ergebenden spezialgesetzlichen Bindungen einschließlich derjenigen aus den Prinzipien der Gesetzmäßigkeit der Verwaltung, des Gleichheitsgebots, des Verhältnismäßigkeitsprinzips und des Rechtsmissbrauchsverbots (vgl. zu § 62). Von Bedeutung ist insoweit das sich aus Haushalts- und Finanzverfassungsrecht ergebende allgemeine **Schenkungsverbot** für die Behörden gegenüber Privaten.[31]

b) Die im Zivilrecht entwickelte Figur des Vertrags mit **Schutzwirkung zugunsten Dritter** ist eine aus Treu und Glauben entwickelte besondere Art der Drittberechtigung und Sonderfall eines Vertrags zugunsten eines Dritten, der nicht selbst Vertragspartei ist, aber in die Sorgfaltspflicht der Vertragsparteien einbezogen ist und daher aus eigenem Recht einen Anspruch aus dem zwischen anderen abgeschlossenen Vertrag geltend machen können soll, auch wenn kein Vertrag zugunsten Dritter i. S. von §§ 328 ff. BGB vorliegt.[32] Ob diese im Zivilrecht vor allem zur Lückenschließung im Recht der unerlaubten Handlungen entwickelte Figur[33] auch auf das Verwaltungsvertragsrecht übertragbar ist, ist eher zweifelhaft, zumal ör „Haftungslücken" jedenfalls nicht evident sind.

III. Mitwirkung „dritter" Behörden (Abs. 2)

1. Wahrung der Kompetenzordnung

Absatz 2 regelt nach seinem Wortlaut die Frage der Wirksamkeit eines ör Vertrags, wenn die vertragschließende Behörde beim Erlass eines entsprechenden VA die Genehmigung, Zustimmung oder das Einvernehmen einer anderen Behörde hätte herbeiführen müssen (sog. **VA-ersetzende Verträge**). Diese Regelung ist auch auf die sonstigen ör Verträge anzuwenden, die unter den Regelungsbereich des § 54 S. 2 fallen, also auch auf **alle sog. subordinationsrechtlichen Verträge**,[34] durch die die Kompetenzordnung „dritter" Behörden und ihrer Rechtsträger berührt wird. Unter Abs. 2 fallen daher nach der Logik des § 58 II auch solche Verträge mit einem Inhalt, der einem VA-Surrogat-Vertrag im Wesentlichen gleichsteht, wie etwa bei **Zusicherungen** gemäß § 38.[35] Ebenso bezieht sich das Mitwirkungserfordernis auf Fälle einer vertraglichen Verpflichtung und zu anderen ör Handlungen, Duldungen oder Unterlassungen mit Einzelfallregelungen (§ 54 Rn. 40).

Abs. 2 kann – entgegen dem engen Wortlaut des Abs. 2 – **auch für sog. koordinationsrechtliche Verträge** analog oder als allgemeiner Rechtsgrundsatz angewendet werden, wenn zwei Behörden bzw. ihre Rechtsträger zu Lasten dritter Behörden/Rechtsträger ohne deren Zustimmung ör Verträge schließen, durch die in deren Wahrnehmungszuständigkeiten und Entscheidungsbefugnisse eingegriffen wird. Ob sie in ihrem Verhältnis zueinander Sub- oder koordiniert sind, ist unerheblich. Insofern ist der Schutzgedanke des § 58 Abs. 2 auch auf Verträge zwischen Hoheitsträgern bzw. ihren Behörden anwendbar.

Abs. 2 dient der Wahrung der Zuständigkeitsordnung[36] und soll verhindern, dass durch einen ör Vertrag in den Aufgabenbereich einer am Vertrag nicht beteiligten „dritten" Behörde und ihren Zuständigkeitsbereich „eingegriffen" wird. Bis zu ihrer Mitwirkung ein ör Vertrag **schwebend unwirksam**. Diese Regelung erklärt sich daraus, dass die gesetzliche **Kompe-**

---

[31] *BGHZ* 47, 30 (40); *BVerfGE* 12, 354 (364); *Wolff/Bachof/Stober* I, § 30 Rn. 9.
[32] *BGHZ* 24, 325 (327); 51, 91 (96); 66, 515; 127, 378 (380); 133, 168 (170); 138, 257; *BGH* NJW 2000, 725; NJW 2006, 830 (835).
[33] *Palandt/Grüneberg*, § 328 Rn. 13 ff.
[34] Vgl. ausdrücklich *BVerwGE* 111, 162 (165).
[35] *BVerwG* NJW 1988, 663 = BayVBl 1988, 121 (122).
[36] *BVerwG* NJW 1988, 663.

tenzordnung auch durch Zustimmung der Beteiligten nicht „disponibel" sind und, sofern nichts anderes geregelt ist, auch durch ör Vertrag nicht verändert werden dürfen.[37] Ebenso wie Abs. 1 (Rn. 17) erstreckt sich auch Abs. 2 nicht nur auf Verfügungsverträge, sondern schon die **Verpflichtungsverträge**, weil sonst die örtlichen und sachlichen Zuständigkeiten und Mitwirkungsrechte und -pflichten dritter Behörden der Disposition der Vertragspartner unterlägen.[38]

2. Voraussetzungen der Mitwirkung

27   Unter dem Begriff „**Zustimmung**" in der Überschrift von § 58 zählt Absatz 2 als Voraussetzungen für die Notwendigkeit einer Mitwirkung von Behörden in ör Angelegenheiten im Wortlaut nur die **Genehmigung**, die **Zustimmung** und das **Einvernehmen** auf (zu den Begriffen vgl. auch § 44 Rn. 32). Trotz der sonst gesetzlich nicht immer eindeutigen Terminologie bei den verschiedenen Formen des Zusammenwirkens mehrerer Behörden handelt es sich bei allen drei aufgezählten Formen der Mitwirkung um Rechtmäßigkeitsvoraussetzungen und mitentscheidende Beteiligungsakte **mit Bindungswirkung** zugunsten und zulasten vertragsschließender Behörden. Soweit in diesem Sinne die freie Willensbildung der vertragsschließenden Behörde eingeschränkt ist und eine Abhängigkeit von der Entscheidung einer anderen mitbeteiligten Behörde im Sinne einer Rechtmäßigkeitsvoraussetzung bei Nichtbeteiligung besteht, sieht Absatz 2 die Rechtswirkung der schwebenden Unwirksamkeit des Vertrags vor. Auch ein gesetzlich zwingend vorgeschriebenes **Einverständnis** oder die notwendige **Bestätigung** als Rechtmäßigkeitsvoraussetzung des Verwaltungshandelns gehören dazu.

28   Wenn hingegen Rechtsvorschriften (zum Begriff § 54 Rn. 94 ff.) nur eine **begutachtende oder informierende Beteiligung** ohne Bindungswirkung vorsehen, greift Absatz 1 nicht ein. Hierzu gehört etwa die vorgeschriebene, aber unterlassene Beteiligung in Form der **Information**, der **Beratung**, der **Anhörung**, der **gutachtlichen Stellungnahme** oder des **Benehmens**. Derartige Beteiligungsformen sollen nach dem Wortlaut des Absatzes 2 die Wirksamkeit und Rechtmäßigkeit des Vertrages nicht beeinträchtigen. Die einschränkende Auslegung des Absatzes 2 ergibt sich auch daraus, dass es Sache der Behörde ist, die Beteiligung ohne Bindungswirkung durchzuführen, da der Bürger sie in der Regel nicht übersehen kann; eine ausweitende Interpretation würde sich ohne zwingende sachliche Notwendigkeit zuungunsten des Vertragspartners der Behörde auswirken.[39]

29   Zu den **Behörden** i. S. von Abs. 2 zählen nicht nur solche i. S. des § 1 Abs. 3, sondern auch **Ausschüsse**, soweit sie selbständig ör Verwaltungstätigkeit ausüben (vgl. § 88 Rn. 5 ff.). Die erforderliche Mitwirkung kann ggfs. im Aufsichtswege ersetzt oder durch Klage erzwungen werden.[40] Pflichtwidrige Verweigerung der Zustimmung kann zu Schadensersatzansprüchen führen.

30   „**Erforderlich**" im Sinne des Absatzes 2 ist eine Mitwirkung daher dann, wenn sie durch **zwingende Rechtsvorschriften** angeordnet ist. Soll-Bestimmungen reichen in der Regel zur Erforderlichkeit aus, soweit nicht ein wichtiger Grund oder ein atypischer Fall zur Abweichung von der Regel berechtigt (vgl. § 40 Rn. 13). Eine allein auf einer Verwaltungsvorschrift beruhende Mitwirkung, die nicht auf eine Norm zurückgeführt werden kann, reicht nicht aus. Ermessenslenkende Verwaltungsvorschriften kommen auch dann nicht in Betracht, wenn ein Fall der Ermessensreduzierung auf Null vorliegt (vgl. § 40 Rn. 108).

31   Die Mitwirkung der anderen Behörde ist für den erstmaligen Vertrags**abschluss** vorgesehen, also für die Begründung eines ör Rechtsverhältnisses durch Vertrag. Soweit die **Änderung** eines Vertrags vertragliche Beziehungen neu oder anders begründet und hierdurch Rechte oder Zuständigkeiten i. S. des § 58 beeinträchtigt werden, bedarf auch der Abänderungsvertrag der Mitwirkung nach Absatz 2. Die **Aufhebung** des Vertrags bedarf in der Regel einer solchen Mitwirkung nicht, es sei denn, durch die Aufhebung ergibt sich ein Eingriff in die gesetzliche Kompetenzordnung.[41]

---

[37] Vgl. BVerfGE 32, 145 (156); 39, 96 (109); BVerwG DÖV 1976, 319 (320).
[38] BVerwG BayVBl 1988, 121 = NJW 1988, 663; Kopp/Ramsauer, § 58 Rn. 13; Meyer/Borgs, § 58 Rn. 16; Friehe, DÖV 1980, 673, 674; VG Köln, Urt. vom 21. 1. 1980 – Rn. 11, 12 –; a. A. Ule/Laubinger, § 69 Rn. 15.
[39] Ebenso Henneke in Knack, § 58 Rn. 6; Kopp/Ramsauer, § 58 Rn. 15; teilweise a. A. Meyer/Borgs, § 58 Rn. 18.
[40] Vgl. VGH Mannheim NuR 1990, 122.
[41] Ebenso Ule/Laubinger, § 69 Rn. 22.

Für die **Form der Mitwirkung** kommt es auf die spezialgesetzliche Regelungen an. Im **32** Zweifel ist von einer **Schriftlichkeit** (Rn. 20) auszugehen. Die Zustimmungs- oder Ablehnungserklärung muss beiden oder einem der Vertragsbeteiligten **bekanntgegeben** werden (Rn. 19). Sie braucht nicht in dieselbe Vertragsurkunde aufgenommen zu werden, sondern kann **gesondert** gegenüber allen Beteiligten schriftlich erfolgen (§ 57 Rn. 8). Sie ist **ör Willenserklärung**, aber regelmäßig kein VA, weil ihr der unmittelbare Regelungscharakter fehlt. Etwas anderes kann in Betracht kommen, wenn mit der Mitwirkungshandlung zugleich über das Bestehen oder Nichtbestehen eines Anspruchs auf Genehmigung, Erlaubnis usw. (mit)entschieden wird, denn dann können die Merkmale des § 35 gegeben sein.[42] Hier wird dann eine isolierte Anfechtung dieser Entscheidung das geeignete Rechtsschutzmittel sein. Für das **Schweigen** und die **Verweigerung** der Mitwirkung gelten die in Rn. 23, 29 genannten Grundsätze. Die Mitwirkungshandlung kann auch **gesetzlich fingiert** sein, wenn eine bestimmte Frist ohne Einwand abläuft. Voraussetzung ist in einem solchen Fall, dass die von der Wirkung betroffene Behörde von Vertragsschluss und -inhalt positive Kenntnis hatte.

3. Rechtsfolgen der Mitwirkung

Im Falle der Mitwirkung einer dritten Behörde kann es im wesentlichen drei unterschiedliche **33** Verhaltensweisen geben: Im Falle der **Verweigerung bzw. Ablehnung** der Genehmigung usw. ist der ör Vertrag jedenfalls insoweit unwirksam, als er in den Zuständigkeitsbereich der Behörde negativ eingreift. Ob der Vertrag ohne diesen Teil aufrechterhalten werden kann, hängt von dem Gegenstand des Vertrags und den konkret getroffenen Vertragsvereinbarungen ab. Je nach dem Ergebnis dieser Prüfung kann der Vertrag teilweise unwirksam und nichtig sein, so dass § 59 III zur Anwendung kommen wird. Im Falle der **Teil-Genehmigung** wird entsprechendes gelten, sofern der verbleibende Teil ohne den Rest bestehen bleiben kann.

Die **Genehmigung, Zustimmung usw.** verschafft – wie bei Abs. 1[43] – einem schwebend **34** unwirksamen Vertrag im Falle der Zustimmung **grundsätzlich rückwirkende Geltung**.[44] Es kann auch eine eingeschränkte Zustimmung mit ex-nunc-Wirkung ausgesprochen werden, sofern nicht spezielle Rechtsvorschriften entgegenstehen. In einem solchen Fall müssen die Hauptbeteiligten die Fassung und Rechtswirksamkeit des Vertrags mit den Maßgaben der Mitwirkung der drittbeteiligten Behörde nochmals bestätigen. Bei einer erforderlichen Mitwirkung **nur für einen Teil** des Regelungsgegenstandes des Vertrages kann der nicht zustimmungsbedürftige Teil von vornherein wirksam sein. Ob eine Trennung des Vertrages möglich ist, hängt vom Einzelfall ab; ergänzend gelten für die Aufspaltbarkeit und die Rechtsfolgen die Grundsätze des § 59 Abs. 3.

IV. Landesrecht

§ 58 gilt auch in den Ländern nach Maßgabe ihrer jeweiligen VwVfGe. Abweichendes Lan- **35** desrecht besteht nicht. Spezialgesetzliche Mitwirkungsregelungen der Länder gehen nach Maßgabe der allgemeinen Subsidiaritätsvorschriften dem § 58 vor (hierzu § 1 Rn. 186 ff.).

V. Vorverfahren

§ 58 gilt auch in einem verwaltungsgerichtlichen Vorverfahren (§ 79). Die erforderliche Mit- **36** wirkung Dritter und von Behörden kann grundsätzlich auch noch nach Vertragsschluss eingeholt werden, sofern es im Zusammenhang mit einem ör Vertrag zu einem Widerspruchsverfahren kommt. Das gleiche gilt in einem **Gerichtsverfahren**, soweit die Rechte Dritter oder von betroffenen Behörden durch die nachträgliche Hinzuziehung/Beiladung (§ 65 VwGO) gewahrt werden können. Zum verwaltungsgerichtlichen Vergleich vgl. § 106 VwGO (hierzu § 55 Rn. 8 ff.).

---

[42] Vgl. *BVerwG* DVBl 1993, 436; ähnlich *Kopp/Ramsauer*, § 58 Rn. 17.
[43] Im Zivilrecht vgl. § 184 Abs. 1 BGB; *BGH* NJW 1982, 2253; *Palandt/Heinrichs*, § 184 Rn. 1.
[44] Ebenso *OVG Münster* NVwZ 1984, 524; *Maurer*, § 14 Rn. 37; *Kopp/Ramsauer*, § 58 Rn. 19.

§ 59 Nichtigkeit des öffentlich-rechtlichen Vertrags

(1) Ein öffentlich-rechtlicher Vertrag ist nichtig, wenn sich die Nichtigkeit aus der entsprechenden Anwendung von Vorschriften des Bürgerlichen Gesetzbuchs ergibt.

(2) Ein Vertrag im Sinne des § 54 Satz 2 ist ferner nichtig, wenn
1. ein Verwaltungsakt mit entsprechendem Inhalt nichtig wäre;
2. ein Verwaltungsakt mit entsprechendem Inhalt nicht nur wegen eines Verfahrens- oder Formfehlers im Sinne des § 46 rechtswidrig wäre und dies den Vertragschließenden bekannt war;
3. die Voraussetzungen zum Abschluß eines Vergleichsvertrags nicht vorlagen und ein Verwaltungsakt mit entsprechendem Inhalt nicht nur wegen eines Verfahrens- oder Formfehlers im Sinne des § 46 rechtswidrig wäre;
4. sich die Behörde eine nach § 56 unzulässige Gegenleistung versprechen lässt.

(3) Betrifft die Nichtigkeit nur einen Teil des Vertrags, so ist er im Ganzen nichtig, wenn nicht anzunehmen ist, dass er auch ohne den nichtigen Teil geschlossen worden wäre.

Vergleichbare Vorschrift: § 58 SGB X.

Abweichendes Landesrecht: In § 126 Abs. 3 Satz 1 LVwG SH gibt es neben der Nichtigkeit noch die Figur der „Unwirksamkeit" eines ör Vertrags. Ferner § 126 Abs. 3 Satz 2 aaO: „Die Unwirksamkeit kann nur von der Vertragspartnerin oder dem Vertragspartner und nur binnen eines Monats nach Vertragsabschluss geltend gemacht werden. Die Geltendmachung der Unwirksamkeit ist schriftlich zu erklären und soll begründet werden."

Entstehungsgeschichte: Bis zum Inkrafttreten des VwVfG vgl. § 59 der 6. Auflage. Änderungen: Zum Bund/Länder-Musterentwurf vgl. Rn. 65 ff.; § 54 Rn. 13 ff.

Literatur: *Göldner,* Gesetzmäßigkeit und Vertragsrecht im Verwaltungsrecht, JZ 1976, 352; *Frank,* Nichtigkeit des substituierenden Verwaltungsvertrages nach dem VwVfG, DVBl 1977, 682; *Schenke,* Der rechtswidrige Verwaltungsvertrag nach dem VwVfG, JuS 1977, 281; *Obermayer,* Der nichtige öffentlich-rechtliche Vertrag nach § 59 VwVfG, Festschrift zum 100jährigen Bestehen des Bayerischen VGH (Verwaltungs- und Rechtsbindung), 1979; *Weyreuther,* Ablösungsverträge, entgegenstehende Rechtsvorschriften und gesetzliche Verbote, in Festschrift für Walter Reimers, 1979, S. 379 ff.; *Schimpf,* Der verwaltungsrechtliche Vertrag unter besonderer Berücksichtigung seiner Rechtswidrigkeit, 1982 (Schriften zum öffentlichen Recht, Bd. 434); *Blankenagel,* Folgenlose Rechtswidrigkeit ör Verträge?, VerwArch 1985, 276; *Bleckmann,* Verfassungsrechtliche Probleme des Verwaltungsvertrags, NVwZ 1990, 601; *Scherzberg,* Grundfragen des verwaltungsrechtlichen Vertrages, JuS 1992, 205; *Erichsen,* Die Nichtigkeit und Unwirksamkeit verwaltungsrechtlicher Verträge, Jura 1994, 47; *Reidt,* Rechtsfolgen bei nichtigen städtebaulichen Verträgen, NVwZ 1999, 149; *Preuß,* Zu den Rechtmäßigkeitsvoraussetzungen subordinationsrechtlicher Verwaltungsverträge unter besonderer Berücksichtigung des Koppelungsverbots, Diss. Hamburg 1999 (Nomos Universitätsschriften Recht Bd. 337, 2000); *Schette,* Die Verwaltung als Vertragspartner, 2000, 536 ff.; *Bonk,* Fortentwicklung ör Verträge unter besonderer Berücksichtigung der Public Private Partnerships, DVBl 2004, 141; *U. Stelkens,* Von der Nichtigkeit zur Vertragsanpassungspflicht – Zur Neuordnung der Fehlerfolgen des ör Vertrags, Die Verwaltung, 2004, 193; *H. Schmitz,* „Die Verträge sollen sicherer werden" – Zur Novellierung der Vorschriften über den ör Vertrag, DVBl 2005, 1; *U. Stelkens,* „Kooperationsvertrag" und Vertragsanpassungsanspruch: Zur beabsichtigten Reform der §§ 54 ff. VwVfG, NWVBl 2006, 1. Weiteres Schrifttum **vor 1996** vgl. § 59 der 6. Auflage.

Übersicht

	Rn.
I. Allgemeines	1
1. Bedeutung der Nichtigkeit	1
2. § 59 als Konkretisierung der Gesetzmäßigkeit der Verwaltung	4
3. Rechtsfolgen der Nichtigkeit	9
II. Spezielle Nichtigkeitsgründe bei Verträgen zwischen Behörden und Privatrechtssubjekten (Abs. 2)	14
1. Offenkundige schwere Inhalts- und Formfehler (Abs. 2 Nr. 1 i. V. m. § 44 Abs. 1)	19
2. Enumerierte Nichtigkeitstatbestände (Abs. 2 Nr. 1 i. V. m. § 44 Abs. 2 und 3)	21
3. Kenntnis der Rechtswidrigkeit bei den Vertragsparteien (Abs. 2 Nr. 2)	30
4. Fehlende Voraussetzungen beim Vergleichsvertrag (Abs. 2 Nr. 3)	35
5. Unzulässige Gegenleistung beim Austauschvertrag (Abs. 2 Nr. 4)	39

	Rn.
III. Generelle Nichtigkeitsgründe für alle ör Verträge (Abs. 1)	41
1. Nichtigkeit bei Verstoß gegen formelle BGB-Vorschriften (§§ 105, 116, 117 Abs. 1, 118, 125 BGB)	44
2. Verstoß gegen ein gesetzliches Verbot (§ 134 BGB)	49
3. Sittenwidrigkeit (§ 138 BGB)	59
4. Ursprüngliche objektive Unmöglichkeit (§ 306 BGB a. F.)	60
IV. Teilnichtigkeit (Abs. 3)	61
V. Begrenzung der Nichtigkeitsfolgen	65
VI. Europarecht	67
VII. Landesrecht	68
VIII. Vorverfahren	69

I. Allgemeines

1. Bedeutung der Nichtigkeit

§ 59 regelt die wichtige Frage, unter welchen Voraussetzungen ein ör Vertrag nichtig und **1** damit unwirksam ist. Die Nichtigkeit ist ein auch sonst in der Rechtsordnung anerkanntes Institut bei einer **besonders schweren Fehlerhaftigkeit** relevanter Akte, denen die Rechtsordnung die **Anerkennung versagt**. Nichtigkeit bedeutet nach § 59 (ebenso wie nach § 44 und im BGB, das über § 62 Satz 2 zur Anwendung kommt), dass das Rechtsgeschäft trotz eines gewissen „Rechtsscheins" der Rechtmäßigkeit und Gültigkeit unabhängig vom Willen und Wollen der Vertragspartner die nach seinem Inhalt bezweckten Rechtswirkungen **von Anfang an nicht** hervorbringt und die Beteiligten daraus grundsätzlich **keine Rechte oder Pflichten** herleiten können. Die Nichtigkeit ist **von Amts wegen** zu beachten, wirkt für und gegen alle und ist grundsätzlich (zu den Ausnahmen Rn. 2) auch dann zu beachten, wenn die durch den Nichtigkeitsgrund geschützte Person das Geschäft gegen sich gelten lassen will.[1] Die Berufung auf die Nichtigkeit ist grundsätzlich jederzeit möglich, wird aber durch **Treu und Glauben** begrenzt. Auch ein nichtiger ör Vertrag kann aber, weil er tatbestandlich ein Rechtsgeschäft und nicht nur rein faktisches Geschehen ist, Rechtsfolgen äussern, insbesondere zu **Rückabwicklungsansprüchen** nach §§ 812 ff. BGB führen (hierzu Rn. 65) oder Schadensersatzansprüche aus unterschiedlichen Gründen (hierzu § 62 Rn. 42 ff.). Ausgeschlossen ist grundsätzlich nur der Eintritt derjenigen Rechtsfolgen, die das rechtlich missbilligte Geschäft bei dessen Gültigkeit äußern würde. Da die Umwandlung des ursprünglichen Leistungsverhältnisses in ein Rückabwicklungsverhältnis in der Praxis jedenfalls dann zu Schwierigkeiten führen kann, wenn die Leistungen schon vor längerer Zeit erbracht wurden, wird die Frage der Abmilderung der Rechtsfolgen nichtiger ör Verträge diskutiert (zum **Bund/Länder-Musterentwurf** vgl. Rn. 65 und § 54 Rn. 13).[2] Bis zum Redaktionsschluss (31. 8. 2007) ist dieser Entwurf, weil er einige rechtsgrundsätzliche Fragen auch im Verhältnis zum BGB aufwirft, noch nicht zu einem Gesetzentwurf der Bundesregierung erstarkt.

Nicht ausgeschlossen ist bei nichtigen ör Verträgen – wie im BGB – nach § 62 Satz 2 VwVfG **2** eine **Neubestätigung oder Umdeutung** (§§ 141, 140 BGB, vgl. auch Rn. 65 ff.). Bei einer Bestätigung (§ 141 BGB) anerkennen die Vertragsparteien ihren bisherigen fehlerhaften Vertrag als gültig. Sie sind im Zweifel aber verpflichtet, einander so zu stellen wie bei Gültigkeit des Vertrags von Anfang an.[3] Das kommt einer Rückwirkung nahe. Zulässig ist ferner eine Umdeutung des ör Vertrags nach § 140 BGB, wenn anzunehmen ist, dass dessen Geltung bei Kenntnis der Nichtigkeit gewollt sein würde. Der Ersatzvertrag darf in seinen Wirkungen nicht weiter reichen als der unwirksame, er kann aber in seinen Wirkungen hinter dem Erstvertrag zurückbleiben und auch ein aliud darstellen, sofern die Rechtsordnung den Vertrag nicht insgesamt missbilligt.[4] Zur Auslegung von Verträgen vgl. § 54 Rn. 30 ff.

---

[1] Statt aller *Wolff/Bachof/Stober* I, § 49; *Palandt/Heinrichs*, Überbl. vor § 104 Rn. 27 ff.
[2] Hierzu *Schmitz* DVBl 2005, 1; *U. Stelkens* Die Verwaltung 2004, 193; *ders.* NWVBl 2006, 1.
[3] Vgl. *BGHZ* 107, 268; *Kopp/Ramsauer*, § 59 Rn. 6; *Palandt/Heinrichs*, Rn. 27 vor § 104.
[4] *BGHZ* 19, 269 (275); 68, 207; 125, 355 (363); *Palandt/Heinrichs*, § 140 Rn. 5 ff.

3 Ein Streit über die Nichtigkeit und das Bestehen oder Nichtbestehen eines ör Rechtsverhältnisses wird in der Regel durch **Feststellungsklage** (§ 43 VwGO entschieden.[5] Etwas anderes kann gelten, wenn die Wirksamkeit oder Nichtigkeit bei einer **Leistungsklage** incidenter mitgeprüft werden muss.

2. § 59 als Ausgestaltung der Gesetzmäßigkeit der Verwaltung

4 § 59 knüpft an die in § 54 enthaltene grundsätzliche Zulässigkeitserklärung für ör Verträge an (hierzu § 54 Rn. 11, 90 ff.) und stellt eine **Negativschranke** für die Wirksamkeit und Rechtsbeständigkeit ör Verträge dar. Er enthält einen speziellen und **eigenständigen ör Katalog** von Nichtigkeitsgründen für die unter §§ 54 ff. fallenden ör Verträge (hierzu Rn. 14 ff.). § 59 ist die einfachgesetzliche verfassungskonforme Ausgestaltung des Prinzips der **Gesetzmäßigkeit der Verwaltung** (Art. 1 Abs. 3 und 20 Abs. 3 GG) im Verwaltungsvertragsrecht mit der notwendigen Abwägung divergierender öffentlicher Belange (hierzu Rn. 5 ff.). Er ist **verfassungsrechtlich unbedenklich**, weil er eine sachgerechte Abwägung zwischen privaten und öffentlichen Interessen enthält und hinreichend konkret ist (Rn. 5 ff.). Eine der Besonderheiten des § 59 besteht darin, dass die Regelung die Rechtsfigur des „nur" rechtswidrigen, aber rechtswirksamen ör Vertrages – analog zum VA – nicht kennt. Abgesehen von schwebend unwirksamen ör Verträgen bei Nichtbeteiligung privater Dritter oder sonstiger, nicht am Vertrag beteiligter Behörden nach Maßgabe von § 58 sowie bei Vertretungsmängeln (hierzu § 62 Rn. 28 ff.) gibt es als **Alternativen** nur den **rechtmäßigen** und den **nichtigen ör Vertrag**. Allein Schleswig-Holstein kennt als Besonderheit den „unwirksamen" ör Vertrag, weil dort durch § 126 Abs. 3 LVwG den Behörden ein befristetes Rücktritts- und Kündigungsrecht nach Vertragsschluss zusteht. Durch die Geltung der zivilrechtlichen Nichtigkeitstatbestände der §§ 134, 138 BGB in § 59 Abs. 1 und der Ergänzung um spezielle ör Ergänzungstatbestände in § 59 Abs. 2 wird deutlich, dass sich Zivil- und Verwaltungsrecht im Verwaltungsvertragsrecht nicht gegenseitig ausschließen, sondern **gegenseitige Auffangordnungen** darstellen[6] (hierzu noch Rn. 41 ff.). Insoweit ist eine weitgehende Einheit im Vertragsrecht hergestellt.

5 Die gesetzliche Entscheidung des § 59 geht in **Abs. 1** dahin, dass für die sog. sub- und koordinationsrechtlichen Verträge gleichermaßen die allgemeinen Nichtigkeitsvorschriften des BGB gelten. Dadurch wird die Übereinstimmung zwischen Zivil- und Verwaltungsrecht hergestellt (Näheres Rn. 43 ff.). Auf die sog. subordinationsrechtlichen Verträge zwischen Staat und Bürger nach § 54 Satz 2 und seine speziellen Ausgestaltungen in §§ 55, 56 gelten nach **Abs. 2 zusätzliche Nichtigkeitsvorschriften**. Absatz 2 orientiert sich wegen des ursprünglich nur als VA-Surrogat gedachten Vertrags (hierzu § 54 Rn. 5) – insofern konsequent – an den Parallelregelungen zum VA. Weil nach inzwischen h.M. solche Verträge im Staat-Bürger-Verhältnis nicht nur als VA-Surrogat zulässig sind, kommen die auf den VA bezogenen Vorschriften dann bei Nicht-VA-Surrogat-Verträgen zur Anwendung, obwohl sie möglicherweise auf den Fall nicht passen. Insofern ist die Einzelfallprüfung bedeutsam. Mit dieser Lösung hat sich der Gesetzgeber – ähnlich wie bei Verwaltungsakten (§§ 48, 49) – bei der verfassungsrechtlich gebotenen **Abwägung** für einen **Kompromiss** zwischen den Grundsätzen der **Gesetzmäßigkeit der Verwaltung** einerseits und dem **Vertrauensschutzprinzip** andererseits entschieden.

6 Die Frage nach den Grenzen der Zulässigkeit und Wirksamkeit rechtswidriger verwaltungsrechtlicher Verträge stand bereits **vor Erlass des VwVfG** im Mittelpunkt der Erörterungen zum ör Vertrag in Rechtsprechung und Literatur.[7] Eine eindeutige Lösung gab und gibt es abstrakt nicht, weil das Gesetzmäßigkeitsprinzip und die Rechtssicherheit **grundsätzlich gleichen Rang** haben, der Gesetzgeber von Fall zu Fall zwischen ihnen entscheiden muss und dem einen oder anderen nach sachgerechter Abwägung den Vorrang geben oder sich für eine Kompro-

---

[5] *OVG Münster* NVwZ 1984, 524; *Eyermann*, VwGO, § 43 Rn. 40 ff.
[6] Hierzu etwa *Hoffmann-Riem/Schmidt-Aßmann (Hrsg.)*, Öffentliches Recht und Privatrecht als gegenseitige Auffangordnungen, 1996, *Wolff/Bachof* u. a. I, § 23; instruktiv *Leisner*, Unterschied zwischen privatem und öffentlichem Recht, JZ 2006, 869.
[7] Für generelles Verbot mit Erlaubnis nur aufgrund spezieller Ermächtigungsnormen noch BVerwGE 4, 111 (zum Wohnungsbaurecht) und 8, 329 (zum Steuerrecht); anders dann BVerwGE 42, 331 (334 ff.); 49, 359 = NJW 1976, 696; *Bleckmann* VerwArch 1972, 404; *Götz* DÖV 1973, 298; *ders.* NJW 1976, 1429; *von Mutius* VerwArch 1974, 201; *Thieme* NJW 1974, 2201; *Maurer* JuS 1976, 494; *Schenke* JuS 1977, 281 jeweils m. w. N.; ferner noch die Nachweise §§ 54, 59.

misslösung entscheiden kann.⁸ Die Regelung des § 59 folgt damit keiner dieser gegensätzlichen Positionen, sondern schlägt im Sinne einer Kompromissregelung einen **Mittelweg** ein, indem nur besondere, **qualifizierte Rechtsverstöße** (Rn. 14, 41 ff.) zur Nichtigkeit eines ör Vertrags führen. § 59 enthält einen abschließenden Katalog von Nichtigkeitsgründen.⁹ Er wird ergänzt durch die Rechtsfiguren des schwebend unwirksamen Vertrags in den Fällen des § 58 und lässt die Anfechtung von ör Verträgen wegen Willensmängeln nach § 62 i. V. m. BGB unberührt.

In den **VwVfG der Länder** ist die Regelung des Bundesgesetzes durchgehend übernommen worden (vgl. die Textnachweise in Teil III dieses Kommentars. Nur das zeitlich etwas früher auf der Grundlage des MustE 1963 erlassene LVwG-SH (§ 126 Abs. 3, Textnachweis a. a. O.) kennt neben der Zweiteilung rechtmäßiger/nichtiger ör Vertrag als weitere Kategorie die „Unwirksamkeit", die innerhalb eines Monats nach Vertragsabschluss geltend zu machen ist; dies läuft im Ergebnis auf eine Art Rücktritts- bzw. Anfechtungsrecht hinaus. Eine dem § 126 Abs. 3 LVwG SH entsprechende Regelung fehlt in den VwVfGen des Bundes und der übrigen Länder (zur schwebenden Unwirksamkeit nach § 58 dort Rn. 1 ff.; zur Anfechtbarkeit nach §§ 119 ff. BGB vgl. § 62 Rn. 26 ff.; zur aktuellen Diskussion vgl. Rn. 2).

Gegen diese Regelung, die weitgehend bereits früherer Rechtsprechung Rechnung trägt,¹⁰ sind teilweise verfassungsrechtliche Bedenken aus Art. 19 Abs. 4 und Art. 20 Abs. 3 GG erhoben worden.¹¹ Die nunmehr ganz h. M. teilt diese Bedenken nicht und hält § 59 trotz mancher Einzelkritik – mit Recht – bei verfassungskonformer Auslegung und Anwendung für **verfassungsrechtlich** im Ergebnis **unbedenklich**,¹² weil er eine sachgerechte Abwägung zwischen den widerstreitenden Prinzipien der Gesetzmäßigkeit der Verwaltung und dem Vertrauensschutz im öffentlichen Vertragsrecht enthält. Da die zur Nichtigkeit führenden Fälle so ausgestaltet sind (vgl. die enumerierten Fälle Rn. 14 ff.), dass **alle wesentlichen und qualifizierten Rechtsverstöße** – auch schwere Verfahrens- und Formfehler – erfasst sind und zur Nichtigkeit führen, ist die Besorgnis einer rechtsstaatlich nicht hinnehmbaren „Flucht in das öffentliche Vertragsrecht" und einem dadurch zu weitgehend tolerierten rechtswidrigen Verwaltungshandeln nicht begründet. Die **Unterschiede** zwischen einer zivilrechtlichen Nichtigkeit nach §§ 134, 138 BGB und einer ör Nichtigkeit nach § 59 sind damit – abgesehen von den Sondertatbeständen für Vergleichs- und Austauschverträge (§ 59 II Nr. 3 und Nr. 4) und den in der Praxis unerheblichen Fällen der Nr. 1 und 2 aaO. – nahezu identisch. Insofern können **BGB** mit seinen §§ 134, 138 BGB und **VwVfG** mit § 59 als **gegenseitige Auffangordnungen** betrachtet werden, so dass die Bedeutung der Zuordnung von Verträgen in das öffentliche oder zivile Recht jedenfalls teilweise **an Schärfe verliert**. Dieser Befund wird bestätigt dadurch, dass der BGH bei verwaltungsprivatrechtlichen Verträgen die **Ergänzung, Überlagerung und Modifizierung des Zivilrechts durch ör Rechtsgrundsätze**¹³ – insbesondere das Angemessenheitsprinzip und das Gleichbehandlungsgebot¹⁴ – ausdrücklich anerkennt (hierzu auch § 54 Rn. 8; zu den Bestrebungen um eine Ergänzung des § 59 vgl. Rn. 65).

2. Rechtsfolgen der Nichtigkeit

§ 59 selbst enthält keine ausdrückliche Regelung über die Rechtsfolgen eines nichtigen ör Vertrags. Da §§ 54 ff. nach ihrer Grundkonzeption eine Rahmenregelung darstellen und § 62 auf eine entsprechende und ergänzende Anwendung von VwVfG und BGB verweist, gelten

---

⁸ Std. Rspr., vgl. etwa *BVerfGE* 7, 194 (196); 13, 261 (271); 45, 142 (167); 49, 148 (164); *BVerwGE* 50, 265 (268 f.).
⁹ Ebenso *VGH München* NVwZ 1990, 980; *Kopp/Ramsauer*, § 59 Rn. 1 a; *Ziekow/Siegel* VerwArch 2004, 281 (282).
¹⁰ Vgl. *BVerwGE* 42, 331 (339); *OVG Münster* DVBl 1973, 697; *OVG Lüneburg* DVBl 1978, 178.
¹¹ Vgl. *Menger/Erichsen* VerwArch 1961, 211 und 1967, 172; *Haueisen* DÖV 1968, 288; *Götz* DÖV 1973, 298 (302); *Bleckmann* VerwArch 1972, 437; *Püttner* DVBl 1982, 122.
¹² Vgl. *BVerwG* DVBl 1990, 438, 439; *BVerwGE* 89, 7 (10); 111, 162 ff.; *Maurer* DVBl 1989, 798; *Bull*, Allgemeines Verwaltungsrecht, 7 Aufl., § 13; *Frank* DVBl 1977, 685; *Obermayer*, Festschrift BayVGH, 1979, S. 279; *Meyer* NJW 1977, 1707; *Meyer/Borgs*, § 59 Rn. 3 ff.; *Knack*, § 59 Rn. 1.1; *Ule/Laubinger*, § 70 Rn. 4 ff.; *Kopp/Ramsauer*, § 59 Rn. 2.
¹³ *BGHZ* 91, 84 (97); 93, 372 (381); *BGH* NVwZ 2007, 246 (248) mit zust. Anm. *Stober* JZ 2007, 417.
¹⁴ Vgl. *BGH* NVwZ 2003, 371 (373) zum Verbot unterschiedlicher städtebaulicher Verträge bei Einheimischenmodellen; zum Angemessenheitsprinzip § 56 Rn. 54 ff. m. w. N.

§ 59 10–12   Teil IV. Öffentlich-rechtlicher Vertrag

über die dynamische Verweisungsklausel in § 62 Satz 1 insbesondere die §§ 812 ff. BGB über die sog. ungerechtfertigte Bereicherung. Sie bewirken, dass sich wegen des Fehlens oder des Wegfalls eines Rechtsgrunds für erbrachte Vertragsleistungen das ursprüngliche Leistungs- in ein **Rückabwicklungsverhältnis** verwandelt (Näheres auch in § 62 Rn. 22 ff.). Da die in § 62 Satz 2 angeordnete entsprechende und ergänzende Geltung eine doppelte Modifikation (§ 62 Rn. 22 ff.) beinhaltet, können die Vorschriften über die ungerechtfertigte Bereicherung bei Erhalt einer Leistung „ohne Rechtsgrund" nicht 1:1 und pauschal, sondern nur modifiziert auf das Verwaltungsvertragsrecht übertragen werden (vgl. noch Rn. 12 und § 62 Rn. 22 ff.). Die durch § 62 Satz 2 i. V. m. §§ 812 ff. BGB angeordnete Rückabwicklung ist zugleich **ör Erstattungsanspruch,** weil der grundsätzliche Rückgewähranspruch die **Kehrseite des Leistungsverhältnis** darstellt und dessen (ör) Rechtsnatur teilt (vgl. Rn. 12; § 62 Rn. 42 ff.).

10 Ein objektiv **rechtswidriger, aber nicht nichtiger ör Vertrag** bleibt – ähnlich wie ein rechtswidriger, nicht nichtiger VA – rechtswirksam und rechtsbeständig und bildet die Rechtsgrundlage bzw. Anspruchsgrundlage für den Erfüllungsakt (zum Abstraktionsprinzip vgl. § 54 Rn. 141 ff.), etwa den Erlass eines aufgrund Vertrags zu erlassenden VA. Auch ein Kündigungs-, Anfechtungs- oder Rücktrittsrecht besteht in einem solchen Fall – abgesehen von der zusätzlichen Unwirksamkeitsregelung in § 126 Abs. 3 LVwG SH (Rn. 4) – grundsätzlich nicht.[15] Wegen eines Rücktritts vgl. § 62 Rn. 38; zur Kündigung bei Wegfall der Geschäftsgrundlage vgl. § 60. Ein auf Grund rechtswidrigen, aber nicht nichtigen ör Vertrags erlassener VA ist damit allein noch nicht automatisch rechtmäßig, vielmehr muss im Einzelfall die Rechtmäßigkeit oder Rechtswidrigkeit konkret geprüft werden.

Ob ein ör Vertrag rechtswidrig, rechtsbeständig oder nichtig ist, kann nicht allein aus einer von mehreren Auslegungsmöglichkeiten gefolgert werden. Ergibt eine weitere Auslegungsmöglichkeit einen Vertragsinhalt, der nicht zur Nichtigkeit des Vertrages führt, so ist diese **gesetzeskonforme Auslegung** zu wählen, wenn sie dem objektiven Willen der Parteien nicht ausdrücklich zuwiderläuft und sich innerhalb der Auslegungsschranken des §§ 133, 157 BGB hält.[16] Zur ergänzenden Vertragsauslegung und Umdeutung vgl. § 54 Rn. 38, zur Neubestätigung Rn. 2; § 54 Rn. 34).

11 Neben der Nichtigkeit eines Vertrages kommen als weitere Fälle nicht endgültiger Rechtmäßigkeit seine **schwebende Unwirksamkeit** im Falle des § 58 zum Schutz Dritter und nicht am Vertrag beteiligter Behörden (§ 58 Rn. 1 ff.) sowie bei einem Abschluss durch einen Vertreter ohne Vertretungsmacht (§ 62 Satz 2 i. V. m. §§ 164 ff. BGB), ferner seine **Anfechtbarkeit** infolge Willensmängeln (§ 62 Satz 2 i. V. m. §§ 116 ff. BGB, hierzu § 62 Rn. 15) in Betracht. Einen **aufhebbaren rechtswidrigen ör Vertrag** analog der Anfechtbarkeit und Rücknehmbarkeit von rechtswidrigen VA gibt es – von der Sonderregelung des § 126 Abs. 3 LVwG SH abgesehen – hingegen nach der Systematik der §§ 54 ff. nicht.

12 Ist ein ör Vertrag nichtig und damit unwirksam, so entfällt er – sofern nichts anderes vereinbart ist – als Rechtsgrund für Leistungs- und Erfüllungsansprüche der Vertragspartner und das Behaltendürfen, einerlei, ob diese im Erlass eines VA oder einer sonstigen Handlung, Duldung oder Unterlassung besteht. Der Vertragsschuldner hat grundsätzlich ein einredeweise geltend zu machendes **Leistungsverweigerungsrecht** (§ 821 BGB), wenn und soweit der ör Vertrag als Rechtsgrund für die Leistung entfallen ist. Ist auf Grund eines nichtigen Vertrags bereits geleistet worden, so besteht für das auf Grund des Vertrags Erlangte grundsätzlich ein **Herausgabe- oder Wertersatzanspruch,** sofern dem nicht besondere Gründe entgegenstehen, die das Rückforderungsbegehren als Verstoß gegen **Treu und Glauben** erscheinen lassen.[17] Bei Unmöglichkeit der Herausgabe des Erlangten besteht in der Regel Anspruch auf **Wertersatz.**[18] Die öffentliche Hand kann sich grundsätzlich nicht auf eine **Entreicherung** (§ 818 Abs. 3 BGB) berufen.[19] Rückerstattungsansprüche können ferner durch §§ 819, 820 BGB begrenzt sein (vgl. § 62 Rn. 43). Zu weiteren Einzelheiten der Anwendung von §§ 812 ff. BGB vgl. § 62 Rn. 22 m. w. N.

---

[15] Vgl. Begr. RegE 1973, S. 81; *Ule/Laubinger,* § 70 Rn. 14 ff.; *Kopp/Ramsauer,* § 59 Rn. 2.
[16] Vgl. *BVerwGE* 84, 257; *VGH München* DÖV 1976, 99; *OVG Münster* NVwZ 1992, 988.
[17] *BVerwGE* 55, 337 (339); 111, 162 (172 ff.).
[18] *BVerwG* NJW 1980, 2538.
[19] *BVerwGE* 36, 108; 71, 85.

Ist auf Grund nichtigen Vertrags ein VA bereits erlassen worden, so folgt daraus keine automatische Nichtigkeit eines **vertragserfüllenden VA.** Ob ein solcher VA nichtig, rechtswidrig oder gar rechtmäßig ist, bemisst sich nach §§ 44ff.[20] Regelmäßig wird die Nichtigkeit des ör Vertrags auch einen VA rechtswidrig machen, so dass auf ihn § 48 anwendbar ist. Hat die Behörde auf Grund nichtigen Verpflichtungsvertrages einen VA erlassen, so hängt die Rücknahme davon ab, ob das Vertrauen des Begünstigten nach den Maßstäben des § 48 schutzwürdig ist. Beruht ein **B-Plan** auf einem wegen Verstoßes gegen das Koppelungsverbot (§ 56 I 2) nichtigen städtebaulichen Vertrags, kann auch er unwirksam sein[21]

Eine nichtige Verpflichtung der Behörde durch ör Vertrag kann im Zweifel nicht in eine **Zusicherung** i. S. des § 38 umgedeutet werden, weil dies zu einer Umgehung der Nichtigkeitsfolgen des § 59 führen würde (vgl. auch § 62 Rn. 16). Unter Umständen ist eine **Haftung** insbesondere wegen Verschuldens beim Vertragsabschluss – auch bei seinem Nichtzustandekommen – denkbar, sofern dafür einer der Tatbestände für schutzwürdiges Vertrauen nach Maßgabe der Umstände des Einzelfalls gegeben ist (hier zu § 62 Rn. 36ff.) 13

II. Spezielle Nichtigkeitsgründe bei Verträgen zwischen Behörden und Privatrechtssubjekten (Abs. 2)

§ 59 enthält neben den allgemeinen Nichtigkeitsgründen des Absatzes 1 für alle Verträge in Absatz 2 für ör Verträge zwischen Behörden und Privatrechtssubjekten (sog. subordinationsrechtliche Verträge) einen **zusätzlichen Katalog** spezieller Nichtigkeitsgründe. Nach seinem Wortlaut bezieht sich die Verweisung in Absatz 2 auf „Verträge im Sinne des § 54 Satz 2". Da sich diese Vorschrift nach h. M.[22] nicht nur auf VA-Surrogat-Verträge bezieht, sondern auf alle ör Verträge im Anwendungsbereich der §§ 1, 2 VwVfG zwischen Staat und Privaten, durch die ein ör Rechtsverhältnis durch Vertrag begründet, geändert oder aufgehoben wird (hierzu § 54 Rn. 68ff.), ergeben sich für diese ör Verträge zwischen Staat und Privaten eine **doppelte Nichtigkeitssperre**. Dies ist die Antwort des Gesetzgebers beim Inkrafttreten des VwVfG vor mehr als 30 Jahren, weil mit dem § 59 eine „Flucht in das öffentliche Vertragsrecht" verhindert werden sollte (hierzu Rn. 4ff.). In der Zwischenzeit hat sich gezeigt, dass die geltenden Nichtigkeitsregelungen nicht in allen Fällen zu sachgerechten Ergebnissen führen, so dass § 59 an einigen Stellen geändert und ergänzt werden soll (hierzu nachfolgend Rn. 65; ferner § 54 Rn. 13ff.). 14

Eine entsprechende Anwendung des § 59 Abs. 2 auf die sog. **koordinationsrechtlichen Verträge** nach § 54 Satz 1 ist nach dem Wortlaut nicht vorgesehen. Allerdings ist fraglich, ob zumindest im Fall des Abs. 2 Nr. 2 bei positiver Kenntnis der ör Vertragsparteien von der Rechtswidrigkeit eines Vertrags rechtsbeständig bleiben kann. Denn eine durch **Kollision** herbeigeführte Rechtsfolge ist mit dem Prinzip der Gesetzmäßigkeit der Verwaltung nicht vereinbar. Insofern ist eine analoge Anwendung auch auf koordinationsrechtliche Verträge angezeigt. Hier können §§ 134, 138 BGB aber zum gleichen Ergebnis führen, so dass auch dadurch bewusst rechtsstaatswidriges Vertragshandeln ausgeschlossen werden kann. 15

In der **Verwaltungspraxis** sind von Absatz 2 die Nr. 1 und Nr. 2 bisher eher von untergeordneter Bedeutung. Von besonderer rechtlicher und praktischer Relevanz hingegen sind seit Inkrafttreten des VwVfG die Regelungen zum **Vergleichsvertrag** (Nr. 3), noch mehr diejenigen zum **Austauschvertrag** (Nr. 4). Zum Vergleichsvertrag gibt es in der Rechtsprechung vergleichsweise nur wenige Fälle, weil durch gegenseitiges Nachgeben offenbar Rechtsfrieden und Akzeptanz ohne viele Nachfolgeprozesse erreicht wird. 17

Abs. 2 bezieht sich – wie auch Abs. 1 – auf **Verpflichtungs- und Verfügungsverträge** (hierzu § 54 Rn. 115ff.). Die Rechtsfolgen für die (einseitigen) Erfüllungsakte bzw. -handlungen sind wegen des auch im öffentlichen Vertragsrecht geltenden Abstraktionsprinzips jeweils 18

---

[20] Ebenso *Ule/Laubinger*, § 79 Rn. 56ff.; *Maurer* § 14 Rn. 46; *Erichsen* Juras 1994, 47 (51); *Reidt* NVwZ 1999, 149 (151); a. A. *VG München* NVwR 1998, NJW 1998, 2070 (2072) unter dem Gesichtspunkt unzulässiger Rechtsausübung; *Fluck*, Die Erfüllung des ör Verpflichtungsvertrags durch VA, 1985, S. 99ff.; *Obermayer*, § 59 Rn. 138.
[21] Vgl. *VGH München* NVwZ-RR 2005, 781.
[22] *BVerwGE* 111, 161 (165); *VGH München* NVwZ 2000, 979 (981); *VGH Mannheim* NVwZ 1991, 583 (584).

gesondert zu prüfen (vgl. Rn. 11 ff.; § 54 Rn. 115 ff.; § 62 Rn. 33 ff.). Die nachfolgenden einzelnen Nichtigkeitsgründe zeigen, dass allen **wesentlichen** und **schweren Rechtsverstößen** die gesetzliche Anerkennung durch das VwVfG versagt ist, so dass auch eine früher teilweise befürchtete „Flucht in das (öffentliche) Vertragsrecht" zur Umgehung der Rechtsordnung keinen praktischen und rechtlichen Zugewinn für rechtswidriges Verwaltungshandeln bewirkt.

1. Offenkundige schwere Inhalts- und Formfehler (Abs. 2 Nr. 1 i. V. m. § 44 Abs. 1)

19 Nach § 59 Abs. 2 Nr. 1 i. V. m. § 44 Abs. 1 führt nur ein besonders schwerer Form- **oder Inhaltsfehler,** der mit der Rechtsordnung unter keinen Umständen vereinbar ist und überdies für einen urteilsfähigen Bürger offenkundig sein muss, zur Nichtigkeit des Verwaltungsakts (**Evidenz- und Schweretheorie,** § 44 Abs. 1) und damit auch des ör Vertrags. Abgesehen von den in § 44 Abs. 2 enumerierten Nichtigkeitstatbeständen wird dies nach Maßgabe des Einzelfalls in Betracht kommen etwa bei absoluter und offensichtlicher örtlicher und sachlicher Unzuständigkeit oder fehlender Verbandskompetenz der vertragsschließenden Behörde (Näheres bei § 44).

20 Anders als beim VA, bei dem die Generalklausel des § 44 Abs. 1 eher eine untergeordnete Rolle spielt (§ 44 Rn. 48 f.), kann sie für § 59 Abs. 2 Nr. 1 ferner in den Fällen bedeutsam sein, in denen ein Vertrag einen schweren und offensichtlich rechtswidrigen Inhalt hat, jedoch weder die sonstigen Voraussetzungen des § 59 Abs. 3 noch diejenigen des § 59 Abs. 1 gegeben sind. An die Schwere des Rechtsverstoßes und die Evidenz werden hierbei jedoch besondere Anforderungen zu stellen sein[23] (§ 44 Rn. 48 f.). Hierzu rechnen auch die Fälle, in denen nach §§ 20, 21 ausgeschlossene und befangene Amtswalter offensichtlich zu ihrem Vorteil **Verträge (mit sich selbst)** schließen.[24] Generell bezieht sich die Nichtigkeit nach Nr. 1 auf die Leistungen sowohl der Behörde als auch ihres Vertragspartners.[25]

2. Enumerierte Nichtigkeitstatbestände (Abs. 2 Nr. 1 i. V. m. § 44 Abs. 2 und 3)

21 Nach § 59 Abs. 2 Nr. 1 i. V. m. § 44 Abs. 2 ist ein Vertrag i. S. des § 54 Satz 2 ohne Rücksicht auf das Vorliegen der Voraussetzungen des § 44 Abs. 1 in sechs enumerierten Fällen nichtig, wenn und soweit auch ein VA nach § 44 Abs. 2 i. V. m. den Einschränkungen nach Abs. 3 nichtig wäre.

22 a) Nach § 44 Abs. 2 Nr. 1 i. V. m. § 59 Abs. 2 Nr. 1 ist ein Vertrag nichtig, wenn er die vertragschließende **Behörde nicht erkennen lässt** (zum VA § 44 Rn. 64). Dieser Nichtigkeitsgrund kommt nur in Betracht, wenn absolut unklar bleibt, wer die vertragschließende Behörde ist; Vertretungsmängel werden hiervon nicht erfasst (vgl. § 57 Rn. 15, 26; § 62 Rn. 17).

23 b) Nach § 44 Abs. 2 Nr. 2 i. V. m. § 59 Abs. 2 Nr. 1 ist ein Vertrag ferner nichtig, wenn er nach einer Rechtsvorschrift nur durch **Aushändigung einer Urkunde** (etwa bei einer Beamtenernennung oder Einbürgerung) abgeschlossen werden kann, aber dieser Form nicht genügt. Dies schließt, sofern ein solcher Vertrag der Handlungsform nach zulässig ist, Verpflichtungsverträge über eine Leistung der Behörde nicht aus, die die Aushändigung einer Urkunde bedingen.[26] Der vorgesehenen gesetzlichen Form wird schon dann nicht genügt, wenn zwar eine Urkunde ausgehändigt wird, diese aber nicht den gesetzlich vorgeschriebenen Inhalt hat (§ 44 Rn. 65).

24 c) Ein Vertrag im Sinne des § 54 Satz 2 ist nach § 59 Abs. 2 Nr. 1 i. V. m. § 44 Abs. 2 Nr. 3 nichtig, wenn ihn eine Behörde **außerhalb** ihrer durch § 3 Abs. 1 Nr. 1 begründeten **örtlichen Zuständigkeit** abgeschlossen hat, ohne dazu ermächtigt zu sein. Voraussetzung ist damit, dass es sich um eine Angelegenheit handelt, die sich auf unbewegliches Vermögen oder ortsgebundenes Recht oder Rechtsverhältnis bezieht (vgl. § 3 Rn. 16). Diese Verletzung einer örtlichen Zuständigkeit kann in Fällen von Bedeutung sein, in denen Verträge etwa in bezug auf Grundstücksfragen oder auf die Ausübung des Jagdrechts getroffen worden sind (Näheres zu

---

[23] Vgl. *OVG Lüneburg* NdsVBl 2002, 160 zur Übernahme in das Beamtenverhältnis bei eignungsfremden Gegenleistungen; ähnlich *OVG Koblenz* DVBl 2003, 811.
[24] *Kopp/Ramsauer*, § 59 Rn. 16; *Henneke* in Knack, § 59 Rn. 4.
[25] *Kopp/Ramsauer*, § 59 Rn. 17; *Henneke* in Knack, § 59 Rn. 4.
[26] *BVerwGE* 96, 326 zugleich zur Koppelung Einbürgerung/Rückzahlung von Ausbildungsförderungen.

§ 3). § 44 Abs. 2 Nr. 3 enthält jedoch einen Vorbehalt zugunsten einer Ermächtigung für den Vertragsabschluss. Diese wird in der Regel ausdrücklich und schriftlich von der örtlich zuständigen Behörde zu erteilen sein.

Im Übrigen führt die Nichteinhaltung der **örtlichen Zuständigkeit** nur unter den Voraussetzungen des § 44 Abs. 1 zur Nichtigkeit eines abgeschlossenen Vertrages (vgl. hierzu bei § 44). Zu beachten ist aber § 58 Abs. 2, so dass eine am Vertrag zu beteiligende, tatsächlich aber nicht befragte Behörde auch durch die (schwebende) Unwirksamkeit des Vertrags im Interesse der Wahrung der Kompetenzordnung hinreichend geschützt ist (hierzu § 58 Rn. 25 ff.). Ggfls. kann die Unterlassung der Beteiligung Dritter oder von mitentscheidungsbefugten Behörden unter Umständen aus dem Gesichtspunkt positiver Vertragsverletzung (hierzu § 62 Rn. 56) Schadensersatzansprüche begründen.

Bei **sachlicher Unzuständigkeit** hängt die Entscheidung, ob die Rechtsfolgen der Nichtigkeit eintreten, davon ab, ob die Voraussetzungen des § 44 Abs. 1 gegeben sind (vgl. Näheres § 44). Auch hier ist ein Vertrag nur dann nichtig, wenn eine Behörde ihn schließt, obwohl sie für ihn bei objektiver Betrachtung evident nicht zuständig ist. Liegen die Voraussetzungen des § 44 Abs. 1 nicht vor, so kann die Nichtbeteiligung einer mitzuständigen Behörde nach § 58 Abs. 2 zur schwebenden Unwirksamkeit führen, so dass auch beim Verwaltungsvertrag die Kompetenzordnung gewahrt bleibt (vgl. auch § 58 Rn. 25 ff.).

d) Nichtig ist ein Vertrag im Sinne des § 54 Satz 2 i. V. m. § 59 Abs. 2 Nr. 1 und § 44 Abs. 2 Nr. 4 ferner, wenn den Vertrag aus tatsächlichen Gründen **niemand ausführen** kann. Hierunter fällt nur die objektive tatsächliche Unmöglichkeit, nicht auch die subjektive Unmöglichkeit, also das Unvermögen der Vertragspartner. Die rechtliche Unmöglichkeit führt nur unter den Voraussetzungen des § 44 Abs. 1 zur Nichtigkeit (Näheres bei § 44). Zu beachten ist hier aber noch eine mögliche Nichtigkeit nach § 59 Abs. 1 i. V. m. §§ 138, 306 BGB (vgl. Rn. 29, 59, 60).

e) Nichtig ist ein Vertrag im Sinne des § 54 Satz 2 i. V. m. § 59 Abs. 2 Nr. 1, § 44 Abs. 2 Nr. 5, soweit er die Begehung einer rechtswidrigen Tat verlangt, die einen **Straf- oder Bußgeldtatbestand** verwirklicht. Damit wird ein Teilbereich des **§ 134 BGB** „doppelt" ausdrücklich mit der Nichtigkeitsfolge belegt. Erfasst werden insbesondere Fälle, in denen auf Seiten der handelnden Behörde oder (und) ihrer privatrechtlichen Vertragspartner eine Straftat insbesondere zum eigenen Nutzen durch ausgeschlossene und befangene Amtsträger (§§ 20, 21) im Amt (§§ 331 ff. StGB) verwirklicht wird (vgl. Rn. 12; ferner § 44 Abs. 3 Nr. 2). Wegen des Begriffs der rechtswidrigen Tat vgl. § 44 Rn. 145 ff.

f) Nach § 44 Abs. 2 Nr. 6 i. V. m. § 59 Abs. 2 Nr. 1 ist ein Vertrag im Sinne des § 54 Satz 2 weiterhin nichtig, soweit er gegen die **guten Sitten** verstößt. Hierdurch wird der Rechtsgedanke des **§ 138 BGB** aufgegriffen, der über § 59 Abs. 1 außerdem für alle ör Verträge zur Anwendung kommt und zur Nichtigkeit führt (hierzu Rn. 59). Sittenwidrige Verwaltungsverträge nach § 54 S. 2 sind also durch beide Vorschriften ausgeschlossen (zum Begriff der Sittenwidrigkeit vgl. § 59 Rn. 59; ferner § 44 Rn. 147 ff.).

3. Kenntnis der Rechtswidrigkeit bei den Vertragsparteien (Abs. 2 Nr. 2)

Nach § 59 Abs. 2 Nr. 2 ist ein Vertrag im Sinne des § 54 Satz 2 ferner nichtig, wenn ein VA mit entsprechendem Inhalt nicht nur wegen eines Verfahrens- oder Formfehlers im Sinne des § 46 rechtswidrig wäre und dies den Vertragschließenden bekannt war. Diese Vorschrift räumt dem Grundsatz der Rechtmäßigkeit des Verwaltungshandelns Vorrang vor der Vertragsverbindlichkeit in den Fällen den Vorrang ein, in denen die Vertragsparteien bei **positiver Kenntnis,** unter Umständen in bewusstem und gewolltem Zusammenwirken **(Kollusion),** einen rechtswidrigen Erfolg herbeiführen wollen. In solchen Fällen ist schützenswertes Vertrauen nicht entstanden und daher auch nicht schützenswert.[27] Abs. 2 Nr. 2 bezieht sich auf die Kenntnis materiellrechtlicher Regelungen; schwere Verfahrensfehler werden durch Abs. 2 Nr. 1 erfasst (vgl. Rn. 19 ff. auch zur Kollusion).

---

[27] Vgl. Bericht des IA-BT, BT-Drs. 7/4494, S. 8 ff.; BegrRegE 73, S. 280; ebenso bereits Begründung des Musterentwurfs 63, S. 201.

31 Abs. 2 Nr. 2 greift auch ein, wenn **allen** – nicht nur einzelnen oder einigen (hierzu Rn. 33) – **Vertragsparteien** unabhängig voneinander im Zeitpunkt des Vertragsschlusses die Rechtswidrigkeit des Vertragsinhalts oder der Verletzung von Zuständigkeitsvorschriften (außerhalb von § 44 Abs. 1 i.V.m. Abs. 2 Nr. 1, hierzu Rn. 11, 15) bekannt war.[28] Drittbeteiligte Privatpersonen und Behörden gehören grundsätzlich nicht dazu, es sei denn ihr Wissen wird über §§ 166ff. BGB den unmittelbaren Vertragspartnern wie deren eigenes Wissen zugerechnet (hierzu § 62 Rn. 33ff). Die Kenntnis muss sich nicht auf die gleichen Rechtswidrigkeitsgründe beziehen; auch Kenntnis unterschiedlicher Gründe auf jeder Seite reicht aus.

Die Kenntnis der Vertragsparteien muss sich auf die **Rechtswidrigkeit von Vertragsform oder -inhalt** beziehen; Kenntnis des tatsächlichen Erfolgs ist unerheblich.[29] Maßgeblich ist grundsätzlich der Zeitpunkt des Zustandekommens des Vertrags; entsteht die Kenntnis einer Rechtswidrigkeit bei Vertragsabschluss bis vor der Erfüllung der Vertragsleistung (vgl. auch §§ 819, 820 BGB, hierzu § 62 Rn. 22ff.).

32 Die Rechtswidrigkeit ist den Vertragschließenden dann **bekannt,** wenn diejenigen Personen, die den Vertrag **vorbereitet und ausgehandelt** haben oder die für ihn durch die Unterzeichnung die Verantwortung tragen (§ 54 Rn. 7ff.), über die Rechtswidrigkeit informiert sind (§ 166 BGB i.V.m. § 62 Satz 2). Kenntnis bei einer der handelnden Personen auf Seiten einer Vertragspartei reicht aus.[30] Dolus eventualis reicht aus

33 Die strenge Nichtigkeitsregelung tritt **nicht** ein **bei Kenntnis** der Rechtswidrigkeit des Vertrags **nur auf einer Seite** der Vertragspartner. Diese im Gesetzgebungsverfahren gesehene und diskutierte Frage wurde deshalb verneint, weil sonst die unwissende Vertragspartei für rechtswidriges Verhalten der Gegenseite einstehen müsste, das sie nicht zu verantworten hat und das nicht zu ihrer Risikosphäre gehört.[31] Eine Nichtigkeit kann sich ggfls. aus §§ 134,138 BGB oder einem sonstigen Nichtigkeitsgrund des § 59 ergeben. Die Beweislast für beiderseitige Kenntnis trägt derjenige, der daraus eine ihm günstige Rechtsfolge ableitet. Positive Kenntnis der einschlägigen Vorschriften, die zur Nichtigkeit führen, ist nicht erforderlich. Es genügt auf Seiten des Vertragspartners der Behörde eine Parallelwertung in der Laiensphäre.[32] Maßgebend ist insoweit also eine subjektiv-individuelle Betrachtung der jeweiligen Rechtskenntnisse und damit des Unrechtsbewusstseins. Auf Seiten der Behörde ist eine evidente Ignoranz der geltenden Rechtslage mit dolus eventualis der positiven Kenntnis gleichzuerachten. Einseitige Kenntnis oder einseitiges oder beiderseitiges Kennenmüssen reichen nicht aus. Wegen der möglichen Nichtigkeit nach § 59 Abs. 1 BGB i.V.m. § 134 BGB für die Fälle des einseitigen oder beiderseitigen Kennenmüssens der Rechtswidrigkeit vgl. Rn. 49ff.

4. Fehlende Voraussetzungen beim Vergleichsvertrag (Abs. 2 Nr. 3)

35 Nach **§ 59 Abs. 2 Nr. 3** ist ein Vergleichsvertrag nicht nur im Falle des § 59 Abs. 1 sowie des Abs. 2 Nr. 1 und 2, sondern darüber hinaus auch dann nichtig, wenn „die **Voraussetzungen zum Abschluss eines Vergleichsvertrages**" (§ 55) nicht vorlagen und ein VA mit entsprechendem Inhalt nicht nur wegen eines Verfahrens- oder Formfehlers im Sinne des § 46 (vgl. dort Näheres) rechtswidrig wäre. Diese Vorschrift knüpft an § 54 Satz 2 an, bezieht sich daher nur auf die sog. subordinationsrechtlichen Verträge. Auf koordinationsrechtliche ör Verträge zwischen Behörden bzw. Hoheitsträgern kann sie analog oder als allgemeiner Rechtsgrundsatz angewendet werden (Rn. 14ff.).

36 Diese Bestimmung soll nach der Begründung des Entwurfs 73[33] verhindern, dass der Vergleichsvertrag dazu missbraucht wird, einen **rechtlich missbilligten Erfolg herbeizuführen.** Die darunter fallenden Konstellationen werden in dem meisten Fällen schon unter einen Nichtigkeitsgrund i.S. von §§ 134, 138 BGB fallen (Näheres dazu § 55 Rn. 63ff.; § 59 Rn. 35ff.),

---

[28] Vgl. *OVG Koblenz* DVBl 2003, 811 (814); *Ziekow,* VwVfG, § 59 Rn. 12; *Kopp/Ramsauer,* § 59 Rn. 24 nimmt Anwendbarkeit auch dann an, wenn zwar nicht bei allen Vertragspartnern Kenntnis vorlag, aber bei der Behörde und einem weiteren Vertragspartner.
[29] *Obermayer,* Festschrift BayVGH, 1979, S. 285; *Schenke,* JuS 1977, 283; so aber *Thieme* NJW 1974, 2201 (2204).
[30] *BVerwG* NJW 1985, 2436; zur Maßgeblichkeit der Kenntnis eines „Dritten" vgl. *BGH* BB 1996, 448.
[31] Vgl. den Bericht des IA-BT, BT-Drs. 7/4494, S. 9 zu § 59.
[32] *Kopp/Ramsauer,* § 59 Rn. 24; *Meyer/Borgs,* § 59 Rn. 38.
[33] S. 82; ebenso schon Musterentwurf 63, S. 201.

so dass für Nr. 3 nur noch ein kleiner Anwendungsbereich verbleiben wird. Nach Nr. 3 kommt es im Gegensatz zu Nr. 2 nicht darauf an, ob den Beteiligten die Voraussetzungen, die zur Nichtigkeit führen, bekannt gewesen sind. Auch ohne Kollusion soll dem Vertrag die Rechtswirksamkeit versagt bleiben, weil der Vergleich nicht eine leichte Flucht aus den Gesetzesbindungen ermöglichen soll. Zu den „Voraussetzungen" des Vergleichsvertrages gehören nur die materiellen **Voraussetzungen auf der Tatbestandsebene** des § 55 vorliegen, also a) eine bei verständiger Würdigung bestehende (objektive) Ungewissheit über die Sach- oder Rechtslage zwischen den Vertragsparteien, die b) durch gegenseitiges Nachgeben beseitigt wird (§ 55 Rn. 36 ff.). Ob **Ermessensfehler** beim Abschluss eines Vergleichsvertrags zur Nichtigkeit führen können, ist streitig. Sie werden bei strikter Wortinterpretation von Nr. 3 nicht erfasst, weil die Ausübung pflichtgemäßen Ermessens nicht auf der Tatbestandsseite liegt, also zu den „Voraussetzungen" gehört, sondern auf der Rechtsfolgenseite. Daraus folgt, dass einfache Ermessensfehler für die Gültigkeit eines Vergleichsvertrags irrelevant sind und der Gültigkeit eines Vergleichsvertrags nicht entgegenstehen.

Eine Begrenzung der Gültigkeit von Vergleichsverträgen liegt nahe, wenn ein **qualifizierter Ermessensfehler mit verfassungsrechtlicher Relevanz** vorliegt, etwa bei Willkür, bei einem Verstoß gegen die Gleichbehandlung gleicher Sachverhalte oder bei Verstößen gegen das Verhältnismäßigkeitsprinzip.[34] Ob Nachermittlungen[35] die ursprünglich fehlenden Voraussetzungen rückwirkend herstellen bzw. den Mangel heilen können, ist zweifelhaft, weil es dann im Ergebnis allein vom Parteiwillen abhinge, ob und wann nachermittelt wird. In einem solchen Fall kann vielmehr eher eine Anpassung des Vergleichsvertrags über § 60 einen Ausweg bieten.

Für die Nichtigkeit eines Vergleichsvertrags fordert Nr. 3 neben dem Fehlen der „Voraussetzungen" zusätzlich eine hypothetische Prüfung, ob ein **VA-Surrogat** nicht nur wegen eines Verfahrens- oder Formfehlers (§ 46) rechtswidrig, sondern auch **materiellrechtlich rechtswidrig** wäre. Dadurch soll verhindert werden, dass ein sonst erlassener VA auf dem Umweg über einen VA-Surrogat-Vergleichsvertrag Rechtsbeständigkeit erlangt und damit Flucht in das Vertragsrecht belohnt wird. Da Nr. 3 an den Wortlaut von § 54 Satz 2 anknüpft, diese Vorschrift aber jetzt für alle sog. sog. subordinationsrechtlicher Vertrag anwendbar ist,[36] gilt das auch für diese Verträge im Staat-Bürger-Verhältnis. Kann die materielle Rechtswidrigkeit des Vertragshandelns nicht festgestellt werden, bleibt der Vergleichsvertrag bei einem non-liquet-Ergebnis rechtsbeständig.

Die Nichtigkeit erfasst anders als nach § 45 Nr. 3 Musterentwurf 63 nicht nur eine Verpflichtung und Leistung der Behörde, sondern auch die des Bürgers. Ein **beiderseitiger Irrtum** über die Vergleichsgrundlage führt über Abs. 1 i. V. m. § 779 BGB ebenfalls zur Unwirksamkeit des Vergleichsvertrages (§ 55 Rn. 60; § 60 Rn. 1 ff.). Zur Doppelnatur eines **Prozessvergleichs** als materielles Rechtsgeschäft und Prozesshandlung vgl. § 55 Rn. 8 ff.

5. Unzulässige Gegenleistung beim Austauschvertrag (Abs. 2 Nr. 4)

Nach § 59 Abs. 2 Nr. 4 ist ein ör Vertrag im Sinne des § 54 Satz 2 nichtig, wenn sich die Behörde eine nach § 56 unzulässige Gegenleistung versprechen lässt. Der Nichtigkeitsgrund bezieht sich also allein auf die Gegenleistung, die die Behörde in einem Austauschvertrag mit einem Privatrechtssubjekt vereinbart (zur Leistung des Privaten vgl. § 56 Rn. 24, 31 ff.). Unter die ör Verträge nach § 54 Satz 2 fallen nicht nur die sog. VA-ersetzenden Verträge, sondern trotz des engen Wortlauts der Vorschrift alle ör Verträge zwischen Behörden und Privatrechtssubjekten[37] im Anwendungsbereich der §§ 1, 2 VwVfG. Aus Nr. 4 folgt, dass bereits der **Verpflichtungsvertrag** (hierzu § 54 Rn. 115 ff.) die Nichtigkeit zur Folge hat. Nr. 4 findet zumindest entsprechende Anwendung bei den sog. **hinkenden Austauschverträgen** bzw. Verträgen mit kausaler/konditioneller Verknüpfung.[38]

---

[34] Str., so etwa *VGH München* DVBl 1980, 62; *Kopp/Ramsauer*, § 59 Rn. 26 ff.; *Obermayer*, FS BayVGH, 1979, S. 287; *Degenhart* NVwZ 1982, 71 (73); für Unerheblichkeit von Ermessensfehlern *Meyer/Borgs*, § 55 Rn. 20; *Ule/Laubinger*, § 68 Rn. 25; offen *Ziekow.* VwVfG, § 59 Rn. 13, 14.
[35] So wohl *Ziekow/Siegel* VerwArch 2004, 288; *Kopp/Ramsauer*, § 59 Rn. 27a.
[36] Hierzu *BVerwGE* 111, 162 (165), ferner § 54 Rn. 2 ff. m. w. N.
[37] *BVerwGE* 111, 162 (165) = NVwZ 2000, 1285 m. w. N.
[38] *BVerwGE* 96, 326 (330) = NJW 1995, 1104; *BVerwG* NVwZ 2000, 1285 (1287); ferner § 56 Rn. 34 ff. m. w. N.

39a Eine unzulässige Leistung liegt dann vor, wenn auch nur **eine der 4 kumulativen Voraussetzungen** für die Gegenleistung **fehlt** (zu den Merkmalen § 56 Rn. 25 ff.). Diese Zulässigkeitsvoraussetzungen für den Austauschvertrag sollen einerseits als **Schutzbestimmung des Bürgers** sicherstellen, dass die „starke und überlegene" Behörde ihre – entsprechend der vor 30–40 Jahren weitgehend vertretenen Annahme – dies nicht dazu missbraucht, sich Leistungen versprechen zu lassen, die nach § 56 unzulässig sind.[39] Zugleich wurde bisher angenommen, dass es keinen **„Ausverkauf von Hoheitsrechten"** geben dürfe (Nachweise § 56 Rn. 44 ff.). Dies beruht auf der gedanklichen Grundlage, dass der omnipotente Staat alles selbst regeln, erledigen und finanzieren müsse und ohne weiteres dies auch könne. Ob dies heute noch so zutrifft und der Idee der öffentlich-privaten Partnerschaften (§ 54 Rn. 43 ff.) entspricht, ist nicht unzweifelhaft.

39b Die vier Tatbestandsmerkmale sind **unbestimmte Gesetzesbegriffe** (ohne Beurteilungsspielraum) und unterliegen nach bisheriger Gerichtspraxis – uneingeschränkter – **voller gerichtlicher Kontrolle.** Maßgebend für die Beurteilung ist eine ex-post-Betrachtung. Unerheblich ist es nach der bisherigen Rechtsprechung, ob die Beteiligten die Unzulässigkeit erkannt haben oder sie auch nur erkennen konnten.[40] Die Frage nach **Einschätzungsprärogativen bzw. Beurteilungsspielräumen** für die Vertragspartner stellt sich bei Austauschverträgen und ihrer Rechtskontrolle auch deshalb, weil die Frage, ob ein unbestimmter Gesetzesbegriff einer vollen oder einer etwas eingeschränkten gerichtlichen Überprüfung unterliegt, nach der Rechtsprechung des BVerfG eine Frage des *einfachen* Rechts ist (BVerfGE 84, 34 (49); 88, 34 (40, 45)). Durch die Zubilligung begrenzter Einschätzungs- und Beurteilungsspielräume für die Vertragsparteien könnte bei der zunehmenden Kooperation zwischen Staat und Privaten etwas mehr Flexibilität erreicht werden (§ 56 Rn. 49 ff.).

40 Ist nur die **Leistung der Behörde,** nicht zugleich auch die Gegenleistung des Privatrechtssubjekts unzulässig, so folgt daraus eine Nichtigkeit des Austauschvertrags nur, wenn sich dies aus § 59 Abs. 1 oder den übrigen Fällen des Abs. 2 ergibt.[41] Zur **Rückabwicklung** rechtsgrundlos erbrachter Leistungen einschließlich der Rücknahme **vertragserfüllender VA** vgl. Rn. 11 ff.; ferner § 54 Rn. 141 ff.; § 62 Rn. 19 ff.

III. Generelle Nichtigkeitsgründe für alle ör Verträge (Abs. 1)

41 Zusätzlich zu den Nichtigkeitsbestimmungen des § 59 Abs. 2 bestimmt § 59 Abs. 1 **für alle ör Verträge** im Sinne des § 54 Satz 1 die Nichtigkeit, wenn sie sich aus der entsprechenden Anwendung von Vorschriften des **BGB** (nicht auch der ZPO und anderer zivilrechtlicher Regelungen, ferner § 62 Rn. 25) ergibt. Abs. 1 ist damit die allgemeine Bestimmung und enthält für die koordinationsrechtlichen und sog. subordinationsrechtlichen Verträge generelle Nichtigkeitsgründe. Öffentlich- und zivilrechtliche Verträge werden daher nach gleichen rechtsgrundsätzlichen Maßstäben gemessen. Das ist für die Einheit der Rechtsordnung ein Vorteil, weil damit die Unterschiede bei der – vielfach schwierigen – Zuordnung eines Vertrags in das zivile oder öffentliche Recht minimiert werden und sich **VwVfG und BGB** nicht als Gegensatz, sondern als **gemeinsame Auffangsrechtsordnungen** darstellen (hierzu Rn. 8; § 54 Rn. 68 ff. m. w. N.).

42 Für die Fälle des § 59 Abs. 2 kommt zusätzlich § 59 Abs. 1 zur Anwendung, wobei erstere Bestimmung letzterer als lex specialis vorgeht. Damit unterliegen die sog. subordinationsrechtlichen Verträge nach § 54 S. 2 einer strengeren Rechtmäßigkeitsbindung als die sog. koordinationsrechtlichen Verträge. Auf letztere ist jedenfalls § 59 Abs. 2 Nr. 2 entsprechend anzuwenden, weil ein wissentlich und willentlich rechtswidriges Handeln beider Vertragspartner keine Anerkennung finden kann (Rn. 15). § 59 enthält die einfachgesetzliche Konkretisierung des Prinzips der Gesetzmäßigkeit der Verwaltung (Art. 20 Abs. 3 GG) und eine **Abwägung** zwischen den Prinzipien der Bindung an Recht und Gesetz und des Vertrauensschutzes, insoweit ähnlich wie bei §§ 48, 49 (Rn. 2 ff.).

---

[39] Begründung des Entwurfs 73, S. 82; ebenso Begründung des Musterentwurfs 63, S. 201; *Reidt* NVwZ 1999, 149 ff.; hierzu noch § 56 Rn. 15 ff., 27 ff.
[40] Vgl. *BVerwG* NVwZ 1991, 574; *BVerfGE* 111, 162 = NVwZ 2000, 1285 (1287).
[41] Ebenso *Kopp/Ramsauer,* § 59 Rn. 28; a. A. wohl *Götz* DÖV 1973, 300.

§ 59 bringt mit seinen zahlreichen Bindungen zugleich zum Ausdruck, dass es eine ör „Vertragsfreiheit" bis zur Grenze der Sitten- und Gesetzeswidrigkeit wie im Zivilrecht **nicht gibt** und wegen Art. 20 Abs. 3, Art. 1 Abs. 3 und 19 Abs. 4 GG auch nicht geben kann, denn auch ör Vertragshandeln ist Ausübung ör Verwaltungstätigkeit und unterliegt daher den besonderen ör Bindungen. § 59 Abs. 1 beweist zusammen mit § 62 Satz 2, dass der ör Vertrag – auch wenn er Bestandteil des VwVfG i. S. des § 9 ist (hierzu § 54 Rn. 16 ff.) – echter Vertrag ist, dessen rechtliche Anerkennung nicht weiter geht als der zivilrechtliche Vertrag und der auch nur insoweit den Rechtsgrund für die Leistungen der Vertragspartner abgibt (zur grundsätzlichen Trennung von Verpflichtungsvertrag und Erfüllungsakt vgl. § 54 Rn. 142 ff.; zu Rückabwicklungs- und Schadensersatzansprüchen § 62 Rn. 11 ff.). 43

1. Nichtigkeit bei Verstoß gegen formelle BGB-Vorschriften (§§ 105, 116, 117 Abs. 1, 118, 125 BGB)

a) Geschäftsunfähigkeit: Nach **§ 105 BGB** ist die Willenserklärung eines Geschäftsunfähigen (Absatz 1) oder eine Willenserklärung, die im Zustand der Bewusstlosigkeit oder vorübergehenden Störung der Geistestätigkeit abgegeben wird (Absatz 2) nichtig. § 105 bleibt, da der Abschluss eines Vertrages auch Verfahrenshandlung ist, nach § 12 Abs. 1 Nr. 1 anwendbar. Mit dieser Regelung wird auch bei ör Verträgen dem Minderjährigen- und Behindertenschutz Rechnung getragen. Volljährige sind hiernach nunmehr nicht mehr geschäftsunfähig, sondern unterliegen ggfls. nur einer Betreuung (Näheres § 12 Rn. 7 ff. und § 16 Rn. 22 ff. jeweils m. w. N.). 44

b) Geheimer Vorbehalt: In Betracht kommt ferner eine Nichtigkeit nach **§ 116 Satz 2 BGB**, wonach eine Erklärung nichtig ist, wenn sie einem andern gegenüber abzugeben ist und dieser den geheimen Vorbehalt kennt. Für Kennen und Kennenmüssen ist die Person des Vertreters nach Maßgabe des § 166 BGB maßgebend (hierzu noch § 62 Rn. 17). Der Vorbehalt kann sich auch auf eine in Betracht gezogene Rechts- und Gesetzeswidrigkeit beziehen, so dass eine gewisse Parallele zu Abs. 2 Nr. 2 entsteht (Rn. 30 ff. zu Beratungspflichten bei gesetzlichen Verboten). 45

c) Scheingeschäfte: Nichtig sind ferner Scheingeschäfte nach **§ 117 Abs. 1 BGB** i. V. m. § 166 BGB. Ob § 117 Abs. 2 BGB anwendbar ist, hängt vom Einzelfall ab. Die Vorschrift hat bisher im Verwaltungsrecht offenbar keine Bedeutung. 46

d) Mangel an Ernstlichkeit: Eine Nichtigkeit ergibt sich weiter bei einem Mangel der Ernstlichkeit der Willenserklärung nach **§ 118 BGB**. Der Vertragspartner, der auf die Erklärung vertraute, kann unter Umständen nach § 122 BGB i. V m § 62 Satz 2 Ersatz des Vertrauensschadens erhalten. Auch die Vorschrift läuft in der Verwaltungspraxis ersichtlich leer. 47

e) Schriftformerfordernis: Nach **§ 125 Satz 1 BGB** hat die Verletzung der in § 57 durch Gesetz vorgeschriebenen Schriftform bzw. einer Beurkundung (§ 57 Rn. 22 ff.) die Nichtigkeit des Vertrages zur Folge. Nähere Einzelheiten bei § 57. 48

2. Verstoß gegen ein gesetzliches Verbot (§ 134 BGB)

Eine Nichtigkeit des ör Vertrags kann sich ferner aus § 134 BGB ergeben. Nach dieser Vorschrift ist ein Rechtsgeschäft, das gegen ein gesetzliches Verbot verstößt, nichtig, wenn sich nicht aus dem Gesetz ein anderes ergibt. Die Begründung des Entwurfs 73 (S. 81) ging noch davon aus, dass § 134 BGB nicht anwendbar ist. Demgegenüber haben Rechtsprechung und Lehre bereits für den Rechtszustand vor Inkrafttreten der VwVfGe von Bund und Ländern die Anwendung des § 134 BGB auf ör Verträge überwiegend für möglich gehalten.[42] Ein gesetzliches Verbot kann sich aus einer (zwingenden) Regelung des **nationalen Bundes- oder Landesrechts** ergeben, ebenso auch bei einer unmittelbar anwendbaren Norm 49

---

[42] Vgl. *VGH München* DÖV 1976, 99; *OVG Lüneburg* DVBl 1978, 176 zu einer das Anhörungs- und Auslegungsverfahren umgehenden Verpflichtung zu Erlass oder Änderung eines B-Planes; *OVG Münster* NVwZ 1992, 989; im Ergebnis – ohne Erwägung des § 134 BGB – ebenso *BVerwGE* 8, 329 (330); 48, 166 (168); 49, 125 (128); *BVerwG* NJW 1976, 686; *Göldner* JZ 1976, 352 (358); *Schenke* JuS 1977, 281 (288); differenzierend *Obermayer*, Verwaltungsrecht, S. 144; *Thieme* NJW 1974, 2201 (2203); *Erichsen/Martens*, S. 275; *Götz* DVBl 1973, 298 und NJW 1976, 1425 (1430 Anm. 38).

des **Gemeinschaftsrechts,** etwa nach der EG-Beihilfenverfahrens-Verordnung Nr. 659/99,[43] (hierzu Rn. 71).

50　Auch für das VwVfG geht die nunmehr ganz h. M. im Hinblick auf den eindeutigen Wortlaut des Gesetzes mit Recht von einer Anwendbarkeit des § 134 BGB auf **alle ör Verträge** i. S. der §§ 54 ff. aus. Die Nichtigkeitsregelung gilt also für die sog. sub- und koordinationsrechtlichen Verträge. Für letztere ist § 134 BGB von besonderer Bedeutung, weil §§ 134, 138 BGB praktisch die einzigen **materiellen Maßstäbe** für die Grenze der Zulässigkeit koordinationsrechtlicher Verträge zwischen Behörden bzw. ihren Rechtsträgern bilden. Insofern besteht zwischen zivilrechtlichen und koordinationsrechtlichen Verträgen kein Unterschied. Nicht abschließend geklärt ist, unter welchen Voraussetzungen ein **gesetzliches Verbot** angenommen werden kann. Hiefür bedarf es der konkreten **Auslegung** der konkreten Norm im Einzelfall nach allgemeinen Auslegungsmaßstäben für die Ermittlung des Sinngehalts einer Norm. Weitgehende Einigkeit besteht in Rechtsprechung und Literatur darin, dass an sich jede objektive Rechtswidrigkeit einen Verstoß gegen das Verfassungsprinzip der Gesetzmäßigkeit der Verwaltung aus Art. 20 Abs. 3 GG darstellt. Zugleich ist aber anerkannt, dass nicht jedwede „einfache" („schlichte") Rechtswidrigkeit beim Vertragshandeln die Voraussetzungen eines gesetzlichen Verbots i. S. des § 134 BGB erfüllt; erforderlich ist vielmehr ein **„qualifizierter" („besonderer") Rechtsverstoß.**[44] Einerlei ist dabei, ob sich das gesetzliche Verbot auf einen rechtswidrigen Vertragsinhalt oder auf eine unzulässige Vertragsform bezieht – hierzu § 54 Rn. 90 ff. –.[45] Auch die Rechtsprechung nimmt im Ergebnis diese Rechtsfolge an.[46]

51　Im **Zivilrecht** wird die Frage, ob ein verbotswidriges Geschäft nichtig ist oder ob sich aus dem Gesetz ein anderes ergibt, nach Sinn und Zweck der Verbotsvorschrift beantwortet. Dazu **bedarf es einer Auslegung im Einzelfall.** Nach der Rechtsprechung des *BGH* kommt es darauf an, ob der spezifische Sinn und Zweck der jeweiligen Vorschrift die Nichtigkeit einer von ihr abweichenden Regelung erfordert, m. a. W. ob die durch das Rechtsgeschäft getroffene Regelung von der Rechtsordnung hingenommen und toleriert werden kann. Entscheidend dafür ist, ob das Gesetz sich nicht nur gegen den Abschluss des Rechtsgeschäfts (d. h. gegen die Vertragsform), sondern auch gegen seine privatrechtliche **Wirksamkeit** und damit gegen seinen (wirtschaftlichen) **Erfolg** wendet.[47] Der Verstoß gegen bloße Ordnungsvorschriften lässt die Gültigkeit eines Rechtsgeschäfts unberührt.[48] Ein gesetzliches Verbot setzt in der Regel ein normatives **Verbot für beide Vertragspartner** voraus. Sofern das Verbot nur für einen Vertragsbeteiligten gilt, wurde früher vielfach angenommen, dass dann der Vertrag nicht nichtig ist, wenn das gesetzliche Verbot nur die eine Seite der Beteiligten vom Abschluss dieses Vertrages abhalten soll.[49] Seit einiger Zeit wird – mit Recht – ein Vertrag nach § 134 BGB auch dann für nichtig erachtet, wenn sich das gesetzliche Verbot – einerlei, ob formeller oder materieller Natur – zwar nur **an einen Vertragspartner** richtet, es jedoch mit dem **Zweck des** Verbotsgesetzes unvereinbar wäre, die durch das Rechtsgeschäft getroffene Regelung hinzunehmen und bestehen zu lassen.[50]

---

[43] ABlEG Nr. L 83 , hierzu *BGH* NVwZ 2004, 636; *BGH* EuZW 2003, 444; *OVG Berlin-Brandenburg* NVwZ 2006, 104, dazu *Vögler* NVwZ 2007, 294.

[44] Nunmehr ausdrücklich *BVerwG* DVBl 1990, 438, 439; *BVerwGE* 89, 7 (10); 92, 56 (63); 98, 58 (63); *BVerwG* vom 6. 8. 1993 – 11 B 39.92 –, Buchholz 316 § 59 VwVfG Nr. 10; *OVG Münster* NVwZ 1992, 989; *VGH München* BayVBl 1995, 659.

[45] Vgl. *Kopp/Ramsauer,* § 59 Rn. 8;; *Maurer,* § 14 Rn. 47 ff.; *Schmidt-Aßmann* in Gelzer-Festschrift, 1991, 117, 125 (zur EG-Rechtswidrigkeit vgl. *Schneider* NJW 1992, 1197); *Henneke* in Knack, § 59 Rn. 3.1; *Ule/Laubinger,* § 70 Rn.; *Weyreuther,* Festschrift für W. Reimers, 1979, S. 379 ff.; *Papier* JuS 1981, 498 (501).

[46] Vgl. *BVerwG* NJW 1980, 2538 zur Nichtigkeit einer Verpflichtungserklärung über Aufstellung oder Änderung eines Bebauungsplanes; *BVerwG* DÖV 1981, 878 zur Nichtigkeit von Vereinbarungen über Bauleitplanung; *BVerwG* DVBl 1990, 438, 439 und *BVerwGE* 89, 7, 10 – zu Ablösungsverträgen –; *VGH München* NVwZ 1990, 979; *VGH Mannheim* NVwZ 1991, 583 – zu Folgelastenverträgen; *OVG Münster,* Urt. vom 12. 7. 1983 – 7 A 738/82 –; *OVG Münster* NVwZ 1984, 522 (524); NVwZ 1992, 989; *VGH Kassel* NJW 1984, 1139; *OVG Lüneburg* KStZ 1988, 146 (147); ebenso BGHZ 76, 16 = NJW 1980, 826; *BGH* NJW 1996, 1954.

[47] BGHZ 37, 261; 85, 39 (43); 88, 240 (242); 111, 308: *BGH* DVBl 1990, 39 (40); NJW 1996, 1954 jeweils m. w. N.

[48] *BGH* DVBl 1990, 39 (40).

[49] *BGH* JZ 1984, 490.

[50] BGHZ 46, 24 (26); 79, 131; *BGH* NJW 1968, 2286; DÖV 1976, 355 (356); NJW 1996, 1954. Zur Anwendung des § 817 S. 2 BGB – Ausschluss der Rückforderung von Leistungen – bei einem beiderseitigen Verstoß gegen ein gesetzliches Verbot vgl. *BGH* NJW 1983, 783; ferner Rn. 56 zu Art. 20 III GG.

§ 59 Nichtigkeit des öffentlich-rechtlichen Vertrages 52–54 § 59

Mit anderen Worten: Die Nichtigkeit tritt auch dann ein, wenn sich zwar das Verbot zwar nur an eine Vertragspartei richtet, der Zweck des Gesetzes aber nicht anders zu erreichen ist als durch die Annullierung der durch den Vertrag getroffenen Regelung.[51] Diese Grundsätze können auch für § 59 herangezogen werden.

Denkbar sind **Teilverbote**, wenn durch Rechtsvorschrift der Vertrag nach Form oder/Inhalt nicht insgesamt verboten ist, sondern nur bestimmte Teilaspekte des Vertragsinhalts oder bestimmte Umstände des Rechtsgeschäfts gesetzlich missbilligt werden.[52] Hier wird es für die Frage nach dem Fortbestand des Vertrags darauf ankommen, welchen Einfluss die konkrete Regelung auf den Gesamtvertrag hat und ob er – abhängig von der Bedeutung des Teilverbots im Gesamtgefüge des Vertrags – weiter rechtsbeständig bleiben kann oder ganz oder teilweise nichtig wird. Im Falle der Teilnichtigkeit kommt § 59 III zur Anwendung. Bei einer späteren gesetzlichen **Aufhebung des Verbots** kommt es nach Wortlaut und Sinn der neuen Regelung darauf an, ob der ursprünglich nichtige ör Vertrag mit ex-tunc- oder ex-nunc-Wirkung nachträglich rechtsbeständig werden kann. Dafür kann einen Anhaltspunkt bilden, ob sich das Gesetz selbst Rückwirkung beilegt oder nur für die Zukunft gilt. Ohne Rückwirkung wird auch der nichtige ör Vertrag im Zweifel nicht rückwirkend wirksam werden können, weil dann der (qualifizierte) Rechtsverstoß letztlich bestehen bliebe.[53] Kommt eine Heilung der Nichtigkeit in Betracht, wird das rechtstechnische Mittel die Neubestätigung des Vertrags nach § 141 BGB i. V. m. § 62 Satz 2 VwVfG sein (hierzu Rn. 1 ff.).

Für die Frage, ob ein zur Nichtigkeit führender besonderer, **qualifizierter Rechtsverstoß**[54] 52
vorliegt, bedarf es einer **Auslegung** (hierzu § 54 Rn. 31 ff.) der einschlägigen Vorschriften des Fachrechts.[55] Eine abstrakte Beschreibung der Begriffsmerkmale, wann ein Rechtsverstoß „qualifiziert" ist, lässt sich der bisherigen Rechtsprechung nicht entnehmen. Damit ein (objektiver) Rechtsverstoß „qualifiziert" ist und ein gesetzliches Verbot i. S. des § 59 Abs. 1 i. V. m. § 134 BGB vorliegt, müssen 3 Voraussetzungen – kumulativ – erfüllt sein:
1. muss ein Verstoß gegen eine **zwingende Rechtsnorm** vorliegen,
2. muss der mit dem Verstoß (objektiv) erreichte **Rechtserfolg** nach Wortlaut, Sinn und Zweck einer Rechtsnorm **unbedingt ausgeschlossen** sein,
3. müssen durch den Vertrag öffentliche Belange oder Interessen **von einigem Gewicht** beeinträchtigt werden, also nicht nur unwesentliche (Bagatell-)Fehler vorliegen.

Zu 1: Zwingende Rechtsnormen können enthalten sein in Einzelregelungen oder Rechts- 53
prinzipien des **GG** oder **EG-Rechts** (vgl. § 1 Rn. 191 ff.) sowie in **Gesetzen** und **Rechtsverordnungen**. Auch **kommunale Satzungen** gehören daher zu den Rechtsnormen, die gesetzliche Verbote enthalten können. Nicht ausreichend sind Regelungen mit **Soll- oder Kann-Vorschriften** ohne strikte Bindungswirkung, ebenfalls nicht der allgemeine Grundsatz der Gesetzmäßigkeit der Verwaltung, weil ein Rechtsverstoß damit allein noch nicht qualifiziert i. S. von § 134 BGB ist. Ermessensschrumpfung auf Null kann aber zu einem gesetzlichen Verbot führen. **Verwaltungsvorschriften** (hierzu § 1 Rn. 192 ff.) allein begründen noch keine „gesetzlichen" Verbote im Außenverhältnis, weil ihnen insoweit die Rechtsverbindlichkeit nach außen fehlt.

Zu 2: Erforderlich ist ferner für ein Verbot jeweils eine Entscheidung des Fachgesetzgebers 54
und ein hinreichender Anhaltspunkt in der jeweiligen Norm, dass es gerade das aus Wortlaut, Sinn und Zweck der Regelung zu ermittelnde erkennbare **Ziel des Gesetzes** ist, das von ihm im Vertrag bestimmte oder aus dem Gesamtzusammenhang erkennbare Verhalten, zumindest den (auch wirtschaftlichen) Erfolg **strikt und ausnahmslos zu untersagen**, Ausnahmefälle also unter keinen Umständen zuzulassen. Ob sich das Verbot nur **an eine oder an alle Vertragsparteien** richtet, ist nach der neueren Rechtsprechung unerheblich, wenn der Zweck des Gesetzes nicht anders zu erreichen ist als durch die Annullierung des Vertrags.[56] Bei unbestimmten Gesetzesbegriffen bedarf es einer Prüfung, ob sich die vertragliche Regelung innerhalb sei-

---
[51] Vgl. BGHZ 131, 385 (389); 139, 387 (392); BGH NVwZ 2004, 636 – zur Nichtigkeit von Beihilfeverträgen bei Verstößen gegen die Notifizierungspflichten des Art. 93 III 3 EWGV.
[52] Vgl. hierzu etwa BGH NJW 1981, 387; 1983, 109; 1990, 2542; 1992, 2558.
[53] Vgl. hierzu BVerwG NJW 1982, 2392.
[54] BVerwGE 89, 7 (10); 92, 56 (63); 98, 58 (63).
[55] BVerwGE 98, 58 (63).
[56] Vgl. BGHZ 131, 385 (389); 139, 387 (392); BGH NVwZ 2004, 636.

nes Wertungsrahmens hält und ob bei einseitigem Handeln die gleiche Regelung rechtmäßig hätte getroffen werden können.[57] Deshalb wird z. B. nicht jedweder geringere Verstoß gegen die haushaltsrechtlichen Grundsätze der **Wirtschaftlichkeit und Sparsamkeit** (§ 7 BHO bzw. LHO) zu einer Nichtigkeit des Vertrags führen, sondern erst bei einem evidenten und eklatanten Missverhältnis von Leistung und Gegenleistung, also erheblichen („qualifizierten") Rechtsverstoß (Rn. 57).

55 Unerheblich ist, ob die Vertragsbeteiligten das gesetzliche Verbot **gekannt** haben und hätten **kennen können**[58] und ob sie bewusst oder unbewusst dagegen verstoßen haben. Unerheblich ist ein Verbot ist, ob mit ihm bereits die Handlungsform des Vertrags oder der konkrete Vertragsinhalt untersagt wird (hierzu § 54 Rn. 101 ff.).

56 Ein gesetzliches Verbot muss sich nicht – wie im Zivilrecht – an alle Vertragsbeteiligten richten. Regelmäßig reicht es aus, wenn das Handlungs- bzw. Erfolgsverbot wegen der Bindungswirkung des Art. 20 Abs. 3 GG **für die Behörden allein** (also nicht auch des Bürgers) besteht,[59] denn gerade Behörden sind an den Grundsatz der Gesetzmäßigkeit der Verwaltung gebunden. Zum Fall der Kollusion vgl. Rn. 30.

57 **Zu 3:** Ein aus Wortlaut, Sinn und Zweck ermitteltes gesetzliches Verbot muss, damit der Rechtsverstoß als „qualifiziert" angesehen werden kann und sich von einer „normalen" Rechtswidrigkeit unterscheidet, inhaltlich von **einigem Gewicht** sein, d. h. objektiv erheblich und nicht nur unwesentlich sein. Dafür kommt es insbesondere auf die **Intensität der Rechtsverletzung** und die dadurch berührten **öffentlichen Interessen,** ihr **Gewicht** und ihre **Schutzwürdigkeit** an. Hinter ihnen hat ggfls. der Grundsatz des Vertrauensschutzes und der Vertragsverbindlichkeit zurückzutreten.

58 Nichtig sind daher – sofern nicht schon der Handlungsform nach verboten (hierzu § 54 Rn. 101 ff.) – z. B. Vereinbarungen über höhere als gesetzlich vorgeschriebene Besoldungen (§ 183 Abs. 1 BBG), vom Gesetz abweichende Versorgungsbezüge (§ 3 BeamtVG), Bauleitplanverpflichtungsverträge wegen Verstoßes gegen § 1 Abs. 3 BauGB (zu sog. kausal/verknüpften Verträgen in solchen Fällen als Bedingung bzw. Geschäftsgrundlage vgl. § 54 Rn. 134 ff., 141 ff.). Nichtigkeit ferner früher bei Erschließungsaufwand für die Gemeinden, soweit er entgegen § 129 Abs. 1 BBauG a. F. unter 10% des Eigenanteils der Gemeinde vereinbart worden war[60] (nunmehr §§ 124, 129 BauGB n. F., vgl. § 54 Rn. 146 ff.), i. d. R. vertragliche Verpflichtungen über Aufstellung, Änderung oder Förderung von Flächennutzungs- und Bebauungsplänen unter Umgehung des Auslegungs- und Anhörungsverfahrens und dem damit verbundenen Abwägungsdefizit.[61]

3. Sittenwidrigkeit (§ 138 BGB)

59 Eine Nichtigkeit kann ferner nach § 138 BGB bei einem sittenwidrigen oder wucherischen Rechtsgeschäft vorliegen (vgl. auch Rn. 29). § 134 und § 138 können zusammenfallen, wenn ein Verstoß gegen die guten Sitten zugleich ein Verstoß gegen ein gesetzliches Verbot darstellt. Sittenwidrigkeit wird angenommen, wenn ein Rechtsgeschäft gegen das Anstandsgefühl aller „billig und gerecht Denkenden" verstößt.[62] Mit anderen Worten, wenn ein Vertrag den **„Stempel der Verwerflichkeit"** trägt.[63] Das kann u. a. bei Ausnutzung einer Zwangs- oder extremen Notlage der Fall sein[64] (vgl. hierzu noch Rn. 18, 29). Die Sittenwidrigkeit kann sich

---

[57] *BVerwG* DVBl 1990, 438 (439); *BVerwGE* 89, 7, 10; *OVG Münster* NVwZ 1992, 989; *BGH* DVBl 1990, 39 (40).
[58] So *BVerwG* NVwZ 1991, 574 und *BVerwGE* 111, 162 (165) = NVwZ 2000, 1285 (1287).
[59] Vgl. *Weyreuther*, Festschrift für Walter Reimers 1979 S. 388; *Meyer/Borgs*, § 59 Rn. 25; *Kopp/Ramsauer*, § 59 Rn. 7; *OVG Münster*, Urt. vom 12. 7. 1983 – 7 A 738/82 –; *OVG Münster* NVwZ 1984, 522 (524); *VGH Kassel* NJW 1984, 1139; *OVG Lüneburg* KStZ 1988, 146 (147); *BayObLG* NVwZ-RR 1996, 342 bei Veräußerung weit unter Wert.
[60] *BVerwG* DVBl 1976, 390 und *BVerwGE* 89, 7 (10).
[61] *OVG Lüneburg* DVBl 1978, 178; *BVerwG* NJW 1980, 2538 und DÖV 1981, 878; *BGHZ* 76, 16; hierzu noch § 54 Rn. 115 ff.
[62] Std. Rspr., etwa BGHZ 10, 232; 69, 297; *BGH* NJW 2004, 2668 (2670); *BVerwGE* 64, 274 (276); 84, 314 ff.
[63] Std. Rspr., etwa BGHZ 10, 232; 69, 297; *BGH* NJW 2004, 2668 (26670); *Palandt/Heinrichs*, § 138 Rn. 1 ff. m. w. N.
[64] Vgl. *BGH* DVBl 1981, 628; NJW 1990, 1595; *Kopp/Ramsauer*, § 59 Rn. 15.

aus dem Vertragsinhalt, dem Vertragszweck oder den Gesamtumständen des Vertrags ergeben.[65] Unerheblich ist, auf welcher Vertragsseite Sittenwidrigkeit oder Wucher vorliegen. Hierfür kann auch der **hoheitliche Machtmissbrauch** einer juristischen Person des öffentlichen Rechts unter Ausnutzung einer Zwangs- oder Notsituation des Privaten fallen.[66] Es kann aber auch den umgekehrten Fall einer unverhältnismäßigen **Machtausnutzung Privater** gegenüber einer schwachen öffentlichen Hand geben. In allen Fällen bedarf es dafür aber eindeutiger Nachweise für die Unterlegenheit und Ausgeliefertheit gegenüber einem übermächtigen Vertragspartner.

4. Ursprüngliche objektive Unmöglichkeit (§ 306 BGB a. F.)

Nach § 306 BGB a. F. war ein auf eine unmögliche Leistung gerichteter Vertrag nichtig. **60** § 306 BGB betraf nur die ursprüngliche **objektive Unmöglichkeit** eines Vertrags. § 306 BGB n. F. wurde durch das Schuldrechtsmodernisierungsgesetz vom 26. 11. 2001 (BGBl I. S. 3138) mit Wirkung vom 1. 1. 2002 aufgehoben und durch den Tatbestand des § 311a BGB n. F ersetzt, wonach ein Vertrag auch bei anfänglicher Unmöglichkeit wirksam bleibt und der Gläubiger das positive Interesse verlangen kann, wenn der Schuldner das anfängliche Leistungshindernis kannte oder hätte kennen müssen. Die Nichtigkeitsfolge bei anfänglicher objektiver Unmöglichkeit kann sich bei subordinationsrechtlichen Verträgen zwar nicht mehr aus dem BGB ergeben, sondern auf der Rechtsgrundlage von § 59 Abs. 2 i. V. m. § 44 II Nr. 4 bestehen, wenn niemand eine nör Vertrag aus tatsächlichen Gründen ausführen kann (Rn. 27).

IV. Teilnichtigkeit (Abs. 3)

Absatz 3 übernimmt inhaltlich die Regelung des § 139 BGB, der auch als allgemeiner **61** Rechtsgedanke gelten kann.[67] Danach ist für den Fall, dass die Nichtigkeit nur einen Teil des Vertrags betrifft, dieser im Ganzen nichtig, wenn nicht anzunehmen ist, dass er auch ohne den nichtigen Teil geschlossen worden wäre. Damit ist wie bei § 139 BGB auf den **mutmaßlichen Willen** der Vertragsparteien abzustellen. Für diesen kommt es nicht darauf an, ob die Parteien den Vertrag ohne den nichtigen Teil gewollt haben, sondern darauf, ob eine Bewertung aus der Sicht einer verständigen Vertragspartei ergibt, dass sie den Vertrag **auch ohne den nichtigen Teil vernünftigerweise abgeschlossen** hätten.[68] Die Ermittlung des hypothetischen Parteiwillens ist vor allem bei solchen Verträgen wichtig, in denen nicht nur zwei sich gegenüberstehende Leistungen vereinbart wurden, sondern **mehrpolige Verträge** (hierzu § 54 Rn. 77 ff.) abgeschlossen wurden, in denen mehrere bzw. ein Vielzahl von Regelungen vereinbart wurden, die ein einheitliches Ganzes bilden (können) und daher von einander abhängige und nur in ihrem Gesamtzusammenhang sinnvolle Vereinbarungen ergeben, so dass die eine Vertragsleistung ohne die andere nicht gesehen werden kann. Eine Partei kann sich nach Treu und Glauben nicht von ihren Vertragspflichten befreien, wenn lediglich eine einzelne abtrennbare Regelung unwirksam ist, die ausschließlich den Partner begünstigt und dieser trotz Fortfalls jener Klausel am Vertrag festhalten will.[69]

Voraussetzung für die Anwendbarkeit des Absatzes 3 ist, dass es sich um ein **einheitliches** **62** **Rechtsgeschäft** handelt. Mehrere inhaltlich voneinander unabhängige, wenn auch äußerlich zu einem Gesamtvertrag verbundene Verträge (sog. zusammengesetzte Verträge, hierzu § 54 Rn. 77 ff.) können rechtlich unabhängig von einander und damit möglicherweise nicht Teil eines einheitlichen Geschäfts sein; das rechtliche Schicksal des einen berührt nach dem mutmaßlichen Willen der Vertragspartner das Schicksal des anderen in einem solchen Falle im Zweifel nicht.[70] Ob selbständige oder kausal/konditionelle verknüpfte Verträge (hierzu § 54 Rn. 113 ff.) vorliegen, bedarf der Auslegung im Einzelfall.

---

[65] *VGH Mannheim* NuR 1998, 245 (246).
[66] *BVerfG* ZIP 1993, 1775: Strukturell ungleiche Verhandlungsstärke; ähnlich *BGH* DVBl 1981, 628; *BVerwGE* 42, 331 (342, 343); ferner Rn. 29.
[67] *BVerwGE* 4, 111 (119); *BVerwG* NJW 1980, 688.
[68] *BVerwGE* 124, 385 (395) = NVwZ 2002, 473; zur Teilnichtigkeit eines B-Plans vgl. *BVerwGE* 88, 268.
[69] *BVerwGE* 124, 385 (390); *BGH* MDR 1997, 466 (467).
[70] *RGZ* 102, 64; § 54 Rn. 77 ff. m. w. N.

63 Ein einheitlicher bzw. vernetzter Vertrag muss, damit Abs. 3 anwendbar ist, ferner (gegenständlich) **teilbar** sein, es muss also die Möglichkeit bestehen, bei Wegfall des nichtigen Teils den Rest unverändert aufrecht zu erhalten.[71] Bestimmt der nichtige Teil den wesentlichen Gesamtinhalt des – ggfls. gemischten – Vertrages, so dass die einzelnen Vereinbarungen nur in ihrem Zusammenhang gesehen werden können und miteinander **„stehen und fallen"**, bedingt die Nichtigkeit des wesentlichen (prägenden) Teils im Zweifel die vollständige Nichtigkeit des Vertrages,[72] sofern nicht anzunehmen ist, dass er auch ohne den nichtigen Teil geschlossen worden wäre.[73]

64 Auch in einem nur schriftlichen Erschließungsvertrag (§ 123 Abs. 3 BauGB) mit Grundstücksübertragungspflichten ist wegen der insoweit notwendigen notariellen Beurkundung[74] nur die Grundstücksvereinbarung nichtig, der Erschließungsvertrag im Übrigen aber weiter wirksam.[75] Denkbar ist, dass bei einer Teilnichtigkeit eines Bauplanverpflichtungsvertrags die Vereinbarung eines Grundstückstauschs wirksam bleibt.[76]

V. Begrenzung der Nichtigkeitsfolgen

65 Die nach § 59 Abs. 1 und 2 entstehende Nichtigkeit eines ör Vertrags führt nach § 62 Satz 2 i. V. m. §§ 812 ff. BGB zur Rückgängigmachung eines Rechtserwerbs, weil – sofern es sich nicht um ausnahmsweise um ein abstraktes Rechtsgeschäft handelt (hierzu § 54 Rn. 119 ff.) – der Rechtsgrund für den Erwerb fehlt. Das ursprüngliche Leistungsverhältnis wandelt sich dann in einen – Zug um Zug zu erfüllenden – Anspruch auf **Rückabwicklung durch Herausgabe des Erlangten bzw. einen Wertersatz** zwischen den Vertragspartnern.[77] Insoweit ist es unerheblich, ob diese Rechtsfolge aus der entsprechenden und ergänzenden Anwendung der §§ 812 ff. BGB abgeleitet oder als eigenständiger **ör Erstattungsanspruch** qualifiziert wird, der als umgekehrter Leistungsanspruch die Rechtsnatur und Zuordnung des Leistungsverhältnisses teilt und gegenüber den BGB-Regeln eine Reihe von Abweichungen enthält (hierzu Rn. 9 ff.; § 62 Rn. 42 ff., jeweils m. w. N.). Die Berufung auf die Nichtigkeit eines ör Vertrags ist, auch wenn sie von den Vertragspartnern nicht gewollt und ihnen auch nicht bekannt war oder bekannt sein konnte, grundsätzlich jederzeit zulässig; sie wird nur durch den Einwand der unzulässigen Rechtsausübung (Grundsatz von **Treu und Glauben**) begrenzt.[78] In der Verwaltungspraxis stellt sich die Nichtigkeit eines ör Vertrags und die Veränderung des Leistungs- in ein Rückgewährsverhältnis vielfach erst nach Jahren in einem Verwaltungsprozess heraus. Dies führt teilweise – aus unterschiedlichen Gründen – zu Unzuträglichkeiten.

66 Es wird deshalb diskutiert, ob die bisher sehr strengen Nichtigkeitsfolgen nicht zumindest in bestimmten Fällen abgemildert werden können, um sachgerechtere Ergebnisse zu erzielen. Die Verwaltungsverfahrensrechtsreferenten von Bund und Ländern haben in ihrem **Bund/Länder-Musterentwurf von Dezember 2004** (hierzu § 54 Rn. 13 ff.) für einen bestimmten Punkt die Abmilderung der Nichtigkeitsfolgen vorgeschlagen, der bisher (Stand: 31. 8. 2007) aber noch kein Regierungsentwurf geworden ist. Danach soll folgender neuer Absatz 4 in § 59 aufgenommen werden: *„Ist ein Vertrag nach Absatz 4 oder Absatz 2a (sog. Kooperationsvertrag, hierzu § 54 Rn. 13 ff.) nichtig, kann jede Vertragspartei anstelle der Rückabwicklung die Anpassung des Vertrags verlangen, soweit die nichtige durch eine angemessene Regelung ersetzt werden kann"*. Damit soll die bisherige Nichtigkeitsfolge bei Austauschverträgen auch bei nur geringen Verstößen gegen das Angemessenheitsprinzip von Leistung und Gegenleistung vermieden und den Vertragsparteien mehr Spielraum bei der Bestimmung des Äquivalents beider Vertragsleistungen zugestanden

---

[71] *BVerwGE* 124, 385 (395); *BGH* NJW 1962, 913; MDR 1997, 467.
[72] Vgl. *OVG Münster*, Urt. v. 19. 8. 1988 – 3 A 2570/86 –; *BGH* NJW 1976, 1931.
[73] Nach *BGH* DÖV 1976, 355 ist bei einem Ausschluss der Selbstbeteiligung der Gemeinde in einem Erschließungsvertrag nach § 124 BauGB a. F. nur der Ausschluss nichtig, der Vertrag im Übrigen aber wirksam; vgl. auch *BVerwGE* 89, 7; *BVerwG* DVBl 1985, 295.
[74] *BGHZ* 58, 386.
[75] *OVG Koblenz* DÖV 1978, 444 mit Anm. *Ziegler*.
[76] *BGH* MDR 1983, 827.
[77] *BVerwGE* 55, 338; 111, 162 (164); *OVG Münster* 1978, 1542.
[78] Vgl. etwa *BVerwGE* 55, 337 (339); 111, 162 (172 ff.).

werden.[79] Der Sache nach kommt ein solches Anpassungsbegehren in die Nähe eines Anspruchs auf Neubestätigung eines nichtigen Vertrags i. S. von § 141 BGB[80] oder auf Neubegründung eines Schuldverhältnisses durch Schuldumschaffung i. S. von § 311 BGB.[81] Ein Gesetzentwurf der Bundesregierung lag bei Redaktionsschluss (31. 8. 2007) zu § 59 noch nicht vor.

VI. Europarecht

Bei der nationalen Nichtigkeitsregelung des § 59 ist maßgeblich eine differenzierte Entscheidung zwischen den beiden auch im Gemeinschaftsrecht geltenden Prinzipien der **Vertragstreue** (pacta sunt servanda) und der **Gesetzesbindung** getroffen worden. Soweit Gemeinschaftsrecht national zu vollziehen ist, wird dessen Belangen dadurch Rechnung getragen werden können, dass Verstöße gegen zwingendes Gemeinschaftsrecht, etwa nach der EG-Beihilfenverfahrens-Verordnung Nr. 659/99 vom 22. 3. 1999 (ABlEG Nr. L 83) über die Pflicht zur sofortigen und tatsächlichen Rückforderung gemeinschaftsrechtswidrig gewährter Subventionen bei entsprechendem Verlangen der EG-Kommission, als Verstöße gegen gesetzliche Verbote i. S. von § 59 Abs. 1 i. V. m. **§ 134 BGB** behandelt werden (vgl. Rn. 49). Soweit es zur Verwirklichung des Gemeinschaftsinteresses erforderlich ist, sind zugleich auch die nationalen Regelungen über Vertrauensschutz und gesetzliche Fristen für die Geltendmachung von Rückforderungsansprüchen wegen des **Anwendungsvorrangs** des Gemeinschaftsrechts verdrängt.[82]

67

VII. Landesrecht

§ 59 ist in allen Ländern – bis auf SH – wortgleich in deren VwVfGen enthalten. In § 126 Abs. 1 Satz 2 LVwG SH, das bereits im Jahre 1967 auf der Grundlage des MustE erlassen wurde, ist von der in § 54 des Bundesgesetzes fehlenden Unzulässigkeit der „Handlungsform" des ör Vertrags die Rede. Ferner gibt es in § 126 Abs. 3 LwVG SH noch das Institut eines „unwirksamen" ör Vertrags, wenn von einem zeitlich befristeten Rücktritts- bzw. Anfechtungsrecht Gebrauch gemacht worden ist. Dieses Spezialrecht kann auf andere Bundesländer nicht übertragen werden.

68

VIII. Vorverfahren

§ 59 gilt nach § 79 auch in einem sog. gerichtlichen Vorverfahren, sofern ein ör Vertrag in einem Widerspruchsverfahren im konkreten Fall zumindest incident einer Überprüfung unterliegt, etwa wenn in Vollzug eines ör Vertrags ein VA erlassen wurde, der sodann Gegenstand eines Vorverfahrens ist. Ob die Widerspruchsbehörde eine sachliche und instanzielle Zuständigkeit zur Überprüfung auch des zugrunde liegenden ör Vertrags hat, hängt von den Umständen des Einzelfalls ab.

69

§ 60 Anpassung und Kündigung in besonderen Fällen

(1) ¹**Haben die Verhältnisse, die für die Festsetzung des Vertragsinhalts maßgebend gewesen sind, sich seit Abschluss des Vertrags so wesentlich geändert, dass einer Vertragspartei das Festhalten an der ursprünglichen vertraglichen Regelung nicht zuzumuten ist, so kann diese Vertragspartei eine Anpassung des Vertragsinhalts an die geänderten Verhältnisse verlangen oder, sofern eine Anpassung nicht möglich**

---

[79] Vgl. *Schmitz* DVBl 2005, 1 (7).
[80] Vgl. *BGH* NJW 1971, 1795 (1800); 1999, 3704; *Palandt/Heinrichs*, § 141 Rn. 1, 3.
[81] Hierzu etwa *Palandt/Heinrichs*, § 311 Rn. 8 ff. m. w. N. Zur geplanten neuen Regelung kritisch *U. Stelkens* Die Verwaltung 2004, 193; NWVBl 2006 (6).
[82] Vgl. den Vorlagebeschluss des BVerwG NVwZ 1995, 703 i. S. Alcan sowie die Entscheidung des EuGH vom 20. 3. 1997, EuZW 1997, 276; zur Nichtigkeit nach § 134 BGB vgl. *BGH* NVwZ 2004, 636 betr. eine gemeinschaftsrechtswidrige Beihilfe; ferner *OVG Berlin-Brandenburg* NVwZ 2006, 104, hierzu kritisch *Vögler* NVwZ 2007, 294.

oder einer Vertragspartei nicht zuzumuten ist, den Vertrag kündigen. ²Die Behörde kann den Vertrag auch kündigen, um schwere Nachteile für das Gemeinwohl zu verhüten oder zu beseitigen.

(2) ¹Die Kündigung bedarf der Schriftform, soweit nicht durch Rechtsvorschrift eine andere Form vorgeschrieben ist. ²Sie soll begründet werden.

Vergleichbare Vorschrift: § 59 SGB X

Abweichendes Landesrecht: –

Entstehungsgeschichte: Bis zum Inkrafttreten des VwVfG vgl. § 60 der 6. Auflage vor Rn. 1. Danach keine Änderungen.

Literatur: *Böckstiegel,* Wegfall der Geschäftsgrundlage und clausula rebus sic stantibus im Staats- und Völkerrecht, JuS 1973, 759; *Groebe,* Die clausula – ein ungeschriebener Bestandteil des Bundesverfassungsrechts, DÖV 1974, 196; *Fiedler,* Zum Wirkungsbereich des clausula rebus sic stantibus im Verwaltungsrecht, VerwArch 1976, 125 ff.; *Braun,* Wegfall der Geschäftsgrundlage, JuS 1979, 692; *Köhler,* Grundprobleme der Lehre von der Geschäftsgrundlage, JA 1979, 498; *Littbarski,* Der Wegfall der Geschäftsgrundlage im öffentlichen Recht. Zugleich ein Beitrag zur Auslegung des § 60 Abs. 1 VwVfG, 1982 (Europ. Hochschulschriften. Reihe 2 Band 304); *Horn,* Vertragsbindung unter veränderten Umständen. Zur Wirksamkeit von Anpassungsregelungen in langfristigen Verträgen, NJW 1985, 1118; *Nierwetberg,* Privatrechtliche Regeln im öffentlichen Recht, NVwZ 1989,535; *Stern,* Die clausula rebus sic stantibus im Verwaltungsrecht, Festschrift für Mikat, 1989, 775; *Bleckmann,* Verfassungsrechtliche Probleme des Verwaltungsvertragsrechts, NVwZ 1990, 601; *Köbler,* Die „clausula rebus sic stantibus" als allgemeiner Rechtsgrundsatz, 1991; *Prölss/Armbruster,* Wegfall der Geschäftsgrundlage und deutsche Einheit, DtZ 1992, 203; *Kokott,* Entschädigungsfragen bei der Ausübung des einseitigen Kündigungsrechts der Behörde beim ör Vertrag (§ 60 Abs. 1 Satz 2 VwVfG), VerwArch 1992, 503; *Nelle,* Neuverhandlungspflichten, 1993; *Scherzberg,* Risiko als Rechtsproblem, VerwArch 1993,484; *Grün,* Der Wegfall der Geschäftsgrundlage bei DDR-Wirtschaftsvermögen nach der Wende, JZ 1994, 763; *Oppenländer/Dolde,* Auswirkungen veränderter Verhältnisse auf den Zweckverband als Freiverband, DVBl 1995, 637; *Lorenz,* Der Wegfall der Geschäftsgrundlage beim verwaltungsrechtlichen Vertrag, DVBl 1997, 865; *Schwerdtner,* Verwaltungsverträge im Spannungsfeld unbedingter Vertragsbindung und dem Interesse auf Vertragsanpassung bei unveränderter Sachlage, VBlBW 1998, 9; *Schmidt-Kessel/Baldus,* Prozessuale Behandlung des Wegfalls der Geschäftsgrundlage, NJW 2002,2076; *Brenner/Nehrig,* Das Risiko im öffentlichen Recht, DÖV 2004,1024; *Kaminski,* Die Kündigung von Verwaltungsverträgen, 2004; *Wieser,* Der Anspruch auf Vertragsanpassung wegen Störung der Geschäftsgrundlage, JZ 2004, 654. Weiteres Schrifttum **vor 1996** vgl. § 60 der 6. Auflage, u. a. zu Rechtsfragen nach Ende der **DDR**.

Übersicht

	Rn.
I. Allgemeines	1
1. Änderung der Geschäftsgrundlage als allgemeiner Rechtsgrundsatz	1
2. Geltung für alle ör Verträge	4
3. Zeitlicher Geltungsbereich	8
4. Verhältnis zu §§ 313,314 BGB n. F.	8 a
II. Voraussetzungen der Anpassung und Kündigung (Abs. 1)	9
1. Änderung der Verhältnisse	9
2. Wesentlichkeit der Änderung	17
3. Unzumutbarkeit des Festhaltens am Vertrag	20
III. Rechtsfolgen	22
1. Anpassung und Kündigung des Vertrags (Abs. 1 Satz 1)	22
2. Anpassungsverlangen, Anpassung des Vertrags	23
3. Kündigung bei Unmöglichkeit und Unzumutbarkeit (Abs. 1 Satz 1)	25
4. Kündigung durch die Behörde bei schweren Nachteilen für das Gemeinwohl (Abs. 1 Satz 2)	26
5. Kündigung bei Dauerschuldverhältnissen	30 a
IV. Schriftform, Begründung (Abs. 2)	31
V. Europarecht	34
VI. Landesrecht	35

I. Allgemeines

1. Änderung der Geschäftsgrundlage als allgemeiner Rechtsgrundsatz

1   § 60 enthält eine einfachgesetzliche öffentlich-rechtliche Ausgestaltung des im Zivilrecht früher nicht ausdrücklich geregelten und aus § 242 BGB abgeleiteten, nunmehr in §§ 313, 314

§ 60 Anpassung und Kündigung in besonderen Fällen   2–6 § 60

BGB n. F. normierten Grundsatzes von Treu und Glauben, dass eine unbeschränkte und vorbehaltlose vertragliche Vereinbarung als gemeinsame Geschäftsgrundlage unter dem Vorbehalt gleich bleibender Verhältnisse steht (**clausula rebus sic stantibus**). Die Vorschrift ist die Ausformung des auch im öffentlichen Recht geltenden Prinzips von **Treu und Glauben**.[1] § 60 enthält zugleich einen öffentlich-rechtlichen Rechtsgrundsatz und kann deshalb bei Ausübung ör Verwaltungstätigkeit über den Anwendungsbereich der §§ 1, 2 hinaus angewendet werden, sofern nicht inhaltsgleiche oder entgegenstehende Rechtsvorschriften vorhanden sind.[2]

Das Prinzip von Änderung und Wegfalls der Geschäftsgrundlage ist zugleich ungeschriebener **Bestandteil des Bundesverfassungsrechts**.[3] Der Grundsatz wird im Kern als Ausnahme vom Grundsatz der Bindung an den einmal geschlossenen Vertrag (**pacta sunt servanda**) verstanden und gehört insofern (auch) zum Leistungsstörungsrecht von Verträgen. Dieser Grundsatz gilt auch für ör Verträge.[4]   2

§ 60 ist die spezielle öffentlich-rechtliche gesetzliche Konkretisierung der Begrenzung von Rechten und Pflichten der Vertragspartner eines ör Vertrags bei einer wesentlichen Änderung der Verhältnisse. Die Vorschrift hat deshalb über das VwVfG hinausgehende Bedeutung.[5] Die Regelung entspricht im wesentlichen den früheren Erkenntnissen in Rechtsprechung und Literatur, unterscheidet sich in Abs. 1 Satz 2 auch von den §§ 313, 314 BGB n. F., weil bestimmten öffentlich-rechtlichen Besonderheiten Rechnung getragen werden soll (vgl. hierzu Rn. 18 ff. m. w. N.).   3

2. Geltung für alle ör Verträge

§ 60 gilt **für alle ör Verträge** i. S. der §§ 54 ff. im Anwendungsbereich der §§ 1, 2 VwVfG, also auch bei den sog. subordinationsrechtlichen Verträgen zwischen Staat und Bürger. Weil in § 60 aber auch ein allgemeiner Rechtsgrundsatz zum Ausdruck kommt, sind seine Regelungen grundsätzlich auch darüber hinaus bei anderen öffentlich-rechtlichen Verträgen anwendbar, soweit nicht Rechtsvorschriften etwas anderes bestimmen. § 60 hat Bedeutung in erster Linie bei noch nicht voll abgewickelten ör Verträgen in sog. **Dauerschuldverhältnissen**,[6] ebenso bei ör Verträgen mit **einmaligen** Zahlungs- oder sonstigen Handlungpflichten, soweit Leistungen noch zu erbringen sind.[7] Tritt die Änderung der Verhältnisse nach Vertragsabschluss, aber vor vollständiger Erfüllung bzw. vor Ablauf der Vertragszeit ein, so beschränkt sich die Anpassung bzw. Kündigung nach § 60 regelmäßig auf die Zeit **ex nunc;** das schließt die Einbeziehung in der Vergangenheit erbrachter oder noch zu erbringender Leistungen nicht aus, insbesondere wenn die Vertragspflichten in unterschiedlichem Umfang erfüllt wurden (Rn. 9 ff.).   4

Der typische Anwendungsbereich ist der **Verpflichtungsvertrag**, dessen Bindungswirkungen über § 60 einer Korrektur unter den dort vorgesehenen Voraussetzungen für zugänglich erklärt werden. Es ist allerdings nicht ausgeschlossen, § 60 auch auf **Verfügungsverträge** (§ 54 Rn. 118) zu erstrecken, soweit sie einvernehmlich vorzunehmende Erfüllungshandlungen erfordern. Das Gleiche gilt für **einseitige** Erfüllungs- und Zuwendungsakte, die ihre Rechtsgrundlage in einem nach § 60 anzupassenden Vertrag haben.   5

§ 60 ist eine **zwingende Norm,** kann daher vertraglich nicht abbedungen werden. Unberührt von § 60 bleiben – weil die Vertrags*grundlage* vom Vertrags*inhalt* zu unterscheiden ist –   6

---

[1] *BVerwGE* 55, 337 (339); 111, 162 (172); *BVerwG* NVwZ 1991, 1096; 1993, 1104; *OVG Münster* NVwZ 1991, 1106; *VGH München* BayVBl 1995, 659; *Wolff/Bachof/Stober* I, § 25 Rn. 3; *Stern*, in Mikat-Festschrift, 1989, 775; *Köbler*, Die „clausula rebus sic stantibus" als allgemeiner Rechtsgrundsatz, 1991, 179 ff.; *Lorenz*, Der Wegfall der Geschäftsgrundlage beim verwaltungsrechtlichen Vertrag, DVBl 1997, 865.
[2] Vgl. *BVerwG* NVwZ 1991, 1096; *OVG Münster* NVwZ 1991, 1106; *Kopp/Ramsauer*, § 60 Rn. 29; für stillschweigendes Rechtsprinzip im Zivilrecht BGHZ 105, 245.
[3] *BVerfGE* 34, 216 (230, 231); hierzu *Pappermann* DVBl 1973, 308; *Krämer* JZ 1973, 365; *Böckstiegel* JuS 1973, 759; *Groebe* DÖV 1974, 196; *Kopp/Ramsauer*, § 60 Rn. 2.
[4] Vgl. *BVerwG* DÖV 1956, 410 und 1962, 72; *BVerwGE* 25, 299 (302); *BVerwG* NVwZ 1991, 1096; *VGH München* BayVBl 1970, 330 und 1982, 177; NVwZ 1989, 167; *VGH München* BayVBl 1995, 659; *OVG Münster* DVBl 1975, 46 (47); DVBl 1980, 763; NVwZ 1991, 1106; BGH MDR 1986, 736 (737); BAG JZ 1986, 1124; *Menger* VerwArch 1961, 210; *Pieper* DVBl 1967, 16; *Wolff/Bachof/Stober*, § 25 Rn. 3; *Gröbe* DÖV 1974, 196; *Fiedler* VerwArch 1976, 125; *Stern*, in Mikat-Festschrift, 1989, 775 ff.; *Lorenz* DVBl 1997, 865; ferner die Nachweise vor Rn. 1.
[5] *Köbler*, Die „clausula rebus sic stantibus" als allgemeiner Rechtsgrundsatz, 1991, S. 182.
[6] Hierzu BGH NJW 1991, 1478; *Palandt/Heinrichs*, BGB, § 242 Rn. 110 ff. m. w. N.
[7] *BVerwG* NVwZ 1991, 1096; *OVG Münster* NVwZ 1991, 1106 zu Ablösungsverträgen.

vertraglich vereinbarte Anpassungs-, Kündigungs- oder Rücktrittsrechte; sie gehen, sofern sie wirksamer Vertragsbestandteil geworden sind, der gesetzlichen Regelung des § 60 vor (Rn. 22). Auch **spezialgesetzliche Regelungen** haben Vorrang vor § 60, soweit sie ihm entgegenstehende Rechtsvorschriften enthalten. Auch die sich aus der entsprechenden Anwendung des BGB (§ 62 Satz 2) und der übrigen Vorschriften des VwVfG (z. B. nach § 58) ergebenden einseitigen Anfechtungsrechte (etwa nach §§ 119 ff. BGB) oder Ansprüche aus Leistungsstörungen (hierzu § 62 Rn. 22 ff.) werden von § 60 nicht ausgeschlossen.[8] Insoweit sind die sich aus § 60 ergebenden Rechte zusätzliche und eigenständige Möglichkeiten auf der Grundlage des allgemeinen Zumutbarkeitsgedankens.[9]

7   Seinem Wortlaut nach kommt § 60 in erster Linie zur Anwendung, wenn **einer Vertragspartei** ein Festhalten am Vertrag nicht zuzumuten ist; dasselbe muss erst recht gelten, wenn die wesentlichen Grundlagen des Vertrags **für alle** oder die meisten von ihnen erschüttert sind (Rn. 10).

3. Zeitlicher Geltungsbereich

8   Die Regelung des § 60 gilt für die seit dem 1. 1. 1977 geschlossenen ör Verträge. Sie ist aber wegen der darin enthaltenen allgemeinen Rechtsgrundsätze auch auf ör Verträge anzuwenden, die vor dem 1. 1. 1977 abgeschlossen worden sind, sofern sie nur bis dahin noch nicht abgewickelt oder voll erfüllt waren.[10]

4. Verhältnis zu §§ 313, 314 BGB n. F.

8a Die im Zivilrecht früher von der Rechtsprechung und Literatur aus den allgemeinen Grundsätzen von Treu und Glauben auf der Grundlage von § 242 BGB entwickelten Regeln über die hoheitliche Änderung der Verhältnisse haben seit dem Schuldrechtsmodernisierungsgesetz vom 26. 11. 2001 nunmehr in §§ 313, 314 BGB eine ausdrückliche Regelung gefunden. § 313 BGB kodifiziert die von der Rechtsprechung entwickelten Grundsätze zum Fehlen und zum Wegfall der Geschäftsgrundlage. In Abs. 1 werden alle Fallgruppen des Wegfalls der Geschäftsgrundlage mit Ausnahme der in Abs. 2 geregelten Fälle der subjektiven Geschäftsgrundlage geregelt. Mit diesen Vorschriften sind Änderungen der bisherigen zivilrechtlichen Rechtsprechung nicht beabsichtigt.[11] § 314 BGB regelt die in der zivilrechtlichen Rechtsprechung und Lehre anerkannten Grundsätze zur Kündigung von Dauerschuldverhältnissen aus wichtigem Grund. Die Anpassung des Vertrags nach § 313 III BGB hat Vorrang vor der Kündigung aus wichtigem Grund nach § 314 BGB.

8b Nach § 62 S. 2 gelten die Vorschriften des BGB ergänzend und lückenfüllend auf Verträge nach §§ 54 ff., soweit in ihnen nichts anderes geregelt ist. Da § 60 eine Vollregelung trifft, ist **§ 313 BGB n. F.** auf ör Verträge nicht anwendbar, weil die dort enthaltenen Regelungen trotz eines etwas unterschiedlichen Wortlauts gegenüber § 60 inhaltlich denjenigen in § 313 BGB entsprechen. Eine im Wortlaut des § 60 nicht enthaltene Regelung enthält hingegen **§ 314 BGB**, so dass er über § 62 Satz 2 auf Verträge nach §§ 54 ff. ergänzend entsprechend anwendbar ist.[12]

8c Soweit §§ 313, 314 BGB n. F. auf § 60 anwendbar ist, gelten über § 62 Satz 2 auch die Überleitungsregelungen des **Art. 229 § 5 EGBGB**. Danach findet das alte Recht weiterhin auf Schuldverhältnisse Anwendung, die vor dem 1. 1. 2002 entstanden sind. Es gilt also der Grundsatz: Alte Verträge – altes Recht, neue Verträge – neues Recht. Eine Ausnahme von diesem Grundsatz besteht für Dauerschuldverhältnisse, die vor dem 1. 1. 2002 entstanden sind, d. h. bei denen der ör Vertrag vor diesem Zeitpunkt abgeschlossen wurde. Auf diese ist das neue Recht ab dem 1. 1. 2003 anzuwenden, weil sie sich bereits auf das neue Recht einstellen und bestehende ör Verträge anpassen konnten.

---

[8] *BGH* NJW-RR 1995, 854.
[9] Vgl. *Köhler*, a. a. O., 1991, 214 ff.; *Meyer* NJW 1977, 1710.
[10] Vgl. BVerwGE 97, 332 (340); *OVG Bremen*, Urt. vom 29. 6. 1982 – 2 BA 84 und 85/80 –; *VGH Mannheim* NVwZ 2006, 81 (84).
[11] *Schmidt-Räntsch u. a.*, Das neue Schuldrecht – Einführung, 2001, 57.
[12] Ebenso *Geis* NVwZ 2002, 387; *Kopp/Ramsauer*, § 60 Rn. 3; *Knack*, § 62 Rn. 24; a. A. *Ziekow*, § 60 Rn. 2 zu § 314 BGB.

II. Voraussetzungen der Anpassung und Kündigung

1. Änderung der Verhältnisse

a) Die Anwendung des § 60 Abs. 1 Satz 1 setzt voraus, dass sich die für die Festsetzung des 9
Vertragsinhalts maßgeblich gewesenen **(rechtlichen oder tatsächlichen) Verhältnisse** seit
Abschluss des Vertrages wesentlich (Rn. 17) geändert haben. Die damit gemeinte *Geschäftsgrundlage* des Vertrags ist von dem konkret vereinbarten *Vertragsinhalt* zu unterscheiden (hierzu Rn. 10 ff.). Der neue § 313 I BGB als zivilrechtliche Parallelregelung zu § 60 spricht inhaltsgleich insoweit von einer „Veränderung der (wesentlichen) Umstände". Es handelt sich hierbei
um eine Vorschrift, die der Korrektur des durch die Verhältnisse überholten Parteiwillens
dient.[13] Eine (wesentliche) Änderung der Verhältnisse führt aber nicht zu einem Wegfall der
Bindungen an den alten Vertrag und führt deshalb auch nicht zu einer automatischen Vertragsanpassung oder -aufhebung. Dies ergibt sich aus der Bindungswirkung des Vertrags und seinem
Bestandsschutz (pacta sunt servanda). Die Anpassung erfordert vielmehr ein **Anpassungsverlangen** und eine Mitwirkung des anderen Vertragspartners am Inhalt eines geänderten Vertrags
(Rn. 23 f). Anpassung nach § 60 kann auch durch einen Vergleichsvertrag erfolgen, wenn die
Voraussetzungen des § 55 erfüllt sind.[14] In einem Änderungsvertrag können zugleich auch Elemente eines Austausch- und/oder Kooperationsvertrags enthalten sein.

Als für die Festsetzung des Vertragsinhalts maßgebliche Verhältnisse sind die grundlegenden 10
Umstände zu verstehen, die zwar **nicht zum** schriftlich fixierten **Vertragsinhalt gemacht
wurden**, andererseits auch **nicht bloß inneres Motiv** geblieben sind, sondern von den Vertragsparteien zur Grundlage des Vertrags gemacht worden sind. Die Geschäftsgrundlage eines ör
Vertrags wird gebildet durch die nicht zum eigentlichen Vertragsinhalt erhobenen, bei Vertragsschluss aber zutage getretenen gemeinsamen Vorstellungen entweder **beider Vertragsparteien**
oder die einem Vertragspartner erkennbaren und von ihm nicht beanstandeten Vorstellungen der
einen Vertragspartei von dem Vorhandensein oder dem künftigen Eintritt gewisser Umstände,
auf denen der beiderseitige Geschäftswille aufbauen soll.[15] Die **Grundlage** eines Vertrags ist
deshalb von dem durch (ergänzende) Auslegung zu ermittelnden **Vertragsinhalt** zu unterscheiden.[16] Nur das, was nicht bereits schriftlicher Vertragsinhalt geworden ist, kann i. S. von § 60 I
zu den „Verhältnissen" gezählt werden. Die Grenze zwischen Vertragsinhalt und Geschäftsgrundlage ist aber fließend, die Zuordnung in den einen oder anderen Bereich im Wege der
(ergänzenden) **Vertragsauslegung** im Einzelfall zu ermitteln. Enthält der Vertrag bereits Vereinbarungen für die Veränderung bestimmter Verhältnisse, z. B. über das Fehlen, den Wegfall
oder die Beendigung bestimmter Umstände, so sind die allgemeinen Grundsätze des § 60 nur
subsidiär anwendbar; in erster Linie richtet sich die Anpassung zunächst nach den vertraglichen
Vereinbarungen.[17] Soll der Vertragsinhalt nach dem Parteiwillen unabänderlich sein oder ergibt
sich aus dem Verhalten eines Vertragspartners, dass er von einer Änderungsbefugnis nur bei bestimmten Voraussetzungen Gebrauch machen will und sind diese nicht erfüllt, so schließt eine
solche Vereinbarung eine Änderung des Vertrags grundsätzlich aus.[18] Zur (ergänzenden) Vertragsauslegung vgl. § 54 Rn 34.

Auch bei einem bewusst übernommenen **Risiko** oder bei Verträgen über **Dauerleistungen** 11
von längerer Zeit kann von einer Änderung der Verhältnisse gesprochen werden, wenn eine
erhebliche Äquivalenzstörung vorliegt und untragbare, mit Recht und Gerechtigkeit schlechterdings nicht zu vereinbarende und damit der betroffenen Vertragspartei nicht zumutbare Folgen

---

[13] Vgl. *BVerwGE* 25, 299 (303).
[14] *VGH München* NVwZ 1989, 167; *VGH Mannheim* VBlBW 1997, 301.
[15] *BVerwGE* 25, 299 (303); 87, 79; 97, 331 (340 f.); *BVerwG* NVwZ 1991, 1096; *OVG Münster* NVwZ 1991, 1106; *VGH Mannheim* NVwZ-RR 2000, 206; ferner auch *BGHZ* 25, 390 (392); 40, 335 ff.; 61, 153 (160); 70, 370 (372); 84, 1 (8); *BGH* NJW 1991, 1478; JZ 1993, 664; NJW 1994, 2688; ZIP 1995, 205; NJW 1995, 991; *BAG* JZ 1986, 1124.
[16] Hierzu *BVerwG* NVwZ 1991, 1096; *OVG Münster* NVwZ 1991, 1106; *BGH* NJW 1981, 2242; NJW 1982, 2237; NJW 1991, 1478; ZIP 1992, 1787.
[17] Vgl. *BGHZ* 81, 143; 90, 74; 81; NJW 1983, 2034; *OVG Münster* NVwZ 1991, 1106; *Horn* NJW 1985, 1118.
[18] *BVerwG* DÖV 1962, 72

auferlegt wären und die Grenzen der Risikozuweisung überschritten sind.[19] Wer welches Risiko übernommen und selbst ohne Anpassung zu tragen hat, hängt von den Umständen des **Einzelfalls** und der Auslegung des jeweiligen Vertrags ab (zur Wesentlichkeit Rn. 17 ff.).

12 b) Absatz 1 Satz 1 kommt nach seinem Wortlaut unmittelbar zur Anwendung, soweit sich wesentliche tatsächliche und/oder rechtliche Verhältnisse **nach Vertragsabschluss** („*seit* Abschluss des Vertrags") ändern. Sie haben objektiv und in der Vorstellung der Vertragspartner bestanden, sind von ihnen dem Vertrag zugrunde gelegt worden, haben sich nach Vertragsabschluss aber geändert (sog. **Wegfall der Geschäftsgrundlage**).

13 Tatsächliche Umstände können sich nicht nur nachträglich ändern, sondern objektiv bereits **von Anfang an** gefehlt haben, von deren Vorhandensein die Vertragsparteien bei Vertragsabschluss ausgingen. Auch ein solches **Fehlen der Geschäftsgrundlage** von Anfang an, etwa ein gemeinsamer dem Vertrag zugrundeliegender Tatsachen- und Rechtsirrtum (Rn. 14 ff.), unterfällt – jedenfalls in sinngemäßer Anwendung – der Regelung des Satzes 1.[20] Auch im Zivilrecht wird das Fehlen der Geschäftsgrundlage ebenso behandelt wie ihr nachträglicher Wegfall.[21] Das wird nunmehr durch § 313 II BGB bestätigt, wonach einer Veränderung der Umstände gleichsteht, wenn wesentliche Vorstellungen, die zur Grundlage des Vertrags geworden sind, sich als falsch herausstellen.

14 c) Zu den Verhältnissen zählen in erster Linie **tatsächliche** Verhältnisse vom Vorhandensein oder Fehlen bestimmter faktischer Umstände. Aber auch eine Veränderung der **rechtlichen Verhältnisse** kommt in Betracht.[22] Hierbei ist gleichfalls zwischen dem (ursprünglichen) Fehlen und dem (nachträglichen) Wegfall rechtlicher Verhältnisse zu unterscheiden. Ändert sich die Rechtslage durch nachträgliche **Gesetzesänderung** (auch von Rechtsverordnungen oder kommunalen Satzungen) rückwirkend oder in die Zukunft und greift die Norm unmittelbar in getroffene Einzelentscheidungen oder abgeschlossene Verträge ein, so kann sich daraus bereits die neue Rechtslage (vgl. etwa Art. 26 GSG vom 21. 12. 1992, BGBl I S. 2266) und ein Anspruch auf Anpassung ergeben. Die weiteren Voraussetzungen des § 60 brauchen in diesem Falle nicht zusätzlich erfüllt zu sein. Werden durch eine nachfolgende Gesetzesänderung die im Vertrag zugrunde liegenden **Anspruchsgrundlagen** wesentlich **verändert,** kann einem Vertrag die Grundlage entzogen und er je nach dem Ausmaß der normativen Änderung an die neuen Verhältnisse anzupassen, ggfls. auch gegenstandslos sein.[23] Unter den weiteren Voraussetzungen des Satzes 1 kann ein Anspruch auf Kündigung (insbesondere bei Dauerschuldverhältnissen) oder Anpassung des Vertrages an die veränderte Rechtslage in Betracht kommen, soweit nicht der durch Auslegung zu ermittelnde Vertragsinhalt ergibt, dass er von einer nachträglichen Gesetzesänderung unberührt bleiben soll.[24] Eine Änderung von (normkonkretisierenden, norminterpretierenden und ermessenslenkenden) **Verwaltungsvorschriften** wird einer Rechtsänderung in der Regel nicht gleich zu erachten sein, weil Verwaltungsvorschriften keine Rechtsvorschriften sind (vgl. § 1 Rn 212 ff.) und die Verwaltung durch ihre Änderung nicht selbst die Grundlage für eine Änderung des Vertrags schaffen darf.[25] Allerdings kann auf Seiten einer Privatperson vom Fortbestand begünstigender Verwaltungsvorschriften ausgegangen sein. Das Vertrauen auf einen Fortbestand ist aber nur unter ganz engen Voraussetzungen schutzwürdig (vgl. 17 ff.).

---

[19] *BGHZ* 84, 1, 9; *BGH* NJW 1991, 1478, 1479; NJW 1985, 313; *BVerwG* NVwZ 1991, 1096 und *OVG Münster* NVwZ 1991, 1106 – zu Ablösungsverträgen.
[20] *VGH Mannheim* NVwZ-RR 1998, 351 (353); *OVG Münster* NVwZ 2001, 691 (692); OVG Lüneburg NVwZ 2003, 269; *Kopp/Ramsauer,* § 60 Rn. 5, a. A. *Knack/Henneke,* Rn. 8; *Martens* JuS 1979, 116; vgl. auch *BVerwGE* 17, 31 (341) und 25, 299 (304), wonach es bei der Feststellung der Vertragsgrundlage auf die Vorstellungen der Vertragsschließenden zurzeit des Vertragsschlusses ankommt.
[21] *BGHZ* 25, 390 (392) und 58, 355 (261, 262); *BGH* NJW 1986, 1349; 1991, 1478; ebenso *BAG* JZ 1986, 1124.
[22] *BGHZ* 58, 362; 70, 298; *BGH* NJW 1983, 1552; zu Änderungen im Steuerrecht vgl. *OLG Köln* DB 1995, 421; *Schöne* WM 1993, 2145; *Beyer* DB 1995, 1062.
[23] Vgl. *Beinhardt* VerwArch 1964, 259.
[24] Zum Wegfall der Geschäftsgrundlage eines Vertrages über die Verwaltungskosten eines für mehrere kommunale Gebietskörperschaften eingerichteten Lastenausgleichsamtes bei gesetzlicher Änderung der Kostentragungspflicht vgl. *OVG Münster* DVBl 1980, 763; zum Wegfall einer Kreisumlage *VGH München* BayVBl 1995, 659. Nach *OVG Bremen,* Urt. vom 24. 6. 1982 – 2 BA 84 und 85/80 – gibt die gesetzliche Änderung des Liquidationsrechts für Chefärzte auch ein Recht auf Kündigung eines Vertrags für die Zukunft.
[25] Ebenso nunmehr auch *Kopp/Ramsauer,* § 30 Rn. 9 a; *Obermayer,* § 60 Rn. 20.

Beruht ein ör Vertrag auf einer **Norm,** das später für **verfassungswidrig oder nichtig** erklärt wird, so ist dies regelmäßig einer nachträglichen Änderung der Rechtslage gleichzusetzen, die grundsätzlich eine Anwendung des § 60 rechtfertigt,[26] sofern die Abschaffung oder Änderung einer bestimmten Rechtslage im Zeitpunkt des Vertragsschlusses bereits zweifelhaft war. Die Vollstreckung aus einem auf einer für nichtig erklärten Norm beruhenden Vertrag ist entsprechend § 79 Abs. 2 BVerfGG grundsätzlich unzulässig. Das im Arbeitsrecht geltende **Günstigkeitsprinzip,** wonach bei einer Diskrepanz zwischen Gesetz und Vertrag regelmäßig das für den Arbeitnehmer (= Bürger) günstigere Recht zur Anwendung kommt, kann nicht ohne weiteres in das Verwaltungsrecht übernommen werden, weil die öffentlichen Interessen nicht schlechthin hinter privaten zurückstehen und die Vertragspartner das Risiko der Kassation einer Norm im Zweifel gleichermaßen tragen.

Als Änderung der rechtlichen Verhältnisse in Betracht kommen kann ferner ein gemeinsamer **Rechtsirrtum** über die **Rechtslage** oder ein gemeinschaftlicher Irrtum über den Fortbestand einer bestimmten **Rechtsprechung.**[27] Ebenso wie im Zivilrecht kann auch für ör Verträge angenommen werden, dass hierin ein Fall des Fehlens bzw. Wegfalls der subjektiven Geschäftsgrundlagen liegen kann, sofern der Geschäftswille der Parteien auf der gemeinsamen irrigen Rechtsauffassung oder auf der gemeinschaftlichen Erwartung vom Fortbestand einer bestimmten Rechtsprechung aufgebaut war.[28] Ob dies der Fall ist oder ob der Vertrag unabhängig von der zugrunde gelegten Rechtsauffassung sein soll, ist im **Einzelfall** festzustellen.[29] Wäre ohne den beiderseitigen Irrtum der ör Vertrag nicht oder nicht so geschlossen worden, kann § 60 unter seinen weiteren Voraussetzungen zur Anwendung kommen. Es ist aber denkbar, dass vertragliche Leistungen auf selbständiger Rechtsgrundlage erbracht werden.[30]

2. Wesentlichkeit der Änderung

Liegen Verhältnisse vor, die für die Festsetzung des Vertragsinhalts maßgebend gewesen sind, so ist weitere Voraussetzung für eine Anpassung oder Kündigung des Vertrags nach Abs. 1 Satz 1, dass es sich um eine **wesentliche Änderung** handelt und dass einer Vertragspartei das Festhalten an der ursprünglichen Vereinbarung **nicht zuzumuten** ist (hierzu Rn. 20). Beide Tatbestandsmerkmale sind unbestimmte Gesetzesbegriffe, daher wertausfüllungsbedürftig und gerichtlich voll überprüfbar. Die **Wesentlichkeit** der Änderung bezieht sich primär auf objektive, die **Unzumutbarkeit** mehr auf subjektive Umstände. Beide Merkmale überschneiden sich und sind nicht streng zu trennen.

Die Korrektur des durch die Verhältnisse überholten Parteiwillens ist eine Ausnahme von dem Grundsatz der Bindung an den einmal geschlossenen Vertrag und erfordert daher eine erhebliche Erschütterung bzw. Störung der Vertragsgrundlagen.[31] Wo die **Grenze** zwischen einer ohne Abänderungsmöglichkeit hinzunehmenden Äquivalenzstörung und einem Anspruch auf Veränderung oder Beendigung des Vertragverhältnisses liegt, hängt von den Umständen des **Einzelfalls** ab.[32]

Der Grundsatz der Vertragstreue darf auch im öffentlichen Recht nur ausnahmsweise durchbrochen werden, wenn dies notwendig ist, um wesentliche, d.h. **untragbare, mit Recht und Gerechtigkeit schlechterdings unvereinbare Ergebnisse** im öffentlichen Interesse[33] zu vermeiden, wenn also dem Schuldner das Festhalten am Vertrag mit dem bisherigen Inhalt nach

---

[26] Mit Recht für denkbaren Wegfall der Geschäftsgrundlage *VGH München* DVBl 1970, 977; *Kopp/Ramsauer,* § 60 Rn. 9a; a. A. *OVG Münster,* DVBl 1972, 2010; vgl. ferner *BVerwG* NJW 1974, 2247 und 2250; kritisch hierzu *Thieme* NJW 1974, 2201.
[27] Ebenso *VGH Kassel* DÖV 1976, 357; *VGH Mannheim* NuR 1997, 245 (247); *Meyer,* NJW 1977, 1705 (1710); *Kopp/Ramsauer,* § 60 Rn. 5, 11.
[28] *VGH Mannheim* NuR 1997, 245 (247); *BGHZ* 58, 335 (362, 363); *BGH* NJW 1991, 1478; *BAG* JZ 1986, 1124.
[29] Vgl. *BGH* VersR 1975, 375.
[30] Vgl. *BVerwG* NJW 1975, 1751 für das Anerkenntnis einer nicht bestehenden Schuld im Rahmen eines Vergleichsvertrags; *BVerwG* NJW 1976, 686 für rechtswidrige Leistungsversprechen außerhalb eines gemeinsamen Vergleichsvertrags.
[31] *BVerwG* NVwZ 1991, 1096; *BGH* NJW 1991, 1478; *Köbler,* a.a.O., 1991, 214 ff. m.w.N.
[32] *BGH* ZIP 1992, 1787.
[33] Vgl. *BVerwGE* 25, 299 (303); ferner *BVerfG* DÖV 1977, 60; *BGHZ* 81, 1, 9; 128, 230; *BGH* NJW 1991, 1478 (1479); 1996, 990 (992).

Treu und Glauben keinesfalls mehr aufgebürdet werden kann, weil die Vertragsgrundlage **nachhaltig erschüttert** ist und ein nach Treu und Glauben in Verbindung mit dem Gedanken der (Un-)Zumutbarkeit nicht mehr zu tolerierendes Missverhältnis besteht, so dass die Vertragspartner am ursprünglichen Vertragsinhalt nicht mehr festgehalten werden können.[34]

19 Eine **wesentliche Änderung** der Verhältnisse ist dann anzunehmen, wenn Umstände eingetreten sind, mit denen die Vertragspartner bei Abschluss des Vertrags nicht gerechnet haben, und die bei objektiver Betrachtung aus der Sicht eines verständigen Betrachters so erheblich sind, dass nicht angenommen werden kann, dass der Vertrag bei ihrer Kenntnis mit dem gleichen Inhalt abgeschlossen worden wäre.[35] Maßgebend ist der Gesamtinhalt des bisherigen Vertrags. Ob sich eine wesentliche Änderung ergeben hat, kann daher nur aus der Summe aller Vertragsvereinbarungen beurteilt werden. Vorteilhafte und nachteilige Vertragsklauseln sind jeweils gesondert zu betrachten. Erst aus dem Gesamtsaldo wird sich ergeben, ob die Änderung im vorgenannten Sinne „wesentlich" ist. Das wird angenommen werden können, wenn die beiderseitigen Leistungen in ein so **grobes Missverhältnis** geraten (sind), dass eine die „**Opfergrenze**" überschreitende **Äquivalenzstörung** anzunehmen ist und eine Anpassung des Vertrages unabweislich erscheint, weil der Vertrag bei Kenntnis der beiderseits vorausgesetzten Umstände so nicht geschlossen worden wäre.[36] Unwesentliche, die Opfergrenze nicht überschreitende Änderungen – etwa geringfügigere Kostenänderungen – müssen außer Betracht bleiben.[37] Eine **feste Faustformel,** ab welcher %-Zahl die Opfergrenze überschritten ist, gibt es – auch im Zivilrecht – nicht. Die Wesentlichkeit einer Änderung hängt vor allem von Art, Inhalt, Umfang und Bedeutung des Vertrags für die Vertragsparteien einerseits und der aufgetretenen Störung andererseits ab. Die Störung ist nur in der Regel nur dann wesentlich, wenn nicht ernstlich zweifelhaft ist, dass eine der redlich denkenden Vertragsparteien oder beide bei Kenntnis der Änderungen den Vertrag nicht oder nur mit einem anderen Inhalt geschlossen hätten.[38]

3. Unzumutbarkeit des Festhaltens am Vertrag

20 Nicht jede (objektiv) wesentliche Änderung der Verhältnisse für sich allein rechtfertigt für sich allein schon zur Anpassung oder Kündigung eines Vertrags. Es muss darüber hinaus – wie im Zivilrecht – zusätzlich für den betroffenen Vertragspartner **(subjektiv) unzumutbar** sein, weiterhin am bisherigen Vertrag mit seinem bisherigen Inhalt festgehalten zu werden. Unzumutbar ist das Festhalten am Vertrag, wenn die Ausgleichsfunktion der beiderseitigen Leistungen so **stark gestört** ist, dass es dem benachteiligten Vertragspartner unmöglich wird, in der bisherigen vertraglichen Regelung seine Interessen auch nur annähernd noch gewahrt zu sehen. Maßgebend für die Unzumutbarkeit des Festhaltens am alten Vertrag ist damit das Ergebnis einer **Abwägung aller Gesichtspunkte** des konkreten Falles[39] Auch insoweit spielen Erwägungen der objektiven Äquivalenzstörung eine Rolle. Vor allem vorangegangene unterschiedliche subjektive Verhaltensweisen können der Änderung des Vertrags entgegenstehen, die im wesentlichen aus dem allgemeinen Grundsatz von **Treu und Glauben** hergeleitet werden.

Zumutbar sind auch bei wesentlichen Änderungen vielfach solche Einwirkungen in den Vertrag, die **beide Parteien** oder die Allgemeinheit **in gleicher Weise** betreffen.[40] Durch eine

---

[34] BVerwG NVwZ 1991, 1096; OVG Münster NVwZ 1991, 1106 – verneint bei Ablösungsverträgen mit Differenzbeträgen bis 50% der Ursprungssumme bei einer einmaligen Zahlung; VGH Mannheim NVwZ-RR 2000, 206 für den Fall, dass ein Bauherr nachträglich in die Lage versetzt wird, die von ihm abgelösten Stellplätze auf dem Baugrundstück in zumutbarer Entfernung zu errichten (zugleich zur Risikoübernahme und ihren Folgen). Ferner BGH NJW 1991, 1478 bei Dauerschuldverhältnissen in einem langandauernden Vertrag über Urheberrechte – „Salome"-Vertrag –; vgl. hierzu auch BGHZ 2, 188; 77, 198; BGH NJW 1959, 2203; NJW 1991, 1478; ZIP 1992, 1797.
[35] BVerwGE 87, 77; VGH Mannheim NVwZ-RR 2006, 81 (85); Lorenz DVBl 1997, 865.
[36] BVerwGE 25, 299; 87, 77 ff.; OVG Münster NJW 1993, 2637; VGH München BayVBl 1995, 659; VGH Mannheim VBlBW 1996, 257; Lorenz DVBl 1997, 865 (866); ebenso für das Zivilrecht BGH NJW 1977, 2262; 1978, 2391; 1986, 1333; BAG JZ 1986, 1124.
[37] BVerwG und BGH jeweils aaO.; OVG Münster NVwZ 1991, 1106, 1107.
[38] Vgl. BGHZ 40, 334 (338); BGH JZ 1993, 664 (667); für das Zivilrecht Larenz, Geschäftsgrundlage und Vertragserfüllung, 3. Aufl.; ebenso für das Verwaltungs(verfahrens)recht Lorenz, Der Wegfall der Geschäftsgrundlage beim verwaltungsrechtlichen Vertrag, DVBl 1997, 865 m. w. N.
[39] BVerwG NVwZ 1996, 171; VGH Mannheim NVwZ 1996, 1230; NVwZ-RR 1998, 465 (466); 2006, 81 (85); OVG Koblenz NVwZ-RR 2004, 243 (244).
[40] BGHZ 7, 243.

Gesetzesänderung kann aber einem Vertrag ganz oder teilweise seine Grundlage entzogen sein, so dass hier nicht nur eine Anpassung, sondern auch eine Kündigung des Vertrags denkbar ist. **Vorausgesehene,** von den Vertragsparteien in Erwägung gezogene Änderungen begründen in der Regel keine Unzumutbarkeit.[41] Gleiches gilt grundsätzlich auch für voraussehbare Entwicklungen, wobei es hier jedoch auf den Einzelfall ankommt.[42]

Vertragliche Risikoübernahmen oder Umstände, die in den Risikobereich einer Vertragspartei fallen, insbesondere soweit sie – ohne nähere vertragliche Vorbehaltsklausel – bewusst übernommen wurden[43] oder von ihr verschuldet sind oder auf eigenes Tun zurückgehen, berechtigen ebenfalls im Zweifel nicht zu einer Änderung des Vertrages, weil dies ein Widerspruch zu früherem Verhalten sein kann.[44] Ob eine solche Risikoübernahme vorliegt, muss unter Berücksichtigung aller Umstände entschieden werden. Dabei können auch außerhalb des Vertragstextes selbst liegende, aber den Vertragsparteien bekannte Umstände herangezogen werden, sofern sich aus dem späteren Eintritt oder Nichteintritt des übernommenen Risikos ergibt, dass die nachträgliche Berufung auf gerade die riskierten Umstände unbedingt ausgeschlossen sein soll, so dass dementsprechend eine Anpassung ausgeschlossen ist, weil dieses Risiko allein in den Bereich nur einer Vertragspartei fallen sollte.

Bei einem **städtebaulichen Vertrag,** bei dem ein bestimmter B-Plan vertraglich nicht zugesagt werden darf (§ 2 Abs. 3 BauGB), kann das rechtswirksame Zustandekommen aber durchaus Bedingung, Voraussetzung, Grundlage oder kausale Verknüpfung für eine bestimmte „Gegenleistung" sein, wenn sich aus den Umständen ergibt, dass ohne die Schaffung eines solchen Bauplanungsrechts die damit zusammenhängenden Erschließungs-, Leistungs- und Herstellungspflichten nicht übernommen worden wären.[45] Hier kann die Gemeinde auf dieser Grundlage vorausgesetzte und erlangte Leistungen nicht ohne angemessene „Gegenleistung" behalten dürfen. Je nach den Verhältnissen ist ein Ausgleich der beiderseitigen Leistungen nötig, weil das Risiko des Zustandekommens von B-Plänen als Leistung im Zweifel nicht allein beim privaten Vertragspartner verbleiben darf, wenn etwa auf Grund einer späteren Änderung der kommunalen Planung das vorausgesetzte Bauplanungsrecht ausbleibt bzw. in geringerem Umfang zustande kommt (hierzu auch § 54 Rn. 154 ff.). Entscheidend ist der **Einzelfall.**

Einen Sonderfall des Wegfalls der Geschäftsgrundlage stellt die **Funktionslosigkeit** eines ör Vertrags dar, wenn die Vertragsparteien oder eine davon objektiv weggefallen sind und bei ursprünglichem Vorliegen der später eingetretenen Veränderung überhaupt kein Vertrag geschlossen worden wäre, z. B. bei Auflösung einer juristischen Person des öffentlichen Rechts ohne Rechtsnachfolge. In einem solchen Fall kommt nach Maßgabe der Verhältnisse im Einzelfall nicht eine Anpassung, sondern nur eine **Auflösung des Vertrags** mit ex-nunc- oder ex-tunc-Wirkung in Betracht, sofern er nicht von selbst gegenstandslos geworden ist.

III. Rechtsfolgen

1. Anpassung und Kündigung des Vertrags (Abs. 1 Satz 1)

Liegen die Voraussetzungen des Absatzes 1 Satz 1 vor, so kann die Vertragspartei eine Anpassung des Vertragsinhalts an die geänderten Verhältnisse verlangen. Sofern eine Anpassung nicht möglich oder aber einer Vertragspartei nicht zuzumuten ist, ist eine Kündigung des Vertrags zulässig. Nach dieser gesetzlichen Entscheidung des § 60 ist die **Anpassung das primäre,** die **Kündigung das sekundäre Gestaltungsmittel** bei wesentlichen Änderungen der Verhältnisse. Diese gesetzliche Reihenfolge ist zwingend, gilt aber dann nicht, wenn im verwaltungsrechtlichen Vertrag selbst (schriftlich) etwas anderes vereinbart ist.[46] Die Behörde kann den Vertrag

---

[41] *BGH* DB 1969, 833; NJW 1984, 1747; 1992, 2691.
[42] BGHZ 2, 188; *BGH* ZIP 1992, 1797.
[43] *VGH Mannheim* NVwZ-RR 2000, 206 (207); BGHZ 74, 373; 101, 152; NJW 1986, 1333.
[44] *VGH Mannheim* NVwZ-RR 2000, 206; *BGH* NJW 1991, 1478; 1995, 2031.
[45] *BVerwG* NJW 1973, 1895, 1896; *KG Berlin* NVwZ-RR 2000, 765, 766; zu sog. hinkenden Austauschverträgen § 56 Rn. 20 ff.; ferner § 54 Rn. 113 ff. zu Verträgen mit kausaler bzw. konditioneller Verknüpfung.
[46] *BVerwGE* 97, 331 (343).

ferner (zusätzlich) auch kündigen, um schwere Nachteile für das Gemeinwohl zu verhüten oder zu beseitigen (zum Sonderkündigungsrecht vgl. Rn. 26 ff.).

2. Anpassungsverlangen, Anpassung des Vertrags

23 Für den Regelfall sieht Satz 1 – entgegen der Regelung des Musterentwurfs entsprechend der für das Verwaltungsrecht vertretenen, auch im Zivilrecht herrschenden Meinung – grundsätzlich nicht die Auflösung des Vertrags vor, also die Beendigung des Vertragsverhältnisses, sondern **vorrangig die Anpassung** seines Inhalts, also die **inhaltliche Umgestaltung des Vertrags** an die veränderten Verhältnisse.[47] Damit soll den Vertragspartnern im öffentlichen Interesse in der Regel die Möglichkeit gegeben werden, eine gütliche (neue, faire) Einigung durch veränderte Vertragsklauseln zu erreichen, die der entstandenen neuen Lage Rechnung trägt. Diese Anpassung und die (nachrangige) Zulässigkeit der Kündigung unter den in Absatz 1 selbst bestimmten Voraussetzungen aus wichtigem Grunde sind Ausprägungen des auch im öffentlichen Rechts anwendbaren Grundsatzes von **Treu und Glauben**.[48] Ein von den Voraussetzungen des § 60 unabhängiges Kündigungsrecht besteht dann, wenn im Vertrag selbst (schriftlich) sonstige Kündigungsrechte unter näher genannten Voraussetzungen vereinbart worden sind.

23a Die Anpassung des Vertrags muss von der Vertragspartei ausdrücklich gegenüber der anderen durch ein **Anpassungsverlangen** geltend gemacht werden. Dieses ist rechtlich ein Angebot bzw. eine Aufforderung zur Abgabe eines Angebots auf Abschluss eines **Änderungsvertrags**. Faktisch läuft das vielfach auf eine Art Vergleichsvertrag (§ 55) hinaus.[49] Die Anpassung muss sich stets, weil darin ein neuer und inhaltlich veränderter ör Vertrag liegt, in den Grenzen des Rechts nach § 59 halten. Das Änderungsverlangen kann je nach Verhandlungsverlauf verändert und zurückgenommen werden. In dem Begehren ist zu substantiieren, aus welchen Gründen und mit welchem Ziel eine Veränderung des bisherigen Vertragsinhalts begehrt wird. Diese **Konkretisierung** des Anpassungsverlangens ist deshalb notwendig, weil der Gegenseite verdeutlicht werden muss, dass, aus welchen Gründen und inwieweit der bisherige Vertragsinhalt nicht länger Bestand haben soll.[50] Zwar sieht Abs. 2 nur für die Kündigung des Vertrags die Schriftform vor, so dass ein Anpassungsbegehren auch **mündlich** zulässig und formwirksam ist. Es empfiehlt sich aber aus Beweisgründen für das Anpassungsverlangen die **Schriftform**. Die Anpassung kann frühestens auf den **Zeitpunkt** verlangt werden, zu dem Vertragspartner das ernsthafte schriftliche Anpassungsverlangen zugeht. Das bezieht sich auf die in der **Zukunft** liegenden und noch ausstehenden vertraglichen Leistungen, schließt die Einbeziehung in der **Vergangenheit** liegender Umstände nicht aus, so das bereits vorher erbrachte Leistungen bei der Anpassung berücksichtigt werden können. Ein **behördliches Anpassungsverlangen** ist **kein Verwaltungsakt,** weil ihm der Regelungsgehalt fehlt, sondern Verfahrenshandlung und zugleich materiellrechtliche Willenserklärung, weil er auf den Abschluss eines Änderungsvertrags abzielt. Als Gestaltungsrecht ist es grundsätzlich rücknehmbar, soweit nichts anderes normativ zugelassen oder vertraglich vereinbart ist.

23b Dem Anpassungsverlangen werden in der Regel **Anpassungsverhandlungen** vorausgehen. Redliche Vertragspartner werden sich – als vertragliche Nebenpflicht – bei einer wesentlichen Änderung der Verhältnisse „an einen Tisch setzen", um die Berechtigung einer Anpassung und die Möglichkeiten eines veränderten Vertragsinhalts prüfen. Lehnt eine Vertragspartei im Vorfeld von vornherein definitiv eine Anpassung des Vertrags ab, weil sie das Vorliegen der Grundvoraussetzungen verneint, oder haben die Verhandlungen zu keinem Ergebnis geführt, kann der Anspruch auf Anpassung an wesentlich veränderte Verhältnisse bei Weigerung des Gegners durch eine unmittelbar auf Vertragsanpassung gerichtete **(Leistungs-)Klage** vor den Verwaltungsgerichten geltend gemacht werden; die Klage auf Vertragsanpassung kann dabei mit einem Anspruch auf eine daraus resultierende Leistung verbunden werden.[51] Insofern ist Sachentscheidungs- und Zulässigkeitsvoraussetzung für ein gerichtliches Verfahren der Nachweis eines defini-

---

[47] Vgl. *BVerwG* NVwZ 1991, 1096; *BVerwGE* 97, 331 = NVwZ 1996, 171; *VGH München* 1989, 167; für das Zivilrecht vgl. *BGHZ* 47, 52; *BGH* NJW 1991, 1478; ZIP 1992, 1797.
[48] *BVerwG* DVBl 1967, 619, 620; *VGH München* BayVBl 1995, 659, 660.
[49] *VGH München* NVwZ 1989, 167; *Kopp/Ramsauer*, § 60 Rn. 14.
[50] *BVerwGE* 97, 331 (343).
[51] *BVerwGE* 97, 331 (340 ff.) = NVwZ 1996, 171.

tiven Scheiterns von Anpassungsverhandlungen oder die definitive Ablehnung solcher Verhandlungen.[52] Das Anpassungsverlangen kann auch **in einem anderen Verfahren** ausgesprochen werden, das mit einem Verwaltungsakt geendet hat.[53] Die Klage ist auf Zustimmung zur Vertragsänderung zu richten, also auf Abgabe einer entsprechenden **Willenserklärung** (§ 894 ZPO i. V. m. § 173 VwGO).[54] Sie kann mit dem Hilfsantrag einer Kündigung für den Fall verknüpft werden, dass eine Anpassung nicht möglich oder nicht zumutbar ist (hierzu Rn. 25). Unberechtigte Verweigerung von Anpassungsverhandlungen kann als positive Vertragsverletzung zu Schadensersatzansprüchen führen (§ 62 Rn. 56). Einer Klage auf Erfüllung von Pflichten eines ör Vertrags kann mit einer **Einrede auf Vertragsanpassung**,[55] auch mit einer **Widerklage** begegnet werden.[56]

Wie die Anpassung = Änderung des Vertrags und die Abwicklung des Interessenausgleichs zu gestalten ist, muss nach Maßgabe des **Einzelfalls** entschieden werden.[57] Im Allgemeinen wird eine Anpassung der Vereinbarung an die veränderten bzw. verkannten wirklichen Umstände in Betracht kommen und sich vornehmlich auf die noch nicht erbrachten und **in der Zukunft** noch ausstehenden Leistungen zu erfolgen haben. Das schließt aber Anpassungsverlangen auf Änderung von Vertragsleistungen **für die Vergangenheit** nicht aus.[58] Mit der Änderung wird das Äquivalent von Leistung und Gegenleistung herzustellen sein (Rn. 17 ff.). Gegenüber einem Erfüllungsanspruch kann einredeweise eine Änderung der Geschäftsgrundlage und eine Anpassung des Vertrags nach § 60 geltend gemacht werden.[59] Sind in der Vergangenheit bereits von den jeweiligen Vertragspartnern unterschiedlich hohe Teilleistungen erbracht worden, so kann der vorleistenden Vertragspartei in analoger Anwendung der §§ 273, 320 Abs. 2 BGB zur Wiederherstellung des Gleichgewichts von Leistung und „Gegenleistung" ein **Zurückbehaltungsrecht** zustehen, bis die Gegenseite die von ihr ausstehende äquivalente Leistung erbracht hat oder der Vertrag entsprechend geändert und angepasst worden ist. Eine Anpassung bei beiderseits voll erbrachten und daher **voll abgewickelten Verträgen** ist nur ausnahmsweise geboten, etwa wenn den vertraglichen Leistungen nachträglich jede Grundlage entzogen wird bzw. bei einer grundlegenden rückwirkenden Änderung der Rechtslage, auf der der Vertrag aufgebaut war. Bei **teilweise abgewickelten Verträgen** wird eine Anpassung auf die noch nicht erbrachten Leistungen und für die Zukunft beschränkt werden können, bei der aber die bisher beiderseits erbrachten Leistungen zu vergleichen, zu gewichten und zur Herstellung einer Äquivalenz ggfls. auszugleichen sind.[60] Neben der Anpassung bzw. Kündigung ist ein Rückgriff auf Ansprüche aus § 812 Abs. 1 Satz 2 BGB wegen Nichterreichens des mit einer Leistung bezweckten Erfolges nicht von vornherein ausgeschlossen.[61] Zur Anwendung der §§ 812 ff. BGB vgl. § 62 Rn. 22 ff.

3. Kündigung des Vertrags bei Unmöglichkeit und Unzumutbarkeit (Abs. 1 Satz 1)

Eine Kündigung des Vertrags nach Satz 1 ist bei einer nachträglichen wesentlichen Änderung der Verhältnisse kraft Gesetzes – sofern vertraglich nichts anderes vereinbart ist (Rn. 23 a) – nur zulässig, wenn eine Anpassung des Vertrags an die veränderten Verhältnisse **nicht möglich** oder einer oder beiden Vertragsparteien **nicht zumutbar** ist. Diese begrenzte Zulässigkeit einer Kündigung ist gesetzlich also nur aus wichtigem Grund und als **ultima ratio** zugelassen. Das nunmehr in § 314 BGB n. F. enthaltene Kündigungsrecht bei Dauerschuldverhältnissen gilt über § 62 S. 2 ergänzend auch bei solchen ör Verträgen nach §§ 54 ff. Dies ist eine Ausprägung des auch im öffentlichen Recht geltenden Grundsatzes von Treu und Glauben.[62]

---

[52] *BVerwGE* 97, 331 = NVwZ 1996, 171; weitergehend *Lorenz* DVBl 1997, 865 (870), der eine strikte „Verhandlungspflicht" annimmt.
[53] *BVerwG* NVwZ-RR 2003, 470.
[54] *BVerwGE* 97, 331 (340); *OVG Mannheim* NVwZ-RR 2006, 81 (84); *Ule/Laubinger*, § 71 Rn. 16; *Lorenz* DVBl 1997, 865 (869).
[55] *BVerwG* NuR 1998, 200 (201); NVwZ 2002, 486 (488).
[56] *BVerwG* NVwZ 2002, 486 (487).
[57] *BGH* ZIP 1992, 1797; *Lorenz* DVBl 1997, 865 ff.
[58] *BVerwGE* 97, 331 (343).
[59] *BVerwG* NVwZ 1998, 1075.
[60] *BGHZ* 58, 355 (361, 363); *BGH* VersR 1975, 375 (376); *BAG* JZ 1986, 1124.
[61] Einschränkend insoweit *BGH* NJW 1975, 776; *BAG* JZ 1986, 1124.
[62] *VGH* München BayVBl 1995, 659, 660.

§ 60   25 a–25 d

25 a   Die Kündigung ist eine **einseitige empfangsbedürftige Willenserklärung** (§ 130 BGB i. V. m. § 62 S. 2), auf Seiten der Behörde gleichzeitig Verfahrenshandlung i. S. der §§ 9 ff., aber kein Verwaltungsakt und bringt – wie im Zivilrecht – den Willen eines Vertragspartners zum Ausdruck, das bisherige Vertragsverhältnis zu einem bestimmten oder bestimmbaren Zeitpunkt **für die Zukunft zu beenden** und künftig noch zu erbringende Leistungen oder Handlungen unterlassen zu dürfen. Die Kündigung lässt den Rechtsbestand des Vertrags in der Vergangenheit unberührt und beendet das Vertragsverhältnis in aller Regel, sofern nichts anderes vereinbart oder zugelassen ist, nur für die Zukunft. Daher sind – anders als beim Rücktritt, der das Vertragsverhältnis in ein Abwicklungverhältnis umwandelt[63] – die bereits erbrachten Leistungen grundsätzlich nicht zurückzugewähren und die Vorschriften über den Rücktritt vom Vertrag (§§ 346 ff. BGB) nicht anwendbar.[64] Die Kündigung kann bei mehreren Vertragspartnern (nur) von demjenigen ausgesprochen werden, der noch eine eigene Leistungspflicht zu erfüllen hat.[65]

25 b   Die Kündigung eines ör Vertrags ist – anders als der Rücktritt, der das Vertragsverhältnis in ein Abwicklungverhältnis verwandelt – nur bei Unmöglichkeit und Unzumutbarkeit zugelassen. Der Begriff der **„Unmöglichkeit"** wird in Anknüpfung an den jetzigen Begriff in § 275 I BGB n. F. i. V. m. § 62 S. 2 interpretiert werden können. Daher fallen darunter alle Fälle der objektiven und subjektiven Unmöglichkeit, unabhängig davon, ob diese anfänglich oder nachträglich eingetreten ist, sofern die Erbringung der Leistung für den Schuldner oder für jedermann ausgeschlossen ist.[66] Ob auch die rein faktische Unmöglichkeit i. S. von § 275 Abs. 2 BGB n. F. unter den Begriff der Unmöglichkeit fällt, ist zweifelhaft, weil das dort genannte grobe Missverhältnis zwischen Leistung und Gegenleistung zu dem Leistungsinteresse bereits ein Anpassungsgrund ist, so dass § 60 insoweit als lex specialis vorgeht und eine abschließende Regelung enthält. Die Unmöglichkeit darf nicht nur vorübergehend bestehen, sondern muss jedenfalls so lange gegeben sein, dass ein Zuwarten bis zur ungewissen Behebung des Hindernisses von einer oder beiden Parteien redlicherweise nicht erwartet werden kann.[67]

25 c   Der Begriff der **Unzumutbarkeit** als Kündigungsgrund eines ör Vertrags knüpft an denjenigen im Zusammenhang mit der Vertragsanpassung an (Rn. 20). Nicht zumutbar ist danach die Vertragsanpassung, wenn einer oder beiden Parteien der Fortbestand des Vertrags und der Leistungspflichten nach dem Inhalt des letzten Vertragsanpassungsangebots aus der Sicht eines verständigen Betrachters nicht angesonnen werden kann, weil die beiderseitigen Leistungen weiterhin in einem solchen **Missverhältnis** stehen würden, so dass auch bei einer solchen Änderung des Vertragsinhalts eine die **Opfergrenze** überschreitende **Äquivalenzstörung** fortbesteht und nicht beseitigt werden kann (hierzu Rn. 17 ff.). Die Unzumutbarkeit für die eine oder andere Seite kann sich auch aus weiteren und zusätzlichen inhaltlichen, räumlichen, zeitlichen, wirtschaftlichen oder personellen Veränderungen ergeben, so dass ein neuer Vertrag mit einem anderen als dem ursprünglichen Inhalt unter veränderten Umständen keinen Sinn macht. Das erfordert in der Regel eine **vergleichende Betrachtung** der dem Vertrag ursprünglich zugrunde gelegten und der später wirklich eingetretenen Umstände unter Berücksichtigung der angebotenen Vertragsanpassung.

25 d   Die Kündigung ist formgebunden und muss nach Abs. 2 **schriftlich** ausgesprochen und soll **begründet** werden (hierzu Rn. 31 ff.). Die Kündigung ist grundsätzlich an keine bestimmte **Frist** gebunden, muss zeitlich aber so rechtzeitig erklärt werden, dass ihr nicht der Einwand unzulässiger Rechtsausübung entgegensteht. Sie muss **vorbehaltlos** ausgesprochen werden, kann aber grundsätzlich noch zurückgenommen oder modifiziert werden. Sie kann nur von demjenigen geäußert werden, für den nach seiner Auffassung die Anpassung nicht möglich oder nicht zumutbar ist (Rn. 25 a). Wird eine Kündigung nur vorsorglich oder unter Vorbehalt des Scheiterns von Vertragsverhandlungen ausgesprochen, muss sie später ausdrücklich, definitiv und schriftlich wiederholt werden. Widerspricht eine Vertragspartei der Kündigung, weil sie die Voraussetzungen nicht für gegeben erachtet, kann eine entsprechende **Klage** auf Feststellung der

---

[63] *BVerwG* NVwZ-RR 2004, 413 (414).
[64] *BGHZ* 73, 354; 85, 95; *Palandt-Heinrichs*, Einf. Vor § 346 Rn. 8.
[65] *VGH Mannheim* VBlBW 1987, 395; *Knack*, § 60 Rn. 8.
[66] *Palandt/Heinrichs*, § 275 Rn. 3 ff. m. w. N.
[67] *BGHZ* 47, 80; 83, 200; *Palandt/Heinrichs*, § 275 Rn. 11.

Zulässigkeit der Kündigung erhoben werden; darin ist darzulegen, dass und warum eine Anpassung des Vertrags für die klagende Seite nicht möglich oder nicht zumutbar ist.[68]

Die **Rechtsfolgen** einer wirksamen Kündigung sind in § 60 nicht ausdrücklich geregelt. Der Gesetzgeber hat von einer ausdrücklichen Regelung bewusst abgesehen, weil es vom jeweiligen Einzelfall abhängig sein sollte, wie sich die Abwicklung des gekündigten ör Vertrags zu gestalten habe.[69] Eine wirksame Kündigung führt (anders als ein „Rücktritt", der den Vertrag in ein Abwicklungsverhältnis umgestaltet[70]) zur Aufhebung des Vertrags **grundsätzlich nur für die Zukunft.** Durch die Kündigung erlöschen die noch ausstehenden Leistungspflichten und Erfüllungsansprüche aus dem Vertrag. Für die Vergangenheit bleibt er Rechtsgrund für erbrachte Leistungen. Stehen die bis dahin erbrachten Leistungen in einem gewissen Gleichgewicht, wird es ohne Ausgleich dabei verbleiben können. Ein Ausgleich für in der **Vergangenheit** erbrachte Leistungen muss idR dann stattfinden, wenn die Vertragspartner **unterschiedlich hohe Leistungen** erbracht haben und es der vorleistenden Partei wegen einer erheblichen **Äquivalenzstörung** nicht zugemutet werden kann, nach einer Beendigung des Vertrags ohne Ausgleich zu bleiben. Maßgebend sind insoweit die Umstände des **Einzelfalls.**[71] Haben die Vertragsparteien in der Vergangenheit im Vertrauen auf den Fortbestand des Vertrags und der darin vereinbarten bzw. zugrundegelegen beiderseitigen Vertragsleistungen ihre Vertragspflichten unterschiedlich erfüllt, muss im Zweifel eine **Rückgewähr** oder ein **Wertausgleich** in natura oder Geld (analog § 346 Satz 2 BGB i. V. m. § 62) stattfinden, mit dem das ungefähre Gleichgewicht der beiderseitigen Leistungen wiederhergestellt wird.[72] Denn wenn ein Vertrag etwa deshalb gekündigt wurde, weil die Leistung der anderen Vertragspartei ausgeblieben ist, darf sie von den hohen Vorleistungen der Gegenseite nicht auch noch profitieren. Insofern gelten für einen Ausgleich der beiderseitigen Ansprüche nach Kündigung eines ör Vertrags die auch im öffentlichen Recht geltenden Grundsätze von **Treu und Glauben,** auf dem § 60 letztlich beruht (Rn. 1 ff.). Das gilt gleichermaßen für alle unter § 54 fallenden ör Verträge (hierzu § 54 Rn. 1 ff.). Die Kündigung nach Abs. 1 löst in der Regel **keine Schadensersatzpflicht** aus; es kann aber eine **Teilung eines Schadens** in Betracht kommen,[73] die durch **Ausgleichszahlungen** abgewickelt werden kann.[74] Tragen beide Parteien ein gleiches Risiko, so wird keine Ausgleichspflicht entstehen.

4. Kündigung durch die Behörde bei schweren Nachteilen für das Gemeinwohl (Abs. 1 Satz 2)

Abs. 1 Satz 2 billigt der Behörde ein – dem privaten Vertragspartner nicht zustehendes – **Sonderkündigungsrecht** zur Wahrung spezieller öffentlicher Belange zu. Dagegen ist schon früher vorgebracht worden, dies sei neben der Regelung des Satzes 1 überflüssig, störe das vertragliche Gleichgewicht zwischen Behörde und vertragschließendem Bürger und erwecke den Eindruck, der Behörde sollten in verkappter Form Hoheitsrechte eingeräumt werden.[75]

Ein Verstoß gegen das Rechtsstaats- und Verhältnismäßigkeitsprinzip sowie gegen das Gleichheitsgebot ist in der Norm im Ergebnis nicht zu sehen. Diese Vorschrift bringt nicht nur den Grundsatz gleich bleibender Verhältnisse als Ausfluss des auch im öffentlichen Recht anwendbaren Grundsatzes von Treu und Glauben zum Ausdruck, sondern schränkt **aus zwingenden öffentlichen Gründen** das Prinzip der Bindung an den einmal geschlossenen Vertrag unabhängig von dem maßgeblichen Parteiwillen ein und gewährt im Spannungsverhältnis zwischen dem Individualinteresse am Fortbestand des Vertrags und dem überwiegenden Allgemeininteresse letzterem den Vorrang. Er entspricht damit der überwiegend vertretenen Auffassung, wonach die clausula rebus sic stantibus im öffentlichen Recht in einem erweiterten Umfang gilt und

---

[68] *Lorenz* DVBl 1997, 865 (872) verlangt – zu weitgehend – den weitergehenden Nachweis, dass eine Vertragsanpassung „bei objektiver Betrachtung ausgeschlossen ist".
[69] So die Begründung des RegE *1973*, BT-Drs. 7/910, S. 82.
[70] BVerwG NVwZ-RR 2004, 413 (414).
[71] BVerwGE 97, 331 (342); *VGH Mannheim* VBlBW 1987, 38 (395); *VGH München* BayVBl 1995, 659 (661); *Kopp/Ramsauer*, § 60 Rn. 16; *Lorenz* DVBl 1997, 865 (872).
[72] Von *OVG Münster* NWVBl 1995, 391 verneint für erbrachte, aber zu erstattende Geldleistungen aus Zinspflicht.
[73] BGH JZ 1993, 664.
[74] BGH ZIP 1992, 1797.
[75] *Ule/Becker*, S. 70; *Redeker* DÖV 1966, 543 (546); *Götz* JuS 1970, 1 (5).

auch dann Anwendung findet, wenn unabhängig vom Parteiwillen schwere Nachteile für das Gemeinwohl verhütet oder beseitigt werden müssen.[76]

28   Der Begriff **„schwerer Nachteil** für das Gemeinwohl" ist eng auszulegen und verfassungsrechtlich unbedenklich.[77] Er kann nur dann bejaht werden, wenn besondere, erhebliche, überragende Interessen der Allgemeinheit die Auflösung des Vertrages gebieten, durch die dem Staat auf seinen verschiedenen Ebenen unzumutbare Lasten auferlegt würden. Da er **ultima ratio** darstellt, kommt die Auflösung erst dann in Betracht, wenn eine Anpassung nicht möglich ist (Rn. 22 ff.) und die Kündigung durch die Behörde wegen unerträglicher, die Opfergrenze überschreitender unzumutbarer Folgen auf Seiten der öffentlichen Hand unabweisbar erscheint.[78] Dafür reicht eine sich im Laufe der Zeit herausstellende wirtschaftliche Nachteiligkeit für die öffentliche Hand oder ein allgemeiner Haushaltsengpass in aller Regel nicht aus. Dem Interessenausgleich ist in solchen Fällen allenfalls durch eine Anpassung des Vertrags Rechnung zu tragen, weil der Satz pacta sunt servanda auch gegen die öffentliche Hand gilt.

29   Satz 2 erfasst den Fall, dass die schweren Nachteile objektiv erst **nach Vertragsschluss** entstanden sind. *Ule/Becker*[79] nehmen an, dass für den Fall ursprünglicher schwerer Nachteiligkeit eines ör Vertrages Satz 2 nicht gilt, weil abgesehen von den eng begrenzten Nichtigkeitstatbeständen die Rechtswidrigkeit eines entsprechenden VA die Wirksamkeit eines ör Vertrages nicht in Frage stellen soll. Wegen der unterschiedlichen Anwendungsbereiche wird – ebenso wie beim Fehlen der Geschäftsgrundlage nach Satz 1 (Rn. 13) – demgegenüber auch für Satz 2 anzunehmen sein, dass eine bei Vertragsschluss objektiv vorhandene, aber nicht bekannte und auch nicht erkennbare schwere Gemeinwohlschädlichkeit eine Kündigung nicht ausschließt.[80] Entscheidend sind die Umstände des Einzelfalls.

30   Für den Fall einer Kündigung nach Absatz 1 Satz 2 wird teilweise in der Literatur eine **Entschädigung** in analoger Anwendung des § 49 Abs. 6 gefordert.[81] Das Fehlen einer Entschädigungsregelung ist kein Verstoß gegen Art. 14 Abs. 1 und 3 GG und macht § 60 Abs. 1 Satz 2 nicht nichtig.[82] Nach der Begründung des Entwurfs 73 (S. 82) sind die Folgen der Kündigung bewusst nicht normiert worden, weil die **Abwicklung des Ausgleichs** dem **Einzelfall** überlassen bleiben soll. Hieraus folgt: Da es sich bei der Kündigung des Vertrages nach Absatz 1 Satz 2 um ein rechtmäßiges Handeln des Staates handelt, scheiden Staatshaftungsansprüche wegen rechtswidriger Ausübung öffentlicher Gewalt aus. Angesichts des Fehlens einer ausdrücklichen gesetzlichen Regelung kommt ein gesetzlicher Rechtsanspruch auf Entschädigung jedenfalls dann in Betracht, wenn die Voraussetzungen der **Enteignung** bzw. **enteignenden Wirkung** oder der **Aufopferung**[83] gegeben sind, also ein Eingriff in eine geschützte Rechtsposition im Sinne des Artikels 14 oder 2 Abs. 2 GG vorliegt.[84] Ist dies nicht der Fall, scheidet ein gesetzlicher Ausgleichsanspruch aus. Unberührt bleiben Ausgleichszahlungen auf Grund freiwilliger Basis und aus nachwirkenden Vertragspflichten.[85]

5. Kündigung bei Dauerschuldverhältnissen

30a   Durch § 314 BGB n. F. und seine ergänzende Anwendbarkeit auf ör Verträge (vgl. Rn. 8 b) kommt – unabhängig von dem vereinbarten Vertrag – ein gesetzliches Kündigungsrecht für

---

[76] Vgl. BVerwG DÖV 1956, 410 und DVBl 1967, 619; BGH NJW 1962, 2147; *OVG Münster* DVBl 1975, 46; *OVG Saarlouis* JZ 1961, 673; *Menger* VerwArch 1961, 210; VerwArch 1964, 259; *Pieper* DVBl 1967, 16 (18); *Haueisen* DVBl 1961, 837; NJW 1963, 1332, DVBl 1964, 711; *Barocka* VerwArch 1960, 1 (18).
[77] Ebenso *Köbler*, Die „clausula rebus sic stantibus" als allgemeiner Rechtsgrundsatz, 1991, S. 184.
[78] BGHZ 84, 1 (9); BGH NJW 1984, 1746; 1985, 314; 1991, 1478, 1479.
[79] Verwaltungsverfahren im Rechtsstaat, S. 71, 72.
[80] Ebenso *Obermayer*, VwVfG, § 60 Rn. 60; *Köbler*, a. a. O. (vor Rn. 1), 1991, 183; *Kopp/Ramsauer*, § 60 Rn. 18.
[81] Vgl. *Kopp/Ramsauer*, § 60 Rn. 22; *Meyer/Borgs*, § 60 Rn. 23; *Henneke* in Knack, § 60 Rn. 6; *Ule/Laubinger*, § 71 Rn. 19; ebenso schon früher *Eckert* DVBl 1962, 17; *Ule/Becker*, a. a. O., S. 72; *Beinhardt* VerwArch 1964, 259; *Redeker* DÖV 1966, 548; differenzierend *Ziekow*, VwVfG, § 60 Rn. 13, der zutreffend darauf hinweist, dass das Entschädigungsrisiko nicht einseitig zu Lasten der Behörde gehen kann.
[82] A. A. *Kokott* VerwArch 1992, 503 (518); wie hier: *Ule/Laubinger*, § 71 Rn. 19.
[83] Vgl. BGHZ 45, 150; 48, 65; 54, 384; *Ossenbühl*, Staatshaftungsrecht, 5. Aufl. 1998; *Maurer*, § 26 Rn. 107 ff.; *Bonk*, in: Sachs (Hrsg.), GG, 4. Aufl. 2007, Art. 34 Rn. 40 m. w. N.
[84] Hierzu BVerfGE 58, 300; BVerfG NJW 1982, 371; *Papier* DVBl 2000, 1398 ff.
[85] Hierzu *Köbler*, a. a. O., 1991, 269 ff.

jeden Vertragsteil auch bei Dauerschuldverhältnissen in Betracht, wenn dafür ein **wichtiger Grund** vorliegt. **Dauerschuldverhältnisse** sind solche Vertragsverhältnisse, bei denen während der Vertragslaufzeit wiederholt neue Leistungs-, Neben- und Schutzpflichten entstehen. Es wird – anders als bei einmaligen Leistungsverpflichtungen – durch eine längere oder lange Laufzeit und wiederkehrende Leistungen gekennzeichnet.[86] Das wird vielfach insbesondere bei ÖPP-Verträgen der Fall sein (hierzu § 54 Rn. 43).

Ein **wichtiger Grund** ist gegeben, wenn Tatsachen vorliegen, die unter Berücksichtigung aller Umstände und unter Abwägung der beiderseitigen Interessen die Fortsetzung des Vertrags für den Kündigenden **unzumutbar** machen (hierzu Rn. 20). Ein Verschulden des anderen Teils ist weder erforderlich noch ausreichend. Eigenes Verschulden schließt das Kündigungsrecht nicht notwendig aus, sofern der Kündigende die Störung des Vertrauensverhältnisses nicht überwiegend verursacht hat. Auch vor dem Beginn des Dauerschuldverhältnisses liegende, unbekannt gebliebene Umstände können zur Kündigung berechtigen. Insgesamt sind bei der notwendigen Würdigung aller Umstände die **Besonderheiten des Vertragstyps** zu berücksichtigen.[87] 30 b

Besteht der wichtige Grund in der Verletzung einer Vertragspflicht, ist die Kündigung erst nach einer **Abmahnung** zulässig (§ 314 Abs. 2 BGB i. V. m. § 62 S. 2). Diese muss ernsthaft ausgesprochen sein, braucht aber nicht mit der Androhung einer Kündigung verbunden zu werden. In den Fällen des § 323 II BGB (insbesondere endgültige Verweigerung, nicht rechtzeitige Erbringung der Leistung, schwerwiegende Störung des Vertrauensverhältnisses) ist eine Abmahnung entbehrlich. Die Kündigung ist sodann mit einer **angemessenen Frist** auszusprechen. Sie beendet das Vertragsverhältnis mit sofortiger Wirkung **ex nunc**.[88] 30 c

IV. Schriftform, Begründung (Abs. 2)

Die Kündigung bedarf in allen Fällen der **Schriftform**, soweit nicht durch Rechtsvorschrift eine andere – weitergehende (§ 57 Rn. 12) – Form vorgeschrieben ist (Abs. 2 Satz 1). Für die Schriftform gelten § 126 BGB und § 37 Abs. 3 entsprechend; daher ist die Kündigung grundsätzlich eigenhändig zu unterschreiben. Die modernen Kommunikationsformen wie Fax, E-Mail und Internet reichen aber regelmäßig aus (hierzu § 3a, § 10 Rn. 28a, § 37 Rn. 46ff.). Die Kündigung ist **vorbehaltlos** und durch eine eindeutig klarstellende Willenserklärung auszusprechen, damit die Gestaltungswirkung eintritt.[89] Wird sie nur mündlich oder vorbehaltlich einer nicht zustandekommenden Anpassung ausgesprochen, muss sie nach Scheitern einer Anpassung schriftlich und vorbehaltlos wiederholt werden. Die Kündigung entfaltet ihre Rechtswirkung erst mit dem **Zugang** (§ 130 BGB analog) beim beteiligten Vertragspartner. Sind mehrere Personen am Vertrag beteiligt, denen gegenüber eine Kündigung notwendig ist, muss eine Kündigung gegenüber allen betroffenen Vertragspartnern ausgesprochen werden. Zu den **Rechtswirkungen** einer Kündigung vgl. Rn. 25ff. 31

Die Kündigung **soll**, d. h. in der Regel muss (hierzu § 40 Rn. 26ff.), **begründet** werden (Abs. 2 Satz 2). Damit soll sichergestellt werden, dass der Vertragspartner die wesentlichen Gründe für die Vertragsbeendigung kennenlernt. Sind sie ihm, etwa aus vorangegangenen Verhandlungen bzw. entsprechender Korrespondenz bekannt, bedarf es keiner schriftlichen Wiederholung bereits bekannter Gründe (vgl. § 39 Abs. 2 Nr. 2). Etwas anderes gilt nur, wenn die Kündigung auf bisher der Gegenseite nicht bekannte neue rechtliche oder tatsächliche Gründe gestützt wird. Das Fehlen einer Begründung macht die Kündigung nicht unwirksam.[90] Die Begründung kann ggfls. **nachgeholt** werden. Wird nach einer streitig gebliebenen Kündigung ein Prozess geführt, kann das Fehlen einer Begründung nur dann von Bedeutung sein, wenn die Gegenseite sich darauf beruft und die Kündigung auf bisher nicht bekannte Gründe gestützt wird. Das Gericht muss ggfls. von Amts wegen die maßgeblichen Kündigungsgründe **ermitteln,** wenn und soweit erst dann über die Zulässigkeit der Kündigung entschieden werden kann. 32

---

[86] Statt aller *Palandt/Grüneberg,* § 314 Rn. 2 m. w. N.
[87] *BGHZ* 44, 275; *BGH* NJW 1981, 1265; 1993, 1972; 1999, 1177; *LG Hamburg* NJW-RR 2005, 187.
[88] *Palandt/Grüneberg,* aaO., § 314 Rn. 10.
[89] *BVerwGE* 97, 331 (341).
[90] Ebenso *VGH München* BayVBl 1988, 721; *Kopp/Ramsauer,* § 60 Rn. 21.

Vielfach wird sich das aber aus der vorrangigen Prüfung einer fehlgeschlagenen Anpassung ergeben (hierzu Rn. 22 ff.)

33 Die Kündigung ist Verfahrenshandlung und **ör Willenserklärung**; für sie gilt § 12 sowie §§ 116 ff. BGB i. V. m. § 62 S. 2. Die Kündigung muss deshalb allen Vertragsbeteiligten zugehen.[91] Willensmängel können dementsprechend berücksichtigt werden. Die Kündigung ist, soweit sie von einer Behörde ausgesprochen wurde, **kein VA**; es bedarf daher auch keiner Anwendung der §§ 35 ff.[92] Sie ist **rücknehmbar**, soweit der Vertrag nicht beiderseits abgewickelt ist.

V. Europarecht

34 § 60 beruht auf dem allgemeinen Rechtsgrundsatz der clausula rebus sic stantibus. Dieser ist auch Bestandteil des Gemeinschaftsrechts.[93] Insofern ist die Vorschrift gemeinschaftsrechtlich unbedenklich. Die Regelung über die Entschädigung nach § 60 Abs. 1 Satz 2 ist eine nationale Staatshaftungsregelung, die nicht in Widerspruch zu der vom EuGH entwickelten gemeinschaftsrechtlichen Staatshaftung steht.[94]

VI. Landesrecht

35 Abweichendes Landesrecht zu § 60 ist nicht vorhanden, deshalb ist diese Vorschrift auch in allen Verfahren anwendbar, im übrigen auch außerhalb des Anwendungsbereichs des Landes-VwVfG als allgemeiner Rechtsgrundsatz anwendbar (Rn. 1 ff.).

§ 61 Unterwerfung unter die sofortige Vollstreckung

(1) ¹Jeder Vertragschließende kann sich der sofortigen Vollstreckung aus einem öffentlich-rechtlichen Vertrag im Sinne des § 54 Satz 2 unterwerfen. ²Die Behörde muß hierbei von dem Behördenleiter, seinem allgemeinen Vertreter oder einem Angehörigen des öffentlichen Dienstes, der die Befähigung zum Richteramt hat oder die Voraussetzungen des § 110 Satz 1 des Deutschen Richtergesetzes erfüllt, vertreten werden.

(2) ¹Auf öffentlich-rechtliche Verträge im Sinne des Absatzes 1 Satz 1 ist das Verwaltungs-Vollstreckungsgesetz des Bundes entsprechend anzuwenden, wenn Vertragschließender eine Behörde im Sinne des § 1 Abs. 1 Nr. 1 ist. ²Will eine natürliche oder juristische Person des Privatrechts oder eine nichtrechtsfähige Vereinigung die Vollstreckung wegen einer Geldforderung betreiben, so ist § 170 Abs. 1 bis 3 der Verwaltungsgerichtsordnung entsprechend anzuwenden. ³Richtet sich die Vollstreckung wegen der Erzwingung einer Handlung, Duldung oder Unterlassung gegen eine Behörde im Sinne des § 1 Abs. 1 Nr. 2, so ist § 172 der Verwaltungsgerichtsordnung entsprechend anzuwenden.

Vergleichbare Vorschriften: § 60 SGB X, § 794 Abs. 1 Nr. 5 ZPO.

Abweichendes Landesrecht: –

Entstehungsgeschichte: bis zum Inkrafttreten des VwVfG vgl. § 61 der 6. Auflage. Änderungen: § 61 Abs. 1 Satz 3 und 4 a.F. wurden zunächst geändert durch Gesetz vom 6. 8. 1998 (BGBl I S. 2022), sodann gestrichen durch Gesetz vom 21. 8. 2002 (BGBl I. S. 3322) m. W.vom 1. 2. 2003, hierzu Rn. 21 ff

Literatur: *Wettlaufer*, Die Vollstreckung aus verwaltungs-, sozial- und finanzgerichtlichen Titeln zugunsten der öffentlichen Hand, 1989; *Hagemann*, Die Vollstreckung von Geldforderungen aus ör Verträgen, KKZ

---

[91] *BVerwGE* 97, 331 ff. = NVwZ 1996, 171.
[92] *VG Bremen NVwZ* 1987, 251; so jetzt auch *Kopp/Ramsauer*, § 60 Rn. 15 und *Henneke* in Knack, § 60 Rn. 13 unter Aufgabe der früher gegenteiligen Auffassungen; *Bullinger* DÖV 1977, 820.
[93] *BVerfGE* 34, 216 (230); *Oppermann*, Europarecht, Rn. 221.
[94] Hierzu etwa *Bonk*, in: Sachs, GG, Art. 34 Rn. 52 a–e jeweils m. w. N.

1990, 122; *Kowalski,* Zur Unterwerfung des Bürgers unter die sofortige Vollstreckung eines ör Vertrages, § 61 Abs. 1 VwVfG, NVwZ 1992, 351; *Meyer,* Vertragsstrafe und Unterwerfungserklärung im öffentlichen Recht, JZ 1996, 78; *Berg,* Zur Durchsetzbarkeit einer ör vereinbarten Vertragsstrafe – BVerwGE 98, 58, JuS 1997, 888; *App/Wettläufer,* Verwaltungsvollstreckungsrecht, 4. Aufl. 2005; *Engelhardt/App/Schlatmann,* VwVG/VwZG, 7. Aufl., 2006; *Sadler,* VwVG/VwZG, 6. Aufl. 2006. Weitere Literatur **vor 1996** § 61 der 6. Auflage.

Übersicht

	Rn.
I. Allgemeines	1
1. Anwendungsbereich	2
2. Sofortige Vollstreckung nur bei Unterwerfungserklärung	3
3. Rechtsnatur und Inhalt der Unterwerfungserklärung	6
II. Voraussetzungen der Vollstreckung aus ör Verträgen (Abs. 1)	9
1. Klage auf Vertragserfüllung	9
2. Unterwerfung unter die sofortige Vollstreckung (Satz 1)	11
a) Geltungsbereich	11
b) Form, Inhalt, Zeitpunkt, Gegenstand der Unterwerfungserklärung	14
c) Vertretungserfordernisse bei Behörden (Satz 2)	19
3. Keine Genehmigungsvorbehalte für die Aufsichtsbehörde (Sätze 3 und 4 a. F.)	21
III. Vollstreckungsverfahren (Abs. 2)	24
1. Vollstreckung gegen Privatrechtssubjekte	26
a) wegen Geldforderungen	27
b) Erzwingung von Handlungen, Duldungen oder Unterlassungen	34
2. Vollstreckung gegen Behörden	37
IV. Landesrecht	40
V. Vorverfahren	41

I. Allgemeines

§ 61 regelt, ob und wie übernommene, aber nicht erfüllte Verpflichtungen aus einem sog. **1** subordinationsrechtlichen Vertrag i. S. von § 54 Satz 2 zwischen Staat und Bürger zwangsweise durchgesetzt werden können. **Absatz 1** enthält die allgemeinen **Vollstreckungsvoraussetzungen** i.e.S., **Absatz 2** regelt das einzuschlagende **Vollstreckungsverfahren,** und zwar auch gegen Behörden. § 61 Abs. 1 ist zwischenzeitlich zweimal **gesetzlich geändert** worden: Die früher in § 61 Abs. 1 Sätze 3 und 4 geregelten speziellen Anforderungen an die Genehmigung von Unterwerfungserklärungen durch die Aufsichtsbehörden wurden – zunächst als Reaktion des Gesetzgebers auf eine bestimmte Rechtsprechung (BVerwGE 98, 58) – durch das Gesetz vom 6. 8. 1998 (BGBl I S. 2022) allein auf Unterwerfungserklärungen von Behörden beschränkt; sodann ist die Einschaltung von Aufsichtsbehörden mit der Streichung der Sätze 3 und 4 im Gesetz vom 21. 8. 2002 (BGBl I S. 3322) mit Wirkung vom 1. 2. 2003 ganz entfallen (hierzu Rn. 21 ff.).

1. Anwendungsbereich

§ 61 des Bundesgesetzes gilt nach Maßgabe des § 1 Abs. 1 und 3 für **Bundesbehörden,** so- **2** weit der ör Vertrag in den Anwendungsbereich des VwVfG nach Maßgabe seine § 1 fällt, keine Ausnahmetatbestand i. S. von § 2 (insbesondere im landesrechtlich unterschiedliche geregelten Abgabenbereich[1]) gegeben ist, und auch keine spezielle Rechtsvorschriften des Bundes etwas anderes regeln. Soweit für die ör Verwaltungstätigkeit der **Länder** (und **Kommunen**) über § 1 Abs. 3 deren VwVfGe zur Anwendung kommen,[2] gelten für die Vollstreckung aus ör Vertrag die Landes-VwVfG i.V.m. dem jeweiligen Landes(vollstreckungs)recht. Die Ländergesetze enthalten im Wesentlichen mit § 61 sachlich übereinstimmende Bestimmungen, allerdings gibt es einige landesrechtliche Sonderregelungen (vgl. Rn. 24 ff. und die im III. Teil der 6. Auflage dieses Kommentars abgedruckten Texte des abweichenden Landesverwaltungsverfahrensrechts).

---

[1] Vgl. *VG Braunschweig* NVwZ-RR 2001, 626 zur Anwendbarkeit des NdsVwVfG im Abgabenrecht; Näheres bei § 2 Rn. 52 ff.
[2] Hierzu BVerwGE 98, 58 (62).

Ferner enthält § 101 zugunsten der **Stadtstaaten** und ihrem einstufigen Verwaltungsaufbau Abweichungen von § 61 Abs. 1 Satz 3.

2. Sofortige Vollstreckung nur bei Unterwerfungserklärung

3   Von den bei der Regelung der Vollstreckbarkeit aus ör Verträgen bestehenden Möglichkeiten entscheidet sich § 61 mit der bereits vor Inkrafttreten des VwVfG von Bund und Ländern herrschenden Meinung[3] dafür, dass idR der ör **Vertrag allein kein Vollstreckungstitel ist,** so dass jede Vertragspartei einen gesonderten Vollstreckungstitel benötigt, der **grundsätzlich durch Leistungsklage,** also nicht durch den blossen Erlass eines VA in Form des Leistungsbescheids[4] im Verwaltungsrechtsweg (§ 40 Abs. 2 VwGO) erreichbar ist. Etwas anderes gilt nur dann, wenn sich die Vertragspartei der sog. sofortigen Vollstreckung aus dem Vertrage **unterworfen** hat[5] oder wenn für eine Vollstreckung aus Vertrag allein durch Leistungsbescheid eine ausdrückliche **gesetzliche Ermächtigung** vorhanden ist.[6]

4   Die an sich auch denkbare Lösung, dass beide Vertragsparteien ohne besondere normative Ermächtigung oder (freiwillige, Rn. 7) Unterwerfungserklärung aus dem Vertrag vollstrecken können, wurde bereits im Musterentwurf abgelehnt, weil dies als Abweichung von bisher geltenden Grundsätzen des Vertragsrechts angesehen wurde. Hinzu kam, dass Zwangsmittel gegen die Behörde sonst durchweg nur auf Grund ausdrücklicher gesetzlicher Zulassung (vgl. § 17 VwVG) und nur unter bestimmten Voraussetzungen (vgl. § 882a ZPO) zugelassen sind.[7] Auch die früher teilweise vertretene Auffassung, dass die Behörde wegen ihrer „Überordnung" über den Bürger ohne weiteres vollstrecken könne,[8] der Bürger hingegen auf eine Klage auf einen Vollstreckungstitel zu verweisen sei, wurde als mit der Gleichordnung der Vertragspartner unvereinbar verworfen.[9] Zu Rechtsnatur, Form, Zeitpunkt und Inhalt der Unterwerfungserklärung vgl. Rn. 6, 11 ff.

5   Die Unterwerfungserklärung kann **im ör Vertrag** selbst enthalten sein, ebenso aber noch auch noch **nach Vertragsabschluss** abgegeben werden. Es liegt ferner – jedenfalls bei Verpflichtungen des Bürgers gegenüber dem Staat – in der Gestaltungsfreiheit des Vertragspartners eines ör Vertrags, die Unterwerfung unter die Zwangsvollstreckung hinsichtlich einer Vertragspflicht statt in der Form des § 61 durch Aufnahme einer **Urkunde nach § 794 Abs. 1 Nr. 5 ZPO** zu bewirken, und zwar auch noch nach dem Abschluss des ör Vertrags.[10] Der Begriff der „Unterwerfung unter die sofortige Vollstreckung" ist von der Regelung des § 794 Abs. 1 Nr. 5 ZPO beeinflusst, unterscheidet sich von ihr aber in den Voraussetzungen und im Verfahren.[11]

3. Rechtsnatur und Inhalt der Unterwerfungserklärung

6   Die sog. „sofortige Vollstreckung" ist weder eine vorläufige noch eine besonders schnelle Vollstreckung im zeitlichen Sinne. Vielmehr bedeutet sie der Sache nach das **Einverständnis** mit einer **unmittelbaren Vollstreckung aus einem ör Vertrag** ohne vorherige Klage auf einen Vollstreckungstitel. Dadurch wird der Vertrag selbst in Verbindung mit der Unterwerfungserklärung zum Vollstreckungstitel gemacht.

7   Die Unterwerfenserklärung ist keine gesetzliche oder moralische Pflicht, sondern rechtlich die **freie Entscheidung** des Vertragspartners, wie sich aus dem Wort „*kann* sich unterwerfen" in Abs. 1 Satz 1 ergibt. Sie kann sich **auf alle Vertragspflichten** aus dem Vertrag beziehen,

---

[3] Vgl. *BVerwGE* 50, 171; 59, 60.
[4] *BVerwGE* 50, 171; 59, 60; *BVerwG* NVwZ-RR 1992, 769; *VGH Mannheim* VBlBW 1983, 272; *VGH München* NVwZ 1987, 814; *OVG Münster* DVBl 1977, 903; *VG Frankfurt* NVwZ-RR 2003, 69.V.
[5] Begründung des Entwurfs 73, S. 83; vgl. auch *VGH Mannheim* VBlBW 1983, 272; *VGH München* NVwZ 1987, 814; *VG Darmstadt* NJW 1987, 1283; *VG Braunschweig* NVwZ-RR 2001, 626 – für Anwendbarkeit des VwVfG Nds im Bereich des Abgabenrechts.
[6] Vgl. *BVerwGE* 89, 345.
[7] Begründung des Musterentwurfs, S. 204.
[8] Vgl. *OVG Hamburg* DÖV 1960, 798 (800); *OVG Münster* OVGE 16, 12 (18); *Eckert* DVBl 1962, 21.
[9] Begründung des Musterentwurfs, S. 204.
[10] *BVerwGE* 96, 326 (330 ff.)
[11] Vgl. Näheres bei *Hagemann* KKZ 1990, 122, 124; *Kowalski* NVwZ 1992, 351.

insbesondere auf die Zahlung von Geld oder/und die Erbringung von sonstigen Handlungen, Duldungen oder Unterlassungen, allerdings nicht auf die Abgabe von Willenserklärungen (§ 894 ZPO). Sie kann aber auch **inhaltlich und zeitlich begrenzt** werden. Da die Vollstreckbarkeitserklärung nur das Einverständnis mit einseitigen Vollstreckungsmaßnahmen darstellt, beinhaltet sie **keinen Verzicht auf materielle Einwendungen** gegen den geltend gemachten materiellen Vertragsanspruch selbst oder auf Einhaltung der vorhandenen Verfahrensvorschriften.[12]

Die Unterwerfenserklärung ist – auch wenn sie im Vertrag selbst erklärt wird – **einseitige und empfangsbedürftige Willenserklärung** des Schuldners,[13] gerichtet auf das Zustandekommen eines Vollstreckungstitel;[14] sie ist verwaltungsrechtliche Willenserklärung und zugleich Verfahrenshandlung,[15] jedoch **kein VA** und auch **kein Vertrag**[16] (Rn. 15). Auch eine nach § 12 öffentlich-rechtlich handlungsfähige Privatperson kann sich der sofortigen Vollstreckung unterwerfen. Die Erklärung bedarf (zumindest) der **Schriftform** (Rn. 14). Es liegt in der Gestaltungsfreiheit der Partner eines ör Vertrags, die Unterwerfungserklärung hinsichtlich einer Vertragspflicht statt in der Form des § 61 I 1 durch Aufnahme einer Urkunde in der **Form des § 794 I Nr. 5 ZPO** zu bewirken.[17] Die Vollstreckung richtet sich auch dann nach den Vorschriften der ZPO, wenn die Unterwerfung nicht einen zivilrechtlichen, sondern einen **ör Anspruch** betrifft.[18] 8

II. Voraussetzungen der Vollstreckung aus ör Verträgen (Abs. 1)

1. Klage auf Vertragserfüllung

Absatz 1 Satz 1 enthält die gesetzliche Grundsatzentscheidung, dass die durch sog. subordinationsrechtlichen Vertrag i.S. des § 54 Satz 2 (hierzu Rn. 11) begründeten Pflichten für beide Vertragsteile weder unmittelbar aus dem Vertrag noch mit Hilfe des Erlasses eines VA, sondern durch **Klage** auf Vertragserfüllung durchgesetzt werden müssen, es sei denn, es ist spezialgesetzlich etwas anderes geregelt[19] oder ein Vollstreckungsschuldner hat sich der sofortigen Vollstreckung aus dem Vertrag freiwillig und formwirksam (Rn. 5, 14) unterworfen.[20] Dies ist Ausdruck der **sog. Waffengleichheit im öffentlichen Vertragsrecht.**[21] 9

Eine Vollstreckung aus dem Vertrag nur nach Absatz 1 kommt zunächst in Betracht, wenn sich die geltend gemachten Erfüllungs- oder Schadensersatzansprüche **ausschließlich auf diesen Vertrag** stützen können und keine spezielle Rechtsgrundlage vorhanden ist.[22] Auch dort, wo im gesetzlich vorgeregelten Bereich die Behörde auf ein mögliches einseitiges Verwaltungshandeln durch Erlass eines VA verzichtet und statt dessen einen Vertrag geschlossen hat und in ihm gesetzlich begründete Pflichten ausgestaltet (VA-ersetzender Vertrag), ist ein Rückgriff auf einseitig vollziehendes Vorgehen der Behörde durch Erlass eines Leistungsbescheids nicht gestattet; es ist vielmehr auch hier regelmäßig Leistungsklage zu erheben.[23] Zu den Grenzen der Vollstreckung vgl. Rn. 25. 10

---

[12] *Hagemann* KKZ 1990, 122, 125.
[13] *RGZ* 84, 318; 132, 8; *Kopp/Ramsauer*, § 61 Rn. 7; *Meyer/Borgs*, § 61 Rn. 8; anders wohl *BVerwGE* 98, 58 (66): Aufnahme in den Vertrag selbst oder als Zusatz*vereinbarung*; hiergegen *Meyer* JZ 1996, 78 (82); *Berg* JuS 1997, 888.
[14] *Brox/Walker*, Zwangsvollstreckungsrecht, Rn. 88; *Kowalski* NVwZ 1992, 351.
[15] *Henneke* in Knack, § 61 Rn. 4.
[16] Ebenso *Kopp/Ramsauer*, § 61 Rn. 7; für Vertrag: *Ziekow*, VwVfG, § 61 Rn. 3 „Vereinbarung der Parteien", hierzu noch Rn. 14 ff.
[17] *BVerwGE* 96, 326.
[18] *BGH* NJW-RR 2006, 645.
[19] *BVerwGE* 50, 171; 59, 60; 89, 345; *VGH Mannheim* VBlBW 1983, 272; *VGH München* NVwZ 1987, 814; *VG Darmstadt* NJW 1987, 1283.
[20] Ebenso zum bisherigen Recht *BVerwGE* 50, 171.
[21] Vgl. *BVerwGE* 50, 171; 59, 60; *Erichsen* VerwArch 1977, 69 ff.
[22] Vgl. *BVerwG*, a. a. O.
[23] Vgl. *BVerwGE* 59, 60 = DÖV 1980, 644; *OVG Münster* DVBl 1977, 903 (905); offengelassen von *VGH Mannheim*, VBlBW 1983, 272; *Kopp/Ramsauer*, § 61 Rn. 5 mit Recht Verpflichtungsklage, wenn Klage auf Erlass eines VA erhoben wird.

2. Unterwerfung unter die sofortige Vollstreckung (Satz 1)

11 **a) Geltungsbereich:** § 61 gilt unmittelbar nur für die subordinationsrechtlichen Verträge einschließlich der Kooperationsverträge nach § 54 Satz 2 (bzw. Abs. 2 und 3). Darunter fallen unbeschadet seines engen Wortlauts nicht nur VA-ersetzende Verträge, sondern alle ör Verträge zwischen Behörde und Privatrechtssubjekten, die unter den Anwendungsbereich des VwVfG fallen, sofern nicht entgegenstehende Rechtsvorschriften vorhanden sind.[24] Erfasst werden damit auch die ör Verträge **nach §§ 55 und 56,** ferner auch die sonstigen besonderen Vertragsarten und -inhalte zwischen Staat und Bürger in den verschiedenen Rechtsgebieten (hierzu § 54 Rn. 110 ff.). Die Unterwerfung unter die sofortige Vollstreckung kann statt in der **Schriftform** des § 61 auch durch **Aufnahme einer gerichtlichen oder notariellen Urkunde** nach § 794 Abs. 1 Nr. 5 ZPO bewirkt werden, weil dies von der Gestaltungsfreiheit der Partner eines ör Vertrags mitumfasst ist.[25]

12 § 61 gilt **nicht** für die koordinationsrechtlichen ör Verträge **zwischen Behörden** bzw. den Trägern öffentlicher Verwaltung im Gleichordnungsverhältnis,[26] weil für eine solche Unterwerfung unter die sofortige Vollstreckung i. d. R. das praktische Bedürfnis fehlt und für eine Vollstreckung gegen Behörden ohnehin besondere Vorschriften gelten (vgl. § 17 VwVG, § 882a ZPO). Ansprüche aus zwischen Behörden bzw. Rechtsträgern geschlossenen ör Verträgen sind notfalls über **Aufsichtsmaßnahmen** durchzusetzen. Aus dem Fehlen einer Regelung in § 61 und aus § 17 VwVG, § 882a ZPO wird man schließen können, dass sich Träger öffentlicher Verwaltung in ör Verträgen nicht der sofortigen Vollstreckung unterwerfen können, sofern spezialgesetzlich nichts anderes bestimmt ist.[27]

13 Die Unterwerfung nach § 61 bezieht sich unmittelbar nur auf die **öffentlich-rechtlichen** Ansprüche aus einem ör Vertrag. Soweit in einem Vertrag nach § 54 – ausnahmsweise – rechtlich selbständig bleibende **zivilrechtliche Ansprüche** begründet werden (vgl. hierzu § 54 Rn. 77), richten sich die Voraussetzungen einer wirksamen Unterwerfung, soweit sie sich auf den zivilrechtlichen Teil bezieht, nach den einschlägigen zivilrechtlichen Vorschriften, insbesondere nach § 794 Abs. 1 Nr. 5 ZPO.[28] Die Unterwerfungserklärung muss insoweit den formellen Anforderungen dieser Vorschrift entsprechen, also gerichtlich oder notariell beurkundet werden. Eine solche qualifizierte Urkunde genügt zugleich den Anforderungen der Schriftform des § 61. Wenn hingegen der ör Vertrag unteilbare Leistungen enthält und bei einheitlicher Betrachtung nach seinem **Gesamtcharakter** insgesamt dem öffentlichen Recht unterliegt und zumindest die sich unmittelbar gegenüberstehenden Leistungen einheitlich nach öffentlichem Recht zu beurteilen sind, ist § 61 auf alle Vertragsansprüche anwendbar.[29] Bei einer notariellen Urkunde i. S. von § 794 I Nr. 5 ZPO richtet sich nach BGH die Vollstreckung aus einem solchen Titel auch dann nach den Vorschriften der ZPO, wenn die Unterwerfung einen Anspruch betrifft, der öffentlich-rechtlicher Natur ist.[30]

Eine formell-wirksame Unterwerfungserklärung sollte, muss aber nicht notwendig nicht den Wortlaut des Gesetzes zu wiederholen, jedoch muss sie **eindeutig und ausdrücklich** ausgesprochen sein und den unbedingten Willen der Vertragspartei zum Ausdruck bringen, dass der Vertrag selbst Vollstreckungstitel sein soll.[31]

14 **b) Form, Inhalt, Zeitpunkt, Gegenstand der Unterwerfungserklärung:** Nach § 61 I ist für die Unterwerfungserklärung **Schriftform** notwendig, also nach § 126 I BGB eigenhändige Unterschrift oder Handzeichen. Etwas anderes gilt, wenn die Vertragsparteien für die Unterwerfungserklärung in bezug auf Ansprüche aus einem ör Vertrag aufgrund ihrer Gestaltungsfreiheit die Form der gerichtlichen oder notariellen **Beurkundung** i. S. von § 794 I Nr. 5 ZPO gewählt haben.[32] Erklärung zu **Protokoll** des Gerichts oder zur **Niederschrift** der Behörde

---

[24] Vgl. *BVerwGE* 111, 162 = NVwZ 2000, 1285 m. w. N.
[25] Vgl. *BVerwGE* 96, 326.
[26] Ebenso *Kopp/Ramsauer*, § 61 Rn. 4; *Henneke* in Knack, § 61 Rn. 3.
[27] *Ule/Laubinger*, § 72 Rn. 19; *Henneke* in Knack, § 61 Rn. 3; *Kopp/Ramsauer*, § 61 Rn. 4.
[28] Vgl. *BVerwGE* 96, 326; *Sauthoff*, Privatrechtliche Forderungen und Verwaltungszwang, DÖV 1989, 1.
[29] Ähnlich *Kopp/Ramsauer*, § 61 Rn. 3; *Henneke* in Knack, § 61 Rn. 3.
[30] Vgl. *BGH* NJW.RR 2005, 645.
[31] Vgl. auch *Baumbach/Lauterbach/Albers/Hartmann*, § 794 Anm. 7 C.
[32] *BVerwGE* 98, 58.

reicht aus.³³ Als einseitige empfangsbedürftige verwaltungsrechtliche Willenserklärung (Rn. 8) ist sie über § 62 Satz 2 analog §§ 116 ff. BGB wegen Willensmängeln **anfechtbar.**

Die Unterwerfungserklärung kann an **Bedingungen** geknüpft werden;³⁴ ebenso zulässig ist eine zeitliche **Befristung** und/oder eine inhaltliche **Begrenzung** auf bestimmte Geldbeträge oder Handlungs- oder Duldungspflichten. Die Unterwerfung kann, muss aber nicht, **im Vertrag** selbst erfolgen, wie dies noch § 47 MustE (vgl. Text vor Rn. 1 der 6. Auflage dieses Kommentars) vorgesehen hatte.³⁵ Sie kann auch noch **nachträglich** durch (schriftlichen) Zusatzvertrag vereinbart werden. Auch spätere **einseitige** schriftliche Erklärung reicht aus, weil die Unterwerfung wie im Zivilrecht zum Wirksamwerden keiner Annahme durch den Vertragspartner bedarf.³⁶

Die Unterwerfung für Ansprüche „aus" einem Vertrag bezieht sich in der Regel nur auf die **primären Erfüllungsansprüche** der im Vertrag übernommenen Verpflichtungen. Denkbar ist auch eine Unterwerfung unter (sekundäre) **Schadensersatzansprüche** aus der Nicht-, Spät- oder Schlechterfüllung eines ör Vertrages (vgl. hierzu § 62 Rn. 16 ff.), da es sich hierbei ebenfalls um Ansprüche „aus" dem Vertrag handelt.³⁷ Eine derartige erweiterte Unterwerfenserklärung muss jedoch nach Wortlaut und Sinn hinreichenden Ausdruck in der Erklärung gefunden haben.³⁸ Eine wirksame Unterwerfung setzt insoweit ferner voraus, dass ein Anspruch **klar und bestimmt,** nicht nur bestimmbar ist. Notwendig ist auch für primäre Erfüllungsansprüche, dass sich der vollstreckbare Anspruch aus dem Vertrag selbst ohne Schwierigkeiten nach Art und Höhe feststellen lässt.³⁹

Die Unterwerfung kann sich nur auf einen vollstreckungsfähigen Inhalt eines Vertrages beziehen, also nicht nur auf die Verpflichtung zur Zahlung eines bestimmten **Geldbetrages,** sondern auch auf die Erzwingung einer **Handlung, Duldung oder Unterlassung,** nicht aber auf die Abgabe einer Willenserklärung. Soweit sich eine vertragliche Leistung in einer **Rechtsgestaltung oder Feststellung** erschöpft und die gewollte Rechtswirkung allein mit ihr eintritt, fehlt es an einer Vollstreckungsfähigkeit.⁴⁰

Bei Privatrechtssubjekten ist für ihre Unterwerfungserklärung nach § 61 **keine Mitwirkung oder Genehmigung anderer Behörden** (mehr) nötig, da nunmehr die Sätze 3 und 4 durch das Gesetz vom 21. 8. 2002 (BGBl I S. 3322) mit Wirkung vom 1. 2. 2003 wegen der fehlenden Schutzbedürftigkeit des privaten Vertragspartners gestrichen wurden (hierzu noch Rn. 21 ff.). Für die vor diesem Zeitpunkt abgegebenen Erklärungen bleibt es beim alten Recht.

c) Vertretungserfordernisse bei Behörden (Satz 2): Für die Unterwerfenserklärung der Behörde schreibt Satz 2 vor, dass die Behörde hierbei von dem Behördenleiter, seinem allgemeinen Vertreter (hierzu § 27 Rn. 16) oder einem Angehörigen des öffentlichen Dienstes, der die Befähigung zum Richteramt oder die Voraussetzungen des § 110 Satz 1 DRiG erfüllt, vertreten wird. Satz 2 ist eine **zwingende Norm** und kann nur durch entgegenstehende Rechtsvorschrift abbedungen werden. Die Norm enthält nicht nur eine formelle Orientierung an § 794 Abs. 1 Nr. 5 ZPO für die Aufnahme einer Urkunde,⁴¹ sondern ist vielmehr eine **Schutzvorschrift für die Behörde.**⁴² Durch die Einschaltung qualifizierten Personals mit bestimmter Ausbildung wird eine sorgfältige Prüfung der Recht- und Zweckmäßigkeit der Unterwerfungserklärung, auch des übrigen Inhalts des Vertrags möglich. Abweichungen von Satz 2 sind weder durch Vereinbarung zwischen den Vertragspartnern noch durch innerdienstlichen Organisationsakt zulässig.

---

³³ Ebenso *Henneke* in Knack, § 61 Rn. 4; für Formlosigkeit der Erklärung auch getrennt vom Vertrag *Meyer/Borgs,* § 61 Rn. 7.
³⁴ BGHZ 16, 180.
³⁵ Vgl. Begründung des Entwurfs 73, Seite 83.
³⁶ *Kopp/Ramsauer,* § 61 Rn. 7; offen BVerwGE 98, 56 (66), wonach die Unterwerfungserklärung „im Vertrag selbst oder zumindest in einer Zusatzerklärung." abgegeben werden kann. Für zwingende „Vereinbarung der Parteien" vgl. *Ziekow,* VwVfG, § 61 Rn. 3.
³⁷ Vgl. *Wulff,* Zwangsvollstreckung aus Verwaltungsverträgen, Diss. Berlin 1970 S. 25.
³⁸ Ebenso *Hagemann* KKZ 1990, 122, 124.
³⁹ BGHZ 22, 56; KG Rechtspfleger 1975, 371; *Baumbach/Lauterbach/Albers/Hartmann,* § 794 Anm. 7 B.
⁴⁰ Vgl. *Ule* DVBl 1960, 6; *Pietzner* in Schoch u. a., VwGO, § 167 Rn. 64 ff.; *Eyermann,* § 167 Rn. 7; ferner auch *Baumbach/Lauterbach/Albers/Hartmann,* § 794 Anm. 7 B.
⁴¹ So Begründung des Musterentwurfs 63, S. 204.
⁴² BVerwGE 98, 58 (68); kritisch hierzu *Bullinger,* Gedächtnisschrift für Hans Peters, 1967, 671.

20 Satz 2 enthält eine **Gültigkeitsvoraussetzung** für die Unterwerfenserklärung. Eine Erklärung durch andere als die dort genannten vertretungsberechtigten Bediensteten ist **unwirksam**, also nicht nur schwebend unwirksam und muss notfalls wiederholt werden.[43]

3. Keine Genehmigungsvorbehalte für die Aufsichtsbehörde (Sätze 3 und 4 a. F.)

21 Die früheren Sätze 3 und 4 mit den Genehmigungsvorbehalten für die Aufsichtsbehörden wurden durch das 2. VwVfG-ÄndG vom 6. 8. 1998, in Kraft getreten am 14. 8. 1998 (BGBl I S. 2022), geändert und durch das 3. VwVfG-ÄndG vom 21. 8. 2002 (BGBl I S. 3322) mit Wirkung vom 1. 2. 2003 ganz gestrichen. Die Aufsichtsbehörden sind bei sämtlichen ör Verträgen i. S. der §§ 54 ff. von diesen Zeitpunkten an über § 61 nicht mehr beteiligt. Für die während **der Geltung der alten Regelungen** abgeschlossenen ör Verträge, zu denen auch Änderungs- und Aufhebungsverträge zählen, bleibt es bei der jeweils früheren Rechtslage zu den (geänderten) Genehmigungspflichten der Aufsichtsbehörde.

22 Mit der ersten Änderung von 1998 hat der Gesetzgeber auf eine Entscheidung des Bundesverwaltungsgerichts vom 3. 3. 1995[44] regiert, in dem nicht nur eine Unterwerfungserklärung einer Behörde unter den Genehmigungsvorbehalt der Aufsichtsbehörde gestellt wurde, sondern auch diejenige der Privatrechtsperson, weil das Gericht hier – zu Unrecht – ein Schutzbedürfnis des Bürgers gesehen hat, der zwar in der Vertragsgestaltung frei sein solle, aber nicht allein wirksam darüber entscheiden dürfe, ob er sich auch der sofortigen Vollstreckung unterwerfe wolle.[45] Mit der zweiten Änderung 2002 sind die Aufsichtsbehörden aus dem Genehmigungsvorbehalt für ör Verträge herausgenommen worden, weil die vertragsschließenden Behörden sich bei unklaren Verträgen durchaus vorher mit den Aufsichtsbehörden in Verbindung setzen können, so dass ihre zwingende Mitwirkung nach außen – mit Recht – entbehrlich erschien. Die Verantwortung für einen ör Vertrag trifft nunmehr allein die vertragsschließende Behörde bzw. ihren Rechtsträger; eine interne Mitwirkung der Aufsichtsbehörden bleibt unberührt.

III. Vollstreckungsverfahren (Abs. 2)

24 Absatz 2 regelt das Vollstreckungsverfahren, wenn eine wirksame Unterwerfung unter die sofortige Vollstreckung nach Absatz 1 vorliegt. Dabei ist zu beachten, dass § 61 Abs. 2 nur für die **Bundesbehörden** gilt. Für die **Länder und Kommunen** richtet sich das Vollstreckungsverfahren nach dem teilweise unterschiedlichen **Landesvollstreckungsrecht** (zu den Fassungen des § 61 in den LVwVfGen vgl. den III. Teil des Kommentars).

25 Die Grenzen der Vollstreckung, das Vollstreckungsverfahren und die Rechtsbehelfe ergeben sich aus dem hiernach anwendbaren Verwaltungsvollstreckungsrecht. Bei einem auf einer für **nichtig erklärten Norm** beruhenden ör Vertrag ist eine Vollstreckung in entsprechender Anwendung des § 79 Abs. 2 BVerfG grundsätzlich unzulässig.[46] Auch der **sittenwidrigen Ausnutzung eines Urteils,** das nachträglich unrichtig geworden ist, kann u. U. mit einer Klage auf Unterlassung der Zwangsvollstreckung entgegengetreten werden.[47]

1. Vollstreckung gegen Privatrechtssubjekte

26 Satz 1 erklärt das Verwaltungsvollstreckungsgesetz des Bundes für entsprechend anwendbar, wenn Vertragsschließender und **Vollstreckungsgläubiger** eine **Behörde des Bundes,** der bundesunmittelbaren Körperschaften, Anstalten und Stiftungen des öffentlichen Rechts (§ 1 Abs. 1 Nr. 1) ist und sich der Pflichtige der sofortigen Vollstreckung unterworfen hat. Kommen Behörden der Länder und der Kommunen als Vollstreckungsgläubiger eines ör Vertrags in Betracht, so gelten die dem § 61 entsprechenden Vorschriften der VwVfGe sowie die **Vollstreckungsgesetze der Länder.**[48]

---

[43] BVerwGE 98, 58 (72); nunmehr auch *Kopp/Ramsauer*, § 61 Rn. 8.
[44] BVerwGE 98, 58 ff.
[45] A. M. die hier schon in der 6. sowie in früheren Vorauflagen vertretene Auffassung.
[46] Vgl. hierzu BVerfGE 20, 230 (234); BVerwGE 56, 172 (176).
[47] Vgl. BGHZ 50, 115; BGH NJW 1983, 2317.
[48] Hierzu im Einzelnen *App/Wettlaufer,* Verwaltungsvollstreckungsrecht, 4. Aufl., 2005; *Engelhardt/App,* VwVG/VwZG, 7. Aufl. 2006; *Sadler,* VwVG/VwZG, 6. Aufl., 2006.

§ 61 Unterwerfung unter die sofortige Vollstreckung

Aus der entsprechenden Anwendung des Verwaltungsvollstreckungsgesetzes des Bundes bzw. der Länder folgt, dass es sich hierbei nur um die Vollstreckung von Forderungen der öffentlichen Hand **gegen Privatsubjekte** handelt (§ 17 VwVG). Vollstreckungsmaßnahmen gegen Behörden sind im Absatz 2 Satz 2 und 3 geregelt (Rn. 34 ff.).

a) **Vollstreckung wegen Geldforderungen:** Das Vollstreckungsverfahren[49] richtet sich nach §§ 1 bis 4 VwVG sowie § 5 Abs. 1 VwVG i. V. m. §§ 77, 249 bis 258, 260, 262 bis 267, 281 bis 317 Abs. 1 bis 4, § 319 bis 327 AO 1977 bzw. den entsprechenden Landesvollstreckungsgesetzen.[50]

Als **Vollstreckungsschuldner** kann in Anspruch genommen werden, wer eine Leistung nach dem Vertrag als Selbstschuldner schuldet oder für die Leistung, die ein anderer schuldet, persönlich haftet (§ 2 Abs. 1 VwVG, § 253 AO).

Soweit nicht anderes bestimmt ist, darf die Vollstreckung erst beginnen, wenn die Leistung **fällig** ist, der Vollstreckungsschuldner zur Leistung aufgefordert worden **(Leistungsgebot)** und seit der Aufforderung mindestens 1 Woche verstrichen ist (§ 3 Abs. 2 VwVG, § 254 Abs. 1 Satz 1 AO).

Ferner ist § 3 Abs. 3 VwVG zu beachten, wonach vor Anordnung der Vollstreckung der Schuldner zunächst eine **Mahnung** erfolgen soll mit einer Zahlungsfrist von einer weiteren Woche. Bei besonderer Eilbedürftigkeit oder sonstiger zwingender Gründe kann die Mahnung unterbleiben. Wann dies in Betracht kommt, hängt von den vertraglichen Regelungen, den Umständen des Einzelfalls, den betroffenen Rechten und Interessen sowie den mit einer verzögerten Vollstreckung verbundenen Risiken.

Die **Art und Weise** des Vollstreckungsverfahrens richtet sich über § 5 Abs. 1 VwVG nach den allgemeinen Vorschriften der §§ 260, 262 bis 267 AO, hinsichtlich der Vollstreckung in das bewegliche Vermögen und in Forderungen sowie andere Vermögensrechte nach §§ 281 bis 317, 318 Abs. 1 bis 4 AO, hinsichtlich der Vollstreckung in das unbewegliche Vermögen nach § 322 bis 327 AO.[51]

Streitig ist, auf welchem prozessualen Wege **Vollstreckungsschutz** wegen Forderungen aus vertraglichem Verwaltungshandeln zu gewähren ist. Dabei ist der Rechtsschutz gegen die Vollstreckung sowie ihre Art und Weise und derjenige gegen den vertraglichen Anspruch selbst zu unterscheiden; ferner ist von Bedeutung, ob ein verwaltungsgerichtlicher Titel vorliegt oder aus einer Unterwerfungsklausel, die inhaltlich dem Leistungsbescheid entspricht, vollstreckt wird.[52] In Betracht kommen die Anfechtungsklage, die Feststellungsklage und (oder) die Vollstreckungsgegenklage im Sinne der analogen Anwendung von § 767 ZPO, sofern Einwendungen gegen den Bestand der Forderung erhoben werden.[53]

Wegen der Vollstreckung von **Geldforderungen** aus ör Verträgen mit Unterwerfensklausel ist zu beachten, dass die Vollstreckungsgegenklage im Sinne des § 767 ZPO jedenfalls dann ausgeschlossen ist, wenn nach dem festgestellten Sachverhalt Klagen nach §§ 42 und 43 VwGO zulässig sind.[54] Weder die Vollstreckungsanordnung noch der Vollstreckungsauftrag im Sinne des § 3 Abs. 1 VwVG bzw. das Ersuchen um Vornahme von Vollstreckungshandlungen durch andere Behörden werden für VA gehalten, mit der Anfechtungsklage angefochten werden können.[55] In Betracht kommen wird daher die **Vollstreckungsgegenklage,**[56] aber auch eine **Feststellungsklage** im Sinne des § 43 VwGO, weil bei Einwendungen gegen den Anspruch selbst, insbesondere mit der Begründung der Nichtigkeit des Vertrages, ein feststellungsfähiges Rechts-

---

[49] Zur Abgrenzung der Begriffe Vollstreckung, Vollziehung, Verwaltungszwang vgl. *Traulsen,* Die Rechtsbehelfe im Verwaltungsvollstreckungsverfahren, 1971, S. 48 ff.; *Geißler* NJW 1985, 1865.
[50] Näheres bei *Hagemann,* Die Vollstreckung von Geldforderungen aus ör Verträgen, KKZ 1990, 122; ferner in den Kommentaren zu den VwVG von Bund und Ländern.
[51] Hierzu im Einzelnen *Engelhardt/App,* VwVG, § 5 Rn. 1 ff.; *Sadler,* VwVG, § 5 Rn. 1 ff.
[52] Zu alledem *Hagemann* KKZ 1990, 122 ff.
[53] Vgl. die Übersicht über den Meinungsstand bei *Hagemann* KKZ 1990, 122 ff.; *App/Wettlaufer,* Verwaltungsvollstreckungsrecht, 3. Aufl., 1993; *Engelhardt/App,* VwVG, § 5 Rn. 1 ff.; *Traulsen,* a. a. O., S. 77 ff., insbesondere S. 81 Anm. 25 und 26 sowie S. 159 mit weiteren Nachweisen; *Pietzner,* in Schoch u. a., VwGO, § 168 Rn. 36 ff.; *Redeker/von Oertzen,* § 169 Rn. 11 ff., 14 ff.; *Eyermann/Schmidt,* Anhang § 172 Rn. 10 bis 13; *Kopp/Schenke,* § 169 Rn. 2 ff.
[54] Vgl. BVerwGE 27, 141 (142).
[55] BVerwG DÖV 1961, 182.
[56] So BVerwGE 98, 58 (68); im einstweiligen Rechtsschutzverfahren nach § 123 VwGO.

verhältnis im Sinne des § 43 Abs. 1 VwGO vorliegen wird, soweit die Anwendung von Rechtsnormen auf einen bestimmten bereits überschaubaren Sachverhalt streitig ist.[57] Auch ein **berechtigtes Interesse** an der baldigen Feststellung wird sich durchweg nicht in Abrede stellen lassen, und zwar auch dann nicht, soweit es sich um vorbeugende Feststellungsklagen handelt, für die nur dann kein Raum ist, solange der Betroffene in zumutbarer Weise auf den von der VwGO als ausreichend und angemessen angesehenen nachträglichen Rechtsschutz verwiesen werden kann.[58]

33 Soweit sich Einwendungen gegen die **Art und Weise der Vollstreckung** richten, wird, soweit in den einzelnen Vollstreckungshandlungen keine anfechtbaren VAe liegen, nachträglicher Rechtsschutz durch entsprechende Feststellungsklagen ausreichen. Wegen des Verfahrens bei Rechten Dritter vgl. § 262 AO 1977.

34 b) **Erzwingung von Handlungen, Duldungen oder Unterlassungen:** Bei der Erzwingung von Vertragspflichten auf Handlungen, Duldungen oder Unterlassungen gelten die §§ 6–18 VwVG des Bundes nach Absatz 2 Satz 1 entsprechend[59] bzw. die entsprechenden Landesvollstreckungsgesetze (Rn. 2, 24). Auf eine Abgabe einer **Willenserklärung** muss nach § 894 ZPO analog geklagt werden.

35 Die **Zulässigkeit** des Verwaltungszwangs hängt anders als in § 6 VwVG nicht von einem entsprechenden VA ab, sondern von einer entsprechenden vertraglichen Verpflichtung mit Unterwerfungserklärung; diese ist der Sache nach Leistungsbescheid.[60]

36 **Vollzugsbehörde** ist die vertragsschließende Behörde (§ 7 VwVG entsprechend). **Zwangsmittel** sind die Ersatzvornahme (§ 10 VwVG), Zwangsgeld (§ 11 VwVG), unmittelbarer Zwang (§ 12 VwVG). Alle diese Zwangsmittel müssen schriftlich **angedroht** werden (§ 13 Abs. 1 Satz 1 VwVG). Hierbei ist für die Erfüllung der Verpflichtung eine **Frist** zu bestimmen, innerhalb derer der Vollzug dem Pflichtigen billigerweise zugemutet werden kann (§ 13 Abs. 1 Satz 2 VwVG). Wegen der Androhung, Festsetzung und Anwendung der Zwangsmittel gelten § 13 Abs. 3 bis 7, §§ 14–16 VwVG. § 6 Abs. 2 VwVG, der die Anwendung von Zwangsmitteln ohne vorherige Androhung zulässt, ist auch bei der Erzwingung einer vertraglichen Pflicht unter den dort genannten Voraussetzungen (Verhinderung strafbarer Handlungen oder Anwendung einer drohenden Gefahr) anwendbar. Wegen der in Betracht kommenden **Rechtsbehelfe** vgl. § 18 VwVG und die Nachweise Rn. 27.

2. Vollstreckung gegen Behörden

37 Absatz 2 Sätze 2 und 3 regeln das Vollstreckungsverfahren gegen die Behörden.[61] **Vollstreckungsschuldner** sind in beiden Fällen Bundesbehörden im Sinne des § 1 Abs. 1 Nr. 1, obwohl dies nur für Satz 3 ausdrücklich ausgesprochen ist; bei Vollstreckungsmaßnahmen gegen Landes- oder Kommunalbehörden aus ör Verträgen gilt Landesvollstreckungsrecht (Literaturnachweise vor Rn. 1; Rn. 26). Diese Sonderregelung war notwendig, weil § 17 VwVG eine Vollstreckung gegen Behörden für **grundsätzlich unzulässig** erklärt, soweit nicht etwas anderes bestimmt ist.

38 Für eine Vollstreckung wegen einer **Geldforderung** ist nach Abs. 2 Satz 2 § 170 Abs. 1 bis 3 VwGO entsprechend anwendbar. Die Regelung gilt auch gegenüber Behörden nach § 1 Abs. 1 Nr. 2. Zuständig ist das **Verwaltungsgericht**. Es bestimmt die vorzunehmenden Vollstreckungsmaßnahmen. Wegen der Einzelheiten des Verfahrens vgl. § 170 Abs. 1 bis 3 VwGO.

39 Richtet sich die Vollstreckung auf die Erzwingung einer **Handlung, Duldung oder Unterlassung**, so ist § 172 VwGO entsprechend anwendbar. Zuständig ist das **Verwaltungsgericht**. Zwangsmittel ist nur das Zwangsgeld.

---

[57] Vgl. *BVerwGE* 45, 223 (226).
[58] *BVerwG* NJW 1976, 1648 (1949); vgl. ferner *Hagemann* KKZ 1990, 122, 125; *Schenke* VerwArch 1970, 342 (351).
[59] Hierzu im Einzelnen *Engelhardt/App* VwVG, §§ 6 ff.; *Sadler*, VwVG, §§ 6 ff.; *App/Wettlaufer*, Verwaltungsvollstreckungsrecht, a. a. O.
[60] *Hagemann* KKZ 1990, 122, 125.
[61] Hierzu *Bank*, Zwangsvollstreckung gegen Behörden, 1982.

IV. Landesrecht

Da inhaltlich abweichendes Landesrecht fehlt, gelten die Grundsätze des § 61 auch bei der Vollstreckung von ör Verträgen, die auf der Grundlage von Landesverwaltungsverfahrensgesetzen geschlossen wurden. Anwendbar sind dann die Landesvollstreckungsgesetze, auch soweit Landes- und Kommunalbehörden Bundesrecht ausführen. Zur **Stadtsaatenklausel** vgl. § 101 Satz 2. **40**

V. Vorverfahren

Vollstreckungsverfahren nach § 61 sind in Widerspruchsverfahren zulässig (§ 79), aber nur in seltenen Fällen denkbar, etwa wenn dort ein ör Vertrag abgeschlossen wird und von der Widerspruchsbehörde selbst vollstreckt wird. **41**

§ 62 Ergänzende Anwendung von Vorschriften

¹Soweit sich aus den §§ 54 bis 61 nichts Abweichendes ergibt, gelten die übrigen Vorschriften dieses Gesetzes. ²Ergänzend gelten die Vorschriften des Bürgerlichen Gesetzbuches entsprechend.

Vergleichbare Vorschrift: § 61 SGB X

Abweichendes Landesrecht: –

Entstehungsgeschichte: Bis zum Inkrafttreten des VwVfG vgl. § 62 der 6. Auflage. Änderungen: Nach dem Bund/Länder-Musterentwurf (hierzu § 54 Rn. 13 ff.) soll in § 62 folgender Satz 3 angefügt werden: „Der Verzugszinssatz beträgt fünf Prozentpunkte über dem Basiszinssatz" (hierzu Rn. 34).

Literatur: *Papier,* Die Forderungsverletzung im öffentlichen Recht, 1970; *Meyer,* Das neue öffentliche Vertragsrecht und die Leistungsstörungen, NJW 1977, 1705; *Bullinger,* Leistungsstörungen beim ör Vertrag – Zur Rechtslage nach dem VwVfGen –, DÖV 1977, 812; *Obermayer,* Leistungsstörungen beim ör Vertrag, BayVBl 1977, 546; *Ehlers,* Die Aufrechnung im öffentlichen Recht, JuS 1990, 777; *Glose,* Probleme der Aufrechnung im öffentlichen Recht, DÖV 1990, 146; *Kluth,* Rechtsfragen der verwaltungsrechtlichen Willenserklärung, NVwZ 1990, 608; *Jäckle,* Die Haftung der öffentlichen Verwaltung aus culpa in contrahendo im Licht der oberinstanzlichen Rechtsprechung, NJW 1990, 2520; *Schilling,* Die Vertragsstrafe in Verträgen mit der öffentlichen Hand, VerwArch 1993, 226; *Schön,* Verzugszinsen der öffentlichen Hand, NJW 1993, 961; *Grandtner,* Die Aufrechnung als Handlungsinstrument im öffentlichen Recht, 1995; *Hoffmann-Riem/Schmidt-Aßmann* (Hrsg.), Öffentliches Recht und Privatrecht als wechselseitige Auffangordnungen, 1996; *Keller,* Vorvertragliche Schuldverhältnisse im Verwaltungsrecht – Zugleich ein Beitrag zur Rechtsverhältnislehre, 1997; *Koch,* Die Vertragsstrafe im ör Vertrag am Beispiel von Ausbildungsförderungsverträgen, DÖV 1998, 141; *de Wall,* Die Anwendbarkeit privatrechtlicher Vorschriften im Verwaltungsrecht, 1999; *Dötsch,* Schuldrechtsmodernisierung und öffentliches Recht, NWVBl 2001, 385 und NWVBl 2002, 140; *Geis,* Die Schuldrechtsreform und das Verwaltungsrecht, NVwZ 2002, 385; *Stumpf,* Die Verjährung öffentlichrechtlicher Ansprüche nach der Schuldrechtsreform, NVwZ 2003, 1198; *Dötsch,* Verjährung vermögensrechtlicher Ansprüche im öffentlichen Recht, DÖV 2004, 277; *Kaminski,* Die Kündigung von Verwaltungsverträgen, 2004; *Ohler,* Abtretung öffentlich-rechtlicher Forderungen im öffentlichen Recht, DÖV 2004, 518; *Leisner,* Unterschiede zwischen privatem und öffentlichem Recht, JZ 2006, 869. Weiteres Schrifttum **vor 1996** vgl. § 62 der 6. Auflage. Vgl. ferner die Literaturnachweise zu §§ 54 ff.

Übersicht

	Rn.
I. Allgemeines	1
1. Notwendigkeit einer Ergänzung des allgemeinen Rahmens der §§ 54 ff.	1
2. Ergänzende Anwendung von VwVfG, BGB und Fachrecht	2
3. Auswirkungen der Schuldrechtsreform auf ör Verträge	5
a) Geänderte materiell-rechtliche Regelungen	5 a
b) Übergangsregelungen im EGBGB	5 b
II. Geltung der übrigen Vorschriften des VwVfG (Satz 1)	6
1. §§ 1 ff.	7
2. §§ 9 ff.	10
3. §§ 35 ff.	16
4. §§ 63, 71 a u. 72 ff.	17

§ 62 1–3   Teil IV. Öffentlich-rechtlicher Vertrag

                                                                                                   Rn.
  III. Ergänzende Anwendung von Vorschriften des Bürgerlichen Gesetzbuchs (Satz 2) ... 22
     1. Rechtsgeschäfte (§§ 104 ff.) 26
     2. Verjährung (§§ 194 ff.) 32
     3. Schuldverhältnisse, Leistungsstörungen (§§ 241 ff., §§ 311 ff. BGB n. F.) 33
     4. Rückgewährsansprüche (§§ 812 ff.) 42
     5. Verschulden bei Vertragsabschluss 45
     6. Positive Vertragsverletzung 56
     7. AGB-Recht 58
     8. Sonstige BGB-Vorschriften 60
  IV. Rechtswegfragen 61
  V. Landesrecht 62
  VI. Vorverfahren 63

I. Allgemeines

1. Notwendigkeit einer Ergänzung des allgemeinen Rahmens der §§ 54 ff.

1   Da die §§ 54 ff. nur die wichtigsten **Rahmen- und Grundsatzregelungen** zum ör Vertrag enthalten, ist die Ausfüllung des allgemeinen, „vor die Klammer" gezogenen Rahmens durch weitergehende Vorschriften unerlässlich. Diese Entscheidung enthält § 62, indem er einerseits die übrigen Vorschriften des **VwVfG** ausdrücklich für anwendbar erklärt, soweit sich aus §§ 54 ff. selbst nichts Abweichendes ergibt **(Satz 1)**. Darüber hinaus ist die „ergänzende" und „entsprechende" Anwendung der Vorschriften des **BGB** vorgeschrieben **(Satz 2)**. § 62 füllt neben der Grundsatzentscheidung der §§ 54, 59 über die Zulässigkeit des ör Vertrags und seinen Grenzen den verfahrensrechtlichen und materiellrechtlichen **Rahmen** dieses Rechtsinstituts aus. §§ 54 ff. sind daher **ergänzungsfähig und -bedürftig.** Ohne diese Ergänzung wären die §§ 54 ff. ein Torso, weil die dort enthaltenen Rahmenregelungen für das öffentliche Vertragsrecht im Anwendungsbereich des VwVfG allein nicht ausreichen würden. § 62 hat daher erhebliche rechtliche und praktische Bedeutung, wirft aber auch zahlreiche Streitfragen auf, die nicht alle eindeutig geklärt sind.

2. Ergänzende Anwendung von VwVfG, BGB und Fachrecht

2   Satz 1 bringt den Doppelcharakter des ör Vertrags zutreffend zum Ausdruck: Der ör Vertrag ist **Bestandteil und Ergebnis eines Verwaltungsverfahrens i. S. von § 9** und beendet ein solches Behördenverfahren. Er ist neben dem VA die zweite anerkannte Handlungsform für die Begründung, Änderung oder Aufhebung eines ör Rechtsverhältnisses durch Vertrag. Insofern ist es konsequent, zugleich teilweise nicht unproblematisch, wenn für beide Handlungsformen im Grundsatz die gleichen Verfahrensregeln gelten (hierzu noch Rn. 6 ff.). Die „ergänzende" und „entsprechende" Anwendung der Vorschriften des BGB ist deshalb nötig, weil das VwVfG nur die speziellen ör Regelungen für den ör Vertrag in knappen allgemeinen Vorschriften enthält, die typisch vertragsrechtlichen Apekte im Zusammenhang mit der Entstehung eines Schuldverhältnisses aber offenlässt, so dass eine Lückenschließung unerlässlich ist.

3   Zugleich verdeutlicht die Bezugnahme auf eine ergänzende und entsprechende, also modifizierte Anwendung des **BGB,** dass einerseits auch der ör Vertrag ebenso wie der zivilrechtliche Vertrag auf einem **Willenskonsens** beruht, daher **echter Vertrag** ist und kein verwaltungsrechtliches **aliud.** Andererseits sind die Besonderheiten des öffentlichen Rechts zu berücksichtigen, die einer pauschalen 1 : 1 Übertragung des Zivilrechts entgegenstehen können, weil Zivil- und Verwaltungsrecht auf unterschiedlichen Grundvorstellungen beruhen. Sie sind aber kein Gegensatz, sondern jedenfalls im Vertragsrecht und unter Berücksichtigung der Ergänzungen, Überlagerungen und Modifizierungen des Verwaltungsprivatrechts durch ör Vorschriften und Grundsätze[1] – wie § 62 Satz 2 bestätigt – als **wechselseitige Auffangordnungen** zu verstehen,[2]

---

[1] Hierzu etwa *BVerwGE* 92, 56 (64 ff.); *BGHZ* 91, 84 (97); 93, 372 (381); *BGH* NVwZ 2007, 246 (248) mit Anm. *Stober* JZ 2007, 415; zum Gesamtproblem vgl. § 1 Rn. 112 ff. m.w. N.

[2] *Hoffmann-Riem / Schmidt-Aßmann* (Hrsg.), Öffentliches Recht und Privatrecht als wechselseitige Auffangordnungen, 1996; *De Wall*, Die Anwendung privatrechtlicher Vorschriften im Verwaltungsrecht, 1999, S. 52 ff.; *Wolff/Bachof* u. a. I, § 23: instruktiv zuletzt *Leisner*, Unterschiede zwischen privatem und öffentlichem Recht, JZ 2006, 869.

§ 62 Ergänzende Anwendung von Vorschriften

die jedenfalls für das VwVfG wegen seiner unvollständigen Regelungen auch erforderlich sind. Es muss im Einzelfall geprüft werden, welche BGB-Vorschriften auf ör Verträge anwendbar sind (vgl. Rn. 22ff.).

Hinzu kommt als dritte Kategorie das **Fachrecht der unterschiedlichen Verwaltungszweige,** die zusätzlich und hauptsächlich die Zulässigkeit und Grenzen ör Verträge hinsichtlich Vertragsform und Vertragsinhalt maßgeblich bestimmen. Insofern bilden die §§ 54–62 einerseits den Rahmen und zugleich das Dach, unter dem sich ör Verträge bilden können. Wegen dieser komplexen und heterogenen **Normentrias VwVfG/BGB/Fachrecht** ist die Herausbildung einer einheitlichen Rechtssystematik des Verwaltungsvertragsrechts nicht einfach.[3]

3. Auswirkungen der Schuldrechtsreform auf ör Verträge

Über die dynamische Verweisungsklausel des § 62 Satz 2 war schon bisher das BGB ergänzend und entsprechend auf ör Verträge anwendbar. Durch das Schuldrechtsmodernisierungsgesetz vom 29. 11. 2001[4] sind im BGB zahlreiche Änderungen vorgenommen worden, die sich wegen der Verweisung in § 62 Satz 2 auf das BGB auch auf ör Verträge auswirken (hierzu nachfolgend Rn. 22ff.).[5] Zum Übergangsrecht und zur zeitlichen Anwendbarkeit Rn. 5b.

a) Geänderte materiellrechtliche Regelungen: Da der ör Vertrag (auch) ein verwaltungsrechtliches Schuldverhältnis zustande bringt, gelten für ihn über § 62 Satz 2 die teilweise nicht unerheblich geänderten Vorschriften für Schuldverhältnisse (§§ 241–304 BGB, §§ 311–361 BGB n. F.). Zunächst ist – aus der Vielzahl der Änderungen – für ör Verträge die in § 311 BGB n. F. enthaltene Regelung von Bedeutung, wonach **Schuldverhältnis** nicht erst durch den Vertragsschluss entsteht, sondern auch durch die Aufnahme von Vertragsverhandlungen oder die sonstige Anbahnung eines ör Vertrags. Das öffnet den Weg für die Anwendung des neu geordneten des Leistungsstörungsrechts einschließlich der bisher im BGB nicht geregelten Institute der culpa in contrahendo und der positiven Vertragsverletzung auch auf ör Verträge (hierzu Rn. 45ff.). Von Bedeutung ist ferner die **Integration der Verbraucherschutzgesetze** (insbesondere des AGBG) in das BGB, die bisher nicht Bestandteil des BGB, sondern daneben stehende eigenständige Gesetze waren, deren Anwendung auf ör Verträge schon deshalb verneint wurde (hierzu noch Rn. 58ff.). Von Bedeutung ist ferner die Neuordnung des **Verjährungsrechts,** teilweise auch das geänderte Kauf- und Werkvertragsrecht sowie des Rücktrittsrechts (Rn. 32ff.).

b) Übergangsregelungen im EGBGB: Nach Art. 229 § 5 Abs. 1 EGBGB findet das alte (Zivil-)Recht weiterhin Anwendung auf Schuldverhältnisse, die **vor dem 1. 1. 2002** entstanden sind. Der Grund für diese Übergangsregelung ist, dass sich die Vertragsparteien vorher auf das neue Recht nicht einstellen und daher darauf vertrauen konnten, dass auf ihren alten Vertrag noch altes Recht zur Anwendung gelangt. Es gilt demnach der **Grundsatz: Alte Verträge – altes Recht, neue Verträge – neues Recht.** Eine zeitliche Ausnahme von diesem Grundsatz besteht für alte **Dauerschuldverhältnisse:** Hier ist das neue Recht auf „alte" Dauerschuldverträge nach Art. 229 § 5 Abs. 2 EGBGB erst ein Jahr später, also mit Wirkung vom **1. 1. 2003** anzuwenden, so dass eine Anpassung an das neue Recht erst von diesem ein Jahr späteren Zeitpunkt möglich ist. Ein Dauerschuldverhältnis sind ein Vertragsverhältnis, bei dem sich die Leistungs- und/oder Handlungspflicht nicht auf eine einzige Handlung beschränkt, sondern auf eine gewisse Wiederholung und Dauer gleicher oder ähnlicher Leistungen angelegt ist.[6] Für die neuen BGB-Regelungen zur **Verjährung** (§§ 194ff. BGB) enthält das intertemporäre Kollisionsrecht in Art. 229 § 6 EGBGB eine eigenständige Regelung, die im Regelfall die gegenüber dem bisherigen Recht schnellere Verjährung begünstigt (vgl. hierzu Rn. 32ff.).

Für **ör Verträge** i. S. von §§ 54ff. bedeutet dies: Da sich aus dem Schuldrechtsmodernisierungsgesetz selbst für ör Verträge keine Sonderregelungen finden und in § 62 Satz 2 eine dynamische Verweisung auf das BGB enthalten ist (hierzu Rn. 22ff.), ist auch auf ör Verträge, die

---
[3] Zur aktuellen Diskussion um ein Verwaltungskooperationsrecht vgl. die Nachweise § 54 Rn. 13ff.
[4] BGBl I S. 3138; dazu etwa *Däubler* NJW 2001, 3729; *Mattheus* JuS 2002, 209.
[5] Zusammenfassende Übersicht bei *Geis,* Die Schuldrechtsreform und das Verwaltungsrecht, NVwZ 2002, 385.
[6] Vgl. *Palandt/Grüneberg,* § 314 Rn. 2.

seit dem 1. 1. 2002 abgeschlossen wurden, das neue BGB ergänzend und entsprechend, also modifiziert (vgl. vorstehend), anzuwenden, sofern keine Spezialvorschriften zur Verjährung Vorrang haben. Das heißt im Grundsatz: Für die bis zum **bis 31. 12. 2001** abgeschlossenen ör Verträge (auch für Änderungs- und Aufhebungsverträge) gilt **altes Recht**, für neue ör Verträge **ab 1. 1. 2002 das neue Schuldrecht.** Für bis zum 31. 12. 2001 abgeschlossene ör **Dauerschuldverträge** (mit gewissen wiederkehrenden Leistungen) gilt das neue BGB nach Art. 229 § 5 Abs. 2 EGBGB erst mit Wirkung vom **1. 1. 2003**, weil vorher für die Vertragsparteien praktisch keine Möglichkeit zur Anpassung von Verträgen bestand. Eine Anpassung solcher ör Verträge ist erst für die Zeit ab 1. 1. 2003 zulässig.[7]

II. Geltung der übrigen Vorschriften des VwVfG (Satz 1)

6   Für die ör Verträge gelten die übrigen Vorschriften dieses Gesetzes, soweit sie hierfür in Betracht kommen und sich nicht aus den §§ 54 bis 61 etwas Abweichendes ergibt. Die Nichtbeachtung von Verfahrensvorschriften, die bei VA zur Rechtswidrigkeit führen, ist für ör Verträge nur dann beachtlich, wenn sich hieraus eine Nichtigkeit des Vertrages nach Maßgabe des § 59 (Näheres dort, insbesondere Rn. 10 ff.) ergibt. Aus Satz 1 folgt im Einzelnen:

7   1. Die Vorschriften über Anwendungsbereich, örtliche Zuständigkeit und Amtshilfe **(§§ 1–8)** kommen ohne Einschränkung zur Anwendung. Zu beachten ist vor allem der Anwendungsbereich des Gesetzes nach §§ 1, 2, §§ 54 ff. gelten daher grundsätzlich nur **subsidiär**, soweit nicht inhaltsgleiche oder entgegenstehende Rechtsvorschriften vorhanden sind (hierzu § 1 Rn. 186 ff.). Für Landesbehörden gelten also über § 1 Abs. 3 auch bei der Ausführung von Bundesrecht die Landesverwaltungsverfahrensgesetze (nähere Einzelheiten bei § 54).

Auch die Ausnahmen vom Anwendungsbereich gem. **§ 2** sind von Bedeutung. Für den **Sozialbereich** gilt nach § 2 Abs. 2 Nr. 4 allein das SGB X (dort §§ 53 ff.). In **Abgabenangelegenheiten** ist gem. § 2 Abs. 2 Nr. 1 das VwVfG einschließlich der §§ 54 ff. grundsätzlich unanwendbar (hierzu § 2 Rn. 47 ff.). Zu beachten sind hier Vertragsformverbote und solche rechtswidrigen Vertragsinhalte, die zur Nichtigkeit des Vertrags führen (hierzu § 54 Rn. 90 ff.; § 59 Rn. 1 ff.). Von Bedeutung sind ferner die uneinheitlichen Regelungen der VwVfGe der **Länder** hinsichtlich der Anwendbarkeit bei Abgaben; hier muss im Einzelfall geprüft werden, ob und inwieweit das einzelne Bundesland in seinem VwVfG Ermächtigungen zu auch vertraglichen Abgabenfestsetzungen enthält, so dass der Grundsatz der Unzulässigkeit von Verträgen im Abgabenrecht nicht gilt (vgl. hierzu § 2 Rn. 53 ff.; § 54 Rn. 124 ff.).

8   Durch die Anwendbarkeit des nur für die **örtliche Zuständigkeit** geltenden § 3 wird verdeutlicht, dass ör Verträge nur von den dafür örtlich, sachlich und instanziell zuständigen Behörden (§ 3 Rn. 4 ff.) und innerhalb ihrer Kompetenzen geschlossen werden dürfen. § 58 Abs. 2 sichert die Mitwirkungsbefugnisse anderer Behörden. Zuständigkeitsfehler sind ferner über § 59 Abs. 2 Nr. 1 und § 59 Abs. 1 i.V.m. §§ 134, 138 BGB relevant (Näheres § 59 Rn. 24 ff., 49 ff.).

9   Anwendbar sind ferner die Vorschriften über die **Amtshilfe** (§§ 4–8), so dass die federführenden Behörden auch bei Verfahren, die auf den Abschluss eines ör Vertrags abzielen, nach den allgemeinen Grundsätzen um Amtshilfe ersuchen und im Rahmen der §§ 5 ff. erhalten können.

10   2. Auch die allgemeinen Vorschriften über das VwVf (**Verfahrensgrundsätze** und Vorschriften über **Fristen, Termine und Wiedereinsetzung**, §§ 9–32) sind bis auf § 28 (hierzu Rn. 15) grundsätzlich anwendbar, wobei die §§ 15–19 sowie §§ 33, 34 VwVfG aber von geringerer praktischer Bedeutung für den ör Vertrag sein dürften.

11   Anwendbar sind insbesondere die Vorschriften über die **Handlungs- und Beteiligtenfähigkeit** (§§ 11, 12) sowie über **Bevollmächtigte und Beistände** (§ 14, insoweit zu ergänzen ggfls. um die §§ 164 ff., 177 ff. BGB, hierzu noch § 57 Rn. 13; nachfolgend Rn. 15). Ör Verträge können daher von i.S. des § 12 handlungsfähigen Personen abgeschlossen werden. In allen Fällen ist eine Vertretung durch Bevollmächtigte (§ 14) nach allgemeinen Regeln zulässig.

---

[7] Hierzu auch *Heß* NJW 2002, 253.

Das Gleiche gilt für **ausgeschlossene Amtswalter und die Befangenheit** nach §§ 20, 21. **12**
Hier gilt insbesondere der Grundsatz, dass kein Amtswalter mit sich oder seinen Angehörigen
einen ör Vertrag schließen darf und sich entsprechender Vorbereitungs- und/oder Mitwirkungshandlungen zu enthalten hat (Näheres bei §§ 20, 21, ferner hierzu § 59 Rn. 28, 59). Allerdings
muss für die Rechtswirksamkeit des abgeschlossenen ör Vertrags geprüft werden, ob daraus eine
Nichtigkeit i. S. von § 59 folgt (hierzu dort Näheres).

Auch die Vorschriften über die **Sachverhaltsermittlung** (§§ 24 ff.) bleiben auf ör Verträge **13**
grundsätzlich anwendbar, denn die Behörde darf sich durch einen – möglicherweise schon frühzeitig geplanten – Vertragsschluss nicht von vornherein ihren Pflichten zur (verhältnismäßigen)
Feststellung des relevanten Sachverhalts durch Unterlassung oder Verkürzung verletzen. Allerdings können sich nach Maßgabe des Einzelfalls ihre Ermittlungspflichten etwa im Hinblick auf
den Abschluss eines Vergleichsvertrags reduzieren (hierzu § 55 Rn. 16, 44).

Schließlich entfällt für die Behörde auch nicht die **Beratungs- und Betreuungspflicht** ge- **14**
mäß § 25. Diese Regelung gewinnt praktische Bedeutung, weil gerade sie eine spezielle ör
Rechtsgrundlage für spezielle Rechtspflichten vor und nach dem Vertragsabschluss beinhaltet
und bei (schuldhafter) Verletzung zu einem Anspruch auch aus culpa in contrahendo und/oder
aus positiver Vertragsverletzung führen kann (hierzu Rn. 45 ff.). Weil ör Verträge Konsensualakte
sind, bestehen für beide Vertragspartner die allgemeinen Pflichten zu redlichem Verhalten unter
Beachtung der Grundsätze von Treu und Glauben.

§ 28 über die **Anhörung** Beteiligter vor Erlass eines VA scheidet in der Regel aus der ent- **15**
sprechenden Anwendung aus, da der Vertragspartner bei den Vertragsgesprächen notwendigerweise gehört wird, seine Vorstellungen in die Verhandlungen einbringen kann und ein ör Vertrag ohne oder gegen seinen Willen nicht zustandekommt.[8] Das bedeutet zugleich aber auch die
– eher aus § 25 abzuleitende – Pflicht zur gegenseitigen Information über rechtserhebliche Umstände, die für den Vertragsschluss und den Vertragsinhalt von Bedeutung sein können. Wegen
der Regelung über die Zustimmung von **Dritten** und mitwirkungsberechtigten bzw. -verpflichteten „dritten" **Behörden** nach § 58 und die schwebende Unwirksamkeit des Vertrags bei
ihrer Nichtbeteiligung (nähere Einzelheiten bei § 58) wird zugleich eine dem Normzweck des
§ 28 entsprechende Regelung bei Verträgen erreicht.

Auch das **Akteneinsichtsrecht** nach § 29 bleibt für die Beteiligten an einem ör Vertrag be- **15a**
stehen. Es beginnt regelmäßig mit dem Beginn des Verwaltungsverfahrens (Näheres bei § 22),
also normalerweise mit dem Beginn der Vertragsverhandlungen, und endet zunächst mit dem
Abschluss des ör Vertrags. Dies folgt auch aus § 13 Abs. 1 Nr. 3, wonach die Beteiligteneigenschaft beginnt, wenn die Behörde mit jemandem einen ör Vertrag schließen „will", also zumindest konkret in Erwägung zieht. Ob es letztlich zu einem Vertragsschluss kommt, ist für die Beteiligtenstellung und damit das Akteneinsichtsrecht unerheblich. Die Akteneinsicht besteht unter
den Voraussetzungen, im Umfang und in den Grenzen des § 29 (Näheres dort). Aus § 29 bzw.
den beiderseitigen Pflichten in der Verhandlungsphase folgt für die Verhandlungspartner
zugleich eine Pflicht zur gegenseitigen **Aufklärung und Information** über grundsätzlich alle
aus der Sicht einer Vertragspartei relevanten Umstände. Das implizit das Recht und die Pflicht
zur Beiziehung oder Erstellung von Stellungnahmen, Gutachten und Akten auch dritter Behörden (Näheres bei §§ 24 ff.).

Anwendbar ist auch die Rechtspflicht zur **Geheimhaltung** der unter § 30 bzw. sonstige Ge- **15b**
heimhaltungsvorschriften fallenden Daten. Denn auch bei Vertragshandlungen müssen bestimmte persönliche Geheimnisse der (privaten) Vertragspartner gewahrt bleiben, soweit nicht im
Rahmen der Vertragsverhandlungen eine Offenbarungspflicht besteht. Ebenfalls anwendbar ist
die Regelung über **Fristen und Termine** in § 31. Die **Wiedereinsetzungsregelungen** des
§ 32 gelten grundsätzlich nur für die Versäumung gesetzlicher, nicht auch für vertragliche Fristen (§ 32 Rn. 8). Zu prüfen ist aber, ob die Berufung auf eine nicht verschuldete Fristversäumnis bei Vertragshandeln mit Treu und Glauben in Einklang steht.

3. Die Vorschrift des **Teils III** des Gesetzes über Verwaltungsakte **(35–53)** können (mittel- **16**
bar) mit §§ 54 ff. verzahnt sein. Im Einzelfall ist zu prüfen, ob sich die Vertragspartner in ei-

---

[8] Ebenso *Henneke* in: Knack, § 62 Rn. 4; *Weides* JA 1984, 648 (649); ähnlich *Kopp/Ramsauer*, § 62 Rn. 5;
hierzu ferner § 54 Rn. 31 ff.

nem Verpflichtungsvertrag zu einem (künftigen) Handeln, Dulden oder Unterlassen verpflichten oder ob bereits im Verfügungsvertrag selbst die Hoheitsmaßnahmen liegen (hierzu § 54 Rn. 141 ff.; § 59 Rn. 9 ff.). Folgt aus dem ör Vertrag die Pflicht zum **Erlass eines VA,** so muss er den förmlichen Anforderungen des VwVfG entsprechen. Bei der Frage, ob der VA inhaltlich rechtmäßig ist und Bestand hat, ist zu differenzieren: Ist der ör Vertrag als Rechtsgrund für die Leistung nach §§ 54, 58, 59 („nur") **rechtswidrig, aber nicht nichtig,** so ist die Verwaltung bzw. ihr Vertragspartner grundsätzlich zur Erbringung der versprochenen Leistung – auch z. B. zum Erlass eines VA – verpflichtet. Insoweit hat der ör Vertrag **Wirksamkeitsvorzüge** gegenüber einem VA (vgl. § 58 Rn. 1 ff.; § 59 Rn. 1 ff.). Ist der ör Vertrag nach §§ 54, 58, 59 **nichtig bzw. unwirksam,** so ist ein Rechtsgrund für eine zu erbringende oder erbrachte Leistung an sich nicht vorhanden. Auf rechtsgrundlos erbrachte Leistungen bei nichtigem Verpflichtungsvertrag sind an sich §§ 812 ff. **BGB** anwendbar, die aber durch §§ 48, 49 als Spezialvorschriften verdrängt werden (vgl. Rn. 43 ff.; ferner § 59 Rn. 6 ff.). Das heißt: Ist in einem Verfügungsvertrag selbst bereits unmittelbar ein VA enthalten, erstreckt sich eine Nichtigkeit, ohne dass es auf weiteres ankommt, auch auf ihn (§ 59 Rn. 11). Hat die Behörde sich in einem ör (Verpflichtungs-)Vertrag zum künftigen Erlass eines VA oder einer sonstigen Leistung verpflichtet und erstreckt sich die Rechtswidrigkeit auch auf den VA, so ist die Behörde nach den Maßstäben des § 48 grundsätzlich zur **Rücknahme** eines auf diese Weise rechtswidrigen VA verpflichtet, sofern nicht ein Vertrauenstatbestand i. S. von § 48 Abs. 2 oder 3 in Betracht kommt. Ob das **Vertrauen** schutzwürdig ist und zu einem Schutz vor Rücknahme (bei § 48 Abs. 2) zur Entschädigung (§ 48 Abs. 3) führt, muss im **Einzelfall** geprüft werden. Gesondert zu prüfen ist dann auch, ob in dem nichtigen Verpflichtungsvertrag zugleich ein abstraktes Schuldversprechen, Anerkenntnis liegt oder eine sonstige Garantie enthalten ist (hierzu § 54 Rn. 110 ff.; nachfolgend Rn. 33 ff.). Insofern hat der ör Vertrag gegenüber dem VA **auch Wirksamkeitsschwächen.** Nichtige Vertragsabreden können in der Regel auch nicht als wirksame Zusagen i. S. des § 38 aufrechterhalten werden.[9] Unter Umständen kann zu Lasten der vertragschließenden Behörde eine Schadensersatzpflicht aus dem Gesichtspunkt des Verschuldens bei Vertragsschluss in Betracht kommen, sofern ein Tatbestand mit schutzwürdigen Vertrauen begründet worden ist (hierzu Rn. 32).

17 4. Im **Förmlichen Verfahren (§§ 63–71)** sind §§ 54 ff. grundsätzlich anwendbar. Etwas Abweichendes ergibt sich nicht aus den Vorschriften des Teil V des Gesetzes. Ör Verträge sind daher auch in solchen Verfahren zulässig (vgl. etwa § 110 BauGB zum Enteignungsverfahren), soweit nichts Gegenteiliges in speziellen Rechtsvorschriften enthalten ist. Umgekehrt ist das Vertrags(verhandlungs)verfahren nach §§ 54 ff. regelmäßig kein Förmliches Verwaltungsverfahren, bei dem die Besonderheiten der §§ 63 ff. beachtet werden müssten.

18 §§ 54 ff. gelten auch im **Beschleunigten Genehmigungsverfahren (§§ 71 a ff.),** soweit spezialgesetzlich nichts anderes bestimmt ist. Da diese neuen Regelungen vor allem mit dem Antragsverfahren, dem Sternverfahren und der Antragskonferenz (§ 71 c Abs. 2, § 71 d und e) in besonderem Maße auf Dialog, Kooperation bzw. Konsens abzielen, sind auch ör Verträge zugelassen.[10] Diese Vorschriften sind aber kein Mittel, zwingendes Recht außer Betracht zu lassen (Näheres bei §§ 71 a–e).

19 Im **Planfeststellungsverfahren (§§ 72–78)** sind zwischen dem Träger des Vorhabens, den Behörden, den Betroffenen sowie den Einwendern ör Verträge nicht ausgeschlossen. Allerdings kann ein PlfV als solches oder das Anhörungsverfahren als gesetzlich zwingend angeordneter Verfahrensabschnitt **nicht insgesamt** durch ör Vertrag oder Mediation für entbehrlich erklärt werden. Das schließt aber **individuelle Absprachen und Verträge** mit einzelnen Einwendern und Behörden etwa über konkrete Schutzvorkehrungen bzw. ein entsprechendes Geldsurrogat (§ 74 Abs. 2 Sätze 2 und 3), etwa durch Vergleichsvertrag, nicht aus.

20 Das gleiche gilt im **PlGenehmigungsverfahren** nach § 74 Abs. 6, da hier nach Nr. 1 durch eine Einverständniserklärung von Betroffenen mit der Inanspruchnahme ihres Eigentums oder sonstiger Rechte die Genehmigungsvoraussetzungen geschaffen werden können. Insofern ent-

---

[9] Vgl. auch BVerwG NJW 1988, 663; ferner § 59 Rn. 11 ff.
[10] Vgl. *Jäde* UPR 1996, 323; *Schmitz/Wessendorf* NVwZ 1996, 955; *Bonk* NVwZ 1997, 320; *Schmitz* NVwZ 2000, 1238.

spricht hier die Zulassung von Willenskonsens der gesetzlichen Intension (Näheres zum geänderten Anhörungsverfahren bei § 74).

Ferner sind über die Erstattung von **Kosten im Vorverfahren** (§ 80) mit Wirkung zwischen Privatrechtssubjekten privatrechtliche Verträge zulässig. Für **Kostenvereinbarungen** im Staat-Bürger-Verhältnis gelten die allgemeinen Rechtsvorschriften, insbesondere nach dem Rechtsanwaltsvergütungsgesetz. Streit über Grund und Höhe kann unter den Voraussetzungen des § 55 durch Vergleichsvortrag überwunden werden.[11]

Schließlich ist auch im Rahmen **ehrenamtlicher Tätigkeit** (§§ 81–93) sowie bei der Verwaltungstätigkeit von **Ausschüssen** (§§ 88–93) der Abschluss eines ör Vertrages im Außenverhältnis zu Beteiligten nicht ausgeschlossen, da Anhaltspunkte dafür im VwVfG fehlen. Die in §§ 81 ff., 88 ff. genannten Vorschriften können durch ör Vertrag im Innenverhältnis der handelnden Personen und der Behörde vertraglich grundsätzlich (bis auf § 55) nur bei spezialgesetzlicher Ermächtigung abbedungen werden.

III. Ergänzende Anwendung von Vorschriften des Bürgerlichen Gesetzbuchs (Satz 2)

Satz 2 schreibt vor, dass ergänzend zu §§ 54 bis 61 und den übrigen Regelungen des VwVfG die Vorschriften des Bürgerlichen Gesetzbuchs entsprechend gelten. Aus der „ergänzenden" und „entsprechenden" – also **doppelt modifizierten** – Anwendung des BGB ergibt sich bereits, dass seine pauschale, vollinhaltliche und unmodifizierte 1:1-Anwendbarkeit auf den ör Vertrag nicht in Betracht kommt. Es bedarf vielmehr im Einzelfall einer Prüfung, ob und inwieweit die BGB-Vorschriften noch in Ansehung der ör Vorschriften Raum für eine ergänzende und entsprechende Anwendung lassen. Das BGB dient also der **Lückenschließung**, soweit das VwVfG nicht vorgeht (Rn. 6 ff.). Nicht zur Anwendung kommen andere zivilrechtliche Vorschriften, die in **Spezialgesetzen** geregelt waren bzw. sind. Dazu gehörten bis zur Schuldrechtsreform das frühere **AGBG**, das nunmehr ausformulierter Bestandteil des BGB ist (§§ 305–310), vgl. hierzu Rn. 58 ff. Nach wie vor gesondert geregelt und daher auf ör Verträge unanwendbar ist etwa das **GWB**, sofern nicht wettbewerbswidriges Verhalten zugleich einen Verstoß gegen §§ 134, 138 BGB beinhaltet (Näheres dazu in § 59). Durch diese lückenschließende Anwendung des BGB auch bei ör Verträgen minimieren sich die Unterschiede der oft zweifelhaften Zuordnung eines Vertrags in das zivile oder öffentliche Recht. Vor allem die Vorschriften über das in der Praxis wichtige **Leistungsstörungsrecht** finden daher grundsätzlich in beiden Rechtsordnungen gleichermaßen Anwendung, so dass das notwendige **Mindestmass an Homogenität** zwischen zivilrechtlichen und ör Verträgen gewährleistet ist.

Zu den Vorschriften des BGB gehören auch die anerkannten allgemeinen Rechtsinstitute, die sich aus der Zusammenschau einer Reihe von BGB-Bestimmungen ergeben, z.B. die Haftung für **Verschulden bei Vertragsabschluss** (culpa in contrahendo, nunmehr gesetzlich geregelt in § 311 Abs. 2 BGB, Rn. 45 ff.) und aus **positiver Vertragsverletzung** (hierzu nunmehr § 280 BGB, Rn. 56 ff.). Auch die allgemeinen (bundesrechtlichen) Rechtsgrundsätze über **Treu und Glauben** einschließlich des besonderen Falls des **Rechtsmissbrauchs**[12] gelten für ör Verträge (§§ 157, 242 BGB),[13] des **Mitverschuldens** (§ 254 BGB), des **Schikaneverbots** (§ 226 BGB), des Verbots eines Verstoßes gegen **gesetzliche Verbote** (§ 134 BGB, hierzu § 59 Rn. 49 ff.) und die **guten Sitten** (§ 138 BGB, vgl. hierzu noch § 59 Rn. 29, 59) gelten für ör Verträge.

Obwohl sich dies anders als in Satz 1 nicht aus dem Wortlaut ergibt, kommt eine Ergänzung nur insoweit in Betracht, als sich aus dem VwVfG selbst nichts Abweichendes ergibt. Angesichts der Beschränkung der §§ 54 ff. auf die wichtigsten Regelungen (Rn. 1) ist die Ergänzungsfunktion des BGB allerdings beachtlich. Es muss bei der Anwendung jeder Vorschrift des BGB geprüft werden, ob entgegenstehende Vorschriften des VwVfG oder sonstige ör Rechtsprinzipien

---

[11] Zur vertraglichen Rücknahme von Widersprüchen gegen Entgelt vgl. *BGHZ* 79, 131.
[12] Vgl. *BVerwGE* 55, 337 (339).
[13] Vgl. *BVerwGE* 55, 337; 111, 162 (165); *BVerwG* DVBl 1986, 945 (946): Vertragstreue; *BVerwG* NVwZ 1991, 1096; NJW 1998, 3135; *OVG Münster* NVwZ 1985, 118 und NVwZ 1991, 1106.

vorhanden sind und **Vorrang vor dem BGB** haben, etwa § 12 mit der ör Handlungsfähigkeit vor der zivilrechtlichen Geschäftsfähigkeit i. S. der §§ 104 ff. BGB (ferner § 59 Rn. 49 ff.).

24 Die Klausel für die entsprechende Anwendung von Vorschriften des BGB bezieht sich in erster Linie auf die **für Verträge** geltenden Regelungen, denen die für die ör Vertragsarten (Vergleichs-, Austausch- und Kooperationsvertrag) geltenden Vorschriften vorgehen. Die Ergänzungsklausel in § 62 auf das BGB bezieht sich auch auf **alle anderen Teile des BGB**. Das gilt etwa für die Formvorschriften bei Grundstücksgeschäften (§§ 311 b, 929 BGB) insbesondere im Rahmen von städtebaulichen Verträgen und Erschließungsverträgen,[14] die Auflassung eines Grundstücks nach § 925 Abs. 1 Satz 3 BGB in einem Vergleich vor einem Verwaltungsgericht[15] oder den Ersatz von Verwendungen nach §§ 994 ff. BGB bei nichtigen Grundstückstauschverträgen.[16]

25 Für ör Verträge i. S. der §§ 54 ff. sind vor allem folgende BGB-Regelungen von praktischer Bedeutung:

1. Rechtsgeschäfte (§§ 104 ff.)

26 Für das Zustandekommen eines ör Vertrages gelten die Vorschriften über **Willenserklärungen (§§ 104 ff., 116 ff. BGB)** ergänzend zum VwVfG.[17] Auch der ör Vertrag setzt sich aus verwaltungsrechtlichen Willenserklärungen zusammen; bei ihnen handelt es sich nicht um VAe, weil das einseitig anordnende Element fehlt und, abgesehen von der Bindungswirkung (§ 145 BGB), von ihnen selbst keine unmittelbare rechtliche Wirkung ausgeht (vgl. auch § 54 Rn. 38). Die Entscheidung der Behörde über den Abschluss oder Nichtabschluss eines ör Vertrags ist **kein VA;** die Rechtmäßigkeit der Entscheidung daher durch (allgemeine) Leistungsklage zu prüfen (h. M., vgl. die Nachweise § 54 Rn. 38).

27 Hinsichtlich der persönlichen Voraussetzungen der Wirksamkeit von Willenserklärungen ergibt sich bereits über § 12 des VwVfG die Anwendung der §§ 104 ff. BGB. § 12 Nr. 2 enthält Abweichungen vom BGB, wenn sonst beschränkt geschäftsfähige Person durch Vorschriften des öffentlichen Rechts als handlungsfähig anerkannt sind und entsprechende ör Verträge schließen darf (Näheres dort).

28 Daneben kommt die Anfechtbarkeit des Vertrages entsprechend §§ 116 ff. BGB wegen Willensmängeln u. a. bei Vorliegen der Voraussetzungen der §§ 119 und 123 Abs. 1 BGB in Betracht.[18] Anwendbar sind auch §§ 121, 123 Abs. 2, 124 BGB.[19] Zur Anfechtbarkeit wegen Rechtswidrigkeit des Vertrages vgl. Rn. 16; zur Anwendbarkeit des § 126 BGB vgl. § 57 Rn. 12 ff..

29 Von den Vorschriften über Verträge **(§§ 145 ff. BGB)** sind neben § 145 insbesondere §§ 147, 148 BGB (bei Vertragsangeboten und Annahmeerklärungen, hierzu § 57 Rn. 20) und §§ 150, 152 bis 155 anwendbar. § 151 BGB ist im Hinblick auf § 57 unanwendbar. Die Auslegungsgrundsätze der **§§ 133, 157** sowie **242 BGB (Treu und Glauben** mit dem Verbot unzulässiger Rechtsausübung) enthalten allgemeine bundesrechtliche Rechtsgrundsätze und sind schon deshalb anwendbar; sie sind revisibles Recht.[20] Dazu gehört auch das aus Treu und Glauben entwickelte Institut der **Verwirkung** bei Nichtausübung eines Rechts über längere Zeit und Hinzutritt zusätzlicher Vertrauenstatbeständen.[21] Zur Auslegung, ergänzenden Auslegung und Umdeutung von Verträgen § 54 Rn. 34.

30 **Faktische Verträge** bzw. Verträge kraft konkludenten Verhaltens kommen schon wegen der Formerfordernisse des § 57 als ör Verträge nicht in Betracht (§ 54 Rn. 31 m. w. N.).

---

[14] Vgl. *BGHZ* 58, 386 und 70, 247; *OVG Koblenz* DÖV 1978, 444.
[15] *BVerwG* BayVBl 1995, 504.
[16] *BVerwG* NJW 1980, 2538, 2539.
[17] Hierzu *Krause* VerwArch 1970, 297; *ders.,* JuS 1972, 429; *Kluth* NVwZ 1990, 608; *Hartmann* DÖV 1990, 8; *Geis* NVwZ 2002, 385.
[18] Vgl. *VGH München* BayVBl 1978, 148; *Kopp/Ramsauer,* § 62 Rn. 13; *Stichlberger* BayVBl 1980, 393; *Kluth* NVwZ 1990, 608; ferner § 54 Rn. 38, 39.
[19] Ebenso *Kopp/Ramsauer,* § 62 Rn. 13. Zur Einschränkung des § 123 II BGB im Falle der Täuschung durch Dritte vgl. *BGH* BB 1996, 448; *OVG Koblenz* DVBl 1984, 281; *Ule/Laubinger,* § 69 Rn. 3; *Obermayer,* § 62 Rn. 61, jeweils m. w. N.
[20] *BVerwGE* 84, 257; 90, 310 ff.; 111, 162 (171).
[21] *BVerwGE* 44, 339 (332); *BVerwG* NVwZ 1991, 1182; NVwZ-RR 2004, 314.

§ 62 Ergänzende Anwendung von Vorschriften   31, 32 § 62

Grundsätzlich anwendbar sind die Vorschriften über Vertretung, Vollmacht und Wissenszurechnung (§§ 164 ff., 177 ff.). Für Bevollmächtigte und Beistände gehen dabei die Regelungen des § 14 vor.[22] Abzugrenzen ist bei der gesetzlichen Vertretung von juristischen Personen des öffentlichen Rechts und dabei entstandener Vertretungsfehler, ob es sich um einen Vertretungsmangel oder einen Zuständigkeitsfehler handelt (hierzu § 57 Rn. 23 m. w. N.). Beim Erfordernis einer zweiten **Unterschrift** und der Beifügung des Dienstsiegels handelt es sich nicht um Formvorschriften, deren Nichtbeachtung die Nichtigkeit der Erklärung zur Folge hätte (§ 57), sondern um Regelungen der **Vertretungsmacht** mit der Möglichkeit der nachträglichen Fehlerbereinigung.[23] Das gesetzliche Erfordernis von zwei Vertretern und deren Unterschriften auf Verpflichtungserklärungen (einschl. ör Verträgen) ist bei juristischen Personen des öffentlichen Rechts grundsätzlich zur Erreichung des Schutzzwecks rechtmäßig; eine Bindungswirkung besteht aber auch dann, wenn neben der formgerechten Erklärung des einen Vertreters das materielle Einverständnis des für die Willensbildung zuständigen Organs vorliegt.[24] Für die **Wissenszurechnung** innerhalb einer juristischen Person des öffentlichen Rechts gelten grundsätzlich die Maßstäbe des **§ 166 BGB**. Danach ist ihr Organwalterwissen grundsätzlich als ihr eigenes Wissen anzusehen[25] und bei einem arglistigen Verschweigen selbst dann zuzurechnen, wenn der Organvertreter nicht selbst an dem betreffenden Rechtsgeschäft unmittelbar mitgewirkt hat.[26] Organwalterwissen soll dann jedenfalls dem Organ zugerechnet werden, wenn Pflichten zur Organisation der Kommunikation, zur Informationsweiterleitung und zur Informationsabfrage bestehen.[27] **31**

2. Verjährung (§§ 194 ff.)

Die Vorschriften über die **Verjährung** (§§ 194 ff. BGB) sind mit Wirkung vom 1. 1. 2002 grundlegend geändert wurden und auf ör Verträge ergänzend und entsprechend anwendbar, sofern nicht Spezialvorschriften vorhanden sind (hierzu nachfolgend) oder Besonderheiten des öffentlichen Rechts Abweichungen vom BGB gebieten.[28] Für am 31. 12. 2001 bereits abgeschlossen gewesene Verträge gilt die **Übergangsregelung** des Art. 229 § 6 EGBGB, durch die im Regelfall die neue schnellere Verjährung begünstigt wird.[29] **32**

Durch die ab 1. 1. 2002 wirksamen §§ 194 ff. BGB n. F. wird das alte Konzept einer Regelverjährung von 30 Jahren in § 195 BGB a. F. durch kürzere Verjährungsfristen für besonders aufgeführte Schuldverhältnisse abgelöst, bei dem die **neue Regelverjährung von 3 Jahren** in § 195 BGB n. F. die kürzeste Frist ist und längere Verjährungsfristen bei besonderes enumerierten Konstellationen gelten. Da die im Rahmen der Schuldrechtsreform ursprünglich geplante einheitliche Regelung auch für ör Verträge im Verlauf des Gesetzgebungsverfahrens nicht weiter verfolgt wurde[30] und das neue Verjährungsrecht auf typisch zivilrechtliche Konstellationen zugeschnitten ist, wird es einer **Einzelprüfung** von Fall zu Fall bedürfen, ob und welche neuen Verjährungsregelungen nach Wortlaut, Sinn und Zweck der Regelung am ehesten auf ör Verträge „ergänzend und entsprechend" angewendet gelten können. Kommt man hier nicht zu einem klaren Ergebnis, wird im Zweifel die neue 3jährige Verjährungsfrist des § 195 BGB n. F. einen sachgerechten Ausgleich der divergierenden Interessen ermöglichen, weil für den Beginn des Fristenlaufs nach §§ 199 ff. BGB die (objektive) Entstehung des Anspruchs und die (subjektive) Kenntnis oder grob fahrlässige Unkenntnis von den anspruchsbegründenden Umständen und der Person erforderlich ist. Das ist ein vertretbar ausreichend langer Zeitraum für die Entscheidung, ob ein Anspruch aus ör Vertrag geltend gemacht wird oder nicht. Unzulässig sind auch im ör Recht **Vereinbarungen** über die Verjährung (§ 202 BGB n. F.). Zur Hemmung der

---

[22] Zur Wissenszurechnung bei arbeitsteiligen Organisationsformen vgl. *BGH* UPR 1996, 220.
[23] *OVG Lüneburg* NJW 1977, 773; *BGH* DVBl 1979, 514; *OLG Brandenburg* LKV 1997, 426; *Habermehl*, Die Vertretung der Kommune, DÖV 1987, 144; *Kohler/Gehrig* VBlBW 1996, 441.
[24] *BGH* NVwZ 1990, 403; *Kluth* NVwZ 1990, 608, 612; ferner § 57 Rn. 13 auch zur Anscheins- und Duldungsvollmacht.
[25] *BGHZ* 20, 149, 153; 41, 282, 287; *BGH* UPR 1996, 220; *Palandt/Heinrichs*, § 166 Rn. 6 ff. m. w. N.
[26] *BGH* JZ 1990, 549; UPR 1996, 220.
[27] Vgl. *BGHZ* 132, 30 (37); 135, 202 (205); *BGH* NVwZ-RR 2004, 554.
[28] Zur Verjährung öffentlich-rechtlicher Ansprüche nach der Schuldrechtsreform vgl. *Geis* NVwZ 2001, 385 (389); *Stumpf* NVwZ 2003, 1198; *Dötsch* DÖV 2004, 277; zur Verjährung im Staatshaftungsrecht vgl. *Heselhaus* DVBl 2004, 411; *Kopp/Ramsauer*, § 62 Rn. 23.
[29] Einzelheiten bei *Palandt/Heinrichs*, Art. 229 EGBGB Rn. 1 ff.
[30] Vgl. die Nachweise bei *Heselhaus* DVBl 2004, 411.

Verjährung bei Verhandlungen und durch Rechtsverfolgung vgl. §§ 202, 204 BG n. F., zum Neubeginn des Fristenlaufs vgl. § 212 BGB.

Die Verjährung gewährt auch im öffentlichen Vertragsrecht (weiterhin) nur ein von einer Einrede abhängiges **Leistungsverweigerungsrecht.**[31] Dieses kann gegen einen Leistungs- oder Zahlungsanspruch auch in einem Prozess vorgebracht werden.[32] Ferner gelten die Grundsätze zur **Verwirkung** von Ansprüchen bzw. unzulässigen Rechtsausübung als allgemeinen Rechtsgrundsätzen, wenn ein langer Zeitraum vergangen ist und für die Nichtgeltendmachung eines Anspruchs entsprechende Vertrauenstatbestände gesetzt worden sind.[33] **Spezialgesetzliche Verjährungsvorschriften,** etwa der AO bzw. der Kommunalabgabengesetze der Länder gehen den §§ 194 ff. BGB vor.

3. Schuldverhältnisse, Leistungsstörungen (§§ 241 ff., 311 ff. BGB)

33 Auf durch ör Verträge begründete Schuldverhältnisse und bei Leistungsstörungen kommen, sofern abweichende Regelungen fehlen, die durch die Schuldrechtsreform teilweise erheblich geänderten neuen Regelungen des **Leistungsstörungsrechts nach §§ 275 ff.** n. F., bei gegenseitigen Verträgen nach **§§ 320 ff. BGB** n. F. zur ergänzenden Anwendung (bisher §§ 280 ff., 306 ff., 320 ff., 346 ff. BGB). Das gilt grundsätzlich für alle Ansprüche bei (schuldhaften) Pflichtverletzungen durch Nicht- oder Schlechtleistung bei Unmöglichkeit und Verzug.[34] Auch diese Vorschriften sind durch die Schuldrechtsreform weitgehend geändert worden. § 275 BGB n. F. umfasst jetzt alle Fälle der objektiven und subjektiven Unmöglichkeit, unabhängig davon, ob diese anfänglich oder nachträglich eingetreten ist oder ob der Schuldner sie zu vertreten hast (§ 275 I mit faktischer Unmöglichkeit in § 275 II). Ferner werden die bisherigen §§ 306 ff. BGB durch § 311a BGB ersetzt. Danach bleibt der Vertrag auch bei anfänglicher Unmöglichkeit wirksam, und der Gläubiger kann das positive Interesse verlangen, wenn der Schuldner das anfängliche Leistungshindernis kennt oder hätte kennen müssen. Ferner wird in **§ 280 BGB n. F.** ein einheitlicher Pflichtverletzungstatbestand für Leistungsstörungen geschaffen, der alle Fälle der Nicht- und Schlechterfüllung einschließlich der Verletzung von Nebenpflichten und vorvertraglicher Pflichten umfasst. Die Institute der **positiven Vertragsverletzung** (jetzt in § 280 BGB mitgeregelt) und der **culpa in contrahendo** (vgl. jetzt § 311 Abs. 2 BGB i. V. m. § 280 BGB n. F.) sind neu kodifiziert (vgl. noch Rn. 45 ff.). § 280 ff. BGB n. F. regeln jetzt alle Fälle des **Schadensersatzes,** auch bei gegenseitigen Verträgen, die §§ 323–326 BGB n. F. das Recht zum **Rücktritt,** der künftig verschuldensunabhängig ausgestaltet ist und die Geltendmachung von Schadensersatz nicht mehr ausschließt (§ 325 BGB n. F.). Statt „Schadensersatz wegen Nichterfüllung" heißt es jetzt „Schadensersatz statt der Leistung". Dieser setzt grundsätzlich eine einfache Fristsetzung (§ 281 BGB) voraus; die Fristsetzung mit Ablehnungsandrohung entfällt.

34 Ergänzend und entsprechend anwendbar ist ferner das **Zurückbehaltungsrecht** nach **§ 273 BGB**[35] und die Regelungen über den **Verzug** des Schuldners (§ 286 BGB). **Verzugszinsen** sind in entsprechender Anwendung von **§§ 284, 288 BGB** zu zahlen, wenn dies gesetzlich bestimmt ist oder im Vertrag ausdrücklich vereinbart war. Im RefE des BMI von November 2006 ist – im Interesse der Harmonisierung mit § 49a III – vorgesehen, dem § 62 einen neuen Satz 3 anzufügen, wonach der Verzugszinssatz 5 Prozentpunkte über dem Basiszinssatz liegen soll. § 288 Abs. 2 BGB ist nach BVerwGE 81, 312 jedenfalls bei ör Verträgen mit gegenseitigen Leistungsrechten und -pflichten anwendbar.[36] **§ 291 BGB** (Prozesszinsen) ist analog

---

[31] BVerwGE 23, 166 (174); 42, 353 (357); 48, 279 (288); Kopp/Ramsauer, § 54 Rn. 9; Dörr DÖV 1984, 12; Zimmermann JuS 1984, 409; Geis NVwZ 2002, 385 (389).
[32] Vgl. BVerwG NuR 1998, 200 (201); NVwZ 2002, 486 (487).
[33] Vgl. BVerwGE 44, 339 (343); BVerwG NVwZ 1991, 1182; NVwZ-RR 2004, 314.
[34] Zu Leistungsstörungen beim ör Vertrag nach altem Recht vgl. Eckert DVBl 1962, 11; Papier, Die Forderungsverletzung im öffentlichen Recht, 1970; Meyer NJW 1977, 1705; Obermayer BayVBl 1977, 546; Bullinger DÖV 1977, 812; Willebrand/Gries JuS 1990, 100. Zu den Auswirkungen des neuen Schuldrechts auf das Verwaltungsrecht vgl. Geis NVwZ 2002, 385 (387 ff.).
[35] VGH Kassel NJW 1996, 2746 mit Einschränkungen bei Leistungen auf Grund von VA. Zu Rückbehaltungsrechten bei Vorleistungen in einem städtebaulichen Vertrag vgl. § 60 Rn. 20 ff.
[36] Str., vgl. etwa BGH NJW 1982, 1277 und 1989, 2615: Verzugszinsen nicht bei subordinationsrechtlichen Verträgen und nur bei gesetzlicher Grundlage; ferner v. Heinegg NVwZ 1992, 522; Schön, Verzugszinsen der öffentlichen Hand, NJW 1993, 961.

§ 62 Ergänzende Anwendung von Vorschriften

anwendbar;[37] die Zinszahlungspflicht setzt aber voraus, dass die Leistung fällig war und der Prozess mit dem Zuspruch einer eindeutig bestimmten Geldforderung endet, sei es durch Verurteilung zur Zahlung, sei es durch Verpflichtung zum Erlass eines entsprechenden Leistungsbescheids.[38]

§ 315 BGB über die Bestimmung der Leistung durch einen Vertragschließenden ist auf 35 den ör Vertrag jedenfalls insoweit entsprechend anzuwenden, als sich die Behörde vorbehalten darf, die vereinbarte Gegenleistung im Einzelfall zugunsten des Vertragspartners zu ermäßigen.[39]

Ferner sind §§ 317 ff. BGB mit der darin enthaltenen Möglichkeit der Vereinbarung von 36 **Schiedsgutachten** auf den ör Vertrag anwendbar; die Beteiligten und die Gerichte sind an Schiedsgutachten grundsätzlich gebunden, sofern das Gutachten nicht offenkundig unrichtig ist;[40] der Rechtsweg darf durch eine Schiedsvereinbarung in einem ör Vertrag jedenfalls für Privatrechtssubjekte nicht ausgeschlossen werden (hierzu § 54 Rn. 178).

Zulässig sind ferner **ör Verträge zugunsten Dritter** nach Maßgabe der §§ 328 ff. BGB (hierzu noch § 58 Rn. 10, 24). Verträge mit **Schutzwirkung zugunsten Dritter** wie im Zivilrecht (hierzu nunmehr § 241 Abs. 2, § 311 Abs. 3 n. F.)[41] werden im Bereich des VwVfG nur dann angenommen werden können, wenn Dritte unzweideutig in den Schutzbereich einbezogen sind (§ 58 Rn. 24). Unzulässig und verboten i. S. von § 134 BGB sind ör Verträge **zu Lasten Dritter** (§ 58 Rn. 10).

Entsprechend anwendbar sind auch die Vorschriften über eine **Vertragsstrafe (§§ 336 ff.** 37 **BGB).**[42] Die Vertragsstrafe muss **angemessen** sein dient auch beim ör Vertrag (nur) dazu, den Schuldner zur Erbringung der geschuldeten Leistung anzuhalten; sie enthält einen Zuschlag zur geschuldeten Hauptleistung und setzt Verschulden voraus.[43] Die Pflicht zur Rückzahlung einer Subvention wegen zweckwidriger Verwendung ist keine Vertragsstrafe, so dass es insoweit auf ein Verschulden für die Zweckverfehlung nicht ankommt.[44]

Anwendbar sind ferner die – durch die Schuldrechtsreform erheblich geänderten – 38 **§§ 346 ff. (Rücktritt vom Vertrag),** wenn ein (einseitiges) Rücktrittsrecht im Vertrag vorbehalten wurde oder durch Gesetz zugelassen ist.[45] Ein wirksamer Rücktritt vom Vertrag verwandelt diesen in ein **Rückgewährsschuldverhältnis,** hebt den Vertrag aber nicht auf, sondern verändert seinen Inhalt.[46] Der Rücktritt ist nunmehr verschuldensunabhängig und schließt die Geltendmachung von Schadensersatz nicht mehr aus (§ 325 BGB). Die empfangenen Leistungen und gezogenen Nutzungen sind zurückzugewähren bzw. herauszugeben, ggfls. ist Wertersatz zu leisten (vgl. Einzelheiten des Rücktrittsrechts und der Folgen vgl. §§ 346–354, §§ 323 ff. BGB n. F.).

Auch § 362 mit dem Erlöschen des Schuldverhältnisses durch Leistung ist entsprechend anwendbar.[47] 38 a

---

[37] Vgl. BVerwGE 71, 85 (93); 111, 162 (175).
[38] BVerwGE 99, 53, wonach ein Bescheidungs- oder Feststellungsurteil nicht ausreicht.
[39] BVerwGE 84, 236; 98, 18 (26 ff.).
[40] BVerwGE 84, 257 = NJW 1990, 1926.
[41] Dazu Lorenz JZ 1997, 358; Zumbansen JZ 2000, 442 jeweils m. w. N.
[42] Hierzu BVerwGE 74, 78 zu Gültigkeit einer verhältnismäßigen, nicht unangemessenen Vertragsstrafenvereinbarung in einem Studienförderungsvertrag; BVerwGE 98, 58 (mit Anm. Berg JuS 1997, 888); VGH München BayVBl 1983, 730; VGH Mannheim DÖV 1985, 930; Kessler/Kortmann DVBl 1977, 690; Schilling VerwArch 1993, 226; Koch DÖV 1998, 141 (zu Vertragsstrafen in Ausbildungsförderungsverträgen). Zur Vertragsstrafenvereinbarung in AGB nach der Schuldrechtsreform vgl. Pabst NWVBl 2005, 365 m. w. N. Vgl. ferner BAG NJW 1985, 91 zur Vertragsstrafe beim Vertragsbruch; BGH MDR 1984, 22 zur Vertragsstrafenrückzahlung wegen klärender BGH-Rechtsprechung; BGH NJW 1985, 57 zur Unwirksamkeit einer Vertragsstrafe bei einverständlicher Vertragsaufhebung; zu Höchstbeträgen einer Vertragsstrafe und Angemessenheit in AGB eines Bauvertrags vgl. BGH NJW 2003, 1805. Zu Bleibeverpflichtungen, Betriebstreuepflichten und der Verhältnismäßigkeit von Bindungsfristen vgl. auch BVerfGE 38, 128 (142).
[43] BVerwGE 74, 78 = DVBl 1986, 945 (946); BGHZ 63, 256 (259).
[44] BVerwG vom 21. 12. 1995 – 11 B 93.95 –; ferner Schilling, Die Vertragsstrafe in Verträgen mit der öffentlichen Hand, VerwArch 1993, 226.
[45] Einschränkend für den Fall eines gesetzlichen Anspruchs auf die Leistung: OVG Münster DVBl 1973, 697; Ule/Laubinger, § 71 Rn. 3.
[46] Vgl. BVerwG NVwZ-RR 2004, 413 (414); BGH NJW 1998, 3268; Palandt/Grüneberg, 66. Aufl. 2007, § 346 Rn. 5 ff.
[47] OVG Münster BRS 42 Nr. 132; Ehlers JuS 1990, 777.

39 Auch eine **Aufrechnung** öffentlich-rechtlicher oder privatrechtlicher Forderungen ist in entsprechender Anwendung der **§§ 387 ff. BGB** möglich, soweit die beiderseitigen Forderungen gegenseitig, gleichartig und fällig sind.[48] Die Aufrechnungserklärung ist die Ausübung eines schuldrechtlichen Gestaltungsrechts und für sich allein kein VA.[49]

40 Grundsätzlich anwendbar sind ferner die Vorschriften über den **Erlass (§§ 397 ff. BGB)** von Forderungen (hierzu § 54 Rn. 34, 110 ff.). Soweit in ör Verträgen Regelungen über öffentliche Abgaben – etwa Erschließungsbeiträge oder sonstige Kommunalabgaben – enthalten sind, gehen die speziellen Vorschriften über Erlass, Stundung, Niederschlagung usw. vor.

40a Auch die Vorschriften über die **Abtretung von Forderungen (§§ 398 ff. BGB)** gelten grundsätzlich für ör Verträge. Hier muss differenziert werden zwischen Forderungen, die ein Privatrechtssubjekt aus ör Vertrag gegen eine Behörde hat, und Forderungen, die die Behörde gegen einen privaten Vertragspartner besitzt. Ob und inwieweit eine Abtretung zulässig ist, richtet sich in erster Linie nach dem konkret vereinbarten Inhalt des ör Vertrags, der sich insoweit nach dem jeweils einschlägigen Bundes- und Landesrecht zu richten hat.[50] Fehlen dort besondere Vorschriften, sind §§ 398 ff. BGB in beiden Fällen zwar grundsätzlich anwendbar. Es muss allerdings berücksichtigt werden, dass die Abtretbarkeit einer Forderung grundsätzlich dem Interesse des Gläubigers dient; deshalb findet die Abtretbarkeit einer ör Forderung ihre **Grenze an dem öffentlichen Zweck,** der mit der Gewährung eines ör Anspruchs für den Gläubiger verbunden ist.[51] Das ist im Einzelfall zu prüfen. Insbesondere kann die Abtretung einer ör Forderung zu einer Umgehung der Verfahrens- und Zuständigkeitsregelungen führen und damit ör und/oder private Interessen in nicht hinnehmbarer Weise beeinträchtigen.[52] Je nach den Besonderheiten des Falles kann einer Abtretbarkeit der **höchstpersönliche Charakter** einer durch ör Vertrag eingeräumten Forderung – etwa einer Subvention – i. S. von § 399 BGB entgegenstehen, wenn es dem Vertragsschuldner gerade auf die Förderung einer bestimmten Person als zweckgebundene Leistung ankommt.[53] Umgekehrt kann die Weitergabe einer Förderleistung an Dritte gewollt sein, so dass dann auch die Abtretung eines Anspruchs auf Förderleistungen nach §§ 398 ff. BGB möglich sein wird.[54]

40b Grundsätzlich anwendbar sind die Vorschriften über befreiende und kumulative **Schuld- bzw. Vermögensübernahmen (§§ 414 ff.).**[55] Ferner sind anwendbar die Vorschriften über die **Gesamtschuldnerschaft (§ 427 BGB),**[56] und zur **Gesamtgläubigerschaft (§ 428 BGB).**[57]

41 Dasselbe gilt auch für die Vorschriften über den **Auftrag (§ 662 ff.)** und über die Geschäftsführung **ohne Auftrag (§§ 677 ff.),** hierzu § 54 Rn. 53,[58] sofern sie im Zusammenhang mit einem ör Vertrag in Betracht kommen können. Die ör **Verwahrung (§§ 688 ff.)** führt, wenn kein schriftlicher ör Vertrag nach § 57 zustande kommt, zu einem einseitig verpflichtenden verwaltungsrechtlichen Schuldverhältnis; insoweit sind die BGB-Regelungen grundsätzlich anwendbar (§ 54 Rn. 52 m. w. N.).

---

[48] *BVerwG* BayVBl 1972, 416; NJW 1983, 776; *OVG Münster* NJW 1976, 2036; *Ebsen* DÖV 1982, 389; *Pietzner* VerwArch 1982, 453; *Ehlers* NVwZ 1983, 446; *Appel* BayVBl 1983, 201; *Buhmann* MDR 1984, 983; *Ehlers* JuS 1990, 777; *Glose* DÖV 1990, 146; *Grandtner,* Die Aufrechnung als Handlungsinstrument im öffentlichen Recht, 1995; *Hartmann,* Aufrechnung im Verwaltungsrecht, 1997, jeweils m. w. N.
[49] *BVerwG* NJW 1983, 776, wonach die Anfechtung eines Leistungsbescheides nicht eine bereits eingetretene Fälligkeit der im Bescheid konkretisierten Forderung beseitigt und die Aufrechnung mit einer im Leistungsbescheid konkretisierten Forderung nicht die Vollziehbarkeit des Bescheides voraussetzt.
[50] Vgl. *OVG Münster* DÖV 1991, 564.
[51] Vgl. *BVerwGE* 28, 254 (258); 39, 273 (275) zur Anwendung von § 407 BGB nach LAG; *BVerwG* NJW 1993, 1610; *OVG Magdeburg* NVwZ 2001, 214.
[52] Vgl. *VG Düsseldorf* NJW 1981, 1283, *Ohler,* Die Abtretung ör Forderungen an Dritte, DÖV 2004, 518.
[53] Vgl. zur Abtretbarkeit von Wirtschaftssubventionen *Vierhaus* NVwZ 2000, 734 m. w. N.
[54] Vgl. *BVerwG* NVwZ-RR 2000, 196; *OVG Magdeburg* NVwZ 2001, 214.
[55] Vgl. *OVG Berlin* NJW 1984, 2593.
[56] Vgl. *BVerwGE* 59, 13 (18); *OVG Münster* NJW 1989, 2561 – Auswahlermessen der Behörde, welchen Pflichtigen sie in Anspruch nimmt –; demgegenüber zur anteiligen Haftung vgl. *BGHZ* 75, 26.
[57] Vgl. *BGH* DVBl 1983, 1241.
[58] *Nedden,* Die Geschäftsführung ohne Auftrag im öffentlichen Recht, 1994; sehr kritisch: *Kischel,* Handle und liquidiere? – Keine GoA im öffentlichen Recht, VerwArch 1999, 391 ff.; *Schenke,* GoA zum Zwecke der Gefahrenabwehr, FS Bartsberger, 2006, 529 ff.

§ 62 Ergänzende Anwendung von Vorschriften

Zulässig im öffentlichen Vertragsrecht sind auch die Vorschriften über die **Gesellschaft** (§§ 705 ff. BGB),[59] **Schuldanerkenntnisse und -versprechen** (§§ 780, 781 BGB),[60] ferner ör **Bürgschaftsverträge** (§§ 766 ff.).[61]

4. Rückgewährsansprüche (§§ 812 ff.)

Auf den ör Vertrag entsprechend und ergänzend anwendbar sind auch die Vorschriften nach **42** §§ **812 ff. BGB**. Das gilt vornehmlich bei Staat-Bürger-Verträgen, aber auch bei Verträgen zwischen Behörden bzw. ihren Rechtsträgern, sofern nicht spezielle Rechtsvorschriften etwas anderes regeln[62] danach durch die Leistungen eines anderen oder in sonstiger Weise auf dessen Kosten etwas **ohne rechtlichen Grund** erlangt, ist ihm zur Herausgabe verpflichtet; das gilt auch dann, wenn der rechtliche Grund später wegfällt oder der bezweckte Erfolg nicht eintritt (§ 812 Abs. 1 BGB). Die dadurch entstehende Umwandlung des Leistungs- in ein Rückabwicklungsverhältnis wird im Staat-Bürger-Verhältnis vielfach als **ör Erstattungsanspruch** bezeichnet, wobei strittig ist, ob dieser Anspruch unabhängig von §§ 812 ff. BGB ein davon unabhängiges und eigenständiges ör Rechtsinstitut darstellt.[63] Bedeutsam sind §§ 812 ff. BGB vor allem dann, wenn auf Grund eines nichtigen ör Verpflichtungsvertrages eine Leistung erbracht worden und sie nunmehr wegen Fehlens bzw. Wegfalls des Rechtsgrundes zurückzugewähren ist. Sind Leistungen aufgrund eines rechtswidrigen, aber nicht nichtigen ör Vertrags erbracht worden, fehlt es an einer Grundvoraussetzung für einen Erstattungs- bzw. Bereicherungsanspruch.[64] §§ 812 ff. BGB werden von Rechtsprechung und Literatur nicht 1 : 1 pauschal auf ör Verträge (und andere verwaltungsrechtliche Schuldverhältnisse), sondern nur modifiziert angewendet. Streitig ist etwa die von der Rechtsprechung verneinte Anwendung von § **814 BGB**[65] und § **817 Satz 2 BGB**.[66] Zu § **818 III BGB** vgl. Rn. 43.

Der ör Erstattungsanspruch ist die **Kehrseite des Leistungsanspruchs,** entspricht in **43** Struktur und Zielrichtung aber den §§ 812 ff. BGB[67] und richtet sich auf Herausgabe des rechtsgrundlos Erlangten. Soweit dies nicht möglich ist, muss **Wertersatz** geleistet werden (§ 81 II BGB).[68] Beim Umfang des Erstattungsanspruchs ist zwischen der **allgemeinen Haftung** für die Erstattung der empfangenen Leistung nach § 818 Abs. 1 bis 3 BGB und den verschiedenen Fällen der **verschärften Haftung** nach §§ 818 Abs. 4, 819 und 820 BGB zu unterscheiden.[69] Es kommt deshalb für den Umfang des Herausgabe- und Ersatzanspruchs auch darauf an, ob den Beteiligten der Mangel des rechtlichen Grundes in Bezug auf die Rechtsbeständigkeit des Verpflichtungsvertrages bekannt war (§ 819 BGB) oder ob er als möglich betrachtet wurde (§ 820 BGB). Dies hängt von den Umständen des Einzelfalls ab. Abweichend vom Zivilrecht kann sich die öffentliche Hand nicht auf eine **Entreicherung** i. S. von § 818 Abs. 3 BGB berufen.[70] Für den Umfang des Erstattungsanspruchs gelten die im Zivilrecht ent-

---

[59] Vgl. *VG Darmstadt* KommJur 2004, 18 zur Gründung eines gemeinsamen Schwimmbads durch zwei Gemeinden.
[60] Vgl. *BVerwG* NJW 1975, 1751; *BVerwGE* 96, 236 zur Koppelung von Einbürgerung und Rückzahlung von Ausbildungsförderung und Abgabe eines Schuldanerkenntnisses; *BGH* DVBl 1988, 684 bezüglich überzahlter Dienstbezüge eines Beamten; zu Einwendungsverzichtserklärungen *BGH* NJW 1983, 1903.
[61] *OVG Berlin* NJW 1984, 2593; *OVG Münster,* Urt. vom 12. 7. 1988 – 3 A 1207/85 –, *BGH* NJW 1984, 1622; *LG Frankfurt* NVwZ 1984, 267; *Zuleeg* JuS 1985, 106.
[62] Zu Erstattungspflichten fehlsam gezahlter Gelder zwischen Behörden bzw. ihren Rechtsträgern etwa *BVerwGE* 32, 279; 36, 108; 41, 216; *OVG Münster* NWVBl 2007, 16 (Beihilfenzahlung). Zu Erstattungspflichten zwischen Bund und Ländern auf der Grundlage von Art. 104a Abs. 5 GG zuletzt *BVerwG* NVwZ 2007, 1315.
[63] Vgl. *BVerwGE* 48, 279 (286); 55, 326 (329); 92, 56 (58); 111, 162 (164); *Maurer,* Allgemeines Verwaltungsrecht, § 28 Rn. 20 ff.; *Wolff/Bachof/Stober,* Verwaltungsrecht I, § 55 Rn. 31 ff.
[64] Vgl. *OVG Lüneburg* DVBl 2007, 454 Nr. 22.
[65] Hierzu *VGH Mannheim* NVwZ 1991, 583; *OVG Koblenz* DVBl 1992, 786.
[66] Verneinend *BVerwG* DVBl 2003, 1215.
[67] *BVerwGE* 40, 85; 71, 385; 78, 165 (169); *BVerwG* NJW 1993, 215; *Maurer,* § 28 Rn. 20 ff. m. w. N.
[68] Vgl. *BVerwG* NJW 1980, 2538 zur bereicherungsrechtlichen Abwicklung eines nichtigen Grundstückstauschvertrages; *BVerwG* BVerwGE 111, 162 = NVwZ 2000, 1285 zu einer aus tatsächlichen und rechtlichen Gründen nicht mehr möglichen Rückabwicklung (unter Berücksichtigung von Treu und Glauben); vgl. auch *Papier* JuS 1981, 498 (500).
[69] *BVerwG* NJW 1985, 2436 und BayVBl 1986, 89.
[70] *BVerwGE* 36, 108; *BVerwG* NJW 1985, 2436. Zum Entreicherungseinwand *OVG Münster* NWVBl 2007, 16 bei Widerruf von Subventionsbescheiden.

wickelten Grundsätze der **Saldotheorie**, so dass bei der Rückabwicklung eines nichtigen ör Vertrags grundsätzlich nur der verbleibende **Differenzbetrag** auszugleichen ist.[71]

In der Rechtsprechung wird die Pflicht zur Rückabwicklung vielfach dort begrenzt, wo dies mit den Grundsätzen von **Treu und Glauben** als nicht vereinbar angesehen wird. So ist ein Anspruch auf Rückgewähr von Leistungen jedenfalls in den Fällen von § 59 II Nr. 4 nicht schon deshalb ausgeschlossen, weil eine Rückabwicklung der vom anderen Teil erbrachten Leistung aus rechtlichen oder tatsächlichen Gründen nicht möglich ist.[72] Die Berufung des Bürgers auf Nichtigkeit eines ör Vertrags gegenüber einem Zahlungsanspruch der Behörde ist nicht allein deshalb rechtsmissbräuchlich, weil der Vertrag auf seinen Wunsch geschlossen wurde und die Behörde ihre Leistung bereits erbracht hat.[73]

44 **Haftungsbeschränkungsklauseln** sind in ör Verträgen auch zugunsten der öffentlichen Hand grundsätzlich zulässig, sofern sie insoweit durch sachliche Gründe gerechtfertigt sind und dem Vertragspartner keine unverhältnismäßigen Opfer abverlangen;[74] allerdings ist dabei auch ein Machtmissbrauch der öffentlichen Hand und eine Ausnutzung ihrer Überlegenheit unzulässig.[75] Die allgemein geltenden Grundsätze für die Grenzen von Haftungsbeschränkungen gelten auch für ör Verträge, soweit auf sie die jeweiligen Spezialregelungen nach § 62 Satz 2 anwendbar sind.

5. Verschulden bei Vertragsabschluss

45 Die im Zivilrecht richterrechtlich entwickelten - nunmehr in **§ 241 Abs. 2, § 280 Abs. 1, § 311 Abs. 2 BGB n. F.** kodifizierten – Grundsätze über eine Haftung aus Verschulden bei Vertragsabschluss (culpa in contrahendo)[76] sind auch auf die Anbahnung von ör Verträgen anwendbar.[77] Diese Haftung ist eine solche aus einem vorvertraglichen Schuldverhältnis, das – auch im Verwaltungsrecht – mit der Aufnahme von Vertragsverhandlungen entsteht und die Beteiligten zu **loyalem und redlichem Verhalten** verpflichtet; unerheblich für eine Haftung ist, ob es im konkreten Einzelfall zu einem Vertragsabschluss kommt oder nicht.[78] Zum redlichen Verhalten gehört auch, dass beim Partner keine falschen Vorstellungen über Genehmigungs- oder sonstige Zustimmungsakte Dritter oder von Behörden erweckt oder aufrechterhalten werden.[79] Für einen Anspruch aus cic ist **grundsätzlich** der **Verwaltungsrechtsweg** gegeben, sofern es sich nicht um eine Amtshaftungsklage handelt, bei der gleichzeitig auch Ansprüche aus cic geltend gemacht werden; in einem solchen Fall soll der gesamte Streitstoff nur im Zivilrechtsweg geprüft werden.[80]

46 Grundlage einer solchen Haftung ist **enttäuschtes Vertrauen** nach der Aufnahme von Vertragsverhandlungen, bei der Anbahnung eines Vertrags oder ähnlichen geschäftlichen Kontakten (vgl. nunmehr § 311 Abs. 2 BGB n.F.). Dadurch muss ein **qualifizierter Vertrauenstatbestand** auf das Zustandekommen des Vertrags entstanden sein, der eine zurechenbare Pflichtverletzung darstellt und zudem dem Schuldner als fahrlässiges Verhalten zugerechnet werden kann. Das kann der Fall sein etwa beim grundlosen **Abbruch** von Vertragsverhandlungen, bei verletzten **Aufklärungs- und sonstigen Sorgfaltspflichten** sowie bei **Vertretungsmängeln** und einem dadurch verfehlten oder **verzögerten Vertragsschluss**.[81] Strenge Anforderungen an den notwendigen Vertrauenstatbestand gelten im Bereich des Bauplanungsrechts. Hier wird eine

---

[71] Vgl etwa *VGH Mannheim* VBlBW 2004, 52.
[72] *BVerwGE* 55, 338; 111, 162 – zum Ergebnis kritisch *Stüer* DVBl 2007, 947 (948) –; *OVG Münster* NJW 1978, 1542.
[73] So *BVerwG* DVBl 2003, 1215.
[74] Vgl. BGHZ 61, 7; *Erichsen* VerwArch 1974, 219; *Kopp/Ramsauer*, § 62 Rn. 5; *Maurer*, § 28 Rn. 7.
[75] *BVerwGE* 42, 331 (342, 343).
[76] Zusammenfassend *Palandt/Grüneberg*, § 311 Rn. 11–66 m. w. N.
[77] Vgl. *BVerwG* DÖV 1974, 133 (134); DVBl 2002, 1555; *OVG Lüneburg* SchlHAnz. 1983, 171 = BRS 40, 76; *OVG Münster* DÖV 1971, 276; DVBl 1972, 614; *VGH Kassel* DVBl 1991, 1214; *OVG Weimar* NJW 2002, 386; *OVG Koblenz* NVwZ-RR 2004, 241; vgl. auch BGHZ 21, 59; 43, 34 (41); 71, 386; 76, 343; *BGH* DVBl 1986, 409; BB 1996, 1238; NVwZ 2006, 1207 – zur cic bei der B-Plan-Aufstellung.
[78] Vgl. *BGH* DVBl 2001, 70; *Singer* JZ 2000, 153.
[79] Vgl. *BGH* NJW 1986, 2939; NVwZ 2001, 116 zu aufsichtsbehördlichen Mitwirkungsrechten; *OLG Rostock* NVwZ-RR 2002, 526.
[80] Vgl. *BVerwG* NJW 2002, 2894; *BGH* NJW 1986, 1109; hiergegen *Dötsch* NJW 2003, 1430.
[81] Nachweise bei *Palandt/Grüneberg*, BGB, 66. Aufl. 2007, § 311 Rn. 11 ff. und 28 ff.; *Jäckle* NJW 1990, 2520; *Littbarski* JuS 1979, 537.

Vertrauensgrundlage nur unter ganz engen Voraussetzungen in Betracht kommen, weil die planerische Gestaltungsfreiheit eine Umplanung oder die Aufgabe bestimmter ursprünglich verfolgter Pläne auch dann rechtfertigt, wenn sich Kommunalparlamente mehrfach umentschließen und angedachte Vorhaben nicht mehr weiterverfolgen[82] (ferner noch Rn. 52, 53).

Der Haftungsgrund aus c. i. c. erfasst grundsätzlich nur den Zeitraum, in welchem die Vertragsverhandlungen nicht beendet sind, sei es durch Abschluss des ör Vertrages oder durch Abbruch der Verhandlungen.[83] Im Falle des Vertragsabschlusses wird der Haftungsgrund des enttäuschten Verhandlungsvertrauens von der stärkeren Haftung aus ör Vertrag grundsätzlich „überholt".[84] **47**

Ersatz des Vertrauensschadens ist u. a. denkbar beim **grundlosen Abbruch** von Vertragsverhandlungen, wenn zuvor durch entsprechendes Verhalten der Eindruck erweckt und genährt wurde, der Vertrag werde mit Sicherheit zustande kommen. Das setzt i. d. R. einen schweren Verstoß gegen die Pflicht zu redlichen Verhalten voraus.[85] Maßgebend dafür sind die Umstände des Einzelfalls.[86] Wird ein Vertragsschluss ohne triftigen Grund abgelehnt, obwohl er nach dem bisherigen Stand der Verhandlungen als sicher anzunehmen war, und hat die Gegenseite im Hinblick darauf Aufwendungen erbracht, kann Schadensersatz in Betracht kommen.[87] **48**

Ein Anspruch auf Schadensersatz kann ferner in Betracht kommen, wenn die Verhandlungen zu einem Vertrag geführt haben, der ohne das Verschulden der Vertragspartei anders abgeschlossen worden wäre; das kann der Fall sein bei der Verletzung von **Aufklärungspflichten,** etwa über denkbare bauplanungsrechtliche, (kommunal)politische und/oder finanzielle Hindernisse.[88] Art und Inhalt der Aufklärungspflichten der Behörde hängen von den Umständen des Einzelfalls und der Kenntnis ihres Vertragspartners sowie der Ausgestaltung des materiellen Rechts ab; § 25 VwVfG und die Nebenpflichten aus dem Verwaltungsverfahrensverhältnis geben das Ausmaß der behördlichen Pflichten an;[89] mitverschuldete Unkenntnis ist zu berücksichtigen.[90] **49**

Haftung aus c. i. c. kann auch bestehen, wenn der Vertrag in Folge des Verschuldens gar **nicht oder nicht (form)wirksam** vereinbart worden ist.[91] Scheitert ein ör Vertrag an der Formvorschrift des § 57, so kann ein Schadensersatzanspruch regelmäßig erst dann in Betracht kommen, wenn eine Rechtsbeständigkeit auch ohne Einhaltung der Form als sicher dargestellt oder die Einhaltung der Form verhindert wurde.[92] Das gleiche gilt, wenn eine tatsächlich nicht vorhandene Abschlussbereitschaft für einen formbedürftigen Vertrag vorgespiegelt wird.[93] **50**

Eine allgemeine Rechtspflicht, den Vertragspartner über alle denkbaren Umstände aufzuklären, die auf seine Entschließung Einfluss haben könnten, gibt es nicht; maßgebend sind vielmehr die Umstände des Einzelfalls.[94] Das **Verschweigen von Tatsachen** ist daher nur dann relevant, wenn eine Information nach der Verkehrsauffassung unter redlichen und loyalen Partner zu erwarten war.[95] **51**

Ist das Zustandekommen eines rechtsverbindlichen Bebauungsplans in einem ör Vertrag in Aussicht gestellt, ein solcher Plan aber nichtig, löst dies grundsätzlich weder Ersatzansprüche nach Amtshaftungsgrundsätzen noch aus Plangewährleistung aus.[96] Zur Frage einer Haftung aus Verschulden bei Vertragsabschluss im Zusammenhang mit der Anbahnung von Folgekostenver- **52**

---

[82] *BGH* NVwZ 2006, 1207, zugleich zur (verneinten) Amtshaftung; zuvor schon *BGHZ* 76, 386 (396).
[83] *OVG Münster* vom 11. 10. 1991 – 3 A 2619/87 –; *Soergel-Siebert,* BGB, Rn. 71, 73 vor § 275; *Münchener Kommentar,* Rn. 38 vor § 275.
[84] *BGH* NJW 1975, 642; *OVG Münster* vom 11. 10. 1991, a. a. O.
[85] *BGH* NJW 1975, 1774; NJW 1978, 1802; NJW 1980, 1683; BB 1996, 1238; *OLG Rostock* NVwZ-RR 2002, 526; *OVG Lüneburg* SchlHAnz. 1983, 171; *Grunewald* JZ 1984, 708.
[86] Vgl. *Jäckle* NJW 1990, 2521 mit zahlreichen Beispielen.
[87] *OVG Koblenz* NVwZ-RR 2004, 241.
[88] *BGH* MDR 1982, 462; *Jäckle* NJW 1990, 2522.
[89] *Jäckle* NJW 1990, 2520.
[90] *BGH* NJW 1978, 1802 und 1980, 826.
[91] *BVerwG* DÖV 1974, 133 (134); *BGHZ* 116, 251.
[92] *BGHZ* 76, 343 (349); 116, 251 (257); *BGH* NJW 1975, 43; NJW 1996, 1884.
[93] *OVG Koblenz* NVwZ-RR 2004, 241 unter Hinweis auf *BGHZ* 71, 386 (395); 76, 343 (349); *BGH* NJW 1996, 1884.
[94] *BGH* NJW 1983, 2494.
[95] *BGH* a. a. O.
[96] *BGH* NVwZ 2006, 1207; *Jäckle* NJW 1990, 2522 ff.

trägen und Zusagen über die Aufstellung eines Bebauungsplans vgl. *BayObLG* BayVBl 1976, 378; ferner § 54 Rn. 61 ff. m. w. N.[97]

53   Nach *BGHZ* 71, 386 = NJW 1978, 1802 können sich aus den Verhandlungen einer Gemeinde mit einem Bauwilligen über den Abschluss eines Folgelastenvertrages (hierzu noch § 54 Rn. 117) Pflichten ergeben, deren Verletzung zur Haftung nach den Grundsätzen der culpa in contrahendo führen kann. Eine Haftung aus diesem Gesichtspunkt tritt allerdings nicht schon deshalb ein, weil der von der Gemeinde später aufgestellte Bebauungsplan die im Folgelastenvertrag vorausgesetzte bauliche Nutzung von Grundstücken nicht oder nicht in dem gewünschten Maße ermöglicht. Haftungsbegründend kann nach *BGH* a. a. O. allerdings sein, wenn die Gemeinde gegenüber dem Vertragspartner **unrichtige**, seine Vermögensdispositionen nachhaltige beeinflussende **Angaben** über den Stand der Bauleitplanung macht oder ihm **Tatsachen verschweigt**, deren Kenntnis ihn veranlasst hätte, sich vom Folgelastenvertrag früher als dann geschehen zu lösen.[98]

54   Nach *BGH* DVBl 1979, 230 können sich, wenn eine Wasserbehörde aus Gründen des Hochwasserschutzes eine freiwillige Umsiedlung einer im Überschwemmungsgebiet gelegenen Gaststätte erstrebt, Pflichten der Behörde ergeben, die zur Haftung nach den Grundsätzen der culpa in contrahendo führen. Das Gleiche gilt für eine Gemeinde, die nach erfolgter Teilungsgenehmigung die Verhandlungen mit dem Eigentümer über den Abschluss eines (für die Erteilung der Baugenehmigung notwendigen) Erschließungsvertrages aus sachfremden Gründen abbricht.[99]

55   Auch die Nichtbeachtung von Vorschriften über **Vertretungsregelungen** bei Handeln für eine juristische Person des öffentlichen Rechts und einer deshalb entstehenden Unwirksamkeit eines Vertrages kann zu einer Haftung wegen Verschuldens beim Vertragsabschluss führen, wenn die Fehler der Behörde rechtserheblich und ihr zugerechnet werden können.[100]

6. Positive Vertragsverletzung

56   Das nunmehr in **§ 280 BGB n. F.** kodifizierte Rechtsinstitut der positiven Vertragsverletzung kommt bei ör Verträgen ebenfalls zur entsprechenden Anwendung.[101] Hierzu gehören diejenigen Pflichtverletzungen, die weder Unmöglichkeit noch Verzug sind und die Schlechterfüllung oder die Verletzung von Nebenpflichten, z. B. Mitwirkungs-, Aufklärungs-, Auskunfts-, oder Leistungstreuepflichten betreffen. Neben einer Haftung kommt u. U. auch ein Rücktritt vom Vertrag in Betracht.[102] Zur Haftung aus einem wegen Personalmangels nicht ordnungsgemäß erfüllten öffentlich-rechtlichen Kinderbetreuungsvertrag vgl. *VG Berlin*, Urt. vom 13. 11. 1979 – 8 A 5.79 –. Zur Haftung im Zusammenhang mit einer Vertragspflicht über die Errichtung eines Steinmetzbetriebs, die wegen Nichtigkeit nicht erfüllbar ist, vgl. *OVG Münster,* Urt. vom 3. 9. 1981–7 A 626/80. Zur Haftung bei Verstößen gegen die sog. Leistungstreuepflicht vgl. *BGH* NJW 1978, 260. Erstattungsfähig können auch Bebauungsplanentwurfskosten bei später eingestelltem Planverfahren sein.[103]

57   Denkbar ist ferner eine sog. **Vertrauenshaftung, wenn nicht an einem Vertrag beteiligte Personen** am Zustandekommen und an der Durchführung des Vertrags maßgeblich beteiligt waren (sog. Dritthaftung).[104] Diese Haftung steht neben den Instituten der positiven Vertragsverletzung und der Haftung aus culpa in contrahendo.[105] An eine solche Haftung sind strenge Anforderungen zu stellen.

---

[97] Zum Verschulden bei der Anbahnung eines Vertragsverhältnisses zwischen Hoheitsträgern vgl. *BGH* DVBl 1976, 77.
[98] Vgl. auch *BGH* NJW 1983, 2493.
[99] Vgl. *BGH* DNotZ 1981, 35 = Der Städtetag 1980, 425; ähnlich auch *BGH* DÖV 1982, 417, Nr. 61 zur Hinweispflicht wegen Bedenken gegen die planungsrechtliche Zulässigkeit eines Vorhabens.
[100] Vgl. *BGH* NJW 1985, 1778; NVwZ 1990, 403; JZ 1990, 548; DVBl 2001, 169; *Jäckle* NJW 1990, 2520, 2523 m. w. N.
[101] Vgl. *BVerwG* NVwZ 1996, 174; *OVG Lüneburg* SchlHAnz. 1983, 171; *VGH Mannheim* NJW 2003, 1066; *Geis* NVwZ 2002, 385.
[102] Vgl. *BVerwG* DÖV 1976, 310 (320); *BVerwG* NVwZ 1996, 174; *Wolff/Bachof/Stober* 1, § 55 Rn. 36; *Obermayer* BayVBl 1977, 546 (553).
[103] *OVG Lüneburg* SchlHAnz 1983, 171 (im konkreten Fall verneinend).
[104] Vgl. *BGHZ* 70, 337; *Hohloch* NJW 1979, 2369.
[105] Vgl. *v. Bar* JuS 1982, 637.

7. AGB-Recht

Bisher war streitig, ob und inwieweit das außerhalb des BGB stehende AGBG als Verbraucherschutzgesetz auf ör Verträge anwendbar war. Die Rechtsprechung der Verwaltungsgerichte hat diese Frage tendenziell mit dem Argument verneint, das AGBG sei keine Vorschrift des „Bürgerlichen Gesetzbuchs" und schon deshalb nicht anwendbar; gleiche oder ähnliche Ergebnisse könnten auch über die Angemessenheitsklausel des § 56 erreicht werden.[106] Nach der **Integration des AGBG in das BGB** (nunmehr §§ 305–310 BGB n. F.) durch die Schuldrechtsreform ist diese formelle Hürde beseitigt. **58**

Daher steht einer Anwendung auf ör Verträge grundsätzlich nichts im Wege, sofern die tatbestandlichen Voraussetzungen der §§ 305–310 BGB gegeben sind und keine inhaltsgleichen oder entgegenstehenden Rechtsvorschriften bestehen. Dazu gehört nach wie vor das – etwa in § 56 Abs. 1 Satz 2 VwVfG und § 11 Abs. 2 BauGB enthaltene – **Angemessenheitsprinzip**[107] als allgemeiner Rechtsgrundsatz des ör Vertragsrechts (§ 54 Rn. 68 ff.), dem inhaltlich der in § 307 Abs. 1 BGB enthaltene Begriff der „unangemessenen Benachteiligung" entspricht.[108] Zwischen ihnen werden sich kaum inhaltliche Diskrepanzen ergeben. Auch sonstige Besonderheiten des öffentlichen Rechts können einer „ergänzenden und entsprechenden" Anwendung des BGB entgegenstehen:[109] Formal setzt die Anwendung der §§ 305 ff. BGB n. F. voraus, dass es sich um „vorformulierte Vertragsbedingungen ... für eine Vielzahl von Verträgen" handelt, „die eine Vertragspartei (Verwender) der anderen Vertragspartei bei Abschluss eines Vertrags stellt" (§ 305 I 1 BGB). Solche **Formular- bzw. Standardverträge** liegen nicht vor, soweit Vertragsbedingungen zwischen den Vertragsparteien im Einzelnen ausgehandelt sind (§ 305 I 3 BGB). Nach § 310 I 1 BGB sind im übrigen § 305 II und III sowie §§ 308 und § 309 BGB nicht anwendbar auf Allgemeine Geschäftsbedingungen, die gegenüber einem Unternehmer, einer juristischen Person des öffentlichen Rechts oder einem ör Sondervermögen verwendet werden. Zusätzlich von Bedeutung können die Ausnahmeregelungen des § 310 II BGB auf Verträge im Energieversorgungsbereich sein. Daher muss im **Einzelfall** geprüft werden, ob die §§ 305 ff. BGB auf ör Verträge tatbestandlich überhaupt anwendbar sind und ob ggfls. Besonderheiten des öffentlichen Vertragsrechts, insbesondere das in § 56 enthaltene Angemessenheitsprinzip sowie das Gleichbehandlungsgebot für eine Anwendung der §§ 305 ff. BGB n. F. überhaupt noch Raum lassen. Bei sog. **koordinationsrechtlichen** Verträgen zwischen Behörden bzw. ihren Rechtsträgern wird daher das AGB-Recht praktisch nie zur Anwendung kommen, bei **subordinationsrechtlichen Verträgen** zwischen Behörden und Privatrechtssubjekten nur in seltenen Ausnahmefällen, sofern die vorgenannten Voraussetzungen erfüllt sind.[110] **59**

8. Sonstige BGB-Vorschriften

Auf ör Verträge sind nicht nur die Vorschriften des Buchs 1 (Allgemeiner Teil, §§ 1–236) und 2 (Recht der Schuldverhältnisse, §§ 239–853) grundsätzlich ergänzend und entsprechend – also doppelt modifiziert – anwendbar, sondern auch diejenigen der Bücher 3–5 (Sachenrecht, Familienrecht, Erbrecht), sofern sich entsprechende Konstellationen ergeben. In jedem Fall ist eine Prüfung notwendig, ob Besonderheiten des öffentlichen Rechts einer Anwendung entgegenstehen. **60**

---

[106] Vgl. *BVerwGE* 74, 78 (83); *BVerwG*, Beschlüsse vom 21. 12. 1995 – 11 B 93.95 und 11 B 94.95 – n. v.; *OVG Münster* NJW 1989, 1879; *VGH München* NVwZ 1999, 1008; für Anwendbarkeit hingegen *OLG Hamm* NJW 1996, 2104; *OLG München* NJW 1998, 1962.

[107] Vgl. *BGH* NVwZ 2003, 371, wonach das (auch) in § 11 II BauGB bei städtebaulichen Verträgen normierte Gebot zu angemessener Vertragsgestaltung als abschließende Regelung einer ergänzenden Inhaltskontrolle nach §§ 305 ff. BGB entgegensteht.

[108] *VGH München* NVwZ 1999, 1008; ebenso *Grziwotz* NVwZ 2002, 393 für städtebauliche Verträge.

[109] Ebenso *Kopp/Ramsauer*, § 62 Rn. 16; *Grziwotz*, Städtebauliche Verträge und AGB-Recht, NVwZ 2002, 391, ähnlich wohl auch *Geis* NVwZ 2002, 286. Zu pauschal für Anwendung der AGB-Vorschriften bei PPP-Projekten vgl. *Kunkel/Weigelt* NJW 2007, 433.

[110] Ähnlich *Kopp/Ramsauer*, § 62 Rn. 17, 18; *Knack*, § 62 Rn. 23.

IV. Rechtswegfragen

61 Streitigkeiten aus einem ör Vertrag einschließlich Ansprüchen aus culpa in contrahendo, positiver Vertragsverletzung sowie Erfüllungs-, Ausgleichs- und Schadensersatzansprüchen bis zur Vollstreckung aus einem ör Vertrag sind nach § 40 Abs. 2 Satz 1 VwGO grundsätzlich im **Verwaltungsrechtsweg** zu entscheiden. Die übereinstimmende Rechtsprechung von BVerwG und BGH macht hiervon eine Ausnahme bei Ansprüchen aus Verschulden bei der Anbahnung oder dem Abschluss eines ör Vertrags, die typischerweise zugleich Gegenstand (auch) eines Amtshaftungsanspruchs sind; dann sind die ordentlichen Gerichte zuständig, weil einheitliche und unteilbare Sachverhalte einheitlich und vollständig in einem Gerichtszweig entschieden, nicht aber in zwei Anspruchsgrundlagen und Rechtswege aufgespalten werden sollen.[111]

V. Landesrecht

62 Abweichendes Landesrecht zu § 62 fehlt. Daher gelten die Grundsätze zur ergänzenden Anwendung der übrigen Vorschriften des LVwVfG und des BGB auch dann, wenn Landes- und Kommunalbehörden das VwVfG ausführen.

VI. Vorverfahren

63 Die ergänzende Anwendung von Vorschriften der Landes-VwVfGe und des BGB in einem Widerspruchsverfahren ist nur ausnahmsweise denkbar, wenn dort ein ör Vertrag – etwa ein Vergleichsvertrag – geschlossen wird. Das wird nur dann in Betracht kommen, wenn die Widerspruchsbehörde dafür sachlich und instanziell zuständig ist.

---

[111] *BVerwG* NJW 2002, 2894; *BGH* NJW 1986, 1109. Zum Zivilrechtsweg bei cic im Zusammenhang mit einem Vergleichsvertrag vgl. *VGH Mannheim* DVBl 2005, 1276 Nr. 23 (nur Leitsatz).

Teil V.
Besondere Verfahrensarten

Abschnitt 1. Förmliches Verwaltungsverfahren

§ 63 Anwendung der Vorschriften über das förmliche Verwaltungsverfahren

(1) Das förmliche Verwaltungsverfahren nach diesem Gesetz findet statt, wenn es durch Rechtsvorschrift angeordnet ist.

(2) Für das förmliche Verwaltungsverfahren gelten die §§ 64 bis 71 und, soweit sich aus ihnen nichts Abweichendes ergibt, die übrigen Vorschriften dieses Gesetzes.

(3) ¹Die Mitteilung nach § 17 Abs. 2 Satz 2 und die Aufforderung nach § 17 Abs. 4 Satz 2 sind im förmlichen Verwaltungsverfahren öffentlich bekannt zu machen. ²Die öffentliche Bekanntmachung wird dadurch bewirkt, dass die Behörde die Mitteilung oder die Aufforderung in ihrem amtlichen Veröffentlichungsblatt und außerdem in örtlichen Tageszeitungen, die in dem Bereich verbreitet sind, in dem sich die Entscheidung voraussichtlich auswirken wird, bekannt macht.

Vergleichbare Vorschriften: –

Abweichendes Landesrecht:
Berlin: § 4 **Förmliches Verfahren.** Das förmliche Verfahren findet statt
a) in den Angelegenheiten, die vom Senat durch Rechtsverordnung oder sonst durch Rechtsvorschriften bestimmt werden,
b) in den sonstigen Angelegenheiten, in denen durch Rechtsvorschrift die Durchführung einer mündlichen Verhandlung vorgeschrieben ist.

Entstehungsgeschichte: Bis zum Inkrafttreten des VwVfG vgl. § 63 der 6. Auflage. Kleine redaktionelle **Änderungen** sind mit der Bek. der Neufassung v. 21. 1. 2003, BGBl I 102, erfolgt. Vgl. ferner Rn. 1, 38, 48 f.

Literatur: *Erath,* Förmliche Verwaltungsverfahren und gerichtliche Kontrolle, 1996; *Wahl,* Fehlende Kodifizierung der förmlichen Genehmigungsverfahren im Verwaltungsverfahrensgesetz, NVwZ 2002, 1192. Ausführlich zum Schrifttum vor 1996 s. § 63 der 6. Auflage. Vgl. ferner die Literaturnachweise zu §§ 17 und 72 ff.

Übersicht

	Rn.
I. Allgemeines	1
1. Das förmliche VwVf des VwVfG	1
2. Regelungen förmlicher VwVf außerhalb der §§ 63 ff. (förmliche VwVf i. w. S.)	10
a) Begriff des förmlichen VwVf i. w. S.	10
b) Anwendungsfälle förmlicher Verfahren i. w. S.	13
c) Förmlichkeit des VwVf und materielle Entscheidungswirkungen; mangelnde Systematisierung	22
II. Anwendungsbereich des förmlichen VwVf nach dem VwVfG (Abs. 1)	28
1. Anordnung durch Rechtsvorschriften	28
a) Rechtsvorschriften	28
b) Anordnung	30
c) Förmliche VwVf „nach diesem Gesetz"	32
d) Partielle und modifizierte Anordnungen	34
e) Abweichendes Landesrecht	36
2. Anwendungsfälle des förmlichen VwVf gem. §§ 63 ff.	37
a) Grundsätzliches	37
b) Förmliche VwVf kraft bundesrechtlicher Anordnung	39
c) Förmliche VwVf auf Grund landesrechtlicher Anordnung	45
III. Rechtliche Ausgestaltung des förmlichen VwVf (Abs. 2)	46
IV. Öffentliche Mitteilungen und Aufforderungen in Massenverfahren (Abs. 3)	48
V. Landesrecht	51

I. Allgemeines

1. Das förmliche VwVf des VwVfG

1 Für die VwVf i. S. d. VwVfG (s. § 9 Rn. 83 ff.) besteht nach dem Grundsatz der Nichtförmlichkeit des VwVf (§ 10 Rn. 1 ff.) mangels besonderer gesetzlicher Regelungen keine Bindung an bestimmte Formen. Im Gesetzgebungsverfahren war aber von Anfang an gesehen worden, dass es in der Verwaltung Materien gibt, die **wegen ihrer Bedeutung** einer besonderen, „förmlichen" Behandlung bedürfen.[1]

2 Das VwVfG hat dem Rechnung getragen, indem es im Teil V Abschnitte 1 und 2 zwei **Grundmodelle besonderer VwVf** zur Verfügung gestellt hat, deren Übernahme für die in Frage kommenden Einzelverfahren eine einheitliche Verfahrensgestaltung ermöglichen soll. Neben dem auch durch einen spezifischen materiellen Entscheidungsgehalt geprägten PlfV der §§ 72 ff. ist als weiteres Grundmodell das **förmliche VwVf nach den §§ 63 ff.** vorgesehen. Die durch das GenBeschlG hinzugekommenen Regelungen des Abschnitts 1 a, §§ 71 a ff., dienen der Beschleunigung der Genehmigungsverfahren bei Vorhaben der dort angeführten Art, für die besondere Verfahrensgestaltungen zwingend oder als Sollvorschrift vorgesehen sind (s. auch Rn. 22 ff., § 71 a Rn. 8 f.).

3 Die in den §§ 63 ff. getroffene Regelung enthält **keine inhaltlichen Voraussetzungen** für die Anwendbarkeit dieses Modells und legt auch keine materiellen Rechtswirkungen für den Fall seiner Anwendung fest. Vielmehr erschöpft sich die Regelung der §§ 63 ff. in einer Reihe formeller Anforderungen an die Gestaltung des Verfahrens, deren Geltung allein davon abhängig gemacht ist, dass das förmliche Verfahren nach diesem Gesetz durch Rechtsvorschrift angeordnet ist (Rn. 28 ff.).

4 Durch seine inhaltliche Offenheit kommt das förmliche VwVf nach den §§ 63 ff. für sachlich ganz unterschiedliche Arten von Entscheidungsvorgängen in Frage und wird auch in der Tat für ganz **heterogene Materien** vorgesehen (Rn. 37 ff.); andererseits ist es aus demselben Grunde nur bedingt geeignet, bereichsspezifische Verfahrensprobleme, zumal wenn sie mit materiellrechtlichen Problemen verknüpft sind, abschließend zu bewältigen. Dieser Umstand dürfte erklären, warum der Gesetzgeber das förmliche VwVf nach §§ 63 ff. jedenfalls bisher nicht weitergehend angeordnet hat, sondern an den spezialgesetzlichen Verfahrensregelungen auch dort festhält, wo sie z. T. ganz ähnliche förmliche Voraussetzungen kennen (Rn. 10 ff.).

5 Das förmliche VwVf ist **kein abschließend geregeltes eigenes Verfahren,** sondern als besondere Verfahrensart des allgemeinen VwVf auf den in §§ 9 bis 32 enthaltenen Verfahrensgrundsätzen aufgebaut (s. noch Rn. 46). Es zielt, sofern nicht Rechtsvorschriften etwas anderes bestimmen, auf den Erlass eines VA oder den Abschluss eines öR Vertr i. S. des § 9 (s. § 69 Rn. 28); es ist deshalb grundsätzlich ein VwVf i. S. des § 9. Durch eine Reihe von besonderen Bestimmungen ist das förmliche Verfahren im Sinne einer **Stärkung der Rechtsstellung der Beteiligten** und der **Bindung der Verwaltung** an einen nahezu **gerichtsförmigen, prozessähnlich** ausgestalteten Verfahrensablauf gegenüber dem allgemeinen, nichtförmlichen Verfahren modifiziert.

6 Dazu gehören als **typische Elemente** namentlich die Formbindung verfahrenseinleitender Anträge (§ 64), die Mitwirkungspflicht von Zeugen und Sachverständigen (§ 65), erweiterte Mitwirkungsrechte der Beteiligten (§ 66), die Durchführung einer mündlichen Verhandlung (§§ 67, 68) und die Schriftlichkeit der Entscheidung samt Begründung sowie ihre Zustellung (§ 69).[2] Der größere Verfahrensaufwand verleiht den Entscheidungen im förmlichen Verfahren eine erhöhte Richtigkeitsgewähr (s. auch § 70 Rn. 2), verbessert durch intensivere Beteiligung der Betroffenen ihre Akzeptanz und verwirklicht zugleich vorbeugend Grundrechtsschutz durch VwVf (s. hierzu und zu rechtsstaatlichen Verfahrensanforderungen generell § 1 Rn. 39 ff., § 9 Rn. 49 ff.; auch § 73 Rn. 1 ff.).

---

[1] Nr. 8 der Allgemeinen Begründung des Musterentwurfs, S. 76. Zu der unter verschiedenen Gesichtspunkten vorgetragenen Kritik an der Schaffung förmlicher VwVf vgl. allerdings Rn. 7.
[2] Vgl. zu den Abgrenzungskriterien förmlicher VwVf im materiellen Sinne auch *Erath*, Förmliche Verwaltungsverfahren und gerichtliche Kontrolle, 1996, S. 32 f.

Die Zweiteilung der Verfahrensarten des VwVfG hat **früher Kritik** hervorgerufen. Während 7
das PlfV als besondere Verfahrensart anerkannt war,[3] wurde die Regelung eines förmlichen
VwVf besonders deshalb für problematisch gehalten, weil mit der Gegenüberstellung von nichtförmlichen und förmlichen Verfahren entgegen den Absichten des Gesetzes der nicht zutreffende Anschein aufrechterhalten werde, die Gestaltung des nichtförmlichen VwVf stehe im freien Ermessen der Verwaltungsbehörde.

Ferner wurde geltend gemacht, die **Verfahrensgarantien** für den beteiligten Bürger im 8
nichtförmlichen Verfahren dürften **nicht erheblich geringer** sein als im förmlichen Verfahren,
weil ersterem sonst ein nicht gewollter Status minderen Rechts und ein Schattendasein zukommen könne.[4]

Der Gesetzgeber ist diesen Einwänden nicht gefolgt, sondern hat die Zweiteilung der Verfah- 9
rensarten akzeptiert. Die referierte Kritik ist inzwischen verstummt, zumal bereits das vorhandene Recht auch außerhalb des VwVfG eine Reihe bedeutsamer VwVf mit ähnlichen förmlichen Elementen enthielt und zunehmend enthält (hierzu Rn. 10 ff.). §§ 63 ff. stellen daher **keine gesetzliche Neuschöpfung** und auch **keine einmalige Eigentümlichkeit** dar, sondern geben in verallgemeinerter Form nur bereits geläufige und weiterhin auch sonst relevante Grundsätze wieder.

2. Regelungen förmlicher VwVf außerhalb der §§ 63 ff. (förmliche VwVf i. w. S.)

a) Begriff des förmlichen VwVf i. w. S. Die Nichtförmlichkeit des VwVf steht gem. § 10 10
S. 1 unter dem Vorbehalt besonderer Rechtsvorschriften für die Form des Verfahrens. Damit ist
Raum für spezialgesetzlich vorgesehene, unterschiedlich ausgestaltete Formalisierungen von
VwVf in den jeweiligen Sachmaterien (§ 10 Rn. 10 ff.). Einzelne, mehrere oder alle Förmlichkeiten der §§ 63 ff. sowie natürlich auch weitergehende Regelungen können ohne Rückgriff auf
das Modellverfahren des VwVfG nach Maßgabe der Fachgesetze vorgeschrieben werden. Auch
solche VwVf werden als **förmliche VwVf** bezeichnet, allerdings in einem **materiellen, weiteren Sinne**.[5]

Sofern dies nicht auf alle Verfahren ausgedehnt wird, für die der Grundsatz der Nichtförm- 11
lichkeit in irgendeinem Einzelpunkt durchbrochen wird, sondern auf VwVf mit weitgehend
dem **Verfahren nach §§ 63 ff. ähnlichem Formalisierungsgrad**[6] beschränkt bleibt, ist dies
der Sache nach unbedenklich; doch entsteht die Gefahr einer Verwechslung solcher VwVf mit
den förmlichen VwVf i. e. S. der §§ 63 ff., wenn der untechnische Sprachgebrauch nicht jeweils
klar gekennzeichnet wird.

Rechtsfolgen sind mit der Qualifikation als förmliches Verfahren i. w. S. **grundsätzlich nicht** 12
verbunden; insbesondere bleibt der Anwendungsbereich der §§ 63 ff. auf förmlichen VwVf
i. e. S. beschränkt. Immerhin kann es im Einzelfall zulässig sein, einzelne der in den §§ 63 ff.
enthaltenen Vorschriften als Ausdruck allgemeiner Rechtsgedanken zur Füllung von Lücken in
den spezialgesetzlichen Regelungen der förmlichen VwVf i. w. S. heranzuziehen;[7] um eine subsidiäre Geltung der §§ 63 ff. im Rahmen von § 1 Abs. 1 letzter HS (§ 1 Rn. 206 ff.) handelt es
sich dabei jedoch nicht.

b) Anwendungsfälle förmlicher Verfahren i. w. S. finden sich teils auf Grund von Rege- 13
lungen, die **älter** sind **als das VwVfG**, aber aufrechterhalten wurden; doch sind derartige Regelungen auch nach Inkrafttreten des VwVfG anstelle der Anordnung der Geltung der §§ 63 ff.
(Rn. 28 ff.) neu erlassen worden.

---

[3] *Spanner* DVBl 1964, 845, 846.
[4] Vgl. *Rietdorf* DVBl 1964, 293, 298; *Spanner* DVBl 1964, 845, 846; *Feneberg* DVBl 1965, 177, 178, 180;
Ule/Becker, S. 28 f.; zusammenfassend *Erath*, Förmliche Verwaltungsverfahren und gerichtliche Kontrolle,
1996, S. 47 ff. m. w. N.
[5] S. etwa *Ule/Laubinger*, § 32 Rn. 2; *Dürr* in Knack, vor § 63 Rn. 6; *Ziekow*, § 63 Rn. 2; *Maurer*, § 19
Rn. 4; *Badura* in Erichsen, 12. Aufl., 2002, § 34 Rn. 6; *Pünder* in Erichsen/Ehlers, § 14 Rn. 35; ferner
Erath, Förmliche Verwaltungsverfahren und gerichtliche Kontrolle, 1996, S. 42 f., dort, S. 55 ff., auch rechtsvergleichend zu förmlichen Verfahren des US-Rechts.
[6] *Erath*, Förmliche Verwaltungsverfahren und gerichtliche Kontrolle, 1996, S. 30 ff., stellt auf die Ähnlichkeit zu gerichtlichen Verfahren ab.
[7] S. für § 69 Abs. 2 BVerwGE 55, 299, 304 und dazu § 69 Rn. 10.

§ 63 14–19   Teil V. Besondere Verfahrensarten

14   Im **Bundesrecht** sind förmliche VwVf i. w. S. vor **Ausschüssen** oder **sonstigen Kollegialorganen** insbesondere geregelt:
     – in §§ 21 ff. JuSchG i. V. mit DVO für das Indizierungsverfahren;
     – in §§ 104 ff. BauGB für das baurechtliche Enteignungsverfahren, soweit das Landesrecht die Mitwirkung ehrenamtlicher Beisitzer vorsieht, § 104 Abs. 2 BauGB;
     – in §§ 132 ff. TKG für die Beschlusskammerverfahren der Regulierungsbehörde.[8]

15   Auch das **Seesicherheits-Untersuchungs-Gesetz (SUG)** vom 16. 6. 2002[9] kennt ein ausgeprägtes justizförmiges Verfahren, das in § 20 des Gesetzes ausdrücklich als VwVf i. S. des § 9 qualifiziert wird. Im Rahmen der mündlichen Verhandlung finden gem. § 29 Abs. 6 S. 3 SUG die §§ 66, 68 Abs. 2, Abs. 3 und 71, gem. § 29 Abs. 7 (auch i. V. mit § 27 S. 3) SUG unter Erweiterung auf die Beteiligten auch § 65 VwVfG Anwendung. Weitere Anwendungsfälle finden sich im **Prüfungsrecht,** dessen Verfahren allerdings dem VwVfG nur mit Einschränkungen unterliegen (s. § 2 Rn. 123 ff., auch zu den allgemeinen Grundsätzen des Prüfungsverfahrens).

16   **Umgestaltet** worden ist das frühere **Musterungsverfahren** vor den Musterungsausschüssen nach §§ 17 ff. WPflG a. F.;[10] hier entscheidet seither das Kreiswehrersatzamt. Das nach dem KDVG a. F.[11] gem. § 10 Abs. 2 für das Verfahren vor den Ausschüssen für Kriegsdienstverweigerung und § 18 Abs. 1 S. 2 2. HS für das Widerspruchsverfahren vor den Kammern für Kriegsdienstverweigerung vorgeschriebene förmliche Verfahren i. e. S. ist durch ein reduziert förmliches **Anerkennungsverfahren nach §§ 2 ff.** KDVG vor dem Bundesamt für Zivildienst ersetzt worden.

17   Förmliche VwVf. i. w. S. **vor Behörden ohne Ausschusscharakter** finden sich – ungeachtet der gerade in diesem Bereich ergangenen vielfältigen Regelungen zur Beschleunigung und Vereinfachung des VwVf – zumal im **Genehmigungsrecht** (s. noch Rn. 22 ff., auch Rn. 13 ff.), wie namentlich
     – in §§ 7 ff. AtomG i. V. mit AtVfV für das **Atomrecht;**
     – in §§ 10 ff. BImSchG i. V. mit 9. BImschV für das **Immissionsschutzrecht;**
     – in §§ 11, 13, 14 ff., 17 ff. GenTG für das **Gentechnikrecht;**[12]
     – auch in §§ 12 ff. PBefG für das **Personenbeförderungsrecht.**

18   Außerdem sind zu erwähnen
     – die §§ 109 ff. FlurberG für das **Flurbereinigungsrecht;**
     – die §§ 28 ff., §§ 44 ff. LandbeschG für das **Enteignungs- und Entschädigungsverfahren im Landbeschaffungsrecht;**
     – die §§ 24 ff. im Gesetz zur Regelung der **Wiedergutmachung** nationalsozialistischen Unrechts für Angehörige des öffentlichen Dienstes;
     – die freilich spezifisch ausgestalteten §§ 12 ff., 23 ff. AsylVfG **im Asylrecht.**

18 a Besondere Bedeutung haben förmliche Verfahrensanforderungen nach dem UVPG, die allerdings nicht auf ein eigenständiges VwVf, sondern auf eine **in andere VwVfG integrierte UVP** abzielen.[13]

19   **Bundesrahmenrechtlich** vorgeschrieben war ein förmliches Verfahren i. w. S. namentlich in § 28 Abs. 3 S. 1 **HRG** für die Exmatrikulation (s. dazu Rn. 32), wobei die Länder bei der Ausfüllung des Rahmens auch förmliche VwVf nach ihren VwVfG vorsehen können (s. Rn. 45). Ähnliches gilt im Wasserrecht, wo **§ 9 S. 1 WHG** für die Bewilligung nur ein VwVf verlangt, das Einwendungsmöglichkeiten für alle Beteiligten vorsieht. Verfahren, die außerhalb des Gel-

---

[8] Dazu *Büchner* u. a., Beck'scher TKG-Kommentar, 1998; *Etling-Ernst* TKG, 1996.
[9] BGBl I 1817; FNA 9510-28; entsprechend schon § 10 des Seeunfalluntersuchungsgesetzes vom 6. 12. 1985, BGBl I S. 2146.
[10] *BVerwGE* 55, 299, 304, spricht hierzu ausdrücklich von einem förmlichen Verfahren.
[11] Vom 28. 3. 1983, BGBl I 203; FNA 50-3-2.
[12] Zu den Verfahrensfragen etwa *Graf Vitzthum/Geddert-Steinacher,* Standortgefährdung. Zur Gentechnikregelung in Deutschland, 1992, S. 79 ff.; *Knoche* DVBl 1992, 1079, 1082 ff.; auch *Ladeur* NuR 1992, 254 ff.; *Winter/Mahro/Ginsky,* Probleme des Gentechnikrechts, 1993, S. 49 ff. Zur Novelle von 1993 etwa *Graf Vitzthum* ZG 1993, 236 ff.; *Laber* VR 1993, 361 ff.; *Knoche* BayVBl 1994, 673 ff.; *Simon/Weyer* NJW 1994, 759 ff.; *Wahl/Melchinger* JZ 1994, 973 ff. m. w. N.
[13] Vgl. dazu ausführlich 6. Aufl. Rn. 52–132 a; auf eine Behandlung in diesem Rahmen konnte angesichts mehrerer Spezialkommentierungen – vgl. *Erbguth/Schink,* Gesetz über die Umweltverträglichkeitsprüfung, 2. Aufl. 1996; *Hoppe* (Hrsg.), UVPG, 2. Aufl. 2002; *Peters/Balla,* Gesetz über die Umweltverträglichkeitsprüfung, 3. Aufl. 2006 – verzichtet werden.

tungsbereiches des VwVfG liegen, bleiben hier außer Betracht.[14] **Kein förmliches Verfahren** (offenbar) **i. w. S.** sieht das *BVerwG*[15] in der **Planungs- und Linienführungsbestimmung** gem. § 16 BFStrG[16] (ferner § 72 Rn. 63 ff.).

Im **Landesrecht** sind förmliche Verfahren i. w. S. seltener anzutreffen; es gibt sie namentlich 20
– im **Wasserrecht**,[17]
– im **Enteignungsrecht**[18] sowie
– im **Prüfungsrecht**, dessen Verfahren allerdings auch in den Ländern der Geltung des VwVfG partiell entzogen sind (s. § 2 Rn. 123, 136).
Zum Enteignungsrecht s. Rn. 45.

Soweit das Landesrecht noch verallgemeinernde Regelungen für „förmliche" Verwaltungsverfahren kennt, die nicht unter die §§ 63 ff. fallen – wie etwa die Ausnahme vom Vorverfahren, die § 6 Abs. 1 AGVwGO NRW a. F. für VA-Beschlüsse einer Kollegialbehörde in einem förmlichen Verfahren vorsah[19] –, ist dies der Rechtsklarheit wenig zuträglich. 21

c) Förmlichkeit des VwVf und materielle Entscheidungswirkungen; mangelnde 22
Systematisierung. Das VwVfG unterteilt die VwVf in das allgemeine, nach § 10 nichtförmliche VwVf und die beiden besonderen, durch spezifische formelle Anforderungen gekennzeichneten Verfahrensarten des Teils V; hinzu treten die nachträglich aufgenommenen §§ 71a–71. Spezielle Regelungen zu den **materiellen Entscheidungswirkungen** enthält das VwVfG aber nur für die PlfV gem. §§ 72 ff., während es für die förmlichen VwVf nach §§ 63 ff. wie für die nach §§ 71a–71e zu behandelnden Genehmigungsverfahren bei den **allgemeinen Regeln** sein Bewenden hat. In dieser teils allein an der Förmlichkeit orientierten, teils auf die materiellen Wirkungen ausgedehnten Unterscheidung liegt ein Systembruch des VwVfG.

Dieser tritt besonders deutlich hervor, weil in den außerhalb des VwVfG geregelten förmlichen VwVf i. w. S. in manchen Fällen namentlich von **Genehmigungen** eine doppelte Annäherung an die PlfV hinsichtlich der Förmlichkeit und der Wirkungen festzustellen ist. Ähnlich wie die PlfBeschle gem. § 75 Abs. 1 S. 1 2. HS und § 75 Abs. 2 S. 1 **Konzentrations- und Duldungswirkung** besitzen (s. § 75 Rn. 10 ff., 20 ff.), schließen auch solche Genehmigungen auf der materiellen Seite andere behördliche Entscheidungen zu dem Vorhaben ein und zugleich privatrechtliche Abwehransprüche aus (vgl. §§ 13, 14 BImSchG; § 7 Abs. 6, § 8 AtomG; §§ 22, 23 GenTG). Daneben finden sich förmliche Parallelen, insbesondere hinsichtlich des **Anhörungsverfahrens** (vgl. § 73 einerseits, § 10 BImSchG i. V. mit §§ 8 ff. 9. BImSchV, § 7 Abs. 4 AtomG i. V. mit §§ 4 ff. AtVfV, § 18 GenTG i. V. mit §§ 1 ff. GenTAnhV andererseits). 23

Derartige Genehmigungsverfahren weisen damit weitgehende Gemeinsamkeiten auf, die **systematisch sachgerecht** in **einheitlichen Regeln des VwVf** für diesen Entscheidungstyp festzulegen wären.[20] Die dem Beschleunigungsziel verpflichteten Sonderbestimmungen für Genehmigungsverfahren im Zusammenhang mit wirtschaftlichen Vorhaben, §§ 71a–71e, erfüllen dieses Postulat keineswegs; sie verankern aber immerhin die Genehmigungsverfahren als besondere Kategorie[21] im VwVfG, woran bei einer systemgerechten Gesamtregelung im VwVfG angeknüpft werden könnte. 24

Das Zusammenspiel von Förmlichkeit und Entscheidungswirkungen ist auch außerhalb des VwVfG nicht durchgängig verwirklicht. So sind namentlich Konzentrationswirkungen in unter- 24a

---

[14] S. etwa zu den Verfahren nach OWiG, für die das VwVfG nach § 2 Abs. 2 Nr. 2 nicht gilt, als förmlichen VwVf i. w. S. *Badura* in Erichsen, 12. Aufl., 2002, § 34 Rn. 6; *Pünder* in Erichsen/Ehlers, § 14 Rn. 36 ff.
[15] NVwZ 1982, 502 f; zustimmend *Busch* in Knack, 5. Aufl., vor § 63 Rn. 3.2.
[16] Kritisch etwa *Ibler* DVBl 1989, 76.
[17] Vgl. *Dürr* in Knack, vor § 63 Rn. 15; s. aber auch Rn. 45.
[18] Vgl. noch auf der Grundlage des (fortgeschriebenen) PrEntG von 1874 in Schleswig-Holstein, §§ 15 ff.; s. ferner etwa §§ 19 ff. NdsEntG.
[19] Vgl. zu dieser Vorschrift im Hinblick auf die für das Prüfungsrecht kraft Grundgesetzes anzunehmenden Möglichkeiten eines Vorverfahrens *Nolte* NWVBl 1992, 301 ff. § 6 Abs. 1 AGVwGO NW ist allerdings inzwischen durch die neue Fassung des § 70 weitgehend verdrängt; vgl. *Stern* Verwaltungsprozessuale Probleme, S. 224 Fn. 63. Ein förmliches Verfahren im Sinne dieser Vorschrift liegt nur vor, wenn es gerichtsähnlich ausgestaltet ist, namentlich das rechtliche Gehör durch eine mündliche Verhandlung gesichert ist, s. *Geis* in Sodan/Ziekow, § 68 Rn. 141.
[20] Näher *Wahl* NVwZ 2002, 1192 ff.
[21] S. zu den förmlichen Genehmigungen zusammenfassend *Kloepfer*, Umweltrecht, 3. Aufl. 2004, § 4 Rn. 62 ff.; s. ferner § 71a Rn. 16 ff.

schiedlichem Ausmaß mit Genehmigungen verbunden, die nicht auf einem entsprechend formalisierten VwVf beruhen (s. § 43 Rn. 66 ff.), zumal in den Fällen der **Plangenehmigungen,** denen die Rechtswirkungen der Planfeststellung beigelegt sind, während die Vorschriften über das PlfV nicht gelten (s. § 74 Rn. 248). Andererseits sind besondere förmliche Anforderungen sowohl bei den förmlichen VwVf i. e. S. (s. Rn. 39, 45) als auch bei denen i. w. S. (s. Rn. 13 ff.) unabhängig von vergleichbaren Entscheidungswirkungen anzutreffen.

25 Der Befund **mangelnder Systematisierung** der unterschiedlichen Typen von VwVf ist nicht auf den Zusammenhang zwischen Förmlichkeit und Entscheidungswirkungen beschränkt. Vielmehr bleiben auch die vielfältigen Probleme **gestufter VwVf** (s. § 35 Rn. 241 ff.) im VwVfG unberücksichtigt; die Vorschriften der Fachgesetze, die von den spezifischen Bedürfnissen der jeweiligen Sachbereiche geprägt sind, lassen sich in ihren Konsequenzen bestimmten Stufungstypen nur mühsam und unter Anerkennung von Mischformen zuordnen (§ 43 Rn. 75 ff.).

26 Das **VwVfG in seiner gegenwärtigen Struktur** bietet für eine systematisch geschlossene Bewältigung der Vielfalt von VwVf sowohl in ihrer horizontalen Dimension gegenüber den Anforderungen paralleler Gesetze als auch in ihrer vertikalen Strukturierung aufeinander aufbauender Entscheidungssysteme **keine geeigneten Ansätze.** Namentlich gilt dies für das einseitig auf Förmlichkeiten ausgerichtete Verfahrensmodell der §§ 63 ff., das den Bedürfnissen der Fachgesetzgebung nach Gestaltungsformen jenseits des allgemeinen Verfahrens ersichtlich nicht entspricht. Das förmliche VwVf i. w. S. kann diese Lücke nicht füllen, da es nicht mehr als eine Sammelbezeichnung ganz heterogener VwVf mit begrenzten förmlichkeitsbezogenen Gemeinsamkeiten darstellt. Auch die vorgeschlagene Einteilung anhand der materiellen Kriterien des Individualschutzziels und des Objektbezugs des VwVf[22] führt, soweit sie überhaupt durchführbar ist, nicht entscheidend weiter.

27 Um der Zersplitterung des Verwaltungsverfahrensrechts gerade in besonders brisanten Bereichen der Gesetzgebung entgegenzuwirken und ihre zunehmende Ausbreitung zu verhindern, bedürfte es daher (nicht allein am Beschleunigungsgedanken orientierter) **legislativer Bemühungen;** zuvor ist allerdings die Verwaltungsrechtswissenschaft aufgerufen, die hierfür notwendigen Vorarbeiten systematischer Durchdringung des so vielfältigen Rechtsstoffes zu leisten.

II. Anwendungsbereich des förmlichen VwVf nach dem VwVfG (Abs. 1)

1. Anordnung durch Rechtsvorschriften

28 a) **Rechtsvorschriften.** Die Anwendung der Vorschriften über das förmliche VwVf gem. §§ 63 ff. setzt voraus, dass dieses Verfahren durch Rechtsvorschrift angeordnet ist. Rechtsvorschriften sind alle **außenwirksamen gültigen Rechtsnormen,** insbesondere förmliche Gesetze, also namentlich Parlamentsgesetze,[23] Rechtsverordnungen und Satzungen,[24] **nicht** aber **Verwaltungsvorschriften.**[25]

29 Der Begriff Rechtsvorschriften umfasst gleichermaßen solche des **Bundes** wie der **Länder;** allerdings ist für landesrechtliche Regelungen im durch § 1 festgelegten Anwendungsbereich des BVwVfG nur bedingt Raum.[26] Namentlich gehen für die Ausführung von Bundesrecht durch die Länder gem. § 1 Abs. 3 die LVwVfGe vor. Landesrechtliche Vorschriften für die Verwaltungstätigkeit der Bundesbehörden, § 1 Abs. 1 Nr. 1, sind bei entsprechender bundesgesetzlicher Ermächtigung denkbar, insbes. in Form von Rechtsverordnungen der Landesregierungen, Art. 80 Abs. 1 S. 1 GG,[27] haben aber für § 63, soweit ersichtlich, praktisch keine Bedeutung.

---

[22] *Erath,* Förmliche Verwaltungsverfahren und gerichtliche Kontrolle, 1996, S. 43 ff.; s. auch noch Rn. 38 zur Unterscheidung der Anlässe für die Anordnung des förmlichen VwVf.
[23] Vgl. zu weiteren Fällen förmlicher Gesetze *Sachs* in Stern, Staatsrecht III/2, S. 428 f. m. w. N.
[24] S. *Ule/Laubinger,* § 32 Rn. 4; *Kopp/Ramsauer,* § 63 Rn. 6.
[25] *VG Berlin* DVBl 1983, 283; *Dürr* in Knack, § 63 Rn. 5; offen lassend für die „Hinweise zu § 16 FStrG" des BMin für Verkehr im Rahmen der Art. 90 Abs. 2 i. V. mit Art. 85 GG *BVerwG* NVwZ 1982, 502, 503.
[26] Vgl. aber § 36 S. 2 BBergG, der eine Ersetzung der §§ 63 ff. durch entsprechende Regelungen des Landesrechts zulässt.
[27] Vgl. *BVerfGE* 18, 407 ff.; allgemein *Stern,* Staatsrecht I, S. 723.

§ 63 Anwendung der Vorschriften über das förmliche Verwaltungsverfahren   30–34 § 63

Für die LVwVfGe (s. noch Rn. 45) gilt derselbe Begriff der Rechtsvorschrift, wobei es sich regelmäßig um Landesrecht handelt.

b) Anordnung. Die §§ 63 ff. sind darauf angewiesen, dass andere Rechtsvorschriften vorschreiben, dass sie anzuwenden sind. Eine normative Grundlage für das Postulat der **Ausdrücklichkeit** dieses Anwendungsbefehls ist nicht ersichtlich; ausreichend, allerdings auch erforderlich ist, dass die Anordnung der Geltung der §§ 63 ff. einer Rechtsvorschrift im Wege der **Auslegung** zu entnehmen ist.[28] Dazu bedarf es nicht unbedingt der Erwähnung des einschlägigen Abschnitts oder der Paragraphen des genau bezeichneten VwVfG (des Bundes oder des Landes),[29] vielmehr kann der Hinweis auf ein förmliches VwVf überhaupt ausreichend sein.[30] Gerade in diesen Fällen erlangt § 63 Abs. 1 konstitutive Bedeutung für die eintretenden Rechtsfolgen, die ihm bei abschließender Bezeichnung der anwendbaren Rechtsvorschriften fehlt. 30

Wenn nicht zumindest das **förmliche VwVf angesprochen** wird, ist die Auslegung einer Vorschrift i.S. einer Anordnung der Geltung der §§ 63 ff. kaum vorstellbar; insbes. genügt die generelle Verweisung auf das VwVfG nicht.[31] Ebenso wenig kann die Tatsache, dass an Stelle eines PlfV ein (Plan-)Genehmigungsverfahren vorgesehen ist, als Anordnung des förmlichen Verfahrens interpretiert werden;[32] im Gegenteil wirkt sich die Nichtgeltung der Bestimmungen über das PlfV hier regelmäßig dahin aus, dass mangels sonst einschlägiger Sonderregelungen nicht einmal von einem förmlichen VwVf i.w.S. gesprochen werden kann (s. auch Rn. 24). 31

c) Förmliche VwVf „nach diesem Gesetz". Voraussetzung für die Geltung der §§ 63 ff. ist eine Rechtsvorschrift, die das förmliche VwVf „nach diesem Gesetz" anordnet. Dazu muss die Bestimmung die Regelung des förmlichen Verfahrens im VwVfG als ihren Bezugspunkt bereits vorfinden, mithin **nach dem VwVfG erlassen** sein. Anordnungen förmlicher Verfahren in vorher ergangenen Gesetzen, wie etwa im früheren § 28 Abs. 3 S. 1 HRG, legen deshalb die (noch zu treffende) Verfahrensregelung nicht auf die §§ 63 ff. VwVfG fest.[33] 32

Für die Möglichkeit der Bezugnahme auf das förmliche Verfahren nach dem VwVfG reicht es aus, dass das VwVfG verkündet war,[34] sein Inkrafttreten[35] ist nicht erforderlich. Praktische Bedeutung hat die Frage wohl nicht, weil zwischen dem **Zeitpunkt der Verkündung** mit Nr. 59 des BGBl I vom 29. 5. 1976[36] und dem des Inkrafttretens am 1. 1. 1977, soweit ersichtlich, keine einschlägigen Vorschriften erlassen worden sind. Der in diesem Zusammenhang genannte § 9 des am 16. 10. 1976[37] nur neu bekannt gemachten WHG sah bereits seit dem ursprünglichen Erlass dieses Gesetzes vom 27. 7. 1957[38] ein förmliches Verfahren vor. Inzwischen ist die Vorschrift ohne Verwendung des Begriffs des förmlichen VwVf neu gefasst (s. Rn. 19). 33

d) Partielle und modifizierte Anordnungen. Als Anordnungen i.S. des § 63 Abs. 1 kommen auch Rechtsvorschriften in Betracht, die das förmliche VwVf nach den Vorschriften des VwVfG nicht in vollem Umfang für anwendbar erklären, sondern **einzelne Bestimmungen ausklammern** oder **zusätzliche Voraussetzungen** aufstellen.[39] 34

---

[28] So wohl auch *Kopp/Ramsauer*, § 63 Rn. 7; *Ziekow*, § 63 Rn. 5 („eindeutig entnehmen lässt"); *Dürr* in Knack, § 63 Rn. 8, begnügt sich damit, dass sich die Anordnung „deutlich" auf die in den VwVfGen enthaltenen Vorschriften über das förmliche VwVf beziehen müsse.
[29] Dahingehend noch *Busch* in Knack, 4. Aufl., § 63 Rn. 3.4.2.
[30] Dafür im Zweifel *Kopp/Ramsauer*, § 63 Rn. 7; s. aber zu älterem Recht noch Rn. 32.
[31] Insoweit zutreffend *Dürr* in Knack, § 63 Rn. 8.
[32] Vgl. für § 31 Abs. 3 KrW-/AbfG gegen *Seeliger* VR 1990, 329, 334; *Dürr* in Knack, § 63 Rn. 6 m.w.N.; vgl. zu Regelungen über eine Plangenehmigung im Übrigen § 74 Rn. 222 ff.
[33] S. schon Rn. 19; vgl. auch *Reich*, HRG, 5. Aufl. 1996, § 28 Rn. 11; *Krüger* in Hailbronner, HRG, Bd. 1, Losebl., § 28 Rn. 17.; anders etwa (ohne Erwähnung des Entstehungszeitpunkts) *Gehrke*, Die Exmatrikulation – Rechtsgrundlagen, Voraussetzungen, Verfahren und Rechtsschutz im Bereich des Erlöschens der studentischen Rechtsstellung, 1996, S. 258.
[34] So auch *Kopp/Ramsauer*, § 63 Rn. 7; *Seegmüller* in Obermayer, VwVfG, § 63 Rn. 9.
[35] Darauf abstellend *Dürr* in Knack, § 63 Rn. 3; *Ule/Laubinger*, § 32 Rn. 4; *Meyer/Borgs*, § 63 Rn. 6.
[36] Die Richtigkeit des im Gesetzblatt genannten Datums wird vermutet, *BVerfGE* 16, 6, 18 ff.; 81, 70, 83 f.
[37] BGBl I 3017.
[38] BGBl I 1110.
[39] S. *Dürr* in Knack, § 63 Rn. 9 mit Anwendungsfällen; *Ziekow*, § 63 Rn. 6; auch Rn. 46.

35 Rechtlich möglich ist auch die **Verweisung auf einzelne Bestimmungen** der §§ 63 ff.,[40] auch in inhaltlicher Umschreibung,[41] die allerdings unabhängig von § 63 Abs. 1 durchgreift.[42] Die Anordnung entsprechender Geltung einzelner Vorschriften aus den §§ 64–71 (s. etwa § 65 Rn. 3) steht dem weitgehend gleich. Kein Anwendungsfall von § 63 Abs. 1 ist auch die Verweisung auf Bestimmungen der §§ 63 ff. in den Vorschriften des VwVfG über das **PlfV** (s. § 73 Abs. 6 letzter Satz für § 67 Abs. 1 S. 3, Abs. 2 Nr. 1 und 4, Abs. 3, § 68; § 74 Abs. 1 S. 2 für §§ 69, 70), die diese Bestandteile des förmlichen VwVf in das PlfV integriert.

36 e) **Abweichendes Landesrecht.** Eine abweichende Regelung zum Anwendungsbereich des in den LVwVfGen weitgehend übereinstimmend vorgesehenen förmlichen VwVf (s. aber § 65 Rn. 43, § 68 Rn. 40, § 70 Rn. 7) findet sich nur **in Berlin** (vor Rn. 1).

2. Anwendungsfälle des förmlichen VwVf gem. §§ 63 ff.

37 a) **Grundsätzliches.** Das VwVfG enthält in den §§ 63 ff. ein **bloßes Verfahrensmodell,** dessen Einsatzmöglichkeiten es weder vorschreibt noch einschränkt. Voraussetzung für die Anwendung des förmlichen Verfahrens ist lediglich die Ausübung öffentlich-rechtlicher Verwaltungstätigkeit (§ 1), die auf den Erlass eines VA oder den Abschluss eines ör Vertr gerichtet ist (§ 9). Auch sonstiges Verwaltungshandeln kommt in Betracht, sofern dieses auf Grund ausdrücklicher gesetzlicher Anordnung zum Gegenstand eines förmlichen VwVf gemacht ist. Im Übrigen bleibt es ganz dem jeweiligen **Fachgesetzgeber** überlassen zu entscheiden, für **welche Sachmaterien** er das förmliche Verfahren, das die §§ 63 ff. bereitstellen, anordnen will (s. Rn. 3).

38 Anlass für eine dahingehende Regelung mit ihren besonderen rechtsstaatsgemäßen und grundrechtsschützenden Verfahrensvorkehrungen wird in besonders **wichtigen Angelegenheiten** bestehen,[43] soweit das förmliche VwVf nach §§ 63 ff. eine für sie adäquate Verfahrenslösung darstellt. Danach bietet sich die Einführung des förmlichen VwVf namentlich für Verwaltungsentscheidungen an, die **für die betroffenen Individuen** besonders gravierende und einschneidende Konsequenzen auslösen oder besondere Bedeutung **für die Allgemeinheit** besitzen.[44] Der Katalog (bisher) vom Gesetzgeber im Bund und in den Ländern begründeter Anwendungsfälle (Rn. 39 ff.) nimmt sich demgegenüber allerdings recht bescheiden aus.[45] Eine Erweiterung über die gesetzlich geregelten Fälle hinaus allein im Hinblick auf die genannten materiellen Gesichtspunkte ist ausgeschlossen.

39 b) **Förmliche VwVf kraft bundesrechtlicher Anordnung.** Anwendungsfälle der §§ 63 ff. kraft Bundesrechts gibt es derzeit[46] in den nachstehend aufgeführten Fällen:

40, 41 – nach dem **BBergG** vom 13. 8. 1980[47] gem. § 36 für die Zulegung (mit expliziten Modifikationen und Ablösungsvorbehalt zugunsten der LVwVfGe), gem. § 105 für die Grundabtretung (mit allgemeinem Vorbehalt hinsichtlich abweichender Regelungen des Gesetzeskapitels[48]) und uneingeschränkt gem. § 160 Abs. 4 für die Enteignung alter Rechte und Verträge;

42, 43 – nach dem **Saatgutverkehrsgesetz** vom 20. 8. 1985[49] gem. § 41 für die Verfahren vor den Sortenausschüssen und den Widerspruchsausschüssen des Bundessortenamtes mit Ausnahme des § 70;

---

[40] *Kopp/Ramsauer,* § 63 Rn. 7.
[41] Wie in § 67 WVG auf die Vorschriften des Verwaltungsverfahrensrechts über öffentliche Bekanntmachungen in förmlichen Verwaltungsverfahren.
[42] Für einen Fall von Abs. 1 auch insoweit wohl *Dürr* in Knack, § 63 Rn. 9.
[43] S. Begründung zu § 59 und § 61 Entwurf 73; vgl. auch *Wolff/Bachof* III, § 156, sowie allgemeiner Rn. 1.
[44] S. auch *Kopp/Ramsauer,* § 63 Rn. 2 m. w. N.
[45] Dies gilt besonders im Hinblick auf ursprünglich gegen die Einführung eines förmlichen VwVf erhobene Bedenken, dass dadurch die nichtförmlichen Verfahren an den Rand gedrängt werden könnten, s. Rn. 8.
[46] Zur Abschaffung des förmlichen Verfahrens im KDVG s. Rn. 16; mit dem FinDAG hinfällig geworden ist das gem. § 8 der 3. DVO zum Gesetz über die Errichtung eines Bundesaufsichtsamtes für das Versicherungswesen i. d. F. des Art. 15 Nr. 4 des 1. Gesetzes zur Bereinigung des Verwaltungsverfahrensrechts vom 18. 2. 1986, BGBl I 265; FNA 7630-1-3, für die Entscheidung der Beschlusskammern vorgesehene förmliche Verfahren.
[47] BGBl I 1310; FNA 750-15.
[48] Hierzu *BVerwGE* 87, 241 ff.
[49] BGBl I 1633; FNA 7822-6.

§ 63 Anwendung der Vorschriften über das förmliche Verwaltungsverfahren 44–49 § 63

– nach dem **Sortenschutzgesetz** vom 11. 12. 1985[50] gem. § 21 für die Verfahren vor den Prüfabteilungen und den Widerspruchsausschüssen des Bundessortenamtes mit Ausnahme des § 70. **44**

c) **Förmliche VwVf auf Grund landesrechtlicher Anordnung.** Anwendungsbereiche für die §§ 63 ff. (der jeweiligen LVwVfG) kraft Landesrechts[51] finden sich vor allem auf folgenden Rechtsgebieten: **45**
– im **Enteignungsrecht**, vgl. die Enteignungsgesetze etwa in Baden-Württemberg (§ 21 Abs. 2 S. 2, § 23 Abs. 1 S. 2), Bayern (Art. 23),[52] Brandenburg (§ 18 Abs. 2), in Nordrhein-Westfalen (§ 18 Abs. 2) und in Thüringen (§ 21);
– im **Hochschulrecht** für Verfahren bei Ordnungsverstößen, vgl. etwa in Berlin (§ 16 Abs. 3 S. 2 HG) und in Thüringen (§ 71 Abs. 3 S. 3 HG);
– im **Wasserrecht**, vgl. die Wassergesetze etwa in Berlin (§ 86), Bremen (§ 23), Brandenburg (§ 130), Hamburg (§ 85 i. V. mit § 92), Mecklenburg-Vorpommern (§ 122), Niedersachsen (§ 24), Nordrhein-Westfalen (§ 143), im Saarland (§ 114), in Sachsen (§ 14 Abs. 1, § 13 Abs. 1 S. 2 und Sachsen-Anhalt (§ 24);
– im **Abwasserabgabenrecht**, vgl. § 12 Abs. 2 des NdsAG zum Abwasserabgabengesetz.
Zum **Prüfungsrecht** s. Rn. 20. Zur Sondersituation in Berlin s. Rn. 36.

III. Rechtliche Ausgestaltung des förmlichen VwVf (Abs. 2)

Die Anordnung durch Rechtsvorschrift gem. § 63 Abs. 1 2. HS hat zur Folge, dass das förmliche VwVf nach dem VwVfG stattfindet, § 63 Abs. 1 1. HS. Zur rechtlichen Ausgestaltung dieses förmlichen VwVf bestimmt Abs. 2, dass die **§§ 64 bis 71 gelten**; dies gilt allerdings nur, soweit die anordnende Rechtsvorschrift keine Einschränkung oder Modifikation vorsieht (s. Rn. 34, 39 ff.). Die übrigen Vorschriften des VwVfG gelten, soweit sich aus den §§ 64 bis 71 nichts Abweichendes ergibt. **46**

Anwendbar sind damit grundsätzlich namentlich die Vorschriften über Amtshilfe (**§§ 4–8**), einfache und zweckmäßige Führung des VwVf (**§ 10 S. 2**; s. dort Rn. 20 ff.), Beteiligten- und Handlungsfähigkeit (**§§ 11, 12**), Beteiligte (**§ 13**, zur Abgrenzung von sonstigen interessierten Rechtssubjekten vgl. § 13 Rn. 25 ff.; § 73 Rn. 69 f., 119 ff.), Bevollmächtigte und Beistände (**§ 14**), Ausschluss und Befangenheit (**§§ 20, 21**; ferner hierzu aber § 71 Abs. 3 und dazu § 71 Rn. 23 ff.), den Beginn des Verfahrens (**§ 22**, dazu noch § 64 Rn. 2), die Amtssprache (**§ 23**), den Untersuchungsgrundsatz (**§ 24**, s. dort Rn. 23 ff.), Beratung und Auskunft (**§ 25**; s. noch § 68 Rn. 20), Beweismittel (**§ 26**, s. noch § 65 Rn. 1 f.), die Versicherung an Eides Statt (**§ 27**, s. noch § 65 Rn. 1), Akteneinsicht (**§ 29**), Geheimhaltung (**§ 30**), VAe (**§§ 35 ff.**), insbes. deren Heilung (**§ 45**)[53] und den Ausschluss von Aufhebungsansprüchen (**§ 46**), den ör Vertr (**§§ 54 ff.**), ferner auch über ehrenamtliche Tätigkeit (**§§ 81 ff.**) und Ausschüsse (hierzu **§§ 88 ff. und § 71**). Es verdrängen dabei insbesondere § 65 die Regelung des § 26 Abs. 3 S. 1 und § 66 Abs. 1 den § 28 (näheres vgl. dort). **47**

IV. Öffentliche Mitteilungen und Aufforderungen in Massenverfahren (Abs. 3)

Der erst bei der parlamentarischen Beratung eingefügte Abs. 3 ist als von § 63 Abs. 1 **abhängige Vorschrift** nur anwendbar, soweit ein förmliches VwVf i. S. des Abs. 1 angeordnet ist. Abs. 3 gehört der Sache nach zu den nach Abs. 2 für das förmliche VwVf geltenden §§ 64 bis 71. **48**

Soweit im förmlichen VwVf gleichförmige Eingaben (§ 17) bei der Behörde eingereicht worden sind, sieht § 63 Abs. 3 vor, dass die **Mitteilung** nach § 17 Abs. 2 S. 2 und die **Aufforderung** nach § 17 Abs. 4 S. 2 nicht wie dort vorgesehen ortsüblich, sondern **öffentlich be-** **49**

---

[50] BGBl I 2170 i. d. F. vom 19. 12. 1997, BGBl I 3164, FNA 7822-7.
[51] Für eine Zusammenstellung einschlägiger Bestimmungen der Länder s. auch *Dürr* in Knack, § 63 Rn. 7.
[52] Dazu etwa *VGH München* NVwZ 2003, 1534, 1535.
[53] *BVerwGE* 87, 240, 244 f., auch zur Möglichkeit nachträglicher Ergänzungen des VA.

§ 64 1   Teil V. Besondere Verfahrensarten

kannt gemacht werden. Damit soll sichergestellt werden, dass öffentliche Bekanntmachungen im förmlichen Verfahren (vgl. auch § 67 Abs. 1 S. 4 bis 6, § 69 Abs. 2 S. 2 bis 6 und Abs. 3 S. 2) auf die gleiche Weise erfolgen, damit der Bürger die Bekanntmachungen nicht an verschiedenen Orten zu suchen braucht.[54] Wegen der Einzelheiten der öffentlichen Bekanntmachung nach Abs. 3 S. 2 vgl. § 67 Rn. 18 ff. Zu Benachrichtigungen, Bekanntgaben und Zustellungen im Massenverfahren vgl. noch § 67 Rn. 12 ff.

50   Für **Aufforderungen nach § 18 Abs. 1** bei Beteiligten mit gleichem Interesse gilt § 63 Abs. 3 wegen des bei ihnen unterstellten größeren Engagements **nicht,** ist gegenüber der expliziten Beschränkung auf § 17 auch nicht analog anwendbar. Die Aufforderung zur gemeinsamen Vertreterbestellung muss im förmlichen Verfahren stets individuell sein und darf nicht durch öffentliche Bekanntmachung erfolgen.

V. Landesrecht

51   S. allgemein Rn. 29; zur **Berliner** Regelung Rn. 36; zu landesrechtlichen Abweichungen bei einzelnen Vorschriften des Abschnitts s. dort.

§ 64 Form des Antrags

Setzt das förmliche Verwaltungsverfahren einen Antrag voraus, so ist er schriftlich oder zur Niederschrift bei der Behörde zu stellen.

Vergleichbare Vorschriften: –

Abweichendes Landesrecht: –

Entstehungsgeschichte: Bis zum Inkrafttreten des VwVfG vgl. § 63 der 6. Auflage. Eine redaktionelle **Änderung** (der Überschrift) ist mit der Bek. der Neufassung v. 21. 1. 2003, BGBl I 102, erfolgt.

Literatur: Vgl. die Nachweise zu § 22.

Übersicht

	Rn.
I. Allgemeines	1
1. Zusammenhang mit allgemeinen Verfahrensgrundsätzen	1
2. Subsidiarität	3
II. Anwendungsbereich	4
III. Die Formerfordernisse	8
1. Wahlrecht zwischen Schriftform und Niederschrift	8
2. Schriftlicher Antrag	10
3. Antrag zur Niederschrift der Behörde	12
4. Formwidriger Antrag	14
IV. Landesrecht	15

I. Allgemeines

1. Zusammenhang mit allgemeinen Verfahrensgrundsätzen

1   Die besondere Bedeutung der in förmlichen VwVf zu behandelnden Angelegenheiten (s. § 63 Rn. 37) stellt auch an die **Sicherheit des Rechtsverkehrs** in diesen Verfahren erhöhte Anforderungen. § 64 trägt dem dadurch Rechnung, dass er für bestimmte Anträge Formerfordernisse vorsieht (Rn. 8 ff.). Dabei ist der Anwendungsbereich der Bestimmung durch andere Vorschriften eng umgrenzt (Rn. 4 f.). Überhaupt ist § 64 nicht isoliert zu sehen, sondern als Spezialvorschrift in die **allgemeinen Grundsätze des VwVfG zur Bedeutung von Anträgen** für das VwVf und ihre rechtliche Behandlung eingebettet (s. insgesamt vor allem § 22 Rn. 15 ff.), die mangels entgegenstehender Vorschrift gem. § 63 Abs. 2 **auch im förmlichen VwVf** Anwendung finden (§ 63 Rn. 46).

---

[54] BT-Drs 7/4494 zu § 63 Abs. 3.

Dazu gehören namentlich § 22 S. 1 mit der Möglichkeit, das Verfahren von Amts wegen einzuleiten (§ 22 Rn. 6f.), und § 22 S. 2 Nr. 1, 1. Alt. mit der gesetzlichen Pflicht zur Verfahrenseinleitung von Amts wegen (§ 22 Rn. 13f.), § 24 Abs. 3 mit der Pflicht zur Entgegennahme von Anträgen (s. § 24 Rn. 71ff., auch zu den weitergehenden Bescheidungspflichten; zur Weiterleitung bei Unzuständigkeit s. § 3 Rn. 14), § 25 S. 1 mit der Pflicht zur Beratung im Zusammenhang mit der Antragstellung (§ 25 Rn. 30ff.), ferner die Grundsätze über Widerruf, Rücknahme, Änderung und Anfechtung von Anträgen sowie über die Möglichkeit bedingter Antragstellung (§ 22 Rn. 66ff.).

2. Subsidiarität

§ 64 wird innerhalb seines grundsätzlichen Anwendungsbereichs (Rn. 4f.) auf Grund der allgemeinen **Subsidiaritätsklauseln** des § 1 durch inhaltsgleiche und durch entgegenstehende Vorschriften außerhalb des VwVfG verdrängt. Abweichungen können abgesehen von der eher theoretischen Möglichkeit der Zulassung formloser Antragstellung darin bestehen, dass das Wahlrecht des § 64 (Rn. 8) fehlt oder dass weitergehende Anforderungen aufgestellt werden (vgl. § 2 Abs. 2, 3 KDVG).[1]

II. Anwendungsbereich

§ 64 gehört zu den Vorschriften, die nach § 63 Abs. 2 für das förmliche VwVf nach dem VwVfG, § 63 Abs. 1, gelten, kann also **nur im förmlichen VwVf i.e.S.** (§ 63 Rn. 28) zur Anwendung kommen (zu entsprechenden Regelungen für VwVf i.w.S. vgl. § 50 S. 1 LandbeschG; regelmäßig bestehen dort weitergehende Anforderungen an die Antragstellung). Dort greift sie nicht allgemein ein (s. zur Möglichkeit antragsunabhängiger förmlicher VwVf schon Rn. 1), sondern nur dann, **wenn** das förmliche VwVf **einen Antrag voraussetzt.** Mit dieser Formulierung sind die Anträge angesprochen, die als notwendige Verfahrensvoraussetzung (§ 22 Rn. 24f.) vorgesehen sind.

Eine **analoge Anwendung** auf im laufenden VwVf zu stellende Anträge und sonstige wesentliche Verfahrenshandlungen[2] ist gegenüber dem grundsätzlich für die Antragstellung des Bürgers eingreifenden Grundsatz der Nichtförmlichkeit (§ 22 Rn. 30) **ausgeschlossen.**[3] Doch dürfte das Formerfordernis auf die **Rücknahme** eines verfahrenseinleitenden Antrags als dessen actus contrarius zu erstrecken sein.[4]

Ob in einem förmlichen VwVf ein Antrag erforderlich ist, hängt von den für das jeweilige VwVf maßgeblichen Rechtsvorschriften ab. Diese können den **Antrag ausdrücklich** vorschreiben; andernfalls ist durch Auslegung dieser Vorschriften zu ermitteln, ob ein Antrag notwendig ist (s. § 22 Rn. 15).

Antragserfordernisse, die zur Anwendung des § 64 führen, finden sich namentlich in folgenden bundesrechtlich geregelten Fällen:
– § 35 i.V.m. § 36 BBergG;
– § 77 i.V.m. § 105 BBergG.
– Das SortenschutzG und das SaatgutverkehrsG setzen das Erfordernis eines Antrags zur Einleitung des förmlichen Verfahrens voraus.

III. Die Formerfordernisse

1. Wahlrecht zwischen Schriftform und Niederschrift

§ 64 sieht **zwei Möglichkeiten ordnungsgemäßer Antragstellung** vor, nämlich den schriftlichen (Rn. 10) und den zur Niederschrift bei der Behörde (Rn. 12) gestellten Antrag. Beide Wege werden den Formanforderungen gleichermaßen gerecht; der **Antragsteller** hat mangels abweichender Vorschriften ein **Wahlrecht.** Die Behörde wird durch § 24 Abs. 3 i.V.

---
[1] Dazu *BVerwGE* 80, 31, 33ff.
[2] Zurückhaltend *Kopp/Ramsauer*, § 64 Rn. 3 u. 4.
[3] So auch *Meyer/Borgs*, § 64 Rn. 1; *Dürr* in Knack, § 64 Rn. 4; *Ziekow*, § 64 Rn. 2.
[4] *Kopp/Ramsauer*, § 64 Rn. 3; *Dürr* in Knack, § 64 Rn. 4; *Seegmüller* in Obermayer, VwVfG, § 64 Rn. 6; *Ziekow*, § 64 Rn. 2; allgemein § 22 Rn. 40.

mit § 64 verpflichtet, Anträge in beiden zugelassenen Formen entgegenzunehmen; sie kann die dem Antragsteller gesetzlich eingeräumte Wahlmöglichkeit grundsätzlich nicht einseitig verengen, sondern muss sowohl den Zugang schriftlicher Anträge ermöglichen (s. § 24 Rn. 82 ff.) als auch Vorkehrungen für eine Niederschrift treffen.[5]

9 Die Verpflichtung der Behörde findet nur dort eine **Grenze**, wo Antragsteller ihre Wahlmöglichkeit **offensichtlich missbrauchen**.[6] Ob die bloße Tatsache außergewöhnlicher Belastung der Behörde das Begehren, einen Antrag zur Niederschrift bei der Behörde zu stellen, allein deswegen als Missbrauch des Wahlrechts erscheinen lässt, weil der Antragsteller ohne Nachteile die Schriftform verwenden könnte,[7] ist zweifelhaft.

2. Schriftlicher Antrag

10 Für einen schriftlich gestellten Antrag ist erforderlich, dass die **Voraussetzungen der Schriftform** (einschließlich der im Rahmen der modernen Telekommunikation zugelassenen Surrogate, s. insgesamt § 22 Rn. 31 ff., § 24 Rn. 82 ff.; § 41 Rn. 107 f.) in Bezug auf den **Antrag** eingehalten werden. Dies betrifft den Antrag als solchen, also das den Verfahrensgegenstand bestimmende Begehren des Antragstellers gegenüber einer bestimmten Behörde (s. § 22 Rn. 43, 45 ff.), nicht den weiteren Sachvortrag des Antragstellers.[8]

11 Die verfahrensrechtliche Notwendigkeit einer **Begründung** des Antrags und der Beibringung bestimmter **Unterlagen** besteht nur, soweit dies durch Rechtsvorschrift besonders vorgesehen ist (vgl. § 22 Rn. 44; s. aber zu den Konsequenzen mangelnder Mitwirkung § 24 Rn. 51 f.). Die Verwendung von **Formularen** ist zur Einhaltung der Schriftform **nicht erforderlich**, kann aber durch Spezialvorschrift vorgesehen sein (s. § 24 Rn. 88 ff.).

3. Antrag zur Niederschrift der Behörde

12 Die Antragstellung zur **Niederschrift** der Behörde bedeutet, dass eine mündliche Erklärung **bei persönlicher Anwesenheit** des Antragstellers, also nicht auf Grund eines Telefonats, von dem zuständigen Bediensteten protokolliert wird.[9] Die Erklärung muss zur Wirksamkeit nicht unterzeichnet sein, sollte aber nach der Niederschrift einen „vorgelesen und genehmigt" – Vermerk mit Unterschrift tragen.

13 Maßgebend ist nur, dass die Übereinstimmung der zu Protokoll gegebenen Erklärung mit dem Willen des Erklärenden festgestellt werden kann. Dafür ist eine **wörtliche Wiedergabe** der Formulierungen des Antragstellers **nicht notwendig;** es reicht eine sinngemäße Zusammenfassung, die vom Antragsteller genehmigt wird.[10] Zur **Verpflichtung** der Behörde, eine Erklärung zur Niederschrift **entgegenzunehmen**, s. Rn. 8 f. Da die **Begründung** nicht Teil des allein formpflichtigen Antrags selbst ist (Rn. 10 f.), kann insoweit auf die Möglichkeit des Schriftsatzes verwiesen werden.

4. Formwidriger Antrag

14 Ein **formwidriger Antrag** ist **unwirksam.** Allerdings ist gem. § 45 Abs. 1 Nr. 1 die **Nachholung** eines formentsprechenden Antrags möglich, die aber nicht etwaige Fristversäumnisse heilt (§ 45 Rn. 28 ff., 32). Zur diesbezüglichen Beratungspflicht der Behörde s. § 25 Rn. 30, 34. Ggf. ist **Wiedereinsetzung** nach Maßgabe des § 32 zu gewähren.

IV. Landesrecht

15 Im Landesrecht finden sich **keine Abweichungen.**

---

[5] *Dürr* in Knack, § 64 Rn. 9; auch *Kopp/Ramsauer*, § 64 Rn. 15; *Ziekow*, § 64 Rn. 3.
[6] *OVG Münster* DÖV 1955, 315; *Ziekow*, § 64 Rn. 3; *Wolff/Bachof* III, § 156 V a 2.
[7] So im Ergebnis *Seegmüller* in Obermayer, VwVfG, § 64 Rn. 35.
[8] Erweiternd im Anschluss an § 21 Abs. 1 S. 1 des Berliner VwVfG v. 2. 10. 1958, GVBl 951, wohl *Ule/Laubinger*, § 33 Rn. 4.
[9] BVerwGE 17, 166, 168; 26, 201 ff.; *Ule/Laubinger*, § 33 Rn. 3; *Kopp/Ramsauer*, § 64 Rn. 13; *Dürr* in Knack, § 64 Rn. 9; *Ziekow*, § 64 Rn. 6; zum diesbezüglichen Streit bei der Klageerhebung s. nur *Aulehner* in Sodan/Ziekow, § 81 Rn. 78, 80 ff. m. w. N.
[10] *Geiger* in Eyermann, § 81 Rn. 12; *Ziekow*, § 64 Rn. 6.

§ 65 Mitwirkung von Zeugen und Sachverständigen

(1) ¹Im förmlichen Verwaltungsverfahren sind Zeugen zur Aussage und Sachverständige zur Erstattung von Gutachten verpflichtet. ²Die Vorschriften der Zivilprozessordnung über die Pflicht, als Zeuge auszusagen oder als Sachverständiger ein Gutachten zu erstatten, über die Ablehnung von Sachverständigen sowie über die Vernehmung von Angehörigen des öffentlichen Dienstes als Zeugen oder Sachverständige gelten entsprechend.

(2) ¹Verweigern Zeugen oder Sachverständige ohne Vorliegen eines der in den §§ 376, 383 bis 385 und 408 der Zivilprozessordnung bezeichneten Gründe die Aussage oder die Erstattung des Gutachtens, so kann die Behörde das für den Wohnsitz oder den Aufenthaltsort des Zeugen oder des Sachverständigen zuständige Verwaltungsgericht um die Vernehmung ersuchen. ²Befindet sich der Wohnsitz oder der Aufenthaltsort des Zeugen oder des Sachverständigen nicht am Sitz eines Verwaltungsgerichts oder einer besonders errichteten Kammer, so kann auch das zuständige Amtsgericht um die Vernehmung ersucht werden. ³In dem Ersuchen hat die Behörde den Gegenstand der Vernehmung darzulegen sowie die Namen und Anschriften der Beteiligten anzugeben. ⁴Das Gericht hat die Beteiligten von den Beweisterminen zu benachrichtigen.

(3) Hält die Behörde mit Rücksicht auf die Bedeutung der Aussage eines Zeugen oder des Gutachtens eines Sachverständigen oder zur Herbeiführung einer wahrheitsgemäßen Aussage die Beeidigung für geboten, so kann sie das nach Absatz 2 zuständige Gericht um die eidliche Vernehmung ersuchen.

(4) Das Gericht entscheidet über die Rechtmäßigkeit einer Verweigerung des Zeugnisses, des Gutachtens oder der Eidesleistung.

(5) Ein Ersuchen nach Absatz 2 oder 3 an das Gericht darf nur von dem Behördenleiter, seinem allgemeinen Vertreter oder einem Angehörigen des öffentlichen Dienstes gestellt werden, der die Befähigung zum Richteramt hat oder die Voraussetzungen des § 110 Satz 1 des Deutschen Richtergesetzes erfüllt.

Vergleichbare Vorschriften: –

Abweichendes Landesrecht: SchlH: § 132 Abs. 1 S. 2 LVwG: „Die Vorschriften der Zivilprozessordnung über die Pflicht, sich als Zeugin oder Zeuge oder als Sachverständige oder Sachverständiger vernehmen zu lassen, über die Ablehnung von Sachverständigen sowie über die Vernehmung von Angehörigen des öffentlichen Dienstes als Zeuginnen oder Zeugen oder als Sachverständige gelten entsprechend." In § 132 Abs. 2 S. 2 LVwG fehlt der Hinweis auf die auswärtige Kammer.
In den LVwVfGen von BW, Bay, Brem, Hess, MV und Thür wird jeweils in § 65 Abs. 6 § 180 VwGO für entsprechend anwendbar erklärt.

Entstehungsgeschichte: Bis zum Inkrafttreten des VwVfG vgl. § 63 der 6. Auflage. S. ferner Rn. 30. Kleine redaktionelle Änderungen sind mit der Bek. der Neufassung v. 21. 1. 2003, BGBl I 102, erfolgt.

Literatur: Vgl. die Literaturnachweise zu §§ 24, 26.

Übersicht

	Rn.
I. Allgemeines	1
II. Mitwirkungspflicht für Zeugen und Sachverständige vor Behörden (Abs. 1)	4
1. Die grundsätzliche Mitwirkungspflicht (Abs. 1 S. 1)	4
2. Entsprechende Geltung der Vorschriften der ZPO (Abs. 1 S. 2)	5
a) Allgemeines	5
b) Vorschriften der ZPO über die Zeugnispflicht	8
c) Vorschriften der ZPO über die Pflicht zur Erstattung von Gutachten als Sachverständiger	12
d) Ablehnung von Sachverständigen	17
e) Vernehmung von Angehörigen des öffentlichen Dienstes	21
III. Behördliches Verfahren bei Verweigerung des Zeugnisses oder der Gutachtenerstattung (Abs. 2 S. 1–3)	22
IV. Behördliches Ersuchen um Beeidigung der Zeugen oder Sachverständigen (Abs. 3)	28

	Rn.
V. Persönliche Anforderungen an den ersuchenden Amtswalter (Abs. 5)	30
VI. Rechtshilfe des Gerichts bei Ersuchen nach Abs. 2 und 3 (Abs. 2 S. 4, Abs. 4)	31
1. Verpflichtung des ersuchten Gerichts	31
2. Verfahren des ersuchten Gerichts	38
3. Entscheidung bei Verweigerung nach Abs. 4	39
VII. Landesrecht	43

I. Allgemeines

1 Die §§ 65 bis 68 treffen besondere Regelungen für die Beschaffung der behördlichen Entscheidungsgrundlagen, die im Hinblick auf die besondere Wichtigkeit der Materien, für die durch Rechtsvorschrift das förmliche VwVf nach dem VwVfG vorgesehen ist (§ 63 Abs. 1; s. dort Rn. 32 f.), gegenüber dem allgemeinen VwVf verbessert werden. Während die §§ 66 bis 68 im wesentlichen Sonderregeln für die Einbeziehung der Beteiligten treffen, gestaltet § 65 die **Beweiserhebung im förmlichen VwVf** im Hinblick auf die Mitwirkung von **Zeugen und Sachverständigen** in besonderer Weise aus. Wegen der sonstigen Beweismittel hat es mit den allgemeinen Regeln der §§ 26, 27 sein Bewenden.

2 Auch für Zeugen und Sachverständige bringt § 65 keine umfassende Regelung, sondern baut auf den allgemeinen Regeln der §§ 24 ff. auf. In deren Rahmen greift § 65 ein, wenn die Behörde sich nach pflichtgemäßem Ermessen entschieden hat, auf Zeugen oder Sachverständige zurückzugreifen (s. § 26 Rn. 6 ff.). Ergänzend sieht § 65 als Rechtsvorschrift i. S. des § 26 Abs. 3 S. 1[1] insoweit die **Pflicht** der Zeugen und Sachverständigen **zur Mitwirkung** im förmlichen Verfahren vor (Rn. 4); dazu enthält er Regelungen zur **Durchsetzung** dieser Pflicht (Rn. 22 ff.) und zur **Beeidigung** (Rn. 28 ff.) auf Grund von **gerichtlichen Entscheidungen** (Rn. 31 ff.), um die von näher qualifizierten Bediensteten zu **ersuchen** ist (Rn. 30). Für die Beweiswürdigung bleibt es beim Grundsatz der freien Beweiswürdigung (s. § 24 Rn. 14 ff., § 69 Rn. 4 f.). Für die **Entschädigung** der Zeugen und Sachverständigen gilt § 26 Abs. 3 S. 2.

3 Das 2. SED-UnBerG verbindet die in § 13 Abs. 1 S. 1 VwRehaG, § 25 Abs. 1 S. 1 BerRehaG für die Verfahren vor der Rehabilitierungsbehörde begründeten Zeugnis- und Gutachtenerstattungspflichten in S. 2 der jeweiligen Vorschriften[2] mit der Anordnung **entsprechender Geltung des § 65**; Anlass für Abweichungen mit Rücksicht auf besondere Gegebenheiten der Rehabilitierungsverfahren besteht dabei kaum (dazu allg. § 63 Rn. 4).

II. Mitwirkungspflicht für Zeugen und Sachverständige vor Behörden (Abs. 1)

1. Die grundsätzliche Mitwirkungspflicht (Abs. 1 S. 1)

4 § 65 Abs. 1 S. 1 statuiert **allgemein die Verpflichtung** von Zeugen zur Aussage und von Sachverständigen zur Erstattung von Gutachten im förmlichen VwVf, d. h. vor der Behörde, ggf. auch in der mündlichen Verhandlung, § 68 Abs. 4 Nr. 2, 4. Wegen der Ausgestaltung dieser Verpflichtung im Einzelnen verweist § 65 Abs. 1 S. 2 auf eine Reihe näher bezeichneter Vorschriften der ZPO (Rn. 5 ff.). Die Behörde ist anders als das beweiserhebende Gericht im Prozess nicht befugt, selbst (im Wege des Verwaltungszwangs) die Einhaltung der Pflichten der Zeugen und Sachverständigen zu erzwingen, sondern ist auf das Ersuchen um gerichtliche Vernehmung nach Abs. 2 beschränkt (Rn. 31 ff.). Erst im gerichtlichen Verfahren kann ggf. die zwangsweise Durchsetzung der Mitwirkungspflichten erfolgen (Rn. 39 f.).

2. Entsprechende Geltung der Vorschriften der ZPO (Abs. 1 S. 2)

5 **a) Allgemeines.** Die pauschale Bezugnahme auf die Vorschriften der ZPO umfasst hinsichtlich der Pflicht, als Zeuge auszusagen, die **Regelungen des Titels „Zeugenbeweis"**, §§ 373–401

---

[1] *Ule/Laubinger*, § 34 Rn. 1; *Dürr* in Knack, § 65 Rn. 2; *Ziekow*, § 65 Rn. 1.
[2] Zu § 13 VwRehaG und dessen Bezug zu § 65 s. *Wimmer*, Verwaltungsrechtliches Rehabilitierungsgesetz, Kommentar, 1995, § 13 Rn. 9 ff.

§ 65 Mitwirkung von Zeugen und Sachverständigen 6–10 § 65

ZPO,[3] hinsichtlich der Verpflichtung, als Sachverständiger Gutachten zu erstatten, die des Titels **„Beweis durch Sachverständige"**, §§ 402–414 ZPO.[4]

Die entsprechende Anwendung dieser Bestimmungen kommt allerdings nur in Betracht, so- 6 weit die Situation des förmlichen VwVf der eines gerichtlichen Verfahrens entspricht und das VwVfG selbst keine einschlägigen Regelungen enthält. Namentlich zeigt die zusätzliche Erwähnung der Regelungen über die Ablehnung von Sachverständigen (§ 406 ZPO; dazu Rn. 17 ff.) sowie über die Vernehmung von Angehörigen des öffentlichen Dienstes (§§ 376, 408 Abs. 2 ZPO; Rn. 21) aus den vorgenannten Titeln, dass mit der allgemeinen Bezugnahme **keine uneingeschränkte Übernahme** der ZPO-Regelungen gewollt war. Abweichungen können sich zumal in verfahrensrechtlicher Hinsicht ergeben, weil die auf die Situation des Zivilprozesses bezogenen Vorschriften nicht auf das von anderen Prinzipien beherrschte VwVf passen; damit bilden den Kern der Verweisung die in den §§ 373 ff., 402 ff. ZPO enthaltenen **materiellen Rechtsgehalte.**[5]

Gegenstand der Verweisung sind die einschlägigen Vorschriften der ZPO, und zwar schon im 7 Hinblick auf den Zusammenhang mit dem ggf. erforderlichen Gerichtsverfahren (Abs. 2–4) grundsätzlich in ihrer jeweiligen Fassung **(dynamische Verweisung).** Soweit dadurch weitergehende Pflichten als die bei Inkrafttreten des VwVfG bestehenden begründet werden, können sich allerdings mit Rücksicht auf den Vorbehalt des Gesetzes und die durch ihn geschützten Grundrechte verfassungsrechtliche Bedenken ergeben, verstärkt im Falle der Verweisung der LVwVfGe auf die bundesrechtliche ZPO.[6] Soweit solche Bedenken etwa bei den neu gefassten §§ 378, 404a, 407a ZPO (s. Rn. 8 f., 14) durchgreifen sollten, wäre ihnen durch verfassungskonforme Auslegung i. S. einer statischen Verweisung auf die bei Inkrafttreten des VwVfG gültige Fassung der ZPO abzuhelfen.

b) Vorschriften der ZPO über die Zeugnispflicht. Die Regelungen der ZPO begrün- 8 den die bereits durch § 65 Abs. 1 S. 1 konstituierte Zeugnispflicht nicht,[7] sondern bestimmen nur ihre näheren Modalitäten.

Im Einzelnen greifen von den §§ 373 ff. ZPO **ein:** § 375 Abs. 2 ZPO **(Vernehmung des** 9 **Bundespräsidenten);** zu § 376 ZPO s. Rn. 21; § 377 Abs. 1 S. 2 **(formlose Ladung),** Abs. 2 Nr. 1, 2 und zum Teil Nr. 3 **(Inhalt der Ladung:** Bezeichnung der Beteiligten, Gegenstand der Vernehmung; s. auch § 65 Abs. 2 S. 3, und die Bezeichnung des Termins zur Ablegung des Zeugnisses nach Ort und Zeit) und Abs. 3 ZPO **(Anordnung schriftlicher Beantwortung);** § 378 Abs. 1 S. 1 und Abs. 2 ZPO **(die Aussage erleichternde Unterlagen),** wobei die Behörde darauf beschränkt ist, eine bestimmte Anordnung zu treffen (zum Problem der dynamischen Verweisung s. Rn. 7); § 382 ZPO **(Vernehmung von Regierungsmitgliedern und von Mitgliedern parlamentarischer Körperschaften);** §§ 383–385 ZPO **(Zeugnisverweigerungsrechte);** §§ 394–396 ZPO **(Durchführung der Vernehmung),** wegen des verfahrensrechtlichen Charakters nicht unzweifelhaft; § 398 Abs. 1 ZPO **(wiederholte Vernehmung).**

Unanwendbar sind demgegenüber: § 373 ZPO **(Beweisantritt),** wegen § 24 Abs. 1, § 26 10 Abs. 1; auch die Vernehmung eines von Beteiligten angebotenen Zeugen steht danach im Ermessen der Behörde; § 375 Abs. 1, 1a ZPO **(Beweisaufnahme durch beauftragte oder ersuchte Richter),** der nicht auf die Vernehmung durch die Behörde (dazu noch § 66 Rn. 10 ff., § 68 Rn. 21 f.) passt; § 379 ZPO **(Auslagenvorschuss)** wegen § 24 Abs. 1, § 26 Abs. 1; § 380 ZPO **(Folgen des Ausbleibens),** weil auch die Kostenpflicht einen mittelbaren Zwang zur Aussage bedeuten würde, der der Absicht des § 65 Abs. 2 zuwiderliefe, die Erzwingungsmacht dem Gericht vorzubehalten;[8] § 381 ZPO **(genügende Entschuldigung des Ausbleibens)** wegen Akzessorietät zu § 380 ZPO (s. aber Rn. 37).

---

[3] Enger *Kopp/Ramsauer,* § 65 Rn. 5: §§ 380 ff. ZPO; nur die §§ 383 ff. ZPO nennen *Ule/Laubinger,* § 34 Rn. 2; enger auch *Dürr* in Knack, § 65 Rn. 5.
[4] *Ule/Laubinger,* § 34 Rn. 2; enger *Kopp/Ramsauer,* § 65 Rn. 5: §§ 407 ff. ZPO; wohl auch *Dürr* in Knack, § 65 Rn. 7; *Seegmüller* in Obermayer, VwVfG, § 65 Rn. 13.
[5] So auch *Dürr* in Knack, § 65 Rn. 7; *Seegmüller* in Obermayer, VwVfG, § 65 Rn. 11.
[6] S. BVerfGE 47, 285, 311 ff., sowie etwa *BayVerfGH* BayVBl 1989, 267, 268 f.; *BayObLG* BayVBl 1987, 27, 28 f.; hierzu *Veh* BayVBl 1987, 225 ff.; *Clemens* AöR 1986, 63, 119 ff.
[7] *Ziekow,* § 65 Rn. 3; unklar *Dürr* in Knack, § 65 Rn. 5 u. 6.
[8] A. A. anscheinend *Kopp/Ramsauer,* § 65 Rn. 5.

11 Ferner sind unanwendbar: § 386 ZPO **(Erklärung der Zeugnisverweigerung),** weil er auf den erst vor Gericht auszutragenden Streit um das Zeugnisverweigerungsrecht zugeschnitten ist (s. noch Rn. 22 ff.); §§ 387, 388 ZPO **(Zwischenstreit über Zeugnisverweigerung)** wegen § 65 Abs. 2; § 389 ZPO **(Zeugnisverweigerung vor verordnetem Richter)** wegen Akzessorietät zum unanwendbaren § 375 ZPO; § 390 ZPO **(Zeugniszwang)** wegen § 65 Abs. 2; §§ 391–393 ZPO **(Beeidigung)** wegen § 65 Abs. 3; § 397 ZPO **(Fragerecht der Parteien)** wegen § 66 Abs. 2; § 398 Abs. 2, 3 ZPO **(nachträgliche Vernehmung)** wegen Akzessorietät zu den unanwendbaren §§ 375 bzw. 391 f. ZPO; § 399 ZPO **(Verzicht auf Zeugen)** wegen § 24 Abs. 1, § 26 Abs. 1; § 400 ZPO **(Befugnisse des verordneten Richters)** wegen Akzessorietät zum unanwendbaren § 375 ZPO; § 401 ZPO **(Zeugenentschädigung)** wegen § 26 Abs. 3 S. 2, der ebenfalls eine auf Antrag zu gewährende Entschädigung nach dem ZuSEG vorsieht (§ 26 Rn. 86 f.). § 374 ZPO ist gestrichen.

12 c) **Vorschriften der ZPO über die Pflicht zur Erstattung von Gutachten als Sachverständiger.** Die Pflicht, als Sachverständiger Gutachten in förmlichen VwVf zu erstatten, wird wie die Zeugnispflicht bereits durch § 65 Abs. 1 S. 1 konstituiert;[9] daher hat auch die in § 132 Abs. 1 S. 2 SchlH LVwG gewählte Formulierung einer Pflicht, sich „als Sachverständiger vernehmen zu lassen", keine Abweichung zur Folge.

13 Für die Detailausgestaltung dieser Verpflichtung **greifen folgende Vorschriften der ZPO ein:** § 402 ZPO **(Anwendbarkeit der Vorschriften über Zeugen)** unter Beschränkung auf die im förmlichen VwVf zu berücksichtigenden Bestimmungen aus den §§ 373 ff. ZPO (Rn. 9); § 404 Abs. 1–3 ZPO **(Auswahl der Sachverständigen);** die Auswahl des bzw. der Sachverständigen darf sich ausschließlich an der i. d. R. bereits unter Beweis gestellten Sachkunde orientieren. **Gefälligkeitsgutachten** zur Bestätigung der eigenen Meinung sind tunlichst zu vermeiden und widersprechen dem Grundsatz des fairen und objektiven Verfahrens (hierzu § 1 Rn. 39 ff.; § 9 Rn. 46 ff. jeweils m. w. N.). Die **Eignungsvoraussetzungen für Sachverständige** richten sich – ebenso wie die Voraussetzungen für ihre öffentliche Bestellung – nach den spezialgesetzlichen Regelungen.[10] Fehlen solche Regelungen, so dürfen nur besonders **sachkundige, unparteiische und objektive Personen** als Sachverständige herangezogen werden.[11] **Zweitgutachten** sind einzuholen, wenn aus der Sicht der für die Entscheidung zuständigen Behörde noch Zweifel bestehen und diese durch ein bzw. mehrere weitere Gutachten behoben werden können.

14 Weiterhin sind von Bedeutung: § 404 a ZPO **(Leitung der Tätigkeit der Sachverständigen),** wonach die Behörde dem Sachverständigen in gewissem Umfang Weisungen erteilen kann (zu den Bedenken der dynamischen Verweisung s. Rn. 7); § 407 ZPO **(Kreis der verpflichteten Sachverständigen),** der ungeachtet der Grundlegung der Pflicht zur Gutachtenerstattung in § 65 Abs. 1 S. 1 für den Kreis der verpflichteten Sachverständigen die maßgebliche Abgrenzung trifft.[12] Denn § 65 Abs. 1 S. 1 will keine über die ZPO hinausreichenden Verpflichtungen für Sachverständige begründen; § 407 a ZPO **(weitere Pflichten der Sachverständigen),** deren Nichterfüllung aber erst über § 65 Abs. 2 zu Sanktionen führen kann; zu dem Problem der dynamischen Verweisung s. Rn. 7; § 408 Abs. 1, 3 ZPO **(Gutachtenverweigerungsrecht;** zu Abs. 2 s. Rn. 22 ff.).

15 Anzuwenden sind ferner: § 411 Abs. 1 **(Niederlegungspflicht; Befristung),** wobei an die Stelle der Geschäftsstelle die Behörde tritt und eine Fristversäumnis nur den Weg über § 65 Abs. 2 eröffnet,[13] und Abs. 3 ZPO **(mündliche Erläuterung schriftlicher Gutachten),** soweit letzteres – wie im Regelfall – gem. §§ 402, 377 Abs. 3 S. 1 ZPO angeordnet war; § 412 ZPO **(neue Begutachtung),**[14] wobei für die Ermessensausübung der Behörde nach Abs. 1 die für das gerichtliche Ermessen entwickelten Grundsätze[15] nicht uneingeschränkt zu übernehmen

---

[9] A. A. wohl *Ule/Laubinger,* § 34 Rn. 2: § 402 ZPO.
[10] Vgl. *BVerwG* DVBl 1989, 574 (LS); *BVerwGE* 45, 235; *OVG Saarlouis* GewArch 1982, 26; *BayVerfGH* BayVBl 1983, 720.
[11] Vgl. *BVerwGE* 45, 235; *OVG Münster* NJW 1987, 512.
[12] *Ule/Laubinger,* § 34 Rn. 2; *Meyer/Borgs,* § 65 Rn. 2; *Dürr* in Knack, § 65 Rn. 7; *Kopp/Ramsauer,* § 65 Rn. 5.
[13] S. ausdrücklich *Dürr* in Knack, § 65 Rn. 7 f.
[14] Anders offenbar *Dürr* in Knack, § 65 Rn. 5.
[15] Vgl. *BVerwG* NVwZ 1987, 48; *BVerwG* Buchholz 310 § 98 VwGO Nr. 31.

§ 65 Mitwirkung von Zeugen und Sachverständigen   16–21 § 65

sein müssen; § 414 ZPO (**sachverständige Zeugen**), der trotz seiner Stellung einen Fall der Zeugenvernehmung darstellt (§ 26 Rn. 72). Die Verwertung eines gerichtlich eingeholten Sachverständigengutachtens aus einem anderen Verfahren, § 411a ZPO, ist auch nach § 26 Abs. 1 S. 2 Nr. 3 möglich (dort Rn. 88); dasselbe gilt für die Verwertung von Sachverständigengutachten aus anderen VwVf.

Unanwendbar sind im förmlichen VwVf: § 403 ZPO (**Beweisantritt**) wegen § 24 Abs. 1, § 26 Abs. 1; § 404 Abs. 4 ZPO (**Parteivereinbarung über Sachverständige**) wegen § 24 Abs. 1, § 26 Abs. 1; allerdings steht es der das VwVf betreibenden Behörde als sachlichem Beteiligten (s. § 43 Rn. 95) frei, sich mit anderen Beteiligten über die Auswahl der Sachverständigen zu einigen; § 405 ZPO (**Auswahl durch verordneten Richter**) wegen durch § 402 ZPO vermittelter Akzessorietät zum unanwendbaren § 375 ZPO; zu § 406 ZPO s. Rn. 17 ff.; zu § 408 Abs. 2 ZPO s. Rn. 21; § 409 ZPO (**Folgen des Ausbleibens und der Weigerung**) wegen § 65 Abs. 2; § 410 ZPO (**Beeidigung**) wegen § 65 Abs. 3; § 411 Abs. 2 ZPO (**Sanktionen für Säumnis**) wegen § 65 Abs. 2; § 411 Abs. 4 ZPO (**Stellungnahme zu Gutachten**) wegen § 66 Abs. 2; § 413 (**Entschädigung**) wegen § 26 Abs. 3 S. 2.

d) Ablehnung von Sachverständigen. § 65 hebt als dritten Fall anwendbarer Vorschriften 17 der ZPO die „über die Ablehnung von Sachverständigen" hervor (zur Sachverständigenablehnung im nichtförmlichen Verfahren s. § 26 Rn. 84); einschlägig ist insoweit § 406 ZPO, der den **Beteiligten** i. S. des § 13 das Recht einräumt, einen Sachverständigen abzulehnen, wenn er als Richter wegen Vorliegens eines Ausschließungsgrundes nach § 41 ZPO – außer: frühere Zeugenvernehmung gem. § 41 Nr. 5 1. Fall ZPO – oder wegen Besorgnis der Befangenheit abgelehnt werden könnte, § 42 ZPO.[16] Die Anwendbarkeit dieser Vorschrift gegenüber einem Rückgriff auf § 21 oder einen allgemeinen Rechtsgrundsatz lässt das *BVerwG*[17] wohl nur für das PlfV offen.

Eine **Erweiterung** der **Ablehnungsgründe** auf weitergehende Mitwirkungsverbote nach 18 § 20 ist auch über § 63 Abs. 2 nicht möglich, da die im VwVfG getroffene Regelung gerade keine Ablehnungsmöglichkeit begründet; möglich ist aber eine Berücksichtigung solcher Fälle im Rahmen der Besorgnis der Befangenheit gem. § 42 ZPO. Im Übrigen bleibt ein etwaiges Mitwirkungsverbot des Sachverständigen auf Grund § 20 (s. dort Rn. 24 f.) in seiner ex lege eintretenden Wirkung (§ 20 Rn. 27 f.) unberührt.

In **verfahrensmäßiger Hinsicht**[18] gilt für die Ablehnung die Zwei-Wochen-Frist gem. 19 § 406 Abs. 2 S. 1 ZPO, eine spätere Ablehnung ist nur möglich, wenn ein unverschuldeter Hinderungsgrund früherer Geltendmachung glaubhaft gemacht wird, § 406 Abs. 2 S. 2 ZPO. Das Ablehnungsgesuch ist bei der Behörde anzubringen, die den Sachverständigen bestellt hat. Diese hat auch – in einem selbständigen Verfahren – entsprechend § 406 Abs. 4 ZPO über das Ablehnungsgesuch zu entscheiden.

Ein Ablehnungsgesuch gegen einen im förmlichen VwVf nicht abgelehnten Sachverständigen 20 ist **im anschließenden Gerichtsverfahren** gegen die behördliche Entscheidung nicht mehr möglich; insoweit sollen die Beteiligten den Ausschließungs- oder Ablehnungsgrund nur noch als Ursache materieller Rechtswidrigkeit der behördlichen Entscheidung geltend machen können.[19] Davon müssten freilich Ausschließungsgründe aus § 20, auf die die Ablehnung nicht gestützt werden konnte, ausgenommen bleiben.

e) Vernehmung von Angehörigen des öffentlichen Dienstes. Ausdrücklich hervorge- 21 hoben wird in § 65 Abs. 1 S. 2 schließlich die Anwendbarkeit der Vorschriften der ZPO über die Vernehmung von Angehörigen des öffentlichen Dienstes als Zeugen und Sachverständige. Maßgeblich sind § 376 und § 408 Abs. 2 ZPO, die auf die für die Dienstverhältnisse geltenden Vorschriften, vgl. § 84 Rn. 1 f., verweisen. Danach ist regelmäßig eine Aussage nur möglich, wenn dafür eine Genehmigung vorliegt (vgl. § 84 Abs. 2, dort Rn. 12 f. und 14 ff. zur Genehmigungserteilung).

---

[16] Zur Anwendbarkeit des § 406 Abs. 1 S. 1 i. V. mit §§ 41, 42 ZPO im Rahmen des § 65 Abs. 1 und zur sinngemäßen Anwendung auf Messstellen nach § 26 BImSchG s. *OVG Koblenz* NVwZ-RR 2006, 784, 785.
[17] NVwZ 1991, 1187.
[18] S. dazu *BVerwG* NVwZ 1991, 1187.
[19] *BVerwG* NVwZ 1991, 1187.

III. Behördliches Verfahren bei Verweigerung des Zeugnisses oder der Gutachtenerstattung (Abs. 2 S. 1–3)

22   Die Aussage- und Begutachtungspflichten nach Abs. 1 sind nicht durch unmittelbare Erzwingungsmittel der verfahrensführenden Behörde bewehrt. Vielmehr wird die Durchsetzbarkeit dieser Pflichten durch die Möglichkeit einer Überführung in ein gerichtliches Verfahren gem. Abs. 2 sichergestellt, in dem dem vernehmenden Gericht die prozessualen Zwangsmittel zur Verfügung stehen. **Voraussetzung für das** behördliche **Ersuchen um gerichtliche Vernehmung** ist die Verweigerung der Aussage oder der Erstattung des Gutachtens ohne Vorliegen eines der in §§ 376, 383 bis 385 und 408 ZPO bezeichneten Gründe.

23   Dabei ist der Begriff der **Verweigerung weit zu fassen.** Da die Behörde (anders als ein Gericht auf der differenzierteren Grundlage der ZPO) gegenüber Zeugen und Sachverständigen, die ihren Pflichten nach § 65 Abs. 1 nicht nachkommen, sonst keine Möglichkeit hat, die Mitwirkung effektiv zu veranlassen, muss grundsätzlich jede Nichterfüllung dieser Pflichten ein Ersuchen nach Abs. 2 rechtfertigen,[20] so z. B. bei (wiederholtem) Ausbleiben von Zeugen oder Sachverständigen, §§ 380, 409 ZPO, bei Nichterfüllung von Anordnungen zur Einsichtnahme in Unterlagen, § 378 ZPO, oder bei (wiederholter) Nichteinhaltung einer Ablieferungsfrist für schriftliche Gutachten, § 411 ZPO.

24   **Weit auszulegen** ist auch das weitere Erfordernis, dass **kein Verweigerungsgrund** vorliegen darf. Um die Mitwirkungspflichten gem. § 65 Abs. 1 zu effektuieren, muss es genügen, wenn die Behörde im Rahmen ihrer Erkenntnismöglichkeiten von einem solchen Verweigerungsgrund keine Kenntnis hat.[21] Im gerichtlichen Verfahren ist dann auch auf der Grundlage der nach § 386 ZPO geltenden Erklärungspflichten endgültig zu entscheiden, ob ein Weigerungsgrund wirklich besteht. Allerdings sind behördliche Ersuchen um gerichtliche Vernehmung unzulässig, wenn die Behörde selbst vom Bestand eines Verweigerungsrechts ausgeht.

25   Liegen die genannten Voraussetzungen vor, steht es im **Ermessen der Behörde,** ob sie um eine gerichtliche Vernehmung ersucht,[22] sich weiter selbst um eine freiwillige Erfüllung der Mitwirkungspflicht bemüht oder auf das Beweismittel verzichtet. Zur Bindung und zur Kontrollbefugnis des Gerichts gegenüber dem Ersuchen s. Rn. 32 ff.

26   **Zu richten** ist das Ersuchen **im Regelfall** an das für den Wohnsitz oder Aufenthaltsort der zu vernehmenden Personen zuständige **Verwaltungsgericht,** Abs. 2 S. 1. **Ausnahmsweise** kann **auch das** zuständige **Amtsgericht** ersucht werden, wenn sich der Wohnsitz oder der Aufenthaltsort des Zeugen oder Sachverständigen nicht am Sitz eines Verwaltungsgerichts oder einer auswärtigen Kammer befindet, Abs. 2 S. 2 (zu § 132 Abs. 2 S. 2 SchlH LVwG s. vor Rn. 1). In diesem Fall hat die Behörde zwischen beiden Gerichten das **Wahlrecht.**[23]

27   Über die **Form des Ersuchens** trifft § 65 keine Regelung; insbesondere können die Darlegungserfordernisse des Abs. 2 S. 3 auch bei formlosen Ersuchen gewahrt werden. § 64 ist für das Handeln der Behörde nicht einschlägig.[24] Die jedenfalls praktisch unerlässliche Anforderung der **Schriftform** dürfte aber aus § 362 Abs. 1 ZPO analog zu begründen sein.[25] Die Behörde hat in ihrem Ersuchen den Gegenstand der Vernehmung darzulegen sowie die Namen und Anschriften der Beteiligten anzugeben, Abs. 2 S. 3.

IV. Behördliches Ersuchen um Beeidigung der Zeugen oder Sachverständigen (Abs. 3)

28   Die Behörde hat nach Abs. 3 weiterhin die Möglichkeit, das nach Abs. 2 zuständige Gericht um die im VwVf selbst nicht vorgesehene eidliche Vernehmung zu ersuchen. **Voraussetzung**

---

[20] S. auch *Dürr* in Knack, § 65 Rn. 9; *Ziekow,* § 65 Rn. 6.
[21] Ähnlich *Dürr* in Knack, § 65 Rn. 9.
[22] *Dürr* in Knack, § 65 Rn. 9; *Seegmüller* in Obermayer, VwVfG, § 65 Rn. 36; *Meyer/Borgs,* § 65 Rn. 4; *Ziekow,* § 65 Rn. 7.
[23] *Dürr* in Knack, § 65 Rn. 11; *Ziekow,* § 65 Rn. 6.
[24] Anders anscheinend *Dürr* in Knack, § 65 Rn. 12.
[25] *Ule/Laubinger,* § 34 Rn. 5; *Kopp/Ramsauer,* § 65 Rn. 9; *Seegmüller* in Obermayer, VwVfG, § 65 Rn. 41; *Ziekow,* § 65 Rn. 7.

ist, dass sie, sei es wegen der Bedeutung der Aussage oder des Gutachtens, sei es zur Herbeiführung einer wahrheitsgemäßen Aussage, die **Beeidigung für geboten hält**. Dabei dürfte es sich um einen Fall der Verzahnung von Tatbestands- und Rechtsfolgeseite der Norm zu einer einheitlichen Ermessensvorschrift handeln (§ 40 Rn. 38 ff.).[26] Zur Bindung des Gerichts und zu seiner Kontrollkompetenz s. Rn. 32 ff.

Nach der **Verfahrenssituation** kann das Vereidigungsersuchen mit dem Vernehmungsersuchen nach Abs. 2 von vornherein verbunden werden; es kann auch nach einer Aussage vor der Behörde oder vor dem Gericht nachträglich eine Beeidigung der schon vorliegenden Aussage verlangt werden.[27] Schließlich dürfte es auch zulässig sein, sofort, also ohne auch nur den Versuch einer behördlichen Vernehmung, um eidliche Vernehmung durch das Gericht zu ersuchen,[28] wenn von vornherein die Voraussetzungen des Abs. 3 gegeben sind. Ob **Schriftform** verlangt werden kann, ist zumindest dann fraglich, wenn das Ersuchen im Beweistermin vorgebracht[29] und protokolliert wird.

V. Persönliche Anforderungen an den ersuchenden Amtswalter (Abs. 5)

Die Zulässigkeit von Ersuchen nach den Abs. 2 und 3 macht Abs. 5 von **Anforderungen an die Person des handelnden Amtswalters** abhängig, um eine missbräuchliche Handhabung der den Behörden eingeräumten Befugnisse, die Gerichte nach ihren Vorstellungen einzusetzen, zu verhindern (Begründung zu § 61 Abs. 4 Entwurf 73). Die erforderlichen persönlichen Qualifikationen **entsprechen den in § 27 Abs. 2 S. 1** für die Aufnahme von Versicherungen an Eides Statt vorgesehenen (s. im Einzelnen § 27 Rn. 15 ff.).

VI. Rechtshilfe des Gerichts bei Ersuchen nach Abs. 2 und 3 (Abs. 2 S. 4, Abs. 4)

1. Verpflichtung des ersuchten Gerichts

Das ersuchte Gericht wird, wenn es die Vernehmung und Beeidigung vornimmt, nicht als Organ der Rechtsprechung tätig, sondern leistet **Rechtshilfe** in einem VwVf[30] (zur umstrittenen Terminologie s. § 4 Rn. 38). Die auch in Art. 35 Abs. 1 GG umfassend gebilligte Pflicht zu dieser Tätigkeit des Gerichts für die ersuchenden Behörden der zweiten Gewalt beeinträchtigt daher die Entscheidungstätigkeit der Gerichte auf dem Gebiet der Rechtsprechung nicht; ebenso wenig verletzt sie den Grundsatz der Gewaltenteilung.[31] **Verfassungsrechtliche Bedenken** gegen die Pflicht des ersuchten Gerichts zur Vernehmung und Beeidigung **bestehen** somit **nicht**.

Das Gericht ist zur Vernehmung und Beeidigung auf Grund des behördlichen Ersuchens als solchen verpflichtet; es ist weder berechtigt noch verpflichtet nachzuprüfen, ob die rechtlichen Voraussetzungen für das Ersuchen gegeben waren. Insoweit **bindet das Ersuchen** das Gericht nach Art der Tatbestandswirkung (s. § 43 Rn. 154 ff.). Das Gericht kann namentlich nicht eine Zeugenvernehmung verweigern, die es für nicht sachdienlich hält, oder selbst nach § 391 ZPO prüfen, ob eine Beeidigung geboten erscheint.[32]

Dies bedeutet allerdings **nicht den Ausschluss jeder Gerichtskontrolle**. Abgesehen von einer – allerdings nur im Rahmen der §§ 44a VwGO, § 46 möglichen – Überprüfung des in

---

[26] Für Ermessen ausdrücklich *Dürr* in Knack, § 65 Rn. 16; *Kopp/Ramsauer*, § 65 Rn. 11; *Seegmüller* in Obermayer, VwVfG, § 65 Rn. 54; *Meyer/Borgs*, § 65 Rn. 7.
[27] Zur Notwendigkeit, die zu beeidende Aussage vor Gericht zumindest zu wiederholen, *Kopp/Ramsauer*, § 65 Rn. 11; strenger wohl *Dürr* in Knack, § 65 Rn. 17: Wiederholung der Vernehmung.
[28] *Meyer/Borgs*, § 65 Rn. 7; *Dürr* in Knack, § 65 Rn. 16.
[29] S. *Dürr* in Knack, § 65 Rn. 17; anders *Kopp/Ramsauer*, § 65 Rn. 11; *Seegmüller* in Obermayer, VwVfG, § 65 Rn. 59; *Ziekow*, § 65 Rn. 8.
[30] Vgl für eine dem § 65 VwVfG nachgebildete Vorschrift so *VG Lüneburg*, Beschl. v. 4. 1. 2007, – 10 E 1/06 – juris.
[31] *BVerfGE* 7, 183, 188 f.; 31, 43, 45 f.
[32] Zu letzterem *Ule/Laubinger*, § 34 Rn. 4; *Dürr* in Knack, § 65 Rn. 18; *Kopp/Ramsauer*, § 65 Rn. 12.

dem VwVf ergangenen VA auf einen möglichen Verfahrensfehler ist auch das ersuchte Gericht in gewissem Umfang zu rechtlicher **Nachprüfung** berechtigt.[33] Dies gilt zumindest für die Prüfung, ob die **rechtlichen Voraussetzungen für die** vom Gericht vorzunehmenden **Rechtshilfehandlungen** vorliegen.[34]

34 Diese ergeben sich beim Verwaltungsgericht vermittelt über § 98 VwGO, beim Amtsgericht unmittelbar aus den **Vorschriften der ZPO über die Beweisaufnahme**,[35] soweit sie auf die besondere Verfahrenssituation der Erfüllung eines Ersuchens nach § 65 Abs. 2, 3 passen (s. auch Rn. 5 ff.). So hat das Gericht namentlich trotz eines Ersuchens nach Abs. 3 die Beeidigung zu unterlassen, wenn die Voraussetzungen des § 393 ZPO vorliegen; ferner ist im Falle von Glaubens- und Gewissensgründen § 484 ZPO zu beachten.[36]

35 Auch ohne spezialgesetzliche Regelung bleibt das ersuchte Gericht bei seinen Verfahrenshandlungen an die **Grundrechte** gebunden, hätte etwa bei einer für den Zeugen durch die Vernehmung entstehenden Gesundheitsgefahr Art. 2 Abs. 2 S. 1 GG zu beachten,[37] aber auch die Gleichheitsrechte der Zeugen, etwa bei willkürlichen oder nach Art. 3 Abs. 3 GG diskriminierenden Vernehmungs- oder Beeidigungsersuchen, zu wahren.

36 Weiterhin hat das Gericht neben seiner Zuständigkeit nach § 65 Abs. 2 S. 1, 2, Abs. 3 zu prüfen,[38] ob die **formellen Voraussetzungen** für das Ersuchen gem. § 65 Abs. 2 S. 3, Abs. 5 eingehalten sind[39] und ob ein förmliches VwVf nach §§ 63 ff.[40] oder ein sonstiger Anwendungsfall des § 65 vorliegt.

37 Fraglich ist, ob das Gericht darüber hinaus auch berechtigt ist, das **Vorliegen eines Verweigerungstatbestandes** (im oben Rn. 23 dargelegten weiteren Sinne) zu überprüfen und andernfalls die Vernehmung abzulehnen. Wenn der Zeuge etwa nach einem Vernehmungsersuchen wegen Ausbleibens vor der Behörde vor Gericht dieses Ausbleiben nach § 381 ZPO genügend entschuldigt, fehlt der Grund für die Einschaltung des Gerichts; gleichwohl könnte aus verfahrensökonomischen Gründen daran zu denken sein, dass – abgesehen von Missbrauchsfällen – das einmal mit dem Ersuchen befasste Gericht die Vernehmung dennoch durchführt.

2. Verfahren des ersuchten Gerichts

38 Für das Verfahren der Vernehmung und Beeidigung gelten die einschlägigen **Regeln der ZPO** (Rn. 32 ff.). Zudem sieht § 65 Abs. 2 S. 4 vor, dass das **Gericht die Beteiligten** von den Beweisterminen **benachrichtigt**. Diese können der Beweisaufnahme beiwohnen (§ 97 S. 1 VwGO; § 357 ZPO) und von ihrem Fragerecht (§ 97 S. 2 VwGO; §§ 397, 402 ZPO) Gebrauch machen.[41] Die **gerichtsinterne Zuständigkeit** regelt, ohne dass es einer in einigen Ländern aufgenommenen Verweisung (vor Rn. 1) bedarf, § 180 VwGO. Im Übrigen stehen dem ersuchten Gericht bei Verletzungen der in den Prozessordnungen näher ausgestalteten Mitwirkungspflichten die dort vorgesehenen **Sanktionen und Zwangsmittel,** namentlich nach §§ 380, 390, 409, 411 Abs. 2 ZPO, zur Verfügung.[42]

3. Entscheidung bei Verweigerung nach Abs. 4

39 Gem. Abs. 4 ist dem Gericht ausdrücklich die Entscheidung über die Rechtmäßigkeit einer Verweigerung des Zeugnisses, des Gutachtens oder der Eidesleistung übertragen. Dabei

---

[33] Im Einzelnen offen lassend BVerfGE 7, 183, 187 f. zu § 14 Abs. 2 KOVwVfG.
[34] Insoweit ohne verfassungsrechtliche Bedenken BVerfGE 7, 183, 188.
[35] S. *Kopp/Ramsauer,* § 65 Rn. 8; *Dürr* in Knack, § 65 Rn. 13; *Seegmüller* in Obermayer, VwVfG, § 65 Rn. 62.
[36] *Ule/Laubinger,* § 34 Rn. 4.
[37] Vgl. BVerfGE 51, 324, 346 ff.; s. auch BVerfGE 51, 97, 113, zur Beachtung der Verhältnismäßigkeit bei Durchsuchungsanordnungen; die darauf gestützten verfassungsrechtlichen Bedenken gegen die Bindung des ersuchten Gerichts bei *Kopp,* VwGO (10. Aufl.), § 180 Rn. 5 m. w. N., fallen bei dem hier vertretenen Bindungsumfang weg; s. auch BVerfG (K) NJW 1994, 1272, zur grundrechtlich gebotenen Aussetzung einer Zwangsräumung wegen Suizidgefahr; allgemeiner *Sachs* in Stern, Staatsrecht IV/1, 2006, S. 166 f. m. w. N.
[38] *Dürr* in Knack, § 65 Rn. 14.
[39] *Kopp/Schenke,* § 180 Rn. 5.
[40] *von Oertzen* in Redeker/v. Oertzen, § 180 Rn. 1.
[41] *Kopp/Ramsauer,* § 65 Rn. 10; auch *Dürr* in Knack, § 65 Rn. 14; *Ule/Laubinger,* § 34 Rn. 3 stellen auf § 66 Abs. 2 ab.
[42] Vgl. zur Vorführung eines Zeugen nach § 380 Abs. 2 HS 2 ZPO OVG Greifswald LKV 2004, 231.

geht es nicht um eine etwa bereits vor der Behörde ausdrücklich erfolgte Verweigerung, sondern um die **Verweigerung im gerichtlichen Verfahren**.[43] Für die Beeidigung folgt das selbstverständlich daraus, dass sie vor der Behörde gar nicht möglich ist (Rn. 28); für die in Abs. 4 parallel geregelten Fälle der Zeugnis- und Gutachtenverweigerung gilt nichts anderes.

Durch das Ersuchen nach Abs. 2 wird dem Gericht eine Ermittlungsaufgabe zur Erfüllung 40 übertragen, **nicht** die **rückblickende Bewertung des** Verhaltens der vor der Behörde **Mitwirkungspflichtigen**. Wenn der Zeuge vor dem Gericht aussagt oder das Gutachten vom Sachverständigen erstattet wird, ist daher für eine Entscheidung nach Abs. 4 auch dann kein Raum, wenn im VwVf zuvor eine förmliche Verweigerung erfolgt war. Vielmehr entscheidet das Gericht nur dann nach Abs. 4, wenn es in seinem Verfahren zu einer (erstmaligen oder wiederholten) Verweigerung kommt.

Die **Entscheidung des Verwaltungsgerichts** ergeht gem. § 180 S. 2 VwGO durch **Be-** 41 **schluss**. Ob auch die **Entscheidung des Amtsgerichts** als Beschluss ergehen kann,[44] scheint fraglich. Die §§ 380 Abs. 3, 390 Abs. 3 und 409 Abs. 2 ZPO sehen zwar Beschlüsse vor, betreffen aber nicht den Fall der Zeugnis- oder Gutachtenverweigerung; für diese ist vielmehr in § 387 ZPO ein Zwischenurteil vorgeschrieben.

Eine Abweichung hiervon müsste durch eine extensive Auslegung des § 180 S. 2 VwGO le- 42 gitimiert werden. Dafür spricht, dass diese Vorschrift auch im Rahmen der VwGO die sonst bei Streit um das Verweigerungsrecht eingreifende Entscheidungsform des Zwischenurteils[45] verdrängt, soweit es um Ersuchen nach § 65 geht. Gegen den **Beschluss** des Gerichts ist die Beschwerde gegeben (§ 146 VwGO, § 567 ZPO). Geht man davon aus, dass § 180 S. 2 VwGO von der Form des Zwischenurteils mangels eines anhängigen Gerichtsverfahrens abweicht, trifft dies für die Amtsgerichte in gleicher Weise zu; geht man beim Amtsgericht von § 387 ZPO aus, findet nach § 387 Abs. 3 ZPO die sofortige Beschwerde statt.

VII. Landesrecht

Zur ausdrücklichen **Verweisung** mehrerer LVwVfGe **auf § 180 VwGO** s. *Stelkens* in 43 Schoch u. a., § 180 Rn. 5. Zu Schleswig-Holstein s. Rn. 12, 26. S. auch vor Rn. 1.

§ 66 Verpflichtung zur Anhörung von Beteiligten

(1) **Im förmlichen Verwaltungsverfahren ist den Beteiligten Gelegenheit zu geben, sich vor der Entscheidung zu äußern.**

(2) **Den Beteiligten ist Gelegenheit zu geben, der Vernehmung von Zeugen und Sachverständigen und der Einnahme des Augenscheins beizuwohnen und hierbei sachdienliche Fragen zu stellen; ein schriftlich oder elektronisch vorliegendes Gutachten soll ihnen zugänglich gemacht werden.**

Vergleichbare Vorschriften: –

Abweichendes Landesrecht: –

Entstehungsgeschichte: Bis zum Inkrafttreten des VwVfG vgl. § 63 der 6. Auflage. **Änderung:** Zur klarstellenden Umstellung auf die elektronische Kommunikation durch das 3. VwVfGÄndG s. Einl Rn. 44 und § 1 Rn. 277.

Literatur: Vgl. *Spranger*, Beschränkungen des Anhörungsrechts im förmlichen Verwaltungsverfahren, NWVBl 2000, 166; ferner die Nachweise zu §§ 28, 73.

---

[43] *Ule/Laubinger*, § 34 Rn. 3; *Dürr* in Knack, § 65 Rn. 14.
[44] So *Seegmüller* in Obermayer, VwVfG, § 65 Rn. 65; wohl auch *Dürr* in Knack, § 65 Rn. 14 mit dem Hinweis auf § 567 ZPO; *Kopp/Ramsauer*, § 65 Rn. 12.
[45] So *Kopp/Schenke*, § 98 Rn. 11; a. A. *Kothe* in Redeker/v. Oertzen, § 98 Rn. 7 m. w. N.

Übersicht

	Rn.
I. Allgemeines	1
II. Die Verpflichtungen der Behörde im Einzelnen	2
1. Gelegenheit zur Äußerung für Beteiligte (Abs. 1)	2
2. Teilnahme an Beweiserhebungen (Abs. 2 HS 1)	10
3. Zugänglichkeit schriftlicher Gutachten (Abs. 2 HS 2)	14
III. Landesrecht	22

I. Allgemeines

1 Im Hinblick auf die besondere Bedeutsamkeit der dem förmlichen VwVf regelmäßig nur unterworfenen Angelegenheiten (vgl. § 63 Rn. 37) schafft § 66 drei besondere Pflichten der Behörden zugunsten **des rechtlichen Gehörs** (dazu allgemein § 28 Rn. 1 ff.) der Beteiligten i. S. des § 13 (näheres dort): in Abs. 1 die nicht den Beschränkungen des § 28 unterworfene Pflicht der Behörde zur **Anhörung;** in Abs. 2 HS 1 die Pflicht, den Beteiligten Gelegenheit zur **Teilnahme an Zeugen- und Sachverständigenvernehmungen** sowie an **Augenscheineinnahmen** zu geben (Rn. 10 ff.); in Abs. 2 HS 2 die als Soll-Vorschrift gefasste Pflicht, den Beteiligten ein **schriftliches Gutachten zugänglich** zu machen (Rn. 14 ff.). Spezialgesetzliche Regelungen gehen § 66 vor.

II. Die Verpflichtungen der Behörde im Einzelnen

1. Gelegenheit zur Äußerung für Beteiligte (Abs. 1)

2 Abs. 1 **verpflichtet** die Behörde, den Beteiligten im förmlichen VwVf **Gelegenheit** zu geben, sich **vor der Entscheidung zu äußern.** Anders als § 28 Abs. 1 enthält § 66 **keine Beschränkung auf Eingriffs-VAe,** sondern gilt in förmlichen VwVf schlechthin, unabhängig vom Inhalt der behördlichen Maßnahme, also auch bei begünstigenden Entscheidungen. Auch die in § 28 Abs. 2 und 3 enthaltenen Einschränkungen und Ausnahmen gelten im förmlichen VwVf nicht; § 63 Abs. 2 führt nicht zu ihrer Anwendbarkeit, da § 66 Abs. 1 als abschließende Regelung der Anhörung im förmlichen VwVf Abweichendes bestimmt.[1] Das Gesetz sieht die in § 28 Abs. 2, 3 dem rechtlichen Gehör übergeordneten öffentlichen Interessen als nicht berührt an oder ordnet sie hier dem rechtlichen Gehör unter.

3 Namentlich enthält es **keine Ausnahmen für sofortige Entscheidungen,** während bei der mündlichen Verhandlung, s. § 67 Abs. 2 Nr. 5 (§ 67 Rn. 27), eine Ausnahme bei Gefahr im Verzuge vorgesehen ist. Daher muss die Anhörung gegebenenfalls auch in solchen Fällen durchgeführt werden, wobei die dem Beteiligten einzuräumende Zeitspanne für seine Äußerung je nach den Gegebenheiten drastisch zu verkürzen wäre.[2] Vorheriger **Verzicht** auf die Anhörung ist allerdings unter den allgemein gültigen Erfordernissen (§ 28 Rn. 14) auch im förmlichen VwVf zulässig.[3]

4 Abs. 1 zielt seinem **Inhalt nach wie § 28 Abs. 1** auf eine den Beteiligten zu gebende Gelegenheit, sich vor der Entscheidung zu äußern (zum Inhalt der Anhörungspflicht allgemein § 28 Rn. 24, 34). **Abweichungen** ergeben sich beim anzuhörenden Personenkreis, der im förmlichen VwVf **auch die** durch die Entscheidung voraussichtlich **Begünstigten** betrifft. Dies kann zumal für im förmlichen VwVf ergehende VAe mit Drittwirkung i. S. des § 50 (s. dort Rn. 8 ff.) von Bedeutung sein.[4]

---

[1] *Kopp/Ramsauer*, § 66 Rn. 1 m. w. N.; *Dürr* in Knack, § 66 Rn. 2; *Ziekow*, § 66 Rn. 2; *Fengler*, Die Anhörung im europäischen Gemeinschaftsrecht und deutschen Verwaltungsverfahrensrecht, 2003, S. 170, auch S. 203 ff. allgemein zu den Besonderheiten.
[2] *Spranger* NWVBl 2000, 166, sieht die Anhörung je nach Dringlichkeit der Gefahr ausnahmsweise auch als entbehrlich an.
[3] *Kopp/Ramsauer*, § 66 Rn. 4; *Ziekow*, § 66 Rn. 2; *Spranger* NWVBl 2000, 166.
[4] Allein hierauf abstellend *Ule/Laubinger*, § 35 Rn. 1.

Die Formulierung „vor der Entscheidung" entspricht der Geltung der §§ 63 ff. auch für   5
VwVf, die auf den Erlass eines ör Vertr abzielen (§ 63 Rn. 5); gleichwohl dürfte wie bei § 28
Abs. 1 nur vor **Erlass von VAen** Raum für eine Anhörung sein (§ 28 Rn. 13).[5]

Schließlich fehlt in § 66 Abs. 1 die den **Gegenstand der Äußerung** auf die „für die Ent-   6
scheidung erheblichen Tatsachen" beschränkende Formulierung des § 28 Abs. 1. Diese Abweichung von der dort bewusst in Abgrenzung zu weitergehenden Vorschlägen gewählten Fassung macht es im förmlichen VwVf notwendig, die Anhörung über das selbst bei § 28 Abs. 1 erforderliche Maß (s. § 28 Rn. 38 f.) hinaus auf die **rechtlichen Aspekte** des jeweiligen VwVf zu erstrecken.[6]

Dagegen genügt wie bei § 28 Abs. 1 (dort Rn. 36) auch im förmlichen VwVf die **Möglich-**   7
keit zur Äußerung; dass sie von den Beteiligten genutzt wird, ist nicht erforderlich. Auch begründet § 66 keinen allgemeinen Zwang zur mündlichen Anhörung im VwVf; vielmehr genügt es, sofern keine mündliche Verhandlung nach §§ 67 f. stattfindet, wenn die Beteiligten sich **schriftlich** äußern konnten.[7] Zur Anhörung im Falle einer mündlichen Verhandlung nach §§ 67 f. s. § 67 Rn. 1 f.

In welchem **Zeitpunkt** die Gelegenheit zur Äußerung zu geben ist, ist in § 66 nicht näher   8
geregelt; daher ist auf die allgemeinen, zu § 28 entwickelten Grundsätze (s. dort Rn. 41 ff.) zurückzugreifen. In jedem Falle muss danach die Gelegenheit zur Äußerung **angemessene Zeit** vor Erlass der Entscheidung gewährt werden, so dass dem Beteiligten noch eine Einflussnahme auf die vorgesehene Entscheidung möglich ist.[8] Andererseits muss die Äußerungsmöglichkeit für den gesamten Sachverhalt bestehen (§ 28 Rn. 42). Daher kann namentlich bei zwischenzeitlicher wesentlicher Änderung der Sach- oder Rechtslage im Verlauf eines Verfahrens, auch etwa nach einem bedeutsamen Beweisaufnahmeergebnis, erneut eine Anhörung geboten sein.[9]

Bei **unterlassener** oder **fehlerhafter Anhörung** liegt ein **Verfahrensfehler** i. S. der §§ 45   9
Abs. 1 Nr. 3, 46 vor (nähere Einzelheiten § 45 Rn. 70 ff.). Im Anwendungsbereich des § 66 hat zumal die Anhörung von Kriegsdienstverweigerern eine Rolle gespielt, die die Gerichte noch im Verwaltungsprozess nachgeholt haben.[10]

2. Teilnahme an Beweiserhebungen (Abs. 2 HS 1)

Schon **nach § 28** gilt das Gebot einer auch auf die Ergebnisse von Beweisaufnahmen er-   10
streckten **substantiellen Anhörung** (§ 28 Rn. 42; auch Rn. 8). § 66 geht, dem prozessualen Vorbild des § 97 VwGO folgend, darüber hinaus, indem er in Abs. 2 HS 1 vorschreibt, dass den Beteiligten Gelegenheit zu geben ist, der **Vernehmung** von **Zeugen und Sachverständigen** und der Einnahme des **Augenscheins beizuwohnen** (**Parteiöffentlichkeit** der Beweisaufnahme; zur Fragegelegenheit s. Rn. 13). Das Teilnahmerecht an Augenscheinseinnahmen bezieht sich nur auf die von der Behörde, nicht auch auf die von Sachverständigen durchgeführten Besichtigungen.[11]

Zur Wahrnehmung der in Abs. 2 genannten Rechte hat die Behörde die Beteiligten über die   11
Beweistermine **in angemessener Frist vorher,** in der Regel **schriftlich** (s. auch § 67 Abs. 1 S. 2), zu benachrichtigen. Ordnungsgemäß bestellte **Bevollmächtigte** und **Beistände** (§ 14) haben das Recht, an Beweiserhebungen teilzunehmen, sofern nicht etwas anderes spezialgesetzlich geregelt ist oder sich aus § 29 Abs. 2, 3 ergibt. Zur Benachrichtigungspflicht der Gerichte bei einer Vernehmung vgl. § 65 Abs. 2 S. 4.

Bei den nicht in § 66 Abs. 2 genannten **sonstigen Ermittlungen der Behörde** nach § 26   12
Abs. 1 ist ein Anspruch auf Teilnahme für die Beteiligten nicht vorgesehen (s. § 26 Rn. 13 f.);

---

[5] Nur für VAe *Kopp/Ramsauer*, § 66 Rn. 3; *Dürr* in Knack, § 66 Rn. 3; anders *Ziekow*, § 66 Rn. 2.
[6] Im Ergebnis ebenso *Kopp/Ramsauer*, § 66 Rn. 3; *Seegmüller* in Obermayer, VwVfG, § 66 Rn. 7; *Dürr* in Knack, § 66 Rn. 7; *Ziekow*, § 66 Rn. 3.
[7] *Ule/Laubinger*, § 35 Rn. 1; *Seegmüller* in Obermayer, VwVfG, § 66 Rn. 12; *Kopp/Ramsauer*, § 66 Rn. 4; *Ziekow*, § 66 Rn. 3; anders wohl *Dürr* in Knack, § 66 Rn. 5; s. zu § 28 dort Rn. 46.
[8] *VGH Kassel* ESVGH 10, 226; ferner Rn. 43 f.
[9] *BVerwGE* 75, 214, 224; *VGH Kassel* ESVGH 10, 226; ferner Rn. 10 ff.
[10] Vgl. für die ältere Rechtsprechung *BVerwGE* 49, 307 ff.; unter Ablösung von § 45 VwVfG auch *BVerwGE* 61, 45, 50 f.; dazu näher § 45 Rn. 74 ff.
[11] Vgl. *Dürr* in Knack, § 66 Rn. 8; *Kopp/Ramsauer*, § 66 Rn. 8 m. w. N.; *Ziekow*, § 66 Rn. 4; zur Entstehungsgeschichte hierzu 6. Aufl. vor Rn. 1.

ihre Rechte werden insoweit durch das Akteneinsichtsrecht nach § 29 oder behördliche Information im Sinne der substantiellen Anhörung gewahrt. Der Behörde ist es aber nicht versagt, Beteiligte nach ihrem **Ermessen** hinzuziehen. Zur Behandlung schriftlicher Gutachten s. Rn. 14 ff.

13 Die den der Beweisaufnahme beiwohnenden Beteiligten zu gewährende Fragemöglichkeit ist auf **sachdienliche Fragen** beschränkt. Sachdienlich sind nur die Fragen, die zur Aufklärung des Sachverhalts[12] beizutragen geeignet sind und dadurch das Verfahren im Hinblick auf die zu treffende Entscheidung fördern.[13] Dazu gehört, dass sie sich im Rahmen des Beweisthemas halten.[14] Nicht sachdienliche Fragen können von der Behörde oder dem Gericht zurückgewiesen werden. Im Interesse der Befriedungswirkung des Verfahrens sollte von dieser Möglichkeit möglichst schonend Gebrauch gemacht werden.[15] Die isolierte Anfechtung der Zurückweisung ist durch § 44a VwGO i. d. F. des § 97 eingeschränkt, im Übrigen gilt § 46.

3. Zugänglichkeit schriftlicher Gutachten (Abs. 2 HS 2)

14 Abs. 2 HS 2 regelt, inwieweit den Beteiligten die **Kenntnisnahme von schriftlich** erstatteten **Sachverständigengutachten** zu ermöglichen ist. Damit berührt sich die Vorschrift mit dem auch für das förmliche VwVf gültigen (s. § 63 Rn. 47) Recht auf **Akteneinsicht** gem. § 29; denn die Gutachten werden regelmäßig auch Bestandteil der das VwVf betreffenden Akten sein.[16]

15 Das **Verhältnis zu § 29** ist trotz des in § 63 Abs. 2 bestimmten Vorrangs der §§ 64 ff. (s. § 63 Rn. 46) wegen der unterschiedlichen Normstrukturen der konkurrierenden Vorschriften problematisch.[17] Denn während § 29 in Abs. 1 eine strikte Pflicht der Behörde zur Gestattung und in Abs. 2 gesetzlich abgegrenzte Ausnahmen von dieser Pflicht vorsieht, scheint § 66 Abs. 2 HS 2 einerseits als **Soll-Vorschrift** hinter der strikten Bindung des § 29 Abs. 1 zurückzubleiben, andererseits angesichts **fehlender Ausnahmen** aber auch weitergehende Verpflichtungen auslösen zu können. Hinzu kommt, dass der **Inhalt der Verpflichtung** (Gestattung der Einsicht gegenüber Zugänglichmachen) ebenfalls nicht deckungsgleich ist.

16 Im Ergebnis muss demgegenüber sichergestellt werden, dass § 66 Abs. 2 HS 2 genau in dem Umfang den § 29 verdrängt, in dem er abweichende Regelungsziele verfolgt; dabei kommt der Grundtendenz der §§ 63 ff., die **Stellung der Beteiligten im förmlichen VwVf zu verbessern** (s. § 63 Rn. 5), maßgebliche Bedeutung zu. Namentlich widerspräche es der grundsätzlichen Ausrichtung des förmlichen VwVf, wenn das Akteneinsichtsrecht des § 29 Abs. 1 für zu den Akten gehörende Gutachten durch eine abgeschwächte Verpflichtung der Behörde i. S. einer Soll-Vorschrift ersetzt würde. Vielmehr steht § 29 Abs. 1 auch hinsichtlich der Gutachten, die zu den Akten gehören, neben § 66 Abs. 2 HS 2. Diese Vorschrift bleibt selbständig bedeutsam, soweit Gutachten im Einzelfall nicht zu den Verfahrensakten gehören, soweit das Akteneinsichtsrecht ausgeschlossen ist und soweit sie die Behörde zu mehr als zur bloßen Gestattung der Einsicht verpflichtet.

17 Die Wirkung des Abs. 2 HS 2 als **Sollvorschrift** geht dahin, dass die behördliche Verpflichtung für den Regelfall eingreift; die Behörde darf sie (nur) in **atypischen, besonders gelagerten Fällen** vernachlässigen, in denen die grundsätzliche Zielsetzung der Vorschrift gegenüber den Gegebenheiten des speziellen Sachverhalts zurücktritt (§ 40 Rn. 26 f.). Allerdings bleibt auch im Rahmen von Soll-Vorschriften die Ermessensbetätigung an die **gesetzlichen Grenzen des Ermessens** gebunden (§ 40 Rn. 73 ff.), d. h. die Bindung durch die Soll-Vorschrift endet dort, wo ihre Befolgung mit strikt verbindlichen Rechtsvorschriften in Widerspruch träte.

18 Insoweit greift namentlich § 30 als gesetzliche Verwirklichung schon in den **Grundrechten angelegten Geheimnisschutzes**[18] auch im förmlichen VwVf durch. Problematisch ist es,

---

[12] *Ule/Laubinger*, § 35 Rn. 2; *Ziekow*, § 66 Rn. 5.
[13] Vgl. *Dürr* in Knack, § 66 Rn. 10; *Kopp/Ramsauer*, § 66 Rn. 9; *Ziekow*, § 66 Rn. 5.
[14] Vgl. auch *Kothe* in Redeker/v. Oertzen, § 97 Rn. 3, dort wird Sachdienlichkeit *und* Einhaltung des Beweisthemas verlangt.
[15] So auch *Dürr* in Knack, § 66 Rn. 10.
[16] S. allgemein *Kopp/Ramsauer*, § 66 Rn. 12; insbes. für ärztliche Gutachten s. § 29 Rn. 69.
[17] Vgl. die eher vagen Aussagen bei *Kopp/Ramsauer*, § 66 Rn. 12; *Dürr* in Knack, § 66 Rn. 11.
[18] Dazu nur *Sachs* in Stern, Staatsrecht III/1, S. 649 f. m. w. N.; § 30 Rn. 1 ff.

(namentlich medizinische, insbesondere psychiatrische) Gutachten nicht zugänglich zu machen, um den **Betroffenen selbst zu schützen;** entgegen der für vertragliche Verhältnisse ergangenen Judikatur des *BGH*[19] zieht das *BVerwG* – für einen spezialgesetzlich begründeten Akteneinsichtsanspruch – mit Rücksicht auf das Selbstbestimmungsrecht eine Informationssperre zum Schutze des Betroffenen vor sich selbst nur in Ausnahmefällen in Betracht.[20]

Soweit keine rechtlichen Grenzen entgegenstehen, ist das behördliche **Ermessen** im Rahmen des Abs. 2 HS 2 **stärker auf das Ziel der Zugänglichkeit orientiert** als das zumal in den Fällen des § 29 Abs. 2 bei Ausschluss des strikten Akteneinsichtsanspruchs verbleibende Ermessen (§ 29 Rn. 51 ff.).[21] Abgesehen von den Fällen des gesetzlichen Geheimhaltungszwangs ist es namentlich im Normalfall nicht angängig, dass die Gutachten unter Berufung auf eine Beeinträchtigung der ordnungsgemäßen Erfüllung der behördlichen Aufgaben, § 29 Abs. 2 1. Alt., nicht zugänglich gemacht werden;[22] vielmehr ist die Behörde im Rahmen des Abs. 2 HS 2 in besonderem Maße gehalten, derartige Schwierigkeiten zu bewältigen. Entsprechend müssen an die nachteiligen Wirkungen eines Bekanntwerdens des Gutachtens für das Staatswohl, § 29 Abs. 2, 2. Alt., im Rahmen des strikter verpflichteten Ermessens auf Grund des § 66 Abs. 2 HS 2 strengere Anforderungen gestellt werden.

19

Das für die Verpflichtung der Behörde dem Grunde nach Gesagte wirkt sich auch auf die **Form** aus, in der das schriftliche Gutachten **zugänglich gemacht werden** soll. Abs. 2 HS 2 trifft hierzu keine nähere Bestimmung; daher liegt es im Verfahrensermessen der Behörde (§ 10 Rn. 16 ff.), wie sie ihrer Verpflichtung gerecht wird. Von diesem Handlungsspielraum muss sie namentlich so Gebrauch machen, dass die Zugänglichkeit überhaupt sichergestellt wird. Dafür ist die **Möglichkeit zur Einsichtnahme** nach dem Vorbild des § 29 Abs. 1 nur das **unerlässliche Minimum.** Darüber muss die Behörde hinausgehen, wenn auf diesem Wege die Zugänglichkeit nicht sichergestellt werden kann.

20

Daher kann die Behörde auch gehalten sein, (auszugsweise) Texte entscheidungserheblicher Gutachten in Fotokopie bereitzuhalten, wenn sonst (etwa in Massenverfahren) die notwendige Information der Beteiligten nicht gewährleistet werden kann (vgl. auch § 29 Rn. 80). Darüber hinaus wird man die Behörde im Rahmen von § 66 Abs. 2 HS 2 immer dann zu über die bloße Gewährung von Einsicht hinausgehenden Bemühungen verpflichtet sehen müssen, wenn diese Form der Information für die Beteiligten unzumutbare Erschwernisse mit sich bringt. Die Verpflichtung, die Gutachten zugänglich zu machen, zielt zwar nicht auf die optimalen, aber doch auf **für alle akzeptable Möglichkeiten der Kenntnisnahme.** Dies wird regelmäßig erfordern, dass die Beteiligten die Gelegenheit erhalten, von übersandten oder bei der Behörde eingesehenen Gutachten **Kopien anzufertigen,**[23] wenn nicht ohnehin die Übersendung von Abschriften in Betracht kommt.

21

III. Landesrecht

Im Landesrecht finden sich **keine Abweichungen.**

22

§ 67 Erfordernis der mündlichen Verhandlung

(1) ¹Die Behörde entscheidet nach mündlicher Verhandlung. ²Hierzu sind die Beteiligten mit angemessener Frist schriftlich zu laden. ³Bei der Ladung ist darauf hinzuweisen, dass bei Ausbleiben eines Beteiligten auch ohne ihn verhandelt und entschieden werden kann. ⁴Sind mehr als 50 Ladungen vorzunehmen, so können sie durch öffentliche Bekanntmachung ersetzt werden. ⁵Die öffentliche Bekanntmachung wird dadurch

---

[19] *BGHZ* 85, 327 ff.; *BGH* NJW 1989, 764 f.; die Verfassungsmäßigkeit dieser Judikatur offen lassend *BVerfG (K)* NJW 2006, 1116, 1118, bei strikteren Anforderungen für den Maßregelvollzug.
[20] *BVerwGE* 82, 45, 48 ff. mit Anm. *Sachs* JuS 1990, 405 Nr. 1 m. w. N.
[21] Für weitergehende Geltung des § 29 Abs. 2 wohl *Busch* in Knack, § 66 Rn. 4.2.1.
[22] So auch *Kopp/Ramsauer,* § 66 Rn. 12; dagegen sehen *Ule/Laubinger,* § 35 Rn. 3, offenbar gerade hierin den Zweck der Fassung als Soll-Vorschrift.
[23] So auch *Dürr* in Knack, § 66 Rn. 12.

bewirkt, dass der Verhandlungstermin mindestens zwei Wochen vorher im amtlichen Veröffentlichungsblatt der Behörde und außerdem in örtlichen Tageszeitungen, die in dem Bereich verbreitet sind, in dem sich die Entscheidung voraussichtlich auswirken wird, mit dem Hinweis nach Satz 3 bekannt gemacht wird. [6]Maßgebend für die Frist nach Satz 5 ist die Bekanntgabe im amtlichen Veröffentlichungsblatt.

(2) Die Behörde kann ohne mündliche Verhandlung entscheiden, wenn
1. einem Antrag im Einvernehmen mit allen Beteiligten in vollem Umfang entsprochen wird;
2. kein Beteiligter innerhalb einer hierfür gesetzten Frist Einwendungen gegen die vorgesehene Maßnahme erhoben hat;
3. die Behörde den Beteiligten mitgeteilt hat, dass sie beabsichtige, ohne mündliche Verhandlung zu entscheiden, und kein Beteiligter innerhalb einer hierfür gesetzten Frist Einwendungen dagegen erhoben hat;
4. alle Beteiligten auf sie verzichtet haben;
5. wegen Gefahr im Verzug eine sofortige Entscheidung notwendig ist.

(3) **Die Behörde soll das Verfahren so fördern, dass es möglichst in einem Verhandlungstermin erledigt werden kann.**

Vergleichbare Vorschriften: –
Abweichendes Landesrecht: SchlH: § 134 Abs. 1 S. 4 LVwG: „Sind mehr als 300 Ladungen vorzunehmen, so können sie durch amtliche Bekanntmachung ersetzt werden".
Entstehungsgeschichte: Bis zum Inkrafttreten des VwVfG vgl. § 63 der 6. Auflage. Vgl. ferner Rn. 18, 23, 25. Zur Änderung durch das GenBeschlG s. Rn. 12 f. Kleine redaktionelle Änderungen sind mit der Bek. der Neufassung v. 21. 1. 2003, BGBl I 102, erfolgt.
Literatur: Vgl. die Nachweise zu §§ 63, 28, 73.

Übersicht

	Rn.
I. Allgemeines	1
II. Mündliche Verhandlung (Abs. 1)	3
1. Entscheidung nach mündlicher Verhandlung (S. 1)	3
2. Individuelle Ladungen (S. 2 und 3)	8
3. Ladungen in Massenverfahren (S. 4 bis 6)	12
a) Anwendungsvoraussetzungen (S. 4)	14
b) Rechtsfolgen	17
III. Entscheidung ohne mündliche Verhandlung (Abs. 2)	21
IV. Konzentration des Verfahrens (Abs. 3)	28
V. Verfahrensfehlerfolgen	31
VI. Landesrecht	37

I. Allgemeines

1 § 67 schreibt in Abs. 1 S. 1 als wesentliches Element des förmlichen VwVf gem. §§ 63 ff. vor, dass **nach mündlicher Verhandlung zu entscheiden** ist (Rn. 3 ff.). Die Regelung des Abs. 1 S. 1 ist **zwingend**. Auf eine mündliche Verhandlung kann im Rahmen des VwVfG (zur Möglichkeit spezialgesetzlicher Abweichung auf Grund der Subsidiarität des VwVfG gem. § 1 s. § 63 Rn. 34 f., 46) nur verzichtet werden, wenn einer der in Abs. 2 genannten **Ausnahmetatbestände** eingreift (Rn. 21 ff.). Nach Abs. 3 soll die Behörde für eine **Konzentration des Verfahrens** auf einen Verhandlungstermin sorgen (Rn. 28 ff.).

2 Für der mündlichen Verhandlung der §§ 67 f. **entsprechende Regelungen** im förmlichen VwVf i. w. S. (§ 63 Rn. 10 ff.) vgl. etwa § 7 AtomG i. V. m. §§ 8 ff. AtVfV, § 10 BImSchG i. V. m. §§ 14 ff. 9. BImSchV, § 14 PBefG, §§ 33 ff. LandbeschG, §§ 21 ff. JuSchG i. V. m. DVO, §§ 14 ff. SeeunfalluntersuchungsG, § 17 Abs. 3 PTRegG, § 75 Abs. 3 TKG.

II. Mündliche Verhandlung (Abs. 1)

1. Entscheidung nach mündlicher Verhandlung (S. 1)

Nach Abs. 1 S. 1 ergeht die Entscheidung im förmlichen VwVf nach mündlicher Verhandlung. Die Regelung **verpflichtet** zur Durchführung einer **mündlichen Verhandlung,** soweit nicht Ausnahmen vorgesehen sind (s. Abs. 2 und dazu Rn. 21 ff.). Die mündliche Verhandlung ist eine dem Gerichtsverfahren nachempfundene Formalisierung des VwVf. Sie bietet im Rahmen der Erörterung gem. § 68 Abs. 2 S. 1 (s. dort Rn. 19 ff.) den Beteiligten **Gelegenheit zur Äußerung** i. S. des § 66.[1] Allerdings kann eine Ergänzung der Anhörung notwendig werden, wenn etwa in der mündlichen Verhandlung überraschende neue Gesichtspunkte auftauchen, zu denen sich Beteiligte nicht sofort äußern können,[2] oder wenn Einzelaspekte nicht Gegenstand der mündlichen Verhandlung waren.[3]

Zugleich verschafft die mündliche Verhandlung der entscheidenden Behörde durch die unmittelbare Anschauung des in der mündlichen Verhandlung umfassend erörterten Sachverhalts eine besonders gründlich abgesicherte **Entscheidungsbasis.** Allerdings bildet anders als im gerichtlichen Verfahren das Ergebnis der mündlichen Verhandlung nicht notwendig die alleinige Entscheidungsgrundlage, denn die Behörde entscheidet nicht wie das Gericht auf Grund der mündlichen Verhandlung (vgl. § 101 Abs. 1 VwGO), sondern nur „nach mündlicher Verhandlung"; s. auch § 69 Abs. 1 und dort Rn. 3.

Während der Ablauf der mündlichen Verhandlung jedenfalls in wesentlichen Punkten in § 68 (s. dort Rn. 16 ff.) und die Ladung zur mündlichen Verhandlung in § 67 Abs. 1 S. 2 bis 6 (s. Rn. 8 ff.) geregelt sind, bleibt es mangels näherer gesetzlicher Regelung dem **Verfahrensermessen** der Behörde (s. § 10 Rn. 16 ff.) überlassen, **wann und wo** sie die mündliche Verhandlung durchführt.

Der **Zeitpunkt** ist unter Berücksichtigung des Konzentrationsziels so zu wählen, dass der wesentliche Verfahrensstoff für die notwendige Erörterung umfassend aufbereitet ist. Die Interessen der Beteiligten sind durch die angemessene Ladungsfrist (Rn. 8 f.) grundsätzlich ausreichend gewahrt. Vor Beginn der mündlichen Verhandlung kann der Termin (ohne Festlegung eines neuen) **aufgehoben** oder (mit neuer Terminsbestimmung) **verlegt** werden; dies sollte nicht ohne **erhebliche Gründe** (vgl. § 272 ZPO) geschehen. Solche können sich auch aus unverschuldeter Verhinderung eines Beteiligten ergeben; die Behörde muss auch die Belange der Beteiligten ermessensfehlerfrei berücksichtigen, darf sich nicht einseitig von den eigenen Interessen leiten lassen.[4]

Als **Ort** der mündlichen Verhandlung kann statt des Sitzes der Behörde namentlich der des verfahrensgegenständlichen Vorhabens bestimmt werden, was u. U. im Interesse einer optimalen Berücksichtigung der örtlichen Gegebenheiten sinnvoll sein kann (s. auch § 102 Abs. 3 VwGO, § 219 Abs. 1 ZPO). Im Übrigen muss der gewählte Ort für die Durchführung der mündlichen Verhandlung auch im Hinblick auf die u. U. sehr große Zahl der Beteiligten von den räumlichen Gegebenheiten her geeignet sein.[5]

2. Individuelle Ladungen (S. 2 und 3)

Zur mündlichen Verhandlung sind die Beteiligten schriftlich zu laden (S. 2). Zur Wahrung der **Schriftform** genügt ein einfacher Brief.[6] Es empfiehlt sich, die Ladung mit einer Information über den geplanten wesentlichen Verfahrensablauf auch über Ort und Beginn des Termins hinaus zu verbinden. Eine förmliche Zustellung der Ladung, die aus Nachweisgründen zweck-

---

[1] S. auch *Fengler* Die Anhörung im europäischen Gemeinschaftsrecht und deutschen Verwaltungsverfahrensrecht, 2003, S. 205.
[2] *Kopp/Ramsauer,* § 68 Rn. 17; *Ziekow,* § 67 Rn. 2.
[3] *Dürr* in Knack, § 69 Rn. 4 m. w. N.; *Ziekow,* § 67 Rn. 2.
[4] So kann es geboten sein, bei einem Auslandsaufenthalt des Betroffenen, der keinen Vertreter bestellt hat, einen Termin zu verschieben, vgl. *OLG Jena* ThürVBl 1999, 215, 217.
[5] Zum diesbezüglichen Organisationsermessen vgl. *Kersten* UPR 2001, 405, 406 f., auch zur Durchführung der Verhandlung im Gebiet eines anderen Landes (Berlin/Brandenburg).
[6] *Ule/Laubinger,* § 36 Rn. 2; *Kopp/Ramsauer,* § 67 Rn. 6; *Ziekow,* § 67 Rn. 4.

mäßig sein kann, ist nicht ausgeschlossen. Die Ladung hat **mit angemessener Frist** zu erfolgen (S. 2).

9 Eine Mindestfrist (wie in § 102 Abs. 1 S. 1 VwGO) ist im Gesetz nicht bestimmt. Was angemessen ist, hängt vom **Einzelfall** ab. Notwendig ist, dass die Beteiligten Gelegenheit haben, sich **sachgerecht vorzubereiten**. Eine Frist von einem Monat zwischen Ladung und mündlicher Verhandlung reicht in aller Regel aus;[7] im Einzelfall kann diese Frist auch unterschritten werden (vgl. auch § 28 Rn. 43). Zu den Folgen einer unterbliebenen oder nicht angemessen befristeten Ladung s. Rn. 34 f.

10 Der in S. 3 vorgeschriebene Hinweis in der Ladung, dass bei **Ausbleiben eines Beteiligten** auch ohne ihn verhandelt und entschieden werden kann, beugt der Verzögerung oder Verhinderung einer Entscheidung durch Fernbleiben vor. Er entspricht § 102 Abs. 2 VwGO. Zu den Folgen eines unterbliebenen Hinweises nach S. 3 s. Rn. 35.

11 Eine **Verpflichtung,** in der mündlichen Verhandlung **zu erscheinen, besteht** für die Beteiligten mangels sondergesetzlicher Bestimmung (§ 63 Abs. 2 i. V. mit § 26 Abs. 2 S. 3; § 26 Rn. 57 ff., 63) **nicht**.[8] Das Versäumen der mündlichen Verhandlung begründet aber grundsätzlich kein Recht auf anderweitige Anhörung gem. § 66 Abs. 1, weil durch die mündliche Verhandlung Gelegenheit zur Äußerung gegeben war. Die Behörde bleibt auch gegenüber den erschienenen Beteiligten zu einer dem materiellen Recht entsprechenden Entscheidung verpflichtet; sie ist daher grundsätzlich nicht berechtigt, wegen des Nichterscheinens in der mündlichen Verhandlung eine für einen Beteiligten in der Sache nachteilige Entscheidung zu treffen; anderes kann sich aus Spezialvorschriften ergeben (vgl. für ein förmliches VwVf § 15 Abs. 1 S. 1 KDVG a. F.; zu Mitwirkungslasten s. im Übrigen § 26 Rn. 44 ff.).

3. Ladungen in Massenverfahren (S. 4 bis 6)

12 Für sog. **Massenverfahren** lassen S. 4 bis 6 Erleichterungen der Ladungen zu: Bei mehr als 50 sonst notwendigen individuellen **Ladungen** zur mündlichen Verhandlung können sie durch **öffentliche Bekanntmachung** ersetzt werden. Die **ursprüngliche Zahl von 300** ist in Anpassung an die Entwicklung im Verwaltungsprozessrecht (§§ 56a, 65 Abs. 3, §§ 67a, 93a, 121 Nr. 2 VwGO) durch Art. 1 Nr. 2 GenBeschlG **herabgesetzt** worden, nachdem sich gerade bei Großvorhaben vielfach mehrere Initiativen mit jeweils weniger als 300 Einwendern gebildet hatten, deren Einzelbenachrichtigung als erhebliche Belastung der Behörden empfunden wurde. Im Interesse der Beschleunigung der Verwaltungstätigkeit wurde daher die Grenzzahl abgesenkt.[9]

13 Wie die zugleich entsprechend geänderten Bestimmungen für die Zustellung bzw. Benachrichtigung bei Abschluss des „Massen"-Verfahrens (§ 69 Rn. 16 ff. bzw. 31) dient auch diese Regelung nach wie vor der **Verminderung des Verwaltungsaufwandes,** der **Kostenersparnis** bei der Behörde und soll zugleich die Gefahr von **Ladungsfehlern** mit daraus resultierenden nachteiligen Folgen verringern. Verfassungsrechtliche Bedenken gegen diese Regelungen[10] greifen nicht durch, da sich Beteiligte auf Grund ihrer Mitwirkungspflichten um ihre Angelegenheiten kümmern müssen und sich auf die öffentliche Bekanntmachung in zumutbarer Weise einstellen können.[11] Die zitierte Begründung der Neuregelung geht davon aus, dass auch nach der Herabsetzung der Grenzzahl die Rechtsschutzinteressen der Einzelnen angemessen berücksichtigt sind.

14 a) **Anwendungsvoraussetzungen (S. 4).** Die öffentliche Bekanntmachung kann nach S. 4 nur dann erfolgen, wenn **mehr als 50 Ladungen** vorzunehmen wären. Nach dem Zusammenhang mit S. 2 kommen insoweit nur Ladungen **Beteiligter** i. S. d. § 13 (näher dort) in

---

[7] Enger *Kopp/Ramsauer,* § 67 Rn. 7: im Allgemeinen zwei Wochen in Analogie zu § 102 Abs. 1 VwGO; dem folgend *Seegmüller* in Obermayer, VwVfG, § 67 Rn. 23; ebenso *Meyer/Borgs,* § 67 Rn. 5; *Ziekow,* § 67 Rn. 4; *Dürr* in Knack, § 67 Rn. 4: 14 Tage.
[8] *Kopp/Ramsauer,* § 67 Rn. 8; *Ziekow,* § 67 Rn. 5; *Ule/Laubinger,* § 36 Rn. 7 mit Fn. 4.
[9] Vgl. die Begründung der RegE, BT-Drs 13/3995, S. 7 f.; entsprechend auch schon die Begründung des später erledigten Bundesratsentwurfs eines Gesetzes zur Sicherung des Wirtschaftsstandorts Deutschland durch Beschleunigung und Vereinfachung der Anlagenzulassungsverfahren, BR-Drs 422/94 (Beschluss), S. 8.
[10] Vgl. *Blümel* in FS Weber, 1974, S. 539, 561 f.
[11] Vgl. BVerwGE 67, 206 ff.; ebenso *Busch* in Knack (5. Aufl.), § 67 Rn. 4.1; *Ule/Laubinger,* § 36 Rn. 3.

Betracht, **nicht** aber von **Zeugen** und **Sachverständigen**.[12] Deren Ladung kann sinnvoller Weise nicht durch öffentliche Bekanntmachung ersetzt werden, da sie an dem VwVf nicht zur Vertretung eigener Interessen beteiligt sind. Bleiben insoweit aber individuelle Ladungen nötig, können sie bei der Feststellung der Zahl der zu ersetzenden Ladungen keine Rolle spielen.

Entscheidend ist für S. 4 **nicht die Zahl der Beteiligten,** sondern die davon möglicherweise abweichende **Zahl der erforderlichen Ladungen.** Werden mehrere Beteiligte durch denselben Bevollmächtigten gem. § 14 vertreten, genügt es entsprechend der für Zustellungen ausdrücklich getroffenen Regelung des § 8 Abs. 1 S. 3 VwZG, wenn dieser gem. § 14 Abs. 3 S. 1 für alle von ihm vertretenen Beteiligten einmal geladen wird.[13] Entsprechendes hat für einen für mehrere Beteiligte bestellten Vertreter gem. § 16 zu gelten[14] oder für einen gesetzlichen Vertreter mehrerer selbst nicht handlungsfähiger Beteiligter (vgl. allgemein § 12 Rn. 5f.). Bei Vertretern gem. §§ 17, 18 ist dagegen auf Grund von § 19 Abs. 2 der § 14 Abs. 3 nicht anzuwenden, so dass getrennte Ladungen für jeden Vertretenen notwendig sind, sofern nicht zugleich eine Bevollmächtigung gem. § 14 vorliegt.[15] Insgesamt kommt es daher für S. 4 auf die Summe der Zahl der nicht oder nur nach §§ 17, 18 vertretenen Beteiligten und der bevollmächtigten, bestellten oder gesetzlichen Vertreter von Beteiligten im Übrigen an.

Maßgebend für die Zahl der notwendigen Ladungen sind die **der Behörde bekannten Verhältnisse** über Beteiligte, Vertreter und Bevollmächtigte **am Tage vor der Absendung der Ladung** bzw. dem Auftrag zur öffentlichen Bekanntmachung.[16] Nur ein solcher fixer Zeitpunkt ermöglicht eine praktikable Handhabung und Nachprüfung im gerichtlichen Verfahren.

b) Rechtsfolgen. Liegen die Voraussetzungen des S. 4 vor, steht es im **Ermessen** der Behörde, ob sie die vorzunehmenden Ladungen durch öffentliche Bekanntmachung ersetzt. Maßgebend dürfte namentlich ein Vergleich des (Kosten-)Aufwandes beider Verfahrensweisen sein, der zumal bei Großverfahren durchweg eine Entscheidung zugunsten der öffentlichen Bekanntmachung rechtfertigt.

Die öffentliche Bekanntmachung wird nach S. 5 dadurch bewirkt, dass der Termin der mündlichen Verhandlung **im amtlichen Veröffentlichungsblatt bekannt gemacht wird;**[17] hilfsweise ist das für amtliche Bekanntmachungen der Behörde vorgesehene sonstige Presseorgan zu benutzen.[18]

Außerdem muss die Bekanntmachung in **örtlichen Tageszeitungen** erfolgen. Nähere Angaben enthält das Gesetz nicht. Der im Normtext verwendete Plural macht den Abdruck in **mindestens zwei** Tageszeitungen erforderlich, sofern es sie gibt;[19] die Formulierung des Gesetzes verlangt aber **nicht** den Abdruck **in allen** Tageszeitungen. Nach der Zielsetzung des Gesetzes ist für das im Übrigen der Behörde zustehende Ermessen die **größtmögliche Publizität,** die sich bei einem schon aus Kostengründen beschränkten Kreis berücksichtigter Tageszeitungen erreichen lässt, maßgeblich. Daher werden in der Regel die größten Tageszeitungen in Betracht kommen. Ein subjektives Recht der Zeitungseigner auf eine ermessensfehlerfreie Entscheidung zu ihren Gunsten begründet das allein dem öffentlichen Interesse verpflichtete Gesetz nicht; allerdings kann ggf. das Gleichheitsgrundrecht eingreifen (s. allgemein § 40 Rn. 131ff., 143).

Die Bekanntmachung muss neben den Angaben zum Termin den **Hinweis auf die Folgen des Ausbleibens** nach S. 3 enthalten. Sie muss ferner **mindestens zwei Wochen** vor der mündlichen Verhandlung erfolgen; für die Frist ist nach S. 6 das amtliche Veröffentlichungsblatt entscheidend. In den Fällen, in denen die angemessene Ladungsfrist länger zu bemessen wäre (s.

---
[12] Ebenso *Busch* in Knack (5. Aufl.), § 67 Rn. 4.1; *Kopp/Ramsauer,* § 67 Rn. 10; *Ziekow,* § 67 Rn. 7; *Meyer/Borgs,* § 67 Rn. 6.
[13] Im Ergebnis ebenso *Dürr* in Knack, § 67 Rn. 7; *Kopp/Ramsauer,* § 67 Rn. 10; *Seegmüller* in Obermayer, VwVfG, § 67 Rn. 19; *Ziekow,* § 67 Rn. 7; *Meyer/Borgs,* § 67 Rn. 6.
[14] *Kopp/Ramsauer,* § 67 Rn. 10; *Ziekow,* § 67 Rn. 7.
[15] So auch *Busch* in Knack (5. Aufl.), § 67 Rn. 4.1; vgl. auch *Ziekow,* § 67 Rn. 7; a.A. noch in der 6. Aufl., *Seegmüller* in Obermayer, VwVfG, § 67 Rn. 19.
[16] Ebenso *Seegmüller* in Obermayer, VwVfG, § 67 Rn. 32; *Ziekow,* § 67 Rn. 7; a.A., aber ohne klare Alternative noch in der 6. Aufl., *Kopp,* VwVfG, § 67 Rn. 10.
[17] S. im Einzelnen *Dürr* in Knack, § 63 Rn. 24.
[18] BT-Drs 7/4494 zu § 67; s. auch *Kopp/Ramsauer,* § 67 Rn. 11; *Ziekow,* § 67 Rn. 8.
[19] *Dürr* in Knack, § 63 Rn. 25; *Ziekow,* § 67 Rn. 8.

Rn. 8 f.), muss auch die Bekanntmachung früher erfolgen, als es der nur eine Mindestfrist festlegende S. 5 vorsieht.

III. Entscheidung ohne mündliche Verhandlung (Abs. 2)

21 Abs. 2 stellt die Behörde von der grundsätzlichen Pflicht zur Durchführung einer **mündlichen Verhandlung** im förmlichen VwVf frei; ob sie eine solche durchführt, steht damit in ihrem **pflichtgemäßen Ermessen**. Anlass für eine mündliche Verhandlung können namentlich Notwendigkeiten der Sachaufklärung geben, aber auch Rücksichten auf Belange der Betroffenen.[20]

22 Die Notwendigkeit einer mündlichen Verhandlung entfällt – vorbehaltlich weitergehender spezialgesetzlicher Regelungen[21] – nur in den Fällen der Nr. 1 bis 5; im Übrigen greift die verpflichtende Regel des § 67 Abs. 1 S. 1 durch (Rn. 1, 2). Im Rahmen des Abs. 2 sind die **Nr. 1 bis 4** dadurch gekennzeichnet, dass **kein ersichtliches Interesse der Beteiligten** an einer mündlichen Verhandlung besteht; dagegen nimmt **Nr. 5** auf **übergeordnete Interessen** Rücksicht.

23 **Nr. 1** geht davon aus, dass es eine leere Formalität[22] wäre, eine obligatorische mündliche Verhandlung durchzuführen, wenn einem **Sachantrag** im **Einvernehmen aller Beteiligten voll entsprochen** wird; vgl. auch § 39 Rn. 76 ff. Das **Einvernehmen muss unmissverständlich** vor der Entscheidung der Behörde erklärt sein und sich auf den Inhalt des Antrags in der Sache beziehen. Für ein Gebot der Ausdrücklichkeit[23] enthält der Gesetzestext allerdings keine hinreichenden Anhaltspunkte.[24]

24 **Nr. 2** macht eine mündliche Verhandlung entbehrlich, wenn **kein Beteiligter Einwendungen** gegen die vorgesehene Maßnahme, d. h. die nach § 69 zu treffende abschließende Entscheidung,[25] erhoben hat. Erforderlich ist, dass die Behörde den Beteiligten mitteilt, welche Entscheidung sie zu treffen beabsichtigt; weiterhin muss sie eine angemessene (Rn. 8 f.) Frist zur Erhebung von Einwendungen setzen, und diese Frist muss verstrichen sein (s. § 31 Abs. 2). Ändert die Behörde ihre Entscheidungsabsicht, kann sie eine mündliche Verhandlung durchführen oder das Verfahren nach Nr. 2 wiederholen.

25 **Nr. 3** greift ein, wenn gegen die Mitteilung der Behörde, dass sie ohne mündliche Verhandlung zu entscheiden beabsichtige, **innerhalb** einer von der Behörde dafür gesetzten angemessenen **Frist** (Rn. 8 f.) **keine Einwendungen** erhoben werden.[26] Eine besondere Belehrung über die Möglichkeit der Beteiligten, durch ihre Einwendung eine mündliche Verhandlung durchzusetzen, verlangt das Gesetz nicht ausdrücklich; doch ergibt sie sich konkludent aus der notwendigen Fristsetzung für die Einwendungen. Soweit erforderlich, ist eine entsprechende Beratung gem. § 63 Abs. 2 i. V. mit § 25 angezeigt. Damit scheint der Streit um die Notwendigkeit einer solchen Belehrung[27] weitgehend gegenstandslos.

26 **Nr. 4** ist § 101 Abs. 2 VwGO, § 128 Abs. 2 ZPO, § 124 Abs. 2 SGG, § 90 FGO nachgebildet. Die Initiative zum **Verzicht** auf die mündliche Verhandlung kann sowohl von der Behörde als auch vom Beteiligten ausgehen. Der Verzicht muss **ausdrücklich, eindeutig und vorbehaltlos** erklärt sein.[28] Stillschweigen reicht nur im Falle von Nr. 3. Der Verzicht als Verfahrenshandlung ist wie die Erklärung im Prozess[29] ab Eingang der letzten Verzichtserklärung bei der

---

[20] Vgl. *Kopp/Ramsauer*, § 67 Rn. 12; *Seegmüller* in Obermayer, VwVfG, § 67 Rn. 59; allgemein *Ule/Laubinger*, § 36 Rn. 4.
[21] Vgl. zur mündlichen Verhandlung bei der Besitzeinweisung nach ThürEnteignungsG OLG Jena ThürVBl 1999, 215, 216.
[22] Begründung zu § 53 Musterentwurf, S. 211.
[23] Vgl. Begründung zu § 53 Musterentwurf, S. 211.
[24] *Ziekow*, § 67 Rn. 10; für konkludentes Einvernehmen allg. recht großzügig *Dürr* in Knack, § 67 Rn. 9.
[25] *Dürr* in Knack, § 67 Rn. 10; *Kopp/Ramsauer*, § 67 Rn. 14; *Seegmüller* in Obermayer, VwVfG, § 67 Rn. 47; *Ziekow*, § 67 Rn. 10; *Meyer/Borgs*, § 67 Rn. 9.
[26] Begründung zu § 53 Musterentwurf, S. 211.
[27] Dafür *Meyer/Borgs*, § 67 Rn. 10; *Dürr* in Knack, § 67 Rn. 11; dagegen *Kopp/Ramsauer*, § 67 Rn. 15; *Seegmüller* in Obermayer, VwVfG, § 67 Rn. 50.
[28] BVerwGE 6, 18.
[29] Hierzu *Geiger* in Eyermann, § 101 Rn. 6; *Kothe* in Redeker/von Oertzen, § 101 Rn. 3; *Dolderer* in Sodan/Ziekow, § 101 Rn. 25.

§ 67 Erfordernis der mündlichen Verhandlung   27–33 § 67

Behörde **grundsätzlich bindend**.[30] Die Behörde kann auch im Falle des Verzichts aller Beteiligten nach ihrem Ermessen (Rn. 21) eine mündliche Verhandlung anberaumen.

Nr. 5 soll bei Gefahr im Verzug (vgl. § 28 Rn. 51ff.) erforderliche **Eilentscheidungen** ermöglichen. Sie **entbindet nur von** der Pflicht zur **mündlichen Verhandlung, nicht aber von der zur Anhörung** nach § 66 Abs. 1.[31]   27

IV. Konzentration des Verfahrens (Abs. 3)

Abs. 3 spricht die selbstverständliche Pflicht der Behörde zur sachgerechten **Förderung,** **Vorbereitung** und **Konzentration** der mündlichen Verhandlung aus. Er übernimmt entsprechende Vorschriften des gerichtlichen Verfahrens (§ 87 VwGO, § 106 Abs. 2 und 3 SGG, § 79 FGO, § 272 ZPO), lässt die Ermittlungspflichten der Behörde aus §§ 24, 26, 27 unberührt und dient der **Beschleunigung des Verfahrens**. Zu den Maßnahmen, die die Behörde schon vor der mündlichen Verhandlung zu treffen hat, gehört etwa die **Vernehmung von Zeugen und Sachverständigen**, soweit deren Anhörung in der mündlichen Verhandlung nicht erforderlich ist (vgl. § 68 Rn. 21); dann greift § 66 Abs. 2 ein.   28

Die Konzentrationsmaxime gilt nur **im Rahmen des rechtlich und tatsächlich Möglichen**. Daher dürfen Förderungsbemühungen nach § 67 Abs. 3 nie die gesetzlich vorgesehenen Beteiligungsmöglichkeiten verkürzen.[32] Zur Aufteilung einer mündlichen Verhandlung unter mehrere Verhandlungsleiter entgegen § 68 Abs. 2 S. 1 s. dort Rn. 16. Die faktischen Grenzen des Konzentrationsbestrebens bringt schon der Normtext durch den Zusatz „möglichst" zum Ausdruck; dies bedeutet, dass die Zielvorgabe des einzigen Verhandlungstermins nur gilt, wenn die Gegebenheiten des jeweiligen Verfahrens dies überhaupt zulassen.   29

Bei **großen Verfahren** kann es namentlich notwendig sein, an mehreren Tagen mündlich zu verhandeln, die auch zeitlich voneinander weiter sein können. Dabei kann es sinnvoll sein, den Verhandlungsstoff nach Sachgesichtspunkten auf die Einzeltermine zu verteilen. Doch dürfen die Rechte der Beteiligten aus § 66 dadurch nicht verkürzt werden.   30

V. Verfahrensfehlerfolgen

Eine Entscheidung, die **ohne** die nach Abs. 1 S. 1 vorgeschriebene **mündliche Verhandlung** ergeht, ist verfahrensfehlerhaft zustande gekommen; jedenfalls bei möglichem Einfluss auf den Inhalt der Entscheidung (§ 45 Rn. 109f.) ist sie deswegen rechtswidrig (s. aber weitergehend Rn. 33). Ob dieser Verfahrensfehler (bei Entscheidung durch VA, s. § 69 Rn. 9ff.) unter den Voraussetzungen des § 44 Abs. 1 zur **Nichtigkeit** der Entscheidung führen kann,[33] ist fraglich. Das BVerwG[34] schließt dies bei Verfahrenshandlungen, die das Gesetz selbst unter bestimmten Voraussetzungen für entbehrlich hält, vgl. § 67 Abs. 2, schlechthin aus.   31

Das Nichteingreifen der Ausnahmetatbestände des § 67 Abs. 2 kann indes je nach Fallgestaltung durchaus **offenkundig** (s. § 44 Rn. 122ff.) sein. Auch ein **besonders schwerwiegender** Mangel (§ 44 Rn. 103ff.) wird nicht generell dadurch ausgeschlossen, dass die Anwendbarkeit der verletzten Vorschrift für bestimmte Fälle gesetzlich ausgeschlossen ist; dass in Ausnahmefällen für ihre Einhaltung der Anlass fehlt (s. Abs. 2 Nr. 1 bis 4, dazu Rn. 21f.) oder (anderen) öffentlichen Interessen der Vorrang eingeräumt wird (s. Abs. 2 Nr. 5, dazu Rn. 21f., 27), ist nicht unvereinbar damit, dass die Verletzung der Vorschrift für den Regelfall dennoch als besonders schwerwiegender Mangel erscheint (vgl. zur möglichen Nichtigkeit wegen Fehlens der ebenfalls in gewissen Fällen entbehrlichen Begründung § 44 Rn. 118).   32

Unabhängig von der Tragfähigkeit der vom BVerwG gegebenen Begründung entspricht allerdings der Ausschluss der Nichtigkeit bei unterbliebener mündlicher Verhandlung dem Um-   33

---

[30] A. A. *Meyer/Borgs,* § 67 Rn. 11; *Kopp/Ramsauer,* § 67 Rn. 16; *Seegmüller* in Obermayer, VwVfG, § 67 Rn. 53; *Ziekow,* § 67 Rn. 11.
[31] Ebenso *Dürr* in Knack, § 67 Rn. 13; *Ziekow,* § 67 Rn. 11; dazu § 66 Rn. 3.
[32] S. auch *Dürr* in Knack, § 67 Rn. 16.
[33] *Dürr* in Knack, § 67 Rn. 14; s. für die unterlassene Anhörung im PlfV § 73 Rn. 120.
[34] NVwZ 1984, 578f.

stand, dass auch bei fehlender Anhörung, die ja denselben grundrechtlichen und rechtsstaatlichen Zwecken dient wie § 67 (s. Rn. 3f.), die Nichtigkeit als Fehlerfolge ausgeschlossen sein soll (s. § 44 Rn. 118). Die mangels mündlicher Verhandlung eintretende (bloße) Rechtswidrigkeit des VA, die wie in den Fällen des § 45 (s. dort Rn. 24) stets anzunehmen ist, kann analog § 45 Abs. 1 Nr. 3 (s. dort Rn. 70ff.) dadurch **geheilt** werden, dass die Widerspruchsbehörde die **mündliche Verhandlung nachholt**.[35]

34 Wird ein Beteiligter **nicht geladen,** verletzt die Durchführung der mündlichen Verhandlung ohne ihn sein Recht auf Teilnahme an der mündlichen Verhandlung. Eine Heilung dieses Verfahrensfehlers kann analog § 45 Abs. 1 Nr. 3 durch Wiederholung der mündlichen Verhandlung erfolgen; ob eine nachträgliche Anhörung unter Einschluss der Ergebnisse der mündlichen Verhandlung für eine Heilung genügt,[36] ist wegen der besonderen Einwirkungsmöglichkeiten auf die Entscheidungsfindung, die gerade die Beteiligung an der mündlichen Verhandlung bietet, fraglich.

35 Ebenso wie die unterbliebene Ladung ist eine **Ladung ohne angemessene Frist** zu behandeln, die einen heilbaren Verfahrensfehler des VA begründet. *Kopp/Ramsauer*[37] hält diesen Fehler (unter Berufung auf *BVerwGE* 44, 17) offenbar von vornherein nur für beachtlich, wenn er sofort erfolglos gerügt worden ist. Wird in einer Ladung der **Hinweis gem. Abs. 1 S. 3 versäumt** und die mündliche Verhandlung gleichwohl ohne den Beteiligten durchgeführt, ist eine danach getroffene Entscheidung ebenfalls heilbar verfahrensfehlerhaft.

36 Werden die genannten Verfahrensmängel nicht geheilt, ist die getroffene Entscheidung endgültig rechtswidrig, doch ist unter den Voraussetzungen des § 46 der **Aufhebungsanspruch ausgeschlossen.**

VI. Landesrecht

37 Die **LVwVfGe** sind mit Ausnahme Schleswig-Holsteins, das am Ursprungstext festhält (s. vor Rn. 1), an die durch Art. 1 Nr. 2 GenBeschlG vom 12. 9. 1996 (BGBl I 1354) verwirklichte Herabsetzung der zahlenmäßigen Begrenzung von mehr als 300 auf nunmehr 50 Ladungen in § 67 Abs. 1 S. 4 **angeglichen.**

§ 68 Verlauf der mündlichen Verhandlung

(1) [1]**Die mündliche Verhandlung ist nicht öffentlich.** [2]An ihr können Vertreter der Aufsichtsbehörden und Personen, die bei der Behörde zur Ausbildung beschäftigt sind, teilnehmen. [3]Anderen Personen kann der Verhandlungsleiter die Anwesenheit gestatten, wenn kein Beteiligter widerspricht.

(2) [1]Der Verhandlungsleiter hat die Sache mit den Beteiligten zu erörtern. [2]Er hat darauf hinzuwirken, dass unklare Anträge erläutert, sachdienliche Anträge gestellt, ungenügende Angaben ergänzt sowie alle für die Feststellung des Sachverhalts wesentlichen Erklärungen abgegeben werden.

(3) [1]Der Verhandlungsleiter ist für die Ordnung verantwortlich. [2]Er kann Personen, die seine Anordnungen nicht befolgen, entfernen lassen. [3]Die Verhandlung kann ohne diese Personen fortgesetzt werden.

(4) [1]Über die mündliche Verhandlung ist eine Niederschrift zu fertigen. [2]Die Niederschrift muss Angaben enthalten über
1. den Ort und den Tag der Verhandlung,
2. die Namen des Verhandlungsleiters, der erschienenen Beteiligten, Zeugen und Sachverständigen,
3. den behandelten Verfahrensgegenstand und die gestellten Anträge,

---

[35] Insoweit unbedenklich *BVerwG* NVwZ 1984, 578f.
[36] So wohl die Konsequenz der Sichtweise von *Kopp/Ramsauer*, § 67 Rn. 7.
[37] *Kopp/Ramsauer*, § 67 Rn. 7.

4. den wesentlichen Inhalt der Aussagen der Zeugen und Sachverständigen,
5. das Ergebnis eines Augenscheins.

³Die Niederschrift ist von dem Verhandlungsleiter und, soweit ein Schriftführer hinzugezogen worden ist, auch von diesem zu unterzeichnen. ⁴Der Aufnahme in die Verhandlungsniederschrift steht die Aufnahme in eine Schrift gleich, die ihr als Anlage beigefügt und als solche bezeichnet ist; auf die Anlage ist in der Verhandlungsniederschrift hinzuweisen.

Vergleichbare Vorschriften: –

Abweichendes Landesrecht: BW: Abs. 1 S. 4: „Ein Beteiligter kann verlangen, dass mit ihm in Abwesenheit anderer Beteiligter verhandelt wird, soweit er ein berechtigtes Interesse an der Geheimhaltung seiner persönlichen oder sachlichen Verhältnisse oder an der Wahrung von Betriebs- und Geschäftsgeheimnissen glaubhaft macht"; S. 5: „Die Beteiligten sind über ihre Rechte nach Satz 3 und 4 zu belehren". Hess: Abs. 2: „Die Behörde kann die Verhandlungsleitung einem Dritten übertragen, der ihren Weisungen unterliegt." Abs. 2 bis 4 sind Abs. 3 bis 5.

Entstehungsgeschichte: Bis zum Inkrafttreten des VwVfG vgl. § 63 der 6. Auflage. Kleine redaktionelle **Änderungen** sind mit der Bek. der Neufassung v. 21. 1. 2003, BGBl I 102, erfolgt. Vgl. ferner Rn. 4, 34 f.

Literatur: Vgl. die Nachweise zu §§ 63, 73.

Übersicht

	Rn.
I. Allgemeines	1
II. Die Bestimmungen im Einzelnen	4
1. Nichtöffentlichkeit der mündlichen Verhandlung (Abs. 1)	4
a) Grundsatz der Nichtöffentlichkeit (S. 1)	4
b) Uneingeschränkte weitere Teilnahmemöglichkeiten (S. 2)	9
c) Teilnahmemöglichkeit mangels Widerspruch (S. 3)	11
d) Fehlerfolgen	15
2. Erörterungs- und Behandlungspflicht des Verhandlungsleiters (Abs. 2)	16
a) Allgemeines	16
b) Erörterungspflicht (S. 1)	19
c) Spezifizierte Aufgaben (S. 2)	20
3. Ordnung in der mündlichen Verhandlung (Abs. 3)	26
a) Die allgemeine Ordnungsaufgabe (S. 1)	26
b) Die Entfernung ungehorsamer Personen (S. 2, 3)	29
4. Niederschrift (Abs. 4)	34
a) Pflicht zur Niederschrift (S. 1)	34
b) Mindestinhalt der Niederschrift (S. 2)	35
c) Unterzeichnung (S. 3)	36
d) Sonstige Einzelfragen	37
III. Landesrecht	40

I. Allgemeines

§ 68 regelt den Verlauf der mündlichen Verhandlung und einige damit zusammenhängende Probleme unter teilweiser Anlehnung an entsprechende Vorschriften in gerichtlichen Verfahren, weicht von ihnen aber in einer Reihe von Fragen bewusst ab. Damit wird verdeutlicht, dass das förmliche VwVf dem **Gerichtsverfahren** zwar **angenähert,** mit ihm in Ablauf und Funktion aber nicht identisch ist (§ 1 Rn. 58). Abweichungen ergeben sich auch im **Vergleich zum PlfV,** für das allerdings nach § 73 Abs. 6 S. 6 die Vorschriften über die mündliche Verhandlung im förmlichen VwVf entsprechend gelten, die dort einen besonders wichtigen Anwendungsbereich haben. 1

Innerhalb des § 68 bezieht sich Abs. 1 auf die Öffentlichkeit der mündlichen Verhandlung. Abs. 2 bestimmt Inhalt und Ablauf der mündlichen Verhandlung mit den diesbezüglichen Aufgaben des Verhandlungsleiters und wird durch Abs. 4 über Notwendigkeit und Inhalt der Niederschrift ergänzt. Abs. 3 weist dem Verhandlungsleiter bestimmte Ordnungsfunktionen zu. 2

§ 68 wird bei förmlichen VwVf **vor Ausschüssen** durch § 71 und §§ 88 ff. ergänzt; die Regelung des § 68 geht §§ 88 ff. vor, soweit er diesen entgegenstehende Bestimmungen enthält. Zur **Amtssprache** s. § 23. 3

II. Die Bestimmungen im Einzelnen

1. Nichtöffentlichkeit der mündlichen Verhandlung (Abs. 1)

4 **a) Grundsatz der Nichtöffentlichkeit (S. 1).** Die Regelung des Abs. 1 S. 1 über die grundsätzliche **Nichtöffentlichkeit** der mündlichen Verhandlung weicht von entsprechenden Regelungen im Prozess (§§ 169 ff. GVG, § 55 VwGO) ab. Sie ist dadurch begründet, dass in der Verwaltung allgemein der Grundsatz des nichtöffentlichen Verfahrens gilt,[1] der regelmäßig auch **im Interesse der Beteiligten** liegt, da deren persönliche Verhältnisse oft Gegenstand der Erörterung sind (Begründung zu § 64 Entwurf 73).

5 Wie in allen VwVf kann der Schutz der persönlichkeitsrechtlich fundierten informationellen Selbstbestimmung auch in förmlichen VwVf die **Geheimhaltung von Rechten oder schützenswerten Interessen Beteiligter** (vgl. hierzu §§ 29 Abs. 2, 30) erfordern.[2] Baden-Württemberg hat dieser Problematik durch Änderung des § 68 Abs. 1 LVwVfG (vor Rn. 1) Rechnung getragen.

6 Außerdem kann die Öffentlichkeit die **Unbefangenheit der Beteiligten** und die Objektivität der entscheidenden Amtsträger gefährden.[3] Eine Spezialvorschrift hierzu fand sich für ein förmliches VwVf i. e. S. in § 10 Abs. 1 S. 1 KDVG a. F.

7 An der mündlichen Verhandlung nimmt notwendigerweise der **Verhandlungsleiter** (Rn. 16 f.) teil. Ferner können neben dem Behördenleiter die **Bediensteten der entscheidenden Behörde** teilnehmen, die im Rahmen ihrer Mitwirkung an dem VwVf Kenntnis von den Ergebnissen der mündlichen Verhandlung benötigen.[4] Zwingend vorgeschrieben ist eine Teilnahme auch für die intern für die Entscheidung zuständigen Bediensteten nicht (anders § 71 Abs. 2 S. 1); es genügt, wenn sie sich mittelbar umfassend mit dem Ergebnis der mündlichen Verhandlung als Teil des für die Entscheidung maßgeblichen Gesamtergebnisses des Verfahrens, § 69 Abs. 1, vertraut machen.

8 Der Ausschluss der Öffentlichkeit betrifft im Übrigen diejenigen nicht, die an dem VwVf selbst beteiligt sind. Ein Teilnahmerecht an der mündlichen Verhandlung haben dementsprechend vor allem die **Beteiligten** i. S. des § 13; daher kann man auch von Partei- oder Beteiligtenöffentlichkeit sprechen. Gem. § 14 sind auch Bevollmächtigte und Beistände teilnahmeberechtigt, ferner gesetzliche (§ 12 Rn. 5) und gem. § 16 bestellte Vertreter. Ein Teilnahmerecht haben außerdem die am VwVf **notwendig mitwirkenden anderen Behörden,** denn sie sind auf Grund der ihre Mitwirkung vorsehenden Vorschriften zur Wahrnehmung ihrer Zuständigkeiten der Sache nach ebenfalls an dem VwVf beteiligt und zur Erfüllung ihrer Aufgabe auf die Beteiligung an der Verhandlung angewiesen.

9 **b) Uneingeschränkte weitere Teilnahmemöglichkeiten (S. 2).** S. 2 ermöglicht die Teilnahme für zwei Kategorien von Personen aus dem behördlichen Bereich. Dies betrifft zunächst **Vertreter der Aufsichtsbehörden,** die so die Möglichkeit erhalten, ihre informatorischen Aufsichtsbefugnisse wahrzunehmen; der Kreis der zuzulassenden Bediensteten ist entsprechend begrenzt wie bei der entscheidenden Behörde (s. Rn. 4 ff.).

10 Zudem können Personen, die bei der entscheidenden Behörde **zur Ausbildung beschäftigt** sind, teilnehmen, wenn dies von den für die Ausbildung Verantwortlichen zu Ausbildungszwecken vorgesehen wird.[5] Der Verhandlungsleiter (Rn. 16 f.) hat zwar im Zweifel auch bei den in S. 2 angesprochenen Personen über die Teilnahmeberechtigung zu entscheiden,[6] ist aber auf die Überprüfung der genannten Voraussetzungen beschränkt und muss danach Teilnahmeberechtigte zulassen.

11 **c) Teilnahmemöglichkeit mangels Widerspruch (S. 3).** Für **alle anderen Personen** hängt die Möglichkeit zur Teilnahme an der mündlichen Verhandlung nach **S. 3** davon ab, dass

---

[1] Krit. *Rubbert,* Saal- und Medienöffentlichkeit mündlicher Verhandlungen zwischen Verwaltung und Bürgern, 1985; auch *Würtenberger,* Die Akzeptanz von Verwaltungsentscheidungen, 1996, S. 121 f.
[2] Vgl. insbes. BVerfGE 77, 121, 125; BVerfG (K) NVwZ 1990, 1162 f.
[3] Vgl. BVerwGE 45, 351, 353, für das frühere Anerkennungsverfahren für Kriegsdienstverweigerer nach dem WPflG.
[4] *Dürr* in Knack, § 68 Rn. 6; *Ziekow,* § 68 Rn. 3.
[5] Vgl. *Meyer/Borgs,* § 68 Rn. 2; *Dürr* in Knack, § 68 Rn. 9; *Ziekow,* § 68 Rn. 3.
[6] So uneingeschränkt *Kopp/Ramsauer,* § 68 Rn. 6.

sie ihnen der Verhandlungsleiter (Rn. 16f.) **gestattet**. Voraussetzung einer Gestattung ist, dass **kein Beteiligter** i. S. des § 13 (oder ein für ihn handelnder Vertreter, Rn. 8) **widerspricht**. Die Beachtlichkeit eines Widerspruchs hängt nach der keinerlei inhaltliche Voraussetzungen aufstellenden Fassung des Gesetzes nicht davon ab, dass schützenswerte eigene Interessen des Beteiligten betroffen sind, sondern steht allenfalls unter einer allgemeinen Rechtsmissbrauchsgrenze. Eine Zulassung trotz Widerspruchs verletzt Verfahrensrechte des Widersprechenden.[7]

Wenn kein Beteiligter widerspricht, steht es **im Ermessen des Verhandlungsleiters,** anderen Personen die Anwesenheit zu gestatten. Das Ermessen leitende Sachgesichtspunkte sind auf der einen Seite mögliche Gefahren für die sachgerechte Durchführung der mündlichen Verhandlung, auf der anderen Seite je nach Gegenstand des jeweiligen VwVf das **Informationsinteresse der Öffentlichkeit,** das insbes. für die Zulassung von Vertretern der Medien des Art. 5 Abs. 1 S. 2 GG sprechen kann.[8] 12

Ob S. 3 für die Mitglieder der Öffentlichkeit **Ansprüche auf ermessensfehlerfreie Entscheidung** über die Gestattung begründet,[9] hängt von den Voraussetzungen der Schutznormlehre (§ 40 Rn. 132) ab; nach dem Zusammenhang des Abs. 1 ist es nicht ausgeschlossen, dass die nur ausnahmsweise mögliche Zulassung zur nicht öffentlichen mündlichen Verhandlung nicht nur öffentlichen Interessen zu dienen bestimmt ist, sondern zumindest auch denen der zuzulassenden Personen. 13

Die **Gestattung der Anwesenheit** kann von vornherein (auf bestimmte Verfahrensabschnitte) **beschränkt** werden;[10] ein **späterer Widerruf** einer Gestattung ist möglich und bei nachträglichem Widerspruch eines Beteiligten grundsätzlich geboten. Bei Zulassung von Presse und Rundfunk soll **§ 169 S. 2 GVG entsprechend** gelten.[11] 14

d) Fehlerfolgen. Inwieweit Verstöße gegen Abs. 1 die **Rechtswidrigkeit** der gem. § 69 ergehenden Entscheidung begründen, also wesentlich sind, hängt vor allem davon ab, ob sie für den Inhalt der getroffenen Entscheidung kausal gewesen sein können (§ 45 Rn. 109ff.). Eine Anknüpfung an die Bedeutung der Öffentlichkeit von Gerichtsverfahren (vgl. etwa § 138 Nr. 5 VwGO) zwecks Qualifikation der Verstöße zu absoluten Verfahrensfehlern dürfte angesichts der anderen Grundbedeutung im VwVf ausscheiden.[12] 15

2. Erörterungs- und Beratungspflicht des Verhandlungsleiters (Abs. 2)

a) Allgemeines. S. 1 ist § 104 Abs. 1 VwGO nachgebildet; wie im Gerichtsverfahren der Vorsitzende ist in der mündlichen Verhandlung des förmlichen VwVf der **Verhandlungsleiter** die zentrale Figur mit weit reichenden Befugnissen. § 68 geht wiederholt davon aus, dass es **nur einen** Verhandlungsleiter gibt; danach ist eine Aufteilung der mündlichen Verhandlung in mehrere gleichzeitig durchgeführte Teilverhandlungen unzulässig. 16

Im übrigen stellt das Gesetz an den Verhandlungsleiter – anders als etwa § 65 Abs. 5 – **keine personenbezogenen Anforderungen.** Rechtlich kann also jeder innerhalb der Behörde dazu bestimmte Bedienstete als Verhandlungsleiter fungieren.[13] Eine Vertretung oder auch eine Auswechslung des Verhandlungsleiters ist zumal bei umfangreicheren Verhandlungen nicht ausgeschlossen. In Hessen ist 2005 die Möglichkeit der Übertragung auf einen Dritten, der den Weisungen der Behörde unterliegt, eingeführt worden. 17

Zu den in Abs. 2 nicht ausdrücklich geregelten Aufgaben des Verhandlungsleiters gehört es nach dem Vorbild des § 89 (s. auch § 103 Abs. 1, § 104 Abs. 3 S. 1 VwGO), die mündliche Verhandlung zu **eröffnen,** zu **leiten** und zu **schließen.** Anders als etwa in § 103 VwGO ist der **Gang der Verhandlung** nicht näher fixiert; insoweit kann der Verhandlungsleiter den Ablauf nach Zweckmäßigkeitsgesichtspunkten gestalten. 18

---

[7] Zur selbständigen Durchsetzung dieser Rechte s. *Kopp/Ramsauer,* § 68 Rn. 4 m.w. N.
[8] Vgl. für Gerichtsverfahren *BVerfGE* 50, 234, 239 ff.; ferner *Rubbert,* Saal- und Medienöffentlichkeit mündlicher Verhandlungen zwischen Verwaltung und Bürgern, 1985, S. 174 ff.
[9] Ablehnend *Kopp/Ramsauer,* § 68 Rn. 6, mit Ausnahme der Medien; vgl. auch *Ziekow,* § 68 Rn. 4; a. A. wohl *Rubbert,* Saal- und Medienöffentlichkeit mündlicher Verhandlungen zwischen Verwaltung und Bürgern, 1985, S. 350, Fn. 118; diff. nach der Schutznormtheorie *Seegmüller* in Obermayer, VwVfG, § 68 Rn. 22 f.
[10] *Kopp/Ramsauer,* § 68 Rn. 5 f.; *Seegmüller* in Obermayer, VwVfG, § 68 Rn. 18.
[11] *Dürr* in Knack, § 68 Rn. 10 m. w. N.; abl. für § 18 Abs. 1 9. BImschV *Rasch* NuR 2002, 400 f.
[12] S. relativierend etwa *BVerwGE* 45, 351, 356.
[13] Sachlich muss er allerdings seiner oft schwierigen Aufgabe gewachsen sein.

19 **b) Erörterungspflicht (S. 1).** S. 1 enthält den umfassenden Auftrag an den Verhandlungsleiter, die Sache mit den Beteiligten **zu erörtern.** Hierin liegt die eigentliche Bedeutung der mündlichen Verhandlung (s. § 67 Rn. 3). Diese Erörterung muss den Anforderungen an eine substantielle Anhörung (§ 66 Rn. 10) genügen. Sie ist grundsätzlich auf den gesamten Streitstoff zu erstrecken (zur Aufteilung der Verhandlung vgl. § 67 Rn. 30). Den Beteiligten ist Gelegenheit zur Stellungnahme zu allen sachlichen Aspekten des Verfahrens, aber auch zu den einschlägigen Rechtsfragen (s. § 66 Rn. 6)[14] zu geben.

20 **c) Spezifizierte Aufgaben (S. 2).** S. 2 spezifiziert die Aufgaben des Verhandlungsleiters bei der Erörterung in verschiedenen Richtungen, **ohne sie abschließend zu umschreiben.** Besonders erwähnt ist die dem prozessrechtlichen Vorbild (§ 86 Abs. 3 VwGO) entsprechende Pflicht, darauf hinzuwirken, dass unklare Anträge erläutert, sachdienliche Anträge gestellt, ungenügende Angaben ergänzt sowie alle für die Feststellung des Sachverhalts wesentlichen Erklärungen abgegeben werden. Weitergehende Pflichten gegenüber den Beteiligten können sich aus § 25 ergeben.

21 Aus Abs. 4 Nr. 2, 4 und 5 ergibt sich, dass in der mündlichen Verhandlung ferner eine **Beweisaufnahme** durch Zeugen, Sachverständige und Einnahme eines Augenscheins **möglich** ist. Die Beweisaufnahme kann aber auch ganz oder teilweise bereits vor der mündlichen Verhandlung erfolgen (s. § 66 Rn. 8). Insoweit ist das Ergebnis der Beweisaufnahme in geeigneter Form in die mündliche Verhandlung einzuführen. Eine Verlesung von Aussagen ist nicht stets geboten; namentlich bei umfangreicheren Aussagen bzw. schriftlichen Sachverständigengutachten kann – unbeschadet des § 66 Abs. 2 HS 2 (s. dort Rn. 14 ff.) – eine Mitteilung der wesentlichen Ergebnisse genügen.

22 Den Beteiligten ist **Gelegenheit** zu geben, auch zu den Ergebnissen der Beweisaufnahme **Stellung zu nehmen.** Bei Beweisaufnahmen in der mündlichen Verhandlung hat der Verhandlungsleiter Fragen der Beteiligten an die vernommenen Personen zu berücksichtigen, kann den Beteiligten bzw. muss auf Verlangen deren Anwälten auch eine unmittelbare Befragung gestatten (vgl. § 397 Abs. 1, 2 ZPO).

23 Im Übrigen fehlen nähere Bestimmungen darüber, wie die mündliche Verhandlung und ihre Leitung auszusehen haben. Der **Verhandlungsleiter** hat daher einen großen **Gestaltungsspielraum,** der auf der einen Seite durch das Ziel bestimmt ist, in angemessener Zeit zu einem Abschluss der Verhandlung zu kommen, auf der anderen Seite dem Begehren der Beteiligten nach möglichst umfassendem rechtlichen Gehör Rechnung tragen muss. Letzteres ist nur insoweit zu befriedigen, als es zur sachgerechten Wahrnehmung ihrer Interessen notwendig ist.

24 Zur ordnungsmäßigen Durchführung des Verfahrens kann die **Redezeit** – soweit erforderlich – begrenzt werden, damit möglichst alle Beteiligten zu Wort kommen können.[15] Zulässig ist der Hinweis, sich kurz zu fassen oder zur Sache zu kommen, sofern nicht gerade **persönliche Eindrücke oder Vorstellungen** zur Erläuterung der eigenen Auffassung – etwa früher im Anerkennungsverfahren für Kriegsdienstverweigerer – **von ausschlaggebender Bedeutung** sind.[16]

25 Auch eine **Wortentziehung** ist nach vorheriger Ankündigung möglich, wenn wiederholt von der Sache abgeschweift wird oder Anhaltspunkte dafür bestehen, dass eine Entscheidung verzögert oder verhindert werden soll (§ 67 Abs. 3). Das **Gebot des fairen Verfahrens** (hierzu noch § 1 Rn. 39 ff.; § 9 Rn. 46 ff.) gilt aber auch hier ausnahmslos; es kann bei erheblichen Gründen (§ 67 Rn. 6) zu einer **Unterbrechung** oder **Vertagung** der mündlichen Verhandlung Anlass geben (vgl. auch § 73 Rn. 129 f.). Zur Aufzeichnung der Verhandlung durch **Tonträger** s. Rn. 37.

3. Ordnung in der mündlichen Verhandlung (Abs. 3)

26 **a) Die allgemeine Ordnungsaufgabe (S. 1).** Abs. 3 begründet in S. 1 die **Verantwortlichkeit des Verhandlungsleiters** für die Ordnung in der mündlichen Verhandlung (s. ent-

---

[14] Insbes. für die mündliche Verhandlung *Ule/Laubinger*, § 36 Rn. 9, unter Hinweis auf § 104 Abs. 1 VwGO; *Kopp/Ramsauer*, § 68 Rn. 10; *Ziekow*, § 68 Rn. 7.
[15] *BVerwG* NJW 1962, 124; *VGH Kassel* DVBl 1978, 821, für Kommunalparlamente; zur Verhandlungsführung *BVerwGE* 24, 264, 265 ff.
[16] Vgl. hierzu *BVerfGE* 69, 1, 26 ff.; *BVerwG* NVwZ 1989, 968, 969; *Listl* DÖV 1985, 801.

sprechend § 89 HS 2 und dort Rn. 10, zum Hausrecht dort Rn. 11; s. ferner §§ 176f. GVG); er hat damit die äußeren Voraussetzungen für einen ungestörten Ablauf der mündlichen Verhandlung sicherzustellen.

Zur Wahrnehmung dieser Aufgabe sieht S. 2 die Befugnis des Verhandlungsleiters vor, Personen entfernen zu lassen, die seine Anordnungen nicht befolgen (dazu Rn. 16ff.). Damit spricht das Gesetz das nächstliegende Ordnungsmittel des Verhandlungsleiters nur beiläufig an, nämlich **Anordnungen für das Verhalten der** in der Verhandlung **Anwesenden zu treffen.**[17] Vorgelagert stehen dem Verhandlungsleiter **nicht-imperative Einwirkungsmittel,** wie Bitten oder Ermahnungen, zur Verfügung. Wenn diese nicht beachtet werden, kann er die im Gesetz nur pauschal erwähnten Anordnungen treffen, etwa das Wort entziehen, Unterbrechungen und Zwischenrufe verbieten u. ä.[18] 27

Mögliche **Adressaten** sind alle die Verhandlung störenden anwesenden Personen (vgl. Abs. 1 S. 2, 3; oben Rn. 7ff.), also namentlich auch Beteiligte (s. auch S. 3 und dazu Rn. 29ff.). Der Anordnungsinhalt kann sich an den traditionellen Vorstellungen von der (zumal gerichtlichen) Sitzungspolizei orientieren.[19] Namentlich kommen in Betracht **Unterbrechung** oder **Vertagung** der Verhandlung, **Redezeitbegrenzung, Wortentziehung** oder andere, den ungestörten **äußeren Ablauf** der Verhandlung sichernde Maßnahmen.[20] 28

b) Die Entfernung ungehorsamer Personen (S. 2, 3). Einzige standardisierte Maßnahme ist die Entfernung ungehorsamer Personen nach S. 2; dazu kann sich der Verhandlungsleiter ggf. der Amtshilfe von Polizeivollzugsbeamten bedienen. Namentlich bei den äußerungsberechtigten Beteiligten kann dies aber nur ultima ratio sein. 29

S. 3 stellt klar, dass nach einer Entfernung von Störern ohne sie weiter verhandelt werden kann. Für entfernte Beteiligte bedeutet das zugleich den **Verlust ihrer Äußerungsrechte** bei der mündlichen Verhandlung. Da sie die ihnen mit der mündlichen Verhandlung gebotene Gelegenheit zur Äußerung nicht genutzt haben, ist auch keine kompensatorische Anhörung außerhalb der Verhandlung gem. § 66 notwendig. 30

Die in S. 3 angesprochene rechtliche Möglichkeit, die **Verhandlung fortzusetzen,** setzt die faktische Möglichkeit hierzu voraus. Wo diese fehlt, weil auch nach einer Entfernung von Personen, die die Verhandlung stören, nicht zu erwarten steht, dass sie ordnungsgemäß zu Ende geführt werden kann,[21] bleibt als letztes Mittel nur der Abbruch der mündlichen Verhandlung. In einem solchen Fall ist grundsätzlich die mündliche Verhandlung in einem neuen Termin fortzusetzen;[22] ist dies ausnahmsweise entbehrlich, weil etwa die abgebrochene Verhandlung kurz vor dem Abschluss stand, ist den Beteiligten, die sich noch nicht (abschließend) äußern konnten, Gelegenheit zu einer Äußerung gem. § 66 Abs. 1, also zu einer **schriftlichen Stellungnahme** in angemessener Frist zu gewähren. Regelmäßig ist zusätzlich die **Neuansetzung** der Verhandlung notwendig, damit den Beteiligten das rechtliche Gehör (§ 66) gewährt wird. 31

Zur Wahrung der Ordnung können auch **Polizeibeamte** zugezogen werden; diese werden in der Regel nur in Amtshilfe (wegen des **Hausrechts** vgl. § 89 Rn. 11; § 35 Rn. 131f.), nicht auch in eigener Zuständigkeit einschreiten können, auch wenn die Störung einer amtlichen Verhandlung eine Störung jedenfalls der öffentlichen Ordnung ist.[23] Zu behördlichen **Hausverboten** vgl. § 35 Rn. 131f. m.w.N. Zum **Ausschluss von Pressevertretern** (von einer öffentlichen Hauptverhandlung) vgl. *BVerfGE* 50, 234, 239ff. Zur **zwangsweisen Entfernung eines Rechtsanwalts** aus Sitzungszimmern vgl. *Müller* NJW 1979, 22. 32

Alle Ordnungsmaßnahmen des Verhandlungsleiters stehen in seinem pflichtgemäßen **Ermessen** und müssen dem Grundsatz der **Verhältnismäßigkeit** entsprechen. Die Verhängung von **Ordnungsgeld** oder **Ordnungshaft** wegen ungebührlichen Verhaltens (so §§ 177, 178 GVG) ist nicht zulässig, es sei denn auf Grund spezialgesetzlicher Ermächtigung. 33

---

[17] Für eine Ableitung aus S. 1 *Ule/Laubinger,* § 36 Rn. 10.
[18] Vgl. *BVerwGE* 115, 373, 382.
[19] Vgl. *Kopp/Ramsauer,* § 68 Rn. 18.
[20] Etwa auch ein Rauchverbot, hierzu etwa *Jahn* DÖV 1989, 850 m.w.N.
[21] *Dürr* in Knack, § 68 Rn. 16.
[22] *Ziekow,* § 68 Rn. 9; a.A. *Dürr* in Knack, § 68 Rn. 16; *Seegmüller* in Obermayer, VwVfG, § 68 Rn. 57.
[23] Weitergehend *Wolff/Bachof* III, § 156 IV g.

4. Niederschrift (Abs. 4)

34 **a) Pflicht zur Niederschrift (S. 1).** Über die mündliche Verhandlung ist nach S. 1 eine Niederschrift zu fertigen. Dies unterstreicht die Bedeutung dieses Elements des förmlichen Verfahrens. Die Niederschrift beurkundet die wesentlichen Vorgänge bei der mündlichen Verhandlung und dient der Erleichterung der Prüfung der Gesetzmäßigkeit des Verfahrens (Begründung zu § 64 Entwurf 73). Abs. 4 lehnt sich an entsprechende Vorschriften für das gerichtliche Verfahren (§ 105 VwGO, §§ 159 ff. ZPO) an. Außerhalb eines förmlichen VwVf i. e. S. müssen die Anforderungen des Abs. 4 grundsätzlich nicht eingehalten werden.[24]

35 **b) Mindestinhalt der Niederschrift (S. 2).** Der Mindestinhalt der Niederschrift ergibt sich aus S. 2. Durch den im Gesetzgebungsverfahren eingefügten S. 4 wird bei Verhandlungsterminen mit vielen Beteiligten die Auslegung von **Anwesenheitslisten** an Stelle der Aufzählung der erschienenen Beteiligten in der Niederschrift selbst gem. S. 2 Nr. 2 ermöglicht.[25] Die Beteiligten können über den Mindestinhalt des S. 2 hinaus beantragen, bestimmte Äußerungen oder Vorgänge – i. d. R. allerdings nur mit ihrem gestrafften Ergebnis – in das Protokoll aufzunehmen (Begründung zu § 64 Entwurf 73). Der Verhandlungsleiter hat darüber nach pflichtgemäßem Ermessen zu entscheiden. Gestellte **Anträge** (Nr. 3) sind in ihrer maßgeblichen Form (Abs. 2 S. 2) **wörtlich** zu protokollieren. Eine Pflicht, den wesentlichen Inhalt der **Aussagen von Zeugen und Sachverständigen** (Nr. 4) vor der Aufnahme in die Niederschrift vorzulesen und genehmigen zu lassen (vgl. auch § 162 ZPO), ist nicht vorgesehen,[26] dies wird sich jedoch zumindest bei wesentlichen Aussagen anbieten.[27]

36 **c) Unterzeichnung (S. 3).** Die Niederschrift ist nach **S. 3 vom Verhandlungsleiter** und – soweit ein Schriftführer hinzugezogen worden ist – auch von diesem zu **unterzeichnen**. Nachträgliche Unterschrift ist nicht ausgeschlossen.[28] Eine analoge Anwendung auf anderweitig abweichend geregelte Niederschriften scheidet aus.[29]

37 **d) Sonstige Einzelfragen.** Die Behörde kann – vor allem in Massenverfahren – die mündliche Verhandlung zum Zwecke der Anfertigung einer Niederschrift auf **Tonträger** aufzeichnen.[30] Dies ist vorher bekannt zu geben. Zur heimlichen Aufnahme einer Verhandlung mit einem Beamten auf einen Tonträger vgl. *OLG Karlsruhe* ZBR 1979, 25; *OLG Köln* NJW 1979, 661; s. ausführlicher *Dürr* in Knack, § 68 Rn. 22.

38 Die **Berichtigung** oder **Ergänzung** der Niederschrift (hierzu auch § 164 ZPO) ist ggf. auf Anregung von Beteiligten[31] in Übereinstimmung von Verhandlungsleiter und Schriftführer möglich; jedoch ist die Änderung im Protokoll zu kennzeichnen. Soweit das Protokoll verlesen oder zur Durchsicht vorgelegt wurde, ist zur Änderung eine **Anhörung** der beteiligten Personen notwendig.[32]

39 Für die **Richtigkeit** der Niederschrift spricht eine **widerlegliche Vermutung**.[33] Da § 165 ZPO nicht ausdrücklich für entsprechend anwendbar erklärt ist, kann, sofern nicht entsprechende spezialgesetzliche Vorschriften bestehen, die Beachtung der vorgeschriebenen Förmlichkeiten auch außerhalb des Protokolls bewiesen werden.

III. Landesrecht

40 Zur **Abweichung** in Baden-Württemberg s. Rn. 5; zu Hessen s. Rn. 17; auch vor Rn. 1.

---

[24] Vgl. jedenfalls für eine nur einen vorläufigen Zustand regelnde Verlosung von Studienplätzen durch die Universitätsverwaltung *OVG Lüneburg* NVwZ-RR 2006, 256, 257.
[25] Zur Bedeutung im Übrigen s. *Dürr* in Knack, § 68 Rn. 21.
[26] Mit Rücksicht auf den Zweck eines effizienten VwVf gegen eine Übernahme der Anforderungen des § 162 ZPO *OVG Münster* NVwZ 2000, Beil. I S. 83, 84.
[27] *Dürr* in Knack, § 68 Rn. 19; *Ziekow*, § 68 Rn. 10; strenger *Kopp/Ramsauer*, § 68 Rn. 25 m. w. N.
[28] Vgl. *BVerfGE* 9, 223, 231.
[29] Vgl. zu §§ 130 ff. FlurbG als abschließende Regelung *OVG Koblenz* RdL 2003, 210, 211.
[30] § 160 a ZPO, § 105 VwGO, hierzu *BGH* NJW 1978, 1390 und 1978, 2509; *Stober* DVBl 1976, 375.
[31] Vgl. *Kothe* in Redeker/von Oertzen, § 105 Rn. 12; für ein unverzüglich auszuübendes Antragsrecht *Kopp/Schenke*, § 105 Rn. 9 f.
[32] *Geiger* in Eyermann, § 105 Rn. 28; *Kothe* in Redeker/von Oertzen, § 105 Rn. 12.
[33] *Wolff/Bachof* III, § 156 V b 2.

§ 69 Entscheidung

(1) Die Behörde entscheidet unter Würdigung des Gesamtergebnisses des Verfahrens.

(2) ¹Verwaltungsakte, die das förmliche Verfahren abschließen, sind schriftlich zu erlassen, schriftlich zu begründen und den Beteiligten zuzustellen; in den Fällen des § 39 Abs. 2 Nr. 1 und 3 bedarf es einer Begründung nicht. ²Ein elektronischer Verwaltungsakt nach Satz 1 ist mit einer dauerhaft überprüfbaren qualifizierten elektronischen Signatur zu versehen. ³Sind mehr als 50 Zustellungen vorzunehmen, so können sie durch öffentliche Bekanntmachung ersetzt werden. ⁴Die öffentliche Bekanntmachung wird dadurch bewirkt, dass der verfügende Teil des Verwaltungsaktes und die Rechtsbehelfsbelehrung im amtlichen Veröffentlichungsblatt der Behörde und außerdem in örtlichen Tageszeitungen bekannt gemacht werden, die in dem Bereich verbreitet sind, in dem sich die Entscheidung voraussichtlich auswirken wird. ⁵Der Verwaltungsakt gilt mit dem Tage als zugestellt, an dem seit dem Tage der Bekanntmachung in dem amtlichen Veröffentlichungsblatt zwei Wochen verstrichen sind; hierauf ist in der Bekanntmachung hinzuweisen. ⁶Nach der öffentlichen Bekanntmachung kann der Verwaltungsakt bis zum Ablauf der Rechtsbehelfsfrist von den Beteiligten schriftlich oder elektronisch angefordert werden; hierauf ist in der Bekanntmachung gleichfalls hinzuweisen.

(3) ¹Wird das förmliche Verwaltungsverfahren auf andere Weise abgeschlossen, so sind die Beteiligten hiervon zu benachrichtigen. ²Sind mehr als 50 Benachrichtigungen vorzunehmen, so können sie durch öffentliche Bekanntmachung ersetzt werden; Absatz 2 Satz 3 gilt entsprechend.

Vergleichbare Vorschriften: –

Abweichendes Landesrecht: BW: Abs. 2: „Verwaltungsakte, die das förmliche Verfahren abschließen, sind schriftlich zu erlassen, wobei Namen und Anschriften der Beteiligten im verfügenden Teil stets angegeben werden dürfen, schriftlich zu begründen und den Beteiligten zuzustellen; in den Fällen des § 39 Abs. 2 Nr. 1 und 3 bedarf es einer Begründung nicht. Ein elektronischer Verwaltungsakt nach Satz 1 ist mit einer dauerhaft überprüfbaren qualifizierten elektronischen Signatur zu versehen. Erscheint es für eine ordnungsgemäße Begründung erforderlich, die persönlichen oder sachlichen Verhältnisse eines Beteiligten, insbesondere seine wirtschaftlichen oder gesundheitlichen Verhältnisse oder seine Betriebs- und Geschäftsgeheimnisse, im Einzelnen darzustellen, hat die Behörde in der Begründung auf die Angabe seines Namens und, soweit möglich, auch seiner Anschrift oder des von dem Vorhaben betroffenen Grundstücks zu verzichten; in diesem Fall teilt sie dem Beteiligten zusammen mit dem Verwaltungsakt schriftlich mit, welcher Teil der Begründung sich auf sein Vorbringen bezieht. Zugleich weist sie jeden Beteiligten darauf hin, dass er auf schriftlichen Antrag Auskunft über die Daten nach Satz 3 oder darüber erhält, wo das Vorbringen eines anderen Beteiligten abgehandelt ist, soweit die Kenntnis dieser Daten zur Geltendmachung seiner rechtlichen Interessen erforderlich ist. Mit Einwilligung des Beteiligten, die schriftlich oder zur Niederschrift der Behörde zu erklären ist, dürfen die Daten nach Satz 3 in die Begründung aufgenommen werden." Die weiteren Sätze des Abs. 2 sind zu Abs. 3 verselbständigt, Abs. 3 wird zu Abs. 4, dessen Verweisung an die veränderte Zählung angepasst ist.
SchlH: § 136 Abs. 2 LVwGSchlH: S. 3: „Sofern Verwaltungsakte der Anfechtung unterliegen, sind sie mit einer Rechtsbehelfsbelehrung zu versehen"; S. 4: „Sind mehr als 300 Zustellungen vorzunehmen, so können sie durch amtliche Bekanntmachung ersetzt werden"; § 136 Abs. 3 S. 2 LVwGSchlH: „Sind mehr als 300 Benachrichtigungen vorzunehmen, so können sie durch amtliche Bekanntmachung ersetzt werden"; in § 136 Abs. 2, 3 LVwGSchlH findet sich durchgängig statt „öffentliche Bekanntmachung" die Formulierung „amtliche Bekanntmachung".

Entstehungsgeschichte: Bis zum Inkrafttreten des VwVfG vgl. § 63 der 6. Auflage; ferner Rn. 4. **Änderungen:** Zur Änderung durch das GenBeschlG s. § 67 Rn. 12 f. Zur Umstellung auf die elektronische Kommunikation durch das 3. VwVfGÄndG s. Einl Rn. 44 und § 1 Rn. 277. Kleine redaktionelle Änderungen sind mit der Bek. der Neufassung v. 21. 1. 2003, BGBl I 102, erfolgt.

Literatur: Vgl. die Nachweise zu §§ 17, 72, 73.

Übersicht

	Rn.
I. Allgemeines	1
II. Entscheidungsgrundlage (Abs. 1)	2
1. Klarstellender Inhalt der Vorschrift	2

	Rn.
2. Nicht geregelte Aspekte	4
a) Freie Beweiswürdigung	4
b) Unmittelbarkeit der Beweisaufnahme	6
c) Zeitpunkt der Entscheidung	8
III. Verfahrensabschließende VAe (Abs. 2)	9
1. Schriftform	12
2. Schriftliche Begründung	13
3. Zustellung	15
4. Elektronische Signatur (Abs. 2 S. 2)	15a
5. Ersetzung der Zustellung durch öffentliche Bekanntmachung (Abs. 2 S. 3–6)	16
a) Öffentliche Bekanntmachung (S. 3)	16
b) Gegenstand der Bekanntmachung (S. 4)	18
c) Zustellungsfiktion (S. 5)	21
d) Anforderung des VA (S. 6)	23
IV. Abschluss des Verfahrens auf andere Weise (Abs. 3)	28
V. Landesrecht	33

I. Allgemeines

1 § 69 betrifft über die zu enge gesetzliche Überschrift „Entscheidung" hinausgehend **unterschiedliche Fragen des Verfahrensabschlusses** überhaupt. Abs. 1 regelt die maßgebliche Entscheidungsgrundlage, Abs. 2 Form, Begründung und Bekanntgabe der verfahrensabschließenden VAe, Abs. 3 die Benachrichtigung bzw. Bekanntmachung, wenn das förmliche VwVf auf andere Weise abgeschlossen wird. Zur Anwendbarkeit des § 69 im Gentechnikrecht s. Rn. 10.

II. Entscheidungsgrundlage (Abs. 1)

1. Klarstellender Inhalt der Vorschrift

2 Abs. 1 regelt an prozessrechtliche Vorbilder angelehnt (vgl. § 108 Abs. 1 S. 1 VwGO; auch § 286 Abs. 1 S. 1 ZPO), auf welcher Grundlage die Behörde ihre Entscheidung zu treffen hat (ebenso § 15 Abs. 1 AtVfV; ähnlich § 47 Abs. 1 LandbeschG; abw. § 112 Abs. 1 BauGB). Der Bezug auf das Gesamtergebnis des Verfahrens zeigt, dass nicht alle in dem förmlichen VwVf zu treffenden Entscheidungen, sondern nur die **Entscheidung** gemeint ist, die das **förmliche VwVf** – gleichgültig, mit welchem Ergebnis[1] – **abschließt** (zur Entscheidung durch VA ausdrücklich § 69 Abs. 2 S. 1).

3 Die normative Bedeutung des Abs. 1 erschöpft sich in der **Klarstellung**,[2] dass die Entscheidungsgrundlage nicht ausschließlich durch den Inhalt **der mündlichen Verhandlung** bestimmt wird, sondern **auch außerhalb** derselben **gewonnene Erkenntnisse** zu berücksichtigen hat,[3] also etwa schriftliches Vorbringen der Beteiligten oder das Ergebnis einer außerhalb der mündlichen Verhandlung durchgeführten Beweisaufnahme; die Notwendigkeit, ggf. außerhalb der mündlichen Verhandlung eine substantielle Anhörung der Beteiligten durchzuführen, bleibt unberührt (vgl. § 66 Rn. 4 ff., § 68 Rn. 19). Die Notwendigkeit der Würdigung des Gesamtergebnisses des Verfahrens gilt im Übrigen auch im nicht förmlichen VwVf; die dort in § 24 Abs. 2 ausgesprochene, selbstverständliche Maßgabe, dass alle für den Einzelfall bedeutsamen Umstände zu berücksichtigen sind, auch die für die Beteiligten günstigen (dazu § 24 Rn. 68 ff.), ist auch im förmlichen VwVf zu beachten, § 63 Abs. 2.

2. Nicht geregelte Aspekte

4 **a) Freie Beweiswürdigung.** Der Grundsatz der freien Beweiswürdigung wird – ungeachtet der gegenteiligen entstehungsgeschichtlichen Bewertung (s. § 24 Rn. 14)[4] – in § 69 ebenso

---

[1] Vgl. *Dürr* in Knack, § 69 Rn. 7.
[2] *Ule/Laubinger*, § 37 Rn. 1; *Kopp/Ramsauer*, § 69 Rn. 3.
[3] BVerwGE 87, 241, 245.
[4] Daran anknüpfend aber *Kopp/Ramsauer*, § 69 Rn. 6 m. w. N.; *Dürr* in Knack, § 69 Rn. 4; abweichend *Ule/Laubinger*, § 37 Rn. 1.

§ 69 Entscheidung   5–10   § 69

wenig ausdrücklich ausgesprochen wie in § 24; im Gegensatz zu den prozessrechtlichen Vorbildern (§ 108 Abs. 1 S. 1 VwGO; auch § 286 Abs. 1 S. 1 ZPO) wird nämlich die dort hervorgehobene „**freie Überzeugung**" des Gerichts für die entscheidende Behörde **gerade nicht angesprochen** (s. auch § 14 Abs. 1 KDVG a. F.).

Gleichwohl ist auch im förmlichen VwVf grundsätzlich eine freie Beweiswürdigung vorzunehmen, die als selbstverständlich vorausgesetzter Grundsatz für das nicht förmliche VwVf (s. § 24 Rn. 14) **über § 63 Abs. 2** im Rahmen der übrigen Vorschriften des VwVfG **Geltung** beansprucht (zum Inhalt des Grundsatzes im Einzelnen s. § 24 Rn. 14 ff.). Abweichungen können sich auf Grund spezialgesetzlicher Beweisregeln ergeben.[5]   5

b) Unmittelbarkeit der Beweisaufnahme. Der Grundsatz der Unmittelbarkeit der Beweisaufnahme gilt im förmlichen VwVf – anders als im gerichtlichen Verfahren, vgl. § 96 Abs. 1 VwGO, ebenso wie im nicht förmlichen VwVf, s. § 26 Rn. 12 – **nicht**.[6] Auch hier muss die Entscheidung nicht von den Bediensteten getroffen werden, die die Beweisaufnahme durchgeführt haben, insbesondere auch nicht vom Verhandlungsleiter der mündlichen Verhandlung.[7]   6

Es **genügt** vielmehr, ist aber nach § 69 Abs. 1 auch erforderlich, dass der entscheidende Bedienstete vom Gesamtergebnis des Verfahrens **überhaupt Kenntnis** hat; dagegen kommt es nach § 69 Abs. 1 nicht darauf an, ob er seine umfassende Kenntnis – wie es regelmäßig empfehlenswert ist – unmittelbar oder mittelbar auf Grund der von den unmittelbar beteiligten Bediensteten festgestellten Ergebnisse der Beweisaufnahme (zur gerichtlichen Beweisaufnahme s. § 65, insbes. Rn. 8 ff.) erwirbt.[8] Abweichendes gilt lediglich für förmliche VwVf vor einem Ausschuss gem. § 71 Abs. 2 S. 1 (dort Rn. 16).   7

c) Zeitpunkt der Entscheidung. Nicht geregelt wird in § 69 Abs. 1 die Frage des Zeitpunkts der abschließenden Entscheidung. Dieser wird – wie im nicht förmlichen VwVf (vgl. § 24 Rn. 25 f.) – durch die von den Erfordernissen des Einzelfalles abhängige **Entscheidungsreife** bestimmt.[9] Eine spezialgesetzliche Regelung in diesem Sinne enthält § 20 Abs. 1 9. BImSchV; danach ist über den immissionsschutzrechtlichen Antrag zu entscheiden, wenn alle Umstände ermittelt sind, die für die Beurteilung des Antrags von Bedeutung sind. Dagegen bedeutet § 13 Abs. 1 KDVG a. F. mit der Soll-Vorschrift einer unverzüglichen, spätestens innerhalb von sechs Monaten ergehenden Entscheidung nur ein Beschleunigungsgebot.[10]   8

III. Verfahrensabschließende VAe (Abs. 2)

Abs. 2 regelt Form, Begründung und Bekanntgabe der VAe, die das förmliche Verfahren abschließen. Dazu gehören sowohl **positive VAe**, die den Anträgen stattgeben oder von Amts wegen eine im förmlichen VwVf zu treffende Entscheidung enthalten, als auch die **negativen VAe**, die den Erlass einer **beantragten Entscheidung ablehnen,** für die das förmliche VwVf angeordnet ist. Nicht erforderlich ist, dass es sich bei dem Verfahrensabschluss um eine Entscheidung in der Sache handelt;[11] vielmehr kommen auch VAe in Frage, die einen Antrag aus verfahrensrechtlichen Gründen (vgl. zu den Sachentscheidungsvoraussetzungen § 9 Rn. 138 ff.) ablehnen oder das förmliche VwVf einstellen.[12]   9

Das *BVerwG*[13] hat § 69 Abs. 2 schon für den Widerspruchsbescheid im VwVf zur Anerkennung als Kriegsdienstverweigerer nach dem WPflG herangezogen, weil er einen **allgemeinen Rechtsgrundsatz** wiedergibt.   10

---

[5] Vgl. zu § 15 Abs. 1 KDVG *BVerwGE* 77, 240, 246 ff.
[6] Ebenso *Ule/Laubinger*, § 23 Rn. 5; *Seegmüller* in Obermayer, VwVfG, § 69 Rn. 13; *Ziekow*, § 69 Rn. 3; *Meyer/Borgs*, § 69 Rn. 1.
[7] *BVerwGE* 87, 241, 245.
[8] Vgl. *Dürr* in Knack, § 69 Rn. 6; *Ziekow*, § 69 Rn. 3; auch *Kopp/Ramsauer*, § 69 Rn. 5, der dies als „Grundsatz der – eingeschränkten – Unmittelbarkeit" bezeichnet; daran anschließend auch *Seegmüller* in Obermayer, VwVfG, § 69 Rn. 12.
[9] *Dürr* in Knack, § 69 Rn. 7; *Ziekow*, § 69 Rn. 3.
[10] *Fritz/Baumüller/Brunn*, Kommentar zum Kriegsdienstverweigerungsgesetz, 1985, § 13 Rn. 1.
[11] *Seegmüller* in Obermayer, VwVfG, § 69 Rn. 20; *Ziekow*, § 69 Rn. 4; *Meyer/Borgs*, § 69 Rn. 2; a. A. *Kopp/Ramsauer*, § 69 Rn. 7.
[12] *Dürr* in Knack, § 69 Rn. 16; s. aber auch Rn. 28.
[13] *BVerwGE* 55, 299, 304.

11 **Nicht geregelt** ist, dass ein förmliches VwVf **notwendig** mit einer **Entscheidung durch VA** abgeschlossen werden muss; vielmehr bleibt die Möglichkeit unberührt, das VwVf durch einen ör Vertr abzuschließen (s. § 63 Rn. 5). Für diesen Fall greift Abs. 3 S. 1 ein (s. Rn. 28); weitere Bestimmungen zu Form und Inhalt eines solchen Vertrages sind nicht vorhanden, so dass über § 63 Abs. 2 die allgemeinen Regeln der §§ 54 ff., insbes. § 57 mit dem Grundsatz der Schriftform, eingreifen.

1. Schriftform

12 **Abs. 2 S. 1 HS 1 1. Alt.** schreibt für die verfahrensabschließenden VAe im förmlichen VwVf vor, dass sie schriftlich zu erlassen sind. Damit weicht er vom Grundsatz der Formlosigkeit gem. § 37 Abs. 2 ab (s. aber dort Rn. 49 ff.); die Anforderungen der Schriftform im Einzelnen bestimmen sich nach § 63 Abs. 2 i. V. mit § 37 Abs. 3 und (soweit im förmlichen VwVf der Sache nach anwendbar)[14] Abs. 4 (s. dort Rn. 94 ff., 121 ff., 130 f.). Das Schriftformerfordernis bezieht sich, wie die anschließende Regelung für die Begründung klar macht, auf den verfügenden Teil des VA (s. allg. § 37 Rn. 44 ff.); durch konkludentes Verhalten (außerhalb der Urkunde) kann der Regelungsinhalt nicht geändert oder erweitert werden.[15] Teilweise wird Schriftlichkeit als Wirksamkeitsvoraussetzung angesehen.[16]

2. Schriftliche Begründung

13 Entsprechend dem in § 39 Abs. 1 S. 1 auch für im nicht förmlichen VwVf schriftlich ergangene VAe aufgestellten Grundsatz verlangt **Abs. 2 S. 1 HS 1** in seiner **2. Alt.** auch für die verfahrensabschließenden VAe des förmlichen VwVf eine schriftliche Begründung. Die inhaltlichen Anforderungen an die Begründung richten sich mangels besonderer Regelung nach § 63 Abs. 2 i. V. mit § 39 Abs. 1 S. 2 und 3. Dabei kann im Einzelnen bei öffentlicher Bekanntmachung eine verfassungskonform restriktive Auslegung mit Rücksicht auf personenbezogene Daten von Beteiligten erforderlich sein.[17]

14 **Modifiziert** werden gegenüber § 39 Abs. 2 im **2. HS** die **Ausnahmeregelungen** über die Fälle, in denen es keiner Begründung bedarf (dazu allgemein § 39 Rn. 73 ff., 115). Für die verfahrensabschließenden VAe im förmlichen VwVf soll die Begründung nur entbehrlich sein bei antragsgemäßen Entscheidungen, die nicht in Rechte anderer eingreifen (§ 39 Abs. 2 Nr. 1; s. dort Rn. 76 ff.), sowie bei VAen, die gleichartig in größerer Zahl oder mit Hilfe automatischer Einrichtungen erlassen werden (§ 39 Abs. 2 Nr. 3; s. dort Rn. 95 ff.). Trotz der Nichterwähnung von § 39 Abs. 2 Nr. 4 besteht wegen der Subsidiarität des VwVfG im Allgemeinen (s. § 63 Rn. 46 f.) auch in förmlichen VwVf die Möglichkeit weiterer, sondergesetzlicher Ausnahmen. Zum Teil weitergehende Anforderungen an den Inhalt von Entscheidungen, die in einem förmlichen VwVf i. w. S. ergehen, stellen § 16 AtVfV, § 47 LandbeschG, § 21 9. BImSchV, § 113 BauGB. In Baden-Württemberg gelten Sonderbestimmungen mit Rücksicht auf den Schutz von Daten Beteiligter (vor Rn. 1).

3. Zustellung

15 Abweichend von § 41, der für vielgestaltige Arten der Bekanntgabe des VA Raum lässt, ist für die verfahrensabschließenden VAe des förmlichen VwVf in **Abs. 2 S. 1 HS 1 3. Alt.** grundsätzlich, d. h. mit Ausnahme der Massenverfahren (s. Rn. 16), die **Zustellung** vorgeschrieben. Dafür gelten die gem. § 63 Abs. 2 i. V. mit § 41 Abs. 5 unberührt bleibenden einschlägigen Vorschriften, also das VwZG des Bundes für Bundesbehörden, während für die Landesbehörden, auch wenn sie auf der Grundlage des VwVfG des Bundes entscheiden, das jeweilige Landeszustellungsrecht maßgeblich ist (s. § 41 Rn. 202). Zur Zustellungspflichtigkeit von VAen in förmlichen VwVf i. w. S. vgl. § 10 Abs. 7 BImSchG, § 113 Abs. 1 S. 1 BauGB, § 21 Abs. 8 JuSchG, § 15 Abs. 1 HS 2 BPersG, § 48 LandbeschG, § 15 Abs. 3 S. 1 AtVfV.

---

[14] Vgl. die Zweifel bei *Ule/Laubinger*, § 37 Rn. 2.
[15] *OVG Lüneburg* NordÖR 2001, 444, 445, gegenüber einem Vorbehalt abschließender Entscheidung.
[16] *Hermanns* DÖV 2003, 714; s. allgemein § 44 Rn. 140, § 45 Rn. 132 f.; § 37 Rn. 55.
[17] *BVerfG (K)* NVwZ 1990, 1162; s. auch Rn. 18.

4. Elektronische Signatur (Abs. 2 S. 2)

Der neue S. 2 trägt der nach § 3a Abs. 2 eröffneten Möglichkeit Rechnung, die in S. 1 vorgeschriebene Schriftform durch die elektronische Form zu ersetzen, und schreibt – ohne dazu durch § 37 Abs. 4 ermächtigt sein zu müssen – vor, dass elektronische VAe, die das förmliche Verfahren abschließen, mit einer **dauerhaft überprüfbaren** elektronischen Signatur zu versehen sind (dazu näher § 3a Rn. 18f.; § 37 Rn. 125).[18] 15a

5. Ersetzung der Zustellung durch öffentliche Bekanntmachung (Abs. 2 S. 3–6)

a) **Öffentliche Bekanntmachung (S. 3).** Abs. 2 S. 3 räumt der Behörde als **Erleichterung im Massenverfahren** die Möglichkeit ein, nach ihrem Ermessen die grundsätzlich vorgeschriebene Zustellung durch öffentliche Bekanntmachung nach Maßgabe der S. 3 bis 5 zu ersetzen. Mit dieser Regelung folgt das VwVfG wie auch für die PlfV in § 74 Abs. 5 dem Vorbild des § 10 Abs. 8 BImSchG (vgl. auch § 17 Abs. 1 AtVfV). Der Zweck der Vorschrift liegt wie schon bei Erlass des BImSchG (s. BT-Drs 7/1513, S. 3) darin, den Verwaltungsaufwand sowie mögliche Fehlerquellen zu vermindern. 16

Die Regelung entspricht der für die Ladungen zur mündlichen Verhandlung in § 67 Abs. 1 S. 4 bis 6 getroffenen und inzwischen modifizierten (s. § 67 Rn. 12f.). **Voraussetzung** ist hier die Notwendigkeit, **mehr als 50** (auch hier bisher und noch in Schleswig-Holstein, s. vor Rn. 1: 300) **Zustellungen vorzunehmen;** die maßgebliche Zahl von Zustellungen ist nach den für die Ladungen im Rahmen des § 67 Abs. 1 S. 4 dargelegten Grundsätzen unter Berücksichtigung der einschlägigen Vorschriften der jeweils maßgeblichen VwZGe (vgl. etwa für den Bund §§ 7, 8 VwZG) zu ermitteln. 17

b) **Gegenstand der Bekanntmachung (S. 4).** Gegenstand der öffentlichen Bekanntmachung sind nach S. 3 der verfügende Teil des VA und die Rechtsbehelfsbelehrung. Der **verfügende Teil des VA** ist jedenfalls materiell abgrenzbar, s. § 41 Rn. 167ff., wenn er nicht aus Gründen der Rechtsklarheit ohnehin von der Begründung abgesetzt wird, s. § 37 Rn. 44ff. Bei der Formulierung der Bekanntmachung ist auf die grundrechtlich geschützte **informationelle Selbstbestimmung** von Beteiligten Rücksicht zu nehmen.[19] 18

Bei besonders umfangreichen Regelungen eines PlfBeschlusses hat das *BVerwG*[20] (zu § 74 Abs. 5 S. 2) statt einer wörtlichen Wiedergabe die Bezeichnung der wesentlichen Merkmale des Vorhabens und seiner Auswirkungen auf die Umgebung genügen lassen, wenn damit eine ausreichende Unterrichtung gewährleistet ist (dazu § 74 Rn. 216ff.). Eine Ausdehnung dieser Auffassung über den engeren Bereich der PlfV hinaus wäre problematisch (s. § 41 Rn. 167ff., 175).[21] 19

Die **Rechtsmittelbelehrung** ist in die Bekanntmachung aufzunehmen. Allerdings begründet S. 4 selbst nicht die Pflicht, eine Rechtsmittelbelehrung beizufügen; diese muss vielmehr anderweitig begründet sein (s. für Bundesbehörden § 59 VwGO; im Übrigen ist Landesrecht maßgeblich, für Schleswig-Holstein § 136 Abs. 2 S. 3, s. vor Rn. 1). Wird eine vorgeschriebene Rechtsmittelbelehrung nicht oder unrichtig bekannt gemacht, gelten die Rechtsfolgen des § 58 VwGO.[22] Die **Modalitäten der öffentlichen Bekanntmachung** entsprechen den in § 67 Abs. 1 S. 5 vorgesehenen (s. dort Rn. 18ff.). 20

c) **Zustellungsfiktion (S. 5).** S. 5 regelt im **1. HS** die Wirkung der öffentlichen Bekanntmachung dahin, dass eine **Zustellungsfiktion** für den Tag aufgestellt wird, an dem seit der Bekanntmachung in dem amtlichen Veröffentlichungsblatt zwei Wochen verstrichen sind. Die fiktive Zustellung ist für den Beginn der **Wirksamkeit** des VA (s. allgemein § 43 Rn. 174ff.) sowie für den **Lauf der Rechtsmittelfristen,** s. §§ 57 Abs. 1, 58 Abs. 2 VwGO, maßgeblich. Zur Auswirkung einer zusätzlichen Individualzustellung s. *Bambey* DVBl 1984, 374, 377. 21

---

[18] Vgl. *Kunstein*, Die elektronische Signatur als Baustein der elektronischen Verwaltung, 2005, S. 154, 220f.; auch *Skrobotz*, Das elektronische Verwaltungsverfahren, 2005, S. 294ff.
[19] *BVerfG (K)* NVwZ 1990, 1162 für die bekanntgemachte Begründung eines Planfeststellungsbeschlusses; s. auch oben Rn. 13.
[20] *BVerwGE* 67, 206, 214.
[21] Dafür für das förmliche VwVf *Kopp/Ramsauer*, § 69 Rn. 12 m. w. N.; wohl auch *Ziekow*, § 69 Rn. 7.
[22] Siehe noch *Busch* in Knack (5. Aufl.), § 69 Rn. 5.5.

22 Der **2. HS** verlangt, dass in der Bekanntmachung auf die Zustellungsfiktion hingewiesen wird. Dieser **Hinweis** ist nach seiner Stellung im Gesetz **nicht Voraussetzung** für den Eintritt **der Zustellungsfiktion,** die der 1. HS allein an die öffentliche Bekanntmachung des S. 3 knüpft.[23] Wegen der Bedeutung der Fiktion für den Lauf der Rechtsmittelfrist ist der Hinweis aber notwendiger Bestandteil einer vorgeschriebenen Rechtsmittelbelehrung, so dass sein Fehlen (wie eventuelle Mängel) ggf. die **Folgen des § 58 VwGO** auslöst.[24]

23 **d) Anforderung des VA (S. 6).** S. 6 HS 1 gibt den Beteiligten nach einer öffentlichen Bekanntmachung das Recht, den VA anzufordern. Damit erhalten sie die rechtsstaatlich gebotene Gelegenheit, den ja nur in seinem verfügenden Teil oder gar dessen Zusammenfassung (Rn. 18 f.) bekannt gemachten **VA vollständig,** also einschließlich seiner Begründung,[25] **kennen zu lernen.** Ein Zusammenhang mit § 8 Abs. 1 S. 3 VwZG, der den Fall einer bei öffentlicher Bekanntmachung gerade nicht erforderlichen Zustellung betrifft, ist nicht ersichtlich. Voraussetzung ist eine **schriftliche oder elektronische Anforderung,** die **bis zum Ablauf der Rechtsmittelfrist erfolgen muss.**

24 Liegen diese Voraussetzungen vor, hat der anfordernde Beteiligte einen – auch nach Ablauf der Rechtsmittelfrist – notfalls mit der Leistungsklage durchsetzbaren **Anspruch auf eine Ausfertigung des VA** einschließlich Begründung (entsprechend § 37 Rn. 80, 86). Zur Ableitung des Rechts auf eine schriftliche oder elektronische Fassung des VA muss nicht das nach seiner Stellung allein auf die Anforderung bezogene „schriftlich oder elektronisch" bemüht werden.[26] Vielmehr ist der VA gem. Abs. 2 S. 1 schriftlich zu erlassen, was nach § 3a Abs. 2 S. 1 durch die elektronische Form ersetzt werden kann; die Bekanntmachung ersetzt nur das Zustellungserfordernis, nicht auch das der Form und der schriftlichen Begründung. Eine mündliche Eröffnung des Gesamtinhalts des VA wäre zudem durchweg untunlich.

25 Ob der Anspruch nach S. 6 HS 1 erfüllt wird oder nicht, hat auf die Konsequenzen der Bekanntgabe (Rn. 21 f.) **keinen Einfluss,** weil die Verschaffung der Ausfertigung des VA keine erneute Regelung bedeutet, sondern nur eine Information über den bereits auf Grund der Zustellungsfiktion wirksam gewordenen (oder werdenen) VA (s. § 51 Rn. 57 ff. zur Abgrenzung zwischen Zweitbescheid und wiederholender Verfügung). Dies gilt sowohl für die **Wirksamkeit des VA** als auch für die **Rechtsmittelfrist.** Namentlich setzt der Zugang der angeforderten Ausfertigung des VA keine neue Frist in Gang.

26 Immerhin ist der Anspruch auf die Ausfertigung auch mit Rücksicht auf die Rechtsverfolgungsinteressen der Beteiligten zu sehen, die ihr Prozessrisiko erst nach Kenntnis des gesamten VA zuverlässig einzuschätzen vermögen. Daher ist **Wiedereinsetzung in den vorigen Stand** zu gewähren, wenn ein Beteiligter die Ausfertigung des VA nicht oder erst zu kurz vor Ablauf der Rechtsmittelfrist erhalten hat, um noch nach Prüfung des VA den Rechtsbehelf einzulegen.[27] Verschulden ist allerdings nur ausgeschlossen, wenn die Anforderung der Ausfertigung so rechtzeitig erfolgt war, dass der Beteiligte bei normalem Verlauf erwarten durfte, den VA noch früh genug für die Zwecke seiner Rechtswahrnehmung zu erhalten.

27 Auch auf den Anspruch auf die Ausfertigung des VA ist nach **HS 2 hinzuweisen.** Unterbleibt der Hinweis oder erfolgt er fehlerhaft, soll dies nach verbreiteter Auffassung ohne rechtliche Folgen bleiben.[28] Tatsächlich dürfte grundsätzlich eine unverschuldete Verhinderung als Voraussetzung einer Wiederaufeinsetzung nach § 32 Abs. 1 ausscheiden.[29] Dagegen sollte die Behörde auch nach auf Grund des Hinweismangels versäumter Anforderungsfrist grundsätzlich als verpflichtet angesehen werden, dem Beteiligten eine Ausfertigung des VA zu übermitteln; zumindest muss die Ermessensausübung, die hinsichtlich der Übermittlung des VA trotz Fristversäumnis erforderlich ist, auf den Hinweismangel die gebührende Rücksicht nehmen.

---

[23] A. A. *Meyer/Borgs,* § 69 Rn. 3.
[24] Ähnlich *Kopp/Ramsauer,* § 69 Rn. 14 m. w. N.; *Ziekow,* § 69 Rn. 8; s. auch § 41 Rn. 98 ff.; gegen jede Rechtsfolge *Seegmüller* in Obermayer, VwVfG, § 69 Rn. 41.
[25] *Dürr* in Knack, § 69 Rn. 15, s. auch Rn. 24.
[26] So wohl weiterhin *Kopp/Ramsauer,* § 69 Rn. 16, zum bisherigen Wortlaut „schriftlich."
[27] So auch *Kopp/Ramsauer,* § 69 Rn. 16; *Ziekow,* § 69 Rn. 9; auf den Einzelfall verweist *Dürr* in Knack, § 69 Rn. 15.
[28] So *Seegmüller* in Obermayer, VwVfG, § 69 Rn. 47; *Meyer/Borgs,* § 69 Rn. 3; grundsätzlich auch *Kopp/Ramsauer,* § 69 Rn. 15.
[29] Auf die Abhängigkeit der Wiedereinsetzung von den Umständen des Einzelfalls verweist auch *Kopp/Ramsauer,* § 69 Rn. 15.

IV. Abschluss des Verfahrens auf andere Weise (Abs. 3)

Abs. 3 S. 1 sieht für den Fall, dass das förmliche VwVf auf andere Weise abgeschlossen wird, 28 vor, dass die Beteiligten davon zu benachrichtigen sind. **Voraussetzung** ist, dass das **förmliche VwVf abgeschlossen** wird (s. allgemein § 9 Rn. 193 ff.), und zwar anders als durch einen VA nach Abs. 2 (dazu Rn. 9). Hierher gehört der Verfahrensabschluss **durch** Zustandekommen eines wirksamen **ör Vertr** (§ 9 Rn. 198; nicht eindeutig § 54 Rn. 31), die **Rücknahme des Antrags**, die **Erledigung der Hauptsache** aus den verschiedensten Gründen oder die Beendigung der Verfahrenstätigkeit, also die Einstellung des VwVf (s. § 9 Rn. 199 f.).

Inwieweit letzteres zulässig oder geboten ist, hängt vom einschlägigen Fachrecht ab (s. § 9 29 Rn. 199 f.; vgl. für förmliche VwVf § 13 Abs. 3 KDVG a. F; dem § 69 Abs. 3 ähnliche Regelungen treffen § 20 Abs. 4 9. BImSchV, § 15 Abs. 4 AtVfV). Einer **Einstellungsverfügung** bedarf es neben den genannten Beendigungsgründen **nicht** (s. § 9 Rn. 199 f. m. N.). Auch § 69 Abs. 3 begründet eine solche Notwendigkeit nicht.[30]

Als **Rechtsfolge** des Verfahrensabschlusses wird die Behörde verpflichtet, die Beteiligten da- 30 von zu **benachrichtigen**. Benachrichtigungsberechtigt sind grundsätzlich **alle Beteiligten**; entbehrlich ist freilich eine Benachrichtigung des Partners eines ör Vertr, wenn nicht etwa dessen verfahrensbeendendes Wirksamwerden nach § 58 hinausgeschoben war, ferner wohl die des Antragstellers bei Antragsrücknahme. Zum **Inhalt** der Benachrichtigung gehört jedenfalls die Tatsache des Verfahrensabschlusses als solche, darüber hinaus aber auch die Art des Verfahrensabschlusses im Einzelnen, soweit daran ein berechtigtes Interesse der Beteiligten besteht. Eine **Form** ist für die Benachrichtigung nach Abs. 3 S. 1 nicht vorgeschrieben, sie kann also nach pflichtgemäßem Ermessen der Behörde auch mündlich, fernmündlich oder in sonst geeigneter Weise erfolgen.[31]

Auch für die Benachrichtigung bei Verfahrensabschluss in sonstiger Weise wird in **Abs. 3** 31 **S. 2** der Behörde zur Verfahrenserleichterung **in Massenverfahren** die Möglichkeit eröffnet, die individuellen Benachrichtigungen durch **öffentliche Bekanntmachung** zu ersetzen. Voraussetzung ist wiederum eine Zahl von mehr als 50 (statt wie bisher: 300; auch hier noch unverändert Schleswig-Holstein, vor Rn. 1) notwendigen Benachrichtigungen, die wie im Rahmen des § 67 Abs. 1 S. 3 zu ermitteln ist (s. Rn. 17, § 67 Rn. 15).

Die **entsprechende Geltung** des Abs. 2 S. 3, die in HS 2 angeordnet ist, hätte bei der Ein- 32 fügung von S. 2 (Rn. 15 a) der neuen Zählung der folgenden Sätze des Abs. 2 angepasst werden müssen und ist jetzt **auf S. 4** zu beziehen, der dem bisherigen S. 3 entspricht und der Sache nach unverändert in Bezug genommen ist.[32] Der **gemeinte Abs. 2 S. 4** bezieht sich namentlich auf die **Art und Weise der Bekanntmachung** (s. Rn. 18 ff.). Für die örtlichen Tageszeitungen ist mangels ergangener Entscheidung auf den voraussichtlichen Auswirkungsbereich der unterbliebenen Entscheidung abzustellen. Der Inhalt der Bekanntgabe hat dem der Benachrichtigung (Rn. 30) zu entsprechen. Eine entsprechende Anwendung des Abs. 2 S. 4 in Bezug auf die dort vorgesehene inhaltliche Beschränkung der Bekanntmachung auf den verfügenden Teil des VA ist bei der Begrenztheit des Inhalts der Benachrichtigungspflicht entbehrlich und mangels eines ergänzenden Informationsrechts wie in Abs. 2 S. 6 (Rn. 23 f.) wegen verschiedener Ausgangslage auch nicht zulässig.

V. Landesrecht

Abweichende Bestimmungen (vor Rn. 1) finden sich in Baden-Württemberg (Rn. 14) 33 und Schleswig-Holstein (Rn. 17, 20).

---

[30] *Meyer/Borgs,* § 69 Rn. 4; *Dürr* in Knack, § 69 Rn. 16; *Seegmüller* in Obermayer, VwVfG, § 69 Rn. 52; *Ziekow,* § 69 Rn. 10; wohl nun auch *Kopp/Ramsauer,* § 69 Rn. 18, der einer Einstellungsverfügung jedenfalls nur deklaratorische Bedeutung zumessen will; a. A. noch *Kopp,* VwVfG, § 69 Rn. 15, der außer im Falle eines Vergleichsvertrages stets Einstellung durch VA verlangt; zur Einstellung durch VA s. Rn. 11.
[31] *Kopp/Ramsauer,* § 69 Rn. 19; *Ziekow,* § 69 Rn. 11.
[32] *Ziekow,* § 69 Rn. 11.

§ 70 Anfechtung der Entscheidung

Vor Erhebung einer verwaltungsgerichtlichen Klage, die einen im förmlichen Verwaltungsverfahren erlassenen Verwaltungsakt zum Gegenstand hat, bedarf es keiner Nachprüfung in einem Vorverfahren.

Vergleichbare Vorschriften: –

Abweichendes Landesrecht: s. Rn. 7 f.

Entstehungsgeschichte: Bis zum Inkrafttreten des VwVfG vgl. § 63 der 6. Auflage. Vgl. ferner Rn. 2.

Literatur: Vgl. die Nachweise zu §§ 63, 74, 79.

Übersicht

	Rn.
I. Allgemeines	1
II. Die vom Vorverfahren ausgenommenen VAe	5
III. Landesrecht	7

I. Allgemeines

1 § 70 erklärt eine Nachprüfung in einem Vorverfahren für entbehrlich und eröffnet damit abweichend von § 68 Abs. 1 S. 1, Abs. 2 VwGO (dazu noch Rn. 5 f.) die unmittelbare Möglichkeit zur verwaltungsgerichtlichen Klage ohne vorgeschaltetes Widerspruchsverfahren. § 70 enthält eine gesetzliche Bestimmung gem. **§ 68 Abs. 1 S. 2 HS 1 VwGO,** ohne dass er als **später erlassenes Bundesgesetz** in seiner Geltung von diesem Vorbehalt abhängig wäre.[1]

2 Der **Grund für die Abweichung** von der VwGO liegt darin, dass die besondere Ausgestaltung des förmlichen VwVf dem Betroffenen garantiert, dass er seine Rechtsposition umfassend geltend machen kann,[2] und allgemein eine erhöhte Gewähr für Rechtmäßigkeit und Zweckmäßigkeit der in diesem VwVf erlassenen VAe bietet (vgl. Begründung zu § 66 Entwurf 73; ebenso schon zu § 56 Musterentwurf, S. 214). Außerdem kann die durch § 74 Abs. 1 S. 2 auch für die PlfV übernommene Regelung (s. § 74 Rn. 266) eine Verkürzung der betroffenen VwVf bewirken.[3]

3 Die **Rechtsfolge** des § 70 ist ebenso wie in § 68 Abs. 1 S. 2 VwGO dahin formuliert, dass es keiner Nachprüfung in einem Vorverfahren bedarf.[4] Dies bedeutet wie nach der VwGO[5] nicht nur, dass die verwaltungsgerichtliche **Klage ohne** das nach den §§ 68 ff. VwGO sonst notwendige **Widerspruchsverfahren** erhoben werden kann, sondern macht den **Widerspruch** als Rechtsbehelf **unstatthaft;**[6] gem. § 74 Abs. 1 S. 2 VwGO läuft die **Klagefrist mit der Bekanntgabe des VA.**

4 **Spezialgesetzlich** kann in **Abweichung** von § 70 für einzelne förmliche VwVf ein Widerspruchsverfahren vorgesehen sein (vgl. § 18 Abs. 1 KDVG a. F. für die Entscheidungen der Ausschüsse; auch § 21 SortenschutzG und § 41 SaatgutverkehrsG klammern § 70 von ihrer Verweisung auf die §§ 63 ff. VwVfG aus). Dem § 70 **entsprechende Regelungen** in förmlichen VwVf i. w. S. waren schon vor Erlass des VwVfG bekannt (s. zu § 20 GjS und § 26 Abs. 4 S. 4 BGWöD), sind in diesen VwVf aber bis heute zumeist nicht vorgesehen.

---

[1] Vgl. allgemein *Kopp/Schenke,* § 68 Rn. 17; *Kothe* in Redeker/v. Oertzen, 3 68 Rn 8 a; zum Landesrecht s. Rn. 7 f.
[2] *BVerfGE* 35, 65, 76.
[3] *Broß* DVBl 1991, 177, 182 f.
[4] Zu den Konsequenzen für den für die Beurteilung der Rechtmäßigkeit maßgeblichen Zeitpunkt vgl. BVerwG 3. 11. 2006, – 10 B 19/06 –, Rn. 5, juris, NVwZ-RR 2007, 89 nur LS; allg. § 44 Rn. 17 ff.
[5] *Kopp/Schenke,* § 68 Rn. 16.
[6] *Busch* in Knack, § 70 Rn. 2; *Meyer/Borgs,* § 70 Rn. 1; *Seegmüller* in Obermayer, VwVfG, § 70 Rn. 14; auch *VGH Mannheim* DÖV 1984, 948; *Kopp/Ramsauer,* § 70 Rn. 5.

II. Die vom Vorverfahren ausgenommenen VAe

Der Ausschluss des Vorverfahrens gilt für die **VAe, die im förmlichen VwVf erlassen** 5
sind. Damit sind nicht schlechthin alle im Rahmen eines förmlichen VwVf etwa erlassenen VAe gemeint, sondern nach Sinn und Zweck der Regelung (s. Rn. 1f.) nur diejenigen, die auf den besonderen Verfahrensgarantien des förmlichen VwVf aufbauen; das sind **nur VAe, die das förmliche Verfahren abschließen**, § 69 Abs. 2 S. 1. Dazu gehört sowohl der Erlass der VAe, auf die das förmliche VwVf, insbesondere auf Grund entsprechender Anträge, abzielt, als **auch die Ablehnung solcher Anträge** (s. § 69 Rn. 9);[7] damit kann § 70 sowohl Anfechtungs- wie Verpflichtungsklagen betreffen.

Nicht erfasst werden namentlich während des laufenden förmlichen VwVf gegen einzelne 6
Beteiligte ergehende VAe. Nach dem Gesetzeszweck gilt § 70 darüber hinaus nicht für die VAe, die einen Antrag **als unzulässig abweisen** und so formal ein förmliches VwVf abschließen (s. § 69 Rn. 9), ohne dass es überhaupt zur Durchführung des Verfahrens mit seinen besonderen Garantien kommt.[8] Eine weitergehende Ausdehnung dieser dem Normzweck folgenden restriktiven Auslegung, etwa auf Entscheidungen ohne mündliche Verhandlung, § 67 Abs. 2, ist allerdings ausgeschlossen. Für den Fall eines anderweitigen Abschlusses des förmlichen VwVf kommt mangels VA ein Vorverfahren gem. §§ 68ff. VwGO ohnehin nicht in Betracht.

III. Landesrecht

Die dem § 70 entsprechenden Regelungen der Länder schließen das Vorverfahren auf Grund 7
des **insoweit konstitutiven § 68 Abs. 1 S. 2 VwGO** aus. Das *BVerfG*[9] hat den bereits vor dem VwVfG geltenden § 137 SchlH LVwG ausdrücklich als Regelung für besondere Fälle i.S. des § 68 Abs. 1 S. 2 VwGO a.F. akzeptiert; damit begegnen die entsprechenden Bestimmungen der geltenden LVwVfGe keinen bundesrechtlichen Bedenken.[10]

§ 6 Abs. 1 AGVwGO NRW a.F., der das Vorverfahren für in einem förmlichen Verfahren 8
von Kollegialbehörden beschlossene oder abgelehnte VAe grundsätzlich ausschloss, verdrängte nach § 1 Abs. 1 LVwVfG NRW in den förmlichen Verfahren i.e.S. den § 70, galt aber auch für andere förmliche VwVf.[11]

§ 71 Besondere Vorschriften für das förmliche Verfahren vor Ausschüssen

(1) ¹Findet das förmliche Verwaltungsverfahren vor einem Ausschuss (§ 88) statt, so hat jedes Mitglied das Recht, sachdienliche Fragen zu stellen. ²Wird eine Frage von einem Beteiligten beanstandet, so entscheidet der Ausschuss über ihre Zulässigkeit.

(2) ¹Bei der Beratung und Abstimmung dürfen nur Ausschussmitglieder zugegen sein, die an der mündlichen Verhandlung teilgenommen haben. ²Ferner dürfen Personen zugegen sein, die bei der Behörde, bei der der Ausschuss gebildet ist, zur Ausbildung beschäftigt sind, soweit der Vorsitzende ihre Anwesenheit gestattet. ³Die Abstimmungsergebnisse sind festzuhalten.

(3) ¹Jeder Beteiligte kann ein Mitglied des Ausschusses ablehnen, das in diesem Verwaltungsverfahren nicht tätig werden darf (§ 20) oder bei dem die Besorgnis der Befangenheit besteht (§ 21). ²Eine Ablehnung vor der mündlichen Verhandlung ist schriftlich oder zur Niederschrift zu erklären. ³Die Erklärung ist unzulässig, wenn sich der Beteiligte, ohne den ihm bekannten Ablehnungsgrund geltend zu machen,

---

[7] Ebenso *Dürr* in Knack, § 70 Rn. 2; *Seegmüller* in Obermayer, VwVfG, § 70 Rn. 9; *Ziekow*, § 70 Rn. 2.
[8] VGH Kassel NuR 1984, 66f.; VGH Mannheim DÖV 1984, 948; so ausdrücklich noch *Busch* in Knack, § 70 Rn. 3.2; a. A. *Kopp/Ramsauer*, § 70 Rn. 3; *Ziekow*, § 70 Rn. 2.
[9] BVerfGE 35, 65, 76.
[10] *Seegmüller* in Obermayer, VwVfG, § 70 Rn. 5; *Kopp/Ramsauer*, § 70 Rn. 2, sowie *Kopp/Schenke*, § 68 Rn. 17a, unter Hinweis auf den Fortfall des „besonderen Falls" in § 68 Abs. 1 S. 2 VwGO n.F.
[11] Wohl nur für letzteres *Dürr* in Knack, § 70 Rn. 1.

§ 71 1–4   Teil V. Besondere Verfahrensarten

in die mündliche Verhandlung eingelassen hat. ⁴Für die Entscheidung über die Ablehnung gilt § 20 Abs. 4 Satz 2 bis 4.

Vergleichbare Vorschriften: –

Abweichendes Landesrecht: –

Entstehungsgeschichte: Bis zum Inkrafttreten des VwVfG vgl. § 63 der 6. Auflage. Kleine redaktionelle **Änderungen** sind mit der Bek. der Neufassung v. 21. 1. 2003, BGBl I 102, erfolgt. Vgl. ferner Rn. 1, 12, 20, 22.

Literatur: Vgl. die Nachweise zu §§ 63, 88, 20.

Übersicht

	Rn.
I. Allgemeines	1
II. Verhältnis zu §§ 88 bis 93	4
III. Fragerecht der Ausschussmitglieder (Abs. 1)	12
IV. Anwesenheit, Beratung, Abstimmung (Abs. 2)	14
1. Ausschussmitglieder (S. 1)	14
2. Anwesenheit anderer Personen (S. 2)	19
3. Festhalten der Abstimmungsergebnisse (S. 3)	20
V. Ablehnung von Ausschussmitgliedern (Abs. 3)	23
1. Allgemeines	23
2. Die Bestimmungen im Einzelnen	25
a) Materielle Voraussetzungen der Ablehnung (S. 1)	25
b) Wirkung der Ablehnung	28
c) Formelle Voraussetzungen (S. 2)	29
d) Verlust des Ablehnungsrechts (S. 3)	31
e) Entscheidung über die Ablehnung (S. 4)	38
VI. Landesrecht	40

I. Allgemeines

1 § 71 enthält teilweise in Anlehnung an prozessrechtliche Vorschriften einige **Sonderregelungen** zum Fragerecht von Ausschussmitgliedern (Abs. 1), zu Beratung und Abstimmung (Abs. 2) sowie zur Ablehnung von Mitgliedern eines Kollegialorgans (Abs. 3) für den Fall, dass ein förmliches VwVf vor einem Ausschuss stattfindet. Ein **förmliches Ausschussverfahren,** wie es die Sachverständigenkommission als weitere besondere Verfahrensart vorgeschlagen hatte, ist als solches nicht in das Gesetz aufgenommen worden (Begründung zu § 57 Musterentwurf, S. 214; vgl. ferner § 88 Rn. 3). Zum Ausschussbegriff vgl. § 88 Rn. 5.

2 In welchen Fällen ein förmliches VwVf vor einem Ausschuss stattzufinden hat, ist im VwVfG nicht geregelt, sondern hängt allein von den Rechtsvorschriften außerhalb des VwVfG ab. **Einschlägige** bundesrechtliche **Bestimmungen** finden sich in § 18 SortenschutzG, § 38 SaatgutverkehrsG;[1] soweit diese abweichende Regelungen enthalten, gehen sie dem subsidiären § 71 (s. § 63 Rn. 46) vor.

3 § 71 kann als **Ausdruck** eines **allgemeinen Rechtsgrundsatzes** auch auf förmliche VwVf i. w. S. angewendet werden.[2]

II. Verhältnis zu §§ 88 bis 93

4 § 71 ist gem. § 63 Abs. 2 als **Sonderregelung für förmliche VwVf,** die vor einem Ausschuss stattfinden, **gegenüber** den allgemeinen Vorschriften über die Tätigkeit von Ausschüssen

---

[1] Früher auch in §§ 9, 18 KDVG a. F.; §§ 8ff. Dritte Durchführungsverordnung zum Gesetz über die Errichtung eines Bundesaufsichtsamtes für das Versicherungswesen.
[2] *Seegmüller* in Obermayer, VwVfG, § 71 Rn. 17; *Kopp/Ramsauer,* § 71 Rn. 2; *Ziekow,* § 71 Rn. 1; auch *Ule/Laubinger,* § 38 Rn. 1 mit Fn. 1; *Dürr* in Knack, § 71 Rn. 2; s. auch für § 69 Abs. 2 in Bezug auf „ältere" Gesetze *BVerwGE* 55, 209, 304.

§ 71 Das förmliche Verfahren vor Ausschüssen 5–11 § 71

in VwVf gem. **§§ 88 bis 93** vorrangig (näher Rn. 5 ff.). Darüber hinaus gelten nach § 63 Abs. 2 auch die §§ 64 bis 70 vorrangig für förmliche VwVf vor Ausschüssen; die §§ 88 ff. kommen nur zur Anwendung, soweit sich aus den §§ 64 ff. keine Besonderheiten ergeben. Da die §§ 88 ff. ihrerseits keine umfassende Regelung des Ausschussverfahrens beinhalten (s. § 88 Rn. 3), bleiben über § 63 Abs. 2 auch die nicht durch §§ 88 ff. verdrängten Vorschriften über das nicht förmliche VwVf anwendbar; dies bedeutet eine insgesamt recht unübersichtliche Rechtslage für förmliche VwVf vor Ausschüssen, die durch vorrangige Regelungen in Spezialvorschriften weiter kompliziert werden kann.[3] Im Einzelnen gilt für das **Verhältnis zwischen §§ 63 ff. und §§ 88 ff. Folgendes:**

§ 89 HS 1 ergänzt § 68 hinsichtlich der hier nicht ausdrücklich geregelten Eröffnung und Schließung einer mündlichen Verhandlung (s. § 68 Rn. 18); umgekehrt gelten die detaillierten Vorschriften des § 68 Abs. 2 über den Inhalt der Erörterung in der mündlichen Verhandlung auch für Verfahren vor Ausschüssen überhaupt. In der mündlichen Verhandlung (nicht nur) des förmlichen VwVf nimmt der Vorsitzende des Ausschusses die Stellung des Verhandlungsleiters ein.[4] Dies gilt gem. § 68 Abs. 3 S. 1, **§ 89 HS 2** auch für die Verantwortlichkeit für die Ordnung, für die dem Vorsitzenden die Befugnisse des § 68 Abs. 3 S. 2 und 3 zur Verfügung stehen.[5] 5

§ 90 Abs. 1 S. 1, Abs. 2 ist mangels besonderer Vorschriften über die **Beschlussfähigkeit** auch im förmlichen VwVf anwendbar (zu § 71 Abs. 2, 3 s. Rn. 14 ff., 23 ff.). 6

§ 90 Abs. 1 S. 2 betrifft nur die Beschlussfassung als solche, nicht auch die Gesamtheit des vorhergehenden VwVf. Daher ermöglicht er nicht über die Fälle des § 67 Abs. 2 hinaus einen Verzicht auf eine mündliche Verhandlung. Unter den Voraussetzungen des § 67 Abs. 2 hat der Ausschuss nach den maßgeblichen Mehrheitsregeln (vgl. § 91) zu entscheiden, ob eine mündliche Verhandlung durchgeführt wird (zur diesbezüglichen Ermessensentscheidung s. § 67 Rn. 21); ein Widerspruch eines einzelnen Ausschussmitglieds nach § 90 Abs. 1 S. 2 steht dem Verzicht auf eine mündliche Verhandlung i. S. des § 67 Abs. 2 nicht entgegen, sondern allenfalls dem schriftlichen Verfahren bei der Beschlussfassung, die mit oder ohne mündliche Verhandlung erforderlich wird (s. § 69 Abs. 1). 7

Die Beschlussfassung im **schriftlichen Verfahren** gem. § 90 Abs. 1 S. 2 ist **auch im förmlichen VwVf** nicht von vornherein ausgeschlossen. Entscheidungen im schriftlichen Verfahren widersprechen dem Sinn der §§ 68, 69 Abs. 1 schon deshalb nicht stets, weil die mündliche Verhandlung nach § 67 Abs. 2 entfallen kann. Aber auch wenn die mündliche Verhandlung stattgefunden hat, geben die §§ 68, 69 Abs. 1 nichts gegen eine Beschlussfassung im schriftlichen Verfahren her; denn die Entscheidung nach § 69 Abs. 1 kann – insoweit allerdings entgegen § 71 Abs. 2 S. 1 (Rn. 16) – sogar von an der mündlichen Verhandlung gar nicht beteiligten Amtsträgern getroffen werden (s. § 69 Rn. 6). S. aber zur Bedeutung des § 71 Abs. 2 S. 1, 2 für diese Frage noch Rn. 16 ff. 8

Die Mehrheitsregeln des **§ 91** sind im förmlichen VwVf mangels spezialgesetzlicher Abweichung uneingeschränkt anwendbar.[6] 9

Dasselbe gilt für die Regelung von Wahlen durch **§ 92**,[7] die aber in den heute bestehenden förmlichen VwVf wohl keine Bedeutung besitzt. 10

Die Regelung der Niederschrift in **§ 93** wird von §§ 63 ff. nur insoweit tangiert, als eine Sitzung mit einer gem. § 68 Abs. 4 ebenfalls niederschriftspflichtigen mündlichen Verhandlung zusammentrifft. Insofern sind die in beiden Vorschriften verlangten Angaben, soweit sie nicht ohnehin übereinstimmen (vgl. § 68 Abs. 4 Nr. 1, 3, zum Teil auch Nr. 2 gegenüber § 93 S. 2 Nr. 1, 3 und teilweise Nr. 2), kumulativ zu protokollieren, d. h. die Niederschrift muss ggf. auch den divergierenden Anforderungen der § 68 Abs. 4 Nr. 2, 4 und 5 und § 93 S. 2 Nr. 2, 4 und 5 genügen. Im Übrigen ist auch bei Ausschusssitzungen in förmlichen VwVf ein Protokoll gem. § 93 erforderlich.[8] 11

---

[3] Kritisch *Meyer/Borgs,* § 71 Rn. 1.
[4] *Kopp/Ramsauer,* § 71 Rn. 1.
[5] *Seegmüller* in Obermayer, VwVfG, § 71 Rn. 13; *Dürr* in Knack, § 71 Rn. 4; *Ziekow,* § 71 Rn. 2; pauschal für Verdrängung des § 89 dagegen noch in der Vorauflage *Busch* in Knack, § 71 Rn. 2.3.
[6] *Dürr* in Knack, § 71 Rn. 4; *Seegmüller* in Obermayer, VwVfG, § 71 Rn. 14; *Ziekow,* § 71 Rn. 2.
[7] *Dürr* in Knack, § 71 Rn. 4; *Seegmüller* in Obermayer, VwVfG, § 71 Rn. 14.
[8] *Ziekow,* § 71 Rn. 2; allgemein a. A. *Dürr* in Knack, § 71 Rn. 4: § 93 werde verdrängt.

III. Fragerecht der Ausschussmitglieder (Abs. 1)

12 In Anlehnung an § 104 Abs. 2 VwGO gesteht Abs. 1 S. 1 den Ausschussmitgliedern– unbeschadet der Leitungs- und Fragebefugnis des Vorsitzenden (§ 89 bzw. § 68 Abs. 2) – das **Recht** zu, sachdienliche Fragen (hierzu § 66 Rn. 13) zu stellen. Dies dient der Aufklärung des Sachverhalts und erleichtert den Ausschussmitgliedern die für die Beratung und Entscheidung notwendige Meinungsbildung (Begründung zu § 67 Entwurf 73, S. 86). Das Fragerecht ist nicht auf die mündliche Verhandlung gem. § 68 beschränkt.[9]

13 Die **Beanstandung** einer Frage ist nach der ausdrücklichen Regelung des Abs. 1 S. 2 nur den Beteiligten zugestanden, nicht auch dem Vorsitzenden, anderen Ausschussmitgliedern, Zeugen oder Sachverständigen.[10] Das Leitungsrecht des Vorsitzenden (§ 68 Abs. 2 und 3, § 89) bleibt aber unberührt. Für die Beschlussfassung des Ausschusses über die Zulässigkeit der Frage gilt § 91.

IV. Anwesenheit, Beratung, Abstimmung (Abs. 2)

1. Ausschussmitglieder (S. 1)

14 S. 1 regelt, welche **Ausschussmitglieder** bei der Beratung und Abstimmung **zugegen sein** dürfen, wenn vorher eine mündliche Verhandlung stattgefunden hat. Dieser Fall wird vom Gesetz wie selbstverständlich vorausgesetzt; dies bedeutet aber keine von § 67 Abs. 2 abweichende Notwendigkeit, im förmlichen VwVf vor Ausschüssen stets nach mündlicher Verhandlung zu entscheiden. Vorausgesetzt, jedoch nicht ausdrücklich vorgeschrieben wird in S. 1 auch, dass Beratung und Abstimmung in räumlicher Zusammenkunft der Ausschussmitglieder stattfinden.

15 Daher ist auch aus dieser Vorschrift (s. schon Rn. 6 ff.) nicht auf die **Unzulässigkeit eines schriftlichen Verfahrens** gem. § 90 Abs. 1 S. 2 zu schließen,[11] das etwa bei unproblematischen Sachverhalten oder für eine nach Beratung allein noch ausstehende Beschlussfassung durchaus adäquat sein kann.

16 Der prozessualen Vorbildern wie § 193 GVG, § 112 VwGO nachgebildete S. 1 dient der **Unmittelbarkeit der Entscheidung,** die nur von den Ausschussmitgliedern getroffen werden soll, die an der mündlichen Verhandlung teilgenommen haben. Die Beschränkung bezieht sich nur auf Beratung und Abstimmung über die **gem. § 69 Abs. 1** zu treffende verfahrensabschließende Entscheidung, die maßgeblich auf der mündlichen Verhandlung beruht, nicht auf alle vom Ausschuss zu treffenden Entscheidungen über Nebenpunkte in dem VwVf. Um die ausschließliche Mitwirkung der berechtigten Ausschussmitglieder sicherzustellen, lässt S. 1 nicht einmal die bloße Anwesenheit anderer Ausschussmitglieder bei der Beratung und Abstimmung zu. Bei einer im schriftlichen Verfahren getroffenen Entscheidung (Rn. 14 f.) ist ggf. die Mitwirkung entsprechend einzuschränken.

17 Die **Teilnahme an der mündlichen Verhandlung,** die zur Mitwirkung bei der Entscheidung berechtigt, muss sich nicht notwendig auf alle Einzeltermine erstrecken, wenn eine mündliche Verhandlung über eine Mehrzahl von Terminen ausgedehnt worden ist (vgl. § 67 Rn. 30). Vielmehr genügt wie im gerichtlichen Verfahren grundsätzlich die Teilnahme am **letzten Einzeltermin.**[12] Haben Ausschussmitglieder – namentlich bei einem Wechsel in der Besetzung des Ausschusses – an früheren Einzelterminen der mündlichen Verhandlung nicht teilgenommen, ist es – wie bei einem Richterwechsel – prinzipiell ausreichend, wenn der Vorsitzende sie über den bisherigen Sach- und Streitstand informiert; die Wiederholung einer Beweisaufnahme oder An-

---

[9] *Ziekow,* § 71 Rn. 3; a. A. *Dürr* in Knack, § 71 Rn. 5; *Kopp/Ramsauer,* § 71 Rn. 3.
[10] Ebenso *Dürr* in Knack, § 71 Rn. 5; *Meyer/Borgs,* § 71 Rn. 3; *Kopp/Ramsauer,* § 71 Rn. 4 a; *Ziekow,* § 71 Rn. 4; anders für den Verhandlungsleiter *Seegmüller* in Obermayer, VwVfG, § 71 Rn. 27.
[11] So aber *Dürr* in Knack, § 71 Rn. 8; *Seegmüller* in Obermayer, VwVfG, § 71 Rn. 33; (nur i. d. R) *Henneke* in Knack, § 90 Rn. 10; wie hier *Ziekow,* § 71 Rn. 5; auch *Kopp/Ramsauer,* § 71 Rn. 10.
[12] Vgl. *Meyer/Borgs,* § 71 Rn. 5; *Ziekow,* § 71 Rn. 5.

hörung ist nur ausnahmsweise erforderlich, wenn es entscheidend auf den persönlichen Eindruck ankommt.[13]

Nicht geregelt sind in § 71 die **positiven Anwesenheitserfordernisse** bei Beratung und Beschluss der Entscheidung. Insoweit greifen die einschlägigen fachgesetzlichen Bestimmungen sowie die Regelungen der Beschlussfähigkeit gem. § 90 Abs. 1 S. 1, Abs. 2 ein.[14] Für den **Ablauf von Beratung und Abstimmung** enthält das VwVfG weder in den §§ 88 ff. noch in § 71 eine Regelung; da dies einer bewusst restriktiven Regelungstendenz hinsichtlich des Rechts der Ausschüsse entspricht (s. § 91 Rn. 3), ist ein Rückgriff auf Vorschriften des GVG (§§ 194, 197) ausgeschlossen. Vielmehr liegt beides in der auf die Sitzungen des Ausschusses insgesamt erstreckten Leitungsgewalt des Vorsitzenden gem. § 89 HS 1.[15] 18

2. Anwesenheit anderer Personen (S. 2)

Die gegenüber der in § 68 Abs. 1 S. 2 für die mündliche Verhandlung getroffenen Regelung des **Zutrittsrechts engere Lösung des Abs. 2 S. 2** erklärt sich aus dem Ziel, eine unbeeinflusste und unbefangene Tätigkeit des Ausschusses zu ermöglichen. Daher bleiben hier namentlich die Vertreter der **Aufsichtsbehörden ausgeschlossen;** bei der Behörde **zur Ausbildung beschäftigte Personen** dürfen nur teilnehmen, soweit der Vorsitzende dies nach pflichtgemäßem Ermessen gestattet.[16] Die Teilnahme anderer Personen ist rechtswidrig; die getroffene Entscheidung ist (nur) rechtswidrig, wenn der Fehler den Inhalt der Entscheidung beeinflusst haben kann (s. § 45 Rn. 109 f.).[17] 19

3. Festhalten der Abstimmungsergebnisse (S. 3)

S. 3 bestimmt in Ergänzung zu § 93 S. 2 Nr. 4 (und 5), dass auch die **Abstimmungsergebnisse festzuhalten** sind. Danach ist jedenfalls das zahlenmäßige Resultat der Abstimmung ins Protokoll aufzunehmen ist. Dagegen ist eine namentliche Fixierung des **Abstimmungsverhaltens einzelner Ausschussmitglieder nicht geboten.** Auch ein **Anspruch von Ausschussmitgliedern** auf eine Aufnahme ihrer (insbes. abweichenden) Stimmabgabe ins Protokoll besteht nach der Entstehungsgeschichte **nicht** (Begründung zu § 67 Entwurf 73); eine Bestimmung, die ein solches subjektives Recht begründen könnte, ist nicht ersichtlich.[18] 20

Dagegen lässt sich weder dem S. 3 noch dem § 93 entnehmen, dass eine **Erweiterung des Protokolls** um Angaben zum individuellen Stimmverhalten der Ausschussmitglieder ausgeschlossen ist. Ein Umkehrschluss aus der Begrenzung des S. 3 auf die Abstimmungsergebnisse[19] ist nur gegenüber einer denkbaren weitergehenden Protokollierungs*pflicht* möglich. Dies gilt zumal deswegen, weil § 93 nur den Mindestinhalt des Protokolls festlegt und für freiwillige Erweiterungen Raum lässt (§ 93 Rn. 3); danach spricht aus systematischer Sicht viel dafür, dass die Erweiterung des Protokolls gem. S. 3 eben diesen Mindestumfang ausdehnt und daher Raum für Erweiterungen im allseitigen Einverständnis lässt.[20] 21

Dass die Natur der im förmlichen VwVf ergehenden Entscheidungen eine engere Protokollierung erfordern würde als bei Ausschussentscheidungen im Übrigen, ist nicht ersichtlich. Der entstehungsgeschichtlichen Tendenz, im Rahmen des § 71 eine Offenbarung von Interna zu vermeiden und nach außen den Eindruck einer einheitlichen Entscheidung zu vermitteln (oben vor Rn. 1), ist durch den Ausschluss einer regelmäßigen Protokollierung des individuellen Abstimmungsverhaltens Rechnung getragen. Zwingender Anlass für die Annahme eines gesetzlichen **Verbots solcher Protokollinhalte,** zu deren Aufnahme nur ausnahmsweise begründeter Anlass bestehen wird, sind diese genetischen Aspekte allein **nicht** (s. auch § 93 Rn. 2, 3). 22

---

[13] Zum Verwaltungsprozess *BVerwG* NJW 1986, 3154, 3155 m. w. N.; strenger *Kothe* in Redeker/v. Oertzen, § 112 Rn. 1 m. w. N.; für das VwVf entsprechend *Kopp/Ramsauer,* § 71 Rn. 4 (7. Aufl.).
[14] Hierzu noch in der Vorauflage *Busch* in Knack, § 71 Rn. 3.2.1; *Meyer/Borgs,* § 71 Rn. 5.
[15] *Ziekow,* § 71 Rn. 7; für Ermessen des Vorsitzenden hinsichtlich der Reihenfolge der Abstimmung *Ule/Laubinger,* § 38 Rn. 4.
[16] *Meyer/Borgs,* § 71 Rn. 6; *Seegmüller* in Obermayer, VwVfG, § 71 Rn. 38; *Ziekow,* § 71 Rn. 6.
[17] Stets für Rechtswidrigkeit *Kopp/Ramsauer,* § 71 Rn. 7; „je nach Schwere" *Ziekow,* § 71 Rn. 6.
[18] Vgl. *Seegmüller* in Obermayer, VwVfG, § 71 Rn. 40; *Kopp/Ramsauer,* § 71 Rn. 12; *Ziekow,* § 71 Rn. 7.
[19] So *Ule/Laubinger,* § 38 Rn. 4.
[20] So *Dürr* in Knack, § 71 Rn. 10; *Seegmüller* in Obermayer, VwVfG, § 71 Rn. 40; *Kopp/Ramsauer,* § 71 Rn. 13; *Ziekow,* § 71 Rn. 7.

V. Ablehnung von Ausschussmitgliedern (Abs. 3)

1. Allgemeines

23 Abs. 3 sieht für das förmliche VwVf vor einem Ausschuss ein **formelles Ablehnungsrecht** jedes Beteiligten vor, das an entsprechende Regelungen des Prozessrechts (§ 54 VwGO, §§ 41 ff. ZPO) angelehnt ist. Im Falle der Gerichte hat das *BVerfG* ein solches Ablehnungsrecht als durch Art. 101 Abs. 1 S. 2 GG verfassungsrechtlich geboten angesehen, um die für den (grund-)gesetzlichen Richter unerlässliche **Neutralität und Distanz** gegenüber den Verfahrensbeteiligten sicherzustellen.[21] Das hinsichtlich der entscheidenden Amtsträger denselben rechtsstaatlichen Zielen verpflichtete VwVfG (s. allgemein § 20 Rn. 1 ff.) hat allerdings im Allgemeinen auf ein förmliches Ablehnungsrecht der Beteiligten verzichtet und sich im nicht förmlichen VwVf, auch vor Ausschüssen, und grundsätzlich im förmlichen VwVf mit objektiv-rechtlichen Ausschluss- und Befangenheitstatbeständen begnügt, die die zuständige Behörde von Amts wegen zu berücksichtigen hat, §§ 20, 21. Abs. 3 ist daher eine **im Rahmen des VwVfG singuläre Regelung**, die der Annäherung des förmlichen VwVf gerade vor Ausschüssen an ein gerichtliches Verfahren durch einen entsprechend verstärkten Schutz der Neutralität der Entscheidungsträger Rechnung trägt.

24 **Daneben** greifen über § 63 Abs. 2 die **allgemeinen Regeln** über den Ausschluss und die Befangenheit von Ausschussmitgliedern nach § 20 f., insbes. § 20 Abs. 4, § 21 Abs. 2 (s. § 20 Rn. 53, § 21 Rn. 25), als von Amts wegen zu berücksichtigende Mitwirkungshindernisse ein. Abs. 3 soll wie in den prozessualen Vorbildern diese Möglichkeit ergänzen, nicht aber ersetzen; gerade in VwVf besteht dafür ein Bedürfnis, weil u. U. nur ein Beteiligter vorhanden ist, für den die Parteilichkeit des Ausschussmitgliedes gerade vorteilhaft sein kann.[22]

2. Die Bestimmungen im Einzelnen

25 **a) Materielle Voraussetzungen der Ablehnung (S. 1).** Nach S. 1 steht das Recht zur Ablehnung **jedem Beteiligten** zu; dies sind nicht nur die geborenen Beteiligten gem. § 13 Abs. 1 Nr. 1 bis 3, sondern gem. § 13 Abs. 1 Nr. 4 auch die nach § 13 Abs. 2 von der Behörde hinzugezogenen Beteiligten (s. auch § 21 Rn. 15).

26 **Ablehnungsgründe** sind die Gründe für einen Ausschluss von der Tätigkeit im VwVf gem. § 20 Abs. 1 und die Besorgnis der Befangenheit gem. § 21 Abs. 1 S. 1 (dazu § 20 Rn. 29 ff., § 21 Rn. 9 ff.).

27 Die Ablehnung kann sich **gegen jedes einzelne Ausschussmitglied** einschließlich des Vorsitzenden richten. Ungeachtet der wenig glücklichen Formulierung sind die Beteiligten nicht darauf beschränkt, (jeweils) ein Mitglied des Ausschusses abzulehnen; vielmehr kann jeder Beteiligte alle Ausschussmitglieder ablehnen, für die Ablehnungsgründe bestehen, also ggf. auch alle Mitglieder eines Ausschusses. Ausgeschlossen ist aber – wie im gerichtlichen Verfahren – die Ablehnung des gesamten Ausschusses als solchen.[23]

28 **b) Wirkung der Ablehnung.** Die Wirkung der Ablehnung ist nicht unmittelbar der Ausschluss des abgelehnten Mitglieds von jeder weiteren Mitwirkung; vielmehr hat zunächst die **Entscheidung nach S. 4** zu ergehen (Rn. 38 f.). Bis zu dieser Entscheidung ist das Ausschussmitglied unabhängig von der Berechtigung der Ablehnung **vorläufig** grundsätzlich von jeder Mitwirkung im Verfahren **ausgeschlossen**.[24] § 20 Abs. 3 stellt bei Gefahr im Verzug für unaufschiebbare Maßnahmen vom gesetzlichen Mitwirkungshindernis des Ausschlussgrundes frei, bei analoger Anwendung auf § 21 (s. § 20 Rn. 51) also von der Anordnung, sich der Mitwirkung zu enthalten.[25]

---

[21] *BVerfGE* 21, 139, 145 f.; 30, 149, 153; *BVerfG (K)* NJW 1998, 369.
[22] *Kopp/Ramsauer*, § 71 Rn. 14; s. auch *Ule/Laubinger*, § 12 Rn. 19: „selbstverständlich".
[23] *Kopp/Ramsauer*, § 71 Rn. 14; *Dürr* in Knack, § 71 Rn. 11, 13; *Ziekow*, § 71 Rn. 9; *Kopp/Schenke*, § 54 Rn. 12 m. w. N.; *M. Redeker* in Redeker/v. Oertzen, § 54 Rn. 13 m. w. N.; gegen eine Ablehnung sämtlicher Mitglieder *J. Schmidt* in Eyermann, § 54 Rn. 11 m. w. N.; zur Entscheidung in diesen Fällen s. Rn. 38 f.
[24] *Ziekow*, § 71 Rn. 9. Mit Ausnahme unaufschiebbarer Handlungen, analog § 47 ZPO, s. *J. Schmidt* in Eyermann/Fröhler, § 54 Rn. 25.
[25] Ähnlich für das Prozessrecht § 54 VwGO i. V. mit § 47 ZPO, vgl. *J. Schmidt* in Eyermann/Fröhler, § 54 Rn. 25; *Czybulka* in Sodan/Ziekow, § 54 Rn. 117.

c) Formelle Voraussetzungen (S. 2). S. 2 regelt die Form der Ablehnungserklärung, er- 29
fasst dabei ausdrücklich nur den Fall einer Ablehnung vor der mündlichen Verhandlung. Die
Erklärung hat schriftlich oder zur Niederschrift, die gem. § 64 bei der Behörde aufzunehmen ist
(vgl. § 64 Rn. 8), zu erfolgen. Über den im Gesetz angesprochenen Fall hinaus findet dieses
dem Charakter des förmlichen VwVf insgesamt entsprechende Formerfordernis analoge Anwendung, wenn sonst **außerhalb einer mündlichen Verhandlung** die Ablehnung eines Ausschussmitgliedes erklärt wird.[26]

Für **in der mündlichen Verhandlung** abgegebene Ablehnungserklärungen gilt das Former- 30
fordernis nicht; daher **genügt** dort die formlose, insbesondere **mündliche Erklärung,**[27] die
allerdings in die Niederschrift der mündlichen Verhandlung aufzunehmen ist, § 68 Abs. 4 Nr. 3.
Auch in sonstigen Fällen persönlicher Anwesenheit eines Beteiligten **in einer Ausschusssitzung** reicht im Hinblick auf die Protokollierung in der Sitzungsniederschrift, § 92 S. 2 Nr. 3,
eine mündlich erklärte Ablehnung aus.

d) Verlust des Ablehnungsrechts (S. 3). S. 3 sieht den Verlust des Ablehnungsrechts im 31
förmlichen VwVf auf Grund **rügeloser Einlassung** vor. Das *BVerwG*[28] sieht hierin einen allgemeinen Rechtsgrundsatz ausgedrückt, den es auf das Ablehnungsrecht nach § 43 Abs. 3 S. 1
SchwbG erstreckt.

Die Möglichkeit und Notwendigkeit, **von Amts wegen** die Voraussetzungen der §§ 20, 21 32
zu beachten (s. Rn. 23 f.), bleibt vom Verlust des Ablehnungsrechts unberührt.[29] S. 3 sagt nichts
über eine Beschränkung der **gerichtlichen Überprüfungsmöglichkeiten,** die einem Beteiligten bei Verstoß gegen die §§ 20, 21 zustehen. Ein Grund, den Ausschluss des Ablehnungsrechts
im Sinne einer Präklusionswirkung auf spätere Gerichtsverfahren zu erstrecken,[30] besteht nicht.
Das förmliche Ablehnungsrecht des Abs. 3 soll die Bedeutung der Unparteilichkeit und die
diesbezügliche Stellung der Beteiligten im förmlichen VwVf vor einem Ausschuss stärken (s.
Rn. 23 f.), nicht aber die Kontrollmöglichkeiten vor Gericht zu diesem Punkt einschränken.

Die **Rechtsfolgen der Nichtbeachtung der §§ 20, 21** greifen im VwVf sonst unabhängig 33
davon durch, ob Beteiligte ihnen mögliche einschlägige Hinweise gegeben haben oder nicht,
und können von diesen vor Gericht geltend gemacht werden (s. § 20 Rn. 27 f., § 21 Rn. 26). Es
besteht kein Anlass, diese Möglichkeiten ausgerechnet für die Beteiligten in einem förmlichen
VwVf vor einem Ausschuss zu verkürzen. Die gesetzliche Beschränkung des erweiternd eingeräumten förmlichen Ablehnungsrechts nach § 71 Abs. 3 ist durch die Ziele dieses Verfahrens zu
erklären; sie bezweckt keine Reduzierung der unabhängig davon bestehenden Sicherungen der
Unparteilichkeit im VwVf.

Das *BVerwG* hat allerdings für den Widerspruchsausschuss in der Hauptfürsorgestelle im 34
Rahmen des § 43 Abs. 3 S. 1 SchwbG gestützt auf den Rechtsgedanken des § 71 Abs. 3 S. 3
VwVfG angenommen, dass der Verlust des Ablehnungsrechts im VwVf auch die **Möglichkeit
vernichte,** sich mit der **Klage** gegen die Sachentscheidung auf diesen möglichen Rechtswid-
rigkeitsgrund zu berufen.[31] Diese Sichtweise kann für den Geltungsbereich des § 71 aus den
vorgenannten Gründen nicht übernommen werden.

Anders als der für die Regelung vorbildliche § 43 ZPO bezieht sich S. 3 seinem Wortlaut 35
nach **auch** auf den nach S. 1 zu den Ablehnungsgründen zu zählenden Fall eines **Ausschlusses
nach § 20.** Eine restriktive Auslegung ist im Hinblick darauf, dass dem Beteiligten jedenfalls
Hinweise auf Ausschließungsgründe möglich bleiben, denen von Amts wegen nachzugehen ist
(Rn. 31 f.), entbehrlich.[32]

Voraussetzung für den Verlust des Ablehnungsrechts ist als **äußerer Tatbestand** die **Ein-** 36
lassung des Beteiligten **in die mündliche Verhandlung.** In Verfahren ohne mündliche Verhandlung, § 67 Abs. 2, und nach Abschluss der mündlichen Verhandlung kann daher ein Verlust

---

[26] So auch *Seegmüller* in Obermayer, VwVfG, § 71 Rn. 46; *Kopp/Ramsauer,* § 71 Rn. 16.
[27] *Ule/Laubinger,* § 12 Rn. 19; *Kopp/Ramsauer,* § 71 Rn. 16; *Seegmüller* in Obermayer, VwVfG, § 71 Rn. 45; *Ziekow,* § 71 Rn. 10.
[28] BVerwGE 90, 287, 290.
[29] *Kopp/Ramsauer,* § 71 Rn. 18; *Ziekow,* § 71 Rn. 11.
[30] Dafür *Kopp/Ramsauer,* § 71 Rn. 21; auch *Dürr* in Knack, § 71 Rn. 15; *Ziekow,* § 71 Rn. 11.
[31] BVerwGE 90, 287, 290 f.
[32] A. A. *Kopp/Ramsauer,* § 71 Rn. 18, mit Rücksicht auf die dort angenommenen Folgewirkungen für die gerichtliche Angreifbarkeit, s. dazu Rn. 31 f.

§ 71a   Teil V. Besondere Verfahrensarten

des Ablehnungsrechts nicht eintreten. Dasselbe gilt, wenn ein Beteiligter bei der mündlichen Verhandlung nicht anwesend ist.[33] Als Einlassung des Beteiligten kommen wie im Prozessrecht gestellte Anträge, Einlassungen zur Sache und zum Verfahren[34] in Betracht. Bloßes Schweigen bei Anwesenheit in der mündlichen Verhandlung reicht nicht.[35]

37   Der Rechtsverlust setzt als **inneren Tatbestand** außerdem voraus, dass **dem Beteiligten** der Ablehnungsgrund **bekannt** war. Erforderlich ist positive Kenntnis von den den Ablehnungsgrund tragenden Tatsachen, ferner das ohne Notwendigkeit genauer Rechtserkenntnisse durch Parallelwertung in der Laiensphäre gewonnene Bewusstsein, auf Grund dieser Tatsachen zur Ablehnung berechtigt zu sein.[36] Schließlich muss es der Beteiligte **versäumt** haben, den **Ablehnungsgrund geltend zu machen;** eine Ablehnungserklärung vor der mündlichen Verhandlung ist dabei nur beachtlich, wenn sie in der Form gemäß S. 2 (Rn. 29 f.) abgegeben wird.

38   e) Entscheidung über die Ablehnung (S. 4). Nach S. 4 richtet sich das Verfahren bei der Entscheidung nach § 20 Abs. 4 S. 2 bis 4 (dazu § 20 Rn. 53 f.). Für den Inhalt der Entscheidung über die Ablehnung gelten hinsichtlich der Zulässigkeit S. 2 und 3, hinsichtlich der Begründetheit die zwingenden Voraussetzungen der §§ 20, 21 (zu letzterem s. § 21 Rn. 21 f.). Gem. § 20 Abs. 4 S. 2 **entscheidet der Ausschuss** über den Ausschluss; soweit die Ablehnung nach § 71 Abs. 3 S. 1 2. Alt. auf Besorgnis der Befangenheit gestützt ist, ist über das Vorliegen entsprechender Gründe zu befinden (s. auch § 21 Abs. 2). Bei dieser Entscheidung darf gem. **§ 20 Abs. 4 S. 3** der Betroffene, d. h. das abgelehnte Ausschussmitglied, nicht mitwirken. Im Übrigen gelten für die Entscheidung die allgemeinen Regeln über die Beschlussfähigkeit und die Beschlussfassung gem. §§ 90, 91 (Rn. 6 ff. und im Einzelnen dort).

39   Kommt es auf Grund von Ablehnungen zu **Beschlussunfähigkeit,** die auch über die Notbeschlussfähigkeit gem. § 91 Abs. 2 nicht zu beheben ist, richtet sich die Möglichkeit der Vertretung mangels einer Regelung im VwVfG nach dem einschlägigen Organisationsrecht; mangels einschlägiger Regelungen hat die für die Einsetzung des Ausschusses zuständige Behörde über das weitere Verfahren zu entscheiden. Ein rechtsmissbräuchlich insgesamt abgelehnter Ausschuss soll über die Ablehnung selbst entscheiden.[37] Nach § 20 Abs. 4 S. 4 darf das ausgeschlossene, d. h. im Rahmen des § 71 Abs. 3 S. 4 das erfolgreich abgelehnte Ausschussmitglied bei der weiteren Beratung und Beschlussfassung nicht zugegen sein.

VI. Landesrecht

40   Die VwVfGe der Länder enthalten **keine abweichenden Bestimmungen.**

Abschnitt 1 a.
Beschleunigung von Genehmigungsverfahren

§ 71a Anwendbarkeit

Hat das Verwaltungsverfahren die Erteilung einer Genehmigung zum Ziel (Genehmigungsverfahren), die der Durchführung von Vorhaben im Rahmen einer wirtschaftlichen Unternehmung des Antragstellers dient, finden die §§ 71b bis 71e Anwendung.

Vergleichbare Vorschriften: § 10 (Zügigkeitsgebot), Infrastrukturplanungsbeschleunigungsgesetz vom 27. 10. 2006 (BGBl I S. 2833), BauGB 2007 vom 21. 12. 2006 (BGBl I S. 3316).

---

[33] Vgl. § 295 Abs. 1 ZPO; auch *BVerwG* NJW 1984, 251.
[34] Für eine Ausnahme bei Vorbringen prozesshindernder Einreden *Rennert* in Eyermann, § 91 Rn. 28 unter Hinweis auf *BVerwGE* 109, 74, 79 und bereits in der 9. Auflage *Eyermann/Fröhler/Kormann*, § 91 Rn. 12.
[35] So auch *Ziekow,* § 71 Rn. 12; anders *Seegmüller* in Obermayer, VwVfG, § 71 Rn. 48; bei Treuwidrigkeit „wohl" *Kopp/Ramsauer,* § 71 Rn. 19.
[36] Vgl. *Kopp/Ramsauer,* § 71 Rn. 20; *Ziekow,* § 71 Rn. 13.
[37] S. für das Prozessrecht *BVerwG* Buchholz 310 § 55 VwGO Nr. 20.

§ 71a Anwendbarkeit   1 § 71a

Abweichendes Landesrecht: fehlt. Zum zeitlich unterschiedlichen Inkrafttreten in den Ländern vgl. § 71 a Rn. 7 ff. der 6. Auflage.

Entstehungsgeschichte: §§ 71 a–e sind durch Art. 1 Nr. 5 des Genehmigungsverfahrensbeschleunigungsgesetzes vom 12. 9. 1996 (BGBl I S. 1354) zusammen mit anderen Vorschriften in das VwVfG eingefügt worden (hierzu *Schmitz/Wessendorf* NVwZ 1996, 955; *Bonk* NVwZ 1997, 320). Nähere Einzelheiten zur Entstehungsgeschichte vgl. § 71 a Rn. 7 ff. der 6. Auflage. Spätere Änderungen: keine.

Literatur: *Bundesministerium für Wirtschaft* (Hrsg.), Investitionsförderung durch flexible Genehmigungsverfahren – Bericht der Unabhängigen Expertenkommission zur Vereinfachung und Beschleunigung von Planungs- und Genehmigungsverfahren, 1994; *Bullinger,* Investitionsförderung durch nachfragegerechte und kooperative Beschleunigung von Genehmigungsverfahren, JZ l994, 1129; *Ronellenfitsch,* Beschleunigung und Vereinfachung der Anlagenzulassungsverfahren, 1994; *Krumsiek/Frenzen,* Beschleunigung von Planungs- und Genehmigungsverfahren, DÖV 1995, 1013; *Steinberg u. a.,* Genehmigungsverfahren für gewerbliche Investitionsvorhaben in Deutschland und ausgewählten Ländern Europas, 1995; *Schlichter,* Investitionsförderung durch flexible Genehmigungsverfahren, DVBl 1995, 173; *Jäde,* Beschleunigung von Genehmigungsverfahren nach dem GenBeschlG, UPR 1996, 361; *Schmitz/Wessendorf,* Das GenBeschlG – Neue Regelungen im VwVfG und der Wirtschaftsstandort Deutschland, NVwZ 1996, 955; *Schulte,* Möglichkeiten zur Beschleunigung baulicher Anlagen, 1996; *Becker,* Verfahrensbeschleunigung durch Genehmigungskonzentration, VerwArch 1996, 581; *Gromitsaris,* Die Lehre von der Genehmigung, VerwArch 1997, 52; *Wulfhorst,* Erfahrungen mit den Beschleunigungsgesetzen – aus der Sicht der Exekutive, VerwArch 1997, 163; *Bonk,* Strukturelle Änderungen des Verwaltungsverfahrens durch das GenBeschlG, NVwZ 1997, 320; *Stüer,* Die Beschleunigungsnovellen 1996, DVBl 1997, 326; *Wasielewski,* Beschleunigung von Planungs- und Genehmigungsverfahren, LKV 1997, 77; Sachverständigenrat „Schlanker Staat"-Abschlussbericht (mit Anl.), 1997; *Steinbeiß-Winkelmann,* Verfassungsrechtliche Vorgaben und Grenzen der Verfahrensbeschleunigung, DVBl 1998, 809; *Ziekow (Hrsg.),* Beschleunigung von Planungs- und Genehmigungsverfahren, 1998; *ders.* Die Wirkung von Beschleunigungsgeboten im Verfahrensrecht, DVBl 1998, 1101; *Schmitz/Olbertz,* Das Zweite Gesetz zur Änderung verwaltungsverfahrensrechtlicher Vorschriften – Eine Zwischenbilanz?, NVwZ 1999, 126; *Schmitz,* Aktuelle Tendenzen zur Reform des Genehmigungs- und Verwaltungsverfahrensrechts, VA 2000, 144; *ders.,* Moderner Staat – Modernes Verwaltungsverfahrensrecht, NVwZ 2000, 1238; *Ziekow/Siegel,* Gesetzliche Regelungen der Verfahrenskooperation von Behörden und anderen Trägern öffentlicher Belange, 2001; *Ziekow/Oertel/Windoffer,* Dauer von Zulassungsverfahren. Eine empirische Untersuchung zu Implementationen und Wirkungsgrad von Regelungen zur Verfahrensbeschleunigung, 2005; *Dolde,* Verwaltungsverfahren und Deregulierung, NVwZ 2006, 857; *Schmidt-Aßmann,* Verwaltungsverfahren und Verwaltungskultur, NVwZ 2007, 40; *Windoffer,* Die Implementierung einheitlicher Ansprechpartner nach der EU-Dienstleistungsrichtlinie, NVwZ 2007, 495. Weiteres Schrifttum vor **1996** vgl. § 71 a der 6. Auflage.

Übersicht

	Rn.
I. Allgemeines	
1. Sinn und Zweck der §§ 71 a–e	1
2. Begriffe „beschleunigt"/„zügig"	3
3. Weitere Rahmenregelungen für Genehmigungsverfahren	7
4. Rechtssystematische Bedeutung der §§ 71 a–e	8
a) Verhältnis zu §§ 63 ff. und § 72 ff.	8
b) Fortentwicklung des bisherigen Verwaltungsverfahrensrechts	11
c) Anwendung der übrigen Vorschriften des VwVfG	14
d) Gestaltungsspielräume des Gesetzgebers; Einzelfallprüfung	16
III. Tatbestandsmerkmale des § 71 a	19
1. Genehmigungsverfahren	19
2. Wirtschaftliche Unternehmung	28
3. Durchführung eines Vorhabens	30
4. Antragsteller, Behörden	40
a) Antragsteller	40
b) Genehmigungsbehörde; drittbeteiligte Behörden	42
IV. Europarecht	44
V. Landesrecht	45
VI. Vorverfahren	46

I. Allgemeines

1. Sinn und Zweck der §§ 71 a–e

§§ 71 a–e wurden – zusammen mit Änderungen und Ergänzungen von §§ 10, 45, 46 – durch **1** das Genehmigungsverfahrensbeschleunigungsgesetzes (GenBeschlG) vom 12. 9. 1996[1] neu in

---

[1] BGBl I S. 1354; hierzu *Schmitz/Wessendorf* NVwZ 1996, 955; *Jäde* UPR 1996, 361; *Bonk* NVwZ 1997, 320; *Stüer* DVBl 1997, 326.

§ 71a 2, 3   Teil V. Besondere Verfahrensarten

das VwVfG eingefügt. Die Regelungen stehen im Zusammenhang mit den Bemühungen des Gesetzgebers, die als zu lang empfundene **Dauer von Anlagenzulassungsverfahren** in Deutschland **substantiell zu verkürzen** und auf diese Weise den Wirtschaftsstandort Deutschland im Interesse der Schaffung oder Erhaltung von Arbeitsplätzen – auch im internationalen Wettbewerb – attraktiver zu machen (zur Entstehungsgeschichte vgl. Rn. 7–12 der Vorauflage).[2] Diese Bemühungen sind keine einmalige Aktivität des Gesetzgebers, sondern tendenziell eine Daueraufgabe: Einer gleichen oder ähnlichen Zielsetzung dienen – neben dem ebenfalls 1996 erlassenen 6. VwGOÄndG und dem BImSchG (Rn. 4) – u. a. das Ende 2006 erlassene **Infrastrukturplanungsbeschleunigungsgesetz** vom 9. 12. 2006[3], in dem zahlreiche Änderungen u. a. von Fachplanungsgesetzen enthalten sind, sowie das Gesetz zur **Erleichterung von Planungsverfahren für die Innenentwicklung der Städte** vom 21. 12. 2006[4] mit der neuen Figur eines beschleunigten Verfahrens für **Bebauungspläne** der Innenentwicklung (§ 13a BauGB 2007).

2 Bei allen Regelungen stellt sich die Grundsatzfrage, inwieweit durch **Verfahrensregelungen** eine Beschleunigung von Genehmigungsentscheidungen erreicht werden kann. Zugleich müsste zur Erreichung des gewünschten Effekts auch das **materielle (Fach-)Recht** vereinfacht werden, wenn substantielle Zeitgewinne erreicht werden sollen. Dieser Zielsetzung sind – auch unter Berücksichtigung der immer komplexer werdenden Rechtslage im nationalen Recht, in zunehmendem Maß auch des Gemeinschaftsrechts – vor allem im Hinblick auf die Rechtsweggarantie und den gerichtlichen Rechtsschutz auf der Grundlage von Art. 19 Abs. 4 GG **systemimmanente Grenzen** gesetzt.[5] Das ändert nichts daran, dass Beschleunigungsnormen mit rechtsverbindlicher Wirkung notwendige Voraussetzung für jede Form von Beschleunigung sind. Schon wegen ihres Normcharakters sind die §§ 71a–e bedeutsam (hierzu noch Rn. 4ff.). Möglicherweise werden die §§ 71a–e auch in Zukunft noch bedeutsamer, weil die **EU-Dienstleistungsrichtlinie 2006/123/EG (DLRL)** vom 12. 12. 2006[6] bis Ende 2009 noch umzusetzen ist, wonach die Mitgliedstaaten „einheitliche Ansprechpartner" der Behörden zu bestimmen haben, bei denen Dienstleister Informationen beziehen und die mit ihrer Tätigkeit zusammenhängenden Verfahren abwickeln können. Hierfür könnten ergänzende Regelungen zu §§ 71a–e der VwVfGe von Bund und Ländern als Standort für die erforderlichen nationalen Regelungen in Betracht kommen.[7] Das aber sollte Anlass auch zu weitergehenden Rahmenregelungen für Genehmigungsverfahren sein (Rn. 7).

2. Begriffe „beschleunigt"/„zügig"

3 Durch das GenBeschlG von 1996 sind zwei Begriffe in das Verwaltungsverfahrensrecht eingefügt worden, die eine gleiche Tendenz haben: In § 10 wurde der Begriff der „Zügigkeit" von (allgemeinen) Verwaltungsverfahren eingeführt (Näheres dort). Im Abschnitt Ia zu §§ 71a–e wird hingegen von der „Beschleunigung" von Genehmigungsverfahren für wirtschaftliche Unternehmungen gesprochen. Die unterschiedliche Begrifflichkeit deutet darauf hin, dass damit nicht das gleiche gemeint sein kann: **„Zügig"** bedeutet nach allgemeinem Sprachgebrauch und reiner Wortinterpretation „schnell, stetig, ohne Stockung"; **„beschleunigt"** enthält eine qualifizierende, komparative Komponente und ist im Sinne „von schneller werden lassen, dafür sorgen, dass etwas früher geschieht und schneller von statten geht" zu verstehen.[8] **„Beschleunigt"**

---

[2] Vgl. BT-Drs. 13/3995; vorher bereits der in die gleiche Richtung zielende Gesetzentwurf des Bundesrats für ein sog. Standortsicherungsgesetz, BR-Drs. 13/1445. Zur Verwaltungspraxis vgl. *Ziekow/Oertel/Windoffer,* Dauer von Zulassungsverfahren. Eine empirische Untersuchung zu Implementation und Wirkungsgrad von Regelungen zur Verfahrensbeschleunigung, 2005.
[3] BGBl I S. 2833; hierzu BT-Drs. 16/54 (RegE) und 16/3158 (Beschlussempfehlungen); Übersicht zum Inhalt des IPBeschlG vgl. *Otto* NVwZ 2007, 379.
[4] BGBl I S. 3316; hierzu *Battis/Krautzberger/Löhr* NVwZ 2007, 121.
[5] Zu den Grundsatzaspekten, auch unter gemeinschaftsrechtlichen Vergleichen, instruktiv vgl. etwa *Wahl* NJW 1990, 426; *Wahl/Dreier* NVwZ 1999, 606; *Wahl/Hönig* NVwZ 2006, 161; *Dolde,* Verwaltungsverfahren und Deregulierung, NVwZ 2006, 857; *Schmidt-Aßmann,* Verwaltungsverfahren und Verwaltungskultur, NVwZ 2007, 40 jeweils m. w. N. Zu Großverfahren vor dem BVerwG vgl. *Paetow* NVwZ 2007, 36.
[6] ABlEG Nr. L 376, S. 36.
[7] Dafür *Windoffer* NVwZ 2007, 495 (497).
[8] Vgl. *Duden,* Das grosse Wörterbuch der deutschen Sprache, 2000, zu den Stichworten „zügig" und „beschleunigt(en)".

i. S. von § 71 a ist damit schon nach allgemeinem Sprachgebrauch zeitlich qualifiziert und bedeutet **schneller als zügig**, also vorrangig oder rascher erledigen. Diese Wortauslegung wird bestätigt durch Sinn und Zweck der zeitgleich mit § 10 n. F. in das VwVfG eingefügten §§ 71 a–e sowie ihrer Entstehungsgeschichte, bei der die besondere Bedeutung der Schaffung oder Erhaltung von Arbeitsplätzen im Vordergrund der Überlegungen des Gesetzgebers stand, die speziell den dazu gehörenden Genehmigungsverfahren zugute kommen sollte.[9] Die unterschiedlichen Begriffe „zügig" und „beschleunigt" haben daher auch **unterschiedlichen Inhalt**. Andernfalls wären die im gleichen GenBeschlG enthaltenen unterschiedlichen Begriffe widersprüchlicher und verwirrender Pleonasmus, was aber bei *rechtlichem*, nicht nur rein *verwaltungspraktischem* Verständnis der §§ 71 a–e im Verhältnis zu § 10 nicht zutrifft. Zwar gibt es **keine festen Fristen** für eine „beschleunigte" oder „besonders beschleunigte" Durchführung bestimmter Genehmigungsverfahren, sie sollen aber tendenziell **kürzer sein als die „nur zügig"** zu erledigenden sonstigen Verfahren (zur Regel- und Sonderbeschleunigung vgl. § 71 b, zur Zügigkeit noch § 10 Rn. 20 ff.; zur Zulässigkeit einer Differenzierung zwischen allgemeinen Verwaltungsverfahren und speziellen Genehmigungsverfahren für wirtschaftliche Unternehmungen Rn. 6, 22 ff.).

§§ 71 a–f stehen in einem sachlichen Zusammenhang mit den schon seit längerer Zeit bestehenden Bemühungen um verbesserte Rahmenbedingungen für effektiveres Handeln des Staates und seiner Behörden, die vor allem mit den Schlag- und Stichworten **Schlanker Staat, Deregulierung und Privatisierung von Verwaltungsaufgaben** die Diskussion seit diversen Jahren beherrschen.[10] Die §§ 71 a–e dürfen daher nicht isoliert gesehen werden, sondern müssen im Zusammenhang mit dem 6. VwGO-ÄndG vom 1. 11. 1996[11] und dem Gesetz zur Beschleunigung und Vereinfachung immissionsschutzrechtlicher Genehmigungsverfahren vom 9. 10. 1996[12] betrachtet werden.[13] Die Bemühungen des Gesetzgebers um weitere Beschleunigungen wurden seitdem unverändert fortgesetzt (vgl. Rn. 1).

Der Sache nach sind die Regelungen der §§ 71 a–e **nicht völlig neu**; sie haben teilweise bereits landesrechtliche Vorbilder und entsprechen vielfach einer bereits bestehenden, bewährten Verwaltungspraxis. Deshalb hat der Gesetzgeber mit den Vorschriften zum Beschleunigten Genehmigungsverfahren auch ausdrücklich ein „Signal" setzen wollen, das die Genehmigungsbehörden „auffordert, von den bestehenden Möglichkeiten stärkeren Gebrauch zu machen".[14] Gleichwohl sind die neuen Regelungen *rechtlich* **nicht unverbindliche Programmsätze, Leerformeln** oder symbolische Gesetzgebung,[15] sondern **zwingendes Recht** und begründen nach innen und außen unmittelbar **bindende Verfahrensrechte und -pflichten** für die Behörden und sonstigen Beteiligten eines Verwaltungsverfahrens, damit unzumutbare Verzögerungen vermieden werden.[16] Hierin liegt die rechtliche Bedeutung, auch unter dem Gesichtspunkt des sekundären Rechtsschutzes, denn nach der Rechtsprechung gehört zu den fachgebietsübergreifenden allgemeinen Amtspflichten einer Behörde auch die **Pflicht zur Beschleunigung** von Verfahren und zur **raschen („ungesäumten") Sachentscheidung**,[17] deren schuldhafte Verletzung zu Ansprüchen aus § 839 BGB i. V. m. Art. 34 GG, ggfls. wegen enteignungsgleichen Eingriffs führen kann.

Die im Vergleich zu § 10 in §§ 71 a–e enthaltenen Differenzierungen zwischen „zügig" und „beschleunigt" zu erledigenden Verfahren halten sich innerhalb der dem Gesetzgeber zustehenden Gestaltungsspielräume für die Ausgestaltung von Verwaltungsverfahren (hierzu § 1

---

[9] Einzelheiten hierzu § 71 a Rn. 7–12 der 5. Auflage m. w. N.
[10] Vgl. die Debatte des Deutschen Bundestags anlässlich der Verabschiedung des GenBeschlG, BT-Prot. 13/116, S. 10 346 ff.; ferner *Jäde* UPR 1996, 361; *Schmitz/Wessendorf* NVwZ 1996, 955; *Bonk* NVwZ 1997, 320; ferner Abschlussbericht des Sachverständigenrats „Schlanker Staat", 1997. Zum Beschleunigungsgebot vgl. auch Art. 13 mit Erwägungsgrund 43 der DLRL, hierzu *Windoffer* NVwZ 2007, 495 (497).
[11] BGBl I S. 1626.
[12] BGBl I S. 1498.
[13] Zusammenfassende Übersicht bei *Stüer*, Die Beschleunigungsnovellen 1996, DVBl 1997, 326.
[14] BT-Drs. 13/3995, S. 8.
[15] So *Kopp/Ramsauer*, § 71 a Rn. 7.
[16] Vgl. *BVerfG* NJW 2000, 797; 2006, 668 (671); *BGH* 2005, 905 (906).
[17] Vgl. *BGHZ* 15, 305 (309); 30, 19 (26 ff.); *BGH* NVwZ 1993, 299; 1994, 405; 1998, 1329; 2002, 124; *Papier*, BGB, MünchKomm, 4. Aufl., § 839 Rn. 217; *Bonk*, in Sachs (Hrsg.), GG, 4. Aufl. 2007, Art. 34 Rn. 67 ff. Zuletzt *BGH* NJW 2007, 830 speziell zu Organisations- und Personalausstattungspflichten der Aufsichtsbehörden (betr. Grundbuchamt).

Rn. 27 ff.). Sie sind im Ergebnis unter rechtlichen Gesichtspunkten, insbesondere unter **Gleichbehandlungsaspekten** unbedenklich,[18] weil für die normative Differenzierung hinreichende sachliche Gründe bestehen. Denn die besondere Förderung von Genehmigungsverfahren für wirtschaftliche Unternehmungen dient **nicht primär Individualinteressen** von einzelnen Unternehmern, sondern **öffentlichen Interessen für eine Vielzahl von Personen zur** Schaffung und/oder Sicherung von Arbeitsplätzen in Unternehmen. Das sind sachlich begründete Unterschiede für Verwaltungsverfahren mit unterschiedlichem Inhalt und Gewicht. Die Rechtmäßigkeit des Normvollzugs im **Einzelfall** hängt von den konkreten Umständen des Falles ab, welche Verfahren bevorzugt erledigt werden (vgl. Rn. 16 ff.).[19]

3. Weitere Rahmenregelungen für Genehmigungsverfahren

7 Insgesamt gesehen sind die §§ 71 a–e mit ihren zu verbindlichen Normen angehoben, auf zeitliche Beschleunigung abzielenden Regelungen, insbesondere zum Vor-Antrags-Verfahren (§ 71 c II), zum Sternverfahren (§ 71 d) und zur Antragskonferenz (§ 71 e), ein **Schritt in die richtige Richtung,** dem aber weitere folgen müssen, wenn eine substantielle Beschleunigung erreicht werden soll. Insbesondere die Vielzahl uneinheitlicher Vorschriften in einer Vielzahl von Spezialgesetzen zu den unterschiedlichsten Genehmigungsverfahren lohnt – auch im Hinblick auf die Umsetzungspflichten für die Dienstleistungsrichtlinie (hierzu Rn. 2) – einen **Abbau der unterschiedlichsten Spezialregelungen für Genehmigungsverfahren,** angefangen von begrifflichen Vereinheitlichungen (Genehmigung, Erlaubnis, Konzession, Gestattung usw.) bis hin zu einheitlicheren Verfahrensarten (parallele, gestufte, konzentrierte Verfahren) mit weiteren Rahmenregelungen.[20] Die Vielzahl der Probleme mit den diversen Freistellungs- und Anzeigeverfahren im Baurecht,[21] aber auch die geplanten Sonderregelungen für die sog. Vorhabengenehmigung im Umweltrecht[22] zeigen, wie problematisch spezialrechtliche Überregulierung sein kann. Insofern besteht der Bedarf an Vereinheitlichung, Deregulierung und Harmonisierung speziell für die Genehmigungsverfahren fort (vgl. auch § 1 Rn. 269 ff.).

4. Rechtssystematische Bedeutung der §§ 71 a–e

8 a) **Verhältnis zu §§ 63 ff. und §§ 72 ff.:** §§ 71 a ff. nehmen – gemessen an den bisherigen Regelungen des VwVfG – eine **Sonderstellung** ein, schaffen aber, wie die Überschrift als „Abschnitt 1 a" (also nicht Abschnitt 2 und 3 – neu –) zeigt, keine dritte neue Besondere Verfahrensart ergänzend zu §§ 63 ff. und §§ 72 ff. Einerseits ist das Beschleunigte Genehmigungsverfahren kein Förmliches Verfahren i. S. der §§ 63 ff., andererseits ist das Beschleunigte Genehmigungsverfahren nicht zugleich auch ein Planfeststellungsverfahren. Die §§ 71 a ff. unterscheiden sich inhaltlich und „materiellrechtlich" von §§ 63 ff. zunächst dadurch, dass ihre Anwendung auf Genehmigungsverfahren nicht von einer gesonderten, zusätzlichen spezialgesetzlichen Anwendbarkeitserklärung abhängt. Sie gelten ergänzend und lückenschließend auch ohne spezielle Anwendbarkeitserklärung in Bund und Ländern, nachdem die Länder §§ 71 a–e in ihr jeweiliges VwVfG übernommen haben (hierzu Rn. 27), soweit inhaltsgleiche oder entgegenstehende Rechtsvorschriften nichts anderes bestimmen (zur Subsidiarität § 1 Rn. 186 ff.).

9 Ferner enthalten die §§ 63 ff. spezielle Vorschriften, etwa die Pflicht zur Anhörung nach § 66 und das grundsätzliche Erfordernis einer mündlichen Verhandlung (§§ 68, 69), die für das Beschleunigte Genehmigungsverfahren nach §§ 71 a–e nur dann gelten, wenn das Beschleunigte zugleich ein Förmliches Verfahren i. S. von § 63 ist. Nur wenn das der Fall ist, können §§ 63 ff. und § 71 a ff. nebeneinander angewendet werden (vgl. hierzu noch § 71 e Rn. 11).

10 Vom PlfV der §§ 72 ff. unterscheiden sich §§ 71 a ff. vor allem dadurch, dass Genehmigungsverfahren nicht zwingend eine umfassende Öffentlichkeitsbeteiligung (§ 73) voraussetzen und grundsätzlich nicht auf eine Planungsentscheidung mit den speziellen Konzentrationswirkungen (§§ 74, 75) abzielen. Daher ordnet § 72 Abs. 1 n. F. insoweit konsequent an, dass §§ 71 a bis 71 e

---

[18] Kritisch *Kopp/Ramsauer,* VwVfG, § 71 a Rn. 7: „Gefahr ungerechtfertigter Sonderbehandlung", „Sonderrolle, die die Neutralität der Verwaltung gefährden kann".
[19] Ebenso *Ziekow,* VwVfG § 71 a Rn. 3, der zutreffend eine gleichheitswidrige Begünstigung verneint.
[20] Hierzu etwa *Gromitsaris,* Die Lehre von der Genehmigung, VerwArch 1997, 52.
[21] Vgl. zuletzt *Ortloff* NVwZ 2005, 1381 (1382); 2006, 999 (1001) m. w. N.
[22] Vgl. §§ 80 ff., 101 ff. UGB-Kom-E, hierzu etwa *Wahl/Hönig* NVwZ 2006, 161 (162).

auf PlfV nicht anwendbar sind. Hingegen fällt das **Plangenehmigungsverfahren** nach § 74 Abs. 6 unter die §§ 71 a–e, weil die Nichtanwendbarkeitsklausel des § 72 Abs. 1 durch § 74 Abs. 6 wieder aufgehoben ist.[23]

b) Fortentwicklung des bisherigen Verwaltungsverfahrensrechts: Die neuen Vorschriften der §§ 71 a ff. enthalten einige neue Institute, die teilweise schon der Verwaltungspraxis entsprechen, bisher aber noch keinen Gesetzesrang hatten. Sie entwickeln das bisherige allgemeine Verwaltungsverfahrensrecht fort.

Dies gilt insbesondere für die neuen Regelungen zum **Vor-Antrags-Verfahren** nach § 71 c Abs. 2 sowie die Institute des **Sternverfahrens** (§ 71 d) und der **Antragskonferenz** (§ 71 e). Sie erhöhen und konkretisieren die bisherigen Beratungs- und Beschleunigungspflichten der federführenden Behörden nicht unerheblich und verdeutlichen den **Servicecharakter** ihrer Leistungen und Dienste im Beschleunigten Genehmigungsverfahren.[24]

§ 71 c Abs. 2 Satz 1 ist deshalb von rechtssystematischer Bedeutung, weil nunmehr bestimmte Beratungs- und Auskunftspflichten für Behörden nicht erst *nach*, sondern bereits **vor Beginn** eines VwVf i.S. von §§ 9, 22 bestehen und damit über den Anwendungsbereich des § 25 hinausgehen. Diese neue Regelung ist die erste bundesgesetzliche Anerkennung des sog. **informellen Verwaltungsverfahrens** (hierzu noch § 1 Rn. 275 ff.; § 9 Rn. 102 ff.; § 54 Rn. 40 ff.). § 71 c Abs. 2 Satz 1 wird ergänzt durch § 71 c Abs. 2 Satz 2, wonach bereits in diesem Stadium andere Behörden und, soweit der zukünftige Antragsteller zustimmt, Dritte von der Behörde hinzugezogen werden können. Insoweit werden auch die Beteiligungsregelungen der §§ 13, 73 ergänzt und weiter modifiziert. Damit erweitert § 71 c Abs. 2 auch den Begriff des Verwaltungsverfahrens der §§ 9 ff.

Auch §§ 71 d und e sind bedeutsam, weil die neuen Institute des Sternverfahrens und der Antragskonferenz als grundsätzlich schriftliche bzw. mündliche Verfahren zu einem **dialogischen, kooperativen Verwaltungsverfahrens** führen, in dem nicht nur der weitere Ablauf des Verfahrens erörtert wird, sondern zugleich die Möglichkeiten tatsächlicher Verständigungen im Rahmen der gesetzlichen Gestaltungsspielräume ausgelotet werden können (hierzu § 1 Rn. 275 ff.; § 9 Rn. 92 ff.; § 54 Rn. 40 ff.). Zugleich können §§ 71 d und e als Einstieg in einheitlich(er)e Verfahren gewertet werden, weil zwar die gesetzliche **Kompetenzordnung** nicht verändert wird, aber durch das Sternverfahren und die Antragskonferenz alle beteiligten Behörden nunmehr „**an einen Tisch**" und zu einem **Gespräch** gebracht werden können. Insofern sind §§ 71 d und e erste, wenn auch unvollkommene Schritte zur Überwindung (zu) vieler Zuständigkeiten bei (zu) vielen Behörden auf Grund (zu) vieler verfahrens- und materiellrechtlicher Spezialnormen (hierzu noch Rn 35 ff.).

c) Anwendung der übrigen Vorschriften des VwVfG: Auf Genehmigungsverfahren i.S. von § 71 a sind die übrigen Vorschriften des VwVfG grundsätzlich anwendbar, soweit keine inhaltsgleichen oder entgegenstehenden Bestimmungen des Bundes- oder Landesrechts bestehen. Die allgemeine Subsidiaritätsklausel des § 1 Abs. 1 gilt auch für die Beschleunigten „Verfahren" i.S. von § 71 a. Anwendbar sind die allgemeinen Vorschriften der § 3–8. Auch die §§ 9 ff., 35 ff. und 54 ff. kommen ergänzend zur Anwendung, weil sich §§ 71 a–e nur auf VwVf i.S. von § 9 beziehen (Rn. 41).

§§ 71 a ff. gelten ferner in einem Förmlichen Verfahren i.S. von §§ 63 ff. (Rn. 13). § 72 Abs. 1 schließt demgegenüber die Geltung der §§ 71 a–e in einem PlfV grundsätzlich aus. Die Begründung des RegE[25] geht davon aus, dass auch hier einzelne Maßnahmen, die schon nach bisherigem Recht zulässig sind, auch in einem PlfV, wo es für das konkrete Verfahren zweckmäßig ist, angewendet werden können. Das gilt etwa für das Vor-Antrags-Verfahren, nicht aber für die „förmliche" Amtragskonferenz und das Sternverfahren, weil hier § 73 spezielle Regelungen enthält. Die Strukturen beider Verfahrensarten dürfen nicht verwischt werden.

d) Gestaltungsspielräume des Gesetzgebers; Einzelfallprüfung: Die §§ 71 a ff. halten sich im Rahmen des weiten Regelungs- und Gestaltungsspielraums des Gesetzgebers bei der

---

[23] Ebenso die Begründung des RegE, BT-Drs. 13/3995, S. 8; *Jäde* UPR 1996, 361 (363); *Kopp/Ramsauer*, § 71 a Rn. 54; *Clausen* in *Knack*, § 72 Rn. 3.
[24] Vgl. Bericht der Unabhängigen Expertenkommission, 1994, Rn. 136 ff.; *Bullinger* JZ 1994, 1129; *Schlichter* DVBl 1995, 173; *Schmitz/Wessendorf* NVwZ 1996, 955; *Bonk* NVwZ 1997, 320 (322).
[25] BT-Drs. 13/3995, S. 8.

Ausgestaltung des Verwaltungsverfahrensrechts (hierzu § 1 Rn. 27 ff.) in Bezug auf eher bürgerfreundliche oder mehr staatsbezogene Regelungen. Grenzen des Entscheidungsspielraums setzen ihm dabei allein die Grundsätze des rechtsstaatlichen Verwaltungsverfahrens als Ausdruck des Prinzips der Gesetzmäßigkeit der Verwaltung und die Grundrechtsrelevanz des Verfahrens, denn die Grundrechte beeinflussen nicht nur das gesamte materielle Recht, sondern auch das Verfahrensrecht, soweit es für einen effektiven Grundrechtsschutz von Bedeutung ist.[26]

17 Art. 20 Abs. 3 GG schließt das Gebot der Sicherstellung eines zeitgerechten und effektiven Verwaltungshandelns ein, gebietet aber wegen der gleichzeitigen Berücksichtigung von (objektiver) **Verwaltungseffektivität** und (subjektivem) **Rechtsschutzauftrag** die Schaffung eines **sachgerechten Ausgleichs**.[27] Wenn deshalb mit §§ 71 a–e bestimmte Genehmigungsverfahren besonders beschleunigt werden sollen, liegt die normative Rechtfertigung für die Zulässigkeit der Norm in dem Ziel, der Schaffung und Sicherung von Arbeitsplätzen, also im öffentlichen Interesse, durch schnelle Verfahren zu dienen. Insofern berechtigen solche tendenziell vielen Arbeitnehmern dienende Verfahren zu einem gewissen Vorrang vor reinen Individualverfahren. Dafür ist eine Prüfung und Abwägung im Einzelfall nach Maßgabe der „konkurrierenden" Verfahren und ihrer primär individuellen oder öffentlichen Interessen dienenden Bedeutung. Der Normgeber darf aufgrund seiner **abstrakt-generellen Bewertung** der Verhältnisse unter Berücksichtigung der Verhältnismäßigkeit und des Gleichbehandlungsgebots dem Verfahren, das **größere Bedeutung für die Allgemeinheit** hat, den Vorrang bei der Bearbeitung einräumen. Die gewisse zeitliche Privilegierung „beschleunigter Genehmigungsverfahren für wirtschaftliche Unternehmungen" wäre erst dann rechtlich bedenklich, wenn durch die „Privilegierung" bestimmter Verfahren die Erledigung anderer Verfahren insgesamt schlechthin verhindert oder aber unzumutbar lange hinausgezögert würde.[28]

18 Ob der **Normvollzug im Einzelfall** rechtens ist, hängt von den konkreten Umständen und dem Vergleich der **Bedeutung** der bei der Genehmigungsbehörde anhängigen Verfahren ab, entzieht sich also einer pauschalen Antwort. Beschleunigungsregelungen zur Stärkung und Sicherung des Standorts Deutschland und seiner Arbeitsplätze oder für sonstige Investitionstätigkeit[29] sind **sachliche Gründe,** so dass eine willkürliche Ungleichbehandlung von Behördenverfahren mit unterschiedlichem Inhalt und unterschiedlicher Bedeutung nicht besteht und auch ein normativer Verstoß gegen das **Verhältnismäßigkeitsprinzip** nicht ersichtlich ist. Wird im konkreten Einzelfall ein anderes Verfahren zugunsten eines nach § 71 a abstrakt beschleunigungsbedürftigen Vorhabens ohne hinreichenden Grund zurückgestellt und erst nach unzumutbar langer Zeit erledigt, folgt daraus ggfls. die **Verfahrensfehlerhaftigkeit** der konkret „benachteiligten" Entscheidung im Einzelfall, nicht aber die Rechts(Verfassungs-)widrigkeit der abstrakten Norm des § 71 a. Zu den Anforderungen an sachgerechte **Organisation und Personalausstattung** und ihren Grenzen vgl. § 71 b Rn. 13 ff.).

III. Tatbestandsmerkmale des § 71 a

1. Genehmigungsverfahren

19 a) Erste Voraussetzung für die Anwendung der §§ 71 a ff. ist das Vorliegen eines Verwaltungsverfahrens, das auf die Erteilung einer Genehmigung zielt. Damit knüpft § 71 a an **§ 9** an, wonach VwVf diejenige ör Verwaltungstätigkeit (hierzu § 1 Rn. 63 ff.) ist, die auf den Erlass eines **VA** i. S. von §§ 35 ff. oder den Abschluss eines **ör Vertrags** i. S. von §§ 54 ff. abzielt (Näheres dort).

---

[26] Vgl. *BVerfGE* 52, 380 (389 f.); 53, 30 (65 f.); 56, 216 (236 f.); 60, 16 (41); 60, 253 (295 f.); 61, 82 (116); 69, 161 (170); 77, 381 (405 f.); 83, 111 (118); *Leisner,* Verwaltungseffizienz als Verfassungsgebot, 1983; *Lerche/Schmitt Glaeser/Schmidt-Aßmann* (Hrsg.), Verfahren als staats- und ordnungsrechtliche Idee, 1984; *Hoffmann-Riem/Schmidt-Aßmann* (Hrsg.), Innovation und Flexibilität des Verwaltungshandelns, 1994; *Steinbeiß-Winkelmann* DVBl 1998, 809; ferner § 1 Rn. 27 ff. m. w. N.
[27] Vgl. hierzu § 1 Rn. 27 ff. m. w. N.
[28] Vgl. *BVerfGE* 61, 82 – Sasbach –; *BVerfGE* 84, 111 (118) zu Präklusionsregelungen; zu den Grenzen der Gestaltungsfreiheit *Steinbeiß-Winkelmann* DVBl 1998, 809; ferner § 1 Rn. 27 ff. m.w. N.
[29] Vgl. BT-Drs. 13/3995, S. 1 ff.

Damit scheiden aus dem Anwendungsbereich der §§ 71a ff. diejenigen **Anmeldeverfahren** 20 (ebenso die sog. Anzeige- und Genehmigungsfreistellungsverfahren, etwa nach den bauordnungsrechtlichen Freistellungsregelungen der Länder)[30] aus der unmittelbaren Anwendung der §§ 71a ff. aus, die nicht auf diese beiden ör Handlungsformen zur Regelung von Einzelfällen gerichtet sind.[31] Ob die (vornehmlich landesrechtlich geregelten) Anzeige- und Freistellungsverfahren auf den Erlass eines VA oder den Abschluss eines ör Vertrags abzielen, muss im Einzelfall geprüft werden. Da vor allem im Baurecht die Abgrenzung zwischen genehmigungspflichtigen und -freien Vorhaben sowie zu „vereinfachten" Verfahren vielfach schwierig sein kann, hängt (auch) die Anwendung der §§ 71a ff. trotz weitgehend gleicher Lebenssachverhalte von möglicherweise minimalen landesrechtlichen Unterschieden ab.

Unter Berücksichtigung von Sinn und Zweck beschleunigter Verfahren ist die **analoge An-** 21 **wendung der §§ 71a ff.** auf die nicht mit einem VA endenden Anmelde-, Anzeige- und Genehmigungsfreistellungsverfahren aber dann **möglich und nötig,** wenn zwar kein VA von der zuständigen Behörde zu erlassen ist, der Beginn rechtmäßigen Handelns aber von einer Anzeige, der Vorlage bestimmter Unterlagen und/oder einem bestimmten Fristablauf abhängt, so dass die Behörde ein vorheriges Tätigwerden durch VA unterbinden kann. In einem solchen Fall wird man einem Antragsteller (Rn. 60) in entsprechender Anwendung der §§ 71a ff. das Recht zugestehen müssen, die zuständige Behörde zu rascherem Handeln zu drängen und dazu auch die Möglichkeiten des Vor-Antragsverfahrens (§ 71c Abs. 2) sowie des Sternverfahrens und der Antragskonferenz (§§ 71d und e) in Anspruch zu nehmen.[32]

b) Unter § 71a fallen ferner diejenigen Verwaltungsverfahren, die die Erteilung einer **Ge-** 22 **nehmigung** zum Ziel haben. Einen allgemeingültigen Begriff „der" Genehmigung gibt es nicht.[33] Er ist entsprechend der Grundkonzeption des Gesetzes **in weitem Sinne zu verstehen**[34] und umfasst alle konstitutiven, aber auch deklaratorischen Erlaubnisse, Bewilligungen, Zulassungen, Konzessionierungen, Verleihungen, Dispense und sonstigen Einverständniserklärungen, die von der Genehmigungsbehörde (Rn. 63) im Außenverhältnis abgegeben werden, insbesondere auch die Baugenehmigung.[35] Dasselbe gilt für Ausnahmebewilligungen bei einem Verbot mit Erlaubnisvorbehalt.[36] Die formelle **Bezeichnung** im Einzelfall ist unerheblich. Genehmigung i.S. des § 71a sind auch vorläufige, befristete oder sonst modifizierte VA, ferner auch Teil- und Vorbescheide,[37] ferner Zusicherungen (§ 38).

Plangenehmigungsverfahren (§ 74 Abs. 6) fallen – wie PlfV i.e.S. – ebenfalls unter 23 § 71a ff., obwohl sie in Teil V Abschnitt 2 als Bestandteil des „Planfeststellungsverfahrens" i.w.S. eingeordnet sind, weil sie der Sache nach eine Planungsentscheidung ohne Öffentlichkeitsbeteiligung enthalten (hierzu § 74 Rn. 131 ff.). Die in § 72 Abs. 1 für PlfV enthaltene Ausnahmevorschrift wird in § 74 Abs. 6 wieder aufgehoben, so dass die doppelte Negation zur Anwendbarkeit der §§ 71a–e auf Verfahren nach § 74 Abs. 6 führt.[38]

Zu den Genehmigungsverfahren gehören auch **Genehmigungsänderungsverfahren,** d.h. 24 wenn eine bereits erteilte Genehmigung für eine wirtschaftliche Unternehmung inhaltlich (wesentlich) verändert werden soll und dafür ein erneuter VA erforderlich ist. Nicht erheblich ist, ob die Änderungen für den Antragsteller, bestimmte Dritte und/oder die Umwelt vorteilhafte oder nachteilige Wirkungen hat. Dies gilt jedenfalls dann, wenn das wirtschaftliche Unternehmen verändert fortgeführt werden soll, denn auch eine **Umstrukturierung** eines (fort)bestehenden Betriebs kann der Sicherung des Standorts Deutschland und der Arbeitsplatzerhaltung dienen. Nicht zu den beschleunigungsbedürftigen Verfahren nach §§ 71a ff. werden solche Än-

---

[30] Hierzu zuletzt etwa *Ortloff* NVwZ 2005, 1381 (1382); 2006, 999 (1001); *Stüer,* Bau- und Fachplanungsrecht, 3. Aufl., Rn. 1075 ff.
[31] Ebenso *Jäde* NVwZ 1996, 361 (363); *Clausen* in Knack, § 71a Rn. 3; *Kopp/Ramsauer,* § 71a Rn. 8; *Bonk* NVwZ 1997, 320 (327).
[32] A.A. wohl *Kopp/Ramsauer,* § 71a Rn. 9; *Ziekow,* VwVfG, § 71a Rn. 6.
[33] Vgl. *Wolff/Bachof/Stober* I, § 46 Rn. 36 ff.; *Maurer,* § 9 Rn. 51 ff.; *Gromitsaris,* Die Lehre von der Genehmigung, VerwArch 1997, 52.
[34] So ausdrücklich die Begründung des RegE, BT-Drs. 13/3995 zu § 71a.
[35] Hierzu *Ortloff* NVwZ 1997, 333 (337); 2000, 750 (752); 2005, 1381; 2006, 999, jeweils m.w.N.
[36] Vgl. *Wolff/Bachof/Stober* I § 46 Rn. 36 ff.; *Maurer,* § 9 Rn. 51 ff.
[37] Ebenso *Jäde* UPR 1996, 364; *Kopp/Ramsauer* § 71a Rn. 54.
[38] Ebenso *Kopp/Ramsauer,* § 71a Rn. 54; *Jäde* UPR 1996, 363; Begr. des RegE, BT-Drs. 13/3995, S. 8; a. A. *Clausen* in Knack, § 71a, Rn. 2. Vgl. ferner § 74 Rn. 131 ff.

derungsverfahren zählen, die auf die **Stilllegung oder Minimierung** eines Betriebs bzw. einer Betriebsstätte ohne gleichzeitige Erhaltungs- oder Veränderungsmaßnahmen abzielen.

25 **b)** Der Anspruch richtet sich primär gegen die **Genehmigungsbehörde,** also diejenige, die im **Außenverhältnis** gegenüber dem Antragsteller nach den einschlägigen Normen die eine wirtschaftliche Unternehmung betreffende Genehmigung in der Form eines VA oder durch ör Vertrag zu erteilen hat (Genehmigungsbehörde).

26 Nicht darunter fallen diejenigen Behörden oder sonstigen Träger öffentlicher Belange, die nur **interne Mitwirkungsrechte** haben, selbst wenn die abgelehnte interne Genehmigung i. w. S. bzw. das verweigerte Einvernehmen für die im Außenverhältnis von einer anderen Behörde zu treffende Entscheidung entscheidungserheblich war. Diese Passivlegitimation allein der im Außenverhältnis zuständigen Genehmigungsbehörde ergibt sich in einem solchen Fall zwar nicht aus dem Wortlaut des § 71a selbst, wohl aber aus dem Zusammenhang mit § 71b und § 71c, in denen (nur) diese Behörde ausdrücklich als die verpflichtete Behörde bezeichnet ist. In einem solchen Fall sind diese **Drittbehörden** nach Maßgabe der §§ 71d und e durch das Sternverfahren bzw. eine Antragskonferenz zu beteiligen, so dass auch sie insoweit zur raschen Abgabe ihrer Stellungnahme veranlasst werden können.

27 Etwas anders gilt dann, wenn (Dritt-)Behörden in einem gestuften, parallelen oder konzentrierten VwVf mitzubeteiligen sind und ihre Entscheidung in Form eines VA von ihr selbst **im Außenverhältnis zu erlassen** ist und vom Adressaten unmittelbar angefochten werden kann. In einem solchen Fall kann (auch) sie „Genehmigungsbehörde" sein, so dass auf sie selbst §§ 71a–e unmittelbar anzuwenden sind.

2. Wirtschaftliche Unternehmung

28 Unter § 71a fallen nicht schlechthin alle Genehmigungsverfahren, sondern nur solche, die der Durchführung von Vorhaben im Rahmen einer wirtschaftlichen Unternehmung dienen. Der **Begriff** der wirtschaftlichen Unternehm*ung* ist **weit** zu verstehen. Er betrifft und bezieht sich nach Wortlaut, Entstehungsgeschichte sowie Sinn und Zweck der Regelung auf den Gesamtinhalt bzw. das Substrat des bereits bestehenden oder in konkreter Planung befindlichen und deshalb zu fördernden **Betriebs,** insbesondere als Produktions- und Arbeitsstätte und Quelle für Bruttosozialprodukt (hierzu Rn. 1 ff.). Dem Unternehm*er* als natürliche oder juristische Person des Privatrechts kommt die Regelung zwar möglicherweise mittelbar (ebenfalls) zugute, er steht aber nicht im Vordergrund des Beschleunigungszwecks (hierzu Rn. 1 ff.). Der Begriff der Unternehmung stammt aus der Volks- und Betriebswirtschaftslehre,[39] wird aber weder dort noch im VwVfG eindeutig definiert. Er wird auch etwa in § 4 Satz 2 BImSchG verwendet, ist dort aber ebenfalls nicht erläutert. Auch in der Begründung des RegE[40] findet sich keine abschließende Definition; dort wird nur auf die maßgeblichen Investitions- und Arbeitsplatzaspekte bei Genehmigungsverfahren für wirtschaftliche Unternehmen hingewiesen, ferner darauf, dass auch nach wirtschaftlichen Gesichtspunkten arbeitende **öffentliche Unternehmen** in privater Rechtsform – etwa Kläranlagen oder Müllverbrennungsanlagen – darunter fallen können. Abgegrenzt wird dort der Begriff der wirtschaftlichen Unternehmung (nur) von Verfahren, die (ausschließlich) **der privaten Lebensgestaltung** dienen. Zu ihnen rechnet die Begründung des RegE etwa die Erteilung der Fahrerlaubnis, aber auch Genehmigungen, die „lediglich der Berufszulassung dienen (z.B. Approbation als Apotheker oder Arzt)", weil bei ihnen kein besonderes Beschleunigungsbedürfnis bestehe. Die Förderung und Beschleunigung bezieht sich auf das sachliche Substrat des Betriebs als Produktions- und Arbeitsstätte.

29 Zur wirtschaftlichen Unternehmung zählen alle Betriebe, die erwerbswirtschaftlichen Zwecken dienen, also die – auch land- und forstwirtschaftliche – **Urproduktion** sowie der verarbeitenden Produktion in **Gewerbe, Industrie, Handel, Handwerk und im Dienstleistungssektor** im weitesten Sinne.[41] Der Begriff „Unternehmung" ist als **„Unternehmen"** bzw. **„Betrieb"** im gegenständlichen Sinne zu verstehen und soll das das Arbeitsplatzbeschaffung und -erhaltung bewirkende sachliche (gegenständliche, objektive) Substrat bezeichnen, in

---

[39] Vgl. *Müller/Rittner,* in: Staatslexikon – Recht, Wirtschaft, Gesellschaft, 7. Aufl., Band 5, 1989, S. 550 ff.; *Mentzel/Wittelsberger,* Kleines Wirtschaftswörterbuch, 1977, 58 ff., 299; *Jäde* UPR 1996, 361 (363).
[40] BT-Drs. 13/3995, S. 8.
[41] Ebenso *Jäde* UPR 1996, 363; *ders.* ZfBR 1997, 177; wohl auch *Kopp/Ramsauer,* § 71a Rn. 10.

dem sich diese wirtschaftliche Betätigung dokumentiert. Denn gefördert werden soll der Betrieb = das Unternehmen, **nicht der Unternehmer** als individuelle Person. Der Begriff der Unternehmung kann im Verhältnis zu Betrieb als Oberbegriff verstanden werden und darf entsprechend der Grundtendenz der mit §§ 71a–e verfolgten Zwecke nicht zu eng interpretiert werden. Er erfasst auch die erst noch in **Planung oder Gründung** befindlichen Unternehmen mit einer konkret in Aussicht genommenen Betätigung.[42]

3. Durchführung eines Vorhabens

Der Begriff Vorhaben bezieht sich auf **zukünftige** Planungen und betrifft Maßnahmen, die noch nicht (so) vorhanden sind und erst noch geschaffen oder verändert werden sollen. Auch bereits **vorhandene** Unternehmen fallen grundsätzlich in den Anwendungsbereich der §§ 71a ff. wenn und soweit ein Genehmigungsverfahren für eine Umstrukturierung, insbesondere einen Ausbau des Betriebs, notwendig ist. Da Sinn und Zweck der §§ 71a ff. vornehmlich, wenn auch nicht ausschließlich auf die Beschleunigung investiver, arbeitsplatzschaffender und -erhaltender Maßnahmen abzielt, darf der Begriff des Vorhabens nicht zu eng ausgelegt werden. 30

Zu Vorhaben im Rahmen einer wirtschaftlichen Unternehmung werden daher grundsätzlich alle **objektbezogenen** (baulichen, dinglichen) **Vorhaben** im Rahmen eines gewerblichen Betriebs zu rechnen sein. Dazu gehören vor allem (substanzerhaltende) Anlagenzulassungs- und Baugenehmigungsverfahren von und für wirtschaftliche Unternehmungen, soweit die Verfahren auf den Erlass eines VA oder ör Vertrags abzielen. 31

Auch **subjekt(personen)bezogene Vorhaben** ohne bauliche (dingliche) Folgemaßnahmen können Genehmigungsverfahren im Rahmen einer wirtschaftlichen Unternehmung unter §§ 71a ff. sein.[43] Dies ist insbesondere der Fall bei **gewerblichen Konzessionierungsverfahren** etwa nach der GewO, dem GaststG, dem GüKG, dem PersBefG, dem LuftVG (§ 6, soweit ihm kein PlfV nach § 8 LuftVG nachfolgt) oder sonstigen Vorschriften, bei denen nicht bauliche Veränderungen im Vordergrund stehen, sondern die Zulassung einer bestimmten Person für eine bestimmte wirtschaftliche Betätigung, die aber im Zusammenhang mit einem bestimmten sachlichen Substrat ausgeübt werden sollen oder müssen (z.B. Geschäft, Laden, EDV-Anlagen, Gaststätte, Personenkraftwagen, Flugzeug). 32

Auch sonstige Vorhaben im **Dienstleistungssektor i.w.S.** im nichtphysischen Sinn können die Voraussetzungen des § 71a erfüllen, soweit sie sich als wirtschaftliche Betätigung darstellen, etwa die Genehmigung besonderer Rechtsgeschäfte nach dem AWG, Genehmigungen nach dem GWB betreffend Firmenzusammenschlüsse und Kreditinstitute oder bei Versicherungsgesellschaften nach dem VAG, ferner Genehmigungen von Verträgen nach dem KWG, die Zulassung von Arzneimitteln und Lebensmitteln nach den dafür maßgeblichen Gesetzen.[44] 33

Nicht unter § 71a fallen diejenigen berufsrechtlichen Genehmigungsverfahren, die sich auf die Zulassung zu einem **freien Beruf** beziehen, weil und soweit ihm kraft gesetzlicher Entscheidung das Merkmal des **Gewerbes**, damit der „wirtschaftlichen" Betätigung, abgesprochen ist. Dazu gehören nach den maßgeblichen Gesetzen und Berufsordnungen etwa Rechtsanwälte, Notare, Steuerberater, Wirtschaftsprüfer, Ärzte, Apotheker und Architekten. Nur soweit eine freiberufliche Tätigkeit durch bundesrechtliche Norm zugleich (auch) als gewerbliche bzw. wirtschaftliche Betätigung ausgestaltet ist, kommen §§ 71a ff. zur Anwendung. 34

Unerheblich für die Zuordnung unter § 71a ist die Größe eines Unternehmens,[45] denn die neuen Vorschriften gelten nicht nur für **große** bzw. multinationale Unternehmen, sondern auch und gerade für **kleine, kleinere und mittlere** Unternehmen, weil sie in gleicher Weise investive Vorhaben betreiben und ihr Beratungs- und Förderungsbedarf idR sogar größer ist. 35

Für die Zuordnung als wirtschaftliche Unternehmung ist die Art der zivilrechtlichen **Rechtsform** (etwa eine GmbH, AG, KG, OHG, GmbH und Co. KG, GbR) unerheblich. Ein wirtschaftliches Unternehmen kann auch dann betrieben werden, wenn ein Betrieb im Rahmen einer Organisationsprivatisierung öffentliche Aufgaben in privater Rechtsform wahrnimmt (zum Verwaltungsprivatrecht und zur Organisation- und Aufgabenprivatisierung vgl. § 1 Rn. 92ff.). 36

---

[42] Ebenso *Jäde* ZfBR 1997, 171 (177).
[43] Ebenso *Kopp/Ramsauer,* § 71a Rn. 11.
[44] Ebenso *Jäde* UPR 1996, 363; *Clausen* in Knack, § 71a Rn. 4.
[45] Ebenso *Clausen* in Knack, § 71a Rn. 3.

37 Rechtlich selbständige oder unselbständige Körperschaften, Anstalten und Stiftungen des **öffentlichen Rechts** sowie deren Behörden einschließlich Beliehenen sind als Träger hoheitlicher Aufgaben kraft ihrer ör Rechtsform selbst keine „wirtschaftlichen Unternehmungen", auch wenn ihre Leistungen wirtschaftlichen Wert haben und unmittelbar oder mittelbar der Allgemeinheit zugutekommen.

38 Für die Anwendung der §§ 71 a–e reicht es aus, dass die Genehmigung für die Realisierung des Vorhabens im Rahmen einer wirtschaftlichen Unternehmung **dienende Funktion** hat. Es reicht damit jede unmittelbare oder mittelbare Verbindung zu einem ggfls. rechtlich selbständigen Mutter-/Tochter-Unternehmen, sofern das Genehmigungsverfahren zum (ggfls. peripheren) selbstgestellten und rechtlich anerkannten Aufgabenbereich des Gesamtbetriebs gehört.

39 Das Merkmal der Dienlichkeit ist bereits dann erfüllt, wenn das Vorhaben für das Unternehmen **förderlich** ist. Es kommt nicht darauf an, ob das genehmigungsbedürftige Vorhaben für das Unternehmen objektiv erforderlich, unerlässlich oder vernünftigerweise geboten ist.[46] Es reicht jede nach der nicht offensichtlich törichten Einschätzung des Antragstellers hilfreiche oder unterstützende Wirkung des Vorhabens auf das Unternehmen. Auch ein mittelbarer, erst später oder nicht mit Sicherheit eintretender Nutzen für das wirtschaftliche Unternehmen genügt.

4. Antragsteller, beteiligte Behörden

40 a) **Antragsteller:** Anspruchsberechtigter i. S. von § 71 a ist (nur) der Antragsteller. Das sind diejenigen Personen, die einem Antragsverfahren (§ 22 Nr. 1) **in eigener Sache** für sich eine Genehmigung beantragen. Ob sie sich damit allein selbst begünstigen wollen oder (auch) Interessen anderer oder der Allgemeinheit wahrnehmen, ist unerheblich. Der Antragsteller kann den Antrag nach der Maßgabe von § 14 auch durch seinen **Bevollmächtigten** stellen (hierzu nähere Einzelheiten dort). Für die Antragstellung gelten die allgemeinen Voraussetzungen des § 22 (Näheres dort).

41 Voraussetzung für die Inanspruchnahme von Rechten nach §§ 71 a ff. ist, dass dem Antragsteller durch die Rechtsordnung die rechtlich anerkannte Befugnis eingeräumt worden ist, das Genehmigungsverfahren mit dem Ziel der Erteilung der betreffenden Genehmigung an sich selbst, nicht an einen Dritten zu betreiben. Anerkannte Naturschutzverbände gehören nicht dazu, denn nach § 29 Abs. 1 Nr. 5 BNatSchG haben sie nur beschränkte Beteiligungsrechte an einem „fremden" Verfahren zur Wahrung öffentlicher Naturschutzbelange, auf Grund dieser Regelung aber nicht Rechtsmacht, die Erteilung oder Versagung einer Genehmigung an sich selbst oder einen Dritten zu beantragen (Näheres in § 73 Rn. 103 ff.).

42 b) **Genehmigungsbehörde; drittbeteiligte Behörden:** Der Anspruch auf ein beschleunigtes Verfahren richtet sich – wie sich aus den deutlicheren Regelungen in §§ 71 b und c ergibt – allein gegen die Genehmigungsbehörde, d. h. diejenige örtlich, sachlich und Instanziell federführende Behörde, die auf Grund der bestehenden Kompetenzordnung **im Außenverhältnis** über die Erteilung oder Versagung der Genehmigung zu entscheiden hat. Welche Behörde das ist, hängt von dem jeweils anwendbaren **Fachrecht** ab.

43 Der Anspruch des § 71 a richtet sich nicht gegen diejenigen Behörden, die im Innenverhältnis durch spezialgesetzliche Einvernehmens- oder Benehmensregelungen von der Genehmigungsbehörde mitzubeteiligen sind. Diese drittbeteiligten Behörden und Stellen werden grundsätzlich aber über §§ 71 c bis e in das Verfahren einbezogen.

V. Europarecht

44 Die mit §§ 71 a–e verfolgten Beschleunigungszwecke bei Genehmigungsverfahren für wirtschaftliche Unternehmungen werden durch das Gemeinschaftsrecht ergänzt. Nach der EU-Dienstleistungsrichtlinie 2006/123/EG vom 12. 12. 2006[47] haben die Mitgliedstaaten bis 28. 12. 2009 „einheitliche Ansprechpartner" für Dienstleister einzurichten, welche dort Informationen beziehen und die mit ihrer Tätigkeit zusammenhängenden Verwaltungsverfahren abwickeln

---

[46] So aber *Knack*, § 71 Rn. 5; wie hier *Kopp/Ramsauer*, § 71 a Rn. 10; *Ziekow*, VwVfG, § 71 a Rn. 11.
[47] ABlEG Nr. L 376 S. 36.

§ 71b Zügigkeit des Genehmigungsverfahrens § 71b 1

können. Einzelheiten der hiernach notwendigen nationalen Umsetzungsvorschriften stehen noch nicht fest. Das Umfeld der §§ 71 a–e könnte als Standort in Betracht kommen.⁴⁸

VI. Landesrecht

Die Länder haben in ihren VwVfG keine von §§ 71 a–e abweichenden Vorschriften. Allerdings sind die Landesgesetze zeitlich teilweise erheblich später in Kraft getreten (vgl. die Nachweise in Teil III dieses Kommentars in der 6. Auflage), so dass von Land zu Land geprüft werden muss, ab wann dort die §§ 71 a ff. anwendbar sind. Zu den Übergangsvorschriften vgl. § 96. **45**

VII. Vorverfahren

§§ 71 a–e sind auch in Vorverfahren anwendbar, so dass die Widerspruchsbehörde von den Möglichkeiten z. B. des Sternverfahrens oder der Antragskonferenz auch dann Gebrauch machen kann, wenn dies im Verwaltungsverfahren bis zur Entscheidung über eine Genehmigung für eine wirtschaftliche Unternehmung nicht der Fall war. **46**

§ 71 b Zügigkeit des Genehmigungsverfahrens

Die Genehmigungsbehörde trifft die ihr rechtlich und tatsächlich möglichen Vorkehrungen dafür, dass das Verfahren in angemessener Frist abgeschlossen und auf Antrag besonders beschleunigt werden kann.

Vergleichbare Vorschriften: § 10

Abweichendes Landesrecht: –

Entstehungsgeschichte: vgl. § 71 a Rn. 7–12 der 6. Auflage.

Literatur: vgl. zu § 71 a vor Rn. 1.

Übersicht

	Rn.
I. Allgemeines	
1. § 71 b als bindende Verfahrensnorm	1
2. Rechtswirkungen für den Antragsteller	3
II. Regelbeschleunigung (erste Alt.)	4
1. Verhältnis zu § 10	4
2. Zügige Erledigung in angemessener Frist	5
3. Beschleunigung, soweit tatsächlich und rechtlich möglich	8
III. Sonderbeschleunigung (zweite Alt.)	13
1. Antragserfordernis	13
2. Mitwirkungslasten des Antragstellers	15
3. Substantiierung des Antrags	16
4. Pflichten für die Behörde	18
IV. Landesrecht	20
V. Vorverfahren	21

I. Allgemeines

1. § 71 b als bindende Verfahrensnorm

§ 71 b enthält die erste einfachgesetzliche Ausgestaltung zu den „Beschleunigten Genehmigungsverfahren" i. S. des § 71 a. Er unterscheidet dabei zwischen der sog **Regelbeschleunigung** (Satz 1) und der sog. **Sonderbeschleunigung** (Satz 2). Er entspricht weitgehend beste- **1**

---

⁴⁸ So *Windoffer* NVwZ 2007, 495 (497).

hender Verwaltungspraxis, hebt den Inhalt aber nunmehr in den Rang von bundes- bzw. landesgesetzlichen Normen mit den daraus folgenden unmittelbaren Bindungswirkungen (hierzu § 71a Rn. 5). § 71b knüpft an das allgemeine Zügigkeitsgebot des § 10 an, entwickelt es aber durch einige Modalitäten weiter, auch wenn die in § 71b verwendeten Begriffe nicht besonders stringent verwendet werden, denn die Überschrift mit dem Begriff vom „zügigen" Verfahren steht nach dem Sprachgebrauch, der Entstehungsgeschichte sowie Sinn und Zweck der Regelung in einem gewissen Gegensatz zur „besonderen Beschleunigung" in Satz 2 (zum Verhältnis der Begriffe „zügig" und „beschleunigt" vgl. § 71a Rn. 3). § 71b bezieht sich **nur auf die zeitliche Beschleunigung** der unter diesen Abschnitt des VwVfG fallenden Genehmigungsverfahren, lässt daher sowohl die übrigen Verfahrensvorschriften, etwa zur Sachverhaltsermittlung, und diejenigen des materiellen Rechts unberührt. Die Genehmigungsbehörde hat daher in jeder Lage des Verfahrens **von Amts wegen** zu prüfen, ob eine Beschleunigung – unabhängig von § 71b – auch durch **andere Maßnahmen** erreicht werden kann, etwa durch Teilgenehmigungen oder sonstige vorläufige Entscheidungen.

2   71b schafft **spezielle Rechtspflichten** in Verfahren nach § 71a, ist also nicht nur unverbindlicher Programmsatz oder inhaltslose Leerformel[1] (hierzu § 71a Rn. 1ff.). **Normadressat** ist die jeweilige Genehmigungsbehörde und ihr Rechtsträger. In der Begründung des RegE wird ausdrücklich hervorgehoben, dass die Genehmigungsbehörden verpflichtet sind, **im Rahmen des rechtlich und tatsächlich Möglichen** die erforderlichen personellen und organisatorischen Vorkehrungen für eine schnelle Erledigung der unter § 71a fallenden Verfahren zu treffen. Sie werden aufgefordert, „den ihnen zur Verfügung stehenden Rahmen voll auszuschöpfen, um einerseits die Genehmigungsverfahren allgemein zu beschleunigen und andererseits flexibel auf besondere Genehmigungssituationen und fachgesetzliche, antragsabhängige Beschleunigungsmöglichkeiten reagieren zu können".[2] Ein Verstoß gegen § 71b kann die Sachentscheidung verfahrensfehlerhaft machen und auch unter staatshaftungrechtlichen Aspekten bedeutsam sein (Rn. 3, § 71a Rn. 5).

2. Rechtswirkungen für den Antragsteller

3   § 71b verschafft den Antragstellern keinen im einzelnen Genehmigungsverfahrens durchsetzbaren subjektiven Rechtsanspruch auf eine bestimmte **personelle und sächliche Ausstattung**, weil die Beschleunigungsgebote primär im öffentlichen Interesse geschaffen sind und der Behörde ein **(eingeschränktes) Organisationsermessen** zusteht (hierzu noch Rn. 5ff.). Insofern dient § 71b nicht nur, aber doch auch dem Antragsteller und seinem Interesse an der gebotenen Beschleunigung des Verfahrens. Diese kann eine auch eine ihm gegenüber bestehende Amtspflicht sein, selbst wenn § 71b dem Antragsteller kein unmittelbares Klagerecht auf eine bestimmte Verwaltungsorganisation und Personalausstattung einräumt. Unberührt bleibt eine gerichtliche Überprüfung im **primären Rechtsschutz** der Rechtmäßigkeitskontrolle, ob die Behörde im Einzelfall verfahrensfehlerhaft gehandelt hat und inwieweit sich dies auf die Entscheidung ausgewirkt hat (hierzu §§ 45, 46), im **sekundären Rechtsschutz,** ob die Behörde ihr Organisationsermessen und ihre Amtspflicht nach § 839 BGB/Art. 34 GG in Ansehung der durch §§ 71a–e begründeten erhöhten Pflichten gegenüber einem Antragsteller verletzt hat.[3]

II. Regelbeschleunigung (erste Alt.)

1. Verhältnis zu § 10

4   § 71b dient der beschleunigten Durchführung eines Genehmigungsverfahrens i. S. von § 71a. Er **ergänzt, konkretisiert und verschärft** das Zügigkeitsprinzip des § 10 (zum Verhältnis der Begriffe Beschleunigung und Zügigkeit vgl. § 71a Rn. 1). § 71b hat daher im Verhältnis zu

---

[1] Ebenso *Jäde* UPR 1996, 361 (364); *Ziekow*, VwVfG, § 71b Rn. 2.
[2] Vgl. BT-Drs. 13/3995, S. 9.
[3] Ähnlich *Kopp/Ramsauer*, § 71b Rn. 1; *Clausen* in Knack, § 71b Rn. 3: Amtspflicht zugunsten des Antragstellers. Zu Organisations- und Personalausstattungspflichten (im Grundbuchamt) vgl. zuletzt *BGH* NJW 2007, 830, ferner § 71a Rn. 3; § 10 Rn. 16ff. m. w. N.

dieser Vorschrift einen zusätzlichen und eigenständigen Anwendungsbereich. Darüber hinaus entfaltet er seine besonderen Rechtswirkungen **schon vor Beginn** des konkreten Genehmigungsverfahrens, bringt also ein zeitlich davor liegendes besonderes **Vorsorgegebot** für diejenigen Behörden zum Ausdruck, die als Genehmigungsbehörden für die in § 71a genannten speziellen Regelungsinhalte zuständig sind. Insofern ist § 71b eine „vor die Klammer gezogene" Regelung, die unabhängig von den Einzel-Instrumenten der §§ 71c bis e eine umfassende Aufforderung zur Beschleunigung der Genehmigungsverfahren des § 71a im Sinne einer (begrenzten) Rechtspflicht schafft.[4]

2. Zügige Erledigung in angemessener Frist

Bei strenger Wortauslegung ist § 71b weicher formuliert als § 10, denn nach § 10 sind (alle) 5 Verwaltungsverfahren vorbehaltlos und ohne weitere Relativierung schlechthin „zügig" zu erledigen; § 71b sieht hingegen nur einen von den rechtlich und tatsächlich möglichen Vorkehrungen abhängigen Abschluss „in angemessener Frist" vor. Beide Begriffe schließen sich nicht aus, sondern ergänzen sich, d. h. Genehmigungsverfahren i. S. von § 71a sind zügig (hierzu bei § 10) und innerhalb angemessener Frist zu entscheiden. Nimmt man den Oberbegriff „Beschleunigung" in der Abschnittsüberschrift und in § 71b hinzu, kann die Angemessenheit einer Erledigungsfrist nicht an dem allgemeinen Maßstab des § 10 gemessen werden, sondern an dem zeitlich qualifizierteren Begriff der Beschleunigung, der inhaltlich „schneller als zügig" bedeutet (§ 71a Rn. 2).

Was **angemessen** ist, bestimmt nicht allein die Genehmigungsbehörde und ihr Rechtsträger 6 nach den bei ihr bestehenden organisatorischen und personellen Möglichkeiten. Sie hat insoweit zwar einen gewissen Organisationsspielraum, die sachlichen und personellen Vorkehrungen für eine zügige Erledigung in angemessener Frist zu treffen: Grundsätzlich muss sie in Ansehung der speziellen Rechtspflichten der §§ 71aff. gewisse, auch vorläufige **Schwerpunkte** setzen und **Prioritäten** bestimmen. Das Ausmaß der Spielräume hängt von Anzahl, Umfang, Bedeutung und Schwierigkeitsgrad der unter § 71a fallenden Verfahren, auch im Vergleich zu anderen Aufgaben der Behörde ab. Insofern wird das sog. **Organisationsermessen** der Genehmigungsbehörde durch § 71b **eingeschränkt** und unterliegt der gerichtlichen Kontrolle im primären und sekundären Rechtsschutz (Rn. 3).

Die Genehmigungsbehörde und ihr Rechtsträger sind bei dieser Abwägung verschiedener 7 Prioritäten nicht völlig frei, sondern müssen die ihnen durch § 71b auferlegten Pflichten berücksichtigen und für eine an den objektiven Erfordernissen zu messende rasche, zugleich aber auch im Verhältnis zu anderen Verfahren prioritäre Entscheidung sorgen, denn den speziellen Verfahren nach § 71a wird kraft Gesetzes ein **gewisser Vorrang vor sonstigen Verwaltungsverfahren** eingeräumt (zur grundsätzlichen Unbedenklichkeit der §§ 71a–e vgl. § 71a Rn. 1ff.), soweit das rechtlich und tatsächlich möglich ist. Eine Auslegung und Anwendung der neuen Vorschriften dahingehend, dass eine Beschleunigung der Verfahren i. S. von §§ 71aff. wegen allgemeiner Überlastungen der Genehmigungsbehörde und „ständiger" personeller Unterkapazitäten generell „nicht möglich" ist, daher alles wie bisher gelassen werden muss, steht mit Wortlaut, Sinn und Zweck sowie der Entstehungsgeschichte nicht in Einklang. Insofern werden an die zuständigen Behörden und ihre Rechtsträger jedenfalls mittelbar unter Amtshaftungsgesichtspunkten verstärkte und besondere **Organisations- und Kontrollpflichten** gestellt, ob die bisher bestehende Organisation und Personalausstattung verändert werden muss[5] (§ 71a Rn. 7ff.).

3. Beschleunigung, soweit tatsächlich und rechtlich möglich

§ 71b schreibt vor, dass eine Beschleunigung erforderlich ist, aber nur, soweit dies rechtlich 8 und tatsächlich möglich ist. Damit wird der allgemeine **ultra-posse-Gedanke** zum Ausdruck gebracht, wonach nicht mehr gefordert werden darf als faktisch geleistet werden kann. Das be-

---

[4] Vgl. Begründung des RegE, BT-Drs. 13/3995, S. 9.
[5] Vgl. *BGHZ* 20, 178 (182); 30, 19 (26ff.); *BGH* NJW 1993, 299; NVwZ 2002, 124; eingehend *BGH* NJW 2007, 830.

deutet aber kein Recht auf Beibehaltung eines **unzureichenden Zustandes,** weil dies Sinn und Zweck der Beschleunigung konterkarieren würde.

9 § 71 b wendet sich in der ersten Alternative allein an die Behörde. Sie schafft zwar keinen subjektiven Rechtsanspruch auf bestimmte sachliche und personelle Ausstattung einer Behörde, damit „eigene" Verfahren innerhalb kürzester Frist durchgeführt und abgeschlossen werden können (Rn. 1 ff.). Die Vorschrift beinhaltet nach Wortlaut, Sinn und Zweck sowie Entstehungsgeschichte der §§ 71 a–e aber eine drittgerichtete Innen(Amts-)pflicht der Genehmigungsbehörde bzw. ihres Rechtsträgers auf substantielle Beschleunigung eines unter § 71 a fallenden Verfahrens (Rn. 39); andernfalls wäre sie überflüssig und ineffektiv.

10 § 71 b ist auch **keine bloße Ermessensermächtigung** für die Genehmigungsbehörden und ihren Rechtsträger, denn der darin verwendete Indikativ „Die Behörde ... *trifft* ... die Vorkehrungen" engt das Organisationsermessen der Behörde mit allgemein weitreichenden Gestaltungsspielräumen ein und begründet – entsprechend der imperativen Bedeutung indikativer Formeln in der Gesetzessprache – eine **grundsätzliche Rechtspflicht** der Genehmigungsbehörde bzw. ihres Trägers zu Vorsorgemaßnahmen für einen beschleunigten, also möglichst raschen Abschluss der relevanten Genehmigungsverfahren.

11 Welche Maßnahmen rechtlich und tatsächlich möglich sind, hängt von den Umständen des Einzelfalls bei den jeweiligen Genehmigungsbehörden ab, auch von **Zahl, Inhalt, Umfang und Bedeutung** der „konkurrierenden" bevorrechtigten Genehmigungsverfahren insbesondere für die Allgemeinheit ab. Die Innenpflichten erschöpfen sich nicht in der Aufrechterhaltung bestehender Zustände durch gleichmäßige Rundumverteilung der zur Verfügung stehenden sachlichen und personellen Mittel, sondern berechtigt und verpflichtet die Genehmigungsbehörde bzw. ihren Träger, wegen der gesetzlich angeordneten Beschleunigungspflicht der unter § 71 a fallenden Verfahren in gewisser Beziehung zu einer **Prioritätensetzung und Umorganisation** unter Berücksichtigung der vorhandenen oder zu verbessernden personellen und sächlichen Ausstattung durch geeignete Organisations- und andere Maßnahmen, damit der gesetzliche Zweck der besonderen Beschleunigung bestimmter investitionsträchtiger Verfahren erfüllt werden kann.

12 Nicht notwendig sind langfristige und umfassende Vorsorgemaßnahmen. Ausreichend und verhältnismäßig ist je nach den Umständen bei der Genehmigungsbehörde und ihrem Rechtsträger ggfls. auch eine **kurzfristige ad-hoc-Umorganisation,** ggfls. mit personellen befristeten Aufstockungen bzw. Verlagerungen innerhalb der Genehmigungsbehörde oder beim Rechtsträger insgesamt, so dass solche Veränderungen nicht notwendig immer auf Dauer entstehen und von der Bereitstellung zusätzlicher Haushaltsmittel sowie neuer Planstellen abhängig gemacht werden dürfen.[6]

III. Sonderbeschleunigung (zweite Alt.)

1. Antragserfordernis

13 Nach der letzten Alternative des § 71 b kann das Verfahren auf Antrag des Antragstellers (hierzu § 71 a Rn. 61) besonders beschleunigt werden. Der Begriff der „besonderen Beschleunigung" qualifiziert die „einfache" Beschleunigung nochmals durch zusätzliche **„besondere" Beschleunigungspflichten** und geht über das allgemeine Gebot der Zügigkeit i.S. von § 10 hinaus (vgl. Rn. 3; § 71 a Rn. 2). Diese Regelung bringt keinen Gegensatz zur ersten Alternative mit der Pflicht zum Abschluss des Verfahrens in angemessener Frist zum Ausdruck, sondern ergänzt die erste Alternative des § 71 b. Die Vorschrift schafft, wenn der Antragsteller seine Mitwirkungspflichten durch richtige und vollständige Antragstellung erfüllt hat (Rn. 15), eine

---

[6] Vgl. *Bonk* NVwZ 1997, 320; enger *Jäde* UPR 1996, 361 (365), der eine Pflicht zum Einsatz von Kapazitäten aus anderen Bereichen verneint; auch *Clausen* in: *Knack,* § 71 b Rn. 2 verneint für die Behörden eine „konkrete Rechtspflicht zur Schaffung einer bestimmten personellen und organisatorischen Ausstattung, um eine beschleunigte Bearbeitung und Entscheidung sicherzustellen." Bei dieser engen, auch flexible und zeitlich befristete ad-hoc-Maßnahmen ausschließenden Betrachtung kann der vom Gesetz vorgeschriebene substantielle Beschleunigungseffekt kaum erreicht werden. Offen *Kopp/Ramsauer,* § 71 b Rn. 5, die mit Recht einerseits den Grundsatz der Gleichbehandlung betonen, andererseits eine nicht unangemessene Prioritätensetzung zulassen. Zum Gesamtkomplex unter Amtshaftungsgesichtspunkten vgl. *BGH* vom 11. 1. 2007, NJW 2007, 830.

selbstständige Rechtsgrundlage für die Antragsbeschleunigung, durch die er bei der Behörde eine Anstoßwirkung erzeugt.[7]

Dieses **Antragsrecht** gilt nur für den Antragsteller. Das ist derjenige, der in eigener Sache für sich eine Genehmigung i. S. von § 71a erstrebt (dort Rn. 61). **Drittbeteiligte**, insbesondere wirtschaftlich interessierte Stellen oder sonstige Behörden, die im Genehmigungsverfahren selbst keine Beteiligtenstellung i. S. von § 13 haben, aber an einer Entscheidung interessiert sind, gehören nicht dazu, sofern nicht etwas anderes geregelt ist. 14

2. Mitwirkungslasten des Antragstellers

Voraussetzung für eine von einem Antrag abhängige „besondere" Beschleunigung ist, dass der Antragsteller seinerseits die ihm obliegenden Mitwirkungslasten (hierzu Näheres bei §§ 26, 65) erfüllt hat, so dass die Verantwortung für eine besondere Beschleunigung nunmehr (allein) bei der Behörde liegt. Der Antragsteller muss also einen **vollständigen Antrag** nebst notwendigen Anlagen gestellt oder auf Rückfragen ergänzende Unterlagen eingereicht haben, so dass die beschleunigte Bearbeitung möglich ist. Sofern und solange der Antragsteller seine erhöhten Mitwirkungslasten (noch) nicht erfüllt hat, kann er von der Genehmigungsbehörde nicht eine beschleunigte Bearbeitung erwarten. Insofern stehen die **Anstoßwirkung** bei der Behörde und die **Mitwirkungslast** des Antragstellers in einem gegenseitigen Abhängigkeitsverhältnis und korrespondieren miteinander. 15

3. Substantiierung des Antrags

Der Antrag auf Beschleunigung ist so zu substantiieren, dass aus ihm ersichtlich ist, ob, inwieweit und aus welchen speziellen Gründen die besondere Beschleunigung notwendig ist. § 71b sieht keine näheren Anforderungen an die Antragsbeschleunigung vor, so dass an sich grundsätzlich alle Genehmigungsverfahren i. S. von § 71a unter die Regelungen fallen. Da die „besondere" Beschleunigung eine qualifizierte Beschleunigung ist, bedarf es einer Darlegung, welche **besonderen** und die Sonderbeschleunigung **qualifizierenden Gründe** dafür vorgebracht werden können und welche konkreten Nachteile oder Schäden bei einer „normalen" Beschleunigung eintreten würden. 16

Eine Form für den Antrag ist in § 71b nicht vorgesehen. Er wird im Allgemeinen **schriftlich** zu stellen und mit einer **Begründung** zu versehen sein. Die allgemeinen Anforderungen an einen förmlich wirksamen Antrag richten sich nach §§ 22, 64 (Näheres dort). 17

4. Pflichten für die Behörde

Gelingt eine solche Darlegung, muss die Genehmigungsbehörde bzw. ihr Rechtsträger im konkreten Fall die erforderlichen und möglichen, ggfls. auch kurzfristigen **ad-hoc-Maßnahmen** treffen (Rn. 12), um gerade diesen Antrag besonders beschleunigt zu bearbeiten. Das Ergebnis der Entscheidung der Behörde hängt auch vom einschlägigen Fachrecht ab, denn § 71b bewilligt nur eine Beschleunigung der Verfahren, lässt die **übrigen verfahrensrechtlichen und materiellen Anforderungen** aber unberührt. Insofern können Schwierigkeiten bei der Sachverhaltsermittlung und Beweiswürdigung und/oder bei der Anwendung des Fachrechts einer schnellen Entscheidung entgegenstehen. Auch in einem solchen Fall ist im Einzelfall zu prüfen, ob eine Beschleunigung auch durch vorläufige oder Teil-Entscheidungen in Betracht kommen kann. 18

Welches die „besondere" Beschleunigung ist, hängt von den Umständen des **Einzelfalls** und den dafür vorgebrachten Gründen ab. Hat die zuständige Behörde **mehrere Verfahren** i. S. von § 71a zu bearbeiten, hat sie ggfls. in Zusammenwirken mit dem Rechtsträger die erforderlichen und möglichen Maßnahmen zu ergreifen, damit die Häufung prioritärer Verfahren im Ergebnis nicht dazu führt, dass sie insgesamt länger als „normale" Genehmigungsverfahren dauern. Organisationsermessen und Gestaltungsspielräume zur Schaffung hinreichender rechtlicher und tatsächlicher Vorkehrungen können sich – je nach Sachlage – ggfls. auch zu einer Ermes- 19

---

[7] Ebenso *Jäde* UPR 1996, 363 (365); wohl auch *Kopp/Ramsauer* § 71b Rn. 6.

§ 71c Teil V. Besondere Verfahrensarten

sensreduzierung auf Null und einem entsprechenden Beschleunigungsanspruch der Antragsteller verdichten.

IV. Landesrecht

20 Abweichendes Landesrecht ist nicht vorhanden. Die Vorschriften sind in den einzelnen Ländern zu unterschiedlichen Zeitpunkten in Kraft getreten (Nachweise in Teil III der 6. Auflage).

V. Vorverfahren

21 § 71 b und die Parallelregelungen in den Ländern sind auch in Widerspruchsverfahren anwendbar.

§ 71 c Beratung und Auskunft

(1) ¹Die Genehmigungsbehörde erteilt, soweit erforderlich, Auskunft über Möglichkeiten zur Beschleunigung des Verfahrens, einschließlich der damit verbundenen Vor- und Nachteile. ²Dies kann auf Verlangen schriftlich oder elektronisch geschehen, soweit es von der Bedeutung oder der Schwierigkeit der Sache her angemessen erscheint.

(2) ¹Die Genehmigungsbehörde erörtert, soweit erforderlich, bereits vor Stellung des Antrags auf Genehmigung mit dem zukünftigen Antragsteller,
1. welche Nachweise und Unterlagen von ihm zu erbringen sind,
2. welche sachverständigen Prüfungen im Genehmigungsverfahren anerkannt werden können,
3. in welcher Weise die Beteiligung Dritter oder der Öffentlichkeit vorgezogen werden kann, um das Genehmigungsverfahren zu entlasten,
4. ob es angebracht ist, einzelne tatsächliche Voraussetzungen der Genehmigung vorweg gerichtlich klären zu lassen (selbständiges Beweisverfahren).

²Andere Behörden und, soweit der zukünftige Antragsteller zustimmt, Dritte können von der Behörde hinzugezogen werden.

(3) Nach Eingang des Antrags ist dem Antragsteller unverzüglich mitzuteilen, ob die Angaben und Antragsunterlagen vollständig sind und mit welcher Verfahrensdauer zu rechnen ist.

Vergleichbare Vorschriften: § 25

Abweichendes Landesrecht: –

Entstehungsgeschichte: § 71 a vor Rn. 1 und § 71 a Rn. 7–12 der 6. Auflage

Literatur: vgl. zu §§ 71 a, 10, 25

Übersicht

	Rn.
I. Allgemeines	1
1. Rechtssystematische und praktische Bedeutung	1
2. Subsidiarität des § 71 c	3
II. Auskunft und Beratung (Abs. 1)	4
1. Ergänzung und Erweiterung des § 25 (Satz 1)	4
2. Form der Auskunft und Beratung (Satz 2)	12
3. Bestimmtheitserfordernisse	15
III. Vor-Antrags-Verfahren (Abs. 2)	17
1. Gesetzliche Anerkennung informellen Verwaltungshandelns	17
2. Grenzen der Bindungswirkungen	19
3. Grundsätzliche Erörterungspflichten der Genehmigungsbehörde (Satz 1)	21

	Rn.
4. Gegenstände der Verfahrensberatung (Satz 1 Nr. 1 bis Nr. 4)	23
a) Nachweise und Unterlagen (Nr. 1)	24
b) Anerkennung sachverständiger Prüfungen (Nr. 2)	25
c) Beteiligung Dritter oder der Öffentlichkeit (Nr. 3)	27
d) Selbständiges Beweisverfahren (Nr. 4)	29
5. Zuziehung anderer Behörden und Dritter (Abs. 2 Satz 2)	32
IV. Vollständigkeitsmitteilung (Abs. 3)	39
V. Landesrecht	43
VI. Vorverfahren	44

I. Allgemeines

1. Rechtssystematische und praktische Bedeutung

§ 71 c enthält für die unter § 71 a fallenden Genehmigungsverfahren unter rechtssystematischen Aspekten inhaltliche Neuerungen gegenüber dem bisherigen VwVfG. Insofern sind §§ 71 a–e einerseits **Fortentwicklungen** des bundesrechtlichen allgemeinen Verwaltungsverfahrensrechts; zugleich zielen sie auf **strukturelle Änderungen** von Behördenverfahren durch erweiterte Beratungs- und Auskunftspflichten der Genehmigungsbehörden. Diese setzen teilweise sogar schon **vor Beginn** eines Verwaltungsverfahrens an und modifizieren die normalerweise erst nach seinem Beginn für die Behörde bestehenden Pflichten. Auch insofern kommt den neuen Vorschriften besondere Bedeutung zu. Sie sind auch unter Berücksichtigung von Sinn und Zweck des Beschleunigungsgedankens der §§ 71 a–e zu interpretieren.

§ 71 c enthält für Genehmigungsverfahren i. S. von § 71 a bundesrechtliche Neuregelungen zu 3 Bereichen: In **Abs. 1** werden den Genehmigungsbehörden ergänzend und teilweise abweichend von § 25 spezielle **Auskunftspflichten** auferlegt. **Abs. 2** bringt – abweichend von §§ 9, 22 – Vorschriften über das sog. **Vor-Antrags-Verfahren**. Er ist der Sache nach die erste bundesrechtliche Anerkennung des sog. informellen Verfahrens (hierzu § 1 Rn. 275; § 54 Rn. 40). Insofern hat die Regelung nicht nur verwaltungspraktische, sondern auch rechtssystematische Bedeutung, die auch zu einer strukturellen Veränderung des geltenden Verfahrensrechts beitragen kann.[1] **Abs. 3** hat mit den darin enthaltenen **Mitteilungspflichten** über die Vollständigkeit von Unterlagen und über die Dauer des Verfahrens eher formelle Bedeutung, kann aber Quelle für verwaltungs- und staatshaftungsrechtliche Streitigkeiten werden.

2. Subsidiarität des § 71 c

§ 71 c gilt nur subsidiär, so dass die Vorschrift nicht zur Anwendung kommt, soweit ihm inhaltsgleiche und entgegenstehende Bestimmungen des Bundes- und Landesrechts vorgehen und zur vollen oder teilweisen Verdrängung der Regelung führen (hierzu § 71 a Rn. 25 ff.; § 1 Rn. 186 ff. m. w. N.). Abs. 2 hat eine spezielle Bedeutung, weil es sich dabei um das sog. Vor-Antrags-Verfahren handelt, auf das die §§ 9 ff. idR entsprechend anwendbar sind, auch wenn das VwVfG i. S. von §§ 9, 22 (noch) nicht begonnen hat.

II. Auskunft und Beratung (Abs. 1)

1. Ergänzung und Erweiterung des § 25 (Satz 1)

a) Abs. 1 Satz 1 enthält spezielle Auskunfts- und Beratungspflichten für die unter § 71 a fallenden besonderen Genehmigungsverfahren. Er ergänzt und erweitert § 25 um bestimmte spezielle Pflichten der Genehmigungsbehörde, lässt die dort enthaltenen Rechte und Pflichten für Beteiligte und Behörden aber unberührt (Näheres bei § 25). Insofern ist § 71 c Abs. 1 zugleich auch **Spezialnorm** für Genehmigungsverfahren i. S. von §§ 71 a ff.

---

[1] Hierzu *Schmitz/Wessendorf* NVwZ 1996, 955; *Bonk*, NVwZ 1997, 320; *Hoffmann-Riem* DÖV 1997, 433.

5 Die Auskunft ist im Grundsatz eine Tatsachenmitteilung (Näheres bei § 25) und bezieht sich primär auf die Möglichkeiten einer Beschleunigung des Verfahrens. Sie ist insoweit **Verfahrensbeschleunigungsauskunft** und enthält zugleich (auch) eine **Prognosemitteilung** über gegenwärtige und voraussichtlich künftige Tatsachen und Geschehensabläufe, die dem Antragsteller weitere Planungen erleichtern sollen.

6 Der in der Gesetzesüberschrift des § 71c enthaltene Begriff der „**Beratung**" ist deshalb gerechtfertigt, weil die Genehmigungsbehörde nicht nur über die Möglichkeiten einer Beschleunigung Auskunft zu geben hat, sondern – abweichend von § 25 – auch über die „damit verbundenen **Vor- und Nachteile**" einer bestimmten (oder alternativen) Antragstellung. Dies geht über reine Tatsachenmitteilungen hinaus und enthält zugleich auch **Bewertungen und Einschätzungen** zu den Voraussetzungen und Folgen eines Genehmigungsantrags. Maßgebend sind Mitteilungen nur über die Vor- und Nachteile einer Beschleunigung für den Antragsteller. Dazu gehört auch der Hinweis auf Beschleunigungsmöglichkeiten bei einer **veränderten Antragstellung** oder bei Vorab-Prüfungen i.S. des Abs. 2. Soweit die Behörde sich noch nicht endgültig äußern kann, darf sie sich aber nicht schlechthin verschweigen und auf später vertrösten, sondern muß entsprechend dem Sachstand im Zeitpunkt ihrer Äußerung reagieren. Das impliziert das Recht und die Pflicht auch zu **vorläufigen oder vorbehaltlichen Antworten**, soweit endgültige Antworten noch nicht möglich sind.

7 Die Hinweispflicht auf Vor- und Nachteile schließt auch das Recht und die Pflicht für die Behörde ein, welche **Ungewissheiten** und **sonstigen Imponderabilien** für das Genehmigungsverfahren bestehen. Die Behörde kann und darf dem Antragsteller etwaige wirtschaftliche oder rechtliche **Risiken** nicht abnehmen, sondern muss die Bewertung einer Faktenmitteilung dem Antragsteller überlassen. Sie ist nicht gehindert, im Rahmen der Auskunft auch **Zusicherungen** i.S. von § 38 geben und im Vorfeld in analoger Anwendung von §§ 54 ff. auch **ör Verträge** insbesondere zu Verfahrensfragen schließen (Näheres bei §§ 38, 54 ff.).

8 Satz 1 enthält mit der indikativen Formulierung („Die Genehmigungsbehörde *erörtert* ...") eine grundsätzliche **Rechtspflicht** der Behörde zur Auskunfterteilung, stellt sie also nicht in das Ermessen der Genehmigungsbehörde. Sie wird begrenzt nur durch die Erforderlichkeit der Auskunft. Damit wiederholt Abs. 1 Satz 1 die bereits in § 25 enthaltene Formel, dass nicht in allen Fällen und unter allen Umständen Auskunft zu geben und zu beraten ist, sondern Art und Ausmaß von den Umständen des Einzelfalls abhängten (Näheres bei § 25).

9 Die Begründung des RegE zu § 71c Abs. 1 geht zutreffend davon aus, dass es vielfach bei Investitionsvorhaben angesichts der **Komplexität der Regelungsmaterien** im Planungs- und Genehmigungsverfahren einer umfassenden und vertieften Beratung vor allem für **kleinere Unternehmen** bedarf.[2] Tendenziell gilt: Je größer und komplexer ein Verfahren tatsächlich und rechtlich ist, desto größer sind auch die Beratungs- und Auskunftspflichten der Behörde. Je informierter und sachkundiger ein Antragsteller (ggfls. vertreten durch einen Bevollmächtigten oder/und Beistand nach § 14) ist, desto weniger intensiv wird in der Regel eine Auskunft und Beratung durch die Behörde sein können. Die Antwort muß dem Einzelfall **angemessen** sein.

10 Auch bei einem **anwaltlich** beratenen und vertretenen Antragsteller entfällt nicht schon allein deshalb die Auskunfts- und Beratungspflicht, denn auch und gerade dann kann die Komplexität eines Genehmigungsverfahrens fortbestehen und eine Hinweispflicht jedenfalls auf tatsächliche oder rechtliche Aspekte des Vorhabens nötig sein, insbesondere Hinweise auf eine **Behördenpraxis** oder eine bestimmte **Rechtslage**, ferner auf mögliche Beweiserhebungen, Sachverständigengutachten o.ä. Ob Anwälte auch über die „Vor- und Nachteile" einer Beschleunigung zu beraten sind, hängt davon ab, ob eine solche Auskunft vernünftigerweise geboten ist; tendenziell wird das eher zu verneinen sein.

11 Die Auskunft kann sich – obwohl dies in Abs. 1 nicht ausdrücklich angesprochen ist – auch auf **alle anderen Beschleunigungsmöglichkeiten** beziehen, beginnend mit Hinweisen über die Vollständigkeit der Antragsunterlagen bis hin zur Vorabklärung bestimmter entscheidungserheblicher Tatsachen- und Rechtsfragen. Insoweit gelten die Erörterungspflichten nach Maßgabe von Abs. 2 nicht nur vor, sondern **auch nach** einer Antragstellung, aber vor der Behördenentscheidung.

---

[2] BT-Drs. 13/3995, S. 9.

2. Form der Auskunft und Beratung (Satz 2)

Da die Form der Auskunft und Beratung in Satz 2 nicht ausdrücklich vorgeschrieben ist, 12 kann sie **schriftlich oder mündlich** in allen heute modernen und üblichen Kommunikationsformen einschließlich Fax und Internet (hierzu § 10 Rn. 28 a ff.) erfolgen. Zulässig ist auch eine Mischung einer teils schriftlichen, teils mündlichen Äußerung, ggfls. verbunden mit der Verwendung und Versendung von Antragsformularen und standardisierten Hinweisen.

Nach Satz 2 ist eine schriftliche Information vorgesehen, soweit es von der **Bedeutung oder** 13 **der Schwierigkeit der Sache** her angemessen erscheint. Für Art und Umfang der Information sind daher die Umstände des **Einzelfalls** maßgebend. Voraussetzung für eine schriftliche Äußerung ist im Regelfall, dass der Antragsteller ein entsprechendes (schriftliches, mündliches) **Verlangen** ausspricht. Dieses muss ausdrücklich oder sinngemäß geäußert werden und den Inhalt der begehrten Mitteilung hinreichend klar verdeutlichen, sofern sich dies nicht aus den Gegebenheiten des Falles von selbst ergibt (zur Evidenz Rn. 10).

Für die **Konkretisierung** der Behördenantwort gilt das **Verhältnismäßigkeitsprinzip:** Eine 14 allgemein gehaltene Anfrage wird regelmäßig auch nur eine allgemein gehaltene Antwort erfordern. Je präziser und rechtserheblicher die Fragestellung ist, desto konkreter wird die Antwort zu sein haben. Die Behörde darf sich auf eine Information zu den vom Antragsteller bezeichneten Punkten beschränken, sofern nicht auch nicht ausdrücklich genannte Gesichtspunkte offensichtlich eine Rolle spielen werden, etwa die grundsätzliche (Un-)Zulässigkeit eines bestimmten Vorhabens aus materiellen oder formellen Gründen. Satz 2 gebietet keine definitive Festlegung der Behörde zu Punkten, die sie im Zeitpunkt des Auskunftsverlangens noch nicht abschließend übersehen kann (Rn. 6, 16).

3. Bestimmtheitserfordernisse

Nach allgemeinen Rechtsgrundsätzen muss eine **Auskunft**, wenn sie gegeben wird, nach ih- 15 rem Inhalt **richtig, vollständig und unmissverständlich** sein; andernfalls kann eine diesen Anforderungen nicht entsprechende Auskunft nicht nur einen Verfahrensverstoß bedeuten, sondern auch eine ggfls. zum Schadensersatz führende Amtspflichtverletzung sein.[3] Diese Bestimmtheitserfordernisse gelten auch im Rahmen des § 71c Abs. 2. Welche Anforderungen die Auskunft erfüllen muss, hängt von den Umständen des Einzelfalls ab.

Satz 2 gebietet keine definitive Festlegung zu tatsächlichen und rechtlichen Punkten, die die 16 Behörde im Zeitpunkt ihrer Antwort **noch nicht abschließend** beurteilen kann. Insofern sind auch je nach Einzelfall allgemeinere, vorläufige und/oder vorbehaltliche Antworten zulässig. Unberührt bleibt das Recht der Behörde zu **Zusicherungen** i. S. von § 38, wenn sich die Behörde bereits ganz oder teilweise verbindlich festlegen will und kann.

III. Vor-Antrags-Verfahren (Abs. 2)

1. Gesetzliche Anerkennung informellen Verwaltungshandelns

Abs. 2 enthält die bundesgesetzliche Anerkennung eines informellen Verwaltungshandelns be- 17 reits vor Beginn eines Antragsverfahrens i. S. von §§ 9, 22 Satz 2 Nr. 2. Er konkretisiert für das Genehmigungsverfahren die bereits nach der derzeitigen Rechtslage mögliche und in der Verwaltungspraxis oftmals übliche Erörterung bestimmter Einzelheiten vor einer förmlichen Antragstellung und enthält insoweit **Vorverfahrensrechte** und -pflichten für beide Seiten.[4] Man kann darin auch eine **Konkretisierung des bürgerfreundlichen kooperativen Verfahrens** sehen (hierzu auch §§ 1, 25, 54 ff.).

Bei der Erörterung handelt es sich tendenziell nur um eine **unterstützende Verfahrensbe-** 18 **ratung** im Vor-Antrags-Verfahren, nicht aber um die abschließende und verbindliche Klärung einzelner Fragen, weil diese dem eigentlichen Genehmigungsverfahren überlassen werden sol-

---

[3] Vgl. *BGHZ* 20, 178 (182) = NJW 1956, 1517; 30, 19 (26) = NJW 1959, 1219; *BGH* VersR 1983, 754; NJW 1989, 96; VersR 1993, 972; *Bonk*, in: *Sachs* (Hrsg.), GG, 4. Aufl., 2007, Art. 34 Rn. 67; NVwZ 1997, 320 (327).
[4] Vgl. Begr. des RegE, BT-Drs. 13/3995, S. 9; *Clausen* in Knack, § 71c Rn. 4.

len.[5] Insofern besteht die Wirkung des Abs. 2 vornehmlich darin, dem künftigen Antragsteller eine **ungefähre Vorstellung** darüber zu verschaffen, welche Unterlagen er beizubringen hat und mit welchen Problemen er voraussichtlich in dem sich möglicherweise anschließenden eigentlichen Genehmigungs„haupt"verfahren zu rechnen hat.

2. Grenzen der Bindungswirkungen

19 Der für die Genehmigungsfähigkeit eines Vorhabens i. S. von § 71 a maßgebliche Zeitpunkt für die Beurteilung der Sach- und Rechtslage wird durch Abs. 2 nicht verändert. Es kommt je nach dem jeweiligen materiellen Recht im Einzelfall entweder auf die Verhältnisse im Zeitpunkt der letzten Behördenentscheidung oder auf den der letzten tatrichterlichen Entscheidung an. Die Behörde wird daher bei der Erörterung auch auf sich abzeichnende **Änderungen** oder **Ungewissheiten** der Rechts- und Sachlage hinzuweisen haben (hierzu Rn. 15 ff.).

20 Bindungswirkungen für die Zukunft können sich aus Erörterungen (Rn. 21) nach Abs. 2 grundsätzlich erst und nur dann ergeben, wenn die zuständige Behörde verbindliche **Zusicherungen** i. S. von § 38 (Näheres dort) gegeben hat, die für einen späteren Zeitpunkt im Hinblick auf § 38 Abs. 3 aber nicht notwendigerweise Bestand haben müssen[6] oder wenn ör Verträge als bindende Verfahrensabsprachen (§ 54 Rn. 87) zustandegekommen sind.

3. Grundsätzliche Erörterungspflicht der Genehmigungsbehörde (Satz 1)

21 Abs. 2 ordnet mit der Verwendung der Indikativ-Formel „Die Genehmigungsbehörde *erörtert* ..." gegenüber dem zukünftigen Antragsteller eine grundsätzliche Rechtspflicht zur Erörterung an, enthält also nicht nur eine Ermessensermächtigung. **Erörtern** ist im Sinne von Besprechen, Informieren und/oder Beraten zu verstehen und der Sache nach eine schriftliche oder/und mündliche Auskunft i. S. von § 25. Die Erörterung umfasst zwar vornehmlich die Information über gegenwärtige **Tatsachen** und sonstige tatsächliche (auch künftige) Umstände, schließt Hinweise auf die **Rechtslage** und bestimmte offene Rechtsfragen aber nicht aus und kann sie je nach den Umständen sogar notwendig machen (Einzelheiten bei § 25). Die Erörterung muss sich nicht in einem einzigen Akt erschöpfen, sondern kann aus mehreren Teilen bzw. wiederholt bestehen. Zur Hinzuziehung **anderer Behörden und Dritter** vgl. Rn. 27 ff.

22 Voraussetzung für eine Erörterungspflicht der Behörde ist, dass der künftige Antragsteller die beabsichtigte Realisierung eines Vorhabens i. S. von § 71 a **hinreichend konkret** darstellt, so dass die Behörde bei verständiger Würdigung der Umstände des Einzelfalls entnehmen kann, welches unter § 71 a fallende Vorhaben **ernsthaft in Erwägung gezogen,** also nicht nur unsubstantiiert behauptet wird. Je vager das Vorhaben geschildert wird, desto allgemeiner darf die Behörde antworten. Je konkreter die Anfrage in gegenständlicher und zeitlicher Hinsicht ist, desto präziser muss die Behörde reagieren. Es besteht aber grundsätzlich keine Rechtspflicht zur Realisierung des erwogenen Vorhabens, denn die Beratung dient gerade dazu, die Möglichkeiten einer Realisierung des Projekts vorab zu erkunden und erst auf dieser Grundlage ein abschließende Entscheidung zu treffen. Bei der Reaktion der Behörde sind Hinweise durch standardisierte **Merk- und Formblätter** zulässig. Das schließt ergänzende individuelle Mitteilungen je nach Sachlage nicht aus.

4. Gegenstände der Verfahrensberatung (Satz 1 Nr. 1 bis Nr. 4)

23 Satz 1 nennt in Nr. 1–Nr. 4 konkrete Gegenstände der Erörterung. Diese Aufzählung ist **nicht abschließend** und verbietet nicht die Erörterung sonstiger tatsächlicher und/oder rechtlicher Fragen, die für den künftigen Antragsteller im Zusammenhang mit einem Antrag auf Genehmigung eines unter § 71 a fallenden Vorhabens von unmittelbarer Bedeutung sein können. Für die in **Nr. 1–4** genannten prototypischen Gegenstände besteht eine **Rechtspflicht** zur Erörterung, alle übrigen Fragen können nach dem pflichtgemäßen Ermessen je nach den Verhältnissen des Einzelfalls von der Behörde einbezogen werden.

---

[5] Vgl. die Begründung des RegE, BT-Drs. 13/3995, S. 9.
[6] Vgl. *BVerwGE* 97, 323 (330).

a) Nachweise und Unterlagen (Nr. 1): Die Auskunfts- und Erörterungspflicht bezieht 24
sich zunächst darauf, welche Nachweise und Unterlagen von ihm zu erbringen sind. Dieser
Punkt ist vor allem deshalb wichtig, weil eine Bearbeitung und Entscheidung oftmals durch eine
– erstmals im Verlauf der behördlichen Prüfung festgestellte – Unvollständigkeit der Antragsunterlagen verzögert wird. Durch Nr. 1 soll damit die **formelle Vollständigkeit der Antragsunterlagen** sichergestellt werden, damit der Antrag inhaltlich alsbald zügig bearbeitet werden
kann (§ 71b). Die Mitteilung der Behörde über die (Un-)Vollständigkeit der Unterlagen schafft
keinen Vertrauenstatbestand darauf, dass auf keinen Fall weitere Nachfragen und Nachforderungen gestellt werden. Daher können je nach Sachlage im Verlauf des weiteren Verfahrens **weitere
Unterlagen nachgefordert** werden, wenn sich dies als notwendig erweist. Darauf sollte von
Seiten der Genehmigungsbehörde je nach den Umständen des Einzelfalls, sofern erforderlich,
tunlichst ausdrücklich hingewiesen werden. Die Auskunftspflicht besteht auch dann, wenn
normativ bestimmt ist, welche Nachweise und Unterlagen für einen Genehmigungsantrag vorzulegen sind.[7] Unter Umständen kann sich eine Belehrung eines – jedenfalls anwaltlich vertretenen – künftigen Antragstellers auf einen Hinweis auf die maßgeblichen Vorschriften beschränken, aus denen sich die vorzulegenden Nachweise und Unterlagen ergeben.

b) Anerkennung sachverständiger Prüfungen (Nr. 2): Die Erörterung kann sich darauf 25
beziehen, welche sachverständigen Prüfungen rechtlich zulässig sind und im Falle alternativer
Möglichkeiten faktisch in Betracht kommen. Darüber hinaus kann sie sich etwa auch darauf
erstrecken, welche konkreten Prüfungen, von welchen konkreten Sachverständigen und über
welche **beweiserheblichen Fragen** eingeholt werden sollen. Insoweit sind im Rahmen gesetzlicher Spielräume nach Maßgabe der §§ 24ff. (Näheres dort) Absprachen zwischen den Beteiligten und der Behörde i.d.R. möglich und zweckmäßig, sofern dies gesetzlich nicht ausgeschlossen ist. Die Fragen beschränken die Ermittlungen der Behörde nicht und stehen stets
unter dem **Vorbehalt** einer späteren Ergänzung oder Abänderung von Beweiserhebungen,
wenn sich im weiteren Verlauf herausstellt, dass die in Aussicht genommenen sachverständigen
Prüfungen nicht ausreichen und/oder sich die entscheidungserheblichen Fragen bzw. die Sachoder Rechtslage geändert haben.

Eine **Bindung** an bestimmte Beweiserhebungsabsprachen (etwa die Einholung bestimmter 26
Auskünfte oder Gutachten) ist, sofern gesetzlich nichts anderes bestimmt ist, grundsätzlich jedenfalls dann ausgeschlossen, wenn das Gewicht der darin enthaltenen Gründe für die behördliche Überzeugungsbildung nicht ausreicht.[8]

c) Beteiligung Dritter oder der Öffentlichkeit (Nr. 3): Nach Nr. 3 kann ferner erörtert 27
werden, in welcher Weise die Beteiligung (privater) Dritter oder der Öffentlichkeit **vorgezogen**
werden kann, um das Genehmigungsverfahren zu entlasten. Diese Heranziehung bezieht sich
nur auf diejenigen, die auch in dem **späteren Genehmigungsverfahren** zu beteiligen wären.
Nr. 3 erweitert den Personenkreis nicht.[9] Diese Vorschrift begründet für die Genehmigungsbehörde keine Rechtspflicht, sondern eine **Ermessensentscheidung**, ob davon Gebrauch gemacht wird. Die Entscheidung im Einzelfall hängt auch davon ab, ob eine solche zeitliche Vorverlagerung sinnvoll und spezialgesetzlich überhaupt zugelassen ist und die erzielten Ergebnisse
im anschließenden Genehmigungs-„haupt"verfahren unbedenklich (noch) verwertet werden
dürfen. Nr. 3 verändert den **maßgeblichen Zeitpunkt** für die Rechtmäßigkeit der Genehmigungsvoraussetzungen nicht. In einem späteren Hauptverfahren ist daher stets zu prüfen, welche
neuen Beteiligungen Dritter und/oder der Öffentlichkeit auf Grund einer evtl. geänderten Sachoder Rechtslage (erneut) durchzuführen sind (zur **Mediation/Konfliktmittlung** § 54 Rn. 42).

Ergibt eine Auslegung des Spezialrechts, dass die Vorab-Beteiligung nach Sinn und Zweck 28
der Regelung unzulässig ist, weil z.B. es auf eine Rechtsbetroffenheit (privater) Dritter oder
von Trägern öffentlicher Belange zu einem bestimmten **späteren Zeitpunkt** ankommt, wird
ein Vorab-Verfahren nach Nr. 3 ausscheiden. Sinnvoll kann je nach Einzelfall eine **Abschichtung** auch nur mit bestimmten Beteiligten oder zu bestimmten inhaltlichen Punkten sein, so
dass das spätere Verfahren jedenfalls teilweise entlastet werden kann. Ob ein Verzicht auf eine

---

[7] Enger *Jäde* UPR 1996, 361 (366).
[8] Zur Beweiserhebung und -würdigung vgl. die Einzelnachweise in §§ 24, 26, zur Zulässigkeit und Bindungswirkung ör Verträge bzw. sonstiger Arrangements, Absprachen und Agreements vgl. § 54 Rn. 40ff.
[9] Ebenso *Kopp/Ramsauer*, § 71c Rn. 3.

Neubeteiligung für das spätere Genehmigungsverfahren zulässig ist, hängt vom jeweils anwendbaren Recht ab. Eine Vorab-Beteiligung kann auch im Plangenehmigungsverfahren nach § 74 Abs. 6 in Betracht kommen, wonach sich Betroffene mit der Inanspruchnahme ihres Eigentums oder eines anderen Rechts einverstanden erklären können (hierzu § 74 Rn. 222 ff.).

29 **d) Selbständiges Beweisverfahren (Nr. 4):** Zulässig ist nach Nr. 4 ferner eine Erörterung darüber, ob es angebracht ist, einzelne tatsächliche Voraussetzungen der Genehmigung vorweg gerichtlich klären zu lassen (selbständiges Beweisverfahren). Aus der Begründung des Regierungsentwurfs ergibt sich nur, dass damit **einzelne tatsächliche Voraussetzungen der Genehmigung** vorweg gerichtlich geklärt werden können sollen.[10] Nr. 4 schafft keine eigenständige Rechtsgrundlage, sondern verweist nur auf die nach dem jeweils anwendbaren Recht bereits bestehenden Möglichkeiten.[11]

30 Ein selbständiges gerichtliches Beweisverfahren kommt in den Genehmigungsverfahren des § 71a aber dann in Betracht, wenn **Spezialrecht** nicht entgegensteht. Ergibt sich aus Wortlaut, Sinn und Zweck der jeweils anwendbaren Gesetze des Regelungsbereichs, dass eine rechtskraftfähige gerichtliche **Vorabentscheidung** über bestimmte Teilaspekte – auch mit Bindungswirkung für spätere Verfahren oder Verfahrensabschnitte – nicht zugelassen ist, kommt Nr. 4 im jeweiligen Genehmigungsverfahren nicht zur Anwendung.[12]

31 Schließt das Spezialrecht ein selbständiges Beweisverfahren nicht aus, sind im Falle einer regelmäßig anzunehmenden Zuständigkeit der Verwaltungsgerichtsbarkeit zur Streitentscheidung über § 173 VwGO **die §§ 485 ff. ZPO** entsprechend anwendbar.[13] Dabei handelt es sich nicht um eine Rechtsfolgen-, sondern um eine Rechtsgrundverweisung. Nach § 485 Abs. 1 ZPO kann während oder (wie nach Nr. 4) außerhalb eines Streitverfahrens auf Antrag einer Partei die Einnahme des **Augenscheins,** die Vernehmung von **Zeugen** oder die Begutachtung durch einen **Sachverständigen** angeordnet werden, wenn der Gegner (hier: die Genehmigungsbehörde und der Antragsteller) zustimmt oder zu besorgen ist, dass das Beweismittel verloren geht oder seine Nutzung erschwert wird. Nur unter diesen eng begrenzten Fällen wird ein solches selbständiges Beweisverfahren für künftige Verfahren nach § 71b in Betracht kommen und zur Beschleunigung der Entscheidung im Hauptverfahren beitragen können.

4. Zuziehung anderer Behörden und Dritter (Abs. 2 Satz 2)

32 Mit der nach Abs. 2 Satz 2 zugelassenen Zuziehung anderer Behörden und privater Dritter noch vor der förmlichen Antragstellung kann die grundsätzliche Einstellung Drittbeteiligter zu dem Vorhaben **frühzeitig in Erfahrung gebracht** werden. Mit ihr kann jedenfalls kursorisch besser beurteilt werden, ob und ggfls. welche Hindernisse bzw. Widerstände von ihnen voraussichtlich gegen das Vorhaben vorgebracht werden.

33 **a) Andere Behörden:** Das sind diejenigen Behörden einschließlich Beliehener (§ 1 Rn. 212 ff.), die in einem Genehmigungsverfahren mitzubeteiligen sind, es sei durch interne oder nach außen zu erlassende selbständige Mitwirkungsakte wie die Genehmigung, Zustimmung oder Erteilung eines Einvernehmens zum Vorhaben, sei es durch eine bloße Anhörungs-, Informations- oder sonstige Benehmensregelung.

34 Die **Hinzuziehung** ist nicht im förmlichen Sinne zu verstehen und vermittelt deshalb keinen Beteiligtenstatus i. S. von § 13, sondern ist als faktische Einladung zur Stellungnahme zu verstehen. Sie schließt ein Sternverfahren oder eine Antragskonferenz im weiteren Verlauf des Verfahrens nicht aus, hat aber eine ähnliche Rechtswirkung wie diese.

35 Ob für diese Behörden eine **Rechtspflicht** zur Äußerung besteht, hängt von den maßgeblichen speziellen Rechtsvorschriften ab. Tendenziell wird es sich zumindest um ein **nobile officium** handeln, denn wenn die §§ 71a ff. ihre Beschleunigungswirkung für investive Genehmigungsvorhaben äußern sollen, darf die Mitwirkungspflicht anderer Behörden nicht an einer fehlenden spezialgesetzlichen Rechtspflicht zur Äußerung scheitern. Nichtäußerung führt mangels gesetzlicher Regelung in diesem Stadium zu keiner (begrenzten) Behördenpräklusion (anders § 71d Abs. 2).

---

[10] BT-Drs. 13/3995, S. 9.
[11] Ebenso *Schmitz/Wessendorf* NVwZ 1996, 959; *Kopp/Ramsauer,* § 71c Rn. 16.
[12] Ähnlich *Jäde* UPR 1996, 361 (367).
[13] Ebenso *Clausen* in Knack, § 71c Rn. 4; *Kopp/Ramsauer,* § 71c Rn. 16.

Die Stellungnahme dieser Drittbehörden können **schriftlich oder mündlich** abgegeben 36
werden. Weil es sich um Äußerungen in einem informellen Vor-Antrags-Verfahren handelt
(Rn. 18), werden sie regelmäßig nur **vorläufig** sein. Sie haben durchweg keine Bindungswirkungen und können grundsätzlich im späteren förmlichen Genehmigungsverfahren ergänzt oder
abgeändert werden, sofern spezialgesetzlich nichts anderes geregelt ist.

b) Dritte: Auch die Einbeziehung Dritter dient der **Vorabklärung** bestimmter Fragen eines 37
künftigen Genehmigungsverfahrens und damit seiner Beschleunigung. Dritte i.S. von Satz 2
sind **nur Privatrechtssubjekte,** nicht auch Träger öffentlicher Belange, die keine Behörden
i.S. von § 1 Abs. 3 sind (hierzu § 71 d Rn. 10), denn sie werden bereits von der Behördenklausel erfasst. Obwohl der Wortlaut insoweit keine Einschränkungen enthält, gehören zu den Hinzuzuziehenden nur solche Personen, die als potentiell Betroffene in ihrer Rechtssphäre beeinträchtigt sein können und nach § 13 hinzuzuziehen wären.

Ihre Hinzuziehung hängt nach dem Wortlaut des Abs. 2 Satz 2 von der **Zustimmung** des 38
künftigen Antragstellers ab, etwa weil nicht ohne oder gegen seinen Willen das mögliche spätere
Vorhaben **publik** gemacht werden soll und damit nicht vorzeitiger Widerstand den Interessen
des potentiellen Antragstellers zuwiderläuft. Insoweit begrenzt § 30 die Hinzuziehung. Da der
künftige Antragsteller insoweit die Verfahrensherrschaft hat, ist die Zustimmung stets **vorher,**
nicht nachträglich (förmlich und ausdrücklich) einzuholen.

IV. Vollständigkeitsmitteilung (Abs. 3)

Abs. 3 gilt nicht nur für den Fall eines nur erwogenen, aber noch nicht gestellten Genehmi- 39
gungsantrags (Abs. 2), sondern kommt auch in einem laufenden Genehmigungsverfahren i.S.
von § 71b zur Anwendung. Die Mitteilung ist weder Zusicherung noch VA, sondern nur eine
Wissensbekundung.[14]

Abs. 3 enthält zwei selbständige **Rechtspflichten** für die Genehmigungsbehörde:

a) Zunächst hat sie dem Antragsteller unverzüglich, d.h. ohne schuldhaftes Zögern (§ 121 40
Abs. 1 BGB), mitzuteilen, ob die Angaben und **Antragsunterlagen vollständig** sind. Dadurch
erhält einerseits der Antragsteller frühzeitig zumindest vorläufige Klarheit, ob er aus seiner Sicht
das für eine zügige Bearbeitung Erforderliche getan hat; andererseits ist die **Behörde** zur sofortigen Vollständigkeitskontrolle **verpflichtet.** Diese Rechtspflicht besteht auch im Interesse des
Antragstellers, weil dem Faktor Zeit bei investitionsrelevanten Vorhaben besondere Bedeutung
zukommt.

Durch eine Bestätigung von Richtigkeit und Vollständigkeit der Unterlagen ist die Behörde 41
nicht prinzipiell gehindert, im Verlauf der Prüfung des Antrags **weitere Unterlagen** anzufordern, soweit dies für eine Bearbeitung und Entscheidung erforderlich ist. Die Behörde hat darauf bereits in der ersten Mitteilung ausdrücklich hinzuweisen.

b) Notwendig ist ferner die unverzügliche Mitteilung der voraussichtlichen Verfahrensdauer. 42
Abs. 3 lässt, obwohl dies im Wortlaut nicht ausdrücklich zum Ausdruck kommt, auch die Angabe der **ungefähren Dauer** zu, wenn bei Eingang des Antrags die exakte Zeitangabe nicht
möglich ist. Wie präzise die Mitteilung sein muss, hängt von den Umständen des Einzelfalls ab.
Eine definitive Festlegung der Behörde, die später nicht eingehalten wird, kann als fehlerhafte
Auskunft eine (objektive) Amtspflichtverletzung sein, wenn der Adressat auf die Einhaltung
vertraut hat und sein Vertrauen schutzwürdig ist.[15]

Der Anspruch auf Abgabe der Stellungnahme kann im engen Rahmen des § 44a VwGO
durch **Leistungsklage** und einstweiligen Rechtsschutz erzwungen werden.

IV. Landesrecht

Abweichendes Landesrecht ist nicht vorhanden. § 71 c ist in den Ländern aber zeitlich unter- 43
schiedlich in Kraft getreten.

---

[14] Ebenso *Jäde* UPR 1996, 367; *Clausen* in Knack, § 71 c Rn. 5.
[15] Enger wohl *Ziekow,* VwVfG, § 71 d Rn. 18.

V. Vorverfahren

44 § 71 c ist auch in Widerspruchsverfahren anwendbar, insbesondere dann, wenn die Genehmigungsbehörde davon keinen Gebrauch gemacht hat.

§ 71 d Sternverfahren

(1) **Sind in einem Genehmigungsverfahren Träger öffentlicher Belange zu beteiligen, soll die zuständige Behörde diese, soweit sachlich möglich und geboten, insbesondere auf Verlangen des Antragstellers, gleichzeitig und unter Fristsetzung zur Stellungnahme auffordern (Sternverfahren).**

(2) **Äußerungen nach Ablauf der Frist werden nicht mehr berücksichtigt, es sei denn, die vorgebrachten Belange sind der Genehmigungsbehörde bereits bekannt oder hätten ihr bekannt sein müssen oder sind für die Rechtmäßigkeit der Entscheidung von Bedeutung.**

Vergleichbare Vorschrift: § 73 Abs. 3 a Satz 2.

Abweichendes Landesrecht: –

Entstehungsgeschichte: vgl. § 71 a Rn. 7–12 der 6. Auflage.

Literatur: vgl. zu § 71 a.

Übersicht

	Rn.
I. Allgemeines	1
1. Sternverfahren als gesetzliches Rechtsinstitut	1
2. Keine Veränderung der gesetzlichen Kompetenzordnung	6
3. Anwendung außerhalb von Verfahren nach § 71 a	8
II. Merkmale des Sternverfahrens (Abs. 1)	10
1. Beteiligung von Trägern öffentlicher Belange	10
2. Grundsätzlich gleichzeitige Aufforderung zur Stellungnahme	18
III. Begrenzte Behördenpräklusion (Abs. 2)	29
1. Ergänzende Anwendung in spezialgesetzlichen Genehmigungsvorschriften	29
2. Voraussetzungen und Grenzen der Behördenpräklusion	31
a) Funktion und Wesen der Präklusion	31
b) Grenzen der Präklusion	34
IV. Landesrecht	37
V. Vorverfahren	38

I. Allgemeines

1. Sternverfahren als gesetzliches Rechtsinstitut

1 Durch § 71 d wird das Sternverfahren als neues gesetzliches Rechtsinstitut zur Beschleunigung von Genehmigungsverfahren i. S. von § 71 a eingeführt. Der Name „Stern"verfahren ist deshalb gewählt worden, weil dabei der Genehmigungsantrag nebst Unterlagen zur Verfahrensbeschleunigung **nicht nacheinander, sondern** grundsätzlich **gleichzeitig und unter Fristsetzung** an alle beteiligenden Behörden zu versenden ist.[1]

2 Das Sternverfahren ist ein primär **schriftliches Verfahren.** Dadurch unterscheidet es sich von der – zeitlich in der Regel nachfolgenden – Antragskonferenz, die ein grundsätzlich mündliches „Verfahren" ist, bei dem alle beteiligten Stellen „an einen Tisch" gebracht werden. Zur Soll-Regelung vgl. Rn. 27, 28.

---

[1] Vgl. Begründung des RegE, BT-Drs. 13/3995, S. 8.

Sternverfahren und Antragskonferenz schließen sich nicht im Sinne eines Entweder/ 3
Oder gegenseitig aus, sondern können sich im Einzelfall ergänzen und **neben- bzw. nacheinander** zur Anwendung kommen: Ein Sternverfahren kann mit einer Antragskonferenz fortgesetzt werden bzw. in sie übergehen; umgekehrt kann eine Antragskonferenz ein (neues) Sternverfahren) auslösen. Eine zwingende Reihenfolge zwischen beiden gibt es nicht (hierzu ferner Rn. 18, 20 und § 71 e).

Die in § 71 d vorgeschriebene Verfahrensweise ist bisher bereits in einigen bundesrechtlichen 4
Bestimmungen – etwa in § 73 Abs. 2, § 4 BauGB, § 11 Abs. 2 der 9. BImSchV – **ausdrücklich angeordnet,** entspricht aber darüber hinaus auch ohne spezielle Rechtsnorm – insbesondere auf Grund von Verwaltungsvorschriften – einer vielfach bestehenden Verwaltungspraxis.[2]

Der **Begriff** Stern„*verfahren*" ist – wenn die Terminologie des § 9 zugrundegelegt wird – et- 5
was **ungenau,** denn dieses sog. Verfahren ist bei strenger Betrachtung nur eine bestimmte Vorgehensweise innerhalb eines bereits laufenden Genehmigungsverfahrens, aber selbst kein eigenständiges VwVf, das unmittelbar auf den Erlass eines gesonderten oder selbständigen VA oder den Abschluss eines ör Vertrags gerichtet ist.

2. Keine Veränderung der gesetzlichen Kompetenzordnung

§ 71 d ist eine Reaktion des Gesetzgebers auf die Vielzahl spezialgesetzlicher Regelungen, 6
wonach vor einer Genehmigung eines Vorhabens i. S. von § 71 a zahlreiche andere Behörden im Wege zwingender Rechtsvorschriften in **vorläufigen oder endgültigen, gestuften, parallelen oder konzentrierten VwVf** durch zwingend vorgeschriebene Mitwirkungsakte in Form einer Genehmigung oder sonstigen Zustimmung oder aber im Wege von Benehmensregelungen zu beteiligen sind. Durch § 71 d wird die spezialgesetzliche **Kompetenzordnung** für das jeweilige Genehmigungsverfahren nicht verändert, so dass § 71 d Zuständigkeiten anderer Behörden weder begründet noch aufhebt. Diese Vorschriften **ergänzt** nur das bestehende materielle und formelle Recht für das jeweilige Genehmigungsverfahren durch ein neues Beschleunigungselement.

§ 71 d ist Ausdruck der Bemühungen des Bundesgesetzgebers, jedenfalls ein Mindestmaß an 7
zeitlicher und inhaltlicher Koordinierung im Genehmigungsverfahren dadurch zu erreichen, dass **alle mitbeteiligten Behörden früh- und gleichzeitig** zu einer Stellungnahme aufgefordert werden und eine über einen längeren Zeitraum erstreckte sukzessive Beteiligung von Drittbehörden und Trägern öffentlicher Belange entfällt (zur beschränkten Behördenpräklusion nach Abs. 2 ferner Rn. 29 ff).

3. Anwendung außerhalb von Verfahren nach § 71 a

§ 71 d gilt unmittelbar nur in den speziellen Genehmigungsverfahren nach § 71 a, soweit 8
nicht inhaltsgleiche oder entgegenstehende Rechtsvorschriften etwas anderes bestimmen.

Darüber hinaus enthält Abs. 1 eine Konkretisierung der allgemeinen Zügigkeitsanforderun- 9
gen nach §§ 10, 71 b. Die Vorschrift kann, soweit gesetzlich nichts anderes bestimmt ist, im Zweifel **auch in anderen VwVf als allgemeiner Rechtsgedanke** jedenfalls in den Fällen herangezogen werden, in denen eine Behörde die Zuständigkeit zur Entscheidung besitzt, vor ihr aber auf Grund zwingender Rechtsvorschriften andere Behörden oder Träger öffentlicher Belange zu beteiligen hat.

II. Merkmale des Sternverfahrens (Abs. 1)

1. Beteiligung von Trägern öffentlicher Belange

a) § 71 d stellt durch seinen Wortlaut klar, dass das Sternverfahren unmittelbar nur in einem 10
Genehmigungsverfahren zur Anwendung kommt, d. h. in einem VwVf (Hauptverfahren) nach § 9, in dem über die Erteilung oder Versagung der beantragten Genehmigung für ein Vorhaben i. S. von § 71 a durch VA oder ör Vertrag zu entscheiden ist. Die Vorschrift gilt also nicht

---

[2] Vgl. *Schmitz/Wessendorf* NVwZ 1996, 355; vgl. *Clausen* in Knack, § 71 d Rn. 2.

in Anzeige- oder Freistellungsverfahren, die nicht auf diese beiden typischen Handlungsformen des VwVfG gerichtet sind (hierzu § 71a Rn. 41).

11 Das schließt eine sinngemäße Anwendung **in anderen Verfahren i. w. S. nicht** aus, wenn und soweit eine Behörde vor ihrer Entscheidung andere Behörden oder Träger öffentlicher Belange zu beteiligen hat, denn die – soweit tatsächlich und rechtlich möglich – grundsätzlich gleichzeitige Beteiligung dient der allgemeinen Beschleunigung von Behördenverfahren und entspricht den Forderungen des neuen Zügigkeitsprinzips nach § 10.

12 b) Abs. 1 setzt ferner voraus, dass andere Träger öffentlicher Belange (Rn. 16) auf Grund von speziellen Rechtsvorschriften „zu beteiligen sind". Beteiligung bedeutet Herstellung des **Einvernehmens** (durch Genehmigung, Zustimmung, Erlaubnis o. ä.) oder des **Benehmens** (durch Gelegenheit zur Anhörung, Stellungnahme oder sonstige Meinungsäußerung) durch Gelegenheit zur Äußerung für diejenigen Stellen, deren Stellungnahme nach den für das Genehmigungsverfahren bestehenden Rechtsvorschriften einzuholen ist, einerlei, ob eine negative Äußerung eine zwingende Sperrwirkung hat oder nicht.

13 Abs. 1 ordnet eine solche Beteiligung (durch Sollregelung, hierzu Rn. 26, 27) nur für gesetzlich begründete **Beteiligungspflichten** an, d. h. für die auf Grund zwingender Vorschriften durch oder aufgrund Gesetzes angeordnete Mitwirkung von Drittbehörden und sonstiger Träger öffentlicher Belange an einer von der Genehmigungsbehörde zu erteilenden Erlaubnis pp., wie sich aus dem Wortlaut von Abs. 1 ergibt („*Sind in einem Genehmigungsverfahren ... zu beteiligen*").[3]

14 Das schließt eine Aufforderung zur Abgabe einer Stellungnahme in den Fällen nicht aus, in denen eine Stellungnahme auf Grund einer **Soll-Regelung** im Regelfall eingeholt wird, Anhaltspunkte für eine Abweichung vom Regelfall aber nicht bestehen. Eine Drittbehörde ist nicht zwingend zu beteiligen, wenn dies nur auf Grund einer **Kann-Vorschrift** vorgesehen ist. Sofern in einem solchen Fall die Entscheidung über die Genehmigung ohne Ermessensfehler rechtmäßig auch im Falle der Nichtbeteiligung getroffen werden kann, kann von einer Einbeziehung dieser Behörden abgesehen werden. Ansonsten sollte auf eine Kann-Beteiligung nicht verzichtet werden.

15 Sehen die einschlägigen Spezialgesetze weder durch Ist-, Soll- oder Kann-Regelungen eine Drittbeteiligung vor, besteht kein Anlass zur Einbeziehung weiterer am Ausgang interessierter dritter Stellen, denn die Beteiligungsrechte und -pflichten werden durch § 71d nicht erweitert oder verändert. Das Sternverfahren nötigt zu **keiner allgemeinen An- oder Rundfrage bei interessierten öffentlichen und/oder privaten Stellen** für künftige oder andere Fälle.

16 Der Begriff der **Träger öffentlicher Belange** stammt aus dem Bauplanungsrecht.[4] Er wird in neueren Gesetzen neben dem der Behörden verwendet (vgl. etwa § 74 Abs. 6 Nr. 2; § 4 Abs. 1 BauBG „Behörden und Stellen, die Träger öffentlicher Belange sind und von der Planung berührt werden können"). Durch Abs. 1 soll die Beteiligung nicht auf Stellen beschränkt werden, die keine Behörden sind, denn dann wäre der Sinn und Zweck der Beschleunigung eher konterkariert. Dass eine solche Reduzierung auf außerstaatliche Stellen gewollt sein könnte, ergibt sich weder aus dem Wortlaut noch dem Sinn, Zweck und Entstehungsgeschichte der Norm.

17 „Träger öffentlicher Belange" i. S. von Abs. 1 ist vielmehr als **Oberbegriff** zu verstehen, der Behörden i. S. von § 1 Abs. 3 und sonstige Träger öffentlicher Belange umfasst. Darunter sind solche Privatrechtssubjekte zu verstehen, die durch oder auf Grund Gesetzes einen bestimmten Kreis **öffentlicher Aufgabe** erfüllen, aber keinen Behördenstatus i. S. des VwVfG haben. Träger öffentlicher Belange i. e. S. sind ohne eine solche An- oder Eingliederung in Behörden ferner vor allem privatrechtlich organisierte – vornehmlich kommunale – Ver- und Entsorgungseinrichtungen, etwa Wasser- und Gaswerke, Stromversorgungsunternehmen und Abwasserbetriebe, soweit sie im Interesse der Allgemeinheit tätig sind. Nach § 29 Abs. 1 Nr. 4 BNatSchG anerkannte Naturschutzverbände sind keine Träger öffentlicher Belange.[5] Die Verfahrensbeteiligungsrechte reichen nicht weiter als **die materiellen Mitwirkungsbefugnisse**, sofern nichts anderes geregelt ist.

---

[3] Ebenso *Jäde* UPR 1996, 361 (368).
[4] Nähere Nachweise in *BVerwG* DVBl 1997, 1123; ferner § 74 Rn. 152.
[5] Vgl. *BVerwGE* 104, 3643. Zur Stellung der Naturschutzverbände vgl. noch § 73 Rn. 103 ff.

2. Grundsätzlich gleichzeitige Aufforderung zur Stellungnahme

a) Die Besonderheit des Sternverfahrens besteht darin, dass die zuständige (Genehmigungs)Behörde, soweit sachlich möglich und geboten, insbesondere auf Verlangen des Antragstellers die Behörden und beteiligten Träger öffentlicher Belange grundsätzlich **gleichzeitig und unter Fristsetzung** zur Stellungnahme auffordern soll. Damit soll das Genehmigungsverfahren **zeitlich gestrafft** und eine zeitliche Stufung der behördlichen Prüfungen mit dem daraus folgenden Zeitverlust möglichst verhindert werden. 18

Das Sternverfahren ist – im Gegensatz zur Antragskonferenz – ein grundsätzlich **schriftliches Verfahren**. Die Aufforderung zur Stellungnahme wird nur in besonderen Fällen (etwa bei besonderer Dringlichkeit) auch (fern)mündlich oder in sonst informeller Form erfolgen. Beizufügen sind regelmäßig die für eine sachgerechte Äußerung notwendigen Antragsunterlagen und sonstigen Informationen sowie – sofern sich das nicht aus der Natur der Sache ergibt – ein Hinweis auf diejenigen öffentlichen Belange, zu denen Stellung genommen werden soll. In die Aufforderung ist ferner ein Hinweis auf die Rechtsfolgen des Abs. 2 aufzunehmen, damit die Bedeutung der Stellungnahme und die Konsequenzen bei Nichtäußerung klargestellt sind. 19

Die Aufforderung zur Stellungnahme kann auch darin bestehen, dass in erster Linie eine schriftliche Äußerung innerhalb einer bestimmten Frist erbeten wird. Es kann aber auch **gleichzeitig** bereits zu einer **Antragskonferenz (§ 71 e) eingeladen** werden, wenn sich abzeichnet, dass eine mündliche Erörterung sinnvoll oder notwendig ist. Sternverfahren und Antragskonferenz schließen sich nicht gegenseitig aus, sondern können sich je nach Sachlage im Einzelfall gegenseitig ergänzen und miteinander verzahnt werden (hierzu noch § 71 e). 20

b) Aus Abs. 1 folgt ferner eine **Rechtspflicht, zugleich Obliegenheit** i. S. eines Gebot im eigenen Interesse zur Äußerung, damit die Rechtsfolgen des Abs. 2 (hierzu Rn. 29) vermieden werden können. Die beteiligten Stellen können auf die Aufforderung zur Abgabe einer Stellungnahme schweigen, müssen dann aber – ähnlich wie bei § 73 Abs. 3 a Satz 2 – die Rechtsfolgen des Abs. 2 in Kauf nehmen (hierzu Rn. 29 ff.). 21

Eine Antwort der beteiligten Stellen auf die Aufforderung zur Beteiligung wird **grundsätzlich schriftlich** zu erfolgen haben, damit eindeutig ist, wie sich die beteiligte Stelle inhaltlich geäußert hat. Ausnahmsweise kann sie auch mündlich, fernmündlich oder durch Verweis auf andere Mitteilungen oder (Parallel-)Verfahren gegeben werden, wenn etwa wegen besonderer Eilbedürftigkeit eine schriftliche Antwort nicht möglich ist. Wird die Stellungnahme einer bereits terminierten Antragskonferenz vorbehalten, wird der Eintritt einer Präklusion nach Abs. 2 regelmäßig nicht eintreten. 22

c) Die Aufforderung zur Stellungnahme hat grundsätzlich **gleichzeitig** und unter **Fristsetzung** zu erfolgen. Diese Zusammenfassung dient der Beschleunigung des Verfahrens, so dass mit dieser grundsätzlichen Parallelität Zeitverlust möglichst vermieden wird. Zu unterschiedlichen Fristsetzungen vgl. Rn. 25. 23

Schreibt das Spezialrecht für das jeweilige Genehmigungsverfahren eine **Verfahrensstufung zwingend** vor, so dass mehrere vorläufige oder Teil-/Errichtungs-/Betriebs-/Genehmigungen nur **nacheinander** erteilt werden dürfen und – etwa wie im Atomrecht – aufeinander aufbauen, wird an dieser Reihenfolge auch durch das Sternverfahren nichts verändert, weil die jeweiligen Spezialnormen dem § 71 d vorgehen und ihn **verdrängen**. 24

Nicht von vornherein unzulässig sind **unterschiedliche Fristsetzungen**. Der Wortlaut des Abs. 1 schreibt nur eine gleichzeitige Aufforderung vor, nicht aber eine gleich lange Äußerungsfrist für alle beteiligten Stellen vor. Dies ist sachgerecht, weil die Aufforderungen an die verschiedenen Träger öffentlicher Belange auf die von ihnen vertretene unterschiedlichen Belange Rücksicht nehmen müssen und der Emittlungsaufwand für eine Äußerung bei objektiver Betrachtung unterschiedlich groß sein kann. 25

Welche Frist zu bestimmen ist, hängt von den Umständen des Einzelfalls ab. Sie muss **angemessen** sein, aber die besonderen Beschleunigungsaspekte der Verfahren nach § 71 a berücksichtigen. Eine Frist von 1 Monat wird in der Regel ausreichend sein, wenn der Beschleunigungseffekt nicht verloren gehen soll. Eine kürzere oder längere Frist ist denkbar, wenn zwingende Gründe dafür vorhanden sind. Als behördliche Frist i. S. von § 31 ist eine Fristverlängerung nach Maßgabe seines Abs. 7 zulässig. 26

27 **d)** Das Sternverfahren wird nicht schlechthin angeordnet, sondern auf Grund der Soll-Vorschrift **nur im Regelfall**, soweit dies sachlich möglich und geboten ist. Es kann daher dann **entfallen**, wenn dafür **wichtige** rechtliche oder tatsächliche **Gründe** bestehen. Der erste Fall kann etwa gegeben sein, wenn sich aus den Antragsunterlagen eindeutig ergibt, dass das Vorhaben nicht genehmigungsfähig ist und feststeht, dass sie auch im Verlauf des Verfahrens nicht hergestellt werden können. Aus tatsächlichen Gründen kann z.B. auf das Sternverfahren verzichtet werden, wenn die Auffassung der an sich zu beteiligenden Stellen der Genehmigungsbehörde bereits bekannt ist und davon auszugehen ist, dass sich die Sach- und Rechtslage nicht geändert haben kann. Das muss aber ausdrücklich (ggfls. erneut) klargestellt werden. Der Wegfall des Sternverfahrens ist restriktiv zu handhaben.

28 Wenn die Genehmigungsbehörde einem Verlangen auf Einleitung eines Sternverfahrens nicht stattgibt, muss sie dies **schriftlich begründen**, damit dem Antragsteller Gelegenheit zur Überprüfung gegeben wird.

III. Begrenzte Behördenpräklusion (Abs. 2)

1. Ergänzende Anwendung in spezialgesetzlichen Genehmigungsvorschriften

29 Damit der Beschleunigungseffekt erreicht werden kann, ordnet Abs. 2 – ähnlich wie § 73 Abs. 3a Satz 2 – eine begrenzte Behördenpräklusion für diejenigen öffentlichen Belange an, die von dem jeweiligen Träger wahrgenommen werden. Die begrenzte Ausschlusswirkung soll damit einen faktischen Druck zur **zügigen Abgabe** der Stellungnahme ausüben. Die Rechtsfolge des Abs. 2 greift ergänzend und lückenschließend auch dann ein, sofern spezialgesetzlich nichts anderes bestimmt ist.[6]

30 Die Ausschlusswirkungen treten dann nicht ein, wenn eine Auslegung des anwendbaren Spezialrechts ergibt, dass es Vorrang auch gegenüber dem neuen § 71d Abs. 2 haben soll, weil die Rechtsfolgen im Spezialgesetz nach dessen Sinn und Zweck abschließend geregelt sind. Ob dies der Fall ist, muss im Einzelfall beantwortet werden. Im Allgemeinen ist davon auszugehen, dass **Lücken** im Spezialrecht durch ergänzende Anwendung der §§ 71a–e geschlossen werden (hierzu § 1 Rn. 186 m. w. N.).

2. Voraussetzungen und Grenzen der beschränkten Behördenpräklusion

31 **a) Funktion und Wesen der Präklusion:** Abs. 2 ordnet nicht schlechthin, sondern eine von bestimmten Voraussetzungen abhängige (Rn. 34 ff.) Präklusion für **behördliche Stellungnahmen** an, die nach Ablauf der (behördlichen) Äußerungsfrist eingehen. Sie beruht auf der Erkenntnis, dass sich eine Entscheidung im Genehmigungsverfahren entscheidungserheblich verzögern kann, wenn und soweit die mitbeteiligten Behörden ihre Stellungnahmen (zu) spät abgeben. Die Regelung lehnt sich an parallele Regelungen in § 4 Abs. 3 BauGB und § 73 Abs. 3a Satz 2 für das PlfV an (Näheres dort). Die „Sanktion" besteht in der **Nichtberücksichtigung** des Inhalts einer behördlichen Stellungnahme und der von den mitbeteiligten Behörden vertretenen öffentlichen Belange und soll zur **Verfahrensdisziplinierung** mitbeteiligter Behörden beitragen.[7]

32 Die indikative Formel „... werden nicht berücksichtigt ..." räumt der Genehmigungsbehörde **kein Ermessen** ein, eine unterlassene oder verspätet abgegebene Behörde dennoch zu berücksichtigen. Sie ist nach ihrem Wortlaut eine **zwingende** (begrenzte) **Rechtsfolge**. Dieser Ausschluss kann nicht nur dann eintreten, wenn die Stellungnahme **verspätet** eingeht, sondern auch wenn sie insgesamt **unterblieben** ist. Voraussetzung dafür ist die Versäumung einer von der Behörde angeordneten angemessenen Frist einschließlich einer von ihr bewilligten Nachfrist (§ 31). Die Behördenpräklusion kann vermieden werden, wenn die behördliche Frist **verlängert** wird (§ 31 Abs. 7). War die Frist nicht angemessen (Rn. 26), tritt ein Ausschluss nicht ein (Näheres bei § 31, ferner bei § 73 Abs. 3a). Voraussetzung für den möglichen Eintritt der

---

[6] Vgl. auch die Begründung des RegE, BT-Drs. 13/3995, S. 9, wonach Abs. 2 die Präklusion auch auf behördliche Stellungnahmen erstreckt, die bisher von solchen Regelungen nicht erfasst wurden.
[7] Begr. des RegE, BT-Drs. 13/3995, S. 9; *Clausen* in Knack, § 71d Rn. 3; vgl. ferner § 73 Rn. 40 ff.

Präklusion des Abs. 2 ist ein **ausdrücklicher Hinweis** in der Aufforderung zur Abgabe einer Stellungnahme sowie die Folgen der Verspätung bzw. ihres Ausbleibens. Dies ist in § 71 d – anders als § 73 Abs. 4 Satz 4 – zwar nicht ausdrücklich angeordnet, ist aber auch im Sternverfahren deshalb notwendig, damit den beteiligten Behörden ihre erhöhten Mitwirkungslasten unmissverständlich klar sind.[8]

Eine Behördenpräklusion nach Abs. 2 endet grundsätzlich im VwVf, bewirkt daher – wie § 73 Abs. 3 a – nur eine sog. **formelle Präklusion**[9] und wirkt im Verwaltungsprozess daher nicht mehr nach. Allerdings ist die Genehmigungsbehörde verpflichtet, erkennbare, aber nicht geltend gemachte öffentliche Belange in ihre Genehmigungsentscheidung einzustellen, weil sie nicht „sehenden Auges" eine rechtswidrige Entscheidung treffen darf.[10] 33

b) Grenzen der Präklusion: Die Präklusion tritt nach der Ersten in Abs. 2 genannten Alternative nicht ein, wenn die vorgebrachten Belange der Genehmigungsbehörde **bereits bekannt** sind oder ihr hätten **bekannt sein müssen**. Hier wird auf positive Kenntnis bei den maßgeblichen Stellen oder fahrlässige Unkenntnis abgestellt. Entscheidend ist nicht die Kenntnis des jeweiligen Sachbearbeiters, sondern der Behörde als Organisationseinheit. Sie kann daher auch dann in Betracht kommen, wenn sich die Kenntnis der maßgeblichen Fakten und Belange bei verständiger Würdigung der Umstände aus den **Akten** ergibt (hierzu § 73 Rn. 40 ff.). 34

Fahrlässige Unkenntnis wegen Verstoßes gegen die (objektiv) erforderlichen Sorgfaltspflichten i. S. von § 276 BGB in Bezug auf tatsächliche Vorgänge und/oder über bestehende Rechtslagen stehen der positiven Kenntnis gleich, denn wenn eine Behörde als Organisation sich nicht die gebotene Kenntnis verschafft, kann sie wegen des Grundsatzes der Gesetzmäßigkeit der Verwaltung nicht dafür „belohnt" werden und Rechtsvorteile haben. 35

Unabhängig von einer Kenntnis ist eine Präklusion auch dann ausgeschlossen, wenn der Belang bei objektiver Betrachtung für die Rechtmäßigkeit der Entscheidung **von Bedeutung** ist. Mit dieser **Kausalitätsklausel** soll sichergestellt werden, dass eine Genehmigungsbehörde nicht „sehenden Auges" rechtswidrige Genehmigungen erteilt.[11] Sie muss daher erkennbare, aber nicht geltend gemachte öffentliche Belange in ihre Entscheidung über den Genehmigungsantrag einstellen. Die Ausnahme tritt nicht nur dann ein, wenn ihr die Rechtswidrigkeit bewusst ist oder infolge fahrlässiger Unkenntnis unbekannt geblieben ist, sondern auch dann, wenn der Belang bei **ex-post-Betrachtung** für die Rechtmäßigkeit der Entscheidung **bedeutsam** war (hierzu § 73 Rn. 100 ff.). Dies ist eine Folge der Gesetzmäßigkeit der Verwaltung, hinter der Beschleunigungserwägungen zurückzutreten haben. Die Genehmigungsbehörde hat damit eine quasi **subsidiäre Rechtmäßigkeitsprüfung** unter allen denkbaren Gesichtspunkten auch für diejenigen öffentlichen Belange vorzunehmen, die in den ausgebliebenen Stellungnahmen anderer Behörden über Abs. 1 hätten wahrgenommen werden müssen. Insofern relativiert sich in gewisser Weise die strenge Rechtsfolge der Behördenpräklusion. 36

IV. Landesrecht

Zu § 71 d gibt es kein abweichendes Landesrecht. Die Vorschrift ist in den einzelnen Ländern aber zeitlich unterschiedlich in Kraft getreten. 37

V. Vorverfahren

§ 71 d ist auch im Widerspruchsverfahren anwendbar, insbesondere dann, wenn die Genehmigungsbehörde davon keinen Gebrauch gemacht hat. 38

---

[8] Vgl. *Erbguth* JZ 1994, 477 (480); *Steiner* NVwZ 1994, 313 (314); *Steinberg*, Fachplanungsrecht, § 1 Rn. 86 zum Planungsvereinfachungsgesetz.
[9] Klarstellend zur Vorauflage Rn. 33; ebenso *Kopp/Ramsauer*, § 71 d Rn. 9; *Ziekow*, VwVfG, § 71 d Rn. 7; vgl. auch *BVerwG* UPR 1999, 267.
[10] Begr. des RegE, BT-Drs. 13/3995, S. 9; ebenso *Stüer* DVBl 1997, 326; *ders.* Bau- und Fachplanungsrecht, 2. Aufl., Rn. 1651; a. A. wohl *Kopp/Ramsauer* § 71 d Rn. 9.
[11] Vgl. Begründung des RegE, BT-Drs. 13/3995, S. 9.

§ 71e Antragskonferenz

Auf Verlangen des Antragstellers soll die Behörde eine Besprechung mit allen beteiligten Stellen und dem Antragsteller einberufen.

Vergleichbare Vorschriften: –

Abweichendes Landesrecht: –

Entstehungsgeschichte: vgl. § 71a vor Rn. 1 und § 71a Rn. 7–12 der 6. Auflage.

Literatur: vgl. zu § 71a.

Übersicht

	Rn.
I. Allgemeines	1
1. § 71e als Ergänzung zu § 71d	1
2. § 71e als Ausdruck kooperativen Verwaltungsverfahrens	3
II. Einzelheiten der Antragskonferenz	5
1. Verlangen des Antragstellers	5
2. Einberufung von Amts wegen	7
3. Gegenstand der Besprechung; Bindungswirkungen	11
4. Niederschrift	15
III. Landesrecht	16
IV. Vorverfahren	17

I. Allgemeines

1. § 71e als Ergänzung zu § 71d

1 § 71d entspricht weitgehend schon bestehender Verwaltungspraxis.[1] Die Vorschrift soll durch die darin vorgesehene Konferenz in geeigneten Fällen den **Beschleunigungseffekt** des § 71d noch **verstärken** und enthält hierzu noch eine Ergänzung des Instrumentariums für die Genehmigungsbehörde. Die Regelung stellt zugleich die Festschreibung und Erweiterung einiger im Landesrecht bereits vorhandener Regelungen im Bundesrecht dar, etwa in Art. 76 Abs. 2 BayBauO, § 64 Abs. 2 LBauORhPf.[2] Die Vorschrift hat nunmehr wegen des Normcharakters **Bindungwirkungen** im Anwendungsbereich der VwVfG von Bund und Ländern.

2 § 71e und § 71d schließen sich nicht gegenseitig aus, sondern **ergänzen sich** (§ 71d Rn. 3). Während das Sternverfahren ein grundsätzlich schriftliches Verfahren ist, zielt die Antragskonferenz auf eine **mündliche Erörterung** der maßgeblichen Fragen des Genehmigungsverfahrens ab, will alle beteiligten Stellen „an einen Tisch" bringen, dadurch bestehende Problemfelder evident machen, für eine möglichst rasche Klärung und Abhilfe offener tatsächlicher und möglichst auch rechtlicher Fragen sorgen und damit zur Beschleunigung der Entscheidungsfindung beitragen.

2. § 71e als Ausdruck kooperativen Verwaltungsverfahrens

3 § 71e ist einerseits eine Fortentwicklung des bisherigen bundesrechtlichen allgemeinen Verwaltungsverfahrensrechts, zugleich Ausdruck des dialogischen und kooperativen Verwaltungsverfahrens. Die Vorschrift geht von der Erkenntnis aus, dass im Gespräch mit allen Beteiligten und allen Behörden „an einem Tisch" die noch **offenen Fragen** oftmals **besser und schneller mündlich thematisiert und geklärt** werden können als bei einem aufwändigen und zeitraubenden Schriftwechsel, bei dem zudem frühzeitige Festlegungen entstehen können, die im Verlauf des Verfahrens zu gegenseitigen Verhärtungen führen und im Verlauf eines nur schriftlichen Verfahrens schlechter abgebaut werden können.

---

[1] *Ziekow/Siegel*, Gesetzliche Regelungen der Verfahrenkooperation von Behörden und anderen Trägern öffentlicher Belangen, 2001, *Ziekow/Oertel/Windoffer*, Dauer von Zulassungsverfahren, 2005.
[2] Vgl. Begründung des RegE, BT-Drs. 13/3995, S. 9.

§ 71e lässt in geeigneten Fällen auch Raum für den Abschluss **ör Verträge** i. S. von §§ 54 ff. sowie für **Absprachen und Verständigungen** unterhalb der förmlichen Vertragsebene, etwa für Schritte zur weiteren und vollständigen Sachverhaltsermittlung und -bewertung, soweit sie rechtlich zulässig sind und Gestaltungsspielräume bestehen. Insofern hat § 71e beachtliche Elemente auch der **Konfliktmittlung und Mediation i. w. S.** (hierzu § 54 Rn. 40, ferner § 71c Rn. 27 ff.).

II. Einzelheiten der Antragskonferenz

1. Verlangen des Antragstellers

§ 71d sieht eine Antragskonferenz auf **Verlangen** des Antragstellers vor. Dieses wird regelmäßig **schriftlich** zu äußern sein, kann aber auch **mündlich** beantragt werden. Damit wird der Tatsache Rechnung getragen, dass der Antragsteller zwar nicht „Herr des Verfahrens" ist, es aber wegen des bei ihm vermuteten besonderen Beschleunigungsinteresses in der Hand haben soll, auf die mündliche Erörterung zu dringen. Er kann das Verlangen bereits zu Beginn oder im Verlauf des Verfahrens – schriftlich oder mündlich – aussprechen. Zur Soll-Regelung vgl. § 71d Rn. 27, 28.

Das Verlangen soll tunlichst **inhaltlich konkretisiert und substantiiert** werden, damit rechtzeitig Klarheit besteht, mit wem über welche konkreten Punkte gesprochen werden soll. Der Antragsteller kann insbesondere bestimmte Sachverhalts- oder Rechtsfragen zur Erörterung stellen, auch Beweiserhebungen beantragen. Nicht ausgeschlossen ist das nicht näher konkretisierte Begehren, über „alle relevanten Punkte" der Genehmigung, auch über die Beschleunigungsmöglichkeiten zu sprechen. Zur Ladung Rn. 8, zur Protokollierung Rn. 14. Die Behörde hat dem Verlangen grundsätzlich auch dann nachzukommen, wenn das Vorhaben nicht genehmigungsfähig ist oder ihm sonstige Hindernisse entgegenstehen, weil dann der Antragsteller frühzeitig die Auffassung der Behörde kennenlernt und sich darauf einstellen kann. Die Genehmigungsbehörde kann ihre Auffassung aber auch **schriftlich begründen** und von einer Einladung abzusehen, wenn sie allein ohne die Mitwirkung anderer Behörden über die Genehmigung des Vorhabens zu entscheiden hat.

2. Einberufung von Amts wegen

§ 71e steht der Einberufung einer Antragskonferenz von Amts wegen nicht entgegen. Zwar wird regelmäßig der Antragsteller selbst auf eine mündliche Verhandlung drängen. Wegen des nunmehr geltenden allgemeinen und besonderen Beschleunigungsgebots in §§ 10, 71b kann auch die **Genehmigungsbehörde** nach ihrem **Ermessen** von Amts wegen eine Antragskonferenz einberufen, wenn sie sich dadurch eine schnellere Klärung der maßgeblichen Punkte verspricht. Auch Drittbehörden und andere, am Verfahren beteiligte Träger öffentlicher Belange können bei der Genehmigungsbehörde die Einberufung einer Antragskonferenz anregen.

Zu dieser Konferenz sind die beteiligten Stellen **mit angemessener Frist** einzuberufen, d. h. zu **laden**. Zu welchem Zeitpunkt die Antragskonferenz einberufen wird, hängt von der jeweiligen Einzelfall und den Anforderungen des zur Anwendung kommenden materiellen Rechts ab. Es kann ein **früher Zeitpunkt** sein, wenn die Sach- und Rechtslage noch nicht hinreichend geklärt ist, so dass vor allem der Antragsteller, aber auch mitbeteiligte Behörden Gelegenheit zur Stellungnahme in tatsächlicher und/oder rechtlicher Sicht erhalten. Es kann aber auch ein relativ **später Zeitpunkt** sein, wenn die federführende Behörde bereits kurz vor der Entscheidung steht und nur noch die wesentlichen Streit- oder Zweifelspunkte besprechen möchte. Im letzteren Fall gilt analog das Gebot **substantieller Anhörung** (§ 28 Rn. 41 ff.; § 72 Rn. 94).

Die Ladung hat grundsätzlich **schriftlich** zu erfolgen; kurzfristig notwendig werdende Sitzungen können auch fernmündlich erfolgen. § 67 Abs. 1 Satz 2 kann entsprechend angewendet werden (zur Ladung nach § 67 Näheres dort). Andere Stellen, die am Fortgang nur allgemein interessiert sind, aber am Genehmigungsverfahren weder tatsächlich noch rechtlich unmittelbar mitzuwirken haben, gehören nicht dazu. Ein striktes Verbot der Teilnahme Dritter oder sonstiger Träger öffentlicher Belange besteht aber nicht (vgl. Rn. 13). Ggfls. ist die Wahrung von Betriebs- und Geschäftsgeheimnissen (§ 30) zu beachten.

10 In der Ladung zur Sitzung wird sich eine **Konkretisierung** der zu behandelnden Punkte in einer **Tagesordnung** anbieten, damit sich alle beteiligten Stellen rechtzeitig darauf einstellen können und Zeitverlust vermieden wird.

3. Gegenstand der Besprechung; Bindungswirkungen

11 a) Gegenstand der Besprechung werden **alle entscheidungserheblichen Punkte** sein, zu denen aus der Sicht der federführenden Behörde rechtlicher oder/und tatsächlicher Klärungs- und Erörterungsbedarf besteht. Wie konkret und vollständig über den Sachstand und die wichtigen Punkte gesprochen werden kann, hängt von dem jeweiligen Sach- und Rechtsstand des Einzelfalls ab. Für den Inhalt und Ablauf der Konferenz können die Vorschriften über eine **mündliche Verhandlung** – ähnlich wie in einem Förmlichen Verwaltungsverfahren – insbesondere nach §§ 66–68 analog angewendet werden. Am Verfahren nicht beteiligte Stellen, die nach der konkreten Rechtslage des Falles keine Mitentscheidungsbefugnisse haben, benötigen auch kein Mitwirkungsrechte und werden im Regelfall nicht eingeladen werden müssen oder sollen.

12 Die **Verhandlungsführung** liegt grundsätzlich bei der Genehmigungsbehörde. Die Anwesenheit drittbeteiligter Stellen wird zu gestatten sein, soweit dies für eine Förderung der Beschleunigung von Bedeutung sein kann. Geschäfts- und Betriebsgeheimnisse sind zu wahren (§ 30).

13 Ob in **einer oder mehreren Sitzungen** eine sachgerechte Beratung möglich ist, hängt von den Umständen und der Komplexität der jeweiligen Probleme ab. § 71 sieht eine Beschränkung auf eine einzige Sitzung an einem einzigen Ort nicht vor. Ggfls. sind mehrere Besprechungen – auch auf der Grundlage ergänzender schriftlicher Stellungnahmen – notwendig, wenn dies zur Beschleunigung der Entscheidungsfindung dienlich erscheint. Auch **Ortsbesichtigungen** und Erörterungen mit **Sachverständigen** können dazu gehören (vgl. § 66 Abs. 2 analog).

14 b) Ob und ggfls. welche **Bindungswirkungen** die Besprechungsergebnisse haben, hängt ebenfalls von den Umständen des **Einzelfalls** ab. Im Allgemeinen wird die Verfahrensherrschaft und Entscheidungsbefugnis der federführenden Behörde durch eine Antragskonferenz nicht aufgehoben. Bindungswirkungen entstehen allenfalls dann, wenn die zuständigen Behörden Zusicherungen in der Form und mit den Wirkungen des § 38 geben (vgl. auch § 71 c Rn. 20).

4. Niederschrift

15 Über die Ergebnisse der Besprechung wird regelmäßig in analoger Anwendung von § 68 Abs. 4, § 93 ein **Protokoll** zu erstellen sein, damit später keine Unklarheiten über die Ergebnisse der Konferenz entstehen können.[3] Der Beweiswert von Niederschriften richtet sich nach allgemeinen Rechtsgrundsätzen. Das Protokoll wird denjenigen bekanntzugeben sein, die am Verfahren beteiligt sind und von den Ergebnissen betroffen sein können. Zur begrenzten Bindungswirkung Rn. 14.

III. Landesrecht

16 Das Landesrecht entspricht § 71 e. Es ist in den einzelnen Ländern zeitlich unterschiedlich in Kraft getreten.

IV. Vorverfahren

17 § 71 e ist auch in Widerspruchsverfahren anwendbar.

---

[3] Ebenso *Kopp/Ramsauer*, § 71 e Rn. 6; a. A. *Ziekow*, VwVfG, § 71 e Rn. 3.

Abschnitt 2.
Planfeststellungsverfahren

§ 72 Anwendung der Vorschriften über das Planfeststellungsverfahren

(1) Ist ein Planfeststellungsverfahren durch Rechtsvorschrift angeordnet, so gelten hierfür die §§ 73 bis 78 und, soweit sich aus ihnen nichts Abweichendes ergibt, die übrigen Vorschriften dieses Gesetzes; die §§ 51 und 71 a bis 71 e sind nicht anzuwenden, § 29 ist mit der Maßgabe anzuwenden, dass Akteneinsicht nach pflichtgemäßem Ermessen zu gewähren ist.

(2) ¹Die Mitteilung nach § 17 Abs. 2 Satz 2 und die Aufforderung nach § 17 Abs. 4 Satz 2 sind im Planfeststellungsverfahren öffentlich bekannt zu machen. ²Die öffentliche Bekanntmachung wird dadurch bewirkt, dass die Behörde die Mitteilung oder die Aufforderung in ihrem amtlichen Veröffentlichungsblatt und außerdem in örtlichen Tageszeitungen, die in dem Bereich verbreitet sind, in dem sich das Vorhaben voraussichtlich auswirken wird, bekannt macht.

Vergleichbare Vorschriften: –

Abweichendes Landesrecht: Bln: § 4 Abs. 5: § 72 Abs. 1 des Verwaltungsverfahrensgesetzes ist mit der Maßgabe anzuwenden, dass die Regelungen des Berliner Informationsfreiheitsgesetzes uneingeschränkt auch im Planfeststellungsverfahren gelten.
SchlH: § 139 Abs. 1: Ist ein Planfeststellungsverfahren durch Rechtsvorschrift angeordnet, so gelten hierfür die §§ 140 bis 145 und, soweit sich aus ihnen nichts Abweichendes ergibt, die übrigen Vorschriften dieses Gesetzes; die §§ 118 a und 138 a bis 138 e sind nicht anzuwenden.
§ 139 Abs. 2: **amtlich** bekannt zu machen (statt öffentlich bekannt zu machen) und amtliche Bekanntmachung (statt öffentliche Bekanntmachung).
Entstehungsgeschichte: Bis zum Inkrafttreten des VwVfG vgl. § 72 der 6. Auflage. Gleichzeitig mit der Einfügung der §§ 71 a ff (Beschleunigung von Genehmigungsvorhaben) in das VwVfG durch das GenBeschlG ist in § 72 Abs. 1 HS 2 klargestellt worden, dass diese Vorschriften für PlfV nicht gelten.
Literatur: *Steenhoff,* Planfeststellung für Betriebsanlagen von Eisenbahnen, DVBl 1996, 137; *Foquet,* Die allgemeinen materiellen Voraussetzungen der Planfeststellung, VerwArch 1996, 212; *Becker,* Verfahrensbeschleunigung durch Genehmigungskonzentration, VerwArch 1996, 581; *Schmitz/Wessendorf,* Das GenBeschlG – Neue Regelungen und der Standort Deutschland, NVwZ 1996, 955; *Repkewitz,* Beschleunigung der Verkehrswegeplanung, VerwArch 1997, 137; *Bonk,* Strukturelle Änderungen des Verwaltungsverfahrens durch das GenBeschlG, NVwZ 1997, 320; *Jarass,* Aktuelle Probleme des Planfeststellungsrechts, DVBl 1997, 795; *Stuchlik,* Die enteignungsrechtliche Planfeststellung für Energieversorgungsanlagen, UPR 1998, 1; *Jürgensen,* Gemeinschaftsrechtliche Aspekte beim Ausbau transeuropäischer Verkehrsnetze, UPR 1998, 12; *Steinbeiß-Winkelmann,* Verfassungsrechtliche Vorgaben und Grenzen der Verfahrensbeschleunigung, DVBl 1998, 809; *Kern,* Die Beschleunigungsgesetze für den Verkehrsbereich, FS Blümel, 497; *Ronellenfitsch,* Fachplanung und Verwaltungsgerichtsbarkeit, FS Blümel, 497; *Wahl,* Europäisches Planungsrecht – Europäisierung des deutschen Planungsrechts, FS Blümel, 617; *Kodal/Krämer,* Straßenrecht, 6. Auflage, 1999; *Erbguth,* Verfassungs- und europarechtliche Aspekte der Deregulierungen im Planfeststellungsverfahren, UPR 1999, 41; *Wahl/Dreier,* Die Entwicklung des Fachplanungsrechts, NVwZ 1999, 606; *Bartunek,* Probleme des Drittschutzes bei der Planfeststellung, 2000; *Schrader,* Informationsrechte in Planungsverfahren, NuR 2000, 487; *Jarass,* Europäisierung des Planungsrechts, DVBl 2000, 945; *Blümel,* Die Entwicklung des Rechtsinstituts der Planfeststellung, FS Hoppe, 3; *Badura,* Vorhabenplanung im Rechtsstaat, FS Hoppe, 167; *Erbguth,* Zum System der Fachplanung, FS Hoppe, 631; *Breuer,* Das wasserrechtliche Planfeststellungsrecht, FS Hoppe, 667; *Wahl,* Einige Grundprobleme des allgemeinen Raumplanungsrecht, FS Hoppe, 913; *Erichsen,* Planung und Umweltinformationen nach europäischem und deutschem Recht, FS Hoppe, 927; *Erbguth,* Zum Gehalt und zur verfassungs- wie europarechtlichen Vereinbarkeit der verwaltungsprozessual ausgerichteten Beschleunigungsgesetzgebung, UPR 2000, 81; *Goppel,* Zum grundsätzlichen Verhältnis von Raumordnung und Fachplanung unter dem Hintergrund projektbezogener Ziele der Raumordnung zu Verkehrsvorhaben des Bundes, UPR 2000, 431; *Steinberg/Berg/Wickel,* Fachplanung, 3. Aufl., 2000; *Hönig,* Vorbereitende Maßnahmen für das Planfeststellungsverfahren, UPR 2001, 374; *Herrmann,* Planfeststellung, Privatisierung und Gemeinwohl, NuR 2001, 551; *Bogs,* Die Planung transeuropäischer Verkehrsnetze, 2002; *Ramsauer/Bieback,* Planfeststellung bei privatnützigen Vorhaben, NVwZ 2002, 277; *Stüer,* Fachplanungsrecht – Grundlagen, DVBl 2002, 435; *Stüer/Hermanns,* Fachplanungsrecht: Natur- und Umweltschutz – Verkehrswege, DVBl 2002, 514; *Bell,* Die fachplanerische Enteignung zu Gunsten Privater, UPR 2002, 367; *v. Komorowski,* Das Betätigungsverbot des § 20 VwVfG in der Planfeststellung, NVwZ 2002, 1455; *Jarass,* Die Planfeststellung privater Vorhaben, 2003; *Schoen,* Die Planfeststellung zwischen Kontrollerlaubnis und Planungsentscheidung, 2003; *Erbguth,* Luftverkehr und Raumordnung – am Beispiel der Flughafenplanung, NVwZ 2003, 144;

Peters, Planfeststellung und Plangenehmigung bei Energieleitungsanlagen, VR 2003, 73; *Giemulla,* Der Zusammenhang zwischen Ausbauplan und Genehmigung bzw. Planfeststellung, NVwZ 2003, 643; *Guckelberger,* Die wasserrechtliche Planfeststellung nach § 31 WHG, NuR 2003, 469; *Stüer,* Fachplanungsrecht: Grundlagen – Naturschutz, DVBl 2003, 711; *Stüer,* Fachplanungsrecht: Verkehrsinfrastruktur – Energiegewinnung, DVBl 2003, 899; *Pöcker,* Die Problematik des Verhältnisses von materiellem Recht und Verfahrensrecht bei Planungsentscheidungen, DÖV 2003, 980; *Ziekow,* Praxis des Fachplanungsrechts, 2004; *v. Danwitz,* Aarhus-Konvention: Umweltinformation, Öffentlichkeitsbeteiligung, Zugang zu den Gerichten, NVwZ 2004, 272; *Stüer/Hönig,* Befangenheit in der Planfeststellung, DÖV 2004, 642; *Siegel,* Die Planfeststellung nach dem Personenbeförderungsgesetz, NZV 2004, 545; *Ramsauer,* Umweltprobleme in der Flughafenplanung – Verfahrensrechtliche Fragen, NVwZ 2004, 1041; *Stüer,* Handbuch des Bau- und Fachplanungsrechts, 3. Aufl., 2005; *Wahl/Hönig,* Entwicklung des Fachplanungsrechts, NVwZ 2006, 161; *Battis/Ingold,* Der Umweltinformationsanspruch im Planfeststellungsverfahren, DVBl 2006, 735; *Thürmer,* Zur Rolle der Umweltinformationsrichtlinie in Planfeststellungsverfahren, EurUP 2006, 231; *Kupfer/Wurster,* Das Fachplanungsrecht in der neueren Rechtsprechung des Bundesverwaltungsgerichts, Verwaltung 2007, 75 und 239; *Wickel,* Die Änderungen im Planfeststellungsverfahren durch das Gesetz zur Beschleunigung von Planungsverfahren für Infrastrukturvorhaben, UPR 2007, 201; *Otto,* Das Infrastrukturplanungsbeschleunigungsgesetz, NVwZ 2007, 379; *Schröder,* Das neue Infrastrukturplanungsbeschleunigungsgesetz – auf dem Weg zu zügigerer Realisierung von Vorhaben?, NuR 2007, 380; *Lecheler,* Planungsbeschleunigung bei verstärkter Öffentlichkeitsbeteiligung und Ausweitung des Rechtsschutzes?, DVBl 2007, 713.
Ferner die Literaturnachweise zu §§ 73, 74, 75.
Ausführlich zum Schrifttum vor 1996 s. § 72 der 6. Auflage

Übersicht

	Rn.
I. Allgemeines	1
1. Planfeststellungsverfahren als Besondere Verfahrensart	1
2. Planfeststellung als Planungsentscheidung	9
3. Entwicklung des Planfeststellungsrechts	12
a) Historische Entwicklung	12
b) Strukturelle Änderungen seit 1990	15
4. Planfeststellungsverfahren im geltenden Recht	27
a) privatnützige/gemeinnützige Planfeststellung	28
b) Bundesrecht	32
c) Landesrecht	47
II. Besonderheiten des Planfeststellungsverfahrens	48
1. Rechtsnatur und Inhalt	48
2. Gesetzgebungs- und Verwaltungskompetenz	57
3. Verhältnis zu anderen Planungsstufen und Verfahren	63
a) Raumordnungsverfahren	64
b) Linienbestimmungsverfahren	67
c) Planaufstellungsverfahren	68
d) Umweltverträglichkeitsprüfung (UVP)	69
e) Enteignungsverfahren	70
III. Voraussetzungen der Anwendbarkeit der §§ 72–78	72
IV. Geltung der übrigen Vorschriften des VwVfG	82
1. Modifizierte Geltung der sonstigen Vorschriften des VwVfG	82
2. Die anwendbaren Vorschriften des VwVfG im Einzelnen	84
a) Teil I (§§ 1–8)	84
b) Teil II (§§ 9–34)	85
c) Teil III (§§ 35–53)	102
d) ör Vertrag (§§ 54–62)	120
e) Förmliches Verwaltungsverfahren (§§ 63–71 e)	121
f) § 79 und § 80	123
g) Teil VII (§§ 81–93)	124
V. Europarecht	125
VI. Landesrecht	130

I. Allgemeines

1. Planfeststellungsverfahren als Besondere Verfahrensart

1   Das Planfeststellungsverfahren (PlfV) ist neben dem Förmlichen Verwaltungsverfahren (§§ 63 bis 71) die zweite im VwVfG geregelte **Besondere Verfahrensart.**

2   Für eine allgemeine Regelung des PlfV im VwVfG bestand **Bedarf,** weil zahlreiche **Fachplanungsgesetze** des **Bundes** und der **Länder** PlfV vorsahen, die sich jedoch ohne zwingen-

den Grund unterschieden oder nicht näher ausgestaltet waren.[1] Das PlfV ist auf den **Erlass eines VA,** des Planfeststellungsbeschlusses (PlfBeschluss), gerichtet. Dies rechtfertigt seine Regelung im VwVfG.

Gegenstand des PlfV ist der Plan eines Vorhabenträgers für ein **raumbezogenes (ortsfestes)** **Vorhaben** mit örtlichen oder überörtlichen Auswirkungen. Raumbedeutsame Vorhaben können solche sein mit räumlich weit gezogener Inanspruchnahme des Bodens durch Trassen (**sog. überörtliche Streckenvorhaben**), wie Straßen, Wasserstraßen und Eisenbahnlinien, oder solche mit räumlich begrenzter Inanspruchnahme des Bodens (**sog. örtliche Punktvorhaben**), wie Flughäfen, Abfalldeponien oder Endlager für radioaktive Abfälle. 3

Das PlfV zielt auf die Entscheidung der Planfeststellungsbehörde (PlfBehörde) über die ör Zulassung des Vorhabens. Diese Entscheidung ergeht in der Form eines (rechtsgestaltenden) **VA,** durch den der eingereichte Plan der Vorhabenträgers festgestellt wird. Der VA wird aufgrund historischer Überlieferung **PlfBeschluss** genannt (zu ihm § 74 Rn. 17 ff.). Er entscheidet über die Zulässigkeit des Vorhabens, ergeht in einem **besonderen Verfahren** (§ 73), einer **besonderen Form** (§ 74) und hat **besondere Rechtswirkungen** (§ 75). 4

Raumbedeutsame Vorhaben berühren regelmäßig zahlreiche öffentliche und private Belange, die für oder gegen seine Verwirklichung angeführt werden können und von privaten Betroffenen sowie verschiedenen Behörden vertreten werden, denen ihre Wahrung anvertraut ist. Mit dem PlfV wird ein verfahrensrechtliches Instrument bereitgestellt, das für ein komplexes Vorhaben eine einheitliche Gesamtentscheidung einer Behörde ermöglicht. Wesen und Bedeutung der Planfeststellung bestehen darin, dass über ein Vorhaben und seine ör Zulässigkeit in **einem Verfahren** durch **eine Behörde** eine **einheitliche Sachentscheidung** mit umfassender Rechtswirkung (§ 75 Rn. 10 ff.) und Problembewältigung (Rn. 48 ff.) getroffen wird. Durch dieses einheitliche, **konzentrierte Verfahren** unterscheidet sich das PlfV von anderen gestuften oder parallelen Verwaltungsverfahren. 5

Der Gesetzgeber hat einen weiten **Gestaltungsspielraum** bei der Regelung der Frage, in welchem Verfahren über die Zulassung eines raumbedeutsamen Vorhabens entschieden werden soll. Er ist nicht auf das PlfV festgelegt, sondern kann zwischen **einheitlichen, gestuften, parallelen oder konzentrierten** Verfahren wählen. Es liegt im Gestaltungsspielraum des Gesetzgebers, ob das Vorhaben mit einer oder mehreren, ggfls. zeitlich gestaffelten, endgültigen oder vorläufigen (Teil-)Errichtungs- und Betriebsgenehmigungen realisiert werden darf. Das Verfahren muss aber sachgerecht und zur Problemlösung geeignet sein. Soweit Rechtspositionen Dritter betroffen sind, darf es deren Rechtsschutz weder vereiteln noch unzumutbar erschweren.[2] 6

Der Gesetzgeber kann PlfV und Genehmigungsverfahren **verknüpfen.** Einem Genehmigungsverfahren kann ein PlfV folgen oder vorausgehen, wie dies etwa bei der Zulassung von Verkehrsflughäfen in §§ 6, 8 LuftVG vorgesehen ist.[3] 7

Die §§ 72 ff. enthalten nur einen allgemeinen, subsidiär geltenden **verfahrensrechtlichen Rahmen** für Planfeststellungen. Die **materiellrechtlichen Maßstäbe** für die Zulässigkeit des Vorhabens ergeben sich aus den jeweils einschlägigen **Fachplanungsgesetzen,** ergänzt durch andere Fachgesetze, die – wie §§ 41, 42 BImSchG – Vorschriften zum Schutze Dritter oder – wie das BNatSchG – Gebote oder Verbote enthalten, die bei der Planfeststellung zu berücksichtigen sind. Zum Verhältnis des VwVfG zu den Fachplanungsgesetzen vgl. Rn. 72 ff.; zur Subsidiarität § 1 Rn. 206 ff. 8

2. Planfeststellung als Planungsentscheidung

Der PlfBeschluss entscheidet über die Zulassung eines Vorhabens, das der Vorhabenträger in Form eines von ihm eingereichten Plans (§ 73 Rn. 18 ff.) zur Grundlage des PlfV gemacht hat. Welche Entscheidungsbefugnisse und Entscheidungsspielräume der PlfBehörde dabei inhaltlich 9

---

[1] Allgemeine Begründung Nr. 8.2 des Musterentwurfs, S. 77.
[2] Vgl. *BVerfGE* 53, 30, 65 = NJW 1980, 759, 763; *BVerfGE* 77, 381, 405 f. = NVwZ 1988, 427, 428; *BVerfGE* 84, 34, 45 ff = NJW 1991, 2005, 2006; *BVerfGE* 84, 59, 72 ff. = NJW 1991, 2008, 2009 f.; *Wieland* DVBl 1991, 616, 619; *v. Danwitz* DVBl 1993, 422; *Becker* VerwArch 1996, 581; *Bonk* NVwZ 1997, 320, 324.
[3] Vgl. hierzu *BVerwGE* 56, 110, 135 ff. = NJW 1979, 64, 70 f.: für den Rechtsschutz Drittbetroffener ist allein die Planfeststellung der maßgebliche VA; ebenso *BVerwG* LKV 1998, 148 für die fingierte Planfeststellung nach § 71 LuftVG.

(materiell) zustehen, ergibt sich nicht schon aus der Anordnung eines PlfV, sondern aus der materiellen Ausgestaltung der Planfeststellung in dem jeweiligen Fachplanungsgesetz. Der Gesetzgeber kann die Zulassung eines Vorhabens inhaltlich als **Planungsentscheidung** mit Abwägungsspielraum über das Ob und Wie seiner Realisierung oder als gebundene Entscheidung mit Rechtsanspruch auf ihren Erlass ausgestalten, wenn die Tatbestandsvoraussetzungen erfüllt sind.

10   Herkömmlich ist die Zulassung eines raumbedeutsamen Vorhabens inhaltlich als Planungsentscheidung ausgestaltet. Der PlfBehörde wird durch oder aufgrund des jeweiligen Fachplanungsgesetzes die Befugnis übertragen, auf der Grundlage des vorgelegten Plans für ein bestimmtes raumbedeutsames Vorhaben private und öffentliche Belange in einem Akt **planender Gestaltung** durch **Abwägung** zum Ausgleich zu bringen oder erforderlichenfalls zu überwinden.[4] Diese Planungsbefugnis der PlfBehörde schließt regelmäßig einen mehr oder weniger weiten **Gestaltungsspielraum** über das Ob und Wie der Realisierung eines Vorhabens ein, weil Planung ohne Gestaltungsfreiheit ein Widerspruch in sich wäre (hierzu § 74 Rn. 26 ff.).[5] Dem Wesen rechtsstaatlicher Planung entspricht es, dass jede hoheitliche Planung **rechtlichen Bindungen** unterliegt, deren Einhaltung verwaltungsgerichtlicher Kontrolle unterworfen ist (hierzu: § 74 Rn. 31 f.). Formelle Schranken ergeben sich aus der Bindung an das grundsätzlich **zwingende Verwaltungsverfahrensrecht.** Materielle Schranken ergeben sich aus der Bindung an **vorgelagerte Planungsentscheidungen** (Rn. 63 ff.), aus dem Erfordernis einer **Planrechtfertigung** (§ 74 Rn. 33 ff.), aus zwingenden Geboten und Verboten des materiellen Rechts, die der Abwägung nicht zugänglich sind und in ihr nicht überwunden werden können (**Planungsleitsätzen**; § 74 Rn. 130 ff.), sowie aus den Anforderungen des **Abwägungsgebots** (§ 74 Rn. 54 ff).[6]

11   Der Gesetzgeber kann Planfeststellungen aber auch als **gebundene Entscheidung** ohne planerische Gestaltungsfreiheit der PlfBehörde ausgestalten.[7] Das jeweilige Fachplanungsgesetz kann ein strikt einzuhaltendes Prüfprogramm vorgeben, mit der Folge, dass eine Planfeststellung nur ergehen kann, wenn die im Gesetz abschließend aufgeführten Voraussetzungen erfüllt sind, hingegen zu versagen ist, wenn diese Vorgaben nicht eingehalten werden können. Liegen die im Gesetz bestimmten Versagungsgründe nicht vor, hat die PlfBehörde in diesen Fällen den PlfBeschluss zu erlassen, ohne dass noch Raum ist für eine fachplanerische Abwägung des Vorhabens mit widerstreitenden privaten oder öffentlichen Interessen. Allein dass der Gesetzgeber für die Zulassung eines Vorhabens ein PlfV angeordnet hat, bedeutet mithin noch nicht, dass über die Zulassung aufgrund planerischer Gestaltungsfreiheit zu entscheiden ist. Vielmehr kommt es darauf an, welches materielle Entscheidungsprogramm der Gesetzgeber in dem jeweiligen Fachgesetz vorgegeben hat.

3. Entwicklung des Planfeststellungsrechts

12   a) **Historische Entwicklung.** Das PlfV hat seinen historischen Ursprung in der eisenbahnrechtlichen „Genehmigung der Bahnlinie in ihrer vollständigen Durchführung durch alle Zwischenpunkte" nach § 4 des Preußischen Gesetzes über die **Eisenbahn-Unternehmungen** vom 3. 11. 1835.[8] Diese Genehmigung wurde im Interesse eines reibungslosen und beschleunigten verwaltungsmäßigen Ablaufs dahin verstanden, dass es neben der Genehmigung des zuständigen Ministers für das geplante Bauvorhaben keines weiteren Einverständnisses anderer Behörden bedurfte; deren Kompetenzen wurden vielmehr von dem Minister mit wahrgenommen. Das bedeutet eine **Zuständigkeitskonzentration** auf regelmäßig nur eine Behörde; dieser Effekt kennzeichnet das PlfV nach wie vor als ihm wesenseigen (§ 75 Rn. 10 ff.).

13   Nachdem Art. 90 WRV die Eisenbahnhoheit dem Reich übertragen hatte, übernahm das Reich die eisenbahnrechtliche Planfeststellung reichseinheitlich durch § 37 des **Reichsbahnge-**

---

[4] Vgl. *BVerwGE* 74, 124, 133 = NJW 1986, 2447, 2449; *Kühling/Herrmann,* Rn. 24 ff.; *Steinberg/Berg/Wickel,* S. 25 ff.
[5] Vgl. *BVerwGE* 34, 301, 304; *BVerwGE* 56, 110, 116 = NJW 1979, 64, 65.
[6] Vgl. *BVerwGE* 56, 110, 116 f. = NJW 1979, 64, 65.
[7] Für die atomrechtliche Planfeststellung: *BVerwG* NVwZ 2007, 841, 842; *OVG Lüneburg* DVBl 2006, 1044, 1049 ff.; für die bergrechtliche Planfeststellung: *BVerwG* NVwZ 2007, 700, 701; *OVG Lüneburg* NuR 2005, 604 f; *OVG Münster* NWVBl 2006, 334, 336.
[8] GS S. 505.

setzes vom 30. 8. 1924.[9] Meinungsverschiedenheiten zwischen den Ländern und dem Reich über die Wirkung und Reichweite dieser Planfeststellung führten durch das Gesetz zur Änderung des ReichsbahnG vom 13. 3. 1930[10] zu einer bereits in Art. 94 Abs. 1 S. 2 WRV vorgeschriebenen, nunmehr auch einfachgesetzlich ausdrücklich angeordneten förmlichen Anhörung der sachlich beteiligten Behörden der Länder. Durch § 8 des Gesetzes über die Errichtung eines Unternehmens **„Reichsautobahnen"** vom 27. 6. 1933[11] wurde auch eine einheitliche straßenrechtliche Planfeststellung eingeführt.

Der **Bund** schuf nach dem 2. Weltkrieg vor allem durch die §§ 17, 18 des Bundesfernstraßengesetzes vom 6. 8. 1953[12] ein umfassendes Planfeststellungsrecht für die Straßenbauvorhaben, die seiner Gesetzgebungskompetenz unterfielen. Die Länder übernahmen es für ihren Bereich. Damit wurden die **eisenbahn- und straßenrechtlichen Planfeststellungen** der Nachkriegszeit die wichtigsten Anwendungsfälle dieser Verfahrensart. Sie wurde sukzessive auf andere raumbezogene Vorhaben erweitert.[13]

Das **BVerwG** übertrug mit einem Urteil[14] aus dem Jahr 1975 die zu anderen hoheitlichen Planungen entwickelten Grundsätze auf die Planfeststellung und betonte auch für sie die planerische Gestaltungsfreiheit einerseits, aber insbesondere deren Bindung durch die Notwendigkeit einer hinreichenden Planrechtfertigung, durch zwingende Gebote und Verbote des materiellen Rechts (Planungsleitsätze), namentlich aber durch die Anforderungen des Abwägungsgebots.

b) Strukturelle Änderungen seit 1990. Die rechtliche Ausgestaltung des PlfV hat sich seit 1990 erheblich geändert.

aa) Das **Dritte Rechtsbereinigungsgesetz** (RBG)[15] diente durch Abbau von Spezialvorschriften in einzelnen Fachplanungsgesetzen der Herstellung der Rechtseinheit im Verwaltungsverfahrensrecht, die der Gesetzgeber nach der Verabschiedung des VwVfG gefordert hatte (hierzu § 1 Rn. 234).

bb) Das **Verkehrswegeplanungsbeschleunigungsgesetz** (VerkPBG)[16] reagierte auf die deutsche Einheit. Es zielte darauf ab, die Zeiten für die Planung und Realisierung von Verkehrswegen zu verkürzen, die die neuen Länder mit dem alten Bundesgebiet verbinden (vgl. § 1 Abs. 1 VerkPBG).[17] Das VerkPBG gab zum Zwecke der Beschleunigung des PlfV Fristen vor, zum einen der Anhörungsbehörde und den Gemeinden für die einzelnen Schritte des Anhörungsverfahrens nach § 73, zum anderen den zu beteiligenden Behörden für die Abgabe ihrer Stellungnahme, insoweit verbunden mit einer eingeschränkten Präklusion verspätet eingereichter Stellungnahmen. Es führte ferner die **Plangenehmigung** ein.

Die damit geschaffenen **Sonderregelungen** wurden alsbald durch das PlVereinfG **in die** für Verkehrsvorhaben einschlägigen **Fachplanungsgesetze** und später durch das GenBeschlG **in das VwVfG** übernommen. Bedeutung hatte zuletzt im Wesentlichen nur noch § 5 VerkPBG. Er enthielt **Sondervorschriften für das verwaltungsgerichtliche Verfahren**. Er sah insbesondere eine erstinstanzliche Zuständigkeit des BVerwG für Streitigkeiten vor, die PlfV und Plangenehmigungsverfahren für Vorhaben nach § 1 VerkPBG betrafen.[18] Das von Anfang an befristete VerkPBG ist nach einer letzten Verlängerung seiner Geltungsdauer mit Ablauf des

---

[9] RGBl II S. 272.
[10] RGBl II S. 359.
[11] RGBl II S. 509.
[12] BGBl I 903.
[13] Zur historischen Entwicklung vgl. *Dürr* in Kodal/Krämer, S. 986 ff.; *Blümel*, Die Bauplanfeststellung, S. 35 ff.; *Karnarth*, Die Konzentrationswirkung der Planfeststellung nach dem Bundesfernstraßengesetz, 1968, S. 66 ff.; *Ronellenfitsch* VerwArch 1989, 92, 97.
[14] *BVerwGE* 48, 56 = NJW 1975, 1373.
[15] Vom 26. 6. 1990, BGBl I 1221.
[16] Vom 16. 12. 1991, BGBl I 2174, zuletzt geändert durch Gesetz vom 22. 12. 2005, BGBl I 3691.
[17] Zum räumlichen Anwendungsbereich vgl. *BVerwG* NVwZ 1993, 770; NVwZ 1994, 371; NVwZ-RR 1998, 90; NVwZ 2001, 1160; zum sachlichen Anwendungsbereich vgl. *BVerwG* NVwZ 1995, 903; NVwZ 1996, 396 (jeweils Bahnstromfernleitung); *BVerwGE* 102, 269, 271 = NVwZ 1997, 920, 921 (zur Widmung und Entwidmung von Bahnanlagen).
[18] Zur Verfassungsmäßigkeit der Vorschrift eingehend: *BVerwGE* 120, 87, 89 ff. = NVwZ 2004, 722 ff.; zum sachlichen Umfang der erstinstanzlichen Zuständigkeit: *BVerwG* NVwZ 1994, 370; NVwZ 2002, 470, 471 (jeweils nicht planfestgestellte Baumaßnahmen); NVwZ 1994, 483 (vorbereitende Arbeiten); NVwZ-RR 1996, 610 (behördliche Kostenentscheidung im PlfBeschluss); NVwZ 2000, 168; NVwZ 2001, 206; NVwZ-RR 2004, 551 (jeweils nachträgliche Schutzauflagen).

16.12. 2006 **außer Kraft getreten,** gilt aber aufgrund der Übergangsvorschrift in § 11 noch für alle Planungsverfahren, die vor diesem Zeitpunkt begonnen worden sind.

19   cc) Das **Planungsvereinfachungsgesetz** (PlVereinfG)[19] verfolgte ebenfalls das Ziel, die Planung von Verkehrswegen zu straffen und zu vereinfachen, um die als zu lang empfundenen Planungs-, Genehmigungs- und Realisierungszeiten von Infrastrukturvorhaben abkürzen. Es übernahm in die wichtigsten Fachplanungsgesetze aus dem VerkPBG die Fristbestimmungen für Behörden und das Institut der Plangenehmigung. Es fügte Vorschriften über die Präklusion von Einwendungen bei Versäumung der Einwendungsfrist und über den Wegfall des PlfV in Fällen unwesentlicher Bedeutung hinzu. Ferner wurden die Möglichkeiten der PlfBehörde erweitert, Verfahrens-, aber auch Abwägungsmängel zu beheben, insbesondere durch Planergänzung und ergänzendes Verfahren.

20   dd) Das **Genehmigungsverfahrensbeschleunigungsgesetz** (GenBeschlG)[20] übernahm diese Regelungen in das VwVfG, die seither für alle PlfV gelten, auf die das VwVfG anwendbar ist. Damit verfolgte das GenBeschlG die Tendenz, Planungsverfahren zu beschleunigen, die Rechtserheblichkeit von Planungsfehlern zu beschränken und zugleich die Arbeit der Behörden zu erleichtern.[21]

21   ee) Zum Zwecke noch weiterer Beschleunigung hat der Gesetzgeber vorübergehend die Planung selbst in die Hand genommen und mehrere **Investitionsmaßnahmegesetze** zur Umsetzung bestimmter Verkehrsprojekte erlassen.[22] Der Gesetzgeber kann auf diese Weise ein bestimmtes Vorhaben dem Anwendungsbereich der §§ 9 ff., 72 ff. entziehen, ohne dass an dessen Stelle ein vergleichbares formalisiertes Planaufstellungsverfahren tritt (zur Kritik vgl. § 9 Rn. 95 ff.). Das BVerfG hat eine Fachplanung durch den Gesetzgeber im Grundsatz für zulässig gehalten.[23] Derzeit besteht kein Anhaltspunkt dafür, der Gesetzgeber werde die vorhabenbezogene Fachplanung unmittelbar durch Gesetz auf Dauer als Alternative zum PlfV beibehalten.[24]

22   ff) Trotz dieser Änderungen kam der Gesetzgeber zu dem Ergebnis, sie blieben in ihrer Beschleunigungswirkung in wesentlichen Teilen unvollständig; das geltende Planungsrecht für den Bau insbesondere von Verkehrswegen werde deshalb den Anforderungen an die Transparenz, Berechenbarkeit und Zügigkeit der Entscheidungsprozesse nicht mehr gerecht.[25] Durch das **Gesetz zur Beschleunigung von Planungsverfahren für Infrastrukturvorhaben** vom 9. 12. 2006[26] sind deshalb weitere Regelungen geschaffen worden, die auf eine Vereinfachung und Beschleunigung der Planungsprozesse für den Verkehrsbereich zielen. Der Gesetzgeber hat dabei nicht das VwVfG geändert, sondern die Fachplanungsgesetze, die für die wesentlichen Verkehrsvorhaben einschlägig sind (§§ 18a ff. AEG; §§ 17a ff. FStrG; §§ 14a ff. WaStrG; § 10 Abs. 2 LuftVG; §§ 2 ff. MBPlG; §§ 43a ff. EnWG). Diese Regelungen gehen den §§ 72 ff. vor. Sie haben zu einem erheblichen Teil nichts mit Besonderheiten von Verkehrsprojekten zu tun. Wenn der Gesetzgeber sie überhaupt für notwendig und sinnvoll hält, hätte er sie im VwVfG regeln und damit für alle PlfV verbindlich machen können. Die Zersplitterung des Verwaltungsverfahrensrechts ist jedenfalls (zunächst) weiter angewachsen.[27] Nach Entschließungen des Bundestages und des Bundesrates sollen die Maßgaben aus den Fachplanungsgesetzen in einem weiteren Gesetzgebungsverfahren im VwVfG verankert werden (vgl. § 1 Rn. 269).[28]

Zweifelhaft ist allerdings, ob die als zu lang empfundene Dauer einer Planung und Realisierung von Großvorhaben auf verfahrensrechtliche Anforderungen zurückzuführen ist. Sie dürfte viel eher Ergebnis stetig wachsender materiell-rechtlicher Anforderungen an die Zulassung sol-

---

[19] Vom 26. 6. 1993, BGBl I 2123.
[20] Vom 12. 9. 1996, BGBl I 1354.
[21] Hierzu *Bonk* NVwZ 1997, 320; *Jarass* DVBl 1997, 795; *Schenke* NJW 1997, 81; *Schmitz/Wessendorf* NVwZ 1996, 955.
[22] Gesetz über den Bau der Südumfahrung Stendal der Eisenbahnstrecke Berlin-Oebisfelde vom 29. 3. 1993, BGBl I 1906; Gesetz über den Bau des Abschnitts Wismar-Ost/Wismar-West der Bundesautobahn A 20 vom 19. 4. 1994, BGBl I 734.
[23] *BVerfGE* 95, 1 = NJW 1997, 383, ferner *Ossenbühl* in FS Hoppe, S. 183.
[24] Vgl. auch *VGH Mannheim* NuR 2005, 250, 252.
[25] BT-Drs 16/1338.
[26] BGBl I S. 2833; zur Anwendung des Gesetzes auf begonnene und beendete Verfahren vgl. *Schröder* NuR 2007, 381, 382.
[27] Zutreffend die Kritik von *Wickel* UPR 2007, 201.
[28] BT-Drs 16/3158, S. 54; BR-Drs 764/06.

cher Vorhaben sein. Hierfür spricht auch die Enttäuschung, die sich nach jedem Beschleunigungsgesetz alsbald einzustellen pflegte. Nicht zuletzt das Gemeinschaftsrecht hat mit seinen Vorgaben umwelt- und naturschutzrechtlicher Art die materiellen Anforderungen an die Zulassung von Vorhaben deutlich erhöht. Die Erfüllung dieser Vorgaben macht umfangreiche und deshalb langwierige fachwissenschaftlich abgesicherte Ermittlungen bei der Planaufstellung und der Planfeststellung selbst erforderlich.[29] Werden insoweit im anschließenden Verwaltungsprozess Defizite aufgedeckt, führt dies zwar nur selten zur vollständigen Aufhebung des PlfBeschlusses, wohl aber zu einer ihrerseits zeitaufwendigen Nachbesserung in einem ergänzenden Verfahren nach § 75 Abs. 1a S. 2.

Dass die tatsächliche Realisierung von Vorhaben zumindest auch durch andere Gründe gehemmt wird, macht das Gesetz zur Beschleunigung von Planungsverfahren für Infrastrukturvorhaben selbst deutlich. Es hat wichtige Fachplanungsgesetze um eine Regelung ergänzt, nach der abweichend von § 75 Abs. 4 ein PlfBeschluss erst außer Kraft tritt, wenn seit dem Eintritt seiner Bestandskraft zehn Jahre verstrichen sind, ohne dass mit dem Vorhaben begonnen worden ist; die Frist kann zudem um weitere fünf Jahre verlängert werden (§ 18c AEG; § 17c FStrG; § 14c WaStrG, § 2b MBPlG; § 43c EnWG). Der Gesetzgeber geht mithin davon aus, dass nach Abschluss des PlfV und eines hierauf bezogenen verwaltungsgerichtlichen Verfahrens noch bis fünfzehn Jahre vergehen können, bevor mit dem Vorhaben überhaupt begonnen werden kann. Stünden wirklich allein Verwaltungs- und Gerichtsverfahren der Realisierung des Vorhabens entgegen, bedürfte es einer solchen Regelung nicht.[30]

Zur weiteren Verkürzung der PlfV hat der Gesetzgeber insbesondere bei dem Anhörungsverfahren nach § 73 angesetzt. Nach Maßgabe wesentlicher Fachplanungsgesetze ist dort der bisher obligatorische Erörterungstermin als Kernstück des Anhörungsverfahren (§ 73 Abs. 6) durch einen nur noch **fakultativen Erörterungstermin** ersetzt worden (§ 18a Nr. 5 S. 1 AEG; § 17a Nr. 5 S. 1 FStrG; § 14a Nr. 5 S. 1 WaStrG; § 2 Nr. 5 S. 1 MBPlG; § 43a Nr. 5 S. 1 EnWG). Ob sie einen Erörterungstermin abhält, steht im Ermessen der Anhörungsbehörde. Der Gesetzgeber hat dabei dem Erörterungstermin hauptsächlich die Funktion einer ergänzenden Ermittlung des Sachverhalts und einer Einigung mit Betroffenen zugewiesen (§ 73 Rn. 113).[31] 23

Zur Beschleunigung soll auch die **Verkürzung des Rechtswegs** beitragen. Der Katalog erstinstanzlicher Zuständigkeiten des OVG in § 48 VwGO ist ausgeweitet. Das BVerwG ist für konkrete, in den Fachplanungsgesetzen aufgelistete Verkehrsprojekte erst- und letztinstanzlich zuständig (§ 50 Abs. 1 Nr. 6 VwGO).[32] 24

Durch das **Öffentlichkeitsbeteiligungsgesetz**[33] und insbesondere durch das **Umwelt-Rechtsbehelfsgesetz** (URG)[34] hat der Gesetzgeber ferner die Beteiligung der anerkannten Naturschutzvereine und Umweltschutzvereinigungen u.a. an PlfV inhaltlich näher ausgestaltet (hierzu § 73 Rn. 103 ff.), ferner die Klagemöglichkeiten der Umweltschutzvereinigungen gegen Entscheidungen im PlfV (§ 2 URG, hierzu § 74 Rn. 282 ff.) sowie die Rechtsfolgen einer nicht oder nicht ordnungsgemäß durchgeführten UVP geregelt (§ 4 URG, hierzu § 73 Rn. 151 ff.). 25

gg) **Verwaltungsprozessrecht.** Vorbildern im VerkPBG folgend enthalten zahlreiche Fachplanungsgesetze inzwischen verwaltungsprozessuale Regelungen (§ 18e AEG; § 17e FStrG; § 14e WaStrG; § 10 Abs. 6 und 7 LuftVG; § 2d MBPlG; § 43e EnWG). Sie sehen einerseits Fristen für die Begründung der Klage vor, verbunden mit einer Präklusion verspäteten Vorbringens. Zum anderen schließen sie die aufschiebende Wirkung der Klage gegen PlfBeschlüsse aus; für den gerichtlichen Antrag auf Anordnung der aufschiebenden Wirkung nach § 80 Abs. 5 VwGO und seine Begründung gelten Fristen. 26

4. Planfeststellungsverfahren im geltenden Recht

Über die Zulassung eines Vorhabens wird nur dann durch Planfeststellung entschieden, wenn sie in einem Gesetz oder aufgrund eines Gesetzes angeordnet ist. Es kann sich um ein **Bundes-** 27

---

[29] Beispielhaft hierfür *BVerwG* NVwZ 2007, 1054.
[30] Zutreffend *Wickel* UPR 2007, 201, 205.
[31] Kritisch hierzu: *Guckelberger* DÖV 2006, 97; *Teßmer* ZUR 2006, 469, 472f.; *Cancik* DÖV 2007, 107.
[32] Zum Umfang der Zuständigkeit: *BVerwG* NVwZ 2007, 1095. Kritisch zu der Ausweitung erstinstanzlicher Zuständigkeiten des BVerwG: *Hien* DVBl 2006, 350, 351; *Wickel* UPR 2007, 201, 206.
[33] Vom 9. 12. 2006, BGBl I S. 2819.
[34] Vom 7. 12. 2006, BGBl I S. 2816.

oder **Landesgesetz** handeln (zur Gesetzgebungskompetenz Rn. 57 ff.). Bei älteren Gesetzen ergibt mitunter erst eine **Auslegung** der einschlägigen Normen, ob ein Verfahren zu einer Planfeststellung führen soll.[35] Bei neueren Gesetzen wird diese Verfahrensart regelmäßig nur gewollt sein, wenn **ausdrücklich** von Planfeststellung gesprochen wird. Ist eine Planfeststellung angeordnet, sind die §§ 72 ff. ergänzend und subsidiär anzuwenden, ohne dass sie **zusätzlich spezialgesetzlich für anwendbar erklärt** werden müssen (Rn. 72).

28 a) Planfeststellungen lassen sich in **gemeinnützige** und **privatnützige Planfeststellungen** einteilen.[36] Diese Einteilung beschreibt auf der Grundlage der inzwischen wohl gefestigten Rechtsprechung[37] Unterschiede mehr in den tatsächlichen Erscheinungsformen als in den rechtlichen Anforderungen.

Die Planfeststellung war ursprünglich das typische Verfahrensinstrument für wichtige Vorhaben der (Verkehrs-)Infrastruktur, die im regelmäßig **öffentlichen Interesse zur Förderung des Allgemeinwohls** verwirklicht werden sollen.[38] Sie werden durchweg von Behörden und ihren Rechtsträgern oder von rechtlich verselbständigten öffentlichen Unternehmen initiiert.

Daneben gab es schon bisher planfeststellungspflichtige Vorhaben, die im **überwiegend oder ausschließlich individuellen Interesse des Vorhabenträgers** verwirklicht werden sollen, etwa der Aufschluss des Grundwassers zum Abbau von Kiesen und Sanden (= planfeststellungspflichtiger Ausbau eines Gewässers nach § 31 WHG[39]). Der Gesetzgeber hat in den letzten Jahren Planfeststellungen namentlich für solche Vorhaben neu eingeführt, die vor ihrer Zulassung einer Prüfung ihrer Umweltverträglichkeit bedürfen. Er sah in der Planfeststellung ein geeignetes Trägerverfahren für die UVP. Unter diesen Vorhaben sind solche, die zu den privatnützigen gehören.[40]

Für die Unterscheidung ist **unerheblich,** wie der **Vorhabenträger organisiert** ist. Ein gemeinnütziges Vorhaben kann auch durch ein Privatrechtssubjekt als Träger verwirklicht werden. **Maßgeblich** ist allein, ob das Vorhaben einem **Zweck** dient, der im öffentlichen Interesse liegt.[41] Dabei kommt es nicht darauf an, ob ein privates Vorhaben mittelbar (irgendwelche) öffentlichen Belange fördert.[42] Das Vorhaben muss unmittelbar einem Ziel dienen, für dessen Verwirklichung nach der Entscheidung des Gesetzgebers in dem jeweiligen Fachplanungsgesetz Gründe des Allgemeinwohls streiten.[43]

Nach dem derzeitigen Stand des Fachplanungsrechts unterscheiden die einzelnen Fachplanungsgesetze für die Zulassung eines Vorhabens nicht danach, ob es sich um ein privatnütziges oder ein gemeinnütziges Vorhaben handelt. Es kommt allein darauf an, ob ein Vorhaben die dort umschriebenen Merkmale erfüllt, von denen abhängt, ob es der Planfeststellung bedarf und spiegelbildlich damit in dieser Verfahrensart zugelassen werden kann. Für die Zulassung gelten für alle Vorhaben im Grundsatz dieselben Anforderungen.[44]

29 Auch für privatnützige Vorhaben ist eine **Planrechtfertigung** erforderlich, wenn diese Planungsschranke aus dem Grundsatz der Verhältnismäßigkeit staatlichen Handels hergeleitet wird, das mit Eingriffen in private Rechte (auch durch deren nur mittelbare Beeinträchtigung) verbunden ist (hierzu § 74 Rn. 33).[45]

Wird hingegen die Planrechtfertigung als spezifisch enteignungsrechtliche Anforderung an solche Vorhaben verstanden (hierzu § 74 Rn. 33 f.), für deren Verwirklichung auf das Eigentum Dritter unmittelbar zugegriffen werden muss und für die der PlfBeschluss die Zulässigkeit einer

---

[35] Vgl. *BVerwGE* 15, 75.
[36] Gegen diese Unterscheidung: *Wickel* in Fehling u. a., § 72 VwVfG Rn. 51 f.; *Müller,* Abschied von der Planrechtfertigung, S. 115 ff.; *Steinberg/Berg/Wickel*, S. 35 ff.; *Breuer* in FS Hoppe, S. 667, 677 ff.
[37] Aus jüngerer Zeit insbesondere *BVerwG* NVwZ 2007, 1074, 1077.
[38] Vgl. *Kühling* in FS Sendler, 390, 392 ff.; *Kühling/Herrmann,* Rn. 477 ff.; *Schmidt-Preuss* in FS Hoppe, S. 1071 ff.
[39] BVerwGE 55, 220 = NJW 1978, 2308; BVerwGE 85, 155 = NVwZ 1991, 362.
[40] Beispiele bei *Ramsauer/Bieback* NVwZ 2002, 277, 280.
[41] VG Hamburg NordÖR 2007, 125, 126; *Bell* UPR 2002, 367, 369; *Herrmann* NuR 2001, 551, 555; *Ramsauer/Bieback* NVwZ 2002, 277, 278.
[42] So aber *OVG Hamburg* NVwZ-RR 2006, 97, 100.
[43] BVerwGE 85, 44 = NVwZ 1990, 969; *Bell* UPR 2002, 367, 370; *Ramsauer/Bieback* NVwZ 2002, 277, 278.
[44] BVerwG NVwZ 2007, 1074, 1077.
[45] BVerwG NVwZ 2007, 1074, 1077; OVG Hamburg NVwZ 2005, 105, 106; NVwZ-RR 2006, 97, 99; *Jarass* NuR 2004, 69, 73 f.; *Breuer* in FS Hoppe, S. 667, 683; *Schmidt-Preuss* in FS Hoppe, S. 1071, 1092; *Steinberg/Berg/Wickel,* S. 37.

späteren Enteignung dem Grunde nach feststellt (**enteignungsrechtliche Vorwirkung**), ist für ein privatnütziges Vorhaben eine Planrechtfertigung nicht erforderlich.[46] Das Vorhaben richtet sich an den privaten Interessen des Vorhabenträgers aus, verwirklicht aber nicht ein gesetzlich vorgegebenes, im öffentlichen Interesse liegendes Planungsziel. Wegen dieser fehlenden Ausrichtung auf das Gemeinwohl ermöglicht die allein privatnützige Planfeststellung nicht die unmittelbare Inanspruchnahme fremden Eigentums für die Verwirklichung des Vorhabens; ihr kommt keine enteignungsrechtliche Vorwirkung zu.[47] Umgekehrt ist die gemeinnützige Planfeststellung dadurch gekennzeichnet, dass mit der Verwirklichung des Vorhabens eine Aufgabe des Gemeinwohls erfüllt werden soll, für die der Gesetzgeber die Inanspruchnahme fremden Eigentums im Wege der Enteignung zugelassen hat. Der gemeinnützigen Planfeststellung kommt eine enteignungsrechtliche Vorwirkung zu. Sie bedarf deshalb der Planrechtfertigung, nämlich der Feststellung, ob das konkrete Vorhaben der im jeweiligen Fachplanungsgesetz umschriebenen Aufgabe des Gemeinwohls entspricht (§ 74 Rn. 33).

Soweit ein privatnütziges Vorhaben mittelbar auf private Rechte Dritter nachteilig einwirkt **30** oder mit rechtlich beachtlichen öffentlichen Interessen kollidiert, ist es nicht allein deshalb unzulässig.[48] Vielmehr ist bei privatnützigen ebenso wie bei gemeinnützigen Vorhaben jeweils festzustellen, ob die betroffenen öffentlichen oder privaten Belange sich aus Vorschriften zwingenden Rechts (**Planungsleitsätzen**) ergeben, die in der Abwägung nicht überwunden werden können (§ 74 Rn. 130).[49]

Stehen dem Vorhaben Vorschriften zwingenden Rechts nicht entgegen, setzt die Zulassung auch eines privatnützigen Vorhabens eine umfassende planerische **Abwägung** der berührten öffentlichen und privaten Belange voraus.[50] In dieser Abwägung mag ein allein privates Interesse an der Verwirklichung des Vorhabens sich gegen entgegenstehende öffentliche oder andere private Belange nur selten behaupten,[51] kann sich aber im Einzelfall durchaus gegen sie durchsetzen, etwa wenn der durch das Vorhaben zu erwartende Nutzen die für die Betroffenen zu erwartenden Nachteile überwiegt.[52] In diesem Zusammenhang kann zu Gunsten des Vorhabens streiten, dass seine Verwirklichung mittelbar öffentliche Belange fördert.[53]

Nachteilige Einwirkungen auf Rechte Dritter führen, wenn sie die Zumutbarkeitsschwelle **31** überschreiten, auch bei privatnützigen Vorhaben nicht zwingend zur Versagung der Planfeststellung, sondern, wenn hinreichend gewichtige Gründe für das Vorhaben sprechen, zur Anordnung von **Schutzmaßnahmen** nach § 74 Abs. 2 S. 2.[54] Sind solche untunlich (unmöglich) oder mit dem Vorhaben nicht vereinbar, kann das Vorhaben zugelassen werden, indem die planbetroffenen Dritten nach § 74 Abs. 2 S. 3 angemessen in Geld entschädigt werden.[55]

Der Gesetzgeber ist durch Art. 14 Abs. 1 S. 2 GG auch aufgerufen, widerstreitende aus Eigentum abgeleitete private Rechtspositionen einander verhältnismäßig zuzuordnen. Die Planfeststellung enthält mit ihren Regelungen über das Abwägungsgebot und den Ausgleich von unzumutbaren Beeinträchtigungen Dritter eine solche verhältnismäßige Ausgestaltung der einander gegenüber stehenden Rechtspositionen auch für den Fall, dass auf der Seite des Vorhabenträgers und der Seite des Drittbetroffenen allein private Rechtspositionen in Konflikt geraten.[56]

---

[46] *Ziekow*, § 74 Rn. 17; *Kühling/Herrmann*, Rn. 285 ff.; *Guckelberger* in Ziekow, Praxis des Fachplanungsrechts, Rn. 2076 f.; *Herrmann* NuR 2001, 551, 552 f.; *de Witt* LKV 2006, 5, 7; wohl auch *Ramsauer/Bieback* NVwZ 2002, 277, 281 f.
[47] *Ramsauer/Bieback* NVwZ 2002, 277, 282.
[48] Anders wohl die ältere Rechtsprechung: BVerwGE 55, 220, 226 ff. = NJW 1978, 2308, 2310; VGH München BayVBl 1989, 272; in jüngerer Zeit noch: OVG Münster NuR 2006, 191, 192; ebenso: *Bell* UPR 2002, 367.
[49] So bereits klarstellend: BVerwGE 71, 163 = NJW 1986, 82; BVerwGE 79, 318, 322 = NJW 1989, 242, 243; BVerwGE 85, 44, 46 = NVwZ 1990, 969, 970; ferner: OVG Koblenz NuR 2001, 291.
[50] BVerwGE 85, 155, 156 = NVwZ 1991, 362; *Breuer* in FS Hoppe, S. 667, 681 f.
[51] Vgl. *Jarass* NuR 2004, 69, 74.
[52] Vgl. etwa *Kühling/Herrmann*, Rn. 288 ff.
[53] BVerfG NVwZ 2003, 197, 198; BVerwG NVwZ 2007, 1074, 1078 f.; OVG Hamburg NVwZ 2001, 1173, 1174 f.; *Ramsauer/Bieback* NVwZ 2002, 277, 285.
[54] BVerfG NVwZ 2003, 197, 198; BVerwG UPR 1999, 153; BVerwG NVwZ 2007, 1074, 1077; OVG Hamburg NVwZ 2001, 1173, 1176; *Herrmann* NuR 2001, 551, 553; *Jarass* DÖV 2004, 633, 636.
[55] BVerwG NVwZ 2007, 1074, 1077; *Jarass* DÖV 2004, 633, 641 f.; a. A.: OVG Hamburg NVwZ 2001, 1173, 1176; *Herrmann* NuR 2001, 551, 554 f.; *Ramsauer/Bieback* NVwZ 2002, 277, 282 ff.
[56] BVerwG NVwZ 2007, 1074, 1077.

32 b) Im **Bundesrecht** sind PlfV vorgesehen:

aa) für den Bau und die Änderung von **Bundesfernstraßen** (§ 17 S. 1 FStrG);

33 bb) für den Bau und die Änderung[57] der **Betriebsanlagen einer Eisenbahn**[58] einschließlich der Bahnfernstromleitungen (§ 18 S. 1 AEG);[59]

34 cc) für die Errichtung und die Änderung von **Versuchsanlagen zur Erprobung von Techniken für den spurgeführten Verkehr** nach §§ 2 ff. VersuchsanlG;[60]

35 dd) für den Bau und die Änderung von Betriebsanlagen einer **Magnetschwebebahn** (§ 1 S. 1 MBPlG);

36 ee) für die Anlage und die Änderung[61] von **Flughäfen** und bestimmten Landeplätzen (§ 8 Abs. 1 LuftVG);[62] neben der Planfeststellung ist regelmäßig eine Genehmigung nach § 6 LuftVG erforderlich;[63] für Hochbauten auf dem Flughafengelände können PlfV und Baugenehmigungsverfahren neben einander treten (§ 9 Abs. 1 S. 3 LuftVG);[64] bestimmte Altanlagen gelten nach § 71 LuftVG als planfestgestellt (fingierte Planfeststellung);[65]

37 ff) für den Bau von Betriebsanlagen für **Straßenbahnen**[66] und für **Oberleitungsomnibusse** (§ 28 Abs. 1, 41 PBefG);[67]

38 gg) für die Herstellung, Beseitigung oder wesentliche Umgestaltung eines **Gewässer**s oder seiner Ufer (§ 31 WHG);[68] für das nur rahmenrechtlich vorgegebene PlfV haben die Länder in ihren Landeswassergesetzen ergänzende Vorschriften erlassen;

39 hh) für den Ausbau, den Neubau und die Beseitigung von **Bundeswasserstraßen** (§ 14 Abs. 1 WaStrG);[69] die Planfeststellung bedarf des Einvernehmens der nach Landesrecht zuständigen Behörde, wenn das Vorhaben Belange der Landeskultur oder der Wasserwirtschaft berührt;[70]

40 ii) für die Feststellung eines **Wege- und Gewässerplanes im Flurbereinigungsgebiet** (§ 41 FlurbG);[71]

41 jj) für die Errichtung und den Betrieb von **Anlagen des Bundes zur Sicherstellung und zur Endlagerung radioaktiver Abfälle** (§§ 9a Abs. 3, 9b AtG);[72]

---

[57] Zur Unterscheidung von einer bloßen, nicht planfeststellungspflichtigen Instandsetzung vgl. *BVerwG* NVwZ 1999, 535, 536; *BVerwGE* 111, 108, 111 = NVwZ 2001, 82, 84. Zur (Wieder)Einrichtung eines zweigleisigen Betriebs nach längerer Stilllegung eines Gleises vgl. *BVerwGE* 81, 111, 117 = NVwZ 1989, 655; *BVerwGE* 99, 166 = NVwZ 1996, 394; *BVerwG* LKV 1996, 246; NVwZ 1999, 535, 536; *BVerwGE* 107, 350, 352 ff. = NVwZ 1999, 539, 540; *BVerwGE* 111, 108, 111 ff. = NVwZ 2001, 82, 84.

[58] Zum Begriff vgl. *VGH Mannheim* NVwZ-RR 2002, 818, 820; zu Bahnhöfen vgl. *Ronellenfitsch* VerwArch 1999, 467 ff., insbesondere S. 586 ff.; *Grigoleit/Otto* DÖV 2000, 182.

[59] Zum Anwendungsbereich vgl. *OVG Koblenz* NVwZ-RR 2001, 714.

[60] Vom 29. 1. 1976 (BGBl I 241), zuletzt geändert durch Art. 258 des Gesetzes vom 29. 10. 2001 (BGBl I 2785).

[61] Zur Abgrenzung der Änderung von der bloßen Ausweitung des tatsächlichen Betriebs vgl. *VGH Kassel* NVwZ-RR 2003, 729, 730 ff.

[62] Hierzu: *BVerwGE* 56, 110 = NJW 1979, 64; *BVerwGE* 75, 214 = NVwZ 1987, 578; *BVerwGE* 87, 332 = NVwZ-RR 1991, 601; *BVerwG* NVwZ-RR 1991, 129; *BVerwGE* 125, 116 = NVwZ-Beilage I 8/2006, 1; *BVerwGE* 127, 208 = NVwZ 2007, 576.

[63] *BVerwGE* 56, 110 = NJW 1979, 64; *BVerwGE* 87, 332, 348 = NVwZ-RR 1991, 601, 606; *BVerwGE* 114, 364 = NVwZ 2002, 350; *BVerwG* NVwZ 2002, 1235; *OVG Hamburg* NVwZ-RR 1997, 619; *Giemulla* NVwZ 2003, 643; *Quaas* NVwZ 2003, 649, 650; *Ramsauer* NVwZ 2004, 1041, 1045 ff.

[64] *BVerwGE* 115, 158 = NVwZ 2002, 346.

[65] Zur Reichweite dieser Fiktion: *BVerwG* NVwZ 2004, 869; *BVerwGE* 127, 208, 223 ff. = NVwZ 2007, 576, 580; *OVG Schleswig* NuR 2006, 63, 64.

[66] Zur Einordnung von S-Bahnen vgl. *OVG Hamburg* NordÖR 2001, 208.

[67] Hierzu *Siegel* NZV 2004, 545. Das Vorliegen einer Genehmigung nach § 9 PBefG ist nicht Voraussetzung der Planfeststellung: *BVerwGE* 123, 286, 288 ff. = NVwZ 2005, 949, 950. Zur Bedeutung der Genehmigungsvoraussetzungen für die Bewertung öffentlicher Belange in der Abwägung: *VGH München* UPR 2007, 195, 196 f.

[68] Zur wasserrechtlichen Planfeststellung: *Breuer* in FS Hoppe, S. 667; *Guckelberger* NuR 2003, 469.

[69] Zur wasserstraßenrechtlichen Planfeststellung: *BVerwGE* 72, 15 = NVwZ 1985, 736; zur Abgrenzung einer Ausbaumaßnahme von einer nicht planfeststellungspflichtigen Unterhaltungsmaßnahme: *BVerwGE* 115, 294 = NVwZ 2002, 470; zur Abgrenzung der wasserstraßenrechtlichen Planfeststellung von der wasserwirtschaftlichen Planfeststellung: *Breuer* in FS Hoppe, S. 667, 671 ff.

[70] Hierzu: *BVerwGE* 116, 175 = NVwZ 2002, 1239.

[71] Hierzu *OVG Lüneburg* DVBl 2007, 512; *VGH München* BayVBl 2006, 672.

[72] Hierzu *BVerwGE* 85, 54 = NVwZ 1990, 967; *BVerwGE* 90, 255 = LKV 1992, 377; *BVerwGE* 105, 6 = NVwZ 1998, 281; *BVerwG* NVwZ 2007, 841; *OVG Lüneburg* DVBl 2006, 1044.

§ 72 Vorschriften über das Planfeststellungsverfahren　　　　42–48 § 72

kk) für die Errichtung und den Betrieb von **Deponien** (§ 31 Abs. 2 KrW-/AbfG); die Landesabfallgesetze enthalten teilweise ergänzende Vorschriften, namentlich über die enteignungsrechtliche Vorwirkung von PlfBeschlüssen zu Gunsten ör Entsorgungsträger;[73] 42

ll) für die Zulassung **bergrechtlicher Rahmenbetriebspläne mit eingeschlossener UVP** gemäß § 52 Abs. 2a–2c, §§ 57a–57c BBergG.[74] Planfeststellungsbedürftig sind nur Abbauvorhaben, für die eine UVP vorgeschrieben ist. Im bergrechtlichen Betriebsplanverfahren wird auf eine erneute UVP (und damit auf die Durchführung eines PlfV) verzichtet, wenn das Vorhaben Gegenstand eines landesplanerischen Verfahrens mit UVP gewesen ist (§ 52 Abs. 2b Satz 2 i.V.m. § 54 Abs. 2 Satz 3 BBergG). Für den praktisch bedeutsamen Abbau von Braunkohle ist in Nordrhein-Westfalen die UVP in das landesplanerische Braunkohleplanverfahren vorverlagert (§ 45 LPlG NRW). 43

mm) in bestimmten Fällen für die **Errichtung, den Betrieb sowie die Änderung von Hochspannungsfreileitungen und von Gasversorgungsleitungen** sowie in bestimmten Fällen von Erdkabeln (§ 43 EnWG),[75] mit der Möglichkeit eines vereinfachten Verfahrens nach § 43b Nr. 1 EnWG;[76] 44

nn) für die Errichtung und den Betrieb bestimmter **Rohrleitungsanlagen** und **künstlicher Wasserspeicher,** soweit deren Zulassung auf Grund einer Prüfung im Einzelfall nach den §§ 3b ff. UVPG einer UVP bedarf (§ 20 Abs. 1 UVPG). 45

Daneben gibt es bundesrechtliche **Planungsverfahren, die keine PlfV sind.** Mit ihnen wird zwar über die Zulässigkeit raumbezogener Vorhaben entschieden. Ihnen fehlen jedoch die Konzentrationswirkung (hierzu § 75 Rn. 10ff.) und die Ausrichtung auf eine planerische Konfliktbewältigung, wie sie das PlfV kennzeichnen. Hierzu gehören etwa die Verfahren nach § 4 **EnWG** (Genehmigung des Betriebs eines Energieversorgungsnetzes), nach § 1 **LandbeschG** (Bezeichnung der Vorhaben, für die Grundstücke zu Verteidigungszwecken beschafft werden sollen) sowie das herkömmliche **bergrechtliche Betriebsplanverfahren.**[77] Das Verfahren zur Erteilung einer Genehmigung nach § 6 LuftVG, der keine Planfeststellung nachfolgt, ist ein sonstiges Planungsverfahren mit den Wirkungen der Planfeststellung.[78] Nicht in einem **PlfV** werden ferner der **Umlegungsplan** nach § 66 BauGB und der **Flurbereinigungsplan** nach § 56 FlurbG[79] aufgestellt. 46

c) Landesrecht. Die Länder haben im Rahmen ihrer Gesetzgebungskompetenz PlfV gesetzlich angeordnet, namentlich für den Bau und die Änderung von **Straßen** oder **Seilbahnen.**[80] Für sie gelten die Vorschriften der jeweiligen Fachplanungsgesetze, die nach Maßgabe des § 72 des jeweiligen LVwVfG durch dessen Regelungen ergänzt werden. 47

II. Besonderheiten des Planfeststellungsverfahrens

1. Rechtsnatur und Inhalt

§ 72 definiert den **Begriff** der Planfeststellung nicht, sondern setzt sie als Rechtsinstitut voraus, das in den spezialgesetzlichen Vorschriften (Rn. 32ff.) durch einen abgrenzbaren Bestand gemeinsamer Merkmale bestimmt wird.[81] Das PlfV ist ein im Allgemeininteresse liegendes **rationelles, komplexes, konzentriertes und einheitliches** (nicht gestuftes) **Verwaltungs- und Planungsverfahren** und zugleich mehrpoliges Rechtsverhältnis und Interessengeflecht.[82] 48

---

[73] Beispielsweise § 23 LAbfG NRW.
[74] Hierzu *BVerwG* NVwZ 2007, 700; *OVG Lüneburg* NuR 2005, 604f; *OVG Münster* NuR 2006, 320, 321; NWVBl 2006, 334, 336; *Gaentzsch* in FS Sendler, S. 403ff.; zum Übergangsrecht: *BVerwG* NVwZ 2002, 1237.
[75] Hierzu: *Salje/Hädrich* NordÖR 2007, 183; *Schneller* DVBl 2007, 529. Zur enteignungsrechtlichen Planfeststellung für Energieversorgungsanlagen: *Stuchlik* UPR 1998, 1.
[76] Hierzu *Lecheler* DVBl 2007, 713, 717f.
[77] Vgl. hierzu *Kühling/Herrmann,* Rn. 547ff.
[78] *BVerwG* NVwZ 2007, 459.
[79] Hierzu ebenso *Dürr* in Knack, vor § 72 Rn. 13 u. 15.
[80] Vgl. § 4 Hessisches Seilbahngesetz vom 23. 9. 2006, GVBl. I. S. 491.
[81] Vgl. *Ule/Laubinger,* § 39 Rn. 2 mit Beispielen für unterschiedliche Begriffsbestimmungen.
[82] Vgl. *BVerwGE* 44, 235, 240 = NJW 1974, 813, 814; *Ronellenfitsch* VerwArch 1989, 92, 96, 100.

Von ihm sind nur die beiden **letzten Stufen** im VwVfG geregelt, nämlich das **Anhörungsverfahren** mit umfassender Beteiligung von Behörden und Betroffenen (§ 73) und die Feststellung des Plans als Entscheidung, die das Verfahren abschließt (**Planfeststellung i. e. S**; § 74).

49 Das PlfV zielt ab auf die verbindliche Entscheidung über die Zulässigkeit eines konkreten raumbedeutsamen Vorhabens unter Ausgleich der von ihm ausgehenden Folgen für Dritte und die Allgemeinheit. Es dient dem Zweck, grundsätzlich durch eine **Stelle** in einem **Verfahren** zu einer **einheitlichen** und umfassenden, die berührten öffentlichen und privaten Belange untereinander und gegeneinander abwägenden **Gesamtentscheidung** über die **ör Zulässigkeit** des Vorhabens einschließlich der notwendigen Folgemaßnahmen zu gelangen, neben der andere behördliche Entscheidungen grundsätzlich nicht mehr erforderlich sind. In dieser uneingeschränkten und umfassenden **Problembewältigung** liegt der große Vorteil dieses VwVf.[83] Es fasst sonst getrennt durchzuführende Verwaltungsverfahren zu einem einzigen zusammen (§ 75 Rn. 13).[84]

50 Nur wenn die abschließende Entscheidung grundsätzlich alle nach anderen Rechtsvorschriften notwendigen behördlichen Entscheidungen einschließt, liegt eine Planfeststellung i. S. d. VwVfG vor.[85] Die **Konzentrationswirkung** ist **Wesenselement** der Planfeststellung und untrennbar mit ihr verbunden (zu ihr § 75 Rn. 10 ff.).[86]

51 Die Aufgabe **umfassender Problembewältigung** unterscheidet die Planfeststellung von der Bauleitplanung.[87] Die planende Gemeinde kann die Lösung von Konflikten, die durch den Bebauungsplan ausgelöst werden, in nachfolgende Verwaltungsverfahren verweisen, in denen auf der Grundlage des Bebauungsplans über die Genehmigung konkreter Vorhaben entschieden wird. Der PlfBeschluss entscheidet hingegen abschließend über die Zulassung des Vorhabens, ersetzt insbesondere alle sonst erforderlichen behördlichen Entscheidungen. Er gibt mit seiner Vollziehbarkeit den Baubeginn frei. Planerische Zurückhaltung kann die PlfBehörde deshalb nur in eng begrenztem Umfang üben.[88] Andererseits besagt das Gebot der Konfliktbewältigung nicht mehr, als dass die durch die Planentscheidung berührten Belange zu einem gerechten Ausgleich gebracht werden müssen. Die Planung darf nicht dazu führen, dass Konflikte, die durch sie hervorgerufen werden, zu Lasten Betroffener letztlich offen bleiben.[89]

52 Eine solche Zurückhaltung kommt für Fragen in Betracht, welche die technische Sicherheit der zu errichtenden Anlage betreffen. Der PlfBeschluss braucht technische Details der **Bauausführung** nicht zu regeln, soweit nach dem Stand der Technik für die zu bewältigenden Probleme geeignete Lösungen zur Verfügung stehen und die Beachtung der entsprechenden technischen Regelwerke sichergestellt ist.[90]

53 Davon abgesehen kann die PlfBehörde die endgültige Problemlösung auf ein **nachfolgendes Verwaltungsverfahren** verlagern, wenn hierdurch die Durchführung von Maßnahmen sichergestellt ist, die zur Lösung der aufgeworfenen Probleme erforderlich sind.[91] Gleiches gilt, wenn für die Lösung des Problems außerhalb von PlfV ein spezialisiertes und verbindliches, auf gesetzlichen Regelungen beruhendes Verfahren existiert, dem die endgültige Problemlösung vorbehalten werden kann.[92]

54 Führt die Verwirklichung eines Vorhabens zur unwirtschaftlichen Zerschneidung gewerblich, insbesondere landwirtschaftlich genutzten Grundbesitzes oder erschwert sie die Bewirtschaftung solchen Grundbesitzes durch Unterbrechung bisher vorhandener Wege, lassen sich diese Konflikte in einer **(Unternehmens-) Flurbereinigung** lösen. Die PlfBehörde muss sich jedoch

---

[83] BVerfGE 26, 338, 374.
[84] *Jarass*, Konkurrenz, Konzentration und Bindungswirkung von Genehmigungen, S. 53 ff.; *Ossenbühl* in FS Sendler, S. 107, 109 ff.; *Laubinger* VerwArch 1986, 77; *Gaentzsch* NJW 1986, 2787, 2789; *Ronellenfitsch* VerwArch 1989, 92, 93 ff.; *Becker* VerwArch 1996, 581; *Odendahl* VerwArch 2003, 222 ff.
[85] Allgemeine Begründung Nr. 8.2 des Musterentwurfs, S. 77.
[86] Vgl. BVerfGE 26, 338, 343 f.; BVerwG DÖV 1956, 729; BVerwGE 27, 253, 255 f.; *Laubinger* VerwArch 1986, 77, 78 f.; *Ronellenfitsch* VerwArch 1989, 92, 94.
[87] *Wickel* in Fehling u. a., § 72 VwVfG Rn. 46.
[88] *Ziekow* in Ziekow, Praxis des Fachplanungsrechts, Rn. 722 ff.
[89] BVerwGE 125, 116, 285 = NVwZ-Beilage I 8/2006, 1, 43.
[90] BVerwG NVwZ-RR 1998, 92; vgl. ferner *Geiger* in Ziekow, Praxis des Fachplanungsrechts, Rn. 274 ff.
[91] BVerwGE 112, 221, 224 f. = NVwZ 2001, 429; BVerwGE 121, 57, 62 = NVwZ 2004, 1237, 1239.
[92] BVerwGE 121, 57, 62 = NVwZ 2004, 1237, 1239; VGH München ZfW 2006, 232, 236.

eine Planergänzung für den Fall vorbehalten (§ 74 Abs. 3), dass die erwartete Lösung in dem Flurbereinigungsverfahren scheitert.[93]

Werden durch das planfeststellungspflichtige Vorhaben fremde Grundstücke unmittelbar in Anspruch genommen, auf deren Nutzung der Eigentümer für einen Gewerbebetrieb oder einen landwirtschaftlichen Betrieb existenziell angewiesen ist, kann die Lösung dieses Konflikts unter Umständen in ein **nachfolgendes Enteignungsverfahren** verwiesen werden, wenn dort eine Entschädigung durch Ersatzland an Stelle einer Geldentschädigung gewährt werden kann (vgl. § 74 Rn. 77).[94] 55

Das BVerwG hat es für zulässig gehalten, dass die PlfBehörde bei der Planung von Straßen die Einhaltung der Grenzwerte für Schadstoffe nach der 22. BImSchV innerhalb gewisser Grenzen der **Luftreineplanung** und der hierfür zuständigen Behörde überlässt.[95] 56

2. Gesetzgebungs- und Verwaltungskompetenz

Will der Bund für die Zulassung eines Vorhabens ein PlfV anordnen, bedarf er hierfür einer **Gesetzgebungskompetenz** gemäß Art. 70ff. GG für den jeweiligen Gegenstand der Fachplanung. Diese umfasst als Annexkompetenz (§ 1 Rn. 32) die Befugnis, das Verfahren zu regeln, in dem Vorhaben genehmigt werden, mithin auch die Befugnis, hierfür ein PlfV anzuordnen. Welche Behörden **ein solches Gesetz ausführen** sollen, kann der Bund nur nach Maßgabe der Art. 83ff. GG regeln. Aus ihnen ergibt sich auch, ob und welche Aufsichts- und Weisungsrechte der Bund in einem bundesrechtlich geregelten PlfV hat, das von Landesbehörden ausgeführt wird.[96] 57

Die **Gesetzgebungskompetenz** für das jeweilige Fachplanungsrecht umfasst im Grundsatz die Befugnis, die Rechtswirkungen der Planfeststellung zu regeln und dabei vorzusehen, dass sie sich auf notwendige Folgemaßnahmen erstrecken und andere sonst erforderliche behördliche Entscheidungen ersetzen soll (§ 75 Abs. 1 S. 1). Von der verfassungsrechtlichen Regelungskompetenz des Bundes hängt ab, welche Reichweite er der Konzentrationswirkung einer von ihm angeordneten Planfeststellung beilegen kann und wie weit deshalb die in der Formulierung einschränkungslos angeordnete Konzentrationswirkung nach § 75 Abs. 1 S. 1 reicht. Eine abschließende Klärung ist insoweit noch nicht erreicht. 58

Unstrittig dürfte sein, dass der Bund in die Konzentrationswirkung einer von ihm angeordneten Planfeststellung sonst erforderliche behördliche Entscheidungen einbeziehen darf, soweit diese auf einem Rechtsgebiet ergehen, für das der Bund die **ausschließliche oder konkurrierende Gesetzgebungskompetenz** hat, auch wenn die zu ersetzende Entscheidung sonst durch eine Landesbehörde zu treffen wäre.[97] Denn die Gesetzgebungskompetenz für das mitzuerledigende Rechtsgebiet umfasst die Befugnis, zu bestimmen, ob die danach erforderliche Entscheidung in einem selbständigen VwVf zu treffen oder im PlfV mitzuerledigen ist. 59

Problematisch ist hingegen, ob der Bund in die Konzentrationswirkung einer von ihm angeordneten Planfeststellung sonst erforderliche behördliche Entscheidungen einbeziehen darf, soweit diese auf einem Rechtsgebiet ergehen, für das die **Länder** die **ausschließliche Gesetzgebungskompetenz** haben, mit der selbstverständlichen Folge, dass die zu ersetzende Entscheidung sonst durch eine Landesbehörde zu treffen wäre. Zwar greift der Bund insoweit nicht in die Gesetzgebungskompetenz der Länder ein. Die Konzentrationswirkung der Planfeststellung führt nicht dazu, dass die landesrechtlichen Vorschriften beseitigt werden; sie sind vielmehr von der PlfBehörde zu beachten. Eingegriffen wird aber in die Befugnis der Länder zur Regelung der Verwaltungszuständigkeit. Weil dem Bund eine Gesetzgebungskompetenz für den miterledigten Rechtsbereich fehlt, steht ihm insoweit auch keine hieraus abzuleitende Annexkompetenz zu, zu bestimmen, ob die erforderliche Entscheidung in einem selbständigen VwVf zu treffen oder durch die Planfeststellung mitzuerledigen ist. 60

---

[93] *BVerwG* NVwZ 1989, 147.
[94] *BVerwG* NVwZ-RR 1999, 164; NVwZ-RR 1999, 629, 631; *VGH Mannheim* VBlBW 2001, 362, 366ff.
[95] *BVerwGE* 121, 57, 63f. = NVwZ 2004, 1237, 1239; *BVerwGE* 123, 23, 27ff.; *BVerwG* NVwZ 2005, 803, 804f.; NuR 2005, 709, 711; ferner *OVG Bautzen* LKV 2006, 373, 379. Gegen diese Rechtsprechung *Kupfer/Wurster* Verwaltung 2007, 239, 256ff.
[96] *BVerfGE* 81, 310, 331ff. = NVwZ 1990, 955, 957; *BVerfGE* 84, 25, 31ff. = NVwZ 1991, 870; *Ossenbühl* in FS Sendler, S. 107ff.
[97] *BVerfGE* 26, 338, 368ff.; *BVerwGE* 31, 263, 272ff.

61 Gleichwohl geht die überwiegend vertretene Auffassung dahin, dass in die Konzentrationswirkung einer bundesrechtlich angeordneten Planfeststellung auch Entscheidungen von Landesbehörden auf Rechtsgebieten einbezogen sind, die in die ausschließliche Gesetzgebungskompetenz der Länder fallen.[98] Die hierfür angeführten Gründe (Kompetenz kraft Sachzusammenhangs, Verfassungsgewohnheitsrecht oder Einheit der Verwaltung) vermögen nicht restlos zu überzeugen.

62 Soweit die **Länder** gemäß Art. 70 ff. GG die **Gesetzgebungskompetenz** für den jeweiligen Gegenstand der Fachplanung haben, können sie für die Zulassung von Vorhaben auf diesem Gebiet ein PlfV anordnen und ihm Konzentrationswirkung für sonst erforderliche andere behördliche Entscheidungen beimessen, und zwar auch für solche Entscheidungen, die bundesrechtlich geregelt sind (§ 75 Rn. 99). Die Ermächtigung hierzu ergibt sich aus § 100 Nr. 2 (vgl. § 100 Rn. 3 ff.). Die PlfBehörde bleibt an das materielle Bundesrecht des miterledigten Rechtsbereichs gebunden.

3. Verhältnis zu anderen Planungsstufen und Verfahren

63 Der Gesetzgeber kann ein Planungsverfahren in **mehrere Stufen** und **unterschiedliche Verfahrensarten** aufteilen. Er kann dabei den Entscheidungen auf einer früheren Stufe rechtliche Bindung mit Außenwirkung für spätere Stufen verleihen oder eine solche Bindungswirkung versagen, sofern er sich in den Grenzen seines Gestaltungsspielraum hält und den Rechtsschutz weder vereitelt noch unzumutbar erschwert (hierzu Rn. 6).[99] Dritte haben keinen Anspruch darauf, dass über die Zulassung eines raumbedeutsamen Vorhabens insgesamt, vollständig und abschließend in einem einzigen Verfahren und mit einem einzigen Bescheid entschieden wird.[100]

64 a) Das **Raumordnungsverfahren** ist nicht auf die Verwirklichung eines konkreten Vorhabens gerichtet, sondern auf eine fachgebietsübergreifende und überörtliche, **zusammenfassende (integrierende) Gesamtplanung,** mit der ein Koordinierungs-, Ordnungs- und Entwicklungsauftrag verbunden ist (§ 1 Abs. 1 S. 2 ROG).[101] Die Planfeststellung für ein konkretes Vorhaben kann aber von einer solchen (abstrakten) Gesamtplanung je nach deren Ausgestaltung abhängig und nur in diesem Rahmen zulässig sein **(§ 4 Abs. 1 ROG).** Die PlfBehörde hat in einem solchen Fall zu prüfen, ob das geplante Vorhaben den Erfordernissen der Raumordnung entspricht.[102] Wird für ein Vorhaben die Abweichung von einem Ziel der Raumordnung zugelassen (§ 11 ROG), ist diese Entscheidung wegen des Wegfalls der Pflicht zur Beachtung jenes Ziels (§ 4 Abs 1 S. 1 ROG) im Rahmen einer Klage gegen den PlfBeschluss inzident zu überprüfen.[103]

65 Unter welchen Voraussetzungen ein **Raumordnungsverfahren erforderlich** ist, bestimmt sich nach Landesrecht, das dabei an die Vorgaben des **§ 15 ROG** gebunden ist. Aus Bundesrecht lässt sich nicht herleiten, dass ein PlfV ohne ein landesrechtlich zwingend vorgeschriebenes vorheriges Raumordnungsverfahren unzulässig ist.[104]

66 Die Träger der Landes- und Regionalplanung sind auch ermächtigt, den **Standort für raumbedeutsame Vorhaben** der Infrastruktur auszuweisen (§ 7 Abs. 2 S. 1 Nr. 3 ROG).[105] Ist diese Entscheidung **als Ziel der Raumordnung** i. S. d. § 3 Nr. 2 ROG getroffen, ist sie von allen öffentlichen Stellen bei ihren raumbedeutsamen Planungen zu beachten (§ 4 Abs. 1 S. 1

---

[98] BVerwGE 27, 253, 256; BVerwG DÖV 1969, 206, 207; BVerwGE 57, 297, 300 f.; *Breuer,* Planung, S. 115 ff.; *Ossenbühl* in FS Sendler, S. 107 ff.; *Dürr* in Knack, § 75 Rn. 16; *Wickel* in Fehling u. a., § 72 VwVfG Rn. 38; insoweit offen gelassen von *BVerwGE* 82, 17, 19 = NVwZ 1990, 561.
[99] BVerwGE 74, 124, 131 = NJW 1986, 2447, 2448.
[100] Vgl. BVerwGE 80, 207, 215 = NVwZ 1989, 52, 54; BVerwG NVwZ 1997, 391, 392.
[101] Zum Verhältnis Raumordnung/Fachplanung: *Ziekow* in Ziekow, Praxis des Fachplanungsrechts, Rn. 587 ff.
[102] Vgl. *BVerwGE* 75, 214, 223 = NVwZ 1987, 578, 580; *BVerwG* NVwZ-RR 1997, 523; NuR 2005, 777; ferner: *Badura* in FS Hoppe, S. 167, 179; *Spannowsky* UPR 2000, 418; *Goppel* UPR 2000, 431.
[103] *BVerwG* NuR 2005, 777. Das gilt allerdings nur, soweit der Kläger etwa als enteignungsbetroffener Eigentümer auch die Verletzung an sich nicht drittschützender Vorschriften geltend machen kann: *BVerwG* NVwZ 2007, 445, 447.
[104] *BVerwG* NVwZ-RR 1996, 557.
[105] *BVerwGE* 118, 181 = NVwZ 2003, 1263; vgl auch *BayVerfGH* DÖV 2003, 78; ferner für Flughäfen: *Ramsauer* NVwZ 2004, 1041, 1042 ff.

ROG). Das gilt auch für Planfeststellungen über die Zulässigkeit raumbedeutsamer Vorhaben öffentlicher Stellen und von Personen des Privatrechts (§ 4 Abs. 1 S. 2 Nr. 1 und 2 ROG), auch soweit letztere das Vorhaben in Wahrnehmung öffentlicher Aufgaben durchführen (§ 4 Abs. 3 ROG).[106] Beantragt der Vorhabenträger die Zulassung eines Vorhabens an dem Standort, der von der Landes- oder Regionalplanung nach § 3 Nr. 2 ROG festgelegt ist, ist es weder Aufgabe der PlfBehörde noch ist sie dazu befugt, die raumordnerische Abwägung durch eine eigene ergebnisoffene Abwägung der nach ihrer Auffassung maßgeblichen Anforderungen an den Standort zu ersetzen, zu bestätigen oder zu korrigieren. Sie hat vielmehr das Ergebnis eines landesplanerischen Vergleichs alternativer Standorte als solches hinzunehmen. Im Rahmen ihrer fachplanerischen Abwägung obliegt es der PlfBehörde aber, die Vorzüge, welche die Träger der Landes- oder Regionalplanung mit ihrer Standortentscheidung verbinden, im Verhältnis zu den sonstigen öffentlichen oder privaten Belangen zu bewerten und zu gewichten, auf die sich das geplante Vorhaben nachteilig auswirken würde. Die „raumordnungsexternen" Belange können für sich betrachtet oder in ihrer Gesamtheit so gewichtig sein, dass sich die landesplanerische Standortwahl in der fachplanerischen Abwägung nicht durchsetzt. Das kann insbesondere der Fall sein, wenn die Zulassung des konkreten Vorhabens an dem landesplanerisch ausgewiesenen Standort in unverhältnismäßiger (unzumutbarer) Weise in private Schutzgüter wie Eigentum oder Gesundheit, in den Bereich der kommunalen Selbstverwaltung oder in allgemeine öffentliche Belange (Wasserhaushalt, Bodenschutz, Natur und Landschaft) eingriffe. Die PlfBehörde hat ferner zu prüfen, ob nach der zielförmigen Standortentscheidung der Raumordnung Entwicklungen eingetreten oder zu erwarten sind, die eine Realisierung der raumordnerischen Zielaussagen aus tatsächlichen oder rechtlichen Gründen auf unabsehbare Zeit unmöglich machen oder wesentlich erschweren. Gelangt die PlfBehörde bei ihrer Abwägung zu dem Ergebnis, dass unüberwindbare Hindernisse oder überwiegende öffentliche und/oder private Belange dem Vorhaben an dem landes- oder regionalplanerisch ausgewiesenen Standort entgegenstehen, muss sie den Antrag des Vorhabenträgers ablehnen, das Vorhaben an diesem Standort zuzulassen. Zielförmige Standortentscheidungen der Landes- oder Regionalplanung wirken danach zwar als feste Größe in die fachplanerische Abwägung hinein, können in dieser Abwägung jedoch durch andere Belange überwunden werden. Soweit eine zielförmige landes- oder regionalplanerische Standortentscheidung inhaltlich in den PlfBeschluss eingeht, kann ein betroffener Dritter sie mit dem PlfBeschluss zum Gegenstand der verwaltungsgerichtlichen Überprüfung (Inzidentkontrolle) machen.[107]

b) Linienbestimmungsverfahren: Nach § 16 FStrG bestimmt das zuständige Bundesministerium die Linienführung der Bundesfernstraßen.[108] Sofern nichts anderes geregelt ist, legt eine solche Linienbestimmung nur den grundsätzlichen **Verlauf einer Trasse** zwischen den vorgesehenen Anfangs- und Endpunkten fest. Regelmäßig legt erst die nachfolgende Planfeststellung die Trasse konkret und grundstücksgenau fest.[109] Die Linienbestimmung ist **kein VA,** sondern ein behördeninterner Vorgang. Sie geht inhaltlich in die Planfeststellung ein und unterliegt erst mit ihr der verwaltungsgerichtlichen Nachprüfung.[110] Die Linienbestimmung selbst gehört nicht zu den Rechtmäßigkeitsvoraussetzungen der Planfeststellung.[111] 67

c) Planaufstellungsverfahren: Die §§ 72 ff. erfassen nicht die Planungsstufen, die vor der Einreichung des Plans (§ 73) liegen, wie vorbereitende Maßnahmen der Planaufstellung,[112] die Erarbeitung und interne Prüfung des Planentwurfs, informelle Vorverhandlungen unter Beteiligung des Vorhabensträgers, der Fachbehörden und der PlfBehörde.[113] 68

---

[106] Im Fernstraßenrecht gelten mit Blick auf das Linienbestimmungsverfahren Besonderheiten: *VGH München* NVwZ-RR 2006, 432, 433.
[107] Zum Ganzen ausführlich *BVerwGE* 125, 116, 137 ff. = NVwZ-Beilage I 8/2006, 1, 4 ff.
[108] Hierzu *Ziekow* in Ziekow, Praxis des Fachplanungsrechts, Rn. 629 ff.; *Sauthoff* in Ziekow, Praxis des Fachplanungsrechts, Rn. 1305 f.
[109] *BVerwGE* 62, 342, 346 f. = NJW 1981, 2592, 2593; *BVerwG* NVwZ 1996, 1011, 1014; NVwZ-RR 2002, 2.
[110] *BVerwGE* 48, 56, 59 = NJW 1975, 1373, 1374; *BVerwGE* 62, 342, 344 f. = NJW 1981, 2592, 2593; *BVerwG* NVwZ 1996, 1011, 1014; *BVerwG* 104, 236, 251 f. = NVwZ 1998, 508, 512; *BVerwG* NVwZ-RR 2002, 2; NVwZ 2004, 1486, 1490.
[111] *BVerwG,* NVwZ 1996, 896, 897; NVwZ-RR 1996, 557; NVwZ-RR 2002, 2; *OVG Münster* NuR 2007, 360, 361.
[112] Hierzu *Hönig* UPR 2001, 374.
[113] Vgl. hierzu *Schröder* NVwZ 1998, 1011, 1013; *Kühling/Herrmann,* Rn. 493 ff.

69 d) Die **Umweltverträglichkeitsprüfung (UVP)** ist kein selbständiges VwVf, sondern nach § 2 Abs. 1 UVPG unselbständiger Teil des PlfV. Sie hat Bedeutung für die Ausgestaltung des Anhörungsverfahrens nach § 73 (dort z. B. Rn. 13, 21, 33, 60, 140, 151 ff.) und den Abwägungsvorgang (vgl. § 74 Rn. 119 ff). Die UVP ist in das Anhörungsverfahren integriert, modifiziert die einzelnen Schritte des Anhörungsverfahrens und reichert das Anhörungsverfahren um ergänzende Pflichten des Vorhabenträgers, der Anhörungsbehörde und der PlfBehörde an.

Regelmäßig vor Einreichung des Plans durch den Vorhabenträger, spätestens aber mit dem Beginn des dadurch eingeleiteten PlfV hat die PlfBehörde gemäß § 3 a S. 1 UVPG zu entscheiden, ob für das Vorhaben, sei es aufgrund fester Kriterien (§ 3 b UVPG), sei es aufgrund einer Prüfung im Einzelfall (§ 3 c UVPG), im Zulassungsverfahren eine UVP stattzufinden hat.[114] Kann sich eine Pflicht zur UVP nicht schon aus bestimmten abstrakt vorgegebenen Merkmalen des Vorhabens (§ 3 b UVPG), sondern erst auf Grund einer Vorprüfung des Einzelfalles nach § 3 c UVPG ergeben, kann die Feststellung, das Vorhaben unterliege keiner Pflicht zur UVP,[115] gerichtlich erst inzident mit der Zulassungsentscheidung (dem PlfBeschluss oder einer Plangenehmigung) angefochten, aber nur sehr eingeschränkt überprüft werden.[116] Erweist sich die Feststellung mangelnder UVP-Pflicht als rechtswidrig und ist eine UVP deshalb zu Unrecht gänzlich unterblieben, ist der PlfBeschluss auf die Klage eines planbetroffenen Dritten aber nicht schon stets aus diesem Grund aufzuheben (§ 73 Rn. 151 ff.).

70 e) **Enteignungsverfahren.** Der PlfBeschluss stellt regelmäßig nur die ör Zulässigkeit des Vorhabens fest (§ 75 Rn. 6). Der Vollzug des festgestellten Plans steht grundsätzlich unter dem Vorbehalt, dass entgegenstehende private Rechte gütlich oder im Enteignungsverfahren beseitigt werden.[117] Dieses ist, sofern nichts anderes bestimmt ist, ein **selbständiges Verfahren,** folgt dem PlfV nach und ist nicht nur entscheidungsloser Vollzug eines PlfBeschlusses.[118]

71 Die Planfeststellung hat eine **Vorwirkung für die Enteignung,** wenn aufgrund gesetzlicher Vorschrift ausdrücklich angeordnet ist, dass mit der Planfeststellung bindend über die Zulässigkeit der Enteignung für das Vorhaben entschieden ist (Beispiele: § 19 FStrG, § 22 AEG, § 44 WaStrG, § 28 Abs. 2 LuftVG, § 30 PBefG). In diesen Fällen ist dem Enteignungsverfahren der festgestellte Plan zugrunde zu legen. Er ist für die Enteignungsbehörde bindend (hierzu § 75 Rn. 26 ff.).

III. Voraussetzungen der Anwendbarkeit der §§ 72–78

72 §§ 72 bis 78 gelten im **Anwendungsbereich** und nach Maßgabe des § 1, wenn ein PlfV **durch Rechtsvorschrift angeordnet** ist (hierzu Rn. 32 ff.). § 72 Abs. 1 HS 1 verlangt für die Anwendbarkeit der §§ 72 ff. nur, dass ein Spezialgesetz ein PlfV anordnet, nicht aber, dass dieses Spezialgesetz für das angeordnete PlfV auch ausdrücklich die Anwendbarkeit der §§ 72 ff. bestimmt (anders noch § 58 Musterentwurf).[119]

73 Die §§ 72 ff. **ergänzen unmittelbar** die Vorschriften der Fachplanungsgesetze, auch soweit diese bei Inkrafttreten des VwVfG ein PlfV angeordnet haben (anders beim förmlichen Verfahren: vgl. § 63 Rn. 32). Die §§ 72 ff. finden nach Maßgabe des § 1 stets **subsidiär** Anwendung, soweit das jeweils geltende Fachplanungsrecht keine inhaltsgleichen oder entgegenstehenden Bestimmungen enthält (hierzu § 1 Rn. 208 ff.). **Lücken** im Fachplanungsrecht werden durch die Verweisung in § 72 Abs. 1 HS 1 **geschlossen,** ohne dass dies besonders durch Gesetz angeordnet werden muss.[120] Hieraus ergibt sich zugleich ein **Vorrang der spezialgesetzlichen Regelungen.**

74 Kann aufgrund spezialgesetzlicher Vorschrift von einem an sich vorgesehenen PlfV unter anderen, insbesondere weitergehenden Voraussetzungen als denen des § 74 Abs. 7 und § 76 Abs. 2

---

[114] Hierzu: *OVG Münster* DVBl 2007, 129; *Wickel* in Fehling u. a., § 73 VwVfG Rn. 12 ff.; *Stüer/Probstfeld* UPR 2001, 361, 362.
[115] Zur Bekanntgabe dieser Entscheidung vgl. *OVG Münster* NVwZ-RR 2007, 519.
[116] BVerwGE 127, 208, 228 f. = NVwZ 2007, 576, 581.
[117] Vgl. BVerfGE 45, 297, 319 f. = NJW 1977, 2349; BGHZ 100, 329, 331 ff. = NJW 1987, 3200; BGH NVwZ 2004, 377, 378.
[118] BGHZ 100, 329, 332 f. = NJW 1987, 3200, 3201.
[119] BVerwG NVwZ 1996, 267, 268.
[120] *VGH Mannheim* DÖV 1986, 118; *VGH München* NVwZ 1989, 685, 686; *Allesch/Häußler* in Obermayer, § 72 Rn. 9; *Kopp/Ramsauer,* § 72 Rn. 17.

abgesehen werden, etwa weil mit Einwendungen nicht zu rechnen ist (vgl. § 41 Abs. 4 FlurbG), so hat es wegen der Subsidiarität des VwVfG hierbei sein Bewenden, sofern es sich um eine abschließende, nicht ergänzungsfähige und -bedürftige Regelung handelt.[121]

Das VwVfG kommt ergänzend zur Anwendung, wenn ein **Plangenehmigungsverfahren** 75 (§ 74 Abs. 6) zulässig ist.

Schreiben Bundesgesetze **nach Inkrafttreten** des VwVfG erstmals ein PlfV vor, gelten die 76 allgemeinen Anwendbarkeitsregeln des § 1. Die §§ 72 ff. kommen unmittelbar ergänzend zur Anwendung. Ein solches Bundesgesetz kann sich auf die Regelung zwingend erforderlicher Abweichungen oder Ergänzungen beschränken.

Die gleiche Rechtslage gilt in den **Ländern**. Sie haben in ihren VwVfGen dem § 72 entspre- 77 chende Regelungen getroffen.

Wegen der zahlreichen **Sonderregelungen** in den Fachplanungsgesetzen muss **im Einzelfall** 78 geprüft werden, inwieweit die §§ 72 ff. subsidiär anzuwenden sind.[122] Wenn und soweit das **Spezialgesetz schweigt**, greifen die Vorschriften des VwVfG über das PlfV ein. Trifft das Spezialgesetz eine **Teilregelung**, treten die §§ 72 ff. **ergänzend** hinzu, es sei denn, eine solche Ergänzung ist mit Sinn und Ziel der Teilregelung unvereinbar.

Wird durch **Rechtsvorschrift des Bundes** ein PlfV angeordnet, das von **Bundesbehörden** 79 ausgeführt wird, gelten nach § 1 Abs. 1 Nr. 1 ergänzend die §§ 72 ff. VwVfG des Bundes.

Wird durch **Rechtsvorschrift des Bundes** ein PlfV angeordnet, das von **Landesbehörden** 80 im Auftrag des Bundes oder als eigene Angelegenheit des Landes ausgeführt wird, gelten nach § 1 Abs. 3 ergänzend zum Fachplanungsgesetz des Bundes die §§ 72 ff. VwVfG des jeweiligen Landes. Sofern dieses keine Regelungen enthält, gilt ergänzend das VwVfG des Bundes (§ 1 Rn. 79).

Fachplanungsgesetze des Bundes können allerdings vorschreiben, dass die §§ 72 ff VwVfG des Bundes auch dann insgesamt oder hinsichtlich einzelner Regelungen ergänzend anzuwenden sind, wenn das PlfV von Landesbehörden ausgeführt wird (vgl. § 1 Abs. 2 S. 2).[123] Verweist ein Fachplanungsgesetz des Bundes auf das VwVfG ohne näheren Zusatz, ist damit das VwVfG des Bundes gemeint (vgl. etwa § 34 Abs. 1 S. 1 KrW-/AbfG; § 18 S. 3 AEG; § 17 S. 3 FStrG; § 14 Abs. 1 S. 4 WaStrG; § 10 Abs. 2 S. 1 LuftVG; § 1 Abs. 1 S. 3 MBPlG; § 43 S. 5 EnWG).

Ist durch **Landesgesetz** ein PlfV angeordnet, das durch **Landesbehörden** ausgeführt wird, 81 gilt für das PlfV ergänzend das VwVfG des Landes.

IV. Geltung der übrigen Vorschriften des VwVfG

1. Modifizierte Geltung der sonstigen Vorschriften des VwVfG

Von der Anwendung der §§ 72 ff. auf PlfV (Rn. 72 ff.) ist die Anwendung der übrigen Vor- 82 schriften des VwVfG zu unterscheiden (Abs. 1 HS 1). Die §§ 72 ff. regeln nur die Besonderheiten des PlfV. Neben ihnen gelten für PlfV nach Maßgabe des § 1 **die weiteren Vorschriften des VwVfG**, soweit sich aus den §§ 72 ff. nichts Abweichendes ergibt. Das PlfV zielt auf den Erlass eines rechtsgestaltenden VA (§ 74 Rn. 17), ist also VwVf i.S.d. § 9.

Auch wenn die §§ 72 ff. wegen der Subsidiarität des VwVfG gegenüber dem Fachplanungsge- 83 setz nicht oder nur teilweise anwendbar sind, gelten die übrigen Vorschriften des VwVfG nach Maßgabe des § 1, soweit das Fachplanungsgesetz nicht inhaltsgleiche oder entgegenstehende Rechtsvorschriften enthält (§ 1 Rn. 208 ff.).[124]

2. Die anwendbaren Vorschriften des VwVfG im Einzelnen

a) Teil I (§§ 1–8) ist anwendbar. 84

Soweit in §§ 73, 74 und 75 für bestimmte Erklärungen, insbesondere Einwendungen (§ 73 Abs. 4 S. 1) Schriftform angeordnet ist, wird diese formwirksam auch durch die elektronische

---

[121] Anders wohl: *VGH München* NVwZ 1989, 685, 686.
[122] *VGH Mannheim* DÖV 1986, 118; *VGH München* NVwZ 1989, 685, 686.
[123] Vgl. auch *Ziekow*, § 72 Rn. 20 f.; *Wickel* in Fehling u. a., § 72 VwVfG Rn. 59.
[124] *Ziekow*, § 72 Rn. 24.

Form i. S. d. § 3a Abs. 2, also durch jedes mit qualifizierter elektronischer Signatur versehene elektronische Dokument erfüllt (§ 3a Rn. 45).

Die Behörden, deren Aufgabenbereich durch das Vorhaben berührt werden (§ 73 Abs. 2) und deren Zuständigkeit durch § 75 Abs. 1 entfällt, bleiben gegenüber der Anhörungs- und PlfBehörde im Rahmen der §§ 4 bis 8 zur Amtshilfe verpflichtet. Ihre Tätigkeit erschöpft sich nicht notwendig in Stellungnahmen nach § 73 Abs. 2. Für andere Behörden gelten §§ 4 bis 8 unbeschränkt.

85 **b) Teil II (§§ 9–34)** ist weitgehend anwendbar.

Es gelten **§ 9, §§ 11 und 12, §§ 14–16**. Das Gebot zügiger Durchführung des Verfahrens (**§ 10**) wird durch die Fristbestimmungen in § 73 konkretisiert und insoweit verdrängt. **§ 13** ist auf **Beteiligte i. e. S.**, insbesondere den Vorhabenträger als Antragsteller, anwendbar. Der Kreis der Beteiligten wird über § 13 hinaus im PlfV erweitert und modifiziert durch die Rechtsfiguren des **Einwenders** (§ 73 Abs. 5 S. 2 Nr. 4a, Abs. 6 S. 1 und 3) und des **Betroffenen** (§ 73 Abs. 3 S. 2, Abs. 5 S. 3 und Abs. 6 S. 1, § 74 Abs. 2 S. 3, Abs. 4 S. 1 und 3 sowie Abs. 5 S. 3 und 4, § 75 Abs. 2 S. 2, § 76 Abs. 2). Einwender sind keine Beteiligten i. S. d. § 13 Abs. 1. Sie und Betroffene haben nur die in §§ 73 ff. vorgesehenen, nicht aber die sonstigen, (nur) den Beteiligten i. S. des § 13 zustehenden Rechte und Pflichten (§ 13 Rn. 10). Sie sind auch keine Nichtbeteiligten i. S. d. § 44a VwGO.[125]

86 Nach **Maßgabe des § 72 Abs. 2** sind ferner die §§ 17 bis 19 für **Massenverfahren** anwendbar. § 17 erfasst dabei **gleichförmige Eingaben,** die im PlfV von Einwendern und Betroffenen (hierzu § 73 Rn. 69 f. und 121) eingereicht werden, unabhängig davon, ob sie Beteiligte i. S. d. § 13 sind. Soweit die Behörde die Eingabe nach Maßgabe des § 17 Abs. 2 S. 1 unberücksichtigt lassen will (hierzu § 17 Rn. 19 ff.), hat sie dies nicht durch ortsübliche (§ 17 Abs. 2 S. 3), sondern gemäß § 72 Abs. 2 S. 1 durch öffentliche Bekanntmachung mitzuteilen. Will die Behörde nach § 17 Abs. 4 zur Bestellung eines gemeinsamen Vertreters auffordern (§ 17 Rn. 27 ff.), kann sie diese Aufforderung öffentlich (nicht ortsüblich) bekanntmachen, wenn mehr als 50 Personen Einwendungen nach Maßgabe des § 73 Abs. 4 in Form einer gleichförmigen Eingabe erhoben haben, unabhängig davon, ob sie Beteiligte i. S. d. § 13 oder einwendungsbefugt sind.[126]

87 § 18 bezieht sich auf im gleichen Interesse Beteiligte i. S. d. § 13 (§ 18 Rn. 4), ist jedoch seinem Zweck nach im PlfV entsprechend auf Betroffene und (Sammel-)Einwender nach § 73 Abs. 4 und 6 anwendbar, unabhängig wiederum von deren Einwendungsbefugnis. Entsprechendes gilt für § 19.

88 Anwendbar sind **§§ 20, 21.**[127] Das BVerwG hat aus diesen Vorschriften in Verbindung mit den Grundsätzen eines rechtsstaatlichen (fairen, objektiven) VwVf (§ 1 Rn. 45 ff.) das Leitprinzip der **Neutralität und Distanz der PlfBehörde** zu Beteiligten und Betroffenen entwickelt. Das schließt deren Information und Beratung nicht aus. Jedoch darf der Vorhabenträger nicht in einem seiner Organe maßgeblich von Funktionsträgern repräsentiert werden, die zugleich für die PlfBehörde tätig werden, so dass der Eindruck einer Entscheidung in eigener Sache entstünde. Daher begründet auch der sog. **institutionelle Amtskonflikt** nach Maßgabe des § 20 Abs. 1 S. 1 Nr. 5 den gesetzlichen Ausschluss.[128] Es dürfen keine gemeinsamen Ausschüsse des Vorhabenträgers und der PlfBehörde gebildet werden.[129] Beteiligte im Sinne der Betätigungsverbote des § 20 Abs. 1 S. 1 Nr. 1 bis 5 sind auch Einwender und Betroffene; sie sind zwar nicht Beteiligte des VwVf i. S. d. § 13, stehen aber dem Gegenstand des VwVf in einer Weise nahe, die eine entsprechende Anwendung des § 20 Abs. 1 S. 1 Nr. 1 bis 5 rechtfertigt (§ 20 Rn. 29).[130] Neben § 20 ist auch § 21 im PlfV anwendbar.[131] Die Vorschrift gilt auch für Sachverständige, die für die PlfBehörde im PlfV tätig werden sollen[132] (allgemein zur Anwendbarkeit des § 21 auf Sachverständige vgl. § 21 Rn. 7 und 11).

---

[125] *BVerwG* NVwZ-RR 1997, 663, 664.
[126] Zu Masseverfahren vgl. *Henle* BayVBl 1981, 1.
[127] *BVerwGE* 78, 347, 356 = NVwZ 1988, 527, 529 f.; ausführlich: *Stüer/Hönig* DÖV 2004, 642.
[128] Vgl. *BVerwGE* 69, 256, 263 = NVwZ 1984, 718, 719; *BVerwGE* 75, 214, 230 = NVwZ 1987, 578, 582; *BVerwG* NVwZ 1988, 527, 529 f.; *Kopp/Ramsauer,* § 20 Rn. 29.
[129] *VGH München* BayVBl 1985, 399, 403.
[130] Vgl. auch *v. Komorowski* NVwZ 2002, 1455; *Stüer/Hönig,* DÖV 2004, 642, 643.
[131] Vgl. *OVG Bautzen* LKV 2006, 373, 376 f.; *VGH München* BayVBl 1985, 399, 403; *Breuer* in FS Sendler, S. 357, 372.
[132] *BVerwG* NuR 2007, 754.

§ 22 ist mit seiner Nr. 2 anwendbar, weil ein PlfV nur auf Antrag durch Einreichen des Plans 89
(§ 73 Abs. 1) eingeleitet werden darf. Nimmt der Vorhabenträger den Antrag zurück, ist das
PlfV in den Formen des § 69 Abs. 3 einzustellen (§ 74 Abs. 1 S. 2).

§ 23 ist bei fremdsprachigen Eingaben und Anträgen anwendbar. 90

§§ 24–27 sind im Grundsatz anwendbar,[133] sind jedoch durch die §§ 72 ff. speziell ausgestaltet. 91

Die Pflicht, den Sachverhalt von Amts wegen zu ermitteln, trifft nicht nur die Anhörungsbe- 92
hörde, sondern auch die PlfBehörde.[134] Die PlfBehörde ist berechtigt und verpflichtet, soweit
erforderlich, **weitere tatsächliche Feststellungen** zu treffen; sie hat zu diesem Zweck weitere
Stellungnahmen, auch (weitere) Gutachten einzuholen, um zu einer sachgerechten Abwägung
zu kommen (vgl. § 73 Rn. 6 und § 74 Rn. 8).[135]

Die Auskunfts- und Beratungspflichten des **§ 25** gelten für Beteiligte i. S. d. § 13 ergänzend. 93
Gegenüber Einwendern und Betroffenen gilt die Pflicht der Anhörungsbehörde zur Erörterung
des Plans nach § 73 Abs. 6 S. 1; für eine darüber hinausgehende Auskunft und Beratung bleibt
regelmäßig kein Raum (vgl. aber auch zur verfahrensrechtlichen **Betreuungspflicht** gegenüber
Einwendern § 25 Rn. 25 u. 41).

§ 28 ist – anders als bei Beteiligten i. S. d. § 13 – für Einwender und Betroffene neben § 73 94
unanwendbar (§ 28 Rn. 31). Ihr Anspruch auf Anhörung ist durch das Anhörungsverfahren des
§ 73 ausgestaltet.[136] Das PlfV kennt daneben keinen (zusätzlichen) Anspruch auf rechtliches
Gehör, wie er in § 66 Abs. 2 für das förmliche VwVf normiert ist.[137] Auch ein Anspruch der
ortsansässigen potentiell Betroffenen auf individuelle Benachrichtigung besteht nicht. § 73 geht
davon aus, dass die ortsübliche Bekanntmachung ausreicht, die ortsansässigen Betroffenen auf die
Planung hinzuweisen und sie zu veranlassen, sich um ihre Belange zu kümmern.[138]

§ 29 ist nach § 72 Abs. 1 HS 2 mit der Maßgabe anzuwenden, dass **Akteneinsicht** nach 95
pflichtgemäßem Ermessen zu gewähren ist.[139] Von der Akteneinsicht zu unterscheiden ist das
Recht, gemäß § 73 Abs. 3 in den ausgelegten Plan Einsicht zu nehmen. Dieses Recht wird
durch § 72 Abs. 1 HS 2 nicht eingeschränkt.

Ein Akteneinsichtsrecht nur nach Ermessen besteht danach für die Zeit **außerhalb der Of-** 96
fenlegung des Plans nach § 73 Abs. 3 und für andere als die auszulegenden Unterlagen. Es bezieht sich nur auf die Akten, die von der Anhörungs- oder der PlfBehörde geführt oder beigezogen werden.[140] Das PlfV betreffen i. S. d. § 29 Abs. 1 S. 1 grundsätzlich nicht die Vorgänge,
die in den vom VwVfG nicht erfassten Planungsstufen vor Einreichung des Plans angefallen
sind. Etwas anderes gilt, wenn solche Vorgänge im unmittelbaren Zusammenhang mit dem vom
VwVfG erfassten Verfahrensabschnitt der Planauslegung stehen und eine sachlich zusammengehörende Einheit bilden.[141]

Das Recht auf Akteneinsicht besteht nur nach **Ermessen** der Behörde, weil zum einen ge- 97
mäß § 73 Abs. 3 Einsicht in den ausgelegten Plan genommen werden kann und weil zum anderen praktische Schwierigkeiten entgegenstehen, in **Massenverfahren** jedem Einwender und Betroffenen die tatsächliche Möglichkeit der Akteneinsicht zu gewährleisten.[142] Dass es sich um ein
Massenverfahren handelt, rechtfertigt allein nicht, das Ermessen restriktiv auszuüben. Es bedarf
einer Prüfung im Einzelfall, aus welchem Grunde Akteneinsicht verweigert wird.[143] Der Ermessensspielraum kann nach Maßgabe der Umstände des Einzelfalles **auf Null schrumpfen**.[144]

Nach § 3 Abs. 1 **UIG** hat jeder einen Anspruch auf freien Zugang zu **Umweltinformatio-** 98
nen, der von § 29 unabhängig ist (allgemein zum UIG: § 29 Rn. 20 ff.). Dieser Anspruch umfasst auch Stellungnahmen des Vorhabenträgers zu erhobenen Einwendungen Dritter sowie die

---

[133] BVerwG NVwZ 1999, 535, 536 zur Pflicht der PlfBehörde, Akten anderer Behörden beizuziehen.
[134] VGH München NVwZ-RR 2001, 579.
[135] BVerwGE 75, 214, 226 f. = NVwZ 1987, 578, 580; BVerwGE 98, 126, 129 f. = NVwZ 1995, 901, 902; a. A. Dürr in Knack, § 73 Rn. 109 f.
[136] Vgl. BVerwG NJW 1996, 2113.
[137] BVerwG NVwZ-RR 1998, 90, 91.
[138] BVerwG NVwZ 1996, 267, 268; NJW 1996, 2113.
[139] § 139 Abs. 1 LVwGSchlH enthält diese Einschränkung nicht.
[140] BVerwG NVwZ 1999, 535, 536.
[141] Zum Umfang des Einsichtsrechts vgl. Mecking NVwZ 1992, 316.
[142] Begründung zu § 68 Entwurf 73.
[143] Kirchberg in Ziekow, Praxis des Fachplanungsrechts, Rn. 179.
[144] Noch weiter Breuer in FS Sendler, S. 357, 367.

Stellungnahmen von Fachbehörden im Rahmen ihrer Beteiligung an einem PlfV, wenn diese Stellungnahmen geeignet sind, die Entscheidung über die Planfeststellung hinsichtlich der Belange des Umweltschutzes zu beeinflussen.[145] Dasselbe gilt für Gutachten, die im PlfV vorgelegt oder eingeholt worden sind. Der Anspruch besteht unabhängig von einem PlfV und seiner Beteiligung an ihm.[146] Er kann auch von Betroffenen und Einwendern während des PlfV geltend gemacht werden. Er besteht aber auch in diesem Fall neben den Informationsrechten, die Einwender und Betroffene im PlfV haben, und wird außerhalb des PlfV erfüllt. Er vermittelt kein zusätzliches Verfahrensrecht im PlfV.[147] Macht ein Betroffener und Einwender während eines laufenden PlfV einen Informationsanspruch nach dem UIG bezogen auf bestimmte Gutachten und Stellungnahmen geltend, die im PlfV eingereicht worden sind, ist eine nicht ordnungsgemäße, insbesondere verspätete Erfüllung dieses Anspruchs deshalb ohne Einfluss auf die Rechtmäßigkeit eines ergehenden PlfBeschlusses. Für die Rechtmäßigkeit des PlfBeschlusses ist allein maßgeblich, ob der Betroffene und Einwender die Rechte auf Einsicht in Unterlagen hat wahrnehmen können, die ihm § 73 einräumt.[148]

Bedarf ein Vorhaben einer UVP, sind nach § 9 Abs. 1b S. 2 UVPG der Öffentlichkeit solche hierfür entscheidungserheblichen Informationen nach den Bestimmungen des UIG zugänglich zu machen, die der zuständigen Behörde erst nach Beginn der Auslegung vorliegen. § 9 Abs. 1b S. 2 UVPG schafft einen verfahrensrechtlichen Anspruch auf ergänzende Information, der im PlfV nicht durch erneute oder ergänzende Auslegung, sondern nach den Modalitäten des UIG zu erfüllen ist. § 9 Abs. 1b S. 2 UVPG ist insoweit eine Rechtsfolgenverweisung.

99 Daraus ergibt sich letztlich eine **Dreiteilung:** Während der Dauer der Auslegung besteht ein Anspruch auf Einsicht in die auszulegenden Planunterlagen. In umweltbedeutsame Unterlagen besteht aufgrund § 3 Abs. 1 UIG ein Anspruch auf Einsicht auch außerhalb der Auslegung und in Unterlagen, die nicht auszulegen sind. Zu anderen Zeiten und in andere Unterlagen ist Einsicht nach Ermessen zu gewähren.[149]

100 § 30 ist anwendbar. Die Angabe von Namen in ausgelegten Planunterlagen ist nicht ausgeschlossen, eine Anonymisierung zur Kennzeichnung der planbetroffenen Grundstücke möglich (§ 73 Rn. 19 und 60).[150] Anwendbar sind ferner §§ 31, 33 und 34.

101 § 32 hat Bedeutung vor allem mit Blick auf die materielle **Verwirkungspräklusion** nach § 73 Abs. 4 S. 3 (§ 73 Rn. 94 f.).

102 c) **Von Teil III (§§ 35 bis 53)** sind anwendbar:
103 § 35 ist anwendbar (hierzu § 74 Rn. 19). § 36 Abs. 1 ist wegen der planerischen Gestaltungsfreiheit nicht anwendbar. Anwendbar sind jedoch Abs. 2 und 3, die nach Maßgabe von § 74 Abs. 2 und 3 sowie § 75 Abs. 2 insbesondere die Anordnung von Schutzmaßnahmen ermöglichen, die ihrer Rechtsnatur nach (modifizierende) Auflage, ausnahmsweise auch Bedingung ist (§ 74 Rn. 168; § 36 Rn. 140 ff.). Die Zulässigkeit nachträglicher Schutzauflagen einschließlich einer späteren Änderung oder Ergänzung des PlfBeschlusses richtet sich nach § 74 Abs. 3, § 75 Abs. 2 S. 2 bis 5, § 76.

104 Von § 37 sind Abs. 1 und 3 anwendbar; Abs. 2 und 4 werden durch § 74 verdrängt.
105 § 38 ist im PlfV grundsätzlich anwendbar (vgl. aber auch § 38 Rn. 88).[151] Die PlfBehörde darf aber nicht die ergebnisoffene Abwägung aller Belange durch eine unzulässige Bindung einschränken (§ 74 Rn. 57). Eine verbindliche Erklärung – etwa den Plan um Schutzauflagen für bestimmte Betroffene zu ergänzen – kann die PlfBehörde auch in der mündlichen Verhandlung zu Protokoll des Gerichts abgeben; in diesem Fall hat der Betroffene keinen Anspruch auf Aufhebung des PlfBeschlusses oder auf Verpflichtung der PlfBehörde zur (förmlichen) Ergänzung des PlfBeschlusses.[152]

---

[145] *VGH Kassel* NVwZ 2006, 951; vgl. auch *Schrader* NuR 2000, 487, 489.
[146] *BVerwG* NVwZ 2007, 1095, 1096; anders wohl *Große* ZUR 2006, 585, 587.
[147] *BVerwG* NVwZ 2007, 1095, 1096; zutreffend: *Thürmer* EurUP 2006, 231, 235.
[148] *BVerwG* NVwZ 2007, 1095, 1096.
[149] Noch weitergehend § 4a Abs. 5 BlnVwVfG, wonach auch in PlfV Akteneinsicht nach Maßgabe des Informationsfreiheitsgesetzes des Landes zu gewähren ist.
[150] Vgl. BVerfGE 77, 121 = NJW 1988, 403; *Dürr* in Knack, § 73 Rn. 49; a. A. *VGH Mannheim* VBlBW 1990, 56, 58 f.
[151] *BVerwG* NVwZ-RR 2007, 456, 457; *VGH Mannheim* NVwZ 2000, 1304.
[152] *BVerwG* NVwZ 1996, 906, 907.

Von § 39 sind Abs. 1 S. 2 und 3 nach Maßgabe des § 74 Abs. 1 S. 2 i.V. m § 69 Abs. 2 anwendbar; Abs. 2 ist nicht anzuwenden (zur ordnungsgemäßen Begründung des PlfBeschlusses und zu den Folgen eines Begründungsmangels: § 74 Rn. 158 ff.). **106**

§ 40 ist anwendbar, soweit eine Ermessensentscheidung zu treffen ist, hierzu gehört die planerische Abwägung nicht (§ 40 Rn. 42; § 74 Rn. 29). **107**

§ 41 ist wegen § 74 Abs. 4 und 5 unanwendbar. **108**

§§ 42 bis 50, insbesondere §§ 43–46 und §§ 48, 49 sind mit **Modifikationen** anwendbar: **109**

§ 42: Offensichtliche Versehen im PlfBeschluss können durch einen ergänzenden Beschluss mit klarstellender Funktion berichtigt werden.[153] **110**

§ 43: Gemäß § 74 Abs. 4 S. 1 ist der PlfBeschluss grundsätzlich individuell zuzustellen (§ 74 Rn. 205 ff.) und daneben nach § 74 Abs. 4 S. 2 und 3 mit Zustellungswirkung ortsüblich bekanntzumachen (§ 74 Rn. 210 ff.). Die individuelle Zustellung an bekannte Betroffene und Einwender kann gemäß § 74 Abs. 5 durch öffentliche Bekanntmachung ersetzt werden (§ 74 Rn. 214 ff.). Wird der PlfBeschluss nur zu einzelnen Betroffenen und/oder nur hinsichtlich einzelner Teilregelungen angefochten, wird er gegenüber den anderen Betroffenen und/oder hinsichtlich der anderen Teilregelungen unanfechtbar.[154] Die rechtskräftige Aufhebung eines PlfBeschlusses auf Klage eines Betroffenen wirkt aber faktisch zu Gunsten aller Betroffenen.[155] **111**

§§ 44–46 sind auf den PlfBeschluss anwendbar (Einzelheiten bei § 73 Rn. 143 ff.).[156] Die Regelungen der §§ 45, 46 über die Heilung von Verfahrensfehlern und ihre Unbeachtlichkeit werden ergänzt durch § 75 Abs. 1 a, der die Unbeachtlichkeit und nachträgliche Behebung von materiellen Mängeln (Abwägungsfehlern) normiert (§ 75 Rn. 35 ff.). **112**

Von den Vorschriften der §§ 48 ff. über **Rücknahme und Widerruf** bestandskräftiger VAe erklärt § 72 Abs. 1 nur § 51 ausdrücklich für unanwendbar. Ein weitergehender Ausschluss ergibt sich auch nicht aus den Vorschriften der §§ 72 ff im Übrigen.[157] Sie enthalten zwar einzelne Regelungen, die sich mit der Änderung oder Aufhebung bestandskräftiger PlfBeschlüsse befassen, namentlich § 75 Abs. 2 S. 2 bis 4, § 76 und § 77. Diese Vorschriften betreffen aber nur einzelne Punkte, die wegen der Eigenart von PlfBeschlüssen regelungsbedürftig erschienen, bilden aber ersichtlich kein geschlossenes Regelwerk, mit dem die Änderung oder Aufhebung bestandskräftiger PlfBeschlüsse abschließend erfasst werden sollte. Aus der Eigenart von PlfBeschlüssen und ihres Regelungsgegenstandes kann ebenfalls nicht etwas Abweichendes i.S.d. § 72 Abs. 1 deshalb hergeleitet werden, weil sie sich von vornherein nicht mit der Möglichkeit einer Rücknahme oder eines Widerrufs vertrüge.[158] **113**

Ist damit die Anwendung der §§ 48, 49 auf PlfBeschlüsse auch nicht von vornherein ausgeschlossen,[159] so ist die Möglichkeit der Rücknahme und des Widerrufs doch durch die Sonderregelungen der §§ 72 ff erheblich eingeschränkt.[160] **114**

Aus der Unanwendbarkeit des § 51 ergibt sich unmittelbar, dass ein planbetroffener Dritter keinen Rechtsanspruch auf Widerruf des PlfBeschlusses hat, wenn sich nach Eintritt der Bestandskraft die **Sach- oder Rechtslage geändert** hat.[161] Besteht die Änderung der Sachlage in nicht vorsehbaren nachteiligen Auswirkungen des Vorhabens auf seine Rechte, hat der planbetroffene Dritte nur den Anspruch nach § 75 Abs. 2 S. 2 auf nachträgliche Anordnung von Schutzmaßnahmen oder bei deren Untunlichkeit einen Anspruch auf angemessene Entschädi- **115**

---

[153] BVerwG NVwZ 2000, 553, 554.
[154] Vgl. BVerwGE 69, 256, 259 = NVwZ 1984, 718; VGH München DÖV 1979, 527; Broß DÖV 1985, 253, 262; DÖV 1985, 513, 515; Johlen NVwZ 1989, 109, 110 f.
[155] Johlen NVwZ 1989, 109, 111; Dürr VBlBW 1992, 321, 328.
[156] Vgl. VGH Kassel NVwZ 1987, 987, 989 ff; kritisch Steinberg NVwZ 1988, 1095; ferner Breuer in FS Sendler, S. 357 ff.; zu § 46 Pöcker DÖV 2003, 980.
[157] BVerwGE 105, 6, 11 = NVwZ 1998, 281, 282; Wickel in Fehling u.a., § 72 VwVfG Rn. 20; Ziekow, § 72 Rn. 30; Kirchberg in Ziekow, Praxis des Fachplanungsrechts, Rn. 28 ff.; Bell/Herrmann NVwZ 2004, 288, 294 f.
[158] So aber: OVG Berlin DVBl 1997, 73, 77; VGH Kassel NVwZ-RR 1993, 588; VGH Mannheim NVwZ-RR 1997, 683; VBlBW 2007, 268, 269; Grupp DVBl 1990, 81; hiergegen: BVerwGE 105, 6, 12 = NVwZ 1998, 281, 282.
[159] So beiläufig BVerwG DVBl 1990, 509, 510; BVerwGE 91, 17, 22 = NVwZ 1993, 362, 363; ferner Dürr UPR 1993, 161, 170.
[160] VGH München NVwZ 1996, 1125, 1128; noch weitergehend möglicherweise Bell/Herrmann NVwZ 2004, 288, 294 ff.
[161] BVerwGE 80, 7, 9 = NVwZ 1989, 253, 254.

gung in Geld nach § 75 Abs. 2 S. 4. Dadurch wird die **Härte der Bestandskraft** und das Risiko nachträglich veränderter Umstände zu Lasten planbetroffener Dritter **gemildert**.[162] Aus diesem Grund bestehen keine verfassungsrechtlichen Bedenken dagegen, dass durch § 72 Abs. 1 ein Anspruch auf Wiederaufgreifen des PlfV ausgeschlossen ist.[163] Ein **Widerruf** nach § 49 Abs. 2 Nr. 5 kommt aber als ultima ratio in Betracht, wenn Schutzmaßnahmen nach § 75 Abs. 2 S. 2 nicht ausreichen, um Gefahren für grundrechtlich geschützte Rechtsgüter zu begegnen.[164]

116 Die PlfBehörde kann einen PlfBeschluss nach § **49 Abs. 2 Nr. 5** widerrufen, wenn nicht vorsehbare nachteilige Wirkungen des Vorhabens nicht für planbetroffene Dritte, sondern für das Wohl der Allgemeinheit eintreten.[165] Auch wenn § 75 Abs. 2 hierfür keine entsprechende Regelung trifft, so hat auch in diesem Fall aus Gründen der Verhältnismäßigkeit die nachträgliche Anordnung von Schutzmaßnahmen Vorrang vor einem Widerruf.[166]

117 Soweit die **Rücknahme** eines PlfBeschlusses **wegen** dessen **anfänglicher Rechtswidrigkeit** in Betracht kommt,[167] ist § 75 Abs. 1 a zu beachten. Danach führen auch erhebliche Mängel des PlfBeschlusses nur dann zu seiner Aufhebung, wenn sie nicht durch Planergänzung oder ein ergänzendes Verfahren behoben werden können. Die Vorschrift schränkt zwar unmittelbar nur den gerichtlich geltend gemachten Aufhebungsanspruch des planbetroffenen Dritten ein, ist aber Ausdruck des allgemeinen Grundsatzes der Planerhaltung. Kann ein Mangel des PlfBeschlusses im ergänzenden Verfahren oder durch Planergänzung behoben werden, scheidet seine auf diesen Mangel gestützte vollständige Rücknahme aus.

118 Will der **Vorhabenträger** nach Bestandskraft des PlfBeschlusses wegen nachträglich geänderter Umstände das Vorhaben nur noch unter Verzicht oder wesentlicher **Änderung** ihm bestandskräftig **auferlegter Schutzmaßnahmen** verwirklichen, richtet sich die Zulassung dieser Änderung nicht nach den §§ 48, 49, sondern verfahrensrechtlich nach § 76 und materiellrechtlich nach den allgemeinen planungsrechtlichen Grundsätzen, namentlich dem Abwägungsgebot und nach § 74 Abs. 2 S. 2 und 3.[168] Das Vorhaben kann mithin nicht deshalb abgelehnt werden, weil die Voraussetzungen nicht vorliegen, unter denen nach § 48 oder § 49 die bestandskräftig gewordenen Regelungen des PlfBeschlusses zu Lasten davon begünstigter planbetroffener Dritter geändert werden dürfen.

119 §§ 52, 53 sind nach Maßgabe der §§ 73–75 anwendbar.[169]

120 d) Die Vorschriften über den ör **Vertrag** (§§ 54 bis 62) sind grundsätzlich anwendbar, sofern nicht spezielle Rechtsvorschriften entgegenstehen. Ein Vorhaben kann nicht statt durch ein gesetzlich angeordnetes PlfV durch ör Vertrag mit dem Vorhabenträger zugelassen werden. Teilfragen und Ansprüche einzelner Beteiligter, Betroffener oder Behörden können aber vertraglich geregelt werden.[170] Die Einigung über Einwendungen im Anhörungsverfahren (vgl. § 74 Abs. 2 S. 1) wird in der Regel keinen Vertrag i. S. d. § 54 darstellen. Soweit Einwendungen aufgegeben werden oder ihnen Rechnung getragen wird, wird regelmäßig ein einseitiger Akt vorliegen (zutreffend § 73 Abs. 9: „erledigte Einwendungen").

121 e) Die Vorschriften über das **Förmliche Verwaltungsverfahren** (§§ 63 bis 71) sind im PlfV nur anwendbar, soweit auf sie in den §§ 72 bis 78 **ausdrücklich** Bezug genommen wird (§ 73 Abs. 6 S. 6; § 74 Abs. 1 S. 2).[171] Unanwendbar ist daher § 65, obwohl seine Heranziehung für Zeugen und Sachverständige denkbar wäre.[172]

122 §§ 71 a–71 e sind in Abs. 1 ausdrücklich für unanwendbar erklärt, weil sie auf PlfV nicht passen. In Plangenehmigungsverfahren sind sie hingegen anwendbar.

---

[162] *BVerwGE* 80, 7, 10 = *NVwZ* 1989, 253, 254.
[163] Zweifelnd *Kopp/Ramsauer*, § 72 Rn. 21.
[164] *BVerwG LKV* 1998, 148, 149; *BVerwGE* 105, 6, 13 = *NVwZ* 1998, 281, 282; *BVerwG NVwZ* 2004, 97; *NVwZ* 2004, 869; *VGH Kassel NVwZ-RR* 2003, 729, 734; *NVwZ-RR* 2005, 805 f.
[165] *Kirchberg* in Ziekow, Praxis des Fachplanungsrechts, Rn. 29.
[166] Zum Widerruf bei nachträglichem Wegfall der Planrechtfertigung: *VGH Mannheim UPR* 1988, 77, 78; *Dürr UPR* 1993, 161, 170.
[167] Zum Vertrauensschutz in diesem Fall *Bell/Herrmann NVwZ* 2004, 288, 295.
[168] *BVerwGE* 91, 17, 22 = *NVwZ* 1993, 362, 363.
[169] Ebenso *Dürr* in Knack, § 72 Rn. 31.
[170] *Ziekow*, § 72 Rn. 31; zur Regelung naturschutzrechtlicher Kompensationsmaßnahmen in ör Verträgen *Stüer* in FS Hoppe, S. 853, 872.
[171] *Ziekow*, § 72 Rn. 32; für grundsätzliche Ergänzung: *Meyer/Borgs*, § 72 Rn. 17, 18.
[172] Ebenso *Dürr* in Knack, § 72 Rn. 33.

f) § 79 ist anwendbar, sofern in PlfV ein Vorverfahren abweichend von § 74 Abs. 1 S. 2 **123**
i. V. m. § 70 aufgrund spezialgesetzlicher Regelung vorgeschrieben ist. Eine Erstattung von Kosten nach § 80 findet im Anhörungsverfahren des § 73 nicht statt, weil es nur der Vorbereitung einer Entscheidung dient und kein Rechtsbehelfsverfahren i. S. der §§ 68 ff. VwGO ist.[173] Entsprechendes gilt für ein Planänderungsverfahren nach § 76[174] und für Verfahren zur nachträglichen Anordnung von Schutzmaßnahmen nach § 75 Abs. 2.[175]

g) Anwendbar ist **Teil VII (§§ 81 bis 93)**, soweit ehrenamtlich Tätige und Ausschüsse in einem PlfV tätig sind. **124**

V. Europarecht

Um die Vorteile eines liberalisierten Binnenmarktes voll zur Geltung zu bringen, strebt die **125** Gemeinschaft eine leistungsfähige, gemeinschaftsweit kompatible und vernetzte Infrastruktur auf den Gebieten Verkehr, Telekommunikation und Energieversorgung an. In diesen Bereichen trägt die Gemeinschaft nach Art. 154 ff EGV zum **Auf- und Ausbau transeuropäischer Netze** bei.[176] Für die Planfeststellung sind von Bedeutung die Leitlinien für den Aufbau eines transeuropäischen Verkehrsnetzes.[177] Sie sollen bezogen auf die Verkehrsträger Straße, Eisenbahn, Binnenwasserstraßen, Seehäfen, Flughäfen und den kombinierten Verkehr den territorialen Zusammenhalt der Gemeinschaft stärken sowie die Zusammenarbeit aller Verkehrsträger und die technische Verbundfähigkeit der nationalen Netze verbessern. Im Anhang I der Leitlinien sind an Hand von Karten, getrennt nach Verkehrsträgern, die Netzschemata des transeuropäischen Verkehrsnetzes bestimmt. Im Anhang II sind Kriterien festgelegt, unter denen ein Verkehrsvorhaben ein solches von gemeinsamem Interesse ist. Vorhaben von gemeinsamem Interesse müssen entweder Verbindungen betreffen, die in den Karten des Anhangs I dargestellt sind, oder die Kriterien des Anhangs II erfüllen. Im Anhang III der Leitlinien sind 14 konkrete Vorhaben aufgelistet, die vorrangig verwirklicht werden sollen, darunter auch Vorhaben auf dem Gebiet der Bundesrepublik Deutschland.[178] Der Anhang III betrifft vor allem den Aus- und Aufbau eines transeuropäischen Hochgeschwindigkeitsbahnnetzes.

Die Gemeinschaft hat zur Verwirklichung dieser Vorhaben **keine verfahrensrechtlichen 126 Vorschriften** erlassen. Ihre Verwirklichung richtet sich mithin nach nationalem Recht, also nach dem jeweils einschlägigen Fachplanungsgesetz, ergänzt durch die §§ 72 ff.

Für Planfeststellungen nach nationalem Recht hat die Festlegung eines Vorhabens von gemeinsamem Interesse nach Maßgabe der Leitlinien unmittelbare Bedeutung für die **Planrechtfertigung**. Die Entscheidung über gemeinschaftliche Leitlinien für den Ausbau eines transeuropäischen Verkehrsnetzes ist für die Mitgliedstaaten verbindlich und von allen staatlichen Organen zu beachten. Die Erforderlichkeit einer Verkehrsverbindung, die Gegenstand der Leitlinien ist, kann bei der Planrechtfertigung nicht mehr in Frage gestellt werden. Ihr kommt dieselbe Verbindlichkeit zu wie etwa der Aufnahme eines Vorhabens in das Fernstraßenausbaugesetz.[179] Soweit im Anhang III der Leitlinien konkrete Verkehrsvorhaben auf dem Gebiet der Bundesrepublik Deutschland aufgeführt sind, sind sie ohnedies im Bundesschienenwegeausbaugesetz[180] als vordringlicher Bedarf ausgewiesen.[181] **127**

Die Festlegung eines Projekts von gemeinsamem Interesse kann darüber hinaus auf die **Abwägung** einwirken. Solche Projekte sind vorrangig zu verwirklichen. Das verleiht ihnen in der **128**

---

[173] *BVerwG* NVwZ 1990, 59.
[174] *BVerwG* NVwZ 1990, 59.
[175] *VGH München* NVwZ-RR 1999, 347.
[176] Zu nennen: *Jürgensen* UPR 1998, 12; *Jarass* DVBl 2000, 945, 948; *Wahl* in FS Blümel, S. 617, 625 ff.
[177] Entscheidung Nr. 1692/96/EG des Europäischen Parlaments und des Rates vom 23. 7. 1996, ABl. Nr. L 15 S. 1, zuletzt geändert durch die Entscheidung Nr. 884/2004/EG des Europäischen Parlaments und des Rates vom 29. 4. 2004, ABl. Nr. L 167 S. 1.
[178] Zur Rechtsnatur der Leitlinien *Bogs*, Die Planung transeuropäischer Verkehrsnetze, S. 138 ff.; *Wahl* in FS Hoppe, S. 913, 922 ff.
[179] *Wickel* in Fehling u. a., § 74 VwVfG Rn. 80; *Jürgensen* UPR 1998, 12, 14; hiergegen *Ziekow* in Ziekow, Praxis des Fachplanungsrechts, Rn. 628; vgl. ferner *BVerwG* NVwZ 2001, 1160, 1161; *Bogs*, Die Planung transeuropäischer Verkehrsnetze, S. 227 ff.; *Fisahn* UPR 2002, 258, 261.
[180] Vom 15. 11. 1993, BGBl I S. 1874, i. F. d. Gesetzes vom 15. 9. 2004, BGBl I S. 2322.
[181] Hierzu: *BVerwG* NVwZ-RR, 1997, 525, NVwZ-RR 1998, 284, 285.

Abwägung zusätzliches Gewicht, ohne allein deshalb jedes entgegenstehende Interesse überwinden zu können.[182]

129 Am stärksten wirkt die Gemeinschaft durch Normierungen auf dem Gebiet des **Umweltrechts** auf das nationale Planungsrecht ein.[183] Sie setzen materielle Standards vor allem im Naturschutzrecht (Habitatschutz, Vogelschutz, Artenschutz; hierzu: § 74 Rn. 141 ff.), geben aber vor allem bestimmte Verfahren vor, die die Beachtung der Umweltbelange bei der Planungsentscheidung sicherstellen sollen. Dazu zählt namentlich die **UVP-RL**, die durch das **UVPG** in nationales Recht umgesetzt ist. Die Prüfung der Umweltverträglichkeit eines Vorhabens ist nach § 2 Abs. 1 UVPG kein selbständiges VwVf, sondern unselbständiger Teil des PlfV (Rn. 69, § 74 Rn. 119 ff.).

VI. Landesrecht

130 § 139 Abs. 1 LVwGSchlH beschränkt die Möglichkeit der **Akteneinsicht** nicht auf einen Anspruch nach Maßgabe pflichtgemäßen Ermessens. Beteiligte i. e. S. sowie Einwender und Betroffene haben vielmehr auch im PlfV den strikten Anspruch auf Akteneinsicht nach § 29.
Nach **§ 4a Abs. 5 BlnVwVfG** werden die Auskunftsansprüche nach dem Berliner **Informationsfreiheitsgesetz** durch die Regelungen der §§ 72 ff. nicht verdrängt; vielmehr besteht auch im PlfV ein uneingeschränkter Informationsanspruch.

§ 73 Anhörungsverfahren

(1) ¹Der Träger des Vorhabens hat den Plan der Anhörungsbehörde zur Durchführung des Anhörungsverfahrens einzureichen. ²Der Plan besteht aus den Zeichnungen und Erläuterungen, die das Vorhaben, seinen Anlass und die von dem Vorhaben betroffenen Grundstücke und Anlagen erkennen lassen.

(2) Innerhalb eines Monats nach Zugang des vollständigen Plans fordert die Anhörungsbehörde die Behörden, deren Aufgabenbereich durch das Vorhaben berührt wird, zur Stellungnahme auf und veranlasst, dass der Plan in den Gemeinden, in denen sich das Vorhaben auswirkt, ausgelegt wird.

(3) ¹Die Gemeinden nach Absatz 2 haben den Plan innerhalb von drei Wochen nach Zugang für die Dauer eines Monats zur Einsicht auszulegen. ²Auf eine Auslegung kann verzichtet werden, wenn der Kreis der Betroffenen bekannt ist und ihnen innerhalb angemessener Frist Gelegenheit gegeben wird, den Plan einzusehen.

(3a) ¹Die Behörden nach Absatz 2 haben ihre Stellungnahme innerhalb einer von der Anhörungsbehörde zu setzenden Frist abzugeben, die drei Monate nicht überschreiten darf. ²Nach dem Erörterungstermin eingehende Stellungnahmen werden nicht mehr berücksichtigt, es sei denn, die vorgebrachten Belange sind der Planfeststellungsbehörde bereits bekannt oder hätten ihr bekannt sein müssen oder sind für die Rechtmäßigkeit der Entscheidung von Bedeutung.

(4) ¹Jeder, dessen Belange durch das Vorhaben berührt werden, kann bis zwei Wochen nach Ablauf der Auslegungsfrist schriftlich oder zur Niederschrift bei der Anhörungsbehörde oder bei der Gemeinde Einwendungen gegen den Plan erheben. ²Im Falle des Absatzes 3 Satz 2 bestimmt die Anhörungsbehörde die Einwendungsfrist. ³Mit Ablauf der Einwendungsfrist sind alle Einwendungen ausgeschlossen, die nicht auf besonderen privatrechtlichen Titeln beruhen. ⁴Hierauf ist in der Bekanntmachung der Auslegung oder bei der Bekanntgabe der Einwendungsfrist hinzuweisen.

(5) ¹Die Gemeinden, in denen der Plan auszulegen ist, haben die Auslegung vorher ortsüblich bekannt zu machen. ²In der Bekanntmachung ist darauf hinzuweisen,

---
[182] *Jürgensen* UPR 1998, 12, 14.
[183] Hierzu: *Wahl* in FS Blümel, S. 617, 631 ff.

1. wo und in welchem Zeitraum der Plan zur Einsicht ausgelegt ist;
2. dass etwaige Einwendungen bei den in der Bekanntmachung zu bezeichnenden Stellen innerhalb der Einwendungsfrist vorzubringen sind;
3. dass bei Ausbleiben eines Beteiligten in dem Erörterungstermin auch ohne ihn verhandelt werden kann;
4. dass
   a) die Personen, die Einwendungen erhoben haben, von dem Erörterungstermin durch öffentliche Bekanntmachung benachrichtigt werden können,
   b) die Zustellung der Entscheidung über die Einwendungen durch öffentliche Bekanntmachung ersetzt werden kann,
   wenn mehr als 50 Benachrichtigungen oder Zustellungen vorzunehmen sind.

³Nicht ortsansässige Betroffene, deren Person und Aufenthalt bekannt sind oder sich innerhalb angemessener Frist ermitteln lassen, sollen auf Veranlassung der Anhörungsbehörde von der Auslegung mit dem Hinweis nach Satz 2 benachrichtigt werden.

(6) ¹Nach Ablauf der Einwendungsfrist hat die Anhörungsbehörde die rechtzeitig erhobenen Einwendungen gegen den Plan und die Stellungnahmen der Behörden zu dem Plan mit dem Träger des Vorhabens, den Behörden, den Betroffenen sowie den Personen, die Einwendungen erhoben haben, zu erörtern. ²Der Erörterungstermin ist mindestens eine Woche vorher ortsüblich bekannt zu machen. ³Die Behörden, der Träger des Vorhabens und diejenigen, die Einwendungen erhoben haben, sind von dem Erörterungstermin zu benachrichtigen. ⁴Sind außer der Benachrichtigung der Behörden und des Trägers des Vorhabens mehr als 50 Benachrichtigungen vorzunehmen, so können diese Benachrichtigungen durch öffentliche Bekanntmachung ersetzt werden. ⁵Die öffentliche Bekanntmachung wird dadurch bewirkt, dass abweichend von Satz 2 der Erörterungstermin im amtlichen Veröffentlichungsblatt der Anhörungsbehörde und außerdem in örtlichen Tageszeitungen bekannt gemacht wird, die in dem Bereich verbreitet sind, in dem sich das Vorhaben voraussichtlich auswirken wird; maßgebend für die Frist nach Satz 2 ist die Bekanntgabe im amtlichen Veröffentlichungsblatt. ⁶Im Übrigen gelten für die Erörterung die Vorschriften über die mündliche Verhandlung im förmlichen Verwaltungsverfahren (§ 67 Abs. 1 Satz 3, Abs. 2 Nr. 1 und 4 und Abs. 3, § 68) entsprechend. ⁷Die Erörterung soll innerhalb von drei Monaten nach Ablauf der Einwendungsfrist abgeschlossen werden.

(7) Abweichend von den Vorschriften des Absatzes 6 Satz 2 bis 5 kann der Erörterungstermin bereits in der Bekanntmachung nach Absatz 5 Satz 2 bestimmt werden.

(8) ¹Soll ein ausgelegter Plan geändert werden und werden dadurch der Aufgabenbereich einer Behörde oder Belange Dritter erstmalig oder stärker als bisher berührt, so ist diesen die Änderung mitzuteilen und ihnen Gelegenheit zu Stellungnahmen und Einwendungen innerhalb von zwei Wochen zu geben. ²Wirkt sich die Änderung auf das Gebiet einer anderen Gemeinde aus, so ist der geänderte Plan in dieser Gemeinde auszulegen; die Absätze 2 bis 6 gelten entsprechend.

(9) Die Anhörungsbehörde gibt zum Ergebnis des Anhörungsverfahrens eine Stellungnahme ab und leitet diese möglichst innerhalb eines Monats nach Abschluss der Erörterung mit dem Plan, den Stellungnahmen der Behörden und den nicht erledigten Einwendungen der Planfeststellungsbehörde zu.

Vergleichbare Vorschriften: § 18 a AEG; § 17 a FStrG; § 10 Abs. 2 und 4 LuftVG; § 2 MBPlG; § 29 Abs. 1 a und 4 PBefG; § 14 a WaStrG; § 9 b Abs. 5 Satz 1 Nr. 1 AtG i. V. m §§ 2 ff AtVfV; § 43 a EnWG; § 41 Abs. 2 FlurbG.

Abweichendes Landesrecht:
BW: § 73 Abs. 1 S. 2: Der Plan besteht aus den Zeichnungen und Erläuterungen, die das Vorhaben, seinen Anlass, die vom Vorhaben betroffenen Grundstücke und Anlagen **sowie Namen und gegenwärtige Anschriften der betroffenen Eigentümer** erkennen lassen; Grundstückseigentümer dürfen dabei nach dem Grundbuch bezeichnet werden, soweit dem Träger des Vorhabens nicht dessen Unrichtigkeit bekannt ist.
§ 73 Abs. 10: Der Träger des Vorhabens hat der Gemeinde die Auslagen zu erstatten, die ihr durch Bekanntmachungen und Benachrichtigungen im Anhörungsverfahren entstehen, wenn sie 35 Euro übersteigen.

§ 73

Bbg: § 73 Abs. 1 S. 3 und 4: Namen und gegenwärtige Anschriften der Eigentümer der betroffenen Grundstücke können aufgenommen werden. Die Grundstückseigentümer dürfen dabei nach dem Grundbuch bezeichnet werden, soweit dem Träger des Vorhabens nicht dessen Unrichtigkeit bekannt ist.
§ 73 Abs. 2, Abs. 3 S. 1, Abs. 4 S. 1, Abs. 5 S. 1 und Abs. 8 S. 2: „amtsfreie Gemeinde, Amt und kreisfreie Stadt" statt „Gemeinde" bzw. „amtsfreien Gemeinden, Ämtern und kreisfreien Städten" statt „Gemeinden".
Hbg: § 73 Abs. 2 und Abs. 3 S. 1: in den „Bezirken" statt in den Gemeinden
§ 73 Abs. 4 S. 1: bei „dem Bezirksamt" statt bei der Gemeinde
§ 73 Abs. 5 S. 1 und Abs. 6 S. 2: „im Amtlichen Anzeiger" statt ortsüblich
§ 73 Abs. 8 S. 2: „Bezirks" und „Bezirk" statt Gemeinde
MV: § 73 Abs. 2, Abs. 3 S. 1, Abs. 4 S. 1, Abs. 5 S. 1 und Abs. 8 S. 2: „amtsfreie Gemeinde, Amt und kreisfreie Stadt" statt „Gemeinde" bzw. „amtsfreien Gemeinden, Ämtern und kreisfreien Städten" statt „Gemeinden".
§ 73 Abs. 10: Der Träger des Vorhabens hat der amtsfreien Gemeinde, dem Amt oder der kreisfreien Stadt die Auslagen zu erstatten, die durch Bekanntmachungen und Benachrichtigungen im Anhörungsverfahren entstehen, wenn sie 25 Euro übersteigen.
NRW: § 73 Abs. 3 a S. 2: Bei Stellungnahmen, die nach dem Erörterungstermin eingehen, besteht kein Anspruch auf Berücksichtigung bei der Feststellung des Plans; dies gilt nicht, wenn später von einer Behörde vorgebrachte öffentliche Belange der Planfeststellungsbehörde auch ohne ihr Vorbringen bekannt sind oder hätten bekannt sein müssen oder für die Rechtmäßigkeit der Entscheidung von Bedeutung sind.
§ 73 Abs. 4 S. 1: **vier Wochen** (statt zwei Wochen)
§ 73 Abs. 4 S. 3 bis 5: Mit Ablauf der Einwendungsfrist sind alle Einwendungen ausgeschlossen, die nicht auf besonderen privatrechtlichen Titeln beruhen **oder die das Verfahren verzögern. Im Falle eines gerichtlichen Verfahrens gilt auch dessen Verlängerung als Verzögerung in diesem Sinne. Auf diese Ausschlussgründe** ist in der Bekanntmachung der Auslegung oder bei der Bekanntgabe der Einwendungsfrist hinzuweisen.
SchlH: § 140 Abs. 2, Abs. 3 S. 1, Abs. 4 S. 1, Abs. 5 S. 1 und Abs. 8 S. 2: „amtsfreie Gemeinde und Amt" statt „Gemeinde" bzw. „amtsfreien Gemeinden und Ämter" statt „Gemeinden"
§ 140 Abs. 4 S. 1: **vier Wochen** (statt zwei Wochen wie in § 73 Abs. 4 S. 1)
§ 140 Abs. 4 S. 5: § 83 bleibt unberührt. (§ 83 LVwGSchlH = § 24 VwVfG)
§ 140 Abs. 6 S. 2: Der Erörterungstermin ist mindestens eine Woche vorher **auf Kosten des Trägers des Vorhabens örtlich** bekanntzumachen.
§ 140 Abs. 6 S. 4 : **300** Benachrichtigungen (statt 50 Benachrichtigungen wie in § 73 Abs. 6 S. 4).

Entstehungsgeschichte: Bis zum Inkrafttreten des VwVfG vgl. § 73 der 6. Auflage.
Seine jetzige Fassung hat § 73 durch das **GenBeschlG** erhalten: Nach Abs. 3a haben die zu beteiligenden Behörden ihre Stellungnahmen innerhalb bestimmter Fristen abzugeben, an deren fruchtlosen Ablauf eine begrenzte Präklusion anknüpft. Die Gemeinden haben die ihnen obliegende Auslegung des Plans innerhalb einer Frist von drei Wochen zu bewirken (Abs. 3). Die Erörterung soll nach Abs. 6 S. 7 binnen 3 Monaten abgeschlossen werden. Abs. 4 S. 3 präkludiert verspätete Einwendungen auch mit Wirkung für ein nachfolgendes gerichtliches Verfahren.

Literatur: *v. Danwitz,* Umweltrechtliche Präklusionsnormen zwischen Verwaltungseffizienz und Rechtsschutzgarantie, UPR 1996, 323; *Brandt,* Präklusion im Verwaltungsverfahren, NVwZ 1997, 233; *Solveen,* Zur materiellen Präklusion in der Fernstraßenplanungsbehörde, DVBl 1997, 803; *Pieroth,* Das Verfassungsrecht der Öffentlichkeit für die staatliche Planung, FS Hoppe, 195; *Stüer/Probstfeld,* Anhörungsverfahren bei straßenrechtlichen Großvorhaben, DÖV 2000, 701; *Ziekow/Siegel,* Anerkannte Naturschutzverbände als „Anwälte der Natur", 2000; *Oexle,* Das Rechtsinstitut der materiellen Präklusion in den Zulassungsverfahren des Umwelt- und Baurechts, 2001; *Stüer/Probstfeld,* Digitaler Planungsordner, UPR 2001, 91; *Kersten,* Die extraterritoriale Durchführung des Erörterungstermins im Planfeststellungsverfahren, UPR 2001, 405; *Wilrich,* Vereinsbeteiligung und Vereinsklage im neuen Bundesnaturschutzgesetz, DVBl 2002, 872; *Stüer,* Die naturschutzrechtliche Vereinsbeteiligung und Vereinsklage, NuR 2002, 708; *Durner,* Datenschutz in der Fach- und Bauleitplanung, UPR 2003, 262; *Stüer/Rieder,* Präklusion in Fernstraßenplanung, DVBl 2003, 473; *Bönsel/Hönig,* Kritische Analyse der Klagemöglichkeiten der Naturschutzvereine, NuR 2003, 677; *Müller,* Verfahrensartfehler, 2004; *Bell/Rehak,* Erheblichkeit von Abwägungsmängeln, UPR 2004, 296; *Siegel,* Die Behördenpräklusion und ihre Vereinbarkeit mit dem Verfassungsrecht und dem Gemeinschaftsrecht, DÖV 2004, 589; *Kment,* Nationale Unbeachtlichkeits-, Heilungs- und Präklusionsvorschriften und Europäisches Recht, 2005; *Ziekow,* Von der Reanimation des Verfahrensrechts, NVwZ 2005, 263; *Scheidler,* Rechtsschutz Dritter bei fehlerhafter oder unterbliebener Umweltverträglichkeitsprüfung, NVwZ 2005, 863; *Guckelberger,* Bürokratieabbau durch Abschaffung des Erörterungstermins?, DÖV 2006, 97; *Siems,* Das UVP-Verfahren: Drittschützende Wirkung oder doch „reines Verfahrensrecht, NuR 2006, 359; *Alleweldt,* Verbandsklage und gerichtliche Kontrolle von Verfahrensfehlern, DÖV 2006, 621; *Steinberg/Müller,* Nachträgliche Öffentlichkeitsbeteiligung bei Änderung von Planunterlagen während des Planaufstellungsverfahrens, UPR 2007, 1; *Schlacke,* Das Umwelt-Rechtsbehelfsgesetz, NuR 2007, 8; *Cancik,* Beschleunigung oder Re-Arkanisierung? – Die Einschränkungen der Erörterung im Planfeststellungsverfahren, DÖV 2007, 107; *Schneller,* Beschleunigter Ausbau des Stromtransportnetzes, DVBl 2007, 529; *Radespiel,* Entwicklungen des Rechts der Öffentlichkeitsbeteiligung im Umweltrecht aufgrund völker- und europarechtlicher Vorgabe – insbesondere das Umwelt-Rechtsbehelfsgesetz, EurUP 2007, 118; *Schwertner,* Die Bedeutung des Umwelt-Rechtsbehelfsgesetzes für die rechtssichere Genehmigung unter besonderer Berücksichtigung der europarechtlichen Vorgaben, EurUP 2007, 124.
Ferner die Literaturnachweise zu §§ 72, 74, 75.
Ausführlich zum Schrifttum vor 1996 s. § 73 der 6. Auflage

Übersicht

	Rn.
I. Allgemeines	1
1. Geltungsbereich	1
2. Anhörungsverfahren und Planfeststellung	2
3. Funktionen des Anhörungsverfahrens	7
II. Einreichen des Plans (Abs. 1)	15
1. Vorhabenträger	16
2. Planunterlagen	18
3. Planfeststellung in Abschnitten	23
4. Pflichten der Anhörungsbehörde (Abs. 2)	26
III. Behördenanhörung (Abs. 3a)	32
1. anzuhörende Behörden	33
2. Stellungnahme	37
a) Inhalt und Bedeutung	37
b) Frist	39
3. Behördenpräklusion	40
IV. Betroffenenanhörung	45
1. Auslegung der Planunterlagen	45
a) Funktion der Auslegung	47
b) Bekanntmachung der Auslegung	48
c) auszulegende Unterlagen	60
d) Dauer der Auslegung	63
e) Einsichtnahme	64
2. Individuelle Gelegenheit zur Planeinsicht (Abs. 3 S. 2)	65
3. Einwendungen gegen den Plan	66
a) Funktion	67
b) Einwender	69
c) Einwendungsbefugnis	71
d) Einwendungsbehörden	74
e) Form der Einwendung	76
f) Zeitpunkt	77
g) Einwendung	82
h) Einwendungsausschluss	87
aa) Bedeutung	88
bb) Eintritt der Präklusion	91
cc) Umfang der Präklusion	96
V. Beteiligung anerkannter Natur- und Umweltschutzvereine	103
VI. Erörterungstermin (Abs. 6)	112
1. Bekanntgabe des Erörterungstermins (Abs. 6 S. 2 bis 5)	114
2. Gegenstand der Erörterung	119
3. Ablauf des Erörterungstermins	125
VII. Planänderung (Abs. 8)	134
VIII. Stellungnahme der Anhörungsbehörde (Abs. 9)	139
IX. Verfahrensfehler	143
X. Landesrecht	156

I. Allgemeines

1. Geltungsbereich

§ 73 gilt **subsidiär** (hierzu: § 1 Rn. 206 ff.; § 72 Rn. 72 ff.). Zahlreiche Fachplanungsgesetze **1** regeln das Anhörungsverfahren ganz oder teilweise selbst (etwa § 18a AEG; § 17a FStrG; § 10 Abs. 2 und 4 LuftVG; § 2 MBPlG; § 29 Abs. 1a bis 4 PBefG; § 14a WaStrG; § 43a EnWG; § 41 Abs. 2 FlurbG). Sie weichen dabei nicht unerheblich von § 73 ab. § 73 ist nur dann ergänzend anwendbar, wenn solche Vorschriften fehlen, wie etwa im KrW-/AbfG, oder das Anhörungsverfahren erkennbar nicht abschließend regeln wollen, insbesondere nur Maßgaben für die Anwendung des § 73 enthalten (so § 18a AEG; § 17a FStrG; § 2 MBPlG; § 29 Abs. 1a PBefG; § 14a WaStrG; § 43a EnWG).

2. Anhörungsverfahren und Planfeststellung

Das PlfV ist ein einheitliches VwVf i. S. d. § 9, das in zwei unselbständige Verfahrensabschnit- **2** te gegliedert ist: das **Anhörungsverfahren** (§ 73) und die nachfolgende **Planfeststellung**

i. e. S. (§§ 74, 75). Zum PlfV i. S. d. VwVfG gehören noch nicht die planerischen Vorarbeiten, die Aufstellung des Plans und die Erarbeitung der Planunterlagen (vgl. § 72 Rn. 68).[1] Das PlfV beginnt erst mit der Einreichung des Plans bei der Anhörungsbehörde (§ 73 Abs. 1 S. 1). Es erfasst nur die letzte Stufe der Planung, die auf den Erlass eines PlfBeschlusses als rechtsgestaltenden VA (vgl. § 74 Rn. 17 ff.) gerichtet ist.

3   § 73 **trennt funktionell** zwischen **Anhörungs- und PlfBehörde.** Die Trennung kann der PlfBehörde einerseits die gebotene Distanz und Neutralität gegenüber dem Vorhaben und seinem Träger verschaffen (hierzu § 72 Rn. 88).[2] Die Anhörungsbehörde kann namentlich durch die Erörterung der Stellungnahmen und Einwendungen einzelne Probleme abschichten, die übrigen Problempunkte vorklären. Andererseits fehlt der PlfBehörde der unmittelbare Eindruck des Erörterungstermins. Wenn sie dort nicht vertreten ist (Rn. 127), kann sie nur nach Aktenlage entscheiden; sie kann das Gesamtergebnis des Verfahrens (§ 69 Abs. 1 i. V. m. § 74 Abs. 1 S. 2) nur gleichsam mittelbar würdigen.

4   Einzelne Fachplanungsgesetze sehen eine **Identität von Anhörungsbehörde und PlfBehörde** vor (z. B. § 14 Abs. 1 S. 4 WaStrG; § 57a Abs. 1 S. 2 BBergG). Rechtliche Bedenken bestehen hiergegen nicht.[3] Beide Behörden wirken an einer einzigen Entscheidung mit. Zwischen ihnen sind trotz ihrer unterschiedlichen Funktionen keine Interessengegensätze auszugleichen. Der in Art. 20 Abs. 2 und 3 GG verankerte Grundsatz der Gewaltenteilung betrifft allein das Verhältnis von Legislative, Exekutive und Judikative. Er enthält ebenso wenig wie das allgemeine Rechtsstaatsprinzip das Gebot einer weiteren Gewaltenteilung innerhalb einer der drei Gewalten oder das Gebot einer Selbstkontrolle der Verwaltung. Dem Grundsatz rechtlichen Gehörs der Betroffenen wird durch die Ausgestaltung des Anhörungsverfahrens als eines eigenen Verfahrensabschnitts hinreichend Rechnung getragen. Zur **Identität von Vorhabenträger und PlfBehörde** vgl. § 74 Rn. 6.

5   Werden die Funktionen der Anhörungsbehörde und der PlfBehörde auf eine Landesbehörde und eine Bundesbehörde aufgeteilt, liegt darin **keine verfassungsrechtlich** unzulässige **Mischverwaltung.**[4] Bundes- und Landesbehörde nehmen nicht in derselben Angelegenheit gemeinsam eine Kompetenz im Sinne einer Mitplanungs-, Mitverwaltungs- und Mitentscheidungsbefugnis wahr. **Herrin der Sachentscheidung** ist allein die **PlfBehörde.** Die Anhörungsbehörde bereitet die Sachentscheidung nur vor, wirkt aber an ihr nicht mit.[5]

6   Trotz Trennung von Anhörungsverfahren und Planfeststellung kann die PlfBehörde eine unterlassene oder unzureichende Anhörung selbst in entsprechender Anwendung von § 45 Abs. 1 Nr. 3 nachholen.[6] Sie kann hierzu selbst einen **zusätzlichen Erörterungstermin** abhalten. Sie kann stattdessen die Anhörungsbehörde auffordern, bestimmte Verfahrenshandlungen oder das Anhörungsverfahren insgesamt nachzuholen, wenn der Sachverhalt noch nicht hinreichend geklärt erscheint und die Gefahr einer rechtswidrigen Entscheidung besteht. Die Planfeststellung beschränkt sich nicht auf die Unterlagen, die im Anhörungsverfahren erörtert wurden. Die PlfBehörde kann vielmehr, soweit erforderlich, **weitere Tatsachen ermitteln** (§ 74 Rn. 8).

3. Funktionen des Anhörungsverfahrens

7   Das Anhörungsverfahren dient unterschiedlichen **Zwecken:**[7]
8   Mit der Einreichung des Plans (Abs. 1) legt der Vorhabenträger seine Absichten offen, die mit der Auslegung der Planunterlagen (Abs. 3) für jedermann **transparent** gemacht werden. Das Anhörungsverfahren dient damit der **Publizität** des Vorhabens durch **Information** anderer Behörden sowie der interessierten Allgemeinheit.

---

[1] Zu Vorarbeiten nach § 7 LuftVG vgl. *VGH Kassel* UPR 2002, 392.
[2] Zum Gebot des fairen, neutralen und distanzierten PlfV vgl. BVerwGE 75, 214, 230 = NVwZ 1987, 578, 582.
[3] BVerwG NVwZ 2002, 1103, 1104; BVerwGE 120, 87, 99 = NVwZ 2004, 722, 724 f.; a. A. *Kopf/Schönfelder* BayVBl 1979, 373.
[4] Zur Mischverwaltung vgl. BVerfGE 32, 145; BVerfGE 39, 96 = NJW 1975, 819; BVerfGE 108, 169 = NVwZ 2003, 1497; BVerfG NVwZ 2007, 942, 944.
[5] Vgl. BVerwG NVwZ 1988, 532; Begründung zu § 69 Abs. 1 Entwurf 73.
[6] BVerwGE 75, 214, 227 = NVwZ 1987, 578, 580; BVerwGE 98, 126, 129 = NVwZ 1995, 901; BVerwGE 121, 72, 78 f = NVwZ 2004, 1486, 1489.
[7] Vgl. auch *Guckelberger* DÖV 2006, 97, 99 ff.

Das Anhörungsverfahren dient dem Anspruch auf ein **faires Verfahren,** insbesondere der **substantiellen Anhörung** derjenigen, deren Belange durch das Vorhaben berührt sein können.[8] Hierfür sind der Kreis der Einwendungsberechtigten (hierzu Rn. 69 ff.), die damit verbundenen Einwendungsmöglichkeiten und die Erörterungspflicht (§ 73 Abs. 6 S. 1 und 6 i. V. m. § 68 Abs. 2) bewusst weit gezogen. § 73 konkretisiert und formalisiert für das PlfV die Pflicht zur Anhörung von Einwendern und Betroffenen, die allgemein in § 28 und in § 66 enthalten ist. Insofern schließt § 73 als **lex specialis** die Anwendung der §§ 28, 66 für Einwender aus (§ 28 Rn. 13 u. 18; § 72 Rn. 94).[9]

Im Sinne eines **Grundrechtsschutzes durch Verfahren** dient das Anhörungsverfahren zugleich dem **vorgezogenen Rechtsschutz** des betroffenen Bürgers bereits im VwVf (hierzu § 1 Rn. 45 ff.; § 9 Rn. 49 ff.).[10]

Das Anhörungsverfahren dient dem öffentlichen Interesse an einer möglichst umfassenden **Sammlung von Erkenntnissen** über den maßgeblichen **Sachverhalt** und die **Rechtslage.** Die Stellungnahmen anderer Behörden (Abs. 2) und zu beteiligender Vereine (Rn. 103 ff.) sowie die Einwendungen privater Betroffener (Abs. 4) ermöglichen der PlfBehörde einen besseren Überblick über die tatsächlichen und rechtlichen Auswirkungen des Vorhabens. Sie erweitern aus unterschiedlichem Blickwinkel das Entscheidungsmaterial für die abschließende Planungsentscheidung und sind prinzipiell geeignet, eine Überarbeitung des Plans anzustoßen.[11] Das Anhörungsverfahren kann dadurch eine **Optimierung der Planung,** zugleich eine **Befriedung** divergierender Interessen bewirken.

Die Beteiligung anderer Behörden nach Abs. 2 sowie die Erörterungspflicht nach Abs. 6 sollen zugleich, jedenfalls teilweise, **ausgleichen,** dass diese Behörden nach § 75 Abs. 1 S. 1 ihre **Zuständigkeiten** an die PlfBehörde **verloren** haben (hierzu Rn. 34, 112).

Ist ein Vorhaben **UVP-pflichtig,** gewährleistet das Anhörungsverfahren die Beteiligung der Behörden mit umweltbezogenen Aufgaben und der Öffentlichkeit nach näherer Maßgabe der §§ 6, 9 UVPG. Diese Beteiligung ist als das Kernstück der UVP durch Art. 6 UVP-RL gemeinschaftsrechtlich gefordert. Der Gesetzgeber hat für die Zulassung von Vorhaben zum Teil gerade deshalb die Planfeststellung angeordnet, weil diese ein geeignetes **Trägerverfahren für die UVP** darstellt (§ 52 Abs. 2 a S. 1 BBergG, § 20 Abs. 1 UVPG).[12]

Keiner dieser Zwecke genießt eindeutig **Priorität.** Auch das BVerwG betont nicht mehr nur den Zweck, die PlfBehörde im öffentlichen Interesse über den maßgeblichen Sachverhalt zu unterrichten, sondern stellt den Grundsatz des rechtlichen Gehörs und des **antizipierten Rechtsschutzes der Planbetroffenen** in den Vordergrund.[13]

II. Einreichen des Plans (Abs. 1)

Das **PlfV** wird nach § 73 Abs. 1 S. 1 **eingeleitet,** indem der Vorhabenträger den **Plan** bei der Anhörungsbehörde **einreicht.** Verfahrensrechtlich ist der Plan ein Antrag **i. S. d. § 22 S. 2 Nr. 1,** mit dem der Vorhabenträger die Zulassung des Vorhabens begehrt und der die Behörde zur Durchführung eines VwVf verpflichtet. Die PlfBehörde darf ein PlfV nicht von Amts wegen, sondern grundsätzlich **nur auf Antrag** des Vorhabenträgers einleiten.[14] Wird der Antrag zurückgenommen, ist nach § 74 Abs. 1 S. 2 i. V. m. § 69 Abs. 3 die Einstellung des Verfahrens bekanntzugeben (§ 72 Rn. 89).

Der Plan ist **vor Ausführung** des Vorhabens einzureichen. Der PlfBeschluss hat die Wirkung einer Genehmigung, welche die Ausführung des Vorhabens freigibt. Planfeststellungspflichtige Vorhaben unterliegen einem **Verbot mit Erlaubnisvorbehalt** (§ 75 Rn. 6). Erweist sich nach

---

[8] *BVerwGE* 90, 255, 264 = LKV 1992, 377; *Kühling/Herrmann,* Rn. 500; *Weyreuther* in FS Sendler, S. 183; *Breuer* in FS Sendler, S. 357, 364 ff.
[9] *BVerwG* NVwZ-RR 1998, 90.
[10] *BVerfGE* 53, 30 = NJW 1980, 759.
[11] Vgl. *BVerwG* NVwZ 1993, 887.
[12] *Wickel* in Fehling u. a., § 72 VwVfG Rn. 42.
[13] Früher etwa *BVerwG* NJW 1979, 561; NJW 1981, 239; nunmehr etwa *BVerwGE* 90, 255, 264 = LKV 1992, 377.
[14] *BVerwG* NJW 1981, 239.

Beginn einer Baumaßnahme ein PlfV als notwendig, ist der Vorhabenträger verpflichtet, das Verfahren unverzüglich nachzuholen.[15]

1. Vorhabenträger

16 **Träger des Vorhabens** ist der Antragsteller (Unternehmer), also derjenige, der das Vorhaben für eigene oder fremde Zwecke verwirklichen will. Vorhabenträger kann jedes beteiligungsfähige (§ 11) Rechtssubjekt des privaten oder öffentlichen Rechts sein (zur gemeinnützigen und privatnützigen Planfeststellung § 72 Rn. 28 ff.).

Wer für ein bestimmtes Vorhaben Träger sein kann, ergibt sich regelmäßig aus dem jeweiligen Fachplanungsgesetz. Ist – wie zumeist bei gemeinnützigen Planfeststellungen – Träger des Vorhabens eine juristische Person des öffentlichen Rechts, muss die ör Zuständigkeitsordnung gewahrt sein. Dem Vorhabenträger muss die konkrete Planung als Aufgabe zugewiesen sein. Bei der Planung von Straßen beispielsweise hängt von deren Klassifizierung ab, welchem öffentlichen Planungsträger ihre Planung als Aufgabe zugewiesen ist. Wird der Plan von einem Vorhabenträger eingereicht, der für die konkrete Planung nicht zuständig ist, ist die beantragte Planfeststellung schon aus diesem Grund abzulehnen. Ein gleichwohl ergehender PlfBeschluss ist rechtswidrig.[16]

Der Vorhabenträger muss den Plan nicht selbst ausarbeiten und einreichen. Er kann sich hierfür eines Dritten bedienen, der den Antrag auf Planfeststellung in Vollmacht des Vorhabenträgers und in dessen Namen stellen muss.[17]

17 Einen **Anspruch auf Einleitung und Durchführung** eines PlfV hat grundsätzlich nur der **Vorhabenträger**, sofern für Dritte nicht selbständig durchsetzbare Verfahrenspositionen gesetzlich eingeräumt sind.[18] Wird ein Vorhaben ohne die erforderliche Planfeststellung durchgeführt, können sich Dritte mit ör Abwehr-, Unterlassungs- und Beseitigungsansprüchen zur Wehr setzen (§ 74 Rn. 270).[19]

2. Planunterlagen

18 Der einzureichende **Plan** besteht nach **§ 73 Abs. 1 S. 2** aus den Zeichnungen und Erläuterungen, die das Vorhaben, seinen Anlass und die von dem Vorhaben betroffenen Grundstücke und Anlagen erkennen lassen.[20] Sie müssen eine **Gesamtbeurteilung** des Vorhabens und seiner Auswirkungen ermöglichen. Der eingereichte Plan muss dem Zweck der Auslegung genügen, die interessierte Öffentlichkeit über das beabsichtigte Vorhaben (Anlass, Größe und voraussichtliche Auswirkungen) zu informieren. Er muss potentiell Betroffenen den Anstoß geben, eine mögliche Berührung in eigenen Rechten oder Belangen (Rn. 71) zu prüfen (zur **Anstoßfunktion** vgl. Rn. 47).[21] Der PlfBehörde muss der Plan eine konkrete Entscheidungsgrundlage bieten. Sie übernimmt ihn (stellt ihn fest), wenn sich das Vorhaben als zulassungsfähig erweist.

19 Notwendig für die **räumliche Konkretisierung** ist in aller Regel ein **Lageplan** in angemessenem Maßstab,[22] der erkennen lässt, welche Grundstücke in welchem Umfang von dem Vorhaben in Anspruch genommen werden sollen. Soweit in dem Lageplan Planzeichen verwendet werden, sind sie in einer beigefügten Legende zu erläutern. Die Verwendung nicht erläuterter Planzeichen kann die Verständlichkeit einer zeichnerischen Darstellung beeinträchtigen und dazu führen, dass der Plan seiner Funktion nicht vollständig gerecht wird, den Planbetroffenen Art und Ausmaß ihrer Betroffenheit zu verdeutlichen.[23] Erforderlich sind regelmäßig ferner

---

[15] *BVerwG* DÖV 1972, 129.
[16] *VGH München* DVBl 1999, 866.
[17] *BVerwG* v. 25. 7. 2007 – 9 VR 19.07 (Rn. 9).
[18] *BVerwGE* 44, 235, 239 = NJW 1974, 813; *BVerwGE* 62, 243 = NJW 1981, 2769; kritisch hierzu *Broß* VerwArch 1985, 337 ff.
[19] *BVerwGE* 62, 243, 248 = NJW 1981, 2769; *BVerwG* NJW 1981, 239; *VGH München* DÖV 1978, 766; *BGH* NJW 1978, 1258 billigt dem betroffenen Nachbarn gegen den Vorhabenträger einen Aufwendungsersatz als Geschäftsführung ohne Auftrag für eine mangels Planfeststellung nicht angeordnete Schutzvorkehrung zu.
[20] Zu in Betracht kommenden Unterlagen insbesondere beim Straßenbau vgl. *Steinberg/Berg/Wickel*, S. 122 ff.
[21] *BVerwGE* 75, 214, 224 = NVwZ 1987, 578, 580.
[22] *BVerwG* NVwZ 1989, 252; *VGH Mannheim* NVwZ-RR 1989, 354.
[23] *BVerwG* NVwZ 2006, 1170.

Bauzeichnungen mit Querschnitts- und Höhenplänen, aus denen die wesentlichen Bauwerke zu ersehen sind **(Bauwerksverzeichnis).**[24] Je nach den Umständen sind Wege- und Vorflutverzeichnisse beizufügen.[25]

Aus den Plänen oder aus besonderen **Grundstücksverzeichnissen** müssen die Grundstücke mit hinreichender Deutlichkeit ersichtlich sein, die für das beabsichtigte Vorhaben in Anspruch genommen werden sollen oder von der Planung sonst betroffen sind, damit sich jedermann unterrichten kann, ob und inwieweit er durch das Vorhaben möglicherweise in seinen Belangen berührt wird.[26] Die **Namen privater Grundstückseigentümer** oder sonstige personenbezogene Daten müssen in den Plänen nicht angegeben werden; eine anonymisierte, aber konkretisierbare Darstellung reicht aus.[27]

Stellt ein Vorhaben einen **Eingriff in Natur und Landschaft** i. S. d. § 18 Abs. 1 BNatSchG dar, hat der Vorhabenträger die erforderlichen Maßnahmen des Naturschutzes und der Landschaftspflege zur Kompensation dieses Eingriffs in dem Plan selbst oder in einem **landschaftspflegerischen Begleitplan** darzustellen (§ 20 Abs. 4 BNatSchG). **20**

Berührt ein Vorhaben ein **Gebiet von gemeinschaftlicher Bedeutung** i. S. d. FFH-RL oder der VRL, muss der Vorhabenträger auch die Daten beibringen, die für die **Verträglichkeitsprüfung** nach § 34 Abs. 1 BNatSchG erforderlich sind.[28] In dem landschaftspflegerischen Begleitplan sind die notwendigen Maßnahmen darzustellen, die nach § 34 Abs. 5 BNatSchG zur Sicherung des Zusammenhangs des Europäischen ökologischen Netzes „Natura 2000" festzusetzen sind, wenn ein Vorhaben trotz erheblicher Beeinträchtigung eines Gebietes von gemeinschaftlicher Bedeutung (FFH-Gebiet) oder eines Europäischen Vogelschutzgebietes ausnahmsweise nach § 34 Abs. 3 oder 4 BNatSchG zugelassen werden soll.

Unterliegt ein Vorhaben einer **UVP** nach dem UVPG, muss der Vorhabenträger Unterlagen über die **Umweltauswirkungen des Vorhabens** einreichen. In welcher Form er dieser Pflicht nachkommt, schreibt § 6 Abs. 2 UVPG nicht vor. Eine **Umweltverträglichkeitsstudie** in Form einer eigenständigen in sich geschlossenen Darstellung kann nicht verlangt werden. Der Vorhabenträger kann die Umweltauswirkungen in anderen von ihm einzureichenden Unterlagen (auch verteilt auf mehrere solcher Unterlagen) erläutern, beispielsweise in dem landschaftspflegerischen Begleitplan nach § 20 Abs. 4 BNatSchG.[29] Die Unterlagen müssen aber alle Angaben enthalten, die nach § 6 Abs. 3 und 4 UVPG erforderlich sind.[30] Inhalt und Umfang der beizubringenden Unterlagen können vor Einreichung des Plans zwischen dem Vorhabenträger, der PlfBehörde und den zu beteiligenden Behörden abgestimmt werden (sog. **Scoping-Verfahren: § 5 UVPG).**[31] Planbetroffene Dritte können zu dem Scoping-Verfahren hinzugezogen werden (§ 5 S. 4 UVPG); die Vorschrift dient aber nicht dem Schutz ihrer Rechte.[32] **21**

Bei den Planunterlagen ist zu unterscheiden zwischen dem eigentlichen Plan und weiteren Unterlagen, die seiner Erläuterung dienen. Der Plan wird von der PlfBehörde festgestellt. Er wird damit Bestandteil des PlfBeschlusses und ist Inhalt der getroffenen Regelung. Zu den Unterlagen, auf die sich die Feststellung des Plans bezieht, gehören diejenigen, die das geplante Vorhaben konkret festlegen: der **Lageplan, Bauzeichnungen** mit Querschnitts- und Höhenplänen, das **Bauwerksverzeichnis.**[33] Soweit im Bauwerksverzeichnis Bauwerke nicht genannt sind, bei deren Ausführung Rechte Dritter in Anspruch genommen werden müssen, tritt ihnen gegenüber regelmäßig weder die Gestaltungs- noch die Ausschlusswirkung des PlfBeschlusses ein.[34] Soweit der **landschaftspflegerische Begleitplan** die vorgesehenen Kompensationsmaß- **22**

---

[24] *BVerwGE* 28, 139; *BVerwG* NVwZ-RR 1998, 92.
[25] Zu Planunterlagen auf CD-ROM vgl. *Stüer/Probstfeld* UPR 2001, 91.
[26] *BVerwGE* 75, 214, 224 = NVwZ 1987, 578, 580; *BVerwGE* 98, 339, 344 = NVwZ 1996, 381; *VGH Kassel* NVwZ 1986, 680.
[27] Vgl. *BVerfGE* 77, 121 = NJW 1988, 403; *Mecking* NVwZ 1992, 316; zum Datenschutz vgl. *Durner* UPR 2003, 262; eine ausdrückliche Regelung enthalten § 73 Abs. 1 S. 3 u. 4 VwVfG Bbg und § 73 Abs. 1 S. 2 VwVfG BW.
[28] *Hösch* NuR 2004, 210, 212.
[29] *BVerwG* NuR 1998, 305, 307; NVwZ 1999, 528, 531; NVwZ 2000, 555, 557; NVwZ 2007, 84, 85.
[30] Vgl. auch *OVG Schleswig* NuR 2003, 308, 311 zu Angaben über untersuchte Standortalternativen.
[31] Hierzu *Wickel* in Fehling u. a., § 73 VwVfG Rn. 16 ff.; *Steinberg/Berg/Wickel*, S. 112 ff.
[32] *BVerwGE* 127, 95, 100 = NVwZ 2007, 445, 447.
[33] *BVerwGE* 28, 139; *BVerwG* NVwZ-RR 1998, 92.
[34] Vgl. *BVerwG* NVwZ-RR 1998, 92, 93.

nahmen darstellt, gehört er ebenfalls zu den Planunterlagen, die festgestellt werden; damit sind die dort dargestellten Kompensationsmaßnahmen dem Vorhabenträger verbindlich auferlegt.

Andere (durchaus notwendige) Planunterlagen werden hingegen nicht festgestellt. Sie erläutern nur das Vorhaben oder sollen den Nachweis erbringen, dass die Voraussetzungen seiner Zulassung vorliegen. Hierzu gehört die zusammenfassende **Darstellung der Umweltauswirkungen** nach § 6 UVPG, wenn sie als geschlossene Darstellung eingereicht wird. Sie bereitet nur die sachgerechte Abwägung der Umweltbelange vor.

Soweit **Gutachten** mehr oder weniger konkrete Vorschläge für die Bewältigung bestimmter Probleme enthalten, kann die PlfBehörde sie zum Bestandteil des PlfBeschlusses erklären und damit zum Gegenstand der getroffenen Regelung machen, sofern eindeutig ist, welche Vorschläge des Gutachtens in welcher Weise verwirklicht werden sollen.

3. Planfeststellung in Abschnitten

23 Der Vorhabenträger kann ein umfassendes Gesamtvorhaben in einzelnen Abschnitten zum Gegenstand jeweils gesonderter PlfV machen; die einzelnen **Abschnitte des Gesamtvorhabens** können gesondert **planfestgestellt** werden.[35] Jeder Abschnitt ist rechtlich selbständig, aber zugleich darauf angelegt, mit weiteren Abschnitten ein übergreifendes Plankonzept zu vervollständigen. Die nachfolgenden Abschnitte brauchen nicht bereits Gegenstand eines konkreten PlfV zu sein. Vielmehr reicht die Prognose aus, dass der Verwirklichung des Gesamtvorhabens in den nachfolgenden Abschnitten keine von vornherein unüberwindbaren Hindernisse entgegenstehen.[36] Jeder Abschnitt bedarf der eigenen sachlichen Rechtfertigung vor dem Hintergrund der Gesamtplanung (vgl. § 74 Rn. 51 f.).[37] Die Abschnittbildung darf nicht dazu führen, dass die Planfeststellung dem Grundsatz umfassender **Problembewältigung** nicht gerecht werden kann. Sie darf den Rechtsschutz planbetroffener Dritter nicht faktisch unmöglich machen.[38] Das ist vor allem dann der Fall, wenn durch eine systematische Bildung von Abschnitten eine planerische Gesamtabwägung in rechtlich kontrollierbarer Weise überhaupt nicht mehr sinnvoll möglich ist.[39] Sachfragen, die sachgerecht nur einheitlich gelöst werden können, dürfen auch verfahrensrechtlich nur einheitlich geplant und entschieden werden. Unter diesen Voraussetzungen können planbetroffene Dritte nicht verhindern, dass der Vorhabenträger ein Gesamtvorhaben aufteilt und abschnittsweise zur Entscheidung stellt. Entstehen durch die Abschnittsbildung **Zwangspunkte,** die ihrerseits als Abwägungsinhalte in die Planung folgender Teilabschnitte eingehen, kann ein Dritter Rechtsschutz gegen den vorhergehenden Teilabschnitt beanspruchen, auch wenn er unmittelbar erst durch die Planfeststellung des weiteren Teilabschnitts in seinen Rechten berührt sein wird.[40]

24 Von der Aufteilung eines Gesamtvorhabens in Abschnitte durch den Vorhabenträger und die PlfBehörde ist die Frage zu unterscheiden, ob **das Gericht** auf die Anfechtungsklage eines planbetroffenen Dritten einen rechtsfehlerhaften PlfBeschluss **teilweise aufheben** kann, nämlich nur insoweit, als der Dritte von dem Vorhaben (räumlich) betroffen wird.[41] Grundsätzlich darf das Gericht eine vom Vorhabenträger gewollte Gesamtplanung und eine von der PlfBehörde getroffene Gesamtregelung nicht aufzuteilen und ihnen nicht ein so weder gewolltes noch geregeltes Vorhaben aufdrängen. Für das Gericht ist ein PlfBeschluss nur dann (räumlich) teilbar, wenn er ohne den abgetrennten Regelungsteil eine selbständige und rechtmäßige, vom Vorhabenträger und der PlfBehörde so gewollte Planung zum Inhalt hat und **kein Planungstorso** übrigbleibt.[42]

---

[35] *BVerwG* NVwZ-RR 1989, 241; NVwZ 2001, 673, 677 f; *Steinberg/Berg/Wickel,* S. 193 ff.; *Kühling/Herrmann,* Rn. 256 ff.; *Ziekow* in Ziekow, Praxis des Fachplanungsrechts, Rn. 711 ff. Zur Abgrenzung von Abschnitten eines Gesamtvorhabens von selbständigen Einzelvorhaben vgl. *OVG Bautzen* LKV 2006, 373, 374.
[36] *BVerwGE* 104, 236 = NVwZ 1998, 508; *BVerwG* NVwZ 2000, 560; NVwZ 2002, 1103, 1109; NVwZ 2005, 803, 806.
[37] *BVerwGE* 123, 23, 25 f.; *BVerwG* NVwZ 2005, 803.
[38] *BVerwG* NVwZ 1992, 1093; NVwZ 1993, 572; NVwZ 1996, 896; NVwZ 1997, 391; NuR 2005, 177, 178.
[39] *BVerwG* NVwZ 1993, 572, 573.
[40] *BVerwG* NVwZ 1993, 572, 573; NVwZ 2001, 800; *Steinberg/Berg/Wickel,* S. 393 f.
[41] Vgl. hierzu: *Steinberg/Berg/Wickel,* S. 460 f.
[42] *BVerwG* NVwZ-RR 1989, 241; NVwZ 1992, 1093.

Soll ein Gesamtvorhaben in Abschnitten planfestgestellt werden, sind in dem eingereichten 25
Plan die **weiteren Abschnitte** soweit wie möglich **darzustellen,** damit die Auswirkungen des
gesamten Vorhabens beurteilt werden können.[43] Eine förmliche UVP ist nur für den jeweiligen
Abschnitt durchzuführen. Nur für ihn müssen die notwendigen Unterlagen für die UVP eingereicht werden.[44]

4. Pflichten der Anhörungsbehörde (Abs. 2)

a) Die Planunterlagen sind nach Abs. 1 S. 1 bei der **Anhörungsbehörde** einzureichen. § 73 26
regelt nicht, welche Behörde dies ist. Das VwVfG regelt auch für das PlfV nur das Verwaltungshandeln, nicht aber die Verwaltungsorganisation. Anhörungsbehörden können Bundes-, Landes-
oder Kommunalbehörden nach Maßgabe spezialgesetzlicher (auch landesrechtlicher) Regelungen sein.[45] In bundesrechtlichen PlfV kann auch eine Landesbehörde als Anhörungsbehörde
fungieren (vgl. auch Rn. 5).[46]

Die Anhörungsbehörde nimmt ihre Aufgaben nach § 73 in **eigener Zuständigkeit** wahr.[47] 27
Sie handelt nicht in Amtshilfe für die PlfBehörde (§ 4 Abs. 2 Nr. 2).[48] Sie wird nicht an deren
Stelle tätig und erledigt nicht eine Aufgabe für diese. Wird in einem bundesrechtlich geregelten
PlfV eine Landesbehörde als Anhörungsbehörde und eine Bundesbehörde als PlfBehörde tätig,
kann das Land vom Bund keine Verwaltungsgebühren für eine Inanspruchnahme der Landesbehörde erheben.[49]

b) Die Anhörungsbehörde ist berechtigt und verpflichtet, für **vollständige Planunterlagen** 28
zu sorgen. Soweit Mängel behebbar sind, hat sie den Vorhabenträger zur **Ergänzung** aufzufordern.[50] Vorbehaltlich entgegenstehender spezieller Vorschriften hat sie zu prüfen, ob der Antrag
zulässig ist, kann ihn jedoch nicht in der Sache ablehnen.[51] Über nicht behebbare formelle oder
materielle Mängel hat sie den Vorhabenträger zu informieren und ihm Gelegenheit zur Abhilfe
zu geben. Unterbleibt diese, leitet sie den Antrag ohne Durchführung des Anhörungsverfahrens
an die PlfBehörde weiter und wartet deren Entscheidung ab.[52]

c) Abs. 2 verpflichtet die Anhörungsbehörde, innerhalb eines Monats nach Zugang des voll- 29
ständigen Plans bei ihr die anzuhörenden **Behörden zur Abgabe ihrer Stellungnahmen**
(hierzu Rn. 32 ff.) **aufzufordern.** Die Frist beginnt nicht zu laufen, wenn die eingereichten
Planunterlagen noch nicht vollständig sind und ergänzt werden müssen (hierzu Rn. 28). Die
Frist dient der Beschleunigung des Verfahrens. Ihre Missachtung stellt keinen rechtserheblichen
Verfahrensfehler dar.

d) Abs. 2 verpflichtet die Anhörungsbehörde ferner, die **Auslegung** des eingereichten Plans 30
(hierzu Rn. 45 ff.) in den Gemeinden zu **veranlassen,** in denen sich das Vorhaben auswirkt. An
die Stelle der Gemeinde tritt eine andere **kommunale Gebietskörperschaft** oder **Verwaltungsgemeinschaft,** wenn der Landesgesetzgeber diesen die Aufgaben übertragen hat, die
sonst nach § 73 den Gemeinden obliegen (§ 94).

Der Plan ist nicht nur in den **Gemeinden** auszulegen, auf deren Gebiet das Vorhaben **unmittelbar verwirklicht** wird, sondern auch in den Gemeinden, in deren Gebiet sich das Vorhaben **mittelbar auswirken** wird. Die Anhörungsbehörde hat zu **prognostizieren,** wie weit
das Vorhaben sich räumlich auswirken wird. Ändern sich nachträglich die Erkenntnisse hierüber,
ist dem durch **zusätzliche** Auslegung in weiteren Gemeinden Rechnung zu tragen. Die Vor-

---

[43] *BVerwGE* 66, 99, 110 = NJW 1984, 1250; *BVerwG* NVwZ 1996, 896.
[44] *BVerwG* NuR 1996, 517; NVwZ 1996, 896; *BVerwGE* 104, 236, 242 = NVwZ 1998, 508; anders, wenn die PlfBehörde in der Abwägung schon zu Gunsten des Teilabschnitts die Vorteile berücksichtigt, die erst das Gesamtvorhaben für das Wohl der Allgemeinheit haben wird: *BVerwG* NVwZ 1999, 528, 530.
[45] Vgl. *BVerwG,* NVwZ 1988, 532.
[46] Vgl. *BVerwG,* NVwZ 1988, 532; NVwZ 2000, 673.
[47] Vgl. *BVerwG* NVwZ 2000, 673, 674.
[48] Vgl. *BVerwG* NVwZ 1991, 781, 783: Hilfestellung in den verfassungsrechtlich zulässigen Grenzen; auch § 4 Rn. 28.
[49] *BVerwG* NVwZ 2000, 673.
[50] Hierzu *Lecheler* DVBl 2007, 713, 716 f.
[51] *Dürr* in Knack, § 73 Rn. 21; *Kopp/Ramsauer,* § 73 Rn. 19; *Allesch/Häußler* in Obermayer, § 73 Rn. 24; a. A. *Ule/Laubinger,* § 40 Rn. 9.
[52] *Dürr* in Knack, § 73 Rn. 21; *Kopp/Ramsauer,* § 73 Rn. 19; *Allesch/Häußler* in Obermayer, § 73 Rn. 23 f.; *Wickel* in Fehling u. a., § 73 VwVfG Rn. 25; *Ziekow,* § 73 Rn. 12.

schrift stellt auf die tatsächlichen, nicht auf die prognostizierten Auswirkungen ab. Wirkt sich das Planvorhaben in Gemeinden aus, in denen der Plan nicht ausgelegt wurde, ist dies deshalb ein rechtserheblicher **Verfahrensfehler**.[53] Unerheblich ist, ob die Prognose der Anhörungsbehörde zu beanstanden ist. Die Auslegung hat objektiv die Anstoßwirkung bei den potentiell Betroffenen verfehlt.

Nach wichtigen Fachplanungsgesetzen ist der Plan (nur) in den Gemeinden auszulegen, in denen sich das Vorhaben „**voraussichtlich**" auswirkt (§ 18a Nr. 1 AEG; § 17a Nr. 1 FStrG; § 14a Nr. 1 WaStrG; § 43a Nr. 1 EnWG). Dies entspricht der ursprünglichen Fassung des § 73 Abs. 2.[54] Die Vorschrift stellt in ihrem Wortlaut zwar auf die Auswirkungen ab, wie sie von der Anhörungsbehörde im Zeitpunkt der Auslegung prognostiziert werden konnten. War die Prognose bezogen auf diesen Zeitpunkt beanstandungsfrei gestellt, wird die Auslegung dennoch rechtlich fehlerhaft, wenn sich im weiteren Verfahren aufgrund neuer Erkenntnisse ein räumlich größerer Einwirkungsbereich des Vorhabens ergibt.[55] Eine ergänzende Auslegung ist auch nach diesen Vorschriften zur Vermeidung eines Rechtsfehlers erforderlich, auch wenn die Prognose der Anhörungsbehörde zutreffend erarbeitet war.[56]

31 Die Anhörungsbehörde hat die Auslegung des Plans innerhalb der Frist von **einem Monat** nach Zugang des vollständigen Plans zu veranlassen. Ein Verstoß gegen diese Ordnungsvorschrift führt nicht zu einem rechtserheblichen Verfahrensfehler.

III. Behördenanhörung (Abs. 3a)

32 Nach Abs. 2 fordert die Anhörungsbehörde die Behörden zur Stellungnahme auf, deren Aufgabenbereich durch das Vorhaben berührt wird (Rn. 29). Die **Behördenanhörung** und die **Betroffenenanhörung** nach Abs. 4 sind verschiedene Verfahrensschritte innerhalb desselben Anhörungsverfahrens, die beide in den (einen) Erörterungstermin nach Abs. 6 einmünden.

1. Anzuhörende Behörden

33 **Berührt** von dem Vorhaben werden die Aufgabenbereiche der Behörden, deren Entscheidungen wegen § 75 Abs. 1 S. 1 nicht mehr erforderlich sind oder deren Einverständnis im Sinne eines mitentscheidenden Beteiligungsaktes an einer ersetzten Entscheidung sonst notwendig gewesen wäre oder die vor deren Erlass unverbindlich Stellung hätten nehmen können, weil ihnen Anhörungs-, Beratungs-, Begutachtungs-, Anregungs- oder Vorschlagsrechte zugestanden hätten.[57] Ist das Vorhaben UVP-pflichtig, sind die Behörden zu beteiligen, deren umweltbezogener Aufgabenbereich durch das Vorhaben berührt wird (§ 7 S. 1 UVPG).

34 Die Beteiligung „betroffener" Behörden soll (auch) die gesetzliche **Kompetenzordnung wahren**.[58] Die Konzentrationswirkung des PlfBeschlusses fasst mehrere VwVf zu einem einzigen zusammen (§ 75 Rn. 10ff.).[59] Die Anhörung der Behörden, deren Entscheidung durch die Planfeststellung ersetzt wird, stellt sicher, dass alle tatsächlichen und rechtlichen Gesichtspunkte aus ihren Kompetenzbereichen und die von ihnen zu vertretenden öffentlichen Belange in die Planfeststellung einfließen. Sie gleicht den **Verlust von Entscheidungskompetenzen** und sonstigen Einflussmöglichkeiten aus.[60]

35 Zum Aufgabenbereich gehören nur **ör Wahrnehmungszuständigkeiten.** Dazu gehört die Planungshoheit der Gemeinden.[61] Wird nur das zivilrechtliche Eigentum einer juristischen Per-

---

[53] *Kirchberg* in Ziekow, Praxis des Fachplanungsrechts, Rn. 153.
[54] Hierzu § 73 Rn. 23 der 4. Aufl.; *Ronellenfitsch* DÖV 1989, 737, 744 (insbes. Fn 104).
[55] Anders wohl *Schröder* NuR 2007, 380.
[56] So *Wickel* UPR 2007, 201, 202.
[57] Zum Umfang der Unterrichtungspflicht vgl *BVerwG* NVwZ-RR 1997, 212.
[58] Vgl. *VGH Kassel* NVwZ 1986, 680, 682.
[59] *BVerwGE* 70, 242, 244 = NVwZ 1985, 414; *BVerwGE* 71, 163, 164 = NJW 1986, 82.
[60] *Jarass*, Konkurrenz, Konzentration und Bindungswirkung von Genehmigungen, S. 63; *Kühling/Herrmann*, Rn. 484.
[61] Vgl. *BVerwGE* 56, 110, 135 = NJW 1979, 64, 70; *BVerwGE* 90, 96, 100 = NVwZ 1993, 364; *BVerwG* NVwZ 1996, 793. Anders offenbar *BVerwGE* 123, 152, 154 = NVwZ 2005, 811, 812: danach soll die Gemeinde als Trägerin der gemeindlichen Planungshoheit im Rahmen der Behördenanhörung nicht zu beteiligen sein.

son des öffentlichen Rechts von dem Vorhaben berührt, ist sie nicht nach Abs. 2, sondern nach Abs. 3 bis 6 zu beteiligen.[62] Will sich eine Behörde die Möglichkeit offen halten, nicht nur ör Belange, sondern **auch eigene subjektive Rechte** geltend zu machen, muss sie im Rahmen der Betroffenenanhörung nach Abs. 4 fristgerecht Einwendungen erheben.[63] Eine Stellungnahme im Rahmen der Behördenanhörung nach Abs. 2 reicht nicht aus, es sei denn, die Äußerung lässt diese subjektiven Rechte eindeutig erkennen und ist innerhalb der Einwendungsfrist des Abs. 4 S. 3 bei der Anhörungsbehörde eingegangen (Rn. 70).[64]

Der **Behördenbegriff** ist im Sinne des § 1 Abs. 4 verwaltungsverfahrensrechtlich, nicht organisationsrechtlich zu verstehen (§ 1 Rn. 236 ff.); auch Beliehene gehören deshalb dazu. Nicht die juristische Person des öffentlichen Rechts ist zu beteiligen, sondern die **örtlich und sachlich zuständige Behörde,** die die Aufgaben der öffentlichen Verwaltung innerhalb der juristischen Person wahrnimmt. Wird eine falsche Behörde zur Stellungnahme aufgefordert, ist diese zur Rückmeldung an die Anhörungsbehörde verpflichtet; ggfls. kann sie die Aufforderung (mit Abgabennachricht) an die zuständige Behörde weiterleiten.

§ 73 Abs. 2 umschreibt die zu beteiligenden Stellen nicht mit dem Begriff des **Trägers öffentlicher Belange,** den das Bauplanungsrecht in § 4 Abs. 1 S. 1 BauGB in vergleichbarem Zusammenhang verwendet.[65] Dazu gehören auch Privatrechtssubjekte, die öffentliche Aufgaben erfüllen, aber keine Behörden sind. Sie sind nicht im Rahmen der Behördenanhörung, sondern als sonstige Betroffene im Rahmen des Abs. 4 zu beteiligen. Das trifft etwa zu auf die privatrechtlich organisierten Träger der Daseinsvorsorge (Energieunternehmen; Unternehmen der Wasserversorgung), Verkehrsunternehmen oder Anbieter von Telekommunikationsdienstleistungen.[66]

Zu den Behörden i. S. d. Abs. 2 gehören insbesondere nicht die anerkannten **Naturschutz- und Umweltschutzvereine;** sie sind auch keine Träger öffentlicher Belange (vgl. Rn. 103).

2. Stellungnahme

a) Inhalt und Bedeutung. Die Behörde hat ihre Stellungnahme regelmäßig hinreichend zu **substantiieren.** Aus ihr muss erkennbar werden, ob und welche öffentlichen Belange aufgrund welchen – vornehmlich materiellen – Rechts zu berücksichtigen sind. Die Äußerung soll sich auf alle für die Entscheidung wesentlichen **tatsächlichen und rechtlichen Aspekte** beziehen, die sich innerhalb des Aufgabenbereichs der Behörde halten. Zur Wahrnehmung öffentlicher Belange außerhalb ihrer Zuständigkeit oder sonstiger Gemeinwohlinteressen ist sie nicht befugt. Das schließt Hinweise auf solche Belange nicht aus, denen im Verlauf des PlfV nachgegangen werden sollte. Die Behörde kann insbesondere auf berücksichtigungsbedürftige Sachverhalte hinweisen, weitere Ermittlungen und Beweiserhebungen anregen, Beweisanträge stellen oder ihr vorliegende Sachverständigengutachten beifügen. In rechtlicher Hinsicht wird sie insbesondere darzulegen haben, welche Anforderungen mit welchem Grad von Verbindlichkeit die Vorschriften aus dem von ihr wahrzunehmenden Aufgabenbereich an das beabsichtigte Vorhaben stellen und ob ihre Voraussetzungen erfüllt sind.

Die **Bedeutung** der abgegebenen Stellungnahme ergibt sich aus den Rechtsnormen, auf die sie sich bezieht und die bei der Planfeststellung zu berücksichtigen sind.[67] Diese Rechtsnormen können strikte Gebote und Verbote zum Gegenstand haben oder lediglich öffentliche Belange normieren, die in der Abwägung zu berücksichtigen sind (§ 75 Rn. 17).

Abs. 3 verpflichtet die Anhörungsbehörde nicht, die Stellungnahmen offenzulegen.[68] Ihr wesentlicher Inhalt ist jedoch im Erörterungstermin **bekannt zu geben** und mit den beteiligten Behörden, Einwendern und Betroffenen zu **erörtern,** wie sich aus § 73 Abs. 6 S. 1 und S. 6 i. V. m. § 68 Abs. 2 ergibt (vgl. Rn. 119; § 68 Rn. 19). Anders verhält es sich bei UVP-pflichti-

---

[62] Ebenso *Dürr* in Knack, § 73 Rn. 25; *Kopp/Ramsauer,* § 73 Rn. 23; *Allesch/Häußler* in Obermayer, § 73 Rn. 30.
[63] BVerwG, NJW 1999, 1729.
[64] Vgl. BVerwG NVwZ 1995, 905; NVwZ 1996, 399; NVwZ 1996, 895.
[65] Zutreffend *Ziekow,* § 73 Rn. 16.
[66] *Kirchberg* in Ziekow, Praxis des Fachplanungsrechts, Rn. 135 ff.
[67] *Breuer* in FS Sendler, S. 357, 366; weitergehend *Mecking* NVwZ 1992, 316, 317.
[68] *Ziekow,* § 73 Rn. 14. Zum Anspruch auf Einsicht in solche Stellungnahmen nach der Umweltinformationsrichtlinie: EuGH NVwZ 1998, 945, mit Anmerkung von *Pitschas/Lessner* DVBl 1999, 226.

gen Vorhaben; bei ihnen sind die bereits eingegangenen Stellungnahmen der Behörden mit umweltbezogenen Aufgaben mit auszulegen (§ 9 Abs. 1 b S. 1 Nr. 2 UVPG).

39 **b) Frist.** Nach **Abs. 3 a S. 1** haben die Behörden ihre Stellungnahme innerhalb einer Frist abzugeben, die ihnen die Anhörungsbehörde zu setzen hat. Die gesetzte Frist darf **3 Monate** nicht überschreiten. Nach dem Wortlaut ist diese Vorgabe zwingend; die Fristsetzung zielt auf saumselige Behörden, die durch ihre erst spät abgegebenen Stellungnahmen ein Planungsverfahren verzögern können. Vor diesem Hintergrund ist es zulässig, wenn die Anhörungsbehörde die zunächst gesetzte Frist verlängert, und zwar auch über die Höchstfrist von drei Monaten hinaus, sofern die anzuhörende Behörde rechtzeitig vorher darlegt, dass und weshalb sie innerhalb von 3 Monaten eine (abschließende) Stellungnahme nicht abgeben kann. Je nach den Umständen kann sie sich zunächst nur **vorläufig äußern** und sich eine **Ergänzung** zu konkret zu bezeichnenden Punkten vorbehalten.[69] Die Frist kann sich zudem faktisch je nach dem Zeitpunkt des festgesetzten Erörterungstermins verlängern. Abs. 3 a S. 2 präkludiert Stellungnahmen von Behörden nicht schon dann, wenn sie nach Ablauf der gesetzten Frist, sondern erst dann, wenn sie nach dem Erörterungstermin eingehen (vgl. auch Rn. 44 a. E. zu fachgesetzlichen Sondervorschriften).

3. Behördenpräklusion

40 Nach Abs. 3 a S. 2 werden Stellungnahmen nicht mehr berücksichtigt, wenn sie erst nach Abschluss des Erörterungstermins (hierzu Rn. 130) eingehen, sofern nicht bestimmte Ausnahmetatbestände erfüllt sind (sog. **begrenzte Behördenpräklusion**).[70] Die Regelung soll verhindern, dass die zu beteiligenden Behörden das Verfahren durch schleppende Stellungnahmen verzögern.

41 Die Regelung ist **zwingend.** Sind ihre Voraussetzungen gegeben, sind ähnlich wie beim Einwendungsausschluss (hierzu Rn. 89) weder die Anhörungs- noch die PlfBehörde befugt, von sich aus auf die sich daraus ergebenden Rechtsfolgen zu verzichten. Die von der säumigen Behörde vertretenen öffentlichen Belange werden bei der Entscheidung über die Zulassung des Vorhabens außer Betracht gelassen. Die Regelung ist mit Blick auf die Gesetzmäßigkeit der Verwaltung (Art. 20 Abs. 3 GG) problematisch. Präklusionsregelungen beruhen auf dem Verwirkungsgedanken, also auf der Vorstellung, dass ein Betroffener über seine Belange verfügen und frei entscheiden kann, ob er Einwendungen erhebt. Diese Dispositionsbefugnis haben Behörden nicht, die öffentliche Belange wahrnehmen müssen.[71] Abs. 3 a S. 2 beschränkt die Behördenpräklusion in einer Weise, die diesen Bedenken Rechnung trägt.

42 Die Präklusion tritt nicht ein, wenn die nicht oder nicht rechtzeitig vorgebrachten Belange entweder der PlfBehörde (subjektiv) bekannt sind oder ihr (objektiv) bekannt sein müssen.

43 Ob nicht vorgebrachte Belange der PlfBehörde **bereits bekannt** sind, hängt von der Kenntnis der Behörde als solcher ab, nicht von derjenigen (nur) der zuständigen Bearbeiter innerhalb der Behörde. Positive Kenntnis besteht auch, wenn sich die Belange aus den Planunterlagen ergeben. Waren die Belange zwar nicht positiv bekannt, hätten sie aber bei Wahrung der objektiv erforderlichen Sorgfalt **bekannt sein müssen,** sind sie gleichfalls in die Planentscheidung einzubeziehen. Das ist insbesondere anzunehmen, wenn sich das Vorhandensein bestimmter Belange der PlfBehörde **aufdrängen** musste.[72]

44 Abs. 3 a S. 2 verpflichtet zur Berücksichtigung nicht rechtzeitig vorgebrachter öffentlicher Belange ferner dann, wenn sie für die **Rechtmäßigkeit** der Entscheidung „**von Bedeutung sind".** Maßgeblich ist nicht die Sicht der PlfBehörde ex-ante, sondern die objektive Sicht ex-post. Es reicht die **konkrete Möglichkeit** aus, dass der zu spät vorgebrachte öffentliche Belang Einfluss auf die Rechtmäßigkeit der Entscheidung hat.[73] Anders als § 75 Abs. 1 a verlangt

---

[69] Ähnlich *Ronellenfitsch* DVBl 1994, 447; *Kopp/Ramsauer,* § 73 Rn. 26; *Dürr* in Knack, § 73 Rn. 27. Enger *Allesch/Häußler* in Obermayer, § 73 Rn. 35; *Ziekow,* § 73 Rn. 23; *Erbguth* UPR 1999, 41, 42: nur Verlängerung einer konkret gesetzten Frist bis zur Höchstgrenze von drei Monaten, die eine absolute Grenze darstellt.
[70] § 73 Abs. 3 a VwVfG NRW enthält eine abweichend formulierte, der Sache nach aber wohl gleiche Regelung.
[71] *Steinbeiß-Winkelmann* DVBl 1998, 809, 816.
[72] Vgl. BVerwGE 59, 87, 104 = NJW 1980, 1061, 1063; *VGH Kassel* NVwZ 1986, 682.
[73] *Ziekow,* § 73 Rn. 26.

Abs. 3a nicht, der in Rede stehende Belang müsse von Einfluss auf das Ergebnis der Abwägung sein. Von Bedeutung für die Rechtmäßigkeit der Entscheidung ist nicht nur ein fehlerfreies Abwägungsergebnis, sondern auch ein fehlerfreier Abwägungsvorgang. Aus diesem Grund ist eine verspätet eingereichte Stellungnahme von Bedeutung für die Rechtmäßigkeit der Entscheidung schon dann, wenn mit ihr ein Belang geltend gemacht wird, der in den Abwägungsvorgang einzustellen ist und dessen Nichtberücksichtigung dort zu einem Abwägungsfehler führt. Die Nichtberücksichtigung der verspäteten Stellungnahme darf nicht zu einer Verkürzung des Abwägungsmaterials und dadurch zu einem inhaltlich fehlerhaften Abwägungsvorgang führen. Abwägungserhebliche Belange sind damit stets zu berücksichtigen.[74]

Nach einzelnen Fachplanungsgesetzen tritt die Präklusion grundsätzlich bereits mit Ablauf der Frist zur Stellungnahme ein. Wird die Stellungnahme erst nach Fristablauf vorgelegt, steht es im **Ermessen** der Behörde, ob sie die verspätete Stellungnahme berücksichtigen will, wobei sie unter den Voraussetzungen des Abs. 3a S. 2 hierzu verpflichtet ist (§ 18a Nr. 7 S. 4 AEG; § 17a Nr. 7 S. 4 FStrG; § 14a Nr. 7 S. 4 WaStrG; § 10 Abs. 4 S. 4 LuftVG; § 2 Nr. 7 S. 4 MBPlG; § 43a Nr. 7 S. 4 EnWG).

IV. Betroffenenanhörung

1. Auslegung der Planunterlagen (Abs. 3)

Die Gemeinden (hierzu: Rn 30) sind nach Abs. 3 verpflichtet, einen ihnen nach Abs. 2 zugeleiteten Plan innerhalb von 3 Wochen (§ 43a Nr. 1 EnWG: 2 Wochen) nach Zugang zur **allgemeinen Einsicht** für die Dauer von einem Monat auszulegen. Diese **Auslegung nach S. 1** kann in bestimmten Fällen durch **die** Gewährung **individueller Einsicht** in den Plan nach **S. 2** ersetzt werden.

Abs. 3 begründet eine **Pflicht der Gemeinden** zur Offenlegung. Die Offenlegung ist kein gesetzlich geregelter Fall der Amtshilfe. Die Gemeinde nimmt i. S. d. § 4 Abs. 2 Nr. 2 eine eigene Aufgabe wahr, die ihr durch Gesetz übertragen ist.[75]

a) Funktion der Auslegung. Die Planauslegung dient dazu, die potentiell Betroffenen über das geplante Vorhaben zu unterrichten.[76] Sie genügt diesem Zweck regelmäßig, wenn sie den potentiell Betroffenen Anlass geben kann zu prüfen, ob die Planung ihre Belange (Rn. 71) berührt und ob sie zu deren Wahrung Einwendungen erheben wollen (sog. **Anstoßwirkung**).[77] Damit dient die Planauslegung auch dem Gebot **rechtlichen Gehörs.** Die Planauslegung muss geeignet sein, interessierten Bürgern und Gemeinden eine mögliche Betroffenheit bewusst zu machen, dadurch Interesse an weiterer Information und Beteiligung zu wecken und so eine auf das geplante Vorhaben bezogene Öffentlichkeit herzustellen.[78]

b) Bekanntmachung der Auslegung. Abs. 5 S. 1 verpflichtet die Gemeinden, die Auslegung des Plans nach Abs. 3 S. 1 vorher **ortsüblich** bekannt zu machen.

aa) Funktion. Die Bekanntmachung muss sicherstellen, dass jedermann den Anstoß erhält, einen ausgelegten Plan darauf zu prüfen, ob eigene Rechte oder Belange durch das Vorhaben betroffen sind und er sich deshalb am weiteren Verfahren beteiligen will.

bb) Zeitpunkt. Die Gemeinden haben die Bekanntmachung **unverzüglich** zu veranlassen, damit die Auslegung innerhalb von drei Wochen nach Zugang des Plans bei der Gemeinde beginnen kann (Abs. 3 S. 1). Die frühere **Mindestfrist** von einer Woche zwischen der Bekanntmachung der Auslegung und ihrem Beginn hat das GenBeschlG beseitigt. Damit ist eine Bekanntmachung der Auslegung erst einen Tag vor ihrem Beginn zulässig. Diese Regelung dient der Beschleunigung des Verfahrens. Sie verkürzt aber mangels ausreichender Vorbereitung faktisch die Zeit, die für die Einsicht in den Plan und die Erhebung von Einwendungen zur Verfü-

---

[74] *Wickel* in Fehling u. a., § 73 VwVfG Rn. 40; ähnlich *Kirchberg* in Ziekow, Praxis des Fachplanungsrechts, Rn. 141; vgl. auch *Siegel* DÖV 2004, 589.
[75] A. A.: *OVG Koblenz* ASRP-SL 15, 30; ASRP-SL 16, 160.
[76] *BVerwGE* 75, 214, 224; *BVerwGE* 98, 339, 344 = NVwZ 1996, 381, 383.
[77] *BVerwGE* 75, 214, 224; *BVerwGE* 98, 339, 344 = NVwZ 1996, 381, 383; *BVerwG* NVwZ 2005, 940; *VGH München* BayVBl 2007, 465.
[78] *BVerwGE* 75, 214, 224; *Dürr* VBlBW 1992, 321.

gung steht. Die Anstoßwirkung der öffentlichen Bekanntmachung soll auch bewirken, dass die eigentliche Auslegung auf ein vor Ort bereits vorinformiertes Publikum trifft.[79] Wie bisher kann eine Frist zwischen Bekanntmachung und Beginn der Auslegung eingehalten werden.

51 cc) Die **Art und Weise** der ortsüblichen Bekanntmachung, insbesondere durch Aushang,[80] im amtlichen Veröffentlichungsblatt[81] und (oder) in örtlichen Tageszeitungen, richtet sich nach dem einschlägigen **Landes- oder Ortsrecht**.[82] Reicht danach die Veröffentlichung im Bekanntmachungsteil eines von der Gemeinde herausgegebenen Amtlichen Anzeigers aus, muss zwar jeder ortsansässige Eigentümer sein Grundstück betreffende Bekanntmachungen dort ermitteln und zur Kenntnis nehmen, um erforderlichenfalls fristgerecht Einwendungen zu erheben. Diese Obliegenheit verstößt aber weder gegen Art. 19 Abs. 4 GG noch gegen Art. 6 der UVP-Richtlinie.[83] Unterrichtet die Gemeinde zusätzlich im Rahmen ihrer allgemeinen Öffentlichkeitsarbeit die Presse über eine bevorstehende Auslegung und gibt die örtliche Presse erkennbar von ihr selbst verantwortete Hinweise auf solche Planauslegungen, kann sich ein Betroffener nicht auf fehlerhafte, redaktionell verantwortete Hinweise der Presse berufen, sondern muss die ordnungsgemäße Bekanntmachung gegen sich gelten lassen.[84] Ist eine **kumulative Bekanntmachung** ortsüblich, ist sie erst mit der letzten Bekanntmachung abgeschlossen. Erst nach ihr darf die Auslegung beginnen. Nehmen kommunale Einrichtungen nach § 94 die Bekanntmachung vor, richtet sich deren Ortsüblichkeit nach dem Recht der kommunalen Einrichtung; in jedem Fall muss für die Bewohner in allen betroffenen Bereichen eine **hinreichende Möglichkeit der Kenntnisnahme** gewährleistet sein.

52 dd) Der **Inhalt der Bekanntmachung** ist in **Abs. 5 S. 2** zwingend geregelt. Der Text der Bekanntmachung muss geeignet sein, gegenüber den möglicherweise Betroffenen die notwendige **Anstoßwirkung** zu erzielen. Ihm muss mit hinreichender Deutlichkeit eine mögliche Betroffenheit entnommen werden können.[85] Die räumliche Lage des Vorhabens muss sich aus der Bekanntmachung ebenso ergeben wie die Art des Vorhabens.[86] Wird nach spezialgesetzlichen Vorschriften die Auslegung des Plans und deren Bekanntmachung nicht durch die Gemeinde, sondern durch die Anhörungsbehörde selbst vorgenommen, muss die Bekanntmachung geeignet sein, auch gegenüber planbetroffenen Gemeinden die notwendige Anstoßwirkung zu erzielen. Auch wenn die Gemeinden sich im Rahmen der Behördenbeteiligung des Abs. 2 über das Vorhaben und ihre Betroffenheit hinreichend unterrichten konnten, liegen die rechtlichen Voraussetzungen einer Präklusion nach Abs. 4 S. 3 nicht vor, wenn der Bekanntmachung nach Abs. 3 die notwendige Anstoßwirkung fehlte.[87]

53 Nach **Nr. 1** ist mitzuteilen, wo und in welchem Zeitraum der Plan zur Einsicht ausgelegt wird.

54 Nach **Nr. 2** ist anzugeben, bei **welchen Stellen** und **innerhalb welcher Frist** etwaige **Einwendungen** vorzubringen sind. Zusätzlich ist zwingend auf die **Ausschlusswirkung** der Einwendungsfrist hinzuweisen, wie zwar nicht in Abs. 5 Nr. 2 selbst, jedoch in Abs. 4 S. 4 vorgeschrieben ist. Nur zusammen mit diesem Hinweis erfüllt eine auch im Übrigen ordnungsgemäße und vollständige Bekanntmachung die Voraussetzungen dafür, dass mit Ablauf der Einwendungsfrist die **Präklusionswirkung** eintritt. Es reicht aus, den Wortlaut des Abs. 4 S. 3 zu wiederholen.[88] Weitere Angaben sind zulässig, dürfen aber nicht irreführen. So kann angemerkt werden, dass der Einwendungsausschluss sich auf ein späteres verwaltungsgerichtliches Verfahren erstreckt und auch bei Eingriffen in Grundrechte, etwa Gesundheit und Eigentum, gilt. Angezeigt ist ferner der Hinweis, dass Einwendungen schriftlich oder zur Niederschrift der bezeichneten Stelle anzubringen sind.

---

[79] Vgl. *BVerfG* NVwZ 2000, 546, 547.
[80] Vgl. hierzu *BVerwG* LKV 1999, 29, 30; NVwZ 2001, 206.
[81] Zu den Anforderungen vgl. *OVG Koblenz* DVBl 2000, 1716; *VGH Mannheim* ESVGH 30, 150; *OVG Münster*, NVwZ-RR 1988, 112; *OVG Weimar* DÖV 2002, 205.
[82] BVerwGE 104, 337, 340 = NVwZ 1998, 847, 848; *VGH München* NVwZ-RR 2003, 296.
[83] BVerwGE 104, 337, 341 = NVwZ 1998, 847, 848; kritisch hierzu: *Steinberg/Berg/Wickel*, S. 146 f.
[84] *BVerfG* NVwZ 2000, 546, 547.
[85] Vgl. hierzu *OVG Hamburg* NordÖR 2002, 253, 254.
[86] Vgl. etwa *BVerfG* NVwZ 2000, 546, 547; BVerwGE 104, 337, 342 = NVwZ 1998, 847, 848; *BVerwG* NVwZ 2000, 68, 69.
[87] *BVerwG* NVwZ 2000, 68, 69.
[88] *Ziekow*, § 73 Rn. 40. Für weitergehende Belehrungspflichten: *Solveen* DVBl 1997, 803, 806 f.

Nr. 3 schreibt den Hinweis vor, dass bei **Ausbleiben** eines Beteiligten in dem Erörterungstermin auch **ohne ihn** verhandelt werden kann.

Nach **Nr. 4** ist der Hinweis zu geben, dass die Personen, die Einwendungen erhoben haben, von dem **Erörterungstermin** durch öffentliche Bekanntmachung **benachrichtigt** werden können (Rn. 115f.) und die **Zustellung** der Entscheidung über die Einwendungen durch öffentliche Bekanntmachung **ersetzt** werden kann, wenn mehr als 50 Benachrichtigungen oder Zustellungen vorzunehmen sind (hierzu § 74 Rn. 214ff.).

ee) Nach **Abs. 5 S. 3** sind im Regelfall auf Veranlassung der Anhörungsbehörde **nicht ortsansässige Betroffene** zu benachrichtigen, wenn ihre Person und ihr Aufenthalt bekannt sind oder sich innerhalb angemessener Frist ermitteln lassen. Dadurch sollen bekannte Betroffene oder unbekannte, aber ohne Schwierigkeiten zu ermittelnde Betroffene, die durch die ortsübliche Bekanntmachung nicht erreicht werden, über das Vorhaben informiert werden und Gelegenheit erhalten, ihre Belange geltend zu machen. Für die Benachrichtigung reicht die formlose Übersendung der Bekanntmachung aus; eine förmliche Zustellung ist nicht notwendig. Die Benachrichtigung muss die Hinweise enthalten, die in Abs. 5 S. 2 und Abs. 4 S. 4 vorgeschrieben sind.

Mit der **Soll-Regelung** wird sichergestellt, dass die Benachrichtigung aus wichtigem Grunde entfallen kann. Unterbleibt die Benachrichtigung, ohne dass derartige Gründe vorliegen, läuft die Einwendungsfrist des Abs. 4 S. 1 diesen Betroffenen gegenüber nicht. Eine Präklusion von Einwendungen kann ihnen gegenüber nicht eintreten.[89]

Wenn der in einer Gemeinde von einem Vorhaben Betroffene in einer anderen Gemeinde von der Anstoßwirkung der dortigen Bekanntmachung erreicht wird, scheidet er aus dem Kreis der nicht ortsansässigen Betroffenen i. S. d. S. 3 aus.[90]

Sind Person und Aufenthalt eines nicht ortsansässigen Betroffenen unbekannt und lassen sie sich auch nicht innerhalb angemessener Frist ermitteln, reicht für die Beteiligung dieser Betroffenen die ortsübliche Bekanntmachung der Auslegung aus.

Einzelne Fachplanungsgesetze sehen eine Benachrichtigung nur der nicht ortsansässigen Betroffenen vor, deren Person und Aufenthalt bekannt sind; sie entbinden die Anhörungsbehörde damit von auch einfachen Ermittlungen (§ 18a Nr. 4 AEG; § 17a Nr. 4 FStrG; § 14a Nr. 4 WaStrG; § 2 Nr. 4 MBPlG; § 43a Nr. 4 EnWG).[91]

Bekannt ist ein Betroffener, wenn die zuständigen Behörden von seiner Existenz und seinem Aufenthalt durch Akten, Urkunden oder durch das Wissen der maßgeblichen Bearbeiter Kenntnis haben. Eine subjektive Kenntnis einzelner oder aller mit dem Planvorhaben befasster Stellen ist nicht erforderlich; es reicht aus, wenn die Betroffenheit bei objektiver Betrachtung aus den **Unterlagen** zu entnehmen ist, die der Anhörungsbehörde oder der Gemeinde zur Verfügung stehen, etwa aus einem Grunderwerbsverzeichnis, das zu den Planungsunterlagen gehört.[92]

Sind möglicherweise Betroffene **unbekannt,** besteht keine Pflicht zu unverhältnismäßigen Anstrengungen, sie ausfindig zu machen. Welcher Zeit- und Kostenaufwand zu ihrer Ermittlung **angemessen** ist, hängt von den Umständen des **Einzelfalls** ab; je schwerer der Eingriff in ein Rechtsgut ist, desto nachhaltiger wird die Behörde nach dem Betroffenen zu forschen haben. Betroffene auswärtige Grundeigentümer können zumeist unschwer über das Grundbuch und die bei den Gemeinden geführten Grundsteuerlisten ermittelt werden.[93]

c) Auszulegende Unterlagen. Neben dem Plan sind alle Unterlagen auszulegen, die nach den örtlichen Verhältnissen erforderlich sind, um die Anstoßwirkung zu gewährleisten.[94] Dazu gehören **Sachverständigengutachten,** wenn sich erst aus ihnen abwägungserhebliche Auswirkungen auf die Belange potentiell Betroffener ergeben, diese also nur bei Kenntnis des Gutachtens hinlänglich über das Vorhaben und dessen Auswirkungen auf ihre Rechte und Interessen unterrichtet sind und sachkundige Einwendungen erheben können.[95] Ergänzt ein Gutachten

---

[89] *Kopp/Ramsauer,* § 73 Rn. 48; *Ziekow,* § 73 Rn. 42.
[90] *BVerwG* NVwZ 1996, 267.
[91] *Schröder* NuR 2007, 380, 381.
[92] Vgl. *VGH München* BayVBl 1979, 723, 724; *Steinberg/Berg/Wickel,* S. 148.
[93] *Stüer/Probstfeld* DÖV 2000, 701, 703.
[94] *VGH München* BayVBl 2007, 465.
[95] Vgl. *BVerwGE* 75, 214, 225 = NVwZ 1987, 578, 580; *BVerwGE* 98, 339, 345 = NVwZ 1996, 381, 383; *BVerwGE* 102, 331, 338f = NVwZ 1997, 908, 910; *BVerwG* NVwZ 1999, 535; *BVerwGE* 112, 140, 144 = NVwZ 2001, 673, 674; *BVerwG* NVwZ 2003, 485, 486.

nur ausgelegte Planunterlagen, muss es nicht mit ausgelegt werden. Soweit ein Gutachten ausgelegt wird, braucht die PlfBehörde es nicht so aufzubereiten, dass es jedem Laien ohne weiteres in seinen einzelnen Schritten verständlich und nachvollziehbar wird.[96]

Stellt der Plan die von dem Vorhaben betroffenen **Grundstücke** unter namentlicher Angabe der jeweiligen Eigentümer dar,[97] soll aus Gründen des **Datenschutzes** von der Auslegung dieses **Eigentümerverzeichnisses** abgesehen oder die Planunterlagen nur in anonymisierter Form ausgelegt oder die Betroffenen informiert und ihnen das Recht eingeräumt werden, ihre Namen für die Dauer der Auslegung unkenntlich zu machen.[98] Das erscheint überzogen, zumal es dem Informationszweck der Auslegung gegenüber den potentiell Betroffenen dient, wenn die Eigentümer betroffener Grundstücke mit ihrem Namen in die ausgelegten Unterlagen aufgenommen werden.

Sind **mittelbar**, etwa durch Lärm, **betroffene Grundstücke** im ausgelegten Plan nicht eigens kenntlich gemacht, führt dies nicht zu einem Verfahrensfehler, wenn die mögliche Betroffenheit auch so erkennbar war und die Eigentümer von der Anstoßwirkung der Auslegung erreicht werden konnten.[99]

Ist das Vorhaben UVP-pflichtig, müssen die Unterlagen ausgelegt werden, welche die **Angaben zu den Umweltauswirkungen** des Vorhabens enthalten, einschließlich einer allgemeinverständlichen, nichttechnischen Zusammenfassung dieser Angaben, die Dritten die Beurteilung ermöglicht, ob und in welchem Umfang sie von den Umweltauswirkungen des Vorhabens betroffen werden können (§ 6 Abs. 1 S. 2, Abs. 3 S. 2 und 3 UVPG).[100]

Mit der Auslegung des Plans brauchen noch **nicht alle Unterlagen** bekannt gemacht zu werden, die möglicherweise erforderlich sind, um die Rechtmäßigkeit der Planung umfassend darzutun und den festgestellten Plan vollziehen zu können.[101] Zu ergänzenden Ansprüchen nach UIG vgl. § 72 Rn. 98.

Auf den ausgelegten Unterlagen sollte vermerkt werden, dass sie ausgelegen haben. Der **Vermerk** dient dem späteren Nachweis, dass die festgestellten Pläne mit den zuvor ausgelegten identisch sind.[102]

61 **Nachträgliche Ermittlungen** und dabei eingeholte **weitere Gutachten** geben Anlass zu einer erneuten Auslegung, wenn die Behörde erkennt oder erkennen muss, dass anderenfalls eine mögliche Betroffenheit nicht oder nicht vollständig geltend gemacht werden kann.[103] Werden erst nach Abschluss des Anhörungsverfahrens **neue Planungsalternativen** bekannt, ist ein weiteres Anhörungsverfahren mit erneuter Auslegung nur geboten, wenn die Planalternativen den Umfang oder die Art der Betroffenheit von Beteiligten und die Möglichkeiten der Abhilfe in einem grundlegend anderen Licht erscheinen lassen (vgl. auch Rn. 135).[104]

62 **Anerkannte Naturschutzvereine** haben im PlfV nach § 58 Abs. 1 Nr. 2 BNatSchG über die ausgelegten Planunterlagen hinaus einen Anspruch auf Einsicht in die **einschlägigen Sachverständigengutachten** (vgl. Rn. 105).

63 d) **Dauer der Auslegung.** Der Plan ist für die Dauer **ein**es **Monats** auszulegen. Bei der **Berechnung der Frist** wird der Tag mitgerechnet, an dem die Planunterlagen erstmals auslagen; die Frist endet mit Ablauf des Tages des folgenden Monats, der dem Tag vorangeht, der durch seine Zahl dem ersten Tag der Auslegung entspricht (§ 31 Abs. 1 i.V.m. §§ 187 Abs. 2, 188 Abs. 2 Alt. 2 BGB).[105] Beginnt z.B. die Auslegung am 5.4. müssen die Pläne bis ein-

---

[96] *VGH Mannheim* NVwZ-RR 1999, 165.
[97] Wie dies § 73 Abs. 1 Satz 2 VwVfG BW und § 73 Abs. 1 S. 3 VwVfGBbg ausdrücklich verlangen bzw. zulassen.
[98] Vgl. *Durner* UPR 2003, 262, 267. Die in diesem Zusammenhang angeführte Entscheidung *BVerfGE* 77, 121 = NJW 1988, 403 ist nicht unmittelbar einschlägig: Sie betrifft die Auslegung eines PlfBeschlusses nach § 74 Abs. 4 S. 2, dessen Begründung unter namentlicher Nennung der Einwender zahlreiche diese betreffende Angaben persönlicher und betrieblicher Art enthielt.
[99] *BVerwGE* 71, 150, 152 = NJW 1985, 3034.
[100] Vgl. hierzu auch *BVerwG* NVwZ 2007, 700, 701.
[101] *BVerwGE* 75, 214, 224; *BVerwGE* 98, 339, 344 = NVwZ 1996, 381, 383; *BVerwG* NuR 1998, 305, 307; *BVerwGE* 112, 140, 144 = NVwZ 2001, 673, 674; *BVerwG* NVwZ 2003, 485, 486; NVwZ 2005, 591; NVwZ 2007, 700, 701.
[102] *BVerwG* NVwZ 2006, 1170, 1171.
[103] Vgl. *BVerwGE* 75, 214, 226 = NVwZ 1987, 378, 380; *BVerwG* LKV 1997, 209; zum Verfahren: *Steinberg/Müller* UPR 2007, 1, 6f.
[104] *BVerwGE* 102, 331, 340 = NVwZ 1997, 908, 910.
[105] *GmSOGB* BVerwGE 40, 363 = NJW 1972, 2035.

schließlich 4. 5. ausliegen.[106] Es reicht aus, wenn der Plan nur während der Stunden des **allgemeinen Publikumsverkehrs** eingesehen werden kann, sofern diese nicht unzumutbar knapp bemessen sind.[107] Eine darüber hinausgehende Einsichtnahme während der gesamten Dienststunden, gar am Wochenende und an Feiertagen muss nicht ermöglicht werden.

e) **Einsichtnahme.** Zur Einsicht in den ausgelegten Plan **berechtigt** ist nicht jedermann,[108] sondern nur derjenige, dessen (eigene) **Belange** durch das Vorhaben **berührt sein können** (vgl. Abs. 4 S. 1, hierzu Rn. 69 ff.). Die tatsächlichen Voraussetzungen der Berechtigung sind **glaubhaft** zu machen. Das Einsichtsrecht der potentiell Betroffenen hat seine Grenze nur in einer rechtsmissbräuchlichen Inanspruchnahme;[109] wiederholtes Einsichtsbegehren ist nicht grundsätzlich unzulässig. Ist das Vorhaben UVP-pflichtig, ist jedermann zur Einsicht in die ausgelegten Unterlagen berechtigt, weil neben der betroffenen Öffentlichkeit (§ 2 Abs. 6 S. 2 UVPG) nach § 9 Abs. 1 S. 1 und 3 UVPG auch die allgemeine Öffentlichkeit (§ 2 Abs. 6 S. 1 UVPG) am Verfahren zu beteiligen ist.[110] Das Einsichtsrecht umschließt die Befugnis, sich **Notizen** aus den Planunterlagen zu machen. **Ablichtungen** oder Vervielfältigungen sind bei berechtigtem Interesse auf Kosten des Einsichtnehmenden zulässig.[111] **64**

2. Individuelle Gelegenheit zur Planeinsicht (Abs. 3 S. 2)

Nach **Abs. 3 S. 2** kann die Auslegung im Interesse der Vereinfachung des Verfahrens durch eine Gelegenheit zu **individueller Planeinsicht** ersetzt werden. Voraussetzung ist, dass der **Kreis der Betroffenen bekannt ist** (hierzu Rn. 58), d. h. sich unmittelbar aus den Akten ohne zusätzliche Ermittlungsarbeit ergibt.[112] Liegen diese Voraussetzungen vor, steht es im Ermessen der Anhörungsbehörde oder der Gemeinde, ob sie von der Auslegung zur allgemeinen Einsicht absieht. Sie muss dann den bekannten Betroffenen innerhalb **angemessener Frist Gelegenheit zur Einsichtnahme** in den Plan geben. Über diese Gelegenheit hat sie die Betroffenen zu benachrichtigen. Die Benachrichtigung muss die Hinweise nach Abs. 5 S. 2 mit Abs. 4 S. 3 enthalten. Die Benachrichtigung ist **formlos möglich;** aus Beweisgründen empfiehlt sich aber schriftliche Unterrichtung. Die Einwendungsfrist bestimmt in diesen Fällen die Anhörungsbehörde (Abs. 4 S. 2; vgl. Rn. 81). Sind der Anhörungsbehörde selbst alle Betroffenen bekannt, kann sie ihnen Gelegenheit zur Planeinsicht gewähren, ohne die Gemeinden einschalten zu müssen. Ebenso können die Gemeinden verfahren, wenn ihnen der Kreis aller Betroffenen bekannt ist. Sämtliche Betroffene werden nur selten mit Sicherheit bekannt sein. Von der Möglichkeit des S. 2 ist deshalb nur **zurückhaltend Gebrauch** zu machen. **65**

Ist ein Vorhaben **UVP-pflichtig,** kann die Vorschrift nicht angewandt werden, weil in diesen Fällen nach § 9 Abs. 1 S. 1 und 3 UVPG neben der betroffenen Öffentlichkeit auch die allgemeine Öffentlichkeit (hierzu § 2 Abs. 6 S. 1 UVPG) zu beteiligen ist.[113]

3. Einwendungen gegen den Plan

Nach **Abs. 4 S. 1** kann jeder, dessen Belange durch das Vorhaben berührt werden, bis 2 Wochen nach Ablauf der Auslegungsfrist (Rn. 79) schriftlich oder zur Niederschrift bei der Anhörungsbehörde oder bei der Gemeinde gegen den Plan **Einwendungen** erheben. **66**

a) **Funktion.** Das Einwendungsverfahren dient dem **rechtlichen Gehör** (Rn. 9) für einen weit gefassten Personenkreis zur Sicherung individueller Belange, ist aber kein Popularverfahren für jedermann, auch wenn es ihm faktisch nahekommt. **67**

Die Einwendungen sind **keine förmlichen Rechtsbehelfe** i. S. d. § 79, sondern Äußerungen zum Planentwurf in Form von Anregungen, Änderungswünschen oder Bedenken. Das **68**

---

[106] Ebenso *Dürr* in Knack, § 73 Rn. 39; *Allesch/Häußler* in Obermayer, § 73 Rn. 74; *Ule/Laubinger,* § 40 Rn. 17 Fn. 47.
[107] *BVerwGE* 61, 256, 272; *BVerwG* NJW 1981, 594; NVwZ 1986, 740.
[108] So aber *Wickel* in Fehling u. a., § 73 VwVfG Rn. 67.
[109] *Mecking* NVwZ 1992, 316, 319.
[110] *BVerwGE* 98, 339, 360 = NVwZ 1996, 381, 387.
[111] Vgl. *Mecking* NVwZ 1992, 316, 319; ferner: *Kirchberg* in Ziekow, Praxis des Fachplanungsrechts, Rn. 174 ff.; enger: *OVG Lüneburg* GewArch 1976, 206.
[112] Weitergehend wohl *Mecking* NVwZ 1992, 316 ff.
[113] *Wickel* in Fehling u. a., § 73 VwVfG Rn. 72.

Einwendungsverfahren wirkt faktisch als Ersatz für ein fehlendes Widerspruchsverfahren (§§ 74 Abs. 1 S. 2, 70) und als **vorverlagerter Rechtsschutz.**

69 **b) Einwender** sind alle beteiligungsfähigen Rechtssubjekte (§ 11), die formgerechte Bedenken, Änderungswünsche oder Anregungen zum ausgelegten Plan vorbringen. Dadurch wird der Kreis der Beteiligten über § 13 hinaus erweitert. Einwender sind **Beteiligte im weiteren Sinne.**[114]

70 Bei Abs. 4 geht es um eine **Anhörung betroffener Rechtssubjekte** zur Wahrnehmung ihrer eigenen subjektiven Rechte und Belange. Demgegenüber geht es bei der **Behördenanhörung** nach Abs. 2 um die Wahrnehmung öffentlicher Interessen aus einem ör übertragenen Aufgabenbereich. Eine nach Abs. 2 beteiligte Behörde, etwa eine **Gemeinde,** kann daneben in eigenen subjektiven Rechten betroffen sein. Will sie sich die Möglichkeit offen halten, diese Rechte notfalls im Klagewege geltend zu machen, muss sie nach Abs. 4 frist- und formgerecht Einwendungen erheben.[115] Eine Stellungnahme im Rahmen der Behördenbeteiligung reicht dazu nur aus, wenn sich aus ihr über die Wahrnehmung der ihr übertragenen öffentlichen Aufgaben hinaus ein deutlicher Hinweis auf subjektive eigene Rechte ergibt und die Stellungnahme innerhalb der Einwendungsfrist bei der Anhörungsbehörde eingeht.[116]

71 **c) Einwendungsbefugnis.** Voraussetzung einer zulässigen Einwendung ist eine Einwendungsbefugnis des Einwenders. Nur wenn sie gegeben ist, hat der Einwender einen Anspruch darauf, dass seine Einwendung in der Sache geprüft, erörtert und beschieden wird. Die Einwendungsbefugnis ist von Amts wegen zu prüfen. Abs. 4 S. 1 erkennt eine Einwendungsbefugnis **nicht jedermann** zu. Sie besteht, wenn es als möglich erscheint, dass der Einwender durch das Vorhaben in **eigenen Belangen** berührt wird. Diese Möglichkeit ist nur dann zu verneinen, wenn die eigene Sphäre von vornherein unter keinem denkbaren Gesichtspunkt berührt werden kann oder die geltend gemachten Rechte und Belange nicht dem Einwender als eigene zustehen können. Die Belange i. S. d. Abs. 4 gehen über die Rechte i. S. d. § 42 Abs. 2 VwGO hinaus. Zu den **Belangen** gehören alle öffentlich-rechtlich oder zivilrechtlich begründeten eigenen Rechte, ferner die wirtschaftlichen, ökologischen, sozialen, kulturellen, ideellen oder sonstigen nicht unredlich erworbenen und deshalb anerkennenswerten eigenen Interessen des Einwenders.[117] Die eigenen Belange müssen durch das Vorhaben nur möglicherweise **berührt,** nicht aber verletzt werden, wie dies § 42 Abs. 2 VwGO für die Klagebefugnis verlangt.

72 Die Einwendungsbefugnis schließt aus, dass die verfahrensrechtliche Möglichkeit der Einwendung allein zum **Schutz der Allgemeinheit** oder abgrenzbarer Teile der Allgemeinheit oder des **Gemeinwohls** wahrgenommen wird,[118] sofern sich nicht aus Spezialgesetzen etwas anderes ergibt.[119] § 73 ist damit enger als andere Bestimmungen, die die Einschränkungen des Abs. 4 S. 1 nicht enthalten, etwa § 10 Abs. 3 S. 4 BImSchG, § 7 Abs. 1 S. 1 AtVfG.[120]

73 Die Befugnis, sich mit Einwendungen am PlfV zu beteiligen, vermittelt allein noch nicht die **Klagebefugnis** für eine Klage gegen den PlfBeschluss.[121]

74 **d) Einwendungsbehörden.** Die PlfBehörde ist nicht zur Entgegennahme von Einwendungen zuständig. Die Einwendungen sind **alternativ** bei der **Anhörungsbehörde** oder bei der **Gemeinde** bzw. der nach § 94 bestimmten Stelle zu erheben. Diese Behörden sind zur Entgegennahme der Einwendungen verpflichtet. Sie müssen Vorsorge dafür treffen, dass Einwendungen ohne weiteres angebracht werden können und eine Ausschöpfung der Frist möglich ist. Sofern ein Antrag zur Niederschrift gestellt werden soll, reichen dafür die **Besuchsstunden** aus.

---

[114] Vgl. *BVerwG* NVwZ-RR 1997, 663: § 73 Abs. 4 bis 6 sind spezielle Beteiligungsregelungen.
[115] *BVerwG* NVwZ 2005, 813, 815; *VGH Mannheim* NuR 2006, 298, 299; hiergegen: *Wickel* in Fehling u. a., § 73 VwVfG Rn. 45 ff.
[116] *BVerwG* NVwZ 1996, 895; *BVerwGE* 104, 79 = NVwZ 1997, 997; *BVerwG* LKV 2000, 99; NVwZ 2005, 813, 815.
[117] Vgl. *VGH Kassel* NVwZ 1986, 680, 681; *Kopp/Ramsauer,* § 73 Rn. 71, 24; *Ule/Laubinger,* § 40 Rn. 30; *Allesch/Häußler* in Obermayer, § 73 Rn. 91 f.; *Dürr* in Knack, § 73 Rn. 55.
[118] Ähnlich *Kopp/Ramsauer,* § 73 Rn. 71; *Dürr* in Knack, § 73 Rn. 55; *Allesch/Häußler* in Obermayer, § 73 Rn. 93; *Ule/Laubinger,* § 40 Rn. 40.
[119] Vgl. *BVerwGE* 121, 57, 58 = NVwZ 2004, 1237, 1238 zur Wahrnehmung der sozialen Belange der Studenten in einem PlfVerfahren durch die (rechtlich verfasste) Studentenschaft der Universität aufgrund der allgemeinen Aufgabenzuweisung im Landeshochschulgesetz.
[120] *VGH München* NVwZ 1989, 1179; *Korbmacher* UPR 1994, 329.
[121] *BVerwGE* 31, 263, 267 f.; *Wickel* in Fehling u. a., § 74 VwVfG Rn. 239.

Einwendungen muss jede Gemeinde entgegennehmen, in der der Plan ausgelegt worden ist, auch wenn sich die Einwendung auf Belange bezieht, die in einer anderen Gemeinde berührt werden.[122] Soweit Einwendungen bei **anderen Behörden** eingehen, sollen diese sie nach Maßgabe allgemeiner Grundsätze entgegennehmen und an die zuständige Behörde **weiterleiten** (§ 24 Rn. 87).

Eine **Gemeinde** kann Einwendungen nicht nur bei der Anhörungsbehörde, sondern auch **bei sich selbst** erheben. Die Einwendungen müssen in einer Erklärung enthalten sein, die innerhalb der Einwendungsfrist schriftlich mit grundsätzlich eigenhändiger Unterschrift des gesetzlichen Vertreters der Gemeinde oder seines Stellvertreters oder zur Niederschrift abgegeben ist.[123] Ein solches **„Insichgeschäft"** muss im Interesse der Rechtssicherheit Mindestanforderungen an die Publizität genügen. Diese wird durch die Schriftform der Einwendung auch dann gewahrt, wenn der Eingang nicht gesondert dokumentiert worden ist, etwa durch einen Eingangsstempel oder einen Eingangsvermerk.[124] In Zweifelsfällen muss die Gemeinde den rechtzeitigen Eingang ihrer Einwendungen bei sich selbst nachweisen. 75

e) **Form.** Einwendungen sind nach Abs. 4 S. 1 **schriftlich** oder **zur Niederschrift** zu erheben.[125] Zur Wahrung der Schriftform bedarf es regelmäßig der eigenhändigen Unterschrift des Einwenders oder einer für ihn vertretungsberechtigten Person. Die im Rahmen der modernen Telekommunikation zugelassenen Surrogate eines eigenhändig unterzeichneten Schriftstücks wahren die Schriftform (hierzu § 22 Rn. 32 ff.);[126] ebenso kann die Einwendung unter den Voraussetzungen des § 3a Abs. 2 S. 2 in elektronischer Form erhoben werden (vgl. § 3a Rn. 45 i.V.m. Rn 20 ff.). Zur Niederschrift bedeutet, dass ein Bediensteter der Behörde über die Einwendung eine wörtliche Niederschrift aufnimmt. Behördeninterne Vermerke über Gespräche mit dem Einwender genügen nicht.[127] Das Formerfordernis gilt auch, wenn eine **Gemeinde bei sich selbst** Einwendungen erhebt (vgl. Rn. 75).[128] 76

f) **Zeitpunkt.** Die Einwendung ist **fristgebunden.** Einwendungen können **während der Auslegung** und innerhalb einer Frist von **zwei Wochen** nach dem **Ablauf der Auslegungsfrist** (zu ihr Rn. 79 ff.) erhoben werden. 77

aa) **Vor Beginn der Auslegung** („verfrüht") erhobene Einwendungen sind regelmäßig nicht wirksam.[129] Wegen ihrer verfahrensrechtlichen Bedeutung für den weiteren Ablauf des Anhörungsverfahrens, insbesondere wegen einer möglichen Präklusion, müssen Einwendungen im verfahrensrechtlichen Sinne eindeutig geschieden werden können von sonstigen kommentierenden und kritischen Eingaben aus der interessierten oder betroffenen Öffentlichkeit, welche die Behörden (insbesondere Gemeinden, Anhörungsbehörde und PlfBehörde) erreichen, sobald das Vorhaben in einem untechnischen Sinne bekannt und damit Gegenstand allgemeiner öffentlicher Erörterung wird. Berücksichtigt werden können konkret verfahrensbezogene Einwendungen, die erhoben werden, nachdem die Auslegung bekannt gemacht, aber bevor sie begonnen hat.[130] In diesem Stadium kann einem Einwender nicht sinnvoll entgegengehalten werden, er müsse zunächst den Beginn der Auslegung abwarten. In einem **früheren Verfahren** oder zu einem **anderen Verfahrensabschnitt** erhobene Einwendungen reichen regelmäßig nicht aus.[131] Sie müssen wiederholt werden.[132] Ist Gegenstand einer verfrühten Einwendung ein abwägungserheblicher Belang, kann die PlfBehörde je nach den Umständen verpflichtet sein, ihn in ihre Abwägung einzustellen. Sie kann sich nicht ohne weiteres auf den Standpunkt stellen, als abwägungserheblich müssten sich ihr nur solche privaten Belange aufdrängen, die ihr in dem dafür vorgesehenen Einwendungsverfahren vorgetragen werden. 78

---

[122] *Dürr* in Knack, § 73 Rn. 66; *Kopp/Ramsauer,* § 73 Rn. 73; a.A: *Allesch/Häußler* in Obermayer, § 73 Rn. 100.
[123] *BVerwGE* 104, 79 = NVwZ 1997, 997.
[124] *BVerwG* UPR 1997, 471.
[125] *VGH Mannheim* NVwZ 1991, 1011.
[126] *Wickel* in Fehling u. a., § 73 VwVfG Rn. 86.
[127] *VGH Mannheim* NVwZ 1998, 432; *Dürr* in Knack, § 73 Rn. 65.
[128] *BVerwGE* 104, 79 = NVwZ 1997, 997; zu Nachweisfragen: *BVerwG* UPR 1997, 471.
[129] Vgl. *BVerwG* DÖV 1973, 645; *Kopp/Ramsauer,* § 73 Rn. 76.
[130] *Wickel* in Fehling u. a., § 73 VwVfG Rn. 83.
[131] *BVerwGE* 104, 337, 343 = NVwZ 1998, 847, 849.
[132] *BVerwG* NVwZ 2005, 813, 815.

79 **bb)** Die Einwendung kann nur bis **2 Wochen** nach Ablauf der Auslegungsfrist erhoben werden (Abs. 4 S. 1).[133] Maßgeblich für den Fristbeginn ist das Ende der gesetzlichen Auslegungsfrist nach Abs. 3 S. 1, nicht ein hiervon abweichendes tatsächliches Ende der Auslegung.

Die **Berechnung der Frist** richtet sich nach § 31 i. V. m. den einschlägigen Bestimmungen des BGB. Endet die Auslegungsfrist beispielsweise mit dem letzten Tag eines Monats, beginnt die Zwei-Wochen-Frist gemäß § 31 Abs. 1 i. V. m. § 187 Abs. 2 Satz 1 BGB am ersten Tag des nächsten Monats um 0.00 Uhr und endet nach § 31 Abs. 1 i. V. m. § 188 Abs. 2 2. Alt. BGB mit dem Ablauf des 14. des Monats,[134] es sei denn, dieser fällt auf einen Sonnabend, einen Sonntag oder einen gesetzlichen Feiertag; in diesem Fall endet die Frist gemäß § 31 Abs. 3 S. 1 mit dem Ablauf des nächstfolgenden Werktags.

80 Der Fristablauf setzt eine **ordnungsmäßige Bekanntmachung** der Planauslegung nach Abs. 5 (hierzu Rn. 51 ff.) voraus; ist die Bekanntmachung unterblieben oder war sie fehlerhaft, läuft die Frist gegenüber den hiervon Betroffenen nicht. Die Behörde kann die gesetzliche Einwendungsfrist weder verlängern noch abkürzen.[135] Verlängert sie die Einwendungsfrist gleichwohl, gilt zwar die gesetzliche Frist, jedoch kommt eine Wiedereinsetzung in den vorigen Stand in Betracht (Rn. 94 f.).

81 In **Abs. 4 S. 2** wird die gesetzlich bestimmte Einwendungsfrist für die Fälle des Abs. 3 S. 2 (hierzu Rn. 65) durch eine **behördlich bestimmte Einwendungsfrist** ersetzt. Die Anhörungsbehörde hat hierbei kein vollständig freies Ermessen. Sie darf die bekannten Betroffenen nicht unzulässig benachteiligen und deshalb die Frist des Abs. 4 S. 1 nicht unterschreiten.

82 **g) Einwendung** i. S. d. Abs. 4 S. 1 ist **sachliches Gegenvorbringen,** das der Wahrung der (weit gefassten) eigenen Rechte oder Belange dient und auf die Verhinderung des Vorhabens oder seine Änderung zielt.[136] Die Einwendung bedarf keiner Begründung, wohl aber eines Mindestmaßes an inhaltlicher **Substantiierung.** Sie hat vor allem Bedeutung für die Frage der Präklusion (hierzu Rn. 96 f.). Das schlichte „Nein", der bloße allgemeine „Protest" oder die „grundsätzliche Ablehnung" eines Vorhabens ohne zusätzliche, individualisierende Erwägungen reicht nicht aus.[137] Die Einwendung muss **in groben Zügen** erkennen lassen, inwieweit der Einwender durch das Vorhaben tatsächlich betroffen sein kann[138] und welche Bedenken er deshalb gegen das Vorhaben hat (vgl. ferner Rn. 96 f.).[139] Wer in seiner Einwendung das betroffene Rechtsgut nur pauschal anspricht, kann aber nur eine pauschale Prüfung der PlfBehörde und später des Gerichts erwarten.[140]

Das Gegenvorbringen ist vornehmlich **Tatsachenvortrag,** schließt aber die Geltendmachung von **rechtlichen Gegengründen** nicht aus, einschließlich der Behauptung einer Rechtswidrigkeit des geplanten Vorhabens.[141]

Hat sich ein Einwender schon **in einem früheren Verfahren** oder **in einem früheren Planungsstadium** zu dem Vorhaben geäußert, genügt ein bloßer Hinweis auf diese Stellungnahmen nicht, um sie zum Gegenstand der Einwendung zu machen. Die Stellungnahmen müssen vielmehr dem Einwendungsschreiben beigefügt sein oder innerhalb der Einwendungsfrist nachgereicht werden.[142]

83 Einwendungen können solche von **Betroffenen** oder/und des **Jedermann** sein. Bei ersteren macht ein Drittbetroffener aufgrund drittschützender Normen einen Abwehranspruch gegen das Vorhaben geltend; bei letzteren wird nur die Wahrnehmung eines öffentlichen Interesses in An-

---

[133] Nach § 73 Abs. 4 S. 1 VwVfG NRW und § 140 Abs. 4 S. 1 LVwGSchlH beträgt die Frist vier Wochen.
[134] Vgl. *BVerwG* NVwZ 1996, 267, 268; *BVerwGE* 104, 79, 81 = NVwZ 1997, 997; a. A. *Ule/Laubinger,* § 40 Rn. 33 Fn. 82.
[135] *BVerwG* NVwZ-RR 1999, 162; ebenso *Allesch/Häußler* in Obermayer, § 73 Rn. 103; *Dürr* in Knack, § 73 Rn. 63.
[136] *BVerwGE* 60, 297, 300 = NJW 1981, 359; *OVG Lüneburg* NordÖR 2006, 356, 357.
[137] *BVerwGE* 60, 297, 300 = NJW 1981, 359; *VGH Mannheim* VBlBW 2001, 315.
[138] Zur hinreichenden Konkretisierung eines betroffenen Grundstücks vgl. *VGH Mannheim* VBlBW 2001, 315, 316.
[139] *BVerfGE* 61, 82, 117 = NJW 1982, 2173, 2177; *BVerwG* NVwZ-RR 2006, 759, 760; *OVG Lüneburg* NordÖR 2006, 356, 357; *Ule/Laubinger,* § 40 Rn. 28.
[140] *BVerwG* NVwZ 2005, 447, 448; ferner *OVG Koblenz* NVwZ-RR 2006, 385, 387.
[141] *BVerwG* NVwZ 1997, 489, 491.
[142] *BVerwG* NVwZ-RR 1998, 290; NVwZ 2005, 813, 815; großzügiger: *BVerwG* NVwZ 2002, 726.

spruch genommen.[143] Unter Abs. 4 fallen nur die Einwendungen Betroffener. Zu unterscheiden sind ferner **Individual- und Masseneinwendungen.** Erstere sind gegeben, wenn jemand in eigener Sache mit einer eigenen Einwendung sich für die Wahrung seiner Belange einsetzt. Letztere liegen vor, wenn sich eine Vielzahl von (in gleicher Weise) Betroffenen und sonst Interessierten entweder durch gleichlautende Texte, aber jeweils mit gesonderten Schreiben, oder durch Beifügung der Unterschrift an einer **Sammeleinwendung** beteiligt. Hier gelten die §§ 17 bis 19, auch zur Frage, an wen sich die Behörde zu wenden hat und wen sie zum Erörterungstermin zu laden hat.[144]

Juristische Personen des öffentlichen Rechts, namentlich **Gemeinden,** können Einwendungen erheben. Sie müssen zunächst deutlich machen, ob sie überhaupt nach Abs. 4 Einwendungen erheben oder nur eine Stellungnahme als zu beteiligende Behörde nach Abs. 2 abgeben wollen. Erheben sie Einwendungen, müssen sie deutlich machen, welche ihrer subjektiven Rechtspositionen sie als gefährdet ansehen. Geht eine Stellungnahme nach Abs. 2 erst nach Ablauf der Einwendungsfrist ein, ist die Gemeinde mit darin erstmals substantiiert vorgebrachten Einwendungen i. S. d. Abs. 4 präkludiert.[145] 84

Die Stellungnahmen der **anerkannten Natur- und Umweltschutzvereine** sind nicht Einwendung i. S. d. Abs. 4 (vgl. Rn. 108). Die anerkannten Vereine können aber über die Stellungnahme hinaus, die sie als Verein abgeben, Einwendungen erheben, etwa wenn sie Eigentümer eines Grundstücks sind, das für das Vorhaben in Anspruch genommen werden soll oder in seiner Nutzung durch das Vorhaben beeinträchtigt werden kann. Einzelne Fachplanungsgesetze stellen die anerkannten Vereine für die Abgabe ihrer Stellungnahmen den Betroffenen gleich (§ 18a Nr. 3 S. 1 AEG; § 17a Nr. 3 S. 1 FStrG; § 14a Nr. 3 S. 1 WaStrG; § 2 Nr. 3 S. 1 MBPlG; § 43a Nr. 3 S. 1 EnWG). In diesen Fällen sind die Vorschriften des § 73 für Einwendungen auf die Stellungnahme anwendbar. 85

Soweit sie aus Eigentum hergeleitet wird, ist die Einwendung grundstücksbezogen. Hat ein Grundstückseigentümer frist- oder formgerechte Einwendungen erhoben, kann sich ein **Rechtsnachfolger** darauf berufen; er muss sie nicht erneut erheben.[146] 86

h) **Einwendungsausschluss.** Nach **Abs. 4 S. 3** sind mit Ablauf der Einwendungsfrist alle Einwendungen ausgeschlossen, die nicht auf besonderen privatrechtlichen Titeln beruhen. Hierauf ist in der Bekanntmachung der Auslegung oder bei der Bekanntgabe der individuell bestimmten Einwendungsfrist hinzuweisen (Abs. 4 S. 4, Rn. 54). Einzelne Fachplanungsgesetze enthalten vergleichbare Vorschriften (§ 18a Nr. 7 S. 1 und 3 AEG; § 17a Nr. 7 S. 1 und 3 FStrG; § 14a Nr. 7 S. 1 und 3 WaStrG; § 10 Abs. 4 S. 1 und 3 LuftVG; § 2 Nr. 7 S. 1 und 3 MBPlG; § 43a Nr. 7 S. 1 und 3 EnWG). 87

aa) **Bedeutung.** Abs. 4 S. 3 normiert eine **materielle Präklusion (Verwirkungspräklusion).** Der Betroffene ist nicht nur im PlfV, sondern auch in einem **nachfolgenden verwaltungsgerichtlichen Verfahren** gegen den PlfBeschluss mit der Geltendmachung nicht oder nicht rechtzeitig erhobener Einwendungen und mit darauf gestützten Abwehransprüchen ausgeschlossen. Das Gericht darf seiner Überprüfung der Rechtmäßigkeit des PlfBeschlusses keinen Sachverhalt zugrunde legen, der Gegenstand einer präkludierten Einwendung ist; der Kläger kann nicht geltend machen, der PlfBeschluss verletze ihn unter den von der Präklusion betroffenen Gesichtspunkten in eigenen Rechten. Die Präklusion beschränkt die sachliche Überprüfung des PlfBeschlusses durch das Gericht.[147] Die Klage ist insoweit unbegründet, nicht unzulässig. Ob der Kläger mit einer Einwendung präkludiert ist, ist eine Frage der Begründetheit seiner Klage. 88

Die Einwendungsfrist steht **nicht zur Disposition der Behörde.**[148] Sie kann nicht auf die Folgen des Einwendungsausschlusses mit der Folge verzichten, dass die Einwendungen klagefähig werden.[149] Setzt die PlfBehörde sich in dem PlfBeschluss mit der verspätet erhobenen Ein- 89

---

[143] *BVerwG* NVwZ 1995, 904.
[144] Vgl. *BVerwG* NVwZ 1995, 904; *Ule/Laubinger,* § 40 Rn. 31.
[145] *BVerwG* NVwZ 1995, 905, 907.
[146] *BVerwG* NVwZ-RR 1998, 284, 285.
[147] *BVerwG* NVwZ 1995, 903; NVwZ 1996, 267; NVwZ 1997, 171; NVwZ 1997, 391, 393; *BVerwGE* 104, 79 = NVwZ 1997, 997; *Niehues* in FS Schlichter, S. 619; *Brandt* NVwZ 1997, 233; *v. Danwitz* UPR 1996, 323. Kritisch *Solveen* DVBl 1997, 803.
[148] *BVerwG* NVwZ-RR 1999, 162; *OVG Lüneburg* NordÖR 2006, 356, 357.
[149] *BVerwG* NVwZ 1996, 399; NuR 1998, 647, 649.

wendung sachlich auseinander, eröffnet sie dadurch nicht die Möglichkeit, sich in einem nachfolgenden Klageverfahren auf die präkludierte Einwendung zu berufen.[150] Dasselbe gilt bei einer zu Unrecht gewährten Wiedereinsetzung in den vorigen Stand (§ 32 Rn. 45). Trotz Präklusion ist die PlfBehörde verpflichtet, sich mit dem präkludierten Belang abwägend zu befassen, wenn er ihr überhaupt bekannt ist, keine weiteren Ermittlungen erfordert und abwägungserheblich ist. Die Präklusion wirkt sich dann erst im Klageverfahren aus.[151]

90 § 73 Abs. 4 S. 3 ist auf **anerkannte Natur- und Umweltschutzvereine** und deren Stellungnahmen nicht anwendbar (im Einzelnen Rn. 109). Von ihr zu unterscheiden sind die (echten) Einwendungen, die ein Verein etwa als Eigentümer eines Grundstücks oder als sonst in eigenen Rechten Betroffener erhebt. Für diese Einwendungen gilt § 73 Abs. 4 S. 3 uneingeschränkt. Für die Stellungnahme der anerkannten Vereine gilt aber sowohl die Frist des Abs. 4 S. 1 als auch die Präklusion nach S. 3, wenn die Anwendung dieser Vorschriften auf die Stellungnahme der anerkannten Vereine spezialgesetzlich angeordnet ist, wie dies insbesondere in § 18a Nr. 3 S. 1 AEG; § 17a Nr. 3 S. 1 FStrG; § 14a Nr. 3 S. 1 WaStrG; § 2 Nr. 3 S. 1 MBPlG; § 43a Nr. 3 S. 1 EnWG geschehen ist.

91 **bb) Eintritt der Präklusion.** Der Ausschluss tritt nach Abs. 4 S. 3 nur ein, wenn auf ihn in der **Bekanntmachung** der Auslegung oder bei der Bekanntgabe der Einwendungsfrist (im Falle des Abs. 4 S. 2 und Abs. 3 S. 2) hingewiesen wurde (hierzu Rn. 54).[152] Die Bekanntmachung nach Abs. 5 muss **formell und materiell fehlerfrei** sein, insbesondere den Anforderungen an eine ortsübliche Bekanntmachung (Abs. 5 S. 1) entsprechen und die **Angaben nach Abs. 5 S. 2** richtig und vollständig enthalten. Für den Einwendungsausschluss ist die Bekanntmachung in der Gemeinde maßgeblich, in der bei grundstücksbezogenen Einwendungen das betroffene Grundstück liegt, bei anderen Einwendungen der Einwender ortsansässig ist. Ist in benachbarten Gemeinden die Bekanntmachung zeitlich später vorgenommen worden, ist dies unerheblich. Ebenso wenig kann der Einwender sich darauf berufen, in anderen Gemeinden als der für ihn maßgeblichen sei die Bekanntmachung fehlerhaft vorgenommen worden.[153]

92 Hat es ein Grundstückseigentümer versäumt, grundstücksbezogene Einwendungen fristgerecht zu erheben, trifft die Präklusion auch den **Rechtsnachfolger**.[154] Das soll auch dann gelten, wenn der (spätere) Rechtsnachfolger vor Erwerb des Eigentums im eigenen Namen und unter fälschlicher Behauptung seines Eigentums innerhalb der Einwendungsfrist Einwendungen erhoben hat und der wahre Eigentümer nachträglich Vollmacht für die Erhebung der Einwendungen erteilt hat.[155]

Wer mit seiner eigenen Einwendung präkludiert ist, kann sich nicht darauf berufen, dass **Dritte** rechtzeitig Einwendungen mit ähnlicher Zielsetzung erhoben haben.[156]

Die Unterzeichnung einer **Jedermann-Einwendung** reicht zur Fristwahrung nur aus, wenn sich aus ihr zusätzliche individualisierbare Hinweise auf eine spezielle Betroffenheit ergeben.[157]

93 Hat der Betroffene rechtzeitig **Einwendungen** erhoben, sie aber später **zurückgezogen**, kann er sie nicht nach Ablauf der Einwendungsfrist erneuern. Dasselbe gilt für Einwendungen, die in dem Erörterungstermin nach Abs. 6 einvernehmlich erledigt worden sind.[158]

94 Die Präklusionsfrist des Abs. 4 ist **keine absolute Ausschlussfrist** (§ 32 Abs. 5). Bei unverschuldeter Fristversäumnis und zur Vermeidung ungewöhnlicher Härten[159] ist nach Maßgabe des § 32 **Wiedereinsetzung** in den vorigen Stand zu gewähren (§ 32 Rn. 11). Im Klageverfahren kann dem Betroffenen nicht unmittelbar Wiedereinsetzung gewährt werden. Er ist hinsichtlich seines rechtzeitigen Klagevorbringens so zu stellen, wie er ohne Präklusion stünde.[160]

---

[150] *OVG Lüneburg* NordÖR 2006, 356, 357; *VGH Mannheim* VBlBW 2000, 111; NuR 2006, 298, 299.
[151] Vgl. auch § 74 Rn. 63.
[152] *VGH München* BayVBl 2007, 465; vgl. auch *OVG Lüneburg* NordÖR 2006, 356, 357: Unerheblich ist, wenn in der Bekanntmachung als Rechtsgrundlage der Präklusion an Stelle der an sich einschlägigen fachgesetzlichen Vorschrift die damit wortgleiche § 73 Abs. 4 S. 1 bezeichnet wird.
[153] *BVerwG* NuR 1998, 647.
[154] *BVerwG* NuR 1998, 603.
[155] *VGH Mannheim* VBlBW 2001, 315 f.
[156] *BVerwGE* 127, 95, 136 = NVwZ 2007, 445, 457; *VGH Mannheim* NVwZ-RR 1997, 88, 89.
[157] *BVerwG* NVwZ 1995, 904, 905.
[158] *BVerwG* NuR 1998, 305; *OVG Koblenz* NVwZ-RR 2005, 404, 407.
[159] *BVerwG* NVwZ 1997, 489.
[160] *BVerwG* NVwZ-RR 1999, 162, 163.

Wann eine **Fristversäumnis unverschuldet** ist, hängt von den Umständen des Einzelfalls **95** ab. Eine Wiedereinsetzung kann in Betracht kommen, wenn eine Behörde den Einwender irrtümlich in den Glauben versetzt hat, er könne noch nach Ablauf der Einwendungsfrist ohne Gefahr der Präklusion Einwendungen erheben.[161] Dasselbe gilt, wenn die Behörde gegenüber einer Gemeinde den unzutreffenden Eindruck erweckt, sie könne Einwendungen als Trägerin eigener Rechte in derselben (längeren) Frist geltend machen, die ihr als Behörde zur Stellungnahme nach Abs. 2 und Abs. 3a S. 1 gesetzt ist.[162] Wiedereinsetzung kann auch zur Vermeidung ungewöhnlicher Härten in Betracht kommen.[163] Der Einwendungsausschluss tritt auch ein, wenn ein Betroffener zwar ohne Verschulden verhindert war, die Einwendungsfrist einzuhalten, aber nicht innerhalb von 2 Wochen nach Wegfall des Hindernisses (§ 32 Abs. 2) die versäumten Einwendungen nachholt, obwohl das VwVf zu diesem Zeitpunkt noch nicht abgeschlossen war.[164]

cc) **Umfang der Präklusion.** Der Einwendungsausschluss erfasst alle späteren Einwendungen, die innerhalb der Einwendungsfrist nicht oder nicht hinreichend konkretisiert vorgebracht **96** wurden. Die Substantiierung der Einwendung (Rn. 82) hat mithin vor allem Bedeutung mit Blick auf die **Präklusion** verspäteter Einwendungen. Der Einwender ist mit allem späteren Vorbringen ausgeschlossen, das in seiner Einwendung nicht im Kern erkennbar angesprochen war.[165] Insofern dürfen die Anforderungen an die Substantiierung aber **nicht überspannt** werden. Ist der Einwender juristisch nicht beraten, braucht er die möglicherweise verletzten (Grund-)Rechtsgüter nicht konkret, juristisch korrekt und abschließend aufzuzählen.[166] Das tatsächliche Vorbringen muss aber **hinreichend konkret** sein. Die PlfBehörde muss erkennen können, welchen Belangen sie in welcher Weise nachgehen soll,[167] etwa Inanspruchnahme des Eigentums, Beeinträchtigung seiner Nutzung,[168] beispielsweise durch Immissionen, etwa Lärm, und wogegen sie den Einwender demnach schützen soll.[169] Hingegen können Angaben über Art und Ausmaß möglicher Beeinträchtigungen durch das Vorhaben nicht im Detail verlangt werden.[170]

Auch Einwendungen einer **Gemeinde** müssen hinreichend konkret sein. Ihnen muss entnommen werden können, ob die Gemeinde sich durch das Vorhaben in ihrem (zivilrechtlichen) **Eigentum**, als Trägerin **kommunaler Einrichtungen**, in ihrer **kommunalen Planungshoheit** oder ihrem **Selbstgestaltungsrecht** beeinträchtigt sieht.[171] Sie muss die befürchteten Beeinträchtigungen näher konkretisieren, also etwa darlegen, auf welche von ihr verfolgte Planung sich das Vorhaben in welcher Weise nachteilig auswirken kann.[172]

Die Präklusion verhindert insbesondere den **Vortrag weiterer Sachverhalte**.[173] Hat der **97** Einwender sich nur auf eine bestimmte Beeinträchtigung für ein bestimmtes Grundstück berufen (beispielsweise bei einem Vorhaben des Straßenbaues auf unzumutbaren Lärm), ist er mit der Behauptung weiterer Beeinträchtigungen (beispielsweise durch Erschütterungen oder durch Abgase) oder von Beeinträchtigungen für andere ihm gehörende Grundstücke ausgeschlossen.[174] Hat er eine Beeinträchtigung rechtzeitig geltend gemacht, kann er zwar seinen Sachvortrag hierzu weiter erläutern und ergänzen, aber die behauptete Beeinträchtigung nicht aus Umständen herleiten, die seinem Angriff gegen das Vorhaben eine andere, bisher nicht angesprochene Richtung geben.

---

[161] *BVerwG* NuR 1998, 647, 648; NVwZ-RR 1999, 162.
[162] *VGH Mannheim* NuR 2006, 298, 299.
[163] *BVerwG* NVwZ 1997, 489.
[164] *BVerwG* NVwZ 1997, 391, 393.
[165] Vgl. etwa *BVerwG* NVwZ 2004, 340, 341; *Stüer/Rieder* DÖV 2003, 473, 479 f.
[166] BVerwGE 126, 166, 172 = NVwZ 2006, 1161, 1162 f.
[167] BVerwGE 126, 166, 172 = NVwZ 2006, 1161, 1162 f.
[168] *BVerwG* NVwZ 2005, 218; NVwZ-RR 2006, 759, 760 jeweils zu besonderen betrieblichen Gegebenheiten, die die PlfBehörde berücksichtigen soll.
[169] BVerwGE 60, 297, 300 ff. = NJW 1981, 359 ff.; *BVerwG* NVwZ 1995, 904; NVwZ 1997, 171; NVwZ 2002, 726; NVwZ 2005, 813, 815 f.; NVwZ-RR 2006, 759, 760; *OVG Koblenz* NuR 2005, 53, 54; *VGH Mannheim* NuR 1998, 432.
[170] *BVerwG* NVwZ 2004, 986: zu Ausführungen, die wissenschaftlichen Sachverstand voraussetzen.
[171] *OVG Lüneburg* NordÖR 2006, 356, 357.
[172] *BVerwG* NVwZ 2005, 813, 816; NVwZ 2006, 1290; *VGH Mannheim* NVwZ-RR 1998, 771, 772; *VGH München* NuR 2000, 582, 583.
[173] Vgl. BVerwGE 126, 166, 173 = NVwZ 2006, 1161, 1163.
[174] Vgl. *BVerwG* NVwZ 1995, 905, 906; *VGH München* NuR 2000, 582, 583.

Hat der Einwender aus einem von ihm vorgetragenen Sachverhalt nur einen **bestimmten rechtlichen Einwand** gegen das Vorhaben hergeleitet, ist er mit weiteren rechtlichen Einwänden nicht ausgeschlossen, die sich auf denselben Sachverhalt stützen lassen. Es war von vornherein Sache der PlfBehörde, einen rechtzeitig vorgebrachten Sachverhalt unter allen in Betracht kommenden rechtlichen Gesichtspunkten zu würdigen.[175]

Schutzmaßnahmen müssen nur mit ihrer Zielrichtung, nicht aber in ihrer konkreten Ausgestaltung angesprochen sein.[176] Hat der Einwender aber beispielsweise nur Maßnahmen des Lärmschutzes für die Wohnräume verlangt, eine Beeinträchtigung des Außenwohnbereichs hingegen nicht angesprochen, ist er mit Ansprüchen auf Schutzmaßnahmen oder auf Entschädigung wegen einer Beeinträchtigung des Außenwohnbereichs ausgeschlossen. Eine Übernahme seines Grundstücks durch den Vorhabenträger wegen unzumutbarer, durch Schutzmaßnahmen nicht ausgleichbarer Beeinträchtigungen kann der Einwender nicht verlangen, wenn ein solcher Anspruch nicht wenigstens der Sache nach in der Einwendung thematisiert war.

Soll ein Grundstück für das Vorhaben unmittelbar in Anspruch genommen werden und hat der Eigentümer mit seiner Einwendung nur seinen Wunsch zum Ausdruck gebracht, von dieser Inanspruchnahme verschont zu werden, kann er im Klageverfahren trotz der **enteignungsrechtlichen Vorwirkung** des PlfBeschlusses dessen Rechtswidrigkeit nicht aus der Beeinträchtigung solcher Vorschriften und Belange herleiten, die öffentlichen Interessen zu dienen bestimmt sind und die er in seiner Einwendung nicht thematisiert hat. Der bloße Hinweis auf die enteignungsrechtliche Inanspruchnahme hält nicht alle Einwendungen offen, die ein mit enteignungsrechtlicher Vorwirkung Betroffener an sich geltend machen kann.[177]

98 Die Präklusion erfasst **alle Gründe,** die gegen die Zulässigkeit der Planung und die Rechtmäßigkeit eines beabsichtigten PlfBeschlusses eingewandt werden konnten. Sie beschränkt sich nicht auf eigene materielle abwägungserhebliche Belange, von denen der Betroffene eine bessere Kenntnis hat als die Behörde. Sie erfasst auch die Einhaltung von Rechtsvorschriften (beispielsweise Zuständigkeitsnormen), welche die PlfBehörde unabhängig von den konkreten Rechten und Interessen der Betroffenen und deren Einwendungen von Amts wegen zu berücksichtigen hat.[178]

99 Von einer Präklusion ausgenommen sind Einwendungen, die auf **besonderen privatrechtlichen Titeln** beruhen, insbesondere auf privatrechtlichen Verträgen mit dem Vorhabenträger.[179] Ferner schneidet die Präklusion nicht zivilrechtliche Abwehransprüche gegen das Vorhaben ab, die etwa aus dem Eigentum oder anderen dinglichen Rechten an einem Grundstück hergeleitet werden. Derartige Ansprüche können aber gemäß § 75 Abs. 2 S. 1 mit der Bestandskraft des PlfBeschlusses ausgeschlossen sein.

100 dd) Die materielle Verwirkungspräklusion ist im Grundsatz **verfassungsrechtlich unbedenklich,** und zwar sowohl im Hinblick auf das Gebot effektiven Rechtsschutzes aus Art. 19 Abs. 4 Satz 1 GG als auch im Hinblick auf die Eigentumsgarantie des Art. 14 Abs. 1 Satz 1 GG, die auch den effektiven Rechtsschutz gegen Beeinträchtigungen des Eigentums gewährleistet.[180] Dies gilt auch, soweit die Verwirkungspräklusion grundrechtlich garantierte Rechtspositionen erfasst, wie den Schutz des Eigentums gegen Enteignungen (Art. 14 Abs. 3 GG) und den Schutz der Gesundheit (Art. 2 Abs. 2 GG).[181]

Das Verfahren der Planaufstellung ist zeit- und kostenaufwendig und bindet neben finanziellen Mitteln in erheblicher Weise sachkundiges Personal. Es ist daher ein **legitimes Anliegen des Gesetzgebers,** dass derartige Investitionen zur Lösung oder Verbesserung zumeist von Problemen der Infrastruktur nicht ohne hinreichenden Grund infrage gestellt werden. Zudem besteht ein berechtigtes Anliegen, über Bedenken und Anregungen der Betroffenen möglichst

---

[175] *BVerwGE* 126, 166, 172 = NVwZ 2006, 1161, 1163.
[176] Vgl. aber auch *BVerwGE* 127, 95, 136 = NVwZ 2007, 445, 457.
[177] *OVG Koblenz* NuR 2002, 615; *VGH Mannheim* VBlBW 2001, 278, 279.
[178] *OVG Bautzen* LKV 2006, 373, 375; *OVG Koblenz* NVwZ-RR 2001, 714, 715; *Stüer/Rieder* DÖV 2003, 473, 479; a. A. *OVG Lüneburg* NVwZ-RR 2006, 378, 380.
[179] *Allesch/Häußler* in Obermayer, § 73 Rn. 118.
[180] *BVerfGE* 61, 82, 109 ff. = NJW 1982, 2173, 2175 ff.; NVwZ 2000, 546; *BVerwGE* 60, 297 = NJW 1981, 359; *BVerwG* NVwZ 1997, 489; NVwZ 2006, 85.
[181] *BVerwG* NVwZ 1995, 904; *BVerwGE* 104, 337, 345 = NVwZ 1998, 847, 849; *OVG Koblenz* NuR 2002, 615; *VGH Mannheim* VBlBW 2001, 278, 279.

frühzeitig zu erfahren, welche konkreten Interessen sie haben. Ein derartiges Wissen kann die Planung in ihrer Durchführung und Ausgewogenheit erleichtern. Hierfür ist die sachgerechte Aufbereitung des Abwägungsmaterials von besonderer Bedeutung. Damit liegt eine derart frühe Beteiligung auch im **wohlverstandenen Interesse der Betroffenen** selbst. Sie ermöglicht ihnen eine Einflussnahme, bevor eine Art planerische Verfestigung eingetreten ist. Die Erörterung erhobener Einwendungen dient ferner einem **kooperativen Verständnis** der Konfliktbewältigung der Probleme, welche die Planung auslöst. Auch dies stellt einen legitimen Grund dar, die Betroffenen durch die Sanktion der materiellen Präklusion nachdrücklich aufzufordern, zumindest ihre eigenen Interessen bereits im Einwendungsverfahren vorzutragen. Die PlfBehörde hat ein berechtigtes Interesse daran, frühzeitig zu erfahren, welche individuellen Belange von der Planung berührt werden und möglicherweise einer weiteren Erörterung bedürfen. Sie kann ihr Verhalten danach einrichten, gegebenenfalls in konkrete Verhandlungen mit dem Betroffenen eintreten, auch um rechtlich zweifelhafte Fragen einvernehmlich zu lösen und dadurch den späteren Vollzug der Planung zu fördern.

Die Präklusion soll garantieren, dass im weiteren (gerichtlichen) Verfahren die Wirksamkeit der getroffenen Regelung nicht aufgrund der präkludierten Tatsachen wieder infrage gestellt werden kann. Mit dem Erlass des PlfBeschlusses ist ein **Bestand an Regelungen** entstanden, deren **Erhaltung** grundsätzlich **im öffentlichen Interesse** liegt, weil sich die Adressaten, namentlich der begünstigte Vorhabenträger, auf sie eingestellt haben.

Den Betroffenen wird durch § 73 Abs. 4 S. 1 und 3 eine **Mitwirkungslast** auferlegt. Das ist **101** verfassungsrechtlich zulässig, weil die Mitwirkungsobliegenheiten für den betroffenen Bürger erkennbar und nicht geeignet sind, den gerichtlichen Rechtsschutz zu vereiteln oder in unzumutbarer, aus Sachgründen nicht mehr zu rechtfertigender Weise zu erschweren.[182] § 73 Abs. 4 S. 1 und S. 3 stellt keine Anforderungen, die der betroffene Eigentümer nicht oder nur mit großen Schwierigkeiten erfüllen könnte. Die Einwendungsfrist ist so ausreichend bemessen, dass der Betroffene – auch unter Beiziehung sachkundiger Hilfe Dritter – seine Einwendungen sachgerecht vorbringen kann.[183] Die Auslegung des Plans ist in der jeweiligen Gemeinde ortsüblich bekannt zu machen. Dieses Erfordernis gewährleistet, dass der Betroffene von dem geplanten Vorhaben erfährt. Die Bekanntmachung muss sowohl hinreichend konkret als auch allgemein verständlich sein. Sie muss dem Betroffenen die Kenntnis eröffnen können, dass das Vorhaben möglicherweise seine Interessen betrifft und er damit aufgerufen ist, sich um seine Belange zu kümmern. Dieser Anstoß wird noch dadurch verstärkt, dass bei der öffentlichen Bekanntmachung auf die Folge einer Präklusion nicht rechtzeitig vorgebrachter Einwendungen hinzuweisen ist (§ 73 Abs. 4 S. 4 VwVfG).

Die Präklusion erfasst auch Einwendungen, die aus dem **Gemeinschaftsrecht** hergeleitet **102** sind.[184] Nationale Verfahrensvorschriften dürfen grundsätzlich die Anwendung des Gemeinschaftsrechts nicht unmöglich machen oder übermäßig erschweren. Dieses Effektivitätsgebot wird beschränkt durch das **Prinzip der Rechtssicherheit**. Ein Anwendungsfall dieses Prinzips ist die Festsetzung angemessener Ausschlussfristen für die Einlegung von Rechtsbehelfen.[185] Die Möglichkeit, in einem PlfV Einwendungen zu erheben, stellt eine Form des vorverlagerten Rechtsschutzes dar, der ohne Verstoß gegen Gemeinschaftsrecht durch die (angemessene) Präklusionsfrist begrenzt werden darf.[186]

V. Beteiligung anerkannter Natur- und Umweltschutzvereine

Neben den Behörden, deren Aufgabenbereich durch das Vorhaben berührt wird, und den **103** (öffentlichen und privaten) Rechtssubjekten, deren Belange durch das Vorhaben berührt wer-

---

[182] BVerfGE 61, 82; 109 ff. = NJW 1982, 2173, 2175 ff.; BVerfG NVwZ 2000, 546; BVerwG NVwZ 1997, 489.
[183] BVerwG NVwZ 1997, 489; Sparwasser AnwBl 2000, 658, 665.
[184] Vgl. Stüer/Rieder DÖV 2003, 473, 482; offen: BVerwGE 104, 337, 346 = NVwZ 1998, 847, 489; zweifelnd: v. Danwitz UPR 1996, 323; Erbguth UPR 2000, 81, 90; a. A.: Oexle, Das Rechtsinstitut der materiellen Präklusion in den Zulassungsverfahren des Umwelt- und Baurechts, S. 32 ff.
[185] Vgl. z. B. EuGH NVwZ 2003, 709, 711; NVwZ 2003, 844, 848.
[186] Vgl. Kment, Nationale Unbeachtlichkeits- Heilungs- und Präklusionsvorschriften und Europäisches Recht, S. 65 ff.

den, sind an PlfV in vielen Fällen die **anerkannten Naturschutzvereine**[187] und **Umweltschutzvereinigungen**[188] zu beteiligen. Ihre Beteiligung ist nicht im VwVfG (des Bundes) geregelt, sondern bezogen auf die Naturschutzvereine im **BNatSchG** und in den Naturschutzgesetzen der Länder, bezogen auf die Umweltschutzvereinigungen im **UVPG**. Diese Gesetze regeln zumeist nur, in welchen Fällen die anerkannten Vereine am PlfV zu beteiligen sind, gestalten das Beteiligungsrecht inhaltlich aber nur ansatzweise aus. Nähere Regelungen hierzu enthalten aber wichtige Fachplanungsgesetze, namentlich die § 18a Nr. 2 und 3 AEG, § 17a Nr. 2 und 3 FStrG, § 14a Nr. 2 und 3 WaStrG, § 2 Nr. 2 und 3 MBPlG und § 43a Nr. 2 und 3 EnWG. Fehlen solche Vorschriften, ist jeweils zu prüfen, welche Vorschriften des VwVfG für die Beteiligung der Vereine mit Rücksicht auf deren besondere Funktion anzuwenden sind. Einzelne LVwVfG enthalten in den Bestimmungen über das PlfV auch (rudimentäre) Regelungen zur Beteiligung der Naturschutzvereine (§ 74 Abs. 6 S. 1 Nr. 2 Buchst. b und Abs. 7 S. 3 VwVfG NRW sowie § 141 Abs. 6 S. 1 Nr. 2 Buchst. b LVwGSchlH; § 74 Rn. 283).

Ausländischen Naturschutzvereinen steht eine Beteiligung nur im Falle ihrer Anerkennung nach deutschem Recht zu.[189]

Die anerkannten Vereine sind weder Behörden oder sonstige Träger öffentlicher Belange noch Betroffene. Ihre Beteiligung hat eine **eigenständige Funktion.** Durch sie wird eine spezifisch natur- und umweltschutzrechtliche Form der **Öffentlichkeitsbeteiligung** hergestellt.[190] Die Vereine können dadurch in ähnlicher Weise wie Natur- und Umweltschutzbehörden die Belange des Natur- und Umweltschutzes in das Verfahren einbringen. Die Wahrnehmung dieser öffentlichen Aufgaben geht aber nicht auf die Vereine über, sondern verbleibt in vollem Umfang bei der Behörde.[191] Die Vereine widmen sich im Rahmen ihrer satzungsmäßigen, ausschließlich privaten Zwecke einer öffentlichen Aufgabe.[192] Sie können damit gegenständlich begrenzt Interessen der Allgemeinheit wahrnehmen.

Wichtige Fachplanungsgesetze stellen die anerkannten Vereine für deren Anhörung den Betroffenen gleich (§ 18a Nr. 2 und 3 AEG, § 17a Nr. 2 und 3 FStrG, § 14a Nr. 2 und 3 WaStrG, § 2 Nr. 2 und 3 MBPlG und § 43a Nr. 2 und 3 EnWG).

104 Nach § 58 Abs. 1 Nr. 2 BNatSchG sind anerkannte Naturschutzvereine an **PlfV** zu beteiligen, die von **Behörden des Bundes** durchgeführt werden. Maßgeblich ist, ob die PlfBehörde eine Bundesbehörde ist. Das sind derzeit das Eisenbahn-Bundesamt für PlfV zum Bau und zur Änderung von Betriebsanlagen der Eisenbahnen des Bundes (§ 3 Abs. 1 Nr. 1 BEVVG[193]) sowie für PlfV zum Bau und zur Änderung von Magnetschwebebahnstrecken (§ 2a Nr. 5 MBPlG), ferner die Wasser- und Schifffahrtsdirektionen für PlfV zum Ausbau und Neubau sowie zur Beseitigung von Bundeswasserstraßen (§ 14 Abs. 1 S. 3 WaStrG). An diesen PlfV sind sowohl die nach Bundesrecht als auch die nach Landesrecht anerkannten Vereine (§ 58 Abs. 3 BNatSchG) unter der Voraussetzung zu beteiligen, dass das Vorhaben mit Eingriffen in Natur und Landschaft verbunden ist und der jeweilige Verein in seinem Tätigkeitsbereich betroffen ist. Das Beteiligungsrecht besteht auch bei **Plangenehmigungen,** die von **Behörden des Bundes** erteilt werden, sofern diese Plangenehmigung eine beteiligungspflichtige Planfeststellung ersetzt und für sie eine **Öffentlichkeitsbeteiligung vorgesehen** ist (§ 58 Abs. 1 Nr. 3 und Abs. 3 BNatSchG). Die Vorschrift läuft gegenwärtig leer, weil das derzeit geltende Fachplanungsrecht solche Plangenehmigungen nicht vorsieht.

Soweit **Landesbehörden** Planfeststellungen oder Plangenehmigungen erteilen, steht den anerkannten Naturschutzvereinen ein Beteiligungsrecht zu, wenn dies in den Naturschutzgesetzen der Länder vorgesehen ist. Die Länder sind nach § 60 BNatSchG verpflichtet, eine Beteiligung der nach Landesrecht anerkannten Naturschutzvereine an PlfV vorzusehen, die von Landesbehörden durchgeführt werden, wenn das Vorhaben mit Eingriffen in Natur und Landschaft ver-

---

[187] Zu ihrer Anerkennung vgl. § 59 BNatSchG und § 60 Abs. 3 BNatSchG; zum Übergangsrecht: *BVerwG* LKV 2007, 132.
[188] Zu ihrer Anerkennung vgl. § 3 URG; hierzu: *Schlacke* NuR 2007, 8, 9f.; *Ewer* NVwZ 2007, 269, 270f.; *Radespiel* EurUP 2007, 118, 119.
[189] *OVG Saarlouis* ASRP-S L 27, 72.
[190] Eingehend *BVerwGE* 105, 348 = NVwZ 1999, 395; *BVerwG* NVwZ 2003, 1253; *BVerwGE* 118, 15, 17 = NVwZ 2003, 1253, 1254.
[191] *VGH Mannheim* NVwZ-RR 2001, 728, 729; *Ziekow* VerwArch 2000, 483, 498.
[192] *BVerwGE* 104, 367, 370f. = NVwZ 1998, 279, 280.
[193] Bundeseisenbahnverkehrsverwaltungsgesetz v. 27. 12. 1993, BGBl. I S. 2378, 2394.

bunden ist (§ 60 Abs. 2 S. 1 Nr. 6 BNatSchG), sowie ferner bei Plangenehmigungen für den Bau und die Änderung von Bundesfernstraßen, soweit nach § 17 Abs. 1b FStrG eine Beteiligung der Öffentlichkeit vorgeschrieben ist. Die Länder können für andere Fälle der Plangenehmigung eine Beteiligung der Naturschutzvereine vorsehen.

Soweit ein Vorhaben **UVP-pflichtig** ist, sind die anerkannten **Umweltschutzvereinigungen** als Teil der betroffenen Öffentlichkeit i. S. d. § 2 Abs. 6 S. 2, § 9 Abs. 1 S. 1 und 2 UVPG an dem PlfV zu beteiligen.

Inhaltlich besteht das Beteiligungsrecht der anerkannten **Naturschutzvereine** in dem Recht auf **Einsicht in die einschlägigen Sachverständigengutachten** und in der **Gelegenheit zur Stellungnahme** (§ 58 Abs. 1 BNatSchG).[194]

Einschlägige Sachverständigengutachten sind die Äußerungen von Sachverständigen im engeren Sinne sowie die sachverständigen Stellungnahmen Dritter und beteiligter Behörden, soweit sich diese Unterlagen unmittelbar auf naturschutzrechtliche und landschaftspflegerische Fragen beziehen.[195] Unerheblich ist, ob diese Gutachten und Untersuchungen der Anhörungsbehörde, der PlfBehörde, dem Vorhabenträger oder einer anderen PlfBehörde vorliegen, solange nur das Ergebnis der Untersuchungen durch Mitteilung an die PlfBehörde in das PlfV eingeführt worden ist.[196] Andererseits beschränkt das Beteiligungsrecht sich auf die im Verfahren vorhandenen Unterlagen und vermittelt dem Naturschutzverein keinen Anspruch auf weitergehende Erhebungen und Sachverhaltsermittlungen.[197] Daneben können die Vereine in die nach § 73 Abs. 3 S. 1 ausgelegten Planunterlagen Einsicht nehmen.

Die **Gelegenheit zur Stellungnahme** setzt eine **Information über das Vorhaben** voraus. Die Anhörungsbehörde hat die anerkannten Naturschutzvereine grundsätzlich individuell über das Vorhaben in einer Weise zu unterrichten, die dem Verein die Entscheidung ermöglicht, ob er sein Beteiligungsrecht wahrnehmen will (so ausdrücklich etwa § 61 Abs. 1 LNatSchG SchlH).[198] Sie kann dabei für die Abgabe der Stellungnahme eine angemessene Frist setzen.

Nach § 18a Nr. 2 AEG, § 17a Nr. 2 FStrG, § 14a Nr. 2 WaStrG, § 2 Nr. 2 MBPlG und § 43a Nr. 2 EnWG werden die anerkannten Naturschutzvereine ebenso wie die anerkannten Umweltschutzvereine nicht individuell, sondern wie die Betroffenen durch die (allgemeine) Bekanntmachung der Auslegung des Plans benachrichtigt.[199]

Die Möglichkeit der Stellungnahme beschränkt sich auf die **Wahrung der Belange des Naturschutzes und der Landschaftspflege bzw. des Umweltschutzes.** Die Gelegenheit zur Stellungnahme soll es den Vereinen ermöglichen, zur Verbesserung des entscheidungsrelevanten Abwägungsmaterials beizutragen. Hierzu können sie der PlfBehörde zusätzliche Informationen über die maßgebenden Natur- oder Umweltschutzbelange vortragen. Die Vereine können die PlfBehörde auf Defizite in der bisherigen fachlichen Ermittlung dieser Belange hinweisen, weitere Ermittlungen anregen und hierzu auch eigene Hilfen anbieten. Neben der Ebene der Informationsbeschaffung und der Informationsverarbeitung steht den Vereinen als Teil ihrer Mitwirkungsbefugnisse das Recht zu, der Planfeststellungsbehörde Planungsvarianten vorzutragen oder deren Ermittlung anzuregen.[200]

Das Beteiligungsrecht der Vereine erfordert deren **substantielle Anhörung.**[201] Eine von ihnen abgegebene Stellungnahme ist zur Kenntnis zu nehmen und in Erwägung zu ziehen. Die Vereine haben ein Recht auf Teilnahme am Erörterungstermin, in dem ihre Stellungnahme mit ihnen zu erörtern ist (so ausdrücklich für rechtzeitig abgegebene Stellungnahmen: § 18a Nr. 3 S. 2 AEG, § 17a Nr. 3 S. 2 FStrG, § 14a Nr. 3 S. 2 WaStrG, § 2 Nr. 3 S. 2 MBPlG und § 43a Nr. 3 S. 2 EnWG).[202]

---

[194] Zu Einzelheiten vgl. *Stüer* NuR 2002, 708, 710.
[195] *BVerwGE* 105, 348 = NVwZ 1998, 395; *BVerwG* NVwZ 2002, 1103, 1104 (zu einer im PlfV eingeholten Stellungnahme der EU-Kommission zu Fragen der VRL und der FFH-RL); *VGH Mannheim* NVwZ-RR 2001, 728, 729; *VGH München* NVwZ 2002, 1264, 1265.
[196] *BVerwG* NuR 2002, 676, 677; *OVG Saarlouis* ASRP-S L 32, 279, 284 f.; enger wohl *VGH München* NVwZ 2002, 1264, 1265.
[197] *BVerwG* NVwZ 2005, 943, 945.
[198] Vgl. *VGH Mannheim* NVwZ-RR 2001, 728, 729; *Wickel* in Fehling u. a., § 73 VwVfG Rn. 97.
[199] Kritisch hierzu *Wickel* UPR 2007, 201, 203.
[200] *BVerwG* NVwZ 1997, 491.
[201] *BVerwGE* 121, 72, 74 f. = NVwZ 2004, 1486, 1487. Kritisch: *Ronellenfitsch* VerwArch 1999, 467, 582 ff.
[202] Anders *VG Oldenburg* NuR 2000, 398, 399.

107 Betrifft eine **Änderung des ausgelegten Plans** ihren Aufgabenbereich erstmals oder stärker, sind die anerkannten Natur- oder Umweltschutzvereine in entsprechender Anwendung von § 73 Abs. 8 S. 1 erneut zu beteiligen (so ausdrücklich § 18a Nr. 6 S. 1 AEG; § 17a Nr. 6 S. 1 FStrG; § 14a Nr. 6 S. 1 WaStrG; § 10 Abs. 2 S. 1 Nr. 6 LuftVG; § 2 Nr. 6 S. 1 MBPlG; § 43 Nr. 6 S. 1 EnWG). Diese Voraussetzung ist nicht erst bei weitergehenden Eingriffen in Natur und Landschaft oder Umwelt erfüllt, sondern bereits dann, wenn sich durch die Planänderung zusätzliche natur- oder umweltschutzrechtliche Fragen stellen, zu deren Beantwortung der sachverständige Rat der Natur- und Umweltschutzbehörden und – deshalb auch – der Natur- und Umweltschutzvereine geboten erscheint, weil die zur ursprünglichen Planung angestellten Erwägungen die geänderte Planung nicht mehr tragen.[203]

Die anerkannten Natur- und Umweltschutzvereine sind an einem Verfahren der **Planergänzung** oder an einem **ergänzenden Verfahren** nach § 75 Abs. 1a S. 2 zu beteiligen, wenn diese Verfahren die Belange von Natur und Landschaftspflege oder des Umweltschutzes betreffen.[204]

108 Die Stellungnahme der anerkannten Vereine ist nicht **Einwendung** im Sinne des § 73 Abs. 4. Eine **Einwendungsbefugnis** ist deshalb nicht erforderlich. Der Verein muss nur in seinem satzungsmäßigen Aufgabenbereich berührt werden. Der Verein kann aber über die Stellungnahme hinaus, die er als Verein abgibt, Einwendungen erheben, etwa wenn er Eigentümer eines Grundstücks ist, das für das Vorhaben in Anspruch genommen werden soll oder in seiner Nutzung durch das Vorhaben beeinträchtigt werden kann.

109 Deshalb ist auch die **Präklusion**svorschrift des § 73 Abs. 4 S. 3 auf anerkannte Naturschutzvereine und deren Stellungnahme nicht anwendbar. Sie gehören nicht zu den Betroffenen, auf deren Einwendungen die Vorschrift zugeschnitten ist. Ob und in welchem Umfang ein anerkannter Naturschutzverein **im gerichtlichen Verfahren** mit Vorbringen ausgeschlossen ist, bestimmt sich allein nach § 61 Abs. 3 BNatSchG.[205] Hat der Verein im PlfV Gelegenheit zur Äußerung gehabt, ist er im anschließenden gerichtlichen Verfahren mit allen Einwendungen ausgeschlossen, die er im PlfV bis zu dessen Abschluss durch Erlass des PlfBeschlusses nicht geltend gemacht hat, aber aufgrund der ihm überlassenen oder von ihm eingesehenen Unterlagen zum Gegenstand seiner Äußerung hätte machen können.[206] Diese Regelungen sollen die anerkannten Naturschutzvereine anhalten, bereits im PlfV ihre Sachkunde einzubringen; von der Planentscheidung Begünstigte sollen vor einem überraschenden Prozessvortrag geschützt werden. An die **Substantiierung des Vorbringens** sind höhere Anforderungen zu stellen als an die Einwendung eines betroffenen Privaten. Das Vorbringen muss hinreichend deutlich machen, aus welchen Gründen nach Auffassung des Naturschutzvereins zu welchen im Einzelnen zu behandelnden Fragen weiterer Untersuchungsbedarf besteht oder einer Wertung nicht gefolgt werden kann. Das Vorbringen muss zumindest Angaben dazu enthalten, welches Schutzgut durch ein Vorhaben betroffen wird und welche Beeinträchtigungen ihm drohen. Im Regelfall ist die räumliche Zuordnung eines naturschutzrechtlich bedeutsamen Vorkommens oder einer Beeinträchtigung zu spezifizieren.[207]

§ 61 Abs. 3 BNatSchG regelt einen Ausschluss von Einwendungen nur für das nachfolgende gerichtliche Verfahren. Es reicht aus, wenn der Naturschutzverein sich im PlfV überhaupt zu dem Gesichtspunkt geäußert hat, den er im gerichtlichen Verfahren zum Gegenstand seiner Einwendung (= Klagebegründung) macht. Die Vorschrift sagt hingegen nichts darüber, wann der Verein sich im PlfV geäußert haben muss.[208] Eine **Frist für ihre Stellungnahmen** ergibt sich weder aus dem BNatSchG noch aus § 73.

---

[203] BVerwGE 105, 348 = NVwZ 1998, 395; BVerwG NVwZ 2003, 1120; BVerwGE 121, 72, 75f. = NVwZ 2004, 1486, 1488; VGH Mannheim NVwZ-RR 2001, 728, 729; VGH München NVwZ 2002, 1264, 1265.
[204] VGH München NVwZ 2002, 1264, 1265; Wilrich DVBl 2002, 872, 874; Stüer NuR 2002, 708, 711.
[205] BVerwG NVwZ 2002, 1243, 1244; BVerwGE 118, 15 = NVwZ 2003, 1253 mit kritischer Anmerkung von Bönsel/Hönig NuR 2003, 677; BVerwG NVwZ 2004, 1114, 1115; OVG Bautzen LKV 2006, 364, 367; OVG Koblenz NuR 2003, 441, 445.
[206] Zu Bedenken gegen die Vereinbarkeit dieser Regelung mit Gemeinschaftsrecht vgl. Gellermann NVwZ 2006, 7, 11f.; Schlacke NuR 2007, 8, 14f.
[207] BVerwG NVwZ 2004, 861; NVwZ 2004, 1114, 1115; NVwZ 2005, 943, 946.
[208] OVG Saarlouis ASRP-S L 32, 279, 283f.

Soweit die Beteiligung des Vereins auf § 60 Abs. 2 S. 1 Nr. 6 BNatSchG beruht, kann sich eine Frist für die Stellungnahme aus dem Landesverwaltungsverfahrensrecht oder aus dem Naturschutzgesetz des Landes[209] ergeben.[210]

Für anerkannte Umweltschutzvereinigungen enthält § 2 Abs. 3 URG[211] eine Regelung, die § 61 Abs. 3 BNatSchG inhaltlich entspricht.[212] Jedoch gilt für sie als Teil der betroffenen Öffentlichkeit (§ 2 Abs. 6 UVPG) aufgrund der Verweisung in § 9 Abs. 1 UVPG bereits im PlfV die Präklusionsvorschrift des § 73 Abs. 4 S. 3 wie für private Betroffene.[213]

Eine Frist mit Präklusion kann sich aus dem jeweils einschlägigen Fachplanungsgesetz ergeben; Beispiele hierfür sind § 18a Nr. 3 S. 1 AEG, § 17a Nr. 3 S. 1 FStrG, § 14a Nr. 3 S. 1 WaStrG, § 2 Nr. 3 S. 1 MBPlG, § 10 Abs. 2 S. 1 Nr. 3 S. 4 LuftVG und § 43a Nr. 3 S. 1 EnWG, die jeweils die Geltung des § 73 Abs. 4 für die zu beteiligenden Vereine und ihre Stellungnahmen anordnen.[214] Für die Abgabe ihrer Stellungnahme gilt deshalb im Anwendungsbereich dieser Fachplanungsgesetze die (kurze) Frist von zwei Wochen nach Ablauf der Auslegung des Plans.[215]

Davon zu unterscheiden sind die **(echten) Einwendungen,** die ein Verein etwa als Eigentümer eines Grundstücks oder als sonst in eigenen Rechten Betroffener erhebt. Für diese Einwendungen gilt § 73 Abs. 4 S. 3 uneingeschränkt.

Das **Beteiligungsrecht** der anerkannten Vereine hat keine dienende Funktion zugunsten eines materiellen Rechts dieser Vereine. Es besitzt eigenständiges Gewicht und **absoluten Charakter.**[216] Ist dem anerkannten Verein die Möglichkeit der Klage gegen die Sachscheidung nicht eröffnet, kann er wegen einer Verletzung seines Beteiligungsrechts die Aufhebung eines PlfBeschlusses unabhängig davon verlangen, ob sich seine mangelnde Beteiligung auf das Ergebnis der Planung ausgewirkt hat.[217] Ist dem anerkannten Verein hingegen die Möglichkeit der Klage gegen die Sachentscheidung eröffnet, wie dies nach § 61 Abs. 1 S. 1 Nr. 2, Abs. 2 Nr. 1 BNatSchG, § 2 URG der Fall ist, bleibt ein Mangel seiner Beteiligung nach § 46 unbeachtlich, wenn er das Ergebnis offensichtlich nicht beeinflusst haben kann.[218]

Die **unzureichende oder unterbliebene Beteiligung** des Vereins kann unter Umständen in einem **ergänzenden Verfahren** nach § 75 Abs. 1a S. 2 nachgeholt werden (zur unterbliebenen Beteiligung infolge einer Wahl des „falschen" Verfahrens: § 74 Rn. 280); ein Anspruch auf Aufhebung des PlfBeschlusses besteht dann nicht.[219]

VI. Erörterungstermin (Abs. 6)

Nach Ablauf der Einwendungsfrist hat die Anhörungsbehörde die rechtzeitig erhobenen Einwendungen und die Stellungnahmen der Behörden mit dem Vorhabenträger, den Behörden, den Betroffenen und den Einwendern **mündlich zu erörtern (S. 1).** Darüber hinaus ist an dem Erörterungstermin ein anerkannter Natur- oder Umweltschutzverein zu beteiligen, wenn er von der Gelegenheit zur Stellungnahme Gebrauch gemacht hat (so ausdrücklich: § 18a Nr. 3 S. 2 AEG, § 17a Nr. 3 S. 2 FStrG, § 14a Nr. 3 S. 2 WaStrG, § 2 Nr. 3 S. 2 MBPlG, § 43a Nr. 3

---

[209] Beispiel § 48 Abs. 1 Nr. 6 HENatG: Es gelten die Fristen des jeweiligen Fachrechts für Einwendungen.
[210] Vgl. *BVerwGE* 118, 15, 19 = NVwZ 2003, 1253, 1254f. zu § 57 Abs. 2 S. 1 SächsNatSchG und der dort enthaltenen Bestimmung einer „angemessenen Frist" für die Abgabe der Stellungnahme.
[211] Zur Vereinbarkeit der Vorschrift mit Gemeinschaftsrecht vgl. *Kment* NVwZ 2007, 274, 278; *Radespiel* EurUP 2007, 118, 123.
[212] Vgl. auch *Ewer* NVwZ 2007, 267, 273, der bereits dieser Vorschrift einen Verweis auf § 73 Abs. 4 S. 1 und damit die Anordnung einer Präklusion nach § 73 Abs. 4 entnimmt.
[213] Vgl. *Wickel* UPR 2007, 201, 203.
[214] Hierzu *Schröder* NuR 2007, 380, 381.
[215] Kritisch hierzu *Schlacke* NuR 2007, 8, 15; *Wickel* UPR 2007, 201, 203.
[216] BVerwGE 87, 62, 68 ff. = NVwZ 1991, 162, 164 ff.; BVerwGE 127, 208, 213 f. = NVwZ 2007, 576, 577.
[217] BVerwGE 105, 348, 353 f. = NVwZ 1998, 395; *OVG Münster* NuR 2000, 165, 166; kritisch: *Ronellenfitsch* VerwArch 1999, 467, 583 f.
[218] BVerwG NVwZ 2002, 1103, 1105; NVwZ 2003, 485, 486; NVwZ 2003, 1120; BVerwGE 121, 72, 76 = NVwZ 2004, 1486, 1488; *VGH Kassel* NVwZ-RR 2003, 420, 421; *VGH München* NVwZ-RR 2005, 613, 614.
[219] BVerwG NuR 1998, 647; *OVG Greifswald* ZfB 2006, 164; *Ziekow* VerwArch 2000, 483, 494 ff.

S. 2 EnWG). Die Erörterung bildet den Schwerpunkt des Anhörungsverfahrens. Sie ersetzt und konkretisiert die Anhörung nach §§ 28, 66 (Rn. 9) und dient damit dem **subjektiven Rechtsschutz** (Rn. 68). Sie wahrt die **Kompetenzordnung** zugunsten der zu beteiligenden Behörden (Rn. 34).[220]

Abs. 6 S. 1 hindert die Anhörungsbehörde nicht, vor oder neben dem Erörterungstermin einzelne Fragen mit dem Vorhabenträger, zu beteiligenden Behörden oder einzelnen Einwendern zu besprechen.[221]

113 Nach § 73 Abs. 6 S. 1 hat die Anhörungsbehörde grundsätzlich **zwingend** einen Erörterungstermin abzuhalten (zu Ausnahmen Rn. 132 f.). Zahlreiche **Fachgesetze** erlauben der Anhörungsbehörde, auf eine Erörterung zu verzichten (§ 18 a Nr. 5 S. 1 AEG, § 17 a Nr. 5 S. 1 FStrG, § 14 a Nr. 5 S. 1 WaStrG, § 2 Nr. 5 S. 1 MBPlG, § 43 a Nr. 5 S. 1 EnWG).[222] Die einschlägigen Vorschriften machen diesen **Verzicht** nicht von bestimmten Voraussetzungen abhängig (anders § 10 Abs. 2 S. 1 Nr. 5 S. 2 LuftVG). Er steht vielmehr im pflichtgemäßen Ermessen der Anhörungsbehörde. Sie soll nach den Vorstellungen des Gesetzgebers auf einen Erörterungstermin zum einen in den wenig konfliktträchtigen Fällen verzichten können, in denen keine fristgerechten Einwendungen oder Stellungnahmen eingegangen sind oder einem angekündigten Verzicht auf einen Erörterungstermin nicht widersprochen wird (hierauf beschränkt sich § 10 Abs. 2 S. 1 Nr. 5 S. 2 LuftVG). Sie soll aber auch in besonders konfliktträchtigen Fällen auf den Erörterungstermin verzichten können, nämlich dann, wenn absehbar ist, dass der Erörterungstermin seiner Befriedungsfunktion nicht gerecht werden kann und Einwendungen nicht ausgeräumt werden können.[223] Der Gesetzgeber hat damit dem Erörterungstermin hauptsächlich die Funktion einer ergänzenden Ermittlung des Sachverhalts und einer Einigung mit Betroffenen zugewiesen. Er soll dagegen nicht mehr das Forum sein, auf dem die Betroffenen, die anerkannten Vereine und die Behörden die von ihnen repräsentierten Belange vortragen können.[224]

Ein Verzicht ist auch dann zulässig, wenn dem PlfBeschluss enteignungsrechtliche Vorwirkung zukommt.[225] Der effektive Grundrechtsschutz durch Verfahren wird dem enteignungsbetroffenen Grundeigentümer auch durch die Möglichkeit von Einwendungen gegen das Vorhaben gewährt. Verfassungsrechtlich ist eine mündliche Erörterung der Einwendungen nicht geboten.

Angesichts der Entstehungsgeschichte liegt es fern, in § 28 Abs. 2 eine Leitlinie für die Ermessensbetätigung der Anhörungsbehörde zu sehen,[226] zumal die dort aufgezählten Fälle ersichtlich auf den Erörterungstermin im PlfV nicht passen.

Ist die Anhörungsbehörde befugt, nach ihrem **Ermessen** auf einen Erörterungstermin gänzlich zu verzichten, schließt dies die Befugnis ein, die Erörterung auf einzelne Sachfragen oder auf einzelne Betroffene oder Gruppen von Betroffenen zu beschränken.[227]

Die Anhörungsbehörde hat in ihrer Stellungnahme zum Ergebnis des Anhörungsverfahrens nach Abs. 9 darzulegen, aus welchen Gründen sie auf einen Erörterungstermin verzichtet oder ihn beschränkt hat. Der ermessensfehlerhafte Verzicht auf einen Erörterungstermin oder dessen ermessensfehlerhafte Beschränkung führen zu einem **Verfahrensfehler.** Ein Betroffener wird allerdings regelmäßig die Aufhebung des PlfBeschlusses wegen dieses Fehlers nicht erreichen können. Eine fehlerhafte Gestaltung des Anhörungsverfahrens verletzt ihn nur dann in seinem verfahrensrechtlichen Anspruch auf rechtliches Gehör, wenn die Missachtung der jeweiligen Verfahrensvorschrift ihn tatsächlich gehindert hat, zu seinen Belangen so umfassend vorzutragen, wie er dies bei fehlerfreier Gestaltung des Anhörungsverfahrens hätte tun können, oder wenn der Verfahrensverstoß dazu geführt hat, dass die PlfBehörde seinen Vortrag nicht zur Kenntnis genommen oder bei ihrer Entscheidung nicht in Erwägung gezogen hat (vgl. im einzelnen un-

---

[220] Vgl. ferner *Guckelberger* DÖV 2006, 97, 99 ff.
[221] *VGH München* BayVBl 2007, 465, 466.
[222] Kritisch hierzu: *Guckelberger* DÖV 2006, 97; *Teßmer* ZUR 2006, 469, 472 f.; *Cancik* DÖV 2007, 107.
[223] Beschlussempfehlung und Bericht des Ausschusses für Verkehr, Bau und Stadtentwicklung, auf die die Gesetz gewordene Fassung zurückgeht: BT-Drs 16/3158, S. 68.
[224] So der Gesetzentwurf des Bundesrates (BT-Drs 16/1338 S. 23), den der Ausschuss für Verkehr, Bau und Stadtentwicklung für die Gesetz gewordene Fassung insoweit aufgegriffen hat (BT-Drs 16/3158, S. 68).
[225] Anders wohl *Schneller* DVBl 2007, 529, 531.
[226] So *Lecheler* DVBl 2007, 713, 717.
[227] Vgl. *Otto* NVwZ 2007, 379, 380.

ten Rn. 147). Aufgrund der bereits zuvor abgelaufenen Präklusionsfrist ist ein Betroffener regelmäßig gehindert, im Erörterungstermin noch substantiell Neues vorzutragen. Deshalb wird es ihm regelmäßig nicht gelingen, darzulegen, dass ein rechtswidrig unterbliebener Erörterungstermin sich auf die Wahrung seiner Rechte ausgewirkt hat.

Bedarf ein Vorhaben der UVP, verweist § 9 Abs. 1 S. 3 UVPG für die Beteiligung der Öffentlichkeit auf das Anhörungsverfahren nach § 73 und damit auch auf den Erörterungstermin des Abs. 6. Auch in diesen Fällen ist aber § 73 nur nach Maßgabe der erwähnten Fachgesetze anzuwenden. Ein Verzicht auf den Erörterungstermin ist mithin auch dann und insoweit zulässig, als es um die Umweltbelange im Sinne des § 2 Abs. 1 S. 2 UVPG geht. Die speziellen Regeln der Fachplanungsgesetze haben Vorrang auch vor den allgemeinen Regeln des UVPG.[228]

1. Bekanntgabe des Erörterungstermins (Abs. 6 S. 2 bis 5)

Nach **S. 2** ist der Erörterungstermin nach **Zeit und Ort** mindestens eine Woche vorher **ortsüblich bekanntzumachen** (zur ortsüblichen Bekanntmachung vgl. Rn. 51). Zusätzlich zur ortsüblichen Bekanntmachung sind gemäß **S. 3** individuell (formlos, aber in der Regel schriftlich) zu **benachrichtigen**: die nach Abs. 2 zu beteiligenden **Behörden** (Rn. 33ff.), der **Vorhabenträger** sowie die **Einwender**, unabhängig davon, ob sie i.S.d. Abs. 4 S. 1 geltend machen können, in ihren Belangen berührt zu sein (Rn. 71). In der ortsüblichen Bekanntmachung und in den individuellen Benachrichtigungen ist darauf hinzuweisen, dass bei Ausbleiben eines Beteiligten auch ohne ihn verhandelt und entschieden werden kann (Abs. 6 S. 6 i.V.m. § 67 Abs. 1 S. 3, § 73 Abs. 5 S. 2 Nr. 3).

Die individuelle Benachrichtigung nach S. 3 kann bei **Massenverfahren** gemäß **S. 4 und 5 durch öffentliche Bekanntmachung** ersetzt werden. S. 4 und 5 sind Sondervorschriften gegenüber S. 2 und 3 und verdrängen diese.[229] Die öffentliche Bekanntmachung nach S. 4 und 5 ersetzt die ortsübliche Bekanntmachung nach S. 2; sie ist nicht zusätzlich vorzunehmen. Nach S. 5 besteht die öffentliche Bekanntmachung in einer modifizierten ortsüblichen Bekanntmachung. Öffentliche Bekanntmachung bedeutet Bekanntmachung in dem Bekanntmachungsorgan der Anhörungsbehörde und in den örtlichen Tageszeitungen (vgl. zu Einzelheiten die inhaltsgleiche Regelung in § 67 Abs. 1 S. 4 bis 6; dort Rn. 12 ff.).

Eine öffentliche Bekanntmachung kommt in Betracht, wenn sonst **mehr als 50 Benachrichtigungen** vorzunehmen sind.[230] Abweichend von § 67 Abs. 1 S. 4 ist nicht auf die sonst zu benachrichtigenden Beteiligten i.S.d. § 13 abzustellen, sondern allein auf die Einwender ohne Rücksicht auf deren Einwendungsbefugnis. Bei der **Berechnung** sind mithin die zu benachrichtigenden Behörden und der Vorhabenträger nicht mitzuzählen. Maßgeblich ist nicht die Kopfzahl der Einwender, sondern die Zahl der Benachrichtigungen (vgl. § 67 Rn. 15 f.). Für die zu beteiligenden Behörden und den Träger des Vorhabens bleibt es bei der individuellen Benachrichtigung nach S. 3.

Den **Ort des Erörterungstermins** bestimmt die Anhörungsbehörde. Ist in bundesrechtlich geregelten Verfahren Anhörungsbehörde eine Landesbehörde und wirkt das Vorhaben sich auf das Gebiet eines weiteren Bundeslandes aus, kann die Anhörungsbehörde den Erörterungstermin auf dem Gebiet dieses anderen Bundeslandes abhalten; dem steht nicht entgegen, dass ein Land in seiner Verwaltungshoheit grundsätzlich auf sein eigenes Gebiet beschränkt ist.[231]

Als **Ausnahme von Abs. 6 S. 2** ermöglicht es Abs. 7, den Erörterungstermin nach Ort und Zeit bereits in der Bekanntmachung über die Auslegung des Plans zu bestimmen. Von dieser Möglichkeit sollte nur in einfachen Fällen Gebrauch gemacht werden, etwa wenn eine besondere Vorbereitung für die Prüfung der Einwendungen im Erörterungstermin nicht notwendig erscheint.

2. Gegenstand der Erörterung

Eine Erörterung ist nach S. 1 notwendig mit dem **Vorhabenträger**, den **Betroffenen**, auch wenn sie keine Einwendungen erhoben haben, sowie mit den **Einwendern** (Rn. 69 ff.). Der Erörterungspflicht der Anhörungsbehörde steht keine Anwesenheitspflicht des Einwenders ge-

---

[228] *Wickel* UPR 2007, 201, 204.
[229] A.A. *Stüer/Probstfeld* DÖV 2000, 701, 705.
[230] Abweichend § 140 Abs. 6 S. 4 LVwGSchlH: 300 Benachrichtigungen.
[231] *BVerwGE* 115, 373 = NVwZ 2002, 984; vgl. ferner *Kersten* UPR 2001, 405.

genüber. Die Anhörungsbehörde hat ferner die **Stellungnahmen der** nach Abs. 2 zu beteiligenden **Behörden** zu erörtern.

120 Zur Vorbereitung der Erörterung kann die Anhörungsbehörde die **Einwendungen** an den **Vorhabenträger** weitergeben, um ihm **Gelegenheit zur Stellungnahme** zu geben. Der Einwender kann nicht verlangen, dass seine Einwendung dem privaten Vorhabenträger nur in anonymisierter Form überlassen wird. Die Weitergabe der Einwendung dient dem Informationsaustausch unter den Beteiligten des PlfV, zu denen der Vorhabenträger als Antragsteller gehört. Einwendungen kann nur derjenige erheben, dessen Belange durch das Vorhaben berührt werden. Aus diesem Grund kann die Einwendung nicht von der Person des Einwenders und damit nicht von seinen personenbezogenen Daten gelöst werden.[232]

121 Eine Erörterungspflicht besteht zum einen gegenüber den Einwendern, die zugleich **Betroffene** sind. Der Betroffene ist begrifflich von dem Einwender zu unterscheiden.[233] Der Begriff des Betroffenen ist materiellrechtlich zu verstehen.[234] Betroffener ist, wessen **eigene Rechte oder rechtlich geschützten Interessen** durch das Vorhaben beeinträchtigt werden.[235]

Ist die **Erörterung** mit einem materiell Betroffenen **unterblieben,** der nicht zugleich Einwendungen erhoben hat, liegt zwar ein Verstoß gegen Abs. 6 S. 1 vor. Der materiell Betroffene kann daraus mangels eigener Einwendungen regelmäßig nicht die Aufhebung des PlfBeschlusses herleiten, denn dieser Verstoß kann sich wegen der eingetretenen **Präklusion** nicht auf seine materiellen Rechte ausgewirkt haben.[236]

122 Eine Erörterungspflicht besteht gegenüber denjenigen, die **fristgerecht Einwendungen erhoben** haben. Der Begriff des Einwenders ist verfahrensrechtlich zu verstehen. Mit ihnen muss die Anhörungsbehörde nur die eigenen Einwendungen erörtern. Ein Anwesenheitsrecht bei der Erörterung fremder Angelegenheiten besteht nicht.[237]

123 Hält die Anhörungsbehörde eine **Einwendung** für **verspätet** oder den **Einwender nicht** für **einwendungsbefugt,** bezieht sich ihre Erörterungspflicht nur auf diese Aspekte. Den Einwendern ist Gelegenheit zu geben, ihren Standpunkt zu diesen formellen Fragen, im Zweifel hilfsweise zur Sache selbst zu äußern. Kann die Einwendung nicht erledigt werden, hat die Anhörungsbehörde nach Abs. 9 eine Stellungnahme abzugeben. Die PlfBehörde ist an deren Auffassung nicht gebunden.

124 Nach Abs. 3a S. 1 haben die zu beteiligenden **Behörden** ihre Stellungnahmen zwar innerhalb einer **Frist** abzugeben, die ihnen die Anhörungsbehörde zu setzen hat. Die Stellungnahme kann aber noch später abgegeben werden, nämlich bis zum Erörterungstermin oder in ihm selbst (zu fachgesetzlichen Sondervorschriften vgl. Rn. 44 a.E.). Auch eine mündliche Stellungnahme im Erörterungstermin ohne vorherige schriftliche Äußerung ist nicht ausgeschlossen. Dies ergibt sich mittelbar aus Abs. 3a S. 2, wonach erst eine **nach dem Erörterungstermin** abgegebene Stellungnahme unter bestimmten Umständen nicht mehr berücksichtigt werden darf (hierzu Rn. 40 ff.).

3. Ablauf des Erörterungstermins

125 **Den Ablauf des Erörterungstermins** regeln Abs. 6 S. 1 und S. 6 i.V.m. § 68.[238] Abs. 6 vermittelt, auch wegen der grundrechtsschützenden Funktion des Verfahrens, einen **Anspruch auf Teilnahme und Erörterung** für die Betroffenen und Einwender (Rn. 69 ff.) sowie die nach Abs. 2 beteiligten Behörden (Rn. 32 ff.). Die anerkannten Vereine haben ebenfalls ein Recht auf Teilnahme (Rn. 106).[239] Die Erörterung darf wegen des Prinzips der substanziellen Anhörung nach pflichtgemäßem Ermessen erst beginnen, wenn eine **hinreichend problembezogene Erörterung** zu erwarten steht.[240]

---

[232] *BVerwG* NVwZ-RR 2000, 760; zustimmend *Durner* UPR 2003, 262, 268.
[233] Ebenso *Ule/Laubinger*, § 40 Rn. 36.
[234] *BVerwG* NuR 1998, 603.
[235] Ähnlich *Allesch/Häußler* in Obermayer, § 73 Rn. 92; *Kopp/Ramsauer*, § 73 Rn. 55 f.; *Ule/Laubinger*, § 40 Rn. 36.
[236] *BVerwG* NuR 1998, 603.
[237] *VGH Mannheim* NVwZ-RR 1989, 354; *Dürr* VBlBW 1992, 321.
[238] Zur praktischen Vorbereitung und Durchführung vgl. *Büllesbach/Diercks* DVBl 1991, 469; *Stüer/Probstfeld* DÖV 2000, 701.
[239] A. A.: *VG Oldenburg* NuR 2000, 398, 399.
[240] *BVerwGE* 75, 214, 226 = NVwZ 1987, 578, 580.

Nach Abs. 6 S. 6 i. V. m. § 67 Abs. 3 soll die Erörterung möglichst **in einem Termin** erledigt werden. Das bedeutet nicht, dass der Erörterungstermin an einem einzigen Tag durchgeführt sein muss. Dies verhindert unter Umständen schon die große Zahl zu beteiligender Behörden, Betroffener und Einwender. Unabhängig davon kann es das Gebot substantieller Anhörung erforderlich machen, den Erörterungstermin auf **mehrere Tage** zu erstrecken. Hierzu können Behörden, Betroffene und Einwender gestaffelt nach Sachfragen zu verschiedenen Tagen oder Terminsstunden geladen werden, sofern sichergestellt ist, dass hierdurch das rechtliche Gehör zu den **eigenen Belangen** nicht beeinträchtigt wird.[241] Deshalb ist Betroffenen und Einwendern Gelegenheit zu einer zusätzlichen Äußerung zu geben, wenn an anderen Tagen oder zu anderer Terminsstunde Gutachten, andere wesentliche Unterlagen oder gar Planänderungen in das Verfahren eingeführt werden, die ihre Belange berühren.[242]

Ein Erörterungstermin während **normaler Arbeitszeiten** ist zulässig.[243] Er kann eine **Ortsbesichtigung** einschließen.

Verhandlungsleiter muss stets ein Bediensteter der Anhörungsbehörde sein.[244] Er **eröffnet** 126 und **schließt** die Sitzung, hat für die angemessene Erörterung mit den Beteiligten i. w. S. zu sorgen und ist für **Ablauf und Ordnung** in den Sitzungen verantwortlich (zu Redezeitbegrenzung, inhaltlicher Strukturierung, Worterteilung und -entziehung § 68 Rn. 23 ff.[245]). Über den Erörterungstermin ist eine Niederschrift aufzunehmen (vgl. § 68 Rn. 34 ff.).[246] Sie muss aus Gründen der Rechtssicherheit Angaben darüber enthalten, welche Einwendungen erledigt (§ 73 Abs. 9, § 74 Abs. 2 S. 1) sowie als verfristet oder mangels Einwendungsbefugnis nicht in der Sache erörtert wurden.

Der Erörterungstermin ist **nicht öffentlich** (§ 68 Abs. 1 S. 1, dort Rn. 4 ff.). Die Anwesen- 127 heit von **Vertretern der PlfBehörde** ist zulässig,[247] sogar tunlich, weil diese dadurch aufgrund ihrer unmittelbaren Eindrücke und nicht allein nach Aktenlage entscheiden kann (§ 74 Abs. 1 S. 2 i. V. m. § 69 Abs. 1). **Pressevertretern** kann die Anwesenheit gestattet werden (Abs. 6 S. 6 i. V. m. § 68 Abs. 1 S. 3).[248]

Inhaltlich hat der Verhandlungsleiter nach Abs. 6 S. 6 i. V. m. § 68 Abs. 2 das Vorhaben, ein- 128 schließlich in Betracht kommender Planungsalternativen,[249] in **tatsächlicher** und **rechtlicher** Hinsicht entsprechend den **Geboten der substantiellen Anhörung und des fairen Verfahrens**[250] sachgerecht, zeitlich und inhaltlich angemessen zu erörtern. Ziel der Erörterung muss die Feststellung des maßgeblichen **Sachverhalts** und der tatsächlichen und rechtlichen **Entscheidungsgrundlagen** sein.[251] Dazu gehören die Auswirkungen des Vorhabens auf andere, die mit dem Ziel zu erörtern sind, einen befriedenden Ausgleich zwischen den unterschiedlichen Belangen und Interessen zu finden.

Der Erörterungstermin dient aber auch der Geltendmachung eigener Belange und damit dem 129 rechtlichen Gehör im VwVf (Rn. 9). Betroffene und Einwender müssen die Möglichkeit haben, sich zu den wesentlichen Tatsachen und zum Für und Wider des Vorhabens zu **äußern.** Hierzu kann es erforderlich sein, vorhandene **Gutachten** mit ihnen zu erörtern.[252]

Der Erörterungstermin darf erst beendet werden, wenn sein Zweck erreicht ist; ein vorzeiti- 130 ger **Abbruch** ist **unzulässig** und kann ein wesentlicher Verfahrensfehler sein, etwa wenn ein wesentlicher Teil der Einwender nicht zu Wort kommen konnte.

Nach **S. 7** soll die Erörterung innerhalb von **3 Monaten** nach Ablauf der Einwendungsfrist 131 abgeschlossen werden. Die Regelung soll das Verfahren **straffen und beschleunigen.** Sie lässt

---

[241] *BVerwG* NVwZ 1988, 527, 530; zu vertraulichen Erörterungen mit einzelnen Beteiligten: *Stüer/Probstfeld* DÖV 2000, 701, 707.
[242] *BVerwG* NVwZ 1988, 527, 530; *Stüer/Probstfeld* DÖV 2000, 701, 705.
[243] *VGH Mannheim* NVwZ-RR 1989, 354, 355.
[244] Zu Ablehnungsanträgen gegen den Verhandlungsleiter vgl. *Kirchberg* in Ziekow, Praxis des Fachplanungsrechts, Rn. 223 f.; *Stüer/Probstfeld* DÖV 2000, 701, 707.
[245] Zur Entfernung von „Störern" nach § 68 Abs. 3 S. 2 und zum Rechtsschutz gegen eine solche Maßnahme: *BVerwGE* 115, 373 = NVwZ 2002, 984.
[246] Zu ihr *Stüer/Probstfeld* DÖV 2000, 701, 708.
[247] *Wickel* in Fehling u. a., § 73 VwVfG Rn. 112.
[248] *Wickel* in Fehling u. a., § 73 VwVfG Rn. 116; enger: *Stüer/Probstfeld* DÖV 2000, 701, 706.
[249] *BVerwGE* 102, 331, 338 = NVwZ 1997, 908, 909.
[250] Hierzu *BVerwGE* 75, 214, 230 f. = NVwZ 1987, 578, 581 f.
[251] Vgl. *BVerwGE* 75, 214, 225 f. = NVwZ 1987, 578, 580; *BVerwG* NVwZ 1997, 489, 490.
[252] *BVerwGE* 75, 214, 226 = NVwZ 1987, 578, 580.

Raum für eine längere Frist aus wichtigem Grund. Ihre Missachtung macht den PlfBeschluss nicht rechtswidrig.[253] Dies gilt auch, soweit einzelne Planungsgesetze die Frist anders als Abs. 6 S. 7 („soll") der Anhörungsbehörde strikt vorgeben (§ 18a Nr. 5 S. 2 AEG, § 17a Nr. 5 S. 2 FStrG, § 14a Nr. 5 S. 2 WaStrG, § 2 Nr. 5 S. 2 MBPlG, § 43a Nr. 5 S. 2 EnWG, § 29 Abs. 1a S. 1 Nr. 4 PBefG, § 10 Abs. 2 S. 1 Nr. 4 LuftVG).[254]

132 Ein **Erörterungstermin** kann nach **Abs. 6 S. 6** i.V.m. **§ 67 Abs. 2 Nr. 1** ausnahmsweise **entfallen,** wenn der Plan im **Einverständnis** aller beteiligten Behörden, Betroffenen und einwendungsbefugten Einwender (hierzu Rn. 71, 121) **in der Sache selbst** antragsgemäß festgestellt werden kann (§ 67 Rn. 23). Einverständnis nur mit einem Teil des Plans oder nur von einigen beteiligten Rechtssubjekten oder Behörden reicht nicht aus. Das Einverständnis muss **ausdrücklich** erklärt sein; konkludentes Verhalten genügt regelmäßig nicht.

133 Ein Erörterungstermin ist ferner nach Abs. 6 S. 6 i.V.m. § 67 Abs. 2 Nr. 4 entbehrlich bei **Verzicht** aller Behörden, Einwender und Betroffenen. Hier bezieht sich das ausdrücklich und vorbehaltlos zu erklärende Einverständnis (§ 67 Rn. 26) anders als bei § 67 Abs. 2 Nr. 1 nicht auf die Sache selbst, sondern nur darauf, dass das PlfV **ohne Erörterungstermin** durchgeführt wird.

VII. Planänderung (Abs. 8)

134 Abs. 8 S. 1 sieht ein **ergänzendes Anhörungsverfahren** vor, wenn ein nach Abs. 3 S. 1 bereits ausgelegter Plan geändert wird. Über ihren Wortlaut hinaus gilt die Vorschrift auch für einen Plan, in den nur nach Abs. 3 S. 2 individuell Einsicht gewährt worden ist (Rn. 65). Die Vorschrift bezieht sich nur auf Änderungen des Plans während des anhängigen Verfahrens nach seiner Auslegung[255] **vor seiner Feststellung** nach § 74. Die nachträgliche Änderung des Plans während des Verfahrens setzt kein vollständig neues Verfahren in Gang, sondern modifiziert nur den Gegenstand des laufenden Verfahrens. Die abschließende Planfeststellung bezieht sich ohne weiteres nur noch auf den inzwischen geänderten Plan.[256] Abs. 8 ist nur anwendbar, wenn die Änderung des Plans das **Gesamtkonzept** des Vorhabens **nicht berührt** und dessen **Identität gewahrt** bleibt; sie darf nicht zu einem Vorhaben führen, das nach Gegenstand, Art, Größe und Betriebsweise im wesentlichen andersartig ist.[257] Ist das Vorhaben quantitativ und qualitativ ein anderes geworden, ist ein vollständiges Anhörungsverfahren mit erneuter Auslegung erforderlich. Für Änderungen des Plans nach seiner Feststellung gilt § 76.

135 Abs. 8 ist nicht anwendbar, wenn **ohne Änderung des Plans** nach Abschluss der Auslegung **ergänzende oder überarbeitete Planunterlagen,** namentlich Gutachten vorgelegt werden. Ob die ergänzenden oder überarbeiteten Unterlagen (erneut oder erstmals) ausgelegt werden müssen, richtet sich nach anderen Kriterien als denen des Abs. 8.[258] Maßgeblich sind dieselben Kriterien, nach denen sich bestimmt, welche Planunterlagen nach Abs. 3 S. 1 überhaupt ausgelegt werden müssen. Ergänzende oder überarbeitete Planunterlagen erfordern eine gesonderte (ergänzende) Auslegung dann, wenn nur durch ihre Offenlegung Betroffenheiten erstmals (vollständig) erkannt und geltend gemacht werden können, wenn also in ihrem Licht der ursprünglichen Auslegung der Anstoßwirkung (teilweise) gefehlt hat. Werden nach Abschluss des Anhörungsverfahrens **neue Planungsalternativen** bekannt, ist ein weiteres Anhörungsverfahren geboten, wenn die Alternativen geeignet sind, den Umfang oder die Art der Betroffenheit von Beteiligten und die Möglichkeiten der Abhilfe in einem grundlegend anderen Licht erscheinen zu lassen.[259] Das Erfordernis einer erneuten Beteiligung eines Naturschutzvereines kann sich ergeben, wenn die PlfBehörde bei unveränderter Planung **neue den Naturschutz betreffende Untersuchungen** anstellt, die Ergebnisse in das Verfahren einführen und die Planungsent-

---

[253] *Wickel* in Fehling u.a., § 73 VwVfG Rn. 117.
[254] *Dürr* in Knack, § 73 Rn. 96; zu Amtshaftungsansprüchen des Vorhabenträgers wegen verzögerter Durchführung des Erörterungstermins vgl. *Schröder* NuR 2007, 380, 381.
[255] Zur Änderung vor und während der Auslegung vgl. *Keilich*, Das Recht der Änderung in der Fachplanung, S. 158 ff.
[256] *Keilich*, Das Recht der Änderung in der Fachplanung, S. 156 f.
[257] BVerwGE 90, 96, 98 = NVwZ 1993, 364; BVerwG NVwZ 1996, 905; BVerwGE 112, 140, 145 = NVwZ 2001, 673, 675; BVerwG NVwZ-RR 2002, 2; NVwZ 2004, 732, 733.
[258] *Steinberg/Müller* UPR 2007, 1, 2.
[259] BVerwGE 102, 331, 338 ff. = NVwZ 1997, 908, 909 f.

scheidung darauf stützen will.²⁶⁰ Ist ein Vorhaben UVP-pflichtig und ändert der Vorhabenträger die nach § 6 UVPG erforderlichen Unterlagen nach ihrer Auslegung, kann nach § 9 Abs. 1 S. 4 UVPG von einer erneuten Beteiligung der Öffentlichkeit und damit von einer Auslegung der geänderten Unterlagen abgesehen werden, soweit keine zusätzlichen oder anderen erheblichen Umweltauswirkungen zu besorgen sind.²⁶¹

Abs. 8 gilt unabhängig davon, ob der Vorhabenträger selbst oder die PlfBehörde aufgrund des bisherigen Anhörungsverfahrens die Änderung des ausgelegten Plans veranlasst; die PlfBehörde kann deshalb das Verfahren nach Abs. 8 auch von sich aus durchführen.

Eines vereinfachten Anhörungsverfahrens bedarf es dann, wenn eine Planänderung den Aufgabenbereich einer Behörde (hierzu Rn. 33) oder Belange Dritter **erstmalig oder stärker berührt**. Die Belange der Dritten müssen durch die unmittelbaren Folgen der Planänderung selbst berührt werden und nicht erst durch mittelbare weitere Folgen, die sich aufgrund der Verflochtenheit aller Belange in der Abwägung einstellen mögen.²⁶² Die nachteilige Änderung muss wesentlich (erheblich) sein; geringfügige Neubelastungen reichen nicht aus.²⁶³ Auch die anerkannten Natur- und Umweltschutzvereine sind erneut anzuhören, wenn ihr Aufgabenbereich durch eine Planänderung erstmals oder stärker betroffen wird (vgl. auch § 18a Nr. 6 AEG, § 17a Nr. 6 FStrG, § 14a Nr. 6 WaStrG, § 2 Nr. 6 MBPlG, § 43a Nr. 6 EnWG, § 10 Abs. 2 S. 1 Nr. 6 LuftVG). Hingegen bedarf es keines ergänzenden Anhörungsverfahrens, wenn die Änderung den Aufgabenbereich einer Behörde oder Belange Dritter **geringer als bisher berührt** oder sich sonst ausschließlich positiv auswirkt, etwa weil das Vorhaben in seinem Umfang reduziert wird oder Schutzmaßnahmen verbessert werden.²⁶⁴ Bleiben **Zweifel** über die Auswirkungen einer Planänderung, kann den beteiligten Behörden und betroffenen Dritten Gelegenheit zur abschließenden Stellungnahme in einem weiteren Erörterungstermin gegeben werden.²⁶⁵

Die Änderung des Plans ist den dadurch berührten Behörden und den betroffenen Dritten mitzuteilen. Ihnen ist **Gelegenheit zur Stellungnahme** und zu **Einwendungen** innerhalb von zwei Wochen zu geben. Auf Anforderung ist ihnen der geänderte Plan zur Einsicht zur Verfügung zu stellen. Einer Auslegung des geänderten Plans bedarf es nicht.

Anerkannte Naturschutzvereine und Umweltschutzvereine werden nach einigen Fachplanungsgesetzen nur dann individuell von der Planänderung benachrichtigt, wenn sie sich mit einer rechtzeitig eingegangenen Äußerung am Anhörungsverfahren beteiligt hatten; im Übrigen werden sie von dem geänderten Plan nur durch die ortsübliche Bekanntmachung seiner Auslegung benachrichtigt (§ 18a Nr. 6 S. 2 AEG, § 17a Nr. 6 S. 2 FStrG, § 14a Nr. 6 S. 2 WaStrG, § 2 Nr. 6 S. 2 MBPlG, § 43a Nr. 6 S. 2 EnWG, § 10 Abs. 2 S. 1 Nr. 6 LuftVG).

Werden Einwendungen erhoben, so bedarf es keines neuen Erörterungstermins, wie sich im Gegenschluss aus Abs. 8 S. 2 ergibt (ausdrücklich: § 18a Nr. 6 AEG, § 17a Nr. 6 FStrG, § 14a Nr. 6 WaStrG, § 2 Nr. 6 MBPlG, § 43a Nr. 6 EnWG, § 10 Abs. 2 S. 1 Nr. 6 LuftVG). Nach Ablauf der Einwendungsfrist eingehende Einwendungen sind in entsprechender Anwendung von Abs. 4 S. 3 präkludiert; hierauf sind die Betroffenen bei Mitteilung der Planänderung entsprechend Abs. 4 S. 4 hinzuweisen.²⁶⁶

Einige Fachplanungsgesetze verknüpfen den Ablauf der Einwendungsfrist ausdrücklich mit einem Einwendungsausschluss (§ 18a Nr. 7 S. 1 AEG, § 17a Nr. 7 S. 1 FStrG, § 14a Nr. 7 S. 1 WaStrG, § 10 Abs. 4 S. 1 LuftVG, § 2 Nr. 7 S. 1 MBPlG, § 43a Nr. 7 S. 1 EnWG), auch zu Lasten der anerkannten Vereine.

Das vereinfachte Änderungsverfahren kommt nur in Betracht, wenn die Betroffenen der Anhörungsbehörde bekannt sind und ihnen die Planänderung mitgeteilt werden kann. Fehlt

---

²⁶⁰ *BVerwGE* 102, 358, 360 ff. = NVwZ 1997, 905, 906 f.; *BVerwGE* 105, 348 = NVwZ 1998, 39; *BVerwG* NVwZ 2003, 1253, 1258.
²⁶¹ Zu Einzelheiten vgl. *Steinberg/Müller* UPR 2007, 1, 4 ff.
²⁶² *BVerwG* NVwZ 1990, 366; NVwZ 1999, 70; *Wickel* in Fehling u. a., § 73 VwVfG Rn. 126; ähnlich *Kuschnerus* DVBl 1990, 235, 238 f.
²⁶³ Ebenso *Kopp/Ramsauer*, § 73 Rn. 103; zu einem Beispiel vgl. *VGH Mannheim* NuR 2004, 735, 736. A. A.: *Keilich*, Das Recht der Änderung in der Fachplanung, S. 170.
²⁶⁴ *OVG Münster* UPR 1982, 388.
²⁶⁵ Vgl. *BVerwGE* 75, 214, 226 = NVwZ 1987, 578, 580.
²⁶⁶ *BVerwG* v. 18. 4. 2007 – 9 A 34.06 – (Rn. 25); *Wickel* in Fehling u. a., § 73 VwVfG Nr. 129; *Dürr* in Knack, § 73 Rn. 103; *Allesch/Häußler* in Obermayer, § 73 Rn. 162.

es an dieser Voraussetzung, erfordert auch die Planänderung eine erneute Auslegung des geänderten Plans.[267]

Wird einem betroffenen Dritten im Erörterungstermin bekannt, dass der Plan nach seiner Auslegung, aber vor Beginn oder während des Erörterungstermins geändert worden ist, ist das Verfahren nach Abs. 8 entbehrlich, wenn der Dritte **im Erörterungstermin** ausreichend Gelegenheit hat, sich zu der Planänderung zu äußern.

138 Kann sich eine Änderung des Vorhabens erstmals in Gemeinden auswirken, deren Gebiet von dem ursprünglichen Vorhaben nicht berührt war und in denen der Plan deshalb nicht ausgelegt war (vgl. Abs. 2), ist der geänderte Plan nach **Abs. 8 S. 2** in diesen Gemeinden auszulegen; insoweit hat ein ergänzendes Anhörungsverfahren nach Maßgabe von Abs. 3 bis 6 stattzufinden. Unerheblich ist, ob es sich um Änderungen mit nachteiligeren Wirkungen handelt. Unter Abs. 8 S. 2 fällt auch die zwischenzeitliche Änderung von Gemeindegrenzen.

VIII. Stellungnahme der Anhörungsbehörde (Abs. 9)

139 Die **Anhörungsbehörde** schließt nach Abs. 9 das Anhörungsverfahren mit einer (schriftlichen) **Stellungnahme** zu dessen Ergebnis ab. Sie leitet ihre Stellungnahme mit den Planunterlagen, den Stellungnahmen der Behörden, den nicht erledigten Einwendungen sowie der Niederschrift über den Erörterungstermin der PlfBehörde zu. In ihrer Stellungnahme äußert sich die Anhörungsbehörde zusammenfassend zu dem Vorhaben sowie dazu, welche Schutzmaßnahmen, ggfls. als Ausgleich in Geld (§ 74 Abs. 2 S. 2 und 3) in Betracht kommen. Die Stellungnahme soll die PlfBehörde in die Lage versetzen, auf der Grundlage des Anhörungsverfahrens eine sachgerechte Entscheidung zu treffen.[268] Die PlfBehörde kann eine Ergänzung oder Erläuterung der Stellungnahme verlangen.

140 Ist das Vorhaben **UVP-pflichtig,** hat die zuständige Behörde nach § 11 UVPG auf der Grundlage des Anhörungsverfahrens eine **zusammenfassende Darstellung der Umweltauswirkungen** des Vorhabens sowie der Maßnahmen zu erarbeiten, mit denen erhebliche nachteilige Umweltauswirkungen vermieden, vermindert oder ausgeglichen werden. Diese zusammenfassende Darstellung ist nicht Teil der Stellungnahme, welche die Anhörungsbehörde nach Abs. 9 abzugeben hat. Zuständige Behörde nach § 11 UVPG ist nicht die Anhörungsbehörde,[269] sondern die PlfBehörde,[270] die nach § 11 S. 4 UVPG die zusammenfassende Darstellung (erst) in die Begründung des PlfBeschlusses aufzunehmen braucht (ferner § 74 Rn. 120 und Rn. 158).[271]

141 Die Stellungnahme ist möglichst **innerhalb eines Monats** nach Abschluss der Erörterung abzugeben. Wird die Frist nicht eingehalten, begründet dies keinen Verfahrensfehler. Dies gilt auch, soweit einzelne Planungsgesetze anders als Abs. 9 („möglichst") der Anhörungsbehörde die Frist strikt vorgeben (§ 18a Nr. 5 S. 2 AEG, § 17a Nr. 5 S. 2 FStrG, § 14a Nr. 5 S. 2 WaStrG, § 2 Nr. 5 S. 2 MBPlG, § 43a Nr. 5 S. 2 EnWG, § 29 Abs. 1a S. 1 Nr. 4 PBefG, § 10 Abs. 2 S. 1 Nr. 4 LuftVG).[272]

142 Einer **Stellungnahme bedarf es nicht,** wenn die Anhörungsbehörde zugleich PlfBehörde ist.

IX. Verfahrensfehler

143 Welche Rechtsfolgen **Verfahrensfehler im Anhörungsverfahren** nach sich ziehen, richtet sich zunächst nach den einschlägigen Vorschriften des jeweiligen Fachplanungsgesetzes, ergänzend nach den §§ 72 bis 78 und, soweit sich aus diesen nichts Abweichendes ergibt, nach den

---

[267] *Wickel* in Fehling u. a., § 73 VwVfG Nr. 127.
[268] Begründung zu § 69 Abs. 8 Entwurf 73.
[269] So aber *Allesch/Häußler* in Obermayer, § 73 Rn. 170; *Wickel* in Fehling u. a., § 73 VwVfG Nr. 135; *Steinberg/Berg/Wickel*, S. 162.
[270] BVerwGE 104, 123, 126 = NVwZ 1998, 513, 514; *Kopp/Ramsauer*, § 73 Rn. 110; für eine Zuständigkeit beider Behörden wohl *Dürr* in Knack, § 73 Rn. 111; *Ule/Laubinger*, § 40 Rn. 43.
[271] Vgl. auch BVerwG NVwZ 2007, 84, 86.
[272] Kritisch zu dem erwarteten Beschleunigungseffekt deshalb *Schneller* DVBl 2007, 529, 530 f.

allgemeinen Vorschriften des VwVfG, insbesondere nach den §§ 44, 45, 46 VwVfG, die anwendbar sind, weil der PlfBeschluss ein rechtsgestaltender VA ist (§ 74 Rn. 19).

Der PlfBeschluss wird nur ausnahmsweise wegen eines Verfahrensfehlers **nichtig** sein. Ein **144** besonders **schwerer Mangel i. S. d.** § 44 liegt vor, wenn ein Anhörungsverfahren insgesamt unterblieben ist, insbesondere der Erörterungstermin nicht anberaumt und durchgeführt wurde, obwohl es sich zweifelsfrei um ein Vorhaben von nicht nur unwesentlicher Bedeutung gehandelt hat und deshalb ein Anhörungsverfahren auch nicht ausnahmsweise entbehrlich war (Abs. 6 S. 6 i. V. m § 67 Abs. 2; hierzu: Rn. 132 f.; § 74 Abs. 7; § 76 Abs. 2).[273]

Andere Mängel des Anhörungsverfahrens werden entsprechend § **45 Abs. 1 Nr. 3** und **145 Abs. 2** unbeachtlich, wenn die PlfBehörde den Mangel erkennt und bis zum Abschluss der letzten Tatsacheninstanz eines verwaltungsgerichtlichen Verfahrens behebt oder durch die Anhörungsbehörde beheben lässt (Rn. 6; ferner § 74 Rn. 8).[274]

Nicht behobene Mängel des Anhörungsverfahrens führen im anschließenden verwaltungs- **146** gerichtlichen Verfahren nicht in jedem Falle dazu, dass der PlfBeschluss schon um ihretwillen aufzuheben ist.[275]

Der jeweilige Kläger muss durch die Verletzung der Verfahrensvorschrift **in** seinen **eigenen 147 Rechten verletzt** sein (allgemein hierzu und zum Folgenden: § 45 Rn. 125 ff.; § 46 Rn. 21 ff.). Die **Verfahrensvorschriften** über die Beteiligung Dritter am PlfV gewähren **Drittschutz** grundsätzlich nicht um dieser Beteiligung selbst willen, sondern nur zur bestmöglichen Verwirklichung der materiellrechtlichen Rechtspositionen, die dem Beteiligungsrecht zugrunde liegen. Das sind die drittschützenden materiellrechtlichen Anforderungen, die für die Zulassung des Vorhabens entscheidungserheblich sind, einschließlich des Rechts auf gerechte Abwägung der eigenen planbetroffenen Belange. Der Verfahrensfehler muss sich auf diese materiellrechtlichen Rechtspositionen des Klägers tatsächlich ausgewirkt haben.

Der Kläger muss deshalb durch den PlfBeschluss überhaupt **in eigenen materiellen Rechten betroffen** sein. Das ist nicht der Fall, wenn ihm materielle Abwehrrechte gegen das Vorhaben von vornherein nicht zustanden oder er diese infolge Präklusion nicht mehr geltend machen kann.

Die verletzte Verfahrensvorschrift muss ferner gerade dem **Schutz des jeweiligen Klägers** zu **dienen** bestimmt sein. Ein privater Betroffener kann sich beispielsweise nicht darauf berufen, eine Behörde sei zu Unrecht nicht nach Abs. 2 zu einer Stellungnahme aufgefordert oder nicht zu dem Erörterungstermin geladen worden. Die fehlende Beteiligung einer Fachbehörde kann aber zu einem Defizit bei der Ermittlung des entscheidungserheblichen Sachverhalts und in der Folge zu einem Abwägungsfehler führen; soweit dieser die privaten Belange eines betroffenen Dritten betrifft, kann er einen inhaltlichen Mangel des PlfBeschlusses rügen.[276]

Bezweckt eine Verfahrensvorschrift den Schutz planbetroffener Dritter, muss ihr **Schutzzweck** infolge ihrer Verletzung gerade **gegenüber dem Kläger verfehlt** worden sein. Der Kläger **selbst,** nicht aber ein anderer ebenfalls betroffener Dritter, muss durch den Verfahrensfehler **nachteilig betroffen** sein.[277] Das ist nicht der Fall, wenn sich die Verletzung der Vorschrift aus tatsächlichen Gründen nicht auf die Wahrung seiner materiellen Rechte ausgewirkt hat.

Die Vorschriften über das Anhörungsverfahren bezwecken, den **Anspruch** des Betroffenen **auf rechtliches Gehör** im Verwaltungsverfahren sicherzustellen. Eine fehlerhafte Gestaltung des Anhörungsverfahrens hat sich nur dann auf die Wahrung der materiellen Rechte des Klägers ausgewirkt, wenn die Missachtung der jeweiligen Verfahrensvorschrift ihn tatsächlich gehindert hat, zu seinen Belangen so umfassend vorzutragen, wie er dies bei fehlerfreier Gestaltung des Anhörungsverfahrens hätte tun können,[278] oder wenn der Verfahrensverstoß dazu geführt hat, dass die PlfBehörde seinen Vortrag nicht zur Kenntnis genommen oder bei ihrer Entscheidung

---

[273] *Dürr* in Knack, § 73 Rn. 114 f.; *Kopp/Ramsauer,* § 73 Rn. 98; *Fischer* in Ziekow, Praxis des Fachplanungsrechts, Rn. 447; anders wohl *OVG Lüneburg* NVwZ-RR 2001, 362, 363.
[274] Vgl. etwa *BVerwGE* 75, 214, 227 = NVwZ 1987, 578, 580; *BVerwGE* 121, 72, 78 f. = NVwZ 2004, 1486, 1489; *OVG Greifswald* ZfB 2006, 164.
[275] *Storost* NVwZ 1998, 797, 799.
[276] Vgl. *VGH Kassel* NVwZ 1987, 680, 682.
[277] Vgl. *BVerwGE* 127, 95, 99 = NVwZ 2007, 445, 446; *OVG Koblenz* NVwZ-RR 2005, 404, 405.
[278] *BVerwGE* 127, 95, 99 f. = NVwZ 2007, 445, 446.

nicht in Erwägung gezogen hat.[279] Dabei kann es nicht um irgendwelchen Vortrag des Klägers gehen, der verhindert, nicht zur Kenntnis genommen oder nicht in Erwägung gezogen worden ist, sondern nur um entscheidungserheblichen Vortrag zu seinen materiellen Abwehrrechten, einschließlich seines Anspruchs auf gerechte Abwägung seiner eigenen planbetroffenen Belange.

Ging von der Bekanntmachung der Auslegung nicht die erforderliche Anstoßwirkung aus, ist die Dauer der Auslegung gesetzwidrig verkürzt worden oder sind nicht alle erforderlichen Unterlagen ausgelegt worden, ist durch diese Verfahrensverstöße ein Kläger nicht betroffen, der gleichwohl Einwendungen erhoben hat und aus dessen weiterem Vorbringen sich nicht ergibt, dass er weitere entscheidungserhebliche Ausführungen zu seinen eigenen Belangen hätte machen können und gemacht hätte, wenn die Verfahrensverstöße unterblieben wären.

Dabei handelt es sich nicht um einen Anwendungsfall des § 46. Es fehlt nicht an der Ursächlichkeit des Verfahrensfehlers für die Entscheidung in der Sache (die Planungsentscheidung). Es fehlt vielmehr schon bezogen auf den Kläger an einer (tatsächlichen) Verletzung seiner Verfahrensrechte.

Das hat Auswirkungen auf die **Darlegungs- und Beweislast**. Sie trägt der Kläger für die Frage, ob ein Verstoß gegen eine Verfahrensvorschrift zu einer Verletzung seiner Verfahrensrechte geführt hat. Hat in dem angeführten Beispiel der Kläger sich durch die mangelnde Anstoßwirkung der Auslegung tatsächlich nicht von Einwendungen abhalten lassen, muss er vortragen, was er darüber hinaus noch Entscheidungserhebliches, namentlich Abwägungserhebliches zu seinen Belangen vorgebracht hätte, wenn die Auslegung der Anstoßwirkung genügt hätte.

148 Ist danach eine Verfahrensvorschrift zu Lasten des Klägers verletzt, führt dies gleichwohl nach § 46 nicht zur Aufhebung des PlfBeschlusses, wenn offensichtlich ist, dass die Verletzung die **Entscheidung in der Sache nicht beeinflusst** hat.

Da hier einerseits nur noch solche Verstöße gegen Verfahrensvorschriften in Betracht kommen, die den Kläger davon abgehalten haben, zu seinen eigenen Belangen Entscheidungserhebliches, insbesondere Abwägungserhebliches vorzutragen, und die Abwägung andererseits grundsätzlich ergebnisoffen zu sein hat, werden die Voraussetzungen des § 46 nur selten vorliegen (vgl. auch § 46 Rn. 85). Abwägungserheblich ist jeder Vortrag, den die PlfBehörde in ihre Abwägung einbeziehen musste, ohne Rücksicht auf das Ergebnis ihrer Abwägung. Schon die **Verkürzung des Abwägungsvorgangs** um in dieser Weise abwägungserheblichen Vortrag führt zu einem **Mangel des PlfBeschlusses** und ist grundsätzlich deshalb auf das Ergebnis von Einfluss. Für eine Anwendung des § 46 kommt danach etwa der Fall in Betracht, dass ein Kläger aufgrund eines ihn betreffenden Mangels am Anhörungsverfahren nicht beteiligt worden ist, er aber dort nur das vorgetragen hätte, was andere, in gleicher Weise Betroffene mit ihren Einwendungen geltend gemacht haben. Hat sich die PlfBehörde mit deren Einwendungen abwägungsfehlerfrei auseinander gesetzt, kann ausnahmsweise festgestellt werden, dass das Ergebnis der Abwägung kein anderes gewesen wäre, wenn zusätzlich der Kläger Gelegenheit zu einer gleichgerichteten Einwendung gehabt hätte.

Im Übrigen sind nach § 75 Abs. 1a S. 1 Mängel der Abwägung nur dann erheblich, wenn sie offensichtlich und auf das Abwägungsergebnis von Einfluss gewesen sind. Betrifft der Verfahrensverstoß Vortrag des Klägers, dessen mangelnde Berücksichtigung nach § 75 Abs. 1a S. 1 nicht zu einem inhaltlichen Mangel führen könnte, ist der Verfahrensfehler auch nicht i. S. d. § 46 ursächlich für das Ergebnis.

Die mangelnde Ursächlichkeit eines Verfahrensfehlers für das Ergebnis ist eher festzustellen, wenn Vortrag des Klägers verhindert, nicht zur Kenntnis genommen oder nicht in Erwägung gezogen wurde, der sich ausschließlich auf die **zwingenden Voraussetzungen der Planfeststellung** bezog, also namentlich auf die Planrechtfertigung oder auf Gebote und Verbote zwingenden (drittschützenden) Rechts.

149 Nach der **Rechtsprechung des BVerwG** führt ein Verfahrensfehler nur dann zur Aufhebung des PlfBeschlusses, wenn er **wesentlich** ist.[280] Die Wesentlichkeit des Verfahrensfehlers leitet das BVerwG nicht aus den Maßstäben des insoweit einschlägigen § 46 her, den es in diesem Zusammenhang zumeist nicht, oder nur am Rande erwähnt. Das BVerwG greift in PlfV seit je auf eine andere Formel zurück. Danach ist ein Anhörungsmangel ursächlich für eine

---

[279] BVerwG NVwZ 1999, 532, 533; NVwZ 1999, 535; NVwZ 2005, 940.
[280] BVerwGE 29, 282, 283 f. = NJW 1968, 1736.

mögliche Beeinträchtigung der materiellrechtlichen Position, die durch das Beteiligungsrecht geschützt ist, wenn zumindest die konkrete Möglichkeit besteht, dass ohne den Verfahrensfehler die Entscheidung anders ausgefallen wäre, und zwar zu Gunsten nicht präkludierter materiellrechtlicher Rechtspositionen des Dritten.[281] Dies ist der Fall, wenn sich aufgrund erkennbarer oder nahe liegender Umstände die Möglichkeit abzeichnet, dass der Verfahrensfehler die Abwägung der widerstreitenden öffentlichen und privaten Belange zum Nachteil solcher Positionen des Dritten beeinflusst hat.[282] Damit gelangt das BVerwG zu anderen Ergebnissen, als sie nach § 46 zu erwarten wären, wenn der Einfluss des Verfahrensfehlers auf das Ergebnis offen ist (vgl. auch § 46 Rn. 85). Es schiebt damit dem Betroffenen jedenfalls faktisch die **Darlegungslast** dafür zu, dass in der Sache eine andere Entscheidung ergangen wäre, wenn sein verfahrensfehlerhaft verhinderter oder unberücksichtigt gebliebener Vortrag zur Kenntnis der PlfBehörde gelangt und in Erwägung gezogen worden wäre.[283]

Nach § 46 beachtliche, von der PlfBehörde (bisher) nicht behobene Mängel des Anhörungsverfahrens führen im verwaltungsgerichtlichen Verfahren nicht zur Aufhebung des PlfBeschlusses, wenn diese Mängel in einem **ergänzenden Verfahren** (§ 75 Abs. 1 a S. 2) behoben werden können (§ 75 Rn. 48 ff.). In diesem Fall stellt das Gericht nur die Rechtswidrigkeit des PlfBeschlusses und dessen mangelnde Vollziehbarkeit bis zur Behebung des festgestellten Fehlers fest. Anders als zahlreiche Fachplanungsgesetze (§ 18 e Abs. 6 S. 2 AEG, § 17 e Abs. 6 S. 2 FStrG; § 14 e Abs. 6 S. 2 WaStrG, § 2 d Abs. 4 S. 2 MBPlG; § 43 e Abs. 4 S. 2 EnWG; § 29 Abs. 8 S. 2 PBefG; § 10 Abs. 8 S. 2 LuftVG) sieht § 75 Abs. 1 a S. 2 eine solche Möglichkeit nicht ausdrücklich vor, wenn die Verletzung von Form- oder Verfahrensvorschriften durch ein ergänzendes Verfahren behoben werden kann. Die Vorschrift ist aber entsprechend anwendbar (§ 75 Rn. 38).

Nach § 46 beachtlich geblieben sind namentlich solche Verfahrensverstöße, die den Kläger gehindert haben, abwägungserhebliche eigene Belange geltend zu machen, deren mangelnde Berücksichtigung möglicherweise auf das Abwägungsergebnis von Einfluss war. Defizitär war damit auf jeden Fall der **Abwägungsvorgang.** In einem ergänzenden Verfahren behoben werden kann ein solcher Verfahrensfehler nicht isoliert. Die PlfBehörde kann sich nicht darauf beschränken, dem Kläger nur die ihm bisher vorenthaltene Möglichkeit zu geben, zu seinen Belangen umfassend vorzutragen. Sie muss diesen Vortrag vielmehr zur Kenntnis nehmen und **ergebnisoffen** entscheiden, ob es bei dem bisherigen Abwägungsergebnis bleibt oder in der Sache eine andere Entscheidung zu treffen ist. Bleibt es bei der bisherigen Entscheidung, ist jedenfalls die **Begründung** des PlfBeschlusses um Erwägungen zu den Belangen des Klägers zu **ergänzen** (§ 75 Rn. 50).

Im Kern nichts anderes gilt, wenn eine vorgeschriebene **UVP** nicht oder nicht ordnungsgemäß durchgeführt worden ist. Die UVP ist ein nur **verfahrenrechtliches Instrument,** das dazu dient, die Umweltbelange für die abschließende Entscheidung aufzubereiten (§ 74 Rn. 119 ff.). Ihr Kernstück ist die **Beteiligung** der Behörden mit umweltbezogenen Aufgaben **und der Öffentlichkeit.** Ist ein Vorhaben UVP-pflichtig, gewährleistet das Anhörungsverfahren nach § 73 diese Öffentlichkeitsbeteiligung.[284]

Die Vorschriften über die UVP sind nicht um ihrer selbst willen **drittschützend.** Sie vermitteln keinen absoluten, sondern nur einen relativen Drittschutz. Es besteht kein eigenständiges subjektives Recht des Einzelnen auf Durchführung einer förmlichen UVP, mit der Folge, dass der planbetroffene Dritte im Falle einer Verletzung von Vorschriften über die UVP als Teil der zu beteiligenden Öffentlichkeit die Aufhebung des PlfBeschlusses beanspruchen kann, ohne Rücksicht darauf, ob der Verstoß gegen die Vorschriften über die UVP sich auf die Wahrung seiner materiellrechtlichen Rechtspositionen ausgewirkt hat. Wie Verfahrensvorschriften auch sonst gewähren die Vorschriften über die UVP Drittschutz vielmehr nur zur bestmöglichen Verwirklichung der materiellrechtlichen Rechtspositionen, die dem Beteiligungsrecht zugrunde liegen.[285]

---

[281] Vgl. auch *BVerwG* NuR 1998, 603.
[282] *BVerwG* NVwZ-RR 1999, 725; *BVerwGE* 121, 72, 76 ff. = NVwZ 2004, 1486, 1489; ebenso: *VGH Mannheim* NuR 2004, 735, 736; *Bell/Rehak* UPR 2004, 296, 299 f.
[283] Vgl. etwa *BVerwGE* 121, 72, 76 ff. = NVwZ 2004, 1486, 1489; *BVerwG* NVwZ 2005, 943, 946; *VGH Mannheim* NuR 2004, 735, 736.
[284] *BVerwG* NVwZ 2007, 700, 701.
[285] *OVG Münster* NuR 2007, 360.

Das sind in diesem Zusammenhang die drittschützenden materiellrechtlichen Normen des Umweltrechts, die für die Zulassung des Vorhabens entscheidungserheblich sind, einschließlich des Abwägungsgebots, hier bezogen auf die gerechte Abwägung der eigenen durch die Planung berührten Umweltbelange.

Der Kläger muss deshalb durch den PlfBeschluss überhaupt in ihn schützenden materiellen Normen des Umweltrechts betroffen sein, zumindest geltend machen können, dass die Planung ihn selbst betreffende Umweltbelange berührt, die hätten abgewogen werden müssen.

Eine fehlerhafte Gestaltung der UVP hat sich nur dann auf die Wahrung dieser materiellen Rechte des Klägers ausgewirkt, wenn die Missachtung der jeweiligen Verfahrensvorschrift ihn tatsächlich gehindert hat, zu seinen umweltbezogenen Belangen so umfassend vorzutragen, wie er dies bei fehlerfreier Gestaltung der UVP hätte tun können, oder wenn der Verfahrensverstoß dazu geführt hat, dass die PlfBehörde seinen Vortrag nicht zur Kenntnis genommen oder bei ihrer Entscheidung nicht in Erwägung gezogen hat. Dabei kann es wiederum nur um entscheidungserheblichen Vortrag zu ihn schützenden materiellen Abwehrrechten des Umweltrechts gehen, einschließlich seines Anspruchs auf gerechte Abwägung seiner eigenen planbetroffenen Umweltbelange. Hat er sich insoweit trotz eines Mangels der UVP umfassend äußern können, ist der Schutzzweck der einschlägigen Verfahrensnorm ihm gegenüber nicht verfehlt worden und sein Verfahrensrecht deshalb aus tatsächlichen Gründen nicht verletzt.

Hat beispielsweise der Vorhabenträger entgegen § 6 Abs. 1 S. 1 und Abs. 3 UVPG keine Unterlagen zu bestimmten nachteiligen Umweltauswirkungen seines Vorhabens vorgelegt oder hat die Anhörungsbehörde entgegen § 9 Abs. 1b UVPG i. V. m. § 73 Abs. 2 Unterlagen zu bestimmten nachteiligen Umweltauswirkungen des Vorhabens nicht ausgelegt oder Einwendungen hierzu entgegen § 73 Abs. 6 S. 1 mit den Einwendern nicht erörtert, wird ein planbetroffener Dritter durch diese Verfahrenstöße nur dann in seinen eigenen Verfahrensrechten verletzt, wenn die Verfahrensverstöße sich auf nachteilige Umweltauswirkungen des Vorhabens bezogen, die ihn selbst betreffen, und sie ihn tatsächlich daran gehindert haben, zu diesen Umweltauswirkungen sachgerecht und umfassend vorzutragen.

Auch wenn der Betroffene infolge einer fehlerhaften Gestaltung der UVP gehindert war, sich zu den ihn berührenden Umweltbelangen umfassend zu äußern, führt dieser Mangel nicht zu einer Aufhebung des PlfBeschlusses, wenn er die Entscheidung in der Sache nicht beeinflusst hat (§ 46).

Im Ansatz nicht anderes gilt für einen Eigentümer, der durch die enteignungsrechtliche Vorwirkung eines PlfBeschlusses betroffen ist. Er kann ebenfalls nur geltend machen, dass die fehlerhafte Gestaltung des Anhörungsverfahrens in Bezug auf die UVP sich auf seine materielle Rechtsposition ausgewirkt hat. Sein Beteiligungsrecht hat allerdings einen weiter reichenden Bezugspunkt. Er kann umfassend geltend machen, dass das Vorhaben nicht dem Wohl der Allgemeinheit entspricht, sondern gegen Gemeinwohlbelange verstößt. Zu ihnen gehören gerade die Belange des Umweltschutzes, auch soweit sie sonst nicht drittschützend sind. Eine fehlerhafte Gestaltung der UVP hat den **Enteignungsbetroffenen** schon dann in seinem Anspruch auf ordnungsgemäße Beteiligung am Verfahren verletzt, wenn er dadurch tatsächlich gehindert worden ist, zu allen durch das Vorhaben berührten Umweltbelangen so umfassend vorzutragen, wie er dies bei fehlerfreier Gestaltung der UVP hätte tun können, oder wenn der Mangel der UVP dazu geführt hat, dass die PlfBehörde seinen Vortrag hierzu nicht zur Kenntnis genommen oder bei ihrer Entscheidung nicht in Erwägung gezogen hat. Enteignungsbetroffene werden deshalb regelmäßig durch die Verletzung von Vorschriften über die UVP in ihrer materiellen Rechtsposition betroffen sein.

Dies alles gilt im Grundsatz auch, wenn eine UVP gänzlich unterblieben ist. Ein **gänzlicher Ausfall der UVP** ist vorstellbar, wenn die PlfBehörde irrtümlich annimmt, das Vorhaben bedürfe keiner UVP, und der Vorhabenträger deshalb keine Unterlagen über die Umweltauswirkungen des Vorhabens vorlegt (hierzu Rn. 21) oder die Anhörungsbehörde gleichwohl vorgelegte Unterlagen nicht auslegen lässt (hierzu Rn. 60) und keine Stellungnahmen der Behörden mit umweltbezogenem Aufgabenbereich einholt (hierzu Rn. 33).

Das schließt aber nicht aus, dass ein Betroffener sich so sachgerecht zu den ihn selbst berührenden Umweltbelangen (etwa den Lärmschutz) äußern konnte, wie dies bei einer förmlichen UVP der Fall gewesen wäre, weil seine Belange auch unabhängig von der Notwendigkeit einer förmlichen UVP von der PlfBehörde als abwägungserheblich erkannt worden sind und deshalb

Gegenstand des Verfahrens waren.[286] Planbetroffene Private können darüber hinaus gar nicht durch nachteilige Umweltauswirkungen des Vorhabens, sondern ausschließlich durch andere Auswirkungen des Vorhabens in ihren rechtlich geschützten Positionen berührt sein. Insbesondere bei einer Gemeinde als Betroffener ist denkbar, dass ihre Belange, insbesondere die Planungshoheit, keinen Bezug zu Umweltbelangen aufweisen und sich eine unterbliebene UVP schon deshalb nicht auf ihre materielle Rechtsposition auswirken kann. Mangels einer Auswirkung des Verfahrensverstoßes auf die eigene materielle Rechtsposition kann in diesen Fällen die Aufhebung des PlfBeschlusses nicht wegen des Ausfalls einer förmlichen UVP verlangt werden.

§ 4 Abs. 1 URG[287] ändert daran nichts. Nach dieser Vorschrift kann die Aufhebung eines PlfBeschlusses für ein UVP-pflichtiges Vorhaben verlangt werden, wenn eine **erforderliche UVP nicht durchgeführt** und auch nicht nachgeholt worden ist (vgl. auch § 72 Rn. 69).[288] § 4 Abs. 1 S. 1 URG kann nicht dahin verstanden werden, dass die Vorschriften über die UVP nunmehr um ihrer selbst willen **drittschützend** sein sollen.[289] § 4 Abs. 1 URG räumt keinen selbständigen Aufhebungsanspruch ein. Die Vorschrift setzt vielmehr voraus, dass der planbetroffene Dritte durch eine unterbliebene UVP in seinen materiellen Rechtspositionen betroffen ist. § 4 Abs. 1 URG stellt nach der Vorstellung des Gesetzgebers nur eine Sondervorschrift zu § 46 in der Auslegung dar, die diese Vorschrift in der Rechtsprechung des BVerwG gefunden hat (§ 46 Rn. 9).[290] Sie regelt mithin nur die Frage, wann ein Mangel der UVP die Entscheidung in der Sache beeinflusst hat. Die Frage der Aufhebbarkeit eines PlfBeschlusses nach § 46 und damit nach dem ihn modifizierenden § 4 Abs. 1 S 1 URG stellt sich (im Anfechtungsprozess) nur für solche Mängel des Verfahrens und damit nur für solche Mängel der UVP, die sich auf die Rechtsposition des Betroffenen ausgewirkt haben. Hat der gänzliche Ausfall einer UVP den Betroffenen gehindert, sich zu seinen eigenen umweltbezogenen Belangen so umfassend zu äußern, wie er dies bei einer ordnungsgemäßen UVP hätte tun können, ist der PlfBeschluss aufzuheben, weil für diesen Fall nach § 4 Abs. 1 S. 1 URG zwingend anzunehmen ist, dass der Mangel der UVP die Entscheidung in der Sache beeinflusst hat.

152 § 4 Abs. 1 S. 1 URG betrifft nur für die beiden Fälle, dass eine **erforderliche UVP** (Nr. 1) oder die **erforderliche Vorprüfung des Einzelfalles nach § 3 c UVPG** über die UVP-Pflichtigkeit (Nr. 2) **nicht durchgeführt** und nicht nachgeholt worden sind. Hat eine Vorprüfung mit dem Ergebnis stattgefunden, dass eine UVP unterbleibt, ist diese Einschätzung der zuständigen Behörde in einem gerichtlichen Verfahren gegen den PlfBeschluss zwar nur eingeschränkt nachprüfbar (§ 3 a S. 4 UVPG).[291] Führt diese Nachprüfung aber zu dem Ergebnis, dass eine UVP hätte stattfinden müssen, ist § 4 Abs. 1 S. 1 Nr. 1 URG anwendbar.[292]

§ 4 Abs. 1 URG bedeutet nicht, dass wegen **anderer** als der dort genannten **Mängel einer UVP** die Aufhebung eines PlfBeschlusses in keinem Fall verlangt werden kann.[293] Die Vorschrift schließt nur die Anwendung des § 46 auf die dort genannten Mängel aus. Für andere Mängel der UVP ist nach den auch sonst für Verfahrensfehler geltenden Grundsätzen zu prüfen, ob ihretwegen die Aufhebung des PlfBeschlusses verlangt werden kann (vgl im Einzelnen oben Rn. 151). Dabei können solche Mängel wie Anhörungsmängel auch sonst grundsätzlich nach § 45 Abs. 2 geheilt werden (§ 4 Abs. 1 S. 2 URG); die allgemeinen Vorschriften über Folgen von Verfahrensfehlern sind ebenfalls ergänzend anwendbar, etwa § 75 Abs. 1 a.

153 Damit sind die Folgen einer unterbliebenen oder nicht ordnungsgemäß durchgeführten UVP in einer Weise geregelt, die mit **Gemeinschaftsrecht** vereinbar ist (ausführlich zur Einwir-

---

[286] Vgl. auch *Ziekow* NVwZ 2007, 259, 265.
[287] Vom 7. 12. 2006, BGBl I S. 2816. Das Gesetz dient der Umsetzung der Richtlinie 2003/35/EG des Europäischen Parlaments und des Rates vom 26. 5. 2003 über die Beteiligung der Öffentlichkeit bei der Ausarbeitung bestimmter umweltbezogener Pläne und Programme und zur Änderung der Richtlinien 85/337/EWG und 96/61/EG des Rates in Bezug auf die Öffentlichkeitsbeteiligung und den Zugang zu Gerichten (ABl. EG vom 25. 6. 2003 Nr. L 156/17). Diese Richtlinie dient ihrerseits der Umsetzung des so genannten Aarhus-Übereinkommens, welche die EU und die Bundesrepublik Deutschland ratifiziert haben (Gesetz v. 9. 12. 2006, BGBl II S. 1251).
[288] Hierzu *Ziekow* NVwZ 2007, 259, 264 ff.
[289] So aber *Schlacke* NuR 2007, 8, 13; *Schmidt/Kremer* ZUR 2007, 57, 59; *Ziekow* NVwZ 2007, 259, 264; *Kment* NVwZ 2007, 274, 279; *Schwertner* EurUP 2007, 124, 128; unklar BT-Drs 16/2495, S. 13 f.
[290] Vgl. BT-Drs 16/2495 S. 13 f.; ferner *Radespiel* EurUP 2007, 118, 121.
[291] Hierzu *BVerwGE* 127, 208, 228 f. = NVwZ 2007, 576, 581.
[292] Anders *Ziekow* NVwZ 2007, 259, 264 f.; unklar *Kment* NVwZ 2007, 274, 276.
[293] So wohl *Schlacke* NuR 2007, 8, 13.

kung des Gemeinschaftsrechts auf die Bestimmung der Folgen von Verfahrensfehlern: § 45 Rn. 158 ff.).[294]

Die **Beteiligung** der Behörden mit umweltbezogenen Aufgaben und **der Öffentlichkeit** ist als Kernstück einer UVP gemeinschaftsrechtlich durch **Art. 6 UVP-RL**[295] gefordert. Nach Art. 6 Abs. 4 UVP-RL muss die betroffene Öffentlichkeit bei UVP-pflichtigen Vorhaben „frühzeitig und in effektiver Weise" die Möglichkeit erhalten, sich an dem Entscheidungsverfahren über die Zulassung dieser Vorhaben zu beteiligen; sie muss hierfür gegenüber der zuständigen Behörde Stellung nehmen können, „wenn alle Optionen noch offen stehen und bevor die Entscheidung über den Genehmigungsantrag getroffen wird". **Nach Art. 10a UVP-RL** stellen die Mitgliedsstaaten im Rahmen ihrer innerstaatlichen Rechtsvorschriften sicher, dass Mitglieder der betroffenen Öffentlichkeit, sofern sie eine Rechtsverletzung geltend machen, **Zugang zu einem Überprüfungsverfahren vor einem Gericht** haben, um die materiellrechtliche und verfahrensrechtliche Rechtmäßigkeit von Entscheidungen anzufechten, für welche die Bestimmungen der UVP-Richtlinie gelten.

154 Das **Gebot effektiver und frühzeitiger Beteiligung der betroffenen Öffentlichkeit** (Art. 6 Abs. 4 UVP-RL) steht nicht entgegen, (zunächst) unterbliebene Schritte der UVP im Anhörungsverfahren noch während des PlfV vor Erlass des PlfBeschlusses nachzuholen. Nach Erlass des PlfBeschlusses sind hingegen regelmäßig nicht mehr alle Optionen offen und fehlt einer nachgezogenen Beteiligung grundsätzlich die Effektivität, die gemeinschaftsrechtlich gefordert ist.[296] Während des verwaltungsgerichtlichen Verfahrens können Mängel im Anhörungsverfahren, die sich als Mängel bei der Beteiligung der betroffenen Öffentlichkeit bezogen auf die UVP darstellen, nur noch ausnahmsweise wirksam behoben werden. Es darf sich nur um die Beteiligung Einzelner und um solche Belange handeln, deren bisher fehlende Berücksichtigung von vornherein den PlfBeschluss nicht in Frage stellen, sondern allenfalls zu einer Ergänzung des festgestellten Plans führen kann. In diesem Umfang kann bei einer nachgezogenen Beteiligung davon ausgegangen werden, dass eine inhaltliche Korrektur noch **ergebnisoffen** geprüft wird.

155 Nach Art. 10a UVP-RL muss zwar die Möglichkeit bestehen, den PlfBeschluss mit der Behauptung anzufechten, dass die Verfahrenvorschriften über die Beteiligung der Öffentlichkeit, hier also die Regelungen des § 73, verletzt worden sind, soweit im Anhörungsverfahren die weit verstandenen Belange der Umwelt behandelt worden sind oder hätten behandelt werden müssen. Aus dieser Vorschrift lässt sich aber zum einen nicht herleiten, dass ein privater Planbetroffener[297] als Teil der Öffentlichkeit alle Mängel ihrer Beteiligung soll erfolgreich geltend machen können, also auch solche Mängel, die nicht ihn selbst davon abgehalten haben, zu den Umweltauswirkungen umfassend vorzutragen. Aus Art. 10a UVP-RL lässt sich zum anderen nicht herleiten, dass ein Verfahrensfehler bei der Beteiligung der Öffentlichkeit stets zur Aufhebung der Entscheidung führen muss, unabhängig davon, ob er wesentlich war, sich also auf das Ergebnis ausgewirkt hat.[298] Jedoch legen wesentliche Mängel der UVP die Annahme nahe, dass sie sich auf die Zusammenstellung des abwägungserheblichen Materials und damit auf das Ergebnis ausgewirkt haben.[299] Mit Art. 10a UVP-RL nur schwer zu vereinbaren ist es insbesondere, den grundsätzlich bestehenden Zugang zu Gericht seiner praktischen Wirksamkeit dadurch zu berauben, dass dem Betroffenen in den nicht von § 4 Abs. 1 S. 1 URG erfassten Fällen die schwer erfüllbare Pflicht zugeschoben wird, die Kausalität der verkürzten UVP für das Sachergebnis darzutun.[300]

X. Landesrecht

156 Nach § 73 Abs. 4 S. 3 VwVfG NRW sind Einwendungen nicht schon dann präkludiert, wenn der Einwender die Einwendungsfrist versäumt hat. Die Berücksichtigung der verspäteten

---

[294] Vgl. *Ewer* NVwZ 2007, 267, 273 f.; zweifelnd hingegen *Schlacke* NuR 2007, 8, 15.
[295] In der Fassung von Art. 3 der Richtlinie 2003/35/EG vom 26. 5. 2003 (vgl. Fn. 287).
[296] Vgl. auch *Ziekow* NVwZ 2007, 259, 265.
[297] Nicht aber eine planbetroffene Gemeinde: *VGH München* BayVGHE 59, 177, 180 f.
[298] Zutreffend *Allewelt* DÖV 2006, 621, 628 f.; *Siems* NuR 2006, 359, 362; offen gelassen von *OVG Münster* NuR 2006, 320, 322; a. A. *Ziekow* NVwZ 2005, 263, 266; allgemein zum Problem *Kment*, Nationale Unbeachtlichkeits-, Heilungs- und Präklusionsvorschriften und Europäisches Recht, S. 55 ff.
[299] Vgl. auch *BVerwGE* 122, 207, 213 = NVwZ 2005, 442, 443.
[300] Anders ausdrücklich *BVerwG* NuR 1998, 305, 308; kritisch zu dieser Rechtsprechung: *Scheidler* NVwZ 2005, 863.

Einwendung muss vielmehr darüber hinaus das PlfV verzögern. Das ist vor allem dann denkbar, wenn die Einwendung zu Ermittlungen zwingt, die sonst hätten unterbleiben können und wegen der ein Erörterungstermin hinausgeschoben werden muss. Als Verzögerung des Verfahrens gilt nach § 73 Abs. 4 S. 4 VwVfG NRW auch die Verlängerung eines nachfolgenden gerichtlichen Verfahrens. Der Sinn dieser Vorschrift ist unklar. § 73 Abs. 4 S. 4 VwVfG NRW bezieht sich ersichtlich nicht auf die Einwendungen, die schon nach § 73 Abs. 4 S. 3 im PlfV wegen dessen Verzögerung als präkludiert nicht berücksichtigt worden sind. In diesem Fall soll es wohl auch im gerichtlichen Verfahren bei der **Präklusion** bleiben, ohne dass es zusätzlich auf eine Verzögerung des gerichtlichen Verfahrens ankommt. § 73 Abs. 4 S. 4 wendet sich, jedenfalls zunächst, an die PlfBehörde. Will die PlfBehörde eine verspätete Einwendung zulassen, weil diese Zulassung das PlfV nicht verzögert, scheint sie darüber hinaus prognostizieren zu müssen, ob für den Fall eines späteren Gerichtsverfahrens dieses durch die Zulassung der Einwendung im PlfV verlängert wird. Für die Beurteilung dieser Frage fehlt es aber im PlfV an jedem vernünftigen Maßstab. Möglicherweise soll aber nach S. 4 auch erstmals das Gericht eine verspätete Einwendung als präkludiert unberücksichtigt lassen können, welche die PlfBehörde mangels Verzögerung des PlfV dort zugelassen hat. Auch insoweit bleibt aber unklar, was als Maßstab für die Verlängerung des Gerichtsverfahrens dienen soll. Zudem ist die Gesetzgebungskompetenz des Landes für eine so verstandene Regelung zweifelhaft, weil sie nicht mehr das VwVf, sondern das gerichtliche Verfahren betrifft. Insgesamt ist die Vorschrift in sich ungereimt, weil sie zur Präklusion von Einwendungen im gerichtlichen Verfahren führt, obwohl die Einwendung mangels Verzögerung des PlfV dort nicht präkludiert war.

§ 74 Planfeststellungsbeschluss, Plangenehmigung

(1) ¹Die Planfeststellungsbehörde stellt den Plan fest (Planfeststellungsbeschluss). ²Die Vorschriften über die Entscheidung und die Anfechtung der Entscheidung im förmlichen Verwaltungsverfahren (§§ 69 und 70) sind anzuwenden.

(2) ¹Im Planfeststellungsbeschluss entscheidet die Planfeststellungsbehörde über die Einwendungen, über die bei der Erörterung vor der Anhörungsbehörde keine Einigung erzielt worden ist. ²Sie hat dem Träger des Vorhabens Vorkehrungen oder die Errichtung und Unterhaltung von Anlagen aufzuerlegen, die zum Wohl der Allgemeinheit oder zur Vermeidung nachteiliger Wirkungen auf Rechte anderer erforderlich sind. ³Sind solche Vorkehrungen oder Anlagen untunlich oder mit dem Vorhaben unvereinbar, so hat der Betroffene Anspruch auf angemessene Entschädigung in Geld.

(3) Soweit eine abschließende Entscheidung noch nicht möglich ist, ist diese im Planfeststellungsbeschluss vorzubehalten; dem Träger des Vorhabens ist dabei aufzugeben, noch fehlende oder von der Planfeststellungsbehörde bestimmte Unterlagen rechtzeitig vorzulegen.

(4) ¹Der Planfeststellungsbeschluss ist dem Träger des Vorhabens, den bekannten Betroffenen und denjenigen, über deren Einwendungen entschieden worden ist, zuzustellen. ²Eine Ausfertigung des Beschlusses ist mit einer Rechtsbehelfsbelehrung und einer Ausfertigung des festgestellten Plans in den Gemeinden zwei Wochen zur Einsicht auszulegen; der Ort und die Zeit der Auslegung sind ortsüblich bekannt zu machen. ³Mit dem Ende der Auslegungsfrist gilt der Beschluss gegenüber den übrigen Betroffenen als zugestellt; darauf ist in der Bekanntmachung hinzuweisen.

(5) ¹Sind außer an den Träger des Vorhabens mehr als 50 Zustellungen nach Absatz 4 vorzunehmen, so können diese Zustellungen durch öffentliche Bekanntmachung ersetzt werden. ²Die öffentliche Bekanntmachung wird dadurch bewirkt, dass der verfügende Teil des Planfeststellungsbeschlusses, die Rechtsbehelfsbelehrung und ein Hinweis auf die Auslegung nach Absatz 4 Satz 2 im amtlichen Veröffentlichungsblatt der zuständigen Behörde und außerdem in örtlichen Tageszeitungen bekannt gemacht werden, die in dem Bereich verbreitet sind, in dem sich das Vorhaben voraussichtlich auswirken wird; auf Auflagen ist hinzuweisen. ³Mit dem Ende

der Auslegungsfrist gilt der Beschluss den Betroffenen und denjenigen gegenüber, die Einwendungen erhoben haben, als zugestellt; hierauf ist in der Bekanntmachung hinzuweisen. ⁴Nach der öffentlichen Bekanntmachung kann der Planfeststellungsbeschluss bis zum Ablauf der Rechtsbehelfsfrist von den Betroffenen und von denjenigen, die Einwendungen erhoben haben, schriftlich angefordert werden; hierauf ist in der Bekanntmachung gleichfalls hinzuweisen.

(6) ¹An Stelle eines Planfeststellungsbeschlusses kann eine Plangenehmigung erteilt werden, wenn

1. Rechte anderer nicht beeinträchtigt werden oder die Betroffenen sich mit der Inanspruchnahme ihres Eigentums oder eines anderen Rechts schriftlich einverstanden erklärt haben und
2. mit den Trägern öffentlicher Belange, deren Aufgabenbereich berührt wird, das Benehmen hergestellt worden ist.

²Die Plangenehmigung hat die Rechtswirkungen der Planfeststellung mit Ausnahme der enteignungsrechtlichen Vorwirkung; auf ihre Erteilung finden die Vorschriften über das Planfeststellungsverfahren keine Anwendung. ³Vor Erhebung einer verwaltungsgerichtlichen Klage bedarf es keiner Nachprüfung in einem Vorverfahren. ⁴§ 75 Abs. 4 gilt entsprechend.

(7) ¹Planfeststellung und Plangenehmigung entfallen in Fällen von unwesentlicher Bedeutung. ²Diese liegen vor, wenn

1. andere öffentliche Belange nicht berührt sind oder die erforderlichen behördlichen Entscheidungen vorliegen und sie dem Plan nicht entgegenstehen und
2. Rechte anderer nicht beeinflusst werden oder mit den vom Plan Betroffenen entsprechende Vereinbarungen getroffen worden sind.

Vergleichbare Vorschriften: § 17b FStrG; § 18b AEG; § 10 Abs. 1 und 5 LuftVG; § 29 Abs. 5 PBefG; § 14b WaStrG; § 2a MBPlG.

Abweichendes Landesrecht: BW: § 74 Abs. 4 S. 2 HS 1: Eine Ausfertigung des Beschlusses ist mit einer Rechtsbehelfsbelehrung, **einem Hinweis entsprechend § 69 Abs. 2 Satz 4** und einer Ausfertigung des festgestellten Planes in den Gemeinden zwei Wochen zur Einsicht auszulegen.
Abs. 4 S. 4: § 73 Abs. 10 gilt entsprechend.
Bbg: § 74 Abs. 4 S. 2 HS 1: Eine Ausfertigung des Beschlusses ist mit einer Rechtsbehelfsbelehrung und einer Ausfertigung des festgestellten Planes in den **amtsfreien Gemeinden, den Ämtern und kreisfreien Städten** zwei Wochen zur Einsicht auszulegen.
Hbg: § 74 Abs. 4 S. 2: Eine Ausfertigung des Beschlusses ist mit einer Rechtsbehelfsbelehrung und einer Ausfertigung des festgestellten Planes in den **Bezirken** zwei Wochen zur Einsicht auszulegen; der Ort und die Zeit der Auslegung sind im **Amtlichen Anzeiger** bekannt zu machen.
MV: § 74 Abs. 4 S. 2 HS 1: Eine Ausfertigung des Beschlusses ist mit einer Rechtsbehelfsbelehrung und einer Ausfertigung des festgestellten Planes in den **amtsfreien Gemeinden, den Ämtern und kreisfreien Städten** zwei Wochen zur Einsicht auszulegen.
§ 74 Abs. 4 S. 4: § 73 Abs. 10 gilt entsprechend.
NRW: § 74 Abs. 6 S. 1: Anstelle eines Planfeststellungsbeschlusses kann eine Plangenehmigung erteilt werden, wenn
1. a) ...
1. b) eine Umweltverträglichkeitsprüfung nicht erforderlich oder bereits durchgeführt ist und
2. das Benehmen hergestellt worden ist
   a) ...
   b) mit den nach § 29 Bundesnaturschutzgesetz anerkannten Verbänden bei Vorhaben, die mit Eingriffen in Natur und Landschaft im Sinne des § 8 Bundesnaturschutzgesetz verbunden sind.
§ 74 Abs. 7 S. 3: Die nach § 29 Bundesnaturschutzgesetz anerkannten Verbände erhalten Gelegenheit zur Stellungnahme.
SchlH: § 141 Abs. 4 S. 2: Eine Ausfertigung des Beschlusses ist mit einer Rechtsbehelfsbelehrung und einer Ausfertigung des festgestellten Planes in den **amtsfreien Gemeinden und Ämtern** zwei Wochen zur Einsicht auszulegen; der Ort und die Zeit der Auslegung sind **örtlich** bekannt zu machen.
§ 141 Abs. 5 S. 1: Sind außer an den Träger des Vorhabens mehr als **300** Zustellungen nach Absatz 4 vorzunehmen, so können diese Zustellungen durch **amtliche** Bekanntmachung ersetzt werden.
§ 141 Abs. 5 S. 2 HS 1: Die **amtliche** Bekanntmachung wird dadurch bewirkt, dass der verfügende Teil des Planfeststellungsbeschlusses, die Rechtsbehelfsbelehrung und ein Hinweis auf die Auslegung nach Absatz 4 Satz 2 im amtlichen **Bekanntmachungsblatt** der zuständigen Behörde und außerdem in örtlichen Tageszeitungen bekannt gemacht werden, die in dem Bereich verbreitet sind, in dem sich das Vorhaben voraussichtlich auswirken wird;

§ 74 Planfeststellungsbeschluss, Plangenehmigung §74

§ 141 Abs. 5 S. 4: **amtliche** Bekanntmachung (statt öffentliche Bekanntmachung)
§ 141 Abs. 6 S. 1: Anstelle eines Planfeststellungsbeschlusses kann eine Plangenehmigung erteilt werden, wenn
1. ...
2. das Benehmen hergestellt worden ist
   a) ...
   b) mit den nach § 29 des Bundesnaturschutzgesetzes anerkannten Verbänden bei Vorhaben, die mit Eingriffen in Natur und Landschaft im Sinne des § 8 des Bundesnaturschutzgesetzes verbunden sind, und
3. erhebliche Auswirkungen auf die Umwelt nicht zu besorgen sind.

Entstehungsgeschichte bis zum Inkrafttreten des VwVfG vgl. § 74 der 6. Auflage. Abs. 6 und 7 sind durch das GenBeschlG angefügt worden.

Literatur: *Hoppe*, Der Rechtsgrundsatz der Planerhaltung als Struktur- und Abwägungsprinzip, DVBl 1996, 12; *Ringel*, Die Plangenehmigung im Fachplanungsrecht, 1996; *Timmermans*, Verzicht auf Planfeststellung und Plangenehmigung, 1997; *Hoppe/Just*, Die Ausübung der planerischen Gestaltungsfreiheit bei der Planfeststellung und Plangenehmigung, DVBl 1997, 789; *Sarnighausen*, Schutzvorkehrungen und Ausgleichszahlungen im öffentlichen Nachbarrecht, 1998; *Lasotta*, Die Beteiligung der Gemeinden bei der Fachplanung, DVBl 1998, 255; *Ronellenfitsch*, Das Zusammentreffen von qualifizierten Straßenbauplänen (isolierten Bebauungsplänen) mit Fachplanungen, DVBl 1998, 653; *Halama*, Fachrechtliche Zulässigkeitsprüfung und naturschutzrechtliche Eingriffsregelung, NuR 1998, 633; *Jarass*, Die materiellen Voraussetzungen der Planfeststellung in neuerer Sicht, DVBl 1998, 1202; *Brohm*, Die Koordination der Raumplanungen im Spannungsverhältnis zwischen gemeindlicher Ortsplanung und überörtlicher Fachplanung, FS Blümel, 79; *Michler*, Planfeststellung und Immissionsschutz, VerwArch 1999, 21; *Ronellenfitsch*, Höchstrichterliche Rechtsprechung zum Verwaltungsrecht, Bauleitplanung und eisenbahnrechtliche Fachplanung, VerwArch 1999, 467, und 581; *Steinberg*, Umweltschutz in der Verkehrswegeplanung, DÖV 2000, 85; *di Fabio*, Die Struktur von Planungsnormen, FS Hoppe, 75; *Stüer*, Naturschutz in der Fachplanung, FS Hoppe, 853; *Schmidt-Preuss*, Fachplanung und subjektiv-rechtliche Konfliktschlichtung, FS Hoppe, 1071; *Ziekow*, Klagerechte von Naturschutzverbänden gegen Maßnahmen der Fachplanung, VerwArch 2000, 483; *Edhofer*, Die FFH-Verträglichkeitsprüfung in der straßenrechtlichen Planfeststellung, BayVBl 2000, 553; *Hönig*, Fachplanung und Enteignung, 2001; *Schulze-Fielitz*, Lärmschutz bei der Planung von Verkehrsvorhaben, DÖV 2001, 181; *Vallendar*, Verkehrslärmschutz im Spiegel der aktuellen Rechtsprechung des Bundesverwaltungsgerichts, UPR 2001, 171; *Knödler*, Sperrgrundstücksklagen als Rechtsmissbrauch?, NuR 2001, 194; *Gaentzsch*, Aktuelle Fragen zur Planerhaltung bei Bauleitplänen und Planfeststellungen in der Rechtsprechung des Bundesverwaltungsgerichts, UPR 2001, 201; *Kraft*, Kommunale Verhinderungsplanung gegen Fachplanung?, UPR 2001, 294; *Stüer/Probstfeld*, Umweltverträglichkeitsprüfung bei Straßenvorhaben, UPR 2001, 361; *Stollmann*, Die Verträglichkeitsprüfung von Projekten und Plänen mit Auswirkungen auf FFH-Gebiete, GewArch 2001, 318; *Halama*, Die FFH-Richtlinie – unmittelbare Auswirkungen auf das Planungs- und Zulassungsrecht, NVwZ 2001, 506; *Thiel*, Plangenehmigung und Planfeststellung, VR 2001, 295; *Wickel/Müller*, Plangenehmigung und Umweltverträglichkeitsprüfung in der Verkehrswegeplanung, NVwZ 2001, 1133; *Schink*, Die Verträglichkeitsprüfung nach der Fauna-Flora-Habitat-Richtlinie der EG, DÖV 2002, 45; *Rojahn*, Planfeststellung von Straßen und europäisches Naturschutzrecht in der neuesten Rechtsprechung des Bundesverwaltungsgerichts, NordÖR 2003, 1; *Calliess*, Europäische Vorgaben für die umweltrechtliche Verbandsklage, EurUP 2003, 7; *Vallendar*, Rechtsschutz der Gemeinden gegen Fachplanungen, UPR 2003, 41; *Quaas*, Die Stellung der Gemeinde in der luftverkehrsrechtlichen Fachplanung, NVwZ 2003, 649; *Michler*, Die Umsetzung der FFH-Richtlinie in das deutsche Straßenrecht, VBlBW 2004, 84; *Jarass*, Die Planrechtfertigung bei Planfeststellungen, NuR 2004, 69; *Storost*, Umweltprobleme bei der Zulassung von Flughäfen – Materielle Standards (Immissions- und Naturschutz), NVwZ 2004, 257; *Bell/Herrmann*, Die Modifikation von Planfeststellungsbeschlüssen, NVwZ 2004, 288; *Hösch*, Die Rechtsprechung des Bundesverwaltungsgerichts zu Natura-2000-Gebieten, NuR 2004, 210; *Hösch*, Die Rechtsprechung des Bundesverwaltungsgerichts zu Natura-2000-Gebieten, NuR 2004, 348; *Wrase*, Ausnahmen vom FFH-Schutzregime, NuR 2004, 356; *Louis*, Artenschutz in der Fachplanung, NuR 2004, 557; *Wickel/Biebach*, Der Ausbau von Bundesverkehrswegen und das FFH-Schutzregime, BayVBl 2004, 353; *Jarass*, Schutzmaßnahmen und Ausgleichsentschädigung bei Planfeststellungen, DÖV 2004, 633; *Müller*, Abschied von der Planrechtfertigung, 2005; *Schütz*, Die Umsetzung der FFH-Richtlinie – Neues aus Europa, UPR 2005, 137; *Gellermann*, Habitatschutz in der Perspektive des Europäischen Gerichtshofs, NuR 2005, 433; *Sauthoff*, Verkehrsrechtliche Anordnungen im straßenrechtlichen Planfeststellungsbeschlüssen, FS Driehaus, 369; *de Witt*, Planrechtfertigung, LKV 2006, 5; *Gellermann*, Europäisierte Klagerechte anerkannter Umweltverbände, NVwZ 2006, 7; *Hösch*, Die Behandlung des Artenschutzes in der Fachplanung, UPR 2006, 131; *Halama*, Lärmschutz an Straßen, VBlBW 2006, 132; *Dreier/Engel/Pietrzak*, Der Dispens von zwingenden Vorschriften in der Planfeststellung, VBlBW 2006, 265; *Stüer/Bähr*, Artenschutz in der Fachplanung, DVBl 2006, 1155; *Hösch*, Die Bewältigung von Prognoseunsicherheit bei planerischer Entscheidungen am Beispiel des Fluglärms, UPR 2006, 411; *Wolf*, Artenschutz und Infrastrukturplanung, ZUR 2006, 505; *Dolde*, Europarechtlicher Artenschutz in der Planung, NVwZ 2007, 7; *Kratsch*, Neue Rechtsprechung zum Artenschutz, NuR 2007, 27; *Schmidt/Kremer*, Das Umwelt-Rechtsbehelfsgesetz und der „weite Zugang zu Gerichten", ZUR 2007, 57; *Ziekow*, Das Umwelt-Rechtsbehelfsgesetz im System des deutschen Rechtsschutzes, NVwZ 2007, 259; *Ewer*, Ausgewählte Rechtsanwendungsfragen des Entwurfs für ein Umwelt-Rechtsbehelfsgesetz, NVwZ 2007, 267; *Kment*, Das neue Umwelt-Rechtsbehelfsgesetz und seine Bedeutung für das UVPG, NVwZ 2007, 274; *Koch*, Die Verbandsklage im Umweltrecht, NVwZ 2007, 369; *Kautz*, Artenschutz in der Fachplanung, NuR 2007, 234; *Jarass*, Die Zulässigkeit von Projekten nach FFH-Recht, NuR 2007, 371.

Vgl. ferner die Literaturnachweise zu §§ 72, 73, 75.
Ausführlich zum Schrifttum vor 1996 s. § 74 der 6. Auflage.

Übersicht

	Rn.
I. Allgemeines	1
II. Zuständigkeit und Verfahren der Planfeststellungsbehörde (Abs. 1 S. 1)	4
1. PlfBehörde	4
2. Entscheidungsgrundlagen des PlfBeschlusses; Befugnisse der PlfBehörde	7
3. Stattgabe und Ablehnung des Antrags auf Planfeststellung	13
III. Rechtsnatur des Planfeststellungsbeschlusses (Abs. 1 S. 1)	17
1. PlfBeschluss als VA	17
2. Planbefolgungs- und -gewährleistungsanspruch	23
IV. Planerische Gestaltungsfreiheit und ihre Schranken (Abs. 1)	26
1. Allgemeines	26
2. Planrechtfertigung	33
a) Allgemeine Erfordernisse	33
b) Bedarf	40
aa) Gesetzliche Festlegung des Bedarfs	41
bb) Administrative Bedarfsfeststellungen	49
c) Abschnittsweise Planfeststellung	51
d) Privatnützige Vorhaben	53
3. Abwägungsgebot	54
a) Herleitung und Inhalt	54
b) Abwägungsausfall	57
c) Abwägungsdefizit	60
d) Abwägungsfehleinschätzung	66
e) Abwägungsdisproportionalität	69
f) Einzelheiten zu privaten Belangen	70
g) gemeindliche Belange	105
h) Einzelheiten zu öffentlichen Belangen	117
i) Planungsalternativen	125
j) Beachtlichkeit von Abwägungsmängeln	129
4. Planungsleitsätze	130
a) Allgemeines	130
b) naturschutzrechtliche Eingriffsregelung	132
c) Habitatschutz	141
d) Vogelschutz	151
e) Artenschutz	153
V. Inhalt des Planfeststellungsbeschlusses	154
1. Bestimmtheitsgebot, Begründungserfordernis	154
2. Entscheidung über nicht erledigte Einwendungen (Abs. 2 S. 1)	162
3. Schutzmaßnahmen (Abs. 2 S. 2)	164
4. Geldausgleich (Abs. 2 S. 3)	188
5. Entscheidungsvorbehalt (Abs. 3)	199
VI. Zustellung des PlfBeschlusses (Abs. 4 und 5)	205
1. Individualzustellung (Abs. 4)	205
2. Öffentliche Bekanntmachung (Abs. 5)	214
VII. Plangenehmigung (Abs. 6)	222
1. Allgemeines	222
2. Voraussetzungen der Plangenehmigung	226
3. Verfahren	245
4. Rechtswirkungen der Plangenehmigung (Abs. 6 S. 2 und 3)	251
5. Rechtsschutz	253
VIII. Entfallen von Planfeststellung und -genehmigung (Abs. 7)	256
IX. Rechtsschutz	265
1. Vorhabenträger	266
2. Behörden	267
3. Gemeinden	268
4. Private Einwender und Betroffene	269
5. Vereine	274
X. Landesrecht	283

I. Allgemeines

1 § 74 regelt **Inhalt** (Abs. 1 bis 3) und **Zustandekommen** (Abs. 4 und 5) **des PlfBeschlusses,** ferner die **Plangenehmigung** (Abs. 6) sowie den **Wegfall** von Planfeststellung und Plan-

§ 74 Planfeststellungsbeschluss, Plangenehmigung

genehmigung (Abs. 7). § 74 ist nach Maßgabe des § 72 Abs. 1 um die allgemeinen Verfahrensvorschriften der §§ 9 ff. und §§ 35 ff. zu ergänzen (hierzu § 72 Rn. 72 ff.).

Die jeweiligen **Fachplanungsgesetze** regeln weitere Einzelheiten zu Voraussetzungen und Modalitäten der Planfeststellung. Sie legen vor allem die allgemeinen **Planungsziele** fest, denen ein Vorhaben dienen muss, um zugelassen werden zu können (Planrechtfertigung; Rn. 34 ff.); sie können ferner Gebote oder Verbote enthalten, die bei der Entscheidung über die Zulassung des Vorhabens zwingend zu berücksichtigen sind (sog. **Planungsleitsätze;** Rn. 131), aber auch bloße **Optimierungsgebote,** die einzelnen Belangen bei der Abwägung widerstreitender öffentlicher und privater Belange besonderes Gewicht verleihen (Rn. 67). 2

§ 74 kommt **nach Maßgabe des § 1** zur Anwendung, soweit Fachplanungsgesetze nicht inhaltsgleiche oder entgegenstehende Rechtsvorschriften enthalten (§ 72 Rn. 72 ff.). Zum anzuwendenden Recht bei PlfV des Bundes und der Länder vgl. § 72 Rn. 79 f. 3

II. Zuständigkeit und Verfahren der Planfeststellungsbehörde (Abs. 1 S. 1)

1. PlfBehörde

Für die Planfeststellung ist nach Abs. 1 S. 1 die **PlfBehörde** zuständig. Welche Behörde dies ist, ergibt sich aus den einzelnen **Fachplanungsgesetzen des Bundes** unmittelbar (etwa § 17 b Abs. 1 Nr. 6 FStrG, § 3 Abs. 2 Nr. 1 EVerkVerwG,[1] § 1 Abs. 2 MBPlG; § 41 Abs. 3 FlurbG) oder ist **landesrechtlicher Bestimmung** überlassen (etwa § 31 Abs. 2 S. 1 i. V. m § 63 KrW-/AbfG; § 29 Abs. 1 S. 1 i. V. m § 11 Abs. 1 PBefG). Ob diese Bestimmung durch Gesetz getroffen werden muss oder durch bloße Verwaltungsanordnung getroffen werden darf, richtet sich nach dem Landes(verfassungs)recht; bundes(verfassungs)rechtliche Vorgaben bestehen insoweit nicht.[2] 4

In Ausnahmefällen kann eine **Anlage** zugleich **mehrere Funktionen** erfüllen. Stellen die einschlägigen Zuständigkeitsnormen nicht allein auf den Anlagentyp, sondern auch auf den mit der Anlage verfolgten Zweck ab, kann sich daraus eine **Zuständigkeit zweier Behörden** für die Planfeststellung ergeben.[3] Die Zuständigkeit kann nicht in entsprechender Anwendung des § 78 danach bestimmt werden, welcher Funktion die Anlage im Schwerpunkt dienen soll. Es fehlt an einem Verfahren, in dem ein negativer Kompetenzkonflikt gelöst werden könnte. Die vom Vorhabenträger angegangene Behörde ist in jedem Fall zuständig und muss die andere Behörde beteiligen.[4] 5

Problematisch ist eine **Identität von Vorhabenträger und PlfBehörde.** Die PlfBehörde entscheidet gleichsam in eigener Sache. Ihre rechtsstaatlich gebotene Distanz und Neutralität ist nicht mehr gewährleistet.[5] Das widerspricht einem allgemeinen Verbot (§§ 20, 21) und sollte tunlichst vermieden werden.[6] 6

2. Entscheidungsgrundlagen des PlfBeschlusses; Befugnisse der PlfBehörde

Formelle Grundlage der Entscheidung der PlfBehörde sind der Plan nebst Zeichnungen und Erläuterungen (§ 73 Abs. 1 S. 2), die Stellungnahmen der Behörden (§ 73 Abs. 2), die nicht erledigten Einwendungen (§ 73 Abs. 4 und 6) und die zusammenfassende Stellungnahme der Anhörungsbehörde (§ 73 Abs. 9) nebst eventueller Sachverständigengutachten. 7

Weder § 73 noch § 74 enthalten eine Frist, innerhalb der die PlfBehörde nach Abschluss des Anhörungsverfahrens über die Planfeststellung zu entscheiden hat.[7] Jedenfalls wird die PlfBehörde entscheidungserhebliche Umstände berücksichtigen müssen, die nach Abschluss des Anhörungsverfahrens, aber vor Erlass des PlfBeschlusses eintreten. Sie können ein ergänzendes Verfah-

---

[1] Gesetz über die Eisenbahnverkehrsverwaltung des Bundes vom 27. 12. 1993, BGBl I 2378, 2394.
[2] *BVerwGE* 120, 87, 96 ff. = NVwZ 2004, 722, 724.
[3] Vgl. etwa *OVG Lüneburg* NuR 2006, 115, 116.
[4] Vgl. auch *OVG Berlin* NVwZ-RR 2001, 89, 91.
[5] Vgl. *BVerwG* NVwZ 1987, 886; NVwZ 1988, 532; NVwZ 1991, 781, 782; zum vergleichbaren Problem einer Identität von Gemeinde als Baugenehmigungsbehörde und Bauherrin: *BVerwG* NVwZ 1998, 737.
[6] Vgl. auch *Wickel* in Fehling u. a., § 74 VwVfG Rn. 12.
[7] Vgl. *BVerwG* NVwZ 2007, 837, 838.

ren zur Beteiligung der Betroffenen, von Behörden und anerkannten Natur- und Umweltschutzvereinen notwendig machen.

8   Die PlfBehörde ist nicht auf die Prüfung der Unterlagen beschränkt, die Gegenstand des Anhörungsverfahrens waren. Sie ist an den **Untersuchungsgrundsatz** des § 24 gebunden. Sie kann und muss deshalb über die Tatsachen hinaus, die im Anhörungsverfahren festgestellt wurden, **weitere tatsächliche Feststellungen** treffen, die sie für erforderlich hält, um die Voraussetzungen der beantragten Planfeststellung prüfen und die betroffenen Belange sachgerecht abwägen zu können. Welche Mittel sie hierfür einsetzt, ist grundsätzlich ihrem pflichtgemäßen Ermessen überlassen. Sie kann weitere Stellungnahmen, auch (weitere) Gutachten einholen.[8] Sie kann die Anhörungsbehörde um ergänzende Verfahrenshandlungen bitten, soweit diese hierfür nach § 73 zuständig ist.

9   Die PlfBehörde hat bei weiteren tatsächlichen Feststellungen dem **Gebot substantieller (erneuter) Anhörung** Rechnung zu tragen.[9] Will sie zusätzlich ermittelte und für ihre Entscheidung wesentliche neue Tatsachen berücksichtigen, ist sie verpflichtet, den Betroffenen, den Einwendern und den Behörden des § 73 Abs. 2 Gelegenheit zur Stellungnahme zu geben. Anlass zu einer erneuten Auslegung geben ihre weiteren Ermittlungen nur dann, wenn ohne Offenlegung der Ermittlungsergebnisse Betroffenheiten nicht oder nicht vollständig geltend gemacht werden können (vgl. § 73 Rn. 135).[10]

10 Die PlfBehörde kann auf die nähere Ermittlung solcher Umstände verzichten, auf die es nach ihrer materiellrechtlichen Auffassung nicht ankommt[11] oder die sie im Einzelfall entsprechend dem Vorbringen des Betroffenen **als gegeben unterstellen** darf.[12]

11 Hat die PlfBehörde Verfahrensfehler im Anhörungsverfahren erkannt, kann sie in entsprechender Anwendung des § 45 Abs. 1 Nr. 3 die **Mängel** selbst **beseitigen** oder durch die Anhörungsbehörde beseitigen lassen (§ 73 Rn. 6).[13]

12 § 74 schafft nicht die **materielle Ermächtigungsgrundlage** für die Planfeststellung, sondern setzt sie voraus. Sie ergibt sich (ausdrücklich oder konkludent) aus dem jeweiligen Fachplanungsgesetz. Aus ihm ergeben sich ebenso die materiellen Voraussetzungen der Planfeststellung; fehlen Regelungen hierzu, gelten die jeder Fachplanung innewohnende Ermächtigung zu planerischer Gestaltung und ihre Grenzen, nämlich das Erfordernis der Planrechtfertigung, das Gebot gerechter Abwägung aller betroffenen Belange und die Bindung an die zwingenden Gebote und Verbote des materiellen Rechts (Planungsleitsätze).

3. Stattgabe und Ablehnung des Antrags auf Planfeststellung

13 Die PlfBehörde kann dem Antrag auf Planfeststellung **stattgeben,** wenn die materiellrechtlichen Voraussetzungen für den Erlass eines PlfBeschlusses vorliegen. Sie kann dem Antrag teilweise stattgeben, wenn das Vorhaben in wesentlichen Teilen zulässig ist und der PlfBeschluss im Übrigen mit **Nebenbestimmungen,** insbesondere **Auflagen** verbunden oder inhaltlich beschränkt wird (Rn. 164 ff.). Die PlfBehörde kann das Vorhaben zwar insgesamt zulassen, die Regelung bestimmter Detailfragen aber gemäß Abs. 3 einer abschließenden Entscheidung vorbehalten (Rn. 199 ff.).[14]

14 Sind die materiellrechtlichen Voraussetzungen für den Erlass eines PlfBeschlusses nicht erfüllt, weil **zwingende Versagungsgründe** vorliegen, **lehnt** die PlfBehörde **den Antrag ab** (vgl. etwa § 14b Nr. 11 WaStrG, § 32 Abs. 1 KrW-/AbfG).[15] Sie lehnt den Antrag ferner ab, wenn ihre **Abwägung** der betroffenen öffentlichen und privaten Belange zu diesem negativen Ergebnis kommt. Ebenfalls abzulehnen ist eine Planfeststellung, wenn im Zeitpunkt der Entscheidung

---

[8] Vgl. *BVerwGE* 75, 214, 226 = NVwZ 1987, 578, 580; *BVerwG* NVwZ 1988, 532; NVwZ 2000, 560; NVwZ-RR 2003, 66; a. A. *Dürr* in Knack, § 73 Rn. 109 f.
[9] *BVerwGE* 75, 214, 227 = NVwZ 1987, 578, 580; *BVerwGE* 98, 126, 129 = NVwZ 1995, 901.
[10] *BVerwG* NVwZ-RR 1998, 90, 91.
[11] *BVerwG* NVwZ 1999, 535, 536.
[12] *BVerwG* NJW 1981, 241; NVwZ-RR 1991, 129; *VGH Mannheim* VBlBW 2001, 362, 367; enger *Kopp/Ramsauer,* § 74 Rn. 2; *Dürr* in Knack, § 74 Rn. 98.
[13] *BVerwGE* 75, 214, 227 = NVwZ 1987, 578, 580; *BVerwGE* 98, 126 129 = NVwZ 1995, 901.
[14] Vgl. *BVerwGE* 61, 307 = NJW 1982, 950; *BVerwGE* 90, 42, 47 = NVwZ 1993, 366.
[15] *BVerwGE* 55, 220 = NJW 1978, 2308; *BVerwGE* 71, 163 = NJW 1986, 82; *Kühling* DVBl 1989, 221, 229.

§ 74 Planfeststellungsbeschluss, Plangenehmigung

der PlfBehörde ausgeschlossen ist, dass das Vorhaben in den nächsten 5 Jahren (§ 75 Abs. 4) verwirklicht werden wird.[16]

In Betracht kommt ferner eine **Planfeststellung für** einzelne **Abschnitte** eines Gesamtvorhabens. Eine umfassende Planung kann in Teilschritten verwirklicht werden, sofern jeder Abschnitt Gegenstand einer gesonderten Planungsentscheidung sein kann (§ 73 Rn. 23).[17] **15**

Von der Planfeststellung einzelner Abschnitte sind die Anordnung **vorgezogener** oder **vorläufiger Teilmaßnahmen** sowie die **vorzeitige Zulassung des Beginns** zu unterscheiden. Derartige Möglichkeiten sehen einzelne Fachplanungsgesetze vor (z. B. § 33 KrW-/AbfG; § 14 Abs. 2 WaStrG). **16**

III. Rechtsnatur des Planfeststellungsbeschlusses (Abs. 1 S. 1)

1. PlfBeschluss als Verwaltungsakt

a) Verfahrensrechtlich schließt der PlfBeschluss das mit der Einreichung des Plans bei der Anhörungsbehörde nach § 73 Abs. 1 S. 1 begonnene VwVf durch eine verbindliche Entscheidung i. S. d. § 9 förmlich ab. **17**

b) Materiellrechtlich entscheidet der PlfBeschluss über die **ör Zulässigkeit** des Vorhabens und seine Ausführung einschließlich der erforderlichen Folgemaßnahmen (§ 75 Rn. 8), über notwendige **Schutzvorkehrungen und -anlagen** (Rn. 164 ff.), ggfs. einen **Ausgleich in Geld** (Rn. 188 ff.), und über die **nicht erledigten Einwendungen** in einer umfassenden Gesamtentscheidung (zu den Rechtswirkungen der Planfeststellung § 75 Rn. 6 ff.). Aus dem jeweiligen Fachplanungsrecht ergibt sich, ob die Planfeststellung nur die Errichtung der jeweiligen Anlage oder auch ihren nachfolgenden Betrieb erfasst.[18] **18**

Der PlfBeschluss ist als verbindliche Regelung eines Einzelfalls **rechtsgestaltender VA** mit dinglichen Wirkungen.[19] Im Verhältnis zu den Betroffenen hat der PlfBeschluss die Wirkung einer **Allgemeinverfügung** i. S. d. § 35 S. 2 (§ 35 Rn. 270).[20] VA ist ferner die Entscheidung der zuständigen Behörde, von der Durchführung eines PlfV wegen unwesentlicher Bedeutung des Vorhabens nach Abs. 7 abzusehen (hierzu und zur Anfechtung dieser Entscheidung vgl. Rn 258 ff.).[21] **19**

Im Verhältnis zum Vorhabenträger, aber auch zu den Betroffenen und Einwendern ist der PlfBeschluss dem materiellen Inhalt nach **ör Genehmigung;** durch sie wird das Vorhaben für zulässig erklärt und festgestellt, dass der Ausführung des Plans mit dem genehmigten Inhalt ör Bedenken und Hindernisse nicht entgegenstehen (§ 75 Rn. 6).[22] **20**

Zu Lasten Dritter dient die Planfeststellung der **Überwindung** von rechtlich geschützten **privaten und öffentlichen Belangen,** die dem Vorhaben und seiner Verwirklichung sonst entgegenstehen. Sie erlegt den betroffenen Dritten eine Pflicht zur **Duldung von Eingriffen** in ihre Rechtspositionen auf. Ihnen bis dahin nicht obliegende positive Leistungspflichten können zu ihren Lasten durch die Planfeststellung hingegen nur begründet werden, wenn dafür eine gesonderte gesetzliche Grundlage besteht. Eine solche Rechtsgrundlage stellt § 74 Abs. 2 S. 2 nicht dar. Die PlfBehörde kann deshalb einem Dritten nicht die Kosten von Schutzmaßnahmen auferlegen, selbst wenn sie seinem Schutz dienen.[23] **21**

---

[16] BVerwGE 84, 123, 128 = NVwZ 1990, 860.
[17] Vgl. BVerwGE 67, 74, 77 = NJW 1983, 2459; BVerwGE 69, 256, 259 = NVwZ 1984, 718; BVerwG NVwZ-RR 1989, 241; NVwZ 1991, 781; NVwZ 1992, 1093; NVwZ 1993, 572; BVerwGE 104, 144, 152 = NVwZ 1997, 914; *Paetow* DVBl 1985, 369; *Broß* DÖV 1985, 253.
[18] Vgl. *Geiger* in Ziekow, Praxis des Fachplanungsrechts, Rn. 265; *Bell/Herrmann* NVwZ 2004, 288, 289.
[19] BVerwGE 29, 282, 283 = NJW 1968, 1736; BVerwG NJW 1975, 1373; *Dürr* in Knack, § 74 Rn. 10; *Kopp/Ramsauer*, § 74 Rn. 8; *Ziekow*, § 74 Rn. 10; *Ule/Laubinger*, § 41 Rn. 14.
[20] Vgl. *OVG Koblenz* DVBl 1985, 408, 409; *Wickel* in Fehling u. a., § 74 VwVfG Rn. 13; *Geiger* in Ziekow, Praxis des Fachplanungsrechts, Rn. 264; *Meyer/Borgs*, § 74 Rn. 9: Sonderform der dinglichen Allgemeinverfügung.
[21] BVerwG NJW 1977, 2367; BVerwGE 64, 325 = NJW 1982, 1546.
[22] Vgl. BVerwGE 58, 281 = NJW 1980, 2266; BVerwGE 64, 325 = NJW 1982, 1546.
[23] BVerwGE 41, 178 = NJW 1973, 915; BVerwGE 58, 281 = NJW 1980, 2266; bei unklarem Kausalzusammenhang vgl. Rn. 174.

22 Der **PlfBeschluss** genehmigt das Vorhaben nur, **verpflichtet** aber dessen Träger grundsätzlich **nicht**, den festgestellten Plan **auszuführen**. Der Vorhabenträger kann vielmehr von der Durchführung des Plans ganz oder teilweise Abstand nehmen (§ 75 Abs. 4). Zur endgültigen Aufgabe nach Beginn der Durchführung eines Vorhabens vgl. § 77; zur Rücknahme eines Antrags auf Planfeststellung vgl. § 72 Rn. 89; zur Funktionslosigkeit eines PlfBeschlusses vgl. § 77 Rn. 7.

2. Planbefolgungs- und -gewährleistungsanspruch

23 Führt der Vorhabenträger den Plan aus, so haben die Planbetroffenen einen **Planbefolgungsanspruch**. Sie können verlangen, dass der Vorhabenträger nicht zu ihren Lasten von dem festgestellten Plan abweicht, sondern ihn nach dem Stand der Technik so ausführt, wie er genehmigt worden ist. Weicht der Vorhabenträger zu Lasten der Betroffenen wesentlich von dem festgestellten Plan ab und haben die Abweichungen auf sie nachteilige Wirkungen, sind gegen den Vorhabenträger und (oder) die PlfBehörde Ansprüche auf Unterlassung, Beseitigung oder auf Geldentschädigung denkbar (Rn. 270).[24] Derartige Ansprüche kommen auch in Betracht, wenn ein Vorhaben ohne die erforderliche Planfeststellung durchgeführt wird und das Vorhaben nachteilige Wirkungen auf die Rechte Dritter hat. Hat die PlfBehörde den PlfBeschluss mit Anordnungen i. S. d. § 74 Abs. 2 S. 2 versehen, durch die nachteilige Einwirkungen des Vorhabens auf Rechte Dritter verhindert werden sollen, haben die begünstigten Dritten gegen den Vorhabenträger ein subjektiv-öffentliches Recht auf Vollzug die Anordnung.[25]

24 Der Vorhabenträger hat einen Rechtsanspruch darauf, dass der festgestellte Plan nach Maßgabe der §§ 75 ff. aufrechterhalten bleibt.[26] Diese Vorschriften gewähren einen **erhöhten Bestandsschutz**. Insbesondere schließt § 75 Abs. 2 bei einem unanfechtbaren PlfBeschluss Ansprüche auf Unterlassung des Vorhabens oder seiner Benutzung sowie auf Beseitigung grundsätzlich aus. Nur in Ausnahmefällen sind ergänzend §§ 48, 49 anwendbar (näheres § 72 Rn. 113 ff.). Ein Anspruch auf Wiederaufgreifen des unanfechtbar abgeschlossenen PlfV nach § 51 Abs. 1 Nr. 1 besteht nicht, wie § 72 Abs. 1 ausdrücklich klarstellt.[27]

25 Hiervon zu unterscheiden ist die Frage, inwieweit außer dem Vorhabenträger ein vom PlfBeschluss **Begünstigter** einen Anspruch auf **Plangewährleistung** und Entschädigung bei Nichtausführung oder Änderung hat. Für planbegünstigte Dritte wird im Allgemeinen ein Plangewährleistungs- und Entschädigungsanspruch für enttäuschtes Planungsvertrauen außerhalb der §§ 39 bis 44 BauGB verneint.[28] Etwas anderes kann nur in seltenen Ausnahmefällen bei Schaffung besonderer Vertrauenstatbestände gelten.[29]

IV. Planerische Gestaltungsfreiheit und ihre Schranken (Abs. 1)

1. Allgemeines

26 Soweit das einschlägige Fachplanungsgesetz ein PlfV anordnet, enthält es regelmäßig eine Ermächtigung zur Planfeststellung nach Maßgabe eines **Planungsermessens**, das die Rechtsprechung mit dem Begriff der **planerischen Gestaltungsfreiheit** umschreibt.[30] Der Gesetzgeber kann Planfeststellungen aber auch als gebundene Entscheidung ohne planerische Gestaltungsfreiheit der PlfBehörde ausgestalten (§ 72 Rn. 11).

27 Planungsentscheidungen sind dadurch gekennzeichnet, dass der planenden Behörde durch ein Gesetz die Befugnis übertragen wird, für ein bestimmtes Vorhaben private und öffentliche Be-

---

[24] Hierzu *BVerwG* NJW 1981, 239; *BVerwGE* 62, 243 = NJW 1981, 2769; *Maurer*, § 16 Rn. 33 ff.
[25] *OVG Lüneburg* NuR 1999, 353.
[26] *Ziekow*, § 74 Rn. 11.
[27] *BVerwG* NJW 1981, 835; *BVerwGE* 80, 7 = NVwZ 1989, 253; *VGH Kassel* NVwZ-RR 1993, 588.
[28] Vgl. *BGHZ* 84, 292, 297 = NJW 1983, 215; *BGH* NJW 1987, 3200, 3201.
[29] Vgl. hierzu *BVerwG* NJW 1970, 626; NVwZ 2003, 1381, 1382; *VGH Mannheim* JZ 1973, 166; *BGHZ* 45, 83, 87 = NJW 1966, 877; *Ossenbühl* DÖV 1972, 35; *Thiele* DÖV 1980, 109; *Fronhöfer* BayVBl 1991, 193.
[30] *BVerwGE* 48, 56, 59 = NJW 1975, 1373; *BVerwGE* 56, 110, 116 = NJW 1979, 64; *BVerwGE* 87, 332, 341 = NVwZ-RR 1991, 601, 603; kritisch zur herkömmlichen Ableitung eines planerischen Gestaltungsspielraums *Kühling/Herrmann*, Rn. 24 ff.

lange in einem **Akt planender Gestaltung** durch Abwägung zum Ausgleich zu bringen oder erforderlichenfalls zu überwinden.[31] Planung ist ein Prozess der fortschreitenden Sachverhaltsermittlung und -bewertung. Er wird zwar von normativen Vorgaben gesteuert. Sie sind ihrerseits aber rechtlich nicht abschließend vorgegeben. Der Planungsträger darf vielmehr zwischen ihnen im Rahmen der ihm eingeräumten Gestaltungsfreiheit eigenverantwortlich wählen.[32] Planerische Gestaltungsfreiheit umfasst Elemente des Erkennens, des Wertens und Bewertens sowie des Wollens, die nicht als Vorgang der Subsumtion eines bestimmten Lebenssachverhalts unter die Tatbestandsmerkmale einer generell-abstrakten Norm verstanden werden können und deshalb nach rechtlichen Maßstäben nur schwer strukturierbar sind.[33]

Die vorhabenbezogene Fachplanung ist zwar **nicht originäre Planung** eines Vorhabens **durch die PlfBehörde**.[34] Sie prüft einen Plan, den der Vorhabenträger eingereicht hat.[35] Die PlfBehörde entscheidet aber über die Zulassung des Vorhabens aufgrund einer gesetzlich ausgeformten und begrenzten planerischen Gestaltungsfreiheit, die sich auf alle Gesichtspunkte erstreckt, die zur Verwirklichung des gesetzlichen Planungsauftrags und zugleich zur Bewältigung der von dem Vorhaben in seiner räumlichen Umgebung aufgeworfenen Probleme von Bedeutung sind.[36] Sie vollzieht die planerischen Vorstellungen des Vorhabenträgers abwägend nach und übernimmt dadurch die rechtliche Verantwortung für die Planung.[37] Zum Teil wird angenommen, die nur nachvollziehende Abwägung der PlfBehörde lasse ihr keinen eigenen planungsbedingten Gestaltungsspielraum. Die Planfeststellung wird deshalb nicht den Planungsentscheidungen zugeordnet, sondern als ermessensgesteuerte Zulassungsentscheidung angesehen.[38] 28

Die planerische Gestaltungsfreiheit unterscheidet sich vom Ermessen i. S. d. § 40, aber auch vom Beurteilungsspielraum.[39] Sie schließt einen gerichtlich nicht voll überprüfbaren **Spielraum über das Ob und Wie** eines raumbezogenen Vorhabens ein. Eine rechtsstaatliche Planung ohne Gestaltungsspielraum wäre ein Widerspruch in sich.[40] 29

Soweit der Gesetzgeber die Planfeststellung nicht als gebundene Entscheidung ausgestaltet hat (hierzu § 72 Rn. 11), besteht wegen der dann eingeräumten planerischen Gestaltungsfreiheit der PlfBehörde grundsätzlich kein allgemeiner Rechtsanspruch auf die beantragte Feststellung des Plans. Der Vorhabenträger hat nur einen **Anspruch auf fehlerfreie Betätigung des Planungsermessens**.[41] Nur wenn und soweit der Abwägungsprozess die rechtliche Unbedenklichkeit erweist und nachteilige Einwirkungen auf Rechte oder Belange Dritter durch Schutzmaßnahmen ausgeglichen werden können und deshalb die Gestaltungsfreiheit auf Null geschrumpft ist, besteht ein (formeller) **Planfeststellungsanspruch**.[42] 30

Dem Wesen rechtsstaatlicher Planung entspricht es, dass sie **rechtlichen Bindungen** unterliegt, deren Einhaltung der Kontrolle der Verwaltungsgerichte unterworfen ist.[43] Die Ermächtigung zur planerischen Gestaltung ist nur rechtsgebunden gewährt und darf nicht als auf die Beachtung nur allgemeiner planerischer Vernünftigkeit gerichtet verstanden werden.[44] Die Bin- 31

---

[31] *BVerwGE* 74, 124, 133 = NJW 1986, 2447.
[32] *BVerwG* NVwZ 1993, 572.
[33] *BVerfGE* 95, 1, 16 = NJW 1997, 383.
[34] Vgl. *Wickel* in Fehling u. a., § 72 VwVfG Rn. 33; *Jarass* DVBl 1998, 1202, 1203.
[35] Vgl. *BVerwGE* 112, 140, 151 = NVwZ 2001, 673, 676.
[36] Vgl. *Badura* in FS Hoppe, S. 167, 174; *Ziekow*, § 74 Rn. 19; ähnlich zum Verhältnis des Gestaltungsspielraums des Vorhabenträgers zu demjenigen der PlfBehörde: *Dürr* in Kodal/Krämer, S. 1034 ff.; *Kühling/Herrmann*, Rn. 24 ff.; *Ziekow* in Ziekow, Praxis des Fachplanungsrechts, Rn. 646 ff.; *Schmidt-Preuss* in FS Hoppe, S. 1071, 1075; *Hoppe/Just* DVBl 1997, 789 ff; *Ronellenfitsch* DVBl 1998, 653;
[37] *BVerwGE* 97, 143, 148 f. = NVwZ 1996, 673.
[38] Vgl. etwa *Erbguth* in FS Hoppe, S. 631, 645 ff.
[39] Vgl. hierzu *Kühling/Herrmann*, Rn. 317 ff; *Erbguth* DVBl 1992, 398; *Ule/Laubinger*, § 41 Rn. 8 ff.; *Sendler* in FS Schlichter, S. 55; *Schmidt-Preuss* in FS Hoppe, S. 1071, 1074 f.; gegen diese Unterscheidung: *Dürr* in Kodal/Krämer, S. 1034 ff.
[40] *BVerwGE* 48, 56, 59 = NJW 1975, 1373; *BVerwGE* 55, 220 = NJW 1978, 2308; *BVerwGE* 56, 110, 116 ff. = NJW 1979, 64; *BVerwGE* 59, 253, 256 ff. = NJW 1980, 2368; *BVerwGE* 71, 166, 168 ff. = NJW 1986, 80; *BVerwGE* 72, 282, 285 = NJW 1986, 1508; *BVerwGE* 75, 214, 232 = NVwZ 1987, 578, 582.
[41] *BVerwGE* 48, 56, 66 = NJW 1975, 1373; *BVerwGE* 81, 128, 132 ff. = NVwZ 1989, 458; *BVerwG* NVwZ 1986, 837; NVwZ 1991, 365; *BVerwGE* 90, 96 = NVwZ 1993, 364; hierzu auch *Stüer* in FS Blümel, S. 565, 576 f.
[42] Ebenso *Kopp/Ramsauer*, § 73 Rn. 12; *Ziekow*, § 74 Rn. 9; *Dürr* in Kodal/Krämer, S. 1034 ff., 1036.
[43] *BVerwGE* 56, 110, 116 = NJW 1979, 64.
[44] *BVerwGE* 75, 214, 254 = NVwZ 1987, 578, 588.

dungen der planerischen Gestaltungsfreiheit hat das BVerwG zunächst für das Bauplanungsrecht entwickelt[45] und dann auf alle Fachplanungen übertragen.[46]

32   **Formelle Schranken** der Planung ergeben sich aus der Bindung der PlfBehörde an das (spezielle und allgemeine) **Verwaltungsverfahrensrecht**.[47] **Materielle Schranken** folgen aus dem Erfordernis einer **Planrechtfertigung** des konkreten Vorhabens,[48] aus materiell-rechtlichen Vorschriften in Form zwingender Gebote und Verbote **(Planleitsätzen)**[49] und den Anforderungen des **Abwägungsgebots**.[50] Materielle Schranken können sich ferner aus einer **Bindung an** die Ergebnisse **vorausgegangener Verfahren** ergeben, wie beispielsweise Linienführungsbestimmungen[51] oder zielförmige Standortentscheidungen der Landes- oder Regionalplanung (vgl. § 72 Rn. 64 ff.).

2. Planrechtfertigung

33   **a) Allgemeine Erfordernisse.** Eine hoheitliche Planung findet ihre Rechtfertigung nicht in sich selbst und um ihrer selbst willen. Das Vorhaben bedarf für seine Zulassung deshalb einer Planrechtfertigung.[52]

Das BVerwG hat diese Schranke hoheitlicher Planung aus seiner Rechtsprechung zur Bauleitplanung auf die Fachplanung übertragen.[53] Für die Bauleitplanung ist das Erfordernis einer Planrechtfertigung in § 1 Abs. 3 BauGB normiert. Für das Fachplanungsrecht geht das BVerwG inzwischen von einem ungeschriebenen Erfordernis jeder Fachplanung aus. Es leitet dieses Erfordernis aus dem Grundsatz der Verhältnismäßigkeit staatlichen Handelns her, das mit Eingriffen in Rechte Dritter verbunden ist.[54] Zu ihnen gehören wiederum auch mittelbare Beeinträchtigungen rechtlich geschützter Güter durch das planfeststellungspflichtige Vorhaben.[55] Das BVerwG hat ergänzend das Erfordernis einer Planrechtfertigung auch daraus hergeleitet, dass der PlfBeschluss nicht nur die ör Zulassung des Vorhabens, sondern darüber hinaus eine verbindliche Raumnutzungsentscheidung enthält, mit der abschließend über die raumplanerische Zulässigkeit der Bodeninanspruchnahme befunden wird.[56] Diese Raumnutzungsentscheidung hat gegenüber der sonst maßgeblichen örtlichen Gesamtplanung grundsätzlich Vorrang. Aufgrund dieser besonderen rechtlichen Wirkungen hat die PlfBehörde eine Planungsentscheidung zu treffen, die einen Spielraum an Gestaltungsfreiheit einschließt und in deren Rahmen die Beurteilung des Bedarfs und der Erforderlichkeit des Vorhabens durch den Vorhabenträger einer nachvollziehenden Überprüfung zu unterziehen ist.[57]

Die spezifische Ausprägung des Verhältnismäßigkeitsgrundsatzes im Fachplanungsrecht ist indes das Abwägungsgebot. Es hat sicherzustellen, dass das Vorhaben nicht zu einer unverhältnismäßigen Beeinträchtigung unter anderem der rechtlich geschützten Interessen Dritter führt. Dem Abwägungsgebot ist auch die nachvollziehende Prüfung zuzuordnen, ob die angestrebte Raumnutzung gerechtfertigt ist.[58] Neben dem Abwägungsgebot hätte das Erfordernis einer Planrechtfertigung bei dieser Herleitung keine eigenständige Bedeutung, sondern ginge in ihm auf. Das BVerwG hat aus diesem Grund selbst zum Teil offen gelassen, ob die Planrechtfertigung

---

[45] *BVerwGE* 34, 301; *BVerwGE* 41, 67; *BVerwGE* 45, 309 = NJW 1975, 70; *BVerwGE* 64, 33 = NJW 1982, 591.
[46] *BVerwGE* 48, 56, 59 = NJW 1975, 1373 (Fernstraßenrecht); *BVerwGE* 55, 220 = NJW 1978, 2308 (Wasserrecht); *BVerwGE* 56, 110 = NJW 1979, 64 (Luftverkehrsrecht); *BVerwGE* 59, 253 = NJW 1980, 2368 (Eisenbahnrecht); *BVerwGE* 85, 44 = NVwZ 1990, 969 (Abfallrecht).
[47] *BVerwGE* 56, 110, 117 = NJW 1979, 64.
[48] *BVerwGE* 71, 166 = NJW 1986, 80; *BVerwGE* 72, 282 = NJW 1986, 1508.
[49] *BVerwGE* 34, 301.
[50] *BVerwGE* 48, 56 = NJW 1975, 1373.
[51] *BVerwGE* 62, 342 = NJW 1981, 2592; *BVerwG* NVwZ 1996, 1011; ferner *Dürr* in Knack, § 74 Rn. 79 ff.; *Wahl/Dreier* NVwZ 1999, 606, 614 f.
[52] Für die Entbehrlichkeit dieser Planungsschranke: *Wickel* in Fehling u. a., § 74 VwVfG Rn. 70; *Müller*, Abschied von der Planrechtfertigung, S. 80 f.; *Jarass* DVBl 1998, 1202, 1204 f; *Schmidt-Preuss* in FS Hoppe, S. 1071, 1082; kritisch auch: *Kühling/Herrmann*, Rn. 273; *Steinberg/Berg/Wickel*, S. 196 ff.
[53] *BVerwGE* 48, 56, 59 = NJW 1975, 1373.
[54] *BVerwGE* 125, 116, 177 = NVwZ-Beilage I 8/2006, 1, 15; *BVerwG* NVwZ 2007, 1074, 1077.
[55] *BVerwGE* 127, 95, 102 = NVwZ 2007, 445, 447.
[56] *BVerwGE* 97, 143, 148 = NVwZ 1995, 598; *BVerwG* NVwZ 2006, 576, 579.
[57] *BVerwG* NVwZ 2007, 1074, 1077.
[58] *BVerwGE* 97, 143, 148.

einer besonderen Prüfung bedarf oder ob sie mit ihren Anforderungen in der Abwägung zu berücksichtigen ist.[59]

Eine eigenständige Bedeutung kommt der Planrechtfertigung aber deshalb zu, weil das konkrete Vorhaben und seine konkrete Dimensionierung mit Blick auf Art. 14 Abs. 3 GG im enteignungsrechtlichen Sinne erforderlich sein müssen. Das Vorhaben muss aus Gründen des Wohls der Allgemeinheit **objektiv erforderlich** oder – nach einer anderen Formulierung – **vernünftigerweise geboten** sein.[60] Seine Verwirklichung muss hingegen nicht für die Erreichung des verfolgten Allgemeininteresses unausweichlich sein.

Das Vorhaben bedarf einer besonderen Rechtfertigung, wenn für seine Verwirklichung auf das Eigentum Dritter unmittelbar zugegriffen werden muss und der PlfBeschluss die Zulässigkeit einer späteren Enteignung für das konkrete Vorhaben dem Grunde nach feststellt **(enteignungsrechtliche Vorwirkung)**.[61] Eine Planrechtfertigung ist mithin nur für Vorhaben erforderlich, bei denen der Planfeststellung nach gesetzlicher Vorschrift enteignungsrechtliche Vorwirkung zukommt.[62] Keiner Planrechtfertigung bedürfen Vorhaben, bei denen die Planfeststellung schon gesetzlich nicht mit einer enteignungsrechtlichen Vorwirkung verbunden ist oder die im Einzelfall ohne unmittelbaren Zugriff auf das Eigentum Dritter verwirklicht werden sollen und können.[63] Sind mit dem Vorhaben **nur mittelbare Beeinträchtigungen der Rechte Dritter** verbunden, ist es allein eine Frage der Abwägung der widerstreitenden Belange, ob und mit welchen Vorkehrungen zum Schutze der betroffenen Dritten das Vorhaben verwirklicht werden darf. Die nur mittelbare Beeinträchtigung der Rechte Dritter ohne unmittelbaren Zugriff auf das Eigentum stellt in keinem Falle eine Enteignung dar, die zu ihrer vorwirkenden Zulassung der Planrechtfertigung nach dem Maßstab des Art. 14 Abs. 3 GG bedarf.

34

Für welche **Aufgaben des Allgemeinwohls** eine Enteignung zulässig sein soll, muss der Gesetzgeber festlegen. Er hat dies regelmäßig in den Fachplanungsgesetzen getan, in denen die Vorhaben ihrer Art nach beschrieben sind, deren Verwirklichung grundsätzlich dem Allgemeinwohl dient.[64] Ein konkretes Vorhaben dient einem Gemeinwohlinteresse, wenn es den gesetzlich bestimmten **Zielen des** jeweiligen **Fachplanungsrechts entspricht.**[65] Nur aus dieser Übereinstimmung mit den Zielen des jeweiligen Fachplanungsrechts kann die Planrechtfertigung hergeleitet werden. Der Zugriff auf fremde Grundstücke ist hingegen nicht deshalb im Sinne der Planrechtfertigung zulässig, weil das Vorhaben mittelbar öffentliche Belangen fördert, die der Gesetzgeber aber in dem jeweiligen Fachplanungsgesetz nicht in den Rang eines Gemeinwohlbelangs erhoben hat, welcher die Enteignung für die Verwirklichung des Vorhabens zulässt.[66]

35

Ein Vorhaben muss nicht nur abstrakt geeignet sein, das jeweilige gesetzliche Planungsziel zu fördern. Damit es im Sinne der Planrechtfertigung erforderlich ist, muss für das Vorhaben darüber hinaus ein konkreter **Bedarf** bestehen. Die Planrechtfertigung ist gegeben, wenn das jeweilige Vorhaben den gesetzlichen Planungszielen entspricht und ein Bedarf für seine Verwirklichung besteht.[67]

36

---

[59] *BVerwGE* 85, 44, 51 = *NVwZ* 1990, 969.
[60] Vgl. *BVerwGE* 48, 56, 60 = *NJW* 1975, 1373; *BVerwGE* 71, 166, 168 = *NJW* 1986, 80; *BVerwGE* 72, 282, 285 = *NJW* 1986, 1508; *BVerwGE* 75, 214, 238 = *NVwZ* 1987, 578, 584; *BVerwGE* 84, 31 = *NJW* 1990, 925; *BVerwGE* 84, 123 = *NVwZ* 1990, 860; *BVerwGE* 107, 142, 145 = *LKV* 1999, 143; *BVerwGE* 114, 364, 372 = *NVwZ* 2002, 350, 353; *BVerwGE* 120, 1, 3 = *NVwZ* 2004, 732, 733; *BVerwG NVwZ-RR* 2005, 453; *NVwZ* 2005, 940, 941; *OVG Lüneburg* NdsVBl 2004, 127; *VGH Mannheim NVwZ-RR* 2000, 420, 421.
[61] *BVerwG NVwZ* 2005, 940; *OVG Lüneburg* DVBl 2006, 1044, 1047; *Hönig*, Fachplanung und Enteignung, S. 144 ff. und 212 ff.
[62] In diesem Sinne wohl *OVG Koblenz* NuR 2005, 547, 548; *OVG Lüneburg* NdsVBl 2004, 127; gegen diese Beschränkung: *Jarass* NuR 2004, 69, 75; weitergehend auch *Wahl/Hönig* NVwZ 2006, 161, 167.
[63] A. A.: *BVerwGE* 127, 95, 102 = *NVwZ* 2007, 445, 447; *de Witt* LKV 2006, 5, 9; offen gelassen von *BVerwG NVwZ* 2005, 940, 941; wie hier wohl auch *OVG Koblenz* NVwZ-RR 2005, 404, 405.
[64] *Wickel* in Fehling u. a., § 74 VwVfG Rn. 74.
[65] *BVerwGE* 114, 364, 375 = *NVwZ* 2002, 350, 354; ferner *Jarass* NuR 2004, 69, 71.
[66] *BVerwG NVwZ* 2007, 1074, 1078; *Wickel* in Fehling u. a., § 74 VwVfG Rn. 76; *Bell* UPR 2002, 367, 370; *Ramsauer/Bieback* NVwZ 2002, 277, 282; *Jarass* DVBl 2006, 1329, 1332; *Wahl/Hönig* NVwZ 2006, 161, 167.
[67] *BVerwGE* 107, 142, 145 = *LKV* 1999, 143; *BVerwG* NuR 2005, 709, 710; *BVerwGE* 125, 116, 177 f. = *NVwZ-Beilage* I 8/2006, 1, 15; *BVerwGE* 127, 95, 102 f. = *NVwZ* 2007, 445, 447 f.

37 Die Planrechtfertigung fehlt für ein Vorhaben, das **objektiv nicht zu realisieren** ist, weil ihm auf Dauer unüberwindbare rechtliche oder tatsächliche Hindernisse entgegenstehen.[68] Ein solches Vorhaben kann von vornherein keinen Beitrag zur Erreichung der gesetzlichen Planungsziele leisten. Treten solche Hindernisse später ein, kann ein ergangener PlfBeschluss wegen Funktionslosigkeit außer Kraft treten. Objektiv nicht realisierungsfähig kann auch ein Vorhaben sein, das nicht finanzierbar ist.[69]

38 Die Planrechtfertigung bezieht sich auf das Vorhaben als solches (das **„Ob überhaupt"**). Ob ein konkretes Grundstück für das Vorhaben in Anspruch genommen werden darf, ist auf der Grundlage einer Rechtfertigung des Vorhabens als solches erst Gegenstand der Abwägung.[70] Über die genaue Lage des Vorhabens im Raum, und damit beispielsweise über die Wahl zwischen möglichen Trassen,[71] entscheidet erst die Abwägung aller betroffenen Belange.[72] Die Planrechtfertigung und die sie tragenden Gründe können sich auf die Abwägung auswirken. Die Dringlichkeit der Ziele, die für die Planrechtfertigung zugrunde gelegt sind, bestimmt das Gewicht der öffentlichen Belange, die in die Abwägung einzustellen sind.[73]

39 Die Planrechtfertigung ist der Betätigung planerischen Ermessens vorgelagert. Ob für das konkrete Vorhaben eine Planrechtfertigung gegeben ist, ist eine **rechtlich gebundene Entscheidung**.[74] Sie unterliegt im Grundsatz voller gerichtlicher Kontrolle. Das Gericht kann eine Planrechtfertigung aus anderen Gründen herleiten als denen, welche die PlfBehörde im PlfBeschluss zur Planrechtfertigung verlautbart hat.[75]

40 **b) Bedarf.** Ob der Bedarf für ein bestimmtes Vorhaben besteht, kann entweder unmittelbar **gesetzlich** oder durch eine **administrative Entscheidung** der zuständigen Fachplanungsbehörde festgelegt werden.

41 **aa) Gesetzliche Festlegung des Bedarfs.** Der Gesetzgeber hat den Bedarf für Verkehrsvorhaben wiederholt durch Gesetz festgestellt,[76] etwa durch das Bundesschienenwegeausbaugesetz,[77] das Fernstraßenausbaugesetz.[78] Die Entscheidung über das Bestehen eines Bedarfs für derartige Verkehrsvorhaben ist in erster Linie eine Frage politischen Wollens und Wertens. Dass der Gesetzgeber sie verbindlich trifft, entspricht einer sachgerechten staatlichen Funktionenteilung. Öffentliche Aufgaben auf gesamtstaatlicher Ebene zu bestimmen, kommt vornehmlich Gesetzgebung und Regierung zu.

42 Mit der Aufnahme eines Vorhabens in den Bedarfsplan entscheidet der Gesetzgeber verbindlich zum einen, dass das Vorhaben mit den gesetzlich festgelegten **Zielen des jeweiligen Fachgesetzes übereinstimmt**.[79] Die Aufnahme einer Bundesfernstraße in den Bedarfsplan enthält beispielsweise die verbindliche Entscheidung des Gesetzgebers, dass die konkrete Straße dem Ziel des § 1 Abs. 1 S. 1 FStrG dient, ein zusammenhängendes Verkehrsnetz für den weiträumigen Verkehr herzustellen.[80] Der Gesetzgeber entscheidet mit der Aufnahme in den Bedarfsplan zum anderen verbindlich über das **Bestehen eines Bedarfs**,[81] gegebenenfalls auch

---

[68] *OVG Hamburg* NVwZ-RR 2006, 97, 101.
[69] *BVerwG* NVwZ 2000, 555, 558f.; *BVerwGE* 120, 1, 5 = NVwZ 2004, 732, 734; *BVerwGE* 120, 87, 100 = NVwZ 2004, 722, 725; *BVerwGE* 125, 116, 182 = NVwZ-Beilage I 8/2006, 1, 16; *OVG Hamburg*, NordÖR 2001, 208, 209f.; *OVG Koblenz* NuR 2006, 54; *VGH Mannheim* UPR 2005, 118; *VGH München* NuR 2006, 384, 388.
[70] *BVerwGE* 98, 339 = NVwZ 1996, 381; *BVerwG* NVwZ 2000, 555, 556; *BVerwGE* 112, 140, 147 = NVwZ 2001, 673, 675.
[71] *BVerwGE* 102, 331, 343f. = NVwZ 1997, 302; ferner: *Erbguth* NVwZ 1992, 209.
[72] *BVerwGE* 71, 166, 168 = NJW 1986, 80; *BVerwGE* 75, 214, 238 = NVwZ 1987, 578, 584f.; *BVerwG* NVwZ 1993, 572; *VGH Mannheim* VBlBW 1988, 337, 338. Aus diesem Grund ist eine UVP für die gesetzliche Festlegung des Bedarfs für ein bestimmtes Vorhaben nicht erforderlich: vgl. *EuGH* DVBl 2000, 1838; dazu ferner *BVerwG* NVwZ 1999, 528, 529.
[73] *BVerwG*, NVwZ-RR 1991, 118, 119; *BVerwG* 107, 142, 145 = LKV 1999, 143.
[74] *BVerwGE* 84, 123, 131 = NVwZ 1990, 860; *BVerwGE* 114, 364, 373 = NVwZ 2002, 350, 353.
[75] *BVerwGE* 84, 123, 131 = NVwZ 1990, 860; *OVG Koblenz* NuR 2005, 53, 54.
[76] Vgl. auch *VGH Mannheim* NuR 2005, 250, 253.
[77] Vom 15. 11. 1993, BGBl I S. 1874, i. F. d. Gesetzes vom 15. 9. 2004, BGBl I S. 2322.
[78] Vom 15. 11. 1993 i. d. F der Bekanntmachung vom 10. 1. 2005, BGBl I S. 201; zu der ihr zugrunde liegenden Änderung *VGH München* BayVGHE 59, 177, 182f.
[79] *BVerwG* NVwZ 2007, 462, 463.
[80] *BVerwG* NVwZ 2000, 555, 556.
[81] *BVerwGE* 100, 370 = NVwZ 1996, 1016; *BVerwGE* 100, 388 = NVwZ 1997, 169; *BVerwG* NVwZ-RR 1997, 339; *BVerwGE* 120, 1, 2 = NVwZ 2004, 732, 733; *BVerwG* NVwZ 2005, 803.

über die Art seiner Befriedigung, insbesondere die Dimensionierung des Vorhabens.[82] Der Bedarfsplan stellt ein bestimmtes, wenn auch grobmaschiges zusammenhängendes Verkehrsnetz dar. Die in ihm festgestellte Netzverknüpfung darf im PlfV nicht ignoriert werden.[83] Im Übrigen ist der Bedarfsplan aber als globales und grobmaschiges Konzept nicht detailgenau und lässt der Planfeststellung für die Ausgestaltung im Einzelnen noch weite planerische Spielräume.[84]

43 Die Feststellung, dass ein Bedarf besteht, ist nicht nur für das PlfV, sondern auch für ein nachfolgendes **gerichtliches Verfahren verbindlich**.[85] Der Gesetzgeber hat bei der Bestimmung der Wege zur Bedarfsdeckung einen weiten **Gestaltungs- und Prognosespielraum**.[86] Er schließt Leitentscheidungen zur Verkehrspolitik ein, die sich auch auf Prognosedaten und Bedarfsschätzungen stützen können. Die Gerichte dürfen diese Daten in der Regel nicht auf Plausibilität und Wahrscheinlichkeit mit Hilfe von ihnen eingeholter (weiterer) Sachverständigengutachten überprüfen; ihre Kontrolle beschränkt sich drauf, ob die Annahmen vertretbar sind.[87] Wenn deutliche Zweifel daran bestehen, dass mit der Aufnahme eines Vorhabens in den Bedarfsplan die Grenzen des gesetzgeberischen Ermessens überschritten sind, hat das Gericht dem nachzugehen und – falls die Zweifel sich bestätigen – das Verfahren auszusetzen und die Entscheidung des BVerfG einzuholen (Art. 100 GG).[88] Das ist etwa dann der Fall, wenn es offenkundig keinerlei verkehrlichen Bedarf gibt, der die Annahmen des Gesetzgebers rechtfertigen könnte.[89]

44 Hat der Gesetzgeber den Bedarf für ein bestimmtes Vorhaben festgelegt, ist seine Entscheidung nicht nur für die Planrechtfertigung, sondern auch für die **Abwägung** verbindlich, in die der Bedarf für das Vorhaben als ein gewichtiger öffentlicher Belang einzustellen ist. Es wäre widersprüchlich, wenn der Bedarf für die Planrechtfertigung feststünde, für die Abwägung aber in Frage gestellt werden könnte.[90]

45 Die Aufnahme eines Vorhabens in den Bedarfsplan entbindet andererseits die PlfBehörde nicht von der Prüfung entgegenstehender öffentlicher oder privater Belange.[91] Erst die **Abwägung** mit ihnen entscheidet über die Verwirklichung des Vorhabens und dessen konkrete Lage. In der Abwägung nicht zu überwindende Belange können dazu nötigen, von dem Vorhaben Abstand zu nehmen.

46 Eine Trasse kann nur dann vom Bedarfsplan abweichend festgesetzt werden, wenn alle dem Bedarfsplan entsprechenden **Varianten** ausscheiden, weil ihre Nachteile so schwer wiegen, dass selbst das gesetzlich festgestellte Verkehrsbedürfnis sie nicht zu überwinden vermag.[92]

47 Stellt der Bedarfsplan den Bedarf nur für den **Ausbau** einer vorhandenen Anlage fest, ist die PlfBehörde aus Rechtsgründen gehindert, in ihrer Abwägung Alternativen in Betracht zu ziehen, die sich nicht als Ausbau der vorhandenen Anlage, sondern als Neubau einer (weiteren) Anlage an anderer Stelle darstellen.[93]

48 Solange der Gesetzgeber an einer von ihm getroffenen Bedarfsfeststellung festhält, ist es regelmäßig ausgeschlossen, sich über einen Bedarfsplan allein deshalb hinwegzusetzen, weil der Gesetzgebungsakt, der ihm zugrunde liegt, **schon längere Zeit zurückliegt**. Ob die gesetzliche Regelung weiterhin Geltung beansprucht, kann allein dann zweifelhaft sein, wenn sich die Verhältnisse in der Zwischenzeit so grundlegend gewandelt haben, dass sich die ursprüngliche Bedarfsentscheidung nicht mehr rechtfertigen lässt.[94]

---

[82] *BVerwGE* 98, 339 = NVwZ 1996, 381; *BVerwG* NuR 1998, 305, 309; NuR 1998, 605, 606; NVwZ 2000, 555, 556.
[83] *BVerwGE* 102, 331, 343 = NVwZ 1997, 908.
[84] *BVerwGE* 100, 370, 385 = NVwZ 1996, 1016; *BVerwG* NVwZ 2004, 732, 733.
[85] *BVerwG* NuR 1998, 605, 606; *BVerwGE* 123, 23, 25; *BVerwG* NVwZ 2005, 803.
[86] *BVerfGE* 95, 1 = NJW 1997, 383; *BVerwG* LKV 1997, 209, 211.
[87] *BVerwGE* 98, 339, 347 = NVwZ 1996, 381, 384; *BVerwG* NVwZ 1997, 684; NuR 1998, 305, 309.
[88] *BVerwGE* 98, 339 = NVwZ 1996, 384.
[89] *BVerwG* NuR 1998, 305, 309; NVwZ 1999, 528, 529; NVwZ 2007, 462, 463.
[90] *BVerwGE* 100, 370 = NVwZ 1996, 1016; *BVerwG* NVwZ-RR 1998, 297; NVwZ 2000, 560; *BVerwGE* 123, 37, 42 f. = NVwZ 2005, 803, 806; *VGH Mannheim* VBlBW 2001, 481, 483.
[91] *BVerwGE* 100, 238 = NVwZ 1996, 788; *BVerwGE* 104, 236, 249 f. = NVwZ 1998, 508; *BVerwGE* 120, 1, 4 = NVwZ 2004, 732, 733 f.
[92] *BVerwGE* 98, 339 = NVwZ 1996, 381.
[93] *BVerwG* NVwZ 1994, 1000; *OVG Münster* NWVBl 2001, 130.
[94] *BVerwG* NVwZ-RR 1998, 292; *BVerwGE* 112, 140, 145 = NVwZ 2001, 673, 676; *BVerwGE* 117, 149, 151 f. = NVwZ 2003, 485, 486; *BVerwGE* 120, 87, 100 = NVwZ 2004, 722, 725; *BVerwG* NVwZ 2004, 732, 734.

49 **bb) Administrative Bedarfsfeststellungen.** Neben den normativen Bedarfsentscheidungen spielen in der Praxis administrative Bedarfsfestlegungen der jeweils zuständigen Fachplanungsbehörde eine wesentliche Rolle.[95]

50 Die PlfBehörde hat den Bedarf für das Vorhaben **prognostisch** zu ermitteln. Sie hat hierfür eine geeignete fachspezifische Methode zu wählen, den Sachverhalt zutreffend zu ermitteln, der ihrer Prognose zugrunde zu legen ist, und ihr Ergebnis einleuchtend zu begründen.[96] Die Feststellung eines Bedarfs setzt nicht zwingend eine bereits gegenwärtig vorhandene Nachfrage voraus. Die Planung muss nur auf eine Bedarfslage ausgerichtet sein, die zwar noch nicht eingetreten ist, aber bei vorausschauender Betrachtung in absehbarer Zeit mit hinreichender Sicherheit erwartet werden kann. Dabei kann auch eine Nachfrage berücksichtigt werden, die durch das in Rede stehende Vorhaben erst stimuliert werden soll (Angebotsplanung).[97] Im Klageverfahren hat das Gericht nur zu prüfen, ob die PlfBehörde gemessen an diesen Anforderungen die Prognose mit den zu ihrer Zeit verfügbaren Erkenntnismitteln unter Beachtung der für sie erheblichen Umstände sachgerecht erarbeitet hat.[98] Verbleibende Unsicherheiten über den Eintritt der Prognose können nicht durch eigene Beweiserhebungen des Gerichts behoben werden.[99]

51 **c) Abschnittsweise Planfeststellung.** Stellt die PlfBehörde ein Gesamtvorhaben in Teilabschnitten fest (§ 73 Rn. 23), muss für jeden Teilabschnitt eine Planrechtfertigung gegeben sein. Eine Planung in Teilschritten darf sich nicht so weit verselbständigen, dass der Zusammenhang mit der Gesamtplanung verloren geht.

52 Für das **Gesamtvorhaben** muss ein Bedarf bestehen. Der einzelne Teilabschnitt muss für die Durchführung des Gesamtvorhabens objektiv vernünftigerweise geboten sein. Er muss zur Vermeidung eines Planungstorsos eine bezogen auf das Gesamtvorhaben eigenständige Funktion erfüllen können.[100] Anders als für Fernstraßen kann für Eisenbahnstrecken jedoch nicht verlangt werden, jedem Abschnitt müsse eine selbständige Verkehrsfunktion zukommen.[101] Teilabschnitte sind nur zulässig, wenn aufgrund einer insoweit anzustellenden Prognose der Verwirklichung des (Gesamt-)Vorhabens in den Folgeabschnitten keine von vornherein unüberwindlichen Hindernisse entgegenstehen.[102]

53 **d)** Für **privatnützige Vorhaben** (§ 72 Rn. 28 ff.) ist eine Planrechtfertigung erforderlich, wenn diese Planungsschranke aus dem Grundsatz der Verhältnismäßigkeit staatlichen Handelns hergeleitet wird, das mit Eingriffen in private Rechte (auch durch deren nur mittelbare Beeinträchtigung) verbunden ist (Rn. 33). Wird hingegen die Planrechtfertigung als spezifisch enteignungsrechtliche Anforderung an solche Vorhaben verstanden (Rn. 33 f.), für deren Verwirklichung auf das Eigentum Dritter unmittelbar zugegriffen werden muss, ist für ein privatnütziges Vorhaben eine Planrechtfertigung nicht erforderlich (§ 72 Rn. 29).[103]

3. Abwägungsgebot

54 **a) Herleitung und Inhalt.** Aus dem Rechtsstaatsprinzip ist als Schranke der planerischen Gestaltungsfreiheit das **Abwägungsgebot** abgeleitet. Es folgt aus dem Wesen einer rechtsstaatli-

---

[95] Vgl. beispielsweise BVerwG NVwZ-RR 2005, 453; NVwZ 2005, 940, 941; NVwZ 2006, 331, 332; OVG Hamburg NordÖR 2002, 241, 243 (Verkehrsflughafen); VGH München NVwZ-RR 2004, 328 (Bundesstraße); VGH München NuR 2006, 384 , 387 (Verkehrsflughafen); OVG Münster NWVBl 2005, 338, 339; NWVBl 2006, 254, 256 ff. (jeweils Verkehrsflughäfen).
[96] BVerwGE 75, 214, 234 f. = NVwZ 1987, 578, 583; hierzu ferner: Hösch UPR 2006, 411, 414 f.
[97] BVerwGE 114, 364, 376 = NVwZ 2002, 350, 354; BVerwGE 123, 261, 270 ff. = NVwZ 2005, 933, 935 f.; BVerwGE 127, 95, 103 f. = NVwZ 2007, 445, 448; VGH Mannheim NVwZ-RR 2003, 412, 413 f.; VGH München NuR 2006, 384, 387.
[98] BVerwGE 77, 282, 286 = NVwZ 1986, 1508; BVerwGE 107, 142, 145 = LKV 1999, 143; BVerwG NVwZ 2003, 1120, 1121; BVerwGE 123, 261, 275 = NVwZ 2005, 933, 936.
[99] BVerwGE 56, 110, 121 = NJW 1979, 64; BVerwGE 72, 282, 286 = NJW 1986, 1508; BVerwGE 75, 214, 233 ff. = NVwZ 1987, 578, 583.
[100] BVerwG NVwZ 2005, 803; zu einem Ausnahmefall vgl. BVerwGE 104, 144, 152 f. = NVwZ 1997, 914.
[101] BVerwG NVwZ 1996, 896.
[102] BVerwG NVwZ 2002, 1103, 1109; NVwZ 2003, 1253, 1257 f. Nach BVerwG NVwZ 2000, 560 gilt dasselbe, wenn der planfestgestellte Abschnitt einer Bundesfernstraße dazu dienen soll, die Verbindung zu einer anderen geplanten, aber noch nicht planfestgestellten Bundesfernstraße herzustellen.
[103] Allesch/Häußler in Obermayer, § 74 Rn. 26; Ziekow, § 74 Rn. 17; Kühling/Herrmann, Rn. 285 ff; Guckelberger in Ziekow, Praxis des Fachplanungsrechts, Rn. 2076 f.; Herrmann NuR 2001, 551, 552 f.; de Witt LKV 2006, 5, 7; wohl auch Ramsauer/Bieback NVwZ 2002, 277, 281 f.; a. A.: Jarass NuR 2004, 69, 73 f.

chen Planung und hat **Verfassungsrang**.[104] Es gilt deshalb auch ohne ausdrückliche spezialgesetzliche Normierung. Es gebietet, die von einer Planung berührten öffentlichen und privaten Belange gegeneinander und untereinander gerecht abzuwägen.[105] Das Abwägungsgebot zielt auf einen verhältnismäßigen Ausgleich der von der Planung berührten öffentlichen und privaten Belange. Der Sache nach konkretisiert es in einer den Besonderheiten planerischer Entscheidungen angepassten Weise den verfassungsrechtlichen **Grundsatz der Verhältnismäßigkeit**.

Das Abwägungsgebot verlangt, dass 55
1. eine Abwägung überhaupt stattfindet (andernfalls **Abwägungsausfall**),
2. in die Abwägung an Belangen eingestellt wird, was nach Lage der Dinge in sie eingestellt werden muss (anderenfalls **Abwägungsdefizit**),
3. die Bedeutung der betroffenen öffentlichen und privaten Belange nicht verkannt wird (anderenfalls **Abwägungsfehleinschätzung**),
4. der Ausgleich zwischen den betroffenen Belangen nicht in einer Weise vorgenommen wird, die zur Gewichtigkeit einzelner Belange außer Verhältnis steht (andernfalls **Abwägungsdisproportionalität**).

Diese Anforderungen beziehen sich sowohl auf den Abwägungsvorgang als auch auf das Ab- 56 wägungsergebnis; lediglich das Gebot, überhaupt abzuwägen, bezieht sich seinem Inhalt nach nur auf den Abwägungsvorgang. Innerhalb des so gezogenen Rahmens darf die PlfBehörde sich bei der Kollision zwischen verschiedenen Belangen für die **Bevorzugung des einen** und damit notwendig für die **Zurückstellung eines anderen** entscheiden.[106] Es liegt in ihrer Befugnis, die Vorzugswürdigkeit des einen gegenüber dem anderen öffentlichen oder privaten Belang zu bestimmen.[107] Dies macht den **Kern ihrer planerischen Gestaltungsfreiheit** aus, der deshalb gerichtlicher Kontrolle entzogen ist. Die PlfBehörde darf sich nicht erst dann für die Zulassung des beabsichtigten Vorhabens entscheiden, wenn die für das Vorhaben streitenden öffentlichen Belange überwiegen. Sie hält sich vielmehr auch dann in den Grenzen ihrer planerischen Gestaltungsfreiheit, wenn sie einander widerstreitende Belange als gleichgewichtig ansieht, sich aber gleichwohl für die Verwirklichung des Vorhabens entscheidet.[108] Ein rechtlich erheblicher Abwägungsfehler entsteht erst, wenn den bestehenden Nachteilen der Planung keine erkennbaren Vorteile öffentlicher oder privater Art gegenüberstehen.[109] Das gilt auch für die Prüfung von **Planungsalternativen**.[110]

b) Abwägungsausfall. Die PlfBehörde muss **überhaupt abwägen**. An einer Abwägung 57 fehlt es, wenn die PlfBehörde sich rechtsirrig für gebunden hält,[111] sich etwa zu Unrecht an Vorstellungen anderer Planungsträger gebunden fühlt.[112] Problematisch ist auch eine Bindung durch Zusicherungen (§ 38) gegenüber dem Vorhabenträger[113] oder gegenüber einzelnen Betroffenen, deren Einhaltung sich zu Lasten anderer Betroffener auswirken kann (vgl. auch § 38 Rn. 88).[114]

---

[104] *BVerwGE* 61, 295 = NJW 1981, 2137; *BVerwGE* 64, 270 = NJW 1982, 1473; ferner *Stüer* in FS Blümel, S. 563, 574 ff.
[105] Zum Abwägungsgebot: *BVerwGE* 34, 301, 309; *BVerwGE* 90, 329, 331 = NVwZ 1993, 167 (Bauplanungsrecht); *BVerwGE* 48, 56, 63 = NJW 1975, 1373; *BVerwGE* 52, 237 = NJW 1978, 119; *BVerwGE* 62, 342 = NJW 1981, 2592; *BVerwGE* 71, 166, 171 = NJW 1986, 80 (Fernstraßenrecht); *BVerwGE* 55, 220 = NJW 1978, 2308; *BVerwGE* 71, 163 = NJW 1986, 82; *BVerwGE* 85, 155 = NVwZ 1991, 362 (Wasserrecht); *BVerwGE* 56, 110 = NJW 1979, 64; *BVerwGE* 75, 214 = NVwZ 1987, 578; *BVerwG* NVwZ-RR 1991, 129; *BVerwGE* 87, 332 = NVwZ-RR 1991, 601; *BVerwGE* 107, 313 = NVwZ 1999, 644 (Luftverkehrsrecht); *BVerwG* NJW 1980, 931; NVwZ-RR 1989, 241; *BVerwGE* 85, 44 = NVwZ 1990, 969 (Abfallrecht); *BVerwGE* 59, 253 = NJW 1980, 2368; *BVerwG* NVwZ 1987, 886; NVwZ 1988, 532; NVwZ 1991, 781 (Eisenbahnrecht); *BVerwGE* 77, 47 = NJW 1987, 2389; *BVerwGE* 79, 218 = NVwZ 1988, 1124 (Fernmeldeleitungen); *BVerwGE* 77, 128 = NJW 1987, 2096 (Breitbandkabel).
[106] *BVerwGE* 98, 339, 349 f. = NVwZ 1996, 381; *OVG Lüneburg* NdsVBl 2004, 127, 128.
[107] *BVerwGE* 75, 214, 254 = NVwZ 1987, 578, 588; *BVerwG* NuR 1998, 305, 308.
[108] *BVerwGE* 71, 166, 170 f. = NJW 1986, 80.
[109] *BVerwG* NuR 1998, 305, 308.
[110] *BVerwGE* 75, 214, 253 = NVwZ 1987, 578, 587; *BVerwGE* 81, 128, 136 ff. = NVwZ 1989, 458; *BVerwGE* 100, 238, 249 ff. = NVwZ 1996, 788; *BVerwGE* 101, 166, 173 ff. = NVwZ 1997, 494.
[111] *BVerwGE* 127, 95, 114 = NVwZ 2007, 445, 450; *Allesch/Häußler* in Obermayer, § 74 Rn. 32; *Dürr* in Knack, § 74 Rn. 95.
[112] *BVerwG* NVwZ 1993, 565.
[113] Hierzu *BVerwG* NVwZ 2007, 1074, 1079.
[114] Vgl. hierzu auch *BVerwG* NVwZ-RR 2007, 456, 457 f.

58 Die PlfBehörde muss **selbst abwägen**. Sie darf aber auf vorgefertigte **Planungsunterlagen des Vorhabenträgers** zurückgreifen, diese abwägend nachvollziehen und sich zu eigen machen.[115] Ist die PlfBehörde behördenintern durch bestimmte **Vorabentscheidungen** gebunden, wie etwa eine Linienbestimmung nach § 16 FStrG, schließt dies eine eigene Abwägung nicht aus.[116] Sie muss die ihr intern vorgegebene Entscheidung abwägend nachvollziehen.[117] Übernimmt die PlfBehörde eine defizitäre Linienbestimmung, ohne darauf hinzuwirken, dass der Mangel behoben wird, überträgt sie diesen Mangel in den nach außen verbindlichen PlfBeschluss.[118] Ebenso kann die PlfBehörde verfestigte (aber sie nicht förmlich bindende) Planungen anderer Planungsträger und darin zum Ausdruck gelangte städtebauliche oder verkehrspolitische Konzepte ihrer eigenen Abwägung zugrunde legen und übernehmen.[119] Problematisch sind im PlfV ergangene **Weisungen** vorgesetzter Behörden.[120] Die PlfBehörde kann sie nur dann ohne Verstoß gegen das Abwägungsgebot dem PlfBeschluss zugrunde legen, wenn die Weisungen auf einer vollständigen Kenntnis der im Anhörungsverfahren vorgebrachten und erörterten Tatsachen und Einwendungen beruhen, ihrerseits den Anforderungen des Abwägungsgebots entsprechen und dementsprechend begründet sind.[121]

59 An einer Abwägung fehlt es ferner, wenn die PlfBehörde sich von **sachfremden Erwägungen** leiten lässt. Das ist etwa der Fall, wenn sie sich für ein Vorhaben oder dessen konkrete Gestaltung, etwa eine bestimmte Planungsalternative, aus allein politischen Motiven entscheidet, sich etwa dem Willen führender Politiker[122] oder sonst politischem Druck[123] unterordnet. Waren solche Einwirkungen vorhanden und hat die PlfBehörde den PlfBeschluss erlassen, spricht dies aber nicht ohne weiteres dafür, sie habe sich politischen Wünschen oder politischem Druck gebeugt und auf eine eigenverantwortliche Abwägung der betroffenen Belange verzichtet. Enthält der PlfBeschluss eine sachliche planerische Begründung, spricht die Vermutung dafür, er beruhe auf planerischen, nicht aber auf sachfremden Erwägungen.[124]

60 c) **Abwägungsdefizit.** Was als privater oder öffentlicher **Belang** in die Abwägung **einzustellen** ist, richtet sich nach Lage der Dinge im Einzelfall,[125] nämlich nach Gegenstand, Reichweite und Auswirkungen der konkreten Planung. Maßgeblich sind grundsätzlich die **Verhältnisse im Zeitpunkt der Planfeststellung**. Lassen sich im Wege einer Prognose **künftige Entwicklungen** hinreichend sicher abschätzen, hat die PlfBehörde sie in ihre Abwägung einzubeziehen.[126]

61 Nicht zu berücksichtigen sind Belange, die **nicht schutzwürdig** sind. Nicht schutzwürdig sind **völlig geringfügige** private Belange,[127] ferner **rechtlich nicht geschützte** Interessen, etwa das Interesse am Fortbestand einer illegalen Nutzung des Grundstücks.[128] Nicht schutzwürdig sind ferner **tatsächliche Chancen** und Vorteile, mit deren Wegfall der Betroffene jederzeit rechnen muss.[129]

62 Nicht zu berücksichtigen sind Belange, die für die PlfBehörde **nicht erkennbar** sind, weil sie weder geltend gemacht worden sind noch sich ihr sonst aufdrängen mussten.[130] Hat die

---

[115] *BVerwG* NVwZ-RR 1998, 297; vgl auch *OVG Lüneburg* NVwZ-RR 2003, 478, 480; *Fischer* in Ziekow, Praxis des Fachplanungsrechts, Rn. 457.
[116] *BVerwG* NVwZ 1996, 1011, 1014.
[117] *BVerwGE* 104, 236, 250 f = NVwZ 1998, 508.
[118] *BVerwGE* 104, 236, 252 = NVwZ 1998, 508; *BVerwG* NVwZ-RR 2002, 2; *OVG Münster* NuR 2007, 360, 361.
[119] *BVerwGE* 123, 286, 291 f. = NVwZ 2005, 949, 951.
[120] *VGH Mannheim* NVwZ-RR 1989, 354; *Dürr* in Knack, § 74 Rn. 95; *Allesch/Häußler* in Obermayer, § 74 Rn. 33; *Wickel* in Fehling u. a., § 74 VwVfG Rn. 123.
[121] *Dürr* in Knack, § 74 Rn. 95.
[122] *BVerwGE* 75, 214, 245 ff. = NVwZ 1987, 578, 586.
[123] *BVerwG,* NVwZ 1994, 1002 ff.
[124] *Allesch/Häußler* in Obermayer, § 74 Rn. 34.
[125] *BVerwGE* 34, 301, 309; *BVerwGE* 45, 309, 314 = NJW 1975, 70; *BVerwG* NVwZ 1988, 363.
[126] *BVerwG* NVwZ-RR 1999, 629, 630.
[127] *BVerwGE* 59, 87, 103 = NJW 1980, 1061, 1063; *BVerwG* NuR 2007, 488, 489; *OVG Koblenz* NuR 2003, 634.
[128] *BVerwG* NVwZ-RR 1994, 373; NVwZ 1997, 917.
[129] *BVerwGE* 59, 87, 103 = NJW 1980, 1061, 1063; *BVerwG* NVwZ-RR 1997, 344; NVwZ 2006, 1170, 1172; NuR 2007, 488, 489; *VGH München* BayVBl 2001, 665.
[130] *BVerwGE* 59, 87, 104 = NJW 1980, 1061, 1063; *BVerwG* NVwZ 1986, 740; NVwZ 1988, 363; *VGH München* ZfW 2006, 232, 234.

PlfBehörde aus diesem Grund einen materiell für die Planung erheblichen Belang nicht berücksichtigt, liegt bereits kein Abwägungsfehler vor. Es geht nicht um einen Fehler der Abwägung, der mangels Offensichtlichkeit nach § 75 Abs. 1 a S. 1 unbeachtlich ist.[131]

Präkludierte private Belange bleiben bei der Abwägung nicht schlechthin unberücksichtigt.[132] Für die PlfBehörde gilt die Pflicht zur Amtsermittlung. Sie findet ihre Grenze in der Mitwirkungslast der Betroffenen. Im Anhörungsverfahren nicht oder verspätet vorgetragene Belange braucht die PlfBehörde nicht zu ermitteln. Sie muss aber Belange berücksichtigen, die ihr ohne weitere Ermittlungen bekannt sind oder sich ihr aufdrängen mussten.[133] Ferner können sich private und öffentliche Belange decken. Gehen beispielsweise von einem Vorhaben Immissionen aus, liegt es sowohl im öffentlichen Interesse als auch im privaten Interesse der betroffenen Nachbarn, unzumutbare Einwirkungen auf schutzwürdige benachbarte Nutzungen zu verhindern. Auch wenn der potentiell betroffene Dritte mit Einwendungen wegen solcher Immissionen präkludiert ist, hat die PlfBehörde sie als zugleich öffentlichen Belang zu berücksichtigen. Die Präklusion wirkt sich in diesen Fällen nicht schon bei der Abwägungsentscheidung aus, sondern erst in einem anschließenden Klageverfahren. In ihm ist es dem präkludierten Dritten verwehrt, eine Rechtswidrigkeit des PlfBeschlusses mit der Begründung geltend zu machen, die Gesichtspunkte beispielsweise des Immissionsschutzes seien zu seinen Lasten abwägungsfehlerhaft behandelt.[134]

Unter Umständen braucht die Planfeststellungsbehörde einen Belang nicht selbst ermitteln, sondern kann ihn entsprechend dem Vorbringen des Betroffenen mit dem vom ihm selbst behaupteten Gewicht für die Abwägung als gegeben unterstellen **(Wahrunterstellung).**[135]

Hat die PlfBehörde die abwägungserheblichen Belange **unzureichend ermittelt,** kann das Gericht nicht nach eigener Ermittlung der betroffenen Belange die erst auf dieser Grundlage mögliche sachgerechte Abwägung selbst vornehmen.[136] Es kann nur unter den Voraussetzungen des § 75 Abs. 1 a S. 2 die Rechtswidrigkeit und Nichtvollziehbarkeit des PlfBeschlusses feststellen. Die PlfBehörde kann dann den festgestellten Mangel in einem ergänzenden Verfahren selbst beheben (§ 75 Rn. 48 ff.).

d) Abwägungsfehleinschätzung. Die PlfBehörde muss die in die Abwägung einzustellenden Belange gewichten und bewerten. Wie die öffentlichen und privaten Belange, auch im Verhältnis zu anderen gegenläufigen Belangen, zu bewerten und zu gewichten sind, ist zuvörderst an den jeweiligen Fachplanungsgesetzen und an dem Recht auszurichten, das sonst für die jeweiligen Belange materiell einschlägig ist.

Materiell-rechtliche Vorschriften können **Optimierungsgebote** enthalten.[137] Mit ihnen legt der Gesetzgeber einem bestimmten Belang eine besondere Bedeutung bei und fordert seine möglichst weitgehende Beachtung. Vorschriften mit Optimierungsgeboten schränken die planerische Gestaltungsfreiheit ein, indem sie den in ihnen enthaltenen Zielvorgaben ein besonderes Gewicht beimessen.[138] Andererseits können sie durch gegenläufige Belange mit entsprechendem Gewicht abwägend überwunden werden. Will die PlfBehörde Optimierungsgebote hinter andere Belange zurückstellen, löst dies eine erhöhten Rechtfertigungsbedarf und einen entsprechenden argumentativen Aufwand aus. Der Gesetzgeber hat aber kein in sich geschlossenes System von Optimierungsgeboten geschaffen und braucht es auch nicht zu schaffen. Deshalb können durchaus unterschiedliche und im konkreten Fall eben auch gegenläufige Belange durch gesetzliche Zielvorgaben besonders gewichtet sein.

Materiell-rechtliche Vorschriften können bloße **Abwägungsdirektiven** enthalten. Sie verlangen lediglich die Berücksichtigung eines bestimmten Belangs in der Abwägung, ohne ihm ein besonderes Gewicht im Verhältnis zu anderen Belangen zu verleihen.

---

[131] *Gaentzsch* UPR 2001, 201, 204.
[132] Vgl. *BVerwG* NVwZ-RR 1999, 296.
[133] Die sachliche Auseinandersetzung mit einem präkludierten Belang beseitigt nicht die Präklusionsfolge: *VGH Mannheim* VBlBW 2000, 111; ferner § 73 Rn. 89.
[134] *Kirchberg* in Ziekow, Praxis des Fachplanungsrechts, Rn. 198; *Steinbeiß-Winkelmann* DVBl 1998, 809, 816.
[135] *BVerwGE* 61, 295, 304 = NJW 1981, 2137; *BVerwG* NVwZ 2002, 350, 355; zu den Grenzen der Wahrunterstellung vgl. *Wickel* in Fehling u. a., § 74 VwVfG Rn. 130.
[136] *BVerwG*, NVwZ 1989, 152; NVwZ 1991, 781, 784; vgl. auch *VGH München* NVwZ-RR 2001, 579.
[137] Hierzu *Ziekow* in Ziekow, Praxis des Fachplanungsrechts, S. 222 f.; *Dürr* in Knack, § 74 Rn. 125 ff.; *Wahl/Dreier* NVwZ 1999, 606, 617 f.; gegen diese Kategorie: *Wickel* in Fehling u. a., § 74 VwVfG Rn. 114.
[138] *BVerwGE* 71, 163, 165; *Halama* VBlBW 2006, 132, 133.

Ob eine Vorschrift ein Optimierungsgebot oder eine bloße Abwägungsdirektive enthält, ist durch Auslegung zu ermitteln.[139]

68 Die geforderte eigenverantwortliche Abwägung der betroffenen Belange hindert die PlfBehörde nicht, sich bei der Bewertung der Belange nach eigener Prüfung die **sachverständige Auffassung Dritter** zu eigen zu machen, auch soweit diese Auffassung in allgemeinen ministeriellen Richtlinien eingegangen ist; das gilt namentlich bei schwierigen Fragen, bei denen tatsächliche und wertende Gesichtspunkten sich nicht von vornherein klar trennen lassen und bei denen die Beurteilung tatsächlicher Umstände spezifische Fachkenntnisse erfordert.[140] **Technische Richtlinien** binden aber andererseits die PlfBehörde bei ihrer Abwägung nicht. Sie muss von ihnen sogar abweichen, wenn besondere Umstände des Einzelfalles dies gebieten.[141]

69 e) **Abwägungsdisproportionalität.** Auch wenn ein Belang abwägungserheblich ist und deshalb in der Abwägung berücksichtigt werden muss, muss er sich nicht zwingend auch im **Abwägungsergebnis** niederschlagen.[142] Ausgangspunkt der Abwägung ist das Vorhaben und die für seine Verwirklichung sprechenden Gründe. Ob gegenläufige öffentliche und private Belange sich im Planungsergebnis niederschlagen, sei es der konkreten Ausgestaltung des Vorhabens, sei es in einem Verzicht auf das Vorhaben, oder ob sie gleichsam weggewogen werden können, entscheidet sich immer im Angesicht der konkreten Planungssituation, insbesondere nach der Bedeutung des Vorhabens für das Gemeinwohl einerseits sowie andererseits nach dem Gewicht gegenläufiger Belange und den Möglichkeiten, unter Wahrung der Planungsziele auf sie Rücksicht zu nehmen.[143]

70 f) **Einzelheiten zu privaten Belangen.** Als private Belange kommen nicht nur **subjektive öffentliche und private Rechte** in Betracht, sondern auch bloße **eigene (subjektive) Interessen** (§ 73 Rn. 71).[144] Einem bloßen, wenn auch schutzwürdigen Interesse kann aber in der Abwägung ein geringeres Gewicht zukommen als einem Belang, der zu einem subjektiven Recht erstarkt ist.

71 aa) **Eigentum.** Zu den abwägungserheblichen privaten Belangen gehört vor allem das **Eigentum an Grundstücken.** Ihm stehen grundstücksgleiche dingliche Berechtigungen gleich. Zu ihnen gehört das Erbbaurecht.[145]

72 Die im Eigentum begründeten Belange sind abwägungserheblich auch dann, wenn Eigentümer eine **juristische Person des öffentlichen Rechts,** beispielsweise eine Gemeinde ist.[146] Auch wenn sie nicht Träger der Eigentumsgarantie des Grundgesetzes sind,[147] so kommt ihnen doch der einfachrechtliche Schutz des Eigentums zu (zum Rechtsschutz: § 75 Rn. 31).

73 Die aus dem Eigentum folgenden Belange sind auch dann in die Abwägung einzubeziehen, wenn der Eigentümer das Grundstück maßgeblich mit der Erwägung erworben hat, gestützt auf sein Eigentum eine sich abzeichnende Planung beeinflussen zu können (sog. **Sperrgrundstück**). Wegen seiner geringeren wirtschaftlichen Bedeutung für den Eigentümer kann ein solches Eigentum in der Abwägung leichter überwunden werden.[148] Die aus dem Eigentum hergeleiteten Belange sind nicht schutzwürdig, wenn sich die Berufung auf sie als **rechtsmissbräuchlich** darstellt. Das ist der Fall, wenn ein Naturschutzverein mit dem Erwerb eines Grundstücks erkennbar ausschließlich den Zweck verfolgt hat, für einen nachfolgenden Prozess eine sonst nicht bestehende Klagebefugnis zu erlangen.[149]

---

[139] Vgl. etwa *VGH München* UPR 2007, 195, 197 zu § 8 Abs. 3 S. 2 PBefG.
[140] *BVerwG* NVwZ-RR 1991, 118; *VGH München* NVwZ-RR 2004, 328, 329.
[141] *VGH München* NuR 1999, 650, 652 f.
[142] Vgl. hierzu auch *di Fabio* in FS Hoppe, S. 75, 91.
[143] Vgl. auch mit Beispielen aus der Rechtsprechung: *Wahl/Dreier* NVwZ 1999, 606, 617.
[144] *BVerwGE* 59, 87, 101 = NJW 1980, 1061, 1062; *BVerwG* NVwZ 1988, 363; NVwZ 1988, 534, 535; NuR 2007, 488, 489.
[145] Vgl. *BVerfG* NJW 1989, 1271.
[146] *BVerwGE* 69, 256, 261 = NVwZ 1984, 718; *BVerwGE* 87, 332, 391 f. = NVwZ-RR 1991, 601, 622 f.; *VGH Mannheim* NVwZ-RR 1998, 771, 772.
[147] *BVerfGE* 61, 82, 108 = NJW 1982, 2173.
[148] *BVerwGE* 72, 15, 16 = NVwZ 1985, 736; *BVerwG* NVwZ 1991, 781; *BVerwGE* 104, 236, 239 = NVwZ 1998, 508, 509.
[149] *BVerwG* NuR 1998, 647; *BVerwGE* 112, 135 = NVwZ 2001, 427; *OVG Hamburg* NuR 2006, 459, 460; *OVG Lüneburg* NuR 2006, 185; *Ziekow* VerwArch 2000, 483, 492; kritisch zu dieser Rechtsprechung: *Knödler* NuR 2001, 194; *Masing* NVwZ 2002, 810.

Ähnliches gilt, wenn der Eigentümer das Grundstück in Kenntnis des Vorhabens erwirbt und durch **wertsteigernde Maßnahmen** eine Nutzung ins Werk setzt. Sein Interesse an der Erhaltung des Grundstücks für diese Nutzung ist objektiv nur von geringem Gewicht.[150]

Unmittelbare Inanspruchnahme des Eigentums: Soll das Vorhaben auf Grundstücken 74 verwirklicht werden, die im Eigentum Dritter stehen, kann der PlfBeschluss für ein nachfolgendes Enteignungsverfahren die Zulässigkeit einer Enteignung zu Gunsten des Vorhabens bindend festlegen (enteignungsrechtliche Vorwirkung; hierzu § 75 Rn. 26 ff.). Die PlfBehörde hat in ihrer Abwägung das **verfassungsrechtlich verbürgte Bestandsinteresse** des Eigentümers zu berücksichtigen, sein Grundstück behalten und in der bisherigen Weise nutzen zu können. Die Planfeststellung genügt dem Abwägungsgebot nur, wenn der Eingriff in das Eigentum durch gewichtige Gründe des Wohls der Allgemeinheit gefordert ist und sich als verhältnismäßig darstellt.[151] Die Wahrung der Eigentümerinteressen nötigt die PlfBehörde aber nicht zur Wahl einer Alternative, die sich ihr nach Lage der Dinge nicht als bessere Lösung aufzudrängen brauchte.[152]

Für den Grad der Betroffenheit ist nicht ausschließlich die Nutzung von Bedeutung, die der 75 Eigentümer im Zeitpunkt der Planfeststellung bereits oder noch ausübt. Das Gewicht des Eigentums wird auch durch eine Nutzung mitbestimmt, die sich nach Lage und Beschaffenheit des Grundstücks **bei vernünftiger und wirtschaftlicher Betrachtungsweise objektiv anbietet** und nach dem Willen des Eigentümers in absehbarer Zeit verwirklicht werden soll.[153]

Der Eigentümer kann bei einer unmittelbaren Inanspruchnahme seines Eigentums wegen der 76 enteignungsrechtlichen Vorwirkung des PlfBeschlusses über seine eigenen Belange hinaus solche öffentlichen Belange geltend machen, bei deren Missachtung eine Enteignung nicht mehr dem Wohl der Allgemeinheit entspräche. Denn er kann **Schutz vor** einer **Enteignung** zu Gunsten eines Vorhabens beanspruchen, das nicht dem Wohl der Allgemeinheit entspricht (vgl. § 75 Rn. 30).[154]

Nutzt der Eigentümer das Grundstück im Rahmen eines **Gewerbebetrieb**s oder eines 77 **landwirtschaftlichen** Betriebs, kann die Existenz des Betriebes gefährdet werden, wenn der Eigentümer auf den ihm verbleibenden Flächen den Betrieb nicht mehr rentabel führen kann.[155] Er ist für die Fortführung seines Betriebs auf die Bereitstellung von **Ersatzland** angewiesen. Dies ist in der Abwägung zu berücksichtigen.[156] Die Bereitstellung von Ersatzland ist eine besondere Form der Entschädigung, die in den einschlägigen Enteignungsgesetzen regelmäßig vorgesehen ist. Fragen der Entschädigung brauchen in der Planfeststellung zwar grundsätzlich nicht abschließend erörtert und entschieden zu werden. Zeichnet sich aber ohne eine Landabfindung eine Existenzvernichtung als reale Möglichkeit ab, muss die PlfBehörde sich Klarheit darüber verschaffen, ob geeignetes Ersatzland zur Verfügung steht.[157] Einer derartigen Klärung bedarf es nicht, wenn die PlfBehörde keinen Zweifel daran lässt, dass das planerische Ziel selbst um den Preis der Existenzvernichtung verwirklicht werden soll.[158] Wird die betriebliche Existenz weder gefährdet noch vernichtet, kann sich die PlfBehörde damit begnügen, den Eigentümer auf das nachfolgende Enteignungsverfahren zu verweisen. Im Übrigen kann die PlfBehörde regelmäßig davon ausgehen, dass die Entschädigungsregelungen des Enteignungsrechts geeignet sind, eine enteignungsbedingte Betriebsverlagerung zu ermöglichen.[159]

Mittelbare Beeinträchtigungen des Eigentums: Das Vorhaben kann auf benachbarte 78 Grundstücke nachteilig einwirken, ohne das Grundstück selbst unmittelbar in Anspruch zu

---

[150] BVerwG v. 11. 11. 1998 Buchholz 442.09 § 18 AEG Nr. 41.
[151] BVerwGE 75, 214, 237 ff. = NVwZ 1987, 578, 584 ff.; BVerwG NVwZ 1989, 152; NVwZ 2002, 1119, 1120; NVwZ 2005, 810; OVG Hamburg NVwZ 2005, 105, 107 ff.; OVG Lüneburg NdsVBl 2004, 127, 128; Bell UPR 2002, 367, 369 f.
[152] BVerwG NVwZ 2001, 682, 683; NVwZ 2005, 810 f.
[153] BVerwG NVwZ-RR 1999, 629, 630.
[154] BVerwGE 67, 74 = NJW 1983, 2459; BVerwGE 72, 15, 26 = NVwZ 1985, 736; BVerwG NVwZ 1991, 781, 784.
[155] Zu einem ohnehin nicht mehr existenzfähigen Betrieb vgl. OVG Lüneburg NdsVBl 2005, 239.
[156] BVerwG NVwZ 2001, 1154, 1155; OVG Koblenz NuR 2005, 53, 57.
[157] Vgl. auch BVerwG NVwZ-RR 1999, 164; NVwZ-RR 1999, 629, 630 f.
[158] BVerwG NuR 1998, 604; NVwZ-RR 1999, 629, 631; NVwZ 2002, 1119, 1122; VGH Mannheim VBlBW 2001, 362, 367.
[159] BVerwG NVwZ-RR 1999, 164.

nehmen. Zu den abwägungserheblichen Belangen gehört das Interesse eines Eigentümers, durch nachteilige Einwirkungen des Vorhabens nicht in der bisherigen Nutzung seines Grundstücks gestört zu werden.[160] Mit der Bestandskraft des PlfBeschlusses sind Ansprüche gegen solche Störungen ausgeschlossen (§ 75 Abs. 2 S. 1). Dieser Ausschluss ist gerechtfertigt, weil mögliche Auswirkungen des Vorhabens auf benachbarte Grundstücke im PlfV abwägend zu bewältigen waren.

79 Die nachteiligen **Auswirkungen** des Vorhabens auf benachbarte Grundstücke sind schon dann abwägungserheblich, wenn sie **mehr als nur geringfügig** sind. Sie müssen **nicht unzumutbar** sein.[161] Sind die Nachteile zwar mehr als nur geringfügig, aber noch nicht unzumutbar, sind sie in der Abwägung durch gegenläufige öffentliche Belange überwindbar. Sind die Nachteile hingegen unzumutbar, ist eine äußerste, mit einer gerechten Abwägung nicht mehr überwindbare Grenze erreicht. Soll das Vorhaben gleichwohl verwirklicht werden, sind die Nachteile nach Maßgabe des Abs. 2 S. 2 und 3 durch Schutzmaßnahmen auszugleichen oder bei deren Untunlichkeit angemessen zu entschädigen.[162] Die Schwelle zur Unzumutbarkeit ist nicht erst dann überschritten, wenn die Beeinträchtigung des planbetroffenen Dritten zugleich dessen grundrechtlich geschützte Rechtsgüter, namentlich Eigentum (Art. 14 Abs. 1 GG) oder die Gesundheit (Art. 2 Abs. 2 S. 1 GG) verletzt.[163] Lässt sich durch Schutzmaßnahmen kein angemessener Ausgleich der Nachteile erreichen, mit der Folge, dass eine sinnvolle Nutzung des Grundstücks nicht mehr möglich ist, kann der Eigentümer als besondere Modalität des Entschädigungsanspruchs nach § 74 Abs. 2 S. 3 einen Anspruch auf Übernahme seines Grundstücks durch den Vorhabenträger haben.[164] Maßgeblich ist hierfür die sog. verfassungsrechtliche Zumutbarkeitsschwelle, die den Übergang zu einer Gefährdung verfassungsrechtlich geschützter Rechtsgüter markiert.[165] Ferner Rn. 167, Rn. 172 und Rn. 195.

80 Eine mittelbare Beeinträchtigung des Eigentums kann dessen unmittelbarer Inanspruchnahme auch dann nicht gleichgestellt werden, wenn die Beeinträchtigungen eine wie auch immer zu beschreibende **enteignungsrechtliche Zumutbarkeitsschwelle** überschreiten. Daraus ergibt sich für den betroffenen Eigentümer nicht die Befugnis, gegen die Planfeststellung neben seinen privaten Belangen alle sonstigen öffentlichen Belange geltend zu machen, die dem Vorhaben entgegenstehen können.[166] Die mittelbaren Beeinträchtigungen des Eigentums stellen in keinem Fall eine Enteignung i. S. d. Art. 14 Abs. 3 GG dar. Indem der Gesetzgeber mit den jeweiligen Fachplanungsgesetzen die Zulassung eines Vorhabens auch unter Einwirkung auf benachbarte Grundstücke zulässt, bestimmt er Inhalt und Schranken des Eigentums i. S. d. Art. 14 Abs. 1 S. 2 GG. Das Abwägungsgebot und das Instrumentarium zum Ausgleich nachteiliger Einwirkungen nach Abs. 2 S. 2 und 3 haben sicherzustellen, dass die Inhaltsbestimmung des Eigentums sich im konkreten Fall im Rahmen der Verhältnismäßigkeit bewegt.

81 Die **Wertminderung** eines Grundstücks **als solche** stellt keinen eigenständigen Abwägungsposten dar. Maßgeblich sind die tatsächlichen Auswirkungen, die von dem geplanten Vorhaben ausgehen.[167] Soweit sie zu einer Minderung des Verkehrswerts des Grundstücks führen, ist dieser Wertverlust grundsätzlich abwägungserheblich.[168] Dasselbe gilt für den Mietwert eines Hauses.[169]

---

[160] *BVerwGE* 52, 237, 245 = NJW 1978, 119, 120.
[161] *BVerwGE* 107, 313, 322 = NVwZ 1999, 644 (Fluglärm); *BVerwGE* 123, 37, 44 = NVwZ 2005, 803, 806 f.; *BVerwG* NVwZ 2006, 331, 335 (Verkehrslärm); *BVerwGE* 127, 95, 112 f. = NVwZ 2007, 445, 450 (Fluglärm); *Schmidt-Preuss* in FS Hoppe, S. 1071, 1083.
[162] *BVerwG* NVwZ 1985, 108; NVwZ 1988, 534; *BVerwGE* 80, 184, 188 ff. = NJW 1989, 467; *BVerwGE* 107, 313, 323 = NVwZ 1999, 644.
[163] Vgl. *BVerfGE* 79, 174 = NJW 1989, 1271; *BVerwGE* 51, 15, 29 = NJW 1976, 1760; *BVerwGE* 71, 150, 161 = NJW 1985, 3034; *BVerwGE* 77, 295, 296 = NJW 1987, 2884; *BVerwGE* 80, 184, 191 f. = NJW 1989, 467; *BVerwGE* 87, 332, 341 f. = NVwZ-RR 1991, 601, 603; BGHZ 161, 323, 333 = NJW 2005, 660, 663.
[164] *BVerwG* NVwZ 2003, 209; NVwZ 2004, 1358, 1359; *BVerwGE* 125, 116, 249 = NVwZ-Beilage I 8/2006, 1, 34; *BVerwG* NVwZ 2007, 1308.
[165] *BVerwG* NVwZ 2007, 1308, 1309.
[166] *BVerwG* NVwZ 2005, 940; *BVerwGE* 127, 95, 99 = NVwZ 2007, 445, 446; *OVG Lüneburg* NVwZ-RR 2007, 450; a. A. offenbar *OVG Bautzen* LKV 2006, 373, 374 f.
[167] *BVerwG* NVwZ 2000, 435; NuR 2007, 488, 489.
[168] *BVerwGE* 125, 116, 261 f. = NVwZ-Beilage I 8/2006, 1, 37.
[169] *BVerwG* NVwZ-RR 2005, 453, 454; *OVG Lüneburg* NVwZ-RR 2007, 450, 452.

Mittelbare Beeinträchtigungen des Eigentums sind insbesondere **Immissionen**,[170] namentlich **Lärm, Luftverunreinigungen**[171] durch **Staub** oder **Abgase**,[172] **Geruch, Erschütterungen**,[173] **Verschattung** durch benachbarte Bauwerke.[174]   82

Mittelbare Beeinträchtigungen des Grundstücks können auch in **anderen Einwirkungen als Immissionen** bestehen, beispielsweise in Überschwemmungen, die durch das Vorhaben verursacht werden können,[175] in Erschwernissen für die Erreichbarkeit[176] und Bewirtschaftung des Grundstücks, in optischen Beeinträchtigungen durch die erdrückende Wirkung der Anlage;[177] hingegen reicht regelmäßig nicht aus, wenn ein Vorhaben nur die Aussicht in die freie Landschaft beeinträchtigt.[178]   83

Das Kernproblem besteht darin, die **Grenze** zu ziehen zwischen einerseits nachteiligen Auswirkungen, die zumutbar und bei entsprechender Abwägung mit gegenläufigen Belangen hinzunehmen sind, und andererseits solchen Einwirkungen, die unzumutbar und damit ausgleichspflichtig sind, soll das Vorhaben dennoch verwirklicht werden. Sind **Grenzwerte normativ festgesetzt**, hat die PlfBehörde sie für die Beurteilung der Frage zugrunde zu legen, ob dem Vorhaben zurechenbare Immissionen den davon Betroffenen zuzumuten sind.[179] Sind die Grenzwerte überschritten, sind dem Betroffenen Immissionen nicht mehr zumutbar. Bleiben Immissionen unter den festgelegten Grenzwerten, können sie für den Betroffenen zwar Nachteile darstellen, die jedoch als zumutbar hinzunehmen sind.[180] Die PlfBehörde kann auch solche Nachteile zum Anlass nehmen, die beantragte Planfeststellung zu versagen. Sie kann im Rahmen ihrer planerischen Gestaltungsfreiheit ein Mehr an Immissionsschutz gewähren, als nach den einschlägigen Normen zur Wahrung zumutbarer Wohn- und Lebensverhältnisse unerlässlich ist. Werden die normativ festgelegten Immissionsgrenzwerte eingehalten, ist es andererseits nicht abwägungsfehlerhaft, wenn die PlfBehörde die Nachteile für hinnehmbar hält und sich mangels anderer gleich geeigneter Lösungen für die Verwirklichung des Vorhabens entscheidet.[181] Der Hinweis auf die Einhaltung der Grenzwerte und die deshalb anzunehmende Zumutbarkeit des Vorhabens rechtfertigt regelmäßig die Planentscheidung, so dass weitere Begründungen entbehrlich sind.[182]   84

Normative Grenzwerte sind beispielsweise festgelegt für **Verkehrslärm**[183] bei **Straßen**[184] und Schienenwegen,[185] nunmehr auch für **Fluglärm**,[186] ferner für **Schadstoffe in der Luft**[187] (nicht aber für **Abgase**[188]), für **elektrische und magnetische Feldstärken**.[189]   85

---

[170] *BVerfGE* 79, 174 = NJW 1989, 1271; *BVerwGE* 51, 15, 33 = NJW 1976, 1760; *BVerwGE* 77, 285 = NJW 1987, 2886; *BVerwGE* 77, 295 = NJW 1987, 2884; *BVerwG* NVwZ 1988, 363; NJW 1992, 2844. Allgemein: *Michler* VerwArch 1999, 21.
[171] *BVerwGE* 125, 116, 270 ff.; NVwZ-Beilage I 8/2006, 1, 39 ff.; *BVerwG* NVwZ 2007, 445, 458 f.
[172] *BVerwG* NVwZ 2001, 673, 679; NuR 2002, 353, 355 f.; *BVerwGE* 121, 57, 59 ff. = NVwZ 2004, 1237, 1238 ff.; *OVG Bautzen* LKV 2006, 373, 379; *OVG Bremen* NordÖR 2007, 119, 123 f.
[173] *BVerwG* NVwZ-RR 2001, 653; *BVerwGE* 115, 235, 246 ff. = NVwZ 2002, 733, 735 f.; *OVG Bremen* NordÖR 2007, 119, 123; *OVG Hamburg* NordÖR 2001, 208, 210 (für eine unterirdische S-Bahn-Strecke); *VGH Mannheim* NVwZ 1998, 1086; *OVG Münster* NWVBl 2002, 105, 106 u. 108 f.
[174] *BVerwGE* 123, 37, 47 f = NVwZ 2005, 803, 808.
[175] Vgl. *BVerwG* NVwZ 2001, 673, 679; NVwZ 2001, 1154, 1160; NVwZ 2004, 722, 725; *OVG Greifswald* NuR 2005, 657.
[176] Vgl. etwa *BVerwG* NVwZ 2003, 1393, 1394; NVwZ 2004, 990; *OVG Koblenz* NVwZ-RR 2006, 385, 388 f.
[177] *BVerwG* NVwZ 2003, 209, 210.
[178] *VGH München* BayVBl 2001, 665.
[179] *BVerwGE* 71, 150, 155 = NJW 1985, 3034; *BVerwGE* 77, 285 = NJW 1987, 2886; *BVerwG* NVwZ 1989, 252; NVwZ 1989, 255; *BVerwGE* 101, 1, = NVwZ 1996, 1003; *BVerwGE* 104, 123 = NVwZ 1998, 513; *VGH Mannheim* NVwZ-RR 2000, 420, 421; *VGH München* NVwZ-RR 2001, 579, 581.
[180] *BVerwG* NVwZ 1999, 67, 68; NVwZ 2005, 803, 806 f.; vgl auch *Schmidt-Preuss* in FS Hoppe, S. 1071, 1088 f.
[181] *BVerwG* NVwZ 2006, 331, 335; *VGH München* NVwZ-RR 2001, 579, 581.
[182] Vgl. hierzu *Vallendar* UPR 1999, 121, 122 ff.
[183] 16. BImSchV vom 12. 6. 1990, BGBl I S. 1036. Hierzu: *BVerwG* NVwZ-RR 1998, 89, 90; *OVG Münster* NWVBl 2002, 105, 107: Die Gerichte sind nicht befugt, das Berechnungsverfahren der 16. BImSchV durch ein anderes zu ersetzen.
[184] Hierzu: *BVerwGE* 97, 367 = NVwZ 1995, 907; *BVerwGE* 101, 1 = NVwZ 1996, 1003; *BVerwG* NVwZ 2001, 1154, 1157 ff.; *BVerwG* NuR 2002, 353; NVwZ-RR 2005, 453; *BVerwGE* 123, 37, 40 f. = NVwZ 2005, 803, 804.
[185] Hierzu: *BVerwG* NVwZ 1997, 394; *BVerwGE* 104, 123 = NVwZ 1998, 513; *BVerwGE* 106, 241, 246 ff. = NVwZ 1998, 1071 ff.; *BVerwG* NVwZ 1999, 67; NVwZ-RR 2002, 178; *BVerwGE* 115, 235,

86 Wie normativ festgesetzte Grenzwerte sind auch solche in normkonkretisierenden **Verwaltungsvorschriften** zu berücksichtigen (vgl. § 1 Rn. 214). Sie entfalten im Rahmen ihrer normkonkretisierenden Funktion rechtliche Außenwirkung. Zu ihnen gehören insbesondere die Verwaltungsvorschriften der TA-Luft und der TA-Lärm.[190]

87 Sind Grenzwerte weder normativ noch in normkonkretisierenden Verwaltungsvorschriften festgelegt, ist nach **allgemeinen Maßstäben,** auch auf der Grundlage von einzelfallbezogenen Gutachten, zu entscheiden, ob die Nachteile für die Betroffenen zumutbar sind oder nicht.[191] Dabei müssen auch wertende Elemente der **Üblichkeit** und des **Herkommen**s berücksichtigt werden.[192] Insoweit können die allgemeinen Maßstäbe der §§ 906, 908 BGB[193] von Bedeutung sein.[194] Eine nach diesen Vorschriften wesentliche Beeinträchtigung ist zugleich unzumutbar. Auf subjektive Empfindlichkeiten kommt es hingegen nicht an. Ferner können **technische Regelwerke,** beispielsweise **DIN-Normen,**[195] aber auch Hinweise und Empfehlungen sachverständiger Kreise,[196] herangezogen werden.[197] Technische Regelwerke enthalten aber zumeist nur Orientierungswerte. Sie erleichtern die Feststellung, was an Beeinträchtigungen dem davon Betroffenen zumutbar ist, machen aber eine Bewertung an Hand aller Umstände des Einzelfalls nicht entbehrlich. Aufgrund solcher Umstände können Einwirkungen unterhalb der Orientierungswerte das Maß des Zumutbaren bereits überschreiten oder umgekehrt Einwirkungen oberhalb solcher Orientierungswerte ausnahmsweise zumutbar sein.[198] Ferner können Regelwerke herangezogen werden, die (bau-) technische Anforderungen an Anlagen aus Gründen der Sicherheit stellen, soweit solche Fragen bereits im PlfBeschluss zu klären sind (hierzu § 72 Rn. 52).[199]

Hingegen können bei der Ermittlung der Zumutbarkeitsgrenze nicht der Zweck des Vorhabens und ihn tragende öffentliche Belange berücksichtigt werden.[200] Diese Gesichtspunkte spie-

---

240 ff. = NVwZ 2002, 733, 734 f.; *BVerwG* NVwZ 2003, 1381; NVwZ 2004, 340; NVwZ 2005, 448; *VGH München* DVBl 2002, 1140; ferner *Vallendar* UPR 2001, 171, 173 f.

[186] § 8 Abs. 1 Satz 3 LuftVG i. V. m. § 2 Abs. 2 des Gesetzes zum Schutz gegen Fluglärm i. d. F. v. 1. 6. 2007 (BGBl I S. 986). Zur früheren Rechtslage vgl. beispielsweise *BVerwGE* 87, 332 ff. = NVwZ-RR 1991, 601; *BVerwGE* 123, 261, 278 ff. = NVwZ 2005, 933, 937 f.; *BVerwGE* 125, 116, 193 ff. = NVwZ-Beilage I 8/2006, 1, 20 ff.; *BVerwG* NVwZ 127, 59 ff. = NVwZ 2007, 445 ff.

[187] Zunächst galt die 22. BImSchV vom 26. 10. 1993, BGBl. I S. 1819. Zur (ergänzenden) Heranziehung dieser Verordnung für die Beurteilung der Zumutbarkeit von Abgas- und Schadstoffbelastungen durch Kraftfahrzeugverkehr vgl. *BVerwG* NVwZ-RR 1998, 297, 300; NVwZ 2000, 560, 563. Nunmehr gilt die 22. BImSchV in der Fassung vom 11. 9. 2002, BGBl I S. 3626; zu ihr vgl. *BVerwG* NVwZ 2004, 100, 101; *BVerwGE* 121, 57, 59 ff. = NVwZ 2004, 1237, 1238 ff.; *BVerwGE* 123, 23, 26 ff.; *BVerwG* NVwZ 2005, 803, 804 ff.

[188] Die Konzentrationswerte der 23. BImSchV vom 16. 12. 1996, BGBl I S. 1962 stellen keine Grenzwerte im hier erörterten Sinne dar. Hierzu: *BVerwG* NVwZ-RR 1998, 297, 300; NVwZ 2000, 560, 563; NVwZ 2002, 726, 727; NuR 2002, 353, 355.

[189] 26. BImSchV vom 16. 12. 1996, BGBl I S. 1966. Hierzu: *BVerwG* NVwZ 2004, 613, 614.

[190] Zur TA-Luft: *BVerwG* NVwZ 1995, 994; *BVerwGE* 110, 216 = NVwZ 2000, 440; *BVerwG* NVwZ 2001, 1165; zur TA-Lärm: *BVerwG* NVwZ 1995, 994.

[191] *BVerwGE* 51, 15, 29 = NJW 1976, 1760; *BVerwGE* 71, 150, 155 ff. = NJW 1985, 3034; *BVerwGE* 77, 285 = NJW 1987, 2886; *BVerwG* NVwZ-RR 1991, 129; NVwZ 2000, 68 (zur Beeinträchtigung durch elektromagnetische Störfelder); *BVerwGE* 107, 313 = NVwZ 1999, 644 (zur Beeinträchtigung durch Fluglärm); *BVerwG* NVwZ-RR 2001, 653, 654 (zur Beeinträchtigung durch Erschütterungen); *OVG Bremen* NordÖR 2002, 116, 117 (Beeinträchtigung durch den Lärm von Seehafenumschlagsanlagen); *OVG Koblenz* NVwZ-RR 2005, 168, 169 (Körperschallimmissionen); *VGH Mannheim* UPR 2006, 454 (Körperschallimmissionen).

[192] *BVerwGE* 68, 62 = NJW 1984, 989; *BVerwGE* 79, 254 = NJW 1988, 2396.

[193] Hierzu *BGH* NJW 1989, 256; NJW 1990, 2365; *Wagner* NJW 1991, 3247.

[194] Hierzu etwa *Böhm* UPR 1994, 132; *Gusy* NVwZ 1995, 105; *Fritz* NJW 1996, 573.

[195] Vgl. *BVerwGE* 123, 37, 47 f. = NVwZ 2005, 803, 808 zur DIN 5034 (Verschattung von Wohnräumen durch benachbarte Bauwerke); *OVG Hamburg* NordÖR 2006, 208, 210; *OVG Münster* NWVBl 2002, 105, 108 jeweils zur DIN 4150 „Erschütterungen im Bauwesen".

[196] *BVerwG* NVwZ 1996, 1023 zu den Grenzwertempfehlungen der Strahlenschutzkommission für den Nachbarschutz gegenüber elektromagnetischen Feldern; *BVerwG* NVwZ 2002, 726, 727 zu den Empfehlungswerten des Länderausschusses für Immissionsschutz für Ruß und Benzol.

[197] *BVerwGE* 79, 254, 264 = NJW 1988, 2396; *BVerwGE* 80, 7, 15 = NVwZ 1989, 253; *OVG Koblenz* NVwZ-RR 2005, 168, 169..

[198] Vgl *BVerwG* NVwZ 1983, 155; NVwZ 1985, 186; NVwZ 1999, 523, 527.

[199] Zu bautechnischen Maßnahmen an Straßen in Wassergewinnungsgebieten vgl. *BVerwG* NVwZ 2001, 673, 679; zu den Richtlinien für die Anlage von Straßen vgl. *BVerwG* NVwZ 2003, 1120, 1122; zu Vorschriften über die Sicherung von Bahnübergängen vgl. *OVG Lüneburg* NVwZ-RR 2007, 379, 380.

[200] Offen gelassen von *BVerwG* NVwZ 2007, 1074, 1080.

len nur für die allgemeine fachplanerische Abwägung eine Rolle, nicht aber (erneut) bei der Frage, ob dieser Abwägung wegen Unzumutbarkeit von Einwirkungen des Vorhabens eine nicht überwindbare Grenze gesetzt ist.

Im Zusammenhang mit dem Schutz vor schädlichen Umwelteinwirkungen spielen nicht selten **Vorbelastungen** des betroffenen Grundstücks eine Rolle. 88

Vorbelastungen können sich durch **Einwirkungen von anderen Anlagen** in der Nachbarschaft ergeben. Die Zumutbarkeit von Immissionen hängt auch von der **Gebietsart** und den konkreten Verhältnissen der Umgebung ab. Ein Grundstück ist gegenüber einem Planvorhaben umso schutzwürdiger, je mehr es nach der Gebietsart berechtigterweise Schutz vor Immissionen erwarten kann und je weniger es durch Störfaktoren tatsächlich vorbelastet ist.[201] Sind Grenzwerte normativ festgelegt, differenzieren diese regelmäßig nach dem Charakter des Gebiets, in dem die zu schützende Nutzung gelegen ist, zumeist mit Hilfe der Baugebiete nach der **BauNVO**.[202] Diese Differenzierung erfasst pauschalierend die Vorbelastungen durch Anlagen, die in den jeweiligen Baugebieten zulässig und deshalb zu erwarten sind. Im konkreten Fall sind weitere Ermittlungen zu tatsächlich vorhandenen emittierenden Anlagen und von ihnen ausgehenden Vorbelastungen entbehrlich, wenn das Grundstück im Geltungsbereich eines Bebauungsplans liegt. Besteht kein Bebauungsplan und ermöglichen die vorhandenen Nutzungen keine eindeutige Zuordnung zu einem der Baugebiete der BauNVO, insbesondere bei einer Gemengelage aus Wohnen und Gewerbe, müssen die Vorbelastung und der danach verbleibende Schutzanspruch des betroffenen Grundstücks anhand der tatsächlich vorhandenen Nutzungen und deren rechtlicher Zulässigkeit abgeleitet werden. Dasselbe gilt für Grundstücke im baurechtlichen **Außenbereich.** Der Außenbereich ist grundsätzlich nicht für eine Bebauung, zumal mit dort nicht privilegiert zulässigen Wohnhäusern, bestimmt. Diese genießen deshalb dort einen nur verminderten Schutz.[203] 89

Eine Vorbelastung führt aber nicht zwingend zu einer Minderung des Schutzanspruchs gegenüber dem hinzutretenden Vorhaben. Als Folge des hinzutretenden Vorhabens kann gerade wegen der schon bestehenden Vorbelastung die **„Opfergrenze"** überschritten werden. 90

Zum anderen können sich Vorbelastungen aus **Einwirkungen der schon vorhandenen Anlage** ergeben, die in einer planfeststellungsbedürftigen Weise geändert werden soll. Grundsätzlich kann der betroffene Dritte nicht verlangen, dass die Gesamtbelastung nach Änderung der Anlage in die Abwägung einzustellen ist; regelmäßig ist vielmehr die Vorbelastung durch die vorhandene Anlage gleichsam abzuziehen. Ebenso wenig wie die **gesteigerte Ausnutzung** einer Genehmigung ihrerseits genehmigungsbedürftig ist, bedarf es einer Einbeziehung der von der ursprünglichen Planfeststellung unverändert gedeckten Beeinträchtigungen in das spätere PlfV. Insoweit können schutzwürdige private Belange durch die Änderung nicht berührt sein.[204] 91

Etwas anderes kann sich nur ergeben, wenn die Grenzen einer **Grundrechtsverletzung** erreicht sind. Aufgrund ihrer grundrechtlichen Schutzpflichten ist es staatlichen Organen verboten, an der Fortsetzung grundrechtsverletzender Eingriffe mitzuwirken.[205] Auf diese Grenze kann sich eine Gemeinde nicht mit der Begründung berufen, sie werde in ihrer kommunalen Planungshoheit verletzt, weil von ihr bauplanungsrechtlich festgesetzte Siedlungsgebiete von unzumutbaren Lärmbelästigungen betroffen würden.[206] 92

Die PlfBehörde kann ferner dann verpflichtet sein, bei einer planfeststellungsbedürftigen Änderung der Anlage nicht nur änderungsbedingte Belastungen, sondern auch die Vorbelastungen in die Abwägung einzubeziehen, wenn die Anlage infolge ihrer Änderung, etwa wegen einer **Erhöhung ihrer Kapazität,** sich stärker als bisher nachteilig auf die von ihr Betroffenen auswirken kann.[207] 93

---

[201] *BVerwGE* 56, 110, 131 = NJW 1979, 64, 69.
[202] Vgl. hierzu beispielsweise *BVerwG* NVwZ 2004, 340.
[203] *BVerwG* NuR 1998, 600, 601; *VGH München* NVwZ-RR 2001, 579, 581.
[204] *BVerwGE* 56, 110, 129 = NJW 1979, 64, 68; *BVerwGE* 107, 313, 323 = NVwZ 1999, 644. Vgl. aber für den Sonderfall einer Wiederinbetriebnahme einer planfestgestellten, aber teilungsbedingt stillgelegten Verkehrsanlage: *BVerwGE* 110, 81 = NVwZ 2000, 567; *BVerwGE* 111, 108, 114 = NVwZ 2001, 82, 85.
[205] *BVerwG* LKV 2000, 211.
[206] Vgl. *BVerwGE* 111, 108, 115 = NVwZ 2001, 82, 85.
[207] *BVerwG* NVwZ 1999, 644, 645.

94 In diesen Fällen sind aber **Schutzwürdigkeit** und **Schutzbedürftigkeit** der von solchen Vorbelastungen betroffenen Belange grundsätzlich geringer als bei nicht derart vorbelasteten Belangen.[208] Das gilt insbesondere, wenn die schutzbeanspruchende Nutzung sich in ihrer Zulässigkeit rechtlich erst nach Verwirklichung der planfestgestellten Anlage verfestigt hat, also ihrerseits an die störende Anlage herangerückt ist und sich den Vorbelastungen selbst ausgesetzt hat.[209]

95 Vorbelastungen dürfen nicht als schutzmindernd berücksichtigt werden, wenn sie schon für sich allein vor der planfeststellungsbedürftigen Änderung des Vorhabens die Grenze zur **Eigentums- oder Gesundheitsbeeinträchtigung** überschritten haben.[210]

96 In die Abwägung einzustellen sind die Interessen des Eigentümers als **Anliegers** einer Straße. Sie sind abwägungserheblich nicht erst dann, wenn dem Eigentümer die Zufahrt zu einer öffentlichen Straße genommen oder die Erreichbarkeit der Straße unzumutbar erschwert wird.[211] Damit sind eher umgekehrt Grenzen erreicht, die auch im Wege der Abwägung nicht überwunden werden können, sondern nach einem Ausgleich durch Schaffung eines angemessenen Ersatzes verlangen.[212]

97 Unter Umständen gehört die Änderung des **Wohnmilieus** zu den abwägungserheblichen Belangen des Eigentümers, etwa sein Interesse daran, in der Wohnnutzung seines Grundstücks nicht durch Einsichtnahme von angrenzenden Anlagen aus gestört zu werden, oder umgekehrt sein Interesse daran, die Aussicht in die freie Landschaft zu erhalten.[213] Diese Interessen werden jedenfalls gegenüber öffentlichen Verkehrsanlagen regelmäßig nur geringes Gewicht haben.[214]

98 Hat der Eigentümer sein Grundstück vermietet oder verpachtet, kann das Interesse des **Mieters** oder **Pächters** an ungestörter Nutzung des Grundstücks zu den abwägungserheblichen Belangen gehören:

99 Wird das **Grundstück** für das Vorhaben **unmittelbar in Anspruch genommen,** ist abwägungserheblich das Interesse eines Mieters oder Pächters, das Grundstück in der bisherigen Weise nutzen zu können, namentlich dann, wenn der Pächter oder Mieter das Grundstück für einen Gewerbebetrieb oder landwirtschaftlichen Betrieb nutzt.[215] Die PlfBehörde hat in ihre Abwägung die Nachteile einzustellen, die dem Pächter für seinen Betrieb drohen, wenn er das Pachtland verliert.[216] Das Interesse eines Pächters an der Nutzung gepachteten Landes im Rahmen eines Betriebes mag geringer wiegen als das Interesse eines Eigentümers an der Nutzung eines eigenen Grundstücks. Pacht verleiht nicht dieselbe rechtliche Sicherheit des Zugriffs wie Eigentum. Mit dem Verlust gepachteten Landes verwirklicht sich nur eine dem Betrieb eigentümliche Schwäche. Dennoch stellen sowohl der eingerichtete und ausgeübte Gewerbebetrieb als auch das Pachtverhältnis selbst rechtlich geschützte eigene Positionen des Pächters oder Mieters dar. Die enteignungsrechtliche Vorwirkung des PlfBeschlusses trifft auch den Pächter oder Mieter, weil sein obligatorisches Nutzungsrecht an dem Grundstück Gegenstand einer selbständigen Enteignung sein kann, jedenfalls mit der Enteignung des Grundstücks regelmäßig erlischt.

100 Kann das Vorhaben nachteilig auf **benachbarte Grundstücke** einwirken, ist das Interesse an der Verhinderung solcher Einwirkungen ein abwägungserheblicher Belang auch dann, wenn das Grundstück verpachtet oder vermietet ist. Der auftretende Nutzungskonflikt ist grundstücksbezogen, nicht personenbezogen. Aufgabe des Fachplanungsrechts ist es, die Nutzung benachbarter Grundstücke miteinander verträglich zu gestalten. Aus dieser Grundstücksbezogenheit sowohl des Bebauungsrechts[217] wie des Fachplanungsrechts folgt, dass bei einem Nutzungskonflikt

---

[208] *BVerwGE* 107, 350, 356 f = NVwZ 1999, 539, 541; *OVG Hamburg* NordÖR 2002, 241, 244.
[209] *BVerwG* NVwZ 1998, 1070; *BVerwGE* 126, 340, 346 f. = NVwZ 2007, 219, 221.
[210] *BVerwG* NVwZ 1999, 535, 537.
[211] *BVerwG* NVwZ 2004, 990; *VGH München* BayVBl 2003, 719, 721.
[212] *BVerwG* NVwZ 1999, 1341; vgl. ferner *BVerwG* NVwZ-RR 1998, 89; zu § 8a Abs. 4 S. 1 FStrG, der insoweit als Sondervorschrift zu § 74 Abs. 2 S. und 3 anzusehen ist: *BVerwG* DVBl 2003, 541; *VGH München* BayVBl 2003, 719, 720.
[213] *BVerwG* NVwZ-RR 2005, 453, 454.
[214] *BVerwG* NVwZ 2000, 435; noch enger wohl *BVerwG* NuR 2007, 488, 489 (schon nicht abwägungserheblich).
[215] *BVerwGE* 105, 178 = NVwZ 1998, 504; *OVG Koblenz* NuR 2005, 53; *VGH Mannheim* VBlBW 2001, 362.
[216] *BVerwG* NVwZ 2000, 553.
[217] Vgl. beispielsweise *BVerwG* NVwZ 1998, 956.

die benachbarten Grundstücke nur durch ihre Eigentümer oder die sonst dinglich Berechtigten repräsentiert werden. **Nur der Eigentümer** kann das Interesse an ungestörter Nutzung des Grundstücks als eigenen Belang geltend machen. Das ist von Bedeutung namentlich dann, wenn der Eigentümer sich mit dem Vorhaben ausdrücklich einverstanden erklärt hat oder mit seinen möglichen Einwendungen gegen das Vorhaben präkludiert ist (zum Anfechtungsprozess vgl. Rn. 271). Nur obligatorisch Berechtigte sind darauf angewiesen, ihre Interessen gegenüber dem unmittelbar berechtigten Grundeigentümer geltend zu machen. Als eigene Belange abwägungserheblich sind für **obligatorisch Berechtigte** Rechte aus den Vorschriften des Immissionsschutzrechts, etwa aus § 41 BImSchG, denn der dort normierte Schutz vor Verkehrslärm wird auch Anwohnern gewährt, die keine Eigentümer sind.[218] Sie können ferner als eigenen Belang den grundrechtlich garantierten Schutz vor **Beeinträchtigungen** der **Gesundheit** geltend machen (Art. 2 Abs. 2 S. 1 GG).[219] Eigene Belange stellt auch der Schutz eines eingerichteten und ausgeübten Gewerbebetriebs dar, auch soweit er auf gepachteten Flächen ausgeübt wird.[220]

bb) Jagdrecht. Abwägungserheblich können nachteilige Auswirkungen sein, welche die Verwirklichung eines Vorhabens auf die Jagdausübung hat. Die Jagdgenossenschaft als Vereinigung der Grundeigentümer und Inhaberin des Jagdausübungsrechts ist befugt, diese Belange im PlfV als eigene geltend zu machen.[221] **101**

cc) sonstige Rechtspositionen. Abwägungserheblich kann das Interesse sein, eine ör gewährte Rechtsposition auszunutzen. Ihr kann die Qualität einer eigentumsähnlichen Position zukommen. **102**

Abwägungserheblich ist das Interesse des Inhabers von staatlich verliehenem **Bergwerkseigentum** an der Gewinnung des Bodenschatzes. Für den unbeschränkten Abbau der Lagerstätte kann zugleich ein öffentliches Interesse streiten, das rechtlich in der Rohstoffsicherungsklausel des § 48 Abs. 1 S. 2 BBergG verankert ist. Sie enthält eine gesetzgeberische Bewertungsvorgabe, begründet aber keinen absoluten Vorrang für den Abbau des Bodenschatzes. Die PlfBehörde muss prüfen, ob die Hochwertigkeit der Lagerstätte dazu zwingt, auf die Inanspruchnahme dieses Bereichs für das geplante Vorhaben zu verzichten.[222] Für den praktisch wichtigsten Konflikt zwischen der Gewinnung von Bodenschätzen und öffentlichen Verkehrsanlagen enthält § 124 Abs. 1 S. 1 BBergG eine Abwägungsdirektive.[223] **103**

Abwägungserheblich ist das Interesse des Inhabers einer **wasserrechtlichen Bewilligung** an der ungestörten Ausübung des Rechts.[224] Abwägungserheblich ist ferner die (allein) auf das Grundeigentum gestützte **Gewässernutzung** (§ 24, § 33 WHG).[225] **104**

g) gemeindliche Belange. Abwägungserheblich ist das Interesse der Gemeinden an der Wahrung ihrer **Planungshoheit.** **105**

Noch keinen rechtlich geschützten Belang stellt das **allgemeine Interesse** einer Gemeinde dar, ihr **Gebiet** von einem Vorhaben der Fachplanung **verschont zu wissen**.[226] Zwar kann es zu den abwägungserheblichen Belangen der Gemeinde gehören, wenn ihr Gebiet bereits in erheblichem Umfang von anderen Fachplanungen beansprucht wird.[227] Dies kann aber zugleich Ausdruck einer Situationsgebundenheit der Gemeinde sein, auf die in der Abwägung nicht stets umfassend Rücksicht zu nehmen ist.[228] Weitläufigen, hinsichtlich ihres Umfangs nicht hinrei- **106**

---

[218] Vgl. *BVerwG* NJW 1983, 1507; NJW 1989, 2766; NVwZ 1996, 389; *BVerwGE* 101, 73, 84 ff. = NVwZ 1996, 901.
[219] Vgl. *BVerwG* NJW 1994, 1233; NVwZ 1996, 389; *BVerwGE* 101, 73 = NVwZ 1996, 901.
[220] *BVerwGE* 126, 166, 167 = NVwZ 2006, 1161.
[221] Vgl *VGH München* NuR 2003, 755, 757 (zum Eigenjagdbezirk); zur Enteignung: BGHZ 143, 321 = NJW 2000, 1720; BGHZ 145, 83 = NJW 2000, 3638; zu Jagdpächtern: *BVerwG* NVwZ 1983, 672; zum Fischereirecht: *BVerwGE* 102, 97 = NVwZ 1997, 919; *VGH München* NVwZ-RR 1999, 734.
[222] *BVerwG* NVwZ-RR 1999, 162, 163.
[223] *BVerwGE* 106, 290, 292 = NVwZ 1998, 1180; *BVerwG* NVwZ-RR 1999, 162, 163; NuR 2005, 777, 778 f.
[224] Vgl. *VGH München* NuR 1999, 650; NuR 2006, 177, 178; zum mangelnden Schutz bei Fehlen einer wasserrechtlichen Bewilligung oder Erlaubnis: BGHZ 140, 285 = NJW 1999, 1247.
[225] *BVerwG* NVwZ-RR 1998, 90, 91.
[226] *BVerwG* NVwZ 2001, 88, 89; *VGH Mannheim* NuR 2006, 298, 300.
[227] Vgl. *Quaas* NVwZ 2003, 649, 652.
[228] *BVerwG* NVwZ 2001, 1160, 1162 f.; *BVerwGE* 118, 181, 185 = NVwZ 2003, 1263, 1264; *OVG Münster* NuR 2006, 320, 324.

chend begrenzten und **konturlosen Planungen** werden sich im allgemeinen ebenfalls keine abwägungserheblichen Belange der planenden Gemeinde entnehmen lassen.[229]

107 Das Interesse der Gemeinde an der Wahrung ihrer Planungshoheit ist abwägungserheblich, wenn das Vorhaben eine eigene hinreichend bestimmte und rechtmäßige Planung der Gemeinde nachhaltig stört oder wegen seiner Großräumigkeit wesentliche Teile des Gemeindegebiets einer durchsetzbaren Planung der Gemeinde entzieht.[230] Dass **konkretisierte Planungen** der Gemeinde abwägungserheblich sind, bedeutet nicht, dass sie sich in der Abwägung durchsetzen müssen.[231] Die PlfBehörde muss auf sie abwägend soweit wie möglich Rücksicht nehmen. Von der Gemeinde konkret in Betracht gezogene städtebauliche Planungen dürfen nicht unnötigerweise „verbaut" werden.[232] Das ist nicht der Fall, wenn die Gemeinde durch Anpassung ihrer Planung an die Fachplanung ihre Planungsabsichten in ihrem sachlichen Kern verwirklichen könnte.[233]

Konkurrieren Bauleitplanung und Fachplanung hat nach der Rechtsprechung des BVerwG grundsätzlich diejenige Planung Rücksicht auf die andere zu nehmen, die den zeitlichen Vorrang genießt. Abwägungserheblich sind danach die planerischen Vorstellungen der Gemeinde nur dann, wenn sie vor der Fachplanung einen hinreichenden Grad der Konkretisierung und Verfestigung erreicht haben.[234] Hinreichend konkretisierte Planungen[235] enthalten in erster Linie die gemeindlichen **Bebauungspläne**, aber auch **planreife Entwürfe** (§ 33 BauGB). Eine hinreichende Konkretisierung kann erreicht sein, wenn die Beteiligung der Bürger und der Träger öffentlicher Belange zu einem ausgelegten Planentwurf stattgefunden hat.[236] Der bloße **Aufstellungsbeschluss** nach § 2 Abs. 1 S. 2 BauGB reicht regelmäßig nicht aus. Ein Vorhaben der Fachplanung hat den Zeitpunkt einer hinreichenden Verfestigung regelmäßig erst mit der Auslegung der Planunterlagen erreicht.[237]

108 Beachtliche Ordnungsvorstellungen über die künftige Nutzung des Gemeindegebiets lassen sich den Darstellungen eines **Flächennutzungsplans** entnehmen, es sei denn, er stelle lediglich eine Fläche für die Landwirtschaft dar.[238] Ist der Planungsträger an der Aufstellung des Flächennutzungsplans beteiligt gewesen und hat er dessen Darstellungen nicht widersprochen, hat er seine eigene Planung den Darstellungen des Flächennutzungsplans anzupassen (§ 7 S. 1 BauGB[239]), vorbehaltlich einer Änderung der Sachlage (§ 7 S. 3 BauGB).

109 Bei **Vorhaben von überörtlicher Bedeutung** ist die PlfBehörde nach **§ 38 BauGB** an die Festsetzungen eines Bebauungsplans nicht strikt gebunden, sondern kann sie im Wege der Abwägung unter der Voraussetzung überwinden, dass die Gemeinde an dem PlfV beteiligt wird.[240] Die PlfBehörde muss die **städtebaulichen Ordnungsvorstellungen** der Gemeinde, die in den bauplanerischen Festsetzungen zum Ausdruck gelangt sind, und allgemein **die Belange des**

---

[229] *BVerwG* NVwZ 1988, 532.
[230] *BVerwGE* 81, 95, 106 = NVwZ 1989, 750; *BVerwGE* 90, 96, 100 = NVwZ 1993, 364; *BVerwGE* 100, 388, 394 = NVwZ 1997, 169; *BVerwG* NVwZ-RR 1998, 290; NVwZ 2001, 1160, 1162; NVwZ 2003, 207; NVwZ 2005, 813, 816; NVwZ 2006, 1290; *OVG Koblenz* NVwZ-RR 2005, 404, 406; *OVG Lüneburg* NVwZ-RR 2007, 121; *VGH München* NVwZ-RR 2006, 432, 434; *OVG Münster* NuR 2006, 320, 323.
[231] Vgl. *VGH Mannheim* NuR 2003, 227; *Ronellenfitsch* VerwArch 1999, 467, 478.
[232] *BVerwG* NVwZ-RR 1998, 297; NVwZ 2000, 560, 562; NVwZ 2001, 1160, 1162; NVwZ 2003, 1381, 1382; NVwZ 2005, 813, 816; NVwZ 2006, 1290; *OVG Koblenz* NuR 2002, 234.
[233] Zum Kriterium der Nachhaltigkeit vgl. auch *Ronellenfitsch* VerwArch 1999, 467, 487 u. 584.
[234] *BVerwG* NVwZ-RR 1998, 290; NVwZ 2003, 207, 208; NVwZ 2003, 1381, 1382; NVwZ 2007, 833; *VGH München* NuR 2003, 227; vorsichtiger *Ronellenfitsch* VerwArch 1999, 467, 584 (wichtiges Kriterium).
[235] Zu ihnen: *BVerwGE* 69, 256, 261 = NVwZ 1984, 718; *BVerwGE* 71, 150, 156 = NJW 1985, 3034; *BVerwGE* 77, 285, 292 f. = NJW 1987, 2886; *BVerwGE* 100, 388, 394 = NVwZ 1997, 169; *BVerwG* NVwZ-RR 1998, 290; *VGH München* NVwZ-RR 2005, 613, 618; UPR 2006, 75.
[236] *BVerwG* NVwZ-RR 1998, 290.
[237] *BVerwG* NVwZ 2006, 823, 825; NVwZ 2007, 833; vgl. auch *VGH München* BayVGHE 59, 177, 184: bei fernstraßenrechtlichen Planungen kann die Verfestigung bereits mit der Linienbestimmung nach § 16 FStrG eintreten.
[238] *OVG Koblenz* NVwZ-RR 2005, 404, 406; *VGH Mannheim* NuR 2003, 227, 228.
[239] Hierzu *VG Braunschweig* NuR 2004, 751; *Kraft* UPR 2001, 294, 295; *Stüer* UPR 1998, 408, 411 ff.
[240] Zu § 38 BauGB vgl. *Wagner* UPR 1997, 387; *Lasotta* DVBl 1998, 255 ff.; *Stüer* UPR 1998, 408, 410; *Wahl/Dreier* NVwZ 1999, 606, 610; *Ronellenfitsch* VerwArch 1999, 467, 581 ff.; *Kraft* UPR 2001, 294, 296 f.; ferner *Ronellenfitsch* DVBl 1998, 653, 656, der der Vorschrift nur deklaratorische Bedeutung beimisst, weil sich schon aus Verfassungsrecht ein Vorrang der überörtlichen bundesrechtlich geregelten Planungen vor der kommunalen Bauleitplanung ergebe; hiergegen etwa: *Brohm* in FS Blümel, S. 79, 82 ff.

Städtebaus, die hinter den bauplanerischen Festsetzungen stehen, in ihre Abwägung einbeziehen und ihrem Gewicht entsprechend berücksichtigen (§ 38 S. 1 HS 2 BauGB).[241] Wird das Beteiligungsrecht der Gemeinde missachtet, ist die PlfBehörde weiterhin an die Festsetzungen des Bebauungsplans gebunden. Widerspricht das Vorhaben diesen Festsetzungen, liegt ein materieller Mangel des PlfBeschlusses vor, nicht nur eine Verletzung des formellen Beteiligungsrechts der Gemeinde. Es handelt sich nicht um einen Abwägungsmangel, sondern um einen Verstoß gegen zwingendes Recht.[242]

Überörtliche Bedeutung i. S. d. § 38 BauGB hat ein Vorhaben, wenn es überörtliche Bezüge aufweist. Ein Indiz dafür ist, dass das Vorhaben sich räumlich auf das Gebiet mehrerer Gemeinden erstreckt.[243] Beschränkt sich das planfestgestellte Vorhaben auf das Gebiet einer Gemeinde, kann seine überörtliche Bedeutung aus seiner Einbettung in ein größeres, etwa überregionales Projekt folgen.[244] Auch die durch ein Fachplanungsgesetz begründete überörtliche Planungszuständigkeit soll die überörtliche Bedeutung des Vorhabens indizieren können.[245] Eine überörtliche Bedeutung des Vorhabens wird erst recht indiziert, wenn seine Planung die städtebauliche Steuerungsfunktion der Gemeinde angesichts raumbedeutsamer Bezüge voraussichtlich überfordert, etwa weil die zu verarbeitenden Belange weit über die örtliche Gemeinschaft ausstrahlen und dadurch einen weitergehenden Koordinierungsbedarf auslösen.[246] **110**

Für planfeststellungsbedürftige **Vorhaben von nur örtlicher Bedeutung** bleiben hingegen die §§ 29 ff BauGB maßgeblich. Sie dürfen damit den Festsetzungen eines Bebauungsplans nicht widersprechen (§ 30 Abs. 1 BauGB). Will der Vorhabenträger von den Festsetzungen eines Bebauungsplans abweichen, müssen die Voraussetzungen einer Befreiung nach § 31 Abs. 2 BauGB vorliegen, die dann von der Konzentrationswirkung des PlfBeschlusses erfasst wird (§ 75 Abs. 1 S. 1).[247] Die PlfBehörde muss ferner das gemeindliche Einvernehmen gemäß § 36 Sätze 1 und 2 BauGB einholen.[248] Des gemeindlichen Einvernehmens nach § 36 BauGB bedarf die PlfBehörde auch, wenn ein Vorhaben von nur örtlicher Bedeutung innerhalb eines im Zusammenhang bebauten Ortsteil oder im Außenbereich verwirklicht werden soll. Auch insoweit setzen sich mithin die Vorstellungen der Gemeinde über die künftige städtebauliche Entwicklung des Gemeindegebiets durch. **111**

Auch **mittelbare Auswirkungen des Vorhabens** können die Planungshoheit der Gemeinde abwägungserheblich berühren, etwa indem sie die Umsetzung bestehender Bebauungspläne faktisch erschweren[249] oder die in ihnen zum Ausdruck kommende städtebauliche Ordnung nachhaltig stören.[250] Eigene Belange der Gemeinde sind aber nicht betroffen, wenn das Vorhaben landwirtschaftliche oder gewerbliche Betriebe im Gemeindegebiet beeinträchtigt und sich dadurch irgendwie auf die Wirtschaftsstruktur der Gemeinde auswirkt.[251] **112**

Die Gemeinde kann als eigenen Belang geltend machen, das Vorhaben verhindere oder erschwere die Erfüllung ihrer eigenen Aufgaben und ihr damit verbundenes **Selbstgestaltungsrecht** (etwa bezogen auf Gepräge, Ortsbild oder sonstige Charakteristika).[252] Dazu können etwa **113**

---

[241] Vgl. *VGH Mannheim* NVwZ-RR 1999, 165.
[242] *Steinberg/Berg/Wickel*, S. 416 f.
[243] *BVerwGE* 78, 318 = NJW 1989, 242; ähnlich *BVerwG* NVwZ 2004, 1240, 1241.
[244] *BVerwG* UPR 2001, 33, 34; NVwZ 2001, 90, 91; *OVG Lüneburg* NVwZ-RR 2003, 478, 479.
[245] *Gaentzsch* NVwZ 1998, 889, 896.
[246] So noch zu § 38 BauGB a. F. *BVerwGE* 79, 318, 320 = NJW 1989, 242.
[247] *VGH Mannheim* UPR 2005, 153.
[248] *VGH München* BayVBl 1999, 147; *Grigoleit/Otto* DÖV 2000, 182, 187 f.; anders: *Stüer* UPR 1998, 408, 410.
[249] Die Gemeinde hat mit Blick auf bestimmte Verkehrsverhältnisse Gewerbegebiete festgesetzt; infolge des planfeststellungspflichtigen Vorhabens fällt die für die faktische Umsetzung erforderliche attraktive Verkehrsanbindung weg: *VG Oldenburg* NuR 2000, 405.
[250] Verlärmung wesentlicher Teile von Baugebieten: *BVerwGE* 123, 152, 157 f. = NVwZ 2005, 811, 813; *BVerwG* NVwZ 2006, 1290.
[251] *BVerwG* NVwZ 2000, 560, 562; *OVG Koblenz* NuR 2002, 234; NVwZ-RR 2005, 404, 406.
[252] *BVerwGE* 1983, 610; *BVerwGE* 69, 256, 261 = NVwZ 1984, 718, 719; *BVerwGE* 77, 134, 138 = NJW 1987, 2096; *BVerwG* NVwZ-RR 1997, 339. Zur Beeinträchtigung der zentralörtlichen Bedeutung einer Gemeinde: *BVerwG* NVwZ-RR 1999, 225; *Ronellenfitsch* VerwArch 1999, 467, 486 ff. Zur Beeinträchtigung des Charakters einer Gemeinde als Fremdenverkehrsort: *BVerwG* NVwZ 2000, 560, 562; *OVG Koblenz* NuR 2002, 234; NVwZ-RR 2005, 404, 406 f. Zum Ortsbild: *BVerwG* NVwZ 2001, 90, 91; *OVG Koblenz* NuR 2002, 234; NVwZ-RR 2005, 404, 406; *OVG Lüneburg* NVwZ-RR 2003, 478, 480; *Steinberg/Berg/Wickel*, S. 414 f.

die Rückwirkungen einer überörtlichen Verkehrsplanung auf die innerörtliche Verkehrssituation gehören, die von der Gemeinde im Rahmen ihrer Erschließungslast bewältigt werden müssen.[253] Anders verhält es sich, wenn die überörtliche Planung nur das nachvollzieht, was die Gemeinde selbst beschlossen hat.[254]

114 Zu den abwägungserheblichen Belangen der Gemeinde gehört allgemein ihre **Selbstverwaltungsbefugnis**. Auswirkungen des Vorhabens auf gemeindliche **Einrichtungen** etwa der **Daseinsvorsorge**, welche die Gemeinde kraft ihrer Selbstverwaltungsbefugnis betreibt, sind in die Abwägung einzustellen.[255] Es handelt sich nicht nur um öffentliche Belange, sondern zugleich um eigene Belange der Gemeinde.[256] Betreibt die Gemeinde eine öffentliche Einrichtung der Daseinsvorsorge mittels einer privatrechtlich organisierten Gesellschaft, bleibt sie Trägerin der öffentlichen Aufgabe, sodass allein ihre Belange berührt werden und nur sie die Belange der Einrichtung geltend machen kann.[257]

115 Die Gemeinde kann nicht Belange der Allgemeinheit geltend machen, die nicht speziell dem gemeindlichen Selbstverwaltungsrecht zugeordnet sind.[258] Insbesondere gehört es nicht zu ihren abwägungserheblichen eigenen Belangen, Beeinträchtigungen der **Lebensqualität ihrer Einwohner** abzuwehren.[259]

116 Bei grenznahen und in ihren Wirkungen grenzüberschreitenden Vorhaben hat die PlfBehörde Planungen benachbarter **ausländischer Gemeinden** in ihre Abwägung einzubeziehen, wenn eine deutsche Rechtsnorm die Rücksichtnahme auf Planungen und sonstige Belange ausländischer Gemeinden verlangt.[260] Die Garantie gemeindlicher Selbstverwaltung in Art. 28 GG gilt dabei nur für deutsche Gemeinden.[261]

117 h) **Einzelheiten zu öffentlichen Belangen**.[262] Zu den abwägungserheblichen **öffentlichen Belangen** gehört bei gemeinnützigen Planfeststellungen (hierzu § 72 Rn. 28) das **Interesse an der Verwirklichung des Vorhabens**.[263]

Soll ein Gesamtvorhaben in Teilabschnitten verwirklicht werden und stellt die PlfBehörde bei der Planfeststellung für einen Teilabschnitt in die Abwägung zu Gunsten der Planung die Gründe ein, die (erst) das Gesamtvorhaben rechtfertigen, kann sie in die andere Waagschale nicht nur die Nachteile des Teilabschnitts legen, sondern muss zumindest grob die Nachteile der Gesamtvorhabens, also auch Nachteile außerhalb des planfestgestellten Abschnitts in den Blick nehmen (vgl. auch Rn. 52).[264]

Zu den abwägungserheblichen öffentlichen Belangen gehört das Interesse an einer kostengünstigen Lösung; es wirkt sich vornehmlich bei der Abwägung von Planungsalternativen aus (hierzu Rn. 125 ff.).[265]

118 aa) Zu den abwägungserheblichen öffentlichen Belangen gehören namentlich die **Umweltbelange**.[266] Sie sind in allen PlfV zu berücksichtigen. Einzelne Fachplanungsgesetze weisen ausdrücklich darauf hin (§ 17 S. 2 FStrG; § 1 S. 2 MBPlG; § 28 Abs. 1 S. 2 PBefG; § 18 S. 2

---

[253] *OVG Lüneburg* NVwZ-RR 2007, 121; *VGH München* NVwZ-RR 2006, 432, 434; *VGH Mannheim* VBlBW 2000, 477, 479.
[254] *BVerwG* NVwZ-RR 1999, 296.
[255] *OVG Münster* NuR 2006, 320, 324.
[256] *BVerwG* NVwZ 2000, 675 (Einrichtungen der Wasserversorgung); *VGH München* ZfW 2006, 232, 234 (Gemeindestraßen).
[257] *VGH München* NuR 1999, 650.
[258] *BVerwGE* 100, 388, 395 = NVwZ 1997, 169; *BVerwG* NVwZ 2003, 207, 209; *VGH München* ZfW 2006, 232, 234.
[259] *BVerwG* NVwZ 2000, 560, 562; NVwZ 2005, 814, 816; *OVG Koblenz* NVwZ-RR 2005, 404, 405; *OVG Lüneburg* NVwZ-RR 2003, 478, 479; zustimmend: *Ronellenfitsch* VerwArch 1999, 467, 584 f.
[260] Zum Recht auf gerechte Abwägung der eigenen Interessen vgl. *OVG Münster* NWVBl 2006, 254, 255.
[261] *OVG Saarlouis* ASRP-S L 27, 60, für das saarländische Landesrecht entnimmt das OVG eine Pflicht zur Rücksichtnahme auf grenzüberschreitende Planungen französischer Gemeinden dem Art. 60 Abs. 2 S. 2 der saarländischen Landesverfassung.
[262] Zu Belangen des Denkmalschutzes vgl. *VGH München* UPR 2007, 195.
[263] Vgl. etwa *BVerwGE* 112, 140, 154 = NVwZ 2001, 673, 677.
[264] *BVerwG* NVwZ 1999, 528, 530; noch weitergehend wohl *BVerwGE* 104, 236, 248 f. = NVwZ 1998, 508, 511.
[265] *BVerwG* NVwZ-RR 1999, 164; NVwZ-RR 2001, 653, 654; NVwZ 2002, 1109; *BVerwGE* 123, 37, 44 = NVwZ 2005, 803, 807; *VGH Mannheim* VBlBW 2001, 362, 368 f.
[266] Vgl. hierzu *Steinberg* DÖV 2000, 85 ff.

AEG). Die Staatszielbestimmung Umweltschutz in **Art. 20a GG** hat das Abwägungsgebot nicht im Sinne einer verstärkten Beachtung des Umweltschutzes modifiziert.[267]

Zu den Umweltbelangen gehören die wasserwirtschaftlichen Erfordernisse, beispielsweise der Schutz der Gewässer, insbesondere des Grundwassers, vor Verunreinigungen[268] oder der Schutz vor Überschwemmungen.[269]

Der sachgerechten Ermittlung und Bewertung der Umweltbelange dient die **Umweltverträglichkeitsprüfung (UVP)**. Sie ist zwar kein eigenständiges Verfahren, wohl aber ein der Abwägung vorgeschalteter Zwischenschritt.[270] Aus ihr ergeben sich **keine** zusätzlichen **materiellrechtlichen Anforderungen** an die Zulassung eines Vorhabens.[271] Sie hat Bedeutung für den Abwägungsvorgang. Unter Einbeziehung der Öffentlichkeit sind die Auswirkungen des Vorhabens auf die Schutzgüter des § 2 Abs. 1 S. 2 UVPG zu ermitteln, zu beschreiben und zu bewerten.[272]

119

Die PlfBehörde hat die Umweltauswirkungen des Vorhabens zusammenfassend darzustellen (§ 11 UVPG; Rn. 158 und § 73 Rn. 140). Damit ist nicht eine rechenhafte und saldierende Gegenüberstellung der zu erwartenden Einwirkungen auf die verschiedenen Umweltgüter nach standardisierten Maßstäben gefordert.[273] Ob die Angaben in der **zusammenfassenden Darstellung** richtig und vollständig sind, ist keine verfahrensrechtliche Frage, sondern nur unter dem materiellrechtlichen Gesichtspunkt erheblich, ob ein Ermittlungs- und Bewertungsdefizit zu einem Mangel bei der Abwägung geführt hat.[274]

120

Die UVP gewährleistet eine Prüfung, die auf die Umweltauswirkungen zentriert ist und die jeweiligen Wechselwirkungen berücksichtigt. Sie ermöglicht es dadurch, unter Ausschluss der sonstigen Belange die Umweltbelange in gebündelter Form herauszuarbeiten. In dieser Form gehen die Umweltbelange in die Abwägung ein. Damit trägt UVP zu einer **soliden Informationsgrundlage** bei, indem sie verhindert, dass die Umweltbelange in einer atomisierten Betrachtungsweise nicht mit dem Gewicht zur Geltung kommen, das ihnen in Wahrheit bei einer Gesamtschau gebührt.[275] Die UVP vermittelt der PlfBehörde die Erkenntnis dessen, was mit dem Vorhaben in der Umwelt angerichtet wird. Im Angesicht dieser Erkenntnis hat sie abwägend zu entscheiden, ob die für das Vorhaben sprechenden Belange dessen Verwirklichung rechtfertigen und durch welche Einschränkungen, Änderungen oder Vorkehrungen den Belangen des Umweltschutzes besser Rechnung getragen werden kann.

121

bb) Zu den Umweltbelangen gehören die **Belange von Natur und Landschaft**.[276] Planfeststellungspflichtige Vorhaben stellen regelmäßig **Eingriffe in Natur und Landschaft** dar.[277] Die § 18ff. BNatSchG und die entsprechenden Vorschriften der Länder regeln nur, wie die Folgen (zulässiger) Eingriffe in Natur und Landschaft zu bewältigen sind. Die Zulässigkeit des Vorhabens ist deshalb zunächst an Hand der Vorgaben des jeweiligen Fachgesetzes und bei deren Fehlen an Hand des allgemeinen fachplanerischen Abwägungsgebots zu ermitteln. In der Abwägung sind die Belange von Natur und Landschaft angemessen zu berücksichtigen,[278] namentlich soweit sie in einen förmlichen Landschaftsplan eingegangen sind (§ 14 Abs. 2 BNatSchG).

122

---

[267] *Steinberg/Berg/Wickel*, S. 217f.
[268] *BVerwG* NVwZ 2001, 673, 678f.; *VGH München* NuR 1999, 650.
[269] Vgl. *BVerwG* NVwZ 2001, 673, 679; NVwZ 2001, 1154, 1160.
[270] *BVerwGE* 122, 207, 212 = NVwZ 2005, 442, 443.
[271] *BVerwGE* 100, 238, 243 = NVwZ 1996, 788, 789; *BVerwGE* 100, 370, 376 = NVwZ 1996, 1016, 1018; *BVerwGE* 101, 166, 173 = NVwZ 1997, 494, 496; *BVerwG* NuR 1998, 305, 309; NVwZ 2007, 84, 86.
[272] Hierfür darf die PlfBehörde sich sachverständiger Hilfe bedienen: *BVerwGE* 104, 337, 342; es ist aber nicht Aufgabe einer UVP, wissenschaftlich unerforschte Sachverhalte und Wirkungszusammenhänge zu klären: *BVerwG* NuR 1998, 305, 309.
[273] *BVerwG* NuR 1998, 305, 308; NVwZ 1999, 528, 532; *OVG Schleswig* NuR 2003, 308, 311.
[274] *BVerwGE* 104, 123, 127; ähnlich *BVerwGE* 104, 236, 241f.
[275] *BVerwGE* 104, 236, 243 = NVwZ 1998, 508; *BVerwG* NVwZ 1999, 989.
[276] *BVerwG* NVwZ 2004, 722, 728f.; *BVerwG* NVwZ 2004, 1, 12 = NVwZ 2004, 732, 737; speziell zum Landschaftsbild: *BVerwGE* 120, 1, 13ff = NVwZ 2004, 732, 738f.
[277] Zum Begriff des Eingriffs i.S.d. § 18 Abs. 1 BNatSchG vgl. auch *BVerwG* NVwZ 2005, 589, 590.
[278] Zu den dafür notwendigen Ermittlungen vgl. *BVerwGE* 112, 140, 158f = NVwZ 2001, 673, 680; *BVerwG* NVwZ 2004, 722, 728f.; NVwZ 2004, 1486, 1493f.; NVwZ 2005, 943, 948f.; *Stüer* in FS Hoppe, S. 853, 857.

Ihnen kommt dabei kein abstrakter Vorrang vor den Belangen zu, die für die Verwirklichung des Vorhabens sprechen.[279]

123 Die PlfBehörde hat die Vorteile, die das jeweilige Vorhaben mit sich bringt, den Nachteilen gegenüberzustellen, die durch den Eingriff in Natur und Landschaft entstehen. Sie hat zu prüfen, ob die Gründe, die für das Vorhaben sprechen, so gewichtig sind, dass sie die Beeinträchtigung von Natur und Landschaft **überhaupt rechtfertigen**. Hat das Vorhaben erhebliche Beeinträchtigungen für Natur und Landschaft zur Folge, hat die PlfBehörde auf der Stufe der fachplanerischen Abwägung zu ermitteln, ob das Vorhaben an anderer Stelle mit geringeren Eingriffen in Natur und Landschaft zu verwirklichen ist (vgl. auch § 2 Abs. 1 Nr. 12 BNatSchG, der insoweit ein Optimierungsgebot enthält).[280] Aus der naturschutzrechtlichen Eingriffsregelung ergibt sich aber kein Gebot, stets diejenige Alternative eines Vorhabens zu wählen, welche die Natur am wenigsten belastet.[281]

124 Die **Eingriffsregelung** der §§ 18 ff. BNatSchG stellt ein **Folgenbewältigungsprogramm** dar. Sie kommt erst zur Anwendung, wenn sich das Vorhaben in der allgemeinen fachplanerischen Abwägung an diesem Standort gegen die Belange von Natur und Landschaft durchgesetzt hat.[282] Der deshalb unvermeidbare Eingriff in Natur und Landschaft ist durch Maßnahmen des Natur- und Landschaftsschutzes zu kompensieren (§ 19 Abs. 2 BNatSchG). Ist dies nicht möglich, ist der Eingriff zu untersagen, wenn bei einer erneuten (speziell naturschutzrechtlich ausgerichteten) Abwägung die Belange des Naturschutzes und der Landschaftspflege den anderen Belangen im Rang vorgehen (§ 19 Abs. 3 BNatSchG).[283] Zu Einzelheiten der Eingriffsregelung vgl. Rn. 132 ff.

125 i) **Planungsalternativen.** Das Abwägungsgebot verlangt die Prüfung von **Planungsalternativen**. Wird das Vorhaben so, wie es beantragt ist, voraussichtlich nachteilig auf rechtlich geschützte Belange Dritter oder öffentliche Belange einwirken, hat die PlfBehörde der Frage nachzugehen, ob sich das Vorhaben an anderer Stelle (an einem anderen Standort oder mit einer anderen Trasse) oder in einer anderen Gestalt verwirklichen lässt. Die PlfBehörde braucht aber nicht alle denkbaren Alternativen, sondern nur solche zu beurteilen, die sich nach Lage der konkreten Verhältnisse aufdrängen oder nahe liegen.[284] Der Grundsatz der Verhältnismäßigkeit hindert die PlfBehörde regelmäßig daran, eine von der Sache her nahe liegende Alternativlösung zu verwerfen, wenn dadurch die Ziele der Planung unter **geringeren Opfern** an entgegenstehenden öffentlichen und privaten Belangen verwirklicht werden könnte.[285] Dasselbe gilt, wenn für ein Vorhaben Grundstücke der öffentlichen Hand an Stelle privaten Eigentums in Anspruch genommen werden könnten.[286] Die PlfBehörde kann aber als Ergebnis dieser Prüfung an ihrer Lösung festhalten, auch wenn diese nicht als zwingend angesehen werden kann.[287] Es ist gerade ihre Aufgabe, sich ein wertendes Gesamturteil über die Planungsalternativen zu bilden und dabei einen Belang einem anderen vorzuziehen. Die Rechtswidrigkeit der Entscheidung zwischen den sich anbietenden Planungsalternativen kann deshalb regelmäßig nicht dadurch dargelegt werden, dass einzelne Vorteile dieser und einzelne Nachteile jener Variante herausgegriffen werden.[288] Dass eine andere planerische Entscheidung sachlich gut vertretbar wäre, begründet keinen Abwägungsmangel.[289] Die Grenzen der planerischen Gestaltungsfreiheit sind erst überschritten, wenn eine andere Alternative sich unter Berücksichtigung aller

---

[279] *BVerwGE* 104, 144, 148 = NVwZ 1997, 914; kritisch zu dieser Rechtsprechung: *Wahl/Dreier* NVwZ 1999, 606, 617.
[280] Vgl. hierzu *BVerwG* NVwZ 2003, 485, 489; NVwZ 2004, 732, 737; *VGH München* NVwZ-RR 2005, 613, 618; *Halama* NuR 1998, 633, 635.
[281] *BVerwGE* 104, 144, 149 ff. = NVwZ 1997, 914; *VGH Kassel* NuR 2003, 631, 632; *VGH Mannheim* VBlBW 2001, 362, 363.
[282] *BVerwGE* 104, 144, 147 f. = NVwZ 1997, 914; *VGH Kassel* NuR 2003, 631, 632.
[283] Vgl. hierzu z. B.: *BVerwG* NuR 1998, 305, 310; NuR 1998, 605, 608.
[284] *BVerwGE* 69, 256, 273 = NVwZ 1984, 718; *BVerwGE* 81, 128, 136 f. = NVwZ 1989, 548; NVwZ-RR 1989, 458; NVwZ 2003, 1393; *VGH München* NuR 2006, 384, 389 f.
[285] *BVerwGE* 71, 166, 171 f. = NJW 1986, 80; *BVerwG* .NVwZ 1993, 887; *BVerwGE* 104, 144, 150 f. = NVwZ 1997, 914; *BVerwGE* 107, 142, 149; *BVerwG* NVwZ 2006, 1170, 1171.
[286] *OVG Koblenz* NuR 2005, 53, 56 f.; NVwZ-RR 2005, 404, 407.
[287] *BVerwG* NVwZ-RR 1991, 118, 124; NVwZ 2004, 100.
[288] *BVerwG* NVwZ-RR 1998, 297; NVwZ 2000, 555, 557.
[289] *BVerwG* NuR 1998, 305, 309; NVwZ 2000, 555, 556; NVwZ 2004, 722, 728; NVwZ 2004, 1486, 1490.

abwägungserheblichen Belange eindeutig als die bessere, weil öffentliche und private Belange insgesamt schonendere darstellen würde, sich diese Lösung der Behörde also hätte aufdrängen müssen.[290]

Das PlfV ist Antragsverfahren; seine Grundlage ist der eingereichte Plan des Vorhabenträgers. Die **PlfBehörde** kann deshalb **von sich** aus nur eine **Planalternative feststellen,** die den eingereichten Plan lediglich modifiziert. Drängt sich ihr eine Planungsalternative auf, die mehr ist als eine Modifizierung des eingereichten Plans, muss sie bei dem Vorhabenträger auf eine Planänderung hinwirken, oder, wenn dieser sich darauf nicht einlässt, die Planfeststellung in der beantragten Form ablehnen, wenn die Feststellung des eingereichten Plans wegen der nicht wegzuwägenden Planungsalternative rechtswidrig wäre.[291]

126

Die PlfBehörde ist nicht verpflichtet, die Prüfung der Alternativen bis zuletzt offen zu halten und alle von ihr zu einem bestimmten Zeitpunkt erwogenen Alternativen gleichermaßen detailliert und umfassend zu untersuchen. Sie ist vielmehr befugt, eine Alternative, die ihr auf der Grundlage einer **Grobanalyse** als weniger geeignet erscheint, schon in einem frühen Stadium des Verfahrens auszuscheiden. Sie darf dabei aber eine Variante nicht mit fehlerhaften Erwägungen frühzeitig ausscheiden, wenn sie ernsthaft in Betracht zu ziehen ist.[292] Die PlfBehörde handelt abwägungsfehlerhaft nicht schon, wenn sich herausstellt, dass die von ihr verworfene Lösung ebenfalls mit guten Gründen vertretbar gewesen wäre, sondern erst dann, wenn sich ihr die ausgeschiedene Lösung als vorzugswürdig hätte aufdrängen müssen.[293] Eine erforderliche UVP darf auf die Variante beschränkt werden, die nach dem aktuellen Planungsstand noch ernstlich in Betracht kommt.[294]

127

Das Interesse an einer **kostengünstigen Lösung** kann den Ausschlag bei der Auswahl unter mehreren Planvarianten geben. Es ist nicht generell nachrangig gegenüber dem Interesse eines Grundeigentümers, nicht enteignend in Anspruch genommen zu werden.[295]

Mit der Prüfung von Alternativen im engeren Sinne wenig zu tun hat die Prüfung der vom BVerwG so bezeichneten „**Null-Variante**".[296] Damit ist nichts anderes als die Selbstverständlichkeit bezeichnet, dass die PlfBehörde zu prüfen hat, ob das Gewicht der Belange, die dem Vorhaben entgegenstehen, einen Verzicht auf das Vorhaben erzwingt.[297]

128

j) Beachtlichkeit von Abwägungsmängeln. Nach § 75 Abs. 1a sind Mängel der Abwägung nur dann erheblich, wenn sie **offensichtlich** und auf das Abwägungsergebnis **von Einfluss** gewesen sind. Erhebliche Mängel der Abwägung führen nach § 75 Abs. 1a S. 2 nur dann zur Aufhebung des PlfBeschlusses, wenn sie nicht durch **Planergänzung** oder durch ein **ergänzendes Verfahren** behoben werden können (zu Einzelheiten § 75 Rn. 35 ff.).

129

4. Planungsleitsätze

a) Allgemeines. Der planerischen Gestaltungsfreiheit sind Schranken gesetzt durch materiell-rechtliche Vorschriften, die in Form **zwingender Gebote oder Verbote** Anforderungen an die Zulassung oder Ausgestaltung des Vorhabens stellen.[298] Sie können sich aus dem jeweils einschlägigen Fachplanungsgesetz oder aus anderen Gesetzen ergeben, die für den von ihnen erfassten Sachbereich zwingende Anforderungen an die Zulassung von Vorhaben normieren.[299]

130

Soweit gesetzliche Regelungen ein Vorhaben insgesamt oder eine bestimmte Ausgestaltung zwingend gebieten oder verbieten, werden sie (wenig erhellend) als **Planungsleitsatz** bezeich-

131

---

[290] BVerwG NVwZ 2005, 943, 947; NVwZ 2005, 949, 953.
[291] Badura in FS Hoppe, S. 167, 176.
[292] BVerwG NVwZ 1993, 572; NVwZ-RR 1996, 68; BVerwGE 100, 238, 249 ff. = NVwZ 1996, 788; BVerwG NVwZ-RR 1997, 210; BVerwGE 102, 331, 345 = NVwZ 1997, 908; BVerwG NVwZ 2000, 560; NVwZ 2004, 1486, 1492.
[293] BVerwGE 107, 142, 149 = LKV 1999, 143; BVerwG NVwZ-RR 1998, 297; NuR 1998, 605, 606; NuR 2004, 520, 521.
[294] BVerwGE 100, 238 = NVwZ 1996, 788; BVerwG NVwZ-RR 1996, 557; BVerwGE 101, 166 = NVwZ 1997, 494; BVerwG NVwZ-RR 1998, 297; NVwZ 1999, 528, 531; NVwZ 2000, 560, 561.
[295] BVerwG NVwZ 2000, 435, 436; NVwZ 2001, 682, 684.
[296] Beispielsweise: BVerwGE 104, 236, 248 = NVwZ 1998, 508; BVerwG NVwZ 2004, 1486, 1493.
[297] Zur Null-Variante vgl. auch Allesch/Häußler in Obermayer, § 74 Rn. 43.
[298] Hierzu etwa: Wahl/Hönig NVwZ 2006, 161, 167 ff.
[299] BVerwGE 48, 56, 61 = NJW 1975, 1373; BVerwGE 71, 163 = NJW 1986, 82.

net.³⁰⁰ Zwingende Gebote und Verbote materiellen Rechts können in der Abwägung nicht überwunden werden.³⁰¹ Sie sind vor jeder Abwägung zu berücksichtigen, wenn sie die Zulassung des Vorhabens als solches betreffen. Stehen sie dem Vorhaben entgegen, führt dies ohne weiteres zu dessen Unzulässigkeit. Ein gleichwohl erlassener PlfBeschluss ist rechtswidrig.³⁰² Betreffen zwingende Gebote und Verbote im Sinne einer Folgenbewältigung nur die konkrete Ausgestaltung des Vorhabens (Teilbereiche, Teilaspekte), ist ihre Anwendung der Abwägung nachgeschaltet. Soweit sie in dem einschlägigen Fachplanungsgesetz enthalten sind, werden sie als **interne Planungsleitsätze** (Beispiel: Verbot höhengleicher Kreuzungen bei Bundesautobahnen nach § 1 Abs. 3 S. 1 FStrG), soweit sie sich aus anderen Gesetzen ergeben, als **externe Planungsleitsätze** bezeichnet. In den externen Planungsleitsätzen schlägt sich die nur formelle Konzentrationswirkung des PlfBeschlusses nieder. Die materiellen Anforderungen der miterledigten Rechtsbereiche, und damit die dort geregelten zwingenden Gebote und Verbote, bleiben bestehen (§ 75 Rn. 17).

Zwingende materielle Gebote und Verbote enthalten auch solche Vorschriften, die selbst die Möglichkeit einer **Ausnahme,** einer **Befreiung** oder einer ähnlich normierten **Abweichung** eröffnen. Solche Gebote oder Verbote (etwa in einer Landschaftsschutzverordnung oder einer Wasserschutzgebietsverordnung) können nicht abwägend überwunden werden. Stehen sie dem Vorhaben entgegen, kann die PlfBehörde nur aufgrund der Konzentrationswirkung des PlfBeschlusses (§ 75 Rn. 10) eine erforderliche Ausnahme oder Befreiung zulassen, aber nur, wenn die materiellen Voraussetzungen der einschlägigen Norm erfüllt sind.³⁰³

Davon zu unterscheiden sind Vorschriften, die als **Ermessensvorschriften** oder als bloße **Soll-Vorschriften** ausgestaltet sind oder sonst erkennen lassen, dass ihre Vorgaben nicht strikt binden sollen. Sie können als **Optimierungsgebote** oder **Abwägungsdirektiven** die Gewichtung einzelner Belange steuern (Rn. 67).

132   **b) naturschutzrechtliche Eingriffsregelung.** Planungsleitsätze enthält § 19 BNatSchG mit seinen Geboten, vermeidbare Beeinträchtigungen von Natur und Landschaft zu unterlassen sowie unvermeidbare Beeinträchtigungen auszugleichen oder in sonstiger Weise zu kompensieren.³⁰⁴ Die Vorschrift erfordert eine Prüfung in vier Schritten.³⁰⁵

133   Die erste Stufe der Prüfung bildet das Gebot, vermeidbare Beeinträchtigungen von Natur und Landschaft zu unterlassen (§ 19 Abs. 1 BNatSchG). Dieses **Vermeidungsgebot** hebt nicht darauf ab, ob das Vorhaben vermeidbar ist, sondern setzt dessen Zulässigkeit nach den dafür geltenden fachgesetzlichen Vorschriften und damit die fachgesetzliche Zulässigkeit des Eingriffs voraus. Mit diesem (zulässigen) Eingriff sind definitionsgemäß erhebliche Beeinträchtigungen von Natur und Landschaft verbundenen, von denen nach § 19 Abs. 1 BNatSchG diejenigen zu unterlassen sind, die vermeidbar sind.³⁰⁶ Das Vermeidungsgebot wirkt damit auf Umfang und konkrete Ausgestaltung des Vorhabens ein.³⁰⁷ Es gilt nur innerhalb des konkret geplanten Vorhabens. Planungsalternativen sind schon im Rahmen der allgemeinen fachplanerischen Abwägung abzuarbeiten.³⁰⁸ An dem Vermeidungsgebot des § 19 Abs. 1 BNatSchG scheitert ein Vorhaben nur dann, wenn es die naturschutzrechtlichen Belange stärker beeinträchtigt, als es um der Ziele willen erforderlich wäre, die mit dem Vorhaben verfolgt werden.³⁰⁹ Das Folgenbewäl-

---

³⁰⁰ Mit guten Gründen für einen Verzicht auf diese Bezeichnung: *Wickel* in Fehling u. a., § 74 VwVfG Rn. 95 f.; *Steinberg/Berg/Wickel,* S. 181.
³⁰¹ *BVerwGE* 71, 163 = NJW 1986, 82.
³⁰² *Ziekow,* § 74 Rn. 21.
³⁰³ *BVerwG* NVwZ 1993, 572, 575 f.; LKV 1999, 26; OVG Koblenz NuR 2001, 291; *Wickel* in Fehling u. a., § 74 VwVfG Rn. 99; *Fischer* in Ziekow, Praxis des Fachplanungsrechts, Rn. 434; anders wohl *Wahl/ Dreier* NVwZ 1999, 606, 617 f.
³⁰⁴ *BVerwGE* 104, 144, 150 = NVwZ 1997, 914; *BVerwG* NVwZ 2003, 1120, 1123; VGH Mannheim NuR 2007, 420; *Stüer* in FS Hoppe, S. 853, 856.
³⁰⁵ Vgl. *BVerwGE* 112, 140, 160 ff. = NVwZ 2001, 673, 680 ff.; *Berkemann* NuR 1993, 97, 101 ff.; *Halama* NuR 1998, 633 ff.; *Steinberg/Berg/Wickel,* S. 186 ff.; *Kühling/Herrmann,* Rn. 387 ff.
³⁰⁶ *BVerwGE* 104, 144, 147 = NVwZ 1997, 914; *VGH Mannheim* VBlBW 2002, 362, 363; VGH München NVwZ-RR 2005, 613, 619.
³⁰⁷ Vgl. *VGH Mannheim* NVwZ-RR 2003, 184, 190; *Wahl/Dreier* NVwZ 1999, 606, 618.
³⁰⁸ *BVerwG* NVwZ 2003, 1120, 1123; NVwZ 2005, 589; *VGH Kassel* NuR 2003, 631, 632; OVG Koblenz NVwZ-RR 2002, 420, 421; *VGH Mannheim* NVwZ-RR 2003, 184, 190; *OVG Saarlouis* ASRP-SL 2, 279, 307 f.
³⁰⁹ *Halama* NuR 1998, 633, 635; *Stüer* in FS Hoppe, S. 853, 865.

tigungsprogramm des § 19 BNatSchG ist der fachplanerischen Abwägung nicht vor-, sondern nachgeschaltet (vgl. Rn. 122 ff.).

Das Vermeidungsgebot des § 19 Abs. 1 BNatSchG unterliegt dem **Übermaßverbot**. Der Mehraufwand für Maßnahmen zur Vermeidung von Beeinträchtigungen und etwaige Belastungen, die mit solchen Maßnahmen für Dritte verbunden sind, dürfen nicht außer Verhältnis zur der erreichbaren Minderung des Eingriffs in Natur und Landschaft stehen.[310] **134**

Auf der zweiten Stufe sind die Folgen der unvermeidbaren Beeinträchtigungen auszugleichen. Das Ziel des **naturschutzrechtlichen Ausgleichs** ist es, die durch den Eingriff gestörte Funktion des Naturhaushalts oder des Landschaftsbildes wiederherzustellen (vgl. § 19 Abs. 2 S. 2 BNatSchG).[311] In welchem Ausmaß die Leistungsfähigkeit des Naturhaushalts oder das Landschaftsbild beeinträchtigt wird, lässt sich nur auf der Grundlage zuverlässiger Feststellungen über den vorhandenen Zustand von Natur und Landschaft sachgerecht bewerten. Deshalb kommt der Ermittlung eines **aussagekräftigen Datenmaterials** besondere Bedeutung zu. Die Eingriffsintensität muss aber nicht an Hand standardisierter Maßstäbe oder in einem schematisierten und rechenhaften Verfahren beurteilt werden.[312] **Ausgleichsmaßnahmen** müssen im optimalen Falle so beschaffen sein, dass in dem betroffenen Landschaftsraum ein Zustand herbeigeführt werden kann, der den früheren Zustand in gleicher Weise und mit gleicher Wirkung fortführt.[313] Erforderlich ist ein Funktionszusammenhang zwischen vorhabenbedingter Beeinträchtigung und Ausgleichsmaßnahme. Inhaltlich sind lokale Rahmenbedingungen für die Entwicklung gleichartiger Verhältnisse wie vor der Beeinträchtigung zu schaffen. Räumlich ist eine Bindung der Ausgleichsmaßnahme an den beeinträchtigten Natur- und Landschaftsraum nötig. Ist im Einzelfall ein vollständiger Ausgleich nicht erreichbar, darf die PlfBehörde sich mit einem quantitativ und qualitativ nur teilweisen Ausgleich zufrieden geben.[314] **135**

Für Ausgleichsmaßnahmen kommen nur solche Flächen in Betracht, die **aufwertungsbedürftig**[315] und **aufwertungsfähig** sind.[316] Sie müssen in einen Zustand versetzt werden können, der sich im Vergleich mit dem früheren Zustand als ökologisch höherwertig einstufen lässt. Zudem muss ein Zustand geschaffen werden, der den durch das geplante Vorhaben beeinträchtigten Funktionen des Naturhaushalts und des Landschaftsbildes zumindest ähnlich ist.[317] **136**

Können die Beeinträchtigungen durch Ausgleichsmaßnahmen nach § 19 Abs. 2 S. 2 BNatSchG nicht vollständig ausgeglichen werden, sind sie auf einer dritten Stufe durch **Ersatzmaßnahmen** zu kompensieren (§ 19 Abs. 2 S. 3 BNatSchG). Ersatzmaßnahmen müssen Ausgleichsmaßnahmen möglichst ähnlich und gleichwertig sein; sie müssen deshalb ihrer Art nach geeignet sein, eine anderweitige Kompensation der Eingriffsfolgen herbeizuführen, müssen dafür aber nicht auf den Eingriffsort zurückwirken.[318] **137**

Kompensationsmaßnahmen unterliegen dem **Grundsatz der Verhältnismäßigkeit**.[319] Müssen für sie private Grundstücke in Anspruch genommen werden, ermächtigen die Fachplanungsgesetze regelmäßig auch insoweit zur Enteignung.[320] Weil bei Ausgleichs- und Ersatzmaßnahmen ein funktionaler und landschaftsräumlicher Zusammenhang mit dem Eingriff und dem **138**

---

[310] *BVerwG* NVwZ 2003, 1120, 1124.
[311] Zu den hieraus abzuleitenden Anforderungen an die Geeignetheit von Ausgleichsmaßnahmen vgl. etwa *BVerwG* NuR 1998, 305, 310; NVwZ 1999, 532, 533; *BVerwGE* 112, 140, 163 = NVwZ 2001, 673; *BVerwG* NVwZ 2004, 732, 737 f.; NVwZ 2004, 1486, 1498; NVwZ 2006, 1161, 1165 f.; *VGH Mannheim* NuR 2007, 420, 421; *OVG Saarlouis* ASRP-S L 32, 279, 308 f.
[312] *BVerwGE* 112, 140, 159 = NVwZ 2001, 673, 680; *BVerwG* NVwZ 2001, 1154, 1156; NVwZ 2002, 1103, 1110; NVwZ 2004, 722, 729; NVwZ 2004, 732, 737; *BVerwGE* 121, 72, 83 f. = NVwZ 2004, 1486, 1497; *VGH Mannheim* NuR 2007, 420. 421.
[313] *VGH Mannheim* VBlBW 2001, 362, 363 ff.
[314] *BVerwG* NuR 1998, 305, 310 f.
[315] Vgl. *OVG Schleswig* NuR 2002, 695: ein selbst schutzwürdiger Lebensraum kann nicht zum Zweck des Ausgleichs eines Eingriff an anderer Stelle in einen dort verlorengegangenen anderen Lebensraum umgewandelt werden.
[316] *VGH Kassel* NuR 2006, 42, 52.
[317] *BVerwG* NVwZ 1999, 532, 533; NVwZ-RR 1999, 629.
[318] *BVerwG* NVwZ 1999, 532, 533; NuR 2005, 177; NVwZ 2005, 581, 582.
[319] *BVerwG* NVwZ-RR 1998, 297; *BVerwG* NVwZ-RR 1999, 629; NVwZ 2002, 1393, 1394; NVwZ 2005, 581, 582; NVwZ 2006, 1161, 1165; *Stüer* in FS Hoppe, S. 853, 877 f.
[320] *BVerwG* NuR 1998, 305, 310; NVwZ 1999, 532, 534; NVwZ-RR 1999, 629; NVwZ 2005, 581, 582; NVwZ 2005, 810, 811; *OVG Koblenz* NuR 2002, 615, 616.

Eingriffsort bestehen muss, die herangezogenen Flächen ferner aufwertungsbedürftig und aufwertungsfähig sein müssen, hat die PlfBehörde bei der Auswahl unter mehreren geeigneten Grundstücken nur einen begrenzten Spielraum.[321] Sie braucht nicht jedem Hinweis auf andere gleich geeignete Grundstücke nachzugehen, darf aber nicht auf weniger geeignete Grundstücke zurückgreifen, soweit sie in der Lage ist, sich besser geeignete Flächen zu verschaffen. Der Zugriff auf Grundstücke der öffentlichen Hand hat den Vorrang vor der Inanspruchnahme von privatem Grund und Boden.[322]

139 Die PlfBehörde muss zwar erforderliche Kompensationsmaßnahmen nicht gleichmäßig auf die Gebiete der **betroffenen Gemeinden** verteilen, sondern hat sie nach fachlichen Gesichtspunkten zu treffen. Bei fachlich gleichwertigen Konzepten kann aber demjenigen der Vorrang gebühren, das die **Gleichmäßigkeit der Belastung** besser berücksichtigt.[323]

140 Können die unvermeidbaren Beeinträchtigungen von Natur und Landschaft weder durch Ausgleichs- noch durch Ersatzmaßnahmen kompensiert werden, ist der Eingriff auf einer vierten Stufe der Prüfung zu untersagen, wenn die **Belange des Naturschutzes und der Landschaftspflege** bei der Abwägung aller Anforderungen an Natur und Landschaft **im Range vorgehen** (§ 19 Abs. 3 S. 1 BNatSchG).[324]

§ 19 Abs. 3 S. 1 BNatSchG verlangt eine **naturschutzspezifische Abwägung**; sie ist zwar von der fachplanerischen Abwägung zu unterscheiden,[325] mit ihr aber auch verzahnt.[326] Führt die spezifisch naturschutzrechtliche Abwägung zu einem Vorrang des Naturschutzes und der Landschaftspflege, ist das Vorhaben zwingend zu untersagen.[327] Die naturschutzrechtliche Abwägung nach § 19 Abs. 3 BNatSchG ermöglicht und verlangt keine umfassende Abwägung der für und gegen das Vorhaben sprechenden Belange. Ihr Prüfprogramm unterscheidet sich nach Umfang und Fragestellung von der allgemeinen fachplanerischen Abwägung.[328] § 19 Abs. 3 BNatSchG ist Teil des Folgenbewältigungsprogramms für einen fachrechtlich („an sich") zulässigen Eingriff. Die von ihr geforderte Abwägung verlangt eine Bewertung des Defizits bei der Kompensation der Eingriffsfolgen. Die Belange des Naturschutzes und der Landschaftspflege treten zurück, wenn die Kompensation der Beeinträchtigungen trotz des verbleibenden Defizits ausreicht, die Inanspruchnahme von Natur und Landschaft durch das Vorhaben zu rechtfertigen. Je größer das Defizit im Verhältnis zur Schwere des Eingriffs ist, desto mehr spricht hingegen dafür, dass die Belange des Naturschutzes und der Landschaftspflege im Range vorgehen.[329] § 19 Abs. 3 S. 2 BNatSchG erhöht die Hürde für eine Zulassung des Vorhabens, wenn bestimmte Biotope als Folge des Eingriffs zerstört werden.[330]

Die PlfBehörde verfügt über eine **naturschutzfachliche Einschätzungsprärogative** bei der Ermittlung der Größenordnung des Ausgleichsdefizits und über Spielräume bei der Gewichtung und vergleichenden Bewertung der abzuwägenden Belange, nämlich der Bewertung der Eingriffswirkungen eines Vorhabens einerseits und der Kompensationswirkung von Maßnahmen der Vermeidung, des Ausgleichs und des Ersatzes andererseits. Die gerichtliche Überprüfung dieser Abwägung beschränkt sich darauf, ob die PlfBehörde ihrer Abwägung alle nach Lage der Dinge in Betracht zu ziehenden Umstände zu Grunde gelegt und ihr dabei eröffnete Einschät-

---

[321] Vgl. *VGH Mannheim* NuR 2004, 735, 736.
[322] *BVerwG* NVwZ-RR 1999, 629, 630; NVwZ 2005, 581, 583; *VGH München* NuR 2000, 582.
[323] *BVerwG* NVwZ 2001, 88, 89; *VGH München* NuR 2000, 582.
[324] Anders als nach § 8 BNatSchG a. F. kommt es zu einer Abwägungsentscheidung erst, wenn auch die Ersatzmaßnahmen zu keiner vollständigen Kompensation des Eingriffs führen. Die nach früherem Recht notwendige strikte Unterscheidung zwischen Ausgleichs- und Ersatzmaßnahmen hat deshalb an dieser Stelle keine Bedeutung mehr. Zum früheren Recht vgl. *BVerwGE* 112, 140, 160 ff. = NVwZ 2001, 673, 680 f.; *BVerwG* NVwZ 2001, 1154, 1156 f.; NVwZ 2003, 1120, 1124. Zum neuen Recht kritisch: *Louis* NuR 2002, 385, 388.
[325] *BVerwG* NVwZ 1993, 565, 569; NVwZ-RR 1997, 217, 218 f; *OVG Hamburg* NuR 1997, 453, 459; *Halama* NuR 1998, 633, 636 f.; *Berkemann* NuR 1993, 97, 103 f.; kritisch: *Steinberg* DÖV 2000, 85, 89 f; *Steinberg/Berg/Wickel*, S. 186 ff, insbesondere S. 190, die die in § 8 Abs. 3 BNatSchG a. F. (= § 19 Abs. 3 BNatSchG) geforderte Abwägung in der allgemeinen fachplanerischen Abwägung aufgehen lassen wollen; ebenso *Kühling/Herrmann*, Rn. 395.
[326] *BVerwG* NVwZ 2007, 581, 584.
[327] *BVerwG* NVwZ-RR 1997, 218.
[328] Auf Mängel der Abwägung ist aber § 75 Abs. 1 a entsprechend anwendbar: *BVerwGE* 112, 140, 164 ff. = NVwZ 2001, 673, 682.
[329] *BVerwGE* 112, 140, 163 = NVwZ 2001, 673, 681; *Halama* NuR 1998, 633, 637.
[330] Hierzu: *OVG Münster* NuR 2007, 360, 363; *Louis* NuR 2004, 557, 58 f.

zungsspielräume vertretbar ausgefüllt hat sowie ob sie bei der Gewichtung und vergleichenden Bewertung die ihr gesetzten rechtlichen Grenzen beachtet hat.[331]

Wird der Eingriff zugelassen, kann der Vorhabenträger nach Maßgabe landesrechtlicher Bestimmungen verpflichtet werden, für die Beeinträchtigungen, die nicht kompensiert werden können, einen **Ersatz in Geld** zu leisten (§ 19 Abs. 4 BNatSchG).

c) Habitatschutz. Zwingende Gebote und Verbote im Sinne von Planungsleitsätzen enthalten der rahmenrechtliche § 34 BNatSchG und die ihn umsetzenden landesrechtlichen Vorschriften, durch welche die entsprechenden Tatbestände der **FFH-Richtlinie**[332] und der **Vogelschutz-Richtlinie (VRL)**[333] in nationales Recht umgesetzt worden sind. **141**

Die **FFH-RL** dient dem Zweck, ein zusammenhängendes europäisches Netz von Gebieten besonderer ökologischer Bedeutung einzurichten und unter Schutz zu stellen (Schutzsystem **„Natura 2000"**). Dieses Netz besteht aus Gebieten, in denen sich die Typen natürlicher Lebensräume befinden, die in der Anlage I der FFH-RL genannt sind, sowie aus Gebieten, in denen die Tier- und Pflanzenarten vorkommen, die in der Anlage II der FFH-RL genannt sind. In das Netz sind ferner die besonderen Schutzgebiete aufzunehmen, welche die Mitgliedsstaaten aufgrund der VRL auszuweisen haben. Sie unterliegen dann dem Schutzregime der FFH-RL, nicht mehr demjenigen der (insoweit strengeren) VRL (Art. 7 FFH-RL). Der Liste der Gebiete von gemeinschaftlicher Bedeutung kommt im Regelungssystem der FFH-RL besondere Bedeutung zu.[334] Ein Gebiet unterfällt dem Schutzregime des Art. 6 Abs. 2 bis 4 FFH-RL (erst) dann, wenn die Kommission es in diese Liste aufgenommen hat.[335] Bislang liegen drei (noch vorläufige) Listen vor.[336] **142**

Nach § 34 Abs. 1 S. 1 BNatSchG (= Art 6 Abs. 3 S. 1 FFH-RL) hat eine **projektbezogene Verträglichkeitsprüfung**[337] stattzufinden, mit dem Ziel, festzustellen, ob das in Rede stehende Vorhaben das Schutzgebiet in seinen für die Erhaltungsziele und den Schutzzweck maßgeblichen Bestandteilen[338] erheblich beeinträchtigt.[339] Das gilt für Vorhaben, die unmittelbar im Schutzgebiet verwirklicht werden sollen, sowie für Vorhaben in der Nachbarschaft eines Schutzgebiets dann, wenn ihre Realisierung das Schutzgebiet beeinträchtigen kann.[340] Dabei ist auch zu prüfen, ob sich eine Beeinträchtigung des Gebiets aus einem Zusammenwirken des Vorhabens mit anderen Projekten ergibt (Summationseffekte; Art. 6 Abs. 3 FFH-RL).[341] **143**

Beeinträchtigt das Vorhaben nach dem Ergebnis der Verträglichkeitsprüfung das Schutzgebiet **erheblich**,[342] ist das Vorhaben grundsätzlich **unzulässig** (§ 34 Abs. 2 BNatSchG). Es darf nach § 34 Abs. 3 BNatSchG (= Art. 6 Abs. 4 FFH-RL) nur ausnahmsweise zugelassen werden. **144**

Eine **Ausnahme** kommt nur in Betracht, wenn keine Alternativlösung vorhanden ist (§ 34 Abs. 3 Nr. 2 BNatSchG). Lässt sich das Planungsziel an einem Standort verwirklichen, der gemessen an den Schutzkonzept der FFH-Richtlinie günstiger ist, muss der Vorhabenträger von dieser Möglichkeit Gebrauch machen. Dasselbe gilt, wenn das Vorhaben zwar nur an dem vor- **145**

---

[331] *BVerwGE* 121, 72, 85 = NVwZ 2004, 1486, 1497 f.; *BVerwG* NVwZ 2007, 581, 583 f.
[332] Richtlinie 92/43/EWG des Rates vom 21. 5. 1992 (Flora-Fauna-Habitat-Richtlinie – FFH-RL), ABl EG Nr. 206/7 vom 22. 7. 1992.
[333] Richtlinie 79/409/EWG des Rates vom 2. 4. 1979 über die Erhaltung der wildlebenden Vogelarten (Vogelschutzrichtlinie – VRL), ABl EG Nr. L 103 v. 25. 4. 1979.
[334] Zur innerstaatlichen Auswahl der Gebiete vgl. *BVerwG* NVwZ 2001, 92; NVwZ 2006, 822; *OVG Lüneburg* NuR 2000, 711.
[335] *EuGH* NVwZ 2005, 311; zur Auswirkung dieser Entscheidung auf die Annahme potentieller FFH-Gebiete und deren Schutzstatus vgl. *BVerwG* NVwZ 2006, 823, 823; *VGH Kassel* NVwZ 2006, 230, 233 f.; *VGH München* NuR 2005, 592, 594 f.; *OVG Schleswig* NuR 2006, 63, 65; *Füßer* NVwZ 2005, 628; *Gellermann* NuR 2005, 433; *Schütz* UPR 2005, 137, 139; *Hönig* NuR 2007, 249.
[336] Fundstellen bei *Gellermann* NuR 2005, 433; ferner *OVG Münster* NuR 2007, 48.
[337] Zu ihr ausführlich *BVerwG* NVwZ 2007, 1054.
[338] Zu diesem Merkmal: *VGH Mannheim* NVwZ-RR 2003, 184, 186; *Jarass* NuR 2007, 371, 373 f.
[339] Zu den anzulegenden Maßstäben vgl. etwa *BVerwG* NuR 2004, 520; *OVG Bautzen* LKV 2006, 364, 369; *VGH Kassel* NuR 2006, 42, 45; *VGH München* NuR 2003, 425, 426; *OVG Münster* NuR 2007, 48, 49 f.; *Schink* DÖV 2002, 45, 53; *Michler* VBlBW 2004, 84, 88 f.; *Hösch* NuR 2004, 210, 213 f.
[340] Hierzu: *BVerwG* NVwZ 2005, 803, 806; *VGH Mannheim* NVwZ-RR 2003, 184, 185 f.
[341] *VGH Kassel* NVwZ 2006, 230, 234; *OVG Saarlouis* ASRP-S L 32, 279, 297 ff.
[342] Vgl. hierzu beispielsweise: *BVerwG* NVwZ 2003, 1253, 1256 ff. mit Besprechung von *Bönsel/Hönig* NuR 2003, 677, 678 f.; *VGH Kassel* NuR 2006, 42, 47; *OVG Lüneburg* NdsVBl 2006, 10, 14 f. (für ein ausgewiesenes Vogelschutzgebiet); *Hösch* NuR 2004, 210, 213 f.; NuR 2004, 348, 351 f.; *Jarass* NuR 2007, 371, 374.

gesehenen Standort verwirklicht werden kann, jedoch in einer Gestalt, die mit geringerer Intensität in die Schutzziele der FFH-Richtlinie eingreift.[343] Nur gewichtige „naturschutzexterne" Gründe können es rechtfertigen, zu Lasten des **Integritätsinteresses** des Systems besonderer Schutzgebiete die Möglichkeit einer **Alternativlösung** auszuschließen. Um die planerische Abwägung von Alternativen geht es dabei nicht.[344] Maßgeblich für die Beurteilung ist vielmehr der **gemeinschaftsrechtliche Grundsatz der Verhältnismäßigkeit.** Der Vorhabenträger darf von einer ihm technisch an sich möglichen Alternative erst Abstand nehmen, wenn diese ihm unverhältnismäßige Opfer abverlangt oder andere Gemeinwohlbelange erheblich beeinträchtigt werden.[345]

146 Gibt es keine Alternative oder ist sie dem Vorhabenträger nicht zumutbar, setzt eine Ausnahme des Weiteren voraus, dass das Vorhaben aus **zwingenden Gründen** des **überwiegenden öffentlichen Interesses,** auch solchen sozialer und wirtschaftlicher Art, notwendig ist.[346] Zwingende Gründe des überwiegenden[347] öffentlichen Interesses erfordern keine Sachzwänge, denen niemand ausweichen kann. Gemeint ist ein durch Vernunft und Verantwortungsbewusstsein geleitetes staatliches Handeln. Der Schutz von Flora und Fauna darf nur mit Maßnahmen durchbrochen werden, deren Zweck gerade die Verwirklichung des angegebenen Schutzguts ist. Der Schutz des angegebenen Gutes durch das in Rede stehende Vorhaben darf nicht nur dessen begleitender Nebenzweck sein.[348]

147 Beeinträchtigt ein Vorhaben ein Gebiet erheblich, in dem **prioritäre natürliche Lebensräume** oder **prioritäre Arten**[349] vorhanden sind,[350] können als zwingende Gründe des überwiegenden öffentlichen Interesses für die Zulassung einer Ausnahme nur solche im Zusammenhang mit der Gesundheit des Menschen, der öffentlichen Sicherheit oder den maßgeblichen günstigen Auswirkungen des Vorhabens auf die Umwelt anerkannt werden (§ 34 Abs. 4 S. 1 BNatSchG).[351] Andere zwingende Gründe des öffentlichen Wohls können nur berücksichtigt werden, wenn zuvor eine **Stellungnahme der Kommission** eingeholt ist.[352]

148 Wird eine Ausnahme zugelassen, sind im PlfBeschluss alle notwendigen Maßnahmen zum Schutz des Zusammenhangs des ökologischen Netzes „Natura 2000" vorzusehen (§ 34 Abs. 5 BNatSchG).[353] Kann der Eingriff nicht durch solche **Maßnahmen der Kohärenzsicherung** ausgeglichen werden, bleibt es bei dem Verbot des Eingriffs.[354]

149 Die **Verträglichkeitsprüfung** nach § 34 Abs. 2 BNatSchG (= Art. 6 Abs. 3 FFH-RL) unterscheidet sich von der **UVP.** Die UVP hat allein verfahrensrechtliche Bedeutung; sie verdeutlicht die Folgen eines Vorhabens für die Umwelt, stellt also Abwägungsmaterial zusammen und bereitet dadurch die Abwägung vor. Die Verträglichkeitsprüfung nach § 34 Abs. 2 BNatSchG

---

[343] Zur Alternativenprüfung: *EuGH* NuR 2007, 30; *BVerwGE* 116, 254, 259 ff. = NVwZ 2002, 1243, 1244 ff; *BVerwGE* 120, 1, 11 f. = NVwZ 2004, 732, 736; *BVerwG* NVwZ 2006, 823, 825 f.; *Edhofer* BayVBl 2000, 553, 556; *Stollmann* GewArch 2001, 318, 323 f.; *Halama* NVwZ 2001, 506, 511; *Wickel/Bieback* BayVBl 2004, 353, 359 ff.; *Jarass* NuR 2007, 371, 377 f.
[344] *BVerwGE* 110, 302, 310 = NVwZ 2000, 1171; *BVerwGE* 116, 254, 262 = NVwZ 2002, 1243, 1245; *VGH Kassel* NVwZ 2006, 230, 237.
[345] *BVerwGE* 110, 302, 311 = NVwZ 2000, 1171; *BVerwGE* 116, 254, 267 = NVwZ 2002, 1243, 1246 ff.; *OVG Lüneburg* NuR 2006, 185, 188 ff.
[346] *BVerwGE* 116, 254, 259 = NVwZ 2002, 1243, 1244; *BVerwGE* 120, 1, 11 = NVwZ 2004, 732, 736. Zu zwingenden Gründen des überwiegenden öffentlichen Interesses vgl. *BVerwG* NVwZ 2002, 1243, 1247 f.; NVwZ 2003, 485, 488; *VGH Kassel* NVwZ 2006, 230, 235 f.; *OVG Lüneburg* NuR 2006, 185, 187; *OVG Münster* NuR 2007, 48, 52 f.; *VG Oldenburg* NuR 2000, 398, 403 (Küstenschutz und regionale Wirtschaftsförderung); *Ramsauer* NuR 2000, 601 ff.; *Stollmann* GewArch 2001, 318, 323; *Halama* NVwZ 2001, 506, 511 f.; *Wickel/Bieback* BayVBl 2004, 353, 361 ff.; *Jarass* NuR 2007, 371, 376 f.
[347] *Jarass* NuR 2007, 371, 377.
[348] *BVerwGE* 110, 302, 314 f. = NVwZ 2000, 1171; *Hösch* NuR 2004, 348, 354.
[349] Dazu gehören Vögel nicht: *OVG Lüneburg* NuR 2006, 185, 187.
[350] Zu diesem Merkmal: *OVG Münster* NuR 2007, 48, 51.
[351] *BVerwGE* 110, 302, 312 ff = NVwZ 2000, 1171 zu „Erwägungen im Zusammenhang mit der Gesundheit des Menschen" unter dem Gesichtspunkt der Entschärfung eines Unfallschwerpunkts durch Bau einer Ortsumgehungsstraße; ferner *Wrase* NuR 2004, 356, 358; *Wickel/Bieback* BayVBl 2004, 353, 363.
[352] Vgl. hierzu: *Michler* VBlBW 2004, 84, 91; *Wrase* NuR 2004, 356, 358; ablehnend: *Gellermann* NuR 2005, 433, 438.
[353] Hierzu: *VGH Kassel* NVwZ 2006, 230, 237; *OVG Lüneburg* NuR 2006, 185, 188; *OVG Münster* NuR 2007, 48, 53; *Stollmann* GewArch 2001, 318, 326; *Schink* DÖV 2002, 45, 56; *Hösch* NuR 2004, 210, 217; *Jarass* NuR 2007, 371, 378 f.
[354] *Halama* NVwZ 2001, 506, 512; *Michler* VBlBW 2004, 84, 92.

hat materiell-rechtliche Bedeutung; sie stellt das Vorliegen oder Nichtvorliegen der materiellen Voraussetzungen für die Zulassung des Vorhabens fest.

Bereits vor ihrer vollständigen (fachlichen) Umsetzung entfaltet die FFH-RL Vorwirkungen **150** für Planfeststellungen. Aus dem Gemeinschaftsrecht folgt das Verbot, die Ziele der FFH-RL zu unterlaufen und vollendete Tatsachen zu schaffen, die geeignet sind, die Erfüllung der vertraglichen Pflichten unmöglich zu machen.[355] Es dürfen keine Vorhaben zugelassen werden, welche die ökologischen Merkmale des fraglichen Gebiets ernsthaft beeinträchtigen können.[356] In einem PlfV muss daher ermittelt werden, ob für das Vorhaben auf Flächen zurückgegriffen wird, welche die sachlichen Kriterien des Art. 4 Abs. 2 FFH-RL erfüllen[357] und deren (Nach-)Meldung für die Aufnahme in ein kohärentes Netz mit anderen Gebieten in Betracht kommt (**potentielles FFH-Gebiet**).[358] Die gemeinschaftsrechtliche Vorwirkung löst unterschiedliche Rechtspflichten aus. Drängt es sich auf, dass ein potentielles FFH-Gebiet nach seiner Meldung Aufnahme in die Liste der Gebiete von gemeinschaftlicher Bedeutung finden wird, ist die Zulässigkeit eines Vorhabens an den Anforderungen des Art. 6 Abs. 3 und 4 FFH-RL zu messen. Das trifft vor allem zu auf Gebiete mit prioritären natürlichen Lebensraumtypen und prioritären Arten nach den Anlagen I und II der FFH-RL.[359] Kann die Aufnahme in die Liste der Gebiete von gemeinschaftlicher Bedeutung nicht hinreichend sicher prognostiziert werden, hat es mit dem Verbot sein Bewenden, das Gebiet zu zerstören oder anderweitig so nachhaltig zu beeinträchtigen, dass es für eine Meldung nicht mehr in Betracht kommt; das Schutzregime richtet sich in diesem Fall noch nicht nach Art. 6 FFH-RL oder § 34 BNatSchG.[360] Dasselbe gilt für Gebiete, die der Kommission zwar (nach-)gemeldet, von dieser aber noch nicht in die Liste der Gebiete von gemeinschaftlicher Bedeutung aufgenommen worden sind.[361]

d) Vogelschutz. Auch die VRL ist durch die §§ 32 ff. BNatSchG in nationales Recht um- **151** gesetzt. Nach § 33 Abs. 2 BNatSchG sind zwei Arten von **Schutzgebieten** festzulegen. Bei der Bestimmung der Schutzgebiete haben die Mitgliedstaaten einen fachlichen Beurteilungsspielraum. Für seine Ausfüllung sind ausschließlich ornithologische Kriterien maßgeblich.[362] Ist ein Gebiet entsprechend der VRL zum Schutzgebiet erklärt,[363] findet das für Habitate geltende Schutzregime des § 34 Abs. 2 bis 5 (= Art. 6 Abs. 3 und 4 FFH-RL) Anwendung (Art. 7 FFH-RL).[364]

Erfüllt ein Gebiet die Anforderungen der VRL, unter denen es hätte unter Schutz gestellt **152** werden müssen, ist eine solche Ausweisung aber unterblieben, ist die VRL unmittelbar an-

---

[355] *EuGH* NVwZ 2005, 311; NVwZ 2007, 61.
[356] *EuGH* NVwZ 2007, 61.
[357] Vgl. hierzu etwa *BVerwG* NVwZ 2003, 1253, 1255 f.; *BVerwGE* 120, 1, 9 ff. = NVwZ 2004, 732, 735 f.; *BVerwGE* 120, 87, 103 f. = NVwZ 2004, 722, 726 f.; *BVerwG* NVwZ 2004, 1486, 1495; *OVG Koblenz* NuR 2003, 438, 440 f.; *OVG Lüneburg* NdsVBl 2006, 10, 17; *VGH München* NVwZ-RR 2005, 613, 614 ff.; *VG Koblenz* NuR 2007, 367, 368 f.; enger: *OVG Schleswig* NuR 2003, 308, 313.
[358] *BVerwGE* 107, 1 = NVwZ 1998, 961; *BVerwGE* 110, 302, 308 = NVwZ 2000, 1171; *BVerwGE* 112, 135, 156 = NVwZ 2001, 673, 679; *BVerwG* NVwZ 2002, 1103, 1106 f.; enger: *Schink* DÖV 2002, 45, 51; gegen die Annahme potentieller FFH-Gebiete: *Schütz* UPR 2005, 137.
[359] *BVerwGE* 110, 302 = NVwZ 200, 1171; *BVerwGE* 116, 254, 257 = NVwZ 2002, 1243, 1244; *BVerwG* NuR 2004, 520; NVwZ 2004, 1486, 1495; NVwZ 2006, 823, 824; *Halama* NVwZ 2001, 506, 509; a. A. nunmehr *Gellermann* NuR 2005, 433, 434.
[360] *BVerwGE* 112, 135, 156 f. = NVwZ 2001, 673, 679; *BVerwGE* 116, 254, 257 = NVwZ 2002, 1243, 1244; *BVerwG* NuR 2004, 520; *BVerwGE* 120, 87, 104 = NVwZ 2004, 722, 727; *OVG Koblenz* NVwZ-RR 2002, 420, 422; *VGH München* NuR 2003, 425; NVwZ-RR 2005, 613, 615; *Halama* NVwZ 2001, 506, 509; *Gellermann* NuR 2005, 433, 435 f.
[361] *VGH Kassel* NVwZ 2006, 230, 233.
[362] Zu den Voraussetzungen der Ausweisung eines Vogelschutzgebietes vgl. etwa *BVerwG* NVwZ 2002, 1103, 1105 f.; *BVerwGE* 117, 149, 155 ff. = NVwZ 2003, 485, 487 f.; *BVerwG* NVwZ 2003, 1395; *BVerwGE* 120, 1, 6 ff. = NVwZ 2004, 732, 734 f.; *BVerwGE* 120, 87, 101 ff. = NVwZ 2004, 722, 726; *BVerwGE* 120, 276, 279 ff. = NVwZ 2004, 1114, 1115 f.; *BVerwG* NVwZ 2006, 823, 827; *BVerwGE* 126, 166, 168 ff. = NVwZ 2006, 1161, 1162; *OVG Bautzen* LKV 2006, 364, 367 f.; *VGH Kassel* NVwZ 2006, 230, 231; *OVG Koblenz* NuR 2003, 438; NuR 2003, 441, 442 f.; *OVG Münster* NVwZ-RR 2000, 490, 491; *OVG Saarlouis* ASRP-SL 32, 279, 289 ff.; *OVG Schleswig* NuR 2003, 308, 312 f.; NuR 2006, 63, 64 f.
[363] Zu Voraussetzungen unter denen eine solche Erklärung als Schutzgebiet angenommen werden kann vgl. *BVerwGE* 120, 276, 284 ff. = NVwZ 2004, 1114, 1116 f., mit Besprechung von: *Füßer* NVwZ 2005, 144, und *Baum* NuR 2005, 87; *VGH Kassel* NVwZ 2006, 230, 231; *OVG Lüneburg* NdsVBl 2006, 10, 13 f.; *OVG Schleswig* NuR 2006, 63, 65.
[364] *EuGH* NVwZ 2001, 459; *BVerwG* NVwZ 2002, 1103, 1105; *BVerwGE* 120, 276, 282 = NVwZ 2004, 1114, 1116; a. A.: *Schink* DÖV 2002, 45, 50.

wendbar **(faktisches Vogelschutzgebiet)**.[365] Ein Eingriff in das Gebiet unterliegt nach Maßgabe des Art. 4 Abs. 4 VRL dem zwingenden Verbot von Beeinträchtigungen und Störungen der Lebensräume und Vogelarten.[366] Nur überragende Gemeinwohlbelange, wie etwa der Schutz des Lebens und der Gesundheit von Menschen oder der Schutz der öffentlichen Sicherheit, sind geeignet, das Verbot zu überwinden.[367] Das (weniger strenge) Schutzregime des § 34 Abs. 2 bis 5 (= Art. 6 Abs. 3 und 4 FFH-RL) findet auf faktische Vogelschutzgebiete keine Anwendung.[368]

153 e) **Artenschutz.** Zwingende rechtliche Schranken der Planfeststellung können sich aus Gründen des Artenschutzes ergeben.[369] Die gemeinschaftsrechtlichen Vorgaben finden sich in Art. 5 ff. VRL und Art. 12 FFH-RL,[370] die durch die §§ 39 ff BNatSchG in nationales Recht umgesetzt sind. Der Artenschutz greift unabhängig davon ein, ob die betroffene Art in einem geschützten Habitat oder Vogelschutzgebiet vorkommt. § 42 Abs. 1 Nr. 1 BNatSchG verbietet, die Nist-, Brut-, Wohn- oder Zufluchtstätten wild lebender Tiere der besonders geschützten Arten (vgl. hierzu § 10 Abs. 2 Nr. 10 BNatSchG) der Natur zu entnehmen, zu beschädigen oder zu zerstören.[371] § 42 Abs. 1 Nr. 3 BNatSchG verbietet, wild lebende Tiere der streng geschützten Arten (vgl. hierzu § 10 Abs. 2 Nr. 11 BNatSchG) und der europäischen Vogelarten an ihren Nist-, Brut-, Wohn-, oder Zufluchtstätten durch Aufsuchen, Fotografieren, Filmen oder ähnliche Handlungen zu stören; zu den ähnlichen Handlungen gehört auch der Bau und der Betrieb des planfeststellungspflichtigen Vorhabens.[372] § 42 Abs. 1 Nr. 2 BNatSchG verbietet, wild lebende Pflanzen der besonders geschützten Arten abzuschneiden, abzupflücken, aus- oder abzureißen, auszugraben, zu beschädigen oder zu zerstören. § 42 Abs. 1 Nr. 4 BNatSchG verbietet, Standorte wild lebender Pflanzen der streng geschützten Arten durch Aufsuchen, Fotografieren, Filmen oder ähnliche Handlungen zu beeinträchtigen oder zu zerstören. Der mit diesen Regelungen verfolgte Artenschutz bezieht sich nicht auf das Vorkommen der jeweiligen Art als solcher, sondern auf die einzelnen Exemplare der jeweiligen Art.[373] Die Verbote des § 42 Abs. 1 BNatSchG gelten zwar nach § 43 Abs. 4 S. 1 BNatSchG nicht, wenn die verbotenen Handlungen bei der Ausführung eines nach § 19 BNatSchG zugelassenen Eingriffs vorgenommen werden, sofern hierbei Tiere, einschließlich ihrer Nist-, Brut-, Wohn- oder Zufluchtstätten nicht absichtlich zerstört werden. Das BVerwG hat zunächst angenommen, nicht absichtlich seien solche Beeinträchtigungen, die sich als unausweichliche Konsequenz rechtmäßigen Handelns ergäben,[374] hat an dieser Rechtsprechung aber inzwischen Zweifel geäußert.[375] Unabhängig davon ist § 43 Abs. 4 S. 1 BNatSchG nicht anwendbar, weil die Vorschrift gegen Gemeinschaftsrecht verstößt.[376] Die artenschutzrechtlichen Verbote können deshalb nur überwunden werden, wenn die PlfBehörde im PlfBeschluss eine Befreiung nach § 62 Abs. 1 BNatSchG erteilt,[377] deren Voraussetzungen in Übereinstimmung mit dem Gemeinschaftsrecht geregelt sind.[378] Aufgrund der Konzentrationswirkung des PlfBeschlusses bedarf die Erteilung der Be-

---

[365] *EuGH* NuR 1994, 521, 522; *BVerwGE* 117, 149, 153 ff. = NVwZ 2003, 485, 487; *BVerwGE* 120, 1, 6 = NVwZ 2004, 732, 734; *BVerwGE* 126, 166, 168 = NVwZ 2006, 1161; *Spannowsky* UPR 2000, 41, 43 ff.
[366] *BVerwG* NVwZ 1998, 616, 620; *BVerwGE* 107, 1 = NVwZ 1998, 961; *BVerwG* NVwZ 1999, 528, 530; NVwZ 2002, 1103, 1105; *BVerwGE* 120, 276, 288 ff. = NVwZ 2004, 1114, 1117 f; *VGH Kassel*, NVwZ 2006, 230, 231; *OVG Koblenz* NuR 2003, 441, 442 ff.; *OVG Münster* NVwZ-RR 2000, 490; zu den Voraussetzungen einer Beeinträchtigung vgl etwa: *OVG Saarlouis* ASRP-S L 32, 279, 301 ff.
[367] Vgl. *EuGH* NVwZ 1991, 559; *BVerwGE* 120, 1, 6 = NVwZ 2004, 732, 734.
[368] *EuGH* NVwZ 2001, 459; *BVerwG* NVwZ 2002, 1103, 1105; *BVerwGE* 120, 276, 282 = NVwZ 2004, 1114, 1116; *OVG Koblenz* NuR 2003, 441, 443; a. A.: *Schink* DÖV 2002, 45, 50.
[369] Hierzu: *Louis* NuR 2004, 557; *Stüer/Bähr* DVBl 2006, 1155; *Dolde* NVwZ 2007, 7.
[370] Zu ihnen etwa *Kautz* NuR 2007, 234, 235 f.
[371] Zur Zerstörung von Brutstätten vgl. *BVerwGE* 126, 166, 174 = NVwZ 2006, 1161, 1163; zum Begriff der Wohnstätte vgl. *BVerwG* NVwZ 2007, 708; *OVG Hamburg* NVwZ 2006, 1076.
[372] *BVerwGE* 126, 166, 174 = NVwZ 2006, 1161, 1163.
[373] *BVerwGE* 126, 166, 175 f. = NVwZ 2006, 1161, 1163 f.
[374] *BVerwGE* 112, 321, 330 = NVwZ 2001, 1040, 1042; *BVerwG* NVwZ 2005, 943, 947.
[375] *BVerwGE* 125, 116, 315 f. = NVwZ-Beilage I 8/2006, 1, 54.
[376] *EuGH* NVwZ 2006, 319; *BVerwGE* 126, 166, 176 f. = NVwZ 2006, 1161, 1164; *Dolde* NVwZ 2007, 7, 9; *Kratsch* NuR 2007, 27.
[377] Hiergegen: *Hösch* UPR 2006, 131, 132 ff.
[378] Zu den Voraussetzungen der Befreiung vgl. etwa: *BVerwGE* 125, 116, 318 ff. = NVwZ-Beilage I 8/2006, 1, 55 f.; *BVerwGE* 126, 166, 178 ff. = NVwZ 2006, 1161, 1164 f.; *OVG Hamburg* NuR 2006, 459, 463; *OVG Münster* NuR 2007, 360, 363 ff.; *Dolde* NVwZ 2007, 7, 9 ff.; *Kautz* NuR 2007, 234, 238 ff.

freiung keines besonderen Ausspruchs im PlfBeschluss.³⁷⁹ Dass ihre Voraussetzungen der Sache nach vorliegen, wird regelmäßig in der Begründung des PlfBeschlusses dargelegt sein, wenn die beeinträchtigte Art sich in einem geschützten Habitat oder Vogelschutzgebiet befindet. Denn die Gründe für die Zulassung eines Eingriffs in das geschützte Gebiet überschneiden sich weitgehend mit den Gründen, die eine Befreiung vom Artenschutz rechtfertigen.³⁸⁰

V. Inhalt des Planfeststellungsbeschlusses (Abs. 2 und 3)

1. Bestimmtheitsgebot, Begründungserfordernis

Der PlfBeschluss stellt die **ör Zulässigkeit** des Vorhabens fest. Er entscheidet darüber, in welcher Gestalt und unter welchen Auflagen einschließlich welcher notwendigen **Folgemaßnahmen** das Vorhaben verwirklicht werden darf. Der PlfBeschluss hat unter Einbeziehung aller anderen sonst notwendigen behördlichen Entscheidungen eine **einheitliche, umfassende und abschließende Entscheidung** über die Zulässigkeit des Vorhabens zu treffen (§ 75 Abs. 1). Aus ihm muss sich ergeben, ob das Vorhaben allen rechtlichen und tatsächlichen Anforderungen entspricht, einschließlich der Anforderungen, die für ör Gestattungen gelten, die mit der Planfeststellung erteilt werden (zu Einschränkungen vgl. § 72 Rn. 51 ff.).³⁸¹ Im PlfBeschluss sowie durch Bezugnahme auf die Planunterlagen³⁸² sind die Maßnahmen ausdrücklich und konkret zu bezeichnen, die durch die Ausführung des Vorhabens notwendig werden. Ordnet der PlfBeschluss weder **Schutzmaßnahmen** noch eine Entschädigung in Geld (Abs. 2 S. 2 und 3) an, ist damit entschieden, dass ein Anspruch hierauf nicht besteht. Will sich die PlfBehörde bestimmte Teilentscheidungen **vorbehalten** (Abs. 3), muss dies ausdrücklich geschehen.³⁸³ Sie muss ferner deutlich machen, welche Grundstücke in welchem Umfang und für welche Maßnahmen unmittelbar **(enteignend)** in Anspruch genommen werden sollen. **154**

Ob die PlfBehörde neben der Errichtung der Anlage deren späteren Betrieb regeln darf oder in Gestalt von Schutzmaßnahmen zu Gunsten Dritter regeln muss, hängt von dem jeweiligen Fachplanungsrecht ab.³⁸⁴ Beispielsweise lässt bei der Planfeststellung von Verkehrsflughäfen § 8 Abs. 4 S. 1 LuftVG **betriebliche Regelungen** im PlfBeschluss zu.³⁸⁵ **155**

Die PlfBehörde kann nicht gesondert mit feststellender Wirkung **Vorfragen** der Planfeststellung regeln, die für nachfolgende Ansprüche bedeutsam sein können.³⁸⁶ **156**

Der PlfBeschluss muss den Vorschriften der §§ 35 ff. entsprechen, die für Zustandekommen und Wirksamkeit des VA gelten, soweit sich nicht aus §§ 73 ff. etwas anderes ergibt (§ 72 Rn. 102 ff.). Er muss insbesondere **schriftlich erlassen** und **begründet** werden (Abs. 1 S. 2 i. V. m. § 69 Abs. 2 S. 1) sowie **inhaltlich bestimmt** (§ 37 Abs. 1) sein. **157**

In der Begründung hat die PlfBehörde alle **wesentlichen tatsächlichen** und **rechtlichen Gründe** mitzuteilen, die sie zur Zulassung des Vorhabens in seiner konkreten Gestalt und Dimensionierung bewogen haben. Sie hat abwägend darzulegen, warum sie **Planungsvarianten** verworfen hat;³⁸⁷ dabei reicht es regelmäßig aus, wenn sie sich nur mit den ernsthaft verbliebenen Alternativen auseinandersetzt.³⁸⁸ Die erforderliche Intensität der Begründung hängt von den Umständen des Einzelfalls ab.³⁸⁹ Je schwerer eine mögliche Beeinträchtigung wiegt, desto **158**

---

[379] BVerwG NVwZ-RR 1998, 292; OVG Münster NuR 2007, 48, 52; enger wohl OVG Hamburg NVwZ 2006, 1076; allgemein: Dreier/Engel/Pietrzak VBlBW 2006, 265, 271; zu einem Ausspruch der Befreiung im ergänzenden Verfahren vgl. BVerwGE 126, 166, 180 f. = NVwZ 2006, 1161, 1165.
[380] Hierzu eingehend: Hösch UPR 2006, 131; ferner VGH Kassel NVwZ 2006, 230, 238; OVG Münster ZUR 2007, 376, 377.
[381] BVerwG NVwZ 1992, 787, 788.
[382] Wickel in Fehling u. a., § 74 VwVfG Rn. 16.
[383] BVerwGE 61, 307, 311 = NJW 1982, 950, 951.
[384] Zum Fernstraßenrecht und zum Eisenbahnrecht vgl. Klinger UPR 2003, 342; zum Straßenrecht: Sauthoff in FS Driehaus, 369 ff.
[385] BVerwGE 125, 116, 195 = NVwZ-Beilage I 8/2006, 1, 20; ferner Ramsauer NVwZ 2004, 1041, 1046.
[386] VGH München BayVBl 2001, 438.
[387] BVerwGE 69, 256, 273 = NVwZ 1984, 718, 722; BVerwGE 71, 166, 172 = NJW 1986, 80, 81; BVerwGE 75, 214, 239 = NVwZ 1987, 578. 585; BVerwG NVwZ-RR 1989, 458.
[388] BVerwG NVwZ 1993, 572, 574 f.; NVwZ-RR 1996, 68; BVerwGE 100, 238, 249 f. = NVwZ 1996, 788, 791.
[389] BVerwGE 75, 214, 239 = NVwZ 1987, 578, 585.

eingehender wird die Notwendigkeit ihrer Hinnahme zu begründen sein. Die PlfBehörde muss ferner darlegen, aus welchen Gründen sie **Schutzmaßnahmen** nicht für erforderlich gehalten oder die von ihr angeordneten Schutzmaßnahmen im Vergleich zu möglichen Alternativen für ausreichend angesehen hat. Hält die PlfBehörde Schutzmaßnahmen für untunlich oder für unvereinbar mit dem Vorhaben und setzt sie einen **Ausgleich in Geld** fest (Abs. 2 S. 3), muss sie die Gründe darlegen sowie zumindest die Berechnungsfaktoren für die Höhe der Entschädigung angeben.

Ist ein Vorhaben UVP-pflichtig, muss die PlfBehörde spätestens in der Begründung des PlfBeschlusses die **Umweltauswirkungen des Vorhabens** in sich geschlossen und zusammenfassend darstellen (§ 11 UVPG; ferner Rn. 120 und § 73 Rn. 140).[390]

159 Die PlfBehörde hat die wesentlichen Erwägungen zur Erforderlichkeit des Vorhabens, also zur **Planrechtfertigung** darzustellen.

160 Die Begründung muss auf die Entscheidungen eingehen, die der PlfBeschluss durch seine Konzentrationswirkung (hierzu § 75 Rn. 10 ff.) entbehrlich macht. Welchen Inhalt die **ersetzten Entscheidungen** im PlfBeschluss erhalten, muss der Begründung zu entnehmen sein.

161 Lässt die Begründung des PlfBeschlusses die erforderliche planerische Abwägung nicht erkennen, muss im gerichtlichen Verfahren anhand anderer Umstände geprüft werden, ob die PlfBehörde die erforderliche Abwägung getroffen und damit den Anforderungen des Abwägungsgebots entsprochen hat.[391] Aus einer defizitären Begründung darf auf einen **Abwägungsmangel** nur geschlossen werden, wenn konkrete Umstände positiv und klar auf einen solchen Mangel hindeuten.[392] Zum **Nachschieben** von Gründen vgl. § 45 Abs. 1 Nr. 3 und Abs. 2.

2. Entscheidung über nicht erledigte Einwendungen (Abs. 2 S. 1)

162 Nach Abs. 2 S. 1 hat die PlfBehörde über die **Einwendungen** zu entscheiden, über die im Erörterungstermin keine Einigung erzielt worden ist. Durch Einigung erledigt ist eine Einwendung nur, wenn sich den Erklärungen namentlich des Einwenders mit der gebotenen Sicherheit der Wille entnehmen lässt, die Einwendung fallen zu lassen.[393] In der Sache zu entscheiden ist nur über die rechtzeitig erhobenen Einwendungen, sofern mit ihnen eigene Belange und nicht ausschließlich solche der Allgemeinheit geltend gemacht werden. Die PlfBehörde hat zu prüfen, ob die Einwendung Veranlassung gibt, die Feststellung des Plans abzulehnen, Schutzmaßnahmen anzuordnen oder dem Betroffenen einen Ausgleich in Geld zuzubilligen. Die Entscheidung über die Einwendung ist mithin Teil der Abwägung. Abs. 2 S. 1 verlangt, dass die PlfBehörde in der Begründung des PlfBeschlusses ihre Erwägungen zu den erhobenen Einwendungen darstellt.[394] Sie braucht nicht zu jedem Vorbringen gesondert und ausdrücklich Stellung zu nehmen, sofern aus dem Gesamtzusammenhang der Begründung deutlich wird, dass sie sich mit den vorgebrachten abwägungserheblichen Belangen befasst hat.

163 Wurde eine Einwendung verspätet erhoben oder besteht über die **Fristversäumnis** Streit (§ 73 Abs. 4 S. 3), hat die PlfBehörde die Gründe für die **Präklusion** darzulegen (§ 73 Rn. 91 ff.).[395] Wenn sie entgegen der Auffassung der Anhörungsbehörde die Frist nicht für versäumt hält oder Wiedereinsetzung (§ 32) gewähren will, kann sie eine im Erörterungstermin unterbliebene Anhörung selbst nachholen oder durch die Anhörungsbehörde nachholen lassen (Rn. 11).

3. Schutzmaßnahmen (Abs. 2 S. 2)

164 a) Abs. 2 S. 2 verpflichtet die PlfBehörde, dem Vorhabenträger **Vorkehrungen** oder die **Errichtung und Unterhaltung von Anlagen** aufzuerlegen, die zum **Wohle der Allgemeinheit** oder zur Vermeidung nachteiliger Wirkungen auf Rechte anderer erforderlich sind (**Schutzmaßnahmen**).

165 Die PlfBehörde kann dem Vorhabenträger auch aufgeben, dem planbetroffenen Dritten **finanziellen Ersatz** für Aufwendungen zu leisten, die dieser für die erforderlichen Schutzmaß-

---

[390] *BVerwG* NVwZ 2007, 84, 86.
[391] *BVerwGE* 75, 214, 251 = NVwZ 1987, 578, 587.
[392] *Bell/Rehak* UPR 2004, 296, 301.
[393] Vgl. *OVG Koblenz* NVwZ-RR 2006, 385, 387.
[394] *Wickel* in Fehling u. a., § 74 VwVfG Rn. 34.
[395] *Ziekow,* § 74 Rn. 38.

nahmen aufgebracht hat. Das kommt insbesondere dann in Betracht, wenn der Dritte die Schutzmaßnahmen bereits selbst getroffen hat. Rechtsgrundlage für einen solchen Aufwendungsersatz ist § 74 Abs. 2 S. 2, nicht S. 3 dieser Vorschrift. Es geht nicht um den finanziellen Ausgleich für unzumutbare Beeinträchtigungen, sondern um deren physisch-realen Ausgleich. Der Aufwendungsersatz bezeichnet die gesetzlich nicht geregelte Modalität, in der der Anspruch auf reale Schutzmaßnahmen erfüllt wird.[396]

b) Anwendungsbereich. Die Vorschrift erfasst nur nachteilige Wirkungen auf Rechte Dritter, die **vorhersehbar** sind. Vorhersehbar sind solche Wirkungen, deren Eintritt im Zeitpunkt der Entscheidung gewiss ist oder sich mit hinreichender Zuverlässigkeit prognostisch abschätzen lässt.[397] Atypische Folgen oder nachteilige Entwicklungen, mit denen im Zeitpunkt der Planfeststellung verständigerweise nicht zu rechnen war, können Ansprüche aus § 75 Abs. 2 auslösen (§ 75 Rn. 63 ff).[398] **166**

§ 74 Abs. 2 S. 2 beruht auf dem **Verursacherprinzip.** Die Vorschrift betrifft nur den Fall, dass das Vorhaben die Umgebung nachteilig verändert, insbesondere auf die Nachbarschaft nachteilig einwirken wird. Sie gilt nicht für den umgekehrten Fall, dass erst Veränderungen auf benachbarten Grundstücken Schutzmaßnahmen erforderlich machen. Hierfür gelten § 75 Abs. 2 S. 5 und § 77 S. 3.

Der Betroffene muss einen Anspruch auf Schutzmaßnahmen durch Einwendungen im PlfV, im Falle ihrer Nichtberücksichtigung durch eine Verpflichtungsklage auf **Planergänzung** geltend machen. Nach Bestandskraft des PlfBeschlusses können Schutzmaßnahmen wegen vorhersehbarer Folgen des Vorhabens nicht mehr verlangt werden.[399]

§ 74 Abs. 2 S. 2 ist nicht anwendbar, wenn **Spezialregelungen** vorgehen, wie sie in einzelnen Fachplanungsgesetze enthalten sind (§ 9 Abs. 2 LuftVG, § 14b Nr. 6 WaStrG, § 32 Abs. 2 KrW-/AbfG).

c) Bedeutung der Vorschrift. Die Anordnung von Schutzmaßnahmen ermöglicht der PlfBehörde, die widerstreitenden **Interessen** des Vorhabenträgers, der Allgemeinheit und der (privaten) Betroffenen **auszugleichen.** § 74 Abs. 2 S. 2 ermächtigt die PlfBehörde, den Vorhabenträger zu Schutzmaßnahmen zu verpflichten und dadurch die aufgeworfenen Probleme im Sinne einer gerechten planerischen Abwägung zu bewältigen. Die Möglichkeit eines Ausgleichs durch Schutzmaßnahmen verhindert zugleich, dass die Planung scheitern muss, weil von ihr unzumutbare Nachteile für planbetroffene Dritte ausgehen, die sich abwägend nicht überwinden lassen.[400] **167**

Die Auferlegung von Schutzmaßnahmen ist nicht zu Lasten des Vorhabenträgers rechtswidrig, wenn mit ihr inhaltlich einer präkludierten Einwendung Rechnung getragen wird.[401] Der präkludierte Belang ist, soweit er PlfBehörde bekannt ist oder sich ihr aufdrängen musste, in der Abwägung zu berücksichtigen und nimmt deshalb an dem planerischen Interessenausgleich teil, den § 74 Abs. 2 S. 2 bewirken will.[402]

d) Die **Anordnung** von Schutzmaßnahmen ist keine eigenständige Regelung neben der Planfeststellung, sondern **Bestandteil des PlfBeschlusses.**[403] Sie tritt als Nebenbestimmung zu der Genehmigung hinzu, die mit dem PlfBeschluss ausgesprochen wird. Ihrer **Rechtsnatur** nach ist sie regelmäßig **Auflage** (vgl. auch § 36 Rn. 140 ff.).[404] Zulässig sind auch **inhaltliche Einschränkungen** der Vorhabenzulassung.[405] Was vorliegt, muss im konkreten Fall durch Auslegung des PlfBeschlusses und der ihm zugrundeliegenden Regelung des jeweiligen Fachplanungsgesetzes ermittelt werden (§ 9b Abs. 3 S. 1 AtG, § 32 Abs. 2 S. 1 KrW-/AbfG; § 14b **168**

---

[396] *BVerwG* NVwZ 2000, 68.
[397] *BVerwG* NVwZ 1993, 477, 480; *BVerwGE* 112, 221, 225 = NVwZ 2001, 429, 430; *BVerwG* NVwZ 2007, 827, 829.
[398] *BVerwGE* 80, 7, 13 = NVwZ 1989, 253, 254; *BVerwG* NVwZ 1998, 846.
[399] *BVerwGE* 77, 295, 296 f. = NJW 1987, 2884, 2885; *BVerwG* NVwZ 1988, 534, 535.
[400] *Wickel* in Fehling u. a., § 74 VwVfG Rn. 35 f.
[401] Offen gelassen in *BVerwG* NVwZ 2000, 68, 69.
[402] *VGH München* BayVBl 2007, 402, 403.
[403] *BVerwGE* 91, 17, 18 f. = NVwZ 1993, 362.
[404] *BVerwGE* 41, 178, 181 = NJW 1973, 915, 916; *Dürr* in Knack, § 75 Rn. 42;
[405] *BVerwGE* 90, 42, 48 = NVwZ 1993, 366, 367 f.; *Kopp/Ramsauer*, § 74 Rn. 106; *Ziekow*, § 74 Rn. 42; *Wickel* in Fehling u. a., § 74 VwVfG Rn. 47; *Ule/Laubinger*, § 41 Rn. 31; *Geiger* in: Ziekow, Praxis des Planungsrechts, Rn. 321.

Nr. 11 WaStrG). Das Verbot von Nebenbestimmungen zum VA nach § 36 Abs. 1 ist nicht anwendbar, soweit der Erlass eines PlfBeschlusses planerischer Gestaltungsfreiheit unterliegt und auf ihn deshalb kein Rechtsanspruch besteht (vgl. Rn. 30).

169 e) Die **Begriffe** der **Vorkehrungen und Anlagen** (Schutzmaßnahmen) sind weit auszulegen. Sie umfassen alles, was in Form aktiver oder passiver Maßnahmen geeignet ist, Beeinträchtigungen des Wohls der Allgemeinheit oder nachteilige Wirkungen auf Rechte Dritter zu vermeiden oder zu mindern.[406] In Betracht kommen alle **technisch-realen Schutzeinrichtungen** und **-anlagen,** etwa Böschungen, Geländer, Stützmauern, Leitplanken, Bahnschranken,[407] Anpflanzungen, Einfriedungen,[408] Grundstückszufahrten,[409] aber auch Brücken, Unterführungen, Abfahrtsrampen. Zu den technischen Schutzvorkehrungen gehören insbesondere **schall- und geruchsdämpfende** (aktive und passive) **Maßnahmen,** etwa Lärmschutzwälle und -wände, Schallschutzfenster,[410] aber auch Vorrichtungen zur Abschirmung von Anlagen gegen Störungen durch elektromagnetische Felder.[411] Gegenstand einer Schutzauflage können neben der Errichtung bestimmter Anlagen wiederkehrende Handlungen sein, wie Maßnahmen der Schädlingsbekämpfung.[412] Auch die Gestellung eines **Ersatzgrundstückes** kann angeordnet werden,[413] sofern dies nicht gesetzlich ausgeschlossen ist. Gegenstand einer Auflage können Maßnahmen sein, die insbesondere bei landwirtschaftlichen Betrieben eine unwirtschaftliche Zerschneidung des Grundbesitzes durch das Vorhaben ausgleichen oder mildern sollen. Dazu gehören Maßnahmen, durch die ein Grundstück wieder an das öffentliche Wegenetz angebunden werden soll, wenn es die bisherige Anbindung infolge des Vorhabens verliert.[414] Auf die Anordnung solcher Maßnahmen kann die PlfBehörde verzichten, wenn sich eine Lösung in einem anderen Verfahren, insbesondere einer Flurbereinigung abzeichnet.[415]

Ob auch Regelungen zulässig sind, die den späteren **Betrieb der Anlage** betreffen, ihn insbesondere einschränken, um das erforderliche Schutzniveau zu halten,[416] hängt davon ab, ob nach dem einschlägigen Fachplanungsrecht der Betrieb der Anlage Gegenstand der Planfeststellung ist oder sein kann.[417] Betriebliche Regelungen sind etwa nach § 8 Abs. 4 S. 1 LuftVG bei der Planfeststellung von Verkehrsflughäfen zulässig.[418]

170 f) **Voraussetzungen der Anordnung.** Die Schutzmaßnahmen müssen hinreichend bestimmt, erforderlich, geeignet und im Sinne des geringst möglichen Eingriffs verhältnismäßig sein.

171 Schutzmaßnahmen müssen **erforderlich** sein, entweder um das Wohl der Allgemeinheit zu wahren oder um nachteilige Wirkungen auf Rechte anderer zu verhindern. Die **Rechte anderer** umfassen alle subjektiven öffentlichen und privaten Rechte Dritter; dazu gehören auch das Eigentum einer Gemeinde und ihre Einrichtungen.[419]

172 Schutzmaßnahmen sind **erforderlich,** wenn von dem Vorhaben nachteilige Auswirkungen auf Gemeinwohlbelange oder auf Rechte Dritter ausgehen, die durch eine gerechte Abwägung nicht überwindbar sind. Das ist der Fall, wenn die Auswirkungen der Allgemeinheit oder dem Dritten ohne Ausgleich nicht zumutbar sind (im Einzelnen Rn. 79 ff.).

---

[406] *BVerwGE* 69, 256, 277 = NVwZ 1984, 718, 722; *BVerwGE* 87, 332, 343 = NVwZ-RR 1991, 601, 604.
[407] *OVG Lüneburg* NVwZ-RR 2007, 379.
[408] Vgl. *BVerwG* NVwZ 2000, 435, 436 zu einem Zaun als Sichtschutz gegen eine öffentliche Verkehrsanlage.
[409] *VGH München* BayVBl 2003, 719, 721.
[410] *BVerwGE* 87, 332, 360 ff. = NVwZ-RR 1991, 601, 611 ff.; *BVerwGE* 101, 73, 85 = NVwZ 1996, 901, 905; *BVerwGE* 126, 340, 344 f. = NVwZ 2007, 219, 220.
[411] *BVerwG* NVwZ 2000, 68.
[412] *VGH München* NVwZ-RR 1999, 734, 735.
[413] *BVerwG* NuR 1998, 604.
[414] *BVerwG* NVwZ-RR 1998, 89; NVwZ 2006, 603.
[415] *BVerwG* NVwZ 1989, 147, 148; ferner § 72 Rn. 51 ff.
[416] *BVerwGE* 69, 256, 276 f. = NVwZ 1984, 718, 722 f.; *BVerwGE* 87, 332, 343 ff = NVwZ-RR 1991, 601, 604; *Dürr* in Knack, § 75 Rn. 61; *Allesch/Häußler* in Obermayer, § 74 Rn. 92; *Kopp/Ramsauer*, § 74 Rn. 109; einschränkend für den Fall der nachträglichen Anordnung von Schutzmaßnahmen nach § 75 Abs. 2 S. 2: *VGH Kassel* NVwZ-RR 2003, 729, 734.
[417] *Geiger* in Ziekow, Praxis des Fachplanungsrechts, Rn. 268; zum Fernstraßenrecht und zum Eisenbahnrecht vgl. *Klinger* UPR 2003, 342; zur straßenrechtlichen Planfeststellung vgl. *Sauthoff* in FS Driehaus, 369 ff.
[418] Hierzu *v. Feldmann/Groth* NVwZ 2004, 1173.
[419] *BVerwGE* 69, 256, 261 = NVwZ 1984, 718, 719; *BVerwGE* 87, 332, 391 = NVwZ-RR 1991, 601, 622 f.

Die Erforderlichkeit von Schutzmaßnahmen ist nach der im PlfBeschluss festgelegten Gestalt **173** und der dort vorausgesetzten Funktion des Vorhabens und seiner künftigen Entwicklung zu ermitteln.[420] Dafür ist regelmäßig eine **Prognose** notwendig, wie sich das Vorhaben voraussichtlich auf die Nachbargrundstücke auswirken wird. Der Prognose ist die Auslastung der Anlage zugrunde zu legen, wie sie im Prognosezeitraum[421] abschätzbar ist, nicht hingegen die Auslastung, wie sie theoretisch technisch möglich wäre.[422]

Schutzmaßnahmen sind nur erforderlich, wenn ihre Notwendigkeit **durch das Vorhaben** **174** **verursacht** ist. Es muss sich um eine typische Folgewirkung handeln, die nicht außerhalb der Erfahrung liegt und nicht ganz überwiegend durch andere Umstände bedingt ist.[423] Deshalb sind **Vorbelastungen** zu berücksichtigen. Sie können den Ausgleichsanspruch mindern oder modifizieren.[424] Das gilt auch für Vorbelastungen, die von der schon vorhandenen Anlage selbst ausgehen, die (nur) geändert werden soll.[425] Haben die Einwirkungen der Anlage schon vor deren planfeststellungspflichtiger Änderung das Maß des Zumutbaren überschritten, muss aus Anlass ihrer Änderung eine erforderliche Schutzmaßnahme angeordnet werden. Halten sich die anlagebedingten Vorbelastungen noch unterhalb der Zumutbarkeitsgrenze, können die Betroffenen bezüglich dieser Vorbelastungen keine sanierenden Schutzmaßnahmen verlangen; einen Anspruch auf Schutzmaßnahmen haben sie nur insoweit, als die Änderung der Anlage die Belastung in beachtlicher Weise erhöht und gerade hierin eine zusätzliche, ihnen billigerweise nicht zuzumutende Belastung läge. Für die Zumutbarkeit spielt eine Rolle, ob die betroffenen Grundstücke einer beträchtlichen Vorbelastung ausgesetzt waren und deshalb gegenüber einer auch nur geringen Zunahme der Belastung in besonderem Maße empfindlich sein können.[426] Dem Träger eines planfeststellungsbedürftigen Vorhabens dürfen Schutzmaßnahmen grundsätzlich nicht auferlegt werden, wenn die nachteiligen Wirkungen des Vorhabens die tatsächlichen Vorbelastungen der Umgebung nicht übersteigen.[427] An der notwendigen Ursächlichkeit fehlt es ferner, wenn der Eigentümer die Schutzmaßnahme ohnehin unabhängig von dem Vorhaben normalerweise im Rahmen üblicher Eigenvorsorge getroffen hätte, darauf aber bisher verzichtet hat.[428]

Gehen die nachteiligen Wirkungen nicht ausschließlich kausal auf das Vorhaben zurück, kann die Pflicht zur Anordnung von Schutzauflagen zwar fortbestehen, aber von einer **Kostenbeteiligung** des Begünstigten abhängig gemacht werden.[429]

Die Schutzmaßnahmen müssen ferner **geeignet** sein, die nachteiligen Wirkungen zu verhin- **175** dern oder zu mindern.

g) Verfahrensfragen. Schutzmaßnahmen sind dem Grunde nach **im PlfBeschluss anzu-** **176** **ordnen.**[430] Ordnet ein PlfBeschluss keine Schutzmaßnahmen an und ist eine solche Anordnung auch nicht nach Abs. 3 vorbehalten, ist damit entschieden, dass ein Anspruch auf Schutzmaßnahmen nicht besteht.[431] Eine Anordnung von Schutzmaßnahmen begründet einen Anspruch des Betroffenen gegen den Vorhabenträger.[432]

Ob Schutzmaßnahmen anzuordnen sind, steht **nicht im Ermessen** der PlfBehörde. Sie hat **177** solche Maßnahmen anzuordnen, wenn diese zum Ausgleich einer sonst unzumutbaren Beein-

---

[420] BVerwG DVBl 1976, 788.
[421] Zu ihm: BVerwG NVwZ 2007, 827, 829.
[422] BVerwG NVwZ-RR 1999, 720, 723; NVwZ 1999, 644, 646; BVerwGE 125, 116, 240 = NVwZ-Beilage I 8/2006, 1, 31; BVerwGE 127, 95, 133 = NVwZ 2007, 445, 455.
[423] BVerwGE 52, 226, 236; BVerwGE 97, 367, 375 = NVwZ 1995, 907, 909; BVerwG NVwZ 2006, 603, 604; NVwZ 2006, 331, 333.
[424] BVerwGE 59, 253, 263 = NJW 1980, 2368, 2370; BVerwGE 71, 150, 155 f. = NJW 1985, 3034, 3035; BVerwGE 87, 332, 364 f. = NVwZ-RR 1991, 601, 613; BVerwG NVwZ-RR 1991, 129, 131 f.; NVwZ 1998, 1070; BVerwGE 107, 350, 356 f = NVwZ 1999, 539, 541; BVerwG NVwZ 1999, 644, 646; NVwZ-RR 2001, 653, 655.
[425] Vgl. auch OVG Lüneburg NVwZ-RR 2007, 379.
[426] BVerwG NVwZ-RR 2001, 653, 655.
[427] BVerwG NVwZ 2000, 68, 69.
[428] So zu Sichtschutzzäunen zu öffentlichen Verkehrsanlagen BVerwG NVwZ 2000, 435, 436.
[429] BVerwGE 41, 178, 185 ff. = NJW 1973, 915, 917; BVerwGE 97, 367, 375 = NVwZ 1995, 907, 909 betrifft einen abweichenden Sachverhalt.
[430] BVerwGE 61, 295, 306 = NJW 1981, 2137, 2140; BVerwG NJW 1989, 467, 469.
[431] OVG Koblenz NVwZ-RR 2005, 168.
[432] OVG Lüneburg NuR 1999, 353, 354.

trächtigung der Betroffenen erforderlich, tunlich und mit dem Vorhaben vereinbar sind (vgl. hierzu Rn. 193f.). Dem entspricht ein **Rechtsanspruch** der Betroffenen.[433] Die PlfBehörde kann auf die Anordnung notwendiger Schutzmaßnahmen nicht deshalb verzichten, weil sie eine Änderung der Sach- und Rechtslage erwartet, welche die Schutzmaßnahmen entbehrlich machen wird, allerdings erst zu einem Zeitpunkt nach Inbetriebnahme des Vorhabens; es genügt nicht, wenn sich die PlfBehörde nur nach Abs. 3 die nachträgliche Anordnung von Schutzmaßnahmen für den Fall vorbehält, dass die erwartete Änderung der Sach- und Rechtslage nicht eintritt.[434] Die Festlegung der **Art** einer Schutzmaßnahme obliegt hingegen der planerischen Gestaltungsfreiheit der PlfBehörde,[435] sie kann auf Null reduziert sein.[436]

178 g) Für den **Schutz vor Verkehrslärm** enthalten die §§ **41, 42 BImSchG** als Sonderregelung zu § 74 Abs. 2 Sätze 2 und 3 ein eigenes Schutzkonzept.[437] Diese Vorschriften gelten für den Bau und die wesentliche Änderung[438] öffentlicher Straßen sowie von Eisenbahnen, Magnetschwebebahnen und Straßenbahnen.[439]

179 Auf der ersten Stufe ist im Rahmen der allgemeinen fachplanerischen Abwägung durch die **Wahl der** konkreten **Trasse** und deren **Gestaltung**[440] die Beeinträchtigung benachbarter schutzwürdiger Nutzungen durch Verkehrslärm nach Möglichkeit auszuschließen oder zu mindern (**§ 50 BImSchG; Trennungsgrundsatz**).[441] § 50 BImSchG enthält eine Abwägungsdirektive,[442] die in der Abwägung überwunden werden kann.[443] Erheblich sind die Einwirkungen, welche die Grenze des Zumutbaren überschreiten. Die maßgebliche Zumutbarkeitsschwelle wird durch die Grenzwerte bestimmt, die in der 16. BImSchV festgelegt sind (hierzu Rn. 84).[444] Wenn die Grenzwerte der 16. BImSchV es nicht erlauben, abschließend zu beurteilen, ob die Immissionssituation für die Planbetroffenen zumutbar sein wird, fordert § 74 Abs. 2 S. 2 eine ergänzende Prüfung, die der tatsächlich zu erwartenden Belastung Rechnung trägt.[445] Werden mehrere selbständige Verkehrswege nach § 78 in einem PlfV durch einen einheitlichen PlfBeschluss zugelassen, ist für die Anwendung der 16. BImSchV jeder Verkehrsweg gesondert zu bewerten.[446]

180 Hat die PlfBehörde sich abwägungsfehlerfrei für eine planerische Lösung entschieden, bei der nach ihrer Prognose[447] das Vorhaben mit erheblichen Belästigungen durch Verkehrslärm auf benachbarte schutzbedürftige Nutzungen einwirken wird, sind auf der zweite Stufen des Schutzkonzeptes dem Vorhabenträger gemäß § 41 Abs. 1 BImSchG geeignete Maßnahmen des **aktiven Schallschutzes** aufzuerlegen, die sicherstellen, dass die Grenzwerte der 16. BImSchV eingehalten werden. Hierzu gehören zum einen Maßnahmen, die die Ausbreitung des Lärms verhindern, wie insbesondere Lärmschutzwände oder -wälle, Tunnel, Einhausungen, Gradientenabsenkungen, Tief- oder Troglagen,[448] zum anderen Maßnahmen, die bereits die Entstehung

---

[433] *BVerwG* NVwZ 1989, 255, 256.
[434] *BVerwGE* 104, 123, 137 = NVwZ 1998, 513, 518.
[435] Vgl. *BVerwGE* 104, 123, 134 = NVwZ 1998, 513, 517; OVG Münster NWVBl 2002, 105, 106.
[436] *BVerwGE* 51, 6, 12.
[437] *BVerwG* 97, 367 = NVwZ 1995, 907; *Rieger* VBlBW 1998, 41; *Jarass* UPR 1998, 415; *Michler* VerwArch 1999, 21; *Vallendar* UPR 2001, 171; *Halama* VBlBW 2006, 132.
[438] Zu den Voraussetzungen einer wesentlichen Änderung vgl. *BVerwG* NuR 1998, 600, 601; NVwZ 2005, 591, 592; NVwZ 2006, 331, 332ff.; *BVerwGE* 110, 81, 84ff = NVwZ 2000, 567, 568 (zur Wiederinbetriebnahme teilungsbedingt stillgelegter Bahnanlagen); ferner *Schulze-Fielitz* DÖV 2001, 181, 186f.
[439] Der räumliche Schutzbereich der Vorschriften erfasst keine Streckenabschnitte, an denen sich der Bau oder die wesentliche Änderung des Verkehrswegs nur mittelbar durch eine Erhöhung des Verkehrs auswirkt: *BVerwGE* 123, 152, 155 ff. = NVwZ 2005, 811, 812; OVG *Lüneburg* NVwZ 2001, 99.
[440] Vgl. etwa *BVerwGE* 108, 248, 253 = NVwZ 1999, 1222, 1224.
[441] Hierzu *Schulze-Fielitz* DÖV 2001, 181, 183f.
[442] *BVerwGE* 108, 248, 252 = NVwZ 1999, 1222, 1223: *BVerwG* NVwZ 2001, 1160, 1162; *BVerwGE* 123, 37, 43 = NVwZ 2005, 803, 806; *VGH München* NVwZ-RR 2001, 579, 581 f.
[443] Vgl. *BVerwG* NVwZ-RR 1996, 557, 558.
[444] Zur Vereinbarkeit der 16. BImSchV mit höherrangigem Recht: *BVerwGE* 104, 123, 129ff. = NVwZ 1998, 513, 515f.; *BVerwGE* 106, 241, 246ff. = NVwZ 1998, 1071, 1072ff. Die Grenzwerte müssen bei Inbetriebnahme des Verkehrsweges eingehalten sein; die Erwartung späterer Verbesserungen kann nicht in die Beurteilung der maßgeblichen Lärmbelastung einbezogen werden: *BVerwG* NuR 1998, 600, 601.
[445] *BVerwG* NVwZ 2005, 447, 448.
[446] *BVerwGE* 123, 23, 35 f. = NVwZ 2005, 808, 809.
[447] Zu den Anforderungen an die Prognose vgl. beispielsweise: *BVerwG* NuR 1998, 600, 601.
[448] Vgl. *BVerwG* NuR 2002, 353; nach *BVerwGE* 108, 248, 253 = NVwZ 1999, 1222, 1224 handelt es sich dabei nicht um Maßnahmen des aktiven Schallschutzes, sondern um Planungsalternativen, die schon auf der Ebene des allgemeinen fachplanerischen Abwägungsgebots geprüft werden müssen.

von Lärm an der Quelle vermeiden, wie das Verfahren „besonders überwachtes Gleis" im Schienenverkehr[449] oder die Verwendung eines Lärm mindernden Straßenbelags.[450] Die PlfBehörde kann nur dann darauf verzichten, dem Vorhabenträger Maßnahmen des aktiven Schallschutzes aufzuerlegen, wenn deren **Kosten außer Verhältnis zu dem** angestrebten **Schutzzweck** stünden (§ 41 Abs. 2 BImSchG).[451]

Weil § 41 Abs. 2 BImSchG immer zugleich die **Kostenfrage** aufwirft, können Abschläge gegenüber der technisch optimalen Lösung im Lichte des **Verhältnismäßigkeitsgrundsatzes** gerechtfertigt sein.[452] Der Ausschöpfung aller technischen Möglichkeiten aktiven Schallschutzes können öffentliche Belange des Landschaftsschutzes oder der Stadtbildpflege entgegenstehen,[453] ferner private Belange betroffener Dritter, beispielsweise deren Interesse an einer Vermeidung zu dichter Grenzbebauung mit einer Lärmschutzwand und dadurch eintretender Verschattung,[454] aber auch an der Verhinderung einer Lärmverlagerung. **181**

Bei der Prüfung der Verhältnismäßigkeit[455] muss die PlfBehörde nicht individuell auf den jeweils von Lärm betroffenen Nachbarn abstellen,[456] sondern kann abgrenzbare **Schutzbereiche** gesondert betrachten, im übrigen aber die Gesamtkosten der Schutzanlagen ermitteln und mit Blick auf den durch sie erzielbaren Lärmschutz bewerten. Ziel dieser Bewertung muss ein Lärmschutzkonzept sein, das auch unter dem Gesichtspunkt einer Gleichbehandlung der betroffenen Nachbarn vertretbar erscheint. Differenzierungen nach der Zahl der Betroffenen sind zulässig und geboten.[457] **182**

Berücksichtigt werden können ferner die Mehrkosten, die mit einem Schutz der Außenwohnbereiche (durch aktiven Schallschutz) im Verhältnis zu wirksamen passiven Schallschutz verbunden sind.[458] Es ist aber nicht zulässig, generell eine **„Verhältnismäßigkeitsschwelle"** festzulegen, die sich aus den Kosten einerseits des aktiven, andererseits des passiven Lärmschutzes errechnet.[459] **183**

Die PlfBehörde muss mit planerischen Mitteln ein **Lärmschutzkonzept** entwickeln, das den örtlichen Gegebenheiten angemessen Rechnung trägt. Hierbei verbleibt ihr ein Abwägungsspielraum, der einer gerichtlichen Überprüfung nicht mehr zugänglich ist.[460] Bestandteil der Abwägung ist namentlich die Auswahl zwischen verschiedenen in Betracht kommenden Schallschutzmaßnahmen. Die PlfBehörde hat diese Auswahl an dem grundsätzlichen Vorrang aktiven Schallschutzes vor Maßnahmen passiven Schallschutzes zu orientieren und eine hinreichend differenzierte Kosten-Nutzen-Analyse vorzunehmen.[461] **184**

Können im Einzelfall die Grenzwerte nach der 16. BImSchV auch durch Maßnahmen des aktiven Schallschutzes nicht eingehalten werden, sind Maßnahmen des **finanziellen Ausgleichs** geboten, wenn die PlfBehörde sich gleichwohl abwägungsfehlerfrei für eine Verwirklichung des Vorhabens entschieden hat (§ 42 Abs. 1 BImSchG). Dem ist nach § 41 Abs. 2 BImSchG der Fall gleichgestellt, dass die Kosten an sich möglicher Schutzmaßnahmen außer Verhältnis zu dem angestrebten Schutzzweck stünden, der sich gerade aus den festgelegten Grenzwerten ergibt.[462] Die Entschädigung ist zu leisten für (passive) Schallschutzmaßnahmen **185**

---

[449] Hierzu *BVerwGE* 110, 370, 373 ff. = NVwZ 2001, 71, 72 ff.; *BVerwGE* 115, 235, 243 ff. = NVwZ 2002, 733, 734 f.
[450] *BVerwG* NuR 2002, 353, 354; zum Einbau von Holzschwellen in eine Bahnstrecke vgl. *BVerwG* NVwZ 2004, 986, 989.
[451] Vgl. hierzu beispielsweise *BVerwG* NVwZ 2004, 340, 342.
[452] *BVerwGE* 110, 370, 380 ff = NVwZ 2001, 71, 74; *BVerwGE* 123, 37, 46 = NVwZ 2005, 803, 807.
[453] *BVerwG* NVwZ 1998, 1071, 1074; offen gelassen von *BVerwGE* 108, 248, 258 = NVwZ 1999, 1222, 1225; hiergegen *Halama* VBlBW 2006, 132, 135; *Schulze-Fielitz* DÖV 2001, 181, 190.
[454] *BVerwGE* 108, 248, 257 = NVwZ 1999, 1222, 1224 f.; *BVerwG* NVwZ 2004, 340, 342 (zum Lärmschutz zu Gunsten von Hochhäusern).
[455] Hierzu: *OVG Münster* NuR 2001, 345, 346.
[456] Vgl. hierzu auch *BVerwG* NVwZ-RR 1999, 725, 727.
[457] Vgl. *BVerwG* NuR 1998, 600, 602: einzelnes Wohnhaus im Außenbereich.
[458] Vgl. zum Beispiel *BVerwG* NVwZ 2001, 1154, 1159.
[459] Vgl. im Einzelnen *BVerwG* 110, 370, 387 ff. = NVwZ 2001, 71, 76 f.
[460] *BVerwGE* 104, 123, 139 = NVwZ 1998, 513, 519; *BVerwGE* 106, 241, 250 ff. = NVwZ 1998, 1071, 1075; *BVerwG* NuR 1998, 600, 602; *BVerwGE* 110, 370, 380 ff = NVwZ 2001, 71, 74; *BVerwG* NVwZ 2004, 986, 987; NVwZ 2006, 331, 335. Anders *BVerwGE* 108, 248, 256 = NVwZ 1999, 1222, 124 f.: § 41 BImSchG enthalte insgesamt striktes Recht.
[461] *BVerwG* NVwZ 2004, 986, 987.
[462] Vgl. hierzu etwa *BVerwG* NuR 2002, 353, 355.

an der baulichen Anlage in Höhe der notwendigen Aufwendungen. Reichen Maßnahmen des passiven und aktiven Schallschutzes nicht aus, Beeinträchtigungen auf ein zumutbares Maß zu beschränken, ist ein weitergehender Geldausgleich nach § 74 Abs. 2 S. 3 zu gewähren.[463]

186 Ist Gegenstand der Planfeststellung die wesentliche Änderung einer vorhandenen Verkehrsanlage, kann den Anwohnern die **Vorbelastung** durch diese Anlage entgegengehalten werden. Werden nach der Änderung der Verkehrsanlage die Grenzwerte der 16. BImSchV überschritten, dürfen die Maßnahmen des aktiven Schallschutzes aber nicht nur so bemessen werden, dass sie nur den Lärmzuwachs kompensieren. Vielmehr entsteht eine Pflicht zur **Lärmsanierung.** Die Anordnung der dafür erforderlichen Maßnahmen des aktiven Schallschutzes steht unter dem Vorbehalt des § 41 Abs. 2 BImSchG. Bei der danach erforderlichen Prüfung der Verhältnismäßigkeit wirkt sich die Vorbelastung schutzmindernd aus. Sind aktive Maßnahmen des Schallschutzes unverhältnismäßig teuer, müssen sich die von Lärm betroffenen Nachbarn auf passiven Schallschutz verweisen lassen.[464]

187 Eine **Vorbelastung** kann sich auch daraus ergeben, dass **andere vorhandene Verkehrswege** mit ihrem Lärm auf das Grundstück einwirken. Grundsätzlich besteht ein Anspruch auf Lärmschutz nur, wenn die Grenzwerte nach der § 16 BImSchV durch den Verkehrslärm überschritten werden, der von dem neuen oder geänderten Verkehrsweg selbst ausgeht; der hierfür maßgebende Beurteilungspegel ist nicht als **„Summenpegel"** unter Einbeziehung von Lärmvorbelastungen durch andere bereits vorhandene oder in Bau befindliche Verkehrswege zu ermitteln.[465] Das planfestzustellende Vorhaben darf aber keinen zusätzlichen Lärm verursachen, der zu einer Gesamtbelastung führt, die eine Gesundheitsgefährdung darstellt.[466] Die Schwelle der Gesundheitsgefährdung ist nicht identisch mit den Grenzwerten der 16 BImSchV. Im Ausgangspunkt ist das geplante Vorhaben unzulässig und kann deshalb nicht zugelassen werden. Dieses Ergebnis lässt sich vermeiden, wenn die Vorbelastung durch eine gleichzeitig eingeleitete Lärmsanierung verringert wird.[467] Die Gesamtbelastung kann durch Schallschutzmaßnahmen an dem neugebauten oder wesentlich geänderten Verkehrsweg unter das Maß der Gesundheitsgefährdung gedrückt werden, auch wenn solche Maßnahmen bezogen auf das Vorhaben allein nicht gefordert werden könnten. Schließlich kann sich im Wege einer Gesamtbetrachtung ergeben, dass der neugebaute oder wesentlich geänderte Verkehrsweg zu einer Veränderung der Verkehrsströme auch auf den bereits vorhandenen Verkehrswegen derart führt, dass sich die Gesamtbelastung schon dadurch verringert.[468]

4. Geldausgleich (Abs. 2 S. 3)

188 § 74 Abs. 2 S. 3 ersetzt den primären Anspruch auf Schutzmaßnahmen nach S. 2 durch einen Anspruch auf angemessene Entschädigung in Geld, wenn Schutzmaßnahmen **untunlich** oder mit dem Vorhaben **unvereinbar** sind (hierzu Rn. 193 f.) und die PlfBehörde das Vorhaben trotz dessen nachteiliger Wirkungen abwägungsfehlerfrei zulässt.[469] Die Vorschrift erfasst nicht den finanziellen Ersatz für Aufwendungen, die der planbetroffene Dritte von sich aus für eigene Schutzmaßnahmen getätigt hat (hierzu Rn. 165).

189 Abs. 2 S. 3 ist **subsidiär** gegenüber spezialgesetzlichen Regelungen, wie § 42 BImSchG (hierzu Rn. 185 ff.).[470] Soweit Abs. 2 S. 3 eine weitergehende Entschädigung gewährt, bleibt er unberührt (vgl. etwa § 42 Abs. 2 S. 2 BImSchG).[471] Die Vorschrift ist ergänzend anwendbar, wenn das Fachplanungsgesetz zwar die Anordnung von Schutzmaßnahmen vorsieht, für den Fall

---

[463] *BVerwGE* 104, 123, 143 = NVwZ 1998, 513, 520; *BVerwGE* 108, 248, 259 = NVwZ 1999, 1222, 1225; *BVerwG* NuR 1998, 600, 603: Entschädigung für Beeinträchtigungen des Außenwohnbereichs.
[464] *BVerwGE* 110, 370, 380 = NVwZ 2001, 71, 74.
[465] *BVerwGE* 123, 23, 33 = NVwZ 2005, 808, 809; *OVG Münster* NWVBl 2002, 105, 106 f.; vgl. hierzu auch *OVG Bremen* NordÖR 2001, 483, 485: Straßenbahn und Kraftfahrzeugverkehr in einer Straße stellen zwei getrennt zu bewertende Verkehrswege dar. Kritisch zu dieser Rechtsprechung: *Schulze-Fielitz* DÖV 2001, 181, 187 f.
[466] *BVerwGE* 101, 1 = NVwZ 1996, 1003; *BVerwG* NVwZ 2001, 1154, 1159 = *BVerwGE* 123, 37, 45 f. = NVwZ 2005, 803, 807; *OVG Münster* NWVBl 2002, 105, 107; NVwZ-RR 2003, 633, 636.
[467] *BVerwGE* 101, 1, 11 = NVwZ 1996, 1003, 1005.
[468] *BVerwG* NVwZ 2001, 1154, 1159.
[469] *BVerwGE* 77, 295, 299 = NJW 1987, 2884, 2885; *BVerwG* NVwZ 1989, 255. 256.
[470] *BVerwGE* 97, 367, 370 = NVwZ 1995, 907, 908.
[471] *BVerwG* NVwZ 2001, 78, 79.

ihrer Untunlichkeit (Unmöglichkeit) aber einen Ausgleich in Geld nicht regelt (so § 9 Abs. 2 LuftVG).

Die Vorschrift knüpft an Abs. 2 S. 2 an. Sie setzt deshalb voraus, dass Schutzmaßnahmen wegen unzumutbarer Beeinträchtigungen an sich gemäß Abs. 2 S. 2 erforderlich sind.[472] Die Entschädigung in Geld ist **Surrogat** für technisch-reale Schutzmaßnahmen, die unterbleiben, weil sie untunlich oder mit dem Vorhaben unvereinbar sind.[473] 190

Ebenso wie die Schutzmaßnahmen nach Abs. 2 S. 2 dient die Entschädigung nach S. 3 ausschließlich dem Ausgleich unzumutbarer Nachteile.[474] Die Vorschrift begründet keinen Anspruch auf einen **Ausgleich anderer Nachteile**,[475] selbst wenn diese abwägungserheblich sind,[476] etwa der Wertminderung eines Grundstücks infolge seiner Nachbarschaft zu dem Vorhaben.[477] Der Gesetzgeber musste keinen Ausgleich aller Vermögensnachteile vorsehen, die ein Vorhaben auslöst.[478] Art. 14 Abs. 1 GG schützt grundsätzlich nicht gegen eine Minderung der Wirtschaftlichkeit von Eigentum, gewährleistet weder jede wirtschaftlich vernünftige Nutzbarkeit noch das Recht, jede Chance einer günstigen Verwertung des Eigentums ausnutzen zu können.[479] Wird auf das Grundstück unmittelbar zugegriffen, sind dadurch entstehende Nachteile im Enteignungsverfahren zu regeln.[480] 191

Abs. 2 S. 3 ist eine zulässige Bestimmung von **Inhalt und Schranken** des Eigentums i. S. d. **Art. 14 Abs. 1 S. 2 GG**.[481] Der Gesetzgeber durfte dem planbetroffenen Eigentümer die Hinnahme unzumutbarer Nachteile gegen angemessene Entschädigung in Geld auferlegen, wenn in der Abwägung hinreichend gewichtige Gründe für die Verwirklichung des Vorhabens streiten, obwohl mit ihm physisch-real nicht ausgleichbare Beeinträchtigungen Dritter verbunden sind.[482] 192

Untunlich sind Schutzmaßnahmen, wenn sie keine wirksame Abhilfe erwarten lassen oder wenn sie für den Vorhabenträger unzumutbar wären, insbesondere weil der Aufwand außer Verhältnis zum angestrebten Schutzzweck stünde.[483] Ein Angebot des betroffenen Dritten, sich an den Kosten zu beteiligen, muss jedenfalls dann unberücksichtigt bleiben, wenn es unrealistisch ist oder erst im nach hinein abgegeben wird.[484] Zu berücksichtigen sind die konkreten Umstände des Einzelfalles.[485] Ist der PlfBeschluss ohne Schutzauflagen ergangen und hat der Vorhabenträger das Vorhaben unter Ausnutzung der sofortigen Vollziehbarkeit des PlfBeschlusses verwirklicht, kann er sich nicht auf die Unzumutbarkeit von Mehrkosten einer Nachrüstung der Anlage berufen, wenn sich in einem späteren Klageverfahren die Notwendigkeit von Schutzmaßnahmen ergibt.[486] 193

Mit dem Zweck des Vorhabens **unvereinbar** sind (nur) solche Schutzmaßnahmen, die dem Zweck des Vorhabens zuwiderlaufen.[487] Dieser weit gefasste Begriff genügt zwar noch dem 194

---

[472] *BVerwG* NVwZ 1993, 477, 478; NVwZ 1997, 917, 918.
[473] *BVerwGE* 87, 332, 377 = NVwZ-RR 1991, 601, 619; *BVerwG* NVwZ 1997, 917, 918; *BVerwGE* 123, 37, 47 = NVwZ 2005, 803, 807; *BVerwG* NVwZ 2006, 603, 604.
[474] *BVerwGE* 107, 313, 332 = NVwZ 1999, 644, 648; *BVerwG* NVwZ 2001, 78, 79; NVwZ-RR 2001, 653, 655; *BVerwGE* 123, 37, 47 = NVwZ 2005, 803, 807.
[475] *BVerwGE* 87, 332, 384 f. = NVwZ-RR 1991, 601, 621; *BVerwG* NJW 1997, 142, 143.
[476] *BVerwG* NVwZ 2007, 1308.
[477] *BVerwGE* 123, 37, 48 f. = NVwZ 2005, 803, 808; *BVerwGE* 125, 116, 260 = NVwZ-Beilage I 8/2006, 1, 36 f.; *VGH München* BayVBl 2003, 719, 721 f.; zu Mieteinbußen vgl. *OVG Hamburg* NordÖR 2001, 208, 212.
[478] *BVerwG* NJW 1997, 142, 143; *BVerwGE* 123, 37, 49 = NVwZ 2005, 803, 808; *BVerwG* NVwZ 2006, 603, 604; *BVerwGE* 127, 95, 141 = NVwZ 2007, 445, 458.
[479] Vgl. *BVerfGE* 58, 300, 345 = NJW 1982, 745, 751; *BVerfGE* 71, 230, 253 = NJW 1986, 1669, 1670; *BVerfGE* 84, 382, 384 f. = NJW 1992, 361, 362; *BVerwG* NJW 1997, 142, 143 f.; *BVerwG* NVwZ 2007, 1308.
[480] *BVerwG* NVwZ 1997, 917, 918.
[481] Vgl. auch *Jarass* DÖV 2004, 633, 639 f.
[482] Vgl. auch *BVerfGE* 100, 226, 245 f. = NJW 1999, 2877, 2879.
[483] *BVerwGE* 71, 166, 174 = NJW 1986, 80, 82; *BVerwGE* 104, 123, 139 = NVwZ 1998, 513, 519; *BVerwGE* 107, 313, 336 = NVwZ 1999, 644, 649; siehe auch *BVerwG* v. 11. 11. 1998 Buchholz 442.09 § 18 AEG Nr. 41 zu Mehrkosten, die deutlich über den Betrag einer möglichen Entschädigung bei Enteignung des Grundstücks hinausgehen.
[484] *BVerwG* v. 11. 11. 1998 Buchholz 442.09 § 18 AEG Nr. 41; *BVerwG* NVwZ 2001, 79, 80.
[485] Zu Schutzvorkehrungen gegen Fluglärm vgl. *BVerwGE* 107, 313, 336 f = NVwZ 1999, 644, 649.
[486] *BVerwG* NVwZ 1998, 1070, 1071; NVwZ 1999, 650; *OVG Greifswald* NuR 2005, 657, 658.
[487] *Kopp/Ramsauer*, § 74 Rn. 128.

rechtsstaatlichen Bestimmtheitsgebot,[488] er ist aber restriktiv auszulegen, weil die Verweisung Betroffener auf einen Geldausgleich nicht zu einer erweiterten Zulassung planfeststellungsbedürftiger Vorhaben führen darf.

195 Der Ausgleichsanspruch des Abs. 2 S. 3 ist **ör Natur**. Er gewährt einen finanziellen Ausgleich für einen anderenfalls unverhältnismäßigen Eingriff in das Eigentum. Es handelt sich nicht um eine Enteignungsentschädigung. § 74 Abs. 2 S 2 und 3 bestimmen i. S. d. Art. 14 Abs. 1 S. 2 GG Inhalt und Schranken des Eigentums. Wird der Eigentümer in der Nutzung seines Grundstücks durch nachteilige Einwirkungen des Vorhabens unzumutbar gestört und können diese Störungen aus den Gründen des S. 3 nicht durch physisch-reale Schutzmaßnahmen ausgeglichen werden, muss der Eigentümer die Einwirkungen auf sein Eigentum trotz deren Unzumutbarkeit zwar hinnehmen, wenn in der Abwägung hinreichend gewichtige Belange des Allgemeinwohls für die Verwirklichung des Vorhabens sprechen. Die darin liegende Beschränkung seines Eigentums ist aber nur verhältnismäßig, wenn er finanziell entschädigt wird. S. 3 gehört zu den Regelungen, die einen finanziellen Ausgleich die Verhältnismäßigkeit einer Inhalts- und Schrankenbestimmung sicherstellen.[489]

196 Ein im PlfBeschluss unterlassener Ausspruch über die Entschädigungspflicht ist im Verwaltungsrechtsweg in der Regel durch Klage auf **Planergänzung** geltend zu machen. Nach Bestandskraft des PlfBeschlusses kann der Anspruch grundsätzlich nicht mehr geltend gemacht werden.[490]

197 Die **Angemessenheit** der Entschädigung hängt von den Umständen des Einzelfalls ab. Auszugleichen sind die Nachteile, die die Grenze des Zumutbaren (Rn. 84 ff.; Rn. 172) überschreiten und nicht durch physisch-reale Maßnahmen abgewendet werden. Wird ein Grundstück in seiner Nutzung beeinträchtigt, kann in der Regel als **Bemessungsgrundlage** die **Minderung des Verkehrswertes** herangezogen werden, die durch die Beeinträchtigungen bewirkt ist, welche die Grenze der Zumutbarkeit überschreiten.[491] Die Belastung der Betroffenen und ihr Ausgleich dürfen aber nicht allein nach wirtschaftlichen Gesichtspunkten bewertet werden. Lärm beeinträchtigt etwa die Wohn- und damit auch die Lebensqualität; dies kann nicht immer durch einen Ausgleich angemessen aufgefangen werden, der sich ausschließlich am Grundstückswert orientiert.[492] Die Kosten (passiver) Schutzmaßnahmen sind durchweg maßgeblicher Richtwert. Bei einem vorbelasteten Grundstück kann eine Minderung in Betracht kommen. Welche Schutzmaßnahmen geboten sind, richtet sich nach objektiven Erfordernissen; subjektive Empfindlichkeiten bleiben außer Betracht.

Gehen von dem Vorhaben Immissionen aus, die durch Schutzmaßnahmen nicht ausgeglichen werden können und die nach ihrer Intensität „enteignend" wirken, weil sie eine sinnvolle Nutzung des Grundstücks praktisch ausschließen, kann ein Anspruch auf **Übernahme des Grundstücks** gegen Entgelt bestehen.[493] Grundlage dieses Anspruchs ist nicht Art. 14 Abs. 3 GG, sondern ebenfalls § 74 Abs. 2 S. 3; der Übernahmeanspruch ist nur eine besondere Modalität des Entschädigungsanspruchs nach dieser Vorschrift.[494] Trotz der Unterschiede zwischen Enteignung und Übernahme sind für die Beurteilung der Angemessenheit der Übernahmeentschädigung die Rechtsgedanken des Enteignungsrechts heranzuziehen, soweit sich nichts anderes aus der Funktion des Übernahmeanspruchs ergibt, den Anspruch auf Schutzmaßnahmen zu ersetzen.[495]

198 Über die Entschädigungspflicht ist zumindest **dem Grunde nach** bereits im PlfBeschluss selbst zu entscheiden, es sei denn, diese Entscheidung ist spezialgesetzlich einem gesonderten

---

[488] *BVerwGE* 77, 295, 298 = NJW 1987, 2884, 2885.
[489] *BVerwG* NVwZ-RR 1991, 129, 132 f.; *BVerwGE* 87, 332, 380 = NVwZ-RR 1991, 601, 620; *BVerwG* NVwZ 2007, 1308, 1309; *VGH München* NuR 2004, 44.
[490] Vgl. *BVerwGE* 77, 295, 296 f. = NJW 1987, 2884, 2885; *BVerwGE* 80, 184, 192 = NJW 1989, 467, 469; *OVG Lüneburg* NordÖR 2001, 444, 446; *BGHZ* 140, 285, 298 ff. = NJW 1999, 1247, 1250 ff.; *BGHZ* 161, 323, 328 = NJW 2005, 660, 661 f.
[491] *BVerwGE* 107, 313, 334 = NVwZ 1999, 644, 649; *BVerwGE* 125, 116, 258 f. = NVwZ-Beilage I 8/2006, 1, 36.
[492] *BVerwGE* 107, 313, 335 = NVwZ 1999, 644, 649.
[493] *BVerwGE* 61, 295, 305 = NJW 1981, 2137, 2139 f.; *BVerwGE* 75, 214, 259 = NVwZ 1987, 578, 589 f.; *BVerwGE* 77, 295, 298 = NJW 1987, 2884, 2885; *BVerwGE* 87, 332, 383 = NVwZ-RR 1991, 601, 621; *BVerwG* NJW 1997, 142, 143; NVwZ-RR 2001, 653, 654; NVwZ 2003, 209, 210; *BVerwGE* 125, 116, 249 = NVwZ-Beilage I 8/2006, 1, 34; *BVerwG* NVwZ 2007, 1308, 1309.
[494] *BVerwGE* 127, 95, 140 f. = NVwZ 2007, 445, 458.
[495] *BVerwG* NVwZ 2007, 1308, 1309.

§ 74 Planfeststellungsbeschluss, Plangenehmigung

Entschädigungsverfahren vorbehalten (vgl. etwa § 14b Nr. 7 WaStrG). Eine Entscheidung der PlfBehörde zunächst nur dem Grunde nach kommt in Betracht, wenn die möglichen Schäden im Einzelnen noch nicht hinreichend überschaubar und bezifferbar sind.[496] Die tatsächlichen Voraussetzungen für Ansprüche nach Abs. 2 müssen aber abschließend geklärt sein.[497] Im PlfBeschluss sind die betroffenen Grundstücke oder Rechte anderer eindeutig zu bezeichnen; zur Höhe des Anspruchs sind die maßgeblichen **Berechnungsfaktoren** zu nennen.[498] Dabei dürfen keine Nachteile von der Entschädigungspflicht ausgeschlossen werden, deren Entschädigung für einen adäquaten Ausgleich erforderlich ist.[499]

Voraussetzung für die Aufnahme in den PlfBeschluss ist, dass der Betroffene seine Beeinträchtigung im Anhörungsverfahren rechtzeitig vorgebracht hat.

Über die **Höhe der Entschädigung** hat ebenfalls die PlfBehörde zu entscheiden. Soweit sie im PlfBeschluss eine Entschädigung nur dem Grunde nach zuerkannt hat, hat sie die Höhe der Entschädigung in einem **ergänzenden Beschluss** festzusetzen, es sei denn, die Entscheidung über die Höhe einer Entschädigung ist fachgesetzlich ausdrücklich einem besonderen Entschädigungsverfahren vor einer anderen Behörde, zumeist der Enteignungsbehörde, vorbehalten (§ 28a LuftVG; § 22a AEG; § 19a FStrG; § 37 WaStrG; § 7a MBPlG; § 45a EnWG).

5. Entscheidungsvorbehalt (Abs. 3)

Abs. 3 ermächtigt die PlfBehörde, den PlfBeschluss zwar zu erlassen, dabei aber einzelne, an sich notwendige Entscheidungen einer **späteren** abschließenden **Regelung vorzubehalten.** Spezialgesetzliche Regelungen gehen vor.[500] Von dem Entscheidungsvorbehalt nach Abs. 3 ist die abschnittweise Planfeststellung zu unterscheiden (hierzu § 73 Rn. 23). Ein Entscheidungsvorbehalt ist von Amts wegen zulässig, während eine Abschnittsbildung nur mit dem Einverständnis des Vorhabenträgers vorgenommen werden darf.[501] Ein Entscheidungsvorbehalt darf das Vorhaben, wie es der Vorhabenträger zur Entscheidung gestellt hat, nicht inhaltlich modifizieren.[502] Von einer abschließenden Regelung einzelner Teilfragen ist ferner die Anordnung vorgezogener oder vorläufiger Teilmaßnahmen sowie die vorzeitige Zulassung des Beginns zu unterscheiden (z. B. § 33 KrW-/AbfG; § 14 Abs. 2 WaStrG).[503]

Abs. 3 regelt nur den Fall, dass der PlfBeschluss erlassen werden kann und soll, so dass über das „Ob" des Vorhabens entschieden ist, **Teilentscheidungen zum „Wie"** aber entweder sachgerecht noch nicht getroffen werden können, insbesondere weil Unterlagen fehlen, oder aus sonstigen berechtigten Gründen zurückgestellt werden sollen.[504] Es kommt nicht darauf an, ob die Planungsentscheidung insgesamt zu einem späteren Zeitpunkt getroffen werden könnte; maßgeblich ist vielmehr, ob es Gründe gibt, die Planungsentscheidung unter Ausschluss des vorbehaltenen Teils schon jetzt zu treffen, etwa weil die mit ihr angestrebte Lösung vernünftigerweise keinen Aufschub duldet.[505] Abs. 3 stellt systematisch eine Sonderregelung auch zu § 36 Abs. 2 Nr. 5 dar.[506] Lassen sich im Zeitpunkt des PlfBeschlusses nachteilige Wirkungen des Vorhabens weder mit der Zuverlässigkeit voraussagen, die für Anordnungen nach § 74 Abs. 2 S. 2 u. 3 ausreicht, noch dem Bereich nicht voraussehbarer Wirkungen nach § 75 Abs. 2 S. 2 bis 4 zuordnen, kann die Frage eines Ausgleichs nach § 74 Abs. 3 einer späteren Prüfung und Entscheidung vorbehalten werden. Diese Voraussetzungen liegen vor, wenn sich die konkrete Möglichkeit abzeichnet, dass nachteilige Wirkungen in absehbarer Zeit eintreten werden, ihr Ausmaß sich jedoch noch nicht abschätzen lässt.[507]

---

[496] *BVerwG* NVwZ-RR 2001, 653, 655.
[497] *BVerwG* NVwZ 1989, 255.
[498] *BVerwGE* 71, 166, 174 f. = NJW 1986, 80, 82; *BVerwG* NVwZ-RR 2001, 653, 656; *OVG Hamburg* NordÖR 2002, 241. 253.
[499] *BVerwG* NVwZ 2007, 1308, 1310.
[500] Vgl. *OVG Hamburg* DVBl 2000, 1868.
[501] *Ziekow*, § 74 Rn. 30.
[502] *BVerwGE* 114, 364, 371 = NVwZ 2002, 350, 353.
[503] Vgl. hierzu: *Stüer/Hermanns* DÖV 1999, 58.
[504] *BVerwGE* 61, 307, 311 = NJW 1982, 950, 951; *BVerwGE* 90, 42, 47 = NVwZ 1993, 366, 367; *Dürr* in Knack, § 74 Rn. 18; *Kopp/Ramsauer*, § 74 Rn. 138; a. A., *Meyer/Borgs*, § 74 Rn. 37, 38.
[505] *BVerwGE* 102, 331, 347 = NVwZ 1997, 908, 912; ähnlich: *OVG Hamburg* NuR 1997, 453, 456.
[506] *BVerwGE* 112, 221, 225 = NVwZ 2001, 429, 430.
[507] *BVerwGE* 112, 221 = NVwZ 2001, 429; *BVerwG* NVwZ 2004, 340, 343; *OVG Lüneburg* NordÖR 2001, 444, 446.

201 Ein **Entscheidungsvorbehalt** nach Abs. 3 liegt vor, wenn eine bestimmte, als regelungsbedürftig erkannte Festsetzung späterer Entscheidung vorbehalten wird. Der Vorbehalt muss im PlfBeschluss **ausdrücklich** erklärt sein.[508] Kein Entscheidungsvorbehalt liegt vor, wenn die PlfBehörde im PlfBeschluss abschließend bestimmte Ausnahmeregelungen trifft und nur Einzelheiten der Sachverhalte offen sind, die unter die zugelassenen Ausnahmen fallen werden.[509]

202 Grundsätzlich sind alle Teilfragen nachträglich regelbar, die von der Planungsentscheidung **abtrennbar** sind. Die Planungsbehörde darf aber einen Konflikt nicht unbewältigt lassen, für den eine abschließende Lösung bereits im Zeitpunkt ihrer Entscheidung möglich und notwendig ist.[510] Ein Entscheidungsvorbehalt ist nur in den Grenzen planerischer Gestaltungsfreiheit zulässig, hat insbesondere das **Abwägungsgebot** zu beachten. Die Planfeststellung muss auch ohne die vorbehaltene Teilregelung eine ausgewogene, keine regelungsbedürftige Interessenlage offen lassende abwägungsfehlerfreie Regelung bieten. Eine Lösung des offen gehaltenen Problems darf nicht durch die bereits abschließend getroffenen Festsetzungen in Frage gestellt sein. Die Lösung des offen gehaltenen Problems darf ihrerseits die bereits getroffenen Festlegungen nicht mehr den Grunde nach in Frage stellen; die zunächst unberücksichtigt gebliebenen Belange dürfen deshalb kein solches Gewicht haben, dass ihre Regelung die Planungsentscheidung nachträglich als unausgewogen erscheinen lassen kann. Der Entscheidungsvorbehalt setzt eine Einschätzung der später zu regelnden Konfliktlage wenigstens in ihren Umrissen voraus. Er ist nur zulässig, wenn die für die Bewältigung des vorbehaltenen Teilaspekts notwendigen Kenntnisse im Zeitpunkt der Entscheidung über das Vorhaben mit vertretbarem Aufwand nicht zu beschaffen sind.[511]

Sind **Schutzmaßnahmen** zum Ausgleich unzumutbarer Beeinträchtigungen dem Grunde nach vorhersehbar, darf ein pauschaler Vorbehalt ohne nähere Konkretisierung von Art und Inhalt nicht ausgesprochen werden; zulässig ist aber ein Vorbehalt weiterer oder anderer Maßnahmen für den Fall, dass mit den angeordneten Schutzmaßnahmen der erwartete Erfolg nicht eintritt.[512]

Ein Vorbehalt **zugunsten einzelner Betroffener** ist nur insoweit geboten, als anderenfalls durch die Bestandskraft des PlfBeschlusses ein Rechtsverlust eintreten kann. Dies trifft in Fällen zu, in denen der Betroffene die Anordnung von Schutzauflagen geltend machen könnte und dies zu einem Billigkeitsanspruch in Geld führt.[513]

203 Über die vorbehaltene Teilmaßnahme wird durch **Planergänzungsbeschluss** entschieden; er ist zwar selbständiger VA, verschmilzt aber mit dem PlfBeschluss zu einer Einheit.[514] Der ursprüngliche PlfBeschluss und der Ergänzungsbeschluss führen zu einem einzigen Plan. Einzelne Fachplanungsgesetze enthalten ergänzende Bestimmungen zum Verfahren (etwa § 14b Nr. 10 WaStrG).

204 Es steht im **Ermessen** der PlfBehörde, ob sie den PlfBeschluss nach Abs. 3 unter dem Vorbehalt späterer Teilentscheidungen erlässt oder die Entscheidung über die Planfeststellung insge-

---

[508] *BVerwGE* 61, 307, 311 = NJW 1982, 950, 951; *BVerwGE* 90, 42, 47 = NVwZ 1993, 366, 367; *OVG Lüneburg* NordÖR 2001, 444f.
[509] *BVerwGE* 107, 313, 324f. = NVwZ 1999, 644, 645.
[510] Vgl. hierzu auch *BVerwGE* 104, 123, 137 = NVwZ 1998, 513, 518: Die PlfBehörde darf nicht auf die Anordnung von Schutzmaßnahmen zu Gunsten nachteilig betroffener Dritter verzichten, weil sie eine Änderung der Sach- und Rechtslage erwartet, welche die Schutzmaßnahmen entbehrlich machen wird, und sich die Anordnung von Schutzmaßnahmen für den Fall vorbehalten, dass die erwartete Änderung der Sach- und Rechtslage nicht eintritt. Umgekehrt kann sich die PlfBehörde nach § 74 Abs. 3 (weitere) Auflagen für den Fall vorbehalten, dass ihre Prognose über die zu erwartenden nachteiligen Auswirkungen des Vorhabens auf Dritte später überholt werden könnte: *BVerwGE* 112, 221, 225 = NVwZ 2001, 429, 430.
[511] *BVerwGE* 57, 297, 302; *BVerwGE* 61, 307, 311 = NJW 1982, 950, 951; *BVerwG* NVwZ 1986, 640; NVwZ-RR 1997, 217, 218 (zur vorbehaltenen Anordnung naturschutzrechtlicher Ausgleichsmaßnahmen; vgl. hierzu *Stüer* in FS Hoppe, S. 853, 871 f.); *BVerwGE* 104, 123, 138 = NVwZ 1998, 513, 518; *BVerwGE* 115, 235, 246 ff. = NVwZ 2002, 733, 735 f; *BVerwG* NVwZ 2006, 823, 826; *OVG Hamburg* NuR 2000, 453, 456; *VGH Kassel* NVwZ 1987, 987, 992; NVwZ 2006, 230, 237; *OVG Lüneburg* NuR 2002, 369, 370 (zu Kohärenzausgleichsmaßnahmen nach § 34 Abs. 5 BNatSchG = Art. 6 Abs. 4 S. 1 FFH-RL); *OVG Münster* NWVBl 2002, 105, 109 (zu Maßnahmen des Erschütterungsschutzes); *OVG Schleswig* NuR 2007, 278, 280 (naturschutzrechtliche Ausgleichsmaßnahmen).
[512] *BVerwG* NVwZ 1989, 147, 148.
[513] *BVerwG* NVwZ-RR 1991, 129, 135.
[514] *BVerwGE* 61, 307, 308 = NJW 1982, 950; anders wohl *VGH München* NVwZ-RR 2002, 393.

§ 74 Planfeststellungsbeschluss, Plangenehmigung

samt zurückstellt.[515] Dies kann ermessensfehlerhaft sein, wenn der Vorhabenträger ein schutzwürdiges Interesse hat zu erfahren, ob sein Vorhaben als solches grundsätzlich genehmigungsfähig ist.

VI. Zustellung des PlfBeschlusses (Abs. 4 und 5)

1. Individualzustellung (Abs. 4)

Abs. 4 regelt als Sondervorschrift i. S. d. § 41 Abs. 5 die **individuelle Bekanntgabe** des 205 PlfBeschlusses durch Zustellung. Sie kann in Massenverfahren durch die öffentliche Zustellung nach Abs. 5 ersetzt werden (vgl. Rn. 214 ff.). Abs. 4 ist anwendbar, soweit Fachplanungsgesetze keine inhaltsgleichen oder (ganz bzw. teilweise) entgegenstehenden Vorschriften enthalten. Beispiele hierfür sind § 17b Abs. 1 Nr. 7 FStrG; § 29 Abs. 5 PBefG; § 18b Nr. 5 AEG; § 10 Abs. 5 LuftVG, § 14b Nr. 5 WaStrG, § 2a Nr. 6 MBPlG, § 43b Nr. 5 EnWG, § 41 Abs. 6 FlurbG. Sie sehen insbesondere keine Zustellung an die „bekannten Betroffenen" vor.[516] Endet das PlfV in anderer Weise, etwa weil der Antrag **abgelehnt** oder **zurückgenommen** wird, ist nicht Abs. 4, sondern Abs. 1 S. 2 i. V. m. § 69 Abs. 3 anzuwenden. In diesen Fällen genügen **formlose Benachrichtigungen**; in Massenverfahren sind auch öffentliche Bekanntmachungen möglich (§ 69 Abs. 3 S. 2). Förmliche Zustellungen sind in diesem Fall nicht vorgeschrieben,[517] aber möglich.

Als Form der Bekanntmachung bestimmt Abs. 4 die **Zustellung**. Sie richtet sich bei Bun- 206 desbehörden nach dem VwZG des Bundes, bei Landesbehörden nach den entsprechenden Bestimmungen des Landesrechts. Zuzustellen ist nur der PlfBeschluss selbst, bestehend aus dem Tenor der Entscheidung einschließlich der Anordnung von Schutzmaßnahmen und Ausgleichszahlungen gemäß Abs. 2 S. 2 und S. 3, der Begründung und der Rechtsmittelbelehrung, nicht hingegen der festgestellte Plan und weitere von der Feststellung erfasste Unterlagen.[518]

Adressaten der Zustellung sind nach Abs. 4 S. 1 der Vorhabenträger, die bekannten Be- 207 troffenen, auch wenn sie keine Einwendungen erhoben haben,[519] ferner diejenigen, über deren nicht im Erörterungstermin erledigte Einwendungen gemäß Abs. 2 S. 1 entschieden worden ist, auch wenn sie nicht einwendungsbefugt oder mit ihren Einwendungen präkludiert waren.[520] **Bekannt** i. S. d. Abs. 4 sind die Betroffenen, die der Behörde aufgrund vorangegangener Kontakte oder auf Grund der Aktenlage nach Name und Wohnsitz bekannt sind, sowie diejenigen, die sich i. S. d. § 73 Abs. 5 innerhalb angemessener Frist ermitteln lassen.[521] Einzelne Fachplanungsgesetze sehen darüber hinaus die Zustellung an Natur- und Umweltschutzvereine vor, soweit sie eine Stellungnahme abgegeben oder Einwendungen erhoben haben (§ 17b Abs. 1 Nr. 7 FStrG; § 18b Nr. 5 AEG; § 14b Nr. 5 WaStrG, § 2a Nr. 6 MBPlG, § 43b Nr. 5 EnWG).

Nach Abs. 4 S. 2 ist der PlfBeschluss stets mit einer **Rechtsbehelfsbelehrung** zu versehen. 208

Sind **Bevollmächtigte** (§ 14) bestellt, sind unter den Voraussetzungen des § 7 VwZG Zu- 209 stellungen nur an sie zu richten. In den Fällen der §§ 17 bis 19 ist, sofern der Vertreter nicht zugleich Bevollmächtigter ist, nur an die Vertretenen zuzustellen (§ 41 Rn. 38).

Zusätzlich zu der individuellen Zustellung nach S. 1 ist der PlfBeschluss nach **S. 2** in den 210 Gemeinden nach vorheriger ortsüblicher Bekanntmachung **zur Einsicht auszulegen**. Dadurch soll sichergestellt werden, dass ein PlfBeschluss gegenüber **unbekannten Betroffenen** (Rn. 207) wirksam wird und unanfechtbar werden kann, also gegenüber den Betroffenen, die sich im Verfahren nicht gemeldet haben und deren Betroffenheit auch sonst nicht evident ist.[522] Es handelt sich um die Zulassung einer öffentlichen Bekanntgabe i. S. d. § 41 Abs. 3.

Die Auslegung des PlfBeschlusses ist mit Ort und Zeit der Auslegung **ortsüblich bekannt** 211 **zu machen** (hierzu § 73 Rn. 51). Hierbei ist auf die Zustellungswirkung des S. 3 hinzuweisen.

---

[515] *Wickel* in Fehling u. a., § 74 VwVfG Rn. 64.
[516] *BVerwG* NVwZ-RR 2003, 477; *OVG Münster* NWVBl 2003, 182.
[517] Ebenso *Dürr* in Knack, § 74 Rn. 53; anders: *Wickel* in Fehling u. a., § 74 VwVfG Rn. 18.
[518] *Dürr* in Knack, § 74 Rn. 35; *Kopp/Ramsauer*, § 74 Rn. 145 a.
[519] *Wickel* in Fehling u. a., § 74 VwVfG Rn. 19.
[520] *Ziekow*, § 74 Rn. 55.
[521] *Ziekow*, § 74 Rn. 55; *Wickel* in Fehling u. a., § 74 VwVfG Rn. 30; a. A. *Busch* DVBl 1991, 1190.
[522] *BVerwG* NVwZ 1988, 364.

Die Auslegung richtet sich an die unbekannten Betroffenen, die sich bisher am Verfahren nicht beteiligt haben. Um ihren Zweck zu erfüllen, muss die öffentliche Bekanntmachung der Auslegung deshalb inhaltlich Angaben über das planfestgestellte Vorhaben enthalten, die der Anstoßfunktion genügen (vgl. § 73 Rn. 47).[523] Die ortsübliche Bekanntmachung der Auslegung des PlfBeschlusses muss nicht mit einer Rechtsbehelfsbelehrung versehen sein.[524] Die Auslegung darf am Tage nach der ortsüblichen Bekanntmachung beginnen. Der PlfBeschluss mit Rechtsbehelfsbelehrung und einer Ausfertigung des festgestellten Plans muss 2 Wochen ausliegen (hierzu § 73 Rn. 63).[525] Anders als Abs. 5 sieht Abs. 4 nicht vor, dass der PlfBeschluss schriftlich angefordert werden kann; jedoch ist eine solche Herausgabe nach dem Ermessen der Behörde zulässig.

212 Mit dem Ende der Auslegungsfrist gilt die Zustellung an die **unbekannten Betroffenen** (nicht gegenüber dem von S. 1 erfassten Personenkreis) als bewirkt. Diese **Zustellungsfiktion** tritt unabhängig davon ein, ob sie aus eigenem Verschulden oder wegen Mängeln im Auslegungsverfahren keine Einwendungen gegen den Plan erhoben haben.[526] Die Zustellwirkung kann nicht gegenüber unbekannten Betroffenen eintreten, die von der öffentlichen Bekanntgabe des PlfBeschlusses nicht erreicht werden, weil der Kreis der Gemeinden zu eng gezogen war, in denen der PlfBeschluss durch Auslegung öffentlich zugestellt wird.

213 Die Rechtsfolgen **mangelhafter Zustellungen** können verschieden sein: Soweit gegenüber dem Personenkreis des S. 1 eine Zustellung unterblieben ist, wird der PlfBeschluss ihnen gegenüber nicht wirksam (§§ 41, 43); die Rechtsmittelfristen laufen insoweit nicht. Ihnen gegenüber wird der Wirksamkeitsmangel durch S. 2 nicht geheilt, der nur für die übrigen unbekannten Betroffenen gilt.[527] Für sonstige Zustellungsmängel gilt § 8 VwZG. Ist die Zustellung gescheitert, läuft gegenüber den davon Betroffenen die Klagefrist nicht. Sie können aber ihr Klagerecht durch eine unredliche, Treu und Glauben zuwider laufende Verzögerung der Klageerhebung verwirken.

2. Öffentliche Bekanntmachung (Abs. 5)

214 Abs. 5 S. 1 ermöglicht der PlfBehörde, nach ihrem **Ermessen** die individuelle Zustellung des PlfBeschlusses nach Abs. 4 durch **öffentliche Bekanntmachung** zu ersetzen. Die Regelung ist verfassungsgemäß.[528] Sie schließt **individuelle Zustellungen** nicht aus. Wird ein PlfBeschluss öffentlich bekannt gemacht und parallel dazu individuell zugestellt, beginnt der Lauf der Rechtsbehelfsfristen mit der individuellen Zustellung.[529]

215 Eine öffentliche Bekanntmachung setzt nach Abs. 5 S. 1 voraus, dass sonst **mehr als 50 individuelle Zustellungen**[530] an bekannte Betroffene und diejenigen vorzunehmen wären, über deren Einwendungen entschieden worden ist. Zur Berechnung der Zahl gelten die Grundsätze zu § 73 Abs. 6 S. 4 und 5 (dort Rn. 116).

216 Im **amtlichen Veröffentlichungsblatt** der PlfBehörde und außerdem in den **örtlichen Tageszeitungen** sind der verfügende Teil des PlfBeschlusses, die Rechtsbehelfsbelehrung sowie der Hinweis bekannt zu machen, dass, wo und wann eine Ausfertigung des PlfBeschlusses und eine Ausfertigung des festgestellten Plans nach Abs. 4 zur Einsicht ausliegen;[531] auf Auflagen zu dem PlfBeschluss ist gesondert hinzuweisen (Abs. 5 S. 2 HS 2). In der Bekanntmachung ist ferner darauf hinzuweisen, dass der PlfBeschluss mit dem Ende der Auslegungsfrist als zugestellt gilt (Abs. 5 S. 3) und bis zum Ablauf der Rechtsbehelfsfrist schriftlich angefordert werden kann (Abs. 5 S. 4). Die **ordnungsgemäße** öffentliche **Bekanntgabe** ist Voraussetzung für den **Lauf der Rechtsbehelfsfrist**. Die Zustellungswirkung tritt unabhängig davon ein, ob und wann die PlfBehörde dem Betroffenen auf dessen Anforderung den PlfBeschluss zugesandt hat.[532]

---

[523] *Wickel* in Fehling u. a., § 74 VwVfG Rn. 24.
[524] *BVerwG* NVwZ 1988, 364.
[525] Zur Anonymisierung der Einwender im ausgelegten PlfBeschluss: *BVerfGE* 77, 121 = NJW 1988, 403; *Durner* UPR 2003, 262, 269.
[526] *BVerwG* DVBl 1980, 304.
[527] *Wickel* in Fehling u. a., § 74 VwVfG Rn. 22.
[528] *BVerfG* NJW 1985, 729; *BVerwGE* 67, 206, 209 ff. = NJW 1984, 188, 189 f.
[529] Ebenso *Kopp/Ramsauer*, § 74 Rn. 154; *Bambey* DVBl 1984, 374, 377.
[530] Nach § 141 Abs. 5 S. 1 LVwGSchlH: 300 Zustellungen.
[531] Die ortsübliche Bekanntmachung der Auslegung ist daneben entbehrlich: *VGH München* NVwZ-RR 2003, 296, 297; anders: *Wickel* in Fehling u. a., § 74 VwVfG Rn. 28.
[532] *VGH München* NVwZ 1982, 128, 129.

Der **verfügende Teil** des PlfBeschlusses besteht in einer verständlichen Beschreibung der getroffenen Regelung in örtlicher und sachlicher Hinsicht. Der Begriff deckt sich nicht notwendig mit dem Tenor der Entscheidung. Die mit dem PlfBeschluss getroffenen Verfügungen müssen nicht stets sämtlich wörtlich wiedergegeben werden; es kann ausreichen, das Vorhaben mit seinen **wesentlichen Maßnahmen** und den hierzu getroffenen Regelungen inhaltlich so zu bezeichnen, dass die möglicherweise in ihren Rechten Betroffenen die Möglichkeit ihrer Betroffenheit erkennen können und veranlasst werden, weitere Informationen einzuholen (**Anstoßwirkung**).[533] Ist der Kreis der örtlichen Tageszeitungen nach deren Verbreitungsgebiet zu eng gezogen, fehlt die Anstoßwirkung gegenüber solchen Betroffenen, die deshalb von der öffentlichen Bekanntmachung nicht erreicht werden. 217

Die Anforderungen an den Inhalt der Bekanntmachung dürfen einerseits nicht überspannt, andererseits nicht zu stark reduziert werden. Zur notwendigen Anstoßwirkung gehören die Angabe der entscheidenden Behörde und des Antragstellers sowie der Ausspruch über den **wesentlichen Inhalt** der Entscheidung in örtlicher und sachlicher Hinsicht. Der notwendige Hinweis auf **Auflagen** dient der Klarstellung über Modifikationen im PlfBeschluss; eine Spezifizierung nach Zahl, Art und Inhalt ist nicht stets notwendig. Um Risiken einer fehlerhaften Bekanntmachung zu vermeiden, kann sich eine **wörtliche Bekanntgabe** des gesamten Entscheidungsteils des PlfBeschlusses empfehlen. Soweit dies (technisch) nicht möglich ist oder bei einer Wiedergabe im Volltext wichtige Regelungen untergingen, ist eine **schlagwortartige** Wiedergabe aller wesentlichen Maßnahmen und des Plangebiets zulässig, aus dem sich auch das Ausmaß der räumlichen Betroffenheit ergibt. 218

Die **Auslegung der Unterlagen** darf nach der Streichung der Wochenfrist des § 73 Abs. 5 S. 1 a. F. einen Tag nach der öffentlichen Bekanntmachung beginnen (zur Fristberechnung § 73 Rn. 63). Bei unterschiedlichen Erscheinungsdaten von Veröffentlichungsblatt und Tageszeitung ist analog § 69 Abs. 2 S. 4 der Tag der Bekanntmachung im amtlichen Veröffentlichungsblatt maßgebend. 219

Die **Zustellungswirkung** tritt gegenüber allen in S. 3 genannten Personen ein, also auch gegenüber allen Betroffenen, unabhängig davon, ob sie Einwendungen erhoben haben, ob sie bekannt sind,[534] sowie gegenüber allen Einwendern, auch wenn sie ihre Einwendungen nicht aufrechterhalten haben. 220

Wird die öffentlichen Bekanntmachung unterlassen oder nicht ordnungsgemäß vorgenommen oder ist der Hinweis auf die Auslegung nach Abs. 4 S. 2 unterblieben, ist der PlfBeschluss nicht ordnungsgemäß bekanntgemacht und deshalb **nicht wirksam** (§ 41 Abs. 1). Fehlen sonstige notwendige Hinweise (S. 2 HS 2, S. 3 HS 2), liegen Verfahrensfehler i. S. d. § 46 vor. Eine fehlende oder fehlerhafte Rechtsbehelfsbelehrung bewirkt, dass die Rechtsbehelfsfrist nicht zu laufen beginnt (§ 58 Abs. 2 VwGO). 221

VII. Plangenehmigung (Abs. 6)

1. Allgemeines

Die **Plangenehmigung** war ursprünglich nur in wenigen Fachplanungsgesetzen vorgesehen (§ 31 Abs. 1 S. 3 WHG a. F., § 14 Abs. 1 S. 2 WaStrG a. F., § 41 Abs. 4 FlurbG, § 7 Abs. 2 AbfG a. F.). § 4 VerkPBG hat sie auf bestimmte Verkehrsvorhaben ausgedehnt. Wegen der dabei nach Auffassung des Gesetzgebers gesammelten positiven Erfahrungen[535] ist sie durch das PlVereinfG in zahlreiche Fachplanungsgesetze aufgenommen worden (etwa § 17 Abs. 1a FStrG a. F., § 36 b Abs. 2 BBahnG, § 8 Abs. 2 LuftVG, § 28 Abs. 1a PBefG). Das GenBeschlG hat die Plangenehmigung in das VwVfG übernommen und dadurch zu einem allgemeinen **Rechtsinstitut** gemacht. Es gilt damit lückenschließend und **subsidiär** in allen PlfV, soweit nicht inhaltsgleiche oder entgegenstehende Rechtsvorschriften etwas anderes bestimmen (§ 72 Rn. 72 ff.). 222

Die Plangenehmigung nach Abs. 6 vermeidet in **einfach gelagerten Fällen,** in denen Rechte anderer nicht beeinträchtigt werden und das Benehmen mit den betroffenen Trägern öffentlicher 223

---

[533] *BVerwGE* 67, 206, 213 ff. = NJW 1984, 188, 190; *VGH München* NVwZ-RR 2003, 296, 297; *Breuer* in FS Sendler, S. 357, 370; *Henle* BayVBl 1981, 1, 9 f.; kritisch: *Blümel* VerwArch 1982, 5, 11 ff.
[534] Vgl. *BVerwG* DVBl 1980, 304; *BVerwGE* 67, 206, 210 f. = NJW 1984, 188, 189.
[535] BT-Drs. 12/1092, S. 1 ff., 7 ff.

Belange hergestellt ist, den erheblichen **Zeit- und Kostenaufwand,** der mit einem PlfV regelmäßig verbunden ist. Das PlfV mit dem aufwendigen Anhörungsverfahren nach § 73 soll den komplexeren Planverfahren vorbehalten bleiben.[536] Die Plangenehmigung soll die Planungsverfahren für (einfachere) Vorhaben mit (begrenzten) Auswirkungen vereinfachen und beschleunigen.

224 Die Plangenehmigung ist **echte Planungsentscheidung,** zugleich VA i. S. d. § 35.[537] Sie ist der Planfeststellung angenähert. Sie hat deren Rechtswirkungen mit Ausnahme der enteignungsrechtlichen Vorwirkung (Abs. 6 S. 2 HS 1). Sie ist aber **keine neue Form der Planfeststellung.**[538] Sie hat Zulassungsfunktion. § 74 Abs. 6 verleiht der zuständigen Behörde die Befugnis, für ein Vorhaben private und öffentliche Belange in einem Akt planender Gestaltung durch Abwägung zum Ausgleich zu bringen und erforderlichenfalls zu überwinden.[539]

225 Ein Vorhaben kann regelmäßig **nicht gleichzeitig** Gegenstand eines PlfV und eines Plangenehmigungsverfahrens sein. Teile des Gesamtvorhabens können aber vorweg durch eine Plangenehmigung zugelassen werden. In diesem Umfang erledigt sich das PlfV. Zulässig ist eine solche „Zwischenlösung" nur, wenn sie das Abwägungsgebot mit dem Grundsatz der **Konfliktbewältigung** wahrt und den **effektiven Rechtsschutz** nicht beeinträchtigt. Grundsätzlich müssen Sachfragen, die sachgerecht nur einheitlich geplant werden können, auch verfahrensrechtlich einheitlich geplant und entschieden werden.[540]

2. Voraussetzungen der Plangenehmigung (Abs. 6 S. 1)

226 **a) Ermessen:** Ob anstelle eines PlfV ein Plangenehmigungsverfahren durchgeführt werden soll, entscheidet die PlfBehörde nach **Ermessen.** Sie hat dabei das Interesse des Vorhabenträgers an einer beschleunigten Abwicklung des Planverfahrens angemessen zu berücksichtigen. Liegen die Voraussetzungen des Abs. 6 S. 1 vor, hat der Vorhabenträger keinen Rechtsanspruch darauf, dass die PlfBehörde von einem PlfV absieht und die Plangenehmigung erteilt, es sei denn, das Ermessen der PlfBehörde ist auf Null reduziert. Der Vorhabenträger hat jedoch einen Anspruch auf ermessensfehlerfreie Entscheidung darüber, ob bei Vorliegen der Voraussetzungen des Abs. 6 S. 1 an Stelle eines PlfV ein Plangenehmigungsverfahren durchgeführt wird.[541]

227 **b) S. 1 Nr. 1 1. Alt.:** Durch die Plangenehmigung dürfen **Rechte anderer** nicht beeinträchtigt werden. Der Begriff **„Rechte"** ist enger als der Begriff der „Belange" in § 73 Abs. 4 (vgl. dort Rn. 71). Er stimmt mit dem Begriff der Rechte in Abs. 2 S. 2 und in § 75 Abs. 2 S. 2 überein. Er umfasst danach neben dem Eigentum sonstige dingliche Rechte, überhaupt alle subjektiven öffentlichen und privaten Rechte Dritter einschließlich etwa des Grundrechts aus Art. 2 Abs. 2 S. 1 GG.[542] Erfasst wird auch die Planungshoheit der Gemeinde.[543] Nicht erfasst werden hingegen reine Verfahrensrechte wie das Mitwirkungsrecht von Naturschutzvereinen nach § 58 Abs. 1 BNatSchG.[544] Rechte **„anderer"** sind die aller Rechtssubjekte, die nicht Vorhabenträger sind und potentiell Betroffene sein können.

228 Diese Rechte dürfen nicht **beeinträchtigt** werden, und zwar durch das Vorhaben in der Gestalt, die es nach dem eingereichten Plan des Vorhabenträgers hat. Abs. 6 S. 1 Nr. 1 steuert die Wahl des „richtigen" Verfahrens. Die Entscheidung hierüber steht mithin am Beginn des Verfahrens. Deshalb muss für die Anwendung des Abs. 6 S. 1 Nr. 1 die Möglichkeit außer Betracht bleiben, Rechtsbeeinträchtigungen durch inhaltliche Modifizierungen des Vorhabens oder durch Schutzmaßnahmen i. S. d. Abs. 2 S. 2 auszugleichen.

229 Es reicht jede Beeinträchtigung aus. Eine **Bagatellgrenze** besteht insoweit nicht. Demgegenüber lassen einzelne Fachplanungsgesetze die Erteilung einer Plangenehmigung schon dann zu, wenn Rechte Dritter nicht erheblich oder nicht wesentlich beeinträchtigt werden (vgl. etwa § 17b Abs. 1 Nr. 2 FStrG; § 18b Nr. 2 AEG; § 14b Nr. 2 WaStrG, § 2a Nr. 2 MBPlG, § 43b Nr. 2 S. 2 EnWG, § 28 Abs. 1a S. 1 Nr. 1 PBefG).

---

[536] BT-Drs. 13/3995, S. 10; BT-Drs. 13/1445, S. 7; *Kern* in FS Blümel, S. 201, 210 ff.
[537] *Ziekow*, § 74 Rn. 59.
[538] BVerwGE 98, 100, 103 = NVwZ 1996, 392.
[539] BVerwGE 98, 100, 103 = NVwZ 1996, 392.
[540] BVerwG NVwZ-RR 1997, 208.
[541] *Wickel* in Fehling u. a., § 74 VwVfG Rn. 189.
[542] BVerwGE 98, 100, 105 = NVwZ 1996, 392, 393.
[543] *Allesch/Häußler* in Obermayer, § 74 Rn. 153.
[544] BVerwGE 98, 100, 105 f. = NVwZ 1996, 392, 393; BVerwGE 104, 367, 369 = NVwZ 1998, 279, 280.

Nach inzwischen gefestigter Rechtsprechung ist mit Rechtsbeeinträchtigung nur der **direkte** **Zugriff auf fremde Rechte,** insbesondere das Eigentum, gemeint, nicht aber die bei jeder raumbeanspruchenden Planung gebotene wertende Einbeziehung der Belange Dritter in die Abwägungsentscheidung.[545]

Insoweit besteht ein enger sachlicher Zusammenhang mit der **fehlenden enteignungsrechtlichen Vorwirkung** der Plangenehmigung (§ 74 Abs. 6 S. 2). Erfordert die Verwirklichung des Vorhabens den direkten Zugriff auf Rechte Dritter, kann über seine Zulässigkeit nur in einem mit enteignungsrechtlicher Vorwirkung ausgestatteten PlfBeschluss entschieden werden. Unerheblich ist, ob das Eigentum Dritter für die Verwirklichung des Vorhabens nur in geringfügigem Umfang benötigt wird. Eine Bagatellgrenze kennt Abs. 6 gerade nicht.[546] Eine Plangenehmigung kommt danach regelmäßig nur dann in Betracht, wenn der Vorhabenträger bereits Eigentümer der benötigten Flächen ist oder sein Zugriff auf sie zivilrechtlich gesichert ist.[547]

Die Rechtsbeeinträchtigung i. S. d. Abs. 6 S. 1 Nr. 1 ist darüber hinaus gegeben, wenn das Vorhaben **mittelbar** auf Rechte Dritte einwirkt und diese Einwirkung die Grenze der **Zumutbarkeit** überschreitet, die betroffenen Rechte des Dritten dem Vorhaben also eine Grenze setzen, die durch eine gerechte Abwägung nicht mehr überwindbar ist.[548] Danach kommt eine Plangenehmigung nicht in Betracht, wenn das Vorhaben Konflikte aufwirft, die nur durch Schutzmaßnahmen zu Gunsten Dritter nach Abs. 2 S. 2 und 3 gelöst werden können.[549]

Auch **unterhalb der Schwelle der Zumutbarkeit** können Rechte Dritter durch nachteilige Einwirkungen des Vorhabens eine Einbuße erleiden, die in der Abwägung nach einem planerischen Ausgleich verlangt. Deshalb sind Rechte anderer nur dann nicht i. S. d. Abs. 6 S. 1 Nr. 1 beeinträchtigt, wenn die Auswirkungen des Vorhabens auf sie so unerheblich sind, dass sie bei der planerischen Abwägung rechtsfehlerfrei ohne weiteres hinter die für das Vorhaben sprechenden Gründe zurückgestellt werden dürfen.[550]

Ob die Voraussetzungen des Abs. 6 S. 1 erfüllt sind, erfordert demnach eine **Prognose,** wie sich das Vorhaben auf die Rechte Dritter voraussichtlich auswirken wird. Das ist nicht unproblematisch, weil an sich erst das PlfV der Prüfung dient, ob Rechte Dritter durch das Vorhaben beeinträchtigt werden können.[551] Kann nicht hinreichend sicher beurteilt werden, ob Rechte Dritter durch das Vorhaben beeinträchtigt werden, ist das Plangenehmigungsverfahren nicht zulässig.[552] Ein PlfV ist entbehrlich, wenn ein Interessenwiderstreit ersichtlich nicht besteht oder jedenfalls wegen des tatsächlich und rechtlich einfach gelagerten Sachverhalts nicht zu erwarten ist.[553] Stellt sich im Verlauf eines eingeleiteten Plangenehmigungsverfahrens heraus, dass die gesetzlichen Voraussetzungen nicht bestehen und auch nicht hergestellt werden können, kann die PlfBehörde grundsätzlich in ein PlfV überwechseln.[554]

d) Beeinträchtigt das Vorhaben Rechte Dritter, kommt eine Plangenehmigung alternativ nach **S. 1 Nr. 1 2. Alt.** dann in Betracht, wenn die **Betroffenen** sich mit der Inanspruchnahme ihres Eigentums oder eines anderen Rechts **schriftlich einverstanden** erklärt haben. Der Begriff des Betroffenen ist derselbe wie in § 73 (dort Rn. 121). Er umfasst – wie sich aus dem Vergleich mit Nr. 2 ergibt – nur Privatrechtssubjekte, nicht aber Träger öffentlicher Belange, einerlei, ob sie Behörden sind oder nicht (hierzu § 73 Rn. 36; zu Natur- und Umweltschutzvereinen Rn. 241).

Eigentum oder andere Rechte sind alle schützenswerten vermögenswerten[555] zivilen oder öffentlichen Rechte. Bloße Belange ohne die Qualität eines „Rechts" fallen nicht darunter (zur

---

[545] *BVerwG* NVwZ 1997, 994, 996; NVwZ 1998, 1178, 1179; NVwZ 2001, 90; NVwZ-RR 2001, 360; NVwZ 2004, 613; *OVG Lüneburg* NVwZ-RR 2003, 478, 479; *VGH Mannheim* NVwZ-RR 2000, 420, 421; *VGH München* ZfW 2006, 232, 233; *Dürr* in Knack, § 74 Rn. 152.
[546] Zutreffend: *Kopp/Ramsauer,* § 74 Rn. 167.
[547] Vgl. *Kopp/Ramsauer,* § 74 Rn. 167.
[548] *BVerwG* NVwZ 2001, 90, 91.
[549] *BVerwGE* 102, 74, 76 = NVwZ 1997, 919.
[550] Ähnlich *Jarass* DVBl 1997, 795, 796 f.; *Allesch/Häußler* in Obermayer, § 74 Rn. 154; *Wickel* in Fehling u. a., § 74 VwVfG Rn. 179; enger *BVerwG* NVwZ 2001, 90, 91.
[551] *Kopp/Ramsauer,* § 74 Rn. 166.
[552] *Wickel* in Fehling u. a., § 74 VwVfG Rn. 174; *Jarass* DVBl 1997, 795, 797.
[553] *BVerwGE* 77, 134, 136 = NVwZ 1987, 590, 591.
[554] *Dürr* in Knack, § 74 Rn. 153; *Wickel* in Fehling u. a., § 74 VwVfG Rn. 174.
[555] Weitergehend *Ziekow,* § 74 Rn. 63.

Abgrenzung § 73 Rn. 71). Auch obligatorische Rechte können dazu gehören, insbesondere Nutzungsrechte aus Pacht oder Miete an einem unmittelbar in Anspruch genommenen Grundstück, wenn sie zur Verwirklichung des Vorhabens in einem Enteignungsverfahren aufgehoben werden müssten.

237 Das **Einverständnis** ist eine einseitige, empfangsbedürftige Willenserklärung privater Rechtssubjekte mit unmittelbarer ör Wirkung. Daher sind auf sie nicht die zivilrechtlichen Vorschriften der §§ 104 ff. BGB anzuwenden, sondern die **ör Regelungen** über die Wirksamkeit einseitiger Erklärungen im VwVf.[556] Es gelten daher die Voraussetzungen der §§ 11, 12, 14 für die wirksame Vornahme von Verfahrenshandlungen. Auch die ör Regeln über **Rücknahme, Widerruf oder Anfechtung** der Erklärung sind entsprechend anwendbar (hierzu § 22 Rn. 66 ff.). Das Einverständnis ist gegenüber der PlfBehörde zu erklären. Wird es gegenüber dem Vorhabenträger erklärt, wird die Erklärung wirksam und für den Erklärenden (erst) verbindlich, wenn der Vorhabenträger sie bei der PlfBehörde einreicht.[557] Die Erklärung bindet den Rechtsnachfolger. Das Einverständnis muss spätestens **im Zeitpunkt der Plangenehmigung** vorliegen. Es ist Voraussetzung für die Erteilung der Genehmigung, nicht für die Einleitung eines Genehmigungsverfahrens.

238 Ein **bedingtes Einverständnis** reicht aus,[558] etwa wenn sich ein Betroffener bei Zuerkennung von Schutzmaßnahmen oder einer angemessenen Entschädigung in Geld mit der Beeinträchtigung seines Eigentums oder anderer Rechte einverstanden erklärt.

239 Für **Zusicherungen** der Behörde gilt § 38, für Zulässigkeit, Abschluss und Wirksamkeit **ör Verträge** gelten die §§ 54 ff.

240 Für die **Schriftform** gelten die verwaltungsverfahrensrechtlichen Grundsätze. Notwendig ist grundsätzlich die **eigenhändige Unterschrift** des Betroffenen oder der vertretungsberechtigten Personen (vgl. hierzu auch § 22 Rn. 32 ff.; § 3 a Rn. 45 i. V. m. Rn 20 ff.). Eine Erklärung zur **Niederschrift** der Behörde ist zwar in Abs. 6 nicht aufgeführt, reicht aber aus, wenn der Betroffene eine von der Behörde aufgenommene Erklärung eigenhändig unterzeichnet. Verpflichtet sich ein Betroffener zu Rechtsübertragungen i. S. d. §§ 311 b, 929 BGB, ist **notarielle Beurkundung** notwendig und ausreichend (§ 126 Abs. 4 BGB).[559]

241 e) Zweite Voraussetzung für eine Plangenehmigung ist, dass die PlfBehörde (nicht der Vorhabenträger)[560] das **Benehmen mit den Trägern öffentlicher Belange** herstellt, deren Aufgabenbereich durch das Vorhaben berührt wird (S. 1 Nr. 2). Der Sache nach handelt es sich um eine **Behördenanhörung** wie nach § 73 Abs. 2, die es ihnen ermöglichen soll, die von ihnen wahrzunehmenden Belange geltend zu machen. Das Benehmen bezieht sich nicht nur auf die Entscheidungsform (Plangenehmigung), sondern auch auf das Vorhaben als solches.[561] Das Benehmen muss nicht mit anerkannten **Naturschutzvereinen** und **Umweltschutzvereinigungen** hergestellt werden.[562] Sie sind keine Träger öffentlicher Belange.[563]

242 Benehmen bedeutet nicht Einvernehmen,[564] sondern **Gelegenheit zur Stellungnahme**.[565] Eine Bindung an die Stellungnahme besteht nicht. Sie kann sich auf zwingende Vorschriften aus dem Aufgabenbereich der Behörde oder auf Umstände beziehen, die (nur) für die Abwägung erheblich sind.[566]

243 Das Benehmen muss **im Zeitpunkt der Plangenehmigung** vorliegen. Regelmäßig ist dafür eine schriftliche Stellungnahme erforderlich. Eine sonstige Äußerung reicht aus, sofern sich Art und Inhalt der geltend gemachten Belange hinreichend deutlich feststellen lassen.

244 Anders als einzelne Fachplanungsgesetze (vgl. § 31 Abs. 3 S. 1 Nr. 1 KrW-/AbfG) setzt Abs. 6 nicht voraus, dass es sich um einen Vorhaben von **unterordneter Bedeutung** handelt.

---

[556] Unklar *VGH Mannheim* NVwZ-RR 2004, 377, 378.
[557] *VGH Mannheim* NVwZ-RR 2004, 377, 379.
[558] *Ziekow*, § 74 Rn. 64.
[559] *Wickel* in Fehling u. a., § 74 VwVfG Rn. 182.
[560] Anders wohl *OVG Lüneburg* NVwZ-RR 2003, 478, 479.
[561] *OVG Lüneburg* NVwZ-RR 2003, 478, 479.
[562] *BVerwGE* 98, 100, 104 ff. = NVwZ 1996, 392, 393; *BVerwG* NVwZ 1996, 393, 394; *BVerwGE* 104, 367, 370 f. = NVwZ 1998, 279, 280; *OVG Lüneburg* NVwZ-RR 2001, 435.
[563] Anders § 74 Abs. 6 S. 1 Nr. 2 Buchst. b VwVfG NRW für anerkannte Naturschutzvereine.
[564] *BVerwG* NVwZ 2001, 90, 91.
[565] *BVerwGE* 92, 258, 262 = NVwZ 1993, 890, 891; *OVG Lüneburg* NVwZ-RR 2003, 478, 479; *Kopp/Ramsauer*, § 74 Rn. 168.
[566] *OVG Lüneburg* NVwZ-RR 2003, 478, 479.

Nach Abs. 6 darf eine Plangenehmigung auch dann erteilt werden, wenn das Vorhaben mit **erheblichen Beeinträchtigungen,** auch für öffentliche Belange, verbunden ist.[567] Ob sie von dieser Möglichkeit Gebrauch macht, steht jedoch im Ermessen der PlfBehörde. Bei Vorhaben mit erheblichen Beeinträchtigungen namentlich öffentlicher Belange drängt es sich auf, das Ermessen im Sinne der Durchführung eines PlfV zu betätigen.[568]

3. Verfahren

Auf die Erteilung der Plangenehmigung finden die Vorschriften über die Planfeststellung keine Anwendung (Abs. 6 S. 2 HS 2). Die Plangenehmigung ergeht in einem nichtförmlichen Verwaltungsverfahren. Für ihre Erteilung gelten die allgemeinen Vorschriften der §§ 10 ff.; anwendbar sind auch die **§§ 71 a bis e.**[569] **245**

Grundsätzlich unterbleibt die in § 73 vorgesehene **Beteiligung der Öffentlichkeit.**[570] Ihre Beteiligung ist fachgesetzlich zum Teil auch in Verfahren der Plangenehmigung vorgesehen (§ 17b Abs. 1 Nr. 5 FStrG). Nur in diesem Fall sind auch die anerkannten **Naturschutzvereine** zu beteiligen (§ 58 Abs. 1 Nr. 3, § 60 Abs. 2 S. 1 Nr. 7 BNatSchG), deren Beteiligungsrecht im Übrigen nur in PlfV besteht. **246**

An sich sind **Abs. 2 S. 2 und 3** auf die Plangenehmigung **nicht anwendbar.** Der Schutz Dritter wird bei der Plangenehmigung dadurch sichergestellt, dass sie nur dann an Stelle eines PlfBeschlusses erteilt werden darf, wenn Rechte anderer nicht beeinträchtigt werden (Abs. 6 S. 1 Nr. 1; hierzu Rn. 232). **Für Schutzauflagen** nach Abs. 2 S. 2 ist deswegen grundsätzlich kein Raum.[571] Etwas anders gilt aber, wenn die Plangenehmigung unter Verstoß gegen Abs. 6 S. 1 Nr. 1 erteilt wird und Rechte Dritter beeinträchtigt. Diese können die Schutzmaßnahmen verlangen, auf die ein gesetzlicher Anspruch besteht und ohne die ihre rechtlich geschützten Interessen nicht im Wege der Abwägung überwunden werden können.[572] **247**

Nicht anwendbar sind § 74 Abs. 3 bis 5.[573] Die Plangenehmigung ist den Beteiligten des Plangenehmigungsverfahrens stets **individuell bekanntzugeben.** Öffentliche Bekanntmachungen für Drittbetroffene sind gesetzlich nicht vorgesehen, können aber informationshalber erfolgen. Eine erteilte Plangenehmigung kann nach Maßgabe der allgemeinen Vorschriften geändert werden; anwendbar sind etwa §§ 36, 48, 49. § 75 Abs. 4 gilt gemäß Abs. 6 S. 4 entsprechend. Anwendbar ist § 76 (dort Rn. 5). Unanwendbar sind die §§ 77 und 78. **248**

UVP-pflichtige Vorhaben dürfen nicht durch eine Plangenehmigung nach § 74 Abs. 6 zugelassen werden. Kernstück der UVP ist eine Anhörung der Behörden mit umweltbezogenen Aufgaben und der Öffentlichkeit (Art. 6 UVP-RL). Bei planfeststellungspflichtigen Vorhaben wird diese gemeinschaftsrechtlich erforderliche Beteiligung nach näherer Maßgabe der §§ 6, 9 UVPG durch das Anhörungsverfahren des § 73 bewirkt. Plangenehmigungen können aber ohne Anhörungsverfahren nach § 73 erteilt werden (§ 74 Abs. 6 S. 2 HS 2). Deshalb ist inzwischen durch entsprechende Einschränkungen in den einzelnen Fachgesetzen sichergestellt, dass UVP-pflichtige Vorhaben nicht aufgrund einer Plangenehmigung zugelassen werden (§ 17b Abs. 1 Nr. 1 FStrG; § 18b Nr. 1 AEG; § 14b Nr. 1 WaStrG, § 2a Nr. 1 MBPlG, § 43b Nr. 2 S. 1 EnWG, § 28 Abs. 1a S. 1 Nr. 1 PBefG, § 31 Abs. 3 WHG, § 9b Abs. 1 S. 2 AtG; § 31 Abs. 3 S. 1 Nr. 1 KrW-/AbfG; ferner § 20 Abs. 2 S. 1 UVPG, § 74 Abs. 6 S. 1 Nr. 1 Buchst. b VwVfG NRW).[574] Das gilt auch für Vorhaben, bei denen sich die Pflicht zur UVP erst aus einer Vorprüfung nach § 3c UVPG ergibt.[575] Für den Bau und die Änderung von Bundesfernstraßen in den neuen Bundesländern und Berlin kann zwar nach dem zeitlich befristeten § 17b Abs. 1 Nr. 5 FStrG auch dann eine Plangenehmigung erteilt werden, wenn das Vorhaben UVP-pflichtig ist; in diesem Fall ist aber zur Sicherstellung der gemeinschaftsrechtlichen Vorgaben die **249**

---

[567] BVerwGE 98, 100, 103 = NVwZ 1996, 392.
[568] Ähnlich *Ziekow,* § 74 Rn. 66; *Wickel* in Fehling u. a., § 74 VwVfG Rn. 185.
[569] Ebenso Begr. des RegE, BT-Drs. 13/3995, S. 11; *Dürr* in Knack, § 74 Rn. 158; *Steinberg/Berg/Wickel,* S. 168 f.
[570] BVerwGE 98, 100, 104 = NVwZ 1996, 392, 393.
[571] BVerwGE 102, 74, 76 = NVwZ 1997, 919.
[572] BVerwGE 115, 237, 239 f. = NVwZ 2002, 733.
[573] *VGH Mannheim* NVwZ-RR 2003, 461, 462; *Jarass* DVBl 1997, 795, 798.
[574] Vgl. *Wickel/Müller* NVwZ 2001, 1133.
[575] *Geiger* in Ziekow, Praxis des Fachplanungsrechts, Rn. 382.

Öffentlichkeit entsprechend § 9 Abs. 3 UVPG in das Genehmigungsverfahren einzubeziehen (§ 17b Abs. 1 Nr. 5 S. 2 FStrG). Die Öffentlichkeitsbeteiligung nach § 9 Abs. 3 UVPG erfordert keinen Erörterungstermin.[576] Bei Fachplanungen ohne vergleichbare gesetzliche Einschränkungen ist die Wahl eines bloßen Plangenehmigungsverfahrens ermessensfehlerhaft, wenn das Vorhaben erhebliche nachteilige Auswirkungen auf die Umweltschutzgüter hervorrufen kann.[577]

250 Da die Plangenehmigung zugleich Planungsentscheidung ist, gelten für sie das **Abwägungsgebot** und die sich daraus ergebenden Anforderungen an eine umfassende **Konfliktbewältigung**.[578] Anwendbar ist daher auch **§ 75 Abs. 1a S. 1**. Es ist kein hinreichender Grund zu erkennen, die Plangenehmigung gegen Mängel der Abwägung weniger stabil zu halten als einen PlfBeschluss. Die Planergänzung und das ergänzende Verfahren gelten nach § 75 Abs. 1a S. 2 ausdrücklich auch für die Plangenehmigung. Allerdings kommt eine nachträgliche Planergänzung nach § 74 Abs. 2 Sätze 2 und 3 nicht in Betracht, weil anfangs fehlende Voraussetzungen für eine Plangenehmigung nicht erst nachträglich geschaffen werden dürfen.[579]

4. Rechtswirkungen der Plangenehmigung (Abs. 6 S. 2 und 3)

251 Die Plangenehmigung hat die **Rechtswirkungen einer Planfeststellung.** Inhaltlich ist deshalb § 75 Abs. 1 anwendbar.[580] Die Plangenehmigung entfaltet zwar Konzentrationswirkung, kann aber eine anderweitige Planfeststellung nicht ersetzen.[581] Unanwendbar sind **§ 75 Abs. 2 und 3,** weil der Plangenehmigung als „normalem" VA keine erhöhte Bestandskraft zukommt.[582]

252 Die Plangenehmigung hat nach Abs. 6 S. 2 **keine enteignungsrechtliche Vorwirkung** (hierzu § 75 Rn. 26 ff.). Auf diese Rechtswirkung wurde verzichtet, weil das vereinfachte Verfahren der Plangenehmigung nicht als ausreichende Grundlage für eine Enteignung betrachtet wird.[583] Muss zur Verwirklichung eines genehmigten Vorhabens ein Grundstück enteignet werden, ist im Enteignungsverfahren die Zulässigkeit der Enteignung selbständig und ohne Bindung an die Plangenehmigung zu prüfen. Macht die Verwirklichung des Vorhabens eine Enteignung notwendig, wird es im Übrigen regelmäßig an der Voraussetzung des Abs. 6 S. 1 Nr. 1 für eine Plangenehmigung fehlen.[584]

Einzelne Fachplanungsgesetze legen der Plangenehmigung eine enteignungsrechtliche Vorwirkung bei, indem sie für die Rechtswirkungen der Plangenehmigung uneingeschränkt auf die Rechtswirkungen der Planfeststellung verweisen (§ 18b Nr. 3 AEG; § 17b Abs. 1 Nr. 3 FStrG; § 14b Nr. 3 WaStrG; § 28 Abs. 2 LuftVG; § 2a Nr. 3 MBPlG; § 43b Nr. 3 EnWG; § 30 S. 2 PBefG).

5. Rechtsschutz

253 Vor Erhebung einer Klage ist ein **Vorverfahren entbehrlich** (Abs. 6 S. 3).[585]

254 Die Entscheidung für ein Plangenehmigungsverfahren ist eine bloße Verfahrenshandlung ohne Außenwirkung und deshalb nach **§ 44a VwGO** für den Vorhabenträger oder Dritte nicht isoliert anfechtbar.[586] Ob die Voraussetzungen für die Plangenehmigung vorgelegen haben, wird inzident in einem Anfechtungsverfahren geprüft.[587] Allerdings werden Rechte Dritter allein

---

[576] Vgl. *Stüer/Probstfeld* UPR 2001, 361, 363 f.
[577] Zutreffend: *Sparwasser* AnwBl 2000, 658, 666; *Allesch/Häußler* in Obermayer, § 74 Rn. 160; *Steinberg/Berg/Wickel*, S. 336; anders wohl *Geiger* in Ziekow, Praxis des Fachplanungsrechts, Rn. 383 ff.
[578] BVerwGE 98, 100, 103 ff.; BVerwG NuR 2007, 488; VGH München NuR 2006, 177, 178; *Steinberg/Berg/Wickel*, S. 336 f.; *Kühling/Herrmann*, Rn. 54.
[579] BVerwGE 102, 74, 76 = NVwZ 1997, 919.
[580] Zur Duldungswirkung ablehnend: *Michler* in FS Blümel, S. 357, 379 ff.
[581] *Jarass* DVBl 1997, 795, 797.
[582] Differenzierend: *Thiel* VR 2001, 295, 297; a. A.: *Ziekow*, § 74 Rn. 68.
[583] Begr. des RegE, BT-Drs. 13/3995, S. 10; *Schmitz/Wessendorf* NVwZ 1996, 955, 960.
[584] VGH Mannheim NVwZ-RR 2004, 377, 379.
[585] Das gilt auch für die Klage eines Behindertenverbandes nach § 13 Abs. 1 BGG, mit der er sich gegen eine Plangenehmigung für den Umbau eines Bahnhofs mit der Begründung wendet, die Zugänge zu den Bahnsteigen seien unter Verstoß gegen § 2 Abs. 3 EBO nicht barrierefrei ausgestaltet: BVerwGE 125, 370, 372 ff. = NVwZ 2006, 817.
[586] *Kopp/Ramsauer*, § 74 Rn. 174; *Wickel* in Fehling u. a., § 74 VwVfG Rn. 190; kritisch hierzu: *Ziekow* DVBl 1998, 1101, 1109.
[587] *Stelkens* in Schoch u. a., VwGO, § 44a Rn. 15 ff.; a. A. wohl *Ule/Laubinger*, § 40 Rn. 11.

durch die fehlerhafte Wahl eines Genehmigungsverfahrens an Stelle eines PlfV nicht verletzt.[588] Vielmehr muss die konkrete Möglichkeit bestehen, dass bei einer Berücksichtigung der Belange des Dritten, wäre er in einem PlfVerfahren angehört worden, die Planungsentscheidung in ihren Grundzügen in Frage gestellt wäre.[589]

Ist das Vorhaben mit Eingriffen in Natur und Landschaft verbunden, können anerkannte **Naturschutzvereine** eine Plangenehmigung anfechten, wenn sie von einer Behörde des Bundes erteilt worden ist und für sie eine Öffentlichkeitsbeteiligung vorgesehen ist (§ 61 Abs. 2 Nr. 3 i. V. m. § 58 Abs. 1 Nr. 3 BNatSchG). Wird die Plangenehmigung von einer Landesbehörde erteilt, besteht zwar unter bestimmten Voraussetzungen ebenfalls ein Beteiligungsrecht des Naturschutzvereins im Genehmigungsverfahren (§ 60 Abs. 2 S. 1 Nr. 7 BNatSchG), aber nach Bundesrecht keine Klagemöglichkeit (vgl. § 61 Abs. 2 Nr. 3 BNatSchG); jedoch können die Länder für diese Fälle den Naturschutzvereinen eine Klagemöglichkeit einräumen (§ 61 Abs. 5 S. 1 BNatSchG).

Ist danach einem anerkannten Naturschutzverein keine Klagemöglichkeit gegen die Plangenehmigung eingeräumt, bedeutet dies nur, dass er sie nicht mit materiell-rechtlichen Rügen anfechten kann. Davon unabhängig kann der Verein sein **selbstständiges Verfahrensrecht** nach § 58 Abs. 2 S. 1 Nr. 2 und 3, § 60 Abs. 2 S. 1 Nr. 6 und 7 BNatSchG gerichtlich durchsetzen. Er kann eine Plangenehmigung mit der Begründung anfechten, die Voraussetzungen einer Plangenehmigung nach Abs. 6 S. 1 hätten nicht vorgelegen und es hätte deshalb an Stelle des Plangenehmigungsverfahrens ein PlfV durchgeführt werden müssen, an dem er zu beteiligen gewesen wäre.[590] Das BVerwG hat den Erfolg einer solchen Klage zunächst davon abhängig gemacht, dass eine rechtsmissbräuchliche Umgehung des Mitwirkungsrechts in einem an sich gebotenen PlfV vorliege, wofür zudem eindeutige und objektive Anhaltspunkte im konkreten Fall erforderlich sein sollten.[591] Diese Einschränkung hat es inzwischen zu Recht aufgegeben.[592]

VIII. Entfallen von Planfeststellung und -genehmigung (Abs. 7)

Nach **Abs. 7** entfallen in Fällen **unwesentlicher Bedeutung** Planfeststellung und Plangenehmigung ganz. Dadurch sollen unbedeutende Änderungen oder Erweiterungen von Anlagen von einer behördlichen Zulassung freigestellt werden. Der Vorhabenträger realisiert solche Vorhaben auf eigenes Risiko. Ihm fehlt gegenüber Maßnahmen der Behörden die legalisierende Wirkung eines VAs, dessen Bestandskraft zudem Ansprüche Dritter auf Einschreiten gegen das Vorhaben abschneidet. Mangels Planfeststellung oder Plangenehmigung tritt die Konzentrationswirkung des § 75 Abs. 1 S. 1 HS 2 nicht ein. Soweit für das Vorhaben andere behördliche Entscheidungen erforderlich sind, müssen sie eingeholt werden. Abs. 7 überschneidet sich teilweise mit § 76 Abs. 2 (vgl. § 76 Rn. 4).

Die Vorschrift räumt der Behörde **kein Ermessen** ein, sondern enthält zwingendes Recht („entfallen", nicht: „können entfallen"). Die PlfBehörde darf in **Zweifelsfällen** vorsorglich in einem VwVf klären, ob die Voraussetzungen der Freistellung gegeben sind.

Liegen die Voraussetzungen des Abs. 7 vor, entfallen Planfeststellung und Plangenehmigung kraft Gesetzes. Einer Entscheidung der PlfBehörde bedarf es nicht.[593] Diese kann aber die Entbehrlichkeit von Planfeststellung und Plangenehmigung durch einen (deklaratorischen) „**Unterbleibensbescheid"** feststellen.[594] Die nach außen verlautbarte Entscheidung, von einem PlfV und einem Genehmigungsverfahren abzusehen, ist **VA**. Er stellt jedoch keine Genehmi-

---

[588] *BVerwG* NVwZ-RR 1999, 556; NVwZ 2004, 613; NuR 2007, 488.
[589] *VGH Mannheim* NVwZ-RR 2000, 420, 421.
[590] *BVerwGE* 127, 208, 211 ff. = NVwZ 2007, 576; *VGH Kassel* NVwZ-RR 1999, 304; *Kopp/Ramsauer*, § 74 Rn. 174d; kritisch *Ziekow* VerwArch 2000, 483, 494 ff.
[591] *BVerwGE* 104, 367, 372 = NVwZ 1998, 279, 280 f.
[592] *BVerwGE* 127, 208, 217 ff. = NVwZ 2007, 576, 578. Ausdrücklich allerdings nur für den Fall, dass die PlfBehörde die Voraussetzungen der UVP-Pflichtigkeit des Vorhabens fehlerhaft beurteilt hat und deshalb von dem vorgeschriebenen PlfV abgesehen hat.
[593] *Dürr* in Knack, § 74 Rn. 173; *Allesch/Häußler* in Obermayer, § 74 Rn. 184; *Jarass* DVBl 1997, 795, 796; a. A.: *Steinberg/Berg/Wickel*, S. 340 f.
[594] *Wickel* in Fehling u. a., § 74 VwVfG Rn. 218; *Geiger* in Ziekow, Praxis des Fachplanungsrechts, Rn. 412 ff.

gung des Vorhabens dar, sondern regelt nur (deklaratorisch) den Wegfall eines PlfV und Genehmigungsverfahrens.[595] Der Unterbleibensbescheid kann von Drittbetroffenen angefochten werden (Rn. 270).[596] § 74 Abs. 7 S. 2 Nr. 2 entfaltet drittschützende Wirkung. Planfeststellung und Plangenehmigung entfallen nur, wenn Rechte Dritter nicht beeinflusst werden. Werden ihre Rechte beeinflusst, haben sie einen Anspruch darauf, dass mit ihnen eine entsprechende Vereinbarung geschlossen wird, bevor die Planfeststellung oder Plangenehmigung unterbleibt. Auf die Klage Drittbetroffener gegen einen Unterbleibensbescheid ist nicht zu prüfen, ob das Vorhaben materiell zulässig ist, sondern nur, ob vor seiner Ausführung ein PlfV oder Plangenehmigungsverfahren erforderlich ist. Der Vorhabenträger kann einen Unterbleibensbescheid anfechten, wenn er die Voraussetzungen des Abs. 7 nicht für gegeben hält und aus Gründen der Rechtssicherheit für sein Vorhaben deshalb eine Planfeststellung oder Plangenehmigung erstrebt.[597] Er kann nicht Verpflichtungsklage mit dem Ziel der Erteilung einer Plangenehmigung oder des Erlasses eines PlfBeschlusses erheben. Er muss zunächst die Durchführung eines Verfahrens erreichen, dem die Entscheidung der PlfBehörde entgegensteht, die Notwendigkeit eines solchen Verfahrens sei nach Abs. 7 entfallen.

259 Für einen der Bestandskraft fähigen Bescheid über das Absehen von einem PlfV reicht eine **behördenintern gebliebene Willensbildung** nicht aus, die weder i. S. d. § 35 S. 1 nach außen gerichtet noch mangels Bekanntgabe i. S. d. § 41 von außen erkennbar ist.[598] Das gilt im Interesse der Rechtssicherheit vor allem dann, wenn PlfBehörde und Vorhabenträger identisch sind.[599] Ist kein nach außen verlautbarter Unterbleibensbescheid ergangen, kommt für Drittbetroffene mangels VA keine Anfechtungsklage in Betracht, wohl aber eine Feststellungsklage, mit dem Ziel, festzustellen, dass das Vorhaben ohne vorherige Durchführung eines PlfV oder eines Genehmigungsverfahrens unzulässig ist.[600] Die Rechtslage ist vergleichbar mit § 76 Abs. 2 (dort Rn. 24).

260 Gegen die **faktische Ausführung** des Vorhabens steht den Betroffenen in jedem Fall die allgemeine Leistungsklage **(Unterlassungsklage)** offen, mit der sie geltend machen können, das Vorhaben beeinträchtige sie in ihren materiellen Rechten und habe deshalb zu unterbleiben.[601]

261 Abs. 7 S. 2 regelt abschließend,[602] wann ein Fall **unwesentlicher Bedeutung** vorliegt.[603] Nach einzelnen Fachplanungsgesetzen liegt ein Fall unwesentlicher Bedeutung auch dann nicht vor, wenn das Vorhaben UVP-pflichtig ist (§ 17b Abs. 1 Nr. 4 FStrG; § 18b Nr. 4 AEG; § 14b Nr. 4 WaStrG, § 2a Nr. 4 MBPlG).[604] Die Voraussetzungen des S. 2 unterliegen voller verwaltungsgerichtlicher Kontrolle. Maßgebend ist nicht die ex-ante-Betrachtung der PlfBehörde, sondern die objektive ex-post-Würdigung der tatsächlichen Verhältnisse. Lagen die Voraussetzungen einer Freistellung nicht vor, ist das entsprechende Verfahren nachzuholen.[605]

262 Planfeststellung und Plangenehmigung unterbleiben nach **Nr. 1**, wenn andere **öffentliche Belange** nicht berührt sind oder die erforderlichen Entscheidungen vorliegen und sie dem Plan nicht entgegenstehen.[606]

---

[595] Wie hier: *Ziekow*, § 74 Rn. 73; *Wickel* in Fehling u. a., § 74 VwVfG Rn. 219; *Geiger* in Ziekow, Praxis des Fachplanungsrechts, Rn. 420; anders: *BVerwGE* 64, 325, 329 = NJW 1982, 1546, 1547; *Timmermanns* VBlBW 1998, 285, 290: zugleich Zulassungsentscheidung; offen: *VGH Mannheim* NVwZ 2001, 101, 103.
[596] *BVerwGE* 64, 325, 328ff. = NJW 1982, 1546, 1547; *Allesch/Häußler* in Obermayer, § 74 Rn. 189; *Ziekow*, § 74 Rn. 74; *Jarass* DVBl 1997, 795, 796. A. A.: *Geiger* in Ziekow, Praxis des Fachplanungsrechts, Rn. 423.
[597] *Ziekow*, § 74 Rn. 74; vgl. auch *VGH Mannheim* NVwZ 2001, 101, 102.
[598] Vgl. (speziell für das Luftverkehrsrecht): *BVerwGE* 115, 158, 163 = NVwZ 2002, 346, 348.
[599] *BVerwG* NVwZ 2000, 68; ähnlich *OVG Hamburg* NuR 2001, 51, 52.
[600] Hierzu *VGH Mannheim* NuR 1996, 607; *Timmermanns*, Verzicht auf Planfeststellung und Plangenehmigung, 107ff.
[601] *OVG Hamburg* NuR 2001, 51, 52; *VGH München* NVwZ-RR 2004, 240.
[602] *Ziekow*, § 74 Rn. 70; *Wickel* in Fehling u. a., § 74 VwVfG Rn. 207.
[603] Zum Umfang des Vorhabens als Kriterium für die Wesentlichkeit vgl. *BVerwG* NVwZ 2000, 68.
[604] Vgl. hierzu auch *Keiling* LKV 2004, 97.
[605] *Wickel* in Fehling u. a., § 74 VwVfG Rn. 210.
[606] Mit Blick auf die 2. Alternative der Nr. 1 hält *Erbguth* UPR 1999, 41 50, die Vorschrift für gemeinschaftsrechtswidrig, weil sie es ermögliche, auch bei UVP-pflichtigen Vorhaben von einer UVP abzusehen, ohne dass sichergestellt sei, dass die UVP im Zusammenhang mit der anderen behördlichen Entscheidung stattfinde. Hiergegen: *Keilich*, Das Recht der Änderung in der Fachplanung, S. 140f.; *Geiger* in Ziekow, Praxis des Fachplanungsrechts, Rn. 400ff. will § 74 Abs. 7 S. 2 gemeinschaftsrechtskonform dahin auslegen, dass ungeschriebene Voraussetzung für den Wegfall von Planfeststellung und Plangenehmigung ist, dass das Vorhaben keiner UVP bedarf.

Planfeststellung und Plangenehmigung unterbleiben nach Nr. 2 1. Alt., wenn **Rechte anderer** (zum Begriff vgl. Rn. 227) **nicht beeinflusst werden**. Eine Beeinflussung ist weniger als eine Beeinträchtigung. Rechte anderer werden beeinflusst, wenn sie in einer mehr als nur geringfügigen Weise negativ berührt werden.[607] Denn bereits dann ist die Schwelle zum Abwägungserheblichen überschritten. Es kommt nicht darauf an, ob die nachteiligen Einwirkungen in der Abwägung ohne weiteres hinter für das Vorhaben sprechende Belange zurückgestellt werden könnten oder gar die Schwelle der Zumutbarkeit überschreiten. Diese Abwägung ist dem PlfV oder Plangenehmigungsverfahren vorbehalten. 263

Ferner unterbleibt ein förmliches Verfahren nach Nr. 2 2. Alt., wenn mit den (also allen) Betroffenen entsprechende **Vereinbarungen** getroffen sind, namentlich durch **ör Verträge** (§§ 54ff.). **Zusicherungen** nach § 38 reichen aus, wenn sich aus ihnen eindeutig ergibt, dass gegenwärtige oder absehbare Betroffenheiten ausgeglichen werden. 264

IX. Rechtsschutz

Für Streitigkeiten im Zusammenhang mit PlfV sind grundsätzlich die Verwaltungsgerichte zuständig, wobei in bestimmten Fällen eine **erstinstanzliche Zuständigkeit des OVG** (§ 48 VwGO) oder des **BVerwG** (§ 50 Abs. 1 Nr. 6 VwGO; § 18e Abs. 1 AEG, § 17e Abs. 1 FStrG, § 14e Abs. 1 WaStrG, § 2d Abs. 1 MBPlG) gegeben ist. Soweit Gegenstand der Klage ein PlfBeschluss oder eine Plangenehmigung ist, bedarf es vor Erhebung der Klage keines Widerspruchsverfahrens (§ 74 Abs. 1 S. 2 i.V.m. § 70; § 74 Abs. 6 S. 3), sofern nicht spezialgesetzlich etwas anderes geregelt ist. 265

1. Vorhabenträger

Lehnt die PlfBehörde die beantragte Planfeststellung ab, kann der **Vorhabenträger** Verpflichtungsklage erheben. Er hat keinen Rechtsanspruch auf Planfeststellung, sondern nur einen Anspruch auf fehlerfreie Betätigung des Planungsermessens (vgl. Rn. 30).[608] In die Abwägung geht als Belang sein Interesse an der Verwirklichung des Vorhabens ein, das sich bei gemeinnützigen Planfeststellungen mit einem öffentlichen Interesse an dem Vorhaben deckt.[609] Soweit der PlfBeschluss dem Vorhabenträger zu Gunsten Betroffener gemäß Abs. 2 S. 2 und 3 Schutzmaßnahmen oder Entschädigungsleistungen auferlegt, kann er sich dagegen mit der Anfechtungsklage wehren. Er braucht nicht Verpflichtungsklage auf Erteilung eines uneingeschränkten PlfBeschlusses zu erheben.[610] 266

2. Behörden

Regelmäßig nicht klagebefugt sind **Behörden**, die nach § 73 Abs. 2 zu beteiligen sind. Sie nehmen ör Kompetenzen, nicht aber eigene Rechte i.S.d. § 42 Abs. 2 VwGO wahr.[611] 267

3. Gemeinden

Gemeinden können nur die Verletzung eigener Rechte geltend machen, etwa ihres Eigentums an planbetroffenen Grundstücken[612] oder ihres **Selbstverwaltungsrechts**.[613] Eine Überprüfung des PlfBeschlusses auf seine Vereinbarkeit mit Rechten der Gemeindebürger[614] oder mit 268

---

[607] Ähnlich: *VGH Mannheim* NVwZ 2001, 101, 103; *VGH München* NVwZ-RR 2004, 240; *Kopp/Ramsauer*, § 74 Rn. 179; *Allesch/Häußler* in Obermayer, § 74 Rn. 182; *Wickel* in Fehling u. a., § 74 VwVfG Rn. 215; *Keilich*, Das Recht der Änderung in der Fachplanung, S. 134 f.
[608] *VGH München* UPR 2007, 195.
[609] *BVerwG* NJW 1978, 2308, 2311; *VGH München* UPR 2007, 195, 196; *Mößle* BayVBl 1982, 231.
[610] *BVerwG* NVwZ 2000, 68; *BVerwGE* 112, 221, 224 = NVwZ 2001, 429; *BVerwG* NVwZ 2001, 562, 563.
[611] *BVerwGE* 31, 263, 267; *BVerwGE* 52, 226, 234; *BVerwGE* 82, 17 = NVwZ 1990, 561; *Wickel* in Fehling u. a., § 74 VwVfG Rn. 252 f.; *Geiger* in Ziekow, Praxis des Fachplanungsrechts, Rn. 307; *Johlen* DÖV 1989, 204, 208.
[612] *BVerwGE* 90, 96, 101 = NVwZ 1993, 364, 365.
[613] *BVerwG* NVwZ 2000, 560; *VGH Kassel* NVwZ-RR 2003, 729, 730; ausführlich: *Steinberg/Berg/Wickel*, S. 406 ff.
[614] *VGH München* BayVGHE 59, 177, 178; *OVG Lüneburg* NdsVBl 2007, 19, 20.

Bestimmungen des objektiven Rechts, etwa des Umwelt- oder Naturschutzrechts,[615] können sie nicht beanspruchen.[616] Wird eine Gemeinde durch das Vorhaben nicht in ihren materiellen Rechten beeinträchtigt, kann sie einen PlfBeschluss nicht mit der Begründung anfechten, sie sei am VwVf nicht ordnungsgemäß beteiligt worden.[617]

4. Private Einwender und Betroffene

269 Die Rechtsprechung billigt **Planbetroffenen** grundsätzlich kein **subjektives Recht auf** Einleitung und **Durchführung eines PlfV** zu. Etwas anderes soll nur gelten, wenn die Regelung des PlfV mit einer eigenen Schutzfunktion zugunsten Einzelner in der Weise ausgestattet ist, dass sie unter Berufung allein auf einen sie betreffenden Verfahrensmangel die Aufhebung bzw. den Erlass einer verfahrensrechtlich gebotenen Entscheidung gerichtlich durchsetzen können.[618]

270 Wird ein Vorhaben rechtswidrig **ohne Planfeststellung** durchgeführt und ein Dritter dadurch in seinen materiellen Rechten beeinträchtigt, kann er sich gegen das Vorhaben mit ör **Abwehr- und Beseitigungsansprüchen** wehren (zur Vereinsklage in solchen Fällen vgl. Rn. 280).[619] Die Entscheidung über die **Entbehrlichkeit einer Planfeststellung** wegen unwesentlicher Bedeutung ist VA[620] und kann von einem Planbetroffenen angefochten werden (vgl. Rn. 258 ff.).

271 Private Einwender und Betroffene können gegen einen PlfBeschluss nur klagen, wenn sie geltend machen können, durch den PlfBeschluss in ihren eigenen Rechten verletzt zu sein **(§ 42 Abs. 2 VwGO)**. Ihre Klage hat nur Erfolg, wenn der PlfBeschluss gegen das objektive Recht verstößt und dadurch zugleich den Kläger in seinen eigenen Rechten verletzt **(§ 113 Abs. 1 S. 1 VwGO)**. Durch dieses letztere Erfordernis wird der Umfang der gerichtlichen Überprüfung von vornherein auf solche möglichen Rechtsverstöße beschränkt, die zu einer Rechtsverletzung gerade des Klägers führen können (vgl. zu den Folgerungen hieraus bei Verfahrensfehlern § 73 Rn. 146 ff.).

Eine Klagebefugnis wird vermittelt durch das **Eigentum**,[621] durch **Art. 2 Abs. 2 S. 1 GG** (Leben und körperliche Unversehrtheit)[622] oder durch sonstige **drittschützende Normen**. Wird ein Grundstück zum Zwecke der Verhinderung oder Beeinflussung einer bestimmten Planung erworben (sog. **Sperrgrundstück**), kann ausnahmsweise unter dem Gesichtspunkt rechtsmissbräuchlicher Inanspruchnahme des geltend gemachten Eigentumsschutzes die Klagebefugnis fehlen (vgl. Rn. 73).[623] Gehört ein Grundstück zum Nachlass, ist bei einer Erbengemeinschaft auch der einzelne **Miterbe** klagebefugt.[624] Nicht klagebefugt aus Art. 14 GG sind **Mieter und Pächter,** es sei denn, sie nutzen ein unmittelbar durch das Vorhaben in Anspruch genommenes Grundstück.[625] Im Übrigen können sie aber aus dem Abwägungsgebot eine Beeinträchtigung ihrer Belange, etwa des Gesundheitsschutzes, des Lärmschutzes oder eines Gewerbebetriebes[626] geltend machen.[627]

272 Die Rechtsprechung erkennt den **drittschützenden Charakter des Abwägungsgebots** an.[628] Es besteht ein subjektiv-öffentliches Recht auf Abwägung der eigenen Belange. Die Kla-

---

[615] BVerwG NVwZ 2001, 88, 89.
[616] OVG Koblenz NuR 2005, 547, 548; VGH München NVwZ-RR 2006, 432, 433.
[617] BVerwG NJW 1992, 256, 257.
[618] BVerwGE 44, 235, 239 f. = NJW 1974, 813, 814; BVerwG NJW 1977, 2367, 2368; NJW 1981, 239; BVerwGE 62, 243, 246 ff. = NJW 1981, 2769; BVerwGE 78, 40, 41 = NJW 1988, 434; BVerwGE 85, 368, 373 ff. = NVwZ 1991, 369, 370 f.; hierzu kritisch: *Müller,* Verfahrensartfehler, S. 155 ff.
[619] BVerwG NJW 1981, 239; NJW 1985, 1481; NVwZ 2001, 89.
[620] BVerwGE 64, 325, 328 ff. = NJW 1982, 1546, 1547.
[621] Zur Klagebefugnis eines Ausländers: BVerwGE 75, 285 = NJW 1987, 1154.
[622] Vgl. BVerwGE 54, 211, 222 f. = NJW 1978, 554, 556; BVerwGE 59, 253, 261 f. = NJW 1980, 2368, 2369.
[623] BVerwG LKV 1999, 29; BVerwGE 112, 135 = NVwZ 2001, 427; OVG Hamburg NuR 2006, 459, 460; OVG Lüneburg NuR 2006, 185.
[624] BVerwG NVwZ 2005, 810.
[625] BVerwGE 105, 178 = NVwZ 1998, 504; OVG Koblenz NuR 2005, 53; VGH Mannheim VBlBW 2001, 362.
[626] BVerwGE 126, 166, 167 = NVwZ 2006, 1161.
[627] BVerwG NVwZ 1996, 389.
[628] Kritisch hierzu *Wickel* in Fehling u. a., § 74 VwVfG Rn. 242 f.

gebefugnis ist deshalb gegeben, wenn der Kläger geltend machen kann, eigene abwägungserhebliche Belange seien nicht oder nicht mit dem ihnen gebührenden Gewicht in die Abwägung eingeflossen.[629] Ein im konkreten Fall abwägungserheblicher Belang vermittelt danach zum einen die Einwendungsbefugnis nach § 73, zum anderen die Klagebefugnis nach § 42 Abs. 2 VwGO. Das Recht auf Abwägung vermittelt die Klagebefugnis auch dann, wenn der Kläger in die Abwägung nur eigene Interessen einbringen konnte, die nicht die Qualität eines subjektiven Rechts haben.[630] Gerade hierin besteht die letztlich allein prozessuale Funktion des subjektiven Rechts auf Abwägung der eigenen Belange.

Das aus dem planungsrechtlichen Abwägungsgebot folgende **Recht auf gerechte Abwägung** bezieht sich nur auf die eigenen Belange des Betroffenen. Dieser hat einen Anspruch auf ordnungsgemäße Abwägung seiner Belange mit entgegenstehenden anderen Belangen; er hat indes keinen Anspruch darauf, dass die Planung insgesamt und in jeder Hinsicht auf einer fehlerfreien Abwägung beruht. Dementsprechend kann er eine gerichtliche Abwägungskontrolle lediglich hinsichtlich seiner eigenen Belange und – wegen der insoweit bestehenden Wechselbeziehung – der ihnen gegenübergestellten, für das Vorhaben streitenden Belange verlangen. Dabei können gleichgerichtete Interessen weiterer Betroffener, die sinnvoll nur einheitlich mit den entsprechenden Belangen eines Klägers gewichtet werden können, in die Prüfung einzubeziehen sein. Abwägungsfehler zu Lasten fremder (öffentlicher oder privater) Belange sind bei der gerichtlichen Abwägungskontrolle auch nicht in der Weise zu berücksichtigen, dass sie das Gewicht der für die Planung streitenden Belange relativieren.[631]

Richtlinien des Gemeinschaftsrechts verleihen dem Einzelnen nicht allein deshalb klagefähige Rechte, weil sie unmittelbar wirken. Vielmehr ist auch bei unmittelbar wirkenden Richtlinien durch deren Auslegung zu ermitteln, ob sie dem Einzelnen das Recht verleihen wollen, die Beachtung ihrer Vorschriften gerichtlich durchzusetzen. Das ist wiederum nach dem Schutzzweck der Richtlinien zu bestimmen.[632]

Wenn eine Richtlinie der Gemeinschaft dem Einzelnen Rechte zuerkennen will, was etwa bei Normen der Fall ist, die dem Schutz der menschlichen Gesundheit dienen, wird regelmäßig auch eine diese Richtlinie umsetzende Vorschrift des nationalen Rechts gemeinschaftsrechtskonform als drittschützend ausgelegt werden müssen.[633]

Ordnet der PlfBeschluss keine oder keine hinreichend wirksamen **Schutzmaßnahmen** zu 273 Gunsten Betroffener an, können diese nicht die Aufhebung des PlfBeschlusses, sondern nur dessen Ergänzung um die Anordnung von Schutzmaßnahmen verlangen **(Planergänzung)**.[634] Der Anspruch ist mit der Verpflichtungsklage zu verfolgen. Eine Aufhebung des PlfBeschlusses kommt nur in Betracht, wenn die Anordnung von Schutzauflagen für die Planungsentscheidung von so großem Gewicht ist, dass ihr Fehlen die Ausgewogenheit der Planung insgesamt in Frage stellt.[635]

5. Vereine

a) Ein nach Bundesrecht oder Landesrecht **anerkannter Naturschutzverein** kann nach 274 § 61 BNatSchG Klage gegen einen PlfBeschluss erheben, der ein Vorhaben zum Gegenstand hat, das mit **Eingriffen in Natur und Landschaft** verbunden ist.[636]

Die Klagemöglichkeit besteht bei **PlfBeschlüssen** sowohl von Bundesbehörden als auch von Landesbehörden (§ 61 Abs. 2 Nr. 3 BNatSchG). Sie ist gegeben für eine Klage, mit der die

---

[629] BVerwGE 48, 56, 66 = NJW 1975, 1373, 1376; BVerwG DÖV 1984, 426, 427; NJW 1988, 1228; BVerwGE 82, 17, 18 = NVwZ 1990, 561; BVerwGE 90, 42, 49 = NVwZ 1993, 366, 368; BVerwG NVwZ 2005, 940, 942.
[630] BVerwG NJW 1989, 147, 148; BVerwGE 107, 215, 221 = NJW 1999, 592, 593; Ziekow, § 74 Rn. 28; offen BVerwGE 111, 276, 281 = NJW 2000, 3584, 3585; Schmidt-Preuss in FS Hoppe, S. 1071, 108 ff.; Vallendar UPR 1999, 121 f.; a. A.: Steinberg/Berg/Wickel, S. 385 ff.
[631] BVerwG NVwZ 2007, 462, 464.
[632] BVerwG NVwZ 2007, 1074, 1076 f. dort verneint für die Vogelschutz-RL und die FFH-RL.
[633] Ziekow NVwZ 2007, 259, 260; in diese Richtung auch BVerwG NVwZ 2007, 695, 697; NVwZ 2007, 1074, 1076.
[634] BVerwGE 56, 110, 132 f. = NJW 1979, 64, 70 f.; BVerwGE 90, 42, 53 = NVwZ 1993, 366, 369.
[635] BVerwGE 56, 110, 133 = NJW 1979, 64, 70; BVerwGE 91, 17, 20 = NVwZ 1993, 362, 363; BVerwGE 101, 73, 85 = NVwZ 1996, 901, 905; Johlen DVBl 1989, 287; Mößle BayVBl 1982, 231 ff.
[636] Zum Übergangsrecht vgl. BVerwG LKV 2007, 132; OVG Bautzen LKV 2006, 364.

Aufhebung eines PlfBeschlusses, die Feststellung seiner Rechtswidrigkeit und Nichtvollziehbarkeit oder seine Ergänzung um naturschutzrechtliche Kompensationsmaßnahmen[637] begehrt wird, nicht hingegen für Klagen, die auf die Verpflichtung der PlfBehörde zum Widerruf oder zur Rücknahme eines bestandskräftig gewordenen PlfBeschlusses oder auf ein Einschreiten gegen die Ausführung eines Vorhabens gerichtet sind, für das nach Bestandskraft des PlfBeschlusses ein Vollziehungshindernis eingetreten ist.[638]

Die Klage ist ferner eröffnet gegen **Plangenehmigungen,** soweit bei ihrer Erteilung eine Beteiligung der Öffentlichkeit vorgesehen ist; kraft Bundesrecht gilt dies nur, soweit eine Bundesbehörde die Plangenehmigung erteilt hat (vgl. hierzu § 73 Rn. 104), wie sich aus dem fehlenden Bezug auf § 60 Abs. 2 S. 1 Nr. 7 BNatSchG in § 61 Abs. 3 Nr. 3 BNatSchG ergibt. Die Länder sind befugt, eine Klage gegen Plangenehmigungen zu eröffnen, die von Landesbehörden erteilt werden (§ 61 Abs. 5 S. 1 BNatSchG).[639]

275 Die Möglichkeit einer Verletzung in eigenen Rechten (§ 42 Abs. 2 VwGO) ist nicht erforderlich. Die Klage ist nur zulässig, wenn der Verein in seinem **satzungsmäßigen Aufgabenbereich berührt** wird und er sich im PlfV oder im Plangenehmigungsverfahren in der Sache geäußert hat, es sei denn, er ist gesetzwidrig nicht am Verfahren beteiligt worden (§ 61 Abs. 2 Nr. 2 und 3 BNatSchG).

276 Kraft Bundesrechts kann der Verein seine Klage außer auf die **Verletzung seines Beteiligungsrechts**[640] (§ 73 Rn. 110) nur darauf stützen, dass der PlfBeschluss oder die Plangenehmigung Vorschriften des BNatSchG, auf ihm beruhenden Rechtsvorschriften oder solchen Vorschriften widerspricht, die bei Erlass des PlfBeschlusses oder der Erteilung der Plangenehmigung zu beachten waren und die zumindest auch den **Belangen des Naturschutzes und der Landschaftspflege** zu dienen bestimmt sind (§ 61 Abs. 2 Nr. 1 BNatSchG).[641] Diese Regelung schließt eine umfassende gerichtliche Kontrolle des PlfBeschlusses oder der Plangenehmigung auf die Klage eines Naturschutzvereins aus.[642] Der Verein kann beispielsweise nicht die Verletzung von Verfahrensvorschriften rügen, die weder sein Beteiligungsrecht betreffen noch sonst zumindest auch den Belangen von Natur und Landschaft zu dienen bestimmt sind.[643] Jedoch kann er eine Verletzung von Verfahrensvorschriften geltend machen, wenn aufgrund ihrer Missachtung eine fehlerfreie Abwägung (auch) der Belange von Natur und Landschaft nicht gewährleistet erscheint.[644] Er kann nicht geltend machen, dem Vorhaben fehle mangels Bedarfs die erforderliche Planrechtfertigung.[645] Er kann nicht geltend machen, ein PlfBeschluss sei deshalb abwägungsfehlerhaft, weil andere öffentliche Belange als solche naturschutzrechtlicher Art unberücksichtigt geblieben sind, es sei denn, deren mangelnde oder fehlerhafte Berücksichtigung ist von Einfluss auf die Belange von Natur und Landschaft gewesen.[646]

277 Soweit Gegenstand der Klage ein PlfBeschluss oder die Plangenehmigung einer Bundesbehörde ist, können die Klagegründe nicht durch Landesrecht erweitert oder eingeengt werden. Insoweit enthält § 61 Abs. 2 Nr. 1 BNatSchG eine **abschließende Regelung.**[647] Soweit Landesrecht eine Vereinsklage gegen Plangenehmigungen einer Landesbehörde zulässt, richtet sich

---

[637] *VGH Mannheim* NuR 2007, 420.
[638] *BVerwG* LKV 2007, 132, 133.
[639] Vgl. *OVG Bremen* NVwZ-RR 2006, 600.
[640] Hierzu *BVerwGE* 87, 62, 68 ff = NVwZ 1991, 162, 164 ff.
[641] Zu Bestimmungen des Immissionsschutzes vgl. *BVerwG* NuR 2005, 709, 710; zu Bestimmungen des Grundwasser- und Hochwasserschutzes vgl. *VGH München* NVwZ-RR 2005, 613, 619; *OVG Saarlouis* ASRP-S L 32, 279, 285 ff.; *OVG Schleswig* NuR 2003, 308, 310.
[642] *OVG Hamburg* NuR 2006, 459, 461; *OVG Koblenz* NuR 2003, 441, 448; *OVG Lüneburg* NdsVBl 2006, 10, 11; *VGH Mannheim* NVwZ-RR 2003, 184, 185; *OVG Schleswig* NuR 2003, 308, 309.
[643] Vgl. *BVerwG* NVwZ 2003, 1120; *OVG Lüneburg* NdsVBl 2006, 10, 11 (zur Zuständigkeit der PlfBehörde).
[644] *BVerwGE* 78, 347, 356 zur Entscheidung durch einen befangenen Amtswalter; anders insoweit *OVG Hamburg* NuR 2006, 459, 461.
[645] *VGH Kassel* NVwZ-RR 2003, 420, 422; *OVG Lüneburg* NdsVBl 2006, 10, 12; *VGH Mannheim* NVwZ-RR 2003, 184, 185; UPR 2006, 453; *OVG Schleswig* NuR 2003, 308, 309; differenzierend hingegen: *OVG Schleswig* NuR 2006, 63 f.
[646] Vgl. *BVerwG* NVwZ 2003, 1120, 1121; NuR 2005, 709, 710; *OVG Bautzen* LKV 2006, 364, 371; *VGH Kassel* NVwZ-RR 2003, 420, 422; *VGH Mannheim* NVwZ-RR 2003, 184, 186 f.; UPR 2006, 453, 454 (zur Prüfung von Alternativen); *OVG Schleswig* NuR 2003, 308, 309.
[647] *BVerwGE* 120, 276, 278 f. = NVwZ 2004, 1114; *OVG Koblenz* NuR 2003, 441.

Ist der Naturschutzverein entgegen § 58 Abs. 1, § 60 Abs. 2 BNatSchG nicht am PlfV beteiligt worden und ihm der PlfBeschluss deshalb weder zugestellt noch bekannt gegeben worden, läuft für ihn eine **Klagefrist** von einem Jahr, nachdem der Verein von dem PlfBeschluss Kenntnis erlangt hat oder hätte erlangen können (§ 60 Abs. 4 BNatSchG). Der Verein kann sein Klagerecht **verwirken**.[649] **278**

Der Verein kann ein **Beteiligungsrecht** aus § 58 Abs. 2 Nr. 2 und 3, § 60 Abs. 2 S. 1 Nr. 6 BNatSchG **nicht selbständig gerichtlich durchsetzen.** Er kann während des laufenden PlfV weder eine **allgemeine Leistungsklage** erheben mit dem Begehren, am PlfV beteiligt zu werden, noch eine einstweilige Anordnung mit diesem Ziel beantragen. Dem steht **§ 44 a VwGO** entgegen. Der Verein hat in den Fällen des § 58 Abs. 2 Nr. 2 und 3, § 60 Abs. 2 S. 1 Nr. 6 BNatSchG die Möglichkeit der Klage in der Sache selbst, mit der geltend machen kann, die ergangene Entscheidung (PlfBeschluss oder Plangenehmigung) sei rechtswidrig, weil er am Verfahren nicht oder nur ungenügend beteiligt worden sei. **279**

Seine **Beteiligung** am laufenden Verfahren kann er selbständig **gerichtlich erzwingen,** soweit es sich um das Plangenehmigungsverfahren einer Landesbehörde handelt (§ 60 Abs. 2 S. 1 Nr. 7 BNatSchG) und das einschlägige Landesrecht gegen die Plangenehmigung nicht in Ergänzung von § 61 Abs. 2 Nr. 3 BNatSchG eine Klage in der Sache zulässt.

Gerichtlichen Rechtsschutz kann der Verein auch in den Fällen erlangen, in denen ein an sich gebotenes **PlfV** oder beteiligungspflichtiges **Plangenehmigungsverfahren rechtswidrig unterblieben** ist.[650] **280**

Hat eine Behörde von einem PlfV abgesehen und das Vorhaben **in einem anderen Verfahren** ohne Beteiligung von Naturschutzvereinen zugelassen, kann der Verein diese Zulassungsentscheidung mit der Begründung anfechten, sie verletze als Folge der fehlerhaften Wahl des falschen Verfahrens sein Beteiligungsrecht.[651] Im gerichtlichen Verfahren wird nur geprüft, ob die Voraussetzungen für den Verzicht auf das beteiligungspflichtige PlfV vorlagen, nicht hingegen, ob die Plangenehmigung im Übrigen rechtmäßig ergangen ist. Hat die PlfBehörde rechtswidrig von einem PlfV abgesehen, hebt das Gericht die Plangenehmigung auf. Der Verfahrensfehler einer mangelnden Beteiligung der anerkannten Vereine kann in diesen Fällen nicht in einem ergänzenden Verfahren behoben werden.[652] Unerheblich ist, ob der PlfBehörde vorzuwerfen ist, sie habe das Beteiligungsrecht des Vereins gezielt oder grob fahrlässig umgehen wollen (Rn. 255).[653]

Wird das an sich planfeststellungspflichtige Vorhaben **ohne jede Zulassungsentscheidung** faktisch verwirklicht, kann der Naturschutzverein gegen die PlfBehörde Feststellungsklage (§ 43 VwGO) erheben, mit dem Antrag, festzustellen, dass das in Rede stehende Vorhaben einer Planfeststellung bedarf.[654] Die Klage ist begründet, wenn das Vorhaben nur aufgrund eines PlfBeschlusses verwirklicht werden darf, der in einem PlfV zu erlassen ist, an dem der anerkannte Naturschutzverein zu beteiligen ist.

Hat die PlfBehörde nach § 74 Abs. 7 auf ein PlfV verzichtet und diesen **Verzicht** in einer Entscheidung (VA) verlautbart, ist dagegen Anfechtungsklage mit der Begründung möglich, die Voraussetzungen für einen Verzicht hätten nicht vorgelegen und der deshalb rechtswidrige Verzicht verletze das Recht des Vereins auf Beteiligung.

Ein **ausländischer Naturschutzverein** hat ein Beteiligungsrecht nach § 58 Abs. 1 BNatSchG nur im Falle seiner Anerkennung nach deutschem Recht. Er kann nur unter dieser Vor- **281**

---

[648] *BVerwGE* 110, 302, 306 f. = NVwZ 2000, 1171.
[649] *VGH München* NVwZ 2002, 426, 427 f.
[650] So § 46 ThürNatG. Ferner § 1 Abs. 1 S. 2 URG für Rechtsbehelfe der Umweltschutzvereine; hierzu *Schlacke* NuR 2007, 8, 10.
[651] *BVerwGE* 127, 208, 211 f. = NVwZ 2007, 576, 577; *OVG Bautzen* SächsVBl 2006, 7, 9; *OVG Koblenz* NVwZ-RR 2001, 435, 436; *OVG Schleswig* NuR 2000, 390; kritisch: *Ziekow* VerwArch 2000, 483.
[652] *BVerwGE* 127. 208, 215 = NVwZ 2007, 576, 577.
[653] *BVerwGE* 127, 208, 217 ff. = NVwZ 2007, 576, 578 (ausdrücklich nur) für den Fall, dass die PlfBehörde die Voraussetzungen einer UVP-Pflichtigkeit des Vorhabens fehlerhaft beurteilt hat und deshalb von dem vorgeschriebenen PlfV abgesehen hat.
[654] Zutreffend *Ewer* NVwZ 2007, 267, 268; *Schwertner* EurUP 2007, 124, 125; für eine allgemeine Leistungsklage in Form der Unterlassungsklage: *OVG Weimar* LKV 2004, 559.

aussetzung nach § 61 Abs. 2 BNatSchG gegen einen PlfBeschluss oder eine Plangenehmigung klagen. Das gilt auch dann, wenn der ausländische Naturschutzverein die Verletzung eines grenzüberschreitenden gemeinschaftsrechtlichen Schutzgebietes geltend machen möchte.[655]

282   b) Ist ein Vorhaben **UVP-pflichtig,** ist eine **anerkannte** inländische oder ausländische **Umweltschutzvereinigung** befugt, Klage gegen den PlfBeschluss zu erheben (§ 2 URG). Die Klage setzt keine eigene Klagebefugnis voraus. Die Vereinigung kann mit ihrer Klage nur geltend machen, dass der PlfBeschluss Vorschriften widerspricht, die dem Umweltschutz dienen, Rechte Einzelner begründen und für die Entscheidung von Bedeutung sein können (§ 2 Abs. 1 Nr. 1 URG).

Die als verletzt gerügte Vorschrift muss nicht ausschließlich, sondern braucht nur auch[656] **dem Umweltschutz zu dienen.**[657] Eine Vorschrift ist **für die Entscheidung von Bedeutung,** wenn ihre behauptete Verletzung zur Rechtswidrigkeit des PlfBeschlusses führen kann.[658]

Die Umweltschutzvereinigung kann ihre Klage nicht auf die Verletzung jeder Vorschrift mit Bezügen zum Umweltschutz stützen, sondern nur auf die **Verletzung solcher Vorschriften,** die abstrakt **drittschützend** sind, wobei es aber nicht darauf ankommt, dass die Vereinigung selbst zu den geschützten Dritten gehört. Zudem muss eine Verletzung geschützter Dritter im Einzelfall konkret möglich sein.[659] Die Umweltschutzvereinigung kann damit ohne eigene Klagebefugnis (nur) eine Verletzung Dritter in umweltbezogenen Schutznormen geltend machen. Sie kann ihre Klage mithin nicht auf die Verletzung ausschließlich dem Allgemeinwohl dienender Normen des Umweltrechts stützen, sondern nur auf die Verletzung solcher Normen, die individuelle Rechte gewähren. Die Klagemöglichkeit der Umweltschutzvereinigungen deckt sich bezogen auf die dem Umweltschutz dienenden Normen mit den Klagemöglichkeiten der Planbetroffenen.[660] Dadurch unterscheiden sich die Klagemöglichkeiten der Umweltschutzvereinigungen nach § 2 URG deutlich von den Klagemöglichkeiten der anerkannten Naturschutzvereine nach § 61 BNatSchG.

Weil kein eigenständiges subjektives Recht des Einzelnen auf Durchführung einer förmlichen UVP besteht (§ 73 Rn. 151), kann eine Umweltschutzvereinigung eine **Verletzung der Anforderungen an eine ordnungsgemäße UVP** nicht schon als solche rügen.[661] Sie kann aber geltend machen, dass ihr eigenes Recht auf Beteiligung am PlfV aus § 9 Abs. 1, § 2 Abs. 6 UVPG durch eine fehlerhafte Gestaltung der UVP verletzt worden ist, weil sie dadurch gehindert worden ist, zu den von ihr satzungsgemäß vertretenen Umweltbelangen so umfassend vorzutragen, wie sie dies bei ordnungsgemäßer Gestaltung der UVP hätte tun können. Das eigene Beteiligungsrecht im PlfV reicht weiter als die spätere Klagemöglichkeit. Ob eine Verletzung der Verfahrensvorschriften des UVPG den PlfBeschluss rechtswidrig und aufhebbar macht, bestimmt sich über § 2 Abs. 5 Nr. 1 URG nach desselben Maßstäben, die auch sonst für die Ergebnisrelevanz von Verfahrensfehlern gelten, beispielsweise nach § 4 Abs. 1 URG (im Einzelnen § 73 Rn. 151 ff.).

Die **Klage** einer Umweltschutzvereinigung gegen einen PlfBeschluss ist nach § 2 Abs. 5 URG **begründet,** wenn der PlfBeschluss gegen Rechtsvorschriften verstößt, die dem Umweltschutz dienen, Rechte Einzelner begründen und für die Entscheidung von Bedeutung sind; der Verstoß muss Belange des Umweltschutzes berühren, die zu den Zielen gehören, die von der Vereinigung nach ihrer Satzung zu fördern sind. Die Vorschrift ist eine Sonderregelung zu § 113 Abs. 1 Satz 1 VwGO.[662] Der PlfBeschluss ist danach auf die Anfechtungsklage einer Umweltschutzvereinigung nur dann aufzuheben, wenn seine Rechtswidrigkeit auf dem Verstoß gegen eine Rechtsvorschrift i. S. d. § 2 Abs. 5 Nr. 1 URG beruht. Der Verstoß gegen diese Rechtsvorschrift muss kausal für die Rechtswidrigkeit des PlfBeschlusses sein.[663] Die Klage der Umwelt-

---

[655] *OVG Saarlouis* ASRP-S L 27, 72.
[656] So ausdrücklich der Gesetzentwurf der Bundesregierung: BT-Drs 16/2495 S. 12.
[657] Hierzu: *Schlacke* NuR 2007, 8, 11; *Ziekow* NVwZ 2007, 259, 262; *Ewer* NVwZ 2007, 267, 271 f.; *Kment* NVwZ 2007, 274, 275; *Radespiel* EurUP 2007, 118, 120.
[658] Hierzu *Schlacke* NuR 2007, 8, 11; *Schwertner* EurUP 2007, 124, 127; *Ziekow* NVwZ 2007, 259, 262.
[659] Vgl. hierzu *Ziekow* NVwZ 2007, 259, 261.
[660] Zur rechtspolitischen Kritik hieran vgl. etwa *Koch* NVwZ 2007, 369, 372.
[661] Insoweit zutreffend *Kment* NVwZ 2007, 274, 275; *Schlacke* NuR 2007, 8, 11; anders wohl *Ziekow* NVwZ 2007, 259, 261.
[662] *Schlacke* NuR 2007, 8, 12.
[663] *Ewer* NVwZ 2007, 267, 273.

schutzvereinigung, die aufgrund der bloßen Geltendmachung eines solchen Rechtsverstoßes zulässig war, ist mithin unbegründet, wenn sich bei der gerichtlichen Überprüfung ergibt, dass der PlfBeschluss allenfalls wegen Verstoßes gegen solche Rechtsvorschriften rechtswidrig sein kann, deren Verletzung die Vereinigung nicht rügen kann.

Ob die Begrenzung des Klagerechts auf die Verletzung auch sonst drittschützender Vorschriften mit **Gemeinschaftsrecht,** namentlich mit Art. 10a UVP-RL[664] (zu ihm § 73 Rn. 155) vereinbar ist, ist streitig.

Nach Art. 10a S. 1 UVP-RL haben die Mitgliedstaaten sicherzustellen, dass Mitglieder der betroffenen Öffentlichkeit Zugang zu einem Überprüfungsverfahren vor einem Gericht haben, um die materiellrechtliche und verfahrensrechtliche Rechtmäßigkeit von Entscheidungen anzufechten, die u. a. die Zulassung UVP-pflichtiger Projekte zum Gegenstand haben. Dieser Zugang zum Gericht darf von dem Erfordernis einer möglichen Verletzung in eigenen Rechten abhängig gemacht werden (Art. 10a S. 1 Buchst. b UVP-RL). Was als Rechtsverletzung gilt, bestimmen die Mitgliedstaaten, allerdings im Einklang mit dem Ziel, der betroffenen Öffentlichkeit einen weiten Zugang zu den Gerichten zu gewähren (Art. 10a Satz 3 UVP-RL). Zu diesem Zweck gelten als Träger von Rechten, deren Verletzung i. S. eines Zugangs zu Gericht geltend gemacht werden kann, auch Vereinigungen, die sich für den Umweltschutz einsetzen (Art. 10a S. 5 UVP-RL).

Zum Teil wird vertreten, der Mitgliedstaat setze die letztgenannte Vorschrift schon dann ausreichend um, wenn er den Vereinigungen qua Fiktion nur die Rechte als eigene zuordne, deren Verletzung sonst dem betroffenen Einzelnen den Zugang zu Gericht ermöglicht.[665] Mit dieser Deutung dürfte aber jedenfalls der erkennbare Zweck der UVP-RL verfehlt werden, der betroffenen Öffentlichkeit über die Vereinigungen einen weiten Zugang zu Gericht zu verschaffen. Vor diesem Hintergrund dürfte Art. 10a S. 5 UVP-RL so zu verstehen sein, dass die Vereinigungen durch innerstaatliches Recht nicht nur als Träger verletzungsfähiger Rechte zu fingieren sind, sondern ihnen dabei alle Rechte qua Fiktion als eigene zuzuordnen sind, die dem Umweltschutz i. S. d. Art. 1 Abs. 2 UVP-RL dienen und deren Wahrung die Vereinigung nach ihrer Satzung verfolgt.[666]

Diese Bedenken werden (nur) zum Teil dadurch aufgefangen, dass nationale Normen des Umweltrechts, die Gemeinschaftsrecht umsetzen, im Lichte eben dieses Gemeinschaftsrechts dann als drittschützend auszulegen sind, wenn das Gemeinschaftsrecht dem Einzelnen Rechte zuerkennen will (Rn. 272).[667]

c) Vorschriften, die i. S. d. § 61 Abs. 2 Nr. 1 BNatSchG den Belangen des Naturschutzes und der Landschaftspflege zu dienen bestimmt sind, dienen regelmäßig zugleich auch i. S. d. § 2 Abs. 1 Nr. 1 URG dem Umweltschutz. Ebenso kann ein Verein sowohl nach § 59 BNatSchG als Naturschutzverein als auch nach § 3 URG als Umweltschutzvereinigung anerkannt sein (vgl. § 3 Abs. 1 S. 3 URG). Seine Anfechtungsklage gegen einen PlfBeschluss ist zulässig, wenn entweder die Voraussetzungen des § 2 Abs. 1 URG oder des § 61 Abs. 2 BNatSchG oder beider Vorschriften vorliegen. Beide Vorschriften sind nebeneinander anwendbar. Aus ihrem Gesamtbestand ergibt sich, auf welche Klagegründe der Verein seine Klage zulässigerweise stützen kann und in welchem Umfang das Gericht den PlfBeschluss deshalb auf eine solche Klage hin nachprüfen kann. Insbesondere schließt § 2 Abs. 1 Nr. 1 URG nicht aus, dass der Verein seine Klage

---

[664] In der Fassung von Art. 3 der Richtlinie 2003/35/EG des Europäischen Parlaments und des Rates vom 26. 5. 2003 über die Beteiligung der Öffentlichkeit bei der Ausarbeitung bestimmter umweltbezogener Pläne und Programme und zur Änderung der Richtlinien 85/337/EWG und 96/61/EG des Rates in Bezug auf die Öffentlichkeitsbeteiligung und den Zugang zu Gerichten (ABl. EG vom 25. 6. 2003 Nr. L 156/17). Diese Richtlinie dient der Umsetzung des Übereinkommens über den Zugang zu Informationen, der Öffentlichkeitsbeteiligung an Entscheidungsverfahren und den Zugang zu Gerichten in Umweltangelegenheiten (sog. Aarhus-Übereinkommen), das die EU und die Bundesrepublik Deutschland ratifiziert haben (Gesetz v. 9. 12. 2006, BGBl II S. 1251).
[665] So *v. Danwitz* NVwZ 2004, 272, 279 zu Art. 9 des Aarhus-Übereinkommens, mit dem Art. 10a UVP-RL im Wesentlichen übereinstimmt.
[666] So *Gellermann* NVwZ 2006, 7, 8 f.; *Alleweldt* DVBl 2006, 621, 625 f.; *Schlacke* NuR 2007, 8, 14; *Schmidt/Kremer* ZUR 2007, 57, 59 ff.; *Ziekow* NVwZ 2007, 259, 260; *Ewer* NVwZ 2007, 267, 272 f.; *Kment* NVwZ 2007, 274, 277; *Koch* NVwZ 2007, 369, 376 ff.; *Radespiel* EurUP 2007, 118, 122; *Schwertner* EurUP 2007, 124, 126.
[667] *Ziekow* NVwZ 2007, 259, 260.

auf die Verletzung von Vorschriften des Natur- und Landschaftsschutzes stützt, die zugleich dem Umweltschutz dienen, aber keine Rechte Dritter begründen. Insoweit ist § 61 Abs. 2 Nr. 1 BNatSchG die speziellere Vorschrift, deren Anwendung durch § 2 Abs. 1 Nr. 1 URG nicht ausgeschlossen wird.[668]

X. Landesrecht

283 Soweit es für eine ordnungsgemäße Begründung des PlfBeschlusses erforderlich ist, die persönlichen und sachlichen Verhältnisse eines Beteiligten, insbesondere seine wirtschaftlichen oder gesundheitlichen Verhältnisse oder seine Betriebs- und Geschäftsgeheimnisse, im Einzelnen darzustellen, hat die PlfBehörde nach **§ 74 Abs. 1 S. 2 i. V. m. § 69 Abs. 2 S. 3 VwVfG BW** in der Begründung des PlfBeschlusses auf die Angabe seines Namens und, soweit möglich, auch seiner Anschrift oder des von dem Vorhaben betroffenen Grundstücks zu verzichten; in diesem Fall teilt sie dem Beteiligten zusammen mit der Zustellung des PlfBeschlusses schriftlich mit, welcher Teil der Begründung sich auf sein Vorbringen bezieht. Jeder Beteiligte erhält auf schriftlichen Antrag Auskunft über die nicht mitgeteilten Daten der anderen Beteiligten (Name, Anschrift, Grundstücksbezeichnung) oder darüber, wo das Vorbringen eines anderen Beteiligten in der Begründung des PlfBeschlusses abgehandelt ist, soweit die Kenntnis dieser Daten zur Geltendmachung der rechtlichen Interessen des Antragstellers erforderlich ist. Auf diese Möglichkeit der Auskunft ist jeder Beteiligte hinzuweisen (**§ 74 Abs. 1 S. 2 i. V. m. § 69 Abs. 2 S. 4 VwVfG BW**). Dieser Hinweis ist auch in die Auslegung des PlfBeschlusses nach § 74 Abs. 4 S. 2 aufzunehmen (**§ 74 Abs. 4 S. 2 VwVfG BW**). Die Vorschriften haben Bedeutung vor allem für die nicht erledigten Einwendungen, über die im PlfBeschluss entschieden wird. Sie dienen dem Datenschutz der Einwender.

Nach **§ 74 Abs. 6 S. 1 Nr. 1 b VwVfG NRW** darf eine Plangenehmigung nur erteilt werden, wenn eine UVP nicht erforderlich oder bereits durchgeführt ist. Ist das Vorhaben mit Eingriffen in Natur und Landschaft verbunden, ist nach **§ 74 Abs. 6 S. 1 Nr. 2 b VwVfG NRW** das Benehmen mit den anerkannten Naturschutzvereinen herzustellen. Sie erhalten Gelegenheit zur Stellungnahme auch, bevor eine Planfeststellung oder eine Plangenehmigung in Fällen unwesentlicher Bedeutung entfällt (**§ 74 Abs. 7 S. 3 VwVfG NRW**).

Nach **§ 141 Abs. 6 S. 1 Nr. 2 b LVwGSchlH** ist vor Erteilung einer Plangenehmigung das Benehmen mit den anerkannten Naturschutzvereinen herzustellen, wenn das Vorhaben mit Eingriffen in Natur und Landschaft verbunden ist. Eine Plangenehmigung ist ausgeschlossen, wenn erhebliche Auswirkungen auf die Umwelt zu besorgen sind (**§ 141 Abs. 6 S. 1 Nr. 3 LVwG-SchlH**).

§ 75 Rechtswirkungen der Planfeststellung

(1) ¹Durch die Planfeststellung wird die Zulässigkeit des Vorhabens einschließlich der notwendigen Folgemaßnahmen an anderen Anlagen im Hinblick auf alle von ihm berührten öffentlichen Belange festgestellt; neben der Planfeststellung sind andere behördliche Entscheidungen, insbesondere öffentlich-rechtliche Genehmigungen, Verleihungen, Erlaubnisse, Bewilligungen, Zustimmungen und Planfeststellungen nicht erforderlich. ²Durch die Planfeststellung werden alle öffentlich-rechtlichen Beziehungen zwischen dem Träger des Vorhabens und den durch den Plan Betroffenen rechtsgestaltend geregelt.

(1 a) ¹Mängel bei der Abwägung der von dem Vorhaben berührten öffentlichen und privaten Belange sind nur erheblich, wenn sie offensichtlich und auf das Abwägungsergebnis von Einfluss gewesen sind. ²Erhebliche Mängel bei der Abwägung führen nur dann zur Aufhebung des Planfeststellungsbeschlusses oder der Plangenehmigung, wenn sie nicht durch Planergänzung oder durch ein ergänzendes Verfahren behoben werden können.

---

[668] Vgl. hierzu *Schlacke* NuR 2007, 8, 13; *Ziekow* NVwZ 2007, 259, 266.

§ 75 Rechtswirkungen der Planfeststellung § 75

(2) ¹Ist der Planfeststellungsbeschluss unanfechtbar geworden, so sind Ansprüche auf Unterlassung des Vorhabens, auf Beseitigung oder Änderung der Anlagen oder auf Unterlassung ihrer Benutzung ausgeschlossen. ²Treten nicht voraussehbare Wirkungen des Vorhabens oder der dem festgestellten Plan entsprechenden Anlagen auf das Recht eines anderen erst nach Unanfechtbarkeit des Plans auf, so kann der Betroffene Vorkehrungen oder die Errichtung und Unterhaltung von Anlagen verlangen, welche die nachteiligen Wirkungen ausschließen. ³Sie sind dem Träger des Vorhabens durch Beschluss der Planfeststellungsbehörde aufzuerlegen. ⁴Sind solche Vorkehrungen oder Anlagen untunlich oder mit dem Vorhaben unvereinbar, so richtet sich der Anspruch auf angemessene Entschädigung in Geld. ⁵Werden Vorkehrungen oder Anlagen im Sinne des Satzes 2 notwendig, weil nach Abschluss des Planfeststellungsverfahrens auf einem benachbarten Grundstück Veränderungen eingetreten sind, so hat die hierdurch entstehenden Kosten der Eigentümer des benachbarten Grundstücks zu tragen, es sei denn, dass die Veränderungen durch natürliche Ereignisse oder höhere Gewalt verursacht worden sind; Satz 4 ist nicht anzuwenden.

(3) ¹Anträge, mit denen Ansprüche auf Herstellung von Einrichtungen oder auf angemessene Entschädigung nach Absatz 2 Satz 2 und 4 geltend gemacht werden, sind schriftlich an die Planfeststellungsbehörde zu richten. ²Sie sind nur innerhalb von drei Jahren nach dem Zeitpunkt zulässig, zu dem der Betroffene von den nachteiligen Wirkungen des dem unanfechtbar festgestellten Plan entsprechenden Vorhabens oder der Anlage Kenntnis erhalten hat; sie sind ausgeschlossen, wenn nach Herstellung des dem Plan entsprechenden Zustands 30 Jahre verstrichen sind.

(4) Wird mit der Durchführung des Plans nicht innerhalb von fünf Jahren nach Eintritt der Unanfechtbarkeit begonnen, so tritt er außer Kraft.

Vergleichbare Vorschriften: § 18c, § 18e Abs. 6 AEG; § 17c, § 17e Abs. 6 FStrG; § 14c, § 14e Abs. 4 WaStrG, § 2b, § 2d Abs. 4 MBPlG, § 43c, § 43e Abs. 4 EnWG; § 9 LuftVG, § 41 Abs. 5 FlurbG; § 29 Abs. 8 PBefG.

Abweichendes Landesrecht:
BW: § 75 Abs. 1 S. 1 HS 2: neben der Planfeststellung sind andere behördliche Entscheidungen **nach Bundes- oder Landesrecht** ... nicht erforderlich.
Bay: § 75 Abs. 1 S. 1 HS 2: neben der Planfeststellung sind andere behördliche Entscheidungen **nach Landes- oder Bundesrecht** ... nicht erforderlich.
§ 75 Abs. 4: Wird mit der Durchführung des Plans nicht innerhalb von fünf Jahren nach Eintritt der Unanfechtbarkeit begonnen, so tritt er außer Kraft, **es sei denn, er wird vorher von der Planfeststellungsbehörde um höchstens fünf Jahre verlängert.**
Brem: § 75 Abs. 1 S. 1 HS 2: neben der Planfeststellung sind andere behördliche Entscheidungen **nach Landes- oder Bundesrecht** ... nicht erforderlich.
MV: § 75 Abs. 1 S. 1 HS 2: neben der Planfeststellung sind andere behördliche Entscheidungen **nach Bundes- oder Landesrecht** ... nicht erforderlich.
Nds: § 4: Für Planfeststellungen, die auf Grund landesrechtlicher Vorschriften durchgeführt werden, gelten die Rechtswirkungen des § 75 Abs. 1 Satz 1 des Verwaltungsverfahrensgesetzes auch gegenüber nach Bundesrecht notwendigen Entscheidungen.
NRW: § 75 Abs. 1a S. 1: Mängel bei der Abwägung der von dem Vorhaben berührten öffentlichen und privaten Belange sind nur erheblich, wenn sie auf das Abwägungsergebnis von Einfluss gewesen sind.
RP: § 4: Die Rechtswirkungen des § 75 Abs. 1 Satz 1 VwVfG gelten auch gegenüber nach Bundesrecht notwendigen Entscheidungen.
LSA: § 5: Für Planfeststellungen, die auf Grund landesrechtlicher Vorschriften durchgeführt werden, gelten die Rechtswirkungen des § 75 Abs. 1 Satz 1 des Verwaltungsverfahrensgesetzes auch gegenüber nach Bundesrecht notwendigen Entscheidungen.
SchlH: § 142 Abs. 1 S. 1 HS 2: neben der Planfeststellung sind andere behördliche Entscheidungen **nach Landes- oder Bundesrecht** ... nicht erforderlich.
§ 142 Abs. 1a: Mängel bei der Abwägung der von dem Vorhaben berührten öffentlichen und privaten Belange sind **unerheblich, wenn offensichtlich ist, dass sie die Entscheidung in der Sache nicht beeinflusst haben.** Erhebliche Mängel bei der Abwägung führen nur dann zur Aufhebung des Planfeststellungsbeschlusses oder der Plangenehmigung, wenn sie nicht durch Planergänzung behoben werden können.

Entstehungsgeschichte: Bis zum Inkrafttreten des VwVfG vgl. § 75 der 6. Auflage. Abs. 1a ist durch das GenBeschlG vom 12. 9. 1996 (BGBl I S. 1354) eingefügt worden.

Literatur: *Storost,* Rechtsfolgen fehlerhafter Planung, NVwZ 1998, 797; *Stüer,* Rechtsfolgen fehlerhafter Planungen, NWVBl 1998, 169; *Hildebrandt,* Der Planergänzungsanspruch, 1999; *Michler,* Die Duldungswirkung der Planfeststellung, FS Blümel, 357; *Henke,* Das ergänzende Verfahren im Planfeststellungsrecht, UPR 1999, 51; *Ronellenfitsch,* Rechtsfolgen fehlerhafter Planung, NVwZ 1999, 583; *Kukk,* Zur Fortwirkung nicht durchgeführter Planfeststellungsbeschlüsse für Bundesfernstraßen, NuR 2000, 492; *Gaentzsch,* Bemerkungen zur Planerhaltung im Fachplanungsrecht, DVBl 2000, 741; *Hartmann,* Das Verhältnis der wasserrechtlichen Gestattungen zu den fachgesetzlichen Planfeststellungsverfahren, 2001; *Stoermer,* Die Geltungsdauer von Planfeststellungsbeschlüssen, NZV 2002, 303; *Schütz,* Die Verlängerung von Planfeststellungsbeschlüssen, UPR 2002, 172; *Odendahl,* Die Konzentrationswirkung, VerwArch 94 (2003), 222; *Kraft,* Erheblichkeit von Abwägungsmängel, UPR 2003, 367; *Hermanns,* Die Wirksamkeit von Planfeststellungsbeschlüssen als Maßstab ihrer Geltungsdauer, DÖV 2003, 714; *Dreier/Engel/Pietrzak,* Der Dispens von zwingenden Rechtsvorschriften in der Planfeststellung, VBlBW 2006, 265; *Palme,* Fehlerheilung im Planfeststellungsverfahren auch bei Verstößen gegen zwingendes Recht?, NVwZ 2006, 909; *Jarass,* Die enteignungsrechtliche Vorwirkung bei Planfeststellungen, DVBl 2006, 1329.

Weitere Literaturhinweise bei §§ 72, 73, 74, 78.
Ausführlich zum Schrifttum vor 1996 s. § 72 der 6. Auflage

Übersicht

	Rn.
I. Allgemeines	1
1. Besondere Rechtswirkungen der Planfeststellung	1
2. Bund-Länder-Verhältnis	4
II. Genehmigungswirkung (Abs. 1 S. 1 HS 1)	6
1. Zulassung des Vorhabens	6
2. Zulassung notwendiger Folgemaßnahmen	8
III. Konzentrationswirkung (Abs. 1 S. 1 HS 2)	10
IV. Gestaltungswirkung (Abs. 1 S. 2)	20
V. Enteignungsrechtliche Vorwirkung	26
VI. Abwägungsmängel (Abs. 1 a)	35
1. Unbeachtliche Mängel (Abs. 1 a S. 1)	39
2. Planergänzung, ergänzendes Verfahren (Abs. 1 a S. 2)	43
a) Bedeutung der Vorschrift	43
b) Planergänzung	46
c) Ergänzendes Verfahren	48
d) Rechtsschutzfragen	53
e) Pflicht zur Durchführung	56
VII. Duldungswirkung (Abs. 2 S. 1)	58
VIII. Ausgleichswirkungen	63
1. Allgemeines	63
2. Nachträgliche Anordnung von Schutzmaßnahmen	68
3. Nachträgliche Anordnung einer Entschädigung	78
4. Kostentragung	79
5. Verfahren (Abs. 3)	84
IX. Außerkrafttreten des Plans	93
X. Landesrecht	99

I. Allgemeines

1. Besondere Rechtswirkungen der Planfeststellung

1 § 75 regelt insbesondere die **Rechtswirkungen,** die **der Planfeststellung** eigen sind und sie kennzeichnen. Das PlfVerfahren fasst mehrere VwVf zu einem einzigen zusammen (vgl. Rn. 13 ff.). Der PlfBeschluss ist VA i. S. d. § 35 (vgl. § 74 Rn. 17 ff.). Er trifft unter dem Dach einer einheitlichen Gesamtentscheidung über die Zulassung des Vorhabens regelmäßig eine Vielzahl konkreter Regelungen, die zur Bewältigung der Konflikte erforderlich sind, die das Vorhaben aufwirft, und die sonst in verschiedenen VwVf ergangen wären. Deshalb bedurfte es über § 35 hinaus zusätzlicher Regelungen für die speziellen Rechtswirkungen des PlfBeschlusses. Dazu gehört namentlich die **Konzentrationswirkung** (Rn. 10 ff.), die kraft ausdrücklicher gesetzlicher Anordnung auch anderen behördlichen Entscheidungen (Genehmigungen) zukommen kann (Beispiel: § 13 BImSchG).

2 § 75 gilt nach Maßgabe des § 1 **subsidiär oder Lücken schließend** (hierzu § 72 Rn. 72 ff.; § 1 Rn. 206 ff.), soweit das jeweilige Fachplanungsgesetz keine entsprechende oder abweichende Regelung trifft. Wegen des allgemeinen Charakters des VwVfG und der mit ihm angestrebten Vereinheitlichung des Verwaltungsverfahrensrechts kann § 75 zugleich zur **Auslegung** vergleichbarer Vorschriften des Fachplanungsrechts herangezogen werden.

Die Planfeststellung äußert nach § 75 folgende Rechtswirkungen: 3
- die **Genehmigungswirkung** (Abs. 1 S. 1 HS 1, hierzu Rn. 6 ff.),
- die **Konzentrations- oder Einheitswirkung** (Abs. 1 S. 1 HS 2, hierzu Rn. 10 ff.),
- die **Gestaltungswirkung** (Abs. 1 S. 2, hierzu Rn. 20 ff.),
- die **Duldungswirkung** (Abs. 2 S. 1, hierzu Rn. 58 ff.),
- die **Ausgleichswirkung** (Abs. 2 S. 2 bis 5, hierzu Rn. 63 ff.)
- die **enteignungsrechtliche Vorwirkung** (Rn. 26 ff.).

2. Bund/Länder-Verhältnis

Soweit der Bund nach Art. 70 ff. GG die **Gesetzgebungskompetenz** für eine bestimmte 4
Materie des Fachplanungsrechts hat, ist noch nicht abschließend geklärt, ob er kraft dieser Gesetzgebungskompetenz die Rechtswirkungen einer von ihm angeordneten Planfeststellung regeln und dabei vorsehen kann, dass die Planfeststellung behördliche Entscheidungen auch aus solchen Rechtsgebieten einschließen soll, für welche die Gesetzgebungskompetenz bei den Ländern liegt (§ 72 Rn. 57 ff.). Entschärft wird diese Frage dadurch, dass die Regelungen des materiellen Landesrechts nicht verdrängt werden, sondern von der PlfBehörde zu beachten und anzuwenden sind. Neben der Gesetzgebungskompetenz der Länder ist deren Befugnis nach Art. 83 ff. GG betroffen, das Landesrecht durch Landesbehörden auszuführen. Deren Entscheidungszuständigkeit wird durch die Konzentrationswirkung des PlfBeschlusses verdrängt und durch ein bloßes Beteiligungsrecht nach Maßgabe des § 73 Abs. 2 ersetzt.

Soweit die Länder nach Art. 70 ff. GG die Gesetzgebungskompetenz für eine Materie des 5
Fachplanungsrechts haben, hat der Bund sie durch **§ 100 Nr. 2** (dort Rn. 3 ff.) ermächtigt, einer **landesrechtlich angeordneten Planfeststellung** die Rechtswirkung beizulegen, dass neben ihr nach Bundesrecht notwendige Entscheidungen nicht erforderlich sind (vgl. Rn. 99).

II. Genehmigungswirkung (Abs. 1 S. 1 HS 1)

1. Zulassung des Vorhabens

Der PlfBeschluss hat nach Abs. 1 S. 1 HS 1 Genehmigungswirkung. Er stellt die **ör Zuläs-** 6
sigkeit des Vorhabens fest und gibt dessen Errichtung und Inbetriebnahme frei. Daraus folgt umgekehrt ein Verbot, planstellungsbedürftige Vorhaben ohne Planfeststellung auszuführen. Sie unterliegen einem **Verbot mit Erlaubnisvorbehalt**.[1]

Maßgebend für **Inhalt und Umfang** der Genehmigungswirkung ist der PlfBeschluss nach 7
Maßgabe seiner Bekanntgabe an den Vorhabenträger (§ 74 Rn. 154 ff.). Nicht der innere Wille der PlfBehörde ist entscheidend, sondern der **objektive Gehalt** der Regelung, wie sie ein verständiger Adressat verstehen muss.[2] Die Genehmigungswirkung schließt, anders als es noch § 61 Musterentwurf vorsah, eine Baugenehmigung ein.[3] Das **Bauwerkverzeichnis** ist Bestandteil des PlfBeschlusses. Es legt verbindlich fest, welche baulichen Anlagen der Vorhabenträger errichten und nutzen darf (hierzu § 73 Rn. 22).[4]

2. Zulassung notwendiger Folgemaßnahmen

§ 75 Abs. 1 S. 1 ermächtigt die PlfBehörde, **Folgemaßnahmen an anderen Anlagen** mit- 8
zugenehmigen, die durch das festgestellte Vorhaben notwendig werden (zu mehreren selbständigen Vorhaben vgl. § 78 Rn. 4).[5] Soweit sie einer Genehmigung nach anderen Vorschriften durch andere Behörden bedürfen, geht die Regelungsbefugnis auf die PlfBehörde über; es handelt sich um einen gesetzlich angeordneten **Zuständigkeitswechsel**.[6] Die Vorschrift trägt dem

---

[1] *BVerwGE* 64, 325, 328 = NJW 1982, 1546, 1547.
[2] *BVerwG* NVwZ 2000, 553, 554.
[3] *Fischer* in Ziekow, Praxis des Fachplanungsrechts, Rn. 428. Anders bei der luftverkehrsrechtlichen Planfeststellung: vgl. § 9 Abs. 1 S. 3 LuftVG; hierzu *BVerwG* NVwZ 2007, 459, 460.
[4] *BVerwGE* 28, 139, 140 ff.; *BVerwG* NVwZ-RR 1998, 92, 93.
[5] Zur Einschränkung durch fachgesetzliche Sondervorschriften (§ 57 b Abs. 3 S. 3 BBergG) vgl. *BVerwG* NVwZ 2007, 700, 703; *OVG Münster* NuR 2006, 320, 325.
[6] *BVerwGE* 109, 192, 201 = NVwZ 2000, 316, 318; *BVerwG* NVwZ 2000, 435.

Grundsatz der Problembewältigung Rechnung. In die Planung sind die Probleme einzubeziehen und zu lösen, die das Vorhaben in seiner räumlichen Umgebung aufwirft.[7] Die PlfBehörde darf nicht alle nützlichen oder zweckmäßigen Maßnahmen an anderen Anlagen mitgenehmigen, sondern nur solche, die erforderlich sind, um nachhaltige Störungen der **Funktionsfähigkeit der anderen Anlage** zu beseitigen. Notwendig i. S. d. Abs. 1 S. 1 sind nur Folgemaßnahmen, die dem **Anschluss** und der **Anpassung des Vorhabens** an andere Anlagen dienen, Probleme von einigem Gewicht betreffen und erforderlich sind, um durch das Vorhaben aufgeworfene Konflikte zu bewältigen.[8] Das ist beispielsweise der Bau von Ersatzwegen, wenn ein planfestgestelltes Vorhaben das Wegenetz zerschneidet. Selbst wenn eine Anpassung unvermeidbar ist, hindert das Gebot der Problembewältigung regelmäßig, andere Planungen mitzuerledigen, die ihrerseits ein **eigenes** umfassendes **Planungskonzept** eines **anderen Planungsträgers** erfordern.[9] Die gesetzliche Kompetenzordnung und die **Zuständigkeiten anderer Behörden** müssen gewahrt bleiben und dürfen auch einverständlich nicht verändert werden.[10] Hingegen ist unerheblich, in welchem Umfang private Flächen für die Folgemaßnahme überplant werden müssen, solange sich ihre Überplanung als Konfliktlösung anbietet und erwartet werden darf, dass die Behördenanhörung nach § 73 Abs. 2 ausreicht, abweichenden planerischen Vorstellungen anderer Planungsträger hinreichend Rechnung zu tragen.[11]

9 Folgemaßnahmen werden von der Genehmigungswirkung nur erfasst, wenn sie im PlfBeschluss **ausdrücklich** angeordnet sind (§ 74 Rn. 154).[12]

III. Konzentrationswirkung (Abs. 1 S. 1 HS 2)

10 Der Planfeststellung eigentümlich und wesensimmanent ist, dass neben ihr andere behördliche Entscheidungen,[13] insbesondere ör Genehmigungen, Verleihungen, Erlaubnisse, Bewilligungen, Zustimmungen und Planfeststellungen[14] nicht erforderlich sind (sog. **Konzentrations- oder Einheitswirkung,** teilweise auch **Verdrängungs-, Absorptions-, Substitutions-, Ersetzungs- oder Befreiungswirkung** genannt).[15] Der PlfBeschluss ersetzt auch Ausnahmen und Befreiungen von entgegenstehenden gesetzlichen Verboten.[16] Ersetzt werden aber nur solche Entscheidungen, die für das planfestgestellte Vorhaben selbst erforderlich sind. Soll im räumlichen, sachlichen und zeitlichen Zusammenhang mit dem planfeststellungspflichtigen Vorhaben ein weiteres rechtlich selbständiges Vorhaben verwirklicht werden, sind die dafür erforderlichen behördlichen Entscheidungen gesondert einzuholen (vgl. auch § 78).[17] Die Konzentrationswirkung erfasst nicht Entscheidungen in Verfahren, die der Planfeststellung notwendig vorausgehen und an die die PlfBehörde gebunden ist, wie Genehmigungen nach § 6 LuftVG oder Entscheidungen im Raumordnungsverfahren.[18] Im Übrigen kann das jeweils einschlägige Fachplanungsgesetz

---

[7] *BVerwGE* 109, 192, 201 = *NVwZ* 2000, 316, 318.
[8] *BVerwG NVwZ* 1989, 153; *NVwZ* 2005, 813, 814.
[9] *BVerwG NVwZ* 2000, 435; *NVwZ* 2005, 813, 814.
[10] *BVerwG NVwZ* 1989, 153; *NVwZ* 1994, 1002, 1003; *NVwZ-RR* 1996, 187; *NVwZ* 1996, 266, 267; *LKV* 1996, 375; *BVerwGE* 109, 192, 201 = *NVwZ* 2000, 316, 318.
[11] *BVerwG NVwZ-RR* 2000, 138.
[12] *Ziekow*, § 75 Rn. 5; *Wickel* in Fehling u. a., § 75 VwVfG Rn. 13.
[13] Zur Anordnung von Verkehrsregelungen in straßenrechtlichen PlfBeschlüssen vgl. *Sauthoff* in FS Driehaus, S. 369 ff.
[14] Vgl. *OVG Koblenz NVwZ-RR* 2005, 404, 407.
[15] *BVerfGE* 26, 338, 373 f.; *BVerwGE* 27, 253, 255 ff.; *BVerwGE* 31, 263, 272 ff.; *BVerwGE* 55, 220, 230 = *NJW* 1978, 2308, 2310 f.; *BVerwGE* 82, 17, 22 f. = *NVwZ* 1990, 561, 562; *Blümel*, Die Bauplanfeststellung I, S. 91 ff.; *Karnarth*, Die Konzentrationswirkung nach dem Bundesfernstraßengesetz, S. 74 ff.; *Fickert*, Planfeststellung beim Straßenbau, S. 435 ff.; *Gaentzsch* NJW 1986, 2787, 2789; *Laubinger* VerwArch 1986, 77; *Ossenbühl* in FS Sendler, S. 107 ff.; *Odendahl* VerwArch 2003, 222 ff.
[16] *BVerwG NVwZ* 1993, 572, 575 f.; *LKV* 1999, 26, 28; *OVG Koblenz NuR* 2003, 441, 447 (Befreiung von landschaftsschutzrechtlichen Verboten); *BVerwG NVwZ* 2001, 673, 678 f. (Ausnahme von den Verboten einer Wasserschutzgebietsverordnung); *OVG Bautzen LKV* 2006, 373, 375 (wasserrechtliche Erlaubnisse und Befreiungen); *VGH Kassel NVwZ* 2006, 230, 238 (forstrechtliche Entwidmung eines Bannwaldes); *OVG Münster NuR* 2006, 191, 192 (Befreiung von den Verboten einer Wasserschutzgebietsverordnung); ferner eingehend: *Dreier/Engel/Pietrzak* VBlBW 2006, 265, 268 ff.
[17] Vgl. *Ronellenfitsch* VerwArch 1999, 581, 594 für gemischt genutzte Anlagen.
[18] *Ziekow*, § 75 Rn. 7. Anders für die Zulassung einer Zielabweichung nach § 11 ROG: *VGH Kassel NVwZ-RR* 2005, 683, 684; *Dreier/Engel/Pietrzak* VBlBW 2006, 265, 270.

einzelne Entscheidungen von der Konzentrationswirkung ausnehmen (vgl. etwa § 9b Abs. 5 Nr. 3 AtG; § 9 Abs. 1 S. 3 LuftVG); ebenso kann das für die jeweilige Entscheidung einschlägige Fachgesetz vorsehen, dass diese Entscheidung nicht durch eine Planfeststellung ersetzt wird.[19]

Der Gesetzgeber kann die Anordnung einer Konzentrationswirkung unterschiedlich zum Ausdruck bringen. Nach § 61 Musterentwurf sollten durch die Planfeststellung andere behördliche Entscheidungen **„ersetzt"** werden. Nach anderen Vorschriften „umfasst" die Planfeststellung andere behördliche Entscheidungen[20] oder „schließt" sie „ein". Die abweichenden Formulierungen bedeuten inhaltlich dasselbe, was § 75 Abs. 1 S. 1 mit den Worten ausdrückt: Neben der Planfeststellung sind andere Genehmigungen usw. **„nicht erforderlich"**.[21] **11**

Bedeutung und Reichweite der Konzentrationswirkung sind inzwischen weitgehend geklärt.[22] Zu unterscheiden sind verfahrensrechtliche und materiellrechtliche Aspekte: **12**

Im PlfV sind **mehrere VwVf zu einem einzigen zusammengefasst.** Die Behörden, deren Entscheidungen im PlfV nicht erforderlich sind, verlieren ihre Zuständigkeit und Entscheidungsbefugnis an die PlfBehörde,[23] die anstelle der „an sich" zuständigen Behörden alle notwendigen Entscheidungen trifft. Sie trifft nicht mehrere selbständige Entscheidungen,[24] die nur äußerlich zur Planfeststellung zusammengefasst sind, sondern eine einzige (Gesamt-) Entscheidung.[25] Diese schließt eine Vielzahl gesonderter, selbständiger (Teil-)Regelungen ein, die auch selbständig anfechtbar sein können. Das PlfV enthält somit eine Konzentration (nur) der Zuständigkeit, des Verfahrens und der Entscheidungsbefugnisse **(Theorie der formellen Konzentrationswirkung).**[26] **13**

Die verfahrensrechtliche (formelle) Konzentrationswirkung besteht darin, dass bei Verlust der Zuständigkeiten und Entscheidungsbefugnisse der mitzubeteiligenden Behörden (§ 73 Rn. 34) über das Vorhaben nur in einem Verfahren vor einer Behörde mit einer umfassenden rechtsgestaltenden Wirkung entschieden wird.[27] In dieser **Zuständigkeitskonzentration** liegt der „große und unbestreitbare verwaltungsmäßige Vorteil der uneingeschränkten und umfassenden Planfeststellung".[28] **14**

Sofern nicht spezialgesetzlich ausdrücklich anderes geregelt ist, richtet sich das Verfahren **allein** nach den **Vorschriften, die für die PlfBehörde** und das PlfV selbst **gelten.**[29] Die PlfBehörde ist hingegen nicht an die besonderen Verfahrensvorschriften gebunden, die für die ersetzten Entscheidungen einschlägig sind.[30] **15**

§ 75 Abs. 1 HS 2 macht nur zusätzliche, gesonderte VwVf entbehrlich. Die Konzentrationswirkung verdrängt nicht die **materiellrechtlichen Regelungen,** die für die ersetzten Entscheidungen gelten.[31] Die Planfeststellung befreit nicht von den materiellrechtlichen Voraussetzungen der ersetzten Entscheidungen in der Weise, dass diese ersatzlos fortfallen und durch die allein noch anzuwendenden materiellrechtlichen Voraussetzungen der Planfeststellung ersetzt werden (so aber die sog. **Ersetzungstheorie**). **16**

---

[19] Vgl. *Odendahl* VerwArch 2003, 222, 226.
[20] Vgl. § 36 Abs. 1 S. 2 BBahnG. F.
[21] Ebenso *Laubinger* VerwArch 1986, 77, 79; vgl. ferner *Odendahl* VerwArch 2003, 222, 224.
[22] Zum Wandel in Literatur und Rechtsprechung vgl. *Laubinger* VerwArch 1986, 77, 82ff.; *Ossenbühl* in FS Sendler, S. 107, 109ff.
[23] Vgl. *BVerwG* NVwZ-RR 1999, 162; *Kopp/Ramsauer,* § 75 Rn. 7a.
[24] Anders § 14 WHG für wasserrechtliche Erlaubnisse und Bewilligungen: *BVerwGE* 125, 116, 278ff. = NVwZ-Beilage I 8/2006, 1, 41f.; *BVerwGE* 123, 241, 242f. = NVwZ 2005, 689; zum Streitstand vgl. *Odendahl* VerwArch 2003, 222, 240ff.; *Czychowski/Reinhardt,* WHG, 9. Aufl., 2007, § 14 Rn. 2; *Dürr* in Knack, § 75 Rn. 15; *Wickel* in Fehling u. a., § 75 VwVfG Rn. 18; *Hartmann,* Das Verhältnis der wasserrechtlichen Gestattungen zu den fachgesetzlichen Planfeststellungsverfahren, S. 116ff.; ferner *OVG Bautzen* LKV 2006, 364, 366.
[25] *Wickel* in Fehling u. a., § 75 VwVfG Rn. 20; *Fischer* in Ziekow, Praxis des Fachplanungsrechts, Rn. 432.
[26] *BVerwGE* 125, 116, 278 = NVwZ-Beilage I 8/2006, 1, 41; *BVerwG* NVwZ 2007, 459, 460.
[27] *Gaentzsch* NJW 1986, 2287, 2289; *Laubinger* VerwArch 1986, 77, 88.
[28] *BVerfGE* 26, 338, 374; ebenso *Ossenbühl* in FS Sendler, S. 107, 109f.
[29] *Ziekow,* § 75 Rn. 8.
[30] So *BVerwG* NVwZ 1993, 572, 575 unter Aufgabe der abweichenden Auffassung in *BVerwGE* 27, 253, 256; *Laubinger* VerwArch 1986 77, 88; *Odendahl* VerwArch 2003, 222, 230; *Dürr* in Knack, § 75 Rn. 11 u. 14.
[31] Vgl. *BVerwGE* 70, 242, 244 = NVwZ 1985, 414; *BVerwGE* 71, 163, 164 = NJW 1986, 82; *BVerwGE* 85, 44, 46 = NVwZ 1990, 969, 970; *BVerwG* NVwZ 1993, 572, 575; LKV 1999, 26, 28; *VGH Kassel* NVwZ 2006, 230, 238; *Gaentzsch* NJW 1986, 2787, 2789; *Laubinger* VerwArch 1986, 77, 89ff.

17 Sofern nicht eine andere bundesgesetzliche Regelung besteht, werden die **materiellrechtlichen Vorschriften,** die für die ersetzten Entscheidungen gelten, in ihrem Geltungsanspruch nicht gemindert oder relativiert.[32] Soweit sie **zwingende (strikte)** Gebote oder Verbote normieren (hierzu § 74 Rn. 130 ff.), können sie durch planerische Abwägung nicht überwunden werden.[33] Soweit sie nur eine Berücksichtigung oder Optimierung bestimmter Belange fordern (hierzu § 74 Rn. 67), können sie in der Abwägung hinter gegenläufige Belange zurücktreten.[34]

18 Bundesbehörden sind dabei grundsätzlich an **materielles Landesrecht** gebunden. Eine solche **Bindung** wird durch das Prinzip der Gesetzmäßigkeit der Verwaltung (Art. 20 Abs. 3 GG) gefordert.[35] Das PlfV führt nicht zu einer Verschiebung oder Veränderung der Gesetzgebungskompetenzen.[36]

19 Die Bindung an Landesrecht besteht nicht, wenn **Bundesrecht** im Rahmen der grundgesetzlichen Kompetenzordnung **eine andere Regelung trifft** (hierzu § 72 Rn. 57 ff.).[37] In einem solchen Fall können auch landesrechtliche Genehmigungsvorbehalte verdrängt werden.[38]

IV. Gestaltungswirkung (Abs. 1 S. 2)

20 1. Nach Abs. 1 S. 2 regelt die Planfeststellung **rechtsgestaltend alle ör Beziehungen** zwischen dem Vorhabenträger und den durch den Plan Betroffenen. Diese Gestaltungswirkung[39] begründet konstitutiv die Rechte und Pflichten aus der Planfeststellung unter Einschluss von Verboten und Geboten für den Vorhabenträger und die Betroffenen im Hinblick auf alle von dem Vorhaben berührten öffentlichen Belange. Auch die Gemeinden müssen den PlfBeschluss nach Maßgabe von § 5 Abs. 4 und § 9 Abs. 6 BauGB in ihre Bauleitplanung einbeziehen.[40]

21 Kraft seiner Gestaltungswirkung überwindet der PlfBeschluss zugleich rechtlich geschützte private und öffentliche Belange, die der Verwirklichung des Vorhabens sonst entgegenstünden. Abs. 1 S. 2 **ermächtigt zum Eingriff** in Rechte und Interessen Dritter.[41] Der PlfBeschluss bewirkt aber nicht unmittelbar eine notwendige Rechtsänderung (zur enteignungsrechtlichen Vorwirkung: Rn. 26 ff.).

22 2. Im **Verhältnis zum Vorhabenträger** besteht die Gestaltungswirkung darin, dass die Planfeststellung alleinige und ausreichende **Rechtsgrundlage für** die faktische **Verwirklichung des Vorhabens** einschließlich mit ihm notwendig verbundener Einwirkungen auf Rechte Dritter ist.

23 Die Gestaltungswirkung **bindet** den Vorhabenträger **an den festgestellten Plan** sowie an die angeordneten Schutzmaßnahmen. Er darf hiervon bei der Verwirklichung des Vorhabens nur abweichen, sofern der festgestellte Plan nach § 76 geändert wird.

24 3. Die Planfeststellung entfaltet **Gestaltungswirkung gegenüber betroffenen Dritten,** auch soweit sie sich am Anhörungsverfahren nicht beteiligt haben (§ 74 Abs. 4 und 5).[42] Die Planfeststellung bildet die alleinige und ausreichende Rechtsgrundlage für faktische Einwirkungen auf ihre Rechte, soweit sie mit dem Vorhaben, wie es festgestellt ist, notwendig verbunden sind. Schutz können sie nur nach Maßgabe angeordneter Schutzmaßnahmen verlangen, vorbehaltlich nachträglicher Anordnungen nach § 75 Abs. 2 S. 3 und 4.

---

[32] *OVG Koblenz* NuR 2001, 291; *Fischer* in Ziekow, Praxis des Fachplanungsrechts, Rn. 433.
[33] *BVerwGE* 71, 163, 165 = NJW 1986, 82; *BVerwGE* 125, 116, 278 = NVwZ-Beilage I 8/2006, 1, 41; *OVG Münster* NuR 2006, 191, 192.
[34] Vgl. *BVerwGE* 70, 242, 244 = NVwZ 1985, 414; *BVerwGE* 71, 163, 164 f. = NJW 1986, 82; *BVerwG* NVwZ 1984, 723.
[35] *Dreier/Engel/Pietrzak* VBlBW 2006, 265, 267.
[36] Vgl. *BVerwGE* 27, 253, 256; *BVerwGE* 31, 263, 272 f.; *Ossenbühl* in FS Sendler, S. 107, 112 ff.
[37] *BVerwGE* 82, 17, 19 = NVwZ 1990, 561.
[38] *BVerwGE* 82, 17, 22 = NVwZ 1990, 561, 562.
[39] *Kühling/Herrmann,* Rn. 527 ff.
[40] Vgl. *BVerwGE* 80, 7, 10 f. = NJW 1989, 253, 254.
[41] *BVerwGE* 58, 281, 284 f. = NJW 1980, 2266; *BVerwGE* 75, 214, 232 = NVwZ 1987, 578, 582; *BVerwG* NVwZ 1994, 682.
[42] *Ziekow,* § 75 Rn. 9; *Fischer* in Ziekow, Praxis des Fachplanungsrechts, Rn. 436.

Unberührt bleiben bis zur Unanfechtbarkeit des PlfBeschlusses **zivilrechtliche Beseiti-** 25
gungs- oder Unterlassungsansprüche insbesondere aus Eigentum und Besitz, etwa nach
§§ 861 ff., 903 ff., 1004 BGB; für die Zeit nach Unanfechtbarkeit vgl. Rn. 58 ff.

V. Enteignungsrechtliche Vorwirkung

Die Planfeststellung führt selbst keine unmittelbaren privatrechtlichen Veränderungen her- 26
bei.[43] Insbesondere lässt sie das Eigentum an und die Verfügungsbefugnis über die Grundstücke
unberührt, die für das Vorhaben benötigt werden. Die Ausführung des festgestellten Plans steht
unter dem Vorbehalt, dass entgegenstehende private Rechte durch Vereinbarung mit dem Inhaber oder im **Enteignungsverfahren** beseitigt werden.[44]

Der PlfBeschluss kann eine Vorwirkung für die nachfolgende Enteignung entfalten.[45] Eine 27
enteignungsrechtliche Vorwirkung kommt der Planfeststellung (nur) zu, wenn aufgrund gesetzlicher Vorschrift (im jeweiligen Fachplanungsgesetz oder im Enteignungsgesetz[46]) **ausdrücklich
angeordnet** ist, dass der festgestellte Plan dem Enteignungsverfahren zu Grunde zu legen und
für die Enteignungsbehörde bindend ist.[47] Eine solche Anordnung enthalten etwa § 19 Abs. 2
FStrG, § 22 Abs. 2 AEG, § 44 Abs. 2 WaStrG, § 28 Abs. 2 LuftVG, § 30 S. 2 PBefG, § 7 Abs. 2
MBPlG.

Ist eine enteignungsrechtliche Vorwirkung der Planfeststellung gesetzlich angeordnet, befindet 28
der PlfBeschluss verbindlich über das Vorliegen der verfassungsrechtlichen Anforderungen, die
Art. 14 Abs. 3 GG an eine Enteignung stellt. Mit seiner Bestandskraft steht die Zulässigkeit einer für das Vorhaben erforderlichen Enteignung dem Grunde nach fest. Weiteren nachfolgenden
Enteignungsschritten kann nicht mehr die Unzulässigkeit des Vorhabens entgegengehalten werden. Der PlfBeschluss stellt die Zulässigkeit einer Enteignung einzelner Grundstücke für das
planfestgestellte Vorhaben abschließend mit der Wirkung fest, dass dem nachfolgenden Enteignungsverfahren der festgestellte Plan unverändert zugrunde zu legen ist und er in dieser Gestalt
die Enteignungsbehörde bindet (sog. **enteignungsrechtliche Vorwirkung**).[48] Im Enteignungsverfahren kann das „ob" der Enteignung nicht mehr in Frage gestellt werden. Der Eigentümer
kann nicht geltend machen, das Vorhaben sei nicht aus Gründen des Wohls der Allgemeinheit
erforderlich und die Inanspruchnahme fremden Eigentums zu seiner Verwirklichung deshalb
nach Art. 14 Abs. 3 S. 1 GG unzulässig.

Im Enteignungsverfahren ist nur noch über die Modalitäten der Eigentumsübertragung einschließlich der Entschädigung, namentlich ihre Höhe, zu befinden. **Fragen der Entschädigung** sind nicht Gegenstand des PlfV. Die PlfBehörde kann insoweit den Betroffenen auf das
Enteignungsverfahren verweisen.[49] Ermöglicht der PlfBeschluss den Zugriff nur auf eine Teilfläche des Grundstücks, ist erst im Enteignungsverfahren zu entscheiden, welche Beeinträchtigungen des Restgrundstücks als Folge der Enteignung nur einer Teilfläche zu entschädigen sind und
ob die Enteignung auf das Restgrundstück ausgedehnt werden muss, weil der Eigentümer dieses
nicht mehr sinnvoll nutzen kann.[50]

Hat ein PlfBeschluss enteignungsrechtliche Vorwirkung, bedarf es einer hinreichenden **Plan-** 29
rechtfertigung. Das Vorhaben muss im enteignungsrechtlichen Sinne des Art. 14 Abs. 3 S. 1
GG erforderlich sein (§ 74 Rn. 34 ff.).[51] Ferner muss das Interesse des Eigentümers am Erhalt

---

[43] *BGH* NVwZ 2004, 377, 378.
[44] Vgl. *BVerfGE* 45, 297, 319 f. = NJW 1977, 2349; *BGHZ* 100, 329 = NJW 1987, 3200; *BGH* NVwZ 2004, 377, 378 f.
[45] Vgl. *BVerwGE* 67, 74 = NJW 1983, 2459; *BGHZ* 100, 329 = NJW 1987, 3200; zur Enteignung einer Jagdgenossenschaft: *BGHZ* 143, 321 = NJW 2000, 1720.
[46] Zu einem solchen Fall: *OVG Hamburg* NVwZ 2005, 105, 107.
[47] *BVerwG* NVwZ 1991, 873; *BGH* NVwZ 2004, 377, 379; *Ziekow*, § 75 Rn. 14; *Jarass* DVBl 2006, 1329, 1331; *Kühling* in FS Sendler, S. 390, 397.
[48] *BVerfGE* 45, 297, 319 f. = NJW 1977, 2349; *BVerfGE* 74, 264, 282 = NJW 1987, 1251, 1252; *BVerfG* NVwZ 2007, 573; *VGH Mannheim* NVwZ-RR 1989, 66.
[49] *BVerwG* LKV 1999, 26, 29.
[50] *BVerwG* NVwZ 2004, 1358; *BVerwG* NVwZ 2007, 1308, 1309; *VGH München* BayVBl 2007, 402, 403.
[51] *BVerfG* NVwZ 2007, 573, 574.

30 des Eigentums und seiner weiteren Nutzung mit dem ihm zukommenden Gewicht in die **Abwägung** eingestellt und mit den öffentlichen Interessen an einer Verwirklichung des Vorhabens zu einem verhältnismäßigen Ausgleich gebracht werden (§ 74 Rn. 74).[52]

30 Hat der PlfBeschluss bindende Wirkung für ein nachfolgendes Enteignungsverfahren, ist er auf die **Klage eines enteignungsbetroffenen Eigentümers** am Maßstab des Art. 14 Abs. 3 GG gerichtlich zu überprüfen. Eine Enteignung, die den Anforderungen des Art. 14 Abs. 3 GG nicht genügt, kann der Eigentümer abwenden, indem er bereits den PlfBeschluss anficht. Er kann alle Einwände gegen die Rechtmäßigkeit der Planfeststellung im PlfV und in einem gerichtlichen Anfechtungsverfahren gegen den PlfBeschluss vorbringen, muss dies aber auch tun, um Bindungswirkungen für das nachfolgende Enteignungsverfahren zu vermeiden.[53]

Bei einer enteignungsrechtlichen Vorwirkung des PlfBeschlusses kann der Eigentümer danach **Schutz vor einer Enteignung** zu Gunsten eines solchen Vorhabens beanspruchen, das nicht dem Wohl der Allgemeinheit entspricht. Da rechtswidriges Handeln dem Gemeinwohl nicht zu dienen vermag, braucht der enteignungsbetroffene Eigentümer nur eine in jeder Hinsicht rechtmäßige Enteignung hinzunehmen und kann deshalb eine volle gerichtliche Überprüfung eines PlfBeschlusses verlangen, der mit enteignender Vorwirkung ausgestattet ist.[54] Aus diesem Grund ist er befugt, im PlfV neben den eigenen privaten Belangen solche öffentlichen Belange geltend zu machen, deren Missachtung eine Enteignung rechtswidrig machte.[55] In einem **nachfolgenden Anfechtungsprozess** ist er durch den PlfBeschluss nicht nur dann i. S. d. § 113 Abs. 1 S. 1 VwGO in eigenen Rechten verletzt, wenn der PlfBeschluss gegen spezifisch drittschützende Normen verstößt. Er wird vielmehr durch jeden PlfBeschluss in eigenen Rechten verletzt, der abwägungsfehlerhaft zustande gekommen oder sonst rechtswidrig[56] ist und deshalb keine rechtmäßige Grundlage für eine nachfolgende Enteignung darstellen kann.[57]

Das BVerwG betont zum Teil ausdrücklich, die weitergehende Rügebefugnis eines Enteignungsbetroffenen habe ihren Grund nicht in Art. 14 Abs. 3 S. 2 GG, der **Gesetzmäßigkeit der Enteignung,** sondern in dem **Gemeinwohlerfordernis** des Art. 14 Abs. 3 S. 2 GG.[58] Als Folge davon nötige nicht jeder Verstoß gegen objektivrechtliche Vorschriften dazu, dem Eigentümer zur Wahrung des verfassungsrechtlichen Eigentumsschutzes ein Abwehrrecht zuzubilligen.[59] Nicht jedes übergangene oder unterbewertete öffentliche Interesse sei von solchem Gewicht, dass es in der nach Art. 14 Abs. 3 S. 1 GG gebotenen spezifisch enteignungsrechtlichen Gesamtabwägung aller Gemeinwohlgesichtspunkte zu Lasten des Enteignungsunternehmens durchschlage.[60] Diese betonte Gegenüberstellung von Gesetzmäßigkeit der Enteignung einerseits und Gemeinwohlerfordernis der Enteignung andererseits entspricht der Bedeutung des Art. 14 Abs. 3 S. 1 GG, der nur den Vorbehalt des Gesetzes für Enteignungen normiert. Die Rügebefugnis des Enteignungsbetroffenen gegenüber dem PlfBeschluss wird durch diesen Hinweis tatsächlich nicht beschränkt. Der Enteignungsbetroffene kann in jedem Fall die Verletzung solcher einfachrechtlicher Vorschriften geltend machen, die Gemeinwohlbelange konkretisieren und dem Vorhaben zwingend entgegenstehen. Zu ihnen gehören etwa sonst nicht drittschützende Vorschriften des Umwelt- und Naturschutzrechts. Der Enteignungsbetroffene kann auch eine gerichtliche Überprüfung der fachplanerischen Abwägung darauf verlangen, ob die Zulassung des Vorhabens zu Lasten entgegenstehender öffentlicher Belange abwägungsfehlerhaft ist. Stehen dem Vorhaben im Sinne des fachplanerischen Abwägungsgebots überwiegende öffentliche (oder schützenswerte private) Belange entgegen, dient das Vorhaben nicht dem Wohl der Allgemeinheit im Sinne des Art. 14 Abs. 3 S. 1 GG.

---

[52] *BVerfG* NVwZ 2007, 573, 574; *BVerwGE* 71, 166, 168 = NJW 1986, 80, 81; *Bender* DVBl 1984, 301; *Bell* UPR 2002, 367, 369 f.
[53] *BVerfG* NVwZ 2007, 573, 574.
[54] *BVerwG* NVwZ 2007, 462, 464; *OVG Lüneburg* NVwZ-RR 2007, 450.
[55] *BVerwGE* 67, 74 = NJW 1983, 2459; *BVerwGE* 72, 15, 25 f. = NVwZ 1985, 736, 739; *BVerwG* NVwZ 1991, 781, 784.
[56] Zu Verstößen gegen Gemeinschaftsrecht: *BVerwG* NVwZ 1999, 528, 530 f.
[57] *BVerwG* NVwZ 2000, 540.
[58] *BVerwG* NVwZ 2007, 1074, 1075.
[59] *BVerwGE* 125, 116, 298 = NVwZ-Beilage I 8/2006, 1, 48.
[60] *BVerwGE* 125, 116, 299 = NVwZ-Beilage I 8/2006, 1, 48.

Es muss sich aber immer um Mängel handeln, die sich gerade auf die Inanspruchnahme des konkreten Grundstücks beziehen.[61] Das ist nicht der Fall, wenn der Mangel behoben werden könnte, ohne dass die Inanspruchnahme des Grundstücks entfällt.[62]

Die **Gemeinde als Eigentümerin** eines Grundstücks soll einen so weit reichenden Rechtsschutz nicht beanspruchen können.[63] Das ist zweifelhaft. Die Gemeinde ist zwar nicht Trägerin des Grundrechts aus Art. 14 GG, und zwar auch dann nicht, wenn sie das Grundstück nicht zur Erfüllung öffentlicher Aufgaben hält.[64] Sie genießt aber den einfachrechtlichen Eigentumsschutz, und damit den Schutz gegen Enteignungen, die nicht aus Gründen des Wohls der Allgemeinheit erforderlich sind.[65] Auch ihr gegenüber entfaltet der PlfBeschluss enteignungsrechtliche Vorwirkung, mit der Folge, dass sie im Enteignungsverfahren nicht mehr geltend machen kann, das Vorhaben diene nicht dem Wohl der Allgemeinheit. Diesen Einwand muss sie deshalb mit einem Rechtsbehelf schon gegen den PlfBeschluss erheben können. 31

Die enteignungsrechtliche Vorwirkung **entlastet** das **nachfolgende Enteignungsverfahren** um eigene Ermittlungen der Enteignungsbehörde zur Zulässigkeit der Enteignung. Dadurch wird die faktische Verwirklichung des Vorhabens beschleunigt. Der Vorhabenträger gewinnt mit dem PlfBeschluss die Sicherheit, dass er auf die benötigten fremden Grundstücke zugreifen kann.[66] 32

Die enteignungsrechtliche Vorwirkung erstreckt sich auf die Flächen, die für **notwendige Folgemaßnahmen** i. S. d. Abs. 1 S. 1[67] oder für **naturschutzrechtliche Kompensationsmaßnahmen** benötigt werden.[68] 33

Der **Plangenehmigung** kommt eine enteignungsrechtliche Verwirkung nicht zu, wie § 74 Abs. 6 S. 2 ausdrücklich klarstellt (hierzu § 74 Rn. 252). Sie kann nicht ergehen, wenn auf Rechte Dritter zugegriffen werden muss, diese aber mit der Inanspruchnahme ihrer Rechte, insbesondere ihres Eigentums nicht einverstanden sind (§ 74 Abs. 6 S. 1 Nr. 1). 34

Einzelne Fachplanungsgesetze ordnen eine enteignungsrechtliche Vorwirkung der Plangenehmigung an (§ 18b Nr. 3 AEG; § 17b Abs. 1 Nr. 3 FStrG; § 14b Nr. 3 WaStrG; § 28 Abs. 2 LuftVG; § 2a Nr. 3 MBPlG; § 43b Nr. 3 EnWG; § 30 S. 2 PBefG).

VI. Abwägungsmängel (Abs. 1 a)

§ 75 Abs. 1 a dient dem **Grundsatz der Planerhaltung**[69] und damit zugleich der Verfahrensbeschleunigung. Zahlreiche Fachplanungsgesetze enthalten entsprechende Regelungen (§ 18 e Abs. 6 AEG, § 17 e Abs. 6 FStrG, § 14 e Abs. 4 WaStrG; § 2d Abs. 4 MBPlG; § 10 Abs. 8 LuftVG; § 29 Abs. 8 PBefG, § 43 e Abs. 4 EnWG). 35

Abs. 1 a ist durch das **GenBeschlG** in § 75 eingefügt worden. Er entspricht der Tendenz des GenBeschlG, die Rechtserheblichkeit von Verfahrens- und Formfehlern zurückzudrängen, wie sie in §§ 45, 46 n. F. zum Ausdruck kommt.[70] Mängel der Abwägung sind materielle Fehler, auf die die §§ 45, 46 nicht anwendbar sind. 36

Erstreckung auf andere Mängel. § 75 Abs. 1 a betrifft **Mängel der allgemeinen fachplanerischen Abwägung**. Die Rechtsprechung hat diese Vorschrift, insbesondere ihren Satz 2, auf andere materielle Mängel entsprechend angewandt und deren Behebung durch eine Planergänzung oder ein ergänzendes Verfahren zugelassen. Der Gesetzgeber hat mit den Abwägungsmängeln einen häufigen und deshalb als besonders regelungsbedürftig angesehenen Fall aufge- 37

---

[61] *BVerwG* NVwZ-RR 1998, 297, 299; NVwZ 2000, 555, 559; NVwZ 2000, 560, 562; *BVerwG* NVwZ 2007, 1074, 1075; *OVG Koblenz* NVwZ-RR 2006, 385, 387 f.
[62] *VGH Mannheim* VBlBW 2001, 362, 365 f.
[63] *BVerwG* NVwZ-RR 1998, 290, 292; NVwZ 2000, 560; NVwZ 2001, 1160, 1161; *OVG Koblenz* NVwZ-RR 2005, 404, 405; *VGH München* NVwZ-RR 2006, 432, 433; BayVBl 2006, 368, 369.
[64] *BVerfGE* 61, 82, 105 ff. = NJW 1982, 2173, 2174 f.
[65] *BVerfGE* 87, 332, 391 = NVwZ-RR 1991, 601, 623; *BVerwGE* 90, 96, 101 = NVwZ 1993, 364, 365.
[66] Vgl. auch *BVerwG* NVwZ 2007, 573, 574.
[67] *VGH Mannheim* NuR 1998, 371; *OVG Koblenz* NVwZ 2001, 104.
[68] *BVerwG* NVwZ 2005, 581, 582.
[69] Hierzu *Hoppe* DVBl 1996, 12; *Gaentzsch* UPR 2001, 201.
[70] Zur Problematik dieser Tendenz vgl. *Bonk* NVwZ 1997, 320, 325 f.; *Gromitsaris* SächsVBl 1997, 101; *Hatje* DÖV 1997, 477; *Kern* in FS Blümel, S. 201, 217 f.

griffen. Er hat damit die Behebung anderer inhaltlicher Mängel durch Planergänzung oder ein ergänzendes Verfahren nicht ausschließen wollen. Die Problemlage ist dort nicht anders als bei Abwägungsfehlern.[71] Heilbar sind danach Fehler, die darauf beruhen, dass die PlfBehörde durch Abwägung nicht überwindbare **Schranken des strikten Rechts** verletzt hat.[72] Das BVerwG hat sogar angenommen, im Rahmen eines ergänzenden Verfahrens könnten Verstöße gegen zwingendes Recht ausgeräumt werden, deren Behebung nicht in der Hand der PlfBehörde selbst liege, sondern das Einschreiten eines anderen Verwaltungsträgers in einem externen Verfahren voraussetzten.[73] Ein solches externes Verfahren ist aber selbst kein ergänzendes Verfahren i. S. d. Abs. 1 a S. 2. Die PlfBehörde kann nur nach Abschluss des externen Verfahrens den Mangel des PlfBeschlusses in einem eigenen ergänzenden Verfahren heilen, wenn das externe Verfahren die Voraussetzungen hierfür geschaffen hat. Insoweit können im gerichtlichen Verfahren die Rechtswidrigkeit des PlfBeschlusses und seine Nichtvollziehbarkeit festgestellt werden, wenn sich hinreichend sicher abzeichnet, dass die Voraussetzungen einer Heilung des Mangels in einem externen Verfahren geschaffen werden können.[74]

38 Erst recht kommt über den Wortlaut des Abs. 1 a S. 2 hinaus ein ergänzendes Verfahren in Betracht, um eine **Verletzung von Verfahrens- und Formvorschriften** zu beheben.[75] § 46 sperrt diese Möglichkeit nicht. Die Vorschrift regelt nur, unter welchen Voraussetzungen Verfahrensfehler beachtlich sind. Sie hat für Verfahrensfehler dieselbe Funktion, die § 75 Abs. 1 a S. 1 für Abwägungsmängel besitzt. § 75 Abs. 1 a S. 2 regelt hingegen, welche Rechtsfolgen beachtliche Fehler des PlfBeschlusses auslösen. Insoweit lässt sich § 46 nicht entnehmen, dass nach dieser Vorschrift beachtliche Verfahrensfehler immer zur Aufhebung des PlfBeschlusses führen müssen, nicht aber in einem speziell für PlfV vorgesehenen ergänzenden Verfahren behoben werden dürfen.

Zahlreiche Fachplanungsgesetze schließen eine Aufhebung des PlfBeschlusses ausdrücklich aus, wenn eine Verletzung von Form- oder Verfahrensvorschriften durch ergänzendes Verfahren behoben werden kann (§ 18e Abs. 6 S. 2 AEG; § 17e Abs. 6 S. 2 FStrG; § 14e Abs. 6 S. 2 WaStrG, § 2d Abs. 4 S. 2 MBPlG; § 43e Abs. 4 S. 2 EnWG; § 29 Abs. 8 S. 2 PBefG; § 10 Abs. 8 S. 2 LuftVG).

1. Unbeachtliche Mängel (Abs. 1 a S. 1)

39 Nach Abs. 1 a S. 1 sind Abwägungsmängel nur dann **erheblich,** wenn sie offensichtlich und auf das Abwägungsergebnis von Einfluss gewesen sind. Beide Voraussetzungen müssen kumulativ gegeben sein.[76] Die Offensichtlichkeit des Mangels und seine Ergebnisrelevanz beurteilen sich nach denselben Maßstäben wie bei der inhaltsgleichen Vorschrift des § 214 Abs. 3 S. 2 HS 2 BauGB.[77]

40 Offensichtlich ist ein Mangel, wenn konkrete Umstände positiv und klar auf ihn hindeuten; er muss sich geradezu aufdrängen. Als **offensichtlich** ist nur das anzusehen, was zur **äußeren Seite** des Abwägungsvorgangs gehört. Der Mangel muss auf objektiv erfassbaren Sachumständen beruhen, also beispielsweise die Zusammenstellung und Aufbereitung des Abwägungsmaterials,

---

[71] *BVerwGE* 112, 140, 164 ff. = NVwZ 2001, 673, 682; *BVerwGE* 116, 254, 268 = NVwZ 2002, 1243, 1247; *BVerwGE* 117, 149, 158 = NVwZ 2003, 485, 488; *BVerwGE* 120, 276, 283 f. = NVwZ 2004, 1114, 1116; *Gaentzsch* DVBl 2000, 741, 748; *Sendler* in FS Hoppe, S. 1011, 1024.
[72] *BVerwGE* 112, 140, 164 ff. = NVwZ 2001, 673, 682; *BVerwGE* 121, 72, 80 ff. = NVwZ 2004, 1486, 1496; *BVerwG* NVwZ 2007, 581, 582; *OVG Koblenz* NuR 2002, 615, 616; *OVG Lüneburg* NdsVBl 2005, 239, 240 (jeweils zu § 8 Abs. 3 BNatSchG a. F. bzw. § 19 Abs. 3 S. 1 BNatSchG); *BVerwGE* 116, 254, 268 = NVwZ 2002, 1243, 1247 (zu Art. 6 Abs. 4 FFH-RL); *OVG Koblenz* NuR 2003, 441, 446 (zu Art. 4 Abs. 4 VRL); *OVG Lüneburg* NuR 2006, 185, 190 (zu § 34 Abs. 3 BNatSchG); *OVG Schleswig* NuR 2003, 308, 314; kritisch hierzu: *Palme* NVwZ 2006, 909, 911.
[73] *BVerwGE* 120, 276, 284 = NVwZ 2004, 1114, 1116 (zum Erlass einer Naturschutzverordnung durch den Verordnungsgeber).
[74] Zutreffend: *OVG Koblenz* NuR 2003, 441, 446.
[75] Zutreffend *Dürr* in Knack, § 75 Rn. 27; *Stüer* NWVBl 1998, 169, 176; *Steinberg/Berg/Wickel*, S. 465 f.; anders für § 75 Abs. 1 a S. 2 wohl *BVerwG* NVwZ 2007, 581, 582; *Wickel* in Fehling u. a., § 75 VwVfG Rn. 53 f.; *Henke* UPR 1999, 51, 54; *Storost* NVwZ 1998, 797, 800.
[76] Vgl. aber auch *Gaentzsch* UPR 2001, 201, 205 mit dem Vorschlag, die Offensichtlichkeit nicht als eigenständige Voraussetzung der Unbeachtlichkeit eines Abwägungsmangels zu verstehen, sondern auf die Kausalität des Abwägungsmangels für das Abwägungsergebnis zu beziehen.
[77] *BVerwG* NVwZ-RR 1996, 68, 69.

die Erkenntnis und Einstellung aller wesentlichen Belange in die Abwägung und die Gewichtung der Belange betreffen und sich etwa aus den Verfahrensakten der PlfBehörde, der Begründung des PlfBeschlusses oder aus sonstigen Unterlagen ergeben.[78] Offensichtlich ist dagegen nicht, was zur **inneren Seite** des Abwägungsvorgangs gehört und etwa die Motive oder Vorstellungen der Entscheidungsbeteiligten betrifft.[79] Ein offensichtlicher Mangel im Abwägungsvorgang liegt noch nicht vor, wenn die Begründung des PlfBeschlusses oder sonstige Vorgänge keinen ausdrücklichen Hinweis darauf enthalten, dass sich die PlfBehörde mit bestimmten Umständen abwägend befasst hat.[80] Nicht jede Lücke im PlfBeschluss lässt zwangsläufig auf Abwägungsausfälle schließen.[81] Soweit die Planunterlagen für die Beurteilung von Bedeutung sind, kommt es nicht auf die subjektive Kenntnis einzelner Bediensteter an, sondern auf den Gesamtinhalt der Akten bei einer ex-post-Betrachtung, so dass auch das berücksichtigt werden kann, was nicht ohne weiteres „ins Auge springt", aber bei verständiger Würdigung hätte berücksichtigt werden müssen.

Von **Einfluss** auf das **Abwägungsergebnis** ist der (offensichtliche) Fehler, wenn nach den Umständen des Falles die konkrete Möglichkeit besteht, dass ohne den Mangel die Planung anders ausgefallen wäre.[82] Die nur abstrakte Möglichkeit anderer Ergebnisse reicht nicht aus; andererseits wird keine hinreichende oder überwiegende Wahrscheinlichkeit einer anderen Entscheidung verlangt.[83] Eine solche konkrete Möglichkeit besteht insbesondere, wenn sich anhand der Planunterlagen oder sonst erkennbarer oder naheliegender Umstände bei realistischer Betrachtungsweise ergibt, dass sich ohne den Mangel im maßgeblichen Zeitpunkt des Erlasses des PlfBeschlusses ein anderes Abwägungsergebnis abgezeichnet hätte.[84] Lässt sich nicht klären, ob der Abwägungsmangel auf das Abwägungsergebnis von Einfluss war, geht dies zu Lasten der PlfBehörde. § 75 Abs. 1a ist als Vorschrift der Planerhaltung eine die PlfBehörde begünstigende Norm, so dass es zu ihren Lasten geht, wenn die Voraussetzungen für die Unbeachtlichkeit eines Abwägungsmangels nicht festgestellt werden können.[85] 41

Die Beschränkung einer gerichtlichen Überprüfung des Abwägungsvorgangs ist **nicht verfassungswidrig**, sondern mit Art. 14 Abs. 1, Art. 19 Abs. 4 und Art. 20 Abs. 3 GG vereinbar.[86] Der gerichtliche Rechtsschutz gegen Planungsentscheidungen wird weder insgesamt ausgeschlossen noch unzumutbar eingeschränkt. Das Rechtsstaatsprinzip, in dem das Abwägungsgebot wurzelt, verpflichtet den Gesetzgeber nicht, wegen jeden Abwägungsfehlers die Aufhebbarkeit der Planungsentscheidung als Rechtsfolge vorzusehen. 42

2. Planergänzung, ergänzendes Verfahren (Abs. 1a S. 2)

a) Bedeutung der Vorschrift. § 75 Abs. 1a S. 2 begründet den Vorrang der **Planerhaltung** vor dem Anspruch auf Planaufhebung: Erhebliche Mängel der Abwägung führen nur dann zur **Aufhebung** des PlfBeschlusses oder der Plangenehmigung, wenn sie nicht durch **Planergänzung** oder durch ein **ergänzendes Verfahren** behoben werden können. Bei der Planergänzung wird der PlfBeschluss inhaltlich um eine Regelung ergänzt, die für ein fehlerfreies Abwägungsergebnis erforderlich ist. Durch die Planergänzung werden Mängel im Abwägungsergebnis behoben. Das ergänzende Verfahren kommt auch und gerade bei Mängeln im Abwägungsvorgang zur Anwendung; es muss nicht in eine inhaltliche Änderung des PlfBeschlusses einmünden, sondern kann den unverändert bleibenden PlfBeschluss nunmehr abwägungsfehlerfrei bestätigen.[87] 43

---

[78] BVerwGE 64, 33, 38 = NJW 1982, 591, 592; BVerwG NVwZ-RR 1996, 68; NVwZ 1999, 535, 538; NVwZ 1999, 539, 540.
[79] BVerwGE 64, 33, 38 = NJW 1982, 591, 592; Bell/Rehak UPR 2004, 296, 300.
[80] BVerwG NVwZ 1992, 662, 663.
[81] BVerwG NVwZ 1992, 662, 663; NVwZ 1992, 663, 664.
[82] BVerwGE 107, 350, 356 = NVwZ 1999, 539, 540; VGH Mannheim VBlBW 2001, 362, 366.
[83] BVerwGE 64, 33, 39f. = NJW 1982, 591, 592; BVerwGE 69, 256, 269f. = NVwZ 1984, 718, 721; BVerwGE 100, 370, 379 = NVwZ 1996, 1016, 1017.
[84] BVerwGE 64, 33, 38ff. = NJW 1982, 591, 592; BVerwG NVwZ 1999, 535, 538; OVG Lüneburg NVwZ-RR 2003, 478, 480; Bell/Rehak UPR 2004, 296. 300.
[85] Vgl. Kraft UPR 2003, 367, 372; a. A.: Bell/Rehak UPR 2004, 296, 302.
[86] So zu § 155b Abs. 2 S. 2 BBauG 1979: BVerwGE 64, 33, 40f = NJW 1982, 591, 592; ferner: BVerwG NVwZ 2005, 699, 700; im Ergebnis ebenso, aber kritisch zu den Ergebnissen der Rechtsprechung: Kraft UPR 2003, 367.
[87] Vgl. auch Dürr in Knack, § 75 Rn. 26.

44 Zwar ist auch für die **Planergänzung** ein Verfahren notwendig, das sich als **ergänzendes Verfahren** bezeichnen ließe. Dennoch unterscheidet der Gesetzgeber zwischen beiden Möglichkeiten der Fehlerbehebung. Die **Unterschiede** zeigen sich im Rechtsschutz. Kann ein Abwägungsmangel durch Planergänzung behoben werden, ergeht ein Verpflichtungsurteil gerichtet auf Ergänzung des PlfBeschlusses um die bisher fehlende Regelung. Der ergangene PlfBeschluss als solcher wird aber nicht aufgehoben, sondern bestandskräftig.[88] Es muss bereits feststehen, um welche konkrete Regelung der PlfBeschluss zu ergänzen ist, damit ein insgesamt rechtmäßiger VA vorliegt. Ist der Fehler in einem ergänzenden Verfahren behebbar, ergeht ein Feststellungsurteil, durch das die Rechtswidrigkeit und Nichtvollziehbarkeit des PlfBeschlusses festgestellt wird (Rn. 53). Der ergangene PlfBeschluss erlangt noch keine Bestandskraft, sondern bedarf für sein endgültiges Zustandekommen noch der Durchführung und des Abschlusses des ergänzenden Verfahrens. Dessen Ergebnis ist offen. Es kann sogar nicht zu einer inhaltlichen Änderung des PlfBeschlusses führen, um diesen rechtmäßig werden zu lassen.[89]

45 § 75 Abs. 1 a hat die **nachgehende gerichtliche Kontrolle** im Blick. Die Vorschrift schließt nicht aus, dass die **PlfBehörde von sich aus** eine Planergänzung vornimmt oder ein ergänzendes Verfahren durchführt, wenn ihr ein behebbarer Mangel des PlfBeschlusses offenbar wird.[90] Das ist auch möglich, wenn ein gerichtliches Verfahren gegen den PlfBeschluss noch anhängig ist. Nach Auffassung des BVerwG handelt es sich in diesem Fall nicht um ein ergänzendes Verfahren, sondern um einen unselbständigen Abschnitt des ursprünglichen, wieder aufgenommenen (einheitlichen) PlfV.[91]

46 b) **Planergänzung.** Die Planergänzung ist weithin die gesetzliche Übernahme eines Grundsatzes, den die Rechtsprechung zuvor entwickelt hatte. Ein wesentlicher Anwendungsbereich der Planergänzung ist das **Fehlen erforderlicher Schutzmaßnahmen.** Fehlt im PlfBeschluss eine erforderliche Schutzauflage oder ist sie unzureichend, ist der PlfBeschluss an sich rechtswidrig und aufzuheben. Lässt sich die Auflage aber durch eine ergänzende Anordnung nachholen oder nachbessern, korrespondiert der objektiven Rechtswidrigkeit des PlfBeschlusses nicht ein subjektiver Anspruch auf Aufhebung des gesamten Plans, sondern allein ein Anspruch auf Planergänzung.[92] Voraussetzung dieser eingeschränkten Fehlerfolge ist, dass durch die Planergänzung die Gesamtkonzeption der Planung nicht in einem wesentlichen Punkt berührt wird und dass in dem Interessengeflecht der Planung nicht nunmehr andere Belange nachteilig betroffen sind. Ein Anspruch auf Planaufhebung besteht regelmäßig, wenn der Mangel für die Planungsentscheidung insgesamt von so großem Gewicht ist, dass dadurch nicht nur der einzelne Betroffene benachteiligt, sondern die Ausgewogenheit der Gesamtplanung in Frage gestellt ist.[93]

Gegenstand der Planergänzung können auch Maßnahmen sein, die einen **Eingriff in Natur und Landschaft** kompensieren sollen (§ 19 Abs. 2 BNatSchG). Eine solche Planergänzung kann ein anerkannter Naturschutzverein im Rahmen seines Klagerechtes nach § 61 Abs. 2 BNatSchG durchsetzen; er ist zugleich auf diese Möglichkeit beschränkt, wenn die Planergänzung ausreicht, festgestellte Mängel bei Anwendung der naturschutzrechtlichen Eingriffsregelung zu beheben.[94]

47 § 75 Abs. 1 a S. 2 lässt sich die materielle Ermächtigung zur Planergänzung entnehmen. Im Gesetz nicht geregelt ist das **Verfahren,** in dem die Planergänzung zustande kommt. In Betracht kommt ein Planänderungsverfahren nach § 76, wobei je nach Gewicht der notwendigen Planergänzung das Verfahren nach Abs. 1 oder nach Abs. 2 und 3 zu gestalten ist.[95] Einzelne Fachplanungsgesetze sehen für die Planergänzung ausdrücklich das Planänderungsverfahren nach

---

[88] BVerwGE 91, 17, 20 = NVwZ 1993, 362, 363; BVerwGE 101, 73, 84 f. = NVwZ 1996, 901, 905.
[89] Vgl. *Henke* UPR 1999, 51, 53.
[90] OVG Lüneburg NdsVBl 2005, 239; *Ziekow,* § 75 Rn. 19; *Wickel* in Fehling u. a., § 75 VwVfG Rn. 56; *Fischer* in Ziekow, Praxis des Fachplanungsrechts, Rn. 476; *Jarass* DVBl 1997, 795, 802; *Erbguth* UPR 1999, 41, 46.
[91] BVerwG NVwZ 2003, 485, 486.
[92] BVerwGE 56, 110, 133 = NJW 1979, 64, 70; BVerwGE 71, 150, 160 = NJW 1985, 3034, 3036; BVerwG NVwZ 1993, 266, 267; BVerwGE 104, 123, 129 = NVwZ 1998, 513, 515.
[93] BVerwGE 56, 110, 133 = NJW 1979, 64, 70; BVerwGE 91, 17, 20 = NVwZ 1993, 362, 363; BVerwGE 101, 73, 85 = NVwZ 1996, 901, 905; BVerwG NVwZ-RR 1998, 297, 299 f.; BVerwGE 106, 241, 245 = NVwZ 1998, 1071, 1072; BVerwG NVwZ 2006, 331, 332; *VGH Mannheim* NVwZ-RR 2000, 420, 421.
[94] BVerwGE 121, 72, 82 = NVwZ 2004, 1486, 1496.
[95] BVerwGE 125, 116, 212 = NVwZ-Beilage I 8/2006, 1, 24; BVerwGE 127, 95, 118 = NVwZ 2007, 445, 451; *Fischer* in Ziekow, Praxis des Fachplanungsrechts, Rn. 478; a. A: *Dürr* in Knack, § 75 Rn. 30; *Ziekow,* § 75 Rn. 21; *Wickel* in Fehling u. a., § 75 VwVfG Rn. 58 f.

§ 76 vor, mit der Maßgabe, dass auch im Falle des § 76 Abs. 1 von einer Erörterung nach § 73 Abs. 6 und nach § 9 Abs. 1 S. 3 UVPG abgesehen werden kann (§ 18 d AEG, § 17 d FStrG, § 14 d WaStrG, § 2 c MBPlG, § 43 d EnWG). Die Planergänzung wird durch einen VA bewirkt (bei PlfBeschlüssen durch einen Änderungsbeschluss, bei Plangenehmigungen durch einen Änderungsbescheid).

c) Ergänzendes Verfahren. Nach § 75 Abs. 1 a S. 2 ist ein Anspruch auf Aufhebung des 48 PlfBeschlusses trotz dessen Rechtswidrigkeit ferner ausgeschlossen, wenn ein Mangel der Abwägung im ergänzenden Verfahren behoben werden kann. Die Vorschrift ist zugleich Rechtsgrundlage für einen Ergänzungsbeschluss, mit dem die PlfBehörde das ergänzende Verfahren abschließen kann.[96] Die Vorschrift trägt dem Interesse der PlfBehörde Rechnung, nicht ein vollständig neues Verfahren durchführen zu müssen, wenn der PlfBeschluss an einem behebbaren Mangel leidet. Sie kann das Verfahren an dem Punkt wiederaufgreifen, an dem der Fehler geschehen ist.

Es muss die **konkrete Möglichkeit** bestehen, den Fehler in einem ergänzenden Verfahren zu 49 beheben. Der Mangel darf nicht von solcher Art und Schwere sein, dass er die Planung als Ganzes von vornherein in Frage stellt oder die Grundzüge der Planung berührt. Durch den Mangel darf nicht die Abwägungsentscheidung in ihrem Kern in Frage gestellt sein, etwa weil der festgestellte Mangel die Entwicklung eines neuen Planungskonzepts erforderlich macht, also in diesem Sinne das **Grundgerüst der** bisherigen **Abwägung** betrifft.[97] Die Identität des planfestgestellten Vorhabens darf nicht angetastet werden.[98] Die Behebung des Fehlers darf nicht von vornherein als ausgeschlossen erscheinen. Kommt eine Beseitigung des Mangels aus tatsächlichen oder rechtlichen Gründen auf unabsehbare Zeit nicht in Betracht, steht der Planung ein unüberwindliches Hindernis entgegen, das der Fehlerbehebung in einem ergänzenden Verfahren keinen Raum lässt.[99]

Ein ergänzendes Verfahren kommt in Betracht, wenn die PlfBehörde **einzelne abwägungs-** 50 **erhebliche Belange** nicht berücksichtigt oder nicht vollständig und zutreffend ermittelt oder fehlerhaft gewichtet hat. Gegebenenfalls nach Vervollständigung der erforderlichen Ermittlungen trifft die PlfBehörde eine **neue Abwägungsentscheidung** unter Berücksichtigung des ursprünglich übergangenen oder fehlgewichteten Belangs. Die erneute Abwägung kann zu einem **inhaltlich geänderten PlfBeschluss** führen, nämlich wenn die nachträgliche Berücksichtigung des übergangenen Belangs zu einer Korrektur der Planung zwingt. Die PlfBehörde erlässt in diesem Fall einen **Änderungsbeschluss.** Die erneute Abwägung kann zu einem **unveränderten Abwägungsergebnis** führen, nämlich wenn die PlfBehörde unter Berücksichtigung des ursprünglich übergangenen Belangs ihre Abwägung im Ergebnis für ausgewogen hält. Zwar ist ein ergänzendes Verfahren nur erforderlich, wenn der Abwägungsfehler i. S. d. Abs. 1 a S. 1 erheblich ist, also von Einfluss auf das Abwägungsergebnis war. Hierfür reicht aber die Möglichkeit einer anderen Planung aus. Ob sich diese Möglichkeit zu einer anderen Planung verdichtet, erweist sich erst im ergänzenden Verfahren. Bleibt die PlfBehörde bei ihrem ursprünglichen Abwägungsergebnis und damit bei einer inhaltlich unveränderten Planung, bedarf es keines neuen PlfBeschlusses.[100] Die PlfBehörde hat aber das Ergebnis des ergänzenden Verfahrens in einem **gesonderten Bescheid** zu verlautbaren und die Begründung des PlfBeschlusses um die tragenden Erwägungen zu ergänzen, die sie im ergänzenden Verfahren zu den dort nachträglich abgewogenen Belangen angestellt hat.[101]

§ 75 Abs. 1 a S. 2 enthält keine Vorgaben für die **Gestaltung des** ergänzenden **Verfahrens.** 51 Es handelt sich nicht um ein Planänderungsverfahren nach § 76, sondern um ein eigenständiges Verfahren der Fehlerbehebung.[102] Das ursprüngliche Verfahren wird wiederholt, soweit es den

---

[96] *OVG Lüneburg* NdsVBl 2005, 239.
[97] *BVerwGE* 100, 370, 373 = NVwZ 1996, 1016, 1017; *BVerwGE* 112, 140, 166 = NVwZ 2001, 673, 682; *BVerwGE* 116, 254, 268 = NVwZ 2002, 1243, 1247.
[98] *BVerwG* DVBl 2004, 648.
[99] *BVerwG* DVBl 2004, 648.
[100] A. A. wohl *BVerwG* v. 20. 12. 1991 Buchholz 316 § 76 VwVfG Nr. 4; *OVG Lüneburg* NVwZ-RR 2001, 362; *Bell/Herrmann* NVwZ 2004, 288, 293.
[101] *Wickel* in Fehling u. a., § 75 VwVfG Rn. 65; *Fischer* in Ziekow, Praxis des Fachplanungsrechts, Rn. 480; *Storost* NVwZ 1998, 797, 804.
[102] *BVerwGE* 102, 358, 361 = NVwZ 1997, 905, 906; *BVerwG* BayVBl 2006, 191, 192; *Kopp/Ramsauer*, § 75 Rn. 18 b; *Kügel* in Obermayer, § 75 Rn. 64; *Ziekow*, § 75 Rn. 22; *Wickel* in Fehling u. a., § 75 VwVfG Rn. 64; *Steinberg/Berg/Wickel*, S. 466; *Jarass* DVBl 1997, 795, 802; *Henke* UPR 1999, 51, 57.

festgestellten Abwägungsfehler betrifft. Am Ende steht ein einheitliches PlfV, das als einen Abschnitt das ergänzende Verfahren einschließt. Welche Verfahrensschritte erforderlich sind und wie ein ergänzendes Verfahren abzulaufen hat, richtet sich nach den Notwendigkeiten des Einzelfalles. Grundsätzlich greift die PlfBehörde das Verfahren an der Stelle wieder auf, an der ihr der Fehler unterlaufen ist. Davor liegende Verfahrensabschnitte muss sie nicht wiederholen. Abwägungsfehler liegen regelmäßig am Ende des Verfahrens; sie unterlaufen in der Entscheidung selbst. Sie haben aber regelmäßig ihre Ursache in früheren Verfahrensschritten. Vorgetragene Belange sind beispielsweise nicht zur Kenntnis genommen und deshalb nicht sachgerecht ermittelt worden. Im Übrigen kann die mögliche Berücksichtigung des einen Belangs sich auf andere Belange auswirken. Die PlfBehörde wird deshalb im ergänzenden Verfahren dem Betroffenen, dessen Belange bisher nicht fehlerfrei abgewogen sind, Gelegenheit zur ergänzenden und abschließenden Stellungnahme geben[103] und andere Betroffene sowie Behörden hören müssen, deren Belange und Zuständigkeiten durch die nachzuholende Abwägung berührt sein können. Soweit zu dem hierfür erforderlichen Material naturschutzrechtliche Belange gehören, sind die anerkannten Naturschutzvereine zu beteiligen.[104] Die PlfBehörde kann die Möglichkeit der Stellungnahme auf den Sachbereich beschränken, der durch die nachzuholende Abwägung berührt wird.

Einzelne Fachplanungsgesetze sehen hingegen für das ergänzende Verfahren ausdrücklich das Planänderungsverfahren nach § 76 vor, mit der Maßgabe, dass auch im Falle des § 76 Abs. 1 von einer Erörterung nach § 73 Abs. 6 und nach § 9 Abs. 1 S. 3 UVPG abgesehen werden kann (§ 18d AEG, § 17 FStrG, § 14d WaStrG, § 2c MBPlG, § 43d EnWG).

52 Die PlfBehörde hat im ergänzenden Verfahren das **Abwägungsgebot** zu beachten. Sie hat die gewonnenen Erkenntnisse in einer ergebnisoffenen Entscheidung zu berücksichtigen.[105] Das zwingt zu der Prüfung, ob und inwieweit eine beabsichtigte Änderung der Planung bereits entschiedene Fragen neu aufwirft.

53 **d) Rechtsschutzfragen.** Können erhebliche Mängel der Abwägung durch ein ergänzendes Verfahren behoben werden, hat das Gericht statt der beantragten Aufhebung des PlfBeschlusses festzustellen, dass der PlfBeschluss nach Maßgabe der Entscheidungsgründe rechtswidrig ist und insoweit nicht vollzogen werden darf.[106] Das Gericht kann nicht die PlfBehörde verpflichten, ein ergänzendes Verfahren zur Behebung des Fehlers durchzuführen.[107] Der Kläger kann von vornherein eine Feststellungsklage erheben mit dem Antrag, die **Rechtswidrigkeit** und **Nichtvollziehbarkeit** des **PlfBeschlusses festzustellen.** Die Zulässigkeit dieser Klage (Fristen, Vorverfahren, Klagebefugnis) richtet sich nach § 42 VwGO, nicht nach § 43 VwGO.[108] Das Gericht kann sich auf die Feststellung der Rechtswidrigkeit und Nichtvollziehbarkeit des PlfBeschlusses nur beschränken, wenn es geprüft hat, ob der PlfBeschluss an anderen Mängeln leidet, die zu seiner Aufhebung führen müssen. Beschränkt sich das Gericht auf die Feststellung einer Rechtswidrigkeit und Nichtvollziehbarkeit des PlfBeschlusses, stellt es damit, zumindest inzident, fest, dass andere den Kläger in seinen Rechten verletzende Mängel nicht vorliegen. Diese Feststellung wird von der Rechtskraft des Urteils mit erfasst.

54 Kommt im Hauptsacheverfahren eine Aufhebung des PlfBeschlusses nicht in Betracht, weil sich mögliche Abwägungsmängel im ergänzenden Verfahren beheben lassen, ist **vorläufiger Rechtsschutz** gemäß § 80 Abs. 5 VwGO zu gewähren.[109] Die Aussetzung der Vollziehung entspricht der im Hauptsacheverfahren erreichbaren Feststellung der Nichtvollziehbarkeit.

55 Die Entscheidung im ergänzenden Verfahren ergeht **nur gegenüber denjenigen,** die den PlfBeschluss **angefochten haben** und kann nur von ihnen (erneut) gerichtlich angegriffen werden.[110] Die gerichtliche Feststellung der Rechtswidrigkeit und Nichtvollziehbarkeit des PlfBeschlusses hindert nicht den Eintritt der Bestandskraft des PlfBeschlusses gegenüber den Betroffe-

---

[103] Zweifelhaft *VGH München* NuR 1999, 650: nicht erforderlich, wenn kein weitergehender Vortrag zu erwarten ist.
[104] *VGH München* NVwZ 2002, 426, 428 f.; *Jarass* NuR 1997, 426.
[105] *BVerwGE* 102, 358, 365 = NVwZ 1997, 905, 906; ferner: *Henke* UPR 1999, 51, 55.
[106] *BVerwGE* 100, 370, 372 = NVwZ 1996, 1016, 1017.
[107] So noch *VGH München* DVBl 1994, 1198, 1203.
[108] *Gaentzsch* DVBl 2000, 741, 747.
[109] *BVerwG* NVwZ 1998, 1070; *VGH Mannheim* NVwZ 1999, 550.
[110] *VGH München* NVwZ 2002, 426, 427.

nen, die den PlfBeschluss nicht angefochten haben. Sie müssen sich die Bestandskraft des PlfBeschlusses entgegenhalten lassen, es sei denn, die Entscheidung im ergänzenden Verfahren treffe ihnen gegenüber erstmals eine belastende, subjektive Rechte verletzende Regelung.[111] Hingegen können diejenigen, die den ursprünglichen PlfBeschluss angefochten und die Feststellung seiner Rechtswidrigkeit und Nichtvollziehbarkeit erreicht haben, nach Ergehen der Entscheidung im ergänzenden Verfahren erneut (Anfechtungs-)Klage gegen den PlfBeschluss erheben. Sie können mit dieser Klage geltend machen, die Behebung des Abwägungsfehlers durch das ergänzende Verfahren sei misslungen, der PlfBeschluss leide nach wie vor an dem festgestellten Abwägungsmangel, der sich nunmehr als nicht behebbar erwiesen habe. Sie können hingegen keine anderen Mängel des PlfBeschlusses geltend machen. Infolge der Rechtskraft des ersten Feststellungsurteils steht ihnen gegenüber fest, dass der PlfBeschluss nicht zu ihren Lasten an anderen Mängeln als den dort festgestellten leidet. Darin liegt nicht zuletzt der Sinn des ergänzenden Verfahrens und des mit ihm verbundenen eingeschränkten gerichtlichen Folgenausspruchs. Der PlfBehörde sollen der Bestand an Verfahrensschritten und Regelungen erhalten bleiben, die durch den festgestellten Abwägungsmangel nicht berührt werden.[112]

e) Pflicht zur Durchführung. Die PlfBehörde kann die Sache nicht auf sich beruhen lassen, wenn das Gericht die Rechtswidrigkeit und Nichtvollziehbarkeit eines PlfBeschlusses festgestellt hat.[113] Sie entscheidet im PlfV über den Antrag des Vorhabenträgers. Für ihn hat der PlfBeschluss die Wirkung einer Genehmigung. Die PlfBehörde hat das ergänzende Verfahren im Interesse des Vorhabenträgers an einem rechtmäßigen und vollziehbaren PlfBeschluss als Abschluss des eingeleiteten Verfahrens zu betreiben, es sei denn, der Vorhabenträger nimmt von sich aus von dem Vorhaben Abstand. **56**

Kommt die Behebung eines festgestellten Abwägungsmangels im ergänzenden Verfahren in Betracht, kann die PlfBehörde nicht frei wählen, ob sie ein solches ergänzendes Verfahren betreiben oder **stattdessen das PlfV zur Gänze wiederholen** will. Sie hat von der Möglichkeit des ergänzenden Verfahrens Gebrauch zu machen.[114] § 75 Abs. 1a S. 2 ist der Verfahrensökonomie verpflichtet. Der nicht fehlerbehaftete Teil des Verfahrens ist deshalb aufrechtzuerhalten und nutzbar zu machen. Das gesamte PlfV hat die PlfBehörde zu wiederholen, wenn sie zu dem Ergebnis kommt, dass der Mangel wegen seiner Auswirkungen auf das Plankonzept nicht in einem bloßen ergänzenden Verfahren behoben werden kann. **57**

VII. Duldungswirkung (Abs. 2 S. 1)

1. Abs. 2 S. 1 schließt Ansprüche auf Unterlassung des Vorhabens, auf Beseitigung oder Änderung der Anlagen oder auf Unterlassung ihrer Benutzung aus, soweit und sobald der PlfBeschluss unanfechtbar geworden ist.[115] Die Regelung knüpft an die Gestaltungswirkung an, die der PlfBeschluss gemäß Abs. 1 S. 2 gegenüber den Planbetroffenen entfaltet.[116] **58**

2. Der PlfBeschluss kann gegenüber den Betroffenen zu **unterschiedlichen Zeitpunkten unanfechtbar** werden (vgl. § 74 Abs. 4 und 5). Es muss deshalb im Einzelfall jeweils geprüft werden, ob und wem gegenüber die Duldungswirkung eingetreten ist.[117] Weder aus § 43 noch aus § 75 ergibt sich, dass ein VA gegenüber mehreren Betroffenen nur einheitlich wirksam und bestandskräftig sein kann. **59**

Hat ein Kläger einen PlfBeschluss erfolgreich angefochten, kann gegenüber den anderen Planbetroffenen ein unanfechtbarer PlfBeschluss bestehen, der ihnen gegenüber die Duldungswirkung des Abs. 2 S. 1 auslösen kann. Der Erfolg einer Klage hat grundsätzlich nur **subjektiv-**

---

[111] BVerwG BayVBl 2006, 191, 192; *Gaentzsch* DVBl 2000, 741, 748.
[112] Ebenso *Fischer* in Ziekow, Praxis des Fachplanungsrechts, Rn. 483.
[113] Anders wohl BVerwGE 102, 74, 76 = NVwZ 1997, 919; *Fischer* in Ziekow, Praxis des Fachplanungsrechts, Rn. 476.
[114] Zutreffend: *Kügel* in Obermayer, § 75 Rn. 65.
[115] Das gilt auch zu Gunsten solcher Vorhaben, für die aufgrund besonderer gesetzlicher Vorschriften ein Plan als bestandskräftig festgestellt gilt (fingierter PlfBeschluss): BVerwG LKV 1998, 148.
[116] Zur Duldungswirkung eingehend: *Michler* in FS Blümel, S. 357 ff.
[117] *Wickel* in Fehling u.a., § 75 VwVfG Rn. 34.

relative Wirkung für den jeweiligen Kläger.[118] Wird der PlfBeschluss insgesamt aufgehoben, ist die Unzulässigkeit des Vorhabens generell festgestellt. Eine solche Entscheidung kommt den Planbetroffenen faktisch zugute, die den PlfBeschluss nicht oder ohne eigenen Erfolg angefochten haben.[119]

60 Ist der PlfBeschluss nur **teilweise angefochten,** sind für den nicht angefochtenen Teilbereich Beseitigungs- oder Unterlassungsansprüche ausgeschlossen. Ist der PlfBeschluss ausnahmsweise nicht inhaltlich (gegenständlich) teilbar, erstreckt sich eine Teilanfechtung auf den PlfBeschluss insgesamt, der deshalb insgesamt nicht unanfechtbar i. S. d. Abs. 2 S. 1 wird.[120]

61 **3. Abs. 2 S. 1** schließt ab Unanfechtbarkeit des PlfBeschlusses Ansprüche auf Unterlassung des Vorhabens, Beseitigung oder Änderung der Anlage oder auf Unterlassung ihrer Benutzung aus.[121]

a) Die Duldungswirkung bezieht sich auf **ör Ansprüche** und gilt für **Betroffene** sowie **Behörden.** Es handelt sich um eine Folge der Bestandskraft, die dem Bedürfnis nach Rechtssicherheit Rechnung trägt. Abweichend von allgemeinen Regelungen ist ein Anspruch auf Wiederaufgreifen nach § 51 ausgeschlossen.[122] Die Härte der Bestandskraft und das Risiko nachträglich veränderter Umstände zu Lasten davon Betroffener wird durch Abs. 2 S. 2 gemildert.[123]

62 **b)** Die Duldungswirkung des Abs. 2 S. 1 erstreckt sich ferner auf privatrechtliche Unterlassungs- und Beseitigungsansprüche, insbesondere aus §§ 861 ff., 903 ff., 1004 BGB **(privatrechtsgestaltende Duldungswirkung).**[124] Ansprüche aus vertraglichen zivilrechtlichen Rechtstiteln bleiben unberührt.[125] Weitergehende zivilrechtliche Befugnisse, etwa zum Betreten oder zur Nutzung fremder Grundstücke, gewährt die Planfeststellung nicht.[126]

VIII. Ausgleichswirkungen (Abs. 2 S. 2 bis 5)

1. Allgemeines

63 Abs. 2 S. 2 bis 5 normiert ergänzende Ausgleichswirkungen, und zwar einen Anspruch auf **nachträgliche Anordnung** von **Schutzmaßnahmen** (Abs. 2 S. 2 und 3) oder einer angemessenen **Entschädigung** in Geld (Abs. 2 S. 4). Abs. 2 S. 2 enthält zugleich die Ermächtigungsgrundlage für eine derartige Anordnung, auch ohne dass ein Vorbehalt nach § 74 Abs. 3 oder nach § 36 Abs. 2 Nr. 5 im PlfBeschluss ausgebracht ist.[127] Abs. 2 S. 2 bis 5 kommt nur für die Zeit nach der Unanfechtbarkeit des PlfBeschlusses[128] zur Anwendung und unterscheidet sich dadurch von § 74 Abs. 2. Er enthält eine Ausnahme von der Duldungswirkung des Abs. 2 S. 1 und soll die Härte der Bestandskraft und das Risiko nachträglich veränderter Umstände zu Lasten davon Betroffener mildern, namentlich in den Fällen, in denen Immissionen aus der Anlage ein Ausmaß erreichen, das den grundgesetzlich garantierten Schutz der Gesundheit oder des Eigentums antastet.[129] Die Betroffenen werden so gestellt, als wäre die später eingetretene nachteilige Wirkung bereits im Zeitpunkt der Planfeststellung vorhergesehen worden.[130]

64 § 75 Abs. 2 S. 2 schließt grundsätzlich den **Rückgriff auf § 49** aus. Ein (Teil-)Widerruf des PlfBeschlusses kommt erst in Betracht, wenn nachträgliche Schutzmaßnahmen nicht ausreichen, um Gefahren für grundrechtlich geschützte Rechtsgüter abzuwehren (§ 72 Rn. 115).[131]

---

[118] Vgl. *BVerwGE* 69, 256, 259 = NVwZ 1984, 718; *VGH München* DÖV 1979, 527.
[119] Vgl. *Johlen* NVwZ 1989, 109, 110 f.; *Dürr* VBlBW 1992, 320, 328.
[120] Ähnlich *Dürr* in Knack, § 75 Rn. 40.
[121] Zum Ausschluss von Ansprüchen auf Schutzauflagen vgl. *Michler* in FS Blümel, S. 357, 369 ff.
[122] *BVerwGE* 61, 1, 8 f. = NJW 1981, 835, 837; *BVerwGE* 80, 7, 9 = NVwZ 1989, 253, 254.
[123] *BVerwGE* 80, 7, 11 = NVwZ 1989, 253, 254; *BVerwGE* 105, 6, 13 = NVwZ 1998, 281, 283.
[124] *BGHZ* 161, 323, 328 ff. = NJW 2005, 660, 661 f.; *OVG Lüneburg* NordÖR 2006, 498; *Kopp/Ramsauer,* § 75 Rn. 10; *Ziekow,* § 75 Rn. 12.
[125] *Wickel* in Fehling u. a., § 75 VwVfG Rn. 30.
[126] *BGH* NVwZ 2004, 377, 378 f.
[127] *Fischer* in Ziekow, Praxis des Fachplanungsrechts, Rn. 489.
[128] Hierzu *Fischer* in Ziekow, Praxis des Fachplanungsrechts, Rn. 490.
[129] *BVerwG* NVwZ 2004, 869.
[130] *BVerwGE* 80, 7, 11 = NVwZ 1989, 253, 254; *BVerwG* NVwZ 2004, 618; NVwZ 2007, 827, 829.
[131] *BVerwGE* 105, 6, 11 ff. = NVwZ 1998, 281, 283; *BVerwG* LKV 1998, 148; NVwZ 2004, 97; NVwZ 2004, 865, 867; NVwZ 2004, 869.

Die Vorschrift gilt nur für PlfBeschlüsse, die entweder nach dem Inkrafttreten des VwVfG 65
oder zuvor unter der Geltung eines Fachplanungsgesetzes erlassen sind, das bereits seinerzeit eine
dem späteren § 75 Abs. 2 S. 2 vergleichbare Regelung enthielt (Beispiel: § 17 Abs. 6 S. 2 FStrG
i. F. d. Gesetzes vom 4. 7. 1974, BGBl I S. 1401).[132]

Soweit nachteilige Wirkungen **vorhersehbar** waren, sind Schutzmaßnahmen nicht nach § 75 66
Abs. 2 S. 2 anzuordnen. Die vorhersehbaren nachteiligen Wirkungen sind unter den Voraussetzungen des § 74 Abs. 2 S. 2 und 3 bereits im PlfBeschluss auszugleichen. Berücksichtigt der
PlfBeschluss vorhersehbaren Wirkungen des Vorhabens nicht, muss der Betroffene ihn wegen
eines Abwägungsmangels anfechten oder Ansprüche auf Schutzmaßnahmen nach § 74 Abs. 2
S. 2 und 3 bis zur Unanfechtbarkeit des PlfBeschlusses geltend machen. Versäumt er dies, kann
er nicht wegen solcher vorhersehbarer Wirkungen nachträglich gestützt auf § 75 Abs. 2 S. 2
bis 5 Schutzmaßnahmen oder Geldausgleich verlangen.[133]

Die PlfBehörde kann nicht durch Auflagen und Auflagenvorbehalte eine Pflicht zur **Anpas-** 67
sung der Anlage **an künftige Entwicklungen** begründen. Sie kann nicht wegen der Unsicherheit jeder Prognose dem Vorhabenträger im PlfBeschluss etwa die Schallschutzmaßnahmen
aufgeben, die nach den prognostizierten Lärmbelastungen erforderlich sind, ihn aber zugleich
dem Grunde nach verpflichten, die Maßnahmen des Schallschutzes nachzubessern, wenn sich
die Umstände ändern, die der Prognose zugrunde gelegt sind.[134] Solche aus Auflage und Auflagenvorbehalt zusammengesetzte Regelungen sind mit der erhöhten Bestandskraft von PlfBeschlüssen unvereinbar, wie sie durch § 75 Abs. 2 begründet wird. Die PlfBehörde begründet
eine Pflicht zur ständigen Nachrüstung der Anlage, ohne dass die Schwelle des § 75 Abs. 2 S. 2
erreicht sein müsste.

2. Nachträgliche Anordnung von Schutzmaßnahmen

Der Betroffene hat nach Abs. 2 S. 2 gegen die PlfBehörde einen Anspruch auf **nachträgliche** 68
Anordnung von Schutzmaßnahmen, wenn nach Unanfechtbarkeit des PlfBeschlusses **nicht
vorhersehbare nachteilige Wirkungen** des Vorhabens auftreten.

a) Voraussetzungen. Die (nachteiligen) Wirkungen auf das Recht eines anderen dürfen erst 69
nach Unanfechtbarkeit des Planes **aufgetreten** sein.[135] Sie müssen objektiv erst nach der
Unanfechtbarkeit feststellbar geworden sein. Abs. 2 S. 2 will das Risiko prognostischer Fehleinschätzung nur für die atypischen Folgen, also eine tatsächliche Entwicklung berücksichtigen, die
sich erst später zeigt und mit der die Beteiligten verständigerweise nicht rechnen konnten.[136] Ob
dies der Fall ist, richtet sich nach einem objektiven Maßstab; auf die subjektive Fähigkeit, das
Eintreten möglicher nachteiliger Wirkungen sachkundig einzuschätzen, kommt es grundsätzlich
nicht an.[137]

Nicht vorhersehbar sind nachteilige Auswirkungen, die **abweichend von einer Prognose** 70
eintreten, welche die PlfBehörde insoweit dem PlfBeschluss zugrunde gelegt hat. Das gilt jedenfalls dann, wenn die Prognose bezogen auf den Zeitpunkt der Planfeststellung auf der Grundlage
der seinerzeit verfügbaren Erkenntnisse zutreffend erarbeitet worden ist. Treten nachträglich
andere Entwicklungen ein, sind sie aus der Sicht der zutreffend erarbeiteten Prognose nicht vorhersehbar.

Das gilt folgerichtig auch, wenn die nachträglich eingetretenen Auswirkungen ihre Ursache
in einer **gesteigerten Auslastung der planfestgestellten Anlage** haben.[138] Der Abwägung
ist eine Prognose über die voraussichtlichen Auswirkungen der planfestgestellten Anlage zugrunde zu legen. Diese Prognose berücksichtigt nur die Auswirkungen der zu erwartenden tatsächlichen Ausnutzung der Anlage, nicht hingegen die Auswirkungen einer technisch mögli-

---

[132] *BVerwGE* 61, 1, 4 ff. = NJW 1981, 835; *BVerwG* NVwZ 2000, 70; NVwZ 2007, 219, 220; NVwZ 2007, 827, 828; *Dürr* in Knack, § 75 Rn. 84; einschränkend: *VGH Mannheim* DÖV 1999, 651.
[133] *BVerwGE* 80, 7, 13 = NVwZ 1989, 253, 254 f.; *BVerwG* NVwZ 1998, 846.
[134] So aber: *OVG Koblenz* UPR 2000, 152; dagegen: *BVerwGE* 112, 221, 225 = NVwZ 2001, 429.
[135] Zu fiktiven Planfeststellungen etwa nach § 71 LuftVG vgl. *BVerwG* NVwZ 2004, 869; NVwZ 2007, 219; BGHZ 161, 323, 332 = NJW 2005, 660, 662.
[136] *BVerwG* NVwZ 2007, 827, 829; *OVG Lüneburg* NordÖR 2001, 444, 446.
[137] *BVerwGE* 80, 7, 13 = NVwZ 1989, 253, 255; *BVerwG* NVwZ 2007, 827, 829; *OVG Koblenz* NVwZ-RR 2005, 168, 169.
[138] *BVerwG* LKV 2000, 211, 212; anders *VGH Kassel* NVwZ-RR 2005, 805, 807.

chen maximalen Ausnutzung der Anlage in ihrem genehmigten Umfang (§ 74 Rn. 173). Wird die Anlage später über das erwartete tatsächliche Maß hinaus ausgenutzt, sind damit verbundene erhöhte Auswirkungen aus der Sicht der maßgeblichen Prognose unvorhersehbar.[139]

Problematisch ist der Fall, dass die **Prognose** über die zu erwartenden Auswirkungen des Vorhabens methodisch **fehlerhaft erarbeitet** worden ist, etwa nicht alle Umstände berücksichtigt, die bei ihrer Erarbeitung bereits erkennbar waren und nach dem zugrunde gelegten methodischen Ansatz hätten berücksichtigt werden müssen. Wirkt das Vorhaben nach seiner Verwirklichung auf die Nachbarschaft nachteiliger ein als prognostiziert, sind diese nachteiligen Auswirkungen aus der Sicht der tatsächlich zugrunde gelegten Prognose nicht vorsehbar, wären aber auf der Grundlage einer fehlerfrei erarbeiteten Prognose bereits im Zeitpunkt der Planfeststellung vorhersehbar gewesen. In diesem Fall scheiden nachträgliche Schutzmaßnahmen aus, weil für den objektiven Betrachter die Entwicklung vorhersehbar war. Der Betroffene hätte den PlfBeschluss anfechten müssen, weil die PlfBehörde zu Unrecht, nämlich aufgrund einer unzutreffenden Prognose der Auswirkungen des Vorhabens, auf Schutzmaßnahmen verzichtet hat. Es geht mithin zu Lasten des Betroffenen, wenn er die Mängel der zugrunde gelegten Prognose nicht erkennt.[140]

Die Möglichkeit nachträglicher Schutzmaßnahmen beschränkt sich nicht auf den Fall einer **fehlgeschlagenen Prognose** und setzt eine solche nicht voraus. Das ist vor allem dann von Bedeutung, wenn der Prognose, was zulässig und sinnvoll ist, ein kürzerer Zeitraum als jene 30 Jahre zugrunde lag, innerhalb derer nach Abs. 3 S. 2 Ansprüche auf nachträgliche Schutzmaßnahmen maximal geltend gemacht werden können. Zeigen sich aufgrund nicht vorhersehbarer Entwicklungen nachteilige Auswirkungen erst nach Ablauf des Prognosezeitraums, aber vor Ablauf der 30-Jahres-Frist des Abs. 3 S. 2, kann ebenfalls ein Anspruch auf nachträgliche Schutzmaßnahmen bestehen.[141]

Nicht vorhersehbar sind Auswirkungen des Vorhabens, deren Schädlichkeit oder Gefährlichkeit sich aufgrund **neuer** (und zwar gesicherter) **wissenschaftlicher Erkenntnisse** und des **technischen Fortschritts** erst nachträglich herausstellen.[142] Dasselbe gilt, wenn sich die Verfahren geändert haben, mit denen die Wirkungen eines Vorhabens ermittelt (berechnet) und bewertet werden.[143]

Das BVerwG lässt als nicht vorhersehbare Wirkung eines Vorhabens auch die geänderte rechtliche Bewertung unveränderter tatsächlicher Auswirkungen gelten.[144]

71 § 75 Abs. 2 S. 2 ist anwendbar, wenn die PlfBehörde bei Erlass des PlfBeschlusses zwar die nachteiligen Auswirkungen des Vorhabens auf Rechte anderer vorausgesehen hat, deshalb angeordnete **Schutzmaßnahmen** sich aber **nachträglich** als **unzureichend** erweisen, und zwar aus Gründen, die objektiv nicht vorsehbar waren.[145]

72 Die nicht vorhersehbaren Wirkungen müssen ihre **Ursache in dem** planfestgestellten **Vorhaben** haben (vgl. § 74 Rn. 174 auch zum Zusammenwirken mehrerer Ursachen[146] sowie zur Anspruchsminderung bei **Vorbelastungen**).

73 Die nachteiligen Auswirkungen müssen für die **Rechte anderer** eingetreten sein. Rechte **anderer** sind solche von Betroffenen, auch der planbetroffenen Gemeinde.[147] **Rechte** anderer sind alle Rechtspositionen, die einem Betroffenen bei Vorhersehbarkeit der nachteiligen Auswirkungen einen Anspruch auf Schutzmaßnahmen nach § 74 Abs. 2 S. 2 vermittelt hätten (vgl. hierzu § 74 Rn. 171).[148]

74 Die Behörde, die nachträglich Schutzauflagen anordnet, oder der Betroffene, der nachträglich Schutzauflagen begehrt, tragen die **Beweislast** dafür, dass die nachteiligen Wirkungen erst

---

[139] Vgl. hierzu auch *Hösch* UPR 2006, 411.
[140] *BVerwGE* 80, 7, 14 = NVwZ 1989, 253, 255; *BVerwG* NVwZ 2007, 827, 830; *Steinberg/Berg/Wickel*, S. 315; a. A.: *Wickel* in Fehling u. a., § 75 VwVfG Rn. 75 ff.; *Dürr* in Knack, § 75 Rn. 87; *Kopp/Ramsauer*, § 75 Rn. 25 a; *Fischer* in Ziekow, Praxis des Fachplanungsrechts, Rn. 493 ff.; *Zeitler* NVwZ 1992, 830, 833.
[141] *BVerwG* NVwZ 2007, 827.
[142] *BVerwG* NVwZ 2004, 618; *VGH Kassel* NVwZ-RR 2005, 805,807.
[143] Vgl. *VGH Kassel* NVwZ-RR 2005, 805, 807 zur Änderung des Berechnungsverfahrens für Fluglärm.
[144] *BVerwG* NVwZ 1998, 846, 847.
[145] *BVerwG* NVwZ 2000, 675, 678.
[146] Hierzu: *VGH Kassel* NVwZ-RR 2005, 805, 810 f.
[147] *BVerwGE* 80, 7. 10 = NVwZ 1989, 253, 254; *BVerwG* NVwZ 2000, 675.
[148] *BVerwG* NVwZ 2000, 675.

nachträglich eingetreten sind und nicht vorhersehbar waren. Zugunsten des Vorhabenträgers streitet die Bestandskraft des PlfBeschlusses. Die Voraussetzungen für ihre Durchbrechung muss derjenige beweisen, der abweichend von § 75 Abs. 2 S. 1 Änderungen der Anlage (durch Schutzmaßnahmen) verlangt oder anordnen will.

Die (nachteiligen) Wirkungen müssen die **Schwelle der Erheblichkeit** überschreiten. Dem Betroffenen kann die Duldungswirkung des Abs. 2 S. 1 erst dann nicht mehr entgegengehalten werden, wenn er zusätzlichen Einwirkungen ausgesetzt ist, die ihrerseits nach den gleichen Maßstäben wie in § 74 Abs. 2 S. 2 als **unzumutbar** zu bewerten sind (dort Rn. 170 ff.).[149] Der Vorhabenträger muss nicht schon auf jede Auswirkung seines Vorhabens, die geringfügig höher als prognostiziert ausfällt, mit möglicherweise kostspieligen und schwierigen Nachbesserungen reagieren.[150] 75

Die Anordnung der Schutzmaßnahmen muss objektiv **geeignet** sein, die nachteiligen Wirkungen auszuschließen oder zu mildern. Werden die Auswirkungen durch Schutzmaßnahmen nur gemildert, kommt zusätzlich ein (geminderter) Geldausgleich in Betracht. 76

Die nachträgliche Anordnung von Schutzmaßnahmen steht nicht im Ermessen der PlfBehörde; liegen die Voraussetzungen vor, hat der Betroffene vielmehr einen **Rechtsanspruch.** Die PlfBehörde darf ihn nur dann auf eine Entschädigung nach S. 4 verweisen, wenn Schutzmaßnahmen **untunlich** oder mit dem Vorhaben **unvereinbar** sind. Insoweit decken sich die Voraussetzungen des § 75 Abs. 2 S. 2 und 4 mit denen des § 74 Abs. 2 und 3. 77

3. Nachträgliche Anordnung einer Entschädigung

Abs. 2 S. 4 ersetzt den Anspruch auf Schutzmaßnahmen nach S. 2 durch einen Anspruch auf angemessene **Entschädigung in Geld,** soweit solche Maßnahmen **untunlich** oder mit dem Vorhaben **unvereinbar** sind. Für den Anspruch, seine Voraussetzungen und seinen Umfang gilt dasselbe wie für den Anspruch nach § 74 Abs. 2 S. 3 (dort Rn. 193 ff.). 78

4. Kostentragung

Ansprüche auf Schutzmaßnahmen (S. 2) oder auf angemessene Entschädigung (S. 4) werden durch die Sonderregelung des S. 5 modifiziert: Sie regelt die Folgen, wenn nach Erlass des PlfBeschlusses, aber nicht notwendig nach dessen Unanfechtbarkeit, auf einem benachbarten Grundstück **Veränderungen** tatsächlicher Art eintreten und erst hierdurch Schutzmaßnahmen i. S. d. S. 2 notwendig werden. Die Veränderung ist eingetreten, wenn sie nach außen **objektiv** in Erscheinung getreten ist. Veränderungen können durch positives Tun oder pflichtwidriges Unterlassen eintreten. **Benachbart** ist jedes Grundstück in der Nähe des Vorhabens. Es kann, muss aber nicht das Grundstück desjenigen sein, der durch die Wirkungen des Vorhabens nachteilig betroffen ist und zu dessen Gunsten deshalb Schutzmaßnahmen in Betracht kommen.[151] 79

a) Sind die Veränderungen auf dem **benachbarten** Grundstück durch **natürliche Ereignisse** oder **durch höhere Gewalt** verursacht, haben die Betroffenen Ansprüche auf Schutzmaßnahmen oder auf Entschädigung in Geld nach Maßgabe der S. 2 und 4 gegen den Vorhabenträger. Seine Verpflichtung beruht auf dem **Veranlasserprinzip,** weil erst sein Vorhaben Schutzmaßnahmen notwendig gemacht hat. **Natürliche Ereignisse** sind solche der Außenwelt, die ohne menschliches Zutun ablaufen, etwa Frost, Regen, Laubbefall, Verschleiß durch Alter. Zum Begriff der **höheren Gewalt** vgl. § 32 Rn. 41. 80

b) Sind die Veränderungen auf dem benachbarten Grundstück **weder durch natürliche Ereignisse noch durch höhere Gewalt** verursacht worden, haben die Betroffenen einen Anspruch auf Schutzmaßnahmen, der sich ebenfalls gegen den Vorhabenträger richtet. Die Kosten der Maßnahmen trägt aber der **verursachende Grundstückseigentümer.** Eine Veränderung auf dem benachbarten Grundstück stellt es insbesondere dar, wenn ein im Zeitpunkt der Planfeststellung unbebautes Grundstück bebaut oder in seiner Nutzung geändert wird.[152] Der Eigen- 81

---

[149] *OVG Koblenz* NVwZ-RR 2005, 168.
[150] *BVerwG* NVwZ 2007, 827, 830.
[151] *Ziekow,* § 75 Rn. 34; *Wickel* in Fehling u. a., § 75 VwVfG Rn. 82; *Fischer* in Ziekow, Praxis des Fachplanungsrechts, Rn. 502.
[152] *VGH Kassel* NVwZ-RR 2005, 805, 808.

tümer haftet auch, wenn die Ursache für die Veränderung seines Grundstücks und die dadurch später ausgelösten nachteiligen Wirkungen bereits vor Erlass des PlfBeschlusses im Keim angelegt waren. Er haftet ferner analog der Vorschrift, wenn nicht er selbst, sondern sein Mieter oder Pächter die Veränderung verursacht hat.[153]

82   Nach S. 5 hat der Eigentümer die entstehenden Kosten zu tragen (zum Zusammentreffen mehrerer Ursachen § 74 Rn. 174). Die PlfBehörde erlegt durch Beschluss (VA) nach S. 3 einerseits dem Vorhabenträger die notwendigen Schutzmaßnahmen und anderseits dem Eigentümer die Erstattung der Kosten an den Vorhabenträger nach Grund und Höhe auf.[154] Sie kann die Durchführung der Schutzmaßnahmen von einer **Sicherheitsleistung** oder **Vorauszahlung** des Eigentümers abhängig machen.[155] Der Beschluss ist im Verwaltungsrechtsweg anfechtbar.[156] Ist er bestandskräftig, kann der Vorhabenträger vor dem VG Leistungsklage gegen den Eigentümer auf Zahlung erheben.[157]

83   c) S. 5 HS 2 erklärt S. 4 für unanwendbar. Machen Veränderungen im Verantwortungsbereich des Grundstückseigentümers nachträgliche Schutzmaßnahmen notwendig, besteht bei Untunlichkeit derartiger Schutzmaßnahmen oder bei ihrer Unvereinbarkeit mit dem Vorhaben **kein Anspruch** auf angemessene Entschädigung **in Geld** gegen den Vorhabenträger. S. 5 HS 2 schließt damit zugleich einen Anspruch auf **Schutzmaßnahmen** für den Fall aus, dass sie untunlich oder mit dem Vorhaben unvereinbar sind (zu den Begriffen § 74 Rn. 193 ff.), auch wenn der verantwortliche Eigentümer zur Übernahme von Kosten bereit und fähig ist. Es obliegt dem Betroffenen, Schutzmaßnahmen auf seinem Grundstück zu veranlassen und die Kosten unmittelbar bei dem verantwortlichen Eigentümer zivilrechtlich geltend zu machen.[158]

5. Verfahren (Abs. 3)

84   a) Nach Abs. 3 S. 1 werden Schutzmaßnahmen und eine Entschädigung in Geld grundsätzlich nicht von Amts wegen, sondern nur **auf Antrag** nachträglich angeordnet. Die Befugnisse für ein behördliches Einschreiten von Amts wegen nach §§ 36, 48, 49 bleiben unberührt (hierzu § 72 Rn. 115 ff.).[159]

85   Dem Antragserfordernis unterfallen **alle Ansprüche** i. S. d. Abs. 2, also auch solche nach S. 5, unabhängig davon, ob die nachträglichen Veränderungen durch natürliche Ereignisse oder höhere Gewalt verursacht wurden.[160]

86   Für den Antrag schreibt Abs. 3 S. 1 **Schriftform** vor. Der Antrag soll ein bestimmtes Begehren enthalten[161], er kann hilfsweise oder alternativ gestellt werden. Er kann zur Niederschrift der PlfBehörde gestellt werden.

87   Der Antrag ist **an** die **PlfBehörde** zu richten (Abs. 3 S. 1).

88   b) Der Antrag ist nach Abs. 3 S. 2 innerhalb bestimmter **Fristen** zu stellen:

89   Nach S. 2 HS 1 ist der Antrag nur innerhalb von **3 Jahren** nach dem Zeitpunkt zulässig, zu dem der Betroffene von den nachteiligen Wirkungen des Vorhabens **Kenntnis** erhalten hat.[162] Voraussetzung für den Fristenlauf ist die Unanfechtbarkeit des PlfBeschlusses im Verhältnis zu dem Antragsteller und eine Ausführung des Vorhabens, die dem festgestellten Plan entspricht. Unwesentliche Abweichungen sind unerheblich. Erforderlich ist die positive Kenntnis von den nachteiligen Wirkungen; Kennenmüssen reicht nicht aus.[163] Steigen die nachteiligen Auswirkungen des Vorhabens gleichsam schleichend an, beginnt die Frist jedenfalls dann zu laufen, wenn sich dem Betroffenen hinreichend sicherer Grund für die Annahme bietet, dass die nach-

---

[153] *Fischer* in Ziekow, Praxis des Fachplanungsrechts, Rn. 504.
[154] *Dürr* in Knack, § 75 Rn. 97; *Fischer* in Ziekow, Praxis des Fachplanungsrechts, Rn. 505.
[155] *Dürr* in Knack, § 75 Rn. 97.
[156] Ebenso *Dürr* in: Knack, § 75 Rn. 94 i. V. m. Rn. 81.
[157] *Dürr* in Knack, § 75 Rn. 97; *Wickel* in Fehling u. a., § 75 VwVfG Rn. 85; *Fischer* in Ziekow, Praxis des Fachplanungsrechts, Rn. 505.
[158] *Wickel* in Fehling u. a., § 75 VwVfG Rn. 84.
[159] *Ziekow*, § 75 Rn. 30.
[160] *Ziekow*, § 75 Rn. 32.
[161] Zur Bezifferung des Betrags bei einem Entschädigungsantrag vgl. BVerwG NVwZ 2000, 675, 676.
[162] Zur Verfassungsmäßigkeit der Fristbestimmung vgl. BVerwG NVwZ 2004, 97.
[163] Zweifelhaft deshalb *VGH Kassel* NVwZ-RR 2005, 805, 808.

träglich eingetretenen nachteiligen Wirkungen so erheblich sind, dass sie einen Antrag auf nachträgliche Schutzmaßnahmen zu tragen geeignet sind. Der Betroffene muss in der Lage sein, dies anhand geeigneter Beweismittel zu prüfen und zu belegen.[164]

Ohne Rücksicht auf die Kenntnis von nachteiligen Wirkungen sind Ansprüche ausgeschlossen, wenn nach der Herstellung des dem Plan entsprechenden Zustandes **30 Jahre** verstrichen sind. Es handelt sich hierbei um eine materiellrechtliche **Ausschlussfrist,** bei der eine Wiedereinsetzung in den vorigen Stand unzulässig ist (§ 32 Abs. 5).[165]

c) Schutzmaßnahmen und eine Entschädigung in Geld sind durch eine Planergänzung anzuordnen.[166] **Zuständig** ist die **PlfBehörde (Abs. 2 S. 3).** Können durch die Anordnung Rechte Dritter oder der Aufgabenbereich anderer Behörden berührt sein, ist ein **Anhörungsverfahren** erforderlich; insbesondere ist der Vorhabenträger anzuhören. Insoweit ist § 76 Abs. 2 und 3 entsprechend anzuwenden.[167] Die Anordnung ergeht nach Abs. 2 S. 3 **durch Beschluss.** Dieser Beschluss ist VA, aber kein PlfBeschluss, auch kein Änderungsbeschluss nach § 76.[168] Er ergänzt den ursprünglichen PlfBeschluss und bildet mit ihm eine rechtliche Einheit.[169] Der Anspruch auf Schutzmaßnahmen oder eine Entschädigung in Geld ist durch Verpflichtungsklage geltend zu machen. Für den Vorhabenträger ist die Anordnung selbständig anfechtbar. Ein Vorverfahren ist entsprechend § 74 Abs. 1 S. 2 entbehrlich.[170] Die nachträgliche Anordnung von Schutzmaßnahmen und einer Entschädigung in Geld ergeht außerhalb eines PlfV. Das VG ist erstinstanzlich zuständig, auch wenn für PlfV auf dem entsprechenden Sachgebiet eine erstinstanzliche Zuständigkeit des OVG oder des BVerwG gegeben wäre.[171]

Sofern in den einzelnen Fachgesetzen nicht ein besonderes Entschädigungsverfahren vorgesehen ist (vgl. § 74 Rn. 198), ist die **PlfBehörde zuständig** für die Festsetzung der Entschädigung nach Grund und Höhe. Zulässig ist eine Entscheidung nur über den Grund des Anspruchs, allerdings mit einer regelmäßig erforderlichen Entscheidung über die wesentlichen Berechnungsfaktoren,[172] wenn eine abschließende Entscheidung über die Höhe noch nicht möglich ist. Im Streitfall entscheiden die Verwaltungsgerichte über Grund und Höhe des Anspruchs.[173]

IX. Außerkrafttreten des Plans (Abs. 4)

Nach Abs. 4 tritt der PlfBeschluss außer Kraft, wenn mit der Durchführung des Plans nicht innerhalb von 5 Jahren nach Eintritt der Unanfechtbarkeit begonnen wird. Die Vorschrift bringt den Grundsatz zum Ausdruck, dass der Vorhabenträger **berechtigt, aber nicht verpflichtet** ist, das Vorhaben auszuführen (vgl. § 74 Rn. 22). Abs. 4 ergänzt die Fachplanungsgesetze, die keine Vorschriften über das Außerkrafttreten des PlfBeschlusses enthalten. Fehlt eine solche Regelung in dem jeweiligen Fachplanungsgesetz, kann daraus nicht geschlossen werden, PlfBeschlüsse nach diesem Gesetz hätten eine unbegrenzte Geltungsdauer.[174]

Außerkrafttreten bedeutet, dass sich der PlfBeschluss als rechtsgestaltender VA durch Zeitablauf i. S. d. § 43 Abs. 2 erledigt (hierzu § 43 Rn. 204 ff.); die **Erledigung** führt ex nunc zum Verlust der Wirksamkeit.[175] Die PlfBehörde kann diese Rechtsfolge durch VA feststellen; er wirkt nicht konstitutiv, sondern nur deklaratorisch.

---

[164] *BVerwG* NVwZ 2007, 827, 830.
[165] Ebenso *Wickel* in Fehling u. a., § 75 VwVfG Rn. 97; *Kopp/Ramsauer,* § 75 Rn. 30 f., die die Ausschlusswirkung jedoch für verfassungsrechtlich nicht unbedenklich ansehen.
[166] *BVerwGE* 80, 7, 9 = NVwZ 1989, 253, 254.
[167] Ebenso *VGH München* NVwZ-RR 1992, 165, 166; *Kopp/Ramsauer,* § 75 Rn. 32.
[168] Wie hier: *Dürr* in Knack, § 75 Rn. 92; *Ziekow,* § 75 Rn. 29; a. A.: *Kügel* in Obermayer, § 75 Rn. 88; *Keilich,* Das Recht der Änderung in der Fachplanung, S. 113 ff.
[169] *Wickel* in Fehling u. a., § 75 VwVfG Rn. 91.
[170] *Dürr* in Knack, § 75 Rn. 93; a. A. *VGH München* UPR 1999, 276; *Kopp/Ramsauer,* § 75 Rn. 33.
[171] *BVerwG* NVwZ 2000, 1168; *VGH München* NVwZ-RR 1992, 165; *VGH München* NVwZ-RR 1999, 699.
[172] *BVerwGE* 71, 166, 174 f. = NJW 1986, 80, 82.
[173] *BVerwGE* 71, 166, 174 = NJW 1986, 80, 82; *BVerwGE* 77, 295, 296 ff. = NJW 1987, 2884, 2885; *BVerwGE* 80, 184, 190 ff. = NJW 1989, 467, 469.
[174] A. A.: *Stoermer* NZV 2002, 303, 309.
[175] Zu Einzelheiten vgl. *Stoermer* NZV 2002, 303, 305.

Abs. 4 gibt der PlfBehörde nicht die Möglichkeit, die **Frist** des Abs. 4 zu **verlängern**. Eine **Wiedereinsetzung** in den vorigen Stand ist ausgeschlossen (§ 32 Abs. 5).[176]

Abs. 4 soll einerseits **Planfeststellungen auf Vorrat verhindern**.[177] Er dient andererseits der **Rechtsklarheit** für die von der Planfeststellung betroffenen Personen und Behörden. Sie sollen nicht auf unbegrenzte Zeit im Unklaren darüber gelassen werden, ob der Plan tatsächlich ausgeführt wird, zumal der PlfBeschluss sich schon mit seinem Erlass mittelbar auf die Nutzung und Verwertung betroffener Grundstücke auswirken kann.[178]

Nach Art. 75 Abs. 4 BayVwVfG kann die PlfBehörde die Geltungsdauer des PlfBeschlusses um höchstens fünf Jahre **verlängern**.[179] Nach 18 c AEG, § 17 c FStrG, § 14 c WaStrG, § 2 b MBPlG, § 43 c EnWG, § 9 Abs. 5 S. 1 LuftVG beträgt die Frist von vornherein zehn Jahre mit der Möglichkeit einer Verlängerung um weitere fünf Jahre.[180]

95 Die Frist beginnt, wenn der **PlfBeschluss unanfechtbar** ist. Das ist in diesem Zusammenhang der Fall, wenn gegen den PlfBeschluss insgesamt kein Rechtsbehelf mehr anhängig ist und ein solcher von niemandem mehr erhoben werden kann.[181] Dabei bleiben solche Betroffene außer Betracht, denen der PlfBeschluss nicht oder fehlerhaft zugestellt worden ist.[182]

Die Frist wird **unterbrochen,** wenn innerhalb der 5 Jahre nach Unanfechtbarkeit mit der Ausführung des Plans tatsächlich nach außen feststellbar **begonnen** wird.[183] Erforderlich ist eine planmäßige Tätigkeit von mehr als nur geringfügiger Bedeutung, die der Verwirklichung des konkreten Vorhabens dient,[184] etwa die Ausführung einer notwendigen Folgemaßnahme.[185] Bloße Vorbereitungsarbeiten, etwa der Vertragsschluss mit Baufirmen ohne konkrete Termine für den Baubeginn, oder nicht ernstlich gemeinte oder nicht nachhaltige Durchführungsarbeiten reichen nicht aus.[186]

Einzelne Fachplanungsgesetze enthalten ausdrückliche Definitionen des Beginns der Durchführung, die der hier vertretenen Auffassung zu § 75 Abs. 4 entsprechen (§ 18 c Nr. 4 AEG; § 17 c Nr. 4 FStrG; § 14 c Nr. 4 WaStrG, § 2 b Nr. 4 MBPlG; § 43 c Nr. 4 EnWG). Als Beginn der Durchführung des Planes gilt danach jede erstmals nach außen erkennbare Tätigkeit von mehr als nur geringfügiger Bedeutung zur plangemäßen Verwirklichung des Vorhabens.

96 Ist mit der Durchführung eines Vorhabens begonnen worden, stellt der Vorhabenträger die Arbeiten aber wieder ein, beginnt mit der **Unterbrechung der Durchführung** die Frist des Abs. 4 nicht erneut zu laufen (so ausdrücklich § 18 c Nr. 4 AEG; § 17 c Nr. 4 FStrG; § 14 c Nr. 4 WaStrG, § 2 b Nr. 4 MBPlG; § 43 c Nr. 4 EnWG). Der PlfBeschluss tritt nicht außer Kraft, wenn die begonnene Durchführung für mehr als fünf Jahre eingestellt wurde. Anwendbar ist allein § 77.[187] Es kommt darauf an, ob die Einstellung der Arbeiten nach begonnener Durchführung als **endgültige Aufgabe des Vorhabens** zu werten ist; in diesem Fall hat die PlfBehörde den PlfBeschluss aufzuheben. Der PlfBeschluss erledigt sich wegen **Funktionslosigkeit** (§ 43 Abs. 2), wenn zwingende rechtliche oder tatsächliche Umstände einer Verwirklichung des Vorhabens auf Dauer entgegenstehen.

97 Die Vorschrift ist nicht auf PlfBeschlüsse anwendbar, die bereits **vor In-Kraft-Treten des VwVfG** unanfechtbar geworden sind.[188]

---

[176] Ebenso *Kopp/Ramsauer,* § 75 Rn. 35; *Stoermer* NZV 2002, 303, 309.
[177] *Schütz* UPR 2002, 172, 173; *Hermanns* DÖV 2003, 714, 715.
[178] *VGH Mannheim* NuR 2004, 810, 811; *Stoermer* NZV 2002, 303, 305 f.
[179] Zu Voraussetzungen und Verfahren einer Verlängerung in diesen Fällen: *Schütz* UPR 2002, 172, 174 ff.; *Stoermer* NZV 2002, 303, 309 ff.; *Hermanns* DÖV 2003, 714, 718 f.
[180] Zur berechtigten Kritik an diesen Vorschriften vgl. *Wickel* UPR 2007, 201, 205.
[181] *VGH Mannheim* NuR 2004, 810, 811; *Schütz* UPR 2002, 172, 173; *Hermanns* DÖV 2003, 714, 716.
[182] *Wickel* in Fehling u. a., § 75 VwVfG Rn. 101; *Stoermer* NZV 2002, 303, 306.
[183] Hierzu *VGH Mannheim* NuR 2004, 810, 811; *Fischer* in Ziekow, Praxis des Fachplanungsrechts, Rn. 512; *Stoermer* NZV 2002, 303, 306 f.; *Hermanns* DÖV 2003, 714, 716 ff.
[184] *OVG Koblenz* DVBl 1985, 408, 409.
[185] *VGH Mannheim* NuR 2004, 810, 811.
[186] Ähnlich *Schütz* UPR 2002, 172, 173 f.; großzügiger *OVG Koblenz* DVBl 1985, 408, 409; enger *Hermanns* DÖV 2003, 714, 717.
[187] *Ziekow,* § 75 Rn. 38; *Wickel* in Fehling u. a., § 75 VwVfG Rn. 104; *Fischer* in Ziekow, Praxis des Fachplanungsrechts, Rn. 511; *Schütz* UPR 2002, 172, 174; *Hermanns* DÖV 2003, 714, 718; a. A: *Kopp/Ramsauer,* § 75 Rn. 36; *Kukk* NuR 2000, 492, 494.
[188] A. A. wohl *Kukk* NuR 2000, 492, 493.

Planbetroffene Dritte können gegen die PlfBehörde **Feststellungsklage** nach § 43 Abs. 1 VwGO mit dem Antrag erheben, das Außerkrafttreten des PlfBeschlusses festzustellen.[189] **98**

X. Landesrecht

Nach § 75 Abs. 1a S. 1 VwVfG NRW sind Mängel bei der Abwägung nur erheblich, wenn sie auf das Abwägungsergebnis von Einfluss gewesen sind. Die Vorschrift verzichtet auf das Erfordernis der **Offensichtlichkeit des Abwägungsmangels.** Nach Auffassung des Landesgesetzgebers sind in PlfV alle Abwägungsmängel offensichtlich: Das Merkmal der Offensichtlichkeit sei entbehrlich, weil es im Bereich der Planfeststellung keine Bedeutung habe, denn dort würden alle Verfahrensschritte, die eingebrachten Belange und die Abwägung umfassend protokolliert.[190] § 142 Abs. 1 LVwGSchlH hat die **Unbeachtlichkeit von Abwägungsfehlern** in Angleichung an § 46 VwVfG geregelt. Mängel der Abwägung sind danach unerheblich, wenn offensichtlich ist, dass sie die Entscheidung in der Sache nicht beeinflusst haben. Zur Behebung erheblicher Abwägungsmängel sieht § 142 Abs. 1 S. 2 LVwGSchlH nur die Planergänzung, nicht aber ein **ergänzendes Verfahren** vor. **99**

Die Länder haben durchweg von ihrer Befugnis nach **§ 100 Nr. 2** Gebrauch gemacht und vorgesehen, dass bei Planfeststellungen aufgrund landesrechtlicher Vorschriften die **Konzentrationswirkung** des § 75 Abs. 1 S. 1 auch **Entscheidungen** umfasst, die **nach Bundesrecht** notwendig sind. § 75 Abs. 1 S. 1 VwVfG BW; Art. 75 Abs. 1 S. 1 BayVwVfG; § 75 Abs. 1 S. 1 BremVwVfG; § 75 Abs. 1 S. 1 VwVfG M-V; § 4 NVwVfG; § 5 LVwVfG Rheinland-Pfalz; § 5 VwVfG LSA; § 142 Abs. 1 S. 1 LVwG SchlH bestimmen dies ausdrücklich. Die anderen Länder (Berlin, Brandenburg, Hamburg, Hessen, Nordrhein-Westfalen, Saarland; Sachsen, Thüringen) haben keine ausdrückliche Regelung dieses Inhalts getroffen; die dort in wörtlicher Übereinstimmung mit § 75 Abs. 1 S. 1 angeordnete Konzentrationswirkung der Planfeststellung erfasst wegen ihrer umfassenden Formulierung auch andere behördliche Entscheidungen nach Bundesrecht.

§ 76 Planänderungen vor Fertigstellung des Vorhabens

(1) Soll vor Fertigstellung des Vorhabens der festgestellte Plan geändert werden, bedarf es eines neuen Planfeststellungsverfahrens.

(2) Bei Planänderungen von unwesentlicher Bedeutung kann die Planfeststellungsbehörde von einem neuen Planfeststellungsverfahren absehen, wenn die Belange anderer nicht berührt werden oder wenn die Betroffenen der Änderung zugestimmt haben.

(3) Führt die Planfeststellungsbehörde in den Fällen des Absatzes 2 oder in anderen Fällen einer Planänderung von unwesentlicher Bedeutung ein Planfeststellungsverfahren durch, so bedarf es keines Anhörungsverfahrens und keiner öffentlichen Bekanntgabe des Planfeststellungsbeschlusses.

Vergleichbare Vorschriften: § 18d AEG; § 17d FStrG; § 14d WaStrG; § 2c MBPlG; § 43d EnWG; § 8 Abs. 2 LuftVG; § 41 Abs. 4 FlurbG.

Abweichendes Landesrecht: –

Entstehungsgeschichte: Bis zum Inkrafttreten des VwVfG vgl. § 76 der 6. Auflage. Die Vorschrift ist seither unverändert.

Literatur: *Jarass,* Die Beteiligung von Naturschutzverbänden an der Änderung von Planfeststellungsbeschlüssen und an Plangenehmigungen, NuR 1997, 426; *Jarass,* Aktuelle Probleme des Planfeststellungsrechts – Plangenehmigung, Planänderung, Planergänzung, ergänzendes Verfahren, DVBl 1997, 795; *Keilich,* Das Recht der Änderung in der Fachplanung, 2001; *Hüting/Hopp,* Die Änderung von Planfeststellungsbeschlüssen, UPR 2003, 1; ferner zu §§ 72 bis 75 und 78. Ausführlich zum Schrifttum vor 1996 s. § 76 der 6. Auflage

---

[189] *VGH Mannheim* NuR 2004, 810.
[190] LT NRW Drs. 12/3730, S. 125.

Übersicht

	Rn.
I. Allgemeines	1
II. Neues Planfeststellungsverfahren bei Planänderung (Abs. 1)	7
III. Planänderungen von unwesentlicher Bedeutung (Abs. 2)	17
IV. Vereinfachtes Planänderungsverfahren (Abs. 3)	25

I. Allgemeines

1 § 76 regelt, ob und in welchen Fällen eine **Änderung des Plans** ein neues PlfV erforderlich macht. Ist der Plan nach § 74 festgestellt, darf der Vorhabenträger ihn aufgrund der Genehmigungswirkung des § 75 verwirklichen, ist aber an den genehmigten Inhalt gebunden (§ 74 Rn. 23). § 76 zielt auf die (teilweise) Änderung des PlfBeschlusses als rechtsgestaltenden VA ab. Er stellt der PlfBehörde ein Mittel zur nachträglichen Korrektur der ursprünglichen Planungsentscheidung zur Verfügung,[1] das insoweit den §§ 48, 49 vorgeht und diese verdrängt.[2]

2 § 76 ist anwendbar, wenn der Plan **nach seiner Feststellung** (§ 74), jedoch **vor einer Fertigstellung** des Vorhabens geändert werden soll, das Vorhaben also anders als zugelassen ausgeführt werden soll. Unerheblich ist, ob der PlfBeschluss insgesamt oder gegenüber einzelnen Betroffenen unanfechtbar ist.[3] § 76 ist damit anwendbar, auch wenn gegen den PlfBeschluss noch ein Rechtsbehelfsverfahren anhängig ist.

Die Vorschrift geht als selbstverständlich davon aus, dass die Änderung eines planfestgestellten Vorhabens **nach seiner Fertigstellung** in jedem Falle einer Planfeststellung bedarf. Eine Änderung in diesem Sinne liegt vor, wenn das Vorhaben vom Regelungsgehalt einer früheren bestandskräftigen Zulassungsentscheidung nicht mehr gedeckt ist.[4] Dabei handelt es sich um ein neues selbständiges Vorhaben, wie die einschlägigen Fachplanungsgesetze zumeist ausdrücklich bestimmen (§ 18 Abs. 1 Satz 1 AEG, § 17 Abs. 1 Satz 1 FStrG).[5]

3 Wird der Plan **nach seiner Auslegung** (§ 73 Abs. 3), aber **vor** seiner **Feststellung** geändert, richtet sich das weitere Verfahren allein nach § 73 Abs. 8.

Keine Planänderung i.S.d. § 76, sondern eine einheitliches PlfV liegt vor, wenn die PlfBehörde einen noch nicht bestandskräftigen PlfBeschluss für fehlerhaft hält, deshalb das Verfahren wieder aufnimmt und in einem **ergänzenden Verfahren** (§ 75 Abs. 1 a) erneut zu Ende führt.[6] Hingegen ist § 76 die verfahrensrechtliche Grundlage für eine Planergänzung.[7]

Einzelne Fachplanungsgesetze sehen sowohl für die Planergänzung als auch für das ergänzende Verfahren ausdrücklich die Anwendung des § 76 vor (§ 18 d AEG, § 17 d FStrG, § 14 d WaStrG, § 2 c MBPlG, § 43 d EnWG).

Gibt der Vorhabenträger ein Vorhaben nach Feststellung des Plans insgesamt (also nicht nur in wesentlichen Teilen) vor oder nach seinem Beginn **endgültig auf**, gilt nicht § 76, sondern allein § 77: der PlfBeschluss ist (ausdrücklich) aufzuheben.

4 In den Fällen des § 74 Abs. 7 kommt es wegen **unwesentlicher Bedeutung des Vorhabens** von vornherein nicht zu einem PlfV und einem PlfBeschluss. § 76 setzt hingegen voraus, dass ein PlfBeschluss ergangen ist, der geändert werden soll. Unwesentlich i.S.d. § 76 Abs. 2 und 3 ist nicht das Vorhaben insgesamt, sondern nur die nachträgliche Änderung eines für sich wesentlichen und deshalb planfestgestellten Vorhabens.

§ 76 stellt zwar darauf ab, dass ein PlfBeschluss ergangen ist. Die Vorschrift ist aber entsprechend anzuwenden, wenn ein Vorhaben geändert werden soll, für das die PlfBehörde wegen seiner Unwesentlichkeit gemäß **§ 74 Abs. 7** von einer Planfeststellung abgesehen hat. Soll ein

---

[1] BVerwGE 61, 307, 310 = NJW 1982, 950; BVerwGE 75, 214, 219 = NVwZ 1987, 578, 579.
[2] Fischer in Ziekow, Praxis des Fachplanungsrechts, Rn. 518.
[3] Vgl. BVerwG NVwZ 1986, 834, 835; VGH Mannheim NVwZ 1986, 663; Kopp/Ramsauer, § 76 Rn. 4; Allesch/Häußler in Obermayer, § 76 Rn. 8.
[4] BVerwGE 127, 208, 220f. = NVwZ 2007, 576, 579.
[5] Hüting/Hopp UPR 2003, 1, 2; Bell/Herrmann NVwZ 2004, 288, 290.
[6] BVerwGE 102, 358, 361 = NVwZ 1997, 905, 906; Hüting/Hopp UPR 2003, 1, 2; vgl. ferner OVG Münster NWVBl 2005, 338.
[7] BVerwGE 127, 95, 118 = NVwZ 2007, 445, 451.

solches Vorhaben vor seiner Verwirklichung geändert werden, ist grundsätzlich ein neues PlfV nach Abs. 1 erforderlich, es sei denn, die Änderungen hielten sich wie schon das ursprüngliche Vorhaben selbst im Rahmen des Unwesentlichen. Stellen sich die Änderungen als wesentlich dar, wird es sich regelmäßig im Rechtssinne um ein gänzlich anderes Vorhaben handeln, das schon aus diesem Grund einer (erstmaligen) Planfeststellung bedarf.

§ 76 ist anwendbar, wenn das ursprünglich beabsichtigte Vorhaben durch eine **Plangeneh-** 5 **migung** zugelassen worden ist.[8] Wird es vor seiner Fertigstellung geändert, bedarf es grundsätzlich nach Abs. 1 eines neuen PlfV, das mit einer Planänderungsgenehmigung oder einem Planänderungsbeschluss endet.

§ 76 ist anwendbar, wenn die PlfBehörde bei einem planfestgestellten, aber noch nicht fertig- 6 gestellten Vorhaben den PlfBeschluss nachträglich um eine **Teilregelung** ergänzen will, die sie sich im PlfBeschluss gemäß § 74 Abs. 3 **vorbehalten** hat.[9] Die nachträgliche Anordnung von Schutzmaßnahmen nach § 75 Abs. 2 ist hingegen keine Planänderung i.S.d. § 76; sie hat ihre Rechtsgrundlage unmittelbar in § 75 Abs. 2 S. 2 (§ 75 Rn. 91).[10]

II. Neues Planfeststellungsverfahren bei Planänderung (Abs. 1)

1. Nach Abs. 1 ist bei einer **Änderung des festgestellten Plans** vor Fertigstellung des Vor- 7 habens grundsätzlich ein neues PlfV nach Maßgabe der §§ 73, 74 durchzuführen. Ist die Änderung nur unwesentlich, bedarf es nach Abs. 2 eines neuen PlfV nicht. Die PlfBehörde muss in den Fällen einer unwesentlichen Änderung aber nicht von der Möglichkeit Gebrauch machen, auf ein neues PlfV zu verzichten, sondern kann ein PlfV durchführen; Abs. 3 stellt hierfür ein vereinfachtes Verfahren zur Verfügung.

Diese Vorschriften regeln nicht abschließend, welche Verfahrenserleichterungen der PlfBehörde in Fällen der Änderung eines festgestellten, aber noch nicht verwirklichten Plans zur Verfügung stehen. Die PlfBehörde kann deshalb in diesen Fällen für die Änderung eine Plangenehmigung nach § 74 Abs. 6 erteilen oder nach § 74 Abs. 7 für die Änderung von einer Planfeststellung oder Plangenehmigung ganz absehen, wenn die Voraussetzungen des Abs. 6 oder des Abs. 7 des § 74 vorliegen.[11]

Kann nach dem einschlägigen Fachplanungsgesetz die Planfeststellung grundsätzlich durch einen Bebauungsplan ersetzt werden (Beispiel: § 17 Abs. 3 FStrG a.F.), ist ein PlfV erforderlich, um einen noch nicht ausgeführten PlfBeschlusses zu ändern; ein solcher PlfBeschluss kann nicht durch einen **planfeststellungsersetzenden Bebauungsplan** geändert werden.[12]

a) Es muss sich um eine Änderung des festgestellten Plans handeln, also eine **Abweichung** 8 von dem nach § 74 **genehmigten** (nicht: ausgeführten) **Vorhaben**. Eine bloße Änderung liegt nur vor, wenn das Vorhaben als solches ohne eine **Änderung seiner Identität** weiterhin realisiert soll.[13] Wird das Vorhaben in seiner Identität geändert, ist ein neues PlfV erforderlich, welches das geänderte Vorhaben insgesamt zum Gegenstand hat, nicht nur die Änderung. Wird dieses Vorhaben durch einen neuen PlfBeschluss zugelassen, ist gleichzeitig der ursprüngliche PlfBeschluss nach § 77 aufzuheben, weil das ursprünglich planfestgestellte Vorhaben mit seiner Identitätsänderung endgültig aufgegeben wird.[14]

b) Aus welchen Gründen ein festgestellter Plan vor Fertigstellung des Vorhabens geändert 9 werden soll, ist **unerheblich**. Ein Planänderungsverfahren kann sowohl auf **Antrag** als auch

---

[8] *Wickel* in Fehling u.a., § 76 VwVfG Rn. 16; *Keilich*, Das Recht der Änderung in der Fachplanung, S. 185 f.; *Jarass* DVBl 1997, 795, 802.
[9] Vgl. *BVerwGE* 61, 307 = NJW 1982, 950; *Keilich*, Das Recht der Änderung in der Fachplanung, S. 117 f.; *Hüting/Hopp* UPR 2003, 1, 2; a. A: *Ziekow*, § 76 Rn. 2; *Wickel* in Fehling u.a., § 76 VwVfG Rn. 10.
[10] *Ziekow*, § 76 Rn. 2; *Kopp/Ramsauer*, § 76 Rn. 5 u. 8; a. A.: *Wickel* in Fehling u.a., § 76 VwVfG Rn. 9; *Keilich*, Das Recht der Änderung in der Fachplanung, S. 113 ff.; *Hüting/Hopp* UPR 2003, 1, 2.
[11] *Wickel* in Fehling u.a., § 76 VwVfG Rn. 6; *Dürr* in Knack, § 76 Rn. 36; a. A.: *Keilich*, Das Recht der Änderung in der Fachplanung, S. 188 ff.
[12] *OVG Münster* NVwZ-RR 2003, 633, 634 f.; a.A. *Keilich*, Das Recht der Änderung in der Fachplanung, S. 220 ff.; *Menke* NVwZ 1999, 950.
[13] *BVerwG* NVwZ 1992, 789.
[14] *BVerwG* NVwZ 1986, 834 (Bau einer Bundesstraße anstelle der ursprünglich planfestgestellten Bundesautobahn).

von Amts wegen betrieben werden.[15] Der Anstoß für die Änderung des Plans kann von dem Vorhabenträger ausgehen, wenn er nachträglich sein Vorhaben anders ausführen will als ursprünglich beantragt und zugelassen. Der Anstoß kann von der PlfBehörde ausgehen, wenn sie Mängel des festgestellten Plans beseitigen will, die nachträglich offenbar geworden sind.[16]

Planbetroffene Dritte können eine Änderung des festgestellten Plans nur bis zur Unanfechtbarkeit des PlfBeschlusses und nur insoweit beanspruchen, als die PlfBehörde es im PlfBeschluss zu Unrecht unterlassen hat, Schutzmaßnahmen nach § 74 Abs. 2 S. 2 oder eine angemessene Entschädigung in Geld nach § 74 Abs. 2 S. 3 anzuordnen.

10   2. Sofern die PlfBehörde nicht wegen Unwesentlichkeit der Änderung nach Abs. 2 oder 3 hiervon absieht, findet ein neues PlfV in Form eines **Planänderungsverfahrens** statt. Das Verfahren richtet sich nach § 73, beschränkt sich aber auf den zu ändernden Teil des Vorhabens und dessen Auswirkungen auf die öffentlichen und privaten Belange Dritter. Zu beteiligen sind nach § 73 Abs. 2 nur die Behörden, deren Aufgabenbereiche durch die geänderten Teile des Vorhabens berührt sind.[17]

Nach einzelnen Fachplanungsgesetzen kann die PlfBehörde auch bei wesentlichen Planänderungen von einer **Erörterung** nach § 73 Abs. 6 **absehen**; sie muss lediglich den Einwendern und den Umwelt- und Naturschutzvereinen, die Stellung genommen haben, Gelegenheit zu einer abschließenden Äußerung geben (18 d AEG; § 17 d FStrG; § 14 d WaStrG; § 2 c MBPlG; § 43 d EnWG).

11   Über die Änderung wird durch PlfBeschluss in Form eines **Änderungsbeschlusses** entschieden. Der Änderungsbeschluss unterliegt als eigener PlfBeschluss denselben rechtlichen Voraussetzungen, die für jeden PlfBeschluss bestehen, insbesondere dem Erfordernis der **Planrechtfertigung**,[18] der **Beachtung zwingender** gesetzlicher **Gebote und Verbote** und dem **Abwägungsgebot**.[19] Die Planrechtfertigung muss für das geänderte Vorhaben gegeben sein. Die Abwägung kann sich auf die öffentlichen und privaten Belange beschränken, die durch die Änderung des Vorhabens berührt werden. Eine neue Gesamtabwägung ist regelmäßig nur erforderlich, wenn die Änderung das Grundgerüst der ursprünglichen Abwägung berührt.

12   Die PlfBehörde hat von Amts wegen zu prüfen, ob und inwieweit die beabsichtigte Änderung bereits entschiedene Fragen der Planung erneut aufwirft. Stellt die Änderung die **Gesamtkonzeption** oder wesentliche Teile der ursprünglichen Planung in Frage, kann ein neues PlfV erforderlich sein, das das gesamte Vorhaben zum Gegenstand hat. In diesem Fall ist die PlfBehörde nicht an den auf die Änderung beschränkten Antrag gebunden.[20]

13   Der Änderungsbeschluss muss dem **Bestimmtheitsgebot** und der **Begründungspflicht** (§ 74 Rn. 154 ff.) genügen. Er muss deutlich und vollständig umschreiben, welche Teile des ursprünglichen Plans und welche Regelungen des ursprünglichen PlfBeschlusses fortgelten, aufgehoben oder geändert werden, so dass kein Zweifel über den maßgeblichen Inhalt der nunmehr insgesamt geltenden Regelungen besteht.[21] Die PlfBehörde muss deutlich machen, ob der PlfBeschluss in seiner ursprünglichen Fassung fortgelten soll, wenn sich später herausstellen sollte, dass allein die Änderung rechtswidrig ist.[22]

14   Der Änderungsbeschluss ist nach Maßgabe des § 74 **zuzustellen und bekanntzugeben**. Einer Nachprüfung in einem Vorverfahren bedarf es nicht (§ 74 Abs. 1 Satz 2 i.V.m. § 70).[23]

15   Der ursprünglich festgestellte Plan wird zwar durch einen **gesonderten PlfBeschluss** geändert, der aus einem gesonderten Verfahren hervorgeht.[24] Der Änderungsbeschluss geht aber in

---

[15] *Ziekow*, § 76 Rn. 4; *Hüting/Hopp* UPR 2003, 1, 3.
[16] *BVerwG* NVwZ 1992, 789, 790.
[17] Zur UVP, zur Verträglichkeitsprüfung nach § 34 BNatSchG bei FFH-Gebieten und Vogelschutzgebieten sowie zur naturschutzrechtlichen Eingriffsregelung nach § 19 BNatSchG vgl. *Hüting/Hopp* UPR 2003, 1, 5 f.
[18] *BVerwG* NVwZ 2005, 330, 331.
[19] *BVerwGE* 90, 42, 47 = NVwZ 1993, 366, 367.
[20] Vgl. *BVerwGE* 75, 214, 219 f = NVwZ 1987, 578, 579; *Wickel* in Fehling u. a., § 76 VwVfG Rn. 13.
[21] *Wickel* in Fehling u. a., § 76 VwVfG Rn. 21.
[22] *BVerwGE* 90, 42, 50 f = NVwZ 1993, 366, 368; *VGH Mannheim* UPR 1993, 30.
[23] *Dürr* in Knack, § 76 Rn. 43; a. A. *Meyer/Borgs*, § 76 Rn. 6.
[24] Die PlfBehörde kann das Vorhaben auch insgesamt in geänderter Gestalt neu genehmigen: *VGH Mannheim* VBlBW 2000, 477, 478.

den ursprünglichen PlfBeschluss ein; es entsteht **ein einziger Plan**. Maßgeblich ist der ursprüngliche Plan in der Gestalt, die er durch den Änderungsbeschluss erhalten hat. Beide Beschlüsse zusammen bilden eine einheitliche Planfeststellung.[25]

Der Änderungsbeschluss ist **isoliert anfechtbar**.[26] Die gegen ihn gerichtete **Klage** eröffnet die rechtliche Prüfung jedoch nur insoweit, als der Kläger durch die Regelungen des Änderungsbeschlusses gegenüber dem ursprünglichen PlfBeschluss erstmals oder stärker beeinträchtigt werden kann.[27] Er kann hingegen keine Beeinträchtigungen durch Festsetzungen des geänderten PlfBeschlusses geltend machen, soweit dieser bestandskräftig geworden war oder der Kläger mit Einwendungen bereits in dem ursprünglichen PlfV präkludiert war.[28] Das gilt auch, wenn der Kläger durch den PlfBeschluss in seiner ursprünglichen Gestalt nicht betroffen war und ihn deshalb nicht anfechten konnte, sondern erstmals (nur) durch die spätere Änderung betroffen wird.[29] Eine Klagebefugnis besteht auch für solche planbetroffenen Dritten, denen Regelungen des ursprünglichen PlfBeschlusses Drittschutz vermittelt haben, wenn diese Regelungen durch den Änderungsbeschluss zu ihren Lasten geändert oder aufgehoben werden.

III. Planänderungen von unwesentlicher Bedeutung (Abs. 2)

Nach Abs. 2 und 3 kann die PlfBehörde bei **Planänderungen von unwesentlicher** Bedeutung von einem neuen PlfV absehen oder in einem vereinfachten Planänderungsverfahren entscheiden.

1. Wann eine Planänderung **wesentlich oder unwesentlich** ist, kann nur **im Einzelfall** mit Blick auf das zugelassene Vorhaben und dessen Auswirkungen einerseits und auf die beabsichtigten quantitativen und qualitativen Änderungen und die davon Betroffenen andererseits entschieden werden.[30] Zwar enthält § 74 Abs. 7 eine Definition der Unwesentlichkeit eines Planvorhabens. Sie kann auf § 76 nicht ohne weiteres übertragen werden.[31] Die Ausgangslage ist bei beiden Vorschriften unterschiedlich: Bei § 76 ist ein PlfV vorangegangen und abgeschlossen worden; erst danach stellt sich die Frage, ob und unter welchen Voraussetzungen nachträgliche Änderungen zugelassen werden können. Bei § 74 Abs. 7 stellt das Gesetz kleinere Planvorhaben von einem PlfV von vornherein frei, weil Betroffenheiten Dritter objektiv nicht bestehen oder sofort ausgeglichen werden können. Unwesentlich ist die Änderung hiernach etwa dann, wenn die Änderung im **Verhältnis zur** abgeschlossenen **Gesamtplanung** unerheblich ist, also Umfang, Zweck und Auswirkungen des Vorhabens im wesentlichen gleich bleiben und nur bestimmte räumlich und sachlich abgrenzbare Teile geändert werden sollen.[32]

Abzustellen ist auf **Sinn und Zweck der Regelung**. § 76 beantwortet die Frage, ob für die Änderung eines bereits planfestgestellten Vorhabens nochmals ein (zweites) PlfV durchzuführen ist. Das Vorhaben ist bereits einer öffentlichen Kontrolle unterzogen worden; Betroffene und Träger öffentlicher Belange hatten nach Maßgabe von § 73 Abs. 2 und 4 Gelegenheit, ihre Bedenken oder Einwendungen geltend zu machen. Deshalb kann auf ein neues PlfV und damit auf eine erneute Öffentlichkeitsbeteiligung verzichtet werden, wenn das **Plangefüge** in seinen Grundzügen **unberührt** bleibt.[33] Die beabsichtigte Änderung ist hingegen wesentlich, wenn sie die Frage sachgerechter Zielsetzung und Abwägung für das Vorhaben insgesamt erneut aufwerfen, dieses also insgesamt zur Disposition stellen kann.[34]

Soll der ursprüngliche PlfBeschluss lediglich um **Schutzauflagen** ergänzt werden, so hat die Änderung regelmäßig nur unwesentliche Bedeutung, auch wenn die Schutzauflagen ihrerseits

---

[25] *BVerwGE* 61, 307, 308 f. = NJW 1982, 950.
[26] *Bell/Herrmann* NVwZ 2004, 289; *Hüting/Hopp* UPR 2003, 1, 8.
[27] *BVerwG* BayVBl 2006, 191, 192; OVG Koblenz NVwZ-RR 2006, 385, 386; VGH Mannheim NVwZ 1986, 663; VBlBW 2000, 477, 478.
[28] *BVerwG* NVwZ 2005, 330, 331.
[29] OVG Koblenz NVwZ-RR 2006, 385, 386.
[30] *Ziekow*, § 76 Rn. 8; vgl. auch *Hüting/Hopp* UPR 2003, 1, 3 f.
[31] *Keilich*, Das Recht der Änderung in der Fachplanung, S. 142 f.; anders *Jarass* DVBl 1997, 795, 799.
[32] *BVerwGE* 81, 95, 104 = NVwZ 1989, 750, 753.
[33] *BVerwGE* 84, 31, 34 = NJW 1990, 925, 926; OVG Koblenz NuR 2003, 634..
[34] Vgl. *BVerwGE* 101, 347, 353 = NVwZ 1997, 161, 162; *Keilich*, Das Recht der Änderung in der Fachplanung, S. 144 ff.

neue Probleme aufwerfen. Anders ist es, wenn die Änderung zusätzliche Belastungen von einigem Gewicht auf Rechte anderer und die Umgebung nach sich zieht.[35]

21   2. a) Auch bei einer unwesentlichen Änderung ist ein neues PlfV nur entbehrlich, wenn durch die Änderung **Belange anderer nicht** (erstmals oder erneut) **berührt** werden. Dies ist insbesondere der Fall, wenn die Planänderung sich für die Betroffenen ausschließlich positiv auswirkt.[36] Eine Reduzierung des Vorhabens kann einzelne Drittbetroffene entlasten, andere jedoch stärker beeinträchtigen. Können Belange anderer erstmals oder zusätzlich erheblich berührt werden, wird schon eine unwesentliche Bedeutung zu verneinen sein.[37]

22   b) Ein neues PlfV ist bei Planänderungen von unwesentlicher Bedeutung ferner dann entbehrlich, wenn zwar die Belange anderer berührt werden, die **Betroffenen** (§ 73 Rn. 121) jedoch der Änderung vor ihrer Realisierung zugestimmt haben. Die Form der **Zustimmung** regelt Abs. 2 nicht ausdrücklich. Das Einverständnis wird in der Regel **schriftlich** zu erklären sein. Auch eine mündliche Zustimmung kann ausreichen, sie muss aber **ausdrücklich** gegeben werden; konkludentes Verhalten reicht nicht aus. Erklärung zur **Niederschrift** genügt. Wurden die Betroffenen über Art und Ausmaß der Planänderung informiert und konnten sie sich über die mögliche Betroffenheit ein zuverlässiges Gesamtbild machen **(Anstoßwirkung)**, kann ihre Zustimmung angenommen werden, wenn eine von der Behörde gesetzte **Verschweigungsfrist** abgelaufen ist.[38] Ein pauschales **Einverständnis** mit künftigen Änderungen schon vor Erlass des ursprünglichen PlfBeschlusses ist ausnahmsweise möglich, sofern es **vorbehaltlos** und **umfassend** erteilt ist. Nachträgliche Genehmigung einer Planänderung reicht in aller Regel nicht aus, sofern nicht Verwirkungstatbestände gegeben sind. Auch **Vereinbarungen** mit den Beteiligten sind zulässig (vgl. § 74 Abs. 7 Nr. 2).

23   3. Liegen die Voraussetzungen des Abs. 2 vor, kann die PlfBehörde **nach pflichtgemäßem Ermessen** von einem neuen PlfVerfahren **absehen,** muss dies aber nicht.[39] Entscheidet sich die PlfBehörde für ein neues PlfV, so hat sie nach Abs. 1 zu verfahren (Rn. 7 ff.). Sie kann aber auch, statt auf ein PlfV ganz zu verzichten, ein vereinfachtes Änderungsverfahren nach Abs. 3 durchführen.

Sieht die PlfBehörde von einem neuen PlfV ab, ergeht kein Änderungsbeschluss, sondern nur in Form eines feststellenden VA die Entscheidung, dass für die Änderung kein PlfV erforderlich ist. Der Vorhabenträger darf das planfestgestellte Vorhaben ohne weitere behördliche Entscheidung in geänderter Form ausführen.[40] Die PlfBehörde kann durch bindende Erklärung im gerichtlichen Verfahren den angefochtenen PlfBeschluss ändern, wenn die Änderung unwesentlich i. S. d. Abs. 2 ist.[41]

24   Die **Entscheidung über die Entbehrlichkeit** einer Planfeststellung entscheidet zugleich über die ör Zulässigkeit der beabsichtigten Änderung.[42] Sie kann von planbetroffenen Dritten angefochten werden,[43] soweit diese durch das geänderte Vorhaben gegenüber dem ursprünglichen PlfBeschluss erstmals oder stärker in ihren Rechten oder Belangen beeinträchtigt werden können.

IV. Vereinfachtes Planänderungsverfahren (Abs. 3)

25   Abs. 3 stellt der PlfBehörde ein **vereinfachtes Verfahren** zur Verfügung, wenn sie bei Planänderungen von unwesentlicher Bedeutung von einem neuen PlfV nicht ganz absehen will oder

---

[35] BVerwGE 84, 31, 35 = NJW 1990, 925, 926.
[36] OVG Münster DÖV 1983, 212; Wickel in Fehling u. a., § 76 VwVfG Rn. 25; Hüting/Hopp UPR 2003, 1, 4; ähnlich Fischer in Ziekow, Praxis des Fachplanungsrechts, Rn. 534.
[37] BVerwG NJW 1980, 718, 720; Bell/Herrmann NVwZ 2004, 288, 289.
[38] A. A.: Ziekow, § 76 Rn. 9; Fischer in Ziekow, Praxis des Fachplanungsrechts, Rn. 535.
[39] Vgl. hierzu Wickel in Fehling u. a., § 76 VwVfG Rn. 26; Fischer in Ziekow, Praxis des Fachplanungsrechts, Rn. 536; Hüting/Hopp UPR 2003, 1, 4.
[40] Jarass DVBl 1997, 795, 798.
[41] BVerwG NuR 2004, 520, 521.
[42] Fischer in Ziekow, Praxis des Fachplanungsrechts, Rn. 537; Keiling, Das Recht der Änderung in der Fachplanung, S. 198 ff.; Bell/Herrmann NVwZ 2004, 288, 289 f.; Hüting/Hopp UPR 2003, 1, 5; a. A.: Wickel in Fehling u. a., § 76 VwVfG Rn. 28.
[43] BVerwGE 64, 325, 328 ff = NJW 1982, 1546, 1547; Hüting/Hopp UPR 2003, 1, 8.

kann. Eine Planänderung im vereinfachten Verfahren nach Abs. 3 enthält zugleich die ör Zulassung der (geänderten) Maßnahme. Sie ist **VA** und kann von planbetroffenen Dritten angefochten werden.[44]

1. Abs. 3 betrifft zum einen die **Planänderung von unwesentlicher Bedeutung,** die Belange anderer **nicht berührt** oder der die Betroffenen **zugestimmt** haben. Die PlfBehörde könnte auf ein PlfV ganz verzichten, entscheidet sich aber aufgrund des ihr zustehenden Ermessens für ein PlfV in vereinfachter Form. 26

Abs. 3 betrifft zum anderen die Planänderungen von unwesentlicher Bedeutung, die **Belange anderer berührt** (hierzu § 73 Rn. 71) oder der die Betroffenen, zumindest teilweise, **nicht zugestimmt** haben. 27

2. In beiden Fällen befreit Abs. 3 die PlfBehörde davon, für den geänderten Teil des Vorhabens ein vollständiges PlfV nach Maßgabe der §§ 73, 74 durchzuführen. Das Verfahren wird wegen der unwesentlichen Bedeutung der Planänderung vereinfacht. Es bedarf **keines Anhörungsverfahrens,** insbesondere keiner Auslegung des Plans[45] und keines Erörterungstermins nach § 73 Abs. 3 bis 6. Jedoch müssen die bekannten **Betroffenen angehört** sowie die **Behörden** nach § 73 Abs. 2 und die anerkannten Naturschutzvereine[46] **beteiligt** werden. Sie müssen über die Behörde informiert, bei der sie die Planunterlagen innerhalb einer angemessenen Frist (regelmäßig ein Monat) einsehen können. Sie müssen ferner darauf hingewiesen werden, dass sie innerhalb weiterer 2 Wochen Einwendungen erheben können und nicht rechtzeitig erhobene Einwendungen präkludiert sind.[47] Inhaltlich gelten im vereinfachten Planänderungsverfahren die sonstigen rechtlichen Voraussetzungen für den Erlass eines PlfBeschlusses. Der Änderungsbeschluss (Rn. 11 ff.) ist zu **begründen;** er hat dem **Bestimmtheitsgebot** zu genügen. Seine **Zustellung** entsprechend § 74 Abs. 4 S. 1 ist möglich, kann aber durch Bekanntgabe an die Beteiligten ersetzt werden. Die Pflicht zu seiner ortsüblichen Bekanntmachung nach § 74 Abs. 4 S. 2 entfällt, sofern der Kreis der Betroffenen bekannt ist. Ist dies nicht der Fall, bleiben § 74 Abs. 4 S. 2 und 3 und Abs. 5 anwendbar.[48] 28

§ 77 Aufhebung des Planfeststellungsbeschlusses

¹Wird ein Vorhaben, mit dessen Durchführung begonnen worden ist, endgültig aufgegeben, so hat die Planfeststellungsbehörde den Planfeststellungsbeschluss aufzuheben. ²In dem Aufhebungsbeschluss sind dem Träger des Vorhabens die Wiederherstellung des früheren Zustands oder geeignete andere Maßnahmen aufzuerlegen, soweit dies zum Wohl der Allgemeinheit oder zur Vermeidung nachteiliger Wirkungen auf Rechte anderer erforderlich ist. ³Werden solche Maßnahmen notwendig, weil nach Abschluss des Planfeststellungsverfahrens auf einem benachbarten Grundstück Veränderungen eingetreten sind, so kann der Träger des Vorhabens durch Beschluss der Planfeststellungsbehörde zu geeigneten Vorkehrungen verpflichtet werden; die hierdurch entstehenden Kosten hat jedoch der Eigentümer des benachbarten Grundstücks zu tragen, es sei denn, dass die Veränderungen durch natürliche Ereignisse oder höhere Gewalt verursacht worden sind.

Vergleichbare Vorschriften: –

Abweichendes Landesrecht: –

Entstehungsgeschichte: Bis zum Inkrafttreten des VwVfG vgl. § 76 der 6. Auflage.
Die Vorschrift ist seither unverändert.

Literatur: *Menke,* Die Änderung von Planfeststellungsbeschlüssen oder Plangenehmigungen durch Bebauungsplan, NVwZ 1999, 950; ferner zu §§ 72 bis 76, 78.

---

[44] *BVerwGE* 64, 325, 328 ff = NJW 1982, 1546, 1547.
[45] Ebenso *Dürr* in: Knack, § 76 Rn. 33; *Kopp/Ramsauer,* § 76 Rn. 21; *Ziekow,* § 76 Rn. 12.
[46] Zutreffend: *Jarass* NuR 1997, 426; *Hüting/Hopp* UPR 2003, 1, 6 f.
[47] *Fischer* in Ziekow, Praxis des Fachplanungsrechts, Rn. 540; *Hüting/Hopp* UPR 2003, 1, 4.
[48] Ebenso *Wickel* in Fehling u. a., § 76 VwVfG Rn. 33.

Übersicht

	Rn.
I. Allgemeines	1
II. Endgültige Aufgabe des Vorhabens (Satz 1)	5
III. Folgenbeseitigung (Satz 2 und 3)	14

I. Allgemeines

1 § 77 regelt den Fall, dass der Vorhabenträger ein Vorhaben **endgültig aufgibt,** nachdem es durch PlfBeschluss zugelassen worden war und der Vorhabenträger **mit seiner Verwirklichung begonnen** hatte. Durch die willentliche und endgültige Aufgabe des Vorhabens unterscheidet sich § 77 von anderen Regelungen. In den Fällen des § 76 soll das Vorhaben, wenn auch geändert, tatsächlich verwirklicht werden.[1] In den Fällen des § **75 Abs. 4** wird mit dem planfestgestellten Vorhaben gar nicht erst begonnen; es kommt zudem nicht darauf an, ob der Vorhabenträger die Frist des § 75 Abs. 4 mit dem Willen hat verstreichen lassen, das Vorhaben endgültig aufzugeben. Wird ein solcher Wille auf andere Weise manifest als durch Verstreichenlassen der Frist des § 75 Abs. 4, hat die PlfBehörde den PlfBeschluss nach § 77 aufzuheben.

2 Die Bestimmung wurde in das Gesetz aufgenommen, weil in der Praxis ein Bedürfnis bestand, die Kostentragung in den Fällen zu regeln, in denen ein Planungstorso übrigbleibt, weil ein planfestgestelltes Vorhaben begonnen, aber vor seiner Vollendung endgültig aufgegeben wird (sog. **steckengebliebene Vorhaben**).[2] Die Vorschrift bezweckt darüber hinaus, **durch eine förmliche Entscheidung Rechtsklarheit** zu schaffen. Namentlich Dritte, insbesondere Grundstückseigentümer, die durch die Rechtswirkungen der Planfeststellung (§ 75) belastet oder in der Nutzung ihres Eigentums beschränkt werden, sollen hiervon wieder freigestellt werden.[3] Ähnliches gilt für die Gemeinde. Sie hat, solange der PlfBeschluss nicht aufgehoben ist, bei der Ausübung ihrer Bauleitplanung die für sie verbindlich festgestellte überörtliche Fachplanung zu berücksichtigen.

3 Nach dem Veranlasser-(Verursacher-)Prinzip müssen die faktischen **Folgen** eines begonnenen Vorhabens im Interesse der Allgemeinheit oder der Rechte betroffener Dritter wieder **beseitigt** werden. Hierfür schafft S. 2 die notwendige Rechtsgrundlage. S. 3 regelt die Kostentragung in einer speziellen Fallgestaltung (Rn. 14 ff.).

4 § 77 ermächtigt die Behörde nicht zum Handeln nach Ermessen, sondern begründet eine **Rechtspflicht** zur Aufhebung des PlfBeschlusses sowie zur Anordnung der Folgenbeseitigung. Die Vorschrift enthält eine **Sonderregelung zu den §§ 48, 49,** die eine Aufhebung des Verwaltungsakts nur nach Ermessen vorsehen.[4]

II. Endgültige Aufgabe des Vorhabens (Satz 1)

5 1. Voraussetzung für die Aufhebung eines PlfBeschlusses nach S. 1 ist die endgültige **Aufgabe eines begonnenen Vorhabens** (zum Beginn der Durchführung vgl. § 75 Rn. 95; zur Anwendbarkeit bei nicht begonnenen Vorhaben vgl. Rn. 9; zur Funktionslosigkeit vgl. Rn. 7 f.). Auf die Unanfechtbarkeit des **PlfBeschlusses** kommt es nicht an.[5] § 77 ist anwendbar, wenn nur ein abtrennbarer Teil des Vorhabens aufgegeben wird und der verbleibende Teil als selbständiges Vorhaben bestehen kann; in diesen Fällen ist der PlfBeschluss teilweise aufzuheben.[6]

6 Das Vorhaben muss **endgültig** aufgegeben sein. Eine objektive Unmöglichkeit aufgrund äußerer Umstände ist hierfür nicht vorausgesetzt. Abgestellt wird vielmehr auf den **Willen des Vorhabenträgers.** Bestehen Anhaltspunkte, er könne das Vorhaben endgültig aufgegeben ha-

---

[1] Zur Abgrenzung zwischen Änderung und Aufgabe des Vorhabens vgl. auch *BVerwG* NVwZ 2007, 700.
[2] Begründung zu § 73 Entwurf 73.
[3] *BVerwG* NVwZ 1986, 834, 835; NVwZ 2001, 82, 84; NVwZ 2005, 327, 328; *Allesch/Häußler* in Obermayer, § 77 Rn. 16; *Dürr* in Knack, § 77 Rn. 7; *Kopp/Ramsauer*, § 77 Rn. 2.
[4] *Ziekow*, § 77 Rn. 3; *Wickel* in Fehling u. a., § 77 VwVfG Rn. 12.
[5] *BVerwG* NVwZ 1986, 834, 835.
[6] *Hüting/Hopp* UPR 2003, 1, 2.

ben, hat er sich hierzu zu erklären. Er muss vor einer Aufhebung des PlfBeschlusses nach S. 1 ohnehin angehört werden. Die endgültige Aufgabe des Vorhabens kann sich aus objektiven Umständen ergeben. Dann sind gegenteilige Beteuerungen des Vorhabenträgers unerheblich, er wolle das Vorhaben noch durchführen. Entscheidend ist, ob bei verständiger Würdigung mit einer Fertigstellung des Vorhabens durch dessen Träger entsprechend dem festgestellten Plan noch gerechnet werden kann.[7] Vorübergehende Finanzierungsschwierigkeiten bedeuten in der Regel noch keine endgültige Aufgabe eines (begonnenen) Vorhabens. Die Änderung politischer Ziele durch Änderung gesetzlicher Vorschriften allein reicht für eine Aufhebung nicht aus, wenn eine abstrakte Grundsatzentscheidung noch auf konkrete Einzelfälle umgesetzt werden muss.[8] Bleiben unausräumbare Zweifel, ob das Vorhaben endgültig aufgegeben ist, kann die PlfBehörde den PlfBeschluss nicht nach § 77 S. 1 aufheben. Es geht zu ihren Lasten, wenn sich die Voraussetzungen dieser Befugnisnorm nicht feststellen lassen.

Ein PlfBeschluss kann ferner infolge der tatsächlichen Entwicklung **funktionslos** und damit rechtlich gegenstandslos werden.[9] Die Funktionslosigkeit ist von der (voluntativen) Aufgabe eines Vorhabens zu unterscheiden. Funktionslosigkeit tritt vor allem dann ein, wenn der PlfBeschluss durch äußere Umstände dauerhaft faktisch überholt und schutzwürdiges Vertrauen auf den Fortbestand nicht (mehr) gegeben ist. Wegen der tatsächlichen Entwicklung müssen die Verhältnisse einen Zustand erreicht haben, der die Verwirklichung des Vorhabens auf der dafür überplanten Fläche auf unabsehbare Zeit ausschließt.[10] Dieser Zustand und seine Auswirkung auf die Verwirklichung des Vorhabens müssen allgemein erkennbar sein, so dass sich kein Vertrauen auf die Verwirklichung des Vorhabens mehr bilden kann. Dem Vorhaben müssen auf Dauer tatsächliche oder rechtliche Hindernisse entgegenstehen. Sie sind beachtlich, unabhängig davon, auf wen sie zurückzuführen sind und ob sie von irgendjemandem zu vertreten sind. 7

In den Fällen der Funktionslosigkeit verliert der PlfBeschluss mit ihrem Eintritt seine Wirksamkeit kraft Gesetzes. Er hat sich im Verständnis von § 43 Abs. 2 **auf andere Weise erledigt.** Seiner Aufhebung bedarf es nicht. Die PlfBehörde kann ihn aber aus Gründen notwendiger Klarstellung in entsprechender Anwendung von § 77 S. 1 aufheben.[11] Die Aufhebung wirkt deklaratorisch, nicht konstitutiv wie in den Fällen einer Aufgabe des Vorhabens durch dessen Träger (ferner Rn. 14).[12] 8

Ist mit der Durchführung des Vorhabens **nicht begonnen** worden, wird das Vorhaben aber endgültig aufgegeben, ist § 77 S. 1 ebenfalls anwendbar.[13] Die Vorschrift ist hingegen nicht anwendbar, wenn ein endgültig fertig gestelltes Vorhaben aufgegeben wird, also die errichtete Anlage nicht mehr genutzt und entwidmet wird.[14] 9

Die Vorschrift kann ferner entsprechend anzuwenden sein, wenn die Gemeinde zulässigerweise einen erlassenen, aber noch nicht ausgeführten PlfBeschluss ganz oder teilweise durch einen **(planfeststellungsvertretenden) Bebauungsplan** ersetzt.[15]

2. Wird ein Vorhaben endgültig aufgegeben, ordnet S. 1 als **Rechtsfolge** eine Pflicht der PlfBehörde an, den PlfBeschluss **aufzuheben.** Sie kann den PlfBeschluss nur **teilweise aufheben,** soweit der verbleibende Teil als selbständiges Vorhaben lebensfähig ist und verwirklicht werden kann und soll. Die PlfBehörde kann auf **Antrag** des Vorhabenträgers oder **von Amts wegen** tätig werden.[16] Sie hat in diesem Fall den Vorhabenträger **anzuhören** (§§ 13, 28, 66).[17] 10

---

[7] *Fischer* in Ziekow, Praxis des Fachplanungsrechts, Rn. 545.
[8] Vgl. auch *OVG Münster* NuR 2006, 320, 321 zu einem ör Vertrag, in dem der Vorhabenträger seine Absicht bekundet hat, auf die Verwirklichung von Teilen des Vorhabens zu verzichten.
[9] BVerwGE 99, 166, 169 = NVwZ 1996, 394, 395; Bell/Herrmann NVwZ 2004, 288, 293 f.; zur Funktionslosigkeit von Bebauungsplänen vgl. BVerwGE 108, 71, 76 = NVwZ 1999, 986, 987.
[10] BVerwGE 107, 350, 354 = NVwZ 1999, 539, 540; BVerwG NVwZ 2001, 82.
[11] *Ziekow,* § 77 Rn. 5.
[12] Anders wohl *Wickel* in Fehling u. a., § 77 VwVfG Rn. 3: Aufhebung wirkt immer nur deklaratorisch.
[13] BVerwG NVwZ 1986, 834, 835; NVwZ 2005, 327, 328; *Hermanns* DÖV 2003, 714, 718; a. A.: *Wickel* in Fehling u. a., § 77 VwVfG Rn. 6 f.
[14] *Wickel* in Fehling u. a., § 77 VwVfG Rn. 8; *Bell/Herrmann* NVwZ 2004, 288, 294; a. A.: *Ziekow,* § 77 Rn. 1.
[15] *Wickel* in Fehling u. a., § 77 VwVfG Rn. 10; *Menke* NVwZ 1999, 950.
[16] *Bell/Herrmann* NVwZ 2004, 288, 294.
[17] Ebenso *Kopp/Ramsauer,* § 77 Rn. 3; *Allesch/Häußler* in Obermayer, § 77 Rn. 35 f.

Sie kann, unter Umständen muss sie, die sonstigen Beteiligten des PlfV sowie die nach § 73 Abs. 2 beteiligten Behörden unterrichten und ihnen Gelegenheit zur Stellungnahme geben, etwa mit Blick auf notwendige Schutzmaßnahmen nach S. 2.

Liegen die Voraussetzungen des § 77 S. 1 vor, können Dritte einen Anspruch gegen die PlfBehörde auf Aufhebung des PlfBeschlusses haben.[18] Das gilt insbesondere für Eigentümer von Grundstücken, die durch den PlfBeschluss in Anspruch genommen werden, und für Gemeinden, die durch den PlfBeschluss in ihrer Planungshoheit beschränkt werden. Ihnen gegenüber entfaltet § 77 Satz 1 drittschützende Wirkung.[19] Gibt der Vorhabenträger das Vorhaben während eines Anfechtungsprozesses endgültig auf, den der Dritte gegen den PlfBeschluss anhängig gemacht hat, kann der Dritte seinen rechtshängigen Aufhebungsanspruch nicht statt auf die Rechtswidrigkeit des PlfBeschlusses auf die Aufgabe des Vorhabens durch den Vorhabenträger stützen. Die Aufgabe des Vorhabens macht den PlfBeschluss nicht rechtswidrig.[20] Besteht Streit darüber, ob der Vorhabenträger das Vorhaben endgültig aufgegeben hat, kann der Dritte nur bei der PlfBehörde einen Antrag auf Aufhebung des PlfBeschlusses stellen und nach Ablehnung des Antrags oder unter den Voraussetzungen der Untätigkeitsklage Verpflichtungsklage gegen die PlfBehörde erheben.

11   Mit seiner Aufhebung verliert der PlfBeschluss seine rechtliche Wirksamkeit (§ 43 Abs. 2). Damit entfallen die **Rechtswirkungen,** die nach § 75 von ihm ausgehen.[21] Die Aufhebung ist im Falle nachträglich veränderter Verhältnisse der Sache nach der **Widerruf** eines (rechtmäßigen) begünstigenden VA (§ 49 Abs. 1 S. 2). § 77 ist jedoch lex specialis zu §§ 48, 49. Der Begriff „Aufhebung" ist untechnisch gemeint. Daher ist über § 49 hinaus eine Aufhebung mit **Wirkung ex tunc** zulässig, sofern anderenfalls der Rechtsgrund für früher erbrachte Leistungen oder sonstige Gebote oder Verbote bestehen bliebe.[22]

12   Der **Aufhebungsbeschluss** ist **VA.** Er wird erst mit der Bekanntgabe wirksam. Die **Form der Bekanntgabe** ist in § 77 nicht ausdrücklich geregelt. Eine (ursprünglich beabsichtigte) Verweisung auf § 74 Abs. 4 und 5 (§ 62a S. 2 Musterentwurf 68) ist nicht Gesetz geworden. Die Aufhebung unterliegt den allgemeinen Bekanntgaberegeln des § 41 bzw. des § 69 Abs. 3 i. V. m. § 74 Abs. 1 S. 2.[23] Wegen ihrer weitreichenden Wirkung ist neben einer Bekanntgabe nach § 41 Abs. 1 an den Vorhabenträger und die Behörden eine **öffentliche Bekanntmachung** in entsprechender Anwendung der §§ 69 Abs. 3, 74 Abs. 5 angezeigt, insbesondere mit Blick auf Drittbetroffene, denen gegenüber die beschränkenden Rechtswirkungen des PlfBeschlusses durch dessen Aufhebung wegfallen.

13   Vor einer **Anfechtung** des Aufhebungsbeschlusses bedarf es keines Vorverfahrens. § 74 Abs. 1 S. 2 i. V. m. § 70 ist entsprechend anwendbar.[24]

III. Folgenbeseitigung (Satz 2 und 3)

14   1. Neben der Aufhebung des PlfBeschlusses nach S. 1 kann die PlfBehörde nach S. 2 die **Beseitigung faktischer Folgen** des tatsächlich begonnenen Vorhabens anordnen.

Mit der Aufhebung des PlfBeschlusses entfallen dessen Rechtswirkungen und damit der Rechtsgrund für faktisch bewirkte Eingriffe. Der Vorhabenträger ist nach S. 2 zur Folgenbeseitigung verpflichtet. Die PlfBehörde darf ihm in dem Aufhebungsbeschluss die **Wiederherstellung des früheren Zustandes** oder geeignete andere Maßnahmen aufzuerlegen, soweit dies zum Wohl der Allgemeinheit oder zur Vermeidung nachteiliger Wirkungen auf Rechte anderer **erforderlich** ist. Anordnungen zur Folgenbeseitigung können nur aus Anlass der endgültigen Aufgabe eines Vorhabens und der dadurch veranlassten Aufhebung des PlfBeschlusses getroffen

---

[18] *BVerwG* NVwZ 2005, 327, 328.
[19] *Kopp/Ramsauer,* § 77 Rn. 4; *Kukk* NuR 2000, 492, 495; *Bell/Herrmann* NVwZ 2004, 288, 294.
[20] Anders wohl *BVerwG* NVwZ 1986, 834, 836.
[21] *BVerwG* NVwZ 1986, 834, 835.
[22] Anders *Wickel* in Fehling u. a., § 77 VwVfG Rn. 17; *Fischer* in Ziekow, Praxis des Fachplanungsrechts, Rn. 549: Aufhebung bezogen auf den Zeitpunkt der endgültigen Aufgabe.
[23] Ebenso *Kopp/Ramsauer,* § 77 Rn. 5; *Allesch/Häußler* in Obermayer, § 77 Rn. 38; *Ziekow,* § 77 Rn. 6; *Ule/Laubinger,* § 43 Rn. 7; a. A.: *Dürr* in Knack, § 77 Rn. 12: Zustellung des Aufhebungsbeschlusses.
[24] A. A. *Allesch/Häußler* in Obermayer, § 77 Rn. 43; *Fischer* in Ziekow, Praxis des Fachplanungsrechts, Rn. 562; wie hier: *Dürr* in Knack, § 77 Rn. 13; *Kopp/Ramsauer,* § 77 Rn. 6.

werden. Ist eine solche Anordnung ergangen, kann sie später nur noch unter den Voraussetzungen der §§ 48, 49 geändert, ergänzt und erweitert werden.[25]

Anordnungen nach S. 2 sind selbständiger Bestandteil des Aufhebungsbeschlusses. Sie können **isoliert angefochten** werden (ferner Rn. 18).

2. Die Folgenbeseitigungspflicht beruht auf dem **Veranlasser-(Verursacher-)prinzip.** Sie trifft den Vorhabenträger, soweit das Vorhaben aus Gründen steckengeblieben ist, die seiner Sphäre zuzurechnen sind. Wird ein PlfBeschluss aus Gründen außerhalb seiner Sphäre **funktionslos** (Rn. 7 f.), bestimmt sich nach allgemeinen Rechtsgrundsätzen, ob und wieweit der Vorhabenträger und/oder der Staat oder keiner von ihnen Folgen zu beseitigen hat. Wird in den Fällen der Funktionslosigkeit der erledigte PlfBeschluss aus Gründen der Klarstellung entsprechend S. 1 aufgehoben, können dem Vorhabenträger nicht in entsprechender Anwendung des S. 2 Maßnahmen der Folgenbeseitigung auferlegt werden.[26] Es bedarf dafür einer anderen Rechtsgrundlage. 15

Die Folgenbeseitigung verpflichtet primär zur Wiederherstellung des früheren Zustandes im Sinne einer **Naturalrestitution.**[27] Da nachteilige Wirkungen eines fertiggestellten Vorhabens hätten hingenommen und nur im Rahmen des § 74 Abs. 2 und § 75 Abs. 2 und 3 hätten ausgeglichen werden müssen, können die nachteiligen Folgen eines begonnenen Vorhabens auch **in anderer Weise beseitigt** werden. In Betracht kommen alle Vorkehrungen und Anlagen, die nach § 74 Abs. 2 S. 2 möglich gewesen wären. Sind **Schutzmaßnahmen** untunlich, sind wie nach § 74 Abs. 2 S. 3 Ansprüche der Betroffenen auf angemessenen **Ausgleich in Geld** für eigene (passive) Schutzmaßnahmen gegen den Vorhabenträger denkbar. Wird das Wohl der Allgemeinheit nicht beeinträchtigt und sind keine nachteiligen Wirkungen auf Rechte anderer zu verzeichnen, kann das Vorhaben in seiner **unfertigen Gestalt bestehen bleiben.**[28] Ansprüche aus privatrechtlichen Titeln bleiben unberührt. 16

3. **Satz 3** regelt entsprechend § 75 Abs. 2 S. 5 den Fall, dass nach endgültiger Aufgabe eines Vorhabens Schutzmaßnahmen infolge von **Veränderungen auf dem Nachbargrundstück** erforderlich werden. In diesem Fall steht es im Ermessen der PlfBehörde, ob sie den Träger des aufgegebenen Vorhabens zu geeigneten Schutzmaßnahmen verpflichtet. Eine solche Verpflichtung wird regelmäßig pflichtgemäßem Ermessen entsprechen, wenn anderenfalls das Wohl der Allgemeinheit oder subjektive Rechte Dritter beeinträchtigt werden. Erlegt die PlfBehörde dem Vorhabenträger Schutzmaßnahmen auf, hat der Eigentümer des benachbarten Grundstücks die dadurch entstehenden **Kosten** als Veranlasser zu tragen, es sei denn, die Veränderungen seien durch natürliche Ereignisse oder höhere Gewalt (hierzu § 75 Rn. 81) verursacht worden. Der Vorhabenträger hat gegen den Eigentümer einen Kostenerstattungsanspruch unmittelbar aus § 77 S. 3.[29] Bleibt ungeklärt, durch wen die Notwendigkeit von Schutzmaßnahmen verursacht ist, oder wirken mehrere Ursachen zusammen, kann eine **angemessene Kostenteilung** in Betracht kommen. Der Vorhabenträger ist im Verhältnis zum kostenpflichtigen Eigentümer nicht zur **Vorleistung** verpflichtet. Die PlfBehörde kann anordnen, dass er Schutzmaßnahmen erst nach einem **Kostenvorschuss** oder einer Sicherheitsleistung des Eigentümers ins Werk zu setzen hat. 17

4. Geeignete Schutzmaßnahmen und eine Kostentragung sind **im Aufhebungsbeschluss anzuordnen** (Rn. 12), unter Umständen können die Anordnungen **selbständig** getroffen werden. Bei Streit über Grund und Art der Verpflichtungen ist der **Verwaltungsrechtsweg** gegeben.[30] § 74 Abs. 1 S. 2 ist anwendbar. 18

§ 78 Zusammentreffen mehrerer Vorhaben

(1) Treffen mehrere selbstständige Vorhaben, für deren Durchführung Planfeststellungsverfahren vorgeschrieben sind, derart zusammen, dass für diese Vorhaben oder für Teile von ihnen nur eine einheitliche Entscheidung möglich ist, und ist mindes-

---

[25] *Kopp/Ramsauer,* § 77 Rn. 8; *Fischer* in Ziekow, Praxis des Fachplanungsrechts, Rn. 550.
[26] *Fischer* in Ziekow, Praxis des Fachplanungsrechts, Rn. 552; a. A.: *Ziekow,* § 77 Rn. 5.
[27] Wie hier *Dürr* in Knack, § 77 Rn. 16.
[28] *Fischer* in Ziekow, Praxis des Fachplanungsrechts, Rn. 556; *Kutscheidt* NVwZ 1987, 33.
[29] *Kopp/Ramsauer,* § 77 Rn. 11.
[30] *Dürr* in Knack, § 77 Rn. 20; *Allesch/Häußler* in Obermayer, § 77 Rn. 45.

tens eines der Planfeststellungsverfahren bundesrechtlich geregelt, so findet für diese Vorhaben oder für deren Teile nur ein Planfeststellungsverfahren statt.

(2) ¹Zuständigkeiten und Verfahren richten sich nach den Rechtsvorschriften über das Planfeststellungsverfahren, das für diejenige Anlage vorgeschrieben ist, die einen größeren Kreis öffentlich-rechtlicher Beziehungen berührt. ²Bestehen Zweifel, welche Rechtsvorschrift anzuwenden ist, so entscheidet, falls nach den in Betracht kommenden Rechtsvorschriften mehrere Bundesbehörden in den Geschäftsbereichen mehrerer oberster Bundesbehörden zuständig sind, die Bundesregierung, sonst die zuständige oberste Bundesbehörde. ³Bestehen Zweifel, welche Rechtsvorschrift anzuwenden ist, und sind nach den in Betracht kommenden Rechtsvorschriften eine Bundesbehörde und eine Landesbehörden zuständig, so führen, falls sich die obersten Bundes- und Landesbehörden nicht einigen, die Bundesregierung und die Landesregierung das Einvernehmen darüber herbei, welche Rechtsvorschrift anzuwenden ist.

Vergleichbare Vorschriften: –

Abweichendes Landesrecht: BW: § 78 Abs. 1: Treffen mehrere selbstständige Vorhaben, für deren Durchführung Planfeststellungsverfahren vorgeschrieben sind, derart zusammen, dass für diese Vorhaben oder für Teile von ihnen nur eine einheitliche Entscheidung möglich ist, so findet für diese Vorhaben oder für deren Teile nur ein Planfeststellungsverfahren statt.
§ 78 Abs. 2 S. 2: Bestehen Zweifel, welche Rechtsvorschrift anzuwenden ist, und sind nach den in Betracht kommenden Rechtsvorschriften Behörden verschiedener Länder zuständig, so führen, falls sich die obersten Behörden der Länder nicht einigen, die Landesregierungen das Einvernehmen darüber herbei, welche Rechtsvorschrift anzuwenden ist; sind nach den in Betracht kommenden Rechtsvorschriften eine Bundesbehörde und eine Landesbehörde zuständig, so führen, falls sich die obersten Bundes- und Landesbehörden nicht einigen, die Bundesregierung und die Landesregierung das Einvernehmen darüber herbei, welche Rechtsvorschrift anzuwenden ist.
Bay: § 78 Abs. 1: Treffen mehrere selbstständige Vorhaben, für deren Durchführung Planfeststellungsverfahren vorgeschrieben sind, derart zusammen, dass für diese Vorhaben oder für Teile von ihnen nur eine einheitliche Entscheidung möglich ist, so findet für diese Vorhaben oder für deren Teile nur ein Planfeststellungsverfahren statt.
§ 78 Abs. 2 S. 2 und 3: Bestehen Zweifel, welche Rechtsvorschrift anzuwenden ist, so entscheidet, falls nach den in Betracht kommenden Rechtsvorschriften mehrere Behörden des Geschäftsbereichs eines Staatsministeriums zuständig sind, das Staatsministerium; gehören die Behörden zum Geschäftsbereich verschiedener Staatsministerien, so entscheidet die Staatsregierung. Bestehen Zweifel, welche Rechtsvorschrift anzuwenden ist, und sind nach den in Betracht kommenden Rechtsvorschriften Behörden verschiedener Länder zuständig, so führen, falls sich die obersten Behörden der Länder nicht einigen, die Landesregierungen das Einvernehmen darüber herbei, welche Rechtsvorschrift anzuwenden ist; sind nach den in Betracht kommenden Rechtsvorschriften eine Bundesbehörde und eine Landesbehörde zuständig, so führen, falls sich die obersten Bundes- und Landesbehörden nicht einigen, die Bundesregierung und die Staatsregierung das Einvernehmen darüber herbei, welche Rechtsvorschrift anzuwenden ist.
Bbg: § 78 Abs. 1: Treffen mehrere selbstständige Vorhaben, für deren Durchführung Planfeststellungsverfahren vorgeschrieben sind, derart zusammen, dass für diese Vorhaben oder für Teile von ihnen nur eine einheitliche Entscheidung möglich ist, so findet für diese Vorhaben oder für deren Teile nur ein Planfeststellungsverfahren statt.
§ 78 Abs. 2 S. 2 und 3: Bestehen Zweifel, welche Rechtsvorschrift anzuwenden ist, so entscheidet, falls nach den in Betracht kommenden Rechtsvorschriften mehrere Landesbehörden in den Geschäftsbereichen mehrerer oberster Landesbehörden zuständig sind, die Landesregierung, sonst die zuständige oberste Landesbehörde. Bestehen Zweifel, welche Rechtsvorschrift anzuwenden ist, und sind nach den in Betracht kommenden Rechtsvorschriften eine Bundesbehörde und eine Landesbehörde zuständig, so führen, falls sich die obersten Bundes- und Landesbehörden nicht einigen, die Bundesregierung und die Landesregierung das Einvernehmen darüber herbei, welche Rechtsvorschrift anzuwenden ist.
Brem: § 78 Abs. 1: Treffen mehrere selbstständige Vorhaben, für deren Durchführung Planfeststellungsverfahren vorgeschrieben sind, derart zusammen, dass für diese Vorhaben oder für Teile von ihnen nur eine einheitliche Entscheidung möglich ist, so findet für diese Vorhaben oder für deren Teile nur ein Planfeststellungsverfahren statt.
§ 78 Abs. 2 S. 2 und 3: Bestehen Zweifel, welche Rechtsvorschrift anzuwenden ist, so entscheidet, falls nach den in Betracht kommenden Rechtsvorschriften mehrere Behörden aus dem Geschäftsbereich eines Senators zuständig sind, der Senator; gehören die Behörden zu den Geschäftsbereichen mehrerer Senatoren, so entscheidet der Senat. Bestehen Zweifel, welche Rechtsvorschrift anzuwenden ist, und sind nach den in Betracht kommenden Rechtsvorschriften eine Bundesbehörde und eine Landesbehörde zuständig, so führen, falls sich die obersten Bundes- und Landesbehörden nicht einigen, die Bundesregierung und die Landesregierung das Einvernehmen darüber herbei, welche Rechtsvorschrift anzuwenden ist.
Hbg: § 78 Abs. 1: Treffen mehrere selbstständige Vorhaben, für deren Durchführung Planfeststellungsverfahren vorgeschrieben sind, derart zusammen, dass für diese Vorhaben oder für Teile von ihnen nur eine einheitliche Entscheidung möglich ist, so findet für diese Vorhaben oder für deren Teile nur ein Planfeststellungsverfahren statt.

§ 78 Abs. 2 S. 2 und 3: Bestehen Zweifel, welche Rechtsvorschrift anzuwenden ist, so entscheidet, falls nach den in Betracht kommenden Rechtsvorschriften mehrere Landesbehörden zuständig sind, der Senat. Bestehen Zweifel, welche Rechtsvorschrift anzuwenden ist, und sind nach den in Betracht kommenden Rechtsvorschriften eine Bundesbehörde und eine Landesbehörde zuständig, so führen, falls sich die beiden Behörden nicht einigen, die Bundesregierung und der Senat das Einvernehmen darüber herbei, welche Rechtsvorschrift anzuwenden ist.
Hess: § 78 Abs. 1: Treffen mehrere selbstständige Vorhaben, für deren Durchführung Planfeststellungsverfahren vorgeschrieben sind, derart zusammen, dass für diese Vorhaben oder für Teile von ihnen nur eine einheitliche Entscheidung möglich ist, so findet für diese Vorhaben oder für deren Teile nur ein Planfeststellungsverfahren statt.
§ 78 Abs. 2 und 3: Bestehen Zweifel, welche Rechtsvorschrift anzuwenden ist, so entscheidet, falls nach den in Betracht kommenden Rechtsvorschriften mehrere Landesbehörden in den Geschäftsbereichen mehrerer oberster Landesbehörden zuständig sind, die Landesregierung, sonst die zuständige oberste Landesbehörde. Bestehen Zweifel, welche Rechtsvorschrift anzuwenden ist, und sind nach den in Betracht kommenden Rechtsvorschriften eine Bundesbehörde und eine Landesbehörde zuständig, so führen, falls sich die obersten Bundes- und Landesbehörden nicht einigen, die Bundesregierung und die Landesregierung das Einvernehmen darüber herbei, welche Rechtsvorschrift anzuwenden ist.
MV: § 78 Abs. 1: Treffen mehrere selbstständige Vorhaben, für deren Durchführung Planfeststellungsverfahren vorgeschrieben sind, derart zusammen, dass für diese Vorhaben oder für Teile von ihnen nur eine einheitliche Entscheidung möglich ist, so findet für diese Vorhaben oder für deren Teile nur ein Planfeststellungsverfahren statt.
§ 78 Abs. 2 S. 2 und 3: Bestehen Zweifel, welche Rechtsvorschrift anzuwenden ist, so entscheidet, falls nach den in Betracht kommenden Rechtsvorschriften mehrere Landesbehörden in den Geschäftsbereichen mehrerer oberster Landesbehörden zuständig sind, die Landesregierung, sonst die zuständige oberste Landesbehörde. Bestehen Zweifel, welche Rechtsvorschrift anzuwenden ist, und sind nach den in Betracht kommenden Rechtsvorschriften Behörden verschiedener Länder zuständig, so führen, falls sich die obersten Behörden der Länder nicht einigen, die Landesregierungen das Einvernehmen darüber herbei, welche Rechtsvorschrift anzuwenden ist; sind nach den in Betracht kommenden Rechtsvorschriften eine Bundesbehörde und eine Landesbehörde zuständig, so führen, falls sich die obersten Bundes- und Landesbehörden nicht einigen, die Bundesregierung und die Landesregierung das Einvernehmen darüber herbei, welche Rechtsvorschrift anzuwenden ist.
Nds: § 5 Abs 1: Treffen mehrere selbstständige Vorhaben, für deren Durchführung Planfeststellungsverfahren vorgeschrieben sind, derart zusammen, dass für diese Vorhaben oder für Teile von ihnen nur eine einheitliche Entscheidung möglich ist, so findet für diese Vorhaben oder für deren Teile nur ein Planfeststellungsverfahren statt.
§ 5 Abs. 2 S. 2: Bestehen Zweifel, welche Rechtsvorschrift anzuwenden ist, so entscheidet, falls nach den in Betracht kommenden Rechtsvorschriften mehrere Landesbehörden in den Geschäftsbereichen mehrerer oberster Landesbehörden zuständig sind, die obersten Landesbehörden gemeinsam, sonst entscheidet die gemeinsame Aufsichtsbehörde.
NRW: § 78 Abs. 1: Treffen mehrere selbstständige Vorhaben, für deren Durchführung Planfeststellungsverfahren vorgeschrieben sind, derart zusammen, dass für diese Vorhaben oder für Teile von ihnen nur eine einheitliche Entscheidung möglich ist, so findet für diese Vorhaben oder für deren Teile nur ein Planfeststellungsverfahren statt.
§ 78 Abs. 2 S. 2 und 3: Bestehen Zweifel, welche Rechtsvorschrift anzuwenden ist, so entscheidet, falls nach den in Betracht kommenden Rechtsvorschriften mehrere Landesbehörden in den Geschäftsbereichen mehrerer oberster Landesbehörden zuständig sind, die Landesregierung, sonst die zuständige oberste Landesbehörde. Bestehen Zweifel, welche Rechtsvorschrift anzuwenden ist, und sind nach den in Betracht kommenden Rechtsvorschriften eine Bundesbehörde und eine Landesbehörde zuständig, so führen, falls sich die obersten Bundes- und Landesbehörden nicht einigen, die Bundesregierung und die Landesregierung das Einvernehmen darüber herbei, welche Rechtsvorschrift anzuwenden ist.
RP: § 5 Abs. 1: Treffen mehrere selbstständige Vorhaben, für deren Durchführung Planfeststellungsverfahren vorgeschrieben sind, derart zusammen, dass für diese Vorhaben oder für Teile von ihnen nur eine einheitliche Entscheidung möglich ist, so findet für diese Vorhaben oder für deren Teile nur ein Planfeststellungsverfahren statt.
§ 5 Abs. 2 S. 2 und 3: Bestehen Zweifel, welche Rechtsvorschrift anzuwenden ist, so entscheidet, falls nach den in Betracht kommenden Rechtsvorschriften mehrere Landesbehörden in den Geschäftsbereichen mehrerer oberster Landesbehörden zuständig sind, die Landesregierung, sonst die zuständige oberste Landesbehörde. Bestehen Zweifel, welche Rechtsvorschrift anzuwenden ist, und sind nach den in Betracht kommenden Rechtsvorschriften eine Bundesbehörde und eine Landesbehörde zuständig, so führen, falls sich die obersten Bundes- und Landesbehörden nicht einigen, die Landesregierung mit der Bundesregierung das Einvernehmen darüber herbei, welche Rechtsvorschrift anzuwenden ist.
Saarl: § 78 Abs. 1: Treffen mehrere selbstständige Vorhaben, für deren Durchführung Planfeststellungsverfahren vorgeschrieben sind, derart zusammen, dass für diese Vorhaben oder für Teile von ihnen nur eine einheitliche Entscheidung möglich ist, und ist mindestens eines der Planfeststellungsverfahren landesrechtlich geregelt, so findet für diese Vorhaben oder für deren Teile nur ein Planfeststellungsverfahren statt.
§ 78 Abs. 2 S. 2: Bestehen Zweifel, welche Rechtsvorschrift anzuwenden ist, so entscheidet, falls nach den in Betracht kommenden Rechtsvorschriften mehrere Landesbehörden in den Geschäftsbereichen mehrerer oberster Landesbehörden zuständig sind, die Landesregierung, sonst die zuständige oberste Landesbehörde.
LSA: § 6 Abs. 1: Treffen mehrere selbstständige Vorhaben, für deren Durchführung Planfeststellungsverfahren vorgeschrieben sind, derart zusammen, dass für diese Vorhaben oder für Teile von ihnen nur eine

einheitliche Entscheidung möglich ist, so findet für diese Vorhaben oder für deren Teile nur ein Planfeststellungsverfahren statt.

§ 6 Abs. 2 S. 2 und 3: Bestehen Zweifel, welche Rechtsvorschrift anzuwenden ist, so entscheidet, falls nach den in Betracht kommenden Rechtsvorschriften mehrere Landesbehörden in den Geschäftsbereichen mehrerer oberster Landesbehörden zuständig sind, die Landesregierung, sonst die zuständige oberste Landesbehörde. Bestehen Zweifel, welche Rechtsvorschrift anzuwenden ist, und sind nach den in Betracht kommenden Rechtsvorschriften eine Bundesbehörde und eine Landesbehörde zuständig, so führen, falls sich die obersten Bundes- und Landesbehörden nicht einigen, die Bundesregierung und die Landesregierung das Einvernehmen darüber herbei, welche Rechtsvorschrift anzuwenden ist.

SchlH: § 145 Abs. 1: Treffen mehrere selbstständige Vorhaben, für deren Durchführung Planfeststellungsverfahren vorgeschrieben sind, derart zusammen, dass für diese Vorhaben oder für Teile von ihnen nur eine einheitliche Entscheidung möglich ist, so findet für diese Vorhaben oder für deren Teile nur ein Planfeststellungsverfahren statt.

§ 145 Abs. 2 S. 2 und 3: Bestehen Zweifel, welche Rechtsvorschrift anzuwenden ist, so entscheidet, falls nach den in Betracht kommenden Rechtsvorschriften mehrere Landesbehörden in den Geschäftsbereichen mehrerer oberster Landesbehörden zuständig sind, die Landesregierung, sonst die zuständige oberste Landesbehörde. Bestehen Zweifel, welche Rechtsvorschrift anzuwenden ist, und sind nach den in Betracht kommenden Rechtsvorschriften eine Bundesbehörde und eine Landesbehörde zuständig, so führen, falls sich die obersten Bundes- und Landesbehörden nicht einigen, die Bundesregierung und die Landesregierung das Einvernehmen darüber herbei, welche Rechtsvorschrift anzuwenden ist.

Thür: § 78 Abs. 1: Treffen mehrere selbstständige Vorhaben, für deren Durchführung Planfeststellungsverfahren vorgeschrieben sind, derart zusammen, dass für diese Vorhaben oder für Teile von ihnen nur eine einheitliche Entscheidung möglich ist, so findet für diese Vorhaben oder für deren Teile nur ein Planfeststellungsverfahren statt.

§ 78 Abs. 2 S. 2 und 3: Bestehen Zweifel, welche Rechtsvorschrift anzuwenden ist, so entscheidet, falls nach den in Betracht kommenden Rechtsvorschriften mehrere Landesbehörden in den Geschäftsbereichen mehrerer oberster Landesbehörden zuständig sind, die Landesregierung, sonst die zuständige oberste Landesbehörde. Bestehen Zweifel, welche Rechtsvorschrift anzuwenden ist, und sind nach den in Betracht kommenden Rechtsvorschriften eine Bundesbehörde und eine Landesbehörde zuständig, so führen, falls sich die obersten Bundes- und Landesbehörden nicht einigen, die Bundesregierung und die Landesregierung das Einvernehmen darüber herbei, welche Rechtsvorschrift anzuwenden ist.

Entstehungsgeschichte: Bis zum Inkrafttreten des VwVfG vgl. § 78 der 6. Auflage. Die Vorschrift ist seither unverändert.

Literatur: *Ronellenfitsch,* Das Zusammentreffen von Planungen, VerwArch 1997, 175; *Ronellenfitsch,* Das Zusammentreffen von qualifizierten Straßenbauplänen (isolierten Bebauungsplänen) mit Fachplanungen, DVBl 1998, 653. vgl. ferner zu §§ 72, 73, 75.

Ausführlich zum Schrifttum vor 1996 s. § 78 der 6. Auflage

Übersicht

	Rn.
I. Allgemeines	1
II. Abgrenzung zu § 75	4
III. Zusammentreffen mehrerer Vorhaben (Abs. 1)	5
IV. Zuständigkeit und Verfahren (Abs. 2)	16
V. Landesrecht	22

I. Allgemeines

1 1. § 78 regelt (nur) die **Zuständigkeit** bei einem Zusammentreffen **mehrerer selbständiger Vorhaben,** für die PlfV angeordnet sind.[1] Die Vorschrift verschiebt in sachlich eng begrenzten Ausnahmefällen die sonst bestehende gesetzliche Kompetenzordnung. Sie ist Ausdruck des Grundsatzes der Problembewältigung. Sie ermöglicht eine einheitliche planerische Entscheidung für mehrere Vorhaben, die räumlich und zeitlich zusammentreffen, wenn sie einen planerischen Koordinierungsbedarf auslösen, der nur bewältigt werden kann, indem die Verfahren förmlich zusammengeführt werden.[2]

2 § 78 ist **verfassungsrechtlich unbedenklich** auch dann, wenn Vorhaben zusammentreffen, von denen eines landesrechtlich und eines bundesrechtlich geregelt ist, und ein bundesrechtlich

---

[1] Zum Zusammentreffen eines planfeststellungspflichtigen Vorhabens mit einem Vorhaben, vor dessen Zulassung ein Bauleitplanverfahren stattzufinden hat, vgl. *Ronellenfitsch* VerwArch 1999, 467 ff, 592 ff; *Ronellenfitsch* DVBl 1998, 653, 661.

[2] *BVerwG* NVwZ 2004, 1500, 1501.

angeordnetes PlfV nach Abs. 2 das „federführende" Verfahren ist.³ Insoweit gelten vergleichbare Überlegungen wie für die Einbeziehung landesrechtlich geregelter Entscheidungen von Landesbehörden in die Konzentrationswirkung einer bundesrechtlich geregelten Planfeststellung (hierzu § 72 Rn. 57 ff.).

2. § 78 gilt nur **subsidiär,** wenn das jeweilige Fachplanungsrecht keine eigenen Regelungen enthält. Solche vorrangigen Regelungen bestehen etwa für Kreuzungen von Bundesfernstraßen mit anderen öffentlichen Straßen oder mit Gewässern (vgl. § 12 Abs. 4 und 6, § 12a FStrG; § 41 WaStrG).⁴

II. Abgrenzung zu § 75

§ 78 ist von § 75 Abs. 1 S. 1 abzugrenzen, nach dem mit der Planfeststellung für ein einziges (selbständiges) Vorhaben zugleich über die Zulässigkeit notwendiger Folgemaßnahmen an anderen Anlagen mitzuentscheiden ist (vgl. § 75 Rn. 8). Diese Regelung betrifft den Fall, dass das Vorhaben eines Vorhabenträgers andere (unselbständige) **Folgemaßnahmen** auslöst, die ohne das veranlassende Vorhaben nicht erforderlich geworden wären.⁵ Es findet eine Planfeststellung für das Vorhaben statt, das die Folgemaßnahme veranlasst⁶ und für das der Vorhabenträger regelmäßig zeitlich als erstes einen Plan nach § 73 bei der zuständigen Behörde eingereicht hat.⁷ Unerheblich ist, ob für die Folgemaßnahmen sonst ein eigenes PlfV durchzuführen gewesen wäre.⁸ § 75 Abs. 1 HS 2 bezieht andere Planfeststellungen in die Konzentrationswirkung des PlfBeschlusses ausdrücklich ein (§ 75 Rn. 10 ff.). Bei § 78 treffen hingegen **mehrere Vorhaben mehrerer Vorhabenträger**⁹ zusammen, die eigene Planungskonzepte erfordern und zeitlich gleichzeitig oder später in Angriff genommen werden sollen.¹⁰

III. Zusammentreffen mehrerer Vorhaben (Abs. 1)

§ 78 Abs. 1 bezieht sich nur auf das Zusammentreffen **mehrerer selbständiger Vorhaben** mehrerer Vorhabenträger. Ein solches Zusammentreffen löst einen Bedarf an **planerischer Koordinierung** aus, der über den Normalfall hinausgeht. Sie soll durch eine einheitliche Entscheidung aufgrund nur eines Verfahrens erleichtert werden. Hierfür müssen **drei Voraussetzungen** kumulativ erfüllt sein:

1. Es muss sich um **mehrere selbständige Vorhaben** handeln, die aufgrund **eigenständiger Pläne** mit jeweils eigenem Planungskonzept durchgeführt werden sollen und bei denen sich die Gleichzeitigkeit nur mehr oder weniger zufällig ergibt, deren Planung nicht von dritter Seite veranlasst wird und die nicht allein Folgemaßnahmen eines anderen Vorhabens sind.¹¹ Keines der Vorhaben darf von dem anderen dergestalt abhängig sein, dass bei Wegfall des einen die Notwendigkeit oder Zweckmäßigkeit zur Realisierung des anderen entfällt.

Zwischen den beiden Vorhaben muss stets ein untrennbarer **enger zeitlicher und räumlicher Zusammenhang** bestehen. Die Pläne müssen nicht notwendig zeitgleich bei der jeweiligen Anhörungsbehörde eingereichen werden.¹² In Betracht kommen etwa das (gleichzeitige) Anlegen von Verkehrswegen unterschiedlicher Verkehrsträger¹³ oder eine Parallelführung meh-

---

³ Kompetenzrechtliche Bedenken hat dagegen *Wickel* in Fehling u. a., § 78 VwVfG Rn. 6 und Rn. 9.
⁴ Zu Kreuzungen von Straßen mit Schienenwegen vgl. *BVerwG* NVwZ 1988, 532.
⁵ *BVerwG* NVwZ 2007, 700, 703; *Wickel* in Fehling u. a., § 75 VwVfG Rn. 15.
⁶ *BVerwG* NVwZ 1989, 153, 154; NVwZ-RR 1988, 60.
⁷ Ähnlich: *Allesch/Häußler* in Obermayer, § 78 Rn. 8 ff.
⁸ *Wickel* in Fehling u. a., § 75 VwVfG Rn. 16.
⁹ Weitergehend *Ziekow*, § 78 Rn. 3: § 78 erfasst auch mehrere selbständige Vorhaben eines Vorhabenträgers.
¹⁰ *BVerwG* NVwZ 1994, 1002, 1003; NVwZ 1996, 389, 390 f.; LKV 1996, 375; LKV 1997, 213.
¹¹ Vgl. *BVerwG* NVwZ 1996, 1103; *BVerwG* NVwZ 2007, 1074, 1075 f.; *Dürr* in Knack, § 78 Rn. 8; *Kopp/Ramsauer,* § 78 Rn. 4; *Allesch/Häußler* in Obermayer, § 78 Rn. 18.
¹² *VGH Mannheim* NVwZ 2000, 1188.
¹³ *BVerwG* NVwZ 1996, 389, 390; *BVerwGE* 101, 73, 77 ff. = NVwZ 1996, 901, 903 f.

rerer Trassen.[14] **Zweifel,** ob in diesem Sinne mehrere selbständige Verfahren vorliegen, sind in einem Verfahren entsprechend Abs. 2 S. 2 und 3 zu klären.

8   2. Für **beide Vorhaben** muss jeweils ein **PlfV** vorgeschrieben sein. **Zumindest eines** von ihnen muss **bundesrechtlich** geregelt sein. Nur für diesen Fall besteht eine Gesetzgebungskompetenz des Bundes zur Regelung von Zuständigkeit und Verfahren. Planfeststellungen auf rein landesrechtlicher Grundlage richten sich nach dem VwVfG des jeweiligen Landes (vgl. Rn. 22).

9   Über den Wortlaut hinaus ist die Vorschrift anwendbar, wenn für das eine Vorhaben ein PlfV vorgeschrieben ist, für das andere Vorhaben ein solches Verfahren nicht zwingend vorgeschrieben, aber als Möglichkeit zugelassen ist, wie dies nach den Straßengesetzen der Länder vielfach auf den Bau von Gemeindestraßen zutrifft.[15]

10 3. Entscheidend ist, dass für die mehreren selbständigen Vorhaben oder für Teile von ihnen nur eine **einheitliche Entscheidung** möglich ist, weil die mehreren Vorhaben einen planerischen **Koordinierungsbedarf** auslösen, der über den Normalfall deutlich hinausgeht und dem nicht in anderer Weise als durch eine einheitliche Entscheidung angemessen Rechnung getragen werden kann. Jeder der Vorhabenträger muss zur sachgerechten Verwirklichung seines Planungskonzepts darauf angewiesen sein, dass über die Zulassung der zusammentreffenden Vorhaben nur in einem Verfahren entschieden wird.[16]

11 Ob eine einheitliche Entscheidung erforderlich ist, hängt von den Umständen des Einzelfalles ab. Bei mehreren selbständigen Verkehrsvorhaben kann deren **räumliche Überschneidung** und **Verflechtung,** auch schon ein **gemeinsamer Kreuzungspunkt,** eine gemeinsame Entscheidung erfordern; zwingend ist dies aber nicht. Erhöhter planerischer Koordinierungsbedarf, dem durch eine einheitliche Zulassungsentscheidung Rechnung getragen werden muss, wird regelmäßig durch verdichtete räumliche Verhältnisse mehrerer Bauvorhaben, insbesondere unterschiedlicher Verkehrsträger (Straße, Schiene, Wasserstraße), mit einer Häufung von Verflechtungen auf verhältnismäßig engem Raum ausgelöst.[17]

12 Eine einheitliche Entscheidung ist ferner im Interesse beschleunigter Realisierung von Plänen notwendig, wenn sich die **Trassen** geplanter Verkehrsanlagen in einem Abschnitt zwar nicht überschneiden oder kreuzen, aber notwendig **parallel geführt** werden müssen.[18] Das gilt jedenfalls bei schwierigen topographischen Verhältnissen, die nur durch eine gemeinsame Baumaßnahme der Vorhabenträger überwunden werden können.[19]

13 Keine Notwendigkeit einer einheitlichen Entscheidung besteht, wenn sich mehrere Vorhaben nur **geringfügig** oder **räumlich begrenzt berühren** und in den Schnittpunkten und Überschneidungsstellen eine einheitliche Planung sichergestellt werden kann, weil planerisch erhebliche Belange des einen Vorhabens in dem jeweils anderen Verfahren durch Verfahrensbeteiligung, durch Berücksichtigung der „fremden" Belange im Rahmen planerischer Abwägung oder durch Nebenbestimmungen angemessen erfasst werden können.[20] Ein nur materielles Interesse an der planerischen Koordination verschiedener Belange rechtfertigt für sich nicht, die gesetzliche Verfahrenszuständigkeit zu ändern.[21]

14 4. **Rechtsfolge** des Abs. 1 ist, dass statt mehrerer nur ein PlfV durchgeführt wird und gleichzeitig die Zuständigkeit für dieses umfassende PlfV auf die Behörde übergeht, die in Abs. 2 bestimmt ist. Die anderen Behörden sind nach § 73 Abs. 2 zu beteiligen. Die zuständige PlfBehörde bleibt an das materielle Bundes- und Landesrecht gebunden, das für die wegfallende Planfeststel-

---

[14] *BVerwG* NVwZ 1996, 389, 390 f.; *BVerwG* LKV 1997, 213.
[15] *Ziekow,* § 78 Rn. 5.
[16] *BVerwG* NVwZ 2004, 1500, 1501.
[17] *BVerwG* NVwZ 1996, 389, 390 f.; *BVerwGE* 101, 73, 78 = NVwZ 1996, 901, 903; *Ronellenfitsch* VerwArch 1997, 176, 182 f.
[18] *BVerwG* LKV 1997, 213.
[19] *BVerwG* NVwZ 1996, 389, 390; *BVerwGE* 101, 73, 78 = NVwZ 1996, 901, 903; *Ronellenfitsch* VerwArch 1997, 176, 182 f.
[20] *BVerwG* NVwZ 2004, 1500, 1501.
[21] *BVerwG* NVwZ 1993, 980, 982; *BVerwGE* 101, 73, 78 = NVwZ 1996, 901, 903; *BVerwG* LKV 1996, 375; NVwZ 2005, 813, 814; *VGH München,* BayVBl 2006, 368, 369; eher zweifelhaft deshalb *VGH Mannheim* NVwZ 2000, 1188, 1189.

lung gilt (vgl. § 75 Rn. 10 ff.).[22] Die Verfahrenskonzentration erfasst nicht nur den Bereich, in dem die Planungen der beiden Träger sich überschneiden, sondern die gesamte Planung des anderen Trägers.[23]

Verbunden werden die Vorhaben nur im Verfahren; im Übrigen bleibt ihre Selbständigkeit unberührt.[24] Dies hat Folgen auch für den Rechtsschutz. Wer nur durch die Auswirkungen eines der Vorhaben in seinen Rechten beeinträchtigt wird, kann nur rügen, dass seine eigenen gerade durch dieses Vorhaben berührten Belange abwägungsfehlerhaft behandelt oder bei der Zulassung gerade dieses Vorhabens sonst zu beachtende drittschützende Vorschriften verletzt worden sind. Er kann hingegen nicht geltend machen, bezogen auf die gleichzeitige Zulassung des anderen Vorhaben seien öffentliche Belange abwägungsfehlerhaft behandelt oder ihn nicht schützende Rechtsvorschriften verletzt worden. Diese Befugnis steht ihm allenfalls dann zu, wenn er durch eine Enteignung betroffen ist und sein Grundstück für ein Vorhaben in Anspruch genommen werden soll, das ohne die gleichzeitige Verwirklichung des anderen Vorhabens nicht möglich ist.[25]

Soll nach Bestandskraft des ergangenen einheitlichen PlfBeschlusses eines der beiden Vorhaben **tatsächlich nicht mehr realisiert** werden, kommen sowohl § 77 als auch § 76 zur Anwendung. Der PlfBeschluss ist teilweise nach § 77 aufzuheben. Diese Aufhebung führt zugleich zu einer Änderung des planfestgestellten Gesamtvorhabens; in dem deshalb nach § 76 erforderlichen Planänderungsverfahren ist insbesondere zu prüfen, ob an dem Restvorhaben (unverändert) festgehalten werden kann.[26] 15

IV. Zuständigkeit und Verfahren (Abs. 2)

1. Ist i. S. d. Abs. 1 nur eine einheitliche Entscheidung möglich, richten sich gemäß Abs. 2 S. 1 Zuständigkeit und Verfahren nach den Rechtsvorschriften für diejenige Anlage, die einen **größeren Kreis ör Beziehungen berührt.** Die Zuständigkeit ist damit an objektive Kriterien gebunden, die Entscheidung über sie steht nicht im Ermessen.[27] Nach dieser **Schwerpunktlösung** bedarf es keiner Zusammenschau der Auswirkungen der zusammentreffenden Vorhaben. Vielmehr sind die jeweiligen Vorhaben miteinander zu vergleichen, etwa nach der Größe und Beschaffenheit der jeweiligen Anlagen mit ihren jeweiligen Folgemaßnahmen, dem dafür benötigten Raum, dem Ausmaß der nachteiligen Wirkungen auch unter Berücksichtigung der Dauer, welche die Durchführung des Vorhabens währt, der Intensität nachteiliger Wirkungen und der Möglichkeit ihres Ausgleichs sowie dem Aufwand für notwendige Schutzmaßnahmen und deren Ausmaß, ferner nach der Zahl möglicher Betroffener. Die Zuständigkeit richtet sich nicht nur nach quantitativen, sondern auch nach den qualitativen Auswirkungen der Vorhaben.[28] Fehlt ein eindeutiger Schwerpunkt, sollte entscheidend sein, welche Behörde für das Hauptvorhaben oder das Vorhaben mit den größten (quantitativen und qualitativen) Auswirkungen auf die Umgebung die spezifische Fachkompetenz und größtmögliche Sachnähe hat. 16

Für die Planfeststellung kommt allein das **Verfahrensrecht der** danach „**federführenden**" **PlfBehörde** zur Anwendung. Das sonst notwendige weitere PlfV entfällt. Der eine PlfBeschluss ersetzt gemäß § 75 Abs. 1 S. 1 HS 2 alle für das Gesamtvorhaben notwendigen Entscheidungen.[29] 17

Wird der einheitliche PlfBeschluss angefochten, richtet sich das **gerichtliche Verfahren** ebenfalls einheitlich nach den Vorschriften, auf deren Grundlage das Vorhaben zugelassen wor- 18

---

[22] BVerwGE 123, 23, 34 = NVwZ 2005, 808, 809; BVerwG NVwZ 2007, 1074, 1075; OVG Hamburg NVwZ-RR 2006, 97, 98; *Wickel* in Fehling u. a., § 78 VwVfG Rn. 12.
[23] BVerwG NVwZ 2005, 813, 815.
[24] BVerwGE 123, 23, 34 = NVwZ 2005, 808, 809.
[25] BVerwG NVwZ 2007, 1074, 1075.
[26] BVerwG NVwZ 2005, 327, 328.
[27] BVerwGE 101, 73, 80 = NVwZ 1996, 901, 903.
[28] BVerwG 101, 73, 80 f = NVwZ 1996, 901, 903 f. BVerwG LKV 1997, 213; VGH Mannheim NVwZ 2000, 1188, 1189; ähnlich *Ronellenfitsch* VerwArch 1997, 175 ff.; *Dürr* in Knack, § 78 Rn. 20; *Allesch/Häußler* in Obermayer, § 78 Rn. 27; *Kopp/Ramsauer*, § 78 Rn. 9.
[29] *Allesch/Häußler* in Obermayer, § 78 Rn. 30; *Kopp/Ramsauer*, § 78 Rn. 10; *Dürr* in Knack, § 78 Rn. 16.

den ist. Das gilt etwa für die Zuständigkeit (§ 48 VwGO), aber auch für fachgesetzliche Sondervorschriften über den Ausschluss der aufschiebenden Wirkung.[30]

19 2. Die notwendige **Einigung** nach **Abs. 2** obliegt den Planfeststellungs-, nicht den Anhörungsbehörden.[31] Können sich die in Betracht kommenden PlfBehörden über das anzuwendende Recht nicht einigen, richtet sich das weitere Verfahren nach S. 2 und 3:

20 Kommen mehrere **Bundesbehörden** mit einer gemeinsamen obersten Bundesbehörde in Betracht, entscheidet diese, bei mehreren Bundesbehörden in den Geschäftsbereichen mehrerer oberster Bundesbehörden die Bundesregierung als Kollegium.[32] Kommen Bundesbehörden und **Landesbehörden** in Betracht, haben sich, auch wenn letztere Bundesrecht im Auftrag des Bundes ausführen, zunächst die entsprechenden obersten Bundes- und Landesbehörden um eine Einigung zu bemühen.[33] Kann dabei die Frage des anzuwendenden Rechts nicht geklärt werden, muss die **Bundesregierung** mit der jeweiligen **Landesregierung** Einvernehmen herstellen (S. 3).

21 Gelingt auch dies nicht, so ist der **Verwaltungsrechtsweg** offen.[34] Es handelt sich um eine ör Streitigkeit nichtverfassungsrechtlicher Art mit erstinstanzlicher Zuständigkeit des **BVerwG** gem. § 50 Abs. 1 Nr. 1 VwGO.[35]

V. Landesrecht

22 Die VwVfG der **Länder** beschränken sich zum Teil auf das Zusammentreffen von landesrechtlich angeordneten Planfeststellungen. Es fehlt dann einerseits der in Abs. 1 enthaltene Hinweis, dass zumindest ein PlfV bundesrechtlich vorgeschrieben sein muss. Anderseits ist nur ein Einigungsverfahren bei mehreren in Betracht kommenden Landesbehörden vorgesehen (§ 5 NVwVfG; § 78 SVwVfG).

Andere Landesgesetze regeln auch das Einigungsverfahren, wenn PlfBehörden verschiedener Länder in Betracht kommen oder wenn neben einer Behörde des Landes auch eine Bundesbehörde in Betracht kommt (§ 78 Abs. 2 LVwVfG BW; § 78 Abs. 2 BayVwVfG; § 78 Abs. 2 VwVfGBbg; § 78 Abs. 2 VwVfG M-V).

Zum Teil regeln die die Landesgesetze das Einigungsverfahren nur für die Fälle, dass zwei Behörden des jeweiligen Landes oder eine Landesbehörde und eine Bundesbehörde in Betracht kommen (§ 78 Abs. 2 BremVwVfG; § 78 Abs. 2 HmbVwVfG; § 78 Abs. 2 HVwVfG; § 78 Abs. 2 VwVfG NRW; § 5 Abs. 2 LVwVfG RP; § 6 VwVfG LSA; § 145 LVwG Schl.-H; § 78 Abs. 2 ThürVwVfG).

---

[30] *VGH Mannheim* NVwZ 2000, 1188, 1189; *Wickel* in Fehling u. a., § 78 VwVfG Rn. 27.
[31] Wie hier *Dürr* in Knack, § 78 Rn. 22.
[32] *Ziekow*, § 78 Rn. 10.
[33] Zur Auftragsverwaltung ebenso *Dürr* in Knack, § 78 Rn. 23; *Fickert*, Planfeststellung, S. 100; a. A. *Meyer/Borgs*, § 78 Rn. 5.
[34] *Wickel* in Fehling u. a., § 78 VwVfG Rn. 24.
[35] Ebenso *Kopp/Ramsauer*, § 78 Rn. 13; *Ziekow*, § 78 Rn. 10; *Knöpfle* in FS Maunz, S. 187, 203; anders wohl: *Dürr* in Knack, § 78 Rn. 25: getrennte Durchführung paralleler PlfV; dies ist unzulässig, da § 78 Abs. 1 eine Rechtsbindung bewirkt und nicht nur ein unverbindliches und daher ablehnbares Einigungsangebot enthält.

Teil VI. Rechtsbehelfsverfahren

§ 79 Rechtsbehelfe gegen Verwaltungsakte

Für förmliche Rechtsbehelfe gegen Verwaltungsakte gelten die Verwaltungsgerichtsordnung und die zu ihrer Ausführung ergangenen Rechtsvorschriften, soweit nicht durch Gesetz etwas anderes bestimmt ist; im Übrigen gelten die Vorschriften dieses Gesetzes.

Vergleichbare Vorschriften: §§ 68 ff. VwGO; §§ 347 ff., 365 AO 1977; § 62 SGB X; §§ 78 ff. SGG; s. ferner Rn. 28 ff.

Abweichendes Landesrecht: Die landesrechtlichen Regelungen stimmen mit § 79 überein. § 1 LVwVfG Rhl.-Pf. hat § 79 nicht übernommen. S. dazu Rn. 31.

Entstehungsgeschichte: Bis zum Inkrafttreten des VwVfG vgl. § 79 der 6. Auflage. Siehe ferner Rn. 8, 28.

Literatur: *Allesch*, Anwendbarkeit der VwVfGe auf das Widerspruchsverfahren nach der VwGO, 1984; *Schenke*, Der Anspruch des Widerspruchsführers auf Erlaß eines Widerspruchsbescheides und seine gerichtliche Durchsetzung, DÖV 1996, 529; *Schenkewitz/Fink*, Die außergerichtlichen Rechtsbehelfsfristen im Steuerrecht und allgemeinen Verwaltungsrecht, BB 1996, 2117; *Tiedchen*, Änderungen des außergerichtlichen Rechtsbehelfsverfahrens durch das Grenzpendlergesetz, BB 1996, 1033; *Kopp*, Die Rechtsschutzfunktion des Widerspruchsverfahrens nach §§ 68 ff. VwGO, Festschrift Redeker, S. 543 ff.; *Engelbrecht*, Die Hauptsacheerledigung im Widerspruchsverfahren, JuS 1997, 550, *Maaß*, Mediation im immissionsschutzrechtlichen Widerspruchsverfahren?, VerwArch 88 (1997), 701 ff.; *Schildheuer*, Die Rücknahme des Widerspruchs nach Erlaß des Widerspruchsbescheids, NVwZ 1997, 637; *Oberrath/Hahn*, Ende des effektiven Rechtsschutzes? Die Änderungen der VwGO und des VwVfG, VBlBW 1997, 241; *Oppermann*, Die Funktion des verwaltungsgerichtlichen Vorverfahrens (Widerspruchsverfahren) in Baurechtssachen aus rechtlicher und rechtstatsächlicher Sicht, Baden-Baden 1997; *App*, Überblick über das Widerspruchsverfahren bei Rechtsbehelfen gegen Vollstreckungsmaßnahmen, KKZ 1999, 25; *Hain*, Zur Frage des Zusammenhangs von Prüfungsumfang, Antragsbefugnis, Begründetheit und Kostenentscheidung im Widerspruchsverfahren, DVBl 1999, 1544; *Günther*, Gerichtlicher Vollziehbarkeitsaufschub vor Erhebung von Widerspruch?, DÖD 1999, 121; *Jannasch*, Einwirkungen des Gemeinschaftsrechts auf den vorläufigen Rechtsschutz, NVwZ 1999, 495; *Spranger*, Der widerrufene Einberufungsbescheid – zur Suspensivwirkung des unzulässigen Widerspruchs, NVwZ 1999, 147; *Fechner*, Die Rechtswidrigkeitsfeststellungsklage, NVwZ 2000, 121; *Cornils*, Zur Anwendbarkeit des § 50 VwVfG: Wahlfreiheit der Verwaltung oder Vorrang des Widerspruchsverfahrens?, Die Verwaltung 2000, 503; *Winkler*, Der Beginn der Klagefrist für den durch einen Widerspruchsbescheid erstmalig beschwerten Dritten, BayVBl 2000, 235; *Allesch*, Ist der Widerspruch nach Zustellung des Widerspruchsbescheids noch zurücknehmbar?, NVwZ 2000, 1227; *Vahle*, Das Widerspruchsverfahren in Schaubildern, DVP 2000, 3; *Geis/Hinterseh*, Grundfälle zum Widerspruchsverfahren, JuS 2001, 1074 und 1176; 2002, 34; *Weidemann*, Der formgerecht eingelegte Widerspruch, DVP 2001, 498; *Bitter/Konow*, Bekanntgabe und Widerspruchsfrist bei Verkehrszeichen, NJW 2001, 1386; *Schmidt*, Vorfristiger Widerspruch und Wiedereinsetzung in den vorigen Stand, DÖV 2001, 857; *Vahle*, Das Widerspruchsverfahren im Spiegel der Rechtsprechung, DVP 2002, 179; *Schletter*, Prüfungsrechtliche Verbesserungsklage und reformatio in peius, DÖV 2002, 816; *Meister*, Die reformatio in peius im Widerspruchsverfahren, JA 2002, 567; *Klüsener*, Die Bedeutung der Zweckmäßigkeit neben der Rechtmäßigkeit in § 68 I 1 VwGO, NVwZ 2002, 816; *Bienert*, Die Rücknahme des Widerspruchs nach Erlass des Widerspruchsbescheides, SächsVBl 2003, 29; *Kingreen*, Zur Zulässigkeit der reformatio in peius im Prüfungsrecht, DÖV 2003, 1; *Beckmann*, Welche Rechtswirkungen löst ein Widerspruch gegen eine eingeschränkte Erlaubnis bzw. Genehmigung aus?, VR 2003, 253; *Vahle*, Das Widerspruchsverfahren in Fällen, DVP 2003, 409; *Koehl*, Zur Verwaltungsaktqualität von kommunalaufsichtlichen Widerspruchsbescheiden, BaVBl 2003, 331; *Uhle*, Das Bindungswirkung des Widerspruchsbescheides, NVwZ 2003, 811; *Rabe*, Die Verwerfungskompetenz der Widerspruchsbehörde, ZfBR 2003, 329; *Beckmann*, Gibt es doch einen mündlichen Widerspruch?, VR 2003, 1; *Fehrenbacher/Borgards*, Verfahrensbeschleunigung durch Abschaffung des Widerspruchsverfahrens in ausländischen Angelegenheiten und Vereinbarkeit mit EU-Gemeinschaftsrecht, ZAR 2003, 236; *Vahle*, Fragen und Antworten zum Widerspruchsverfahren, DVP 2003, 209; *ders.*, Die Kostenlastentscheidung im Vorverfahren, DVP 2003, 429; *Suhr*, Kostenerstattungspflicht im Widerspruchsverfahren gegen kommunale Abgabenbescheide, KStZ 2003, 85; *Schoch*, Das Widerspruchsverfahren nach §§ 68 ff. VwGO, Jura 2003, 752; *Pache/Knauff*, Zum Verhältnis von Ausgangs- und Widerspruchsbehörde nach den Regelungen der VwGO, DÖV 2004, 656; *Schneider*, Zum Ausschluss des verwaltungsgerichtlichen Vorverfahrens in Sachsen-Anhalt bei Identität der Ausgangs- und Widerspruchsbehörde, LKV 2004, 207; *Gühlsdorf*, Die Heilung von Verfahrensmängeln im Widerspruchsverfahren und ihre Kehrseite: die Kostenerstattung, DVP 2004, 313; *Kintz*, Der elektronische Widerspruch, NVwZ 2004, 1429; *Theis*, Die Bedeutung des Widerspruchsverfahrens gemäß den §§ 68 ff. VwGO, Saarländische Kommunal-Zeitschrift (SKZ) 2005, 18; *Schröder*, Reformatio in peius durch Rechtsausschüsse, NVwZ 2005, 1029; *Lindner*, Abschaffung des Widerspruchsverfahrens durch

§ 79 1   Teil VI. Rechtsbehelfsverfahren

die Länder? – Zur Verfassungsmäßigkeit des Art. 15 Nr. 21 BayAGVwGO, BayVBl 2005, 65; *Weber*, Zur Abhilfe nach § 72 VwGO einschließlich Kostenentscheidung und deren Tenorierung, KommJur 2006, 175; *Meier*, Rücknahme eines Widerspruchs – eine nicht mehr korrigierbare Entscheidung?, VR 2006, 293; *Engst*, das Widerspruchsverfahren als ein- oder zweistufiges Verwaltungsverfahren, Jura 2006, 166; *Weidemann*, Der statthafte Widerspruch, VR 2006, 79; *Biermann*, Deregulierung umweltbezogener Verwaltungsverfahren auf Landesebene – Mecklenburg-Vorpommern als „Reformmotor?, ZUR 2006, 282; *Rüssel*, Zukunft des Widerspruchsverfahrens, NVwZ 2006, 523; *Müller-Grune*, Abschaffung des Widerspruchsverfahrens – Konsequenzen für die kommunale Arbeit in Bayern, Stuttgart 2007; *Biermann*, Das Widerspruchsverfahren in der Krise – Überflüssige Hürde auf dem Weg zum Verwaltungsgericht oder bürgerfreundliches Verfahren mit Zukunftsperspektive?, NordÖR 2007, 139; *Krömer*, Erfahrungsbericht zum Bürokratieabbaugesetz OWL, Eildienst Landkreistag NRW 2007, 141; *Hofmann-Hoeppel*, Statistik als Wille und Vorstellung, Zu den rechtstatsächlichen Grundlagen der Verlängerung des Modellversuchs zur Abschaffung des Widerspruchsverfahrens im Regierungsbezirk Mittelfranken, BayVBl 2007, 73; *Müller-Grune/Grune*, Abschaffung des Widerspruchsverfahrens – Ein Bericht zum Modellversuch in Mittelfranken, BayVBl 2007, 65; *van Nieuwland*, Abschaffung des Widerspruchsverfahrens in Niedersachen – Bilanz nach knapp zwei Jahren, Nds.VBl 2007, 38; *Härtel*, Rettungsanker für das Widerspruchsverfahren?, VerwArch 98 (2007), 54; *Unterreitmeier*, Die Neuregelung des Widerspruchsverfahrens in Bayern, BayVBl 2007, 609; *Heiß/Schreiner*, Zum fakultativen Vorverfahren nach Art. 15 Abs. 1 BayAGVwGO n. F., BayVBl 2007, 616. Ausführlich zum Schrifttum vor 1996 s. § 79 der 6. Auflage.

Übersicht

                                                                                                                       Rn.

I. Allgemeines 1
   1. Rechtsnatur des Vorverfahrens 1
   2. Sicht des VwVfG 6
   3. Durchführung des Vorverfahrens 12
   4. Abschluss des Vorverfahrens 14
II. Voraussetzungen des § 79 22
   1. Förmliche Rechtsbehelfe 22
   2. Verweisung auf VwGO 28
   3. Anwendung im Bereich des VwVfG 29
   4. Ausführungsgesetze der Länder 31
   5. Ergänzung durch VwVfG 34
   6. Ergänzung durch allgemeine Verfahrensgrundsätze 39
   7. Regelungslücken 40
   8. Regelung in Spezialgesetzen 54
III. Europarecht 56
IV. Landesrecht 57

I. Allgemeines

1. Rechtsnatur des Vorverfahrens

1   **Teil VI**, überschrieben mit **Rechtsbehelfsverfahren**, besteht lediglich aus §§ 79, 80 und lässt dadurch bereits erkennen, dass nur ein geringer Teil des Rechtsbehelfsverfahrens geregelt werden soll. Die wesentlichen Vorschriften des Rechtsbehelfsverfahrens enthält die VwGO. Die Konzeption des § 79 – wie auch die des § 62 SGB X – unterscheidet sich grundlegend von der der §§ 347 ff. AO 1977. Während die Regelungen des **Vorverfahrens** für die **allgemeine Verwaltung** und die **Sozialverwaltung** als **Voraussetzung der gerichtlichen Klage** (s. § 77 Abs. 2 VwGO; Rn. 2) angelegt[1] und im Wesentlichen in §§ 68 ff. VwGO sowie §§ 78 ff. SGG[2] geregelt sind, wird im **Finanzbereich** der außergerichtliche Rechtsbehelf als **Verlängerung des Veranlagungsverfahrens** verstanden.[3] Deshalb enthalten §§ 347 ff. AO 1977, nicht aber die FGO, auch nicht i. d. F. des EG AO 1977, eine umfassende Regelung der Rechtsbehelfsvorschriften. Mit Wirkung vom 1. 1. 1996 ist durch das Grenzpendlergesetz (!)[4] die Zweigleisigkeit des außergerichtlichen Rechtsbehelfsverfahrens der Abgabenordnung beseitigt worden: Die Ab-

---

[1] S. § 77 Abs. 2 VwGO. Hierzu z. B. auch *OVG Münster* NVwZ-RR 1995, 623: Die Wahrung der Widerspruchsfrist ist nicht nur eine Zulässigkeitsvoraussetzung für den Widerspruch, sondern auch für die Klage. S. zum Zusammenhang von Widerspruchsverfahren und Verwaltungsprozess auch *Hufen* Verwaltungsprozessrecht § 5 Rn. 6.
[2] Zu § 77 SGG als „Fremdkörper" im Zusammenhang mit den Vorverfahrensregeln s. *Meyer-Ladewig*, Vorbem. vor § 77 Rn. 1.
[3] Z. B. *Klein* AO Vorb. vor §§ 347 ff. Anm. 4.
[4] Vom 24. 6. 1994, BGBl I 440, 444 ff. S. hierzu die Kritik von *Felix* NJW 1994, 3065.

gabenordnung hält nach Abschaffung des Beschwerdeverfahrens grundsätzlich einzig den Einspruch nach § 347 Abs. 1 AO als außergerichtlichen Rechtsbehelf bereit.[5] Eine Angleichung der Konzeptionen ist entgegen früheren Erwartungen[6] nicht eingetreten. Zur Anwendung des § 79 in Abgaben- und Sozialverwaltungssachen der allgemeinen Verwaltungsbehörden s. Rn. 35.

Ausgehend von der Gesetzgebungszuständigkeit des Bundes zur Regelung des gerichtlichen Verfahrens (Art. 74 Nr. 1 GG) konnten §§ 68 ff. VwGO, jedenfalls für Landesbehörden (s. § 77 Abs. 2 VwGO), nur als **Sachurteilsvoraussetzungen** für die verwaltungsgerichtliche Anfechtungs- und Verpflichtungsklage verstanden werden.[7] Dies schließt nach h. M.[8] nicht aus, dass das Vorverfahren zugleich ein **Verwaltungsverfahren** darstellt.[9] Demgegenüber sieht eine Gegenmeinung[10] das Widerspruchsverfahren nur als Verwaltungsverfahren an. Andere[11] betonen nur das prozessuale Element.[12] Die Abgrenzung muss der unterschiedlichen Gesetzgebungskompetenzen des Bundes für prozessuale Regelungen und insbesondere der Länder für das Verwaltungsverfahren (Art. 83 ff. GG)[13] Rechnung tragen:[14] §§ 68 ff. VwGO regeln das **Prozessrechtsverhältnis,** also die Rechte und Pflichten der Parteien im Hinblick auf den möglicherweise nachfolgenden Prozess. Diese Regelungen lassen die Kompetenz insbesondere der Länder zur Regelung ihrer VwVf unberührt. Auch das Widerspruchsverfahren ist ein VwVf;[15] die Beteiligten des Widerspruchsverfahrens stehen in einem Verfahrensrechtsverhältnis (§ 9 Rn. 5 ff.). Die Regelungen des VwVfG sind mithin im Widerspruchsverfahren anzuwenden und regeln die Rechte und Pflichten der Beteiligten dieses **Verfahrensrechtsverhältnisses** und bestimmen damit die formelle und materielle Rechtmäßigkeit der Entscheidung.

Konsequenzen hat diese Begründung vor allem für das Verhältnis der §§ 48 ff. zu §§ 72, 73 VwGO, insbesondere bei den Fragen der reformatio in peius[16] (§ 48 Rn. 78 ff.) und bei der Anwendung des § 50 (§ 50 Rn. 3 ff.) sowie für das Verhältnis des § 79 Abs. 2 VwGO zu § 46 (s. § 46 Rn. 100 f.).[17] Die Behörde hat auch bei einem zulässigen und begründeten Widerspruch die Wahl, den angegriffenen Verwaltungsakt durch einen Rücknahmebescheid statt durch eine Abhilfeentscheidung aufzuheben.[18] Entscheidet sie sich für eine auf § 48 gestützte

---

[5] S. hierzu im Einzelnen *Schenkewitz/Fink* Betriebsberater 1996, 2117 ff.; *Tiedchen* Betriebsberater 1996, 1033 ff.
[6] S. *Stelkens* DVBl 1979, 544, 546; *Kopp,* VwPO-E, S. 29 f.; *Busch* DVBl 1982, 831, 833; *Krasney* NVwZ 1982, 406.
[7] So die h. M. BVerwGE 51, 310 ff.; *Schoch* Jura 2003, 752; *Hufen* Verwaltungsprozessrecht § 5 Rn. 7; *Engst* Jura 2006, 166; *Schenkewitz/Fink* Betriebsberater 1996, 2117; dazu kritisch *Renck* JuS 1980, 28 ff.; *Trzaskalik,* S. 20 ff.; *Oerder,* §§ 22 ff., jew. m. w. N.; s. auch BSG SGb 1978, 159 m. Anm. *Meyer-Ladewig.*
[8] Nachweise bei *Busch* in Knack vor § 79 Rn. 20; *Kopp/Ramsauer* vor § 68 Rn. 14; *Eyermann/Rennert* § 68 Rn. 1; *Trzaskalik,* S. 20 ff.; *Hofmann,* S. 605, 606 ff.; *Allesch* S. 40; *ders.* DÖV 1990, 270, 271; *Oerder* S. 15 ff., jew. m. w. N.
[9] S. auch die Darstellung des Streitstandes von *Dolde* in Schoch u. a., vor § 68 Rn. 2 ff.; *Pietzner/Ronellenfitsch,* § 24 Rn. 4 f.; *Geis* in Sodan/Ziekow § 68 Rn. 22 ff.; *Geis/Hinterseh* JuS 2001, 1176, 1178; *Busch* in Knack vor § 79 Rn. 20 ff. jeweils m. w. N.
[10] *Martens* JuS 1978, 762; *Schmitt Glaeser,* Festschrift Boorberg, S. 8 ff.; *Hofmann* S. 610 f.; *Redeker/von Oertzen* § 68 Rn. 1, 6.
[11] *Trzaskalik,* insbesondere S. 41 ff.; *Schütz* NJW 1981, 2785 m. w. N.
[12] Dazu *von Mutius* DVBl 1978, 188; *Renck* JuS 1980, 28 ff.
[13] S. *Dolde* in Schoch u. a., vor § 68 Rn. 2 ff.; *Geis* in Sodan/Ziekow § 68 Rn. 26 ff.; *Busch* in Knack vor § 79 Rn. 24 ff.; *Pietzner/Ronellenfitsch,* § 24 Rn. 4 f. zu Grund und Reichweite der Gesetzeskompetenz des Bundes für das Widerspruchsverfahren.
[14] Dazu *Oerder* S. 46 ff.; *Dolde* in Schoch u. a., vor § 68 Rn. 2 ff. m. w. N.
[15] S. die Nachweise bei *Busch* in Knack vor § 79 Rn. 20.
[16] S. hierzu *BVerwG* NVwZ 1999, 1218; *VGH München* BauR 2004, 149; *OVG Koblenz* NVwZ-RR 2004, 723; *OVG Hamburg* NordÖR 2005, 121; *VGH Mannheim* VBlBW 2001, 313; VBlBW 2000 Beilage 6, B 3; *OVG Münster* NVwZ-RR 1999, 678; *Dolde/Porsch* in Schoch u. a. § 68 Rn. 47 ff.; *Pietzner/Ronellenfitsch,* § 40 Rn. 1 ff.; *Schoch* Jura 2003, 752, 758 f; a. A. *Hufen* Verwaltungsprozessrecht § 9 Rn. 15 ff., 20. Zum spezialgesetzlichen Verbot einer reformatio in peius s. z. B. § 42 Abs. 2 BDG; dazu *Müller-Eising* NJW 2001, 3587, 3589 f. Zur fehlenden Verböserungsbefugnis eines Widerspruchsausschusses s. *OVG Koblenz* NVwZ-RR 2004, 723. dazu auch *Schröder* NVwZ 2005, 1029; *Theis,* Saarländische Kommunal-Zeitschrift (SKZ) 2005, 18, 22 f.
[17] S. hierzu auch *VGH München* BayVBl 1998, 502; *VGH Mannheim* ESVGH 46, 309; *Schröder* NVwZ-RR 2005, 1029; *Kringreen* DÖV 2003, 1; *Meister* JA 2002, 567.
[18] Vgl. *BVerwG* NVwZ-RR 2007, 617; 2003, 871; NVwZ 2002, 1252; 1997, 272; *OVG Lüneburg* NVwZ-RR 2003, 326 (auch noch nach Weiterleitung des Widerspruchs an die Widerspruchsbehörde); *Clausing* JuS 2003, 170, 171; *Engst* Jura 2006, 166, 168. In Abgrenzung dazu s. *BVerwG* NVwZ 2002, 1252: Die Ausgangsbehörde ist nicht befugt, den Widerspruchsbescheid isoliert aufzuheben. S. hierzu *Clausing* JuS 2003, 170, 171; ferner *Uhle* NVwZ 2003, 811 zur Bindungswirkung des Widerspruchsbescheides.

Entscheidung, dann entzieht sie allerdings dem Widerspruchsführer dadurch zugleich einen sonst nach § 80 Abs. 1 gegebenen Kostenanspruch. Dieser setzt nämlich seinerseits eine Entscheidung über den Widerspruch nach §§ 72, 73 Abs. 3 Satz 1 VwGO voraus.[19] Andererseits nimmt sie sich selbst im Fall der Rücknahme den ihr durch § 50 gesetzlich zuerkannten Vorteil. Die Behörde hat deshalb sorgfältig zu prüfen, ob sie sich für eine Erledigung des Widerspruchsverfahrens oder für einen Abhilfe- oder Widerspruchsbescheid entscheidet. Diese Entscheidung muss vor einer etwaigen Bescheidung erfolgen, da Abhilfe- und Widerspruchsbescheid nicht in eine Rücknahme umgedeutet werden können,[20] s. § 80 Rn. 20. Allerdings kann ein auf den Widerspruch eines Dritten durch Abhilfebescheid aufgehobener VA hilfsweise widerrufen werden.[21] Dabei ist das der Behörde im Fall der Aufhebung eines Bescheides grds. eingeräumte Ermessen bei der Rücknahme während eines von einem Dritten eingeleiteten Widerspruchsverfahrens dann auf Null reduziert, wenn der Widerspruch des Dritten zulässig und begründet ist.[22]

4 Von rein prozessualer Bedeutung ist die umstrittene Frage, ob die **korrekte Durchführung des Vorverfahrens**, soweit sie von Handlungen des Widerspruchsführers abhängt, Prozessvoraussetzung ist oder ob für die Zulässigkeit der Klage allein darauf abzustellen ist, dass ein Vorverfahren **erfolglos** stattgefunden hat.[23] Insbesondere entscheidet sich hiernach, ob der **nicht formgerechte** oder **verspätete Widerspruch** die Zulässigkeit der Klage berührt oder nur im Rahmen der Begründetheit (Bestandskraft des angefochtenen VA) Bedeutung erlangt.[24] Nach der hierzu heute nahezu einhellig vertretenen Auffassung ist die Wahrung der Form[25] und Frist[26] des Widerspruchs nicht nur eine Zulässigkeitsvoraussetzung für den Widerspruch selbst, sondern auch für die Klage.[27]

5 Dass eine Versäumung der Widerspruchsfrist grds. durch eine **Sachentscheidung** der Widerspruchsbehörde **geheilt** werden kann, wird heute ganz überwiegend bejaht.[28] So etwa auch für den Fall, dass die Behörde zu Unrecht angenommen hat, es lägen Gründe für eine Wiedereinsetzung vor.[29] Auch darf die Widerspruchsbehörde einen verfristeten Widerspruch gegen die Versagung einer Baugenehmigung sachlich bescheiden, auch wenn das gemeindliche Einvernehmen zum Bauvorhaben versagt worden ist.[30] Bei Vorliegen besonderer Voraussetzungen kann die Behörde sogar ausnahmsweise verpflichtet sein, auch einen verspäteten Widerspruch sachlich zu bescheiden.[31] Zu einer erneuten Sachentscheidung der Widerspruchsbehörde über einen bestandskräftigen und zudem erledigten Verwaltungsakt s. Rn. 27. Abgelehnt wird die Heilungsmöglichkeit lediglich bei VA mit Doppelwirkung, da der verspätete Widerspruch nicht

---

[19] S. *BVerwG* NVwZ-RR 2007, 617; 2003, 871; *NVwZ* 1997, 272 m. w. N.; *VGH* München 2005, 1001.
[20] *BVerwG* NVwZ 2000, 195.
[21] *VGH München* 2005, 1001.
[22] Vgl. *BVerwG* NVwZ 2002, 730.
[23] Hierzu *Geis* in Sodan/Ziekow § 68 Rn. 37 ff. Zur Abgrenzung: Erlässt die Widerspruchsbehörde auf einen Neuantrag hin zu Unrecht einen Widerspruchsbescheid, so eröffnet dieser unmittelbar die Verpflichtungsklage, s. *OVG Münster* ZfSH/SGB 2001, 340. S. dagegen *VGH Mannheim* VBlBW 2004, 190: Erlässt die Behörde auf einen von ihr fälschlich als Neuantrag angesehenen Widerspruch statt eines Widerspruchsbescheides einen Ablehnungsbescheid, kann Widerspruch gegen die Ablehnung, nicht Untätigkeitsklage wegen ausstehender Widerspruchsbescheidung eingelegt werden.
[24] Einerseits *BVerwG* NJW 1983, 1923; NVwZ 1988, 63; NVwZ 1989, 648, 649; andererseits *BVerwG* NVwZ-RR 1989, 85, 86; *Oerder*, S. 59 ff., 81, jew. m. w. N.
[25] Zum Begriff der Niederschrift, dem ein Vermerk nicht genügt, s. *OVG Weimar* NVwZ-RR 2002, 408; *VGH Kassel* NVwZ RR 1991, 199. Zur Form des Widerspruchs in vermögensrechtlichen Angelegenheiten s. *BVerwG* Neue Justiz 1996, 439: Widerspruch zur Niederschrift nicht ausgeschlossen. Eine Rechtsbehelfsbelehrung entgegen § 36 VermG dahin, dass der Widerspruch „schriftlich oder zur Niederschrift" eingelegt werden könne, setzt die Widerspruchsfrist nicht in Lauf, *BVerwG* ZOV 2000, 266.
[26] *VGH Mannheim* DVBl 2004, 1051; *VG Sigmaringen* VBlBW 2005, 154 m. w. N.
[27] *OVG Münster* NVwZ-RR 1995, 623; *Dolde* in Schoch u. a., vor § 68 Rn. 2 f.; *Geis* in Sodan/Ziekow § 68 Rn. 26 ff.; *Kopp/Schenke* Vorb. § 68 Rn. 7; § 70 Rn. 1 m. w. N.; *Eyermann/Rennert* § 68 Rn. 21; *Redeker/von Oertzen* § 68 Rn. 3 ff. S. aber *VGH Kassel* NVwZ 2002, 318: Ein Verstoß gegen die Anhörungsregelung in §§ 7 bis 12 HessAGVwGO macht das Vorverfahren nicht fehlerhaft, da diese Regelung nicht dessen Bestandteil.
[28] S. *Dolde/Porsch* in Schoch u. a. § 70 Rn. 36 ff. mit eingehender Darstellung des Streitstandes. Ferner *VGH Mannheim* NJW 2004, 2690; NVwZ-RR 2002, 6; *Schoch* Jura 2003, 752, 755; *Geis/Hinterseh* JuS 2002, 34, 39; *Funk*, BayVBl 1993, 585; *Kopp/Schenke* § 70 Rn. 9, jew. m. w. N.
[29] S. *VGH Mannheim* NVwZ-RR 2002, 6.
[30] *OVG Münster* BauR 2007, 677.
[31] *VGH Mannheim* VBlBW 1993, 220; 1992, 96.

in eine gesicherte Rechtsposition des Dritten eingreifen kann.[32] Im Gegensatz dazu kann sich die Widerspruchsbehörde mit einer erneuten Bescheidung eines gegen einen belastenden VA eingelegten Widerspruchs nicht darüber hinwegsetzen, dass mit der Zustellung des ersten Widerspruchsbescheides im Umfang des Widerspruchsbegehrens die Klagefrist ausgelöst worden ist.[33] Ferner entfällt die Sachbescheidungsbefugnis der Widerspruchsbehörde u. a. mit Erledigung des Widerspruchs.[34] Abgrenzungsschwierigkeiten ergeben sich zum Erlass eines Zweitbescheides[35] bzw. einer wiederholenden Verfügung.[36] Wird einem Widerspruch in der Weise abgeholfen, dass der mit dem Widerspruch angegriffene VA zunächst insgesamt aufgehoben und sodann teilweise neu erlassen wird, so stellt sich hinsichtlich des neuen Bescheides die Frage, ob ein Zweitbescheid vorliegt und ob dieser automatisch Gegenstand eines weiterhin anhängigen Widerspruchsverfahrens wird, ohne dass es einer entsprechenden Erklärung des Widerspruchsführers oder eines erneuten Widerspruchs bedarf.[37] Dementsprechend wirft der Widerspruch gegen eine vorläufigen VA die Frage auf, ob er sich automatisch auch gegen die endgültige Regelung richtet.[38] Der Erwerber eines die Klagebefugnis gegen einen VA vermittelnden Gegenstandes braucht vor der Klageerhebung kein eigenes Widerspruchsverfahren durchzuführen, soweit die auf den Erwerbsgegenstand bezogene Beschwer bereits Gegenstand eines Widerspruchsverfahrens seines Rechtsvorgängers war.[39] Nach § 68 Abs. 1 Satz 2 Nr. 1 VwGO entfällt ein (weiteres) Vorverfahren, wenn der Abhilfe- oder Widerspruchsbescheid erstmalig eine Beschwer enthält,[40] s. § 80 Rn. 32. Keine Voraussetzung eines ordnungsgemäßen Vorverfahrens, wohl aber der Zulässigkeit einer Klage ist bei einem **antragsbedürftigen Klagebegehren,** ob ein entsprechender Antrag vor Klageerhebung bei der Behörde gestellt ist und ggf. mit heilender Wirkung im Klageverfahren nachgeholt werden kann (§ 22 Rn. 26).[41] Für allgemeine Leistungs- und Feststellungsklagen von Beamten wird ein solcher Antrag durch den speziellen Widerspruch nach § 126 Abs. 3 BRRG ersetzt, der auch gegen Handlungen erhoben werden kann, die keine Verwaltungsakte sind.[42]

2. Sicht des VwVfG

Vor dem Hintergrund der prozessualen und verwaltungsverfahrensrechtlichen Kompetenzaufteilung (Rn. 2) kann § 79 nichts zur Auslegung der §§ 68 ff. VwVfG aussagen, wie umgekehrt §§ 68 ff. VwGO keine Aussage zum Verwaltungsverfahren machen können. Das **Verwaltungsverfahren** als Entscheidungsprozess mit seinen verfahrensrechtlichen Befugnissen, Rechten und Pflichten (Rn. 12) wird durch das VwVfG gekennzeichnet, das von einer Aufgliederung in zwei

---

[32] *BVerwG* NJW 1998, 3070; *BVerwGE* 60, 314.
[33] Hierzu im Einzelnen *OVG Münster* ZKF 2002, 36. Unberührt hiervon bleiben die allgemeinen Möglichkeiten zur Vereinbarung eines Musterklageverfahrens, etwa durch die Zusicherung einer Zweitbescheidung, s. *OVG Münster* NVwZ-RR 2002, 296.
[34] *BVerwG* NVwZ 2001, 1288; *BVerwGE* 81, 226 = NJW 1989, 2468. Dazu *Hufen* Verwaltungsprozessrecht § 6 Rn. 14. *Engelbrecht* JuS 1997, 550. Zu den Voraussetzungen einer Erledigung: *BVerwG* MedR 2006, 185; *VGH Mannheim* VBlBW 2005, 281; *OVG Koblenz* VR 2002, 393. Zur Erledigung des Widerspruchsverfahrens s. *VG Schleswig* NVwZ-RR 2007, 152. Zur Erledigung einer dienstrechtlichen Konkurrentenstreitigkeit s. *BVerwG* NJW 2004, 870; *Wernsmann* DVBl 2005, 276. zur Kostenregelung nach Erledigung des Widerspruchs s. § 80 Rn. 53. Zum Fortsetzungsfeststellungswiderspruch s. Rn. 50.
[35] Dazu *Maurer* § 11 Rn. 56; ferner *OVG Münster* NVwZ 1995, 1138; *VGH München* NVwZ 1991, 903: *VG Münster* NVWBl 1995, 34; *Korber* DVBl 1984, 405; *Baumeister* VerwArch 1992, 374; *Hofmann,* Festschrift Menger, S. 605, 618, dazu *Oerder,* S. 78 f.
[36] Vgl. *BVerwG* NVwZ 2002, 684. Vgl. auch zur Einbeziehung von Änderungsbescheiden in ein laufendes Widerspruchsverfahren: Hierzu im Einzelnen *Kraft* BayVBl 1995, 519 ff. S. zur weiteren Abgrenzung auch *OVG Münster* ZfSH/SGB 2001, 340 (Widerspruchsbescheid nach Neuantrag) und *VGH Mannheim* VBlBW 2004, 190 (Ablehnungsbescheid nach Widerspruch). S. ferner *Dolde/Porsch* in Schoch u. a. § 68 Rn. 24 f.
[37] S. *OVG Bautzen* NVwZ-RR 1999, 101. Allgemein zur Ersetzung eines VA durch einen anderen s. *BVerwGE* 105, 288 = NVwZ 1998, 1292; *OVG Münster* ZfBR 2000, 429; *VGH München* BayVBl 1999, 761; *OVG Hamburg* ZMR 1999, 361.
[38] Verneinend: *VGH Mannheim* NVwZ-RR 2006, 154.
[39] S. *BVerwG* DÖV 2006, 964.
[40] Hierzu *Beckmann* VR 1998, 226; *Winkler* BayVBl 2000, 235.
[41] Zum Antragserfordernis bei Änderung eines Verpflichtungsbegehrens s. *OVG Münster* NWVBl 1990, 66. Zur hinreichenden Präzisierung des Antragsbegehrens s. *OVG Münster* NWVBl 2003, 108; 2003, 823; *BFH* NVwZ-RR 1999, 815. Ferner *OVG Münster* DÖV 2003, 385 zum Bauantragsgebot.
[42] So *BVerwG* NVwZ 2002, 97.

abgeschlossene Verfahren ausgeht: Durch § 9 wird klargestellt, dass mit Erlass des Verwaltungsaktes das Verwaltungsverfahren abgeschlossen ist (§ 9 Rn. 193 ff.; Begründung zu § 75 Entwurf 73: „Verfahren des ersten Verwaltungszuges".[43] Das schließt nicht aus, dass das VwVfG den Begriff des VwVf oder des Verfahrens nicht einheitlich gebraucht (§ 9 Rn. 52, 126).[44] Je nach Sinn der einzelnen Vorschrift kann der Begriff das Widerspruchsverfahren (z. B. § 2 Abs. 2 Nr. 1)[45] oder gar das gerichtliche Verfahren (§ 51 Abs. 2) mitumfassen. Diese nach dem jeweiligen Sinn und Zweck der einzelnen Vorschrift mögliche weite Auslegung ergibt sich nicht allgemein aus §§ 72, 79 VwGO,[46] die zu den Verfahrensvorschriften des VwVfG, insbesondere den VwVfGen der Länder[47] (vgl. Rn. 2), keine Aussage machen können.[48] Dies zeigt im Übrigen eine Vorschrift wie § 45 Abs. 1, die die Trennung zwischen den beiden VwVf voraussetzt. Mit Erhebung des Widerspruchs **beginnt** das Vorverfahren als neues VwVf (§ 69 VwGO;[49] s. aber für Beginn eines Antragverfahrens nach § 9, dort Rn. 105) und **endet** mit Erlass[50] des Widerspruchsbescheides bzw. des Abhilfebescheides (vgl. Rn. 14).[51] Sowohl bei zwei- wie auch bei dreipoligen Verwaltungsrechtsverhältnissen stellen Ausgangs- und Widerspruchsverfahren somit zwei Verwaltungsverfahren dar, die aber eine Einheit bilden, da erst der Widerspruchsbescheid der behördlichen Entscheidung die für das Klageverfahren maßgebliche Gestalt gibt.[52] Mit dem Ende der Vorverfahrens endet auch die Sachbefugnis der Widerspruchsbehörde.[53] So ist es ihr regelmäßig verwehrt, einen bereits zugestellten Widerspruchsbescheid zum Nachteil des Widerspruchsführers zu ändern.[54] Im Widerspruchsverfahren hat die Widerspruchsbehörde dagegen gem. § 68 VwGO grds. die gleiche Entscheidungsbefugnis wie die Ausgangsbehörde;[55] sie ist also nicht – wie die Gerichte – auf eine Rechtskontrolle beschränkt.[56] Wird diese Überprüfungskompetenz nicht ausgeschöpft, indem z. B. die Widerspruchsbehörde sich irrig gehindert sieht, eine Beurteilung in vollem Umfang zu überprüfen, führt dies zur gerichtlichen Aufhebung und Verpflichtung, erneut über den Widerspruch zu entscheiden.[57] Anderes gilt nur in den Fällen, in denen die Widerspruchsbehörde nur (noch) eine gebundene Rechtsentscheidung zu treffen hätte, der ein Ermessens-, Beurteilungs- oder Bewertungsspielraum nicht innewohnt. Hier besteht für eine isolierte Anfechtung des Widerspruchsbescheides kein Rechtsschutzbedürfnis.[58]

---

[43] A. A. wohl *Meyer/Borgs* § 9 Rn. 14; offen *OVG Münster* Gemeindehaushalt 1991, 41.
[44] Zum eigenständigen Inhalt des Begriffs „Vorverfahren" im Sinne des Art. 3 Abs. 2 Nr. 3 UI-RL s. § 29 Rn. 23 sowie *EuGH* Slg. I 1999, 5087 = NVwZ 1999, 1209; hierzu auch *EuGH* NVwZ 1998, 945; ferner *OVG Münster* NVwZ 1998, 888; *Wegener* EuR 2000, 227; *Pitschas/Lessner* DVBl 2000, 332.
[45] A. A. *OVG Saarlouis* NVwZ 1987, 508; ferner *BVerwG* NVwZ 1987, 224; undifferenziert BVerwGE 84, 178.
[46] So aber *BVerwG* NVwZ 1987, 224, wohl auch BVerwGE 82, 336.
[47] Vgl. *Allesch*, S. 39 ff.; *ders.* DÖV 1990, 270, 271.
[48] Wie hier *OVG Münster* NWVBl 1992, 69.
[49] *BVerwG* DVBl 1984, 53; *Geis* in Sodan/Ziekow § 69 Rn. 1.
[50] Zur Zustellung des Widerspruchsbescheides s. *Pietzner/Ronellenfitsch*, § 49 Rn. 1 ff. Zur Übermittlung des Widerspruchsbescheides per Fax s. *OVG Hamburg* NJW 1997, 2616. S. aber zu § 366 AO 1977 *BFH* NVwZ 1999, 220.
[51] *OVG Münster* NVwZ-RR 2005, 450; 2005, 451; *Geis/Hinterseh* JuS 2002, 34, 35 m. w. N. Zum Entscheidungsrahmen der Widerspruchsbehörde s. Rn. 14; *BVerwG* NVwZ-RR 1999, 34; *VG Dessau* NJ 1998, 272. Zur Bedeutung des Widerspuchsbescheides für die Frage, ob überhaupt ein VA vorliegt, s. Rn. 14; § 35 Rn. 372. A. A. *OVG Magdeburg* NVwZ 2000, 208.
[52] So *BVerwG* NVwZ 2006, 1294.
[53] S. *VGH Mannheim* NVwZ-RR 1995, 476.
[54] *VGH Mannheim* VBlBW 1995, 359.
[55] Zur ein- oder Zweistufigkeit des Widerspruchsverfahrens s. *Engst* Jura 2006, 166 ff.
[56] S. zur Zuständigkeit der Widerspruchsbehörde in Abgrenzung zur Ausgangsbehörde: *VGH München* BayVBl 2006, 443; (Zuständigkeit nur im Rahmen des Devolutiveffekts); *OVG Münster* NWVBl 2004, 107 (Anweisung an die Widerspruchsbehörde mit gestufter Ermessensentscheidung); hierzu auch: *VGH Mannheim* VBlBW 2007, 20; *Pietzner/Ronellenfitsch*, § 42 Rn. 15 ff. *VGH München* BauR 2004, 149 (Erteilung einer Befreiung nach § 31 Abs. 2 BauGB). Eingehend zur Kontrollkompetenz der Widerspruchsbehörde: *Pietzner/Ronellenfitsch*, § 39 Rn. 1 ff. Ferner *Rabe* ZfBR 2003, 329 (zur Verwerfungskompetenz der Widerspruchsbehörde); *Geis/Hinterseh* JuS 2002, 34, 39 (zur Sachentscheidungskompetenz); eingehend *Pache/Knauff*, Das Verhältnis von Ausgangs- und Widerspruchsbehörde nach den Regelungen der VwGO, DÖV 2004, 656 ff. S. aber auch *OVG Lüneburg* NVwZ-RR 2003, 326: Die Ausgangsbehörde bleibt andererseits auch nach Abgabe des Widerspruchsvorgangs an die Widerspruchsbehörde z. B. u. a. zur Abhilfe oder Rücknahme des Ausgangsbescheids befugt.
[57] BVerwGE 108, 274 = NVwZ 2000, 329.
[58] *BVerwG* Beschluss v. 23. 7. 2002 – 7 B 53/02 –; NVwZ 1999, 641; *OVG Münster* NVwZ-RR 2003, 615.

§§ 68 ff. VwGO wurden schon vor Erlass des VwVfG **nicht als abschließende Regelungen** angesehen.[59] Ob bestehende Lücken durch **analoge Anwendung** von **Regeln des Prozessrechts** geschlossen werden dürfen,[60] war umstritten, hängt von dem Verständnis der Rechtsnatur des Vorverfahrens ab (Rn. 2) und wurde nicht für alle Vorschriften der VwGO einheitlich beantwortet.[61] Inwieweit allgemeine Grundsätze des Verwaltungsrechts herangezogen werden konnten, blieb unklar. Ob § 79 eine Klarstellung bringt, ohne damit alle Lücken schließen zu können, ist weiterhin strittig. Es bleibt die Frage der entsprechenden Anwendung von Regeln der VwGO aktuell (Rn. 40). Zur Anwendung von AO- und SGB-X-Vorschriften s. Rn. 35.

Die Begründung vor § 75 Entwurf 63 sagt lapidar: „Zum Verwaltungsverfahren gehört auch das Widerspruchsverfahren". Der Wortlaut des § 79 spricht zwar allgemein „die Verwaltungsgerichtsordnung" an, stellt aber allein für die auf das Widerspruchsverfahren bezogenen oder mit diesen in direktem Zusammenhang stehenden Regelungen der VwGO und die Ausführungsgesetze der Länder klar, dass sie unmittelbar anwendbar sind und – soweit nicht im Einzelfall spezielle Normen vorrangig gelten – alle sonstigen Verfahrensvorschriften verdrängen.[62] Der Wortlaut lässt überdies annehmen, für das förmliche Rechtsbehelfsverfahren seien die VwGO und die AG VwGO erst über das VwVfG anwendbar und deshalb sei es als Verwaltungsverfahren anzusehen. Was hiermit gemeint ist, ergibt sich indes aus den in der Begründung als regelungsbedürftig angesehenen Fällen. Einmal sollten über § 79 die §§ 68 ff. VwGO – gleichgültig wie ihre Rechtsnatur bei einer unmittelbaren Anwendung ist – auch für die Verwaltungsakte im Anwendungsbereich des VwVfG, für die wegen § 40 VwGO die Anwendbarkeit der §§ 68 ff. VwGO ausgeschlossen ist, gelten (bestr., s. Rn. 29). Nur insoweit werden die §§ 68 ff. VwGO durch die Umsetzung, die § 79 bewirkt, zu verwaltungsverfahrensrechtlichen Regeln. Zum anderen sollten durch § 79 wie auch § 80 die Lücken der §§ 68 ff. VwGO (Rn. 6) durch das VwVfG und nicht (mehr) durch eine analoge Anwendung prozessualer Vorschriften geschlossen werden, ohne dass im Einzelnen differenziert wurde, ob der Bedarf bei den Voraussetzungen eines verwaltungsgerichtlichen Verfahrens oder im Ablauf des Entscheidungsprozesses, der dem Verwaltungsverfahren zuzuordnen ist, aufgetreten war.

§ 79 lässt also nach seiner Entstehungsgeschichte die Streitfrage nach Rn. 2 offen. Eine Zuordnung der Vorschriften der §§ 68 ff. VwGO zum Prozessrecht wird durch § 79 nicht ausgeschlossen. § 79 behält seine Bedeutung dadurch, dass er klarstellend darauf hinweist, dass die Regeln des VwVfG für das Vorverfahren als VwVf heranzuziehen sind. Dieses Ergebnis war im Übrigen für die dem § 79 vergleichbaren **landesrechtlichen Vorschriften** vorgezeichnet, da sie schon aus Gründen des Art. 72 GG keine authentische inhaltliche Interpretation der §§ 68 ff. VwGO geben können. § 68 Abs. 1 S. 2, 1. Halbs. VwGO eröffnet diesen Weg ersichtlich nicht. Wohl ist es den Ländern unbenommen, Lücken des Landesverwaltungsverfahrensrechts durch **entsprechende** Anwendung der §§ 68 ff. VwGO zu schließen (Rn. 57).

Hat das Vorverfahren somit Aufgaben des Verwaltungsverfahrens als auch im Vorfeld des Prozesses zu erfüllen, können ihm die nach heute einhellig vertretener Auffassung[63] zugesprochenen **Funktionen** zugeordnet werden: Im Widerspruchsverfahren als VwVf werden die sich auf die Rechtsanwendung und die Zweckmäßigkeit erstreckende **Verwaltungskontrolle im Interesse des Bürgers (Befriedungsfunktion)** und die **Selbstkontrolle im Interesse der Allgemeinheit**, die ggf. bis zu einer reformatio in peius reicht, ausgeübt. Fehler und Fehlerfolgen des Ausgangsverfahrens können im Vorverfahren korrigiert werden. Daneben kommt dem Widerspruchsverfahren aus prozessualer Sicht die Funktion zu, als Instrument **außergerichtlicher Konfliktbewältigung**[64] die Gerichte zu entlasten. So trägt z. B. die Arbeit der **Rechts- bzw.**

---

[59] BVerwG MDR 1981, 609.
[60] So. *Renck*, DÖV 1973, 264.
[61] Eingehend *Allesch* S. 56 ff.
[62] Vgl. *Ziekow* § 79 Rn. 8 ff.; *Geis* in Sodan/Ziekow § 68 Rn. 45 ff.; *Geis/Hinterseh* JuS 2001, 1074 f.; *Busch* in Knack § 79 Rn. 74; *Hufen*, Verwaltungsprozessrecht, § 5 Rn. 10 ff.; *Kopp/Ramsauer* § 79 Rn. 22 ff.
[63] S. BVerwG NVwZ 2006, 1294; *Härtel* VerwArch 98 (2007), 54; *Dolde* in Schoch u. a. § 68 Vorb Rn. 1 ff.; *Hufen*, Verwaltungsprozessrecht, § 5 Rn. 15 ff.; *Geis* in Sodan/Ziekow § 68 Rn. 16 ff.; *Geis/Hinterseh* JuS 2001, 1074; *Schoch* Jura 2003, 752.
[64] Eingehend hierzu *D. Oppermann*, Die Funktion des verwaltungsgerichtlichen Vorverfahrens (Widerspruchsverfahren) in Bausachen aus rechtlicher und rechtstatsächlicher Sicht, Baden-Baden 1997; *App* KKZ 1999, 25, 27. Zur Mediation als effektives Konfliktlösungsverfahren, auch in der Form eines „mediati-

Widerspruchsausschüsse[65] spürbar – u. a. wegen der mündlichen Verhandlung[66] – zur Vermeidung verwaltungsgerichtlicher Verfahren bei. Ungeachtet dieser allgemein anerkannten Zielsetzungen steht das Widerspruchsverfahren aber in der Kritik: In der **Praxis** erweist sich das Vorverfahren häufig als ineffizient und damit verfahrenshemmend, weil es als „Durchlaufstation" gehandhabt wird.[67] Insbesondere der Aspekt der Selbstkontrolle im Interesse der Allgemeinheit als wesentliche Funktion eines VwVf[68] wird durch die prozessuale Sicht des Vorverfahrens in der Praxis vor allem bei mehrpoligen Rechtsverhältnissen vielfach verdrängt (s. Rn. 12).[69] Der Sachverhalt wird häufig nicht selbständig ermittelt (§ 24 Rn. 95). Chancen des Bürgers, auf das Verfahren einzuwirken, können nicht wahrgenommen werden (Rn. 12). Rechtsverstöße werden dann nicht aufgegriffen, wenn sie nicht zum geschützten Rechtskreis des widersprechenden Dritten gehören.[70] Die in diesen Fällen gebotene Überlegung rechtsstaatlich handelnder Behörden, den Widerspruch zum Anlass zu nehmen, die Instrumente des Verwaltungsverfahrensrechts im Interesse der Allgemeinheit z.B. durch eine Rücknahme einzusetzen, wird häufig durch einen Hinweis auf die Unzulässigkeit des Widerspruchs analog § 42 Abs. 2 VwGO ersetzt. Damit wird vernachlässigt, dass aus einer Zuordnung des Widerspruchsverfahrens (auch) zum Verwaltungsverfahren für die Verwaltung eine **Verpflichtung zur Selbstkontrolle** folgt. Zudem ist die Effizienz des Widerspruchsverfahrens namentlich als Instrument der Selbstkontrolle dadurch nachhaltig geschwächt worden, dass eine Heilung von Verfahrensfehlern nach § 45 Abs. 2 nunmehr bis zum Abschluss der letzten Tatsacheninstanz eines verwaltungsgerichtlichen Verfahrens möglich ist. Ist damit für die Verwaltung die Möglichkeit eröffnet, zunächst eine etwaige Klageerhebung abzuwarten, läuft dies sowohl der Kontrollfunktion als auch der Entlastungsfunktion des Widerspruchsverfahrens diametral zuwider.[71] Zudem verliert dadurch die durch § 68 Abs. 1 VwGO angeordnete **Zweckmäßigkeitskontrolle**[72] weitgehend an Bedeutung.

11 Diese als unbefriedigend empfundene Praxis des Widerspruchsverfahrens hat immer wieder zu **Reformansätzen** geführt,[73] wobei aber nunmehr die Länder das Widerspruchsverfahren verstärkt als **„Experimentierfeld"** für Bürokratieabbau, Bürgerfreundlichkeit und Verfahrensbeschleunigung entdeckt haben.[74] Grundlage hierfür ist die durch das 6. VwGO-Änderungsgesetz[75] erfolgte Streichung der Wörter „für besondere Fälle" in § 68 Abs. 1 Satz 2 VwGO.[76] Hierdurch ist die Öffnungsklausel zum landesgesetzlichen Ausschluss des Widerspruchsverfahrens erweitert worden. Die Möglichkeit, das Widerspruchsverfahren auszuschließen, ist nicht mehr auf bestimmte Fallgruppen beschränkt und besteht damit generell, wobei die Länder[77]

---

ven Vorverfahrens" s. *Vetter* Mediation und Vorverfahren, Berlin 2004, zugleich Diss. Bayreuth 2002; *Härtel* VerwArch 98 (2007), 54, 70 ff.; *Simnacher* BayVBl 2006, 460; *Maaß*, Mediation im immissionsschutzrechtlichen Widerspruchsverfahren?, VerwArch 88 (1997), 701.
[65] Z.B. nach §§ 7 ff. AG VwGO Rheinland-Pfalz, §§ 1 ff. ThürAGVwGO; §§ 7 ff. Saarl. AGVwGO oder § 26 VermG.
[66] S. § 16 Saarl. AGVwGO. Zur Besetzung der Rechtsausschüsse unter dem Vorsitz eines Volljuristen oder einer der in § 174 VwGO genannten Personen s. § 9 Saarl.AGVwGO.
[67] S. *Hufen*, Verwaltungsprozessrecht, § 5 Rn. 10 ff.; *Rüssel* NVwZ 2006, 523, 525. S. auch die Begründung des Gesetzesentwurfs zur weitgehenden Abschaffung des Widerspruchsverfahrens in NRW (Bürokratieabbaugesetz II), LT-Drs. 14/4199, S. 1 ff.
[68] Siehe zur Bedeutung verwaltungsinterner Kontrollverfahren, etwa im Bereich des Prüfungsrechts: *BVerfGE* 84, 34 und 84, 59; *BVerwGE* 91, 262; *VGH Mannheim* DÖV 2005, 215; *OVG Münster* OVGE 44, 38, 44 ff., NVwZ 1993, 93, 95; 1992, 63; *OVG Koblenz* NVwZ 1992, 399; *Nolte* BWVBl 1992, 301. Ferner allgemein *BVerwGE* 91, 24 (45).
[69] S. auch *Martens* NVwZ 1988, 684, 688.
[70] Siehe zur Widerspruchsbefugnis Dritter *BVerwG* NVwZ 2000, 195; *BVerwGE* 105, 354 = DÖV 1998, 510; *VGH Mannheim* GewArch 1999, 417; *VGH Kassel* NVwZ-RR 1996, 330.
[71] So auch *Geis/Hinterseh* JuS 2002, 34, 40.
[72] Zur Zweckmäßigkeitsprüfung im Widerspruchsverfahren s. eingehend *Klüsener* NVwZ 2002, 816. Ferner *OVG Bremen* WissR 2000, 263; *Hain* DVBl 1999, 1544.
[73] S. hierzu den Überblick bei *Geis* in Sodan/Ziekow § 68 Rn. 20 f.
[74] So *Biermann* NordÖR 2007, 139, 140. S. zur Debatte ferner *van Nieuwland* NdsVBl 2007, 38 ff.; *Härtel* VerwArch 98 (2007), 54; *Hofmann-Hoeppel* BayVBl 2007, 73 ff.; *Müller-Grune/Grune* BayVBl 2007, 65 ff.; *Rüssel* NVwZ 2006, 523 ff.; *Lindner* BayVBl 2005, 65; *Schneider* 2004, 207 ff.; *Fehrenbacher/Borgards* ZAR 2003, 236; *Oppermann*, Die Verwaltung 1997, 517 ff.
[75] Vom 1. 11. 1996, BGBl I S. 1626.
[76] S. hierzu *Oberrath/Hahn* VBlBW 1997, 241, 245 f.
[77] Vgl. dazu *BVerfGE* 35, 65, 75.

§ 79 Rechtsbehelfe gegen Verwaltungsakte   12 § 79

selbstverständlich unterschiedlich verfahren können.[78] Die scheinbar ausschließlich redaktionelle Streichung in § 68 Abs. 1 Satz 2 VwGO besitzt insofern „atmosphärische Bedeutung, als sie ein Zurückdrängen des Widerspruchsverfahrens signalisiert".[79] Von der somit eröffneten Möglichkeit einer weitgehenden Aussetzung bzw. Abschaffung des Widerspruchsverfahrens haben zahlreiche Länder mit Blick auf eine nach der jeweiligen Gesetzesbegründung fehlende bzw. nicht nachgewiesene Effizienz des Vorverfahrens und im Interesse der Verfahrensbeschleunigung und Kostenersparnis Gebrauch gemacht. Diese weiter andauernden gesetzgeberischen Aktivitäten haben bereits jetzt zu einer erheblichen Rechtszersplitterung geführt. Der **Katalog der Neuregelungen**[80] reicht dabei von der Reduzierung der Statthaftigkeit von Widerspruchsverfahren auf bestimmte Sachgebiete[81] über den Verzicht auf das Vorverfahren in einzelnen, ausgewählten Teilbereichen,[82] die Aussetzung des Widerspruchsverfahrens durch regional begrenzte „Experimentierklauseln" für eine befristete Überprüfung der Effizienz des Verfahrens[83] bis hin zu einer fakultativen Ausgestaltung des Widerspruchsverfahrens als „Optionsmodell", das dem Rechtsuchenden die Wahl zwischen dem Widerspruch und der Klage lässt.[84] Dabei wird z. B. einerseits in NRW der als verfahrenslästig angesehene Devolutiveffekt durch Verlagerung der Entscheidungskompetenz auf die Ausgangsbehörde weitgehend abgeschafft,[85] wohingegen Sachsen-Anhalt das Vorverfahren speziell bei einer Identität von Ausgangs- und Widerspruchsbehörde ausgeschlossen hat, weil diese Doppelfunktion zur Ineffizienz führe.[86]

3. Durchführung des Vorverfahrens

§§ 79, 9 zeigen, dass auch das Vorverfahren wie das erstinstanzliche VwVf ein **Entscheidungsprozess** ist, in dem die Instrumentarien der **Verfahrensrechte und -pflichten** eingesetzt werden müssen. Demgegenüber betrachten Behörden in der dargestellten Praxis (Rn. 10) das Vorverfahren nicht selten nur als lästige Durchlaufstation,[87] von der allenfalls das Entscheidungsergebnis (Rn. 14) interessiert. Dies hat zu der dargestellten Kritik an der Effizienz des Widerspruchsverfahrens und zu der anhaltenden Reformdiskussion geführt (Rn. 11). Die Rechtsnatur des Vorverfahrens als VwVf gibt dem Bürger und der Behörde jedoch materielle und Verfahrensrechte und -befugnisse: Nur hier kann noch eine **Zweckmäßigkeitsprüfung**[88] ver-

---

[78] Siehe hierzu *Meissner* VBlBW 1997, 81 (84); *Schmieszek* NVwZ 1996, 1151 (1155); *Schenke* NJW 1997, 81 (92).
[79] So *Schenke* NJW 1997, 81 (92). Siehe hierzu auch Art. 15 BayAGVwGO in der Fassung des Verwaltungsreformgesetzes vom 26. 7. 1997, BayGVBl 1997, 311, durch den das Vorverfahren für die dort aufgeführten Sachgebiete ausgeschlossen wird.
[80] Einen eingehenden Überblick zu den Neuregelungen der Länder gibt *Biermann* NordÖR 2007, 139, 142 ff.
[81] So sind in NRW nach den durch das Bürokratieabbaugesetz II, GV. NRW. 2007, 393, erfolgten Änderungen ab 1. 11. 2007 im Wesentlichen nur nach folgende Sachgebiete von der Abschaffung des Widerspruchsverfahrens ausgenommen: 1. Verfahren, bei denen Bundes- oder Gemeinschaftsrecht ein Vorverfahren vorschreiben, 2. Bewertung einer Leistung im Rahmen einer berufsbezogenen Prüfung, 3. Teilbereiche des Schul- sowie des Ausbildungs-, Studien- und Graduiertenförderungsrechts, 4. Rundfunkgebühren, 5. Drittwidersprüche sowie 6. Teilbereiche des § 126 Abs. 3 BRRG; s. hierzu und zu den für die Ausgestaltung des VwVf ergebenden Konsequenzen: *Kamp* NWVBl 2008, 41. Ferner die Begründung des Gesetzentwurfs des Bürokratieabbaugesetzes II, LT-Drs. 14/4199, S. 1 ff. S. ferner zur weitgehenden Abschaffung des Widerspruchsverfahrens in Niedersachsen: *van Nieuwland* NdsVBl 2007, 38 ff. Zur Rechtslage in Bayern: *Unterreitmeier* BayVBl 2007, 609; *Müller-Grune*, Abschaffung des Widerspruchsverfahrens, Stuttgart 2007, S. 17 ff.; *Müller-Grune/Grune* BayVBl 2007, 65 ff.
[82] S. zu § 16 a Abs. 1 HessAGVwGO: *Biermann* NordÖR 2007, 139, 143; für NRW das Erste Gesetz zum Bürokratieabbau (Bürokratieabbaugesetz I) v. 13. 3. 2007, GV. NRW. S. 133.
[83] S. zum Modellversuch in Mittelfranken *BayVerfGH* BayVBl 2007, 79; *Hofmann-Hoeppel* BayVBl 2007, 73 ff.; *Lindner* BayVBl 2005, 65; *Müller-Grune/Grune* BayVBl 2007, 65 ff. Zur Modellregion Ostwestfalen-Lippe s. *Krömer* Eildienst Landkreistag NRW 2007, 141 ff.
[84] S. für Mecklenburg-Vorpommern: *Biermann* NordÖR 2007, 139, 144 f.; für Bayern: *Heiß/Schreiner*, Zum fakultativen Vorverfahren nach Art. 15 Abs. 1 BayAGVwGO n. F., BayVBl 2007, 616 *Müller-Grune*, Abschaffung des Widerspruchsverfahrens, Stuttgart 2007, S. 11 ff. Ferner hierzu allgemein: *Härtel* VerwArch 98 (2007), 54, 67 ff.
[85] S. die Begründung des Gesetzesentwurfs des Bürokratieabbaugesetzes II, LT-Drs. 14/4199, S. 1 ff.
[86] Hierzu im Einzelnen *Schneider* LKV 2004, 207 ff.
[87] S. *Hufen*, Verwaltungsprozessrecht, § 5 Rn. 10 ff.; *Rüssel* NVwZ 2006, 523, 525. S. auch die Begründung des Gesetzesentwurfs zur weitgehenden Abschaffung des Widerspruchsverfahrens in NRW (Bürokratieabbaugesetz II), LT-Drs. 14/4199, S. 1 ff.
[88] Zur Zweckmäßigkeitsprüfung im Widerspruchsverfahren s. eingehend *Klüsener* NVwZ 2002, 816. Ferner *OVG Bremen* WissR 2000, 263; *Hain* DVBl 1999, 1544.

langt werden (§ 68 VwGO). Auch sollte die Möglichkeit der Heilung von Verfahrensfehlern bereits im Vorverfahren und nicht erst nach Klageerhebung genutzt werden.[89] Der Bürger kann die dadurch gegebenen Chancen z. B. einer nachgeholten Anhörung vergrößern durch einen detaillierten Sachvortrag,[90] Wahrnehmung von Terminen bei der Widerspruchsbehörde, Anregung zur Sachverhaltsermittlung (vgl. aber § 24 Rn. 71; § 80 Rn. 80), insbesondere zur Augenscheinseinnahme, Zeugenvernehmung und zur Sachverständigenauswahl.[91]

13 Nach herrschender Meinung besteht bei gebundenen Entscheidungen mangels Rechtsschutzbedürfnisses grundsätzlich kein gerichtlich durchsetzbarer **Anspruch auf Erlass eines Widerspruchsbescheides**.[92] Abweichendes kann aber insbesondere bei Ermessensentscheidungen[93] sowie in den Fällen eines Drittwiderspruchs gelten. So kann der durch einen Verwaltungsakt Begünstigte gegen die Widerspruchsbehörde, wenn diese über einen Drittwiderspruch nicht entscheidet, Untätigkeitsklage auf Verpflichtung zur Zurückweisung des Widerspruchs erheben.[94] Zur Verpflichtungsklage auf Erlass eines **bestimmten** Widerspruchsbescheides s. § 35 Rn. 376. Die **Sachscheidungsbefugnis** der Widerspruchsbehörde entfällt u. a. mit Erledigung des Widerspruchs[95] sowie im Falle seiner – etwa weil er sich gegen einen Bescheid mit Drittwirkung richtet – unheilbaren Verfristung.[96] Auch für die **isolierten Anfechtung des Widerspruchsbescheides** besteht bei gebundenen Entscheidungen grd. kein Rechtsschutzbedürfnis.[97] Sie kommt aber u. a. dann in Betracht, wenn eine Ermessensentscheidung in Streit steht,[98] wenn formelle Fehler allein den Widerspruchsbescheid betreffen und deshalb eine gerichtliche Verpflichtung zur Neubescheidung erfolgen kann[99] oder wenn der Betroffene durch den Widerspruch erstmalig beschwert ist.[100] Verkennt die Widerspruchsbehörde ihre Überprüfungskompetenz, kann auch dies zur gerichtlichen Aufhebung und Verpflichtung führen, erneut über den Widerspruch zu entscheiden (s. Rn. 6).[101] Anderes gilt jedoch in den Fällen, in denen die Widerspruchsbehörde nur (noch) eine gebundene Rechtsentscheidung zu treffen hätte, der ein Ermessens-, Beurteilungs- oder Bewertungsspielraum nicht innewohnt.[102] So ist im Rahmen eines Verpflichtungsbegehrens auf Rückerstattung nach dem Vermögensgesetz ein schützenswertes Interesse an der isolierten Aufhebung des Widerspruchsbescheides mangels eines behörd-

---

[89] Eingehend dazu *Hufen* Rn. 603 ff. Auch z. B. *OVG Münster* NVwZ-RR 1995, 314 betr. zur Heilung von Form- und Verfahrensverstößen im Widerspruchsverfahren betr. eine denkmalrechtliche Unterschutzstellung. Zur Heilung von Anhörungsfehlern s. *Häußler* BayVBl 1999, 616 ff. Ferner *Vahle* DVP 2006, 189; *Gühlsdorf* DVP 2004, 313; *Hufen* JuS 1999, 313.
[90] Vgl. aber *BVerwG* NVwZ 1987, 215.
[91] Vgl. *Stelkens*, VwVf, Rn. 686 ff.
[92] So *BVerwG* 28. 4. 1997 – 6 B 6/97 – Buchholz 421.0 Nr. 380; *VGH München* BayVBl 1999, 279; *OVG Münster* DVBl 2001, 320. Siehe die Darstellung des Streitstandes bei *Schoch* Jura 2003, 752, 760; *Pietzner/Ronellenfitsch*, § 24 Rn. 18; *v. Schledorn* NVwZ 1995, 250. A. A. *Kopp/Schenke* Vor § 68 Rn. 13; *Schenke* DÖV 1996, 529 ff. Auch *VG Frankfurt* NVwZ-RR 2000, 262 bejaht einen Anspruch auf Weiterbetreiben des Widerspruchsverfahrens.
[93] Im Einzelnen: *Schoch* Jura 2003, 752, 760; *Pietzner/Ronellenfitsch*, § 24 Rn. 18; *v. Schledorn* NVwZ 1995, 250.
[94] So *VGH Mannheim* DVBl 1994, 707; *VG Arnsberg* NWVBl 1999, 111. Dazu auch *Klein* BayVBl 1993, 583; *Pietzner/Ronellenfitsch*, § 24 Rn. 18.
[95] *BVerwG* NVwZ 2001, 1288; *BVerwGE* 81, 226 = NJW 1989, 2468. Dazu *Hufen* Verwaltungsprozessrecht § 6 Rn. 14. *Engelbrecht* JuS 1997, 550. Zu den Voraussetzungen einer Erledigung: *BVerwG* MedR 2006, 185; *VGH Mannheim* VBlBW 2005, 281; *OVG Koblenz* VR 2002, 393; *VG Schleswig* NVwZ-RR 2007, 152. Zur Erledigung einer dienstrechtlichen Konkurrentenstreitigkeit s. *BVerwG* NJW 2004, 870; *Wernsmann* DVBl 2005, 276. zur Kostenregelung nach Erledigung des Widerspruchs s. § 80 Rn. 53. Zum Fortsetzungsfeststellungswiderspruch s. Rn. 50.
[96] *BVerwG* NJW 1998, 3070. Zur grds. bestehenden Sachscheidungsbefugnis trotz Verfristung s. Rn. 5. Auch *Dolde/Porsch* in Schoch u. a. § 70 Rn. 36 ff. mit eingehender Darstellung des Streitstandes. Ferner *VGH Mannheim* NJW 2004, 2690; NVwZ-RR 2002, 6; *Schoch* Jura 2003, 752, 755; *Geis/Hinterseh* JuS 2002, 34, 39; *Funk*, BayVBl 1993, 585; *Kopp/Schenke* § 70 Rn. 9., jew. m. w. N.
[97] Vgl. *BVerwG* Beschluss v. 23. 7. 2002 – 7 B 53/02 –; NVwZ-RR 1990, 149; *OVG Münster* NVwZ-RR 2003, 615 m. w. N.
[98] S. *OVG Münster* NVwZ-RR 2003, 615 m. w. N.
[99] S. *OVG Bautzen* SächsVBl 2002, 91 = DÖV 2002, 711 (L) zur Widerspruchsbescheidung durch eine unzuständige Behörde: *Pietzner/Ronellenfitsch*, § 24 Rn. 18.
[100] Vgl. *BVerwG* NVwZ-RR 1995, 613. S. z. B. zur isolierten Anfechtung des Widerspruchsbescheides durch die Ausgangsbehörde *OVG Lüneburg* NVwZ-RR 1999, 367; *VG Gera* ThürVGRspr 1998, 128; *VGH München* BayVBl 1999, 669.
[101] *BVerwGE* 108, 274 = NVwZ 2000, 329. Ferner *Pietzner/Ronellenfitsch*, § 24 Rn. 18.
[102] *BVerwG* Buchholz 421.0 Nr. 380 m. w. N.

§ 79 Rechtsbehelfe gegen Verwaltungsakte

lichen Ermessens- oder Beurteilungsspielraums regelmäßig nicht anzuerkennen; die bloße Hoffnung, dass die Widerspruchsbehörde eine für den Betroffenen günstigere Entscheidung treffen könnte als das Gericht, genügt hierfür nicht.[103]

4. Abschluss des Vorverfahrens

Das Vorverfahren endet[104] mit Erlass des **Abhilfebescheides** oder des **Widerspruchsbescheides** (Rn. 6), die materiell mit dem erstinstanzlichen VA eine Einheit bilden (§ 35 Rn. 45).[105] Sowohl bei zwei- wie auch bei dreipoligen Verwaltungsrechtsverhältnissen stellen nämlich Ausgangs- und Widerspruchsverfahren zwar zwei Verwaltungsverfahren dar, die aber eine Einheit bilden, da erst der Widerspruchsbescheid der behördlichen Entscheidung die für das Klageverfahren maßgebliche Gestalt gibt.[106] Auch der Widerspruchsbescheid hat Verwaltungsakteigenschaft.[107] So darf z. B. die Ausgangsbehörde, wegen der Bindungswirkung des Widerspruchsbescheids, solange dieser noch wirksam und die Begründung, die zur Aufhebung des Ausgangsbescheides geführt hat, nicht überholt ist, den Ausgangsbescheid nicht erneut erlassen.[108] Auch ist die Ausgangsbehörde nicht befugt, den Widerspruchsbescheid isoliert aufzuheben.[109] Der ursprüngliche Verwaltungsakt ist mit dem Inhalt und der Begründung Gegenstand der verwaltungsgerichtlichen Nachprüfung, die er durch den Verwaltungsakt erhalten hat (§ 79 Abs. 1 Nr. 1 VwGO).[110] So kommt es z. B. hinsichtlich der Bestimmtheit auf die Gestalt an, die der Ausgangsbescheid durch den Widerspruchsbescheid gefunden hat.[111] Dieser Grundsatz gilt auch dann, wenn der Widerspruchsbescheid die Regelung des Ausgangsbescheides nicht inhaltlich geändert hat[112] oder wenn der Widerspruchsbescheid inhaltliche[113] oder durch eine Änderung der Sach- oder Rechtslage[114] bedingte Fehler aufweist, die der Ausgangsbescheid noch nicht enthielt. Dagegen berühren ausschließlich im Widerspruchsbescheid unterlaufene formelle Fehler die Rechtmäßigkeit des Ausgangsbescheides nicht, s. Rn. 13.[115] Erlässt die Widerspruchsbehörde auf einen Neuantrag hin zu Unrecht einen Widerspruchsbescheid, so eröffnet dieser unmittelbar die Verpflichtungsklage.[116] Erlässt die Behörde dagegen auf einen von ihr fälschlich als Neuantrag angesehenen Widerspruch statt eines Widerspruchsbescheides einen Ablehnungsbescheid, kann Widerspruch gegen die Ablehnung, nicht Untätigkeitsklage wegen ausstehender Widerspruchsbescheidung eingelegt werden.[117] Aus § 79 Abs. 1 Nr. 1 VwGO lässt sich aber nicht die Fähigkeit der Widerspruchsbehörde herleiten, eine nicht als VA zu qualifizierende Maßnahme „kraft Irrtums" **in einen materiellen VA umzugestalten**, s. § 35 Rn. 372.[118] Dementsprechend kann der Widerspruchsbescheid auch nicht aus einer internen Willenserklä-

---

[103] *BVerwG* NVwZ 1999, 641.
[104] *OVG Münster* NVwZ-RR 2005, 450; 2005, 451; *VG Dessau* ZOV 2002, 323; *Geis/Hinterseh* JuS 2002, 34, 35 m. w. N.
[105] Vgl. *OVG Bautzen* NVwZ-RR 2002, 409 zur gerichtlichen Aufhebung von Ausgangs- und Widerspruchsbescheid bei Ermessensfehlern der Widerspruchsbehörde.
[106] So *BVerwG* NVwZ 2006, 1294.
[107] Vgl. *OVG Münster* NVwZ-RR 2003, 327; DVBl 2005, 1220. S. ferner *BVerwG* 16. 12. 1998 – 1 B 12/98 –; *OVG Magdeburg* NVwZ 2000, 208: Er ist kein geeigneter Vollstreckungstitel für ein verwaltungsgerichtliches Vollstreckungsverfahren nach §§ 167 ff. VwGO, *BVerwG* ThürVBl 2000, 180; *VGH Mannheim* NVwZ-RR 1991, 493: zur Umdeutung eines fehlerhaften Widerspruchsbescheides in einen neuen Ausgangsbescheid. *Koehl* BayVBl 2003, 331 zur Verwaltungsaktsqualität von kommunalaufsichtlichen Widerspruchsbescheiden.
[108] S. *OVG Münster* NVwZ-RR 2003, 327.
[109] S. *BVerwG* NVwZ 2002, 125; hierzu *Clausing* JuS 2003, 170, 171; ferner *Uhle* NVwZ 2003, 811 zur Bindungswirkung des Widerspruchsbescheides.
[110] Vgl. *OVG Bautzen* NVwZ-RR 2002, 409.
[111] *OVG Münster* NWVBl 1998, 356; NVwZ-RR 1995, 314.
[112] Siehe *BVerwG* NVwZ-RR 1997, 132.
[113] *VGH Mannheim* NVwZ 1990, 1085.
[114] *OVG Münster* NVwZ-RR 1997, 12: Erlässt die Behörde eine Beseitigungsverfügung und geht das Eigentum an dem Grundstück während des Vorverfahrens auf einen Dritten über, so hat dies, wenn der Widerspruchsbescheid gleichwohl an den früheren Eigentümer gerichtet wird, die Rechtswidrigkeit der Ausgangsverfügung und des Widerspruchsbescheides zur Folge.
[115] *OVG Bautzen* SächsVBl 2002, 91 = DÖV 2002, 711 (L) zur Widerspruchsbescheidung durch eine unzuständige Behörde. Dazu *Clausing* JuS 2003, 170.
[116] *OVG Münster* ZFSH/SGB 2001, 340.
[117] S. *VGH Mannheim* VBlBW 2004, 190.
[118] A. A. *OVG Magdeburg* NVwZ 2000, 208 m. w. N.

rung einer Behörde, z. B. einem Ratsbeschluss, einen VA machen.[119] Vielmehr ist der Widerspruchsbescheid rechtswidrig, wenn der Adressat zuvor keinen Ausgangsbescheid erhalten hat. Gleiches gilt, wenn er keinen Widerspruch erhoben hat[120] oder wenn die Widerspruchsbehörde ihren Entscheidungsrahmen überschreitet, indem sie z. B. einen drittbegünstigenden VA über das Widerspruchsbegehren hinaus drittbelastend im Widerspruchsbescheid abändert[121] oder außerhalb des Streitgegenstandes des Widerspruchsverfahrens dieses zum Anlass für eine völlig neue Sachentscheidung nimmt.[122] Nach Erlass des Widerspruchsbescheides etwa eintretende Eigentümerwechsel sind für die Anfechtung einer Ordnungsverfügung grds. sowohl in prozessualer Hinsicht als auch materiell-rechtlich ohne Belang.[123] Eine nachträgliche Rechtsänderung ist nur dann zu berücksichtigen, wenn ihre Rückwirkung den Zeitpunkt des Erlasses des Widerspruchsbescheides erfasst.[124] Es ist nicht ausgeschlossen, dass z. B. bei einer Untätigkeitsklage das Vorverfahren parallel zu einem Gerichtsverfahren seinen Fortgang nimmt (§ 9 Rn. 210).[125]

15   **Zuständig** für die **Abhilfeentscheidung,** die als VA selbständig angefochten werden kann,[126] ist die Behörde, die den angegriffenen Verwaltungsakt erlassen hat. Sie muss über die Abhilfe entscheiden, selbst wenn der Widerspruch bei der übergeordneten Behörde eingelegt worden ist. Eine Abhilfe kann auch noch nach Abgabe des Widerspruchsvorgangs an die Widerspruchsbehörde erfolgen,[127] Sind allerdings Ausgangs- und Widerspruchsbehörde identisch, entfällt das Abhilfeverfahren.[128] Hilft die Ausgangsbehörde dem Widerspruch ab, so ergeht ein Abhilfebescheid nach § 72 VwGO, der nach der ausdrücklichen gesetzliche Vorgabe auch eine Kostenentscheidung auf der Grundlage des § 80 VwVfG erfordert.[129] Ein auf den Widerspruch eines Dritten durch Abhilfebescheid aufgehobener VA kann hilfsweise widerrufen werden.[130] Dem Abhilfebescheid steht nicht entgegen, dass die Behörde gleichzeitig oder später einen Bescheid mit gleichem oder ähnlichen Inhalt erlässt[131] (s. u. Rn. 49; § 80 Rn. 31, 55). Wird einem Widerspruch in der Weise abgeholfen, dass der mit dem Widerspruch angegriffene VA zunächst insgesamt aufgehoben und sodann teilweise neu erlassen wird, so stellt sich hinsichtlich des neuen Bescheides die Frage, ob ein Zweitbescheid[132] vorliegt und ob dieser automatisch Gegenstand eines weiterhin anhängigen Widerspruchsverfahrens wird, ohne dass es einer entsprechenden Erklärung des Widerspruchsführers oder eines erneuten Widerspruchs bedarf.[133] Dementsprechend wirft der Widerspruch gegen eine vorläufigen VA die Frage auf, ob er sich auto-

---

[119] S. § 35 Rn. 272. A. A. *BVerwGE* 78, 3 = *BVerwG* NVwZ 1988, 51 mit Anm. *Renck* NVwZ 1989, 117; *OVG Magdeburg* LKV 1998, 278; NVwZ 2000, 208.
[120] *VG Bremen* NVwZ-RR 1996, 530.
[121] Zum Entscheidungsrahmen der Widerspruchsbehörde s. *BVerwG* NVwZ-RR 1999, 34.
[122] S. *VGH München* BayVBl 2006, 443 zur Beschränkung der Zuständigkeit der Widerspruchsbehörde; *VG Dessau* NJ 1998, 273.
[123] So *OVG Münster* BauR 2002, 763. S. auch *OVG Koblenz* DÖV 2006, 834 zur Berücksichtigung einer Tilgung von Punkten im Widerspruchsverfahren nach dem Entzug der Fahrerlaubnis; *VGH Mannheim* VBlBW 2007, 20 zum maßgeblichen Zeitpunkt der Überprüfung einer Baugenehmigung, die durch die Ausgangsbehörde aufgrund einer durch Widerspruchsbescheid erfolgten Verpflichtung erteilt worden ist.
[124] *VGH München* Kommunale Steuerzeitschrift 1994, 37.
[125] Vgl. *OVG Münster* NVwZ-RR 2004, 395 zur (verneinten) Notwendigkeit der Hinzuziehung eines Bevollmächtigten für ein solches Vorverfahren. Zu den Konsequenzen, wenn die Behörde entscheidet s. *Weides/Bertrams* NVwZ 1988, 673 ff.
[126] S. dazu *Geis/Hinterseh* JuS 2002, 34, 35 m. w. N.
[127] S. *OVG Lüneburg* NVwZ-RR 2003, 326; *VG Dessau* ZOV 2002, 323.
[128] Str.; s. *Geis/Hinterseh* JuS 2002, 34 mit Darstellung des Streitstandes. Zum Widerspruchsverfahren als ein- oder zweistufigem Verwaltungsverfahren s. im Einzelnen: *Engst* Jura 2006, 166 ff.
[129] Dazu *Weber* KommJur 2006, 175, zur Abhilfe nach § 72 VwGO einschließlich Kostenentscheidung und deren Tenorierung; *Kopp/Schenke* § 72 Rn. 5.
[130] *VGH München* NVwZ-RR 2005, 787 = BauR 2005, 1001.
[131] *BVerwGE* 88, 41; *OVG Münster* DÖV 1992, 122.
[132] Dazu *Maurer* § 11 Rn. 56. S. in Abgrenzung zur wiederholenden Verfügung. Vgl. *BVerwG* NVwZ 2002, 482. Vgl. auch zur Einbeziehung von Änderungsbescheiden in ein laufendes Widerspruchsverfahren: Hierzu im Einzelnen *Kraft* BayVBl 1995, 519 ff. S. zur weiteren Abgrenzung auch *OVG Münster* ZfSH/SGB 2001, 340 (Widerspruchsbescheid nach Neuantrag) und *VGH Mannheim* VBlBW 2004, 190 (Ablehnungsbescheid nach Widerspruch). S. ferner *Dolde/Porsch* in Schoch u. a. § 68 Rn. 24 f.
[133] S. *OVG Bautzen* NVwZ-RR 1999, 101. Allgemein zur Ersetzung eines VA durch einen anderen s. *BVerwGE* 105, 288 = NVwZ 1998, 1292; *OVG Münster* ZfBR 2000, 429; *VGH München* BayVBl 1999, 761; *OVG Hamburg* ZMR 1999, 361. Zm Erlass eines Zweitbescheides im Widerspruchsverfahren auch *Kopp/Schenke* § 72 Rn. 8.

matisch auch gegen die endgültige Regelung richtet.[134] Der Erwerber eines die Klagebefugnis gegen einen VA vermittelnden Gegenstandes braucht vor der Klageerhebung kein eigenes Widerspruchsverfahren durchzuführen, soweit die auf den Erwerbsgegenstand bezogene Beschwer bereits Gegenstand eines Widerspruchsverfahrens seines Rechtsvorgängers war.[135] Nach § 68 Abs. 1 Satz 2 Nr. 1 VwGO entfällt ein (weiteres) Vorverfahren, wenn der Abhilfe- oder Widerspruchsbescheid erstmalig eine Beschwer enthält.[136]

16   Mit der Zustellung[137] des Widerspruchsbescheides **endet die Befugnis der Widerspruchsbehörde,** in der Sache eine weitere Entscheidung zu treffen.[138]

17   Der Abhilfebescheid ist strikt von einer **Entscheidung nach §§ 48 bis 50** zu unterscheiden.[139] Selbst wenn die Entscheidung nach § 72 VwGO inhaltlich auf §§ 48 ff. beruht, müssen die verschiedenen Verfahren streng voneinander abgegrenzt werden: a) das Aufhebungsverfahren in Form der Abhilfe **auf Grund des Widerspruchs** ohne Ermessensermächtigung mit der Verpflichtung zur Kostenentscheidung und b) die Entscheidung unabhängig von einem Widerspruch in Ausübung des Ermessens ohne Kostenentscheidung (Rn. 3; § 80 Rn. 2, 19 f., 51, 55). Zudem sind die Rechtsfolgen einer Abhilfe bzw. Aufhebung auch mit Blick auf § 50 unterschiedlich, s. Rn. 3; § 80 Rn. 31 f. Dementsprechend hat die Behörde auch bei einem zulässigen und begründeten Widerspruch die Wahl, den angegriffenen Verwaltungsakt durch einen Rücknahmebescheid statt durch eine Abhilfeentscheidung aufzuheben (Rn. 3).[140] Die Behörde hat deshalb sorgfältig zu prüfen, ob sie sich für eine Erledigung des Widerspruchsverfahrens oder für einen Abhilfe- oder Widerspruchsbescheid entscheidet. Diese Entscheidung muss vor einer etwaigen Bescheidung erfolgen, da Abhilfe- und Widerspruchsbescheid nicht in eine (außerhalb des Widerspruchsverfahrens erfolgte und zu dessen Erledigung führende) Rücknahme umgedeutet werden können.[141] Hilft die Behörde dem Widerspruch nicht ab, trifft sie keine nach außen wirkende Entscheidung,[142] sondern legt den Widerspruch der Widerspruchsbehörde zur Entscheidung vor. Dennoch kann auch dieser Verfahrensschritt von Bedeutung sein, etwa unter der Fragestellung, ob eine im Ausgangsverfahren unterbliebene Anhörung zu einer Ermessensentscheidung allein von der Ausgangsbehörde oder auch von der Widerspruchsbehörde nachgeholt werden kann (s. § 28 Rn. 71).[143] Auch nach der Weiterleitung des Widerspruchsvorgangs an die Widerspruchsbehörde bleibt die Ausgangsbehörde sowohl zur Abhilfe wie auch – bei Vorliegen der allgemeinen Voraussetzungen, s. Rn. 3 – zur Aufhebung des Ausgangsbescheides befugt.[144]

18   Die **Zuständigkeit der Widerspruchsbehörde** ergibt sich aus § 73 VwGO i.V.m. dem jeweiligen Landes- oder Bundesorganisationsrecht sowie einzelnen Vorschriften in den AGVwGO, z.B. § 7 AGVwGO NRW; s. ferner § 119 Abs. 2 LVwG SchlH. Sie erlässt den **Widerspruchsbescheid.** Hierbei hat sie zu prüfen:[145]

---

[134] Verneinend: *VGH Mannheim* NVwZ-RR 2006, 154.
[135] S. *BVerwG* DÖV 2006, 964.
[136] S. dazu *BVerwG* ZOV 2002, 54; *Geis/Hinterseh* JuS 2002, 34, 35. *Beckmann* VR 1998, 226; *Winkler* BayVBl 2000, 235.
[137] Siehe hierzu Rn. 21. Zur Zustellung des Widerspruchsbescheids im Einzelnen: *Pietzner/Ronellenfitsch,* § 24 Rn. 1 ff. Zur Übermittlung per Fax s. *OVG Hamburg* NJW 1997, 2616; *BFH* NVwZ 1999, 220. Zum Einwurfeinschreiben s. *BVerwG* NJW 2001, 458; *Kim/Dübbers* NJ 2001, 65.
[138] *OVG Münster* NVwZ-RR 2005, 450; 2005, 451; *Geis/Hinterseh* JuS 2002, 34, 35 m.w.N.; *VGH Mannheim* NVwZ-RR 1995, 476; VBlBW 1995, 399; *VG Stuttgart* VBlBW 1992, 355.
[139] S. hierzu *BVerwG* NVwZ-RR 2007, 617; 2003, 871; NVwZ 2000, 195; 1997, 272; *OVG Lüneburg* NVwZ-RR 2003, 326; *OVG Münster* DÖV 1992, 122.
[140] Vgl. *BVerwG* NVwZ-RR 2007, 617; 2003, 871; NVwZ 2002, 1252; 1997, 272; *OVG Lüneburg* NVwZ-RR 2003, 326 (auch noch nach Weiterleitung des Widerspruchs an die Widerspruchsbehörde); *Clausing* JuS 2003, 170, 171; *Engst* Jura 2006, 166, 168. In Abgrenzung dazu s. *BVerwG* NVwZ 2002, 1252: Die Ausgangsbehörde ist nicht befugt, den Widerspruchsbescheid isoliert aufzuheben. S. hierzu *Clausing* JuS 2003, 170, 171; ferner *Uhle* NVwZ 2003, 811 zur Bindungswirkung des Widerspruchsbescheides.
[141] *BVerwG* NVwZ 2000, 195.
[142] *Oerder,* S. 135.
[143] Grundlegend *BVerwGE* 66, 184 = NJW 1983, 2044: Im Ermessensbereich muss die Anhörung grds vor der Abhilfeentscheidung erfolgen. Hierzu auch *OVG Lüneburg* NVwZ-RR 2002, 822; *VG Oldenburg* InfAuslR 2007, 82 *VG Chemnitz* LKV 2007, 44 m.w.N. Allgemein zur Heilung von Anhörungsfehlern: *Häußler* BayVBl 1999, 616 ff. Ferner *Vahle* DVP 2006, 189; *Gühlsdorf* DVP 2004, 313; *Hufen* JuS 1999, 313.
[144] S. *OVG Lüneburg* NVwZ-RR 2003, 326; *VG Dessau* ZOV 2002, 323.
[145] S. im Einzelnen *Pietzner/Ronellenfitsch* §§ 29 ff.; *Geis/Hinterseh* JuS 2002, 34, 36 (jeweils mit Prüfschema); *Brühl* JuS 1994, 56, 153, 330; *App* KKZ 1999, 25 ff.

Vorliegen einer „Widerspruchs"-Erklärung:
Ein Widerspruch liegt in jeder Erklärung des Betroffenen, aus der sein Wille hervorgeht, sich mit einer bestimmten Verwaltungsentscheidung nicht zufrieden zu geben und deren Änderung oder Beseitigung vorgerichtlich zu erstreben.[146] Erforderlich ist, dass in der Erklärung ein entsprechender Erklärungsinhalt zum Ausdruck kommt.[147] Wird bei der Behörde die Rücknahme eines nicht bestandskräftigen VA beantragt, so muss dieser Antrag ggfs. als Widerspruch ausgelegt werden.[148] Die Übersendung der Kopie eines an das Gericht gerichteten Rechtsschutzantrags beinhaltet dagegen keine Widerspruchseinlegung.[149] Auch bei der Auslegung eines Widerspruchserklärung sind nur solche Umstände zu berücksichtigen, die dem Empfänger bei Zugang der Willenserklärung erkennbar waren.[150] Die Einlegung des Widerspruchs steht einer Prozesshandlung gleich, so dass die Anfechtung wegen Irrtums sowie Bedingung und Vorbehalt ausgeschlossen sind.[151] Der Zugang eines Widerspruchsschreibens wird bewirkt, wenn es mit Wissen und Willen des Widerspruchsführers in den Verfügungsbereich der Behörde gelangt.[152] Zur Rücknahme des Widerspruchs s. Rn. 42.

Zur Zulässigkeit des Widerspruchs:
– verwaltungsrechtliche Streitigkeit (§ 40 VwGO, dazu aber Rn. 29 f., § 68 VwGO; öffentlich-rechtliche Verwaltungstätigkeit, §§ 79, 1),
– Zuständigkeit der Widerspruchsbehörde (§ 73 VwGO),[153]
– Vorliegen eines Verwaltungsaktes (s. aber § 126 BRRG; Rn. 28),[154]
– § 44 a VwGO,[155]
– Statthaftigkeit des Widerspruchs (kein Ausschluss nach § 68 Abs. 1 S. 2 Nr. 1 und Nr. 2 VwGO; kein Ausschluss durch Spezialgesetze),[156]
– Beteiligtenfähigkeit, Handlungsfähigkeit (§§ 79, 11, 12),
– Vertretung (§§ 79, 14),
– Form des Widerspruchs (§ 70 VwGO, siehe § 79 Rn. 20; § 22 Rn. 84),[157]
– Frist des Widerspruchs (§ 70 VwGO; zur Berechnung der Frist s. § 31 Rn. 60);[158] (Wiedereinsetzung, §§ 70, 60 VwGO, s. auch § 45 Abs. 3; zur Rechtsbehelfsbelehrung s. Rn. 28),

---

[146] *OVG Münster* ZfB 1999, 130; NVwZ 1990, 676.
[147] *VG Düsseldorf* NWVBl 1998, 286.
[148] S. *BVerwG* NJW 2002, 1137. Zur Reichweite einer Widerspruchserklärung s. z. B. *VGH Mannheim* NVwZ-RR 2006, 154 (Widerspruch gegen vorläufigen VA); ferner *OVG Münster* NVwZ-RR 2002, 193 (Einwände zunächst nur gegen Teilleistungen einer Prüfung); *OVG Berlin* NJW 2002, 1218 (Widerspruchseinlegung durch BGB-Gesellschaft). Ferner OVG Münster ZMR 2001, 931; *Hufen*, Verwaltungsprozessrecht, § 6 Rn. 8 jeweils zur Einlegung des Widerspruchs durch einen nicht bevollmächtigten Vertreter.
[149] Vgl. *VGH Mannheim* NVwZ-RR 2002, 407; hierzu *Clausing* JuS 2003, 170, 173.
[150] *BVerwG* NVwZ-RR 2000, 135.
[151] *Geis/Hinterseh* JuS 2001, 1176 m. w. N.
[152] *BVerwG* NJW 1993, 1874. Zur Beweislast für den Zugang des Widerspruchs s. *OVG Hamburg* NJW 2006, 2502. S. ferner *BGH* NVwZ 2004, 638 zur Amtspflicht der Behörde, bei Einlegung eines Nachbarwiderspruchs den Bauherrn unverzüglich zu informieren.
[153] Zu Besonderheiten bei Widerspruchsverfahren im Ausschuss oder Beirat s. *Hufen*, Verwaltungsprozessrecht, § 6 Rn. 62; § 8 Rn. 26.
[154] S. z. B. *BGH* NVwZ 2002, 123; VGH Mannheim NVwZ-RR 2003, 333 zum Widerspruch gegen eine Zurückweisung nach § 15 Abs. 1 BauGB. Ferner *BVerwG* NVwZ 2002, 482 zur wiederholenden Verfügung. Zur Qualifizierung eines Schreibens als VA s. *OVG Schleswig* NJW 2000, 1059. *VG Potsdam* NVwZ-RR 2003, 329 zur Übersendung einer Kopie. Zur wirksamen Bekanntgabe eines VA s. § 41 Rn. 4 ff. Hierzu auch eingehend *BVerwGE* 109, 115 = NJW 2000, 683 (Zustellung im Ausland); *VG Potsdam* NVwZ 1999, 214; *VG Bremen* NVwZ 1996, 550. Zur Fähigkeit der Widerspruchsbehörde zur Umgestaltung eines Nicht-VA in einen materiellen VA, s. Rn. 14, § 35 Rn. 372; a. A. *OVG Magdeburg* NVwZ 2000, 208.
[155] *BVerwG* NJW 1999, 1729: § 44 a VwGO ist durch die im 2. VwVfÄndG erfolgte Streichung des § 97 nicht aufgehoben worden. Siehe hierzu § 97 Rn. 1.
[156] Hierzu im Einzelnen: *Weidemann*, Der statthafte Widerspruch, VR 2006, 79. S. auch *OVG Münster* NWVBl 2005, 352: ein unstatthafter oder aus sonstigen Gründen unzulässiger Widerspruch begründet keine aufschiebende Wirkung gemäß § 80 Abs. 1 VwGO. Zur Reichweite der Suspensivwirkung s. *OVG Lüneburg* NVwZ-RR 2007, 293, dort am Beispiel der Aufrechnung.
[157] Hierzu Rn. 20. S. ferner allgemein *Weidemann* DVP 2001, 498. Zu modernen Kommunikationsmitteln: *Kintz* NVwZ 2004, 1429. Zur Niederschrift: *OVG Weimar* NVwZ-RR 2002, 408; zur fehlenden Unterschrift: *OVG Münster* HGZ 2002, 262.
[158] S. auch *Dolde/Porsch* in Schoch u. a. § 70 Rn. 15; *Schoch* Jura 2003, 752, 754 f.; *Sodan/Ziekow* § 70 Rn. 24; *Geis/Hinterseh* JuS 2001, 1176, 1178; *Hufen* Verwaltungsprozessrecht § 6 Rn. 33 f.; ferner *OVG Frankfurt* NVwZ 2004, 507 zur Widerspruchsfrist bei Übergabe des Bescheides. Zur Heilung des Mangels der Versäumung der Widerspruchsfrist durch Widerspruchsbescheidung in der Sache s. oben Rn. 5.

- Widerspruchsbefugnis (analog § 42 Abs. 2 VwGO),[159]
- Widerspruchs-(Rechtsschutz-)interesse (vgl. § 9 Rn. 153 ff.),[160]

zur **Begründetheit:**
- Rechtmäßigkeitskontrolle: Überprüfung der formellen und materiellen Rechtmäßigkeit,
- Heilung formeller Fehler (§ 45 VwVfG),[161]
- Unbeachtlichkeit von Verfahrens- und Formfehlern nach § 46 VwVfG,
- Zweckmäßigkeitskontrolle.[162]

Der auf dieser Grundlage[163] zu fertigende **Widerspruchsbescheid** ist zu **begründen** (§ 73 Abs. 3 VwGO, §§ 79, 39 VwVfG), mit einer **Rechtsbehelfsbelehrung** (Rn. 28)[164] und einer **Kostenentscheidung** zu versehen (§ 73 Abs. 3 VwGO, 80 VwVfG) und **zuzustellen** (§ 73 Abs. 3 VwGO, VwZG). **19**

Neben der seit langem anerkannten Zulässigkeit der Übermittlung von Widerspruchsschreiben durch Telefax[165] ist die Möglichkeit der **elektronischen Kommunikation** unter den Voraussetzungen und nach Maßgabe des **§ 3a** getreten.[166] Eine einfache E-Mail ohne qualifizierte Signatur genügt nicht dem Schriftformerfordernis des § 70 Abs. 1 S. 1 VwGO.[167] **20**

Ein durch Telefax übermittelter Widerspruchsbescheid ist mangels förmlicher Zustellung nicht wirksam bekanntgemacht.[168] Die fehlerhafte Bekanntmachung ist jedoch geheilt, wenn Klage erhoben wird, ohne den Zustellungsmangel zu rügen.[169] **21**

II. Voraussetzungen des § 79

1. Förmliche Rechtsbehelfe

Nur für **förmliche Rechtsbehelfe,** Rechtsbehelfe also, die einen gesetzlichen Anspruch des Bürgers auf formelle und materielle Überprüfung eines Verwaltungsaktes geben,[170] ist § 79 gedacht. Nicht erfasst sind **formlose Rechtsbehelfe** wie Gegenvorstellung, Dienstaufsichtsbe- **22**

---

[159] Hierzu allgemein *Dolde/Porsch* in Schoch u. a. § 70 Rn. 41 ff.; Schoch Jura 2003, 752, 754. S. ferner z. B. zur Widerspruchsbefugnis der Ausgangsbehörde: *BVerwG* UPR 2005, 71; NVwZ 2002, 1254; *OVG Greifswald* DÖV 2007, 393; *VGH Mannheim* VBlBW 2005, 229; 2004, 56; *OVG Münster* DÖV 2005, 213; *VGH München* BayVBl 2003, 210; *VG Neustadt* BauR 2006, 1517. Zur Widerspruchsbefugnis Dritter *BVerwG* NVwZ 2000, 195; *BVerwGE* 105, 354 = DÖV 1998, 510; *VGH München* 2006, 303; 2001, 339; *VGH Mannheim* GewArch 1999, 417; *VGH Kassel* NVwZ-RR 1996, 330. S. auch *BVerwG* NJW 2004, 698 zur Widerspruchsbefugnis eines Verkehrsteilnehmers hinsichtlich eines Verkehrszeichens, hierzu auch *Bitter/Konow* NJW 2001, 1386.
[160] S. hierzu im Einzelnen: *Pietzner/Ronellenfitsch,* § 35 Rn. 1 ff. Zum Verstoß einer Widerspruchseinlegung gegen Treu und Glauben s. *OVG Weimar* DVW 2002, 270 = DVBl 2002, 1436 (L).
[161] Eingehend dazu *Hufen* Rn. 603 ff. Auch z. B. *OVG Münster* NVwZ-RR 1995, 314 betr. zur Heilung von Form- und Verfahrensverstößen im Widerspruchsverfahren betr. eine denkmalrechtliche Unterschutzstellung. Zur Heilung von Anhörungsfehlern s. *Häußler* BayVBl 1999, 616 ff. Ferner *Vahle* DVP 2006, 189; *Gühlsdorf* DVP 2004, 313; *Hufen* JuS 1999, 313.
[162] Eingehend *Klüsener* NVwZ 2002, 816; ferner *OVG Bremen* WissR 2000, 263; *Hain* DVBl 1999, 1544.
[163] Zum abschließenden Charakter der Zulässigkeitsvoraussetzungen der VwGO für das Widerspruchsverfahren u. *Hufen,* Verwaltungsprozessrecht, § 6 Rn. 53.
[164] Vgl. *OVG Frankfurt (Oder)* NVwZ-RR 2004, 315 zur richtigen Bezeichnung Bezeichnung der Stelle, bei der der Widerspruch einzulegen ist.
[165] S. *BVerfG* NJW 2006, 829; 2001, 3473; 1996, 2857; s. im Einzelnen *Kummer,* Wiedereinsetzung in den vorigen Stand, München 2003, Rn. 293 ff.; zum Funkfax *BVerwG* NJW 2006, 1989; *Schübel-Pfister* JuS 2007, 24. Zum Computerfax: *VG Neustadt* NJW 2007, 619. Grundlegend *GemS-OGB* NJW 2000, 2340. S. hierzu *Düwell* NJW 2000, 3334; *Schwachheim* NJW 1999, 621; *Henneke* NJW 2000, 2194. S. auch *BGH* NJW 2006, 2263: Ein Telefax ist im Zeitpunkt der vollständigen Speicherung auf dem Empfangsgerät zugegangen.
[166] Allgemein zur elektronischen Kommunikation der Verwaltung: *Born* NJW 2005, 2042; *v. Pentz* NJW 2003, 858; *Rosenbach* NWVBl 1997, 121 ff. Zum elektronischen Widerspruch s. *Kintz* NVwZ 2004, 1429.
[167] S. *OVG Koblenz* NVwZ-RR 2006, 519; *VGH Kassel* NVwZ-RR 2006, 377; *VG Sigmaringen* VBlBW 2005, 154.
[168] Zu § 366 AO 1977 s. dagegen *BFH* NVwZ 1999, 220.
[169] *OVG Münster* NVwZ 1995, 395. Zu § 366 AO 1977 s. dagegen *BFH* NVwZ 1999, 220. Zur Verwirkung des Klagerechts bei fehlerhafter Zustellung des Widerspruchsbescheides s. *OVG Hamburg* NVwZ-RR 1993, 110. Zum Einwurfeinschreiben s. *BVerwG* NJW 2001, 458; *Kim/Dübbers* NJ 2001, 65. S. ferner *Winkler* BayVBl 2000, 235 zum Beginn der Klagefrist für den erstmalig beschwerten Dritten.
[170] *Stelkens* NuR 1982, 10.

schwerde, Petition.[171] Auch verfahrensrechtliche Beteiligungen anderer Behörden, insbesondere von Aufsichtsbehörden aus Gründen der Fachaufsicht, sind keine Rechtsbehelfe i. S. d. § 79.[172] In Abgrenzung dazu können freilich auch Behörden ein Widerspruchsrecht gegen einen von einer anderen Stelle erlassenen VA geltend machen, soweit sie in eigenen Rechten betroffen sind.[173] Desgleichen fallen hierunter nicht besondere, für den Grundrechtsschutz entwickelte Kontrollabläufe zum **Prüfungsrecht**.[174]

23 § 79 meint in erster Linie das Vorverfahren auf Grund eines **Widerspruchs** i. S. d. §§ 68 ff. VwGO, auch soweit es in Spezialgesetzen **modifiziert** wird (§ 33 WPflG, § 72 ZDG). Soweit durch Spezialgesetze das Vorverfahren der VwGO durch **andere Rechtsbehelfe ersetzt** wird (vgl. Beschwerde nach § 23 WBO), gilt § 79 auch für sie[175] (Rn. 37; vgl. ferner Rn. 55).

24 Dem Wortlaut nach scheint § 79 auch den Rechtsbehelf der **Klage** zu verstehen. Durch den Anwendungsbereich des § 1 Abs. 1 steht jedoch fest, dass die Entscheidung über den Rechtsbehelf eine Verwaltungstätigkeit einer Behörde sein muss. Die Vorschriften des VwVfG sind daher nicht ergänzend für das gerichtliche Verfahren heranzuziehen. Aus diesem Grund wird auch das Verfahren nach § **80 Abs. 5, § 80 a Abs. 3 VwGO** nicht von § 79 erfasst (Rn. 28).

25 Die Verfahrensregelungen in § **80 Abs. 4 und Abs. 6, § 80 a Abs. 1, 2 VwGO** beinhalten ebenfalls keinen Rechtsbehelf i. S. d. § 79 (Rn. 28).[176] Dies gilt unabhängig von der Frage, ob die Anordnung oder Wiederherstellung der aufschiebenden Wirkung einen VA darstellt (§ 35 Rn. 164; § 9 Rn. 218 f), da jedenfalls die Bestimmungen des § 80 VwGO als abschließende spezielle Verfahrensregelungen anzusehen sind (§ 9 Rn. 219). Die Aufhebung einer behördlichen Vollzugsanordnung kann dementsprechend gerichtlich allein mit den Rechtsbehelfen der §§ 80 f. VwGO, nicht aber mit der Anfechtungsklage erreicht werden.[177]

26 Nach dem Wortlaut gilt § 79 nur für Rechtsbehelfe **gegen Verwaltungsakte**. Dem Sinn nach muss § 79 aber auch für die Fälle des **Verpflichtungsbegehrens** (vgl. § 68 Abs. 2 VwGO) und alle die Bereiche gelten, für die **Spezialgesetze** ein förmliches Vorverfahren mit abschließender Sachentscheidung in Form eine VA auch für **allgemeine Leistungs- und Feststellungsklagen** vorsehen (z. B. § 126 BRRG, § 172 BBG).[178]

27 Aus dem Sinn des § 79 folgt weiter, dass er angewandt werden muss, soweit ein Vorverfahren durchgeführt wird, wenn sich ein **Verwaltungsakt vor Klageerhebung erledigt** hat und die Rechtswidrigkeit durch das Gericht festgestellt werden soll. Streitig ist, ob in diesem Fall ein Vorverfahren erforderlich ist[179] (s. auch Rn. 50 für Fortsetzungsfeststellungswiderspruch). Das *BVerwG*[180] hat hierzu die Frage aufgeworfen, ob bei vorgerichtlicher Erledigung eines VA überhaupt § 113 Abs. 1 Satz 4 VwGO analog anzuwenden ist oder nicht vielmehr stattdessen bei einer Erledigung des VA vor Klageerhebung von vornherein der Rechtsschutzbereich der

---

[171] *OVG Münster* ZfB 1999, 130. S. die Zusammenstellung bei *Kallerhoff* LKV 1992, 57; *Pietzner/Ronellenfitsch* § 24 Rn. 11 ff.

[172] Offen *VG Minden*, NVwZ 1989, 90 für § 5 Abs. 5 S. 2.

[173] Siehe z. B. zum Kommunalaufsichtsrecht: *OVG Münster* NWVBl 2004, 107; NVwZ-RR 2004; 2003, 492. Zum Widerspruchsrecht der Gemeinde gegen einen in ihre Rechte eingreifenden drittbegünstigenden VA: *BVerwG* NJW 2001, 386; *OVG Greifswald* DÖV 2007, 393; *OVG Weimar* NuR 2000, 478; *OVG Lüneburg* NVwZ 1999, 1005; *VG Neustadt* BauR 2006, 1517. S. ferner *VGH München* NVwZ-RR 2005, 56 (Anspruch der Gemeinde auf Erlass einer Beseitigungsanordnung betreffend ein von der Baugenehmigungsbehörde vertraglich geduldetes Gebäude). Zur Widerspruchsbefugnis als Ausgangsbehörde: *BVerwG* UPR 2005, 71; NVwZ 2002, 1254; *VGH Mannheim* VBlBW 2005, 229; 2004, 56; *OVG Münster* DÖV 2005, 213; *VGH München* NVwZ-RR 2003, 257; BayVBl 2003, 210; *OVG Lüneburg* NVwZ-RR 1999, 367; *VG Neustadt* BauR 2006, 1517; *VG Gera* ThürVGRspr 1998, 128.

[174] S. zum Verfahrens des „Überdenkens" der Prüfungsentscheidung: *VGH Mannheim* DÖV 2005, 215. Grundlegend *OVG Münster* NVwZ 1992, 397.

[175] *OVG Münster* NZWehrr 1991, 170.

[176] S. zu den Regelungen im Einzelnen *Kopp/Schenke* § 80 Rn. 107 ff.; 182 ff.; § 80 a Rn. 11 ff.

[177] *BVerwG* NVwZ-RR 1995, 299.

[178] Zur fehlenden aufschiebenden Wirkung eines derartigen, nach § 126 Abs. 3 BRRG gegen einen Nicht-Verwaltungsakt gerichteten Widerspruchs s. *OVG Lüneburg* RiA 2000, 88; zur beamtenrechtlichen Fortsetzungsfeststellungsklage *Günther* DÖD 1991, 78; allgemein zum Vorverfahren nach § 126 Abs. 3 BRRG als Sachurteilsvoraussetzung bei beamtenrechtlichen Streitigkeiten *Schnellenbach* ZBR 1992, 257 (268 ff.).

[179] Siehe hierzu die Darstellung des Streitstandes bei *Eyermann/Schmidt* § 113 Rn. 72 ff.; *Kopp/Schenke* § 113 Rn. 126 ff.; *Wolff* in Sodan/Ziekow § 113 Rn. 264; *Geis/Hinterseh* JuS 2001, 1074, 1077; *Hufen* JuS 2000, 720; *Schenke* NVwZ 2000, 1255; *Rozek* JuS 2000, 1162; *Fechner* NVwZ 2000, 121.

[180] *BVerwGE* 109, 203 = NVwZ 2000, 63. Hierzu *Hufen* JuS 2000, 720; *Schenke* NVwZ 2000, 1255; *Rozek* JuS 2000, 1162.

kein Vorverfahren voraussetzenden allgemeinen Feststellungsklage des § 43 VwGO eingreift.[181] Dementsprechen wird die Fortsetzungsfeststellungsklage numehr ganz überwiegend nicht als Anfechtungsklage, sondern als Unterfall der Feststellungsklage verstanden; ein Widerspruch ist danach nicht statthaft.[182] Nach der berwiegend vertretenen Meinung unterliegt (auch) die Erhebung einer Fortsetzungsfeststellungsklage grundsätzlich keiner Fristbindung, wenn sich der Verwaltungsakt bereits vor Klageerhebung erledigt hat;[183] Widerspruchs- und Klagefrist laufen jedoch bis zum Eintritt des erledigenden Ereignisses. Eine dementsprechend bereits vor Erledigung eingetretene Bestandskraft entfällt nicht durch die Erledigung; sie steht der Erhebung einer Fortsetzungsfeststellungsklage entgegen.[184] Die erneute Sachentscheidung der Widerspruchsbehörde trotz Bestandskraft und trotz Erledigung des Ausgangsverwaltungsaktes durchbricht zwar die Bestandskraft (s. Rn. 5), setzt aber eine Klagefrist nur insoweit in Lauf, als der Widerspruchsbescheid eine zusätzliche, selbständige Beschwerde enthält. Die Sachbescheidungsbefugnis der Widerspruchsbehörde entfällt nämlich mit Erledigung des Widerspruchs.[185] Auch kann sich die Widerspruchsbehörde – im Gegensatz zu der ihr grds. eröffneten Möglichkeit, einen verspäteten Widerspruch sachlich zu bescheiden (s. Rn. 5) – mit einer erneuten Bescheidung eines gegen einen belastenden VA eingelegten Widerspruches nicht darüber hinwegsetzen, dass mit der Zustellung des ersten Widerspruchsbescheides im Umfang des Widerspruchsbegehrens die Klagefrist ausgelöst worden ist.[186] Nach Erledigung des mit dem Widerspruch angegriffenen Ausgangsbescheides darf eine Widerspruchsentscheidung in der Sache nicht mehr ergehen, sondern das Widerspruchsverfahren ist einzustellen.[187] Zur Einstellung s. Rn. 48. Begehrt der Widerspruchsführer trotz Erledigung eine Sachentscheidung über den Widerspruch, so muss dieser mangels eines Sachbescheidungsinteresses zurückgewiesen werden.[188]

2. Verweisung auf VwGO

Der Streit über die Natur des Vorverfahrens (Rn. 2) berührt in der Regel nicht die Frage, **ob** zunächst die **VwGO** und die **AGVwGO der Länder** im Vorverfahren gelten (§ 79 1. Halbsatz); er kann sich dagegen auf die Konsequenzen bei einem Verstoß gegen diese Normen auswirken. Dass trotz aller Meinungsunterschiede über die Reichweite der Bundeskompetenz die einzelnen Vorschriften der **§§ 68 ff. VwGO** verfassungskonform und anzuwenden sind, ist unbestritten. Diese Vorschriften gelten primär, soweit nicht im Einzelfall einschlägige spezialgesetzliche Vorschriften (s. Rn. 54) heranzuziehen sind. Der Wortlaut des § 79 spricht zwar allgemein „die Verwaltungsgerichtsordnung" an, stellt aber allein für die auf das Widerspruchsverfahren bezogenen oder mit diesen in direktem Zusammenhang stehenden Regelungen der VwGO und die Ausführungsgesetze der Länder klar, dass sie unmittelbar anwendbar sind und – soweit nicht im Einzelfall spezielle Normen vorrangig gelten – alle sonstigen Verfahrensvorschriften verdrängen.[189] Die §§ 68 ff. VwGO gelten im Übrigen auch ohne den 1. Halbsatz des § 79, so dass der 1. Halbsatz für den allgemeinen Anwendungsbereich (s. aber Rn. 29) „im besten Fall störend,

---

[181] Zu den Rechtswirkungen einer gerichtlichen Entscheidung nach § 113 Abs. 1 Satz 4 VwGO s. *BVerwGE* 105, 370 = NVwZ 1998, 734.
[182] S. hierzu im Einzelnen *Schenke* JuS 2007, 697; ferner die Streitstandsdarstellungen von *Wolff* in Sodan/Ziekow § 113 Rn. 264; *Geis/Hinterseh* JuS 2001, 1074, 1077; a. A. *Pietzner/Ronellenfitsch*, § 31 Rn. 29 f. m. w. N. Zum Fortsetzungsfeststellungsinteresse: *BVerwG* NJW 2007, 619.
[183] *BVerwGE* 109, 203 = NVwZ 2000, 63.
[184] So auch *Eyermann/Schmidt* § 113 Rn. 72; *Kopp/Schenke* § 113 Rn. 126; *VGH Mannheim* NVwZ-RR 1992, 218.
[185] Dazu *Engelbrecht* JuS 1997, 550; *Eyermann/Rennert* § 68 Rn. 4 m. w. N. Zum Fortsetzungsfeststellungswiderspruch s. Rn. 50.
[186] Hierzu im Einzelnen *OVG Münster* ZKF 2002, 36. Unberührt hiervon bleiben die allgemeinen Möglichkeiten zur Vereinbarung eines Musterklageverfahrens, etwa durch die Zusicherung einer Zweitbescheidung, s. *OVG Münster* NVwZ-RR 2002, 296.
[187] *BVerwG* NVwZ 2001, 1288; *BVerwGE* 81, 226 = NJW 1989, 2468. Dazu *Hufen*, Verwaltungsprozessrecht, § 6 Rn. 14. *Engelbrecht* JuS 1997, 550. Zu den Voraussetzungen einer Erledigung: *BVerwG* MedR 2006, 185; *VGH Mannheim* VBlBW 2005, 281; *OVG Koblenz* VR 2002, 393; *VG Schleswig* NVwZ-RR 2007, 152. Zur Erledigung einer dienstrechtlichen Konkurrentenstreitigkeit s. *BVerwG* NJW 2004, 870; *Wernsmann* DVBl 2005, 276. zur Kostenregelung nach Erledigung des Widerspruchs s. § 80 Rn. 53.
[188] Vgl. *BVerwG* NVwZ 2001, 1288.
[189] Vgl. *Ziekow* § 79 Rn. 8 ff.; *Geis* in Sodan/Ziekow § 68 Rn. 45 ff.; *Geis/Hinterseh* JuS 2001, 1074 f.; *Busch* in Knack § 79 Rn. 74; *Hufen*, Verwaltungsprozessrecht, § 5 Rn. 10 ff.; *Kopp/Ramsauer* § 79 Rn. 22 ff.

im schlechtesten Fall verwirrend" ist.[190] Die §§ 68 ff. VwGO werden durch abweichende Bestimmungen in den VwVfGen nicht modifiziert. Nur soweit sie Regelungslücken offen lassen, finden nach § 79 2. Halbs. die Vorschriften des jeweils maßgeblichen VwVfG Anwendung.[191] Erst wenn auch nach ergänzender Anwendung von Vorschriften des VwVfG weiterhin Regelungslücken verbleiben, kommt nach § 79 alsdann überhaupt eine analoge Anwendung von **Vorschriften der VwGO, die außerhalb des 8. Abschnitts der VwGO** für das Rechtsbehelfsverfahren gelten, in Betracht.[192] So schließt z. B. der nach § 79 2. Halbs. ergänzend anzuwendende § 29 einen Rückgriff auf die in § 100 Abs. 1 VwGO getroffene prozessuale Regelung der Akteneinsicht von vornherein aus.[193] Eine Lückenschließung durch analoge Anwendung von Vorschriften außerhalb des 8. Abschnitts der VwGO setzt zudem voraus, dass diese der Eigenart des Vorverfahrens als VwVf nicht widersprechen.[194] Umstritten ist die entsprechende Anwendbarkeit von **§ 40 VwGO** (Rn. 29) und **§ 57 VwGO i. V. m. § 222 ZPO** als Voraussetzung zur Berechnung der Klage- und Widerspruchsfrist im Unterschied zu §§ 79, 31 für behördlich gesetzte Fristen[195] (s. ferner § 31 Rn. 60). Unbestritten dagegen **§ 42 Abs. 2,**[196] **44 a**[197] **VwGO**, wohl auch **§ 56 Abs. 2, 3 VwGO**[198] und **§ 59 VwGO**, ohne jedoch dadurch eine **Pflicht zur Rechtsbehelfsbelehrung** für **Landesbehörden** auszusprechen.[199] Auf den Widerspruchsbescheid können **§ 80 Abs. 2 Nr. 4, § 80 a Abs. 1, 2 VwGO** angewandt werden;[200] nicht dagegen sind die Regeln des VwVfG über § 79 in den Verfahren nach § 80 Abs. 4, 5, § 80 a Abs. 3 anwendbar (Rn. 24 f.). Eine ergänzende Anwendung der **übrigen prozessualen Vorschriften** ist in der Regel nicht möglich, soweit der verwaltungsverfahrensrechtliche Aspekt des Vorverfahrens angesprochen ist; die Zuordnung einer Frage zur Sachurteilsvoraussetzung lässt demgegenüber eine Ergänzung durch eine entsprechende prozessuale Regel zu.[201] Zu den einzelnen Vorschriften der §§ 68 ff. VwGO s. die einschlägige Kommentierung.[202]

3. Anwendung im Bereich des VwVfG

29   Für den förmlichen Rechtsbehelf gegen Verwaltungsakte bringt § 79 gegenüber dem derzeitigen Anwendungsbereich der §§ 68 ff. VwGO insoweit eine Änderung, als er die **Anwendung dieser VwGO-Vorschriften** und ergänzend des VwVfG in der in Rn. 28 dargestellten Anwendungsfolge **für alle förmlichen Rechtsbehelfe gegen Verwaltungsakte im Anwendungsbereich des VwVfG** regelt, selbst wenn das dem Vorverfahren anschließende Gerichtsverfahren auf Grund eines Bundes- oder Landesgesetzes gem. § 40 VwGO nicht dem Verwaltungsrechtsweg zugeordnet ist; der Anwendungsbereich des VwVfG wird bereits durch § 1 VwVfG nicht auf den Bereich der VwGO beschränkt. Dies zeigt eindeutig die Begründung vor § 75 Entwurf 73 und der Wortlaut des § 79, der sonst keinen Sinn ergibt, s. Rn. 8, 28.[203] § 79

---

[190] So *Schmitt Glaeser*, Festschrift Boorberg S. 9; *Allesch* S. 43; ferner Rn. 34, 55.
[191] Vgl. *Ziekow* § 79 Rn. 8 ff.; *Geis* in Sodan/Ziekow § 68 Rn. 45 ff.
[192] Vgl. *Kopp/Schenke* § 79 Rn. 22 ff.; 32; *Ziekow* § 79 Rn. 8 ff.; *Geis* in Sodan/Ziekow § 68 Rn. 45 ff.; *Geis/Hinterseh* JuS 2001, 1074 f.; *Busch* in Knack § 79 Rn. 22 ff.; *Hufen*, Verwaltungsprozessrecht, § 5 Rn. 10 ff.
[193] Ebenso *Ziekow* § 79 Rn. 10; *Geis/Hinterseh* JuS 2001, 1074, 1075; *Busch* in Knack § 79 Rn. 74, jeweils m. w. N.; a. A. *VG Potsdam* NVwZ-RR 2006, 6.
[194] *Geis* in Sodan/Ziekow § 68 Rn. 71 ff. m. w. N.
[195] Hierzu *Busch* in Knack § 79 Rn. 103; *Allesch*, S. 63 ff.; *Hufen*, Verwaltungsprozessrecht, § 6 Rn. 33 ff.; *Kopp/Schenke*, § 70 Rn. 8; *Kopp/Ramsauer*, § 79 Rn. 25; *Pietzner/Ronellenfitsch*, § 33 Rn. 7; *Dolde/Porsch* in Schoch u. a. § 70 Rn. 15; *Sodan/Ziekow* § 70 Rn. 24; *Schoch* Jura 2003, 752, 754 ff.; *Geis/Hinterseh* JuS 2001, 1176, 1178. Ferner *OVG Frankfurt* NVwZ 2004, 507 zur Widerspruchsfrist bei Übergabe des Bescheides.
[196] Zur Widerspruchsbefugnis: *BVerwG* NVwZ 2000, 195; *BVerwGE* 105, 354 = DÖV 1998, 510; *VGH Mannheim* GewArch 1999, 417; *VGH Kassel* NVwZ-RR 1996, 330.
[197] *Kopp/Ramsauer* § 79 Rn. 22; *BVerwG* NJW 1999, 1729: § 44 a VwGO ist durch die im 2. VwVfÄndG erfolgte Streichung des § 97 nicht aufgehoben worden.
[198] *BVerwG* NJW 1980, 1482; *Obermayer*, VwVfG, § 79 Rn. 18; *Kopp/Schenke* § 73 Rn. 22. Zur Zustellung im Ausland s. *BVerwGE* 109, 115 = NJW 2000, 683; *Pietzner/Ronellenfitsch* § 49 Rn. 20.
[199] Die Rechtsschutzgarantie des Art. 19 Abs. 4 GG kann im Einzelfall eine Rechtsmittelbelehrung gebieten, wenn diese erforderlich ist, um unzumutbare Schwierigkeiten auszugleichen, s. *BVerfG* ZOV 1998, 339; *BVerfGE* 93, 99, 108.
[200] Vgl. *VGH München* BayVBl 1991, 19, 20.
[201] *Allesch* S. 49 f.
[202] Ferner *Pietzner/Ronellenfitsch* §§ 25 ff.
[203] *Stelkens* NuR 1982, 10, 11.

dient damit der verfahrensrechtlichen Lückenfüllung auch bei diesen Rechtsbehelfen. Er setzt mithin ein entsprechendes, nicht abschließend geregeltes Vorverfahren voraus; er begründet es nicht.[204] Soweit die § 79 entsprechenden LVwVfGe eine Lückenschließung ermöglichen sollen, können sie es aus kompetenzrechtlichen Gründen nicht, soweit das Vorverfahren Prozessvoraussetzung darstellt, wohl aber unter den weitergehenden verwaltungsverfahrensrechtlichen Aspekten (s. auch Rn. 56). Vor Erlass des VwVfG nahm der *BGH*[205] an, dass §§ 68 ff. VwGO nur für die Verwaltungsakte gelten, für die der Rechtsweg nach § 40 VwGO gegeben war. Als Anwendungsbereich verweist die Begründung auf § 23 EG GVG, Kartellgesetz und Bundesbaugesetz. Zu beachten ist jedoch, dass der **Katalog des § 2** den Anwendungsbereich des VwVfG auch für das Vorverfahren einschränkt (Rn. 35), so dass z. B.[206] § 79 keine Anwendung bei einer Beschwerde (§ 24 Abs. 2 EGGVG) gegen Justizverwaltungsakte findet (§ 2 Abs. 2 Nr. 2, Abs. 3 Nr. 1). Desgleichen entfallen wegen § 1 Abs. 4 die Überprüfungsverfahren, die unmittelbar zum Gericht führen wie z. B. § 62 GWB. Des Weiteren ist die Übernahme der VwGO-Regeln nicht möglich, wenn die Rechtsbehelfsregeln abschließend konzipiert sind. Für Rheinland-Pfalz s. Rn. 31.

Bedeutsam ist diese Funktion der Lückenschließung insbesondere für **Verwaltungsakte,** die eine **Entschädigung festsetzen.** Diese Verwaltungsakte sind nach § 40 Abs. 1 VwGO oder z. B. § 212 BauGB den Zivilgerichten zugewiesen.[207] Voraussetzung ist jedoch immer, dass ein gerichtliches Vorverfahren gesetzlich vorgesehen ist. § 79 selbst begründet kein Vorverfahren (Rn. 29). Hierzu zählt aber auch die Entschädigungsfestsetzung nach § 49 Abs. 5 i. V. mit § 48 Abs. 3 Satz 4. Allerdings ist in § 49 Abs. 5 kein Vorverfahren vorgesehen. Durch den Hinweis auf § 48 Abs. 3 S. 4 muss aber geschlossen werden, dass für die Festsetzung das Verfahren dieser Vorschrift mit Ausnahme des Rechtsweges übernommen werden soll. Hierzu gehört auch das Vorverfahren;[208] auch insoweit sind also §§ 68 ff. VwGO ergänzend und darüberhinaus das VwVfG anwendbar. 30

4. Ausführungsgesetze der Länder

Neben den Vorschriften der VwGO sind auch die **Ausführungsgesetze der Länder zur VwGO**[209] vor dem BVwVfG anzuwenden, sofern sie Regelungen zum Vorverfahren enthalten. Diese Bundesregelung hat für **Bundesbehörden** nie Bedeutung gehabt. Entsprechendes gilt für **Landesbehörden,** da alle Länder Landesverwaltungsverfahrensgesetze mit dem dem § 79 vergleichbaren Inhalt (Ausnahme Rheinland-Pfalz) erlassen haben. Insoweit gelten die Ausführungen zu Rn. 28 auch für das Landesrecht, soweit es nicht unter § 1 Abs. 1 Nr. 2 fällt. § 1 LVwVfG Rhl.-Pf. hat § 79 nicht übernommen. Dort ist die VwVfG ergänzend neben §§ 68 ff. VwGO und AGVwGO unmittelbar aus § 1 LVwVfG Rheinland-Pfalz anwendbar. Wegen des Fehlens des 1. Halbs. aus § 79 sind jedoch die §§ 68 ff. VwGO und das AG VwGO Rhl.-Pf. nicht auf Bereiche außerhalb des § 40 VwGO anwendbar (s. Rn. 29). 31

Soweit das **AGVwGO** des Landes **besondere Verfahrensanforderungen** für Ausschüsse oder Beiräte stellt, gehen sie über der dem § 1 BVwVfG entsprechenden Landesnorm dem LVwVfG vor. Da sie jedoch als Regeln im AGVwGO prozessuale Bedeutung haben sollen, müssen sie von der Ermächtigung des § 73 Abs. 2 VwGO gedeckt sein.[210] 32

Als **Ausführungsgesetze zur VwGO** i. S. d. § 79 sind nicht nur die so ausdrücklich bezeichneten anzusehen, sondern auch diejenigen, die für bestimmte Sachbereiche von der bundesgesetzlichen Ermächtigungsnorm getragene Sonderregeln enthalten (z. B. § 36 Gesetz über 33

---

[204] Vgl. *Meyer/Borgs* § 79 Rn. 18 ff.; *Pietzner/Ronellenfitsch* § 30 Rn. 6; *Kopp/Ramsauer* § 79 Rn. 2; weitergehend wohl *Obermayer,* VwVfG, § 79 Rn. 17, wonach durch § 79 auch konstitutiv ein Vorverfahren bei VA außerhalb des Bereichs des § 40 VwGO geschaffen wird; dagegen *Allesch* DVBl 1985, 1041, eingehend *Busch* in Knack Rn. 28 vor § 79; aA *Hill* Rn. 13 Anwendbarkeit nur im Rahmen des § 40 VwGO.
[205] NJW 1974, 1335 (ausdrücklich [S. 1336] anders für § 79 [= § 76 Entwurf 70]).
[206] Wie bei *BGH,* NJW 1974, 1335.
[207] BVerwGE 39, 173; 47, 7 (10).
[208] Wie hier *Kopp/Ramsauer* § 79 Rn. 11; a. A. wohl *Obermayer* § 79 Rn. 20.
[209] Abgedruckt in Schoch u. a. Anhang Nr. 20 ff. Zu den dortigen Sonderregelungen für Vorverfahren s. *VGH Kassel* NVwZ 2002, 318: Ein Verstoß gegen die Anhörungsregelung in §§ 7 bis 12 HessAGVwGO macht das Vorverfahren nicht fehlerhaft, da diese Regelung nicht dessen bundesrechtlich vorgeschriebener Bestandteil ist.
[210] Vgl. *VGH Kassel* NJW 1987, 1096 f. zu §§ 6 bis 9 HessAGVwGO.

Gründung des Abfallentsorgungs- und Altlastensanierungsverbandes NRW, GVBl NRW 1988, 268, s. ferner § 80 Rn. 7).

5. Ergänzung durch VwVfG

34 Soweit die Regelungen der §§ 68 ff. VwGO und die der Ausführungsgesetze nicht erschöpfend sind, gelten die **Vorschriften des VwVfG** nach h. M. **ergänzend**.[211] Nur soweit die §§ 68 ff. VwGO Regelungslücken offen lassen, finden nach § 79 2. Halbs. die Vorschriften des jeweils maßgeblichen VwVfG Anwendung.[212] Dagegen kommt eine analoge Anwendung von Vorschriften der VwGO außerhalb des 8. Abschnitts erst dann in Betracht, wenn auch nach ergänzender Anwendung von Vorschriften des VwVfG weiterhin Regelungslücken verbleiben, s. Rn. 28.[213] So schließt z. B. der nach § 79 2. Halbs. ergänzend anzuwendende § 29 einen Rückgriff auf die in § 100 Abs. 1 VwGO getroffene prozessuale Regelung der Akteneinsicht von vornherein aus.[214] Der 2. Halbsatz „im Übrigen" hat gegenüber der Subsidiaritätsregel des § 1 keine eigenständige Bedeutung (vgl. Rn. 28).[215] Hierdurch ist klargestellt, dass der Entscheidungsprozess des Vorverfahrens nach den Regeln des Verwaltungsverfahrens erfolgt (Rn. 2, 6 ff.). Ergänzende Vorschriften in **Landesverwaltungsverfahrensgesetzen** sind über § 79 von Bundesbehörden und von Landesbehörden für den Bereich des § 1 Abs. 1 Nr. 2 (wegen § 1 Abs. 3 zurzeit aber ohne Anwendungsbereich, s. Rn. 31) nicht heranzuziehen. § 79 stellt klar auf die Vorschrift „dieses" Gesetzes ab. Da die Länder eigene Landesverwaltungsverfahrensgesetze erlassen haben (s. Rn. 31, 56), ist für ihren Bereich nur das jeweilige Landesverwaltungsverfahrensgesetz heranzuziehen.[216]

35 Auch der **Anwendungsbereich der §§ 1** (zum Subsidiaritätsgrundsatz s. Rn. 28, 34) **und 2** ist zu beachten (Beispiele Rn. 29), so dass im Vorverfahren in **Kommunalabgabenangelegenheiten nicht Vorschriften des VwVfG** anstelle der in den LandesKAG in Bezug genommenen AO-Vorschriften herangezogen werden können (vgl. Rn. 6; § 2 Rn. 66, 70).[217] Regeln der LVwVfGe über Zusicherung, Wiederaufgreifen, öffentlich-rechtliche Verträge, die im erstinstanzlichen VwVf auf Grund der Geltung der AO nicht angewandt werden dürfen (§ 2 Rn. 67 ff.), können mithin über § 79 auch nicht für das Vorverfahren eingeführt werden. Gleiches gilt für Kosten des Vorverfahrens in Abgabensachen (§ 80 Rn. 11 ff.).

36 § 79 gibt andererseits nicht die Möglichkeit, im **Widerspruchsverfahren** nach §§ 68 ff. VwGO gegen Entscheidungen von Behörden, die die **AO** oder das **SGB-AT** und das **SGB X** anzuwenden hatten, diese Gesetze heranzuziehen. Dennoch sind sie anzuwenden, soweit Lücken nach den §§ 68 ff. VwGO und den AGVwGO bestehen. Es fehlen z. B. Regelungen für das Vorverfahren für die besonderen Mitwirkungsverpflichtungen nach §§ 60 ff. SGB-AT, für die Schätzungsbefugnis nach § 162 AO,[218] für die Einhaltung des Steuer-,[219] des Bank- (§ 30 a AO)[220] und des Sozialgeheimnisses (§ 30 AO, § 35 SGB-AT).[221] Die Anwendbarkeit dieser Regeln im Vorverfahren nach §§ 68 ff. VwGO folgt für den **Sozialbereich** (§ 2 Abs. 2 Nr. 4) aus der dem § 79 entsprechenden Vorschrift des § 62 SGB X. Für diesen Bereich besteht auch eine

---

[211] *BVerwG* MDR 1981, 609.
[212] Vgl. *Ziekow* § 79 Rn. 8 ff.; *Geis* in Sodan/Ziekow § 68 Rn. 45 ff.
[213] *Kopp/Schenke* § 79 Rn. 22 ff.; 32; *Ziekow* § 79 Rn. 8 ff.; *Geis* in Sodan/Ziekow § 68 Rn. 45 ff.; *Geis/Hinterseh* JuS 2001, 1074 f.; *Busch* in Knack § 79 Rn. 22 ff.; *Hufen*, Verwaltungsprozessrecht, § 5 Rn. 10 ff.
[214] Ebenso *Ziekow* § 79 Rn. 10; *Geis/Hinterseh* JuS 2001, 1074, 1075; *Busch* in Knack § 79 Rn. 74, jeweils m. w. N.; a. A. *VG Potsdam* NVwZ-RR 2006, 6.
[215] Zu dem besonderen Verweisungsweg, der durch Art. 13 bay. KAG veranlasst wird s. *Boettcher* BayVBl 1992, 623.
[216] Wohl auch *BVerwG* BayVBl 1981, 342, 343.
[217] Im Ergebnis ebenso *BVerwGE* 82, 336; *OVG Weimar* Gemhlt 2006, 212; *VG Stuttgart* VBlBW 2002, 82; *Suhr* KStZ 2003, 85; *Allesch* BayVBl 1992, 621 f.; *Boettcher* BayVBl 1992, 623.
[218] Siehe zur Schätzung: *BVerwG* DVBl 2000, 1220; NJW 1986, 1122; *BVerwGE*, 85, 306 = NVwZ 1991, 485; *OVG Münster* DÖV 1992, 930; zur Schätzung gemäß § 287 ZPO bei der Schadensberechnung s. *BVerwG* NJW 1995, 2303.
[219] *BFH* NJW 2001, 318; NJW 2000, 3157; *BFHE* 191, 247 = BB 2000, 1262; *FG Köln* EFG 2000, 903; *OVG Münster* NVwZ 1999, 1252. Zur Einsichtnahme in Steuerakten *FG Münster* EFG 2003, 499.
[220] *BFH* NJW 2001, 318 m. w. N.
[221] Vgl. *BVerwG* NJW 2004, 1543 zum Schutz der personenbezogenen Daten eines Behördeninformanten, der einem Sozialhilfeträger unaufgefordert Informationen über einen Leistungsempfänger übermittelt hat, durch das Sozialgeheimnis. S. ferner *BSG* MedR 1999, 532; *OLG Celle* NJW 1997, 2964.

selbständige Kostenregelung für das Vorverfahren (§ 63 SGB X, s. § 80 Rn. 15). Für den **Abgabenbereich** fehlt allerdings eine entsprechende Vorschrift, da in der Regel in den KAG nicht auf § 365 AO verwiesen wird. Die Anwendbarkeit des AO folgt aber aus dem **allgemeinen Grundsatz,** dass in einem Rechtsbehelfsverfahren mit umfassender Prüfungsbefugnis nicht inhaltlich andere Verfahrensrechte und -pflichten angewandt werden dürfen als in dem zu kontrollierenden Verfahren (vgl. neben § 79 und § 62 SGB X, jew. letzter Halbs. auch § 125 Abs. 1 VwGO, § 153 SGG, § 523 ZPO).[222]

Zur **Anwendbarkeit der einzelnen Vorschrift des Verwaltungsverfahrensgesetzes** im Vorverfahren s. die Erläuterung am Ende der jeweiligen Vorschrift.[223] Zur Anwendbarkeit des § 70 Abs. 2 VwGO i. V. mit § 60 VwGO anstelle des § 32 s. § 32 Rn. 50.[224] Zum Verhältnis des Widerspruchsbescheides zum erstinstanzlichen VA s. Rn. 14. Zum Verhältnis von § 79 Abs. 2 VwGO zu § 46, s. dort Rn. 88; § 35 Rn. 375.[225] Zum Verhältnis der Abhilfeentscheidung nach § 72 VwGO zur Rücknahme s. Rn. 3, 16; § 80 Rn. 2, 9.[226] Wird die Abhilfeentscheidung ihrerseits aufgehoben, sind über § 79 die §§ 48ff. anwendbar.[227] Zum Verhältnis des Vorverfahrens zum Wiederaufgreifen s. § 51 Rn. 146ff., zur Rücknahme § 48 Rn. 263ff. Zum Selbsteintritt § 35 Rn. 179.[228] 37

Durch die Verweisung auf die Vorschriften des VwVfG wird das **Vorverfahren nicht zum förmlichen Verfahren** i. S. der §§ 63 ff.[229] E Auch sind diese Vorschriften – schon wegen der nach § 63 Abs. 1 erforderlichen besonderen Anordnung – nicht über § 79 anwendbar.[230] Soweit für ein Verfahren §§ 63ff. spezialgesetzlich für anwendbar erklärt worden sind, gilt dies nur bei entsprechender ausdrücklicher Regelung auch für das Widerspruchsverfahren.[231] § 70 VwGO geht § 64 vor,[232] § 66 ist im Absatz 1 durch § 71 VwGO und §§ 79, 28 abgedeckt, § 66 Abs. 2 ist für das Verwaltungsverfahren gerade nicht Ausdruck eines allgemeinen Rechtsgedankens, s. § 26 Rn. 8. § 70 wird durch § 68 Abs. 1 Nr. 2 VwGO verdrängt, § 71 wird weitgehend durch die entsprechenden AG VwGO verdrängt, s. z. B. §§ 16, 12 AG VwGO Rheinl.-Pf., §§ 1, 5 Thür. AGVwGO; soweit AG VwGO keine Regelung treffen, gelten nur die Ausschussregeln, da § 71 eine besondere Regelung für das förmliche Verfahren ist. Die Ergebnisse des § 71 lassen sich jedoch in der Regel auch über §§ 89, 90, 91, 20 Abs. 4, 21 Abs. 2 erreichen. § 69 schließlich wird durch § 73 VwGO verdrängt, im Übrigen sind §§ 17ff. über § 79 anwendbar. Hätte § 79 entgegen dem bisherigen Rechtszustand die besondere Formstrenge der §§ 63ff. (insbesondere §§ 65, 76f.) für das Vorverfahren übernehmen wollen, hätte es einer ausdrücklichen Anordnung im Gesetz bedurft. Anzuwenden sind dagegen die Vorschriften über ehrenamtliche Tätigkeit (§§ 81ff.) und Ausschüsse (§§ 88ff.), soweit im Vorverfahren durch Ausschüsse entschieden wird.[233] 38

6. Ergänzung durch allgemeine Verfahrensgrundsätze

Ergänzend zu den Regeln der VwGO, der AGVwGO und den VwfGen sind die **allgemeinen Grundsätze rechtsstaatlichen Verfahrens** anzuwenden, wie sie bereits für das erstinstanzliche VwVf gelten. Da das Vorverfahren stärker noch als das erstinstanzliche Verfahren auch 39

---

[222] *OVG Münster* NVwZ 1992, 585; *Allesch* DÖV 1990, 272, 273; *ders.* BayVBl 1992, 621, 622.
[223] S. auch die entsprechende Zuordnung der VwVfG-Normen von *Busch* in Knack § 79 Rn. 77. S. ferner *Kopp/Ramsauer* § 79 Rn. 45ff.
[224] S. *BVerwG* NVwZ-RR 1999, 472. Für eine Anwendung des § 32: *Weidemann* VR 2007, 300, 303f. Hierzu im Einzelnen *Dolde/Porsch* in Schoch u. a. § 70 Rn. 28ff.; *Pietzner/Ronellenfitsch* § 34; *Hufen* Verwaltungsprozessrecht § 6 Rn. 40.
[225] Ferner *Hill* S. 39ff.
[226] S. dazu *BVerwG* NVwZ-RR 2007, 617; 2003, 871; NVwZ 2002, 1252; 1997, 272; *OVG Lüneburg* NVwZ-RR 2003, 326; *Clausing* JuS 2003, 170, 171; *Engst* Jura 2006, 166, 168. Die Ausgangsbehörde ist nicht befugt, den Widerspruchsbescheid isoliert aufzuheben. S. hierzu *Clausing* JuS 2003, 170, 171; ferner *Uhle* NVwZ 2003, 811 zur Bindungswirkung des Widerspruchsbescheides.
[227] Vgl. *OVG Lüneburg* NVwZ 1990, 675 für § 45 SGB X.
[228] *BVerwG* NVwZ 1986, 556.
[229] Vgl. *Allesch,* S. 88.
[230] Vgl. *Busch* in Knack § 79 Rn. 125; *Kopp/Ramsauer* § 79 Rn. 49; *Allesch* S. 91.
[231] So auch *Busch* in Knack § 79 Rn. 125; *Obermayer* § 80 Rn. 50; a. A. *Kopp/Ramsauer* § 79 Rn. 49.
[232] S. *Münch,* VR 1979, 18f. zur Aufnahme von Niederschriften.
[233] Wie hier *Allesch* S. 251 f. Zum Kollegialverfahrensrecht im Einzelnen *Groß,* Das Kollegialprinzip in der Verwaltungsorganisation, Tübingen 1999, S. 280 ff.

dem Rechtsschutz des Bürgers dient (Rn. 10), gewinnen diese Grundsätze, insbesondere das Recht auf ein faires Verfahren,[234] besonderes Gewicht. Im Übrigen können Lücken durch allgemeine Grundsätze des Verwaltungsrechts geschlossen werden.

7. Regelungslücken

40 Auch bei Anwendung der Vorschriften des VwVfG bleiben noch **Lücken** für das Vorverfahren, die, soweit das Vorverfahren dem VwVf zuzuordnen ist, nicht durch prozessuale Vorschriften ausgefüllt werden dürfen (Rn. 6, 28). Auf einige sei hingewiesen:

41 Die **reformatio in peius** als anerkanntes Institut ist kein Institut des Prozessrechts, sondern des Verwaltungsrechts, dessen Ableitung im Einzelnen umstritten ist, s. § 48 Rn. 68 ff. Nach Maßgabe des jeweils anzuwendenden Bundes- oder Landesrechts[235] ist zu entscheiden, ob eine reformatio in peius im Rahmen des Widerspruchsverfahrens zulässig ist.[236] Wenn solche Regelungen fehlen, ist nach den Grundsätzen über die Rücknahme und den Widerruf von Verwaltungsakten zu entscheiden.[237] Wer einen ihn belastenden Verwaltungsakt anficht, muss grundsätzlich mit der Verschlechterung seiner Position rechnen, weil mit der Anfechtung der Verwaltungsakt grundsätzlich nicht mehr Grundlage eines Vertrauensschutzes sein kann.[238] Anderes kann nur in Ausnahmefällen gelten, etwa bei der Abänderung eines Rücknahmebescheides.[239] Nach **§ 71 VwGO** i. d. F. des 6. VwGOÄndG[240] soll der Betroffene vor Erlass des Abhilfebescheides oder des Widerspruchsbescheids gehört werden, wenn die Aufhebung oder Änderung eines VA im Widerspruchsverfahren erstmalig mit einer Beschwer verbunden ist. Es handelt sich dabei um eine Folgeänderung von § 68 Abs. 2 Satz 2 Nr. 2 VwGO. § 71 VwGO ist lex specialis zu § 28.[241] Er ist **extensiv** dahin **auszulegen,** dass ein grundsätzlicher Anspruch auf rechtliches Gehör im Widerspruchsverfahren schlechthin für **alle** durch die Entscheidung über den Widerspruch möglicherweise Betroffenen besteht.[242] **§ 71 VwGO** regelt folglich nunmehr umfassend und abschließend das Anhörungserfordernis zugunsten nicht nur des erstmalig beschwerten Dritten, sondern jedes Betroffenen vor einer erstmaligen Beschwer durch Aufhebung oder Änderung eines VA im Abhilfe- oder Widerspruchsbescheid (s. § 28 Rn. 41).[243] Die frühere Streitfrage, ob und inwieweit § 28 zu einer Anhörung vor einer Verböserung im Widerspruchsverfahren verpflichtet, ist damit im bejahenden Sinne entschieden.[244] Die durch die verfahrensfehlerhaft unterbliebene Anhörung abgeschnittene Möglichkeit zur Rücknahme des Widerspruchs zwecks Verhinderung einer Verböserung im Widerspruchsbescheid berechtigt das Gericht bei gebundenen Verwaltungsakten nicht zur isolierten Aufhebung des Widerspruchsbescheides, wenn auch im Hinblick auf § 48 keine andere Entscheidung in der Sache möglich

---

[234] *BVerfG* NJW 2004, 2887; 2000, 1709; *BVerwG* NVwZ 2001, 94; *OVG Münster* NVwZ-RR 2005, 449.
[235] Zum spezialgesetzlichen Verbot einer reformatio in peius s. z. B. § 42 Abs. 2 BDG; dazu *Müller-Eising* NJW 2001, 3587, 3589 f. Zur fehlenden Verböserungsbefugnis eines Widerspruchsausschusses s. *OVG Koblenz* NVwZ-RR 2004, 723. dazu auch *Schröder* NVwZ 2005, 1029; *Theis*, Saarländische Kommunal-Zeitschrift (SKZ) 2005, 18, 22 f.
[236] S. hierzu *BVerwG* NVwZ 1999, 1218; *VGH München* BauR 2004, 149; *OVG Koblenz* NVwZ-RR 2004, 723; *OVG Hamburg* NordÖR 2005, 121; Gewerbearchiv 1990, 405; *VGH Mannheim* NVwZ-RR 2002, 3; VBlBW 2000 Beilage B 3; *OVG Münster* NVwZ-RR 1999, 678; *VGH München* BayVBl 1998, 502; *VGH Mannheim* ESVGH 46, 309; *Dolde/Porsch* in Schoch u. a. § 68 Rn. 47 ff.; *Pietzner/Ronellenfitsch*, § 40 Rn. 1 ff.; *Schröder* NVwZ-RR 2005, 1029; *Kringreen* DÖV 2003, 1; *Kuhla/Hüttenbrink* S. 131 f.; *Meister* JA 2002, 567; *Schletter* DÖV 2002, 816; *Schoch* Jura 2003, 752, 758 f.; *Fischer-Hüftle* BayVBl 1989, 229; *Renz* DÖV 1991, 138; *Pietzner*, VerwArch 1989, 501, 1990, 261; *Juhnke* BayVBl 1991, 136; a. A. *Hufen*, Verwaltungsprozessrecht, § 9 Rn. 15 ff., 20.
[237] *BVerwGE* 65, 313 (319).
[238] *BVerwGE* 67, 129 (134).
[239] Vgl. *VGH Mannheim* NVwZ-RR 1991, 113.
[240] V. 1. 11. 1996, BGBl I S. 1626.
[241] *Geis* in Sodan/Ziekow § 71 Rn. 1. Zur Anhörung im Widerspruchsverfahren s. *VGH München* ZfBR 2004, 77; *VGH Mannheim* NVwZ-RR 2002, 3.
[242] Begr. des RegE, BT-Drs. 13/3993, S. 18, 19. Zu den Heilungsvorschriften des 6. VwGO-ÄndG s. *Hufen* JuS 1999, 313; *Reinel* BayVBl 2004, 454; *Redeker* NVwZ 1997, 625; *Hatje* DÖV 1977, 477; *Bracher* DVBl 1997, 534.
[243] So auch *Kopp/Schenke* § 71 Rn. 2.
[244] So auch *Geis* in Sodan/Ziekow, § 71 Rn. 11; *Dolde/Persch* in Schoch u. a. § 71 Rn. 5 m. w. N.; ferner *VGH München* ZfBR 2004, 77. Siehe aber *VGH Mannheim* NVwZ-RR 2002, 3, wonach eine Anhörung im Fall einer reformatio in peius dann entbehrlich sein soll, wenn der VA unter dem Vorbehalt einer späteren Überprüfung steht. Kritisch hierzu *Schoch* Jura 2003, 752, 758 f.

gewesen wäre.²⁴⁵ § 71 VwGO gilt – ergänzend zu § 36 Abs. 2 VermG – auch im vermögensrechtlichen Vorverfahren.²⁴⁶

Eine **Rücknahme des Rechtsbehelfs** ist nach h. M. bis zur Entscheidung (d. h. Bekanntgabe, s. § 362 AO 1977) über den Rechtsbehelf möglich.²⁴⁷ Nach anderer Auffassung soll die Rücknahme entsprechend § 92 VwGO bis zum Ablauf der Klagefrist bzw. bis zur gerichtlichen Entscheidung möglich sein.²⁴⁸ In Abgrenzung dazu kann ein im Verwaltungsverfahren gestellter Antrags ohne Zustimmung der Behörde nur bis zur Bekanntgabe der Entscheidung zurückgenommen werden, s. § 22 Rn. 70.²⁴⁹ Ist bereits entschieden, ist die Rücknahme des Widerspruchs wirkungslos.²⁵⁰ Ferner ist die Rücknahme eines Widerspruchs, die unter einer außerprozessualen aufschiebenden Bedingung erfolgt, unwirksam.²⁵¹ Die Rücknahme ist nicht wegen Willensmängeln **anfechtbar,**²⁵² s. § 22 Rn. 78. Zur **vertraglichen Rücknahmeverpflichtung** kommt in Betracht, kann jedoch im Einzelfall nach § 59 Abs. 1 i. V. m. §§ 134, 138 BGB nichtig sein.²⁵³ Zur Kostenentscheidung bei Rücknahme des Widerspruchs s. § 80 Rn. 51. Strittig ist die Frage der **Fiktion der Widerspruchsrücknahme** nach Landeskostengesetzen.²⁵⁴ 42

Ein **Vergleich** nach Maßgabe der §§ 79, 55 ist möglich, und zwar auch in Abgabensachen (§ 2 Rn. 61).²⁵⁵ Ein Vergleich liegt allerdings nicht schon dann vor, wenn der Widerspruchsführer erklärt, der Widerspruch sei unter bestimmten Voraussetzungen erledigt, und die Widerspruchsbehörde dem entspricht.²⁵⁶ Wegen der Kostenregelung nach Abschluss des Widerspruchsverfahrens durch Vergleich s. § 80 Rn. 52. Zur **Einstellung des Vorverfahrens** in diesen Fällen Rn. 48. Wird eine Anfechtungsklage durch gerichtlichen Vergleich beendet, der keine Aussage zur Kostenverteilung enthält, ist streitig, ob der Kläger zur Zahlung der Widerspruchsgebühr verpflichtet ist oder ob auch insoweit die gesetzlich fingierte Kostenregelung des § 160 VwGO eingreift, s. § 80 Rn. 4.²⁵⁷ 43

Verzicht auf Einlegung des Rechtsbehelfs ist **zulässig**, wenn er eindeutig, unzweifelhaft und unmißverständlich sowie ohne unzulässige Beeinflussung oder Unterdrucksetzung erfolgt ist;²⁵⁸ vor Bekanntgabe des Verwaltungsaktes ist er unzulässig.²⁵⁹ Ein trotz Verzichts eingelegter Widerspruch ist **unzulässig**; strittig ist dazu, ob die Unzulässigkeit nur auf Einrede zu beachten ist.²⁶⁰ Hat die Widerspruchsbehörde über den trotz Verzichts eingelegten Widerspruch in der Sache entschieden, kann der Verzicht nicht mehr geltend gemacht werden.²⁶¹ 44

Ebenfalls ist es unzulässig, einen **Rechtsbehelf vor Erlass** der beschwerenden Entscheidung einzulegen, selbst wenn in Zukunft eine Vielzahl gleichartiger Verwaltungsakte erwartet werden.²⁶² Er geht „ins Leere" und wird auch nicht etwa „von selbst" zulässig, wenn in der Folge- 45

---

²⁴⁵ *BVerwG* NVwZ 1999, 1218.
²⁴⁶ *BVerwG* NVwZ 1999, 1218.
²⁴⁷ *BVerwG*, NJW 1973, 2315 (2316); *VGH München* BayVBl 2003, 399; s. auch die Darstellung des Streitstandes in *Pietzner/Ronellenfitsch*, § 36 Rn. 7 ff.; *Artzt* NVwZ 1995, 666; offen *Allesch* S. 38.
²⁴⁸ S. hierzu eingehend *Allesch* NVwZ 2000, 1227; *Schildheuer* NVwZ 1997, 637; ferner OVG Lüneburg NVwZ 1993, 1214; *Weides* § 14 IV, *Kopp/Schenke* 69 Rn. 8.
²⁴⁹ S. *BVerwG* NVwZ 1997, 20; 1998, 401 m. w. N.
²⁵⁰ *BVerwG* MDR 1975, 253; hierzu auch *Allesch* NVwZ 2000, 1227; *Schildheuer* NVwZ 1997, 637; *von Mutius*, Widerspruchsverfahren, S. 231. S. auch *Geis/Hinterseh* JuS 2001, 1176 entsprechend für die Einlegung des Widerspruchs m. w. N.
²⁵¹ *BVerwG* DVBl 1996, 105.
²⁵² *BVerwGE* 57, 342. S. hierzu *Meier* VR 2006, 293.
²⁵³ *BGH* DÖV 1981, 380, dazu *Knothe* JuS 1983, 18.
²⁵⁴ Ablehnend *BVerwG* MDR 1981, 609 = NJW 1982, 1113 m. w. N., vorher *BVerwG* BayVBl 1980, 725. Weitere Nachweise bei *Kopp/Schenke* § 69 Rn. 10; *Pietzner/Ronellenfitsch* § 36 Rn. 11 ff.; *Lüke* JuS 1982, 689 ff.
²⁵⁵ S. hierzu *VGH Kassel* NVwZ 1997, 618 m. w. N. S. auch *OVG Schleswig* NorÖR 2006, 302 zur Anwendung des § 120 Abs. 2 LVwG SchH auf die Erledigung des Widerspruchsverfahrens durch Abschluss eines Vergleichs im Eilverfahren.
²⁵⁶ *OVG Koblenz* RdL 1999, 276: Insoweit kommt allenfalls eine Erledigung des Widerspruchs in Betracht.
²⁵⁷ S. *VGH Mannheim* NVwZ-RR 2002, 325; *Neumann* in Sodan/Ziekow § 162 Rn. 17.
²⁵⁸ *OVG Bautzen* SächsVBl 1999, 134.
²⁵⁹ *BVerwGE* 55, 355, 357; 19, 159, 161; *VGH München* NVwZ-RR 1998, 25; *OVG Münster* NWVBl 1992, 205; *OVG Bautzen* SächsVBl 1999, 134; LKV 1995, 84; *Kopp/Schenke* § 69 Rn. 11, § 74 Rn. 21 ff.; *Pietzner/Ronellenfitsch* § 36 Rn. 1 ff. m. w. N.
²⁶⁰ Dazu *OVG Münster* NWVBl 1992, 205.
²⁶¹ *VGH Mannheim* NJW 1992, 1582 m. w. N.
²⁶² *BVerwG* MDR 1978, 600. Eingehend zum vorzeitigen Widerspruch: *Schmidt* DÖV 2001, 857.

zeit tatsächlich eine mit Widerspruch angreifbare Entscheidung ergeht.[263] Wird der Verwaltungsakt aber vor Entscheidung über den unzulässigen Rechtsbehelf erlassen und dieser mit Bezug auf die inzwischen ergangene Entscheidung aufrecht erhalten, wird der Rechtsbehelf zulässig und braucht nicht nochmals eingelegt zu werden; dies ist in der Praxis bedeutsam, wenn irrtümlich bereits auf Grund der Anhörungsbenachrichtigung oder vorsorglich von einem Dritten Widerspruch eingelegt worden ist. Zur etwaigen Wiedereinsetzung nach einem vorzeitigen und deshalb unzulässigen Widerspruch s. *Schmidt*.[264]

46 Eine **Verwirkung** des Widerspruchsrechts kommt unter den Voraussetzungen in Betracht, die allgemein für das auf einer Anwendung des Grundsatzes von Treu und Glauben beruhende Erlöschen verfahrensrechtlicher und materieller Rechtspositionen gelten.[265]

47 Wie im erstinstanzlichen Verfahren können auch im Vorverfahren **Zwischenentscheidungen** nötig werden. § 9 Rn. 197, 201, 205 ff. gelten entsprechend (zur Aussetzung s. auch § 363 AO). Einer entsprechenden Anwendung des **§ 239 ZPO** bedarf es grds. nicht (vgl. § 9 Rn. 203 ff.).[266] Dies gilt auch hinsichtlich der Eröffnung des Gesamtvollstreckungsverfahrens, durch die das Vorverfahren nicht unterbrochen wird.[267] Allerdings findet beim Tod des Widerspruchsführers die Regelung des § 239 Abs. 1 ZPO insoweit Anwendung, als die Klagefrist des § 74 VwGO endet bzw. nicht zu laufen beginnt, sofern kein Prozessbevollmächtigter bestellt ist.[268]

48 Eine **Erledigung der Hauptsache**[269] ist auch im Vorverfahren möglich, wie § 43 Abs. 2 i. V. m. § 79 zeigt (vgl. § 9 Rn. 199; § 80 Rn. 53 ff.;[270] z. B. durch den Erlass einer Rücknahmeentscheidung nach § 48 (s. § 80 Rn. 55). Die Erledigung des Ausgangsbescheides tritt mit dem nachträglichen, d. h. nach dessen Erlass, eingetretenen Wegfall der mit ihm verbundenen rechtlichen und sachlichen Beschwer ein oder aber auch dann, wenn und soweit seine Aufhebung nicht mehr möglich ist.[271] Mit ihr entfällt die Sachbescheidungsbefugnis der Widerspruchsbehörde, s. Rn. 27.[272] Nach Erledigung des mit dem Widerspruch angegriffenen Ausgangsbescheides darf eine Widerspruchsentscheidung in der Sache nicht mehr ergehen, sondern das Widerspruchsverfahren ist einzustellen.[273] Zum Fortsetzungsfeststellungswiderspruch s. Rn. 50. Insoweit ergeht lediglich eine Mitteilung über die **Einstellung des Verfahrens** an den Widerspruchsführer und andere Beteiligte des Vorverfahrens.[274] Diese Mitteilung setzt grds. eine ver-

---

[263] *OVG Münster* NVwZ-RR 1996, 184.
[264] DÖV 2001, 857.
[265] Zur Verwirkung der Widerspruchs- bzw. Klagebefugnis s. *BVerwG* DVBl 2000, 1862; *OVG Greifswald* NJ 2001, 55; *OVG Münster* NWVBl 2000, 316; 1998, 321; BauR 2000, 433; *VGH Mannheim* VBlBW 1998, 217; *OVG Weimar* NVwZ 1994, 508; *VG Saarlouis* ZfB 2000, 181. Zur Verwirkung der Befugnisse der Behörde. s. *BVerwGE* 110, 226 = NJW 2000, 1512. S. ferner *BVerwG* NJW 1974, 1260 (1261); siehe hierzu ferner *BVerwG* NVwZ 1991, 1182; 1991, 111; *VGH Mannheim* VBlBW 1992, 103; 1991, 182; *OVG Hamburg* Gewerbearchiv 1992, 300; allgemein: *de Vivie/Barsuhn* BauR 1995, 492.
[266] A. A. *OVG Bremen* NVwZ 1985, 917.
[267] Vgl. *OVG Magdeburg* AnwBl 1995, 159.
[268] *BVerwG* NJW 2001, 1228.
[269] S. zu den Voraussetzungen einer Erledigung: *BVerwG* MedR 2006, 185; *VGH Mannheim* VBlBW 2005, 281; *OVG Koblenz* VR 2002, 393; *VG Saarlouis* ZfSch 1998, 360 m. w. N. Vgl. auch *VG Schleswig* NVwZ-RR 2007, 152: Eine Erledigung setzt stets voraus, dass es keiner Sachentscheidung bedarf.
[270] Im Einzelnen *Engelbrecht* JuS 1997, 550 ff.; *Pietzner/Ronellenfitsch* § 27 Rn. 19 ff.; § 35 Rn. 33; *Weides*, § 19 VIII. Zur Erledigung von VwVf der Deutschen Bundespost Telekom ausserhalb des Regelungsbereichs des Art. 143b Abs. 3 GG, § 1 Abs. 1 PostpersRG s. *VG Darmstadt* IÖD 2000, 244. Ferner *OVG Münster* DVBl 2000, 1468 zur Erledigung einer Sicherungsanordnung durch Aufhebung der Baugenehmigung. Zur isolierten Aufhebung eines nach Erledigung ergangenen Widerspruchsbescheides s. *BVerwGE* 81, 226, 229 = NJW 1989, 2468; *BVerwG* 14. 5. 1999 – 6 PKH 3/99 –. Siehe ferner *BVerwGE* 109, 203 = NVwZ 2000, 63: Hat sich ein VA durch Aufhebung ex nunc vor Eintritt der Bestandskraft erledigt, ist eine Klage, die auf Feststellung seiner Rechtswidrigkeit gerichtet ist, nicht an die Fristen der §§ 74 Abs. 1 bzw. 58 Abs. 2 VwGO gebunden. S. hierzu § 79 Rn. 27. Ferner *Hufen* JuS 2000, 720; *Schenke* NVwZ 2000, 1255; *Rozek* JuS 2000, 1162; *Fechner* NVwZ 2000, 121. Zur Frage der Bestandskraft eines erledigten Verwaltungsaktes s. *Treffer*, VR 1994, 300 ff.
[271] Zur Erledigung einer dienstrechtlichen Konkurrentenstreitigkeit s. *BVerwG* NJW 2004, 870; *Wernsmann* DVBl 2005, 276.
[272] S. *BVerwG* NVwZ 2001, 1288; *BVerwGE* 81, 226 = NJW 1989, 2468. Dazu *Hufen* Verwaltungsprozessrecht § 6 Rn. 14. *Engelbrecht* JuS 1997, 550; *Eyermann/Rennert* § 68 Rn. 4 m. w. N. Zur Kostenregelung nach Erledigung des Widerspruchs s. § 80 Rn. 53. Zum Fortsetzungsfeststellungswiderspruch s. Rn. 50.
[273] *BVerwG* NVwZ 2001, 1288; *BVerwGE* 81, 226 = NJW 1989, 2468.
[274] *BVerwGE* 81, 226 = NJW 1989, 2486, 2487, ohne Darlegung der Rechtsnatur der Einstellungserklärung.

fahrensbeendende Erklärung des Widerspruchsführers durch Rücknahme des Rechtsbehelfs voraus oder die Erklärung, dass das Verfahren in der Hauptsache erledigt ist.[275] Einer solchen Einstellung bedarf es nicht, vielmehr genügt ein klarstellender Hinweis, wenn der Ausgangsbescheid schon vor Einlegung des Widerspruchs gegenstandslos geworden ist und mithin ein Rechtsschutzbedürfnis für den Widerspruch von vornherein fehlt.[276] Diese Mitteilungist kein VA,[277] erst recht nicht ein Abhilfe- oder Widerspruchsbescheid i. S. d. §§ 72, 73 VwGO,[278] sondern Verfahrenshandlung ohne Regelungscharakter, mit der die Rechtsfolge der Erledigung z. B. nach § 43 Abs. 2 mitgeteilt wird.[279] Regelungscharakter hat allerdings eine nach Erledigung des Widerspruchs ergehende Kostenentscheidung, für die § 80 keine Grundlage bietet, die aber nach Landesrecht – s. § 80 Abs. 1 S. 5 LVwVfG BW,[280] Art. 80 Abs. 1 S. 5 BayVwVfG, § 19 Abs. 1 S. 5 AGVwGO Rhl.-Pf., § 80 Abs. 1 Satz 5 SVwVfG, § 80 Abs. 1 S. 6 ThürVwVfG – zulässig sein kann (§ 80 Rn. 8, 53).[281] Fehlt eine solche landesrechtliche Kostenregelung für den Fall der Erledigung des Widerspruchsverfahrens, kann § 80 nicht durch eine analoge Anwendung des § 161 Abs. 2 VwGO ergänzt werden.[282] VA ist die Einstellungserklärung nur, wenn mit ihr zugleich über einen Streit um den Eintritt der Erledigung entschieden wird. Dann ergeht ein Widerspruchs-(Abhilfe-)bescheid mit einer Entscheidung in der Sache oder der Feststellung, die Hauptsache sei erledigt (§ 80 Rn. 55).[283] Geht der Widerspruchsführer von einer Erledigung aus, setzt dies allerdings voraus, dass er gleichwohl sein Hauptsachebegehren – etwa „hilfsweise"[284] – weiterverfolgt, da das Widerspruchsverfahren andernfalls einzustellen ist.[285] Ist der Widerspruchsführer mit der Einstellung nicht einverstanden, kann er statt dessen im Fall eines Verpflichtungsbegehrens Untätigkeitsklage erheben.[286] Im Fall eines Anfechtungsbegehrens entfällt dagegen die beschwerende Wirkung des Ausgangsbescheides für den Widerspruchsführer, wenn die Widerspruchsbehörde den angefochtenen Verwaltungsakt ganz oder teilweise für erledigt erklärt und damit insoweit abändert. Eine gleichwohl insoweit erhobene Anfechtungsklage ist mangels Rechtschutzbedürfnisses des Klägers unzulässig, ohne dass es auf die Berechtigung der Erledigungserklärung ankommt.[287] Ist der Widerspruchsführer mit der Einstellung des Widerspruchsverfahrens einverstanden, besteht ferner die Möglichkeit des – hinsichtlich seiner Zulässigkeit allerdings sehr streitigen (s. Rn. 50) – Fortsetzungsfeststellungswiderspruchs[288] oder der Fortsetzungsfeststellungsklage.[289] Zur Fortsetzungsfeststellungsklage, wenn Widerspruchsbehörde trotz Erledigung zur Sache entschieden hat, siehe Rn. 27.[290] Dort auch allgemein zur Klageart und deren –voraussetzungen, wenn sich der Ausgangsbescheid vor Klageerhebung erledigt hat. Begehrt der Widerspruchsführer trotz Erledigung eine Sachentscheidung, muss der Widerspruch mangels Sachbescheidungsinteresse zurückgewiesen werden, s. Rn. 27.[291]

---

[275] S. *VG Schwerin* DVP 2005, 260.
[276] *BVerwG* 14. 5. 1999 – 6 PKH 3/99 –.
[277] Wie hier *Allesch* S. 236; *Engelbrecht* JuS 1997, 550 (552).
[278] A. A. wohl *Pietzner/Ronellenfitsch* § 42 Rn. 33, die insoweit einen Widerspruchsbescheid mit dem Tenor: „Das Widerspruchsverfahren wird eingestellt." empfehlen.
[279] *VG Karlsruhe* 16. 3. 1998 – 12 K 3311/97 – m. w. N.
[280] S. *VGH Mannheim* VBlBW 2005, 281 zum Begriff der Erledigung im Sinne dieser Regelung.
[281] *Allesch* S. 237 ff.
[282] S. *BVerwGE* 22, 181; *Vahle* DVP 2003, 429 m. w. N. A. A. *VG Schwerin* DVP 2005, 260.
[283] Wie hier *Allesch* S. 241; *Engelbrecht* JuS 1997, 550 (552 f.); a. A. *Pietzner/Ronellenfitsch* § 42 Rn. 33, die die Befugnis der Widerspruchsbehörde für diese Entscheidung verneinen.
[284] S. *BayVGH* BayVBl 2003, 399: Eine prozessuale Erledigungserklärung kann nicht hilfsweise zur weiter aufrechterhaltenen Anfechtungklage abgegeben werden.
[285] Vgl. *Pietzner/Ronellenfitsch* § 42 Rn. 33.
[286] Zur einseitigen Erledigungserklärung im Verwaltungsprozess s. *BVerwG* NVwZ 1999, 404. Zur Fortsetzungsfeststellungsklage nach Erledigung einer nicht spruchreifen Untätigkeitsklage s. *BVerwGE* 106, 295 = NVwZ 1998, 1295.
[287] *VGH München* BayVBl 1996, 312.
[288] Nach *BVerwG* NVwZ 2001, 1288 ist eine trotz Erledigung ergangene Widerspruchsentscheidung in der Sache unzulässig. S. hierzu auch die Darstellung des Streitstandes bei *Pietzner/Ronellenfitsch* § 31 Rn. 29 f.
[289] S. zur dogmatischen Einordnung der Fortsetzungsfeststellungsklage Rn. 27. Ferner im Einzelnen *Schenke* JuS 2007, 697; ferner die Streitstandsdarstellungen von *Wolff* in Sodan/Ziekow § 113 Rn. 264; *Geis/Hinterseh* JuS 2001, 1074, 1077; a. A. *Pietzner/Ronellenfitsch*, § 31 Rn. 29 f. m. w. N. Zum Fortsetzungsfeststellungsinteresse: *BVerwG* NJW 2007, 619.
[290] *VGH München* NVwZ-RR 1992, 218.
[291] S. *BVerwG* NVwZ 2001, 1288.

49 Die Aufhebung oder Ersetzung eines VA **aus Anlass** eines Widerspruchs ist eine Erledigung, keine Abhilfe des Widerspruchs (Rn. 14ff., § 80 Rn. 18ff., 55). Die **Rücknahme** und der **Widerruf** eines Verwaltungsaktes können parallel zur Durchführung des Vorverfahrens erfolgen (§ 80 Rn. 9, 18f.).[292] So hat die Ausgangsbehörde auch noch nach Abgabe des Widerspruchsvorgangs an die Widerspruchsbehörde die Wahl, ob sie dem Widerspruch abhilft oder den Ausgangsbescheid aufhebt und damit eine Erledigung herbeiführt.[293] Dies schließt nicht aus, dass eine Erledigung nicht eintritt, wenn bei **Änderung oder Ersetzung eines Bescheides** der zweite Bescheid in das Vorverfahren einbezogen wird, ohne dass inhaltlich dem Widerspruchsbegehren Rechnung getragen wird (s. Rn. 5, 15; § 9 Rn. 146; § 80 Rn. 55).[294] Dieser Ansicht liegt die Vorstellung zugrunde, dass der geänderte Bescheid dem Widerspruch nicht abhilft und an die Stelle des ursprünglichen tritt. Der Verfahrensgegenstand des Vorverfahrens ändert sich in diesen Fällen, ohne dass es der strengen Voraussetzungen des § 91 VwGO für eine Klageänderung bedarf. Insbesondere ist nicht das Einverständnis der erstinstanzlichen Behörde oder eines beteiligten Dritten erforderlich. Wegen der Dispositionsmaxime (§ 24 Rn. 6), die auch für das Vorverfahren gilt, ist in diesen Fällen allerdings das Vorverfahren nicht gegen den Willen des Widerspruchsführers durchzuführen, wenn er sich mit dem geänderten VA einverstanden erklärt, obgleich dadurch seinem Widerspruch nicht (völlig) abgeholfen worden ist.

50 Erledigt sich das Widerspruchsbegehren vor Erlass des Widerspruchsbescheides, so ist das Verfahren nach der Rechtsprechung des *BVerwG*[295] einzustellen. Eine trotz Erledigung ergangene Widerspruchsentscheidung in der Sache ist danach unzulässig; ein **Fortsetzungsfeststellungswiderspruch** entsprechend § 113 Abs. 1 S. 4 VwGO ist nicht statthaft.[296] Demgegenüber weist ein Großteil der *Literatur*[297] zutreffend darauf hin, dass es der Verwaltung nicht verwehrt ist, Feststellungen über die Rechtswidrigkeit eines erledigten VA zu treffen. Genau genommen spricht das *BVerwG* nur die Frage der Notwendigkeit eines Vorverfahrens, nicht aber die Befugnis des Widerspruchsführers zu einer Änderung des Widerspruchs und die Befugnis der Widerspruchsbehörde zu einer entsprechenden Entscheidung an. Diese Befugnis steht der Widerspruchsbehörde zu, da es innerhalb eines Verwaltungsverfahrens keinen numerus clausus eines Verwaltungsakts gibt und auch ein feststellender VA ohne gesetzliche Ermächtigung gestattet sein kann (§ 35 Rn. 219ff.). §§ 68ff. VwGO als nicht abschließende Regelungen sprechen kein derartiges Verbot aus, die Widerspruchsbehörde bleibt auch innerhalb des durch den Devolutiveffekt gezogenen Rahmens zu dieser Entscheidung befugt. Jedenfalls steht ein derartiger Ausspruch im Ermessen der Behörde, dessen Ausübung sie von dem berechtigten Interesse des Antragstellers (entsprechend § 44 Abs. 5) bzw. dem Sachbescheidungsinteresse (§ 9 Rn. 153ff.) abhängig machen wird.[298] Letzteres dürfte fehlen, wenn sich der VA bei einer schon erhobenen Untätigkeitsklage, aber noch nicht beschiedenem Widerspruch erledigt. Hier bietet sich das Urteil nach § 113 Abs. 1 S. 4 VwGO als umfassender wirkende Entscheidungsform an.[299] Zur analogen Anwendung des § 113 Abs. 1 Satz 4 VwGO bei vorgerichtlicher Erledigung eines VA und den Zulässigkeitsvoraussetzungen einer hierauf gestützten Klage s. § 79 Rn. 27.[300] Ebenso

---

[292] *BVerwG* NVwZ-RR 2007, 617; 2003, 871; NVwZ 1997, 272; *OVG Lüneburg* NVwZ-RR 2003, 326. S. auch *OVG Münster* NWVBl 2003, 231.
[293] *OVG Lüneburg* NVwZ-RR 2003, 326.
[294] Hierzu im Einzelnen *BVerwG* NVwZ-RR 2001, 1288; *OVG Weimar* NVwZ-RR 2003, 91; *Dolde/Porsch* in Schoch u. a. § 68 Rn. 25; *Kraft* BayVBl 1995, 519ff.; ferner *VGH München* BayVBl 1987, 22; *OVG Münster* NWVBl 1991, 96; s. aber *BVerwG* E 88, 41; *VGH München* KStZ 1989, 18 für den Fall, dass der neue Bescheid dem Widerspruch (ganz oder teilweise) abhilft.
[295] NVwZ 2001, 1288; NJW 1978, 1935, NJW 1967, 1245; so wohl auch *BVerwGE* 81, 226 (229) = NJW 1989, 2468.
[296] So auch *Wolff* in Sodan/Ziekow § 113 Rn. 318; *Hufen*, Verwaltungsprozessrecht, § 6 Rn. 14; *Eyermann/Rennert* § 73 Rn. 11 m. w. N.
[297] S. *Dolde/Porsch* in Schoch u. a. § 68 Rn. 22f.; *Kopp/Schenke* § 68 Rn. 34; § 113 Rn. 126f.; *Busch* in Knack § 79 Rn. 186; *Pietzner/Ronellenfitsch* § 31 Rn. 29f.; *Schenke* NVwZ 2000, 1255, 1258; *Schoch* Jura 2003, 752, 753f.; *Fechner* NVwZ 2000, 121, 124 m. w. N.
[298] Vgl. *Busch* in Knack § 79 Rn. 186; *Weides*, § 19 VIII.
[299] Zu den Rechtswirkungen einer gerichtlichen Entscheidung nach § 113 Abs. 1 Satz 4 VwGO s. *BVerwG* DVBl 1998, 1126.
[300] S. *BVerwGE* 109, 203 = NVwZ 2000, 63: Hat sich ein VA durch Aufhebung ex nunc vor Eintritt der Bestandskraft erledigt, ist die auf Feststellung seiner Rechtswidrigkeit gerichtete Klage, anders als bei der Fortsetzungsfeststellungsklage, nicht an die Fristen der §§ 74 Abs. 1 bzw. 58 Abs. 2 VwGO gebunden. Siehe hierzu die Darstellung des Streitstandes bei *Eyermann/Schmidt* § 113 Rn. 72ff.; *Kopp/Schenke* § 113 Rn. 126ff.; *Wolff* in Sodan/Ziekow § 113 Rn. 264;

wenn die Feststellung der Rechtswidrigkeit des VA als Vorfrage für einen Zivilprozess begehrt wird.[301] Von dem Fortsetzungsfeststellungswiderspruch zu unterscheiden ist das berechtigte Interesse (einer Gemeinde) an einer Klage auf Feststellung der Rechtswidrigkeit eines Widerspruchsbescheides.[302]

Weitergehend als § 113 Abs. 1 S. 4 VwGO[303] wird schließlich auch die **Feststellung der Unzweckmäßigkeit** bei einer Ermessensentscheidung möglich sein, wenn sich der Verwaltungsakt erledigt hat.[304] Auch hier kann ein berechtigtes Interesse an dieser Feststellung bestehen, z. B. bei der Frage der Auswahl zwischen mehreren Störern.   51

Wenn sich der Verwaltungsakt **vor Erhebung des Widerspruchs erledigt** hat, muss der Betroffene eine entsprechende Feststellung von der Erstbehörde beantragen, gegen deren Ablehnung dann der normale Widerspruch zulässig ist.   52

Entsprechend dem in § 44 Abs. 5 Ausdruck findenden allgemeinen Rechtsgedanken ist gegen einen **nichtigen VA** auch ein **Anfechtungswiderspruch** möglich.[305] Daneben dürfte die Widerspruchsbehörde über § 79 die Befugnis aus § 44 Abs. 5 zur **Feststellung der Nichtigkeit** im Widerspruchsbescheid haben.[306] In Abgrenzung dazu lässt sich aus § 79 Abs. 1 Nr. 1 VwGO aber nicht die Fähigkeit der Widerspruchsbehörde herleiten, eine nicht als VA zu qualifizierende Maßnahme „kraft Irrtums" **in einen materiellen VA umzugestalten**, s. Rn. 14; § 35 Rn. 372.[307]   53

8. Regelung in Spezialgesetzen

Sowohl die Vorschriften der §§ 68 ff. VwGO, der Ausführungsgesetze zur VwGO sowie des VwVfG sind unanwendbar, wenn durch **ein Gesetz etwas anderes bestimmt** ist. Dies gilt unabhängig von den Worten „im Übrigen" in § 79, 2. Halbs.[308] Während die Geltung der Regelungen der VwGO nur durch Bundesgesetz eingeschränkt werden kann, könnte dem Gesetzeswortlaut entnommen werden, dass auch im Übrigen, insbesondere für abweichendes Landesrecht (wie bei § 68 Abs. 1 S. 2 VwGO)[309] ein **formelles Gesetz** erforderlich ist, da andernfalls der Gesetzgeber des VwVfG von Rechtsvorschriften spricht. Hiernach wäre dieser Halbsatz also enger als die Subsidiaritätsklausel des § 1, die auch Rechtsverordnungen umfasst. Der Sinn der Regelung, eine Lückenfüllung nach einheitlichen Maßstäben zu ermöglichen, wäre aber nicht erfüllt, wenn Rechtsverordnungen ausgeschlossen wären. Daher gehen auch hier wie bei § 1 mit Ermächtigung des Bundesgesetzgebers erlassene **Rechtsverordnungen** dem VwVfG vor.[310] Zur Erweiterung der Öffnungsklausel in § 68 Abs. 1 Satz 2 VwGO und zu den landesrechtlichen Regelungen zur Erforderlichkeit des Widerspruchsverfahrens siehe Rn. 10 f. Das etwas anderes bestimmende Gesetz muss die andere Regelung **„bestimmen"**. Erforderlich ist deshalb   54

Geis/Hinterseh JuS 2001, 1074, 1077; *Hufen* JuS 2000, 720; *Schenke* NVwZ 2000, 1255; *Rozek* JuS 2000, 1162; *Fechner* NVwZ 2000, 121. Zur Klageerweiterung im Rahmen des Verfahrens nach § 113 Abs. 1 Satz 4 VwGO s. *BVerwGE* 109, 74 = NVwZ 1999, 1105; zur Beschränkung auf die Feststellung der Rechtswidrigkeit der Bescheide *BVerwG* DVBl 2000, 120.

[301] S. aber die Einschränkung bei *BVerwG* NJW 1989, 2486: unmittelbare Klage bei Zivilgericht.
[302] S. *BVerwG* NVwZ 1988, 1120. In Abgrenzung dazu zum Widerspruchsrecht der Gemeinde gegen einen in ihre Rechte eingreifenden drittbegünstigenden VA: *BVerwG* NJW 2001, 386; *VGH Mannheim* VBlBW 2004, 56; *VGH München* BayVBl 2003, 210; *OVG Weimar* NuR 2000, 478; *OVG Lüneburg* NVwZ 1999, 1005; Zur Widerspruchsbefugnis als Ausgangsbehörde: *BVerwG* NVwZ 2002, 1254; *VGH Mannheim* VBlBW 2005, 229; *OVG Münster* DÖV 2002, 816; *OVG Lüneburg* NVwZ-RR 1999, 367; *VG Gera* ThürVGRspr 1998, 128.
[303] S. zum Fortsetzungsfeststellungsinteresse i. S. der Vorschrift *BVerwG* NVwZ 2007, 227; ZBR 1999, 283; NVwZ 1999, 991.
[304] So auch *Kopp/Schenke* § 68 Rn. 34; *Dolde* in Schoch u. a. § 68 Rn. 23 m. w. N.; a. A. *Eyermann/Rennert* § 73 Rn. 11; *Redeker/von Oertzen* § 113 Rn. 35; *Hufen,* Verwaltungsprozessrecht, § 6 Rn. 14. Zur Zweckmäßigkeitsprüfung im Widerspruchsverfahren s. *OVG Bremen* WissR 2000, 263; *Klüsener* NVwZ 2002, 816; *Hain* DVBl 1999, 1544.
[305] Bestr., s. *Geis/Hinterseh* JuS 2001, 1074, 1076; *Geis* in Sodan/Ziekow § 68 Rn. 85 f. m. w. N. S. ferner *VGH München* BayVB 2003, 308: Danach ist ein Widerspruchsverfahren auch dann durchzuführen, wenn im Rahmen einer Anfechtungsklage die Nichtigkeit eines VA geltend gemacht wird.
[306] Wie hier *Meyer* in Knack § 44 Rn. 62.
[307] A. A. *OVG Magdeburg* NVwZ 2000, 208 m. w. N.
[308] *Allesch* S. 51 f.
[309] Dazu *Redeker/von Oertzen,* § 68 Rn. 8.
[310] Vgl. *Kopp/Ramsauer* § 79 Rn. 12; *Redeker/von Oertzen* § 68 Rn. 8a; *Dolde/Porsch* in Schoch u. a. § 68 Rn. 10 m. w. N.

eine ausdrückliche Regelung; sog. stillschweigende Ausschlüsse nach dem Sinn und Zweck des Spezialgesetzes fallen nicht darunter.[311]

55 Die Spezialregeln können **zusätzliche oder geringere Anforderungen** als die Regeln der §§ 68 ff. VwGO, § 79 bestimmen oder das **Vorverfahren ausschließen**. Bereits das **VwVfG** und die **VwGO** sehen **Ausnahmen von der Zulässigkeit eines Rechtsbehelfs** vor; § 70, s. aber § 4 Abs. 2 VwVfG Berlin; § 74 i. V. m. § 70 VwVfG, § 44a VwGO,[312] § 68 Abs. 1 Satz 2 VwGO. Weitere Ausnahmen enthalten die AG VwGO, siehe Rn. 10f. Ausgeschlossen ist das Vorverfahren ferner durch **Bundesgesetze** wie § 11 AsylVfG, § 36 Abs. 4 VermögensG. **Landesgesetze** enthalten eine Vielzahl von Ausnahmen wie § 123 GO NRW.[313] Ferner gehen die besonderen Rechtsbehelfe in Spezialgesetzen vor, soweit sie nicht ohnehin durch den Rahmen des § 1 und den Katalog des § 2 und damit von § 79 unberührt bleiben (Rn. 34). Sonderregelungen sind z. B. die vor I. genannten Vorschriften, ferner z. B. § 36 VermG,[314] § 212 BauGB, § 141 Flurbereinigungsgesetz, § 23 Wehrbeschwerdeordnung[315] (s. Rn. 23) § 72 ZDG, § 126 Abs. 3 BRRG.[316]

III. Europarecht

56 Mangels einer Gemeinschaftsregelung auf diesem Gebiet ist es Sache der innerstaatlichen Rechtsordnung der einzelnen Mitgliedsstaaten, die Verfahrensmodalitäten für die Klagen zu regeln, die den Schutz der aus der unmittelbaren Wirkung des Gemeinschaftsrechts erwachsenden Rechte gewährleisten sollen, sofern diese Modalitäten nicht ungünstiger sind als für gleichartige Klagen, die das innerstaatliche Recht betreffen (Äquivalenzgrundsatz). Außerdem dürfen diese Modalitäten nicht so ausgestaltet sein, dass sie die Verwirklichung der Rechte, die die Gemeinschaftsrechtsordnung einräumt, praktisch unmöglich machen (Effektivitätsgrundsatz).[317] Grundsätzliche Bedenken gegen ein verwaltungsbehördliches **Vorverfahren** als Sachurteilsvoraussetzung einer verwaltungsgerichtlichen Klage bestehen danach nicht.[318] Auch das europäische Gemeinschaftsrecht verweist vielfach auf außergerichtlichen Rechtsschutz.[319] Verlangt das Gemeinschaftsrecht ein außergerichtliches Vorverfahren (z. B. Art. 9 Abs. 1 der zum 30. 4. 2006 aufgehobenen Richtlinie 64/221 in Form der Überprüfung im Vier-Augen-Prinzip;[320] ferner Art. 243 Abs, 2 lit. A ZK), so kann es zu Spannungen u. a. zu § 68 Abs. 1 Satz 2 VwGO kommen.[321] Angemessene nationale **Rechtsbehelfs- und Klagefristen** verstoßen nach ständiger Rechtsprechung des *EuGH* nicht gegen die genannten Grundsätze und sind mit Blick auf das auch im Gemeinschaftsrecht geltende Prinzip der Rechtssicherheit gerechtfertigt,[322] s. § 31

---

[311] S. *Geis* in Sodan/Ziekow § 68 Rn. 122; *Dolde/Porsch* in Schoch u. a. § 68 Rn. 10ff.; vgl auch *Kopp/Schenke* § 68 Rn. 17a.

[312] *BVerwG* NJW 1999, 1729: § 44a VwGO ist durch die im 2. VwVfÄndG erfolgte Streichung des § 97 nicht aufgehoben worden. Siehe hierzu § 97 Rn. 1.

[313] Weitere Nachweise bei *Redeker/von Oertzen* § 68 Rn. 11.

[314] Zur Form des Widerspruchs in vermögensrechtlichen Angelegenheiten s. *BVerwG* Neue Justiz 1996, 439: Widerspruch zur Niederschrift ist ausgeschlossen. Eine Rechtsbehelfsbelehrung entgegen § 36 VermG dahin, dass der Widerspruch „schriftlich oder zur Niederschrift" eingelegt werden könne, setzt die Widerspruchsfrist nicht in Lauf, *BVerwG* ZOV 2000, 266. S. zur Rechtsbehelfsbelehrung ferner *BVerwG* BayVBl 1999, 58.

[315] *BVerwG* NJW 1978, 717, 718.

[316] Weitere Beispiele bei *Dolde/Porsch* in Schoch u. a. § 68 Rn. 10ff.; *Pietzner/Ronellenfitsch* § 31 Rn. 14.

[317] *EuGH* EuZW 2007, 247; Slg. 2005, S. I-08612 jeweils mit Darstellung der Rechtsprechung; ferner VGH Kassel UPR 2000, 198. Vergleiche hierzu *Streinz* Rn. 552ff.; *Nettesheim* JZ 2002, 928ff.; *Rengeling/Middeke/Gellermann*, Rechtsschutz in der EU, 2. Auflage, München 2003, § 38 Rn. 18, 54, 74; ferner *Ehlers* DVBl 2004, 1441, 1442. S. auch allgemein zur Autonomie der Mitgliedsstaaten bei der Ausgestaltung ihres Rechtsschutzsystems: *Kment* EuR 2006, 201.

[318] Siehe hierzu im Einzelnen *Dörr* in Sodan/Ziekow EVR Rn. 238; *Ehlers*, Die Europäisierung des Verwaltungsprozessrechts, München 1999, S. 73f.

[319] S. z. B. *Rengeling/Middeke/Gellermann*, Rechtsschutz in der EU, a. a. O., § 8 Rn. 36ff. (zum Vorverfahren bei Untätigkeitsklage); § 6 Rn. 9ff. (zum Vorverfahren bei Vertragsverletzungsverfahren).

[320] S. dazu *BVerwG* BayVBl 2006, 251; DÖV 2006, 430; *VGH Mannheim* VBlBW 2007, 109; *VGH München* NVwZ-RR 2002, 807; *OVG Berlin* NVwZ-RR 2002, 895; *Fehrenbacher/Borgards* ZAR 2003, 236.

[321] Hierzu *Ehlers*, a. a. O., S. 74.

[322] *EuGH* Slg. 1988, 355; NJW 1999, 129. S. im Einzelen *Kment* EuR 2006, 201, 211ff.; *Ehlers* DVBl 2004, 1441, 1446ff.; *Schoch*, FG 50 Jahre *BVerwG*, S. 507, 519ff.; *Götz* DVBl 2002, 1, 5; *Stern* JuS 1998, 769, 771.

§ 79 Rechtsbehelfe gegen Verwaltungsakte   56 § 79

Rn. 58. So steht es mit der Rechtsprechung des *EuGH* in Einklang, dass dann, wenn gegen einen dem Europäischen Gemeinschaftsrecht zuwider ergangenen Gebührenbescheid nicht innerhalb der Frist des § 70 VwGO Widerspruch eingelegt wird, der Bescheid in Bestandskraft erwächst.[323] Nach der sogen. Emmott'schen Fristenhemmung sollte jedoch der Ablauf nationaler Verfahrensfristen gehemmt sein, wenn Rechte aus einer unmittelbar anwendbaren, aber nicht ordnungsgemäß in innerstaatliches Recht umgesetzten Richtlinie geltend gemacht werden.[324] Der *EuGH* hat demgegenüber jedoch inzwischen betont, dass gegen nationale Ausschlussfristen grundsätzlich auch dann keine gemeinschaftsrechtlichen Bedenken bestehen, wenn Rechte aus nicht umgesetzten Rechtsakten der Gemeinschaft betroffen sind,[325] s. § 31 Rn. 58. Unter den weiteren Sachurteilsvoraussetzungen für Widerspruch und Klage bedarf insbesondere **§ 42 Abs. 2 VwGO** einer besonderen gemeinschaftsrechtlichen Würdigung. Da in den Rechtsschutzsystemen vieler anderer Mitgliedstaaten die Rechtsfigur des subjektiven Rechts eine eher untergeordnete Bedeutung beigemessen wird, muss die Qualifizierung von Normen des Gemeinschaftsrechts als Grundlage subjektiver Rechte anhand gemeinschaftsrechtlicher Kriterien erfolgen.[326] Nach der Rechtsprechung des *EuGH* kann sich der einzelne Bürger auf gemeinschaftsrechtliche Normierungen berufen, wenn diese „inhaltlich unbedingt und hinreichend genau" sind.[327] Die Klagebefugnis setzt folglich nicht voraus, dass die Norm den Bürger zu schützen bestimmt ist und ihm deshalb ein subjektives Recht verschafft, sondern besteht schon dann, wenn eine Unmittelbarkeit und Bestimmtheit der Begünstigung besteht, ohne dass auf das subjektive Element des Schutzzwecks abgestellt wird.[328] Ein Spannungsverhältnis besteht ferner zwischen der Ausgestaltung des **einstweiligen Rechtsschutzes** nach den §§ 80, 123 VwGO und den Vorgaben des Gemeinschaftsrechts:[329] Während im direkten Vollzug des Gemeinschaftsrechts das Prinzip der sofortigen Vollziehung gemeinschaftsrechtlicher Maßnahmen gilt, hat der *EuGH*[330] im Süderdithmarschen-Urteil Kriterien für die Aussetzung der Vollziehung nationaler Verwaltungsakte, die auf sekundäres, in seiner Gültigkeit zweifelhaftes Gemeinschaftsrecht gestützt sind, aufgestellt. Danach darf eine Aussetzung u. a. nur dann erfolgen, wenn erhebliche Zweifel an der Wirksamkeit des Gemeinschaftsrechts bestehen, dem Antragsteller ein schwerer und irreparabler Schaden droht und das Gemeinschaftsinteresse angemessen berücksichtigt wird. Ob und in welcher Weise dieser strengere Maßstab auf §§ 80, 123 VwGO übertragen werden kann, etwa im Wege einer auf den vorrangigen Geltungsanspruch des Gemeinschaftsrechts abstellenden europarechtskonformen Auslegung, ist bislang nicht abschließend geklärt.[331] Hierzu stellt sich u. a. auch die Frage, ob der „Rechtsschutzüberschuss" des § 80 Abs. 1 VwGO

---

[323] *VGH Kassel* UPR 2000, 198.
[324] *EuGH* Slg. 1991, I-4269; hierzu *Stern* JuS 1998, 769, 771.
[325] *EuGH* NVwZ 1998, 833; NJW 1999, 129; DVBl 1998, 384 hierzu auch *Kment* EuR 2006, 201, 211 ff.; *Gundel* NVwZ 1998, 910; *Müller-Franken* DVBl 1998, 758; *Schoch*, Die Europäisierung des verwaltungsgerichtlichen Rechtsschutzes, Berlin 2000, 43 ff.; *BVerwG* NVwZ 2000, 193; *VGH Kassel* UPR 2000, 198.
[326] S. hierzu *Ehlers* DVBl 2004, 1441, 1444 f.; *Götz* DVBl 2002, 1, 3; *Schoch*, FG 50 Jahre *BVerwG*, S. 507, 516 ff.; *Hölscheidt* EuR 2001, 376; *Wahl* in Schoch u. a. vor § 42 II Rn. 121 ff.; *ders.*, DVBl 2003, 1285; *Stern* JuS 1998, 769, 770; *Schoch* NVwZ 1999, 457 ff.; *Winter* NVwZ 1999, 467. Siehe aber z. B. Art. 243 Abs. 1 ZK, der ein unmittelbares und persönliches Betroffensein voraussetzt und eine dem § 42 Abs. 2 VwGO entsprechende Funktion hat. Hierzu *Alexander* in Witte, Zollkodex, Art. 243 Rn. 1.
[327] *EuGH* DVBl 2002, 1348; EuZW 2002, 441; EuZW 2002, 412 m. w. N. S. die Darstellung der Rechtsprechung bei *Hufen*, Verwaltungsprozessrecht, § 14 Rn. 108 a.
[328] Grundlegend hierzu *Stern* JuS 1998, 769. S. ferner zu den Einwirkungen des Gemeinschaftsrechts auf die nationale Klagebefugnis, auch unter Berücksichtigung der Aarhus-Konvention: *Ekardt* NVwZ 2006, 55 ff.; *Schmidt-Preuß* NVwZ 2005, 489 ff.; *Dünchheim*, Verwaltungsprozessrecht unter europäischem Einfluß, Berlin 2003, S. 105 ff.; *Sommermann* DÖV 2002, 133, 142; *Götz* DVBl 2002, 1, 6 f.; *Dörr* in Sodan/Ziekow EVR Rn. 233 ff.; *Dünchheim* VR 2003, 361, 363. Zu den Vorgaben für die verwaltungsgerichtliche Kontrolldichte s. *Ekardt* NuR 2006, 221 ff.
[329] Eingehend hierzu *Haedicke*, Verwaltungsakte zur Durchsetzung von EG-Verordnungen und die Gewährung vorbeugenden Rechtsschutzes durch die nationale Verwaltungsgerichtsbarkeit, VBlBW 2007, 210. Ferner *Sommermann* in FS Blümel S. 523 ff.; *Schoch*, FG 50 Jahre *BVerwG*, S. 507, 526 ff.
[330] Slg. 1991 I 2879. Hierzu *Sydow* JuS 2005, 202, 206. Weitere Rechtsprechungsnachweise bei *Puttler* in Sodan/Ziekow § 80 Rn. 17.
[331] Siehe hierzu eingehend *Dünchheim*, Verwaltungsprozeßrecht unter europäischem Einfluß, a. a. O., S. 217 ff.; *Gehrmann*, Vorläufiger Rechtsschutz im Recht der Europäischen Gemeinschaft unter Berücksichtigung seiner Ausgestaltung in den Mitgliedstaaten, Diss. Bonn 1994, S. 172 ff.; 200 ff. Ferner *Sommermann* DÖV 2002, 133, 142 f.; *von Stülpnagel* DÖV 2001, 932 ff.; *Dörr* in Sodan/Ziekow EVR Rn. 245 ff.; *Dünchheim* VR 2003, 361, 363 f.; *Jannasch* NVwZ 1999, 495, 501; *Schenke* VBlBW 2000, 56, 64.

§ 80   Teil VI. Rechtsbehelfsverfahren

durch eine Verpflichtung der deutschen Behörden zur Anordnung der sofortigen Vollziehung von auf Gemeinschaftsrecht gestützten Verwaltungsakten europarechtskonform ausgestaltet werden kann.[332]

IV. Landesrecht

57   Die LVwVfGe entsprechen § 79. § 1 LVwVfG Rhl.-Pf. hat § 79 nicht übernommen. S. dazu Rn. 31. Für den Anwendungsbereich des § 1 Abs. 1 Nr. 2, Abs. 3 und für den originären Verwaltungsbereich der Länder können diese ergänzende verfahrensrechtliche Regelungen auch für das Vorverfahren erlassen (s. Rn. 9f., 29, 31, 32).[333] Daher können sie für Tatbestände, die nicht abschließend geregelt sind, ergänzend auch ihre eigenen VwVfG heranziehen. Zu den AGVwGO s. Rn. 31. Zu den landesrechtlichen Neuregelungen zur **Reform** bzw. Erforderlichkeit des Vorverfahrens s. Rn. 10 f.

§ 80 Erstattung von Kosten im Vorverfahren

(1) [1]Soweit der Widerspruch erfolgreich ist, hat der Rechtsträger, dessen Behörde den angefochtenen Verwaltungsakt erlassen hat, demjenigen, der Widerspruch erhoben hat, die zur zweckentsprechenden Rechtsverfolgung oder Rechtsverteidigung notwendigen Aufwendungen zu erstatten. [2]Dies gilt auch, wenn der Widerspruch nur deshalb keinen Erfolg hat, weil die Verletzung einer Verfahrens- oder Formvorschrift nach § 45 unbeachtlich ist. [3]Soweit der Widerspruch erfolglos geblieben ist, hat derjenige, der den Widerspruch eingelegt hat, die zur zweckentsprechenden Rechtsverfolgung oder Rechtsverteidigung notwendigen Aufwendungen der Behörde, die den angefochtenen Verwaltungsakt erlassen hat, zu erstatten; dies gilt nicht, wenn der Widerspruch gegen einen Verwaltungsakt eingelegt wird, der im Rahmen

1. eines bestehenden oder früheren öffentlich-rechtlichen Dienst- oder Amtsverhältnisses oder
2. einer bestehenden oder früheren gesetzlichen Dienstpflicht oder einer Tätigkeit, die an Stelle der gesetzlichen Dienstpflicht geleistet werden kann,

erlassen wurde. [4]Aufwendungen, die durch das Verschulden eines Erstattungsberechtigten entstanden sind, hat dieser selbst zu tragen; das Verschulden eines Vertreters ist dem Vertretenen zuzurechnen.

(2) **Die Gebühren und Auslagen eines Rechtsanwalts oder eines sonstigen Bevollmächtigten im Vorverfahren sind erstattungsfähig, wenn die Zuziehung eines Bevollmächtigten notwendig war.**

(3) [1]**Die Behörde, die die Kostenentscheidung getroffen hat, setzt auf Antrag den Betrag der zu erstattenden Aufwendungen fest; hat ein Ausschuss oder Beirat (§ 73 Abs. 2 der Verwaltungsgerichtsordnung) die Kostenentscheidung getroffen, so obliegt die Kostenfestsetzung der Behörde, bei der der Ausschuss oder Beirat gebildet ist.** [2]**Die Kostenentscheidung bestimmt auch, ob die Zuziehung eines Rechtsanwalts oder eines sonstigen Bevollmächtigten notwendig war.**

(4) **Die Absätze 1 bis 3 gelten auch für Vorverfahren bei Maßnahmen des Richterdienstrechts.**

Vergleichbare Vorschriften: § 63 SGB X; § 80a AO vom 18. 8. 1980 (BGBl I 1537, 1540) ist nichtig, S. Rn. 12.

Abweichendes Landesrecht: § 80 findet Anwendung durch landesrechtliche Verweisung in Berlin, Niedersachsen und Sachsen. Die übrigen Bundesländer haben entsprechende Regelungen getroffen mit Abweichungen: Während § 120 Abs. 1 LVwGSchlH sich auf die Regelungen in den Sätzen 1 und 2 des § 80 Abs. 1 beschränkt und eine dem § 80 Abs. 4 entsprechende Regelung fehlt (s. Rn. 8, 43), enthält Art. 80

---

[332] Sieh hierzu *Dreier* DÖV 2002, 537, 544; *Jannasch* NVwZ 1999, 495, 501 mit Nachweis der Rechtsprechung.
[333] Wie hier *Obermayer*, VwVfG, § 79 Rn. 60.

§ 80 Erstattung von Kosten im Vorverfahren **§ 80**

BayVwVfG eine umfassende Kostenerstattungsregelung, s. Rn. 103: In Abs. 1 sind auch die Rücknahme und die Erledigung des Widerspruchs geregelt; ferner ist dort die entsprechende Anwendung des § 155 VwGO bei teilweisem Obsiegen angeordnet. In Absatz 2 sind die Verwaltungskosten als Teil der Aufwendungen erwähnt. Die Vorschrift enthält auch eine Regelung der Aufwendungen anderer Beteiligter. Absatz 4 erfasst schließlich auch andere Rechtsbehelfe als die der §§ 68 ff. VwGO. Regelungen zur Kostenerstattung bei Erledigung enthalten neben Art. 80 Abs. 1 S. 5 BayVwVfG auch § 80 Abs. 1 S. 5 LVwVfG BW, § 19 Abs. 1 S. 5 AGVwGO Rhl.-Pf., § 80 Abs. 1 Satz 5 SVwVfG, § 80 Abs. 1 S. 6 ThürVwVfG: Danach wird dann, wenn sich der Widerspruch auf andere Weise erledigt, über die Kosten nach billigem Ermessen entschieden, s. Rn. 53. Zur Frage, ob § 80 in der Fassung der entsprechenden Landesgesetze in **Kommunalabgabenangelegenheiten** anwendbar ist, s. Rn. 13.

Entstehungsgeschichte: Bis zum Inkrafttreten des VwVfG vgl. § 80 der 6. Auflage.

Literatur: *Sonnenschein-Berger,* Die Notwendigkeit anwaltlicher Vertretung im Widerspruchsverfahren, JuS 1996, 1107; *Haurand/Vahle,* Die Kostenentscheidung im Vorverfahren, VR 1997, 12; *Engelbrecht,* Die Hauptsacheerledigung im Widerspruchsverfahren, JuS 1997, 550; *Schildheuer,* Die Rücknahme des Widerspruchs nach Erlaß des Widerspruchsbescheids, NVwZ 1997, 637; *Oppermann,* Die Funktion des verwaltungsgerichtlichen Vorverfahrens (Widerspruchsverfahren) in Baurechtssachen aus rechtlicher und rechtstatsächlicher Sicht, Baden-Baden 1997; *Beckmann,* Der Abhilfebescheid und die neue VwGO, VR 1998, 226; *Hain,* Zur Frage des Zusammenhangs von Prüfungsumfang, Antragsbefugnis, Begründetheit und Kostenentscheidung im Widerspruchsverfahren, DVBl 1999, 1544; *Emrich,* Rechtsschutz gegen Verwaltungskostenentscheidungen, NVwZ 2000, 163; *Frhr. v. d. Heydte,* Beamtenrechtliche Fürsorgepflicht und Kostenerstattung, BayVBl 2000, 459; *Decker,* Zur Erstattungsfähigkeit von Kosten für Privatgutachten im Verwaltungsprozess, BayVBl 2000, 518; *Allesch,* Ist der Widerspruch nach Zustellung des Widerspruchsbescheids noch zurücknehmbar?, NVwZ 2000, 1227; *v. Gehlen,* Erstattung der der Vergabestelle entstandenen Rechtsanwaltskosten bei erfolglosem Nachprüfungsverfahren gem. § 128 IV GWB?, NZBau 2000, 501; *Fürniß,* Erstreckt sich der Suspensiveffekt eines gegen eine Sachentscheidung eingelegten Rechtsbehelfs auch den zugehörigen Gebührenbescheid?, LKV 2001, 260; *Saller,* Die Nebenentscheidungen in Ausgangs- und Widerspruchsbescheid, NdsVBl 2001, 258; *Vahle,* Anfechtung einer Widerspruchsgebührenfestsetzung, DVP 2002, 84; *Beckmann,* Die Kostenanforderung im Focus des § 80 Abs. 2 S. 1 Ziff. 1 VwGO, VR 2003, 181; *Vahle,* Die Kostenlastentscheidung im Vorverfahren, DVP 2003, 429; *Suhr,* Kostenerstattungspflicht im Widerspruchsverfahren gegen kommunale Abgabenbescheide; KStZ 2003, 85; *Stein,* Die Kostenentscheidung der Verwaltung im Ausgangs- und Widerspruchsverfahren, KommunalPraxis MO 2004, 82; *Gühlstorf,* Die Heilung von Verfahrensmängeln im Widerspruchsverfahren und ihre Kehrseite: die Kostenerstattung, DVP 2004, 313; *Weidemann,* Die notwendige Kostenentscheidung, DVP 2004, 467; *Driehaus,* Erschließungs- und Ausbaubeiträge, 7. Aufl., 2004, § 25 Rn. 11 ff.; *Weber,* Zur Abhilfe nach § 72 VwGO einschließlich Kostenentscheidung und deren Tenorierung, Kommunaljurist (KommJur) 2006, 175; *Vahle,* Die Kostenentscheidung im verwaltungsrechtlichen Widerspruchsverfahren, DVP 2006, 189; *Meininger/Kayser,* Die Erstattung der Aufwendungen des Antragsgegners bei Rücknahme des Nachprüfungsantrags, VergabeR 2006, 41. Ausführlich zum Schrifttum vor 1996 s. § 80 der 6. Auflage.

Übersicht

	Rn.
I. Allgemeines	1
1. Kostenentscheidung	1
2. Kostenentscheidung bei nachfolgendem Gerichtsverfahren	4
3. Kostenentscheidung bei isoliertem Vorverfahren	5
4. Kostenentscheidung im Anwendungsbereich der §§ 1, 2	7
5. Verhältnis zu Entschädigungsregeln	17
II. Kostenlastentscheidung als Verwaltungsakt	18
1. Entscheidung als Verwaltungsakt	18
2. Rechtsbehelf	24
III. Verteilungsvoraussetzungen (Abs. 1)	29
1. Erfolgreicher Widerspruch	29
2. Entscheidung bei Verfahrensfehlern	37
3. Erfolgloser Widerspruch	43
4. Durch § 80 nicht erfasste Fälle	45
5. Notwendige Aufwendungen	58
6. Verschuldete Aufwendungen	72
IV. Zuziehung eines Bevollmächtigten (Abs. 2)	76
1. Allgemeines	76
2. Begriff des Bevollmächtigten	78
3. Notwendigkeit der Zuziehung	80
V. Kostenfestsetzungsbescheid (Abs. 3)	90
VI. Kosten bei Maßnahmen des Richterdienstrechts (Abs. 4)	100
VII. Kosten bei Verfahren vor der Vergabekammer (§ 128 GWB)	101
VIII. Europarecht	102
IX. Landesrecht	103

I. Allgemeines

1. Kostenentscheidung

1 § 80 ergänzt die in §§ 72, 73 Abs. 3 Satz 2 VwGO getroffene Regelung, in welchen Fällen im Vorverfahren eine Kostenentscheidung zu ergehen hat, hinsichtlich des Inhalts der Kostenentscheidung.[1] In Übereinstimmung mit dem Unterliegensprinzip[2] des gerichtlichen Kostenrechts (vgl. § 91 Abs. 1 ZPO und § 154 bs. 1 VwGO) bestimmt § 80 Abs. 1 Satz 1 als Regel, dass der Rechtsträger, dessen Behörde den angefochtenen Verwaltungsakt erlassen hat, dem Widerspruchsführer die zur zweckentsprechenden Rechtsverfolgung oder Rechtsverteidigung notwendigen Aufwendungen zu erstatten hat, soweit der Widerspruch erfolgreich ist. Die Vorschrift bezieht sich dabei ihrem Wortlaut nach zwar nur auf Anfechtungswidersprüche, erfasst jedoch auch Verpflichtungswidersprüche sowie weitere Rechtsbehelfe, die wie z.B. § 126 Abs. 3 BRRG Zugangsvoraussetzung für die verwaltungsgerichtliche Klage sind, s. Rn. 29.[3] Welche Aufwendungen notwendig waren, ist grds. im Kostenfestsetzungsverfahren von der für die Kostenfestsetzung zuständigen Behörde (vgl. § 80 Abs. 3) zu prüfen und zu entscheiden. Das würde auch für Gebühren und Auslagen eines Rechtsanwalts oder sonstigen Bevollmächtigten im Vorverfahren gelten, wenn nicht § 80 Abs. 3 Satz 2 eine dem § 162 Abs. 2 Satz 2 VwGO nachgebildete Sonderregelung enthielte. Danach bestimmt die Kostenentscheidung der gemäß §§ 72, 73 Abs. 3 VwGO zuständigen Behörde auch darüber, ob die Zuziehung notwendig war. Vor Eintritt des Devolutiveffekts ist dies die Ausgangsbehörde[4] und bei Erlass eines Widerspruchsbescheides die Widerspruchsbehörde.[5] Dieser ist im Fall der Teilabhilfe allein die Kostenentscheidung vorbehalten.[6] Eine gerichtliche Entscheidung zur Notwendigkeit der Zuziehung eines Bevollmächtigten für das Vorverfahren gem. § 162 Abs. 2 Satz 2 VwGO kann dagegen nur in einem Hauptsacheverfahren ergehen, das dem Widerspruchsverfahren nachfolgt, nicht jedoch in einem Aussetzungsverfahren gem. § 80 Abs. 5 VwGO, s. Rn. 4.[7] Auch das behördliche Aussetzungsverfahren nach § 80 Abs. 6 VwGO ist kein Vorverfahren im Sinne des § 162 Abs. 2 Satz 2 VwGO.[8] Findet ein Vorverfahren nicht statt, sind folglich die Gebühren und Auslagen eines Rechtsanwalts, die im Ausgangsverfahren entstanden sind, weder in unmittelbarer noch in analoger Anwendung des § 162 Abs. 2 Satz 2 VwGO erstattungsfähig.[9] Auch § 80 erfasst nicht die im Ausgangsverfahren vor einer Verwaltungsentscheidung angefallenen Kosten, auch wenn diese der Rechtsverfolgung oder -verteidigung dienten.[10] Dieses Ergebnis ist rechtlich unbedenklich, da es keinen allgemeinen Grundsatz gibt, dass Kosten zu erstatten sind, die einem obsiegenden Beteiligten durch eine Antragstellung oder im Verwaltungsverfahren vor der Ausgangsbehörde entstanden sind.[11]

2 Eine Kostenentscheidung nach § 80 Abs. 1 Satz 1 setzt somit grundsätzlich eine behördliche Entscheidung über den Widerspruch nach § 72, 73 Abs. 3 Satz 1 VwGO voraus.[12] Diese Vorschriften und **§ 80 Abs. 3** regeln das **Verfahren**, das zur Erstattung der Aufwendungen im Vorverfahren führt. Hierbei sind unter dem Oberbegriff **Kostenentscheidung** zwei Stufen auseinander zu halten:[13]

---

[1] *BVerwG* Buchholz Nr. 33 zu 316 § 80.
[2] S. *BVerwG* NVwZ 2006, 1294, 1295.
[3] Vgl. *Busch* in Knack § 80 Rn. 20 m.w.N.
[4] Vgl. *VGH Mannheim* VBlBW 2005, 281.
[5] *BVerwGE* 75, 107, 108 f.
[6] Vgl. *BVerwGE* 88, 41, 46; *Weber* KommJur 2006, 175, 179; *Geis* in Sodan/Ziekow § 72 Rn. 26 m.w.N.; a.A. *Kopp/Schenke* § 72 Rn. 5.
[7] Vgl. *OVG Münster* NVwZ-RR 2002, 317; *OVG Weimar* DVBl 2001, 320.
[8] S. *OVG Münster* NVwZ-RR 2006, 856; *VGH Mannheim* VBlBW 2001, 111.
[9] Vgl. *VGH Mannheim* NJW 2006, 2937.
[10] S. *BVerwG* NVwZ 2005, 691; *OVG Greifswald* NVwZ-RR 2006, 737; *VG Dessau* NVwZ-RR 2003, 908.
[11] Vgl. *OVG Münster* NVwZ-RR 2006, 856 m.w.N. S. auch eingehend *OVG Weimar* Gemhlt 2006, 212 zur verfassungsrechtlichen Unbedenklichkeit eines (dort für Altverfahren) fehlenden Kostenerstattungsanspruchs im isolierten kommunalabgabenrechtlichen Widerspruchsverfahren. So auch schon *BVerfG* NJW 1987, 2569; *BVerwGE* 82, 336 = NVwZ 1990, 59, 60; *BVerwG* NVwZ 1997, 272; *VGH München* NVwZ 1999, 614; *OVG Münster* NWVBl 1992, 69.
[12] *BVerwG* NVwZ 1997, 272; BVerwGE 88, 41; 70, 58 (59 f.); 62, 296 (298).
[13] S. hierzu *VG Gießen* NVwZ-RR 2001, 560.

a) die **Kostenlastentscheidung** (auch: Kosten*grund*entscheidung), d. h. die Entscheidung darüber, **wer** die Kosten des Vorverfahrens trägt. Diese Kostenentscheidung ist die in § 72 und § 73 Abs. 3 Satz 2 VwGO angesprochene Entscheidung (Rn. 18). Hierbei erfolgt auch die Entscheidung über die Notwendigkeit der Hinzuziehung eines Bevollmächtigten (Rn. 76 f.). Für das **verwaltungsgerichtliche** Verfahren erfolgt die Entscheidung über die Kostenlast nach §§ 161, 154 ff. VwGO.

b) die Entscheidung über die **Kostenerstattung**, d. h. die Entscheidung über den **Umfang** der Kosten. Diese Entscheidung erfolgt in einem Kostenfestsetzungsbescheid nach § 80 Abs. 3 (Rn. 92). Im **verwaltungsgerichtlichen** Verfahren wird der Umfang der Kosten durch § 162 VwGO, § 91 ZPO, das GKG und das RVG bestimmt und nach § 164 VwGO, §§ 103 ff. ZPO festgesetzt. Innerhalb des § 162 VwGO ist dabei allerdings zu differenzieren: Die Entscheidung nach § 162 Abs. 3 VwGO ist Teil der Kostengrundentscheidung, während der gerichtliche Ausspruch nach Abs. 2 Satz 2 systematisch dem Kostenfestsetzungsverfahren zuzuordnen ist, freilich mit der Besonderheit, dass insoweit nicht der Urkundsbeamte, sondern das Gericht selbst zuständig ist,[14] s. Rn. 77.

Die **materiellen Verteilungsgrundsätze** (Rn. 23 ff.) regeln § 80 Abs. 1 und 2. Während **3** die Kostenlastentscheidung nach § 80 Abs. 1 darüber befindet, ob und ggfs. in welchem Umfang der Widerspruchsführer die Erstattung seiner Kosten verlangen kann, erklärt eine positive Entscheidung nach § 80 Abs. 2 die Gebühren und Auslagen eines Rechtsanwalts oder sonstigen Bevollmächtigten hinsichtlich der Kostenart für erstattungsfähig. Auf der Grundlage dieser beiden Entscheidungen wird sodann die Höhe des Kostenerstattungsanspruchs im Kostenfestsetzungsbescheid nach § 80 Abs. 3 Satz 1 bestimmt. Die drei in Form von Verwaltungsakten ergehenden Entscheidungen[15] bauen im Sinne einer stufenweisen Konkretisierung des Erstattungsanspruchs aufeinander auf.[16]

2. Kostenentscheidung bei nachfolgendem Gerichtsverfahren

Soweit sich bei abweisendem Widerspruchsbescheid ein **Klageverfahren** anschließt, wird die **4** Kostenentscheidung des Widerspruchsbescheids durch die gerichtliche Kostenentscheidung nach §§ 161 Abs. 1, 162 Abs. 1 VwGO infolge der dortigen Bezugnahme auf die Kosten des Vorverfahrens unmittelbar („automatisch") ersetzt bzw. verdrängt: Die Anwendbarkeit des § 80 entfällt; eine im Widerspruchsverfahren getroffene Kostengrundentscheidung wird hinfällig, einer darauf gestützten Kostenfestsetzung gem. § 80 Abs. 3 Satz 1 wird die Grundlage entzogen.[17] § 162 Abs. 1 VwGO dient damit insbesondere der Durchsetzung des Unterliegensprinzips, der Vereinfachung der Kostenabwicklung und der Aufrechterhaltung des Grundsatzes der Kosteneinheit.[18] Erfolgt allerdings vor der Klageerhebung im Widerspruchsverfahren eine **Teilabhilfe,** verbleibt es für den abgeholfenen Teil bei der Kostenregelung nach § 80.[19] Entsprechende gilt, wenn der Streitgegenstand des Widerspruchsbescheides aus sonstigen Gründen nur teilweise mit der Klage weiterverfolgt wird.[20] Diese Grundsätze zur Verdrängung des § 80 durch die Kostenentscheidung im Klageverfahren sind auch dann maßgebend, wenn dort keine Sachentscheidung ergeht, weil etwa die Klage zurückgenommen wird.[21] Dies gilt auch dann, wenn die Beteiligten ein Klageverfahren durch gerichtlichen **Vergleich** beenden, der keine Aussagen zu den Kosten des Verfahrens enthält. Die gesetzlich fingierte Kostenregelung des § 160 VwGO erfasst auch die Kosten

---

[14] Hierzu im Einzelnen *BVerwG* NVwZ 2006, 1294, 1295; *VGH Kassel* NVwZ-RR 2005, 581; *VGH München* BayVBl 2003, 476; *OVG Greifswald* NVwZ 2002, 1129.
[15] *BVerwGE* 77, 268, 270. S. z. B. *BVerwG* NVwZ 2002, 1254; 2006, 1294 zur Klagebefugnis einer Gemeinde gegen die Festsetzung der von ihr als Ausgangsbehörde nach § 80 Abs. 3 Satz 1 zu erstattenden Aufwendungen. Ferner *OVG Münster* NWVBl 2005, 36 zu einer von der Widerspruchsbehörde vorgenommenen Gebührenkürzung.
[16] *BVerwG* Buchholz Nr. 33 zu 316 § 80.
[17] So *BVerwG* NVwZ 2006, 1294. Ferner *OVG Münster* NVwZ-RR 2002, 77; *OVG Weimar* NVwZ-RR 2001, 487; *Dolde* in Schoch u. a. § 73 Rn. 55; *Neumann* in Sodan/Ziekow § 162 Rn. 14 ff.; *Kopp/Ramsauer* § 80 Rn. 2 f.; *Pietzner/Ronellenfitsch* § 44 Rn. 6.
[18] S. im Einzelnen *BVerwG* NVwZ 2006, 1294.
[19] *VGH Mannheim* NVwZ-RR 1992, 54.
[20] S. *OVG Münster* NVwZ-RR 2005, 584.
[21] S. *OVG Bautzen* NVwZ-RR 2005, 291 m. w. N.; a. A. *Olbertz* in Schoch u. a. § 155 Rn. 12.

des Vorverfahrens als Teil der Verfahrenskosten.[22] Dabei gehören grds. auch **Widerspruchsgebühren** zu den nach § 162 Abs. 1 VwGO erstattungsfähigen Kosten, s. Rn. 63.[23] Dementsprechend ist z. B. Rechtsgrundlage für die Entscheidung über die Notwendigkeit der Zuziehung eines Bevollmächtigten für das kommunalabgabenrechtliche Vorverfahren, wenn sie im Klageverfahren ergeht, allein § 162 Abs. 2 Satz 2 VwGO, der insoweit die landesverfahrensrechtlichen Kostenerstattungsregelungen verdrängt.[24] Nach der Rechtsprechung[25] zu **Art. 80 Abs. 2 Satz 2 BayVwVfG** soll aber dieser unter entsprechender Verdrängung des § 162 Abs. 2 Satz 2 VwGO die Erstattung der Dritten im Widerspruchsverfahren entstandenen Aufwendungen abschließend regeln. Begründet wird dies damit, § 162 Abs. 1 VwGO wolle nicht dem Dritten, der nach dem Widerspruchsbescheid keinen Erstattungsanspruch habe, einen solchen zusprechen. Dabei wird allerdings die Selbständigkeit der angesprochenen bundes- bzw. landesrechtlichen Regelungen übersehen.[26] Ferner verdrängt die gerichtliche Kostenentscheidung § 80 für ein Vorverfahren, das trotz Erledigung des Rechtsstreits anhängig geblieben ist, nachdem die Behörde nicht den Ausgangsbescheid, sondern nur den Widerspruchsbescheid aufgehoben hatte.[27]

Schließt sich an das Widerspruchsverfahren kein Klageverfahren, sondern allein ein Verfahren des **einstweiligen Rechtsschutzes** (§§ 80 Abs. 5, 123 VwGO) an, findet § 162 Abs. 2 Satz 2 VwGO keine Anwendung, s. auch Rn. 1.[28] Auch das behördliche Aussetzungsverfahren nach § 80 Abs. 6 VwGO ist kein Vorverfahren im Sinne des § 162 Abs. 2 Satz 2 VwGO.[29]

3. Kostenentscheidung bei isoliertem Vorverfahren

5   Anlass für § 80 war die **Streitfrage** zwischen der Rechtsprechung[30] und der Literatur,[31] nach welchen Grundsätzen die Kostenlast bei dem Vorverfahren, dem sich kein Gerichtsverfahren anschließt, dem sogenannten **isolierten Vorverfahren**, zu verteilen ist. Das *BVerwG*,[32] dessen Auslegung der VwGO das *BVerfG*[33] für verfassungsgemäß ansah, vertrat die Meinung, **§§ 154 ff. VwGO** seien für das isolierte Vorverfahren **nicht entsprechend anzuwenden**, gleichgültig, ob die entscheidende Behörde eine Bundes- oder Landesbehörde sei. Diese Rechtsprechung hat das *BVerwG*[34] für den **Bereich** fortgesetzt, der **durch § 80 nicht erfasst** wird (Rn. 45 ff.). Entsprechendes gilt ausserhalb des Widerspruchsverfahrens: Der Beteiligte eines VwVf kann eine Erstattung von Kosten grds. nur verlangen, wenn dies ausdrücklich gesetzlich geregelt ist.[35] Einen solchen Erstattungsanspruch für die Gebühren und Auslagen eines Rechtsanwalts gibt es z. B. im speziellen Recht der Planfeststellung nach §§ 72 ff. nicht;[36] auch nicht hinsichtlich der Kosten eines Privatgutachtens, das Einwendungsführer eingeholt haben.[37] Verfassungsrechtliche Bedenken hiergegen bestehen nicht, s. Rn. 48, 67.[38]

---

[22] So auch *Neumann* in Sodan/Ziekow § 162 Rn. 17; a. A. *VGH Mannheim* NVwZ-RR 2002, 325; *Olbertz* in Schoch u. a. § 162 Rn. 67.
[23] Vgl. *Olbertz* in Schoch u. a. § 162 Rn. 67; *Kopp/Schenke* § 162 Rn. 16; *Pietzner/Ronellenfitsch* § 46 Rn. 15 f.; *VG Weimar* ThürVBl 2007, 223; *VG Gießen* NVwZ-RR 2001, 560; einschränkend *Neumann* in Sodan/Ziekow § 162 Rn. 96.
[24] Vgl. *VGH Kassel* NVwZ-RR 2005, 581.
[25] *VGH München* BayVBl 2003, 476.
[26] Vgl. z. B. *BVerwG* NVwZ 2006, 1294; *Olbertz* in Schoch u. a. § 162 Rn. 88.
[27] *OVG Münster* NVwZ-RR 2002, 77.
[28] S. *OVG Münster* NVwZ-RR 2002, 317; *OVG Weimar* DVBl 2001, 320; *VGH Kassel* NVwZ-RR 1999, 346; *Clausing* JuS 2000, 59, 62 mit Nachweis der Rechtsprechung.
[29] S. *OVG Münster* NVwZ-RR 2006, 856; *VGH Mannheim* VBlBW 2001, 111.
[30] *BVerwGE (Gem. Sen.)* 22, 281; 40, 313.
[31] Z. B. *von Mutius*, Widerspruchsverfahren, S. 225 ff.; *Renck*, DÖV 1973, 264 (267 ff.); DÖV 1979, 558; *Altenmüller* DVBl 1978, 285; DÖV 1978, 906 f., jeweils m. w. N.
[32] *BVerwGE* 22, 181.
[33] *BVerfGE* 27, 175. Hierzu auch *Schmidt* VerwArch 92 (2001), 443, 454. S. ferner *OVG Weimar* Gemhlt 2006, 212 zur verfassungsrechtlichen Unbedenklichkeit eines (dort für Altverfahren) fehlenden Kostenerstattungsanspruchs im isolierten kommunalabgabenrechtlichen Widerspruchsverfahren. Ferner *OVG Münster* NVwZ-RR 2006, 856 zur fehlenden Kostenerstattung im Ausgangsverfahren m. w. N.
[34] NJW 1982, 300; NVwZ 1982, 242 f.; ferner 23. 2. 1982 Buchholz 316 § 80 VwVfG Nr. 10; NJW 1988, 87, 89; NVwZ 1990, 59, 60; ebenso *Pietzner* BayVBl. 1979, 108; a. A. *Renck*, JuS 1980, 28, 31; *VG Hamburg* AnwBl 1981, 249.
[35] Vgl. *BVerwG* NVwZ 2005, 691; *OVG Greifswald* NVwZ-RR 2006, 737; *Vahle* DVP 2003, 429 m. w. N.
[36] *VGH München* NVwZ-RR 1999, 347.
[37] *VGH München* NVwZ 1999, 614.
[38] Vgl. *OVG Münster* NVwZ-RR 2006, 856. Eingehend *OVG Weimar* Gemhlt 2006, 212 m. w. N.

§ 80 Erstattung von Kosten im Vorverfahren   6–8 § 80

Die auf das **isolierte Vorverfahren** ausgerichtete Betrachtungsweise erklärt sich nur aus einer **6**
Sicht **ex post**.[39] Zum Zeitpunkt der Widerspruchsentscheidung ist noch nicht bekannt, ob Klage
erhoben wird, so dass die Verwaltungsbehörde **immer** die **Kostenentscheidung nach §§ 72, 73
VwGO, § 80 VwVfG** zu treffen hat. Schließt sich ein Klageverfahren an, wird die Kostenentscheidung nach § 80 verdrängt, Rn. 5.[40] Steht unanfechtbar fest, dass kein Klageverfahren betreffend den Streitgegenstand nachfolgt, kann unabhängig davon die behördliche Kostenentscheidung isoliert Gegenstand einer Klage werden.[41] Über die durch eine **teilweise** Abhilfe des
Widerspruchs entstandenen Kosten hat die Widerspruchsbehörde als die zuständige Behörde
(s. dazu Rn. 1) nach § 80 zu entscheiden, der einen Erstattungsanspruch begründet, soweit der
Widerspruch erfolgreich war.[42] Die im gerichtlichen Kostenfestsetzungsverfahren geltend zu
machenden Kosten des Vorverfahrens nach § 162 Abs. 1 VwGO betreffen dementsprechend nur
den Teil des Widerspruchsverfahrens, dem sich ein Klageverfahren angeschlossen hat.[43]

4. Kostenentscheidung im Anwendungsbereich der §§ 1, 2

§ 80 regelt die Kostenlast sowie die Kostenerstattung für das isolierte Vorverfahren der **7**
VwGO **im Anwendungsbereich der §§ 1, 2.** Er ist damit über § 79 auch auf **andere förmliche Rechtsbehelfe** als das verwaltungsgerichtliche Vorverfahren der §§ 68 ff. VwGO anwendbar, wenn sich der förmliche Rechtsbehelf nur im Rahmen der §§ 1, 2 hält (s. § 79
Rn. 2 ff.; 35 ff.).[44] Art. 80 Abs. 4 BayVwVfG stellt dies ausdrücklich klar. Hierzu zählen nicht
prüfungsbezogene Nachprüfungsverfahren, die als formalisiertes Gegenvorstellungsrecht ausgestaltet sind.[45] Aus **spezialgesetzlichen Regelungen** kann sich ein Ausschluss des § 80 ergeben
(z. B. § 38 Abs. 2 Satz 2 VermG,[46] § 54 Abs. 5 S. 6 SaatgutverkehrsG, § 34 Abs. 5 S. 6 Sortenschutz G, § 37 des Gesetzes über die Gründung des Abfallentsorgungs- und Altlastensanierungsverbandes NRW). § 11 Abs. 6 S. 2 und 5 Fahrerlaubnis-Verordnung geht als Sondervorschrift
§ 80 vor.[47] Streitig ist, ob § 20 WBO eine abschließende Regelung darstellt.[48]

Eine **ausdehnende Anwendung** des § 80 **über §§ 1, 2 hinaus** ist **nicht zulässig.** § 80 ist **8**
weder ein **allgemeiner Rechtsgrundsatz** noch eine Ergänzung der §§ 72, 73 VwGO für alle
Fälle dieses Vorverfahrens.[49] So zeigen die unterschiedlichen Vorstellungen zu einer Kostenregelung im Abgabenbereich (Rn. 11), dass der Gesetzgeber weit davon entfernt war, durch
§ 80 im Gegensatz zum früheren Recht (Rn. 5) eine allgemeine Kostenregelung zu schaffen.
Selbst nach Erlass des VwVfG gehen die einzelnen **Landesverwaltungsverfahrensgesetze** in
ihrem Anwendungsbereich noch unterschiedlich weit, wie vor allem Art. 80 Abs. 4 BayVwVfG
zeigt. Auch gelten z. B. § 19 AG VwGO Rhl.Pf. und § 120 LVWG SchH. für das verwaltungsgerichtliche Vorverfahren ohne Einschränkung durch den Geltungsbereich der §§ 1, 2.[50] Die
Regelung des § 80 kann dabei auch nicht durch eine analoge Anwendung der das gerichtliche Verfahren betreffenden Kostenvorschriften der §§ 154 ff. VwGO ergänzt werden.[51] *Kopp*/

---

[39] Vgl. *BVerwG* NVwZ 2006, 1294, 1295 zur Vorläufigkeit einer verwaltungsbehördlichen Kostenentscheidung im Verhältnis zur nachfolgenden gerichtlichen Kostenentscheidung.
[40] *BVerwG* NVwZ 2006, 1294, 1295; *OVG Bautzen* NVwZ-RR 2005, 291 m. w. N.
[41] Vgl. z. B. *BVerwG* NVwZ-RR 2003, 871; *VGH München* BayVBl 2003, 476 zur unterbliebenen Kostenentscheidung; *VG Leipzig* NVwZ-RR 2005, 45 zur Notwendigkeit der Hinzuziehung eines Bevollmächtigten im Vorverfahren.
[42] Vgl. *BVerwG* BayVBl 1997, 93; *BVerwGE* 88, 41, 46; *Weber* KommJur 2006, 175, 179; *Geis* in Sodan/Ziekow § 72 Rn. 26 m. w. N.; a. A. *Kopp/Schenke* § 72 Rn. 5.
[43] S. *OVG Münster* NVwZ-RR 2005, 584; *VGH Mannheim* NVwZ-RR 1992, 54.
[44] S. *Kopp/Ramsauer* § 80 Rn. 12; *Altenmüller* DVBl 1978, 285; *Pietzner* BayVBl 1979, 108; *Pietzner/Ronellenfitsch* § 44 Rn. 18; *Allesch* S. 247; a. A. *Busch* in Knack § 80 Rn. 21.
[45] So *VGH München* BayVBl 2003, 19 zu § 30 a JAPO.
[46] Hierzu *BVerwG* BayVBl 1997, 93.
[47] Vgl. *VG Berlin* NVwZ-RR 2005, 291; *VG Hamburg* NJW 2002, 2730. S. auch *OVG Münster* NWVBl 2003, 231.
[48] S. *Messerschmidt* DÖV 1983, 447, 451.
[49] Ebenso *BVerwG* DVBl 1996, 1315; *BVerwGE* 82, 336, 342; *OVG Münster* NVwZ-RR 2006, 29; NWVBl 1992, 69; *BFH* NJW 1997, 1256; *VG Sigmaringen* Urteil v. 3. 6. 2002 – 9 K 1698/01 –; *Clausing* JuS 2000, 59, 62; *Obermayer*, VwVfG, § 80 Rn. 6; *Allesch* S. 248 ff.; *Meier* KStZ 1995, 203 (204); a. A. *Meyer/Borgs*, § 80 Rn. 4; *v. d. Heydte* BayVBl 2000, 459.
[50] *Allesch* S. 250.
[51] S. *BVerwGE* 22, 181; oben Rn. 5. Hierzu auch *Vahle* DVP 2003, 429. Demgegenüber soll nach *VG Schwerin* DVP 2005, 260 nach Erledigung des Widerspruchs eine Kostenentscheidung analog §§ 92, 161 VwGO ergehen.

Ramsauer[52] grenzen den Anwendungsbereich des § 80 wie hier ein, plädieren aus verfassungsrechtlichen Gründen aber dafür, die Lückenhaftigkeit des § 80 durch eine analoge Anwendung von §§ 154 ff. VwGO zu beheben. Insoweit fehlt es aber nicht nur aus den zu Rn. 5 aufgeführten Gründen an den Voraussetzungen für eine Analogie. Es gibt auch keinen allgemein verbindlichen Rechtsgedanken des Inhalts, dem obsiegenden Widerspruchsführer sei stets ein Anspruch auf Erstattung seiner Kosten zuzubilligen.[53] Anderes ergibt sich hier auch nicht aus Art. 3 GG oder dem Grundsatz der Waffengleichheit.[54]

9 Da § 80 nicht Ausdruck eines allgemeinen Rechtsgedankens ist, kann er auch nicht auf Fallgestaltungen entsprechend angewandt werden, die dem Widerspruchsführer nur im Ergebnis den Erfolg seines Widerspruchs bringen, vgl. Rn. 16. So scheidet ein Kostenanspruch nach § 80 Abs. 1 aus, wenn sich die Ausgangsbehörde bei zulässigen und begründetem Widerspruch aus tragfähigen Gründen dafür entscheidet, den angegriffenen Verwaltungsakt durch einen Rücknahmebescheid statt durch eine Abhilfeentscheidung aufzuheben.[55]

10 **Keine Anwendung** des § 80 deshalb auch **auf andere Verfahren,** z. B. das Ausgangsverfahrens,[56] das Verfahren nach § 80 Abs. 5[57] oder Abs. 6 VwGO,[58] Schlichtungsverfahren nach § 30 des nordrheinwestfälischen Gesetzes über kommunale Gemeinschaftsarbeit,[59] auf Kosten eines Erörterungstermins im Planfeststellungsverfahren[60] einschließlich der Kosten für ein Privatgutachten, das Einwendungsführer eingeholt haben[61] (s. Rn. 5, 67), auf Anhörung im VwVfG[62] oder z. B. auf Verfahren zur Versetzung eines Beamten wegen Dienstunfähigkeit ohne Antrag in den Ruhestand.[63] Ebenso nicht, wenn entgegen § 44a VwGO[64] eine Beschwerde gegen eine Verfahrenshandlung, die selbst kein Verwaltungsakt ist, Erfolg hatte.[65] Deshalb greift insoweit der Grundsatz ein, dass eine Erstattung von Kosten grds. nur besteht, wenn und soweit dies ausdrücklich gesetzlich geregelt ist, s. Rn. 5.[66]

11 Da § 80 nicht Ausdruck eines allgemeinen Rechtsgedankens ist (Rn. 8), kann er auch nicht in **Abgabenangelegenheiten,** die der AO 1977[67] unterliegen, angewandt werden.[68] Zu Kommunalabgaben s. Rn. 13. Die Bestrebungen, während der Beratungen des Entwurfs 73 die Vorschriften der AO 1977 mit denen des VwVfG abzustimmen, führten zunächst nicht dazu, dass auch in die AO 1977 eine dem § 80 vergleichbare Vorschrift aufgenommen worden ist. Maßgebend dafür waren insbesondere die Überlegungen, dass für den außergerichtlichen Rechtsbehelf nach der AO 1977 Gebührenfreiheit besteht, die Finanzbehörden nach § 139 Abs. 2 FGO auch im Fall eines Obsiegens vor Gericht nicht ihre Aufwendungen ersetzt erhalten und die Steuerberaterkosten steuerlich abgesetzt werden können.[69]

12 Durch das Gesetz zur Änderung und Vereinfachung des Einkommensteuergesetzes und anderer Gesetze vom 18. 8. 1980 (BGBl I 1537, 1540) wurde der Versuch unternommen, nachfolgenden **§ 80a AO** zu schaffen:

---

[52] § 80 Rn. 6.
[53] So auch *BVerfG* NJW 1987, 2569; *BVerwGE* 82, 336 = NVwZ 1990, 59, 60; NVwZ 1997, 272; *VGH München* NVwZ 1999, 614; *OVG Münster* NVwZ-RR 2006, 856; NWVBl 1992, 69.
[54] S. z. B. *BVerfG* BayVBl 2005, 376 zu Art. 3 GG als Maßstab für eine Beschränkung der Kostenerstattung. Hierzu auch *Schmidt* VerwArch 92 (2001), 443, 454.
[55] *BVerwG* NVwZ-RR 2003, 871; NVwZ 1997, 272; *VGH München* 2005, 1001.
[56] *BVerwG* NVwZ 2005, 691; *VGH Mannheim* NJW 2006, 2937; *OVG Greifswald* NVwZ-RR 2006, 737; *OVG Münster* NVwZ-RR 2002, 317; *VG Dessau* NVwZ-RR 2003, 908.
[57] *OVG Münster* NVwZ-RR 2002, 317; *OVG Weimar* DVBl 2001, 320; *OVG Hamburg*, LKV 1992, 59.
[58] S. *OVG Münster* NVwZ-RR 2006, 856; *VGH Mannheim* VBlBW 2001, 111.
[59] Vgl. *OVG Münster* DÖV 1973, 684.
[60] *BVerwG* NVwZ 1990, 59; *Büllesbach* DVBl 1991, 469, 475.
[61] *VGH München* NVwZ-RR 1999, 614.
[62] Für § 24 SGB X *BSG* NVwZ-RR 1992, 286.
[63] Anderer Ansicht *v. d. Heydte* BayVBl 2000, 459. S. aber auch Rn. 17 zum Kostenerstattungsanspruch auf Grund der Fürsorgepflicht des Dienstherrn.
[64] *BVerwG* NJW 1999, 1729: § 44a VwGO ist durch die im 2. VwVfÄndG erfolgte Streichung des § 97 nicht aufgehoben worden. Siehe hierzu § 97 Rn. 1.
[65] *BVerwG* NVwZ 1983, 345; *OVG Münster* DÖV 1982, 412.
[66] *OVG Münster* NVwZ-RR 2006, 856 m. w. N.; ferner *VGH München* NVwZ-RR 1999, 347.
[67] In der Neufassung v. 1. 10. 2002, BGBl. I 3866.
[68] *BVerwGE* 82, 336; *OVG Münster* NWVBl 1992, 69; zusammenfassend *Suhr* KStZ 2003, 85; *Allesch* KStZ 1990, 63; *Meier*, KStZ 1995, 203 (204).
[69] Zur Verfassungsmäßigkeit dieser Lösung *BVerfG*, NJW 1973, 1739.

§ 80 Erstattung von Kosten im Vorverfahren

„*Kosten im Verwaltungsverfahren*

Die notwendigen Aufwendungen der Beteiligten zur zweckentsprechenden Rechtsverfolgung oder Rechtsverteidigung im außergerichtlichen Rechtsbehelfsverfahren werden, soweit der Rechtsbehelf erfolgreich ist, ersetzt, wenn die Finanzbehörde binnen eines halben Jahres nach Einlegung des Rechtsbehelfs ohne zureichenden Grund nicht entschieden hat. Kosten und sonstige Aufwendungen werden im Übrigen nur erhoben oder erstattet, wenn dies in Steuergesetzen ausdrücklich bestimmt ist. Nach den Vorschriften des Staatshaftungsgesetzes werden Kosten und sonstige Aufwendungen als Schaden nur ersetzt, wenn die Pflichtverletzung vorsätzlich begangen wurde."[70]

Diese Vorschrift sollte nach Absatz 2 des Art. 2 dieses Gesetzes auch für **Abgabenangelegenheiten der Gemeinden und Gemeindeverbände** selbst dann entsprechend gelten, wenn sich die Verwaltung dieser Abgabenangelegenheiten nach anderen Vorschriften als denjenigen der AO richtet. Damit sollte sich auch die Streitfrage in Rn. 13 entschärfen.[71] Da diese Vorschrift an das Inkrafttreten des StHG geknüpft war, ist nach der Entscheidung des *BVerfG*[72] auch **§ 80 a nichtig**, vgl. Art. 5 SteuerbereinigungsG 1986 (BGBl I 1985, 2436, 2445).[73] Damit war dieser Versuch einer Regelung für den Abgabenbereich gescheitert. Im Einzelfall kann diese Lücke dadurch geschlossen werden, dass Vorverfahrenskosten, die nicht im erfolgreichen Vorverfahren erstattet werden, Gegenstand eines bürgerlich-rechtlichen Schadensersatzanspruchs aus **Amtspflichtverletzung** sein können.[74] Siehe auch Rn. 17.

Ob § 80 in der Fassung der entsprechenden Landesgesetze in **Kommunalabgabenangelegenheiten** anwendbar ist, bestimmt sich unter Zugrundelegung der Rechtsprechung des *BVerwG*[75] nach der jeweiligen Entscheidung des einzelnen **Landesgesetzgebers;** einen bundesrechtlichen allgemeinen Grundsatz gibt es hierzu nicht. Hiernach ist **§ 80 anwendbar:** Aufgrund der Neufassung der Gesetze: In **Baden-Württemberg** durch Neufassung des § 80 Abs. 4 Nr. 2 VwVfGBW v. 25. 4. 1991,[76] so dass *VGH Mannheim,*[77] das im Anschluss an die Entscheidung des *BVerwG*[78] seine frühere Rspr.[79] aufgegeben hatte, überholt ist; in **Bayern** (durch Art. 97 Abs. 1 bay. VwVfG[80] wurde Art. 16 AG VwGO, der auch für den KAG-Bereich galt, aufgehoben und durch Art. 80 bay. VwVfG ersetzt),[81] **Mecklenburg-Vorpommern,**[82] **Niedersachsen,**[83] **Saarland,**[84] **Sachsen**[85] und **Sachsen-Anhalt.**[86] Ebenso durch Verweisung in den Abgabengesetzen auf die Verwaltungsverfahrensvorschriften in **Berlin, Bremen, Hamburg** und **Schleswig-Holstein**[87] und durch Verweisung in § 3 Abs. 5 KAG auf § 19 AGVwGO in **Rheinland-Pfalz.** Auch in **Thüringen** findet der § 80 ThürVwVfG nunmehr nach Änderung des § 2 Abs. 2 Nr. 1 ThürVwVfG[88] in Kommunalabgabenangelegenheiten Anwen-

---

[70] Dazu *Eberl* DStR 1982, 27; *Schulzmann* BB 1982, 42; *Pietzner* VerwArch 1982, 240 ff. Kommentierung im Einzelnen: *Schäfer/Bonk,* § 16 Rn. 118 ff.
[71] *Schäfer/Bonk,* § 16 Rn. 115.
[72] *BVerfGE* 61, 149.
[73] Siehe auch *VGH Mannheim* KStZ 1986, 152, 153 m. w. N.
[74] S. *BGH* UPR 2006, 188, 189; NJW 2003, 3693, 3697 f.; *BGHZ* 111, 168, 170; *BVerwGE* 40, 313, 322; *OLG Brandenburg* NVwZ-RR 2007, 369; *ThürOLG* DVBl 2002, 1064; *Hidien* NJW 1987, 2211; *Günther,* J. M./*Günther,* D. C., KStZ 1991, 204, m. w. N.
[75] *BVerwGE* 82, 336; kritisch *Allesch* KStZ 1990, 63; *ders.,* DÖV 1989, 270, 274; *Geiger* BayVBl 1991, 107; Rn. 12.
[76] GBl 1991, 232. Hierzu *Vetter* VBlBW 1998, 9.
[77] NVwZ 1992, 584.
[78] *BVerwGE* 82, 336.
[79] Z. B. BWVBl 1982, 13 f., BWVBl 1982, 46 ff., zustimmend *Pietzner,* VerwArch 1982, 238.
[80] Geändert durch Gesetz v. 26. 7. 1990, GVBl S. 235.
[81] Dazu BVerwG E 82, 336, § 2 Rn. 42a), zur Neufassung *Boettcher,* BayVBl 1991, 297 gegen *Geiger* BayVBl 1991, 107; *Allesch* und *Boettcher* BayVBl 1992, 621, 623; *Driehaus* o. vor Rn. 1, § 25 Rn. 11 ff.; insoweit ist *BVerwGE* 82, 336, Rn. 11, überholt, s. *BVerwG* E 88, 41, so dass wieder auf die frühere Rspr. zurückgegriffen werden kann: *VGH München* NVwZ 1983, 615; BayVBl 1984, 542.
[82] Nach Maßgabe des § 80 Abs. 2 Nr. 4 VwVfG MV.
[83] *Driehaus* aaO.; insoweit sind *BVerwG* Buchholz 316 § 1 VwVfG Nr. 1 und dort zitiertes *OVG Lüneburg* überholt.
[84] *OVG Saarlouis* NVwZ 1987, 508.
[85] S. dazu *VG Leipzig* NVwZ 2002, 891.
[86] S. *VG Dessau* LKV 2004, 335 zu § 2 Abs. 2 Nr. 1 VwVfG LSA.
[87] *Heun* DÖV 1989, 1053, 1055; zu SchlH *Kleiner* KStZ 1991, 68.
[88] Änderung durch Gesetz vom 25. 11. 2004, GVBl S. 853. Zu Altverfahren s. *OVG Weimar* Gemhlt 2005, 212; SächsVBl 2003, 43; DVBl 2001, 320.

dung. Dagegen ist § 80 LVwVfG nicht anwendbar in **Hessen**,[89] **Nordrhein-Westfalen**[90] und **Brandenburg**.[91] In diesen Fällen besteht eine abgeschlossene Regelung, die keine ausfüllungsbedürftige Lücke lässt.[92] Ob man es rechtspolitisch für wünschenswert hält oder nicht, der Gesetzgeber ging jedenfalls von einer konsequenten Trennung der Verfahrensordnungen aus. Dieser Gedanke muss bei der Auslegung auch dieser Frage berücksichtigt werden (Rn. 11 f.). Der Gedanke der Trennung der Verfahrensordnungen und des Ausschlusses des § 80 in der AO war den Landesgesetzgebern bei Erlass ihrer VwVfG allgemein bekannt, so dass es einer ausdrücklichen Erklärung bedurft hätte, wenn sie für das isolierte Vorverfahren in Abgabensachen eine Erstattung vorsehen wollten. Eine ausfüllungsbedürftige Lücke besteht nach diesen Gesetzen nicht.

14 Soweit im Anwendungsbereich des **§ 2 Abs. 2 Nr. 4** ein Vorverfahren i. S. d. **§§ 68 ff.** VwGO stattfindet (vgl. § 79 Rn. 35), gilt nicht § 80 VwVfG, sondern **§ 63 SGB X**.[93] Im Anwendungsbereich des **§ 2 Abs. 2 Nr. 5** gilt § 334 Abs. 2 LAG.

15 Nicht geregelt im § 80 sind ferner die **Gebühren für den Widerspruchsbescheid,** die nach den jeweiligen Bundes- oder Landeskostengesetzen festgesetzt werden; Voraussetzung ist, dass das Kostengesetz auch einen Tatbestand für die Kostenpflicht enthält[94] (Rn. 1, 58). Die gebührenrechtliche Amtshandlung „Widerspruchsbescheid" ist nicht bereits dann vollständig erfüllt, wenn der Anhörungsausschuss mit der Sache befasst wird, sondern erst dann, wenn der Widerspruchsbescheid vollständig vorliegt.[95] Diese **Gebührenfestsetzung** ist ein weiterer VA.[96] Ob und ggfs. unter welchen Voraussetzungen dieser dem § 80 II Nr. 1 VwGO unterfällt und danach sofort vollziehbar ist, wird streitig beantwortet.[97] Grds. entfaltet der Widerspruch gegen eine Sachentscheidung keine aufschiebende Wirkung gegenüber der mit ihr verbundenen Gebührenfestsetzung.[98] Die Gebührenfestsetzung muss gesondert angefochten werden;[99] es kann nicht ohne weiteres davon ausgegangen werden, dass eine Anfechtungsklage bzw. ein Antrag auf Regelung der Vollziehung des in der Sache ergangenen VA sich auch gegen die Festsetzung der Verwaltungsgebühren für den Erlass des Widerspruchsbescheides richtet.[100] Diese Feststellung schließt nicht aus, dass die bereits gezahlte **Gebühr für den Erstbescheid** (Rn. 58) als notwendige Aufwendung i. S. d. Rn. 63, 17 angesehen wird. Dass insbesondere Absatz 1 Satz 3 die Vorschriften über die Erhebung von Verwaltungsgebühren für abweisende Widerspruchsbescheide unberührt lässt, prüfte die Bundesregierung auf Bitte des BR (Stellungnahme des BR zu § 67 Entwurf 70, BT-Drucksache VI/1173). Das Gleiche gilt für **Aufwendungen** der Widerspruchsbehörde (Rn. 45). Ob eine Gebühr für den Widerspruchsbescheid zu erstatten ist, wenn der ablehnende Widerspruchsbescheid infolge eines verwaltungsgerichtlichen Vergleichs aufgehoben wird, ist eine Frage des materiellen Gebührenrechts, über die nicht im Kostenfestsetzungsverfahren, sondern auf besondere Klage zu entscheiden ist.[101] Jedenfalls entfällt die Gebühr für den Erlass eines Widerspruchsbescheides nicht ohne weiteres, wenn der Widerspruchsbescheid durch Abschluss eines Vergleichs oder auf andere Weise gegenstandslos wird.[102] Die Verwal-

---

[89] *VGH Kassel* NVwZ-RR 2005, 581; siehe hierzu aber *Rinze*, Gemhlt 1995, 196.
[90] *OVG Münster* NVwZ 1992, 585; Gemhlt 1991, 41; NJW 1980, 356.
[91] S. *OVG Berlin-Brandenburg* Beschluss v. 9. 5. 2006 – 9 M 9.06 –.
[92] Vgl. *Pietzner/Ronellenfitsch* § 44 Rn. 16.
[93] Vgl. z. B. *OVG Münster* NWVBl. 1991, 96; NVwZ-RR 1991, 223.
[94] BVerwGE 84, 178, zugleich zum Verhältnis von Bundes- und Landeskostengesetzen; *OVG Münster* KStZ 1984, 217; im Einzelnen *Pietzner* BayVBl 1979, 109; *Pietzner/Ronellenfitsch* § 44 Rn. 20 ff., § 45; *Renck-Laufke/Rzepka* BayVBl 1979, 558 ff. Zur Widerspruchsgebühr bei Drittwidersprüchen s. *OVG Greifswald* NVwZ 2000, 198; *VG Dessau* KStZ 2005, 157.
[95] *VG Gießen* NVwZ-RR 2001, 9.
[96] *OVG Münster* KStZ 1984, 217; *VG Gießen* NVwZ-RR 2001, 560; *VG Aachen* Urteil v. 10. 1. 2003 – 7 K 4416/97 –; *Pietzner/Ronellenfitsch* § 45 Rn. 11 f.
[97] S. hierzu die Darstellung des Streitstandes von *Vahle* DVP 2004, 173 ff.; *Emerich* 2000, 163; *Saller* NdsVBl 2001, 258, 266 f. Ferner Rn. 25 und die dortigen Nachweise.
[98] S. *OVG Münster* DÖV 2003, 864; *VG Göttingen* NVwZ-RR 2000, 650. Eingehend *Fürniß* LKV 2001, 260.
[99] S. hierzu *Saller* NdsVBl 2001, 258 ff., *Stein* KommunalPraxis MO 2004, 82, 86 f.
[100] So auch *VG Gießen* NuR 2004, 409. Anderer Ansicht *VG Kassel* NVwZ-RR 1999, 5. Eingehend zum Rechtsschutz gegen Verwaltungskostenentscheidungen *VG Gießen* NVwZ-RR 2001, 560; *Emrich* NVwZ 2000, 163.
[101] S. *BVerwG* DVBl 1976, 80.
[102] S. *OVG Münster* NWVBl 2006, 192.

§ 80 Erstattung von Kosten im Vorverfahren   16–19 § 80

tungskostengesetze gehen grundsätzlich von einer völligen Selbständigkeit der Verwaltungsgebührenentscheidungen aus. Die Rechtmäßigkeit der Verwaltungskostenfestsetzung für einen Widerspruch hängt danach zwar vom Vorliegen einer Kostengrundentscheidung zu Lasten des Widerspruchführers ab, nicht aber von der Rechtmäßigkeit des Widerspruchsbescheides.[103]

Beenden die Beteiligten ein Klageverfahren durch Abschluss eines gerichtlichen **Vergleichs**, 16 der keine Aussagen zu den Kosten des Verfahrens enthält, so erfasst die gesetzlich fingierte Kostenregelung des § 160 VwGO auch die Kosten des Vorverfahrens als Teil der Verfahrenskosten.[104] Dabei können – je nach verfahrens- und materiell-rechtlicher Ausgestaltung – grds. auch **Widerspruchsgebühren** zu den nach § 162 Abs. 1 VwGO erstattungsfähigen Kosten gehören.[105]

5. Verhältnis zu Entschädigungsregeln

§ 80 verdrängt im Übrigen nicht die **allgemeinen Entschädigungs- und Erstattungsan-** 17 **sprüche**. So können Vorverfahrenskosten, die nicht im erfolgreichen Vorverfahren erstattet werden, Gegenstand eines bürgerlich-rechtlichen Schadensersatzanspruchs aus **Amtspflichtverletzung** sein.[106] Auch kann sich ein Kostenerstattungsanspruch aus der beamtenrechtlichen Fürsorgepflicht des Dienstherrn ergeben.[107] Dagegen besteht insoweit kein Folgenbeseitigungsanspruch.[108]

II. Kostenlastentscheidung als Verwaltungsakt

1. Entscheidung als Verwaltungsakt

Über die **Kostenlast** wird entweder von der Behörde, die den angefochtenen Verwaltungs- 18 akt erlassen und dem Widerspruch abgeholfen hat (§ 72 VwGO; Begründung zu § 76 Abs. 1 Entwurf 73) oder von der Widerspruchsbehörde entschieden (§ 73 Abs. 3 VwGO). Bei einer Teilabhilfe durch die Ausgangsbehörde ist die einheitliche Kostenentscheidung der Widerspruchsbehörde vorbehalten.[109] Die Entscheidung über die Kostenlast ist **in jedem Fall** zu treffen, da sie Kraft Gesetzes (§§ 72, 73 Abs. 3 VwGO) notwendiger Bestandteil des formellen Abhilfe- bzw. Widerspruchsbescheides ist.[110] Die Frage, **ob Kosten** entstanden sind und auf Grund von Rechtsvorschriften abgerechnet werden können, ist nur im Kostenfestsetzungsverfahren (Rn. 92 ff.) zu prüfen.

Ist **keine Entscheidung nach §§ 72, 73 VwGO** ergangen, bleibt für eine Kostenlastent- 19 scheidung kein Raum (s. Rn. 2, 31; 79 Rn. 3).[111] Voraussetzung ist jedoch, dass **erkennbar** keine Widerspruchsentscheidung getroffen werden sollte.[112] Dies ist der Fall, wenn der **Widerspruch** lediglich **zum Anlass** genommen wird, ein Verfahren **wiederaufzugreifen**, einen VA **zurückzunehmen**,[113] zu ersetzen (§ 79 Rn. 14, 49) oder **zu berichtigen**. Insbesondere sind Abhilfe und Rücknahme strikt zu unterscheiden.[114] So hat die Ausgangsbehörde auch bei zuläs-

---

[103] *VG Göttingen* NVwZ-RR 2000, 650. S. auch *Neumann* in Sodan/Ziekow § 162 Rn. 96.
[104] So auch *Neumann* in Sodan/Ziekow § 162 Rn. 17; a. A. *VGH Mannheim* NVwZ-RR 2002, 325.
[105] Hierzu im Einzelnen *Emrich* NVwZ 2000, 163. Ferner *Olbertz* in Schoch u. a. § 162 Rn. 67; *Kopp/Schenke* § 162 Rn. 16: *Neumann* in Sodan/Ziekow § 162 Rn. 96; *VG Weimar* ThürVBl 2007, 223; *VG Gießen* NVwZ-RR 2001, 560.
[106] S. *BGH* UPR 2006, 188, 189; NJW 2003, 3693, 3697 f.; BGHZ 111, 168, 170; BVerwGE 40, 313, 322; *OLG Brandenburg* NVwZ-RR 2007, 369; *ThürOLG* DVBl 2002, 1064; *Hidien* NJW 1987, 2211; *Günther*, J. M./*Günther*, D. C. KStZ 1991, 204 m. w. N.
[107] *BVerwG* DVBl 1974, 355. Hierzu auch *v. d. Heydte* BayVBl 2000, 459. Zum Rechtsschutz für Beamte und Übernahme der Kosten einer zweckentsprechenden Rechtsverteidigung als Konkretisierung der Fürsorgepflicht des Dienstherrn gegenüber seinem Beamten s. *OVG Koblenz* NVwZ-RR 2001, 115.
[108] *OVG Münster* NJW 1972, 461.
[109] Vgl. BVerwGE 88, 41, 46; *Weber* KommJur 2006, 175, 179; *Geis* in Sodan/Ziekow § 72 Rn. 26 m. w. N.; a. A. *Kopp/Schenke* § 72 Rn. 5.
[110] Vgl. *BVerwG* NVwZ 1997, 272; BVerwGE 40, 322.
[111] *BVerwG* NVwZ-RR 2003, 871; NVwZ 1997, 272; BVerwGE 88, 41 (45) m. w. N.
[112] *BVerwG* NVwZ 1983, 544; *OVG Münster* DÖV 1992, 122.
[113] Vgl. *BVerwG* NVwZ-RR 2003, 871; NVwZ 1997, 272; *VGH München* 2005, 1001; *OVG Münster* DÖV 1992, 122; NWVBl 1991, 96.
[114] S. *BVerwG* NVwZ 2000, 195.

sigem und begründetem Widerspruch die Wahl, den angegriffenen Verwaltungsakt durch einen Rücknahmebescheid statt durch eine Abhilfeentscheidung aufzuheben.[115] Sie darf in diesem Fall den Widerspruchsführer, der im Widerspruchsverfahren „obsiegt" hätte, jedoch nicht ohne tragfähigen Grund um den zu erwartenden Kostenanspruch bringen. Ein solcher tragfähiger Grund liegt insbesondere dann nicht vor, wenn die Entscheidung für eine Rücknahme statt einer Abhilfe vorrangig auf der Erwägung beruht, sich der Kostenpflicht zu entziehen.[116] Entspricht die Widerspruchsbehörde auf Grund neuer Tatsachen im Ergebnis dem Widerspruchsbegehren und stellt alsdann das Widerspruchsverfahren wegen Erledigung[117] ein, so reicht die Herstellung einer der Interessenlage des Widerspruchsführers entsprechenden Rechtslage allein für die Annahme einer Abhilfe nicht aus, wenn es an jeglicher ursächlichen Verknüpfung fehlt und das erreichte Ergebnis deshalb nicht widerspruchsbezogen ist.[118]

20 Ob die Erklärung der Behörde als Abhilfeentscheidung zu verstehen ist, muss im Wege der Auslegung ermittelt werden. Teil sie dem Widerspruchsführer lediglich mit, dass sie den angefochtenen Verwaltungsakt aufgehoben habe, so stellt dies regelmäßig eine Abhilfeentscheidung im Sinne des § 72 VwGO dar, die mit einer Kostenentscheidung zu versehen ist.[119] Ein auf den Widerspruch eines Dritten durch Abhilfebescheid aufgehobener VA kann hilfsweise widerrufen werden.[120] Die Umdeutung einer Abhilfeentscheidung in eine Rücknahme ist im Regelfall nicht möglich.[121] Hilft die Ausgangsbehörde einem Widerspruch nur teilweise ab, obliegt die Kostenentscheidung für das gesamte Vorverfahren der Widerspruchsbehörde.[122] Zur Zuständigkeit bei einer Entscheidung nach Art. 80 Abs. 1 S. 2 und 5 BayVwVfG s. Rn. 51, 53f.

21 Die Kostenlastentscheidung ist ein **Verwaltungsakt** (s. Rn. 3),[123] der zugleich in einer weiteren materiellen Entscheidung die Zuziehung eines Bevollmächtigten nach § 80 Abs. 2, Abs. 3 S. 2 enthalten muss[124] (Rn. 93). In **Bayern** gehört dazu ferner die Entscheidung nach Abs. 2 S. 2 **(Aufwendungen anderer Beteiligter)** s. Rn. 47.[125]

22 Die Kostenlastentscheidung – anders bei der Kostenfestsetzung (Rn. 92ff.)[126] – benötigt **kein eigenes** von dem Vorverfahren getrenntes **VwVfG** i. S. d. § 9. Die Verfahrensrechte und -pflichten bezüglich dieser Entscheidung müssen im Rahmen des Vorverfahrens berücksichtigt werden.

23 Als Verwaltungsakt hat die Kostenlastentscheidung bindende Wirkung für das nachfolgende Festsetzungsverfahren (s. Rn. 76, 98).[127] Ob die Kostenlastentscheidung **akzessorisch** ist, also vom Bestand der Grundverfügung, des Abhilfe- oder des Widerspruchsbescheides abhängt,[128] ist

---

[115] *BVerwG* NVwZ-RR 2007, 617; 2003, 871; NVwZ 1997, 272; *OVG Lüneburg* NVwZ-RR 2003, 326. S. auch *OVG Münster* NWVBl 2003, 231: Danach kann das Verlangen der Fahrerlaubnisbehörde im Widerspruchsverfahren nach einer Fahrerlaubnisentziehung, auf die Erstattung der Kosten des Widerspruchsverfahrens zu verzichten, dann ausnahmsweise gerechtfertigt sein, wenn der Betroffene es zuvor ohne ausreichenden Grund an der gebotenen Mitwirkung bei der Aufklärung von Eignungsbedenken hat fehlen lassen und der Behörde deshalb im Fall einer für den Betroffenen günstigen Begutachtung die Möglichkeit eröffnet wäre, das Widerspruchsverfahren statt durch Abhilfe durch Rücknahme der Fahrerlaubnisentziehung zu beenden.
[116] *BVerwG* NVwZ-RR 2003, 871; NVwZ 1997, 272.
[117] Zur Hauptsacheerledigung im Widerspruchsverfahren s. *OVG Münster* ZfBR 2000, 429; *VG Schleswig* NVwZ-RR 2007, 152; *Engelbrecht* JuS 1997, 550. Ferner § 79 Rn. 48. § 80 Abs. 1 S. 5 LVwVfG BW, Art. 80 Abs. 1 S. 5 BayVwVfG, § 19 Abs. 1 S. 5 AGVwGO Rhl.-Pf., § 80 Abs. 1 Satz 5 SVwVfG, § 80 Abs. 1 S. 6 ThürVfVfG sehen vor, dass dann, wenn sich der Widerspruch auf andere Weise erledigt, über die Kosten nach billigem Ermessen entschieden wird. S. dazu *VGH Mannheim* VBlBW 2005, 281; a. A. *VG Stuttgart* VBlBW 2002, 81. Nach *OVG Schleswig* NordÖR 2006, 302 findet § 120 Abs. 2 VwVfG LVwG SchH. auch nach Erledigung des Widerspruchsverfahrens durch Abschluss eines Vergleichs im Eilverfahren Anwendung.
[118] *OVG Hamburg* NVwZ-RR 1999, 706.
[119] *OVG Münster* NVwZ-RR 1992, 450.
[120] *VGH München* 2005, 1001.
[121] *BVerwG* NVwZ 2000, 195.
[122] *BVerwGE* 88, 41; *Weber* KommJur 2006, 175, 179; *Geis* in Sodan/Ziekow § 72 Rn. 26 m. w. N.; a. A. *Kopp/Schenke* § 72 Rn. 5.
[123] *BVerwG* Buchholz Nr. 33 zu 316 § 80; *BVerwGE* 77, 268; NVwZ 1988, 941; NVwZ-RR 1989, 581; *VGH München* BayVBl 1981, 469, 470; *Pietzner* BayVBl. 1979, 113f.
[124] *BVerwGE* 77, 268; NVwZ-RR 1989, 581.
[125] Siehe hierzu *Pietzner* BayVBl 1979, 113.
[126] S. *VG Gießen* NVwZ-RR 2001, 560; dort auch zur Rechtswidrigkeit einer erneuten Kostenfestsetzung im Rechtsbehelfsverfahren gegen einen isolierten Kostenbescheid für ein Widerspruchsverfahren.
[127] Wie hier *BVerwG* NVwZ 1988, 941; NVwZ-RR 1989, 581; *Altenmüller* DÖV 1978, 906, 907.
[128] S. auch *VGH Mannheim* NVwZ-RR 2002, 411 zur akzessorischen Kostenfestsetzung für gerichtliche Verfahren.

§ 80 Erstattung von Kosten im Vorverfahren   24–27 § 80

aus den zu § 35 Rn. 227 f. dargelegten Erwägungen zu verneinen, hat aber kaum praktische Bedeutung, weil die gerichtliche Kostenentscheidung in dem dem Widerspruchsverfahren nachfolgenden Streitverfahren ggfs. ohnehin die Kostenlastentscheidung nach §§ 72, 73 VwGO ersetzt, s. Rn. 4.[129]

2. Rechtsbehelf

Als materiellrechtliche Entscheidung über die Erstattungspflicht unterliegt die Kostenlastentscheidung **nicht** dem **§ 44 a VwGO**.[130] Der für gerichtliche Kostenentscheidungen geltende Grundsatz, dass sie als Nebenentscheidung nicht losgelöst von der Entscheidung in der Hauptsache angefochten werden können (§ 158 VwGO),[131] gilt nicht für das VwVf, so dass die Kostenentscheidung **isoliert** angefochten werden kann.[132] Wird die Entscheidung in der **Hauptsache angefochten,** ist der Rechtsbehelf zugleich gegen die Kostenentscheidung gerichtet, so dass die **aufschiebende Wirkung** auch insoweit eintritt.[133] Die mit einem Verwaltungsakt oder Widerspruchsbescheid verbundene Kostenentscheidung ist **keine** Anforderung von **öffentlichen Abgaben** und **Kosten** i. S. d. § 80 Abs. 2 Nr. 1 VwGO.[134] Sie ist sowohl von dem Gebührenfestsetzungsbescheid zu unterscheiden, mit dem die Kosten des Widerspruchsverfahrens festgesetzt und angefordert werden (s. Rn. 16), als auch von der auf Antrag erfolgenden Festsetzung der zu erstattenden Kosten nach § 80 Abs. 3 (s. Rn. 92).   24

Ob auf den **Gebührenfestsetzungsbescheid § 80 Abs. 2 Nr. 1 VwGO** Anwendung findet, die aufschiebende Wirkung also grundsätzlich entfällt,[135] ist ebenso umstritten wie die Frage, ob dies auch dann gilt, wenn die Klage gegen die zugrundeliegende Sachentscheidung aufschiebende Wirkung hat.[136] Grds. bewirkt der Widerspruch gegen eine Sachentscheidung keine aufschiebende Wirkung gegenüber der mit ihr verbundenen Kostenfestsetzung.[137] Jedenfalls aber dann, wenn die zugehörige Kostenlastentscheidung bestandskräftig ist und allein die Gebührenfestung angefochten wird, entfaltet die Anfechtungsklage gegen einen Gebührenfestsetzungsbescheid keine Suspensivwirkung.[138] Die isolierte Kostenfestsetzung ist ein selbständiges Verwaltungsverfahren.[139]   25

Ein **erneutes Vorverfahren** gegen die Kostenentscheidung im Widerspruchsbescheid ist gemäß §§ 68 Abs. 1 S. 2 Nr. 2, 79 Abs. 2 VwGO nicht zu fordern, da sie kraft Gesetzes (Rn. 21) Teil des formellen Widerspruchsbescheides ist.[140] **Richtiger Beklagter** ist bei isolierter Anfechtung der Kostenentscheidung entsprechend § 79 Abs. 2, § 78 Abs. 2 VwGO die Widerspruchsbehörde. Wird der VA in der Hauptsache angefochten, ist die ihn erlassende Behörde nach § 78 Abs. 1 Nr. 2 VwGO Beklagter.[141] Bei teilweiser Abhilfe vgl. Rn. 36.   26

Hat die Behörde versehentlich **über die Kostenpflicht nicht entschieden,** kommt eine Berichtigung nach § 42 nicht in Betracht (s. dort Rn. 7 bis 9). Der Betroffene, der einen An-   27

---

[129] Hierzu im Einzelnen *BVerwG* NVwZ 2006, 1294; *OVG Bautzen* NVwZ-RR 2005, 291; *OVG Münster* NVwZ-RR 2005, 584; 2002, 317; 2002, 77. S. auch *Emrich* NVwZ 2000, 163 ff.
[130] *BVerwG* NJW 1999, 1729: § 44 a VwGO ist durch die im 2. VwVfÄndG erfolgte Streichung des § 97 nicht aufgehoben worden. Siehe hierzu § 97 Rn. 1.
[131] *BVerfG* NJW 1987, 2569.
[132] Vgl. z. B. *BVerwG* NVwZ-RR 2003, 871 zur unterbliebenen Kostenentscheidung; *VG Leipzig* NVwZ-RR 2005, 45 zur Notwendigkeit der Hinzuziehung eines Bevollmächtigten im Vorverfahren. Ferner *BVerwG,* Buchholz 316 § 80 Nr. 33.
[133] *BVerwG* NVwZ 2006, 1294; *VGH Mannheim* BWVBl 1988, 19; *OVG Hamburg,* DÖV 1985, 206.
[134] *Kopp/Schenke* § 80 Rn. 62. A. A. dagegen auch für die unselbständige Gebührenfestsetzung *OVG Koblenz* NVwZ-RR 2004, 157; *VGH Mannheim* VBlBW 2004, 352; *OVG Weimar* NVwZ-RR 2004, 393. Hierzu im Einzelnen *Vahle* DVP 2004, 173; *Beckmann* NVwZ 2003, 181, 182.
[135] Siehe die Darstellung des Streitstandes von *Vahle* DVP 2004, 173 ff.; *Emrich* NVwZ 2000, 163; *Fürniß* LKV 2001, 260; *Saller* NdsVBl 2001, 258, 266 f. Ferner *OVG Lüneburg* NVwZ-RR 1993, 279; *VG Göttingen* NVwZ-RR 2000, 650; *VG Kassel* NVwZ-RR 1999, 5.
[136] Bejahend: *OVG Koblenz* NVwZ-RR 1992, 221; *OVG Koblenz* NVwZ-RR 1990, 668 m. w. N.; verneinend: *OVG Hamburg* DÖV 1985, 206; *Kopp/Schenke* Rn. 62.
[137] S. *OVG Münster* DÖV 2003, 864.
[138] *OVG Lüneburg* NVwZ-RR 1993, 279; *Kopp/Schenke* Rn. 62 m. w. N.
[139] S. *VG Gießen* NVwZ-RR 2001, 560.
[140] Vgl. *BVerwG* NVwZ-RR 2002, 446, 447; Buchholz 316 § 80 Nr. 33; DVBl 1978, 630; *BVerwGE* 32, 346 (347); *BVerwGE* 17, 246 (249); *BSG* NVwZ-RR 2007, 441; *VGH München* BayVBl 2003, 476; 1981, 469, 470; KStZ 1989, 18, 19; NVwZ-RR 1989, 221; *VG Sigmaringen* Urteil v. 3. 6. 2002 – 9 K 1698/01 –; *Dolde* in Schoch u. a. § 73 Rn. 64; *Kopp/Schenke* § 73 Rn. 19.
[141] Vgl. *BVerwG* NVwZ-RR 2003, 871.

spruch auf Kostenentscheidung hat, kann **unbefristet,** auch nach Unanfechtbarkeit des Abhilfe- oder Widerspruchsbescheides im Übrigen, die **Entscheidung** über die Kostenlast **beantragen.**[142] Ob dieser Ergänzungsanspruch **abtretbar** ist, lässt *VGH Kassel*[143] offen. Desgleichen kann **von Amts wegen ergänzt** werden,[144] z. B. im zeitlichen Zusammenhang mit der Kostenfestsetzung nach Absatz 3. Wird die **Ergänzung** nicht vorgenommen, ist **Verpflichtungsklage,** auch Untätigkeitsklage, möglich.[145] Ebenso Verpflichtungsklage, wenn ein entsprechender **Antrag abgelehnt** worden ist. Der Klageantrag ist auf den Erlass einer positiven Kostengrundentscheidung zu richten; in diesem Rahmen erstreckt sich die gerichtliche Prüfung auch darauf, ob die Behörde überhaupt verpflichtet war, eine Kostenentscheidung zu treffen.[146]

28 Entsprechend den vorstehenden Grundsätzen ist zu verfahren, wenn in der Kostenentscheidung versehentlich nicht nach Absatz 3 Satz 2 (Zuziehung eines Bevollmächtigten) entschieden oder ein entsprechender Antrag abgelehnt worden ist[147] (Rn. 93 ff.). Schon aus Gründen des Rechtsschutzinteresses wird vor Erhebung der Verpflichtungsklage ein Antrag nach § 80 Abs. 3 gestellt werden müssen. Ein **Vorverfahren** ist entsprechend Rn. 26 auch hier nicht erforderlich. Zur Frage, ob Klagehäufung mit Kostenfestsetzung möglich ist, s. Rn. 101.

III. Verteilungsvoraussetzungen (Abs. 1)

1. Erfolgreicher Widerspruch

29 Soweit der **Widerspruch erfolgreich** ist, ist der **Rechtsträger,** dessen Behörde den angefochtenen Verwaltungsakt erlassen hat, kostenpflichtig **(Satz 1).** Unter Rechtsträger wird (wie in § 78 Abs. 1 Nr. 1 VwGO) der Hoheitsträger verstanden, dessen Rechte und Pflichten die Behörde durch den Erlass des Verwaltungsaktes wahrgenommen hat. Abzustellen ist auf die Funktion, nicht auf die organisatorische Zuordnung der entscheidenden Behörde.[148] Missverständlich spricht § 80 nur vom **angefochtenen Verwaltungsakt.** Wie in § 79 sind aber auch **Verpflichtungs-,** nach Spezialregelungen auch **Feststellungs- und Leistungswidersprüche** gemeint (s. Rn. 1; § 79 Rn. 26).

30 **Berechtigt** durch die Kostenentscheidung wird derjenige, der **Widerspruch erhoben** hat, nicht aber der sog. **Dritte,** s. Rn. 47. Eine analoge Anwendung der §§ 154 ff. VwGO und insbesondere des § 162 Abs. 3 VwGO hinsichtlich der Erstattungsfähigkeit der Kosten von Drittbeteiligten im Vorverfahren scheidet aus.[149] Demgegenüber sieht Art. 80 Abs. 2 Satz 2 BayVwVfG vor, dass Aufwendungen anderer Beteiligter erstattungsfähig sind, wenn sie aus Billigkeit demjenigen, der die Kosten des Widerspruchsverfahrens zu tragen hat, oder der Staatskasse auferlegt werden.[150]

31 Die Kostenlast des Rechtsträgers reicht **soweit,** wie **der Widerspruch erfolgreich** ist. **Erfolgreich** knüpft wie **erfolglos** (Satz 3) an die dem Widerspruch stattgebende oder ihn abweisende Entscheidung nach §§ 72, 73 VwGO an.[151] Eine Kostenlastentscheidung setzt eine dem Widerspruch stattgebende behördliche Entscheidung nach §§ 72, 73 III 1 VwGO voraus.[152] Der Erfolg des Widerspruchs ist gegeben, wenn dem Widerspruchsbegehren **unmittelbar**

---

[142] S. *BVerwG* NVwZ 1997, 272; *VG Regensburg* BayVBl. 1981, 634; *Pietzner/Ronellenfitsch* § 47 Rn. 12 ff.; *Dolde* in Schoch u. a. § 73 Rn. 64; *Kopp/Schenke* § 73 Rn. 19. Vgl. auch *BSG* NVwZ-RR 2007, 441.
[143] HSGZ 1987, 524.
[144] *OVG Berlin* NJW 1982, 2516.
[145] Vgl. *BVerwG* NVwZ-RR 2003, 871; 2002, 447; NVwZ 1988, 249 *OVG Münster* DÖV 1992, 122, 123; *VGH Mannheim* BWVBl 1982, 46 ff.; *Pietzner/Ronellenfitsch* § 47 Rn. 14; *von Mutius,* Widerspruchsverfahren, S. 211 ff. m. w. N.
[146] S. *BVerwG* NVwZ-RR 2003, 671; NVwZ 1997, 272.
[147] S. *BVerwG* NVwZ 1988, 249; *VGH München* NVwZ-RR 1989, 221.
[148] *OVG Münster* NVwZ 1990, 678.
[149] S. *BVerwGE* 22, 181; oben Rn. 5. Hierzu auch *Vahle* DVP 2003, 429. Demgegenüber soll nach *VG Schwerin* DVP 2005, 260 nach Erledigung des Widerspruchs eine Kostenentscheidung analog §§ 92, 161 VwGO ergehen.
[150] S. dazu *VGH München* BayVBl 2003, 476.
[151] *BVerwG* NVwZ 1982, 242; NVwZ 1983, 544; NVwZ 1988, 249. A. A. noch *VG Osnabrück* NVwZ-RR 1997, 200, wonach auch eine Klaglosstellung in sonstiger Weise genügen soll.
[152] *BVerwG* NVwZ-RR 2003, 871; NVwZ 1997, 272.

§ 80 Erstattung von Kosten im Vorverfahren

durch die Entscheidung nach §§ 72, 73 VwGO Rechnung getragen wird. So ist ein Widerspruchsverfahren erfolgreich, das entsprechend dem Ergebnis eines für den Kläger erfolgreich abgeschlossenen Musterverfahrens beendet wird.[153] Dagegen genügt nicht eine Erledigung aus Anlass des Widerspruchs. So ist z. B. für eine Kostenlastentscheidung nach § 80 kein Raum, wenn die Behörde von der grundsätzlich auch im Fall eines zulässigen und begründeten Widerspruchs bestehenden Möglichkeit Gebrauch gemacht hat, den angegriffenen Verwaltungsakt durch einen Rücknahmebescheid statt durch eine Abhilfeentscheidung aufzuheben.[154] Entspricht die Widerspruchsbehörde auf Grund neuer Tatsachen im Ergebnis dem Widerspruchsbegehren und stellt alsdann das Widerspruchsverfahren wegen Erledigung[155] ein, so reicht die Herstellung einer der Interessenlage des Widerspruchsführers entsprechenden Rechtslage allein für die Annahme einer Abhilfe nicht aus, wenn es an jeglicher ursächlichen Verknüpfung fehlt und das erreichte Ergebnis deshalb nicht **widerspruchsbezogen** ist.[156] Tritt infolge der Abhilfeentscheidung mittelbar eine weitere Beschwer ein, ist dies unerheblich.[157] Dies gilt z. B. auch für den Fall, dass auf den Widerspruch ein belastender VA aufgehoben wird und die Behörde sich den Erlass eines stärker belastenden VA vorbehält oder den belastenden VA bereits erlässt.[158] Wird einem Widerspruch in der Weise abgeholfen, dass der mit dem Widerspruch angegriffene VA zunächst insgesamt aufgehoben und sodann teilweise neu erlassen wird, so stellt sich hinsichtlich des neuen Bescheides die Frage, ob ein Zweitbescheid vorliegt und ob dieser automatisch Gegenstand eines weiterhin anhängigen Widerspruchsverfahrens wird, ohne dass es einer entsprechenden Erklärung des Widerspruchsführers oder eines erneuten Widerspruchs bedarf.[159] Der Widerspruch gegen einen vorläufigen VA erstreckt sich nicht auf den die endgültige Entscheidung beinhaltenden VA.[160] Nach § 68 Abs. 1 Satz 2 Nr. 1 VwGO entfällt ein (weiteres) Vorverfahren, wenn der Abhilfe- oder Widerspruchsbescheid erstmalig eine Beschwer enthält.[161] Ist eine Abhilfeentscheidung ergangen, so kann diese wegen der grundsätzlich unterschiedlichen Voraussetzungen und Rechtsfolgen nicht in eine Rücknahme umgedeutet werden.[162]

Auf den **Grund des Erfolges** kommt im Fall eines (wenn auch nur im Ergebnis) stattgebenden Abhilfe- oder Widerspruchsbescheides nicht an. § 80 I 1 stellt allein auf den äußeren Erfolg des Widerspruchs ab.[163] Im Gesetzgebungsverfahren ist eingehend diskutiert worden, ob eine Kostenpflicht dann entfallen solle, wenn dem Widerspruch ausschließlich aus **Zweckmäßigkeitsgesichtspunkten** stattgegeben worden ist. Wegen der in der Praxis häufigen Abgrenzungsschwierigkeiten wurde auf diese Trennung verzichtet. Demnach ist es gleichgültig, ob der Widerspruch **aus Rechts- oder Zweckmäßigkeitsgründen** erfolgreich war. Da auf das er-

---

[153] Vgl. *BSG* Breithaupt, Sammlung von Entscheidungen der Sozialversicherung, Versorgung und Arbeitslosenversicherung 2004, 768.
[154] S. *BVerwG* NVwZ-RR 2007, 617; 2003, 871; NVwZ 1997, 272. S. auch *OVG Münster* NWVBl 2003, 231: Danach kann das Verlangen der Fahrerlaubnisbehörde im Widerspruchsverfahren nach einer Fahrerlaubnisentziehung, auf die Erstattung der Kosten des Widerspruchsverfahrens zu verzichten, dann ausnahmsweise gerechtfertigt sein, wenn der Betroffene es zuvor ohne ausreichenden Grund an der gebotenen Mitwirkung bei der Aufklärung von Eignungsbedenken hat fehlen lassen und der Behörde deshalb im Fall einer für den Betroffenen günstigen Begutachtung die Möglichkeit eröffnet wäre, das Widerspruchsverfahren statt durch Abhilfe durch Rücknahme der Fahrerlaubnisentziehung zu beenden.
[155] § 80 Abs. 1 S. 5 LVwVfG BW, Art. 80 Abs. 1 S. 5 BayVwVfG, § 19 Abs. 1 S. 5 AGVwGO Rhl.-Pf., § 80 Abs. 1 Satz 5 SVwVfG, § 80 Abs. 1 S. 6 ThürVfVfG sehen vor, dass wenn sich der Widerspruch auf andere Weise erledigt, über die Kosten nach billigem Ermessen entschieden wird. S. dazu *VGH Mannheim* VBlBW 2005, 281; a. A. *VG Stuttgart* VBlBW 2002, 81. Ansonsten erfolgt bei Erledigung des Widerspruchsverfahrens mangels Rechtsgrundlage keine Kostenentscheidung, s. *Vahle* DVP 2003, 429 m. w. N. Demgegenüber soll nach *VG Schleswig* DVP 2005, 260 nach Erledigung des Widerspruchs eine Kostenentscheidung analog §§ 92, 161 VwGO ergehen. S. ferner *Engelbrecht* JuS 1997, 550; *OVG Münster* ZfBR 2000, 429; *VG Schleswig* NVwZ-RR 2007, 152. Ferner § 79 Rn. 48.
[156] *OVG Hamburg* NVwZ-RR 1999, 706.
[157] *BVerwG* NVwZ 1988, 941.
[158] *BVerwG* E 88, 41; s. in Abgrenzung zu dem Fall, dass der ersetzende VA in das Vorverfahren einbezogen wird, § 79 Rn. 49.
[159] S. *OVG Bautzen* NVwZ-RR 1999, 101. Allgemein zur Ersetzung eines VA durch einen anderen s. *BVerwG* E 105, 288 = NVwZ 1998, 1292; *OVG Münster* ZfBR 2000, 429; *VGH München* BayVBl 1999, 761; *OVG Hamburg* ZMR 1999, 361.
[160] *VGH Mannheim* NVwZ-RR 2006, 154.
[161] Hierzu *Beckmann* VR 1998, 226; *Winkler* BayVBl 2000, 235.
[162] *BVerwG* NVwZ 2000, 195.
[163] *BVerwG* NVwZ 1997, 272.

folgreiche (und in Satz 3 erfolglose) Ergebnis abgestellt wird, ist es bei Vorliegen eines Abhilfe- oder Widerspruchsbescheides ferner unerheblich, ob der Erfolg durch eine **Änderung der Sach- oder Rechtslage** herbeigeführt wurde oder auf **neuen tatsächlichen Angaben** oder **Beweisangeboten** des Widerspruchsführers beruht;[164] (vgl. auch Rn. 19, 31). Allerdings kann bei einer Änderung der Sach-, Beweis- oder Rechtslage auch eine Hauptsachenerledigung eintreten (vgl. Rn. 53 f.).[165] Die Behörde hat deshalb wegen der unterschiedlichen Rechtsfolgen (s. § 79 Rn. 3) sorgfältig zu prüfen, ob sie sich für eine Erledigung des Widerspruchsverfahrens oder für einen Abhilfe- oder Widerspruchsbescheid entscheidet. Diese Entscheidung muss vor einer etwaigen Bescheidung erfolgen, da Abhilfe- und Widerspruchsbescheid nicht in eine (außerhalb des Widerspruchsverfahrens erfolgte und zu dessen Erledigung führende) Rücknahme umgedeutet werden können.[166] Desgleichen ist es unerheblich, ob der **Widerspruch unstatthaft**[167] oder – etwa wegen Fristversäumung – **unzulässig**[168] war, wenn dem Widerspruchsbegehren in der Sache stattgegeben worden ist. Hiervon abzugrenzen ist, dass die Sachbescheidungsbefugnis der Widerspruchsbehörde u. a. mit Erledigung[169] des Widerspruchs sowie – wenn er sich gegen einen Bescheid mit Drittwirkung richtet – im Falle seiner unheilbaren Verfristung entfällt.[170] Zur Rücknahme des Widerspruchs, zu einem Vergleich, einer Hauptsacheerledigung s. Rn. 51 ff.

33 Durch die „soweit"-Regelung in Satz 1 und Satz 3 ist sichergestellt, dass die Kosten bei **teilweisem Obsiegen** entsprechend § 155 Abs. 1 VwGO (so ausdrücklich Art. 80 Abs. 1 S. 3 BayVwVfG und § 80 Abs. 1 S. 4 ThürVwVfG) verhältnismäßig zu teilen sind (Begründung zu § 76 Entwurf 73). Die Pflicht zur Kostenerstattung nach § 80 Abs. 1 Satz 1 setzt folglich keinen in vollem Umfang begründeten Widerspruch voraus, sondern begründet einen Erstattungsanspruch, soweit der Widerspruch erfolgreich war.[171] Als praktikabelste Regelung bietet sich eine Quotelung nach **Bruchteilen**, gemessen an dem jeweiligen Teil des Erfolges an.[172]

34 Die Aufteilung nach Bruchteilen ist jedoch nicht zwingend. Auch ziffernmäßige Belastungen sind denkbar; maßgebend ist, dass die **Kostenverteilung klar, einfach und bestimmt** (§ 37 Abs. 1) ist. Die Rechtsprechung zu § 155 Abs. 1 VwGO, § 92 ZPO kann herangezogen werden. Allerdings dürfen die Kosten bei Teilobsiegen **nicht** gem. § 155 Abs. 1 VwGO **gegeneinander** aufgehoben werden, wenn nicht – wie in **Bayern** und **Thüringen** (s. Rn. 33) – eine entsprechende Regelung besteht.[173] Eine solche Regelung ist im Übrigen nicht sachgerecht, weil bei den Beteiligten regelmäßig ganz unterschiedliche Kostenbeträge anfallen.[174]

35 Das teilweise Obsiegen hängt allein vom **Erfolg** ab, nicht vom **Verschulden.** Zu verschuldeten Aufwendungen s. Rn. 72 ff.

36 Keine Frage einer teilweisen Regelung, sondern die der Zuständigkeit und Befugnis ist es auch, wenn die Erstbehörde dem Widerspruch nur **teilweise stattgeben** will, der Widerspruch im Übrigen aber von der Widerspruchsbehörde zurückgewiesen werden soll. § 72 VwGO ist nur im Fall einer Vollabhilfe Entscheidungsgrundlage für die Kostenentscheidung. Bei teilweiser Abhilfe ist nur eine **einheitliche Kostenentscheidung** durch die Widerspruchsbehörde erlaubt, die allerdings die teilweise Stattgabe berücksichtigen muss.[175] Die Pflicht zur Kostenerstattung nach § 80 Abs. 1 Satz 1 setzt nämlich keinen in vollem Umfang begründeten Widerspruch

---

[164] Vgl. BVerwG NVwZ 1988, 249; VGH Mannheim NJW 1986, 1370.
[165] VGH München BayVBl 1983, 246.
[166] BVerwG NVwZ 2000, 195.
[167] BVerwG NVwZ 1983, 544; a. A. BVerwG NVwZ 1983, 345: Danach soll § 80 dann nicht anwendbar sein, wenn sich der Bürger erfolgreich gegen eine bloße Verfahrenshandlung der Behörde gewandt hat, die mangels Anfechtbarkeit dem Widerspruchsverfahren nicht unterliegt. BVerwG, Urteil 4. 10. 1990 – 8 C 29/89 – weist auf diesen Meinungsstreit hin.
[168] BVerwG NVwZ 1997, 272.
[169] S. BVerwG NVwZ 2001, 1288; VG Schleswig NVwZ-RR 2007, 152. Dazu Engelbrecht JuS 1997, 550.
[170] BVerwG NJW 1998, 3070.
[171] BVerwG BayVBl 1997, 93 zu § 38 Abs. 2 Satz 2 VermG.
[172] Ebenso Busch in Knack § 80 Rn. 31 m. w. N.
[173] Pietzner/Ronellenfitsch § 46 Rn. 1, 47 Rn. 6; Allesch S. 232; Obermayer, VwVfG, § 80 Rn. 15; a. A. Ule/Laubinger § 47 II 1.
[174] Vgl. Kopp/Ramsauer § 80 Rn. 27.
[175] Vgl. BVerwG BayVBl 1997, 93; BVerwGE 88, 41, 46; Weber KommJur 2006, 175, 179; Geis in Sodan/Ziekow § 72 Rn. 26 m. w. N.; a. A. Kopp/Schenke § 72 Rn. 5; VGH Mannheim VBlBW 1982, 13 f.; VGH München KStZ 1989, 18.

voraus, sondern begründet einen Erstattungsanspruch, soweit der Widerspruch erfolgreich war, s. Rn. 33.[176]

2. Entscheidung bei Verfahrensfehlern

Satz 1 gilt aus Billigkeitsgründen (Begründung zu § 76 Entwurf 73)[177] auch für die Fälle, in 37 denen der Widerspruch nur deshalb erfolglos blieb, weil die Verletzung einer **Form- oder Verfahrensvorschrift nach § 45 geheilt** worden ist **(Satz 2)**. Der Regelung bedurfte es, weil § 80 nur bei einem nach Maßgabe der §§ 72, 73 VwGO erfolgreichen Widerspruch eine Kostenerstattung vorsieht (s. Rn. 19), so dass der Widerspruchsführer im VwVf im Gegensatz zum Verwaltungsprozess im Fall einer Heilung des streitigen VA nicht bereits dadurch eine drohende Kostenlast abwenden kann, dass er die Hauptsache für erledigt erklärt.[178] Soweit Normierungen der Länder eine Kostenerstattung auch bei Erledigung des Widerspruchsverfahrens vorsehen, enthalten sie zudem eine Satz 2 entsprechende Regelung.[179] Da § 45 ohne Einschränkung erwähnt ist, gilt Satz 1 auch in den Fällen des § 45 Abs. 1 Nr. 1, in denen also ein erforderlicher Antrag nachträglich gestellt wird. Dies ist nicht unbillig. Zum einen ist Satz 1 eine Vorschrift, die nur auf den Erfolg abstellt, nicht auf das Verschulden. Zum anderen kann es durchaus in der Sphäre der Behörde gelegen haben, dass der Verwaltungsakt zunächst gegen den Willen des Antragstellers erteilt worden ist oder es an einer entsprechenden Beratung gem. § 25 gefehlt hat.

Inhaltlich setzt die Anwendung des Satzes 2 voraus, dass die Verletzung einer **Verfahrens-** 38 **oder Formvorschrift** nach § 45 unbeachtlich ist. Diese Voraussetzung kommt z.B. nur bei einer gänzlich fehlenden oder hinter den gesetzlichen Erfordernissen zurückbleibenden Begründung in Betracht, nicht aber bei deren sachlicher Fehlerhaftigkeit.[180] Satz 2 erfasst nur Heilungen bis zum **Abschluss des Widerspruchsverfahrens,**[181] das mit der Zustellung des Widerspruchsbescheides endet.[182] Heilungen im gerichtlichen Verfahren nach Maßgabe des § 45 Abs. 1, 2 sind dagegen in der gerichtlichen Kostenentscheidung nach § 161 Abs. 2 VwGO zu berücksichtigen, die § 80 verdrängt, s. Rn. 4.[183]

Die der Billigkeitsregelung des Satzes 2 zugrunde liegende kausale Verknüpfung zwi- 39 schen dem Misserfolg des Widerspruchs und der nachträglichen Heilung des angegriffenen Verwaltungsaktes fehlt allerdings dann, wenn die **Heilung schon vor Einlegung des Widerspruchs** erfolgt ist, Gegenstand des Widerspruchs also von Anfang an der geheilte Bescheid ist.[184]

Satz 2 ist auf die Heilung mangelnder **Bestimmtheit** oder auf **andere Fälle materieller** 40 Heilung nicht anwendbar.[185] Die Vorschrift ist als Ausnahmevorschrift eng auszulegen.[186] Fälle materieller Heilung sind Fragen des Erfolgs oder der Erfolglosigkeit des Widerspruchs, also Fragen des Satzes 1 oder 3 (Rn. 31), und können sich somit zugunsten oder zu Lasten des Widerspruchsführers auswirken. Dementsprechend kann Satz 2 auch nicht auf den Fall übertragen werden, dass nach der Heilung eine **Rücknahme des Widerspruchs** erfolgt, zumal sich eine solche Sachlage ohne weiteres durch Vergleich regeln lässt.[187]

---

[176] *BVerwG* BayVBl 1997, 93 zu § 38 Abs. 2 Satz 2 VermG.
[177] S. hierzu auch *VG Braunschweig* IÖD 2004, 21.
[178] S. z.B. *VGH Mannheim* VBlBW 2005, 281. Zu § 161 Abs. 2 VwGO: *BVerwG* NVwZ 1993, 979; *OVG Münster* NWVBl 1997, 109; *VGH Kassel* NVwZ-RR 1994, 125.
[179] § 80 Abs. 1 S. 5 LVwVfG BW, Art. 80 Abs. 1 S. 5 BayVwVfG, § 80 Abs. 1 Satz 5, § 19 Abs. 1 S. 5 AGVwGO Rhl.-Pf., SVwVfG, § 80 Abs. 1 S. 6 ThürVfVfG sehen vor, dass dann, wenn sich der Widerspruch auf andere Weise erledigt, über die Kosten nach billigem Ermessen entschieden wird. S. dazu *VGH Mannheim* VBlBW 2005, 281; a. A. *VG Stuttgart* VBlBW 2002, 81.
[180] So *OVG Magdeburg* NVwZ-RR 2003, 121; *VG Freiburg* Urteil v. 29. 1. 2002 – 8 K 2432/99 –.
[181] S. *Busch* in Knack § 80 Rn. 41.
[182] *OVG Münster* NVwZ-RR 2005, 450, 451.
[183] Vgl. *BVerwG* NVwZ 2006, 1294. Ferner *OVG Münster* NVwZ-RR 2002, 77; *OVG Weimar* NVwZ-RR 2001, 487; *Dolde* in Schoch u.a. § 73 Rn. 55; *Neumann* in Sodan/Ziekow § 162 Rn. 14 ff.; *Kopp/Ramsauer* § 80 Rn. 2 f.; *Pietzner/Ronellenfitsch* § 44 Rn. 6.
[184] *Kopp/Ramsauer* § 80 Rn. 30; *Obermayer*, VwVfG, § 80 Rn. 60 f.; *Meyer/Borgs*, § 80 Rn. 15; *Schwab*, DÖD 1993, 249 (253).
[185] A. A. *Kopp/Ramsauer* § 80 Rn. 30.
[186] *OVG Magdeburg* NVwZ 2003, 121.
[187] So auch *Saller* NdsVBl 2001, 258, 264; a. A. *Pietzner/Ronellenfitsch* § 46 Rn. 11.

41 Auch ist eine entsprechende Anwendung des Satzes 2 auf die Fälle der **Unbeachtlichkeit nach § 46**[188] wegen des eindeutigen Gesetzeswortlautes nicht möglich. Selbst wenn diese Fälle im Rahmen des § 155 Abs. 5 VwGO für das gerichtliche Verfahren berücksichtigt werden können, kann dieser Anwendungsbereich nicht auf § 80 Abs. 1 Satz 2 übertragen werden.[189] § 155 Abs. 5 knüpft die Kostentragungspflicht im Gegensatz zu § 80 Abs. 1 an das Verschulden eines Beteiligten an (s. auch Rn. 72 ff.). Die Begründung zu § 65 Abs. 1 Musterentwurf nimmt demgegenüber zu dem Verfahrensfehler falscher Sachbehandlung und auch zum Verschulden wie folgt Stellung: „Um eine zu kasuistische Regelung zu vermeiden, sind auch besondere Bestimmungen über die Kostentragung bei **falscher Rechtsmittelbelehrung**[190] und **falscher Sachbehandlung** bei der Behörde nicht aufgenommen. Fälle dieser Art können weitgehend nach § 839 BGB abgewickelt werden. Auch die Auferlegung verschuldeter Kosten (vgl. § 155 Abs. 5 VwGO) wird im Entwurf nicht besonders geregelt." Dementsprechend sind die Kosten eines unzulässigen Widerspruchs dem Widerspruchsführer auch dann aufzuerlegen, wenn der Widerspruch wegen falscher Rechtsbehelfsbelehrung der Ausgangsbehörde erhoben wurde.[191] Hier kommt ggfs. ein Ausgleich über Amtshaftung in Betracht.[192]

42 § 19 Abs. 1 S. 2 AG VwGO Rhl.-Pf. stellt demgegenüber nicht auf Heilung, sondern auf **Unbeachtlichkeit des Verfahrensfehlers** ab. Hier muss § 46 berücksichtigt werden.[193] Wegen des Wortlautes des § 19 Abs. 1 S. 2 AG VwGO Rhl.-Pf. fällt hierunter aber nicht der Fall örtlicher Unzuständigkeit, den § 46 neben Form- und Verfahrensfehlern erfasst.

3. Erfolgloser Widerspruch

43 Soweit (s. dazu Rn. 33) der **Widerspruch** – aus welchen Gründen auch immer (Ausnahme Satz 2) – **erfolglos** (Rn. 32, s. aber Rn. 37) **geblieben** ist, hat derjenige, der den Widerspruch eingelegt hat, dem Rechtsträger der **Behörde** (s. Satz 1, Rn. 29), **die den angefochtenen Verwaltungsakt erlassen hat,** die Kosten zu erstatten **(Satz 3)**. Der in § 154 Abs. 1 VwGO angelehnte Wortlaut des Art. 80 Abs. 1 S. 2 BayVwVfG geht darüber hinaus (Rn. 46). Satz 3 fehlt in § 120 LVWGSchH ganz. Zur Einlegung eines unzulässigen Widerspruchs aufgrund falscher Rechtsbehelfsbelehrung der Ausgangsbehörde s. Rn. 41.

44 Soweit die **Ausgangsbehörde** einem anderen Rechtsträger als die Widerspruchsbehörde angehört, stehen ihr bei einer unzutreffenden Kostenlast- oder Kostenfestsetzungsentscheidung die Rechtsbehelfe zu.[194] So ist eine Gemeinde, die im eigenen oder im übertragenen Wirkungskreis Ausgangsbehörde war, befugt, einen Bescheid anzufechten, mit dem der Betrag der von ihr gemäß § 80 Abs. 2 Satz 1 zu erstattenden Aufwendungen festgesetzt wird.[195]

4. Durch § 80 nicht erfasste Fälle

45 § 80 Abs. 1 Satz 3 regelt **nicht** die Erstattung der **Aufwendungen der Widerspruchsbehörde** (s. Rn. 16 und 24). Dass auch die Auslagen der Widerspruchsbehörde zu erstatten sind,

---

[188] So *Kopp/Ramsauer* § 80 Rn. 30; *Redeker/von Oertzen* § 73 Rn. 27; *Hufen* Rn. 534; *Altenmüller* DVBl 1978, 288; wie hier *Meyer/Borgs,* § 80 Rn. 15; *Busch* in Knack § 80 Rn. 42; *Obermayer,* VwVfG, § 80 Rn. 63; *Pietzner/Ronellenfitsch* § 46 Rn. 3; *Allesch* S. 233 f.

[189] S. aber *VG Gießen* NVwZ-RR 2001, 9 zur Anwendung des Rechtsgedankens aus § 155 Abs. 5 VwGO im Rahmen der Heranziehung zu Widerspruchsgebühren.

[190] Zur Belehrung über Rechtsmittel nach der VwGO s. die Muster im RdSchr. d. *BMI* vom 23. 5. 1997, GMBl 1997, 282. Allgemein hierzu ferner *BVerwGE* 109, 336 = NVwZ 2000, 190; bei einem drittbelastenden VA: *OVG Münster* NVwZ-RR 2000, 556.

[191] Vgl. *VG München* Urteil v. 13. 6. 2001 – M 17 K 98.5674 –. S. dagegen zur Erstattungsfähigkeit der Kosten eines nicht statthaften, wegen falscher Rechtsbehelfsbelehrung durchgeführten Widerspruchsverfahrens mit § 162 Abs. 2 VwGO: *OVG Lüneburg* NVwZ-RR 2005, 660.

[192] S. *BGH* UPR 2006, 188, 189; NJW 2003, 3693, 3697 f.; *BGHZ* 111, 168, 170.

[193] *Redeker/von Oertzen,* § 73 Rn. 27; a. A. *Meyer/Borgs* § 80 Rn. 15.

[194] Vgl. z. B. S. z. B. *BVerwG* NVwZ 2002, 1254; 2006, 1294 zur Klagebefugnis einer Gemeinde gegen die Festsetzung der von ihr als Ausgangsbehörde nach § 80 Abs. 3 Satz 1 zu erstattenden Aufwendungen. Ferner *OVG Münster* NWVBl 2005, 36 zur Kürzung der von der Ausgangsbehörde festgesetzten Gebühren. S. auch allgemein zur Widerspruchsbefugnis der Ausgangsbehörde bezüglich des Widerspruchsbescheides: *BVerwG* UPR 2005, 71; NVwZ 2002, 1254; *OVG Greifswald* DÖV 2007, 393; *VGH Mannheim* VBlBW 2005, 229; 2004, 56; *OVG Münster* DÖV 2005, 213; *VGH München* BayVBl 2003, 210; *VG Neustadt* BauR 2006, 1517.

[195] *BVerwG* NVwZ 2001, 326; 2002, 1254.

nahm dagegen wohl der BR in einer Prüfungsbitte an die Bundesregierung an.[196] Eine entsprechende Anregung des BDVR an den Gesetzgeber ist aber nicht übernommen worden. Diese Aufwendungen sind nach den Kostengesetzen abzuwickeln (Rn. 16). Sind Ausgangs- und Widerspruchsbehörde identisch, sind die Voraussetzungen des Satzes 3 trotz erfolglosen Widerspruchs regelmäßig nicht erfüllt, da die Behandlung des Widerspruchs dem Widerspruchsverfahren und nicht der Rechtsverfolgung oder -verteidigung zuzurechnen ist.[197]

Ferner sind Aufwendungen von **mitwirkungsberechtigten anderen Behörden** nicht erstattungsfähig. Dies gilt auch für Bayern, obgleich die Fassung des Art. 80 Abs. 1 S. 2 BayVwVfG weiter geht (... hat die Kosten zu tragen). Damit sind aber nur die **Kosten anderer Beteiligter** i. S. d. § 13 gemeint, wie Art. 80 Abs. 2 S. 2 BayVwVfG zum Ausdruck bringt.[198] Die mitwirkungsberechtigte Behörde fällt nicht unter den Beteiligtenbegriff. 46

Bei erfolglosem Widerspruch eines Belasteten gegen einen **Verwaltungsakt mit Drittwirkung** (s. § 50) ist für die Kosten des Begünstigten (z. B. die Aufwendungen für die Beauftragung eines Rechtsanwalts) selbst dann keine Erstattungspflicht des Belasteten vorgesehen, wenn der Begünstigte nach § 79 i. V. m. § 13 Abs. 1 Nr. 4 zu dem Vorverfahren hinzugezogen worden ist oder gar die Widerspruchsbehörde die Zuziehung für notwendig erachtet hat (Rn. 49). Er kann allerdings auch nicht mit Kosten belegt werden (Rn. 49). § 80 gilt selbst dann nicht, wenn eine staatliche **Behörde** ein **Widerspruchsrecht** gegen einen von einer anderen Stelle erlassenen VA geltend macht[199] und der durch den VA Begünstigte zu dem Vorverfahren hinzugezogen worden ist.[200] Einer dem § 162 Abs. 3 VwGO entsprechenden Anregung des BDVR ist der Gesetzgeber in Kenntnis der in Rn. 5 dargestellten Rechtsprechung bewusst, trotz der Beratungen gegen ihn, nicht gefolgt. Eine analoge Anwendung der §§ 154 ff. VwGO und insbesondere des § 162 Abs. 3 VwGO hinsichtlich der Erstattungsfähigkeit der Kosten von Drittbeteiligten im Vorverfahren scheidet mithin aus.[201] Der Begünstigte kann lediglich bei nachfolgendem gerichtlichen Verfahren mit einer Erstattung nach § 162 Abs. 3 VwGO rechnen.[202] Anders als nach § 80 ist die Rechtslage nach **Art. 80 Abs. 2 S. 2 BayVwVfG**, der eine Erstattung von Aufwendungen anderer Beteiligter vorsieht, wenn sie aus Billigkeit demjenigen, der die Kosten des Widerspruchsverfahrens zu tragen hat, oder der Staatskasse auferlegt werden.[203] Die Gesichtspunkte, die hiernach für die **Billigkeitsentscheidung** maßgebend sind (besonderes Tätigwerden des Dritten, tatsächliche Förderung des Verfahrens), sind im Einzelnen strittig.[204] Nach der Rechtsprechung[205] soll diese Sonderregelung unter entsprechender Verdrängung des § 162 Abs. 2 Satz 2 VwGO die Erstattung der Dritten im Widerspruchsverfahren entstandenen Aufwendungen abschließend regeln. Begründet wird dies damit, § 162 Abs. 1 VwGO wolle nicht dem Dritten, der nach dem Widerspruchsbescheid keinen Erstattungsanspruch habe, einen solchen zusprechen. Dabei wird allerdings die Selbständigkeit der angesprochenen bundes- bzw. landesrechtlichen Regelungen übersehen, s. dazu auch Rn. 4.[206] 47

Da § 80 nur einen Teilbereich regeln wollte, nach der Rechtsprechung die §§ 154 ff. VwGO ergänzend aber nicht herangezogen werden können (s. Rn. 5), kann für den Begünstigten **nicht § 162 Abs. 3 VwGO oder § 80 Abs. 1 S. 1 entsprechend** im isolierten Vorverfahren ange- 48

---

[196] Stellungnahme zu § 67 Entwurf 70, BT-Drucksache VI/1173.
[197] S. *Busch* in Knack § 80 Rn. 53.
[198] Dazu *VGH München* BayVBl 2004, 761.
[199] Siehe z. B. zum Widerspruchsrecht der Gemeinde gegen einen in ihre Rechte eingreifenden drittbegünstigenden VA: *BVerwG* UPR 2005, 71; NVwZ 2002, 1254; NJW 2001, 386; *OVG Greifswald* DÖV 2007, 393; *OVG Mannheim* VBlBW 2005, 229; 2004, 56; *OVG Münster* DÖV 2005, 213; *VGH München* BayVBl 2003, 210; *OVG Weimar* NuR 2000, 478; *OVG Lüneburg* NVwZ 1999, 1005; *OVG Lüneburg* NVwZ-RR 1999, 367; *VG Neustadt* BauR 2006, 1517; *VG Gera* ThürVGRspr 1998, 128.
[200] *BVerwG* NVwZ 1987, 490; NVwZ 1985, 335.
[201] S. die Übersicht über die in § 80 nicht geregelten Fälle bei *Busch* in Knack § 80 Rn. 61 ff.
[202] *VGH München* NVwZ-RR 2000, 333; *OVG Münster* 27. 10. 1989 – 7 B 2853/89 –; s. ferner Rn. 48, 55.
[203] Zur Anwendung der Kostenerstattungsregelung über § 128 Abs. 4 Satz 3 GWB auf Verfahren vor den bayerischen Vergabekammern s. *OLG München* BayVBl 2007, 187; *VGH München* BayVBl 2004, 760. Ferner Rn. 103.
[204] S. *VGH München* BayVBl 2004, 760; *VG Regensburg* BayVBl 1981, 634; *Pietzner* BayVBl. 1979, 111; *Jäde* BayVBl 1989, 201.
[205] *VGH München* BayVBl 2003, 476.
[206] Vgl. z. B. *BVerwG* NVwZ 2006, 1294; *Olbertz* in Schoch u. a. § 162 Rn. 88.

wandt werden.[207] *Kopp/Ramsauer*[208] grenzen den Anwendungsbereich des § 80 nunmehr wie hier ein, plädieren aus verfassungsrechtlichen Gründen aber dafür, die Lückenhaftigkeit des § 80 durch eine analoge Anwendung von §§ 154 ff VwGO zu beheben. Insoweit fehlt es aber nicht nur aus den zu Rn. 5 aufgeführten Gründen an den Voraussetzungen für eine Analogie. Es gibt auch hier **kein** von der Verfassung gefordertes **allgemeines Prinzip der Kostenerstattung** an den Obsiegenden,[209] das die Schließung dieser „Lücke" erforderlich machen würde, s. auch Rn. 8. Hierzu zwingen auch Art. 3 GG und der Grundsatz der Waffengleichheit nicht.[210] Im Einzelfall kann diese „Lücke" dadurch geschlossen werden, dass Vorverfahrenskosten, die nicht im erfolgreichen Vorverfahren erstattet werden, Gegenstand eines bürgerlich-rechtlichen Schadensersatzanspruchs aus **Amtspflichtverletzung** sein können.[211]

49 Eine **Kostenerstattungspflicht** des nach § 13 Abs. 1 Nr. 4 **hinzugezogenen Dritten** ist ebenfalls nicht vorgesehen. Es fehlt eine dem § 154 Abs. 3 VwGO entsprechende Vorschrift. Ist der Dritte erst im Gerichtsverfahren beigeladen worden, kann er für Kosten des Vorverfahrens über § 154 Abs. 3 VwGO nur herangezogen werden, wenn er tatsächlich an diesem beteiligt gewesen ist.[212] War der am gerichtlichen Verfahren als Kläger oder Beigeladener Beteiligte zum Widerspruchsverfahren als Dritter i. S. des § 71 VwGO herangezogen, müssen besondere Gründe vorliegen, um seine anwaltliche Vertretung bereits im Vorverfahren zu rechtfertigen.[213]

50 War der Widerspruch von einem **vollmachtlosen Vertreter** erhoben, kann diesem aus dem allgemeinen kostenrechtlichen **Grundsatz der Veranlasserhaftung** die Kosten auferlegt werden.[214] Anderes gilt nur, wenn das vollmachtlose Handeln nachträglich genehmigt worden und diese Genehmigung wirksam ist.[215] Ebenso kann der allgemeine Rechtsgedanke aus § 179 BGB, § 89 Abs. 1 S. 3 ZPO herangezogen werden.

51 Wird der **Widerspruch zurückgenommen** (s. § 79 Rn. 42, dort auch zur Frage, ob die Rücknahme noch nach Zustellung des Widerspruchs erfolgen kann),[216] ist nach § 80 keine Kostenverteilung möglich.[217] Eine entsprechende Anwendung der §§ 154 ff. VwGO und damit des § 155 Abs. 2 VwGO ist nach der Rechtsprechung nicht zulässig (vgl. Rn. 5). Auch kann 80 Abs. 1 Satz 2 nicht auf den Fall übertragen werden, dass nach der Heilung eine Rücknahme des Widerspruchs erfolgt, zumal sich eine solche Sachlage ohne weiteres durch Vergleich regeln lässt, s. Rn. 40.[218] Der Gesetzgeber hat im Übrigen in Kenntnis der Rechtsprechung eine ausdrückliche Anregung des BDVR, § 155 Abs. 2 VwGO entsprechend anzuwenden, nicht aufgegriffen. Deshalb ist auch der Vorschlag,[219] in diesen Fällen Absatz 1 S. 3 anzuwenden, nicht möglich. Dementsprechend sah sich **Bayern** zu einer eigenständigen Regelung in Art. 80 Abs. 1 S. 2 BayVwVfG veranlasst.[220] Sieht Landesrecht eine Kostenentscheidung bei Rücknah-

---

[207] Wie hier *BVerwGE* 70, 58; *BVerwG* BayVBl 1986, 567; *OVG Hamburg* LKV 1992, 59, 60; *Altenmüller* DVBl 1978, 286; *Pietzner* BayVBl 1979, 108; *Pietzner/Ronellenfitsch* § 46 Rn. 9; *Meyer/Borgs,* § 80 Rn. 31; *Allesch* S. 243 f.; a. A. *Weides,* § 26 II; *Eyermann/Rennert* § 73 Rn. 30; *Stühler* DVBl 1980, 876: § 80 analog.
[208] VwVfG, § 80 Rn. 6.
[209] Vgl. *BVerfG* NJW 1987, 2569; *BVerwGE* 82, 336 = NVwZ 1990, 59, 60; *BVerwG* NVwZ 1997, 272; NVwZ 1990, 59, 60; *VGH München* NVwZ 1999, 614; *OVG Münster* NVwZ 2006, 856; NWVBl 1992, 69.
[210] S. z. B. *BVerfG* BayVBl 2005, 376 zu Art. 3 GG als Maßstab für eine Beschränkung der Kostenerstattung. Hierzu auch *Schmidt* VerwArch 92 (2001), 443, 454.
[211] S. *BGH* UPR 2006, 188, 189; NJW 2003, 3693, 3697 f.; *BGHZ* 111, 168, 170; *BVerwGE* 40, 313, 322; *OLG Brandenburg* NVwZ-RR 2007, 369; *ThürOLG* DVBl 2002, 1064; *Hidien* NJW 1987, 2211; *Günther,* J. M./*Günther,* D. C. KStZ 1991, 204, m. w. N.
[212] *BVerwG* NVwZ 1988, 53.
[213] *OVG Saarlouis* 11. 12. 1998 – 2 Y 7/98 –. Vgl. auch *OLG München* BayVBl 2007, 187; *VGH München* BayVBl 2004, 760 zur Erstattung von Aufwendungen Dritter nach Art. 80 Abs. 1 Satz 2, Abs. 2 Satz 2 BayVwVfG in Verfahren vor den bayerischen Vergabekammern. Ferner Rn. 103.
[214] *VGH Mannheim* NJW 1982, 842.
[215] Hierzu *BVerwGE* 109, 169 = NJW 1999, 3357 zu § 30 a VermG.
[216] S. hierzu *VGH München* BayVBl 2003, 399. Eingehend *Meier* VR 2006, 293; *Allesch* NVwZ 2000, 1227; *Schildheuer* NVwZ 1997, 637 und die weiteren Nachweise zu § 79 Rn. 42.
[217] *BVerwGE* 62, 201, 204; 62, 300; NJW 1982, 1827; *Pietzner* BayVBl 1979, 108; *Pietzner/Ronellenfitsch* § 46 Rn. 11; *Allesch* S. 234.
[218] So auch *Saller* NdsVBl 2001, 258, 264; a. A. *Pietzner/Ronellenfitsch* § 46 Rn. 11.
[219] *Redeker/von Oertzen* § 73 Rn. 31.
[220] Zur Erstattung der Aufwendungen des Antragsgegners bei Rücknahme eines Nachprüfungsantrags in Verfahren vor den bayerischen Vergabekammern s. *Meininger/Kayser* VergabeR 2006, 41. Ferner *OLG München* BayVBl 2007, 187; *VGH München* BayVBl 2004, 760. Ferner Rn. 101.

§ 80 Erstattung von Kosten im Vorverfahren 52–54 § 80

me vor, ist die Stelle für die Kostenentscheidung **zuständig,** bei der das Verfahren z. Zt. der Rücknahme anhängig ist; §§ 72, 73 VwGO regeln den Fall nicht.[221] Die Kostenentscheidung ist VA (s. Rn. 3).

Wird das Vorverfahren durch einen **Vergleich** (§ 79 Rn. 43) abgeschlossen, wofür nicht **52** schon genügt, dass der Widerspruchsführer erklärt, der Widerspruch sei unter bestimmten Voraussetzungen erledigt, und die Widerspruchsbehörde dem entspricht,[222] ist § 160 VwGO aus den Gründen der Rn. 5 im Verwaltungsverfahren nicht entsprechend anwendbar. Soll eine Kostenerstattung erfolgen, muss sie zum Inhalt des nach § 55 abzuschließenden Vergleichs gemacht werden.[223] Beenden die Beteiligten ein Klageverfahren durch gerichtlichen **Vergleich,** der keine Aussagen zu den Kosten des Verfahrens enthält, erfasst die gesetzlich fingierte Kostenregelung des § 160 VwGO auch die Kosten des Vorverfahrens als Teil der Verfahrenskosten, s. dazu auch Rn. 4.[224] In **Bayern** erfolgt die Kostenregelung nach Art. 80 Abs. 1 S. 5 BayVwVfG. Ein Vergleich mit **Verzicht** der Kostenerstattung ist ebenfalls möglich.[225]

Wird über eine **Erledigung der Hauptsache gestritten,** ist durch Widerspruchsbescheid **53** mit den Kostenregeln des § 80 zu entscheiden (§ 79 Rn. 48).[226] Geht der Widerspruchsführer von einer Erledigung aus, setzt dies allerdings voraus, dass er gleichwohl sein Hauptsachebegehren – etwa „hilfsweise"[227] – weiterverfolgt, weil die Widerspruchsbehörde andernfalls einzustellen ist.[228] Ist die **Erledigung unstreitig,** ist aus den Gründen der Rn. 5 eine Kostenentscheidung nach § 80 nicht möglich; insoweit ergeht auch kein Abhilfe- oder Widerspruchsbescheid, der die Erledigung feststellt.[229] Demgegenüber sehen § 80 Abs. 1 S. 5 LVwVfG BW,[230] Art. 80 Abs. 1 S. 5 BayVwVfG, § 19 Abs. 1 S. 5 AGVwGO Rhl.-Pf., § 80 Abs. 1 Satz 5 SVwVfG, § 80 Abs. 1 S. 6 ThürVwVfG vor, dass dann, wenn sich der Widerspruch auf andere Weise erledigt, über die Kosten nach billigem Ermessen entschieden wird.[231] Entfällt – aus welchem Grund auch immer – eine behördliche Entscheidung über den Widerspruch,[232] so ist für § 80 Abs. 1 Satz 1 grundsätzlich kein Raum, s. Rn. 2.[233] Eine davon abweichende Auffassung will dieses Ergebnis dadurch vermeiden, dass sie § 161 Abs. 2 VwGO entsprechend anwendet.[234] Insoweit wird verkannt, dass eine Kostenlastentscheidung zwingend eine Entscheidung nach §§ 72, 73 VwGO voraussetzt (s. Rn. 2, 8, 19, 31; § 79 Rn. 3, § 48 Rn. 63).

Eine trotz Erledigung ergangene Widerspruchsentscheidung in der Sache ist unzulässig.[235] **54** Sieht man dagegen einen **Fortsetzungsfeststellungswiderspruch** als statthaft an, kann § 80 angewendet werden.[236]

---

[221] *VGH München* NVwZ 1983, 615; s. ferner *Allesch* S. 237 ff.; *Lange* DÖV 1974, 269 ff.
[222] *OVG Koblenz* RdL 1999, 276: Insoweit kommt allenfalls eine Erledigung des Widerspruchs in Betracht.
[223] *Pietzner/Ronellenfitsch* § 46 Rn. 11; *Altenmüller* DVBl 1978, 286.
[224] So auch *Neumann* in Sodan/Ziekow § 162 Rn. 17; a. A. *VGH Mannheim* NVwZ-RR 2002, 325.
[225] *VGH Mannheim* NJW 1986, 1370.
[226] Wie hier *Meyer/Borgs,* § 80 Rn. 18; *Allesch* S. 237.
[227] *BayVGH* BayVBl 2003, 399: Eine prozessuale Erledigungserklärung kann nicht hilfsweise zur weiter aufrechterhaltenen Anfechtungklage abgegeben werden.
[228] Vgl. *Pietzner/Ronellenfitsch* § 42 Rn. 33.
[229] *BVerwG* NJW 1982, 300, kritisch dazu *Traskalik* JZ 1983, 415, 417 f.; *OVG Münster* ZfBR 2000, 429; *OVG Koblenz* NJW 1982, 2460; *VGH Mannheim* VBlBW 1984, 375 gegen NJW 1981, 1524; *VGH Kassel* AnwBl 1984, 559; *OVG Münster* NWVBl 1991, 96; *OVG Hamburg* LKV 1992, 59, 60; *Pietzner* BayVBl 1979, 107, 111; *Pietzner/Ronellenfitsch* § 46 Rn. 12; *Vahle* DVP 2003, 429; *Engelbrecht* JuS 1997, 550 m. w. N. Demgegenüber soll nach *VG Schwerin* DVP 2005, 260 nach Erledigung des Widerspruchs eine Kostenentscheidung analog §§ 92, 161 VwGO ergehen. Nach *OVG Schleswig* NordÖR 2006, 302 findet § 120 Abs. 2 VwVfG LVwG SchH. auch nach Erledigung des Widerspruchsverfahrens durch Abschluss eines Vergleichs im Eilverfahren Anwendung.
[230] S. *VGH Mannheim* VBlBW 2005, 281 zum Begriff der Erledigung im Sinne dieser Regelung.
[231] S. dazu *VGH Mannheim* VBlBW 2005, 281; a. A. *VG Stuttgart* VBlBW 2002, 81. S. auch *OVG Schleswig* NordÖR 2006, 302 zur Anwendung des § 120 Abs. 2 VwVfG LVwG SchH. nach Erledigung des Widerspruchsverfahrens.
[232] Zu den Voraussetzungen einer Erledigung des Widerspruchsverfahrens s. *VG Schleswig* NVwZ-RR 2007, 152.
[233] *BVerwG* NVwZ 1997, 272; *BVerwGE* 62, 296 (298).
[234] *Kopp/Ramsauer* § 80 Rn. 19; *VGH Mannheim* NJW 1981, 1524; *VG Schwerin* DVP 2005, 260; *VG Bremen* DVBl 1979, 824; dagegen eingehend *VGH Kassel* AnwBl 1984, 559.
[235] So *BVerwG* NVwZ 2001, 1288 m. w. N.
[236] S. hierzu *Pietzner/Ronellenfitsch* § 46 Rn. 12. Im Einzelnen *Funk* BayVBl 1993, 585; *Dreier* NVwZ 1987, 474, 476.

55 Eine Erledigung der Hauptsache[237] kann bei **Änderung** oder **Ersetzung** eines Bescheides eintreten, es sei denn, der neue Bescheid wird in das Vorverfahren eingeführt (§ 79 Rn. 14, 49).[238] Hinsichtlich des neuen Bescheides stellt sich auch die Frage, ob ein Zweitbescheid vorliegt und ob dieser automatisch Gegenstand eines weiterhin anhängigen Widerspruchsverfahrens wird, ohne dass es einer entsprechenden Erklärung des Widerspruchsführers oder eines erneuten Widerspruchs bedarf, s. Rn. 31; § 79 Rn. 49.[239] So erstreckt sich der Widerspruch gegen einen vorläufigen VA sich nicht auf den die endgültige Entscheidung beinhaltenden VA.[240] Geht dem zweiten Bescheid eine **Abhilfeentscheidung** nach § 72 VwGO voraus, gilt § 80 unmittelbar (Rn. 18 ff., 31).[241] Nicht gangbar ist der Weg des *OVG Lüneburg*,[242] das die faktische Abhilfe eines Widerspruchs (= Erledigung) der schriftlichen Abhilfeentscheidung gleichstellt, um § 80 anwenden zu können (vgl. Rn. 18).[243] Diese Auffassung trägt der erforderlichen strikten Unterscheidung zwischen einer Abhilfeentscheidung und sonstigen Entscheidungen der Behörde über den Fortbestand des Verwaltungsaktes (s. Rn. 2, 19 f., 51) nicht hinreichend Rechnung. Als Erledigung sind dagegen die **Rücknahme** oder der **Widerruf** eines Verwaltungsaktes anzusehen, die parallel zur Durchführung des Vorverfahrens erfolgen können (Rn. 9, 18 f.).[244] So hat die Ausgangsbehörde auch noch nach Abgabe des Widerspruchsvorgangs an die Widerspruchsbehörde die Wahl, ob sie dem Widerspruch abhilft oder den Ausgangsbescheid aufhebt und damit eine Erledigung herbeiführt.[245]

56 Satz 3, 2. Halbsatz bringt neben dem Fall des Satzes 2 (Rn. 37 ff.) **Ausnahmen** von der Kostenpflicht des 1. Halbsatzes, die im **Festsetzungsverfahren** zu berücksichtigen sind.[246] Die Vorschrift wird mit dem Grundsatz der Fürsorgepflicht des Dienstherrn und der Erkenntnis begründet, dass im **öffentlichen Dienstrecht** – anders als im Arbeitsrecht – hoheitliche Maßnahmen zur Regelung des Dienstverhältnisses erforderlich sind, gegen die sich der Betroffene ohne übermäßiges Kostenrisiko wehren können muss (Begründung zu § 76 Entwurf 73). Sie ist auch für den Fall des § 126 Abs. 3 BRRG anzuwenden.[247] Die Vorschrift steht im Zusammenhang mit Grundsätzen, die z. B. auch § 7 Nr. 3 und 4 des Verwaltungskostengesetzes des Bundes, § 19 Abs. 8, § 26 Abs. 6, § 33 Abs. 7 WpflG enthalten.

57 Abgestellt wird auf ein **bestehendes oder früheres** öffentlich-rechtliches **Dienst- oder Amtsverhältnis** oder eine bestehende oder frühere gesetzliche **Dienstpflicht** oder eine Tätigkeit, die an Stelle der gesetzlichen Dienstpflicht geleistet werden kann. Hierunter fallen die in § 52 Nr. 4 VwGO genannten Berufsgruppen wie Beamte, Richter, Wehrpflichtige, Wehrdienst- und Zivildienstpflichtige (Rn. 8) sowie Angehörige des Zivilschutzcorps. In **§ 80 Abs. 1 S. 3 Nr. 1 VwVfG BW** ist zudem auf ein **Schulverhältnis** abgestellt. In einem Amtsverhältnis stehen z. B. Minister, s. § 1 Bundesministergesetz, ehrenamtlich Tätige, s. § 81 Rn. 7. Obwohl nicht ausdrücklich genannt, sind nicht nur Verwaltungsakte im Rahmen eines bestehenden oder früheren Verhältnisses gemeint, sondern auch Verwaltungsakte, die „**sich auf die**

---

[237] Siehe hierzu im Einzelnen *Engelbrecht* JuS 1997, 550. *VGH Mannheim* VBlBW 2005, 281 zur Erledigung durch nachträgliche Heilung der Satzungsgrundlage eines Abgabenbescheides. Zur Erledigung von VwVf der Deutschen Bundespost Telekom außerhalb des Regelungsbereichs des Art. 143 b Abs. 3 GG, § 1 Abs. 1 PostpersRG s. *VG Darmstadt* IÖD 2000, 244. Ferner *OVG Münster* DVBl 2000, 1468 zur Erledigung einer Sicherungsanordnung durch Aufhebung der Baugenehmigung. Zur isolierten Aufhebung eines nach Erledigung ergangenen Widerspruchsbescheides s. *BVerwGE* 81, 226, 229; *BVerwG* 14. 5. 1999 – 6 PKH 3/99 –. Siehe ferner *BVerwGE* 109, 203 = NVwZ 2000, 63: Hat sich ein VA durch Aufhebung ex nunc vor Eintritt der Bestandskraft erledigt, ist eine Klage, die auf Feststellung seiner Rechtswidrigkeit gerichtet ist, nicht an die Fristen der §§ 74 Abs. 1 bzw. 58 Abs. 2 VwGO gebunden. S. hierzu § 79 Rn. 27. Ferner *Hufen* JuS 2000, 720; *Schenke* NVwZ 2000, 1255; *Rozek* JuS 2000, 1162; *Fechner* NVwZ 2000, 121.
[238] *VGH München* KStZ 1989, 18; *OVG Münster* NWVBl 1991, 96.
[239] S. *OVG Bautzen* NVwZ-RR 1999, 101. Allgemein zur Ersetzung eines VA durch einen anderen s. *BVerwGE* 105, 288 = NVwZ 1998, 1292; *OVG Münster* ZfBR 2000, 429; *VGH München* BayVBl 1999, 761; *OVG Hamburg* ZMR 1999, 361.
[240] *VGH Mannheim* NVwZ-RR 2006, 154.
[241] *BVerwG* NVwZ 1997, 272; NVwZ-RR 1992, 450; *BVerwGE* 88, 41.
[242] NVwZ-RR 1990, 56.
[243] Nicht gefolgt werden kann auch *VG Osnabrück* NVwZ-RR 1997, 200, wonach auch eine Klaglosstellung in sonstiger Weise genügen soll.
[244] *BVerwG* NVwZ-RR 2007, 617; 2003, 871; NVwZ 1997, 272; *OVG Lüneburg* NVwZ-RR 2003, 326. S. auch *OVG Münster* NWVBl 2003, 231:
[245] *OVG Lüneburg* NVwZ-RR 2003, 326.
[246] *Altenmüller* DÖV 1978, 906, 907.
[247] *Busch* in Knack § 80 Rn. 56; *Pietzner/Ronellenfitsch* § 46 Rn. 7.

§ 80 Erstattung von Kosten im Vorverfahren

Entstehung eines solchen Verhältnisses beziehen".[248] Weitergehende Ausnahmen können sich aus **Sondergesetzen** ergeben. S. § 19 Abs. 1 S. 3 Nr. 3 AG VwGO RhlPf zur Befreiung von der Erstattungspflicht für Angelegenheiten, in denen nach einer Rechtsverordnung gem. § 7 Abs. 2 Nr. 1, 2 GebG **Gebührenfreiheit** besteht. Die Kostenfreiheit nach § 64 SGB X besteht nicht für das Widerspruchsverfahren nach dem Asylbewerberleistungsgesetz.[249]

5. Notwendige Aufwendungen

Erstattet werden müssen nach **Satz 1 und 3** die **Aufwendungen, die zur zweckentsprechenden Rechtsverfolgung oder Rechtsverteidigung notwendig** waren. Ob Aufwendungen notwendig sind, wird im **Festsetzungsverfahren** entschieden (Rn. 90 ff.). Mit dem Begriff notwendige Aufwendungen wird der Begriff des § 162 Abs. 1 VwGO wiederholt. Die Notwendigkeit einer Aufwendung im Sinne dieser Vorschrift beurteilt sich aus der Sicht einer verständigen Partei, die bemüht ist, die Kosten so niedrig wie möglich zu halten. Dabei ist auf den Zeitpunkt der die Aufwendung verursachenden Handlung abzustellen. Es ist deswegen ohne Belang, ob sich die Handlung hinterher als unnötig herausstellt.[250] Im Einzelnen kann auf die zahlreichen, zum Teil in der Rechtsprechung strittigen Beispiele in der einschlägigen Kommentierung zu § 162 Abs. 1 VwGO verwiesen werden. Grundlegend ist zu sagen, dass § 80 nur die **Aufwendungen des Widerspruchsführers** und **der Ausgangsbehörde** regelt, die diese **für das Vorverfahren** erbracht haben. Aufwendungen, die **im erstinstanzlichen Verwaltungsverfahren** entstanden sind, sind nicht nach § 80 erstattungsfähig.[251] Eine Erstattung der zur Rechtsverfolgung oder Rechtsverteidigung vor dem Erlass einer Verwaltungsentscheidung aufgewandten Kosten ist nicht vorgesehen.[252] Findet ein Vorverfahren nicht statt, sind folglich die Gebühren und Auslagen eines Rechtsanwalts, die im Ausgangsverfahren entstanden sind, weder nach § 80 noch nach § 162 Abs. 2 Satz 2 VwGO erstattungsfähig.[253] Dies gilt auch, wenn sich an das Ausgangsverfahren kein Vorverfahren, sondern eine Untätigkeitsklage (§ 75 VwGO) anschließt.[254] Dieses Ergebnis ist rechtlich unbedenklich, da es keinen allgemeinen Grundsatz gibt, dass Kosten zu erstatten sind, die einem obsiegenden Beteiligten durch eine Antragstellung oder im Verwaltungsverfahren vor der Ausgangsbehörde entstanden sind.[255] Vielmehr gehen die VwVfGe wie auch die VwGO davon aus, dass die einem Beteiligten in einem VwVf entstandenen Kosten von diesem selbst zu tragen sind.[256] Nach diesen Grundsätzen sind allerdings auch solche Kosten widerspruchsbezogen und deshalb nach § 80 erstattungsfähig, die dem Widerspruchsführer nach Erlass des Ausgangsbescheides und vor Beginn des Widerspruchsverfahrens zu dessen unmittelbarer Vorbereitung entstehen.[257] Für das Ausgangsverfahren gelten die Bundes- und Landeskostengesetze. S. auch Rn. 14, 63. **Art. 80 Abs. 2 S. 1 BayVwVfG** zählt neben den Aufwendungen auch die **Verwaltungskosten** zu den erstattungsfähigen Kosten. Nicht hierunter fallen Aufwendungen der Erstbehörde, die sie im Abhilfeverfahren nach § 72 VwGO erbracht hat, sowie solche, die ihr als Widerspruchsbehörde für eine Entscheidung nach § 73 VwGO entstanden sind. Sind Ausgangs- und Widerspruchsbehörde identisch, sind dementsprechend die Voraussetzungen des § 80 Abs. 1 S. 3 trotz erfolglosen Widerspruchs regelmäßig nicht erfüllt, da die Behandlung des Widerspruchs dem Widerspruchsverfahren und nicht der Rechtsverfolgung oder -verteidigung zuzurechnen ist.[258]

---

[248] Wie hier *Kopp/Ramsauer* § 80 Rn. 32; a. A. *Pietzner* BayVBl 1979, 111; *Pietzner/Ronellenfitsch* § 46 Rn. 7; *Obermayer* § 80 Rn. 90; *Meyer/Borgs* § 80 Rn. 30.
[249] So *OVG Lüneburg* NdsVBl 2000, 18. Zur Gerichtsgebührenbefreiung für Religionsgemeinschaften s. *BVerfG* DVBl 2001, 273.
[250] *BVerwG* NJW 2000, 2832.
[251] *OVG Münster* DÖV 1998, 135; *VGH Mannheim* NVwZ-RR 1992, 53; *BGH* NJW 1975, 52 für Umlegungsverfahren.
[252] S. *BVerwG* NVwZ 2005, 691; *OVG Greifswald* NVwZ-RR 2006, 737; *VG Dessau* NVwZ-RR 2003, 908; *OVG Münster* DÖV 1998, 135 unter Hinweis auf *BVerwG* NVwZ 1990, 59.
[253] Vgl. *VGH Mannheim* NJW 2006, 2937.
[254] *OVG Bremen* 10. 9. 1981 – OVG 1 B 40/81.
[255] Vgl. *OVG Münster* NVwZ-RR 2006, 856 m. w. N. S. auch eingehend *OVG Weimar* GemHlt 2006, 212 zur verfassungsrechtlichen Unbedenklichkeit eines (dort für Altverfahren) fehlenden Kostenerstattungsanspruchs im isolierten kommunalabgabenrechtlichen Widerspruchsverfahren.
[256] *VGH München* NVwZ-RR 1999, 614.
[257] *VG Berlin* 31. 7. 1998 – 20 A 455.96 –.
[258] S. *Busch* in Knack § 80 Rn. 53.

59 Die notwendigen Aufwendungen sind die **persönlichen Auslagen** des Beteiligten (Rn. 30) oder der Behörde und (nach Absatz 2, s. Rn. 76 f.) die **Gebühren** und **Auslagen** eines Bevollmächtigten. Zum vollmachtlosen Vertreter s. Rn. 50.

60 Die **Auslagen** müssen **tatsächlich entstanden** sein. Dass Auslagen hätten entstehen können, ist nicht entscheidend. Die Auslagen müssen aus der **ex-ante-Sicht** eines verständigen Beteiligten für seine Rechtsverfolgung oder Rechtsverteidigung **notwendig** gewesen sein.[259] Jeder Beteiligte ist verpflichtet, die **Kosten so gering wie möglich** zu halten.[260] Die Notwendigkeit ist weder rein subjektiv, d. h. allein aus der Sicht der Betroffenen, noch rein objektiv, d. h. ausschließlich unter dem Gesichtspunkt der Entscheidungserheblichkeit zu beurteilen. Maßgebend ist, dass die Aufwendungen im Rahmen der Verfahrensführung nach **allgemeiner Verkehrsauffassung sachgemäß** erscheinen, wobei die Notwendigkeit nicht absolut, sondern im Verhältnis zu den Gesamtkosten zu bestimmen ist. Hierbei sind die Umstände des Einzelfalles, die Geltung der Amtsmaxime und die Pflicht zur Geringhaltung der Verfahrenskosten (**Kostenminimierungspflicht**) zu beachten.[261]

61 **Einzelfälle: Verlust an eigener Zeit** und eigener Mühe (z. B. für das Fertigen von Schriftsätzen)[262] sind – soweit nicht die Regelungen des Justizvergütungs- und Entschädigungsgesetzes[263] (s. Rn. 62) eingreifen[264] – nicht erstattungsfähig, auch nicht als Ersatz für **entgangene Urlaubszeit**[265] oder als Vorbereitung für Termine,[266] selbst wenn statt dessen ein Rechtsanwalt hätte eingeschaltet werden können. Dies gilt auch für den Geschäftsführer einer **juristischen Person**[267] oder **Arbeits- und Zeitaufwand der Ausgangsbehörde** (Rn. 55).[268] Die Zeitversäumnis einer Partei durch ihre Anwesenheit in Terminen zur mündlichen Verhandlung und bei Informationsgesprächen mit ihrem Prozessbevollmächtigten ist im Rahmen des § 162 Abs. 1 VwGO regelmäßig nur dann zu den erstattungsfähigen Kosten zu rechnen, wenn sie zu den Gerichtsterminen geladen wird, ohne dass sie einen Rechtsanwalt als Prozessbevollmächtigten bestellt hat bzw. wenn dessen Unterrichtung nicht schriftlich erledigt werden kann.[269] Der **Rechtsanwalt,** der **sich selbst vertritt** (s. u. a. zum Maßstab der Notwendigkeitsprüfung[270] im Fall der Selbstvertretung Rn. 82),[271] hat in entsprechender Anwendung des einen allgemeinen Rechtsgedanken enthaltenden **§ 91 Abs. 2 Satz 3 ZPO**[272] einen Anspruch auf Erstattung der Gebühren und Auslagen, die er als Gebühren und Auslagen eines bevollmächtigten Rechtsanwalts erstattet verlangen könnte.[273] Es kommt nicht darauf an, ob erkennbar ist, dass der Rechtsanwalt in eigener Sache auftritt.[274] Allerdings kein Anspruch auf Erstattung von Mehrwertsteuer und Auslagen in eigener Sache.[275] Wie bei der Vertretung eines anderen Widerspruchsführers sind aber die Grundsätze nach Rn. 83 zu berücksichti-

---

[259] *BVerwGE* 17, 245; *BVerwG* Buchholz 316 § 80 Nr. 36; *BVerwG* NJW 2000, 2832.
[260] *BVerwG* NJW 2000, 2832; *VGH München* VerwRspr 1977, Nr. 55; *VGH Mannheim* VBlBW 1989, 257; *VGH Mannheim* NVwZ-RR 1993, 112; *OVG Weimar* LKV 1996, 167.
[261] *Olbertz* in Schoch u. a. § 162 Rn. 14 ff.
[262] *BVerwG* DÖV 2006, 740; *VGH Kassel* NVwZ-RR 1999, 213. Hierzu auch *Dietz* DÖV 2006, 733; *Kopp/Schenke* § 162 Rn. 4 mit Nachweis der Rechtsprechung.
[263] JVEG v. 5. 5. 2004, BGBl. I S. 718.
[264] S. dazu im Einzelnen *Olbertz* in Schoch u. a. § 162 Rn. 20.
[265] *OVG Koblenz* NJW 1988, 1807; nach *LAG Düsseldorf* Jur-Büro 1992, 686 hat der Arbeitnehmer gegen seinen Arbeitgeber einen Anspruch darauf, zum Zweck der Wahrnehmung von Gerichtsterminen ohne Anrechnung auf den Erholungsurlaub von der Arbeit unbezahlt freigestellt zu werden; hierauf nimmt *OVG Münster* Beschluss 5. 9. 1994 – 11 E 166/94 Bezug.
[266] *BVerwG* DÖV 2006, 740. S. auch *Dietz* DÖV 2006, 733 m. w. N.
[267] *OVG Münster* NVwZ-RR 1992, 447.
[268] So auch *BVerwG* NVwZ 2005, 466; *VGH München* NVwZ-RR 2001, 611; *VGH Mannheim* NVwZ-RR 1990, 665; *Eyermann* § 162 Rn. 7; a. A. *Olbertz* in Schoch u. a. § 612 Rn. 22.
[269] *VGH Kassel* NVwZ-RR 1999, 213.
[270] S. hierzu *OVG Greifswald* NVwZ 2002, 1129.
[271] Zur Bedeutung des Umgehungsverbots nach § 12 Abs. 1 BORA bei Vertretung in eigener Sache s. *Steike* NJW 2007, 1411.
[272] In der Fassung der Änderung durch das Kostenrechtsmodernisierungsgesetz v. 5. 5. 2004, BGBl I S. 718.
[273] Str.: S. *OVG Greifswald* NVwZ 2002, 1129, 1130; *Olbertz* in Schoch u. a. § 162 Rn. 81; *Neumann* in Sodan/Ziekow § 162 Rn. 106; *Kopp/Ramsauer* § 80 Rn. 41; a. A. *Pietzner/Ronellenfitsch* § 46 Rn. 18 mit Darstellung des Streitstandes.
[274] Hierzu *OVG Greifswald* NVwZ 2002, 1129 m. w. N.; *VG Schleswig* NJW 1984, 940.
[275] *VG Schleswig* a. a. O.

gen.²⁷⁶ Vertritt der Rechtsanwalt zugleich einen Familienangehörigen, kann seine Hinzuziehung unter Berücksichtigung dieser Grundsätze notwendig sein.²⁷⁷ § 91 Abs. 2 S. 3 ZPO ist auf **andere Bevollmächtigte,** die keinem rechtsberatenden Beruf angehören (z. B. Hochschullehrer), nicht übertragbar.²⁷⁸ Vertreten sie Familienangehörige, ist ihr eigener Zeitaufwand in der Regel ebenfalls nicht erstattungsfähig (Rn. 88, 91).

Verdienstausfall und **entgangener Gewinn** sind im Rahmen der für die Entschädigung von Zeugen vorgesehenen Sätze des Justizvergütungs- und Entschädigungsgesetzes erstattungsfähig.²⁷⁹ Ein Prozessbeteiligter, der zwecks Wahrnehmung eines gerichtlichen Termins bezahlten Urlaub nimmt, kann jedoch für die entgangene Freizeit lediglich die Mindestentschädigung nach § 20 JVEG verlangen, jedoch keine Entschädigung für den fiktiven Verdienstausfall.²⁸⁰ 62

Nach der Rechtsprechung zu § 162 VwGO²⁸¹ werden als notwendige Aufwendungen auch schon gezahlte **Verwaltungsgebühren** (Rn. 14) angesehen, obgleich sie in gesonderten Verwaltungsverfahren²⁸² nach den Bundes- oder Landeskostengesetzen geltend gemacht und erstattet (§ 21 VwKostG) werden. Dieser Grundsatz kommt in **Art. 80 Abs. 2 S. 1 BayVwVfG** zum Ausdruck. Eine Verwaltungsgebühr wird man allerdings dann nicht als notwendige Auslage ansehen können, wenn sie zum Zeitpunkt ihrer Erhebung **rechtmäßig** gefordert werden durfte. Dann ist sie auf Grund dieser Rechtslage gezahlt worden. Eine Änderung der Sach- und Rechtslage, die zum Erfolg des Widerspruchs in der Hauptsache geführt haben mag (Rn. 19, 31, 32), kann hieran nichts ändern.²⁸³ Letzteres gilt allerdings nicht für die Erstattung zu Unrecht erhobener Verwaltungsgebühren für einen Widerspruchsbescheid: Diese sind nach Maßgabe des § 162 Abs. 1 VwGO erstattungsfähig, wenn der Ausgangsbescheid oder der Abhilfe- bzw. der Widerspruchsbescheid aufgehoben werden, s. Rn. 16.²⁸⁴ 63

Die Rechtsprechung, wonach Kosten **für Fahrten zum Termin** erstattungsfähig sind,²⁸⁵ ist nur bedingt für das Vorverfahren zu übernehmen. Soweit im Vorverfahren z. B. durch Ortsbesichtigung Augenschein eingenommen wird (§ 79 i. V. m. § 26 Abs. 1 Nr. 4) oder die Widerspruchsbehörde eine mündliche Erörterung mit dem Widerspruchsführer und/oder der Ausgangsbehörde anregt, sind die hierfür erbrachten **Fahrtkosten** (öffentliche Verkehrmittel oder, wenn dadurch Zeitersparnis,²⁸⁶ PKW) und der Verdienstausfall des Widerspruchsführers (s. auch Rn. 61 f.), jedoch kein zusätzliches Zehrgeld,²⁸⁷ erstattungsfähig.²⁸⁸ Keine Erstattung jedoch, wenn der Widerspruchsführer von sich aus um mündliche Besprechung gebeten hat, s. Rn. 61. Ebenfalls sind **Fahrtkosten** für **mehrere Behördenvertreter** z. B. dann erstattungsfähig, wenn mehrere Fachabteilungen im Einzelfall beteiligt sind.²⁸⁹ Auch kann z. B. die Anreise eines weiteren Behördenbediensteten gerechtfertigt sein, wenn dieser als Ingenieur dem ebenfalls angereisten Behördenjuristen in technischen und naturwissenschaftlichen Fragen Beistand leisten soll.²⁹⁰ Keine Erstattung der Fahrtkosten für Bedienstete, die zur Ausbildung am Termin teilnehmen, ebenso wenig Kostenerstattung für **Zeitaufwand der Bediensteten.**²⁹¹ 64

---

²⁷⁶ *VGH München* NVwZ-RR 1989, 221, 222; *OVG Münster* NVwZ-RR 1990, 668; *VG Oldenburg* NVwZ-RR 1995, 62.
²⁷⁷ *BFH* NJW 1978, 128.
²⁷⁸ *BVerfG* NJW 1986, 422.
²⁷⁹ Str. *Redeker/von Oertzen* § 162 Rn. 6; *VGH München* BayVBl 1974, 595; *OVG Münster* DVBl 1965, 244.
²⁸⁰ *OVG Münster* NVwZ-RR 1995, 123, 124.
²⁸¹ Vgl. *Olbertz* in Schoch u. a. § 162 Rn. 67; *Kopp/Schenke* § 162 Rn. 16; *Pietzner/Ronellenfitsch* § 46 Rn. 15 f.; *VG Gießen* NVwZ-RR 2001, 560; einschränkend *Neumann* in Sodan/Ziekow § 162 Rn. 96.
²⁸² Vgl. *OVG Münster* KStZ 1984, 217.
²⁸³ *VGH Mannheim* NJW 1986, 1370.
²⁸⁴ Hierzu im Einzelnen *Emrich* NVwZ 2000, 163. Ferner *Olbertz* in Schoch u. a. § 162 Rn. 67; *Kopp/Schenke* § 162 Rn. 16; *VG Weimar* ThürVBl 2007, 223; *VG Gießen* NVwZ-RR 2001, 560; einschränkend *Neumann* in Sodan/Ziekow § 162 Rn. 96.
²⁸⁵ Vgl. *Redeker/von Oertzen* § 162 Rn. 3 und *Eyermann/Schmidt,* § 162 Rn. 5 m. w. N.
²⁸⁶ *OVG Münster* DVBl 1965, 244.
²⁸⁷ *OVG Münster* DVBl 1965, 244.
²⁸⁸ S. zu § 162 Abs. 1 VwGO *VGH Kassel* NVwZ-RR 1999, 213.
²⁸⁹ S. *Kopp/Schenke* § 162 Rn. 6 zur Erstattungsfähigkeit von Fahrtkosten Bediensteter.
²⁹⁰ *BVerwG* NJW 2000, 2832.
²⁹¹ So auch *BVerwG* NVwZ 2005, 466; DÖV 2006, 740; *VGH München* NVwZ-RR 2001, 611; *VGH Kassel* NVwZ-RR 1999, 213; *VGH Mannheim* NVwZ-RR 1990, 665; *Eyermann* § 162 Rn. 7; a. A. *Olbertz* in Schoch u. a. § 612 Rn. 22. Hierzu auch *Dietz* DÖV 2006, 733; *Kopp/Schenke* § 162 Rn. 4.

65 Überträgt die Widerspruchsbehörde **Ermittlungsarbeiten** auf die Ausgangsbehörde, die sie selbst hätte vornehmen können, sind die dafür bei der erstinstanzlichen Behörde entstandenen Aufwendungen nicht erstattungsfähig; insoweit liegt keine Amtshilfe vor. Auch ist der Aufwand den in § 80 nicht erfassten Verwaltungskosten des Widerspruchsverfahrens zuzuordnen und zählt nicht zu den in § 80 Abs. 1 Satz 3 angesprochenen Kosten der Ausgangsbehörde für ihre Rechtsverfolgung oder -verteidigung.[292]

66 **Erstattungsfähig** sind weiter: Mindestens eine **Informationsreise** des Widerspruchsführers zum Rechtsanwalt,[293] Fahrtkosten zwecks **Akteneinsicht** und Kosten der Akteneinsicht selbst[294] sowie für notwendige **Kopien** aus Verwaltungsvorgängen[295] (s. zu Kopierkosten im einzelnen Rn. 71; ferner § 29 Rn. 80), Beschaffung von **Urkunden, Auskünften, Gutachten** im Einzelfall, insbesondere wenn die Verfahrenslage die Bereitstellung erfordert,[296] um als Widerspruchsführer gegenüber einer Fachbehörde seine Rechte wahren zu können.[297]

67 Unter welchen Voraussetzungen die Kosten für ein vorprozessuales **Privatgutachten** erstattungsfähig sind, kann nicht generell, sondern nur nach den Umständen des Einzelfalles beurteilt werden,[298] wobei eine Erstattung nach § 80 generell voraussetzt, dass sich das Gutachten auf das Widerspruchsverfahren bezieht und nicht dem Ausgangsverfahrens zuzuordnen ist, dessen Kosten § 80 nicht erfasst.[299] Ob ein Gutachten zu den notwendigen Aufwendungen zählt, bestimmt sich danach, ob die Begutachtung im Zeitpunkt seiner Einholung aus der Sicht einer verständigen, auf eine sparsame Verfahrensführung bedachten Partei geboten und geeignet erschien, das Verfahren unter entscheidungserheblichen Gesichtspunkten zu fördern.[300] Abzustellen ist darauf, ob die Einholung zur Vorbereitung des weiteren Verfahrens und/oder zur Erlangung der erforderlichen Sachkunde geboten war.[301] Dies kann etwa dann der Fall sein, wenn der Beteiligte Behauptungen, die sein Begehren tragen, mangels genügender eigener Sachkunde nur mit Hilfe des Gutachtens substantiiert darlegen kann oder wenn das Gebot der „Waffengleichheit" die Begutachtung herausfordert.[302] Aufwendungen für ein Privatgutachten sind dagegen in jedem Fall nicht notwendig, wenn der Beteiligte das Gutachten nicht in das Verfahren einführt.[303] Dagegen kommt es nicht darauf an, ob das Gutachten den Verfahrensausgang auf Grund seiner Verwertung durch die Behörde tatsächlich günstig beeinflusst hat und ob es aus der Sicht im Zeitpunkt der Entscheidung noch erforderlich schien.[304] Eine Notwendigkeit in diesem Sinne kann unter engen Voraussetzungen auch mit Blick auf die zweckentsprechende Rechtsverfolgung bzw. -verteidigung in einem gerichtlichen Eilverfahren bestehen.[305] Aufwendungen für ein Gutachten, das der Bauherr nach Einlegung des Nachbarwiderspruchs einholt, um die Bauaufsichtsbehörde zur Anordnung der sofortigen Vollziehung zu veranlassen und um ein gerichtliches Aussetzungsverfahren abzuwenden, sind allerdings nicht im Eilverfahren nach § 162 Abs. 1 VwGO, sondern allenfalls nach Maßgabe des § 80 erstattungsfähig.[306] Wird unaufgefordert ein **kostenaufwändiges Privatgutachten** vorgelegt, sind diese Kosten nur erstattungsfähig, wenn sich der Widerspruchsführer in einer verfahrensrechtlichen Notlage befunden hat, in der es ihm unausweichlich erscheinen musste, zur sachgerechten Wahrnehmung unaufgefordert auch kos-

---

[292] S. entsprechend für den Fall der Identität von Ausgangs- und Widerspruchsbehörde: *Busch* in Knack § 80 Rn. 53.
[293] Vgl. *VGH Kassel* NVwZ-RR 1999, 213; *OVG Lüneburg* DVBl 2001, 319 zu § 162. Abs. 1 VwGO.
[294] Vgl. *VG Bremen* NVwZ-RR 1997, 767 betr. die Kosten der Aktenübersendung, s. auch § 29 Rn. 77.
[295] Eingehend zur Erstattungsfähigkeit von Kopierkosten *VGH München* BayVBl 2001, 157; ferner *VG Oldenburg* NVwZ-RR 2002, 78.
[296] Vgl. *OVG Münster* NVwZ-RR 1992, 447.
[297] *VGH München* BayVBl 1977, 701.
[298] *BVerwG* NVwZ-RR 2001, 386; NJW 2000, 2832; Buchholz 316 § 80 Nr. 37; NVwZ-RR 1999, 611. Eingehend zur Erstattungsfähigkeit von Kosten für Privatgutachten im Verwaltungsprozess *Decker* BayVBl 2000, 518.
[299] S. *BVerwG* NVwZ 2005, 691; *VGH Mannheim* NJW 2006, 2937; *OVG Greifswald* NVwZ-RR 2006, 737; *VG Dessau* NVwZ-RR 2003, 908; *Busch* in Knack § 80 Rn. 93 a.
[300] *BVerwG* NJW 2000, 2832; NVwZ 1993, 268; *VGH Kassel* NVwZ-RR 2006, 837 m. w. N.
[301] *BVerwG* NVwZ-RR 1999, 611; Buchholz 316 § 80 Nr. 35, Nr. 37; *VGH Mannheim* DÖV 2002, 484; NVwZ-RR 1998, 691.
[302] Vgl. *VGH Mannheim* DÖV 2002, 484; *Olbertz* in Schoch u. a. § 162 Rn. 28.
[303] Vgl. *VGH Mannheim* DÖV 2002, 484 für das gerichtliche Verfahren.
[304] S. *Olbertz* in Schoch u. a. § 162 Rn. 28 m. w. N.
[305] *VGH München* NVwZ-RR 2001, 69; *VGH Mannheim* NVwZ-RR 1998, 69.
[306] *OVG Lüneburg* NVwZ-RR 2000, 64.

tenintensive Maßnahmen zu ergreifen.³⁰⁷ Jedenfalls reicht es aus, wenn der nicht fachkundige Beteiligte zu schwierigen, insbesondere technischen Problemen nur unter Hinzuziehung eines privaten Gutachtens Stellung nehmen kann.³⁰⁸ Dass die Widerspruchsbehörde dieses Gutachten verwertet, macht es noch nicht zum notwendigen Gutachten. Im speziellen Recht der Planfeststellung nach §§ 72 ff. gibt es auch hinsichtlich der Kosten eines Privatgutachtens, das Einwendungsführer eingeholt haben, keinen Erstattungsanspruch.³⁰⁹ Verfassungsrechtliche Bedenken hiergegen bestehen nicht, s. Rn. 48, 67. Die Höhe der erstattungsfähigen Kosten eines Gutachtens richtet sich nach den gesetzlichen Bestimmungen über die Vergütung von Sachverständigen.³¹⁰ Die erstattungsfähigen Kosten eines ärztlichen Privatgutachtens bestimmen sich nach den Vorschriften der Gebührenordnung für Ärzte (GOÄ), wobei Honorarvereinbarungen nur unter sehr engen Grenzen Berücksichtigung finden können.³¹¹

Ist die Behörde **auf Grund einer Rechtsvorschrift berechtigt,** auf Kosten des Widerspruchsführers das Gutachten einzuholen, oder ist der Widerspruchsführer **zur Vorlage** des Gutachtens verpflichtet oder ist das Gutachten **Teil eines Antrages,** ergeht das Gutachten in Erfüllung dieser Berechtigung oder Verpflichtung oder zum Nachweis der Antragsvoraussetzungen, nicht als notwendige Maßnahme zur Rechtsverfolgung i. S. d. § 80 (vgl. § 24 Rn. 49 f.; § 26 Rn. 64 f.–86, 54; § 22 Rn. 43).³¹² So erfasst § 80 nicht die Kosten für eine nach der Fahrerlaubnis-Verordnung vorzulegende medizinische Eignungsuntersuchung.³¹³ Auch erfasst die Vorschrift nicht die im Ausgangsverfahren vor einer Verwaltungsentscheidung angefallenen Kosten, auch wenn diese der Rechtsverfolgung oder -verteidigung dienten.³¹⁴ Gesetzliche Regelungen wie § 24 BBodSchG,³¹⁵ § 30 BImSchG³¹⁶ oder § 21 AtomG³¹⁷ können jedoch einen eigenen Erstattungsanspruch für diese Fälle begründen. 68

Gutachten oder Fachberatungen für Behörden sind nur im Ausnahmefall notwendig, da sie grds. die für die Erfüllung ihrer Aufgaben notwendigen persönlichen und sachlichen Voraussetzungen selbst haben müssen bzw. Fachbehörden beiziehen können.³¹⁸ In Ausnahmefällen kann aber Hilfe Dritter notwendig sein, z. B. wenn es sich um ein subventionsrechtliches Widerspruchsverfahren handelt, in dem eine kleine Gemeinde ohne juristisch vorgebildete Mitarbeiter als Widerspruchsführerin auftritt und mit spezifischen Problemen dieses Rechtsgebiets nicht vertraut ist.³¹⁹ Keine notwendige Aufwendung der Behörde i. S. d. § 80 ist, wenn sie auf Grund ihrer **Amtsermittlungspflicht** durch Gutachten die Voraussetzungen ihres Handelns nachweist (vgl. Rn. 68, § 24 Rn. 9 f.; § 26 Rn. 49 f.). 69

Rechtsgutachten oder **Rechtsberatung** sind nur unter den Voraussetzungen der Rn. 68 erstattungsfähig. Maßstab ist die Beantwortung der Frage, ob eine stattdessen erfolgte Zuziehung eines Bevollmächtigten für notwendig zu erklären wäre.³²⁰ Neben der Hinzuziehung eines Rechtsanwaltes sind Rechtsgutachten nur zu außergewöhnlichen Rechtsfragen³²¹ notwendig.³²² Für Rechtsgutachten über **ausländisches Recht** gilt allerdings ein großzügiger Maßstab.³²³ Zu 70

---

³⁰⁷ Vgl. *VGH München* NVwZ-RR 2002, 316; NVwZ 1999, 614; *Neumann* in Sodan/Ziekow § 162 Rn. 35; grundsätzlich verneinend *VGH Mannheim* NVwZ-RR 1992, 53; VBlBW 1996, 375.
³⁰⁸ S. *VGH Mannheim* DÖV 2002, 484.
³⁰⁹ *VGH München* NVwZ 1999, 614.
³¹⁰ *OVG Koblenz* NJW 2006, 1689; s. §§ 8 ff. JVEG.
³¹¹ Siehe hierzu im Einzelnen *BVerwG* NVwZ-RR 2001, 386, 387.
³¹² S. *Pietzner/Ronellenfitsch* § 46 Rn. 15; *OVG Lüneburg* NVwZ-RR 2000, 64.
³¹³ *VG Hamburg* NJW 2002, 2730.
³¹⁴ S. *BVerwG* NVwZ 2005, 691; *VGH Mannheim* NJW 2006, 2937; *OVG Greifswald* NVwZ-RR 2006, 737; *VG Dessau* NVwZ-RR 2003, 908.
³¹⁵ Siehe zu Maßnahmen nach dem BBodSchG: *BVerwG* NVwZ 2005, 691; 2000, 1179; *OVG Lüneburg* DÖV 2000, 825; *VG Frankfurt* NVwZ 2000, 107; *Buck* NVwZ 2001, 51; *Ziegler* LKV 1998, 249, 251.
³¹⁶ Dazu *BVerwG* NVwZ 1984, 724.
³¹⁷ Dazu *VG Karlsruhe* NVwZ 1996, 616.
³¹⁸ Zur Notwendigkeit der Hinzuziehung eines Bevollmächtigten durch die Vergabestelle im Nachprüfungsverfahren vor den Vergabekammern s. Rn. 101.
³¹⁹ Vgl. *OVG Magdeburg* LKV 1998, 319. Ferner *VGH München* DÖV 2003, *VGH Mannheim* NVwZ-RR 1998, 690; *Neumann* in Sodan/Ziekow § 162 Rn. 40.
³²⁰ S. *BVerwGE* 79, 233; *Kopp/Ramsauer* § 80 Rn. 36.
³²¹ Vgl. *BFH,* NJW 1976, 1864; *FG Stuttgart* EFG 1992, 153; *VGH München* BayVBl 1986, 541.
³²² *OVG Hamburg* NVwZ-RR 1998, 462 zur Einschaltung eines Steuerberaters neben einem Rechtsanwalt im Vorverfahren; *Olbertz* in Schoch u. a. § 162 Rn. 28.
³²³ *VG Münster* NVwZ-RR 1994, 424; *Olbertz* in Schoch u. a. § 162 Rn. 28.

§ 80 71, 72   Teil VI. Rechtsbehelfsverfahren

beachten ist dabei, dass die Ermittlung ausländischen Rechts nach Sachverhaltsermittlungsgrundsätzen (vgl. § 24 Rn. 40) zur Amtsermittlungspflicht der Behörde gehören kann (entspr. Rn. 68).[324] Wird ein Rechtsanwalt nur beratend, nicht als förmlicher Verfahrensbevollmächtigter i. S. d. § 14 tätig, kommt wie bei § 162 Abs. 2 VwGO[325] seine Hinzuziehung nach § 80 Abs. 3 S. 2 und die Erstattung der Kosten nach § 80 Abs. 2 nicht in Betracht;[326] die Beratungskosten sind nach § 80 Abs. 1 im Rahmen der Kostenfestsetzung nach § 80 Abs. 3 S. 1 abzurechnen.[327] Hat nur eine Beratung stattgefunden, fehlt für eine Entscheidung über die Hinzuziehung nach § 80 Abs. 3 S. 2 das Sachbescheidungsinteresse.[328]

Zu Kosten für **Übersetzungen** und **Dolmetscher** s. § 23 Rn. 42 ff. Dolmetscherkosten für Gespräche zwischen Rechtsanwalt und Mandanten können notwendig sein,[329] nicht aber für vorbereitende Fragebogen.[330]

71 Auslagen für **Schreibmaterial**[331] rechnen grundsätzlich zu den nicht erstattungsfähigen allgemeinen Geschäftskosten, wohingegen Aufwendungen für **Kopien**[332] wie auch für **Post- und Telekommunikationsdienstleistungen**[333] grds. erstattungsfähig sind, soweit sie im Einzelfall notwendig und nachgewiesen sind. Wenn auch bei Fotokopien im Einzelfall kein zu kleinlicher Maßstab anzulegen ist,[334] sind auch hierbei die Grundsätze der Sparsamkeit zu beachten.[335] Keine Notwendigkeit von Fotokopien, wenn sie anstelle von Schriftsätzen hergestellt werden. Auch die Aufwendungen für das Kopieren von Schriftsätzen der Gegenseite sind grds. nicht notwendig, soweit kostenlos Mehrfertigungen angefordert werden können.[336] Dagegen sind die Kosten für die Fertigung von Kopien von Unterlagen, die vom Auftraggeber stammen und zur Verdeutlichung und Untermauerung des Vortrags erforderlich sind, erstattungsfähig, weil sie nicht zu der üblichen, durch die Gebühren abgegoltenen Geschäftstätigkeit des Rechtsanwalts gehört.[337] Mit dessen Gebühren werden nach RVG-VV Vorbemerkung 7 Abs. 1 auch die allgemeinen Geschäftsunkosten abgegolten. Dies gilt grds. auch für Kopierkosten; im Übrigen bestimmt sich die Erstattung von Schreibauslagen nach RVG-VV Nr. 7000. Porto- und Telefonkosten zählen nach RVG-VV Nr. 7100 zu den erstattungsfähigen Aufwendungen.[338] Im gerichtlichen Verfahren können juristische Personen des öffentlichen Rechts und Behörden ihre notwendigen Aufwendungen für Post- und Telekommunikationsdienstleistungen durch eine Kostenpauschale nach RVG-VV Nr. 7002 geltend machen.[339]

6. Verschuldete Aufwendungen

72 Dem Rechtsgedanken von § 155 Abs. 5 VwGO folgend sind Aufwendungen, die durch das **Verschulden** eines Erstattungsberechtigten oder seines **Vertreters** entstanden sind, von dem Erstattungsberechtigten selbst zu tragen **(Satz 4)**. Das Verschulden muss sich auf **konkrete** Aufwendungen beziehen. § 80 Abs. 1 S. 4[340] betrifft einzelne, selbständig ausscheidbare Aufwendungen, die im Widerspruchsverfahren entstanden sind. Nur ein unmittelbar darauf bezo-

---

[324] Zum Asylrecht *Stelkens* ZAR 1985, 15, 21.
[325] *Olbertz* in Schoch u. a. § 162 Rn. 27, 72 f.
[326] Vgl. *OVG Münster* NVwZ-RR 1996, 620.
[327] *BVerwGE* 79, 226; *VGH München* BayVBl 1992, 604; *OVG Münster* NVwZ-RR 1989, 53; *OVG Lüneburg* OVGE 28, 366; *OVG Berlin* 1985, 53; a. A. *OVG Münster* NVwZ-RR 1988, 128; *VGH Kassel* ESVGH 37, 62; *Redeker/von Oertzen* § 162 Rn. 13a; wie hier zu § 139 Abs. 3 S. 3 FGO *BFH* BStBl. II 1976, 568; offen *OVG Münster* 9. 5. 1990 – 10 B 642/90 –.
[328] *OVG Münster* NVwZ-RR 1989, 53.
[329] *VGH Kassel* NJW 1985, 218, 219; *VG Regensburg* AuAS 1997, 156.
[330] *OVG Münster* NVwZ-RR 1992, 54.
[331] S. im Einzelnen *Neumann* in Sodan/Ziekow § 162 Rn. 40; *Olbertz* in Schoch u. a. § 162 Rn. 25.
[332] Eingehend: *VGH München* BayVBl 2001, 157; *VG Oldenburg* NVwZ-RR 2002, 78. Ferner oben Rn. 66.
[333] S. *OVG Münster* JurBüro 2001, 34 zur Erstattungsfähigkeit der Portokosten einer Behörde; im Einzelnen: *Olbertz* in Schoch u. a. § 162 Rn. 25; *Neumann* in Sodan/Ziekow § 162 Rn. 40.
[334] *VGH München* BayVBl 2001, 157 für Ablichtungen aus Behördenakten; *OLG Frankfurt* JurBüro 1979, 1509; WRP 1980, 496.
[335] S. im Fall von *OVG Münster* NJW 1978, 391, insoweit nicht veröffentlicht: 1500 Blatt.
[336] *OVG Weimar* DÖV 2000, 607; *VG Trier* ZBR 2000, 138 m. w. N.
[337] *OLG Karlsruhe* NJW 1999, 1195.
[338] Zu den erstattungsfähigen Auslagen des Rechtsanwalts im Einzelnen *Olbertz* in Schoch u. a. § 162 Rn. 42.
[339] Hierzu im Einzelnen: *Olbertz* in Schoch u. a. § 162 Rn. 85 a.
[340] Vgl. *BVerwG* NVwZ 1988, 249.

genes Verschulden des Erstattungsberechtigten vermag den Erstattungsanspruch zu mindern oder auszuschließen. Die Vorschrift stellt dagegen nicht darauf ab, ob der Widerspruchsführer bei sachgerechtem Verhalten den Erlass des ihn belastenden Ausgangsbescheides und demzufolge das Widerspruchsverfahren hätte vermeiden können.[341] Der Anspruch auf Erstattung notwendiger Aufwendungen gemäß § 80 Abs. 1 Satz 1 besteht demnach unabhängig davon, ob der Widerspruchsführer z. B. den das Vorverfahren auslösenden Widerruf einer ihm gewährten Vergünstigung durch die rechtzeitige Vorlage eines ihm obliegenden Nachweises hätte abwenden können.[342] Hinsichtlich des Anwendungsbereichs des § 80 Abs. 1 S. 4 ist § 14 Abs. 2 VwKostG zu beachten, der eine Erhebung von Verwaltungskosten, die durch unrichtige Sachbehandlung entstanden sind, ausschließt.[343]

Das verschuldete Verhalten muss **kausal** für das Entstehen der Aufwendungen gewesen sein. 73
Satz 4 schränkt nur Satz 1 und 3 ein (s. aber unten); er ist also **keine selbständige Haftungsgrundlage** für schuldhaft dem Gegner verursachte Aufwendungen wie § 155 Abs. 5 VwGO.[344] Nicht zulässig ist, dieses Ergebnis zu umgehen und aus Billigkeitsgründen dem Obsiegenden schuldhaft verursachte Kosten aufzuerlegen.[345] Dementsprechend sind die Kosten eines unzulässigen Widerspruchs dem Widerspruchsführer auch dann aufzuerlegen, wenn der Widerspruch wegen falscher Rechtsbehelfsbelehrung der Ausgangsbehörde erhoben wurde (s. Rn. 41).[346] Hier kommt ggfs. ein Ausgleich über Amtshaftung in Betracht.[347]

Obgleich Satz 4 die Sätze 1 und 3 einschränkt, kann die Entscheidung hierüber entgegen 74 weit verbreiteter Meinung[348] nicht bei der Kostenlastentscheidung getroffen werden. Da sie sich auf konkrete Aufwendungen beziehen muss, setzt sie die Kenntnis dieser Aufwendungen voraus. Diese Kenntnis vermag nur das Kostenfestsetzungsverfahren zu verschaffen, in dem der Kostenschuldner auch angehört werden muss.[349] Systematische Bedenken bestehen hiergegen nicht. § 80 setzt zwar vom Grundsatz die Zweiteilung in Kostenlast und Kostenfestsetzung voraus. Bei der Entscheidung nach Absatz 3 S. 2 zeigt sich aber ebenfalls, dass die Zuordnung vom Gesetzgeber nach praktischen Gesichtspunkten vorgenommen wird (Rn. 90). Allerdings sind die nach § 80 Abs. 1 Satz 4 von der Erstattung ausgenommenen Aufwendungen so konkret zu bezeichnen bzw. zu umschreiben, dass eine Verschuldensprüfung im Kostenfestsetzungsverfahren entbehrlich ist.[350]

Verschulden und **Vertreter** sind i. S. d. § 32 Abs. 1 S. 2 zu verstehen. Der Vertreterbegriff ist 75 mithin weitergehend als in Absatz 2, s. Rn. 79. In der Regelung der **Verschuldenszurechnung** des § 32, die in Form des § 85 Abs. 2 ZPO i. V. mit § 173 VwGO auch im Verwaltungsprozess besteht,[351] spiegelt sich der allgemeine Grundsatz wider, dass jeder, der sich am Rechtsverkehr beteiligt, für die Personen ein zu stehen hat, die erkennbar sein Vertrauen genießen.[352] Dieser Zurechnungsgrund entfällt mit der Beendigung des Rechtsverhältnisses, das der Bevollmächtigung zugrunde liegt.[353] Demgegenüber endet aber gem. § 14 Abs. 1 Satz 3 bzw. den entsprechenden Anforderungen im Verwaltungsprozess[354] die einem Rechtsanwalt erteilte und einer Behörde oder dem Gericht vorgelegte schriftliche Vollmacht und damit auch z. B. die Möglichkeit der Zustellung an den Bevollmächtigten erst dann, wenn der Rechtsanwalt der Behörde

---

[341] *VG Berlin* 31. 7. 1998 – 20 A 455.96 –.
[342] *BVerwG* NVwZ 1988, 249.
[343] S. dazu auch *Busch* in Knack § 80 Rn. 100.
[344] Wie hier *Busch* in Knack § 80 Rn. 99; *Meyer/Borgs,* § 80 Rn. 38; *Altenmüller* DÖV 1978, 906, 908.
[345] *Altenmüller* DÖV 1978, 906, 908 unter Hinweis auf die unterschiedliche Interessenlage bei einer gerichtlichen Entscheidung.
[346] Vgl. *VG München* Urteil v. 13. 6. 2001 – M 17 K 98.5674 –. S. dagegen zur Erstattungsfähigkeit der Kosten eines nicht statthaften, wegen falscher Rechtsbehelfsbelehrung durchgeführten Widerspruchsverfahrens zu § 162 Abs. 2 VwGO: *OVG Lüneburg* NVwZ-RR 2005, 660.
[347] S. *BGH* NJW 2003, 3693, 3697 f.; UPR 2006, 188, 189; *BGHZ* 111, 168, 170; *OLG Brandenburg* NVwZ-RR 2007, 369; *ThürOLG* DVBl 2002, 1064.
[348] S. dazu *Pietzner/Ronellenfitsch* § 44 Rn. 4; *Obermayer,* VwVfG, § 80 Rn. 94; *Redeker/von Oertzen* § 73 Rn. 32.
[349] Wie hier *Busch* in Knack § 80 Rn. 99.
[350] *VG Berlin* 31. 7. 1998 – 20 A 455.96 –.
[351] St. Rspr., s. z. B. *BVerwG* NJW 2000, 602 = NVwZ 2000, 65; *OVG Münster* NWVBl 2001, 29.
[352] *BVerwG* NJW 2000, 364.
[353] *BVerwG* NJW 2000, 602 = NVwZ 2000, 65.
[354] *VGH Kassel* NVwZ 1998, 1313.

IV. Zuziehung eines Bevollmächtigten (Abs. 2)

1. Allgemeines

76 Absatz 2 ist **keine selbstständige Rechtsgrundlage** für die Kostenentscheidung; er knüpft an Absatz 1 Satz 1 und 3 an.[355] Allerdings bedarf es zur Erstattungsfähigkeit dieser Auslagen einer gesonderten **konstitutiven Entscheidung** nach Absatz 2 und 3.[356] Während die Kostenlastentscheidung nach §§ 72, 73 Abs. 3 Satz 2 VwGO i. V. m. § 80 Abs. 1 darüber befindet, ob und ggfs. in welchem Umfang der Widerspruchsführer die Erstattung seiner Kosten verlangen kann, erklärt eine positive Entscheidung nach § 80 Abs. 3 Satz 2 i. V. m. Abs. 2 die Gebühren und Auslagen eines Rechtsanwalts oder sonstigen Bevollmächtigten hinsichtlich der Kostenart für erstattungsfähig. Auf der Grundlage dieser beiden Entscheidungen wird sodann die bezifferte Höhe des Kostenerstattungsanspruchs im Kostenfestsetzungsbescheid nach § 80 Abs. 3 Satz 1 bestimmt.[357] Die drei in Form von Verwaltungsakten ergehenden Entscheidungen[358] bauen im Sinne einer **stufenweisen Konkretisierung des Erstattungsanspruchs** aufeinander auf.[359] Ob die Zuziehung notwendig war, entscheidet dabei nicht die gemäß § 80 Abs. 3 Satz 1 für die Kostenfestsetzung zuständige Behörde, sondern dies bestimmt die Kostenentscheidung, § 80 Abs. 3 Satz 1, d. h. die Widerspruchsbehörde zusammen mit der Kostenlastentscheidung gemäß §§ 72, 73 Abs. 3 Satz 2 VwGO.[360]

77 Absatz 2 ist mit § 162 Abs. 2 Satz 2 VwGO zu vergleichen.[361] Die Rechtsprechung zu dieser Vorschrift kann herangezogen werden.[362] Dass sie dem Kostenfestsetzungsverfahren zugeordnet wird und deshalb eine Ablehnung des Ausspruchs nach § 162 Abs. 2 Satz 2 VwGO mit der Beschwerde angreifbar ist,[363] hat dabei für § 80 keine Bedeutung. In der **Kostenlastentscheidung** nach Abs. 2 ist auch über die Zuziehung des Bevollmächtigten zu entscheiden (s. Rn. 76). Ergeht keine Kostenentscheidung (z. B. bei Hauptsacheerledigung, s. dazu Rn. 31), entfällt auch die Entscheidung über die Hinzuziehung[364] oder verliert ihre Wirkung.[365] Die Entscheidung ergeht durch VA (Rn. 21) schon wegen der notwendigen Sicht ex ante (Rn. 80) nur darüber, ob die Zuziehung notwendig war, nicht darüber, ob sie tatsächlich stattgefunden hat[366] oder ob dem Bevollmächtigten Gebühren entstanden sind.[367] Die Entscheidung hat Bindungswirkung für das Festsetzungsverfahren[368] (Rn. 23, 76). Da § 80 das **Rechtsverhältnis** zwischen Bevollmächtigten und **Vertretenen** nicht regelt, hat der VA auch keine Bindungswirkung in diesem Innenverhältnis.[369] Steht fest, dass eine **Bevollmächtigung** i. S. d. § 14 **nicht stattgefunden** hat, fehlt für eine Entscheidung über die Zuziehung das Sachbescheidungsinteresse. Wird der Antrag auf Erlass dieser Entscheidung versagt, ist richtige Klage die **Verpflichtungsklage**.[370] **Klagebefugt** ist nicht der Bevollmächtigte, nur der Vertretene (vgl. Rn. 97).[371] Eines (erneu-

---

[355] BVerwG NVwZ 1987, 490; BVerwGE 79, 226 (228 f.).
[356] BVerwGE 75, 107.
[357] BVerwG Buchholz 316 § 80 Nr. 33 m. w. N.
[358] BVerwGE 77, 268, 270; Buchholz 316 § 80 Nr. 33 m. w. N.
[359] BVerwG Buchholz 316 § 80 Nr. 33 m. w. N.
[360] BVerwGE 79, 226 (229); 75, 107.
[361] S. Rn. 4 zur Abgrenzung der Anwendungsbereiche beider Vorschriften.
[362] BVerwG DVBl 1978, 630; *Busch* in Knack § 80 Rn. 68, 90; *Kopp/Ramsauer* § 80 Rn. 34; *Wolter* DVBl 1978, 1006.
[363] S. dazu BVerwG NVwZ 2006, 1294, 1295; VGH Kassel NVwZ-RR 2005, 581; VGH München BayVBl 2003, 476; OVG Greifswald NVwZ 2002, 1129; OVG Saarlouis NVwZ-RR 1999, 213.
[364] BVerwG 10. 6. 1981 Buchholz 316 § 80 VwVfG Nr. 6, Nr. 33.
[365] BVerwGE 88, 41.
[366] BFH BStBl II 1976, 568; nicht eindeutig BVerwG 27. 2. 1981 Buchholz 316 § 80 VwVfG Nr. 4.
[367] OVG Bremen MDR 1980, 873.
[368] BVerwG NVwZ 1988, 941.
[369] VG Frankfurt Urteil v. 27. 6. 2002 – 12 E 14/02 –; *Pietzner/Ronellenfitsch* § 46 Rn. 20; *Obermayer* § 80 Rn 53; *Allesch* S. 246.
[370] BVerwG NVwZ-RR 2002, 446, 447.
[371] VG Frankfurt Urteil v. 27. 6. 2002 – 12 E 14/02 –. Vgl. zur Rechtsstellung des Bevollmächtigten auch VGH Kassel NVwZ 2000, 207.

ten) **Vorverfahrens** bedarf es nicht (Rn. 26).[372] Tritt ein **Rechtsanwalt** oder ein **anderer Bevollmächtigter in eigener Sache** auf, s. Rn. 61.

2. Begriff des Bevollmächtigten

Neben dem **Rechtsanwalt** sind alle **Bevollmächtigten** i. S. d. § 14 gemeint. Der Begriff 78 des Bevollmächtigten ist bewusst auf den Bevollmächtigten i. S. d. § 14 Abs. 1 S. 1 beschränkt worden (vgl. Rn. 79). Daher genügt nicht die **Rechtsberatung** allein (Rn. 70). Ob überdies im VwVf erkennbar geworden sein muss, dass eine Bevollmächtigung stattgefunden hat, ist strittig.[373] Von der Systematik des § 80 her ist die **Erkennbarkeit nicht erforderlich**. Ob eine Bevollmächtigung stattgefunden hat, ist Sache des Kostenfestsetzungsverfahrens (Rn. 77). Zur Beendigung des Rechtsverhältnisses, das der Bevollmächtigung zugrundeliegt,[374] und zum Widerruf der einem Rechtsanwalt erteilten und einer Behörde oder dem Gericht vorgelegten schriftlichen Vollmacht gem. § 14 Abs. 1 Satz 3 bzw. den entsprechenden Anforderungen im Verwaltungsprozess[375] s. Rn. 75. Gemeint ist ferner nur die Bevollmächtigung für das Vorverfahren (Rn. 80). Zum **vollmachtlosen Vertreter** s. Rn. 50. Wie beim § 162 Abs. 2 Satz 2 VwGO (vgl. § 67 Abs. 2 VwGO) fallen nicht darunter die **Beistände** i. S. des § 14 Abs. 4.[376] Die Aufwendungen für einen Beistand können jedoch im Einzelfall notwendige Aufwendungen i. S. des Absatzes 1 sein (s. Rn. 70).[377]

Auch die **Vertreter** nach §§ 16 bis 19 sind nicht gemeint.[378] Dies erklärt sich aus der Entstehungsgeschichte, die ihren Niederschlag in dem eindeutigen Wortlaut des Absatzes 2 gefunden 79 hat. Während der Beratungen im Gesetzgebungsverfahren ist der Begriff Bevollmächtigter bewusst nicht auf die Vertreter nach §§ 16 ff. ausgedehnt worden. Im Ergebnis ändert sich hierdurch jedoch nicht viel. Wenn das Vormundschaftsgericht oder die Widerspruchsbehörde für das Vorverfahren derartige Vertreter bestellt (§ 79 i. V. m. §§ 16 ff.) oder wenn die Widerspruchsbehörde die Vertretenen zu einer Bestellung des Vertreters aufgefordert hat, sind die hierfür nötigen Aufwendungen notwendige Aufwendungen i. S. d. Absatzes 1. Hat der Widerspruch Erfolg, steht der Widerspruchsbehörde zwar nach § 79 i. V. m. § 16 Abs. 3 Satz 2 oder § 19 Abs. 3 Satz 2 ein Anspruch auf Aufwendungsersatz gegen die Vertretenen zu. Diese erhalten die Aufwendungen jedoch von der Ausgangsbehörde nach § 80 Abs. 1 Satz 1 erstattet, so dass die Widerspruchsbehörde zweckmäßigerweise unmittelbar die Ausgangsbehörde um Erstattung dieser Aufwendungen angehen sollte. Hat der Widerspruch keinen Erfolg, haben die Vertretenen sowohl den Kostenanspruch der Ausgangsbehörde nach § 80 Abs. 1 Satz 3 als auch den Anspruch der Widerspruchsbehörde nach § 79 i. V. m. § 16 Abs. 3 Satz 2 oder § 19 Abs. 4 Satz 2 zu erfüllen.

3. Notwendigkeit der Zuziehung

Während die im **gerichtlichen** Verfahren angefallenen Gebühren und Auslagen eines 80 Rechtsanwalts oder eines Rechtsbeistands, in Abgabenangelegenheiten auch eines Steuerberaters[379] oder Wirtschaftsprüfers, nach § 162 Satz 1 VwGO stets zu erstatten sind,[380] sind die Gebühren und Auslagen für **Rechtsanwälte** und sonstige **Bevollmächtigte im Vorverfahren** nach § 80 nur erstattungsfähig, wenn die **Zuziehung notwendig** war. Die Zuziehung des

---

[372] *BVerwG* NVwZ-RR 2002, 446, 447.
[373] Vgl. *Neumann* in Sodan/Ziekow § 162 Rn. 40; *BFH* BStBl II 1976, 568; *VGH München* BayVBl 1992, 604, 605; offen *OVG Münster* NVwZ-RR 1989, 53 für § 162 Abs. 2 S. 2 VwGO. Vgl. auch *VGH Mannheim* DÖV 2002, 484 für die Einführung von Privatgutachten in das Verfahren.
[374] *BVerwG* NJW 2000, 602 = NVwZ 2000, 65.
[375] *VGH Kassel* NVwZ 1998, 1313.
[376] A. A. *Kopp/Ramsauer* § 80 Rn. 35. Zu § 162 Abs. 2 Satz 1 VwGO s. *OVG Münster* NVwZ-RR 2000, 733.
[377] S. *OVG Hamburg* NVwZ-RR 1998, 462 zur Einschaltung eines Steuerberaters neben einem Rechtsanwalt im Vorverfahren.
[378] *Obermayer* § 80 Rn. 100; so nunmehr auch *Kopp/Ramsauer.* § 80 Rn. 35.
[379] Dazu *OVG Münster* NVwZ-RR 2006, 376.
[380] S. zu Ausnahmen: *VGH Mannheim* NVwZ 2006, 1300; 2005, 838; *OVG Lüneburg* NVwZ-RR 2005, 659; 2004, 155; 2002, 237; *VG Stuttgart* NVwZ-RR 2005, 292; *VG Berlin* NVwZ-RR 2001, 548.

Bevollmächtigten muss für das **Vorverfahren** notwendig sein. Die Auslagen eines Bevollmächtigten für das Ausgangsverfahren sind über § 80 nicht abrechenbar.[381] Bei der Entscheidung über die Notwendigkeit ist in der Regel noch nicht zu prüfen, **ob** eine Zuziehung im konkreten Fall stattgefunden hat. Dies ist eine Frage des Festsetzungsverfahrens. Dementsprechend gibt die gesetzliche Regelung keinen Anspruch darauf, die Zuziehung eines bestimmten Bevollmächtigten für notwendig zu erklären.[382] Es fehlt allerdings das Sachbescheidungsinteresse für die Entscheidung über die Notwendigkeit, wenn vorher feststeht, dass keine Bevollmächtigung erfolgt ist (z.B. weil nur beratende Tätigkeit, dazu Rn. 70). Die **Notwendigkeit** ist nach h.M. zu § 162 Abs. 2 Satz 2 VwGO, die zu § 80 Abs. 2 übernommen wird (Rn. 81), aus einer Sicht ex ante (s. Rn. 60) zu beurteilen. Sie ist aus der Sicht einer verständigen Partei zu prüfen, die bemüht ist, die Kosten so niedrig wie möglich zu halten.[383] Maßgeblicher Zeitpunkt für die Beurteilung der Notwendigkeit einer Zuziehung ist dabei die förmliche Vollmachterteilung oder – bei schon im Ausgangsverfahren erteilter Vollmacht – der Auftrag zur Einlegung des Widerspruchs.[384] Es ist deswegen ohne Belang, ob sich die Zuziehung hinterher als unnötig herausstellt.[385]

81   **Notwendigkeit** ist die **Zuziehung eines Rechtsanwalts** dann, wenn es der Partei nach ihren persönlichen Verhältnissen und wegen der Schwierigkeit der Sache nicht zuzumuten ist, das Vorverfahren selbst zu führen.[386] Diese Notwendigkeit ist **in der Regel,** nicht nur bei schwierigen und umfangreichen Sachverhalten, zu bejahen.[387] Nur bei dieser Betrachtungsweise sind die allgemeinen Grundsätze rechtsstaatlichen Verfahrens (§ 79 Rn. 39) gewahrt. Der Bürger erhält hierdurch einen Ausgleich gegenüber dem Sachverstand, den Ausgangs- und Widerspruchsbehörde, nicht selten auch mitwirkende Behörden einbringen. Nur so ist auch gesichert, dass die Verfahrensrechte des Bürgers im Vorverfahren eingehalten werden (vgl. § 79 Rn. 12). Bedauerlicherweise sind die Maßstäbe des *BVerwG* bei der Auslegung dieser Norm nicht einheitlich.[388] Die Gegenansicht des *BVerwG*,[389] die die Hinzuziehung eines Bevollmächtigten unter Berufung auf einen so nicht belegten und belegbaren Willen des Gesetzgebers[390] nur als Ausnahmefall ansieht, verkürzt die Funktion des Vorverfahrens auf die Rechtskontrolle,[391] wenn sie eine Bevollmächtigung im Vorverfahren nicht zuletzt wegen der gerichtlichen Kontrollmöglichkeit nicht für nötig ansieht. Sie verkennt, dass eine Bevollmächtigung auch zur Sicherung der materiellen und Verfahrensrechte geboten sein kann, die das Gerichtsverfahren nicht gewähren kann (§ 79 Rn. 10 f., 12; s. ferner § 24 Rn. 95).[392] Sie überzeugt schon deshalb nicht, weil weder die Allgemeinheit noch der einzelne Bürger ein Interesse daran haben können, im Gegensatz zu der vom Vorverfahren zu gewährleistenden Entlastungsfunktion (§ 79 Rn. 10) einen Streitfall erst zum Gericht zu bringen, obwohl er möglicherweise bei Hinzuziehung eines Bevollmächtigten im Vorverfahren vermieden worden wäre. Auch wird die Bedeutung des Vorverfahrens verkürzt, wenn diese in der Weise umschrieben wird, dass der Widerspruch weniger der restli-

---

[381] S. *BVerwG* NVwZ 2005, 691; *VGH Mannheim* NJW 2006, 2937; *OVG Greifswald* NVwZ-RR 2006, 737; *OVG Münster* NVwZ-RR 2002, 317; *VG Dessau* NVwZ-RR 2003, 908.
[382] *VGH Kassel* NJW 2006, 460 zu § 162 Abs. 2 S. 2 VwGO.
[383] *BVerwG* NJW 2000, 2832.
[384] *BVerwG* NVwZ-RR 1999, 611; Buchholz 316 § 80 Nr. 36.
[385] *BVerwG* NJW 2000, 2832.
[386] Ständige Rechtsprechung, s. *BVerwG* NVwZ-RR 2004, 5; 2003, 246 mit Nachweisen. S. ferner *Schübel-Pfister* JuS 2007, 24, 26.
[387] *BVerwGE* 17, 245; *BVerwG* DVBl 1978, 630 m. Anm. *Wolter* DVBl 1978, 1006; *OVG Münster* NVwZ-RR 2006, 838; *OVG Weimar* VerkMitt 2006, Nr. 9, S. 72; *VGH Mannheim* BWGZ 2004, 253; *VG Leipzig* NVwZ-RR 2005, 43; *Olbertz* in Schoch u.a. § 162 Rn. 77; *Kopp/Ramsauer* § 80 Rn. 40; *Pietzner/Ronellenfitsch* § 46 Rn. 19.
[388] Dazu im Einzelnen *Olbertz* in Schoch u.a. § 162 Rn. 75 f.
[389] Buchholz 448.0 § 17 WPflG Nr. 12; 316 § 80 Nr. 36; NVwZ-RR 2004, 5; 2003, 246; 2002, 446; BayVBl 1999, 736; NVwZ-RR 1997, 718 (L) = AnwGeb 1997, 116; BayVBl 1996, 571; *BVerwGE* 88, 41 für Kommunalabgabenrecht; ferner Buchholz 316 § 80 Nr. 34, 36;. NVwZ 1987, 883; Jur. Büro 1986, 1025; NVwZ 1983, 34 mit abl. Anm. *Mallmann* NVwZ 1983, 338 und *Hufen* Rn. 409; *BVerwG* BayVBl 1981, 93; so auch *VGH München* KStZ 1989, 18, 19; *OVG Berlin* NVwZ-RR 1990, 517; NVwZ-RR 1997, 264; schwankend *VGH Kassel* NVwZ-RR 1996, 615.
[390] *BVerwG* Buchholz 316 § 80 Nr. 36; 13. 2. 1987 – 8 C 35.85 –.
[391] Zutreffend dagegen *BVerwG* DVBl 1978, 630.
[392] Ebenso *OVG Münster* NVwZ 1983, 355; offen dagegen NWVBl 1991, 96, 97; *OVG Bremen* NVwZ 1989, 75, 76; *Hufen* Rn. 409; *Stelkens* NWVBl 1989, 335, 340 ff.

chen Erörterung diene als vielmehr der Behörde ermöglichen solle, vor einer abschließenden Entscheidung die aus der Sicht des Widerspruchsführers entgegenstehenden tatsächlichen Umstände zu würdigen.[393]

Maßgebend ist, ob sich ein vernünftiger Bürger mit gleichem Bildungs- und Erfahrungsstand bei der gegebenen Sachlage eines Rechtsanwalts oder sonstigen Bevollmächtigten bedient hätte.[394] Die Beauftragung eines Rechtsanwalts ist das gute Recht eines Bürgers; seine Erkenntnis- und Urteilsfähigkeit darf nicht überschätzt werden.[395] Maßgebend für die Beurteilung sind die Verhältnisse des Einzelfalles, was aber nicht dazu berechtigt, deshalb das oben angeführte Regel-Ausnahme-Verhältnis aufzugeben. Aus der Sicht eines **verständigen,** aber nicht rechtskundigen **Beteiligten** muss er – letztlich entsprechend dem allgemeinen Grundsatz in Rn. 60 – die anwaltliche Hilfe für erforderlich halten, um die für die Entscheidung der Widerspruchsbehörde maßgeblichen tatsächlichen Umstände oder rechtlichen Gesichtspunkte in der für die Rechtsverfolgung optimalen Weise geltend zu machen.[396] Es kommt nicht darauf an, ob und in welchem Ausmaß der Bevollmächtigte den Bürger bei der Wahrnehmung seiner Rechte gegenüber der Verwaltung aktiv unterstützt, z.B. einen Widerspruch begründet.[397] Auch berührt die Frage, ob das Widerspruchsverfahren – etwa mit Blick auf eine bereits anhängig Untätigkeitsklage – überhaupt erforderlich ist, grds. nicht die Notwendigkeit der Beiziehung eines Bevollmächtigten.[398] Zu **Beraterkosten** s. Rn. 70. In Fallgestaltungen, in denen der am gerichtlichen Verfahren als Kläger oder Beigeladener Beteiligte zum Widerspruchsverfahren als Dritter i.S. des § 71 VwGO herangezogen war, müssen allerdings besondere Gründe vorliegen, um seine anwaltliche Vertretung bereits im Vorverfahren zu rechtfertigen, s. Rn. 49.[399]

Die Zuziehung kann nach den in Rn. 82 dargestellten Maßstäben auch dann notwendig sein, wenn der betroffene Bürger **rechtskundig** ist, z.B. Zuziehung eines Rechtsanwaltes in einer Bausache eines Architekten.[400] Ausreichend ist bereits die Komplexität des Rechtsgebiets für den zur Entscheidung anstehenden Fall.[401] Für die Frage, ob es einem Rechtsanwalt zuzumuten ist, eine eigene Rechtssache persönlich zu vertreten, ist es entscheidend, ob sich ein vernünftiger Bürger mit gleichem Bildungs- und Erfahrungsniveau bei der gegebenen Sach- und Rechtslage im Allgemeinen eines Rechtsanwalts bedienen würde.[402] Im Einzelfall können Ausnahmen gegeben sein, wenn z.B. ein Unternehmen branchenüblich mit einer bestimmten Verwaltung in Beziehung steht und für diesen Sachbereich über rechtskundige Angestellte verfügt, z.B. Widerspruchsbegründung nach Formular gegen Ablehnung der Genehmigung zur Aufstellung von Werbetafeln. In diesen Fällen ist es nicht notwendig, dass diese Formulare von einem Rechtsanwalt ausgefüllt und abgesandt werden.[403] Ob dagegen[404] einer Baubetreuungsgesellschaft zuzumuten ist, in schwieriger Steuerbegünstigungssache das Verfahren selbst durchzuführen, erscheint zweifelhaft. Gleiches gilt für eine in der Immobilienbranche tätigen Gesellschaft hinsichtlich der **Rückübertragung eines Grundstücks.**[405] Zur Notwendigkeit der Hinzuziehung eines Rechtsanwalts schon im vergaberechtlichen Nachprüfungsverfahren vor der **Vergabekammer** s. Rn. 101.

---

[393] So aber *OVG Berlin* NVwZ-RR 1997, 264.
[394] S. *BVerwG* NVwZ-RR 2004, 5 zum Maßstab des „vernünftigen Bürgers" und der „gebotenen Objektivierung persönlicher Verhältnisse".
[395] *BVerwGE* 17, 245; *OVG Münster* NVwZ 1983, 356.
[396] Für numerus-clausus-Verfahren: *OVG Hamburg* NVwZ-RR 2001, 68 (unter Aufgabe der früheren Rechtsprechung); für Ausländer *OVG Berlin* NVwZ-RR 1997, 264; *VG Trier* ZBR 2000, 138 zum beamtenrechtlichen Konkurrentenstreitverfahren mit eingehender Darstellung der Rechtsprechung.
[397] *OVG Magdeburg* NVwZ-RR 2000, 842.
[398] So auch *Olbertz* in Schoch u.a. § 162 Rn. 80; a.A. *OVG Lüneburg* NVwZ-RR 2007, 430; *OVG Münster* NVwZ-RR 2004, 395. Vgl. auch *OVG Lüneburg* NVwZ-RR 2005, 660 zur Erstattungsfähigkeit von wegen falscher Rechtsmittelbelehrung angefallener Rechtsanwaltskosten nach § 162 Abs. 2 S. 2 VwGO.
[399] *OVG Saarlouis* 11.12.1998 – 2 Y 7/98 –.
[400] *OVG Münster* VerwRspr. 1978, 1025.
[401] *OVG Münster* NVwZ-RR 1990, 668 für die Eigenvertretung eines Rechtsanwalts.
[402] *BVerwG* Buchholz 316 § 80 Nr. 11; *VG Oldenburg* NVwZ-RR 1995, 62.
[403] So im Ergebnis *OVG Münster* NVwZ 1983, 355; 25.8.1987 – 3 B 1670/86 – für Versicherungsgesellschaft in Grundstücksangelegenheiten.
[404] So *VGH Mannheim* VBlBW 1986, 459.
[405] Zu § 38 Abs. 2 Satz 2 VermG *BVerwG* BayVBl 1999, 736.

84 Die gleichen Maßstäbe für die Notwendigkeit der Hinzuziehung sind zu setzen, wenn der Rechtsanwalt sich **in eigener Sache** vertritt[406] (Rn. 61). Eine Verpflichtung, sich selbst zu vertreten, besteht nicht.[407]

85 Im Gesetzgebungsverfahren angeschnitten und bejaht wurde die Frage, ob auch eine Erstattungspflicht der Aufwendungen für **Rechtsanwälte, die von der Ausgangsbehörde bestellt werden,** gegeben ist. Der Wortlaut des Absatzes 2 gilt allgemein, also auch für diesen Fall. Im Einzelfall ist aber zu prüfen, ob die Zuziehung notwendig war. Dies ist für die Beteiligung der Ausgangsbehörde im Widerspruchsverfahren, anders wegen § 162 Abs. 2 S. 1 VwGO im Gerichtsverfahren,[408] nur in **besonders gelagerten Einzelfällen** anzunehmen.[409] In der Regel muss die Erstbehörde mit eigenem Fachpersonal so ausgestattet sein, dass sie ihre Verwaltungstätigkeit, zu der ihre Mitwirkung im Vorverfahren gehört (vgl. §§ 72, 73 Abs. 1 Satz 2 VwGO), ohne fremde Unterstützung ausführen kann. Dies gilt auch für die Bearbeitung schwieriger Rechtsfälle, sofern sie nur zu ihrem Aufgabenbereich gehören. Ausnahmen nur, wenn außergewöhnliche Kenntnisse, z.B. in ausländischem Recht, nötig sind. Es darf sich nicht um ein Sachgebiet handeln, das zu ihrem Aufgabengebiet gehört, und es muss ihr unzumutbar sein, sich selbst einzuarbeiten.[410] In jedem Fall können die Anforderungen an eine Fachbehörde nicht geringer sein als an eine Rechtsberatung neben einer Rechtsanwaltsvertretung (Rn. 70). Eine Notwendigkeit für die Zuziehung eines Rechtsanwalts durch eine Behörde ist z.B. ausnahmsweise dann gegeben, wenn es sich um ein subventionsrechtliches Widerspruchsverfahren handelt, in dem eine kleine Gemeinde ohne juristisch vorgebildete Mitarbeiter als Widerspruchsführerin auftritt und mit spezifischen Problemen dieses Rechtsgebiets nicht vertraut ist.[411] Zur Notwendigkeit der Hinzuziehung eines Rechtsanwalts durch die **Vergabestelle** im vergaberechtlichen Nachprüfungsverfahren s. Rn. 101.

86 Der **Umfang der notwendigen Aufwendungen** für den Rechtsanwalt ergibt sich aus dem Rechtsanwaltsvergütungsgesetz. Der Rechtsanwalt kann die Vergütung nur aufgrund einer von ihm unterzeichneten und dem Auftraggeber mitgeteilten Berechnung einfordern (§ 10 Abs. 1 S. RVG). In dieser Berechnung sind nach § 10 Abs. 2 RVG die Beträge der einzelnen Gebühren und Auslagen, Vorschüsse, eine kurze Bezeichnung des jeweiligen Gebührentatbestands, die Bezeichnung der Auslagen sowie die angewandten Nummern des Vergütungsverzeichnisses und bei Gebühren, die nach dem Gegenstandswert berechnet sind, auch dieser anzugeben. Gemäß RVG-VV Nr. 2400 erhält der Rechtsanwalt für seine Tätigkeit im Vorverfahren eine **Geschäftsgebühr**.[412] Diese beträgt als Rahmengebühr 0,5 bis 2,5 einer vollen Gebühr. Soweit keine besonderen Umstände vorliegen, entspricht allein die Bestimmung des **Mittelwerts** (nach amtl. Anm. zu RVG VV Nr. 2400: 1, 3) durch den Rechtsanwalt billigem Ermessen; ein Spielraum des Rechtsanwalts zu Bestimmung einer höheren Gebühr, den die Rechtsprechung zur Rahmengebühr nach § 14 RVG grundsätzlich im Umfang von bis zu 20% einräumt, besteht insoweit nur dann, wenn besondere Umstände vorliegen, die geeignet sind, eine solche Gebührenbestimmung zu rechtfertigen.[413] Eine Gebühr von mehr als 1, 3 darf nach der amtlichen Anmerkung zu RVG-VV Nr. 2400 nur gerechnet werden, wenn die Tätigkeit umfangreich und schwierig war. Diese Voraussetzung ist z.B. nicht schon deshalb erfüllt, weil der Rechtsanwalt im Widerspruchsverfahren an einer Erörterung teilgenommen hat.[414] Eine Besprechungsgebühr, wie sie § 118 Abs. 1 Nr. 2 BRAGO vorsah, gibt es nicht mehr. Ist dem Widerspruchverfahren ein Ausgangsverfahren unter Beteiligung desselben Rechtsanwalts vorausgegangen, so musste

---

[406] OVG Berlin Beschluss v. 22. 6. 2005 – 8 L 31.03 –; OVG Greifswald NVwZ 2002, 1129; *OVG Münster* AnwGeb 1998, 57; 30. 3. 1990 – 3 B 541/87; NVwZ-RR 1990.
[407] *VGH München* BayVBl 1989, 757.
[408] Dazu *VGH Mannheim* NVwZ 2006, 1300; 2005, 838; *OVG Lüneburg* NVwZ-RR 2005, 659; 2004, 155; 2002, 237; *VG Stuttgart* NVwZ-RR 2005, 292; *VG Berlin* NVwZ-RR 2001, 548. Vgl. auch *OVG Münster* NWVBl 2007, 30.
[409] *VGH Mannheim* VBlBW 2006, 69; NVwZ-RR 1993, 111; *OVG München* BayVBl 2005, 143; dazu *Schübel-Pfister* JuS 2007, 24, 26.
[410] *VGH Mannheim* VBlBW 2006, 69; *VG Schleswig* NordÖR 1999, 377.
[411] Vgl. *OVG Magdeburg* LKV 1998, 319.
[412] Hierzu *OVG Münster* NVwZ-RR 2007, 500: Keine Anrechnung der im Widerspruchsverfahren entstandenen Geschäftsgebühr auf die im Verfahren nach §§ 80, 80a VwGO angefallene Verfahensgebühr.
[413] *BVerwG* NJW 2006, 247.
[414] S. *VG Mainz* NJW 2006, 1993.

nach altem Recht die jeweils einheitlich entstandene Geschäftsgebühr aufgeteilt werden.[415] Nunmehr sind Ausgangs- und Vorverfahren gemäß § 17 Nr. 1 RVG verschiedene Angelegenheiten; der Rechtsanwalt erhält nach RVG-VV Nr. 2401 für das Widerspruchsverfahren eine weitere Geschäftsgebühr. Nur diese ist nach § 80 erstattungsfähig.[416] Soweit der Gebührenrahmen eingehalten ist, hat die Behörde keine Abänderungsbefugnis.[417] Bei Unbilligkeit darf die Bestimmung der Gebührenhöhe durch die Behörde erfolgen.[418] Setzt die Behörde die Gebühr zu niedrig fest, hat nur der Widerspruchsführer, nicht der Bevollmächtigte ein Anfechtungsrecht (Rn. 94).[419] Hinsichtlich der **Erledigungsgebühr** nach RVG-VV Nr. 1002[420] ist zu beachten, dass für § 80 Abs. 1 Satz 1 grundsätzlich kein Raum ist, wenn eine Entscheidung über den Widerspruch nach § 72, 73 Abs. 3 Satz 1 VwGO – aus welchem Grund auch immer – entfällt, s. Rn. 2, 53. Eine Erledigung des Vorverfahrens tritt nämlich nur ein, wenn und soweit es ohne Sachentscheidung zu einer gütlichen Streitbeilegung kommt.[421] Eine Erledigungsgebühr für das Vorverfahren kann zudem dann nicht anfallen, wenn die im Widerspruchsbescheid ausgesprochene Erledigung Gegenstand des Klageverfahrens wird.[422]

Die Höhe der Gebühr hängt von dem **Gegenstandswert** nach § 2 Abs. 1 RVG ab. Für das 87 isolierte Widerspruchsverfahren erfolgt die Festsetzung des Gegenstandswerts inzidenter im Kostenfestsetzungsverfahren nach § 80 Abs. 3; für eine selbständige, bindende Festsetzung im Widerspruchsbescheid fehlt eine den §§ 32 Abs. 1, 33 Abs. 1 RVG entsprechende Ermächtigungsgrundlage.[423] Schließt sich an ein Verwaltungsverfahren ein gerichtliches Verfahren an, so wird der Gegenstandswert für das Vorverfahren inzidenter im Kostenfestsetzungsbeschluss nach § 164 VwGO festgesetzt,[424] wobei eine inzidente Festsetzung eines höheren Gegenstandswertes für das Vorverfahren als für das Klageverfahren nicht möglich ist, weil ein Kostenansatz nur für denjenigen Teil des Vorverfahrens vorzunehmen ist, das in das Klageverfahren übergegangen ist.[425] Dementsprechend ist eine gerichtliche Gegenstandswertfestsetzung nach § 33 RVG nur hinsichtlich der im gerichtlichen Verfahren, nicht aber der im Vorverfahren erfolgten anwaltlichen Tätigkeit zulässig.[426] Zu den erstattungsfähigen **Auslagen** eines Rechtsanwalts s. RVG-VV Nr. 7100 ff.

Die Zuziehung von **auswärtigen** oder **mehreren** Rechtsanwälten ist nur notwendig, wenn 88 sich dies aus besonderen Gesichtspunkten des Einzelfalles (Spezialkenntnisse, besonderer Umfang des Verfahrens) ergibt.[427] Fehlt es an der Notwendigkeit, den auswärts ansässigen Rechtsanwalt mit der Vertretung zu beauftragen, gehören dessen Reisekosten nicht zu den erstattungsfähigen Aufwendungen.[428] Kosten eines **Verkehrsanwaltes** sind jedenfalls dann erstattungsfähig, wenn die Kosten einer Informationsreise (Rn. 66) zu dem Verfahrensbevollmächtigten höher gewesen wären.[429] Hierbei aber ist zu berücksichtigen, ob dem Widerspruchsführer zuzumuten ist, einen Verfahrensbevollmächtigten an seinem Wohnort zu wählen. Für **Kosten** des Rechtsanwalts **in eigener Sache** oder Kosten für die **Vertretung des Ehegatten** s. Rn. 61.

Ob die Zuziehung **anderer Bevollmächtigter** als Rechtsanwälte (s. aber Rn. 78 f.) not- 89 wendig ist, ist nach dem Einzelfall zu entscheiden.[430] Zu prüfen ist, ob ihre Zuziehung dem Grunde nach notwendig und welche Aufwendungen hierfür der Höhe nach notwendig waren. Insoweit gelten die oben in Rn. 80 ff. für die Notwendigkeit der Zuziehung eines Rechtsan-

---

[415] S. *BVerwG* NVwZ-RR 2005, 143; *OVG Greifswald* NVwZ-RR 2005, 737.
[416] Vgl. *Neumann* in Sodan/Ziekow § 162 Rn. 96.
[417] *BVerwG* NJW 1986, 2128.
[418] S. *BVerwGE* 62, 201; *BSG* MDR 1984, 788.
[419] *VG Frankfurt* Urteil v. 27. 6. 2002 – 12 E 14/02 –; *Obermayer* § 80 Rn 53; *Pietzner/Ronellenfitsch* § 46 Rn. 20; *Allesch* S. 246.
[420] Zu deren Voraussetzungen s. *OVG Koblenz* NVwZ-RR 2007, 564.
[421] S. *VG Schleswig* NVwZ-RR 2007, 152 zu § 120 SchlHVwG.
[422] *VGH München* BayVBl 1995, 599.
[423] Vgl. *Pietzner/Ronellenfitsch* § 46 Rn. 22 mit Nachweis der Rechtsprechung.
[424] *VGH München* NVwZ-RR 1993, 334.
[425] *VGH München* BayVBl 1995, 599.
[426] *OVG Münster* NVwZ-RR 1999, 340.
[427] *OLG Frankfurt* NVwZ-RR 2002, 317; *OVG Weimar* LKV 1996, 167; *VG Bremen* NVwZ-RR 2004, 231.
[428] S. *BGH* NJW 2003, 901; *OVG Hamburg* NVwZ-RR 2007, 565.
[429] *OLG Bremen* MDR 1977, 232.
[430] Vgl. *Neumann* in Sodan/Ziekow § 162 Rn. 76 ff.

walts aufgezeigten Kriterien entsprechend. Sind diese erfüllt, sind die Auslagen und Gebühren eines Rechtsbeistands oder Steuerberaters[431] regelmäßig erstattungsfähig. Nicht erstattungsfähig sind aber z. B. die Kosten eines Steuerberaters neben denen eines Rechtsanwaltes.[432] Dieser Maßstab gilt auch für die Zuziehung eines Rechtslehrers an einer deutschen Hochschule.[433] Auf dessen Kostenabrechnung ist § 91 Abs. 2 Satz 3 ZPO nicht anwendbar.[434] Soweit der Beteiligte dem sonstigen Bevollmächtigten oder Beistand dessen Tätigkeit zu vergüten hat, kann dieser tatsächlich entstandene Aufwand bis zur Höhe der Gebühren und Auslagen eines Rechtsanwalts erstattungsfähig sein.[435] Die Zuziehung des Bevollmächtigten muss jedoch nach dem **Rechtsberatungsgesetz** zulässig sein.[436]

V. Kostenfestsetzungsbescheid (Abs. 3)

90   Absatz 3 ist ebenso wenig wie Absatz 2 eine selbständige Rechtsgrundlage für eine – von der Kostenfestsetzung strikt zu unterscheidende (s. Rn. 2) – Kostenentscheidung (s. Rn. 76).[437] Nachdem – ohne Antrag – die Kostenlastentscheidung nach § 72 VwGO oder § 73 Abs. 3 VwGO ergangen ist, **setzt auf formlosen Antrag** dieselbe **Behörde** (Ausgangsbehörde bei § 72 VwGO, Widerspruchsbehörde bei § 73 Abs. 3 VwGO; Begründung zu § 76 Entwurf 73) den Betrag der zu erstattenden **Aufwendungen fest.** Die isolierte Kostenfestsetzung ist ein selbständiges Verwaltungsverfahren,[438] auf das die Anhörungsregelung des § 28 Anwendung findet.[439] Den für die Festsetzung erforderlichen Antrag kann nur der Erstattungsberechtigte stellen, da nur er den Umfang seiner Aufwendungen beziffern kann; die Festsetzung erfolgt zudem nur in seinem Interesse (vgl. Rn. 97).[440] Hierbei ist die Notwendigkeit der Aufwendungen zu überprüfen (Rn. 58 ff.). Zu verschuldeten Aufwendungen s. Rn. 72 ff. Desgleichen ist festzustellen, ob eine Bevollmächtigung stattgefunden hat (Rn. 77). Zur Beendigung des Rechtsverhältnisses, das der Bevollmächtigung zugrundeliegt, s. Rn. 75.[441] Die festgesetzten Aufwendungen sind **nicht zu verzinsen**.[442] Vor **Unanfechtbarkeit** der Kostenentscheidung ist der Antrag unzulässig (Rn. 102).[443] So sollte ein enger Bezug zwischen Sachentscheidung und Kostenerstattung hergestellt werden. Damit ein nach § 73 Abs. 2 VwGO gebildeter **Ausschuss** oder **Beirat** nicht mit ihm wesensfremden erstinstanzlichen Entscheidungen belastet wird,[444] entscheidet in diesen Fällen die Behörde, bei der der Ausschuss oder Beirat gebildet ist.

91   Nicht in dieser Entscheidung, sondern nach dem ausdrücklichen Gesetzeswortlaut in der Kostenentscheidung nach § 72, § 73 Abs. 3 VwGO ist die **Entscheidung über die Zuziehung des Bevollmächtigten** zu treffen, obwohl sie der Sache nach zum Kostenfestsetzungsverfahren gehören würde.[445] Zur Zuordnung des § 162 Abs. 2 Satz 2 VwGO zum Kostenfest-

---

[431] Dazu *OVG Münster* NVwZ-RR 2006, 376.
[432] *BFH* NJW 1976, 1864.
[433] S. *BVerwG* BayVBl 1978, 315 zur entsprechenden Anwendbarkeit des § 162 Abs. 2 Satz 1 VwGO. Ferner *Schenke* DVBl 1990, 1151.
[434] Vgl. *BVerfGE* 71, 23; *OVG Münster* NJW 1976, 1333; *Neumann* in Sodan/Ziekow § 162 Rn. 84.
[435] *VG Neustadt* NVwZ-RR 2004, 160; *Olbertz* in Schoch u. a. § 162 Rn. 44.
[436] *OVG Münster* OVGE 21, 12; KStZ 1992, 18. Zum Zweck des Rechtsberatungsgesetzes s. *BVerfG* NJW 2007, 2391; 2006, 1502 m. w. N.
[437] Vgl. hierzu auch *OVG Saarlouis* NVwZ-RR 1999, 213; *OVG Saarlouis* 11. 12. 1998 – 2 Y 7/98 –.
[438] S. *VG Gießen* NVwZ-RR 2001, 560.
[439] *Pietzner/Ronellenfitsch* § 46 Rn. 24.
[440] *VG Frankfurt,* Urteil v. 27. 6. 2002 – 12 E 14/02 –; *Pietzner/Ronellenfitsch* § 46 Rn. 20; *Obermayer* § 80 Rn 53; *Allesch* S. 246. Vgl. zur Rechtsstellung des Bevollmächtigten auch *VGH Kassel* NVwZ 2000, 207.
[441] *BVerwG* NJW 2000, 602 = NVwZ 2000, 65.
[442] Vgl. *OLG Düsseldorf* VergabeR 2005, 821 zu § 128 Abs. 4 Satz 3 GWB i. V. m. § 80 Abs. 3; *Pietzner/Ronellenfitsch* § 46 Rn. 20. Zur Geltendmachung von Prozesszinsen ohne Vorverfahren s. *BVerwG* BayVBl 2001, 119.
[443] So auch *Busch* in Knack § 80 Rn. 86 m. w. N. Enger *Pietzner/Ronellenfitsch* § 46 Rn. 24: Antrag zulässig ab Unanfechtbarkeit der Kostenentscheidung oder wenn Rechtsbehelfe gegen sie keine aufschiebende Wirkung haben. S. hierzu Rn. 99. A. A. *Kopp/Ramsauer* § 80 Rn. 49: Antrag auch schon vor Unanfechtbarkeit der Kostenentscheidung zulässig.
[444] So die Begründung zur Stellungnahme des BR zu § 67 Entwurf 70 (BT-Drucksache VI/1173); Begründung zu § 76 Entwurf 73.
[445] Siehe *BVerwGE* 79, 226 (229); Buchholz 316 § 80 Nr. 33; zu § 162 Abs. 2 S. 2 VwGO *BVerwGE* 27, 39; *OVG Münster* NVwZ-RR 1989, 53; *OVG Bremen* JurBüro 1985, 1062.

setzungsverfahren s. Rn. 77.[446] Falls diese Entscheidung unterlassen wird, s. Rn. 27. In einem Aussetzungsverfahren nach § 80 Abs. 5 VwGO kann die Entscheidung nicht getroffen werden.[447] Entsprechendes gilt für das Antragsverfahren nach § 80 Abs. 6 VwGO.[448]

Die Festsetzung ist **Verwaltungsakt** und selbständig durch **Widerspruch** anfechtbar[449] (Begründung zu § 65 Abs. 3 Musterentwurf). Eine Anregung des DAV an den Gesetzgeber, gegen die Kostenfestsetzung sofort das Verwaltungsgericht anrufen zu können, hat der Gesetzgeber nicht aufgegriffen. Ein **Vorverfahren** ist **erforderlich**. Zur streitigen Frage, ob der Kostenfestsetzungsbescheid sofort vollziehbar ist, s. Rn. 25.[450] Grds. entfaltet der Widerspruch gegen eine Sachentscheidung keine aufschiebende Wirkung gegenüber der mit ihr verbundenen Gebührenfestsetzung.[451] Die Gebührenfestsetzung muss gesondert angefochten werden;[452] es kann nicht ohne weiteres davon ausgegangen werden, dass eine Anfechtungsklage bzw. ein Antrag auf Regelung der Vollziehung des in der Sache ergangenen VA sich auch gegen die Festsetzung der Verwaltungsgebühren für den Erlass des Widerspruchsbescheides richtet.[453]

§ 44 a VwGO i. d. F. § 97[454] findet keine Anwendung, s. Rn. 24. Wird dieser Verwaltungsakt unanfechtbar, werden die festgesetzten Kosten zwischen Kostengläubiger und -schuldner verbindlich. Die Kostenfestsetzung nach § 80 Abs. 3 regelt aber nicht den gegenüber dem Mandanten bestehenden Gebühren- und Auslagenanspruch des Bevollmächtigten; dieser Anspruch bleibt auch von einer unzutreffenden Festsetzung unberührt.[455]

Anfechtungsbefugt ist deshalb nur der **Widerspruchsführer, nicht** der **Bevollmächtigte**, wenn seine Gebühren nicht richtig festgesetzt worden sind.[456] Zum Anfechtungsrecht der **Ausgangsbehörde** Rn. 44.[457]

Siehe zum **Verhältnis** der **Kostenlastentscheidung** und der Entscheidung über die **Notwendigkeit** der **Zuziehung eines Bevollmächtigten**, die jeweils als Verwaltungsakte ergehen, zum **Kostenfestsetzungsbescheid** Rn. 76. Hat die Behörde nach einem erfolgreichen Widerspruch im isolierten Vorverfahren eine Kostenentscheidung zugunsten des Widerspruchsführers getroffen und die Zuziehung eines Bevollmächtigten für notwendig erklärt und sind die dazu ergangenen Verwaltungsakte bestandskräftig geworden, kann im nachfolgenden Kostenfestsetzungsverfahren über die Höhe der zu erstattenden Aufwendungen das Bestehen einer Kostenpflicht dem Grunde nach nicht mehr verneint werden.[458] Die **Verjährung** des Kostenerstattungsanspruchs bestimmt sich nach § 197 Abs. 1 Nr. 3 BGB.[459]

Vorentscheidungen zur Kostenfestsetzung, z. B. **Bestimmung des Gegenstandswertes**, sind noch keine VA (s. Rn. 86). Für das isolierte Widerspruchsverfahren erfolgt die Festset-

---

[446] *OVG Saarlouis* NVwZ-RR 1999, 213.
[447] *OVG Münster* NVwZ-RR 2002, 317; *OVG Weimar* DVBl 2001, 320; *OVG Koblenz* DVBl 1989, 892; s. hierzu im Einzelnen Rn. 4.
[448] S. *OVG Münster* NVwZ-RR 2006, 856; *VGH Mannheim* VBlBW 2001, 111.
[449] *BVerwG* Buchholz 316 § 80 Nr. 33; *BVerwGE* 77, 268; 62, 296; *Busch* in Knack § 80 Rn. 112; *Kopp/Ramsauer* § 80 Rn. 61. Zur Frage, ob für die die Gebührenfestsetzung betreffende Widerspruchsverfahren erneut Kosten erhoben werden dürfen, s. *VG Gießen* NVwZ-RR 2001, 560; *Vahle* DVP 2002, 84.
[450] Hierzu *VG Göttingen* NVwZ-RR 2000, 650; *VG Kassel* NVwZ-RR 1999, 5; eingehend *Vahle* DVP 2004, 173 ff.; *Emerich* NVwZ 2000, 163.
[451] S. *OVG Münster* DÖV 2003, 864; *VG Göttingen* NVwZ-RR 2000, 650. Eingehend *Fürniß* LKV 2001, 260.
[452] S. hierzu *Saller* NdsVBl 2001, 258 ff., *Stein* KommunalPraxis MO 2004, 82, 86 f. Zur Höhe der Widerspruchsgebühren s. *VGH Mannheim* NVwZ-RR 2002, 411. Zur Erhebung von Widerspruchskosten nach unrichtiger Begründung des Widerspruchsbescheids s. *OVG Magdeburg* NVwZ 2003, 121. Zur passiven Prozessführungsbefugnis bei isolierter Anfechtung der Kostenfestsetzung für das Widerspruchsverfahren s. *VGH Mannheim* NVwZ-RR 2005, 519.
[453] So auch *VG Gießen* NuR 2004, 409. Anderer Ansicht *VG Kassel* NVwZ-RR 1999, 5. Eingehend zum Rechtsschutz gegen Verwaltungskostenentscheidungen *VG Gießen* NVwZ-RR 2001, 560; *Emrich* NVwZ 2000, 163.
[454] *BVerwG* NJW 1999, 1729: § 44a VwGO ist durch die 2. VwVfÄndG erfolgte Streichung des § 97 nicht aufgehoben worden. Siehe hierzu § 97 Rn. 1.
[455] S. *VG Frankfurt* Urteil v. 27. 6. 2002 – 12 E 14/02 –; *Obermayer* § 80 Rn 53; *Allesch* S. 246; *Pietzner/Ronellenfitsch* § 46 Rn. 20.
[456] Vgl. zur Rechtsstellung des Bevollmächtigten auch *VGH Kassel* NVwZ 2000, 207.
[457] Vgl. z. B. *BVerwG* NVwZ 2002, 1254; 2006, 1294 zur Klagebefugnis einer Gemeinde gegen die Festsetzung der von ihr als Ausgangsbehörde nach § 80 Abs. 3 Satz 1 zu erstattenden Aufwendungen. Ferner *OVG Münster* NWVBl 2005, 36 zur Kürzung der von der Ausgangsbehörde festgesetzten Gebühren.
[458] *OVG Lüneburg* NVwZ-RR 2007, 507. Vgl. auch *BVerwG* Buchholz 316 § 80 Nr. 27.
[459] Vgl. *VGH München* BayVBl 2007, 506 zur gerichtlichen Kostenlastentscheidung.

zung des Gegenstandswerts inzidenter im Kostenfestsetzungsverfahren nach § 80 Abs. 3; für eine selbständige, bindende Festsetzung im Widerspruchsbescheid fehlt eine den §§ 32 Abs. 1, 33 Abs. 1 RVG entsprechende Ermächtigungsgrundlage, s. Rn. 87.[460] Schließt sich an ein Verwaltungsverfahren ein gerichtliches Verfahren an, so wird der Gegenstandswert für das Vorverfahren inzidenter im Kostenfestsetzungsbeschluss nach § 164 VwGO festgesetzt,[461] wobei eine inzidente Festsetzung eines höheren Gegenstandswertes für das Vorverfahren als für das Klageverfahren nicht möglich ist, weil ein Kostenansatz nur für denjenigen Teil des Vorverfahrens vorzunehmen ist, der in das Klageverfahren übergegangen ist.[462] Der in der Kostenfestsetzung zugrundegelegte Gegenstandswert kann vom Widerspruchsführer nur im Zusammenhang mit dem Festsetzungsbescheid angegriffen werden. Auch der Bevollmächtigte kann sie nicht im eigenen Namen gerichtlich klären lassen (Rn. 93 f.). Dagegen ist eine Klage zulässig, mit der der Widerspruchsführer die Verpflichtung begehrt, bei Festsetzung der zu erstattenden Aufwendungen gemäß § 80 Abs. 3 Satz 1 einen höheren Gegenstandswert anzusetzen.[463]

97 Die **zugunsten der Ausgangsbehörde** festgesetzten Kosten können nach dem VwVG **vollstreckt** werden. Aus § 3 Abs. 2 VwVG und für die Fälle des § 4 VwVG aus § 5 i. V. m. § 254 AO 1977 folgt, dass vor Beginn der Vollstreckung ein (titulierendes) **Leistungsgebot** erlassen werden muss.[464] Da auch dieses Leistungsgebot wiederum ein Verwaltungsakt ist,[465] sollte von der Möglichkeit des § 254 Abs. 2 S. 2 AO 1977 Gebrauch gemacht werden und Festsetzungsbescheid und Leistungsgebot miteinander verbunden werden.

98 Eine **Vollstreckung** aus dem Festsetzungsbescheid **zugunsten des Bürgers** ist aus den Gründen des § 1 VwVG nicht möglich. Er wird Leistungsklage erheben müssen,[466] falls nicht eine Dienstaufsichtsbeschwerde hilft.[467] Die vollstreckungsrechtlichen Konsequenzen der Vorschrift sind unglücklich.

99 Die Kostenfestsetzung ist **nicht vor Unanfechtbarkeit** der Kostenentscheidung möglich (vgl. Rn. 90).[468] Soweit *Pietzner/Ronellenfitsch*[469] auf Unanfechtbarkeit oder Ausschluss einer aufschiebenden Wirkung der Klage abstellen, wird ihnen in der 2. Alternative schon deshalb nicht gefolgt, weil es kaum Fälle geben wird, in denen die Anordnung der sofortigen Vollziehung nach § 80 Abs. 2 Nr. 4 VwGO für eine Kostenlastentscheidung gerechtfertigt wäre.

VI. Kosten bei Maßnahmen des Richterdienstrechts (Abs. 4)

100 Als Ausnahme zu § 2 Abs. 2 Nr. 2 gilt § 80 für Vorverfahren bei Maßnahmen des Richterdienstrechts. Dies sind Vorverfahren z. B. nach § 66 Abs. 2 DRiG. S. ferner Rn. 8. § 80 Abs. 1 S. 3 Nr. 1 ist anzuwenden (Rn. 57).

VII. Kosten des Verfahrens vor der Vergabekammer (§ 128 GWB)

101 Hinsichtlich der Kosten des Verfahrens vor der Vergabekammer findet nach § 128 Abs. 4 Satz 1 GWB eine Erstattung der zur zweckentsprechenden Rechtsverfolgung notwendigen Aufwendungen statt, soweit die Anrufung der Vergabekammer erfolgreich ist oder dem Antrag durch die Vergabeprüfstelle abgeholfen wird. Soweit ein Beteiligter im Verfahren unterliegt, hat

---

[460] Vgl. *Pietzner/Ronellenfitsch* § 46 Rn. 22 mit Nachweis der Rechtsprechung.
[461] *VGH München* NVwZ-RR 1993, 334.
[462] *VGH München* BayVBl 1995, 599.
[463] *OVG Münster* 18. 5. 1989 – 7 A 947/87 –.
[464] So auch *Busch* in Knack § 80 Rn. 116 f.; *Altenmüller* DVBl 1978, 291; *Allesch* S. 245; *Meyer/Borgs* § 80 Rn. 47; a. A. *Pietzner/Ronellenfitsch* § 46 Rn. 25: Der Kostenfestsetzungsbescheid sei ein vollstreckungsfähiger VA, aus dem die begünstigte Behörde nach Erlass des Leistungsgebots vollstrecken kann.
[465] S. *VG Gera* NVwZ-RR 2005, 5 zum Verhältnis von Festsetzungs- und Leistungsbescheid: Der Widerspruch gegen die Festsetzung verhindert zugleich den Erlass des Leistungsgebots.
[466] *VGH München* BayVBl 1982, 692; *Altenmüller* DVBl 1978, 291; *Pietzner* BayVBl 1979, 113; *Meyer/Borgs* § 80 Rn. 48.
[467] *Busch* in Knack § 80 Rn. 115.
[468] Wie hier *Busch* in Knack § 80 Rn. 86; *Allesch* S. 244; *Obermayer* § 80 Rn. 124; *Meyer/Borgs*, § 80 Rn. 45. A. A. *Kopp/Ramsauer* § 80 Rn. 49; *Altenmüller* DVBl 1978, 289: Antrag auch schon vor Unanfechtbarkeit der Kostenentscheidung zulässig.
[469] § 46 Rn. 24.

§ 80 Erstattung von Kosten im Vorverfahren101§ 80

er nach Satz 2 der Vorschrift die zur zweckentsprechenden Rechtsverfolgung oder Rechtsverteidigung notwendigen Auslagen des Antragsgegners zu tragen. § 128 Abs. 4 Satz 3 GWB bestimmt hierzu ausdrücklich, dass insoweit § 80 und die entsprechenden Vorschriften der VwVfGe der Länder entsprechend gelten. § 128 Abs. 4 GWB setzt danach für die Kostenerstattungspflicht eines Beteiligten im Verfahren vor der Vergabekammer voraus, dass dieser unterlegen ist. Die Regelung erfasst damit – ebenso wie § 80 – weder den Fall der Rücknahme (s. zu § 80: Rn. 51) noch den der Erledigung in der Hauptsache (s. zu § 80: Rn. 53). Demzufolge trägt bei durch Rücknahme oder Erledigung endenden Verfahren vor einer Vergabekammer des **Bundes** jeder Beteiligte seine Auslagen selbst. Dies wird insbesondere dann als mißlich angesehen, wenn der Antragsteller seinen Nachprüfungsantrag zu einem Zeitpunkt zurücknimmt, zu dem auch für die übrigen Beteiligten bereits erhebliche Kosten enstanden sind. Überlegungen, die Antragsrücknahme bzw. Erledigung aus kostenrechtlicher Sicht einem Unterliegen i. S. d. § 128 Abs. 4 Satz 2 GWB gleichzustellen,[470] können in diesen Fällen keine Erstattungspflicht des Antragstellers begründen, weil die Annahme eines Unterliegens eine ablehnende Sachentscheidung voraussetzt.[471] Dass danach bei Rücknahme und Erledigung des Nachprüfungsantrags eine gesetzliche Kostenerstattungsregelung fehlt, begegnet auch keinen rechtlichen Bedenken: Es gibt keinen allgemeinen Grundsatz, dass Kosten zu erstatten sind, die einem obsiegenden Beteiligten entstanden sind, s. Rn. 1.[472] Eine andere Rechtslage kann sich aber hinsichtlich der Verfahren vor Vergabekammern der **Länder** ergeben, wenn nämlich über die Verweisung in § 128 Abs. 4 Satz 3 GWB solche landesrechtlichen Kosteerstattungsregelungen Anwendung finden, die auch bei Rücknahme bzw. Erledigung eine Erstattung von Kosten vorsehen: So hat nach Art. 80 Abs. 1 S. 2 BayVwVfG derjenige, der den Widerspruch eingelegt hat, auch dann die Kosten des Widerspruchsverfahrens zu tragen, wenn der Widerspruch zurückgenommen worden ist. In Verfahren vor den bayerischen Vergabekammern kann ein Beigeladener hiernach auch bei Rücknahme des Nachprüfungsantrags Erstattung seiner notwendigen Aufwendungen im Rahmen der Billigkeit verlangen.[473] Regelungen zur Kostenerstattung bei Erledigung enthalten § 80 Abs. 1 S. 5 LVwVfG BW,[474] Art. 80 Abs. 1 S. 5 BayVwVfG, § 19 Abs. 1 S. 5 AGVwGO Rhl.-Pf., 80 Abs. 1 Satz 5 SVwVfG, § 80 Abs. 1 S. 6 ThürVwVfG: Danach wird dann, wenn sich der Widerspruch auf andere Weise erledigt, über die Kosten nach billigem Ermessen entschieden.[475] Gemäß § 128 Abs. 4 S. 3 GWB i. V. m. § 80 Abs. 3 ist die Vergabekammer grds. für die Festsetzung der im Verfahren vor ihr zu erstattenden Kosten zuständig.[476] Die Notwendigkeit der Hinzuziehung eines anwaltlichen Bevollmächtigten im Nachprüfungsverfahren vor der Vergabekammer gem. § 128 Abs. 4 GWB i. V. m. § 80 Abs. 2 bestimmt sich nach dem individuellen Streitstoff[477] aus einer ex-ante-Sicht, wobei auch die Komplexität der Rechtsmaterie und die Eilbedürftigkeit der zu treffenden Entscheidung zu berücksichtigen sind.[478]

---

[470] So *OLG Schleswig* ZfBR 2004, 726; *OLG Saarbrücken* IBR 2004, 724; *OLG Düsseldorf* VergabeR 2002, 197.
[471] *OLG Düsseldorf* IBR 2006, 48 unter Hinweis auf *BGH* VergabeR 2004, 414. Eingehend hierzu: *Meininger* VergabeR 2006, 41.
[472] Vgl. *OVG Münster* NVwZ-RR 2006, 856 m. w. N. S. auch eingehend *OVG Weimar* GemHlt 2006, 212 zur verfassungsrechtlichen Unbedenklichkeit eines (dort für Altverfahren) fehlenden Kostenerstattungsanspruchs im isolierten kommunalabgabenrechtlichen Widerspruchsverfahren.
[473] S. *OLG München* BayVBl 2007, 187. S. zu den allgemeinen Voraussetzungen nach § 128 Abs. 4 GWB, § 80 Abs. 2 für eine Anordnung der Kostenerstattung zugunsten eines Beigeladenen im Verfahren vor der Vergabekammer: *KG Berlin* IBR 2004, 388. S. auch *OLG Düsseldorf* VergabeR 2005, 821: Keine Verzinsung des Beigeladenen zu erstattenden Betrages.
[474] S. *VGH Mannheim* VBlBW 2005, 281 zum Begriff der Erledigung im Sinne dieser Regelung.
[475] S. dazu *VGH Mannheim* VBlBW 2005, 281; a. A. *VG Stuttgart* VBlBW 2002, 81. S. auch *OVG Schleswig* NordÖR 2006, 302 zur Anwendung des § 120 Abs. 2 VwVfG LVwG SchH. nach Erledigung des Widerspruchsverfahrens.
[476] *OLG Düsseldorf*, Beschluss v. 20. 10. 2004 – VII-Verg 59/04 –.
[477] So *OLG Düsseldorf* VergabeR 2002, 197; NZBau 2000, 486; *OLG Dresden* ZfBR 2003, 410; VergabeR 2002, 314 für eine Hinzuziehung durch die Vergabestelle. Großzügiger *OLG Naumburg* ZfBR 2004, 621: Notwendigkeit der Hinzuziehung auch für die Vergabestelle regelmäßig gegeben. Enger *OLG Koblenz*, Beschluss v. 21. 9. 2000 – 1 Verg. 3/00 –: Vergabestellen verfügen grds. über hinreichend rechtskundiges Fachpersonal. S. auch *OLG München* BayVBl 2006, 192; *OLG Jena* VergabeR 2004, 262: Keine Erstattungsfähigkeit der Personalkosten der Vergabestelle.
[478] *KG Berlin* IBR 2004, 388; *OLG Stuttgart* NVwZ 2000, 1329; NZBau 2000, 486; *v. Gehlen* NZBau 2000, 501. Zur Festsetzung des Streitwerts im Nachprüfungsverfahren s. OLG Düsseldorf VergabeR 2004, 123. Zur Bemessung des Gegenstandswerts: *OLG Naumburg* NZBau 2003, 464. Zur Ausschöpfung der

VIII. Europarecht

102 Mangels einer Gemeinschaftsregelung auf diesem Gebiet ist es Sache der innerstaatlichen Rechtsordnung der einzelnen Mitgliedsstaaten, die Verfahrensmodalitäten für die Klagen zu regeln, die den Schutz der aus der unmittelbaren Wirkung des Gemeinschaftsrechts erwachsenden Rechte gewährleisten sollen, sofern diese Modalitäten nicht ungünstiger sind, als für gleichartige Klagen, die das innerstaatliche Recht betreffen (Äquivalenzgrundsatz). Außerdem dürfen diese Modalitäten nicht so ausgestaltet sein, dass sie die Verwirklichung der Rechte, die die Gemeinschaftsrechtsordnung einräumt, praktisch unmöglich machen (Effektivitätsgrundsatz).[479] Grundsätzliche Bedenken gegen ein verwaltungsbehördliches **Vorverfahren** als Sachurteilsvoraussetzung einer verwaltungsgerichtlichen Klage bestehen danach nicht,[480] s. § 79 Rn. 56. Vielmehr verweist das europäische Gemeinschaftsrecht vielfach auf außergerichtlichen Rechtsschutz[481] bzw. es verlangt selbst ein außergerichtliches Vorverfahren (z. B. Art. 9 Abs. 1 der zum 30. 4. 2006 aufgehobenen Richtlinie 64/221 in Form der Überprüfung im Vier-Augen-Prinzip).[482] Ein Spannungsverhältnis zwischen § 80 und den dargelegten Vorgaben des Gemeinschaftsrecht könnte deshalb nur im Einzelfall unter dem Gesichtspunkt entstehen, dass § 80 einen Kostenerstattung im Vorverfahren nur lückenhaft regelt (s. Rn. 5, 8, 30, 48, 67) Dem liegt die verfassungsrechtlich unbedenkliche,[483] gemeinschaftsrechtlich aber bislang nicht problematisierte Annahme zugrunde, dass es keinen allgemein verbindlichen Rechtsgedanken des Inhalts gibt, dem obsiegenden Widerspruchsführer sei stets ein Anspruch auf Erstattung seiner Kosten zuzubilligen.

IX. Landesrecht

103 § 80 findet Anwendung durch landesrechtliche Verweisung in Berlin, Niedersachsen und Sachsen. Die übrigen Bundesländer haben entsprechende Regelungen getroffen – auch soweit diese (wie in **Rheinland-Pfalz** als § 19) in das AG VwGO übernommen worden sind (s. Rn. 8, 42, 57) – mit folgenden Abweichungen: Während **§ 120 Abs. 1 LVwGSchlH** sich auf die Regelungen in den Sätzen 1 und 2 des § 80 Abs. 1 beschränkt und eine dem § 80 Abs. 4 entsprechende Regelung fehlt (s. Rn. 8, 43), enthält **Art. 80 BayVwVfG** eine umfassende Kostenerstattungsregelung: So hat nach Art. 80 Abs. 1 S. 2 BayVwVfG derjenige, der den Widerspruch eingelegt hat, auch dann die Kosten des Widerspruchsverfahrens zu tragen, wenn der Widerspruch zurückgenommen worden ist, s. Rn. 51. Während im Bundesrecht durch die „soweit"-Regelung in Satz 1 und Satz 3 des § 80 Abs. 1 sichergestellt ist, dass die Kosten bei teilweisem Obsiegen entsprechend verhältnismäßig zu teilen sind, regeln Art. 80 Abs. 1 S. 3 BayVwVfG und § 80 Abs. 1 S. 4 ThürVwVfG dies unter Verweis auf § 155 Abs. 1 VwGO ausdrücklich, s. Rn. 33, so dass es danach auch möglich ist, die Kosten gegeneinander aufzuheben, s. Rn. 34. Ferner zählt Art. 80 Abs. 2 S. 1 BayVwVfG neben den Aufwendungen auch die Verwaltungskosten zu den erstattungsfähigen Kosten, Rn. 58. Abweichend von § 80 sieht Art. 80 Abs. 2 Satz 2 BayVwVfG vor, dass Aufwendungen anderer Beteiligter erstattungsfähig sind,

---

Rahmengebühr (2,5 fache Geschäftsgebühr) gem. § 14 RVG i. V. m. Nr. 2400 VV: *OLG München* BayVBl 2007, 57; *Bundeskartellamt Bonn, 3. Vergabekammer des Bundes* IBR 2005, 282.

[479] *EuGH* EuZW 2007, 247; Slg. 2005, S. I-08 612 jeweils mit Darstellung der Rechtsprechung; ferner *VGH Kassel* UPR 2000, 198. Eingehend hierzu *Streinz* Rn. 552 ff; *Nettesheim* JZ 2002, 928 ff.; *Rengeling/Middeke/Gellermann*, Rechtsschutz in der EU, 2. Auflage, München 2003, § 38 Rn. 18, 54, 74; ferner *Ehlers* DVBl 2004, 1441, 1442. S. auch allgemein zur Autonomie der Mitgliedsstaaten bei der Ausgestaltung ihres Rechtsschutzsystems: *Kment* EuR 2006, 201.

[480] Siehe hierzu im Einzelnen *Dörr* in Sodan/Ziekow EVR Rn. 238; *Ehlers*, Die Europäisierung des Verwaltungsprozessrechts, München 1999, S. 73 f.

[481] S. z. B. *Rengeling/Middeke/Gellermann*, Rechtsschutz in der EU, a. a. O., § 8 Rn. 36 ff. (zum Vorverfahren bei Untätigkeitsklage); § 6 Rn. 9 ff. (zum Vorverfahren bei Vertragsverletzungsverfahren).

[482] S. dazu *BVerwG* BayVBl 2006, 251; DÖV 2006, 430; *VGH Mannheim* VBlBW 2007, 109; *VGH München* NVwZ-RR 2002, 807; *OVG Berlin* NVwZ-RR 2003, 895; *Fehrenbacher/Borgards* ZAR 2003, 236.

[483] Vgl. *OVG Münster* NVwZ-RR 2006, 856 m. w. N. Eingehend auch *OVG Weimar* Gemhlt 2006, 212. So auch schon *BVerfG* NJW 1987, 2569; *BVerwGE* 82, 336 = NVwZ 1990, 59, 60; NVwZ 1997, 272; *VGH München* NVwZ 1999, 614; *OVG Münster* NWVBl 1992, 69.

wenn sie aus Billigkeit demjenigen, der die Kosten des Widerspruchsverfahrens zu tragen hat, oder der Staatskasse auferlegt werden, s. Rn. 30.[484] Art. 80 Absatz 4 BayVwVfG erfasst auch andere Rechtsbehelfe als die der §§ 68 ff. VwGO. Bei Beendigung durch Vergleich erfolgt in Bayern die Kostenregelung nach Art. 80 Abs. 1 S. 5 BayVwVfG (Rn. 52; § 79 Rn. 40, 48). Regelungen zur Kostenerstattung bei Erledigung enthalten neben Art. 80 Abs. 1 S. 5 BayVwVfG auch § 80 Abs. 1 S. 5 LVwVfG BW,[485] § 19 Abs. 1 S. 5 AGVwGO Rhl.-Pf., § 80 Abs. 1 Satz 5 SVwVfG, § 80 Abs. 1 S. 6 ThürVwVfG: Danach wird dann, wenn sich der Widerspruch auf andere Weise erledigt, über die Kosten nach billigem Ermessen entschieden, s. Rn. 53. **Baden-Württemberg** erwähnt in § 80 Abs. 1 S. 3 Nr. 1 auch das **Schulverhältnis** (s. Rn. 57). Zur Frage, ob § 80 in der Fassung der entsprechenden Landesgesetze in **Kommunalabgabenangelegenheiten** anwendbar ist, s. Rn. 13. Überblick über **Verwaltungsvorschriften der Länder** bei *Pietzner/Ronellenfitsch*.[486]

---

[484] S. dazu *VGH München* BayVBl 2003, 476.
[485] S. *VGH Mannheim* VBlBW 2005, 281 zum Begriff der Erledigung im Sinne dieser Regelung.
[486] § 44 Rn. 13.

Teil VII. Ehrenamtliche Tätigkeit, Ausschüsse

Abschnitt 1. Ehrenamtliche Tätigkeit

§ 81 Anwendung der Vorschriften über die ehrenamtliche Tätigkeit

Für die ehrenamtliche Tätigkeit im Verwaltungsverfahren gelten die §§ 82 bis 87, soweit Rechtsvorschriften nichts Abweichendes bestimmen.

Vergleichbare Vorschriften: –

Abweichendes Landesrecht: –

Entstehungsgeschichte: Teil VII Abschnitt 1 des Gesetzes war bereits im Musterentwurf (§§ 66–72) enthalten. Die in § 81 Gesetz gewordene Regelung entspricht der Sache nach § 66 des Musterentwurfs. Der jetzt mit „soweit" beginnende Halbsatz war dort ein selbständiger Satz und lautete: „Diese Vorschriften finden keine Anwendung auf Ehrenbeamte" (in der Länderfassung ferner „und auf andere Personen, die nach den Vorschriften des Kommunalverfassungsrechts für eine Gemeinde oder einen Gemeindeverband ehrenamtlich tätig sind"). Für diesen Personenkreis wurde eine „Beseitigung von Unklarheiten und Rechtslücken" nicht notwendig erachtet, da deren Rechtsstellung durch die Vorschriften der Beamtengesetze und des Kommunalrechts für ausreichend geregelt angesehen wurde (Begründung zu § 66 Musterentwurf). § 81 erhielt seine jetzige Fassung durch die unverändert gebliebenen § 68 Entwurf 70 und § 77 Entwurf 73.

Literatur: *Dagtoglou,* Der Private in der Verwaltung als Fachmann und Interessenvertreter, 1964; *Krautzberger,* Die Erfüllung öffentlicher Aufgaben durch Private, 1971; *Ossenbühl/Gallwas,* Die Erfüllung von Verwaltungsaufgaben durch Private, VVDStRL Bd. 29 (1971); *Gärtner,* Die Haftung von Ratsmitgliedern für die Folgen rechtswidriger Ratsbeschlüsse, VR 1992, 433; *Günther,* Die Heranziehung als Volkszähler und das Verbot des Arbeitszwanges (Art. 12 Abs. 2 GG), DVBl 1989, 429; Henneke, Haftung kommunaler Amtsträger für rechtswidrige Beschlüsse?, Jura 1992, 125; *H. Schnell,* Freie Meinungsäußerung und Rederecht der kommunalen Mandatsträger unter verfassungsrechtlichen, kommunalrechtlichen und haftungsrechtlichen Aspekten, Diss. Münster 1998; *Nolte,* Das freie Mandat der Gemeindevertretungsmitglieder, DVBl 2005, 870.

Übersicht

	Rn.
I. Allgemeines	1
II. Begriff der ehrenamtlichen Tätigkeit	7
III. Tätigkeit im Verwaltungsverfahren	10
IV. Vorrang abweichender Rechtsvorschriften	12
V. Landesrecht	14

I. Allgemeines

1 1. §§ 81 ff. enthalten Vorschriften für die ehrenamtliche Tätigkeit **im** VwVf, soweit Rechtsvorschriften nichts Abweichendes bestimmen. Insofern ergänzen §§ 81 ff. den § 9 mit den darin enthaltenen Regelungen, die auf den Erlass eines VA oder den Abschluss eines ör Vertrags abzielen. Damit soll eine für die Tätigkeit in solchen Verfahren bestehende normative **Lücke** des Bundesrechts **geschlossen** werden, wenn ör Verwaltungstätigkeit einer Behörde nicht nur durch haupt- oder nebenamtlich tätige Kräfte im Angestellten- und Beamtenverhältnis, sondern unter **Mitwirkung ehrenamtlich Tätiger** – insbesondere in Ausschüssen (hierzu §§ 88 ff.) – ausgeübt wird. Zugleich wird dadurch bundesrechtlich zum Ausdruck gebracht, dass auch für die Wahrnehmung staatlicher Aufgaben außerhalb des Kommunalbereichs in Bund und Ländern die Nutzung des **Sachverstandes bürgerschaftlicher, ehrenamtlich tätiger Kräfte** in der Praxis sinnvoll und oftmals notwendig ist. Auf sie will auch das VwVfG als Dachgesetz des allgemeinen Verwaltungs(verfahrens-)rechts nicht verzichten.

§ 81 Anwendung der Vorschriften über die ehrenamtliche Tätigkeit 2–5 § 81

§§ 81–87 sind **annexe Materie** des Verwaltungsverfahrens; sie setzen sich zur Beseitigung vorhandener Unklarheiten und Rechtslücken zum Ziel, jedenfalls einige Fragen der persönlichen Rechtsstellung der ehrenamtlich Tätigen **im Innenverhältnis** zu der sie berufenden Behörde (§§ 83 Abs. 2, 86), nicht auch im Außenverhältnis gegenüber Dritten einheitlich zu regeln.[1] Soweit ehrenamtlich Tätige – etwa im Rahmen einer Ausschusstätigkeit – mit Entscheidungskompetenz **im Außenverhältnis** (z. B. § 71) handeln, sind auf sie aber die allgemeinen Verfahrensvorschriften, etwa §§ 20, 21, 23, 25, auch §§ 44–46 des VwVfG anwendbar. 2

Ehrenamtliche Tätigkeit (zum Begriff Rn. 7) im VwVf ist rechtlich von der Erfüllung öffentlicher Aufgaben auf Grund **Beleihung**[2] zu unterscheiden, denn der einem Verwaltungsapparat nur an-, nicht aber eingegliederte Beliehene übt durch oder auf Grund Gesetzes übertragene ör Kompetenzen regelmäßig im eigenen Namen und mit Befugnissen im Außenverhältnis aus und ist insoweit funktionell selbst Behörde;[3] demgegenüber handelt der ehrenamtliche Tätige *in* einer und *für* eine Behörde; er ist nach außen nicht selbst Zurechnungssubjekt seines Handelns.[4] Ehrenamtliche Tätigkeit in einem Verwaltungsverfahren gehört nicht zur **Privatisierung von Verwaltungsaufgaben;**[5] denn bei letzterer trennt sich die öffentliche Hand von ihren hoheitlichen Aufgaben und überlässt sie aufgrund Organisations- oder Aufgabenprivatisierung Privatrechtssubjekten, die im eigenen Namen zivilrechtlich nach außen wahrzunehmen haben und denen sie unmittelbar zugerechnet werden.[6] 3

Durch §§ 81 ff. nicht geregelt ist ferner die **Organisation** der Ehrenämter im Innenverhältnis, weil davon ausgegangen wurde, dass die Vielgestaltigkeit ihrer Erscheinungsformen einer allgemeinen bundesrechtlichen Regelung nicht zugänglich sei.[7] Auch die Voraussetzungen für **Heranziehung und Berufung** zu ehrenamtlicher Tätigkeit im Einzelnen einschließlich der Ausschluss-, Hinderungs- und Ablehnungsgründe[8] sind im VwVfG nicht geregelt. Es verbleibt insoweit bei den vorhandenen **spezialgesetzlichen Normen.** Soweit solche Vorschriften im Einzelfall nicht vorhanden sind und auch §§ 82–87 keine Regelungen enthalten, können insoweit auf die ehrenamtliche Tätigkeit im Verwaltungsverfahren auch übereinstimmende Vorschriften über ehrenamtliche Richter oder für sonstige Verwaltungstätigkeit, etwa als Wahlhelfer[9] oder im Disziplinarverfahren sinngemäß herangezogen werden (vgl. §§ 44–45a DRiG, §§ 31 ff., 107 GVG, §§ 21–24 VwGO, §§ 17–21 FGO, §§ 16–18 SGG, §§ 16, 20, 35, 41 ArbGG, § 45 Abs. 3 BDO, §§ 68, 69, 71, 73 WDO). 4

2. §§ 81 bis 87 gelten nur **subsidiär.** Entgegenstehendes oder übereinstimmendes **Bundesrecht** oder **Landesrecht** geht diesen Regelungen daher vor; das gilt insbesondere auch für das **Kommunalrecht** der Länder, in dem zahlreiche Vorschriften über ehrenamtliche Tätigkeit enthalten sind, weil der Kommunalbereich traditionell der Bereich des Einsatzes bürgerschaftli- 5

---

[1] Hierzu Begründung vor § 77 Entwurf 73. S. auch *Ziekow* § 81 Rn. 2.
[2] S. hierzu z. B. *BVerwGE* 106, 272 = NVwZ 1999, 194 (Anerkennung als Beschäftigungsstelle i. S. von § 4 Abs. 1 ZDG); *OVG Saarlouis* ZfSch 1999, 85 („Obergutachterstelle des Saarlandes"); *OVG Lüneburg* NdsVBl 1998, 16 (Bestimmung einer Zentralen Stelle für Sonderabfälle). Zur Abgrenzung des Beliehenen zum Verwaltungshelfer s. z. B. zum einen *BVerwG* Rd L 2006, 242; *VGH München* NuR 2007, 67; zum anderen *BGH* NJW 2005, 286; NVwZ 2006, 966; *OVG Schleswig* NordÖR 2006, 263.
[3] Vgl. *Maurer* § 23 Rn 58 f.; *Hennecke* in Knack, vor § 81 Rn. 3.
[4] Vgl. *BVerfGE* 83, 130; *BGH* ZfBR 2006, 779; *Dagtaglou* DÖV 1970, 532.
[5] Hierzu *Maurer* § 23 Rn. 60 ff.; *Wolff/Bachof/Stober* 3, vor § 90 Rn. 1 ff.; *Mayen* DÖV 2001, 110 ff. S. hierzu auch *BVerfG* GewArch 2005, 475; *BVerwG* NVwZ 2006, 336; *VG Stuttgart* DÖV 2006, 835.
[6] S. aber zur funktionalen, auf die Erfüllung der Aufgabe durch private Dritte beschränkten Privatisierung: *OVG Münster* NVwZ 2006, 1083; *OVG Bautzen* ZKF 2005, 43; *Burgi* NVwZ 2001, 601, 606; *Ehlers* in Erichsen/Ehlers § 2 Rn. 45.
[7] Begründung vor § 77 Entwurf 73.
[8] Zum Ausschluss von der Wählbarkeit in einen Gemeinderat s. *BVerfGE* 93, 373 = NVwZ 1996, 573; *BVerwG* NVwZ 2003, 90; *OVG Münster* NVwZ 2003, 887; *OVG Weimar* ThürVBl 2004, 91; LKV 2004, 569. S. auch zum kommunalrechtlichen Vertretungsverbot *OVG Münster* NWVBl 2002, 264. Zur Ablehnung eines Ehrenamtes s. *BVerwG* NJW 2002, 2263; *OVG Münster* NWVBl 2003, 288.
[9] S. *BVerwG* NJW 2002, 2263 zur Ablehnung eines Wahlhelfer-Ehrenamtes durch einen Berufsrichter; *OVG Münster* NWVBl 2003, 288 zur Klage auf Freistellung als Wahlhelfer aus Gewissensgründen; *VG Oldenburg* NVwZ-RR 1997, 432: Für eine Klage gegen die Heranziehung zum Wahlvorstand ist der Verwaltungsrechtsweg eröffnet; das Wahlprüfungsverfahren, das erst nach einer Wahl stattfindet, ist hier nicht rechtsschutzintensiv genug.

§ 81 6

cher Kräfte ist, die in keinem (Ehren)-Beamtenverhältnis zu ihrer Kommune stehen (vgl. hierzu noch Rn. 10, 11). Fehlt ein vorgehendes Recht, so gelten §§ 81 ff. sowohl bei einer nach § 82 begründeten **gesetzlichen Pflicht** zu ehrenamtlicher Tätigkeit[10] als auch bei **freiwilliger Übernahme** eines solchen Amtes.

6 3. Auch die **Haftung** des ehrenamtlich Tätigen ist nicht besonders geregelt.[11] Hierbei ist zwischen der Außen- und Innenhaftung zu unterscheiden: Bei der **Außenhaftung** gegenüber Dritten, die durch die Tätigkeit eines Ehrenamtlers geschädigt werden, kommt eine persönliche Haftung – wenn in Ausübung des Amtes gehandelt worden ist – in der Regel nicht in Betracht. Vielmehr haftet, sofern gerade durch rechtswidrige und schuldhafte[12] Tätigkeit des ehrenamtlich Tätigen ein Schaden verursacht wurde, sowohl bei hoheitlichem Handeln als auch bei privatrechtlicher pflichtwidriger Tätigkeit der Träger, der dem ehrenamtlich Tätigen die Aufgabe anvertraut hat (vgl. § 839 BGB i.V.m. Art. 34 GG bzw. §§ 831, 31, 89 BGB).[13] So werden z.B. Mitglieder des Gemeinderats bei der Beschlussfassung über einen Bebauungsplan als Beamte im haftungsrechtlichen Sinne tätig; sie üben ein ihnen anvertrautes öffentliches Amt im Sinne des Amtshaftungsrechts aus.[14] Bei der **Innenhaftung**[15] muss zwischen dem Rückgriff (nach einer Außenhaftung) und der unmittelbaren Schädigung der Anstellungsbehörde (ohne Außenhaftung) differenziert werden. Im ersteren Falle behält Art. 34 S. 3 GG den Rückgriff nur vor, ist aber selbst noch keine Anspruchsgrundlage.[16] Ob im zweiten Fall eine Innenhaftung möglich ist, hängt davon ab, ob entsprechende spezialgesetzliche Regelungen vorhanden sind. Fehlen sie, kommt eine Haftung – da für belastende Inanspruchnahmen nach dem Vorbehalt des Gesetzes stets eine Rechtsgrundlage vorhanden sein muss – (wenn überhaupt) nur[17] bei Vorsatz und grober Fahrlässigkeit in Betracht, denn ein ehrenamtlich Tätiger kann nicht schärfer haften als ein Beamter (vgl. §§ 78 BBG, 46 BRRG; vgl. auch § 14 BAT).[18] Bei Fehlen ausdrücklicher Schadensersatzansprüche kommt eine Haftung auf Grund analoger Anwendung des zivilrechtlichen Leistungsstörungsrechts in der Regel nicht in Betracht, da gerade die Ehrenamtlichkeit der Tätigkeit die Vermutung begründet, dass eine Schadensersatzhaftung vom Gesetzgeber nicht gewollt ist.[19] Im Einzelfall kann ein Rückgriff nach dem als Landesrecht fortgeltenden **StHG** der **DDR** in Betracht kommen.[20] Die **Unfallversicherung** des ehrenamtlich Tätigen bestimmt sich nach § 2 Abs. 1 Nr. 10 i.V.m. § 8 Abs. 1 und 2 SGB VII.[21]

---

[10] Vgl. zur Ablehnung eines (Wahlhelfer-)Ehrenamtes: *BVerwG* NJW 2002, 2263; *OVG Münster* NWVBl 2003, 288. Ferner *VG Düsseldorf* Urteil v. 4. 4. 2003 – 1 K 484/01 – wegen Verhängung eines Ordnungsgeldes wegen Ablehnung eines Wahlhelferamtes. Zum rechtsmißbräuchlichen kollektiven Verzicht auf Ratsmandate s. *VG Osnabrück* NVwZ-RR 2006, 278.
[11] Dazu *Gärtner,* Die Haftung von Ratsmitgliedern für die Folgen rechtswidriger Ratsbeschlüsse, VR 1992, 433.
[12] Hierzu *BGH* NVwZ 2006, 1207; 1986, 504 (505).
[13] Vgl. *BGH* NZBau 2006, 590 (aufgrund eines Ratsbeschlusses erfolgter Abschluss eines gegen Haushaltsrecht verstoßenden sittenwidrigen Vertrages); BGHZ 53, 217 (219); 77, 11; 99, 326 (330); *BGH* NVwZ 1992, 298 und 1994, 823; *Gärtner* VR 1992, 433; *Kuhn,* Der Städtetag 1967, 538; RGRK-*Kreft* § 839 BGB Rn. 52 ff.; *Palandt* § 839 Anm. 2 B; *Henneke* Jura 1992, 125.
[14] S. *BGH* NVwZ 2006, 1207; *OLG Karlsruhe* NVwZ 1991, 101; *OLG Düsseldorf* NVwZ 1989, 993; *OLG Saarbrücken* VersR 1988, 520.
[15] Zur Inregressnahme eines ehemaligen ehrenamtlichen Bürgermeisters s. *OVG Magdeburg* Beschluss v. 8. 3. 2006 – 1 L 44/05 –. Eingehend hierzu: *H. Schnell,* Freie Meinungsäußerung und Rederecht der kommunalen Mandatsträger unter verfassungsrechtlichen, kommunalrechtlichen und haftungsrechtlichen Aspekten, Diss. Münster 1998, S. 160 ff.
[16] Kritisch zum Gesamtkomplex *Michaelis* DVBl 1978, 125 für den Kommunalbereich; hierzu ferner *Hüttenbrink* DVBl 1981, 989; *Henneke* Jura 1992, 125.
[17] Vgl. *Wallerath* DVBl 1971, 197; *Kuhn* Städtetag 1967, 538.
[18] Ebenso *Ule/Laubinger,* § 13 Rn. 14 ff.; *Henneke* in Knack, Rn. 7 ff. vor § 81; zur Haftung aus positiver Vertragsverletzung vgl. *Hüttenbrink* DVBl 1981, 989; *Henneke* Jura 1992, 134.
[19] *U. Stelkens* DVBl 1998, 300, 304 unter Bezug auf *BVerwGE* 101, 52 = NJW 1996, 2669.
[20] Vgl. zum Staatshaftungsrecht im Beitrittsgebiet *BGH* DVBl 2006, 764; *OLG Weimar* DVBl 2002, 1064.
[21] Vgl. hierzu *BSG* NJW-RR 2005, 281; NVwZ 1998, 111: Auch der Wegeunfall anlässlich eines allein der Repräsentation dienenden Termins unterfällt dem Versicherungsschutz des ehrenamtlich Tätigen. Eingehend: *Leube* ZFSH/SGB 2006, 579; *Merten* SGb 2005, 427; *Marburger* PersV 2005, 450; *Geckle,* Unfallversicherung im Ehrenamt, München 2005; *Boerner* SGb 2002, 653; *Marburger* DÖD 2000, 121; *Alfers* StGR 2000, Nr. 11 S. 16 f.; *Bräuer/Deter* ZfSH/SGb 1994, 57.

II. Begriff der ehrenamtlichen Tätigkeit

1. Im Gesetz selbst ist der Begriff der „ehrenamtlichen Tätigkeit" nicht definiert. Die Begründung (vor § 77 Entwurf 1973) versteht darunter jede **unentgeltliche Mitwirkung** bei der Erfüllung öffentlicher Aufgaben auf Grund behördlicher Bestellung **außerhalb eines haupt- oder nebenamtlichen Dienstverhältnisses;** erforderlich ist, dass es sich um eine nebenberufliche Tätigkeit handelt; unerheblich ist, ob eine Aufwandentschädigung (hierzu § 85) gezahlt wird.[22] Die Tätigkeit als **Ehrenbeamter** hingegen setzt eine Berufung in das Beamtenverhältnis voraus (§§ 5, 177 BBG, §§ 3 Abs. 2, 115 BRRG)[23] und unterfällt deshalb nicht dem Begriff der ehrenamtlichen Tätigkeit im Sinne des § 81. Zur uneinheitlichen Terminologie insbesondere zwischen dem Begriff ehrenamtlicher Tätigkeit und Ehrenamt sowie einigen **landesrechtlichen Unterschieden** vgl. z. B. §§ 15 ff. GO BW, Art. 19, 20 GO Bay, §§ 21 ff. GO Hess, §§ 23 ff. GO NS, §§ 28 ff. GO NW, §§ 18 ff. GO RP, §§ 24 ff. GO Saarl., §§ 19 ff. GO SH.[24] Die Übernahme eines Ehrenamtes setzt einen auf Dauer festgelegten Kreis von Verwaltungsgeschäften zur Wahrnehmung hoheitlicher Aufgaben oder diesen nach den Beamtengesetzen der Länder gleichgestellten Aufgaben voraus. Der Ehrenbeamte kann aus seinem Amt nicht durch einseitige Erklärung ausscheiden; er muss nach den beamtenrechtlichen Regelungen verabschiedet werden.[25] Dementsprechend lässt die Abberufung aus dem Ehrenamt den dienstrechtlichen Status des Ehrenbeamten unberührt, s. § 86 Rn. 1.[26] Zur Nebentätigkeit (Nebenamt, Nebenbeschäftigung) von Beamten §§ 64 ff. BBG, § 42 BRRG, § 1 Bundesnebentätigkeitsverordnung; von Richtern § 42 DRiG; von Soldaten § 20 SoldG; von Zivildienstleistenden § 33 ZDG.

Zum Verhältnis von ehrenamtlicher Tätigkeit zu **Beleihung und Privatisierung von Verwaltungsaufgaben** vgl. Rn. 3.[27] Da der ehrenamtlich Tätige in aller Regel in Ausschüssen oder sonstigen Kollegialorganen tätig wird und im Außenverhältnis nicht in eigenem Namen handelt, steht er zur Behörde in einem ör **Amtsverhältnis eigener Art.**[28] Sie sind **keine Amtsträger** i. S. des § 11 Abs. 1 Nr. 2 a bis c StGB, es sei denn, sie werden mit konkreten Verwaltungsaufgaben betraut, die über ihre Mandatstätigkeit etwa in den kommunalen Volksvertretungen und den zugehörigen Ausschüssen hinausgehen.[29] Der Bestellungsakt ist ör Natur, bedarf aber, sofern nicht anderes bestimmt ist, keiner bestimmten Form.[30] Er ist von der Verpflichtung nach § 83 zu unterscheiden. Er kann getrennt davon oder zusammen mit ihr vorgenommen werden. Schriftform ist aus Nachweisgründen, auch über den Inhalt der Belehrung nach § 83 Abs. 2 (Näheres dort), angezeigt und sollte die Regel sein.

2. Die ehrenamtliche Tätigkeit kann auf eine **gewisse Dauer** berechnet sein (z. B. ehrenamtliche Beisitzer in Musterungs- und Prüfungsausschüssen und -kammern, §§ 18 Abs. 2 und 3, 26

---

[22] Zustimmend *Ule/Laubinger*, § 13 I 2; *Meyer/Borgs*, § 81 Rn. 11; *Kopp/Ramsauer* § 81 Rn. 3; nebenberufliche Tätigkeit von Beamten wird aber nicht erfasst, vgl. *Hennecke* in Knack § 81 Rn. 7.
[23] Vgl. *BVerwGE* 10, 253.
[24] Hierzu *Dagtoglou* DÖV 1970, 532; *Stober*, Der Ehrenbeamte in Verfassung und Verwaltung, 1981 m. w. N.
[25] Vgl. *Wansleben* in Held u. a. GO NRW, Stand 1/2007, § 28 Anm. 8: für Ehrenbeamte gelten die Regelungen des Landesbeamtenrechts, soweit sie dort für anwendbar erklärt sind. Zu Rückforderungsansprüchen gegenüber einem kommunalen Wahlbeamten und dessen Dienstverhältnis s. *VG Lüneburg* 22. 1. 1997 – 1 A 91/94 –. Zur Abführungspflicht eines Ehrenbeamten *BVerwG* NVwZ 1998, 1304; *OVG Saarlouis* DÖD 1997, 162. Vgl. entsprechend zur Abwendung von Zuwendungen an Mandatsträger: *VG Braunschweig* NdsVBl 2006, 55; DÖV 2006, 441. Zur Anwendung des Disziplinarrechts auf Ehrenbeamte s. *OVG Schleswig* NordÖR 1999, 156; *VG Weimar* ThürVBl 1999, 239; 1996, 20. Zur Aufwandsentschädigung des Ehrenbeamten *BVerwG* 95, 208 = ZBR 1994, 314. Zur Sozialversicherungspflicht: *BSG* Beschluss v. 4. 4. 2006 – B 12 KR 76/05 B –. Zum Regress gegen einen Ehrenbeamten *LSG Magdeburg* Beschluss v. 8. 3. 2006 – 1 L 44/05 –. Zu seinen Arbeitszeiten: *VG Magdeburg* Urteil v. 1. 2. 2006 – 9 A 370/04 –.
[26] Vgl. *OVG Weimar* LKV 1996, 416. Zum Rechtsschutz gegen die Abberufung s. *OVG Greitswald* LKV 1998, 112.
[27] S. auch *Ziekow* § 81 Rn. 5.
[28] Ebenso *Ule/Laubinger*, § 13 I 2; *Kopp/Ramsaue* § 81 Rn. 4.
[29] So *BGH* NJW 2006, 2050. Eingehend zum strafrechtlichen Begriff des Amtsträgers: *Ipsen* NdsVBl 2006, 321; *Nolte* DVBl 2005, 870, 871 ff. S. in Abgrenzung dazu zum Begriff des Amtsträgers i. S. d. § 9 Abs. 3 a IFG NRW: *OVG Münster* DVBl 2007, 200.
[30] Vgl. *Kopp/Ramsauer* § 81 Rn. 5; *Ule/Laubinger*, § 13 I 2.

Abs. 3, 33 Abs. 4 WPflG i. V. mit §§ 4, 5, 10, 19 MustVO), ehrenamtliche Beisitzer bei den Ausschüssen des Bundessortenamts nach § 47 SaatgutverkehrsG). Nicht grundsätzlich ausgeschlossen ist eine **kurzfristige,** auch einmalige Tätigkeit.

Der Berufung (§ 86 S. 1, § 84 Abs. 5; Heranziehung, § 86 S. 1) zu ehrenamtlicher Tätigkeit kann eine **Wahl** durch einen Ausschuss, ein sonstiges Kollegialorgan oder die **Benennung** durch eine Behörde oder eine in ihrem Auftrag handelnde private Stelle vorausgehen, wobei Legitimationsakt und Berufung aber auch zusammenfallen können.[31] Diese ist von der Verpflichtung nach § 83 Abs. 2 zu unterscheiden (vgl. hierzu § 83 Rn. 8). Die (zulässige) Entschädigung (§ 85, dort Rn. 2) ist kein Entgelt für geleistete Tätigkeit.[32]

III. Tätigkeit *im* Verwaltungsverfahren

10   §§ 82 bis 87 gelten nur für die ehrenamtliche **„Tätigkeit *im* Verwaltungsverfahren".** Aus dem Begriff Verwaltungsverfahren sowie der Einordnung dieser Vorschriften im Anschluss an die „Besonderen Verfahrensarten" ergibt sich, dass sie für **alle** Verfahrensarten gelten.[33] Erfasst werden daher nicht nur allgemeine VwVf im Sinne des § 9, sondern auch Förmliche Verfahren, §§ 63 ff., Beschleunigte Genehmigungsverfahren, §§ 71 a–e und Planfeststellungsverfahren, §§ 72 ff. Eine „Tätigkeit" liegt sowohl bei einer unmittelbar **entscheidenden Mitwirkung mit Außenwirkung** als auch bei vorbereitenden, beratenden, anhörenden oder sonst **unterstützenden** Aufgaben **„im"** Verwaltungsverfahren (i. S. von § 9) vor, also nicht nur bei einer unmittelbar auf den Erlass eines VA oder den Abschluss eines ör Vertrags im Außenverhältnis gerichteten Tätigkeit; von §§ 81 ff. erfasst werden daher auch sog. **entferntere Mitwirkungsakte,** sofern diese nur unmittelbar im Zusammenhang mit der Durchführung eines Verwaltungsverfahrens stehen und für seine inhaltliche Entscheidung von gewisser Bedeutung sind.[34] Zur ergänzenden Anwendung anderer Vorschriften des VwVfG vgl. Rn. 13. Unabhängig von einem VwVf i. S. von § 9 sind §§ 82–87 auch im Übrigen als Ausdruck eines **allgemeinen Rechtsgrundsatzes** heranziehbar, sofern nicht spezielle Rechtsvorschriften oder Umstände des Einzelfalls entgegenstehen.

11   Die Anwendung der §§ 82 bis 87 setzt voraus, dass **ör Verwaltungstätigkeit** im Rahmen des Anwendungsbereichs des Gesetzes ausgeübt wird (§§ 1, 2). Dies schließt nicht aus, die Vorschriften auch anzuwenden, wenn ör Verwaltungstätigkeit in Rede steht, auf die das VwVfG nach § 2 nicht anwendbar ist, ferner wenn untrennbar im Zusammenhang mit einer solchen Tätigkeit über Rechtsgeschäfte zu entscheiden ist, die bei isolierter Betrachtung zivilrechtlich wären, jedoch nach dem **Gesamtzusammenhang zum öffentlichen Verwaltungshandeln** zählen, z. B. die Mitwirkung an der Entscheidung über den Kauf oder Tausch eines Grundstücks im Rahmen von baurechtlichen Maßnahmen.[35] Ob damit zusammenhängende Verfahrensfehler rechtserheblich sind, ist bei Verwaltungshandeln durch VA am Maßstab der §§ 44, 45, 46 zu messen.

IV. Vorrang abweichender Rechtsvorschriften

12   1. §§ 82 bis 87 sind im Rahmen des Anwendungsbereichs des Gesetzes (§§ 1, 2) nur anwendbar, wenn Rechtsvorschriften nichts Abweichendes bestimmen. Eine solche Bestimmung kann **ausdrücklich** erfolgen (vgl. § 2 Abs. 3 Nr. 2) oder sich aus dem **Gesamtzusammenhang** einer Regelung ergeben. Für letzteren Fall ist ein eindeutiger Wille in der speziellen Rechtsvorschrift notwendig, seine Regelungen als abschließend zu betrachten. Entgegenstehen-

---

[31] Zu Beginn und Ende ehrenamtlicher kommunalrechtlicher Tätigkeit s. *Geitmann* VBlBW 2007, 206.
[32] S. *OVG Münster* NVwZ-RR 2006, 272; 2003, 376 zur Aufwandsentschädigung für kommunale Mandatsträger.
[33] Nr. 7.3 des Allg. Teils der Begründung des Entwurfs 73.
[34] Ebenso *Henneke* in Knack, § 81 Rn. 5; *Kopp/Ramsauer* § 81 Rn. 2; *Ule/Laubinger* § 13 I 2; vgl. ferner § 88 Rn. 13 ff.
[35] Vgl. *BVerwG* NJW 1976, 2360; zur Gemengelage der Tätigkeit im Bauplanungsrecht vgl. § 54 Rn. 77, 134 ff.; *Krebs* DÖV 1989, 969.

des **Bundesrecht** kann enthalten sein in Bundesgesetzen und Rechtsverordnungen der Bundesregierung oder eines Bundesministers. Gegenüber Satzungen oder Geschäftsordnungen bundesunmittelbarer Körperschaften, Anstalten und Stiftungen besteht keine Subsidiarität, so dass §§ 81 ff. auch insoweit (subsidiär) anwendbar sind. **Inhaltlich übereinstimmende** bundesrechtliche Rechtsvorschriften gehen §§ 81 ff. im Hinblick auf die allgemeine Subsidiarität des Gesetzes vor. §§ 82 bis 87 der VwVfG der Länder sind auch gegenüber abweichenden oder übereinstimmendem **Landesrecht** subsidiär.[36] §§ 81 ff. der VwVfGe von Bund und Ländern werden daher insbesondere von abweichenden Vorschriften des **Kommunalrechts** verdrängt, da insoweit weitgehend abschließende spezialgesetzliche Regelungen vorhanden sind. Soweit im Bundes- oder Landesrecht **Regelungen fehlen,** sind §§ 82–87 für eine Tätigkeit im VwVf ergänzend anwendbar.

2. Neben §§ 82 bis 87 bleiben **die anderen** in Betracht kommenden **Vorschriften des VwVfG** auf ehrenamtlich Tätige, auch soweit es sich um ihre persönliche Rechtsstellung handelt, **anwendbar.** In Betracht kommen vor allem § 20 mit der Ausnahme in dessen Absatz 2, § 21, ferner die Vorschriften über Verfahrensfehler (§§ 44 ff.) sowie §§ 88 bis 93 bei ehrenamtlicher Tätigkeit in Ausschüssen.[37] 13

V. Landesrecht

Die Länder haben in ihren VwVfGen den §§ 81 ff. entsprechende Regelungen. Diese Vorschriften kommen aber nur zur Anwendung, soweit nicht inhaltsgleiche oder entgegenstehende Rechtsvorschriften vorhanden sind: dies ist insbesondere im Kommunalbereich der Fall (vgl. Rn. 3, 6, 7, 12). 14

§ 82 Pflicht zu ehrenamtlicher Tätigkeit

Eine Pflicht zur Übernahme ehrenamtlicher Tätigkeit besteht nur, wenn sie durch Rechtsvorschrift vorgesehen ist.

Vergleichbare Vorschriften: –

Abweichendes Landesrecht: –

Entstehungsgeschichte: § 82 ist seit dem Musterentwurf (§ 67) unverändert geblieben.
Literatur: *Schießler,* Die Ehrenämterpflicht, BayBgm 1956, 246; *Leisner,* Öffentliches Amt und Berufsfreiheit, AöR 1968, 161; *Stober,* Grundpflichten und Grundgesetz, 1979; *ders.* NVwZ 1982, 473; dazu ferner *Götz* und *Hofmann,* VVDStRL 43 (1983), 7 ff. und 41 ff.; *Gusy* JZ 1982, 657; *Bethge* JA 1985, 249; *Luchterhandt,* Grundpflichten als Verfassungsproblem in Deutschland, 1988; *Stern,* Staatsrecht III/2, S. 985 ff., 1460 ff.; *Bock,* Freistellungsanspruch der ehrenamtlichen Gemeinderats- und Ortschaftsratsmitglieder, BWGZ 2004, 560; ferner § 81.

Übersicht

	Rn.
I. Allgemeines	1
II. Pflicht zur Übernahme ehrenamtlicher Tätigkeit auf Grund von Rechtsvorschriften	2
III. Landesrecht	5

---

[36] Begründung zu § 77 Entwurf 73.
[37] Nach *OVG Münster* Urteil v. 2. 5. 2006 – 15 A 817/04 –, n. v.; NVwZ-RR 1998, 325, verletzt die unberechtigte Mitwirkung eines wegen Befangenheit von der Abstimmung auszuschließenden Ratsmitglieds keine Mitgliedschaftsrechte der übrigen Ratsmitglieder. Zur Auswirkung auf Beschlüsse bei unzulässiger Mitwirkung ehrenamtlich Tätiger vgl. *OVG Münster* NJW 1979, 2632. Nach *OVG Münster* Beschluss v. 1. 2. 2005 – 15 E 1537/04 – berühren Fehler auf der Ebene vorbereitender Ausschlussbeschlüsse nicht den vom Rat gefassten Satzungsbeschluss. Ferner *OVG Münster* NVwZ-RR 2003, 667; *OVG Lüneburg,* SchlH-Anz. 1982, 46; *VG Koblenz* NVwZ-RR 2006, 717 zu kommunalen Mitwirkungsverboten; *VGH München* DÖV 1982, 209 zu ausgeschlossenen Personen; vgl. ferner § 83 Rn. 3, 5 und zu §§ 20, 21 (insbesondere zum Erfordernis aktiver Teilnahme und der konkreten Möglichkeit des Einflusses auf das Ergebnis der Entscheidung). Die Rechtserheblichkeit von Verfahrensfehlern richtet sich nach §§ 44, 45, 46.

I. Allgemeines

1 Das VwVfG geht in § 82 von dem Grundsatz der **Freiwilligkeit** ehrenamtlicher Tätigkeit aus, weil – anders als im Kommunalbereich, für den weitgehend spezialgesetzliche Regelungen der Länder Einzelheiten der Ehrenämterpflichten normieren – die Verbundenheit der Bürger auf Bundes- und Landesebene weniger eng ist und die Verschiedenartigkeit und weitgehende Spezialisierung der Aufgaben einer grundsätzlichen Pflicht zur Übernahme ehrenamtlicher Tätigkeit entgegenstehen.[1] Für eine Pflicht zur Übernahme ehrenamtlicher Tätigkeit[2] bedarf es daher stets außerhalb des VwVfG einer entsprechenden Rechtsgrundlage. Die zwangsweise **Heranziehung (Berufung)** zu ehrenamtlicher Tätigkeit erfolgt in aller Regel durch (belastenden) VA[3] und bedarf spezialgesetzlicher **Ermächtigung** durch Gesetz oder auf Grund Gesetzes; Verordnungen und Satzungen reichen als alleinige Ermächtigungsgrundlagen nicht aus. Die pflichtwidrige **Nichtübernahme** ehrenamtlicher Tätigkeit kann (nur) im Falle einer Rechtspflicht zur Übernahme des Amtes auch zu einer Geldbuße führen (vgl. § 87 Abs. 1 Nr. 1, ferner Rn. 4 m. w. N.).

II. Pflicht zur Übernahme ehrenamtlicher Tätigkeit auf Grund von Rechtsvorschriften

2 § 82 statuiert **keine gesetzliche Pflicht** zur Übernahme ehrenamtlicher Tätigkeit und enthält auch keine allgemeinen Voraussetzungen für die Berufung zu ehrenamtlicher Tätigkeit im VwVf i. S. von § 9. Er überlässt solche Regelungen vielmehr **spezialgesetzlicher Ausgestaltung**. Sie setzen voraus, dass **Gemeinschaftsaufgaben** zu erfüllen sind[4] und widersprechen dann nicht dem Zwangsarbeitsverbot des Art. 12 Abs. 2 GG.[5]

3 Grundsätzlich ist jede im Sinne des Verwaltungs(verfahrens)rechts handlungsfähige Person i. S. des § 12 **berufungsfähig**, sofern nicht ein **wichtiger Grund** der Heranziehung entgegensteht (vgl. § 86 Satz 1 für die Abberufung). Da ehrenamtliche Tätigkeit stets als Repräsentant der Allgemeinheit ausgeübt werden soll, kann **grundsätzlich jedermann** für jede ehrenamtliche Tätigkeit berufen werden, es sei denn, die Übertragung der Aufgabe erfolgt überwiegend oder ausschließlich zur Betreuung bestimmter Gruppen oder Interessen oder im Hinblick auf eine spezielle Sachkunde. Werden z. B. Bedienstete einer Behörde von dieser als Wahlhelfer herangezogen, so ist – auch hinsichtlich der Weitergabe personenbezogener Daten von der Personalverwaltung an die Wahlbehörde – streng zwischen dem Wahlehrenamt und dem Beschäftigungsverhältnis zu unterscheiden und abzugrenzen.[6] **Allgemeine Berufungsvoraussetzungen** sind stets die Fähigkeit zur Bekleidung öffentlicher Ämter, ferner in der Regel die deutsche Staatsangehörigkeit (für bestimmte Aufgaben auch Berufung von Ausländern) sowie vielfach der Wohnsitz in einem bestimmten Bereich und ein gewisses Lebensalter (vgl. §§ 20 bis 22 VwGO, §§ 31 Satz 2, 32 bis 34 GVG).

4 Wichtige Gründe, die einer Berufung entgegenstehen, können **Ausschluss-, Hinderungs- und Ablehnungsgründe**[7] sein (vgl. §§ 21 bis 24 VwGO, §§ 17 bis 21 FGO, §§ 16 bis 18 SGG, §§ 32 bis 35 GVG). Die dort bestehenden übereinstimmenden Regelungen können bei

---

[1] Begründung zu § 78 Entwurf 73.
[2] Vgl. *BVerwG* NJW 2002, 2263; *OVG Münster* NWVBl 2003, 102 m. w. N. Ferner *Stober* NVwZ 1982, 473; *Gusy* JZ 1982, 657; *Götz* und *Hofmann* VVDRStRL 43.1983, 7 ff. und 42 ff.; *Luchterhandt*, Grundpflichten als Verfassungsproblem in Deutschland, 1988; *Stern*, Staatsrecht III/2, S. 985 ff., 1460 ff.
[3] *BVerwG* NJW 2002, 2263; *OVG Münster* NWVBl 2003, 102; *VG Oldenburg* NVwZ-RR 1997, 432; *VGH München* BayVBl 1987, 561 für die Heranziehung als Wahlvorstand.
[4] *BVerfGE* 22, 380, (383).
[5] Vgl. *Maunz/Dürig/Herzog/Scholz*, Art. 12 Rn. 125; *Leisner*, AöR 1968, 161; *BayVGHE* 7, 78, 80; ferner auch *BVerfGE* 13, 167, [170]; *Günther* DVBl 1989, 429 – zur Heranziehung als Volkszähler –.
[6] S. z. B. *VG Saarlouis* Urteil v. 27. 9. 2001 – 12 K 97/99 zur Gewährung von Dienstbefreiung durch eine Gemeinde für Bedienstete wegen deren Tätigkeit als Wahlhelfer. Ferner *BAG* DB 1992, 1367; *VG Düsseldorf* NWVBl 1999, 435; *VG Oldenburg* NVwZ-RR 1997, 432.
[7] S. z. B. zum Ausschluss von der Wählbarkeit in einen Gemeinderat s. *BVerfGE* 93, 373 = NVwZ 1996, 573; *BVerwG* NVwZ 2003, 90; *OVG Münster* NVwZ 2003, 887; *OVG Weimar* ThürVBl 2004, 91; LKV 2004, 569. S. auch zum kommunalrechtlichen Vertretungsverbot *OVG Münster* NWVBl 2002, 264.

Fehlen spezialgesetzlicher Regelungen als allgemeine Rechtsgrundsätze aufgefasst werden und sind auch hier heranzuziehen. Ablehnungsgründe müssen stets **wichtige Gründe** sein, insbesondere Alter, Krankheit und andere unverhältnismäßige Erschwernisse im persönlichen Bereich, die ein **anerkennenswertes Hindernis** darstellen.[8] Die Freistellung von einem Ehrenamt kann auch aus Glaubensgründen gerechtfertigt sein.[9] Allein der Hinweis auf eine frühere Heranziehung und andere ebenso geeignete Bürger reicht dagegen hierfür nicht aus.[10] Ein Berufsrichter kann die Berufung in einen Wahlvorstand für die Europawahl nicht unter Berufung auf seine Aufgaben nach § 4 Abs. 1 DRiG ablehnen.[11] Ein kollektiver (nachträglicher) Verzicht auf ein Ehrenamt kann rechtsmißbräuchlich und deshalb unwirksam sein.[12]

III. Landesrecht

Die Länder haben in ihren VwVfGen dem § 82 entsprechende Regelungen. 5

§ 83 Ausübung ehrenamtlicher Tätigkeit

(1) **Der ehrenamtlich Tätige hat seine Tätigkeit gewissenhaft und unparteiisch auszuüben.**

(2) ¹**Bei Übernahme seiner Aufgaben ist er zur gewissenhaften und unparteiischen Tätigkeit und zur Verschwiegenheit besonders zu verpflichten.** ²**Die Verpflichtung ist aktenkundig zu machen.**

Vergleichbare Vorschriften: –

Abweichendes Landesrecht: –

Entstehungsgeschichte: § 83 war in § 68 Musterentwurf § 70 Entwurf 70 und § 79 Entwurf 73 inhaltlich praktisch unverändert enthalten. In den beiden Regierungsentwürfen ist nur in Absatz 2 Satz 1 vor „zu verpflichten" das Wort „besonders" eingefügt worden.

Literatur: *Dagtoglou,* Der Private in der Verwaltung als Fachmann und Interessenvertreter, 1964; ders. Befangenheit und Funktionshäufung in der Verwaltung, in: Festschrift für Forsthoff, 1967, 65; *ders.* Partizipation Privater an Verwaltungsentscheidungen, DÖV 1972, 712; *Schlaich,* Neutralität als verfassungsrechtliches Problem, 1972; *Hüttenbrink,* Die öffentlich-rechtliche Haftung der ehrenamtlich tätigen Organwalter gegenüber ihren Selbstverwaltungskörperschaften, DVBl 1981, 990; *Hammer,* Interessenkollisionen in Verwaltungsverfahren, insbesondere der Amtskonflikt, 1989; *Kazele,* Interessenkollision und Befangenheit im Verwaltungsrecht, 1990; *H. Schnell,* Freie Meinungsäußerung und Rederecht der kommunalen Mandatsträger unter verfassungsrechtlichen, kommunalrechtlichen und haftungsrechtlichen Aspekten, Diss. Münster 1998; *Gundlach,* Das kommunale Aufsichtsratsmitglied im Spannungsfeld zwischen öffentlichem Recht und Gesellschaftsrecht, LKV 2001, 246; *Nolte,* Das freie Mandat der Gemeindevertretungsmitglieder, DVBl 2005, 870; ferner die Literaturnachweise bei § 81 und § 20.

Übersicht

	Rn.
I. Allgemeines	1
II. Gewissenhafte und unparteiische Tätigkeit (Abs. 1)	3
III. Verpflichtung (Abs. 2)	7
IV. Landesrecht	14

---

[8] Zur Abberufung aus und Niederlegung von ehrenamtlicher Tätigkeit vgl. § 86 Rn. 4. *VG Düsseldorf* Urteil v. 4. 4. 2003 – 1 K 484/01 zur Verhängung von Ordnungsgeld wegen Ablehnung eines Wahlhelferamtes. S. aber zur (unzulässigen) Festsetzung eines Ordnungsgeldes gegen einen ehrenamtlichen Verwaltungsrichter, der die Ausübung des Richteramtes verweigert, sowie zur Amtsentfernung gem. § 33 VwGO vgl. *OVG Berlin* NJW 1979, 1175 mit Anm. *Wolf.* Zum Amtsverlust eines Gemeinderatsmitglieds wegen Verweigerung der Eidesleistung vgl. *VGH München* BayVBl 1981, 87.
[9] Vgl. *OVG Münster* NWVBl 2003, 102 zur Tätigkeit eines Wahlhelfers.
[10] *VG Ansbach* BayVBl 1995, 121 zur Heranziehung als Wahlhelfer. Hierzu auch *VG Düsseldorf* NWVBl 1999, 435; *VG Oldenburg* NVwZ-RR 1997, 432; *VG Koblenz* NVwZ-RR 1994, 226; *VG Minden* NVwZ 1991, 605.
[11] S. *BVerwG* NJW 2002, 2263. *VG Saarlouis* Urteil v. 27. 9. 2001 – 12 K 97/99 zur Dienstbefreiung wegen Tätigkeit als Wahlhelfer. S. auch *Bock* BWGZ 2004, 560 zum Freistellungsanspruch des kommunalen Mandatsträgers.
[12] Vgl. *VG Osnabrück* NVwZ-RR 2006, 278 zur Niederlegung von Ratsmandaten.

I. Allgemeines

1 § 83 faßt als Ausdruck des **rechtsstaatlichen** (fairen, objektiven, neutralen, nur dem Gemeinwohl dienenden) **VwVf** (hierzu § 1 Rn. 27 ff.; § 20 Rn. 1 ff.)[1] zwei direkt zusammengehörende Bereiche in einer Vorschrift zusammen: **Abs. 1** umschreibt Rahmen, Art und Weise der Ausübung der ehrenamtlichen Tätigkeit und die dabei bestehenden **materiellen Pflichten;** sie werden durch § 84 und § 86 ergänzt. Sachlich gehören § 83 Abs. 1 und § 84 zusammen. Darüber hinausgehende gesetzliche Pflichten sind in VwVfG selbst nicht vorgesehen; sie können sich aber aus spezialgesetzlicher Regelung ergeben. **Abs. 2** knüpft an Abs. 1 an und soll durch die dort vorgesehene besondere **Verpflichtung** des ehrenamtlich Tätigen die gemeinwohlorientierte Arbeit sichern helfen (Rn. 7 ff.). Da die Rechte und Pflichten des ehrenamtlich Tätigen im VwVfG nur unvollständig geregelt sind, ist ein Rückgriff auf die Grundsätze des **öffentlichen Dienstrechts** und seine allgemeinen Rechtsgrundsätze zulässig und notwendig, soweit dem nicht die besondere Rechtsnatur der ehrenamtlichen Tätigkeit entgegensteht.[2]

2 Die **Länder** haben in ihren VwVfG dem § 83 entsprechende Regelungen. Sie werden durch spezialgesetzliche Regelungen, insbesondere im Kommunalrecht, ergänzt und überlagert. Anwendbar bleiben bei einer ehrenamtlichen Tätigkeit nach § 81 ff. auch die **kommunalrechtlichen Vertretungsverbote**[3] und die dort geltenden besonderen Befangenheits- und Ausschlussregelungen, wenn sie sich in einem VwVf i. S. von § 9 vollzieht (hierzu § 81 Rn. 10) und die (landesrechtlichen) Mitwirkungsverbote sich auch darauf erstrecken.[4] Ist dies nicht der Fall, sind §§ 20, 21 ergänzend anwendbar (§ 81 Rn. 13).[5] Sie gehen den VwVfGen der Länder regelmäßig vor.

II. Gewissenhafte und unparteiische Tätigkeit (Abs. 1)

3 Ehrenamtlich Tätige sind, auch wenn dies in §§ 81 ff. nicht ausdrücklich geregelt ist und als selbstverständlich vorausgesetzt wird, **an Gesetz und Recht** (Art. 20 Abs. 3 GG) **gebunden** (Rn. 1).[6] Da die ehrenamtliche Tätigkeit wie jede amtliche Tätigkeit dem **Wohle der Allgemeinheit** dienen soll, ist der ehrenamtlich Tätige verpflichtet, sein Amt ohne Rücksicht auf persönliche Interessen gewissenhaft und unparteiisch wahrzunehmen.[7] Die **Ausschluss- und Befangenheitsgründe** der §§ 20, 21 und das dafür vorgesehene Verfahren gelten sinngemäß auch für die ehrenamtlich Tätigen (Rn. 5, 6).[8] Daher sollte ein möglicherweise Betroffener entweder von sich auf eine **Mitwirkung verzichten** oder der Behörde bzw. dem betreffenden Vorsitzenden oder Leiter des Gremiums unter Nennung der wesentlichen Fakten Mitteilung machen und eine Entscheidung über eine mögliche Befangenheit ermöglichen.[9]

---

[1] Zum Inhalt des rechtsstaatlichen Grundsatzes eines fairen Verfahrens im Einzelnen BVerfG NJW 2004, 2887; 2000, 1709; *OVG Münster* NVwZ-RR 2005, 449.
[2] Ebenso *Ule/Laubinger*, § 13 II; *Kopp/Ramsauer* § 83 Rn. 2.
[3] S. *OVG Münster* NWVBl 2002, 264; *OVG Saarlouis* 23. 8. 1996 – 1 Y 22/96 –, AS RP-SL 25, 363; *VGH Mannheim* NVwZ-RR 1996, 285.
[4] Zur kommunalrechtlichen Inkompatibilität s. *BVerwG* NVwZ 2003, 90; *OVG Münster* NWVBl 2002, 464; *VGH Mannheim* NVwZ-RR 2001, 260; *OVG Weimar* ThürVBl 2004, 91. Vgl. auch *OVG Hamburg* DÖD 1996, 163: Keine Bestellung eines ehrenamtlichen Mitglieds eines Prüfungsausschusses der Handwerkskammer zum ehrenamtlichen Richter. *VG Weimar* ThürVBl 1997, 140 betr. ehrenamtliche Tätigkeit eines Rechtsanwalts.
[5] S. *OVG Münster* NWVBl 2000, 316 für Prüfungsverfahren. *OVG Münster* NWVBl 1995, 223 zum Ausschluss eines Mitgliedes des Ausschusses für lokalen Rundfunk bei der Landesanstalt für Rundfunk NRW von Beratungen und Beschlussfassungen wegen Überschneidungen mit beruflichen Interessen. Vgl. zu Interessenkollision im Kommunalrecht *BVerfGE* 41, 231 (232); 52, 42 (54); 61, 68 (74) = NJW 1982, 2177; *BVerwG* NJW 1984, 377.
[6] Vgl. *OVG Koblenz* NVwZ 1996, 1133: Mitglieder des Gemeinderats genießen für ihre Äußerungen in der Gemeindevertretung keine Indemnität.
[7] Begründung zu § 79 Entwurf 73: für Beamte vgl. §§ 52 ff. BBG, §§ 35 ff. BRRG.
[8] Nach *OVG Münster* NVwZ-RR 2003, 667 greift das kommunalrechtliche Mitwirkungsverbot des § 31 Abs. 1 GO NRW nur bei einer direkten Kausalbeziehung zwischen der zu treffenden Entscheidung und dem daraus resultierenden Vor- bzw. Nachteil ein.
[9] Zum Ausschluss eines Ratsmitgliedes wegen durch den Beratungs- und Beschlussgegenstand betroffener Sonderinteressen s. *OVG Münster* NVwZ-RR 2003, 667; *OVG Koblenz* NVwZ-RR 2000, 103; NVwZ-RR 1996, 218; *VGH Mannheim* NVwZ 1994, 193; *VG Köln* Mitt. NWStGB 1991, 323.

Auch eine Teilnahme an vorbereitenden Gesprächen darüber kann ggfls. bereits ausgeschlossen sein.[10]

Eine **gewissenhafte Ausübung** bedeutet, die Tätigkeit nach bestem Wissen und Gewissen 4
wahrzunehmen in dem Bestreben, unvoreingenommen, objektiv und neutral zu entscheiden und dem Recht, der Wahrheit und Gerechtigkeit zu dienen (vgl. § 45 DRiG für ehrenamtliche Richter). Eine **Bindung** an Vorschläge oder Aufträge Dritter besteht nicht. Zur gewissenhaften Tätigkeit gehört auch die Pflicht zur sachgerechten Vorbereitung,[11] ferner sich zu Sitzungen und Beratungen rechtzeitig einzufinden[12] und in ihnen ordnungsgemäß zu verhalten. Wiederholtes Fehlen ohne hinreichenden Entschuldigungsgrund kann wichtiger Grund für eine Abberufung sein (§ 86 Satz 1; vgl. § 82 Rn. 4).[13]

Unparteiische Amtsausübung beinhaltet, die Aufgabe unabhängig von eigenen oder 5
fremden ideellen, wirtschaftlichen oder politischen Sonderinteressen allein **im Interesse der Allgemeinheit** wahrzunehmen. Daraus folgt das Verbot der Mitwirkung in einer Angelegenheit, bei der eine der Voraussetzungen der §§ 20, 21 vorliegt. Da der ehrenamtlich Tätige nach § 83 Abs. 2 i. S. d. § 11 Abs. 1 Nr. 4 a StGB besonders zu verpflichten ist, hat er – nur der Sache verpflichtet – unter gerechter Abwägung aller Rechte und Belange sowohl der Betroffenen als auch der Allgemeinheit auf der Grundlage der Bindung an Recht und Gesetz (Rn. 3) in **Unabhängigkeit, Neutralität und Distanz** zu entscheiden und muss jeden Schein der Parteilichkeit vermeiden.[14] Neben der Pflicht zur Amtsverschwiegenheit (§ 84) sind auch ehrenamtlich Tätige – wie Beamte und Richter – bei Äußerungen zu allgemeinpolitischen Themen, auch bei Sachzusammenhang mit ihrer Tätigkeit, zu **Mäßigung und Zurückhaltung** verpflichtet, so dass sie sich öffentlich nur so äußern soll(t)en, dass das öffentliche Vertrauen in ihre unparteiische, gerechte und gemeinwohlorientierte Amtsführung keinen Schaden nimmt; allerdings schränkt die Verpflichtung, die übertragenen Geschäfte uneigennützig und verantwortungsbewusst zu führen, das Recht des ehrenamtlich Tätigen auf freie Meinungsäußerung nicht ein.[15] Zu Verschwiegenheitspflichten und Informationsansprüchen der Öffentlichkeit ferner § 84 Rn. 4 ff.

Eine pflichtwidrige **Mitwirkung des Befangenen** (vgl. § 44 Abs. 3 Nr. 2 und 3) führt in 6
der Regel jedenfalls zur Rechtswidrigkeit und Anfechtbarkeit des gefassten Beschlusses (vgl. § 81 Rn. 11; ferner §§ 44–46 m. w. N.).[16] Zur **Haftung** des ehrenamtlich Tätigen vgl. § 81 Rn. 6.[17]

---

[10] Vgl. *OVG Lüneburg* NVwZ 1982, 200; *Henneke* in Knack, § 83 Rn. 4.
[11] Zum Informationsanspruch von Mandatsträgern s. *OVG Münster* NVwZ-RR 2003, 225; *VGH Kassel* NVwZ 2001, 345. S. aber zum (verneinten) Recht eines Mitglieds der Vollversammlung einer IHK auf Einsicht in Rechnungsprüfungsunterlagen: *BVerwG* NVwZ-RR 2004, 1253, dort zum verneinten Anspruch auf Übersendung vorbereitender Sitzungsunterlagen (dazu § 90 Rn. 5); a. A. zum Einsichtsrecht des Mitglieds der IHK-Vollversammlung: *OVG Münster* NVwZ 2003, 1526; dazu auch *Hahn* JR 2005, 62, 65 ff.; *Grütters* GewArch 2002, 270; 2003, 271. Ferner *Werres* NWVBl 2004, 294 zum Anspruch auf Sitzungsunterlagen im Kommunalrecht. Nach *OVG Münster* Urteil v. 2. 5. 2006 – 15 A 817/04 –, n. v., erfordert die Rüge im Organstreitverfahren, ein Beschluss sei wegen ungenügender Information der Abstimmungsberechtigten unter Verletzung von Mitwirkungsrechten gefasst, dass zuvor die Vertagung der Beschlussfassung beantragt worden ist.
[12] Vgl. hierzu *VGH München* DVBl. 1980, 63.
[13] Vgl. *VG Karlsruhe* DÖV 2007, 174 zum Ausschluss aus der Feuerwehr wegen häufigen Fehlens.
[14] Vgl. *BVerfGE* 21, 139, (145); 46, 34, (37); 52, 131, (154, 161); *BVerwGE* 43, 43; ferner die Nachweise zu §§ 20, 21.
[15] Vgl. *VGH Mannheim* NVwZ 2001, 262 zur Abgrenzung von Zurückhaltungspflichten und dem Recht auf freie Meinungsäußerung. S. auch *OVG Münster* NVwZ-RR 2006, 273 zu den Grenzen amtlicher Stellungnahmen eines Bürgermeisters. Ferner *H. Schnell,* Freie Meinungsäußerung und Rederecht der kommunalen Mandatsträger unter verfassungsrechtlichen, kommunalrechtlichen und haftungsrechtlichen Aspekten, Diss. Münster 1998; *BVerfG* NJW 1989, 93; *BVerwGE* 37, 265; *BVerwG* NJW 1985, 160 und NJW 1984, 2591; *BayVerfGH* BayVBl 1985, 174; *VGH Mannheim* DVBl 1985, 170; zu Beamten und Richtern vgl. ferner *Henrichs* ZBR 1983, 351; *Fliegauf* BWVPr. 1984, 9; *Schmidt-Jortzig* NJW 1984, 2057; zum Recht auf freie Meinungsäußerung und Entlassung eines Beamten wegen politischer Aktivitäten für eine als verfassungswidrig eingestufte, vom BVerfG aber nicht verbotene Partei vgl. *EuGHMR* vom 26. 9. 1995, NJ 1996, 248.
[16] Nach *OVG Münster* Beschluss v. 1. 2. 2005 – 15 E 1537/04 – berühren allerdings Fehler auf der Ebene vorbereitender Ausschlussbeschlüsse nicht den vom Rat gefassten Satzungsbeschluss. S. auch *OVG Münster* Urteil v. 2. 5. 2006 – 15 A 817/04 –, n. v.; NVwZ-RR 1998, 325, wonach die unberechtigte Mitwirkung eines wegen Befangenheit von der Abstimmung auszuschließenden Ratsmitglieds keine Mitgliedschaftsrechte der übrigen Ratsmitglieder verletzt. Ferner *OVG Münster* NVwZ-RR 2003, 667.
[17] Hierzu *BGH* NVwZ 2006, 1207.

III. Verpflichtung (Abs. 2)

7   1. Absatz 2 Satz 1 ordnet an, den ehrenamtlich Tätigen bei Übernahme seiner Aufgaben zur gewissenhaften und unparteiischen Tätigkeit (§ 83 Abs. 1) und zur Verschwiegenheit (§ 84) **besonders zu verpflichten.** Die Verpflichtung ist aktenkundig zu machen (Absatz 2 Satz 2). Zur Abberufung, Niederlegung und Entpflichtung vgl. § 86 Rn. 2 ff. Sie dient dazu, dem ehrenamtlich Tätigen die Bedeutung seiner Aufgabe, insbesondere seine **Pflichten gegenüber der Allgemeinheit** und die daraus folgende Neutralitäts- und Schweigepflicht zu verdeutlichen und begründet (Rn. 8 ff.) strafrechtlich sanktionierte erhöhte Pflichten.[18]

8   Diese **Verpflichtung** ist für **alle** im Rahmen des Anwendungsbereichs dieses Gesetzes (§§ 1, 2) und ehrenamtlich Tätigen erforderlich Mit der Verpflichtung wird der ehrenamtlich Tätige, der grds. **kein Amtsträger** i. S. von § 11 Abs. 1 Nr. 2 c StGB ist,[19] zum für den öffentlichen Dienst **besonders Verpflichteten** i. S. d. § 11 Abs. 1 Nr. 4a StGB. Neben § 83 Abs. 2 ist das Gesetzes über die förmliche Verpflichtung nichtbeamteter Personen **(Verpflichtungsgesetz)** vom 2. 3. 1974.[20] anwendbar, auch angesichts einiger Unterschiede zwischen beiden Gesetzen (z. B. der Soll-Regelung nach dem Verpflichtungsgesetz). Die nach beiden Rechtsgrundlagen vorzunehmenden Verpflichtungen können uno acto erfolgen. Ist ein ehrenamtlich Tätiger im Zusammenhang mit einer **anderen ehrenamtlichen Tätigkeit** auf gewissenhafte und unparteiische Tätigkeit bereits verpflichtet worden, so ist eine (erneute) Verpflichtung nach dem VwVfG nur dann entbehrlich, wenn sich die Erste (anderweitige) Verpflichtung auch auf die Pflichten im Verwaltungsverfahren erstreckt und sie einbezieht. Ist dies nicht der Fall, ist eine **zusätzliche** Verpflichtung notwendig.

9   2. Die Verpflichtung ist rechtlich von der Berufung (§ 86 Satz 1, § 84 Abs. 5) und der Heranziehung (§ 86 Satz 1) zu ehrenamtlicher Tätigkeit zu unterscheiden. Die letztgenannten Fälle sind VA i. S. des § 35. Die **Verpflichtungserklärung** selbst ist eine einseitige, gegenüber der verpflichtenden Personen abzugebende empfangsbedürftige **ör Willenserklärung**[21] und zugleich besondere Bekräftigung des Willens, die in § 83 Abs. 1 und § 84 vorgeschriebenen Pflichten zu erfüllen. Von diesem Zeitpunkt an ist eine Strafbarkeit nach §§ 203 Abs. 2 Nr. 2, 353b Abs. 1 Nr. 2, § 355 Abs. 2 Nr. 1 StGB wegen Verletzung von Privat-, Dienst- oder Steuergeheimnissen möglich.[22] Die Verpflichtungserklärung ähnelt dem Beamteneid (§ 58 BBG, § 40 BRRG)[23] und der Vereidigung bzw. dem Gelöbnis der ehrenamtlichen Richter (§ 45 DRiG). Sie begründet nicht konstitutiv das der ehrenamtlichen Tätigkeit zugrundeliegende Rechtsverhältnis und ist auch **nicht Wirksamkeitsvoraussetzung** der Übernahme ehrenamtlicher Tätigkeit,[24] jedoch wird ihre **Verweigerung Abberufungsgrund** (§ 86 Satz 1) sein, so dass die Ablehnung der Verpflichtungserklärung nicht zur Begründung des Amtsverhältnisses führen wird.[25] Der Verpflichtungserklärung fehlt der Regelungscharakter und auch eine unmittelbare Rechtswirkung (mittelbare rechtliche Wirkung als Voraussetzung für bestimmte Straftatbestände, insbesondere §§ 203 und 353b StGB); sie ist deshalb **kein VA,** sondern bloße Willensbekundung.[26]

---

[18] Vgl. *Hennecke* in Knack, § 83 Rn. 5; *Kopp/Ramsauer* § 83 Rn. 6.
[19] So *BGH* NJW 2006, 2050. Anderes gilt hiernach nur dann, wenn die ehrenamtlich Tätigen mit konkreten Verwaltungsaufgaben betraut sind, die über ihre Mandatstätigkeit etwa in den kommunalen Volksvertretungen und den zugehörigen Ausschüssen hinausgehen. Eingehend zum strafrechtlichen Begriff des Amtsträgers: *Nolte* DVBl 2005, 870, 871 ff.
[20] BGBl I S. 469; vgl. hierzu Rundschreiben des BMI über die Durchführung dieses Gesetzes, GMBl 1974, 537.
[21] Ebenso *Obermayer* § 83 Rn. 14; *Hennecke* in Knack, § 83 Rn. 5.
[22] Zur Verschwiegenheitspflicht ehrenamtlich Tätiger s. *OLG Köln* NJW 2005, 1000; *OVG Koblenz* NVwZ-RR 1996, 685; *VG Regensburg* LKV 2005, 365; eingehend *Eiermann* VBlBW 2007, 17; *ders.* NVwZ 2005, 43; *Meiski* BayVBl 2006, 300; *Zieglmeier* LKV 2005, 338; *Bohnert* NStZ 2004, 301; *Gundlach* LKV 2001, 246. S. ferner die Kommentierung zu § 84 Abs. 1.
[23] Zu Eid und Glaubens- und Gewissensfreiheit vgl. *BVerfGE* 33, 23.
[24] Ebenso *Meyer/Borgs,* § 83 Rn. 7; *Kopp/Ramsauer* § 83 Rn. 8; vgl. auch *BVerwGE* 15, 96; a. A. *Hennecke* in Knack, § 83 Rn. 5.
[25] Vgl. zur Verweigerung des Beamteneides § 28 Nr. 1 BBG, § 23 Nr. 1 BRRG; ferner *VGH München* BayVBl 1981, 87.
[26] So auch *Kopp/Ramsauer* § 83 Rn. 7.

3. Die **Form** der Verpflichtung ist im Gesetz nicht näher geregelt. Sie muss **ausdrücklich** 10
(„besonders") erfolgen. Sie sollte durch schriftliche, kann aber rechtlich wirksam auch durch
mündliche, aktenkundig zu machende Erklärung vorgenommen werden. Sie muss den in § 83
Abs. 1 und 84 enthaltenen Inhalt haben. Dazu gehört auch ein Hinweis auf die möglichen strafrechtlichen Folgen einer Pflichtverletzung, der im Interesse der Rechtsklarheit nicht allgemein
zu fassen ist, sondern alle einschlägigen Strafvorschriften und ihren wesentlichen Inhalt (§§ 133
Abs. 3, 201 Abs. 3, 203, 204, 331, 332, 353 b, 355, 358 StGB)[27] enthalten muss. Der vor allem
zur Beweissicherung für etwaige Strafverfahren[28] geschaffene Absatz 2 Satz 2, der noch unter der
Geltung der Verordnung gegen Bestechung und Geheimnisverrat nichtbeamteter Personen in
der Fassung der Bekanntmachung vom 22. 5. 1943[29] konzipiert wurde und im Gesetzgebungsverfahren unverändert geblieben ist, verlangt zwar nur, dass die Verpflichtung **aktenkundig**
gemacht wird. Es liegt jedoch nahe, nunmehr die in § 1 Abs. 3 des Verpflichtungsgesetzes genannten Vorschriften zu beachten, sofern nicht ohnehin die Verpflichtung auf dieser Rechtsgrundlage geschieht (vgl. hierzu Rn. 7). Grundsätzlich sollte eine **Niederschrift** aufgenommen
werden, die der Verpflichtete unterzeichnet. Schwere **Mängel** einer förmlichen Verpflichtung
führen zu ihrer Unwirksamkeit.[30]

4. Zeitlich soll die Verpflichtung des ehrenamtlich Tätigen **bei Übernahme** seiner Aufgabe 11
geschehen, also unmittelbar im Zusammenhang mit dem Beginn seiner Tätigkeit. Ist eine Verpflichtung vor oder bei Beginn der Tätigkeit unterlassen worden, ist sie unverzüglich **nachzuholen**. Verweigerung der Verpflichtungserklärung ist grundsätzlich Abberufungsgrund (Rn. 8).
Die **Wirksamkeit** der unter Mitwirkung des nicht verpflichteten ehrenamtlich Tätigen erlassenen Akte bleibt in der Regel unberührt (Rn. 13).

5. Zuständig zur Verpflichtung ist die Stelle, die den ehrenamtlich Tätigen berufen hat (arg. 12
aus § 84 Abs. 5, § 86 Satz 1; vgl. hierzu auch § 1 Abs. 4 VerpflG); diese kann damit auch die
Beschäftigungsbehörde beauftragen. In der Regel wird der **Leiter** bzw. der **Vorsitzende** der
Stelle (bzw. des Ausschusses) die Verpflichtung vorzunehmen haben, bei der/für die die Tätigkeit ausgeübt wird; Beauftragung anderer Bediensteter ist zulässig.

6. Die Unterlassung der Verpflichtung berührt nicht die Wirksamkeit der Heranziehung zu 13
ehrenamtlicher Tätigkeit und der Amtsausübung, lässt auch die gesetzlichen Pflichten nach § 83
Abs. 1 und § 84 bestehen. Es tritt nur nicht die erhöhte Strafbarkeit ein (vgl. Rn. 9). Selbst
wenn ein Verfahrensfehler i. S. von § 46 angenommen wird, kann er im Zweifel auf das Ergebnis der Entscheidungen eines nicht besonders verpflichteten ehrenamtlich Tätigen keinen Einfluss haben.

IV. Landesrecht

Die Länder haben in ihren VwVfGen dem § 83 entsprechende Regelungen. 14

§ 84 Verschwiegenheitspflicht

(1) ¹**Der ehrenamtlich Tätige hat, auch nach Beendigung seiner ehrenamtlichen
Tätigkeit, über die ihm dabei bekannt gewordenen Angelegenheiten Verschwiegenheit zu wahren.** ²**Dies gilt nicht für Mitteilungen im dienstlichen Verkehr oder über
Tatsachen, die offenkundig sind oder ihrer Bedeutung nach keiner Geheimhaltung
bedürfen.**

---
[27] Vgl. hierzu Nr. 3.2 des Rundschreibens des BMI vom 25. 10. 1974 a. a. O.
[28] Begründung zu § 79 Entwurf 73.
[29] RGBl I S. 351.
[30] Vgl. *BGH* NJW 1980, 846 zum VerpflG. Zur besonderen Verpflichtung nach § 11 Abs. 1 Nr. 4 StGB
s. *Schönke/Schröder* § 11 Rn. 39. Zur Bestellung i. S. von § 11 Abs. 1 Nr. 2 c StGB als formloser ör Bestellungsakt und Begründung der Amtsträgereigenschaft vgl. *BGHZ* 2, 119 (120); 25, 204 (205); *BayObLG*
NJW 1996, 268.

(2) **Der ehrenamtlich Tätige darf ohne Genehmigung über Angelegenheiten, über die er Verschwiegenheit zu wahren hat, weder vor Gericht noch außergerichtlich aussagen oder Erklärungen abgeben.**

(3) **Die Genehmigung, als Zeuge auszusagen, darf nur versagt werden, wenn die Aussage dem Wohl des Bundes oder eines Landes Nachteile bereiten oder die Erfüllung öffentlicher Aufgaben ernstlich gefährden oder erheblich erschweren würde.**

(4) [1]Ist der ehrenamtlich Tätige Beteiligter in einem gerichtlichen Verfahren oder soll sein Vorbringen der Wahrnehmung seiner berechtigten Interessen dienen, so darf die Genehmigung auch dann, wenn die Voraussetzungen des Absatzes 3 erfüllt sind, nur versagt werden, wenn ein zwingendes öffentliches Interesse dies erfordert. [2]Wird sie versagt, so ist dem ehrenamtlich Tätigen der Schutz zu gewähren, den die öffentlichen Interessen zulassen.

(5) **Die Genehmigung nach den Absätzen 2 bis 4 erteilt die fachlich zuständige Aufsichtsbehörde der Stelle, die den ehrenamtlich Tätigen berufen hat.**

Vergleichbare Vorschriften: –

Abweichendes Landesrecht: –

Entstehungsgeschichte: Die Regelung des § 84 war bereits in § 69 Musterentwurf enthalten und ist durch § 71 Entwurf 70 nur geringfügig wie folgt geändert worden: In Absatz 1 Satz 1 ist das Wort „dabei" an die Stelle der Worte „bei dieser Tätigkeit" getreten. In Absatz 2 sind nach „Genehmigung" die Worte „der zuständigen Stelle" weggelassen worden. In Absatz 3 ist vor „Landes" auf Vorschlag des Bundesrats das Wort „deutschen" als entbehrliche Hervorhebung entfallen. In Absatz 4 Satz 1 wurde im Entwurf 1970 an die Stelle von „wenn öffentliche Interessen dies unabweisbar erfordern" gesetzt „wenn ein zwingendes öffentliches Interesse dies erfordert". Durch § 71 Entwurf 70 wurde der jetzige Absatz 5 angefügt. § 80 Entwurf 73 hat § 71 Entwurf 70 unverändert übernommen und ist in dieser Fassung Gesetz geworden.

Literatur: *Löffler,* Handbuch des Presserechts, 5. Aufl., 1997; *Berg,* Die behördliche Warnung – eine neue Handlungsform des Verwaltungsrechts?, ZLR 1990, 565; *Paschke,* Behördliche Auskünfte und Warnungen gegenüber der Öffentlichkeit, AfP 1990, 89; *Schoch,* Staatliche Informationspolitik und Berufsfreiheit, DVBl 1991, 667; *Schmitt Glaeser,* Meinungsfreiheit, Ehrenschutz und Toleranzgebot, NJW 1996, 873; *Stark,* Ehrenschutz in Deutschland, 1996; *H. Schnell,* Freie Meinungsäußerung und Rederecht der kommunalen Mandatsträger unter verfassungsrechtlichen, kommunalrechtlichen und haftungsrechtlichen Aspekten, Diss. Münster 1998; *Hahn,* Die kommunalrechtliche Verschwiegenheitspflicht gem. § 17 Abs. 2 S. 1 GemO Baden-Württemberg, VBlBW 1995, 425; *Gundlach,* Das kommunale Aufsichtsratsmitglied im Spannungsfeld zwischen öffentlichem Recht und Gesellschaftsrecht, LKV 2001, 246; *Bohnert,* Der Beschuldigte Amtsträger zwischen Aussagefreiheit und Verschwiegenheitspflicht, NStZ 2004, 301; *Eiermann,* Akteneinsicht durch kommunale Mandatsträger, NVwZ 2005, 43; *Meiski,* Über die Verschwiegenheitspflichten kommunaler Mandatsträger als Aufsichtsräte in kommunalen Eigengesellschaften in Form der GmbH, BayVBl 2006, 300; *Eiermann,* Kommunale Ausschüsse zur Akteneinsicht, VBlBW 2007, 15 ; vgl. ferner die Literaturnachweise zu §§ 30, 29, 4 ff., §§ 63, 72, 73.

Übersicht

	Rn.
I. Allgemeines	1
II. Verschwiegenheitspflicht (Abs. 1)	4
1. Gegenstand und Umfang (Abs. 1 Satz 1)	4
2. Ausnahmen von der Verschwiegenheitspflicht (Abs. 1 Satz 2)	6
3. Informationsinteresse der Öffentlichkeit	11
III. Genehmigungspflicht (Abs. 2)	12
IV. Erteilung und Verweigerung der Aussagegenehmigung (Abs. 3 und 4)	14
1. Aussagegenehmigung (Abs. 3 und 4 Satz 1)	14
2. Schutzgewährung (Abs. 4 Satz 2)	18
V. Zuständigkeit für die Entscheidung über eine Aussagegenehmigung (Abs. 5)	19
VI. Landesrecht	22

I. Allgemeines

1 Die in § 84 geregelte **Verschwiegenheitspflicht** ist neben der Pflicht des ehrenamtlich Tätigen zu gewissenhafter und unparteiischer Tätigkeit nach § 83 Abs. 1 seine **zweite gesetzliche Pflicht.** Sie findet sich auch in zahlreichen vergleichbaren anderen gesetzlichen Vorschriften,

z. B. § 61 BBG, § 39 BRRG, § 18 BNotO, §§ 43, 45 Abs. 1 Satz 2 DRiG, § 18 Abs. 4 WPflG, § 6a Satz 3 MustVO, §§ 168, 395 AktG, § 5 Abs. 1 Satz 2 des Gesetzes über das gerichtliche Verfahren in Landwirtschaftssachen und ist ihnen im § 84 nachgebildet.

Die Pflicht zur Amtsverschwiegenheit gehört zu den hergebrachten Grundsätzen i. S. des Art. 33 Abs. 5 GG[1] und trifft **alle Träger eines öffentlichen Amtes,** von denen die ehrenamtlich Tätigen als Amtswalter (vgl. § 81 Rn. 8) nicht ausgenommen werden können.[2] Die Verschwiegenheitspflicht dient auch hier der Aufrechterhaltung und dem einwandfreien Funktionieren einer **geordneten öffentlichen Verwaltung,** weil diese nur dann rechtsstaatlich einwandfrei, unabhängig und unparteiisch arbeiten kann, wenn sichergestellt ist, dass über dienstliche Vorgänge von Seiten der Verwaltung und aller öffentlichen Amtsträger nach außen auch nach Beendigung des Amtsverhältnisses[3] **grundsätzlich Stillschweigen** bewahrt wird.[4] Auf die Verschwiegenheit aller Amtsträger hat, wie in § 30 dieses Gesetzes zum Ausdruck kommt, insbesondere auch der Beteiligte eines VwVf (§§ 9, 13) **Anspruch,** der sich an die Behörde wendet oder dessen Lebenssphäre sonstwie von einer Tätigkeit der Behörde betroffen wird, zumal in aller Regel keinen Einfluss darauf hat, welche Stellen mit seinen Angelegenheiten befasst sind.[5] Zu den Folgen der Verletzung der Verschwiegenheit vgl. Rn. 10.

Allerdings hat das Geheimhaltungsinteresse des Staates nicht in jedem Falle unbedingten Vorrang; soweit sich die Tätigkeit des Amtswalters auf seine individuelle Rechtssphäre auswirkt und er „seiner" Behörde als **Träger eigener Rechte** gegenübertritt, bedarf es – insbesondere im Bereich persönlicher Meinungsfreiheit – der Abwägung zwischen dem Geheimhaltungsinteresse des Staates zur Erhaltung seiner Funktionstüchtigkeit und Entscheidungsfreiheit einerseits und dem Offenlegungsinteresse des Amtswalters.[6] Meinungsäußerungen von Beamten und Richtern in der Öffentlichkeit (als Privatpersonen, d. h. ohne Verquickung mit ihrer dienstlichen Funktion und Amtsbezeichnung) mit der gebotenen **Zurückhaltung und Distanz** etwa zu allgemeinpolitischen Themen sind unbedenklich, wenn in ihnen nicht zugleich der Verschwiegenheitspflicht unterliegende Tatsachen offenbart werden.[7] Die Verpflichtung, die übertragenen Geschäfte uneigennützig und verantwortungsbewusst zu führen, schränkt das Recht auf freie Meinungsäußerung nicht ein.[8] Dies gilt auch für ehrenamtlich Tätige. Die durch die Geheimhaltungspflicht u. a. auch mitverfolgte Interesse, eine unbefangene Meinungsbildung zu ermöglichen, rechtfertigt es nicht, für unwahre Tatsachenbehauptungen, die z. B. ein Ratsmitglied über einen nicht anwesenden Dritten aufstellt, einen dem Ehrenschutz entzogenen Freiraum zu schaffen. Mitglieder des Gemeinderats genießen deshalb für ihre Äußerungen in der Gemeindevertretung keine Indemnität.[9] Eine Kollision zwischen den Verschwiegenheitspflichten der ehrenamtlich Tätigen kann auch bei einem **Informationsinteresse der Öffentlichkeit** über bestimmte dienstliche Vorgänge bestehen (Rn. 10). Während innerdienstliche

---

[1] Vgl. *BVerwGE* 37, 265 (268) = NJW 1971, 1229; NJW 1983, 638 und 2343; skeptisch hierzu *Jarass* DÖV 1986, 721, 726 Anm. 68.
[2] Begründung zu § 80 Entwurf 73. Zur Verschwiegenheitspflicht ehrenamtlich Tätiger s. *OLG Köln* NJW 2005, 1000; *OVG Koblenz* NVwZ-RR 1996, 685; *VG Regensburg* LKV 2005, 365; eingehend *Eiermann* VBlBW 2007, 17; *ders.* NVwZ 2005, 43; *Meiski* BayVBl 2006, 300; *Zieglmeier* LKV 2005, 338; *Bohnert* NStZ 2004, 301; *Gundlach* LKV 2001, 246.
[3] *BVerwG* NJW 1983, 2343.
[4] *BVerfGE* 28, 191 (198, 201); *BVerwGE* 37, 265 (268 f.); *BVerwG* NJW 1983, 638 und 2343, 2344; *Düwel*, Das Amtsgeheimnis, 1965.
[5] *BVerfGE* 28, 191 (199).
[6] *BVerwGE* 37, 265, (268); *BVerwG* NJW 1983, 2343. Zum Anspruch auf Meinungsfreiheit eines Beamten und Entlassung wegen einer Betätigung für eine vom BVerfG nicht verbotene Partei vgl. *EuGHMR* vom 26. 9. 1995, NJ 1996, 248.
[7] Vgl. *VGH Mannheim* NVwZ-RR 2001, 262 zur Abgrenzung von Zurückhaltungspflichten und dem Recht auf freie Meinungsäußerung. S. auch *OVG Münster* NVwZ-RR 2006, 273 zu den Grenzen amtlicher Stellungnahmen eines Bürgermeisters. Ferner *H. Schnell*, Freie Meinungsäußerung und Rederecht der kommunalen Mandatsträger unter verfassungsrechtlichen, kommunalrechtlichen und haftungsrechtlichen Aspekten, Diss. Münster 1998; *BVerfG* NJW 1989, 93; *BVerwGE* 37, 265; *BVerwG* NJW 1985, 160; *BVerwG*, Beschl. vom 10. 10. 1989 – 2 WDB 4.89 –; *VGH Mannheim* DVBl 1984, 964; zusammenfassend *Schmitt Glaeser*, Meinungsfreiheit, Ehrenschutz und Toleranzgebot, NJW 1996, 873; *Stark*, Ehrenschutz in Deutschland, 1996; ferner Rn. 4 ff. sowie § 83 Rn. 3.
[8] *VGH Mannheim* NVwZ-RR 2001, 262.
[9] *OVG Koblenz* NVwZ 1996, 1133. S. aber *OLG Karlsruhe* NJW-RR 2006, 1640 zur Verneinung eines Unterlassungsanspruchs des Betroffenen gegen ehrenrührige Äußerungen, die im Rahmen einer Dienstaufsichtsbeschwerde gegenüber einem zur Amtsverschwiegenheit Verpflichteten abgegeben werden.

Meinungsverschiedenheiten als solche in keinem Fall eine „Flucht in die Öffentlichkeit" rechtfertigen,[10] kann ausnahmsweise im Einzelfall eine Information der Öffentlichkeit als ultima ratio dann in Betracht kommen, wenn dies zur Wahrung demokratischer Teilhaberechte unerlässlich ist.[11]

II. Verschwiegenheitspflicht (Abs. 1)

1. Gegenstand und Umfang (Abs. 1 Satz 1)

4 a) Absatz 1 entspricht von unerheblichen redaktionellen Abweichungen abgesehen § 61 Abs. 1 BBG und § 39 Abs. 1 BRRG. Die auch **nach Beendigung der Tätigkeit** fortgeltende Verschwiegenheitspflicht bezieht sich auf alle dem ehrenamtlich Tätigen bekanntgewordenen dienstlichen Angelegenheiten. Dies gilt sowohl für solche, mit denen er bei seiner Tätigkeit unmittelbar vertraut wurde als auch für diejenigen, die ihm bei Gelegenheit seiner Tätigkeit bekannt werden; die Vorschrift lässt **jeden Zusammenhang** mit dem dienstlichen Bereich genügen.[12] Voraussetzung ist, dass eine Tatsache noch ein dienstliches Geheimnis darstellt.[13] Solche Angelegenheiten sind alle Tatsachen oder Erkenntnisse, die nur einem eng begrenzten Personenkreis bekannt und zugänglich sind.[14] Sie erstrecken sich auch auf organisatorische, planerische, personelle und rechtliche Fragen. Auch Eigenschaften, Fähigkeiten und Leistungen von Beamten gehören hierzu.[15] Der Verschwiegenheitspflicht unterliegen grds. auch alle Angelegenheiten, die in Gremien in nichtöffentlicher Sitzung behandelt worden sind.[16] Eine (vermeintlich) rechtswidrige Anordnung berechtigt den ehrenamtlich Tätigen in aller Regel nicht, sich über sie hinwegzusetzen und sofort die Öffentlichkeit zu unterrichten;[17] zunächst sind vielmehr die internen Abhilfemöglichkeiten entsprechend den Grundsätzen des öffentlichen Dienstrechts zu versuchen. Weist die Kommunalaufsichtsbehörde bei der Beantwortung einer Anfrage darauf hin, dass ihre Stellungnahme der Verschwiegenheitspflicht unterliege, so begründet dies weder für den Rat noch für dessen Mitglieder ein der Feststellungsklage zugängliches Rechtsverhältnis.[18]

5 b) Verschwiegenheit ist gegenüber **jedem Dritten außerhalb des engeren Dienstbereichs,** in dem die Angelegenheit zu erörtern ist,[19] zu wahren; mündliche oder schriftliche ausdrückliche Mitteilungen oder sinngemäße Andeutungen sind zu unterlassen. Zur Wahrung **berechtigter Interessen** vgl. Rn. 14 ff. Zu den **Rechtsfolgen** einer Verletzung der Verschwiegenheitspflicht vgl. Rn. 10.

2. Ausnahmen von der Verschwiegenheitspflicht (Abs. 1 Satz 2)

6 Abs. 1 Satz 2 sieht für 3 spezielle Fälle Ausnahmen von der grundsätzlichen Verschwiegenheitspflicht vor. Er entspricht wörtlich § 61 Abs. 1 Satz 2 BBG, § 39 Abs. 1 Satz 2 BRRG. Hinzu kommen Mitteilungen, die an sich dem Schweigegebot unterfallen, für die aber eine **Ausnahmegenehmigung** nach Abs. 2 erteilt ist. Ferner wird Abs. 1 Satz 2 ergänzt durch spezialgesetzlich angeordnete **Informationspflichten der Behörde,** etwa nach dem Umwelt-

---

[10] Vgl. *VGH Mannheim* VBlBW 2005, 30; *OVG Koblenz* NVwZ-RR 1999, 648.
[11] Vgl. *OVG Koblenz* NVwZ-RR 1996, 685.
[12] Vgl. *BVerwG* NJW 1983, 2343; *OVG Münster* DÖV 1964, 357 und 1966, 504; *Plog/Wiedow,* BBG, § 61 Rn. 2.
[13] Vgl. zum Geheimnisbegriff, der die Elemente Geheimsein, Geheimhaltungswille und objektives Geheimhaltungsbedürfnis enthält: *BGH* NJW 2003, 979: *OLG Hamm* NJW 2001, 1957; ferner § 30 Rn. 8 f. 1965, 1190; *OVG Münster* DÖV 1966, 504.
[14] *RGSt* 74, 110.
[15] *BGHSt* 10, 108. Zum illegalen Geheimnis *BVerfGE* 28, 191; *BGHSt* 20, 342. Zum Verhältnis von Verschwiegenheitspflicht zur Meinungs- und Wissenschaftsfreiheit; *BVerwG* NJW 1985, 160; *BVerfG* NJW 1983, 2691 und 1989, 93 (vgl. Rn. 2). Zur Abwägung zwischen dem allgemeinen Persönlichkeitsrecht und der Meinungsäußerungsfreiheit bei Schmähkritik vgl. *BVerfG* NJW 1991, 1475.
[16] So *VG Oldenburg,* Urteil v. 29. 9. 2005 – 2 A 68/03 –. S. zum Ausschluss der Öffentlichkeit von Rats- und Ausschusssitzungen auch *OVG Münster* NWVBl 2007, 117; NVwZ-RR 2002, 135.
[17] *BVerfGE* 28, 191 (202); *BVerwG* NJW 1983, 2343 *OVG Koblenz* NVwZ-RR 1996, 685.
[18] *VGH Mannheim* VBlBW 1998, 101.
[19] *BGHZ* 34, 187.

informationsgesetz[20] und den Informationsfreiheitsgesetzen.[21] So ist es z. B. grundsätzlich nicht zu beanstanden, wenn die Anhörungsbehörde Einwendungen nach § 73 Abs. 6 einschließlich persönlicher Daten der Einwender dem privaten Vorhabenträger in nicht anonymisierter Form zur Stellungnahme überlässt. Mit einem derartigen verfahrensinternen Informationsaustausch, wie er auch im gerichtlichen Verfahren u. a. durch Weitergabe von Schriftsätzen durch das Gericht an die übrigen Beteiligten stattfindet, erfüllt die Anhörungsbehörde den verfassungsrechtlichen Anspruch des Vorhabenträgers und Antragstellers des PlfV auf rechtliches Gehör und faires Verfahren.[22] Eine Verschwiegenheitspflicht kann ausnahmsweise ferner dann entfallen, wenn und soweit über die gesetzlich enumerierten Fälle hinaus eine Offenbarung zum Schutz berechtigter Interessen Dritter oder der Allgemeinheit zum Schutz **höherrangiger Rechtsgüter** – auch berechtigter Interessen Dritter – erforderlich ist und dabei eine **Güterabwägung** ergibt, dass diese Rechtsgüter schutzwürdiger sind als die Verschwiegenheit und andere Möglichkeiten zur Wahrung dieser Interessen aus ex ante-Sicht nicht bestehen.[23]

a) Die Verschwiegenheitspflicht gilt nicht für **Mitteilungen im dienstlichen Verkehr** (ebenso § 61 Abs. 1 Satz 2 BBG, § 39 Abs. 1 Satz 2 BRRG). Dazu gehören zur Gewährleistung notwendiger interner Kommunikation alle im Zusammenhang mit der ehrenamtlichen Tätigkeit bekanntgewordenen Fakten und Bewertungen innerhalb der Behörde oder zwischen Behörden, insbesondere im Rahmen der Amtshilfe (§§ 5 ff.). Die Verschwiegenheit ist jedoch auch im dienstlichen Verkehr zu wahren, wenn dafür **besondere gesetzliche Vorschriften** bestehen, z. B. in § 30 für Verwaltungsverfahren, § 30 AO (Steuergeheimnis),[24] § 30 a AO (Bankgeheimnis);[25] Sozialgeheimnis[26] vgl. § 35 SGB X, für Geheimnisträger wie Ärzte, Geistliche (§§ 139 Abs. 2, 353 a, 355 StGB), oder wenn die Angelegenheiten kraft Gesetzes oder ihrem Wesen nach geheim sind.[27] Daher sind Mitteilungen im dienstlichen Verkehr dann **nicht zulässig**, wenn nach Maßgabe des § 5 Abs. 2 **Amtshilfeverbote** – insbesondere für personenbezogene Informationen – zu beachten sind (Näheres dort). Z. B. im Fall einer von einem Beamten begangenen Steuerhinterziehung erlaubt das Steuergeheimnis die Weiterleitung von Steuerdaten gem. § 30 Abs. 4 Nr. 5 AO 1977 an die für Disziplinarverfahren zuständige Stelle nur unter eingrenzenden Voraussetzungen, insbesondere dann, wenn unter Berücksichtigung aller Umstände einschließlich der Höhe des Betrages der hinterzogenen Steuern aus der Sicht der mitteilenden Steuerbehörde und nach deren Kenntnisstand mit einer nur in einem förmlichen Disziplinarverfahren zu verhängenden Disziplinarmaßnahme zu rechnen ist.[28] Unberührt bleibt die gesetzliche Pflicht zur Anzeige strafbarer Handlungen gemäß § 138 StGB (vgl. § 61 Abs. 4 BBG, § 39 Abs. 4 BRRG).

b) Die Verschwiegenheit besteht ferner nicht bei Tatsachen, die **offenkundig** sind. Dies ist der Fall bei Fakten, die jedermann weiß, die allgemein bekannt oder jederzeit feststellbar sind.[29]

---

[20] S. § 29 Rn. 20 ff.; *Battis/Ingold* DVBl 2006, 735; *Pützenbacher/Sailer* NVwZ 2006, 1257; *Mecklenburg/Verheyen* NVwZ 2006, 781; *Scheidler* UPR 2006, 13 m. w. N.
[21] Hierzu § 29 Rn. 20 ff.; *Bräutigam* DVBl 2006, 950; *Kloepfer/Lewinski* DVBl 2005, 1277; *Schmitz/Jastrow* NVwZ 2005, 984; *Sokol* CR 2005, 835; *Schoch* Verwaltung 35 (2002), 149 m. w. N. Zum Schutz von Geheimnissen im Informationsfreiheitsrecht s. *Ekardt u. a.* VR 2008, 404; *Tyczewski/Elgeti* NWVBl 2006, 281.
[22] BVerwG NVwZ-RR 2000, 760. Vgl. auch BVerfG NJW 1997, 1909 zur gebotenen vollständigen Offenlegung der Befundtatsachen eines gerichtlichen Sachverständigengutachtens. Zur Verteilung der Darlegungslast bei Nachbarklagen gegen immissionsschutzrechtliche Genehmigungen im Fall der Geheimhaltung von Unterlagen s. OVG Lüneburg NJW 1995, 2053. S. auch allgemein zum Inhalt des Gebots eines fairen Verfahrens: BVerfG 2004, 2887; 2000, 1709; OVG Münster NVwZ-RR 2005, 449.
[23] Vgl. BVerfGE 22, 202; BVerwG NJW 1983, 2345; OVG Koblenz NVwZ-RR 1996, 685; *Kopp/Ramsauer* § 84 Rn. 6; zur Offenbarungsbefugnis von Geheimnissen vgl. ferner § 30, Näheres dort.
[24] BFH NJW 2001, 318; NJW 2000, 3157; BFHE 191, 247 = BB 2000, 1262; FG Köln EFG 2000, 903; OVG Münster NVwZ 1999, 1252.
[25] BFH NJW 2001, 318 m. w. N.
[26] Vgl. BVerwG NJW 2004, 1543 zum Schutz der personenbezogenen Daten eines Behördeninformanten, der einem Sozialhilfeträger unaufgefordert Informationen über einen Leistungsempfänger übermittelt hat, durch das Sozialgeheimnis. Hierzu ferner BSG SozR 3–2500 85 Nr. 25 = MedR 1999, 532; OLG Celle NJW 1997, 2964; OVG Schleswig DVBl 1994, 1316.
[27] S. hierzu § 29 Rn. 54 ff. ferner *Lang* in Sodan/Ziekow § 99 Rn. 27; *Eyermann/Geiger* § 99 Rn. 10 ff.; *Redeker/von Oertzen*, § 99 Rn. 4–7; *Fürst/Finger/Mühl/Niedermaier*, BBG, § 61 Rn. 18; *Schmitt Glaeser* NJW 1996, 873.
[28] OVG Münster DÖD 2002, 30.
[29] OVG Münster OVGE 16, 56, 57 und 16, 134 m. w. N.; vgl. Rn. 11; ferner *Ziekow* § 84 Rn. 3; auch § 30 Rn. 8; § 26 Rn. 23.

Angesprochen sind damit solche Tatsachen, von denen verständige und erfahrene Menschen in der Regel ohne weiteres Kenntnis haben oder von denen sie sich jederzeit durch Benutzung allgemein zugänglicher Erkenntnisquellen unschwer überzeugen können, § 26 Rn. 23; § 30 Rn. 17.[30] Dass Daten potentiell einem unbeschränkten Personenkreis im Wege einer Anfrage zugänglich sind, macht sie aber noch nicht offenkundig.[31] Ist in einer Tageszeitung über eine Angelegenheit berichtet worden, berechtigt dies nicht dazu, eine geheimhaltungsbedürftige Tatsache bestätigend oder dementierend zu erörtern. Eine inhaltliche Stellungnahme hängt vielmehr davon ab, ob bei einer Güterabwägung das öffentliche Informationsinteresse überwiegt.[32]

9   c) Keine Verschwiegenheit erfordern nach Absatz 1 Satz 2 ferner Tatsachen, die ihrer **Bedeutung** nach **keiner Geheimhaltung bedürfen**. Wann dies der Fall ist, richtet sich nach den Umständen des Einzelfalles. Maßgebend ist insoweit eine verständige Würdigung der Frage, ob es sich um **objektiv bedeutungslose** Fakten oder Daten handelt, die keiner Geheimhaltung (mehr) bedürfen, weil schutzwürdige Interessen Dritter oder der Allgemeinheit nicht (mehr) bestehen. Personenbezogene Informationen aus und in Personalakten bleiben grundsätzlich bedeutsam und müssen auf Dauer geheimgehalten werden.[33] Auflistungen in amtlichen Adress- oder Telefonbüchern sind – im Gegensatz etwa zu den Privatanschriften der Bediensteten – regelmäßig keine geheimhaltungsbedürftigen Daten.[34] Es ist eine **enge Auslegung** angezeigt. Alle Angelegenheiten, die unter irgendeinem Gesichtspunkt aus irgendeinem Grunde jetzt oder später Bedeutung gewinnen können und nicht ganz unbedeutend sind, unterliegen der Geheimhaltung.[35] Die Bedeutung einer Angelegenheit kann im Lauf der Zeit aber so abnehmen, dass eine Geheimhaltungsbedürftigkeit schließlich ganz entfällt.[36]

10 d) Eine Verletzung der Verschwiegenheitspflicht kann auf Seiten des ehrenamtlich Tätigen zur **Strafbarkeit** (§§ 203, 353b, 355 StGB) führen[37] und persönliche Ansprüche gegen den ehrenamtlich Tätigen oder **Staatshaftungsansprüche** gegen den Träger öffentlicher Gewalt nach Maßgabe des geltenden Rechts auslösen. Sie kann auch **Abberufungsgrund** nach § 86 sein, wenn sie erheblich bzw. schwer ist und gewichtige schutzwürdige Interessen betrifft. Ob dies der Fall ist, hängt von den Umständen des Einzelfalles ab.[38] Die Verletzung der Verschwiegenheitspflicht kann z. B. auch dazu führen, dass der ehrenamtlich Tätige ein Akteneinsichtsrecht verwirkt.[39] Gegen ein Ratsmitglied, das seine Verschwiegenheitspflicht verletzt hat, kann ein Bußgeld nach Maßgabe spezialgesetzlicher Regelungen verhängt werden[40] oder eine Ermahnung ausgesprochen werden.[41]

3. Informationsinteresse der Öffentlichkeit

11 Der Verschwiegenheitspflicht des Amtsträgers selbst stehen das **Informationsinteresse der Öffentlichkeit** und ggfs. der **Auskunftsanspruch der Presse**[42] gegenüber.[43] Die Information

---

[30] *BVerwG* 15. 10. 1999 – 9 B 351/99 –; DÖV 1983, 206; DÖV 1984, 559, 561; InfAuslR 1985, 147; NJW 1987, 1431, 1433.
[31] Vgl. *BGH* NJW 2003, 226 zur Registerauskunft nach § 39 I STVG betr. Fahrzeug und Halterdaten.
[32] S. § 30 Rn. 21. S. ferner *BVerwG* DÖV 1991, 510: Pflicht zur zutreffenden Wiedergabe von Behördenvorgängen, ggfls. Abwehranspruch gegen Presseerklärung; zu staatlicher Informationspolitik ferner *Berg* ZLR 1990, 565; *Paschke* AfP 1990, 89; *Schoch* DVBl 1991, 667. *BVerwG* JZ 1995, 401 (mit Anm. *Hoffmann-Riem*) bejaht im Anschluss an BGHZ 66, 182 (187) für Unterlassungs- und Widerrufsansprüche eines in der Sendung eines ör Rundfunks betroffenen Bürgers den Zivilrechtsweg; kritisch hierzu *Schenke* JZ 1996, 998 (999).
[33] Vgl. *BVerwGE* 19, 185; *BVerwG* NJW 1970, 176; *Henneke* in Knack, § 84 Rn. 8.
[34] A. A. *Kopp/Ramsauer* § 84 Rn. 7; zur Übernahme von Teilnehmerdaten aus einem Telefonverzeichnis der Telekom nach § 12 TKG vgl. *OLG Karlsruhe* NJW 1997, 262.
[35] *BVerwG* NJW 1983, 2344; OVG Münster OVGE 16, 56 (57, 58); *Fürst/Finger/Mühl/Niedermaier*, aaO., § 61 Rn. 11.
[36] *BVerwG* NJW 1983, 2344; *Battis*, BBG, § 61 Rn. 2.
[37] S. z. B. *OLG Köln* NJW 2005, 1000. Eingehend zur strafrechtlichen Verantwortung kommunaler Mandatsträger *H. Schnell*, Freie Meinungsäußerung und Rederecht der kommunalen Mandatsträger unter verfassungsrechtlichen, kommunalrechtlichen und haftungsrechtlichen Aspekten, Diss. Münster 1998, S. 184 ff.
[38] Ähnlich *Kopp/Ramsauer* § 84 Rn. 12; *Henneke* in Knack, § 84 Rn. 18 f.
[39] OVG Greifswald LKV 1998, 106.
[40] OVG Saarlouis AS RP-S L 25, 324.
[41] *VGH Mannheim* NVwZ-RR 2001, 262; *VGH München* 23. 10. 1998 – 4 ZB 98.2589 –; *VG Oldenburg*, Urteil v. 29. 9. 2005 – 2 A 68/03 –; *VG Würzburg*, Urteil v. 28. 4. 2004 – W 2 K 03.1519 –.
[42] Dazu *OVG Münster* NJW 2005, 618; *VGH München* NJW 2004, 3358; *VG München* AfP 2006, 292; *VG Saarlouis* AfP 2006, 596.
[43] Hierzu eingehend *Berg* JuS 1998, 997.

der Öffentlichkeit obliegt grundsätzlich der **Behörde,** in deren Verfahren der ehrenamtlich Tätigkeit mitgewirkt hat. Die Meinungs- und Pressefreiheit legitimiert grundsätzlich zwar **nicht die rechtswidrige Beschaffung** von Informationen aus dem Behördenbereich.[44] Andererseits ist die Publizierung einer Information, die ein Bediensteter (einschließlich eines ehrenamtlich Tätigen) unter Verletzung seiner Verschwiegenheitspflicht der Presse hat zukommen lassen, wegen dieses Umstandes allein nicht von vornherein unzulässig; besonders gravierende Mißstände, an deren Aufdeckung die Öffentlichkeit ein besonderes Interesse hat, können die Information der Öffentlichkeit über allgemeine Zustände und Verhältnisse bei der gebotenen **Güterabwägung** rechtfertigen.[45] Während innerdienstliche Meinungsverschiedenheiten als solche in keinem Fall eine „Flucht in die Öffentlichkeit" rechtfertigen,[46] kann ausnahmsweise im Einzelfall eine Information der Öffentlichkeit als ultima ratio dann in Betracht kommen, wenn dies zur Wahrung demokratischer Teilhaberechte unerlässlich ist.[47] Dies setzt aber immer voraus, dass zuvor alle Möglichkeiten ausgeschöpft sind, um den Missstand unter Wahrung der Verschwiegenheitspflicht zu beheben, indem z. B. den intern Verantwortlichen Gelegenheit zur Korrektur gegeben und ggfs. die Aufsichtsbehörde eingeschaltet wird.[48] Denn grundsätzlich wird die Flucht in die Öffentlichkeit in der Rechtsprechung als Verstoß gegen die geschuldete Loyalität und ggfs. gegen die Pflicht zur Verschwiegenheit gewertet.[49] Die legitimen Informationsbedürfnisse der Öffentlichkeit kann die Verwaltung selbst durch eigene **sachgerechte** und **wahrheitsgetreue Mitteilung** befriedigen und selbst den notwendigen **Ausgleich** kollidierender Rechte und Pflichten herbeiführen.[50] Dabei sind schützenswerte Interessen der Verwaltung, insbesondere aber auch Rechte von Bediensteten und von Beteiligten (§ 30) auf Wahrung ihrer Privatsphäre zu beachten und abzuwägen.[51]

III. Genehmigungspflicht (Abs. 2)

Absatz 2 bringt – wie § 61 Abs. 2 BBG, § 39 Abs. 2 Satz 1 BRRG – zur Sicherung der im Gemeinwohlinteresse liegenden Verschwiegenheitspflicht den schon in Absatz 1 enthaltenen Grundsatz zum Ausdruck, dass **jede Aussage** des ehrenamtlich Tätigen über die ihm bei dieser Tätigkeit bekannt gewordenen Angelegenheiten, sei es **vor Gericht** oder **außergerichtlich,** d. h. in einem gerichtlichen oder behördlichen Verfahren oder vor einem Untersuchungsausschuss[52] als Beteiligter (Partei), Zeuge, Sachverständiger oder sachverständiger Zeuge (hierzu § 65), ferner grundsätzlich **jede sonstige Erklärung** (etwa in fachlichen Stellungnahmen,[53] gegenüber den Medien[54] oder im Wahlkampf), die nicht unter Absatz 1 Satz 2 fällt, der Genehmigung bedarf. Insofern **ergänzt** Abs. 2 den Katalog der nicht unter die Schweigepflicht fallenden Tatbestände des Abs. 1 Satz 2. Diese Vorschrift sichert die institutionelle Pflicht zur Wahrung der Dienstgeheimnisse der zuständigen Behörde und soll ihr die Entscheidung darüber ermöglichen, ob und inwieweit das Schweigegebot entfallen kann.[55] Absatz 2 gilt auch für die Zeit **nach Beendigung** der Tätigkeit. Vor welcher Stelle oder in welcher Eigenschaft die Aussage oder Erklärung erfolgt, ist gleichgültig. Solange die Genehmigung nicht erteilt ist, besteht Schweigepflicht. Nicht unter Abs. 2 fällt die (öffentliche) Äußerung über **allgemeine Verhältnisse und Zustände** und ihre Bewertung, wenn dabei keine konkreten Kenntnisse, die der

---

[44] Hierzu *Jarass* DÖV 1986, 721, 725.
[45] Vgl. *BVerfGE* 66, 116; *BGHZ* 80, 25 – sog. Wallraff-Fall; hierzu und den straf- und verwaltungsrechtlichen Aspekten *Jarass* DÖV 1986, 721.
[46] Vgl. *VGH Mannheim* VBlBW 2005, 30; *OVG Koblenz* NVwZ-RR 1999, 648.
[47] Vgl. *OVG Koblenz* NVwZ-RR 1996, 685.
[48] *OVG Koblenz* NVwZ 1996, 685 zur Weitergabe von Informationen aus einer nichtöffentlichen Ausschusssitzung durch ein Ratsmitglied.
[49] So ausdrücklich *BVerwGE* 99, 56 = NJW 1996, 210; *BVerwGE* 76, 76, 79 f.; 86, 188, 191; 81, 365, 369.
[50] Vgl. *BVerwG* DÖV 1991, 510.
[51] Vgl. zur Abwehr von Schmähkritik *BVerfG* NJW 1991, 1475; ferner *BGHZ* 73, 120, 127; *Lerche* AfP 1975, 822; *Jarass* JZ 1983, 280 und DÖV 1986, 721, 726.
[52] *BVerwGE* 109, 258 = NVwZ 2000, 189.
[53] S. *Kopp/Ramsauer* § 84 Rn. 10 f.
[54] Vgl. *VGH Mannheim* VBlBW 2005, 30.
[55] Zur Überprüfung der Verwaltungsentscheidung vgl. *BVerfGE* 57, 250 (288); *BGH* NStZ 1993, 248; NJW 1996, 2738; ferner Rn. 15.

Schweigepflicht unterliegen, verwertet werden und nur über allgemeine Erfahrungen berichtet wird. Genehmigungspflichtig ist ferner nicht die Erstellung von **Gutachten,** sofern in ihnen nicht spezielle Kenntnisse nach Abs. 1 verwertet werden; das Gleiche gilt für wissenschaftliche **Vorträge** und ähnliche Tätigkeiten. Auf eine § 39 Abs. 3 S. 3 BRRG, § 62 Abs. 2 BBG entsprechende Regelung wurde bewußt verzichtet.[56] Auch der ehrenamtlich Tätige ist aber zur **Zurückhaltung, Unparteilichkeit** und **Objektivität** verpflichtet.[57]

13   Ihrer Rechtsnatur nach ist die Aussagegenehmigung – wie im Beamtenrecht – **VA,** der im **Verwaltungsrechtsweg** erstritten oder angefochten werden kann.[58]

IV. Erteilung und Verweigerung der Aussagegenehmigung (Abs. 3 und 4)

1. Aussagegenehmigung (Abs. 3 und 4 Satz 1)

14   In den Absätzen 3 und 4 ist – in Anlehnung an § 62 Abs. 1 und § 39 Abs. 3 Satz 1 BRRG bzw. § 62 Abs. 3 Satz 1 BBG und § 39 Abs. 4 Satz 1 BRRG sowie § 7 Abs. 1 BMinG – festgelegt, unter welchen Voraussetzungen die **Aussagegenehmigung**[59] erteilt wird. Hierdurch soll – wie im Beamtenrecht – ein Ausgleich zwischen den durch die Verschwiegenheitspflicht geschützten Interessen der Allgemeinheit einerseits und privaten Interessen, auch verfassungsrechtlichen Rechtsprinzipien aus Art. 3, 5, 10, 17, 20, 103 GG, herbeigeführt werden.[60] Die Aussagegenehmigung kann auch **beschränkt** auf bestimmte Gegenstände, Komplexe, Verfahren und/oder bestimmte Personen erteilt werden. **Aussage** ist jede schriftliche oder mündliche Äußerung vor Gericht oder in einem anderen behördlichen Verfahren oder vor einem Untersuchungsausschuss, der als Organ des Parlaments dessen Untersuchungsrecht ausübt.[61] **Erklärung** ist jede sonstige vor Gericht, einer Behörde oder in oder gegenüber der Öffentlichkeit abgegebene Verlautbarung.[62] Aussage und Erklärung müssen sich auf gerade auf die **durch die ehrenamtliche Tätigkeit** erworbenen Kenntnisse beziehen; Wissen, das unabhängig davon etwa durch die hauptberufliche Arbeit erworben wurde, fällt nicht unter die Genehmigungspflicht der Abs. 3 und 4.

15   **Absatz 3** betrifft den Fall, dass der ehrenamtlich Tätige in einem anderen, für ihn **fremden Verfahren** als Zeuge aussagen soll; **Absatz 4** hingegen regelt den Fall, dass er selbst Beteiligter oder Betroffener ist und sich daher in **eigener Angelegenheit** in einer Konfliktsituation befindet. Liegt keine der darin aufgezählten Versagungsgründe vor, **muss** die Behörde die Genehmigung erteilen; bei der Entscheidung hat die zuständige Behörde **kein Ermessen.**[63] Erteilung und Versagung sind im Verwaltungsrechtsweg überprüfbare **VA**; entsprechend § 126 Abs. 3 BRRG ist vor einer Klage ein Vorverfahren durchzuführen.[64]

---

[56] S. Begründung zu § 80 Entwurf 73; *Kopp/Ramsauer* § 84 Rn. 11; *Henneke* in Knack § 84 Rn. 9.
[57] S. *VGH Mannheim* NVwZ-RR 2001, 262 zur Abgrenzung von Zurückhaltungspflichten und dem Recht auf freie Meinungsäußerung. S. auch *OVG Münster* NVwZ-RR 2006, 273 zu den Grenzen amtlicher Stellungnahmen eines Bürgermeisters. Vgl. auch *BVerwGE* 37, 265, ferner § 83 Rn. 3 ff. Zum Verhältnis Meinungsfreiheit nach Art. 5 Abs. 1 GG und Schweigegebot vgl. *BVerwG* DVBl 1990, 153; zu Meinungsfreiheit, Ehrenschutz und Toleranzgebot vgl. *Schmitt Glaeser* NJW 1996, 873; *Stark,* Ehrenschutz in Deutschland, 1996.
[58] *BVerfGE* 57, 250; *BVerwG* NJW 2003, 3217; *BVerwGE* 18, 58 [59]; 34, 252 [254]; 66, 39; 109, 258 = NJW 2000, 189; *BVerwG* NJW 1983, 638; *BGH* NStZ 1993, 248; NJW 1996, 2738; *VGH Mannheim* VBlBW 2006, 318. S. auch *BVerwG* DÖV 2006, 699 entsprechend für die Anfechtung einer Sperrerklärung nach § 96 StPO.
[59] Zur allgemeinen Problematik vgl. *BVerwG* NJW 2003, 3217; *Menzel* DÖV 1965, 1; *Beinhardt* DÖV 1965, 480; *Maetzel* DVBl 1966, 665; *Lenckner* NJW 1965, 321; *von Zezschwitz* NJW 1972, 796.
[60] Vgl. *BVerfGE* 28 (191), 198; 57, 250 (283); *BVerwGE* 35, 225 (228); 37, 265 (269); 66, 39, 42; 93, 26 = NVwZ-RR 1991, 381; *BVerwG* NJW 1983, 638; *OVG Koblenz* NVwZ 1996, 1133; *OVG Saarlouis* 30. 10. 1990, AS RP-SL 23, 118; *VGH Mannheim* BWVPr 1990, 118; *Fürst/Finger/Mühl/Niedermaier*, aaO., § 62 Rn. 2, 3.
[61] *BVerfGE* 77, 1, 41; 49, 70, 86 f.; *BVerwGE* 109, 258 = NVwZ 2000, 189.
[62] S. *Kopp/Ramsauer* § 84 Rn. 10 f.
[63] *BVerwGE* 46, 303, 307; 66, 39, 42; 1; NJW 1983, 638; *OVG Münster* DÖV 1963, 319. Im Anwendungsbereich der Sollvorschrift des § 7 Abs. 1 BMinG gilt entsprechendes und nur bei Vorliegen besonderer Umstände, die den Fall als atypisch erscheinen lassen, darf die Behörde nach pflichtgemäßem Ermessen entscheiden, s. *BVerwGE* 109, 258 = NVwZ 2000, 189.
[64] *BVerwG* NJW 1983, 638 und 2343; *BVerwGE* 15, 306 (310); 27, 141 (143); 66, 39, 41; 109, 258 = NVwZ 2000, 189.

Liegen **andere Fälle** als diejenigen des Absatzes 3 oder des Absatzes 4 vor, so ist über die Aussagegenehmigung nach dem **Ermessen** der nach Absatz 5 zuständigen Behörde zu entscheiden. Solche Fälle sind etwa ein wissenschaftlicher Bericht über der Verschwiegenheit unterliegende Angelegenheiten[65] oder die Wahrung nicht eigener (Absatz 4), sondern fremder Interessen.

Absatz 3 enthält **drei** mit § 62 Abs. 1 BBG, § 39 Abs. 3 Satz 1 BRRG wortgleich übereinstimmende **Tatbestände** (ähnlich teilweise § 29 Abs. 2 dieses Gesetzes, § 99 Abs. 1 VwGO), bei deren Vorliegen die Aussagegenehmigung **versagt** werden darf: **Nachteile für das Wohl** des Bundes oder eines Landes, **ernstliche Gefährdung** oder **erhebliche Erschwerung** der Erfüllung öffentlicher Aufgaben (hierzu im Einzelnen § 29 Rn. 54 ff. m. w. N).[66] Nur derartige **qualifizierte öffentliche Interessen** rechtfertigen die Versagung der Aussagegenehmigung. Rein fiskalische Interessen genügen in der Regel nicht zur Versagung der Genehmigung.[67] Auch die Befürchtung der Behörde, der ehrenamtlich Tätige könne bei einer Aussage **Mängel aufdecken,** rechtfertigt die Versagung der Genehmigung regelmäßig nicht.[68] Eine Aussagegenehmigung, die die Benennung eines Informanten erlaubt, ist zu erteilen, wenn dieser z. B. einen Beamten bei seinem Dienstherrn leichtfertig oder wider besseres Wissen bezichtigt hat, auch wenn ihm Vertraulichkeit zugesichert worden ist.[69] Die Versagung einer Aussagegenehmigung ist **gerichtlich voll überprüfbar.**[70] Soweit sich die Behörde auf Geheimschutzinteressen beruft, ist die Beweisaufnahme über die hierzu geltend gemachten Tatsachen im Zwischenverfahren nach § 99 Abs. 2 VwGO durchzuführen.[71]

Absatz 4 schränkt die Voraussetzungen für eine **Versagung** der Genehmigung im Falle **eigener** („seiner") berechtigter Interessen des Beteiligten **innerhalb oder außerhalb eines gerichtlichen Verfahrens** gegenüber Absatz 3 weiter ein. Die Beteiligteneigenschaft ist extensiv auszulegen und bezieht sich nicht nur auf die Stellung als Kläger oder Beklagter im Prozess, sondern erstreckt sich auch auf Fälle z. B. der Beiladung, Nebenintervention oder Streitgenossenschaft; auch Heranziehung als Sachverständiger wird von Abs. 4 erfasst.[72] Das in Absatz 4 Satz 1 genannte Merkmal des **„zwingenden öffentlichen Interesses"** bedeutet im Vergleich zu § 62 Abs. 3 Satz 1 BBG, § 39 Abs. 4 Satz 1 BRRG („wenn die dienstlichen Rücksichten dies unabweisbar erfordern") keine inhaltlichen Unterschiede. Es bedeutet, dass **besonders wichtige Gemeinschaftsgüter** der Allgemeinheit, aber auch **persönliche Geheimnisse** Dritter (§ 30) zu schützen sind.[73] Das berechtigte Interesse ist weiter als das rechtliche Interesse und umfasst je nach Sachlage ein anerkennenswertes schutzwürdiges Interesse rechtlicher, wirtschaftlicher oder ideeller Art.[74] Wann noch (eigene) berechtigte Interessen wahrgenommen werden, hängt von der **Abwägung** der fraglichen Rechtsgüter und Interessen ab.[75] Aus der Fassung des Gesetzes ergibt sich, dass die Genehmigung nur ausnahmsweise versagt werden darf und **im Zweifel zugunsten** des ehrenamtlich Tätigen zu entscheiden ist.[76]

2. Schutzgewährung (Abs. 4 Satz 2)

Wird die Genehmigung versagt, weil die Interessen des ehrenamtlich Tätigen gegenüber zwingenden öffentlichen Interessen zurücktreten müssen, so ist die Verwaltung nach **Absatz 4**

---

[65] Vgl. hierzu *BVerwGE* 37, 265.
[66] Vgl. hierzu ferner *Fürst/Finger/Mühl/Niedermaier,* aaO., § 62 Rn. 2, 3 m. w. N.
[67] *OVG Lüneburg* DVBl 1966, 544 und NJW 1975, 2263.
[68] Ebenso *Obermayer,* § 84 Rn. 47; *Henneke* in Knack, § 84 Rn. 13.
[69] So *BVerwG* NJW 2003, 3217.
[70] Vgl. *BVerwG* NJW 2003, 3217; *BVerwGE* 66, 39, 44; 109, 258 = NVwZ 2000, 189; *VGH Mannheim* VBlBW 2006, 318.
[71] Zum „in-camera-Verfahren" s. *BVerfG* NVwZ 2006, 1041; *BVerwG* NVwZ 2006, 700; DÖV 2006, 655. Zum Verfahren s. *Lang* in Sodan/Ziekow, § 99 Rn. 48 ff.; *Ohlenburg* NVwZ 2005, 15; *Spiegels* VBlBW 2004, 208; *Kling* EWiR 2004, 1; *Oster* DÖV 2004, 916; *Lopacki* DÖD 2004, 237; *Mayen* NVwZ 2003, 537. Grundlegend *BVerfGE* 101, 106 = NJW 2000, 1175.
[72] S. *Ziekow* § 84 Rn. 9 m. w. N.
[73] Vgl. hierzu *BVerwG* NJW 1979, 939 (940).
[74] *BVerwGE* 2, 239; ferner § 13 Rn. 32 ff.
[75] Vgl. zu Presseberichten und Ehrenschutz *BGHZ* 31, 308, 313 und 36, 77, 82; zu gewerbeschädigenden Werturteilen *BGHZ* 45, 296, 309; zur rechtswidrigen Beschaffung von Informationen durch einen Journalisten und ihre Veröffentlichung zur Aufdeckung von Mißständen vgl. *BGHZ* 80, 25; *BVerfGE* 66, 116 – Wallraff-Fall; hierzu *Jarass* DÖV 1986, 721, 725.
[76] Ebenso zu § 62 Abs. 3 BBG *Fürst/Finger/Mühl/Niedermaier,* aaO., § 62 Rn. 4.

Satz 2 verpflichtet, den **Schutz zu gewähren,** den die öffentlichen Interessen zulassen (inhaltlich übereinstimmend § 62 Abs. 3 Satz 2 BBG und § 39 Abs. 4 Satz 2 BRRG).[77] Dazu können etwa gehören die Übernahme von Verfahrenskosten,[78] die Erstattung finanzieller Einbußen infolge eines wegen Verweigerung der Aussagegenehmigung verlorenen Prozesses oder die Abgabe einer Ehren- oder Vertrauenserklärung seitens der Behörde.[79] Auch die Übernahme oder Befreiung von persönlichen (Haftungs-)Pflichten kann dazu gehören.

V. Zuständigkeit für die Entscheidung über eine Aussagegenehmigung (Abs. 5)

19 1. Für die Entscheidung über eine Erteilung der Aussagegenehmigung nach Absätzen 2 bis 4 – die vom ehrenamtlich Tätigen selbst in „eigenen" Verfahren vor Behörden und Gerichten, in „fremden" Verfahren von Behörden und Gerichten von Amts wegen beantragt werden kann – ist die fachlich zuständige **Aufsichtsbehörde** der Stelle zuständig, die den ehrenamtlich Tätigen **berufen** hat, also nicht die Rechtsaufsichtsbehörde und auch nicht der Leiter der berufenden Stelle.[80] Anders als §§ 61 Abs. 2 Satz 2, 62 Abs. 4 BBG unterscheidet § 84 bei der Zuständigkeit nicht zwischen der Genehmigung und der Versagung. In beiden Fällen ist daher die in Absatz 5 genannte Behörde zuständig. Eine **Übertragung** der Entscheidungsbefugnis auf nachgeordnete Behörden ist nicht ausgeschlossen.

20 2. Die Entscheidung über den Antrag auf Erteilung der Aussagegenehmigung ist ein im Verwaltungsrechtsweg überprüfbarer **VA**.[81] Auch **Dritte,** ggfls. etwa auch ein Strafgericht,[82] können bei einer möglichen eigenen Rechtsbeeinträchtigung die Aussagegenehmigung erstreiten oder verhindern (vgl. hierzu auch § 44a Satz 2 VwGO).[83]

21 3. Im Prozess ist es Aufgabe des **Gerichts,** die Aussagegenehmigung einzuholen und dem ehrenamtlich Tätigen, der als Beteiligter, Zeuge oder Sachverständiger vernommen werden soll, die Entscheidung bekanntzugeben. Unter Umständen besteht auch ein berechtigtes Interesse eines **Prozessbeteiligten** an der Beantragung einer Ablehnung der Aussagegenehmigung.[84] **Dritte** können sich, wenn nicht einer der Versagungsgründe der Absätze 3 oder 4 gegeben ist, gegen die Erteilung der Genehmigung nicht deshalb wenden, weil die Unterlassung einer Aussage der ehrenamtlich Tätigen für sie günstiger wäre.

VI. Landesrecht

22 Die Länder haben in ihren VwVfGen parallele Regelungen wie § 84. Zu beachten ist, dass Spezialgesetze der Länder, insbesondere des Kommunalrechts, dem VwVfG vorgehen können, soweit die ehrenamtliche Tätigkeit sich nicht auf Verwaltungsverfahren i. S. von § 9 beschränkt.

---

[77] Vgl. *VGH Mannheim* VBlBW 2005, 30, 31 zum beiderseitigen dienstrechtlichen Treue- und Fürsorgeverhältnis.

[78] Vgl. *VGH Kassel* NVwZ-RR 1994, 596 zur Übernahme von Kosten der Rechtsverfolgung wegen ehrverletzender Äußerungen. Zum Rechtsschutz für Beamte und Übernahme der Kosten einer zweckentsprechenden Rechtsverteidigung als Konkretisierung der Fürsorgepflicht des Dienstherrn gegenüber seinen Beamten s. *OVG Koblenz* NVwZ-RR 2001, 115; *v. d. Heydte* BayVBl 2000, 459. Ferner hierzu allgemein § 80 Rn. 17.

[79] Ebenso *Kopp/Ramsauer* § 84 Rn. 19; *Obermayer,* § 84 Rn. 58; *Henneke* in Knack, § 84 Rn. 16. S. ferner zur Ehrenerklärung des Dienstherrn als Ausgleich für seine vorausgegangene unzulässige Kritik BVerwGE 99, 56 = NJW 1996, 210.

[80] Vgl. *VGH Mannheim* VBlBW 2006, 318 zu §§ 79, 80 LBG.

[81] BVerfGE 57, 250; *BVerwG* NJW 2003, 3217; BVerwGE 18, 58 (59); 34, 252 (254); 66, 39; 109, 258 = NJW 2000, 189; *BVerwG* NJW 1983, 638; *BGH* NStZ 1993, 248; NJW 1996, 2738; *VGH Mannheim* VBlBW 2006, 318. S. auch *BVerwG* DÖV 2006, 699 entsprechend für die Anfechtung einer Sperrerklärung nach § 96 StPO.

[82] Vgl. BVerfGE 57, 250; *BGH* NJW 1996, 2738.

[83] Vgl. *BVerwG* NJW 2003, 3217 m. w. N. S. auch *BVerwG* NJW 1999, 1729: § 44a VwGO ist durch die im 2. VwVfÄndG erfolgte Streichung des § 97 nicht aufgehoben worden.

[84] BVerwGE 34, 252.

§ 85 Entschädigung

Der ehrenamtlich Tätige hat Anspruch auf Ersatz seiner notwendigen Auslagen und seines Verdienstausfalls.

Vergeichbare Vorschriften: –

Abweichendes Landesrecht: –

Entstehungsgeschichte: § 85 des Gesetzes war der Sache nach bereits in § 70 des Musterentwurfs enthalten. An Stelle der dort verwendeten Worte „des entgangenen Arbeitsverdienstes" ist bei redaktioneller Umstellung des Satzes durch § 72 Entwurf 70 gesetzt worden „seines Verdienstausfalles". § 81 Entwurf 73 hat § 72 Entwurf 70 unverändert übernommen und ist im Gesetzgebungsverfahren ohne Änderungen verabschiedet worden.

Literatur: s. zu §§ 81–84; ferner *Brackmann*, Zum Unfallversicherungsschutz für ehrenamtlich Tätige, insbesondere für Abgeordnete, in: Wege zur Sozialversicherung, 1965, 33; *Marburger*, Zur Sozialversicherung ehrenamtlich Tätiger, Die Krankenversicherung, 1973, 115; *Christner*, Entschädigungsregelungen für Mitarbeiter kommunaler Vertretungskörperschaften, 1991; *ders.*, „Nachteilsausgleich" in kommunalen Vertretungskörperschaften, DVBl 1992, 943; *Bräuer/Deter*, Die Stellung des Ehrenamts und seine sozialrechtliche Berücksichtigung in der Bundesrepublik Deutschland, ZfSH/SGb 1994, 57; *Merten*, Probleme der Vergütung hauptamtlicher und der Entschädigung ehrenamtlicher Tätigkeit, 1995; *Marburger*, Ehrenamtlich Tätige und Sozialversicherung, DÖD 2001, 121; *ders.*, Arbeitsunfälle in Zusammenhang mit Tätigkeiten für die Allgemeinheit, PersV 2005, 450; *Reif*, Steuerfreigrenze für Entschädigungen an ehrenamtliche Mandatsträger, BWGZ 2004, 573 *Geckle*, Unfallversicherung im Ehrenamt, München 2005.

Übersicht

	Rn.
I. Allgemeines	1
II. Entschädigung	4
1. Auslagen	5
2. Verdienstausfall	7
III. Landesrecht	11

I. Allgemeines

1. § 85 geht davon aus, dass der ehrenamtlich Tätige durch seine Tätigkeit **weder** einen finanziellen **Schaden** erleiden noch daraus **Vorteile** haben soll, weil dies mit Begriff und Zweck ehrenamtlicher Tätigkeit unvereinbar wäre.[1] Die **Unentgeltlichkeit** ist der ehrenamtlichen Tätigkeit **wesensimmanent**.[2] Dies schließt nicht aus, dem ehrenamtlich Tätigen für die grundsätzlich unentgeltliche Dienstleistung und die damit verbundenen Beschwernisse und finanziellen Unkosten bzw. Einbußen einen **Nachteilsausgleich** zu gewähren, sofern dieser keine (versteckte) Alimentation ist und der vollständigen oder teilweisen, kurz- oder längerfristigen Sicherung des Lebensunterhalts des ehrenamtlich Tätigen dient.[3] Die von § 85 vorgesehene Entschädigung ist **kein Entgelt** und **keine Besoldung** für die geleistete ehrenamtliche Tätigkeit sowie auch nicht ein im öffentlichen Dienst erzieltes Einkommen im Sinne des § 53 Abs. 1 BeamtVG,[4] sondern Ausgleich der unmittelbaren finanziellen Einbußen. Ehrenamtlich Tätige haben nach § 2 Abs. 1 Nr. 10 i.V.m. § 8 Abs. 1 und 2 SGB VII ferner Anspruch auf Leistungen aus der gesetzlichen **Unfallversicherung,** wenn sie bei Wahrnehmung ihres Amtes (etwa bei Dienstreisen) einen Unfall erleiden.[5]

---

[1] Begründung zu § 81 Entwurf 73.
[2] Vgl. *BVerwGE* 95, 208 (210f.) = NVwZ 1994, 1219; BSGE 66, 150.
[3] S. *OVG Münster* NVwZ-RR 2006, 272; 2004, 674; *VGH Kassel* DÖV 2005, 212 zur Aufwandsentschädigung für kommunale Mandatsträger. Vgl. auch *BVerwG* vom 25. 6. 1992, Buchholz 232.4 § 1 Nr. 1; *BVerwGE* 95, 210 = NVwZ 1994, 1219; *BVerwGE* 96, 224 = NVwZ 1996, 77; *OVG Bautzen* SächsVBl 2002, 91; *VGH Kassel* NVwZ 1998, 449; *Merten*, Probleme der Vergütung hauptamtlicher und der Entschädigung ehrenamtlicher Tätigkeit, 1995. Zur Gewährung von Zuwendungen an kommunale Fraktionen und Gruppierungen s. *OVG Münster* NVwZ-RR 2003, 376; 2003, 59.
[4] *VG Schleswig* DÖD 1995, 227.
[5] Vgl. hierzu *BSG* NJW-RR 2005, 281; NVwZ 1998, 111: Auch der Wegeunfall anlässlich eines allein der Repräsentation dienenden Termins unterfällt dem Versicherungsschutz des ehrenamtlich Tätigen. Eingehend: *Leube* ZFSH/SGB 2006, 579; *Merten* SGb 2005, 427; *Marburger* PersV 2005, 450; *Geckle*, Unfallversicherung im Ehrenamt, München 2005; *Boerner* SGb 2002, 653; *Marburger* DÖD 2000, 121; *Alfers* StGR 2000, Nr. 11 S. 16 f.; *Bräuer/Deter* ZfSH/SGb 1994, 57.

2   § 85 enthält eine **selbständige Anspruchsgrundlage** für die ehrenamtlich Tätigen, soweit ihre Tätigkeit im Anwendungsbereich des Gesetzes (§§ 1, 2) liegt.[6] § 85 kommt zur Anwendung, soweit nicht Rechtsvorschriften etwas anderes bestimmen (§ 81). Soweit sie hinsichtlich Auslagen oder Verdienstausfall andere Entschädigungsregelungen für ehrenamtliche Tätige enthalten,[7] gehen diese § 85 vor, und zwar unabhängig davon, ob sie für die ehrenamtlich Tätigen günstiger oder ungünstiger sind; fehlt eine Regelung für den einen oder anderen Bereich, greift § 85 **ergänzend** ein.

3   In einigen Bereichen ör Verwaltungstätigkeit ist die Entschädigung für ehrenamtliche Beisitzer unter Bezugnahme auf oder Anlehnung an die Vorschriften des Justizvergütungs- und -entschädigungsgesetzes (JVEG)[8] geregelt.[9] § 85 verzichtet auf eine Bezugnahme auf dieses Gesetz; aus ihm lassen sich aber Anhaltspunkte für **Pauschalierungen** nach **Durchschnittssätzen** entnehmen.[10]

Für die sich aus der Entscheidung über die Entschädigung ergebenden Streitigkeiten ist der **Verwaltungsrechtsweg** gegeben (§ 40 Abs. 1 VwGO).[11] Der Verwaltungsrechtsweg ist auch bei Streit um die Abführung von durch Dritte an ehrenamtlich Tätige geleistete Zuwendungen eröffnet sowie für die Klage eines Gläubigers des ehrenamtlich Tätigen auf Auszahlung des gepfändeten Teils der Entschädigung.

II. Entschädigung

4   Die Entschädigung nach § 85 umfasst den Ersatz notwendiger **Auslagen** und den **Verdienstausfall**. Auf die Entschädigung besteht ein antragsunabhängiger (Rn. 9) Rechtsanspruch. Sie muss auf einen Nachteilsausgleich beschränkt bleiben, darf aber **kein verschleiertes Einkommen** zur (teilweisen) Sicherung des Lebensunterhalts sein.[12] Ein **Verzicht** auf die Entschädigung ist möglich; er wird aber ausdrücklich zu erklären sein. Da ehrenamtlich Tätige entsprechend dem Wesen des Ehrenamtes keine Besoldung, Versorgung, Vergütung oder vergleichbare Leistungen erhalten, findet das Verbot des Verzichts auf Bezüge im Anwendungsbereich des § 85 keine Anwendung.[13]

1. Auslagen

5   Was **Auslagen** nach § 85 sind und welche davon erstattet werden, bestimmt § 85 nicht. Auslagen unterfallen in anderen Gesetzen (vgl. auch § 80) zusammen mit Gebühren dem Oberbegriff der Kosten und sind neben ihnen etwa an Gerichte, Rechtsanwälte, Notare, Gerichtsvollzieher, Rechtsbeistände oder für die besondere Inanspruchnahme der Verwaltung als **Nebenleistungen** zu zahlen.[14] Je nach dem Inhalt ehrenamtlicher Tätigkeit werden auch nach § 85 dazu zu rechnen sein etwa **Reise- und Fahrtkosten,** Schreib-, Porto- und Fernsprechgebühren, auch Kosten notwendiger Begleitpersonen sowie **Tagegelder,** auch in pauschalierter Form.

6   Voraussetzung für den Ersatz ist stets, dass die Auslagen **notwendig und angemessen** gewesen sind.[15] Dies beurteilt sich nicht nach einem rein objektiven Maßstab bei einer Betrachtung

---

[6] Zur Entschädigung eines ehrenamtlich bestellten Wildschadenschätzers s. *VG Freiburg,* Urteil v. 2. 7. 2007 – 1 K 1603/06 –.
[7] S. zur Entschädigung kommunaler Mandatsträger: *OVG Münster* NVwZ-RR 2006, 272; 2004, 674; *VGH Kassel* DÖV 2005, 212; *VG Darmstadt* HessVGRspr 1996, 78; nachgehend *VGH Kassel* NVwZ-RR 1998, 449; für ehrenamtliche Bürgermeister *VGH München* DÖD 1996, 111. Zur Steuerpflichtigkeit der Entschädigungen: *FG Sachsen-Anhalt* EFG 2003, 917; *FG Berlin* EFG 2002, 1228; Reif BWGZ 2004, 573.
[8] V. 5. 5. 2004, BGBl. I S. 776.
[9] Zur Berechnung der Verdienstausfallentschädigung eines kommunalen Mandatsträgers s. *VGH Kassel* DÖV 2005, 212. Ferner *OVG Münster* NVwZ-RR 2006, 272 zum Anspruch des stellvertretenden Ausschussmitglieds auf Sitzungsgeld. VG Dessau Urteil v. 27. 9. 2006 – 1 A 135/06 – zum Erfordernis einer Entschädigungsregelung für Mandatsträger durch Satzung. Zur Sachverständigenentschädigung für einen bei einer baden-württembergischen Gemeinde gebildeten Gutachterausschuss s. *LG Freiburg* BWNotZ 1997, 15.
[10] Vgl. *Kopp/Ramsauer* § 85 Rn. 6, 7.
[11] *VGH Kassel* DÖV 2005, 255; *OVG Münster* NVwZ-RR 1998, 196; *OVG Hamburg* DÖV 1994, 968.
[12] Vgl. *BVerwGE* 95, 210 = NVwZ 1994, 1219.
[13] Siehe zur Herleitung dieses Verbots *BVerwGE* 26, 277 = ZBR 1967, 269.
[14] S. z. B. § 5 Abs. 1, 7 Abs. 1 JVEG; Teil 7 der Anlage 1 zu § 2 Abs. 2 RVG; § 10 VwKostG, § 107 Abs. 2 OWiG.
[15] S. *OVG Münster* NVwZ-RR 2004, 674. Vgl. auch *BVerwGE* 89, 94 zum BPersVG.

ex post, sondern danach, ob der ehrenamtlich Tätige sie bei sorgsamer, vernünftiger Überlegung **im Zeitpunkt der Entstehung** der Aufwendungen für erforderlich und angemessen halten durfte.[16] Der Auslagenersatz darf die tatsächlich aufgewendeten oder aufzuwendenden Kosten nicht übersteigen.[17] **Pauschalierung** auf Grund von Erfahrungssätzen über durchschnittliche Kosten etwa für Verpflegung und Übernachtung mit Höchstgrenzen in Anlehnung an Tage- und Reisekosten des öffentlichen Dienstes ist zulässig (Rn. 3).[18]

2. Verdienstausfall

Zu ersetzen ist nach § 85 ferner der **Verdienstausfall**. Von § 85 erfasst werden grundsätzlich alle gesetzlich nicht verbotenen Erwerbsarten.[19] Die Berechnung der Höhe des Verdienstausfalls erfolgt – da eine Pauschalierung nicht vorgesehen ist – grds. auf der Basis des tatsächlich entstandenen und nachgewiesenen Ausfalls.[20] Bei wechselndem Einkommen ist zur Ermittlung des tatsächlichen Ausfalls auf den **Durchschnittsverdienst** eines repräsentativen Zeitraums abzustellen,[21] wobei aber ein zu entschädigender Verdienstausfall dann nicht vorliegt, wenn mandatsbedingt lediglich eine Chance nicht wahrgenommen werden kann, durch eine unregelmäßig ausgeübte Gelegenheitstätigkeit Verdienst zu erzielen.[22] Maßgebend für die Berechnung sind die durch die Ausübung ehrenamtlicher Tätigkeit effektiv versäumten Stunden, also einschließlich der Zeit der Hin- und Rückfahrt zu ehrenamtlicher Tätigkeit. Soweit zur Vorbereitung auf diese Tätigkeit Zeitversäumnis mit Verdienstausfall in Betracht kommt, ist auch insoweit Ersatz zu leisten. Auch hier wird, obwohl das Gesetz dies nicht ausdrücklich bestimmt, zu prüfen sein, ob die Zeitversäumnis **notwendig und angemessen** war (vgl. hierzu Rn. 6).

§ 85 sieht – anders als etwa § 18 JVEG – **keine Höchstbeträge**[23] für den Verdienstausfall vor. Er kann deshalb bis zum regelmäßigen Bruttoverdienst einschließlich der vom Arbeitgeber zu tragenden Sozialversicherungsbeiträge ersetzt werden. Personen in **unselbständiger Stellung** mit festem Einkommen, insbesondere solche des öffentlichen Dienstes, müssen einen **effektiven Einnahmeausfall** darlegen. Bei Lohn- oder Gehaltsfortzahlung[24] entfällt der Anspruch in der Regel, sofern gesetzlich nichts anderes geregelt ist. Bei **Selbständigen** wird die Art des Unternehmens Rückschlüsse auf einen Verdienstausfall zulassen. Es werden je nach Sachverhalt schriftliche Nachweise zu verlangen sein, ggf. reicht eine pflichtgemäße, nicht zu kleinliche **Schätzung** aus.[25] Zur Entschädigung für Nachteile bei der Haushaltsführung s. § 17 JVEG. § 27 Abs. 1 HessGO stellt für die Frage, wer als Hausfrau im Sinne dieser Vorschrift anzusehen ist, nicht auf die jeweilige Tätigkeit ab, die während der Mandatsausübung erbracht worden wäre. Vielmehr ist Hausfrau im Sinne der Vorschrift nur, wer nur geringfügiges Einkommen aus Erwerbstätigkeit erzielt.[26]

---

[16] Vgl. für die Kosten eines vom Mandatsträger gegen die Gemeinde geführten Organstreitverfahrens: *VGH München* Kommunalpraxis Bayern 2006, 395; *OVG Münster* NVwZ-RR 1993, 266; *VG Gießen* GemHlt 2006, 44; *VG Dessau* Urteil v. 27. 9. 2006 – 1 A 135/06 –. S. auch *BVerfG* NJW 1980, 2179.
[17] Vgl. *OVG Münster* NVwZ-RR 2003, 376 zur Aufwandsentschädigung für einzelne Ratsmitglieder. S. auch *VG Gießen* NVwZ-RR 2003, 587; *VG Wiesbaden* HGZ 2002, 255 zur Fraktionsvorsitzenden-Entschädigung für Ein-Personen-Fraktionen.
[18] S. *VGH Kassel* NVwZ-RR 1998, 449 zur Unzulässigkeit einer pauschalen Aufwandsentschädigung, deren Sätze die bloße Entschädigung für Aufwand im Rahmen ehrenamtlicher Tätigkeit ersichtlich überschreiten. Hierzu auch *BVerwG* NVwZ 2001, 96; *OVG Münster* IÖD 2000, 234.
[19] *OVG Koblenz* NVwZ-RR 1994, 35.
[20] Vgl. *Henneke* in Knack § 85 Rn. 3. S. dagegen *VGH Kassel* DÖV 2005, 212 zur Berechnung des Verdienstausfalls eines Gemeindevertreters wegen Sitzungsteilnahme auf der Grundlage eines ggfs. durch Satzung festzusetzenden pauschalierenden Durchschnittssatzes.
[21] S. *VGH Kassel* DÖV 2005, 212; *OVG Koblenz* NVwZ-RR 1994, 35; 1998, 1016; *Henneke* in Knack § 85 Rn. 3.
[22] *OVG Münster* NVwZ-RR 1998, 196; Beschluss v. 11. 3. 2003 – 15 A 1123/03 –.
[23] Vgl. zu den unterschiedlichen Regelungen im Kommunalbereich z. B. § 25 GO NRW, § 29 GO NS.
[24] S. hierzu aber *Bock* BWGZ 2004, 560: Der kommunalrechtliche Freistellungsanspruch des Mandatsträgers geht nicht mit einem Anspruch auf Lohnfortzahlung einher.
[25] *OVG Hamburg* DÖV 1994, 968 zur Verdienstausfallentschädigung für einen selbständig tätigen Abgeordneten; *OLG Stuttgart* Rechtspfleger 1972, 35; weitere Nachweise bei *Lauterbach/Hartmann*, a. a. O., § 2 ZSEG Rn. 2 und 3 und § 2 EhrRiEG Rn. 3. Siehe auch *BVerwG* NZA-RR 1999, 63 zu Unterhaltssicherungsleistungen für einen Rundfunkmoderator.
[26] *VGH Kassel* NVwZ-RR 2001, 118. Zum Verdienstausfallersatz eines als Hausmann tätigen Ratsmitglieds s. *OVG Münster* NVwZ 1997, 617. Zur Hausfrauenpauschale i. S. d. § 27 HessGO s. *VG Gießen* HSGZ 1998, 191. Zum Verdienstausfallersatz eines einer Teilzeitbeschäftigung nachgehenden Studenten s. *OVG Münster* NVwZ-RR 1998, 196; Beschluss v. 11. 3. 2003 – 15 A 1123/03 –.

9   3. Die Entschädigung ist **von Amts wegen** (anders § 26 Abs. 3 S. 2) von der Behörde festzusetzen oder zu veranlassen, die den ehrenamtlich Tätigen berufen hat.[27] Endgültige Kostentragung durch die Behörde, für die die Tätigkeit ausgeübt wird, ist nicht ausgeschlossen. Zur Anfechtbarkeit vgl. Rn. 3.

10   4. Neben der Entschädigung hat der ehrenamtlich Tätige Anspruch auf **Unfallversicherungsschutz** nach Maßgabe des § 2 Abs. 1 Nr. 10 i. V. m. § 8 Abs. 1 und 2 SGB VII (s. hierzu Rn. 1).[28] Zur **Haftung** im Innen- und Außenverhältnis vgl. § 81 Rn. 6.

III. Landesrecht

11   Die Länder haben in ihren VwVfG dem § 85 entsprechende Regelungen. Zu beachten sind aber abweichende und dem VwVfG vorgehende Regelungen insbesondere im Kommunalrecht, mit denen das Entschädigungsrecht gesondert geregelt ist.[29]

§ 86 Abberufung

[1]Personen, die zu ehrenamtlicher Tätigkeit herangezogen worden sind, können von der Stelle, die sie berufen hat, abberufen werden, wenn ein wichtiger Grund vorliegt. [2]Ein wichtiger Grund liegt insbesondere vor, wenn der ehrenamtlich Tätige
1. seine Pflicht gröblich verletzt oder sich als unwürdig erwiesen hat,
2. seine Tätigkeit nicht mehr ordnungsgemäß ausüben kann.

Vergleichbare Vorschriften: –

Abweichendes Landesrecht: –

Entstehungsgeschichte: § 86 entspricht den übereinstimmenden Fassungen des § 71 Musterentwurf 68, § 73 Entwurf 70 und § 82 Entwurf 73. Der im übrigen unveränderte § 71 Musterentwurf enthielt nach dem Wort „können" noch den für überflüssig gehaltenen Vorbehalt „sofern nicht durch Rechtsvorschriften etwas anderes bestimmt ist".

Literatur: *Albers,* Die Abberufung eines ehrenamtlichen Richters nach § 24 VwGO, MDR 1984, 888; *Ostheimer/Dietrich/Hohmann,* Die ehrenamtlichen Richter beim Arbeits- und Sozialgericht, 9. Aufl., 1991; ferner zu § 81.

Übersicht

	Rn.
I. Allgemeines	1
II. Abberufung aus wichtigem Grunde	4
III. Landesrecht	12

I. Allgemeines

1   1. § 86 regelt nur die **Beendigung** ehrenamtlicher Tätigkeit **durch Abberufung,** also die Entpflichtung aus dem Ehrenamt[1] ohne oder gegen den Willen des ehrenamtlich Tätigen (zur

---

[27] Zur Verjährung von Verdienstausfallansprüchen eines Gemeinderatsmitgliedes s. *VG Minden* NVwZ-RR 1994, 609.
[28] Vgl. hierzu BSG NJW-RR 2005, 281; NVwZ 1998, 111; *Leube* ZFSH/SGB 2006, 579; *Merten* SGb 2005, 427; *Marburger* PersV 2005, 450; *Geckle,* Unfallversicherung im Ehrenamt, München 2005.
[29] S. zur Entschädigung kommunaler Mandatsträger: *OVG Münster* NVwZ-RR 2006, 272; 2004, 674; *VGH Kassel* DÖV 2005, 212. Ferner *OVG Münster* NVwZ-RR 2006, 272 zum Anspruch des stellvertretenden Ausschussmitglieds auf Sitzungsgeld. *VG Dessau* Urteil v. 27. 9. 2006 – 1 A 135/06 – zum Erfordernis einer Entschädigungsregelung für Mandatsträger durch Satzung.
[1] S. in Abgrenzung dazu *OVG Münster* NVwZ 2003, 494 zur Abberufung aus einer mit dem Kommunalmandat verbundenen Funktion: Den vom Rat in einem Aufsichtsrat entsandten Ratsmitgliedern steht keine wehrfähige Innenrechtsposition zu, kraft deren sie ihre Abberufung gemäß § 113 Abs. 1 Satz 3 GO NRW aus dem Aufsichtsrat verhindern könnten.

Verpflichtung vgl. § 83 Rn. 7ff.). Damit ist der Fall angesprochen, dass eine in der Regel **bereits begonnene** ehrenamtliche Tätigkeit durch nachträglich entstandene Umstände ein Ende findet. Besteht neben dem ehrenamtlichen Status ein dienstrechtlicher, etwa bei einem kommunalen Ehrenbeamten (s. dazu § 81 Rn. 7), so bleibt dieser von der Abberufung unberührt.[2] Das Gesetz geht davon aus, dass eine vorzeitige Abberufung weder gänzlich ausgeschlossen noch in das Belieben der berufenen Stelle gelegt ist, vielmehr soll eine durch **VA** auszusprechende Abberufung nur bei Vorliegen eines **wichtigen Grundes** in Betracht kommen.[3] Zur **Nichtübernahme** des Amtes vgl. § 82 Rn. 3; § 87 Rn. 3.

2. Nicht ausdrücklich geregelt hingegen ist der Fall des **freiwilligen Verzichts,** also wenn der ehrenamtlich Tätige aus subjektiven Gründen nicht mehr tätig sein will oder kann. Obwohl das Gesetz hierüber keine Vorschriften enthält, bleibt das Recht zur freiwilligen Niederlegung des Amtes bei Vorhandensein eines **anerkennenswerten Grundes** (§ 87 Abs. 1 Nr. 2) auch bei einer Pflicht zur Übernahme ehrenamtlicher Tätigkeit von der Regelung des § 86 unberührt.[4] Wann ein anerkennenswerter Grund zur Entlassung aus dem Amt vorliegt, hängt von den **Umständen des Einzelfalles** ab. Ausreichend sind etwa Wohnsitzwechsel, berufliche Überlastung, Krankheit, familiäre Inanspruchnahme.[5] Dagegen kann ein kollektiver (nachträglicher) Verzicht auf ein Ehrenamt rechtsmißbräuchlich und deshalb unwirksam sein.[6] Wird die ehrenamtliche Tätigkeit freiwillig beendet, so bedarf es keiner Abberufung. Jedoch wird im Hinblick auf § 87 Abs. 1 Nr. 2 und aus Beweisgründen eine Bestätigung der Niederlegung bzw. des Verzichts angebracht sein.

3. Von § 86 ferner unberührt bleibt ein auf Grund Gesetzes eintretender **Verlust** des Amtes etwa bei Wegfall der Amtsfähigkeit (§ 45 Abs. 3 StGB). Zu Ausschluss-, Hinderungs- und Ablehnungsgründen vgl. § 82 Rn. 3.

II. Abberufung aus wichtigem Grunde

1. Die Abberufung als die (im Gegensatz zum freiwilligen Verzicht, Rn. 2) ohne oder gegen den Willen des ehrenamtlich Tätigen erfolgende Beendigung der Tätigkeit ist nur bei Vorliegen eines wichtigen Grundes zulässig (Satz 1). **Satz 2** mit der dort enthaltenen Enumeration und Insbesondere-Klausel bringt also **keine abschließende Regelung** der Abberufungsgründe. In Betracht kommen in erster Linie **nachträglich** entstandene Umstände. Auch soweit sie objektiv bereits **von Anfang an** bestanden haben, aber der berufenen Stelle nicht bekannt waren, kommen sie als wichtiger Grund in Betracht.[7] Stets wird es sich bei einem wichtigen Grund i.S. des Satzes 1 um **erhebliche** Umstände handeln müssen, die dem Inhalt nach im Gewicht den enumerierten Fällen des Satzes 2 gleichkommen und **Interessen der Allgemeinheit** berühren, so dass das **Vertrauen** in die (weitere) ordnungsgemäße Amtsausübung deutlich **erschüttert** ist.[8] Für eine Abberufung müssen unbestrittene oder bewiesene (Beweislast bei der Behörde) Tatsachen vorliegen. Der bloße Verdacht vom Vorhandensein oder Fehlen bestimmter Umstände reicht in der Regel für eine Abberufung nicht aus. Ferner müssen alle **Umstände des Einzelfalls** berücksichtigt werden.[9] Dazu gehören auch die bisherige Führung und Leistung sowie das voraussichtliche künftige Verhalten. Bei der Interessenabwägung ist von wesentlicher Bedeutung, ob die Fortsetzung der Tätigkeit **im öffentlichen Interesse zumutbar** ist. Interessen oder Wünsche Dritter sind unbeachtlich, sofern nicht hierdurch auch Interessen der Allgemeinheit ihren Niederschlag finden.

---

[2] Vgl. *OVG Weimar* LKV 1996, 416.
[3] Begründung zu § 82 Entwurf 73.
[4] Begründung zu § 83 Entwurf 73; ebenso *Kopp/Ramsauer* § 86 Rn. 2; *Meyer/Borgs,* § 86 Rn. 2; *Obermayer,* § 86 Rn. 5.
[5] Strenger für die Entpflichtung ehrenamtlicher Verwaltungsrichter *VGH München* BayVBl 1983, 630; ferner *Albers* MDR 1984, 888.
[6] Vgl. *VG Osnabrück* NVwZ-RR 2006, 278 zur Niederlegung von Ratsmandaten.
[7] Vgl. *VG Meiningen* LKV 1995, 298 Abberufung eines Gemeinderatsmitgliedes gem. § 12 Abs. 2 Thür-KWG wegen Falschangaben über Stasimitarbeit.
[8] *Obermayer,* § 86 Rn. 10; *Ule/Laubinger,* § 13 Rn. 18; Begründung zu § 82 Entwurf 73.
[9] Zur Abberufung eines ehrenamtlich bestellten Wildschadenschätzers s. *VG Freiburg,* Urteil v. 2. 7. 2007 – 1 K 1603/06 –.

5 Die Abberufung nach § 86 liegt grundsätzlich im **Ermessen** (§ 40) der Behörde, so dass sie insbesondere zwischen öffentlichen und privaten Interessen abzuwägen hat. Allerdings kann eine **Ermessensschrumpfung** auf Null in Betracht kommen, wenn es sich umso gröbliche und erhebliche Verstöße handelt, dass im Allgemeininteresse ein Verbleiben im Amt ausgeschlossen erscheint.

6 2. In Satz 2 sind zwei Tatbestände aufgeführt, die stets als gesetzlich definierter wichtiger Grund anzusehen sind, weil sie Interessen der Allgemeinheit berühren:

7 Die **Verletzung einer Pflicht** (Satz 2 Nr. 1 erste Alternative) liegt vor, wenn die in § 83 Abs. 1 und § 84 ausdrücklich normierten Pflichten verletzt worden sind. Soweit **Spezialgesetze** weitere Pflichten des ehrenamtlich Tätigen normieren, gehören auch sie dazu. Es handelt sich hierbei um Pflichtverletzungen im Zusammenhang mit der ehrenamtlichen Tätigkeit. Für eine Abberufung reicht nicht jede objektive Pflichtverletzung, es muss sich vielmehr um eine **besonders gravierende (gröbliche) Verletzung** handeln; etwa die gröbliche Verletzung der Verschwiegenheitspflichten gemäß § 84, der Neutralitätspflichten des § 83 oder wiederholtes unentschuldigtes Fehlen[10] oder ungebührliches Verhalten in Sitzungen.[11] Ein Verschulden ist hierbei nicht vorausgesetzt,[12] auch wenn es in der Regel in Betracht kommen wird. Es muss sich jedoch um objektiv zurechenbares Verhalten handeln.

8 Eine **Unwürdigkeit** (Satz 2 Nr. 1 zweite Alternative) kommt nicht nur aus Verhalten im Zusammenhang mit der ehrenamtlichen Tätigkeit in Frage, sondern **auch** dann, wenn es sich um Verhalten **im privaten Bereich,** etwa strafbare Handlungen ohne Zusammenhang mit ehrenamtlicher Tätigkeit handelt, aber der ehrenamtlich Tätige in den Augen der Öffentlichkeit für die (weitere) Tätigkeit im Allgemeininteresse nicht mehr geeignet erscheint.[13] Der bloße **Verdacht** strafbarer oder unwürdiger Handlungen reicht in der Regel nicht aus (Rn. 4). Auch hier muss die Unwürdigkeit **erheblich** sein und einen wichtigen Grund im Sinne des Satzes 1 darstellen. Es ist der Grundsatz der Verhältnismäßigkeit zu beachten. Verschulden ist auch hier nicht vorausgesetzt.

9 Weiterer Abberufungsgrund kann es sein, wenn der ehrenamtlich Tätige seine Tätigkeit nicht **mehr ordnungsgemäß ausüben kann** (Satz 2 Nr. 2). Hierfür müssen objektiv anerkennenswerte Gründe (§ 87 Abs. 1 Nr. 2) vorhanden sein. Dazu gehören etwa Alter, Krankheit, Wegzug oder erhebliche Erschwernisse im persönlichen Bereich. Satz 2 Nr. 2 erfasst – wie § 87 insgesamt (s. Rn. 1) – nicht den freiwilligen Verzicht, sondern regelt den Fall, dass der ehrenamtlich Tätige noch wirken will, aber dies nicht mehr soll. Zu **sonstigen Gründen** Rn. 4.

10 3. Die Abberufung erfolgt durch **VA**.[14] Dieser ist, sofern es sich nicht um eine kurzfristige einmalige ehrenamtliche Tätigkeit handelt, schriftlich zu erlassen und zu begründen (§ 39). Ob eine Abberufung erfolgt, ist **Ermessensentscheidung.** Es muss zwischen dem öffentlichen Interesse und dem privaten Interesse im Einzelfall unter Berücksichtigung des Verhältnismäßigkeitsprinzips entschieden werden (vgl. § 40 Rn. 4 ff.). Vor Erlass des VA ist der Beteiligte nach Maßgabe des § 28 **zu hören** (vgl. § 28 Rn. 9). Die Abberufung ist im Verwaltungsstreitverfahren nachprüfbar (§ 40 Abs. 1 VwGO).

11 4. **Zuständig** für die Abberufung ist die Stelle, die den ehrenamtlich Tätigen berufen hat. Dies schließt eine Anregung oder einen Antrag auf Abberufung der Stellen, bei der die ehrenamtliche Tätigkeit ausgeübt wird, nicht aus.

III. Landesrecht

12 Die Länder haben in ihren VwVfG dem § 86 entsprechende Regelungen.

---

[10] Vgl. *VG Karlsruhe* DÖV 2007, 174 zum Ausschluss aus der Feuerwehr wegen häufigen Fehlens.
[11] Vgl. hierzu *VGH München* BayVBl 1980, 63.
[12] Vgl. *Ziekow* § 86 Rn. 3 m. w. N.
[13] Vgl. zum außerberuflichen Verhalten von Rechtsanwälten *BGH* NJW 1979, 556; von Beamten *BVerwGE* 33, 199.
[14] *BAGE* 57, 205 = NZA 1988, 463 betr. die Abberufung des Vorsitzenden eines Heimarbeitsausschusses. S. in Abgrenzung dazu *OVG Münster* NVwZ 2003, 494 zur Abberufung aus einer mit dem Kommunalmandat verbundenen Funktion: Den vom Rat in einem Aufsichtsrat entsandten Ratsmitgliedern steht keine wehrfähige Innenrechtsposition zu, kraft deren sie ihre Abberufung gemäß § 113 Abs. 1 Satz 3 GO NRW aus dem Aufsichtsrat verhindern könnten.

§ 87 Ordnungswidrigkeiten

(1) Ordnungswidrig handelt, wer
1. eine ehrenamtliche Tätigkeit nicht übernimmt, obwohl er zur Übernahme verpflichtet ist,
2. eine ehrenamtliche Tätigkeit, zu deren Übernahme er verpflichtet war, ohne anerkennenswerten Grund niederlegt.

(2) Die Ordnungswidrigkeit kann mit einer Geldbuße geahndet werden.

Vergleichbare Vorschriften: –

Abweichendes Landesrecht: –

Entstehungsgeschichte: Seine jetzige Fassung erhielt § 87 durch § 74 Entwurf 70 und den unveränderten § 83 Entwurf 73. In § 72 Abs. 1 Nr. 2 Musterentwurf hieß es „ohne wichtigen Grund" statt „ohne anerkennenswerten Grund". § 72 Abs. 1 Nr. 3 Musterentwurf sah als Ordnungswidrigkeit ferner die Verletzung der Pflicht zur Verschwiegenheit vor. Diese in den Regierungsentwürfen weggelassene Vorschrift sollte Bedeutung für die Fälle haben, in denen die Verletzung der Verschwiegenheitspflicht keine wichtigen öffentlichen Interessen im Sinne des § 353b Abs. 1 und 2 StGB gefährdet (Begründung zu § 72 Musterentwurf).

Literatur: Vgl. zu §§ 81–84, ferner die Kommentare zum OWiG.

Übersicht

	Rn.
I. Allgemeines	1
II. Ordnungswidrigkeiten	3
III. Landesrecht	9

I. Allgemeines

§ 87 gilt **nur im Falle des § 82**, also nur, wenn eine ehrenamtliche Tätigkeit durch Rechtsvorschrift zu übernehmen ist. Für diesen Fall unterstellt das Gesetz, dass stets ein besonderes öffentliches Interesse an der ordnungsgemäßen Ausübung der Tätigkeit besteht. Die Sanktionsmöglichkeit mit einer Geldbuße soll der gesetzlichen Pflicht den notwendigen Nachdruck verleihen.[1]

§ 87 kommt zur Anwendung, soweit Rechtsvorschriften nicht Abweichendes bestimmen. Eine bloße Ablehnung der **Verpflichtung** kann nicht mit Geldbuße belegt werden. Es bleibt bei einer Abberufung nach § 86 (vgl. § 82 Rn. 3).

II. Ordnungswidrigkeiten

§ 87 erklärt zwei Verhaltensweisen zu Ordnungswidrigkeiten:

1. Nichtübernahme der Tätigkeit

Die **Nichtübernahme** ehrenamtlicher Tätigkeit trotz bestehender **gesetzlicher Pflicht.**[2] Sie bezieht sich auf den **Beginn** der Tätigkeit, nicht auf die Art und Weise der Amtsausübung.[3] Eine solche „Schlechterfüllung" – etwa die Verletzung von Verschwiegenheitspflichten (vgl. § 84) – kann strafrechtlich sanktioniert sein,[4] ggfls. – etwa bei unentschuldigtem Fernbleiben – einen Abberufungsgrund darstellen. Das im Abs. 2 enthaltene **Ermessen** zur Reaktion mit

---

[1] Begründung zu § 83 Entwurf 73.
[2] Zu den möglichen Gründen für eine berechtigte Ablehnung der Übernahme des Ehrenamtes s. § 82 Rn. 4.
[3] Vgl. *BVerfG* NJW 1986, 1672.
[4] Eingehend zur strafrechtlichen Verantwortung kommunaler Mandatsträger H. *Schnell*, Freie Meinungsäußerung und Rederecht der kommunalen Mandatsträger unter verfassungsrechtlichen, kommunalrechtlichen und haftungsrechtlichen Aspekten, Diss. Münster 1998, S. 184 ff.

einer Geldbuße (vgl. auch § 47 OWiG) schafft die notwendige Flexibilität für die richtige Handhabung eines Bußgeldverfahrens. Das Gesetz geht dabei davon aus, dass eine **Pflichtenanmahnung durch Geldbuße** ein grundsätzlich probates Mittel ist. Die Vorschrift kommt nur zur Anwendung für die Fälle, in denen die Tätigkeit **nicht begonnen** wird.[5] Sofern hierfür anerkennenswerte Gründe[6] vorhanden sind, liegt eine Ordnungswidrigkeit nicht vor. Ein Hinweis auf dieses nicht im Gesetz enthaltene Tatbestandsmerkmal wurde für entbehrlich gehalten, weil davon ausgegangen wurde, dass die gesetzlich begründete Verpflichtung zur Übernahme ehrenamtlicher Tätigkeit ausdrücklich oder stillschweigend unter dem Vorbehalt der zulässigen Ablehnung der Übernahme der ehrenamtlichen Tätigkeit bei Vorhandensein eines anerkennenswerten Grundes steht, auch wenn dies nur für die Niederlegung (Absatz 1 Nr. 2) ausdrücklich geregelt ist.[7] Ablehnungsgründe müssen stets **wichtige Gründe** sein, insbesondere Alter, Krankheit und andere unverhältnismäßige Erschwernisse im persönlichen Bereich, die ein **anerkennenswertes Hindernis** darstellen, s. § 82 Rn. 4. Allein der Hinweis auf eine frühere Heranziehung und andere ebenso geeignete Bürger reicht dagegen hierfür nicht aus.[8] Liegt ein solcher Grund vor, so liegt bereits der objektive Tatbestand nicht vor, ohne dass es darauf ankäme, ob die Nichtübernahme vorsätzlich im Sinne des § 10 OWiG war. Gibt ein zu ehrenamtlicher Tätigkeit Herangezogener zu erkennen, dass er auf keinen Fall zur Erfüllung seiner Pflichten bereit ist, verfehlt eine Geldbuße ihren Zweck, so dass in der Regel nur eine Amtsentfernung in Betracht kommen und sinnvoll sein wird.[9]

2. Niederlegung der Tätigkeit

4   Ordnungswidrig ist ferner die **Niederlegung nach begonnener Tätigkeit** ohne anerkennenswerten Grund (Absatz 1 Nr. 2).[10] Derartige tatbestandsausschließende Gründe sind etwa Alter, Krankheit oder sonstige zwingende persönliche Gründe, wie etwa dienstliche Überlastung, geschäftliche Schwierigkeiten oder Wegzug (vgl. auch § 86 Rn. 7). Erforderlich ist ein nachhaltiges, nicht nur einmaliges Verhalten, aus der der Schluss auf eine **endgültige Beendigung** der Tätigkeit gezogen werden muss.

5   Voraussetzung für die Ahndung als Ordnungswidrigkeit ist in beiden Fällen **vorsätzliches Handeln,** weil das Gesetz fahrlässiges Handeln nicht ausdrücklich mit Geldbuße bedroht (§ 10 OWiG). Ein Versuch wird nicht geahndet, weil dies durch Gesetz nicht ausdrücklich bestimmt ist (§ 13 Abs. 2 OWiG). Zu Irrtum und Vorwerfbarkeit vgl. §§ 11, 12 OWiG. Zum Zusammentreffen von Straftat und Ordnungswidrigkeit vgl. § 21 OWiG.

6   **3. Absatz 2** wiederholt das auch in § 47 Abs. 1 OWiG enthaltene **Opportunitätsprinzip.** Es besteht deshalb keine Pflicht zur Verfolgung und Festsetzung. Die Behörde hat nach pflichtgemäßem **Ermessen** (§ 40) zu handeln.

7   Die Geldbuße beträgt der **Höhe** nach mindestens fünf € und höchstens eintausend € (§ 17 Abs. 1 OWiG).

8   Die **sachliche Zuständigkeit** für die Verfolgung von Ordnungswidrigkeiten liegt, sofern spezialgesetzliche Regelungen fehlen, nach § 36 Abs. 1 Nr. 2 OWiG bei den fachlich zuständigen obersten Landes- bzw. Bundesbehörden. Von der Delegationsbefugnis nach § 36 Abs. 2 OWiG haben die Länder teilweise Gebrauch gemacht.

---

[5] S. *VG Düsseldorf* Urteil v. 4. 4. 2003 – 1 K 484/01 zur Verhängung von Ordnungsgeld wegen Ablehnung eines Wahlhelferamtes.

[6] Vgl. *OVG Münster* NWVBl 2003, 102 zur berechtigten Ablehnung eines Wahlhelferamtes aus Gewissensgründen.

[7] Begründung zu § 83 Entwurf 73.

[8] *VG Ansbach* BayVBl 1995, 121 zur Heranziehung als Wahlhelfer. Hierzu auch *VG Düsseldorf* NWVBl 1999, 435; *VG Oldenburg* NVwZ-RR 1997, 432; *VG Koblenz* NVwZ-RR 1994, 226; *VG Minden* NVwZ 1991, 605.

[9] Zur Festsetzung von Ordnungsgeld wegen schroffer und beharrlicher Verweigerung der Amtsausübung bei ehrenamtlichen Verwaltungsrichtern vgl. *OVG Berlin* NJW 1979, 1175 mit Anm. *Wolf;* ferner *VGH München* BayVBl 1983, 630; *Albers* MDR 1984, 888. Zur Verweigerung einer Eidesleistung im Kommunalbereich *VGH München* BayVBl 1981, 87.

[10] Vgl. *VG Osnabrück* NVwZ-RR 2006, 278 zur Unwirksamkeit einer kollektiven Niederlegung von Ratsmandaten.

III. Landesrecht

Die Länder haben in ihren VwVfGen dem § 87 entsprechende Regelungen; spezialgerichtli- 9
che Bestimmungen, insbesondere des Kommunalrechts, gehen dem § 87 vor.

Abschnitt 2. Ausschüsse

§ 88 Anwendung der Vorschriften über Ausschüsse

Für Ausschüsse, Beiräte und andere kollegiale Einrichtungen (Ausschüsse) gelten, wenn sie in einem Verwaltungsverfahren tätig werden, die §§ 89 bis 93, soweit Rechtsvorschriften nichts Abweichendes bestimmen.

Vergleichbare Vorschriften: –

Abweichendes Landesrecht: –

Entstehungsgeschichte: Die Vorschrift war dem Inhalt nach bereits im Musterentwurf als § 73 enthalten. Anstelle des jetzt mit „soweit" beginnenden Halbsatzes enthielt er folgenden Satz: „Abweichende Rechtsvorschriften bleiben unberührt". In der Länderfassung lautete § 73: „Die Vorschriften des Kommunalverfassungsrechts sowie abweichende Rechtsvorschriften bleiben unberührt".
Mit dieser Fassung sollte vor allem erreicht werden, daß übereinstimmende Vorschriften über das Verfahren bei den in Gemeinden und Gemeindeverbänden tätigen Ausschüssen, das im kommunalen Verfassungsrecht abschließend geregelt ist, in vollem Umfange unberührt bleiben. Dieses Ergebnis wird mit der geltenden Fassung, die dem § 75 Entwurf 70 und § 84 Entwurf 73 entspricht, gleichfalls erreicht.

Literatur: *Dagtoglou*, Kollegialorgane und Kollegialakte der Verwaltung, 1960; *Canenbley*, Die Zweckmäßigkeit der Verwendung von Ausschüssen in der Verwaltung, 1968; *Eggers*, Die Rechtsstellung von Ausschüssen, Beiräten und anderen kollegialen Einrichtungen im Bereich der vollziehenden Gewalt, jur. Diss. Kiel, 1969; *Laux*, Nichthierarchische Organisationsformen in den Ministerien, in: Aktuelle Probleme der Ministerialorganisation, Schriftenreihe der Hochschule Speyer, Bd. 48, 1972, 317; *ders.*, Führung und Führungsorganisation, 1975, 94; *Sodan*, Kollegiale Funktionsträger als Verfassungsproblem, 1987; *Epping*, Die Willensbildung von Kollegialorganen – Am Beispiel der Bundesregierung, DÖV 1995, 719; *Groß*, Das Kollegialprinzip in der Verwaltungsorganisation, Tübingen 1999; *Rothe*, Über die Ausschüsse der Gemeinde, VR 2003, 55; *Lorse*, Kollegiale Führungsstrukturen in öffentlichen Verwaltungen – Rechtsgrundlagen, Gestaltungsperspektiven in der Verwaltungspraxis, ZBR 2003, 185.

Übersicht

	Rn.
I. Allgemeines	1
II. Ausschüsse	5
1. Ausschussbegriff	5
2. Arten von Ausschüssen	11
III. Tätigkeit in einem Verwaltungsverfahren	13
IV. Vorrang abweichender Rechtsvorschriften	17
V. Landesrecht	20
VI. Geltung im Vorverfahren	21

I. Allgemeines

Ausschüsse (zum Begriff Rn. 5 ff.) wirken auf Grund zahlreicher Regelungen im Rahmen 1
staatlicher und kommunaler Verwaltungstätigkeit in einer Vielzahl von Bereichen bei unterschiedlicher Zusammensetzung mit **beratender** oder **entscheidender Funktion** sowie **mit und ohne Außenkompetenzen** mit.[1]

Der Gesetzgeber hat es, auch wegen der Verknüpfung mit den Vorschriften über die ehren- 2
amtliche Tätigkeit,[2] für zweckmäßig erachtet, diejenigen **Grundsätze der organschaftlichen**

---

[1] S. *Rothe* VR 2003, 55 zur Mitwirkung von Ausschüssen auf kommunaler Ebene. Eine Übersicht über die Kollegialgremien und das Kollegialverfahrensrecht gibt *Groß*, Das Kollegialprinzip, a. a. O., S. 280 ff.
[2] Vgl. Allgemeine Begründung des Musterentwurfs, S. 72.

Willensbildung bis zur Beschlussfassung und Niederschrift als **annexe Materien** des Verwaltungsverfahrensrechts zu normieren, die für den größten Teil der in einem VwVf i. S. von § 9 mitwirkenden Ausschüsse einheitlich gelten können.[3] Hierdurch sollte ein Modell geschaffen werden, das in Zukunft spezialgesetzliche Regelungen entbehrlich macht.[4] Jedoch hat sich die damit angestrebte Vereinheitlichung bislang durchgesetzt. Ein Grund hierfür ist neben der Subsidiarität der Regelungen gegenüber spezialgesetzlichen Vorgaben,[5] dass die allgemeinen Vorschriften der §§ 88 ff. nicht immer differenziert genug sind, um die Unterschiede zwischen den verschiedenen Typen von Kollegialgremien hinreichend zu erfassen.[6] Auch enthalten die gesetzlichen Regelungen des VwVfG wie der Sondernormen durchweg nur Mindestbedingungen eines rechtmäßigen Verfahrens, so dass sich die gebotene Konkretisierung auf die Geschäftsordnungsebene verlagert hat.[7]

3 Das VwVfG kennt **kein Ausschussverfahren als besondere Verfahrensart**. Maßgebend hierfür ist, dass Ausschüsse sowohl im allgemeinen Verwaltungsverfahren (Teil II des Gesetzes) als auch in besonderen Verfahrensarten (Teil V: Förmliche Verfahren, §§ 63 ff., und Planfeststellungsverfahren §§ 72 ff.) mitwirken können. Außerdem wurde eine Vermehrung der Verfahrensarten für untunlich gehalten.[8] Soweit sich aus der Mitwirkung von Ausschüssen in Verwaltungsverfahren die Notwendigkeit von Sonderregelungen ergibt, enthält das Gesetz für sie eine Reihe von **besonderen Vorschriften** (vgl. §§ 20 Abs. 4, 21 Abs. 2, 38 Abs. 1 S. 2, 44 Abs. 3 Nr. 3, 45 Abs. 1 Nr. 4, § 71, § 80 Abs. 3 S. 1 Halbsatz 2).

4 §§ 88 ff. gelten unmittelbar **nur im Anwendungsbereich der §§ 1, 2** in VwVf i. S. von § 9, ferner nur **subsidiär**, d. h. soweit Rechtsvorschriften des Bundes- oder Landesrechts nichts Abweichendes bestimmen (hierzu Rn. 17 ff.). §§ 88 ff. gelten also z. B. nicht im Sozial- und Abgabenbereich (§ 2 Abs. 2 Nr. 1 und 4), auch nicht in Prüfungsangelegenheiten (§ 2 Abs. 3 Nr. 2),[9] ferner wegen des abschließenden Charakters der PersVG nicht im Personalvertretungsrecht von Bund und Ländern.[10] Allerdings ist eine Anwendbarkeit als **allgemeiner Rechtsgrundsatz** denkbar, wenn Gesetze und Rechtsverordnungen von Bund oder Ländern für Ausschüsse keine entgegenstehenden Regelungen enthalten (vgl. Rn. 15).[11]

II. Ausschüsse

1. Ausschussbegriff

5 Unter den **Oberbegriff „Ausschüsse"** fallen nach § 88 „Ausschüsse, Beiräte und andere kollegiale Einrichtungen". Unerheblich ist, wie sie in den betreffenden Rechtsvorschriften bezeichnet werden.[12]

6 Als Ausschüsse kommen solche **kollegialen Einrichtungen** in Betracht, deren Zuständigkeiten von mehreren natürlichen Personen als Organwaltern wahrgenommen werden und deren Wille sich in **Mehrheitsbeschlüssen** (§ 91) äußert.[13] Zur Mindestpersonenzahl Rn. 10. In diesem auf der grundsätzlichen Gleichheit der Ausschussmitglieder und ihrer Stimme beruhenden **Kollegialprinzip**[14] liegt der wesentliche **Unterschied zur Behörde**, die ihre Entscheidungen – anders als Ausschüsse – nicht durch Mehrheitsbeschluss (§ 91), sondern wegen ihrer

---

[3] Vgl. Begründung zu § 84 Entwurf 73.
[4] Allgemeine Begründung des Musterentwurfs, S. 72
[5] S. hierzu *Hufen* Rn. 375.
[6] *Groß*, Das Kollegialprinzip, a. a. O., S. 281.
[7] So *Hufen* Rn. 375. Zur Bedeutung von Verstoßen gegen die Geschäftsordnung eines Rates s. OVG Münster NVwZ-RR 1997, 184; *O. Schneider* NWVBl 1996, 89.
[8] Begründung zu § 67 Entwurf 73.
[9] Zur Ausgestaltung des Verfahrens vor Prüfungsausschüssen s. BVerwGE 107, 363 = NVwZ-RR 1999, 438; NJW 1998, 323; OVG Münster NWVBl 2000, 316; NJW 1999, 305; VG Weimar ZBR 1996, 159.
[10] Vgl. BVerwGE 66, 15; 66, 291; 68, 189; kritisch hierzu *Laubinger* VerwArch 1985, 449, ferner Rn. 6, 11.
[11] *Wolff/Bachof/Stober* 3, § 95 II Rn. 75; *Groß*, Das Kollegialprinzip, a. a. O., S. 281 m. w. N.
[12] Vgl. Begründung zu § 84 Entwurf 73.
[13] Zum Organ- und Ausschussbegriff vgl. *Wolff/Bachof/Stober* 3, § 95 II Rn. 70 ff.; *Rothe* VR 2003, 55; *Ule/Laubinger*, § 14 Rn. 3; *Laubinger* VerwArch 1985, 449 (463).
[14] S. hierzu BVerwG NVwZ 2004, 1253 zur Funktion der Vollversammlung einer IHK; *Hufen* Rn. 277 ff.; *Lörse*, Kollegiale Führungsstrukturen in öffentlichen Verwaltungen, ZBR 2003, 185.

monokratischen Struktur nach **hierarchischem Prinzip** trifft.[15] Weisungsgebundenheit der Ausschussmitglieder steht der Anwendung des § 88 nicht entgegen (Rn. 8).[16]

Der Ausschuss kann i. S. des § 1 Abs. 4 **selbst Behörde** oder bei einer solchen gebildet und ihr als unselbständiger Teil **ein- oder angegliedert** sein;[17] eine Entscheidungskompetenz mit unmittelbarer Außenwirkung in eigenem Namen sowie eine organisatorische Selbständigkeit ist jedenfalls für den Ausschussbegriff und die Anwendung der §§ 88 ff. nicht gefordert.[18] Ausschuss- und Behördenbegriff müssen sich also nicht decken. Unerheblich für §§ 88 ff. ist ferner, ob der Ausschuss als solcher Beteiligungs- und Prozessfähigkeit besitzt. **7**

§§ 88 ff. gelten nur für verfasste Ausschüsse mit einem **Mindestmaß an innerer Organisation**, sofern sie auf Grund von Rechtsvorschriften in einem VwVf tätig werden (Rn. 13 ff.). Personenmehrheiten, die eine formlose Besprechung abhalten, sind keine Ausschüsse.[19] Unerheblich ist, ob der Ausschuss ganz oder teilweise aus **hauptamtlichen** Fachleuten einschl. öffentlichen Bediensteten, nebenamtlichen freien Sachverständigen oder (und) **ehrenamtlich** Tätigen besteht, ferner, ob die Ausschussmitglieder **unabhängig** oder **weisungsunterworfen** sind.[20] In der Regel wird der im VwVf tätige Ausschuss **durch Gesetz** oder **auf Grund Gesetzes** eingerichtet sein. Soweit ein Ausschuss ausschließlich auf Grund internen Organisationsakts tätig wird, sind §§ 88 ff. als Ausdruck eines allgemeinen Rechtsgrundsatzes anwendbar.[21] **8**

Die Ausschüsse brauchen keine Rechtsfähigkeit im Sinne einer Vollrechtsfähigkeit zu genießen; es reicht i. S. von § 11 Nr. 2 die relative, **partielle Rechtssubjektivität** als Zuordnungssubjekt für einen oder mehrere Rechtssätze.[22] **9**

§ 88 schreibt **keine Mindestzahl** von Ausschussmitgliedern vor. Da § 90 für eine Beschlussfähigkeit die Anwesenheit von mindestens drei stimmberechtigten Mitgliedern vorsieht und dies eine Ausnahme von der sonst nötigen Anwesenheit der Hälfte der stimmberechtigten Mitglieder als Quorum[23] zu verstehen ist (vgl. § 90 Rn. 6), ist entsprechend allgemeinen Grundsätzen anzunehmen, dass Ausschüsse **mindestens drei Mitglieder** haben müssen.[24] **10**

2. Arten von Ausschüssen

Ausschüsse können **entscheidende Kollegialorgane** sein, deren Beschlüsse in einem VwVf i. S. von § 9 unmittelbar oder mittelbar Außenwirkung haben oder andere Behörden in ihrer Entscheidungsfreiheit nach außen binden. **11**

Beispiele: Bundesprüfstelle für jugendgefährdende Schriften nach § 9 GjS;[25] Ausschuss der Enteignungsbehörde nach § 104 BauGB hinsichtlich der Entscheidung über Enteignungsanträge und die Art und Höhe der Entschädigung. Für die Einigungsstelle nach BPersVG verneint *BVerwG*[26] die Rechtsnatur als Ausschuss[27] und nimmt für das BPersVG abschließenden Regelungscharakter ohne Ergänzungsbedürftigkeit durch VwVfG an, so dass auch §§ 20, 21 unan-

---

[15] Vgl. *Laubinger* VerwArch 1985, 449, 463; *Ule/Laubinger*, § 14 I Rn. 3; *Meyer/Borgs,* § 88 Rn. 3; *Obermayer,* § 88 Rn. 5.
[16] Aus der Weisungsunabhängigkeit eines Widerspruchsausschusses nach § 26 Abs. 2 VermG kann ein Beiladungsrecht des beklagten Landes als „Fiskus" nicht hergeleitet werden, s. *BVerwG* NJ 1995, 560.
[17] Siehe in Abgrenzung hierzu *OVG Saarlouis* ZBR 1996, 29 zur Einbeziehung behördenfremder Personen in die behördliche Auswahlkommission für die Zulassung zur Ausbildung für den höheren Polizeivollzugsdienst.
[18] Ebenso *Kopp/Ramsauer* § 88 Rn. 3; *Hennecke* in Knack § 88 Rn. 6; a. A.; *BVerwG* DVBl 1985, 57, 59 hinsichtlich des Behördenbegriffs bei Prüfungsausschüssen der Industrie- und Handelskammer, vgl. auch *Steiniger* GewArch 1984, 258.
[19] Begründung zu § 84 Entwurf 73.
[20] Vgl. ebenso *Hennecke* in Knack § 88 Rn. 3; *Ule/Laubinger*, § 14 I; zu verfassungsrechtlichen Problemen bei Kollegialorganen vgl. *Beinhofer*, Das Kollegialprinzip im Bereich der Bundesregierung, Diss. München 1981; *Oldiges*, Die Bundesregierung als Kollegium, 1983; *Sodan*, Kollegiale Funktionsträger als Verfassungsproblem, 1987; zur Zulässigkeit der Beschlussfassung der Bundesregierung im Umlaufverfahren vgl. *BVerwGE* 89, 121; anders insoweit *BVerfGE* 91, 169; hierzu *Epping* DÖV 1995, 719.
[21] *Wolff/Bachof/Stober* 3, § 95 II Rn. 75; *Ule/Laubinger*, § 14 I; *Groß*, Das Kollegialprinzip, a. a. O., S. 281 m. w. N.
[22] Vgl. Rn. 6; § 11 Rn. 15 ff.; ferner Maurer § 21 Rn. 6, 10; *Wolff/Bachof/Stober* 1, § 32 Rn. 7.
[23] Vgl. *Dagtoglou*, Kollegialorgane, S. 93 ff.
[24] So auch *Hennecke* in Knack § 88 Rn. 4.
[25] Hierzu *BVerwGE* 77, 75.
[26] *BVerwGE* 66, 15 = ZBR 1983, 161.
[27] Kritisch hierzu *Laubinger* VerwArch 1985, 449, 463.

wendbar seien.[28] Nach *BVerwG* ist der Personalrat jedenfalls keine Behörde und auch kein Beteiligter i. S. der §§ 1 Abs. 4, 13, 45.[29] Die **Prüfungsausschüsse** der Industrie- und Handelskammer nach dem BBiG sind nach *BVerwG*[30] auch keine Behörden mangels Entscheidungskompetenz nach außen und in eigenem Namen; auf ihre Tätigkeit (auch die nach §§ 47 ff. HandwO) sind nach § 2 Abs. 3 Nr. 2 die §§ 88 ff. nicht anwendbar (hierzu § 1 Rn. 186 ff.; § 2 Rn. 90 ff.). Prüfungsausschüsse sind ferner z. B. der Personalgutachterausschuß,[31] Ausschüsse zur Prüfung der Befähigung zum Architekten gem. §§ 4, 14 BaWüArchG;[32] unter §§ 88 ff. fallen hingegen der Sachverständigenausschuss zur Bewertung von Weizensorten nach dem SaatgutverkehrsG,[33] Gutachterausschüsse für ärztliche Haftpflichtfragen,[34] ferner **Widerspruchsausschüsse** (z. B. nach §§ 40, 41 SchwbG[35] und nach § 24 UAG vom 7. 12. 1995[36] bei Widersprüchen gegen VA der Zulassungsstelle). Zur Tätigkeit der Rechts- und Widerspruchsausschüsse s. § 79 Rn. 10.

12 Für **beratende** oder **sonst unterstützende Ausschüsse** ohne unmittelbare Außenzuständigkeiten oder ohne interne Bindungswirkung ist die jedenfalls entsprechende Anwendung der §§ 88 ff. möglich, sofern sie in einem auf der Entscheidung von Einzelfällen i. S. von § 89 abzielenden Verfahren mitwirken.[37] Unerheblich ist, ob der Ausschuss zugleich auch Behörde i. S. des § 1 Abs. 4 ist, ferner ob er ein ihr ein- oder angegliederter Teil ist und ob Entscheidungskompetenz im Außenverhältnis im eigenen Namen besteht (Rn. 6).[38]

III. Tätigkeit *in* einem Verwaltungsverfahren

13 1. Voraussetzung für die Geltung der §§ 89–93 ist, dass die entscheidenden oder beratenden Ausschüsse „in einem Verwaltungsverfahren tätig werden". Damit sind, weil §§ 88 ff. auch der Heranbildung einheitlicher Grundsätze organschaftlicher Willensbildungsregeln dienen (Rn. 2), **nicht schlechthin alle Ausschüsse ohne unmittelbare** Entscheidungskompetenz in eigenem Namen im Außenverhältnis von der Anwendung der §§ 88–93 **ausgenommen,** da in § 88 – wie in § 81 – nur von einer „Tätigkeit", nicht aber von einer „Entscheidung" oder „entscheidenden Tätigkeit" im VwVf die Rede ist; vgl. auch § 44 Abs. 3 Nr. 3 und § 45 Abs. 1 Nr. 4, wo von einer „Mitwirkung" eines Ausschusses ausgegangen wird. Maßgebend und ausreichend (vorbehaltlich des Fehlens abweichender Regelungen, Rn. 17 ff.) für die Anwendung der §§ 88 ff. ist, ob die Ausschüsse durch Gesetz oder auf Grund Gesetzes errichtet sind, **in** einem konkreten einzelfallbezogenen Verfahren eingesetzt worden sind und dort bestimmte Mitwirkungsrechte besitzen (vgl. auch § 81 Rn. 8), einerlei, ob sie **entscheidende, entscheidungsvorbereitende** oder **beratende Funktion** haben (vgl. Rn. 11, 12). Mitwirkung in einem solchen Verfahren reicht aus (vgl. auch § 81 Rn. 8).[39] Unerheblich ist hingegen, ob der Ausschuss selbst Behörde i. S. des § 1 Abs. 4 ist (Rn. 6) oder einer Behörde nur an- oder eingegliedert ist.[40] Werden Mitwirkungsrechte des Ausschusses verletzt, indem er z. B. unzureichend beteiligt wird, kann er seine Rechte im Wege eines Organstreitverfahrens geltend machen.[41]

---

[28] S. zum Wahlvorstand bei Personalratswahlen *OVG Münster* ZfPR 2000, 7.
[29] *BVerwGE* 66, 291 = DVBl 1983, 509 = NJW 1983, 2516 und *BVerwGE* 68, 189. Kritisch *Laubinger,* a. a. O., a. A. ferner *OVG Münster* RiA 1982, 160; *OVG Hamburg* PersV 1984, 249.
[30] DVBl 1985, 57, 59.
[31] *BVerwGE* 12, 20.
[32] *BVerwGE* 59, 213.
[33] *BVerwGE* 62, 330, 337.
[34] *VG Minden* MedR 1996, 469; nachgehend *OVG Münster* MedR 1998, 575.
[35] *BVerwG* SGb 1996, 382.
[36] BGBl I S. 1591.
[37] Ebenso *Münch* VR 1979, 18; *Henneke* in Knack, § 88 Rn. 6; *Ule/Laubinger,* Rn. 13.
[38] Vgl. *OVG Münster* NWVBl 2004, 148; Beschluss v. 1. 2. 2005 – 15 E 1537/04 – zu der grds. auf die Vorbereitung von Ratsbeschlüssen begrenzten Funktion kommunaler Ausschüsse.
[39] So auch *Henneke* in Knack, § 88 Rn. 6; *Ziekow* § 88 Rn. 3.
[40] Vgl. *Henneke* in Knack, § 88 Rn. 6; *Kopp/Ramsauer* § 88 Rn. 3 und 4; *Meyer/Borgs,* § 88 Rn. 8; enger wohl *BVerwGE* 66, 15.
[41] Vgl. *OVG Münster* Beschluss v. 19. 7. 2006 – 15 B 1214/06 –: Organstreitverfahren zum Anhörungsrecht einer Bezirksvertretung gemäß § 27 Abs. 5 Satz 1 GO NRW vor Schließung einer kommunalen Einrichtung. S. ferner *OVG Münster* NuR 1998, 166 (Organstreitverfahren des Beirats bei der unteren Landschaftsbehörde wegen Verletzung von Beteiligungsrechten durch die untere Landschaftsbehörde). Allgemein zum Organstreitverfahren s. *Bauer/Krause* JuS 1996, 411, 512; *Kingreen* DVBl 1995, 1337; *Ehlers* NVwZ 1990, 105. Zu Organstreitverfahren der Ausschussmitglieder wegen Verletzung ihrer Mitgliedschaftsrechte s. § 89 Rn. 9.

§ 88 Anwendung der Vorschriften über Ausschüsse   14–17 § 88

2. Verwaltungsverfahren i. S. des § 88 ist auf den Erlass eines VA oder den Abschluss eines 14
ör Vertrages gerichtete Tätigkeit eines Ausschusses im **Verwaltungsverfahren i. S. des § 9** (Näheres dort). Ferner gehört dazu auch eine Mitwirkung in einer der **besonderen Verfahrensarten,** nämlich dem Förmlichen Verwaltungsverfahren (§§ 63 ff.) und dem Planfeststellungsverfahren (§§ 72 ff.) einschließlich der Verfahren nach §§ 71 a–e; zu Widerspruchsausschüssen Rn. 21; 11.
Die §§ 88–93 gelten nur für Ausschüsse, soweit sie **ör Verwaltungstätigkeit** (§ 1 Rn. 63 ff.) im Rahmen der §§ 1, 2 ausüben. Ausgenommen sind damit **Parlamentsausschüsse** und die **Gerichte** im Bereich rechtsprechender Gewalt. Soweit Parlamentsausschüsse der Legislativkörperschaften exekutive Tätigkeiten im Bereich von Verwaltungsaufgaben wahrnehmen, ist das VwVfG auch auf sie anwendbar.[42] So üben z. B. Untersuchungsausschüsse als Organe des Parlaments dessen Untersuchungsrecht aus, s. § 84 Rn. 14.[43] **Gemeindevertretungen** als solche sind keine Parlamente,[44] auch keine Ausschüsse, haben aber i. d. R. welche.[45] Für ihre Willensbildung ist das Kommunalverfassungsrecht der Länder ausschließlich maßgebend; nur bei ausnahmsweisem Fehlen von Regelungen ist ein Rückgriff auf §§ 88 ff. zulässig und angebracht (Rn. 4).
Nicht zu einer Tätigkeit in einem Verwaltungsverfahren gehört dagegen die Mitwirkung von 15
Ausschüssen bei auf die **Verwaltungsorganisation** oder auf den **Erlass von Rechtsvorschriften** (Gesetzen, Rechtsverordnungen und Verwaltungsvorschriften) oder einer (nicht mit ör Verwaltungstätigkeit verknüpft) **privatrechtlichen Maßnahme** gerichteten Tätigkeit.[46] Soweit eine Gemengelage von ör und privatrechtlicher Tätigkeit besteht, bleiben §§ 88 ff. anwendbar (vgl. Rn. 16, auch § 81 Rn. 9). Auch die Beratung oder Begutachtung in technischen, wirtschaftlichen oder rechtlichen Fragen ohne Bezug auf ein konkretes Verwaltungsverfahren unterfällt nicht dem § 88. Allerdings können §§ 88 ff. als **Ausdruck allgemeiner Rechtsgrundsätze** gesehen werden, so dass auf sie bei Fehlen spezialgesetzlicher Vorschriften zurückgegriffen werden kann.[47]
Beispiele: Beirat für den Zivildienst gem. § 2a ZDG; der Sachverständigenausschuss Bergbau gem. § 141 BBergG; der Statistische Beirat gem. § 4 BStatG; Beirat für Raumordnung gem. § 20 ROG; Gutachterausschuss gem. § 192 BauGB.

3. Mehrheitsbeschlüsse zur Begründung, Änderung oder Aufhebung von **Privatrechtsver-** 16
hältnissen ohne jeden hoheitlichen Bezug bei rein zivilrechtlicher Tätigkeit gehören ebenfalls nicht zu einem Verwaltungsverfahren; vgl. aber Rn. 15; § 81 Rn. 9. Dagegen sind **Wahlen** nach § 92 dann Gegenstand eines Verwaltungsverfahrens, wenn damit die Funktionsfähigkeit des Ausschusses hergestellt oder eine Person für die Mitwirkung in einem Verwaltungsverfahren ausgewählt werden soll.[48]

IV. Vorrang abweichender Rechtsvorschriften

1. § 88 gilt – wie sich schon aus § 1 ergibt – wegen des mit „soweit" beginnenden Halbsatzes 17
nur **subsidiär.** Damit ist einerseits der Tatsache Rechnung getragen, dass Teil VII Abschnitt 2 des Gesetzes ohnehin nur diejenigen Grundsätze normiert, die für Ausschüsse einheitlich gelten können (vgl. Rn. 3), andererseits wird berücksichtigt, dass Ausschüsse durchweg auf Grund von Rechtsvorschriften handeln, die Lösungen auch für spezielle Problemlagen vorsehen.

---

[42] Vgl. *Bäumler* DVBl 1978, 291 m. w. N.
[43] *BVerfGE* 77, 1, 41; 49, 70, 86 f.; *BVerwGE* 109, 258 = NVwZ 2000, 189.
[44] *BayVerfGH* BayVBl 1984, 621 = NVwZ 1985, 845; *OVG Münster* OVGE 26, 225.
[45] Hierzu *Wolff/Bachof/Stober* 3, § 95 II Rn. 70 ff.; *Rothe* VR 2003, 55. Zur Besetzung kommunaler Ausschüsse: *BVerwG* DVBl 2004, 439; *OVG Lüneburg* NdsVBl 2005, 236; NVwZ-RR 2006, 55; *OVG Schleswig* SchlHA 2007, 70; *VGH München* NVwZ-RR 2004, 602; *OVG Münster* DVBl 2005, 987; NVwZ-RR 2003, 228; NWVBl 2003, 267; *VG Magdeburg* LKV 2004, 140. S. auch *OVG Münster* NVwZ-RR 2005, 495 zur Besetzung des Jugendhilfeausschusses. Ferner *OVG Berlin* NVwZ-RR 2002, 841 zur Besetzung von Ausschüssen eines Studentenparlaments..
[46] Ebenso *Henneke* in Knack § 88 Rn. 5; *Ule/Laubinger* VerwArch 1985, 449, 463; *Obermayer*, § 88 Rn. 21. Als Beispiel s *OVG Saarlouis* ZfSch 1999, 85 („Obergutachterstelle des Saarlandes").
[47] Ebenso *Wolff/Bachof/Stober* 3, § 95 II Rn. 75; *Kopp/Ramsauer* § 88 Rn. 3; *Groß*, Das Kollegialprinzip, a. a. O., S. 281 m. w. N.
[48] Ebenso *Henneke* in Knack, § 88 Rn. 6.

18 §§ 89–93 sind nur anwendbar, soweit **Rechtsvorschriften des Bundes oder eines Landes** nichts Abweichendes bestimmen. Der Ausschluss der Anwendbarkeit des VwVfG kann ausdrücklich (z.B. § 2 Abs. 3 Nr. 2, hierzu Rn. 5) erfolgen oder sich aus dem Gesamtzusammenhang einer Regelung ergeben. Für letzteren Fall ist ein eindeutiger Wille des Gesetzgebers notwendig. Als abweichende Rechtsvorschriften des Bundes kommen – wie in § 81 (dort Rn. 10) – nur **Bundesgesetze** und **Rechtsverordnungen** der Bundesregierung oder eines Bundesministers in Betracht (vgl. etwa §§ 100 ff. BBG, § 2c KSchG, § 4 Abs. 2–4 HeimarbG, §§ 9 ff. GjS). Auch gegenüber Satzungen oder Geschäftsordnungen bundesunmittelbarer Körperschaften, Anstalten und Stiftungen des öffentlichen Rechts tritt die Subsidiarität ein. Entsprechendes gilt wegen des Grundsatzes des Vorranges des Gesetzes im **Landesbereich.** Insbesondere die Vorschriften des **Kommunalverfassungsrechts** zu Ausschüssen haben **Vorrang vor dem VwVfG.** Wegen des weitgehend abschließenden Charakters der dortigen Regelungen dürfte hier eine ergänzende Heranziehung der §§ 89 bis 93 kaum in Frage kommen.[49] Ausgeschlossen ist deren ergänzende Anwendung nach *BVerwG*[50] für das Verfahren nach dem BPersVG bei Einigungsstellen und Personalräten (s. Rn. 11 m.w.N.).

19 2. Neben den §§ 89–93 bleibt die Anwendbarkeit der **anderen Vorschriften des VwVfG** auf Ausschüsse bestehen, soweit es nach Maßgabe der §§ 1, 2 auf sie zur Anwendung kommt. Dies gilt insbesondere für den Ausschluss von Personen (§ 20 Abs. 4) und die Besorgnis der Befangenheit (§ 21 Abs. 2), ferner für die Anwendbarkeit der §§ 44 ff. (insbesondere §§ 44 Abs. 3 Nr. 3, Näheres s. dort) sowie die ehrenamtliche Tätigkeit in Ausschüssen (§§ 81–87).[51]

V. Landesrecht

20 §§ 88 ff. entsprechende Regelungen sind auch in den VwVfGen der Länder enthalten. Zu beachten ist, dass §§ 88 ff. auch im Landesbereich nur zur Anwendung kommen, soweit nicht inhaltsgleiche oder entgegenstehende Rechtsvorschriften vorhanden sind. Vor allem die Regelungen im **Kommunalbereich** verdrängen daher die VwVfG, sofern dort Ausschüsse im VwVf i.S. von § 9 tätig werden (vgl. Rn. 4, 5, 14 ff., 18).

VI. Geltung im Vorverfahren

21 §§ 89–93 sind nach § 79 bei Fehlen von Regelungen in der VwGO und der zu ihrer Ausführung ergangenen Rechtsvorschriften subsidiär auch auf Ausschüsse und Beiräte im verwaltungsgerichtlichen Vorverfahren (§ 73 Abs. 2 VwGO) anwendbar, soweit spezielle Rechtsvorschriften nichts Abweichendes bestimmen (hierzu § 79 Rn. 10 ff.). Im Anwendungsbereich des VwVfG kommen §§ 88 ff. vor allem bei **Widerspruchsausschüssen** ergänzend zur VwGO subsidiär zur Anwendung, soweit diese Ausschüsse über Widersprüche gegen VAe zu entscheiden haben.[52]

§ 89 Ordnung in den Sitzungen

Der Vorsitzende eröffnet, leitet und schließt die Sitzungen; er ist für die Ordnung verantwortlich.

Vergleichbare Vorschriften: –

Abweichendes Landesrecht: –

Entstehungsgeschichte: § 89 entspricht den übereinstimmenden Fassungen des § 74 Musterentwurf, § 76 Entwurf 70 und § 85 Entwurf 73.

---

[49] Ebenso *Henneke* in Knack, § 88 Rn. 7.
[50] *BVerwGE* 66, 15; 66, 291 und 68, 189.
[51] Zum Schadensersatz nach Aufhebung einer Prüfungsentscheidung wegen Voreingenommenheit eines Mitglieds eines Prüfungsausschusses vgl. *VGH München* MDR 1983, 827; ferner § 2 Rn. 90 ff. und §§ 20, 21.
[52] Zur Anwendung der §§ 88 ff. auf Anhörungs- und Widerspruchsausschüsse vgl. *Münch* VR 1979, 18 ff.; *Steininger* GewArch 1984, 258.

Literatur: *Gramlich,* Zum Ordnungsrecht des Vorsitzenden kommunaler Organe, BayVBl 1989, 9; *Behnel,* die fehlerhafte Ladung zu Sitzungen gemeindlicher Gremien, NWVBl 1993, 400; *Groß,* Das Kollegialprinzip in der Verwaltungsorganisation, Tübingen 1999; ferner zu §§ 88, 68.

Übersicht

	Rn.
I. Allgemeines	1
II. Vorbereitung und Ablauf der Sitzungen	3
III. Ordnung in den Sitzungen	10
IV. Landesrecht	13

I. Allgemeines

1. Die einzelnen Organwalter des Kollegialorgans können nicht selbständig die **organschaft-** **1** **liche Willensbildung** herbeiführen. Um rechtswirksame Entscheidungen zu treffen, ist ein besonderes Verfahren einzuhalten,[1] das in den §§ 89 bis 93 in Grundzügen geregelt ist. Auch § 89 kommt zur Anwendung, soweit Rechtsvorschriften nichts Abweichendes bestimmen (§ 88 Rn. 17 ff.).

§ 89 beschränkt sich auf die Regelung der notwendigen Voraussetzungen für einen ordnungsgemäßen **äußeren Ablauf** der Sitzungen von Ausschüssen im Sinne des § 88. Solche Ausschüsse bedürfen stets eines **Vorsitzenden,** der notwendigerweise auch dann zu wählen ist, wenn dies nicht ausdrücklich in den Vorschriften bestimmt ist.[2] Die Wahl findet nach § 92 statt, sofern nichts anderes bestimmt ist. Ausschusssitzungen sind – wie nach § 68 Abs. 1 Satz 1 – im Allgemeinen **nicht öffentlich** oder **parteiöffentlich,** sofern nichts anderes bestimmt ist.[3]

2. § 89 knüpft an § 68 Abs. 2 und 3, ferner nach § 103 Abs. 1 VwGO, §§ 176 ff. GVG an **2** und übernimmt deren wesentliche Regelungen. Der Gesetzgeber hat bewusst davon abgesehen, den Rahmen der **Mindestaufgaben des Vorsitzenden,** etwa durch Vorschriften über die Einladung, den Verhandlungsablauf, die Tagesordnung, die Befugnisse des Vorsitzenden als „Sitzungspolizei" oder bei der Verhandlungsführung zu stark zu reglementieren.[4] Das VwVfG will vielmehr innerhalb des allgemeinen Rahmens des § 89 eine sinnvolle tatsächliche und rechtliche Fortentwicklung nützlicher Erfahrungen für einen **praktikablen und ordnungsgemäßen Sitzungsverlauf** ermöglichen (vgl. auch § 10). Bei allen Maßnahmen muss der Vorsitzende den Geboten des **fairen Verfahrens**[5] Rechnung tragen (Rn. 6; ferner § 1 Rn. 21 ff.).

II. Vorbereitung und Ablauf der Sitzungen

Aus dem Wortlaut des § 89 ergibt sich, dass ein Ausschuss im Sinne des § 88 stets einen **Vor-** **3** **sitzenden** haben muss, dessen Funktionen auch von seinen Vertretern mit gleichen Rechten und Pflichten im Vertretungsfalle wahrgenommen werden. Das Institut der Stellvertretung ist spezialgesetzlich in unterschiedlichster Weise geregelt; es ist aber kein generelles Kennzeichen von Kollegialgremien und kann folglich nicht Gegenstand allgemeiner Regelungen sein.[6] Der Vorsitzende hat als Verhandlungsleiter die sich daraus ergebenden allgemeinen **Rechte und Pflichten;**[7] § 68 Abs. 2–4 sind entsprechend anwendbar (Näheres s. dort). Ein Kandidat kann

---

[1] Vgl. *Wolff/Bachof/Stober* 2, 75 III d.
[2] So auch *Henneke* in Knack § 89 Rn. 2; *Groß,* Das Kollegialprinzip, a. a. O., S. 284; a. A. *Kopp/Ramsauer* § 89 Rn. 3, wonach bei fehlender Regelung und wenn sich aus dem Wesen des Ausschusses nichts anderes ergibt, dem Leiter der Behörde, in oder bei der der Ausschuss errichtet wird, ein Bestellungsrecht zustehen soll. Zum Zugriffsrecht bei der Zuteilung der Vorsitze kommunaler Ausschüsse s. *OVG Münster* NVwZ-RR 1997, 310.
[3] S. dagegen zum kommunalrechtlichen Grundsatz der Sitzungsöffentlichkeit: *OVG Münster* NVwZ-RR 2002, 135; NWVBl 2007, 117; Urteil v. 2. 5. 2006 – 15 A 817/04 – m. w. N.
[4] Begründung zu § 85 Entwurf 73.
[5] Zum Inhalt des rechtsstaatlichen Grundsatzes eines fairen Verfahrens im Einzelnen *BVerfG* NJW 2004, 2887; 2000, 1709; *OVG Münster* NVwZ-RR 2005, 449.
[6] Siehe hierzu im Einzelnen *Groß,* Das Kollegialprinzip, a. a. O., S. 282.
[7] S. z. B. zur Rolle des Vorsitzenden einer Prüfungskommission als „Moderator" *BVerwG* Buchholz 421.0 Nr. 386. Zur Überwachungs- und Dokumentationsfunktion des Vorsitzenden eines Prüfungsausschusses sowie seinem Fragerecht s. *BVerwG* GewArch 1995, 280. Vgl. *OVG Münster* NVwZ-RR 2004, 202 zum vollen Stimmrecht des Bürgermeisters als Vorsitzenden des Rates gem. § 40 Abs. 2 Satz 2 GO NRW.

trotz fehlender Regelung in § 89 grundsätzlich die Übernahme des Amtes eines Vorsitzenden **ablehnen,** weil der Zwang, eine Funktion oder ein Amt zu übernehmen, vom Gesetzgeber ausdrücklich ausgesprochen werden müsste. Ein solcher Funktions- oder Amtszwang ist jedoch für die Tätigkeit eines Ausschusses normalerweise weder notwendig noch erwünscht.

4   Der Vorsitzende muss, sofern Rechtsvorschriften nichts anderes bestimmen, **Mitglied des Ausschusses** sein.[8] Das ergibt sich aus den Vorschriften über das Stimmrecht bei der Beschlussfassung (§§ 91, 92). Auf ihn finden auch die Vorschriften über ausgeschlossene Personen (§ 20 Abs. 4) und über die Besorgnis der Befangenheit (§ 21 Abs. 2), ferner § 71 Anwendung.

5   Auch bei der **Vorbereitung** und **Leitung** der Sitzung gewährt das Gesetz dem Vorsitzenden eine gewisse, allerdings begrenzte Freiheit. Er hat in der Regel für die Aufstellung der **Tagesordnung**[9] und die **Ladung** der Ausschussmitglieder (hierzu ferner § 90 Rn. 5) zu sorgen.[10] Dies schließt das Recht und die Pflicht ein, **Ort** und **Zeitpunkt** der Sitzung zu bestimmen. Auch hinsichtlich der Vorbereitung und der Durchführung von Ausschusssitzungen enthalten die gesetzlichen Regelungen des VwVfG wie der Sondernormen durchweg nur Mindestbedingungen eines rechtmäßigen Verfahrens, so dass sich auch insoweit die gebotene Konkretisierung auf die Geschäftsordnungsebene verlagert hat.[11] Die Ladung muss, wenn nähere Vorschriften fehlen, **angemessene Zeit** vorher bekanntgegeben werden.[12] Der Vorsitzende kann, wie der Verhandlungsleiter nach § 68, u. a. in der Regel die Reihenfolge der Erörterungspunkte bestimmen, die Diskussionsbeiträge aufrufen und Rednern das Wort erteilen und entziehen. Dabei ist es nicht notwendig, dass insbesondere Beiträge oder Fragen zur Geschäftsordnung vorrangig behandelt werden, wenn sich auch in der Praxis ein solches Verfahren als sehr zweckmäßig erweisen wird und in vielen gesetzlichen Regelungen, insbesondere des Kommunalrechts, Eingang gefunden hat. Durch die Geschäftsordnung kann dem Vorsitzenden u. a. auch die Bestimmung der Reihenfolge der Abstimmung übertragen werden.[13]

6   Die **Eröffnung** der Sitzung kann durch ausdrückliche Erklärung oder konkludente Handlung, etwa durch Begrüßung und Beginn der Erörterung der anstehenden Fachfragen geschehen. Notwendig ist, dass die anwesenden Ausschussmitglieder eindeutig den Beginn der offiziellen Arbeit des Ausschusses erkennen können.

7   Eine Grenze seiner **Leitungsbefugnis** (hierzu § 68 Abs. 2 und 3 in entsprechender Anwendung) findet der Vorsitzende vor allem in den Vorschriften über die Beschlussfähigkeit (§ 90) und die Wahlen durch Ausschüsse (§ 92). Stets hat der Vorsitzende das **Gebot eines fairen Verfahrens**[14] zu beachten. Dieses verpflichtet ihn, den Beteiligten eine sachgerechte Wahrnehmung ihrer Rechte zu ermöglichen, ggfls. die Sitzung zu **vertagen,** zu **unterbrechen** oder **erneut anzuberaumen** (vgl. auch § 68 Abs. 2, hierzu auch § 68 Rn. 4 ff.).[15] Der Vorsitzende hat insbesondere eine der Bedeutung der Sache **angemessene Erörterung** der Angelegenheit in tatsächlicher und rechtlicher Hinsicht sicherzustellen (s. hierzu § 68 Rn. 4 ff.) und die **Mit-**

---

[8] So auch *Henneke* in Knack § 89 Rn. 2.
[9] Vgl. zur Aufstellung der Tagesordnung im Kommunalrecht: *OVG Münster* NWVBl 2005, 375 (keine Bindung des Bürgermeisters als Ratsvorsitzenden an Vorschläge einzelner Mandatsträger); *OVG Münster* NVwZ-RR 2004, 674; 1996, 222 (zum Initiativrecht zur Benennung von Punkten der Tagesordnung); *OVG Münster* NVwZ-RR 1995, 591 (die Regelungen zur Aufstellung der Tagesordnung beinhalten keine Rechte Dritter).
[10] Zur Terminsbestimmung einer gemeindlichen Ausschusssitzung s. *VG Gießen* DVBl 2007, 580. Zum Anspruch von kommunalen Mandatsträgern auf rechtzeitige und umfassende Information über die zur Beschlussfassung anstehenden Sachverhalte s. *OVG Münster* NVwZ-RR 2003, 225; *VGH Kassel* NVwZ 2001, 345. S. aber zum (verneinten) Recht eines Mitglieds der Vollversammlung einer IHK *BVerwG* GewArch 2004, 331, dort auch zum verneinten Anspruch auf Übersendung vorbereitender Sitzungsunterlagen; a. A. *OVG Münster* NVwZ 2003, 1526; dazu auch *Hahn* JR 2005, 62, 65 ff.; *Grütters* GewArch 2002, 270; 2003, 271. Ferner *Werres* NWVBl 2004, 294 zum Anspruch auf Sitzungsunterlagen im Kommunalrecht.
[11] Vgl *Hufen* Rn. 375; *Groß,* Das Kollegialprinzip, a. a. O., S. 284. Zur Bedeutung von Verstößen gegen die Geschäftsordnung eines Rates s. *OVG Münster* NVwZ-RR 1997, 184; NVwZ-RR 1995, 591; *O. Schneider* NWVBl 1996, 89.
[12] Vgl. *VGH Mannheim* VBlBW 1992, 97; zu Ladungsfehlern vgl. *Behnel* NWVBl 1993, 400; ferner § 90 Rn. 5 ff. Nach *OVG Münster* Urteil v. 2. 5. 2006 – 15 A 817/04 erfordert die Rüge im Organstreitverfahren, ein Beschluss sei wegen ungenügender Information der Abstimmungsberechtigten unter Verletzung von Mitwirkungsrechten gefasst, dass zuvor die Vertagung der Beschlussfassung beantragt worden ist.
[13] *Schmitz* NVwZ 1992, 547, 549; *Groß,* Das Kollegialprinzip, a. a. O., S. 284.
[14] Hierzu im Einzelnen *BVerfG* NJW 2004, 2887; 2000, 1709; *OVG Münster* NVwZ-RR 2005, 449.
[15] *Groß,* Das Kollegialprinzip, a. a. O., S. 284, setzt demgegenüber für Vertagung, Schluss der Rednerliste bzw. der Debatte und ähnliche Geschäftsordnungsfragen einen Beschluss des gesamten Gremiums voraus.

gliedschaftsrechte der anderen Ausschussmitglieder einschließlich ihres Initiativrechts[16] zu wahren. Diesen stehen gegen eine Beeinträchtigung ihrer Arbeit im Ausschuss Abwehrrechte zu, die sie ggfs. gegenüber dem Vorsitzenden geltend machen können.[17] Zu den Leitungspflichten des Vorsitzenden gehören auch (negativ) die Herbeiführung einer Beschlussfassung über einen **Ausschluss** von Ausschussmitgliedern von einer Sitzung nach §§ 20 Abs. 4, 21 Abs. 2 oder über die **Befangenheit** (§ 71 Abs. 3 S. 4) sowie die Wahrung von **Geheimnissen** nach Maßgabe der geltenden Vorschriften (§ 30). Allerdings verletzt die unberechtigte Mitwirkung eines wegen Befangenheit von der Abstimmung auszuschließenden Ausschussmitgliedes nicht die Mitgliedschaftsrechte der übrigen Mitglieder des Ausschusses.[18] Zum Ausschluss von der Sitzung aus einem sonstigen wichtigen Grund vgl. Rn. 10. Ausschussmitglieder können grundsätzlich in der Sitzung hergestellte Tonträgeraufzeichnungen abhören.[19] Sitzungen sind – anders als im Kommunalrecht, in dem der Grundsatz der Sitzungsöffentlichkeit[20] gilt – grundsätzlich **nicht öffentlich,** s. Rn 1.

Die Sitzungen der Ausschüsse werden durch den Vorsitzenden auch **geschlossen,** wenn die (angemessene) Sachberatung beendet ist. Vorzeitiger Abbruch ohne hinreichenden Grund ist unzulässig (vgl. aber Rn. 10). Ähnlich wie die Eröffnung der Sitzung kann die Beendigung durch ausdrückliche Erklärung oder konkludentes Handeln geschehen, z. B. durch Verlassen des Sitzungsraumes. Zur Unterzeichnung der **Sitzungsniederschrift** vgl. § 93. 8

Fehlen in Bezug auf die Ladung und die Bestimmung der Tagesordnung allgemein verbindliche Vorschriften, können die einzelnen Voraussetzungen in einer **Geschäftsordnung,** die sich der Ausschuss selbst gibt, geregelt werden. Dabei sind stets auch **Minderheitsrechte** zu wahren.[21] Zu den Rechtsfolgen eines Verstoßes gegen die Geschäftsordnung s. § 90 Rn. 6.[22] Soweit Ausschussmitglieder in ihren eigenen **Mitgliedschaftsrechten** beeinträchtigt worden sind, ist bei berechtigtem Interesse – ähnlich wie im Kommunalverfassungsrecht – ein **Organstreitverfahren** zulässig.[23] 9

III. Ordnung in den Sitzungen

1. Der Vorsitzende ist ferner „für die Ordnung verantwortlich" (Halbsatz 2). Sie erstreckt sich vor allem auf den **äußeren Ablauf** und hat den Zweck, eine ordnungsgemäße und ungestörte Arbeit des Ausschusses sicherzustellen. Dazu kann auch die Verhängung eines **Rauchverbots** gehören.[24] Die Ordnungsrechte sind sowohl **gegenüber den Ausschussmitgliedern** als auch 10

---

[16] S. zum kommunalrechtlichen Initiativrecht der Ratsminderheit *OVG Münster* NVwZ-RR 2004, 674; 1996, 222; NVwZ 1996, 222; *OVG Saarlouis* 15 3. 1996 – 1 R 32/94 –, AS RP-SL 25, 332; *OVG Weimar* DVBl 2000, 935.
[17] Vgl. *OVG Münster* NWVBl 1991, 16 zum Rauchverbot in Sitzungen kommunaler Ausschusse.
[18] So *OVG Münster* NVwZ-RR 1998, 325; Urteil v. 2. 5. 2006 – 15 A 817/04 – n. v. zum Kommunalrecht NRW. S. dagegen *Müller-Franken* BayVBl 2001, 136 zum unberechtigten Ausschluss eines Gemeinderatsmitgliedes wegen persönlicher Beteiligung.
[19] Vgl. *VGH Kassel* NVwZ 1988, 88 für Gemeindevertreter. Zur Frage der Rechtmäßigkeit von Tonbandaufnahmen einer Sitzung durch Journalisten vgl. *OLG Celle* NVwZ 1985, 861.
[20] S. dazu *VGH Mannheim* DÖV 2007, 571; *OVG Münster* NVwZ-RR 2002, 135; NWVBl 2007, 117; Urteil v. 2. 5. 2006 – 15 A 817/04 –. m. w. N. Eingehend *Schnöckel*, Die Sitzungsöffentlichkeit von Verhandlungen in Repräsentativorganen, DÖV 2007, 676.
[21] Vgl. hierzu bei Untersuchungsausschüssen nach Art. 44 Abs. 1 GG *BVerfG* E 49, 70 (86 f.); 67, 100 (137); 77, 1 (55 f.); *Magiera* in Sachs, GG, Art. 44 Rn. 18 ff. m. w. N.; zu Streitfragen im Kommunalrecht *OVG Münster* NWVBl 2007, 20; NVwZ-RR 2004, 674; 1996, 222; DVBl 1984, 155; *VGH Düsseldorf* NWVBl 2005, 143; *Raum* DÖV 1985, 820; *Schoch* DÖV 1986, 132; zum Minderheitenschutz bei der Zusammenstellung der Tagesordnung *OVG Münster* NVwZ-RR 2004, 674; 1996, 222; *VGH Kassel* DÖV 1988, 304; *VGH Mannheim* DVBl 1989, 155 = DÖV 1989, 31; *OVG Saarlouis* 15 3. 1996 – 1 R 32/94 –, AS RP-SL 25, 332; *OVG Weimar* DVBl 2000, 935.
[22] Hierzu *OVG Münster* NVwZ-RR 1997, 184; NVwZ-RR 1995, 591; *O. Schneider* NWVBl 1996, 89.
[23] Vgl. hierzu m. w. N. *OVG Münster* NNVwZ-RR 2004, 674; 2003, 376; 2002, 135; DÖV 2002, 917; NVwZ-RR 1998, 325; *OVG Weimar* DVBl 2000, 358; *VGH Mannheim* VBlBW 1999, 304; VBlBW 1992, 375; *OVG Bautzen* NVwZ 1997, 802; SächsVBl 1997, 268. Zur Geltendmachung von Beteiligungsrechten des Ausschusses im Weg des Organstreitverfahrens s. § 88 Rn. 13. Hierzu *OVG Münster* Beschluss v. 19. 7. 2006 – 15 B 1214/06 –: Organstreitverfahren zum Anhörungsrecht einer Bezirksvertretung gemäß § 27 Abs. 5 Satz 1 GO NRW vor Schließung einer kommunalen Einrichtung. Ferner *VGH Mannheim* RdL 2004, 161 zu einem jagdrechtlichen Organstreit.
[24] Vgl. *OVG Münster* NWVBl 1991, 16.

gegen Dritte auszuüben. Da das Gesetz eine Einschränkung nicht vorsieht, kann der Vorsitzende in Ausübung seiner Leitungsbefugnisse bei erheblich ungebührlichem oder nachhaltig störendem Verhalten[25] von Ausschussmitgliedern nicht nur verwarnen, sondern in extremen Fällen unter Beachtung der Verhältnismäßigkeit auch den **Ausschluss von der Sitzung** aussprechen.[26] Verwaltungsrechtsschutz ist auch hier möglich (Rn. 9).[27] Andere „Bestrafungen" oder Geldbußen sind mangels gesetzlicher Grundlagen ausgeschlossen.

11 2. Die Handhabung der Ordnung kann auch die Ausübung des **Hausrechts** umfassen; hierzu gehört u.a. das Recht zu bestimmen, wer im Zusammenhang mit Ausschusssitzungen ein bestimmtes Gebäude und/oder einen bestimmten Raum betreten und in ihm verweilen darf.[28] Dritten kann deshalb der Zutritt zu den Sitzungsräumen verwehrt werden. Der Vorsitzende kann ggfls. im Benehmen mit dem Inhaber der Sachherrschaft des Gebäudes auch staatliche Ordnungsorgane um Hilfe bitten, wenn die Aufrechterhaltung der Sitzungsordnung trotz getroffener Maßnahmen oder vorhandener eigener Kräfte nicht möglich ist. Die Maßnahmen müssen immer **verhältnismäßig** sein. Die Verhängung eines Hausverbots kann schon dann gerechtfertigt sein, wenn der subjektive Eindruck der Bedrohung hervorgerufen wird, auch wenn der Bedrohungstatbestand des § 241 StGB nicht vorliegt.[29] In anderen Fällen, in denen es zu schwerwiegenden, nicht behebbaren Störungen kommt, kann auch eine **Vertagung** oder **Beendigung der Sitzung** ein sachgerechtes Mittel sein.[30] Gegen Ordnungsmaßnahmen des Vorsitzenden im Rahmen einer Ausschusstätigkeit ist regelmäßig der **Verwaltungsrechtsweg** gegeben.[31]

12 Zeitlich und örtlich kann sich die Handhabung der Ordnung auch auf angemessene Zeitspannen **vor Beginn** und **nach Beendigung** der Sitzung erstrecken, um insbesondere die Vorbereitungen für die Sitzung und ihren sachgemäßen Abschluss mit der Notierung der Beratungsergebnisse und Beschlüsse sicherzustellen (zur **Niederschrift** § 93).

IV. Landesrecht

13 Die **Länder** haben § 89 in ihren VwVfGen übernommen, allerdings gehen vor allem im Kommunalbereich die dafür bestehenden landesrechtlichen Regelungen weitgehend vor (§ 88 Rn. 6 ff.).

§ 90 Beschlussfähigkeit

(1) ¹**Ausschüsse sind beschlussfähig, wenn alle Mitglieder geladen und mehr als die Hälfte, mindestens aber drei der stimmberechtigten Mitglieder anwesend sind.** ²**Beschlüsse können auch im schriftlichen Verfahren gefasst werden, wenn kein Mitglied widerspricht.**

---

[25] S. z.B. *VGH Kassel* NVwZ-RR 2001, 464. Zum Begriff des ungebührlichen Verhaltens s. *BVerwG* NVwZ 1988, 837; *VG Frankfurt* HGZ 1991, 490. Zur Abgrenzung von Zurückhaltungspflichten und dem Recht auf freie Meinungsäußerung s. *VGH Mannheim* NVwZ-RR 2002, 262; eingehend *H. Schnell*, Freie Meinungsäußerung und Rederecht der kommunalen Mandatsträger unter verfassungsrechtlichen, kommunalrechtlichen und haftungsrechtlichen Aspekten, Diss. Münster 1998.
[26] Str., ebenso *Henneke* in Knack § 89 Rn. 7; *Ule/Laubinger*, 117; vgl. ferner *OVG Münster* NJW 1989, 1105; *Kopp/Ramsauer* § 89 Rn. 14; a.A. *Meyer/Borgs*, § 89 Rn. 3 – durch Umkehrschluss aus § 68 Abs. 3. S. auch die Darstellung des Streitstands bei *Groß*, Das Kollegialprinzip, a.a.O., S. 285. Zum Ausschluss aus einer Gemeinderatssitzung wegen ungebührlichen Benehmens s. *VGH Kassel* NVwZ-RR 2001, 464.
[27] *BVerwG* NVwZ 1988, 837; *VG Frankfurt* HGZ 1991, 490.
[28] Zum Hausrecht und Hausverbot s. *OVG Münster* NWVBl 2006, 101; *VGH München* NVwZ-RR 2004, 185; *VG Frankfurt* NJW 1998, 3730.
[29] S. *OVG Münster* Beschluss v. 19. 4. 2000 – 15 E 263/00 –.
[30] Vgl. zu Streitfragen im Verhältnis von Sitzungspolizei, Hausrecht, Polizeigewalt, Amts- und Vollzugshilfe *Lenius*, NJW 1973, 448; *Laubinger* JA 1975, 267; *Ehlers* DÖV 1977, 737; *Gramlich* BayVBl 1989, 9; *VGH München* BayVBl 1980, 724 mit Anm. *Knemeyer* BayVBl 1981, 152; ders. VBlBW 1989, 249; *OVG Bremen* NJW 1990, 931; *OVG Schleswig* NJW 1994, 340; *BGH* DÖV 1993, 573 [574]; *Ronellenfitsch* VerwArch 1982, 465 jeweils für öffentlich-rechtliche Befugnis; a.A. *Gerhardt* BayVBl 1980, 724 – zivilrechtliche Lösung –; *VG Bremen* DVBl 1989, 946, wonach es (differenzierend) auf die konkrete Zielsetzung ankommen soll, die mit dem Hausbesuch verfolgt wird; zusammenfassend *Schenke* JZ 1996, 998 (999) m.w.N.
[31] *BVerwG* NVwZ 1988, 837; *VG Frankfurt* HGZ 1991, 490.

(2) Ist eine Angelegenheit wegen Beschlussunfähigkeit zurückgestellt worden und wird der Ausschuss zur Behandlung desselben Gegenstands erneut geladen, so ist er ohne Rücksicht auf die Zahl der Erschienenen beschlussfähig, wenn darauf in dieser Ladung hingewiesen worden ist.

Vergleichbare Vorschriften: –

Abweichendes Landesrecht: –

Entstehungsgeschichte: § 90 entspricht nahezu unverändert dem § 75 Musterentwurf, § 77 Entwurf 70 und § 86 Entwurf 73. Die in Absatz 1 Satz 2 enthalten gewesenen Worte „schriftlich im Umlaufverfahren" sind auf Vorschlag des Bundesrats zu § 86 Entwurf 73, dem die Bundesregierung zustimmte, durch die Worte „im schriftlichen Verfahren" ersetzt worden: Ein Umlaufverfahren hätte begrifflich vorausgesetzt, daß ein Schriftstück nacheinander den beteiligten Ausschußmitgliedern zugeleitet wird. Es sollte jedoch auch ermöglicht werden, allen Mitgliedern gleichzeitig gleichlautende Schriftstücke zuzuleiten. Daher mußte der Begriff „Umlaufverfahren" vermieden werden.

Literatur: *Foerster*, Umlaufbeschlüsse, SKV 1970, 277; *Alscher*, Willensmängel bei kollegialem Verwaltungshandeln, NJW 1972, 800; *Hoffmann-Riem*, Hilfsbeschlußfähigkeit von Kollegialorganen, NJW 1978, 393; *Behnel*, Die fehlerhaft Ladung zu Sitzungen gemeindlicher Gremien, NWVBl 1993, 400; *Groß*, Das Kollegialprinzip in der Verwaltungsorganisation, Tübingen 1999; *Anderheiden*, Verfahrens- und Zurechnungsprobleme bei Umlaufverfahren, VerwArch 97 (2006), 165.

Übersicht

	Rn.
I. Allgemeines	1
II. Beschlussfähigkeit (Abs. 1 Satz 1)	3
III. Schriftliches Verfahren (Abs. 1 Satz 2)	9
IV. Notbeschlussfähigkeit (Abs. 2)	12
V. Landesrecht	14

I. Allgemeines

Wesentlicher Zweck der Tätigkeit von Ausschüssen ist es, dass – im Gegensatz zum monokratischen Behördenhandeln (§ 88 Rn. 6) – durch Zusammenarbeit ihrer Mitglieder eine gemeinsame, möglichst umfassende, durch **Mehrheitsentscheidung** (§ 91) abzuschließende Meinungsbildung über die Beratungsgegenstände erreicht wird (sog. **Kollegialprinzip**). 1

§ 90 enthält diejenigen wichtigsten Grundsätze für die ordnungsgemäße Tätigkeit von Ausschüssen, die sich als zweckmäßig oder unerlässlich erwiesen haben, um zu einer sachgerechten Meinungsbildung und zur Lösung oder künftigen Behandlung von Beratungspunkten zu kommen. Essentialia einer Kollegialentscheidung sind die Faktoren Information, Quorum und Majorität. Alle Mitglieder des Ausschusses müssen darüber informiert sein, welcher Gegenstand zur Entscheidung ansteht, sie müssen Zugang zu den für die anstehende Beschlussfassung erforderlichen Informationen haben,[1] es müssen hinreichend viele Ausschussmitglieder tatsächlich an der Entscheidung mitwirken und es muss schließlich sichergestellt sein, dass sie von einer Mehrheit befürwortet wird.[2] § 90 steht in engem Zusammenhang mit § 91, hat aber einen eigenen Anwendungsbereich, der zeitlich vor der **Beschlussfassung (§ 91)** liegt. 2

Der Gesetzgeber hat bewusst davon abgesehen, weitere als die in § 90 geregelten Voraussetzungen für eine ordnungsgemäße Beschlussfassung festzulegen, um nicht von dem Grundsatz abzuweichen, keinen zu engen Rahmen für die Tätigkeit von Ausschüssen, Beiräten und ähnlichen kollegialen Einrichtungen festzulegen.

---

[1] S. hierzu aus dem Kommunalrecht: OVG Münster NVwZ-RR 2003, 225; VGH Kassel NVwZ 2001, 345. S. aber zum (verneinten) Recht eines Mitglieds der Vollversammlung einer IHK BVerwG GewArch 2004, 331, dort auch verneinter Anspruch auf Übersendung vorbereitender Sitzungsunterlagen; a. A. OVG Münster NVwZ 2003, 1526; dazu auch *Hahn* JR 2005, 62, 65 ff.; *Grütters* GewArch 2002, 270; 2003, 271. Ferner *Werres* NWVBl 2004, 294 zum Anspruch auf Sitzungsunterlagen im Kommunalrecht.
[2] So *Groß*, Das Kollegialprinzip, a. a. O., S. 285 f. unter Hinweis auf BVerfGE 91, 148, 169; *Epping* DÖV 1995, 719.

II. Beschlussfähigkeit (Abs. 1 Satz 1)

3   Ausschüsse sind nach Absatz 1 Satz 1 dann beschlussfähig, wenn alle Mitglieder geladen und mehr als die Hälfte der stimmberechtigten Mitglieder im Sitzungsraum körperlich (vgl. nachfolgend) **anwesend** sind **(sog. Quorum).** Ob dies der Fall ist, muss vom Vorsitzenden zu Beginn der Sitzung, ggfls. auch noch zu Beginn des jeweiligen Tagesordnungspunkts, **von Amts wegen** ausdrücklich oder konkludent festgestellt werden (Rn. 7).

4   Im Anwendungsbereich der §§ 88 ff. gibt es – anders als im Parlamentsrecht, teilweise im Kommunalverfassungsrecht – **keine vermutete** (fingierte) **Beschlussfähigkeit** bis zu ihrer Anzweifelung unbeschadet der tatsächlichen Anzahl anwesender Ausschussmitglieder.[3] Eine solche Fiktion könnte nur durch eine besondere gesetzliche Regelung eingeführt werden.[4] Der Sicherstellung der Funktionsfähigkeit des Ausschusses dient vielmehr die Notbeschlussfähigkeit des Abs. 2. Zur Anwesenheit gehört, dass die Mitglieder zur Beratung und Beschlussfassung in einem Raum versammelt sind. Wer sich vor diesem Raum aufhält, ist nicht anwesend; insoweit besteht im Regelfall auch keine Verpflichtung des Vorsitzenden, bei Eröffnung der Sitzung fehlende Ausschussmitglieder im Haus zu suchen und ggfs. um ihre Teilnahme zu bitten.[5] Eine Meinungsbildung des Ausschusses im Wege einer **telefonischen Rundfrage** ist unzulässig, da hierdurch das **Kollegialprinzip** der eingehenden Beratung und des Meinungsaustausches nicht gewahrt ist.[6] Etwas anderes gilt bei einer **Konferenzschaltung,** wenn jedes Ausschussmitglied trotz räumlicher Trennung gleichzeitig alles mithören und erwidern kann, weil dadurch das Kollegialprinzip gewahrt ist.[7] Vgl. ferner Rn. 9, 10.

5   Besondere Formvorschriften sind für die **Ladung** nach der Regelung des § 90 nicht vorgesehen (§ 89 Rn. 5). Regelmäßig hat eine **schriftliche** Ladung aller Ausschussmitglieder (bei bekannter Verhinderung ggfls. der Stellvertreter) unter Angabe von **Ort und Zeit** der Sitzung mit **angemessener Frist** (Rn. 6) regelmäßig unter Beifügung einer Tagesordnung zu erfolgen.[8] Die Festlegung darf nicht zu einem **Missbrauch** oder einer **Manipulation** der Befugnis zur Festlegung der Modalitäten der Sitzung und ihres Ablaufs führen.[9] Die Übersendung sonstiger vorbereitender schriftlicher **Sitzungsunterlagen** steht bei fehlender gesetzlicher oder organisationsinterner Regelung im Ermessen des Vorsitzenden.[10] Durch die rechtzeitige Ladung und die Mitteilung der Beratungsgegenstände soll den Ausschussmitgliedern eine sachgerechte Vorbereitung ermöglicht werden (zur Gleichheit der Stimme und Abstufungen dazu vgl. § 91 Rn. 5). Die Bezeichnung des Beratungsgegenstandes in der Tagesordnung muss dementsprechend genau sein,[11] ohne dass überspannte Anforderungen gestellt werden dürfen.[12] Auch eine **mündliche** Ladung, die bereits in der vorhergehenden Sitzung ausgesprochen wurde, etwa für einen generell im Voraus festgelegten bestimmten Sitzungstag und -ort ist genügend.[13] Die Ladung muss aber ordnungsgemäß erfolgen, d.h. insbesondere den Erfordernissen einschlägiger Vorschriften entsprechen. Hierzu gehören auch Statuten oder Geschäftsordnungen, die sich die Ausschüsse kraft gesetzlicher Vorschrift oder eigenen Rechts, den Verfahrensablauf selbst näher zu bestim-

---

[3] Hierzu etwa *OVG Münster* DÖV 1962, 710, 712; *VGH Kassel* NVwZ 1988, 1155 = DÖV 1988, 469, ferner Rn. 7.
[4] *Groß,* Das Kollegialprinzip, a.a.O., S. 289 m.w.N.
[5] *BVerwGE* 100, 19 = SächsVBl 1996, 66 für die Sitzung eines Richterwahlausschusses.
[6] *Meyer/Borgs,* § 90 Rn. 8; *Henneke* in Knack, § 90 Rn. 13.
[7] S. *Kopp/Ramsauer* § 90 Rn. 13.
[8] Zur Terminsbestimmung einer gemeindlichen Ausschusssitzung durch den Ausschussvorsitzenden s. *VG Gießen* DVBl 2007, 580.
[9] Vgl. *OLG Köln* NVwZ 1994, 410: Verbot der Ersetzung von Mitgliedern je nach ihrem erwarteten Abstimmungsverhalten.
[10] S. *BVerwG* NVwZ 2004, 1253, 1254 (dort auch zum verneinten Recht eines Mitglieds der Vollversammlung einer IHK auf Einsichtnahme in Rechnungsprüfungsunterlagen); ebenso *Hahn* JR 2005, 62, 66 m.w.N. In Abgrenzung dazu zum Informationsanspruch von Mandatsträgern s. *OVG Münster* NVwZ-RR 2003, 225; *VGH Kassel* NVwZ 2001, 345; *Werres* NWVBl 2004, 294. Nach *OVG Münster* Urteil v. 2.5. 2006 – 15 A 817/04 erfordert die Rüge im Organstreitverfahren, ein Beschluss sei wegen ungenügender Information der Abstimmungsberechtigten unter Verletzung von Mitwirkungsrechten gefasst, dass zuvor die Vertagung der Beschlussfassung beantragt worden ist.
[11] *BVerwGE* 49, 144; *OVG Münster* NVwZ-RR 1990, 101; *VG Greifswald* LKV 1999, 110.
[12] *Groß,* Das Kollegialprinzip, a.a.O., S. 287.
[13] S. die Begründung des Regierungsentwurfs zu § 86, BT-Drs. 7/910, S. 96.

men, gegeben haben. Die Ladung veranlasst der **Vorsitzende,** sofern nicht etwas anderes bestimmt ist.[14] Zu der Frage, ob und unter welchen Voraussetzungen der Vorsitzende verpflichtet ist, eine Sitzung einzuberufen bzw. einen zusätzlichen Beratungsgegenstand in die Tagesordnung aufzunehmen, gibt es keine allgemeinen Regelungen.[15] Ein Prüfungsrecht des Vorsitzenden hinsichtlich der Frage, ob der beantragte Beratungsgegenstand in die Zuständigkeit des Ausschusses fällt, kommt nur in engen Grenzen in Betracht; so kann er etwa eine Aufnahme in die Tagesordnung in Fällen offensichtlichen Missbrauchs ablehnen.[16] Bei überraschend auf die Tagesordnung gesetzten Beratungspunkten kann der dazu gefasste Beschluss rechtswidrig sein; rügeloses Einlassen auf die Erörterung und Beschlussfassung ist aber schädlich;[17] die Beweislast liegt bei dem den Verfahrensfehler rügenden Ausschussmitglied.

Bei formloser schriftlicher oder mündlicher Ladung ist zur Vermeidung von Rechtsmissbrauch und willkürlicher Ausübung des Einberufungsrechts zu Sitzungen von Ausschüssen eine **angemessene Frist** (vgl. auch § 67 Abs. 1 S. 2) zwischen dem Zeitpunkt der Bekanntgabe an die Ausschussmitglieder und dem Sitzungstermin einzuhalten. Notwendige Unterlagen für die Berechnung sind rechtzeitig zu übersenden. In **Eil- oder Notfällen** ist auch eine **kurzfristige Ladung** möglich; die einzuhaltende Frist richtet sich nach der Dringlichkeit des Beratungsgegenstandes. Maßgebend ist der Grundsatz der **Verhältnismäßigkeit.** Dies gilt auch für eine kurzfristige Ergänzung der Tagesordnung vor der Sitzung in Eilfällen.[18] Die Ladung muss zum Ausdruck bringen, dass zu einer offiziellen Sitzung des Ausschusses eingeladen wird. Einladungen, die auf inoffizielle Treffen der Mitglieder hindeuten, reichen als Ladung im Sinne des Abs. 1 nicht aus. Eine unterlassene oder mangelhafte Ladung kann durch tatsächliche Anwesenheit in der Sitzung geheilt werden.[19] Abweichungen von der Tagesordnung können – von einer Änderung der Tagesordnung bei Anwesenheit sämtlicher Ausschussmitglieder abgesehen[20] – zur Unwirksamkeit der hierzu gefassten Beschlüsse führen.[21] Nach anderer Auffassung können Mängel der Ladung und der Tagesordnung oder sonstige Verstöße gegen die Geschäftsordnung nur von Ausschussmitgliedern als Verletzung ihrer organschaftlichen Rechte geltend gemacht werden, nicht aber von Dritten; auch soll hiernach ein derartiger Verfahrensmangel die Wirksamkeit der gleichwohl gefassten Beschlüsse unberührt lassen.[22] Bei Verletzung von **Mitgliedschaftsrechten** und rechtlichem Interesse ist ein **Organstreitverfahren** zulässig (hierzu § 89 Rn. 9 m. w. N.).[23]

Die **Beschlussfähigkeit** des Ausschusses setzt ferner die Anwesenheit von mehr als der **Hälfte,** zumindest aber drei der stimmberechtigten Mitglieder bei Beratung und Abstimmung voraus. Zwischenzeitliche kürzerfristige Abwesenheit bei der Beratung ist unschädlich. Die Anwesenheit **aller stimmberechtigten Mitglieder,** ggfls. einschließlich stellvertretender Mitglieder im Hinderungsfall, ist ausnahmsweise (vgl. § 88 Rn. 10) nur bei einem aus drei Mitgliedern bestehenden Ausschuss erforderlich, auch hier jedoch nur dann, sofern in Rechtsvorschriften nichts anderes bestimmt ist. Eine Regelung, dass der Ausschuss als beschlussfähig gilt, solange seine Beschlussfähigkeit nicht angezweifelt wird, ist nicht in das Gesetz aufgenommen worden (Rn. 4). Der Vorsitzende hat daher, wenn er (von Amts wegen) die **Beschlussunfähigkeit** feststellt, ggfls. die Sitzung zu **unterbrechen** oder **abzubrechen.**[24] Ein von einem beschlussunfähigen Ausschuss gefasster Beschluss ist jedenfalls rechtswidrig (vgl. § 44 Abs. 3 Satz 3, dort m. w. N.).

---

[14] Ebenso *Obermayer,* § 90 Rn. 10.
[15] Siehe hierzu im Einzelnen *Groß,* Das Kollegialprinzip, a. a. O., S. 287.
[16] *VG Dresden* 8. 4. 1998 – 4 K 3570/97 –; *Groß,* Das Kollegialprinzip, a.a.O., S. 287 f. m. w. N. Im Kommunalrecht wird dagegen ein Vorprüfungsrecht des Bürgermeisters bei Aufstellung der Tagesordnung der Ratssitzung verneint: s. *OVG Münster* DVBl 1984, 155.
[17] Vgl. *BVerwGE* 90, 287; *VGH München* DVBl 1988, 705.
[18] Hierzu *OVG Lüneburg* NVwZ 1999, 1001 betr. den Begriff der Dringlichkeit i. S. d. § 41 Abs. 1 und 3 NGO.
[19] Vgl. *Kopp/Ramsauer* § 90 Rn. 7.
[20] *VGH Mannheim* BWVPR 1996, 275 (zum Kommunalrecht).
[21] *VGH Mannheim* VBlBW 1999, 304 (zum Kommunalrecht); NVwZ 1996, 814 (zum Jagdrecht). Vgl. auch *BAG* NZA-RR 1999, 245 (zur Wirksamkeit von Betriebsratsbeschlüssen).
[22] *OVG Münster* NVwZ-RR 1997, 184; 1995, 591 (zu Verstößen gegen die Geschäftsordnung des Gemeinderates). Hierzu auch *Schneider* NWVBl 1996, 89. S. dagegen *Müller-Franken* BayVBl 2001, 136 zur Unwirksamkeit von Ratsbeschlüssen wegen unberechtigten Ausschlusses eines Gemeinderatsmitgliedes wegen persönlicher Beteiligung.
[23] Hierzu *OVG Münster* NVwZ-RR 2003, 225 m. w. N. Allgemein zum Organstreitverfahren s. *Bauer/Krause* JuS 1996, 411, 512; *Kingreen* DVBl 1995, 1337; *Ehlers* NVwZ 1990, 105.
[24] Ebenso *Ule/Laubinger,* § 14 III.

8 Maßgebend sind nur **stimmberechtigte Mitglieder**. „Nicht anwesend" sind neben tatsächlich abwesenden (siehe hierzu Rn. 4)[25] auch solche Ausschussmitglieder, die nach §§ 20, 21, § 71 Abs. 3 an der Beratung und Abstimmung nicht teilnehmen durften.[26] Zur Stimmenthaltung s. § 91 Rn. 5.

III. Schriftliches Verfahren (Abs. 1 Satz 2)

9 1. Beschlüsse können von den Ausschussmitgliedern im schriftlichen Verfahren gefasst werden, wenn kein Mitglied widerspricht (§ 90 Abs. 1 Satz 2). Dieses Verfahren wird vom Vorsitzenden in geeigneten Fällen initiiert; jedes Mitglied kann einem solchen Verfahren (auch vor Beginn bei vorhersehbaren, konkreten Beratungspunkten) widersprechen (Rn. 10). Es handelt sich hier um eine Vorschrift, welche die Tätigkeit der Ausschüsse in erster Linie im **technischen Ablauf erleichtern** soll.[27] Von ihr sollte nur zurückhaltend Gebrauch gemacht werden, etwa wenn es aus zeitlichen oder tatsächlichen Gründen nicht möglich ist, die Ausschussmitglieder zu einem bestimmten Termin innerhalb angemessener Frist zusammenzurufen oder wenn eine Routineangelegenheit zu beschließen ist. Da formlose oder mündliche Einverständniserklärungen dem Gesetz nicht genügen, muss das schriftliche Verfahren den Nachweis ermöglichen, wie das einzelne Mitglied zur Form des Verfahrens votiert hat.[28] § 93 gilt entsprechend für Beschlüsse, die nach § 90 Abs. 1 Satz 2 im schriftlichen Wege gefasst werden, s. § 93 Rn. 1.[29] Dass ein schriftliches Verfahrens nur bei Konsens vorgesehen ist, erklärt sich aus der besonderen Bedeutung der gemeinsamen Beratung in der Sitzung.[30]

10 Das schriftliche Verfahren des § 90 lässt ein **Verfahren in zweifacher Art** zu: Erstens kann es darin bestehen, dass ein Schriftstück mit bestimmten Beschlussgegenständen nacheinander den Ausschussmitgliedern zur Billigung zugeleitet wird; in diesem Fall handelt es sich um das sog. schriftliche **Umlaufverfahren i. e. S.**, einem Unterfall des schriftlichen Verfahrens, wie sich aus der Entstehungsgeschichte des § 90 ergibt.[31] Dieses Verfahren ist relativ zeitaufwändig und beinhaltet, dass erst der Letztunterzeichner weiß, wie die anderen Ausschussmitglieder abgestimmt haben. Der **Widerspruch** eines Ausschussmitglieds bewirkt, dass ein Beschluss nicht zustandekommt, selbst wenn die bisher Beteiligten die Mehrheit darstellen. Ein solcher Umlauf darf daher nach Erreichen der Mehrheit (§ 91) nicht abgebrochen werden, weil damit das Widerspruchs- und Beratungsrecht der anderen Ausschussmitglieder unterlaufen und obsolet gemacht würde.[32] Die zweite (schnellere) Form des **schriftlichen Verfahrens i. e. S.** besteht darin, allen Ausschussmitgliedern **gleichzeitig gleich lautende Schriftstücke** zuzuleiten.[33] In diesem Fall wird in etwa gleichzeitig votiert; eine gegenseitige Beeinflussung findet nicht statt. Ob sich eine Mehrheit i. S. des § 91 (bzw. nach § 92 Abs. 2) gebildet hat und welcher Beschluss gefasst worden ist, hat der Vorsitzende den Ausschussmitgliedern bekanntzugeben. Voraussetzung für die Zulässigkeit eines solchen Verfahrens wird entsprechend den Grundsätzen von *BVerfGE* 91, 169[34] sein, dass über ein solches Verfahren alle Mitglieder informiert sind, kein Widerspruch zum Verfahren erfolgte und eine Zustimmungsmajorität festgestellt ist. Zustimmung zur Einleitung schriftlicher Verfahren i. e. S. kann im Voraus erteilt werden; eine Bindungswirkung mit der Folge eines Verlustes des Widerspruchsrechts (Abs. 1 Satz 2) entsteht dadurch aber nicht.

11 2. Um Mißbräuche zu verhindern, aber auch um dem grundsätzlichen Beratungsgebot Rechnung zu tragen, hat jedes Ausschussmitglied das Recht, durch **Widerspruch** gegen eine Beschluss-

---

[25] *BVerwGE* 100, 19 = SächsVBl 1996, 66.
[26] Vgl. *OVG Münster* OVGE 30, 196; *Kopp/Ramsauer* § 90 Rn. 4; *Henneke* in Knack § 90 Rn. 5; *Meyer/Borgs*, § 90 Rn. 4; *Ule/Laubinger*, § 14 III Rn. 6.
[27] Zu den Verfahrens- und Zurechnungsproblemen bei Umlaufverfahren s. im Einzelnen: *Anderheiden* VerwArch 97 (2006), 165.
[28] Zum Umlaufverfahren der Bundesregierung vgl. *BVerwGE* 89, 121; *BVerfGE* 91, 1609 zum Umlaufverfahren bei der Beschlussfassung des Präsidiums eines Gerichts vgl. *BVerwG* DÖV 1991, 892.
[29] *VG Minden* MedR 1996, 469.
[30] *Groß*, Das Kollegialprinzip, a. a. O., S. 288.
[31] Vgl. vor Rn. 1; ferner *VGH Mannheim* DÖV 1981, 584 mit Anm. *Kirchhof*.
[32] Ebenso *Henneke* in Knack § 90 Rn. 11; *Ule/Laubinger*, § 14 III 3.
[33] Vgl. *VGH Mannheim* DÖV 1981, 584 mit Anm. *Kirchhof*; *BVerwGE* 89, 121.
[34] Hierzu *Epping* DÖV 1995, 719.

fassung in beiden Formen des schriftlichen Verfahrens eine **mündliche Erörterung** in einer Sitzung (Rn. 4) zu erzwingen und damit das Beratungs- und Kollegialprinzip zu wahren.[35] Formschriften für den Widerspruch bestehen nicht. Es reicht auch ein **mündliches Begehren aus;** im Interesse des Nachweises ist jedoch **schriftlicher Widerspruch zweckmäßig.** Der Widerspruch braucht nur gegenüber dem Ausschussvorsitzenden zu erfolgen, kann zusätzlich auch den anderen Ausschussmitgliedern mitgeteilt werden. Er ist **unverzüglich** nach Zugang der Unterlagen im schriftlichen Verfahren vorzubringen. Wird dem schriftlichen Verfahren von einem (stimmberechtigten) Mitglied widersprochen, so ist die Sache mündlich zu erörtern (s. Rn. 9).

IV. Notbeschlussfähigkeit (Abs. 2)

12 Einen Sonderfall der Beschlussfähigkeit enthält § 90 Abs. 2: Ist eine Angelegenheit wegen Beschlussfähigkeit in einer Sitzung zurückgestellt worden und wird der Ausschuss zur Behandlung desselben Gegenstandes erneut geladen, so ist er **ohne Rücksicht auf die Zahl** der Erschienenen **beschlußfähig,** wenn darauf in dieser Ladung hingewiesen worden ist. Die Vorschrift verhindert, dass etwa eine unerwünschte Beratung und Beschlussfassung über einen Gegenstand dadurch unmöglich gemacht wird, dass stimmberechtigte Mitglieder nicht zur Sitzung erscheinen und der Ausschuss deshalb die nach § 90 Abs. 1 Satz 1 für die Beschlussfähigkeit erforderliche Mitgliederzahl nicht erreicht; er sichert damit die **Funktionsfähigkeit** des Ausschusses.[36]

13 Die Anwendung des Absatzes 2 setzt voraus, dass zur ersten Sitzung ordnungsgemäß geladen war (Rn. 5), aber eine Angelegenheit wegen Beschlussunfähigkeit (nicht aus anderen Gründen) nicht behandelt oder wegen pflichtwidrigen Verhaltens eines Ausschussmitglieds nicht zur Abstimmung gekommen ist. In der Ladung zur wiederholten Sitzung muss darauf, ferner auf die erneute Behandlung desselben Gegenstandes und auf die Beschlussfähigkeit des Ausschusses ohne Rücksicht auf die Zahl der Erschienenen hingewiesen werden. Dieser Hinweis auf die Sonderregelung zur Notbeschlussfähigkeit ist erforderlich, um das Informationsrecht der Ausschussmitglieder zu wahren.[37] Die Ladung nach Abs. 2 kann mit der Ladung zur ersten Sitzung nach §§ 89, 90 Abs. 1 grundsätzlich nicht verbunden werden, es sei denn, es liegt ein Fall besonderer Dringlichkeit vor, so dass wegen Zeitablaufs sonst eine rechtzeitige Beratung und Beschlussfassung nicht möglich wäre. Diese Ausnahme ist aber restriktiv zu handhaben. Abs. 2 verfolgt mit seiner Ladungsregelung nämlich auch das Ziel, den Ausschussmitgliedern nach dem Scheitern der ersten und vor der zweiten Sitzung genügend Zweit für eine klärende Aussprache zu belassen; diese Zielsetzung darf durch eine Eventualeinberufung des Ausschusses nicht unterlaufen werden.[38] Nach der Gesetzesfassung genügt in der zweiten Sitzung notfalls ein erschienenes Ausschussmitglied zur Beschlussfähigkeit; bei ihm muss es sich nicht notwendig um den Vorsitzenden handeln, auch wenn ein anderes Mitglied die Sitzung nicht eröffnen kann.[39] Bei der zweiten Sitzung muss es nicht zur Beschlussfassung kommen, unter Umständen kann eine **weitere Sitzung** (z. B. bei weiterem Beratungsbedarf) angebracht sein. Hierfür gilt dann ebenfalls § 90 Abs. 2. Zur rechtswidrigen Beschlussfassung § 91 Rn. 8 m. w. N.

V. Landesrecht

14 Die VwVfGe der **Länder** enthalten dem § 90 entsprechende Regelungen. Inhaltsgleiches oder entgegenstehendes Landesrecht, insbesondere im **Kommunalverfassungsrecht,** geht § 90 jedoch vor.

---

[35] Vgl. ebenso *BVerwGE* 89, 121 = *BVerwG* DÖV 1991, 892; *BVerfGE* 91, 169.
[36] Zur sog. Hilfs(Not)beschlussfähigkeit *BVerwGE* 54, 30; *Hoffmann-Riem* NJW 1978, 393. Ferner *BGH* NJW 1998, 1317 zu § 51 GmbHG. S. aber *VGH Mannheim* ZUM 1996, 819 zur fehlenden Beschlussfähigkeit und zum Nachwahlanspruch beim Fernbleiben von Wahlmännern bei der Wahl von Vertretern im Rundfunkrat.
[37] *Groß*, Das Kollegialprinzip, a. a. O., S. 289 unter Hinweis auf *Hoffmann-Riem* NJW 1978, 393 ff.
[38] So auch *BGH* NJW 1998, 1317 zu § 51 GmbHG.
[39] Ebenso *Meyer/Borgs*, § 90 Rn. 11; *Kopp/Ramsauer* § 90 Rn. 17; *Obermayer*, § 90 Rn. 32; a. A. *Henneke* in Knack § 90 Rn. 9 – erneut 3 Mitglieder –.

§ 91 Beschlussfassung

¹Beschlüsse werden mit Stimmenmehrheit gefasst. ²Bei Stimmengleichheit entscheidet die Stimme des Vorsitzenden, wenn er stimmberechtigt ist; sonst gilt Stimmengleichheit als Ablehnung.

Vergleichbare Vorschriften: –

Abweichendes Landesrecht: –

Entstehungsgeschichte: § 91 entspricht den unverändert gebliebenen Fassungen des § 76 Musterentwurf, § 78 Entwurf 70 und § 87 Entwurf 73.

Literatur: *Foerster*, Umlaufbeschlüsse, SKV 1970, 227; *Alscher*, Willensmängel bei kollegialem Handeln, NJW 1972, 800; *Roeper*, Nein-Stimmen bei Beschlußwahlen gemäß § 92 VwVfG, VR 1980, 293; *Schwerdtner*, Das Mehrheitsprinzip – ein Fundamentalgrundsatz auch im Kommunalrecht?, VBlBW 1984, 239; *Groß*, Das Kollegialprinzip in der Verwaltungsorganisation, Tübingen 1999; *Röper*, Abschnittsweise Abstimmungen in Verwaltungsausschüssen; NVwZ 2000, 1392; *T. I. Schmidt*, Die Entscheidung trotz Stimmengleichheit, JR 2003, 133.

Übersicht

	Rn.
I. Allgemeines	1
II. Abstimmungsverfahren	3
III. Beschlussfassung	5
IV. Landesrecht	9

I. Allgemeines

1 Während § 90 die verfahrensmäßigen Voraussetzungen einer ordnungsgemäßen Beschlussfassung regelt, bezieht sich § 91 auf die **Abstimmung** und die Folgerungen aus dem dabei erzielten Ergebnis der Willensbildung des Ausschusses. In § 91 schlägt sich das demokratische **Mehrheitsprinzip** nieder. § 91 wird für Wahlen durch die Sonderregelung des § 92 modifiziert.

2 § 91 gilt nur im Anwendungsbereich des VwVfG nach Maßgabe der §§ 1, 2 und §§ 88 ff. Abweichende **spezialgesetzliche Rechtsvorschriften** auch aus anderen als verwaltungsrechtlichen Rechtsgebieten (vgl. hierzu Rn. 5) gehen dem § 91 vor. Zur Zulässigkeit der **Stimmenthaltung** vgl. Rn. 5.

II. Abstimmungsverfahren

3 1. § 91 enthält anders als § 92 keine besonderen Regeln über das Abstimmungsverfahren. Es ist deshalb vorbehaltlich entgegenstehender Rechtsvorschriften davon auszugehen, dass beim Abstimmungsverfahren insbesondere bei der Art und Weise der Stimmabgabe größtmögliche Freiheit besteht. Dies entspricht der Tendenz des VwVfG, für die Tätigkeit der Ausschüsse nur die notwendigsten Regeln als Rahmen aufzustellen. Unabdingbar ist allerdings ein Verfahren, das **eindeutige Abstimmungsverhältnisse** gewährleistet und während der Abstimmung Manipulationen sowie die Verdunkelung des Ergebnisses ausschließt. Es kann **offen,**[1] etwa durch **Handaufheben,** auch durch **Zuruf,** ggfls. nach § 92 auch **geheim** durch **Stimmzettel**[2] abgestimmt werden. Ob es ein allgemeines Gebot grundsätzlich offener Abstimmung gibt, ist umstritten. Es wird mit der Verantwortlichkeit der einzelnen Ausschussmitglieder begründet, die andernfalls nicht festgestellt werden könne.[3] Irreführende Hinweise auf den Stimmzetteln stellen einen Verstoß gegen ungeschriebenes Wahlverfahrensrecht dar.[4] Auch die Reihenfolge der

---

[1] *VG Berlin* DVBl 1974, 378.
[2] Hierzu und zur handschriftlichen Ausfüllung des Stimmzettels *OVG Koblenz* DÖV 1980, 61; ferner auch Rn. 6. Ferner *VG Frankfurt* HGZ 1997, 164 zu den allgemeinen Anforderungen an eine geheime Stimmabgabe.
[3] *BVerwG* DÖV 1997, 377, 378. Hierzu *Groß*, Das Kollegialprinzip, a. a. O., S. 292 f.
[4] S. *OVG Münster* NWVBl 2003, 428, 432 zu Kammerwahlen. Ferner *VG Wiesbaden* HGZ 2005, 173 zur Ungültigkeit von falsch ausgefüllten Stimmzetteln.

Stimmabgabe ist anders als in § 191 GVG im gerichtlichen Verfahren nicht festgelegt. Es gilt die allgemeine Regel, dass über den **weitestgehenden Antrag zuerst** abgestimmt wird. Dies gilt auch dann, wenn über Summen abzustimmen ist; ein Rückgriff auf § 196 Abs. 2 GVG ist wegen der Möglichkeit alternativer Antragstellung nicht notwendig. Eine abschnittsweise Abstimmung ist grundsätzlich zulässig; durch sie kann im Einzelfall eine differenzierte Entscheidungsfindung zu unterschiedlichen Abstimmungspunkten sichergestellt und eine sachfremde Beeinflussung des Abstimmungsergebnisses verhindert werden.[5] § 91 sieht kein Verbot vor, eine Abstimmung zu **wiederholen**.[6] Diese grundsätzliche Möglichkeit besteht in der Regel dann nicht mehr, wenn ein früher in gleicher Angelegenheit gefasster Beschluss aus der Stufe des bloßen Internums herausgetreten ist und insbesondere einem Betroffenen offiziell mitgeteilt, bekanntgemacht bzw. zugestellt wurde oder wenn der Beschluss sonstwie durchgeführt oder vollzogen wurde.

2. Für § 91 ist es unerheblich, ob die Mitglieder des Ausschusses frei entscheiden können oder für den Einzelfall an Weisungen gebunden sind.[7] Auch eine **weisungswidrige** Stimmabgabe bleibt, sofern Rechtsvorschriften nichts anderes bestimmen, wirksam.

III. Beschlussfassung

1. Satz 1 geht von der **Gleichheit der Stimmen** aus (zum Stichentscheid des Vorsitzenden Rn. 6) und bestimmt, dass Beschlüsse mit **einfacher Stimmenmehrheit** gefasst werden. Eine **abgestufte Stimmqualität** bedarf spezialgesetzlicher Anordnung.[8] Diese Regelung entspricht den Bedürfnissen des Normalfalles. Das Erfordernis einer qualifizierten Mehrheit oder einer einstimmigen Beschlussfassung bleibt spezialgesetzlicher Regelung vorbehalten.[9] Der Begriff der Stimmenmehrheit spielt auch in anderen Rechtsgebieten eine Rolle, und zwar nicht nur im Parlaments- und Kommunalrecht (vgl. Art. 42 Abs. 2 Satz 1 GG), sondern auch in anderen Rechtsgebieten (etwa § 64 Abs. 2 SGB IV), insbesondere im Zivilrecht (vgl. § 15 Abs. 1 PatG, § 133 AktG, § 43 Abs. 2 Satz 1 GenG, § 32 Abs. 1 Satz 3 BGB).[10] Unter **Stimmenmehrheit i. S. des § 91** ist (auch im Interesse der besseren Legitimation des Beschlusses) anders als im sog. Meiststimmverfahren nach § 92 Abs. 2 (dort Rn. 4) sowie nach § 32 BGB die **Mehrheit der abgegebenen** und **stimmberechtigten gültigen Stimmen** zu verstehen.[11] Über die einfache Mehrheit hinausgehende Anforderungen können nur dann gestellt werden, wenn dies im Organisationsgesetz ausdrücklich vorgesehen ist.[12] **Stimmenthaltungen** und **ungültige Stimmen** von stimmberechtigten Ausschussmitgliedern werden – wie sich auch durch Umkehrschluss aus § 92 Abs. 2 zu Beschlusswahlen ergibt, bei denen § 91 nicht anwendbar ist – zur Berechnung der erforderlichen Mehrheit mitgezählt, haben aber die **Wirkung von Nein-Stimmen**.[13] Steht nur ein Wahlvorschlag zur Abstimmung, dürfen Nein-Stimmen nicht ausgeschlossen werden.[14]

---

[5] Vgl. *Röper* NVwZ 2003, 1392.
[6] Zur Abstimmungswiederholung s. *T. I. Schmidt* JZ 2003, 133, 135.
[7] Aus der Weisungsunabhängigkeit eines Widerspruchsausschusses nach § 26 Abs. 2 VermG kann ein Beiladungsrecht des beklagten Landes als „Fiskus" nicht hergeleitet werden, s. *BVerwG* NJ 1995, 560.
[8] Zur abgestuften und unterschiedlichen Stimmbefugnis in Habilitationsverfahren wegen fehlender Sachnähe von Mitgliedern einer Fakultät vgl. *BVerwGE* 95, 237 = DÖV 1995, 108.
[9] Begründung zu § 87 Entwurf 73. Vgl. *OVG Münster* NVwZ-RR 1994, 409: Der Rat darf das in der GO NRW vorgesehene geheime Quorum für geheime Abstimmung von mindestens einem Fünftel in seiner Geschäftsordnung auch auf die Mehrheit seiner Mitglieder erhöhen.
[10] Hierzu *BGHZ* 83, 35 = NJW 1982, 1585 und NJW 1987, 2430, wonach für die Berechnung der Mehrheit allein das Verhältnis der Ja- zu den Nein-Stimmen entscheidend ist; Stimmenthaltungen werden mit der Wirkung von Nein-Stimmen nur dann mitgezählt, wenn dies aus der Vereinssatzung eindeutig ergibt; ebenso *BGH* NJW 1989, 1090 zu §§ 21 Abs. 3, 25 Abs. 1 WEG.
[11] Vgl. *BVerwG* DVBl 1984, 47; *Hennecke* in Knack § 91 Rn. 5; *Kopp/Ramsauer* § 91 Rn. 3.
[12] Beispiele hierzu bei *Groß*, Das Kollegialprinzip, a. a. O., S. 291.
[13] Ebenso *BVerwG* 24. 10. 1996 – 2 C 34/95 – für Stimmenthaltung bei Abstimmungen im Richterwahlausschuss); DVBl 1984, 47 zu § 91 VwVfG und § 31 LPersVG RhPf; *BVerwG* NJW 1985, 1916 zu § 9 Abs. 3 BJagdG; *VGH Kassel* DVBl 1980, 655 = DÖV 1980, 62 zu § 55 HessGO; für Irrelevanz von Stimmenthaltung und ungültigen Stimmen bei der Berechnung der einfachen Mehrheit: *Kopp/Ramsauer* § 91 Rn. 4; *Hennecke* in Knack § 91 Rn. 5; *Meyer/Borgs*, § 91 Rn. 5; *Ule/Laubinger*, § 14 Rn. 12.
[14] Vgl. *OVG Münster* NVwZ 1993, 1223 zum Kommunalrecht.

Stimmenthaltung ist grundsätzlich zulässig,[15] es sei denn, ein Ausschussverfahren ist so weitgehend einem gerichtlichen Verfahren angeglichen, dass wie dort Stimmenthaltung nicht in Betracht kommt.[16] Das ist auch für **Prüfungs- und Leistungsbewertungen** anzunehmen, sofern nicht anderes durch Rechtsvorschrift geregelt ist.[17] Grds. hat nämlich jedes einzelne Mitglied eines Prüfungsausschusses an der Meinungsbildung nach Kräften mitzuwirken und darf sich dem nicht durch Stimmenthaltung entziehen.[18] Zur Rechtmäßigkeit des Verbots der Stimmenthaltung im bayrischen Kommunalverfassungsrecht *BayVerfGH;* [19] zur genügenden „Entschuldigung" für eine Stimmenthaltung *VGH München.*[20] Die abgegebene Stimme eines anwesenden, aber **nicht stimmberechtigten Ausschussmitglieds** (§§ 20 Abs. 4, 21 Abs. 2, 71 Abs. 3) bleibt bei der Berechnung der erforderlichen Mehrheit außer Betracht.[21] Zu den Rechtsfolgen rechtswidriger Beschlussfassung vgl. Rn. 7, 8.

6   2. Satz 2 räumt für den Fall einer Stimmengleichheit, anders als bei Wahlen nach § 92 Abs. 3 (dort Rn. 6), dem **Vorsitzenden** einen **Stichentscheid** (sog. Dirimierungsrecht) ein, sofern er stimmberechtigt ist.[22] Dies gilt nicht, wenn sich ohne ihn die Stimmengleichheit ergibt, sondern nur dann, wenn die Stimmengleichheit unter Einschluss seines Votums besteht. Nur in diesem Falle gibt seine Stimme den Ausschlag. Der Stichentscheid des Vorsitzenden ist auch bei einer **geheimen Abstimmung** wegen des Fehlens einer entgegenstehenden allgemeinen Regelung nicht ausgeschlossen.[23] Zu § 91 S. 2 VwVfG BW s. Rn. 9. Ist der Ausschussvorsitzende nicht stimmberechtigt, so gilt, wie Satz 2 Halbsatz 2 klarstellt, Stimmengleichheit im Hinblick auf Satz 1 als **Ablehnung.**

7   3. Ausschussmitgliedern steht eine Klagebefugnis gegen einen Ausschussbeschluss zu, wenn sie geltend machen können, durch den angefochtenen Beschluss in ihren eigenen **Mitgliedschaftsrechten** verletzt zu sein.[24] Das Stimmrecht jedes Ausschussmitgliedes umfasst nicht nur das Recht, an der Abstimmung teilzunehmen, sondern beinhaltet auch den Anspruch darauf, dass die Stimme mit dem ihr zukommenden Gewicht berücksichtigt wird.[25] So hat das Ausschussmitglied etwa einen Anspruch darauf, dass grundsätzlich nicht Stimmberechtigte von der Abstimmung fern gehalten werden, um dadurch das dem Ausschussmitglied zugewiesene Stimmgewicht zu erhalten. Daraus kann aber kein Mitgliedschaftsrecht der anderen Ausschussmitglieder darauf hergeleitet werden, dass ein im Einzelfall befangenes Mitglied des Ausschusses nicht an der Abstimmung teilnimmt.[26] Auch gibt es kein organschaftliches Recht des einzelnen Ausschussmitgliedes darauf, dass ein ihn nicht betreffender Beschluss des Ausschusses inhaltlich rechtmäßig ist.[27]

8   4. Zum **Verbot der Mitwirkung** ausgeschlossener oder befangener Ausschussmitglieder und den streitigen Rechtsfolgen s. § 83 Rn. 6.[28] Zu den Folgen einer unterlassenen oder rechtswidrigen Beschlussfassung und zur Heilung und Folgen von Verfahrens- und Formfehlern vgl. § 44 Abs. 3 Nr. 3, § 45 Abs. 1 Nr. 5, § 46 (hierzu Näheres jeweils dort).

---

[15] *Kopp/Ramsauer* § 91 Rn. 4. Eingehend hierzu *Groß,* Das Kollegialprinzip, a. a. O., S. 2290 f.
[16] Vgl. *BVerwGE* 28, 66 zum Verfahren nach GjS; ferner *OVG Münster* DVBl 2005, 1532; *VG Berlin* DÖV 1973, 318.
[17] Vgl. *OVG Münster* DVBl 2005, 1532; *OVG Schleswig* NVwZ-RR 1996, 443 betr. das Abstimmungsverhalten bei Habilitationsverfahren; ferner *OVG Saarlouis* KMK-HSchR 1988, 316; *OVG Münster* KMK-HSchR 1981, 421.
[18] *OVG Münster* DVBl 2005, 1532; *OVG Schleswig* NVwZ 1996, 443.
[19] NVwZ 1985, 823 = BayVBl 1984, 621.
[20] NVwZ 1985, 845.
[21] Ebenso *Kopp/Ramsauer* § 91 Rn. 3.
[22] Eingehend zum Stichentscheid des Vorsitzenden: *T. I. Schmidt* JZ 2003, 133, 136. Vgl. auch zum Zweitstimmenrecht des Vorsitzenden im MitbestG *BGH* NJW 1982, 1528.
[23] Ebenso *Kopp/Ramsauer* § 91 Rn. 6; *Meyer/Borgs,* § 91 Rn. 7; a. A. *Henneke* in Knack § 91 Rn. 6. Kritisch *T. I. Schmidt* JZ 2003, 133, 136. Hierzu auch *Groß,* Das Kollegialprinzip, a. a. O., S. 293.
[24] Vgl. *OVG Münster* NWVBl 2007, 117; 2007, 25; NVwZ-RR 2003, 225; 2002, 135 m. w. N.
[25] *OVG Münster* NWVBl 1996, 191.
[26] *OVG Münster* Urteil v. 2. 5. 2006 – 15 A 817/04 –; NVwZ-RR 1998, 325.
[27] *OVG Münster* Urteil v. 2. 5. 2006 – 15 A 817/04 –; NVwZ-RR 1998, 325.
[28] S. auch *OVG Münster* Beschluss v. 1. 2. 2005 – 15 E 1537/04 –: Danach sind Fehler auf der Ebene der Mitwirkung von Ausschüssen für die Rechtmäßigkeit und Wirksamkeit von Satzungsbeschlüssen des Rates grds. unerheblich. S. ferner *OVG Münster* NVwZ-RR 2003, 667; NVwZ-RR 1998, 325; NJW 1979, 2632; *Röper* NVwZ 1982, 298; *v. Mutius* VerwArch 1974, 429 (437 f.) jeweils m. w. N.

§ 92 Wahlen durch Ausschüsse

Zur **Anwesenheit ausgeschlossener oder befangener Personen** OVG Lüneburg.[29] Nicht genehmigten **Tonbandaufnahmen** in öffentlichen (Kommunal-)Ausschusssitzungen stellen einer Störung der Ordnung dar; der Vorsitzende ist berechtigt, dem Zuhörer den Tonbandmitschnitt zu untersagen und ihn aus dem Sitzungssaal zu verweisen.[30] Zum grundsätzlich bejahten Recht auf Abhören von Tonträgeraufzeichnungen einer Sitzung der Gemeindevertretung durch deren Mitglieder vgl. VGH Kassel.[31]

IV. Landesrecht

Die Länder haben in ihren LVwVfGen den § 91 entsprechende Regelungen. Spezialgerichtliche Regelungen – insbesondere im Kommunalrecht – gehen § 91 aber vor. § 91 S. 2 VwVfG BW beschränkt das Stichentscheidsrecht des Vorsitzenden in ausdrücklicher Abweichung vom Bundesrecht[32] auf offene Abstimmungen.[33] 9

§ 92 Wahlen durch Ausschüsse

(1) ¹Gewählt wird, wenn kein Mitglied des Ausschusses widerspricht, durch Zuruf oder Zeichen, sonst durch Stimmzettel. ²Auf Verlangen eines Mitglieds ist geheim zu wählen.

(2) ¹Gewählt ist, wer von den abgegebenen Stimmen die meisten erhalten hat. ²Bei Stimmengleichheit entscheidet das vom Leiter der Wahl zu ziehende Los.

(3) ¹Sind mehrere gleichartige Wahlstellen zu besetzen, so ist nach dem Höchstzahlverfahren d'Hondt zu wählen, außer wenn einstimmig etwas anderes beschlossen worden ist. ²Über die Zuteilung der letzten Wahlstelle entscheidet bei gleicher Höchstzahl das vom Leiter der Wahl zu ziehende Los.

Vergleichbare Vorschriften: –

Abweichendes Landesrecht: –

Entstehungsgeschichte: § 77 des Musterentwurfs ging von grundsätzlich schriftlicher und offener Wahl aus. Er lautete: „(1) Gewählt wird schriftlich. Auf Verlangen eines Stimmberechtigten ist geheim zu wählen. Ist nur ein Wahlvorschlag gemacht worden, so wird durch Zuruf oder Zeichen gewählt, wenn niemand widerspricht." § 92 Abs. 1 erhielt seine jetzige Fassung aufgrund § 79 Abs. 1 Entwurf 70 und § 88 Abs. 1 Entwurf 73.
§ 92 Abs. 2 und 3 Satz 1 sind seit dem Musterentwurf unverändert geblieben.
Absatz 3 Satz 2 ist im Vermittlungsausschuß (BT-Drucksachen 7/4908 und 7/4798) auf Vorschlag des Bundesrats unter Hinweis darauf eingefügt worden, daß d'Hondtsche Verfahren zur Ermittlung der Sitzverteilung in der Praxis bei kleinen Ausgangszahlen häufig dazu führe, daß sich gleiche Höchstzahlen ergeben. Für die Vergabe der letzten Wahlstelle ist deshalb die Regelung des Absatzes 2 Satz 2 übernommen worden.

Literatur: vgl. zu § 91.

Übersicht

	Rn.
I. Allgemeines	1
II. Wahlverfahren (Abs. 1)	3
III. Wahlergebnis (Abs. 2)	4
IV. Mehrere Wahlstellen (Abs. 3)	6
V. Landesrecht	7

---

[29] VerwRspr 25, 959; ferner VGH Kassel DÖV 1971, 82.
[30] S. VG Augsburg DVP 2006, 127. Ferner OLG Celle NVwZ 1985, 861; OLG Köln DÖV 1978, 139.
[31] NVwZ 1988, 88.
[32] LT-Drs. 7/820, S. 121.
[33] Hierzu Groß, Das Kollegialprinzip, a. a. O., S. 293.

I. Allgemeines

1 § 92 enthält in **Ergänzung zu §§ 90, 91** Sonderregelungen für sog. **Beschlusswahlen,** bei denen häufig über mehrere (Personal-)Vorschläge gleichzeitig oder nacheinander abzustimmen ist. Wahlen durch Ausschüsse betreffen **personelle Entscheidungen** über die **Auswahl** einer oder mehrerer Personen **für** bestimmte Positionen (Wahlstellen, vgl. Absatz 3) oder die **Abwahl aus** ihnen.[1] Damit sind Wahlen spezielle Arten von Beschlüssen. § 92 geht als lex specialis dem § 91 vor. Seine Anwendung ist nicht auf den Fall beschränkt, dass die Auswahl ausschließlich unter den Ausschussmitgliedern erfolgt, erfasst auch die Kandidatur Externer.[2] Eine Wahl liegt auch dann vor, wenn nur ein Kandidat vorhanden ist. § 92 bezieht sich unmittelbar nur auf Wahlen **durch** Ausschüsse für Positionen innerhalb oder außerhalb eines Ausschusses i. S. von § 88, etwa die Position als Mitglied oder (stellvertretender) Vorsitzender eines Ausschusses oder zu ehrenamtlicher Tätigkeit außerhalb des Ausschusses, vor allem innerhalb eines VwVf i. S. von § 9 (§ 88 Rn. 13 ff.) § 92 ist auch dann (entsprechend) anwendbar, wenn andere Personal-Entscheidung mit externer Wirkung durch einen Ausschuss zu treffen ist, etwa die Auswahl eines Sachverständigen in anderen Verfahren.[3]

2 Für die durch Ausschüsse vorzunehmenden Wahlen wurden die in § 91 enthaltenen Vorschriften nicht für ausreichend erachtet, sondern in Anlehnung an Vorbilder im Kommunalverfassungsrecht in mehrfacher Hinsicht konkretisiert und modifiziert. § 90 bleibt unberührt (vgl. dort Rn. 3).

II. Wahlverfahren (Abs. 1)

3 In **Satz 1** wird zum Wahlverfahren entsprechend der überwiegenden Praxis der Grundsatz normiert, dass unter der Leitung des Ausschussvorsitzenden durch **Zuruf** (eines Namens) oder **Zeichen** (z. B. Handaufheben, Aufstehen) **offen** gewählt wird.[4] Beide müssen ausdrücklich und unmissverständlich sein. Widerspricht auch nur ein stimmberechtigtes Mitglied des Ausschusses, so ist durch **Stimmzettel** zu wählen.[5] Der Vorsitzende muss vorher fragen (§ 89), ob dies beantragt wird. Erst wenn **geheime Wahl** von mindestens einem Mitglied verlangt wird **(Satz 2)**, ist sie verdeckt durchzuführen. Das Verlangen braucht nicht begründet zu werden.[6] Bei geheimer Wahl ist sicherzustellen, dass jeder Wahlberechtigte seine Stimme unbeobachtet abgeben kann.[7] Das Gebot der geheimen Wahl wird nach *OVG Koblenz*[8] nicht verletzt, wenn ein Stimmzettel handschriftlich und nicht nur durch Ankreuzen vorgedruckter Namen auszufüllen ist.[9] Wird eine geheime Wahl verlangt, so ist gleichzeitig eine Wahl im schriftlichen Verfahren i. S. d. § 90 Abs. 1 Satz 2, also außerhalb einer Ausschusssitzung, ausgeschlossen; ein entsprechendes Verlangen eines Ausschussmitglieds ist als Widerspruch im Sinne des § 90 Abs. 1 Satz 2 zu werten. Der Widerspruch nach Satz 1 und das Verlangen nach Satz 2 sind zeitlich begrenzt gegenüber dem Vorsitzenden **bis zur Beschlussfassung** vorzubringen; dies schließt nicht aus, dass nachträglich angegeben wird, einem Verlangen oder einem Widerspruch sei zu Unrecht nicht nachgekommen worden.

---

[1] Vgl. *BVerwG* DVBl 2004, 439; *OVG Münster* NWVBl 2003, 267; NVwZ- RR 2003, 228 zur Abwahl von Mitgliedern kommunaler Ausschüsse. Ferner *OVG Münster* NVwZ 2003, 494 zur Abberufung eines vom Rat entsandten Vertreters im Aufsichtsrat einer GmbH.
[2] So auch *Henneke* in Knack § 92 Rn. 2; a. A. *Kopp/Ramsauer* § 92 Rn. 5.
[3] Ebenso *Kopp/Ramsauer* § 92 Rn. 1; *Henneke* in Knack § 92 Rn. 2.
[4] Zum Grundsatz offener Wahlen s. *Groß*, Das Kollegialprinzip, a. a. O., S. 294.
[5] Zu den Anforderungen an eine ordnungsgemäße Gestaltung des Stimmzettels s. *OVG Münster* NWVBl 2003, 428, 432.
[6] Begründung zu § 88 Entwurf 73.
[7] Zu den Erfordernissen einer geheimen Wahl s. *OVG Münster* PersV 2007, 34; 2006, 138 jeweils zu Wahlen der Personalvertretungen. Ferner *BVerwG* DVBl 1986, 240; *OVG Lüneburg* NVwZ 1985, 850; *VG Frankfurt* HGZ 1997, 164.
[8] DÖV 1980, 61.
[9] Ferner *OVG Münster* Städtetag 1982, 475.

III. Wahlergebnis (Abs. 2)

Nach **Satz 1** ist gewählt, wer von den **abgegebenen (gültigen) Stimmen die meisten** 4 erhalten hat. Maßgebend und ausreichend ist anders als in § 91 (vgl. dort Rn. 5) mit der dort vorgeschriebenen Stimmenmehrheit auch eine demgegenüber geringere Anzahl von Stimmen. Dieses sog. **Meiststimmenverfahren** dient angesichts des Fehlens etwa einer Stichwahl der Beschleunigung der Durchführung von Wahlen, kann aber ein Vertrauensdefizit für den Gewählten beinhalten, weil die meisten Stimmen unter der einfachen Mehrheit liegen können; darin liegt kein Verstoß gegen das Demokratieprinzip.[10] Nicht nach Absatz 2, sondern nach Absatz 3 ist zu verfahren, wenn mehrere Wahlstellen in einem Wahlakt zu besetzen sind. **Stimmenthaltungen** werden für die Berechnung der meisten Stimmen nicht mitgerechnet, und zwar weder positiv noch negativ. Es kommt hier – anders als bei § 91 Satz 1 (dort Rn. 5) – allein auf das **Verhältnis von Ja- und Nein-Stimmen** an.[11] Zur Bedeutung von Nein-Stimmen bei Wahlen vgl. ferner *VGH Kassel*.[12]

Für den Fall der Stimmengleichheit kann nicht wie bei § 91 die Stimme des Vorsitzenden 5 den Ausschlag geben, weil dies dem Prinzip der **Gleichheit der Wahl** widersprechen würde. Auch mit einer Regelung, nach der Stimmengleichheit als Ablehnung gilt, wäre nicht geholfen, weil auch bei Stimmengleichheit die Wahl zugunsten einer von mehreren Personen entschieden werden muss.[13] Deshalb bestimmt Satz 2 entsprechend den Regelungen der meisten Wahlgesetze und Gemeindeordnungen, dass bei **Stimmengleichheit** das vom Leiter der Wahl zu ziehende **Los** gilt. Ein solcher Losentscheid kann in verschiedener Form erfolgen und ist grundsätzlich zulässig;[14] es muss aber ein ordnungsgemäßes Verfahren gewährleistet sein und ein vorher nicht beeinflussbares **Zufallsergebnis** herbeiführen.[15] Münzwurf ist daher zulässig, wenn die Münze so geworfen wird, dass zwei Ergebnisse gleichermaßen möglich sind;[16] unzulässig hingegen Streichholzziehen, weil wenig transparent und manipulationsanfällig.[17] An der Losentscheidung nehmen nur die stimmengleichen Bewerber teil, alle anderen Stimmen scheiden aus.

IV. Mehrere Wahlstellen (Abs. 3)

Sind mehrere **gleichartige Wahlstellen** zu besetzen, so ist, sofern nicht einstimmig etwas 6 anderes beschlossen oder normativ vorgesehen ist, nach **Satz 1** eine **Verhältniswahl** nach dem **Höchstzahlverfahren von d'Hondt** vorgesehen. Die auf die einzelnen Wahlvorschläge entfallenden Stimmen werden nacheinander durch 1, 2, 3, 4 usw. geteilt.[18] Die Wahlstellen werden der Reihe nach denjenigen zugeteilt, die nach durchgeführter Teilung die höchsten Zahlen erreichen.[19] Satz 1 dient dem **Schutz einer Minderheit,** die bei Einzelabstimmungen über mehrere gleichartige Wahlstellen gänzlich unberücksichtigt bleiben würde.[20] Durch die gesetzliche Festschreibung des d'Hondtschen Verfahrens ist die Anwendung neuerer Zählverfahren etwa nach Hare-Niemeyer[21] ausgeschlossen. Dies ist wegen der grundsätzlichen **Gestaltungsfreiheit**

---

[10] Vgl. *BVerwG* vom 4. 2. 1993 – 7 B 93.92 –; kritisch hierzu *Röper* VR 1980, 293; *Meyer/Borgs,* § 92 Rn. 4, die für eine Stichwahl zwischen Bewerbern mit den höchsten Stimmenzahlen eintreten.
[11] Ebenso *BGHZ* 83, 35; *BGH* NJW 1987, 2430 und NJW 1989, 1090 zu § 32 BGB und §§ 21 Abs. 3, 25 Abs. 1 WEG.
[12] DVBl. 1980, 65.
[13] Begründung zu § 77 Entwurf 73.
[14] S. hierzu im Einzelnen *T. I. Schmidt* JZ 2003, 133, 136. S. in Abgrenzung auch zur Verwaltungsentscheidung durch Losverfahren *OVG Lüneburg* NVwZ-RR 2006, 177.
[15] *BVerwGE* 7, 197; 13, 242; 88, 183; *VGH München* NJW 1991, 2306.
[16] *BVerwG* NJW 1991, 2306.
[17] *BVerwGE* 88, 183.
[18] Zur verfassungsrechtlichen Zulässigkeit dieser Methode S. die Nachweise in *OVG Münster* NWVBl 1996, 436. Ferner *BVerfG* DVBl 1989, 150: Gestaltungsfreiheit des Gesetzgebers; ebenso *BVerwG* DÖV 1978, 415; NVwZ 1986, 41; DVBl 1989, 928; *BayVerfGH* BayVBl 1985, 115; 1993, 591; 1994, 716; 1996, 716 f.; *Rh.-Pf. VerfGH* NVwZ 1988, 820.
[19] Vgl. zum Höchstzahlverfahren d'Hondt: *Seifert,* Bundeswahlrecht, § 6 BWG Rn. 16.
[20] *Groß,* Das Kollegialprinzip, a. a. O., S. 294.
[21] S. dazu *VGH Kassel* PersV 2006, 343 m. w. N.

des Gesetzgebers bei der Festlegung der Wahlmethode nicht zu beanstanden. Das **Los** entscheidet bei gleichen Höchstzahlen auf der letzten Wahlstelle **(Abs. 3 Satz 2),** damit eine rasche Entscheidung zustandekommt und eine erneute Diskussion vermieden wird. Dies dient jedenfalls der Verfahrensökonomie.

V. Landesrecht

7   Die **Länder** haben § 92 in ihren VwVfGen übernommen; dieser Regelung gehen aber oft Spezialvorschriften zu Wahlverfahren vor.

§ 93 Niederschrift

¹Über die Sitzung ist eine Niederschrift zu fertigen. ²Die Niederschrift muß Angaben enthalten über
1. den Ort und den Tag der Sitzung,
2. die Namen des Vorsitzenden und der anwesenden Ausschußmitglieder,
3. den behandelten Gegenstand und die gestellten Anträge,
4. die gefaßten Beschlüsse,
5. das Ergebnis von Wahlen.

³Die Niederschrift ist von dem Vorsitzenden und, soweit ein Schriftführer hinzugezogen worden ist, auch von diesem zu unterzeichnen.

Vergleichbare Vorschriften: –

Abweichendes Landesrecht: –

Entstehungsgeschichte: § 93 ist seit § 78 Musterentwurf 68, § 80 Entwurf 70 und § 89 Entwurf 73 unverändert geblieben. § 78 des Musterentwurfs 63 entsprach bei redaktionell etwas abweichender Formulierung inhaltlich weitgehend dem § 93, sah jedoch ferner ausdrücklich vor, die Niederschrift auch über den wesentlichen Inhalt der Sitzung zu fertigen.

Literatur: *Bolwig,* Niederschriften über die Sitzungen des Rats und seiner Ausschüsse, SKV 1966, 64; *Freitag,* Die Niederschrift in der öffentlichen Verwaltung, jur. Diss. Tübingen, 1969; *Münch,* Anwendung von ZPO-Bestimmungen auf Niederschriften von Anhörungs- und Widerspruchsausschüssen, VR 1979, 18; *Frey/Wußler/Vogt,* Protokollierung von Gemeinderatssitzungen durch Direktaufnahme auf CD/DVD – Möglichkeiten und Grenzen.

Übersicht

	Rn.
I. Pflicht zur Erstellung einer Niederschrift (Satz 1)	1
II. Mindestinhalt der Niederschrift (Satz 2)	2
III. Unterzeichnung der Niederschrift (Satz 3)	5
IV. Landesrecht	7

I. Pflicht zur Erstellung einer Niederschrift (Satz 1)

1   § 93 verpflichtet – wie § 68 Abs. 4 im förmlichen Verfahren – vorbehaltlich entgegenstehender Rechtsvorschriften (§ 88 Rn. 17 ff.) den Ausschuss, über alle Sitzungen eine Niederschrift zu fertigen (Satz 1). Die Vorschrift gilt entsprechend für Beschlüsse, die nach § 90 Abs. 1 Satz 2 im schriftlichen Wege oder in anderer Weise ohne Abhaltung einer Sitzung gefasst werden.[1] Sie beinhaltet eine Konkretisierung der allgemeinen Pflicht zur Führung vollständiger und wahrheitsgetreuer Akten (s. § 29 Rn. 24 ff.).[2] Die schriftliche Festlegung des wesentlichen Inhalts der

---

[1] *VG Minden* MedR 1996, 469. So auch *Kopp/Ramsauer* § 93 Rn. 1, 2.
[2] Vgl. hierzu z. B. *OVG Koblenz* DÖD 2000, 141 zu Art und Umfang der Dokumentationspflicht des Dienstherrn bei Teilabänderung einer dienstlichen Beurteilung. *OVG Saarlouis* NVwZ-RR 2007, 250; *VGH München* Beschluss v. 8. 10. 2004 – 7 CE 04.2567 –, VGHE 58, 11; *VGH Kassel* DVBl 1995, 1364; DVBl 1997, 621 zur Protokollierung mündlicher Prüfungen; *OVG Hamburg* NordÖR 2000, 250 zur Protokollierung von Vorstellungsgesprächen.

Sitzung dient vor allem der **Beweissicherung** zu Verlauf und Ergebnissen der Sitzung des Ausschusses.[3] Die Niederschrift z. B. über die Sitzung eines Wahlausschusses beinhaltet eine – widerlegliche – Vermutung für ihre Richtigkeit.[4]

II. Mindestinhalt der Niederschrift (Satz 2)

Das Protokoll ist **Bestandteil der Akten** eines VwVf i. S. der § 9 und kann von den Ausschussmitgliedern sowie den Beteiligten i. S. des § 13 nach Maßgabe des § 29 (Näheres dort), ggfs. nur in Bezug auf das eigene Verfahren (teilweise) **eingesehen** werden.[5] Dritten kann nach dem Ermessen des Ausschusses bzw. seiner Behörde (zum Verhältnis zwischen ihnen § 88 Rn. 6) bei berechtigtem Interesse Einsicht in die Niederschrift gewährt werden.[6] Zudem kommt ein allgemeiner, nicht an ein VwVf oder die Darlegung eines Interesses gebundener Anspruch auf Zugang nach dem Informationsfreiheitsrecht in Betracht, s. dazu § 29 Rn. 20 ff.[7] Ist eine Niederschrift entgegen § 93 nicht erstellt worden, so kann ein entsprechender Auskunftsanspruch bestehen.[8] Auch kann dies im Einzelfall zu einer Umkehr der Beweislast führen.[9] Die Niederschrift insgesamt kann nicht durch eine Tonträgeraufzeichnung ersetzt werden;[10] diese ist aber zur Anfertigung des Protokolls in der Regel (anders beim notwendigen Schutz der Privatsphäre, vgl. § 29 Rn. 53.) zulässig.[11] Die Niederschrift ist **öffentliche Urkunde** i. S. der §§ 415, 417, 418 ZPO.[12] Eine ordnungswidrige Niederschrift berührt die **Gültigkeit** der Beschlüsse nicht.[13] 2

Die in **Satz 2** vorgeschriebenen Angaben enthalten den notwendigen **Mindestinhalt** des Protokolls.[14] Darüber hinausgehende Angaben sind zulässig. Dies gilt etwa für die Feststellung der ordnungsgemäßen Ladung der Ausschussmitglieder, die Beteiligten des Verfahrens, ferner für die Angabe des Inhalts von Zeugenaussagen oder zum sonstigen Ablauf der Sitzung (Rn. 4); auch von Ausschussmitgliedern gestellte Sachanträge sind in aller Regel zu protokollieren. Wegen der Einzelheiten wird auf § 68 Abs. 4 und die Bemerkungen dazu dort, ferner auf § 71 Rn. 8 Bezug genommen. Mehrheitsbeschlüssen des Ausschusses auf **Abänderung oder Ergänzung der Niederschrift** wird der Vorsitzende zu entsprechen haben; solche Stellen sind in der Niederschrift ausdrücklich zu kennzeichnen. Eine Anwendung von ZPO-Bestimmungen auf die Erstellung oder den Inhalt der Niederschriften ist nicht vorgesehen.[15] 3

Nach Nr. 4 muss die Niederschrift nur die Angabe über das **Ergebnis** des gefassten Beschlusses enthalten; der genaue Wortlaut kann ihr als Anlage beigegeben werden. In der Regel wird, um Interna des Ausschusses nicht offenzulegen, wie nach § 71 Abs. 2 Satz 3 eine namensmäßige Angabe zum Abstimmungsergebnis (auch bei Wahlen, vgl. Nr. 5) zu unterbleiben haben; bei berechtigtem Interesse kann auf Antrag eines Ausschussmitglieds auch ein sonstiger bestimmter (objektiv bedeutsamer) Vorgang, etwa das eigene Stimmverhalten, Störungen der Sitzung,[16] über den Mindestinhalt hinaus in die Niederschrift aufgenommen werden. Die **Genehmigung** des 4

---

[3] Begründung zu § 89 Entwurf 73. So auch *VG Minden* MedR 1996, 469. S. in Abgrenzung dazu *BVerwG* ZfS 1994, 50 zur fehlenden Protokollierungspflicht der Hauptfürsorgestelle. S. auch *OVG Greifswald* NVwZ 2002, 104 zur Umkehr der Beweislast bei unvollständiger Aktenführung.
[4] S. *VG Freiburg* DÖV 2007, 174.
[5] *Henneke* in Knack § 93 Rn. 2.
[6] Vgl. hierzu im Kommunalrecht *OVG Lüneburg* NVwZ 1986, 496; *OVG Koblenz* NVwZ 1988, 87.
[7] S. dazu z. B. *OVG Münster* DVBl 2007, 200: zum Zugangsanspruch betreffend die Unterlagen zur Wahl der Vollversammlung einer IHK.
[8] *VG Minden* MedR 1996, 469; nachgehend *OVG Münster* MedR 1998, 575 zum Anspruch auf Benennung der Namen der Mitglieder einer Gutachterkommission für ärztliche Haftpflichtfragen.
[9] Vgl. *OVG Greifswald* NVwZ 2002, 104.
[10] S. hierzu aber *Frey/Wußler/Vogt* VBlBW 2007, 50 für die Protokollierung von Gemeinderatssitzungen durch Direktaufnahme auf CD/DVD.
[11] Vgl. *VGH Kassel* DÖV 1988, 37, zugleich zum Recht auf Abhören der Tonträgeraufzeichnung.
[12] Vgl. *VG Freiburg* DÖV 2007, 174 zur Niederschrift über die Sitzung eines Wahlausschusses.
[13] *Ule/Laubinger*, § 14 Rn. 20.
[14] Vgl. demgegenüber z. B. *VGH München* Beschluss v. 8. 10. 2004 – 7 CE 04.2567 –, VGHE 58, 11; *VGH Kassel* DVBl 1995, 1364; DVBl 1997, 621 zu den Anforderungen an den Inhalt der Protokollierung mündlicher Prüfungen.
[15] Vgl. hierzu *Münch* VR 1979, 18, 19.
[16] Hierzu *OVG Koblenz* DÖV 1989, 35.

Protokolls durch den Ausschuss ist in § 93 nicht vorgesehen, aber zur Vermeidung nachträglicher Streitigkeiten empfehlenswert.

III. Unterzeichnung der Niederschrift (Satz 3)

5 Der **Vorsitzende** ist für die Erstellung des Protokolls verantwortlich; er muss es daher stets **selbst unterzeichnen**. Sofern ein **Schriftführer** bestellt ist, muss der Vorsitzende ihn zur Anfertigung und Unterzeichnung in angemessener Zeit veranlassen, ggfls. die Niederschrift selbst erstellen.

6 Bei **Meinungsverschiedenheiten** über den Inhalt des Protokolls (auch zwischen dem Vorsitzenden und Protokollführer)[17] sowie über Anträge auf Änderung oder Ergänzung des Protokolls ist über die Textfassung durch **Mehrheitsbeschluss** (§ 91) zu entscheiden. Weigert sich der Vorsitzende und/oder der Schriftführer die Niederschrift zu unterzeichnen, gehen ihre Aufgaben, sofern nichts anderes bestimmt ist, auf ihre Stellvertreter über; ggfls. reicht die Unterzeichnung durch einen von ihnen unter Klarstellung der Gründe für die fehlende (weitere) Unterschrift.[18] Das einzelne Ausschussmitglied hat keinen organschaftlichen Anspruch auf umfassende Vollständigkeit und Richtigkeit der Niederschrift, kann aber verlangen, dass seine Auffassung und seine Anträge richtig protokolliert werden.[19]

IV. Landesrecht

7 § 93 ist auch in den LandesVwVfGen enthalten. Weitergehende Rechtsvorschriften in Spezialgesetzen bleiben unberührt.

---

[17] S. auch *VG Würzburg* Beschluss v. 19. 9. 2002 – W 2 E 02.829 – zur Abwehr ehrverletzender amtlicher Behauptungen aus Anlass der Erstellung der Niederschrift.
[18] Vgl. auch *OVG Münster* VR 1983, 357 zur GO NRW.
[19] Vgl. *OVG Saarlouis* AS RP-SL 25, 334 zum saarländischen Kommunalrecht.

Teil VIII. Schlussvorschriften

§ 94 Übertragung gemeindlicher Aufgaben

¹Die Landesregierungen können durch Rechtsverordnung die nach den §§ 73 und 74 dieses Gesetzes den Gemeinden obliegenden Aufgaben auf eine andere kommunale Gebietskörperschaft oder eine Verwaltungsgemeinschaft übertragen. ²Rechtsvorschriften der Länder, die entsprechende Regelungen bereits enthalten, bleiben unberührt.

Vergleichbare Vorschriften: –
Abweichendes Landesrecht: s. Rn. 4.
Entstehungsgeschichte: Die Vorschrift war noch im Entwurf 73 nicht enthalten. **Satz 1** wurde vom Bundesrat in seiner Stellungnahme zum Entwurf 73 vorgeschlagen (vgl. BT-Drucksache 7/910, S. 106 f). Die Bundesregierung stimmte dem Vorschlag zu (vgl. BT-Drucksache 7/910 S. 111). Auch **Satz 2** geht auf einen Vorschlag des Bundesrates zurück; er wünschte diese Ergänzung bei der Anrufung des Vermittlungsausschusses (vgl. BR-Drucksache 45/76 – Beschluß – S. 5).
Literatur: *Korber/Braese*, Die Mitwirkung der Gemeinden und Verwaltungsgemeinschaften in PlfV, BayVBl 1983, 393.

I. Aufgabenübertragung von Gemeinden auf andere kommunale Rechtsträger (Satz 1)

1. Bei der Durchführung von PlfV nach dem VwVfG §§ 72 ff. haben diejenigen Gemeinden, 1 „in denen sich das Vorhaben auswirkt", nach §§ 73 und 74 bestimmte Aufgaben wahrzunehmen (Auslegung des Planes und des PlfBeschlusses, Entgegennahme von Einwendungen).

§ 94 Satz 1 ermöglicht es den Ländern, diese Aufgaben nach Maßgabe der landesrechtlichen Verhältnisse auf eine **andere kommunale Gebietskörperschaft** oder eine **Verwaltungsgemeinschaft** zu übertragen, sofern dies nicht durch spezialgesetzliche Regelungen bereits geschehen ist (Einzelheiten bei §§ 73, 74). Die kommunalen Neugliederungen der letzten Jahre haben weitgehend an die Stelle der – teils ehrenamtlichen – Verwaltung in Kleingemeinden größere, leistungsstärkere Verwaltungseinheiten treten lassen. Auf sie sollen tendenziell die Aufgaben nach §§ 73, 74 übertragen werden können, damit die Vorteile der kommunalen Neugliederung auch hier genutzt und Verfahrensfehler möglichst vermieden werden können. Die in § 94 enthaltenen Begriffe sind **weit** auszulegen.

Die „Kommunalverfassungen" und ihre Organisationsformen variieren von Land zu Land 2 (z.B. Kreise, Ämter, Samtgemeinden, Verbandsgemeinden, Verwaltungsgemeinschaften).[1] Satz 1 lässt die Übertragung nur von Aufgaben zu, die den Gemeinden nach §§ 73, 74 übertragen worden sind. Wegen dieses Zuschnitts der Regelung auf kommunale Aufgaben, kommen für eine Übertragung auf „eine andere kommunale Gebietskörperschaft" solche der höheren Ebene – etwa Landschaftsverbände u.a. – nicht in Betracht.[2]

Die Vorschrift des § 94 bringt zwar einerseits einen Gewinn für die rationelle und möglichst 3 fehlerfreie Durchführung des PlfV, bedeutet aber andererseits bei der zum Teil großen räumlichen Ausdehnung der neuen Verwaltungseinheiten einen **Verlust an Bürgernähe**. Der Rechtsausschuss des Bundestages hatte daher „im Interesse der besseren Information des Bürgers" vorgeschlagen, die Vorschrift abzulehnen. Der Innenausschuss ist dem nicht gefolgt.[3]

2. Die Aufgabenübertragung muss gemäß § 94 Satz 1 **durch Rechtsverordnung** erfolgen. 4 Adressat der Ermächtigung ist die Landesregierung; eine Delegation der Ermächtigung ist nicht

---
[1] Vgl. *Gern*, Deutsches Kommunalrecht, 3. Aufl. 2003, S. 398 ff.; 602 ff. m. w. N.
[2] So auch *Ziekow*, § 94 Rn. 1; a. A. *Kopp/Ramsauer*, § 94 Rn. 2.
[3] Vgl. Bericht BT-Innenausschuss zu § 94.

vorgesehen. Zu beachten ist aber Art. 80 Abs. 4 GG,[4] wonach die Länder, soweit in einem Bundesgesetz die Landesregierungen zum Erlass einer Rechtsverordnung ermächtigt werden, auch zu einer Regelung durch Gesetz befugt sind. Die Aufgabenübertragung nach § 94 Satz 1 ist mithin durch Gesetz oder Rechtsverordnung möglich ist. Um das mit der Verordnungsermächtigung angestrebte Ziel zu erreichen, sind zwei Wege beschritten worden: **Hamburg, Sachsen-Anhalt, Mecklenburg-Vorpommern, Niedersachen** und **Schleswig-Holstein** haben durch die Formulierung der den §§ 73 und 74 entsprechenden Vorschriften in ihren Landesgesetzen (§§ 73, 74 Hmb VwVfG; § 72 Abs. 3 LSA VwVfG; § 73 MV VwVfG, § 5 a Nds VwVfG; §§ 140, 141 LVwG SchlH) entsprechende Zuständigkeitsverlagerungen vorgenommen. **Baden-Württemberg** hat in § 95 des Landesverwaltungsverfahrensgesetzes seinerseits eine Aufgabenübertragung durch Rechtsverordnung vorgesehen. Auf der Grundlage der Ermächtigung des § 94 Satz 1, die sich ohnehin nur auf die §§ 73, 74 bezieht und nicht auf die entsprechenden Landesregelungen, hat aber bisher kein Land eine Rechtsverordnung erlassen. Die **Regelung läuft praktisch leer.**[5]

II. Frühere Rechtsübertragungsakte (Satz 2)

5   Satz 2 stellt klar, dass Länder, die bereits entsprechende Regelungen getroffen haben, sie nicht auf Grund der Ermächtigungsnorm des Satzes 1 erneut treffen müssen. Dies hätte auf Grund der Formulierung in Satz 1 („Die Landesregierungen können") zweifelhaft sein können. Die bereits erfolgte Aufgabenübertragung kann, im Gegensatz zur künftigen Übertragung nach Satz 1, auch durch Gesetz erfolgt sein. Dies ergibt sich aus dem Wort „Rechtsvorschriften" in Satz 2.

§ 95 Sonderregelung für Verteidigungsangelegenheiten

(1) [1]Nach Feststellung des Verteidigungsfalles oder des Spannungsfalles kann in Verteidigungsangelegenheiten von der Anhörung Beteiligter (§ 28 Abs. 1), von der schriftlichen Bestätigung (§ 37 Abs. 2 Satz 2) und von der schriftlichen Begründung eines Verwaltungsaktes (§ 39 Abs. 1) abgesehen werden; in diesen Fällen gilt ein Verwaltungsakt abweichend von § 41 Abs. 4 Satz 3 mit dem auf die Bekanntmachung folgenden Tag als bekannt gegeben. [2]Dasselbe gilt für die sonstigen gemäß Artikel 80a des Grundgesetzes anzuwendenden Rechtsvorschriften.

(2) *Absatz 1 findet keine Anwendung im Land Berlin.*

Vergleichbare Vorschriften: –

Abweichendes Landesrecht: s. Rn. 2.

Entstehungsgeschichte: Bereits § 80 Musterentwurf enthielt vor der Verabschiedung der Notstandsverfassung dem Inhalt nach eine mit § 95 weitgehend übereinstimmende Sonderregelung für Verteidigungsangelegenheiten, jedoch ohne den erst in § 81 Entwurf 70 angefügten Satz 1 Halbsatz 2 und Satz 2. Absatz 2 wurde durch § 90 Entwurf 73 angefügt.

I. Allgemeines

1   § 95 ermöglicht im nationalen, ggfl. nur landesweiten **Notstandsfall** (Art. 80 a, 115 a ff. GG) im Interesse notwendiger rascher und einfacher Entscheidungen eine Reihe von im Einzelnen aufgeführten Abweichungen von §§ 28 Abs. 1, 37 Abs. 2 S. 2 und 39 Abs. 1, ohne das Verwaltungsverfahren schlechthin aus den gesetzlichen Bindungen zu entlassen. Er steht im Zusammenhang mit den **Notstandsgesetzen,** insbesondere den damit verbundenen **Sicherstellungsgesetzen** und den auf dieser Grundlage erlassenen **Rechtsverordnungen.** Zu beachten ist, dass in den Sicherstellungsgesetzen und den zu ihnen ergangenen Rechtsverordnungen eine

---

[4] In der Fassung des Gesetzes v. 27. 10. 1994, BGBl. I S. 3146.
[5] So auch *Kopp/Ramsauer*, § 94 Rn. 3; ferner *Dürr* in Knack § 94 Rn. 2.

§ 96 Überleitung von Verfahren § 96

Reihe auch verfahrensrechtlicher Sondervorschriften enthalten sind, welche die Anwendung des VwVfG auf Grund der ihm eigenen Subsidiarität (§ 1 Abs. 1 und 2) ausschließen. § 95 gilt also nur, **wenn und soweit das VwVfG** von Bund oder/und Ländern **zur Anwendung kommt,** belässt es aber beim grundsätzlichen Vorrang spezialgesetzlicher Rechtsvorschriften (zur Subsidiarität vgl. § 1 Rn. 186 ff.).

Die **Länder** haben § 95 in ihrem VwVfGen im Wesentlichen übernommen, die Sonderregelungen aber teilweise nicht nur in Verteidigungsangelegenheiten angeordnet, sondern auch bei **sonstigen Notstandsfällen**, z. B. bei Naturkatastrophen – vgl. § 97 Ba.-WüVwVfG. 2

II. Voraussetzungen der Anwendbarkeit

1. § 95 kommt nur nach Feststellung des **Spannungsfalles** oder des **Verteidigungsfalles** 3 (Absatz 1 Satz 1) zur Anwendung. Es handelt sich hierbei um die Fälle von **Art. 80 a** und **Art. 115 a** Abs. 1, 3 und 4 GG. In Situationen des **Bündnisfalles** gem. Art. 80 a Abs. 3 GG dürfte die Anwendung der Vorschrift auf solche Situationen zu beschränken sein, in denen eine unmittelbar Bedrohung Deutschlands oder eines Bündnispartners besteht.[1] Durch die Regelung des Absatzes 1 Satz 2 werden die Änderungen auch auf diejenigen Rechtsvorschriften erstreckt, die gemäß Artikel 80 a GG anzuwenden sind. Es handelt sich hierbei um die Bereiche, in denen Rechtsvorschriften nur nach Maßgabe dieses Artikels angewandt werden dürfen, ferner solche, in denen der Bundestag der Anwendung des Gesetzes besonders zugestimmt hat (Artikel 80 a Abs. 1 GG) oder aber um die Fälle des Artikels 80 a Abs. 3 Satz 1 GG, bei denen Rechtsgrundlage für die Anwendung der Beschluss eines internationalen Organs ist, der im Rahmen eines Bündnisvertrages mit Zustimmung der Bundesregierung gefasst wird.[2]

2. Die Sonderregelungen gelten nur in **Verteidigungsangelegenheiten.** Dieser Begriff ist 4 weit auszulegen.[3] Er bezieht sich auf alle zivilen oder militärischen Maßnahmen zur Erhaltung der Verteidigungsbereitschaft und damit der räumlichen und staatlichen Integrität der Bundesrepublik.[4] Die Maßstäbe für die Erfassung der in Absatz 1 beschriebenen Bereiche müssen im Spannungsfall strenger sein als im Verteidigungsfall. Die Länder sehen Sonderregelungen teilweise auch in **sonstigen Notstandsfällen** vor, z. B. bei Naturkatastrophen – vgl. § 97 Ba.-WüVwVfG.

III. Berlin-Klausel (Abs. 2)

Abs. 2 war durch die Sonderstellung von Berlin bedingt und wurde durch Art. 1 Nr. 10 des 5 GenBeschlG vom 12. 9. 1996[5] gestrichen. § 95 in der Fassung der Bekanntmachung vom 21. 9. 1998, BGBl I S. 3050, umfasst dementsprechend allein den Wortlaut des früheren Absatzes 1 der Vorschrift.

§ 96 Überleitung von Verfahren

(1) **Bereits begonnene Verfahren sind nach den Vorschriften dieses Gesetzes zu Ende zu führen.**

(2) **Die Zulässigkeit eines Rechtsbehelfs gegen die vor Inkrafttreten dieses Gesetzes ergangenen Entscheidungen richtet sich nach den bisher geltenden Vorschriften.**

(3) **Fristen, deren Lauf vor Inkrafttreten dieses Gesetzes begonnen hat, werden nach den bisher geltenden Rechtsvorschriften berechnet.**

(4) **Für die Erstattung von Kosten im Vorverfahren gelten die Vorschriften dieses Gesetzes, wenn das Vorverfahren vor Inkrafttreten dieses Gesetzes noch nicht abgeschlossen worden ist.**

---

[1] Vgl. *Kopp/Ramsauer*, § 95 Rn. 4.
[2] Vgl. auch Gesetz über vereinfachte Verkündungen und Bekanntgaben vom 18. 7. 1975, BGBl I S. 1919.
[3] Begründung zu § 90 Entwurf 73.
[4] Ähnlich *Kopp/Ramsauer*, § 95 Rn. 7; *Meyer/Borgs*, § 95 Rn. 4.
[5] BGBl I S. 1354.

§ 96 1, 2   Teil VIII. Schlussvorschriften

Vergleichbare Vorschriften: Art. 97 §§ 1, 2, 18 EGAO 1977; Art. II § 37 SGB X des Gesetzes vom 18. 9. 1990; Art. II § 21 SGB X des Gesetzes vom 4. 11. 1982.

Abweichendes Landesrecht: s. Rn. 10.

Entstehungsgeschichte: § 81 Musterentwurf entsprach bereits § 96; lediglich enthielt Absatz 4 statt des Begriffs „Vorverfahren" den Ausdruck „Widerspruchsverfahren". Über § 82 Entwurf 70, § 91 Entwurf 73 wurde § 96 Gesetz.

Literatur: *Kopp,* Grundsätze des intertemporalen Verwaltungsrechts, SGb 1993, 593.

Übersicht

	Rn.
I. Fortführung von Verfahren (Abs. 1)	1
II. Zulässigkeit von Rechtsbehelfen (Abs. 2)	4
III. Fristberechnung (Abs. 3)	5
IV. Kosten des Vorverfahrens (Abs. 4)	8
V. Landesrecht	10

I. Fortführung von Verfahren (Abs. 1)

1   Neue Regeln des Verfahrensrechts bedürfen einer **Übergangsregelung** für Verfahren, die zum Zeitpunkt des Inkrafttretens des Gesetzes bereits begonnen, aber noch nicht abgeschlossen sind.[1] Im Interesse einer schnellen Rechtsangleichung sind vor dem 1. Januar 1977 (§ 103) **begonnene Verfahren** i. S. d. § 9[2] nach den Vorschriften dieses Gesetzes fortzuführen.[3] Einzelheiten regeln Absätze 2 bis 4. Eine **Verfahrenshandlung** oder ein Verfahrensabschnitt, die nach altem Recht **wirksam** vorgenommen worden waren, bleiben bestehen. Absatz 1 gibt damit einen **allgemeinen Rechtsgrundsatz** des **intertemporalen Verfahrensrechts** wieder, wonach auch dann, wenn keine besonderen Überleitungsregeln bestehen, neue Verfahrensvorschriften in anhängigen Verfahren ohne Rückwirkung anzuwenden sind, mithin abgeschlossene Verfahrensabschnitte nicht erfassen.[4] Es besteht **kein Vertrauensschutz** des Bürgers darauf, dass während eines anhängigen Verfahrens *für die Zukunft* ihm im konkreten Fall günstige Verfahrensregeln vom Gesetzgeber nicht verändert werden (z. B. um eine Beschleunigung zu erreichen; für die Vergangenheit s. Rn. 6). **Besondere Überleitungsregeln** gehen § 96 vor. So z. B. Art. 6 GenBeschlG („Vor Inkrafttreten dieses Gesetzes begonnene Genehmigungsverfahren werden nach den Vorschriften dieses Gesetzes weitergeführt.").[5]

2   Soweit **Verfahren** durch Erlass eines Verwaltungsaktes, wenn auch nicht unanfechtbar, oder Abschluss eines öffentlich-rechtlichen Vertrages **abgeschlossen** (dazu § 9 Rn. 182 ff.) waren, bleiben sie von dem In-Kraft-Treten des VwVfG unberührt in dem Sinne, dass sich die Frage, ob und welche Rechtswirkungen entstanden sind, ausschließlich nach altem Recht bestimmt.[6] So findet z. B. § 44 auf diese abgeschlossenen Verfahren keine Anwendung.[7] Dies entspricht

---

[1] Übergangsregelungen haben in der Regel keine grundsätzliche Bedeutung i. S. d. Revisionsrechts, *BVerwG* DVBl 1995, 568.

[2] S. *BVerwG* DVBl 1984, 53, 54.

[3] Hierzu *BVerwG* NJW 1991, 766: „Das neue Recht wirkt aber nicht materiell auf die frühere Verwaltungshandlung zurück und hat nicht zur Folge, dass wegen dieses neuen Rechts ein vor Inkrafttreten des Gesetzes erlassener rechtmäßiger Verwaltungsakt nachträglich rechtswidrig wird." § 96 beschränkt die Wirkung des neuen VwVfGes auf das, „was nach dem Inkrafttreten des neuen Gesetzes geschieht (vgl. auch BT-Drs. 7/910 S. 96)."

[4] BVerwG NVwZ 1986, 45; DVBl 1991, 1093; NJW 1993, 2453; NJW 1994, 1810; VGH Mannheim NVwZ-RR 1992, 107. Zum intertemporalen Prozessrecht: *OVG Münster* DÖV 2005, 484; *VGH München* NJW 2005, 2634 (zu § 124 a Abs. 4 Satz 5 VwGO). Ferner *BVerfG* NVwZ 1992, 1182; *BVerwG* Buchholz 310 § 124 VwGO Nr. 28; *OVG Saarlouis* NVwZ 1999, 1006 (zu § 212 a Abs. 1 BauGB); *OVG Berlin* ZfBR 1998, 211; *OVG Lüneburg* DWW 1998, 183; *OVG Münster* NVwZ 1997, 694; *VGH München* NVwZ 1997, 694; BayVBl 1997, 591; *OVG Lüneburg* NVwZ 1997, 1222 (jeweils zu § 47 Abs. 2 VwGO i. d. F. des 6. VwGOÄndG); *VG Göttingen* NVwZ-RR 1999, 52 (zu § 126 Abs. 3 Nr. 3 BRRG); s. ferner Rn. 6.

[5] Dazu Rn. 5; § 71 a Rn. 33; § 103 Rn. 4.

[6] S. *BVerwGE* 54, 258; *OVG Koblenz* NVwZ 1988, 945; *Clausen* in Knack § 96 Rn. 1.

[7] So auch *OVG Münster* NWVBl 2005, 140 für die Wirksamkeit eines 1969 abgeschlossenen erschließungsbeitragsrechtlichen Ablösungsvertrag. Vgl. auch *BVerwG* NJW 1978, 340; NJW 1991, 766 für nachfolgende Rücknahme und Widerruf; ferner *BVerwG* NJW 1984, 2113; *OVG Münster* NJW 1979, 124 (L).

ebenfalls einem **allgemeinen Rechtsgrundsatz,** vgl. § 170 EGBGB. Folgeverfahren einschließlich solcher Verfahren, die dazu bestimmt sind, auf derartige Altverfahren einzuwirken (etwa i. S. d. §§ 48, 49, 51), sind dagegen neue Verfahren, auf die § 96 Abs. 1 keine Anwendung findet; sie werden nach neuem Recht abgewickelt.[8] Soweit das **Vorverfahren** am Stichtag noch nicht abgeschlossen, gelten die Ausführungen unter Rn. 4.

Absatz 1 gilt allerdings nicht für die Vorschriften über das **förmliche Verfahren** (§§ 63 ff.). **3** Da dieses Verfahren auf Grund eines nach Inkrafttreten des VwVfG ergangenen besonderen Gesetzes eingeführt werden muss (vgl. § 63 Rn. 28), hat die jeweilige Rechtsvorschrift die Übergangsregelung zu bestimmen.[9]

II. Zulässigkeit von Rechtsbehelfen (Abs. 2)

Absatz 1 gilt auch für am Stichtag noch nicht abgeschlossene **Rechtsbehelfsverfahren.** **4** Hiernach sind über § 79 die Regeln des VwVfG heranzuziehen,[10] ergänzt in Absatz 4 für die Kostenerstattung. Neben dieser allgemeinen Regel bestimmt Absatz 2, dass ein Rechtsbehelf nach früheren Regeln zulässig bleibt und entsprechend durchzuführen ist, selbst wenn das VwVfG diesen Rechtsbehelf überhaupt nicht oder in dieser Art nicht mehr als zulässig ansieht. Absatz 2 entspricht den üblichen Übergangsregelungen in Gesetzen, die Rechtsbehelfe abweichend von früherem Recht regeln (s. § 195 Abs. 6 Nr. 5 VwGO). Er gewährt damit im vollem Umfang den **Vertrauensschutz,** den das *BVerfG*[11] für die Beibehaltung verfahrensrechtlicher Positionen verlangt. S. dort auch zur Rückwirkung derartiger Gesetze. Der Grundsatz des intertemporären Verfahrensrechts,[12] wonach eine Änderung des Verfahrensrechts grds. ab dem Zeitpunkt des Inkrafttretens des neuen Rechts gilt und auch bereits anhängige Verfahren erfasst (s. Rn. 1), wird nämlich mit Blick auf den prozessrechtlichen **Grundsatz der Rechtsmittelsicherheit** dahingehend eingeschränkt, dass bereits in zulässiger Weise eingelegte Rechtsmittel zulässig bleiben.[13]

III. Fristberechnung (Abs. 3)

Absatz 3 dient der Klarstellung für die **Fristberechnung** entsprechend allgemeinen Grund- **5** sätzen. Absatz 3 gilt nur für **Fristen** (§ 31 Rn. 5) und ihre **Berechnung.** Zur Berechnung zählen auch die Grundsätze von Hemmung und Unterbrechung (§ 53). Grundsätze der **Verwirkung**[14] spricht § 96 nicht an; ihre Voraussetzungen werden von dem Inkrafttreten des VwVfG nicht berührt.

Soweit § 31 Neuregelungen gegenüber dem früheren Recht enthält, sind sie nicht auf die am **6** 1. Januar 1977 laufenden Fristen anzuwenden. Ist die Frist vor dem 1. Januar 1977 bereits abgelaufen, findet § 31 ohnehin keine Anwendung. Beginnt die Frist nach dem 1. Januar 1977, ist § 31 anwendbar.

Nicht in Absatz 3 genannt sind die Fälle, für die erst das VwVfG eine Frist eingefügt hat, z. B. **7** **Fristen nach § 32 Abs. 3, §§ 48 Abs. 4, 49 Abs. 2 Satz 2, § 51 Abs. 3,** s. hierzu im Ein-

---

[8] *BSG* DVBl 1990, 217; *BVerwG* NJW 1993, 2453; *BFHE* 149, 347; *Kopp/Ramsauer,* § 96 Rn. 5; *Clausen* in Knack § 96 Rn. 1, a. A. *Obermayer,* VwVfG, § 96 Rn. 9 für Rücknahme und Widerruf; wohl auch *Weides* NJW 1981, 841, 843 für Anwendbarkeit des § 44a BHO (s. Art. 6 des Gesetzes zur Änderung verwaltungsverfahrensrechtlicher Vorschriften v. 2. 5. 1996, BGBl. 656).
[9] So Begründung zu § 91 Abs. 2 Entwurf 73, s. Rn. 8.
[10] *BVerwG* BayVBl 1981, 342, 344; für die Länder im Rahmen ihrer Kompetenz, s. § 79 Rn. 56.
[11] Z. B. *BVerfGE* 87, 48 = NVwZ 1992, 1182; dazu *Sachs* JuS 1993, 685.
[12] Dazu z. B. *OVG Münster* DÖV 2005, 484; *VGH München* NJW 2005, 2634 (zu § 124a Abs. 4 Satz 5 VwGO).
[13] S. auch *BVerwG* Buchholz 310 § 124 VwGO Nr. 28; *OVG Saarlouis* NVwZ 1999, 1006 (zu § 212a Abs. 1 BauGB); *OVG Berlin* ZfBR 1998, 211; *OVG Lüneburg* DWW 1998, 183; *OVG Münster* NVwZ 1997, 694; *VGH München* NVwZ 1997, 694; BayVBl 1997, 591; *OVG Lüneburg* NVwZ 1997, 1222 (jeweils zu § 47 Abs. 2 VwGO i. d. F. des 6. VwGOÄndG).
[14] Zur Verwirkung der Widerspruchs- bzw. Klagebefugnis s. *BVerwG* DVBl 2000, 1862; *OVG Greifswald* NJ 2001, 55; *OVG Münster* NWVBl 2000, 316; 1998, 321; BauR 2000, 433; *VGH Mannheim* VBlBW 1998, 217; *OVG Weimar* NVwZ 1994, 508; *VG Saarlouis* ZfB 2000, 181. Zur Verwirkung der Befugnisse der Behörde s. BVerwGE 110, 226 = NJW 2000, 1512.

§ 97

zelnen § 35 Rn. 200a. Für diese **Fristen** gilt **Absatz 1** (Rn. 5). Bereits in laufenden Aufhebungsverfahren ist daher die neue Frist, deren Beginn allerdings nicht vor dem 1. Januar 1977 liegen kann, zu beachten.[15]

IV. Kosten des Vorverfahrens (Abs. 4)

8 Absatz 4 verdeutlicht Absatz 1 für die Frage der **Erstattung von Kosten** im Vorverfahren. Als Überleitungsvorschrift zu § 80 gilt sie im **Geltungsbereich der** § 80 (s. dort Rn. 7f.). Wenn das Vorverfahren nicht bis zum 31. Dezember 1976 abgeschlossen war, sind die Kosten nach § 80 zu erstatten, gleichgültig, ob die Kosten bereits früher entstanden sind. Diese Stichtagsregelung ist verfassungsgemäß.[16]

9 Das Vorverfahren ist mit der Zustellung des Widerspruchsbescheides **abgeschlossen** (s. § 79 Rn. 6, 14).[17] Folgt einer Verkündung einer Entscheidung die Zustellung des Widerspruchsbescheides nach, ist das Vorverfahren erst mit der Zustellung abgeschlossen.[18]

V. Landesrecht

10 Die Landesregelungen entsprechen im Wesentlichen § 96. In § 98 Abs. 5 BWVwVfG und Art. 96 Abs. 5 BayVwVfG ist eine Sonderregelung zu § bzw. Art. 75 Abs. 4 aufgenommen. Rheinland-Pfalz hat § 96 Abs. 4 nicht übernommen, weil die § 80 entsprechende Vorschrift in § 19 AGVwGO RhPf enthalten ist.

§ 97 Änderung der Verwaltungsgerichtsordnung (weggefallen)

Die Verwaltungsgerichtsordnung wird wie folgt geändert:

1. § 40 Abs. 2 erhält folgende Fassung:

„*(2) Für vermögensrechtliche Ansprüche aus Aufopferung für das gemeine Wohl und aus öffentlich-rechtlicher Verwahrung sowie für Schadensersatzansprüche aus der Verletzung öffentlich-rechtlicher Pflichten, die nicht auf einem öffentlich-rechtlichen Vertrag beruhen, ist der ordentliche Rechtsweg gegeben. Die besonderen Vorschriften des Beamtenrechts sowie über den Rechtsweg bei Ausgleich von Vermögensnachteilen wegen Rücknahme rechtswidriger Verwaltungsakte bleiben unberührt.*"

2. Nach § 44 wird folgender § 44a eingefügt:

„*§ 44a*

Rechtsbehelfe gegen behördliche Verfahrenshandlungen können nur gleichzeitig mit den gegen die Sachentscheidung zulässigen Rechtsbehelfen geltend gemacht werden. Dies gilt nicht, wenn behördliche Verfahrenshandlungen vollstreckt werden können oder gegen einen Nichtbeteiligten ergehen."

3. § 137 Abs. 1 erhält folgende Fassung:

„*(1) Die Revision kann nur darauf gestützt werden, daß das angefochtene Urteil auf der Verletzung*

1. von Bundesrecht oder

2. einer Vorschrift des Verwaltungsverfahrensgesetzes eines Landes, die ihrem Wortlaut nach mit dem Verwaltungsverfahrensgesetz des Bundes übereinstimmt,

beruht."

4. § 180 erhält folgende Fassung:

„*§ 180*

Erfolgt die Vernehmung oder die Verteidigung von Zeugen und Sachverständigen nach dem Verwaltungsverfahrensgesetz [oder nach dem Zehnten Buch Sozialgesetzbuch]* durch das Verwaltungsgericht,

---

[15] *BVerwG* NJW 1991, 766, 767; *VGH München*, BayVBl 1980, 501, 502; NJW 1986, 1564, 1565; *OVG Koblenz* DVBl 1982, 219, 222; *VG Köln* NVwZ 1984, 537.
[16] *BVerwGE* 55, 299 = DVBl 1978, 630.
[17] S. *OVG Münster* NVWZ 2005, 450; 2005, 451 m. w. N.
[18] *BVerwGE* 55, 299 = DVBl 1978, 630.
* Eingefügt durch Gesetz v. 18. 8. 1980, BGBl I S. 1469.

so findet sie vor dem dafür im Geschäftsverteilungsplan bestimmten Richter statt. Über die Rechtmäßigkeit einer Verweigerung des Zeugnisses, des Gutachtens oder der Eidesleistung nach dem Verwaltungsverfahrensgesetz [oder nach dem Zehnten Buch Sozialgesetzbuch]* entscheidet das Verwaltungsgericht durch Beschluß."

Die Vorschrift ist durch Art. 1 Nr. 7 des 2. VwVfÄndG vom 6. 8. 1998, BGBl I S. 2022, **gestrichen** worden. Die Streichung hat die Frage aufgeworfen, ob mit ihr ungewollt u. a. auch § 44a VwGO aufgehoben worden sei.[19] Das *BVerwG*[20] hat hierzu klargestellt, dass dies nicht der Fall ist.

Das VwVfG hat die **VwGO** nur in dem durch das VwVfG **zwingend gebotenen Umfang geändert.** Hierzu enthält die **6. Auflage, § 97 Rn. 2 ff.** eine Darstellung der Entstehungsgeschichte und der Grundzüge der Neuregelungen, auf die nunmehr mit Blick auf die vorhandenen umfassenden **Kommentierungen der VwGO** verzichtet wird.

§ 98 Änderung des Bundesfernstraßengesetzes (weggefallen)

Die Vorschrift, die eine Änderung der §§ 18, 18a Bundesfernstraßengesetzes in der Fassung der Bekanntmachung vom 1. Oktober 1974; BGBl. I S. 2413, geändert durch Art. 26 des Gesetzes vom 10. März 1975, BGBl. I S. 685, enthielt, ist durch Art. 1 Nr. 7 des 2. VwVfÄndG vom 6. 8. 1998, BGBl I S. 2022, **gestrichen** worden. Die Regelung war schon zuvor **gegenstandslos**, nachdem §§ 18 bis 18e FStrG durch Art. 26 Nr. 3 des Dritten Rechtsbereinigungsgesetzes vom 28. 6. 1990[1] mit Wirkung vom 1. 8. 1990 aufgehoben worden waren. Das war bereits in der Fassung der Bekanntmachung des FStrG vom 19. 4. 1994[2] berücksichtigt; vgl. hierzu §§ 72 ff. i d. F. des GenBeschlG vom 12. 9. 1996.[3]

§ 99 Änderung des Bundes-Immissionsschutzgesetzes (weggefallen)

In § 10 Abs. 4 Nr. 4 und Abs. 8 Satz 1 des Bundes-Immissionsschutzgesetzes vom 15. März 1974 (Bundesgesetzbl. I S. 721, 1193), zuletzt geändert durch das Gesetz zur Änderung des Bundes-Immissionsschutzgesetzes vom 4. Mai 1976 (Bundesgesetzbl. I S. 1148), wird die Zahl „500" durch die Zahl „300" ersetzt.

Die Vorschrift ist durch Art. 1 Nr. 7 des 2. VwVfÄndG vom 6. 8. 1998, BGBl I S. 2022, **gestrichen** worden. Sie war bereits zuvor gegenstandslos.

Das GenBeschlG vom 12. 9. 1996[1*] hat die Richtzahl, oberhalb derer die Bekanntgabe des Erörterungstermins und die Zustellung des Genehmigungsbescheides durch öffentliche Bekanntmachung ersetzt werden darf, von 300 auf 50 abgesenkt.

§ 100 Landesgesetzliche Regelungen

Die Länder können durch Gesetz
1. eine dem § 16 entsprechende Regelung treffen;
2. bestimmen, dass für Planfeststellungen, die auf Grund landesrechtlicher Vorschriften durchgeführt werden, die Rechtswirkungen des § 75 Abs. 1 Satz 1 auch gegenüber nach Bundesrecht notwendigen Entscheidungen gelten.

---

* Eingefügt durch Gesetz v. 18. 8. 1980, BGBl I S. 1469.
[19] So *Tiedemann* NJW 1998, 3475; dagegen *Roth* NVwZ 1999, 155; *Ramcke* DÖV 2000, 69; ferner *Schmitz* NJW 4/1999, XXXII.
[20] *BVerwG* NJW 1999, 1729.
[1] BGBl I S. 1221.
[2] BGBl I S. 854.
[3] BGBl S. 1354.
[1*] BGBl I S. 1354.

§ 100 1, 2   Teil VIII. Schlussvorschriften

Entstehungsgeschichte: Eine der **Nummer 1** entsprechende Regelung war bereits im Musterentwurf (§ 83 der Bundesfassung) vorgesehen; sie wurde im Entwurf 70 (§ 84) und im Entwurf 73 (§ 93) beibehalten.

Die **Nummer 2** war noch im Entwurf 73 nicht enthalten. Sie wurde von der Bundesregierung in der Gegenäußerung zur Stellungnahme des Bundesrates vorgeschlagen. Der Bundesrat wollte in § 71 Entwurf 73 (= § 75 VwVfG) folgenden Absatz 4 angefügt wissen:

„(4 a) Für Planfeststellungen, die auf Grund landesrechtlicher Vorschriften durchgeführt werden, kann der Landesgesetzgeber bestimmen, daß die Rechtswirkungen des Absatzes 1 Satz 1 Halbsatz 2 auch gegenüber nach Bundesrecht notwendigen landesbehördlichen Entscheidungen gelten."

Die Bundesregierung stimmte dem Wunsche des Bundesrates, eine möglichst weitgehende Konzentrationswirkung der Planfeststellung auch für landesrechtlich geregelte Bereiche sicherzustellen, in der Sache zu. Sie schlug zudem vor, die Regelung konsequenterweise auch auf den ersten Halbsatz des Absatzes 1 Satz 1 auszudehnen. Da es sich der Sache nach nicht um Verwaltungsverfahrensrecht des Bundes, sondern um eine Ermächtigung an den Landesgesetzgeber handelte, schlug die Bundesregierung ferner vor, die Vorschrift nicht in § 71 Entwurf 73, also im materiellen Teil des Gesetzes, aufzuführen, sondern mit der bereits vorgesehenen Nummer 1 (§ 93 Entwurf 73) zu einer Vorschrift zu vereinigen. Der Gesetzgeber schloß sich dieser Auffassung an.

Literatur: zu Nr. 1: vgl. § 16, zu Nr. 2: *Knöpfle,* Das Zusammentreffen planfeststellungsbedürftiger Vorhaben, Festschrift für Maunz, 1981, 182; ferner die Nachweise zu §§ 72, 75, 78.

Übersicht

	Rn.
I. Allgemeines	1
II. Bestellung von Vertretern (§ 16) durch das Vormundschaftsgericht (Nr. 1)	2
III. Erstreckung der Konzentrationswirkungen landesrechtlicher PlfV auf bundesrechtliche PlfV	3

I. Allgemeines

1   Die in § 100 enthaltene Ermächtigung zu landesrechtlicher Gesetzgebung beruht zu **Nr. 1** – wie sich undeutlich auch aus der Entstehungsgeschichte (hierzu vor Rn. 1) ergibt – auf der sich aus **Art. 71 GG** ergebenden verfassungsrechtlichen Ausgangslage, dass im Bereich der ausschließlichen Gesetzgebung des Bundes eine Befugnis der Länder zur Gesetzgebung nur zusteht, wenn und soweit sie in einem Bundesgesetze ausdrücklich ermächtigt werden. § 100 Nr. 1 geht davon aus, dass bei der Vertreterbestellung nach § 16 (Nr. 1) eine solche Ermächtigung notwendig ist. Zu **Nr. 1** haben alle Länder von der Ermächtigung Gebrauch gemacht. Zu **Nr. 2** ist die Rechtslage differenziert. Sie dient dem **Interessenausgleich** zwischen Bund und Ländern. Ihre rechtliche Bedeutung ist bisher nicht abschließend geklärt (Rn. 4 ff.).

II. Bestellung von Vertretern nach § 16 durch das Vormundschaftsgericht (Nr. 1)

2   Nach § 16 ist die Bestellung von Vertretern in weitergehendem Umfang möglich als die Bestellung von Pflegern nach §§ 1909 ff. BGB i. V. m. §§ 35 ff. FGG: § 16 widerspricht, indem er das Vormundschaftsgericht unter bestimmten Voraussetzungen für die Durchführung von Verwaltungsverfahren zur Bestellung von Vertretern verpflichtet, teilweise dem BGB und FGG. Dem Bundesgesetzgeber steht es frei, für die von seinen eigenen (Bundes-)Behörden durchgeführten Verwaltungsverfahren vom BGB und FGG abweichende Regelungen zu treffen. Für eine Übernahme dieser Regelung in die Verfahrensgesetze der Länder und die von Landes- oder Kommunalbehörden durchgeführten Verwaltungsverfahren bedurfte es jedoch einer entsprechenden **bundesgesetzlichen Ermächtigung,** weil den Ländern im Bereich des Bürgerlichen Rechts (Art. 74 Nr. 1 GG) eine Gesetzgebungskompetenz fehlt (vgl. auch § 16 Rn. 12). Alle Länder haben von dieser Ermächtigung Gebrauch gemacht. Diese Kompetenzlage nach Art. 71 GG gilt (weitgehend) auch für die durch das **Betreuungsgesetz** vom 12. 9. 1990[1] eingetretenen Änderungen des § 16 Abs. 1 Nr. 4 und Abs. 2 (hierzu § 16 Rn. 1 ff., 12, 22 ff.).

---

[1] BGBl I S. 2002.

III. Erstreckung der Konzentrationswirkungen landesrechtlicher PlfV auf bundesrechtliche PlfV (Nr. 2)

Nr. 2 steht im Zusammenhang mit den Regelungen für bundes- und landesrechtlich angeordnete PlfV und Problemen der Abgrenzung der Konzentrationswirkungen, die von bundes- und landesrechtlichen PlfV ausgehen (hierzu § 75).[2]

Die besondere Rechtfertigung des aufwändigen und gründlichen PlfV und sein Wert für die Praxis liegen darin, dass auf diese Weise ein umfangreiches raumbezogenes Vorhaben unter Abwägung aller Gesichtspunkte und unter **Berücksichtigung des materiellen Rechts von Bund und Ländern** in einem einheitlichen Verwaltungsverfahren umfassend und zusammenhängend geprüft und darüber eine konzentrierte Entscheidung getroffen werden kann (zu den verschiedenen Funktionen des PlfV vgl. § 72 Rn. 6ff.). Da die PlfBehörde die Gesichtspunkte aller nach § 73 Abs. 2 anzuhörenden Behörden und die Belange des Bundes- und Landesrechts in diese Abwägung einbezieht, sind neben der Planfeststellung gesonderte Entscheidungen dieser Behörden nicht mehr erforderlich (zu den besonderen Rechtswirkungen der Planfeststellung, insbesondere der Konzentrations-[Einheits]wirkung, vgl. § 75 Rn. 10 ff. m. w. N.). Durch § 100 Nr. 2 wird vermieden, die Konzentrationswirkung (einseitig) nur dann eintreten zu lassen, wenn das PlfV auf Grund von bundesrechtlichen Rechtsvorschriften angeordnet wird, denn ein auf einer solchen Rechtsgrundlage – ggf. auch nach § 78 – durchgeführtes „bundesrechtliches" PlfV[3] muss zwar auch das geltende materielle Landesrecht berücksichtigen, kann aber auf Grund der Konzentrationswirkung des § 75 Abs. 1 im Rahmen seiner Gesetzgebungskompetenz landesrechtlich normierte Genehmigungsvorbehalte überwinden.[4]

Die Ermächtigung in Nummer 2 eröffnet dem Landesgesetzgeber die Möglichkeit zu bestimmen, dass für Planfeststellungen und notwendige Folgemaßnahmen (hierzu § 75 Rn. 7), die auf Grund landesrechtlicher Vorschriften angeordnet und durchgeführt werden, die Rechtswirkungen des § 75 Abs. 1 Satz 1 auch gegenüber nach Bundesrecht notwendigen Entscheidungen eintreten.[5] § 100 Nr. 2 darf aber **nicht** als einfachgesetzliche **Ermächtigung zur Überwindung** der materiellrechtlichen **Kompetenzabgrenzung im Bund-Länder-Verhältnis** nach Maßgabe der Art. 30 ff., 70 ff., 83 ff. GG (miss)verstanden werden. Es bringt nur zum Ausdruck, dass landesrechtliche Fachplanungsgesetze **verfahrensrechtliche Wirkungen** auch gegenüber Bundesrecht vorsehen dürfen, wenn nicht der Bund, sondern die Länder für einen Sachbereich eine eigene Gesetzgebungskompetenz besitzen und auf dieser Grundlage ein PlfV anordnen. Die Erstreckung der landesrechtlichen Konzentrationswirkungen in den Bundesbereich beruht dann auf Art. 30 GG. Insofern kommt **Nr. 2 nur klarstellende Bedeutung** zu.[6] Da die Abgrenzung der Gesetzgebungs- und Verwaltungskompetenz zwischen Bund und Ländern nicht disponibel ist und Kompetenzübertragungen und -verzichte zwischen ihnen unzulässig sind,[7] bleiben Reichweite und Geltungskraft von materiellem Bundesrecht mit einer Vorrangwirkung (Art. 31 GG) vor Landesrecht unberührt. Nur soweit Bundesrecht überwindbare Optimierungsgebote, nicht aber zwingende sog. Planungsleitsätze enthält, kann es gegenüber Landesrecht zurücktreten (hierzu § 75 Rn. 8 ff. m. w. N.). Ein landesrechtlich angeordnetes PlfV (etwa im Straßenrecht) kann daher z. B. nicht das Verbot höhengleicher Kreuzungen bei Autobahnen nach dem FStrG derogieren. Insoweit liegt in der Nummer 2 auch eine nur klarstellende zulässige **Selbstbeschränkung** des Bundes im Bereich seiner Verwaltungszuständigkeit nach Art. 86 ff. GG.[8]

---

[2] S. dazu auch *BVerfGE* 26, 338 (363 f.); *BVerwGE* 27, 253 (255); 34, 263 (272 f.); 82, 17 (22 f.) = DÖV 1990, 34; zur Entstehungsgeschichte vgl. vor Rn. 1; § 75 Rn. 10 ff.
[3] Hierzu *BVerwGE* 101, 73 – Berliner Tiergartentunnel.
[4] Vgl. BVerwGE 82, 17 (22) = DÖV 1990, 34; 101, 73; ferner § 75 Rn. 10 ff.
[5] Zu den Grenzen bei § 36 BBahnG vgl. *BVerwGE* 82, 17 = *BVerwG* DÖV 1990, 34; § 75 Rn. 12 ff.
[6] Vgl. *BVerwGE* 82, 17 (23).
[7] Vgl. *BVerfGE* 26, 281 (296) *BVerwGE* 32, 145 (156); 39, 96 (108); 63, 1 (39); *v. Münch/Gubelt*, GG, Art. 30 Rn. 21, 23.
[8] *BVerwG* DÖV 1990, 35; *Knöpfle*, Festschrift für Maunz, 1981, 187, 192; *Kopp*, BayVBl 1973, 85, 89; a. A. *Ronellenfitsch*, VerwArch 1989, 92, 107, der § 100 Nr. 2 im Hinblick auf Art. 31 GG zu Unrecht für insgesamt verfassungswidrig hält.

6 Von der **Ermächtigung** haben die Länder unterschiedlichen Gebrauch gemacht. Voraussetzung für den Eintritt der Erstreckungswirkungen landesrechtlich angeordneter Planfeststellungen auf nach Bundesrecht notwendige Entscheidungen ist, dass ein entsprechender Wille des Landesgesetzgebers im Landesgesetz **unmißverständlich** zum Ausdruck kommt. Die Rechtswirkungen der Nr. 2 treten daher bei denjenigen Ländern ein, die in ihren VwVfGen die Erstreckung auf nach „Landes- oder Bundesrecht" notwendige Entscheidungen ausdrücklich angeordnet haben (so z. B. § 75 Abs. 1 VwVfG Ba-Wü, Bay, Brem, MV und SA, ferner auch § 4 VwVfG von Nds und Rh-Pf, § 142 LVwG-S-H). Wenn ein solcher Zusatz fehlt (etwa in den VwVfG von Bbg, HH, He, NRW, Saarl, Sachs und Thür), ist bei strikter Auslegung und Anwendung von Ermächtigungsnormen fraglich, ob gleichwohl die Rechtswirkungen der Nr. 2 eintreten.[9]

§ 101 Stadtstaatenklausel

¹Die Senate der Länder Berlin, Bremen und Hamburg werden ermächtigt, die örtliche Zuständigkeit abweichend von § 3 dem besonderen Verwaltungsaufbau ihrer Länder entsprechend zu regeln. ²*In diesen Ländern ist die Genehmigung nach § 61 Abs. 1 Satz 3 nicht erforderlich.*

Entstehungsgeschichte: Satz 1 findet sich erstmals im Entwurf 70 und ist seither unverändert geblieben. Satz 2 war im Entwurf 70 noch nicht enthalten. Der Bundesrat schlug in seiner Stellungnahme zum Entwurf 70 eine solche Ergänzung vor. Die Bundesregierung erhob gegen diesen Vorschlag keine Einwendungen und übernahm Satz 2 bei der Überarbeitung in den Entwurf 73. Satz 2 ist durch das 3. VwVfÄndG aufgehoben worden.

Literatur: vgl. zu § 3 und § 61.

Übersicht

	Rn.
I. Allgemeines	1
II. Veränderungen der örtlichen Zuständigkeit zu § 3 (Satz 1)	2
III. Veränderungen von Genehmigungserfordernissen bei § 61 (Satz 2 – aufgehoben)	3

I. Allgemeines

1 Der Aufbau der Verwaltung in den Stadtstaaten Berlin, Bremen und Hamburg weicht vom abgestuften Aufbau der Verwaltung in den Flächenstaaten erheblich ab.[1] Der Gesetzgeber hat darauf mit § 101 Rücksicht genommen und die Staatsstaaten ermächtigt, zu § 3 (und bis zu dessen Streichung durch das 3. VwVfÄndG[2] auch zu § 61) Sonderregelungen zu treffen.

II. Veränderungen der örtlichen Zuständigkeit zu § 3 (Satz 1)

2 Die allgemeinen Zuständigkeitsregelungen des § 3 sind dadurch auf die Verhältnisse in den Stadtstaaten nicht immer anwendbar. Der Gesetzgeber hat daher durch **Satz 1** den Senaten der Länder Berlin, Bremen und Hamburg die Möglichkeit eröffnet, abweichende Regelungen für örtliche Zuständigkeiten zu treffen; dies ist in den VwVfGen dieser Länder auch geschehen.

III. Veränderungen von Genehmigungserfordernissen bei § 61 (Satz 2 – aufgehoben)

3 **Satz 2 war** ebenfalls wegen der Besonderheiten der Verwaltung in den Stadtstaaten angefügt worden. Nach § 61 Abs. 1 Satz 3 a. F. war die bei Abschluss eines ör Vertrages mögliche Unter-

---

[9] Bejahend wohl *Clausen* in Knack § 100 Rn. 8.
[1] Zu den Besonderheiten der Hamburger Verwaltung vgl. *Wagener* DÖV 1982, 61.
[2] V. 21. 8. 2002, BGBl. I S. 3322.

werfung unter die sofortige Vollstreckung nur wirksam, wenn sie von der fachlich zuständigen Aufsichtsbehörde der vertragschließenden Behörde genehmigt worden war.³ In Hinblick auf die dortige Einheitsverwaltung erschien dem Bundesrat eine Ausnahme für die Stadtstaaten erforderlich, s. zur Entstehungsgeschichte vor Rn. 1. Satz 2 und § 61 Abs. 1 Satz 3 a. F. sind durch das 3. VwVfÄndG⁴ aufgehoben worden. Dieser Gesetzesänderung vorausgegangen war Rechtsprechung des BVerwG, wonach bei einem ör Vertrag nach § 61 Abs. 1 Satz 3 a. F. nicht nur die Unterwerfungserklärung einer Behörde, sondern auch diejenige des Bürgers einer Genehmigung sowohl durch den Behördenleiter der vertragschließenden Behörde als auch der zuständigen Aufsichtsbehörde bedurfte.⁵ Dies führte zur Änderung des § 61 Abs. 1, weil durch eine Auslegung des § 61 Abs. 1 Satz 3 a. F. und den damit verbundenen Verwaltungsaufwand das Institut des ör Vertrages praktisch unbrauchbar gemacht war.⁶

§ 102 Übergangsvorschrift zu § 53

Artikel 229 § 6 Abs. 1 bis 4 des Einführungsgesetzes zum Bürgerlichen Gesetzbuche gilt entsprechend bei der Anwendung des § 53 in der seit dem 1. Januar 2002 geltenden Fassung.

Art 229 § 6 EGBGB Überleitungsvorschrift zum Verjährungsrecht nach dem Gesetz zur Modernisierung des Schuldrechts vom 26. November 2001, BGBl. I 3138.

(1) Die Vorschriften des Bürgerlichen Gesetzbuchs über die Verjährung in der seit dem 1. Januar 2002 geltenden Fassung finden auf die an diesem Tag bestehenden und noch nicht verjährten Ansprüche Anwendung. Der Beginn, die Hemmung, die Ablaufhemmung und der Neubeginn der Verjährung bestimmen sich jedoch für den Zeitraum vor dem 1. Januar 2002 nach dem Bürgerlichen Gesetzbuch in der bis zu diesem Tag geltenden Fassung. Wenn nach Ablauf des 31. Dezember 2001 ein Umstand eintritt, bei dessen Vorliegen nach dem Bürgerlichen Gesetzbuch in der vor dem 1. Januar 2002 geltenden Fassung eine vor dem 1. Januar 2002 eintretende Unterbrechung der Verjährung als nicht erfolgt oder als erfolgt gilt, so ist auch insoweit das Bürgerliche Gesetzbuch in der vor dem 1. Januar 2002 geltenden Fassung anzuwenden.

(2) Soweit die Vorschriften des Bürgerlichen Gesetzbuchs in der seit dem 1. Januar 2002 geltenden Fassung anstelle der Unterbrechung der Verjährung deren Hemmung vorsehen, so gilt eine Unterbrechung der Verjährung, die nach den anzuwendenden Vorschriften des Bürgerlichen Gesetzbuchs in der vor dem 1. Januar 2002 geltenden Fassung vor dem 1. Januar 2002 eintritt und mit Ablauf des 31. Dezember 2001 noch nicht beendigt ist, als mit dem Ablauf des 31. Dezember 2001 beendigt, und die neue Verjährung ist mit Beginn des 1. Januar 2002 gehemmt.

(3) Ist die Verjährungsfrist nach dem Bürgerlichen Gesetzbuch in der seit dem 1. Januar 2002 geltenden Fassung länger als nach dem Bürgerlichen Gesetzbuch in der bis zu diesem Tag geltenden Fassung, so ist die Verjährung mit dem Ablauf der im Bürgerlichen Gesetzbuch in der bis zu diesem Tag geltenden Fassung bestimmten Frist vollendet.

(4) Ist die Verjährungsfrist nach dem Bürgerlichen Gesetzbuch in der seit dem 1. Januar 2002 geltenden Fassung kürzer als nach dem Bürgerlichen Gesetzbuch in der bis zu diesem Tag geltenden Fassung, so wird die kürzere Frist von dem 1. Januar 2002 an berechnet. Läuft jedoch die im Bürgerlichen Gesetzbuch in der bis zu diesem Tag geltenden Fassung bestimmte längere Frist früher als die im Bürgerlichen Gesetzbuch in der seit diesem Tag geltenden Fassung bestimmten Frist ab, so ist die Verlängerung mit dem Ablauf der im Bürgerlichen Gesetzbuch in der bis zu diesem Tag geltenden Fassung bestimmten Frist vollendet.

Vergleichbare Vorschriften: § 120 Abs. 5 SGB X.

Abweichendes Landesrecht:
BW: § 102a: § 53 in der ab In-Kraft-Treten des Elektronik-Anpassungsgesetzes geltenden Fassung findet auf die an diesem Tag bestehenden und noch nicht verjährten Ansprüche Anwendung. Eine zuvor eingetre-

---

³ Wegen der Einzelheiten vgl. § 61 Rn. 21.
⁴ V. 21. 8. 2002, BGBl. I S. 3322.
⁵ Vgl. *BVerwGE* 98, 58 = NJW 1996, 608.
⁶ Vgl. *Schmitz/Wessendorf* NVwZ 1996, 955 (962).

§ 102   Teil VIII. Schlussvorschriften

tene und zu diesem Zeitpunkt noch nicht beendete Unterbrechung der Verjährung gilt als beendet; die neue Verjährung ist ab In-Kraft-Treten des Elektronik-Anpassungsgesetzes gehemmt. Ist ein Verwaltungsakt, der zur Unterbrechung der Verjährung geführt hat, vor dem In-Kraft-Treten des Elektronik-Anpassungsgesetzes aufgehoben worden und ist an diesem Tag die in § 212 Abs. 2 Satz 1 des Bürgerlichen Gesetzbuchs in der bis 31. Dezember 2001 geltenden Fassung bestimmte Frist noch nicht abgelaufen, so ist § 212 Abs. 2 des Bürgerlichen Gesetzbuchs in dieser Fassung entsprechend anzuwenden.
Bay: Art. 96: § 53 in der ab dem 1. Januar 2003 geltenden Fassung findet auf die an diesem Tag bestehenden und noch nicht verjährten oder erloschenen Ansprüche Anwendung. Eine vor Ablauf des 31. Dezember 2002 eingetretene und mit diesem Zeitpunkt noch nicht beendete Unterbrechung der Verjährung oder des Erlöschens gilt mit Ablauf des 31. Dezember 2002 als beendet; die neue Verjährung ist mit Beginn des 1. Januar 2003 gehemmt. Ist ein Verwaltungsakt, der zur Unterbrechung der Verjährung oder des Erlöschens geführt hat, vor Ablauf des 31. Dezember 2002 aufgehoben worden und ist an diesem Tag die in § 212 Abs. 2 Satz 1 des Bürgerlichen Gesetzbuchs in der bis zum 31. Dezember 2001 geltenden Fassung bestimmte Frist noch nicht abgelaufen, so ist § 212 Abs. 2 des Bürgerlichen Gesetzbuchs in dieser Fassung entsprechend anzuwenden.
Brem: In Bremen nimmt § 98 LVwVfG auf die seit dem 17. April 2003 geltende Fassung des § 53 LVwVfG Bezug.
Hamb: Gesetz zur Anpassung verwaltungsrechtlicher Vorschriften an den elektronischen Rechtsverkehr v. 18. 11. 2003, GVBl. I 537, 540. Art. 8 Übergangsbestimmung Gilt eine Unterbrechung der Verjährung bei In-Kraft-Treten von Artikel 1 Nummer 19 nach § 53 Absatz 1 Satz 3 des Hamburgischen Verwaltungsverfahrensgesetzes in der vor In-Kraft-Treten von Artikel 1 Nummer 19 geltenden Fassung in Verbindung mit § 212 Absatz 1 des Bürgerlichen Gesetzbuches in der vor dem 1. Januar 2002 geltenden Fassung als nicht erfolgt, so ist § 212 Absatz 2 des Bürgerlichen Gesetzbuches in der vor dem 1. Januar geltenden Fassung mit der Maßgabe entsprechend anzuwenden, dass die Verjährung als mit Erlass des ersten Verwaltungsaktes gehemmt gilt.
NRW: Gesetz zur Änderung verwaltungsverfahrensrechtlicher Vorschriften zwecks Anpassung an die Erfordernisse des elektronischen Arbeitsverkehrs der Verwaltung (Elektronik-Anpassungsgesetz) v. 6. 7. 2004, GV NRW 370. Art. 5 Schluss- und Übergangsvorschriften, In-Kraft-Treten und Außer-Kraft-Treten
(2) Artikel 1 Nr. 17 (§ 53 VwVfG NRW) in der seit dem Tag des In-Kraft-Tretens geltenden Fassung findet auf die am Tag des In-Kraft-Tretens bestehenden und noch nicht verjährten Ansprüche Anwendung. Der Beginn, die Hemmung, die Ablaufhemmung und der Neubeginn der Verjährung bestimmen sich jedoch für den Zeitraum vor dem Tag des In-Kraft-Tretens nach der bis dahin geltenden Fassung des § 53 VwVfG NRW eine vor In-Kraft-Treten des Artikel 1 Nr. 17 ein Umstand eintritt, bei dessen Vorliegen nach der zuvor geltenden Fassung des § 53 VwVfG NRW eine vor In-Kraft-Treten des Artikel 1 Nr. 17 eintretende Unterbrechung der Verjährung als nicht erfolgt oder als erfolgt gilt, so ist auch insoweit die zuvor geltende Fassung des § 53 VwVfG NRW anzuwenden.
(3) Soweit Artikel 1 Nr. 17 in der seit dem Tag des In-Kraft-Tretens geltenden Fassung anstelle der Unterbrechung der Verjährung deren Hemmung vorsieht, gilt eine Unterbrechung der Verjährung, die gemäß der zuvor geltenden Fassung des § 53 VwVfG NRW vor In-Kraft-Treten des Artikel 1 Nr. 17 eintritt und in diesem Zeitpunkt noch nicht beendet ist, als mit dessen In-Kraft-Treten als beendigt, und die neue Verjährung ist ab diesem Zeitpunkt gehemmt.
Saarl: § 95 LVwVfG nimmt auf die seit dem Inkrafttreten des Gesetzes vom 8. Oktober 2003 (am 5. Dezember 2003, s. Art. 26 des am 4. Dezember 2003 verkündeten Gesetzes) geltende Fassung des § 53 Bezug.
SchlH: Gesetz zur Anpassung des schleswig-holsteinischen Landesrechts an das Verjährungsrecht und andere Vorschriften des Bürgerlichen Gesetzbuchs (Verjährungsanpassungsgesetz – VerjRAnpG) v. 15. 2. 2005, GVBl 168
Art. 1 § 120a. Hemmung der Verjährung durch Verwaltungsakt
(1) Ein Verwaltungsakt, der zur Feststellung oder Durchsetzung des Anspruchs eines öffentlich-rechtlichen Rechtsträgers erlassen wird, hemmt die Verjährung dieses Anspruchs. Die Hemmung endet mit Eintritt der Unanfechtbarkeit des Verwaltungsakts oder sechs Monate nach seiner anderweitigen Erledigung.
(2) Ist ein Verwaltungsakt im Sinne des Absatzes 1 unanfechtbar geworden, beträgt die Verjährungsfrist 30 Jahre. Soweit der Verwaltungsakt einen Anspruch auf künftig fällig werdende regelmäßig wiederkehrende Leistungen zum Inhalt hat, bleibt es bei der für diesen Anspruch geltenden Verjährungsfrist
Thür: § 96a Abs. 2: § 53 in der vom 3. Dezember 2004 an geltenden Fassung findet auf die an diesem Tag bestehenden und noch nicht verjährten Ansprüche Anwendung. Eine vor Ablauf des 3. Dezember 2004 eingetretene und zu diesem Zeitpunkt noch nicht beendete Unterbrechung der Verjährung gilt mit Ablauf des Tages vor dem 3. Dezember 2004 als beendet; die neue Verjährung ist mit Beginn des 3. Dezember 2004 gehemmt. Ist ein Verwaltungsakt, der zur Unterbrechung der Verjährung geführt hat, vor Ablauf des 3. Dezember 2004 aufgehoben worden und wird innerhalb von sechs Monaten nach der Aufhebung ein entsprechender zweiter Verwaltungsakt erlassen, so gilt die Verjährung des Anspruchs mit Erlass des ersten Verwaltungsakts als gehemmt.

Entstehungsgeschichte: Erstfassung: Die ursprüngliche Berlin-Klausel ist mit der Wiedervereinigung gegenstandslos geworden und wurde durch Art. 1 Nr. 7 des 2. VwVfÄndG vom 6. 8. 1998, BGBl I S. 2022, gestrichen. **Neue Regelung:** Der neue § 102 wurde durch Art. 13 Nr. 34 HzVNG v. 21. 6. 2002, BGBl I 2167, im Hinblick auf die Neuregelung der Verjährung in § 53 eingefügt und schließt an die Übergangsregelung zur Schuldrechtsmodernisierung an, Begr. RegE, BT-Drs 14/9007, S. 40 f.

Literatur: S. zu § 53.

Übersicht

	Rn.
I. Allgemeines	1
II. Inhalt der Übergangsregelung des Art. 229 § 6 Abs. 1 S. 1 EGBGB	2
III. Landesrecht	7

I. Allgemeines

§ 102 trifft – wie parallel § 120 Abs. 5 SGB X – eine rückwirkend in Kraft getretene[1] **Übergangsregelung zu § 53**. Er ordnet die entsprechende Geltung der ersten vier Absätze der Überleitungsvorschrift des mit der Schuldrechtsreform neu geregelten Verjährungsrechts des BGB bei der Anwendung des § 53 an. Die Maßgeblichkeit des neuen Verjährungsrechts dürfte aber auch über den Anwendungsbereich des § 53 hinaus (s. § 53 Rn. 5 ff.) nach diesen Übergangsregeln zu beurteilen sein.[2] Für nach dem 1. 1. 2002 entstandene Ansprüche gilt – vorbehaltlich verfassungsrechtlicher Bedenken[3] wegen der Rückwirkung des HZvNG mit 21. 6. 2002 – unabhängig von der Übergangsvorschrift unmittelbar das neue Recht; Ansprüche, die am 1. 1. 2002 bereits verjährt waren, sind nur nach altem Recht zu behandeln.[4]

II. Inhalt der Übergangsregelung des Art. 229 § 6 Abs. 1 S. 1 EGBGB

Nach Art. 229 § 6 Abs. 1 S. 1 EGBGB gelten die **neuen Verjährungsregelungen** für die **am 1. 1. 2002 bestehenden**[5] **und noch nicht verjährten Ansprüche**. 2

S. 2 der Bestimmung hält jedoch für Beginn, Hemmung, Ablaufhemmung und Neubeginn 3 der Verjährung[6] für die Zeit vor dem Stichtag am alten Recht fest. Für § 53 bedeutet das insbes., dass ein zur Durchsetzung des Anspruchs[7] eines ör Rechtsträgers **vor dem 1. 1. 2002 erlassener VA** die Verjährung unterbricht. Für die Fortdauer dieser Unterbrechung ist § 53 Abs. 1 S. 2 a. F. (nur) maßgeblich, soweit es den Zeitraum vor dem Stichtag betrifft (s. Rn. 4). Die alte Regelung des BGB bleibt aber nach Art. 229 § 6 Abs. 1 S. 3 EGBGB bedeutsam, wenn nach dem Stichtag ein Umstand eintritt, aufgrund dessen die Unterbrechung als nicht erfolgt gilt, wie namentlich bei Aufhebung des DurchsetzungsVA, s. § 53 Abs. 1 S. 2, 3 a. F. i. V. mit § 212 Abs. 1 BGB a. F.; der erneute Erlass eines solchen VA binnen sechs Monaten hat dann zur Folge, dass die Unterbrechung durch den ersten VA wieder als eingetreten gilt, s. § 53 Abs. 1 S. 3 a. F. i. V. mit § 212 Abs. 2 BGB a. F.[8]

Ist eine eingetretene **Unterbrechung** mit Ablauf des 31. 12. 2001 **noch nicht beendigt**, 4 gilt sie nach Art. 229 § 6 Abs. 2 EGBGB gleichwohl als zu diesem Zeitpunkt beendigt; die damit anlaufende neue Verjährung ist zugleich mit Beginn des 1. 1. 2002 gehemmt. Dies gilt auch bei einer Unterbrechung, die bei erneutem VA fingiert wird (Rn. 3).[9] Für die weitere Behandlung der gehemmten Verjährung gilt grundsätzlich das neue Recht, hinsichtlich der Verjährungsfristen aber vorbehaltlich der Abs. 3 und 4.

---

[1] Art. 25 Abs. 5 i. V. mit Art. 13 Nr. 4 HZvNG; zu den Ländern s. Rn. 7 und vor Rn. 1.
[2] Grundsätzlich dafür *Stumpf* NVwZ 2003, 1198, 1201, der aber für vor dem 1. 1. 2002 entstandene Ansprüche von Grundrechtsträgern die Weitergeltung des alten Rechts annimmt; wohl gegen eine über § 53 hinausgehende Bedeutung *Ziekow*, § 102 Rn. 2.
[3] Dazu etwa *Guckelberger*, Die Verjährung im Öffentlichen Recht, 2004, S. 657 ff.; *Ziekow*, § 53 Rn. 7.
[4] Vgl. für den unmittelbaren Anwendungsbereich der Vorschrift nur *Mansel* NJW 2002, 89, 90.
[5] Damit wird Fälligkeit nicht vorausgesetzt, *Kopp/Ramsauer*, § 102 Rn. 4; *Clausen* in Knack, § 102 Rn. 5.
[6] Diese entspricht der Unterbrechung des alten Rechts, s. § 53 Rn. 9.
[7] Da bereits die frühere Fassung des § 53 auch auf feststellende VAe anzuwenden war, was der neue Wortlaut des § 53 nur klarstellt (s. § 53 Rn. 47 f.), gilt für dieses nichts Besonderes; anders vom Boden der abw. Auslegung des § 53 a. F. *Clausen* in Knack, § 102 Rn. 7.
[8] Vgl. *Ziekow*, § 102 Rn. 4.
[9] Vgl. *Ziekow*, § 102 Rn. 4.

5   Art. 229 § 6 Abs. 3 EGBGB regelt den Fall, dass die **Verjährungsfrist nach neuem Recht länger** ist als die nach altem Recht maßgebliche Frist; die Verjährung ist dann bereits nach Ablauf der kürzeren Verjährungsfrist vollendet.

6   Art. 229 § 6 Abs. 4 EGBGB betrifft den umgekehrten Fall, dass das **neue Recht eine kürzere Verjährungsfrist** vorsieht. Auch hier ist die kürzere Frist maßgeblich, wird aber vom 1. 1. 2002 berechnet (S. 1). Wenn die insgesamt längere Frist des alten Rechts eher abläuft, ist dieser frühere Zeitpunkt für den Eintritt der Verjährung maßgeblich.

III. Landesrecht

7   In einigen Ländern wird in der entsprechenden Übergangsvorschrift die **Rückwirkung** des § 53 auf den 1. Januar 2002 in Bezug genommen,[10] in anderen Ländern finden sich insoweit abweichende Zeitpunkte des Inkrafttretens und ergänzende Sonderregelungen (s. vor Rn. 1).

§ 103 (Inkrafttreten)

(1) Dieses Gesetz tritt am 1. Januar 1977 in Kraft, soweit Absatz 2 nichts anderes bestimmt.

(2) Die in § 33 Abs. 1 Satz 2 und in § 34 Abs. 1 Satz 1, Abs. 4 enthaltenen Ermächtigungen, § 34 Abs. 5 sowie die §§ 100 und 101 treten am Tage nach der Verkündung in Kraft.

1   Die Vorschrift ist gegenstandslos geworden und deshalb in der Bekanntmachung der Neufassung des VwVfG vom 21. 9. 1998, BGBl I S. 3050, nicht mehr enthalten.
Das VwVfG ist am 29. Mai 1976 verkündet worden.[1] Für die Wahl des Inkrafttretenszeitpunktes in Abs. 1 waren drei Erwägungen maßgebend:
– Den Ländern sollte Gelegenheit gegeben werden, rechtzeitig Schritte zum Erlass der eigenen Verwaltungsverfahrensgesetze zu unternehmen mit dem Ziel, die Verwaltungsverfahrensgesetze im Interesse der Rechtseinheit möglichst gleichzeitig in Kraft treten zu lassen (vgl. Bericht BT-Innenausschuss zu § 103). Dieses Ziel ist weitgehend erreicht worden.
– Den Behörden sollte Gelegenheit gegeben werden, sich rechtzeitig auf das neue Recht einzustellen.
– Der Zeitpunkt des Inkrafttretens sollte mit dem des Inkrafttretens der neuen Abgabenordnung (§ 415 AO 1977) koordiniert werden.

2   **Abs. 2** sollte dem Bundesminister des Innern Gelegenheit geben, die Rechtsverordnungen schon vor dem allgemeinen Inkrafttreten des Gesetzes zu erlassen, und auch den Ländern die Möglichkeit eröffnen, von den Ermächtigungen für das Landesrecht ab Verkündung des Gesetzes Gebrauch zu machen.

---

[10] § 95a bbg VwVfG im Hinblick auf Art. 34 des Änderungsgesetzes vom 17. 12. 2003, GVBl I 298; § 120 mv LVwVfG im Hinblick auf Art. 20 des Änderungsgesetzes vom 17. 12. 2003, GVBl 2004, 2; auch § 95 Hess VwVfG, wobei das Änderungsgesetz vom 21. 3. 2005, GVBl I 218, keine diesbezügliche Regelung für das rückwirkende Inkrafttreten zu enthalten scheint.
[1] BGBl I S. 1253.

Dritter Teil. Anhang.
Verwaltungsverfahrensgesetze der Länder und europarechtliche Regelungen des Verwaltungsverfahrens

A. Verwaltungsverfahrensgesetze der Länder[1]

1. Verwaltungsverfahrensgesetz für Baden-Württemberg (Landesverwaltungsverfahrensgesetz – LVwVfG)

Vom 21. Juni 1977

(GBl S. 227), in der Fassung der Bekanntmachung der Neufassung des Landesverwaltungsverfahrensgesetzes vom 12. April 2005 (GBl S. 350). (Vorherige) Änderungen durch
– Gesetz vom 18. Juli 1983 (GBl S. 369) – zu §§ 73, 74 –;
– Gesetz vom 25. April 1991 (GBl S. 223) – zu §§ 2 Abs. 2 Nr. 1, 12, 16, 48, 49 Abs. 3, 49a, 50, 61 Abs. 3 und zu § 80 Abs. 4 –: § 2 Abs. 2 Nr. 1 wurde im Abgabenbereich geändert (dazu § 2 Rn. 53), ferner wurden (neben Anpassungen an das Betreuungsgesetz des Bundes, dazu §§ 12, 16) Änderungen an §§ 48, 49 vorgenommen und ein neuer § 49a mit Erstattungs- und Zinsregelungen in das VwVfG eingefügt;
– Gesetz vom 27. Mai 1991 (GBl S. 277) – zu §§ 3a, 26, 30, 68 Abs. 1, 69, 73, 74 Abs. 4 S. 2 –: Durch das Landesdatenschutzgesetz wurde – wie in NRW – ein neuer § 3a (jetzt § 3b) für personenbezogene Informationen, Betriebs- und Geschäftsgeheimnisse eingefügt, § 26 geändert und § 30 gestrichen;
– Gesetz vom 11. Februar 1992 (GBl S. 91) – zu § 80 Abs. 1 S. 5 –;
– Art. 8 des Gesetzes vom 18. Dezember 1995 (GBl 1996 S. 29) – zu § 61 Abs. 1 S. 3 u. 4 –;
– Art. 1 des Gesetzes vom 24. November 1997 (GBl 1997 S. 470) – zu §§ 2 Abs. 2 Nr. 3, 10 S. 2, 17 Abs. 4 S. 2, 67 Abs. 1 S. 4, 69 Abs. 3 S. 1 und Abs. 4 S. 2, 33 Abs. 4 S. 1 und 2, 45 Abs. 2, 46, 50, 61, Einfügung der § 71a bis 71e –: Übernahme der Änderungen des GenBeschlG und im Vorgriff – weitgehend – des 2. VwVfÄndG;
– Art. 19 des Gesetzes vom 1. Juli 2004 (GBl S. 469) – zu § 85 –;
– Gesetz vom 14. Dezember 2004 (GBl S. 884) – zu §§ 2, 8, 14, 15, 16, 23, 26, 33, 37, 39, 41, 42, 44, 45, 49a, 53, 61, 66, 69, 71c, 73, 74, Einfügung der §§ 3a und 102a –: Übernahme der Änderungen des 3. VwVfÄndG.

Das LVwVfG ist ein sog. Vollgesetz. Es enthält die auch im Bundesrecht übliche Subsidiaritätsklausel (vgl. § 1 Abs. 1).

2. Bayerisches Verwaltungsverfahrensgesetz (BayVwVfG)

Vom 23. Dezember 1976

(GVBl S. 544). Änderungen durch
– Gesetz vom 7. September 1982 (GVBl S. 722) – zu Art. 87 –;
– Gesetz vom 23. Juli 1985 (GVBl S. 269) – zu Art. 3a –: (jetzt Art. 3b) Einführung des Selbsteintrittsrechts von vorgesetzten Behörden;[2]
– Gesetz vom 24. Juli 1990 (GVBl S. 235) – zu Art. 2 Abs. 2 Nr. 1 –: Hiernach gilt das VwVfG nicht „für Verfahren der Finanzbehörden nach der Abgabenordnung", so dass Kommunalbehörden und Kommunalabgaben unter die Regelung des VwVfG, insbesondere auch zu Art. 54 ff., fallen (vgl. § 2 Rn. 53 ff. und § 54 Rn. 124 ff.);
– Gesetz vom 27. Dezember 1991 (GVBl S. 496) – zu Art. 12, 16 –: Anpassung an das Betreuungsgesetz des Bundes (Näheres bei §§ 12, 16);
– § 1 des Gesetzes vom 26. Juli 1997 (GVBl S. 348) – zu Art. 2, 10, 17, 33, 45, 46, 48, 49, 50, 61, 67, 69, 72, 73, 74, 75, Einfügung der Art. 49a, 71a bis 71e –: Durch das auf Grund des Gesetzentwurfs der Staatsregierung[3] beschlossene Dritte Gesetz zur Änderung des BayVwVfG wurden das (1.) VwVfÄndG – mit Modifizierung der Zinssatzregelung in § 49a Abs. 3 und 4 – sowie das GenBeschlG voll in das Landes-

---

[1] Vgl. § 1 Rn. 287 f.; wegen einzelner Besonderheiten s. die Kommentierung zum Landesrecht bei den einzelnen Bestimmungen des VwVfG.
[2] Vgl. hierzu *Süß* BayVBl 1987, 1.
[3] LT-Drs 13/7007.

Anhang
A. Verwaltungsverfahrensgesetze der Länder

recht übernommen. Ferner wurden im Vorgriff auf das 2. VwVfÄndG unter Übernahme einer Regelung des § 29 Abs. 4 SGB X in Art. 33 Abs. 4 eine neue Nr. 3 in Satz 1 nebst einem neuen Satz 2 eingefügt, durch die die Beglaubigung von Computerausdrucken ermöglicht werden soll, und § 61 zu Abs. 1 Satz 3 und 4 geändert;[4]
- § 1 des Gesetzes vom 27. Dezember 1999 (GVBl S. 532) – zu Art. 78a ff. –: Einstellung landesrechtlicher Regelungen zur Umweltverträglichkeitsprüfung in das BayVwVfG;[5]
- § 7 des Gesetzes vom 24. April 2001 (GVBl S. 140) – zu Art. 8 –;
- § 1 des Gesetzes vom 24. Dezember 2002 (GVBl S. 962) – zu Art. 14, 15, 23, 26, 33, 37, 39, 41, 42, 44, 45, 61, 66, 69, 71c, Einfügung des Art. 3a –: Übernahme der Änderungen des 3. VwVfÄndG;
- § 1 des Gesetzes vom 24. Dezember 2002 (GVBl S. 975) – zu Art. 49a Abs. 4, 53, 96 –.

Das BayVwVfG ist ein sog. Vollgesetz. Hier ist auf der Grundlage der allgemeinen Subsidiaritätsklausel (Art. 1 Abs. 1) die Anpassung des Landesverwaltungsverfahrensrechts an die Vorschriften des BayVwVfG durch das Erste Anpassungsgesetz vom 27. 6. 1978[6] aus dem Geschäftsbereich des Staatsministeriums des Innern und das Zweite Anpassungsgesetz vom 10. 8. 1982[7] aus anderen Staatsministerien erfolgt. Ziel dieser Gesetze war neben der Anpassungswirkung die Verringerung des Normenbestandes sowie die Vereinfachung des geltenden Rechts. Freilich sind auch hier eine Reihe von Sondervorschriften aufrecht erhalten worden.[8]

3. Gesetz über das Verfahren der Berliner Verwaltung

Vom 8. Dezember 1976

(GVBl S. 2735, ber. S 2898). Änderungen durch
- Gesetz vom 30. Oktober 1984 (GVBl S. 1541) – zu § 7 –;
- Gesetz vom 16. Dezember 1987 (GVBl S. 2746) – zu § 1 Abs. 2 –;
- Gesetz vom 1. November 1990 (GVBl S. 2216) – zu § 1 Abs. 1, § 2a –;
- Gesetz vom 17. März 1994 (GVBl S. 86) – zu § 1 Abs. 1 –;
- Gesetz vom 9. November 1995 (GVBl S. 764) – zu § 4 –;
- Art. 1 des Gesetzes vom 19. Juni 1997 (GVBl S. 320) – zu § 1 –: Wechsel von statischer zu dynamischer Verweisung;
- § 19 des Gesetzes zur Förderung der Informationsfreiheit im Land Berlin vom 15. Oktober 1999 (GVBl S. 561) – zu § 2a Abs. 3, § 4a –: Aufhebung von § 2 Abs. 2 und Einfügung eines neuen § 4a zur Akteneinsicht durch Beteiligte, der sowohl § 29 als auch die Regelungen des IFG Berlin im Hinblick auf laufende VwVf modifiziert;
- Art. VI des Gesetzes vom 8. Dezember 2000 (GVBl S. 515) – Einfügung eines § 2b –: Zuständigkeit im Einwohnerwesen;
- Art. XXI des Gesetzes vom 16. Juli 2001 (GVBl S. 260) – zu § 5 Abs. 2 –;
- Art. I § 4 des Gesetzes vom 15. Oktober 2001 (GVBl S. 540) – zu § 5 Abs. 2, Einfügung eines § 3a –: Lebenspartner als Angehörige (dazu § 20 Rn. 57, 68);
- Art. I des Gesetzes vom 2. Oktober 2003 (GVBl S. 486) – zu §§ 1, 2, 3 –;
- Art. VI des Gesetzes vom 24. Juni 2004 (GVBl S. 253) – zu §§ 2b, 5 Abs. 2 –;
- Art. III des Gesetzes vom 18. Dezember 2004 (GVBl S. 516) – zu § 1 Abs. 2 –;
- Art. III des Gesetzes vom 4. Mai 2005 (GVBl S. 282) – zu § 5, Einfügung von §§ 5a, 5b –.

Das VwVfG Bln enthält auf Grund des Gesetzes zur Änderung verfahrensrechtlicher Vorschriften vom 19. 6. 1997 unter Berufung auf die Rechtsprechung des *BVerfG*[9] wieder eine sog. dynamische Verweisung (vgl. § 1 Rn. 75), die die grundsätzliche Übereinstimmung mit dem Bundesrecht herstellt. Damit bleibt dem Landesgesetzgeber eine Abweichung vom Bundesrecht wegen besonderer Umstände jederzeit möglich.[10] Es gilt auch für den ehemaligen Ost-Teil der Stadt. Durch Gesetz vom 24. 4. 1990,[11] 1. 11. 1990[12] und Neubekanntmachung vom 16. 1. 1991[13] wurden für personenbezogene Informationen, Betriebs- und Geschäftsgeheimnisse, ferner zu § 26 Abs. 2 Satz 2 und § 29 Änderungen eingefügt. Berlin beschreitet im Übrigen den Weg der sogenannten Einzelanpassung bei Änderung oder Erlass eines entsprechenden Gesetzes und verzichtet bisher auf eine sogenannte Sammelanpassung inhaltsgleichen oder entgegenstehenden Sonderverfahrensrechts.

---

[4] Begr. LT-Drs 13/7007, S. 7.
[5] Hierzu *Hösch* NVwZ 2001, 519. Diese Regelungen sind nicht gem. § 137 Abs. 1 Nr. 2 VwGO revisibel; vgl. *P. Schmidt* in Eyermann § 137 Rn. 15.
[6] GVBl S. 335.
[7] GVBl S. 882.
[8] Nähere Einzelheiten bei *Zeitler* in Blümel (Hrsg.), Die Vereinheitlichung des Verwaltungsverfahrensrechts, 1984, S. 97 ff.
[9] BVerfGE 47, 285, 312 = NJW 1978, 1475.
[10] Vgl. Begr. des Senatsentwurfs, AbgH-Drs 13/1339, S. 2.
[11] GVBl S. 877.
[12] GVBl S. 2216.
[13] GVBl S. 16.

4. Verwaltungsverfahrensgesetz für das Land Brandenburg (VwVfGBbg)

Vom 26. Februar 1993

(GVBl I S. 26), in der Fassung der Bekanntmachung der Neufassung des Verwaltungsverfahrensgesetzes für das Land Brandenburg vom 9. März 2004 (GVBl I S. 78). (Vorherige) Änderungen durch
– Art. 3 des Gesetzes vom 11. November 1996 (GVBl I S. 306) – zu § 2 Abs. 2 Nr. 1 –;
– Gesetz vom 6. Juli 1998 (GVBl I S. 167) – zu §§ 10 S. 2, 17 Abs. 4 S. 2, 67 Abs. 1 S. 4, 69 Abs. 2 S. 2 und Abs. 3 S. 2, 33 Abs. 4 S. 1 Nr. 3 und S. 2, 44 Abs. 1, 45 Abs. 2, 46, 50, 61, 72, 73, 74, 75, Einfügung der §§ 71 a bis 71 e –: Übernahme der Änderungen des (1.) VwVfÄndG, des GenBeschlG und im Vorgriff – teilweise – des 2. VwVfÄndG;
– Neubekanntmachung vom 4. August 1998 (GVBl I S. 178);
– Art. 4 des Gesetzes vom 13. März 2001 (GVBl I S. 30) – zu §§ 73, 74 –;
– Art. 2 des Gesetzes vom 18. Dezember 2001 (GVBl I S. 298) – zu § 8 –;
– Art. 1 des Gesetzes vom 17. Dezember 2003 (GVBl I S. 298) – zu §§ 2, 14, 15, 20, 23, 26, 33, 37, 39, 41, 42, 44, 45, 49 a, 53, 61, 66, 69, 71 c, Einfügung der §§ 3 a, 95 a –: Übernahme der Änderungen des 3. VwVfÄndG.

Das VwVfGBbg vom 26. 2. 1993[14] ist ein sog. Vollgesetz. Es enthält in § 23 eine Sprachenregelung für Sorben (dazu § 23 Rn. 86 ff.).

5. Bremisches Verwaltungsverfahrensgesetz (BremVwVfG)

Vom 15. November 1976

(GBl 1976 S. 243), in der Fassung der Bekanntmachung der Neufassung des Bremischen Verwaltungsverfahrensgesetzes vom 9. Mai 2003 (GBl S. 219). (Vorherige) Änderungen durch
– § 49 des Gesetzes vom 9. April 1979 (GBl S. 123) – zu § 2 Abs. 2 Nr. 8 –;
– Gesetz vom 18. Februar 1992 (GBl S. 31) – zu §§ 12, 16 –;
– Art. 1 des Gesetzes vom 23. September 1997 (GBl S. 325, ber. GBl S. 519, ber. GBl 1998, S. 93) – zu §§ 2, 10, 17, 33, 44, 45, 46, 48, 49, 50, 72 bis 75, Einfügung der §§ 49 a, 71 a bis 71 e –: Übernahme der Änderungen des (1.) VwVfÄndG, des GenBeschlG und im Vorgriff – teilweise – des 2. VwVfÄndG wurden mit Gesetz vom 17. 9. 1997;
– Art. 1 § 8 des Gesetzes vom 4. Dezember 2001 (GBl S. 393) – zu §§ 8, 49 a –;
– Art. 2 des Gesetzes vom 27. August 2002 (GBl S. 385) – zu § 2 –;
– Art. 1 des Gesetzes vom 8. April 2003 (GBl S. 147) – zu §§ 2, 14, 15, 16, 23, 26, 33, 37, 38, 39, 41, 42, 44, 45, 49 a, 53, 66, 69, 71 c, 98, Einfügung des § 3 a –: Übernahme der Änderungen des 3. VwVfÄndG;
– Art. 2 des Gesetzes vom 18. Oktober 2005 (GBl S. 547) – zu §§ 23 Abs. 2, 26 Abs. 3 –.

Das BremVwVfG ist ein sog. Vollgesetz. Es ordnete durch § 97 Satz 1 und Satz 1 Nr. 2 bis 19 das sofortige Außerkrafttreten abweichender verwaltungsverfahrensrechtlicher Vorschriften zum 1. 1. 1977 an. Allerdings ist nach § 2 Abs. 3 Nr. 5 des BremVwVfG für wichtige Rechtsbereiche weiterhin der Vorrang von Spezialrecht aufrechterhalten.

6. Hamburgisches Verwaltungsverfahrensgesetz (HmbVwVfG)

Vom 9. November 1977

(GVOBl S. 333, ber. S. 402). Änderungen durch
– Gesetz vom 12. März 1984 (GVOBl S. 61) – zu § 36 –;
– Gesetz vom 5. Juli 1990 (GVOBl S. 143) – zu §§ 3 a, 26 –;
– Gesetz vom 1. Juli 1993 (GVOBl S. 149) – zu §§ 12, 16 –;
– Gesetz vom 26. November 1996 (GVOBl S. 263) – zu §§ 2, 48, 49, 49a, 50 –: Übernahme der Änderungen des (1.) VwVfÄndG;
– Gesetz vom 27. August 1997 (GVOBl S. 441) – zu §§ 10, 17, 33, 44, 45, 46, 50, 67 69, 72, 73, 74, 75, Einfügung der §§ 71 a bis 71 e –: Übernahme der Änderungen des GenBeschlG sowie im Vorgriff – teilweise – des 2. VwVfÄndG;
– Art. 1 des Gesetzes vom 18. November 2003 (GVOBl S. 537) – zu §§ 2, 8, 15, 16, 23, 26, 33, 37, 39, 41, 42, 44, 45, 49 a, 53, 66, 69, 71 c, Einfügung des § 3 a –: Übernahme der Änderungen des 3. VwVfÄndG;
– Art. 5 des Gesetzes vom 20. April 2005 (GVOBl S. 141) – zu §§ 23 Abs. 2, 26 Abs. 3 –;
– Art. 3 des Gesetzes vom 6. Juli 2006 (GVOBl S. 404) – zu 20, 69 –: u. a. Lebenspartner als Angehörige (dazu § 20 Rn. 57, 68).

---

[14] GVBl I S. 26.

Anhang A. Verwaltungsverfahrensgesetze der Länder

Das HmbVwVfG ist ein sog. Vollgesetz. Auf der Grundlage der allgemeinen Subsidiaritätsklausel wurde zunächst durch eine Rechtsetzungsüberwachung das Entstehen neuen Sonderverfahrensrechts verhindert. Bereits vorhandene Sonderregelungen wurden durch die Verwaltungsrechtsbereinigungsverordnung vom 14. 2. 1984[15] und das Verwaltungsrechtsbereinigungsgesetz vom 12. 3. 1984[16] an das allgemeine Verwaltungsverfahrensrecht so weit wie möglich angeglichen.[17]

7. Hessisches Verwaltungsverfahrensgesetz (HVwVfG)

Vom 1. Dezember 1976

(GVBl I 1976 S. 454, ber. 1977 I S. 95), in der Fassung der Bekanntmachung der Neufassung des Hessischen Verwaltungsverfahrensgesetzes vom 28. Juli 2005 (GVBl I S. 591). (Vorherige) Änderungen durch
– Gesetz vom 5. Februar 1992 (GVBl I S. 66) – zu §§ 12, 16 –;
– Gesetz vom 1. Dezember 1994 (GVBl I S. 677) – zu §§ 48 Abs. 2 S. 5 bis 8, Abs. 6, 49, 49a, 50, 77 –: Übernahme der Änderungen des (1.) VwVfÄndG;
– Art. 2 des Gesetzes vom 16. Dezember 1996 (GVBl I S. 522) – zu § 49a –;
– Art. 1 des Gesetzes vom 15. Juli 1997 (GVBl I S. 217) – zu §§ 2, 33, 61 –: Übernahme der Änderungen – im Vorgriff – des 2. VwVfÄndG;
– Art. 1 des Gesetzes zur Änderung verwaltungsrechtlicher Vorschriften vom 5. November 1998 (GVBl I S. 418) – zu §§ 10 S. 2, 17 Abs. 4 S. 2, 67 Abs. 1 S. 4, 69 Abs. 2 S. 2 und Abs. 3 S. 2, 33, 44 Abs. 1, 45 Abs. 2, 46, 50, 72 Abs. 1, 73, 74, 75, Einfügung der §§ 71a bis 71e –: Übernahme der Änderungen des GenBeschlG;
– Neubekanntmachung vom 4. März 1999 (GVBl I S. 222);
– Art. 1 des 2. Gesetzes zur Änderung verwaltungsverfahrensrechtlicher Vorschriften vom 21. März 2005 (GVBl I S. 218) – zu §§ 2, 8, 14, 15, 16, 20, 23, 26, 33, 37, 39, 41, 42, 44, 45, 49a, 53, 66, 68, 69, 71c, 95, 96, Einfügung des § 3a –: Übernahme der Änderungen des 3. VwVfÄndG, Lebenspartner als Angehörige (dazu § 20 Rn. 57, 68), Befristung des VwVfG (dazu § 1 Rn. 287);
– Neubekanntmachung vom 28. Juli 2005 (GVBl. I S. 591);
– Art. 1 des Gesetzes vom 12. Dezember 2007 (GVBl. I S. 851 zu §§ 73 bis 76.

Das HVwVfG ist ein sog. Vollgesetz. Es enthält die übliche Subsidiaritätsklausel. Bisher beschreitet Hessen die Verwaltungsverfahrensrechtsvereinheitlichung durch eine Einzelanpassung unter Verzicht auf eine Sammelanpassung.

8. Verwaltungsverfahrens-, Zustellungs- und Vollstreckungsgesetz des Landes Mecklenburg-Vorpommern (Landesverwaltungsverfahrensgesetz – VwVfG M-V)

Vom 21. April 1993

(GVOBl S. 482), in der Fassung der Bekanntmachung der Neufassung des Verwaltungsverfahrens-, Zustellungs- und Vollstreckungsgesetzes des Landes Mecklenburg-Vorpommern vom 26. Februar 2004 (GVOBl S. 106). (Vorherige) Änderungen durch
– Gesetz vom 16. Juni 1998 (GVOBl S. 565) – zu §§ 2, 10 S. 2, 17 Abs. 4 S. 2, 67 Abs. 1 S. 4, 69 Abs. 2 S. 2 und Abs. 3 S. 2, 73 Abs. 5 S. 2 Nr. 4b und Abs. 6 S. 4, 71 Abs. 5 S. 1, 33, 44 Abs. 1, 45 Abs. 2, 46, 49, 49a Abs. 3 S. 3, 61, 72 Abs. 1, 73, 74, 75, 105 Abs. 2, Einfügung der §§ 71a bis 71e, 110 bis 122 –: Übernahme der Änderungen des (1.) VwVfÄndG, des GenBeschlG und im Vorgriff – teilweise – des 2. VwVfÄndG;
– Neubekanntmachung vom 10. August 1998 (GVOBl S. 743);
– Art. 2 des Gesetzes vom 22. November 2001 (GVOBl S. 438) – zu §§ 8, 49a, 73, 111 –;
– Art. 1 des Gesetzes vom 17. Dezember 2003 (GVOBl 2004 S. 2) – zu §§ 2, 14, 15, 20, 23, 26, 33, 37, 39, 41, 42, 44, 45, 49a, 53, 61, 66, 69, 71c, 95, 96, 97, 98, 102, 105, 107, 108, 111, 120, Einfügung des § 3a sowie von §§ 98a, 101a, Aufhebung von §§ 103, 104, 106, 109 –: u. a. Übernahme der Änderungen des 3. VwVfÄndG;
– § 22 des Gesetzes vom 14. März 2005 (GVOBl S. 98) –: Aufhebung von §§ 112 bis 116 –;
– Art. 3 des Gesetzes vom 10. Juli 2006 (GVOBl S. 527) – zu §§ 2, 4, 23, 26, 95, 96, 108, 111, 122 –.

Das VwVfG M-V von 1993 ist ein sog. Vollgesetz ohne Abweichungen vom Bundesrecht. Mecklenburg-Vorpommern hatte zunächst durch Gesetz vom 16. 12. 1992[18] die Geltungsdauer des VwVfG des Bundes bis 30. 6. 1993 verlängert.

---

[15] GBl S. 41.
[16] GBl S. 61.
[17] Vgl. *Dittus* in Blümel (Hrsg.), Die Vereinheitlichung des Verwaltungsverfahrensrechts, 1984, S. 87.
[18] GVOBl S. 717.

A. Verwaltungsverfahrensgesetze der Länder   **Anhang**

9. Niedersächsisches Verwaltungsverfahrensgesetz (NVwVfG)
Vom 3. Dezember 1976

(GVBl S. 311). Änderungen durch
- § 174 des Gesetzes vom 1. Juni 1978 (GVBl S. 473) – zu § 2 Abs. 3 Nr. 4 –;
- § 78 Abs. 5 des Gesetzes vom 2. Juni 1982 (GVBl S. 139) – zu § 3 –;
- Art. II des Gesetzes vom 2. Juli 1985 (GVBl S. 207) – zu § 2 Abs. 2 Nr. 1 und § 5 a –;
- Gesetz vom 19. September 1989 (GVBl S. 345) – zu § 1 Abs. 3 –;
- Gesetz vom 17. Dezember 1991 (GVBl S. 367) – zu § 1 Abs. 1 –;
- Art. I des Gesetzes vom 29. Mai 1995 (GVBl S. 126) – zur Gesetzesüberschrift und zu §§ 1, 2, Einfügung der §§ 5 b, 5 c –: Übernahme des Regelungen des (1.) VwVfÄndG als §§ 5 b f.;
- Art. 4 des Gesetzes vom 28. November 1997 (GVBl S. 489) – zu § 1, Streichung der §§ 5 b, 5 c –: Aktualisierung der statischen Verweisung des NVwVfG auf den Stand des GenBeschlG;
- Art. 1 des Gesetzes vom 16. Dezember 2004 (GVBl S. 634) – zu §§ 1, 2 –: u. a. Aktualisierung der statischen Verweisung auf den Stand des 3. VwVfÄndG.

Das NVwVfG wurde 1976 als sog. statisches Verweisungsgesetz (vgl. § 1 Rn. 75) erlassen. Seitdem hat Niedersachsen durch eine Reihe von Änderungsgesetzen den Weg der Einzelanpassung beschritten,[19] vgl. Art. II des Gesetzes zur Änderung des Nds. KAG vom 2. 7. 1985[20] und zur Anpassung des Landesrechts an das Betreuungsgesetz vom 17. 12. 1991.[21] Im Rahmen des Nds. Rechtsvereinfachungsgesetzes 1989 vom 19. 9. 1989[22] wurden zahlreiche überholte Sonderregelungen aus allen Geschäftsbereichen aufgehoben oder angepasst. Im 2. Abschnitt Art. 6 ist die RVO-Ermächtigung zu §§ 33, 34 VwVfG geändert.

10. Verwaltungsverfahrensgesetz für das Land Nordrhein-Westfalen (VwVfG. NRW.)
Vom 21. Dezember 1976

(GV. S. 438), in der Fassung der Bekanntmachung der Neufassung vom 12. November 1999 (GV. S. 602). (Vorherige) Änderungen durch
- Gesetz vom 6. November 1984 (GV. S. 663) – Aufhebung von § 87 –;
- Gesetz vom 15. März 1988 (GV. S. 160) – Einfügung eines § 3 a (jetzt § 3 b), Änderung des § 26 und Aufhebung des § 30 –: Vorgriff auf die geplanten, aber nicht zustande gekommenen bundesrechtlichen Regelungen zu personenbezogenen Informationen, womit insoweit ein Gefälle zwischen Bundes- und Landesrecht entstand;
- Gesetz vom 24. November 1992 (GV. S. 446) – zu §§ 2, 12, 16, 17, 49 und 50 sowie Einfügung des § 49 a –: Übernahme der Änderungen des (1.) VwVfÄndG;
- Gesetz vom 22. November 1994 (GV. S. 1064) – zu § 2 Abs. 3 –;
- Art. 9 des Gesetzes vom 15. Juni 1999 (GV. S. 386) – zu §§ 10 S. 2, 17 Abs. 4 S. 2, 67 Abs. 1 S. 4, 69 Abs. 2 S. 2 und Abs. 3 S. 2, 33, 45 Abs. 2, 46, 50, 61 Abs. 1, 72 Abs. 1, 73, 74, 75, 95, amtliche Abkürzung in der Überschrift, Einfügung der §§ 71 a bis 71 e –: Übernahme der Änderungen des GenBeschlG und – teilweise – des 2. VwVfÄndG;
- Art. 1 des Gesetzes vom 6. Juli 2004 (GV. S. 370) – zu §§ 8, 14, 15, 16, 23, 26, 33, 37, 39, 41, 42, 44, 49 a, 53, 61, 66, 69, 71 c, 99, Einfügung des § 3 a –: Übernahme der Änderungen des 3. VwVfÄndG, Befristung des VwVfG (dazu § 1 Rn. 287);
- Art. 1 des Gesetzes vom 5. April 2005 (GV. S. 408) – zu §§ 23 Abs. 2, 26 Abs. 3 –;
- Art. 3 des Gesetzes vom 3. Mai 2005 mit unzutreffender Bezugnahme auf Gesetz vom 6. Juli 2004 als letzte Änderung des VwVfG. NRW. (GV. S. 498) – zu § 20 –: Lebenspartner als Angehörige (dazu § 20 Rn. 57, 68).

Das VwVfG. NRW ist ein sog. Vollgesetz. Die darin enthaltene Subsidiaritätsklausel des VwVfG. NRW ist in der Folgezeit dadurch gemildert worden, dass sämtliche laufenden Gesetze und Rechtsverordnungen auf ihre Übereinstimmung mit dem VwVfG geprüft wurden; ferner wurden einige besonders wichtige Gesetze (z. B. das OBG) durch eine gesonderte Novellierung dem VwVfG angepasst. Durch das Verwaltungsverfahrensrechts-Anpassungsgesetz und die Verwaltungsverfahrensrechts-Anpassungsverordnung vom 18. 5. 1982[23] wurden 20 Gesetze sowie 20 Rechtsverordnungen geändert. Die faktische Wirkung ist allerdings ziemlich gering.[24] Ferner sind durch das 3. ÄndGvwVfG vom 24. 11. 1992[25] Änderungen zu §§ 48, 49 und 49 a vorgenommen, die dem (1.) VwVfÄndG entsprechen, wurden mit Gesetz vom 15. 6. 1999 übernommen.[26]

---

[19] Vgl. Nachweise bei *Dittus* in Blümel (Hrsg.), Die Vereinheitlichung des Verwaltungsverfahrensrechts, 1984, S. 88.
[20] GVBl S. 207.
[21] GVBl S. 368.
[22] GVOBl S. 345.
[23] GV S. 248 und 250.
[24] *Dittus*, in Blümel (Hrsg.), Die Vereinheitlichung des Verwaltungsverfahrensrechts, 1984, S. 80, 81.
[25] GV S. 446.
[26] GV S. 386.

Anhang

A. Verwaltungsverfahrensgesetze der Länder

11. Landesgesetz über das Verwaltungsverfahren in Rheinland-Pfalz (Landesverwaltungsverfahrensgesetz – LVwVfG –)

Vom 23. Dezember 1976

(GVBl S. 308). Änderungen durch
- Gesetz vom 17. November 1995 (GVBl S. 463) – Einfügung der §§ 3–6, Änderung der §§ 1, 3, 6, Streichung der §§ 7, 8 –;
- Gesetz vom 9. November 1999 (GVBl S. 407) – Änderung der §§ 1, 7, 8–11, Streichung der §§ 3–6 –;
- Art. 1 des Gesetzes vom 21. Juli 2003 (GVBl S. 155) – zu §§ 1, 3 –.

Das LVwVfG enthält eine sog. dynamische Verweisung (vgl. § 1 Rn. 75), die die grundsätzliche Übereinstimmung mit dem Bundesrecht herstellt. Kleinere Abweichungen betreffen vor allem den Anwendungsbereich. So gilt das Gesetz nach seinem § 1 Abs. 2 Nr. 2 nicht für die Tätigkeit der Anstalt des öffentlichen Rechts „Zweites Deutsches Fernsehen". Die Rechtsvereinheitlichung ist durch Einzelanpassungsgesetze erfolgt.[27]

12. Saarländisches Verwaltungsverfahrensgesetz (SVwVfG)

Vom 15. Dezember 1976

(Amtsbl S. 1151). Änderungen durch
- Art. 12 des Gesetzes Nr. 1293 vom 15. Juli 1992 (Amtsbl S. 838) – zu §§ 12, 16 –: Anpassung an das neue Betreuungsrecht;
- Gesetz Nr. 1327 vom 26. Januar 1994 (Amtsbl S. 509) – Viertes Rechtsbereinigungsgesetz –;
- Art. 1 des Gesetzes Nr. 1398 vom 26. November 1997 (Amtsbl 1998 S. 42) – zu §§ 2 Abs. 2, 10 S. 2, 17 Abs. 4 S. 2, 67 Abs. 1 S. 4, 69 Abs. 2 S. 2 und Abs. 3 S. 2, 33 Abs. 4, 45 Abs. 2, 46, 48, 49, 50, 61, 72 Abs. 1, 73, 74, 75, 80, Einfügung der §§ 49a, 71a bis 71e –: Übernahme der Änderungen des (1.) VwVfÄndG, des GenBeschlG und im Vorgriff – teilweise – des 2. VwVfÄndG;
- Art. 4 Abs. 8 des Gesetzes Nr. 1484 vom 7. November 2001 (Amtsbl S. 2158) – zu §§ 8, 49a –;
- Art. 1 des Gesetzes Nr. 1533 vom 8. Oktober 2003 (Amtsbl S. 2874) – zu §§ 2, 14, 15, 16, 23, 26, 33, 37, 39, 41, 42, 44, 45, 49a, 53, 61, 66, 69, 71c, 94, 95, Einfügung des § 3a –: Übernahme der Änderungen des 3. VwVfÄndG.

Das SVwVfG ist ein sog. Vollgesetz. Nach der befristeten Subsidiaritätsklausel im SVwVfG trat die formelle Bereinigung und Anpassung abweichenden Verwaltungsverfahrensrechts durch das Gesetz vom 10.12.1980[28] mit Wirkung vom 31.12.1980 in Kraft. In der Übergangszeit wurde bei laufenden Gesetzgebungsvorhaben auf die Anpassung an das geltende neue Verwaltungsverfahrensrecht geachtet. § 23 Abs. 2 SVwVfG bestimmt der eingefügte Satz 2, dass die Behörde bei Dokumenten in französischer Sprache von einer Übersetzung absehen kann.

13. Verwaltungsverfahrensgesetz für den Freistaat Sachsen (SächsVwVfG)

Vom 21. Januar 1993

(GVBl S. 74), in der Fassung der Bekanntmachung der Neufassung des Verwaltungsverfahrensgesetzes für den Freistaat Sachsen vom 10. September 2003 (GVBl S. 614). (Vorherige) Änderungen durch
- § 22 des Gesetzes vom 19. April 1994 (GVBl S. 777) – zu § 2 –;
- § 17 des Gesetzes über die Rechte der Sorben im Freistaat Sachsen vom 31. März 1999 (GVBl S. 161) – zu § 3 –;
- Art. 2 des Gesetzes vom 6. Mai 2003 (GVBl S. 131) – zu § 1 –.

Das SächsVwVfG enthält eine sog. dynamische Verweisung (vgl. § 1 Rn. 75), die die grundsätzliche Übereinstimmung mit dem Bundesrecht herstellt. Änderungen durch die Gesetze vom 19.4.1994 und vom 31.3.1999 betreffen landesrechtliche Besonderheiten wie den Gebrauch der sorbischen Sprache (Streichung des insoweit einschlägigen § 3 im Hinblick auf eine gesonderte gesetzliche Regelung; dazu § 23 Rn. 90).

---

[27] Nachweis bei *Dittus*, in Blümel (Hrsg.), Die Vereinheitlichung des Verwaltungsverfahrensrechts, 1984, S. 89.
[28] ABl S. 1082.

A. Verwaltungsverfahrensgesetze der Länder   **Anhang**

14. Verwaltungsverfahrensgesetz für das Land Sachsen-Anhalt (VwVfG LSA)

Vom 18. August 1993

(GVBl S. 412), in der Fassung der Bekanntmachung der Neufassung des Verwaltungsverfahrensgesetzes für das Land Sachsen-Anhalt (VwVfG LSA) vom 18. November 2005 (GVBl S. 698).[29] (Vorherige) Änderungen durch
- Gesetz vom 21. 11. 1997 (GVBl S. 1018) – zu §§ 10, 12, 17, 33, 34, 44, 45 Abs. 2, 46, 48, 49, 50, 67, 69, 72, 73, 74, 75, 94, Einfügung der §§ 49a, 71a bis 71e –: Übernahme der Änderungen des (1.) VwVfÄndG, des GenBeschlG und im Vorgriff – teilweise – des 2. VwVfÄndG;
- Neubekanntmachung vom 7. Januar 1999 (GVBl S. 2);
- Art. 1 § 1 des Landesdiskontüberleitungsgesetzes vom 24. März 1999 (GVBl S. 108) – zu § 49a Abs. 3 S. 1 –: Änderung des Zinssatzes;
- Art. 10 des Gesetzes vom 7. Dezember 2001 (GVBl S. 540) – zu § 8 –;
- Nr. 34 der Anlage zum Gesetz vom 19. März 2002 (GVBl S. 130, 135) – Ausnahme von Außerkrafttreten durch Rechtsbereinigungsgesetz –;
- Art. 6, 7 des Gesetzes vom 18. November 2005 (GVBl S. 698) – Übergang zu dynamischer Verweisung –.

Das VwVfG LSA enthält seit 2005 eine sog. dynamische Verweisung (vgl. § 1 Rn. 75), die die grundsätzliche Übereinstimmung mit dem Bundesrecht herstellt. Sachsen-Anhalt hatte zunächst durch ein sog. Vorschaltgesetz vom 17. 12. 1992[30] – wie M.-V. – die Geltungsdauer des VwVfG des Bundes bis 30. 6. 1993 verlängert. Ab 24. 8. 1993 galt das VwVfG LSA vom 18. 8. 1993.[31]

15. Allgemeines Verwaltungsgesetz für das Land Schleswig-Holstein (Landesverwaltungsgesetz – LVwG –)

Vom 18. April 1967

(GVOBl S. 131), in der Fassung der Bekanntmachung vom 2. Juni 1992 (GVOBl S. 243). (Vorherige) Änderungen durch
- Gesetz vom 14. Mai 1985 (GVOBl S. 123);[32]
- Gesetz vom 3. Oktober 1986 (GVOBl S. 209);
- Gesetz vom 18. Oktober 1988 (GVOBl S. 196);
- Gesetz vom 11. März 1993 (GVOBl S. 128) – zu §§ 186, 187, 208 –;
- Gesetz vom 12. Dezember 1995 (GVOBl S. 484) – zu § 5, Einfügung des § 227a –: Anpassung an das neue Betreuungsrecht (Näheres bei §§ 12, 16);
- LandesVO vom 24. Oktober 1996 (GVOBl S. 652) – zu §§ 10, 18, 27, 54, 55, 117a, 164, 165, 166, 172, 185, 190, 192, 194, 197, 198, 249, 252, 260, 271, 326, 329 und 336 –;
- LandesVO vom 16. Juni 1998 (GVOBl S. 210) – zu §§ 55, 263 –;
- Art. 1 des Gesetzes zur Änderung des Landesverwaltungsgesetzes vom 11. Dezember 1998 (GVOBl S. 370, ber. GVOBl 1999, S. 18) – zu § 25a –: betrifft das Landesorganisationsrecht,[33] nicht aber VwVfG-Bestimmungen;
- Art. 1 des Gesetzes vom 1. Dezember 1999 (GVOBl S. 468) – zu §§ 186, 186a (keine VwVfG-Bestimmungen) –;
- Art. 1 des Gesetzes vom 18. Juni 2001 (GVOBl S. 81) – zu §§ 75, 91, 113, 114, 115, 117a, 128, 140, 141, 142, Einfügung der §§ 138a bis 138e: Übernahme der Änderungen des GenBeschlG,[34] und zu §§ 10, 18, 27, 52, 54, 55, 164, 165, 166, 196, 225, 260, 265, 271, 286, 289, 300, 302, 303, 306, 313, 322, 326, 329, 336: keine VwVfG-Bestimmungen –;
- Art. 1 des Gesetzes vom 19. Oktober 2001 (GVOBl S. 166) – zu § 195a –: keine VwVfG-Bestimmung;
- Art. 8 des Gesetzes vom 25. Juni 2002 (GVOBl S. 126) – zu §§ 41, 42, 43, 44 –: keine VwVfG-Bestimmungen;
- § 1 Nr. 6 des Gesetzes vom 13. Dezember 2002 (GVOBl S. 257) – zu § 117a –;
- § 32 des Gesetzes vom 18. Dezember 2002 (GVOBl S. 311, ber. 2003 S. 14) – zu § 117a –;
- Art. 1 des Gesetzes vom 9. Juli 2003 (GVOBl S. 320) – zu § 336 –: keine VwVfG-Bestimmung;
- Art. 1 des Gesetzes vom 16. Dezember 2003 (GVOBl S. 667) – zu § 62 –: keine VwVfG-Bestimmung;
- § 32 des Gesetzes vom 11. Dezember 2003 (GVOBl S. 697) – zu § 117a –;
- Art. 1 des Gesetzes vom 7. Juni 2004 (GVOBl S. 148) – zu § 201a –: keine VwVfG-Bestimmung;
- Art. 1 des Gesetzes vom 15. Juni 2004 (GVOBl S. 153) – zu §§ 10, 35, 36, 55, 79, 79a, 82a, 84, 91, 108, 109, 110, 111, 113, 114, 117a, 119, 128, 133, 136, 138c, Einfügung des § 52a (= § 3a VwVfG): Übernahme der Änderungen des 3. VwVfÄndG, und zu §§ 213, 237, 256, 264, 269, 282, 296, 298, 301, 307, 308, 309, 312, 316, 319: keine VwVfG-Bestimmungen –;

---

[29] Erlassen als Art. 7 des 1. Rechts- und Verwaltungsvereinfachungsgesetzes.
[30] GVOBl S. 868.
[31] GVBl S. 412.
[32] Vgl. auch *Busch* Die Gemeinde 1985, 281.
[33] Experimentierklausel (§ 25a) zur Aufgabenübertragung u.a. von Kreisen auf Gemeinden durch ör Vertr; vgl. z. B. Bekanntmachung des Kreises Rendsburg-Eckernförde vom 15. 12. 2000, Amtsbl S. 768.
[34] Zu den Bemühungen um Übernahme des GenBeschlG *Klappstein* NordÖR 2000, 143.

Anhang   B. Europarechtliche Regelungen des Verwaltungsverfahrens

- Gesetz vom 13. Dezember 2004 (GVOBl S. 481) – Modifikation von § 82a (= § 23 VwVfG) –: Friesisch-Gesetz (dazu § 23 Rn. 84);
- Art. 2 des Gesetzes vom 3. Januar 2005 (GVOBl S. 21) – zu § 81: Lebenspartner als Angehörige (dazu § 20 Rn. 57, 68), und zu §§ 267, 281: keine VwVfG-Bestimmungen –;
- Art. 11 des Gesetzes vom 1. Februar 2005 (GVOBl S. 57) – keine VwVfG-Bestimmungen –;
- Art. 1 des Gesetzes vom 15. Februar 2005 (GVOBl S. 168) – zu § 120a –;
- Art. 1 des Gesetzes vom 15. Dezember 2005 (GVOBl S. 542) – zu §§ 146ff. –: Zustellungsrecht;
- Art. 2 des Gesetzes vom 15. März 2006 (GVOBl S. 52) – zu §§ 82a, 84, 199 –;
- Art. 1 u. 3 des Gesetzes vom 13. April 2007 (GVOBl S. 234) – keine VwVfG-Bestimmungen –.

Da das LVwG von 1968 als allgemeines Landesorganisationsgesetz über das Verwaltungsverfahrensrecht der übrigen Länder sowie des Bundes hinausgeht, hat das Änderungs- und Anpassungsgesetz vom 18. 12. 1978[35] mit Bekanntmachung der Neufassung des Landesverwaltungsgesetz vom 19. 3. 1979[36] nicht nur die erforderliche Anpassung an das VwVfG des Bundes gebracht, sondern auch weitere Änderungen außerhalb des Verwaltungsverfahrensrechts. Da das weitergefasste Gesetz auch keine Subsidiaritätsklausel enthält, wird die Abstimmung mit dem VwVfG auf systematisch andere Weise erreicht: Zunächst durch den gegenüber § 2 VwVfG des Bundes weitergehenden Ausnahmekatalog des § 315 LVwG, sodann durch umfangreiche enumerative Aufhebungsbestimmungen in § 317 Abs. 1 LVwG, schließlich durch die pauschale Aufhebungsklausel des § 317 Abs. 2 LVwG.

16. Thüringer Verwaltungsverfahrensgesetz (ThürVwVfG)

Vom 7. August 1991

Artikel II: Thüringer Verwaltungsverfahrensgesetz (GVBl S. 293), in der Fassung der Neubekanntmachung des Thüringer Verwaltungsverfahrensgesetzes vom 15. Februar 2005 (GVBl S. 32). (Vorherige) Änderungen durch

- Gesetz vom 10. Oktober 1997 (GVBl S. 349) – zu §§ 2, 10, 12, 16, 17, 29, 33, 45, 46, 48, 49, 50, 67, 69, 72 bis 75, Einfügung der §§ 49a, 71a bis 71e –: Übernahme der Änderungen des (1.) VwVfÄndG und das GenBeschlG;
- Neubekanntmachung vom 27. November 1997 (GVBl S. 430);
- Art. 1 ThürEuroAnpG vom 15. Dezember 1998 (GVBl S. 427) – zu § 49a Abs. 3 S. 1 –: Änderung des Zinssatzes;
- Art. 11 des Gesetzes vom 24. Oktober 2001 (GVBl S. 265) – zu § 8 –;
- Art. 1 des Gesetzes vom 25. November 2004 (GVBl S. 853) – zu §§ 2, 3, 14, 15, 16, 18, 23, 26, 31, 33, 35, 37, 39, 41, 42, 44, 45, 49a, 53, 60, 61, 66, 69, 71c, 73, 84, Einfügung der §§ 3a, 96a, 97, 98 (= 97 a.F.) –: Übernahme der Änderungen des 3. VwVfÄndG.

Das ThürVwVfG ist ein sog. Vollgesetz ohne Besonderheiten.

B. Europarechtliche Regelungen des Verwaltungsverfahrens

I. Recht der Europäischen Union

1. Art. 41, 42 Charta der Grundrechte der EU;[37]
2. Der Europäische Kodex für gute Verwaltungspraxis;[38]
3. Kodex für gute Verwaltungspraxis in den Beziehungen der Bediensteten der Europäischen Kommission zur Öffentlichkeit.[39]

II. Recht des Europarates

1. Europäisches Übereinkommen vom 24. November 1977 über die Zustellung von Schriftstücken in Verwaltungssachen im Ausland;[40]

---

[35] GVOBl 1979 S. 2, hierzu *Busch* Die Gemeinde 1979, S. 66.
[36] GVOBl S. 179.
[37] ABlEG C 364 18. 12. 2000, S. 1.
[38] http://www.euro-ombudsman.eu.int/code/pdf/de/code2005_de.pdf; als Druckversion hrsg. vom Amt für Amtliche Veröffentlichungen der Europäischen Gemeinschaften, Luxemburg 2005.
[39] ABlEG L 267 20. 10. 2000, S. 64.
[40] Zustimmungsgesetz zu dem Europäischen Übereinkommen vom 24. 11. 1977 über die Zustellung von Schriftstücken in Verwaltungssachen im Ausland und zu dem Europäischen Übereinkommen vom 15. 3.

B. Europarechtliche Regelungen des Verwaltungsverfahrens **Anhang**

2. Bekanntmachung über das Inkrafttreten des Europäischen Übereinkommens über die Zustellung von Schriftstücken in Verwaltungssachen im Ausland vom 6. Dezember 1982;[41]
3. Europäisches Übereinkommen vom 15. März 1978 über die Erlangung von Auskünften und Beweisen in Verwaltungssachen im Ausland;[42]
4. Bekanntmachung über das Inkrafttreten des Europäischen Übereinkommens über die Erlangung von Auskünften und Beweisen in Verwaltungssachen im Ausland vom 29. November 1982;[43]
5. Gesetz zu dem Rahmenübereinkommen des Europarats vom 1. Februar 1995 zum Schutz nationaler Minderheiten vom 22. Juli 1997;[44]
6. Europäische Charta der Regional- oder Minderheitensprachen[45] vom 5. November 1992;
7. Entschließung Nr. (77)31 über den Schutz des Einzelnen gegenüber Maßnahmen der Verwaltung;[46]
8. Empfehlung Nr. R(80)2 über die Handhabung von Ermessens- und Beurteilungsspielräumen;[47]
9. Empfehlung Nr. R(81)19 über den Zugang zu Informationen der öffentlichen Hand;[48]
10. Empfehlung Nr. R(84)15 über die Haftung der öffentlichen Hand;[49]
11. Empfehlung Nr. R(87)16 über Massenverwaltungsverfahren;[50]
12. Empfehlung Nr. R(89)8 über vorläufigen Rechtsschutz in Verwaltungssachen;[51]
13. Empfehlung Nr. R(91)1 über Verwaltungssanktionen;[52]
14. Empfehlung Nr. R(91)10 über die Mitteilung persönlicher Daten der öffentlichen Hand an Dritte;[53]

1978 über die Erlangung von Auskünften und Beweisen in Verwaltungssachen im Ausland vom 20. 7. 1981 (BGBl II S. 533).
[41] BGBl II S. 1057.
[42] Zustimmungsgesetz zu dem Europäischen Übereinkommen vom 24. 11. 1977 über die Zustellung von Schriftstücken in Verwaltungssachen im Ausland und zu dem Europäischen Übereinkommen vom 15. 3. 1978 über die Erlangung von Auskünften und Beweisen in Verwaltungssachen im Ausland vom 20. 7. 1981 (BGBl II S. 533).
[43] BGBl II S. 1052.
[44] BGBl II S. 1406.
[45] Veröffentlicht im Bundesgesetzblatt – BGBl 1998 II, S. 1315 ff. Die Europäische Charta der Regional- oder Minderheitensprachen wurde am 24. 6. 1992 als völkerrechtliches Instrument des Europarates beschlossen. Durch Vertragsgesetz vom 9. 7. 1998 (BGBl II S. 1314) wurde der Europäischen Charta der Regional- oder Minderheitensprachen des Europarats vom 5. 11. 1992 zugestimmt. In Deutschland ist sie seit dem 1. 1. 1999 in Kraft. Zum Ratifizierungsverfahren s. Antworten der Bundesregierung BT-Drs 13/1963, S. 3 und 13/6558, S. 17.
[46] Vom Ministerrat auf seiner 275. Sitzung am 28. 9. 1977 beschlossen. Englische Fassung unter http://www.coe.int/t/e/legal_affairs/legal_co-operation/administrative_law_and_justice/texts_&_documents/Conv_Rec_Res/Recommendation(80)2.asp#TopOfPage. Mangels amtlicher Sammlung der Resolutionen und Entschließungen des Ministerrats werden hier und im Folgenden die auf der Webseite des Ministerrats verfügbaren einschlägigen Fundstellen als Quelle aufgeführt.
[47] Vom Ministerrat auf seiner 316. Sitzung am 11. 3. 1980 beschlossen. Englische Fassung unter http://www.coe.int/t/e/legal_affairs/legal_co-operation/administrative_law_and_justice/texts_&_documents/Conv_Rec_Res/Recommendation(80)2.asp#TopOfPage.
[48] Vom Ministerrat auf seiner 340. Sitzung am 25. 11. 1981 beschlossen. Englische Fassung unter http://www.coe.int/t/e/legal_affairs/legal_co-operation/administrative_law_and_justice/texts_&_documents/Conv_Rec_Res/Recommendation(81)19.asp#TopOfPage.
[49] Vom Ministerrat auf seiner 375. Sitzung am 18. 9. 1984 beschlossen. Englische Fassung unter http://www.coe.int/t/e/legal_affairs/legal_co-operation/administrative_law_and_justice/texts_&_documents/Conv_Rec_Res/Recommendation(84)15.asp#TopOfPage.
[50] Vom Ministerrat auf seiner 410. Sitzung am 17. 9. 1987 beschlossen. Englische Fassung unter http://www.coe.int/t/e/legal_affairs/legal_co-operation/administrative_law_and_justice/texts_&_documents/Conv_Rec_Res/Recommendation(87)16.asp#TopOfPage.
[51] Vom Ministerrat auf seiner 428. Sitzung am 13. 9. 1989 beschlossen. Englische Fassung unter http://www.coe.int/t/e/legal_affairs/legal_co-operation/administrative_law_and_justice/texts_&_documents/Conv_Rec_Res/Recommendation(89)8.asp#TopOfPage.
[52] Vom Ministerrat auf seiner 452. Sitzung am 13. 2. 1991 beschlossen. Englische Fassung unter http://www.coe.int/t/e/legal_affairs/legal_co-operation/administrative_law_and_justice/texts_&_documents/Conv_Rec_Res/Recommendation(91)1.asp#TopOfPage.
[53] Vom Ministerrat auf seiner 461. Sitzung am 9. 9. 1991 beschlossen. Englische Fassung unter http://www.coe.int/t/e/legal_affairs/legal_co-operation/administrative_law_and_justice/texts_&_documents/Conv_Rec_Res/Recommendation(91)10.asp#TopOfPage; auch Council of Europe Publishing,

Anhang B. Europarechtliche Regelungen des Verwaltungsverfahrens

15. Empfehlung Nr. R(93)7 über die Privatisierung öffentlicher Unternehmen und Aufgaben;[54]
16. Empfehlung Nr. R(97)7 über „lokale öffentliche Dienstleistungen" und die Rechte ihrer Nutzer;[55]
17. Empfehlung Nr. R(2000)6 über das „Statut" öffentlicher Bediensteter;[56]
18. Empfehlung Nr. R(2000)10 über Verhaltensregeln für öffentliche Bedienstete;[57]
19. Empfehlung Nr. R(2001)9 über Alternativen zu Rechtsstreitigkeiten zwischen Verwaltungsbehörden und Privaten;[58]
20. Empfehlung Nr. R(2003)16 über die Vollstreckung von Verwaltungsentscheidungen und verwaltungsgerichtlichen Entscheidungen;[59]
21. Empfehlung Nr. R(2004)20 über die gerichtliche Kontrolle von Verwaltungsmaßnahmen.[60]

Communication to third parties of personal data held by public bodies (Recommendation No. R(91)10), Strasbourg 1998.

[54] Vom Ministerrat auf seiner 500. Sitzung am 18. 10. 1993 beschlossen. Englische Fassung unter http://www.coe.int/t/e/legal_affairs/legal_co-operation/administrative_law_and_justice/texts_&_documents/Conv_Rec_Res/Recommendation(93)7.asp#TopOfPage.

[55] Vom Ministerrat auf seiner 587. Sitzung am 1. 4. 1997 beschlossen. Englische Fassung unter http://www.coe.int/t/e/legal_affairs/legal_co-operation/administrative_law_and_justice/texts_&_documents/Conv_Rec_Res/Rec%20R(97)%207%20E%20local%20public%20services.pdf.

[56] Vom Ministerrat auf seiner 699. Sitzung am 24. 2. 2000 beschlossen. Englische Fassung unter http://www.coe.int/t/e/legal_affairs/legal_co-operation/administrative_law_and_justice/texts_&_documents/Conv_Rec_Res/Recommendation(2000)6.asp#TopOfPage; auch Council of Europe Publishing, The status of public officials in Europe – Recommendation No. R 6 and explanatory memorandum, Strasbourg 2000.

[57] Vom Ministerrat auf seiner 699. Sitzung am 11. 5. 2000 beschlossen. Englische Fassung unter http://www.coe.int/t/e/legal_affairs/legal_co-operation/administrative_law_and_justice/texts_&_documents/Conv_Rec_Res/Rec(2000)10%20E%20Codes%20of%20conduct%20public%20officials.pdf; auch Council of Europe Publishing, The status of public officials in Europe – Recommendation No. R 6 and explanatory memorandum, Strasbourg 2000.

[58] Vom Ministerrat auf seiner 762. Sitzung am 5. September 2001 beschlossen. Englische Fassung unter http://www.coe.int/t/e/legal_affairs/legal_co-operation/administrative_law_and_justice/texts_&_documents/Conv_Rec_Res/Recommendation(2001)9.asp#TopOfPage.

[59] Vom Ministerrat auf seiner 851. Sitzung am 9. 9. 2003 beschlossen. Englische Fassung unter http://www.coe.int/t/e/legal_affairs/legal_co-operation/administrative_law_and_justice/texts_&_documents/Conv_Rec_Res/Rec(2003)16%20execution%20of%20admin%20and%20judicial%20decisions.asp#TopOfPage; auch Council of Europe Publishing, The execution of administrative and judicial decisions in the field of administrative law – Recommendation Rec(2003)16 and explanatory memorandum, Strasbourg 2004.

[60] Vom Ministerrat auf seiner 909. Sitzung am 15. 12. 2004 beschlossen. Englische Fassung unter http://www.coe.int/t/e/legal_affairs/legal_co-operation/administrative_law_and_justice/texts_&_documents/Conv_Rec_Res/Rec(2004)20%20E%20judicial%20review%20%20admin%20acts.pdf; auch Council of Europe Publishing, The judicial review of administrative acts – Recommendation Rec(2004)20 and explanatory memorandum, Strasbourg 2005.

Sachregister

Fette Zahlen: §§ des VwVfG; magere Zahlen: Randnummern; E: Einleitung

Aarhus-Konvention E 103, **24** 7, 58, **29** 21
Abberufung bei ehrenamtlicher Tätigkeit **86** 1 ff.
Abfallentsorgung, Gebühren **1** 135; Privatisierung **1** 125; Standortauswahlverfahren **1** 134
Abgaben 2 57; s. auch Steuer
Abgabenordnung E 57, **2** 53 ff.; und Zollkodex **35** 356
Abgabenrechtlicher Vertrag 54 124 ff.
Abgabenverwaltung, Kommunale 2 61
Abgasuntersuchung 1 264
Abhilfe, Abgrenzung zum Zweitbescheid **79** 5
Abhilfebescheid s. Abhilfeentscheidung
Abhilfeentscheidung 35 369, **79** 14 ff., 37, **80** 19 f.; Abgrenzung zur Erledigung **80** 55; Abgrenzung zur Rücknahme **79** 3; Begründung s. dort; erfolgreicher Widerspruch **80** 29 ff.; Teilabhilfe **80** 4; Umdeutung s. dort
Ablichtung, Akteneinsicht und Anspruch auf – **29** 84 f.; Beglaubigung bei **33** 32; s. auch Fotokopie
Ablösungsvertrag 54 145 ff.
Abschlagszahlung 35 248
Abschleppen 35 334
Abschleppunternehmer 1 261; **54** 53 ff.
Abschluss der Instanz, Begriff **45** 108
Abschnittbildung bei der Planfeststellung **73** 23 ff., **74** 51 f.
Absolute Nichtigkeitsgründe 44 100, 129 f.; bei Entscheidungen der Gemeinschaftsorgane **44** 10, 98, 121; Fehlen des rechtlichen Substrats **44** 131; fehlende örtliche Zuständigkeit **44** 136 ff.; nicht bei fehlender Verbandskompetenz **44** 165; Nichterkennbarkeit der erlassenden Behörde **44** 132; und rechtliche Unmöglichkeit **44** 131; und Schriftform des VA **44** 135; sittenwidriger VA **44** 152 ff.; substratloser VA **44** 130; tatsächliche objektive Unausführbarkeit **44** 143 ff.; Unterbleiben vorgeschriebener Urkundenaushändigung **44** 133 ff.; Verlangen strafbarer Handlung **44** 150 f.
Absprache 1 88, **9** 172, 176; **54** 40; s. auch informelles Verfahren
Abstimmung bei Ausschüssen **91** 1 ff.
Abstimmungsergebnis im Ausschussverfahren **71** 20
Abstrakte Verwaltungstätigkeit 1 272
Abstrakter Vertrag 54 119 ff.
Abtretung von Forderungen aus ör Vertrag **62** 40 a
Abwägung 24 58, **40** 13 ff., 42 ff.; Begründung **39** 72; Folgen fehlerhafter – **46** 36; gerichtliche Kontrolle **40** 43 f.; Nachholung unterbliebener – **45** 152; Planrechtfertigung **40** 49
Abwägungsausfall als Abwägungsmangel **74** 57 ff.
Abwägungsdefizit als Abwägungsmangel **74** 60 ff.
Abwägungsdisproportionalität als Abwägungsmangel **74** 69
Abwägungsfehleinschätzung als Abwägungsmangel **74** 66 ff.
Abwägungsgebot 74 54 ff.; drittschützender Charakter **74** 271; und Entscheidungsvorbehalt **74** 202; Plangenehmigung **74** 250

Abwägungsmängel 75 35 ff.; ergänzendes Verfahren **75** 48 ff.; erhebliche **75** 39 ff.; offensichtliche **75** 40
Abwasserabgabenrecht, förmliche VwVf i. e. S. **63** 45
Abwasserentsorgung, Privatisierung **1** 125
Abwehranspruch 1 145 f., **35** 131 ff.
Abweichungsverbot bei Entscheidungen von Gemeinschaftsorganen gegenüber Entscheidungsträger **43** 118
Abweichungsverbot bei VAen 43 41 ff., 48, 104 ff., 108 ff.; für Aufgabenträger **43** 114; bestandskraftunabhängiges **43** 134 f.; s. auch Selbstbindungswirkung des VA; Dauer **43** 42; für Entscheidungsträger **43** 114; und Europarecht **43** 44; für Gerichte **43** 123 ff.; und Gesetzesbindung der Verwaltung **43** 42; im Verhältnis von Bund und Ländern **43** 115 ff.; in späteren Verfahren **43** 119 ff.; s. auch bei materieller Bestandskraft und materielle Bestandskraft **43** 45 ff.; auf Grund Selbstbindung der Verwaltung **43** 54; Voraussetzung innerer Wirksamkeit des VA **43** 134; für Zivilgerichte **43** 128 ff.
Abwicklung 35 300
administrative act 35 343 f., **39** 121
Adoptiveltern 20 59
Adoptivkinder 20 59
Adressat Bekanntgabe s. dort; Bekanntgabeadressat **37** 19 ff., **41** 21 ff.; Bestimmtheit **37** 34 ff.; eines begünstigenden VA **48** 122; Inhaltsadressat **37** 19 ff., **41** 21; materieller **37** 14, **41** 29; Schreibweise **37** 20; eines VA **22** 17
AGB s. Allgemeine Geschäftsbedingungen
AGB-Recht und ör Vertrag **54** 20 ff., 32, **62** 5 ff., 56 ff.
Agreements s. Absprache
Akkreditierung als Berichterstatter 2 129
Akten aktenkundige Tatsachen s. dort; Begriff **26** 88 ff.; Beiziehung **26** 24, 88 ff.; Einsichtnahme s. Akteneinsicht; Grenzen der Amtshilfe für Akten **5** 31 f.; Grundsatz der Vollständigkeit **9** 53, **24** 2; Vorlagepflicht **26** 90; s. auch Dateien
Aktenaufbewahrung 9 54
Aktenbegriff 29 8; materieller – **29** 41
Akteneinsicht 2 121 f., **9** 35, 60, **29** 1 ff.; außerhalb des VwVf **29** 18; Einschränkungen **34** ff.; Ermessensentscheidung **40** 47; im Europarecht **29** 89; Folgen der Verweigerung **29** 86 f.; Heilung durch Nachholung **45** 145; ordnungsgemäße Aufgabenerfüllung **29** 77; Ort und Zeit **29** 81 f.; im Vergaberecht **29** 14; im VwVf **29** 29 ff.; s. auch Datenschutzgesetze
Akteneinsichtsrecht nach Privatisierung **1** 132
Aktenführung 9 53 ff., **23** 35, 39; Beseitigung von Unterlagen **9** 53; Dateien **29** 8; elektronische **29** 29; Formen der – **29** 8, 29; Rechtspflicht zur – **29** 29 ff.
Aktenkundige Tatsache 24 2, **26** 1, 23, **32** 34, 39
Aktenvorlage im Verwaltungsprozess **29** 2, **30** 20

2155

Sachregister

Fette Zahlen: §§ des VwVfG

Aktivierender Staat 1 280 f.
Akzessorietätstheorie 1 109
Allgemeine Geschäftsbedingungen 54 20 ff., 32, 62 5, 58 ff.; bei ör Vertrag **62** 22, 58 ff.
Allgemeine Rechtsgrundsätze, EG/EU E 81 ff., **1** 223 ff.; Privatrecht als – **1** 106; im VwVf **1** 154 ff., 163; VwVfG als Ausdruck – **1** 283 ff.
Allgemeine Verfahrensgrundsätze s. Verfahrensgrundsätze
Allgemeininteresse 9 187
Allgemeinverbindlichkeitserklärung 54 86
Allgemeinverfügung, Abgrenzung zum Einzel-VA **35** 277 ff.; Abgrenzung zur Rechtsnorm **35** 13, 18, 208, 280, 282 ff.; Anordnung der sofortigen Vollziehung **35** 274, **39** 108; Begründung **35** 271, 279, **39** 104 ff.; Bekanntgabe **41** 137 ff., 151, 189 ff.; Benutzungsregelung **35** 18, 328 ff., 338 ff.; Bestandskraft **35** 19, 286; Bestimmtheit **35** 271, 314, **37** 13; Bündel von VAen **35** 228; mit Dauerwirkung **35** 269; im DDR-Recht **35** 366; Definition als allg. Rechtsgedanke **35** 12 ff.; im Gemeinschaftsrecht **35** 352, **37** 139; gleichsinnige **35** 270; Nebenbestimmungen **36** 8; netzartige **35** 270, 273, 279, **36** 8; Normkonkretisierung durch **35** 306 f.; normumschaltende **35** 299; ör Eigenschaft **35** 317 ff.; personale **35** 278 ff., 282 ff.; Planfeststellungsbeschluss **74** 19; Rechtsschutz **35** 274 f.; Sachbegriff **35** 302, 310 ff.; sachbezogene **35** 259, 264, 302, 308 ff.; Teilbarkeit **35** 273 f.; Typenzulassungen **35** 290 ff.; Umdeutung in – **47** 26; Verkehrszeichen als – **35** 330 ff.; als VA **35** 267 ff.; VA-Befugnis **35** 29; Vollstreckung **35** 276; im VwVf **35** 271; und Widerspruchsbescheid **35** 370; und Zusage **38** 4; Zusicherung **38** 13
Alliierte, Maßnahmen in West-Berlin **1** 171
Alternativen zu Rechtsstreitigkeiten Empfehlung des Europarats **Dritter Teil** B II Nr. 19
Alternativlosigkeit der Entscheidung s. bei Entscheidung
Altlasten 24 10, **26** 62; Legalisierungswirkung **43** 72
Ampel 35 330, **37** 79, **41** 151
Amt 1 251, **23** 22
Amtliche Beglaubigung 33 1 ff., **34** 1 ff.
Amtliches Veröffentlichungsblatt 67 18
Amtsermittlung, nachvollziehende – **24** 26, 50, **28** 18
Amtsermittlungsgrundsatz 1 88; s. auch Untersuchungsgrundsatz
Amtshaftung 9 38, **10** 6; Bindung an Bestandskraft des VA **43** 131, 138; trotz Heilung **45** 22, 26; TÜV **1** 264; s. auch Amtspflichtverletzung
Amtshilfe 4 1 ff.; Ablehnungsrechte **5** 33 ff.; Anwendungsbereich **4** 12 ff.; bei Beliehenem **1** 257; Benutzungsgebühren **8** 8; bei Beweisaufnahme **26** 12; bei Beweiserhebung **26** 24, 44; deutschösterreichischer Vertrag **1** 172, **4** 23, 48; Durchführung **7** 1 ff.; eigene Aufgabenerfüllung **4** 35 ff.; Einnahmen **8** 14; ergänzende Hilfe **4** 27; Ersuchen **1** 147, **4** 31; erweiterte **4** 30; freiwillige, Kosten **4** 8, **8** 1 ff.; Funktion und Grenzen **4** 5 ff., **5** 1 ff.; gesteigerte **4** 29; Haftung **7** 10 f.; maßgebliches Recht **7** 2 ff.; Merkmale der – **4** 2 ff.; negative Abgrenzungsmerkmale **4** 33 ff.; bei der Sachverhaltsermittlung **24** 41; und Sachverständigenrecht **26** 71; ständige **5** 8; Verantwortlichkeit der beteiligten Behörden **7** 5 ff.; Verantwortlichkeiten bei Amtshilfe **6** 1 ff.; als Verfassungsinstitut **4** 1 ff.; Verwaltungsgebühren **8** 8; und Verwaltungshilfe **4** 43 ff.; und verwandte Rechtsinstitute **4** 38 ff.; Zusammenarbeit **4** 25 ff.
Amtshilfefeste Regelungen 5 3 f.
Amtshilfeverbote 5 14 ff.
Amtskonflikt, institutioneller **72** 88
Amtskundige Tatsache 32 34, 39
Amtspflicht, zur Rücknahme **48** 91
Amtspflichtverletzung 26 7; bei Anwendung nichtiger Normen **44** 89; Entscheidung über **35** 99 ff.; Ermessensfehler **40** 55; bei falscher Auskunft **25** 16; fehlerhafte Rechtsbehelfsbelehrung **37** 119; bei fehlerhafter Weisung **35** 178; Mandatstheorie **35** 56; bei Teil-VA **35** 254; bei Überschreitung der Zeichnungsbefugnis **35** 62; bei ungenügender Sachverhaltsermittlung **24** 66; unzweckmäßige Entscheidung **40** 72; bei Verstoß gegen Verfahrensklarheit **35** 27; bei Verwertungsverboten **24** 62; s. auch Amtshaftung
Amtssprache 22 30, 53, 82, **23**; allgemeiner Rechtsgedanke **23** 18; Antragstellung **23** 29 ff., 43 f.; Anwendungsbereich **23** 14 ff.; Begründung **39** 38; bei Bekanntgabe **41** 64, 218 ff.; Beratungspflicht **23** 32; und Bestimmtheit **37** 6; Betreuung **23** 38; Dolmetscher s. dort; Entwicklung **23** 4 ff.; Europarecht **23** 74 ff.; Fiskalisches Handeln **23** 21; Flughafenregelung **23** 15; Fremdsprache **23** 23; Fristbeginn **23** 62 ff.; Gerichtssprache **23** 1, 22, 29, 41 f.; Grundrechtsschutz durch Verfahren **23** 12; Hochsprache **23** 24; Landessprache **23** 4, 23; Merkblatt **23** 38; Mundart **23** 26 f.; im mündlichen Verkehr **23** 28, 34 ff.; Muttersprache **23** 23; nationale Minderheit **23** 27, 83 f.; Offizialmaxime **23** 29, 45; Prüfungstätigkeit **23** 14; Rechtschreibreform **23** 25; Regionalsprache **23** 83 f.; Schriftverkehr **23** 28, 48; Sprache s. dort; Sprachengemisch **23** 30; Staatssprache **23** 23; Übersetzung **23** 36, 39, 46; Urkunde **23** 31; verfassungsrechtlicher Mindeststandard **23** 10, 81; verwaltungsrechtliches Handeln **23** 21; Verwaltungssprache **23** 22; Völkergewohnheitsrecht **23** 7; völkerrechtlicher Mindeststandard **23** 7, 11, 42; Wiedereinsetzung in den vorigen Stand **32** 22; Zuwanderer **23** 83 f.; zwischenstaatliche Vereinbarung **23** 69
Amtsverfahren 22 6 ff., 13 ff.
Amtsverschwiegenheit und Amtshilfe **5** 30 ff.
Analogie bei Eingriffsverwaltung **35** 28; -verbot im Steuerrecht **44** 54; und Vorbehalt des Gesetzes **44** 53 f.
Änderung eines Antrags **22** 74 f.; des Erkenntnisstandes **44** 34 f.; der Rechtsprechung **44** 86; der Rechtsprechung, rückwirkende **44** 33; der Sach- und Rechtslage **44** 17 ff., **48** 53 ff., **51** 88 ff.; der Sachlage **44** 34 f.
Änderung der Verhältnisse beim ör Vertrag **60** 9 ff.
Änderungsbescheid 9 220; und Verhältnis zum ursprüngl. VA **35** 46
Änderungsbeschluss, Planfeststellung **76** 11 ff.
Androhung 35 85, 165, 226; Bestimmtheit **37** 31
Anerkannter Naturschutzverband s. Naturschutzverbände
Anerkenntnis 24 35; **62** 41
Anerkennung sachverständiger Prüfung bei Beschleunigten Genehmigungsverfahren **71 c** 25 ff.
Anfechtung eines Antrags **22** 76 ff., **35** 238; Ausschluss der Aufhebung des VA **46** 10; eines belastenden VA **46** 10; isolierte **46** 11; maßgeblicher Zeitpunkt **44** 18 ff., 36; nichtiger VAe **44** 2, 199; der Sachentscheidung **46** 4; unzulässig nach Hei-

lung **45** 23, 26; wegen Verfahrensfehler **46** 4, 25; eines VA im förmlichen VwVf **70** 1 ff.; Widerspruchserklärung **79** 18
Anfechtungsklage 9 213
Anfechtungslast 35 4, 49
Anfrage im Bundestag **1** 190
Angehörige, Begriff in VwVfen **20** 31, 55 ff.; Mitwirkungsverbot in VwVfen **20** 31, 55 ff.
Angemessenheitsprinzip als allgemeiner Rechtsgrundsatz beim ör Vertrag **54** 68 ff., **62** 59; beim Austauschvertrag **56** 54 ff.
Angestellte und Arbeiter des öffentlichen Dienstes, Einordnung in Verwaltungsorganisation **35** 129, 195; Konkurrentenstreit **35** 128, **39** 20; Rechtsnatur ihnen gegenüber getroffener Maßnahmen **35** 129 ff.
Anhörung 9 46, 75, **24** 67, **28** 1 ff., **44** 184, **45** 70 ff.; vor ablehnendem VA **28** 26 ff.; durch Akteneinsicht **28** 46; Anforderungen an Nachholung **45** 74 ff., **83** ff.; vor Anordnung der sofortigen Vollziehung **9** 218 f., **28** 11, 43; Aufhebungsausschluss, bei Umdeutung **47** 60; vor Aufrechnung **35** 139; durch Ausgangsbehörde **45** 78, 81 ff.; Ausnahmen **28** 47 ff.; Begründung **39** 54, 90; vor belastendem VA **28** 26 ff.; der Beteiligten **45** 70; Dritter **45** 176; vor eingreifendem VA **28** 24, 47 ff.; erneute – **28** 36; erneute **74** 9; im Europarecht **28** 73 ff.; fehlende **44** 118; Folgen fehlender – **46** 36; Folgen unterbliebener – **45** 89 ff.; Form der – **28** 46; im förmlichen Verfahren **66**; Frist zur Äußerung **28** 44; Heilung fehlender oder unzureichender – **45** 70 ff.; informatorische – **6**; Nachholung **28** 66 ff., **45** 70 ff., in Eilverfahren **45** 86 ff., bei Umdeutung **47** 59; Nichtigkeit des VA **45** 72; Pflicht zur **45** 25 ff.; im PlfV **72** 94; bei Prüfung **2** 131; vor Realakt **28** 2, 25; vor reformatio in peius **28** 78, **79** 41; bei Rücknahme **48** 74; im Sozialrecht **46** 32; substantielle **66** 8, 10; vor Umdeutung **47** 14 f., **58** ff.; unterbliebene – als Verfahrensfehler **28** 32; Verfahrensfehler **46** 66; Verzicht auf – **28** 49, **45** 91; vor vorbereitender Maßnahme **28** 24; durch Widerspruchsbehörde **45** 78, 81 ff.; im Widerspruchsverfahren **28** 78, **45** 176; zeitliche Grenzen für Nachholung **45** 73; Zeitpunkt der – **28** 41 ff., **45** 27; bei Zusicherung **38** 74 ff.
Anhörung Beteiligter im förmlichen VwVf **66** 1 ff.
Anhörungsbehörde, Planfeststellungsverfahren **73** 26 ff.; PlfV **73** 3 ff.; Stellungnahme **73** 139 ff.
Anhörungsverbot bei zwingendem öffentlichen Interesse **28** 65
Anhörungsverfahren 63 23; ergänzendes **73** 134 ff.; Funktionen des – **73** 7 ff.; vereinfachtes **73** 137
Annexe Materie E 23
Anordnung der sofortigen Vollziehung 1 147, **9** 218 f.; AllgV **35** 274, **39** 108; Anhörung vor – **9** 218 f., **28** 11; Auflagen **36** 16; Begründung **39** 23, 108; Bekanntgabe **41** 14; Erforderlichkeit vorheriger Anhörung **45** 88; Heilung unterbliebener Anhörung **45** 88; Nachholung der Begründung **45** 37; Rechtsnatur **35** 164, **43** 233; Verkehrszeichen **35** 331; beim Vollzug des EG-Rechts **35** 354
Anpassung eines nichtigen ör Vertrags **59** 65, 66
Anpassung, Anpassungsverlangen beim ör Vertrag **60** 23 ff.
Anregung 9 109, **22** 21; Begründung bei **39** 77
Anrufbeantworter 37 78, **41** 107
Anscheinsbeweis 26 27

Anscheinsvollmacht 41 77
Anschluss- und Benutzungszwang 35 117 ff.
Anspruch auf ermessensfehlerfreie Entscheidung 26 45, **40** 135 f., **48** 78, **49** 26
Anstalt, ör **1** 181 ff., 246, **35** 117 ff., 302, 324 ff.
Anstaltsnutzungsverhältnis 35 201, 338 ff., **54** 45 ff.
Antizipiertes Sachverständigengutachten 44 79, 81
Antrag auf nachträgliche Schutzmaßnahmen **75** 84 ff.
Antrag, Anträge 22 15 ff., **24** 25 ff., 74, **45** 28 ff., **79** 5; Ablehnung bei mangelnder Mitwirkung **24** 52, **26** 48; alternativer **22** 77, **39** 82; Änderung **22** 74 f.; Änderung von Unterlagen **22** 52; Anfechtung **22** 76 ff.; Annahmepflicht der Behörde **24** 71 ff.; Annahmeverweigerung **22** 50; Antragsvordruck **41** 77; Auslegung **22** 45 ff., **25** 32 ff., **35** 233; Bedeutung **45** 29; Bedingung **22** 51; Begriff **25** 31; Begründetheit **22** 62 ff.; Begründung **22** 46, **24** 49, **39** 76 ff.; von Behörden **22** 35; Beratung bei Abgabe **25** 30 ff., 39; Bestimmtheit **22** 47, **37** 29; fehlende Unterlagen **22** 52; fehlende Voraussetzung **9** 137; Folgen fehlenden – **45** 28 f.; Form **22** 30 ff.; formeller **35** 230; im förmlichen VwVf **64** 1 ff.; Formulare **10** 13 f., **22** 43, **24** 88 ff.; formwidriger im förmlichen VwVf **64** 14; fremdsprachige Unterlagen **39** 38; fremdsprachiger **23** 49, 65 ff.; Frist **22** 74, **31** 9, **32** 10, **45** 32; Grundsatz der Priorität **22** 60; Heilung eines fehlenden – **45** 28 f.; Hilfsantrag **22** 77, **39** 82; in elektronischer Form **24** 83 f.; als Klagevoraussetzung **22** 26; konkludenter **22** 30, 37, **64** 6; materieller **22** 19, **35** 230; mehrere **22** 61; missbräuchlicher – **24** 81; Mittelvergabe **24** 79; modifizierende Auflage **36** 96 ff.; mündlicher **24** 85; Nachholung **28** f., 32; Neuantrag s. dort; zur Niederschrift s. dort; Plan **37** 29; Popularantrag **22** 63; Prüfungsfolge **24** 53; querulatorischer – **24** 80; Rechtsfolgen bei fehlendem – **45** 239; Reihenfolge der Bearbeitung **24** 79; Rücknahme **22** 66 ff., 79; teilweise Ablehnung **39** 79 ff.; telefonischer **22** 41; Umdeutung **22** 49, **24** 74, **47** 3, 27; Unterlagen **37** 29; verfahrensrechtliche Pflicht zur Antragstellung **24** 26; als Verfahrensvoraussetzung **22** 24 f.; Weiterleitung **22** 54, **24** 87; Widerruf **22** 66 ff., **35** 237; widersprechende **22** 61; Willensmängel **35** 238; Zugang **22** 50 ff., **24** 82 ff.; Zulässigkeit **22** 62 ff.
Antragsbefugnis 22 63
Antragsberechtigung 22 63
Antragsfrist s. Antrag; bei nachträglichen Schutzmaßnahmen **75** 88 ff.
Antragsgegner 13 18 ff.
Antragskonferenz 71 e
Antragsteller 13 13 ff., **22** 17
Antragsverfahren 22 15 ff.
Anwendungsbereich des VwVfG 1 113, **2** 1 ff.; bei schlicht-hoheitlichen Handlungen außerhalb eines VwVf **1** 153 ff.; Konzeption **E** 33 ff.; ör Verwaltungstätigkeit **1** 83 ff.
Anwendungsspielraum 10 12
Anwendungsvorrang von EG-Recht **E** 71, **1** 29, 218 ff., **40** 11
Anwesenheitsliste bei mündlicher Verhandlung **68** 35
Anzeige 22 21; Begründung bei **39** 77
Anzeigeverfahren 9 87 ff., **35** 34 ff., 155 ff.
Anzuhörende 13 47
AO Zusage s. dort
Äquivalenzstörung bei ör Vertrag **60** 1 ff., 17 ff.

Sachregister

Fette Zahlen: §§ des VwVfG

Arbeitsgemeinschaft 1 250; nach § 44 b SGB II **35** 52
Arbeitsweise s. typisierende
Arrangements s. Absprache und informelles Verfahren
Artenschutz in der Planfeststellung **74** 153
AStA 11 22
Asylbewerber, Wohnraum **1** 111
Asylrecht, förmliches VwVf i. w. S. **63** 18
Asylverfahren, Wiederaufgreifen **51** 50 ff., 108, 136 f.
Atomkonsens 54 70
Atomrecht 9 185, **35** 254; Genehmigungsverfahren als förmliches VwVf i. w. S. **63** 17
Atomschaden 1 111
Aufdrängungsverbot 22 28 f.
Aufenthalt, ständiger, gewöhnlicher, dauernder **3** 23 ff.
Aufenthaltsbeendigung, Umdeutung **47** 20, 40
Aufgaben, öffentliche **1** 265
Aufgabenprivatisierung s. Privatisierung
Aufgabenverantwortung 1 128, **9** 21
Aufhebbarkeit, vorläufiger VAe **43** 37 ff.
Aufhebung, absolute Gründe für – des VA **45** 122, **46** 30, 33; Anspruch des Betroffenen auf – des VA s. Aufhebungsausschluss; Auswirkung auf andere VAe **43** 196; kein Ermessen des Gerichts **46** 15; isolierte **44** 197 f.; isolierte – des Widerspruchsbescheids **46** 88; des Planfeststellungsbeschlusses **77** 1 ff.; und Vertrauensschutz **44** 198
Aufhebungsanspruch bei Widerspruchsbescheid **46** 87
Aufhebungsausschluss 46 1 ff., 517 ff.; bei Abwägungsfehler **46** 36; bei Anwendung unbestimmter Rechtsbegriffe **46** 63 ff.; bei Beurteilungsermächtigung **46** 62, 73; bei Ermessensfehler **46** 6 ff., 36, 46 f., 60 f., 73 ff.; bei Ermessensfehler **46** 36, 46 f.; bei fehlender funktioneller Zuständigkeit **46** 42; bei fehlender örtlicher Zuständigkeit **46** 38 f.; bei fehlender sachlicher Zuständigkeit **46** 43 f.; bei fehlender Verbandskompetenz **46** 42; bei gebundener Verwaltung **46** 46, 48, 52 f., 56, 59; im grundrechtsrelevanten Bereich **46** 5; und Heilung der Verfahrensfehler **46** 21; bei materiellen Fehlern des VA **46** 36, 37; bei Mitwirkung örtlich unzuständiger Behörde **46** 39; und Nichtigkeit des VA **46** 20, 38; Offensichtlichkeit **46** 78 ff.; Rechtswidrigkeit des VA **46** 21; und Umdeutung **47** 30; bei unwirksamer Bekanntgabe des VA **46** 34; wegen Verfahrens- oder Formfehler **46** 1, 10, 31 f.; Verfassungsmäßigkeit **46** 5 ff.; bei Verletzung von Fristbestimmungen **46** 35; s. auch Rücknahme
Aufhebungsverbot, Ausschluss amtswegiger Aufhebung **43** 31 ff.; und Europarecht **43** 36; bei Urteilen **43** 32 f.; bei VAen **43** 17 f., 19 ff., 31 ff., 48; und Wirksamkeit des VA **43** 35
Aufhebungsverfahren 9 220
Aufklärungsermessen 24 26, 39
Auflage 36 82 ff.; Abgrenzung zum Widerrufsvorbehalt **36** 86 ff.; Abgrenzung zur Bedingung **36** 86 ff.; Abgrenzung zur modifizierenden Auflage **36** 99 ff.; Abgrenzung zur Zweckbestimmung **36** 102; Akzessorietät **35** 226, **36** 83; bei AllgV **36** 8; Ausgleichsabgabenfestsetzung **36** 105; Auslegung **36** 87 f.; Begriff nach Fachrecht **36** 3; begünstigender Haupt-VA **36** 82, 111; belastender Haupt-VA **36** 82; Besoldungsrecht **36** 3; drittschützende **36** 84; im einstweiligen Rechtsschutz **36** 16; Geldleistung **36** 149; kraft Gesetzes **36** 33 f.; Gesetzesvorbehalt **36** 138 f.; als materieller VA **36** 83; modifizierende s. dort; nachträgliche **36** 36 ff., 89; Rechtsnachfolge **35** 262, **36** 83; Rechtsschutz **36** 54 ff.; Rechtswirkungen **36** 83 ff.; Rückbauverpflichtung **36** 106; Schutzmaßnahmen im Planfeststellungsbeschluss **74** 168; selbständige **36** 9 f.; zur Sicherstellung von Anspruchsvoraussetzungen **36** 128; sofortige Vollziehung **36** 84; Teilnichtigkeit des VA **44** 195; Vergaberechtsbeachtungsklausel **36** 104; Verhältnis zum VA **36** 19 ff.; Versammlungsrecht **36** 3; vertragliche Vereinbarung **36** 35; als VA mit Dauerwirkung **35** 225; bei VA mit Drittwirkung **36** 82; Verwendungsnachweisklausel **36** 103; Vollstreckbarkeit **36** 8, 84; und Widerruf des VA **49** 46 ff.; zivilrechtliche Folgen **36** 85; s. auch Nebenbestimmungen
Auflagenvorbehalt 36 89 ff.; Abgrenzung zum Widerrufsvorbehalt **36** 89; begünstigender Haupt-VA **36** 89; belastender Haupt-VA **36** 89, 111; als Beschleunigungsinstrument **36** 91; kraft Gesetzes **36** 33 f.; nachträgliche **36** 36 ff.; Rechtsnatur **36** 89; Rechtsschutz **36** 54 ff.; Verhältnis zum VA **36** 19 ff.
Auflösung einer Körperschaft **11** 11
Aufnahme einer eidesstattlichen Versicherung s. dort
Aufrechnung 1 147, **43** 221, **44** 37 ff.; Aussetzung **44** 41; seitens der Behörde **35** 138 ff.; mit bestrittener Forderung **44** 41; gegen Leistungsbescheid **44** 38 ff.; maßgebliche Sach- und Rechtslage **44** 37 ff.; mit rechtswegfremder Forderung **44** 41; rückwirkende Rechtswirkung des VA **44** 40; Umdeutung **47** 25; bei ör Vertrag **62** 39; kein VA **35** 138 ff.; mittels VA **35** 138 ff.; Vorbehaltsurteil **44** 41; Wegfall des behördlichen Anspruchs **44** 38
Aufschiebende Wirkung, unzulässige Rechtsbehelfe **43** 229; bei VAen mit Drittwirkung **43** 231; Vollziehungshemmung **43** 228, 230 f.; Wegfall der Bindung innerhalb gestufter VwVf **43** 231; und Wirksamkeit des VA **43** 227 ff.; Wirksamkeitshindernis **43** 227
Aufsichtsbehörde, Kompetenzbestimmung durch – **3** 29 ff.; Rechtsnatur von Maßnahmen der **35** 177 ff.
Aufsichtsrat 20 36
Auftragsvergabe 35 123 ff., 160 ff., **39** 20; und Nebenbestimmung von Zuwendungsbescheiden **36** 104
Auftragsverwaltung 35 181 ff.
Aufwendungsersatz für Schutzvorkehrungen **74** 165
Augenschein 26 91
Ausführungsbescheid 35 32, 53
Ausgeschlossene Personen im VwVf **20**
Ausgleichsabgaben 36 105
Auskunft 25 1 ff., 15, 39 ff., **26** 36 ff.; Abgrenzung zum Sachverständigengutachten **26** 40, zur Zeugenaussage **26** 40; im Ausland Dritter Teil B II Nr. 3, 4; nach DDR-Recht **35** 367; Ermessen **40** 47; im Europarecht **25** 46; Folgen einer falschen – **25** 16, 45; Form **26** 39; materielle Ansprüche auf – **25** 18; Rechtsnatur der Entscheidung über Erteilung **35** 99 ff.; verbindliche **38** 1; Verpflichtung Nichtbeteiligter zur – **35** 149; und Zusage und Zusicherung **38** 21 ff.
Auskunft im Beschleunigten Genehmigungsverfahren 71 c
Auskunftsanspruch durch Grundrechte **25** 12
Auskunftspflicht 9 35
Auskunftsverweigerungsrecht 25 21, **26** 41, 60, 63

magere Zahlen: Randnummern; E: Einleitung

Sachregister

Auslagen 23 45
Auslagenerstattung eines Vertreters von Amts wegen **16** 29 ff.
Ausland, Amtshilfe im Verhältnis **4** 23 ff.; Auskunft s. dort; Beteiligter im – **16** 19 ff.; Beweiserhebung im – s. dort; örtliche Zuständigkeit bei Aufenthalt im – **3** 25, 28; Zustellung im – s. dort
Ausländer und Handlungsfähigkeit **12** 12, minderjährige **12** 26; s. auch Amtssprache, Sprache
Ausländerrecht, Handlungsformen **35** 27, 281, 298, 307, 359, **38** 27; Nebenbestimmungen **36** 110
Ausländisches Recht 24 40
Auslandsvertretungen, Anwendung des VwVfG auf – **2** 140; s. auch Diplomatische Vertretungen
Auslegung eines Antrags **22** 37, 45 ff., **35** 233; von DDR-Entscheidungen **35** 368; einer Ermessensnorm **40** 21 ff.; und Formenwahl **35** 75; Frist **31** 14 f.; von Gesetzen **44** 29 ff., 53, 85 ff., **46** 64 f.; Nebenbestimmung **36** 68 ff., 87 f.; und Umdeutung **47** 8; Unterschiede der Verfahrensordnungen **E** 59; verfassungskonforme s. dort; eines VA **35** 71 ff., 147 f., 247, **37** 7, 11, **41** 58; eines ör Vertrags **54** 34; Widerspruchserklärung **79** 18; Zusage und Zusicherung **38** 21 ff.
Auslieferung 1 169
Aussagegenehmigung 1 190, **2** 111; bei ehrenamtlicher Tätigkeit **84** 11 ff.
Aussageverweigerungsrecht 26 60, 63
Ausschluss von der Mitwirkung in VwVfen **20** 1 ff.
Ausschlussfrist 2 133, **31** 8 ff., **32** 9 ff., **45** 2; Antragsfrist **45** 32; Folgen einer Versäumung der – **46** 35; Rücknahme **48** 205; Verjährung **53** 9; s. auch Frist
Ausschuss 1 252, 88–93; Abstimmungsverfahren **91** 1 ff.; Abwahl **92** 1 ff.; Anwesenheit anderer Personen **71** 19; Anwesenheit der -mitglieder **71** 14 ff.; Befangenheit eines -mitglieds **44** 187; Befugnisse des Vorsitzenden **89** 1 ff.; Begriff **44** 183, **88** 5; von Behörde **44** 183; Beschlussfähigkeit **90** 1 ff.; Beschlussfassung **91** 1 ff.; Folgen fehlender Mitwirkung **45** 92; Folgen fehlender oder fehlerhafter Mitwirkung **44** 183; förmliche VwVf **71** 1 ff.; Fragerecht der -mitglieder **71** 12 f.; Wahlstellen **92** 6; Mehrheitsprinzip **91** 5 ff.; Nachholung fehlender Mitwirkung **45** 92 ff.; Niederschrift **93** 1 ff.; Notbeschlussfähigkeit **90** 12 ff.; Ordnung in den Sitzungen **89** 2 ff.; schriftliches Verfahren **90** 9 ff.; Stimmenthaltung **91** 5 ff.; Stimmzettel **91** 3; Umlaufverfahren **90** 9 ff.; Wahlen durch Ausschüsse **92** 1 ff.; Wahlergebnis **92** 4 ff.; Wahlverfahren **92** 3
Ausschussmitglieder, Ablehnung **71** 23 ff.
Außenwirkung 9 114 ff.; und Behördenbegriff **35** 50; bei Maßnahmen zwischen Verwaltungsträgern **35** 185 ff.; bei Organisationserlassen **35** 300 ff.; bei Organstreitigkeiten **35** 193 f.; unmittelbare **35** 147 f.; bei VAen **35** 141, 146 ff., 167 ff.; bei Weisungen **35** 178 ff.
Außerkrafttreten des Planfeststellungsbeschlusses **75** 93 ff.
Aussetzung des VwVf **9** 103, 203 ff., **10** 5, 16
Aussiedlerbeauftragter 1 250
Austauschvertrag 56, 59 39 ff.; Angemessenheit der Gegenleistung **56** 54 ff.; Anwendungsbereiche **56** 8 ff.; Begriff **56** 3 ff.; Erfüllung öffentlicher Aufgaben **56** 53 ff.; Gegenleistung bei Rechtsanspruch auf die Leistung der Behörde **56** 31 ff.; Gegenleistung ohne Anspruch auf die Leistung der Behörde **56** 44 ff.; Hinkender Austauschvertrag **56** 16 ff.; Kausal verknüpfter Vertrag **56** 20 ff.; Konkrete Zweckbestimmung **56** 51 ff.; Leistung der Behörde **56** 25 ff.; Leistungen des Privaten **56** 22 ff.; Normzwecke **56** 3 ff.; Rechtsfolgen fehlerhafter Austauschverträge **56** 57 ff.; Sachlicher Zusammenhang von Leistung und Gegenleistung/Koppelungsverbot **56** 4 ff., 49 ff.
Auswahl der Behörde bei Amtshilfe **6** 1 ff.
Auswahlermessen 40 46; zur Form des VA **37** 47 ff.
Ausweis 35 101; als VA **35** 87 f.
Automatische Einrichtung, Begriff **37** 68 ff.

Baden E 2
Baden-Württemberg, VwVfG des Landes – **Dritter Teil A**
Bagatellgrenzen bei Amtshilfe **8** 11
Baghwan-Bewegung 2 47
Baháí-Gemeinschaft 2 47
Bahn s. Deutsche Bundesbahn
Bahnanlagen, Widmung und Entwicklung von **35** 326
Bahnbenutzungsverhältnis 2 148
Bankgeheimnis 30 3
Barrierefreiheit s. Behindertengleichstellung
Baudispensvertrag 54 80
Baugenehmigung 35 34, **36** f., 214, 253 f., 259 ff.
Bauherrengemeinschaft 11 22
Baulast 35 88
Bauleitplanungsvertrag 54 141 ff.
Bauordnungen 1 121, **35** 34, **36** f., 155 ff.
Bauprodukte, Zulassung **35** 290 ff.
Baurechtsverhältnis 9 35 f.
Bayern, VwVfG des Landes – **Dritter Teil A**
Beachtlichkeitswirkung des VA als Abweichungsverbot i. w. S. **43** 137; Bindung der Behörden **43** 142 ff.; Bindung der Gerichte **43** 142 ff.; von DDR-VAen **43** 287; und Erstattungsanspruch **43** 145; bei feststellenden VAen **43** 139; bei gestaltenden VAen **43** 137, 142; und Tatbestandswirkung **43** 140; Verhältnis zum Ordnungswidrigkeitsrecht **43** 146 ff., zum Strafrecht **43** 146 ff.; s. auch Legalisierungswirkung; und Wirksamkeit des VA **43** 141 f.
Beamte, Beamtenrecht 1 110 f., 145, 185, 187, 236, **9** 36, **35** 199 ff.; (Ab-)Wahl von Wahlbeamten **35** 196; Auswahlverfahren bei Beförderung **2** 129; Beihilfe **1** 134; Besetzung von Professorenstellen **2** 131; Besoldungsmitteilung **35** 89; dienstliche Beurteilung **2** 127, 131, **35** 199; Einstellungsgespräch **2** 129; Erstattungsanspruch **35** 247; Gnadenrecht **1** 195; Kirche **2** 42; Konkurrentenstreit **35** 111, 128, 160 ff., **39** 20; Nicht-Ernennung **44** 134; Nichtigkeitsgründe **44** 134; politische Beamte **1** 190; Privatisierung **1** 126; Sicherheitsüberprüfung **9** 36; Treuepflicht **9** 36; Uneigennützigkeit **20** 19; Verfassungstreue **2** 128; VA im – **35** 199 ff.; ör Vertrag im – **54** 129 ff.; Zusage **38** 40, 72
Beanstandung im Ausschlussverfahren **71** 13
Bearbeitungsdauer 10 4 ff.
Bearbeitungsfrist bei Rücknahme **48** 230
Beauftragter 12 16, **20** 26; der Bundesregierung **1** 250
Beauftragung eines Privaten **1** 259
Bebauungsplan, Anregung, Bedenken **1** 183; Planerhaltung **35** 264; Rechtsnatur **35** 18 f., 29, 264
Bedienstete als Zeugen **65** 21
Bedingung 36 75 ff.; Abgrenzung zur Auflage **36** 86 ff.; Abgrenzung zur Befristung **36** 71; Abgrenzung zur modifizierenden Auflage **36** 99 f.; Ab-

2159

Sachregister

grenzung zur Zweckbestimmung **36** 102; auflösende **35** 248, **36** 75; aufschiebende **36** 75, 78; Ausgleichsabgabenfestsetzung **36** 105; bedingungsfeindliche VAe **36** 12; Definition **36** 75; kraft Gesetzes **36** 33 f.; nachträgliche **36** 36 ff.; Potestativbedingung **36** 76, 78; Rechtsschutz **36** 54 ff.; Rechtswirkung **36** 75; zur Sicherstellung von Anspruchsvoraussetzungen **36** 127 ff.; treuwidrige Verhinderung/Herbeiführung **36** 77; Verhältnis zum VA **36** 19 ff.; und vorläufiger VA **36** 76; s. auch Nebenbestimmungen

Beeidigung im förmlichen VwVf **65** 28 ff.

Befangenheit 21 1 ff., **45** 147; Ablehnung wegen **71** 24, 26; eines Ausschussmitglieds **44** 187; eines Dolmetschers **23** 47; Rechtsfolgen der Nichtbeachtung **44** 179, 187, 188; Rechtsnatur der Entscheidung über **35** 150; eines Sachverständigen **26** 84; im VwVf **21** 1 ff.

Beförderung, Beurteilungsermächtigung **40** 188, 190

Befristung 36 70 ff.; Abgrenzung zur Bedingung **36** 71; Abgrenzung zur Inhaltsbestimmung **36** 71; auflösende **36** 71; aufschiebende **36** 71; Definition **36** 70; kraft Gesetzes **36** 33 f.; Ketten-VA **36** 74; nachträgliche **36** 36 ff.; Rechtsschutz **36** 54 ff.; Rechtswirkung **36** 73; zur Sicherung von Anspruchsvoraussetzungen **36** 127 ff.; Verhältnis zum VA **36** 19 ff.; Zulässigkeit **36** 74, 122 ff.; Zusage und Zusicherung **38** 26; s. ferner Frist, Nebenbestimmung

Befugnis 9 155, **22** 29; zur Offenbarung **30** 11, 16 ff.; zu schlicht-hoheitlichen Maßnahmen **1** 110, 145

Beginn des Verwaltungsverfahrens s. dort

Beglaubigung 1 148; amtliche von elektronischen Dokumenten **33** 1 ff.; amtliche – von Urkunden **33** 1 ff., **34** 1 ff.; im Europarecht **33** 39; notarielle – von Urkunden **33** 6 ff., **34** 1 ff.; öffentliche – von Urkunden **33** 6 ff., **34** 1 ff.

Beglaubigungsmonopol 33 18, 21

Beglaubigungsverbot 33 26

Beglaubigungsvermerk 33 28 ff., **34** 16

Begründung 9 75, 150, **49** 116; Abhilfeentscheidung **39** 127; bei Abwägung **39** 22; allgemeiner Rechtsgrundsatz **39** 17, 121 ff.; AllgV **39** 108 ff.; Amtssprache **39** 38; Änderungsanspruch **39** 31 ff.; Anforderungen an nachträgliche – **45** 33 f.; Anhörung **39** 54; nach Anhörung **39** 92; Anordnung der sofortigen Vollziehung **39** 23, 108; Anspruch auf zutreffende – **39** 30; bei Antrag **39** 76 ff.; eines Antrags **22** 46; Anwendungsbereich **39** 17 ff.; AO **39** 44; Ausnahmekatalog **39** 4, 73 ff.; Ausschluss aus der Natur der Sache **39** 101; automatisierter VA **37** 134 ff., **39** 97 ff.; Barrierefreiheit **39** 37; begünstigender VA **39** 6; Bekanntgabe **39** 35, **41** 16; belastender VA **39** 6; Belastung der Verwaltung **39** 4, 74; Benotung als Teil der – **35** 205, **39** 34; Benutzungsordnungen **39** 104; bei Bestätigung **39** 9 f.; bei Beurteilungsermächtigung **39** 8, 52; Beweiswürdigung **39** 49; in deutscher Sprache **39** 92; EDV-Anlage **39** 95 ff.; EG-Richtlinie **39** 122; EG-Verordnung **39** 122; ehrverletzende **39** 33; Eilfälle **39** 116 f.; elektronische **39** 36; von Entscheidungen aufgrund Beurteilungsermächtigung **40** 232; Erfahrungssatz **39** 93; Erkennbarkeit **39** 87 ff.; bei Erklärung **39** 78; Ermessensentscheidungen **39** 28, 55 ff., **40** 80, 102, **45** 35; Ermessensgrenzen **39** 56; Ermessensschrumpfung auf Null **39** 58; Europarecht **39** 1, 25, 121 ff.; fachrechtliche Regelungen **39** 15 f., 100 ff.; fehlende **44** 118; Fehler-

folgen **39** 27 ff., **45** 33, 164; Form **37** 134 ff., **39** 35 ff.; formelhafte **39** 51; formelles Gesetz **39** 25; formularmäßige **39** 95 ff., 99; Funktionen **39** 1; Geheimhaltung **39** 67, 103; gleichartige VAe **39** 95 ff.; einer Gnadenentscheidung **1** 198; Grundrechtsschutz durch Verfahren **39** 2 f., 74, 103; Heilung fehlender **39** 29; Heilung fehlender – **45** 33; Heilung mangelhafter – im Gemeinschaftsrecht **45** 164; „in anderer Weise erlassener" VA **39** 14; Inhalt **39** 43 ff.; intendiertes Ermessen **39** 69 ff.; Interessen Dritter **39** 67, 103; von Kollegialentscheidungen **39** 7; konkludenter VA **39** 14; Kontrolldichte **39** 8; Kostenfolge bei fehlerhafter – **39** 27; mehrstufiges Verfahren **39** 22, 48, 64; Merkblatt **39** 74, 99; Mitwirkung anderer Behörden **39** 22, 48, 64; mündliche **39** 92; mündlicher VA **39** 11 ff.; Nachholung **45** 33 f.; Nachholung im Eilverfahren **45** 60; und Nachschieben von Gründen **39** 30, **45** 45 f.; Nichtigkeit wegen fehlender – **45** 37; bei öffentlicher Bekanntgabe **41** 157, 176 f.; einer Petition **1** 177; Pflicht zur – **45** 25 ff., 33 f., 70 f.; des Planfeststellungsbeschlusses **74** 158 ff.; privatrechtlichen Handelns **39** 21; Prognoseentscheidung **39** 52; einer Prüfungsentscheidung **2** 131, **39** 2, 109, 126; Realakt **39** 24, 123; rechtliche Gründe **39** 50 ff.; Rechtsgespräch **39** 92; Rechtsnorm **39** 25, 122; Rechtsschutz gegen – **35** 143; Rechtsverordnung **39** 25; und Rechtswidrigkeit des VA **44** 15; Rücknahme **48** 51, 83, 87; Satzung **39** 25; Schlüsselzeichen **37** 134 ff.; schriftliche **39** 36; Selbstverständliches **39** 69 ff.; Soll-Regelung **39** 57; auf Grund von Sonderregelungen **45** 36; ständige Übung **39** 62; tatsächliche Gründe **39** 49; teilweise Ablehnung **39** 79 ff.; teilweise Aufhebung **43** 195; telefonische **39** 92; tragende Gründe **39** 45 f.; ungeschriebene Ausnahmen **39** 115 ff.; Unterlagen **39** 39; verfahrensrechtliche Erwägungen **39** 53 f.; verfassungsrechtliche Grundsätze **39** 2 ff.; verfügender Teil **39** 26; Verhältnis zum VA **39** 27 ff.; bei Verlangen **39** 74; Verteidigungs- oder Spannungsfall **39** 69, 101; VA mit Drittwirkung **39** 83 ff.; Verwaltungsvorschrift **39** 62; Verzicht **39** 119 f.; von Vollstreckungsakten **39** 118; vorgeschobene Gründe **39** 47; wahre Gründe **39** 47; Widerrufsvorbehalt **36** 79; Widerspruchsbescheid **39** 73, 128 ff.; zeitliche Grenzen für Nachholung **45** 38 ff.; Zeitpunkt **45** 27; zollrechtliche Entscheidung **39** 125; Zweckmäßigkeitsgründe **39** 59

Begünstigender VA, Ausgleichsanspruch **48** 174

Behindertengleichstellung 37 57, 111 ff., 129, **39** 37

Behörde 1 236 ff.; Anforderungen an nachträgliche Mitwirkung **45** 97; Anspruch des Betroffenen auf Mitwirkung der – **45** 99 f.; Arbeitsgemeinschaft nach § 44b SGB II **35** 52; Auflösung **35** 300 ff.; ausländische **1** 170 ff.; Ausschuss **1** 252; Begriff bei Rücknahmefrist **48** 212 ff.; Begriff bei VA **35** 50 ff.; Bestimmtheit **37** 9; Definition **1** 236 ff.; Errichtung **35** 300 ff.; Folgen fehlender Mitwirkung **45** 99 f.; funktionelle **1** 240, **2** 107, 111; internationale **1** 170 ff.; der Justizverwaltung **2** 119 ff.; Kirche **1** 268; militärische Kommandobehörde **1** 247; Mitwirkung **9** 127 ff., **35** 167 ff., **44** 188; Nachholung fehlender Mitwirkung **45** 96 ff.; Nichterkennbarkeit **44** 132; Organisationsrecht **1** 116; organisatorische Selbständigkeit **1** 248 ff.; Rechtsfolgen fehlerhafter Errichtung **35** 64 ff.; Stelle **1** 248 ff.; supranationale **1** 93, 170 ff.; verfahrensrechtlich **1** 237; Vertretung der **35** 53 ff., **38** 65 ff.; VA mehrerer – **35** 52; VwGO **1**

240, 254; Wille der – **44** 190ff., **46** 55, 77ff., **47** 34, 46f.; Zeichnungsrecht s. dort; Zugang **9** 51; Zuständigkeit bei Zusicherung **38** 62ff.
Behördenanhörung im PlfV **73** 32ff.
Behördenpräklusion, Begrenzte – im Beschleunigten Genehmigungsverfahren **71d** 29ff.; im PlfV **73** 40ff.; s. ferner Präklusion
Behördenstellungnahme 73 37ff.
Beibringungspflicht 26 2
Beihilfenverbot, Rücknahme und EG-Recht **48** 170ff., 237
Beiladung 13 29
Beirat VwVfR 1 276
Beistand 2 123, 134; im VwVf **14** 26ff.
Beitragsbescheid, Umdeutung **47** 19ff., 34
Beitragsverfahren 2 69
Bekanntgabe, elektronischer VA **41** 46
Bekanntgabe 9 193ff.; Abgabe **35** 20ff., **41** 8, 53ff.; Adressat **37** 19ff., **41** 21ff.; Adressierung **41** 27; als allg. Rechtsgedanke **41** 9ff.; AllgV **35** 272, 279a, 280, **41** 137ff., 151ff., 189ff.; Amtssprache **41** 64; Anfechtungsklage **41** 226f.; Anordnung der sofortigen Vollziehung **41** 14; Anrufbeantworter **41** 100; Anscheinsbeweis **41** 130f.; Anspruch auf Ausfertigung **41** 183; Anspruch auf weitere Ausfertigungen **41** 11, 79; Antrag auf Bekanntgabe an Dritten **41** 35; Anwendungsbereich **41** 9ff.; im Ausland **41** 115, 218ff.; vom Ausland **41** 115; Auswahl der Bekanntgabeform **41** 18ff., 237; automatisierter VA **37** 74; Begriff **41** 17, 199; Begründung **39** 35, **41** 16; Begründung der Bekanntgabeform **41** 18; Bekanntgabeadressat **37** 19ff.; Bekanntgabewille **35** 20ff., **37** 25, **41** 53ff.; 119f., 234, 237, **43** 176; Bekanntmachungsweg **41** 53; an Beteiligungsunfähigen **41** 35; Betroffenen **41** 31ff.; an Bevollmächtigte **41** 36ff., 77, 234; Beweislast **41** 130f.; Beweismaß **41** 128ff.; BGB-Gesellschaft **41** 81; Bote **41** 54, 67f., 67, 97, 104; durch Boten **35** 61; Drei-Tage-Frist **31** 35, **41** 121ff.; Eheleute **37** 15, **41** 67, 75ff.; Einschreiben **41** 73; Einwurf-Einschreiben **41** 126; elektronisch übermittelter VA **37** 66f.; elektronischer VA **41** 87ff., 97, 107f., 116ff., 131, 236f.; E-Mail **41** 87ff., 107f., 116ff., 131; Empfangsbevollmächtigter **41** 36ff.; Empfangsbote **41** 67f.; der Entscheidung **22** 70; Entscheidungen der Gemeinschaftsorgane **35** 350; Entwurf **41** 55; Erklärungsbewusstsein **35** 75, **41** 58, **43** 188; Erklärungsbote **41** 54, 97; Ermessen **41** 39ff.; des Erörterungstermins **73** 114ff.; Europarecht **41** 239ff.; und Existenz des VA **35** 20ff., **41** 3f., 222ff.; Fehlerfolgen **37** 19ff., **41** 43, 222ff., **43** 177; fehlerhafte Adressierung **37** 21; am Feiertag **41** 133; fernmündlicher VA **41** 99; Feststellungsklage **41** 226f.; Folgen unwirksamer – **46** 34; Geschäftsfähigkeit **41** 50ff.; Handlungsfähigkeit **41** 50ff.; an Handlungsunfähigen **41** 234, **43** 176; Hausbriefkasten **41** 70ff.; Heilung **41** 230ff., **43** 177; „in anderer Weise erlassener" VA **41** 101; Insolvenzverwalter **37** 21, **41** 23; juristische Person **41** 48f.; Kenntnisnahme **41** 72; konkludenter VA **41** 101; Kooperationsobliegenheiten **41** 105ff.; ladungsfähige Anschrift **41** 74; Landesrecht **41** 243; Lebenspartnerschaft **37** 15, **41** 67, 75ff.; moderne Kommunikationsformen **41** 236f.; mündlicher VA **41** 96ff.; Nachholung **41** 231; nachträglicher Zugang **41** 232; von Nebenbestimmungen **41** 15; von Nebenbestimmungen **36** 26; an nicht existente Person **43** 176, **44** 111, 130, 143; nichteheliche Lebensgemeinschaft **41** 67, 75ff.; von Nicht-VA **41** 12ff.; an Obdachlose **41** 74; Perso-

nenmehrheit **37** 23f., **41** 22, 75ff.; des Planfeststellungsbeschlusses **74** 205ff.; der Plangenehmigung **74** 248; mittels Post **41** 109ff.; Postbegriff **41** 112ff., 130; Postfach **41** 74; Rechtsbehelfsbelehrung **41** 16; Rechtsschutz bei fehlender – **41** 226ff.; Regelung der – **43** 2; rügelose Einlassung **41** 238; Rügeobliegenheiten **41** 105ff.; am Samstag, Sonnabend **41** 133; schriftlicher VA **41** 69ff., 111ff., 236; am Sonntag **41** 133; Sprache **41** 64; Telefax **41** 82ff., 107, 113, 124; Testamentsvollstrecker **37** 21, **41** 23; Übergabe-Einschreiben **41** 73; unvollständige **41** 66; in vereinfachten VwVf **43** 174; Verfahrensklarheit **41** 234, 237; verfassungsrechtliches Gebot **41** 2ff.; verfügender Teil des VA **41** 15; Verkehrszeichen **35** 332ff., **41** 151; Verkündung **41** 98; an Vertreter **41** 38, 48ff., 234; Verwirkung **41** 230, 238; Voraussetzungen **43** 176ff.; Widerruf vor – **35** 21, **41** 60, 125f.; Wohnsitzangabe **41** 27; Zugang **41** 8, 61ff., 109ff.; Zugangsvereitelung **41** 102ff.; Zugangsvermutung **41** 109ff.; zusammengefasster Bescheid **41** 75ff.; Zusicherung **38** 37, 68, **41** 13; Zustellung **41** 199ff.; Zweifel am Zugang **41** 126ff.
Bekanntgabe, öffentliche 41 135ff., **43** 175; Adressat **37** 13; Anordnung der sofortigen Vollziehung **41** 174; Aushang **41** 160, 187; Auslegung **41** 178ff., 184ff.; Begründung **41** 157, 176ff.; Behördenangabe **41** 175; Bekanntgabetermin **41** 184ff.; Bekanntgabewille **41** 53; Bekanntmachung und VA **41** 156f.; Einsichtsmöglichkeit **41** 176ff.; und Einzelbekanntgabe **41** 142; und Einzelfallregelung **35** 207f., 280, 291ff.; elektronischer VA **37** 90, **41** 162ff., 194ff.; Entscheidung der Gemeinschaftsorgane **41** 241; Ermessen **41** 146ff.; fiskalische Erwägungen **41** 158; Form **41** 156ff.; Geschäftsfähigkeit **41** 137; Handlungsfähigkeit **41** 137; „in anderer Weise erlassener" VA **41** 151; im Internet **41** 162ff., 194ff.; Karten, Pläne **41** 172; konkludenter VA **41** 151; Massenverfahren **41** 154f., 173; moderne Kommunikationsformen **41** 162ff., 194ff.; mündlicher VA **41** 197; Namenswiedergabe **41** 175; Nebenbestimmungen **41** 173; und öffentliche Zustellung **41** 143ff., 148, 165; Ortsüblichkeit **41** 159ff.; Rechtsbehelfsbelehrung **41** 192f.; Rechtsschutz bei – **41** 140; schriftlicher VA **41** 156ff.; Tageszeitung **41** 160; Typenzulassungen **35** 290ff.; überregionaler VA **41** 161; Unterlagen **41** 172; Unterschrift **41** 175; verfassungsrechtliche Zulässigkeit **41** 6, 147; verfügender Teil des VA **41** 167ff.; Verhaltensprozess als **41** 198; Verkehrszeichen **35** 332ff.; verkürzte **41** 157; Veröffentlichungsblatt **41** 160; Verteidigungs- und Spannungsfall **41** 184; des vollen Wortlauts eines VA **41** 157; Widerspruchsbescheid **41** 247; Widmung **41** 153, 198; Wiedereinsetzung in den vorigen Stand bei – **41** 140; Wirkungen **35** 272, 280, 291ff., 322ff., **37** 26, **41** 136ff.; und Zugang **41** 135; Zulässigkeit **41** 18, 146ff.
Bekanntgabeadressat s. Adressat
Bekanntmachung öffentliche s. öffentliche –; ortsübliche s. ortsübliche –; der Planauslegung **73** 48ff.; s. auch Bekanntgabe
Bekenntnis, religiöses **2** 47
Belange, abwägungserhebliche **74** 70ff.; der Gemeinde **74** 105ff.; naturschutzrechtliche **74** 122ff.; öffentliche **1** 265; **71d** 16, 17
Belegenheit der Sache 3 18
Belehrung 1 145f.; vor eidesstattlicher Versicherung **27** 24ff.

Sachregister

Fette Zahlen: §§ des VwVfG

Belehrungspflicht gegenüber Zeugen **25** 26; s. Beratungspflicht, Betreuungspflicht, Rechtsbehelfsbelehrung
Beliehene 1 256 ff., **35** 116; EG-Recht **1** 266 f.; und öffentlicher Auftraggeber **35** 126; Rechtsfolgen unwirksamer Beleihung **35** 65; V-Mann s. dort; Weisung gegenüber – **35** 184
Benachrichtigung von der Planauslegung **73** 65
Benehmen 44 184; bei Zusicherung **38** 74 ff.
Benotung 35 205, **39** 34
Benutzungsregelung, Begründung **39** 104
Benutzungsverhältnis 1 99, **35** 117 f., 201, 338 ff.
Beratung 1 145 f., **9** 172, **25** 1 ff., **35** 8, 86; Pflicht zur – **22** 44; bei Zusicherung **38** 74 ff.
Beratung im Beschleunigten Genehmigungsverfahren 71 c
Beratungsfehler 9 41
Beratungspflicht 9 35, **25** 10 ff.
Berechtigtes Interesse s. Interesse
Bereicherungsrechtlicher Ausgleich bei Rücknahme und Widerruf **49 a** 41 ff.
Bereicherung, Ergänzende Anwendung der Vorschriften über ungerechtfertigte – auf ör Vertrag **54** 4 ff., 20 ff., **62** 22 ff.
Bereichsspezifisches Verwaltungsverfahren s. Verwaltungsverfahren
Bergrecht, förmliche VwVf i. e. S. **63** 40–41; VwVfG und – **2** 27
Bergwerkseigentum als abwägungserheblicher Belang **74** 103
Berichtigung, automatisierter VA **37** 72; Begründung **35** 143; sonstiger behördlicher Handlungen **42** 5
Berichtigung des VA 42 1 ff.; Ablehnung **42** 43; allgemeiner Rechtsgedanke **42** 4; Antragsunabhängigkeit **42** 37; bei begünstigenden VAen **42** 29; bei belastenden VAen **42** 29; Entscheidung der Widerspruchsbehörde **42** 48; Ermessensentscheidung **42** 28 ff.; Erstattungsanspruch **42** 3; und Europarecht **42** 45 f.; Fehler im Rechenzentrum **42** 18; formlos **42** 31, 40; wegen Irrtums bei der Willensbildung **42** 8; Klarstellungsfunktion **42** 2; und materielle Änderung des VA **42** 42; mechanisches Versehen **42** 15 ff.; bei mehrstufigen VAen **42** 21; Mitwirkung anderer Behörden **42** 44; kein neuer VA **42** 32 f., 43; offenbare Unrichtigkeiten **42** 1 ff., 22 ff.; Rechenfehler **42** 16 ff., 22, 25 ff.; Rechtsbehelf **42** 35; Rechtsbehelfsbelehrung **42** 41; wegen Rechtsirrtum **42** 8; keine Rechtswidrigkeit des VA **42** 1; Schreibfehler **42** 22, 25 ff.; wegen Unrichtigkeit in dem VA **42** 7 ff., **42** 13 ff.; wegen Unrichtigkeit bei Erlass des VA **42** 13 ff.; Verpflichtung bei berechtigtem Interesse **42** 34 f.; wegen versehentlicher Auslassungen **42** 10; kein Vertrauensschutz **42** 2; Verwirkung **42** 30; Voraussetzungen **42** 6 ff.; Vorlageverlangen **42** 38 f.; kein Wiederaufgreifen **42** 31; Wirkung ex nunc **42** 31; Zumutbarkeit **42** 6; Zuständigkeit **42** 36
Berlin, VwVfG des Landes – **Dritter Teil A**
Beruf 3 21
Berufsbezogene Prüfung s. Prüfung, Prüfungsrecht
Berufsfreiheit 2 129
Berufsgruppe 20 46
Berufszugangsvoraussetzungen 2 133
Bescheidungsanspruch 24 75 ff.
Beschleunigte Genehmigungsverfahren E 43; **1** 12; **71 a–e**; Antragskonferenz **71 e**; Antragsteller, Behörden **71 a** 40 ff.; Begriff „beschleunigt"/„zügig" **71 a** 3 ff.; Beratung und Auskunft

71 c; Durchführung eines Vorhabens **71 a** 30 ff.; Genehmigungsverfahren **71 a** 19 ff.; Sinn und Zweck der Regelungen **71 a** 1 ff.; Sternverfahren **71 d**; Wirtschaftliche Unternehmung **71 a** 28 ff.; Zügigkeit des Verfahrens **71 a** 3 ff., **71 b**; s. auch Verfahrensbeschleunigung
Beschleunigung, Begriff – im Verhältnis zu Zügigkeit **71 a** 3 ff., **71 b** 1 ff.
Beschleunigungspflicht 9 35; **71 a–e**
Beschlussfähigkeit von Ausschüssen **90** 1 ff.
Beschlussfassung bei Ausschüssen **91** 1 ff.
Beschränkte Geschäftsfähigkeit 12 10
Beschränkte Handlungsfähigkeit geschäftsfähiger Betreuter 12 21
Besonderes Gewaltverhältnis 35 198 ff., **44** 62, 69, 75; Begründungspflicht **39** 22; VA im – **35** 198 ff.; Verwaltungsvorschriften **44** 75; und Vorbehalt des Gesetzes **44** 62, 69
Besorgnis der Befangenheit 21 1 ff.; bei Ausschussmitgliedern **71** 24, 26
Bestandskraft 43; allgemeine Verwaltungsrechtsgrundsätze **43** 1; Begriff **43** 7 f.; als Bindungsproblem **43** 14 ff.; von Entscheidungselementen **43** 83; formelle **43** 7, 20 ff., 29; s. auch dort; materielle **43** 45 ff., **46** 50; s. auch dort; und Rechtskraft **43** 9 ff., 21, 45; bei rechtsnormersetzender AllgV **35** 19, 267, 272, 309, 323, 328; und Rechtssicherheit **43** 9 ff., 18; Regelung der – **43** 1; transnationaler VA **35** 360; Unanfechtbarkeit **43** 22 ff.; verfassungsrechtliche Grundlagen **43** 9 ff.; zeitliche Grenzen **43** 100 ff.
Bestandsschutz 43 102
Bestätigung, Ablehnung **37** 87; von Amts wegen **37** 82; aufgedrängte **37** 82; und Begründungspflicht **39** 9 f.; berechtigtes Interesse **37** 83, 90, **39** 13; elektronischer **37** 86, **39** 9 f.; elektronische VA **37** 89 f.; fernmündlicher VA **37** 80 ff.; Form **37** 86; Form des Antrags **37** 81; Formanforderungen **37** 88, **39** 9 f.; Funktion **37** 90; „in anderer Weise erlassener" VA **37** 91 f., **39** 14; konkludenter VA **37** 91 f., **39** 14; mündlicher VA **37** 80 ff.; von Realakten **37** 93; Rechtsnatur **37** 87; schriftliche **37** 86, **39** 9 f.; unverzügliches Verlangen **37** 87; verspätetes Verlangen **37** 85; Zusicherung **38** 55
Bestechung 44 117
Bestellung eines Vertreters bei Massenverfahren **17** 27 ff.
Bestimmter Rechtsbegriff 40 147
Bestimmtheit 37 1 ff.; Adressat **35** 276, **37** 10, 19 ff., **41** 27; bei AllgV **35** 271, 276, 282, 314, **37** 13; Antrag **37** 29; Art des VA **37** 27 ff.; und Auslegung **35** 80, **37** 7, 11; Auswahlmittel **37** 8; Behördenangabe **37** 9; Bezugnahme auf Unterlagen **37** 37 ff.; BGB-Gesellschaft **37** 16; Eheleute **37** 15; Erbengemeinschaft **37** 18; Europarecht **37** 141 f.; idem demonstratio **37** 11; Fehlerfolgen **37** 19 ff., 40 ff.; Gattungsname **41** 80 f.; Gebot **37** 34 f.; Gesamtschuldnerschaft **37** 30; Grundstücksbezeichnung **37** 36; Heilung **35** 46, **45** 151; Heilung **37** 12, **41** ff.; hinreichende Bestimmtheit **37** 5; Insolvenzverwalter **37** 22; Kartenmaßstab **37** 36; Lebenspartnerschaft **37** 15; Leistungsbescheid **37** 30; Miteigentümer **37** 17; Mittel **37** 30, Nebenbestimmungen **36** 27, 69; nichteheliche Lebensgemeinschaft **37** 15; Personengesellschaft **37** 16; Personenmehrheiten **37** 23 f., 30, **41** 80 f.; Planmaßstab **37** 36; Pseudonym **37** 11; Rechtsfolgenanordnung **37** 27 ff.; Rechtsnachfolge **37** 18; Sachverhalt **37** 27 ff.; und Sprache **37** 6; strafbewehrter VA **37** 31 ff.;

magere Zahlen: Randnummern; E: Einleitung **Sachregister**

technischer Fehler **37** 8; Unterlagen **37** 36; Verbot **37** 33 ff.; und Verfahrensklarheit **37** 1; verfügender Teil des VA als Bezugspunkt **37** 3; Verhältnismäßigkeitsgrundsatz **37** 35; Vertreter **37** 22; bei VA mit Drittwirkung **37** 4; und Verweisungen **37** 37 ff.; Vollstreckung **35** 276, **37** 10, 31 ff.; des vorläufigen VA **35** 247; widersprüchliche Erklärung **37** 8; Wohnungseigentümergemeinschaft **37** 17; Zusicherung **38** 14 ff.
Bestimmtheitsgrundsatz bei begünstigenden VAen **44** 52; materielle Qualität **46** 36; Nichtigkeit des VA **44** 116; bei strafbewehrten Normen **44** 52; bei Verbot mit Erlaubnisvorbehalt **44** 52
Betätigungsverbot 72 88; gesetzliches **20** 8
Beteiligter 9 60 f.; abwesender **13** 16; Antragsgegner **13** 18 ff.; Antragsteller **13** 13 ff.; im Ausland **13** 33, **16** 19 ff.; Bedeutung **13** 1 ff.; Betroffener **41** 31 ff.; geborener **13** 12 ff., 25 ff.; gebrechlicher **16** 23; hinzugezogener **13** 25 ff.; nach spezialgesetzlicher Regelung **13** 8 ff.; im PlfV **72** 85
Beteiligung, Heilung durch Nachholung **45** 145
Beteiligung anderer Behörden s. Mitwirkung anderer Behörden
Beteiligungsfähigkeit 11 1 ff.; Bedeutung **11** 1 ff.; Behörden **11** 25; BGB-Gesellschaft **37** 16; juristische Personen **11** 15; Mängel der – **11** 8 ff.; natürliche Personen **11** 13; Personengesellschaft **41** 80 f.; teilrechtsfähige Vereinigungen **11** 16
Beteiligungsrechte 45 131
Betretungsrecht 26 44, 57, 63, 94; und Besichtigungsrecht, nach Privatisierung **1** 132
Betreuter 12 21 ff.
Betreuung 12 21 ff.
Betreuungspflicht 24 27, **25** 1 ff., 24 ff.; Amtssprache **23** 38; vor Änderung der Rechtslage **25** 31; gegenüber Dritten **25** 25; Folgen einer Verletzung der – **25** 38; Reichweite **25** 20 ff.; gegenüber Zeugen **25** 26
Betriebsbeauftragter 1 259, 265
Betriebsstätte, örtliche Zuständigkeit für – **3** 19 f.
Betroffenenanhörung 28 18
Betroffeneninformation 28 18
Betroffener Bekanntgabe s. dort; im PlfV **73** 70, 121
Beurkundung 26 88, **33** 8
Beurteilung, beamtenrechtliche **40** 229; soldatenrechtliche **40** 229
Beurteilungsermächtigung 40 158 ff.; und Anspruch auf Aufhebung des VA **46** 62, 73; im atomrechtlichen Genehmigungsverfahren **40** 213 f.; Ausschluss gerichtlicher Kontrolle **40** 151, 158 ff., 174; Begriff **40** 1, 163, s. auch Beurteilungsspielraum; und Begriff der Kunst **40** 166 ff.; Begründung aus materieller Ermächtigungsnorm **40** 161 ff., 175; Begründung der Entscheidung **40** 9, 8, 52; auf Grund besonderer Fachkunde **40** 208; und besonderes pädagogisches Interesse **40** 172; Einschätzungsprärogative **40** 49, 199; bezüglich einzelner Elemente **40** 209 f.; im Europarecht **40** 163; Fallgruppen **40** 175 ff.; bei Indizierungsentscheidung **40** 192 ff.; Kontrollumfang **40** 220 ff., s. auch Kontrolldichte, Gerichtskontrolle; bei politischen Wertungen **40** 201 ff.; bei Prognoseentscheidung **40** 49, 199 ff.; bei Prüfungen **40** 177 ff.; prüfungsähnliche Entscheidungen **40** 183 ff.; Schiedsstelle **40** 207; Selbstbindung der Verwaltung **40** 215 ff.; bei Tatsachen- und Erfahrungsbegriffen **40** 211 ff.; weisungsfreie, pluralistische, sachkundige Gremien **40** 192 ff., 204 ff.; und Wertung wissenschaftlicher Streitfragen **40** 168, 212 ff.; Wirkungen **40** 173 f., s. auch unbestimmter Rechtsbegriff
Beurteilungsspielraum bei beamtenrechtlichen Entscheidungen **40** 187 ff.; Berücksichtigung neuer Tatsachen **49** 66; gerichtliche Kontrolldichte **40** 220 ff.; im Bereich der Grundrechte **40** 165 f.; bei indirektem Vollzug von Europarecht **40** 164; Kontrolle durch Widerspruchsbehörde **40** 231; bei Prüfungsentscheidungen **40** 171, 177 ff., 224 ff.; verfassungsrechtliche Voraussetzungen **40** 165 ff.; verfassungsrechtliche Zulässigkeit **40** 151 ff.; Vertretbarkeitslehre **40** 150, s. auch Beurteilungsermächtigung
Beurteilungsspielräume Empfehlung des Europarats **Dritter Teil** B II Nr. 8
Bevollmächtigter 2 123, **9** 60; Anscheinsvollmacht s. dort; Auskunftsrecht **25** 42, **26** 15; Bekanntgabe an – s. dort; Duldungsvollmacht s. dort; Empfangsbevollmächtigter s. dort; Form der Vollmacht **14** 14 ff.; Kirche **2** 43; und Mitwirkungslast des Beteiligten **26** 53; Nachweis der Vollmacht **14** 14 ff.; notwendige Hinzuziehung s. dort; Übertragung durch Rechtsgeschäft **14** 7; Umfang der Vertretungsbefugnis **14** 11 ff.; Verfahrensrechte **25** 42, **26** 15; im VwVf **14** 1 ff.; Widerruf der Vollmacht **14** 17 ff.; Zurückweisung **14** 36 ff.; Zurückweisung von Bevollmächtigten **14** 32 ff.; Zustellung an – s. dort
Bevollmächtigung 14 6 ff.; eines Privaten **1** 259; bei ör Vertrag **62** 31 ff.; Weiterbestehen der – **14** 18 ff.; Zurückweisung **35** 149; s. auch Vollmacht
Beweisanordnung 26 11
Beweisantizipation 24 43, 46
Beweisantrag 24 43 ff., **26** 9, 16; Ablehnung **26** 7; Zeugen- und Sachverständigenbeweis **26** 80
Beweisaufnahme 1 149, **26** 1; und Amtshilfe **26** 12; Form und Verfahren **26** 11 ff.; im förmlichen VwVf **69** 6 f.; und Parteiöffentlichkeit **26** 80; Unmittelbarkeit **26** 12
Beweisbeschluss 26 11
Beweiserhebung und Amtshilfe **26** 24, 44; im Ausland **26** 18, **Dritter Teil** B II Nr. 3, 4; durch Beteiligte **26** 73; Teilnahme an – **26** 14, 66 10 ff.; Zeugen und Sachverständige **26** 66 ff.
Beweiserhebungsverbot 24 32
Beweisermittlungsantrag 24 44
Beweisführung durch Elektronische Dokumente **26** 88 ff.
Beweisführungslast 24 54
Beweiskraft von Urkunden **26** 88, **33** 10 ff.
Beweislast 24 55 ff., **26** 9; materielle **24** 55 ff., **46** 2; und Mitwirkungslast **26** 56; bei Rücknahme **48** 59 f., 234
Beweismaß 24 20
Beweismittel 26 1 ff., 21 ff., 43; Auswahl **26** 8; im Europarecht **33** 39; Fehler bei der Auswahl **26** 10; rechtswidrig erlangte – **24** 63 f.
Beweisnotstand 24 55
Beweisregeln im Europarecht **26** 95, **27** 30
Beweisvereitelung 24 18, 56, **26** 19, 51, 52
Beweisverfahren 26 6 ff., 11 ff.; gerichtliches **26** 3; Öffentlichkeit **26** 13 f.; Rechtsschutz des Betroffenen **26** 81; Selbständiges – im Beschleunigten Genehmigungsverfahren **71 c** 29 ff.
Beweisverwertungsverbot 24 32 f.; Ausnahmen **24** 33
Beweiswürdigung 24 14 ff., **26** 9, 83; und fehlende Mitwirkung **26** 52; freie – im förmlichen – VwVf **65** 2, **69** 4 f.; verweigerte Mitwirkung **24** 51
Bewerbungsfrist 2 133

2163

Sachregister

Fette Zahlen: §§ des VwVfG

BGB, Ergänzende Anwendung bei ör Vertrag **62** 22 ff.; Schriftform, Textform **22** 33
BGB-Gesellschaft, Bekanntgabe **41** 81, s. dort; bestimmte Bezeichnung **37** 16; Beteiligtenfähigkeit **37** 16
BGB-Vorschriften, Anwendung im VwVf **1** 106
Bindung an Rechtsprechung **44** 87
Bindungskraft des Gesetzes 44 43, 84 ff.; Gemeinschaftsrecht **44** 94
Bindungswille beim ör Vertrag **54** 28 ff.
Bindungswirkung des VA 10 8, **35** 31 ff., 49, 142 ff.; Abweichungsverbot **43** 17 f., s. auch dort; im Amtshaftungsprozess **43** 131, 138; gegenüber anderen Verwaltungsträgern und Behörden **43** 97, 105, 110 ff.; Aufhebungsverbot **43** 17 f., 19 ff., 31 ff., 35, 48; beim beurkundenden VA **35** 222; gegenüber Entscheidungsträger **43** 95, 97, 105; beim feststellenden VA **35** 220; für Gerichte **43** 123 ff., 128 ff.; bei Kostenentscheidungen **35** 227; Maßgeblichkeit **43** 106; bei Rahmengenehmigung **35** 257; reduzierte Verbindlichkeit **43** 15; Sondervorschriften **43** 15; beim streitentscheidenden VA **35** 221; bei Teil-VA und Vorbescheid **35** 253 ff.; Vorfragen **35** 144; bei vorläufigem VA **35** 247; s. auch (materielle) Bestandskraft, Feststellungswirkung, Tatbestandswirkung
Bote, Behörde als – **44** 140; bei Bekanntgabe von VA **35** 61; Empfangsbote **41** 67 f., 104; Erklärungsbote **22** 36, **41** 54, 97; Privater als – oder Werkzeug **1** 260
Brandenburg, VwVfG des Landes – **Dritter Teil A**
Bremen, VwVfG des Landes – **Dritter Teil A**
Briefsendung, unterfrankierte **24** 72, **32** 23, 25
Bundesanwaltschaft 2 75
Bundesaufsichtsamt für das Versicherungswesen förmliche VwVfG i. e. S. **63** 44
Bundesauftragsverwaltung 1 35, 69 ff.
Bundesbahn s. Deutsche Bundesbahn
Bundesbeauftragte für Datenschutz **1** 145; für Stasi-Unterlagen **1** 145
Bundesbehörden, Anwendung des VwVfG für – **1** 64 ff.
Bundespost s. Deutsche Bundespost
Bundespräsident, Akte des – **1** 196; Gegenzeichnung **44** 189
Bundesrat, Verwaltung **1** 184
Bundesrechnungshof 1 179
Bundesregierung 1 187
Bundestag, Verwaltung **1** 184
Bundesunmittelbare Verwaltung 1 65
Bundesverwaltung, unmittelbare **1** 65
Bundeswehr 1 247
Bundeswehrverwaltung 1 168
Bürgerbeauftragter 1 178
Bürgerbegehren 35 197
Bürgerliches Gesetzbuch s. BGB
Bürgernähe 25 3
Bürgschaftsvertrag 1 107, **62** 41

Clausula rebus sic stantibus beim ör Vertrag **60** 1 ff.; Zusage und Zusicherung **38** 95 ff.
Computerfax 3 a 7
Culpa in contrahendo 4 5 ff., **54** 164 ff., **62** 45 ff.

Darlegungslast 24 54
Daseinsvorsorge 1 125
Dateien, Aktenführung **29** 6 ff., 8
Datengeheimnis 30 3
Datenschutz E 95, **1** 136, **24** 31, **25** 21; und Amtshilfe **5** 18 ff.; Empfehlung des Europarats

Dritter Teil B II Nr. 14; Planauslegung **73** 60; im Planfeststellungsverfahren **74** 283; Geheimhaltung s. dort
Datenschutzbeauftragter 1 145, 178, **35** 191 ff.
Datenschutzgesetze 35 101 f.; und Akteneinsicht **29** 6 ff.; s. auch dort
Datenträger 23 73
Dauernder Aufenthalt 3 24
Dauerschuldverhältnis und ör Vertrag **60** 4, 30 a; **62** 5 b
DDR, Aufhebung von Verwaltungsentscheidungen **43** 247 ff., 265 ff.; Auszeichnungen der – **1** 199; ehemaliges DDR-Recht **1** 290; Einigungsvertrag s. dort; Einzelentscheidung **35** 336 ff., s. auch DDR, Verwaltungsakt; feststellender VA **43** 139; Genehmigungsbedürftigkeit von Verwaltungsentscheidungen **43** 246; Grundsatz fortbestehender Wirksamkeit der Verwaltungsentscheidungen **43** 236 ff.; Hoheitsgewalt ggü. Bürgern der DDR **1** 170; materielle Bestandskraft von Einzelentscheidungen **43** 284 ff.; Nichtigkeit von Einzelentscheidungen **43** 235; ordre public **43** 254; rechtsstaatliche Grundsätze **43** 249, 253 ff.; SED-Unrechtsbereinigungsgesetz **43** 264; Sorben **23** 87 ff.; Ständige Vertretung bei der – **1** 169; Stasi-Unterlagen s. dort; Unwirksamkeit von Einzelentscheidungen **44** 102; Verwaltungsakt **35** 336 ff., **43** 238 f., 244; Verwaltungshilfe **4** 43 ff.; Verwaltungsverfahrensrecht, übergeleitetes **1** 290; VwRehaG **43** 264; Währungsumstellung **1** 264; Wirksamkeit von Einzelentscheidungen **43** 235; Wirksamkeit von Verwaltungsentscheidungen **43** 236 ff.; Wirksamkeitsverlust von Verwaltungsentscheidungen **43** 244, 245 ff.
Delegation 4 41, **44** 139, 174
Demokratieprinzip 1 43
Denkmalschutz, Denkmalschutzrecht **9** 36, **35** 88
Deregulierung 1 5, 130; **71 a** 4
Deregulierung bei Beschleunigten Genehmigungsverfahren 71 a 4
Deutsche Bahn, Privatisierung **1** 123
Deutsche Bundesbahn 2 148 ff.
Deutsche Bundespost 2 8, 142 ff.; s. auch Post
Deutsche Hoheitsgewalt 9 142
Deutsche Telekom 2 26, 142 ff.
Deutscher Bundestag 2 12
Devolutiveffekt 48 267; des Widerspruchs **45** 57
Dezernat 1 250
Dialogisches Verfahren 1 12
Dienstaufsichtsbeschwerde bei Amtshilfe **5** 39
Dienstleistungsbetrieb, Behörde als – **13** 7
Dienstleistungsrichtlinie der EU **1** 228, **3 a** 56
Dienstrechtlicher Vertrag 54 80, 129 ff.
Dienstsiegel 37 104
Dienststelle 1 245
Dienststunden 24 84, **41** 181
Digitale Signatur 22 33, **37** 51, 58, 123 ff.; s. auch Signatur
DIN-Normen (-Vorschriften) 1 214, **26** 34, **44** 81
Diplomatische Vertretungen 1 169
Diskriminierung 9 47
Dispositionsmaxime 22 1, 3, 16, 66, **24** 12
Disziplinarrecht 2 90; VwVfG und – **2** 28
Dolmetscher 9 44, 60 f., **23** 40 f.; beeidigter **23** 55; Befangenheit **23** 47; Begriff **23** 55; Beiziehung **25** 20; Entschädigung **23** 60; Kosten **23** 42 ff., 60, **25** 20; öffentlich bestellter **23** 55; s. auch Amtssprache
Drei-Säulen-Theorie E 51 ff., **2** 1, 53, 64

magere Zahlen: Randnummern; E: Einleitung **Sachregister**

Drittbindungswirkung 43 105
Dritter beim ör Vertrag 58 1 ff.
Drittwirkung, Grundrechte 1 113
Drogenbeauftragter 1 250
Duale Rundfunkordnung 2 21 ff.
Duldung 9 172, 176, **26** 44, **35** 92, **40** 122 f., **43** 151; aktive **38** 16; durch DDR-Behörden **35** 367; Zusage auf **38** 7, 16
Duldungsbescheid 44 67
Duldungsvollmacht 41 77
Duldungswirkung 63 23
Durchführung eines Vorhabens im Beschleunigten Genehmigungsverfahren **71 a** 30 ff.
Durchführungsvertrag zum Vorhaben- und Erschließungsplan **54** 148 ff.
Durchsuchung 26 44, 57, 63, 93 f.
Dynamische Verweisung auf technisches Regelwerk **26** 35, **44** 83

Echtes Massenverfahren 17 6
EDV und VA **28** 57 ff.
EDV-Anlage, determiniertes System **37** 71 ff.; digitale Signatur s. dort; Erlass eines VA durch – **37** 68 ff., 130 ff.; Programm als Verwaltungsvorschrift **37** 72; Schlüsselzeichen s. dort; s. auch Computer –
Effizienz s. Verwaltungseffizienz
EG-Amtshilfegesetz 4 17
EG-Bürger, Verwendung der Muttersprache **22** 82
EGMR-Entscheidung, und Wiederaufgreifen des VwVf **51** 107, 125 a
EG-Recht s. Europarecht
eGovernment 3 a 1
Eheleute 20 57; Bekanntgabe **37** 15, **41** 67, 75 ff.; bestimmte Bezeichnung **37** 15; Zustellung **41** 211
Ehrenamtliche Tätigkeit 81–87; Abberufung **86** 1 ff.; Aussagegenehmigung **84** 11 ff.; Ausübung **83** 1 ff.; Begriff **81** 7; Entschädigung **85** 1 ff.; gewissenhafte und unparteiische Tätigkeit **83** 3 ff.; Haftung bei – **81** 6; Nichtübernahme **87** 3; Ordnungswidrigkeit **87** 1 ff.; Pflicht zu – **82** 1 ff.; Schutzgewährung **84** 18; Tätigkeit im VwVf **81** 10; Verdienstausfall **85** 7 ff.; Verpflichtungserklärung **83** 17 ff.; Verschwiegenheitspflicht **84** 1 ff.
Ehrenamtliche Tätigkeit, Unwürdigkeit **86** 7
Ehrungen 1 199; als Verwaltungstätigkeit **2** 20
Ehrverletzende Äußerungen 1 110, **2** 109, **35** 101 f.; von Amtsträgern **1** 109
Eid als Beweismittel **26** 3, 82, **27** 1, 2; im förmlichen VwVf **65** 28 f.
Eidesstattliche Versicherung 27 1 ff., **32** 40; Abnahme **27** 6 ff.; Aufnahme **27** 11 ff.; als Beweismittel **27** 1 ff.; unaufgeforderte Vorlage **27** 10, 28
Eidesunfähige Personen 27 14
Eigenbetrieb 1 114, 124, 183
Eigengesellschaft 1 124, 127
Eigentum als abwägungserheblicher Belang **74** 71 ff.; mittelbare Beeinträchtigungen **74** 78 ff.
Eigenurkunde 33 15
Eilmaßnahme 24 11
Einfache Parlamentsgenehmigung 9 95
Einfachheit 10 20 ff.
Eingaben, gleichförmige **17** 11 ff.
Eingangsstempel 24 84; Beweiskraft **26** 88
Eingliederungsvereinbarung 35 4
Eingriff in Rechte Dritter beim ör Vertrag **58** 1 ff.
Eingriffsbefugnis, Abgrenzung zu §§ 24, 26 **24** 9
Eingriffsregelung, naturschutzrechtliche **74** 124, 132 ff.

Eingriffsverwaltung 22 10; Vorbehalt des Gesetzes **44** 48
Einheimischenmodell 35 127, **54** 80, 134 ff.
Einheitliche Entscheidung über mehrere Vorhaben **78** 10 ff.
Einigungsvertrag 1 33, 290, **43** 247 ff.; Kirchensteuer **2** 32 f.; Unvereinbarkeit von DDR-VAen mit dem – **43** 260; Verhältnis zu VwRehaG **43** 275 ff.; s. auch DDR
Einrede der Verjährung s. Verjährung
Einrichtung, öffentliche 35 18, 117 ff., 201 ff., 302, 324 f., 338 ff.
Einschätzungsprärogative 40 49, 199
Einschreiben 41 73, 126, 214
Einsichtnahme in Akten s. Akteneinsicht
Einsichtsrecht in schriftliche Gutachten **66** 14 ff.
Einstellung, Beurteilungsermächtigung **40** 188, 190
Einstellung des Verfahrens bei Tod eines Beteiligten **11** 9 ff.
Einstweiliger Rechtsschutz und Europarecht **79** 56
Einvernehmen 44 184; einer anderen Behörde **35** 169 ff., 173 ff.; bei Zusicherung **38** 74 ff.
Einwender, Begriff **73** 69 f.
Einwendung, Frist und Wiedereinsetzung in den vorigen Stand **32** 10 f.
Einwendungen vor Auslegungsbeginn **73** 78; Erörterung **73** 121 ff.; von Gemeinden **73** 84; von Naturschutzvereinen **73** 85; nicht erledigte **74** 162 f.; im PlfV **73** 66 ff., 82 ff.
Einwendungsausschluss 73 87 ff.; Im PlfV **73** 156
Einwendungsbefugnis im PlfV **73** 71 ff.
Einwendungsbehörden 73 74 f.
Einwendungsfrist 73 77 ff.
Einwirkungsanspruch 35 120
Einwirkungsmöglichkeit des Bürgers **10** 28
Einwurf-Einschreiben 1 264, **41** 126, 214
Einzelentscheidung s. DDR, Verwaltungsakt
Einzelfall und VA **35** 13, 206 ff., **264**, 267 ff., 280, 282 ff., 308 ff.; und Zusage **38** 4
Einzelfallgesetz 9 95
Eisenbahn 2 148 ff.; Privatisierung **1** 123; s. ferner Deutsche Bundesbahn
Eisenbahnanlagen, Widmung und Entwidmung von – **2** 149
Eisenbahnverkehrsverwaltung 2 149
Elektronische Dokumente 3 a 1; als Akten **26** 88 ff.; Akteneinsicht in – **29** 8; Aktenführung **29** 8, 29; Auskunft aus – **29** 8; Beglaubigung von – **33** 1 ff.; Bekanntgabe s. dort; Beweisführung durch – **26** 92; als Beweismittel **26** 88 f.; als Beweismittel **26** 92; Urkundsbeweis **33** 13
Elektronische Form 3 a 17 ff.; Ausschluss **3 a** 49; Unterschied zu den Anforderungen an die elektronische Form **37** 46; beim ör Vertrag **57** 17 a; eines VA **37** 121 ff.
Elektronische Kommunikation, Eröffnung **3 a** 10 ff.; Freiwilligkeit **3 a** 10 ff.; und Geheimhaltung **30** 26; Nachweis des Zugangs **3 a** 44; technische Probleme **3 a** 39 ff.; Zugang **3 a** 9 ff.
Elektronische Signatur im förmlichen VwVf **69** 15 a
Elektronische Dokumente, Beweisführung durch – **26** 88 ff.
Elektronisches Dokument, Beglaubigung bei **33** 32 ff.; Zugang **24** 84
Elektronisches Gerichts- und Verwaltungspostfach 3 a 16
E-Mail 22 33; Bekanntgabe **41** 87 ff., 107 f., 116 ff., 131; Zugang **22** 51

2165

Sachregister

Fette Zahlen: §§ des VwVfG

Embryo 11 13
Emission aus öffentlichen Einrichtungen 1 146
Empfangsbevollmächtigter 15 1 ff.; Benennung 15 5 ff.
Empfehlung 1 109, 145 f., 35 86; s. auch EG-Recht, Europarat, Europarecht
EMRK E 95 ff., 23 82
Endiviensalat-Fall 35 286
Energierecht Festlegung allgemeiner Bedingungen 35 297; s. a. Regulierung
Enquête-Kommission 1 176
Enteignungsrecht, förmliche VwVf i. e. S. 63 45
Enteignungsrechtliche Vorwirkung 75 26 ff.; der Planfeststellung 72 70 f.; der Plangenehmigung 74 252, 75 34; Rechtsschutz 75 30 f.
Enteignungsverfahren als förmliches VwVf i. w. S. 63 18, 20; und PlfV 72 70 f.
Entlassung, Umdeutung 47 40
Entreicherungseinrede, Ausschluss 49 a 61 ff.
Entschädigung, Auslagen Dritter 26 86; bei ehrenamtlicher Tätigkeit 85 1 ff.; für nachteilige Wirkungen 75 78 ff.; von Zeugen und Sachverständigen 26 86 f.
Entscheidung, Alternativlosigkeit der 46 22, 51 ff., 70 ff., 73 ff., 313, 606 ff.; Entwurf einer – 29 51; europarechtliche 1 222, s. auch EG-Recht und Europarecht; Gegenstand 46 50; offenkundig fehlender Einfluss auf die – 46 44 ff., 57 ff.; in der Sache 46 50, s. auch Sachentscheidung; Sachverhaltsermittlung 26 6, 46 66
Entscheidungen der Gemeinschaftsorgane 35 345 ff.; Anfechtbarkeit 44 9; Aufhebung bei unzureichender Sachverhaltsermittlung 46 71; Begründung 39 122; Bekanntgabe 41 240 f., 43 189; Berichtigung 42 45; besonders schwerwiegender Fehler 44 9 f., 98, 121; Bestimmtheit 37 139; Bindung an Gemeinschaftsrecht 44 95; Einschränkung des Aufhebungsanspruchs 45 159 ff.; Fehlerhaftigkeit 44 9; Form 37 139; Heilungsmöglichkeiten 45 158 ff., 163 ff.; Individualisierungs- und Klarstellungsfunktion 35 347; maßgebliche Sach- und Rechtslage 44 42; Nebenbestimmung 36 151 ff.; Nichtigkeit 44 9 f., 98, 121, 158; Notwendigkeit einer Rechtsgrundlage 44 96; Offenkundigkeit schwerwiegender Fehler 44 128; rechtlich inexistent bei schwerer Mangelhaftigkeit 43 222; Rechtsschutzfunktion 35 346; Rechtswidrigkeit 44 9 f.; subjektive Grenzen der Bestandskraft 43 98 f.; Titelfunktion 35 345; Umdeutung 47 22; Umfang der Verbindlichkeit 43 89; Verfahrensfehlerfolgen 45 158 ff.; Verfahrensfunktion 35 345; Verfassungsvertrag 35 346, 353; Vergleichbarkeit mit VA 35 348 ff., 363; Verhältnis zu vertraglichen Regelungen 35 351; Wirksamkeit 35 347, 43 189; zeitliche Grenzen der Bestandskraft 43 103; Zusage/Zusicherung 38 125; s. auch EG-Recht und Europarecht
Entscheidungen der Gemeinschaftsorgane, Reichweite der Bestandskraft 43 122; Selbstbindungswirkung 43 153
Entscheidungsgegenstand und Sachentscheidungskompetenz 43 57, 62, 66; bei vereinfachten Genehmigungsverfahren 43 64; und zugrunde liegende gesetzliche Bestimmungen 43 62, 65 ff.
Entscheidungsprogramm 9 133
Entscheidungsprozess 9 13; VwVf als – 9 100 ff.
Entscheidungsvorbehalt 76 6
Entwicklung von Eisenbahnanlagen 2 149
Entwidmung s. Widmung

Entwurf für eine Entscheidung 29 51
Erbengemeinschaft 11 22
Erfahrungssätze 26 28 ff.
Erfüllungsvertrag 54 117
Ergänzende Anwendung von VwVfG und BGB bei ör Vertrag 62 1 ff.
Ergänzendes Verfahren 75 48 ff.; bei Verfahrensfehlern 75 38; Fehlerbehebung 73 150
Erkennungsdienstliche Maßnahmen 2 114
Erklärung, fremdsprachige 23 49; unverständliche 23 72
Erklärungsbewusstsein und Abgabe 41 58; beim ör Vertrag 54 28 ff.; beim VA 35 75, 41 58
Erklärungsbote 22 36, 41 97
Erklärungstheorie zum VA 43 185 f.
Erlass von Forderungen bei ör Vertrag 62 40; eines VA 35 21, 41 3 f., 53 44 f.
Erlaubnisvorbehalt, neues Verbot mit – 43 63
Erledigung 9 199; akzessorischer VAe 35 226, 43 219; auf andere Weise 43 209 ff.; auflösend bedingter VAe 43 207; befristeter VAe 43 207; Begriff 43 204 f.; und Fortsetzungsfeststellungsurteil 43 202, 204; der Hauptsache 45 48; auf Grund inhaltlicher Überholung des VA 43 213; Kostenentscheidungen 35 227; Kostenlast 45 50; auf Grund Rechtsnachfolge 43 211; eines VA 35 40 f., 49, 43 204 ff., 44 39 f.; eines VA mit Dauerwirkung 43 207; auf Grund Vollziehung des VA 43 215 ff.; vorläufiger VA 43 50; auf Grund Wegfalls des Regelungsobjekts 43 212; auf Grund Wegfalls des Regelungssubjekts 45 210; durch Zeitablauf 43 206 ff.; wegen Zweckerreichung 43 217
Erlöschen eines VA s. bei Erledigung (von VAen)
Ermessen bei Abschluss eines ör Vertr 40 47; bei Absehen von Zinsen 49 a 80; abzuwägende Belange 40 14; bei Akteneinsicht 40 47; im Arbeitsrecht 40 50; Ausdruck im Gesetz 40 21 ff.; Auswahl- 40 46; Begriff 40 1, 13, 163; Begründung s. dort; Beurteilungs- und Einschätzungsprärogative 40 49, 199; Entscheidungsfreiheit 40 13; Entscheidungsspielraum 46 60; Entschließungs- 40 46, 48 74; der Europäischen Kommission 40 9; im europäischen Recht 40 3; „freies" 40 53; gebundene Verwaltung mit Randermessen 36 24, 117; gesetzlich gestaltende Verwaltung 40 31; gesetzliche Ermächtigung s. Ermessensnorm; und Gleichheitssatz 40 91 ff.; Grenzen s. Ermessensgrenzen; und Grundrechte 40 85 ff.; Handlungs- 40 13, 32; intendiertes 39 69 ff., 40 28 ff., 48 85, 49 11; im Kartellrecht 40 50; Kontrolle im Vorverfahren 35 375; Landesrecht 40 237; Nachschieben von Gründen 45 43 ff., 51 ff., 62 ff.; nachträglich vorgebrachte Ermessenserwägungen 40 6; normatives 40 48 f.; Organisations- 40 47; und planerische Gestaltungsfreiheit 74 29; Planungsermessen s. dort; im Privatrecht 40 50; Rechtsfolgenseite 40 32 ff., 38 ff.; und Rechtsweggarantie 40 90; richterliches 40 50; bei Rücknahme eines VA s. dort; Selbstbindung der Verwaltung s. dort; und Sozialstaatsprinzip 40 84; und spezielle Gleichheitssätze 40 93; staatliche Parteienfinanzierung 48 86; Tatbestands- 40 33; Tatbestandsseite 40 37, 38 ff.; Verhaltens- 40 33; Verzahnung von Tatbestands- und Rechtsfolgenseite 40 38 ff., s. auch Ermessensentscheidung, einheitliche, und Koppelungsvorschrift; Widerruf 49 8 ff., 99, 112 f.; zeitliche Grenze für nachträgliche Erwägungen 45 43, 62 ff.; zuständige Behörde 40 51 f.; Zweckmäßigkeit s. dort; bei Zwischenzinsen 49 a 82 ff.; s.

auch Anspruch auf ermessensfreie Entscheidung, Ermessensentscheidung, Verfahrensermessen
Ermessensausübung Empfehlung des Europarats **Dritter Teil** B II Nr. 8
Ermessensentscheidung 26 52; Begründung der – s. dort; Berücksichtigung neuer Tatsachen 49 66; einheitliche 36 23 f, 40 38 a ff.; maßgeblicher Beurteilungszeitpunkt 40 5, 44 26; und Rechtsmissbrauch 46 74; Sachverhaltsermittlung 40 99 ff.; Umdeutung 47 11, 42 ff.; Verfahrensanforderungen 40 98; Verfassungsmäßigkeit gesetzlicher Ermächtigung zu – 40 16 ff.; Voraussetzungen 40 98 ff.; Weisung bezüglich – 40 52; s. auch Ermessen
Ermessensfehler 40 61; Amtspflichtverletzung 40 55; und Ausschluss des Aufhebungsanspruchs 46 36, 46 f.; äußere 40 74; Ermessensnichtgebrauch s. dort; Ermessensüberschreitung s. dort; Ermessensunterschreitung s. dort; Heilung 45 43; innerer 40 62; Nachschieben von Gründen 45 43; Rechtswidrigkeit 40 55, 61; Verfehlung des Ermessenszwecks 40 62 ff., s. auch Ermessensmissbrauch; Verwaltungsaufwand 40 65
Ermessensgrenzen 10 17, 40 1, 53 ff.; aus dem ermächtigenden Gesetz 40 74 f., s. auch Ermessensfehler, äußere; aufgrund Europarecht 40 10 f., 54; aus sonstigen Gesetzen 40 82 ff.; Überschreitung s. Ermessensfehler; Verhältnismäßigkeitsgrundsatz 40 83; Vertrauensgrundsatz 40 83
Ermessenskontrolle von Entscheidungen der Gemeinschaftsorgane 40 7 ff.; europarechtliche Anforderungen 40 10 f.; vor Inkrafttreten des VwVfG 40 4; maßgeblicher Beurteilungszeitpunkt 40 5, 44 26; s. auch Gerichtskontrolle
Ermessenslenkende Verwaltungsvorschriften 1 215
Ermessensmangel s. Ermessensnichtgebrauch, Ermessensunterschreitung
Ermessensmissbrauch 40 62 ff., 48 186; der Gemeinschaftsorgane 40 7; innerer Ermessensfehler 40 62; Verwaltungsaufwand 40 65; und Zweckmäßigkeit 40 72
Ermessensnichtgebrauch 40 77 ff.; irrige Annahme gebundener Entscheidung 40 78; s. auch Ermessensunterschreitung
Ermessensnorm, Auslegung 40 21 ff.; europarechtliche 40 8, 10, 25; „Kann-Vorschrift" 40 21 ff.; und Kopplungsvorschrift 40 36, 39; „Muss-Vorschrift" 40 24; „Soll-Vorschrift" 40 26 f.; Struktur 40 34; subjektive öffentliche Rechte aufgrund – s. dort
Ermessensreduzierung auf Null s. Ermessensschrumpfung
Ermessensschrumpfung 40 56 ff.; und Aufhebungsausschluss 46 6, 46, 61; Folgenbeseitigung 40 60; maßgeblicher Beurteilungszeitpunkt 40 6; aufgrund Selbstbindung 40 125; subjektives öffentliches Recht bei – 40 137; Umdeutung 47 57; vorbeugender Rechtsschutz 40 138; vorläufiger Rechtsschutz 40 138, Widerruf 49 23
Ermessensüberschreitung, Begriff 40 75; Erscheinungsformen 40 75 f.
Ermessensunterschreitung 40 77 ff.; und fehlende Begründung 39 28; Nachweis 40 80; unvollständige Ermessenserwägungen 40 79; s. auch Ermessensnichtgebrauch
Ermittlungspersonen der Staatsanwaltschaft 2 76 f.
Ermittlungspflicht, behördliche – 24 8; Reduzierung 24 11

Erörterung von Behördenstellungnahmen 73 124; von Einwendungen 73 121 ff.
Erörterungspflicht 9 35; im VwVf 68 19
Erörterungstermin im PlfV 73 112 ff., 125 ff.
Ersatzland 74 77
Ersatzvornahme 35 93 ff., 37 34; Rechtsnatur 35 22, 41 4; Satzungsoktroi 35 24
Erschließungsbeitrag 2 59, 61
Erschließungsvertrag 54 80, 143 ff.
Ersetzung 45 44, 48 f.; s. auch Zweitbescheid
Ersetzungsbescheid 9 220
Erstattungsanspruch 49 a 1 ff.; und Beachtlichkeit des VA 35 33, 42, 43 145; bei Bedingungseintritt 36 75; bei Beihilfen 49 a 70, 91; bei der Berichtigung des VA 42 3; Bösgläubigkeit 49 a 57, 65 ff.; Durchsetzung mittels VA 44 62; Einreden 49 a 46 ff.; nach Erstattungsgesetz 35 129; Festsetzung durch gebundenen VA 49 a 34 ff.; Gegenstand der Erstattungspflicht 49 a 27 f.; Gläubiger 49 a 33; Kehrseitentheorie 44 63 f.; für Kosten nach Aufhebung des kostenpflichtigen VA 35 227; nach Landesrecht 49 a 91; bei nichtigem ör Vertrag 59 9 ff., 65 ff., 62 42 ff.; schriftliche Festsetzung 49 a 39; Schuldner 49 a 29 ff.; Umfang 49 a 41 ff.; und Umfang der Unwirksamkeit 49 a 25; Verhältnis zu spezialgesetzlichen Regelungen 49 a 3; verschärfte Haftung 49 a 49 ff., 54 ff., 61 ff.; Verschulden 49 a 15; Verschuldensunabhängigkeit 49 a 15; und vorläufiger VA 49 a 8
Erstattungsfestsetzung als konkludente Rücknahme 49 a 38; als konkludenter Widerruf 49 a 38
Erwerbswirtschaftliche Tätigkeit s. fiskalisches Handeln
EU-Dienstleistungsrichtlinie 1 228, 3 a 56
EU-Recht s. EG-Recht und Europarecht
Europäische Gemeinschaft E 67
Europäische Union E 67
Europäischer Verwaltungsverbund, Entscheidungen im 35 361 f.
Europarat E 95 ff.; Empfehlungen E 99, 35 343 f.; Entschließungen E 99 f.; Recht des Verwaltungsverfahrens **Dritter Teil** B II
Europarecht E 67 ff., 1 25 ff., 157, 218 ff., 236, **Dritter Teil** B; absolute Verfahrensfehler 45 162; Akteneinsicht 29 89; allgemeine Rechtsgrundsätze E 81; Amtssprache 23 74 ff.; Anhörung 28 73 ff.; Anwendungsvorrang E 79, 1 29, 218 ff., 40 11; im Ausland **Dritter Teil** B II B II Nr. 1, 2; Ausschreibung 1 112, 131; Beglaubigung im – 33 39; Begründung s. dort; Beihilfeverbot 1 225 ff.; Bekanntgabe, besondere; 48 20, 97, 170 ff., 237; Beliehener 1 266 f.; Bestimmtheit s. dort; Beweismittel im – 33 39; Beweisregeln 26 95; Beweisregeln im – 27 3029; direkter Vollzug E 72, 48 25; Diskriminierungsverbot E 77, 23 78, 31 58; Durchführungsverbot 48 22; Effizienzgebot E 77, 90; EG-Vertrag E 67; eigene Rechtsordnung E 69; Einstweiliger Rechtsschutz und – 79 56; Empfehlung E 91; EMRK E 86; Entreicherung 49 a 70, 71; Entscheidung E 70, s. auch Entscheidung der Gemeinschaftsorgane; Fortentwicklung 1 131; Frist s. dort; GASP E 80; Geheimhaltungsanspruch im – 30 30; Gemeinschaftsbeihilfen 49 a 70, 71; Glaubhaftmachung im – 27 30; Grundfreiheiten E 79; Grundrechte E 82 ff., 1 26; Grundrechtecharta E 87 ff., 1 26, **Dritter Teil** B I 1; Haftung E 93, 1 227; indirekter Vollzug E 73, 1 172, 48 19; innerdeutscher Verwaltungsvollzug E 74; Jahresfrist 48 235 ff.; Kausalität der Verfahrensfehler 45 161; Klagebe-

Sachregister

Fette Zahlen: §§ des VwVfG

fugnis und – **79** 56; Klagefristen und – **79** 56; Kodex gute Verwaltungspraxis **Dritter Teil** B I 2; Kodex Öffentlichkeitsbeziehungen der EU-Kommissionsbediensteten **Dritter Teil** B I 3; Kriterien der Wesentlichkeit **45** 160; loyale Zusammenarbeit E 77; Nebenbestimmungen **36** 151 f.; Nichtigkeitsklage bei Verletzung wesentlicher Formvorschriften **45** 159 ff.; PJZS E 80; Präklusion **31** 58; primäres Gemeinschaftsrecht E 70, **1** 218 ff.; Prinzip gegenseitiger Anerkennung **35** 358 ff.; Rechtsangleichung E 78, 91; Rechtsstaat E 89; Recommendation E 100; Recommendation über Alternativen zu Rechtsstreitigkeiten **Dritter Teil** B II Nr. 19; Recommendation über das Statut öffentlicher Bediensteter **Dritter Teil** B II Nr. 17; Recommendation über die gerichtliche Kontrolle von Verwaltungsmaßnahmen **Dritter Teil** B II Nr. 21; Recommendation über die Vollstreckung von Verwaltungsentscheidungen und verwaltungsgerichtlichen Entscheidungen **Dritter Teil** B II Nr. 20; Recommendation über Verhaltensregeln für öffentliche Bedienstete **Dritter Teil** B II Nr. 18; Recommendation zu Massenverwaltungsverfahren **Dritter Teil** B II Nr. 11; Recommendation zu Rechten von Nutzern öffentlicher Einrichtungen **Dritter Teil** B II Nr. 16; Recommendation zu Verwaltungssanktionen **Dritter Teil** B II Nr. 13; Recommendation zum Datenschutz **Dritter Teil** B II Nr. 14; Recommendation zum Informationszugang gegenüber der öffentlichen Verwaltung **Dritter Teil** B II Nr. 9; Recommendation zum vorläufigen Rechtsschutz in Verwaltungsangelegenheiten **Dritter Teil** B II Nr. 12; Recommendation zur Ermessensausübung **Dritter Teil** B II Nr. 8; Recommendation zur Privatisierung öffentlicher Unternehmen **Dritter Teil** B II Nr. 15; Recommendation zur Staatshaftung **Dritter Teil** B II Nr. 10; recommendations **Dritter Teil** B II; Resolution zum Rechtsschutz gegenüber VAen **Dritter Teil** B II B II Nr. 7; Resolutionen des Europarats **Dritter Teil** B II; Richtlinie E 70, 91 f., **1** 221; Rücknahme E 89, **48** 19 ff., 95 ff., 165 ff., 235 ff., 261; sekundäres Gemeinschaftsrecht E 70, **1** 218 f.; subjektive öffentliche Rechte **40** 144 ff.; Technisches Regelwerk **26** 95; Überblick über die Rechtsentwicklung E 67 ff.; Umdeutung **47** 23; Umsetzung durch Verwaltungsvorschriften **40** 107, 219; Umsetzung von Richtlinien E 92 ff., **44** 82; unbestimmter Rechtsbegriff **40** 8; unmittelbare Außenwirkung der Richtlinie E 94; unmittelbarer Vollzug von **43** 191; Untersuchungsgrundsatz **24** 93; Verfassungsrecht **48** 241; Vergaberichtlinien **35** 123 ff.; Verjährung **53** 52; Verordnung E 70, 91; Verstoß gegen Grundrechte **48** 240; Vertragssprache **23** 74; Vertragsverletzungsverfahren **E**; Vertrauensschutzbegünstigte **48** 165 ff.; VA, europäischer **35** 348 ff., 363; Verwaltungsrecht E 67 ff.; Verwaltungsverfahrensregelungen **Dritter Teil** B; Verwaltungsvollzug E 67 ff.; Vorverfahren und – **79** 56, 80 102; wesentliche Verfahrensfehler **45** 159 ff.; Widerruf E 89, **49** 1; Wiedereinsetzung in den vorigen Stand **32** 48; s. ferner Europarecht
EU-Signaturrichtlinie 3 a 51 ff.
Evidenztheorie 44 102
Existenz eines VA **35** 20 ff., **41** 3 f., 222 ff.
Exmatrikulation, förmliches VwVf i. w. S. **63** 19

Fahrlässigkeit, grobe **48** 161, **49 a** 63
Fahrprüfung 2 124

Fahrverbot 35 287
Faires Verfahren in der mündlichen Verhandlung **68** 25; im VwVf **9** 60, **24** 87, 90
Faksimile 37 105
Faktische Vor-Entscheidung 9 180
Faktischer Vertrag 54 33
Faktorenlehre 40 209 f.
Fakultät einer Hochschule **11** 22
falsa demonstratio 37 11
Fauna-Flora-Habitat-Richtlinie 35 352, 362, **74** 141 ff.
Fehlen der Geschäftsgrundlage beim ör Vertrag **60** 1 ff., 9 ff.
Fehler, formeller s. Verfahrensfehler; materieller **45** 1, 150 ff., **46** 3, 36 f.
Fehlerhaftigkeit des VA s. Rechtswidrigkeit des VA
Fehlerlehre 1 161 f.
Feiertag 32 27; s. auch Frist
Fernsehanstalten, Anwendung des VwVfG auf – **2** 21 ff.
Fernsehen s. Rundfunk
Festsetzung eines Zwangsmittels 35 165
Feststellung einer Leistungspflicht **44** 38; der Nichtigkeit des VA **44** 199 ff., s. auch Nichtigkeitsfeststellung; der Rechtmäßigkeit des VA **44** 203; der Rechtswidrigkeit des VA **44** 203; der Unwirksamkeit des VA **44** 203; der Wirksamkeit des VA **44** 203
Feststellungswirkung 35 142, **43** 105, 160 ff.; Anwendungsfälle **43** 161; Begriff **43** 160 f.; von DDR-VAen **43** 287; s. auch Bindungswirkung des VA
Fiktion eines mitwirkungsbedürftigen VA **35** 233; einer Mitwirkungshandlung **35** 173, **38** 79; Nebenbestimmungen **36** 33 f; der Rechtmäßigkeit **35** 68; einer Vertretung im Massenverfahren **17** 17 ff.; eines VA **35** 66 ff., 364, **41** 122; der VA-Qualität von DDR-Entscheidungen **35** 366 f.; s. auch Verwaltungsakt, fingierter
Finanzbehörden 2 56, 72
Finanzverwaltung E 54
Fiskalische Hilfsgeschäfte 1 112, **35** 123 ff.
Fiskalisches Handeln 1 94, 112 ff., 127, **24** 13; Randnutzung **1** 114 f.; Vertretung der Behörde **35** 53 ff.; durch VA **35** 210 f.; Verwaltungsverfahren **35** 44
Flächennutzungsplan 35 265
Flexibilität 9 79
Flughafenregelung, Amtssprache **23** 15
Flurbereinigungsrecht, förmliche VwVf i. w. S. **63** 18; VwVfG und – **2** 27
Folgelastungsvertrag 54 147
Folgemaßnahmen 75 8 f.; notwendige **78** 4
Folgenbeseitigung 77 14 ff.
Folgenbeseitigungsanspruch 1 145, **9** 39; bei bestandskräftigem VA **43** 71; Entscheidung über **35** 101 f.; bei falscher Auskunft **25** 16; bei fehlerhafter Begründung **39** 32 ff.
Form des Antrags **22** 30 ff., **35** 235; des VA, digitale Signatur Vertretungsregeln
Form des VA 37 44 ff.; Anrufbeantworter **37** 78, **41** 100; Ausfertigung **37** 45; Auswahlermessen **37** 47 ff.; automatisierter VA **37** 67 ff., 130 ff.; Beglaubigungsvermerk **37** 104; Bekanntgabe **41** 63 ff.; Bescheidgestaltung **37** 109 ff.; besondere Rechtsvorschriften **37** 52 ff.; Dienstsiegel **37** 104; elektronische Form **37** 51; elektronischer VA **37** 64 ff., 67, 121 ff., **41** 87 ff.; Entscheidung der Gemeinschaftsorgane **37** 139; Fehlerfolgen **37**

55 f., 106; fernmündlicher VA **37** 64 f., 77, **41** 99; Fotokopie **37** 61, 105; gerichtliche Protokollierung **37** 60; „in anderer Weise erlassener VA" **37** 79, **41** 101; kommunalrechtliche Vertretungsregeln **35** 58, **37** 56; konkludenter VA **37** 79, **41** 101; mündlicher VA **37** 75 ff., **41** 96 ff.; Namenswiedergabe **37** 104 ff., 133, **41** 53; Schriftform **37** 49 f.; Schriftform als Regel **37** 49 f.; schriftlicher VA **37** 57 ff., 94 ff., **41** 65; Telefax **37** 62 f., 64 f., 105, **41** 82 ff.; Unterscheidung zwischen Form und Formanforderungen **37** 46; Unterschrift **37** 99 ff., 133; unvollständiger VA **41** 66; Urkunde **35** 222, **37** 54; Urschrift **37** 45; zollrechtliche Entscheidung **37** 141 f.; zusammengefasster Bescheid **41** 75 ff.; Zustellung **37** 126 f., **41** 205, 216 f.; bei Zustellung **37** 52, 107 f.
Formelle Bestandskraft 43 7, 20 ff., 29; und Ausschluss amtswegiger Aufhebung **43** 31 ff.; und außerordentliche Rechtsbehelfe **43** 28; Begriff **43** 7; und formelle Rechtskraft **43** 21; und Vollstreckung **43** 29; vorläufiger VAe **43** 37 f.; s. auch Bestandskraft, Unanfechtbarkeit
Formelle Illegalität 43 155
Formelle Präklusion 26 54; s. auch Präklusion
Formelle Privatisierung 1 124 ff.; s. auch Privatisierung
Formelle Rechtskraft 43 21
Formelles Verwaltungsrecht 1 52 ff.
Formenklarheit 9 57, **35** 27, 73, 80, 98, 144, **36** 33 f., **37** 55, **38** 116
Formenwahl 1 87 f., 103 ff., 116, **2** 51, **9** 162 ff., **22** 7, **35** 106 ff.; und Auslegung **35** 75, 147; Bedeutung des Landesrechts **35** 364; zwischen Einzel-VA und AllgV **35** 278; Fehler bei – **35** 16 ff., 18 f., 210 f.; im Gemeinschaftsrecht **35** 345 ff.; Missbrauch **35** 18, 27; zwischen VA und Rechtsnorm **35** 18; Wahlfreiheit **1** 141 f.; bei Widmung **35** 320
Formfehler 46 19; Einschränkung der Folgen von **45** 1; s. auch Verfahrensfehler
Formfreiheit 10 1 ff.
Förmliches VwVf, Ablehnung **71** 23 ff.; Abschluss auf andere Weise **69** 28 ff.; Anfechtung der Entscheidung **70** 7 ff.; Anhörung Beteiligter **66** 1 ff.; Anordnung durch Rechtsvorschriften **63** 3, 28 ff., 37 ff.; Antrag **64** 1 ff.; anwendbare Rechtsvorschriften **63** 46 ff.; Anwendung der Vorschriften **63** 1 ff.; vor Ausschuss **17** 1 ff.; Begriff **63** 10 ff.; Beschleunigung des Verfahrens **67** 28 ff.; Beweisaufnahme **69** 6 f.; Einsichtsrecht in Gutachten **66** 14 ff.; Entscheidung **67** 3 ff., **69** 1 ff.; Entscheidung durch VA **69** 9 ff.; Entscheidung ohne mündliche Verhandlung **67** 21 ff.; Erörterungspflicht **68** 19; Formvorschriften **64** 8 ff.; freie Beweiswürdigung **69** 4 f.; i. w. S. **63** 6 ff.; Konzentration des Verfahrens **67** 28 ff.; Ladung zur mündlichen Verhandlung **67** 8 ff., 12 ff.; Mitteilungen und Aufforderungen **63** 48 ff.; mündliche Verhandlung **67** 1 ff.; Niederschrift **68** 34 ff.; Ordnung in den Sitzungen **67** 8 ff.; Teilnahme an Beweiserhebungen **66** 10 ff.; Teilnahme an Verhandlung **68** 7 ff.; Verfahrensfehlerfolgen **67** 31 ff.; Verlauf der mündlichen Verhandlung **68** 1 ff.; Verlust des Ablehnungsrechts **71** 31 ff.; außerhalb des VwVfG **63** 6 ff., 27; Zeugen und Sachverständige **65** 1 ff.
Förmliches VwVf i. w. S., Anwendungsfälle **63** 13 ff.
Formnichtigkeit beim ör Vertrag **57** 1 ff., 25 ff.
Formular 10 13 f., **24** 88 ff., **37** 69, 132; Begründung, formularmäßige **39** 96, 99

Formularantrag 22 43, **24** 88 ff., **64** 11
Formularvertrag 54 32; **62** 59
Fotografie 26 91
Fotokopie 22 34, **37** 61, 105, 107 f.; s. auch Ablichtung, Mikrofilm
Fraktion 1 175
Frauenbeauftragte 1 250, **35** 130, 191 ff.
Frauenquote 40 110
Freibeweis 26 22
Fremde Sprache s. Amtssprache, Sprache
Friedhof 1 111, **2** 41
Frist 31; Ablauffrist **31** 7; angemessene **31** 27; für Antrag **22** 74, **31** 9, **32** 10, **45** 32; Anwendungsbereich **31** 3 f.; Arten **31** 7 f.; Auslegungsregeln **31** 14 f.; Ausnutzung **31** 15; Ausschlussfrist s. dort; Bearbeitungsfrist s. dort; Begriff **31** 5; behördlich gesetzte **26** 49, **31** 7, 24 ff., **32** 8; Bekanntgabefrist **31** 25; Bekanntgabefrist **41** 184 ff.; Berechnung **31** 7, 16, 21; bestimmte **31** 5, 27; Bestimmung einer neuen – **31** 44; echte **31** 8; eigentliche **31** 8; Ereignisfrist **31** 7; Ergänzung eines Antrages **31** 11; Europarecht **31** 57 f., Berechnung **31** 57, Klagefrist **31** 58, Präklusion **31** 58; Feiertag **31** 5, 34 ff., 36, 44, gesetzlich anerkannter **31** 36, 41; fingierte **31** 7; Folgen einer Versäumung der – **46** 35; bei fremdsprachigen Anträgen und Erklärungen **23** 62 ff.; Fristablauf bei höherer Gewalt **31** 10; Fristablauf bei staatlichem Fehlverhalten **31** 10; Fristbeginn **31** 16 f., 17, 29; Fristende **31** 18, 28; Fristsetzung **31** 11; Fristsetzung durch VA **31** 13, 24, 46 ff.; Fristüberschreitung **31** 14; Fristversäumnis **31** 31, **32** 7; gerichtsverfahrensrechtliche **32** 1; Gesetzesvorbehalt **31** 13; gesetzliche **31** 7, 12, **32** 8; Grundsatz **31** 1; Hemmung **31** 12, 16; Jahr **31** 20; Landesrecht **31** 59; materiell-rechtliche **31** 7, 8, 13, **32** 6; Minute **31** 15; Monat **31** 20, 22; Nebenbestimmung **31** 53; Ordnungsfunktion **32** 1, 2; Präklusionsfrist s. dort; Rechtsbehelfsbelehrung **31** 60; Rechtsbehelfsfrist **41** 229 f., 245; rechtsvernichtende **31** 13; Samstag s. Sonnabend; Sekunde **31** 15; Sonnabend **31** 23, 34 ff., 39, 44; Sonntag **31** 23, 34 ff., 39, 44; Stunde **31** 15, 42 f.; Tag **31** 15, 19; Telefax **31** 11; Termin **31** 6; Treu und Glauben **31** 10, 32; Überleitung **96** 5 ff.; nach Unanfechtbarkeit **53** 50 f.; uneigentliche **32** 6; Unterbrechung **31** 16; Unterschrift **31** 11; vereinbarte **31** 11; verfahrensrechtliche **31** 7, 8, 13; Verhältnismäßigkeit **31** 11; Verjährung **53** 10; Verkürzung **31** 44, 56; Verlängerung **31** 12, 20, 30, 44 ff.; Verlängerung, rückwirkende **31** 44, 49; vermutete **31** 7; vertragliche **31** 33, **32** 8; Vertreter **31** 11; Vorbehalt des Gesetzes **31** 13; Vorverfahren **31** 60; Werktag **31** 34; Woche **31** 19; Zeitpunkt **31** 6, **36** 71; Zeitraum **31** 5, 21, **36** 72
Funktionale Privatisierung 1 134 ff., **35** 60
Funktionslosigkeit des Planfeststellungsbeschlusses **77** 7 f.; des PlfBeschlusses **74** 37; eines ör Vertrags **60** 21 a

Gebärdensprache 23 70 f.
Gebrechlichkeit 16 23
Gebühren 1 104, 111, 116, 162; und Ausschreibungspflichten **35** 124; Festsetzung **35** 227; Privatisierung **1** 125
Gefahr im Verzug 20 51, **28** 51, **48** 258; Zuständigkeit bei – **3** 43 ff.
Gefahrenabwehr 1 145, 265, **2** 115, **35** 93 ff., 96 ff., 261, 279 a, 286, 289, 329
Gefahrerforschung 24 26, **35** 250
Gefahrerforschungseingriff 24 10, **26** 62

Sachregister

Fette Zahlen: §§ des VwVfG

Gegenseitiger Vertrag 54 114
Gegenseitiges Nachgeben beim Vergleichsvertrag 55 40 ff.
Gegenzeichnung, Folgen einer Versagung der **44** 189
Geheimhaltung 25 45; bei Akteneinsicht **29** 66; bei Amtshilfe **5** 27 ff.; Begründung **39** 67, 103; Datenschutz **39** 67, 103; im förmlichen VwVf **68** 5 ff.; informationelle Selbstbestimmung **39** 103; Pflicht des Sachverständigen **25** 27; sicherheitsrelevante Daten **39** 67, 103; Sozialgeheimnis **39** 103; Sozialgeheimnis s. dort; VA **41** 2; im VwVf **30** 1 ff.; dem Wesen nach geheim **39** 103
Geheimhaltungsanspruch im Europarecht **30** 30; im Informationsfreiheitsrecht **30** 13; im VwVf **30** 7 ff.
Geheimnisbegriff 30 7 ff.
Geheimnisschutz und Elektronische Kommunikation **30** 26
Gehörlose, Verständigung mit **23** 70 ff., **37** 75, 92
Geldausgleich für unzumutbare Beeinträchtigungen **74** 188 ff.
Gemeinsame Einrichtungen 1 250; Amtshilfe und – **4** 27, **5** 8
Gemeinschaftsaufgaben 82 2
Gemeinschaftsrecht s. Europarecht
Gemischter Vertrag 1 90, 97 ff.
Genehmigung eines Bebauungsplanes **47** 25 f.; Konkurrenzen **43** 68 ff.; nachträgliche **45** 30; Plangenehmigung s. dort; Rückwirkung **45** 32
Genehmigungsfreistellungsverfahren 9 87 ff., **35** 34 ff., 155 ff.; Begründung bei **39** 77
Genehmigungsverfahren, Begriff – bei Beschleunigung von Genehmigungsverfahren **71 a** 19 ff.; beschleunigtes s. dort; Ersetzung durch Parlamentsbeschluss **9** 95; Fälle förmlicher VwVf i. w. S. **63** 17; konkurrierende **43** 68 ff.; konzentrierte **43** 70 ff.
Genehmigungsverfahrensbeschleunigungsgesetz E 43, **10** 25, **45** 12, **46** 44; **71 a–e; 72** 20
Genehmigungswirkung der Plf **75** 6 f.
Genehmigung als besonderer VA-Typus **35** 10
Generalbundesanwalt 2 75
Generalklausel E 22; zur Nichtigkeit **44** 7, 12, 97 ff.; Schranken **44** 110
Genfer-Flüchtlingskonvention E 104
Gentechnikrecht, Genehmigungsverfahren als förmliches VwVf i. w. S. **63** 17
Gerichte, Strafverfolgung **2** 75
Gerichtlicher Vergleich 55 7
Gerichtliches Massenverfahren 17 7, 8
Gerichtsentscheidung, Veröffentlichung **2** 122
Gerichtskontrolle, kein genereller Ausschluss bei unbestimmten Rechtsbegriffen mit abwägenden Elementen **40** 148; s. auch Ermessenskontrolle; bei prüfungsähnlichen Entscheidungen **40** 183 ff.; bei Prüfungsentscheidungen **40** 177 ff.; unbestimmter Rechtsbegriffe **40** 147; von Verwaltungsmaßnahmen Empfehlung des Europarats **Dritter Teil** B II Nr. 21; s. ferner Beurteilungsermächtigung, Beurteilungsspielraum, Kontrolldichte
Gerichtskosten 2 121
Gerichtspräsident 2 118
Gerichtspräsidium 1 205
Gerichtssprache s. Amtssprache
Gerichtsverfahren 9 210 ff.
Gerichtsverfahrensrecht 1 58 ff.
Gerichtsverwaltung 1 146, **2** 106 ff., 117 ff.; Veröffentlichung von Entscheidungen **2** 122
Gesamtgläubigerschaft bei ör Vertrag **62** 40 b

Gesamtschuldner, bestimmte Bezeichnung **37** 30
Gesamtschuldnerschaft bei ör Vertrag **62** 40 b
Geschäftsbesorgungsbefugnis 14 32 ff.
Geschäftsfähigkeit 35 236; Bekanntgabe **41** 50 ff.; Geschäftsunfähigkeit **12** 8; Heilung **41** 51 ff.; partielle **12** 10 ff.; im VwVf **12** 7 ff.
Geschäftsführung ohne Auftrag 1 98, 262, **35** 27, **54** 53 ff.
Geschäftsgrundlage beim ör Vertrag 60 1 ff.; Abgrenzung Vertragsinhalt/Vertragsgrundlage **60** 9 ff.; Änderung der Verhältnisse vor und nach Vertragsschluss **60** 9 ff.; Anpassungsverlangen, Anpassung des Vertrags **60** 22 ff.; Begründung für Anpassung und Kündigung **60** 31 ff.; Kündigung bei Dauerschuldverhältnissen **60** 30 a; Kündigung bei schweren Nachteilen für Gemeinwohl **60** 26 ff.; Kündigung des Vertrags **60** 25 ff.; Unzumutbarkeit des Festhaltens am Vertrag **60** 20 ff.; Wesentlichkeit der Änderung **60** 17 ff.
Geschäftsordnung des Bundestags, Bundesrats **1** 175; des Gemeinderats **1** 181
Geschäftsordnungsrecht in Bund und Ländern **2** 16 ff.
Geschäftsunfähigkeit 12 8; s. auch Geschäftsfähigkeit
Geschäftsverteilungsplan eines Gerichts **1** 204, **2** 118
Geschwister 20 61
Gesellschaftsvertrag 62 41
Gesetz, Abgrenzung zum VA **35** 18; Nichtigkeit **44** 89; Prüfung s. Normprüfungskompetenz; Unvereinbarkeit mit Verfassung **44** 90; Verwerfung s. Normenverwerfungskompetenz
Gesetzesbindung in der DDR s. dort; s. Gesetzmäßigkeit der Verwaltung
Gesetzesförmige Genehmigung 9 95
Gesetzesfrei gestaltende Verwaltung, kein Anspruch auf fehlerfreie Ermessensausübung **40** 136
Gesetzesvollzug 9 65, 169, **22** 2, 7
Gesetzesvorbehalt s. Vorbehalt des Gesetzes
Gesetzgebung 1 174 f., 185, 189; symbolische **1** 270
Gesetzgebungskompetenz für das Verwaltungsverfahrensrecht **1** 32 ff., **35** 11, 15
Gesetzgebungsorgan 1 174, 185
Gesetzlicher Vertreter 12 14 ff.
Gesetzliches Verbot, Verstoß gegen – bei ör Vertrag **59** 49 ff.
Gesetzmäßigkeit der Verwaltung 1 40 ff.; Anfechtbarkeit rechtswidriger VAe **44** 1; Bindungskraft des Gesetzes **44** 43, 84 ff.; und gebundene Verwaltung **40** 12; und Gemeinschaftsrecht **44** 94; und Rechtswidrigkeit des VA **44** 43 ff.; Verfassungsgrundsatz **40** 12; Vorbehalt des Gesetzes **44** 47; Vorrang des Gesetzes **44** 45
Gestaffeltes Verwaltungsverfahren s. Verwaltungsverfahren, gestaffeltes
Gestaltungswirkung der Plf **75** 20 ff.
Geständnis 24 35
Gesteigerte Amtshilfe 4 29
Gestuftes Verwaltungsverfahren s. Verwaltungsverfahren, gestuftes
Gesundheitliche Verhältnisse 30 14 ff.
Gewaltenteilung 9 95, 169, **22** 2; inneradministrativ **9** 202
Gewerberecht 2 51, **35** 121, 160 ff., 295
Gewerkschaft 11 22
Gewohnheitsrecht 1 1 ff., 216, **24** 40; Widmung durch **35** 325
Gewöhnlicher Aufenthalt 3 23 ff.

Glaubhaftmachung 45 155; im Europarecht **27** 30; bei Wiedereinsetzung in den vorigen Stand **32** 40, **45** 155
Gleichförmige Eingaben 17 11 ff.
Gleichheitsgrundsatz 9 47
Gleichheitssatz 1 146; Chancengleichheit **40** 96; und Ermessen **40** 91 ff.; Frauenquote **40** 110; und juristische Personen des öff. Rechts **40** 97; „keine Gleichheit im Unrecht" **40** 119; neue Formel **40** 94 f.; subjektive öffentliche Rechte s. dort; Willkürverbot **40** 93, 97
Glockengeläut s. Kirche
Gnadenrecht 1 192 ff., **2** 18 f.
GNV s. DDR
Grenzwerte, Zumutbarkeit von Immissionen **74** 84 ff.
Grundgesetz der Verwaltung, VwVfG des – **1** 1 ff.
Grundrechte, Bindung **1** 116; Drittwirkung **1** 113; und Ermessen **40** 85 ff.; Europarecht **E** 82 ff., **1** 26; privater Konkurrenten **1** 131; Schutz durch VwVfG **45** 14 f.; Schutz im Verfahren **45** 129 f.
Grundrechtecharta der EU **Dritter Teil B I 1**
Grundrechtsmündigkeit 12 13 f.
Grundrechtsrelevanz von VwVf **1** 5, 39 ff.
Grundrechtsschutz 10 5; und Begründung **39** 2 f., 74, 103; durch und im Verfahren **9** 21 ff.; Verwirkung **25** 12; Vorwirkungen **25** 4, 12
Gruppenvorteil 20 46 ff.
Gutachten, behördliche **35** 168; s. Sachverständigengutachten
Gutachter, Ausschluss für – **20** 39 ff.
Gute Sitten, Begriff **44** 152, 154; Beispiele **44** 157; subjektive Vorwerfbarkeit **44** 156; bei ör Vertrag **59** 29, 59; s. auch Sittenwidrigkeit und Nichtigkeit des VA

Habilitationsverfahren 2 131, **9** 35
Habitatschutz in der Planfeststellung **74** 141 ff.
Haftungsbeschränkung im ör Vertrag **62** 44
Hamburg, VwVfG des Landes – **Dritter Teil A**
Hamburger-Stadtsiegel-Fall 35 322 ff.
Handlungsfähigkeit 12 1 ff.; Bekanntgabe **41** 51 f.; beschränkte – **12** 21 ff.; handlungsfähige Personen **17** 2 ff.; Heilung bei fehlender – **41** 51 f.; Mängel der – **12** 3 ff.
Handlungsform 1 85, **9** 4, 162 ff., **10** 16; Bereitstellungsfunktion des Rechts **35** 3; der EG-Organe **E** 70, 91, **35** 345 ff.; Formenwahl s. dort; kein numerus clausus **35** 8; Plan **35** 263; Rechtsakte sui generis **35** 281, 305, 306 f.; Rolle des Landesrechts **35** 364; VA als – **35** 2; Wahlrecht zwischen **35** 3; Wechsel der – **9** 168; Zulässigkeit der – beim VA **35** 25 ff., 220
Handlungsunfähigkeit 9 205
Handwerk, Handwerksrecht 35 85
Handzeichen 22 31; für Antragstellung **64** 8
Hauptverwaltungsakt und Nebenbestimmung **36** 19
Hauptwohnung 3 23
Hausbesuche 24 32, **26** 8
Haushaltsplan und Subventionen **44** 70, 72
Hausnummer 35 327
Hausrecht im förmlichen VwVf **68** 26; Hausverbot **35** 129, 131 ff., 193, 200
Heilung keine Anfechtung des VA nach – **45** 23, 26; Anforderungen des Gemeinschaftsrechts **45** 167; bei Ausschlussfrist **45** 2; Bekanntgabe **41** 230 ff., **43** 177; im EG-Recht **45** 158 ff.; im Eilverfahren **45** 60, 86 ff.; bei Ermessensentscheidung **45** 42 ff.; von Ermessensfehlern **45** 43; fehlenden rechtlichen Gehörs **45** 165 f.; fehlender Begründung von Prüfungsentscheidung **45** 142; fehlender oder fehlerhafter Begründung **45** 33 f.; bei fehlender oder fehlerhafter Begründung **39** 29; fehlender oder fehlerhafter Mitwirkung **44** 182, 188; fehlender oder unzureichender Anhörung **45** 70 ff., durch Widerspruchseinlegung **45** 79 f.; fehlender sachlicher Zuständigkeit **46** 43; fehlender Unterschrift **45** 148; bei fehlender Zeichnungsbefugnis **35** 63; bei fehlender Zuständigkeit **45** 33 f., 146; Folgen der – **45** 21 ff.; Formfehler **37** 106; heilungsfähige Mängel **45** 18; Kostenentscheidung s. dort; mangelhafter Begründung **45** 164; mangelnder Bestimmtheit **45** 151; materieller Mängel **45** 1, 150 ff.; missbräuchliche – **45** 26; Möglichkeiten einer – **45** 1, 19 ff., 135 ff.; durch Nachholung der Mitwirkung einer Behörde **35** 174, **45** 96 ff.; durch Nachholung der Verfahrenshandlung **45** 20 ff., 138; durch nachträglich gestellten Antrag **45** 28 ff.; durch nachträgliche Beschlussfassung eines Ausschusses **45** 92 ff.; durch nachträgliche Genehmigung **45** 30; durch nachträgliche Zustimmung **45** 30; nachträglicher Erlass einer Ermächtigung **45** 150; Verhältnis zur Nichtigkeit **45** 19; Notwendigkeit eines Nachverfahrens **45** 23; Rechtmäßigkeit des VA ex tunc **45** 21 ff.; Rechtswidrigkeit des VA bei fehlender – **45** 24; keine Rücknahme des VA nach – **45** 23; in Satzungsverfahren **46** 33; Sonderregelungen **45** 4, 137; sonstiger Verfahrensfehler **45** 163, 166; und Umdeutung **47** 30; Verhältnis zur Unbeachtlichkeit **45** 18; der Unbestimmtheit **37** 12, 41 ff.; bei unterbliebener Beteiligung **45** 145; bei unterlassener Akteneinsicht **45** 145; von Verfahrensfehlern **45** 21 ff.; Verfassungsmäßigkeit der -vorschriften **45** 15 ff.; Verfassungsmäßigkeit der zeitlichen Grenzen **45** 103 ff.; bei Verstoß gegen EG-rechtliche Verfahrensanforderungen **45** 168 ff.; zeitliche Grenzen **45** 27, 38 ff., 101 ff., 139 ff.; zeitliche Grenzen für Nachholung der Begründung **45** 38 ff.
Heilungsbefugnis 24 65
Hemmung 96 5; Frist **31** 12, 16; Verjährung **53** 16
Herrenlose Sachen 16 25 ff.
Herstellungsanspruch, sozialrechtlicher **25** 17, **32** 6
Hessen, VwVfG des Landes – **Dritter Teil A**
Hilfeleistung, zwischen Behörden **4** 25 ff.
Hinkender Austauschvertrag 56 20 ff.
Hinweis 35 83, **36** 69, **37** 3; Abgrenzung zum VA **35** 27; nach DDR-Recht **35** 367
Hinweispflicht 9 35
Hinzuziehung, Rechtsnatur **35** 149; s. auch notwendige Hinzuziehung
Hochschule 2 139, **9** 35, **35** 202 ff., 302
Hochschullehrer 2 43
Hochschulrecht, förmliche VwVf i. e. S. **63** 45
Hochschulrechtlicher Vertrag 54 129 ff.
Hoheitlich 1 84, 97, 144, 256, **35** 4, 104 ff., 136 ff., 186, **38** 35; Handeln ausländischer Behörden **1** 170
Hoheitstheorie 1 101
Höhere Gewalt 75 80
Huckepackverfahren 9 148

Immissionsschutzrecht, Genehmigungsverfahren als förmliches VwVf i. w. S. **63** 17
Immissionsschutzrecht 35 34 f., 158, 254, 258, 265; Nebenbestimmungen **36** 108
Immunität 1 175, **9** 142
Indemnität 1 176

Sachregister

Fette Zahlen: §§ des VwVfG

Individualrechtsschutz im Recht des Europarats **Dritter Teil** B II Nr. 7
Individuelles Betätigungsverbot 20 8 ff.
Indizien 24 49, **26** 22, 34
Informant 24 34, **25** 18, 44, **26** 42, 78, **29** 44
Information, Anspruch auf – **68** 12 f.
Informationelle Selbstbestimmung 1 49; und Akteneinsicht **29** 6 ff., **30** 4 ff.; und Amtshilfe **5** 3 ff.; bei Begründung **39** 103
Informationsbeschaffung 24 3, **35** 96 ff.
Informationsfreiheitsgesetz 29 2, 20 ff.; nichtförmliches Verfahren **9** 182
Informationsfreiheitsgesetz 25 18; Anwendungsbereich **29** 14
Informationsfreiheitsrecht, Geheimhaltungsanspruch im – **30** 13
Informationsfreiheitsrecht 25 4, 16, 18, **28** 21
Informationsgesetze 29 2, 20 ff., **30** 4
Informationshilfe 4 26
Informationsschranken bei Amtshilfe **5** 3 ff.
Informationszugang Empfehlung des Europarats **Dritter Teil** B II Nr. 9; Entscheidung über **35** 101 f.
Informelle Verwaltungstätigkeit 1 274; **71 a** 12
Informelles Verfahren 1 12, **9** 172 ff., **10** 9, **35** 8, 248; Grenzen **9** 183 ff.; neben einem VwVf **9** 181; statt eines VwVf **9** 182; vor einem VwVf **9** 175 ff.; **71 c**
Informelles Verwaltungshandeln 1 148, **54** 40 ff.; **71 a** 12, **71 c**
Infrastrukturplanungsbeschleunigungsgesetz 1 282, **71 a** 1, **72** 22 ff.
Informationsfreiheitsgesetze 25 16
Inhaltsadressat s. Adressat
Inhaltsbestimmung s. bei Verwaltungsakt
In-sich-Verfahren 1 251, **35** 190, 374
In-sich-Vertrag 54 58
Insolvenz, Insolvenzrecht, Bekanntgabe bei **37** 22, **41** 23; Insolvenzantrag **35** 166; Konkurs **9** 205; VA als Titel **35** 38
Institutioneller Amtskonflikt 72 88
Institutionelles Betätigungsverbot 20 8 ff.
Intendiertes Ermessen, Begründung **39** 69 ff.; s. auch bei Ermessen
Interesse, berechtigtes – an Berichtigung des VA **42** 34; berechtigtes – an Nichtigkeitsfeststellung **44** 200
Interessenkollision in VwVf **20** 1 ff., **41** ff.
Interessentheorie 1 96
Internationaler Strafgerichtshof 2 89
Interne Verwaltungstätigkeit 1 273, **9** 120, 126; s. ferner Verwaltungsinterna
Internet, öffentliche Bekanntgabe **41** 162 ff., 194 ff.
Internetpräsenz 1 134
Intertemporales Verfahrensrecht 96 1; s. auch Überleitung von Verfahren
Investitionsmaßnahmegesetz s. Maßnahmegesetz
Irrläufer Weiterleitungspflicht **32** 13, 26; Wiedereinsetzung in den vorigen Stand **32** 13, 26
IVU-Richtlinie 35 359 ff., **36** 153; Rechte auf Zeit **48** 36

Jagdrecht als abwägungserheblicher Belang **74** 101
Jahresfrist, Rücknahme **48** 199 ff.; Rücknahme bei EG-Recht **31** 58, **48** 235 ff.; Widerruf **49** 84 ff., 106
Jugendgefährdende Schriften 2 126; förmliches VwVf i. w. S. **63** 14; Indizierung **40** 192 ff., 208
Jugendsekte 1 187, 190, **2** 31
Justizakte 1 201

Justizbehörde 2 111
Justizverwaltung 1 204, **2** 106 ff., 117 ff.
Justizverwaltungsakt 1 205, **2** 106 ff., 122, **35** 2

KAG 2 67 ff.; Zusage nach – **38** 51
Karte, Maßstab **37** 36
Katasterrecht, VwVfG und – **2** 27
Kausale Verknüpfung beim Austauschvertrag **56** 20 ff.; beim ör Vertrag **54** 113 ff.
Kausalität, Ausschluss aus tatsächlichen Gründen **46** 25; Begriff **46** 23; fehlende **46** 57, 76 ff.; hypothetische **46** 54, 49 66; bei teilbarem VA **46** 24; von Verfahrensfehlern **45** 123 f., **46** 22 ff., 57; von Verfahrensfehlern im Gemeinschaftsrecht **45** 161; Wiedereinsetzung in den vorigen Stand **32** 13, **45** 161
Kehrseitentheorie 44 63 f.
Kenntnis s. bei Rücknahme
Kennzeichnung als ungültig **52** 44 f.
Kettenverwaltungsakt 36 74, 122
Kindergarten 2 31, 51, **35** 300
Kirche 1 268, **2** 30 ff.; Beamte **2** 42; Begriff **2** 45; DDR **2** 33; Gefahrenabwehr **2** 37; Glockengeläut **2** 37, 42; Innerkirchlicher Bereich **2** 34 ff.; Kirchenaustritt **2** 32; Kirchensteuer **2** 32 f.; Krankenhaus **2** 51; Mitwirkung des Staates bei Besetzung von Ämtern **2** 43; Parlamentsausschuss **2** 37; Rechtsschutz **2** 40; res sacra **2** 41; staatsbezogene Tätigkeit **2** 34 ff.; Theologiestudium **2** 43; Verbände und Einrichtungen **2** 50 f.; Verwaltungstätigkeit **2** 40; s. auch Religionsgemeinschaft, Weltanschauungsgemeinschaft
Kirchenasyl 2 41
Kirchenrechtlicher Vertrag 54 69
Kirchturmuhr 2 31
Klageänderung 45 48
Klagebefugnis bei Allgemeinverfügung **35** 274; und Europarecht **79** 56; und Nebenbestimmungen **36** 31
Klagefrist und Europarecht **79** 56
Klagerücknahme, Kosten **45** 41
Klageverzicht 45 40
Kodex gute Verwaltungspraxis der EU **Dritter Teil** B I 2
Kodex Öffentlichkeitsbeziehungen der EU-Kommissionsbediensteten **Dritter Teil** B I 3
Kodifikationswirkung des VwVfG **E** 9 ff., **1** 1 ff.
Kollegialentscheidung 88 5 ff.; Begründung **39** 7
Kollegialorgan 35 54, **88** 5 ff.
Kollusion 35 79
Kommunalabgabengesetze 2 67 ff.
Kommunalaufsicht 35 24, 181 ff.
Kommunale Abgabenverwaltung 2 61
Kommunale Verfassungstätigkeiten 2 15
Kommunale Vertretungskörperschaften 1 181 ff.
Kommunaler Verfassungsstreit 1 183, **35** 191 ff.
Kommunalrecht, Verpflichtungserklärung **37** 56, **38** 40, 61; Verpflichtungserklärungen **35** 58
Kommunalverwaltung 1 251
Kommunalwahlrecht 2 15
Kommunikationsformen, moderne 22 32 ff.; Anpassung VwVfG **37** 51, 64 ff., 89 f., 121 ff., **38** 60, **39** 5, 9 f., 36, **41** 87 ff., 116 ff., 131, 162 ff.; Begründung **39** 5, 9 f.; Begründungspflicht **39** 36; Bekanntgabe **41** 87 ff., 162 ff., 194 ff.; Bestätigung **37** 89 f.; Rechtsbehelfsbelehrung **37** 128; Schriftform **37** 58, 64 ff.; unvollständiger Empfang **41** 108; Zugangsvoraussetzungen **41** 87 ff.; Zusicherung **38** 60; Zustellung **37** 126 f., **41** 216 f.

magere Zahlen: Randnummern; E: Einleitung

Sachregister

Kompetenztheorie 1 101
Konditionelle Verknüpfung beim ör Vertrag **54** 113 ff.
Konfliktmittler, behördlicher **9** 191; privater **1** 265, **9** 190; **54** 40 ff.; **71 c** 27 ff.
Konfliktmittlung 54 42 ff.; **71c** 27 ff.
konkludentes Verhalten s. bei Vertrag und Verwaltungsakt, konkludenter
Konkurrentenklage 35 111, 121, 128, 160 ff., **39** 20, **50** 36 ff.
Konkurs 9 205; s. auch Insolvenz, Insolvenzrecht
Konsens beim ör Vertrag **54** 28 ff.
Kontrahierungszwang 54 32
Kontraktmanagement 9 192
Kontrolldichte E 27, **40** 2, 220 ff.; bei Abwägungsentscheidungen **40** 43 f.; allgemeingültige Bewertungsmaßstäbe **40** 228 ff.; bei Beurteilungen **40** 229; bei Beurteilungsspielraum der Gemeinschaftsorgane **40** 233; bei europarechtlich begründeten Beurteilungsspielräumen **40** 235; gemeinschaftsrechtlicher Verfahrensgarantien **40** 234; bei gesetzesfrei gestaltender Verwaltung **40** 31; sachfremde Erwägungen **40** 230; bei unbestimmten Rechtsbegriffen **46** 64 f.; Verfahrensfehler **40** 224 ff.; Vertretbarkeitslehre **40** 150; s. auch Beurteilungsermächtigung, -spielraum, Ermessen, Gerichtskontrolle
Kontrolle durch die Verwaltungsgerichte s. Gerichtskontrolle
Kontrollumfang s. Kontrolldichte
Konzentrationswirkung 9 148 f., **63** 23 f.; der Baugenehmigung **35** 34; Gesetzgebungskompetenz **75** 4 f.; der Plf **75** 10 ff.; der Vorhabengenehmigung nach UGB-KomE **35** 9, 34
Konzessionssystem 1 135
Kooperation 9 192
Kooperationspflicht 9 35
Kooperationsrecht s. Verwaltungskooperationsrecht
Kooperationsvertrag 54 13 ff.
Kooperatives Verfahren 1 12, **9** 172 ff., 182; **54** 7, 13 ff.; **71 a** 13
Koordinationsrechtlicher Vertrag 54 5 ff.
Koordinierungspflicht 9 35
Koppelungsverbot beim Austauschvertrag **56** 4 ff., 49 ff.
Koppelungsverbot bei Nebenbestimmungen **36** 149
Koppelungsvorschrift 40 36, 39
Körperschaft, ör **1** 181 ff., 246, **2** 46
Kosten der Amtshilfe **8** 1 ff.; für Unterlagen und Gutachten **26** 65
Kostenentscheidung 35 46, 165, **80** 1 ff.; in Abgabenangelegenheiten **80** 11 ff.; Anfechtung der – **35** 227, **80** 24 ff.; Anfechtungsverbund **35** 227; Anwendungsbereich des § 80 **80** 4 ff., 7 ff., 45 ff.; Bevollmächtigter **80** 1 ff.; bei Dienstrechtsstreitigkeit **80** 56 f.; bei Erledigung des Widerspruchsverfahrens **80** 53; bei Heilung **45** 18, 26, 41, 113 f., **80** 38 ff.; isoliertes Vorverfahren **80** 5 f.; bei Nachfolgenden Klageverfahren **80** 4 ff.; bei Nachschieben von Gründen **45** 69; notwendige Aufwendungen **80** 58 ff.; notwendige Auslagen **80** 86 ff.; Rechtsanwalt **80** 61; Rechtsanwaltsgebühren **80** 86 ff.; bei Rücknahme des Widerspruchs **80** 51; bei Unbeachtlichkeit des Verfahrensfehlers **80** 41 f.; unterlassene **80** 27 ff.; bei Verfahrensfehlern **80** 37 ff.; bei Vergleich im Widerspruchsverfahren **80** 52; Verhältnis zu Entschädigungsregelungen **80** 17; verschuldete Aufwendungen **80** 72 ff.; s. Abhilfeentscheidung

Kostenfestsetzungsbescheid 80 1, 2, 22, 80, 90 ff.
Kostengrundentscheidung 80 2
Kostenlastentscheidung 80 1 ff., 18 ff.; Anfechtung der **35** 228; Notwendigkeit der Zuziehung **80** 80; Zuziehung eines Bevollmächtigten **80** 76 ff.
Kostenminimierungspflicht 80 60
Krankenakten 24 31
Kriegsdienstverweigerung 2 129, 134
Kriegsgefangenenentschädigungsrecht, VwVfG und – **2** 27
Kulturförderung, staatliche **1** 125
Kündigung beim Vertrag **35** 122, 136; eines ör Vertrags wegen wesentlicher Änderung der Verhältnisse **60** 25 ff.

Ladenschlussrecht 35 273, 288, 304
Ladung, Folgen bei Verfahrensfehlern **67** 34 f.; zur mündlichen Verhandlung **67** 8 ff., 12 ff.
Ladungsfähige Anschrift 41 74
Landbeschaffungsrecht, Enteignungen im förmlichen␣i.␣w.␣S. **63** 18
Landesbehörden 1 69 ff.
Landeseigene Verwaltung 1 36
Landesrecht 45 174, **46** 86
Landesrechtliche Planfeststellungsverfahren 100 1 ff.
Landesverwaltung 1 69 ff.
Landesverwaltungsverfahrensgesetze E 30, 36 ff., **1** 287 ff., Dritter Teil
Landtagswahlrecht 2 14
Lärmaktionsplan 35 265
Lastenausgleichsrecht 2 100 f.
Lebensgemeinschaft, nichteheliche **20** 56
Lebenspartnerschaft, Bekanntgabe **37** 15, **41** 67, 75 ff.; bestimmte Bezeichnung **37** 15
Legalisierungswirkung bei Altlasten **43** 72; von befugnisbegründenden VAen **43** 72, 149 ff., 152, 197; behördlicher Duldung **43** 151; und Rechtsmissbrauchslehre **43** 149; von Steuerbescheiden **43** 150; im Umweltrecht **43** 149
Legalitätsprinzip 22 13
Legalplanung 9 95, **72** 21
Leibesfrucht, Beteiligungsfähigkeit einer – **11** 13
Leistungsbescheid, Aufrechnung gegen – **44** 38 ff.; Bestimmtheit **37** 30; bei ör Vertr **44** 65; Regelungsinhalt **35** 214; von VA-Befugnis **35** 25 ff.; Vorbehalt des Gesetzes **44** 62 ff.
Leistungsklage 1 145; zur Durchsetzung von Vertragspflichten **44** 74
Leistungsstörungen 1 88; Ergänzende Anwendung der Vorschriften über – auf ör Vertrag **54** 4, 20 ff. **62** 22 ff., 33 ff.
Letzte Tatsacheninstanz, Begriff **45** 108
Linienbestimmungsverfahren und PlfV **72** 67
Lückenschließung durch VwVfG **1** 235 ff.
Luftreinhalteplan 35 265
Luftverkehrsrecht, Handlungsformen **35** 305; Luftraum als Sache **35** 310, 313

Maastricht, Vertrag von E 67
Mahnung 35 84
Mandat 4 40, **44** 141, 174; bei Erlass eines VA **35** 59, **37** 59
Marktrecht 35 121, 160 ff., 295
Massenverfahren E 39, **1** 6, **9** 25, **17–19**; und Akteneinsicht **29** 54 f.; echtes **17** 6; fingierte Vertretung **17** 17 ff.; im förmlichen VwVf **63** 48 ff., **67** 12 ff., **69** 16 ff.; gerichtliches s. dort; öffentliche Bekanntgabe **41** 154 f., 173; Personen-

2173

zahl **41** 154f., 173; im PlfV **72** 86f.; Vergütung **19**
Massenverwaltungsverfahren Empfehlung des Europarats **Dritter Teil** B II Nr. 11
Maßgabe s. auch Nebenbestimmung
Maßgeblicher Zeitpunkt für die Entscheidung der Widerspruchsbehörde **44** 36; für Rechtswidrigkeit des VA **44** 16ff., 198
Maßnahmegesetz 9 95; Legalplanung **9** 95
Materielle Bestandskraft 43 45ff.; Abweichungsverbot **43** 48, 104, 119ff.; Adressaten **43** 104ff.; Aufhebungsverbot **43** 48; Begrenzung auf Entscheidungsgegenstand **43** 56ff.; Begriff **43** 7; in der DDR **43** 284ff.; gegenüber Entscheidungsträger **43** 93ff., 114; gegenüber Funktionsnachfolger in einer Behörde **43** 105; gegenüber Gerichten **43** 105, 108, 123ff.; bei gestuften VwVf **43** 75ff., 101; und materielle Rechtskraft **43** 45, 107; persönliche Grenzen **43** 90ff., 104f.; präjudizielle Wirkung **43** 46; gegenüber Rechtsnachfolger **43** 91; Reichweite **43** 119ff.; Reichweite bei Entscheidungen von Gemeinschaftsorganen **43** 122; sachliche Grenzen **43** 56ff.; sachliche Grenzen bei Entscheidungen von Gemeinschaftsorganen **43** 89; und Selbstbindung der Verwaltung **43** 54; und Tatbestandswirkung **43** 154; bei Teilgenehmigung **43** 76; Umfang **43** 55ff.; Unabhängigkeit von gerichtlicher Bestätigung **43** 123ff.; und Verfahrensbeteiligung **43** 92; Voraussetzung: formelle Bestandskraft **43** 53; bei Vorbescheid **43** 77ff.; vorläufiger VAe **43** 82; Wiederholungsverbot **43** 47; Wirkungsweise **43** 46ff.; zeitliche Grenzen **43** 61; zeitliche Grenzen bei Entscheidungen von Gemeinschaftsorganen **43** 103
Materielle Beweislast 24 55ff., **46** 2
Materielle Präklusion 26 54
Materielle Rechtskraft 43 45, 107; subjektive Grenzen **43** 96
Mecklenburg-Vorpommern, VwVfG des Landes – **Dritter Teil** A
Mediation 54 42ff.
Medienordnung 2 21ff.
Medizinisch-Psychologische-Untersuchung 35 152
Mehrfache Zuständigkeit 3 29ff.
Mehrheitsprinzip bei Ausschüssen **91** 5ff.
Meinungsäußerung 35 86
Meistbegünstigungsregel 22 48
Menschenrechtskonvention, EMRK E 95ff., **23** 82
Menschenwürde, Verletzung durch Peep-Show **44** 153
Merkblatt 25 23; Amtssprache **23** 38; Begründung **39** 99
Mieter, Belange des **74** 98ff.
Mietspiegel 1 148
Mikrofiches 33 32
Mikrofilm 23 73, **33** 32
Militärregierung E 6
Minderheit, nationale **23** 83f., **Dritter Teil** B II B II Nr. 5, 6
Minderheitssprachen Dritter Teil B II B II Nr. 6
Ministerialfreier Raum 1 166
Mischtatbestand s. Kopplungsvorschrift
Mitverschulden bei ör Vertrag **62** 22
Mitwirkung anderer Behörden **1** 152, **9** 127f., 207, **10** 16, **35** 167ff., **45** 96ff.; Anhörung s. dort; eines Ausschusses **44** 183ff., **45** 92ff.; Begriff **44** 180f., 184; Behörden/Ausschüsse **38** 74ff.; Benehmen s. dort; Beratung **44** 184; Einvernehmen s. dort; Erforderlichkeit der **44** 184f., 185ff., 188, 189; Fiktion **38** 79; Folgen fehlender oder fehlerhafter – **44** 186ff., 188ff.; Form der **44** 18ff., 188; mangelnde –, Ablehnung der Bearbeitung **24** 52, **26** 48; örtlich unzuständiger Behörde **46** 39; Privater in Behörde **1** 259; Rechtsfolgen **35** 173ff.; auf Grund Rechtsvorschrift **44** 188; Rücknahme des VA wegen mangelnder – **46** 14; Umdeutung **47** 25; unzulässige **44** 178ff., 183ff., 188f.; Zustimmung s. dort; s. auch Begründung
Mitwirkung „dritter" Behörden beim ör Vertrag 58 25ff.
Mitwirkungslast 24 18, 28f., **26** 43ff.; Begrenzung **24** 8, **26** 51; Beibringung von Unterlagen **26** 48, 64; Fristsetzung **26** 49; und Selbstbelastung **26** 53
Mitwirkungspflicht 24 50ff., **26** 1; erhöhte **26** 57; Folgen einer Verletzung der – **26** 55f.; prozessuale **24** 65; für Zeugen und Sachverständige **65** 4ff.
Mitwirkungspflicht, Mitwirkungslast bei Prüfungen **2** 133
Mitwirkungsverbot in VwVf **20** 1ff.
Mitwirkungsverweigerungsrecht 24 32
Modifizierende Auflage 36 96ff.; Abgrenzung zur Auflage **36** 99ff.; Abgrenzung zur Bedingung **36** 99f.; Begriffsinhalt **36** 96ff.; Begründung **39** 82; Klageart **36** 95; modifizierende Genehmigung **36** 96ff.; Rechtsfolgen **36** 94ff.; Rechtsschutz **36** 95; Vollstreckung **36** 98; Zulässigkeit **36** 97
Modifizierende Genehmigung s. modifizierende Auflage
Mündliche Verhandlung beim förmlichen VwVf **67–68**
Musterentwurf E 14ff., 17ff.
Musterung, förmliches VwVf i.w.S. **63** 16; eines Wehrpflichtigen **2** 129

Nachbarschaftsverhältnis, Bekanntgabe **41** 230; bei Genehmigungsfreistellung **35** 36f.
Nachholung der Anhörung **28** 66ff., **45** 70ff.
Nachkorrektur 39 109
Nachrichtendienst 1 191, **2** 115
Nachschieben von Gründen durch Ausgangsbehörde **45** 51, 59, 68; keine Auswechslung der Ermessensgrundlage **45** 51ff.; und Begründung **39** 30, **45** 45ff.; Ergänzung der Ermessenserwägungen **45** 55; bei Ermessensentscheidungen **45** 43ff., 51ff., 62ff.; und Heilung **45** 45ff.; Kostenentscheidung **45** 69; nachträgliche Ermessenserwägungen **45** 43, 51ff., 62ff.; neue Ermessenserwägungen **45** 58; bei Prüfungsentscheidungen **45** 56; Rücknahme **48** 205; und Umdeutung **45** 61, **47** 9; und Untersuchungsgrundsatz **45** 47; keine Überschreitung des Ermessensrahmens **45** 54; Verfassungsmäßigkeit **45** 66f.; keine Wesensänderung des VA **45** 48ff., 62ff.; durch Widerspruchsbehörde **45** 51, 57f., 68
Nachsichtgewährung, Wiedereinsetzung in den vorigen Stand **32** 6, 9
Nachtbriefkasten 24 84, **32** 27
Nachträglich gestellter Antrag und Nachholung **45** 107
Namensfeststellung 22 7
Namenswiedergabe 37 104ff., 133, **41** 53
Nationalsozialismus E 4; Führerbefehl E 4
Natürliche Ereignisse 75 80
Natürliche Person 11 13
Naturschutzbeirat 11 22

Naturschutzrechtlicher Vertrag 54 158
Naturschutzverbände E 40, **1** 265, 268, **13** 35 ff.; s. ferner Verbandsklage
Naturschutzverein, Rechtsschutz gegen Planegenehmigung **74** 255
Naturschutzverein, Beteiligung im PlfV **73** 103 ff.
Nebenbestimmung(en) 24 22; Abgrenzung zur Inhaltsbestimmung **36** 98 ff.; Abgrenzung zur Zweckbestimmung **36** 102; AGB-ähnliche **36** 29 ff.; allgemeiner Rechtsgedanke **36** 4; bei AllgV **36** 8; Anhörung **36** 6, 25; bei Anspruch auf VA **36** 115 ff.; Anspruch auf VA mit **36** 130 f; Arbeitserleichterung für Behörde **36** 146; Arten **36** 70 ff.; aufgedrängter VA **36** 57; Aufhebung durch Behörde **36** 44 ff.; Aufhebung und Änderung durch Behörde **36** 21 ff.; aufschiebende Wirkung **36** 64; Ausgleichsabgabenfestsetzung **36** 105; Ausländerrecht **36** 110; Auslegung **36** 3, 87 f.; Auslegungsgrundsätze **36** 68 ff.; Bedeutung **36** 5 f.; Begriff **36** 65; Begründung **36** 25; bei begünstigendem VA **36** 115 ff., 133; Bekanntgabe **36** 26, **37** 39, **41** 15; bei belastendem VA **36** 111 ff., 133; bei belastendem VA mit drittbegünstigender Wirkung **36** 114; Beratung **36** 6; Bestimmtheit **36** 27, 69; Bezeichnung als Maßgabe **36** 69; Definition **36** 65 ff.; einstweiliger Rechtsschutz **36** 64; Ermächtigung **36** 111 ff., 120, 132 ff.; Ermessensentscheidung über **36** 130, 143; Ermessensschranken **36** 135, 144 ff.; Ermessensschrumpfung auf Null **36** 136; bei Ermessens-VA **36** 132 ff.; Europarecht **36** 151 ff.; fachrechtliche Ermächtigung **36** 115; Festlegung von Emissionsgrenzwerten **36** 108; bei feststellendem VA **36** 7; fingierte **36** 33 f.; aus fiskalischen Gründen **36** 149; formelle Voraussetzungen **36** 25; Geldleistungsauflagen **36** 149; kraft Gesetzes **36** 33 f.; Gesetzesvorbehalt s. u. Vorbehalt des Gesetzes; Grenzen durch Zweckbestimmung **36** 144 ff.; und Haupt-VA **36** 19 ff.; Inhaltsbestimmung eines VA s. bei VA; als Instrument des VwVf **5** ff.; isolierte Aufhebung **44** 198; „Kautelarpraxis" **36** 101; Klageart **32** 54 f.; Kopplungsverbot **36** 149; Landesrecht **36** 154; Legaldefinitionen **36** 8; Maßgabe **36** 69; materielle Voraussetzungen **36** 143 ff.; nachträgliche **36** 36 ff.; öffentliche Bekanntgabe **41** 173; bei Plan-VA **36** 140 ff.; Prognoseentscheidungen **36** 123; rahmenvertragliche Vereinbarung **36** 35; Realakt **36** 18; rechtliche/tatsächliche Erfüllbarkeit **36** 150; Rechtsschutz **36** 31, 54 f.; Rechtsschutz Drittbetroffener **36** 63; ressortfremder Zweck **36** 147; Rückbauverpflichtung **36** 106; Rücknahme **48** 103; Sachgerechtigkeit **36** 148; Sachverhaltsermittlung **36** 125; selbständige **36** 19 ff.; Sicherheitsleistung **36** 107; Sicherstellung von Anspruchsvoraussetzungen bei Ermessens-VA **36** 132; Sicherung der Anspruchsvoraussetzungen **36** 120 ff.; strafrechtliche Folgen **36** 69, 99; Tauglichkeit **36** 150; nach UGB-KomE **36** 4, 91, 93, 141; unselbständige **36** 19 ff.; Verbot **36** 10; Vergaberechtsbeachtungsklausel **36** 104; Vergünstigung **36** 70; Verhältnis zum VA **36** 19 ff., 93 f.; Verhältnismäßigkeit **36** 131, 150; bei VA mit Dauerwirkung **36** 122, 135; bei VA mit Drittwirkung **36** 63, 114, 124; bei Verwaltungsinterna **36** 14; Verwaltungsprivatrecht **36** 17; Verwendungsnachweisklauseln **36** 103; Vorbehalt bei vorläufigem VA als **35** 246, **36** 92; Vorbehalt des Gesetzes **36** 38 ff., 112 ff., 115, 137, 149; bei Vorbescheid **36** 7; Vorverfahren **36** 155 ff.; Widerrufsvorbehalt s. dort; wirtschaftliche Gegenleistung **36** 149; zivilrechtliche Folgen **36** 69, 85, 99; Zulässigkeit **36** 9 ff.; Zusage und Zusicherung **38** 26; Zweck des Gesetzes **36** 133, 145; zweckwidrige **36** 32
Nebenpflicht 10 5; Rechtsverhältnis **9** 30 ff.
Nebenwohnung 3 23
Negativattest 35 83
Negative, Beglaubigung bei **33** 32
Negativklausel 1 165
Neuantrag 22 52, **51** 47
Neubestätigung eines ör Vertrags **59** 2 ff.
Neue Länder s. DDR
Neue Medien 2 21 ff.
Neutralität 9 62
Neutralitätspflicht bei ehrenamtlicher Tätigkeit **83** 3 ff.
Neutralitätsprinzip in VwVf **20** 1 ff.
Neuverfahren s. Neuantrag
Nicht ortsansässige Personen, Benachrichtigung **73** 65
Nicht-Akt s. Scheinverwaltungsakt
Nichtanwendungserlass 44 86, **45** 26
Nichteheliche Lebensgemeinschaft 20 56; Bekanntgabe **37** 15, **41** 67, **75** ff.; bestimmte Bezeichnung **37** 15
Nichtförmlichkeit 10 1 ff., 10 ff.; Grundsatz der **E** 21
Nichtigkeit des ör Vertrags 59; Einzelne Nichtigkeitsgründe **59** 14, 41 ff.; Gesetzliches Verbot, Verstoß gegen – **59** 49 ff.; Neubestätigung **59** 2; Nichtigkeit bei Austauschvertrag **59** 39 ff.; Nichtigkeit bei Vergleichsvertrag **59** 35 ff.; Positive Kenntnis der Rechtswidrigkeit **59** 30 ff.; Qualifizierter Rechtsverstoß **59** 8 ff., 49 ff.; Rechtliche Bedeutung **59** 1 ff.; Rechtsfolgen **59** 9 ff.; Schwere Inhalts- und Formfehler **59** 19 ff.; Sittenwidrigkeit **59** 59; Teilnichtigkeit **59** 61 ff.; gegen BGB **59** 41 ff.
Nichtigkeit des VA 44 97 ff.; wegen absoluter rechtlicher Unmöglichkeit **44** 113; wegen absoluter sachlicher Unzuständigkeit **44** 170 f.; wegen absoluter Unzuständigkeit **44** 111; und allgemeine Verfahrensgrundsätze **44** 3; und Aufhebungsausschluss **46** 20, 38; als Ausnahme **44** 100; äußere Wirksamkeit **43** 222; Beendigung des VwVf **43** 224; und Begründungsmängel **44** 118; bei fehlerhafter Formenwahl **35** 19; besonders schwerwiegender Fehler **44** 100 ff., 111 ff.; Bestimmtheitsgrundsatz **44** 116; in der DDR s. dort; und Delegation **44** 139, 174; Drohung **44** 117; bei Erlass durch bestochenen Beamten **44** 117; Erschleichung **44** 117; und Erstattungsanspruch **49a** 18; Evidenztheorie **44** 102; und Existenz des VA **41** 222 ff.; und fehlende Anhörung **44** 118, **45** 73; und fehlende Begründung **44** 118; und fehlende Bekanntgabe **41** 222 ff.; wegen fehlenden Antrags **44** 107 f.; wegen fehlender Behördenangabe **37** 9, 97; wegen fehlender Mitwirkung **35** 239, **44** 107; wegen fehlender Schriftform **37** 55; wegen fehlender Teilbarkeit **44** 113; bei fehlerhafter Formenwahl **35** 29, 267, 272, 309, 323, 329; Feststellung der – so Nichtigkeitsfeststellung; Feststellung im Widerspruchsbescheid **79** 53; Feststellungsklage **44** 199, 201; Generalklausel **44** 7, 12, 97 f.; Gesamtnichtigkeit **44** 190; gesetzloser VA **44** 105; Gründe s. Nichtigkeitsgründe; und Heilung **45** 19; keine innere Wirksamkeit **43** 222; und Mandat **44** 141, 174; und materielle Rechtslage **43** 225; Mitwirkung ausgeschlossener Personen **44** 178 ff., 187, 188; Negativkatalog der Gründe **44**

Sachregister

Fette Zahlen: §§ des VwVfG

158 ff.; Nichteinhaltung der örtlichen Zuständigkeit **44** 160 ff., 166 ff.; Nichtmitwirkung einer anderen Behörde **44** 188 f.; Nichtmitwirkung eines Ausschusses **44** 183 ff.; Offensichtlichkeit des Fehlers s. dort; Reichweite der Unbeachtlichkeit **43** 225; bei Rücknahme **48** 57; rückwirkende Bestätigung **43** 226; und Selbsteintritt **44** 175; bei Sittenwidrigkeit **44** 155; Struktur der gesetzlichen Regelung **44** 7; teilweise s. bei Teilnichtigkeit; bei transnationaler VA **35** 360; Umdeutung **43** 226, **47** 31, 54; unbestimmte Adressatenbezeichnung **44** 112; wegen Unbestimmtheit **37** 40; Ungeeignetheit **44** 113; wegen Unverständlichkeit **44** 113; bei unwirksamer Behördenerrichtung **35** 64 f.; Unwirksamkeit **44** 2; und Verbandskompetenz **44** 165 ff.; Vereinbarkeit mit EG-Recht **44** 8; Verfahrensfehler **45** 8, **46** 20; Verstoß gegen Bestimmtheitsgrundsatz **44** 116; Verstoß gegen die guten Sitten **44** 155; Verstoß gegen EG-Recht **44** 109; Verstoß gegen funktionelle Zuständigkeit **44** 175 ff.; Verstoß gegen Gemeinschaftsrecht **44** 109; und Verstoß gegen interne Zuständigkeit **44** 1172; Verstoß gegen ständige Rechtsprechung **44** 119, 120; kein Vertrauensschutz **43** 223; wegen völliger Unbestimmtheit **44** 113; wegen Widersprüchlichkeit **44** 113; Widerspruchsbescheid **44** 205; Willkürmaßnahme **44** 106; Zusicherung **38** 70 f.

Nichtigkeit von Gesetzen 44 89
Nichtigkeitsfeststellung 44 199 ff.; und Anfechtungsklage **44** 199; Antrag auf – **44** 200; berechtigtes Interesse **44** 200, 202; und Feststellungsklage **44** 199; Rechtsnatur **44** 201; und Rücknahme des VA **44** 199; Voraussetzungen der – **44** 200; zeitliche Grenzen **44** 202
Nichtigkeitsgründe 44 97 ff.; absolute s. dort; einzelne s. bei Nichtigkeit des VA; Verhältnis der – zueinander **44** 99 ff.
Nichtöffentlichkeit, mündliche Verhandlung **68** 4 ff.
Nicht(verwaltungs)akt 44 3 f., 10; s. Scheinverwaltungsakt
Niedersachsen, VwVfG des Landes – **Dritter Teil A**
Niederschrift 23 39; Antrag **22** 38 ff., **24** 85; Antrag zur – **64** 12 f.; bei Ausschüssen **93** 1 ff.; gerichtliche **37** 60, **38** 59; über mündliche Anhörung **26** 43, **28** 24; bei mündlicher Verhandlung **68** 34 ff.
Nordrhein-Westfalen, VwVfG des Landes – **Dritter Teil A**
Normgebung, widerspruchsfreie **1** 225
Norminterpretierende Richtlinie, Verwaltungsvorschriften 1 213, **26** 32, **40** 156
Normkonkretisierende Richtlinie, Verwaltungsvorschriften 1 214, **26** 32, **40** 156, 216 ff., **44** 80 ff.
Normprüfungskompetenz der Gerichte **44** 88; Nichtanwendung europarechtswidriger Gesetze **44** 91; der Verwaltungsbehörden **44** 89
Normverwerfungskompetenz der Gerichte **44** 88; bei Sekundärrecht der EG **44** 91; der Verwaltungsbehörden **44** 89
Notar, Auswahlverfahren **35** 162; notarielle Beglaubigung **33** 6 ff.
Notarielle Beglaubigung 33 6 ff.
Notarkammer 2 119
Notbeschlussfähigkeit bei Ausschüssen s. dort
Notwendige Hinzuziehung eines Bevollmächtigten **80** 80 ff.; zum VwVf **13** 40 ff.

Obdachlose, Bekanntgabe an **41** 74
Objekt des VwVf 9 46, 60, **22** 26, **23** 42
Objektivitätsprinzip in VwVf **20** 1 ff.
Obrigkeitlich s. hoheitlich
Observation, heimliche **24** 31, **26** 22
Offenbare Unrichtigkeit, Berichtigung des VA **42** 1 ff., **22** ff.
Offenbarungsbefugnis 30 7 ff.
Offenkundige schwere Inhalts- und Formfehler bei ör Vertrag **59** 19 ff.
Offenkundige Tatsache 26 23, **32** 34, 39
Offensichtlichkeit und absolute Nichtigkeitsgründe **44** 129 ff.; Anforderungen **44** 124 ff.; und Aufhebungsanspruch **46** 78 ff.; Begriff **44** 122; Bezugspunkt **44** 123; des schwerwiegenden Fehlers **44** 110, 122 ff.; schwerwiegender Fehler einer Entscheidung der Gemeinschaftsorgane **44** 128
Öffentliche Aufgaben 1 265
Öffentliche Bedienstete s. Statut; s. Verhaltensregeln
Öffentliche Beglaubigung von elektronischen Dokumenten **33** 1 ff.; von Urkunden **33** 6 ff., **34** 1 ff.
Öffentliche Bekanntgabe s. Bekanntgabe, öffentliche
Öffentliche Bekanntmachung im förmlichen VwVf **67** 12, 14, **69** 16 ff.; des PlfBeschlusses **74** 214 ff.; s. auch Bekanntgabe, öffentliche
Öffentliche Belange 1 265
Öffentliche Einrichtungen Empfehlung des Europarats **Dritter Teil B II Nr. 17**
Öffentliches Dienstrecht, Vertrag im – **54** 129 ff.
Öffentliches Recht, öffentlich-rechtlich 1 83 ff.; Abgrenzung zum Privatrecht **1** 83 ff., **35** 106 ff., 135, 318; **54** 68 ff.; **62** 22 ff.; Anwendung zivilrechtlicher Regelungen im – **1** 1066; Vermutung für – **1** 102; Verwaltungstätigkeit s. dort
Öffentlichkeitsbeteiligung bei der Plangenehmigung **74** 246
Öffentlich-private Partnerschaften 54 43 ff.
Öffentlich-rechtliche Geschäftsführung ohne Auftrag s. Geschäftsführung ohne Auftrag
Öffentlich-rechtlicher Erstattungsanspruch bei ör Vertrag **62** 42 ff.
Öffentlich-rechtlicher Vertrag 54–**62**, s. Vertrag (öffentlich-rechtlicher)
Offizialmaxime 22 2 f., 6 ff., **24** 12
ÖPP 54 43 ff., s. auch PPP
Opportunitätsprinzip 2 2
Optimierungsgebot 74 67
Ordensrecht 1 199
Ordensverleihung 2 20
Ordnung in der mündlichen Verhandlung **68** 26 ff.
Ordnungswidrigkeiten 2 73 ff.; bei ehrenamtlicher Tätigkeit **87** 1 ff.
ordre public und DDR **43** 254
Organisationsakt, -verfügung 1 147, 158 f., **35** 300 ff., 324; Bekanntgabe **41** 153; sofortige Vollziehung **35** 274; Zeichnungsrecht **35** 55
Organisationsermessen 71 b 3, 6 ff., 15 ff.
Organisationsprivatisierung 1 124 ff.
Organisationsrecht E 25, 1 105, 128, 175, 200 ff., 236, 239 f., 243, **10** 13, **35** 185 ff., 191 ff., 300 ff.; Einordnung der Angestellten und Arbeiter des öffentlichen Dienstes **35** 129, 130, 195; Grundsatz der Selbstorganschaft **35** 59; Privatisierung **1** 124 f.; Vertretung der Behörde **35** 53 ff.; und VA-Befugnis **35** 29; s. auch Verwaltungsorganisation
Organisationsverschulden bei Wiedereinsetzung in den vorigen Stand **32** 20, 21, 28, 29
Organleihe 4 39, **37** 9

Organstreitigkeit 35 191 ff.
Organwalter 35 53 ff.
Örtliche Tageszeitung s. Tageszeitung
ortsübliche Bekanntmachung im Planfeststellungsverfahren **74** 211; s. auch Bekanntgabe, öffentliche
Österreich E 9; Amtshilfevertrag **1** 172, **4** 23, 48

Pächter, Belange des **74** 98 ff.
Parallele Verwaltungsverfahren 63 23 f.
Paraphe 22 31, **37** 103
Parlamentarische Anfrage 1 190
Parlamentarische Rüge 1 175
Parlamentsakte 1 175
Parlamentsausschuss 1 176 f., 185, 249, **2** 37, 111
Parlamentsbeteiligungsgesetz 1 174
Parlamentspräsident 1 185
Parlamentsverwaltung 1 184
Parlamentsvorbehalt 44 50
Parteien, politische **11** 22
Parteienfinanzierung 22 46
Parteigutachten, Kosten **26** 86, **80** 67 ff.
Parteiöffentlichkeit 26 69, 80; im förmlichen VwVf **68** 4 ff.
Partielle Geschäftsfähigkeit 12 10 ff.
Passivlegitimation bei Handeln einer örtlich unzuständigen Behörde **46** 41
Passivlegitimierte Behörde bei Amtshilfe **6** 1 ff.
Patentamt Deutsches 23 15
Patentanwalt als Bevollmächtigter **14** 34
Patentanwaltskammer 2 119
Patientenakten 29 74, 75
Personalakte 29 43
Personalrat 1 245, 251, **11** 22, **45** 70, 94; Kirche **2** 42
Personen, ausgeschlossene **44** 178 f., 181, 187
Personenbeförderungsrecht, Genehmigungsverfahren als förmliches VwVf i. w. S. **63** 17
Personenbezogene Daten und Amtshilfe **5** 3 ff., 14 ff.
Personengesellschaft, bestimmte Bezeichnung **37** 16
Personenmehrheit, Bekanntgabe **37** 23 f., **41** 22, 75 ff.; Bestimmtheit **37** 23 f., 30, **41** 80 f.; Vollmacht **41** 77, 80; Zustellung **41** 211
Persönliche Anwesenheit bei Antrag zur Niederschrift **64** 12
Petition, Begründung **1** 177; Bescheid **1** 177; an Gemeinderat **1** 181
Petitionsausschuss 2 16
Pflegeeltern 20 65
Pflegekinder 20 65
Pflegesatzvereinbarung 1 111
Pflegschaft 12 24
Pflichtaufgaben der öffentlichen Verwaltung **1** 129
Plan als Antrag **73** 15; Begründung **39** 72; durch Gemeinschaftsorgane **35** 352; als Handlungsform **35** 263; Maßstab **37** 36; Nebenbestimmungen **36** 140 ff.; Zusicherung **38** 88
Planänderung 76 1 ff.; nach Planauslegung **76** 3; nach Planfeststellung **76** 2; im PlfV **73** 134 ff.; vereinfachtes Verfahren **76** 25 ff.
Planänderungsverfahren 76 10 ff.
Planaufstellung und PlfV **72** 68
Planauslegung, erneute **73** 61, 135; im PlfV **73** 45 ff.
Planbefolgungsanspruch 74 23 ff.
Planergänzung 75 46 ff., 91 f.
Planergänzungsbeschluss, Entscheidungsvorbehalt **74** 203
Planerhaltung 35 264
Planerische Gestaltungsfreiheit 74 26 ff.
Planfeststellung, Aufgabe des Vorhabens **77** 5 ff.; Begriff **72** 48; Entfallen von **74** 256 ff.; gemeinnützige **72** 28 ff.; historische Entwicklung **72** 12 ff.; privatnützige **72** 28 ff.; Problembewältigung **72** 51 ff.; unwesentliche Bedeutung **74** 261 ff.
Planfeststellungsbehörde 74 4 ff.
Planfeststellungsbeschluss als AllgV **74** 19; Aufhebung **77** 1 ff.; Ausgleichswirkung **75** 63 ff.; Außerkrafttreten **75** 93 ff.; Begründung **74** 158 ff.; Bekanntgabe **74** 205 ff.; Duldungswirkung **75** 58 ff.; Ersetzung durch Maßnahmegesetz **9** 95; Genehmigungswirkung **75** 6 f.; Gestaltungswirkung **75** 20 ff.; Inhalt **74** 154 ff.; Nebenbestimmungen **36** 140 ff.; Rechtsschutz **74** 265 ff.; Rücknahme **72** 113 ff.; als VA **35** 264, 270, **74** 17 ff.; Zusicherung **38** 88; Zustellung **74** 206 ff.
Planfeststellungsverfahren, Anordnung eines – **72** 72 ff.; Anwendbarkeit der Vorschriften **72** 27; als besondere Verfahrensart **72** 1; Gesetzgebungskompetenz **72** 57 ff.; landesrechtliche Plf **100** 1 ff.; und Raumordnung **72** 64 ff.
Plangenehmigung 74 222 ff.; enteignungsrechtliche Vorwirkung **75** 34
Plangewährleistungsanspruch 74 23 ff.
Planrechtfertigung 74 33 ff., **75** 29; Bedarfsfeststellung **74** 40 ff.; und enteignungsrechtliche Vorwirkung **74** 34; bei privatnütziger Planfeststellung **74** 53
Planungs- und Linienführungsbestimmung, kein förmliches VwVf i. w. S. **63** 19
Planungsalternativen in der Abwägung **74** 125 ff.
Planungsentscheidung im PlfV **72** 9 ff.
Planungsermessen 35 263 ff., **40** 42, 49, **46** 62, 73
Planungshoheit der Gemeinde **74** 106 ff.
Planungsleitsätze 74 130 ff.
Planungsvereinfachungsgesetz 72 19
Planunterlagen, Auslegung **73** 60 ff.; im PlfV **73** 18 ff.
Planvarianten s. Planungsalternativen
Polizei 2 115; Streifentätigkeit **1** 149; s. auch Gefahrenabwehr
Polizeiverwaltung 2 114
Popularantrag 13 15, **22** 63
Positive Vertragsverletzung 62 56 ff.
Post 1 264, **2** 8, 142 ff.; Beamte **1** 126; Begriff bei Bekanntgabe **41** 112 ff., 130; Begriff bei Zustellung **41** 112 ff., 130, 208; Benutzungsverhältnis **1** 111; Privatisierung **1** 111, 123, **41** 112 ff., 130, 208; Regulierung **1** 130; s. auch Deutsche Bundespost
Postbank 2 26, 142 ff.
Postdienst 2 26, 142 ff.
Postrecht 35 8; Einschreibenbegriff **41** 214; Handlungsformen **35** 288; Postlaufzeiten **41** 130; Universaldienstleistung **35** 288; Universaldienstleistungsverpflichtung **41** 130; s. a. Regulierung
Postreform 2 142 ff.
Postwesen 2 8, 142 ff.
Postzustellungsurkunde, Beweiskraft **26** 88
Potestativbedingung 36 76, 78
PPP 1 278 ff.; **54** 43 ff.
Präklusion 26 54, **43** 181; abwägungserhebliche Belange **74** 63; Begrenze – für Behördenvorbringen im Beschleunigten Genehmigungsverfahren **71 d** 29 ff.; Behördenpräklusion **73** 40 ff.;

Sachregister

Fette Zahlen: §§ des VwVfG

von Einwendungen **73** 87ff.; formelle **26** 54; materielle **26** 54; Wiedereinsetzung in den vorigen Stand **32** 46
Präklusionsfrist 31 8; Europarecht **31** 58
Praktikabilität 9 79
Präventiv-polizeiliche Maßnahmen 2 112
Presse 1 146, **2** 109; Informationsanspruch der – **30** 19, **68** 12 f.; Staatsanwaltschaft **1** 110
Preußen E 2
Primäres Gemeinschaftsrecht s. Europarecht
Private Gesellschaft 1 254
Private Stelle 1 256 ff.
Privatgutachten 24 50, **26** 70; s. auch Sachverständigengutachten
Privatisierung 1 116, 121 ff., 263; Bahn **1** 123; Beamte **1** 126; Begriff **1** 122; formelle (Organisationsprivatisierung) **1** 124 ff.; funktionale **1** 134 ff., **35** 60; Gebühren **1** 125; Grenzen **1** 122; materielle (Aufgabenprivatisierung) **1** 129 ff.; Post s. dort; Privatisierungsgebot **1** 131; Regulierung **1** 130; Telekommunikation **1** 123; durch Treuhand **1** 107, **35** 127; Verfahrensprivatisierung **1** 41, 121; Vermögensprivatisierung **1** 133
Privatisierung öffentlicher Unternehmen Empfehlung des Europarats **Dritter Teil B II** Nr. 15
Privatrecht, privatrechtlich 1 83 ff.; Abgrenzung zum öffentlichen Recht s. dort; Flucht in das – **1** 104; Regelung durch VA **35** 105; Vertretung der Behörde **35** 53 ff.; und VA **35** 209 ff.; Zusage **38** 8
Privatsphäre 1 107
Problembewältigung in der Planfeststellung **78** 1
Produktzulassung 35 290 ff., 358 ff., 361
Prognose 24 21, **75** 70
Prognoseentscheidung 40 198 ff.
Projektgruppe 1 250
Protokoll bei Ausschüssen **93** 1 ff.; s. ferner Niederschrift und Schriftform
Protokollierung, gerichtliche **37** 60
Prozessrechtsverhältnis 9 9
Prozessvergleich 55 7
Prozesszinsen bei ör Vertrag **62** 34
Prüfung 26 21; Ausschuss **1** 252; Begriff **2** 127 f.; Beurteilungsermächtigung **40** 177 ff.; Chancengleichheit **40** 171; Kontrolle durch Widerspruchsbehörde **40** 231; Kontrollumfang **40** 171, 220 ff.; Nachkorrektur **39** 109; Protokollierung **24** 2; Rechtsnatur der Benotung **35** 205, **39** 34; Rechtsnatur von Entscheidungen im Prüfungsverfahren **35** 204; Schulleistung **2** 127
Prüfungsähnliche Entscheidungen, Beurteilungsermächtigung **40** 183 ff.
Prüfungsentscheidung, Begründung s. dort; Beurteilungsspielraum **40** 171, 177 ff., 224 ff.; nachträgliche Begründung **45** 142
Prüfungsordnung 2 123
Prüfungsrecht 2 123, **9** 35 f.; Anforderung an Verfahren **2** 131 ff.; Chancengleichheit **2** 131, 134; Fairness **9** 35; fehlende Unterlagen **2** 133; förmliche VwVf i. w. S. **63** 15, 30; mündliche Prüfung **2** 136; Protokollierung **2** 131; Übermaßverbot **9** 35; Verbot von Vertrag im – **54** 105 ff.
Prüfungstätigkeit, Amtssprache **23** 14
Pseudonym 3 a 38; Bestimmtheit **37** 11
Public Private Partnership 1 278 ff.; **54** 43 ff.
Publikumsverkehr 24 84, **41** 181

Qualifizierter Rechtsverstoß bei ör Vertrag **59** 49 ff.
Querulant 24 48, 80

Quotenregelung, Frauenquote **40** 110

Radbruchsche Formel E 5
Rahmengenehmigung 35 240 ff., 257
Randnutzung s. fiskalisches Handeln
Rasterfahndung im Steuerrecht **24** 31
Rauchverbot für mündliche Verhandlung **68** 28
Raumordnung und PlfV **72** 64 ff.
Raumordnungsplan 35 265
Realakt(-handlung) 1 90, 98, 148 f.; Abgrenzung zum VA **35** 82, 91; und „administrative act" **35** 344; Begründungspflicht **39** 24, 123; Bestätigung **37** 93; Nebenbestimmungen **36** 18; Rechtsnatur der Entscheidung über Vornahme **35** 99 ff.; in VA-Form **35** 16 ff.; Verwaltungsverfahren vor **35** 44; Zusage **38** 11, 47; s. auch schlichtes Verwaltungshandeln, schlicht-hoheitliches Verwaltungshandeln
Rechenzentrum 1 250; und Amtshilfe **4** 27, **5** 8
Rechnungshof 1 179
Rechte anderer bei der Plangenehmigung **74** 227 ff.
Rechtliches Gehör im förmlichen VwVf **66**; Heilung fehlenden – im EG-Recht **45** 165 f.
Rechtliches Interesse bei Hinzuziehung **13** 31 ff.
Rechtsakt, rechtswidriger – **45** 6
Rechtsanschauung, geläuterte **44** 86
Rechtsanwalt als Bevollmächtigter **80** 61, 78; in eigener Sache **80** 61, 84
Rechtsanwaltskammer 1 246, **2** 120 f.
Rechtsbehelf, förmlicher **79** 22 ff.; Frist **41** 229 f., 245; Überleitung **96** 4 ff.; Verfahren **E** 58; s. bei Rücknahme, Widerruf
Rechtsbehelfsbelehrung 25 2, 9, 48, **37** 116 ff., **79** 28; als allgemeiner Rechtsgrundsatz **37** 118; Amtssprache **32** 22; Bekanntgabe **41** 16; bei Berichtigung **42** 41; bei Bestätigung **37** 76; Bundesbehörden **37** 117; elektronische Form **37** 128; Europarecht **37** 118, 139 ff.; Fachrecht **37** 117; Fehlerfolgen **37** 119; Frist **31** 60; Inhalt **37** 120; Landesbehörden **37** 117; bei mündlichen VA **37** 76; Muster **37** 120; Nachholung **42** 12; öffentliche Bekanntgabe **41** 192 f.; Sprache **37** 118
Rechtsbehelfsverfahren, Rücknahme im – **50**; Widerruf im – **50**
Rechtsberatungsgesetz 2 118
Rechtsbereinigung E 62 ff., **1** 269 f.
Rechtschreibreform, Amtssprache **23** 25
Rechtseinheit s. Verfahrensvereinheitlichung und Verlustliste der –
Rechtsetzung 1 174, 204; Privater **44** 78; durch Verwaltung **1** 161, 182, **9** 2
Rechtsetzungsformen kein numerus clausus **44** 78
Rechtsfähigkeit, Kölner Dom **2** 42
Rechtsgeschäfte, Ergänzende Anwendung der Vorschriften über – auf ör Vertrag **62** 26 ff.
Rechtsgrundsätze allgemeine s. dort
Rechtshilfe 4 38; für das Ausland **2** 82 ff., 117; im förmlichen VwVf **65** 31 ff.; bei Ahndung von Ordnungswidrigkeiten **2** 87; in Strafsachen **2** 86; in Zivilsachen **2** 88
Rechtskraft, Bindung **43** 93; formelle **43** 21; materielle **43** 45, 96, 107
Rechtsmissbrauch und Ermessensentscheidung **46** 74
Rechtsnachfolge, Erledigung des VA durch – **43** 211; beim ör Vertrag **54** 57 ff.; in VA **35** 260 ff.
Rechtsnachfolger 9 206, **47** 36; Bekanntgabe **41**

magere Zahlen: Randnummern; E: Einleitung

Sachregister

24; bestimmte Bezeichnung 37 18
Rechtsnorm, Abgrenzung zur AllgV 35 208, 280, 282 ff.; Abgrenzung zum VA 35 18; Inkraftsetzung durch VA 35 299; Konkretisierung durch AllgV 35 306 f.; und relativer VA 35 23 f.; sui generis 35 281, 305, 306 f.
Rechtsobjekt 9 17
Rechtspflege 1 202 ff.
Rechtspfleger 1 202
Rechtsprechung 1 201
Rechtsschutz 9 51; im kirchlichen Bereich 2 40; bei Prüfungen 2 132
Rechtsschutzinteresse 9 153; bei Nebenbestimmungen 36 31
Rechtssicherheit und Bestandskraft 43 9 ff., 18; Verjährung 53 5; durch VA 35 31 ff.
Rechtsstaat E 89; rechtsstaatliches VwVf E 4, 1 40 ff.; s. auch Europarecht
Rechtsstaatsgebot 9 75
Rechtsstaatsprinzip 2 132, 9 75; Anhörung 66
Rechtssubjekt 9 17
Rechtsträger 1 239, 242
Rechtsverhältnis 1 87, 89, 99, 9 114, 10 5, 22 4; Hauptpflicht 9 30; mehrpoliges, Bekanntgabe 41 229 f.; Nebenpflicht 9 30 ff.; Verfahrensrechtsverhältnis 9 5 ff., 41 106 f.; beim ör Vertrag 54 82 ff.; und VA 35 5, 142; s. auch Verwaltungsrechtsverhältnis
Rechtsverhältnistheorie 1 101
Rechtsverordnung 1 162 f.; Abgrenzung zum VA 35 18, 208; Abgrenzung zur AllgV 35 280; Begründung 39 25; Umdeutung 47 26
Rechtsverstoß durch Verfahrensfehler 46 2
Rechtsverstoß, qualifizierter bei ör Vertrag 59 49 ff.
Rechtsvorschrift, Begriff 1 206 ff.; entgegenstehende 1 206 ff.; – beim ör Vertrag 54 12, 90 ff.
Rechtsweg 1 89; für Entschädigung bei Widerruf 49 124, 131; bei ör Vertrag 54 164 ff.
Rechtswegfragen bei ör Vertrag 62 61
Rechtswidrigkeit, des Verhaltens der Behörde 45 5; eines Rechtsaktes 45 6; Kenntnis der Rechtswidrigkeit bei ör Vertrag 59 30 ff.; im Strafrecht 44 13; im Verwaltungsrecht 44 12 f.
Rechtswidrigkeit des VA 44 1, 12 ff.; absoluter Verfahrensfehler 45 119 ff.; und Aufhebungsausschluss 46 21; Aufrechnung 44 37 ff.; Bedeutung fehlerhafter Begründung 44 15; Begriff 44 12; Bezugspunkt 44 14; bei fehlender Heilung des Verfahrensfehlers 45 24; Feststellung der – 46 11; Folgen von Willensmängeln 44 93; und Gesetzmäßigkeit der Verwaltung 44 43 ff.; maßgeblicher Zeitpunkt 44 16 ff., 198; materielle Beweislast 48 59; Bedeutung von Nebenbestimmungen für 36 21 ff.; rückwirkende – bei Aufrechnung 44 408; teilweise s. Teilbarkeit, Teilrechtswidrigkeit; Umdeutung 47 29 f., 48 58; unwesentliche Verfahrensfehler 45 6 ff., 46 1; ursprüngliche Rechtswidrigkeit 48 53 ff.; wegen Verfahrensfehler 45 6 ff., 46 1; wegen Verstoß gegen EG-Recht 44 94; wegen Verstoß gegen Verwaltungsvorschriften 48 52; wesentliche Verfahrensfehler 45 116 ff.
Redezeitbegrenzung in mündlicher Verhandlung 68 24
Referat 1 250
reformatio in peius 44 176, 48 68 ff., 79 3, 41; bei Wiederaufgreifen 51 42 ff.
Reformdruck 9 172
Regelbeschleunigung im Beschleunigten Genehmigungsverfahren 71 b 4 ff.
Regelung bei VA 35 22, 93 ff., 133, 141 ff., 205; privatrechtlicher Verbände 44 77
Regelwerk technisches s. technisches Regelwerk
Regierungsakt s. Regierungstätigkeit
Regierungsorgan 1 145
Regierungstätigkeit 1 167, 169, 186 ff., 197 f., 35 212, 301, 39 25
Regionalsprachen Dritter Teil B II Nr. 6
Registereintragung 35 87 f.
Regulierung 35 8, 266, 288, 296 f.
Regulierungsaufgabe, Regulierungsbehörde 1 130
Reichsabgabenordnung E 3
Reichsversicherungsordnung E 3
Religionsgemeinschaft, Religionsgesellschaft 2 30 ff.; Begriff 2 46; s. auch Kirche
Religiöses Bekenntnis 2 47
Remonstration 44 86
res sacra 2 41
Resolutionen des Europarats zum VwVf **Dritter Teil** B II
Revisibilität vom Verfahrensrecht der Länder 1 288 f.
Revision 2 71
Rheinland-Pfalz, VwVfG des Landes – **Dritter Teil** A
Richterdienstrecht 2 90, 117
Richterrecht 1 217
Richterwahlausschuss 1 185; Beurteilungsermächtigung bei Eignungsentscheidung 40 189
Richtlinie, antizipiertes Sachverständigengutachten 44 79, 81; normkonkretisierende 40 156, 216 ff., 44 80 ff., auch 1 214, 26 32; als technisches Regelwerk 26 34, 44, 77 f.; s. auch Europarecht
Richtwert 26 34 ff.
Risikoübernahme beim ör Vertrag 60 21 ff.
Rotes Kreuz 1 268
Rückabwicklung bei nichtigem ör Vertrag 59 9 ff., 65 ff., 62 42 ff.
Rückabwicklungsanspruch 1 98
Rückbauverpflichtung 36 106
Rückgabe von Urkunden und Sachen kein allgemeiner Rechtsgrundsatz 52 10 f.; Anspruch auf Wiederaushändigung 52 40 ff.; Gegenstände 52 31 ff.; Grundgedanke der Regelung 52 1 f.; Herausgabepflichtige 52 36 ff.; Rückforderungsermächtigung 52 24 ff.; Rückforderungsvoraussetzungen 52 12 ff.; Sonderregelungen 52 3 ff.; bei unwirksamem VA 52; Voraussetzungen 52 12 ff.; bei Vorverfahren 52 51
Rücknahme 9 199, 220; eines Antrags 22 66 ff.; Zusicherung 38 90 ff., 95
Rücknahme eines VA, Abgrenzung zur Abhilfe 79 3; abschließende Regelung 36 10; Abwägung 48 135 ff.; Adressat der Begünstigung i. S. des Abs. 2 48 122; bei AllgV 35 272; Amtspflicht zur 48 91; Änderung der Sach- und Rechtslage 48 53 ff.; Anfechtbarkeit 48 61 f.; Anhörung 48 74; aus Anlass des Widerspruchs 48 63 ff., 76; Anspruch auf – 46 10; Anspruchsberechtigter beim Vermögensausgleich 48 190; Anspruchsgegner des Vermögensausgleichs 48 190; Arglist 48 152; Aufhebung, Oberbegriff 48 14; Aufhebung von Nebenstimmungen als 36 41 ff.; Aufsichtsbehörde 48 64; ausdrückliche Aufhebung 48 101; Ausgleichsanspruch 48 174; Ausschluss des Anspruchs auf – 46 10 ff.; Ausschluss des Vertrauensschutzes 48 148 ff.; Ausschluss, Umdeutung 47 53 f.; Beachtung des Verhältnismäßigkeitsgrundsatzes 48 88; Bearbeitungsfrist 48 230; Begriff 43 197; Begründung 48 51, 83, 87; begünstigende VAe 48 110 ff., 115 ff.; Beifügung von Nebenbe-

Sachregister

Fette Zahlen: §§ des VwVfG

stimmungen **48** 103; belastende VAe **48** 42 ff.; im Bereich staatlicher Parteienfinanzierung **48** 86; im besonderen öffentlichen Interesse **46** 14; Bestandsschutz **48** 17, 179; Beweislast **48** 59 f., 234; bisheriges Recht **48** 16; Bodenverkehrsgenehmigung **48** 93; Durchsetzung des Anspruchs auf – **46** 16; und EG-Recht **48** 19 ff., 95 ff., 165 ff., 235 ff., 261; Einschränkungen des Ermessens **48** 79 ff.; enteignende Wirkung **48** 189; Entscheidungsfrist **48** 230; Entschließungsermessen **48** 74; Erledigung des Vorverfahrens **48** 63; Ermessen **48** 28 ff.; Ermessen der Behörde **46** 12; Ermessen und EG-Recht **48** 95 ff.; Ermessensentscheidung **48** 77 ff.; Ermessensfehlgebrauch **48** 186; Ermessensrahmen aus Abs. 2 bis **4 48** 81 ff., 110 ff., 183 ff.; Ermessensschrumpfung **48** 85; Ermessensvorgaben durch Fachrecht **48** 86; „Erwirken" (Abs. 2 Nr. 1) **48** 150 f.; Fahrlässigkeit, grobe **48** 161; wegen fehlerhafter Nebenbestimmung **36** 22 ff.; 128; bei fingiertem VA **35** 67 f.; fiskalische Gesichtspunkte **48** 139, 185 f.; Folgenbeseitigungsanspruch **48** 189; Fortentwicklung des Rechts **48** 16 ff.; Frist für Ausgleichsanspruch **48** 198; bei Geld- und Sachleistungs-VAen **48** 127 ff., 161; Gewährung teilbarer Sachleistungen **48** 127 ff.; Gewährung unteilbarer Sachleistungen **48** 130; grobe Fahrlässigkeit **48** 161; Grundtatbestand des Abs. 2 S. **1 48** 135 ff.; nach Heilung von Form- oder Verfahrensfehlern **45** 23, **48** 56; Hemmung bei Rücknahmefrist **48** 206; intendiertes Ermessen **48** 85; Jahresfrist (Abs. 4) **48** 199 ff.; Jahresfrist und EG-Recht **31** 58, **48** 235 ff.; Kenntnis der Aufsichtsbehörde **48** 216; Kenntnis der Behörde **48** 213; Kenntnis der zuständigen Behörde **48** 217; Kenntnis des Vertreters **48** 164; KettenVA **48** 245; konkludente **35** 78, **48** 244; nach Landesrecht **48** 262; wegen mangelnder Mitwirkung einer Behörde **46** 14; MischVA **48** 120; mitwirkungsbedürftiger VA **48** 102; Nachschieben von Gründen **48** 205; nachträgliche Beifügung von Nebenbestimmungen als **36** 41 ff.; nichtiger VA **48** 57; des PlfBeschlusses **72** 113 ff.; rechtlich erheblicher Vorteil **48** 115 ff.; im Rechtsbehelfsverfahren **48** 50; bei rechtsgestaltenden VAen **48** 92; Rechtsmittelverfahren **48** 61 ff.; Rechtswidrigkeit des VA **48** 49 ff.; Rücknahme der Rücknahme **22** 73, **48** 249; Rücknahme von Nebenbestimmungen **48** 103; Rücknahmeentscheidung **48** 135 ff.; rücknahmerechtfertigende Tatsache **48** 218 ff.; Saldierungstheorie **48** 76; Schutzwürdigkeit bei Leistungsverbrauch **48** 141 ff.; Schutzwürdigkeit bei Vermögensdisposition **48** 143; selbständiges VwVf **48** 253; bei sonstigen begünstigenden VAen **48** 175 ff., 197 f., spezialgesetzliche Regelungen **48** 2 ff.; Subsumtionsirrtum **48** 223; Tatsachenbegriff **48** 221 ff.; Teilbarkeit **48** 100; Teilbarkeit der Rechtswidrigkeit **48** 56; Überleitung **96** 7; Umdeutung **48** 50, 58; Umdeutung in – **47** 19 ff., 34, 44, 51, 55; Umfang **48** 100 ff.; Umfang bei begünstigenden VAen **48** 106 ff.; Umfang bei belastenden VAen **48** 105; Unanfechtbarkeit **48** 62, 90, 260, 264; unrichtige Angaben **48** 154 ff.; unrichtige Beratung durch Behörde **48** 157; aus Verfahrensgründen **46** 13; Verhältnis zu Widerruf **48** 2 ff.; Verhältnismäßigkeitsgrundsatz **48** 181; Vermögensausgleich **48** 187 ff.; Vermögensausgleich, Festsetzungsbescheid **48** 197; Vermögensschutz **48** 17, 179; bei Verstoß gegen grundrechtsschützende Verfahrensvorschrift **46** 14; Vertrauensschutz **48** 28 ff., 112, 135 ff., 265; Vertrauensschutz (Abs. 3) **48** 177 ff.; Vertrauensschutz für Behörden **48** 137; Vertreter **48** 151, 164; bei VA mit Dauerwirkung **35** 223; bei VA mit Drittwirkung **48** 62, **50** 7 ff., 8 ff.; Verwaltungsverfahren bei – **48** 253; Verwirkung des Rücknahmerechts **48** 94; Verzicht auf Rücknahme **48** 94; vor Erlass des VwVfG **48** 30 f.; Voraussetzungen bei Rechtsbehelfsverfahren **50** 56 ff.; im Vorverfahren **48** 263 ff.; Weisung zur Rücknahme **48** 64, 268; Widerruf der Rücknahme **48** 249; bei Widerspruchsvorbehalt **36** 81; bei Widerspruchsbescheid **48** 263 ff.; im Widerspruchsverfahren **48** 63 ff., **79** 3; und Wiederaufgreifen **51** 142 ff.; Wirksamkeit **43** 199; Wirkung ex nunc **48** 107; Wirkung ex tunc **48** 107, 165; zeitliche Wirkung **48** 104 ff., 147, 165; Zeitpunkt der Kenntnis (Abs. 2 Nr. 1) **48** 159; Zukunftswirksamkeit **48** 104, 147; Zuständigkeit **48** 254 ff.

Rücksichtnahme, Gebot der – **50** 27
Rücktritt vom ör Vertrag **62** 33, 38
Rückwirkung von Gesetzen **44** 22 ff.; des § 53 **102** 7; der Unwirksamkeit **49** a 2
Rundfunk 2 30; Anstalten **1** 107; Gebührenbefreiung **2** 32
Rundfunkanstalten, Anwendung des VwVfG auf – **2** 21 ff.
Rundfunkstaatsverträge 2 21 ff.
Rundschreiben als AllgV **35** 279

Saarland, VwVfG des Landes – **Dritter Teil A**
Saatgutverkehrsgesetz, förmliche VwVf i. e. S. **63** 42–43
Sache 35 310 ff.
Sachen und Beteiligungsfähigkeit **11** 13
Sachenrecht, öffentliches **35** 122a, 131 ff., 310 ff., 317 ff.
Sachentscheidung 9 196; Anfechtung wegen Verfahrensfehlers **46** 4
Sachentscheidungsinteresse 9 153, **24** 73 f., **35** 190
Sachentscheidungskompetenz 9 146 ff., **43** 62, 66; bei umweltrelevanten Vorhaben **43** 67
Sachentscheidungsvoraussetzung 9 138 ff.; Beteiligtenfähigkeit als – **11** 1
Sachkompetenz 9 146 ff.
Sachkunde, eigene **26** 7, 69
Sachkundige Person als Vertreter in Massenverfahren **18** 9
Sachlicher Zusammenhang von Leistung und Gegenleistung beim Austauschvertrag **56** 49 ff.
Sachlichkeit 9 62
Sachsen, VwVfG des Landes – **Dritter Teil A**
Sachsen-Anhalt, VwVfG des Landes – **Dritter Teil A**
Sachverhaltsermittlung 1 265, **9** 22, 44, 134 ff., **10** 5, 28, **22** 29, 46, **24** 1, 23 ff., **46** 66 ff.; und Amtshilfe **24** 23; Anlass **24** 25; Art und Umfang **24** 4 ff.; und Beschleunigungsgebot **24** 36; Folgen mangelnder – **24** 58 ff.; gerichtliche Kontrolle **24** 18, 24; während eines Gerichtsverfahrens **24** 65; Heranziehung der Beteiligten **24** 42; durch Planfeststellungsbehörde **72** 92; sich aufdrängende Umstände **24** 20, 26, 49; und unsubstantiierter Vortrag **24** 29, 48; Vereitelung der – **24** 29; zuständige Behörde **24** 23
Sachverhaltsermittlungspflicht, Verletzung **1** 119
Sachverständigengutachten 26 78, **46** 66; antizipiertes **40** 217, **44** 79, 81; Einsichtsrecht in – **66** 14 ff.; Erforderlichkeit eines Obergutachtens **26**

79; mündliche Erläuterung 26 40; Privatgutachten 26 70, Aufforderung zur Vorlage 24 50; Verwertung im Prozess 26 85; Würdigung eines – 24 17; s. auch Gutachten
Sachverständiger 1 259, 26 66 ff.; Abgrenzung zum Zeugen 26 72; Ablehnung 26 69, 65 17 ff.; Befangenheit 26 84; im förmlichen VwVf 65 5 ff., 12 ff.; Kosten 24 50, 26 25; Vergütung 26 86 f.; Verschwiegenheitspflicht 25 27
Sachverständiger Zeuge 26 72; im förmlichen VwVf 65 15
Sachwaltertheorie 1 101
Sachzusammenhangstheorie 1 102
Saldierungstheorie 48 76; beim ör Vertrag 62 43
Sammeleinwendungen 17 10
Sammelverwaltungsakt 35 277 ff.
Satzung E 27; Abgrenzung zum VA 35 18, 208; Abgrenzung zur AllgV 35 280; Begründung 39 25; als Ermächtigung 44 69; Genehmigung 1 182; Heilung von Verfahrensfehlern 46 33; Umdeutung 47 26
Schalterakte 35 89
Schätzung 24 38
Scheinverwaltungsakt 35 62, 336, 44 3 f.
Schengen-Visum 35 359
Schiedsgutachten 62 36 ff.
Schiedsgutachtervertrag 54 165
Schikaneverbot bei ör Vertrag 62 22
Schlanker Staat 1 5, 121, 280
Schleswig-Holstein E 31; VwVfG des Landes – Dritter Teil A
Schlichtes Verwaltungshandeln 1 274, 2 109, 54 40 ff.; s. Realakt, schlicht hoheitlich
Schlicht-hoheitliches Verwaltungshandeln 1 98, 144 ff., 256, 2 109, 9 4; Abwehranspruch 1 145 f.; s. auch Realakt
Schlüsselzeichen 37 134 ff.; Begriff 37 134
Schlusspunkttheorie 9 152
Schornsteinfeger 1 264
Schrift, nicht mehr gebräuchliche 23 73; schwer lesbare 23 73
Schriftform 3 a 17, 22 31 ff., 37 57 ff.; Andeutung 38 56; Anforderungen 37 94 ff.; des Antrags 35 235; des Antrags im förmlichen VwVf 64 10; Anwendungsbereich 57 5 ff.; automatisierter VA 37 133 ff.; Beglaubigung s. dort; Bekanntgabe 41 65; Blindenschrift 37 57; Datum 37 98; Definition 37 57 f.; Elektronische Form 57 17 a; elektronische Form als – 37 58, 38 60; Faksimile 37 105; Fehlerfolgen 37 55, 106; Festsetzung des Erstattungsanspruchs 49 a 39; Form- und Vertretungserfordernisse 57 23 f.; Fotokopie 37 61, 105, s. dort; Funktionen 37 55; Gebot 37 49; gerichtliche Protokollierung 37 60, 38 59; Modifikation des Begriffs durch § 3 a 3 a 46 f.; Nichtigkeit bei Verstoß gegen – 44 135; Rechtsfolgen formnichtiger Verträge 57 25 ff.; Telefax 37 59, 62 f., 105, 41 82 ff.; Textform 22 33; der Umdeutung 47 17; Unterschied zu Anforderungen an Schriftform 37 46; Unterschrift s. dort; Urkundeneinheit 57 19 ff.; Urkundenerfordernis 57 13 ff.; beim ör Vertrag 57; Vollständigkeitsgebot 57 15 ff.; Zusicherung/Zusage 38 37, 54 ff., 116; bei Zustellung 37 107 f.; Zwecke der Schriftform 57 4
Schriftformäquivalenz 3 a 19
Schriftliches Verfahren bei Ausschüssen 90 9 ff.
Schuldanerkenntnis 1 108, 54 120, 62 41
Schuldverhältnis, verwaltungsrechtliches 54 31 ff., 44 ff., 62 33 ff.

Schuldverhältnisse, Ergänzende Anwendung der Vorschriften über – auf ör Vertrag 62 33 ff.
Schuldversprechen 54 120, 62 41
Schule 1 104, 264, 2 35, 51, 124, 137 f., 35 202 ff.; Auflösung 35 300; als Behörde 1 247; Bekenntnisschule 2 31; Einzelbenotung 2 127; Europäische 1 170; Kirche 2 38 f.; Organisation 2 138; Unterricht 2 128, 138
Schutzauflagen bei der Plangenehmigung 74 247
Schutzmaßnahmen, Begriff 74 169; nachträgliche Anordnung 75 63 ff.; im PlfBeschluss 74 164 ff.; Rechtsnatur 74 168; gegen Verkehrslärm 74 178 ff.
Schutznormlehre 40 133 f.; und Verfahrensvorschrift 45 125 ff., 131
Schutzvorkehrungen, Erforderlichkeit 74 171 ff.
Schutzwirkung, Vertrag mit – zugunsten Dritter 54 30, 58
Schwebende Unwirksamkeit bei fehlender Mitwirkung 44 107; beim ör Vertrag 59 11
Schweiz E 9
Schwergewichtstheorie 2 112
Scientology 2 47, 51
Scoping-Verfahren 73 21
SED-Unrechtsbereinigungsgesetz 43 264
Seesicherheits-Untersuchungsgesetz, förmliche VwVf i. e. S. 63 43–44
Seeunfalluntersuchungsgesetz, förmliches VwVf i. w. S. 63 15
Sekte 2 47
Sekundäres Gemeinschaftsrecht s. Europarecht
Selbstablehnung in VwVf 20 6, 53
Selbstanzeige der Befangenheit 20 6, 53
Selbstbelastung 26 53
Selbstbindung der Verwaltung, Abweichungsverbot 43 54; Aufhebung 40 124; im Bereich des Verwaltungsträgers 40 129 f.; bei Beurteilungsermächtigung 40 215 ff.; auf Grund Duldung 40 122 f.; bei Ermessensausübung 40 103 f., 127 ff.; außerhalb des Ermessensbereichs 40 156, 215 ff.; Ermessensschrumpfung 40 125, s. auch dort; im gestuften VwVf 40 121; und Gleichheitssatz 40 104; nur bei rechtmäßigem Verwaltungshandeln 40 117 ff.; Rechtsgrundlage 40 104; und Selbstbindungswirkung des VA 43 135; bei Subventionen 40 126; und Vertrauensschutzprinzip 40 104, 113; auf Grund Verwaltungsvorschriften 40 106, 108 ff., 127 ff., 216 ff.; Voraussetzungen 40 105 ff.; Wirkungen 40 123 ff.; bei Zusicherung 40 121
Selbstbindungswirkung des VA 43 135 f.; Grenzen 43 136; und Selbstbindung der Verwaltung 43 135
Selbstbindungswirkung einer Entscheidung eines Gemeinschaftsorgans 43 153
Selbsteintritt 35 179, 44 175; und Weisung 44 175; Zusicherung 38 62
Selbstverpflichtung 9 182
Selbstverwaltungsrecht der Kommunen 1 131, 9 27
Serienbrief als AllgV 35 279
Servicebetrieb, Behörde als – 13 7
Sicherheitsakten 29 72
Sicherheitsinteressen bei Akteneinsicht 29 63 ff.
Sicherheitsleistung 36 107
Sicherheitsüberprüfung 9 36
Sicherstellungsgesetze 95 1
Signalgesetzgebung 1 270, 10 25
Signatur 3 a 20 ff.; einfache elektronische 3 a 22; fortgeschrittene elektronische 3 a 23; mit Pseu-

Sachregister

Fette Zahlen: §§ des VwVfG

donym **3 a** 38; qualifizierte elektronische **3 a** 24 ff., Funktionsweise **3 a** 31 ff.; qualifizierte elektronische mit Anbieterakkreditierung **3 a** 26 f.
Signaturrichtlinie 34 2; der EU **3 a** 51 ff.; s. auch digitale Signatur
Sittenwidrigkeit und Nichtigkeit des VA **44** 155; s. auch gute Sitten
Sitzungen von Ausschüssen **89** 3 ff.
Smog-Alarm 35 299
Sofortvollzug 35 93 ff., 365; Rechtsnatur **35** 22, **41** 4
„Soll-Vorschrift" 40 26 f.
Sonderbeschleunigung im Beschleunigten Genehmigungsverfahren **71 b** 13 ff.
Sonderrechtstheorie 1 97; **54** 74
Sonn- und Feiertagsruhe 2 31
Sonstiges internationales Recht E 103 f.
Sorben 23 86 ff.
Sortenschutzgesetz, förmliche VwVf i. e. S. **63** 43–44
Sozialgeheimnis 24 31, **30** 3; s. Geheimhaltung
Sozialgesetzbuch X E 50, 57, **2** 54
Sozialhilfe, Sozialhilferecht 9 214, **35** 77, 89, 106, 139, 225, **38** 8
Sozialrechtlicher Herstellungsanspruch 9 41
Sozialstaatsprinzip 9 47; und Ermessen **40** 84
Sozialverwaltung E 50
Spannungsfall 95 3
Sparkasse 35 122, 131; Erlass von VA durch – **35** 51
Sparsamkeit 9 79, **10** 26
Sperrerklärung 2 74, 111
Sperrgrundstück 74 73 f
Spezialvorschriften und VwVfG **1** 157
Spontanhilfe 3 43, **4** 32
Sprache 23; Amtssprache, Verwaltungssprache s. jew. dort; dänische **23** 84; elsässische **23** 27; friesische **23** 27, 84; jiddische **23** 27; praktische Probleme **23** 2; Roma **23** 84; schwyzerdütsch **23** 27; selbständige **23** 27; Sinti **23** 84; sorbische **23** 86 ff.; türkische **23** 84
Sprachmittler 23 55; Verschulden bei Fristberechnung **32** 18
Spruchreife 46 66 ff.
Staatsanwaltschaft 1 202, 1100, **2** 75 ff., 109, 115
Staatsfunktionen, Wandel **1** 121
Staatsgewalt 1 127
Staatshaftung Empfehlung des Europarats **Dritter Teil B II Nr.** 10
Staatswohlklausel bei Akteneinsicht **29** 63 ff.; bei Amtshilfe **5** 23 ff.
Städtebaulicher Vertrag 54 134 ff.
Stadtstaatenklausel 101 1 ff.
Standardmaßnahmen 35 96
Standesbeamter 9 153
Ständige Vertretung bei der DDR 1 169
Stasi-Unterlagen 2 74, **35** 101 f.; -Gesetz **35** 101 f.
Statut öffentlicher Bedienstete Empfehlung des Europarats **Dritter Teil B II Nr.** 17
Stelle s. Behörde
Stellplatzablöse 36 105
Stellplatzersatzvertrag 54 150 ff.
Stendal-Entscheidung 35 18
Sternverfahren 71 d
Steuer 2 56 ff.
Steuerberater als Bevollmächtigter **14** 34
Steuerbescheid, Umdeutung **47** 36
Steuerfahndung 2 77, 111, **24** 31, **26** 22, 37
Steuergeheimnis 24 31, **25** 21, **30** 3, **39** 103; s. auch Geheimhaltung
Steuerrecht 2 53

Stichtagsregelung 2 133
Stiftung, ör **1** 181 ff., 246
Stimmenthaltung bei Ausschüssen s. dort
Störer 24 10, **26** 61
Strafbarkeit, Bedeutung rechtswidriger VAe **44** 13
Straftat 2 73 ff.
Strafverfolgung 2 79, 114
Strafvollstreckung 2 81
Strafvollzug 1 128, **2** 81, 121, **35** 2, 198
Straßenbenennung 35 327
Straßenrecht 35 320 f.
Streitgegenstand, Umdeutung **47** 12
Streitkräfte 1 171
Strohmann 22 64
Studentenschaft 11 22
Stumme Personen, Verständigung mit **23** 70 ff., **37** 75, 92
Subjektionstheorie 1 95
Subjektive öffentliche Rechte auf Abgabe privatrechtlicher Willenserklärungen **35** 106 ff., **38** 8; und Ausschluss des Aufhebungsverlangens **46** 28, 43; nach EG-Recht **40** 144 ff.; auf Grund Ermessensnorm **40** 131 ff., 139 ff.; bei Ermessensschrumpfung **40** 137; aus dem Gleichheitssatz **40** 143; Schutznormlehre s. dort; aus teilweise individualschützenden Ermessensnormen **40** 140 a; Verfahrensrechte **46** 28; aus Verfahrensvorschrift **45** 125 ff., **46** 29; s. auch Anspruch auf ermessensfehlerfreie Entscheidung, DDR
Subjektstheorie 1 97
Submissionssystem 1 135
Subordinationsrechtlicher Vertrag 54 5 ff.
Subordinationstheorie 1 95
Subsidiarität des VwVfG **E** 34, **1** 15, 206 ff.
Subventionen Nebenbestimmung **35** 124
Subventionen, Einschaltung von Kreditinstituten **35** 115 ff.; Nebenbestimmung **36** 138 f.; Rückforderung durch VA **44** 62; Selbstbindung der Verwaltung **40** 126; Vergaberechtsbeachtungsklausel **36** 104; Verwendungsnachweis **36** 103; Vorbehalt des Gesetzes **44** 70 ff.; Zusage von **38** 10 f.; Zusage von **38** 18; Zusicherung von **38** 87, 100; Zweckbestimmung **36** 102; Zweistufentheorie **35** 112 ff.; **54** 47 ff.
Subvenfahren 9 207
Supranationale Behörde 1 93, 170 ff.

TA Lärm 40 217, **44** 81
TA Luft 40 217
Tagesordnung bei Ausschüssen **89** 3 ff.
Tageszeitung im förmlichen VwVf **67** 19; örtliche **41** 160
Tarifvertrag 54 71, 86; Allgemeinverbindlichkeitserklärung **35** 281
Tat, rechtswidrige **44** 151
Tatbestandswirkung 43 105, 154 ff.; Begriff **43** 140, 155; Bindungswirkung **43** 156 ff.; von DDR-VAen **43** 287; im engeren Sinne **43** 154; und materielle Bestandskraft **43** 154
Tatsachen, allgemeinkundige **26** 23; amtskundige **26** 23; anspruchsbegründende – **24** 55; offenkundige **26** 23, **32** 34, 39
Tatsacheninstanz, letzte – **45** 102
Täuschungsversuch bei Prüfung **2** 131
Technischer Überwachungsverein 1 264
Technisches Regelwerk 26 32 ff.; antizipiertes Sachverständigengutachten **44** 79; DIN-Normen **44** 81; im Europarecht **26** 95; rechtliche Qualifikation **26** 32 ff., **44** 77; keine Rechtsnormqualität **44** 77; in Regelung privatrechtlicher Verbände **44** 77; Richtlinie **26** 34, **44** 80 f.; TA Lärm **26** 32 ff.,

magere Zahlen: Randnummern; E: Einleitung

44 81; TA-Luft **26** 32 ff.; Umsetzung von EG-Richtlinien **44** 82; in Verwaltungsvorschrift **26** 34, **44** 77; und Vorbehalt des Gesetzes **44** 77, 82
Teilbarkeit des VA s. bei VA; s. auch Teilnichtigkeit, Teilrechtswidrigkeit
Teil(errichtungs)genehmigung, atomrechtliche **43** 84 ff.; Bindung aus vorläufigem positivem Gesamturteil **43** 84 ff.
Teilgenehmigung 35 240 ff., 251 ff., **43** 76; Bindung aus vorläufigem positiven Gesamturteil **35** 254 f.
Teilnichtigkeit 44 190 ff.; Begründung des VA **44** 195; und Behördenwille **44** 190 ff.; bei Ermessensfehlern **44** 194; objektive Betrachtungsweise **44** 192; Regel bei VAen **44** 190, 194; Teilbarkeit s. dort; verfügender Teil des VA **44** 195; bei ör Vertrag **59** 61 ff.; des VA **44** 190 ff.; bei VA mit Auflage **44** 195; Wesentlichkeit des nichtigen Teils **44** 192 f.
Teilrechtsfähigkeit im VwVf **11** 16 ff.
Teilrechtswidrigkeit eines VA 44 196 ff.; isolierte Aufhebung **44** 197; Teilbarkeit s. dort
Teilregelung 9 93, **10** 8
Telefax 3 a 7, **22** 32 f., **64** 10; Auslegung **41** 86; Bekanntgabe **41** 82e., 108, 113, 124; Frist **31** 11; Schriftform **37** 59, 62 f., **64**, 105, **41** 82 f.; Sendebericht **32** 21; Unterschrift **22** 33; unvollständiger Empfang **41** 84; Vorab-Information **41** 86; Wiedereinsetzung in den vorigen Stand **32** 21, 29; Zugang **22** 51; Zustellung **37** 107 f.
Telefonische Antragstellung 22 41
Telefonüberwachung 2 115
Telegramm 64 10
Telekom 2 26, 142 ff.
Telekommunikation 2 8, 142 ff.; Privatisierung **1** 123; Regulierung **1** 130; Regulierungsbehörde und förmliches VwVf i.w.S. **63** 14; Wiedereinsetzung in den vorigen Stand **32** 21
Telekommunikationsrecht 35 84; Handlungsformen **35** 288; Lizenzversteigerung **35** 288; Regulierungsverfügung **35** 296; s. a. Regulierung
Telekopie 64 10
Termin 32 8; Anfangstermin **36** 71; Begriff **31** 5, 6; behördlich gesetzter **31** 41, 46; Bestimmung **31** 41; Endtermin **36** 71; Verlegung **31** 55; s. auch Frist
Testamentsvollstreckung 41 23; Bekanntgabe bei **37** 22
Textbaustein 37 69, **39** 42
Theologische Fakultät 2 43
Thüringen E 3; VwVfG des Landes – **Dritter Teil A**
Tiere, Beteiligungsfähigkeit **11** 13; als Sachen **35** 310
Tod eines Beteiligten **9** 205, **11** 9
Tonbandaufnahme 26 91
Träger öffentlicher Belange, Benehmen vor Plangenehmigung **74** 241 ff.; Naturschutzverband als – **13** 35; Im PlfV **73** 36
Transeuropäische Netze 72 125 ff.
Transnationaler VA 35 358 ff., **38** 127, **44** 11
Trennung von VwVf **9** 103, 201, **10** 16
Treu und Glauben 53 21; bei Auskünften und Belehrungen **25** 13; Frist **31** 10, 32; bei Fristversäumnis **25** 16; bei ör Vertrag **59** 65 ff., **62** 29
Treuhänderschaft 11 7
TÜV 1 264
Typengenehmigung 35 290 ff.
Typenzulassung als VA **35** 290 ff.
Typisierende Arbeitsweise 24 70
Typisierung 24 38

Sachregister

Über- und Unterordnungsverhältnis 1 89, 95, 104
Übergabe-Einschreiben 41 73, 214
Übergangsregelung des Art. 229 § 6 Abs. 1 S. 1 EGBG **102** 2 ff.; zu § 53 **102** 1 ff.
Überleitung von Verfahren 96; förmliches Verfahren **96** 3; Fristen **96** 5 ff.; intertemporales Verfahrensrecht **96** 1; Kosten des Vorverfahrens **96** 8 f.; Landesrecht **96** 10 f.; Rechtsbehelfe **96** 4 ff.; Rechtswirkungen **96** 2; Rücknahme **96** 7; Widerruf **96** 7
Übermaßverbot 9 37, 50
Übersetzer 23 55
Übersetzung 23 39, 46
Übersetzungsverlangen 23 49 ff.
Umdeutung 47 1 ff.; einer Abhilfeentscheidung **47** 52; keine Absichtswidrigkeit **47** 46 f.; allgemeiner Rechtsgrundsatz **47** 28; in AllgV **47** 26; anfechtbarer VAe **47** 31; Anfechtbarkeit der – **47** 6; Anforderungen an Ergebnis der – **47** 33 ff.; Anhörung **47** 14 f., 58 f.; eines Antrags **22** 49, **24** 74, **47** 3; bei Aufenthaltserlaubnis **45** 54; aufgehobener VAe **47** 25; einer Aufrechnung **47** 25; und aufsichtlichen Bescheides **47** 38, 40; und Auslegung **47** 8; Ausschluss der – **47** 45 ff.; und Ausschluss des Aufhebungsanspruchs **47** 30; einer Bebauungsplangenehmigung **47** 25 f.; von Beitragsbescheiden **47** 19 ff., 24; Berechtigung zur – **47** 10 f.; durch Betroffenen **47** 14; im EG-Recht **47** 22 f.; einer Entlassung **47** 40; als Entscheidungsakt **47** 11; als Erkenntnisakt **47** 11, 14; Erklärung **47** 15; als Ermessensentscheidung **47** 11; einer Ermessensentscheidung **47** 43, 56; in Ermessensentscheidung **47** 42 ff., 55 f.; bei Ermessensschrumpfung **47** 57; durch Erstbehörde **47** 37; europarechtliche Anforderungen **47** 22 f.; ex lege **47** 5; fehlerhafter VAe **47** 1, 3 ff., 25, 29 ff.; Feststellung durch VA **47** 13, 32; Feststellungsklage **47** 12; Form **47** 39; formale Anforderungen **47** 16 ff.; durch Gericht **47** 10 f., 62; von Handlungen Betroffener **47** 27; und Heilung von Verfahrensfehlern **47** 30; in Hinweis **47** 28; identischer Lebenssachverhalt **47** 35; Inhalt **47** 4 ff.; als materielle Rechtsinstitut **47** 1 ff.; einer Mitwirkung **47** 25; eines mündlichen VA **47** 39; und Nachschieben von Gründen **45** 61, **47** 9, 42; nichtiger VAe **47** 226, **47** 31, 54; im öffentlichen Vertragsrecht **47** 3, 25; **54** 34; **59** 2; Personengleichheit des Adressaten **47** 36; praktische Bedeutung **47** 18; im Prozess **47** 12; Rechtmäßigkeit des Ergebnisses der – **47** 41; Rechtsnatur **47** 5 ff.; einer Rechtsverordnung **47** 26; Rechtswidrigkeit des umzudeutenden VA **47** 29 f.; Rücknahme **48** 50, 58; in Rücknahme **47** 19 ff., 34, 44, 51, 55; kein Rücknahmeausschluss **47** 53 f.; einer Satzung **47** 26; Schriftform **47** 17; eines schriftlichen VA **47** 39; eines Steuerbescheides **47** 36; Streitgegenstand **47** 12; Umdeutungsfähigkeit des VA **47** 11; keine ungünstigeren Rechtsfolgen **47** 48 ff.; Unwirksamkeit der – **47** 6; Verfahrensanforderungen **47** 12; im Verfahrensrecht **47** 3; bei Verschiedenheit der Rechtsfolgen **47** 36; eines ör Vertrags **59** 2 ff.; Vertrauensschutz **47** 53 f.; als VA **47** 5 ff.; in VA **47** 25 ff.; Voraussetzungen **47** 24 ff., 41 ff.; im Wahlrecht **47** 3; Widerspruch gegen – **47** 12; einen Widerspruch **47** 27; durch Widerspruchsbehörde **47** 10, 62; eines Widerspruchsbescheides **47** 38; Wille der Behörde **47** 34, 46 f.; Wirkung ex tunc **47** 32, 41; zeitliche Grenze **47** 16, 18, 53; Zielgleichheit **47** 34 ff.; zugrundeliegender Rechts-

2183

Sachregister

Fette Zahlen: §§ des VwVfG

gedanke **47** 2; bei Zusicherungen **38** 89, **47** 25; Zuständigkeit der erlassenden Behörde **47** 37 f.
Umlaufverfahren bei Ausschüssen **90** 9 ff.
Umsetzung 35 199
UMTS-Lizenzen, Versteigerungsbedingungen **35** 288
Umweltbelange in der Abwägung **74** 118 ff.
Umweltgesetzbuch 2 2 ff.
Umweltgesetzbuch Kommissionsentwurf, Nebenbestimmungen **36** 4, 91, 93, 141; neue Handlungsformen **35** 8; Rahmengenehmigung **35** 258; Selbstverpflichtungen **38** 28; Teilgenehmigung und Vorbescheid **35** 254; Vorhabengenehmigung **35** 9, 34; vorläufige Genehmigung **35** 244
Umweltinformation 35 101 f.; und Akteneinsicht **29** 20 ff.; freier Zugang **28** 21
Umweltinformationsgesetze 9 85, **25** 19, **29** 2, **45** 171 ff.; Geheimhaltungsanspruch im – **30** 13; und PlfV **72** 98
Umweltinformationsgesetze 29 20 ff.
Umweltinformationsrichtlinie 1 236, **29** 20, **45** 171 ff.
Umweltrecht 1 146, 236, **22** 7; Beleihung **1** 256
Umweltrechtlicher Vertrag 54 152 ff.
Umweltrechtsbehelfsgesetz 74 282; PlfV **73** 151 ff.
Umweltschutz, Staatsziel **9** 48
Umweltschutzbehörde 2 77
Umweltschutzvereine, Beteiligung im PlfV **73** 103 ff.
Umweltverträglichkeitsprüfung 9 45, 127, 148, **74** 119 ff.; Fehlen einer – **24** 58; Fehlen einer förmlichen – **24** 7; grenzüberschreitende **35** 359 f.; im Plangenehmigungsverfahren **74** 249; und PlfV **72** 69; Verfahrensfehler **73** 151 ff.; VA im Rahmen der – **35** 86
Umweltverträglichkeitsstudie im PlfV **73** 21
Unanfechtbarkeit und Europarecht **43** 26 f.; und formelle Bestandskraft **43** 22, 27 ff., s. auch dort; Frist nach – **53** 50 f.; von Verfahrenshandlungen **43** 23; des VA **43** 22 ff.; Voraussetzungen **43** 23 ff.
Unbeachtlichkeit von Abwägungsmängeln **75** 39 ff.; von Verfahrensfehlern **45** 132 ff.
Unbefangenheitsprinzip 20 1 ff.
Unbefugtes Offenbaren 30 14 ff.
Unbekannter Beteiligter 16 14 ff.
Unbestimmter Rechtsbegriff 40 147 ff.; und Anspruch auf Aufhebung des VA **46** 63 ff.; Begriff **40** 1, 147; Beispiele **40** 157; im europäischen Recht **40** 8; Kontrolldichte **46** 64 f.; Rechtsbindung der Verwaltung **40** 147, 151; s. auch Beurteilungsermächtigung, Beurteilungsspielraum
Unechtes Massenverfahren 17 6
Ungerechtfertigte Bereicherung bei ör Vertrag **62** 42 ff.
Unmittelbare Ausführung 35 93 ff., 365; Rechtsnatur **35** 22, **41** 4
Unmittelbarer Zwang 35 93 ff.; Rechtsnatur **35** 22, **41** 4
Unmöglichkeit, objektive **44** 144, 148 f.; rechtliche **44** 113, 131, 146; subjektive (Unvermögen) **44** 144, 147; tatsächliche **44** 144 f.; bei technischer Unausführbarkeit **44** 145; bei ganz unverhältnismäßigem Aufwand **44** 145; bei ör Vertrag **59** 60, **62** 33 ff.
Unrichtige Angaben, Rücknahme **48** 154 ff.
Unrichtigkeit, offenbare **42** 1 ff., 22 ff.
Untätigkeitsklage 9 211, **10** 6, **24** 77

Unterbleibensbescheid bei Wegfall der Plf **74** 258 f.
Unterbrechung 96 5, **102** 4; der mündlichen Verhandlung **68** 25; s. auch bei Verjährung
Unterlagen, Antrag **37** 29; Bestimmtheit **37** 29; öffentliche Bekanntgabe **41** 172
Unterlassungsanspruch 24 62
Unternehmen, örtliche Zuständigkeit für – **3** 19 f.
Unterschrift 22 30 ff., **37** 99 ff.; Anforderungen **37** 101 ff.; Beglaubigung **34** 1 ff.; als Beweis der Abgabe **41** 53; digitale s. digitale Signatur; elektronische s. digitale Signatur; in fremder Schrift **23** 28; Frist **31** 11; Paraphe **22** 31, **37** 103; durch Vertreter **22** 36
Unterschriftsliste 17 16
Untersuchungsausschuss 1 176, **2** 16; s. auch Parlamentsausschuss
Untersuchungsgrundsatz 22 2 f., **24** 1, **26** 46; im Europarecht **24** 93; Folgen einer Verletzung **24** 7, **46** 33; materielle Ermächtigungsgrundlage **24** 1; im PlfV **74** 8; prozessualer **24** 5; in Spezialgesetzen **24** 6 f.
Unterwerfung unter die sofortige Vollstreckung 1 105, **9** 216; Genehmigungserfordernis **61** 21 ff.; Inhalt und Rechtsnatur **61** 6 ff.; Unterwerfungserklärung der Behörde **61** 19 ff.; Unterwerfungserklärung des Privaten **61** 14 ff.; bei ör Vertrag **61**; Vollstreckung gegen Behörden **61** 37 ff.; Vollstreckungsschutz **61** 31 ff.; Vollstreckungsverfahren **61** 24 ff.
Unvermögen beim VA **44** 144, 147
Unvordenkliche Zeiten 53 9, 12
Unvorhersehbarkeit nachteiliger Wirkungen **75** 68 ff.
Unwesentliche Bedeutung einer Planänderung **76** 17 ff.; eines Vorhabens **76** 4
Unzumutbarkeit des Festhaltens am ör Vertrag **60** 20 ff.
Urkunde, ausländische **26** 88; Beglaubigung **33** 12 ff.; Beiziehung **26** 88 f.; Beweiskraft **26** 88, **33** 10 ff.; Form **35** 222, **37** 54; fremdsprachige **23** 49 f., **24** 19, 26; Fremdurkunde **33** 14; öffentliche **32** 40; als VA **35** 87 f., 222, **37** 54
Urkundeneinheit beim ör Vertrag **57** 19 ff.
UVP, förmliches VwVf i. w. S. **63** 18 a; s. auch Umweltverträglichkeitsprüfung

venire contra factum proprium 53 22; **59** 12; **62** 43
Verbandsanhörung 1 190
Verbandsbeteiligung E **40**, **13** 35 ff.; s. ferner Naturschutzverbände
Verbandsklage E **40**
Verbandskompetenz 3 12, **44** 161 f., 169; Aufhebung des VA wegen Verletzung der – **46** 42
Verbindung von VwVf **9** 103, 201, **10** 16
Verböserung s. reformatio in peius
Verbot, gesetzliches **44** 151; bei ör Vertrag **59** 49 ff.
Vereidigung s. Beeidigung
Verein in Gründung **11** 22
Vereinbarung, sachverhaltsfeststellende – **24** 22; **54** 128; über Zuständigkeiten **3** 13; s. auch Vertrag
Vereinfachung 9 79
Vereinheitlichung des Verfahrensrechts **1** 118; des Verwaltungsverfahrensrechts **1** 157
Vereinsklage im Planfeststellungsverfahren **74** 274
Vereinsrecht 2 51
Verfahren, Abschluss des verwaltungsgerichtlichen – **45** 101; informelles s. dort; Schutzfunktion des – **46** 32; Überleitung **96**, s. auch dort; s. auch Verwaltungsverfahren

Verfahrensabsprachen s. Absprache und informelles Verwaltungshandeln
Verfahrensbegleitender Bescheid 9 214
Verfahrensberatung s. Beratung
Verfahrensbeschleunigung 1 5, 269f., 9 79, 10 24ff., 24 75, 26 47, 35 8f., 34ff., 155ff., 45 9, 12; durch Auflagenvorbehalt 36 91; durch Rahmengenehmigung 35 257; durch VA mit eingeschränkter Regelung 35 240ff.; durch VA-Fiktion 35 68; s. auch Genehmigungsverfahrensbeschleunigungsgesetz
Verfahrensbeteiligung keine Voraussetzung materieller Bestandskraft 43 92
Verfahrensermessen 10 16ff., 22 6, 26 6, 40 45; Begründung 10 19
Verfahrensfehler 44 92, 45 1ff., 19ff., 46 19; absolute 45 119ff., 46 30; absolute – im EG-Recht 45 162; bezüglich Anhörung 46 66; Einfluss auf Entscheidungsinhalt 45 123f., s. auch bei Kausalität; Einschränkung der Folgen 45 1, s. auch Verfahrensfehlerfolgen; fehlende Kollegialität der Entscheidung 45 120, 143; fehlende oder unzureichende Anhörung 45 89f.; fehlende Schriftform 45 148; fehlende Unterschrift 45 149; Folgen für VA 45 116ff.; heilbare 45 145f.; Heilung im Vorverfahren 79 12; Kausalität 46 22ff., 57; Kausalität bei Entscheidungsalternativen 46 26; Mitwirkung befangener Amtsträger 45 147; und Nichtigkeit des VA 46 20; im PlfV 73 143ff.; Rechtsverletzung 46 2; Rechtswidrigkeit des VA 46 1; Rücknahme wegen – 46 13; sachliche Unzuständigkeit 46 43; bezüglich Sachverhaltsermittlung 46 66; subjektive Reichweite 46 27; Unbeachtlichkeit 73 147ff.; unwesentlicher 46 21, 57; Verletzung von Fristbestimmungen 45 2; wesentliche – im EG-Recht 45 159ff.; wesentlicher 45 116ff., 45 43, 60, 47 30; s. auch Formfehler
Verfahrensfehlerfolgen 45 132f.; Anfechtbarkeit 45 8; gegenüber bestimmten Personen 45 132f.; bei Entscheidung der Gemeinschaftsorgane 45 158ff.; Heilung 45 21ff.; Nichtigkeit 45 8; bei teilbarem VA 45 134; Unbeachtlichkeit 45 8f., 21, 132ff.; Verfassungsmäßigkeit einer Heilung 45 15ff.; bei Wesentlichkeit 45 116ff.
Verfahrensführungsbefugnis 11 7
Verfahrensgarantie 46 4, 6
Verfahrensgegenstand 9 108ff., 22 40
Verfahrensgestaltung 9 51, 60, 68, 10 1ff., 18, 23ff., 22 7, 12
Verfahrensgrundrecht 9 23; Folgen eines Verstoßes gegen – 46 5
Verfahrensgrundsätze 9 42ff.; allgemeine 2 66, 90, 9 46ff.; Anwendungsbereich 9 86; des VwVfG 9 82
Verfahrenshandlung 9 122ff., 197, 22 76; als VA 35 155ff.; Anforderungen zur Nachholung 45 18, 20; hausrechtsähnliche 35 133; gegenüber Nichtbeteiligtem 35 149; Rechtsnatur der Ablehnung einer – 35 154; Rechtswirkungen der Nachholung 45 21ff.; als VA 35 148ff.
Verfahrenshandlungsvoraussetzung 9 143ff.
Verfahrenshäufung 9 110
Verfahrensklarheit 9 57f., 35 27, 72ff., 144, 154, 249, 255, 278, 37 50, 38 116, 41 234, 237; und Bestimmtheit 37 1; bei Nebenbestimmungen 36 6
Verfahrensökonomie 9 79, 10 26
Verfahrenspflicht 9 15, 128, 187
Verfahrensrecht 9 15, 186; Bedeutung des Verfassungsrechts 45 13ff.; dienende Funktion 45 10ff.; und Grundrechte 45 14f.; Konzeption des VwVfG E 18ff.; und Rechtsstaatsprinzip 45 13
Verfahrensrechtsbereinigung E 62ff., 1 269f.
Verfahrensrechtsvereinheitlichung 1 269f.
Verfahrensrechtsverhältnis 9 5f., 41 106
Verfahrensstandschaft 22 63
Verfahrensteilhabe 13 4, 41
Verfahrensvereinheitlichung E 60ff., 64ff., 1 269f.; Auslegung E 64ff., s. auch Verlustliste der Rechtseinheit
Verfahrensverschleppung 10 5, 26 20
Verfahrensvorschrift, drittschützende 45 128; grundrechtsschützende 46 14; Schutzzweck 45 125ff.
Verfahrensvorschriften, subjektive öffentliche Rechte aus – 45 125ff., 46 28
Verfassungsakt 35 177, 212
Verfassungskonforme Auslegung 1 4, 44 87, 45 17
Verfassungsmäßigkeit eines Vereins 2 126
Verfassungsorgan 1 184
Verfassungsrecht 1 167, 173; und Gesetzesauslegung 44 29f.
Verfassungsrechtliche Bedeutung von Verwaltungsverfahrensrecht 1 30ff.
Verfassungsrechtlicher Vertrag 54 70
Verfassungsschutz 1 191, 2 115
Verfassungsschutzzahlen 29 72
Verfassungsstreit, kommunaler 1 183, 35 191ff.
Verfügender Teil bei VA im förmlichen VwVf 69 6f.; des PlfBeschlusses 74 217; eines VA 35 143, 39 26
Verfügungsvertrag 54 115ff.
Vergabe öffentlicher Aufträge 54 51
Vergabe öffentlicher Mittel 54 47ff.
Vergaberecht, Akteneinsicht in – 29 14; Kostenerstattung in Verfahren vor der Vergabekammer 80 101; s. auch Auftragsvergabe
Vergabeverfahren 1 131, 255, 9 99, 20 19
Vergleich im Vorverfahren 79 43
Vergleichsvertrag 2 135, 55; Anfechtung 55 59; Anpassung an veränderte Umstände 55 60; Ermessen beim Abschluss 55 46ff.; Gegenseitiges Nachgeben 55 40ff.; Nichtigkeit 55 56ff., 59 35ff.; Prozessvergleich 55 7ff.; Ungewissheit über Sach- oder Rechtslage 55 28ff.; Zulässigkeit 55 1, 28ff.
Vergünstigung, Begriff bei Nebenbestimmung 36 70
Verhalten, rechtswidriges – 45 5
Verhaltensregeln für öffentliche Bedienstete Empfehlung des Europarats **Dritter Teil** B II Nr. 18
Verhältnismäßigkeit 9 37, 50; **54** 46; **56** 54ff.
Verhältnismäßigkeitsgrundsatz 26 51; bei Auswahl der Beweismittel 26 8; und Ermessen 40 83; bei der Sachverhaltsermittlung 24 30, 36ff.
Verhandlungsleiter 68 16ff.
Verhandlungsmaxime 24 1
Verjährung 43 221, 53; Abgabenordnung 53 3, 4; Amtshaftungsanspruch 53 19; Anspruch gegen den Staat 53 18, 19, 20; Anwendung der §§ 195ff. BGB 53 10, 13; Anwendungsbereich 53 2, 10; Ausschlussfrist 53 9; Beachtung von Amts wegen 53 7; Beginn der – 53 7; BGB-Regelungen 53 5, 10f., 13, 19; von Eingriffsbefugnissen 53 12; Einrede 53 6, 7, 20; Erfüllung 53 6; Erlöschen 53 54; Erlöschen der Ansprüche 53 3; Ermessen 53 8; Europarecht 53 52; Hemmung 53 16; Kommunalabgaben 53 3, 4; Landesrecht 53 54; Mahnung 53 44; Neubeginn der

Sachregister

Fette Zahlen: §§ des VwVfG

– **53** 17; im öffentlichen Recht **53** 1; von öffentlich-rechtlichen Ansprüchen **53** 10, 11; von privatrechtlichen Ansprüchen **53** 17; Rechnung **53** 44; Rechtsfolgen **53** 6; Rechtssicherheit **53** 5; Rückwirkung **53** 9; Unterbrechung s. bei Verjährungsunterbrechung; unvordenkliche Zeiten **53** 9, 12; unzulässige Rechtsausübung **53** 20; Verjährungsfristen **53** 10; bei ör Vertrag **62** 32 ff.; Vertrauensschutz **53** 5; Vorverfahren **53** 55; Wirkung durch Zeitablauf **53** 9; Zahlungsaufforderung **53** 44; Zusicherung **53** 20
Verjährungsfrist, kürzere **102** 6; nach neuem Recht **102** 5
Verjährungshemmung 53 1, 19; bei Aufhebung eines VA **53** 49; BGB-Regelungen **53** 50 f.; Ende **53** 49 ff.; Erledigung **53** 49; Feststellender VA **53** 47; Leistungsbescheide **53** 47; nichtiger VA **53** 46; Unanfechtbarkeit **53** 49; durch VA **53** 41 ff., 44; Vollstreckung **53** 47
Verjährungsunterbrechung 53 17
Verkehrseinrichtungen 1 257, 264, **35** 181, 330 ff., **43** 180; Aufhebung **35** 335; Aufstellen durch Private **35** 60; Begründung **39** 105; Bekanntgabe **35** 332 ff., **41** 151; Bestätigung **37** 91; Form **37** 79; im Luftverkehrsrecht **35** 305; Rechtsbehelfsfrist **35** 333; sofortige Vollziehung **35** 331; Vollstreckung **35** 276, 334
Verkehrswegeplanung 1 157
Verkehrswegeplanungsbeschleunigungsgesetz 72 17 f.
Verkehrszeichen s. Verkehrseinrichtungen
Verkündung 41 98, 247
Verlöbnis 20 56
Verlustliste der Rechtseinheit E 19, **1** 157, **2** 1, 52; s. auch Verfahrensvereinheitlichung
Vermessung 1 264
Vermögensprivatisierung 1 133, **35** 127, 160 ff.
Vermögensverwalter als Bevollmächtigter **14** 35
Vermutung 24 55, **26** 26
Veröffentlichungsblatt 41 160; im förmlichen VwVf **67** 18
Verordnung E 27; Europarecht **E** 70, 91
Verpackungsverordnung, Festlegung des Unterschreitens der Mehrwegquote **35** 299; Systemanerkennung **35** 294
Verpflichtungerklärung, Formvorschriften **37** 56
Verpflichtungserklärung bei ehrenamtlicher Tätigkeit **83** 7 ff.; Formvorschriften **35** 58; Privater **38** 27 f.
Verpflichtungserlärung, Formvorschriften **38** 40, 61
Verpflichtungsurteil 9 212
Verpflichtungsvertrag 54 115 ff.
Verpflichtungszusage im europäischem Kartellrecht **36** 151
Versammlungsleiter als Beliehener **1** 264
Versammlungsrecht 35 279 a, 284
Verschlusssache 1 111
Verschulden, Begriff **45** 153; Fiktion mangelnden – **45** 154; Verschuldensunabhängigkeit der Erstattungspflicht **49 a** 15; s. auch bei Wiedereinsetzung in den vorigen Stand
Verschwägerte 20 58
Verschwiegenheitspflicht bei ehrenamtlicher Tätigkeit **84** 1 ff.; für Sachverständige **25** 27
Versicherung an Eides Statt 27 1 ff., **32** 40; s. auch eidesstattliche Versicherung
Vertagung der mündlichen Verhandlung **68** 25
Verteidigungsangelegenheit 95 1 ff.
Verteidigungsfall 95 3
Verteilungsverfahren 35 111, 121, 160 ff., **39** 20

Vertrag mit Schutzwirkung Dritter 54 30, **58** 24 ff.
Vertrag, öffentlich-rechtlicher E 24, **1** 84 f., **2** 135, **9** 198, **54–62;** Abgrenzung von anderen Kooperationsformen **54** 39 ff.; Abgrenzung von zivilrechtlichen Verträgen **54** 8, 68 ff., 73 ff., **62** 22 ff.; Abgrenzung zum VA **35** 229; Abstrakter/kausaler Vertrag **54** 119 ff.; Angebot, Annahme, Vertragsverhandlungen **54** 31 ff.; Anpassung und Kündigung wegen wesentlicher Änderung der Geschäftsgrundlage **60;** Anstaltsbenutzungsverhältnis **54** 45 ff.; Austauschvertrag **56** 1 ff.; Auswirkungen der Schuldrechtsreform **54** 20 ff., **62** 5 ff.; Begründung, Änderung, Aufhebung eines Rechtsverhältnisses **54** 82 ff.; Begründungspflicht **39** 21; Besondere Vertragsarten und -inhalte u. a. im Abgaben-, Dienst-, Hochschul-, Städtebau-, Bauleitplanungs-, Erschließungs-, Umwelt-, Naturschutz-, Subventionsrecht und anderen Rechtsgebieten **54** 123 ff.; Eingliederungsvereinbarung nach SGB II **35** 4; Ein-/zwei-/gegenseitiger Vertrag **54** 113 ff.; ergänzende Anwendung des BGB **62** 22 ff.; (Ergänzende) Auslegung des Vertrags **54** 34 ff., **62** 22 ff., 26 ff.; Ergänzende und entsprechende Anwendung von VwVfG und BGB **62;** Ermächtigung zum VA-Erlass **44** 74; Fortentwicklung des ör Vertrags **54** 13 ff.; Funktion und Bedeutung **54** 9 ff.; gemischter **1** 90, 97 ff.; Gemischte/zusammengesetzte/mehrpolige Verträge **54** 77 ff.; Geschäftsführung ohne Auftrag **54** 53; Gestaltungsfreiheit **1** 105; Grundsätzliche Zulässigkeit vorbehaltlich entgegenstehender Rechtsvorschriften **54** 4 ff., 11 ff., 90 ff., **59** 1 ff.; Katalog von Einzelfällen **54** 80 ff., 123 ff.; Konfliktmittlung/Mediation **54** 42 ff.; Konsens, Bindungsmängel, Erklärungsbewusstsein, Anfechtung **54** 28 ff., **62** 22, 28 ff.; Kooperationsvertrag **54** 14 ff.; Koordinationsrechtlicher Vertrag **54** 5 ff.; Mitwirkung Dritter und von Behörden **58;** Nebenbestimmungen **36** 17; Vereinbarung von Nebenbestimmungen **36** 35; Nichtigkeit **59;** Öffentlich-Private Partnerschaften(ÖPP)/Public Private Partnerships (PPP) **54** 43 ff.; Ör Verträge im Fachrecht **54** 123 ff.; Ör Verwahrung **54** 52 ff.; Rechtsstellung Dritter **54** 30 ff., **58** 1 ff.; Schriftform **57** 1 ff.; Subordinationsrechtlicher Vertrag **54** 5 ff.; Teilnichtigkeit **59** 61 ff.; Umdeutung **47** 3, 25, 28; Unterwerfung unter die sofortige Vollstreckung **61;** Vergleichsvertrag **55** 1 ff., s. dort; Verpflichtungs-/Verfügungsvertrag s. dort, einseitige Erfüllungsakte **54** 115 ff.; Vertragspartner, Berechtigte und Verpflichtete, Rechtsnachfolge **54** 56 ff.; Vertretung der Behörde **35** 53 ff.; verwaltungsrechtlicher s. dort; Zusage auf **38** 7, 47 f.; und Zusage und Zusicherung **38** 3, 52 f.; Zuwendung öffentlicher Mittel **54** 47 ff.; s. auch verwaltungsrechtlicher Vertrag
Vertrag mit Schutzwirkung Dritter 54 56; **58** 10, 11; **62** 36
Vertrag über eine Verfassung für Europa, Beschluss **35** 346, 353
Vertrag von Maastricht E 67
Vertrag zu Gunsten Dritter 54 30, 57, **58** 23, **62** 36
Vertrag zu Lasten Dritter 54 30, **58** 10 ff.
Vertrag zugunsten Dritter 58 24
Vertragsanpassung s. Wegfall der Geschäftsgrundlage
Vertragsformverbot 54 102
Vertragsgrundlage beim ör Vertrag **60** 9 ff.

Sachregister

Vertragsinhalt beim ör Vertrag **60** 9 ff.
Vertragsinhaltsverbot 54 108
Vertragssprache 23 74
Vertragsstrafe bei ör Vertrag **62** 37 ff.
Vertragsverhandlungen bei ör Vertrag **54** 32 a
Vertrauensschutz 9 50, **48** 135 f., 177 ff., 265, **49** 122; nach Aufhebung einer Nebenbestimmung **36** 23; Ausschluss bei Rücknahme **48** 148; und Duldung **35** 92; EG-Recht **E** 89, **48** 165 ff.; und Ermessen **40** 83; bei falscher Auskunft **25** 16; aufgrund früherer Entscheidung **40** 114 ff., 122; bei Ketten-VA **36** 74; materielle Beweislast **48** 41; bei rechtswidriger Nebenbestimmung **36** 23; Schutzwürdigkeit **48** 141 ff., 192 f.; Umdeutung **47** 53 f.; Verjährung **53** 5; aufgrund veröffentlichter Verwaltungsvorschriften **40** 113; bei vorläufigen VA **35** 249; s. auch Zusicherung
Vertreter von Amts wegen **16** 1 ff.; bei Antragstellung **22** 36; Bekanntgabe an – **41** 38, **48** ff., 234; Bestellung bei Massenverfahren **17** 27 ff.; der Behörde s. Zeichnungsrecht; Frist **31** 11; Genehmigung **41** 51 f.; gesetzliche **12** 14 ff.; bei gleichförmigen Eingaben **17** 1 ff.; bei Massenverfahren **17, 18**
Vertreter des Bundesinteresses beim Bundesverwaltungsgericht 2 75
Vertretung bei Prüfung **2** 134; bei ör Vertrag **62** 31 ff.
Vertretungsmacht des Bevollmächtigten **14** 11 ff.; bei Massenverfahren **18** 3 ff., **19** 3 ff.
Vertriebenenrecht 2 28
Vervielfältigung, Beglaubigung bei **33** 32
Verwahrung, öffentlich-rechtliche 54 52
Verwaltung, Aufbau **E** 7; im formellen Sinn **1** 159 ff.; Funktionsfähigkeit **45** 16; gebundene **46** 46, 48, 52 f., 56, 59; gebundene, Umdeutung **47** 43, 55 ff.; im materiellen Sinn **1** 165 ff.
Verwaltungsabkommen 54 71
Verwaltungsakt, Abgabe **35** 21, **41** 53 f., 119 f.; abweichende Definition durch Fachrecht **35** 13, durch Landesrecht **35** 13, 15, durch Rechtsverordnung **35** 14; Abweichungsverbot s. dort; „administrative act" **35** 343 f., **37** 118; Adressat **22** 17; adressatloser **41** 153, **44** 130; akzessorischer **35** 226, **36** 83, **43** 219; als Vorgang **35** 20 ff.; antragsbedürftiger **43** 195; Art **37** 27 ff.; Arten **35** 213 ff.; Aufbau **35** 143, **37** 3, 109 ff.; Aufhebung eines nichtigen – **46** 20; Aufhebungsausschluss s. dort; auflösend bedingter **43** 207; ausländischer **1** 172; Auslegung **35** 71 f., 147 f., **37** 7, 11, 50, **41** 58, **43** 188; Außenwirkung **35** 141 ff., 146 ff., 167 ff.; automatisierter **37** 67 ff., 130 ff., **39** 97; Beachtlichkeitswirkung s. dort; befehlender **35** 215; befristeter **43** 207; Begriff **35** 49; Begriff der VwGO **35** 15 f., 47 f.; Begriff des § 25 MRVO Nr. 165 **35** 2, 11, 50, 69, 104, 146; Begründung **24** 19; begünstigender **42** 115 ff., s. dort; belastender **46** 10; **49** 17 ff.; Belastung aufgrund Handlungsform **44** 56; Berichtigung s. dort; Bescheidgestaltung **37** 109; im besonderen Gewaltverhältnis **35** 198 ff.; Bestandskraft s. dort; Bestätigung s. dort; Bestimmtheit s. dort; Bindungswirkung s. dort; beurkundender **35** 87 f., 222, **37** 54; mit Dauerwirkung **35** 223 ff., **44** 24, 26, 32, **48** 33; nach DDR-Recht **35** 336 ff.; Definition als allg. Rechtsgedanke **35** 32; dinglicher **35** 259 ff., 317 ff.; mit Drittwirkung s. Verwaltungsakt mit Drittwirkung; mit eingeschränktem Regelungsanspruch **35** 240 ff.; i. S. d. Einigungsvertrages **35** 336 ff.; als einseitige Maßnahme **35** 4, 104 ff., **38** 35; Einzelfall s. dort; elektronisch übermittelter **37** 66 f., **41** 116 ff., 123 f., 131; elektronisch übermittleter **37** 59; elektronischer **37** 51, 64 ff., 109 ff., 121 ff., **41** 87 ff., 162 ff., 194 ff., 216 f.; Entscheidungsgegenstand **43** 56 ff.; als Ergebnis e. Subsumtionsvorgangs **35** 31 ff.; Erklärungsbewusstsein **35** 75, **41** 58; Erklärungstheorie **43** 185 f.; Erlass **9** 193 ff., **35** 21, **41** 3 f., **53** 44 f.; erlassener **46** 17 f.; Ermächtigung für Handlungsform **35** 25 ff., 220, **44** 55 ff.; Ersetzung s. dort; im Europäischen Verwaltungsverbund **35** 361 f.; europäischer **35** 352, 363; Existenz bei Bekanntgabe **35** 20 ff., **41** 3 f., 222 f.; Fehlerfolgen **44** 2; fehlerhafter **44** 12 ff.; fernmündlicher **37** 64, 77, **41** 99 f.; feststellender **35** 214, 219 ff., **44** 59, 149, **47** 13; Feststellung der Nichtigkeit **44** 2; Feststellung von Vorfragen **44** 68; fingierter **35** 66 f., 364, **41** 122, **44** 4, **48** 39, **49** 3; Form **37** 44 ff., s. Form des VA; durch Form **35** 16 f., **72** f., 138; formeller **35** 7, 16 ff., 129, 138, 171, 193, 210 ff., 364, 372, **43** 3; förmliches VwVf **69** 9 ff.; formulamäßiger **35** 277, **37** 132, **39** 95; Funktionen **38** 39; Gebietsklausel **35** 209 ff.; der Gemeinschaftsorgane s. Entscheidungen der Gemeinschaftsorgane; gesetzloser **44** 105; gestaltender **35** 214, 216, **36** 12, **44** 149; gewährender **35** 216; gleichartige **39** 97; als Handlungsform **35** 2 ff., **44** 55 ff.; Hauptverwaltungsakt zu Nebenbestimmung **36** 19 ff.; heimlicher **35** 81, **37** 75, **41** 101, 198; Individualisierungsfunktion **35** 31 ff., 49, **37** 2; Inhalt des bekanntgegebenen – **43** 185 ff.; Inhaltsbestimmung **36** 71, 93 ff.; (In-)Kongruenz Form/ Inhalt **35** 16 ff., 210 ff.; In-Sich-VA **35** 190, 374; Ketten-VA **36** 74, 122; Klarstellungsfunktion **35** 31 ff., 49; konkludenter **35** 77 f., 81, 325, **37** 91, **41** 101, 198; Landesrecht **35** 364; materieller **35** 7, 16 ff., 20 ff., 31, 43 ff., 371 f., **41** 4; als materielles Ergebnis eines VwVf **35** 5; mehrfach wirksamer **50** 55; mehrstufiger **35** 169 ff., **44** 188, **49** 95; Misch- **50** 55; mitwirkungsbedürftiger **22** 28, **35** 229 f., **36** 97 ff., **41** 122, **44** 107 f., **48** 102; mündlicher **37** 75 ff., **41** 96 ff., 197; mündlicher, Umdeutung **47** 39; nachträgliche Änderung **43** 33; nichtiger s. Nichtigkeit des VA; kein numerus clausus der Arten **6**, **8**; und Organstreitigkeiten **35** 191 ff.; Plf-Beschluss **74** 17 ff.; privatrechtsgestaltender **35** 135, 211, 217 f., **36** 12; prozessuale Funktion **35** 2, 47 f., 49, 145; Rechtsbehelfsbelehrung **41** 4; als Rechtsgeschäft **35** 20 ff., 31 f., **43** ff., **41** 4; Rechtsnachfolge **35** 260 ff.; als Rechtsquelle **35** 31; rechtswidriger s. Rechtswidrigkeit des VA; relativer **35** 23 f., 190; Rücknahme s. dort; Sammel-VA **35** 277; Schriftform **44** 135; schriftlicher **37** 49 ff., 57 f., 94 ff., **41** 69 ff., 75 ff., 156 ff.; schriftlicher, Umdeutung **47** 39; schwebende Unwirksamkeit **43** 169, 183 f.; Schweigen **35** 81; sittenwidriger **44** 152 ff.; als „Speicher" **35** 6; Stabilisierungsfunktion **35** 3; streitentscheidender **35** 126, 221; substratloser **44** 130; teilbarer **43** 193 f., **134**, 46, 24; Teilbarkeit **35** 273 f., 368, **36** 56, **44** 195, 196; teilweise Aufhebung **43** 192 ff.; Titelfunktion **35** 7, 38 ff., 49, 215, **37** 31 ff.; transnationaler **35** 358 ff., **38** 127, **44** 11; Typenzulassungen **35** 290 ff.; Umdeutung s. Umdeutung eines fehlerhaften – **47** 1, 3 ff., 25, 29 ff.; als Umdeutungsergebnis **47** 25 ff.; umdeutungsfähiger – **47** 11; auf Unterwerfung **44** 71; unverständlich **23** 73; verfahrensrechtl. Funktion **35** 43 ff., 49; kein Verfassungsrang des § 35 **35** 13; verfügender Teil **35** 143, **37** 3, **39** 26;

Sachregister

Fette Zahlen: §§ des VwVfG

Verhältnis zur Begründung **39** 27 ff.; zwischen Verwaltungsträgern **35** 29, 185 ff.; vollstreckungsfähiger **35** 215, **37** 31 ff.; Vollziehung **43** 215 ff.; beim Vollzug des Gemeinschaftsrechts **35** 354 ff.; als Vorgang **35** 31, 43 ff.; vorläufiger s. dort, s. auch vorläufige Regelung; vorsorglicher **35** 250, **43** 208; Wesensänderung **45** 49 8 f.; Widerruf s. dort; als Willenserklärung **35** 20 ff., 31, 43 ff., 69 ff. **41** 4; Willenstheorie **43** 186; Wirksamkeit s. dort; zollrechtliche Entscheidung **35** 355 ff., **37** 141 f.; Zugang s. Bekanntgabe; Zurechnung zur Behörde **35** 53 ff.; Zusage s. dort; Zusage als **38** 29 ff.; Zusicherung s. dort; Zusicherung als **38** 29 ff.; als Zweckschöpfung **35** 2 f.; s. auch Allgemeinverfügung, Nebenbestimmung, Vorhabengenehmigung

Verwaltungsakt mit Doppelwirkung s. Verwaltungsakt mit Drittwirkung

Verwaltungsakt mit Drittwirkung 48 62, **50** 7 ff., 8 ff.; Abhilfewirkung **50** 90 ff.; AllgV als **35** 270; Anfechtung **50** 64 ff.; Anwendungsgebiete **50** 24 ff.; Aufhebungsverfahren **50** 100 ff.; Aufhebungsvoraussetzungen **50** 56 ff.; Auflage **36** 82; Auslegung **35** 79 f.; Begriff **50** 8 ff.; Begründung **39** 83 ff.; Bekanntgabe **41** 31 ff., 137 ff.; Bestimmtheitserfordernisse **37** 4; Form **37** 45; Rechtsschutz bei Genehmigungsfreistellung **35** 37; Rücknahme **50**; Rücknahme, Widerspruchsverfahren **48** 66; Rücknahmevoraussetzungen **50** 71 ff.; subjektive Drittrechte **50** 12 ff.; vorläufiger **35** 246; Vorverfahren **50** 105; Widerruf **50**; Widerrufsvoraussetzungen **50** 79 ff.; Zeitpunkt der Aufhebung **50** 89; Zusicherung **38** 69, 93, 119 ff.

Verwaltungseffizienz 1 1 ff., **9** 74, 76 ff., **10** 1 ff., 23, **39** 4, 74, **41** 2, 6, **45** 9, 12 f.

Verwaltungsgebühren 24 10, 50, **25** 27, **26** 65; s. auch Gebühren

Verwaltungsgehilfe s. Verwaltungshelfer

Verwaltungsgemeinschaft 94 1

Verwaltungsgerichtsbarkeit, Aufbau **E** 7

Verwaltungsgerichtsordnung, 6. VwGOÄndG **E**; **E** 43

Verwaltungsgerichtsverfahren E 20

Verwaltungshandeln E 26; informelles s. dort

Verwaltungshelfer 1 134, 136, 261, **35** 60

Verwaltungshilfe für neue Länder **4** 43 ff.

Verwaltungsinterna, Begründung **39** 22, 48; im Benutzungsverhältnis **35** 201; als Gegensatz des VA **35** 146; beim gestuften Verfahren **35** 169 ff.; und relativer VA **35** 23 f.; im Sonderstatusverhältnis **35** 198 ff., **39** 22; in VA – Form **35** 16 ff.; Zusagen auf – **38** 9

Verwaltungsinterna 9 120, 126

Verwaltungsinterna, Nebenbestimmungen **36** 14

Verwaltungskompetenz für das Verwaltungsverfahrensrecht **1** 32 ff.

Verwaltungskooperationsrecht 54 7, 13 ff.; **62** 4

Verwaltungskosten bei Amtshilfe **8** 7

Verwaltungsorganisation E 25; s. auch Organisationsrecht

Verwaltungspraktikabilität 24 38

Verwaltungsprivatrecht 1 116 ff., 127, 259, **24** 13, **35** 106 ff., 117 ff.; Begründungspflicht **39** 21; Nebenbestimmung **36** 17; Vertretung der Behörde **35** 53 ff.; Verwaltungsverfahren **35** 44; Zusage **38** 7

Verwaltungsprivatrecht und ör Vertrag 54 8 ff., 68 ff.

Verwaltungsprozess 1 242; s. ferner Verwaltungsgerichtsbarkeit

Verwaltungsprozessordnung E 54

Verwaltungsrechtlicher Vertrag 54 68 ff.; s. ferner Vertrag, öffentlich-rechtlicher

Verwaltungsrechtsverhältnis 3a 42, **9** 16 ff., **13** 2 ff.; mehrpoliges **9** 25 ff.; Rückabwicklung **9** 39; s. auch Rechtsverhältnis

Verwaltungssprache 23 23, **37** 6, 109, **39** 41; s. auch Amtssprache, Sprache

Verwaltungstätigkeit 1 83 ff., 137 ff., 253, **9** 2, 113 ff., 165; Begriff **1** 138 ff.; Gnadenrecht **1** 192 ff., **2** 18 f.; interne **1** 273, **9** 120, 126, s. auch Verwaltungsinterna; durch Justizbehörden **1** 205; Kirche **2** 40; durch Verfassungsorgane **1** 184

Verwaltungsverfahrensgesetz(e) als allgemeine Rechtsgedanken 1 286 ff.; **35** 44

Verwaltungsverbot bei Amtshilfe **5** 23 ff.

Verwaltungsvereinbarung 54 71

Verwaltungsverfahren E 20, **9** 4; Ablauf **9** 100 ff.; vor Abschluss privatrechtlicher Verträge **35** 44; Änderung **9** 103; Anspruch auf Durchführung eines bestimmten – **9** 165; Anwendung der AO **2** 66; Arten **9** 73, 93 ff.; Aussetzung **9** 103, 203 ff., **10** 5, 16; Beendigung **9** 193 ff.; Beginn **9** 11, 105 ff., **22** 4, 23, 55 ff., **24** 71; Begriff **9** 83 ff.; bereichsspezifische **E**; **E** 63, **9** 94 f.; Beschleunigung s. Verfahrensbeschleunigung; dienende Funktion **45** 10 ff.; Effizienz s. Verwaltungseffizienz; Einstellung **9** 200; Einwirkungsmöglichkeit des Bürgers **10** 28; elektronisches **37** 51; Ende **9** 11, **24** 60; Entscheidungsfindung **26** 51; als Entscheidungsprozess **9** 100 ff.; formlose Verbindung **9** 110; Gebot zur Einleitung **22** 13; Gegenstand **9** 12; Geschichte **E** 1 ff.; gestuftes **9** 171, **35** 169 ff., 251 ff., **37** 34, **43** 75 ff., 231; gleichmäßige Durchführung **10** 18; informelles Verfahren s. dort; Konkretisierungsfunktion **9** 63; Missbrauch **9** 160, **10** 17; Objekt des Verfahrens **9** 46, 60, **22** 26, **23** 42; Objektivitätsprinzip **20** 1 ff.; Rechtsnatur der Maßnahmen im **35** 149 ff.; Rechtsschutzfunktion **9** 63 ff.; rechtsstaatliches s. Rechtsstaat; bei Rücknahmeentscheidung **48** 253; sachlicher Gegenstand des – **46** 50; Sachverhaltsermittlung **46** 68 ff.; sonstige Beendigung **9** 199 f.; transnationales **35** 360 f.; Trennung **9** 103, 201, **10** 16; Unterbrechung **9** 205; Verbindung **9** 103, 201, **10** 16; Verbot der Einleitung **22** 13; Verfahrensbeschleunigung s. dort; Verhältnis zum Gerichtsverfahren **9** 67 ff.; Prüfung der Voraussetzungen **9** 131 ff., **10** 17, 120, 131 ff., 161; vor Vornahme von Realakten **35** 44; Wiederaufgreifen s. dort; Ziele des **45** 16; Zügigkeit s. dort; Zweck **9** 84

Verwaltungsverfahren, gestuftes, Begründungspflicht **39** 22; bei Beteiligung der EG-Kommission **35** 350; bei Beteiligung der EG-Kommission **35** 361 f.; Nebenbestimmungen im **36** 15

Verwaltungsverfahrensgesetz(e) als allgemeine Rechtsgedanken **1** 118 f., **2** 54 f., **9** 2 f., 42, **35** 44; Änderungen **E** 42; Anpassung an moderne Kommunikationsformen **37** 51, 64, 89 f., 121 f., **38** 60, **39** 9 f., 36, **41** 87 ff., 116 ff., 131, 162 ff.; Anwendungsbereich **E** 33; Anwendungsbereich, Zweck des Gesetzes **36** 9 ff.; Bezeichnung der Änderungsgesetze **1** 20; Bundesfassung **E** 28; Entstehungsgeschichte **E** 1 ff., s. jeweils vor der Norm; Inkrafttreten **E** 41; Kritik **E** 13; der Länder **E** 30, 36 ff., **1** 287 ff., **Dritter Teil A**; Länderfassung **E** 28; Motive **E** 10 ff.; Münchener Fassung **E** 29; Rechtssicherheit **E** 16; Rechtsstaat s. dort; recommendations des Europarats **Dritter Teil B II**; Regierungsentwurf 1970 **E** 32 ff.; Re-

2188

magere Zahlen: Randnummern; E: Einleitung

Sachregister

gierungsentwurf 1973 **E** 35 ff.; Resolutionen des Europarats **Dritter Teil** B II; Subsidiarität **E** 34, 1 15, 206 ff.; Vereinheitlichung **E** 55
Verwaltungsverfahrensrecht, Fortentwicklung **E** 42, 1 271 ff.; **54** 13 ff.; s. auch Verwaltungsverfahren
Verwaltungsvollstreckung 35 38 ff., 215; bei AllgV **35** 276; und Anhörung **28** 63 ff.; bei Auflage **36** 84; bei ör Vertrag **61**; Begründung **39** 118; Bestimmtheit des VA **35** 276, **37** 10, 31 ff.; gegen BGB-Gesellschaft **37** 16; zur Erzwingung von Handlungen **35** 93 ff.; wegen Geldforderungen **35** 166; Kostenbescheid **35** 40 f., 334; Mittelfestlegung **37** 34 f.; bei modifizierenden Auflagen **36** 98; Rechtsnatur der Vollstreckungsakte **35** 93 ff., 165 ff.; Rechtsschutz **35** 365; Verkehrszeichen **35** 334; und VA-Befugnis **35** 27; und Zustellung **41** 200; s. auch Ersatzvornahme, Sofortvollzug, unmittelbare Ausführung, unmittelbarer Zwang, Zwangsmittel
Verwaltungsvorakt 38 32
Verwaltungsvorbehalt 1 44, **9** 174
Verwaltungsvorschriften, Begründung **39** 22, 48
Verwaltungsvorschriften 1 139, 212 ff., **10** 13, **22** 14, **26** 32 ff., **44** 75 ff.; Abgrenzung zum VA **35** 208; Anspruch auf Überlassung **25** 14; antizipiertes Sachverständigengutachten **40** 217, auch **44** 79, 81; Außenwirkung **44** 72; und Begründung des VA **39** 62; Bindung der Gerichte **40** 216 ff.; EDV-Programme als **37** 72; und EG-Richtlinien s. Europarecht; Erlass allgemeiner − **1** 147; Ermächtigung zur Subventionsvergabe **44** 72; und Ermessensausübung **40** 108 ff., 111 ff.; ermessenslenkende **1** 215; mittelbare Außenwirksamkeit **40** 215; norminterpretierende **1** 213, **26** 32, **40** 156; normkonkretisierende **1** 214, **26** 32, **40** 156, 216 ff., **44** 80 ff.; keine Rechtsnormqualität **44** 75; Selbstbindung der Verwaltung s. dort; TA Lärm **40** 217, **44** 81; TA Luft **40** 217; als Übergangsregelung **44** 76; im Umwelt- und Technikrecht **40** 217; veröffentlichte **40** 113; Vertrauensschutz **40** 113; Vorbehalt des Gesetzes **44** 72, 75 ff.
Verwaltungszustellung s. Zustellung
Verwandte 20 58
Verweigerungsrechte s. Auskunftsverweigerungsrecht, Aussageverweigerungsrecht, Mitwirkungslast
Verweisungsgesetze 1 79
Verwerfungskompetenz bei Rechtsnormen s. Normverwerfungskompetenz
Verwertungsverbot 26 19, 60; Verstoß gegen ein − **24** 61
Verwirkung 42 30, **43** 221, **44** 202, **53** 12, 21 ff., **96** 5; Befugnis **53** 25, 26; Bekanntgabe **41** 230, 238; durch Duldung **35** 92; Kenntnis **53** 25; Legalisierung **53** 26; Mitwirkungsrechte **53** 27; von Rechten der Behörde **53** 27, 28; durch mitgeteilte Rechtsansichten **53** 25; Rechtsbehelfsfrist **53** 24; Rechtsfolgen **53** 21; Rechtsnachfolge **53** 25 f.; Rechtspflicht zum Handeln **53** 24; des Rücknahmerechts **48** 94; Schweigen **53** 24; subjektive Zurechenbarkeit **53** 25; Treu und Glauben **53** 21 f.; Verfahrensrechte **53** 26; bei ör Vertrag **62** 29, 32; Vertrauensbetätigung **53** 23; Vertrauensgrundlage **53** 23, 25; Vertrauenstatbestand **53** 23; bei VA mit Drittwirkung **53** 26; verwirkbare Rechte **53** 26, 27, 28; des Widerspruchsrechts **79** 46; Zeitablauf **53** 24
Verzicht 1 147, **53** 29 ff.; Abgabenverzicht **53** 38; Anfechtbarkeit **53** 35; bedingter **53** 35; auf Begründung **39** 119 f.; Eingriffsbefugnisse **53** 31;

Erlöschen **53** 29, 41; Europarecht **53** 53; Freiwilligkeit **53** 35; auf Grundrechte **53** 31; Kopplungsverbot **53** 35; auf materiell-rechtliche Rechte **53** 31; Nebenbestimmung **53** 35; auf öffentlich-rechtliche Rechtspositionen **53** 38; auf Rechte **53** 30; auf Rechtsbehelfe **53** 31; Rechtsgrundlagen **53** 30; Rechtsnachfolger **53** 27 f.; auf Rücknahme **48** 94; Schweigen **53** 33, 39; auf Verfahrensrechte **53** 31; durch VA **53** 39; und Verwirkung **53** 29; Verzichtsbefugnis **53** 36 f., 40; Vorausverzicht **38** 19; widerrufbar **53** 35; Widerspruchsverfahren **70** 1 ff.; Willenserklärung **53** 33, 35
Verzinsung, Absehen von Zinsen **49a** 78 ff.; Beginn der Zinspflicht **49a** 74; des Erstattungsbetrags **49a** 72 f.; nach Landesrecht **49a** 91; Zinshöhe **49a** 77; Zweckerfüllung **49a** 83; Zwischenzinsen **49a** 82 ff.
Verzug bei ör Vertrag **62** 33
Verzugszinsen 62 34
Vetter 20 64
Videoüberwachung 2 112
V-Mann 1 265, **2** 111, **26** 77, **35** 96 ff.
Vogelschutz in der Planfeststellung **74** 151 f.
Vogelschutzrichtlinie 74 151 f.
Volenti non fit iniuria 44 71
Völkerrecht 1 167, 169 ff., **9** 44
Völkerrechtlicher Vertrag 54 69
Volksabstimmung 2 15
Volksbegehren 1 180
Volksgruppe 23 84
Vollgesetze 1 79
Vollmacht 14 6 ff.; s. Anscheinsvollmacht, Bevollmächtigung, Duldungsvollmacht, Empfangsvollmächtigter
Vollständigkeitsgebot beim ör Vertrag **57** 15 ff.
Vollständigkeitsmitteilung im Beschleunigten Genehmigungsverfahren **71c** 39 ff.
Vollstreckbarkeit, Auflage **36** 8, 84
Vollstreckung bei Mitberechtigten **44** 147; von Verwaltungsentscheidungen Empfehlung des Europarats **Dritter Teil** B II Nr. 20; von verwaltungsgerichtlichen Entscheidungen Empfehlung des Europarats **Dritter Teil** B II Nr. 20
Vollstreckungsakte, Begründung **39** 118
Vollstreckungshilfe 4 18, 42
Vollstreckungsschutz bei ör Vertrag **61** 31 ff.
Vollstreckungsverfahren 9 215 ff.; bei ör Vertrag **61** 24 ff.
Vollziehende Gewalt 1 138, 189
Vollziehung des VA **43** 215 ff.
Vollzugshilfe 4 18, 42
Vorab-Mitteilung im Konkurrentenstreit **35** 20, 111, 160 f.
Vorabzustimmung 9 185, **38** 19
Vor-Antrags-Verfahren bei, Beschleunigten Genehmigungsverfahren **71c** 2, 17 ff.
Vorausverzicht 38 19
Vorbehalt von Teilentscheidungen **74** 199 ff.
Vorbehalt des Gesetzes 1 90, 104, 257, **9** 185, **44** 46 ff.; und Analogie **44** 53 f.; Anwendungsbereich **44** 48 ff.; bei Befugnis zum VA-Erlass **33** 25 ff.; im besonderen Gewaltverhältnis **44** 62, 69; bei bußgeldbewehrtem Verbot **44** 58; EG-Recht **44** 94, 96; bei Eingriffsverwaltung **44** 48; bei feststellenden VA **35** 220, **44** 59; Frist **31** 13; und Gesetzmäßigkeit der Verwaltung **44** 57; gewohnheitsrechtliche Ermächtigung zum Handeln mittels VA **44** 57; Handeln mittels VA im Subordinationsverhältnis **44** 62 ff.; für Handlungsform VA **44** 56; und Hausrecht **35** 134; implizite Ermächtigung zum Handeln mittels VA **44** 60 ff.;

2189

Sachregister

Kehrseitentheorie **44** 63f.; Leistungsbescheid **44** 62ff.; beim mitwirkungsbedürftigen VA **35** 231; für nachträgliche Nebenbestimmungen **36** 38ff.; für Nebenbestimmungen **36** 38ff., 112ff., 115, 137ff., 149; für Rahmengenehmigung **35** 257; Satzung als Rechtsgrundlage **44** 69; und Subventionen **44** 70ff.; für Teil-VA **35** 252; bei VA auf Unterwerfung **44** 71; Verwaltungsvorschriften **44** 72, 75ff.; für Vorbescheid **35** 252; für vorläufige VA **35** 246; und Wesentlichkeitstheorie **44** 49ff.
Vorbehaltsurteil bei Aufrechnung **44** 41
Vorbelastung 74 88ff.; und Schutzmaßnahmen **74** 174; Verkehrslärm **74** 186f.
Vorbescheid 35 240ff., 251ff., **43** 77ff.; Bestimmtheit **37** 28; Nebenbestimmungen **36** 7; Zusicherung **38** 20
Vorbringen, querulatorisches **24** 48; unsubstantiiertes **24** 48
Vordruck 37 49; s. Formular
Vor-Entscheidung s. faktische –
Vorhaben, Durchführung eines – im Beschleunigten Genehmigungsverfahren **71a** 30ff.; planfeststellungspflichtige **72** 32ff.; selbständiges **78** 5ff.; Zusammentreffen mehrerer **78** 1ff.
Vorhabengenehmigung 2 5; nach UGB-KomE **35** 9, 34, 254, 258, **36** 4, 91, 93, 141
Vorhabenträger im PlfV **73** 16f.
Vorkaufsrecht 35 135
Vorläufige Regelung 10 8; s. vorläufiger Verwaltungsakt
Vorläufiger Rechtsschutz Empfehlung des Europarats **Dritter Teil B II Nr. 12**
Vorläufiger Verwaltungsakt 24 22, **35** 240ff., 243ff., **36** 76, 92, **49a** 8; Aufhebbarkeit **43** 37ff.; Erledigung **43** 50; und formelle Bestandskraft **43** 37f.; materielle Bestandskraft **43** 82; Wiederholungsverbot **43** 50f.; Zusicherung **38** 20
Vorläufiges positives Gesamturteil 43 84ff.; Bindung in atomrechtlichen Genehmigungsverfahren **43** 85ff.
Vormundschaftsgericht bei Bestellung eines Vertreters **16** 27f.
Vorrang der Verfassung 44 88
Vorrang des Gesetzes 44 45, **45** 6; und Ausführungsbescheide **35** 32; und Auslegung eines VA **35** 80; und Befugnis zum VA-Erlass **35** 220; und fingierter VA **35** 68
Vorsorglicher Verwaltungsakt 35 250, **43** 208
Vorstandsmitglied, Mitwirkungsverbote für – **20** 36
Vorverfahren 2 66, 70, **9** 209, **79** 1ff., 7ff.; bei Abgaben **79** 1, 35f.; Abschaffung **79** 10f.; Abschluss **79** 14; allgemeine Verfahrensgrundsätze im – **79** 39; Änderung/Ersetzung des Bescheids **79** 49; Anhörung Dritter **45** 176; Anwendbarkeit der allg. Wirksamkeitsregeln **43** 288; Anwendungsbereich **79** 22ff., 29f.; Ausführungsgesetze der Länder **79** 31ff.; Aussetzung **79** 10f.; Beginn **79** 6; Berichtigung des VA **42** 48; Effizienz **79** 10f.; Einstellung **79** 43, 48; Erledigung der Hauptsache **79** 27, 48f.; Ermessensausübung **40** 238; Ermessenskontrolle **40** 238; und Europarecht **79** 56, **80** 102; Feststellung der Unzweckmäßigkeit **79** 51; Folgen der Nichtigkeit des Widerspruchsbescheids **44** 205; Fortsetzungsfeststellungswiderspruch **79** 50; Frist, Termin **31** 60; Funktion **79** 10f.; Grundlage **79** 28; isoliertes und Kostenentscheidung **80** 5f.; Kosten, Überleitung **96** 8f.; Kostenentscheidung s. dort; Krise des **79** 10f.; maßgebliche Sach- und Rechtslage **44** 36; Nebenbestimmung **36** 155ff.; als Prozess-

voraussetzung **79** 4; im Prüfungsrecht **2** 131; Reform **79** 10f.; Regelung in Spezialgesetzen **79** 54f.; im Sozialrecht **79** 1, 36; Umdeutung im – **47** 62; Verfahrensgegenstand **79** 49; Vergleich im – **79** 43; Verhältnis zum VwVf **35** 371ff.; Verjährung **53** 55; als Verwaltungsverfahren **79** 2, 6, 34ff.; Widerspruchserklärung **79** 18; Zusicherung **38** 129; Zweckmäßigkeitsprüfung **79** 12; Zwischenentscheidung **79** 47
V-Person 1 265, **2** 111, **26** 77, **35** 96ff.
VwGO als allgemeiner Rechtsgedanke **22** 70
VwGO-Änderungsgesetz E 43
VwRehaG 43 264
VwVfG, Ergänzende Anwendung auf ör Vertrag **62** 6ff.

Waffengleichheit 9 26, 59
Wahlbeamte 35 196
Wahlen 1 180; durch Ausschüsse **92** 1ff.
Wahlergebnis bei Ausschüssen **92** 4ff.
Wahlfreiheit bei Antragstellung **64** 8f.; s. auch Formenwahl
Wahlleiter 1 184
Wahlprüfungsverfahren 2 12
Wahlrecht und VwVfG **2** 12ff.; s. auch Formenwahl
Wahlverfahren 2 12ff.
Wahrnehmungskompetenz 9 147
Wahrscheinlichkeitsmaßstab 24 20f.
Wahrunterstellung 24 45
Warentest 1 146
Warnung 1 109, 145f., 187, **2** 31, **9** 172, **24** 22, **35** 86
Wasserrecht, förmliche VwVf i.e.S. **63** 45; förmliche VwVf i.w.S. **63** 19, 20
Wegfall der Geschäftsgrundlage 60 1ff., 12ff.; Zusage und Zusicherung **38** 95ff.; s. auch clausula rebus sic stantibus
Wehrbeauftragter 1 178
Weisung 1 147, **9** 130, **10** 6, **35** 146, 177ff.; bei Auftragsverwaltung **35** 181ff.; Außenwirkung **35** 178ff.; gegenüber Beamten **35** 199; Begründungspflicht **39** 22, 59ff., 63; im Bund-Länder-Verhältnis **35** 177; und Ermessensentscheidung **40** 52; bei Pflichtaufgaben **35** 183
Weisungsklarheit 9 57
Weisungsverhältnis und Amtshilfe **4** 34
Weitergabeverbot bei Amtshilfe **5** 23ff.
Weiterleitung eines Antrags **22** 54
Weltanschauungsgemeinschaft 1 268, **2** 30ff.; Begriff **2** 48; s. auch Kirche
Wenden 23 86
Werkschutz 1 265
Wertung 1 145f.
Wesen nach geheim 5 31, **29** 66ff., 71ff.
Wesentliche Änderung der Verhältnisse beim ör Vertrag **60** 9ff., 17ff.
Wesentlichkeit von Form- und Verfahrensfehlern **45** 115
Wesentlichkeitstheorie, Grenzen **44** 51; Inhalt **44** 49; und Parlamentsvorbehalt **44** 50; und Vorbehalt des Gesetzes **44** 49ff.
Widerruf 9 220; eines Antrags **22** 66ff., **35** 237; des Planfeststellungsbeschlusses **75** 64; des PlfBeschlusses **72** 113ff.; der Rücknahme **48** 249; Überleitung **96** 7; der Vollmacht **14** 17; Zusicherung **38** 90ff., 96
Widerruf eines VA, abschließende Regelung **36** 10; adressatloser VA **49** 21; bei AllgV **35** 272; Änderung der Sachlage **49** 58ff.; nach Aufhebung einer Nebenbestimmung **36** 23; Aufhebung

magere Zahlen: Randnummern; E: Einleitung **Sachregister**

von Nebenbestimmungen als **36** 41 ff.; Auflage **36** 128, **49** 46 ff.; Ausschluss **49** 22 ff.; Begriff **43** 197; Begründung **49** 116; bei begünstigenden VAen **49** 28 ff.; vor Bekanntgabe **41** 60, 125; Bestandskraft der Auflage **49** 49; und EG-Recht **49** 133, s. auch bei Rücknahme; enteignende Wirkung **49** 124 ff.; Entschädigungsanspruch **49** 118 ff.; Ermessen **49** 8 ff., 99; Ermessen für Unwirksamwerden des widerrufenen VA **49** 112 f.; Ermessensschrumpfung **49** 23; Ersetzung des § 44 a BHO **49** 88 f., 94; Erstattung von Leistungen **49** 132; bei Geld- und Sachleistungs-VAen **49** 91 ff.; bei gestaltenden VAen **49** 36; Intendierung des Widerrufsermessens **49** 11; Jahresfrist **49** 84 ff., 106, s. auch bei Rücknahme; nach Landesrecht **49** 134; neu nachträglich eingetretenen Tatsachen **49** 58 ff.; nachträgliche Beifügung von Nebenbestimmungen als **36** 41 ff.; bei nachträglicher Änderung der Rechtslage **49** 74 ff.; Nebenbestimmungen **49** 35; bei nicht begünstigenden VAen **49** 17 ff.; Rechtmäßigkeit des VA **49** 5 ff.; im Rechtsbehelfsverfahren **50**; Rechtsprechungsänderung **49** 80; Rechtsweg für Entschädigung **49** 124, 131; der Rücknahme **48** 249; schwere Nachteile für das Gemeinwohl **49** 82; Selbstbindung **49** 23; spezialgesetzliche Regelungen **49** 1 ff.; von Subventionsbescheiden **36** 138 f., **49** 88 ff.; Teil- **49** 15, 97; Übermaßverbot **49** 29, 57; Umdeutung in - **47** 19, 21, 34, 44, 51; Unanfechtbarkeit **49** 13, 40; Unwirksamwerden des VA **49** 109 ff.; bei Vergaberechtsverstößen **36** 104; Verhältnis zur Rücknahme **49** 1 ff.; bei vertraglich vereinbarten Auflagen **36** 35; Vertrauensschutz **49** 33, 122; bei VA mit Dauerwirkung **35** 223; bei VA mit Drittwirkung **49** 13, **50** 7 ff., 8 ff.; Voraussetzungen bei Rechtsbehelfsverfahren **50** 56 ff.; im Vorverfahren **49** 135; Widerruf fingierter VAe **49** 3; Widerrufsentscheidung **49** 115 ff.; Widerrufsvorbehalt **36** 78 ff., **49** 35; eines Widerspruchsbescheids **49** 135; und Wiederaufgreifen **51** 142 ff.; Wirksamkeit **43** 1997; Wirksamkeit ex tunc **49** 96; Wirkung ex tunc bei Subventionsbescheid **49** 96; Zukunftswirksamkeit **49** 16; Zuständigkeit **49** 117; Zweckverfehlung **36** 80, 102, **49** 99; s. auch Nebenbestimmungen

Widerrufsvorbehalt 35 248, **36** 78 ff., **49** 35; Abgrenzung zum Auflagenvorbehalt **36** 89; Abgrenzung zur Auflage **36** 86 ff.; Begründung **36** 79; Bestimmtheit **36** 79; Form **36** 79; nachträglicher **36** 36 ff.; Rechtmäßigkeit **36** 79; Rechtsschutz **36** 54 ff.; Rücknahme **36** 81; zur Sicherstellung von Anspruchsvoraussetzungen **36** 129; Verbot **36** 10; Vergaberechtsbeachtungsklausel **36** 104; für die Vergangenheit **36** 80; Verhältnis zum VA **36** 19 ff.; Verhältnis zum Widerruf **36** 78; Widerrufsgründe **36** 79; für die Zukunft **36** 80

Widerrufvorbehalt, Verwendungsnachweisklausel **36** 103

Widerspruch, Begründetheit **79** 18; Erledigung vor Einlegung **79** 52; Form **79** 4, 18, 20; Fortsetzungsfeststellungs- **79** 50, **80** 54; Frist **41** 245, **79** 4, 18; Heilung von Fristversäumnis **79** 5; gegen nichtigen VA **79** 53; Rücknahme **24** 35, **79** 42; Sachentscheidung trotz Fristversäumnis **79** 5; trotz fehlender Bekanntgabe **41** 226 ff.; Umdeutung **47** 27; verspäteter **79** 4; Verwirkung des -rechts **79** 46; Verzicht **79** 44; vorzeitiger **79** 5; Widerspruchsberechtigung **79** 18; Widerspruchsfrist **41** 245, **79** 4, 18; Zulässigkeit **79** 18

Widerspruchsausschuss 88 21

Widerspruchsausschuss 79 10 f.

Widerspruchsbehörde, Beseitigung mangelnder Bestimmtheit des VA **45** 151; Nachholung fehlender Anhörung **45** 78, 81 f., 84; Nachschieben von Gründen **45** 51, 57 f.; Sachbescheidungsbefugnis **24** 96, **79** 6, 13, 27; Überschreitung der funktionellen Zuständigkeit **44** 176 f.; Umdeutung eines VA **47** 10, 62; Zuständigkeit **79** 16 f.

Widerspruchsbescheid bezügl. AllgV **35** 370, 376 f.; Anfechtung der Kostenentscheidung **80** 24 ff.; Anspruch auf - **24** 96, **35** 376, **79** 13; Anspruch auf Aufhebung **46** 87 f.; Begründung **39** 73, 128 f.; Form **37** 144; Gebührenfestsetzung **80** 16, 25; Heilung von Bekanntgabefehler **41** 231; Inhalt **79** 19; isolierte Anfechtung **35** 373 ff.; isolierte Aufhebung **24** 95, **46** 88, **79** 13; Nichtigkeit **44** 205; öffentliche Bekanntgabe **41** 247; Rücknahme **48** 263 ff.; als streitentscheidender VA **35** 221; Umdeutung **47** 34, 38; Verhältnis zum Ausgangs-VA **35** 46, 371 ff.; Widerruf des - **49** 135; Zustellung **37** 144, **41** 246 ff.

Widerspruchserklärung, Anfechtung **79** 18; Auslegung **79** 18

Widerspruchsfrist 31 60; Wiedereinsetzung in den vorigen Stand **25** 48

Widerspruchsverfahren, Anhörung im - **28** 78; Verzicht auf - **70** 1 ff.

Widmung 35 320 ff.; Abgrenzung Benutzungsregel **35** 341; Bekanntgabe **41** 153, 198; Bestimmtheit **37** 36; von Eisenbahnanlagen **2** 149; konkludente **35** 325; Marktfestsetzung **35** 295; Teilbarkeit **35** 273

Wiederaufgreifen des VwVf 9 220, **51**; bei AllgV **35** 19, 29, 272, 286, 323, 329, **41** 140; bei Änderung der Rechtsprechung **51** 96 ff.; bei Änderung der Sach- und Rechtslage **51** 88 ff.; Anspruch auf - **51** 1, 19, 84 ff.; Antrag **51** 8 f., 17, 23 ff., 85 f.; Antragsfrist **51** 132 ff.; Asylrecht **51** 50 ff., 108, 136 f.; Ausschluss **51** 5 ff., 17; Begriff **51** 8 f.; Begründetheit **51** 27 ff.; neue Beweismittel **51** 111 ff.; im engeren Sinn **51** 22 ff.; Entscheidung des EGMR **51** 107, 125 a; Entscheidungsmöglichkeiten **51** 10 f.; Ermessen **51** 13 ff.; im Europarecht **51** 12; Klage auf - **51** 79 ff.; nach Klageabweisung **51** 71 ff.; bei öffentlicher Bekanntgabe **41** 140; Präklusion von Wiederaufgreifensgründen **51** 127 ff.; Rechtsschutzmöglichkeiten **51** 68 ff.; und Rechtskraftbindung der Behörde **51** 83; Rechtsnachfolge **51** 138; reformatio in peius **51** 42 ff.; Restitutionsgründe **51** 122 ff.; und Rücknahme des VA **51** 142 ff.; erneute Sachprüfung **51** 28; Verfahrensstufen **51** 22 ff.; bei VA mit Dauerwirkung **35** 223; bei VA mit Drittwirkung **51** 6 f.; Vorverfahren **51** 146 ff.; im weiteren Sinne **51** 16; und Widerruf des VA **51** 142 ff.; Zulässigkeit **51** 22 ff.; Zusicherung **38** 94; Zuständigkeit **51** 141; Zweitbescheid **51** 29 ff., s. auch dort; s. auch Wiedereinsetzung in den vorigen Stand

Wiederaushändigung s. Rückgabe von Urkunden und Sachen

Wiedereinsetzung bei Mitverschulden der Behörde **24** 87

Wiedereinsetzung in den vorigen Stand 9 38, 41, **32** 1 ff.; allgemeiner Rechtsgedanke **32** 7; von Amts wegen **32** 37 ff.; Amtssprache **32** 22; Anfechtung **32** 45 f.; Anforderungen **32** 1 f.; Antrag **32** 30 ff., konkludenter **32** 33, 35, 37; Antragsfrist **32** 10, 31 ff., 45; Anwendungsbereich **32** 5 f.; Ausschlussfrist **32** 6, 9 ff.; Begründung **32** 34; Behörde, Verschulden **32** 19 f.; Behördenverschulden **32** 9, 13, 26; bei Bekanntgabe **41** 42; Beweismittel **32** 40; Briefbeförderung **32**

2191

Sachregister

Fette Zahlen: §§ des VwVfG

23, 25; Einwendungsfrist **32** 10f., **73** 94f.; Entscheidung **32** 43ff.; Europarecht **32** 48; bei falscher Auskunft **25** 48, **32** 26; keine Fiktion der Kausalität **45** 155f.; Fiktion mangelnden Verschuldens **45** 154f.; Form **32** 44; Frist **45** 157; Fristberechnung **32** 28, 29, 41; Fristenkontrolle **32** 28, 29; Fristversäumnis, übergangene **32** 47; Glaubhaftmachung **32** 40, **45** 155; Grundrechte **32** 11; Grundsatz der Konnexität **32** 47; Herstellungsanspruch **32** 6; Hilfsperson, Verschulden **32** 18, 28; Hindernis **32** 32; höhere Gewalt **32** 9, 41; Irrläufer **32** 13, 26; Jahresfrist **32** 41f.; Kausalität **32** 13, **45** 161; Krankheit **32** 23, 27, 29; materielle Frist **32** 11; Nachsichtgewährung **32** 6, 9; Nachtbriefkasten **32** 27; Naturereignis **32** 6; Neuverfahren **32** 5; bei öffentlicher Bekanntgabe **41** 141; Organisationsverschulden **32** 20, 21, 28, 29; Postabgang **32** 29; Postlaufzeit Ausland **41** 245; Poststreik **32** 25; Präklusion **32** 46; Präklusionsfrist **32** 6, 10f.; Rechtsanwalt, Verschulden **32** 17; Rechtsbehelfsbelehrung **32** 26, 29, 32; Rechtsirrtum **32** 15, 28; Rechtskenntnis, mangelnde **32** 23; Rechtsnatur **32** 44f.; Rechtsschutzbedürfnis **32** 46; Rücknahmefrist **48** 205; technische Hilfsmittel **32** 21; Telefax **32** 21, 29; Telegrafie **32** 21; Telekommunikation **32** 21; unabwendbarer Zufall **32** 6; Urlaub **32** 24; Verfahrenshandlung **32** 9; Verfassungsrecht **32** 3; versäumte Handlung **32** 35f.; Verschulden **32** 15ff.; Vertreter **32** 23, 28f.; Vertreterverschulden **32** 16ff.; Vorverfahren **32** 50; Widerspruchsfrist **25** 48; Wiederaufgreifen **32** 5, 46, 50; Zuständigkeit **32** 43; Zweck des Gesetzes **32** 6
Wiedereinsetzungsgrund, Glaubhaftmachung **26** 22
Wiedergutmachung nationalsozialistischen **Unrechts,** förmliches VwVf i. w. S. **63** 18
Wiedergutmachungsrecht 2 102f.
Wiederholende Verfügung 43 50, **51** 57ff.
Wiederholungsverbot bei VAen **43** 47; bei vorläufigen VAen **43** 50f.; und Zweitbescheid **43** 49
Willenserklärung 1 147f., **22** 15; Abgabe **41** 53ff., 119f.; Bekanntgabe **41** 12ff.; elektronisch erzeugte **31** 47; Ergänzende Anwendung der Vorschriften über – bei ör Vertrag **62** 26ff.; ör **1** 259; durch Schweigen **35** 81; VA als – **35** 20ff., 31, 43ff., 69ff., **41** 4; Zugang **41** 61ff.; Zugangsvereitelung **41** 102ff.
Willensmängel beim ör Vertrag, **54** 4, **62** 26ff.
Willkürverbot 9 50, **10** 4ff., **22** 60, **40** 93, 97
Windhundprinzip 22 60
Wirksamkeit des VA 43 163ff.; und Abweichungsverbot **43** 134; Adressaten **43** 179; bei AllgV **35** 272f.; und aufschiebende Wirkung **43** 170, 227ff., s. auch dort; Ausschluss amtswegiger Aufhebung **43** 35; Ausschluss der inneren – **43** 169f., äußere **36** 73, 75, **43** 164f.; Beginn **43** 174ff.; Begriff **43** 163ff.; Beseitigung durch Widerruf **49** 109ff.; Dauer **43** 190ff.; DDR **43** 235; gegenüber Dritten **43** 181; und Europarecht **43** 6; ex tunc bei Umdeutung **47** 32, 41; und Existenz des VA **35** 20, **41** 4, 222f., **43** 165; Feststellung der – **44** 203; Folgen der Rechtswidrigkeit **44** 1ff.; innere **36** 73, 75, **43** 166; Bedeutung von Nebenbestimmungen für **36** 20; und Nichtigkeit **43** 169; bei nur formellem VA **43** 3; aufgrund öffentlicher Bekanntgabe **43** 175; und Präklusion s. dort; rechtliche Existenz des VA **43** 164f.; Rechtswirkungen **43** 182; rückwirkend eintretende – **43** 167, 182; später eintretende – **43** 168; bei unmittelbarem Vollzug von EG-Recht **43** 191; Verhältnis von äußerer und innerer – **43** 167ff.; Verhältnis von innerer und äußerer – **44** 32; Verlust durch anderweitige Aufhebung **43** 201f.; Verlust durch Rücknahme **43** 197ff.; Verlust durch Widerruf **43** 197ff.; Verlust infolge Erledigung **43** 204ff.; und Vollziehbarkeit **43** 171f.; Voraussetzungen der äußeren – **43** 165; Voraussetzungen der inneren – **43** 169ff.; aufgrund wirksamer Bekanntgabe **43** 174ff.; Wirksamkeitsbescheinigung **43** 178; Zeitpunkt **43** 180; bei Zustellung **41** 222f.
Wirtschaftliche Nutzung 1 131
Wirtschaftliche Unternehmung, Begriff – bei Beschleunigten Genehmigungsverfahren **71a** 28ff.
Wirtschaftlichkeit 9 79, **10** 26
Wirtschaftsprüfer als Bevollmächtigter **14** 35
Wissenserklärung 1 148, **35** 82; bei Beurkundungen **35** 222
Wissenszurechnung bei ör Vertrag **62** 31ff.
Wohl des Bundes und Akteneinsicht **29** 63f.
Wohl des Bundes oder eines Landes, Grenzen von Amtshilfe **5** 23ff.
Wohl eines Landes und Akteneinsicht **29** 63f.
Wohnsitz 3 23ff.
Wohnung 3 23ff.
Wohnungseigentümergemeinschaft, Bestimmtheit **37** 17
Württemberg E 3

Zeichnungsrecht 35 55ff., 130, **38** 65ff.
Zeitablauf s. Verjährung
Zeitpunkt, Frist **31** 6, **36** 71; maßgeblicher – s. dort
Zeitraum, Frist **31** 5, 21, **36** 72
Zeuge 24 46, **26** 66ff.; Abgrenzung zum Sachverständigen **26** 72; Ablehnung einer Vernehmung **24** 46; im Ausland **24** 47, **26** 73; Aussagegenehmigung **26** 82; Bediensteter als – **65** 21; Begriff **26** 67; Belehrungspflicht **25** 26, **26** 76; Beschädigung **26** 86f.; im förmlichen VwVf **65** 8ff.; Freiwilligkeit der Aussage **26** 74ff.; sachverständiger – **26** 72, im förmlichen VwVf **65** 15; schriftliche Aussage **26** 77, 88; widersprüchlicher Vortrag **24** 17; Zeugnisverweigerungsrecht **26** 76
Zeugen Jehovas 2 46
Zeugenaussage, Würdigung einer – **24** 17
Zeugnisverweigerung, Verfahren bei – **65** 22ff.
Zivildienst 1 168
Zivildienstbeauftragter 1 178
Ziviler Bevölkerungsschutz 1 168
Ziviler Ersatzdienst 1 168
Zivilrechtliche Vorschriften, Anwendung **1** 106
Zollauskunft 25 46
Zollkodex, Begründung **39** 121; Bekanntgabe **41** 242; Form der Entscheidung **37** 141f.; Nebenbestimmungen **36** 153; zollrechtliche Entscheidung **35** 355ff., 363; Zolltarifauskunft **38** 127
Zugang, bei elektronischer Kommunikation **24** 84
Zügigkeit 10 20ff.; Verhältnis zur „Beschleunigung" **71a** 3ff., **71b** 1ff.
Zulassungsanspruch 1 127
Zumutbarkeit 9 37; bei ör Vertrag **60** 20ff.
Zuordnungstheorien 1 94ff., **54** 68ff.
Zurückbehaltungsrecht 35 90; bei ör Vertrag **62** 34
Zusage, Abgabenordnung **38** 10, 30, 49f., 95; Abgrenzung zur Sachentscheidung **38** 17ff.; Abgrenzung zur Zusicherung **38** 12ff.; Adressat **38** 4; allgemeine **38** 1; durch Allgemeinverfügung **38** 4; Analogie zur Zusicherung **38** 44ff.; An-

magere Zahlen: Randnummern; E: Einleitung

Sachregister

spruchsbegründung durch 38 6f.; Befristung 38 26; Begriff 38 1 ff.; Bindungswille 38 1, 21 ff.; auf Duldung 38 7, 16; auf Einhaltung objektiven Rechts 38 15, 124; Einseitigkeit 38 3, 52 f.; Erklärung im Prozess 38 25; Ermessensverwaltung 38 6; Funktion 38 1; gebundene Verwaltung 38 6; auf Geldleistung 38 11, 47 f.; generell-abstrakte 38 4; In-Aussicht-Stellen 38 21 ff.; KAG 38 51; mündliche 38 57; Nebenbestimmung 38 26; Privater 38 27 f.; auf Realakt 38 11, 47 f.; auf Rechtsanwendung in bestimmter Weise 38 10, 15; Rechtsnatur 35 84, 38 29 f.; Schriftform 38 57; Steuerrecht 38 10, 30, 49 f., 95; in Verteilungsverfahren 35 162, 39 21; vertragliche 38 3, 52 f.; auf Vertragsabschluss 38 7, 47 f.; auf Verwaltungsinternum 38 7; Wegfall der Geschäftsgrundlage 38 95; Wirksamkeit 38 44 ff.; Zukunftsbezogenheit 38 17 ff.; Zusicherung s. dort

Zusicherung 1 147, 22 12; Abgabenordnung 38 10, 30, 49 f., 95; Abgrenzung zur Sachentscheidung 38 17 ff.; Abgrenzung zur Zusage 38 12 f.; Ablehnung 38 37, 115 ff.; Adressat 38 4; als allgemeiner Rechtsgedanke 38 44 ff.; AllgV 38 13; Änderung der Sach- oder Rechtslage 38 98 ff.; Anspruch 38 110 ff.; Anspruchsbegründung durch – 38 6 f.; Antrag 38 73, 114; Anwendungsbereich 38 72, 86 ff.; Aufhebung 38 37, 90 ff., 96; und Auskunft 38 21 ff.; Auslegung 38 21 ff.; Beamtenrecht 38 72; Befristung 38 26; Begriff 38 1 ff.; Behörde, zuständige 38 62 ff.; behördeninterne Zuständigkeit 38 62 ff.; Bekanntgabe 38 37, 68, 41 13; Bekanntgabe an Drittbetroffene 38 69, 119; Bestandskraft 38 37, 48, 109; bestimmter VA 38 14 ff.; Bindungswille 38 21 ff.; clausula rebus sic stantibus 38 95 ff.; auf Duldung 38 7, 16; Einseitigkeit 38 3, 52 f.; elektronische 38 60; Erfüllungsklage 38 122 ff.; Erledigung 38 109; Ermächtigung 38 86 ff.; Ermessen 38 86, 110 ff.; Ermessensverwaltung 38 6; Europarecht 38 125 ff.; Fehlerfolgen 38 48 ff., 90 ff.; Form 38 54 ff.; gebundene Verwaltung 38 6, 86; Geltungsbereich 38 44 ff.; generell-abstrakte 38 4; gerichtliche Protokollierung 38 59; und Haushaltsrecht 38 87, 100; Heilung von Verfahrensfehlern 38 81 ff.; In-Aussicht-Stellen 38 21 ff.; KAG 38 51; Klage auf – 38 117 f.; konkludente 38 56; zu Lasten Dritter 38 69, 93; im mehrpoligen Rechtsverhältnis 38 69, 93, 119 ff.; Mitwirkung Ausschüsse/Behörden 38 74 ff.; mündliche 38 55; Nebenbestimmung 38 26; Neuantrag 38 94; Nichtigkeit 38 70 f.; auf Plan(-feststellungsbeschluss) 38 88; im PlfV 72 105; Rechtmäßigkeitsvoraussetzungen 38 73 ff.; Rechtsnatur 35 84, 38 29 ff.; Rechtsschutzfragen 38 117 ff.; Rücknahme 38 90 ff., 96; Schriftform 38 37, 54 ff.; Selbstbindung der Verwaltung 40 121; Selbsteintritt 38 62; Soldatenrecht 38 72, 95; Steuerrecht 38 10, 30, 51, 95; teilbarer VA 38 14; Teilbarkeit 38 71; Umdeutung 38 89, 47 25; Unbeachtlichkeit von Verfahrensfehlern 38 84; auf Unterlassung eines VA 38 16; Verfahren 38 73; Verjährung 53 20; vertragliche 38 3, 52 f.; VA mit Drittwirkung 38 119 ff.; als Verwaltungsvorakt 38 32; und Vorausverzicht 38 19; und Vorbescheid 38 20; vorläufiger VA 38 20; und vorläufiger VA 38 20; im Vorverfahren 38 129; wahlweiser VA 38 14; Wegfall der Geschäftsgrundlage 38 95 ff.; Weisung 38 62; Widerruf 38 90 ff., 96; Wiederaufgreifen 38 94; Willensmängel 38 68; Wirksamkeitsvoraussetzungen 38 54 ff.; Zukunftsbezogenheit 38 17 ff.; Zusage s. dort

Zuständigkeit, Amtshilfe 3 15; behördeninterne 35 53 ff., 38 65 ff.; und Behördenvertretung 35 59 f.; funktionelle 3 11, 44 175 ff., 45 151, 46 42, 48 75; funktionelle – der Widerspruchsbehörde 45 57; bei Gefahr im Verzug (Eilzuständigkeit) 44 137; instanzielle 3 11, 44 175 ff.; interne 44 172; bei mehreren Vorhaben 78 16 ff.; örtliche 3 1 ff., 44 136 ff., 161 ff., 166 ff., 45 146, 46 38 ff., 48 254; Regelung durch VA 35 300 ff.; sachliche E 25, 3 8 f., 44 136, 160 ff., 170 ff., 173, 45 146, 46 43 ff., 48 255, 259; Verbandskompetenz 3 12, 44 161 ff., 169; Verbandszuständigkeit 3 12

Zuständigkeitsvereinbarungen 3 13, 42

Zuständigkeitswechsel und örtliche Zuständigkeit 3 38

Zustellung 1 264, 41 199 ff.; Anordnung der 41 18, 202; Anwendungsbereich 41 202 f.; im Ausland 41 218 ff., **Dritter Teil** B II B II Nr. 1, 2, 3, 4; Begründung der – 41 18; durch die Behörde 41 208; als Bekanntgabe 41 222 f.; an Bevollmächtigten 14 24 f., 41 45, 47; Drei-Tage-Frist 31 35; an Eheleute 41 211; und einfache Bekanntgabe 41 199 f.; mittels eingeschriebenen Briefes 41 214; elektronischer VA 37 126 f., 41 205, 216 f.; gegen Empfangsbekenntnis 41 216 f.; Folgen unzulässiger – 43 176; Form des Schriftstücks 37 107 f., 41 205, 236; Formen der – 41 211 ff.; im förmlichen VwVf 69 15; Fotokopie 37 107 f.; Geschäftsfähigkeit 41 51 f.; Handlungsfähigkeit 41 50 ff.; Heilung 41 232 ff.; juristische Person 41 48 f.; Landesrecht 41 244; und mündliche Verkündung 41 98; durch Niederlegung 41 213; öffentliche 41 143 ff., 148, 165, 209; an Personenmehrheit 41 77, 211; des PlfBeschlusses 74 206 ff.; durch die Post 41 208; Postbegriff 41 112 ff., 130, 208; Reformgesetze 41 199, 202; Telefax 37 107 f.; durch Übergabe 41 211; Umdeutung 47 39; Vertreter 41 48 ff.; als Vollstreckungsvoraussetzung 41 200; Widerspruchsbescheid 41 246 f.; und Wirksamkeit des VA 41 222 f.; und Zugang 41 204 ff.; zusammengefasster Bescheid 41 211

Zustellungsfiktion 69 21 f.

Zustellungsurkunde 1 123

Zustimmung 44 184; einer anderen Behörde 35 169 ff., 173 ff.; nachträgliche 45 30; nachträgliche – bei Privatem 1 258; zur Planänderung 76 22; bei Zusicherung 38 74 ff.

Zustimmung von Dritten und Behörden beim ör Vertrag 58; Begriff Zustimmung 58 19 ff., 27 ff.; Schwebende Unwirksamkeit 58 19, 26

Zuwendungen öffentlicher Mittel 54 47 ff.

Zwangsgeld 35 165, 37 34

Zwangsmittelandrohung 35 84

Zwangsvollstreckung aus ör Vertrag 61 3 ff.

Zweckmäßigkeit 9 77, 134, 164, 10 20 f.; und Amtspflichtverletzung 40 72; und Ermessensmissbrauch 40 72; Kriterien 40 15

Zweck-Mittel-Relation 9 76

Zweistufentheorie 1 107, 35 27, 106 ff., 160 ff., 39 20, 21; im Vertragsrecht 54 47 ff., 51

Zweitbescheid 51 29 ff.; Abgrenzungen 51 46 ff.; gültige Rechtslage 51 33; Inhalt 51 38 ff.; Rechtsgrundlagen 51 29 ff.; sachliche Reichweite 51 34 ff.; Verböserung s. reformatio in peius; und wiederholende Verfügung 51 57 ff.; und Wiederholungsverbot 43 49; bei zeitlich abweichendem Inhalt 51 56; s. auch Ersetzung, Wiederaufgreifen des VwVf

Zwischenentscheidung 9 197

Zwischenverfahren 9 203 ff.